Henrique Correia

COMO SE PREPARAR PARA OS CONCURSOS DE TÉCNICO E ANALISTA (TJs, TRFs e TRTs)

Henrique Correia

COMO SE PREPARAR PARA OS

CONCURSOS DE TÉCNICO E ANALISTA (TJs, TRFs e TRTs)

Kit em 3 volumes

- **TEORIA RESUMIDA**
- Caderno de Questões
- Gabarito

3ª Edição | revista atualizada ampliada

EDITORA JusPODIVM
www.editorajuspodivm.com.br

EDITORA *Jus*PODIVM
www.editorajuspodivm.com.br

Rua Canuto Saraiva, 131 – Mooca – CEP: 03113-010 – São Paulo – São Paulo
Tel: (11) 3582.5757
• Contato: https://www.editorajuspodivm.com.br/central-de-relacionamento

Diagramação: Equipe *Jus*PODIVM

Capa: Ana Caquetti

C824c Correia, Henrique
Como se preparar para os Concursos de Técnico e Analista (TJs, TRFs e TRTs) / Henrique Correia – 3.ed., rev., atual. e ampl. - São Paulo: Editora JusPodivm, 2025.
848 p.

Vários autores
ISBN: 978-85-442-5957-3.

1. Concurso Público. I. Correia, Henrique. II. Título.

CDD 341.33312

Bibliotecária responsável:
Ana Carolina Ribeiro Mois – CRB7 – RJ 007348/0

APRESENTAÇÃO DA OBRA

Olá concurseiro(a)!

Meu nome é Henrique Correia e sou o Coordenador desta obra.

Atuo como Procurador do Trabalho em Ribeirão Preto (SP). Leciono há mais de 20 anos. Comecei bem jovem, na cidade e Ibiraci (MG), onde dava aulas de inglês. Já dei aulas em cursos de graduação e pós-graduação, bem como em vários cursos preparatórios para concursos públicos. Além disso, sou autor de diversos livros jurídicos pela Editora Juspodivm e coordenador de algumas coleções, como a coleção Revisaço e a coleção Revisão Final.

Tenho muito orgulho de ter sido concurseiro e sei muito bem que não é fácil organizar os estudos e manter uma rotina de preparação. As dificuldades são muitas: falta de tempo, baixa autoestima, quantidade de matérias, materiais que não passam segurança, tarefas domésticas, família, trabalho, pouca grana etc.

Conhecendo de perto a sua realidade e tendo a experiência como procurador, autor, coordenador, professor e ex-concurseiro posso te ajudar na caminhada rumo à aprovação. Juntamente com a Editora Juspodivm e com apoio dos maiores especialistas de suas áreas no País, é com muita felicidade que publicamos a segunda edição desta obra, que faz parte da Coleção campeã de vendas na preparação de estudantes para o Exame da Ordem (OAB) e para aqueles que prestam os concursos de Técnico do INSS e de Delegado, e com os concursos de tribunais não foi diferente. Diante do sucesso da primeira edição, renovamos nosso compromisso com você, caro leitor, de trazer um material seguro e atualizado.

Esta obra abrange as principais matérias cobradas nos concursos para Técnico e Analista do TJ, TRF e TRT e é composta por três volumes.

- O livro de Teoria Resumida é composto por resumos doutrinários de nossos autores, que pensaram esse material como uma forma de consulta rápida e para sanar alguma dúvida que tenha ficado após a realização das questões. Trata-se de um material especialmente elaborado com base nos últimos editais de Técnico e Analista;
- No Caderno de Questões, você irá encontrar milhares de questões atualizadas e comentadas alternativa por alternativa. Os comentários, em geral, não são extensos, mas não se deixe enganar. A estratégia de comentários mais suscintos é para otimizar seus estudos, abordando os temas das questões de maneira concisa, mas completa, com profundidade e, principalmente, de forma didática; e
- Por fim, o volume com o Gabarito, evitando que você dê aquela "espiadinha" na alternativa correta quando estiver quebrando a cabeça para resolver uma questão (sei muito bem como é tentador!). O ideal é que você tente resolver as questões sem consultar o gabarito. Se ficar com dúvidas, recorra ao livro de Teoria Resumida. Depois que tiver respondido, a consulta da resposta certa fica fácil na grade de gabaritos.

A partir de uma análise estatística de mais de 20 editais, selecionamos as matérias de maior incidência nos concursos de Analista e Técnico do TJ, TRF e TRT para trazermos, nesses três volumes, 19 matérias:

Matérias principais (maior incidência nos concursos): Língua Portuguesa, Direito Constitucional, Direito Administrativo, Direito Penal (Direito do Trabalho, para aqueles que prestam TRT), Direito Processual Penal (Direito Processual do Trabalho, para aqueles que prestam TRT), Direito Civil e Direito Processual Civil.

- Atenção a esse grupo de matérias! São as que, estatisticamente mais caem nos concursos de Analista e Técnico do TJ, TRF e TRT.
- Atenção especial às matérias Língua Portuguesa, Direito Constitucional e Direito Processual Civil, que têm uma alta incidência em diversos editais.
- Para aqueles que prestam TRT, dediquem-se aos estudos das matérias de Direito do Trabalho e Direito Processual do Trabalho.

Matérias secundárias (média incidência nos concursos): Direitos das Pessoas com Deficiência, Matemática e Raciocínio Lógico, Direito Tributário, Direito Previdenciário e Atualidades.

- Não é porque essas matérias não têm uma incidência tão alta como as principais que você irá deixa-las de lado. Tenha em mente que as principais matérias todo mundo estuda e todo mundo, em tese, sabe. O que vai te tirar do lugar comum e garantir sua aprovação é uma preparação completa. Vamos estudar!
- Para aqueles que prestam o concurso para Analista, saibam que terão quer fazer uma prova dissertativa. O estudo de atualidades para a primeira fase pode te ajudar muito quando chegar lá.

Matérias acessórias (baixa incidência nos concursos): Informática, Ética no Serviço Público, Administração e Administração no Serviço Público e Direito Ambiente.

- Os mesmos comentários quanto ao grupo de matérias acima valem aqui. Prefira uma preparação completa.
- Contudo, se não conseguir estudar toda a matéria e tiver que deixar de estudar alguns pontos do edital, priorize as matérias principais e secundárias.

Agora que já sabe como se preparar, que tal dar uma espiadinha na remuneração que te aguarda?

- TJ: No TJDFT, o edital em curso prevê vencimentos mensais em torno de R$ 12.455,30 para analista e R$ 6.376,41 para técnicos[1].
- TRF: No edital de 2024 do TRF 6, os vencimentos mensais giravam em torno de R$ 13.994,78 para analistas e R$ 8.529,65 para técnicos[2].
- TRT: No TRT 6, com provas em 2024, os vencimentos mensais giraram em torno de R$ 13.994,78 para analistas e R$ 8.529,65 para técnicos[3].

E aí? Deu até uma vontade de estar, não é? São cargos muitos atraentes financeiramente. Além de você, já aprovado, ter a chance de prestar um belíssimo trabalho para a sociedade. Todos esses Tribunais são vitais para manter a pacificação dos conflitos na sociedade.

Como sempre digo, para saber o futuro, é preciso olhar o passado. A finalidade da obra é te proporcionar uma preparação direcionada e completa para a prova objetiva para os concursos de Técnico e Analista do TJ, TRF e TRT. A resolução das questões anteriores é imprescindível na sua rotina de estudos. E estamos aqui para facilitar sua vida, reunindo na mesma coleção, teoria e questões.

Contempla questões atualizadas e comentadas por especialistas, resumos doutrinários, quadrinhos de resumo, esquemas e gráficos para memorização. Com linguagem clara e acessível, é um material didático, completo e confiável, que certamente contribuirá para sua aprovação.

Deixo, nas próximas páginas, algumas sugestões e planilha de estudos, caso queira seguir.

Lembre-se que parado, inerte, você ganhará apenas: estresse e peso. Nada mais. Então, vamos juntos, com este livro, rumo ao seu sucesso nos concursos.

Janeiro/2025

HENRIQUE CORREIA

@prof_correia

---

1. Edital TJDFT (2022) - EDITAL Nº 1, DE 27 DE JANEIRO DE 2022. Disponível em: https://www.in.gov.br/en/web/dou/-/edital-n-1-de-27-de--janeiro-de-2022-376723624.
2. Edital TRF 6 (2024) - TRIBUNAL REGIONAL FEDERAL DA 6ª REGIÃO (TRF DA 6ª REGIÃO) 1º CONCURSO PÚBLICO PARA A FORMAÇÃO DE CADASTRO DE RESERVA EM CARGOS DE ANALISTA JUDICIÁRIO E DE TÉCNICO JUDICIÁRIO EDITAL Nº 1 – TRF DA 6ª REGIÃO, DE 10 DE OUTUBRO DE 2024. Disponível em: https://cdn.cebraspe.org.br/concursos/trf6_24/arquivos/ED_1_TRF6_24_ABERTURA.PDF.
3. Edital TRT 6 (2024) - TRIBUNAL REGIONAL DO TRABALHO DA 6ª REGIÃO CONCURSO PÚBLICO PARA O PROVIMENTO DE CARGOS DO QUADRO PERMANENTE DE PESSOAL E FORMAÇÃO DE CADASTRO RESERVA EDITAL Nº 01/2024 - DE ABERTURA DE INSCRIÇÕES. Disponível em: https://www.trt6.jus.br/portal/sites/default/files/documents/trt6r124_edital_de_abertura.pdf.

Sugestão de organização de Estudos 01 – Dedicação exclusiva aos estudos

Dedicação exclusiva aos estudos (O ideal seria estudar, no mínimo, 6 horas por dia)							
‡	**Segunda**	**Terça**	**Quarta**	**Quinta**	**Sexta**	**Sábado**	**Domingo**
8h às 11h	Direito Constitucional (3 horas)	Direito Processual Civil (3 horas)	Direito Penal (3 horas)	Português (3 horas)	Direito Processual Penal (3 horas)	Direito Administrativo (3 horas)	**Dia livre Ou Como se preparar para o Concurso de Técnico e Analista**
11h às 13h	**Almoço e descanso (2 horas)**						
13h às 16h	Matemática e Raciocínio Lógico + Direito Tributário (3 horas)	Informática + Direito Civil (3 horas)	Atualidades + Direito Previdenciário (3 horas)	Ética no Serviço Público e Direito ambiental (3 horas)	Administração e Administração Pública (3 horas)	Direitos das Pessoas com Deficiência (3 horas)	
16h às 18h	**Academia, TV ou descanso (2 horas)**						
18h às 20h	Como se preparar para o Concurso de Técnico e Analista (1 a 2 horas)	Como se preparar para o Concurso de Técnico e Analista (1 a 2 horas)	Como se preparar para o Concurso de Técnico e Analista (1 a 2 horas)	Como se preparar para o Concurso de Técnico e Analista (1 a 2 horas)	Como se preparar para o Concurso de Técnico e Analista (1 a 2 horas)	Como se preparar para o Concurso de Técnico e Analista (1 a 2 horas)	

Obs. 1: Os estudos devem ser encarados como trabalho, ou seja, em turnos fixos. Ideal é tentar, sempre, manter a rotina diária.

Obs. 2: Não deixe de praticar, pelo menos duas vezes por semana, alguma atividade física. Essa tática evitará problemas físicos e psíquicos.

Obs. 3: A desconexão, em 1 dia por semana, é muito interessante. Caso resolva estudar, pegue uma matéria com que tenha mais afinidade ou aquela que não pôde se dedicar durante a semana.

Obs. 4: Lembre-se de que você trabalha com a mente. Portanto, descanso/sono/TV são tão importantes quanto o estudo. Descanso não pode ser encarado, por você e muito menos por outras pessoas, como preguiça!

Obs. 5: Faça a sua planilha e deixe em um local sempre visível para poder verificar se está mesmo sendo cumprido ou se precisa de ajustes. Repito, a melhor de todas as planilhas é aquela fácil de ser executada.

Obs. 6: Livros específicos da Coleção Tribunais: Ed. Juspodivm. Link: https://www.editorajuspodivm.com.br/compre-por-colecao/tribunais-e-mpu-tecnico-e-analista

Obs. 7: Atividades do dia a dia, aquelas de "pessoas normais", como consulta médica, ir ao banco, dentista etc., devem ser encaradas sem desespero ou estresse. Deixar de fazê-las poderá gerar problemas muito maiores.

Obs. 8: Os períodos de almoço e descanso você poderá utilizar para as atividades pessoais – levar filho à escola, ir ao banco etc.

Sugestão de organização de Estudos 02 – Divisão do tempo entre trabalho e estudos

Divisão do tempo entre trabalho e estudos (O ideal seria de 3 a 5 horas diárias)							
‡	**Segunda**	**Terça**	**Quarta**	**Quinta**	**Sexta**	**Sábado**	**Domingo**
6h às 8h	Português (2 horas)	Direito Constitucional (2 horas)	Direito Processual Civil (2 horas)	Direito Penal (2 horas)	Direito Processual Penal (2 horas)	Direito Administrativo (2 horas)	
8h30 às 18h	**Trabalho**						
19h às 22h	Como se preparar para o Concurso de Técnico e Analista + Matemática e Raciocínio Lógico + Direito Tributário (2 horas)	Como se preparar para o Concurso de Técnico e Analista + Informática + Direito Civil (3horas)	Como se preparar para o Concurso de Técnico e Analista + Atualidades + Direito Previdenciário (3 horas)	Como se preparar para o Concurso de Técnico e Analista + Ética no Serviço Público e Direito ambiental (3 horas)	Como se preparar para o Concurso de Técnico e Analista + Administração e Administração Pública (3 horas)	Como se preparar para o Concurso de Técnico e Analista + Direitos das Pessoas com Deficiência (3 horas)	**Como se preparar para o Concurso de Técnico e Analista**

Obs. 1: Os candidatos que dividem o tempo de estudos com o trabalho devem aproveitar cada minuto! Cada minuto mesmo – seja organizado!
Obs. 2: As mesmas observações da planilha 1 valem para essa rotina de estudos.
Obs. 3: Ideal seria acordar cedo e estudar, antes de ir ao trabalho.
Obs. 4: Pessoas com dificuldades de acordar de madrugada devem "forçar" estudo à noite ou em intervalos durante o trabalho.
Obs. 5: Fins de semana, feriados e férias devem ser aproveitados ao máximo.
Obs. 6: Deixe o domingo para resolver provas ou matérias que você não teve condições de estudar durante a semana.

Sugestão de organização de Estudos 01 – Dedicação exclusiva aos estudos[456]

Dedicação exclusiva aos estudos (O ideal seria estudar, no mínimo, 6 horas por dia)							
‡	**Segunda**	**Terça**	**Quarta**	**Quinta**	**Sexta**	**Sábado**	**Domingo**
8h às 11h	Direito Constitucional (3 horas)	Direito Administrativo (3 horas)	Direito do Trabalho (3 horas)	Língua Portuguesa (3 horas)	Direito Civil ou Noções de orçamento público (3 horas)	Administração Geral e Pública (3 horas)	**Dia livre** **Ou** Como se preparar para o Concurso de Técnico e Analista

1. A matéria de Direito Civil é exclusiva ao cargo de Analista Judiciário – Área Judiciária. Se você estiver estudando para o concurso de Técnico Judiciário – Área Administrativa, estude Noções de orçamento público.
5. A matéria de Direito Previdenciário é exclusiva ao cargo de Analista Judiciário – Área Judiciária. Se você estiver estudando para o concurso de Técnico Judiciário – Área Administrativa, estude Redação.
6. A matéria de Direito Processual Civil é exclusiva ao cargo de Analista Judiciário – Área Judiciária. Se você estiver estudando para o concurso de Técnico Judiciário – Área Administrativa, estude uma matéria que tenha mais dificuldade.

Dedicação exclusiva aos estudos (O ideal seria estudar, no mínimo, 6 horas por dia)							
11h às 13h	**Almoço e descanso (2 horas)**						**Dia livre** **Ou** Como se preparar para o Concurso de Técnico e Analista
13h às 16h	Direito Processual do Trabalho (3 horas)	Direito das Pessoas com Deficiência (3 horas)	Raciocínio Lógico-Matemático (3 horas)	Regimento Interno ou outra matéria específica do edital (3 horas)	Direito Previdenciário ou redação (Analista) (3 horas)	Direito Processual Civil(3 horas)	
16h às 18h	**Academia, TV ou descanso (2 horas)**						
18h às 20h	Como se preparar para o Concurso de Técnico e Analista (resolver a maior quantidade possível de questões) (1 a 2 horas)	Como se preparar para o Concurso de Técnico e Analista (resolver a maior quantidade possível de questões) (1 a 2 horas)	Como se preparar para o Concurso de Técnico e Analista (resolver a maior quantidade possível de questões) (1 a 2 horas)	Como se preparar para o Concurso de Técnico e Analista (resolver a maior quantidade possível de questões) (1 a 2 horas)	Como se preparar para o Concurso de Técnico e Analista (resolver a maior quantidade possível de questões) (1 a 2 horas)	Como se preparar para o Concurso de Técnico e Analista (resolver a maior quantidade possível de questões) (1 a 2 horas)	

Obs. 1: Se estiver estudando para o concurso de Técnico Judiciário – Área Administrativa, a leitura das disciplinas Direito Civil, Direito Processual Civil e Direito Previdenciário não é necessária. Caso esteja estudando para Analista Judiciário – Área Judiciária, a leitura de temas de redação e Noções de Orçamento Público não é necessária.
Obs. 2: Os estudos devem ser encarados como trabalho, ou seja, em turnos fixos. Ideal é tentar, sempre, manter a rotina diária.
Obs. 3: Não deixe de praticar, pelo menos duas vezes por semana, alguma atividade física. Essa tática evitará problemas físicos e psíquicos.
Obs. 4: A desconexão, em 1 dia por semana, é muito interessante. Caso resolva estudar, pegue uma matéria com que tenha mais afinidade ou aquela que não pôde se dedicar durante a semana.
Obs. 5: Lembre-se de que você trabalha com a mente. Portanto, descanso/sono/TV são tão importantes quanto o estudo. Descanso não pode ser encarado, por você e muito menos por outras pessoas, como preguiça!
Obs. 6: Faça a sua planilha e deixe em um local sempre visível para poder verificar se está mesmo sendo cumprido ou se precisa de ajustes. Repito, a melhor de todas as planilhas é aquela fácil de ser executada.
Obs. 7: Livros específicos ao TRT – Coleção Tribunais – Ed. Juspodivm. Link: https://www.editorajuspodivm.com.br/compre-por-colecao/tribunais-e-mpu-tecnico-e-analista
Obs. 8: O melhor livro de português para seu TRT: Língua Portuguesa para Concursos – Duda Nogueira – 8ª ed./2021 – Editora Juspodivm.
Obs. 9: O Como se preparar para o Concurso de Técnico e Analista é, sem dúvida, uma excelente ferramenta para o seu concurso.
Obs. 10: Atividades do dia a dia, aquelas de "pessoas normais", como consulta médica, ir ao banco, dentista etc., devem ser encaradas sem desespero ou estresse. Deixar de fazê-las poderá gerar problemas muito maiores.
Obs. 11: Os períodos de almoço e descanso você poderá utilizar para as atividades pessoais – levar filho à escola, ir ao banco etc.

Sugestão de organização de Estudos 02 – Divisão do tempo entre trabalho e estudos[7,8,9]

Divisão do tempo entre trabalho e estudos (O ideal seria de 3 a 5 horas diárias)							
‡	**Segunda**	**Terça**	**Quarta**	**Quinta**	**Sexta**	**Sábado**	**Domingo**
6h às 8h	Direito Constitucional (2 horas)	Direito Administrativo (2 horas)	Direito do Trabalho (2 horas)	Língua Portuguesa (2 horas)	Direito Civil ou Noções de orçamento público (2 horas)	Administração Geral e Pública + Processo do Trabalho (2 horas)	Como se preparar para o Concurso de Técnico e Analista + redação (analista)

7. A matéria de Direito Civil é exclusiva ao cargo de Analista Judiciário – Área Judiciária. Se você estiver estudando para o concurso de Técnico Judiciário – Área Administrativa, estude Noções de orçamento público.
8. A matéria de Direito Previdenciário é exclusiva ao cargo de Analista Judiciário – Área Judiciária. Se você estiver estudando para o concurso de Técnico Judiciário – Área Administrativa, estude Redação.
9. A matéria de Direito Processual Civil é exclusiva ao cargo de Analista Judiciário – Área Judiciária. Se você estiver estudando para o concurso de Técnico Judiciário – Área Administrativa, estude uma matéria que tenha mais dificuldade.

Divisão do tempo entre trabalho e estudos (O ideal seria de 3 a 5 horas diárias)							
8h30 às 18h	Trabalho						Como se preparar para o Concurso de Técnico e Analista + redação (analista)
19h às 22h	Como se preparar para o Concurso de Técnico e Analista	Como se preparar para o Concurso de Técnico e Analista	Como se preparar para o Concurso de Técnico e Analista	Como se preparar para o Concurso de Técnico e Analista	Como se preparar para o Concurso de Técnico e Analista	Como se preparar para o Concurso de Técnico e Analista	

Obs. 1: Se estiver estudando para o concurso de Técnico Judiciário – Área Administrativa, a leitura das disciplinas Direito Civil, Direito Processual Civil e Direito Previdenciário não é necessária. Caso esteja estudando para Analista Judiciário – Área Judiciária, a leitura de temas de redação e Noções de Orçamento Público não é necessária.
Obs. 2: Os candidatos que dividem o tempo de estudos com o trabalho devem aproveitar cada minuto! Cada minuto mesmo – seja organizado!
Obs. 3: As mesmas observações da planilha 1 valem para essa rotina de estudos.
Obs. 4: Ideal seria acordar cedo e estudar, antes de ir ao trabalho.
Obs. 5: Pessoas com dificuldades de acordar de madrugada devem "forçar" estudo à noite ou em intervalos durante o trabalho.
Obs. 6: O **Como se preparar para o Concurso de Técnico e Analista** é, sem dúvida, a excelente ferramenta para o seu concurso. Use-o o máximo que puder!
Obs. 7: Fins de semana, feriados e férias devem ser aproveitados ao máximo.
Obs. 8: Deixe o domingo para resolver provas ou matérias que você não teve condições de estudar durante a semana.

Além disso, foi deixado um espaço abaixo para que você possa organizar seus estudos para o concurso de forma personalizada:

	Planilha de estudos personalizada						
‡	Segunda	Terça	Quarta	Quinta	Sexta	Sábado	Domingo
8h às 11h							
11h às 13h							
13h às 16h							
16h às 18h							
18h às 20h							
20h às 22h							

Obs. 1: Lembre-se de verificar, após 1 semana de estudos, se está conseguindo cumprir suas metas. Caso não esteja, faça as adequações necessárias para que a planilha seja viável para você.
Obs. 2: Deixe essa planilha em um local sempre visível. Repito, a melhor de todas as planilhas é aquela fácil de ser executada.
Obs. 3: O ser humano não é uma máquina, portanto eventuais descumprimentos e oscilações de horários são totalmente naturais na preparação ao concurso.

Janeiro/2025.

HENRIQUE CORREIA

VIDA DE CONCURSEIRO

Agora que você já conhece a estrutura e a proposta da obra, vamos falar um pouco sobre a vida de concurseiro?

Bom, como já disse, assim como você, eu já fui um concurseiro. Conheço e vivenciei muitas das suas dores: dúvidas quanto à decisão de se dedicar ao concurso público, ansiedade para que saia um novo edital e desespero quando ele é lançado, falta de grana, frustração com uma reprovação (e olha que só no concurso para juiz do trabalho eu fui reprovado VINTE E SEIS VEZES!), julgamento da família e dos amigos etc.

Mas quer uma sugestão de quem já passou por isso e hoje é extremamente realizado no cargo público que ocupa? Não desista! O mais importante é dar o primeiro passo, a coragem de se entregar aos estudos e só parar quando for aprovado.

Depois de tomada a decisão, planeje-se!

Não existe fórmula mágica, material perfeito, curso definitivo, caminho fácil. A única coisa que funciona é uma boa e constante preparação e essa obra, feita sob medida para seu concurso, é um importantíssimo passo para sua preparação. Resolvendo as questões passadas, lendo os comentários de professores especialistas e complementando os estudos com o caderno de Teoria Resumida, você terá um excelente norte para sua preparação. Poderá identificar os pontos e matérias em que sente maior dificuldade e sanar essas fragilidades com uma doutrina ou videoaulas, por exemplo.

Pode ser que você já tenha tomado a decisão de estudar para concurso, já tenha se planejado, mas não tem muito tempo livre ou, então, um local adequado, calmo e tranquilo. Eu, por exemplo, durante toda a minha preparação, tive que trabalhar. Durante muito tempo, morei com minha família e tinha que me adaptar à rotina deles. Estudava em cada segundo livre do meu dia e priorizava os estudos no período da noite, quando as coisas ficavam mais calmas lá na casa dos meus pais. Já falei ali em cima e volto a repetir: nenhuma preparação é perfeita! Vão ter dias silenciosos e convidativos para você estudar, e outros que sua vida estará uma bagunça. Vão ter dias em que seus estudos renderão muito, outros nem tanto. O importante é continuar. Sempre. Do jeito que der, ainda que não seja o melhor.

Lembre-se: a preparação para o concurso é como a preparação para uma maratona.

De nada adianta correr 20 km na segunda-feira e ficar sem treinar o resto da semana. Persistência e constância são as palavras-chave. Isso não significa que você não possa sair com a família, tomar uma cerveja com os amigos ou namorar. Mas faça todas essas coisas com moderação para não comprometer sua rotina de estudos.

Por fim, encontre-se nos estudos! Não leve esse período como uma pena ou um sacrifício. É um momento de amadurecimento e aprendizagem. Aproveite-o! Eu me orgulho muito do meu tempo como concurseiro. Grande parte da minha bagagem teórica, que levo para minha atuação no Ministério Público do Trabalho, nas minhas aulas e nos meus livros vieram dessa época.

MATÉRIAS BÁSICAS

Sabemos que nem sempre temos tempo para estudar todas as matérias do edital antes da prova. Ou então, ainda que tenha estudado todo o conteúdo, não deu tempo de revisar tudo. E mesmo que tenha estudado e revisado todos os pontos do edital, sempre fica aquela pulga atrás da orelha, não é mesmo?

Já falei e volto a repetir: nenhuma preparação é perfeita! Eu, por exemplo, sou Procurador do Trabalho, dou aulas há mais de 20 anos e tenho vários livros sobre Direito do Trabalho e **todo dia aprendo algo novo**, um novo ponto de vista, uma opção que nunca tinha levado em conta. Quem disser a você que sabe de tudo estará mentindo.

Se não é possível saber tudo, **o que você precisa saber para fazer uma boa prova?** Vou dar minhas sugestões:

1. Você **precisa** saber **Língua Portuguesa!** Ouso dizer que essa é a matéria mais importante para seu concurso. Está em todos os editais e são várias questões nos concursos. Na minha opinião, o melhor livro de Língua Portuguesa para os concursos de Analista e Técnico de tribunais, hoje, é o **Língua Portuguesa para Concursos, da Professora Duda Nogueira (Ed. Juspodivm).** O livro está na 11ª edição e completamente atualizado (2025).
2. Direito Constitucional e Direito Administrativo são outras duas matérias clássicas, sempre presentes nos concursos de Analista e Técnico.
3. Direito Penal e Direito Processual Penal também têm uma alta incidência nos concursos para Técnico e Analista do TJ ou TRF. Leia o seu edital e verifique quais pontos dessas matérias serão cobrados.
4. Agora, se você presta TRT, não dá para ir para a prova sem estudar bem Direito do Trabalho e Direito Processual do Trabalho.
5. Ainda, para queles que almejam o cargo de Analista, é importante chegar na prova afiado em Direito Civil e Direito Processual Civil.

Lembre-se de conciliar teoria, leitura da lei e resolução de questões! Revisões constantes são importantíssimas. Se você não treina ou não revisa, as chances de reter o conhecimento são muito menores. Ainda, com uma certa regularidade, faça simulados. Cronometre o seu tempo e tente reproduzir as condições que irá enfrentar no dia da prova. Um bom treino torna o jogo um pouco mais fácil. No dia seguinte, tire um tempo para corrigir o simulado. Isso vai te ajudar a identificar suas maiores dificuldades e, assim, você conseguirá direcionar melhor seus estudos.

CRONOGRAMAS DE ESTUDO, PLANILHAS E ORGANIZAÇÃO

Eu sei, estou sendo repetitivo, mas vou continuar sendo para que não restem dúvidas: **planejamento é tudo!**

Você não pode acordar sem saber o quer irá estudar naquele dia. Aliás, é interessante que você se planeje a longo prazo. Estabeleça metas gerais para o mês. Depois, com mais detalhes, planeje sua semana. Finalmente, decida o que você irá fazer e estudar cada dia. Terão dias em que você cumprirá com todas as metas. Em outros, seja porque tem mais dificuldade naquela matéria, seja porque o conteúdo é mais extenso, seja porque surgiu um imprevisto, você não conseguirá fazer tudo. Aquele concurseiro que tem um cronograma bem estruturado, conseguirá mais facilmente realocar o conteúdo em outro dia, não deixando a matéria acumular. Eis a importância da organização.

Não esqueça de incluir uma atividade física na sua rotina. Além de manter a saúde em dia, exercícios físicos ajudam a reter o conhecimento. Qualquer atividade física é bem-vinda: caminhada, alongamentos, musculação, esportes...

Para te ajudar, na sequência, deixei sugestões de planilha para quem estuda o dia todo e para quem concilia estudos e trabalho. Tratam-se de sugestões. Cada um tem a sua rotina e sabe a melhor forma de organizar seus estudos. Sente, analise com calma o tempo disponível e monte seu próprio cronograma. Ainda, não saia fazendo as questões sem antes ler seu edital. Direito Previdenciário, por exemplo, não cai para quem presta TJ e também não foi cobrado no último edital do TRF 1. Fique atento para estudar as matérias que fazem sentido para o seu concurso. Se precisar, com o tempo, faça ajustes. O importante é não parar!! **Constância e persistência!!**

PREPARAÇÃO PARA CONCURSO PÚBLICO

1. BREVE RELATO DA MINHA EXPERIÊNCIA DURANTE A PREPARAÇÃO PARA O CONCURSO

A decisão de prestar concurso público surgiu em 2001. Após dois anos fazendo estágio em um escritório de advocacia, decidi que não queria ser advogado, mas ingressar no serviço público. Coloquei a primeira meta (a primeira de muitas...), que era sair da faculdade já como oficial de justiça ou técnico judiciário. Comecei a fazer curso de português, fator decisivo para aprovação em qualquer concurso público.

O primeiro concurso que prestei foi para Técnico Judiciário do TRT da 15ª Região. Nessa época, era professor de inglês. Trabalhava todos os dias, o dia todo, frequentava o 4º ano da Faculdade de Direito de Franca, SP. Estudava durante os intervalos das aulas de inglês, nos intervalos do curso de direito e, principalmente, à noite, ao chegar em casa (estudava todos os dias até 1 ou 2 horas da manhã) e nos fins de semana.

Estudei bastante para esse concurso de técnico, havia, inclusive, matérias estranhas ao curso de direito, como matemática. Consegui minha primeira aprovação, fui classificado em 7º lugar, na área de Franca, interior de São Paulo. Não tive muita sorte, pois foram chamados 6 candidatos e o concurso prescreveu. E eu fiquei de fora...

Nesse meio tempo, eu já havia prestado muitos, muitos concursos em diversos locais do País. Verifiquei que estava estudando matérias muito diferentes. Ora estudava para polícia federal, ora estudava para AGU, analista do INSS etc. Decidi focar apenas na área de que mais gostava: carreiras trabalhistas. Comecei, então, a me inscrever apenas para Técnico e Analista do TRT, Auditor Fiscal do Trabalho, Juiz e Procurador do Trabalho.

De tanto prestar concursos, e em razão dos anos de experiência como professor de inglês, fui convidado por um amigo, hoje Procurador do Trabalho, Dr. Élisson Miessa dos Santos, para ministrar aulas de direito constitucional na Central de Cursos Professor Pimentel, em Ribeirão Preto, SP. Lecionava de manhã e à noite e prestava concursos quase todos os fins de semana, nos mais diferentes estados da Federação. Quando não estava trabalhando ou fazendo provas, estava sempre estudando.

Fiz inúmeros cursinhos preparatórios, participei de grupos de estudo na internet. Só para Juiz do Trabalho, prestei 26 concursos (vinte e seis, isso mesmo).

Fui aprovado no melhor cargo público do País: Ministério Público do Trabalho (MPT). Nesse concurso, eu era um dos mais jovens Procuradores do Trabalho do País. A aprovação veio após longo período de preparação e sacrifícios. Exatamente após 3 anos, 10 meses e 12 dias de estudo depois da graduação.

Além de o salário para Procurador do Trabalho ser muito atrativo, confesso que sou muitíssimo realizado com a atuação do Ministério Público na defesa da sociedade, em especial do trabalhador brasileiro, combatendo as fraudes trabalhistas, promovendo a erradicação do trabalho infantil e do trabalho escravo, nas investigações de órgãos públicos que violam o concurso público etc.

Consegui outras aprovações (Técnico Judiciário do TJ/SP, Analista Judiciário do TRT 3ª Região-MG e Procurador da Infraero), mas não assumi nenhum desses cargos, pois já era bem remunerado no cursinho e tinha decidido que iria ingressar ou na Justiça do Trabalho, como Juiz, ou no MPT.

Constam a seguir algumas dicas de uma preparação consciente. Se eu pudesse voltar atrás, faria tudo novamente. A conquista de um sonho compensa todo o esforço. Lembre-se de que o ingresso via concurso público é o meio mais democrático e transparente de admissão para o trabalho. A inscrição é pública, todos podem concorrer ao cargo. Depende apenas do seu esforço.

2. A DECISÃO

Ao decidir prestar concurso público, é imprescindível que o candidato se inscreva em um bom cursinho de português. O conhecimento razoável da norma culta da língua portuguesa (ortografia, regência, concordância verbal etc.) e de interpretação de texto não é suficiente para aprovação. Atualmente, exige-se que o candidato tenha profundos conhecimentos dessa matéria (acerto próximo de 90% das questões de português).

Outro ponto que considero importante: não desvie o foco do concurso. A preparação especializada, por exemplo, para a área trabalhista, gera resultados mais rápidos. Ao prestar para o TRT da 15ª região, preste também para o TRT da 2ª e 3ª regiões e assim por diante. A matéria é, na maioria das vezes, igual.

Não se desespere. Se não tem como você se manter sem o trabalho, estude nos momentos em que tiver tempo. Ademais, ao decidir prestar o concurso, tenha em mente que a aprovação é um projeto de médio ou longo prazo. Portanto, faça as contas antes de largar emprego ou pedir ajuda aos familiares. A aprovação poderá vir após anos de estudo.

3. A PREPARAÇÃO

Colocar em prática o sonho do concurso é a fase mais difícil, pois os hábitos devem ser modificados. A preparação para o concurso público exige dedicação e muita, muita disciplina. Há necessidade de que os familiares, amigos, cônjuge ou namorado(a) tenham consciência de que você ficará, por algum tempo, afastado de eventos sociais. Concurso não combina com festas, cerveja e viagem. Lembre-se de que o sofrimento é temporário, mas o cargo é vitalício!

Outro ponto importantíssimo: seja organizado. Tenha sempre suas fontes pessoais de informação. Explico: durante o cursinho preparatório ou os estudos em casa, é necessário que se grife os livros, faça resumos e confeccione um excelente caderno de anotações em cada uma das matérias exigidas no edital. Existe uma grande chance de que você não passe no primeiro concurso. Os candidatos organizados reiniciam os estudos mais facilmente. Nesse ponto, se pudesse voltar atrás, eu mudaria na minha preparação. Não era organizado nos primeiros anos de estudo. Depois de várias provas verifiquei a necessidade de implementar esse hábito.

A organização consiste também em fazer um horário de estudos, ou seja, programação prévia de quais matérias serão estudadas em cada um dos dias da semana. Jamais vá para cama sem saber o que você vai estudar no outro dia.

O estudante deverá conviver bem com derrotas. Quem presta concurso, por vezes, tem péssimas notícias. Terá de tentar conviver bem com elas. Tenho colegas que se apegaram à religião, outros fizeram terapia com psicólogo. Indico as duas atitudes para preparação um pouco mais pacífica.

Aproveite cada minuto. Tenha um livro para todas as situações. Livro para deixar no carro, ou no aeroporto/rodoviária. No meu caso, já deixava livros e resumos na casa dos meus pais. Livro para esperar na fila do banco ou dentista. Estava sempre lendo e estudando.

Há necessidade de focar o máximo possível. No último ano de preparação, eu saí pouquíssimas vezes de casa. Gostava de ir ao cinema e, raramente, frequentava barzinhos.

Outro ponto que considero importantíssimo: não erre a mesma questão duas vezes. Após a realização de cada uma das provas, refaça-a atentamente. Anote seus erros, para evitar o mesmo engano. Diminua ao máximo as chances de erro. Tenha estratégia definida[1], isto é, analise em que matérias você ainda não está seguro. Priorize seus estudos dessas matérias e, claro, das matérias com maior peso na prova.

Pensamentos como "Será que irei conseguir?" e "Estou fazendo a coisa certa?" são comuns entre os estudantes de concurso. No meu caso, como era muito jovem, vivia com esses pensamentos. Achava que estava perdendo os melhores anos da minha vida. Natural pensar essas coisas, só não poderá deixar que esses pensamentos negativos tomem seu tempo de estudo. Outro pensamento ilusório é o de que somente os gênios passam.

Em resumo:

a) Escolha um excelente curso de português (gramática, redação e interpretação de textos).

b) Se puder, frequente um cursinho preparatório, principalmente no início da preparação, para pegar as dicas (livros, resumos, apostilas, melhores professores das matérias) e se acostumar com o ritmo de estudos.

c) Seja organizado com o material de estudo, sobretudo com seu caderno de anotações, resumos e esquemas de memorização.

d) Aproveite cada minuto de estudo. Não perca tempo!

e) Lembre-se de que a aprovação pode vir após alguns anos, logo, nesse período, podem surgir algumas derrotas. A retomada dos estudos, sem perder tempo com lamentações e arrependimentos, é imprescindível.

f) Não erre duas vezes a mesma questão. Refaça as provas já realizadas.

4. A ESPERA PELA NOMEAÇÃO E A POSSE

Ocorre, com muita frequência, a aprovação em concurso e a demora, por anos, para iniciar os trabalhos. É a burocracia do serviço público. Na minha vida de concurseiro, acessava a internet e fóruns de bate-papo sobre concurso todos os dias. Demorava uma eternidade para a nomeação.

Importante não desanimar e não perder o foco durante essa etapa. Vários alunos, após obterem a aprovação, mesmo que distante do número das vagas previstas no edital, paralisavam os estudos, vivendo apenas de "esperança".

E por fim, a posse. Esse é um dos dias mais felizes da vida de quem se dedicou profundamente aos estudos e ao sonho de ingressar no cargo público. No meu caso, como estudei por muitos anos, confesso que foi um dia inesquecível. Ver a satisfação dos meus pais, familiares, amigos e namorada e participar da comemoração realizada em razão da minha conquista foram fatos extremamente emocionantes. Jamais esquecerei esse dia. Valeu a pena cada minuto de esforço.

Bons estudos!

1. Tenho alguns alunos da magistratura e MPT que estudaram profundamente as mais diversas doutrinas do País, mas nunca passaram na primeira fase do concurso, cuja exigência é apenas a lei seca, súmulas e OJs. Falta, portanto, estratégia. Não há como ir diretamente ao nº 2 sem passar pelo nº 1.

ÍNDICE GERAL

⇛ **Volume 1/3** – Livro Teoria Resumida

⇛ **Volume 2/3** – Caderno de Questões

⇛ **Volume 3/3** – Livreto com Gabarito

SUMÁRIO

LÍNGUA PORTUGUESA

DIREITO CONSTITUCIONAL

DIREITO ADMINISTRATIVO

DIREITO PENAL

DIREITO PROCESSUAL PENAL

DIREITO CIVIL

DIREITO PROCESSUAL CIVIL

DIREITOS DAS PESSOAS COM DEFICIÊNCIA

MATEMÁTICA E RACIOCÍNIO LÓGICO

DIREITO TRIBUTÁRIO

DIREITO PREVIDENCIÁRIO

ATUALIDADES

INFORMÁTICA

ÉTICA NO SERVIÇO PÚBLICO

ADMINISTRAÇÃO GERAL E ADMINISTRAÇÃO PÚBLICA

DIREITO AMBIENTAL

DIREITO DO TRABALHO

DIREITO PROCESSUAL DO TRABALHO

LÍNGUA PORTUGUESA

Duda Nogueira

O capítulo teórico possui o objetivo de **direcionar o estudo** para as provas dos Tribunais e está sintetizado porque acompanha **367 questões comentadas**. Dessa maneira, você saberá o que é mais exigido pelas bancas.

É imprescindível seguir a ordem dos assuntos para que não haja dúvida. Para otimizar o estudo, é aconselhável ler a teoria de cada assunto e, em seguida, resolver as questões.

Espero que facilite e que você consiga ótimo resultado nas próximas provas.

PARTE I – FONOLOGIA, ORTOGRAFIA E SEMÂNTICA

1. ORTOGRAFIA

1.1. INTRODUÇÃO

Denomina-se ortografia a parte da gramática que estuda a exata figuração dos sons, ou seja, a correta escrita dos vocábulos. Nela se estudam: os sistemas ortográficos, as notações léxicas, a partição dos vocábulos, o emprego das maiúsculas e as abreviaturas.[1]

1.2. EM CONCURSOS

1.2.1. EMPREGO DOS PORQUÊS

	Regras	Exemplos
Por que	equivale a **pelo qual**	Este é o caminho **por que** passo.
	vem acompanhado pela palavra **razão***(mesmo que subentendida)*	**Por que** você foi embora logo?
Porque	é uma explicação, equivale a **pois.**	Fui embora logo **porque** estava muito cansado.
Porquê	é um substantivo, ou seja, nomeia.	Não sei o **porquê** de sua demora.
	Admite PLURAL	O estudo da palavra **porquê**.
Por quê	Segue a regra da palavra **que**: quando utilizada no fim de uma frase, será sempre acentuada.	Ele faltou, mas não sei **por quê.**

Em concursos: Faltou ontem e não sabemos **por quê.** Regra: final de frase.

Faltou ontem e não sabemos o **porquê**. Regra: admite plural = não sabemos **os porquês**.

1.2.2. MAL E MAU

	Regras	Exemplos
Mal	**substantivo** (nomeia)	O **mal** que a televisão me fez.
	advérbio (indica circunstância)	Dormi **mal** a semana toda.
Mau	é um **adjetivo** (qualifica)	Ele é um **mau** aluno.

Facilitando: em provas fáceis, pode pensar na antiga dica de antônimos.

Mal	**x**	**Bem**
Mau	**x**	**Bom**

1. ALMEIDA, Napoleão Mendes de. *Gramática metódica da língua portuguesa.* 27 ed. São Paulo: Saraiva, 1978. p. 68.

1.2.3. VIAGEM E VIAJEM

	Regras	Exemplos
Viagem	**substantivo** (nomeia)	A **viagem** que farão.
Viajem	**verbo** (pode ser conjugado)	Que eles **viajem** bem.

1.2.4. CESSÃO, SESSÃO E SEÇÃO (OU SECÇÃO)

	Regras	Exemplos
Cessão	Ato de **ceder**	A **cessão** de terras não será feita pelo governo.
Sessão	reunião	A **sessão** de cinema começará às oito horas.
Seção ou secção	parte, divisão	Li a notícia na **seção** (ou **secção**) de esportes.

1.2.5. ONDE E AONDE

	Regras	Exemplos
Onde	Significa **no lugar** e equivale a em que, no(a) qual	O bairro **onde** fica a editora. = A editora fica **no** bairro.
Aonde	Significa **ao lugar**	A casa **aonde** iremos. = Iremos a casa.

1.2.6. SE NÃO E SENÃO

	Regras	Exemplos
Se não	Equivale a **caso não, quando não** ou no caso de o **se** ser conjunção integrante.	**Se não** fossem meus amigos, não seria quem sou. Perguntei aos alunos **se não** gostariam de estudar.
Senão	Equivale a **caso contrário, do contrário, de outro modo, a não ser, mas sim**	Estude bastante, **senão** não conseguirá aprender o suficiente.

1.2.7. TÃO POUCO E TAMPOUCO

	Regras	Exemplos
Tão pouco	muito pouco, curto, pouca coisa, algo pequeno, escasso	Estudei **tão pouco** que nem vou fazer a prova.
Tampouco	**também não** ou **nem**	Não estudou, **tampouco** trabalhou.

1.2.8. DE ENCONTRO A E AO ENCONTRO DE

	Regras	Exemplos
De encontro a	contra, em oposição a, para chocar-se com	A decisão foi **de encontro a** nossos ideais.
Ao encontro de	estar de acordo com, em direção a, favorável a, para junto de	Minha nota veio **ao encontro do** que desejava.

1.2.9. EM VEZ DE E AO INVÉS DE

	Regras	Exemplos
Em vez de	Em lugar de	**Em vez de** estudar, foi ao cinema.
Ao invés de	**Ao contrário de, lado oposto**. Utilizada para indicar ideias opostas, ideias contrárias.	**Ao invés de** rir, chorou muito.

1.2.10. ACERCA DE, A CERCA DE E HÁ CERCA DE

	Regras	Exemplos
Acerca de	**a respeito de** ou **sobre**	**Acerca do** fato, não darei minha opinião.
A cerca de	perto de, aproximadamente, próximo de	O mar fica **a cerca de** 50 metros da pousada.
Há cerca de	tempo decorrido	**Há cerca de** 10 anos, foi aprovado.

1.2.11. MAS E MAIS

	Regras	Exemplos
Mas	• **substantivo comum** = um defeito, um senão • **conjunção** = adversativa tem sentido de uma oposição ou limitação, podendo ser substituído por porém, todavia, contudo • **advérbio** = enfatiza uma afirmação	• Nem **mas** nem meio mas, faça já o que mandaram. • Não estudou, **mas** foi aprovado. • Ele é bom aluno, **mas** tão bom aluno que tem sempre nota máxima nas provas.
Mais	Pode ser **substantivo, conjunção, advérbio de intensidade, preposição, pronome indefinido** indicando noção de maior quantidade ou intensidade. Significa também **ainda os outros, os demais, os restantes**.	• Ela é a menina **mais** inteligente da turma. • Dois **mais** dois são quatro. • Isto é o **mais** que ele consegue fazer. • Não faço **mais** nada do que pensar. • Vou embora, os **mais** que se decidam.

1.2.12. A FIM E AFIM

	Regras	Exemplos
A fim	Locução de finalidade, equivale a **para**	Estudou **a fim de** ter salário fixo.
Afim	**Semelhante**, que tem afinidade	Nossos valores sempre foram **afins**.

1.2.13. SE QUER E SEQUER

	Regras	Exemplos
Se quer	Conjunção **se** + verbo **querer** = se desejar	**Se quer** ter sucesso, trabalhe.
Sequer	Ao menos = advérbio	Estava doente e **sequer** tinha remédio em casa.

1.3. SUGESTÃO

É viável relembrar o emprego do hífen após a Reforma Ortográfica de 2009.

Site sugerido – Brasil Escola: https://brasilescola.uol.com.br/gramatica/emprego-do-hifen.htm

2. ACENTUAÇÃO

2.1. INTRODUÇÃO

Entende-se por acento a maior força expiratória com que uma sílaba se opõe às que lhe ficam contíguas no corpo dos vocábulos.[2]

2.1.1. VOGAL E SEMIVOGAL

Vogal é o fonema sonoro produzido por uma corrente de ar que passa livremente pela boca. São elas: a, e, i, o, u.

Em toda sílaba, há uma vogal. Isso significa que o número de sílaba é o mesmo que o número de vogal: país = duas vogais (a,i) = duas sílabas (pa-ís). As vogais são pronunciadas fortemente.

Semivogal são os sons de /i/ e /u/ pronunciados fracamente. Estará sempre acompanhada por uma vogal.

As letras "e" e "o" podem ser semivogais de possuírem som de /i/ e /u/: mã**<u>e</u>**, pã**<u>o</u>**.

2.1.2. DITONGO CRESCENTE, DECRESCENTE E HIATO

Ditongo crescente: formado por semivogal + vogal na mesma sílaba = glór**<u>ia</u>**.

2. LIMA, Rocha. *Gramática normativa da língua portuguesa.* 15 ed. Rio de Janeiro: J. Olympio, 1972. p.24

Ditongo decrescente: formado por vogal + semivogal na mesma sílaba = p**ai**.

Hiato: ocorre quando uma sílaba termina com vogal e a outra sílaba inicia-se também com vogal = p**a**-**í**s, h**i**-**a**-to.

2.2. REGRAS DE ACENTUAÇÃO GRÁFICA

2.2.1. PROPAROXÍTONAS

A sílaba tônica é a antepenúltima.

Regra: todas as proparoxítonas são acentuadas. Exemplos: **trá**-gi-co; pa-**té**-ti-co, **ár**-vo-re.

Para facilitar, insira os vocábulos na tabela. A última sílaba deverá estar sempre na última coluna.

	Proparoxítona	Paroxítona	Oxítona
	trá	gi	co
pa	**té**	ti	co
	ár	vo	re

2.2.1.1. PROPAROXÍTONA EVENTUAL OU ACIDENTAL

As palavras paroxítonas terminadas em ditongo oral crescente (semivogal + vogal) podem ser consideradas **proparoxítonas eventuais** ou **relativas** ou **acidentais**.

paroxítona terminada em ditongo crescente	re	si	dên	**cia**	
proparoxítona eventual	re	si	dên	**ci**	**a**

paroxítona terminada em ditongo crescente	me	mó	**ria**	
proparoxítona eventual	me	mó	**ri**	**a**

2.2.2. PAROXÍTONAS

A sílaba tônica é a penúltima.

Acentuam-se as PAROXÍTONAS terminadas em	Exemplos
l	**fá**cil
n	**pó**len
r	ca**dá**ver
ps	**bí**ceps
x	**tó**rax
us	**ví**rus
i, is	**jú**ri, **lá**pis
om, ons	**iân**dom, **í**ons
um, uns	**ál**bum, **ál**buns
ã(s), ão(s)	**ór**fã, **ór**fãs, **ór**fão, **ór**fãos
ditongo oral (seguido ou não de s)	**jó**quei, **tú**neis

Observações:

a. As paroxítonas terminadas em **n** são acentuadas (hífen), mas as que terminam em **ens**, não: **hifens**.

b. Não são acentuados os prefixos terminados em **i** e **r**: semi, super.

Acentuam-se as paroxítonas terminadas em ditongos crescentes: **ea(s), oa(s), eo(s), ua(s), ia(s), ue(s), ie(s), uo(s), io(s)**: mágoa, óleo, régua, férias, tênue, cárie, ingênuo, início.

2.2.3. OXÍTONAS

A sílaba tônica é a última.

Acentuam-se as OXÍTONAS terminadas em	Exemplos
a(s)	sof**á**, sof**ás**
e(s)	jacar**é**, voc**ês**
o(s)	palet**ó**, av**ós**
em, ens	ningu**ém**, armaz**éns**

2.2.4. MONOSSÍLABAS

São palavras que possuem apenas uma sílaba, ou seja, uma vogal. Acentuam-se as monossílabas tônicas – com autonomia fonética.

Acentuam-se os MONOSSÍLABOS terminados em	Exemplos
a(s)	lá, cá
e(s)	pé, mês
o(s)	só, pó, nós, pôs

2.3. ACENTUAÇÃO DOS HIATOS

REGRA	Exemplos
Acentuam-se o **i** e **u** tônicos quando formam hiato com a vogal anterior, estando eles sozinhos na sílaba ou acompanhados apenas de **"s"**, desde que não sejam seguidos por **-nh.**	sa – **í** – da e – go – **ís** –mo sa – **ú** – de
Não se acentuam, portanto, hiatos como os das palavras seguintes. →	ju –**iz**, ra – **iz**, ru – **im**, ca – **ir**
Motivo: **-i** ou **-u** não estão sozinhos nem acompanhados de **-s** na sílaba.	

Observação: cabe esclarecer que existem hiatos acentuados não por serem hiatos, mas por outras razões: po-é-ti-co = proparoxítona; bo-ê-mio = paroxítona terminada em ditongo crescente; ja-ó = oxítona terminada em "o".

2.4. ACENTOS DIFERENCIAIS

Os acentos diferenciais servem para diferenciar as palavras. Sofreram alterações com a Reforma Ortográfica de 2009, por isso é importante relembrar.

Não se usa mais o **acento diferencial** nos "pares": pára – para, péla(s) – pela(s), pêlo(s) – pelo(s), pólo(s) – polo(s) e pêra – pera.	Ele não **para** de falar. Foram **para** Londres
Permanece o acento diferencial em **pôde** e **pode.**	Ontem, ele não **pôde** sair mais cedo, mas hoje ele **pode**.
Permanece o acento diferencial em **pôr** (verbo) e **por** (preposição).	Vou **pôr** o livro na estante que foi feita **por** mim.
Permanecem os acentos que diferenciam o singular do plural dos verbos **ter** e **vir**, assim como de seus derivados (manter, deter, reter, conter, convir, intervir, advir etc.).	Ele **tem** – Eles **têm;** Ele **vem** – Eles **vêm;** Ele **mantém** – Eles **mantêm;** Ele **convém** – Eles **convêm.**
Acento facultativo – o uso do acento circunflexo para diferenciar as palavras **forma** e **fôrma.** Em alguns casos, o uso do acento deixa a frase mais clara.	Qual é a **forma** da **fôrma** do bolo?

2.5. REGRAS ESPECIAIS

Os ditongos **éi, éu** e **ói**, sempre que tiverem pronúncia aberta em palavras **oxítonas** (éi e não êi), são acentuados.	**éi (s):**an**éi**s, fi**éi**s, pap**éi**s **éu (s):**trof**éu**, c**éu**s **ói (s):** her**ói,** constr**ói**, caub**ói**s
Os ditongos abertos ocorridos em palavras paroxítonas NÃO são acentuados.	assembleia, boia, colmeia, Coreia, estreia, heroico, ideia, jiboia, joia, paranoia, plateia, etc.
Nos verbos compostos de **ter** e **vir**, o acento ocorre obrigatoriamente, mesmo no singular. Distingue-se o plural do singular mudando o acento de agudo para circunflexo.	ele detém –eles detêm ele advém –eles advêm

Observação: a palavra **destróier** é acentuada por ser uma paroxítona terminada em "r" (e não por possuir ditongo aberto **oi).**

2.6. MUDANÇAS NAS REGRAS[3]

O que mudou	Exemplos	Exceções
Não se usa mais o acento dos **ditongos abertos éi** e **ói** das palavras paroxítonas (palavras que têm acento tônico na penúltima sílaba).	alcaloide, alcateia, androide, apoia (verbo apoiar), apoio (verbo apoiar), asteroide, boia, celuloide, claraboia, colmeia, Coreia	Essa regra é válida somente para palavras paroxítonas. Continuam a ser acentuadas as palavras oxítonas e os monossílabos tônicos terminados em **éis** e **ói(s)**: papéis, herói, heróis, dói (verbo doer), sóis.
Nas palavras **paroxítonas**, não se usa mais o acento no **i** e no **u** tônicos quando vierem depois de um ditongo.	baiuca, bocaiuva (tipo de palmeira), cauila (avarento).	1. se a palavra for oxítona e o **i** ou o **u** estiverem em posição final (ou seguidos de **s**), o acento permanece: tuiuiú, tuiuiús, Piauí. 2. se o **i** ou o **u** forem precedidos de ditongo crescente, o acento permanece: guaíba, Guaíra.
Não se usa mais o acento das palavras terminadas em **eem** e **oo(s)**.	abençoo, creem, deem, doo, enjoo.	
Não se usa mais o acento agudo no **u** tônico das formas (tu) arguis, (ele) argui, (eles) arguem, do presente do indicativo dos verbos **arguir** e **redarguir**.	João argui Pedro sobre sua ausência na reunião. Pedro redargui: Por acaso isso te interessa?	

3. SEMÂNTICA

3.1. INTRODUÇÃO

Semântica é a parte da gramática que estuda o significado das palavras. É subdividida em sinônimos, antônimos, parônimos e homônimos.[4]

3.2. SINÔNIMO E ANTÔNIMO

3.2.1. SINÔNIMO

É o vocábulo que apresenta **sentido igual ou semelhante**; relação semântica de sinonímia quer dizer aproximação de sentido.

Cômico: burlesco, comediante, engraçado. Economizar: poupar, amealhar, forrar.

3.2.2. ANTÔNIMO

É o vocábulo que apresente **sentido oposto**; relação semântica de antonímia implica oposição de sentido.

Cômico: grave, trágico, sério. Mal: bem. Mau: bom.

3. TUFANO, Douglas. *Guia prático da nova ortografia.* São Paulo: Melhoramentos, 2009.

4. GRAMÁTICA.NET.BR, *Semântica.* Disponível em <https://www.gramatica.net.br/semantica/>. Acesso em: 16 dez. 2021

3.3. HOMÔNIMO E PARÔNIMO

3.3.1. HOMÔNIMO

É o vocábulo que possui **a mesma grafia, a mesma pronúncia** ou as duas iguais. Subdivide-se em:

Homófono apresenta a **mesma pronúncia**, mas a grafia diferente.

Sessão = reunião; seção = divisão; cessão = doação.

Homógrafo apresenta a **mesma grafia**, mas a pronúncia diferente.

Governo (ê) = substantivo; governo (é) = verbo / olho (ô) = substantivo; olho (ó) = verbo.

Homônimo perfeito possui a **mesma grafia e** a **mesma pronúncia**, mas o sentido é diferente.

Caminho (substantivo); caminho (verbo) / livre (adjetivo); livre (verbo).

3.1. Parônimo é o **vocábulo parecido** tanto na grafia quanto na pronúncia.

Ratificar = confirmar; retificar = corrigir / Intemerato = puro, íntegro; intimorato = intrépido, resoluto.

3.4. POLISSEMIA

É a propriedade que uma mesma palavra tem de apresentar **vários significados**.

Ele ocupa um alto **posto** na empresa. Abasteci meu carro no **posto** da esquina.

3.5. HIPONÍMIA E HIPERONÍMIA[5]

3.5.1. HIPONÍMIA

Representa cada parte, cada item de um todo.

Maçã, goiaba, melão, morango, banana = hipônimas de frutas (o todo).

3.5.2. HIPERONÍMIA

Possui a ideia de um todo.

Frutas é hiperonímia de maçã, goiaba, melão, morango, banana (partes).

3.6. DENOTAÇÃO E CONOTAÇÃO

3.6.1. DENOTAÇÃO

É o uso da palavra com o seu **sentido original**.

Pedra é um corpo duro e sólido, da natureza das rochas. A construção de um muro de **pedras**.

3.6.2. CONOTAÇÃO

É o uso da palavra com um significado diferente do original, criado pelo contexto. Esse sentido é usado comumente em poesias e textos literários.

Você tem um coração de **pedra**.

3.7. AMBIGUIDADE

É a qualidade ou estado do que é ambíguo, ou seja, aquilo que pode ter mais do que um sentido ou significado. Pode apresentar a sensação de indecisão, hesitação, imprecisão, incerteza e indeterminação. Ambiguidade é obscuridade; dúvida.[6]

Casos	Exemplos	Ambiguidade	Eliminando a ambiguidade
Má colocação do Adjunto Adverbial	Crianças que recebem leite materno frequentemente são mais sadias.	As crianças são mais sadias porque recebem leite frequentemente ou são frequentemente mais sadias porque recebem leite?	Crianças que **recebem frequentemente** leite materno são mais sadias. Crianças que recebem leite materno **são frequentemente** mais sadias.
Uso Incorreto do Pronome Relativo	Gabriela pegou o estojo vazio da aliança de diamantes que estava sobre a cama.	O que estava sobre a cama: o estojo vazio ou a aliança de diamantes?	Gabriela pegou o estojo vazio da **aliança** de diamantes **a qual** estava sobre a cama. Gabriela pegou **o estojo** vazio da aliança de diamantes **o qual** estava sobre a cama.

5. MUNDO EDUCAÇÃO, *Hiperonímia e Hiponímia*. Disponível em <https://mundoeducacao.bol.uol.com.br/gramatica/hiperonimia-hiponimia.htm>. Acesso em 17 dez. 2021.

6. BUENO, Francisco da Silveira. *Minidicionário da Língua Portuguesa*. Edição atualizada. São Paulo: FTD S.A. p. 46

Casos	Exemplos	Ambiguidade	Eliminando a ambiguidade
Má Colocação de Pronomes, Termos, Orações ou Frases	Aquela velha senhora encontrou o garotinho em seu quarto.	O garotinho estava no quarto dele ou da senhora?	Aquela **velha** senhora encontrou o garotinho no quarto **dela**. Aquela velha senhora encontrou o **garotinho** no quarto **dele**.
	Sentado na varanda, o menino avistou um mendigo.	Quem estava sentado na varanda: o menino ou o mendigo?	O menino avistou um **mendigo** que estava **sentado** na varanda. O **menino** que estava **sentado** na varanda avistou o mendigo.[7]

PARTE II – MORFOLOGIA

1. PROCESSOS DE FORMAÇÃO DAS PALAVRAS

1.1. DERIVAÇÃO

É o processo de formação de novas palavras através da adição ou subtração de itens a uma palavra primitiva, ou seja, deriva de outra. Possui um radical.

Derivação Prefixal: ocorre quando a palavra nova é obtida por acréscimo de prefixo.

expor- **ex** + por; impor- **im** + por; percorrer – **per** + correr.

Derivação Sufixal: ocorre quando a palavra nova é obtida por acréscimo de sufixo.

dentista – dent + **ista**; amoroso – amor + **oso**.

Derivação Prefixal e Sufixal: ocorre quando a palavra nova é obtida por acréscimo de prefixo e sufixo.

Observação: o prefixo ou o sufixo pode ser retirado e uma nova palavra será formada.

	prefixo	radical	sufixo	novas palavras
deslealdade	des	leal	dade	desleal, lealdade
infelizmente	in	feliz	mente	infeliz, felizmente
Inutilizar	in	util	izar	inútil, utilizar

Derivação Parassintética: ocorre quando a palavra nova é obtida pelo acréscimo simultâneo de prefixo e sufixo. Por parassíntese formam-se, principalmente, verbos.

Observação: o prefixo ou o sufixo **não** pode ser retirado.

	prefixo	radical	sufixo	
entristecer	en	trist	ecer	**não** há novas palavras
entardecer	en	tard	ecer	
esquentar	es	quent	ar	

Derivação Regressiva: a palavra reduz, ou seja, diminui.

botequim – **boteco**; português – **portuga**; barracão – **barraco**; sarampão – **sarampo**

Derivação Imprópria: ocorre mudança na classe gramatical, por isso o nome **imprópria**.

O **jantar**: substantivo derivado do verbo *jantar.* / Mulher **aranha**: adjetivo derivado do substantivo.

1.2. COMPOSIÇÃO

É o processo que forma palavras compostas, a partir da junção de dois ou mais radicais.

Composição por justaposição

Ao unirmos os radicais, **não** ocorre alteração fonética, ou seja, o som não muda.

Passatempo = passa + tempo; varapau = vara + pau; obra-prima = obra + prima.

7. AMBIGUIDADE GERAL. Disponível em <http://ambiguidade-geral.blogspot.com/2014/04/ambiguidade.html>. Acesso em: 16 dez. 2021. (adaptado)

Composição por aglutinação

Ao unirmos dois ou mais vocábulos ou radicais, **ocorre supressão** de um ou mais de seus elementos fonéticos.

Aguardente = água + ardente; planalto = plano + alto; embora = em + boa + hora.

1.3. HIBRIDISMO

Palavra formada por elementos de línguas distintas.

burocracia	buro: francês	cracia: grego
automóvel	auto: grego	móvel: latim
monocultura	mono: grego	cultura: latim
sambódromo	samba: português	dromo: grego

1.4. ONOMATOPEIA

São vocábulos que reproduzem aproximadamente os sons e as vozes dos seres.

Tique-taque, pingue-pongue, mugir, miar, piar, rosnar, latir, bumm!

1.5. NEOLOGISMOS E GÍRIAS

Os **neologismos** podem ser criados a partir de palavras da própria língua do país (como as palavras "presidenciável" e "carreata", por exemplo) ou a partir de palavras estrangeiras ("roqueiro" e "deletar", por exemplo). No processo de criação de palavras novas, merecem destaque as gírias, que surgem num determinado grupo social e, por sua expressividade, acabam sendo incorporadas à linguagem coloquial de outras camadas sociais.

A **gíria** é um fenômeno de linguagem especial que consiste no uso de uma palavra não convencional para designar outras palavras formais da língua. Pode ser empregada no intuito de fazer segredo, humor ou distinguir o grupo que a adota dos demais, muitas vezes criando um jargão próprio. Assim, como uma expressão idiomática, é uma palavra que se caracteriza por não permitir a identificação do seu significado através de seu sentido literal. Por essa razão, também não é possível traduzi-la para outra língua de modo literal. As gírias geralmente se originam de acordo com a cultura e peculiaridades de cada região. As gírias podem comprometer a clareza, bem como a permanência do texto escrito, gerando complicações.

Gíria	Explicação
13 ou 22	Cara louco, doido, maluco.
38 (lê-se trinta-e-oito ou três-oitão)	Arma de fogo bastante comum no Brasil, principalmente de forma ilegal.
171 (lê-se um-sete-um)	Estelionatário. Refere-se ao artigo número 171, que versa sobre estelionato.
Abraçar jacaré	Dar-se mal, encontrar-se em situação controversa.
Alcaguete ou Alcagueta	Pessoa dedo-duro, delatora.
Animal	Muito legal, radical.[8]

2. CLASSES GRAMATICAIS VARIÁVEIS – FLEXÃO NOMINAL

2.1. SUBSTANTIVO

2.1.1. DEFINIÇÃO

Substantivo é toda a palavra que especifica substância, ou seja, coisa que possua existência ou animada (homem, cachorro, laranjeira) ou inanimada (casa, lápis, pedra), quer real (sol, automóvel), quer imaginária (Júpiter, sereia), quer concreta (casa), quer abstrata (pureza).[9]

2.1.2. FLEXÃO DE NÚMERO

Número é o acidente gramatical que indica se o ser nomeado é um ou mais de um. São dois números: o singular, que se refere a um ente ou grupo de entes, como – a criança, o peixe, o rebanho; o plural, que denota mais de um ente ou grupo de entes: as crianças, os peixes, os rebanhos.[10]

8. SÓ PORTUGUÊS. Disponível em <https://www.soportugues.com.br/secoes/girias/>. Acesso em: 16 dez. 2021. (com adaptações)
9. ALMEIDA, Napoleão Mendes de. *Gramática metódica da língua portuguesa.* 27 ed. São Paulo: Saraiva, 1978. p.80.
10. LIMA, Rocha. *Gramática normativa da língua portuguesa.* 15 ed. Rio de Janeiro: J. Olympio, 1972. p. 73.

2.1.2.1. PLURAL DOS SUBSTANTIVOS SIMPLES

Os substantivos terminados em	**vogal, ditongo oral** e **n** fazem o plural pelo acréscimo de **s.**	pai – pais / ímã – ímãs hífen – hifens (sem acento, no plural) **Exceção:** cânon – cânones.	
	m fazem o plural em **ns.**	homem – homens	
	r e **z** fazem o plural pelo acréscimo de **es.**	revólver – revólveres / raiz – raízes **Atenção:** O plural de caráter é caracteres.	
	al, el, ol, ul flexionam-se no plural, trocando o **l** por **is.**	quintal – quintais / caracol – caracóis / hotel – hotéis **Exceções:** mal e males, cônsul e cônsules.	
	il fazem o plural de duas maneiras:	Quando **oxítonos**, em **is**.	canil – canis
		Quando **paroxítonos**, em **eis**.	míssil – mísseis.
		Obs.: a palavra réptil pode formar seu plural de duas maneiras: répteis ou reptis (pouco usada).	
	s fazem o plural de duas maneiras:	Quando **monossilábicos** ou **oxítonos**, mediante o acréscimo de **es**.	ás – ases retrós – retroses
		Quando **paroxítonos** ou **proparoxítonos**, ficam **invariáveis**.	o lápis – os lápis o ônibus – os ônibus.
	ão fazem o plural de três maneiras:	substituindo o **-ão** por **–ões**	ação – ações
		substituindo o **-ão** por **–ães**	cão – cães
		substituindo o **-ão** por **–ãos**	grão – grãos
	x ficam invariáveis.	o látex – os látex.	

2.1.2.2. PLURAL DOS SUBSTANTIVOS COMPOSTOS

A formação do plural dos substantivos compostos depende da forma como são grafados, do tipo de palavras que formam o composto e da relação que estabelecem entre si. Aqueles que são grafados sem hífen comportam-se como os substantivos simples.

aguardente aguardentes	pontapé pontapés	girassol girassóis	malmequer malmequeres

O plural dos substantivos compostos cujos elementos são ligados por hífen costuma provocar muitas dúvidas e discussões. Vamos a elas.

Flexionam-se os dois elementos, quando formados de	substantivo + substantivo	couve-flor e couve**s**-flor**es**
	substantivo + adjetivo	amor-perfeito e amor**es**-perfeito**s**
	adjetivo + substantivo	gentil-homem e genti**s**-home**ns**
	numeral + substantivo	quinta-feira e quinta**s**-feira**s**
Flexiona-se somente o segundo elemento, quando formados de	verbo + substantivo	guarda-roupa e guarda-roupa**s**
	palavra invariável + palavra variável	alto-falante e alto-falante**s**
	palavras repetidas ou imitativas	reco-reco e reco-reco**s**

Flexiona-se somente o primeiro elemento, quando formados de	substantivo + preposição clara + substantivo	água-de-colônia e águas-de-colônia
	substantivo + preposição oculta + substantivo	cavalo-vapor e cavalos-vapor
	substantivo + substantivo que funciona como determinante do primeiro, ou seja, especifica a função ou o tipo do termo anterior.	palavra-chave – palavras-chave bomba-relógio – bombas-relógio notícia-bomba – notícias-bomba homem-rã – homens-rã peixe-espada – peixes-espada
Permanecem invariáveis, quando formados de	verbo + advérbio	o bota-fora e os bota-fora
	verbo + substantivo no plural	o saca-rolhas e os saca-rolhas
Casos Especiais	o louva-a-deus e os louva-a-deus o bem-te-vi e os bem-te-vis o bem-me-quer e os bem-me-queres o joão-ninguém e os joões-ninguém[11]	

2.2. ADJETIVO

2.2.1. DEFINIÇÃO

Adjetivo é a palavra que expressa qualidade ou propriedade ou estado do ser. Dividem-se em: **adjetivo explicativo**, que diz qualidade essencial do ser (pedra **dura**, gelo **frio**, leite **branco**) e **adjetivo restritivo**, que expressa qualidade, propriedade ou estado acidental do ser (pedra **preciosa**, gelo **útil**, leite **caro**, livro **velho**, **bela** casa, **alto** muro).[12]

2.2.1.1. LOCUÇÃO ADJETIVA

Locução é o conjunto de duas ou mais palavras que portam significado distinto daquele que advém da consideração das palavras isoladamente, isto é, locução adjetiva é mais de uma palavra com valor de adjetivo. Normalmente é formada por preposição + substantivo: de águia = aquilino; de esmeralda = esmeraldino; de orelha = auricular; de ano = anual; de farinha = farináceo.

3. FLEXÃO DE NÚMERO

3.1. PLURAL DOS ADJETIVOS SIMPLES

Os adjetivos simples flexionam-se no plural de acordo com as regras estabelecidas para a flexão numérica dos substantivos simples.

mau **maus**	**feliz** **felizes**	**ruim** **ruins**	**boa** **boas**

Observação: caso o adjetivo seja uma palavra que também exerça função de substantivo, ficará invariável, ou seja, se a palavra que estiver qualificando um elemento for, originalmente, um substantivo, ela manterá sua forma primitiva.

A palavra **violeta** é um substantivo, porém, se estiver qualificando um elemento, funcionará como adjetivo. Ficará invariável. Exemplo: camisas **violeta**, ternos **violeta**.

3.2. PLURAL DOS ADJETIVOS COMPOSTOS

Adjetivo composto é formado por dois ou mais elementos. Normalmente, esses elementos são ligados por hífen.

Regra: apenas o último elemento concorda com o substantivo a que se refere; os demais ficam na forma masculina, singular.	camisas **verde-claras**

11. SÓ PORTUGUÊS. Disponível em <https://www.soportugues.com.br/secoes/morf/morf28.php>. Acesso em: 30 março 2014.
12. ANDRÉ, Hildebrando Afonso de. *Gramática ilustrada.* 2 ed. São Paulo: Moderna, 1978. p. 122.

Observações:

- Caso o adjetivo seja uma palavra que também exerça função de substantivo, ficará invariável. Facilitando: se a palavra que qualifica um elemento for, originalmente, um substantivo, ela manterá sua forma primitiva (singular).

  As palavras **ouro e café** são originalmente substantivos, porém, se estiverem qualificando um elemento, funcionarão como adjetivos. Caso se ligue a outra palavra por hífen, formará um adjetivo composto; como é um substantivo adjetivado, o adjetivo composto inteiro ficará invariável. Exemplos: camisas **amarelo-ouro,** telhados **marrom-café.**
- **Azul-marinho, azul-celeste, ultravioleta e qualquer adjetivo composto iniciado por cor-de-**... são sempre invariáveis: blusas **azul-marinho**, blusas **azul-celeste**, blusas **cor-de-rosa**.
- Os adjetivos compostos **surdo-mudo e pele-vermelha** têm os dois elementos flexionados: meninos **surdos--mudos**, crianças **peles-vermelhas.**

4. SUGESTÃO

Raramente os graus do adjetivo são exigidos. Caso queira relembrar, segue o link: www.todamateria.com.br/flexao-dos-adjetivos/

4.1. ARTIGO

4.1.1. DEFINIÇÃO

Artigo é a palavra que antepomos ao substantivo para determiná-lo. Ao mesmo tempo, o artigo indica o gênero e o número do substantivo ao qual se antepõe.[13]

4.1.2. CLASSIFICAÇÃO

4.1.2.1. ARTIGOS DEFINIDOS

Determinam o substantivo de modo particular e preciso. São eles: o, a, os, as.

4.1.2.2. ARTIGOS INDEFINIDOS

Determinam o substantivo de modo vago, geral. São eles: um, uma, uns, umas.

4.1.3. EMPREGO DO ARTIGO

4.1.3.1. NÃO SE USA O ARTIGO DEFINIDO

Em **provérbios e comparações.**	Cão que ladra não morde. Amor com amor se paga. Amor e tosse não dá para esconder.
Depois de ***cujo*** e o substantivo imediato.	Era o homem cujo pai procurávamos. Há animais cujo pelo é liso.
Antes de palavras que designam **matérias de estudo**, usadas com os verbos ensinar, aprender, estudar e equivalentes.	Estudava Literatura. Lecionava Português. Já não se estuda Latim nas escolas.
Antes de **nomes de sentido generalizado** – antes de substantivos usados de uma maneira geral.	Amor é sacrifício. Avareza não é economia. Escrever certo é difícil. Sal, pimenta e açúcar devem ser usados em quantidades moderadas.
Antes de palavras que se referem à **mesma pessoa**.	Diretor da empresa e funcionário público.
Antes de **pronomes tratamento**.	Sua Alteza casou com Dona Teresa Cristina. Espero não ter interrompido Vossa Excelência.
EXCEÇÃO: senhor, senhora e senhorita admitem artigo.	Falei com a senhorita Ana. O senhor João morreu ontem.
Atenção! Não quando nos dirigimos à própria pessoa.	Adeus, senhor Antônio.

13. ANDRÉ, Hildebrando Afonso de. *Gramática ilustrada.* 2 ed. São Paulo: Moderna, 1978. p. 216.

Antes dos adjetivos **São, Santo e Santa**, quando acompanhados de nome próprio, assim como Nosso Senhor e Nossa Senhora.	Santo Antônio é seu padroeiro e confidente
Antes de **pronome possessivo** usado em expressões com o valor de alguns.	Quem não tem suas (algumas) dificuldades?
Com **nomes próprios de pessoas** usados por inteiro.	João Figueiredo pediu para ser esquecido.
Observações: Com nomes de pessoas, geralmente, não se usa artigo	Rita não compareceu à cerimônia.
Atenção! Na linguagem coloquial de alguns Estados brasileiros, é frequente a anteposição de artigo a nomes de pessoas, a fim de indicar afetividade ou familiaridade	O Édson é meu irmão. A Sandra não quis sair comigo.
Antes das palavras **Casa e Terra,** quando não especificadas.	Eles estavam em casa. Voltou para casa mais tarde do que de hábito. Os marinheiros permaneciam em terra.
Atenção! Usa-se artigo antes das palavras **Casa e Terra**, quando especificadas.	Ele estava na casa do amigo. Voltou para a casa dos pais. Os marinheiros permaneceram na terra dos anões.
Antes de **outro** em sentido indeterminado.	Uns estavam atentos, outros não. Um entrou no banco, outro no carro.
Com **ambos (ambas)** é obrigatório o emprego do artigo definido. Coloque-o entre o numeral ambos e o substantivo a que se refere.	O juiz solicitou a presença de ambos os cônjuges. Ambas as partes chegaram a um acordo.
Com **cujo** (e flexões) não usamos artigo.	Este é o homem cujo amigo desapareceu. Este é o autor cuja obra conheço.
Não se combina com preposição o artigo que faz parte do nome de revistas, jornais e obras literárias.	Li a notícia em O Estado de São Paulo. A notícia foi publicada em O Globo.14

4.1.3.2. USA-SE O ARTIGO DEFINIDO

Nomes próprios geográficos. Dica: use **voltei do, da** = com artigo.	A Bahia = voltei da O Rio de Janeiro = voltei do A Amazônia = voltei da
Qualificando o lugar, haverá também o artigo.	O velho Portugal = voltei do A Atenas de Péricles = voltei da A antiga Grécia = voltei da
Voltei de = sem artigo	Portugal = voltei de Roma = voltei de Atenas = voltei de Curitiba = voltei de São Paulo = voltei de Paris = voltei de
Uso facultativo antes de pronomes possessivos.	Foi rápida a sua entrevista. Foi rápida sua entrevista.

14. RECANTO DAS LETRAS, *Emprego do artigo.* Disponível em <http://www.recantodasletras.com.br/gramatica/1408194>. Acesso em 15 dez. 2021.

4.1.4. EMPREGO DO ARTIGO INDEFINIDO

Transmite ao substantivo grande força expressiva.	*Estou com* **uma sede***!* O artigo indefinido denota a grande intensidade da sede que o emissor da frase sente.
Antepõe-se ao numeral quando não se pode precisá-lo.	*Ela deve ter* **uns 15** *anos.*
Antes de nomes próprios para acentuar a semelhança de alguém com um personagem célebre. Nesse caso o nome próprio passa a ser um nome comum.	*Revelou-se* **um Pavarotti**. (um grande cantor)

4.2. NUMERAL

4.2.1. DEFINIÇÃO

Numeral é a palavra que designa uma quantidade determinada de seres ou um ser em determinada ordem, ou ainda fração ou múltiplo.[15]

4.2.2. CLASSIFICAÇÃO

De acordo com suas funções, os numerais são classificados em:

4.2.2.1. CARDINAIS

Indicam uma quantidade determinada de seres: um, dois, três etc.

4.2.2.2. ORDINAIS

Indicam a ordem que o ser ocupa numa série: primeiro, segundo, terceiro etc.

4.2.2.3. MULTIPLICATIVOS

Expressam a ideia de que um número é multiplicativo de outro: duplo, triplo etc.

4.2.2.4. FRACIONÁRIOS

Indicam que um número representa fração de outro: meio, terço, quarto etc.

4.2.2.5. COLETIVOS

Referem-se aos numerais que, no singular, se referem ao conjunto de algo, indicando o número exato de seres que compõem esse conjunto. Não são flexionados em gênero, mas são flexionados em número: uma dúzia, quatro dúzias, uma novena.[16]

4.2.3. LEITURA DOS NUMERAIS

Separando os números em centenas, de trás para frente, obtêm-se conjuntos numéricos, em forma de centenas e, no início, também de dezenas ou unidades. Entre esses conjuntos usa-se vírgula; as unidades ligam-se pela conjunção **e**.

1.203.726	um milhão, duzentos **e** três mil, setecentos **e** vinte **e** seis.
45.520	quarenta **e** cinco mil, quinhentos **e** vinte.[17]

15. ANDRÉ, Hildebrando Afonso de. *Gramática ilustrada.* 2 ed. São Paulo: Moderna, 1978. p. 220.
16. NETO, Pasquale Cipro & INFANTE, Ulisses. *Gramática da Língua Portuguesa.* 1 ed. São Paulo: Scipione, 1999. p. 308.
17. SÓ PORTUGUÊS, *Classificação dos Numerais, Leitura dos Numerais.* Tecnologia da Informação, 2007-2018. Disponível em <*https://www.soportugues.com.br/secoes/morf/morf40_2.php*>. Acesso em: 9 ago. 2018.

4.2.4. EMPREGO DOS NUMERAIS

Não se deve usar o numeral um antes de mil.	Ganhei mil reais.	
Em relação ao primeiro dia do mês.	Fortaleza, 1º de dezembro de 2022. Com relação ao primeiro dia, há gramáticos respeitados, como Evanildo Bechara, que defendem tanto o uso do ordinal como do cardinal. O emprego do ordinal, todavia, parece ter maior aceitação e, portanto, deve receber prioridade.	
Com relação às datas – Uso de AOS, A e EM	É facultativo. Assim, posso empregar qualquer uma das três opções.	– **Aos** 18 dias de março foi prolatada a sentença. – **A** 18 de março foi prolatada a sentença. – **Em** 18 de março foi prolatada a sentença. – **No** dia 23 de março foi prolatada a sentença.
Os numerais milhares, milhões e bilhões exigem o artigo no masculino.	– Os milhares de mulheres compareceram à passeata. – Os três milhões de árvores plantadas cresceram devagar. – Não há oferta de trabalho para os dois bilhões de pessoas ociosas.	
Na designação de artigos, capítulos e parágrafos, usam-se os ordinais de um a nove e os cardinais de dez em diante.	– Capítulo VII (sétimo) – Capítulo X (dez) – Artigo IX (nono) – Artigo X (dez) – Parágrafo X (dez) – Parágrafo XI (onze)	
Na designação de papas, séculos e reis, usam-se os ordinais de um a dez e os cardinais de onze em diante.	– Oficialmente o fim do Império Romano se deu no século V. (século quinto) – A Reforma Protestante e a Contrarreforma ocorreram no século XVI. (século dezesseis) – Pio X e Pio XII foram dois papas da Igreja Católica. Pio décimo e Pio doze. – Dom Pedro II era maçom. (Pedro Segundo)	
	Observação: usar-se-ão, todavia, os ordinais em frases como:	No décimo quarto século depois do fim do Império Romano nasceu Nietzsche, o filósofo que mais perseguiu o cristianismo.
Na designação de páginas de um livro e nos endereços de apartamentos e casas de uma vila usam-se os cardinais.	Carla abriu o livro na página 5. (cinco) Carla mora no apartamento 203. Casa 3. (três)	
	Observação: Se o numeral anteceder o substantivo, o ordinal deve ser usado.	– Carla abriu o livro na 5ª página. (quinta) – Carla abriu o livro na quinta página.
Não se usa o ponto entre os numerais, quando estes designam datas.	Hoje é dia 18 de dezembro de 2021.	
	Observação: Nos demais casos, o ponto deve ser colocado entre as centenas e milhares.	– Ele ganhou R$ 1.250.350,18 de prêmio. – O juiz de Direito fez menção ao art. 1.184 do Código de Processo Civil.
Uso de sinais gráficos entre as datas: três opções, sendo a primeira mais aceita.	– / 12 / 2013 –.12.2013 – – 12 – 2013	
Quantidade de dígitos em relação aos dias, meses e anos.	– Escrita: 18/01/2014 – No preenchimento de campos, seja em papéis, seja nos meios eletrônicos: 18/01/2014 ou 18/01/14 – no computador: O fato aconteceu a 20 de dezembro de 2013. – O fato aconteceu a 20/12/2013. – Ribeirão Preto, 26 de janeiro de 2014. (por causa do nome geográfico, no caso Ribeirão Preto)	
Uso de sinais gráficos entre a data, o nome geográfico e entre este e a sigla correspondente ao estado ou país.	– Mococa, SP, 16 de dezembro de 2021. – Mococa-SP, 16 de dezembro de 2021. – Mococa (SP), 16 de dezembro de 2021.[18]	

18. PORTUGUÊS UOL. *O emprego que se atribui aos numerais.* Disponível em <http://portugues.uol.com.br/gramatica/o-emprego-que-se-atribui-aos-numerais.html>. Acesso em: 8 de jun. 2016. (com adaptações).

4.3. PRONOME

4.3.1. DEFINIÇÃO

Pronome é a palavra que denota o ente ou a ele se refere, considerando-o apenas como pessoa do discurso. [19]

Pessoas do discurso se chamam o indivíduo que fala, o indivíduo com quem se fala e o indivíduo ou a coisa de que se fala.[20]

Em provas: os mais exigidos em provas são **os pessoais, os relativos e os demonstrativos.** Atente-se também às regras de **colocação pronominal,** incluindo nas locuções verbais, e à **coesão textual – pronomes** que retomam ou que se referem a outros termos, expressões ou ideias.

4.3.2. CLASSIFICAÇÃO DOS PRONOMES

4.3.2.1. PRONOME PESSOAL

Substitui os substantivos, indicando diretamente as pessoas do discurso. O emissor (quem fala ou escreve) assume os pronomes **eu** ou **nós**, usam-se os pronomes **tu, vós, você** ou **vocês** para designar o receptor (a quem se dirige) e **ele, ela, eles** ou **elas** para designar o referente (pessoa(s) ou coisa(s) de que(m) fala).

4.3.2.1.1. EMPREGO DOS PRONOMES PESSOAIS

Pronomes	Funções	Exemplos	Perguntas	Respostas
Retos	sujeito	**Nós** viajaremos no fim de semana.	quem?	Nós
		Eles estudaram para a prova.	quem?	Eles

Pronomes	Funções	Quando é usado	Dica	São eles
Oblíquos	Objeto Direto	vem após um verbo transitivo direto, ou seja, **não** pede preposição.	**sem** preposição	o, a, os, as
	Objeto Indireto	vem após verbo transitivo indireto, ou seja, pede preposição.	**com** preposição	lhe, lhes

- **Uso de MIM e EU**

  Usa-se EU apenas quando o pronome possuir função de **sujeito.** Para que isso aconteça, é necessário haver um verbo posposto ao pronome:

  Este exercício é para EU resolver.

  quem irá resolver? Eu ***é*** o sujeito do verbo posposto. Assim sendo, usamos a forma reta.

  Este exercício é para MIM.

  Não houve intrigas entre MIM e TI (você, ele, ela).

  É difícil para mim acreditar no Brasil.

  Temos aqui um caso típico de inversão e uma grande "pegadinha" de concurso.

  Oração iniciada por VERBO SER (ou qualquer verbo de ligação) + _______ + PARA = MIM.

- **Uso de SE, SI, CONSIGO**

  Usamos em voz reflexiva, ou seja, quando o sujeito praticar e sofrer a ação. Exemplos:

  Ele feriu-se com a faca.

  O aluno trouxe o livro consigo.

  Dica: pense em **ele mesmo**, **ele próprio**.

4.3.2.2. PRONOMES DE TRATAMENTO

Chamados também de segunda pessoa indireta. O pronome de tratamento faz parte da divisão dos pronomes pessoais por fazerem referência a pessoas que são consideradas como autoridades. São usados para o Poder Executivo, Legislativo, Judiciário e em outros casos. Os mais pedidos são estes:

19. SAID, Ali. *Gramática Secundária da Língua Portuguesa.* 1 ed. São Paulo: Melhoramentos, 1964.
20. LIMA, Rocha. *Gramática normativa da língua portuguesa.* 15 ed. Rio de Janeiro: J. Olympio, 1972.

Pronome	Abreviaturas		Utilização
	Singular	**Plural**	
Senhor(es) e Senhora(s)	sr. e sra.	srs. e sras.	Tratamento formal.
Você(s)	v.	v.	Tratamento informal.
Vossa(s) Alteza(s)	V.A.	VV. AA.	Príncipes e princesas, duques e duquesas.
Vossa(s) Eminência(s)	V. Ema., V. Em.a ou V. Em.a	V. Emas., V. Em.as ou V. Em.as	Cardeais.
Vossa(s) Excelência(s)	V. Ex.a ou V. Ex.a	V. Ex.as ou V. Ex.as	Altas autoridades: Presidente da República, ministros, deputados, embaixadores.
Vossa Excelentíssima Reverendíssima	V. Ex.a Rev.ma	V. Ex.as Rev.mas	Bispos e arcebispos.
Vossa(s) Magnificência(s)	V. Mag.a. ou V. Mag.a	V. Mag.as ou V. Mag.as	Reitores de universidades.
Vossa(s)Majestade(s)	V. M.	VV. MM.	Reis e rainhas, imperadores e imperatrizes.
Vossa Reverência	V. Rev.a	V. Rev.as	Sacerdotes e outras autoridades religiosas do mesmo nível.
Vossa(s) Reverendíssima(s)	V. Revma., V. Rev.ma ou V. Rev.ma	V. Revma., V. Rev.mas ou Rev.mas	Sacerdotes e outras autoridades religiosas do mesmo nível.
Vossa Santidade	V. S.	-	Papa.
Vossa(s) Senhoria(s)	V. S.a ou V.S.a	V. S.as ou V.S.as	Oficiais, funcionários graduados e tratamento comercial.

4.3.2.2.1. EM CONCURSOS

O senhor, a senhora e você, vocês são pronomes de tratamento. "O senhor" e **"a senhora"** são empregados no tratamento cerimonioso; **"você"** e **"vocês"**, no tratamento familiar. **Você** e **vocês** são empregados no português do Brasil; em algumas regiões, a forma **tu** é de uso frequente, em outras, é muito pouco empregada. Já a forma **vós** tem uso restrito à linguagem litúrgica ou literária.

Vossa Excelência e **Sua Excelência:** os pronomes de tratamento que possuem "Vossa (s)" são empregados em relação à pessoa **a quem** nos dirigimos.

3ª pessoa: a concordância deve ser feita com a 3ª pessoa. Assim, os verbos, os pronomes possessivos e os pronomes oblíquos empregados em relação a eles devem ficar na 3ª pessoa.

Uniformidade de Tratamento: quando escrevemos ou nos dirigimos a alguém, não é permitido mudar, ao longo do texto, a pessoa do tratamento escolhida inicialmente. Se usa a terceira pessoa (você), não pode usar oblíquos **te, ti, contigo**, nem os possessivos **teu, tua**, por exemplo.

4.3.2.3. PRONOME POSSESSIVO

Indica posse das pessoas do discurso.

Pessoa	Número	Pronome
Primeira	singular	meu(s), minha(s)
	plural	nosso(s), nossa(s)
Segunda	singular	teu(s), tua(s)
	plural	vosso(a), vossos(as)
Terceira	singular	seu(s), sua(s)
	plural	seu(s), sua(s)

4.3.2.3.1. EM CONCURSOS

Pronomes possessivos que possuem outros valores	Afetividade	Não faça assim, **minha** criança.
	Proximidade	Ele tem **seus** quarenta anos.
	Hábito	Vai começar com **sua** tosse?
	Desprezo	Ela está namorando **aquilo**?
	Surpresa	Esta é **aquela**?
	Intensidade	Aonde você vai com **essa** pose?
Não é pronome possessivo quando possui sentido de Senhor	Obrigada, **Seu** Jorge. = Obrigada, Senhor Jorge.	
Em frases com pronome de tratamento, o pronome possessivo concorda com a terceira pessoa.	Vossa Excelência leu todo o **seu** livro?	
Pronomes pessoais oblíquos podem assumir valor de posse.	Ajeitou-**lhe** a coberta. = Ajeitou **sua** coberta.	

4.3.2.4. PRONOME DEMONSTRATIVO

O pronome demonstrativo é utilizado em três situações. Pode se referir a espaço, ideias ou elementos. São eles:

Pessoa	Variáveis	Invariáveis
primeira	este, esta, estes, estas	isto
segunda	esse, essa, esses, essas	isso
terceira	aquele, aquela, aqueles, aquelas	aquilo

4.3.2.4.1. EMPREGO DO PRONOME DEMONSTRATIVO

Para demonstrar no espaço		
pronome	**usado para**	**dica**
Este(s), esta(s), isto	o que está próximo a mim	AQUI
Esse(s), essa(s), isso	o que está próximo a você	AÍ
Aquele(s), aquela(s), aquilo	o que está distante	LÁ

Este livro em minhas mãos foi escrito por **aquele** autor sentado na sexta fileira.

Essa aliança é de qual casamento seu?

Para retomar elementos (pessoas ou coisas)	
pronome	**usado para**
Este(s), esta(s)	retomar o elemento mais próximo do pronome
Aquele(s), aquela(s)	retomar o elemento mais distante do pronome

Matemática e **literatura** me agradam: **esta** desenvolve a sensibilidade; **aquela**, o raciocínio.

Observação: para retomar três elementos, usam-se os numerais ordinais. A banca FGV segue essa regra.

Para ideias		
pronome	**usado para**	**dica**
Esse (a), isso	para retomar ideia	anáfora
Este (a), isto	para citar ideia	catáfora

Espero sinceramente **isto**: que se procedam as reformas.

Que as reformas sejam efetuadas logo; é **isso** que desejo.

Pronomes	Tempo
Este(s), esta(s) e isto	indicam o tempo presente em relação à pessoa que fala.
Esse(s), essa(s) e isso	indicam o tempo passado próximo ao momento da fala.
Aquele(s), aquela(s) e aquilo	indicam um afastamento no tempo, tempo remoto.

4.3.2.5. PRONOME RELATIVO

Representa nomes já mencionados anteriormente e com os quais se relaciona. Inicia as orações subordinadas adjetivas. São eles:

Variáveis	Invariáveis
o qual, a qual, os quais, as quais	que
cujo, cuja, cujos, cujas	quem
quanto, quanta, quantos, quantas	onde

Observações importantes:

- Os vocábulos **como** e **quanto**, quando retomam termos anteriormente mencionados, possuem função de pronome relativo.
- Para evitar erros, ao aparecer a palavra **que**, tente substituí-la por **o qual, a qual, os quais, as quais**.

4.3.2.5.1. EMPREGO DO PRONOME RELATIVO

Um dos assuntos mais pedidos em concursos por fazer, também, de regência. Muitas teorias não valem a pena ser mencionadas porque as instituições pedem o emprego da mesma forma.

Atenção, em primeiro lugar, ao quadro-resumo a seguir.

Quem	Cujo	Onde
usado apenas para pessoas.	concorda com o termo posterior e indica posse da anterior e não admite artigo, apenas preposição.	usado para retomar lugar e pode ser substituído por **em que, na qual, no qual, nas quais, nos quais**.

Siga o passo a passo:

1) Encontre o pronome relativo;
2) Veja a qual termo o pronome relativo se refere.
3) Construa outra oração com os termos posteriores ao pronome relativo e encaixe o vocábulo que o relativo retoma.

Sempre mantenha a informação, atente-se aos exemplos a seguir.

- **Não conheço o lugar onde você mora.**

1) Onde	2) Retoma **lugar**	3) Você mora **no** lugar

Quem mora, mora ***em*** *algum lugar.*

A preposição **em *é pedida.***

Assim, teremos:

Não conheço o lugar **em que** você mora.

Não conheço o lugar **no qual** você mora.

- **Conheço a garota de quem você falou.**

1) Quem	2) Retoma **garota**	3) Você falou **da** garota

Quem fala, fala **de** alguém.

A preposição **de *é pedida.***

Assim, teremos:

Conheço a garota **da qual** você falou.

Conheço a garota **de que** você falou.

- **Este é o autor a cuja obra me referi.**

1) Cuja	2) Refere-se a **autor**	3) Eu me referi à obra do autor (posse do anterior)

Quem se refere, refere-se **a** algo.

A preposição **a** foi pedida.

Atenção: não existem as formas "cujo o", "cuja a" e "o cujo", mas **a cujo(a)** existe = preposição e não artigo.

4.3.2.6. PRONOME INDEFINIDO

Designa o referente, isto é, a terceira pessoa do discurso e possui sentido vago.

Classificam-se em:

Pronomes Indefinidos Substantivos: assumem o lugar do ser ou da quantidade aproximada de seres na frase. São eles: **algo, alguém, fulano, sicrano, beltrano, nada, ninguém, outrem, quem, tudo.**

Pronomes Indefinidos Adjetivos: qualificam um ser expresso na frase, conferindo-lhe a noção de quantidade aproximada. São eles: **cada, certo(s), certa(s).**

VARIÁVEIS				INVARIÁVEIS
SINGULAR		PLURAL		
MASCULINO	FEMININO	MASCULINO	FEMININO	
algum nenhum todo muito pouco vário tanto outro quanto	alguma nenhuma toda muita pouca vária tanta outra quanta	alguns nenhuns todos muitos poucos vários tantos outros quantos	algumas nenhumas todas muitas poucas várias tantas outras quantas	alguém ninguém outrem tudo nada algo cada
qualquer		quaisquer		

Locuções pronominais indefinidas: cada qual, cada um, qualquer um, quantos quer(que), quem quer(que), seja quem for, seja qual for, todo aquele(que), tal qual (= certo), tal e qual, tal ou qual, um ou outro, uma ou outra etc.

4.3.2.7. PRONOME INTERROGATIVO

Os pronomes **que, quem, qual e quanto**, na teoria indefinidos, são classificados particularmente como interrogativos porque são empregados para formular interrogações diretas ou indiretas:

Que *foi isso? Quero saber* ***que*** *foi isso.* ***Quem*** *é esse rapaz?*

4.3.3. COLOCAÇÃO PRONOMINAL

Os pronomes oblíquos átonos (**o, a, os, as, lhe, lhes, me, te, se, nos, vos**) podem ocupar três posições diferentes em relação ao verbo: **próclise, mesóclise e ênclise.**

Dica: a fonética (a sonoridade) ajuda a resolver as questões. Pronuncie e perceba se a dicção está perfeita. Em casos de colocação errada, a fala soa mal.

4.3.3.1. PRÓCLISE

O pronome oblíquo surge **antes do verbo**, isto é, **proclítico**. Ocorre em orações nas quais antes do verbo haja:

Palavra ou expressão de **valor negativo.**	**Nunca me** revelaram os motivos. **Não me** conte seus problemas.
Advérbios e pronomes indefinidos, sem que haja pontuação.	**Tudo se** acaba um dia. **Assim se** resolveram as questões. Havendo pontuação, ocorrerá ênclise: Assim, **resolvem-se** os problemas.
Pronomes e advérbios interrogativos.	**Quem te** chamou aqui? **Por que a** avisaram apenas agora?
Orações exclamativas e optativas (indicam desejo).	**Deus te** abençoe. **Como a** admiro!
Conjunções subordinativas.	**É necessário que se** faça a reforma. Comprei o livro **que me** será útil.
Gerúndio + em (preposição)	**Em se tratando** de provas, é melhor fazer muitos exercícios.
Advérbio só e conjunção coordenada alternativa.	**Só me** lembrou disso hoje. = só: somente **Ou se** afaste, **ou me** ame.
Pronome relativo	Foi o seu irmão **que me** ensinou a matéria.

4.3.3.2. MESÓCLISE

O pronome oblíquo surge **no meio do verbo**, ou seja, **mesoclítico**. É empregada, exclusivamente na linguagem culta ou literária. Ocorrências:

Verbo no futuro do presente ou futuro do pretérito do indicativo.	**Convidar-me-ão** para a festa. **Convidar-te-ia** para a reunião.
NÃO OCORRERÁ se houver justificativa para próclise, como estudamos no tópico anterior:	**Amanhã o** convidarão para a festa. **Todos te** convidariam para a reunião.

4.3.3.3. ÊNCLISE

O pronome oblíquo surge **depois do verbo**, isto é, **enclítico**. É a colocação básica do pronome, a mais utilizada e ocorre quando não há palavras que atraem o oblíquo. Utilizada em:

Verbo no início da frase.	Comenta-se que ele foi aprovado.
Verbo no imperativo afirmativo.	Alunos, apressem-se.
Verbo no gerúndio.	Mudou o texto, acrescentando-lhe explicação.
Verbo no infinitivo impessoal.	Leia os testes antes de resolvê-los.

4.3.3.4. EM LOCUÇÕES VERBAIS

Verbo principal no infinitivo ou gerúndio	Pronome **depois do verbo auxiliar ou do verbo principal**	**Quero-lhe** apresentar a meus amigos. Quero **apresentar-lhe** a meus amigos. **Ia-lhe** dizendo o gabarito inteiro. Ia **dizendo-lhe** o gabarito inteiro.
	Com palavra que exija próclise: **pronome antes do verbo auxiliar ou depois do principal**	**Não lhe quero** apresentar a meus amigos. Não quero **apresentar-lhe** a meus amigos. **Alguém lhe** ia dizendo o gabarito. Alguém ia **dizendo-lhe** o gabarito.
	Preposição entre o verbo auxiliar e o infinitivo: duas formas.	Seu artigo há de **encontrar-se** no jornal de ontem. Seu artigo há **de se encontrar** no jornal de ontem.
	Preposição **a** e o pronome oblíquo **o** = pronome depois do infinitivo.	Voltou a **cumprimentá-los** pela aprovação.
Verbo Principal no Particípio	O pronome oblíquo átono **não** poderá vir depois dele.	Os poemas **tinham-se** perdido no vazio do tempo.
	Havendo fator que justifique a próclise, o pronome ficará antes da locução.	**Não me** haviam consultado sobre a data da prova.

4.4. VERBO

4.4.1. DEFINIÇÃO

Verbo é palavra variável que indica ação (caminhar), estado (ser), fenômeno da natureza (amanhecer), processos naturais (morrer), processos mentais (estudar) etc.

Em provas: tempos e modos, correlação dos tempos verbais e vozes verbais.

4.4.2. MODO VERBAL

Modo são as formas assumidas pelo verbo na expressão de um fato. Há três:

Indicativo	certeza	estudo, estudei, estudarei.
Subjuntivo	dúvida, hipótese	que eu estude, se ele estudasse, quando você estudar.
Imperativo	ordem, desejo	estuda tu, estude você, estudemos nós, estudai vós, estudem vocês.

4.4.2.1. FORMAS NOMINAIS

São formas que não possuem noção de tempo, mas sim de nomes – substantivo, adjetivo e advérbio.

Infinitivo	exprime a significação do verbo de modo vago e indefinido, podendo ter valor e função de **substantivo**.	cantar, fazer, partir
Gerúndio	o gerúndio pode funcionar como adjetivo ou **advérbio**.	**Saindo** da escola, encontrei alguns amigos. (função de advérbio) No parque, havia crianças **vendendo** doces. (função adjetivo)
Particípio	se não for empregado na formação dos tempos compostos, o particípio indicará ação terminada.	cantado, feito, partido

4.4.3. TEMPOS VERBAIS

4.4.3.1. PRESENTE

- **do indicativo**: indica ação que acontece no momento da fala; hábito.

  Ele estuda de manhã e trabalha à tarde.

  Canto, cantas, canta, cantamos, cantais, cantam

- **do subjuntivo**: indica hipótese, dúvida.

  Que nós estudemos todas as manhãs.

  Que eu cante, cantes, cante, cantemos, canteis, cantem

4.4.3.2. FUTURO

- **do presente do indicativo**: ação futura certa (amanhã)

  Estarei no local marcado à tarde.

  Cantarei, cantarás, cantará, cantaremos, cantareis, cantarão

- **do pretérito do indicativo**: tempo condicional

  Nós *cantaríamos* se houvesse público.

  Cantaria, cantarias, cantaria, cantaríamos, cantaríeis, cantariam

- **do subjuntivo**: ação futura duvidosa

  Quando *fizer* o trabalho, darei os parabéns.

  (quando/se) eu cantar, cantares, cantar, cantarmos, cantardes, cantarem

4.4.3.3. PRETÉRITO

- **Perfeito do indicativo**: ação concluída (ontem)

  Fizemos tudo certo naquele dia.

  Cantei, cantaste, cantou, cantamos, cantastes, cantaram

- **Imperfeito do indicativo**: ação prolongada, contínua

  Passeava de moto quando o guarda o multou.

  Cantava, cantavas, cantava, cantávamos, cantáveis, cantavam

- **Mais-que-perfeito do indicativo**: ação passada em relação a outra ação também passada.

  Fez os exercícios e **aprendera** toda a matéria.

  Cantara, cantaras, cantara, cantáramos, cantáreis, cantaram

  Perceba que para ter o mais– que– perfeito é necessário o perfeito.

- **Imperfeito do subjuntivo**: tempo condicional

  Se fizesse todas as tarefas, poderia viajar.

  Se cantasse, cantasses, cantasse, cantássemos, cantásseis, cantassem

  Normalmente usado junto com o futuro do pretérito para enfatizar a condição.

4.4.3.4. IMPERATIVO

Imperativo Afirmativo

Tira-se do presente do indicativo a 2ª pessoa do singular (tu) e a segunda pessoa do plural (vós) eliminando-se o "S" final. As demais pessoas são retiradas, sem alteração, do presente do subjuntivo.

Presente do Indicativo	Imperativo Afirmativo	Presente do Subjuntivo
Eu canto	–	Que eu cante
Tu cantas	**CantA tu**	Que tu cantes
Ele canta	Cante você	Que ele cante
Nós cantamos	Cantemos nós	Que nós cantemos
Vós cantais	**CantAI vós**	Que vós canteis
Eles cantam	Cantem vocês	Que eles cantem

Imperativo Negativo

Forma-se o imperativo negativo, inserindo a negação às formas do presente do subjuntivo. Muito simples.

Presente do Subjuntivo	Imperativo Negativo
Que eu cante	–
Que tu cantes	Não cantes tu
Que ele cante	Não cante você
Que nós cantemos	Não cantemos nós
Que vós canteis	Não canteis vós
Que eles cantem	Não cantem eles

Importante:
O verbo SER, no imperativo (segundas pessoas) = sê (tu), sede (vós).

4.4.3.5. TEMPOS COMPOSTOS

Composto por haver mais de um verbo. Os tempos compostos são formados por locuções verbais: verbo auxiliar **ter** ou **haver + verbo principal** (particípio). Vamos, agora, aos tempos.

Tempo	formação	exemplo	valor
Pretérito Perfeito Composto do Indicativo	auxiliar **ter** ou **haver** no Presente do Indicativo e o principal no particípio,	tenho estudado	indica uma ação repetida que tem ocorrido no passado, prolongando-se até ao presente.
Pretérito Perfeito Composto do Subjuntivo	auxiliar **ter** ou **haver** no **Presente do Subjuntivo** e o principal no particípio	tenha estudado	indica uma ação anterior já concluída, podendo se referir a um fato passado ou futuro.
Pretérito Mais-que-perfeito Composto do Indicativo	auxiliar **ter** ou **haver** no **Pretérito Imperfeito do Indicativo** e o principal no particípio	tinha estudado	indica uma ação que ocorreu antes de outra ação passada. Pode indicar também um acontecimento situado de forma incerta no passado.
Pretérito Mais-que-perfeito Composto do Subjuntivo	auxiliar **ter** ou **haver** no **Pretérito Imperfeito do Subjuntivo** e o principal no particípio	tivesse estudado	indica um fato anterior a outro fato passado. Pode se referir também a acontecimentos irreais do passado.
Futuro do Presente Composto do Indicativo	auxiliar **ter** ou **haver** no **Futuro do Presente simples do Indicativo** e o principal no particípio	terei estudado	refere-se a um fato futuro que estará terminado antes de outro fato futuro. Pode expressar tanto certeza como incerteza.
Futuro do Pretérito Composto do Indicativo	auxiliar **ter** ou **haver** no **Futuro do Pretérito simples do Indicativo** e o principal no particípio	teria estudado	indica uma ação que poderia ter acontecido posteriormente a uma situação passada, encontrando-se condicionada. Indica também a possibilidade de uma ação passada e transmite incerteza, surpresa e indignação.

Tempo	formação	exemplo	valor
Futuro Composto do Subjuntivo	auxiliar **ter** ou **haver** no **Futuro do Subjuntivo simples** e o principal no particípio	tiver estudado	ação futura que estará terminada antes de outra ação futura.
Infinitivo Pessoal Composto	auxiliar **ter** ou **haver** no **Infinitivo Pessoal simples** e o principal no particípio	ter estudado	fato passado já concluído.

4.4.4. CORRELAÇÃO DE TEMPOS VERBAIS

Por ser um assunto comum em várias provas, segue a lista das correlações mais exigidas.

Presente do indicativo + Presente do subjuntivo

Pretérito perfeito do indicativo + Pretérito imperfeito do subjuntivo

Presente do indicativo + Pretérito perfeito composto do subjuntivo

Pretérito imperfeito do indicativo + Mais-que-perfeito composto do subjuntivo

Futuro do subjuntivo + Futuro do presente do indicativo

Pretérito imperfeito do subjuntivo + Futuro do pretérito do indicativo

Pretérito mais-que-perfeito composto do subjuntivo + Futuro do pretérito composto do indicativo

Futuro do subjuntivo + Futuro do presente do indicativo

Futuro do subjuntivo + Futuro do presente composto do indicativo

4.4.5. VOZ VERBAL

Refere-se à forma como o agente e o paciente de uma oração são enquadrados nas funções gramaticais – sujeito e complementos verbais (especialmente o objeto direto).

Há duas vozes verbais principais, **voz ativa** e **voz passiva**. A diferença principal é que o sujeito da voz passiva tem o mesmo papel em relação ao verbo principal que o objeto da voz ativa. Há algumas variantes dessas duas vozes principais, como a **voz** (**ativa**) **reflexiva** (Eles se prepararam) e a **voz passiva sintética**. Há ainda uma outra voz na Língua Portuguesa, a **voz reflexiva**, na qual o sujeito sofre e efetua a ação ao mesmo tempo.

4.4.5.1. VOZ ATIVA

O sujeito pratica a ação. Exemplo:

V.A. =	**Todos os alunos**	ouviram	aquela música
	sujeito	*V.T.D.*	*objeto direto*

Para passar uma oração da voz ativa para a passiva, o objeto direto é obrigatório.

4.4.5.2. VOZ PASSIVA

o sujeito sofre a ação.

Há dois tipos de voz passiva:

4.4.5.2.1. PASSIVA ANALÍTICA – *SER + PARTICÍPIO*

V.P. =	**Aquela música**	**foi ouvida**	**por todos os alunos**
	sujeito paciente	*ser + particípio*	*agente da passiva*

4.4.5.2.2. PASSIVA SINTÉTICA – *V.T.D.(I.) + SE = V.P. (SUJEITO)*

Verbo transitivo direto ou transitivo direto e indireto + se = voz passiva e possui sujeito. O **se** é pronome aPASSIVAdor.

Vende- se livro. = V.P. sintética

V.T.D. + se = VP sujeito		
Entregou-se	**o prêmio ao vencedor.**	**= V.P. sintética**
V.T.D.I. + se = VP sujeito O.I.		

Equivalem a:

- Livro é vendido. = V.P. analítica
- O prêmio foi entregue ao vencedor. = V.P. analítica

Por isso, as formas corretas são:

- Vendem- se livros. Entregaram-se os prêmios aos vencedores.

Dica 1: Sujeito no plural = verbo no plural

Dica 2: Atente-se ao número de verbo.

Voz Ativa	Voz Passiva = + SER
1 verbo	1 verbo + SER = 2 verbos
2 verbos	2 verbos + SER = 3 verbos

Voz Passiva	Voz Ativa = – SER
2 verbos	2 verbos – SER = 1 verbos
3 verbos	3 verbos – SER = 2 verbos

5. CLASSES GRAMATICAIS INVARIÁVEIS

5.1. ADVÉRBIO

5.1.1. DEFINIÇÃO

Advérbio é a palavra que modifica o verbo, o adjetivo ou o próprio advérbio, exprimindo circunstância.[21]

Exemplos: ali, ontem, sempre, jamais, certamente, felizmente.

5.1.2. LOCUÇÕES ADVERBIAIS

As locuções adverbiais são duas ou mais palavras que possuem valor de advérbio. Normalmente, são formadas por preposição e substantivo ou por preposição e advérbio.

Exemplos: sem dúvida, de modo algum, em excesso, além disso, de repente, às vezes.

Observação: aprofundaremos o estudo em análise sintática – adjunto adverbial.

5.1.2.1. LISTA DOS PRINCIPAIS ADVÉRBIOS, LOCUÇÕES ADVERBIAIS E PALAVRAS DENOTATIVAS

Como pedido nas últimas provas, houve acréscimo das **palavras denotativas** (palavras que, embora, em alguns aspectos (ser invariável, por exemplo), assemelhem-se a advérbios, não possuem, segundo a Nomenclatura Gramatical Brasileira, classificação especial. Do ponto de vista sintático, são expletivas, isto é, não assumem nenhuma função; do ponto de vista morfológico, são invariáveis (muitas delas vindas de outras classes gramaticais); do ponto de vista semântico, são inegavelmente importantes no contexto em que se encontram) à lista.

Modo	Bem, mal, assim, adrede, melhor, pior, depressa, acinte, debalde, devagar, ás pressas, às claras, às cegas, à toa, à vontade, às escondas, aos poucos, desse jeito, desse modo, dessa maneira, em geral, frente a frente, lado a lado, a pé, de cor, em vão e a maior parte dos que terminam em –mente: calmamente, tristemente, propositadamente, pacientemente, amorosamente, docemente, escandalosamente, bondosamente, generosamente.
Intensidade	Muito, demais, pouco, tão, menos, em excesso, bastante, pouco, mais, menos, demasiado, quanto, quão, tanto, assaz, que (equivale a quão), tudo, nada, todo, quase, de todo, de muito, por completo, bem (quando aplicado a propriedades graduáveis).
Tempo	Hoje, logo, primeiro, ontem, tarde outrora, amanhã, cedo, dantes, depois, ainda, antigamente, antes, doravante, nunca, então, ora, jamais, agora, sempre, já, enfim, afinal, amiúde, breve, constantemente, entrementes, imediatamente, primeiramente, provisoriamente, sucessivamente, às vezes, à tarde, à noite, de manhã, de repente, de vez em quando, de quando em quando, a qualquer momento, de tempos em tempos, em breve, hoje em dia.
Lugar	Aqui, antes, dentro, ali, adiante, fora, acolá, atrás, além, lá, detrás, aquém, cá, acima, onde, perto, aí, abaixo, aonde, longe, debaixo, algures, defronte, nenhures, adentro, afora, alhures, nenhures, aquém, embaixo, externamente, a distancia, à distancia de, de longe, de perto, em cima, à direita, à esquerda, ao lado, em volta.
Negação	Não, nem, nunca, jamais, de modo algum, de forma nenhuma, tampouco, de jeito nenhum.
Dúvida	Acaso, porventura, possivelmente, provavelmente, quiçá, talvez, casualmente, por certo, quem sabe.

21. ANDRÉ, Hildebrando Afonso de. *Gramática ilustrada*. 2 ed. São Paulo: Moderna, 1978. p. 225.

Afirmação	Sim, certamente, realmente, decerto, efetivamente, certo, decididamente, realmente, deveras, indubitavelmente.
Exclusão	apesar, somente, só, salvo, unicamente, exclusive, exceto, senão, sequer, apenas etc.
Inclusão	Ainda, até, mesmo, inclusivamente, também.
Ordem	Depois, primeiramente, ultimamente.
Designação	Eis.
Afastamento	Embora.
Adição	ainda, além disso etc.
Afetividade	ainda bem, felizmente, infelizmente
Aproximação	quase, lá por, bem, uns, cerca de, por volta de etc.
Explicação	isto é, por exemplo, a saber etc.
Limitação	só, somente, unicamente, apenas etc.
Realce	é que, cá, lá, não, mas, é porque etc.
Retificação	aliás, isto é, ou melhor, ou antes etc.
Situação	então, mas, se, agora, afinal etc.

5.2. PREPOSIÇÃO

5.2.1. DEFINIÇÃO

É a palavra invariável que subordina um termo da frase a outro – o que vale dizer que tornam o segundo dependente do primeiro.

Livro **de** Pedro. Obediente **a** seus pais. Moro **em** São Paulo.

As palavras **de**, **a**, **em** ligam entre si os dois termos da frase, que vêm respectivamente antes delas. Essas palavras se denominam preposição. Os termos que precedem as preposições (livro, obediente, moro) chamam-se antecedentes; os que as seguem (Pedro, seus pais, São Paulo) chamam-se consequentes. A preposição mostra que entre o antecedente e o consequente há uma relação, de tal modo que o sentido do primeiro é explicado ou completado pelo segundo.[22]

5.2.2. CLASSIFICAÇÃO DAS PREPOSIÇÕES

Essenciais	desempenham apenas o papel de preposição	a, ante, após, até, com, contra, de, desde, em, entre, para, per, perante, por, sem, sob, sobre, trás
Acidentais	palavras de outras classes gramaticais que são usadas como preposição	• como (= na qualidade de), • conforme (= de acordo com), • segundo (= conforme), • consoante (= conforme), • durante, salvo, fora, mediante, tirante, exceto, senão, • visto (=por)

5.2.3. RELAÇÕES DAS PREPOSIÇÕES

As preposições podem indicar relações. Faça, como no advérbio, a pergunta e encontre a relação.

Observação: se estiver ligada ao verbo, a relação da preposição será a mesma circunstância da locução adverbial. A diferença entre preposição e locução adverbial é o fato de poder haver preposição que não faça parte da locução adverbial.

Caneta **de** Maria	posse	de quem?
Ver **de** perto	lugar	de onde?
Mesa **de** trabalho	finalidade	para que a mesa?
Morreu **de** felicidade	causa	morreu de quê?

22. LIMA, Rocha. *Gramática normativa da língua portuguesa.* 15 ed. Rio de Janeiro: J. Olympio, 1972. p. 157.

Falava **de** amor	assunto	falava de quê?
Saiu **com** os amigos	companhia	saiu com quem?
Sou **de** Ribeirão	lugar (origem)	de onde?
Bola **de** couro	matéria	de que é feita a bola?
A música é **de** Caetano Veloso	autoria	de quem?
A escolha será **por** sorteio	modo ou conformidade	como?
Andaremos **a** cavalo	meio	de quê?
Palmeiras jogou **contra** Corinthians	oposição	contra quem?
Tomei um copo **de** vinho	conteúdo	de quê?
Vendeu o livro **(a)por** R$ 50,00	preço	por quanto?
Formou-se **em** medicina	especialidade	em quê?
Olhe **para** frente sempre	destino ou direção	para onde?
Foi **até** o fim	limite	
Está **sem** paciência	ausência, falta	
Saiu do palco **sob** muitos aplausos	**lugar conotativo** (sentido figurado)	

5.3. CONJUNÇÃO

5.3.1. DEFINIÇÃO

Conjunções são palavras que relacionam entre si: dois elementos da mesma natureza (substantivo + substantivo, adjetivo + adjetivo, advérbio + advérbio, oração + oração etc.); duas orações de natureza diversa, das quais a que começa pela conjunção completa a outra ou lhe junta uma determinação. As conjunções do primeiro tipo chamam-se **coordenativas**; as do segundo, **subordinativas**.[23]

5.3.2. CLASSIFICAÇÃO

As conjunções podem ser coordenativas ou subordinativas. Coordenadas ligam orações independentes sintaticamente e subordinadas ligam orações que possuem dependência sintática.

5.3.3. COORDENATIVAS

Ligam orações de sentido completo e independente ou termos da oração que têm a mesma função gramatical. São elas:

Aditivas	Relacionam pensamentos similares.	e, nem, mas também, como também, além de (disso, disto, aquilo), quanto (depois de tanto, bem como etc.
Adversativas	Relacionam pensamentos contrastantes.	mas, porém, todavia, entretanto, no entanto, senão, não obstante, contudo etc. Antes dos nexos adversativos a vírgula é obrigatória.
Alternativas	Relacionam pensamentos que se excluem.	ou...ou, ou, ora...ora, já...já, quer...quer etc.
Conclusivas	Relacionam pensamentos tais, que o segundo encerra a conclusão do enunciado no primeiro.	pois, logo, portanto, então, por isso, por conseguinte, por isto, assim etc.
Explicativas	Relacionam pensamentos em sequência justificativa, de tal forma que a segunda frase explica a razão de ser da primeira.	que, porque, porquanto, pois[24]

23. LIMA, Rocha. *Gramática normativa da língua portuguesa.* 15 ed. Rio de Janeiro: J. Olympio, 1972. p. 160.

24. LIMA, Rocha. *Gramática normativa da língua portuguesa.* 15 ed. Rio de Janeiro: J. Olympio, 1972. p. 160.

5.3.4. SUBORDINATIVAS

Ligam orações que possuem dependência sintática.

5.3.4.1. INTEGRANTES

Usa-se a conjunção **que** para afirmação certa, e **se** para a incerteza.

Indicam que a oração subordinada por elas introduzida completa ou integra o sentido da principal. Introduzem orações que equivalem a substantivos.

Facilitando: encaixe o pronome demonstrativo catafórico **isto** antes da conjunção para se certificar. Exemplo: Espero que seja convocado em breve = Espero isto – perceba que algo será mencionado.

5.3.4.2. ADVERBIAIS

A oração subordinada por elas introduzida exerce a função de adjunto adverbial da principal, de acordo com a circunstância que expressam. São elas:

Causais	Indicam causa da oração principal. – Faz-se a pergunta **por quê**?	porque, que, como (= porque, no início da frase), pois que, visto que, uma vez que, porquanto, já que, desde que etc.
Concessivas	Indicam ideia contrária, ideia oposta. – Encaixar a conjunção **embora.**	embora, ainda que, apesar de que, se bem que, mesmo que, por mais que, posto que, conquanto etc.
Condicionais	Indicam hipótese, condição. – Encaixar a conjunção caso ou se.	se, caso, contanto que, salvo se, a não ser que, desde que, a menos que, sem que etc.
Conformativas	Indicam regra, conformidade. – Encaixar a conjunção **conforme.**	conforme, como (= conforme), segundo, consoante etc.
Finais	Expressam a finalidade ou o objetivo. – Faz-se a pergunta **para quê**?	para que, a fim de que, que, porque (= para que), que etc.
Proporcionais	Indicam proporção, ações simultâneas (acontecem ao mesmo tempo). – Encaixar: à medida que.	à medida que, à proporção que, ao passo que e as combinações quanto mais...(mais), quanto menos...(menos), quanto menos. ..(mais), quanto menos...(menos) etc.
Temporais	Indicam tempo. – Faz-se a pergunta **quando**?	quando, enquanto, antes que, depois que, logo que, todas as vezes que, desde que, sempre que, assim que, agora que, mal (= assim que) etc.
Comparativas	Ocorre comparação entre as orações. – Encaixar a conjunção **como.**	como, assim como, tal como, como se, (tão)... como, tanto como, tanto quanto, do que, quanto, tal, qual, tal qual, que nem, que (combinado com menos ou mais) etc.
Consecutivas	Indicam a consequência da oração principal, o efeito. – Encaixar a locução **de modo que**.	de sorte que, de modo que, sem que (= que não), de forma que, de jeito que, que (tendo como antecedente na oração principal uma palavra como tal, tão, cada, tanto, tamanho) etc.

5.4. INTERJEIÇÃO

5.4.1. DEFINIÇÃO

Interjeição é a expressão que transmite emoções súbitas. O próprio tom da voz, ascendente ou descendente, com que são ditas as interjeições, revela as mais variadas emoções ou sentimentos. Exemplos: oh!, cuidado!, devagar!, sai!, calma![25]

5.4.2. LOCUÇÃO INTERJETIVA

É um grupo de palavras com valor de interjeição: ai de mim!, ó de casa!, bem feito!, ainda bem!, quem me dera!, valha-me Deus! etc.

25. ANDRÉ, Hildebrando Afonso de. *Gramática ilustrada.* 2 ed. São Paulo: Moderna, 1978. p. 241.

5.4.3. CLASSIFICAÇÃO

Podem indicar: advertência, afugentamento, alegria ou satisfação, alívio, animação ou estímulo, aplauso ou aprovação, concordância, repulsa ou desaprovação, desejo ou intenção, desculpa, dor ou tristeza, dúvida ou incredulidade, espanto ou admiração, impaciência ou contrariedade, pedido de auxílio, saudação, chamamento ou invocação, silêncio, terror ou medo, afetividade.

PARTE III – SINTAXE

1. ANÁLISE SINTÁTICA

1.1. FRASE, ORAÇÃO E PERÍODO

1.1.1. FRASE

É a expressão verbal de um pensamento. Pode ser brevíssima, constituída às vezes por uma só palavra, ou longa e acidentada, englobando vários e complexos elementos. Às vezes, a simples situação em que é proferido um vocábulo faz que ele se torne uma frase. É o caso, por exemplo, da exclamação – Fogo!, pronunciada diante de um prédio em chamas; ou da advertência – Silêncio!, feita a alguém num corredor de hospital.[26]

As frases podem ser interrogativas, imperativas, exclamativas, declarativas ou optativas. Quanto à construção pode ser nominal (sem verbo) ou verbal (com verbo).

1.1.2. ORAÇÃO

É a frase – ou membro da frase – que se biparte normalmente em sujeito e predicado. Em certo tipo de oração, pode, todavia, faltar o sujeito.[27]

1.1.3. PERÍODO

É o enunciado que se constitui de duas ou mais orações. Período simples é formado por uma só oração; a oração é denominada absoluta. O período propriamente dito possui duas ou mais orações; chamamos de período composto.[28]

1.2. TERMOS ESSENCIAIS DA ORAÇÃO

1.2.1. SUJEITO

O sujeito é expresso por substantivo, ou equivalente de substantivo. Às vezes, um substantivo sozinho exprime o sujeito da oração: **Deus** é perfeito!

Casos há, no entanto, em que sentimos necessidade de precisar ou ampliar a significação do substantivo: **Pombas brancas castíssimas** voavam. O sujeito, neste exemplo, compõe- se de um substantivo acompanhado de outros elementos que lhe precisam ou ampliam o sentido fundamental. Diz-se, então, que o substantivo é o núcleo do sujeito.[29]

Para encontrar o sujeito, faz-se a pergunta **o quê?** (para coisa) e **quem?** (para pessoa). Classificam-se em:

<table>
<tr><td>Simples</td><td>um núcleo</td><td colspan="2">Muitos fatos estranhos ocorriam naquela situação.
= o que ocorriam?</td></tr>
<tr><td>Oracional</td><td>existe um verbo no sujeito, ou seja, o sujeito é uma oração.</td><td colspan="2">Convém que você entenda esta matéria.</td></tr>
<tr><td>Composto</td><td>mais de um núcleo</td><td colspan="2">Música e literatura fazem bem à alma.
= o que fazem bem?</td></tr>
<tr><td>Simples e implícito ou elíptico ou desinencial ou oculto</td><td>não está explícito na oração</td><td colspan="2">Fez o texto ontem.
= quem fez? Ele, mas o pronome não está explícito.</td></tr>
<tr><td>Indeterminado</td><td>não se sabe quem é o sujeito. Pode ocorrer em duas situações:</td><td>Verbo na terceira pessoa do plural;
2. Verbo na terceira pessoa do singular + se)índice de indeterminação do sujeito)</td><td>Fizeram ótima prova.
= quem fizeram? Não se sabe.
Necessita-se de silêncio.
= necessita de algo (V.T.I.) – de silêncio é O.I.</td></tr>
</table>

26. LIMA, Rocha. *Gramática normativa da língua portuguesa.* 15 ed. Rio de Janeiro: J. Olympio, 1972. p. 203.
27. LIMA, Rocha. *Gramática normativa da língua portuguesa.* 15 ed. Rio de Janeiro: J. Olympio, 1972. p. 203.
28. ANDRÉ, Hildebrando Afonso de. *Gramática ilustrada.* 2 ed. São Paulo: Moderna, 1978. p. 243.
29. LIMA, Rocha. *Gramática normativa da língua portuguesa.* 15 ed. Rio de Janeiro: J. Olympio, 1972. p. 205.

Oração sem sujeito	não há sujeito e pode ocorrer em três situações:	1. Verbo haver no sentido de existir ou ocorrer; 2. Verbos ser, estar e fazer indicando tempo ou fenômeno meteorológico; 3. Verbos que indicam fenômenos da natureza.	**Havia** pessoas. = existiam **São** duas horas. = ser indicando tempo **Está** muito calor. = estar indicando fenômeno meteorológico **Faz** três anos que não a vejo. = fazer indicando tempo decorrido Ontem **choveu** demais. = fenômeno da natureza

Observações:

1. sempre é muito pedida a diferença entre o **se** – índice de indeterminação do sujeito e pronome apassivador.

Índice de indeterminação do sujeito	Verbo no singular + se.	intransitivo, transitivo indireto e verbo de ligação.	Dormiu-se bem. Precisa-se de livros.
Pronome apassivador	Verbo no singular ou no plural + se. Admite plural porque possui sujeito.	transitivo direto + se ou transitivo direto e indireto + se	Encontrou-se o local da prova = encontraram-se os locais da prova. Dão-se aulas aos necessitados = aulas são dadas aos necessitados.

2. Indicam também que a oração não possui sujeito os verbos **bastar** e **chegar + de**: Basta de hipocrisia. Chega de fazer barulho!
3. Concordância do verbo **haver:**

ORAÇÃO SEM SUJEITO **verbo no singular**	**SUJEITO** **verbo admite plural**
Havia alunos.	**Existiam** alunos.
Devia haver alunos.	**Deviam** existir alunos.
Havia de haver alunos.	**Haviam** de existir alunos.
Alunos: **objeto direto**	Alunos: **sujeito** *Por isso o verbo admite plural

4. Concordância do verbo **fazer**: indicando tempos decorrido: singular. **Faz** dois anos. **Vai** fazer dois anos.
5. Em: **O dia amanheceu calmo**, embora o verbo indique fenômeno da natureza, **o dia** possui função de sujeito.

1.2.2. PREDICADO

É a parte da oração que contém a informação, a declaração a respeito do sujeito. Quando se classifica o predicado, quer-se verificar o que é essencial na informação relativa ao sujeito. Basicamente, pode-se informar a respeito do sujeito uma ideia de ação, praticada ou sofrida, ou uma ideia de estado.[30]

São classificados em **verbal, nominal e verbo-nominal.** Para classificá-los, é necessário estudarmos os termos que fazem parte do predicado. Siga o passo a passo para evitar erros.

1.2.2.1. PREDICAÇÃO VERBAL

Predicação é a classificação do verbo.

30. NETO, Pasquale Cipro & INFANTE, Ulisses. *Gramática da Língua Portuguesa*. 1 ed. São Paulo: Scipione, 1999. p. 356.

Classificação	Teoria	Exemplo	Dica
Intransitivo	o verbo não exige complemento, por isso o prefixo IN.	O vulto desapareceu na planície.	Nunca caberão as palavras algo e alguém após o intransitivo.
Transitivo direto	o verbo exige complemento SEM preposição.	"Tenho duas mãos e o sentimento do mundo."	quem tem tem **algo**
Transitivo indireto	o verbo exige complemento COM preposição.	Todos precisam de felicidade.	quem precisa precisa **DE algo**
Transitivo direto e indireto	o verbo exige dois complementos: com e sem preposição	Alguém ofereceu flor à Iemanjá.	quem oferece oferece **algo a alguém**
Verbo de ligação	liga o sujeito ao predicativo (termo que qualifica) e **não indica ação. Indica estado.**	Todos ficaram felizes.	Para haver verbo de ligação, é preciso haver **predicativo.**

- **Estados do verbo de ligação**

Por não indicar ação (movimento), o verbo de ligação pode expressar diferentes estados.

Estado	Verbo	Exemplo
permanente	ser, viver	Ele é alegre. Ele vive alegre.
transitório	estar, andar, achar-se, encontrar-se	Nós estamos felizes. Eles andam felizes.
mutatório	ficar, virar, tornar-se, fazer-se	Ficaram cansados. Tornaram-se exaustos.
continuidade de estado	continuar, permanecer	Todos continuam desconfiados. Alguém permanece desatento.
estado aparente	parecer	Ela parece satisfeita.

1.2.2.2. PREDICATIVO

Predicativo é o termo que qualifica o sujeito ou o objeto.

1.2.3. CLASSIFICAÇÃO DO PREDICADO

O predicado pode ser verbal, nominal ou verbo-nominal.

PREDICADO	Teoria	Exemplo	Dica
Verbal	o núcleo é o verbo.	Todos **CAMINHAVAM tranquilamente pela praia.**	menos o verbo de ligação
Nominal	o núcleo é o predicativo.	Alguns **estavam FELIZES.**	há verbo de ligação
Verbo-nominal	há dois núcleos: verbo e predicativo .	Todos **CAMINHAVAM FELIZES pela praia.**	verbo (+ verbo de ligação implícito) + predicativo
		Todos **CAMINHAVAM (e estavam) FELIZES pela praia.**	

Confira a tabela a seguir para não haver dúvida.

predicados	verbo significativo	verbo de ligação	predicativo
P.V.	sim	não	não
P.N.	não	sim	sim
P.V.N.	sim	não explícito	sim

Observação: verbos significativos são os intransitivos, transitivos diretos, transitivos indiretos, transitivos diretos e indiretos.

1.3. TERMOS INTEGRANTES DA ORAÇÃO

1.3.1. OBJETO DIRETO

Completa a significação de **verbos transitivos diretos** sem acompanhamento de preposição obrigatória. Dentro do objeto direto pode haver, também, o adjunto adnominal.

As mãos cálidas	encontram	**o estático olhar.**
sujeito	V.T.D.	**O.D.**

O estático olhar: objeto direto. / Núcleo: olhar (substantivo) / Adjuntos adnominais: o, estático.

1.3.1.1. OBJETO DIRETO PREPOSICIONADO

Completa o sentido de um **verbo transitivo direto** (não exige preposição) e a preposição pode ser retirada sem que prejudique a estrutura. Pode ser preposicionado em algumas situações:

O pronome pessoal oblíquo tônico é objeto direto.	Ela amava **a si** mesma. Enganaram **a ti**.
Pronome relativo quem.	Era a moça **a quem** amava.
Evitar ambiguidade.	**Ao dono**, nenhum cão abandona.
Numeral ambos.	Aprovou **a ambos**.
Nomes próprios ou comuns.	Ele traiu **ao pai**.
Pronomes substantivos indefinidos ou demonstrativos.	Aprecio **a este**.
Reciprocidade.	Todos se odiavam uns **aos outros**.
Ênfase.	Pegou **da viola**. Bebeu **do vinho**. Comeu **do bolo**.

1.3.1.2. OBJETO DIRETO PLEONÁSTICO

Ocorre repetição do objeto direto através de um pronome oblíquo átono. O pronome tem de se referir ao objeto direto.

Estes livros, já **os** li. A mim, ninguém **me** engana.

1.3.2. OBJETO INDIRETO

Completa a significação de verbos transitivos indiretos, com acompanhamento de preposição obrigatória. Dentro do objeto direto pode haver, também, o adjunto adnominal e, claro, a preposição que é obrigatória nesse caso.

Desobedeço	**a meus patrões.**
V.T.I.	**O.I.** a: preposição meus: adjunto adnominal

Desobedece **a** alguém.

Precisamos	**de silêncio**	para estudar.
V.T.I.	**O.I.**	

Precisamos **de** algo.

1.3.2.1. OBJETO INDIRETO PLEONÁSTICO

Ocorre repetição do objeto indireto através de um pronome oblíquo átono. O pronome tem de se referir ao objeto indireto.

Aos pobres, nega-**lhes** tudo. Ao estudante relapso, nenhuma disciplina **lhe** interessa.

1.3.3. COMPLEMENTO NOMINAL

Complemento nominal é o termo que integra a significação transitiva do núcleo substantivo (e, às vezes, do adjetivo e do advérbio, os quais, então, se equiparam ao substantivo na sintaxe de regência). Para facilitar-lhe a identificação, convém ter presente a seguinte prática: tratando-se de adjetivo, ou de advérbio, não há a menor dúvida: o termo que a eles se liga por preposição é, sempre, complemento nominal.[31]

O novo projeto	é	acessível	**aos membros do grupo.**
sujeito	verbo de ligação	predicativo do sujeito	**C.N.**

Faz-se a pergunta ao nome (regência nominal): é acessível **a algo** = completa adjetivo acessível.

Alguns	tinham	medo	**do futuro.**
sujeito	verbo transitivo direto	objeto direto	**C.N.**

Quem tem medo, tem medo **de algo** = completa substantivo medo.

1.3.4. AGENTE DA PASSIVA

É o complemento que, na voz passiva com auxiliar (também chamada de voz passiva analítica), representa o ser que praticou a ação verbal. Sendo este complemento verdadeiro agente, ou seja, aquele que exerce a ação, podemos transformar a construção passiva em ativa, e, neste caso, ele figurará o sujeito.[32]

A prova	foi adiada	**pela banca.**
sujeito paciente	ser + particípio	**agente da passiva**

Note que o agente da passiva passa a ser sujeito na voz ativa e que o sujeito paciente passa a objeto direto:

A banca	adiou	a prova.
sujeito ativo	V.T.D.	O.D.

Por isso **é necessário o objeto direto para haver transposição da voz ativa** para a passiva.

Exemplo com três verbos:

Os gabaritos	tinham sido encon- trados	no pátio da escola	**pelos candidatos.**
sujeito paciente	ser particípio	adj. adverbial de lugar	**agente da passiva**

Se na voz passiva há três verbos, na ativa haverá dois: retira-se o **ser**.

Os candidatos	tinham encontrado	no pátio da escola	os gabaritos.
sujeito	= encontraram: V.T.D.	adj. adverbial de lugar	O.D.

1.4. TERMOS ACESSÓRIOS DA ORAÇÃO

1.4.1. ADJUNTO ADNOMINAL

É o termo que **determina**, **especifica** ou **explica** um substantivo. Possui função adjetiva na oração, a qual pode ser desempenhada por adjetivos, locuções adjetivas, artigos, pronomes adjetivos enumerais adjetivos.

Agrupam-se ao redor dos substantivos dentro de qualquer termo da oração – essencial, integrante ou mesmo acessório (adjunto adverbial).

Aqueles dois rapazes **interessados**	estudaram	**toda a** matéria.
Sujeito. Núcleo: rapazes (substantivo)	V.T.D.	O.D. Núcleo: matéria (substantivo)
Aqueles, dois e interessados: adjunto adnominal		**Toda e a:** adjunto adnominal

1.4.2. ADJUNTO ADVERBIAL

É o termo que modifica o verbo, exprimindo as particularidades que cercam ou precisam o fato por este indicado.[33]

31. LIMA, Rocha. *Gramática normativa da língua portuguesa.* 15 ed. Rio de Janeiro: J. Olympio, 1972. p. 210.
32. LIMA, Rocha. *Gramática normativa da língua portuguesa.* 15 ed. Rio de Janeiro: J. Olympio, 1972. p. 223.
33. LIMA, Rocha. *Gramática normativa da língua portuguesa.* 15 ed. Rio de Janeiro: J. Olympio, 1972. p. 227.

Pode intensificar um verbo, um adjetivo ou o advérbio. A classificação do adjunto adverbial depende basicamente da circunstância que expressa.

Exemplos:

Chegou **cedo**. = quando? Adjunto adverbial de tempo.

Leram o livro **na biblioteca**. = onde? Adjunto adverbial de lugar.

Ele estava **muito** atrasado. = Adjunto adverbial de intensidade – intensifica o adjetivo "atrasado".

Observação: atrasado é predicativo do sujeito, ou seja, é variável: eles **atrasados**, ela **atrasada**. Para ser predicativo, precisa-se do verbo de ligação (mesmo que implícito) e para ser adjunto adverbial, deve-se fazer pergunta ao verbo para saber a circunstância ou deve indicar intensidade do adjetivo ou advérbio.

predicativo	varia
adjunto adverbial	não varia

1.4.2.1. CLASSIFICAÇÃO DO ADJUNTO ADVERBIAL

Circunstância	Exemplo	Dica
Acréscimo	**Além da alegria**, sentia cansaço.	+
Afirmação	**Certamente** será aprovado.	Não é necessário fazer pergunta.
Assunto	Falávamos **sobre política.**	Sobre o quê?
Causa	**Com o frio**, os animais morreram.	Por quê?
Companhia	**Com quem** você saiu ontem?	Com quem?
Concessão	**Apesar do nervosismo**, fez boa prova.	Embora, apesar de.
Condição	**Sem a autorização do fiscal**, você não poderá sair.	Se, caso.
Conformidade	Fez tudo **conforme o combinado.**	Regra.
Dúvida	**Quiça** acertemos todas as questões.	Não é necessário fazer pergunta.
Fim, finalidade	Eles vivem **para estudar.**	Para quê?
Frequência	**Sempre** vêm aqui.	Quando?
Instrumento	Desenhava **a lápis**.	Com o quê?
Intensidade	Todos corriam **bastante.**	Não é necessário fazer pergunta.
Limite	Estudava **até cansar.**	Até.
Lugar	Nasceu **em Ribeirão Preto.**	Onde?
Matéria	Era feito **de ferro.**	De quê?
Meio	Foi **de avião.**	De quê?
Modo	Ficamos **à vontade.**	Como?
Negação	**Não** pode haver enganos.	Não é necessário fazer pergunta.
Preço	Os livros são vendidos **a preços baixos.**	Quanto?
Substituição ou troca	Abandonou os estudos **por trabalhos rentáveis.**	Por o quê?
Tempo	**Ontem à noite** saiu com amigos.	Quando?

1.4.3. APOSTO

Aposto é um termo que amplia, explica, desenvolve ou resume o conteúdo de outro termo. O termo a que refere o aposto pode desempenhar qualquer função sintática. Sintaticamente, o aposto equivale ao termo com que relaciona.

Nossa terra, **o Brasil**, carece de políticas sociais sérias.

Nossa terra = sujeito

O Brasil = **aposto** do sujeito, pois amplia e especifica o conteúdo do termo a que se refere.

Para perceber como sintaticamente "o Brasil" é equivalente ao sujeito, basta eliminar "nossa terra".

O Brasil carece de políticas sociais sérias.

"O Brasil" passa a exercer a função de sujeito, antes exercida pelo termo do qual era aposto.

Recentemente, o mais pedido em provas é o aposto especificativo – não possui sinal de pontuação. Compare:

Carlos Drummond de Andrade	**, grande poeta mineiro,**	escrevia sobre a arte de escrever.
	Aposto explicativo = com pontuação	

O poeta **Carlos Drummond de Andrade**	escrevia sobre a arte de escrever.
Aposto especificativo = sem pontuação	

1.4.3.1. CLASSIFICAÇÃO DO APOSTO

Explicativo	Traduz, ou seja, dá significado a uma frase, geralmente vem entre vírgulas, dois pontos ou parênteses.	Foi aqui, **neste lugar tranquilo**, que o encontrei.
Enumerativo	É representado por dois pontos e estabelece uma sequência de elementos que são usados para complementar a ideia fundamental da frase.	À tarde, irei à casa de dois amigos: **Fernando e Júnior**.
Resumidor ou Recapitulativo	É representado por um pronome que resume tudo o que foi expresso anteriormente.	Henrique, Adilson, Sten, Paulo, **todos** foram aprovados.
Comparativo	É usado para comparar.	Seus olhos, **lindos oceanos**, fazem-me acreditar no amor.
Distributivo	Distribui as informações de termos separadamente.	Marcelo e Adriano são amigos. **Este** é um baiano divertido, **aquele**, carioca.
Aposto de Oração	Usado para resumir termos anteriores.	Ele tem um único desejo: **que todos os candidatos sejam aprovados no concurso.**
Especificativo	Individualiza um substantivo de sentido genérico.	A rua **Garibaldi** está muito longe do bairro **Irajá**.

1.5. VOCATIVO

Vocativo é o nome do termo sintático que serve para nomear um interlocutor a que se dirige a palavra. É um termo independente: não faz parte nem do sujeito nem do predicado.

Possui função de chamar ou interpelar o interlocutor (é com quem se fala). Vem, sempre, separado por sinal de pontuação.

Espera, **meu amor**, que estou chegando!

Venha, **amigo**, está na hora de partir.

Não estude com muita pressa, **criança**!

Ah, **Pedro**, pare de reclamar da vida!

2. PERÍODO COMPOSTO

2.1. COORDENAÇÃO

2.2. ASSINDÉTICAS

As orações coordenadas assindéticas não possuem conjunção.

Importante: é preciso haver verbo em toda oração.

Acordou, estudou, viajou depois.

2.3. SINDÉTICAS

Possuem conjunção e são classificadas em:

Aditivas	Expressam ideia de **adição, acrescentamento**.	e, nem, não só... mas também, não só... como, assim... como.	Não só cantou como também dançou. Nem comprei o livro, nem estudei.
Adversativas	Exprimem fatos ou conceitos que se opõem ao que se declara na oração coordenada anterior, estabelecendo **contraste** ou **compensação**.	mas, contudo, todavia, entretanto, porém, no entanto, ainda, assim, senão.	Ficou muito cansada, contudo se divertiu. Não comprei o estudei, mas trabalhei.
Alternativas	Expressam ideia de **alternância de fatos** ou **escolha**.	**ou... ou; ora...ora; quer... quer; seja...seja.**	Ou usa o protetor solar, ou usa o óleo bronzeador. Quer eu durma quer eu fique acordada, estarei no quarto.
Conclusivas	Exprimem **conclusão** ou **consequência** referentes à oração anterior.	logo, portanto, por fim, por conseguinte, consequentemente.	Passou no concurso, portanto irá comemorar. Tomou muito sol, consequentemente ficou adoentado.
Explicativas	Indicam uma **justificativa** ou uma **explicação** referente ao fato expresso na declaração anterior.	que, porque, pois, isto é, ou seja, a saber, na verdade.	Passei na prova porque me esforcei. Não fui à aula pois merecia uma folga à noite.

2.4. SUBORDINAÇÃO

As orações subordinadas possuem estrutura distinta das orações coordenadas assindética e sindética. Veja:

Todos sabem	que é necessário ter coragem.
Oração principal	*Oração subordinada*

A oração principal rege a oração subordinada (possui conjunção ou verbo na forma nominal).

As orações subordinadas são divididas em três tipos:

Tipos	Definição	Dica
Substantivas	Possuem valor de **substantivo** e vêm introduzidas por conjunção integrante.	Encaixa-se **isto** ou **disto** antes da conjunção.
Adjetivas	Possui valor e função de **adjetivo** e vêm introduzidas por pronome relativo.	Que = **o qual** Cujo
Adverbiais	Exercem função de **adjunto adverbial** do verbo da oração principal e exprimem circunstâncias. São introduzidas por conjunções subordinativas – exceto as integrantes.	Indicam circunstâncias.

2.4.1. SUBORDINADA SUBSTANTIVA

A oração substantiva possui função de substantivo e dependendo da função sintática que exerce, classifica-se em:

Subjetiva	Exerce a função sintática de **sujeito** do verbo da oração principal.	
	É preciso	que o grupo estude.
	V.L. + predicativo	**sujeito**
	Oração principal	*oração subordinada substantiva subjetiva*
Objetiva Direta	Exerce função de objeto direto do verbo da oração principal – que termina com V.T.D.	
	Os candidatos pediram	**que a prova fosse adiada.**
	Sujeito + V.T.D	objeto direto
	Oração principal	*oração subordinada substantiva objetiva direta*
Objetiva Indireta	É *objeto indireto* do verbo da oração principal e vem precedida de preposição. – a oração principal termina em V.T.I.	
	O autor precisa	**de que alguém a ajude.**
	Sujeito + V.T.I.	Objeto indireto
	Oração principal	*oração subordinada substantiva objetiva indireta*
Completiva Nominal	Completa um *nome* que pertence à oração principal e possui preposição. – a oração principal termina em NOME.	
	Tenho vontade	**de que aconteça algo inesperado.**
	(eu) + V.T.D. + O.D.	Complemento nominal
	Oração principal	*oração subordinada substantiva completiva nominal*
Predicativa	Exerce papel de *predicativo do sujeito* do verbo da oração principal. – a oração principal termina em VERBO DE LIGAÇÃO.	
	A verdade é	**que você não virá.**
	Sujeito + V.L.	Predicativo do sujeito
	Oração principal	*oração subordinada substantiva predicativa*
Apositiva	Exerce função de *aposto* de algum termo da oração principal. – normalmente há dois-pontos.	
	Toda a turma tem o mesmo objetivo:	**que ele seja aprovado**.
	Oração principal	*oração subordinada substantiva apositiva*

Em concursos

- Certifique-se de que a oração é subordinada substantiva apenas encaixando o pronome demonstrativo **isto**. A conjunção que liga as orações é **conjunção integrante**.
- Expressões na voz passiva na oração principal = oração subjetiva: **Sabe-se, Soube-se, Conta-se, Diz-se, Comenta-se, É sabido, Foi anunciado, Ficou provado.**

2.4.2. SUBORDINADA ADJETIVA

As orações adjetivas exercem função sintática de adjunto adnominal do adjetivo. Relacionam-se a um nome da oração principal e são introduzidas por pronome relativo. Tópico muito exigido em questões de pontuação.

Conversei ontem com alunos	que estudam português.
Oração Principal	que = os quais
	que estudam = estudiosos – adjetivo
	oração subordinada adjetiva

Os escritores	que fizeram um ótimo trabalho	serão homenageados.
Oração Principal	que = os quais oração subordinada adjetiva	Oração Principal

CLASSIFICAÇÃO DAS SUBORDINADAS ADJETIVAS

Classificação	Teoria	Dica
Explicativa	Explica, isto é, atribui característica própria e pode ser retirada do período sem que haja alteração no sentido.	Atente-se ao SENTIDO. Possui pontuação.
Restritiva	Restringe, ou seja, limita a significação do nome a que se refere e se retirada do período, altera o sentido, perde-se informação.	Atente-se ao SENTIDO. Não possui pontuação.

Explicativa	Capitu, **que é uma personagem de Machado de Assis**, tinha olhos de ressaca.	= a qual A informação generaliza (Capitu é personagem)e pode ser retirada, explica.
	O irmão dela, **que era advogado,** prestou <u>**serviços**</u> ao réu.	= o qual A informação generaliza (o irmão era advogado) e pode ser retirada, explica.
Restritiva	Você é um dos poucos autores **que conheço**.	= os quais Conheço alguns autores e não todos. Não se pode retirar a informação da oração adjetiva.
	Eles são um dos alunos **que falaram conosco ontem**.	= os quais Conversamos com alguns alunos e não com todos. Não se pode retirar a informação da oração adjetiva.

Em concursos

A pontuação, nas orações adjetivas explicativas, pode ser através de vírgula(s), travessão (final de frase) ou travessões (no meio da oração principal), ou parênteses.

2.4.3. FUNÇÕES SINTÁTICAS DO PRONOME RELATIVO

Nas orações adjetivas, o pronome relativo desempenha função sintática. Vamos às dicas.

SUJEITO	Os políticos **que** representaram o Brasil. = **Os políticos** representaram o Brasil: sujeito
OBJETO DIRETO	Entreguei o material **que** você pediu. Você pediu **o material** = O.D. Fernanda, a **quem** admiro, influenciou-me na decisão. Admiro **Fernanda**: a preposição pode ser retirada = objeto direto preposicionado.
OBJETO INDIRETO	O livro de **que** necessito hoje é este. Necessito **do livro** = O.I.
COMPLEMENTO NOMINAL	Eis as informações de **que** tem necessidade. Tem necessidade **das informações**. = C.N.
PREDICATIVO DO SUJEITO	Ele é o funcionário público **que** a maioria quer ser. A maioria quer ser **funcionário público**. = predicativo
AGENTE DA PASSIVA	Ele é o diretor por **quem** fui criticado. Fui criticado **pelo diretor**. = agente da passiva
ADJUNTO ADVERBIAL	Os fatos aconteceram no mês em **que** fez aniversário. Fez aniversário **no mês**. = adj. adverbial de tempo
ADJUNTO ADNOMINAL	Apenas o relativo **cujo** e suas variações podem possuir função de adjunto adnominal. Ele não consegue conviver com chefes **cujas** aspirações sejam apenas materiais. = Não conseguem conviver com chefes = As aspirações dos chefes são apenas materiais.

2.4.4. SUBORDINADA ADVERBIAL

A oração subordinada adverbial exerce a função de **adjunto adverbial** do verbo da oração principal. Indica circunstância.

CLASSIFICAÇÃO

Iniciam-se pelas conjunções subordinativas, exceto as integrantes, que fazem parte apenas das orações subordinadas substantivas. São elas:

	Definição	Conjunções	Exemplo	Dica
Causal	É a causa, o motivo da oração principal.	**porque, como, pois, pois que, já que, uma vez que, visto que.**	Ela foi aprovada **porque se dedicou aos estudos.**	Faz-se a pergunta **por quê?** À oração principal
Consecutiva	Indica a consequência da oração principal	**que, de forma que, de sorte que, tanto que** etc., e pelas estruturas **tão...que, tanto...que, tamanho...que.**	Fiz o trabalho tão concentrada **que nem percebi sua presença.**	Encaixa-se sempre a expressão **de modo que.**
Condicional	Algo que se impõe como necessário para a realização ou não de um fato.	**se, caso, contanto que, desde que, salvo se, exceto se, a não ser que, a menos que, sem que, uma vez que** – acompanhada de verbo no subjuntivo.	**Caso não se prepare com antecedência,** será difícil ser aprovado.	Substitua por **caso** e **se**.
Concessiva	Indica concessão em relação à oração principal, contraste, ideias opostas.	embora, conquanto, ainda que, ainda quando, mesmo que, se bem que, posto que, apesar de que.	**Embora a prova estivesse difícílima**, fui aprovado e convocado.	Encaixe **embora** e **apesar de**.
Comparativa	É uma comparação.	**como, tão...como** (quanto), **mais** (do) **que, menos** (do) **que.**	Estudou **como um louco.**	Normalmente há verbo implícito. No exemplo citado: como um louco (estuda).
Conformativa	Indica conformidade, regra.	**conforme, como, consoante** e **segundo**	**Conforme foi previsto**, houve atraso na entrega dos documentos.	Encaixe **conforme.**
Final	Indica finalidade da oração principal.	**a fim de que, que, porque** (= para que) e **para que.**	Estudaram de manhã **para depois irem ao cinema.**	Pergunta: **para quê?**
Proporcional	Indica proporcionalidade, ações simultâneas, acontecem ao mesmo tempo.	à proporção que, **à medida que, ao passo que, quanto maior...** (maior), **quanto maior...**(menor), **quanto menor...** (maior), **quanto menor...**(menor), **quanto mais...** (mais), **quanto mais...** (menos), **quanto menos...**(mais), **quanto menos...** (menos).	À medida que estuda, aprende mais.	Encaixe: à medida que.
Temporal	Indica o tempo da oração principal.	**quando**, **enquanto, mal, assim que, logo que, todas as vezes que, antes que, depois que, sempre que, desde que,** etc.	"**Quando você foi embora**, fez-se noite em meu viver..."	Pergunta: **quando?**

2.5. ORAÇÕES REDUZIDAS

Orações reduzidas, como o próprio nome indica, são menores. Possuem duas características:

1. Apresentam o verbo em uma forma nominal.	gerúndio, particípio, infinitivo.
2. Não possuem conectivo.	conectivos: conjunções subordinativas ou pronomes relativas.

Classificação

1. Subordinada Reduzida de Infinitivo	2. Subordinada Reduzida de Gerúndio	3. Subordinada Reduzida de Particípio

ORAÇÕES REDUZIDAS		
1 INFINITIVO	É necessário **estudar todas as matérias.** = que estude todas as matérias.	**Oração subordinada substantiva** (isto) **subjetiva** (possui função de sujeito) **reduzida de infinitivo**
	Ele assegurou **serem de boa qualidade as máquinas.** = que eram de boa qualidade as máquinas.	**Oração subordinada substantiva** (isto) **objetiva direta reduzida de infinitivo**
2 GERÚNDIO	Encontrei Fernanda, **saindo do hotel**. = que saía do hotel – a qual saía.	**Oração subordinada adjetiva** (cabe pronome relativo) **explicativa** (com pontuação) **reduzida de gerúndio**
	Gosto de bichos **correndo pelo quintal**. = que correm pelo quinta.	**Oração subordinada adjetiva** (cabe pronome relativo) **restritiva** (sem pontuação) **reduzida de gerúndio**
3 PARTICÍPIO	Fiquei surpresa com a escultura, **pintada de amarelo**. = que pintaram de amarelo – a qual	**Oração subordinada adjetiva** (cabe pronome relativo) **explicativa** (com pontuação) **reduzida de particípio**
	Têm apenas um livro **comprado**. = que comprou – que comprou	**Oração subordinada adjetiva** (cabe pronome relativo) **restritiva** (sem pontuação) **reduzida de particípio**

3. CONCORDÂNCIA

3.1. CONCORDÂNCIA VERBAL

REGRA GERAL

O verbo concorda com o sujeito em número e pessoa.

"Você	me	faz	feliz."
sujeito		*verbo*	
pronome terceira pessoa singular		***verbo terceira pessoa singular***	

Música e literatura	fazem	bem à alma.
sujeito composto	*verbo*	
dois núcleos: terceira pessoa do plural	***verbo terceira pessoa plural***	

CASOS PARTICULARES

Expressão partitiva = parte de, uma porção de, o grosso de, metade de, a maioria de, a maior parte de, grande parte de... + substantivo ou pronome no plural	o verbo pode ficar no **singular** ou no **plural**.	**A maioria** dos alunos **aprovou (aprovaram)** a equipe.
	Coletivos: Um bando de vândalos **destruiu (destruíram)** o jardim.	

Expressão que indica quantidade aproximada = cerca de, mais de, menos de, perto de... + numeral e substantivo	o verbo **concorda com o substantivo**.	**Cerca de** mil pessoas **participaram** da manifestação.
	mais de um + verbos que exprimem **reciprocidade**, o plural é obrigatório: Mais de um colega se **abraçaram**.	
Nomes que só existem no plural, o artigo manda na concordância	**Sem artigo:** verbo no **singular**. **Comartigo no plural**: verbo no **plural**.	**As** Minas Gerais **fazem** sonhos. Minas Gerais **faz** poesia e bons sons.
Pronome interrogativo ou indefinido plural = quais, quantos, alguns, poucos, muitos, quaisquer, vários + de nós ou de vós	verbo concorda com o **primeiro pronome** –na terceira pessoa do plural– ou com o **pronome pessoal**.	**Quais** de **vós são (sois)** capazes?
	Interrogativo ou **indefinido estiver no singular:** verbo no **singular: Qual de nós é capaz?**	
Expressão que indica porcentagem + substantivo	**Sem modificador** da porcentagem: facultativamente o verbo pode concordar com o **substantivo** ou com o **número** referente à porcentagem.	30% do **orçamento** da empresa **deve (ou devem)** destinar-se à Educação. 1% dos alunos **faltaram (ou faltou)** à prova.
	Com modificador da porcentagem: o verbo concorda com o **modificador** que pode ser pronome demonstrativo, possessivo ou artigo.	**Os** 10% da classe estudam muito. **Este** 1% dos alunos estuda mais.
	Expressão que indica porcentagem não é seguida de substantivo = verbo concorda com o número: 40% precisam de mudança.	
Pronome relativo QUE	concordância em número e pessoa com o **antecedente do pronome**.	Fui **eu** que **paguei** o livro. És **tu** que me fazes ver o sentido da vida.
Um dos que	verbo **plural**.	Você é **um dos que admiram** o livro.
	Ele foi **um dos** escritores **que** mais **fez** sucesso. Ela é **uma das** alunas mais **brilhante** da sala.	
Quem	verbo na terceira pessoa do singular ou concordando com o antecedente do pronome.	Fui eu **quem pagou** o livro. Fui **eu** quem **paguei** o livro.
Pronome de tratamento	verbo na 3ª pessoa do singular ou plural.	Vossa Excelência **é** casado? Vossas Excelências vão escrever?
Bater, dar e soar	verbo concorda com o numeral.	**Deu uma** hora no relógio da sala. Deram cinco horas no relógio da sala.
	sujeito da oração = relógio, sino, torre, etc., o verbo concorda com o sujeito: O tradicional relógio da praça matriz dá nove horas.	
Verbos Impessoais: Haver no sentido de existir; Fazer indicando tempo; Indicam fenômenos da natureza.	verbo na 3ª pessoa do singular	**Havia** muitos alunos na sala. **Faz** três anos que não viajamos. **Chovia** ontem à tarde.

SUJEITO COMPOSTO

Sujeito é composto e **anteposto** ao verbo	verbo **plural** **Pai e filho conversavam.**
Sujeitos compostos formados por **pessoas gramaticais diferentes**: a primeira pessoa do plural prevalece sobre a segunda pessoa, que por sua vez, prevalece sobre a terceira.	Teus irmãos, tu e eu **tomaremos** a decisão. = nós Tu e teus irmãos **tomareis (tomarão)** a decisão. = vós (ou vocês)* *sujeito é composto, formado por um elemento da segunda pessoa e um da terceira, é possível empregar o verbo na terceira pessoa do plural. Pais e filhos **precisam** respeitar-se. = eles

Sujeito composto **posposto** ao verbo: em vez de concordar no plural com a totalidade do sujeito, o verbo pode estabelecer concordância com o **núcleo do sujeito mais próximo**. É uma opção, e não uma obrigação.	**Faltaram coragem e competência.** **Faltou coragem** e competência.
Quando ocorre ideia de **reciprocidade**, no entanto, a concordância é feita obrigatoriamente no **plural**.	Abraçaram-**se** vencedor e vencido. **Ofenderam-se** o jogador e o árbitro.

CASOS PARTICULARES COM SUJEITO COMPOSTO

Sujeito composto por **núcleos sinônimos** ou quase sinônimos	verbo no **plural** ou no **singular**.	Descaso e desprezo **marcam (marca)** seu comportamento.
Sujeito composto por **núcleos dispostos em gradação**	verbo no **plural** ou concorda com o **último núcleo do sujeito**.	Com você, meu amor, uma hora, um minuto, um segundo me **satisfazem (satisfaz).**
Núcleos do sujeito composto são unidos por **ou** ou **nem**	verbo no **plural** se a declaração contida no predicado puder ser atribuída a todos os núcleos.	Drummond **ou** Bandeira **representam** a essência da poesia brasileira. **Nem** o professor **nem** o aluno **acertaram** a resposta.
	núcleos excludentes: verbo **singular**.	Roma ou Buenos Aires será a sede da próxima Olimpíada. Você ou ele será escolhido.
Um e outro	verbo no singular ou no plural.	Um e outro **compareceu (compareceram)** à festa. Nem um nem outro **saiu (saíram)** do colégio.
Núcleos do sujeito são unidos por **com**	o verbo pode ficar no **plural:** com = e.	O pai **com** o filho **montaram** o brinquedo. O governador **com** o secretariado **traçaram** os planos para o próximo semestre.
Núcleos do sujeito são unidos por **expressões correlativas: não só...mas ainda, não somente..., não apenas...mas também, tanto...quanto**	verbo no **plural**.	**Não só** a seca, **mas também** o pouco caso **castigam** o Nordeste. **Tanto** a mãe **quanto** o filho **ficaram** surpresos com a notícia.
Elementos do sujeito composto resumidos por **aposto recapitulativo**	a concordância é feita com o termo resumidor.	Filmes, novelas, boas conversas, **nada** o **tirava** da apatia. Trabalho, diversão, descanso, **tudo é** muito importante na vida das pessoas.

Verbo + SE

Precisa-se de funcionários.

Alugam-se apartamentos à beira-mar.

Índice de indeterminação do sujeito	o **"se"** acompanha os verbos **intransitivos, transitivos indiretos** e de **ligação** = singular.	**Precisa-se** de governantes interessados em civilizar o país. **Confia-se** em teses absurdas. **Era-se** mais feliz no passado.
Pronome apassivador	acompanha verbos **transitivos diretos** e **indiretos** na formação da voz passiva sintética. O verbo deve concordar com o sujeito da oração.	**Construiu-se um posto** de saúde. **Construíram-se novos postos** de saúde. **Não se pouparam** esforços para despoluir o rio. **Não se devem poupar** esforços para despoluir o rio.

Verbo SER

O futuro	**é**	esperanças.
Sujeito	*Verbo **ser** concorda com o sujeito*	

O futuro	**são**	esperanças.
	*Verbo **ser** concorda com o predicativo do sujeito.*	*predicativo*

O VERBO SER CONCORDA COM O PREDICATIVO DO SUJEITO	
Sujeito representado pelos pronomes – isto, isso, aquilo, tudo, o – e o predicativo estiver no plural.	**Isso são lembranças** inesquecíveis. **Aquilo eram problemas** gravíssimos. **O** que eu admiro em você **são** os seus **cabelos** compridos.
Sujeito no singular – referindo-se a coisas – e o predicativo substantivo no plural.	**Nosso piquenique foram** só **guloseimas.** **Sua rotina eram só alegrias.**
Sujeito indicar pessoa, o verbo concorda com o sujeito.	Gustavo era só decepções. Minhas alegrias é esta criança. Admite-se a **concordância no singular** quando se deseja fazer prevalecer um elemento sobre o outro: **A vida é** ilusões.
Sujeito for pronome interrogativo que ou quem.	**Que são** esses papéis? **Quem são** aquelas crianças?
Impessoal na indicação de horas, dias e distâncias, o verbo ser concorda com o numeral.	**É uma** hora. **São três** da manhã. **Eram25** de julho quando partimos. Daqui até a padaria **são dois** quarteirões. Hoje **é dia** quatro de março. Hoje **são quatro** de março.
Sujeito indicando peso, medida, quantidade + pouco, muito, menos de, mais de, etc. = verbo ser no singular.	Cinco quilos de açúcar **é mais do** que preciso. Três metros de tecido **é pouco** para fazer seu vestido. Duas semanas de férias **é muito** para mim.
Sujeito ou predicativo for pronome pessoal do caso reto, com este concordará o verbo.	No meu setor, **eu sou** a única mulher. Aqui os adultos **somos nós**.
	Ambos os termos representados por pronomes pessoais = verbo concorda com o pronome sujeito: Eu não sou ela. Ela não é eu.
Sujeito com sentido partitivo ou coletivo e o predicativo no plural = verbo ser concorda com o predicativo.	A grande maioria no protesto **eram jovens**. O resto **foram atitudes** imaturas.

Verbo PARECER

Ocorre variação do verbo parecer e não se flexiona o infinitivo.	Alguns colegas **pareciam chorar** naquele momento.
A variação do verbo parecer não ocorre, o infinitivo sofre flexão.	Alguns colegas **parecia chorarem** naquele momento.

Haja vista

A expressão é invariável.	**Haja vista** as lições dadas por ele. = tendo em vista **Haja vista** aos fatos explicados por esta teoria. = tendo em vista
O verbo haver pode variar = se não seguido de preposição, considerando-se o termo posposto como sujeito.	**Hajam vista** os exemplos de sua dedicação. = vejam-se

3.2. CONCORDÂNCIA NOMINAL

Regras gerais			
O adjetivo concorda em gênero e número com o substantivo.	As **mãos trêmulas** denunciavam o que sentia.		
Adjetivo referindo-se a vários substantivos, a concordância varia	**Adjetivo anteposto aos substantivos:**	O adjetivo concorda em gênero e número com o **substantivo mais próximo**.	Encontramos **caídas as roupas** e os prendedores. Encontramos **caída a roupa** e os prendedores. Encontramos **caído o prendedor** e a roupa.
		Substantivos como nomes próprios, adjetivo **plural**.	As **adoráveis Fernanda** e **Cláudia** vieram me visitar. Encontrei os **divertidos primos** e **primas** na festa.
Adjetivo posposto aos substantivos	O adjetivo concorda com o **substantivo mais próximo** ou **com todos eles.**		A indústria oferece localização e **atendimento perfeito.** A indústria oferece atendimento e **localização perfeita.** A indústria oferece **atendimento e localização perfeitos.**
	Substantivos possuindo mesmo gênero, adjetivo no singular ou plural.		A beleza e a inteligência **feminina(s).** O carro e o iate **novo(s).**
Expressões formadas pelo verbo SER + adjetivo	O adjetivo fica no masculino singular, se o substantivo não for acompanhado de nenhum modificador.		Água é **bom** para saúde.
	O adjetivo concorda com o substantivo, se este for modificado por **um artigo** ou qualquer outro determinativo.		**Esta** água é **boa** para saúde.
O adjetivo concorda em gênero e número com os pronomes pessoais a que se refere.	Juliana **as** viu ontem muito **felizes.**		
Nas expressões formadas por pronome indefinido neutro (nada, algo, muito, tanto, etc.) + preposição DE + adjetivo = adjetivo masculino singular.	Os jovens tinham **algo** de **misterioso.**		
A palavra só, quando equivale a "sozinho", tem função adjetiva e concorda com o nome a que se refere.	Cristina saiu **só.** Cristina e Débora saíram **sós.**		
	só = somente ou **apenas** – função adverbial: invariável. Eles **só** desejam uma palavra.		
Um único substantivo modificado por dois ou mais adjetivos no singular	O substantivo permanece no singular e coloca-se o artigo antes do último adjetivo.		Admiro a **cultura** espanhola e **a** portuguesa.
	O substantivo vai para o plural e o artigo antes do adjetivo é omitido.		Admiro as **culturas** espanhola e portuguesa.

CASOS PARTICULARES

É proibido – É necessário – É bom – É preciso – É permitido	
Formadas por verbo + adjetivo, ficam invariáveis se o substantivo a que se referem possuir sentido genérico (não vier precedido de artigo).	É **proibido** entrada de crianças. Em certos momentos, é **necessário** atenção. No verão, melancia é **bom.** É **preciso** cidadania. Não é **permitido** saída pelas portas laterais.
Sujeito dessas expressões estiver determinado por artigos, pronomes ou adjetivos, tanto o verbo como o adjetivo concordam com ele.	É **proibida a** entrada de crianças. **Esta** salada é **ótima**. **A** educação é **necessária**. São **precisas várias** medidas na educação.
Anexo – Obrigado – Mesmo – Próprio – Incluso – Quite	
Concordam em gênero e número com o substantivo ou pronome a que se referem. São expressões adjetivas.	Seguem **anexas** as documentações requeridas. A menina agradeceu: – Muito **obrigada.** Muito **obrigadas**, disseram as senhoras, nós **mesmas** faremos isso. Seguem **inclusos** os papéis solicitados. Já lhe paguei o que estava devendo: estamos **quites.**
Bastante – Caro – Barato – Longe	
Invariáveis quando advérbios. Concordam com o nome a que se referem quando funcionam como adjetivos, pronomes adjetivos, ou numerais.	**As jogadoras estavam bastante cansadas. = advérbio** Há **bastantes** pessoas insatisfeitas com o trabalho. = pronome adjetivo (muitos) Nunca pensei que o estudo fosse tão **caro**. = advérbio As casas estão **caras**. = adjetivo Achei **barato** este casaco. = advérbio Hoje as frutas estão **baratas**. = adjetivo "Vais ficando **longe** de mim como o sono, nas alvoradas." (Cecília Meireles) = advérbio "Levai-me a esses **longes** verdes, cavalos de vento!" (Cecília Meireles) = adjetivo)
Meio – Meia	
Quando adjetivo (metade), concorda com o nome a que se refere.	Pedi **meia** cerveja e **meia** porção de polentas.
Quando advérbio (modificando um adjetivo, sentido de um pouco) permanece invariável.	A noiva está **meio** nervosa.
Alerta – Menos	
Essas palavras, normalmente, são advérbios e permanecem invariáveis.	Os escoteiros estão sempre **alerta**. Carolina tem **menos** bonecas que sua amiga.

4. REGÊNCIA

4.1. REGÊNCIA VERBAL

VERBOS QUE APRESENTAM USO POPULAR EM DESACORDO COM A NORMA CULTA

Verbo	Sentido	Regência	Exemplo
Custar	ser difícil	V.T.I.	Custou **a**o candidato aceitar a nota.
Implicar	acarretar	V.T.D.	Sua atitude implicará demissão.
Namorar	–	V.T.D.	Ela namora o advogado há alguns meses.
Obedecer e desobeceder	–	V.T.I.	Ele obedece **a**o patrão. Ela desobedece **a**o pai.
Admitem voz passiva, embora sejam transitivos indiretos: O patrão é obedecido por ele. O pai era desobedecido por ela.			
Pedir	–	V.T.D. (coisa) V.T.I. (pessoa)	Pediu licença e saiu. Pediu **a**o professor que lhe entregasse o gabarito.
Pede a preposição para quando subentendida a palavra licença		V.T.D.	Pediu (licença) para sair.
Preferir	–	V.T.D.I. (algo a algo)	Prefere cinema **a** teatro.
Responder	quando declaração da resposta	V.T.D.	Respondeu que não sabia o segredo.
	quando nomeia a coisa ou a pessoa a quem se dá a resposta	V.T.I.	Ele respondeu **a** todas as perguntas.
Simpatizar e antipatizar	–	V.T.I.	Simpatiza **com** ela.
Não admite o pronome oblíquo, por não ser pronominal.			

VERBOS QUE POSSUEM MAIS DE UMA REGÊNCIA

Verbo	Sentido	Regência	Exemplo
Aspirar	respirar, sorver (perfume, ar)	V.T.D.	Aspirou um ar venenoso.
	pretender/ desejar	V.T.I. (a)	Os candidatos aspiram **a** aprovações.
	O verbo aspirar **não aceita os pronomes lhe, lhes** como objeto indireto, por isso devemos substituí-los por a ele, a ela, a eles, a elas.		
Assistir	ver	V.T.I. (a)	Assistiu **a**o jogo.
	Usado nesse sentido, "assistir" não aceita lhe, lhes, como objeto indireto; por isso, quando necessário, deveremos trocá-lo por a ele, a ela, a eles, a elas.		
	socorrer, ajudar	V.T.D.	O amigo assistiu o doente.
	caber, pertencer	V.T.I. (a)	O poder de resolver assiste **a** ele apenas.
Chamar	mandar vir, solicitar a presença	V.T.D.	A professora chamou os alunos.
	chamar pelo nome, apelidar	há quatro construções	Chamaram a menina de balão. Chamaram a menina balão. Chamaram à menina de balão. Chamaram à menina balão.
Esquecer e lembrar	não pronominais: sem preposição	Esqueceu o caderno.	
	pronominais: com preposição (de)	Ele **se** esqueceu **do** caderno.	
	Se a coisa esquecida possuir função de sujeito, sofre alteração: Esqueceu-me o ocorrido. Lembrou-me o assunto.		
Informar	Admite duas construções	V.T.D.I.	Informei a data **a**o aluno (algo a alguém). Informei o aluno **d**a data (alguém de algo).

Verbo	Sentido	Regência	Exemplo
Pagar e perdoar	Para coisa	V.T.D.	Paguei o DVD. Perdoei seus erros.
	Para pessoa	V.T.I.	Paguei **a** você. Perdoei **a** você.
Proceder	ter fundamento	I.	Os boatos não procediam.
	executar	V.T.I. (a)	Procederemos **a**o inquérito.
Querer	desejar	V.T.D.	"A gente quer dinheiro e felicidade."
	estimar	V.T.I. (a)	Quero **a** meus amigos.
Visar	mirar	V.T.D.	Visou o alvo.
	vistar	V.T.D.	Visou o cheque.
	ter em vista	V.T.I. (a)	Visam **a** aprovações.
	O verbo visar **não aceita os pronomes lhe, lhes** como objeto indireto, por isso devemos substituí-los por a ele, a ela, a eles, a elas.		

LISTA DE VERBOS NOTÁVEIS

Verbo	Sentido	Regência	Exemplo
Abraçar	cingir com os braços, *ocupar-se de*, seguir	V.T.D.	Muitos abraçam as ideias comunistas.
	adotar como sua	V.T.D.	Abraçou nossa causa.
Agradar	fazer agrados, *mimar*, acaricia	V.T.D.	Ele agrada seu cão.
	ser agradável, *contentar*, satisfazer, sendo o sujeito da oração nome de **coisa**.	V.T.I. (a)	A música agradou **a**o público.
	ser agradável, *contentar*, satisfazer, quando o sujeito é nome de **pessoa**.	V.T.D.	Ela não consegue agradar o chefe.
	ser agradável, *contentar*, satisfazer	I.	A apresentação não agradou.
	gostar: pronominal	V.T.I. (de)	Agradou-**se** muito **d**o rapaz.
Agradecer	objeto direto de coisa e indireto de pessoa	V.T.I. (a)	Agradeci o presente **a** meu pai.
Ajudar	transitivo direto ou indireto	V.T.D. ou V.T.I. (a)	Ajudei este homem nos seus estudos. Ajudei **a** este homem nos seus estudos.
	Seguido de infinitivo	V.T.D.I.	Ajudei este homem **a** estudar.
Atender	acolher ou receber alguém com atenção, responder a alguém que se dirige a nós, ouvir, conceder, deferir um pedido	V.T.D.	O diretor atendeu os alunos. Deus atendeu a súplica de seu servo.
	dar atenção a alguém, ouvir-lhe os conselhos, levar em consideração, atentar, prestar atenção a, satisfazer	V.T.I. (a)	A mãe não atendia **a**os apelos do filho. Atenderemos **a**o chamado do cliente.
Chegar	aparece modificado por adjunto adverbial de lugar (rege a preposição **a**)	I.	Chegamos **a** São Paulo pela manhã.
Ensinar	objeto direto de coisa e indireto de pessoa ou objeto direto de pessoa e indireto no infinitivo (rege a preposição **a**)	V.T.D.I.	Ensino a dança **a** João. Ensina-o a converter cada espinho em flor.
Residir	aparece modificado por adjunto. Rege a preposição **em**	I.	Reside **n**a rua Garibaldi.

4.2. REGÊNCIA NOMINAL

É a relação existente entre um **nome** (substantivo, adjetivo ou advérbio) e os termos regidos por esse nome. Essa relação é sempre intermediada por uma **preposição**.

– alheio **a, de**	– liberal **com**
– ambicioso **de**	– apto **a, para**
– análogo **a**	– grato **a**
– bacharel **em**	– indeciso **em**
– capacidade **de, para**	– natural **de**
– contemporâneo **a, de**	– nocivo **a**
– contíguo **a**	– paralelo **a**
– curioso **a, de**	– propício **a**
– falto **de**	– sensível **a**
– incompatível **com**	– próximo **a, de**
– inepto **para**	– satisfeito **com, de, em, por**
– misericordioso **com, para com**	– suspeito **de**
– preferível **a**	– longe **de**
– propenso **a, para**	– perto **de**
– hábil **em**	

5. CRASE

A palavra *crase* significa fusão, junção, mistura. Ocorre com vogais idênticas e o primeiro **a** sempre será uma preposição.

5.1. REGRA GERAL

Haverá crase quando o termo regente exigir a preposição **a** e o tremo regido admitir o artigo **a** ou **as.**

Referi-me	**à autora.**
Referi-me **a** (preposição)	+ **a** (artigo) = **à**

Ficou insensível	**à dor.**
Insensível **a** algo (preposição)	+ **a** (artigo) = **à**

Chegamos	**às sete horas.**
Chegamos **a** (preposição)	+ **as** (artigo) = **às**

Dica

Nos casos mencionados, basta trocar a o regido por um masculino correlato, ou seja, que pertença à mesma classe gramatical. Se obtiver a combinação **ao (preposição a + artigo o)**, haverá crase.

Referi-me	à autora. (substantivo feminino)
	ao autor. (substantivo masculino) = à

Ficou insensível	à dor. (substantivo feminino)
	ao sofrimento. (substantivo masculino) = à

Chegamos	à**s** sete horas. (numeral indicando hora)
	ao meio-dia. (substitua por meio-dia) = às

5.2. CASOS EM QUE SEMPRE HAVERÁ CRASE DIANTE DE PALAVRAS FEMININAS

Substitua sempre por uma masculina	
• Sou grata **à** aluna. • Álcool é prejudicial **à** saúde. • Este texto é posterior **à** invenção do conto.	• Sou grata **ao aluno**. • Álcool é prejudicial **ao organismo**. • Este texto é posterior **ao problema** do conto.
Diante da palavra moda = à moda de (mesmo que a expressão *moda de* fique subentendida)	
• O jogador fez um gol **à** (moda de) Romarinho. • Usava sapatos **à** (moda de) Luís XV.	
Na indicação de horas	
• Acordamos **às** seis horas. = **ao** meio-dia • Elas chegaram **às** dez horas. = **ao** meio-dia • Foram dormir **à** meia-noite. = **ao** meio-dia	
Em locuções adverbiais, prepositivas e conjuntivas formadas por palavras femininas.	
• à tarde, às ocultas, às pressas, à medida que, • à noite, às claras, às escondidas, à força, • à vontade, à beça, à larga, à escuta, às avessas, à revelia, à exceção de, à imitação de, à esquerda, às turras, às vezes, à chave, • à direita, à procura, à deriva, à toa, à luz, • à sombra de, à frente de, à proporção que, • à semelhança de, às ordens, à beira de	

5.3. DIANTE DE NOMES DE LUGAR

Substitua o termo regente por um verbo que peça a preposição **de.**

Resultando na contração **da** significa que esse nome de lugar aceita o artigo e haverá crase.

- Vou **à** França. = Vim **da** França.
- Cheguei **à** Grécia. = Vim **da** Grécia.
- Retornarei **à** Itália. = Vim **da** Itália.

Observação: **Se especificar o nome do lugar, haverá crase**.

- Retornarei **à** São Paulo dos bandeirantes. = Vim **da** São Paulo dos bandeirantes.
- Irei **à** Salvador de Jorge Amado. = Vim **da** Salvador de Jorge Amado.

5.4. DIANTE DE PRONOME DEMONSTRATIVO

Haverá crase diante desses pronomes sempre que o termo regente exigir a preposição a.

Refiro-me	**a aquele**	livro
	Preposição a + pronome demonstrativo aquele = àquele	
Dediquei	**a aquele**	aluno o meu livro.

Dediquei algo	**a alguém**
	Preposição a + pronome demonstrativo aquele = à alguém

Não haverá crase	
Se o termo regente não pedir preposição	Aluguei aquele apartamento. = Aluguei algo

5.5. COM PRONOME RELATIVO

A QUAL	
Dependerá da regência do verbo – se exige ou não a preposição –, mas trabalharemos com dicas para que não ocorra erro.	A apostila **à qual** me referi. 1. O relativo retoma um substantivo feminino (apostila); 2. Substitua-o por um substantivo masculino: **O livro ao qual** me referi. Resultou em **ao**, há crase.
	A sessão à qual assisti foi muito rápida. 1. O relativo retoma um substantivo feminino (sessão); 2. Substitua-o por um substantivo masculino: **O filme ao qual** assisti. Resultou em ao, há crase.
Não resultando em **ao**, não há crase.	A propaganda **a qual** vi. = O filme **o qual** vi.

QUE	
Algumas gramáticas alegam não haver o acento indicativo de crase antes do **que**, mas há exceção e é pedido em concursos (comparação que está ligada ao pronome demonstrativo – estudaremos abaixo).	Sua caneta é igual à que comprei. 1. O relativo retoma um substantivo feminino (caneta); 2. Substitua-o por um substantivo masculino: Seu lápis é igual **ao que comprei**. Resultou em ao, há crase.

QUEM e CUJO	
Não há crase anteposta a quem e cujo por repelirem o artigo. Em caso de dúvida, substitua.	A mulher **a quem** obedeço. = O homem a quem obedeço. A autora **a cuja** obra me referi. = A autora a cujo livro me referi. *O **a** que acompanha o relativo *cujo* é preposição e não artigo: refiro-me à obra.

5.6. COM PRONOME DEMONSTRATIVO

Façamos, mais uma vez a substituição.

Sua ideia é ligada **à** de seus professores.	= Sua ideia é ligada àquela. = Seu dever é ligado **ao** de seus professores.

5.7. ANTES DA PALAVRA DISTÂNCIA

Se especificada, haverá crase.	A rua fica **à** distância de 50 Km daqui. Fiquem **à** distância de 100 metros do palco.	= Determina-se a distância. = A palavra distância está especificada.
Sem especificar = sem crase.	Ficaram a distância. Ensinou a distância. Foi reconhecido a distância.	
Observação: para evitar ambiguidade, pode-se usar a crase. Ensinou à distância. Ela o curou à distância.		

5.8. CRASE FACULTATIVA

Diante de nomes próprios femininos	Enviei o e-mail **a** Fernanda. Enviei o e-mail à Fernanda.	Facultativo porque o artigo pode ou não acompanhar o nome próprio.
Diante de pronome possessivo feminino	Referi-me **a** sua ideia. Referi-me à sua ideia.	Facultativo porque o artigo pode ou não acompanhar o pronome possessivo.
Após preposição até	Fui até **a** esquina. Fui até à esquina. O curso vai até **as** oito horas. O curso vai até à**s** oito horas.	

5.9. NÃO SE USA CRASE

Diante de substantivos masculinos	Fizeram o teste **a** lápis. Comprei o carro **a** prazo.
Diante de verbos	Estavam **a** estudar. Nada tem **a** dizer.
Diante de pronomes e das expressões de tratamento	Fez referência **a** Vossa Excelência. Peço **a** Vossa Senhoria que entenda.
	Exceção: diante de pronomes de tratamento que se referem à mulher: **senhora, dona, senhorita e madame**. Entregou o livro à senhorita (à madame) (à senhora) (à dona)
Diante de numerais cardinais	Chegou a cinquenta o número de aprovados. Daqui **a** duas semanas será a avaliação.
Singular + plural	Não vou **a** festas. Não se pode usar crase porque o **a** é apenas uma preposição.
Entre palavras repetidas dentro do adjunto adverbial	Ficaram frente **a** frente. Exceção: em palavras que façam parte de complemento verbal (objeto indireto) = Prefere guerra à guerra.

6. PONTUAÇÃO

São sinais gráficos da linguagem escrita que indicam a entoação da leitura. Servem para compor a coesão e a coerência textual além de ressaltar especificidades semânticas e pragmáticas.

6.1. VÍRGULA

A vírgula é empregada para separar termos de uma oração, ou orações de um período. É uma questão de sintaxe – período simples e período composto – e por esse motivo separaremos nosso estudo em dois tópicos: vírgula dentro da oração e vírgula entre as orações.

O poder da vírgula

"Se o homem soubesse o valor
que tem a mulher andaria
de quatro a sua procura"

Se você for mulher, certamente colocou
a vírgula depois de mulher.
Se for homem, certamente colocou
a vírgula depois de tem.

6.1.1. VÍRGULA NO INTERIOR DA ORAÇÃO

Iniciemos pela **ordem direta** da oração: **sujeito + verbo + complemento verbal + adjunto adverbial ou predicativo ou complemento nominal**.

Se a oração estiver na ordem apresentada, não se usa a vírgula.

Os poetas	escreveram	os textos	com entusiasmo.
sujeito	*V.T.D.*	*O.D.*	*adj. adv. modo*

A vírgula é usada para separar:

	Exemplo	Dica
Termos intercalados	Trabalharam muito**, logo,** merecem descansar.	Intercala conjunção
	Nossos alunos**, certamente,** serão aprovados.	Intercala adjunto adverbial
	Estudem**,** concurseiros**,** pois chegou a hora.	Intercala vocativo
	Mary**, aluna da turma top,** foi empossada.	Intercala aposto
	A música**, isto é,** o alimento da alma encanta a humanidade há séculos.	Intercala expressões explicativas: **isto é, a saber, por exemplo, ou melhor, ou antes, etc.**

	Exemplo	Dica
Termos deslocados = normalmente, a oração não se inicia com o sujeito.	**Naquele dia,** muitos faltaram.	Adjunto adverbial anteposto. Em locução adverbial, a vírgula é obrigatória.
	Hoje, muitos faltaram.	Em advérbio anteposto, a vírgula é dispensável.
	Este assunto, já o li em uma revista.	Objeto direto pleonástico anteposto.
Palavras omitidas	A turma 1 estudou português e a turma 2, informática.	Zeugma ou elipse
Vocativo = a quem se dirige	**Alunos**, estudem mais. "**Deus! ó Deus!** onde estás que não respondes?" (Castro Alves)	Pode estar no início, meio ou final da frase.
Termos coordenados ligados por e, ou, nem	E o namorado, **e** os amigos, **e** os irmãos magoaram-no. Não andou por montanhas, **ou** florestas, **ou** cavernas.	Repetindo a conjunção coordenada indica ênfase (polissíndeto).
Datas	**Ribeirão Preto,** 26 de janeiro de 2014.	Separa o local.
Advérbios sim ou não	– Você leu o livro? – **Sim,** inteiro.	Usados como resposta.
Saudação	Com muito amor, Respeitosamente,	Em correspondência comercial ou social.
Termos de mesma função sintática	Leu o livros**, a apostila, os contos** e as poesias.	Objeto direto
Elementos paralelos	Tal pai, tal filho.	Em provérbios.

Para **FGV**, a inversão só exigirá vírgula se houver três palavras ou mais na locução adverbial.

6.1.2. VÍRGULA ENTRE AS ORAÇÕES

As orações, compondo um período, podem possuir vírgula ou não. Estudemos os casos.

	Exemplo	Dica
Orações subordinadas adjetivas explicativas	O homem, **que é um ser racional,** aprende com os erros.	Sempre possuirão vírgula, ou travessão ou parênteses.
Orações subordinadas adjetivas restritivas	O aluno **que estuda** é aprovado.	Restringe (apenas o que estuda): sem pontuação.
	Observação: com verbos seguidos, pode-se inserir a vírgula. O homem que **fuma, adoece** rápido.	
Orações subordinadas adverbiais	**Quando entrou na sala de aula,** todos aplaudiram.	Oração deslocada: não se inicia com a oração principal.
Orações subordinadas substantivas	Espero **que me telefone logo**. O remédio era **esperar**.	Não se separa da principal, exceto a apositiva.
Orações coordenadas	**Chegou, ficou em silêncio, aguardou alguns minutos** e aplicou a prova.	Separam-se por vírgula. Exceto as aditivas.
	Os ignorantes falam muito, **e os sábios** se calam.	Sujeitos distintos: com vírgula.
	E estuda, e enlouquece, **e** fica bravo, **e** será aprovado.	Polissíndeto (a conjunção indica ênfase): com vírgula.
	Não estudou**, e foi aprovado.**	Conjunção **e** com valor adversativo: com vírgula.
Orações intercaladas	Eu, **disse o candidato,** preciso do voto de vocês.	Sempre serão separadas por vírgulas, travessões ou parênteses.

6.2. PONTO E VÍRGULA

É um sinal intermediário entre a vírgula e o ponto e não indica o término do período. Usa-se para separar:

- **Orações coordenadas não unidas por conjunção.**

  Ex.: Ele saiu tarde; chegou atrasado.

- **Orações coordenadas, quando pelo menos uma delas possui elementos separados por vírgula.**

  Ex.: O resultado foi: dois alunos foram a favor; quinze, contra.

- **Itens de uma enumeração.**

  Ex.: Considerando: 1) A alta taxa de desemprego; 2) A elevação da taxa de juros; 3) A recessão; solicitamos atenção.

- **Substituir a vírgula em conjunções adversativas.**

  Ex.: Gostaria de encontrar você hoje**;** todavia, a vida impede.

- **Orações coordenadas adversativas quando a conjunção aparecer no meio da oração**

  Ex.: Esperava receber todos os livros**;** recebi, porém, apenas dois.

6.3. DOIS-PONTOS

Introduzem algo importante. Utilizam-se:

para anunciar a fala de personagens nas histórias de ficção	"A porta abriu-se, um brado ressoou: – Até que enfim, meu rapaz!" (Eça de Queirós)
para anunciar uma citação	Assim escreveu Vinícius de Moraes**:** "Tristeza não tem fim, Felicidade sim."
para anunciar uma enumeração	Os alunos aprovados são**:** Júlia, Renata, Paulo e Marcos.
antes de orações apositivas	Só aceito com esta condição**:** *Irá casar comigo.*
para indicar um esclarecimento, resultado ou resumo do que se disse	Em síntese**:** estudou, foi aprovado e viajou em férias.
em invocação das correspondências	Prezados Senhores**:**

6.4. PONTO FINAL

Usado para fechar o período de frases declarativas e imperativas e em abreviaturas.

6.5. PONTO DE INTERROGAÇÃO

O ponto de interrogação é usado ao final de qualquer interrogação direta, ainda que a pergunta não exija resposta. Exemplos:

- Onde você comprou este curso**?**
- Quais seriam as causas de tantas discussões**?**

6.6. PONTO DE EXCLAMAÇÃO

O ponto de exclamação é utilizado após as interjeições, frases exclamativas e imperativas. Pode exprimir surpresa, espanto, susto, indignação, piedade, ordem, súplica, etc. Possui entoação descendente. Exemplos:

- "Como as mulheres são lindas**!**" (Manuel Bandeira)
- Pare, por favor**!**

6.7. RETICÊNCIAS

As reticências marcam uma interrupção da sequência lógica da frase. Podem ser usadas para:

indicar continuidade de uma ação ou fato	A vida passa...
indicar suspensão ou interrupção do pensamento	Acreditei que...
representar, na escrita, hesitações comuns na língua falada	Não vou estudar agora...porque...porque não consigo pensar.
realçar uma palavra ou expressão	Para que tanto...desespero?

realizar citações incompletas	"No meio do caminho tinha uma pedra, tinha..."
transmitir mais emoção e subjetividade para quem lê	(...) 'Stamos em pleno mar... Dois infinitos Ali se estreitam num abraço insano, Azuis, dourados, plácidos, sublimes... Qual dos dous é o céu? qual o oceano?... 'Stamos em pleno mar... Abrindo as velas Ao quente arfar das virações marinhas, Veleiro brigue corre à flor dos mares, Como roçam na vaga as andorinhas... (...) (Navio Negreiro – Castro Alves)

6.8. PARÊNTESES

Isolam explicações, indicações, orações de caráter explicativo, palavras ou comentários acessórios.

Podem ser substituídos por vírgulas ou travessões.

6.9. TRAVESSÃO

O travessão simples (–) serve para dar início à fala de um personagem; indicar mudança do interlocutor nos diálogos; unir grupos de palavras que indicam itinerário.

O duplo travessão (– –) pode substituir dupla vírgula ou parênteses.

6.10. ASPAS

Destacam uma parte do texto. São usadas:

antes e depois de citações ou transcrições textuais	para representar nomes de livros ou legendas	para assinalar estrangeirismos, neologismos, gírias, expressões populares, ironia	para realçar uma palavra ou expressão
"Ia viajar! Viajei. Trinta e quatro vezes, às pressas, bufando, com todo o sangue na face, desfiz e refiz a mala". *(O prazer de viajar – Eça de Queirós)*	*Machado escreveu "Dom Casmurro".*	*Conversando com meu superior, dei a ele um "feedback" do serviço a mim requerido.*	*Você foi o "esperto" que respondeu a questão?*

6.11. COLCHETES

Os colchetes, assim como os parênteses, isolam explicações, indicações, orações de caráter explicativo, palavras ou comentários acessórios. Seu uso normalmente se restringe aos escritos de cunho didático, filológico, científico.

6.12. ASTERISCO

O asterisco (*) é usado nas remissões a notas ou explicações contidas em pé de páginas ou ao final de capítulos e nas substituições de nomes próprios não mencionados.

PARTE IV – COESÃO, COERÊNCIA E REESCRITA DE FRASES

1. COESÃO, COERÊNCIA E REESCRITA DE FRASES

INTRODUÇÃO

Coesão relaciona-se com o microtexto, ou seja, com as palavras que estabelecem as ligações das ideias. É importante para estabelecer a coerência do texto.

Coerência textual é a relação lógica entre as ideias, pois essas devem se complementar, é o resultado da não contradição entre as partes do texto. Inclui fatores como o conhecimento que o produtor e o receptor têm do assunto abordado no texto, conhecimento de mundo, o conhecimento que esses têm da língua que usam e intertextualidade. Por isso, refere-se ao nível semântico e cognitivo, isto é, as informações de um texto possuem um fundo de verdade em relação ao próprio texto e em relação ao mundo real.

Em provas de CESPE, ocorre junção de toda a teoria gramatical que até aqui estudamos mais noções das teorias a seguir. As questões exigem várias avalições. Fundamental saber as funções das palavras QUE, SE e COMO.

1.1. COESÃO REFERENCIAL

Ocorre quando determinado elemento textual se remete a outro, substituindo-o. A **referência**, inicialmente, pode ser em relação a um dado **externo** ou **interno** ao texto.

Coesão por Referência exofórica	Refere-se a um elemento *fora do texto.*
Coesão por Referência endofórica	Faz referência a algo *dentro do texto.*

Exemplo de coesão por referência **exofórica**:

*"A gente era pequena **naquele** tempo. E **aquele** era um tempo em que ainda se apregoava nas ruas. Não em todas as ruas, mas **naquela** onde vivíamos. **Naquela** rua, que tinha por nome a data de um santo, o tempo passava mais lentamente do que no resto da cidade de Porto Alegre."*

(Trecho inicial de uma crônica, postada no site http://revistagloborural.globo.com, por Letícia Wierzchowski)

A coesão por referência **endofórica** ocorre por intermédio de: pronomes (pessoais, possessivos, demonstrativos, indefinidos, interrogativos e relativos), numerais (ambos, primeiro, segundo), advérbios pronominais (lá, aí, aqui, onde, aqui), elipse (omissão de um termo facilmente perceptível), sinonímia (substituição lexical) e metonímia (parte pelo todo).

1.2. COESÃO SEQUENCIAL

É obtida por meio dos elementos de ligação que proporcionam as relações necessárias à integração harmoniosa de orações e parágrafos em torno de um mesmo assunto. Elementos de coesão mais utilizados:

Prioridade, relevância	principalmente, primordialmente, sobretudo, em primeiro lugar, antes de mais nada, primeiramente, acima de tudo.
Tempo (ordem, sucessão, anterioridade, posterioridade)	finalmente, agora, atualmente, hoje, frequentemente, constantemente, às vezes, eventualmente, por vezes, ocasionalmente, sempre, raramente, não raro, ao mesmo tempo, simultaneamente, a princípio, pouco antes, pouco depois, anteriormente, posteriormente, em seguida, afinal, por fim.
Semelhança, comparação	igualmente, da mesma forma, assim também, do mesmo modo, similarmente, analogamente, por analogia, de maneira idêntica.
Conformidade	conformidade com, de acordo com, segundo, conforme, sob o mesmo ponto de vista, tal qual, tanto quanto, como, assim como, bem como.
Condição, hipótese	se, caso, salvo se, contanto que, desde que, a menos que, a não ser que etc.
Adição, continuação	e, além disso, ademais, por sua vez, outro ponto, mais (grave) ainda, ainda mais, também, mas também, constata-se também, vale frisar ainda, vale lembrar também.
Dúvida	provavelmente, possivelmente, é provável.
Certeza, ênfase	de fato, por certo, certamente, indubitavelmente, inquestionavelmente, sem dúvida, obviamente.
Ilustração, exemplificação, esclarecimento	por exemplo, isto é, em outras palavras, ou por outra, a saber, haja vista.
Propósito, intenção, finalidade	com o fim de, a fim de, com o propósito de, para que, afim de que.
Resumo, recapitulação, conclusão	em suma, em síntese, enfim, em resumo, portanto, assim, dessa forma, dessa maneira, logo, afinal, está claro que.
Causa	em virtude de, por causa de, devido a, é resultado de.
Consequência	consequentemente, por consequência, como resultado, por isso, assim, como efeito, de sorte que, de modo que, de forma que, de maneira que.
Explicação	porque, porquanto, pois, já que, uma vez que, visto que.
Contraste, oposição	por outro lado, paradoxalmente, pelo contrário, caso contrário, em contraste com, mas, porém, contudo, todavia, entretanto, no entanto.
Restrição, ressalva	embora, apesar de, ainda que, mesmo que, posto que, conquanto, se bem que, por mais que, por menos que, não obstante.

1.3. PARÁFRASE

A Paráfrase é um texto que procura tornar mais claro e objetivo aquilo que se disse em outro texto. Portanto, é sempre a reescritura de um texto já existente, uma espécie de *tradução* dentro da própria língua.

O autor da paráfrase deve demonstrar que entendeu claramente a ideia do texto. Além disso, são exigências de uma boa paráfrase:

1) Utilizar a mesma ordem de ideias que aparece no texto original.
2) Não omitir nenhuma informação essencial.
3) Não fazer qualquer comentário acerca do que se diz no texto original.
4) Utilizar construções que não sejam uma simples repetição daquelas que estão no original e, sempre que possível, um vocabulário também diferente.

1.4. PERÍFRASE

Trata-se de uma expressão que designa um ser através de alguma de suas características ou atributos, ou de um fato que o celebrizou.

Exemplo: A Cidade Maravilhosa (= Rio de Janeiro) continua atraindo visitantes do mundo todo.

Observação: quando a perífrase indica uma pessoa, recebe o nome de *antonomásia*. Exemplos:

- O Divino Mestre (= Jesus Cristo) passou a vida praticando o bem.
- O Poeta dos Escravos (= Castro Alves) morreu muito jovem.
- O Poeta da Vila (= Noel Rosa) compôs lindas canções.

1.5. TIPOS DE INCOERÊNCIA

Semântica	O significado das palavras não se completa.	"A televisão **transmite** lazer." O verbo transmitir significa "fazer passar de um lugar a outro, comunicar". Nesse sentido, o lazer não é algo que venha de um ponto para outro, mas algo que é "proporcionado".
Sintática	Não são utilizados corretamente os meios sintáticos para expressar a coerência semântica, ou seja, empregam-se conectivos, pronomes (etc.) inadequadamente.	Pessoas ricas procuram o ensino particular. **Onde** os métodos, equipamentos e professores são melhores.
Incoerência Estilística	Ocorre quando se misturam registros linguísticos.	Observe a mudança "de tom" no discurso que se segue: "Venho diante de vossa Magnificência manifestar meu repúdio ao fato de uma instituição pública querer subtrair da população um espaço de lazer. Francamente, achei *a* **maior sujeira, sacanagem, nada a ver**."
Pragmática	O sentido de uma sequência de atos de fala é quebrado.	A: "Achei difícil compreender o tópico dois do capítulo três." B: "**O céu está maravilhoso com as nuvens escuras de chuva**."

2. AS PALAVRAS QUE, SE E COMO

2.1. A PALAVRA QUE

Interjeição	exprime espanto, admiração, surpresa	**Quê!** Você ainda não está pronto?
Substantivo	equivale a **alguma coisa**	Ele tem certo **quê** misterioso.
Preposição	liga dois verbos de uma locução verbal em que o auxiliar é o verbo **ter**. Equivale a **de**	Tenho **que** sair agora. = Tenho de sair.
Partícula expletiva ou de realce	pode ser retirada da frase, sem prejuízo algum para o sentido.	Quase **que** não consigo chegar a tempo.
Advérbio	modifica um adjetivo ou um advérbio. Equivale a **quão**.	**Que** lindas flores!

Pronome	pronome relativo	retoma um termo e **o qual** e flexões. Não encontramos as pessoas **que** saíram.
	pronome indefinido	pode funcionar como pronome substantivo ou pronome adjetivo.
	pronome substantivo	equivale a **que coisa.** **Que** aconteceu com você?
	pronome adjetivo	determina um substantivo – função sintática: adjunto adnominal. **Que** vida é essa?
Conjunção	relaciona entre si duas orações	Quando funciona como conjunção coordenativa ou subordinativa, a palavra **que** recebe o nome da oração que introduz. Venha logo, **que** é tarde. = conjunção coordenativa explicativa Falou tanto **que** ficou rouco. = conjunção subordinativa consecutiva
		Quando inicia uma oração subordinada substantiva, a palavra **que** recebe o nome de **conjunção subordinativa integrante**. Desejo **que** você venha logo.

2.2. A PALAVRA SE

Conjunção	a conjunção relaciona entre si duas orações.	
	conjunção subordinativa integrante: inicia uma oração subordinada substantiva.	Perguntei **se** ele estava feliz.
	conjunção subordinativa condicional: inicia uma oração adverbial condicional (equivale a **caso**).	**Se** todos tivessem estudado, as notas seriam boas.
Partícula expletiva ou de realce	pode ser retirada da frase sem prejuízo algum para o sentido.	Passavam-**se** os dias e nada acontecia.
Pronome apassivador	ligada a verbo que pede objeto direto, caracteriza as orações que estão na voz passiva sintética. É também chamada de pronome apassivador.	Vendem-**se** livros. Aluga-**se** piano.
Índice de indeterminação do sujeito	vem ligando a um verbo que não é transitivo direto ou transitivo direto e indireto, tornando o sujeito indeterminado. O verbo deverá estar na terceira pessoa do singular.	Trabalha-**se** de dia. Precisa-**se** se apoio.
Pronome reflexivo	quando a palavra **se** é pronome pessoal, ela deverá estar sempre na mesma pessoa do sujeito da oração de que faz parte. Por isso o pronome oblíquo **se** sempre será reflexivo (equivalendo a **a si mesmo**), podendo assumir as seguintes funções sintáticas:	
	objeto direto	Ele cortou-**se** com o facão.
	objeto indireto	Ele **se** atribui muito valor.
	sujeito de um infinitivo	"Sofia deixou-**se** estar à janela."

2.3. A PALAVRA COMO

Substantivo	aparece antecedido de um determinante ou especificando outro termo.	Estamos analisando a palavra "como".
Interjeição	expressa um espanto ou admiração.	Como! Não sabia que iríamos viajar?!

Preposição	Ocorre quando houver a possibilidade de se subentender o gerúndio (sendo) depois do termo em estudo, ou ainda se puder ser substituído pela locução "na qualidade de".	Na maioria dos concursos, ele atua como fiscal. = na qualidade de
Advérbio	Relaciona-se a um verbo ou a um adjetivo, exprimindo circunstância de intensidade ou modo. Sintaticamente: adjunto adverbial de intensidade ou modo.	Como suporta conviver com essa angústia?
Conjunção	introduz uma oração subordinada adverbial, levando-se em conta as respectivas circunstâncias expressas pelo fato verbal. Assim classificadas:	
	Causal – equivale-se a "porque", "já que", "uma vez que".	Como não tinha interesse, nem olhou a mercadoria.
	Conformativa – apresenta-se passível de ser substituída por "conforme", "segundo".	Como já imaginávamos, não concluiu o trabalho.
	Comparativa – pode ser substituída pela expressão "tal qual", representando o segundo elemento da comparação.	Dormia como um anjo. = tal qual um anjo
Pronome relativo	Assumindo tal função, aparece sempre antecedida de um substantivo, equivalendo-se a "com o(a) qual, pelo(a) qual" e demais variações. Nesse caso, exerce a função de adjunto adverbial de modo.	Esse foi o modo como fui recebido. = pelo qual

PARTE V – INTERPRETAÇÃO E COMPREENSÃO TEXTUAL

1. INTERPRETAÇÃO E COMPREENSÃO TEXTUAL

Interpretar	consiste em saber a conclusão do que está escrito.	Nas questões: depreende-se/infere-se/conclui-se do texto; o texto permite deduzir; é possível subentender a partir do texto; qual a intenção do autor quando afirma; o texto possibilita o entendimento; com o apoio do texto, infere-se; o texto encaminha o leitor para; pretende o texto mostrar que o leitor...; o texto possibilita deduzir.
Compreender	consiste em analisar o que realmente está escrito, é necessário coletar dados do texto.	Nas questões: segundo o texto; o autor/narrador do texto diz; o texto informa; no texto; tendo em vista o texto; de acordo com o texto; o autor sugere; o autor afirma; na opinião do autor do texto.

Dica: **IN**terpretar = **IN**ferir.

Para obter domínio sobre a leitura, precisamos, esclarecer algumas definições.

Texto	É um **conjunto de palavras e frases** encadeadas que permitem interpretação e **transmitem uma mensagem**. É qualquer obra escrita em versão original e que constitui um livro ou um documento escrito. Um texto é uma unidade linguística de extensão superior à frase.
Contexto	É a relação entre o texto e a situação em que ele ocorre dentro do texto. É o conjunto de circunstâncias em que se produz a mensagem que se deseja emitir– lugar e tempo, cultura do emissor e do receptor etc. – e que permitem sua correta compreensão.
Intertexto	Os textos podem apresentar referências diretas ou indiretas a outros autores através de citações. É um texto dentro de outro texto.
Interpretação de texto	A primeira leitura deve ser feita cuidadosamente por ser o primeiro contato com o texto, extraindo-se informações e se preparando para a leitura interpretativa. Sublinhe palavras-chave e ideias importantes; encontre a ideia central de cada parágrafo. O segundo nível de leitura concentra-se nas perguntas e opções de respostas. Atente-se às palavras NÃO, EXCETO, RESPECTIVAMENTE, INCORRETO, SEMPRE, TODOS, NUNCA etc., pois fazem diferença na escolha adequada. Retorne ao texto sempre que necessário. Leia a frase anterior e posterior para ter ideia do sentido global proposto pelo autor. A banca nos oferece um texto completo e, nas questões, extrai uma parte do texto para pedir a análise. O segredo é voltar ao texto e ler as informações anteriores e posteriores à parte mencionada. Se fosse para analisar apenas o trecho, não haveria motivo para mencionar o texto completo. Aqui mora o grande segredo.

1.1. TIPOLOGIA TEXTUAL

TIPOS	DEFINIÇÃO	EXEMPLOS
Narração	Modalidade em que se conta um fato, fictício ou não, que ocorreu num determinado tempo e lugar, envolvendo certos personagens. Refere-se a objetos do mundo real. Há uma relação de anterioridade e posterioridade. **O tempo verbal predominante é o passado**.	Conto, fábula, crônica, romance, novela, depoimento, piada, relato etc.
Descrição	Um texto em que se faz um retrato por escrito de um lugar, uma pessoa, um animal ou um objeto. **A classe de palavras mais utilizada nessa produção é o adjetivo**, pela sua função caracterizadora. Numa abordagem mais abstrata, pode-se até descrever sensações ou sentimentos. Não há relação de anterioridade e posterioridade. Significa "criar" com palavras a imagem do objeto descrito. É fazer uma descrição minuciosa do objeto ou da personagem a que o texto se Pega. É um tipo textual que se agrega facilmente aos outros tipos em diversos gêneros textuais.	Cardápio, folheto turístico, anúncio classificado etc.
Dissertação	Dissertar é o mesmo que **desenvolver ou explicar um assunto**, discorrer sobre ele. Dependendo do objetivo do autor, pode ter caráter expositivo ou argumentativo.	
	Dissertação-Exposição: Apresenta um saber já construído e legitimado, ou um saber teórico. Apresenta informações sobre assuntos, expõe, reflete, explica e avalia ideias de modo objetivo. O texto expositivo apenas expõe ideias sobre um determinado assunto. A intenção é informar, esclarecer.	Aula, resumo, textos científicos, enciclopédia, textos expositivos de revistas e jornais, etc.
	Dissertação-Argumentação: Um texto dissertativo-argumentativo faz a defesa de ideias ou um ponto de vista do autor. O texto, além de explicar, também persuade o interlocutor, objetivando convencê-lo de algo. Caracteriza-se pela progressão lógica de ideias. Geralmente utiliza linguagem denotativa.	Sermão, ensaio, monografia, dissertação, tese, ensaio, manifesto, crítica, editorial de jornais e revistas.
Outros Tipos Textuais	Dialogal / Conversacional	Entrevista, conversa telefônica, chat etc.
	Injunção/Instrucional	Ordens; pedidos; súplica; desejo; manuais e instruções para montagem ou uso de aparelhos e instrumentos; textos com regras de comportamento; textos de orientação; receitas, cartões com votos e desejos.
	Predição	Previsões astrológicas, previsões meteorológicas, previsões escatológicas/apocalípticas.

1.2. GÊNEROS TEXTUAIS

Os Gêneros textuais são as estruturas com que se compõem os textos, sejam orais ou escritos. Essas estruturas são muito parecidas, com características comuns, procuram atingir intenções comunicativas semelhantes e ocorrem em situações específicas. São variadas formas de linguagem que circulam na sociedade, formais ou informais. Cada gênero textual tem seu estilo próprio, podendo ser identificado e diferenciado dos demais através de suas características.

Notícia	Possui características narrativas: o fato ocorrido que se deu em um determinado momento e em um determinado lugar, envolvendo determinadas personagens. Características do lugar, bem como dos personagens envolvidos são, muitas vezes, minuciosamente descritos.
Reportagem	Gênero textual jornalístico de caráter dissertativo-expositivo. A reportagem tem, por objetivo, informar e levar os fatos ao leitor de uma maneira clara, com linguagem direta.
Carta ao leitor	Gênero dissertativo-argumentativo e possui linguagem pessoal e leve.
Propaganda	Gênero textual dissertativo-expositivo. Há o intuito de propagar informações sobre algo, buscando sempre atingir e influenciar o leitor apresentando, na maioria das vezes, mensagens que despertam as emoções e a sensibilidade do mesmo.
Bula de remédio	Gênero textual descritivo, dissertativo-expositivo e injuntivo. Fornece as informações necessárias para o correto uso do medicamento.
Receita	Gênero textual descritivo e injuntivo. Objetivo: informar a fórmula para preparar tal comida, descrevendo os ingredientes e o preparo destes, com verbos no imperativo, dado o sentido de ordem, para que o leitor siga corretamente as instruções.
Editorial	Gênero textual dissertativo-argumentativo. Expressa o posicionamento da empresa sobre determinado assunto, sem a obrigação da presença da objetividade.
Tutorial	Gênero injuntivo. É um guia que tem por finalidade explicar ao leitor, passo a passo e de maneira simplificada, como fazer algo.
Entrevista	Gênero textual dialogal e dissertativo-expositivo. Representado pela conversação de duas ou mais pessoas, o entrevistador e o(s) entrevistado(s), para obter informações sobre ou do entrevistado ou de algum outro assunto.
História em quadrinhos	Gênero narrativo. Consiste em enredos contados em pequenos quadros através de diálogos diretos entre seus personagens, gerando uma espécie de conversação.
Charge	Gênero textual narrativo onde se faz uma espécie de ilustração cômica, através de caricaturas, com o objetivo de realizar uma sátira, crítica ou comentário sobre algum acontecimento atual, em sua grande maioria.

1.3. ARGUMENTAÇÃO[34]

A argumentação é um recurso que tem o propósito de convencer alguém, alterando sua opinião ou seu comportamento.

Os argumentos, na construção textual, são essenciais.

Há diferentes tipos de argumentos e a escolha certa consolida o texto.

1.3.1. ARGUMENTAÇÃO POR CITAÇÃO

Sempre que queremos defender uma ideia, procuramos pessoas 'consagradas', que pensam como nós acerca do tema em evidência.

Apresentamos no corpo de nosso texto a menção de uma informação extraída de outra fonte.

A citação pode ser apresentada assim:

Assim parece ser porque, para Piaget, "toda moral consiste num sistema de regras e a essência de toda moralidade deve ser procurada no respeito que o indivíduo adquire por essas regras" (Piaget, 1994, p.11). A essência da moral é o respeito às regras. A capacidade intelectual de compreender que a regra expressa uma racionalidade em si mesma equilibrada.

O trecho citado deve estar de acordo com as ideias do texto, assim, tal estratégia poderá funcionar bem.

1.3.2. ARGUMENTAÇÃO POR COMPROVAÇÃO

A sustentação da argumentação se dará a partir das informações apresentadas (dados, estatísticas, percentuais) que a acompanham. Esse recurso é explorado quando o objetivo é contestar um ponto de vista equivocado.

O ministro da Educação, Cristovam Buarque, lança hoje o Mapa da Exclusão Educacional. O estudo do Inep, feito a partir de dados do IBGE e do Censo Educacional do Ministério da Educação, mostra o número de crianças de sete a catorze anos que estão fora das escolas em cada estado. Segundo o mapa, no Brasil, 1,4 milhão de crianças, ou 5,5 % da população nessa faixa etária (sete a catorze anos), para a qual o ensino é obrigatório, não frequentam as salas de aula. O pior índice é do Amazonas: 16,8% das crianças do estado, ou 92,8 mil, estão fora da escola. O melhor, o Distrito Federal, com apenas 2,3% (7 200) de crianças excluídas, seguido por Rio Grande do Sul, com 2,7% (39 mil) e São Paulo, com 3,2% (168,7 mil). (Mônica Bergamo. Folha de S. Paulo, 3.12.2003)

Nesse tipo de citação o autor precisa de dados que demonstrem sua tese.

1.3.3. ARGUMENTAÇÃO POR RACIOCÍNIO LÓGICO

A criação de relações de causa e efeito é um recurso utilizado para demonstrar que uma conclusão (afirmada

34. Cabral, Marina. Brasil Escola. Disponível em <http://brasilescola.uol.com.br/redacao/a-argumentacao.htm>. Com alterações. Acesso em 14 agosto 2017.

no texto) é necessária, e não fruto de uma interpretação pessoal que pode ser contestada.

"O fumo é o mais grave problema de saúde pública no Brasil. Assim como não admitimos que os comerciantes de maconha, crack ou heroína façam propaganda para os nossos filhos na TV, todas as formas de publicidade do cigarro deveriam ser proibidas terminantemente. Para os desobedientes, cadeia."

VARELLA, Drauzio. In: Folha de S. Paulo, 20 de maio de 2000.

Para a construção de um bom texto argumentativo faz-se necessário o conhecimento sobre a questão proposta, fundamentação para que seja realizado com sucesso.

1.4. PRESSUPOSTOS E SUBENTENDIDOS[35]

Pressupostos e subentendidos são informações implícitas num texto, não expressas formalmente, apenas sugeridas por marcas linguísticas ou pelo contexto. Cabe ao leitor, numa leitura proficiente, ir além da informação que se encontra explícita, identificando e compreendendo as informações implícitas, ou seja, lendo nas entrelinhas.

Os pressupostos são de mais fácil identificação, estando sugeridos no texto. Os subentendidos são deduzidos pelo leitor, sendo da sua responsabilidade.

Entenda melhor:

- Heloísa está cansada de ser professora.

  Pressuposto: Heloísa é professora.

  Subentendido: Talvez porque o salário é baixo ou há muita indisciplina.

- Infelizmente, meu marido continua trabalhando fora do país

Pressuposto: O marido está trabalhando fora do país e a mulher não está satisfeita com essa situação.

Subentendido: Talvez por ter melhor salário fora do país ou por não encontrar trabalho no seu país.

1.4.1. PRESSUPOSTOS

Os pressupostos são informações implícitas adicionais, facilmente compreendidas devido a palavras ou expressões presentes na frase que permitem ao leitor compreender essa informação implícita. O enunciado depende dessa pressuposição para que faça sentido. Assim, o pressuposto é verdadeiro e irrefutável.

Exemplos de pressupostos:

- Decidi deixar de comer carne.

  Pressuposto: A pessoa comia carne antes.

- Finalmente acabei minha monografia.

  Pressuposto: Demorou algum tempo para terminar a monografia.

- Alunos que estudam de manhã costumam ter melhor rendimento.

  Pressuposto: Há alunos que não estudam de manhã.

- Desde que ela mudou de casa, nunca mais a vi.

  Pressuposto: Costumava vê-la antes dela mudar de casa.

Marcas linguísticas que facilitam a identificação de pressupostos:

Verbos que indicam fim, continuidade, mudança e implicações: começar, continuar, parar, deixar, acabar, conseguir, ...

Advérbios: felizmente, finalmente, ainda, já, depois, antes, ...

Pronome introdutório de orações subordinadas adjetivas: que

Locuções que indicam circunstâncias: depois que, antes que, desde que, visto que, ...

1.4.2. SUBENTENDIDOS

Os subentendidos são insinuações, informações escondidas, dependentes da interpretação do leitor. Não possuem marca linguística, sendo deduzidos através do contexto comunicacional e do conhecimento que os destinatários têm do mundo. Podem ser ou não verdadeiros e podem ser facilmente negados, visto serem unicamente da responsabilidade de quem interpreta a frase.

Exemplos de subentendidos:

- Quando sair de casa, não se esqueça de levar um casaco.

  Subentendido: Está frio lá fora.

- Já tenho a garganta seca de tanto falar.

  Subentendidos: Quero beber um copo de água ou quero parar de falar neste momento.

- Você vai a pé para casa agora?

  Subentendidos: Eu posso lhe dar uma carona ou é perigoso andar a pé na rua a estas horas.

1.5. DISCURSO DIRETO E INDIRETO[36]

Discurso direto é a transcrição exata da fala das personagens, sem participação do narrador.

Discurso indireto é a intervenção do narrador no discurso ao utilizar as suas próprias palavras para reproduzir as falas das personagens.

DICAS de transposição do discurso direto para o indireto

1. Mudança das pessoas do discurso:

Discurso direto	Discurso indireto
primeira pessoa	terceira pessoa
eu, me, mim, comigo	ele, ela, se, si, consigo, o, a, lhe
nós, nos, conosco	eles, elas, os, as, lhes
meu, meus, minha, minhas, nosso, nossos, nossa, nossas	seu, seus, sua e suas

35. Norma Culta. Disponível em <https://www.normaculta.com.br/pressuposto-e-subentendido/>. Acesso em 14 agosto 2017.

36. Norma Culta. Disponível em < https://www.normaculta.com.br/discurso-direto-e-indireto/>. Acesso em 14 agosto 2017.

2. Mudança de tempos verbais:

Discurso direto	Discurso indireto
Presente do indicativo	*pretérito imperfeito do indicativo*
Pretérito perfeito do indicativo	*pretérito mais-que-perfeito do indicativo*
Futuro do presente do indicativo	*futuro do pretérito do indicativo*
Presente do subjuntivo	
Futuro do subjuntivo	*pretérito imperfeito do subjuntivo*
Imperativo	

3. Mudança na pontuação das frases:

Discurso direto	Discurso indireto
Frases interrogativas, exclamativas e imperativas	*frases declarativas* (o emissor constata um fato – informa ou declara alguma coisa)

4. Mudança dos advérbios e adjuntos adverbiais:

Discurso direto	Discurso indireto
Ontem	*no dia anterior*
Hoje	*naquele dia e naquele momento*
Amanhã	*no dia seguinte*
Aqui, aí, cá	*ali e lá*
Este, esta e isto	*aquele, aquela, aquilo*

PARTE VI – FIGURAS DE LINGUAGEM

1. FIGURAS DE LINGUAGEM[37]

As figuras de linguagem são classificadas em:

Figuras de palavras (ou figuras semânticas)	usam o **sentido figurado** das palavras para criar efeitos no discurso.
Figuras de pensamento	combinam ideias e pensamentos diferentes para criar efeitos no discurso.
Figuras de sintaxe (ou figuras de construção)	usam a ordem das palavras no enunciado para criar efeitos, seja repetindo palavras, seja omitindo-as ou invertendo sua posição no enunciado.
Figuras de som (ou figuras de harmonia)	usam os sons das palavras para criar efeitos, repetindo-os ou omitindo-os.

37. Escola Educação. Disponível em <https://escolaeducacao.com.br/figuras-de-linguagem-resumo/>. Acesso em 20 dez. 2021. (com adaptações).

1.1. FIGURAS DE PALAVRAS (OU FIGURAS SEMÂNTICAS)

Metáfora: é um tipo de comparação implícita, feita com base em uma característica em comum entre os elementos comparados.

Ele tem um coração de ouro.

Comparação: é a própria comparação feita de maneira explícita, usando palavras que tornam nítido que se trata de uma comparação.

Ele tem um coração tão valioso quanto ouro.

Metonímia: ocorre quando se usa um termo para substituir outro, sendo que o termo usado representa uma parte do que seria o termo completo (uma parte do corpo para representar o corpo todo, o artista para representar sua produção artística etc.).

Eles têm muitas cabeças de gado. (não apenas cabeças, mas bois).

Escuto muito Dani Black. (as músicas de Dani Black).

Catacrese: são palavras ou termos usados na falta de outros mais adequados para o contexto, ou seja, em casos em que não existe uma expressão apropriada, sendo tomadas outras de empréstimo.

Dente de alho, maçã do rosto, pele do tomate.

Antonomásia (ou perífrase): é a substituição de um termo por outra expressão famosa que o identifique.

Rei da selva (leão), *país do samba* (Brasil).

Sinestesia: é o uso de expressões que misturam dois ou mais dos cinco sentidos do corpo humano.

Olhar frio, palavras ásperas, cheiro doce.

1.2. FIGURAS DE PENSAMENTO

Gradação: é o desenvolvimento de expressões e ideias que progridem de modo crescente (clímax) ou decrescente (anticlímax).

Sussurrei, mas ele não ouviu. Falei mais alto, mas ele ainda não ouviu. Então, gritei bem alto, e todo mundo ouviu.

Hipérbole: é o uso de expressões exageradas, feito de maneira proposital.

Estou morrendo de vontade de brincar na rua!

Eufemismo: é o uso de expressões que tornam o enunciado menos agressivo e mais suave, geralmente para falar algo muito chocante ou desconfortável.

Nosso cachorrinho está no céu agora.

Litote: também usada para suavizar uma ideia, a litote se caracteriza por fazer a negação do contrário.

Ele não é o melhor dos atletas. (sentido: alguém é um atleta ruim.)

Antítese: é o uso de palavras de sentidos opostos, estando próximas no enunciado.

A alegria e a tristeza fazem parte da vida.

Paradoxo: é a combinação de ideias que tenham sentidos opostos.

Aquele silêncio era ensurdecedor.

Ironia: ocorre quando se afirma algo querendo dizer o seu completo oposto.

Nossa, acho tão engraçado quando vocês fazem piadas sobre mim.

(sentido: as piadas não têm graça nenhuma.)

Personificação (ou prosopopeia): ocorre quando traços e características humanas são atribuídos a objetos, seres inanimados e animais irracionais.

Os brinquedos começaram a discutir quem era o preferido da garota.

Apóstrofe: é um vocativo, ou seja, quando se chama algo ou alguém, geralmente em uma exclamação que interrompe ou que inicia um enunciado.

Nossa! Você não sabe o que me aconteceu!

1.3. FIGURAS DE SINTAXE (OU FIGURAS DE CONSTRUÇÃO)

Elipse: é a omissão de uma palavra ou expressão que, embora omitida, é facilmente subentendida pelo contexto.

Em alguns domingos, fomos àquele lugar estranho. (**Nós** fomos.)

Zeugma: é a omissão de uma palavra ou expressão já usada no enunciado. O termo omitido costuma ser marcado por uma vírgula.

Eu vivo falando de filosofia e ele, de política. (...e ele **vive falando** de política.)

Assíndeto: é a omissão proposital de conectivos em contextos em que eles normalmente ocorreriam.

Corria, brincava, chorava, sem se importar com nada além da infância.

Polissíndeto: é a repetição proposital de conectivos em contextos em que eles normalmente não ocorreriam.

E corria, e brincava e chorava, sem se importar com nada além da infância.

Anáfora: é a repetição proposital de uma mesma palavra ou expressão na construção de um período.

Se vier hoje, eu lhe esperarei. Se vier amanhã, eu lhe esperarei. Se vier no próximo mês, eu lhe esperarei.

Pleonasmo: é um tipo de redundância feita de maneira proposital para enfatizar uma ideia.

O caçador vai caçar a sua caça.

Hipérbato (ou inversão): é a inversão na ordem dos elementos do enunciado, fugindo do esquema típico: sujeito – predicado – complemento.

Às quartas, usamos nós roupas cor-de-rosa.

Anacoluto: ocorre quando há uma quebra na estrutura do enunciado, que muda de modo repentino.

Ela, eu sei que era meio esquisita.

Silepse: ocorre quando algum termo concorda em gênero, número e pessoa com a ideia implícita, e não com os termos explícitos no enunciado.

Silepse de gênero: A Salvador que conhecemos é maravilhosa! (*A cidade de Salvador* que conhecemos é maravilhosa!)

Silepse de número: Era uma plateia imensa, e aplaudiram de pé. (Era uma plateia imensa, e *aplaudiu* de pé.)

Silepse de pessoa: Todos estamos estudando muito. (Todos *estão* estudando muito.)

1.4. FIGURAS DE SOM (OU FIGURAS DE HARMONIA)

Assonância: é a repetição proposital de sons vocálicos, ou seja, sons de uma mesma vogal no enunciado.

Ó o auê aí, ó!

Aliteração: é a repetição proposital de sons consonantais, ou seja, sons de uma mesma consoante no enunciado.

O vovô veio com a vela para ver o vazio.

Paronomásia: é o uso de palavras com som muito similar, gerando efeito sonoro no enunciado.

A aranha arranha o jarro, o jarro arranha a aranha.

Onomatopeia: é a escrita de palavras para tentar reproduzir sons e barulhos diversos.

Tique-taque, cabrum, tchibum.

DIRECIONAMENTO DE ESTUDO

Confira, em ordem decrescente, os assuntos mais pedidos para os Tribunais de Justiça e para os Tribunais Regionais Federais.

Observação: esta análise foi feita através das últimas provas aplicadas, não se refere ao número de questões inseridas na obra.

<table>
<tr><th></th><th>Assuntos</th><th>Números de questões</th></tr>
<tr><td>1</td><td>Coesão, coerência e reescrita de frases</td><td>101</td></tr>
<tr><td>2</td><td>Interpretação e compreensão textual</td><td>74</td></tr>
<tr><td>3</td><td>Período composto</td><td>39</td></tr>
<tr><td>4</td><td>Verbo</td><td>28</td></tr>
<tr><td>5</td><td>Pontuação</td><td>19</td></tr>
<tr><td>6</td><td>Semântica</td><td>17</td></tr>
<tr><td rowspan="2">7</td><td>Pronome</td><td>16</td></tr>
<tr><td>Concordância</td><td>16</td></tr>
<tr><td>8</td><td>Ortografia</td><td>14</td></tr>
<tr><td>9</td><td>Crase</td><td>11</td></tr>
<tr><td>10</td><td>Análise sintática</td><td>9</td></tr>
<tr><td>11</td><td>Regência</td><td>5</td></tr>
<tr><td rowspan="2">12</td><td>Processos de formação das palavras</td><td>3</td></tr>
<tr><td>Figuras de linguagem</td><td>3</td></tr>
<tr><td>13</td><td>Acentuação</td><td>1</td></tr>
</table>

DIREITO CONSTITUCIONAL

Paulo Lépore

1. TEORIA DA CONSTITUIÇÃO

Constitucionalismo

1. **Constitucionalismo: movimento evolutivo de criação das Constituições.**
2. **Etapas do constitucionalismo ou ciclos constitucionais:**
   a) **Constitucionalismo Primitivo (aproximadamente de 30.000 a.c. até 1.000 a.c):** na antiguidade clássica, os líderes das famílias ditavam e resguardavam as regras supremas para o convívio social. Segundo Karl Loewenstein, o povo hebreu, teve grande destaque no movimento constitucionalista desse período, notadamente por reconhecer que os valores garantidos pelos primeiros textos bíblicos não podiam ser violados por ninguém (*Teoria de La Constitución*. Barcelona: Ariel, 1986, p. 154-157).
   b) **Constitucionalismo Antigo (aproximadamente de 1.000 a.c. ao Séc. V d.c.):** os Parlamentos e Monarcas formulavam as normas de convívio social, e já existia uma exortação aos direitos fundamentais dos indivíduos. Entretanto, o constitucionalismo tinha pouco efetividade, pois os Monarcas não cumpriam as garantias dispostas nos direitos fundamentais.
   c) **Constitucionalismo Medieval (Séc. V a XVIII):** surgimento de documentos que limitavam os poderes dos Monarcas e garantiam liberdades públicas aos cidadãos, a exemplo da Magna Charta de 1215, no Reino Unido. Também é desta época o que se denomina constitucionalismo whig ou termidoriano, que caracteriza a evolução lenta e gradual do movimento constitucionalista, e que se materializou com a ascensão de Guilherme de Oranges e do partido whig no Reino Unido, no final do século XVII, também marcado pela edição da Bill of Rights (1689).
   d) **Constitucionalismo Moderno (Séc. XVIII a Séc. XX):** materialização e afirmação das Constituições Formais Liberais, que representavam garantias sérias de limitação dos Poderes Soberanos, e eram dotadas de legitimidade democrática popular. Desenvolveu-se à partir das revoluções liberais (Revolução Francesa e Revolução das 13 Colônias Estadunidenses). Representou o início do garantismo e o surgimento das primeiras Constituições dirigentes.
   e) **Constitucionalismo Contemporâneo (Séc. XX a Séc. XXI):** caracteriza-se pela consolidação da existência de Constituições garantistas, calcadas na defesa dos direitos fundamentais igualitários, sociais e solidários. As disposições constantes nas Constituições têm reafirmada sua força normativa destacada em relação às prescrições de outras fontes jurídicas (leis e atos estatais). Esse período é marcado pelas constituições dirigentes, que prescrevem programas a serem implementados pelos Estados, normalmente por meio de normas programáticas. Vale destacar que esse período acabou manchado por algumas constituições criadas apenas para justificar o exercício de um Poder não democrático, a exemplo da Carta Polaca de 1937, que sustentou a Era Vargas no Brasil, e que faz parte do que se denomina constitucionalismo semântico, uma vez que se busca extrair da Constituição apenas os significados que possam reconhecer a tomada e manutenção de Poder por regimes autoritários.
   f) **Neoconstitucionalismo (Séc. XX e Séc. XXI):** como um aprimoramento do Constitucionalismo Contemporâneo, prega a importância destacada da moral e dos valores sociais, garantidos predominantemente por meio de princípios. Não se conforma com as normas programáticas e as constituições dirigentes, afirmando que as Constituições devem ser dotadas de força normativa. Para conferir normatividade à Constituição, destaca o Poder Judiciário como garantidor, colocando a atividade legislativa em segundo plano. Em resumo: trabalha com a ideia de extração da máxima efetividade do Texto Constitucional, pois a Constituição deve ocupar o centro do sistema jurídico.
3. **Constitucionalismo Brasileiro/História das Constituições do Brasil**
   a) **Carta de 1824:** fortemente influenciada pela Constituição Francesa de 1814, foi o Texto Supremo de maior duração na história das constituições brasileiras: vigeu por 65 anos. Mantinha a escravatura da época colonial e trazia a forma unitária de Estado regida por um Governo Monárquico caracterizado por uma forte centralização político-administrativa. Havia a previsão do Poder Moderador, atribuído exclusivamente ao Monarca, funcionando como um Quarto Poder que permitia toda ordem de interferências nos demais Poderes. O voto era censitário. O Estado era confessional: a religião oficial do Império era a Católica Apostólica Romana.
   b) **Constituição de 1891:** a nação passou a se chamar Estados Unidos do Brasil, tendo sido adotada a forma federativa de Estado. Instituiu-se um regime constitucional republicano sem o Quarto Poder. Fim do Estado confessional.
   c) **Constituição de 1934:** abarcou diversos direitos progressistas, com destaque para os de natureza

social. Implantaram-se a Justiça do Trabalho, a Justiça Eleitoral e o voto secreto e possível às mulheres. Foram criados o Mandado de Segurança e a Ação Popular e o STF foi cristalizado como Corte Suprema.

d) Carta de 1937: seu texto foi inspirado na Carta ditatorial polonesa, o que a levou a ser apelidada de Polaca. Houve uma descaracterização da autonomia das entendidas federadas, criando uma espécie de federalismo nominal ou formal. O Legislativo Federal era bicameral, mas seus membros eram eleitos indiretamente. O Poder Executivo acabava se sobrepondo as demais Poderes por meio de prerrogativas e competências desarrazoadas.

e) Constituição de 1946: responsável pela restauração das garantias individuais e do equilíbrio entre os Poderes. Expandiram-se os poderes da União. Determinou-se a representatividade dos Estados-Membros e da população no Senado e na Câmara dos Deputados.

f) Constituição de 1967: forjada sob a preocupação com a segurança nacional. Teve o demérito de consagrar ações de suspensão de direitos individuais e políticos.

g) Constituição de 1988: constituição democrática e plural, enuncia que a República Federativa do Brasil se constitui em um Estado de Democrático de Direito que tem como fundamentos a soberania, a cidadania, a dignidade da pessoa humana, os valores sociais do trabalho e da livre iniciativa e o pluralismo jurídico. Conta com um detalhado catálogo de direitos fundamentais, além de versar sobre inúmeros temas de relevo como os direitos sociais, de nacionalidade, políticos e econômicos.

V. Fontes e conteúdo do Direito Constitucional

A fonte e o conteúdo do direito constitucional são as Constituições, produtos da evolução do Constitucionalismo. Para uma adequada compreensão da essência do direito constitucional se faz necessário o estudo dos diversos conceitos e das mais variadas concepções de Constituição.

4. Classificação das Constituições

I. Quanto à Origem

1. Democrática, Promulgada ou Popular: elaborada por legítimos representantes do povo, normalmente organizados em torno de uma Assembleia Constituinte.
2. Outorgada: é aquela elaborada sem a presença de legítimos representantes do povo, imposta pela vontade de um poder absolutista ou totalitário, não democrático.
3. Constituição Cesarista, Bonapartista, Plebiscitária ou Referendária: é aquela criada por um ditador ou imperador e posteriormente submetida à aprovação popular por plebiscito ou referendo.
4. Pactuada/Dualista: originada de um compromisso instável de duas forças políticas rivais, de modo que o equilíbrio fornecido por tal espécie de Constituição é precário. Esse modelo foi muito utilizado na monarquia da Idade Média. A Magna Carta de 1215, que os barões obrigaram João Sem Terra a jurar, é um exemplo.

II. Quanto ao Conteúdo:

1. Formal: compõe-se do que consta em documento solene que tem posição hierárquica de destaque no ordenamento jurídico.
2. Material: composta por regras que exteriorizam a forma de Estado, organizações dos Poderes e direitos fundamentais. Portanto, suas normas são aquelas essencialmente constitucionais, mas que podem ser escritas ou costumeiras, pois a forma tem importância secundária.

III. Quanto à Forma:

1. Escrita/Instrumental: formada por um texto organizado em um único documento.
2. Não Escrita: identificada a partir dos costumes, da jurisprudência predominante e até mesmo por documentos escritos, (por mais contraditório que possa parecer), mas que não estão sistematizados em um único documento.

IV. Quanto à Estabilidade:

1. Imutável: não prevê qualquer processo para sua alteração.
2. Fixa: só pode ser alterada pelo Poder Constituinte Originário.
3. Rígida: aquela em que o processo para a alteração de qualquer de suas normas é mais rígido (mais dificultoso) do que o utilizado para editar leis.

   * Vale ressaltar que alguns autores falam em Constituição super-rígida, como aquela em que além de o seu processo de alteração ser mais difícil do que o utilizado para criar leis, dispõe ainda de uma parte imutável (cláusulas pétreas).
4. Flexível: aquela em que o processo para sua alteração é igual ao utilizado para editar leis.
5. Semirrígida ou semiflexível: é aquela dotada de parte rígida (em que somente pode ser alterada por processo mais difícil do que o utilizado para editar leis), e parte flexível (em que pode ser alterada pelo mesmo processo utilizado para editar leis).

V. Quanto à Extensão:

1. Sintética: é a Constituição que regulamenta apenas os princípios básicos de um Estado.
2. Analítica ou prolixa: é a Constituição que vai além dos princípios básicos, detalhando também outros assuntos.

VI. Quanto à Finalidade:

1. Garantia: contém proteção especial às liberdades públicas. Prescreve um Estado-mínimo.
2. Dirigente: confere atenção especial à implementação de programas pelo Estado. Prescreve um Estado Intervencionista.

VII. Quanto ao Modo de Elaboração:

1. Dogmática: sistematizada a partir de ideias fundamentais.

2. Histórica: de elaboração lenta, pois se materializa a partir dos costumes, que se modificam ao longo do tempo.

VIII. Quanto à Ideologia:

1. Ortodoxa: forjada sob a ótica de somente uma ideologia.
2. Eclética: fundada em valores plurais.

IX. Quanto ao Valor ou Ontologia (Karl Loewenstein):

1. Normativa: dotada de valor jurídico legítimo.
2. Nominal: sem valor jurídico; com papel eminentemente social.
3. Semântica: tem importância jurídica, mas não valoração legítima, pois é criada apenas para justificar o exercício de um Poder não democrático. São meros simulacros de Constituição.

Colisão de Direitos Fundamentais: em toda colisão de princípios deve ser respeitado o núcleo intangível dos direitos fundamentais concorrentes, mas sempre se deve chegar a uma posição em que um prepondere sobre outro (mas, sem eliminá-lo). A colisão deve ser resolvida por concordância prática (Konrad Hesse), com aplicação do princípio da proporcionalidade (tradição alemã) ou pela dimensão de peso e importância (Ronald Dworkin), com aplicação do princípio da razoabilidade (tradição norte-americana).

4.1. Classificação das Normas Constitucionais quanto à Eficácia

* No que tange à eficácia, segundo classificação de José Afonso da Silva, as normas constitucionais podem ser: plenas, contidas e limitadas.

Normas de eficácia plena são aquelas dotadas de aplicabilidade direta, imediata e integral, pois não necessitam de lei infraconstitucional para torná-las aplicáveis e nem admitem lei infraconstitucional que lhes restrinja o conteúdo. Em outras palavras: elas trazem todo o conteúdo necessário para a sua materialização prática. São entendidas como de aplicabilidade direta, imediata e integral, pois não necessitam de lei infraconstitucional.

Normas de eficácia contida ou restringível são aquelas que têm aplicabilidade direta, imediata, mas não integral, pois admitem que seus conteúdos sejam restringidos por normas infraconstitucionais, o que ocorre, por exemplo, com o enunciado que garante o livre exercício de qualquer trabalho, ofício ou profissão, atendidas as qualificações profissionais que a lei estabelecer (art. 5º, XIII, da CF).

Normas de eficácia limitada ou reduzida são aquelas que possuem aplicabilidade indireta, mediata e reduzida (não direta, não imediata e não integral), pois exigem norma infraconstitucional para que se materializem na prática. Entretanto, apesar de não se realizarem sozinhas na prática, elas são dotadas de eficácia jurídica, pois revogam as leis anteriores com elas incompatíveis; vinculam o legislador, de forma permanente, à sua realização; condicionam a atuação da administração pública e informam a interpretação e aplicação da lei pelo Poder Judiciário. Elas podem ser de princípio programático ou princípio institutivo.

- As **normas de eficácia limitada de princípio programático** (também referidas apenas como normas programáticas) são aquelas que não regulam diretamente interesses ou direitos nelas consagrados, mas se limitam a traçar alguns preceitos a serem cumpridos pelo Poder Público, como programas das respectivas atividades, pretendendo unicamente a consecução dos fins sociais pelo Estado. Podem-se citar como exemplos os objetivos da República Federativa do Brasil (art. 3º, da CF), a estruturação da política agrícola brasileira (art. 187 da CF), e a determinação de organização de um regime de colaboração dos sistemas de ensino dos Entes da Federação (art. 211 da CF).
- Já as **normas de eficácia limitada de princípio institutivo** são aquelas responsáveis pela estruturação do Estado como, por exemplo, a norma segundo a qual os Territórios Federais integram a União, e sua criação, transformação em Estado ou reintegração ao Estado de origem serão reguladas em lei complementar (art. 18, § 2º, da CF).

PODER CONSTITUINTE

A **titularidade** do Poder Constituinte é do povo, mas é o Estado quem o exerce.

O **Poder Constituinte Originário (também denominado por Genuíno, Primário ou de Primeiro Grau)** cria a primeira ou nova constituição de um Estado. Para atingir seu objetivo, ele é **inicial** (não existe outro poder anterior ou superior a ele), **autônomo** (o poder constituinte determina a estrutura da nova Constituição), **ilimitado** (tem autonomia para escolher o Direito que irá viger, ou seja, não se subordina a nenhuma ideia jurídica preexistente) e **incondicionado** (é dotado de liberdade quanto aos procedimentos adotados para a criação da Constituição, ou seja, não precisa seguir nenhuma formalidade preestabelecida). (LÉPORE, Paulo. *Direito constitucional*. 2. Ed. Salvador: Juspodivm, 2014, p. 25).

Já o **Poder Constituinte Derivado Reformador (também denominado por Secundário, de Segundo Grau, Instituído, Constituído, ou de Reforma)** é responsável pela reforma da Constituição (no Brasil, por meio de Emendas Constitucionais ou da incorporação de tratados internacionais de direitos humanos). Vale notar que a CF de 1988 **não** prevê expressamente o poder de reforma, que materializa o poder constituinte derivado, mas este se encontra implícito, e se extrai, por exemplo, da norma constitucional que prevê propostas de emendas à Constituição.

A seu turno, o Poder Constituinte Derivado **Decorrente** é aquele exercido pelos Estados-membros, na construção das Constituições Estaduais (art. 25, da CF).

Limitações ao Poder Constituinte Derivado

Temporais: impedem a alteração da Constituição em um determinado período de tempo(exemplo, "a Constituição não poderá ser alterada nos primeiros 3 anos após sua edição"). (A CF/88 não prevê nenhuma limitação temporal, em privilégio ao ganho de estabilidade).

Circunstanciais: impedem a alteração da CF em momentos de extrema gravidade, nos quais a livre manifestação do poder reformador possa estar ameaçada (Estado de Defesa, Estado de Sítio, e Intervenção Federal).

Formais/Processuais/Procedimentais, que podem ser de duas espécies: 3.1. Formal Subjetiva (há legitimados específicos para a propositura de Emendas Constitucionais); 3.2. Formal Objetiva (quórum qualificado de três quintos, em dois turnos, em cada Casa do Congresso Nacional, com promulgação pelas mesas do Senado Federal e da Câmara dos Deputados).

Materiais/Substanciais: cláusulas pétreas.

Implícitas: vedam a alteração das regras pertinentes ao processo para modificação da Constituição.

Reforma constitucional: segundo José Afonso da Silva, **reforma** é gênero, e tem como espécies: emenda (mudança pontual) e revisão (modificação mais amplas). Alguns autores também apontam a mutação constitucional como um procedimento não formal de reforma ou mudança da Constituição.

Revisão constitucional: prevista no art. 3º, do ADCT da CF, foi realizada 5 anos após a promulgação da CF/88 (em 1993, portanto) pelo voto da maioria absoluta dos membros do Congresso Nacional, em sessão unicameral, tendo gerado seis emendas constitucionais de revisão que detêm o *status* de normas constitucionais **derivadas**, porque materializadas por meio de emendas. Ademais, elas estão sujeitas ao controle de constitucionalidade, pois apenas as normas constitucionais originárias gozam de presunção absoluta de constitucionalidade.

- **Mutação constitucional:** é um processo não formal de mudança da Constituição em que o texto constitucional permanece inalterado, modificando-se apenas o significado e o sentido interpretativo de determinada norma constitucional. Em outras palavras: na mutação, altera-se a interpretação sobre o texto da Constituição, chegando-se a norma com sentido novo. O exemplo mais famoso é o empregado ao STF ao art. 52, X, da CF, para dizer que a nova norma que dele se extrai é no sentido que a resolução emitida pelo Senado Federal para suspender a execução, no todo ou em parte, de norma declarada inconstitucional no controle difuso serve apenas para conferir publicidade à decisão do STF. Outro exemplo é a interpretação do STF sobre o conceito de casa, do art. 5º, XI, da CF, para dizer que inclui também escritórios profissionais, hotéis, motéis, pensões e congêneres. Segundo Luís Roberto Barroso, a mutação constitucional pode ocorrer por interpretação, pela atuação do legislador e por via de costume. A mutação constitucional por via de interpretação "consiste na mudança de sentido da norma, em contraste com entendimento preexistente". Já a mutação pela atuação do legislador ocorrerá "quando, por ato normativo primário, procurar-se modificar a interpretação que tenha sido dada a alguma norma constitucional. É possível conceber que, ensejando a referida norma mais de uma leitura possível, o legislador opte por uma delas, exercitando o papel que lhe é próprio, de realizar escolhas políticas. A mutação terá lugar se, vigendo um determinado entendimento, a lei vier a alterá-lo.

Desconstitucionalização: quando do surgimento de uma nova Constituição, apenas a constituição propriamente dita (anterior) é revogada, e as normas constitucionais compatíveis materialmente com o novo diploma são recepcionadas com status infraconstitucional (desconstitucionalizadas). Segundo a maioria da doutrina, esse fenômeno nem ocorreu tacitamente e nem foi expressamente adotado pela Constituição Federal vigente.

Recepção: consiste no fenômeno em que normas pertencentes a uma ordem jurídica anterior são recebidas e consideradas válidas por uma nova ordem constitucional, porque seus conteúdos são materialmente compatíveis. Quando do surgimento de uma nova Constituição as normas materialmente incompatíveis serão revogadas (nomenclatura utilizada pelo STF) ou não recepcionadas. A incompatibilidade formal superveniente não impede a recepção, mas faz com que a norma adquira uma nova roupagem.

Repristinação: fenômeno que se dá pela recuperação da vigência de uma norma que tinha sido revogada, se, por acaso, a lei que a tinha revogado, por qualquer razão, perder a vigência (porque foi revogada, por exemplo). Simplificando: tomemos três leis "1", "2" e "3". Se "2" revoga "1", mas "3" revoga "2", "1" volta a ter vigência. No plano legal, esse fenômeno só existe de forma expressa (se a lei que entra em vigor revogando a lei revogadora expressar o restabelecimento da lei inicialmente revogada), não havendo repristinação tácita. Mas, no plano constitucional, fala-se na existência de um efeito repristinatório tácito, em que no controle de constitucionalidade concentrado, a concessão da medida cautelar ou decisão de mérito torna aplicável a legislação anterior acaso existente, salvo expressa manifestação em sentido contrário (art. 11, § 2º, da Lei 9.868/99). Vale ressaltar, com Pedro Lenza, que o STF vem utilizando a expressão "efeito repristinatório" da declaração de inconstitucionalidade (c.f. ADI 2.215-PE, medida cautelar, Rel. Ministro Celso de Mello, Informativo 224 do STF). Isso porque, se a lei é nula, ela nunca teve eficácia. Se nunca teve eficácia, nunca revogou nenhuma norma. Se nunca revogou nenhuma norma, aquela que teria sido supostamente "revogada" continua tendo eficácia (Direito Constitucional Esquematizado. 16 ed. São Paulo: Saraiva, 2012, p. 342).

Constitucionalidade superveniente: trata-se do saneamento do vício de inconstitucionalidade por uma nova constituição ou emenda. Não é admitida no Brasil. A constitucionalidade de uma lei sempre deve ser analisada em relação à Constituição vigente quando de sua edição. O vício de inconstitucionalidade, quando existente, é sempre congênito, ou seja, existe desde o momento de edição da norma. Se uma lei nasceu inconstitucional, o vício é insanável e o fato de ela não ser incompatível com uma nova Constituição é absolutamente irrelevante. Uma nova Constituição não pode constitucionalizar, tirar o vício de uma lei que é inconstitucional segundo o parâmetro constitucional anterior. Assim entende o STF: "Em nosso ordenamento jurídico, não se admite a figura da constitucionalidade superveniente. Mais relevante do que a atualidade do parâmetro de controle é a constatação de que a inconstitucionalidade persiste e é atual, ainda que se refira a dispositivos da CF que não se encontram mais em vigor. Caso contrário, ficaria sensivelmente enfraquecida a própria regra que proíbe a convalidação. (ADI 2.158, julgada em 2010 e relatada pelo Ministro Dias Toffoli) "Constituição. Lei anterior que a contrarie. Revogação. Inconstitucionalidade superveniente. Impossibilidade. A lei ou é constitucional ou não é lei. Lei inconstitucional é uma contradição em si. A lei é constitucional quando fiel à Constituição; inconstitucional na medida em que a desrespeita, dispondo sobre o que lhe era vedado. O vício da inconstitucionalidade é congênito à lei e há de ser apurado em face da Constituição vigente ao tempo de sua elaboração. Lei anterior não pode ser inconstitucional em relação à Constituição superveniente; nem o legislador poderia infringir Constituição futura. A Constituição sobrevinda não torna inconstitucionais leis anteriores com ela conflitantes: revoga-as. Pelo fato de ser superior, a Constituição não deixa de produzir efeitos revogatórios. Seria ilógico que a lei fundamental, por ser suprema, não revogasse, ao ser promulgada, leis ordinárias. A lei maior valeria menos que a lei ordinária." (ADI 2, julgada em 1992 e relatada pelo Ministro Paulo Brossard).

Retroatividade da norma constitucional: há três níveis de retroatividade: máxima, média e mínima. A retroatividade máxima ou restitutória se dá na hipótese em que a norma nova prejudica coisa julgada ou fatos jurídicos já consumados. A retroatividade média ocorre no caso de a norma nova atingir efeitos pendentes de atos verificados antes dela. A retroatividade mínima, temperada ou mitigada se verifica quando a norma nova atinge apenas os efeitos de fatos anteriores, verificados após a data que ela entra em vigor (tudo conforme a ADI 493, julgada pelo STF em 1992 e relatada pelo Ministro Moreira Alves).

Constituição: tipologia, classificação, concepções, legitimidade. Supremacia e força normativa da Constituição. Efetividade das normas constitucionais

I. Conceito e Concepção de Constituição

a) **Constituição Sociológica** (Ferdinand Lassalle – 1862): é aquela que deve traduzir a soma dos fatores reais de poder que rege determinada nação, sob pena de se tornar mera folha de papel escrita, que não corresponda à Constituição real.

b) **Constituição Política** (Carl Schmitt – 1928): é aquela que decorre de uma decisão política fundamental, e se traduz na estrutura do Estado e dos Poderes, e na presença de um rol de direitos fundamentais. As normas que não traduzirem a decisão política fundamental não serão constituição propriamente dita, mas meras leis constitucionais.

c) ***Constituição Material:*** é o arcabouço de normas que tratam da organização do poder, da forma de governo, da distribuição da competência, dos direitos da pessoa humana, considerados os sociais e individuais, do exercício da autoridade, ou seja, trata da composição e do funcionamento da ordem política. Tem relação umbilical com a Constituição Política de Carl Schimitt.

d) **Constituição Jurídica** (Hans Kelsen – 1934): é aquela que se constitui em norma hipotética fundamental pura, que traz fundamento transcendental para sua própria existência (sentido lógico-jurídico), e que, por se constituir no conjunto de normas com mais alto grau de validade, deve servir de pressuposto para a criação das demais normas que compõem o ordenamento jurídico (sentido jurídico-positivo).

e) **Constituição Culturalista** (Michele Ainis – 1986): é aquele que representa o fato cultural, ou seja, que disciplina as relações e direitos fundamentais pertinentes à cultura, tais como a educação, o desporto, e a cultura em sentido estrito.

f) **Constituição Aberta** (Peter Haberle – 1975): é aquela interpretada por todo o povo em qualquer espaço, e não apenas pelos juristas, no bojo dos processos.

g) **Constituição Pluralista** (Gustavo Zagrebelsky – 1987): não é nem um mandato nem um contrato. É aquela dotada de princípios universais, segundo as pretensões acordadas pelas "partes". Caracteriza-se pela capacidade de oferecer respostas adequadas ao nosso tempo ou, mais precisamente, da capacidade da ciência constitucional de buscar e encontrar essas respostas na constituição.

h) **Constituição Simbólica** (Marcelo Neves – 1994): é aquela que traz uma grande enunciação de direitos e valores sociais que não passam de álibis ou argumentos dilatórios frente à falta de efetividade prática do que se preceitua.

II. Elementos das Constituições (Classificação de José Afonso da Silva)

1. **Elementos Orgânicos:** regulam a estrutura do Estado e do Poder.
2. **Elementos Limitativos:** referem-se aos direitos fundamentais, que limitam a atuação do Estado, protegendo o povo.
3. **Elementos Socioideológicos:** revelam o compromisso do Estado em equilibrar os ideais liberais e sociais ao longo do Texto Constitucional.
4. **Elementos de Estabilização Constitucional:** asseguram a solução de conflitos institucionais entre Poderes, e também protegem a integridade do Estado e da própria Constituição.
5. **Elementos Formais de Aplicabilidade:** referem-se às regras de interpretação e aplicação da Constituição, a exemplo do preâmbulo, do ADCT, e a aplicabilidade imediata dos direitos e garantias fundamentais.

III. Componentes da Constituição Federal de 1988:

1. **Preâmbulo:** designa o texto introdutório à Constituição. Segundo posição exarada pelo STF no bojo da ADI 2.076, julgada em 2002, o preâmbulo da Constituição da República não tem força normativa, figurando como mero vetor interpretativo. Em seu voto, Celso de Mello sustentou que o preâmbulo não se situa no âmbito do direito, mas no domínio da política, refletindo posição ideológica do constituinte. Ademais, ele conteria proclamação ou exortação no sentido dos princípios inscritos na Constituição Federal.

   Quanto à natureza jurídica do preâmbulo, a posição do STF filia-se à tese da irrelevância jurídica, afastando-se da tese da plena eficácia (que defende ter o preâmbulo a mesma eficácia das normas que constam da parte articulada da CF) e da tese da relevância jurídica indireta (para a qual o preâmbulo é parte da Constituição, mas não é dotado das mesmas características normativas da parte articulada). Por essa razão, também não serve de parâmetro para controle de constitucionalidade.

2. **Corpo ou articulado:** é a parte densa da Constituição que se encontra disposta em artigos e que tem vigência perene, ou seja, que tendem a vigorar e ter eficácia por um longo espaço de tempo. Refere-se aos Títulos I a X da CF, compostos pelos artigos 1º a 250.
3. **ADCT:** trata-se do ato das disposições constitucionais transitórias, composto por normas de eficácia exaurível. Exaurível porque seus dispositivos tendem a ter eficácia temporária, pois são normas que servem apenas à transição e depois perdem a função.

   Assim, o ADCT é a parte da Constituição destinada a realizar a transição do regime constitucional anterior para o atual. Esse posicionamento do STF serviu para definir que a invocação à proteção de Deus, constante do Preâmbulo da Constituição da República vigente, somente denota inspiração do constituinte, não violando a liberdade religiosa que permeia o Estado brasileiro.

2. PRINCÍPIOS FUNDAMENTAIS

Os direitos civis e políticos formam, juntamente com os direitos econômicos, sociais e culturais, e também com os direitos de solidariedade ou fraternidade, um conjunto indivisível de direitos fundamentais, entre os quais não há qualquer relação hierárquica.

1. Princípios fundamentais.

> Art. 1º da CF: "A República Federativa do Brasil (RFB), formada pela união indissolúvel dos Estados e Municípios e do Distrito Federal, constitui-se em Estado Democrático de Direito e tem como **fundamentos:** I – a soberania; II – a cidadania; III – a dignidade da pessoa humana; IV – os valores sociais do trabalho e da livre iniciativa; V – o pluralismo político".

Para memorizar os fundamentos da RFB, segue uma expressão mnemônica: **SO-CI-DI-VA-PLU.**

FUNDAMENTOS DA REPÚBLICA FEDERATIVA DO BRASIL	
SO:	Soberania
CI:	Cidadania
DI:	Dignidade da pessoa humana
VA:	Valores sociais do trabalho e da livre iniciativa
PLU:	pluralismo político
SO-CI-DI-VA-PLU	

O parágrafo único do art. 1º da CF enuncia ainda: "Todo o poder emana do povo, que o exerce por meio de seus representantes eleitos ou diretamente, nos termos desta Constituição". Trata-se do **princípio democrático.**

2. Poderes da União

> Art. 2º da CF: "São **Poderes** da União, independentes e harmônicos entre si, o Legislativo, o Executivo e o Judiciário". Trata-se do princípio da separação de poderes segundo o qual o poder político do Estado não pode ficar nas mãos de apenas um governante, pois deve haver uma difusão das decisões estatais em prol dos interesses do povo.

3. Objetivos fundamentais da República Federativa do Brasil

> Art. 3º da CF: "Constituem **objetivos fundamentais** da República Federativa do Brasil (RFB): I – construir uma sociedade livre, justa e solidária; II – garantir o desenvolvimento nacional; III – erradicar a pobreza e a marginalização e reduzir as desigualdades sociais e regionais; IV – promover o bem de todos, sem preconceitos de origem, raça, sexo, cor, idade e quaisquer outras formas de discriminação".

Para auxílio na tarefa de memorização dos objetivos da RFB, segue mais uma expressão mnemônica: **CO-GA-ERRA-PRO.**

OBJETIVOS DA REPÚBLICA FEDERATIVA DO BRASIL	
CO:	Construir uma sociedade livre, justa e solidária
GA:	Garantir o desenvolvimento nacional
ERRA:	Erradicar a pobreza e a marginalização e reduzir as desigualdades sociais e regionais
PRO:	Promover o bem de todos, sem preconceitos de origem, raça, sexo, cor, idade e quaisquer outras formas de discriminação
CO-GA-ERRA-PRO	

4. Princípios que regem a República Federativa do Brasil em suas relações internacionais

> Art. 4º da CF: "A República Federativa do Brasil (RFB) rege-se, nas suas **relações internacionais**, pelos seguintes princípios: I – independência nacional; II – prevalência dos direitos humanos; III – autodeterminação dos povos; IV – não intervenção; V – igualdade entre os Estados; VI – defesa da paz; VII – solução pacífica dos conflitos; VIII – repúdio ao terrorismo e ao racismo; IX – cooperação entre os povos para o progresso da humanidade; X – concessão de asilo político".

Perceba que dentre os princípios fundamentais, os que regem a RFB em suas relações internacionais são os que estão em maior número e, por isso, são de mais difícil memorização. Sendo assim, a dica é: memorize os artigos 1º, 2º e 3º. Dessa forma você terá condições de acertar os princípios que regem a RFB em suas relações internacionais quase que por eliminação.

Entretanto, é importante que você esteja ao menos familiarizado com as expressões, para não cair nos famosos jogos de palavras e expressões que o examinador costuma fazer. Por exemplo: ao invés de colocar que a República Federativa do Brasil se rege em suas relações internacionais pelo princípio da **não intervenção**, o examinador pode apontar o princípio da **intervenção**, induzindo-o a assinalar uma alternativa errada.

Para a memorização, podemos utilizar duas expressões mnemônicas: **IN-PRE-AUTO-NÃO IGUAL** e **DE-SO-RE-CO-CO**.

PRINCÍPIOS QUE REGEM A REPÚBLICA FEDERATIVA DO BRASIL EM SUAS RELAÇÕES INTERNACIONAIS	
IN	I – Independência nacional
PRE	II – Prevalência dos direitos humanos
AUTO	III – Autodeterminação dos povos
NÃO	IV – Não intervenção
IGUAL	V – Igualdade entre os Estados
DE	VI – Defesa da paz
SO	VII – Solução pacífica dos conflitos
RE	VIII – Repúdio ao terrorismo e ao racismo
CO	IX – Cooperação entre os povos para o progresso da humanidade
CO	X – Concessão de asilo político
IN-PRE-AUTO-NÃO-IGUAL DE-SO-RE-CO-CO	

Destacamos, ainda, o art. 4º, parágrafo único, da CF: "A República Federativa do Brasil (RFB) buscará a integração econômica, política, social e cultural dos povos da América Latina, visando à formação de uma comunidade latino-americana de nações".

Atenção para a pegadinha! O examinador costuma modificar o texto desse dispositivo e afirmar que os povos são da América (suprimindo o "Latina"), ou dizer que a formação será de um bloco econômico de nações (em vez de comunidade latino-americana de nações).

3. DIREITOS E GARANTIAS FUNDAMENTAIS

Os direitos civis e políticos formam, juntamente com os direitos econômicos, sociais e culturais, e também com os direitos de solidariedade ou fraternidade, um conjunto indivisível de direitos fundamentais, entre os quais não há qualquer relação hierárquica.

- Segundo apontamentos doutrinários, são todos direitos humanos, caracterizados pela **indivisibilidade, irrenunciabilidade e incaducabilidade**, e que decorrem da exigência de atendimento do princípio da dignidade da pessoa humana. Sendo assim, por terem o mesmo fundamento, tem também igual força normativa, não havendo hierarquia entre eles.
- Os tratados e convenções internacionais sobre direitos humanos que forem aprovados, em cada Casa do Congresso Nacional, em dois turnos, por três quintos dos votos dos respectivos membros, **serão equivalentes às emendas constitucionais.**
- Nas hipóteses de **grave violação de direitos humanos**, o Procurador Geral da República, com a finalidade de assegurar o cumprimento de obrigações decorrentes de tratados internacionais de direitos humanos dos quais o Brasil seja parte, poderá suscitar, perante o **Superior Tribunal de Justiça**, em qualquer fase do inquérito ou processo, incidente de deslocamento de competência para a Justiça Federal. Trata-se do disposto no § 5º do art. 109 da CF.
- Súmula 647-STJ: São imprescritíveis as ações indenizatórias por danos morais e materiais decorrentes de atos de perseguição política com violação de direitos fundamentais ocorridos durante o regime militar. STJ. 1ª Seção. Aprovada em 10/03/2021, DJe 15/03/2021.

DIREITOS E DEVERES INDIVIDUAIS, COLETIVOS

- Os direitos e deveres individuais e coletivos estão **concentrados no art. 5º da CF.**
- Apesar do *caput* do artigo 5º garanti-los apenas a brasileiros e estrangeiros residentes no Brasil, **a doutrina e o STF os estendem também para estrangeiros em trânsito e pessoas jurídicas** (HC 94.016, julgado em 2008 e relatado pelo Ministro Celso de Mello).
- Segundo entendimento pacífico do Supremo Tribunal Federal, **as pessoas jurídicas também são titulares de direitos fundamentais** (AC 2.032-QO/SP, relatada pelo Ministro Celso de Mello e julgada em 2008).
- O *caput* do art. 5º da CF enuncia que "todos são iguais perante a lei, sem distinção de qualquer natureza". Segundo posição doutrinária pacífica, trata-se do reconhecimento da igualdade formal. Entretanto, implícita ao texto constitucional também existe a **igualdade material**, que significa conferir tratamento desigual, para igualar. A igualdade material leva em consideração os sujeitos e valores envolvidos e busca equilibrar as relações de fato.

  O *caput* do art. 5° da CF enuncia que "todos são iguais perante a lei, sem distinção de qualquer natureza". Segundo posição doutrinária pacífica, trata-se do reconhecimento da **igualdade formal (perante a lei)**. Entretanto, implícita ao texto constitucional também existe a **igualdade material (na lei)**, que significa conferir tratamento desigual, para igualar. A igualdade material leva em consideração os sujeitos e valores envolvidos e busca equilibrar as relações de fato.

  Teoria do Impacto Desproporcional: tem como pressuposto o fato de que algumas práticas sociais podem impactar de forma desproporcional algum grupo de pessoas. Constatado o impacto desproporcional, a prática que lhe deu origem deve ser interrompida e eliminada, independentemente dos fatos que a motivaram, pois deve incidir o princípio da isonomia.
- **Igualdade e Teoria do Impacto Desproporcional: a** abordagem dessa teoria se deu na inicial da ADI 4.424, ajuizada em 2010 pelo Procurador Geral da República, Paulo Gurgel. Destacamos o seguinte trecho: A doutrina e a jurisprudência alienígena designam tal situação como de discriminação indireta, correlata com a **teoria do impacto desproporcional. Segundo Joaquim Barbosa, tal teoria consiste na ideia de que "toda e qualquer prática empresarial, política governamental ou semigovernamental, de cunho legislativo ou administrativo, ainda que não provida de intenção discriminatória no momento de sua concepção, deve ser condenada por violação do princípio constitucional da igualdade material se, em consequência de sua aplicação, resultarem efeitos nocivos de incidência especialmente despropor-**

cional sobre certas categorias de (*Ação afirmativa e princípio constitucional da igualdade*. Rio de Janeiro: Renovar, 2001, p. 24).

- **Interpretando a jurisprudência da Suprema Corte dos Estados Unidos da América,** Joaquim Benedito Barbosa Gomes (Ministro do STF, mais conhecido apenas como Joaquim Barbosa) ensina que, **no que tange à igualdade**, pode haver dois **tipos de discriminação:** a) Discriminação por impacto desproporcional ou adverso (A Teoria do Impacto Desproporcional – "Diparate Impact Doctrine"). b) Discriminação de fato. Esta modalidade de discriminação pode ser motivada por diversos fatores. Em primeiro lugar, ela resulta da «indiferença», do «desdém» das autoridades públicas para com o destino dos grupos marginalizados, para com a sua dignidade humana. (Ação afirmativa & princípio constitucional da igualdade: (o Direito como instrumento de transformação social. A experiência dos EUA). Rio de Janeiro: Renovar, 2001).

Igualdade e política de cotas: o Plenário do STF julgou improcedente pedido formulado em arguição de descumprimento de preceito fundamental ajuizada, pelo Partido Democratas – DEM, contra atos da Universidade de Brasília – UnB, do Conselho de Ensino, Pesquisa e Extensão da Universidade de Brasília – Cepe e do Centro de Promoção de Eventos da Universidade de Brasília – Cespe, os quais instituíram sistema de reserva de 20% de vagas no processo de seleção para ingresso de estudantes, com base em critério étnico-racial. Preliminarmente, admitiu-se o cabimento da ação, por inexistir outro meio hábil para sanar a lesividade questionada. Apontou-se entendimento da Corte no sentido de que a subsidiariedade da via eleita deveria ser confrontada com a existência, ou não, de instrumentos processuais alternativos capazes de oferecer provimento judicial com eficácia ampla, irrestrita e imediata para solucionar o caso. Articulou-se que, diante da natureza infralegal dos atos impugnados, a ação direta de inconstitucionalidade não seria medida idônea para o enfrentamento da controvérsia, tampouco qualquer das ações que comporiam o sistema de jurisdição constitucional abstrata. **Asseverou-se que, para efetivar a igualdade material, o Estado poderia lançar mão de políticas de cunho universalista – a abranger número indeterminado de indivíduos – mediante ações de natureza estrutural; ou de ações afirmativas – a atingir grupos sociais determinados – por meio da atribuição de certas vantagens, por tempo limitado, para permitir a suplantação de desigualdades ocasionadas por situações históricas particulares. Certificou-se que a adoção de políticas que levariam ao afastamento de perspectiva meramente formal do princípio da isonomia integraria o cerne do conceito de democracia**. Anotou-se a superação de concepção estratificada da igualdade, outrora definida apenas como direito, sem que se cogitasse convertê-lo em possibilidade. (ADPF 186, julgada em 2012 e relatada pelo Ministro Ricardo Lewandowski).

Cotas para estudantes de determinada unidade federativa: "É inconstitucional – por violar a garantia de tratamento igualitário a todos os cidadãos brasileiros, que veda a criação de distinções ou preferências entre si (CF/1988, art. 19, III) – lei estadual que assegura, de forma infundada e/ou desproporcional, percentual das vagas oferecidas para a universidade pública local a candidatos que cursaram integralmente o ensino médio em instituições públicas ou privadas da mesma unidade federativa." (STF, RE 614.873/AM, relator Ministro Marco Aurélio, redator do acórdão Ministro Alexandre de Moraes, julgamento finalizado em 19.10.2023.).

Igualdade, família, orientação sexual e união homoafetiva: "Reconhecimento e qualificação da união homoafetiva como entidade familiar. (...) **A extensão, às uniões homoafetivas, do mesmo regime jurídico aplicável à união estável entre pessoas de gênero distinto justifica-se e legitima-se pela direta incidência, dentre outros, dos princípios constitucionais da igualdade, da liberdade, da dignidade, da segurança jurídica e do postulado constitucional implícito que consagra o direito à busca da felicidade, os quais configuram, numa estrita dimensão que privilegia o sentido de inclusão decorrente da própria CR (art. 1º, III, e art. 3º, IV)**, fundamentos autônomos e suficientes aptos a conferir suporte legitimador à qualificação das conjugalidades entre pessoas do mesmo sexo como espécie do gênero entidade familiar. (...) O **princípio constitucional da busca da felicidade**, que decorre, por implicitude, do núcleo de que se irradia o postulado da dignidade da pessoa humana, assume papel de extremo relevo no processo de afirmação, gozo e expansão dos direitos fundamentais, qualificando-se, em função de sua própria teleologia, como fator de neutralização de práticas ou de omissões lesivas cuja ocorrência possa comprometer, afetar ou, até mesmo, esterilizar direitos e franquias individuais. Assiste, por isso mesmo, a todos, sem qualquer exclusão, o direito à busca da felicidade, verdadeiro postulado constitucional implícito, que se qualifica como expressão de uma ideia força que deriva do princípio da essencial dignidade da pessoa humana." (RE 477.554-AgR, julgado em 2011 e relatado pelo Ministro Celso de Mello).

Direito à vida e pesquisas com células-tronco: o Plenário do STF, no julgamento da ADI 3.510, declarou a constitucionalidade do art. 5º da Lei de Biossegurança (Lei 11.105/2005), por entender que as pesquisas com células-tronco embrionárias não violam o direito à vida ou o princípio da dignidade da pessoa humana. (ADI 3.510, julgada em 2008 e relatada pelo Ministro Ayres Britto).

Direito à vida e antecipação terapêutica do parto de anencéfalos: STF reconheceu a **inconstitucionalidade da interpretação segundo a qual a interrupção da gravidez de feto anencéfalo é conduta tipificada nos arts. 124, 126, e 128, I e II, do CP brasileiro**." (ADPF 54, julgada em 2012 e relatada pelo Ministro Marco Aurélio).

Direito à vida e a recusa à transfusão de sangue por motivos religiosos: "Tese do RE 979.742/AM - 1. Testemunhas de Jeová, quando maiores e capazes, têm o direito de recusar procedimento médico que envolva transfusão de sangue, com base na autonomia individual e na liberdade religiosa. 2. Como consequência, em respeito ao direito à vida e à saúde, fazem jus aos procedimentos alternativos disponíveis no Sistema Único de Saúde - SUS, podendo, se necessário, recorrer a tratamento fora de seu domicílio. Tese do RE 1.212.272/AL - 1. É permitido ao paciente, no gozo pleno de sua capacidade civil, recusar-se a se submeter a tratamento de saúde, por motivos religiosos. A recusa a tratamento de saúde, por razões religiosas, é condicionada à decisão inequívoca, livre, informada e esclarecida do paciente, inclusive, quando veiculada por meio de diretivas antecipadas de vontade. 2. É possível a realização de procedimento médico, disponibilizado a todos pelo sistema público de saúde, com a interdição da realização de transfusão sanguínea ou outra medida excepcional, caso haja viabilidade técnico-científica de sucesso, anuência da equipe médica com a sua realização e decisão inequívoca, livre, informada e esclarecida do paciente." (STF, rel. Min. Luís Roberto Barroso, julg. em 25/09/2024, Info 1152).

A tese da legítima defesa da honra é inconstitucional, por contrariar os princípios da dignidade da pessoa humana [Constituição Federal (CF), art. 1º, III], da proteção à vida e da igualdade de gênero (CF, art. 5º, "caput")- STF. Plenário. ADPF 779 MC-Ref/DF, Rel. Min. Dias Toffoli, julgado em 13/3/2021 (Info 1009).

Envolvendo a igualdade, decidiu o STF que: "É incompatível com a Constituição Federal – por ofensa ao princípio da isonomia (arts. 3º, IV; e 5º, *caput*, CF/88) – a previsão contida no inciso VII do art. 295 do CPP que concede o direito a prisão especial, até decisão penal definitiva, a pessoas com diploma de ensino superior." (STF. Info 1089. Plenário. ADPF 334/DF, Rel. Min. Alexandre de Moraes, julgado em 03/04/2023).

INVIOLABILIDADE DO DOMICÍLIO	
Regra	**Exceções: hipóteses em que se pode penetrar em casa mesmo sem o consentimento do morador**
A casa (englobando escritórios, motéis, hotéis e congêneres, segundo o STF) é asilo inviolável do indivíduo e nela ninguém pode penetrar sem consentimento do morador.	**a) a qualquer horário:** em caso de flagrante delito ou desastre, ou para prestar socorro
	b) somente durante o dia: por determinação judicial.

Observa o STJ que: "É lícita a entrada de policiais, sem autorização judicial e sem o consentimento do hóspede, em quarto de hotel não utilizado como morada permanente, desde que presentes as fundadas razões que sinalizem a ocorrência de crime e hipótese de flagrante delito." (HC 659.527-SP, Rel. Min. Rogerio Schietti Cruz, Sexta Turma, por unanimidade, julgado em 19/10/2021, DJe de 25/10/2021., info 715).

Da mesma forma, entendeu o STJ que: "A indução do morador a erro na autorização do ingresso em domicílio macula a validade da manifestação de vontade e, por consequência, contamina toda a busca e apreensão." (STJ, HC 674.139-SP, Rel. Min. Rogerio Schietti Cruz, Sexta Turma, por unanimidade, julgado em 15/02/2022, INFO 725).

- Para que se considere flagrante delito a fim de justificar a invasão domiciliar, necessária justa causa. "Não configura justa causa apta a autorizar invasão domiciliar a mera intuição da autoridade policial de eventual traficância praticada por indivíduo, fundada unicamente em sua fuga de local supostamente conhecido como ponto de venda de drogas, ante iminente abordagem policial." (STJ. 6ª Turma. REsp 1574681-RS, Rel. Min. Rogério Schietti Cruz, julgado em 20/4/2017- Info 606)

  "A existência de denúncia anônima da prática de tráfico de drogas somada à fuga do acusado ao avistar a polícia, por si sós, não configuram fundadas razões a autorizar o ingresso policial no domicílio do acusado sem o seu consentimento ou sem determinação judicial." (STJ, RHC 89.853-SP, Rel. Min. Ribeiro Dantas, Quinta Turma, por unanimidade, julgado em 18/02/2020, DJe 02/03/2020, Informativo 666).

- É assegurado a todos o **acesso à informação** e resguardado o sigilo da fonte, quando necessário ao exercício profissional.

  "Veículo de imprensa jornalística possui direito líquido e certo de obter dados públicos sobre óbitos relacionados a ocorrências policiais."(REsp 1.852.629-SP, Rel. Min. Og Fernandes, Segunda Turma, por unanimidade, julgado em 06/10/2020, DJe 15/10/2020 - Info 682 STJ)

  Ninguém será privado de direitos por motivo de crença religiosa ou de convicção filosófica ou política, salvo se as invocar para eximir-se de obrigação legal a todos imposta e recusar-se a cumprir prestação alternativa, fixada em lei;

  Apesar de a prestação de serviço militar ser obrigatória (art. 143, *caput*, da CF), a recusa em cumpri-la é admitida sob a alegação do direito de escusa de consciência, cabendo, nesse caso, às forças armadas atribuir àquele que exercer esse direito serviço alternativo em tempo de paz (art. 143, § 1º, da CF), cuja recusa enseja como sanção a declaração da **perda** dos direitos políticos (art. 15, IV, da CF).

- Destaca-se que, tradicionalmente, a doutrina sempre se pronunciou no sentido de que a recusa prestação alternativa implica na **perda** dos direitos políticos. Entretanto, o art. 4°, § 2°, da Lei 8.239/91 (que regulamenta o art. 143, §§ 1º e 2º da Constituição Federal, sobre a prestação de Serviço Alternativo ao Serviço Militar Obrigatório), enuncia que a recusa de prestação alternativa gerará a **suspensão** dos direitos políticos.

  Segundo o STF: "A prática e os rituais relacionados ao sacrifício animal são patrimônio cultural imaterial e constituem os modos de criar, fazer e viver de diversas comunidades religiosas, particularmente das que vivenciam a liberdade religiosa a partir de práticas não institucionais. A dimensão comunitária da liberdade religiosa é digna de proteção constitucional e não atenta contra o princípio da laicidade." [RE 494.601, rel. p/ o ac. min. Edson Fachin, j. 28-3-2019, P, DJE de 19-11-2019.]

  Ademais, para o STF: "É constitucional a utilização de vestimentas ou acessórios relacionados a crença ou religião nas fotos de documentos oficiais, desde que não impeçam a adequada identificação individual, com rosto visível.". (STF, Plenário, RE 859.376-PR, rel. Min. Luis Roberto Barroso, julg. 17/04/2024, Info 1133).

Consoante art. 210, § 1º, da CF, o **ensino religioso**, de **matrícula facultativa**, constituirá disciplina dos horários normais das escolas públicas de ensino fundamental. Note que, por apenas o **oferecimento da disciplina ser obrigatório**, mas não a matrícula, não há que se falar em qualquer ofensa à liberdade de crença, pois aquele que não quiser participar da disciplina simplesmente não precisa se matricular.

É assegurada, nos termos da lei, a **proteção** às **participações individuais em obras coletivas e** à **reprodução da imagem e voz humanas, inclusive** nas atividades desportivas.

A **sucessão de bens de estrangeiros situados no País** será regulada pela lei brasileira em benefício do cônjuge ou dos filhos brasileiros, sempre que não lhes seja mais favorável a lei pessoal do "de cujus". Em outras palavras: **aplica-se a lei brasileira, salvo se a do falecido for mais favorável**.

O **sigilo da correspondência e das comunicações telegráficas, de dados e das comunicações telefônicas** é inviolável, **salvo**, no último caso, por **ordem judicial**, nas hipóteses e na forma que a lei estabelecer para fins de **investigação criminal ou instrução processual penal** (não para processo civil).

Os sigilos bancário e fiscal estão incluídos na proteção ao **sigilo de dados**.

O STF já firmou posicionamento no sentido que a interceptação telefônica se submete à **reserva de jurisdição, sem exceção**. Vale ressaltar que se a gravação for feita por um dos interlocutores, desconfigura-se a interceptação telefônica, restando mera gravação ambiental (RE 453.562-AgR, julgado em 2008 e relatado pelo Ministro Joaquim Barbosa).

Importante destacar que a **interceptação** (gravações de conversas presentes e futuras) **não se confunde com a quebra de sigilo** (acesso a dados passados). Tal distinção é relevante, pois as CPIs (órgãos que não são investidos de poderes jurisdicionais) até podem determinar a quebra de sigilo de dados telefônicos (registro de chamadas recebidas e efetuadas), mas não a interceptação telefônica.

Conforme posição do STF no RE 461366, julgado em 2007 e relatado pelo Ministro Marco Aurélio: "**A atuação fiscalizadora do Banco Central do Brasil não encerra a possibilidade de, no campo administrativo, alcançar dados bancários de correntistas**, afastando o sigilo previsto no inciso XII do artigo 5º da Constituição Federal".

Interceptação e prova emprestada: "Dados obtidos em interceptação de comunicações telefônicas e em escutas ambientais, judicialmente autorizadas para produção de prova em investigação criminal ou em instrução processual penal, **podem ser usados em procedimento administrativo disciplinar, contra a mesma ou as mesmas pessoas em relação** às **quais foram colhidos, ou contra outros servidores cujos supostos ilícitos teriam despontado** à **colheita dessa prova**." (Inq 2.424-QO-QO, Rel. Min. Cezar Peluso, julgamento em 20-6-2007, Plenário, DJ de 24-8-2007).

Interceptação e prorrogações sucessivas de prazo: "(...) É lícita a prorrogação do prazo legal de autorização para interceptação telefônica, ainda que de modo sucessivo, quando o fato seja complexo e, como tal, exija investigação diferenciada e contínua." (Inq 2.424, Rel. Min. Cezar Peluso, julgamento em 26-11-2008, Plenário, DJE de 26-3-2010.)

Interceptação e encontro fortuito de prova em crime punido com detenção: Encontro fortuito de prova da prática de crime punido com detenção. (...) O STF, como intérprete maior da CR, considerou compatível com o art. 5º, XII e LVI, o uso de prova obtida fortuitamente através de interceptação telefônica licitamente conduzida, ainda que o crime descoberto, conexo ao que foi objeto da interceptação, seja punido com detenção." (AI 626.214-AgR, Rel. Min. Joaquim Barbosa, julgamento em 21-9-2010, Segunda Turma, DJE de 8-10-2010.)

Segundo o STF, **a análise dos** últimos **registros telefônicos em aparelhos celulares apreendidos após a efetuação de prisão em flagrante** é lícita. Assim restou decidido no HC 91.867, julgado em 2012 e relato pelo Ministro Gilmar Mendes.

"O princípio constitucional da reserva de jurisdição – que incide sobre as hipóteses de busca domiciliar (CF, art. 5º, XI), de interceptação telefônica (CF, art. 5º, XII) e de decretação da prisão, ressalvada a situação de flagrância penal (CF, art. 5º, LXI) – **não se estende ao tema da quebra de sigilo, pois, em tal matéria, e por efeito de expressa autorização dada pela própria CR (CF, art. 58,** § 3º), assiste competência à **CPI, para decretar, sempre em ato necessariamente motivado, a excepcional ruptura dessa esfera de privacidade das pessoas**." (MS 23.652, julgado no ano 2000 e relatado pelo Ministro Celso de Mello).

Segundo a jurisprudência do STF, "**A quebra do sigilo inerente aos registros bancários, fiscais e telefônicos, por traduzir medida de caráter excepcional, revela-se incompatível com o ordenamento constitucional, quando fundada em deliberações emanadas de CPI cujo suporte decisório apoia-se em formulações genéricas, destituídas da necessária e específica indicação de causa provável**, que se qualifica como pressuposto legitimador da ruptura, por parte do Estado, da esfera de intimidade a todos garantida pela CR. Precedentes. Doutrina. O controle jurisdicional de abusos praticados por CPI não ofende o princípio da separação de poderes. (MS 25.668, julgado em 2006 e relatado pelo Ministro Celso de Mello).

Segundo o entendimento do STF, "**A administração penitenciária**, com fundamento em razões de segurança pública, de disciplina prisional ou de preservação da ordem jurídica, **pode, sempre excepcionalmente**, e desde que respeitada a norma inscrita no art. 41, parágrafo único, da Lei 7.210/1984, **proceder** à **interceptação da correspondência remetida pelos sentenciados, eis que a cláusula tutelar da inviolabilidade do sigilo epistolar não pode constituir instrumento de salvaguarda de práticas ilícitas**." (HC 70.814, Rel. Min. Celso de Mello, julgamento em 1º-3-1994, Primeira Turma, DJ de 24-6-1994.)

- Assegura-se a todos, **independentemente do** pagamento de taxas, o direito de petição aos Poderes Públicos em defesa de direitos ou contra ilegalidade ou abuso de poder.
- É livre o direito de reunião pacífica, não sendo necessária autorização. Entretanto, exige-se **prévio aviso** (não pedido de autorização) à autoridade competente, para que não frustre outra reunião anteriormente convocada.

Atenção! A finalidade do direito de reunião é a manifestação do pensamento. A liberdade ambulatorial constitui apenas um meio para o exercício do direito de reunião. Nesse sentido, diante de uma violação ao direito fundamental, líquido e certo, de reunião, cabível será o **mandado de segurança**, não o *habeas corpus*.

Segundo entendimento do STF: "A interpretação, segundo a qual é ilegal a reunião se não precedida de notificação, afronta o direito previsto no art. 5º, XVI, da Constituição Federal (CF). Isso porque **a exigência constitucional de aviso prévio relativamente ao direito de reunião é satisfeita com a veiculação de informação** que permita ao poder público zelar para que seu exercício se dê de forma pacífica ou para que não frustre outra reunião no mesmo local". (Tema 855 da repercussão geral - RE 806339/SE, relator Min. Marco Aurélio, redator do acórdão Min. Edson Fachin, julgamento virtual finalizado em 14.12.2020 – Info 1003)

- A prática do racismo constitui crime **inafiançável** e **imprescritível**, sujeito à pena de **reclusão** (não detenção).
- Somente os crimes de racismo e de ações de grupos armadas, civis ou militares, contra a ordem constitucional e o Estado Democrático são **imprescritíveis** (além de inafiançáveis). Já os crimes de tortura, tráfico ilícito de entorpecentes e drogas afins, terrorismo e os definidos em lei como hediondos, são **insuscetíveis de graça ou anistia** (além de inafiançáveis).

Dica para memorização: **TTTH** prescrevem! (**T**ortura, **T**ráfico Ilícito de Entorpecentes e Drogas Afins, **T**errorismo e **H**ediondos).

- Vale destacar que os crimes insuscetíveis de graça ou anistia também não admitem **indulto** (que é espécie de graça, segundo entendimento do STF exposto no HC 84.312) e **comutação de pena** (que é tipo de indulto, também segundo o STF em julgamento do HC 84.312).

Entendeu o STF que a expressão "racismo" alcança também a homotransfobia,. (STF. ADO 26/DF, rel. Min. Celso de Mello, julgamento em 13.6.2019. (ADO-26) MI 4733/DF, rel. Min. Edson Fachin, julgamento em 13.6.2019. (MI-4733) (Info 944).

- A incitação de ódio público feita por líder religioso contra outras religiões pode configurar o crime de racismo, não sendo protegida pela liberdade de expressão. (STF. 2ª Turma. RHC 146303/RJ, rel. Min. Edson Fachin, red. p/ o ac. Min. Dias Toffoli, julgado em 6/3/2018- Info 893).
- **Princípio da Razoável Duração do Processo**: a todos, no âmbito judicial e administrativo, são assegurados a razoável duração do processo e os meios que garantam a celeridade de sua tramitação.
- **Direito à proteção de dados**

Seguindo uma tendência de proteção aos dados inaugurada pela lei geral de proteção de dados (lei nº 13.709/2018), **a EC 115/2022 conferiu à proteção de dados status de direito fundamental, com a inserção do inciso LXXIX no art. 5º da CF/88**: "é assegurado, nos termos da lei, o direito à proteção de dados pessoais, inclusive nos meios digitais". A emenda ainda estabeleceu, no art. 21, como competência da União, organizar e fiscalizar a proteção e o tratamento de dados pessoais, bem como, no art. 22, estabeleceu a competência privativa da União para disciplinar a proteção e o tratamento de dados pessoais.

A esse respeito, entendeu ainda o STF que: "É **legítimo**, desde que observados alguns parâmetros, o **compartilhamento de dados pessoais entre órgãos e entidades da Administração Pública federal,** sem qualquer prejuízo da irrestrita observância dos princípios gerais e mecanismos de proteção elencados na Lei Geral de Proteção de Dados Pessoais (Lei 13.709/2018) e dos direitos constitucionais à privacidade e proteção de dados." (STF, Informativo 1068, ADI 6.649-DF, Rel. Min. Gilmar Mendes, julgamento: 15/09/2022).

3.1. REMÉDIOS CONSTITUCIONAIS

Conceder-se-á ***habeas corpus*** sempre que alguém sofrer ou se achar ameaçado de sofrer violência ou coação em sua liberdade de locomoção (também denominada **ambulatorial**), por ilegalidade ou abuso de poder.

- Caberá **mandado de segurança** para proteger **direito líquido e certo, não amparado por habeas corpus ou habeas data,** quando o responsável pela ilegalidade ou abuso de poder for **autoridade pública ou agente de pessoa jurídica no exercício de atribuições do Poder Público.**
- O **mandado de segurança coletivo** pode ser impetrado por: a) partido político com representação no Congresso Nacional e; b) organização sindical, entidade de classe ou associação legalmente constituída e em funcionamento há pelo menos um ano, em defesa dos interesses de seus membros ou associados.
- O mandado de injunção é utilizado **sempre que a falta de norma regulamentadora torne inviável o exercício dos direitos e liberdades constitucionais e das prerrogativas inerentes à nacionalidade, à soberania e à cidadania.**
- Consoante art. 12 da Lei 13.300/2016, **o mandado de injunção coletivo pode ser promovido**: I - pelo **Ministério Público**, quando a tutela requerida for especialmente relevante para a defesa da ordem jurídica, do regime democrático ou dos interesses sociais ou individuais indisponíveis; II - por **partido político** com representação no Congresso Nacional, para assegurar o exercício de direitos, liberdades e prerrogativas de seus integrantes ou relacionados com a finalidade partidária; III - por **organização sindical, entidade de classe ou associação** legalmente constituída e em funcionamento há pelo menos 1 (um) ano, para assegurar o exercício de direitos, liberdades e prerrogativas em favor da totalidade ou de parte de seus membros ou associados, na forma de seus estatutos e desde que pertinentes a suas finalidades, dispensada, para tanto, autoriza-

CONSTITUCIONAL

ção especial; IV - pela **Defensoria Pública**, quando a tutela requerida for especialmente relevante para a promoção dos direitos humanos e a defesa dos direitos individuais e coletivos dos necessitados, na forma do inciso LXXIV do art. 5º da Constituição Federal.

- Conceder-se-á ***habeas data***: a) para assegurar o conhecimento de **informações relativas à pessoa do impetrante**, constantes de registros ou bancos de dados de entidades governamentais ou de caráter público; b) para a retificação de dados, quando não se prefira fazê-lo por processo sigiloso, judicial ou administrativo. Se forem informações de **interesse pessoal**, mas não da pessoa do impetrante, cabe **mandado de segurança**.
- A **ação popular** pode ser proposta por qualquer **cidadão** (nacional no gozo dos direitos políticos) com o objetivo de anular ato lesivo ao patrimônio público ou de entidade de que o Estado participe, à moralidade administrativa, ao meio ambiente e ao patrimônio histórico e cultural, ficando o autor, **salvo comprovada má-fé**, isento de custas judiciais e do ônus da sucumbência.

4. DIREITOS SOCIAIS

- Os direitos sociais, econômicos, e culturais são direitos humanos de segunda geração, mas está errado dizer que isso significa que não são juridicamente exigíveis. Isso porque, **todos os direitos humanos são juridicamente exigíveis.**
- Nos termos do art. 6º, da CF, **são direitos sociais**: a educação, a saúde, a alimentação, o trabalho, a moradia, o transporte, o lazer, a segurança, a previdência social, a proteção à maternidade e à infância, além da assistência aos desamparados, na forma da Constituição.
- O parágrafo único, por sua vez, estabelece que todo brasileiro em situação de vulnerabilidade social terá direito a uma renda básica familiar, garantida pelo poder público em programa permanente de transferência de renda, cujas normas e requisitos de acesso serão determinados em lei, observada a legislação fiscal e orçamentária.
- Vale notar que esse artigo já foi objeto de quatro emendas constitucionais (EC 26/2000, EC 64/2010 , EC 90/2015 e EC 114/2021). A primeira emenda incluiu a moradia, a segunda inseriu a alimentação, a terceira adicionou o transporte e a quarta incluiu o parágrafo único, que instituiu a renda básica familiar.
- Para facilitar a compreensão do tema, elaboramos a seguinte tabela:

	DIREITOS CONSTITUCIONALMENTE ASSEGURADOS AO TRABALHADOR DOMÉSTICO DEPOIS DA EC 72/13	
	Direitos incondicionados	**Direitos condicionados à legislação infraconstitucional e à observância de simplificação do cumprimento das obrigações tributárias, principais e acessórias, decorrentes da relação de trabalho e suas peculiaridades**
Os que já existiam antes da EC 72/13	1. Salário mínimo 2. Irredutibilidade do salário 3. Décimo terceiro salário com base na remuneração integral ou no valor da aposentadoria 4. Repouso semanal remunerado, preferencialmente aos domingos	1. Integração à previdência social
Os que já existiam antes da EC 72/13	5. Férias anuais remuneradas com, pelo menos, um terço a mais do que o salário normal 6. Licença-gestante de 120 dias 7. Licença-paternidade de 5 dias 8. Aviso-prévio 9. Aposentadoria	

Os que foram estabelecidos pela EC 72/13	10. Garantia de salário, nunca inferior ao mínimo, para os que percebem remuneração variável 11. Proteção do salário na forma da lei, constituindo crime sua retenção dolosa 12. Duração do trabalho normal não superior a oito horas diárias e quarenta e quatro semanais, facultada a compensação de horários e a redução da jornada, mediante acordo ou convenção coletiva de trabalho 13. Remuneração do serviço extraordinário superior, no mínimo, em cinquenta por cento à do normal 14. Redução dos riscos inerentes ao trabalho, por meio de normas de saúde, higiene e segurança 15. Reconhecimento das convenções e acordos coletivos de trabalho	2. Relação de emprego protegida contra despedida arbitrária ou sem justa causa, nos termos de lei complementar, que preverá indenização compensatória, dentre outros direitos; 3. Seguro-desemprego, em caso de desemprego involuntário; 4. Fundo de garantia do tempo de serviço; 5. Remuneração do trabalho noturno superior à do diurno; 6. Salário-família pago em razão do dependente do trabalhador de baixa renda nos termos da lei 7. Assistência gratuita aos filhos e dependentes desde o nascimento até 5 (cinco) anos de idade em creches e pré-escolas
Os que foram estabelecidos pela EC 72/13	16. Proibição de diferença de salários, de exercício de funções e de critério de admissão por motivo de sexo, idade, cor ou estado civil 17. Proibição de qualquer discriminação no tocante a salário e critérios de admissão do trabalhador portador de deficiência 18. Proibição de trabalho noturno, perigoso ou insalubre a menores de dezoito e de qualquer trabalho a menores de dezesseis anos, salvo na condição de aprendiz, a partir de quatorze anos	8. Seguro contra acidentes de trabalho, a cargo do empregador, sem excluir a indenização a que este está obrigado, quando incorrer em dolo ou culpa

5. DIREITOS DA NACIONALIDADE

- São brasileiros **natos:** a) os **nascidos na República Federativa do Brasil**, ainda que de pais estrangeiros, desde que estes não estejam a serviço de seu país; b) os nascidos no estrangeiro, de pai brasileiro ou mãe brasileira, desde que **qualquer deles** esteja **a serviço da República Federativa do Brasil** e; c) os nascidos no estrangeiro de pai brasileiro ou de mãe brasileira, desde que sejam **registrados em repartição brasileira competente ou venham a residir na República Federativa do Brasil e optem**, em qualquer tempo, depois de atingida a maioridade, pela nacionalidade brasileira (nacionalidade potestativa).
- São brasileiros **naturalizados:** a) os que, na forma da lei, **adquiram a nacionalidade brasileira**, exigidas aos originários de países de língua portuguesa apenas residência por um ano ininterrupto e idoneidade moral; b) os estrangeiros de qualquer nacionalidade, residentes na República Federativa do Brasil há mais de quinze anos ininterruptos e sem condenação penal, desde que **requeiram** a nacionalidade brasileira.

CARGOS PRIVATIVOS DE BRASILEIRO NATO
1. Ministro do Supremo Tribunal Federal
2. Presidente da República e Vice
3. Presidente da Câmara dos Deputados
4. Presidente do Senado Federal
5. Carreira diplomática
6. Oficial das Forças Armadas
7. Ministro de Estado da Defesa

- Para memorizar os cargos privativos de brasileiro nato, o amigo leitor pode valer-se da expressa mnemônica **"MP3.COM"**

MP3. COM	**M**	Ministro do STF
	P 3	Presidente da República (e Vice)
		Presidente da Câmara dos Deputados
		Presidente do Senado Federal
	C	Carreira Diplomática
	O	Oficial das Forças Armadas
	M	Ministro de Estado da Defesa

- Atenção para as "pegadinhas" clássicas: a) o cargo de Ministro do STJ não é privativo de brasileiro nato, mas o de Ministro do STF é; b) o cargo de Ministro da Justiça não é privativo de brasileiro nato, mas o de Ministro de Estado da Defesa é; c) o cargo de Senador não é privativo de brasileiro nato, mas o de Presidente do Senado Federal é.

- O **brasileiro nato** **não pode mais perder a nacionalidade (a menos que isso seja por ele requerido)**, pois, com a edição da EC 131/2023 que alterou o § 4°, do art. 12, da CF, somente haverá perda da nacionalidade:

a) quando o brasileiro naturalizado tiver **cancelada** sua naturalização, por sentença judicial, em virtude de fraude relacionada ao processo de naturalização ou de atentado contra a ordem constitucional e o Estado Democrático; ou

b) quando o brasileiro **nato ou naturalizado** fizer pedido **expresso** de perda da nacionalidade brasileira perante autoridade brasileira competente, ressalvadas situações que acarretem apatridia.

Ademais, foi incluído §5º ao art. 12 no qual se determina que, no caso da perda da nacionalidade por pedido expresso, será possível ao interessado readquirir sua nacionalidade brasileira originária, nos termos da lei. Verifica-se, contudo, que essa disposição trata apenas do brasileiro **nato**, e não do naturalizado, já que fala em nacionalidade **originária.**

O STF já decidiu que, o **Ministro da Justiça não tem competência para cancelar naturalização concedida**: "Conforme revela o inciso I do § 4º do art. 12 da CF, o ministro de Estado da Justiça não tem competência para rever ato de naturalização." (RMS 27.840, rel. p/ o ac. min. Marco Aurélio, julgamento em 7-2-2013, Plenário, DJE de 27-8-2013.)

É inadmissível a expulsão de estrangeiro que possua filho brasileiro, dependente socioafetivo ou econômico, mesmo que o crime ensejador da expulsão tenha ocorrido em momento anterior ao reconhecimento ou adoção do filho." STF. Plenário. RHC 123891 AgR/DF, Rel. Min. Rosa Weber, julgado em 23/2/2021 (Info 1007)

"O § 1º do art. 75 da Lei 6.815/1980 (1) não foi recepcionado pela Constituição Federal de 1988 (CF), sendo vedada a expulsão de estrangeiro cujo filho brasileiro foi reconhecido ou adotado posteriormente ao fato ensejador do ato expulsório, uma vez comprovado estar a criança sob a guarda do estrangeiro e deste depender economicamente." STF. Plenário. RE 608898/DF, Rel. Min. Marco Aurélio, julgado em 25/6/2020 (Repercussão Geral –Tema 373) (Info 983).

O art. 54, §1º da Lei nº 13.445/2017, prevê como hipóteses que ensejam expulsão:" I - crime de genocídio, crime contra a humanidade, crime de guerra ou crime de agressão, nos termos definidos pelo Estatuto de Roma do Tribunal Penal Internacional; ou II - crime comum doloso passível de pena privativa de liberdade, consideradas a gravidade e as possibilidades de ressocialização em território nacional."

Por sua vez, o art. 55 da Lei nº 13.445/2017 prevê as hipóteses **que impedem a expulsão** do estrangeiro:

a) Quando a medida configurar extradição inadmitida pela legislação brasileira;

b) Quando o extraditando:

- tiver filho brasileiro que esteja sob sua guarda ou dependência econômica ou socioafetiva ou tiver pessoa brasileira sob sua tutela;
- tiver cônjuge ou companheiro residente no Brasil, sem discriminação alguma, reconhecido judicial ou legalmente;
- tiver ingressado no Brasil até os 12 (doze) anos de idade, residindo desde então no País;
- for pessoa com mais de 70 (setenta) anos que resida no País há mais de 10 (dez) anos, considerados a gravidade e o fundamento da expulsão.

- Regras sobre **extradição**: a) O brasileiro nato **nunca** será extraditado (por crime comum ou de opinião); b) O brasileiro naturalizado somente poderá ser extraditado em caso de crime comum (praticado **antes** da naturalização), ou de comprovado envolvimento em tráfico ilícito de entorpecentes e drogas afins (**antes ou depois** da naturalização), na forma da lei, mas **não** por crime político; c) O estrangeiro pode ser extraditado pela prática de crime comum, mas **não** por crime político e; d) O Brasil não extradita **ninguém** pela prática de crime político.

	POSSIBILIDADE DE EXTRADIÇÃO	
	Crime comum	**Crime político ou de opinião**
Brasileiro Nato	Não	Não
Brasileiro Naturalizado	Sim, desde que seja por: • crime praticado antes da naturalização; • comprovado envolvimento em tráfico ilícito de entorpecentes e drogas afins, na forma da lei.	Não
Estrangeiro	Sim	Não
Regra geral:	O Brasil não extradita ninguém pela prática de crime político ou de opinião	

A respeito da extradição, observou o STF que não se deve conceder extradição caso o país requerente esteja enfrentando uma situação de instabilidade política, como com a demissão de juízes e prisão de opositores do governo, em razão do risco de que o extraditando seja submetido a um tribunal ou juízo de exceção (STF. 2ª Turma. Ext 1578/DF, Rel. Min. Edson Fachin, julg. 06/08/2019- Info 946).

- Segundo a Súmula 421 do STF: "**Não impede a extradição** a circunstância de ser o extraditando casado com brasileira ou ter filho brasileiro".

Para o STF, o Estado Brasileiro deve negar extradição quando houver possibilidade concreta de o Estado solicitante desrespeitar os direitos humanos e fundamentais dos extraditandos, como pela excessiva abertura dos tipos penais e pela possibilidade das penas de prisão perpétua ou de morte. STF. 2ª

Turma. Ext 1428/DF, Rel. Min. Gilmar Mendes, julgado em 7/5/2019 (Info 939).

6. DIREITOS POLÍTICOS

- O **alistamento eleitoral e o voto** são: I – **obrigatórios** para os maiores de dezoito anos; II – **facultativos** para: a) os analfabetos; b) os maiores de setenta anos e; c) os maiores de dezesseis e menores de dezoito anos.

ALISTAMENTO E VOTO	
Obrigatórios	**Facultativos**
Maiores de 18 anos	A) Maiores de 16 e menores 18 anos B) Maiores de 70 anos; C) Analfabetos;

- São inalistáveis (para votarem ou serem votados) os estrangeiros e os conscritos, durante o período militar obrigatório.
- São inelegíveis (não podem ser votados) os inalistáveis e os analfabetos.
- Assim, **todo inalistável é inelegível, mas nem todo inelegível é inalistável**, pois o analfabeto é inelegível (não pode ser votado), mas é alistável (pode votar). Somente os estrangeiros e os conscritos são inalistáveis e inelegíveis.
- São **condições de elegibilidade**, na forma da lei: I – a nacionalidade brasileira; II – o pleno exercício dos direitos políticos; III – o alistamento eleitoral; IV – o domicílio eleitoral na circunscrição; V – a filiação partidária; VI – a idade mínima de: a) trinta e cinco anos para Presidente e Vice-Presidente da República e Senador; b) trinta anos para Governador e Vice-Governador de Estado e do Distrito Federal; c) vinte e um anos para Deputado Federal, Deputado Estadual ou Distrital, Prefeito, Vice-Prefeito e juiz de paz; d) dezoito anos para Vereador.
- O **quase-nacional**, português que exerce direitos de brasileiros, condicionado à existência de reciprocidade (art. 12, § 1º, da CF), também poderá exercer direitos políticos no Brasil, como eleitor ou candidato (respeitadas as restrições constitucionais), nos termos do art. 17 do Decreto 3.927/01, que versa sobre o Tratado de Amizade, Cooperação e Consulta entre a República Federativa do Brasil e a República Portuguesa. Assim, nem sempre a nacionalidade será condição de elegibilidade.
- **Nem todos os que tiverem feito alistamento eleitoral serão elegíveis**, isso porque, o alistamento é facultativo entre 16 e 18 anos, e nessa idade o eleitor será absolutamente inelegível porque sequer terá adquirido capacidade eleitoral passiva.
- A improbidade administrativa é caso de **suspensão** de direitos políticos (art. 15, V, c.c. art. 37, § 4º, ambos da CF).
- O cancelamento de naturalização por **sentença judicial** (e não por decisão administrativa) é caso de perda de nacionalidade e, por consequência, também dos direitos políticos.
- A condenação **criminal** (não a cível) transitada em julgado, enquanto durarem seus efeitos, é caso de suspensão dos direitos políticos, lembrando que é vedada a cassação de direitos políticos.
- Cuidado: a incapacidade civil que gera a **suspensão** (não a perda) de direitos políticos é a de natureza **absoluta**, não relativa.
- As **eleições para Presidente e Governador** seguem o sistema majoritário com exigência de maioria absoluta ou dois turnos. Nos termos do art. 28, alterado pela EC 111/2021: "A eleição do Governador e do Vice-Governador de Estado, para mandato de 4 (quatro) anos, realizar-se-á no primeiro domingo de outubro, em primeiro turno, e no último domingo de outubro, em segundo turno, se houver, do ano anterior ao do término do mandato de seus antecessores, e **a posse ocorrerá em 6 de janeiro do ano subsequente**, observado, quanto ao mais, o disposto no art. 77 desta Constituição.". Antes dessa emenda, a posse se dava no dia primeiro de janeiro do ano subsequente. Estabelece também o art. 82 da CF/88 que: "Art. 82. O mandato do Presidente da República é de 4 (quatro) anos e **terá início em 5 de janeiro do ano seguinte ao de sua eleição**." Essas alterações, contudo, só vão ser aplicadas a partir das eleições de 2026.
- A **eleição do Prefeito** e do Vice-Prefeito será realizada no primeiro domingo de outubro do ano anterior ao término do mandato dos que devam suceder, aplicadas as regras do art. 77 da CF (com segundo turno ou exigência de maioria absoluta) apenas no caso de Municípios com mais de duzentos mil eleitores. Sendo assim, nos Municípios de até duzentos mil eleitores considera-se eleito o candidato que obtiver a maioria (simples) dos votos, independentemente de ter obtido a aprovação da maioria absoluta dos eleitores.

  Atenção! A partir da edição da EC 111/2021, que incluiu o §12 e §13 no art. 14 da CF/88, "Serão realizadas concomitantemente às eleições municipais as consultas populares sobre questões locais aprovadas pelas Câmaras Municipais e encaminhadas à Justiça Eleitoral até 90 (noventa) dias antes da data das eleições, observados os limites operacionais relativos ao número de quesitos.". Ademais, eventuais manifestações a tais questões ocorrerão durante as campanhas eleitorais sem a utilização de propaganda gratuita no rádio e na televisão.
- São **Congressistas** o Deputado Federal e o Senador. O deputado federal é eleito pelo sistema proporcional (art. 45, da CF), e o Senador é eleito pelo majoritário simples (art. 46, da CF). Desta feita, é errado dizer que o Congressista é eleito mediante sistema proporcional, pois tal afirmativa ignora que o Senador se elege via sistema majoritário.
- O **Vereador** será eleito mediante sistema proporcional (não distrital).

IDADE MÍNIMA PARA EXERCÍCIO DE MANDATO POLÍTICO ELETIVO	
Idade Mínima	**Mandato Político Eletivo**
18 anos	Vereador
21 anos	Prefeito, Vice Prefeito, Deputado Estadual ou Distrital e Deputado Federal
30 anos	Governador e Vice-Governador de Estado e do Distrito Federal
35 anos	Presidente da República, Vice-Presidente da República e Senador

Para concorrerem a **outros cargos**, o Presidente da República, os Governadores de Estado e do Distrito Federal e os **Prefeitos** devem **renunciar** aos respectivos mandatos **até seis meses antes** do pleito.

"É **constitucional**, à luz dos arts. 1º, I e parágrafo único, 5º, LIV, e 14, caput e § 9º, da Constituição da República, **o § 3º do art. 224 do Código Eleitoral, com a redação dada pela Lei 13.165/2015, no que determina a realização automática de novas eleições, independentemente do número de votos anulados, sempre que o candidato eleito, em pleito majoritário, for desclassificado**, por indeferimento do registro de sua candidatura, ou em virtude de cassação do diploma ou mandato." (RE 1096029/MG, rel. Min. Dias Toffoli, julgamento em 4.3.2020. Informativo 968, Tema 986).

- **Inelegibilidade reflexa:** são **inelegíveis**, no território de jurisdição do titular, o cônjuge e os parentes consangüíneos ou afins, até o segundo grau ou por adoção, do Presidente da República, de Governador de Estado ou Território, do Distrito Federal, de Prefeito ou de quem os haja substituído dentro dos seis meses anteriores ao pleito, salvo se já titular de mandato eletivo e candidato à reeleição (art. 14, § 7º, da CF).
- O **militar alistável** é **elegível**, sendo que, se contar mais de dez anos de serviço, será agregado pela autoridade superior e, se eleito, passará automaticamente, no ato da diplomação, para a inatividade, e, se contar **menos** (não mais) de dez anos de serviço, deverá afastar-se da atividade.
- As hipóteses de inelegibilidade constam de rol **exemplificativo**. Prova disso é o artigo 14, § 9º, da CF, segundo o qual **lei complementar estabelecerá outros casos de inelegibilidade e os prazos de sua cessação,** a fim de proteger a probidade administrativa, a moralidade para exercício de mandato considerada vida pregressa do candidato, e a normalidade e legitimidade das eleições contra a influência do poder econômico ou o abuso do exercício de função, cargo ou emprego na administração direta ou indireta.
- No recente julgamento do Supremo Tribunal Federal (ADC 29 e 30 e ADI 4578) sobre Lei Complementar 135/2010, conhecido como **caso "ficha limpa"**, a questão central da discussão baseou-se na **interpretação do princípio da anualidade**, o qual significa que a lei que alterar o processo eleitoral entrará em vigor na data de sua publicação, não se aplicando à eleição que se realize até um ano da data de sua vigência, nos termos do art. 16, da CF, com redação dada pela EC 04/93. Por maioria de votos, prevaleceu o entendimento em favor da constitucionalidade da lei, que poderá ser aplicada nas eleições de 2012, alcançando atos e fatos ocorridos antes de sua vigência.
- O mandato eletivo poderá ser **impugnado** ante a Justiça Eleitoral no prazo de quinze dias contados da diplomação, instruída a ação com provas de abuso do poder econômico, corrupção ou fraude.
- A ação de impugnação de mandato **tramitará** em segredo de justiça, respondendo o autor, na forma da lei, se temerária ou de manifesta má-fé.
- **Partidos Políticos:** é **livre a criação, fusão, incorporação e extinção de partidos políticos**, resguardados a soberania nacional, o regime democrático, o pluripartidarismo, os direitos fundamentais da pessoa humana (art. 17, *caput*, da CF).
- **"É vedada a fusão ou incorporação de partidos políticos que tenham obtido o registro definitivo do Tribunal Superior Eleitoral há menos de 5 anos."** STF. Plenário. ADI 6044/DF, Rel. Min. Cármen Lúcia, julgado em 6/3/2021 (Info 1008).
- Nos termos do art. 17, § 2º, da CF, os **partidos políticos** adquirem personalidade jurídica (de direito privado) **na forma da lei civil, com a inscrição dos atos constitutivos no respectivo registro.** Existe ainda o dever de **posterior registro de seus estatutos no Tribunal Superior Eleitoral (TSE)**, consoante art. 44, V, art. 44 § 3º e art. 45, todos do Código Civil c.c. artigos 8º, 9º e 10 da Lei 9.096/95, mas que não é requisito para criação.
- **Atenção!** De acordo com a **Emenda Constitucional 97/2017** (que alterou alguns parágrafos do art. 17 da CF):

  a) É assegurada aos partidos políticos **autonomia** para definir sua estrutura interna e estabelecer regras sobre escolha, formação e duração de seus órgãos permanentes e provisórios e sobre sua organização e funcionamento e **para adotar os critérios de escolha e o regime de suas coligações nas eleições majoritárias, vedada a sua celebração nas eleições proporcionais, sem obrigatoriedade de vinculação entre as candidaturas em** âmbito **nacional, estadual, distrital ou municipal**, devendo seus estatutos estabelecer normas de disciplina e fidelidade partidária;

  b) Somente terão **direito a recursos do fundo partidário e acesso gratuito ao rádio e à televisão, na forma da lei**, os partidos políticos que **alternativamente**: I. obtiverem, nas eleições para a Câmara dos Deputados, no mínimo, 3% (três por cento) dos votos válidos, distribuídos em pelo menos um terço das unidades da Federação, com um mínimo de 2% (dois por cento) dos votos válidos em cada uma delas; ou II – tiverem elegido pelo menos quinze Deputados Federais distribuídos em pelo menos um terço das unidades da Federação.

  c) Ao eleito por partido que não preencher esses requisitos ("b") é **assegurado o mandato e facultada a filiação, sem perda do mandato, a outro partido que os tenha atingido**, não sendo essa filiação considerada para fins de distribuição dos recursos do fundo partidário e de acesso gratuito ao tempo de rádio e de televisão.
- **Atenção!** A **Emenda Constitucional 111/2021** incluiu no art. 17, CF/88 a seguinte disposição:

> "§ 6º Os Deputados Federais, os Deputados Estaduais, os Deputados Distritais e os Vereadores que se **desligarem do partido pelo qual tenham sido eleitos** PERDERÃO O MANDATO, salvo nos casos de anuência do partido ou de outras hipóteses de justa causa estabelecidas em lei, **não computada, em qualquer caso, a migração de partido para fins de distribuição de recursos do fundo partidário ou de outros fundos públicos e de acesso gratuito ao rádio e à televisão.**"

Vamos destrinchar esse parágrafo para melhor compreendê-lo. Na **primeira parte**, ele traz uma consequência àqueles que se desligam do partido pelo qual foram eleitos.

A quem se aplica? Deputados Federais, Estaduais e Distritais e Vereadores. Logo, **não** se aplica a Senadores e aos representantes do Poder Executivo (Presidente da República, Governadores e Prefeitos).

Qual a conduta? Se desligar do partido pelo qual foram eleitos.

Qual a consequência? Perda do mandato

Há exceções? Sim: 1. Em caso de anuência (concordância) do partido; 2. Em casos de justa causa (estabelecidas em lei- norma de eficácia limitada- as hipóteses estão no art. 22-A, parágrafo único da lei 9.096/95- lei orgânica dos partidos políticos- e foram incluídos nesta lei em 2015.)

Na **segunda parte** o artigo fala da distribuição de recursos do fundo partidário e de outros fundos públicos, bem como do acesso gratuito ao rádio e à televisão. Essas distribuições são feitas de acordo com o número de candidatos que aquele partido conseguiu eleger na última eleição. Como fica no caso de o candidato eleito mudar para outro partido? **As distribuições de tempo e recursos não são afetadas.**

- A fim de estimular a inclusão progressiva de mulheres na atuação política, foi editada a EC nº 117/2022, que incluiu os parágrafos 7º e 8º no art. 17. O §7º obriga os partidos a aplicarem no mínimo 5% dos recursos do fundo partidário na criação e manutenção de programas de promoção e difusão da participação política das mulheres. Já o §8º obriga os partidos a destinarem às candidatas mulheres no mínimo:
  - 30% do montante do Fundo especial de financiamento de campanha;
  - 30% da parcela do fundo partidário destinada a campanhas eleitorais;
  - 30% do tempo de propaganda gratuita no rádio e na televisão.

  Essa distribuição deve ser proporcional ao número de candidatas, conforme critérios definidos pelos respectivos órgãos de direção e pelas normas estatutárias, considerados a autonomia e o interesse partidário.

Com a quantidade de alterações promovidas às normas constitucionais sobre eleições, importante sempre ter em mente o que dispõe o art. 16 da CF/88: " Art. 16. A lei que alterar o processo eleitoral entrará em vigor na data de sua publicação, não se aplicando à eleição que ocorra até um ano da data de sua vigência."

Assim, por exemplo, uma norma eleitoral editada em janeiro de 2022, entraria em vigor na data de sua aplicação, mas somente se aplicaria às eleições de 2024 (considerando que não seria aplicada às eleições de 2022 e a próxima eleição a se realizar seria em 2024). Já uma norma editada antes de outubro de 2021 poderia ser aplicada à eleição de 2022, pois se daria em período maior que um ano da data de sua vigência.

Inclusive, a esse respeito, manifestou o STF que: "A **ampliação dos limites para gasto com publicidade institucional** às vésperas das eleições pode afetar significativamente as condições da disputa eleitoral, sendo necessário postergar, em obediência ao princípio da anterioridade eleitoral (CF/1988, art. 16), a eficácia de alterações normativas nesse sentido. (...) Com base nesse entendimento, o Plenário, por maioria, em julgamento conjunto, concedeu parcialmente a medida cautelar para conferir interpretação conforme a Constituição à Lei 14.356/2022, estabelecendo que, **por força do princípio da anterioridade eleitoral, a norma não produz efeitos antes do pleito eleitoral de outubro de 2022.**" (STF, Info. Nº 1062. ADI 7178/DF e ADI 7182/DF, rel. Min. Dias Toffoli, redator do acórdão Min. Alexandre de Moraes, julgamento virtual finalizado em 01/07/2022).

Cotas raciais nos recursos do fundo especial e do fundo partidário: Em 2024 foi editada a EC nº 133/2024, que incluiu no art. 17 da CF/88 o §9º, que dispõe: "*Dos recursos oriundos do Fundo Especial de Financiamento de Campanha e do fundo partidário destinados às campanhas eleitorais, os partidos políticos devem, obrigatoriamente,* ***aplicar 30% (trinta por cento) em candidaturas de pessoas pretas e pardas****, nas circunscrições que melhor atendam aos interesses e às estratégias partidárias*.".

7. ORGANIZAÇÃO DO ESTADO

ORGANIZAÇÃO POLÍTICO-ADMINISTRATIVA

A **organização político-administrativa da República Federativa do Brasil** compreende a União, os Estados, o Distrito Federal e os Municípios, todos autônomos, nos termos da Constituição (art. 18, *caput*, da CF).

- **Brasília** é a Capital Federal (art. 18, § 1º, da CF).
- Os **Territórios Federais** integram a União, e sua criação, transformação em Estado ou reintegração ao Estado de origem serão reguladas em lei complementar (art. 18, § 2º, da CF).
- Exige-se lei complementar federal (com trâmite no Congresso Nacional) para a aprovação da **criação de novos Entes Estaduais** (novos Estados).
- Os Estados podem **incorporar-se entre si**, mas mediante aprovação da população diretamente interessada, através de **plebiscito,** não de referendo.
- O desmembramento dos Estados **não** deve ser precedido de autorização por lei ordinária. O que se exige é aprovação da população diretamente interessada, através de plebiscito, e do Congresso Nacional, por lei complementar.
- A subdivisão dos Estados **pode** gerar a formação de novos territórios.
- **A criação, a incorporação, a fusão e o desmembramento de Municípios**, far-se-ão por lei estadual, dentro do período determinado por Lei Complementar Federal, e dependerão de consulta prévia, mediante plebiscito, às populações dos Municípios envolvidos, após divulgação dos Estudos de Viabilidade Municipal, apresentados e publicados na forma da lei (art. 18, § 4º, da CF).
- Nos termos do art. 5º da Lei 9.709/98 (que regulamenta os plebiscitos, os referendos e a iniciativa popular de lei), o plebiscito destinado à criação, à incorporação, à fusão e ao desmembramento de Municípios, será convocado pela **Assembléia Legislativa** (não pela Câmara de Vereadores), de conformidade com a legislação federal e estadual.
- Não obstante a **inexistência de lei complementar federal regulamentando a criação de novos municípios**, o STF deixou de pronunciar a nulidade de leis estaduais de criação de diversos municípios em razão da consolidada situação de fato e em respeito ao princípio da segurança jurídica. O art. 18, § 4º, da CF diz que é necessária LC federal para criação, a incorporação, a fusão e o desmembramento de municípios. Entretanto, vários municípios foram criados sem essa LC, que ainda não existe. Com isso o STF declarou inconstitucional a criação desses municípios, mas não anulou a criação deles. O Supremo, então, fixou um prazo (em alguns casos

de 18 e outros de 24 meses) para o Congresso criar a LC. Porém, ao invés de o Congresso editar a LC, editou a EC 57/2008 que acrescentou o art. 96 ao ADCT, convalidou os atos de criação dos municípios, desmembrados, fundidos ou incorporados – Art. 96 ADCT.

- O STF fixou, em 2022, a tese de que: "A EC nº 57/08 não convalidou desmembramento municipal realizado sem consulta plebiscitária e, nesse contexto, não retirou o vício de ilegitimidade ativa existente nas execuções fiscais que haviam sido propostas por município ao qual fora acrescida, sem tal consulta, área de outro para a cobrança do IPTU quanto a imóveis nela localizados." (STF, RE 614384/SE, relator Min. Dias Toffoli, julgamento virtual finalizado em 29.4.2022).
- Os **Municípios integram a federação brasileira**, possuindo autogoverno (gestão próprio de suas atividades por Prefeito, Vereadores, e demais agentes públicos), auto-organização (possuem Lei Orgânica) e auto-administração (prestam e mantêm serviços próprios).
- O número de Vereadores não é definido por proporcionalidade. A CF, no art. 29, IV, estabelece os **limites máximos** de vereadores de acordo com **faixas que levam em consideração o número de habitantes.**
- Município pode ter **eleição em segundo turno** se contar com mais de duzentos mil **eleitores,** não habitantes (art. 29, II, da CF).
- Portanto, **cuidado!** Para fixação de vereadores o critério é número de habitantes, mas para determinação de segundo turno em eleições para o executivo municipal o critério é número de eleitores.

8. REPARTIÇÃO DE COMPETÊNCIAS

- Compete privativamente à União legislar sobre **comércio exterior e interestadual**, o que engloba a importação de bens de outros países.
- Compete privativamente à União legislar sobre **direito civil**. Gratuidade de pagamento em estacionamento privado e mensalidade de serviço educacional são matérias de direito civil.
- Compete privativamente à União legislar sobre **trânsito e transporte,** o que inclui os serviços de mototáxi.
- Compete privativamente à União legislar sobre **normas gerais de organização, efetivos, material bélico, garantias, convocação, mobilização, inatividades e pensões das polícias militares e dos corpos de bombeiros militares; (Conforme Emenda Constitucional nº 103, de 2019)**
- Compete privativamente à União legislar sobre **direito processual.** Mas, é de **competência concorrente o estabelecimento de normas gerais sobre procedimentos.**
- A competência **material** da União, disposta no art. 21 da CF, **não** pode ser delegada aos Estados. Somente quanto à competência **legislativa** da União é que pode haver Lei Complementar autorizando os Estados a legislarem sobre questões específicas.
- A competência para legislar sobre direito urbanístico é **concorrente** entre União, Estados e Distrito Federal, e não privativa dos Municípios.
- A competência para legislar sobre defesa dos recursos naturais é **concorrente** entre União, Estados e Distrito Federal, pois é matéria de interesse de todos os entes da Federação, e não somente da União.
- É assegurada, nos termos da lei, à União, aos Estados, ao Distrito Federal e aos Municípios a **participação no resultado** da exploração de petróleo ou gás natural, de recursos hídricos para fins de geração de energia elétrica e de outros recursos minerais no respectivo território, plataforma continental, mar territorial ou zona econômica exclusiva, ou compensação financeira por essa exploração. (Conforme Emenda Constitucional nº 102, de 2019)

COMPETÊNCIAS			
Natureza das Competências	**Espécie**	**Regra**	**Exceção**
ADMINISTRATIVAS	1. Exclusiva: art. 21, da CF	Somente a União exerce	
	2. Comum: art. 23, da CF	Cooperação entre União, Estados, DF e Municípios	
LEGISLATIVAS	1. Privativa: art. 22, da CF	A União legisla privativamente	Lei complementar poderá autorizar os Estados a legislar sobre questões relativas à competência privativa da União, criando a competência legislativa delegada
LEGISLATIVAS	2. Delegada: art. 22, p. único, da CF	Mediante LC, em que a União delega para Estados e DF.	
	3. Concorrente: art. 24, da CF	A União edita as normas Gerais e os Estados e o DF editam as normas específicas de seus interesses	Se a União não editar as normas gerais, os Estados e o DF passarão a ter competência plena. Se, posteriormente, a União legislar, as normas gerais feitas pelos Estados terão a sua eficácia suspensa.

ESTADOS

"Normas estaduais que disponham sobre obrigações destinadas às empresas de telecomunicações, relativamente à oferta de produtos e serviços, incluem-se na competência concorrente dos estados para legislarem sobre direitos do consumidor." STF. Plenário. ADI 5962/DF, Rel. Min. Marco Aurélio, julgado em 25/2/2021 (Info 1007).

- É constitucional lei estadual que estabelece a dispensa de multa no caso da quebra de fidelidade nos contratos com empresas de telefonias, caso a quebra tenha sido motivada pelo desemprego superveniente do cliente. STF. Plenário. ADI 4908/RJ, Rel. Min. Rosa Weber, julgado em 11/4/2019 (Info 937).

  Lei estadual que permite comercialização de bebidas alcoólicas em arenas desportivas e estádios é constitucional, uma vez que legislar sobre consumo é competência concorrente (art. 24, V da CF/88). STF. Plenário. ADI 6195, Rel. Min. Alexandre de Moraes, julgado em 27/03/2020.
- Lei distrital que preveja reserva de percentual de vagas em universidades públicas a alunos que estudaram nas escolas públicas do Distrito Federal é inconstitucional por discriminar alunos de escolas públicas de outros Estados da Federação. STF. Plenário. ADI 4868, Rel. Min. Gilmar Mendes, julgado em 27/03/2020."É constitucional norma estadual que disponha sobre a exposição de produtos orgânicos em estabelecimentos comerciais. A regulamentação da matéria está relacionada ao Direito do Consumidor, o que atrai a competência concorrente da União, dos estados e do Distrito Federal [Constituição Federal (CF), art. 24, V (1)]." STF. ADI 5166/SP, rel. Min. Gilmar Mendes, julgamento virtual finalizado em 3.11.2020 (ADI-5166). – Info 997.
- **Os Estados-membros e o Distrito Federal** têm competência legislativa para estabelecer **regras de postagem de boletos referentes a pagamento de serviços prestados por empresas públicas e privadas.** STF. Plenário. ARE 649379/RJ, Rel. Min. Gilmar Mendes, red. p/ o ac. Min. Alexandre de Moraes, julgado em 13/11/2020 (Repercussão Geral – Tema 491) (Info 999).
- São constitucionais as normas estaduais, editadas em razão da pandemia causada pelo novo coronavírus, pelas quais veiculados a proibição de suspensão do fornecimento do serviço de energia elétrica, o modo de cobrança, a forma de pagamentos dos débitos e a exigibilidade de multa e juros moratórios. STF. Plenário. ADI 6432/RR, Rel. Min. Cármen Lúcia, julgado em 7/4/2021 (Info 1012). "Não havendo norma federal disciplinadora, é **constitucional** lei estadual que proíba a utilização de animais para desenvolvimento, experimento e teste de produtos cosméticos, higiene pessoal, perfumes, limpeza e seus componentes.
- É **inconstitucional** norma estadual que vede a comercialização de produtos desenvolvidos a partir de teste em animais, bem como a que determina que conste no rótulo informação acerca da não realização de testes em animais."STF. Plenário. ADI 5995/RJ, Rel. Min. Gilmar Mendes, julgado em 28/5/2021 (Info 1019).
- **Segundo entendimento do STF, "Ofende os arts. 2º e 84, II, da Constituição Federal (CF) norma de legislação estadual que estabelece prazo para o chefe do Poder Executivo apresentar a regulamentação de disposições legais." (STF, ADI 4728/DF, rel. min. Rosa Weber, julgamento em 12/11/2021 – Info 1037).**

MUNICÍPIOS

Compete aos Municípios legislar sobre assuntos de interesse local, notadamente sobre a definição do tempo máximo de espera de clientes em filas de instituições bancárias. STF. Plenário virtual. RE 610221 RG, Rel. Min. Ellen Gracie, julgado em 29/04/2010 (repercussão geral).

- Para o STF: "Municípios **podem** instituir a prestação de assistência jurídica à população de baixa renda." (ADPF 279/SP, rel. min. Carmen Lucia, julgamento em 03/11/2021, info 1036).
- É cabível que os municípios, no exercício da competência suplementar, adotem legislação ambiental mais restritiva em relação aos estados-membros e à União, desde que haja a devida motivação (ARE 748206/SC, Rel. Min. Celso de Mello, julgamento em 14.3.2017, Segunda Turma).
- "É inconstitucional dispositivo da Constituição Estadual que preveja que os serviços públicos de saneamento e de abastecimento de água serão prestados por pessoas jurídicas de direito público ou por sociedade de economia mista sob controle acionário e administrativo, do Poder Público Estadual ou Municipal. **Compete aos Municípios a titularidade dos serviços públicos de saneamento básico.** Assim, a eles cabe escolher a forma da prestação desses serviços, se diretamente ou por delegação à iniciativa privada mediante prévia licitação. Isso é garantido pelo art. 30, I e IV, da CF/88. Além disso, essa previsão da Constituição Estadual também viola o art. 175 da Constituição Federal, que atribui ao poder público a escolha da prestação de serviços públicos de forma direta ou sob regime de concessão ou permissão mediante prévia licitação." STF. Plenário. ADI 4454, Rel. Cármen Lúcia, julgado em 05/08/2020 (Info 988 – clipping).

9. ENTES FEDERADOS E INTERVENÇÃO

Segundo classificação doutrinária, os **princípios constitucionais sensíveis** são aqueles arrolados no art. 34, VII, da CF: a) forma republicana, sistema representativo e regime democrático; b) direitos da pessoa humana; c) autonomia municipal; d) prestação de contas da administração pública, direta e indireta; e) aplicação do mínimo exigido da receita resultante de impostos estaduais, compreendida a proveniente de transferências, na manutenção e desenvolvimento do ensino e nas ações e serviços públicos de saúde.

PRINCÍPIOS CONSTITUCIONAIS SENSÍVEIS (art. 34, VII, da CF)
a) forma republicana, sistema representativo e regime democrático;
b) direitos da pessoa humana;
c) autonomia municipal;
d) prestação de contas da administração pública, direta e indireta;

CONSTITUCIONAL

e) aplicação do mínimo exigido da receita resultante de impostos estaduais, compreendida a proveniente de transferências, na manutenção e desenvolvimento do ensino e nas ações e serviços públicos de saúde.

O descumprimento dos princípios sensíveis enseja intervenção da União nos Estados ou no DF, **não sendo possível intervenção nos Municípios por desrespeito a eles.**

Nos termos do art. 35 da CF, **o Estado não intervirá em seus Municípios, nem a União nos Municípios localizados em Território Federal, exceto quando**: I - deixar de ser paga, sem motivo de força maior, por dois anos consecutivos, a dívida fundada; II - não forem prestadas contas devidas, na forma da lei; III – não tiver sido aplicado o mínimo exigido da receita municipal na manutenção e desenvolvimento do ensino e nas ações e serviços públicos de saúde; IV - o Tribunal de Justiça der provimento a representação para assegurar a observância de princípios indicados na Constituição Estadual, ou para prover a execução de lei, de ordem ou de decisão judicial.

As **hipóteses de intervenção estadual previstas na Constituição Federal constituem rol taxativo**, que não pode ser ampliado pelas Constituições Estaduais, sob pena de violação da simetria federativa. STF. Plenário. ADI 2917, Rel. Min. Gilmar Mendes, julgado em 27/03/2020.

10. ADMINISTRAÇÃO PÚBLICA

- **Princípios da Administração Pública.** Para memorizar os princípios da administração pública que constam do artigo 37, da CF, o amigo leitor pode valer-se da clássica expressão mnemônica **"LIMPE"**.
- O **conteúdo do Princípio da Legalidade** (art. 37, *caput*, da CF) **não exclui a possibilidade de atividade discricionária pela Administração Pública**, desde que observados os limites da lei, quando esta deixa alguma margem para a Administração agir conforme os critérios de conveniência e oportunidade. Isso porque, é ínsita à atividade administrativa a tomada de decisões políticas, que se referem às opções que o administrador pode escolher na administração dos bens e serviços públicos. Por exemplo: um administrador pode decidir entre a construção de uma escola ou hospital (valendo-se de critérios de conveniência e oportunidade), e ambas são opções políticas legítimas. Entretanto, para materializar a obra, ele deverá abrir procedimento licitatório, pois a Constituição Federal (art. 37, XXI) lhe impõe esse dever (limites da lei).
- A Administração Pública pode ser **direta** (prestada pela própria pessoa política, União, Estado ou Município) ou **indireta** (descentralizada para outra pessoa jurídica, Autarquia, Fundação, Empresa Pública ou Sociedade de Economia Mista).
- Somente por **lei específica** poderá ser criada autarquia e autorizada a instituição de empresa pública, de sociedade de economia mista e de fundação, cabendo à **lei complementar**, neste último caso (fundação), definir as áreas de sua atuação.
- Depende de **autorização legislativa**, em cada caso, a criação de subsidiárias de empresa pública, assim como a participação de qualquer delas em empresa privada.
- A **autonomia gerencial, orçamentária e financeira dos** órgãos **e entidades da administração direta e indireta poderá ser ampliada** mediante contrato, a ser firmado entre seus administradores e o poder público, que tenha por objeto a fixação de metas de desempenho para o órgão ou entidade, cabendo à lei dispor sobre prazo de duração do contrato, os controles e critérios de avaliação de desempenho, direitos, obrigações e responsabilidade dos dirigentes, bem como a remuneração do pessoal.
- A **administração fazendária** e seus servidores fiscais terão, dentro de suas áreas de competência e jurisdição, **precedência sobre os demais setores administrativos**, na forma da lei (art. 37, XVIII, da CF).
- A **publicidade dos atos, programas, obras, serviços e campanhas dos** órgãos públicos deverá ter **caráter educativo, informativo ou de orientação,** dela não podendo constar nomes, símbolos ou imagens que caracterizem promoção pessoal de autoridades ou servidores públicos.
- No ARE 652777, julgado em 2015 e relatado pelo Ministro Teori Zavascki, em que se reconheceu repercussão geral**, o STF entendeu ser legítima a publicação, inclusive em sítio eletrônico mantido pela Administração Pública, dos nomes dos seus servidores e do valor dos correspondentes vencimentos e vantagens pecuniárias.**
- As obras, serviços, compras e alienações, ressalvados os casos especificados na legislação, serão contratados mediante processo de **licitação pública** que assegure igualdade de condições a todos os concorrentes, com cláusulas que estabeleçam obrigações de pagamento, mantidas as condições efetivas da proposta, nos termos da lei, o qual somente permitirá as exigências de qualificação técnica e econômica indispensáveis à garantia do cumprimento das obrigações.
- Quanto a **concurso público e o princípio da igualdade**, segundo **entendimento do STF**, é possível: a) fixação de limites etários máximos para a admissão de pessoal no serviço público em atenção à natureza das atribuições do cargo a ser preenchido; b) estabelecimento de limites mínimos de altura para candidatos em concurso público; e c) distinção em razão da raça, pois em 2012, o STF afirmou a constitucionalidade da política de cotas que reserva vagas para negros em universidades públicas.
- **Súmula 683, do STF:** "O limite de idade para a inscrição em concurso público só se legitima em face do art. 7º, XXX, da Constituição, quando possa ser justificado pela natureza das atribuições do cargo a ser preenchido."
- Segundo a jurisprudência do STF: "Razoabilidade da exigência de altura mínima para ingresso na carreira de delegado de polícia, dada a natureza do cargo a ser exercido. Violação ao princípio da isonomia. Inexistência." (RE 140.889, Rel. p/ o ac. Min. Maurício Corrêa, julgamento em 30-5-2000, Segunda Turma, DJ de 15-12-2000.)
- A **Súmula 15 do STF** dispõe: "Dentro do prazo de validade do concurso, o candidato aprovado tem **direito** à **nomeação, quando o cargo for preenchido sem observância da classificação**."

- "A **abertura de novo concurso**, no prazo de validade de concurso anterior, não gera direito de nomeação para os candidatos aprovados no primeiro, mas apenas **prioridade sobre os novos concursados**." (STF. RMS 22.926, julgado em 1997 e relatado pelo Ministro Ilmar Galvão).
- Os cargos, empregos e funções públicas são acessíveis aos brasileiros que preencham os requisitos legais, **assim como aos estrangeiros**, na forma da lei (art. 37, I, da CF).
- É **inconstitucional** toda modalidade de provimento que propicie ao servidor investir-se, sem prévia aprovação em concurso público destinado ao seu provimento, em cargo que não integra a carreira na qual anteriormente investido (Súmula Vinculante 43).
- Adquire **estabilidade, após três anos de efetivo exercício**, o servidor nomeado para cargo de provimento efetivo em virtude de concurso público, consoante art. 41, *caput*, da CF.
- Em 2007, no bojo dos Mandados de Injunção (MIs) 670, 708 e 712, o STF autorizou **a aplicação da lei de greve da iniciativa privada** (Lei 7.783/89) **para garantir o exercício grevista regular dos servidores públicos.**
- Vale notar, entretanto, que o STF vem entendendo pela **inadmissibilidade de exercício de greve por policiais.** "O direito constitucional de greve atribuído aos servidores públicos em geral não ampara indiscriminadamente todas as categorias e carreiras, mas antes excepciona casos como o de agentes armados e policiais cujas atividades não podem ser paralisadas, ainda que parcialmente, sem graves prejuízos para a segurança e a tranquilidade pública. (Ministro Gilmar Mendes, ao negar seguimento ao MI 774).
- **Tanto a vinculação quanto a equiparação** de quaisquer espécies remuneratórias no serviço público **são vedadas** para o efeito de remuneração de pessoal das carreiras públicas (art. 37, XIII, da CF).
- É **vedada a acumulação** remunerada de cargos ou empregos públicos, exceto, quando houver compatibilidade de horários, nos seguintes casos: a) a de dois cargos de professor; b) a de um cargo de professor com outro técnico ou científico; c) a de dois cargos ou empregos privativos de profissionais de saúde, com profissões regulamentadas.
- **Atenção!** De acordo com a EC 101/2019, aplica-se aos militares dos Estados, do Distrito Federal e dos Territórios as regras sobre acumulação de cargos públicos, com prevalência da atividade militar.
- As **funções de confiança**, exercidas exclusivamente por servidores ocupantes de cargo efetivo, e os **cargos em comissão**, a serem preenchidos por servidores de carreira nos casos, condições e percentuais mínimos previstos em lei, **destinam-se apenas às atribuições de direção, chefia e assessoramento.**
- O **direito de greve** é assegurado ao servidor público, devendo ser exercido nos termos e nos limites definidos em lei **específica (não em lei complementar**).

  Conforme alterações promovidas pela Emenda Constitucional 103/2019, que alterou o sistema de previdência social:

  a) O servidor público titular de cargo efetivo poderá ser readaptado para exercício de cargo cujas atribuições e responsabilidades sejam compatíveis com a limitação que tenha sofrido em sua capacidade física ou mental, enquanto permanecer nesta condição, desde que possua a habilitação e o nível de escolaridade exigidos para o cargo de destino, mantida a remuneração do cargo de origem.

  b) A aposentadoria concedida com a utilização de tempo de contribuição decorrente de cargo, emprego ou função pública, inclusive do Regime Geral de Previdência Social, acarretará o rompimento do vínculo que gerou o referido tempo de contribuição.

  c) É vedada a incorporação de vantagens de caráter temporário ou vinculadas ao exercício de função de confiança ou de cargo em comissão à remuneração do cargo efetivo.

- **A nomeação de cargos de natureza política não está incluída nas proibições elencadas pela Súmula Vinculante 13, que veda a prática do nepotismo** em qualquer dos Poderes de todos os Entes Federados no Brasil, nos seguintes termos: "A nomeação de cônjuge, companheiro ou parente em linha reta, colateral ou por afinidade, até o terceiro grau, inclusive, da autoridade nomeante ou de servidor da mesma pessoa jurídica, investido em cargo de direção, chefia ou assessoramento, para o exercício de cargo em comissão ou de confiança, ou, ainda, de função gratificada na Administração Pública direta e indireta, em qualquer dos Poderes da União, dos Estados, do Distrito Federal e dos municípios, compreendido o ajuste mediante designações recíprocas, viola a Constituição Federal."
- **Reintegração:** invalidação da pena de demissão aplicada a servidor público, com o retorno ao cargo, sem prejuízo da indenização. Se quem estiver em seu lugar for estável, será reconduzido ao cargo anteriormente ocupado, ou será afastado com vencimentos proporcionais, ou aproveitado em outro cargo (sem direito a indenização), mas se quem estava no lugar não era estável, será simplesmente exonerado.
- A **exoneração** somente será a pedido ou por conveniência da administração, já a **demissão** é sempre a título de punição.
- O servidor público ocupante de cargo efetivo **não pode ser exonerado segundo livre critério da autoridade competente**, pois os casos de perda de cargo estão previstos no § 1º do art. 41 da CF (I – Em virtude de sentença judicial transitada em julgado; II – Mediante Processo Administrativo em que lhe seja assegurada ampla defesa; III – Mediante Procedimento de Avaliação Periódica de Desempenho, na forma da lei complementar, assegurada ampla defesa).
- No caso da **falta de necessidade do cargo**, o servidor **ficará em disponibilidade**, com remuneração proporcional ao tempo de serviço, até o seu adequado aproveitamento em outro cargo.
- O servidor público ocupante de cargo efetivo **não pode ser exonerado *ad nutum***, com base em decreto que declara a desnecessidade do cargo (Súmula 21 do STF).

- Os **vencimentos** referem-se ao vencimento básico somado às gratificações permanentes previstas em lei (art. 1º, da Lei 8.852/94), que se aplicam aos agentes administrativos submetidos a regime estatutário, os denominados servidores públicos.
- Já o **subsídio**, na lição de Leandro Bortoleto "é o pagamento de uma única parcela, sem subdivisões [...] forma normalmente adotada para se remunerar os agentes políticos" (*Direito Administrativo*. Salvador: JusPodivm, 2012, p. 142).
- Segundo Hely Lopes Meirelles "**vantagens pecuniárias** são acréscimos de estipêndio do servidor, concedidas a título definitivo ou transitório, pela decorrência do tempo de serviço (*ex facto temporis*), ou pelo desempenho de funções especiais (*ex facto officii*), ou em razão das condições anormais em que se realiza o serviço (*propter laborem*), ou, finalmente, em razão de condições pessoais do servidor (*propter personam*). As duas primeiras espécies constituem os adicionais (adicionais de vencimento e adicionais de função), as duas últimas formam a categoria das gratificações (gratificações de serviço e gratificações pessoais). (*Direito Administrativo Brasileiro*, 18 ed. São Paulo: Malheiros, 1993, p. 402). Portanto, pode-se dizer que **os vencimentos abrangem vantagens pecuniárias (gratificações)**
- O membro de Poder, o detentor de mandato eletivo, os Ministros de Estado e os Secretários Estaduais e Municipais serão remunerados exclusivamente por **subsídio fixado em parcela** única (e não em quatro parcelas, trimestrais), vedado o acréscimo de qualquer gratificação, adicional, abono, prêmio, verba de representação ou outra espécie remuneratória.
- É vedada a **vinculação ou equiparação de quaisquer espécies remuneratórias** para o efeito de remuneração de pessoal do serviço público.
- Os **acréscimos pecuniários percebidos por servidor público** não serão computados e acumulados para fins de concessão de acréscimos ulteriores.
- A fixação dos **padrões de vencimento e dos demais componentes do sistema remuneratório** observará a natureza, o grau de responsabilidade e a complexidade dos cargos componentes de cada carreira; os requisitos para a investidura; e as peculiaridades dos cargos.
- A Lei da União, dos Estados, do Distrito Federal e dos Municípios disciplinará a aplicação de recursos orçamentários provenientes da economia com despesas correntes em cada órgão, autarquia e fundação, para aplicação no desenvolvimento de programas de qualidade e produtividade, treinamento e desenvolvimento, modernização, reaparelhamento e racionalização do serviço público, **inclusive** sob a forma de adicional ou prêmio de produtividade (art. 39, § 7º, da CF).
- A remuneração dos servidores públicos deve ser fixada por lei específica, assegurada a revisão geral anual, **sempre na mesma data e sem distinção de** índices, e não depois de decorrido o prazo mínimo de um ano do último reajuste concedido à categoria.
- A **fixação de vencimentos dos servidores** públicos não pode ser objeto de **convenção coletiva** (Súmula 679 do STF).
- O **teto salarial do funcionalismo público**, previsto no texto constitucional e cujo parâmetro é o subsídio dos ministros do STF, **aplica-se** aos servidores da administração direta, autárquica e fundacional, e também, aos empregados das empresas públicas e sociedades de economia mista, e suas subsidiárias, que receberem recursos da União, dos Estados, do DF ou dos Municípios para pagamento de despesas de pessoal ou de custeio em geral (art. 37, § 9º, da CF).
- A União, os Estados e o Distrito Federal manterão escolas de governo para a formação e o aperfeiçoamento dos servidores públicos, constituindo-se a participação nos cursos um dos requisitos para a promoção na carreira, **facultada** (e não sendo obrigatória), para isso, a celebração de convênios ou contratos entre os entes federados, que deverão promovê-los anualmente.

Súmula Vinculante 37: "Não cabe ao Poder Judiciário, que não tem função legislativa, aumentar vencimentos de servidores públicos sob fundamento de isonomia".

- Aos servidores titulares de cargos efetivos da União, dos Estados, do Distrito Federal e dos Municípios, **incluídas** suas autarquias e fundações, é assegurado **regime de previdência de caráter contributivo e solidário**, mediante contribuição do respectivo ente público, dos servidores ativos e inativos e dos pensionistas, observados critérios que preservem o equilíbrio financeiro e atuarial.
- Os servidores abrangidos pelo regime de previdência **serão aposentados**: I – por incapacidade permanente para o trabalho, no cargo em que estiver investido, quando insuscetível de readaptação, hipótese em que será obrigatória a realização de avaliações periódicas para verificação da continuidade das condições que ensejaram a concessão da aposentadoria; II – compulsoriamente, com proventos proporcionais ao tempo de contribuição, aos 70 (setenta) anos de idade, ou aos 75 (setenta e cinco) anos de idade, na forma de lei complementar; III – no âmbito da União, aos 62 (sessenta e dois) anos de idade, se mulher, e aos 65 (sessenta e cinco) anos de idade, se homem, e, no âmbito dos Estados, do Distrito Federal e dos Municípios, na idade mínima estabelecida mediante emenda às respectivas Constituições e Leis Orgânicas, observados o tempo de contribuição e os demais requisitos estabelecidos em lei complementar do respectivo ente federativo.
- Os **proventos de aposentadoria** e as pensões, por ocasião de sua concessão, **não** poderão ser inferiores ao valor mínimo a que se refere o § 2º do art. 201 ou superiores ao limite máximo estabelecido para o Regime Geral de Previdência Social, observado o disposto nos §§ 14 a 16.
- Os proventos **nunca poderão ser excedentes ao subsídio mensal, em espécie, dos Ministros do Supremo Tribunal Federal**, o que não abrange as parcelas de caráter indenizatório previstas em lei.

REGRAS CONSTITUCIONAIS PARA APOSENTADORIA DO SERVIDOR				
Modalidade	**Sexo**	**Requisito**	**Aposentadoria**	**Limite/Teto**
I – Por Incapacidade Permanente	Homem ou Mulher	Incapacidade Permanente	Condicionada à realização de avaliações periódicas para verificação da continuidade das condições que ensejaram a concessão da aposentadoria	Proventos nunca excedentes ao subsídio mensal, em espécie, dos Ministros do Supremo Tribunal Federal
II– Compulsoriamente	Homem ou Mulher	70 ou 75 anos de idade, na forma de lei complementar	Com proventos proporcionais ao tempo de contribuição.	
III – Voluntariamente	1) Homem	a) 65 anos de idade		
	2) Mulher	a) 62 anos de idade		

- É **vedada a existência de mais de um regime próprio de previdência social para os servidores titulares de cargos efetivos**.
- As pessoas jurídicas de direito público e as de direito privado prestadoras de serviços públicos **responderão pelos danos que seus agentes, nessa qualidade, causarem a terceiros**, assegurado o direito de regresso contra o responsável nos casos de dolo ou culpa.
- Segundo o STF, "A **responsabilidade civil das pessoas jurídicas de direito privado prestadoras de serviço público** é **objetiva relativamente a terceiros usuários, e não usuários do serviço**, segundo decorre do art. 37, § 6º, da CF. A inequívoca presença do nexo de causalidade entre o ato administrativo e o dano causado ao terceiro não usuário do serviço público é condição suficiente para estabelecer a responsabilidade objetiva da pessoa jurídica de direito privado." (RE 591.874, julgado em 2009 e relatado pelo Ministro Ricardo Lewandowski).
- A lei disporá sobre os requisitos e as restrições ao ocupante de cargo ou emprego da administração direta e indireta que possibilite o acesso a informações privilegiadas.
- A Administração pode anular seus próprios atos, quando eivados de vícios que os tornem ilegais, porque deles não se originam direitos, ou revogá-los, por motivo de conveniência ou oportunidade, mas **não pode** fazer revisão de direitos adquiridos, consoante súmula 473 do STF.
- Os atos de improbidade administrativa importarão a **suspensão** de direitos políticos, a perda da função pública, a indisponibilidade de bens e o ressarcimento ao erário, na forma e gradação previstas em lei, **sem prejuízo da ação penal cabível**.

11. ORGANIZAÇÃO DOS PODERES

11.1. PODER LEGISLATIVO

Em âmbito Federal, o **Poder Legislativo** é exercido pelo Congresso Nacional, que se compõe da Câmara dos Deputados e do Senado Federal.

O Congresso Nacional reúne-se, anualmente, na Capital Federal, de 2 de **fevereiro** (não janeiro) a **17 de julho** (não 30 de junho) e de 1º de agosto a 22 de dezembro, nos termos do art. 57, *caput*, da CF.

Salvo disposição constitucional em contrário, as **deliberações** de cada Casa do Congresso Nacional e de suas Comissões serão tomadas por maioria dos votos, presente a maioria absoluta de seus membros.

A **Câmara dos Deputados** compõe-se de representantes do povo, eleitos, pelo sistema proporcional, em cada Estado, em cada Território e no Distrito Federal.

Os Deputados Federais representam o povo e possuem mandato de quatro anos (art. 45, da CF), **o mesmo período de duração da legislatura do Congresso Nacional**.

Cada **Território** elegerá quatro Deputados Federais.

O **Senado Federal** compõe-se de representantes dos Estados e do Distrito Federal, eleitos segundo o princípio majoritário para mandato de oito anos. Com esse mandato, o Senador exercerá o cargo por duas legislaturas. A renovação se dará de quatro em quatro anos, alternadamente, por um e dois terços.

Cada Estado e o Distrito Federal elegerão **3 Senadores**.

- A representação de cada Estado e do Distrito Federal será **renovada de 4 em 4 anos, alternadamente**, por **1/3 e 2/3.** Em uma eleição é escolhido 1 senador (enquanto os outros 2 representantes do Estado ou do DF estão no meio do mandato de 8 anos), na seguinte, que ocorre 4 anos depois, são escolhidos 2 senadores (enquanto o outro senador que representa o Estado ou o DF está no meio de seu mandato de 8 anos), e assim sucessivamente.

A Câmara dos Deputados e o Senado Federal, **ou qualquer de suas Comissões**, poderão convocar **Ministro de Estado** ou quaisquer titulares de órgãos diretamente subordinados à Presidência da República para prestarem, pessoalmente, informações sobre assunto previamente determinado, **importando crime de responsabilidade a ausência sem justificação adequada,** de modo que a convocação é absolutamente constitucional, e a ausência injustificada do Ministro importaria crime de responsabilidade.

Atividade Legislativa do Congresso Nacional	
Legislatura	Período de 4 anos de atividade legislativa
Sessão Legislativa	Período compreendido entre 2 de fevereiro a 17 de julho e 1º de agosto a 22 de dezembro de cada ano
Sessão Extraordinária	Ocorre por convocação ou do Presidente do Senado Federal ou do Presidente da Câmara dos Deputados ou do Presidente da República ou a requerimento da maioria dos membros de ambas as Casas, em caso de urgência ou interesse público relevante.
Sessão Conjunta	Reunião da Câmara dos Deputados e do Senado Federal destinada, por exemplo, a conhecer do veto presidencial e sobre ele deliberar.

11.1.1. PRERROGATIVAS E IMUNIDADES PARLAMENTARES

- **Imunidade Material/Inviolabilidade:** Deputados e Senadores são **invioláveis**, civil e penalmente, por quaisquer de suas opiniões, palavras e votos.
- **Imunidade Formal:** desde a expedição do diploma, os membros do Congresso Nacional **não poderão ser presos**, salvo em flagrante de crime inafiançável. Nesse caso, os autos serão remetidos dentro de 24 horas à Casa respectiva, para que, pelo voto da maioria de seus membros, resolva sobre a prisão.
- Deputados e Senadores, desde a **expedição do diploma**, serão submetidos a julgamento perante o **Supremo Tribunal Federal**. No entanto, se já encerrada a instrução processual, não será o julgamento afetado pela diplomação. (Info 900/STF)

  Deputados Estaduais gozam das mesmas imunidades formais previstas para os parlamentares federais no art. 53 da CF/88 STF. Plenário. ADI 5823 MC/RN, ADI 5824 MC/RJ e ADI 5825 MC/MT, rel. orig. Min. Edson Fachin, red. p/ o ac. Min. Marco Aurélio, julgados em 8/5/2019 (Info 939).
- Restrição do foro de prerrogativa funcional: "O foro por prerrogativa de função aplica-se apenas aos crimes cometidos durante o exercício do cargo e relacionados às funções desempenhadas." (STF. Plenário. AP 937 QO/RJ, Rel. Min. Roberto Barroso, julgado em 03/05/2018 . Info 900)
- É incompatível com a Constituição Federal (CF) norma de Constituição estadual que disponha sobre nova hipótese de foro por prerrogativa de função, em especial relativo a ações destinadas a processar e julgar atos de improbidade administrativa. ADI 4870/ES, rel. Min. Dias Toffoli, julgamento virtual finalizado em 14.12.2020 (Info 1002)
- "É indispensável a existência de prévia autorização judicial para a instauração de inquérito ou outro procedimento investigatório em face de autoridade com foro por prerrogativa de função em tribunal de justiça. O Ministério Público deve requerer judicialmente a prévia instauração de investigação contra autoridade com foro por prerrogativa de função em tribunal de justiça — ou, ao menos, deve cientificar o aludido tribunal para fins de possibilitar o exercício da atividade de supervisão judicial. A exigência de supervisão judicial se impõe mesmo em relação aos procedimentos investigativos instaurados no âmbito do próprio Ministério Público. Até porque é necessária a prévia autorização judicial para a instauração de inquérito contra autoridade com foro por prerrogativa de função em tribunal de justiça." (STF, HC 201965/RJ, relator Min. Gilmar Mendes, julgamento em 30.11.2021, Informativo 1040).
- "É inconstitucional dispositivo da Constituição Estadual que confere foro por prerrogativa de função, no Tribunal de Justiça, para Procuradores do Estado, Procuradores da ALE, Defensores Públicos e Delegados de Polícia." STF. Plenário. ADI 2553/MA, Rel. Min. Gilmar Mendes, red. p/ o ac. Min. Alexandre de Moraes, julgado em 15/5/2019 (Info 940).

  Recebida a denúncia contra o Senador ou Deputado, por crime ocorrido após a diplomação, o Supremo Tribunal Federal dará ciência à Casa respectiva, que, **por iniciativa de partido político** nela representado e pelo voto da maioria de seus membros, **poderá**, até a decisão final, **sustar o andamento** da ação. Assim, o STF **não precisa de licença** da Casa Legislativa para processar um de seus membros.
- A **imunidade formal** (que garante regras especiais para a prisão e o processo de Parlamentar) **não** se aplica aos Vereadores, por falta de expressa previsão no Texto Constitucional.
- Os Vereadores gozam de **imunidade material** (inviolabilidade) relativa às suas opiniões, palavras e votos, no exercício do mandato e na circunscrição (limites territoriais) do Município a que estejam vinculados.

COMISSÃO PARLAMENTAR DE INQUÉRITO - CPI

- A instauração de Comissão Parlamentar de Inquérito depende unicamente do preenchimento dos requisitos previstos no art. 58, § 3º, da Constituição Federal, ou seja:

(a) o requerimento de um terço dos membros das casas legislativas;

(b) a indicação de fato determinado a ser apurado; e

(c) a definição de prazo certo para sua duração." STF. Plenário. MS 37760 MC-Ref/DF, Rel. Min. Roberto Barroso, julgado em 14/4/2021 (Info 1013).

- De acordo com o STF, "**O sigilo bancário, o sigilo fiscal e o sigilo telefônico (sigilo este que incide sobre os dados/registros telefônicos e que não se identifica com a inviolabilidade das comunicações telefônicas) – ainda que representem projeções específicas do direito** à **intimidade, fundado no art. 5º, X, da Carta Política – não se revelam oponíveis, em nosso sistema jurídico,** às **comissões parlamentares de inquérito**, eis que o ato que lhes decreta a quebra traduz natural derivação dos poderes de investigação que foram conferidos, pela própria CR, aos órgãos de investigação parlamentar. As CPIs, no entanto, para decretarem, legitimamente, por autoridade própria, a quebra do sigilo bancário, do sigilo fiscal e/ou do sigilo telefônico, relativamente a pessoas por elas investigadas, devem demonstrar, a partir de meros indícios, a existência concreta de causa provável que legitime a medida excepcional (ruptura da esfera de intimidade de quem se acha sob investigação), justificando a necessidade de sua efetivação no procedimento de ampla investigação dos fatos determinados que deram causa à instauração do inquérito parlamentar, sem prejuízo de ulterior controle jurisdicional dos atos em referência (CF, art. 5º, XXXV). As deliberações de qualquer comissão parlamentar de inquérito, à semelhança do que também ocorre com as decisões judiciais (RTJ 140/514), quando destituídas de motivação, mostram-se írritas e despojadas de eficácia jurídica, pois nenhuma medida restritiva de direitos pode ser adotada pelo Poder Público, sem que o ato que a decreta seja adequadamente fundamentado pela autoridade estatal." (MS 23.452, julgado em 1999 e relatado pelo Ministro Celso de Mello).
- A testemunha e o indiciado, quando convocados, **não são obrigados a responder** às **perguntas que possam incriminá-los, em razão do seu direito constitucional ao silêncio e a não autoincriminação**. Entretanto, tanto o indiciado quanto a testemunha tem**o dever de ao menos comparecer** à CPI.
- De acordo com o STF, "**Não aparentam caracterizar abuso de exposição da imagem pessoal na mídia, a transmissão e a gravação de sessão em que se toma depoimento de indiciado, em CPI**." (MS 24.832, julgado em 2004, e relatado pelo Ministro Cezar Peluso).
- Nos termos da jurisprudência do STF, "**O privilégio contra a autoincriminação – que** é **plenamente invocável perante as CPIs – traduz direito público subjetivo** assegurado a qualquer pessoa, que, na condição de testemunha, de indiciado ou de réu, deva prestar depoimento perante órgãos do Poder Legislativo, do Poder Executivo ou do Poder Judiciário. O exercício do direito de permanecer em silêncio não autoriza os órgãos estatais a dispensarem qualquer tratamento que implique restrição à esfera jurídica daquele que regularmente invocou essa prerrogativa fundamental. Precedentes. **O direito ao silêncio** – enquanto poder jurídico reconhecido a qualquer pessoa relativamente a perguntas cujas respostas possam incriminá-la (*nemo tenetur se detegere*) – impede, quando concretamente exercido, que aquele que o invocou venha, por tal específica razão, a ser preso, ou ameaçado de prisão, pelos agentes ou pelas autoridades do Estado. Ninguém pode ser tratado como culpado, qualquer que seja a natureza do ilícito penal cuja prática lhe tenha sido atribuída, sem que exista, a esse respeito, decisão judicial condenatória transitada em julgado. O princípio constitucional da não culpabilidade, em nosso sistema jurídico, consagra uma regra de tratamento que impede o Poder Público de agir e de se comportar, em relação ao suspeito, ao indiciado, ao denunciado ou ao réu, como se estes já houvessem sido condenados definitivamente por sentença do Poder Judiciário." (HC 79.812, julgado no ano 2000 e relatado pelo Ministro Celso de Mello).
- As comissões parlamentares de inquérito **não são permanentes,** pois são criadas para a apuração de fato determinado e por prazo certo. Além disso, possuem **poderes de investigação próprios das autoridades judiciais**, mas **não podem** aplicar sanções, devendo, se for o caso, encaminhar suas conclusões ao Ministério Público, para que promova a responsabilidade civil ou criminal dos infratores.
- "Em juízo de delibação, **não é possível a convocação de governadores de estados-membros da Federação por Comissão Parlamentar de Inquérito (CPI)** instaurada pelo Senado Federal. A convocação viola o princípio da separação dos Poderes e a autonomia federativa dos estados-membros." STF. Plenário. ADPF 848 MC-Ref/DF, Rel. Min. Rosa Weber, julgado em 25/6/2021 (Info 1023).

11.1.2. PROCESSO LEGISLATIVO

O **processo legislativo compreende** a elaboração de: I – emendas à Constituição; II – leis complementares; III – leis ordinárias; IV – leis delegadas; V – medidas provisórias; VI – decretos legislativos e; VII – resoluções.

"A tramitação de projeto de lei por meio de sistema de deliberação remota não viola as normas do processo legislativo. Isso porque o fato de as sessões deliberativas do Senado Federal e da Câmara dos Deputados terem acontecido por meio virtual não afasta a participação e o acompanhamento da população em geral. Ambas as Casas Legislativas fornecem meios de comunicação de amplo e fácil acesso, em tempo real, em relação ao exercício da atividade legislativa. Ademais, a circunstância de se estar diante de uma pandemia, cujo vírus se revelou altamente contagioso, justifica a prudente opção do Congresso Nacional em prosseguir com suas atividades por meio eletrônico." STF. Plenário. ADI 6442/DF, ADI 6447/DF, ADI 6450/DF e ADI 6525/DF, Rel. Min. Alexandre de Moraes, julgado em 13/3/2021 (Info 1009).

- A **Lei Complementar** exige aprovação por maioria absoluta, enquanto a **Lei Ordinária** é aprovada por maioria simples dos membros presentes à sessão, desde que presente a maioria absoluta dos membros de cada Casa ou de suas Comissões.
- As matérias que devem ser regradas por **Lei Complementar** encontram-se taxativamente indicadas no texto constitucional (ao longo dos dispositivos) e, desde que não seja assunto específico de normatização por decreto legislativo ou resolução, o

regramento de todo o resíduo competirá à lei ordinária (conclusão que se extrai a partir de interpretação sistemática do texto constitucional).

- **Não** existe **hierarquia** entre lei complementar e lei ordinária, nem entre lei federal e lei estadual.
- As matérias reservadas à Lei Complementar **não** serão objeto de **delegação** do Congresso ao Presidente da República.
- Na apreciação de **projeto de lei delegada** pelo Congresso Nacional, não são admitidas emendas parlamentares.
- A discussão e votação dos **Projetos de Lei Ordinária não** devem, obrigatoriamente, ter início na Câmara dos Deputados. Somente os projetos de lei de iniciativa do Presidente da República, do Supremo Tribunal Federal e dos Tribunais Superiores terão início obrigatoriamente na Câmara dos Deputados (art. 64, da CF).
- A **correção redacional** a um projeto de lei ordinária **não importa** em retorno à casa iniciadora. Somente se exige o retorno à Casa iniciadora se a emenda parlamentar introduzida acarretar modificação no sentido da proposição jurídica, o que não ocorre quando há mera correção de redação.
- **A sanção de projeto de lei não convalida o vício** de inconstitucionalidade resultante da usurpação do poder de iniciativa.
- Dá-se a chamada **sanção tácita** quando o Presidente da República permanece inerte durante o prazo de que dispõe para vetar ou sancionar o projeto de lei.
- **"Não se admite "novo veto" em lei já promulgada e publicad**a. Manifestada a aquiescência do Poder Executivo com projeto de lei, pela aposição de sanção, evidencia-se a ocorrência de preclusão entre as etapas do processo legislativo, sendo incabível eventual retratação." STF. Plenário. ADPF 714/DF, ADPF 715/DF e ADPF 718/DF, Rel. Min. Gilmar Mendes, julgado em 13/2/2021 (Info 1005).
- A **iniciativa popular** pode ser exercida pela apresentação à Câmara dos Deputados de projeto de lei subscrito por, no mínimo, um por cento do eleitorado nacional, distribuído pelo menos por cinco Estados, com não menos de três décimos por cento dos eleitores de cada um deles.
- **Não** há previsão de iniciativa popular para emendar a Constituição.
- São de iniciativa privativa do **Presidente da República** as leis que disponham sobre a criação de cargos, funções ou empregos públicos na administração direta e autárquica ou **aumento de sua remuneração** (art. 61, § 1º, II, "a", da CF). Essa regra, também deve ser aplicada ao Governador e à administração estadual, em decorrência do **Princípio da Simetria ou Parametricidade**, segundo o qual, as normas de organização do Estado dispostas na Constituição Federal e válidas para a União, devem ser reproduzidas nas Constituições Estaduais e aplicadas aos Estados Membros. O mesmo se dá em relação aos Municípios, na medida em que será de iniciativa privativa dos Prefeitos a criação de cargos, funções ou empregos públicos na administração direta e autárquica ou aumento de sua remuneração no âmbito de cada Município.
- Não há qualquer vedação quanto à possibilidade de **emenda parlamentar em projetos de lei da iniciativa do Presidente da República.**
- A **Constituição poderá ser emendada** mediante **proposta**: I – de um terço, no mínimo, dos membros da Câmara dos Deputados ou do Senado Federal (nunca Congressista sozinho); II – do Presidente da República; III – de mais da metade das Assembleias Legislativas das unidades da Federação, manifestando-se, cada uma delas, pela maioria relativa de seus membros.

EMENDA À CONSTITUIÇÃO		
A Constituição poderá ser emendada mediante proposta:		
De 1/3, no mínimo, dos membros da Câmara dos Deputados ou do Senado Federal (nunca Congressista sozinho);	Do Presidente da República;	De mais da metade das Assembleias Legislativas das unidades da Federação, manifestando-se, cada uma delas, pela maioria relativa de seus membros.

- A proposta de emenda constitucional será discutida e votada em cada Casa do Congresso Nacional, em **dois turnos**, considerando-se aprovada se obtiver, em ambos, **três quintos dos votos** (portanto, mais do que maioria absoluta) dos respectivos membros.
- Atenção: o STF entende que as regras de processo legislativo são normas de **reprodução obrigatória** pelos Estados, devendo observar o princípio da simetria federativa. Por isso: "É inconstitucional norma de Constituição estadual que preveja quórum diverso de 3/5 dos membros do Poder Legislativo para aprovação de emendas constitucionais." STF. Plenário. ADI 6453/RO, Rel. Min. Rosa Weber, julgado em 11/2/2022 (Info 1043).
- **Atenção!** Emenda à Constituição será promulgada pelas **Mesas da Câmara dos Deputados e do Senado Federal** (não pelo Presidente da República), com o respectivo número de ordem.
- A matéria constante de proposta de **emenda à Constituição rejeitada ou havida por prejudicada** não pode ser objeto de nova proposta na mesma sessão legislativa *(Princípio da Irrepetibilidade).*
- Em caso de relevância e urgência, o Presidente da República poderá adotar **medidas provisórias,** com força de lei, devendo submetê-las de imediato ao Congresso Nacional.
- As medidas provisórias, regra geral, perderão eficácia, desde a edição, **se não forem convertidas em lei** no prazo de sessenta dias, prorrogável uma vez por igual período, devendo o Congresso Nacional disciplinar, por **decreto legislativo**, as relações jurídicas delas decorrentes.
- **Não editado o decreto legislativo** até sessenta dias após a **rejeição ou perda de eficácia** de medida provisória, as relações jurídicas constituídas e decorrentes de atos praticados durante sua vigência conservar-se-ão por ela regidas.

- A não apreciação pela Câmara dos Deputados e, após, pelo Senado Federal, no prazo de 45 dias contados da publicação, tem como consequência a entrada em **regime de urgência**, subsequentemente, em cada uma das Casas do Congresso Nacional, **ficando sobrestadas**, até que se ultime a votação, **todas as demais deliberações** legislativas da Casa em que estiver tramitando.
- Se a Medida Provisória perder eficácia por decurso de prazo ou, em caráter expresso, for rejeitada pelo Congresso Nacional, **vedada será sua reedição na mesma sessão legislativa**.
- **Atenção! É vedada** a edição de medidas provisórias sobre matéria relativa a nacionalidade, cidadania, direitos políticos, partidos políticos, direito eleitoral, direito penal, processual penal e processual civil, **mas não sobre direito civil!**
- É **vedada** a edição de medidas provisórias sobre matéria já disciplinada em projeto de lei aprovado pelo Congresso Nacional e pendente de sanção ou veto do Presidente da República.. No entanto, o STF entende que: "Não caracteriza afronta à vedação imposta pelo art. 62, § 1º, IV, da Constituição Federal (CF) a edição de medida provisória no mesmo dia em que o Presidente da República sanciona ou veta projeto de lei com conteúdo semelhante." STF. Plenário. ADI 2601/DF, Rel. Min. Ricardo Lewandowski, julgado em 19/8/2021 (Info 1026).
- É **vedada a reedição**, na mesma sessão legislativa, de medida provisória que tenha sido rejeitada ou que tenha perdido sua eficácia por decurso de prazo
- **Não é vedada** a edição de medidas provisórias para a abertura de crédito extraordinário, para a criação de normas gerais de licitações e contratos administrativos ou para aumento de **alíquota de imposto.**
- O STF, no julgamento da ADI 2984, julgada em 2004 e relatada pela Ministra Ellen Gracie, entendeu que: "**a revogação de Medida Provisória (MP) por outra MP apenas suspende a eficácia da norma ab-rogada, que voltará a vigorar pelo tempo que lhe reste para apreciação**, caso caduque ou seja rejeitada a MP ab-rogante".
- **Não será admitido aumento de despesa** prevista: I – nos projetos de iniciativa exclusiva do Presidente da República (salvo nas leis orçamentárias); II – nos projetos sobre organização dos serviços administrativos da Câmara dos Deputados, do Senado Federal, dos Tribunais Federais e do Ministério Público.

11.1.3. DA FISCALIZAÇÃO CONTÁBIL, FINANCEIRA E ORÇAMENTÁRIA

Ao Poder Legislativo compete exercer controle externo das contas dos demais órgãos do aparato estatal, tendo, para isso, o auxílio do TCU.

É competência do TCU fiscalizar a **aplicação de quaisquer recursos** repassados pela União, mediante convênio, ajuste ou outros instrumentos congêneres, a Estado, ao Distrito Federal ou a Município.

- É competência do TCU apreciar as **contas** prestadas anualmente pelo Presidente da República, mediante a emissão de parecer prévio, **mas não há previsão no sentido de que o parecer prévio deixará de prevalecer por decisão de dois terços dos membros do Congresso Nacional.**
- Atenção: a sustação de contratos administrativos em que seja identificado superfaturamento ou ilegalidade cabe diretamente ao **Congresso Nacional**, que solicitará, de imediato, ao Poder Executivo as medidas cabíveis (art. 71, § 1º, da CF).
- Compete ao TCU aplicar aos responsáveis por ilegalidade de despesa ou irregularidade de contas **as sanções previstas em lei, que estabelecerá, entre outras cominações, multa proporcional ao dano causado ao erário** (e não multa sancionatória), em decisão dotada de eficácia de título executivo.

  TCU e Poderes Implícitos: "(...) a atribuição de poderes explícitos, ao Tribunal de Contas, tais como enunciados no art. 71 da Lei Fundamental da República, supõe que se lhe reconheça, ainda que por implicitude, a titularidade de meios destinados a viabilizar a adoção de medidas cautelares vocacionadas a conferir real efetividade às suas deliberações finais, permitindo, assim, que se neutralizem situações de lesividade, atual ou iminente, ao erário público. Impende considerar, no ponto, em ordem a legitimar esse entendimento, a formulação que se fez em torno dos poderes implícitos, cuja doutrina, construída pela Suprema Corte dos Estados Unidos da América, no célebre caso McCulloch v. Maryland (1819), enfatiza que a outorga de competência expressa a determinado órgão estatal importa em deferimento implícito, a esse mesmo órgão, dos meios necessários à integral realização dos fins que lhe foram atribuídos. (...) É por isso que entendo revestir-se de integral legitimidade constitucional a atribuição de índole cautelar, que, reconhecida com apoio na teoria dos poderes implícitos, permite, ao TCU, adotar as medidas necessárias ao fiel cumprimento de suas funções institucionais e ao pleno exercício das competências que lhe foram outorgadas, diretamente, pela própria CR." (MS 24.510, Rel. Min. Ellen Gracie, voto do Min. Celso de Mello, julgamento em 19-11-2003, Plenário, DJ de 19-3-2004.)
- "Em atenção aos princípios da segurança jurídica e da confiança legítima, **os Tribunais de Contas estão sujeitos ao prazo de cinco anos para o julgamento da legalidade do ato de concessão inicial de aposentadoria, reforma ou pensão**, a contar da chegada do processo à respectiva Corte de Contas." (RE 636553/RS, rel. Min. Gilmar Mendes, julgamento em 19.2.2020. Informativo 967, Tema 445).
- "O Tribunal de Contas do Distrito Federal tem competência para fiscalizar a aplicação de recursos federais repassados ao Distrito Federal." (STJ, RMS 61.997-DF, Rel. Min. Benedito Gonçalves, Primeira Turma, por unanimidade, julgado em 16/06/2020, DJe 18/06/2020)
- "É inconstitucional lei estadual, de origem (iniciativa) parlamentar, que discipline a organização e o funcionamento do Tribunal de Contas estadual (TCE). Isso porque os Tribunais de Contas possuem reserva de iniciativa (competência privativa) para apresentar os projetos de lei que tenham por objetivo tratar sobre a sua organização ou o seu funcionamento (art. 96, II c/c arts. 73 e 75 da CF/88). Os Tribunais de Contas, conforme reconhecido pela CF/88 e pelo STF, gozam das prerrogativas da au-

tonomia e do autogoverno, o que inclui, essencialmente, a iniciativa privativa para

- instaurar processo legislativo que pretenda alterar sua organização e funcionamento." STF. Plenário. ADI 4191, Rel. Roberto Barroso, julgado em 22/05/2020 (Info 986 – clipping).
- Entendeu o STJ que: "O conselheiro de Tribunal de Contas estadual não está sujeito a notificação ou intimação para comparecimento como testemunha perante comissão de investigação, podendo apenas ser convidado." (STJ, HC 590.436-MT, Rel. Min. Jorge Mussi, Corte Especial, por unanimidade, julgado em 11/11/2021, DJe 17/11/2021, info 718).
- "O preceito veiculado pelo art. 75 da Constituição Federal aplica-se, no que couber, à organização, composição e fiscalização dos Tribunais de Contas dos Estados e do Distrito Federal e dos Tribunais e Conselhos de Contas dos Municípios, excetuando-se ao princípio da simetria os Tribunais de Contas do Município." STF. Plenário. ADPF 272/DF, Rel. Min. Cármen Lúcia, julgado em 25/3/2021 (Info 1011)

11.2. PODER EXECUTIVO

- O Poder Executivo é exercido pelo **Presidente da República**, auxiliado pelos Ministros de Estado.
- A eleição do Presidente e do Vice-Presidente da República realizar-se-á, simultaneamente, no primeiro domingo de outubro, em primeiro turno, e no último domingo de outubro, em segundo turno, se houver, do ano anterior ao do término do mandato presidencial vigente.
- Réus de processo criminal não podem substituir o Presidente da República. "[...]os substitutos eventuais do Presidente da República a que se refere o art. 80 da Constituição Federal, caso ostentem a posição de réus criminais perante o Supremo Tribunal Federal, ficarão impossibilitados de exercer o ofício de presidente da República[...]"(STF. Plenário. ADPF 402 MC-REF/DF, Rel. Min. Marco Aurélio, julgado em 7/12/2016 - Info 850)
- Os **Ministros de Estado** serão escolhidos dentre brasileiros maiores de vinte e um anos e no exercício dos direitos políticos.
- Substituirá o Presidente, no caso de impedimento, e suceder-lhe-á, no de vaga, o **Vice-Presidente**.
- O Presidente e o Vice-Presidente da República tomarão posse em sessão do Congresso Nacional, prestando o compromisso de manter, defender e cumprir a Constituição, observar as leis, promover o bem geral do povo brasileiro, sustentar a união, a integridade e a independência do Brasil. Essa é a função típica (da essência do Poder Executivo) de ordem constitucional (porque prevista na Constituição) do Presidente e do Vice. Em regra, quem a exerce é o Presidente, mas, em caso de impedimento, será substituído pelo Vice-Presidente (art. 79, da CF).
- Na hipótese de impedimento ou vacância dos cargos de PR e Vice, serão chamados, sucessivamente: Presidente da Câmara, Presidente do Senado Federal e o Presidente do STF, nessa ordem. Mas se não for simples impedimento (que [e temporário, como férias, ou doença), mas vacância (definitiva), deve-se resolver a questão em definitivo. Assim, na dupla vacância, vigem as seguintes regras:
- Vagando os cargos de Presidente e Vice-Presidente da República **nos dois primeiros anos** do mandato presidencial, far-se-á eleição noventa dias depois de aberta a última vaga.
- Ocorrendo a vacância dos cargos de Presidente e Vice-Presidente da República nos últimos dois anos do período presidencial, será feita a eleição para ambos os cargos trinta dias depois da última vaga, pelo Congresso Nacional (eleição indireta).

VACÂNCIA DOS CARGOS DE PRESIDENTE DA REPÚBLICA E VICE (DUPLA VACÂNCIA)	
Nos 2 primeiros anos do mandato presidencial	Nos 2 últimos anos do mandato presidencial
Eleição direta 90 dias depois de aberta a última vaga.	Eleição indireta para ambos os cargos 30 dias depois da última vaga, pelo Congresso Nacional.
Atenção! Em ambos os casos haverá mandato "Tampão", ou seja, pelo prazo restante. O eleito somente completará o mandato do sucedido.	

- O ato do Presidente da República que atenta contra o livre exercício do Poder Legislativo, do Poder Judiciário, do Ministério Público e dos Poderes constitucionais das unidades da Federação é considerado crime de responsabilidade.
- Nos Crimes de Responsabilidade do Presidente da República, a Câmara autoriza a instauração do processo pelo voto da maioria **qualificada de dois terços,** e não pela maioria absoluta dos seus membros. O julgamento ocorre pelo Senado Federal, cuja decisão será proferida por **dois terços** (não maioria simples) dos votos do Senado Federal. No julgamento funcionará como Presidente o do Supremo Tribunal Federal.
- O Presidente ficará suspenso de suas funções nos crimes de responsabilidade, por até 180 dias, **assim que instaurado o processo** pelo Senado Federal, **e não** somente após a condenação pelo órgão competente.
- Condenado o Presidente por Crime de Responsabilidade, perderá o cargo, com inabilitação, por oito anos, para o exercício de função pública, sem prejuízo das demais sanções judiciais cabíveis. Portanto **o Senado não condena ao cumprimento de pena privativa de liberdade**.
- Compete ao **Supremo Tribunal Federal** (e não ao Superior Tribunal de Justiça) processar e julgar, originariamente, nas infrações penais comuns e nos crimes de responsabilidade, os Ministros de Estado e os Comandantes da Marinha, do Exército e da Aeronáutica, ressalvado o disposto no art. 52, I, os membros dos Tribunais Superiores, os do Tribunal de Contas da União e os chefes de missão diplomática de caráter permanente (consoante art. 102, I, "c", da CF).
- As imunidades segundo as quais enquanto não sobrevier sentença condenatória, nas infrações comuns, o Presidente da República não estará sujeito a prisão e, que, na vigência de seu mandato, o Presidente da República não pode ser responsabilizado

por atos estranhos ao exercício de suas funções, **não podem ser estendidas ao Governador de Estado**. Esse foi o posicionamento adotado pelo STF, em 1995, no julgamento da ADI 978.

- Já a imunidade que exige admissão de acusação por dois terços da Câmara dos Deputados para que o Presidente da República seja processado perante o STF, **pode ser garantida, por meio de Constituição Estadual, ao Governador**, condicionando que ele somente será processado perante o STJ, por crime comum, após autorização da Assembleia Legislativa.
- A imunidade relativa à proibição de prisão do Presidente da República **não** impede a prisão em flagrante por crime inafiançável.
- Como delegatários do Presidente da República os Ministros de Estado **podem**, desde que autorizados, extinguir cargos públicos vagos, mas **não** podem editar leis ou medidas provisórias, pois não são atribuições constitucionalmente estabelecidas.

11.3. PODER JUDICIÁRIO

- **São órgãos do Poder Judiciário:** I – o Supremo Tribunal Federal; I-A o Conselho Nacional de Justiça; II – o Superior Tribunal de Justiça; II-A o Tribunal Superior do Trabalho; III – os Tribunais Regionais Federais e Juízes Federais; IV – os Tribunais e Juízes do Trabalho; V – os Tribunais e Juízes Eleitorais; VI – os Tribunais e Juízes Militares; VII – os Tribunais e Juízes dos Estados e do Distrito Federal e Territórios. **Disporá sobre o Estatuto da Magistratura**.
- É **obrigatória a promoção** do juiz que figure por três vezes consecutivas ou cinco alternadas em lista de merecimento.
- **Não será promovido** o juiz que, injustificadamente, retiver autos em seu poder além do prazo legal, **não** podendo devolvê-los ao cartório sem o devido despacho ou decisão. Trata-se de nova regra criada pela EC 45/04, no contexto da reforma do Poder Judiciário, que teve como vetor fundamental a busca pela celeridade processual, estampada também no princípio da razoável duração do processo (art. 5º, LXXVIII, da CF).
- A **promoção por merecimento** pressupõe **2 anos** de exercício na respectiva entrância e integrar o juiz a primeira **quinta parte** da lista de antiguidade desta, salvo se não houver com tais requisitos quem aceite o lugar vago.
- Para fins de promoção, deverá ocorrer a aferição do merecimento conforme o desempenho e pelos critérios objetivos de produtividade e presteza no exercício da jurisdição e **pela frequência e aproveitamento em cursos** oficiais ou reconhecidos de aperfeiçoamento (portanto, o aproveitamento não é dispensável), consoante art. 93, II, "c", da CF.
- Na **apuração de antiguidade**, o tribunal somente poderá recusar o juiz mais antigo pelo voto fundamentado de **dois terços** de seus membros, conforme procedimento próprio, e assegurada ampla defesa, repetindo-se a votação até fixar-se a indicação (art. 93, II, "d", da CF).
- A permuta de magistrados de comarcas de igual entrância passou a ser admitida com a edição da EC nº 130/2023.
- Compete ao Supremo Tribunal Federal, precipuamente, a guarda da Constituição, cabendo-lhe processar e julgar, originariamente, nas infrações penais comuns e nos crimes de responsabilidade, os Ministros de Estado e os Comandantes da Marinha, do Exército e da Aeronáutica, ressalvado o disposto no art. 52, I (crimes de responsabilidade conexos com o Presidente da República serão julgados pelo Senado Federal), os membros dos Tribunais Superiores, os do Tribunal de Contas da União e os chefes de missão diplomática de caráter permanente.
- Compete ao Supremo Tribunal Federal julgar **processar e julgar originariamente** (e não mediante recurso extraordinário) nas infrações penais comuns, o Presidente da República, o Vice-Presidente, os membros do Congresso Nacional, seus próprios Ministros e o Procurador-Geral da República (art. 102, I, "b", da CF).
- Compete ao Supremo Tribunal Federal julgar ação direta de inconstitucionalidade de lei ou ato normativo federal ou estadual e a ação declaratória de constitucionalidade de lei ou ato normativo federal, nos termos do art. 102, I, "a", da CF.
- O **Superior Tribunal de Justiça** compõe-se de, no mínimo, **33 Ministros**. Os Ministros do Superior Tribunal de Justiça serão nomeados pelo Presidente da República, dentre brasileiros com mais de trinta e cinco e menos de setenta anos, de notável saber jurídico e reputação ilibada, depois de aprovada a escolha pela maioria absoluta do Senado Federal.
- A divisão de vagas no Superior Tribunal de Justiça permite o ingresso de **um terço dos membros** dentre juízes dos Tribunais Regionais Federais e **um terço** dentre desembargadores dos Tribunais de Justiça, indicados em lista tríplice elaborada pelo próprio Tribunal; **além de outro terço em partes iguais, dentre advogados e membros do Ministério Público Federal, Estadual, do Distrito Federal e Territórios.**
- A competência para julgamento dos membros do Ministério Público da União que oficiem perante Tribunais, e dos Governadores dos Estados nos crimes comuns, é do **Superior Tribunal de Justiça** (não do STF).
- Com o advento da EC 45/2004, a concessão de *exequatur* às cartas e a homologação de sentença estrangeira passaram a ser de competência do **Superior Tribunal de Justiça.**
- Órgãos **da Justiça Federal:** I – os Tribunais Regionais Federais; II – os Juízes Federais.
- **Tribunais Regionais Federais**: compõem-se de, no mínimo, 7 juízes, recrutados, quando possível, na respectiva região e nomeados pelo Presidente da República dentre brasileiros com mais de 30 e menos de 70 anos, sendo: I – um quinto dentre advogados com mais de dez anos de efetiva atividade profissional e membros do Ministério Público Federal com mais de dez anos de carreira; II – os demais, mediante promoção de juízes federais com mais de cinco anos de exercício, por antigüidade e merecimento, alternadamente.
- A lei disciplinará a **remoção ou a permuta de juízes dos Tribunais Regionais Federais** e determinará sua jurisdição e sede.

- Os Tribunais Regionais Federais instalarão a **justiça itinerante**, com a realização de audiências e demais funções da atividade jurisdicional, nos limites territoriais da respectiva jurisdição, servindo-se de equipamentos públicos e comunitários.
- Os Tribunais Regionais Federais **poderão funcionar descentralizadamente**, constituindo Câmaras regionais, a fim de assegurar o pleno acesso do jurisdicionado à justiça em todas as fases do processo.
- Cada Estado, bem como o Distrito Federal, constituirá uma **seção judiciária** que terá por sede a respectiva Capital, e varas localizadas segundo o estabelecido em lei.
- Nos Territórios Federais, a jurisdição e as atribuições cometidas aos juízes federais caberão aos juízes da justiça local, **na forma da lei**.
- O **Tribunal Superior do Trabalho** compõe-se de 27 Ministros, escolhidos dentre brasileiros com mais de 35 e menos de 70 anos, nomeados pelo Presidente da República após aprovação pela maioria absoluta do Senado Federal, sendo: I. um quinto dentre advogados com mais de 10 anos de efetiva atividade profissional e membros do Ministério Público do Trabalho com mais de 10 anos de efetivo exercício; II. os demais dentre juízes dos Tribunais Regionais do Trabalho, oriundos da magistratura da carreira, indicados pelo próprio Tribunal Superior. Sendo assim, apenas um quinto das 27 vagas será ocupado por advogados ou membros do Ministério Público (aliás, vale notar que o art. 111-A é oriundo da EC 45/04 e prevê o instituto do quinto constitucional, que não existia para Justiça do Trabalho), e o restante ficará com juízes dos Tribunais Regionais do Trabalho, oriundos da magistratura da carreira, indicados pelo próprio Tribunal Superior.
- Os Ministros do Tribunal Superior do Trabalho devem ser brasileiros, **mas, não necessariamente, natos (portanto, podem também ser naturalizados)**, nomeados pelo Presidente da República, após aprovação pela maioria absoluta do **Senado Federal** (não do Congresso Nacional), consoante art. 111-A, da CF.
- A **lei disporá sobre a competência do Tribunal Superior do Trabalho**, e funcionará, junto a ele a Escola Nacional de Formação e Aperfeiçoamento de Magistrados do Trabalho, cabendo-lhe, dentre outras funções, regulamentar os cursos oficiais para o ingresso e promoção na carreira. O dispositivo tem origem na EC 45/04, que promoveu a reforma do Poder Judiciário.
- O **Conselho Superior da Justiça do Trabalho** funcionará junto ao Tribunal Superior do Trabalho (não é entidade separada e independente e também não pertence à administração pública), cabendo-lhe exercer, na forma da lei, a supervisão administrativa, orçamentária, financeira e patrimonial da Justiça do Trabalho de primeiro e segundo graus, como órgão **central do sistema**, **cujas decisões terão efeito vinculante.**
- Previstas na redação original do art. 112, da CF, **as Juntas de Conciliação e Julgamento não mais encontram guarida constitucional, por força da EC 45/04**. Segundo nova redação do art. 112, da CF, a lei criará varas da Justiça do Trabalho, podendo, nas comarcas não abrangidas por sua jurisdição, atribuí-la aos juízes de direito, com recurso para o respectivo Tribunal Regional do Trabalho. Portanto, não há mais menção das Juntas de Conciliação e Julgamento na estrutura da Justiça do Trabalho.
- Os **Tribunais Regionais do Trabalho compõem-se** de, **no mínimo**, sete juízes, recrutados, quando possível, na respectiva região, e nomeados pelo Presidente da República dentre brasileiros com mais de trinta e menos de setenta anos (art. 115 da CF, com redação dada pela EC 122/2022).
- Os Tribunais Regionais do Trabalho instalarão a **justiça itinerante**, com a realização de audiências e demais funções de atividade jurisdicional, nos limites territoriais da respectiva jurisdição (e não além deles), servindo-se de equipamentos públicos e comunitários (art. 115, § 1º, da CF).
- Os Tribunais Regionais do Trabalho **poderão** funcionar de forma descentralizada, **constituindo Câmaras regionais**, a fim de assegurar o pleno acesso do jurisdicionado à justiça em todas as fases do processo (art. 115, § 2º, da CF).
- Conforme determina a CF em seu art. 120, § 1º, III, o TRE é composto, entre outros, por dois juízes oriundos da classe dos advogados, os quais são nomeados pelo presidente da República, após indicação do respectivo tribunal de justiça. No entanto, **esses juízes não estão impedidos de continuar a exercer a advocacia**, conforme se pronunciou o STF na ADI 1127, julgada em 2006 e relatada pelo Ministro Ricardo Lewandowski.
- **Regra do Quinto Constitucional: um quinto dos lugares dos Tribunais Regionais Federais, dos Tribunais dos Estados, e do Distrito Federal e Territórios** será composto de membros, do **Ministério Público**, com mais de dez anos de carreira, e de **advogados** de notório saber jurídico e de reputação ilibada, com mais de dez anos de efetiva atividade profissional, indicados em lista sêxtupla pelos órgãos de representação das respectivas classes.
- De acordo com o que dispõe o art. 93, da CF, **Lei complementar, de iniciativa do Supremo Tribunal Federal, disporá sobre o Estatuto da Magistratura**.
- O Advogado oriundo do Quinto Constitucional nos Tribunais de Justiça concorre como magistrado para ocupar vagas no Superior Tribunal de Justiça, **pois disputa o terço das vagas a serem ocupadas por Desembargadores dos Tribunais de Justiça**.
- Os **Estados organizarão sua Justiça**, observados os princípios estabelecidos na Constituição.
- A **competência dos tribunais será definida na Constituição do Estado**, sendo a lei de organização judiciária de iniciativa do Tribunal de Justiça.
- O **Tribunal de Justiça poderá funcionar descentralizadamente**, constituindo Câmaras regionais, a fim de assegurar o pleno acesso do jurisdicionado à justiça em todas as fases do processo.
- O Tribunal de Justiça instalará a **justiça itinerante**, com a realização de audiências e demais funções da atividade jurisdicional, nos limites territoriais da respectiva jurisdição, servindo-se de equipamentos públicos e comunitários.

- Para dirimir **conflitos fundiários**, o Tribunal de Justiça proporá a **criação de varas especializadas**, com competência exclusiva para **questões agrárias**. Sempre que necessário à eficiente prestação jurisdicional, o juiz far-se-á presente no local do litígio.

De acordo com o art. 96, I, 'a', da CF/88, compete privativamente aos Tribunais eleger seus órgãos diretivos e elaborar seus regimentos internos, com observância das normas de processo e das garantias processuais das partes dispondo sobre a competência e o funcionamento dos respectivos órgãos jurisdicionais e administrativos. A esse respeito, a EC 134/2024 incluiu o parágrafo único que prevê: "Nos Tribunais de Justiça compostos de mais de 170 (cento e setenta) desembargadores em efetivo exercício, a eleição para os cargos diretivos, de que trata a alínea "a" do inciso I do **caput** deste artigo, será realizada entre os membros do tribunal pleno, por maioria absoluta e por voto direto e secreto, para um mandato de 2 (dois) anos, vedada mais de 1 (uma) recondução sucessiva.".

Conselho Nacional de Justiça – CNJ

CONSELHO NACIONAL DE JUSTIÇA – CNJ	
1. Natureza Jurídica	Órgão Integrante do Poder Judiciário, mas sem poder jurisdicional
2. Composição	15 membros, sendo: a) 9 do Poder Judiciário; b) 2 do Ministério Público; c) 2 advogados; d) 2 cidadãos. A Presidência do CNJ cabe ao Presidente do STF, que é um dos integrantes oriundos do Poder Judiciário.
3. Nomeação dos Membros	Pelo Presidente da República, após aprovação pela maioria absoluta do Senado Federal, salvo o Presidente e o Vice-Presidente, que não se submetem a essa exigência.
4. Mandatos dos Membros	2 anos, admitida uma recondução
5. Competência	Controle da atuação administrativa e financeira do Poder Judiciário e do cumprimento dos deveres funcionais dos juízes
6. Principais Poderes/ Prerrogativas Especiais	a) apreciar, de ofício ou mediante provocação, a legalidade dos atos administrativos praticados por membros ou órgãos do Poder Judiciário, podendo desconstituí-los, revê-los ou fixar prazo para que se adotem as providências necessárias ao exato cumprimento da lei; b) receber e conhecer das reclamações contra membros ou órgãos do Poder Judiciário.

CONSELHO NACIONAL DE JUSTIÇA – CNJ	
6. Principais Poderes/ Prerrogativas Especiais	c) avocar processos disciplinares em curso e determinar a remoção, a disponibilidade e aplicar outras sanções administrativas, assegurada ampla defesa d) rever, de ofício ou mediante provocação, os processos disciplinares de juízes e membros de tribunais julgados há menos de um ano (portanto, não pode ser a qualquer tempo).
7. Controle Externo	Os atos do CNJ sujeitam-se ao controle do Supremo Tribunal Federal (art. 102, I, "r", da CF).

SÚMULA VINCULANTE

- Somente o **STF** pode editar Súmula Vinculante.
- o Supremo Tribunal Federal poderá, de ofício ou por provocação, mediante decisão de **dois terços** (e não da maioria absoluta) de seus membros, **após reiteradas decisões sobre matéria constitucional**, aprovar súmula que, a partir de sua publicação na imprensa oficial, terá **efeito vinculante** em relação aos demais órgãos do Poder Judiciário e à administração pública direta e indireta, nas esferas federal, estadual e municipal, bem como proceder à sua revisão ou cancelamento, na forma estabelecida em lei.

12. FUNÇÕES ESSENCIAIS À JUSTIÇA

Aos **Procuradores dos Estados e do Distrito Federal**, que ingressarem na carreira mediante concurso público, é assegurada **estabilidade** após três anos de efetivo exercício, mediante avaliação periódica de desempenho perante os órgãos próprios, após relatório circunstanciado das corregedorias.

- **Não é** inconstitucional lei estadual que crie Procuradoria-Geral para consultoria, assessoramento jurídico e representação judicial de Assembleia Legislativa.
- A **Advocacia-Geral da União** tem por chefe o Advogado-Geral da União, nomeado pelo Presidente da República, **não necessariamente** dentre integrantes da carreira, maior de trinta e cinco anos, de notável saber jurídico e reputação ilibada.
- Na execução da dívida ativa de natureza tributária, a representação da União caberá à **Procuradoria-Geral da Fazenda Nacional**.

13. CONTROLE DE CONSTITUCIONALIDADE

O Controle de Constitucionalidade consiste na fiscalização da compatibilidade entre condutas (comissivas ou omissivas) dos Poderes Públicos e o bloco de constitucionalidade, integrado pela Constituição Formal.

- **Formas de inconstitucionalidade**
  - A inconstitucionalidade atacada pode ser **formal ou nomodinâmica** (vício de procedimento legislativo ou de afronta às regras de iniciativa/competência) ou **material** (vício que afeta o conteúdo substantivo das normas constitucionais). Ex: projeto de lei de iniciativa

de deputado federal visando criação de cargos na administração federal padecerá de vício de inconstitucionalidade **formal subjetiva** (vício de competência ou iniciativa), pois nesse caso a iniciativa é privativa do Presidente da República, nos termos do art. 61, § 1º, II, "a", da CF.

- A inconstitucionalidade de lei é de caráter **material ou nomoestática** (e não formal) quando seu conteúdo contraria preceito ou princípio da Constituição (José Afonso da Silva).

- **Controle prévio ou preventivo**
  - **Proposta legislativa pretensamente inconstitucional pode ser impugnada** por meio de mandado de segurança individual manejado por parlamentar sob o argumento de vulneração às cláusulas pétreas e violação ao direito líquido e certo de participação de um processo legislativo hígido (STF. MS 20.257, julgado em 1981 e relatado pelo Ministro Décio Miranda).
  - O **veto do Presidente da República** a projeto de lei aprovado pelas casas do Congresso Nacional, por motivo de inconstitucionalidade é considerado mecanismo de controle político prévio de constitucionalidade, a teor do art. 66, § 1º, da CF.
  - Apesar de haver dissonância na doutrina, há julgados do STF e do STJ que sinalizam pela **possibilidade de o chefe do Executivo deixar de aplicar lei que entenda inconstitucional**, podendo ainda determinar a seus subordinados que assim procedam. (STF. ADI 221, julgada em 1993 e relatado pelo Ministro Moreira Alves: "O controle de constitucionalidade da lei ou dos atos normativos é de competência exclusiva do Poder Judiciário. Os Poderes Executivo e Legislativo, por sua chefia – e isso mesmo tem sido questionado com o alargamento da legitimação ativa na ação direta de inconstitucionalidade –, podem tão só determinar aos seus órgãos subordinados que deixem de aplicar administrativamente as leis ou atos com força de lei que considerem inconstitucionais"). (STJ, REsp 23121, julgado em 1993 e relatado pelo Ministro Humberto Gomes de Barros: "O Poder Executivo deve negar execução a ato normativo que lhe pareça inconstitucional").

- **Controle jurisdicional**
  - O Brasil adota duas formas de controle jurisdicional: **difuso** (realizado por qualquer juízo) e **concentrado** (realizado apenas por um órgão de cúpula, que em âmbito federal, é o STF).
  - O Controle difuso também pode ser denominado por: concreto; incidental ou *incidenter tantum*; Via de Exceção; Processo Subjetivo; De efeitos inter partes; Estadunidense e Aberto.
  - O Controle concentrado pode ser denominado por: Abstrato; Principal; Via de Ação; Processo Objetivo; De efeitos *erga omnes*; Austríaco e Reservado.

- **Controle Difuso**
  - O controle de constitucionalidade incidental brasileiro pode ser provocado por qualquer pessoa e realizado por todo juiz, **inclusive** de ofício, pois a questão constitucional somente servirá de fundamentação para decisão quanto ao pedido que envolve a resolução de um caso concreto.
  - No Controle Difuso, a pronúncia do Judiciário sobre a inconstitucionalidade não é feita enquanto manifestação sobre o objeto principal da lide, mas sim sobre questão prévia (**via de exceção**), indispensável ao julgamento do mérito. Em outras palavras: na via de exceção, a questão constitucional é a **causa de pedir**, e não o pedido.
  - No controle incidental ou concreto, a questão de constitucionalidade pode ser suscitada pelas partes da relação processual, **pelo Ministério Público e até mesmo de ofício, pelo Juiz ou Tribunal.**
  - Somente pelo voto da maioria absoluta de seus membros ou dos membros do respectivo órgão especial poderão os tribunais declarar a inconstitucionalidade de lei ou ato normativo do Poder Público. Trata-se do denominado **Princípio da Reserva de Plenário**, previsto no art. 97, da CF, e reafirmado na Súmula Vinculante 10.
  - Os órgãos fracionários dos tribunais **não** ficam dispensados de encaminhar a questão ao pleno, pois não há exceção nesse sentido.
  - Nos termos do parágrafo único, do art. 949 do CPC, os órgãos fracionários dos tribunais não submeterão ao plenário, ou ao órgão especial, a arguição de inconstitucionalidade, quando já houver pronunciamento destes ou do plenário do Supremo Tribunal Federal sobre a questão. (Incluído pela Lei nº 9.756, de 1998). Trata-se de **abrandamento da cláusula de reserva de plenário** (art. 97, da CF), e que encontra guarida na jurisprudência do STF (RE 190.725, julgado em 1995 e relatado pelo Ministro Ilmar Galvão)
  - Nos termos da Súmula Vinculante 10, **viola a cláusula de reserva de plenário** (CF, artigo 97) a decisão de órgão fracionário de tribunal que, embora não declare expressamente a inconstitucionalidade de lei ou ato normativo do poder público, afasta sua incidência, no todo ou em parte.
  - A eficácia da decisão no controle difuso é ***inter partes***, não *erga omnes*.

- **Controle Concentrado**
  - O Controle Concentrado pode ser manejado via: ADI – Ação Direta de Inconstitucionalidade (por ação, omissão ou interventiva); ADC – Ação Declaratória de Constitucionalidade e; ADPF – Arguição de Descumprimento de Preceito Fundamental.
  - Compete ao Supremo Tribunal Federal, precipuamente, a **guarda da Constituição**, cabendo-lhe processar e julgar, originariamente, entre outras, a ação direta de inconstitucionalidade de lei ou ato normativo federal ou estadual (mas, não municipal) e a ação declaratória de constitucionalidade de lei ou ato normativo federal, consoante art. 102, I, "a", da CF.
  - Desde a edição da EC 45/04, o **rol de legitima-**

dos para a propositura de ADI e ADC é o mesmo: aquele disposto no art. 103, da CF.

- **Podem propor** a ação direta de inconstitucionalidade, a ação declaratória de constitucionalidade e a arguição de descumprimento de preceito fundamental: I – o Presidente da República; II – a Mesa do Senado Federal; III – a Mesa da Câmara dos Deputados; IV – a Mesa de Assembleia Legislativa ou da Câmara Legislativa do Distrito Federal; V – o Governador de Estado ou do Distrito Federal; VI – o Procurador-Geral da República; VII – o Conselho Federal da Ordem dos Advogados do Brasil; VIII – partido político com representação no Congresso Nacional; IX – confederação sindical ou entidade de classe de âmbito nacional.
- No caso de um partido **político perder sua representação no Congresso Nacional** após ter proposto uma ação direta de inconstitucionalidade, essa **ação não é considerada prejudicada**, pois a aferição de legitimidade deve ser feita apenas no momento da propositura, conforme jurisprudência do STF.
- Nos termos da jurisprudência do STF, são **legitimados especiais**, ou seja, precisam demonstrar **pertinência temática**: a) Mesa da Assembleia Legislativa ou da Câmara Legislativa do Distrito Federal; b) Governador do Estado ou do Distrito Federal; c) Confederação Sindical ou Entidade de Classe de âmbito nacional. Os demais são legitimados neutros ou universais e não precisam demonstrar pertinência temática.
- "O requisito da **pertinência temática – que se traduz na relação de congruência que necessariamente deve existir entre os objetivos estatutários ou as finalidades institucionais da entidade autora e o conteúdo material da norma questionada em sede de controle abstrato** – foi erigido à condição de pressuposto qualificador da própria legitimidade ativa ad causam para efeito de instauração do processo objetivo de fiscalização concentrada de constitucionalidade." Essa foi a conclusão do STF no bojo da ADI 1.157-MC, julgada em 1994 e relatada pelo Ministro Celso de Mello.
- No controle concentrado de constitucionalidade, a **petição inicial** nem sempre precisa ser assinada por advogado. Essa exigência de assinatura da inicial atinge apenas: a) partido político com representação no Congresso Nacional e; b) Confederação Sindical ou Entidade de Classe de âmbito nacional. Os demais legitimados têm capacidade postulatória presumida.
- Particularidades do processo objetivo do controle concentrado[1]
  1) Inexistência de **prazo recursal em dobro ou diferenciado para contestar** (STF, ADI 2.130, julgada em 2001 e relatada pelo Ministro Celso de Mello);
  2) Inexistência de **prazo prescricional ou decadencial** (STF, ADI 1.247, julgada em 1995 e relatada pelo Ministro Celso de Mello);
  3) Inadmissibilidade de **assistência jurídica** a qualquer das partes (art. 169, § 2º, do Regimento Interno do STF);
  4) Inadmissibilidade de **intervenção de terceiros** (art. 7º, *caput*, da Lei 9.868/99 e art. 169, § 2º, do Regimento Interno do STF). Mas, o relator, considerando a relevância da matéria e a representatividade dos postulantes, poderá, por despacho irrecorrível, admitir a **manifestação de outros órgãos ou entidades** (art. 7º, § 2º, da Lei 9.868/99), o que abre espaço para a figura do *amicus curiae*, conforme já decidiu o STF na ADI 2238, julgada em 2002 e relatada pelo Ministro Ilmar Galvão. Assim, pode-se dizer que a atuação do *amicus curiae* tem natureza *sui generis*;
  5) Vedação expressa à **desistência** da ação proposta (art. 5º, *caput*, da Lei 9.868/99 e art. 169, § 1º, do Regimento Interno do STF);
  6) **Irrecorribilidade** da decisão proferida, **salvo embargos de declaração** (art. 26 da Lei 9.868/99);
  7) **Irrescindibilidade** da decisão proferida (não pode ser atacada por ação rescisória), nos termos do art. 26 da Lei 9.868/99;
  8) **Não vinculação do STF à tese jurídica/causa de pedir**, já que no processo objetivo de controle de constitucionalidade o que importa é a apreciação do pedido;
  9) **Possibilidade de dilação probatória com perícia ou audiência pública**: nos termos do art. 9º, § 1º, da Lei 9.868/99, em caso de necessidade de esclarecimento de matéria ou circunstância de fato ou de notória insuficiência das informações existentes nos autos, poderá o relator requisitar informações adicionais, designar perito ou comissão de peritos para que emita parecer sobre a questão, ou fixar data para, em audiência pública, ouvir depoimentos de pessoas com experiência e autoridade na matéria.

  A arguição de descumprimento de preceito fundamental (ADPF) é instrumento eficaz de **controle da inconstitucionalidade por omissão.** A ADPF pode ter por objeto as omissões do poder público, quer totais ou parciais, normativas ou não normativas, nas mesmas circunstâncias em que ela é cabível contra os atos em geral do poder público, desde que essas omissões se afigurem lesivas a preceito fundamental, a ponto de obstar a efetividade de norma constitucional que o consagra. STF. Plenário. ADPF 272/DF, Rel. Min. Cármen Lúcia, julgado em 25/3/2021 (Info 1011).

14. DEFESA DO ESTADO E DAS INSTITUIÇÕES DEMOCRÁTICAS

- **Estado de Defesa:** De acordo com o art. 136, da CF, o Presidente da República pode, ouvidos o Conselho da República e o Conselho de Defesa Nacional,

1. Listagem realizada com base nas lições de: LENZA, Pedro. Direito Constitucional Esquematizado. 16 ed. São Paulo: Saraiva, 2012, p. 329.

decretar Estado de Defesa para preservar ou prontamente restabelecer, em locais restritos e determinados, a ordem pública ou a paz social ameaçadas por grave e iminente instabilidade institucional ou atingidas por calamidades de grandes proporções na natureza.

- O Estado de Defesa será **instituído por decreto**, que determinará o tempo de sua duração, especificará as áreas a serem abrangidas e indicará, nos termos e limites da lei, as medidas coercitivas a vigorarem, dentre as quais estão abrangidas as que imponham restrições aos direitos de: i. reunião, ainda que exercida no seio das associações; ii. sigilo de correspondência e; iii. sigilo de comunicação telegráfica e telefônica. Também ficam permitidos a ocupação e ouso temporários de bens e serviços públicos, na hipótese de calamidade pública, respondendo a União pelos danos e custos decorrentes.
- **Decretado o estado de defesa ou sua prorrogação, o Presidente da República, dentro de 24 horas, submeterá o ato com a respectiva justificação ao Congresso Nacional**, que decidirá por maioria absoluta. Se o Congresso Nacional estiver em recesso, será convocado, extraordinariamente, no prazo de cinco dias. O Congresso Nacional apreciará o decreto dentro de dez dias contados de seu recebimento, devendo continuar funcionando enquanto vigorar o estado de defesa. Rejeitado o decreto, cessa imediatamente o estado de defesa.
- **Estado de Sítio:** O Presidente da República pode, ouvidos o Conselho da República e o Conselho de Defesa Nacional, **solicitar ao Congresso Nacional autorização para decretar o Estado de Sítio** nos casos de: I – comoção grave de repercussão nacional ou ocorrência de fatos que comprovem a ineficácia de medida tomada durante o estado de defesa; II – declaração de estado de guerra ou resposta a agressão armada estrangeira.
- O Presidente da República, ao solicitar autorização para decretar o estado de sítio ou sua prorrogação, **relatará os motivos determinantes do pedido, devendo o Congresso Nacional decidir por maioria absoluta**.
- O **decreto do estado de sítio indicará sua duração, as normas necessárias a sua execução e as garantias constitucionais que ficarão suspensas**, e, depois de publicado, o Presidente da República designará o executor das medidas específicas e as áreas abrangidas.
- As **Forças Armadas**, constituídas pela Marinha, pelo Exército e pela Aeronáutica, são instituições nacionais permanentes e regulares, organizadas com base na hierarquia e na disciplina, sob a autoridade suprema do Presidente da República, e destinam-se à defesa da Pátria, à garantia dos poderes constitucionais e, por iniciativa de qualquer destes, da lei e da ordem.
- Lei complementar estabelecerá as normas gerais a serem adotadas na organização, no preparo e no emprego das Forças Armadas.
- **A segurança pública, dever do Estado, direito e responsabilidade de todos, é exercida para a preservação da ordem pública e da incolumidade das pessoas e do patrimônio, através dos seguintes órgãos:**

  I - polícia federal;

  II - polícia rodoviária federal;

  III - polícia ferroviária federal;

  IV - polícias civis;

  V - polícias militares e corpos de bombeiros militares.

  VI - polícias penais federal, estaduais e distrital. (Conforme Emenda Constitucional nº 104, de 2019)
- **Atenção! As** polícias militares e os corpos de bombeiros militares, forças auxiliares e reserva do Exército subordinam-se, juntamente com as polícias civis e as polícias penais **estaduais e distrital, aos Governadores dos Estados, do Distrito Federal e dos Territórios. (Conforme Emenda Constitucional nº 104, de 2019)**

15. ORDEM ECONÔMICA E FINANCEIRA

A ordem econômica, **fundada** na valorização do trabalho humano e na livre iniciativa, tem por **fim** assegurar a todos existência digna, conforme os ditames da justiça social.

- São **princípios da ordem econômica**: I – soberania nacional; II – propriedade privada; III – função social da propriedade; IV – livre concorrência; V – defesa do consumidor; VI – defesa do meio ambiente, inclusive mediante tratamento diferenciado conforme o impacto ambiental dos produtos e serviços e de seus processos de elaboração e prestação; VII – redução das desigualdades regionais e sociais; VIII – busca do pleno emprego; IX – tratamento favorecido para as empresas de pequeno porte constituídas sob as leis brasileiras e que tenham sua sede e administração no País.
- Súmula Vinculante 49: "**Ofende o princípio da livre concorrência** lei municipal que impede a instalação de estabelecimentos comerciais do mesmo ramo em determinada área".
- Excetuadas as hipóteses previstas na Constituição da República, **o Estado poderá explorar atividade econômica quando necessária aos imperativos da segurança nacional ou a relevante interesse coletivo**, conforme definido em lei (art. 173, da CF).
- As empresas públicas e as sociedades de economia mista **não poderão gozar de privilégios fiscais não extensivos às do setor privado**.
- A lei **reprimirá o abuso do poder econômico** que vise à dominação dos mercados, à eliminação da concorrência e ao aumento arbitrário dos lucros.
- Tem-se por **inadmissível**, no sistema da Constituição de 1988, que **norma de constituição estadual proíba, no estado-membro, que este possa reordenar, no âmbito da própria competência, sua posição na economia, transferindo à iniciativa privada atividades indevidas ou, sem qualquer necessidade, exploradas pelo setor público**. Assim restou decidido pelo STF na ADI 234, julgada em 1995 e relatada pelo Ministro Néri da Silveira.

Política Urbana

- Nos termos do art. 182, da CF, a **política de desenvolvimento urbano**, executada pelo Poder Público municipal, conforme diretrizes gerais fixadas em lei, tem por objetivo ordenar o pleno desenvolvimento das funções sociais da cidade e garantir o bem-estar de seus habitantes. O plano diretor, aprovado pela Câmara Municipal, obrigatório para cidades com mais de vinte mil habitantes, é o instrumento básico da política de desenvolvimento e de expansão urbana. Ademais, a propriedade urbana cumpre sua função social quando atende às exigências fundamentais de ordenação da cidade expressas no plano diretor. Nesse sentido é facultado ao Poder Público municipal, mediante lei específica para área incluída no plano diretor, exigir, nos termos da lei federal, do proprietário do solo urbano não edificado, subutilizado ou não utilizado, que promova seu adequado aproveitamento, sob pena, sucessivamente, de: I – parcelamento ou edificação compulsórios; II – imposto sobre a propriedade predial e territorial urbana progressivo no tempo; III – desapropriação com pagamento mediante títulos da dívida pública de emissão previamente aprovada pelo Senado Federal, com prazo de resgate de até dez anos, em parcelas anuais, iguais e sucessivas, assegurados o valor real da indenização e os juros legais. As desapropriações de imóveis urbanos serão feitas com prévia e justa indenização em dinheiro.

- **Política agrícola e fundiária e da reforma agrária**
- Compete à União **desapropriar por interesse social, para fins de reforma agrária**, o imóvel rural que não esteja cumprindo sua função social, mediante prévia e justa indenização em títulos da dívida agrária, com cláusula de preservação do valor real, resgatáveis no prazo de até vinte anos, a partir do segundo ano de sua emissão, e cuja utilização será definida em lei. As benfeitorias úteis e necessárias serão indenizadas em dinheiro.
- O **decreto** que declarar o imóvel como de interesse social, para fins de reforma agrária, autoriza a União a propor a ação de desapropriação.
- Cabe à **lei complementar** estabelecer procedimento contraditório especial, de rito sumário, para o processo judicial de desapropriação.
- **São insuscetíveis de desapropriação para fins de reforma agrária**:

  I – a pequena e média propriedade rural, assim definida em lei, desde que seu proprietário não possua outra;

  II – a propriedade produtiva.
- A lei garantirá **tratamento especial à propriedade produtiva** e fixará normas para o cumprimento dos requisitos relativos a sua função social.
- **Sistema financeiro nacional**
- O **sistema financeiro nacional**, estruturado de forma a promover o desenvolvimento equilibrado do País e a servir aos interesses da coletividade, em todas as partes que o compõem, abrangendo as cooperativas de crédito, será regulado por leis complementares que disporão, inclusive, sobre a participação do capital estrangeiro nas instituições que o integram.
- **Súmula Vinculante 3**: nos processos perante o Tribunal de Contas da União asseguram-se o contraditório e a ampla defesa quando da decisão puder resultar anulação ou revogação de ato administrativo que beneficie o interessado, excetuada a apreciação da legalidade do ato de concessão inicial de aposentadoria, reforma e pensão.

16. ORDEM SOCIAL

- A **ordem social tem como base** o primado do trabalho, e como objetivo o bem-estar e a justiça sociais.
- A **seguridade social** compreende um conjunto integrado de ações de iniciativa dos Poderes Públicos e da sociedade, destinadas a assegurar os direitos relativos à **saúde**, à **previdência** e à **assistência social**.
- A **saúde** é direito de todos e dever do Estado, garantido mediante políticas sociais e econômicas que visem à redução do risco de doença e de outros agravos e ao acesso universal e igualitário às ações e serviços para sua promoção, proteção e recuperação.
- "Consolidou-se a jurisprudência desta Corte no sentido de que, **embora o art. 196 da Constituição de 1988 traga norma de caráter programático, o Município não pode furtar-se do dever de propiciar os meios necessários ao gozo do direito à saúde por todos os cidadãos**. Se uma pessoa necessita, para garantir o seu direito à saúde, de tratamento médico adequado, é dever solidário da União, do Estado e do Município providenciá-lo." (AI 550.530, julgado em 20012 e relatado pelo Ministro Joaquim Barbosa).
- Por unanimidade, **o Plenário do STF considerou inconstitucional a possibilidade de um paciente do Sistema** Único **de Saúde (SUS) pagar para ter acomodações superiores ou ser atendido por médico de sua preferência, a chamada diferença de classes.** Os ministros negaram provimento ao Recurso Extraordinário (RE) 581488, sob a **fundamentação de que esse tipo de pagamento contraria o artigo 196 da Constituição Federal**, que garante a todos os cidadãos acesso universal e igualitário às ações e serviços de saúde.
- O art. 199, § 4º, da CF, **veda todo tipo de comercialização de sangue**, entretanto estabelece que a lei infraconstitucional disporá sobre as condições e requisitos que facilitem a coleta de sangue. Por isso, na visão do STF, se um ato normativo estadual não determina recompensa financeira à doação ou estimula a comercialização de sangue, mas apenas incentiva a doação, na composição entre o princípio da livre iniciativa e o direito à vida há de ser preservado o interesse da coletividade, interesse público primário." (ADI 3.512**,** Rel. Min. Eros Grau, julgamento em 15-2-2006.).
- **Medicamentos e o STF:** "O recebimento de medicamentos pelo Estado é direito fundamental, podendo o requerente pleiteá-los de qualquer um dos entes federativos, desde que **demonstrada sua necessidade e a impossibilidade de custeá-los com recursos próprios**. Isso por que, uma vez satisfeitos tais requisitos, o ente federativo deve se pautar no espírito de solidariedade para conferir efetividade ao direito garantido pela Constituição, e não criar entraves jurídicos para postergar a devida prestação jurisdicional." (RE 607.381, julgado em 2011 e relatado pelo Ministro Luiz Fux).

- Para que sejam concedidos os medicamentos, foram estabelecidos os seguintes requisitos pelo STJ: comprovação, por laudo médico, da imprescindibilidade ou necessidade do medicamento, bem como da ineficácia dos medicamentos fornecidos pelo SUS; incapacidade financeira de arcar com o custo do medicamento e existência de registro na ANVISA do medicamento pleiteado (STJ. 1ª Seção. REsp 1.657.156-RJ, Rel. Min. Benedito Gonçalves, julgado em 25/04/2018 - recurso repetitivo- Info 625).
- A **previdência social** será organizada sob a forma de regime geral, de caráter contributivo e de filiação obrigatória, observados critérios que preservem o equilíbrio financeiro e atuarial.
- A **assistência social** será prestada a quem dela necessitar, independentemente de contribuição à seguridade social, e tem por objetivos:

  I - a proteção à família, à maternidade, à infância, à adolescência e à velhice;

  II - o amparo às crianças e adolescentes carentes;

  III - a promoção da integração ao mercado de trabalho;

  IV - a habilitação e reabilitação das pessoas portadoras de deficiência e a promoção de sua integração à vida comunitária;

  V - a garantia de um salário mínimo de benefício mensal à pessoa portadora de deficiência e as pessoas idosas que comprovem não possuir meios de prover à própria manutenção ou de tê-la provida por sua família, conforme dispuser a lei.

  VI - a redução da vulnerabilidade socioeconômica de famílias em situação de pobreza ou de extrema pobreza.
- A **educação**, direito de todos e dever do Estado e da família, será promovida e incentivada com a colaboração da sociedade, visando ao pleno desenvolvimento da pessoa, seu preparo para o exercício da cidadania e sua qualificação para o trabalho.
- De acordo com o art. 208, da CF, **o dever do Estado com a educação** será efetivado mediante a garantia de:

  I - educação básica obrigatória e gratuita dos 4 aos 17 anos de idade, assegurada inclusive sua oferta gratuita para todos os que a ela não tiveram acesso na idade própria;

  II - progressiva universalização do ensino médio gratuito;

  III - atendimento educacional especializado aos portadores de deficiência, **preferencialmente na rede regular de ensino**;

  IV - educação infantil, em **creche e pré-escola**, às crianças até 5 anos de idade;

  V - acesso aos níveis mais elevados do ensino, da pesquisa e da criação artística, segundo a capacidade de cada um;

  VI - oferta de ensino noturno regular, adequado às condições do educando;

  VII - atendimento ao educando, em todas as etapas da educação básica, por meio de programas suplementares de material didático escolar, transporte, alimentação e assistência à saúde.
- A União, os Estados, o Distrito Federal e os Municípios exercerão ação redistributiva em relação a suas escolas.
- o **STF** já decidiu que:"A educação infantil representa prerrogativa constitucional indisponível, que, deferida às crianças, a estas assegura, para efeito de seu desenvolvimento integral, e como primeira etapa do processo de educação básica, o atendimento em creche e o acesso à pré-escola (CF, art. 208, IV). Essa prerrogativa jurídica, em consequência, **impõe, ao Estado, por efeito da alta significação social de que se reveste a educação infantil, a obrigação constitucional de criar condições objetivas que possibilitem, de maneira concreta, em favor das 'crianças até cinco anos de idade'** (CF, art. 208, IV), o efetivo acesso e atendimento em creches e unidades de pré-escola, sob pena de configurar-se inaceitável omissão governamental, apta a frustrar, injustamente, por inércia, o integral adimplemento, pelo Poder Público, de prestação estatal que lhe impôs o próprio texto da CF. A educação infantil, por qualificar-se como direito fundamental de toda criança, **não se expõe, em seu processo de concretização, a avaliações meramente discricionárias da administração pública nem se subordina a razões de puro pragmatismo governamental**." (ARE 639.337-AgR, julgado em 2011 e relatado pelo Ministro Celso de Mello). "A jurisprudência do STF firmou-se no sentido da existência de **direito subjetivo público de crianças até cinco anos de idade ao atendimento em creches e pré-escolas**. (...) também consolidou o entendimento de que é possível a intervenção do Poder Judiciário visando à efetivação daquele direito **constitucional**." (RE 554.075-AgR, Rel. Min. Cármen Lúcia, julgamento em 30-6-2009, Primeira Turma, DJE de 21-8-2009.)
- Não se admite no Brasil a educação domiciliar, devendo haver uma parceria obrigatória entre família e Estado na educação de crianças e adolescentes. (Info 915, STF)
- A educação será prestada com garantia de **ensino religioso**, que embora possa ser confessional, deve ser de matrícula **facultativa** (não obrigatória) nas escolas públicas de ensino fundamental (art. 210, § 1º, da CF).
- **Súmula vinculante 12:** A cobrança de taxa de matrícula nas universidades públicas viola o disposto no art. 206, IV, da Constituição Federal.

  No entanto, a garantia constitucional da gratuidade de ensino não obsta a cobrança por universidades públicas de mensalidade em cursos de especialização. (Tese definida no RE 597.854, rel. min. Edson Fachin, P, j. 26-4-2017, DJE 214 de 21-9-2017, Tema 535.)
- **Cultura:** Art. 215, da CF: O Estado garantirá a todos o **pleno exercício dos direitos culturais e acesso às fontes da cultura nacional**, e apoiará e incentivará a valorização e a difusão das manifestações culturais. Ademais, o Estado protegerá as manifestações das culturas populares, indígenas e afro-brasileiras, e das de outros grupos participantes do processo civilizatório nacional.

  "São constitucionais **a cota de tela**, consistente na obrigatoriedade de exibição de filmes nacionais nos cinemas brasileiros, e as sanções administrativas decorrentes de sua inobservância. A denominada "cota de tela" promove intervenção voltada a viabilizar a efetivação do direito à cultura, sem, por outro lado, atingir o núcleo dos direitos à livre iniciativa, à livre concorrência e à propriedade privada, apenas adequando as liberdades econômicas à sua função social." STF. Plenário. RE 627432/RS, Rel. Min. Dias Toffoli, julgado em 18/3/2021 (Repercussão Geral – Tema 704) (Info 1010)

- **Meio Ambiente:** Art. 225, da CF: Todos têm direito ao **meio ambiente ecologicamente equilibrado**, bem de uso comum do povo e essencial à sadia qualidade de vida, impondo-se ao Poder Público e à coletividade o dever de defendê-lo e preservá-lo para as presentes e futuras gerações.
- **Rinhas ou brigas de galo**: "Por entender caracterizada ofensa ao art. 225, § 1º, VII, da CF, que veda práticas que submetam os animais a crueldade, o Plenário julgou procedente pedido formulado em ação direta ajuizada pelo Procurador-Geral da República para declarar a inconstitucionalidade da Lei fluminense 2.895/98. A norma impugnada autoriza a criação e a realização de exposições e competições entre aves das raças combatentes (fauna não silvestre). (...) No mérito, enfatizou-se que o constituinte objetivara assegurar a efetividade do direito fundamental à preservação da integridade do meio ambiente, que traduziria conceito amplo e abrangente das noções de meio ambiente natural, cultural, artificial (espaço urbano) e laboral. (...). **Por fim, rejeitou-se o argumento de que a "briga de galos" qualificar-se-ia como atividade desportiva, prática cultural ou expressão folclórica, em tentativa de fraude à aplicação da regra constitucional de proteção à fauna**. Os Ministros Marco Aurélio e Dias Toffoli assentaram apenas a inconstitucionalidade formal da norma. Precedentes citados: RE 153531/SC (DJU de 13.3.98); ADI 2514/SC (DJU de 3.8.2005); ADI 3776/RN (DJe de 29.6.2007). Manifestação na ADI 1856, julgada em 2011 e relatada pelo Ministro Celso de Mello.
  - Nos termos do que dispôs a EC 96/2017, não se consideram cruéis as práticas desportivas que utilizem animais, desde que sejam manifestações culturais, conforme o § 1º do art. 215 da Constituição Federal, registradas como bem de natureza imaterial integrante do patrimônio cultural brasileiro, devendo ser regulamentadas por lei específica que assegure o bem-estar dos animais envolvidos.
  - **Lei estadual que proíbe a utilização de animais** no desenvolvimento, experimentos e **testes de produtos cosméticos**, de higiene pessoal, perfumes e seus componentes é constitucional, uma vez que é **competência concorrente legislar sobre proteção da fauna**, nos termos do ar.t 24, VI da CF/88. STF. Plenário. ADI 5996, Rel. Alexandre de Moraes, julgado em 15/04/2020 (Info 975).
  - Sacrifício de animais em cultos religiosos de matriz africana: entendeu o STF ser constitucional lei de proteção animal que, para resguardar a liberdade religiosa, permite o sacrifício ritual de animais nos cultos de religiões de matriz africana. STF. Plenário. RE 494601/RS, rel. orig. Min. Marco Aurélio, red. p/ o ac. Min. Edson Fachin, julgado em 28/3/2019 (Info 935).

  Interpretação da legislação ambiental: "É inconstitucional a interpretação da legislação federal que possibilita o abate imediato de animais apreendidos em situação de maus-tratos" STF. Plenário. ADPF 640 MC-Ref-DF, rel. Min. Gilmar Mendes, julgado em 17/09/2021 (Info 1030).

- **Família, Criança, Adolescente, Jovem e Pessoa Idosa**
- Consoante art. 226, da CF, a **família, base da sociedade, tem especial proteção do Estado.**
- O **casamento** é civil e gratuita a celebração **(Família Formal)**. O casamento religioso tem efeito civil, nos termos da lei.
- Para efeito da proteção do Estado, é reconhecida a união estável **(Família Informal)** entre o homem e a mulher como entidade familiar, **devendo a lei facilitar sua conversão em casamento**.
- Entende-se, também, como entidade familiar a **comunidade formada por qualquer dos pais e seus descendentes (Família Monoparental)**.
- Os direitos e deveres referentes à **sociedade conjugal** são exercidos igualmente pelo homem e pela mulher.
- O casamento civil pode ser dissolvido pelo **divórcio**.
- Fundado nos princípios da dignidade da pessoa humana e da paternidade responsável, o **planejamento familiar é livre decisão do casal**, competindo ao Estado propiciar recursos educacionais e científicos para o exercício desse direito, vedada qualquer forma coercitiva por parte de instituições oficiais ou privadas.
- É dever da família, da sociedade e do Estado assegurar à criança, ao adolescente e ao jovem, com absoluta prioridade, o direito à vida, à saúde, à alimentação, à educação, ao lazer, à profissionalização, à cultura, à dignidade, ao respeito, à liberdade e à convivência familiar e comunitária, além de colocá-los a salvo de toda forma de negligência, discriminação, exploração, violência, crueldade e opressão.
- A lei **punirá severamente** o abuso, a violência e a exploração sexual da criança e do adolescente.
- Lei estabelecerá: I – o **estatuto da juventude**, destinado a regular os direitos dos jovens; II – o **plano nacional de juventude, de duração decenal**, visando à articulação das várias esferas do poder público para a execução de políticas públicas.
- **A família, a sociedade e o Estado têm o dever de amparar as pessoas idosas**, assegurando sua participação na comunidade, defendendo sua dignidade e bem-estar e garantindo-lhes o direito à vida.
- De acordo com o STF, o artigo da CF que assegura a **gratuidade nos transportes coletivos urbanos aos maiores de sessenta e cinco anos de idade** constitui norma de eficácia plena e de aplicabilidade imediata (ADI 3.768, julgada em 2007 e relatada pela Ministra Cármen Lúcia).
- **Índios**
- **São reconhecidos aos índios** sua organização social, costumes, línguas, crenças e tradições, e os direitos originários sobre as terras que tradicionalmente ocupam, competindo à União demarcá-las, proteger e fazer respeitar todos os seus bens.
- As terras tradicionalmente ocupadas pelos índios destinam-se à sua posse. Cabe observar que em 2023 foi editada a Lei nº 14.701/2023 que disciplinou o reconhecimento, a demarcação, o uso e a gestão de terras indígenas.
- As terras tradicionalmente ocupadas pelos índios destinam-se à sua posse permanente, **cabendo-lhes o usufruto exclusivo das riquezas do solo,**

dos rios e dos lagos nelas existentes (sem qualquer participação da União), nos termos do art. 231, § 2º, da CF.

- A CF, em seu art. 231, § 5º, consagrou o **princípio da irremovibilidade dos índios de suas terras**, salvo, *ad referendum* do Congresso Nacional, em caso de catástrofe ou epidemia que ponha em risco sua população, ou no interesse da soberania do país, devendo, cessado o risco, os índios retornar, de imediato, às suas terras.
- O aproveitamento dos recursos hídricos, incluídos os potenciais energéticos, a pesquisa e a lavra das riquezas minerais em terras indígenas só podem ser efetivados com autorização **do Congresso Nacional** (e não da Fundação Nacional do Índio – FUNAI), ouvidas, as comunidades afetadas, ficando-lhes assegurada participação nos resultados da lavra, na forma da lei.

DIREITO ADMINISTRATIVO

Leandro Bortoleto

RESUMO DOUTRINÁRIO

1. CONCEITO E FONTES DO DIREITO ADMINISTRATIVO

- O direito administrativo é o "conjunto harmônico de princípios jurídicos que regem os órgãos, os agentes e as atividades públicas tendentes a realizar concreta, direta e imediatamente os fins desejados pelo Estado"[1].
- A principal fonte do direito administrativo é a lei, mas deve ser concebida em sentido amplo, isto é, abrange todos os atos legislativos. Nesse sentido, além das leis ordinárias, complementares e delegadas, inclui, ainda, as medidas provisórias, os decretos legislativos, as resoluções legislativas, a Constituição Federal, as Emendas à Constituição, as Constituições estaduais, a Lei Orgânica do Distrito Federal e as Leis Orgânicas dos Municípios. São as chamadas fontes primárias. De todos os atos legislativos apontados, por óbvio, a Constituição Federal é a principal fonte, na qual há diversos dispositivos aplicados ao direito administrativo (por exemplo, art. 5º, 21, 23, 37).
- A jurisprudência em regra, é dotada de caráter orientador, mas há casos em que tem força vinculante. Exemplos: as decisões proferidas pelo STF na ação direta de inconstitucionalidade, na ação declaratória de constitucionalidade (CF, art. 102, § 2º) e a súmula vinculante.
- **Art. 22 da LINDB (Lei nº 13.655/2018)**: o art. 22 da LINDB determina que sejam considerados os obstáculos e dificuldades do gestor e as exigências das políticas públicas na interpretação das normas sobre gestão pública, sem prejuízo dos direitos dos administrados. Tal disposição, segundo Irene Patrícia Nohara[2], trata do primado da realidade, que não pode servir, todavia, para obstar a realização do direito, mas sim ser aplicado para que se considere a "circunstância contextual de exigência de cumprimento da determinação contida no texto normativo".

Lei: trata-se da principal fonte do Direito Administrativo. Deve ser concebida em sentido amplo, isto é, abrange todos os atos legislativos.
Doutrina: estudo realizado pelos juristas.
Jurisprudência: conjunto reiterado de decisões judiciais sobre o mesmo assunto; vem ganhando relevo, em razão do efeito vinculante de algumas decisões. Ex: súmulas vinculantes
Costume: apesar de divergências, entende-se ser o costume fonte do Direito Administrativo. Não pode ser contra a lei.

2. REGIME JURÍDICO ADMINISTRATIVO

- Os ***princípios são normas*** e vinculam a Administração Pública. STF (RE 579.951): a vedação do "nepotismo não depende de lei formal para coibir a prática. Proibição que decorre diretamente dos princípios contidos no art. 37, *caput,* da Constituição Federal".
- O ***regime jurídico administrativo é o conjunto de princípios*** que confere ***prerrogativas*** e impõe ***sujeições*** à Administração Pública. É a interação de dois polos opostos. Por isso, o uso das expressões bipolaridade do direito administrativo[3] ou binômio[4] do direito administrativo.
- Síntese dos princípios da Administração Pública[5]:

PRINCÍPIOS DA ADMINISTRAÇÃO PÚBLICA	
Supremacia do interesse público	• prerrogativa • interesse público prevalece sobre privado • interesse público primário
Indisponibilidade do interesse público	• sujeição • interesse público é indisponível
Legalidade	• atuação de acordo com a lei e o direito • esfera pública: não vigora autonomia da vontade
Impessoalidade	• busca da finalidade pública • atos imputados à Administração: imputação • proibição de promoção pessoal
Moralidade	• honestidade, boa-fé, lealdade, padrões morais e éticos

1. *Direito administrativo brasileiro.* 36. ed. São Paulo: Malheiros, 2010. p. 40.
2. NOHARA, Irene Patrícia. *LINDB*: Lei de Introdução às Normas do Direito Brasileiro, hermenêutica e novos Parâmetros ao Direito Público. Curitiba: Juruá, 2018.
3. DI PIETRO, Maria Sylvia Zanella. *Direito administrativo.* 25. ed. São Paulo: Atlas, 2012. p. 62.
4. Fernando Garrido Fala apud Celso Antônio Bandeira de Mello (*Curso de direito administrativo.* 27. ed. São Paulo: Malheiros, 2010. p. 56).
5. BORTOLETO, Leandro. *Direito administrativo.* Salvador: Juspodivm, 2012. p. 50.

PRINCÍPIOS DA ADMINISTRAÇÃO PÚBLICA	
Publicidade	• transparência; publicação dos atos administrativos
Eficiência	• rendimento; atuação eficiente; organização eficiente
Continuidade do serviço público	• serviço público não pode parar O serviço público poderá ser interrompido quando baseado em razões de ordem técnica ou segurança das instalações e no caso de inadimplemento do usuário. Neste último, a interrupção não poderá ter início na sexta-feira, sábado ou domingo, nem feriado ou dia anterior ao feriado (art. 6º, §4º da Lei nº 8.987/1995).
Autotutela	• administração anula e revoga seus próprios atos
Tutela ou controle	• administração direta controla finalidade da administração indireta
Especialidade	• criação de pessoa específica para atuação específica
Presunção de legitimidade	• regra: ato administrativo é legal • produz efeitos até ser extinto
Controle judicial dos atos administrativos	• sistema de jurisdição única
Segurança jurídica	• aspecto objetivo: princípio da segurança jurídica. Tentativa de preservação do ato. Nova interpretação não retroage • aspecto subjetivo: princípio da proteção à confiança. Expectativa do administrado de que Administração respeitará os atos por ela praticados. • Os arts. 23, 24, 26 e 30 da LINDB (inseridos pela Lei nº 13.655/2018) reforçam a necessidade de se buscar a segurança jurídica no âmbito da Administração Pública.
Motivação ou fundamentação	• indicação dos pressupostos de fato e direito • A motivação deverá demonstrar a necessidade e adequação da medida imposta ou da invalidação do ato, contrato, ajuste, processo ou norma administrativa, indicando se a alternativa encontrada é superior às demais alternativas (art. 20, parágrafo único, LINDB).
Razoabilidade	• meios devem ser adequados aos fins do ato • utilidade, necessidade, proporcionalidade • O art. 21 da LINDB, inserido pela Lei nº 13.655/2018, trata da aplicação da razoabilidade nos impactos da decisão administrativa[6] ao estabelecer que a decisão que invalidar ato, contrato, ajuste, processo ou norma administrativa, deverá indicar suas consequências jurídicas e administrativas, de modo expresso.
Hierarquia	• coordenação, organização, delegação, avocação

LINDB - Lei de Introdução às Normas do Direito Brasileiro.

- A LINDB é uma norma de sobredireito e tem por objetivo regulamentar outras normas.
- No ano de 2018, a Lei nº 13.655/2018 inseriu os arts. 20 a 30 à LINDB, tratando de temas relacionados ao Direito Administrativo. Dentre eles, podem ser destacados:

> Art. 20: prevê que nas esferas administrativa, controladora e judicial não se decidirá com base em valores jurídicos abstratos, devendo ser consideradas as consequências da decisão.
>
> Art. 21: trata da aplicação da razoabilidade nos impactos da decisão administrativa ao estabelecer que a decisão que invalidar ato, contrato, ajuste, processo ou norma administrativa, deverá indicar suas consequências jurídicas e administrativas, de modo expresso. Esta decisão deverá indicar as condições para que a regularização ocorra de forma proporcional e equânime, não se podendo impor ônus ou perdas anormais ou excessivos.
>
> Art. 22: determina que sejam considerados os obstáculos e dificuldades do gestor e as exigências das políticas públicas na interpretação das normas sobre gestão pública, sem prejuízo dos direitos dos administrados.

- A mencionada lei também trouxe alterações que visam assegurar maior segurança jurídica aos administrados ao dispor, por exemplo:

> - sobre a previsão de regime de transição quando a decisão administrativa, controladora ou judicial estabelecer nova interpretação ou orientação sobre norma de conteúdo indeterminado (art. 23, LINDB).
>
> - que a revisão nas esferas administrativa, controladora ou judicial quanto à validade do ato, contrato, ajuste, processo ou norma administrativa cuja produção já houver completado, levará em conta as orientações gerais da

6. NOHARA, Irene Patrícia. *LINDB*: Lei de Introdução às Normas do Direito Brasileiro, hermenêutica e novos Parâmetros ao Direito Público. Curitiba: Juruá, 2018.

época, sendo vedada a declaração de invalidade de situações plenamente constituídas, com base em mudança de orientação geral posterior (art. 24, LINDB).

- sobre a possibilidade de celebrar compromisso com os interessados, observada a legislação aplicável, para eliminar irregularidade, incerteza jurídica ou situação contenciosa na aplicação do direito público (art. 26, LINDB).

- a atuação das autoridades públicas para aumentar a segurança jurídica na aplicação das normas, por regulamentos, súmulas administrativas e respostas a consultas, de caráter vinculante (art. 30, LINDB).

Lei de Acesso à Informação (Lei nº 12.527/2011)

Dispõe sobre os **procedimentos** a serem observados pela União, Estados, Distrito Federal e Municípios com o fim de **garantir o acesso a informações** previsto no inciso XXXIII do art. 5º, no inciso II do § 3º do art. 37 e no § 2º do art. 216 da Constituição Federal.

Lei é aplicável:

a) órgãos públicos integrantes da administração direta dos Poderes Executivo, Legislativo, incluindo as Cortes de Contas, e Judiciário e do Ministério Público;

b) autarquias, às fundações públicas, as empresas públicas, as sociedades de economia mista e demais entidades controladas direta ou indiretamente pela União, Estados, Distrito Federal e Municípios;

c) No que couber, às entidades privadas sem fins lucrativos que recebam, para realização de ações de interesse público, recursos públicos diretamente do orçamento ou mediante subvenções sociais, contrato de gestão, termo de parceria, convênios, acordo, ajustes ou outros instrumentos congêneres. Publicidade só quanto à parcela dos recursos públicos recebidos e à sua destinação (sem prejuízo das prestações de contas a que estejam legalmente obrigadas).

Procedimentos previstos na Lei (art. 3º):

– destinam-se a assegurar o direito fundamental de acesso à informação e devem ser executados em conformidade com os princípios básicos da administração pública.

– devem seguir as seguintes **diretrizes**:

I – observância da publicidade como preceito geral e do sigilo como exceção;

II – divulgação de informações de interesse público, independentemente de solicitações;

III – utilização de meios de comunicação viabilizados pela tecnologia da informação;

IV – fomento ao desenvolvimento da cultura de transparência na administração pública;

V – desenvolvimento do controle social da administração pública.

Acesso à informação **compreende**, entre outros, **o direito de** (art. 7º)

I – **orientação** sobre os **procedimentos** para a consecução de acesso, bem como sobre o **local** onde poderá ser encontrada ou obtida a informação almejada;

II – **informação contida** em registros ou documentos, produzidos ou acumulados por seus órgãos ou entidades, recolhidos ou não a arquivos públicos;

III – **informação produzida ou custodiada** por pessoa física ou entidade privada decorrente de qualquer vínculo com seus órgãos ou entidades, mesmo que esse vínculo já tenha cessado;

IV – **informação primária**, íntegra, autêntica e atualizada;

V – **informação sobre atividades exercidas** pelos órgãos e entidades, inclusive as relativas à sua política, organização e serviços;

VI – **informação pertinente à administração** do patrimônio público, **utilização** de recursos públicos, licitação, contratos administrativos; e

VII – **informação relativa**:

a) à implementação, acompanhamento e resultados dos programas, projetos e ações dos órgãos e entidades públicas, bem como metas e indicadores propostos;

b) ao resultado de inspeções, auditorias, prestações e tomadas de contas realizadas pelos órgãos de controle interno e externo, incluindo prestações de contas relativas a exercícios anteriores.

Acesso à informação não compreende: as informações referentes a projetos de pesquisa e desenvolvimento científicos ou tecnológicos cujo **sigilo** seja **imprescindível** à segurança da sociedade e do Estado (art. 7º, § 1º).

Negado o **acesso integral** à informação por ser ela parcialmente sigilosa: é **assegurado o acesso à parte não sigilosa** por meio de certidão, extrato ou cópia com ocultação da parte sob sigilo. **Negativa de acesso** às informações, **não fundamentada**: sujeitará o responsável a medidas disciplinares, nos termos do art. 32 (art. 7º, § 4º).

São consideradas **imprescindíveis à segurança da sociedade ou do Estado** e, portanto, passíveis de **classificação** as informações cuja divulgação ou **acesso irrestrito possam (art. 23)**:

I – pôr em risco a **defesa** e a **soberania** nacionais ou a **integridade** do território nacional;

II – prejudicar ou pôr em risco a condução de **negociações** ou as **relações internacionais** do País, ou as que tenham sido fornecidas em caráter sigiloso por outros Estados e organismos internacionais;

III – pôr em risco a **vida**, a **segurança** ou a **saúde** da população;

IV – oferecer elevado risco à **estabilidade financeira**, econômica ou monetária do País;

V – prejudicar ou causar risco a **planos** ou **operações** estratégicos das **Forças Armadas**;

VI – prejudicar ou causar risco a **projetos** de **pesquisa** e **desenvolvimento** científico ou tecnológico, assim como a **sistemas**, **bens**, **instalações** ou áreas de **interesse estratégico** nacional;

VII – pôr em risco a **segurança** de **instituições** ou de **altas autoridades** nacionais ou estrangeiras e seus **familiares**; ou

VIII – comprometer **atividades de inteligência**, bem como de **investigação** ou **fiscalização** em anda-

ADMINISTRATIVO

mento, relacionadas com a prevenção ou repressão de infrações.

A informação em poder dos órgãos e entidades públicas, conforme o **teor** e a **imprescindibilidade** à segurança da sociedade ou do Estado, pode ser classificada como **ultrassecreta**, **secreta** ou **reservada** (art. 24).

A partir da **data de produção da informação**, começam a correr os **prazos máximos de restrição** de acesso, conforme a classificação:

I – **ultrassecreta: 25 anos**;

II – **secreta: 15 anos**;

III – **reservada: 5 anos**.

Informações que puderem colocar em risco a segurança do Presidente e Vice-Presidente da República e respectivos cônjuges e filhos(as): são classificadas como **reservadas** e ficam sob sigilo até o **término do mandato** em exercício ou do último mandato, em caso de reeleição.

Informações Pessoais

O tratamento das informações pessoais deve ser feito de forma transparente e com respeito à intimidade, vida privada, honra e imagem das pessoas, bem como às liberdades e garantias individuais (art. 31).

O acesso a informações pessoais, relativas à intimidade, vida privada, honra e imagem:

I – terão seu acesso restrito, independentemente de classificação de sigilo e pelo prazo máximo de 100 (cem) anos a contar da sua data de produção, a agentes públicos legalmente autorizados e à pessoa a que elas se referirem; e

II – poderão ter autorizada sua divulgação ou acesso por terceiros diante de previsão legal ou consentimento expresso da pessoa a que elas se referirem. Não se exige o consentimento quando as informações forem necessárias:

a) à prevenção e diagnóstico médico, quando a pessoa estiver física ou legalmente incapaz, e para utilização única e exclusivamente para o tratamento médico;

b) à realização de estatísticas e pesquisas científicas de evidente interesse público ou geral, previstos em lei, sendo vedada a identificação da pessoa a que as informações se referirem;

c) ao cumprimento de ordem judicial;

d) à defesa de direitos humanos; ou

e) à proteção do interesse público e geral preponderante.

Quem tiver acesso a informações pessoais será responsabilizado por seu uso indevido.

A restrição de acesso à informação relativa à vida privada, honra e imagem de pessoa não poderá ser invocada com o intuito de prejudicar processo de apuração de irregularidades em que o titular das informações estiver envolvido, bem como em ações voltadas para a recuperação de fatos históricos de maior relevância.

Responsabilidades

São **condutas ilícitas** que ensejam responsabilidade do agente público ou militar (art. 32):

I – recusar-se a fornecer informação requerida nos termos desta Lei, retardar deliberadamente o seu fornecimento ou fornecê-la intencionalmente de forma incorreta, incompleta ou imprecisa;

II – utilizar indevidamente, bem como subtrair, destruir, inutilizar, desfigurar, alterar ou ocultar, total ou parcialmente, informação que se encontre sob sua guarda ou a que tenha acesso ou conhecimento em razão do exercício das atribuições de cargo, emprego ou função pública;

III – agir com dolo ou má-fé na análise das solicitações de acesso à informação;

IV – divulgar ou permitir a divulgação ou acessar ou permitir acesso indevido à informação sigilosa ou informação pessoal;

V – impor sigilo à informação para obter proveito pessoal ou de terceiro, ou para fins de ocultação de ato ilegal cometido por si ou por outrem;

VI – ocultar da revisão de autoridade superior competente informação sigilosa para beneficiar a si ou a outrem, ou em prejuízo de terceiros; e

VII – destruir ou subtrair, por qualquer meio, documentos concernentes a possíveis violações de direitos humanos por parte de agentes do Estado.

Essas condutas, desde que atendido o princípio do contraditório, da ampla defesa e do devido processo legal, serão consideradas:

I – para fins dos regulamentos disciplinares das Forças Armadas, transgressões militares médias ou graves, segundo os critérios neles estabelecidos, desde que não tipificadas em Lei como crime ou contravenção penal; ou

II – para fins do disposto na Lei nº 8.112, de 11 de dezembro de 1990, e suas alterações, infrações administrativas, que deverão ser apenadas, no mínimo, com suspensão, segundo os critérios nela estabelecidos.

O militar ou o agente público, caso seja praticada uma dessas condutas, poderá, também, responder por improbidade administrativa.

No caso de pessoa física ou entidade privada que detiver informações em virtude de vínculo de qualquer natureza com o poder público e deixar de observar o disposto na Lei de Acesso à Informação, as sanções aplicáveis são:

I – advertência;

II – multa;

III – rescisão do vínculo com o poder público;

IV – suspensão temporária de participar em licitação e impedimento de contratar com a administração pública por prazo não superior a 2 (dois) anos; e

V – declaração de inidoneidade para licitar ou contratar com a administração pública, até que seja promovida a reabilitação perante a própria autoridade que aplicou a penalidade.

LGPD – Lei Geral de Proteção de Dados (Lei nº 13.709/2018): tratamento de dados pessoais pelo Poder Público

A Lei Geral de Proteção de Dados tem por objetivo proteger os direitos fundamentais de liberdade, de privacidade e o livre desenvolvimento da personalidade da pessoa natural, nos termos do seu art. 1º e aplica-se à União, aos Estados, ao Distrito Federal e aos Municípios.

A LGPD tem como fundamentos (art. 2º):

a) o respeito à privacidade;
b) a autodeterminação informativa;
c) a liberdade de expressão, de informação, de comunicação e de opinião;
d) a inviolabilidade da intimidade, da honra e da imagem;
e) o desenvolvimento econômico e tecnológico e a inovação;
f) a livre iniciativa, a livre concorrência e a defesa do consumidor; e
g) os direitos humanos, o livre desenvolvimento da personalidade, a dignidade e o exercício da cidadania pelas pessoas naturais.

É aplicável a qualquer operação de tratamento realizada por pessoa natural ou jurídica de direito público ou privado, independentemente do meio, do país de sua sede ou do país onde estejam localizados os dados, desde que (art. 3º):

a) a operação de tratamento seja realizada no território nacional;
b) a atividade de tratamento tenha por objetivo a oferta ou o fornecimento de dados ou serviços ou o tratamento de dados de indivíduos localizados no território nacional; ou
c) os dados pessoais objeto do tratamento tenham sido coletados no território nacional.

Aliás, consideram-se coletados no território nacional os dados pessoais cujo titular nele se encontre no momento da coleta (§1º, art. 3º).

Nos termos da LGPD, tratamento de dados é toda operação realizada com dados pessoais, como as que se referem a coleta, produção, recepção, classificação, utilização, acesso, reprodução, transmissão, distribuição, processamento, arquivamento, armazenamento, eliminação, avaliação ou controle da informação, modificação, comunicação, transferência, difusão ou extração (art. 5º, X).

Conforme a LGPD, o tratamento de dados pessoais, como regra, exige consentimento pelo titular. Não pode haver coleta de dados sem prévio consentimento do titular. No entanto, **o tratamento e uso compartilhado realizado pela Administração Pública, necessários à execução de políticas públicas** previstas em leis e regulamentos ou respaldadas em contratos, convênios ou congêneres (art. 7º, III) **pode ser realizado sem consentimento específico**, devendo o titular ser informado sobre o tratamento de seus dados.

Por sua vez, o tratamento de dados pessoais de acesso público deve considerar a finalidade, a boa-fé e o interesse público que justificaram sua disponibilização (art. 7º, §3º), sendo dispensado também o consentimento quando o próprio titular tornar os dados manifestamente públicos, resguardados, no entanto, seus direitos e os princípios previstos na LGPD (art. 7º, §4º).

O **tratamento de dados pessoais pelas pessoas jurídicas de direito público deverá ser realizado para o atendimento de sua finalidade pública**, devendo observar dois **requisitos** (art. 23):

a) sejam informadas as hipóteses em que, no exercício de suas competências, realizam o tratamento de dados pessoais, fornecendo informações claras e atualizadas sobre a previsão legal, a finalidade, os procedimentos e as práticas utilizadas para a execução dessas atividades, em veículos de fácil acesso, preferencialmente em seus sítios eletrônicos; e
b) seja indicado um encarregado quando realizarem operações de tratamento de dados pessoais, nos termos do art. 39 da LGPD.

Aliás, poderá o **Poder Público realizar compartilhamento interno, dentro da própria Administração Pública**, com o objetivo de:

a) execução de políticas públicas;
b) prestação de serviços públicos;
c) descentralização da atividade pública;
d) disseminação e ao acesso das informações pelo público em geral.

Entretanto, é **vedado o compartilhamento externo de dados**, isto é, veda-se ao Poder Público transferir às entidades privadas os dados pessoais que constem de bases a que tenha acesso, **exceto** (art. 26, §1º):

a) em casos de execução descentralizada da atividade pública que exija a transferência exclusivamente para esse fim específico e determinado, observando a Lei de Acesso à Informação;
b) nos casos em que os dados forem acessíveis publicamente;
c) quando houver previsão em lei ou a transferência for respaldada por contratos, convênios ou instrumentos congêneres; ou
d) na hipótese de a transferência objetivar exclusivamente a prevenção de fraudes e irregularidades, ou proteger e resguardar a segurança e a integridade do titular dos dados, desde que vedado o tratamento para outras finalidades.

Por fim, as **empresas públicas e sociedades de economia mista** que atuam no mercado em regime de concorrência terão o mesmo tratamento dado às pessoas jurídicas de direito privado particulares. Por sua vez, se tais entidades estiverem operacionalizando políticas públicas e no âmbito da execução delas, terão o mesmo tratamento dispensado aos órgãos e às entidades do Poder Público (art. 24).

3. ADMINISTRAÇÃO PÚBLICA E TERCEIRO SETOR

- ***Função administrativa***: exercida pelo Poder Executivo, de forma típica, e pelo Poder Legislativo e pelo Poder Judiciário, de maneira atípica.
- ***Administração Pública***: conjunto de pessoas jurídicas, órgãos públicos e agentes públicos que realizam a atividade administrativa, consistente em serviços públicos, fomento, polícia administrativa e intervenção.
- Administração Pública em ***sentido amplo***: engloba a atividade política e a atividade administrativa, incluindo tanto os órgãos governamentais quanto os órgãos administrativos. Administração Pública em ***sentido estrito***: corresponde, exclusivamente, à função administrativa exercida pelos órgãos administrativos. Subdivide-se em: a) ***sentido subjetivo***, formal ou orgânico (conjunto de pessoas jurídicas, órgãos públicos e agentes públicos que realizam a atividade administrativa; quem faz a atividade administrativa); b) ***sentido objetivo***, material ou funcional (é a atividade administrativa, que compreende o serviço público,

a polícia administrativa, o fomento e a intervenção; o que é realizado).

- Há várias formas de desempenho da atividade administrativa[7]:

FORMAS DE DESEMPENHO DA ATIVIDADE ADMINISTRATIVA	
Concentrada (concentração)	• atividade é realizada por um único órgão • pessoa jurídica sem divisão interna
Desconcentrada (desconcentração)	• atividade é realizada por vários órgãos • pessoa jurídica com divisão interna • distribuição interna de competência
Centralizada (centralização)	• atividade é realizada diretamente pela pessoa política, por meio de seus órgãos
Descentralizada (descentralização)	• atividade é realizada por outra pessoa jurídica • distribuição externa de competência

No que tange à descentralização, não há unanimidade na classificação das suas espécies, mas a mais usual é a descrita por Maria Sylvia Zanella Di Pietro[8]:

a) **descentralização política**: realizada diretamente pela Constituição Federal e cada ente federado possui **capacidade política**, com fonte direta no texto constitucional. Também é chamada de **descentralização vertical.**

b) **descentralização administrativa**: as **atribuições** da pessoa jurídica não surgem diretamente da Constituição, mas **são distribuídas pelo ente federado**, quer dizer, a União, os Estados, o Distrito Federal e os Municípios, com base na competência política que receberam, distribuem competências para outras pessoas jurídicas. A descentralização administrativa pode ser **subdividida** em:

- **territorial ou geográfica**: é **criada uma pessoa jurídica de direito público, com área geográfica delimitada e com capacidade administrativa genérica**; são exemplos, no Brasil, os territórios federais[9];
- **por serviços, funcional ou técnica**: a pessoa política **cria outra pessoa jurídica, de direito público ou de direito privado, para exercer determinada atividade.** São exemplos as autarquias, as fundações públicas, as empresas públicas, as sociedades de economia mista e os consórcios públicos. É essa descentralização que **dá origem à administração indireta**;
- **por colaboração**: a **pessoa política transfere a execução de um serviço público para uma pessoa jurídica de direito privado já existente, que, em razão disso, torna-se concessionária de serviço público ou permissionária de serviço público. Elas não passam a integrar a Administração Pública** indireta do ente político titular do serviço público.

ADMINISTRAÇÃO DIRETA

Administração direta: conjunto de órgãos que compõem a pessoa política. Também é conhecida como **administração centralizada.**

Órgãos Públicos: são "**centros de competência instituídos para o desempenho de funções estatais, através de seus agentes, cuja atuação é imputada à pessoa jurídica a que pertencem**"[10].

Classificação dos órgãos públicos:

a) **Quanto à posição estatal ou hierarquia**:
   - **independentes** (representam as funções principais do Estado; não estão subordinados a nenhum outro);
   - **autônomos** (estão **situados abaixo dos órgãos independentes;** possuem autonomia administrativa, financeira e técnica);
   - **superiores** (subordinados aos autônomos e independentes; possuem poder de direção, mas não têm autonomia administrativa nem financeira);
   - **subalternos** (**possuem pequeno poder de decisão;** atividades de execução).

b) **Quanto à estrutura**:
   - **simples** (não se subdividem em outros);
   - **compostos**: (subdividem-se em outros órgãos).

c) **Quanto à atuação funcional ou composição**:
   - **singulares ou unipessoais** (a atuação do órgão é realizada de acordo com a decisão de um único agente);
   - **coletivos ou pluripessoais** (a atuação do órgão é decidida por vários agentes).

d) **Quanto à esfera de atuação:**
   - **centrais** (atuam em toda a área territorial da pessoa);
   - **locais** (atuam apenas em parte do território da pessoa que integram).

São **características dos órgãos públicos**:

a) criação e extinção por lei;
b) resultado da desconcentração;
c) despersonalizados;
d) não possuem patrimônio próprio;
e) não possuem capacidade processual;
f) alguns órgãos podem ser parte em processo para defesa de prerrogativa;
g) podem celebrar contrato de desempenho (Lei nº 13.934/2019);
h) devem ser inscritos no CNPJ.

---

7. BORTOLETO, Leandro. *Direito administrativo*. Salvador: Juspodivm, 2012. p. 69.
8. *Direito administrativo*. 23. ed. São Paulo: Atlas, 2010. p. 56.
9. Atualmente, não há territórios federais no país, mas podem ser criados, conforme o art. 18 da Constituição Federal. No passado, eram territórios: Fernando de Noronha, Amapá, Rondônia e Roraima.
10. MEIRELLES, Hely Lopes. *Direito administrativo brasileiro*. 36. ed. São Paulo: Malheiros, 2010. p. 68.

- Quanto ao contrato de desempenho, a Lei nº 13.934/2019 o conceitua como: "o acordo celebrado entre o órgão ou entidade supervisora e o órgão ou entidade supervisionada, por meio de seus administradores, para o estabelecimento de metas de desempenho do supervisionado, com os respectivos prazos de execução e indicadores de qualidade, tendo como contrapartida a concessão de flexibilidades ou autonomias especiais." Seu objetivo fundamental consiste em promover a melhoria do desempenho do supervisionado, visando, especialmente (art. 5º da Lei nº 13.934/2019):

  I - aperfeiçoar o acompanhamento e o controle de resultados da gestão pública, mediante instrumento caracterizado por consensualidade, objetividade, responsabilidade e transparência;

  II - compatibilizar as atividades do supervisionado com as políticas públicas e os programas governamentais;

  III - facilitar o controle social sobre a atividade administrativa;

  IV - estabelecer indicadores objetivos para o controle de resultados e o aperfeiçoamento das relações de cooperação e supervisão;

  V - fixar a responsabilidade de dirigentes quanto aos resultados;

  VI - promover o desenvolvimento e a implantação de modelos de gestão flexíveis, vinculados ao desempenho e propiciadores de envolvimento efetivo dos agentes e dos dirigentes na obtenção de melhorias contínuas da qualidade dos serviços prestados à comunidade.

- ***Administração indireta***: conjunto das pessoas administrativas, com personalidade de direito público ou de direito privado, patrimônio próprio e autonomia administrativa, vinculadas à administração direta, criadas para o desempenho de determinada atividade administrativa.

Características comuns às pessoas da administração indireta:

a) possuem personalidade jurídica;

b) possuem patrimônio próprio;

c) possuem autonomia administrativa;

d) submetem-se a controle da administração direta;

e) dependem de Lei para serem criadas;

f) desempenham atividade administrativa específica.

Autarquia	• lei cria; • personalidade de direito público; • atividade típica do Estado.
Fundação Pública	• lei cria (personalidade de direito público) e lei autoriza (personalidade de direito privado); • atividade não exclusiva do Estado (interesse público).
Sociedade de economia mista e Empresa Pública	• lei autoriza; • personalidade de direito privado; • prestação de serviço público ou exploração de atividade econômica.

Regime de direito público: aplicável à pessoa da administração direta, às autarquias e às fundações públicas de direito público. Características:

a) em regra, deve haver realização de concurso público (art. 37, II, da Constituição Federal);

b) em regra, é vedada a acumulação remunerada de cargos, empregos e funções públicas;

c) em regra, deve realizar licitação;

d) celebração de contratos administrativos;

e) prática de atos administrativos;

f) bens públicos: impenhoráveis, imprescritíveis e relativamente inalienáveis;

g) existe imunidade tributária recíproca; (nos termos do art. 150, VI, "a", da CF, na redação dada pela EC 132/2023, é extensiva às autarquias e às fundações instituídas e mantidas pelo poder público e à **empresa pública prestadora de serviço postal**, no que se refere ao patrimônio, à renda e aos serviços vinculados a suas finalidades essenciais ou às delas decorrentes);

h) prescrição quinquenal das dívidas, em conformidade com o art. 1º do Decreto 20.910/32;

i) cobrança dos débitos por meio de execução fiscal, nos termos da Lei nº 6.830/80;

j) responsabilidade objetiva pelos danos causados; direito de regresso contra o servidor que causou o prejuízo, se houve dolo ou culpa;

k) privilégios processuais (ex: prazo em dobro; art. 183 CPC);

l) controle pelo Tribunal de Contas;

m) obediência às normas orçamentárias.

Regime de direito privado: aplicável às empresas públicas, sociedades de economia mista e fundações públicas de direito privado. Na verdade, trata-se de regime híbrido, pois não são aplicadas as normas do direito privado na íntegra, em razão da aplicação obrigatória de algumas normas de direito público. Por exemplo, o pessoal é celetista, mas o ingresso, em regra, é por concurso público e, salvo as exceções constitucionais, não pode haver a acumulação remunerada de cargo, emprego ou função pública.

AUTARQUIA: pessoa jurídica de direito público, integrante da administração indireta, criada diretamente pela Lei para o desempenho de atividade típica da Administração Pública.

Definição do Decreto-Lei 200/67 (art. 5º, I): autarquia é o "serviço autônomo, criado por lei, com personalidade jurídica, patrimônio e receita próprios, para executar atividades típicas da Administração Pública, que requeiram, para seu melhor funcionamento, gestão administrativa e financeira descentralizada".

Autarquia em regime especial: autarquia com autonomia maior do que a normalmente existente. Em regra, há uma redução do controle político por parte da administração direta, resultando no aumento da autonomia administrativa, por exemplo, quando houver previsão legal de impossibilidade de livre exoneração do dirigente da autarquia por parte do chefe do Executivo (em regra, nas agências reguladoras).

Conselhos Profissionais

Conforme decisão proferida no STF, na ADI 3026/DF, a OAB não é entidade da administração indireta federal;

é uma entidade *sui generis*, um serviço público independente.

Também: no RE 1.182.189, o STF fixou a seguinte tese de repercussão geral (Tema 1054): "O Conselho Federal e os Conselhos Seccionais da Ordem dos Advogados do Brasil não estão obrigados a prestar contas ao Tribunal de Contas da União nem a qualquer outra entidade externa.

Demais conselhos: apesar de tradicionalmente considerados como autarquias, os conselhos profissionais não se submetem na íntegra ao regime de direito público próprio daquelas entidades. Nesse sentido, na ADC 36, o STF, decidiu-se que os conselhos profissionais são, na verdade, espécie *sui generis* de pessoa jurídica de direito público não estatal e, assim, entendeu-se que não necessitam seguir a exigência do regime jurídico único para seu pessoal. Ainda nesse sentido, cumpre destacar que não são todas as prerrogativas próprias das autarquias que lhe são outorgadas e, dessa forma, no STF foi fixada a tese no RE 938.877: "Os pagamentos devidos, em razão de pronunciamento judicial, pelos Conselhos de Fiscalização não se submetem ao regime de precatórios".

AGÊNCIA REGULADORA

- Pessoa da administração indireta, com personalidade de direito público, que exerce a regulação, o controle administrativo, a fiscalização, a disciplina sobre a prestação de um determinado serviço público ou a realização de alguma atividade econômica.
- Estão sendo criadas como autarquias em regime especial.
- Maior autonomia; controle político mitigado
  - Lei nº 13.848/2019: dispõe "sobre a gestão, a organização, o processo decisório e o controle social das agências reguladoras" e, entre outras, modificou a **Lei nº 9.986/00**, que regula a gestão de recursos humanos dessas pessoas jurídicas, configurando-se, assim, o **marco regulatório das agências reguladoras federais. federais**.
  - A Lei nº 13.848/2019 estabelece que são características das agências reguladoras (art. 3º):

Autonomia funcional;
Autonomia decisória;
Autonomia administrativa;
Autonomia financeira;
Investidura a termo de seus dirigentes e estabilidade durante os mandatos.

Ainda nos termos da Lei, caracterizam a autonomia administrativa (art. 2º):

I - solicitar diretamente ao Ministério da Economia:

a) autorização para a realização de concursos públicos;
b) provimento dos cargos autorizados em lei para seu quadro de pessoal, observada a disponibilidade orçamentária;
c) alterações no respectivo quadro de pessoal, fundamentadas em estudos de dimensionamento, bem como alterações nos planos de carreira de seus servidores;

II - conceder diárias e passagens em deslocamentos nacionais e internacionais e autorizar afastamentos do País a servidores da agência;

III - celebrar contratos administrativos e prorrogar contratos em vigor relativos a atividades de custeio, independentemente do valor.

- As atividades da agência reguladora devem se dar com observância entre os meios e fins , sendo vedada a imposição de obrigações restrições e sanções superiores às necessárias, ou seja, sua atuação deverá ser proporcional, devendo motivar suas decisões, inclusive a respeito da edição ou não de atos normativos.
- A adoção e propostas de alteração de atos normativos de interesse geral dos agentes econômicos, consumidores ou usuários dos serviços prestados serão precedidas de Análise de Impacto Regulatório, que conterá informações e dados sobre os efeitos do ato normativo.
- O processo de decisão da agência, no tocante à regulação, terá caráter colegiado.
- As minutas e as propostas de alteração de atos normativos de interesse geral dos agentes econômicos, consumidores ou usuários dos serviços prestados serão objeto de consulta pública, que ocorrerá previamente à tomada de decisão pelo conselho diretor ou pela diretoria colegiada. Por ela, a sociedade é consultada por meio do envio de críticas, sugestões e contribuições por quaisquer interessados sobre proposta de norma regulatória aplicável ao setor de atuação da agência (art. 9º).
- Ainda, a agência reguladora, por decisão colegiada, poderá convocar audiência pública para formação do juízo e tomada de decisão sobre matéria considerada relevante (art. 10).
- Possuem grande autonomia em relação à administração direta. Na esfera federal, seus dirigentes são nomeados pelo Presidente da República, após aprovação do nome pelo Senado, têm mandato fixo de 5 anos, sendo vedada a recondução dos diretores após o final do mandato e somente perderão o cargo no caso de renúncia, de decisão judicial transitada em julgado ou de processo administrativo disciplinar. Não ocorre a exoneração *ad nutum*. Com isso, o controle político exercido sobre a agência é bem diminuto porque o Presidente da República, mesmo se estiver descontente com o presidente de determinada agência, não poderá simplesmente exonerá-lo e substituí-lo. Não há hierarquia ou subordinação em relação à administração direta. Está submetida ao controle administrativo de finalidade, de tutela administrativa.
- Haverá, em cada agência reguladora, 1 ouvidor, que atuará sem subordinação hierárquica, sendo vedada a acumulação com outras funções. São suas atribuições: zelar pela qualidade e pela tempestividade dos serviços prestados pela agência; acompanhar o processo interno de apuração de denúncias e reclamações dos interessados contra a atuação da agência; elaborar relatório anual de ouvidoria sobre as atividades da agência.

O controle externo das agências federais será executado pelo Congresso Nacional, com auxílio do TCU, devendo a agência elaborar relatório anual circunstanciado de suas atividades, nos termos do art. 15 da Lei nº 13.848/2019.

FUNDAÇÃO PÚBLICA: é a pessoa jurídica de direito público ou de direito privado, com autonomia administrativa e que tem como substrato o patrimônio – próprio –, que é criada por Lei específica ou cuja criação é por ela autorizada, com área de atuação de interesse público, não exclusiva da Administração Pública, definida em Lei complementar.

STF (RE nº 716.378): "1. A qualificação de uma fundação instituída pelo Estado como sujeita ao regime público ou privado depende (i) do estatuto de sua criação ou autorização e (ii) das atividades por ela prestadas. As atividades de conteúdo econômico e as passíveis de delegação, quando definidas como objetos de dada fundação, ainda que essa seja instituída ou mantida pelo Poder público, podem-se submeter ao regime jurídico de direito privado. 2. A estabilidade especial do art. 19 do ADCT não se estende aos empregados das fundações públicas de direito privado, aplicando-se tão somente aos servidores das pessoas jurídicas de direito público".

- ***Agência executiva***: é uma qualificação, um título, que é dado a uma autarquia ou a uma fundação pública. São requisitos (art. 51 da Lei nº 9.649/98) a existência de plano estratégico de reestruturação e de desenvolvimento institucional em andamento e a celebração de contrato de gestão (ou de desempenho, conforme Lei nº 13.934/2019) com o ministério supervisor. A qualificação se dá por ato do Presidente da República.

EMPRESAS ESTATAIS: SOCIEDADE DE ECONOMIA MISTA E EMPRESA PÚBLICA

Lei 13.303/16 (estatuto das estatais) "estatuto jurídico da empresa pública, da sociedade de economia mista e de suas subsidiárias, abrangendo toda e qualquer empresa pública e sociedade de economia mista da União, dos Estados, do Distrito Federal e dos Municípios que explore atividade econômica de produção ou comercialização de bens ou de prestação de serviços, ainda que a atividade econômica esteja sujeita ao regime de monopólio da União ou seja de prestação de serviços públicos" (art. 1º, *caput*).

Exploração de atividade econômica pelo Estado será exercida por meio de empresa pública, de sociedade de economia mista e de suas subsidiárias. Lei precisa indicar de forma clara a presença de relevante interesse coletivo ou imperativo de segurança nacional, nos termos do caput do art. 173 da Constituição Federal.

Depende de autorização legal: criação de empresa pública ou de sociedade de economia mista; criação de suas subsidiárias; participação de qualquer delas em empresa privada, cujo objeto social deve estar relacionado ao da investidora.

Empresa pública (art. 3º): entidade dotada de personalidade jurídica de direito privado, com criação autorizada por lei e com patrimônio próprio, cujo capital social é integralmente detido pela União, pelos Estados, pelo Distrito Federal ou pelos Municípios. Podem participar no capital social outras pessoas jurídicas de direito público interno, bem como as entidades da administração indireta da União, dos Estados, do Distrito Federal e dos Municípios, desde que pessoas jurídicas de direito público interno, bem como de entidades da administração indireta da União, dos Estados, do Distrito Federal e dos Municípios.

Sociedade de economia mista (art. 4º): entidade dotada de personalidade jurídica de direito privado, com criação autorizada por lei, sob a forma de sociedade anônima, cujas ações com direito a voto pertençam em sua maioria à União, aos Estados, ao Distrito Federal, aos Municípios ou a entidade da administração indireta.

Diferenças entre empresa pública e sociedade de economia mista:

- **Capital:** empresa pública possui capital integralmente público; sociedade de economia mista tem capital misto: público e privado.
- **Forma de organização**: sociedade de economia mista adotará, sempre, a forma de sociedade anônima e empresa pública pode adotar qualquer forma empresarial. Na área federal, o Decreto nº 8.945/16, em seu art. 11, prevê que as empresas públicas federais adotarão, **preferencialmente**, a forma de sociedade na anônima, o que será obrigatório para suas subsidiárias.
- **Foro competente**: somente há diferença na esfera federal. As ações em que a empresa federal for autora, ré, assistente ou oponente serão julgadas na justiça federal, o que não ocorre com a sociedade de economia mista federal, que tem como foro a justiça estadual.

Reforma Tributária incluiu expressamente no art. 150, VI, "a", que a imunidade tributária destinada à União, aos Estados e ao Distrito Federal é extensiva à empresa pública prestadora de serviço postal, no que se refere ao patrimônio, à renda e aos serviços vinculados a suas finalidades essenciais ou às delas decorrentes, conforme o §2º do art. 150, na redação dada pela EC 132/2023.

RE 601392 (tese de repercussão geral): "Os serviços prestados pela Empresa Brasileira de Correios e Telégrafos – ECT, inclusive aqueles em que a empresa não age em regime de monopólio, estão abrangidos pela imunidade tributária recíproca (CF, art. 150, VI,a e §§ 2º e 3º)".

RE 599628 (tese de repercussão geral): "Sociedades de economia mista que desenvolvem atividade econômica em regime concorrencial não se beneficiam do regime de precatórios, previsto no art. 100 da Constituição da República."

RE 852302: "As sociedades de economia mista prestadoras de serviço público de atuação própria do Estado e de natureza não concorrencial submetem-se ao regime de precatório."

ADPF 387: "É aplicável o regime dos precatórios às sociedades de economia mista prestadoras de serviço público próprio do Estado e de natureza não concorrencial".

ADPF 588/PB: "Os recursos públicos vinculados ao orçamento de estatais prestadoras de serviço público essencial, em regime não concorrencial e sem intuito lucrativo primário não podem ser bloqueados ou sequestrados por decisão judicial para pagamento de verbas trabalhistas, em virtude do disposto no art. 100 da CF/1988, e dos princípios da legalidade orçamentária (art. 167, VI, da CF), da separação dos poderes (arts. 2º, 60, § 4º, III, da CF) e da eficiência da administração pública (art. 37, 'caput', da CF)".

RE 627051 (tese de repercussão geral): "Não incide o ICMS sobre o serviço de transporte de encomendas realizado pela Empresa Brasileira de Correios e Telégrafos - ECT, tendo em vista a imunidade recíproca prevista no art. 150, VI, a, da Constituição Federal."

RE 638315 (tese de repercussão geral): "A Empresa Brasileira de Infraestrutura Aeroportuária - INFRAERO, empresa pública prestadora de serviço público, faz jus à imunidade recíproca prevista no art. 150, VI, a, da Constituição Federal."

RE 773992 (tese de repercussão geral): "A imunidade tributária recíproca reconhecida à Empresa Brasileira de Correios e Telégrafos — ECT alcança o IPTU incidente sobre imóveis de sua propriedade e por ela utilizados, não se podendo estabelecer, a priori, nenhuma distinção entre os imóveis afetados ao serviço postal e aqueles afetados à atividade econômica."

RE 594015 (tese de repercussão geral): "A imunidade recíproca, prevista no art. 150, VI, a, da Constituição não se estende a empresa privada arrendatária de imóvel público, quando seja ela exploradora de atividade econômica com fins lucrativos. Nessa hipótese é constitucional a cobrança do IPTU pelo Município".

RE 130054 (tese de repercussão geral): "As empresas públicas e as sociedades de economia mista delegatárias de serviços públicos essenciais, que não distribuam lucros a acionistas privados nem ofereçam risco ao equilíbrio concorrencial, são beneficiárias da imunidade tributária recíproca prevista no artigo 150, VI, a, da Constituição Federal, independentemente de cobrança de tarifa como contraprestação do serviço".

STF 556: "É competente a justiça comum para julgar as causas em que é parte sociedade de economia mista".

STF 517: "As sociedades de economia mista só têm foro na Justiça Federal, quando a União intervém como assistente ou opoente"

STJ 525: "A Câmara de Vereadores não possui personalidade jurídica, apenas personalidade judiciária, somente podendo demandar em juízo para defender os seus direitos institucionais".

STJ 324: "Compete à Justiça Federal processar e julgar ações de que participa a Fundação Habitacional do Exército, equiparada à entidade autárquica federal, supervisionada pelo Ministério do Exército."

STJ 150: "Compete a justiça federal decidir sobre a existência de interesse jurídico que justifique a presença, no processo, da união, suas autarquias ou empresas públicas".

- ***CONSÓRCIO PÚBLICO***

Está regulado pela Lei nº 11.107/05. Trata-se de uma nova pessoa administrativa que surge da união entre pessoas políticas (União, Estados, Distrito Federal e Municípios).

Criação do consórcio público:

1 - Em um primeiro momento, há o **protocolo de intenções**, que é uma espécie de ajuste preliminar entre as pessoas políticas, no qual há a definição do objeto do consórcio, quais são seus participantes, qual sua duração, qual a forma de eleição do representante legal.

2 - Depois, o **protocolo** de intenções deve ser **publicado na imprensa oficial** e, na sequência, ele deve ser **ratificado por Lei** em cada um dos entes consorciados.

3 - Após a celebração do **contrato de consórcio.**

4 - **Apenas na hipótese de ser pessoa jurídica de direito privado**, deverá haver o **registro no órgão competente.**

Personalidade jurídica: consórcio público poderá ter **personalidade de direito público (associação pública;** conhecido como **autarquia interfederativa ou autarquia multifederada)** ou de **direito privado**. Em ambos os casos deve observar as normas de direito público no que concerne à realização de licitação, à celebração de contratos, à prestação de contas e à admissão de pessoal, que será regido pela CLT (art. 6º, §2º da Lei nº 11.107/2005).

"Para a celebração dos convênios de que trata o caput deste artigo, as exigências legais de regularidade aplicar-se-ão ao próprio consórcio público envolvido, e não aos entes federativos nele consorciados" (Art. 14).

Contrato de consórcio: formaliza a **constituição** do consórcio.

Contrato de rateio: formaliza a **entrega de recursos** dos entes consorciados para o consórcio. . Será formalizado em cada exercício financeiro, e seu prazo de vigência não será superior ao das dotações que o suportam, salvo no caso de contratos que tenham por objeto exclusivamente projetos consistentes em programas e ações contemplados em plano plurianual (art. 8º, §1º da Lei nº 11.107/2005).

Contrato de programa: constante do art. 2º, XVI, do Decreto 6.017/07 , é o "instrumento pelo qual devem ser constituídas e reguladas as obrigações que um ente da Federação, inclusive sua administração indireta, tenha para com outro ente da Federação, ou para com consórcio público, no âmbito da prestação de serviços públicos por meio de cooperação federativa".

Extinção do contrato de consórcio: dependerá de instrumento aprovado pela assembleia geral, ratificado mediante lei por **todos os entes consorciados (art. 12).**

Alteração do contrato de consórcio: dependerá de instrumento aprovado pela assembleia geral, ratificado mediante lei pela **maioria dos entes consorciados (art. 12-A)**

ADMINISTRAÇÃO PÚBLICA	
ADMINISTRAÇÃO INDIRETA	**ADMINISTRAÇÃO DIRETA**
Conjunto das pessoas administrativas, com personalidade de direito público ou de direito privado, patrimônio próprio e autonomia administrativa, vinculadas à administração direta, criadas para o desempenho de determinada atividade administrativa	Conjunto dos órgãos públicos que integram as pessoas jurídicas políticas Pessoas jurídicas de direito público **União, Estados, Distrito Federal e Municípios**
Autarquia: direito público Agência reguladora: autarquia em regime especial Agência Executiva: autarquia que recebeu a qualificação (contrato de gestão)	–
Fundação Pública: direito público ou direito privado Agência Executiva: fundação pública que recebeu a qualificação (contrato de desempenho)	
Empresa Pública: direito privado; prestadora de serviço público ou exploradora de atividade econômica	
Sociedade de Economia Mista: direito privado; prestadora de serviço público ou exploradora de atividade econômica	
Consórcio Público: direito público (associação pública) ou direito privado	

TERCEIRO SETOR

- Marco regulatório: Lei 13.019/14. Disposições da nova lei não se aplicam às organizações sociais, reguladas pela Lei nº 9.637/98, nos termos do art. 3º, III. Quanto às organizações da sociedade civil, objeto da Lei nº 9.790/99, as disposições aplicam-se, no que couber.

Parcerias são formalizadas:

a) **quando houver transferência de recursos**: **termo de colaboração** (para a realização de atividades de interesse público propostas pela Administração Pública, nos termos do art. 16) e por **termo de fomento** (para a realização de atividades de interesse público propostas pela organização da sociedade civil, conforme o art. 17); em ambos os casos: exigência de escolha da entidade do Terceiro Setor por meio de um processo seletivo denominado Chamamento Público, salvo as exceções previstas em lei;

b) **quando não houver transferência de recursos: acordo de cooperação**.

- ***Organização social (OS) e Organização da Sociedade Civil de Interesse Público (Oscip)***: são entidades civis sem fins lucrativos, integrantes do setor privado, que recebem a qualificação do Poder Público. Oscip: deve estar em funcionamento regular há, no mínimo, 3 anos.

- ***Não podem ser qualificadas como Oscip*** (art. 2º da Lei nº 9.790/1999)***:***
  a) sociedades comerciais;
  b) sindicatos, associações de classe ou de representação de categoria profissional;
  c) instituições religiosas ou voltadas para a disseminação de credos, cultos, práticas e visões devocionais e confessionais;
  d) organizações partidárias e assemelhadas, inclusive suas fundações;
  e) entidades de benefício mútuo destinadas a proporcionar bens ou serviços a um círculo restrito de associados ou sócios;
  f) entidades e empresas que comercializam planos de saúde e assemelhados;
  g) instituições hospitalares privadas não gratuitas e suas mantenedoras;
  h) escolas privadas dedicadas ao ensino formal não gratuito e suas mantenedoras;
  i) organizações sociais;
  j) cooperativas;
  k) fundações públicas;
  l) fundações, sociedades civis ou associações de direito privado criadas por órgão público ou por fundações públicas;
  m) organizações creditícias que tenham qualquer tipo de vinculação com o sistema financeiro nacional a que se refere o art. 192 da Constituição Federal.

Atenção! Nos termos do parágrafo único do art. 2º da Lei, incluído pela Lei nº 13.999/2020, "não constituem impedimento à qualificação como Organização da Sociedade Civil de Interesse Público as operações destinadas a microcrédito realizadas com instituições financeiras na forma de recebimento de repasses, venda de operações realizadas ou atuação como mandatárias".

- Diferenças entre OS e Oscip: a) a OS opera a absorção de determinada atividade que o Estado esteja fazendo e, com frequência, leva à extinção do órgão público que realizava a mesma atividade e, por outro lado, a Oscip representa verdadeira parceria e não há extinção de órgãos; b) a outorga da qualificação é ato discricionário na OS e ato vinculado na Oscip; c) o vínculo na OS é contrato de gestão e na Oscip é termo de parceria; d) na OS, há exigência de que tenha a presença de representantes do poder público no órgão de administração, o que não ocorre com a Oscip; e) no caso de desqualificação, os bens adquiridos com recursos públicos serão revertidos ao Poder Público, no caso da OS e, se for Oscip, será transferida à outra Oscip, de preferência, na mesma área de atuação.

- **Organizações gestoras de fundos patrimoniais:** No ano de 2019, foi editada a Lei nº 13.800, que trata das organizações gestoras de fundos patrimoniais. Segundo a lei, referidos fundos serão geridos e administrados por organização gestora de fundos patrimoniais, instituição privada sem fins lucrativos, "instituída na forma de associação ou de fundação privada com o intuito de atuar exclusivamente para um fundo na captação e na gestão das doações oriundas de pessoas físicas e jurídicas e do patrimônio constituído" (art. 2º, II).

TERCEIRO SETOR
Pessoas jurídicas de direito privado, sem fins lucrativos, pertencentes ao setor privado, que desenvolvem atividade de interesse público. Marco regulatório (Lei nº 13.019/14): parcerias firmadas por: a) termo de fomento ou por termo de colaboração, quando envolverem transferência de recursos financeiros; entidades são escolhidas por meio de chamamento público, exceto os casos de dispensa e inexigibilidade; b) acordo de cooperação, quando não envolver transferência de recursos financeiros.
Serviço social autônomo
Entidade de apoio
Organização Social (OS) Vínculo jurídico com a administração direta: contrato de gestão
Organização da Sociedade Civil de Interesse Público (Oscip) Vínculo jurídico com a administração direta: termo de parceria

4. AGENTES PÚBLICOS: DISPOSIÇÕES CONSTITUCIONAIS

CONCEITO E CLASSIFICAÇÃO

São agentes públicos "todas as pessoas físicas incumbidas, definitiva ou transitoriamente, do exercício de alguma função estatal"[11].

Classificação (Hely Lopes Meirelles): agentes públicos subdividem-se em agentes políticos, agentes administrativos, agentes honoríficos, agentes delegados e agentes credenciados:

a) **agentes políticos**: são aqueles que representam as funções típicas estatais de legislar, julgar e administrar; exercem atribuições previstas na Constituição Federal. Aliás, o próprio texto constitucional disciplina os principais direitos e deveres dos agentes políticos, que é complementado por normas específicas, pois não se sujeitam ao regime jurídico previsto para os servidores públicos em geral. Possuem liberdade funcional. São exemplos: Senador, Deputado federal, Deputado estadual, Vereador, Presidente da República, Governador, Prefeito, Ministro, secretário de Estado, secretário municipal, membros da magistratura (Juiz, Desembargador, Ministro... não se aplica aos servidores do Poder Judiciário), membros do Ministério Público (Promotor de Justiça, Procurador de Justiça, Procurador da República, Procurador do Trabalho... não se aplica aos servidores do Ministério Público), membros dos Tribunais de Contas (Conselheiros e Ministros)[12], representantes diplomáticos.

b) **agentes administrativos:** são as pessoas que possuem uma relação funcional com a Administração Pública. São aquelas que, de maneira geral, possuem uma relação empregatícia na esfera pública, sujeitos à hierarquia funcional. Exercem função de apoio aos agentes políticos. Nessa categoria estão:

- os **servidores públicos propriamente ditos**: ocupantes de cargo efetivo ou de cargo em comissão; são regidos por leis específicas, denominadas estatutos e, por isso, são chamados de estatutários;
- os **empregados públicos**: são aqueles regidos pela Consolidação das Leis Trabalhistas (CLT) e, assim, chamados de celetistas;
- os servidores **temporários**: são aqueles que exercem função temporária na Administração Pública, submetidos à legislação específica e que são contratados para atender à necessida-

11. MEIRELLES, Hely Lopes. *Direito administrativo brasileiro*. 36. ed. São Paulo: Malheiros, 2010. p. 75. Original sem destaque.

12. Há divergência na doutrina sobre a inclusão dos magistrados, membros do Ministério Público e dos Tribunais de Contas na categoria de agentes políticos. Incluindo-os nessa categoria, há Hely Lopes Meirelles (*Direito administrativo brasileiro*. 36. ed.São Paulo: Malheiros, 2010. p. 79) e, por outro lado, excluindo-os está Celso Antônio Bandeira de Mello (*Curso de direito administrativo*. 27. ed. São Paulo: Malheiros, 2010. p. 247-248) e José dos Santos Carvalho Filho (*Manual de direito administrativo*. 19. ed. Rio de Janeiro: Lumen Juris, 2008. p. 532), por exemplo. Todavia, no RE 228977/SP, **o STF decidiu que "os magistrados enquadram-se na espécie agente político, investidos para o exercício de atribuições constitucionais, sendo dotados de plena liberdade funcional de suas funções, com prerrogativas próprias e legislação específica" já fez referência aos magistrados na condição de agentes políticos (RE 228977/SP), e esse entendimento não há porque não ser extensivo ao que se aplica aos membros do Ministério Público. Por outro lado, a Côrte considerou, na Rcl 6702 MC-Agr, o cargo de Conselheiro do Tribunal de Contas do Paraná, "à primeira vista, de natureza administrativa."**

de temporária de excepcional interesse público.

c) **agentes honoríficos**: são as pessoas convocadas para prestar determinado serviço para a Administração Pública, de maneira temporária e, normalmente, sem remuneração, em razão de sua honorabilidade, de sua idoneidade. São exemplos o mesário e o jurado.

d) **agentes delegados**: são particulares que possuem atribuição de executar, por sua conta e risco, um serviço público ou uma atividade de interesse público, sob fiscalização estatal e de acordo com as normas estabelecidas pelo Estado. São os concessionários e permissionários de serviço público, os registradores de imóveis, os tabeliães, os notários, os tradutores públicos, os leiloeiros.

e) **agentes credenciados**: são as pessoas que recebem a atribuição de representar a Administração Pública em determinado evento ou de praticar certa atividade. Por exemplo, um pesquisador ou um empresário representando o Brasil em algum evento internacional.

CARGO PÚBLICO, EMPREGO PÚBLICO E FUNÇÃO PÚBLICA

Cargos públicos: "são as mais simples e indivisíveis unidades de competência a serem expressadas por um agente, previstas em número certo, com denominação própria, retribuídas por pessoas jurídicas de Direito Público e criadas por lei, salvo quando concernentes aos serviços auxiliares do Legislativo, caso em que se criam por resolução, da Câmara ou do Senado, conforme se trate de serviços de uma ou de outra destas Casas"[13].

Empregos públicos são "núcleos de encargos de trabalho permanentes a serem preenchidos por agentes contratados para desempenhá-los, sob regime trabalhista"[14]. A relação de emprego público tem natureza contratual (a estatutária tem natureza legal)

Função pública: conjunto de atribuições desvinculadas de cargo ou emprego, ao qual se dá o nome de função, que pode ser de duas espécies: a função exercida por servidores temporários e a função de direção, chefia e assessoramento (função de confiança), atribuída a servidores titulares de cargo efetivo[15].

PROVIMENTO E VACÂNCIA

Formas de provimento

Ato de se prover o cargo público é chamado de provimento. Por meio dele, o cargo deixa de ser vago e passa a ser provido. Ocorre tanto nos cargos efetivos quanto nos cargos em comissão e, assim, há o **provimento efetivo** (deve haver prévia aprovação em concurso público) e o **provimento em comissão** (livre nomeação e exoneração, vedado o nepotismo).

Em relação ao provimento, ainda, há o **provimento originário** e o **provimento derivado**. Naquele, a investidura no cargo integrante de determinada carreira é feita pela primeira vez, de modo inaugural e, ao contrário, no provimento derivado, a investidura é decorrente, ou seja, só é possível ocorrer uma das formas de provimento derivado se o servidor já for ocupante de cargo. Só há provimento derivado se antes houve o provimento originário.

Vacância

É a situação de desprovimento do cargo público, ou seja, este passa da condição de provido para vago.

DISPOSIÇÕES CONSTITUCIONAIS APLICÁVEIS AOS AGENTES PÚBLICOS

- ***Regime jurídico único***: STF (ADI 2135): no ano de 2007 foi deferida medida liminar para suspender a eficácia do art. 39, *caput*, da Constituição, por vício formal na aprovação da Emenda nº 19/98, com efeitos *ex nunc*, "subsistindo a legislação editada nos termos da emenda declarada suspensa", porém em 2024 , o STF decidiu o mérito da ADI 2135 e a decisão cautelar não foi mantida, tendo o pedido sido julgado, por maioria, improcedente porque entendeu o Tribunal não ter havido inconstitucionalidade no processo legislativo relativo à EC 19/1998. Com isso, a redação do *caput* do art. 39, dada pela mencionada emenda, que estava com eficácia suspensa, voltou a produzir efeitos, quer dizer, houve a extinção definitiva da obrigatoriedade do regime jurídico único e, assim, podem coexistir regimes jurídicos diferentes para os servidores da administração direta, autarquias e fundações públicas.
- Cronologia do regime jurídico único:

13. MELLO, Celso Antônio Bandeira de. *Curso de direito administrativo*. 27. ed. São Paulo: Malheiros, 2010. p. 254.

14. MELLO, Celso Antônio Bandeira de. *Curso de direito administrativo*. 27. ed. São Paulo: Malheiros, 2010. p. 256.

15. DI PIETRO, Maria Sylvia Zanella. *Direito administrativo*. 23. ed. São Paulo: Atlas, 2010. p. 519-520.

REGIME JURÍDICO ÚNICO

05/10/1988		**12/12/1990**		**04/06/1998**		**23/02/2000**	**02/08/2007**	**06/11/2024**
CF, art. 39, *caput*		Lei nº 8.112/1990 (área federal)		EC 19, art. 39, *caput*		Lei nº 9.962/2000 (área federal)	ADI 2135 decisão cautelar	ADI 2135 Decisão mérito
Regime Jurídico Único		RJU Servidores federais		Fim provisório do Regime Jurídico Único		Emprego Público União, autarquias e fundações	Retorno do Regime Jurídico Único	Fim definitivo do Regime Jurídico Único

INGRESSO

Brasileiro, desde que preencha os **requisitos estabelecidos em Lei** e, também, o estrangeiro, na forma da Lei (art. 37, I, da Constituição Federal).

Súmula Vinculante nº 44: "só por Lei se pode sujeitar a exame psicotécnico a habilitação de candidato a cargo público".

Súmula 683 STF: "O limite de idade para a inscrição em concurso público só se legitima em face do art.7º, XXX, da Constituição, quando possa ser justificado pela natureza das atribuições do cargo a ser preenchido."

- Síntese sobre concurso público[9]:

<table>
<tr><th colspan="2">CONCURSO PÚBLICO</th></tr>
<tr><td colspan="2">Regra: realização para provimento de cargo efetivo</td></tr>
<tr><td rowspan="3">Exceção:
não
realização</td><td>- Contratação temporária: necessidade temporária e excepcional interesse público</td></tr>
<tr><td>- Cargo em comissão: existência de lei declarando de livre nomeação e exoneração; atribuições de direção, de chefia e de assessoramento
Pode ser ocupado por ocupante de cargo efetivo (lei definirá casos, condições e percentuais) e por não ocupante. Função de confiança: só ocupante de cargo efetivo</td></tr>
<tr><td>- Agentes públicos de saúde e agentes de combate a endemias</td></tr>
<tr><td colspan="2">Prazo de validade: até 2 anos, prorrogável, uma vez, por igual período</td></tr>
<tr><td colspan="2">Pode ser de provas ou de provas e títulos: natureza e complexidade do cargo</td></tr>
<tr><td colspan="2">Reserva de vagas para deficientes: lei definirá percentual. No âmbito federal, o tema é regulado pelo Decreto nº 9.508/2018.</td></tr>
<tr><td colspan="2">Segundo a Lei nº 13.872/2019, "Fica assegurado à mãe o direito de amamentar seus filhos de até 6 (seis) meses de idade durante a realização de provas ou de etapas avaliatórias em concursos públicos na administração pública direta e indireta dos Poderes da União, mediante prévia solicitação à instituição organizadora".
Lei nº 13.656/2018: são isentos de pagamento das inscrições em concursos públicos: (i) os candidatos que pertençam a família inscrita no CadÚnico, cuja renda familiar mensal per capita seja inferior ou igual a meio salário-mínimo nacional; (ii) os candidatos doadores de medula óssea em entidades reconhecidas pelo Ministério da Saúde.</td></tr>
</table>

- O candidato aprovado em concurso possui ***direito subjetivo à nomeação*** ou apenas expectativa de direito?
- Do cotejo das diversas decisões do STJ e da tese fixada pelo STF nos dois julgados paradigmáticos (RE 598.099 e RE 837.311), é possível afirmar que **há o direito subjetivo à nomeação do candidato aprovado em concurso público**:

a) quando for aprovado dentro do número de vagas previsto no edital, exceto se surgir, após a publicação do edital, situação imprevisível e de extrema gravidade que justifique, mediante decisão motivada, a não nomeação dos candidatos por não haver medida menos gravosa a ser adotada;

b) quando for aprovado fora do número de vagas previsto no edital E surgirem novas vagas ou for aberto novo certame durante o prazo de validade do concurso anterior E houver preterição arbitrária e imotivada por parte da Administração (candidato deve demonstrar, de forma cabal, comportamento tácito ou expresso do Poder Público demonstrando a necessidade de nomeação como, por exemplo, a ocorrência de cessão de servidores de outros órgãos públicos);

c) quando for preterido na nomeação por inobservância da ordem de classificação, mesmo que esteja fora do número de vagas previsto no edital.

STF (RE 630.733) **Tese de repercussão geral**: "Inexiste direito dos candidatos em concurso público à prova de segunda chamada nos testes de aptidão física, salvo contrária disposição editalícia, em razão de circunstâncias pessoais, ainda que de caráter fisiológico ou de força maior, mantida a validade das provas de segunda chamada realizadas até 15/5/2013, em nome da segurança jurídica".

Súmula 684 do STF: "É inconstitucional o veto não motivado à participação de candidato a concurso público".

STF (RE 898.450): **Tese de repercussão geral**: "Editais de concurso público não podem estabelecer restrição a pessoas com tatuagem, salvo situações excepcionais, em razão de conteúdo que viole valores constitucionais".

STF (RE 560900/DF): **Tese de repercussão geral**: "Sem previsão constitucionalmente adequada e instituída por lei, não é legítima a cláusula de edital de concurso público que restrinja a participação de candidato pelo simples fato de responder a inquérito ou ação penal".

STF (RE 1.282.553) "A suspensão dos direitos políticos prevista no artigo 15 inciso III da Constituição Federal - condenação criminal transitada em julgado enquanto durarem seus efeitos - não impede a nomeação e posse de candidato aprovado em concurso público, desde que não incompatível com a infração penal praticada, em respeito aos princípios da dignidade da pessoa humana e do valor social do trabalho (Constituição Federal, artigo 1°, incisos III e IV) e do dever do Estado em proporcionar as condições necessárias para harmônica integração social do condenado, objetivo principal da execução penal, nos termos do artigo 1° da Lei de Execuções Penais (Lei 7.210/84). O início do efetivo exercício do cargo ficará condicionado ao regime da pena ou à decisão judicial do Juízo de Execuções, que analisará a compatibilidade de horários".

STF (RE 635.739) **Tese de repercussão geral**: "É constitucional a regra inserida no edital de concurso público, denominada cláusula de barreira, com o intuito de selecionar apenas os candidatos mais bem classificados para prosseguir no certame".

STF (RE 630733 DF) **Tese de repercussão geral**: "Os candidatos em concurso público não têm direito à prova de segunda chamada nos testes de aptidão física em razão de circunstâncias pessoais, ainda que de caráter fisiológico ou de força maior, salvo se houver previsão no edital permitindo essa possibilidade." (fixada em 15/05/2013).

STF (RE 1058333 PR) **Tese de repercussão geral**: "É constitucional a remarcação do teste de aptidão física de candidata que esteja grávida à época de sua realização, independentemente da previsão expressa em edital do concurso" (fixada em 21/11/2018).

STF (ADC 41/DF) Reserva de vagas. Tese fixada: "É constitucional a reserva de 20% das vagas oferecidas nos concursos públicos para provimento de cargos efetivos e empregos públicos no âmbito da administração pública direta e indireta".

STJ Súmula 377: "O portador de visão monocular tem direito de concorrer, em concurso público, às vagas reservadas aos deficientes".

Lei 14.126/21 (art. 1º): Fica a visão monocular classificada como deficiência sensorial, do tipo visual, para todos os efeitos legais.

Lei nº 14.768/23 (art. 1º): considera-se "deficiência auditiva a limitação de longo prazo da audição, unilateral total ou bilateral parcial ou total, a qual, em interação com uma ou mais barreiras, obstrui a participação plena e efetiva da pessoa na sociedade, em igualdade de condições com as demais pessoas."

CARGO EM COMISSÃO

É aquele declarado em Lei de livre nomeação e exoneração e destina-se às atribuições de direção, chefia e assessoramento.

STF (RE 1041210) **Tese de repercussão geral**: "a) A criação de cargos em comissão somente se justifica para o exercício de funções de direção, chefia e assessoramento, não se prestando ao desempenho de atividades burocráticas, técnicas ou operacionais; b) tal criação deve pressupor a necessária relação de confiança entre a autoridade nomeante e o servidor nomeado; c) o número de cargos comissionados criados deve guardar proporcionalidade com a necessidade que eles visam suprir e com o número de servidores ocupantes de cargos efetivos no ente federativo que os criar; e d) as atribuições dos cargos em comissão devem estar descritas, de forma clara e objetiva, na própria lei que os instituir".

Súmula Vinculante nº 13: "A nomeação de cônjuge, companheiro ou parente em linha reta, colateral ou por afinidade, até o terceiro grau, inclusive, da autoridade nomeante ou de servidor da mesma pessoa jurídica investido em cargo de direção, chefia ou assessoramento, para o exercício de cargo em comissão ou de confiança ou, ainda, de função gratificada na administração pública direta e indireta em qualquer dos poderes da União, dos Estados, do Distrito Federal e dos Municípios, compreendido o ajuste mediante designações recíprocas, viola a Constituição Federal".

STF: Rcl 6.650-MC-Agr/PR: vedação da Súmula Vinculante nº 13 não se estende aos cargos em comissão de natureza política, sendo restrita a cargos em comissão de natureza administrativa. Exceção: nomeação de parente para o cargo em comissão com a manifesta intenção de fraudar a Lei como ocorre, por exemplo, nas hipóteses de nomeação decorrente de "comprovada troca de favores ou de evidente inaptidão do nomeado para seu exercício" (RE 825.862).

Cargo em comissão e função de confiança: cargo em comissão pode haver a nomeação de pessoa que é servidora de carreira (nos casos, condições e percentuais mínimos previstos em lei) e de quem não é (ocupante exclusivamente de cargo em comissão); função de confiança somente pode ser exercida por quem já é titular de cargo efetivo.

STF (RE 786540) **Tese de repercussão geral**: "1. Os servidores ocupantes de cargo exclusivamente em comissão não se submetem à regra da aposentadoria compulsória prevista no art. 40, § 1º, II, da Constituição Federal, a qual atinge apenas os ocupantes de cargo de provimento efetivo, inexistindo, também, qualquer idade limite para fins de nomeação a cargo em comissão; 2. Ressalvados impedimentos de ordem infraconstitucional, não há óbice constitucional a que o servidor efetivo aposentado compulsoriamente permaneça no cargo comissionado que já desempenhava ou a que seja nomeado para cargo de livre nomeação e exoneração, uma vez que não se trata de continuidade ou criação de vínculo efetivo com a Administração".

LIMITES REMUNERATÓRIOS

- Sistematização dos limites remuneratórios[16]:

<table>
<tr><th colspan="3">LIMITES REMUNERATÓRIOS</th></tr>
<tr><td colspan="3">TETO → subsídio dos Ministros do Supremo Tribunal Federal</td></tr>
<tr><td rowspan="2">SUBTETOS</td><td rowspan="2">ESTADOS E DISTRITO FEDERAL</td><td>Poder Executivo → subsídio do Governador</td></tr>
<tr><td>Poder Legislativo → subsídio dos Deputados Estaduais e Distritais (máximo de 75% do subsídio do Deputado Federal)
Poder Judiciário → subsídio dos Desembargadores do Tribunal de Justiça (90,25% do STF)</td></tr>
<tr><td rowspan="2">SUBTETOS</td><td>ESTADOS E DISTRITO FEDERAL</td><td>• aplicável aos membros do Ministério Público, Procuradores e Defensores Públicos
• não se aplica aos magistrados estaduais, de acordo com o STF
• Estados e DF podem adotar como subteto único este previsto para o Poder Judiciário, desde que haja alteração da Constituição Estadual ou da Lei Orgânica</td></tr>
<tr><td>MUNICÍPIOS</td><td>Subsídio do Prefeito
• Vereadores: regra própria (art. 29, VI, CF)
• Procuradores Municipais: Subsídio de Desembargador do Tribunal de Justiça - 90,25% do STF (STF. Plenário. RE 663696 MG, julgado em 28/02/2019).</td></tr>
</table>

16 BORTOLETO, Leandro. *Direito administrativo.* Salvador: Juspodivm, 2012. p. 147.

- ADI 6584/DF: Em referida ADI, o Plenário do STF, por maioria, decidiu que o teto constitucional remuneratório não incide sobre os salários pagos por empresas públicas e sociedades de economia mista e suas subsidiárias quando não receberem recursos da Fazenda Pública.
- **STF** (RE 675.978) **Tese de repercussão geral**: "Subtraído o montante que exceder o teto e subteto previsto no artigo 37, inciso XI, da Constituição Federal, tem-se o valor que vale como base para o Imposto de Renda e para a contribuição previdenciária".

Tese de repercussão geral (REs 602043 e 612975) "Nos casos autorizados, constitucionalmente, de acumulação de cargos, empregos e funções, a incidência do artigo 37, inciso XI, da Constituição Federal, pressupõe consideração de cada um dos vínculos formalizados, afastada a observância do teto remuneratório quanto ao somatório dos ganhos do agente público".

Tese de repercussão geral (RE 663696) "A expressão "Procuradores", contida na parte final do inciso XI do art. 37 da Constituição da República, compreende os Procuradores Municipais, uma vez que estes se inserem nas funções essenciais à Justiça, estando, portanto, submetidos ao teto de noventa inteiros e vinte e cinco centésimos por cento do subsídio mensal, em espécie, dos Ministros do Supremo Tribunal Federal".

Na **ADI 6257**, em 18/01/2020, o Min. Dias Toffoli deferiu, *ad referendum* do Plenário, medida cautelar para "dar interpretação conforme ao inciso XI do art. 37, da Constituição Federal, no tópico em que a norma estabelece subteto, para suspender qualquer interpretação e aplicação do subteto aos professores e pesquisadores das universidades estaduais, prevalecendo, assim, como teto único das universidades no país, os subsídios dos Ministros do Supremo Tribunal Federal".

ADI 3854 e 4014: As ADI 3854 e 4014 foram julgadas procedentes, por maioria de votos, para declarar inconstitucional o subteto dos juízes estaduais diferente do teto remuneratório da magistratura federal, por ofensa ao caráter nacional da estrutura judiciária brasileira. Segundo a Constituição Federal e Resoluções do CNJ, o subteto dos juízes estaduais corresponde a 90,25% dos vencimentos dos ministros do STF, e já no ano de 2007, o Plenário havia impedido sua aplicação, para determinar que o teto corresponde ao valor de subsídio dos membros do STF.

Tese de repercussão geral (RE 602.584) "Ocorrida a morte do instituidor da pensão em momento posterior ao da Emenda Constitucional 19/1998, o teto constitucional previsto no inciso XI do artigo 37 da Constituição Federal incide sobre o somatório de remuneração ou provento e a pensão recebida por servidor".

STF (ADI 6436) – "É inconstitucional lei que equipara, vincula ou referencia espécies remuneratórias devidas a cargos e carreiras distintos, especialmente quando pretendida a vinculação ou a equiparação entre servidores de Poderes e níveis federativos diferentes."

ACUMULAÇÃO

- Sistematização da acumulação remunerada de cargos públicos[17]:

<table>
<tr><th colspan="2">ACUMULAÇÃO DE CARGOS, EMPREGOS E FUNÇÕES PÚBLICAS</th></tr>
<tr><td colspan="2">Cargo, função ou emprego público x Cargo, função ou emprego público</td></tr>
<tr><td>REGRA
Proibição de acumulação remunerada</td><td>EXCEÇÕES
Compatibilidade de horários
+
Dois cargos de professor
ou
Um cargo de professor com outro técnico ou científico
ou
Dois cargos ou empregos privativos de profissionais de saúde, com profissões regulamentadas
Obs: deve-se ressaltar que, com a EC nº 101/2019 estabeleceu-se que o militar do Estado e DF também poderá cumular seu cargo com:
a) Um cargo de professor;
b) Cargo da saúde com profissão regulamentada;
c) Com outro cargo técnico e científico.
Atenção! Para os militares das Forças Armadas, só é possível a cumulação com outro cargo na área da saúde (art. 142, §3º, VIII da CF).</td></tr>
<tr><td colspan="2">Cargo, função ou emprego público x Mandato eletivo</td></tr>
<tr><td rowspan="2">Vereador</td><td>Horários compatíveis:
Acumulação</td></tr>
<tr><td>Horários não compatíveis:
Afastamento e escolha da remuneração</td></tr>
<tr><td>Prefeito e Vice-Prefeito</td><td>Afastamento e escolha da remuneração</td></tr>
<tr><td>Presidente da República e Vice,
Governador e Vice,
Deputados federais, estaduais e distritais e Senadores</td><td>Afastamento, sem escolha da remuneração</td></tr>
<tr><td colspan="2">Proventos x Cargo, função ou emprego público</td></tr>
<tr><td>REGRA
Proibição</td><td>EXCEÇÕES
• Cargo em comissão
• Cargo eletivo
• Cargos acumuláveis</td></tr>
<tr><td colspan="2">Proventos x Proventos</td></tr>
<tr><td>REGRA
Proibição</td><td>EXCEÇÃO
Proventos decorrentes de cargos acumuláveis</td></tr>
</table>

DIREITOS SOCIAIS DO SERVIDOR PÚBLICO

- São ***direitos sociais do servidor público***: a) salário mínimo; b) garantia de salário nunca inferior ao mínimo, para os que percebem remuneração variável; c) décimo terceiro; d) remuneração do trabalho noturno superior à do diurno; e) salário-família; f) duração do trabalho normal não superior a oito

17 BORTOLETO, Leandro. *Direito administrativo*. Salvador: Juspodivm, 2012. p. 106.

horas diárias e quarenta e quatro semanais; g) repouso semanal remunerado; h) remuneração do serviço extraordinário superior, no mínimo, em 50% à do normal; i) férias anuais remuneradas com, pelo menos, um terço a mais do que o salário normal; j) licença à gestante (120 dias); k) licença-paternidade; l) proteção do mercado de trabalho da mulher; m) redução dos riscos inerentes ao trabalho, por meio de normas de saúde, higiene e segurança; n) proibição de diferença de salários, de exercício de funções e de critério de admissão por motivo de sexo, idade, cor ou estado civil.

- ***Licença-gestante***: ***Licença-gestante***: **RE 778.889**: "Os prazos da licença-adotante não podem ser inferiores aos prazos da licença-gestante, o mesmo valendo para as respectivas prorrogações. Em relação à licença-adotante, não é possível fixar prazos diversos em função da idade da criança adotada."

  ADI 6.327: o STF conferiu interpretação conforme "ao artigo 392, §1º, da CLT, assim como ao artigo 71 da Lei n.º 8.213/91 e, por arrastamento, ao artigo 93 do seu Regulamento (Decreto n.º 3.048/99), de modo a se considerar como termo inicial da licença-maternidade e do respectivo salário-maternidade a alta hospitalar do recém-nascido e/ou de sua mãe, o que ocorrer por último, prorrogando-se em todo o período os benefícios, quando o período de internação exceder as duas semanas previstas no art. 392, §2º, da CLT, e no art. 93, §3º, do Decreto n.º 3.048/99". Apesar da decisão referir-se às empregadas celetistas, deve ser aplicado às estatutárias e não a literalidade da previsão contida no §2º do art. 207 da Lei nº 8.112/1990.

  RE 842.844: "A trabalhadora gestante tem direito ao gozo de licença maternidade e à estabilidade provisória, independentemente do regime jurídico aplicado, se contratual ou administrativo, ainda que ocupe cargo em comissão ou seja contratada por tempo determinado".

  Licença-paternidade: **ADO 20**: "1. Existe omissão inconstitucional relativamente à edição da lei regulamentadora da licença-paternidade, prevista no art. 7º, XIX, da Constituição. 2. Fica estabelecido o prazo de 18 meses para o Congresso Nacional sanar a omissão apontada, contados da publicação da ata de julgamento. 3. Não sobrevindo a lei regulamentadora no prazo acima estabelecido, caberá a este Tribunal fixar o período da licença paternidade".

  RE 1.348.854: "À luz do art. 227 da CF, que confere proteção integral da criança com absoluta prioridade e do princípio da paternidade responsável, a licença maternidade, prevista no art. 7º, XVIII, da CF/88 e regulamentada pelo art. 207 da Lei 8.112/1990, estende-se ao pai genitor monoparental".

- ***Direito de greve***: STF (MI 670, 708 e 712): o direito de greve dos servidores públicos civis depende de lei para poder ser exercido, mas, em razão da inércia do legislador em produzir a lei, até que sobrevenha tal norma, fica autorizado o exercício do direito de greve pelos servidores públicos, usando, para tanto, a lei da iniciativa privada (Lei nº 7.783/89), no que couber. Todavia, essa situação é provisória, isto é, uma vez que a lei regulamentadora do art. 37, VII da Constituição Federal entre em vigor, o direito de greve dos servidores públicos não poderá mais ser aplicada a lei da iniciativa privada. O dispositivo constitucional referente ao direito de greve dos servidores aplica-se, em regra, a todas as categorias de servidores, com exceção dos militares, cujo exercício de greve é vedado e, dessa forma, não é considerado norma de eficácia plena para nenhuma categoria, inclusive para os servidores das carreiras de Estado. Aliás, em face do princípio da continuidade do serviço público, restou decidido no MI 708 que pode ser imposto regime de greve mais severo quando se tratar de serviços ou atividades essenciais, nos moldes dos artigos 9º a 11 da Lei nº 7.783/89. Em específico quanto aos policiais civis, na Rcl 6568/SP, que tinha como objeto preservar a competência do Tribunal de Justiça do Estado de São Paulo para dirimir o dissídio referente à greve dos policiais civis, o Min. Eros Grau sustentou a relativização do direito de greve, por não ser absoluto e que "servidores que exercem atividades relacionadas à manutenção da ordem pública e à segurança pública, à administração da Justiça – aí os integrados nas chamadas carreiras de Estado, que exercem atividades indelegáveis, inclusive as de exação tributária – e à saúde pública" sejam privados do direito de greve. Inclusive, no caso dos policiais civis, foi suscitada a questão de ser um movimento armado e não pacífico. Entretanto, a questão não era objeto do processo e, por isso, alguns Ministros não quiseram se posicionar, mas, expressamente, manifestaram-se acompanhando o relator, o Min. Cezar Peluso e o Min. Gilmar Mendes.

  Tese de repercussão geral (RE 693456): "A administração pública deve proceder ao desconto dos dias de paralisação decorrentes do exercício do direito de greve pelos servidores públicos, em virtude da suspensão do vínculo funcional que dela decorre, permitida a compensação em caso de acordo. O desconto será, contudo, incabível se ficar demonstrado que a greve foi provocada por conduta ilícita do Poder Público".

- **Greve de policiais civis: Tese de repercussão geral (ARE 654432):** "(1) o exercício do direito de greve, sob qualquer forma ou modalidade, é vedado aos policiais civis e a todos os servidores públicos que atuem diretamente na área de segurança pública. (2) É obrigatória a participação do Poder Público em mediação instaurada pelos órgãos classistas das carreiras de segurança pública, nos termos do artigo 165 do Código de Processo Civil, para vocalização dos interesses da categoria". Justiça competente: Tese de repercussão geral (RE 846854): "A justiça comum, federal ou estadual, é competente para julgar a abusividade de greve de servidores públicos celetistas da Administração pública direta, autarquias e fundações públicas."

- **Justiça competente:** Tese de repercussão geral (RE 846854): "A justiça comum, federal ou estadual, é competente para julgar a abusividade de greve de servidores públicos celetistas da Administração pública direta, autarquias e fundações públicas."

ESTABILIDADE

Requisitos para a aquisição da estabilidade (art. 41, CF):

a) cargo de provimento efetivo;

b) três anos de efetivo exercício; e

c) avaliação de desempenho por comissão instituída para essa finalidade.

Servidor estável **somente perderá o cargo**:

a) em virtude de sentença judicial transitada em julgado;

b) mediante processo administrativo, assegurada a ampla defesa;

c) mediante procedimento de avaliação de desempenho, nos termos de Lei complementar, assegurada a ampla defesa;

d) conforme o art. 169, § 4º, em razão de excesso de despesa.

Reintegração e recondução

Art. 37, § 2º Invalidada por sentença judicial a demissão do servidor estável, será ele reintegrado, e o eventual ocupante da vaga, se estável, reconduzido ao cargo de origem, sem direito a indenização, aproveitado em outro cargo ou posto em disponibilidade com remuneração proporcional ao tempo de serviço.

§ 3º Extinto o cargo ou declarada a sua desnecessidade, o servidor estável ficará em disponibilidade, com remuneração proporcional ao tempo de serviço, até seu adequado aproveitamento em outro cargo.

- ***Regime próprio de previdência***. É o regime destinado aos servidores titulares de cargo efetivo. Nesse regime, é proibida a existência de critérios diferentes para a concessão de aposentadoria, exceto, nos termos definidos em leis complementares, conforme o art. 40, § 4º, no caso de:

a) servidores com deficiência, em relação aos quais poderão ser estabelecidos, por lei complementar do respectivo ente federativo, idade e tempo de contribuição diferenciados;

b) servidores ocupantes do cargo de agente penitenciário, de agente socioeducativo ou de policial os órgãos de que tratam o inciso IV do caput do art. 51, o inciso XIII do caput do art. 52 e os incisos I a IV do caput do art. 144 (policiais da Câmara e do Senado, policiais federais, policiais rodoviários federais, policiais ferroviários federais e policiais civis), em relação aos quais poderão ser estabelecidos, por lei complementar do respectivo ente federativo, idade e tempo de contribuição diferenciados;

c) servidores cujas atividades sejam exercidas com efetiva exposição a agentes químicos, físicos e biológicos prejudiciais à saúde, ou associação desses agentes, vedada a caracterização por categoria profissional ou ocupação, em relação aos quais poderão ser estabelecidos, por lei complementar do respectivo ente federativo, idade e tempo de contribuição diferenciados;

d) professores, que terão idade mínima reduzida em 5 (cinco) anos em relação às idades decorrentes da aplicação do disposto no inciso III do § 1º do art. 40 da CF/88, desde que comprovem tempo de efetivo exercício das funções de magistério na educação infantil e no ensino fundamental e médio fixado em lei complementar do respectivo ente federativo.

- ***Pensão por morte***:

a) **Servidor federal**: equivalente a 50% do valor da aposentadoria recebida pelo segurado ou servidor ou daquela a que teria direito se fosse aposentado por incapacidade permanente à data do óbito, acrescida de 10% por dependente, até o máximo de 100% (art. 23 da EC nº 103/2019);

b) **Servidor estadual, distrital ou municipal**: aplicam-se as normas constitucionais e infraconstitucionais anteriores à data de entrada em vigor da EC nº 103/2019, enquanto não promovidas alterações na legislação interna relacionada ao respectivo regime próprio de previdência social (Antes da EC nº 103/2019, a CF 88 estabelecia para a pensão: até o valor do limite do regime geral de previdência, a pensão será integral. Se a remuneração ou os proventos do servidor eram superiores ao limite mencionado, a pensão não terá valor integral, pois corresponderá, na verdade, ao valor total até o limite, mais 70% do valor que exceder o limite).

- ***Contribuição:*** União, Estados, DF e Municípios instituirão, por lei, contribuições para custeio de regime próprio de previdência social, cobradas dos servidores ativos, dos aposentados e dos pensionistas, que poderão ter alíquotas progressivas, de acordo com o valor base de contribuição e proventos (art. 149, §1º da CF/88).

- ***Abono de permanência***: servidor titular de cargo efetivo que tenha completado as exigências para aposentadoria voluntária e que opte em permanecer em serviço **poderá** fazer jus a um abono de permanência equivalente, no máximo, ao valor de sua contribuição previdenciária, até completar a idade para aposentadoria compulsória, observados os critérios estabelecidos em lei (art. 40, §19 da CF/88).

- **Salário-maternidade e afastamentos por incapacidade**: serão pagos diretamente pelo ente federativo e não correrão à conta do RPPS ao qual o servidor se vincula (art. 9º da EC nº 103/2019).

- **Cálculo dos proventos de aposentadoria:** As regras para cálculo de proventos de aposentadoria serão disciplinadas em lei do respectivo ente federativo (art. 40, §3º)**. Servidores federais:** Até que lei discipline o cálculo dos benefícios do RPPS da União e do RGPS, será utilizada a média aritmética simples dos salários de contribuição e das remunerações adotadas como base para as contribuições, inclusive das atividades militares de que tratam os arts. 42 e 142 da CF/88, correspondentes a **100%** do período contributivo, desde julho de 1994 (art. 26 da EC nº 103/2019).

- **Valores dos proventos de aposentadoria:** não poderão ser inferiores ao valor mínimo a que se refere o § 2º do art. 201 ou superiores ao limite máximo estabelecido para o Regime Geral de Previdência Social, observado o disposto nos §§ 14 a 16 (art. 40, §2º da CF/88).

- Sistematização da aposentadoria pelo regime próprio:

<table>
<tr><th colspan="3">APOSENTADORIA PELO REGIME PRÓPRIO</th></tr>
<tr><td>Por incapacidade permanente para o trabalho</td><td colspan="2">• no cargo em que estiver investido, quando insuscetível de readaptação, hipótese em que será obrigatória a realização de avaliações periódicas para verificação da continuidade das condições que ensejaram a concessão da aposentadoria, na forma de lei do respectivo ente federativo (art. 40, §1º, I da CF/88). Valor do benefício: a) servidor federal: até que lei discipline o cálculo dos benefícios do regime próprio de previdência social da União, o valor corresponderá a 60% da média aritmética de 100% das contribuições, com acréscimo de 2% para cada ano de contribuição que exceder o tempo de 20 anos de contribuição; o valor do benefício será de 100% da média, quando decorrer de acidente de trabalho, de doença profissional e de doença do trabalho.</td></tr>
<tr><td>Compulsória</td><td colspan="2">• proventos proporcionais
• 70 ou 75 anos, nos termos de lei complementar. Lei Complementar nº 152/15: 75 anos para I – os servidores titulares de cargos efetivos da União, dos Estados, do Distrito Federal e dos Municípios, incluídas suas autarquias e fundações; II – os membros do Poder Judiciário; III – os membros do Ministério Público; IV – os membros das Defensorias Públicas; V – os membros dos Tribunais e dos Conselhos de Contas.</td></tr>
<tr><td rowspan="2">Voluntária</td><td colspan="2">• União:
a) 62 anos, se mulher;
b) 65 anos, se homem.
Até que entre em vigor lei federal, os servidores federais serão aposentados após 25 anos de contribuição, desde que cumpridos:
a) 10 anos de efetivo exercício no serviço público;
b) 5 anos no cargo efetivo em que for concedida a aposentadoria.
Estados e Municípios:
– idade mínima estabelecida mediante emenda às respectivas Constituições e Leis Orgânicas, observados o tempo de contribuição e os demais requisitos estabelecidos em lei complementar do respectivo ente federativo.
– enquanto não promovidas alterações na legislação interna relacionada ao respectivo regime próprio de previdência social, aplicam-se às aposentadorias dos servidores dos Estados, do Distrito Federal e dos Municípios as normas constitucionais e infraconstitucionais anteriores à data de entrada em vigor antes da EC nº 103/2019.
Antes da EC nº 103/2019, CF 88 estabelecia:</td></tr>
<tr><td>Integral:
Homem
10 anos de serviço público, e
5 anos no cargo, e
35 anos de contribuição, e
60 anos de idade</td><td>Mulher
10 anos de serviço público, e
5 anos no cargo, e
30 anos de contribuição, e
55 anos de idade</td></tr>
<tr><td>Voluntária</td><td>Proporcional:
Homem
10 anos de serviço público, e
5 anos no cargo, e
65 anos de idade</td><td>Mulher
10 anos de serviço público, e
5 anos no cargo, e
60 anos de idade</td></tr>
<tr><td>Aposentadoria especial</td><td colspan="2">• Regra: vedada a adoção de requisitos ou critérios diferenciados para concessão de benefícios em RPPS.
• Exceção: art. 40, §§4º-A, 4º-B, 4º-C e 5º da CF/88:
a) servidores com deficiência, previamente submetidos à avaliação biopsicossocial realizada por equipe multiprofissional e interdisciplinar; a eles, poderão ser estabelecidos, por lei complementar do respectivo ente federativo, idade e tempo de contribuição diferenciados. Servidores federais: desde que cumpridos, no caso do servidor, o tempo mínimo de 10 (dez) anos de efetivo exercício no serviço público e de 5 (cinco) anos no cargo efetivo em que for concedida a aposentadoria, será concedida na forma da Lei Complementar nº 142, de 8 de maio de 2013, inclusive quanto aos critérios de cálculo dos benefícios (art. 22 da EC nº 103/2019).</td></tr>
</table>

<table>
<tr><th colspan="3">APOSENTADORIA PELO REGIME PRÓPRIO</th></tr>
<tr><td>Aposentadoria especial</td><td colspan="2">b) ocupantes do cargo de agente penitenciário, de agente socioeducativo ou de policial dos órgãos de que tratam o inciso IV do caput do art. 51, o inciso XIII do caput do art. 52 e os incisos I a IV do caput do art. 144; a eles, poderão ser estabelecidos, por lei complementar do respectivo ente federativo, idade e tempo de contribuição diferenciados. Servidores federais: até que entre em vigor lei federal que discipline os benefícios do regime próprio de previdência social dos servidores da União, policiais civis do Distrito Federal, policiais da Câmara dos Deputados e do Senado Federal, policiais federais, policiais rodoviários federais, policiais ferroviários federais, agentes federais penitenciários ou socioeducativos aposentar-se-ão aos 55 (cinquenta e cinco) anos de idade, com 30 (trinta) anos de contribuição e 25 (vinte e cinco) anos de efetivo exercício em cargo dessas carreiras, para ambos os sexos (art. 10, §2º, I da EC nº 103/2019).
c) servidores cujas atividades sejam exercidas com efetiva exposição a agentes químicos, físicos e biológicos prejudiciais à saúde, ou associação desses agentes, vedada a caracterização por categoria profissional ou ocupação; a eles, poderão ser estabelecidos, por lei complementar do respectivo ente federativo, idade e tempo de contribuição diferenciados. Servidores federais: até que entre em vigor lei federal que discipline os benefícios do regime próprio de previdência social dos servidores da União: aos 60 (sessenta) anos de idade, com 25 (vinte e cinco) anos de efetiva exposição e contribuição, 10 (dez) anos de efetivo exercício de serviço público e 5 (cinco) anos no cargo efetivo em que for concedida a aposentadoria (art. 10, §2º, II da EC nº 103/2019).
Servidores estaduais, distritais e municipais: Aplicam-se às aposentadorias dos servidores dos Estados, do Distrito Federal e dos Municípios as normas constitucionais e infraconstitucionais anteriores à data de entrada em vigor da EC nº 103/2019, enquanto não promovidas alterações na legislação interna relacionada ao respectivo regime próprio de previdência social (art. 10, §7º e art. 22)
d) Professores: terão as idades exigidas reduzidas em 5 anos, ou seja, 57 anos, se mulher e 60 anos, se homem, desde que comprovem tempo de efetivo exercício das funções de magistério na educação infantil e no ensino fundamental e médio fixado em lei complementar do respectivo ente federativo (art. 40, §5º da CF/88 – com redação dada pela EC nº 103/2019).
Servidores federais: até que entre em vigor lei federal que discipline os benefícios do regime próprio de previdência social dos servidores da União: aos 60 (sessenta) anos de idade, se homem, aos 57 (cinquenta e sete) anos, se mulher, com 25 (vinte e cinco) anos de contribuição exclusivamente em efetivo exercício das funções de magistério na educação infantil e no ensino fundamental e médio, 10 (dez) anos de efetivo exercício de serviço público e 5 (cinco) anos no cargo efetivo em que for concedida a aposentadoria, para ambos os sexos (art. 10, §2º, III da EC nº 103/2019).
Servidores estaduais, distritais e municipais: aplicam-se às aposentadorias dos servidores dos Estados, do Distrito Federal e dos Municípios as normas constitucionais e infraconstitucionais anteriores à data de entrada em vigor desta Emenda Constitucional, enquanto não promovidas alterações na legislação interna relacionada ao respectivo regime próprio de previdência social.
Antes da EC nº 103/2019, CF 88 estabelecia:
• requisitos estabelecidos na Constituição
• tempo exclusivo no magistério: infantil, fundamental e médio</td></tr>
<tr><td>Aposentadoria especial</td><td>Homem
10 anos de serviço público, e
5 anos no cargo, e
30 anos de contribuição, e
55 anos de idade</td><td>Mulher
10 anos de serviço público, e
5 anos no cargo, e
25 anos de contribuição, e
50 anos de idade</td></tr>
</table>

5. REGIME JURÍDICO DOS SERVIDORES PÚBLICOS

- O ***regime estatutário ou legal*** é aquele em que o ***conjunto de regras reguladoras do servidor com a Administração está inserido em lei específica, conhecidas como estatuto***.
- É ***o regime próprio das pessoas jurídicas de direito público***, assim, é admitido na administração direta, nas autarquias e nas fundações com regime de direito público.
- ***Não há uma lei só, um estatuto único. Pelo contrário, há diversas leis e, portanto, vários estatutos,*** pois cabe a cada ente político legislar a respeito, ou seja, cada Município e cada Estado podem ter os seus.
- Na esfera federal, o estatuto dos servidores públicos civis federais está previsto na ***Lei nº 8.112/90***.
- ***Provimento*** é o ato de se prover o cargo público. Pode ser originário (a investidura no cargo é feita pela primeira vez) ou derivado (investidura decorrente; servidor já era ocupante de cargo).

5.1. LEI Nº 8.112/90

- ***Requisitos*** para investidura (art. 5º):

  a) ser brasileiro;

b) estar no gozo dos direitos políticos;

c) estar adimplente com as obrigações militares e eleitorais;

d) ter o nível de escolaridade exigido para o exercício do cargo;

e) ter a idade mínima de dezoito anos;

f) estar em aptas condições física e mental.

- É frequente a cobrança das formas de provimento derivado nas provas.
- ***Posse:*** com ela ***materializa-se*** a ***investidura*** do servidor no cargo.
- A posse pode ocorrer ***mediante procuração específica*** (art. 13, § 3º), depende de ***prévia inspeção médica oficial*** (art. 14; é necessária a aptidão física e mental para a posse).
- No ***ato*** da ***posse*** deve ser apresentada ***declaração de bens e valores*** que formam seu patrimônio e a declaração de exercício ou não de outro cargo, emprego ou função pública (art. 13, § 5º).
- ***Prazo*** para a **posse: *trinta dias***, contados da publicação do ato de provimento (art. 13, § 1º).
- Nomeado ***não toma posse*** no prazo: ***ato de provimento será tornado sem efeito***, pois ainda não era servidor para ser exonerado.
- ***Exercício***: desempenho efetivo das atribuições do cargo.
- ***Prazo para exercício***: ***quinze dias,*** contados da data da posse.
- Servidor ***não entra em exercício*** no prazo***:*** será ***exonerado*** de ofício.
- ***Estágio probatório***: lei prevê 24 meses, mas para STF é de 3 anos (STA 269, STA 290 e AI 754.802-DF).
- Sistematização das licenças e afastamentos em relação ao servidor em estágio probatório[18]:

SERVIDOR EM ESTÁGIO PROBATÓRIO – Licenças e Afastamentos	
PERMITIDO	*PROIBIDO*
• para o serviço militar (não suspende) • para exercício de mandato eletivo (não suspende) • para estudo ou missão no exterior (não suspende)	• para capacitação • para tratar de interesses particulares • para desempenho de mandato classista
• para servir a outro órgão ou entidade (só cargo de nível elevado; não suspende) • por motivo de doença em pessoa da família (suspende)	• para participação em programa de pós-graduação *stricto sensu* no País

SERVIDOR EM ESTÁGIO PROBATÓRIO – Licenças e Afastamentos	
PERMITIDO	*PROIBIDO*
• por motivo de afastamento do cônjuge ou companheiro (suspende) • para atividade política (suspende) • para servir em organismo internacional de que o Brasil participe ou com o qual coopere (suspende) • participação em curso de formação (suspende)	

- Sistematização das formas de provimento derivado[19]:

PROVIMENTO DERIVADO: principais formas
Readaptação → investidura em outro cargo com atribuições e responsabilidade compatíveis com as limitações do servidor
Aproveitamento → volta à ativa do servidor em disponibilidade
Reversão → volta do aposentado
Reintegração → volta do demitido
Recondução → volta ao cargo anterior

- Remoção (art. 36): ***deslocamento do servidor***, a pedido ou de ofício, no âmbito do mesmo quadro, ***com ou sem mudança de sede.***
- Remoção pode ocorrer ***de ofício ou a pedido*** do servidor.
- Hipóteses em que a ***Administração não pode recusar*** o pedido de remoção do servidor (art. 36, III):

a) para ***acompanhar cônjuge ou companheiro***, também servidor público civil ou militar, de qualquer dos Poderes da União, dos Estados, do Distrito Federal e dos Municípios, que foi deslocado no interesse da Administração[20];

b) por ***motivo de saúde*** do servidor, cônjuge, companheiro ou dependente que viva às suas expensas e conste do seu assentamento funcional, condicionada à comprovação por junta médica oficial;

c) em virtude de ***processo seletivo*** promovido, na hipótese em que o número de interessados for superior ao número de vagas, de acordo

18. BORTOLETO, Leandro. *Direito administrativo.* 2. ed. Salvador: Juspodivm, 2013. p. 200.

19. BORTOLETO, Leandro. *Direito administrativo.* 2. ed. Salvador: Juspodivm, 2013. p. 205.

20. Corroborando o dispositivo supramencionado, o STJ decidiu no EREsp 1.247.360 RJ que o servidor federal somente tem direito à remoção prevista no artigo 36, § único, III, "a", da Lei 8.112/90, caso seu cônjuge/ companheiro, também servidor, tenha sido deslocado de ofício, no interesse da administração. Assim, se o cônjuge foi removido a pedido, ao outro não assiste o direito à remoção com base neste dispositivo.

com normas preestabelecidas pelo órgão ou entidade em que aqueles estejam lotados.

- ***Vantagens***: servidor pode receber indenizações, gratificações e adicionais.
- Sistematização das ***indenizações***[21]:

Ajuda de custo	• Deslocamento definitivo, no interesse da Administração • Valor em regulamento: máximo 3 remunerações servidor não se desloca: devolução em 30 dias
Diária	• Deslocamento transitório • Valor em regulamento: é ½ diária quando não houver pernoite fora da sede ou quando a União custear por outros meios • Servidor não se desloca: devolução em 5 dias
Indenização de transporte	• Uso de meio próprio de locomoção para execução de serviço externo, por força das atribuições do cargo • Valor em regulamento
Auxílio-moradia	• Servidor deslocado para ocupar alto cargo em comissão e demais requisitos do Art. 60-B • Valor: o que for menor: ou 25% do subsídio de Ministro ou 25% da remuneração do cargo ocupado. Independentemente do valor do cargo, assegura-se até R$ 1.800,00

- Sistematização das ***gratificações*** e ***adicionais***[22]:

GRATIFICAÇÕES E ADICIONAIS	
Retribuição pelo exercício de função de direção, chefia e assessoramento	– Servidor que ocupa cargo em comissão ou exerce → função comissionada
Gratificação natalina	– 13º
GRATIFICAÇÕES E ADICIONAIS	
Adicionais pelo exercício de atividades insalubres, perigosas ou penosas	– Adicional de insalubridade: local insalubre ou em: → contato permanente com substâncias tóxicas – Adicional de periculosidade: permanente risco de vida
Adicionais pelo exercício de atividades insalubres, perigosas ou penosas	– Se tiver direito aos dois, tem que escolher um – Adicional de penosidade: zona de fronteira ou → localidade cujas condições de vida o justifiquem – Percentual: regulamento
Adicional por serviço extraordinário	– Hora extra – 50% sobre o valor da hora normal – Máximo de 2h por jornada
Adicional noturno	– Trabalho das 22h às 5h – Hora, nesse período, é 52min30s – 25% sobre o valor da hora normal – Se for o caso, incide sobre a remuneração com o → adicional por serviço extraordinário
Adicional de férias	– 1/3 sobre a remuneração do período de férias
Gratificação por encargo de curso ou concurso	– Fazer as atividades do art. 76-A, fora do horário → de trabalho ou com compensação – Máximo: 120h anuais (exceção: + 120h)

- ***Licenças e afastamentos*** assegurados ao servidor (artigos 86 a 96-A e 202 a 214): a) licença por motivo de doença em pessoa da família; b) licença por motivo de afastamento do cônjuge ou companheiro; c) licença para o serviço militar; d) licença para atividade política; e) licença para capacitação; f) licença para tratar de interesses particulares; g) licença para desempenho de mandato classista; h) licença para tratamento de saúde; i) licença à gestante, à adotante e licença-paternidade; j) licença por acidente em serviço; k) afastamento para servir a outro órgão ou entidade; l) afastamento para exercício de mandato eletivo; m) afastamento para estudo ou missão no exterior; n) afastamento para participação em programa de pós-graduação *stricto sensu* no País.
- Sistematização da licença para atividade política:

DURAÇÃO DA LICENÇA						
Convenção partidária	**→**	**Registro Justiça Eleitoral**	**→**	**Eleições**	**→**	**10º dia após as eleições**
Não remunerada				**Remunerada**		

21. BORTOLETO, Leandro. *Direito administrativo*. Salvador: Juspodivm, 2012. p. 212.
22. BORTOLETO, Leandro. *Direito administrativo*. Salvador: Juspodivm, 2012. p. 214.

REMUNERAÇÃO

- Sistematização da contagem do tempo de serviço[23]:

TEMPO DE SERVIÇO	
Efetivo exercício	*Somente para aposentadoria e disponibilidade*
• tempo de serviço público federal (conta para todos os fins) • exercício de cargo em comissão ou equivalente, em órgão ou entidade dos Poderes da União, dos Estados, Municípios e Distrito Federal (cessão de servidor federal) • exercício de cargo ou função de governo ou administração, em qualquer parte do território nacional, por nomeação do Presidente da República	• tempo de serviço público prestado aos Estados, Municípios e Distrito Federal • tempo de serviço em atividade privada, vinculada à Previdência Social
• serviço militar federal (Forças Armadas; conta para todos os fins)	• tempo de serviço relativo a tiro de guerra
• desempenho de mandato eletivo federal, estadual, municipal ou do Distrito Federal, exceto para promoção por merecimento	• desempenho de mandato eletivo federal, estadual, municipal ou distrital, anterior ao ingresso no serviço público federal
• licença para tratamento da própria saúde, até o limite de vinte e quatro meses, cumulativo ao longo do tempo de serviço público prestado à União, em cargo de provimento efetivo	• licença para tratamento da própria saúde, além do limite de vinte e quatro meses, cumulativo ao longo do tempo de serviço público prestado à União, em cargo de provimento efetivo
• licença para tratamento de saúde de pessoal da família do servidor, com remuneração, até trinta dias, em período de doze meses	• licença para tratamento de saúde de pessoal da família do servidor, com remuneração, que exceder a trinta dias, em período de 12 doze meses

TEMPO DE SERVIÇO	
Efetivo exercício	*Somente para aposentadoria e disponibilidade*
• ausências do art. 97 (alistamento eleitoral, doação de sangue, casamento, etc.) • férias • participação em programa de treinamento ou em programa de pós-graduação *stricto sensu* no País • júri e outros serviços obrigatórios por lei • missão ou estudo no exterior, quando autorizado o afastamento • licença à gestante, à adotante e à paternidade • licença para o desempenho de mandato classista ou participação de gerência ou administração em sociedade cooperativa constituída por servidores para prestar serviços a seus membros, exceto para efeito de promoção por merecimento • licença por motivo de acidente em serviço ou doença profissional • licença para capacitação • licença por convocação para o serviço militar	• licença para atividade política, com remuneração (do registro da candidatura na Justiça Eleitoral até dez dias após as eleições)

23. BORTOLETO, Leandro. *Direito administrativo*. 2. ed. Salvador: Juspodivm, 2013. p. 223/224.

TEMPO DE SERVIÇO	
Efetivo exercício	*Somente para aposentadoria e disponibilidade*
• deslocamento para a nova sede (período de trânsito para o servidor que deva ter exercício em outro Município por ter sido removido, redistribuído, requisitado, cedido ou posto em exercício provisório) • participação em competição desportiva nacional ou convocação para integrar representação desportiva nacional, no País ou no exterior • afastamento para servir em organismo internacional de que o Brasil participe ou com o qual coopere	

- ***Direito de petição*** do servidor ***prescreve*** em (art. 110): a) em ***cinco anos***, quanto aos atos de demissão e de cassação de aposentadoria ou disponibilidade, ou que afetem interesse patrimonial e créditos resultantes das relações de trabalho; b) em ***cento e vinte dias***, nos demais casos, salvo se houver outro prazo fixado em lei.
- Os artigos 116 e 117 devem ser lidos várias vezes. São muito importantes porque descrevem os deveres e proibições dos servidores e a definição das penas é correlacionada com esses dispositivos legais.
- ***Responsabilidades***: as ***sanções*** penais, administrativas e civis podem ***cumular-se***, pois são independentes entre si. ***Exceção***: quando na esfera penal o servidor for ***absolvido*** em razão da ***inexistência do fato*** ou da ***negativa de autoria*** (art. 126).
- As ***penas*** que podem ser aplicadas ao servidor são (art. 127): a) advertência; b) suspensão; c) multa; d) demissão; e) cassação de aposentadoria e disponibilidade; f) destituição de cargo em comissão; g) destituição de função de confiança.
- ***Advertência:*** tem cabimento, conforme o art. 129, quando se tratar de ***violação dos deveres funcionais*** constantes do art. 117, I a VIII e XIX, ou quando houver a ***inobservância de dever funcional*** previsto em lei, regulamento ou norma interna, e não haja justificativa para a aplicação de pena mais grave.
- ***Suspensão*** é cabível (art. 130):
  a) quando houver reincidência de falta punida com advertência;
  b) nos casos de violação das proibições que não sejam punidas com demissão, isto é, nas situações previstas no art. 117, XVII e XVIII;
  c) quando o servidor se recusar, injustificadamente, a se submeter a inspeção médica determinada pela autoridade competente (a partir do momento que se submeter a inspeção, cessam os efeitos da pena).
- ***Suspensão*** pode, a critério do administrador, ser ***substituída por multa*** no valor equivalente a ***50% por dia*** da remuneração do servidor e este continua a trabalhar.
- ***Demissão***: hipóteses de ***cabimento***:
  a) Art. 117, IX a XVI: *"IX – valer-se do cargo para lograr proveito pessoal ou de outrem, em detrimento da dignidade da função pública; X – participar de gerência ou administração de sociedade privada, personificada ou não personificada, exercer o comércio, exceto na qualidade de acionista, cotista ou comanditário; XI – atuar, como procurador ou intermediário, junto a repartições públicas, salvo quando se tratar de benefícios previdenciários ou assistenciais de parentes até o segundo grau, e de cônjuge ou companheiro; XII – receber propina, comissão, presente ou vantagem de qualquer espécie, em razão de suas atribuições; XIII – aceitar comissão, emprego ou pensão de estado estrangeiro; XIV – praticar usura sob qualquer de suas formas; XV – proceder de forma desidiosa; XVI – utilizar pessoal ou recursos materiais da repartição em serviços ou atividades particulares";*
  b) **Art. 132, I a XII: "***I – crime contra a administração pública; II – abandono de cargo; III – inassiduidade habitual; IV – improbidade administrativa; V – incontinência pública e conduta escandalosa, na repartição; VI – insubordinação grave em serviço; VII – ofensa física, em serviço, a servidor ou a particular, salvo em legítima defesa própria ou de outrem; VIII – aplicação irregular de dinheiros públicos; IX – revelação de segredo do qual se apropriou em razão do cargo; X – lesão aos cofres públicos e dilapidação do patrimônio nacional; XI – corrupção; XII – acumulação ilegal de cargos, empregos ou funções públicas.*
- Sistematização da pena de demissão[24]:

DEMISSÃO
Somente após 5 anos pode retornar ao serviço público federal
• valer-se do cargo para lograr proveito pessoal ou de outrem, em detrimento da dignidade da função pública • atuar, como procurador ou intermediário, junto a repartições públicas, salvo quando se tratar de benefícios previdenciários ou assistenciais de parentes até o segundo grau, e de cônjuge ou companheiro
Não pode mais retornar ao serviço público federal
• crime contra a Administração Pública Atenção! Na ADI nº 2.975 entendeu-se pela inconstitucionalidade do parágrafo único do art. 137 da Lei nº 8.112/1990

24. BORTOLETO, Leandro. *Direito administrativo.* Salvador: Juspodivm, 2012. p. 233.

DEMISSÃO
Não pode mais retornar ao serviço público federal **Indisponibilidade dos bens** **Ressarcimento ao erário**
• improbidade administrativa • aplicação irregular de dinheiros públicos • lesão aos cofres públicos e dilapidação do patrimônio nacional • corrupção Atenção! Na ADI nº 2.975 entendeu-se pela inconstitucionalidade do parágrafo único do art. 137 da Lei nº 8.112/1990
Demais casos: sem restrição de retorno ao serviço público federal
• abandono de cargo • inassiduidade habitual • incontinência pública e conduta escandalosa, na repartição • insubordinação grave em serviço • ofensa física, em serviço, a servidor ou a particular, salvo em legítima defesa própria ou de outrem • revelação de segredo do qual se apropriou em razão do cargo • acumulação ilegal de cargos, empregos ou funções públicas • participar de gerência ou administração de sociedade privada, personificada ou não personificada, exercer o comércio, exceto na qualidade de acionista, cotista ou comanditário • recebimento de propina, comissão, presente ou vantagem de qualquer espécie, em razão de suas atribuições • aceitação de comissão, emprego ou pensão de Estado estrangeiro • prática de usura sob qualquer de suas formas • procedimento desidioso • utilização pessoal ou recursos materiais da repartição em serviços ou atividades particulares

Em 22 de setembro de 2021, foi aprovada nova súmula do STJ, de nº 650, *in verbis*: "A autoridade administrativa não dispõe de discricionariedade para aplicar ao servidor pena diversa de demissão quando caraterizadas as hipóteses previstas no artigo 132 da Lei 8.112/1990.

Súmula 651 do STJ: Compete à autoridade administrativa aplicar a servidor público a pena de demissão em razão da prática de improbidade administrativa, independentemente de prévia condenação, por autoridade judiciária, à perda da função pública.

- **ADI 2.975:** Para o STF, a previsão contida no parágrafo único do art. 137 da Lei nº 8.112/1990 é inconstitucional por violar o art. 5º, XLVII, "b" da CF/88, pois impõe penalidade de caráter perpétuo. Assim, apesar de a norma constitucional se referir à sanção penal, sua extensão às sanções administrativas é possível, tendo em vista o vínculo entre as esferas, decorrente do poder sancionatório estatal. Exemplo disso é a impossibilidade de imposição de sanções administrativas mais graves do que as penas aplicadas pela prática de crimes, tendo em vista os conceitos da subsidiariedade e da intervenção penal mínima. Nessa senda, o STF possui jurisprudência (RE 154.134/SP) no sentido da não aplicação de penalidade administrativa de "inabilitação permanente para o exercício de cargos de administração ou gerência de instituição financeira". Com base no exposto, o Plenário, por maioria, decidiu pela inconstitucionalidade do parágrafo único do art. 137 da Lei nº 8.112/1990, comunicando ao Congresso para que delibere acerca do prazo para proibição de retorno ao cargo público nos casos acima.
- ***Ação disciplinar*** prescreve: a) se a infração administrativa também for crime, no prazo previsto na lei penal; b) se a infração administrativa não for crime: em 5 anos, para as infrações puníveis com demissão, cassação de aposentadoria ou disponibilidade e destituição de cargo em comissão; em 2 anos, para os casos de suspensão; em 180 dias para a advertência.
- STJ: "O prazo prescricional previsto na lei penal se aplica às infrações disciplinares também capituladas como crime independentemente da apuração criminal da conduta do servidor. Para se aplicar a regra do § 2º do art. 142 da Lei nº 8.112/90 não se exige que o fato esteja sendo apurado na esfera penal (não se exige que tenha havido oferecimento de denúncia ou instauração de inquérito policial). Se a infração disciplinar praticada for, em tese, também crime, deve ser aplicado o prazo prescricional previsto na legislação penal independentemente de qualquer outra exigência". (1ª Seção. MS 20.857-DF, Rel. Min. Napoleão Nunes Maia Filho, Rel. Acd. Min. Og Fernandes, julgado em 22/05/2019 – Info 651).
- STJ: Desde que devidamente motivada e com amparo em investigação ou sindicância, é possível a instauração de processo administrativo disciplinar com base em denúncia anônima, em face do poder-dever de autotutela imposto à Administração (Súmula nº 611).
- STJ: "A portaria de instauração do processo administrativo disciplinar prescinde da exposição detalhada dos fatos a serem apurados" (Súmula nº 641).

  STJ: "A autoridade administrativa não dispõe de discricionariedade para aplicar ao servidor pena diversa de demissão quando caraterizadas as hipóteses previstas no artigo 132 da Lei 8.112/1990 (Súmula nº 650)
- Súmula 674 do STJ: "A autoridade administrativa pode se utilizar de fundamentação per relationem nos processos disciplinares."
- Súmula 672 do STJ: "A alteração da capitulação legal da conduta do servidor, por si só, não enseja a nulidade do processo administrativo disciplinar."
- Sistematização das formas de apuração de infração disciplinar[25]:

25. BORTOLETO, Leandro. *Direito administrativo*. 2. ed.Salvador: Juspodivm, 2013. p. 239.

APURAÇÃO DE INFRAÇÃO DISCIPLINAR	
Infração punida com	*Meio de apuração*
Advertência Suspensão ≤ 30 dias	Sindicância ou Processo administrativo disciplinar
Suspensão > 30 dias Demissão Cassação de aposentadoria ou disponibilidade Destituição de cargo em comissão	Processo administrativo disciplinar

- Processo administrativo: rito ordinário e rito sumário.
- ***Rito ordinário*** do processo administrativo disciplinar[26]:

PROCESSO ADMINISTRATIVO DISCIPLINAR: Rito Ordinário			
Instauração	Publicação do ato de constituição da comissão disciplinar Comissão ➔ 3 servidores estáveis		
Instauração	Consequências	• (60 dias + 60 dias) • possibilidade de afastamento temporário do servidor • impossibilidade de aposentadoria voluntária ou exoneração a pedido do servidor	
Inquérito Administrativo	Instrução	• Produção de provas: testemunhas, perícias, acareações, interrogatório do servidor e demais diligências • Indiciação: se for o caso, após análise das provas	
Inquérito Administrativo	Instrução	Citação	• por mandado ou • por edital
Inquérito Administrativo	Defesa	Prazo	• 10 dias ➔ 1 indiciado • 20 dias ➔ + de 1 indiciado (comum) • 15 dias ➔ citação por edital
Inquérito Administrativo	Defesa	Defesa não apresentada no prazo	• servidor nomeado defensor dativo • devolução do prazo
Inquérito Administrativo	Relatório	Conteúdo	• resumo das principais peças • menção às provas • conclusão (inocência ou responsabilidade) • indicação do dispositivo legal
Julgamento	• Prazo	➔ 20 dias ➔ inobservância: não gera nulidade; se ocorrer a prescrição autoridade será responsabilizada	
Julgamento	• Competência	➔ Art. 141; se autoridade instauradora não tiver competência, deve encaminhar os autos à competente	
Julgamento	• Relatório da Comissão Disciplinar	➔ Regra: deve ser acatado ➔ Exceção: pode ser refutado se, motivadamente, for demonstrado que é contrário à prova dos autos	

PRAZO PARA CONCLUSÃO: 60 dias + 60 dias = 120 dias. Conforme STF e STJ, não está incluído prazo para julgamento (20 dias), totalizando 140 dias.

Súmula nº 635 do STJ: "Os prazos prescricionais previstos no artigo 142 da Lei 8.112/1990 iniciam-se na data em que a autoridade competente para a abertura do procedimento administrativo toma conhecimento do fato, interrompem-se com o primeiro ato de instauração válido – sindicância de caráter punitivo ou processo disciplinar – e voltam a fluir por inteiro, após decorridos 140 dias desde a interrupção."

26. BORTOLETO, Leandro. *Direito administrativo*. 2. ed.Salvador: Juspodivm, 2013. p. 243.

Súmula 665 do STJ: "O controle jurisdicional do processo administrativo disciplinar restringe-se ao exame da regularidade do procedimento e da legalidade do ato, à luz dos princípios do contraditório, da ampla defesa e do devido processo legal, não sendo possível incursão no mérito administrativo, ressalvadas as hipóteses de flagrante ilegalidade, teratologia ou manifesta desproporcionalidade da sanção aplicada".

- ***Revisão*** do processo administrativo disciplinar: ***pode se dar de ofício ou a requerimento*** do servidor (em caso de falecimento, ausência ou desaparecimento do servidor, qualquer pessoa da família poderá fazê-lo) e não há prazo, mas devem ser cumpridos os seguintes ***requisitos***: ***fato novo ou circunstância suscetível de justificar a inocência do punido ou a inadequação da penalidade aplicada*** (art. 174).
- Seguridade social: é ***dever da União manter Plano de Seguridade Social para o servidor e sua família*** (art. 183).
- ***Benefícios do Plano de Seguridade Social***. O rol de benefícios dos regimes próprios de previdência social fica limitado às aposentadorias e à pensão por morte (art. 9º, §2º da EC nº 103/2019). **ATENÇÃO!** No caso de afastamentos por incapacidade temporária para o trabalho e salário-maternidade, o pagamento será feito diretamente pelo ente federativo e não correrá à conta do RPPS ao qual o servidor se vincula (art. 9º, §3º da EC nº 103/2019).
- **PENSÃO**:
  - **Valor:** o valor da pensão por morte concedida a dependente do servidor federal passou a ser regido pelo disposto na EC nº 103/2019 e será equivalente a:
    - uma cota familiar de 50% do valor da aposentadoria recebida pelo segurado ou servidor ou daquela a que teria direito se fosse aposentado por incapacidade permanente na data do óbito, acrescida de cotas de 10 pontos percentuais por dependente, até o máximo de 100%. **ATENÇÃO!** As cotas por dependente cessarão com a perda dessa qualidade e não serão reversíveis aos demais dependentes, preservado o valor de 100% da pensão por morte quando o número de dependentes remanescente for igual ou superior a 5.
    - **dependente inválido:** I – 100% da aposentadoria recebida pelo segurado ou servidor ou daquela a que teria direito se fosse aposentado por incapacidade permanente na data do óbito, até o limite máximo de benefícios do Regime Geral de Previdência Social; e II – uma cota familiar de 50% acrescida de cotas de 10 pontos percentuais por dependente, até o máximo de 100%, para o valor que supere o limite máximo de benefícios do Regime Geral de Previdência Social. **ATENÇÃO!** Quando não houver mais dependente inválido ou com deficiência intelectual, mental ou grave, o valor da pensão será recalculado na forma do disposto acima.

ATENÇÃO! O tempo de duração da pensão por morte e das cotas individuais por dependente até a perda dessa qualidade, o rol de dependentes e sua qualificação e as condições necessárias para enquadramento serão aqueles estabelecidos na Lei nº 8.213, de 24 de julho de 1991 (art. 23, §4º da EC nº 103/2019).

- **Beneficiários da pensão:** o rol de dependentes e sua qualificação, assim como as condições necessárias para enquadramento serão aqueles estabelecidos pela Lei nº 8.213/1991, que traz as regras do RGPS. São eles (art. 16 da Lei nº 8.213/1991):

  I - o cônjuge, a companheira, o companheiro e o filho não emancipado, de qualquer condição, menor de 21 (vinte e um) anos ou inválido ou que tenha deficiência intelectual ou mental ou deficiência grave;

  II - os pais;

  III - o irmão não emancipado, de qualquer condição, menor de 21 (vinte e um) anos ou inválido ou que tenha deficiência intelectual ou mental ou deficiência grave;

ATENÇÃO! Segundo o art. 23, §6º da EC nº 103/2019, "equiparam-se a filho, para fins de recebimento da pensão por morte, exclusivamente o enteado e o menor tutelado, desde que comprovada a dependência econômica".

- **Perda da qualidade de beneficiário:** O tempo de duração da pensão por morte e das cotas individuais por dependente até a perda dessa qualidade também seguirá o estabelecido pela Lei nº 8.213/1991 (art. 77, §2º da Lei nº 8.213/1991):
  - pela morte do pensionista;
  - para o filho, a pessoa a ele equiparada ou o irmão, de ambos os sexos, ao completar vinte e um anos de idade, salvo se for inválido ou tiver deficiência intelectual ou mental ou deficiência grave;
  - para filho ou irmão inválido, pela cessação da invalidez;
  - para filho ou irmão que tenha deficiência intelectual ou mental ou deficiência grave, pelo afastamento da deficiência, nos termos do regulamento;
  - para cônjuge ou companheiro:

  a) se inválido ou com deficiência, pela cessação da invalidez ou pelo afastamento da deficiência, respeitados os períodos mínimos;

  b) em 4 meses, se o óbito ocorrer sem que o segurado tenha vertido 18 contribuições mensais ou se o casamento ou a união estável tiverem sido iniciados em menos de 2 anos antes do óbito do segurado;

  c) transcorridos os seguintes períodos, estabelecidos de acordo com a idade do beneficiário na data de óbito do segurado, se o óbito ocorrer depois de vertidas 18 contribuições mensais e pelo menos 2 anos após o início do casamento ou da união estável: (ATENÇÃO! Nos termos do §3º do art. 222 da Lei nº 8.112/1990, os períodos constantes do art. 222, VII, "b", podem ser atualizados e, com base nesse dispositivo, a Portaria nº 424, de 29/12/2020, do Ministério da Economia, elevou a idade para a pensão vitalícia de 44 para 45 anos):

  1) 3 anos, com menos de 22 anos de idade;

  2) 6 anos, entre 22 e 27 anos de idade;

  3) 10 anos, entre 28 e 30 anos de idade;

  4) 15 anos, entre 31 e 41 anos de idade;

5) 20 anos, entre 42 e 44 anos de idade;

6) vitalícia, com 45 ou mais anos de idade.

Com o advento da MP nº 871/2019, convertida na Lei nº 13.846/2019 a pensão por morte será devida ao conjunto dos dependentes do segurado a contar **da data** (art. 219). **ATENÇÃO!** Referida disposição é idêntica à estabelecida pelo art. 74 da Lei nº 8.213/1991:

a) do óbito, quando requerida em até 180 após o óbito, para os filhos menores de 16 (dezesseis) anos, ou em até 90 dias após o óbito, para os demais dependentes;

b) do **requerimento**, quando requerida após o prazo previsto acima; ou

c) da **decisão judicial**, na hipótese de morte presumida.

6. PODERES ADMINISTRATIVOS

- Poderes administrativos são as ***prerrogativas*** à disposição da Administração destinadas à viabilização do interesse público.
- ***Poder discricionário***: limitado pelo princípio da razoabilidade
- ***Poder hierárquico***: o de que dispõe o Executivo para distribuir e escalonar as funções de seus órgãos, ordenar e rever a atuação de seus agentes, estabelecendo a relação de subordinação entre os servidores do seu quadro de pessoal"[27]. É típico da função administrativa, mas não é exclusivo do Executivo e faz parte dos Poderes Legislativo e Judiciário, na função atípica de administrar. É com base na hierarquia que se pode avocar, delegar, ordenar, controlar, corrigir e aplicar sanções.
- ***Poder disciplinar***: é a prerrogativa pela qual a Administração apura as infrações e aplica as penalidades ao infrator, que pode ser um servidor público ou particular sujeito à disciplina administrativa, como um estudante de escola pública[28].
- ***Poder regulamentar***: Para Maria Sylvia Zanella Di Pietro, é espécie do poder normativo da Administração Pública, ou seja, é um tipo, uma das formas pela qual se expressa a função normativa da Administração Pública, e o poder regulamentar, assim entendido, é privativo do Chefe do Executivo e se materializa por meio de decreto, mas há outras formas de expressão do poder normativo como as resoluções, as portarias, as instruções, os regimentos, mas esses atos possuem alcance restrito aos limites de atuação do órgão e não têm a mesma natureza dos regulamentos expedidos pelo Chefes do Executivo[29].
- ***Regulamento autônomo***: é ato normativo, infralegal, que pode inovar na ordem jurídica; tem seu fundamento diretamente estabelecido no texto constitucional; trata de matéria não constante em lei. Art. 84, VI, da Constituição Federal.
- Regulamentação técnica ou regulamento autorizado: manifesta-se, por exemplo, na função normativa exercida pelas agências reguladoras, as quais recebem a função de regular por meio da deslegalização de parte da matéria.
- ***Deslegalização ou delegificação***: a lei delega a função de criar norma a respeito de assuntos técnicos a órgãos administrativos. Fala-se, também, em discricionariedade técnica, porque a lei estabelece parâmetros, diretrizes para que, em nível administrativo, seja feita a complementação da lei, com conteúdo técnico.
- ***Poder de polícia***: "faculdade de que dispõe a administração pública para condicionar e restringir o uso e gozo de bens, atividades e direitos individuais, em benefício da coletividade ou do próprio Estado"[30].
- ***Poder de polícia em sentido amplo e em sentido estrito***: ***sentido amplo***: engloba tanto os atos legislativos quanto os atos administrativos; ***sentido estrito***: é uma atividade administrativa e, assim, só pode ser exercida na função administrativa e não na função legislativa.
- ***Atributos do poder de polícia***: discricionariedade, autoexecutoriedade e coercibilidade.
- ***Ciclo de polícia***: ordem de polícia, consentimento de polícia, fiscalização de polícia, sanção de polícia.

  Segundo o STJ, podem ser delegados os atos referentes ao consentimento e à fiscalização. Entretanto, o STF alterou esse entendimento, no RE 633782/MG (Informativo nº 996), em que se fixou a seguinte tese de repercussão geral: "É constitucional a delegação do poder de polícia, por meio de lei, a pessoas jurídicas de direito privado integrantes da Administração Pública indireta de capital social majoritariamente público que prestem exclusivamente serviço público de atuação própria do Estado e em regime não concorrencial". Segundo o decidido, o regime jurídico híbrido das estatais prestadoras de serviço público em regime de monopólio é compatível com a delegação, pois a incidência de normas de direito público em relação às entidades da Administração indireta tem condão de as aproximar do regime de direito público. Em resumo, os atos de consentimento, fiscalização e aplicação de sanções podem ser delegados a estatais com regime jurídico próximo ao aplicável à Fazenda Pública.
- Sistematização do abuso de poder[31]:

ABUSO DE PODER	
• Uso dos poderes administrativos contrariando o regime jurídico administrativo • Forma comissiva ou omissiva	
Espécies	
Excesso de poder	***Desvio de poder***
Atua fora dos limites da competência	Atua dentro dos limites da competência, mas com finalidade diversa daquela com que deveria atuar

27. MEIRELLES, Hely Lopes. *Direito administrativo brasileiro*. 36. ed.São Paulo: Malheiros, 2010. p. 124.

28. DI PIETRO, Maria Sylvia Zanella. *Direito administrativo*. 23. ed. São Paulo: Atlas, 2010. p. 94.

29. MEIRELLES, Hely Lopes. *Direito administrativo*. 25. ed. São Paulo: Atlas, 2012. p. 91 e 94.

30. MEIRELLES, Hely Lopes. *Direito administrativo brasileiro*. 36. ed.São Paulo: Malheiros, 2010. p. 134.

31. BORTOLETO, Leandro. *Direito administrativo*. Salvador: Juspodivm, 2012. p. 300.

7. ATO ADMINISTRATIVO

- ***Ato administrativo*** é "toda manifestação unilateral de vontade da Administração Pública que, agindo nessa qualidade, tenha por fim imediato adquirir, resguardar, transferir, modificar, extinguir e declarar direitos, ou impor obrigações aos administrados ou a si própria"[32].

32. MEIRELLES, Hely Lopes. *Direito administrativo brasileiro.* 36. ed.São Paulo: Malheiros, 2010. p. 153.

- Ato administrativo: a) o regime jurídico é sempre o de ***direito público***; b) o ato é uma ***manifestação***, uma declaração jurídica ***unilateral***; c) é ato ***infralegal***; d) submete-se ao ***controle*** administrativo e judicial.
- Sistematização dos elementos do ato administrativo[33]:

<table>
<tr><th colspan="3">ELEMENTOS OU REQUISITOS DO ATO ADMINISTRATIVO</th></tr>
<tr><th colspan="3">Posição tradicional (usualmente cobrada nas provas)</th></tr>
<tr><td colspan="3">Competência ou Sujeito: Quem? Conjunto de atribuições administrativas do servidor.
Finalidade: Para quê? Resultado mediato almejado com a prática do ato.
Forma: Como? Exteriorização do ato. Maneira pela qual o ato se apresenta.
Motivo ou Causa: Por quê? Pressuposto de fato e de direito cuja ocorrência autoriza ou determina a prática do ato.
Objeto ou Conteúdo: O quê? Resultado imediato pretendido com a prática do ato</td></tr>
<tr><th colspan="3">Posição de Celso Antônio Bandeira de Mello (requisitos)</th></tr>
<tr><td colspan="3">Motivo do ato x Motivo legal: motivo legal é a previsão abstrata de uma situação fática e motivo do ato é a própria situação material. Ambos têm que coincidir.
Motivo x móvel: motivo é a situação objetiva, real, empírica; é a realidade objetiva, externa ao agente; móvel é a representação subjetiva, psicológica, interna do agente; móvel é a vontade do agente.
Objeto x Conteúdo: não são sinônimos. Objeto sobre o que o ato incide. Conteúdo é o próprio ato em essência; é interno ao ato, já o objeto é externo ao ato.
Causa: Não é sinônimo de motivo. É a correlação lógica entre o motivo do ato administrativo e seu conteúdo, em vista da finalidade pública. É a relação lógica entre motivo e o conteúdo do ato, em função da finalidade pública.</td></tr>
<tr><th colspan="3">Sistematização dos requisitos do ato (Celso Antônio)</th></tr>
<tr><td>ELEMENTOS</td><td colspan="2">• Conteúdo
• Forma</td></tr>
<tr><td rowspan="2">PRESSUPOSTOS</td><td>• De existência</td><td>• Objeto
• Pertinência da função administrativa</td></tr>
<tr><td>• De validade</td><td>• Sujeito competente (pressuposto subjetivo)
• Motivo (pressuposto objetivo)
• Requisitos procedimentais
• Finalidade Pública (pressuposto teleológico)
• Causa (pressuposto lógico)
• Formalização (pressuposto formalístico)</td></tr>
</table>

- Consequência do ***silêncio administrativo***: a) se houver lei a respeito: previsão legal; b) se não houver lei a respeito: competência discricionária: exigência de decisão motivada; competência vinculada: exigência da prática do ato.
- Sistematização dos atributos do ato administrativo[31]:

<table>
<tr><th colspan="2">ATRIBUTOS OU CARACTERÍSTICAS
DO ATO ADMINISTRATIVO</th></tr>
<tr><td>PRESUNÇÃO DE LEGITIMIDADE</td><td>• presunção de que todo ato administrativo praticado está de acordo com a lei
• pode ser praticado imediatamente
• produz efeitos até que seja anulado
• ônus da prova do interessado
• nulidade só é apreciada a pedido pelo Judiciário
• existe em todos os atos administrativos</td></tr>
</table>

33. Quanto à posição de Celso Antônio Bandeira de Mello: *Curso de direito administrativo.* 27. ed. São Paulo: Malheiros, 2010. p. 393-412.

IMPERATIVIDADE	• ato administrativo é imposto ao destinatário • não está presente em todos os atos administrativos
AUTOEXECUTORIEDADE	• Administração executa o ato por seus próprios meios • não existe em todos os atos administrativos: só em urgência ou se previsto em lei

- Sistematização da classificação dos atos administrativos:

CLASSIFICAÇÃO DOS ATOS ADMINISTRATIVOS	
Quanto ao destinatário	***geral*** → sem destinatário definido; fim normativo
	individual → com destinatário definido
Quanto ao alcance	***interno*** → efeitos somente dentro da Administração
	externo → efeitos para fora da Administração
Quanto ao objeto	***império*** → posição de superioridade
	gestão → posição de igualdade
	expediente → rotina interna; sem poder decisório
Quanto ao regramento	***vinculado*** → não pode escolher no caso concreto
	discricionário → pode escolher no caso concreto
Quanto à formação da vontade	***simples*** → vontade de um órgão só
	complexo → vontade de dois órgãos e um ato só
	composto → dois órgãos e dois atos (principal e acessório)
Quanto ao conteúdo	***constitutivo*** → cria situação jurídica individual
	extintivo → encerra situação jurídica individual
	declaratório → declara situação já existente
	alienativo → transfere bens ou direitos
	modificativo → altera situação jurídica, sem encerrá-la
	abdicativo → renúncia a um direito

CLASSIFICAÇÃO DOS ATOS ADMINISTRATIVOS	
Quanto à eficácia	***válido*** → em conformidade com o direito
	nulo → vício insanável
	anulável → vício sanável
	inexistente → parece ato, mas não é
Quanto à exequibilidade	***perfeito*** → completou ciclo de formação
	imperfeito → não completou ciclo de formação
	pendente → não está apto para produzir efeitos
	consumado → já produziu seus efeitos; definitivo

- Sistematização da anulação e da revogação do ato administrativo[35]:

ANULAÇÃO	REVOGAÇÃO
Ilegalidade	interesse público (conveniência e oportunidade)
ex tunc (ato restritivo) *ex nunc* (ato ampliativo e boa-fé)	*ex nunc*
Poder Judiciário e Administração	somente a Administração
qualquer ato (vinculado e discricionário)	atos irrevogáveis: • vinculados • integrantes de procedimento • enunciativos • geraram direito adquirido

- ***Convalidação:*** o ***suprimento da invalidade de um ato*** com efeitos retroativos"[36]. Convalidar é ***tornar válido um ato inválido***, por meio de outro ato que supre ***vício sanável,*** com efeitos ***ex tunc*** (retroagem).

8. PROCESSO ADMINISTRATIVO

- ***Princípios do processo administrativo***:
  - oficialidade;

34. BORTOLETO, Leandro. *Direito administrativo*. Salvador: Juspodivm, 2012. p. 334.

35. BORTOLETO, Leandro. *Direito administrativo*. Salvador: Juspodivm, 2012. p. 347.

36. MELLO, Celso Antônio Bandeira de. *Curso de direito administrativo*. 27. ed. São Paulo: Malheiros, 2010. p. 473.

- informalidade (ou obediência à forma);
- verdade material;
- gratuidade;
- pluralidade de instâncias.

- ***Princípios do processo administrativo*: *Processo x procedimento:*** O **processo** é "a relação jurídica integrada por algumas pessoas, que nela exercem várias atividades direcionadas para determinado fim"[37]e, por sua vez, o ***procedimento*** é a "sucessão de atos preparatórios que devem obrigatoriamente preceder a prática de ato final"[38]. Procedimento relaciona-se com movimento, dinâmica; é o rito, a sequência em que os atos devem ser praticados, com um objetivo final. Ambos são intrinsecamente relacionados, pois "todo processo demanda um procedimento – que é a tramitação dos atos – da mesma forma que todo procedimento só tem existência se houver o respectivo processo – este indicando a relação jurídica firmada entre aqueles que dele participam"[39].
- Há diversas espécies de processo administrativo e estes se desenvolvem em todas as esferas da Federação e, por isso, devem ser legalmente disciplinados em cada uma delas.
- Na esfera federal, há a Lei nº 9.784/99 que, conforme sua ementa, "regula o processo administrativo no âmbito da Administração Pública Federal". É uma lei de aplicação em âmbito federal, de forma subsidiária se houver lei específica para determinado processo administrativo e de forma integral se não existir lei dispondo de maneira específica sobre certo processo administrativo na esfera federal. Nesse sentido, a Súmula nº 633 do STJ: "A Lei 9.784/1999, especialmente no que diz respeito ao prazo decadencial para a revisão de atos administrativos no âmbito da Administração Pública federal, pode ser aplicada, de forma subsidiária, aos estados e municípios, se inexistente norma local e específica que regule a matéria."
- A Lei nº 9.784/99 é uma norma na qual foram positivados diversos posicionamentos consagrados na doutrina e na jurisprudência e, apesar de ser de aplicação na esfera federal, serve como parâmetro para as legislações estaduais e municipais sobre processo administrativo. Nesse sentido, por exemplo, merecem destaque as disposições sobre a delegação de competência, a motivação do ato administrativo e o prazo decadencial para a anulação do ato.

37. CARVALHO FILHO, José dos Santos. *Manual de direito administrativo*. 19. ed. Rio de Janeiro: Lumen Juris, 2008. p. 862.

38. DI PIETRO, Maria Sylvia Zanella. *Direito administrativo*. 23. ed. São Paulo: Atlas, 2010. p. 623.

39. CARVALHO FILHO, José dos Santos. *Manual de direito administrativo*. 19. ed. Rio de Janeiro: Lumen Juris, 2008. p. 863.

8.1. LEI Nº 9.784/99

- ***Princípios expressos*** do processo administrativo (art. 2º): legalidade, finalidade, motivação, razoabilidade, proporcionalidade, moralidade, ampla defesa, contraditório, segurança jurídica, interesse público, eficiência.
- ***Critérios*** a serem seguidos (são os conteúdos dos princípios; art. 2º, parágrafo único): atuação conforme a lei e o direito; atendimento a fins de interesse geral, vedada a renúncia total ou parcial de poderes ou competências, salvo autorização em lei; objetividade no atendimento do interesse público, vedada a promoção pessoal de agentes ou autoridades; atuação segundo padrões éticos de probidade, decoro e boa-fé; divulgação oficial dos atos administrativos, ressalvadas as hipóteses de sigilo previstas na Constituição; adequação entre meios e fins, vedada a imposição de obrigações, restrições e sanções em medida superior àquelas estritamente necessárias ao atendimento do interesse público; indicação dos pressupostos de fato e de direito que determinarem a decisão; observância das formalidades essenciais à garantia dos direitos dos administrados; adoção de formas simples, suficientes para propiciar adequado grau de certeza, segurança e respeito aos direitos dos administrados; garantia dos direitos à comunicação, à apresentação de alegações finais, à produção de provas e à interposição de recursos, nos processos de que possam resultar sanções e nas situações de litígio; proibição de cobrança de despesas processuais, ressalvadas as previstas em lei; impulsão, de ofício, do processo administrativo, sem prejuízo da atuação dos interessados; interpretação da norma administrativa da forma que melhor garanta o atendimento do fim público a que se dirige, vedada aplicação retroativa de nova interpretação.
- ***Prioridade*** na tramitação do processo administrativo (art. 69-A): a) pessoa com idade igual ou superior a 60 anos; b) pessoa portadora de deficiência, física ou mental; c) pessoa portadora de doença grave, como tuberculose ativa, esclerose múltipla, neoplasia maligna, hanseníase, paralisia irreversível e incapacitante, cardiopatia grave, doença de Parkinson, espondiloartrose anquilosante, nefropatia grave, hepatopatia grave, estados avançados da doença de Paget (osteíte deformante), contaminação por radiação, síndrome de imunodeficiência adquirida, ou qualquer outra, com base em conclusão da medicina especializada, mesmo que a doença tenha sido contraída após o início do processo.
- Sistematização da delegação de competência:[37]

ADMINISTRATIVO

<table>
<tr><th colspan="4">DELEGAÇÃO</th></tr>
<tr><th colspan="4">É a transferência de parte das atribuições feita por quem era originariamente competente</th></tr>
<tr><td rowspan="4">A delegação pode ser feita</td><td colspan="3">• se houver ou não subordinação hierárquica
• só parcialmente (não pode delegar integralmente a competência)
• com ressalva quanto à atribuição delegada</td></tr>
<tr><td rowspan="3">• quando</td><td colspan="2">– não houver impedimento legal</td></tr>
<tr><td>– for conveniente em razão de circunstâncias de índole</td><td>– técnica
– social
– econômica
– jurídica
– territorial</td></tr>
<tr></tr>
<tr><td>A delegação não pode ser feita em relação</td><td colspan="3">• à edição de atos de caráter normativo
• à decisão de recursos administrativos
• às matérias de competência exclusiva do órgão ou autoridade</td></tr>
</table>

<table>
<tr><th colspan="3">DELEGAÇÃO</th></tr>
<tr><th colspan="3">É a transferência de parte das atribuições feita por quem era originariamente competente</th></tr>
<tr><td rowspan="3">O ato de delegação</td><td colspan="2">• deve ser publicado no meio oficial</td></tr>
<tr><td>• deve especificar</td><td>– as matérias transferidas
– os poderes transferidos
– os limites da atuação do delegado
– a duração da delegação
– os objetivos da delegação
– o recurso cabível</td></tr>
<tr><td colspan="2">• é revogável a qualquer tempo (ato de revogação deve ser publicado no meio oficial)</td></tr>
<tr><td>As decisões adotadas por delegação</td><td colspan="2">- devem mencionar explicitamente esta qualidade
- consideram-se editadas pelo delegado (este responderá em caso de irregularidade)</td></tr>
</table>

40. BORTOLETO, Leandro. *Direito administrativo*. Salvador: Juspodivm, 2012. p. 373.

- ***Avocação de competência***: o superior, que não era competente, chama para si parcela de competência legalmente atribuída a subordinado seu. Deve ser temporária e deve ser feita em caráter excepcional, por motivos relevantes devidamente justificados.
- Dever de decidir: a Administração tem o dever de explicitamente emitir decisão nos processos administrativos e sobre solicitações ou reclamações, em matéria de sua competência (art. 48). E o art. 49 determina que a Administração, após a conclusão da instrução do processo administrativo, tem o prazo de até 30 dias para decidir, salvo prorrogação por igual período expressamente motivada.
- Decisão coordenada: considera-se decisão coordenada a instância de natureza interinstitucional ou intersetorial que atua de forma compartilhada com a finalidade de simplificar o processo administrativo mediante participação concomitante de todas as autoridades e agentes decisórios e dos responsáveis pela instrução técnico-jurídica, observada a natureza do objeto e a compatibilidade do procedimento e de sua formalização com a legislação pertinente (art. 49-A, §1º).

  As decisões administrativas, no âmbito da Administração Pública Federal, que exijam participação de 3 ou mais setores, órgãos ou entidades poderão ser tomadas mediante decisão coordenada quando: a) for justificável pela relevância da matéria; b) houver discordância que prejudique a celeridade do processo administrativo decisório (art. 49-A, *caput*). Entretanto, a decisão coordenada não se aplica a processos administrativos: i) de licitação; ii) relacionados ao poder sancionador; iii) em que estejam envolvidas autoridades de Poderes distintos (art. 49-A, caput e §6º).
- ***Recurso administrativo***: interposição no prazo de dez dias, em razão de legalidade e mérito. São legitimados: a) titulares de direitos e interesses que forem parte no processo; b) aqueles cujos direitos ou interesses forem indiretamente afetados pela decisão recorrida; c) as organizações e associações representativas, no tocante a direitos e interesses

coletivos; d) os cidadãos ou associações, quanto a direitos ou interesses difusos.

- Se o recorrente alegar violação de enunciado da súmula vinculante, a autoridade competente para decidir explicitará as razões da aplicabilidade ou inaplicabilidade da súmula, conforme o caso (art. 64-A).

9. LICITAÇÃO E CONTRATO ADMINISTRATIVO

Atenção! Lei nº 8.666/1993 (Lei Geral de Licitações), Lei nº 10.520/2002 (Lei do Pregão) e os arts. 1º ao 47-A da Lei nº 12.462/2011 (Lei do RDC) foram revogados em 30/12/2023 e, assim, o foco será direcionado às principais previsões contidas na Lei nº 14.133/2021.

- **Todavia, é importante lembrar** que, mesmo após a revogação das leis 8.666/1993, 10.520/2002 e 12.462/2011 (arts. 1º a 47-A), há previsão de ultratividade dessas normas porque, se houve a opção pela licitação ser regida por aquelas leis, o contrato administrativo decorrente será por elas regido durante toda a sua vigência (art. 191, parágrafo único), da mesma forma que os contratos assinados antes do início da vigência da Lei nº 14.133/21 seguem sendo regidos pelas leis revogadas até a sua extinção(art. 190).
- **Licitação** é o processo administrativo instaurado pela Administração Pública, consistente na disputa igualitária entre os interessados em celebrar contrato com ela, para a escolha da proposta que permita a melhor contratação em face do interesse público.
- **Âmbito de aplicação:** a Lei traz normas gerais para as Administrações Públicas diretas, autárquicas e fundacionais da União, Estados, DF e Municípios, abrangendo:

  I – os órgãos dos Poderes Legislativo e Judiciário da União, dos Estados e do Distrito Federal e os órgãos do Poder Legislativo dos Municípios, quando no desempenho de função administrativa;

  II – os fundos especiais e as demais entidades controladas direta ou indiretamente pela Administração Pública.
- **Atenção!** A Lei nº 14.133/2021 estabelece, de forma expressa, que não são abrangidas pela lei as empresas públicas, sociedades de economia mista e suas subsidiárias, regidas pela Lei nº 13.303. As disposições penais, inseridas pelo art. 178 do novo marco legal, entretanto, aplicam-se às estatais.
- **Serviço de publicidade**: licitação regulada pela Lei nº 12.232/10. A Lei nº 14.133/2021 será aplicada de forma complementar. Optando pela aplicação de uma, será vedada a combinação de ambas.
- **Aplicação subsidiária da Nova Lei**: nos termos do art. 186, aplicam-se as disposições da Lei nº 14.133/2021, de forma subsidiária, à Lei nº 8.987/1995 (Lei geral de concessões), à Lei nº 11.079/2004 (Lei das PPP) e à Lei nº 12.232 (serviços de publicidade).
- **Objeto da licitação (art. 2º, Lei nº 14.133/21):** a) alienação e concessão de direito real de uso de bens; b) compra, inclusive por encomenda; c) locação; d) concessão e permissão de uso de bens públicos; e) prestação de serviços, inclusive os técnico-profissionais especializados; f) obras e serviços de arquitetura e engenharia; g) contratações de tecnologia da informação e de comunicação.
- **Princípios da licitação (art. 5º):** a) legalidade; b) impessoalidade; c) moralidade; d) publicidade; e) eficiência; f) interesse público; g) probidade administrativa; h) igualdade; i) planejamento; j) transparência; k) eficácia; l) segregação de funções; m) motivação; n) vinculação ao edital; o) julgamento objetivo; p) segurança jurídica; q) razoabilidade; r) competitividade; s) proporcionalidade; t) celeridade; u) economicidade; v) desenvolvimento nacional sustentável; x) disposições da Lei de Introdução às Normas do Direito Brasileiro.
- **Publicidade diferida:** A regra é que o processo licitatório seja público, excepcionada nos casos de informações cujo sigilo seja imprescindível à segurança da sociedade e do Estado. Mas, nos termos do art. 13, parágrafo único, a publicidade poderá ser diferida quanto ao conteúdo das propostas, até a abertura e quanto ao orçamento da Administração, desde que justificado, sem prejuízo da divulgação do detalhamento dos quantitativos e demais informações necessárias para a elaboração das propostas, devendo-se apontar que o sigilo não prevalecerá para os órgãos de controle interno e externo (art. 24).
- **Margem de preferência e participação de ME e EPP**:

  a) margem de preferência (art. 26):
  - pode ser instituída para bens manufaturados e para serviços nacionais que atendam às normas técnicas brasileiras: será definida mediante decisão fundamentada pelo Chefe do Executivo federal;
  - pode ser instituída para bens reciclados, recicláveis ou biodegradáveis, conforme regulamento;
  - poderá ser de até 10% sobre o preço dos bens e serviços que não se enquadrem nos dois casos citados;
  - poderá ser estendida a bens manufaturados e serviços originários dos Estados Partes do Mercosul, desde que haja reciprocidade prevista em acordo internacional aprovado pelo Congresso e ratificado pelo Presidente;
  - para bens manufaturados nacionais e serviços nacionais resultantes de desenvolvimento e inovação tecnológica no País, definidos conforme regulamento do Poder Executivo federal, a margem de preferência poderá ser de até 20%;

  Atenção! A margem não se aplica aos bens manufaturados nacionais e aos serviços nacionais se a capacidade de produção desses bens ou de prestação desses serviços no País for inferior:
- à quantidade a ser adquirida ou contratada; ou
- aos quantitativos fixados em razão do parcelamento do objeto, quando for o caso.

  b) ***Tratamento diferenciado*** para microempresa e empresa de pequeno porte nas licitações (Lei Complementar nº 123/06). Benefícios:
- preferência em caso de empate (art. 44 da LC 123/06);

ADMINISTRATIVO

- exigência de regularidade fiscal e trabalhista somente para fins de assinatura do contrato (art. 42);
- tratamento diferenciado e simplificado nas contratações públicas (art. 47):
- abertura de licitações só para participação de ME e EPP, para contratações de até R$ 80.000, 00;
- possibilidade de exigência ao licitante para que faça a subcontratação de ME e EPP;
- deverá estabelecer cota de até 25% do objeto, no caso de bens divisíveis. Esse tratamento diferenciado não é possível quando:
- não houver no mínimo três fornecedores sendo microempresa ou empresa de pequeno porte;
- quando não for vantajoso ou representar prejuízo para a Administração;
- quando a licitação for dispensável ou inexigível, excetuando-se as dispensas tratadas pelos incisos I e II do art. 24 da mesma Lei (dispensa em razão do valor), nas quais a compra deverá ser feita preferencialmente de microempresas e empresas de pequeno porte.

  Atenção! A obtenção dos benefícios em questão se limita às microempresas e empresas de pequeno porte que, no ano-calendário de realização da licitação ainda não tenham celebrado contratos com a Administração, cujos valores, somados, superem a receita bruta máxima admitida para enquadramento como empresa de pequeno porte (R$ 4.800.000,00, nos termos do art. 3º, II da LC nº 123/2006). Para tanto, deverá o órgão ou entidade exigir do licitante, declaração de observância desse limite na contratação (art. 4º, §2º da NLLC). Ademais, as disposições contidas nos arts. 42 a 49 da LC nº 123/2006 não se aplicam no caso de licitação para aquisição de bens ou contratação de serviços em geral, ao item cujo valor estimado for superior à receita bruta máxima admitida para fins de enquadramento como empresa de pequeno porte e no caso de contratação de obras e serviços de engenharia, às licitações cujo valor estimado for superior à receita bruta máxima admitida para fins de enquadramento como empresa de pequeno porte (art. 4º, §1º da NLLC).

- **Agente de contratação ou pregoeiro (art. 8º):** A condução da licitação será efetuada por **agente de contratação** ou pregoeiro (no caso de pregão), designado pela autoridade competente entre **servidores efetivos ou empregados públicos permanentes** da Administração Pública, que terá como atribuições: tomar decisões, acompanhar o trâmite da licitação, dar impulso ao procedimento licitatório e executar atividades necessárias ao bom andamento do certame, até sua homologação.
- **Comissão de licitação:** No caso de licitação que envolva bens ou serviços especiais, observados os requisitos preferenciais e obrigatórios acima mencionados, o agente de contratação **poderá ser substituído por comissão de contratação** formada por, no mínimo, 3 membros, que responderão solidariamente pelos atos praticados pela comissão, salvo se o membro expressar posição individual divergente fundamentada e registrada em ata lavrada na reunião em que a decisão foi tomada. (art. 8º).
- **São objetivos da licitação (art. 11):** a) assegurar a seleção da proposta apta a gerar o resultado de contratação mais vantajoso para a Administração, inclusive no que se refere ao ciclo de vida do objeto; b) assegurar tratamento isonômico entre os licitantes, bem como a justa competição; c) evitar contratações com sobrepreço ou com preços manifestamente inexequíveis e superfaturamento na execução dos contratos; d) incentivar a inovação e o desenvolvimento nacional sustentável.
- **Fases do processo licitatório (art. 17): a)** preparatória; b) de divulgação do edital de licitação; c) de apresentação de propostas e lances, quando for o caso; d) de julgamento; e) de habilitação; f) recursal; g) de homologação.

  Atenção! A fase de habilitação, mediante decisão motivada com explicação dos benefícios dela decorrentes, poderá antecipar a fase de apresentação das propostas e julgamento.

HABILITAÇÃO

A fase de habilitação é destinada para a Administração comprovar que o interessado preenche todas as condições exigidas no edital. Se preenchidas, estará habilitado e, por outro lado, não preenchendo as exigências será inabilitado e, nesse caso, será excluído do processo licitatório.

De acordo com o art. 62, na fase de **habilitação** será verificado o conjunto de informações e documentos necessários e suficientes para demonstrar a capacidade do licitante em realizar o objeto e **divide**-se em: a) **jurídica**; b) **técnica; c) fiscal, social e trabalhista**; d) **econômico-financeira.**

Habilitação fiscal, social e trabalhista

Já a habilitação fiscal, social e trabalhista será aferida pela verificação dos seguintes requisitos (art. 68):

a) inscrição no Cadastro de Pessoas Físicas (CPF) ou no Cadastro Nacional da Pessoa Jurídica (CNPJ);

b) inscrição no cadastro de contribuintes estadual e/ou municipal, se houver, relativo ao domicílio ou sede do licitante, pertinente ao seu ramo de atividade e compatível com o objeto contratual;

c) regularidade perante a Fazenda federal, estadual e/ou municipal do domicílio ou sede do licitante, ou outra equivalente, na forma da lei;

d) a regularidade relativa à Seguridade Social e ao FGTS, que demonstre cumprimento dos encargos sociais instituídos por lei;

e) regularidade perante a Justiça do Trabalho;

f) cumprimento do disposto no inciso XXXIII do art. 7º da Constituição Federal, que prevê a proibição de trabalho noturno, perigoso ou insalubre a menores de 16 anos, salvo na condição de aprendiz a maiores de 14 anos.

Esses documentos poderão ser substituídos ou supridos por outros que sejam aptos a comprovar a regularidade do licitante, inclusive por meio eletrônico e, em relação à comprovação de regularidade perante a Fazenda, Seguridade Social, FGTS e perante a Justiça do Trabalho, se dará dos termos da lei específica.

Habilitação econômico-financeira

Esse aspecto da habilitação tem por objetivo demonstrar a aptidão econômica do licitante para cumprir obrigações decorrentes do futuro contrato, devendo ser comprovada de forma objetiva, por coeficientes e índices econômicos previstos no edital, devidamente justificados na licitação, restrita à apresentação dos seguintes documentos:

a) balanço patrimonial, demonstração de resultado de exercício e demais demonstrações contábeis dos últimos 2 exercícios sociais, sendo que cada exercício social tem a duração de 1 ano. Tais documentos se limitam ao último exercício no caso de a pessoa jurídica ter sido constituída há menos de 2 anos (art. 69, §6º).

b) certidão negativa de feitos sobre falência, expedida pelo distribuidor da sede do licitante.

- **Fase preparatória:** caracterizada pelo planejamento da licitação, compreendendo, por exemplo: a) descrição da necessidade fundamentada em estudo técnico; b) definição do objeto para o atendimento da necessidade, por meio de termo de referência, anteprojeto, projeto básico ou executivo, conforme o caso; c) definição das condições de execução e pagamento, das garantias exigidas e ofertadas e das condições de recebimento; d) orçamento estimado; e) elaboração do edital; f) elaboração da minuta de contrato, quando necessária; g) regime de fornecimento; h) modalidade de licitação; i) exposição de motivos das condições estabelecidas no edital, como exigência de qualificação técnica, qualificação econômico-financeira, entre outros; j) análise dos riscos; k) motivação sobre o momento da divulgação do orçamento da licitação.
- **Edital: conteúdo do edital** (art. 25), obrigatoriamente:

a) o objeto da licitação;

b) as regras relativas à:

- convocação;
- julgamento;
- habilitação;
- recursos;
- penalidades;
- fiscalização;
- gestão do contrato;
- entrega do objeto; e
- condições de pagamento.

Todos os elementos do edital, incluídos minuta de contrato, termos de referência, anteprojeto, projetos e outros anexos, deverão ser divulgados em sítio eletrônico oficial na mesma data de divulgação do edital, sem necessidade de registro ou de identificação para acesso.

Atenção! Desde que estudo técnico preliminar demonstre a inexistência de prejuízos à competitividade, o edital poderá prever a utilização de mão de obra, materiais, tecnologias e matérias-primas existentes no local da execução, conservação e operação do bem, serviço ou obra.

O edital de licitação poderá prever a responsabilidade do contratado pela obtenção de licença ambiental e realização da desapropriação autorizada pelo poder público.

O índice de reajustamento de preço deverá estar previsto no edital, independentemente do prazo de duração do contrato, com data-base vinculada à data do orçamento estimado e com a possibilidade de ser estabelecido mais de um índice específico ou setorial.

- **Modalidades de licitação:**

a) **concorrência:** modalidade de licitação para contratação de bens e serviços especiais e de obras e serviços comuns e especiais de engenharia, cujo critério de julgamento poderá ser:

- menor preço;
- melhor técnica ou conteúdo artístico;
- técnica e preço;
- maior retorno econômico;
- maior desconto.

b) **pregão:** modalidade de licitação obrigatória para aquisição de bens e serviços comuns (inclusive de engenharia), cujo critério de julgamento poderá ser o de menor preço ou o de maior desconto.

Atenção! Bens e serviços comuns: aqueles cujos padrões de desempenho e qualidade possam ser objetivamente definidos pelo edital, por meio de especificações usuais no mercado (art. 6º, XIII).

c) **concurso:** modalidade de licitação para escolha de trabalho técnico, científico ou artístico, cujo critério de julgamento será o de melhor técnica ou conteúdo artístico, e para concessão de prêmio ou remuneração ao vencedor.

d) **leilão:** modalidade de licitação para alienação de bens imóveis ou de bens móveis inservíveis ou legalmente apreendidos a quem oferecer o maior lance. Poderá ser cometido a leiloeiro oficial ou a servidor designado pela autoridade competente.

e) **diálogo competitivo:** modalidade de licitação para contratação de obras, serviços e compras em que a Administração Pública realiza diálogos com licitantes previamente selecionados mediante critérios objetivos, com o intuito de desenvolver uma ou mais alternativas capazes de atender às suas necessidades, devendo os licitantes apresentar proposta final após o encerramento dos diálogos.

Atenção! Note que na NLLC, foram extintas as modalidades de convite e tomada de preços e há a previsão do diálogo competitivo como nova modalidade.

- **Critérios de julgamento:** a) menor preço: a proposta com o menor preço é a vencedora; b) **maior desconto:** considera o menor dispêndio à Administração; c) melhor técnica ou conteúdo artístico: o objetivo é um produto ou serviço de melhor qualidade; d) técnica e preço: almeja-se um produto de qualidade com bom preço; e) maior lance, quando se tratar de leilão: para os casos de **alienação de bens**; f) **maior retorno econômico**: utilizado na celebração do contrato de eficiência, considerando a maior economia à Administração.
- **Itens de consumo de qualidade comum (art. 20):** os itens de consumo deverão ser de qualidade comum, não superior à necessária para os fins a que se destinam, vedada a aquisição de artigos de luxo.
- **Fase externa:** a) divulgação do edital de licitação; b) apresentação de propostas; c) julgamento; d) habilitação; d) recursal; e) homologação.
- **Prazo para apresentação das propostas:**

ADMINISTRATIVO

PRAZO PARA APRESENTAÇÃO DE PROPOSTAS – Lei nº 14.133/21	
8 dias úteis	Aquisição de bens, quanto o critério de julgamento for: – menor preço; ou – maior desconto;
15 dias úteis	Aquisição de bens nas demais hipóteses
10 dias úteis	Contratação de serviços comuns e obras e serviços comuns de engenharia, quando o critério de julgamento for: – menor preço; ou – maior desconto;
25 dias úteis	Contratação de serviços especiais e obras e serviços especiais de engenharia, quando o critério de julgamento for: – menor preço; – maior desconto;
60 dias úteis	Contratação de obras e serviços quando o regime de execução for: – contratação integrada
35 dias úteis	Contratação de obras e serviços quando o regime de execução for: – contratação semi-integrada; ou – quando não ocorrer nenhuma das hipóteses anteriores sobre contratação de obras e serviços (que são os casos de 10, 25 e 60 dias úteis acima mencionados);
15 dias úteis	Quando o critério de julgamento for: – maior lance;
35 dias úteis	Quando o critério de julgamento for: – melhor técnica; – a melhor combinação de técnica e preço; – melhor conteúdo artístico.

- Mediante decisão fundamentada, os prazos previstos no quadro acima poderão ser reduzidos até a metade nas licitações realizadas pelo Ministério da Saúde, no âmbito do SUS.
- Indicação de marcas ou modelos (art. 41): A Administração poderá, excepcionalmente, indicar marcas ou modelos, desde que justificado: em decorrência da necessidade de padronização do objeto; em decorrência da necessidade de manter a compatibilidade com plataformas e padrões já adotados pela Administração; quando determinada marca ou modelo comercializados por mais de um fornecedor forem os únicos capazes de atender às necessidades do contratante; quando a descrição do objeto a ser licitado puder ser mais bem compreendida pela identificação de determinada marca ou determinado modelo aptos a servir apenas como referência.
- **Regimes de execução de obras e serviços de engenharia:** a) empreitada por preço unitário; b) empreitada por preço global; c) empreitada integral; d) contratação por tarefa; e) contratação integrada; f) contratação semi-integrada; g) fornecimento e prestação de serviço associado.
- **Apresentação das propostas e modos de disputa (art. 56):**

  a) aberto, momento em que os licitantes apresentarão suas propostas por lances públicos e sucessivos, de forma crescente (do menor para o maior) ou decrescente (do maior para o menor): sua utilização será vedada quando adotado o critério de julgamento de técnica e preço.

  b) fechado, quando as propostas permanecerão em sigilo até a data e hora designada para sua divulgação: sua utilização de forma isolada será vedada quando adotados os critérios de julgamento de menor preço ou maior desconto.
- Após a definição da melhor proposta, se a diferença em relação à proposta classificada em segundo lugar for de, pelo menos 5% (cinco por cento), a Administração poderá admitir o reinício da disputa aberta, nos termos estabelecidos no instrumento convocatório, para a definição das demais colocações (art. 56, §4º).
- **Critérios de desempate (art. 60)**: a) disputa final; b) avaliação do desempenho contratual prévio dos licitantes; c) desenvolvimento de ações de equidade entre homens e mulheres no ambiente de trabalho; d) desenvolvimento de programa de integridade pelo licitante.
- Caso o empate persista, assegura-se preferência, **sucessivamente**, a bens e serviços produzidos e prestados: empresas estabelecidas no território do Estado ou do Distrito Federal do órgão ou entidade da Administração Pública estadual ou distrital licitante ou, no caso de licitação realizada por órgão ou entidade de Município, no território do Estado em que este se localize; empresas brasileiras; empresas

que invistam em pesquisa e no desenvolvimento de tecnologia no País; empresas que comprovem a prática de mitigação, nos termos da Lei nº 12.187, de 29 de dezembro de 2009.

- **Encerramento da licitação (art. 71):** encerradas as fases da licitação de julgamento e habilitação, e exauridos os recursos administrativos, o processo será encaminhado à autoridade superior, que poderá: a) determinar o retorno dos autos para saneamento de irregularidades; b) revogar a licitação por motivo de conveniência e oportunidade superveniente e devidamente comprovado; c) proceder à anulação da licitação, quando presente irregularidade insanável; d) adjudicar o objeto e homologar a licitação.
- **Contratação direta (art. 72):** casos de dispensa e inexigibilidade. Deve ser instruído com os seguintes documentos: a) documento de formalização de demanda e, se for o caso, estudo técnico preliminar, análise de riscos, termo de referência, projeto básico ou projeto executivo; b) estimativa de despesa; c) parecer jurídico e pareceres técnicos, se for o caso, que demonstrem o atendimento dos requisitos exigidos; d) demonstração da compatibilidade da previsão de recursos orçamentários com o compromisso a ser assumido; e) comprovação de que o contratado preenche os requisitos de habilitação e qualificação mínima necessária; f) razão da escolha do contratado; g) justificativa de preço; h) autorização da autoridade competente.
- **Dispensa de licitação** é uma opção legal, pois os interessados poderiam competir. As hipóteses de dispensa são taxativas. a) Licitação dispensada: ocorre nas alienações de bens. A lei determina a não realização da licitação (art. 76); b) licitação dispensável: a lei faculta ao administrador realizar ou não a licitação (art. 75).

  Com a Nova Lei, os valores para dispensa de licitação passaram a ser: a) valor inferior a R$ 100.000,00: obras e serviços de engenharia ou serviços de manutenção de veículos automotores; b) valor inferior a R$ 50.000,00, no caso de serviços e compras. ATENÇÃO! Entretanto, nos termos do art. 182, os valores serão atualizados anualmente e, atualmente, em razão do Decreto 11.871/2023 os valores para dispensa que estão em vigor são: a) valor inferior a R$ 125.451,15: obras e serviços de engenharia ou serviços de manutenção de veículos automotores; b) valor inferior a R$ 62.725,59, no caso de serviços e compras.

  Demais hipóteses do art. 75 nas quais a licitação é dispensável: III - para contratação que mantenha todas as condições definidas em edital de licitação realizada há menos de 1 (um) ano, quando se verificar que naquela licitação: a) não surgiram licitantes interessados ou não foram apresentadas propostas válidas; b) as propostas apresentadas consignaram preços manifestamente superiores aos praticados no mercado ou incompatíveis com os fixados pelos órgãos oficiais competentes; IV - para contratação que tenha por objeto: a) bens, componentes ou peças de origem nacional ou estrangeira necessários à manutenção de equipamentos, a serem adquiridos do fornecedor original desses equipamentos durante o período de garantia técnica, quando essa condição de exclusividade for indispensável para a vigência da garantia; b) bens, serviços, alienações ou obras, nos termos de acordo internacional específico aprovado pelo Congresso Nacional, quando as condições ofertadas forem manifestamente vantajosas para a Administração; c) produtos para pesquisa e desenvolvimento, limitada a contratação, no caso de obras e serviços de engenharia, ao valor de R$ 300.000,00 (atualmente, R$ 376.353,48, em razão do Decreto 12.343/2024); d) transferência de tecnologia ou licenciamento de direito de uso ou de exploração de criação protegida, nas contratações realizadas por instituição científica, tecnológica e de inovação (ICT) pública ou por agência de fomento, desde que demonstrada vantagem para a Administração; e) hortifrutigranjeiros, pães e outros gêneros perecíveis, no período necessário para a realização dos processos licitatórios correspondentes, hipótese em que a contratação será realizada diretamente com base no preço do dia; f) bens ou serviços produzidos ou prestados no País que envolvam, cumulativamente, alta complexidade tecnológica e defesa nacional; g) materiais de uso das Forças Armadas, com exceção de materiais de uso pessoal e administrativo, quando houver necessidade de manter a padronização requerida pela estrutura de apoio logístico dos meios navais, aéreos e terrestres, mediante autorização por ato do comandante da força militar; h) bens e serviços para atendimento dos contingentes militares das forças singulares brasileiras empregadas em operações de paz no exterior, hipótese em que a contratação deverá ser justificada quanto ao preço e à escolha do fornecedor ou executante e ratificada pelo comandante da força militar; i) abastecimento ou suprimento de efetivos militares em estada eventual de curta duração em portos, aeroportos ou localidades diferentes de suas sedes, por motivo de movimentação operacional ou de adestramento; j) coleta, processamento e comercialização de resíduos sólidos urbanos recicláveis ou reutilizáveis, em áreas com sistema de coleta seletiva de lixo, realizados por associações ou cooperativas formadas exclusivamente de pessoas físicas de baixa renda reconhecidas pelo poder público como catadores de materiais recicláveis, com o uso de equipamentos compatíveis com as normas técnicas, ambientais e de saúde pública; k) aquisição ou restauração de obras de arte e objetos históricos, de autenticidade certificada, desde que inerente às finalidades do órgão ou com elas compatível; l) serviços especializados ou aquisição ou locação de equipamentos destinados ao rastreamento e à obtenção de provas previstas nos incisos II e V do caput do art. 3º da Lei nº 12.850, de 2 de agosto de 2013, quando houver necessidade justificada de manutenção de sigilo sobre a investigação; m) aquisição de medicamentos destinados exclusivamente ao tratamento de doenças raras definidas pelo Ministério da Saúde; V - para contratação com vistas ao cumprimento do disposto nos arts. 3º, 3º-A, 4º, 5º e 20 da Lei nº 10.973, de 2 de dezembro de 2004, observados os princípios gerais de contratação constantes da referida Lei; VI - para contratação que possa acarretar comprometimento da segurança nacional, nos casos estabelecidos pelo Ministro de Estado da Defesa, mediante demanda dos comandos das Forças

Armadas ou dos demais ministérios; VII - nos casos de guerra, estado de defesa, estado de sítio, intervenção federal ou de grave perturbação da ordem; VIII - nos casos de emergência ou de calamidade pública, quando caracterizada urgência de atendimento de situação que possa ocasionar prejuízo ou comprometer a continuidade dos serviços públicos ou a segurança de pessoas, obras, serviços, equipamentos e outros bens, públicos ou particulares, e somente para aquisição dos bens necessários ao atendimento da situação emergencial ou calamitosa e para as parcelas de obras e serviços que possam ser concluídas no prazo máximo de 1 (um) ano, contado da data de ocorrência da emergência ou da calamidade, vedadas a prorrogação dos respectivos contratos e a recontratação de empresa já contratada com base no disposto neste inciso. ATENÇÃO! ADI 6.890: "1. É constitucional a vedação à recontratação de empresa contratada diretamente por dispensa de licitação nos casos de emergência ou calamidade pública, prevista no inciso VIII do art. 75 da Lei nº 14.133/2021. 2. A vedação incide na recontratação fundada na mesma situação emergencial ou calamitosa que extrapole o prazo máximo legal de 1 (um) ano, e não impede que a empresa participe de eventual licitação substitutiva à dispensa de licitação e seja contratada diretamente por outro fundamento previsto em lei, incluindo uma nova emergência ou calamidade pública, sem prejuízo do controle de abusos ou ilegalidades na aplicação da norma." Portanto, de acordo com a decisão do STF, é possível prorrogar o contrato emergencial ou ser autorizada a recontratação da empresa, desde que o prazo total da contratação não supere 1 ano e preenchidos os demais requisitos; IX - para a aquisição, por pessoa jurídica de direito público interno, de bens produzidos ou serviços prestados por órgão ou entidade que integrem a Administração Pública e que tenham sido criados para esse fim específico, desde que o preço contratado seja compatível com o praticado no mercado; X - quando a União tiver que intervir no domínio econômico para regular preços ou normalizar o abastecimento; XI - para celebração de contrato de programa com ente federativo ou com entidade de sua Administração Pública indireta que envolva prestação de serviços públicos de forma associada nos termos autorizados em contrato de consórcio público ou em convênio de cooperação; XII - para contratação em que houver transferência de tecnologia de produtos estratégicos para o Sistema Único de Saúde (SUS), conforme elencados em ato da direção nacional do SUS, inclusive por ocasião da aquisição desses produtos durante as etapas de absorção tecnológica, e em valores compatíveis com aqueles definidos no instrumento firmado para a transferência de tecnologia; XIII - para contratação de profissionais para compor a comissão de avaliação de critérios de técnica, quando se tratar de profissional técnico de notória especialização; XIV - para contratação de associação de pessoas com deficiência, sem fins lucrativos e de comprovada idoneidade, por órgão ou entidade da Administração Pública, para a prestação de serviços, desde que o preço contratado seja compatível com o praticado no mercado e os serviços contratados sejam prestados exclusivamente por pessoas com deficiência; XV - para contratação de instituição brasileira que tenha por finalidade estatutária apoiar, captar e executar atividades de ensino, pesquisa, extensão, desenvolvimento institucional, científico e tecnológico e estímulo à inovação, inclusive para gerir administrativa e financeiramente essas atividades, ou para contratação de instituição dedicada à recuperação social da pessoa presa, desde que o contratado tenha inquestionável reputação ética e profissional e não tenha fins lucrativos; XVI - para aquisição, por pessoa jurídica de direito público interno, de insumos estratégicos para a saúde produzidos por fundação que, regimental ou estatutariamente, tenha por finalidade apoiar órgão da Administração Pública direta, sua autarquia ou fundação em projetos de ensino, pesquisa, extensão, desenvolvimento institucional, científico e tecnológico e de estímulo à inovação, inclusive na gestão administrativa e financeira necessária à execução desses projetos, ou em parcerias que envolvam transferência de tecnologia de produtos estratégicos para o SUS, nos termos do inciso XII deste caput, e que tenha sido criada para esse fim específico em data anterior à entrada em vigor desta Lei, desde que o preço contratado seja compatível com o praticado no mercado; (Redação dada pela Lei nº 14.628, de 2023) XVII - para contratação de entidades privadas sem fins lucrativos para a implementação de cisternas ou outras tecnologias sociais de acesso à água para consumo humano e produção de alimentos, a fim de beneficiar as famílias rurais de baixa renda atingidas pela seca ou pela falta regular de água; e (Incluído pela Lei nº 14.628, de 2023); XVIII - para contratação de entidades privadas sem fins lucrativos, para a implementação do Programa Cozinha Solidária, que tem como finalidade fornecer alimentação gratuita preferencialmente à população em situação de vulnerabilidade e risco social, incluída a população em situação de rua, com vistas à promoção de políticas de segurança alimentar e nutricional e de assistência social e à efetivação de direitos sociais, dignidade humana, resgate social e melhoria da qualidade de vida.

- O candidato deve ficar atento às questões nas provas, pois podem ser enumerados casos para que sejam identificadas quais hipóteses são de licitação dispensável e quais são de licitação dispensada (a dica é que dispensada é usada para os casos de alienação), ou, na maioria das vezes, o examinador não quer saber a diferença entre elas, mas sim se determinada situação é caso de dispensa ou de inexigibilidade).
- **Requisitos para a alienação de imóvel** da Administração Pública (art. 76):
  - a) **interesse público** justificado;
  - b) **avaliação** prévia;
  - c) **autorização legislativa;**
  - d) **licitação,** na modalidade leilão (exceto se for caso de licitação dispensada)[41].

41. No caso de imóvel da União, ainda, há a necessidade de autorização do Presidente da República (art. 23, Lei nº 9.636/98).

- Sistematização das hipóteses de dispensa de licitação em razão do valor[42]:

DISPENSA EM RAZÃO DO PEQUENO VALOR	
Administração direta Autarquia Fundação pública	**Valores inferiores a R$ 62.725,59** serviços e compras
	Valores inferiores a R$ 125.451,15 obras e serviços de engenharia ou serviços de manutenção de veículos automotores
Autarquia qualificada como agência executiva Fundação pública qualificada como agência executiva Consórcio público	**Valores inferiores a R$ 125.451,15** outros serviços e compras
	Valores inferiores a R$ 250.902,30 obras e serviços de engenharia

- **Inexigibilidade de licitação (art. 74): as hipóteses são exemplificativas, ocorrendo quando inviável a competição, em especial para: a)** aquisição de materiais, de equipamentos ou de gêneros ou contratação de serviços que só possam ser fornecidos por produtor, empresa ou representante comercial exclusivos; b) contratação de profissional do setor artístico, diretamente ou por meio de empresário exclusivo, desde que consagrado pela crítica especializada ou pela opinião pública; c) contratação de serviços técnicos especializados de natureza predominantemente intelectual com profissionais ou empresas de notória especialização, vedada a inexigibilidade para serviços de publicidade e divulgação (a lei arrola quais serviços): d) objetos que devam ou possam ser contratados por meio de credenciamento; e) aquisição ou locação de imóvel cujas características de instalações e de localização tornem necessária sua escolha.

> Nos termos do art. 3º-A da Lei nº 8.906/1994 (Estatuto da OAB), alterada pela Lei nº 14.039/2020, "os serviços profissionais de advogado são, por sua natureza, técnicos e singulares, quando comprovada sua notória especialização, nos termos da lei." Por sua vez, "considera-se **notória especialização** o profissional ou a sociedade de advogados cujo conceito no campo de sua especialidade, decorrente de desempenho anterior, estudos, experiências, publicações, organização, aparelhamento, equipe técnica ou de outros requisitos relacionados com suas atividades, permita inferir que o seu trabalho é essencial e indiscutivelmente o mais adequado à plena satisfação do objeto do contrato." ATENÇÃO! ADI 6.890: "1. É constitucional a vedação à recontratação de empresa contratada diretamen-te por dispensa de licitação nos casos de emergência ou calamidade pública, prevista no inciso VIII do art. 75 da Lei nº 14.133/2021. 2. A vedação incide na recontratação fundada na mesma situação emergencial ou calamitosa que extrapole o prazo máximo legal de 1 (um) ano, e não impede que a empresa participe de eventual licitação substitutiva à dispensa de licitação e seja contratada diretamente por outro funda-mento previsto em lei, incluindo uma nova emergência ou calamidade pública, sem prejuízo do controle de abusos ou ilegalidades na aplicação da norma." Portanto, de acordo com a decisão do STF, é possível pror-rogar o contrato emergencial ou ser autorizada a recontratação da empresa, desde que o prazo total da contratação não supere 1 ano e preenchidos os demais requisitos.

- **Procedimentos auxiliares (art. 78):** credenciamento, pré-qualificação, procedimento de manifestação de interesse, sistema de registro de preços, registro cadastral.
- **Nulidade da licitação:** Em regra, não gera obrigação de indenizar, exceto quanto ao que o contratado houver executado até a data em que ela for declarada e por outros prejuízos regularmente comprovados, contanto que não lhe seja imputável, promovendo-se a responsabilidade de quem lhe deu causa (art. 149).
- Com a nova Lei de Licitações, a nulidade somente será reconhecida na hipótese em que se revelar medida de interesse público, que será aferido mediante avaliação de diversos critérios, a exemplo, entre outros, dos riscos sociais, ambientais e à segurança da população local decorrentes do atraso na fruição dos benefícios do objeto contratado (art. 147).
- Verificado que o reconhecimento da nulidade se revela medida de interesse público, sua declaração operará com efeitos:
  - **a) retroativos (regra);**
  - **b) não retroativos** (caso impossível retornar à situação anterior, hipótese que será resolvido em perdas e danos);
  - **c) pro futuro** (com vistas à continuidade da atividade administrativa, pelo prazo de até 6 meses, prorrogável uma única vez).

> **Anulação na Nova Lei de Licitações**
>
> Requisitos para anulação:
> - Ilegalidade + interesse público
>
> Efeitos da anulação:
> - *Ex tunc* (retroativos)
> - *Ex nunc* (não retroativos, resolvendo em perdas e danos)
> - *Pro futuro* (para frente, em prazo suficiente para nova contratação – até 6 meses, prorrogável uma vez)

- **Revogação da licitação:** é possível por motivo de conveniência e oportunidade resultante de fato superveniente devidamente comprovado (art. 71, II e §2º).
- Recurso é admitido nos casos de (art. 164): a) ato que defira ou indefira pedido de pré-qualificação de interessado ou de inscrição em registro cadastral, sua alteração ou cancelamento; b) julgamento das propostas; c) ato de habilitação ou inabilitação de licitante; d) anulação ou revogação da licitação; e) extinção do contrato, quando determinada por ato unilateral e escrito da Administração.

42. BORTOLETO, Leandro. *Direito administrativo*. Salvador: Juspodivm, 2012. p. 416.

- **Prazo para interposição do recurso (art. 165, I):** a) três dias úteis.
- **Pedido de reconsideração (art. 165, II):** prazo de três dias úteis, de ato contra o qual não caiba recurso hierárquico.
- **CONTRATO ADMINISTRATIVO:** é o "ajuste que a Administração Pública, agindo nessa qualidade, firma com particular ou outra entidade administrativa para a consecução de objetivos de interesse público, nas condições estabelecidas pela própria Administração"[43]. Regulam-se pelas suas cláusulas e pelos preceitos de direito público, sendo a eles aplicado, de forma supletiva, os princípios da teoria geral dos contratos e as disposições de direito privado (art. 89).
- **Características do contrato administrativo[44]:** a) presença da Administração Pública como Poder Público; b) finalidade pública; c) natureza de contrato de adesão; d) natureza *intuitu personae* (pessoalidade); e) obediência à forma prescrita em lei; f) procedimento legal; g) mutabilidade; h) presença de cláusulas exorbitantes; i) controle e fiscalização do contrato administrativo; j) retomada do objeto; k) aplicação de penalidades (advertência, multa, suspensão temporária, declaração de inidoneidade).
- **Cláusulas exorbitantes:** são cláusulas inexistentes no direito privado e, por isso, extrapolam, exorbitam o direito privado, concedendo prerrogativas à Administração ao colocá-la em posição de superioridade em relação ao contratado. As principais cláusulas exorbitantes são: a) modificação unilateral; b) extinção unilateral; c) ocupação provisória; d) aplicação de sanções; e) fiscalização de execução do contrato (art. 104).

  Divulgação do contrato no PNCP (Portal Nacional de Contratações Públicas) (art. 94): 20 dias úteis da assinatura, no caso de licitação e 10 dias úteis da assinatura no caso de contratação direta. Referida publicação se trata de condição de eficácia do contrato e respectivos aditamentos. No caso de urgência, os contratos terão eficácia a partir de sua assinatura, devendo ser publicados nos prazos citados, sob pena de nulidade.
- **Instrumento contratual (art. 95): o instrumento de contrato é obrigatório,** salvo nas seguintes hipóteses, em que a Administração poderá substituí-lo por outro instrumento hábil, como carta-contrato, nota de empenho de despesa, autorização de compra ou ordem de execução de serviço: a) dispensa de licitação em razão de valor; b) compras com entrega imediata e integral dos bens adquiridos e dos quais não resultem obrigações futuras, inclusive quanto a assistência técnica, independentemente de seu valor.
- **Contrato verbal:** é nulo e de nenhum efeito o contrato verbal com a Administração, salvo o de pequenas compras ou o de prestação de serviços de pronto pagamento, assim entendidos aqueles de valor não superior a R$ 12.545,11 (art. 95, §2º da Lei 14.133/2021 e Decreto 12.343/2024).
- Garantias (art. 96): a) caução em dinheiro ou em títulos da dívida pública; b) seguro-garantia; c) fiança bancária; d) título de capitalização custeado por pagamento único, com resgate pelo valor total.
- Limites das garantias contratuais: a) no máximo, 5% do valor inicial do contrato, nas contratações de obras, serviços e fornecimentos (art. 98); b) no máximo, 10% do valor inicial do contrato, desde que justificada mediante análise da complexidade técnica e dos riscos envolvidos (art. 98); c) no máximo, 30% do valor inicial do contrato, nas contratações de obras e serviços de engenharia de grande vulto, com previsão legal da modalidade seguro-garantia (art. 99), contendo a cláusula de retomada prevista no art. 101. d) detalhes: nos casos de contratos que impliquem a entrega de bens pela Administração, dos quais o contratado ficará depositário, o valor desses bens deverá ser acrescido ao valor da garantia (art. 101); nas contratações de serviços e fornecimentos contínuos com vigência superior a 1 ano, assim como nas subsequentes prorrogações, será utilizado o valor anual do contrato para definição e aplicação dos percentuais para fins de garantia.

Duração dos contratos:

DURAÇÃO DOS CONTRATOS	
REGRA GERAL (art. 105) **Prazo previsto no edital** – Observância da disponibilidade orçamentária: a) no momento da contratação; e b) a cada exercício financeiro – Se prazo for superior a um ano, deve haver previsão no plano plurianual	
SITUAÇÕES ESPECÍFICAS	
Contratos de **serviços e fornecimentos contínuos** (art. 106)	**Até 5 anos** (pode ser **prorrogado**, sucessivamente, até o **máximo de 10 anos**)
Contratação de (art. 108): a) **bens ou serviços** produzidos ou prestados no País que envolvam, cumulativamente, **alta complexidade tecnológica e defesa nacional**;	**Até 10 anos**

43. MEIRELLES, Hely Lopes. *Licitação e contrato administrativo*. 15. ed. São Paulo: Malheiros, 2010. p. 247.

44. DI PIETRO, Maria Sylvia Zanella. *Direito administrativo*. 25. ed. São Paulo: Atlas, 2012. p. 269.

b) **materiais de uso das Forças Armadas**, com exceção de materiais de uso pessoal e administrativo, quando houver necessidade de manter a padronização requerida pela estrutura de apoio logístico dos meios navais, aéreos e terrestres, mediante autorização por ato do comandante da força militar; c) para **contratação** com vistas ao cumprimento do disposto nos arts. 3º, 3º-A, 4º, 5º e 20 da **Lei nº 10.973**, de 2 de dezembro de 2004, observados os princípios gerais de contratação constantes da referida Lei; d) para contratação que possa acarretar **comprometimento da segurança nacional**, nos casos estabelecidos pelo Ministro de Estado da Defesa, mediante demanda dos comandos das Forças Armadas ou dos demais ministérios; e) para contratação em que houver **transferência de tecnologia de produtos estratégicos para SUS**, conforme elencados em ato da direção nacional do SUS, inclusive por ocasião da aquisição desses produtos durante as etapas de absorção tecnológica, e em valores compatíveis com aqueles definidos no instrumento firmado para a transferência de tecnologia; f) **para aquisição, por pessoa jurídica de direito público interno, de insumos estratégicos para a saúde** produzidos por fundação que, regimental ou estatutariamente, tenha por finalidade apoiar órgão da Administração Pública direta, sua autarquia ou fundação em projetos de ensino, pesquisa, extensão, desenvolvimento institucional, científico e tecnológico e de estímulo à inovação, inclusive na gestão administrativa e financeira necessária à execução desses projetos, ou em parcerias que envolvam transferência de tecnologia de produtos estratégicos para o SUS, nos termos do inciso XII do caput do art. 75, e que tenha sido criada para esse fim específico em data anterior à entrada em vigor desta Lei, desde que o preço contratado seja compatível com o praticado no mercado.	**Até 10 anos**
Contrato (art. 110) a) Que **gere receita**; e b) De **eficiência**, que gere economia para a Administração	– **Até 10 anos**, nos contratos **sem investimento** – **Até 35 anos**, nos contratos **com investimento**
Contrato sob o regime de **fornecimento e prestação de serviço associado** (art. 113)	Soma do a) **Prazo** do **fornecimento inicial ou entrega da obra** + b) **Prazo** do **serviço de operação e manutenção** (limitado a **5 anos**) – **Prorrogação**: por **até 10 anos**
Contratos de **operação continuada de sistemas estruturantes de tecnologia da informação** (art. 114)	**Até 15 anos**
Contratos em que Administração seja **usuária de serviço público oferecido em regime de monopólio** (art. 109)	**Prazo indeterminado**
Contratos por **escopo** (art. 111)	Prazo definido no **edital** **Prorrogação automática** até a conclusão do objeto

- **Exceção do contrato não cumprido (*exceptio non adimpleti contractus*):** é muito usada na esfera privada e, por ela, se um dos contratantes não cumpre o pactuado o outro pode se recusar a cumprir o que lhe cabe, conforme o art. 477 do Código Civil. Por outro lado, nos contratos administrativos, essa regra não é aplicada integralmente, em razão dos princípios da continuidade dos serviços públicos eda supremacia do interesse público, sendo possível a exceção do contrato não cumprido, mas de forma mitigada. Se for contrato de concessão de serviço público, há entendimento de que não pode ser invocada, em razão do princípio da continuidade do serviço público. O art. 137, §2º, IV, prevê como causa de extinção do contrato o atraso superior a dois meses do pagamento ou parcelas de pagamento devidos pela Administração por despesas de obras, serviços ou fornecimento, podendo o contratado optar pela suspensão de suas obrigações até que a situação seja normalizada.
- **Hipóteses de alteração unilateral do contrato administrativo (art. 124, I):** a) quando houver modificação do projeto ou das especificações, pa-

ra melhor adequação técnica aos seus objetivos (modificação qualitativa); b) quando necessária a modificação do valor contratual em decorrência de acréscimo ou diminuição quantitativa de seu objeto, nos seguintes limites (modificação quantitativa):

- até 25% do valor inicial atualizado do contrato para acréscimos e supressões feitas nas obras, serviços ou compras;
- até 50% do valor inicial atualizado do contrato para acréscimos no caso de reforma de edifício ou equipamento (se for supressão, o limite é de 25%).
- Por acordo entre as partes, é possível a redução do valor contratual além do limite de 25%, mas não é possível o acréscimo.

- Não é possível a alteração de nenhuma cláusula econômico-financeira e monetária do contrato sem a concordância do contratado (art. 104, § 1º), e, toda vez, que a Administração alterar unilateralmente o contrato deverá haver a revisão das cláusulas econômico-financeiras para que seja mantido o equilíbrio econômico-financeiro do contrato (art. 104, § 2º).
- **Hipóteses de extinção do contrato (137):** a) não cumprimento ou cumprimento irregular de normas editalícias ou de cláusulas contratuais, de especificações, de projetos ou de prazos; b) desatendimento das determinações regulares emitidas pela autoridade designada para acompanhar e fiscalizar sua execução ou por autoridade superior; c) alteração social ou modificação da finalidade ou da estrutura da empresa que restrinja sua capacidade de concluir o contrato; d) decretação de falência ou de insolvência civil, dissolução da sociedade ou falecimento do contratado; e) caso fortuito ou força maior, regularmente comprovados, impeditivos da execução do contrato; f) atraso na obtenção da licença ambiental, ou impossibilidade de obtê-la, ou alteração substancial do anteprojeto que dela resultar, ainda que obtida no prazo previsto; g) atraso na liberação das áreas sujeitas a desapropriação, a desocupação ou a servidão administrativa, ou impossibilidade de liberação dessas áreas; h) razões de interesse público, justificadas pela autoridade máxima do órgão ou da entidade contratante; i) não cumprimento das obrigações relativas à reserva de cargos prevista em lei, bem como em outras normas específicas, para pessoa com deficiência, para reabilitado da Previdência Social ou para aprendiz.
- **Responsabilidade do contratado.** O contratado é responsável: a) pelos danos causados diretamente à Administração ou a terceiros, decorrentes de sua culpa ou dolo na execução do contrato, não excluindo ou reduzindo essa responsabilidade a fiscalização ou o acompanhamento pelo órgão interessado (art. 120). Não é possível a alegação de *culpa in vigilando* da Administração; b) pelos encargos trabalhistas, previdenciários, fiscais e comerciais resultantes da execução do contrato (art. 121); c) mesmo após o recebimento do objeto pela Administração (art. 140, § 2º):
  - civilmente pela solidez e segurança da obra ou do serviço;
  - ético-profissional pela perfeita execução do contrato.
- STF (ADC 16): decidiu que o § 1º do art. 71 da Lei nº 8.666/93 é constitucional e, assim, é vedada a aplicação de responsabilidade subsidiária à Administração Pública de forma automática, apenas pela constatação de inadimplemento dos direitos trabalhistas pela empresa contratada. Por outro lado, foi decidido que, como a Administração Pública tem o dever de licitar e fiscalizar de forma eficaz a execução do contrato, inclusive quanto ao adimplemento de direitos trabalhistas, se verificada, no caso concreto, a omissão da Administração no seu dever de fiscalizar, é possível "a imputação de responsabilidade subsidiária à Administração Pública por *culpa in eligendo* ou *in vigilando*". Este entendimento pode ser aplicado à nova Lei de Licitações e Contratos, uma vez que houve continuidade normativa do dispositivo no §1º do art. 121 da nova legislação.
- **A Administração**, nos termos do art. 121, §2º, exclusivamente "nas **contratações de serviços contínuos** com regime de dedicação exclusiva de mão de obra, a Administração responderá solidariamente pelos encargos previdenciários e subsidiariamente pelos encargos trabalhistas se comprovada falha na fiscalização do cumprimento das obrigações do contratado". Nesse tipo de contrato, para exercer essa fiscalização quanto ao cumprimento das obrigações trabalhistas, o §3º do art. 121 estabelece que a Administração, conforme previsão no edital ou no contrato, poderá, entre outras medidas: I – exigir caução, fiança bancária ou contratação de seguro-garantia com cobertura para verbas rescisórias inadimplidas; II – condicionar o pagamento à comprovação de quitação das obrigações trabalhistas vencidas relativas ao contrato; III – efetuar o depósito de valores em conta vinculada; IV – em caso de inadimplemento, efetuar diretamente o pagamento das verbas trabalhistas, que serão deduzidas do pagamento devido ao contratado; V – estabelecer que os valores destinados a férias, a décimo terceiro salário, a ausências legais e a verbas rescisórias dos empregados do contratado que participarem da execução dos serviços contratados serão pagos pelo contratante ao contratado somente na ocorrência do fato gerador".

Teoria da imprevisão

- **Fato do príncipe** é toda determinação estatal, positiva ou negativa, geral, imprevista e imprevisível, que onera substancialmente a execução do contrato administrativo ou impede sua execução.
- **Fato da Administração** é toda ação ou omissão estatal que incide de forma direta sobre o contrato, onerando-o ou impedindo sua execução.
- **Caso fortuito ou força maior:** se referem a **situações imprevisíveis e inevitáveis** que, ao ocorrerem, tornam extremamente **onerosa a execução do contrato** – autorizando sua alteração, por acordo entre as partes, para a recomposição do equilíbrio econômico-financeiro – ou tornam **impossível a sua execução**, permitindo a rescisão contratual sem culpa do contratado.
- **Interferências imprevisíveis:** ocorrências materiais não imaginadas pelas partes quando da celebração do contrato, mas que são descobertas após o início de sua execução como, por exemplo, é o

encontro de terreno rochoso não esperado para o local[45].

- **Recebimento do objeto: em regra**, o **recebimento é subdivido** em provisório e definitivo (art. 140):

a) recebimento provisório:

- **quanto a obras e serviços**: realizado pelo responsável por seu acompanhamento e fiscalização, mediante termo detalhado, quando verificado o cumprimento das exigências de caráter técnico;
- **quanto às compras**: de forma sumária, pelo responsável por seu acompanhamento e fiscalização, com verificação posterior da conformidade do material com as exigências contratuais;

b) recebimento definitivo: • **quanto a obras e serviços**: realizado por servidor ou comissão designada pela autoridade competente, mediante termo detalhado que comprove o atendimento das exigências contratuais; • **quanto às compras**: realizado por servidor ou comissão designada pela autoridade competente, mediante termo detalhado que comprove o atendimento das exigências contratuais.

- **Meios alternativos de solução de conflitos (art. 151):** nas contratações regidas pela nova legislação, poderão ser utilizados meios alternativos de prevenção e resolução de controvérsias, notadamente a conciliação, a mediação, o comitê de resolução de disputas e a arbitragem. Atenção! Os meios alternativos se aplicam às controvérsias relacionadas a direitos patrimoniais disponíveis, como as questões relacionadas ao restabelecimento do equilíbrio econômico-financeiro do contrato, ao inadimplemento de obrigações contratuais por quaisquer das partes e ao cálculo de indenizações.
- **Sanções administrativas (art. 156):**

a) Advertência:

- A Lei prevê que a advertência será aplicada exclusivamente na hipótese de inexecução parcial do objeto, quando não se justificar a imposição de pena mais grave.

b) Multa:

- Limites mínimo de 0,5% e máximo 30% do valor da contratação.
- Aplicável cumulativamente com qualquer das outras sanções.
- Interessado será intimado para apresentar defesa no prazo de 15 dias úteis, contados da data da intimação

c) Impedimento de licitar ou contratar:

- Aplicável quando a conduta não justificar penalidade mais grave, nos seguintes casos: dar causa à inexecução parcial do contrato que cause grave dano à Administração, ao funcionamento dos serviços públicos ou ao interesse coletivo; dar causa à inexecução total do contrato; deixar de entregar a documentação exigida para o certame; não manter a proposta, salvo em decorrência de fato superveniente devidamente justificado; não celebrar o contrato ou não entregar a documentação exigida para a contratação, quando convocado dentro do prazo de validade de sua proposta; ensejar o retardamento da execução ou da entrega do objeto da licitação sem motivo justificado.
- Impedirá o responsável de licitar ou contratar no âmbito da Administração Pública direta e indireta **do ente federativo que tiver aplicado a sanção**.
- Prazo **máximo** de 3 anos.
- A aplicação desta penalidade deverá ser precedida da instauração de processo de responsabilização, a ser conduzida por 2 ou mais servidores estáveis, que avaliará fatos e circunstâncias.
- Não havendo servidores estatutários, a comissão será formada por 2 ou mais empregados públicos pertencentes aos quadros permanentes, preferencialmente com, no mínimo, 3 anos de tempo de serviço no órgão ou entidade.
- Prazo de defesa: 15 dias úteis, da intimação. Deverá apresentar defesa escrita e especificar as provas que pretende produzir.

d) Declaração de inidoneidade para licitar ou contratar:

- Aplicável: I)às condutas elencadas no art. 155, VIII a XII (apresentar declaração ou documentação falsa exigida para o certame ou prestar declaração falsa durante a licitação ou a execução do contrato; fraudar a licitação ou praticar ato fraudulento na execução do contrato; comportar-se de modo inidôneo ou cometer fraude de qualquer natureza; praticar atos ilícitos com vistas a frustrar os objetivos da licitação; praticar ato lesivo previsto no art. 5º da Lei nº 12.846, de 1º de agosto de 2013); II) e aos casos em que se justificar penalidade mais grave do que o impedimento de licitar e contratar;
- Impedirá o responsável de licitar ou contratar no âmbito da Administração Pública direta e indireta **de todos os entes federativos**.
- Prazo **mínimo** de 3 anos e **máximo** de 6 anos.
- A aplicação desta penalidade deverá ser precedida da instauração de processo de responsabilização, a ser conduzida por 2 ou mais servidores estáveis, que avaliará fatos e circunstâncias.
- Não havendo servidores estatutários, a comissão será formada por 2 ou mais empregados públicos pertencentes aos quadros permanentes, preferencialmente com, no mínimo, 3 anos de tempo de serviço no órgão ou entidade.
- Prazo de defesa: 15 dias úteis, da intimação. Deverá apresentar defesa escrita e especificar as provas que pretende produzir.

> **Atenção!** As penalidades de advertência, impedimento de licitar e contratar e declaração de inidoneidade, poderão ser cumuladas com a pena de multa (art. 156, §7º).

45. MEIRELLES, Hely Lopes. ***Direito administrativo brasileiro***. 43. ed.São Paulo: Malheiros, 2018.

ADMINISTRATIVO

9.1. LICITAÇÃO E CONTRATO ADMINISTRATIVO NA LEI DAS ESTATAIS (LEI Nº 13.303/2016)

Atenção! A Lei nº 14.133/2021, que traz o novo regime jurídico das licitações e contratos administrativos, não se aplica às estatais, que continuam regidas pela Lei nº 13.303/2016.

- **Lei nº 13.303/16 (estatuto das estatais):** 1) nos artigos 28 a 84 dispõe sobre as licitações e as contratações feitas pelas empresas públicas e sociedades de economia mista e às suas subsidiárias, que explorem atividade econômica de produção ou comercialização de bens ou de prestação de serviços, ainda que a atividade econômica esteja sujeita ao regime de monopólio da união ou seja de prestação de serviços públicos; 2) Os contratos com terceiros destinados à prestação de serviços às empresas públicas e às sociedades de economia mista, **inclusive de engenharia e de publicidade, à aquisição e à locação de bens, à alienação de bens e ativos integrantes do respectivo patrimônio ou à execução de obras a serem integradas a esse patrimônio, bem como à implementação de ônus real sobre tais bens**, serão precedidos de licitação nos termos da Lei 13.303/16, ressalvadas as hipóteses de dispensa e inexigibilidade (art. 28); 3) A Lei nº 13.303/16 aplica-se às empresas públicas e às sociedades de economia mista constituídas após o início da vigência da lei (01/07/2016). Em relação às que já existiam nessa data, prevê o prazo de adaptação de 24 meses. Os procedimentos licitatórios e os contratos administrativos celebrados até o final desse prazo permanecem regidos pela legislação anterior.
- **Dispensa e inexigibilidade:** os casos de dispensa e inexigibilidade estão previstos nos artigos 29 e 30, respectivamente, da Lei nº 13.303/16.
- **Alienação** (Lei nº 13.303/16): **a alienação de bens por empresas públicas e por sociedades de economia mista** será precedida de: **I – avaliação formal do bem contemplado**, ressalvadas as hipóteses previstas nos incisos XVI a XVIII do art. 29 (XVI – na transferência de bens a órgãos e entidades da administração pública, inclusive quando efetivada mediante permuta; XVII – na doação de bens móveis para fins e usos de interesse social, após avaliação de sua oportunidade e conveniência socioeconômica relativamente à escolha de outra forma de alienação; XVIII – na compra e venda de ações, de títulos de crédito e de dívida e de bens que produzam ou comercializem); **II – licitação**, exceto: a) quando executarem a comercialização, prestação ou execução, de forma direta, de produtos, serviços ou obras especificamente relacionados com seus respectivos objetos sociais; b) nos casos em que a escolha do parceiro esteja associada a suas características particulares, vinculada a oportunidades de negócio definidas e específicas, justificada a inviabilidade de procedimento competitivo.

DISPENSA EM RAZÃO DO PEQUENO VALOR ESTATAIS (LEI Nº 13.303/16)	
Obras e serviços de engenharia	**Outros serviços e compras**
Até R$ 100.000,00	**Até R$ 50.000,00**
Atenção! Esses **valores podem ser alterados**, para refletir a variação de custos, **por deliberação do Conselho de Administração** da empresa pública ou sociedade de economia mista, **admitindo-se valores diferenciados para cada sociedade**.	

- **Pregão**: é a modalidade a ser adotada de forma preferencial (art. 32, V).
- **Prazo para divulgação do edital: art. 39 da Lei nº 13.303/2016.**

PRAZO PARA DIVULGAÇÃO DO EDITAL ESTATAIS (LEI Nº 13.303/16: art. 39)	
5 dias úteis	Aquisição de bens, quanto o critério de julgamento for: – menor preço; ou – maior desconto;
10 dias úteis	Aquisição de bens nas demais hipóteses
15 dias úteis	Contratação de obras e serviços, quando o critério de julgamento for: – menor preço; ou – maior desconto;
30 dias úteis	Contratação de obras e serviços nas demais hipóteses
45 dias úteis	Quando o critério de julgamento for: – melhor técnica; – a melhor combinação de técnica e preço;
45 dias úteis	Para licitação em que haja: – contratação semi-integrada; ou – contratação integrada.

- **Recurso. Regra: fase recursal única**; momento de apresentação de recurso: **5 dias úteis após a fase de habilitação. Exceção**: Se houver **inversão nas fases** do procedimento licitatório, haverá **dois momentos** de apresentação de recurso: a) **5 dias úteis após a habilitação**; b) **5 dias úteis após o encerramento da fase de verificação** de efetividade dos lances ou propostas.
- **Não há alteração unilateral do contrato administrativo.** Pode ser alterado, por acordo (art. 81):
  - I. quando houver modificação do projeto ou das especificações, para melhor adequação técnica aos seus objetivos;
  - II. quando necessária a modificação do valor contratual em decorrência de acréscimo ou diminuição quantitativa de seu objeto, nos limites permitidos por esta Lei;
  - III. quando conveniente a substituição da garantia de execução;

IV. quando necessária a modificação do regime de execução da obra ou serviço, bem como do modo de fornecimento, em face de verificação técnica da inaplicabilidade dos termos contratuais originários;

V. quando necessária a modificação da forma de pagamento, por imposição de circunstâncias supervenientes, mantido o valor inicial atualizado, vedada a antecipação do pagamento, com relação ao cronograma financeiro fixado, sem a correspondente contraprestação de fornecimento de bens ou execução de obra ou serviço;

VI. para restabelecer a relação que as partes pactuaram inicialmente entre os encargos do contratado e a retribuição da administração para a justa remuneração da obra, serviço ou fornecimento, objetivando a manutenção do equilíbrio econômico-financeiro inicial do contrato, na hipótese de sobrevirem fatos imprevisíveis, ou previsíveis porém de consequências incalculáveis, retardadores ou impeditivos da execução do ajustado, ou, ainda, em caso de força maior, caso fortuito ou fato do príncipe, configurando álea econômica extraordinária e extracontratual.

Obs.: O contratado poderá aceitar, nas mesmas condições contratuais, os acréscimos ou supressões que se fizerem nas obras, serviços ou compras, até 25% (vinte e cinco por cento) do valor inicial atualizado do contrato, e, no caso particular de reforma de edifício ou de equipamento, até o limite de 50% (cinquenta por cento) para os seus acréscimos.

10. SERVIÇOS PÚBLICOS

- Deve ser feita a leitura dos artigos 21, 23, 25, 30 e 32, § 1º, da Constituição Federal, quanto à competência para o serviço público.

Conceito de serviço público: **critérios**:

a) critério subjetivo ou orgânico (é serviço público a atividade desempenhada pelo Poder Público);

b) critério objetivo ou material (é a atividade destinada a satisfazer as necessidades coletivas);

c) critério formal (é a atividade desenvolvida pela Administração Pública sob o regime de direito público).

Conceito de serviço público: é "todo aquele prestado pela Administração ou por seus delegados, sob normas e controles estatais, para satisfazer necessidades essenciais ou secundárias da coletividade ou simples conveniências do Estado"[46].

Conceito legal (art. 2º, II, Lei nº 13.460/2017): "atividade administrativa ou de prestação direta ou indireta de bens ou serviços à população, exercida por órgão ou entidade da administração pública".

Sistematização da classificação e dos princípios do serviço público[47]:

46. MEIRELLES, Hely Lopes. *Direito administrativo brasileiro*. 36. ed.São Paulo: Malheiros, 2010. p. 350.

47. BORTOLETO, Leandro. *Direito administrativo*. Salvador: Juspodivm, 2012. p. 514.

SERVIÇO PÚBLICO: classificação e princípios	
CLASSIFICAÇÃO	
Quanto à essencialidade	• serviço público propriamente dito • serviço de utilidade pública
Quanto à adequação	• serviço próprio • serviço impróprio
Quanto à finalidade	• serviço administrativo • serviço industrial
Quanto aos destinatários	• serviço *uti universi* • serviço *uti singuli*
PRINCÍPIOS	
Continuidade do serviço público	serviço público não pode parar
Modicidade das tarifas	tarifas módicas, razoáveis
Generalidade	usuários devem receber o mesmo tratamento
Mutabilidade	Administração pode alterar, unilateralmente, regime de execução do serviço público

Princípios previstos na Lei nº 13.460/2017: o art. 4º prevê, expressamente, a obediência aos princípios "da regularidade, continuidade, efetividade, segurança, atualidade, generalidade, transparência e cortesia". Inclusive, de maneira detalhada, no art. 5º ao estabelecer que o usuário tem direito à adequada prestação dos serviços, elenca diretrizes, padrões de comportamento, que dão contorno aos princípios a serem observados na execução dos serviços públicos, que são os seguintes: "I – urbanidade, respeito, acessibilidade e cortesia no atendimento aos usuários; II – presunção de boa-fé do usuário; III – atendimento por ordem de chegada, ressalvados casos de urgência e aqueles em que houver possibilidade de agendamento, asseguradas as prioridades legais às pessoas com deficiência, aos idosos, às gestantes, às lactantes e às pessoas acompanhadas por crianças de colo; IV – adequação entre meios e fins, vedada a imposição de exigências, obrigações, restrições e sanções não previstas na legislação; V – igualdade no tratamento aos usuários, vedado qualquer tipo de discriminação; VI – cumprimento de prazos e normas procedimentais; VII – definição, publicidade e observância de horários e normas compatíveis com o bom atendimento ao usuário; VIII – adoção de medidas visando a proteção à saúde e a segurança dos usuários; IX – autenticação de documentos pelo próprio agente público, à vista dos originais apresentados pelo usuário, vedada a exigência de reconhecimento de firma, salvo em caso de dúvida de autenticidade; X – manutenção de instalações salubres, seguras, sinalizadas, acessíveis e adequadas ao serviço e ao atendimento; XI – eliminação de formalidades e de exigências cujo custo econômico ou social seja superior ao risco envolvido; XII – observância dos códigos de ética ou de conduta aplicáveis às várias categorias de agentes públicos; XIII – aplicação de soluções tecnológicas que visem a simplificar processos e procedimentos de atendimento ao usuário e a propiciar melhores condições para o compartilhamento das informações; XIV – utilização de linguagem simples e compreensível, evitando o uso de siglas, jargões e estrangeirismos; e XV – vedação da exigência de nova prova sobre fato já comprovado em documentação válida apresentada; XVI – comunicação prévia ao consumidor de que o serviço será desligado em virtude de inadimplemento, bem como do dia a partir do qual será realizado o desligamento, necessariamente durante horário comercial.".

- **Competência para prestação do serviço público**

SERVIÇO PÚBLICO: competência	
UNIÃO (exemplos de competência exclusiva; art. 21)	a) garantia da defesa nacional; b) autorização e fiscalização da produção e do comércio de material bélico; c) emissão de moeda; d) serviço postal e correio aéreo nacional; e) telecomunicações; f) radiodifusão; g) energia elétrica e aproveitamento energético dos cursos de água; h) navegação aérea e aeroespacial; i) infraestrutura aeroportuária; j) transporte ferroviário e aquaviário entre portos brasileiros e fronteiras nacionais, ou que transponham os limites de Estado ou Território; k) transporte rodoviário interestadual e internacional de passageiros; l) portos marítimos, fluviais e lacustres; m) organizar e manter o Poder Judiciário, o Ministério Público do Distrito Federal e dos Territórios e a Defensoria Pública dos Territórios; n) organizar e manter a polícia civil, a polícia penal, a polícia militar e o corpo de bombeiros militar do Distrito Federal, bem como prestar assistência financeira ao Distrito Federal para a execução de serviços públicos, por meio de fundo próprio; o)serviços oficiais de estatística, geografia, geologia e cartografia de âmbito nacional; p) classificação, para efeito indicativo, de diversões públicas e de programas de rádio e televisão; q) defesa permanente contra as calamidades públicas, especialmente as secas e as inundações; r) instituição de diretrizes para o desenvolvimento urbano, inclusive habitação, saneamento básico, transportes urbanos e sistema nacional de viação; s) polícia marítima, aeroportuária e de fronteiras; t) serviços nucleares; u) inspeção do trabalho; v) organizar e fiscalizar a proteção e o tratamento de dados pessoais, nos termos da lei.
ESTADOS (art. 25)	a) competência remanescente; b) exploração e distribuição dos serviços de gás canalizado; c) instituição de regiões metropolitanas, aglomerações urbanas e microrregiões.

SERVIÇO PÚBLICO: competência	
DISTRITO FEDERAL (art. 32)	Competência dos Estados + competência dos Municípios
MUNICÍPIOS (art. 30)	a) serviços de interesse local (ex.; transporte coletivo municipal, serviço funerário); b) criação, organização e supressão de distritos; c) promoção do adequado ordenamento territorial; d) manutenção, com a cooperação técnica e financeira da União e do Estado, de programas de educação infantil e ensino fundamental e de serviços de atendimento à saúde da população; e) proteção do patrimônio histórico-cultural local.
COMUM (art. 23)	a) conservação do patrimônio público; b) saúde, assistência pública, proteção e garantia das pessoas portadoras de deficiência; c) proteção dos documentos, das obras e de outros bens de valor histórico, artístico e cultural, dos monumentos, das paisagens naturais notáveis e dos sítios arqueológicos; d) impedimento da evasão, da destruição e da descaracterização de obras de arte e de outros bens de valor histórico, artístico ou cultural; e) acesso à cultura, à educação e à ciência, à tecnologia, à pesquisa e à inovação; f) proteção do meio ambiente e combate à poluição em qualquer de suas formas; g) preservação das florestas, da fauna e da flora; h) fomento à produção agropecuária e organização do abastecimento alimentar; i) programas de construção de moradias e melhoria das condições habitacionais e de saneamento básico; j) combate às causas da pobreza e aos fatores de marginalização; k) registro, acompanhamento e fiscalização das concessões de direitos de pesquisa e exploração de recursos hídricos e minerais em seus territórios; l) política de educação para a segurança do trânsito.

CF, Art. 175. Incumbe ao Poder Público, na forma da lei, diretamente ou sob regime de concessão ou permissão, **sempre através de licitação**, a prestação de serviços públicos.

Parágrafo único. A Lei disporá sobre:

> I – o regime das empresas concessionárias e permissionárias de serviços públicos, o caráter especial de seu contrato e de sua prorrogação, bem como as condições de caducidade, fiscalização e rescisão da concessão ou permissão;
>
> II – os direitos dos usuários;
>
> III – política tarifária;
>
> IV – a obrigação de manter serviço adequado.

Atenção! Decisões do STF específicas sobre transporte coletivo e sobre transporte terrestre interestadual e internacional de passageiros:

RE 1.001.104: Salvo situações excepcionais, devidamente comprovadas, serviço público de transporte coletivo pressupõe prévia licitação

> **ADI 5549**: (...) "4. A previsão constitucional de prestação do TRIIP por meio de autorização (Art. 21, XI, "e") afasta a incidência do artigo 175 da Constituição Federal, que impõe prévio procedimento licitatório especificamente às modalidades de outorga que pressupõem a excludência em razão da contratação pela Administração com determinado particular."

Formas de prestação do serviço público

É possível, dependendo do serviço, que a sua execução seja transferida para outra pessoa, quando houver autorização constitucional ou legal. Na primeira hipótese – execução por seus próprios meios – há a **forma centralizada** e, na segunda, tem-se a **forma descentralizada**.

Nessa última, ocorre a denominada **descentralização administrativa**, a qual pode ser feita, em relação aos serviços públicos, de duas formas, quais sejam, a **descentralização por serviços** e a **descentralização por colaboração**. Na primeira, a pessoa política cria (ou autoriza a criação) outra pessoa jurídica para a execução de determinada atividade administrativa (pessoa da administração indireta) e, na segunda, a execução do serviço público é transferida para uma pessoa do setor privado[48]. No primeiro caso, tem-se a **outorga** e, no segundo, a **delegação**.

A **outorga** se opera mediante **lei**, pois esta é necessária para a criação ou a autorização de criação de entidade da administração indireta para a prestação de serviços públicos.

Por sua vez, na **delegação**, a transferência da execução do serviço é feita mediante **contrato** ou **ato**

48. Para maiores detalhes sobre a descentralização e suas espécies, ver capítulo 2, item 1.2.

administrativo. A delegação pode ser feita por meio da **concessão**, da **permissão** e da **autorização**.

Concessão de serviço público é o contrato administrativo por meio do qual a Administração Pública delega a terceiro a "execução de um serviço público, para que o execute em seu próprio nome, por sua conta e risco, assegurando-lhe a remuneração mediante tarifa paga pelo usuário ou outra forma de remuneração decorrente da exploração do serviço"[49].

Deveres dos usuários (art. 7º, IV, V e VI):

a) **levar ao conhecimento** do poder público e da concessionária as **irregularidades** de que tenham conhecimento, referentes ao serviço prestado;

b) **comunicar** às autoridades competentes os **atos ilícitos** praticados pela concessionária na prestação do serviço;

c) **contribuir** para a permanência das **boas condições** dos bens públicos por meio dos quais lhes são prestados os serviços.

Direitos dos usuários (art. 7º, I, II e III e art. 7º- A):

a) receber **serviço adequado** (é o serviço que satisfaz as condições de regularidade, continuidade, eficiência, segurança, atualidade, generalidade, cortesia na sua prestação e modicidade das tarifas, conforme art. 6º, § 1º);

b) receber do poder concedente e da concessionária **informações** para a **defesa** de interesses individuais ou coletivos;

c) obter e utilizar o serviço, com liberdade de **escolha** entre vários **prestadores** de serviços, quando for o caso, observadas as normas do poder concedente;

d) **escolher** entre, no mínimo, **seis datas**, dentro do mês de vencimento, para o dia de vencimento de seus débitos.

Importante lembrar que, nos termos do art. 1º, §3º, da Lei nº 13.460/17 , esse diploma normativo, conhecido como Código de Defesa dos Usuários de Serviço Público possui aplicação subsidiária em relação aos serviços prestados por particular e, dessa maneira, além da aplicação do Código de Defesa do Consumidor (Lei nº 8.078/90), dos direitos expressamente consagrados na Lei nº 8.987/95, os usuários de serviços públicos executados por concessionários e permissionários de serviços públicos podem invocar, de forma subsidiária, os direitos elencados no art. 6º da Lei nº 13.460/17.

Licitação para concessão e permissão de serviço público (artigos 14 a 22, Lei nº 8.987/95):

a) possibilidade de o edital prever a inversão das fases de habilitação e julgamento (art. 18-A);

b) critérios usados para julgar a licitação (art. 15):

- menor valor da tarifa do serviço público a ser prestado;
- maior oferta, nos casos de pagamento ao poder concedente pela outorga da concessão;
- melhor proposta técnica, com preço fixado no edital;
- melhor oferta de pagamento pela outorga após qualificação de propostas técnicas. Os critérios podem ser assim combinados:
- menor valor da tarifa e maior oferta pela outorga;
- menor valor da tarifa e melhor oferta pela outorga, após qualificação das propostas técnicas;
- menor valor da tarifa e melhor técnica;
- maior oferta pela outorga e melhor técnica.

Modalidade de licitação: concorrência ou diálogo competitivo.

Cláusulas essenciais do contrato de concessão; são as relativas (art. 23):

I – ao objeto, à área e ao prazo da concessão;

II – ao modo, forma e condições de prestação do serviço;

III – aos critérios, indicadores, fórmulas e parâmetros definidores da qualidade do serviço;

IV – ao preço do serviço e aos critérios e procedimentos para o reajuste e a revisão das tarifas;

V – aos direitos, garantias e obrigações do poder concedente e da concessionária, inclusive os relacionados às previsíveis necessidades de futura alteração e expansão do serviço e consequente modernização, aperfeiçoamento e ampliação dos equipamentos e das instalações;

VI – aos direitos e deveres dos usuários para obtenção e utilização do serviço;

VII – à forma de fiscalização das instalações, dos equipamentos, dos métodos e práticas de execução do serviço, bem como a indicação dos órgãos competentes para exercê-la;

VIII – às penalidades contratuais e administrativas a que se sujeita a concessionária e sua forma de aplicação;

IX – aos casos de extinção da concessão;

X – aos bens reversíveis;

XI – aos critérios para o cálculo e a forma de pagamento das indenizações devidas à concessionária, quando for o caso;

XII – às condições para prorrogação do contrato;

XIII – à obrigatoriedade, forma e periodicidade da prestação de contas da concessionária ao poder concedente;

XIV – à exigência da publicação de demonstrações financeiras periódicas da concessionária; e

XV – ao foro e ao modo amigável de solução das divergências contratuais.

No caso de contratos relativos à concessão de serviço público precedido da execução de obra pública, adicionalmente, deverá haver a previsão:

I – dos cronogramas físico-financeiros de execução das obras vinculadas à concessão; e

II – da garantia do fiel cumprimento, pela concessionária, das obrigações relativas às obras vinculadas à concessão.

O contrato de concessão poderá prever o emprego de mecanismos privados para resolução de disputas decorrentes ou relacionadas ao contrato, inclusive a arbitragem, a ser realizada no Brasil e em língua portuguesa (art. 23-A)

Encargos do poder concedente (art. 29):

a) regulamentar o serviço concedido e fiscalizar permanentemente a sua prestação;

49. DI PIETRO, Maria Sylvia Zanella. *Direito administrativo*. 25. ed. São Paulo: Atlas, 2012. p. 302.

b) aplicar as penalidades regulamentares e contratuais;

c) intervir na prestação do serviço, nos casos e condições previstos em lei;

d) extinguir a concessão, nos casos previstos nesta Lei e na forma prevista no contrato;

e) homologar reajustes e proceder à revisão das tarifas na forma desta Lei, das normas pertinentes e do contrato;

f) cumprir e fazer cumprir as disposições regulamentares do serviço e as cláusulas contratuais da concessão;

g) zelar pela boa qualidade do serviço, receber, apurar e solucionar queixas e reclamações dos usuários, que serão cientificados, em até trinta dias, das providências tomadas;

h) declarar de utilidade pública os bens necessários à execução do serviço ou obra pública, promovendo as desapropriações, diretamente ou mediante outorga de poderes à concessionária, caso em que será desta a responsabilidade pelas indenizações cabíveis;

i) declarar de necessidade ou utilidade pública, para fins de instituição de servidão administrativa, os bens necessários à execução de serviço ou obra pública, promovendo-a diretamente ou mediante outorga de poderes à concessionária, caso em que será desta a responsabilidade pelas indenizações cabíveis;

j) estimular o aumento da qualidade, produtividade, preservação do meio ambiente e conservação;

k) incentivar a competitividade;

l) estimular a formação de associações de usuários para defesa de interesses relativos ao serviço.

Encargos da concessionária são (art. 31):

a) prestar serviço adequado, na forma prevista nesta lei, nas normas técnicas aplicáveis e no contrato;

b) manter em dia o inventário e o registro dos bens vinculados à concessão;

c) prestar contas da gestão do serviço ao poder concedente e aos usuários, nos termos definidos no contrato;

d) cumprir e fazer cumprir as normas do serviço e as cláusulas contratuais da concessão;

e) permitir aos encarregados da fiscalização livre acesso, em qualquer época, às obras, aos equipamentos e às instalações integrantes do serviço, bem como a seus registros contábeis;

f) promover as desapropriações e constituir servidões autorizadas pelo poder concedente, conforme previsto no edital e no contrato;

g) zelar pela integridade dos bens vinculados à prestação do serviço, bem como segurá-los adequadamente;

h) captar, aplicar e gerir os recursos financeiros necessários à prestação do serviço.

A declaração de utilidade pública de imóvel para desapropriação e a declaração de necessidade ou utilidade pública para fins de servidão são sempre encargos do poder concedente. Já, a promoção da desapropriação e a instituição da servidão podem ser feitas tanto pelo poder concedente quanto pela concessionária. No entanto, esta somente poderá fazê-los quando autorizada pelo poder concedente e desde que exista previsão no edital e no contrato, cabendo à concessionária, nesses casos, a responsabilidade pelas indenizações cabíveis.

Extinção da concessão (art. 35):

a) advento do termo contratual;

b) encampação ou resgate (o poder concedente retoma o serviço da concessionária, durante o prazo da concessão, por motivo de interesse público, mediante Lei autorizativa específica e após prévio pagamento de indenização);

c) caducidade ou decadência (o poder concedente retoma o serviço da concessionária, durante o prazo da concessão, em razão da inadimplência da concessionária);

d) rescisão;

e) anulação;

f) falência ou extinção da concessionária de serviço público.

A caducidade pode ser declarada quando (art. 38, §1º):

I – o serviço estiver sendo prestado de forma inadequada ou deficiente, tendo por base as normas, critérios, indicadores e parâmetros definidores da qualidade do serviço;

II – a concessionária descumprir cláusulas contratuais ou disposições legais ou regulamentares concernentes à concessão;

III – a concessionária paralisar o serviço ou concorrer para tanto, ressalvadas as hipóteses decorrentes de caso fortuito ou força maior;

IV – a concessionária perder as condições econômicas, técnicas ou operacionais para manter a adequada prestação do serviço concedido;

V – a concessionária não cumprir as penalidades impostas por infrações, nos devidos prazos;

VI – a concessionária não atender a intimação do poder concedente no sentido de regularizar a prestação do serviço; e

VII – a concessionária não atender a intimação do poder concedente para, em 180 (cento e oitenta) dias, apresentar a documentação relativa a regularidade fiscal, no curso da concessão, na forma do art. 29 da Lei nº 8.666, de 21 de junho de 1993.

Reversão não é forma de extinção da concessão, mas é consequência dela, pois consiste na transferência dos bens do concessionário afetados ao serviço para o poder concedente, no final da concessão.

PARCERIA PÚBLICO-PRIVADA é um contrato de concessão e tem duas modalidades (art. 2º):

a) concessão patrocinada: é a concessão de serviços públicos ou de obras públicas de que trata a Lei no 8.987, de 13 de fevereiro de 1995, quando envolver, adicionalmente à tarifa cobrada dos usuários contraprestação pecuniária do parceiro público ao parceiro privado;

b) concessão administrativa: é o contrato de prestação de serviços de que a Administração Pública seja a

ADMINISTRATIVO

usuária direta ou indireta, ainda que envolva execução de obra ou fornecimento e instalação de bens.

É **vedada a celebração de contrato de parceria público-privada** Lei 11.079/04 (art. 2º, § 4º):

a) cujo valor do contrato seja inferior a R$ 10.000.000,00;
b) cujo período de prestação do serviço seja inferior a cinco anos; ou
c) que tenha como objeto único o fornecimento de mão de obra, o fornecimento e instalação de equipamentos ou a execução de obra pública.

A contratação na modalidade PPP será precedida de licitação na modalidade concorrência ou diálogo competitivo.

CONTRATOS DE PARCERIA PÚBLICO-PRIVADA

Cláusulas

"Art. 5º As cláusulas dos contratos de parceria público-privada atenderão ao disposto no art. 23 da Lei nº 8.987, de 13 de fevereiro de 1995, no que couber, devendo também prever:

I – o prazo de vigência do contrato, compatível com a amortização dos investimentos realizados, não inferior a 5 (cinco), nem superior a 35 (trinta e cinco) anos, incluindo eventual prorrogação;

II – as penalidades aplicáveis à Administração Pública e ao parceiro privado em caso de inadimplemento contratual, fixadas sempre de forma proporcional à gravidade da falta cometida, e às obrigações assumidas;

III – a repartição de riscos entre as partes, inclusive os referentes a caso fortuito, força maior, fato do príncipe e álea econômica extraordinária;

IV – as formas de remuneração e de atualização dos valores contratuais;

V – os mecanismos para a preservação da atualidade da prestação dos serviços;

VI – os fatos que caracterizem a inadimplência pecuniária do parceiro público, os modos e o prazo de regularização e, quando houver, a forma de acionamento da garantia;

VII – os critérios objetivos de avaliação do desempenho do parceiro privado;

VIII – a prestação, pelo parceiro privado, de garantias de execução suficientes e compatíveis com os ônus e riscos envolvidos, observados os limites dos §§ 3º e 5º do art. 56 da Lei nº 8.666, de 21 de junho de 1993, e, no que se refere às concessões patrocinadas, o disposto no inciso XV do art. 18 da Lei nº 8.987, de 13 de fevereiro de 1995 ;

IX – o compartilhamento com a Administração Pública de ganhos econômicos efetivos do parceiro privado decorrentes da redução do risco de crédito dos financiamentos utilizados pelo parceiro privado;

X – a realização de vistoria dos bens reversíveis, podendo o parceiro público reter os pagamentos ao parceiro privado, no valor necessário para reparar as irregularidades eventualmente detectadas.

XI – o cronograma e os marcos para o repasse ao parceiro privado das parcelas do aporte de recursos, na fase de investimentos do projeto e/ou após a disponibilização dos serviços, sempre que verificada a hipótese do § 2º do art. 6º desta Lei.

§ 1º As cláusulas contratuais de atualização automática de valores baseadas em índices e fórmulas matemáticas, quando houver, serão aplicadas sem necessidade de homologação pela Administração Pública, exceto se esta publicar, na imprensa oficial, onde houver, até o prazo de 15 (quinze) dias após apresentação da fatura, razões fundamentadas nesta Lei ou no contrato para a rejeição da atualização.

§ 2º Os contratos poderão prever adicionalmente:

I – os requisitos e condições em que o parceiro público autorizará a transferência do controle ou a administração temporária da sociedade de propósito específico aos seus financiadores e garantidores com quem não mantenha vínculo societário direto, com o objetivo de promover a sua reestruturação financeira e assegurar a continuidade da prestação dos serviços, não se aplicando para este efeito o previsto no inciso I do parágrafo único do art. 27 da Lei nº 8.987, de 13 de fevereiro de 1995;

II – a possibilidade de emissão de empenho em nome dos financiadores do projeto em relação às obrigações pecuniárias da Administração Pública;

III – a legitimidade dos financiadores do projeto para receber indenizações por extinção antecipada do contrato, bem como pagamentos efetuados pelos fundos e empresas estatais garantidores de parcerias público-privadas."

Contraprestação pecuniária e aporte. Requisitos.

- A contraprestação da Administração Pública nos contratos de parceria público-privada poderá ser feita por (art. 6º da Lei nº 11.079/2004):

  a) ordem bancária;
  b) cessão de créditos não tributários;
  c) outorga de direitos em face da Administração Pública;
  d) outorga de direitos sobre bens públicos dominicais;
  e) outros meios admitidos em lei.

- **Aporte:** O contrato poderá prever o aporte de recursos em favor do parceiro privado para a realização de obras e aquisição de bens reversíveis, desde que autorizado no edital de licitação, se contratos novos, ou em lei específica, se contratos celebrados até 8 de agosto de 2012.

Regime de garantias. Atividades delegáveis e indelegáveis por meio de parcerias.

Art. 8º da Lei nº 11.079/04: As obrigações pecuniárias contraídas pela Administração Pública em contrato de parceria público-privada poderão ser garantidas mediante:

I – vinculação de receitas, observado o disposto no inciso IV do art. 167 da Constituição Federal ;

II – instituição ou utilização de fundos especiais previstos em lei;

III – contratação de seguro-garantia com as companhias seguradoras que não sejam controladas pelo Poder Público;

IV – garantia prestada por organismos internacionais ou instituições financeiras;

V – garantias prestadas por fundo garantidor ou empresa estatal criada para essa finalidade;

VI – outros mecanismos admitidos em lei.

- **Indelegabilidade:** nos termos do art. 4º, III da Lei nº 11.079/04, não poderão ser delegadas as funções de regulação, jurisdicional, do exercício do poder de polícia e de outras atividades exclusivas do Estado.

PERMISSÃO é formalizada por meio de contrato de adesão, mas tem como características a precariedade e a revogabilidade unilateral (art. 40, Lei nº 8.987/95).

Diferenças legais entre concessão e permissão (art. 2º):

a) a concessão deve adotar a modalidade concorrência, e a permissão pode adotar outra modalidade licitatória;

b) a concessão somente pode ser feita com pessoa jurídica ou com consórcio de empresas, e a permissão pode ser realizada com pessoa jurídica e com pessoa física.

11. BENS PÚBLICOS

- Conceito legal (art. 98, Código Civil): são "públicos os bens do domínio nacional pertencentes às pessoas jurídicas de direito público interno; todos os outros são particulares, seja qual for a pessoa a que pertencerem".
- Divergência doutrinária: para uns, são somente os pertencentes às pessoas jurídicas de ***direito público (adotam o conceito legal); para outros, são*** os que pertencem às pessoas jurídicas de ***direito público*** e aqueles que, mesmo não pertencendo a essas pessoas, estejam ***afetados à prestação de serviço público***. Entretanto, a maioria da doutrina concorda que os ***bens*** das ***pessoas administrativas*** com personalidade de ***direito privado*** (empresa pública, sociedade de economia mista, fundações públicas com personalidade de direito privado, os consórcios públicos com personalidade jurídica de direito privado) ***vinculados à prestação de serviço público não podem ser penhorados***, em face do princípio da continuidade do serviço público.
- STF (RE 393032/MG e a ACO 958/DF): em relação à Empresa Brasileira de Correios e Telégrafos (ECT), foi decido que as disposições do art. 173, §§ 1º e 2º da CF (equiparação às empresas privadas e proibição de extensão de benefícios fiscais não aplicáveis ao setor privado) somente se aplicam às empresas públicas e sociedades de economia mista exploradoras de atividade econômica e, assim, em diversas ações (execuções trabalhistas e tributárias) considerou-se a ECT como prestadora de serviços públicos e, dessa forma, seus bens são impenhoráveis e possui imunidade tributária recíproca quanto aos bens usados para a prestação do serviço, tendo havido a recepção pela Constituição Federal do art. 12 do Decreto-Lei nº 509/69.
- Sistematização da classificação dos bens públicos[50]:

CLASSIFICAÇÃO DOS BENS PÚBLICOS	
Quanto à titularidade	• federais • estaduais • distritais • municipais
Quanto à destinação	• uso comum do povo com finalidade pública geral (uso de todos; afetado) • uso especial com finalidade pública específica (afetado) • dominicais sem finalidade pública específica (desafetado)
Quanto à disponibilidade	• indisponíveis por natureza não têm natureza patrimonial • patrimoniais indisponíveis têm natureza patrimonial e estão afetados • patrimoniais disponíveis têm natureza patrimonial e estão afetados

- Características dos bens públicos: inalienabilidade, a impenhorabilidade, a imprescritibilidade e a não onerabilidade.
- Reforçando a característica da imprescritibilidade do bem público, foi editada a Súmula nº 619 do STJ, que estabelece: "A ocupação indevida de bem público configura mera detenção, de natureza precária, insuscetível de retenção ou indenização por acessões e benfeitorias".
- A afetação ou consagração é a atribuição de destinação pública específica a determinado bem e, de outra forma, a desafetação ou desconsagração é a retirada da destinação de finalidade pública que fora dada a um bem público. Com a afetação, o bem desafetado torna-se afetado e, com a desafetação, o bem afetado passa a ser desafetado. A falta de uso do bem não pode ser considerada desafetação tácita.
- STF (AI 553.712): vem sendo admitido o bloqueio de valores em contas públicas para cumprimento de liminar com o objetivo de garantir o fornecimento gratuito de medicamento a pessoa hipossuficiente.
- Súmula nº 340 (STF): desde "a vigência do Código Civil, os bens dominicais, como os demais bens públicos, não podem ser adquiridos por usucapião".
- Súmula nº 619 (STJ): "A ocupação indevida de bem público configura mera detenção, de natureza precária, insuscetível de retenção ou indenização por acessões e benfeitorias.
- **Uso comum e uso especial do bem público.** O uso comum de um bem público ocorre quando ele é utilizado pelas pessoas em geral, sem distinção entre os

50. BORTOLETO, Leandro. *Direito administrativo.* Salvador: Juspodivm, 2012. p. 543.

ADMINISTRATIVO

usuários e sem necessidade de autorização específica para tanto, e o uso especial de bem público se verifica quando o administrado se sujeita a regras específicas, ao consentimento do Poder Público ou ao pagamento pelo uso.

- O uso especial, quando é destinado a pessoas determinadas, mediante instrumento jurídico formal, é chamado de uso privativo ou uso especial privativo.
- Instrumentos de formalização de uso privativo de bem público: autorização de uso; permissão de uso; concessão de uso; concessão de direito real de uso; cessão de uso.

a) **autorização de uso:** é ato unilateral, discricionário e precário, pelo qual a Administração consente a utilização de bem público por particular, com exclusividade, para atender ao interesse predominante do particular. Em regra, sua revogação não gera direito à indenização, mas se, excepcionalmente, for concedida com prazo determinado, a revogação antes do término do prazo dá ensejo à indenização.

b) **permissão de uso:** é ato unilateral, discricionário e precário, pelo qual a Administração consente a utilização de bem público por particular, com exclusividade, para a satisfação do interesse predominantemente público. Uma vez concedida a permissão, o permissionário tem obrigação de usar o bem para a finalidade permitida.

c) **concessão de uso:** "é o contrato administrativo pelo qual a Administração Pública faculta ao particular a utilização privativa de bem público, para que a exerça conforme a sua destinação". Necessita de licitação prévia. O interesse é preponderantemente público e por ser um contrato, a rescisão antecipada gera, em regra, direito à indenização.

d) **concessão de direito real de uso:** nos termos do art. 7º, do Decreto-Lei nº 271/67, pode ser instituída a concessão "de uso de terrenos públicos ou particulares remunerada ou gratuita, por tempo certo ou indeterminado, como direito real resolúvel, para fins específicos de regularização fundiária de interesse social, urbanização, industrialização, edificação, cultivo da terra, aproveitamento sustentável das várzeas, preservação das comunidades tradicionais e seus meios de subsistência ou outras modalidades de interesse social em áreas urbanas". Como se trata de direito real – e não pessoal como há na concessão de uso comum –, pode ser transmitido por sucessão legítima ou testamentária ou por atos inter vivos (art. 7º, § 4º);

e) **concessão de uso especial para fins de moradia:** na forma do artigo 1º da Medida Provisória 2.220/01 (que ainda está em vigor), "aquele que, até 22 de dezembro de 2016, possui como seu, por cinco anos, ininterruptamente e sem oposição, até duzentos e cinqüenta metros quadrados de imóvel público situado em área com características e finalidades urbanas, e que o utilize para sua moradia ou de sua família, tem o direito à concessão de uso especial para fins de moradia em relação ao bem objeto da posse, desde que não seja proprietário ou concessionário, a qualquer título, de outro imóvel urbano ou rural."

f) **cessão de uso:** é a transferência da posse de um bem público de uma entidade ou órgão para outro, de forma gratuita, para que o cessionário o utilize, por tempo certo e determinado, nas condições estabelecidas no termo.

- **STF (ADPF nº 588/PB):** "Os recursos públicos vinculados ao orçamento de estatais prestadoras de serviço público essencial, em regime não concorrencial e sem intuito lucrativo primário não podem ser bloqueados ou sequestrados por decisão judicial para pagamento de verbas trabalhistas, em virtude do disposto no art. 100 da CF/1988, e dos princípios da legalidade orçamentária (art. 167, VI, da CF), da separação dos poderes (arts. 2º, 60, § 4º, III, da CF) e da eficiência da administração pública (art. 37, 'caput', da CF)".

12. INTERVENÇÃO DO ESTADO NA PROPRIEDADE PRIVADA

- Na Constituição de 1988, no art. 5º, XXII, o direito à propriedade privada está previsto como direito fundamental e, da mesma forma, assegura-se, no inciso XXIII do mesmo artigo, que a propriedade tenha uma função social, podendo, inclusive, haver a expropriação do proprietário que não cumprir tal exigência, nos termos do inciso XXIV.
- Intervenção pode ser:

a) restritiva: o Estado apenas restringe o uso da propriedade, sem retirá-la do proprietário, podendo fazê-lo por meio das seguintes espécies:

- limitações administrativas;
- servidão administrativa;
- requisição administrativa;
- ocupação temporária;
- tombamento;

b) intervenção supressiva: ocorre a supressão da propriedade (o Estado retira a propriedade de seu titular):

- desapropriação.
- **Limitações administrativas:** determinações gerais, que condicionam o exercício do direito de propriedade em face do bem comum, pelas quais proprietários indeterminados são constituídos em obrigações positivas, negativas ou permissivas.
- **Servidão administrativa:** Administração Pública impõe um ônus real de uso sobre a propriedade particular. Não se retira a propriedade de seu titular, mas este é obrigado a consentir que seu imóvel (coisa serviente) seja usado em prol de um serviço público ou de um bem afetado a fim de utilidade pública (coisa dominante).
- **Requisição administrativa:** é o uso coativo e imediato de bens e serviços privados pelo Estado, para atendimento de necessidades coletivas urgentes e transitórias.

- **Ocupação temporária:** uso provisório de bens privados pelo Estado para a execução de obras, serviços ou atividades públicas ou de interesse público.
- **Tombamento:** procedimento administrativo adotado pelo Poder Público para impor restrições parciais sobre os bens que, por interesse público, devam ser conservados, por estarem vinculados a fatos memoráveis da história ou por seu excepcional valor arqueológico ou etnológico, bibliográfico ou artístico.
  - Efeitos do tombamento (Decreto-Lei nº 25/37):

a) alienação: se o bem tombado é público, torna-se inalienável e se for privado, pode ser alienado.

b) conservação: o bem tombado não pode ser, sob pena de multa 50% do dano causado (se for bem público, autoridade responsável pela infração incorrerá pessoalmente na multa):

- destruído, demolido ou mutilado;
- reparado, pintado ou restaurado, sem prévia autorização do Iphan;

c) vigilância: os bens tombados ficam sujeitos à vigilância permanente do Iphan, pelo que:

- poderá inspecioná-lo quando julgar conveniente;
- o proprietário ou responsável não pode criar obstáculos à inspeção, sob pena de multa, elevada ao dobro em caso de reincidência;

d) saída do país: o bem tombado não pode sair do país, exceto se for por curto prazo, sem transferência de domínio e para fim de intercâmbio cultural, a juízo do Conselho Consultivo do Iphan;

e) extravio ou furto: proprietário deve comunicar ao Iphan, no prazo de 5 dias, sob pena de multa de 10% sobre o valor da coisa;

f) vizinhança: não pode, sem autorização do Iphan, na vizinhança, fazer construção que impeça ou reduza a visibilidade do bem tombado, nem nela colocar anúncios ou cartazes, sob pena de ser determinada a destruição da obra ou retirada do objeto, impondo-se multa de 50% do valor do objeto.

DESAPROPRIAÇÃO

- **Desapropriação** é "o procedimento administrativo pelo qual o Estado, compulsoriamente, retira de alguém certo bem, por necessidade ou utilidade pública ou por interesse social e o adquire, originariamente, para si ou para outrem, mediante prévia e justa indenização, paga em dinheiro, salvo os casos que a própria Constituição enumera, em que o pagamento é feito com títulos da dívida pública (art.182, § 4º, III) ou da dívida agrária (art.184)"[51].
- A desapropriação é forma originária de aquisição da propriedade. Disso decorre que:
  a) Os direitos reais de garantia (penhor, hipoteca, anticrese, etc.) sobre o bem desapropriado são extintos e ficam sub-rogados no preço da indenização, ou seja, são substituídos pelo valor da indenização (art. 31 do Decreto-Lei nº 3.365/41);
  b) Uma vez incorporado ao patrimônio público, o bem desapropriado não pode ser reivindicado, mesmo que haja vício na desapropriação, resolvendo-se em perdas e danos (art. 35 do Decreto-Lei nº 3.365/41);
  c) A ação pode ser promovida mesmo sem se saber quem é o real proprietário;
  d) A transcrição no Registro de Imóveis não seguirá o princípio da continuidade registral, isto é, independe da verificação de continuidade das transcrições anteriores;
  e) O Poder Público não pode se valer de ação redibitória no caso de vício ou defeito oculto do bem desapropriado
- **Pressupostos** necessários para a desapropriação (art. 5º, XXIV, CF):
  a) necessidade pública: situações de emergência, as quais necessitam, para serem resolvidas, da transferência urgente do bem particular para o Poder Público;
  b) utilidade pública: é conveniente a transferência dos bens, mas não é imprescindível.

  O Decreto-Lei nº 3.365/41, no art. 5º, apenas menciona os casos de utilidade pública e não faz menção à ne-cessidade pública e, assim, nos termos desse dispositivo legal, são casos de utilidade pública para fins de desapropriação:

  - segurança nacional;
  - defesa do Estado;
  - socorro público em caso de calamidade;
  - salubridade pública;
  - criação e melhoramento de centros de população, seu abastecimento regular de meios de subsistência;
  - aproveitamento industrial das minas e das jazidas minerais, das águas e da energia hidráulica;
  - assistência pública, as obras de higiene e decoração, casas de saúde, clínicas, estações de clima e fontes medicinais;
  - exploração ou conservação dos serviços públicos;
  - abertura, conservação e melhoramento de vias ou logradouros públicos;
  - execução de planos de urbanização;
  - parcelamento do solo, com ou sem edificação, para sua melhor utilização econômica, higiênica ou estética;
  - construção ou ampliação de distritos industriais;
  - funcionamento dos meios de transporte coletivo;
  - preservação e conservação dos monumentos históricos e artísticos;
  - preservação e conservação adequada de arquivos, documentos e outros bens móveis de valor histórico ou artístico;
  - construção de edifícios públicos, monumentos comemorativos e cemitérios;
  - criação de estádios, aeródromos ou campos de pouso para aeronaves;

51. GASPARINI, Diógenes. *Direito administrativo*. 13. ed. São Paulo: Saraiva, 2008. p. 816.

ADMINISTRATIVO

- reedição ou divulgação de obra ou invento de natureza científica, artística ou literária;
- demais casos previstos por leis especiais.

c) interesse social: necessidade de distribuição da propriedade em benefício da coletividade ou de categorias sociais merecedoras de amparo estatal. Está prevista na Lei nº 4.132/62, na qual o art. 2º considera de interesse social:

- o aproveitamento de todo bem improdutivo ou explorado sem correspondência com as necessidades de habitação, trabalho e consumo dos centros de população a que deve ou possa suprir por seu destino econômico;
- o estabelecimento e a manutenção de colônias ou cooperativas de povoamento e trabalho agrícola;
- a manutenção de posseiros em terrenos urbanos onde, com a tolerância expressa ou tácita do proprietário, tenham construído sua habilitação, formando núcleos residenciais de mais de dez famílias;
- a construção de casas populares;
- as terras e águas suscetíveis de valorização extraordinária, pela conclusão de obras e serviços públicos, notadamente de saneamento, portos, transporte, eletrificação, armazenamento de água e irrigação, no caso em que não sejam ditas áreas socialmente aproveitadas;
- a proteção do solo e a preservação de cursos e mananciais de água e de reservas florestais;
- a utilização de áreas, locais ou bens que, por suas características, sejam apropriados ao desenvolvimento de atividades turísticas.

A desapropriação para fins de reforma agrária tem previsão no texto constitucional e, também, é hipótese de desapropriação por interesse social e está regulada na Lei Complementar nº 76/93 e, também, na Lei nº 8.629/93.

Objeto

Todos os bens poderão ser desapropriados pela União, pelos Estados, Municípios, Distrito Federal e Territórios.

Bens públicos: será exigida autorização legislativa para a desapropriação dos bens de domínio dos Estados, dos Municípios e do Distrito Federal pela União e dos bens de domínio dos Municípios pelos Estados. Será dispensada a autorização legislativa quando a desapropriação for realizada mediante acordo entre os entes federativos, no qual serão fixadas as respectivas responsabilidades financeiras quanto ao pagamento das indenizações correspondentes.

Ações, cotas e direitos representativos do capital de instituições e empresas cujo funcionamento dependa de autorização do governo federal e se subordine a sua fiscalização: é vedada a desapropriação pelos Estados, Distrito Federal e Municípios, salvo mediante prévia autorização, por decreto, do Presidente da República (art. 2º, § 3º).

Competência

- **Competência declaratória**: declarar que determinado bem será desapropriado. Competência concorrente da União, Estados, Distrito Federal, Municípios e Territórios (art. 2º do Decreto-lei nº 3.365/1941). Desapropriação para reforma agrária: competência da União. Desapropriação para fins urbanísticos: competência do Município. Exceções: entes da administração indireta: agências reguladoras ANTT (Lei nº 10.233/01, art. 24, IX), ANP (art. 8º, VIII, Lei 9.478/97) e ANATEL (Lei nº 9.074/95, art. 10).
- **Competência executória**: promoção da desapropriação, com a adoção de medidas e exercício de atividades que conduzam à transferência da propriedade. São competentes, além dos que possuem a competência declaratória, desde que expressamente autorizado em lei ou contrato:

a) Os concessionários, inclusive aqueles contratados no regime de parceria público-privada;

b) As entidades públicas;

c) As entidades que exerçam funções delegadas do poder público;

d) O contratado pelo poder público para fins de execução de obras e serviços de engenharia sob os regimes de empreitada por preço global, empreitada integral e contratação integrada. Nessa hipótese em específico, o edital deverá prever expressamente o responsável por cada fase do procedimento expropriatório, o orçamento estimado para sua realização e a distribuição objetiva de riscos entre as partes, incluído o risco pela variação do custo das desapropriações em relação ao orçamento estimado.

- **Indenização**

Regra: indenização prévia e em dinheiro. Exceções:

a) desapropriação urbanística sancionatória (art. 182, § 4º): indenização será feita mediante títulos da dívida pública de emissão previamente aprovada pelo Senado Federal, com prazo de resgate de até dez anos, em parcelas anuais, iguais e sucessivas, assegurados o valor real da indenização e os juros legais;

b) desapropriação por interesse social para fins de reforma agrária (art. 184): indenização será paga em títulos da dívida agrária, com cláusula de preservação do valor real, resgatáveis no prazo de até vinte anos, a partir do segundo ano de sua emissão, e cuja utilização será definida em lei, exceto quanto às benfeitorias úteis e necessárias, que serão indenizadas em dinheiro;

c) expropriação de terras em que haja cultura ilegal de planta psicotrópica ou exploração de trabalho escravo, na forma da lei: é um confisco e, assim, não há indenização.

STF: submissão do pagamento da indenização na desapropriação ao regime de precatórios não viola a determinação constitucional de indenização prévia e justa.

Mas: "No caso de necessidade de complementação da indenização ao final do processo expropriatório, deverá o pagamento ser feito mediante depósito judicial direto se o Poder Público não estiver em dia com os precatórios" (STF, RE 922.144).

Procedimento

Duas fases: declaratória e executória. (DI PIETRO, 2010):

a) Fase declaratória: ocorre a manifestação de vontade do Poder Público no sentido de realizar, no futuro, a desapropriação de determinado bem e, nesse sentido, já o individualiza, ou seja, nessa etapa há a prática do ato declaratório de que o bem é de utilidade pública ou de necessidade pública ou de interesse social para fins de desapropriação. Em regra, esse ato é de competência do Chefe do Poder Executivo (art. 6º), por meio de decreto (art. 8º: pode o Poder Legislativo tomar a iniciativa e praticar o ato declaratório e, se o fizer por meio de lei, esta será considerada como lei de efeito concreto). Efeitos do ato declaratório: a) o proprietário deve se submeter às restrições decorrentes da declaração expropriatória; b) marco para a definição do estado do bem para o cálculo da indenização no futuro (somente serão indenizadas as benfeitorias necessárias e, no caso das úteis, apenas as que foram autorizadas pelo expropriante; as benfeitorias voluptuárias não serão indenizadas); c) o direito do Poder Público de penetrar no bem a fim de realizar inspeções e levantamentos de campo, podendo recorrer, em caso de resistência, ao auxílio de força policial e, em caso de dano por excesso ou abuso de poder ou originário das inspeções e levantamentos de campo realizados, cabe indenização por perdas e danos, sem prejuízo da ação penal (art. 7º); d) início do prazo de caducidade da declaração.

Caducidade: contado do ato declaratório, o prazo é de: a) 5 anos, no caso de desapropriação por necessidade ou utilidade pública (art. 10, Decreto-Lei nº 3.365/41); b) 2 anos, no caso de desapropriação por interesse social (art. 3º, Lei nº 4.132/62 e art. 3º, LC nº 76/93). Atenção! Após os prazos previstos, ocorre a caducidade do ato declaratório, mas, nos termos do art. 10 do Decreto-Lei nº 3.365/41, após um ano, o mesmo bem pode ser objeto de nova declaração.

b) Fase executória: promoção dos atos necessários para a efetivação da desapropriação. Pode ocorrer de forma administrativa (mediante acordo) ou pela via judicial.

Via administrativa: quando há acordo extrajudicial entre o proprietário e o expropriante quanto à indenização. Administração tem o dever de notificar o proprietário e apresentar-lhe proposta quanto ao valor da indenização e, se aceita, será lavrado acordo, o qual será título hábil para a transcrição no registro de imóveis (art. 10-A). Prazo para aceitar ou rejeitar a oferta é de 15 dias e o silêncio será considerado rejeição (art. 10-A, §1º, IV). Nesse momento, pode o proprietário optar pela mediação ou via arbitral, indicando um dos órgãos ou instituições especializados em mediação ou arbitragem previamente cadastrados pelo órgão responsável pela desapropriação (art. 10-B).

Via judicial: quando não houver acordo entre o proprietário e o expropriante, deverá ser ajuizada a ação de desapropriação, que seguirá o rito previsto no Decreto-Lei nº 3.365/41, nas hipóteses de necessidade pública, utilidade pública e interesse social (Lei nº 4.132/62) ou na LC 76/93, no caso de desapropriação para reforma agrária. Contestação: só poderá versar sobre vício do processo judicial ou impugnação do preço e qualquer outra questão deverá ser decidida por ação direta (art. 20, Decreto-Lei nº 3.365/41). Ao Poder Judiciário é vedado, no processo de desapropriação, decidir se se verificam ou não os casos de utilidade pública (art. 9º, Decreto-Lei nº 3.365/41).

- **Tredestinação: quando ocorre o desvio de finalidade no uso do bem desapropriado. Tredestinação lícita: quando o desvio é de uma finalidade pública para outra finalidade pública e tredestinação ilícita quando se desvia da finalidade pública para a finalidade particular.**
- **Retrocessão**: direito do proprietário cujo imóvel fora expropriado de exigir o retorno do bem ao seu patrimônio em razão de não lhe ter sido dado o destino previsto.
- Atenção para a lei:
  - art. 5º, § 3º, do Decreto-Lei 3.365/41: no caso de imóvel desapropriado para implantação de parcelamento popular, destinado às classes de menor renda, não se dará outra utilização nem haverá retrocessão.
  - §6º do art. 5º: se for comprovada a inviabilidade ou a perda objetiva de interesse público em manter a destinação do bem prevista no decreto expropriatório, o expropriante deverá adotar uma das seguintes medidas, nesta ordem de preferência: destinar a área não utilizada para outra finalidade pública; ou b) alienar o bem a qualquer interessado, na forma prevista em lei, assegurado o direito de preferência à pessoa física ou jurídica desapropriada.

13. RESPONSABILIDADE EXTRACONTRATUAL DO ESTADO

- Sistematização das teorias sobre a responsabilidade extracontratual do Estado[52]:

Teorias sobre a responsabilidade extracontratual do Estado		
Teoria da irresponsabilidade	• Estado não responde • teoria regaliana ou regalista	
Teorias civilistas	***teoria dos atos de império e atos de gestão***	atos de gestão → responde atos de império → não responde
	teoria da culpa civil	• responsabilidade subjetiva • dolo ou culpa do agente

52. BORTOLETO, Leandro. *Direito administrativo.* Salvador: Juspodivm, 2012. p. 580.

Teorias publicistas	***teoria da culpa administrativa*** **(culpa do serviço; culpa anônima)**		culpa do serviço	• responsabilidade subjetiva • não funciona • funciona mal • funcional atrasado
	teoria do risco	**ação estatal + dano + nexo de causalidade**	***risco administrativo***	admite excludentes
			risco integral	não admite excludentes

- Sistematização da responsabilidade extracontratual no Estado brasileiro[53]:

RESPONSABILIDADE EXTRACONTRATUAL DO ESTADO BRASILEIRO	
• Pessoas de direito público • Pessoas de direito privado prestadoras de serviço público (terceiro usuário e não usuário do serviço)	
RESPONSABILIDADE POR AÇÃO	
Responsabilidade Objetiva	• teoria do risco administrativo • teoria do risco integral (para alguns) → dano nuclear e ato terrorista contra aeronave
Comportamento lícito ou ilícito de agente público nessa qualidade + **Dano** + **Nexo de causalidade**	

Excludentes da responsabilidade objetiva	• caso fortuito ou força maior • culpa exclusiva da vítima • culpa exclusiva de terceiro
RESPONSABILIDADE POR OMISSÃO	
Responsabilidade subjetiva	• teoria da culpa administrativa ou da culpa do serviço: omissão genérica • teoria do risco administrativo (STF): omissão específica
Omissão + **Dever de agir** + **Fato da natureza ou comportamento material de terceiro** + **Dano** + **Nexo entre dano e omissão**	

53. BORTOLETO, Leandro. *Direito administrativo.* Salvador: Juspodivm, 2012. p. 587.

- Quando a omissão caracterizar violação a dever específico, o STF vem entendendo que existe responsabilidade objetiva.

  STF (RE nº 1.209.429/SP) Tese de repercussão geral: "É objetiva a Responsabilidade Civil do Estado em relação a profissional da imprensa ferido por agentes policiais durante cobertura jornalística, em manifestações em que haja tumulto ou conflitos entre policiais e manifestantes. Cabe a excludente da responsabilidade da culpa exclusiva da vítima, nas hipóteses em que o profissional de imprensa descumprir ostensiva e clara advertência sobre acesso a áreas delimitadas, em que haja grave risco à sua integridade física."
- Morte de detento: RE 841.526: STF fixou a seguinte tese de repercussão geral: "em caso de inobservância do seu dever específico de proteção previsto no artigo 5º, inciso XLIX, da Constituição Federal, o Estado é responsável pela morte do detento".
- Preso em situação degradante: STF (RE 580.252) Tese de repercussão geral: "Considerando que é dever do Estado, imposto pelo sistema normativo, manter em seus presídios os padrões mínimos de humanidade previstos no ordenamento jurídico, é de sua responsabilidade, nos termos do artigo 37, parágrafo 6º, da Constituição, a obrigação de ressarcir os danos, inclusive morais, comprovadamente causados aos detentos em decorrência da falta ou insuficiência das condições legais de encarceramento".
- Fuga de preso: STF (RE nº 608.880) Tese de repercussão geral: "Nos termos do artigo 37, § 6º, da Constituição Federal, não se caracteriza a responsa-

bilidade civil objetiva do Estado por danos decorrentes de crime praticado por pessoa foragida do sistema prisional, quando não demonstrado o nexo causal direto entre o momento da fuga e a conduta praticada".

- RE 591874/MS: Supremo Tribunal Federal decidiu que a responsabilidade extracontratual das pessoas jurídicas de direito privado prestadoras de serviço público é objetiva em relação aos **usuários** e aos **não usuários** do serviço.
- STF (RE 327.904 e RE 470.996): impossibilidade de o agente público causador do dano ser acionado diretamente pela vítima. CF (art. 37, § 6º) estabelece ***dupla garantia***: ***uma, em favor do particular*** assegurando-lhe o direito de promover ação indenizatória em face de pessoa jurídica de direito público ou de pessoa jurídica de direito privado prestadora de serviço público e, ***outra, em benefício do servidor***, que apenas responde civil e administrativamente perante a pessoa jurídica a que estiver vinculado. Nesse sentido, o tema de nº 940 do STF (julgado com repercussão geral): "A teor do disposto no art. 37, § 6º, da Constituição Federal, a ação por danos causados por agente público deve ser ajuizada contra o Estado ou a pessoa jurídica de direito privado prestadora de serviço público, sendo parte ilegítima para a ação o autor do ato, assegurado o direito de regresso contra o responsável nos casos de dolo ou culpa".
- STF (RE 842846/RJ): "O Estado responde, objetivamente, pelos atos dos tabeliães e registradores oficiais que, no exercício de suas funções, causem dano a terceiros, assentado o dever de regresso contra o responsável, nos casos de dolo ou culpa, sob pena de improbidade administrativa."
- STJ (REsp 1.163.652/PE, AgRg no REsp 1.149.194/AM, EREsp 313.886/RN): em se tratando de responsabilidade civil do Estado, a denunciação da lide é facultativa e não obrigatória. Todavia, o "cabimento da denunciação depende da ausência de violação dos princípios da celeridade e da economia processual, o que implica a valoração a ser realizada pelo magistrado em cada caso concreto" (Resp 975.799/DF).
- Prescrição: o prazo para interposição de ação de indenização em face do Estado é de ***5 anos***, nos termos do art. 1º do Decreto nº 20.910/32. Todavia, nos termos da Súmula 647 do STJ: "São imprescritíveis as ações indenizatórias por danos morais e materiais decorrentes de atos de perseguição política com violação de direitos fundamentais ocorridos durante o regime militar."

14. CONTROLE DA ADMINISTRAÇÃO PÚBLICA

- ***Espécies*** de controle***: a)*** quanto à origem ou localização: interno e externo; ***b)*** quanto ao momento: prévio ou preventivo (*a priori*), concomitante e posterior ou subsequente; ***c)*** quanto ao aspecto controlado: legalidade e mérito; ***d)*** quanto à amplitude ou fundamento: hierárquico ou por subordinação; finalístico ou por vinculação; ***e)*** quanto à iniciativa: de ofício e provocado.
- ***Recurso administrativo***: todo meio apto para provocar o reexame de ato ou decisão administrativa. Modalidades de recurso administrativo: a) representação administrativa; b) reclamação administrativa; c) pedido de reconsideração; d) recurso hierárquico: recurso hierárquico próprio e recurso hierárquico impróprio; e) revisão.
- ***Controle legislativo*** abrange o controle político e o controle financeiro.
- **Controle financeiro:** a "fiscalização contábil, financeira, orçamentária, operacional e patrimonial da União e das entidades da administração direta e indireta, quanto à legalidade, legitimidade, economicidade, aplicação das subvenções e renúncia de receitas, será exercida pelo Congresso Nacional, mediante controle externo, e pelo sistema de controle interno de cada Poder" (CF, art. 70). Subdivide-se em controle interno e externo.
- ***Controle interno***: os Poderes Executivo, Legislativo e Judiciário deverão manter, de forma integrada, sistema de controle interno, com a finalidade de: a) "avaliar o cumprimento das metas previstas no plano plurianual, a execução dos programas de governo e dos orçamentos da União" (inciso I); b) "comprovar a legalidade e avaliar os resultados, quanto à eficácia e eficiência, da gestão orçamentária, financeira e patrimonial nos órgãos e entidades da administração federal, bem como da aplicação de recursos públicos por entidades de direito privado" (inciso II); c) "exercer o controle das operações de crédito, avais e garantias, bem como dos direitos e haveres da União" (inciso III); d) "apoiar o controle externo no exercício de sua missão institucional" (inciso IV).
- ***Controle externo***: exercido pelo Congresso Nacional, com o auxílio do Tribunal de Contas da União (TCU).
- O TCU é um órgão independente. Não está subordinado ao Congresso Nacional e não integra o Poder Judiciário.
- Competência do TCU: deve ser feita a atenta leitura do art. 71 da Constituição Federal, pois é muito cobrado nas provas.
- Decisões do TCU: as "decisões do Tribunal de que resulte imputação de débito ou multa terão eficácia de título executivo" (art. 71, § 3º).
- STF (RE 510.034-AgR; AI 826.676-AgR): a cobrança da dívida em juízo deve ser feita pelo ente público beneficiário da condenação, por intermédio de seus procuradores.
- STF (MS 24.997): o "ato de aposentadoria configura ato administrativo complexo, aperfeiçoando-se somente com o registro perante o Tribunal de Contas. Submetido à condição resolutiva, não se operam os efeitos da decadência antes da vontade final da Administração".
- STF (RE 636.553): "Em atenção aos princípios da segurança jurídica e da confiança legítima, os Tribunais de Contas estão sujeitos ao prazo de cinco anos para o julgamento da legalidade do ato de concessão inicial de aposentadoria, reforma ou pensão a contar da chegada do processo à respectiva Corte de contas."
- STF. RE 848826. Tese com repercussão geral: para os fins do art. 1º, inciso I, alínea "g", da Lei Complementar 64/90, a apreciação das contas dos prefeitos, tanto as de governo quanto as de gestão, será feita

pelas Câmaras municipais com o auxílio dos Tribunais de Contas competentes, cujo parecer prévio somente deixará de prevalecer por decisão de 2/3 dos vereadores.

- Súmula Vinculante nº 3: "Nos processos perante o Tribunal de Contas da União asseguram-se o contraditório e a ampla defesa quando da decisão puder resultar anulação ou revogação de ato administrativo que beneficie o interessado, excetuada a apreciação da legalidade do ato de concessão inicial de aposentadoria, reforma e pensão".
- ***Sistemas de controle jurisdicional do ato administrativo***: ***a)*** sistema do contencioso administrativo ou sistema francês: o controle dos atos administrativos é realizado, de maneira definitiva, por tribunais administrativos; ***b)*** sistema de jurisdição única ou sistema inglês: há somente uma jurisdição e, assim, o controle dos atos administrativos, de maneira definitiva, é feito pelo Poder Judiciário (é o adotado no Brasil, pois o art. 5º, XXXV da Constituição Federal estabelece que nenhuma lesão ou ameaça a direito será excluída da apreciação do Poder Judiciário).
- ***Controle judicial de políticas públicas***

  STF: RE 684612 (Tema 698)

1. A intervenção do Poder Judiciário em políticas públicas voltadas à realização de direitos fundamentais, em caso de ausência ou deficiência grave do serviço, não viola o princípio da separação dos poderes.
2. A decisão judicial, como regra, em lugar de determinar medidas pontuais, deve apontar as finalidades a serem alcançadas e determinar à Administração Pública que apresente um plano e/ou os meios adequados para alcançar o resultado;
3. No caso de serviços de saúde, o déficit de profissionais pode ser suprido por concurso público ou, por exemplo, pelo remanejamento de recursos humanos e pela contratação de organizações sociais (OS) e organizações da sociedade civil de interesse público (OSCIP).

15. IMPROBIDADE ADMINISTRATIVA: LEI Nº 8.429/92

> Recentemente, a Lei de Improbidade Administrativa passou por inúmeras alterações, as quais já serão aplicáveis na data da publicação da lei nº 14.230/2021. Em razão disso, é muito importante seu estudo detalhado, com sua leitura atenta.

- **Sistema de Responsabilização por Ato de Improbidade:** tem por finalidade a probidade na organização do Estado e no exercício de suas funções, como forma de assegurar a integridade do patrimônio público e social (art. 1º, *caput*).
- **Ato de improbidade**
- Nos termos do art. 1º da Lei, são atos de improbidade as condutas **dolosas** especificadas nos arts. 9º, 10 e 11, ressalvados tipos previstos em leis especiais. Nos termos do §2º, não basta a mera voluntariedade e, para tanto, considera-se dolo a vontade livre e consciente de alcançar o resultado ilícito tipificado previsto nos artigos mencionados.
- **Não configura improbidade administrativa:** a) o **mero exercício** da função ou desempenho de competências públicas, sem comprovação de ato doloso com fim ilícito, afasta a responsabilidade por ato de improbidade administrativa; b) **divergência interpretativa** da lei, se baseada em jurisprudência, ainda que não pacificada (art. 1º, §8º): **ATENÇÃO**! Na ADI 7236, o Min. Alexandre de Moraes deferiu medida cautelar e **suspendeu a eficácia** desse dispositivo; c) a ilegalidade sem a presença de dolo que a qualifique (art. 16, §1º)

> **Atenção!** Já pelo primeiro artigo da lei é possível vislumbrar uma das principais alterações promovidas, qual seja, a necessidade da presença de dolo para a configuração de improbidade administrativa. Lembre-se de que, pela redação anterior, admitia-se a modalidade culposa para os atos de improbidade administrativa que causassem prejuízo ao erário.

Nesse sentido, o STF decidiu, no ARE 843989, que: "1) É necessária a comprovação de responsabilidade subjetiva para a tipificação dos atos de improbidade administrativa, exigindo-se - nos artigos 9º, 10 e 11 da LIA - a presença do elemento subjetivo – DOLO (...)"

- **Direito administrativo sancionador:** aplicam-se ao sistema de improbidade tratado na lei, os princípios constitucionais do Direito Administrativo sancionador, tais quais: devido processo legal, contraditório e ampla defesa, legalidade.
- **Sujeito passivo:** a) Administração direta; b) Administração indireta; c) Entidade Privada que receba subvenção, benefício ou incentivo, fiscal, creditício, de entes públicos ou governamentais (art. 1º, § 6º); d) entidade privada para cuja criação ou custeio o erário haja concorrido ou concorra no seu patrimônio ou receita atual, limitado o ressarcimento de prejuízos, nesse caso, à repercussão do ilícito sobre a contribuição dos cofres públicos (art. 1º, §7º).
- ***Sujeito ativo*** do ato de improbidade (artigos 2º e 3º): a) agente público: agente político, servidor público, e aquele que exerce ainda que transitoriamente ou sem remuneração, por eleição, nomeação, designação, contratação ou qualquer outra forma de investidura ou vínculo, mandato, cargo, emprego ou função nas entidades do art. 1º da Lei; b) terceiro que induza ou concorra **dolosamente** para a prática do ato de improbidade.

  Recursos de origem pública: sujeita-se às sanções previstas na Lei 8.429/92, o particular, pessoa física ou jurídica, que celebra com a administração pública convênio, contrato de repasse, contrato de gestão, termo de parceria, termo de cooperação ou ajuste administrativo equivalente.

> **Atenção! Art. 3º da LIA**
>
> 1. sócios, cotistas, diretores e colaboradores de pessoa jurídica de direito privado não respondem por ato de improbidade imputado à pessoa jurídica, **salvo** se comprovada sua participação e benefícios, respondendo na medida da participação.
> 2. sanções da Lei não se aplicam à pessoa jurídica, caso o ato de improbidade seja sancionado como lesivo à Administração Pública de que trata a lei anticorrupção (Lei nº 12.846/2013).

- **Responsabilidade sucessória** (art. 8º): a) sucessor ou herdeiro: reparação até o limite do valor da herança ou do patrimônio transferido; b) também se aplica à alteração contratual, transformação, incorporação, fusão ou cisão societária: no caso de fusão e incorporação, a responsabilidade será restrita à obrigação de reparação integral do dano, até o limite do patrimônio transferido, não se aplicando as demais sanções, salvo simulação ou fraude, devidamente comprovados.
- ***Modalidades*** de atos de improbidade:
- **É indispensável a leitura dos artigos 9º, 10, 11 e 12 da Lei nº 8.429/92.**

a) atos que ***importam enriquecimento ilícito*** (art. 9º): são aqueles em que o agente aufere, **dolosamente**, vantagem patrimonial indevida em razão do exercício do cargo, mandato, função, emprego ou atividade nas entidades do art. 1º;

b) atos que ***causam prejuízo ao erário*** (art. 10); causa prejuízo ao erário "qualquer ação ou omissão **dolosa**, que enseje, efetiva e comprovadamente, perda patrimonial, desvio, apropriação, malbaratamento ou dilapidação dos bens ou haveres das entidades referidas no art. 1º";

Atenção! Nos termos do art. 10, §1º, caso a inobservância da lei ou regulamento não implicar perda patrimonial efetiva, não haverá imposição de ressarcimento, vedado o enriquecimento sem causa das entidades do art. 1º da LIA.

STF 843989: "(...) 2) A norma benéfica da Lei 14.230/2021 - revogação da modalidade culposa do ato de improbidade administrativa -, é IRRETROATIVA, em virtude do artigo 5º, inciso XXXVI, da Constituição Federal, não tendo incidência em relação à eficácia da coisa julgada; nem tampouco durante o processo de execução das penas e seus incidentes; 3) A nova Lei 14.230/2021 aplica-se aos atos de improbidade administrativa culposos praticados na vigência do texto anterior da lei, porém sem condenação transitada em julgado, em virtude da revogação expressa do texto anterior; devendo o juízo competente analisar eventual dolo por parte do agente (...)";

c) atos que ***atentam contra os princípios da Administração Pública (art. 11)***: a ação ou omissão **dolosa** que viole os deveres de honestidade, de imparcialidade e de legalidade;

Atenção! Com a nova redação do art. 11 da Lei de Improbidade Administrativa, o rol das condutas que caracterizam os atos que violam os princípios da Administração Pública passou a ser taxativo. Os demais (art. 9º e 10) são exemplificativos.

Atenção! a) só se configura como ato de improbidade, quando comprovado que a conduta do agente se deu para fins de obtenção de proveito ou benefício indevido para si ou para outra pessoa ou entidade (art. 11, §§1º e 2º) e isso se aplica a todas as modalidades de ato de improbidade;

- **Nepotismo:** a) configura ato de improbidade que viola os princípios da Administração Pública "nomear cônjuge, companheiro ou parente em linha reta, colateral ou por afinidade, até o terceiro grau, inclusive, da autoridade nomeante ou de servidor da mesma pessoa jurídica investido em cargo de direção, chefia ou assessoramento, para o exercício de cargo em comissão ou de confiança ou, ainda, de função gratificada na administração pública direta e indireta em qualquer dos Poderes da União, dos Estados, do Distrito Federal e dos Municípios, compreendido o ajuste mediante designações recíprocas"; **porém, não configura improbidade a mera nomeação ou indicação política** pelos detentores de mandato eletivo, sendo necessária a aferição de dolo com finalidade ilícita pelo agente (art. 11, §5º).
- Sistematização das sanções previstas para os atos de improbidade administrativa:

Sanções – Lei de Improbidade Administrativa

- Podem ser aplicadas isolada ou cumulativamente
- Independem da efetiva ocorrência de dano ao erário, salvo quanto à pena de ressarcimento e às condutas do art. 10 da Lei e da aprovação ou rejeição de contas pelo órgão de controle interno ou Tribunal de Contas.
- Independentemente do ressarcimento integral do dano patrimonial, se efetivo, e das sanções penais comuns e de responsabilidade, civis e administrativas previstas na legislação específica, está o responsável sujeito:

Atos que importam enriquecimento ilícito	***Atos que causam lesão ao erário***	***Atos que atentam contra os princípios da Administração***
Perda da função pública	Perda da função pública	–
Suspensão dos direitos políticos: até 14 anos	Suspensão dos direitos políticos: até 12 anos	
Multa civil: equivalente ao acréscimo patrimonial	Multa civil: equivalente ao valor do dano	Multa civil: até 24x valor da remuneração
Proibição de celebrar contrato com o Poder Público ou de receber benefícios ou incentivos fiscais ou creditícios: Até 14 anos	Proibição de celebrar contrato com o Poder Público ou de receber benefícios ou incentivos fiscais ou creditícios: Até 12 anos	Proibição de celebrar contrato com o Poder Público ou de receber benefícios ou incentivos fiscais ou creditícios: Até 4 anos
Perda dos bens ou valores acrescidos indevidamente	Perda dos bens ou valores acrescidos indevidamente, se ocorreu	–

ADMINISTRATIVO

- **Perda da função pública:** somente terá cabimento no caso de **enriquecimento ilícito e prejuízo ao erário** e atinge, apenas, o vínculo de mesma qualidade e natureza que o agente detinha na época do cometimento da infração. Pode o magistrado, no caso de **enriquecimento ilícito,** de forma excepcional, estendê-la aos demais vínculos, consideradas as circunstâncias do caso e a gravidade da infração (art. 12, §1º). Entretanto, Na ADI 7236, o Min. Alexandre de Moraes deferiu medida cautelar e **suspendeu a eficácia** desse dispositivo e, com isso, a perda da função pública pode ocorrer "independentemente da função ocupada no momento da condenação com trânsito em julgado".
- **Suspensão dos direitos políticos**: • somente terá cabimento no caso de enriquecimento ilícito e prejuízo ao erário; • só se efetiva com o trânsito em julgado da sentença condenatória (art. 20); • para efeitos de contagem do prazo da sanção de suspensão dos direitos políticos, computar-se-á retroativamente o intervalo de tempo entre a decisão colegiada e o trânsito em julgado da sentença condenatória (art. 12, §10): na ADI 7236, o Min. Alexandre de Moraes deferiu medida cautelar e **suspendeu a eficácia** desse dispositivo (§10).
- **Multa:** pode ser aumentada até o dobro, se o juiz considerar que, em razão da situação econômica do réu, o cálculo é ineficaz para reprovação e prevenção do ato de improbidade (art. 12, §2º).
- **Responsabilização da pessoa jurídica:** devem se considerar os efeitos econômicos e sociais das sanções, a fim de viabilizar a manutenção de suas atividades (art. 12, §3º).
- Sanções apenas poderão ser executadas após o **trânsito em julgado da sentença condenatória** (art. 12, §9º).

Indisponibilidade de bens:

- Pedido em caráter antecedente ou incidente, deferido mediante demonstração de perigo de dano irreparável ou de risco ao resultado útil do processo, desde que o juiz se convença da probabilidade da ocorrência dos atos descritos na inicial, após oitiva do réu em 5 dias (art. 16, §3º).
- A indisponibilidade poderá ser decretada sem a oitiva prévia do réu, quando o contraditório prévio puder, comprovadamente, frustrar a efetividade da medida ou houver outras circunstâncias que recomendem a proteção liminar (art. 16, §4º).
- Havendo mais de um réu, a somatória dos valores não poderá superar o montante indicado na inicial como dano ao erário ou como enriquecimento ilícito (art. 16, §5º).
- Indisponibilidade recairá sobre bens que assegurem o integral ressarcimento do dano ao erário, sem incidir sobre os valores eventualmente aplicados a título de multa civil ou sobre acréscimo patrimonial decorrente de atividade lícita (art. 16, §10).
- **Indisponibilidade de bens de terceiro:** depende de sua efetiva concorrência para os atos. Quando se tratar de pessoa jurídica, deverá haver a instauração do incidente de desconsideração da personalidade jurídica, processado na forma da lei processual (art. 16, §7º).
- **Vedações**: a) decretação de indisponibilidade até 40 salários mínimos depositados em caderneta de poupança, outras aplicações financeiras ou conta-corrente (art. 16, §13); b) decretação de indisponibilidade do bem de família, salvo se comprovado que o imóvel seja fruto de vantagem patrimonial indevida (art. 16, §14).
- **Rito (art. 17):**
- ***Legitimidade ativa*** para propor ação: De acordo com a redação do art. 17, dada pela Lei nº 14.230/2021, somente o Ministério Público poderia propor a ação de improbidade e a pessoa jurídica interessada deveria ser intimada para, caso queira, intervir no processo. Porém, nas **ADIs 7042 e 7043**, o STF decidiu, por maioria: " (a) declarar a inconstitucionalidade parcial, sem redução de texto, do caput e dos §§ 6º-A e 10-C do art. 17, assim como do caput e dos §§ 5º e 7º do art. 17-B, da Lei 8.429/1992, na redação dada pela Lei 14.230/2021, de modo a **restabelecer a existência de legitimidade ativa concorrente e disjuntiva entre o Ministério Público e as pessoas jurídicas interessadas para a propositura da ação por ato de improbidade administrativa e para a celebração de acordos de não persecução civil"**. Na mesma ação, decidiu o STF: "(b) declarar a inconstitucionalidade parcial, com redução de texto, do § 20 do art. 17 da Lei 8.429/1992, incluído pela Lei 14.230/2021, no sentido de que **não existe "obrigatoriedade de defesa judicial"; havendo, porém, a possibilidade dos órgãos da Advocacia Pública autorizarem a realização dessa representação judicial, por parte da assessoria jurídica que emitiu o parecer atestando a legalidade prévia**"
- Procedimento comum previsto no CPC, salvo o disposto na Lei.
- **Local de propositura da ação:** onde ocorrer o dano ou da pessoa prejudicada.

> Nos termos do decidido pelo STF, na Pet 3240/ DF: **Não há foro por prerrogativa de função** nas ações de improbidade administrativa contra agentes políticos. Para a Corte, o foro por prerrogativa é restrito às ações penais comuns, conforme previsão Constitucional, não se estendendo às ações de improbidade administrativa, cuja natureza é civil. Não obstante a inserção do art. 17-D na Lei de Improbidade Administrativa, que expressamente prevê que a ação de improbidade não é ação civil e que se trata de ação repressiva, de natureza sancionatória e destinada à aplicação de sanções de caráter pessoal, esse entendimento da Suprema Corte não teria porque deixar de ser aplicado porque o foro por prerrogativa de função tem lugar em ações penais.

- Estando a petição inicial em forma, o juiz mandará autuá-la e ordenará a **citação** dos requeridos para que contestem no prazo comum de 30 dias, iniciado na forma do art. 231 do CPC.
- Se houver a possibilidade de solução consensual, poderão as partes requerer ao juiz a interrupção do prazo para a contestação, por prazo não superior a 90 dias (art. 17, §10-A).
- Oferecida a contestação e, se for o caso, ouvido o autor, o juiz: a) procederá ao julgamento conforme o estado do processo, observada a eventual inexistência manifesta do ato de improbidade; b) poderá

desmembrar o litisconsórcio, com vistas a otimizar a instrução processual (art. 17, §10-B).

- Após a réplica do Ministério Público, o juiz proferirá decisão, indicando com precisão a tipificação do ato de improbidade administrativa imputável ao réu, vedada a modificação do fato principal e a capitulação legal dada pelo autor (art. 17, §10-C).
- Proferida a decisão, as partes serão intimadas a especificar as provas que pretendem produzir (art. 17, §10-E).
- Será nula a decisão de mérito, total ou parcial, que: a) condenar o requerido por tipo diverso do definido na petição inicial; b) condenar o requerido sem produção das provas por ele especificadas (art. 17, §10-F).
- Verificada a inexistência do ato de improbidade, o juiz julgará a demanda improcedente, a qualquer tempo (art. 17, §11).

ATENÇÃO! Na ação de improbidade: a) o direito tem o direito de ser interrogado sobre os fatos de que trata a ação, e a sua recusa ou o seu silêncio não implicarão confissão (art. 10, §18); b) não se aplicam: I - a presunção de veracidade dos fatos alegados pelo autor em caso de revelia; II - a imposição de ônus da prova ao réu, na forma dos §§ 1º e 2º do art. 373 do CPC; III - o ajuizamento de mais de uma ação de improbidade administrativa pelo mesmo fato, competindo ao Conselho Nacional do Ministério Público dirimir conflitos de atribuições entre membros de Ministérios Públicos distintos; IV - o reexame obrigatório da sentença de improcedência ou de extinção sem resolução de mérito.

Acordo de não persecução civil (art. 17-B)

- A lei previa somente a possibilidade da celebração do acordo pelo Ministério Público, porém essa exclusividade não tem mais aplicação porque nas ADIs 7042 e 7043.
- Possível a celebração, desde que advenham os seguintes resultados:
  a) integral ressarcimento do dano;
  b) reversão à pessoa jurídica lesada da vantagem indevida obtida, ainda que oriunda de agentes privados.
- A celebração do acordo dependerá, **cumulativamente**:
  a) da oitiva do ente federativo lesado, em momento anterior ou posterior à propositura da ação. Em face da decisão do STF nas ADIs 7042 e 7043, essa previsão fica restrita à hipótese de o autor da ação ser o Ministério Público, destacando-se que se o Ministério Público não for o autor participará do processo como fiscal da lei;
  b) da aprovação, no prazo de até 60 dias, pelo órgão do MP competente para apreciar as promoções de arquivamento de inquéritos civis, se anterior ao ajuizamento da ação. Diante da decisão do STF nas ADIs mencionadas anteriormente, essa previsão só se aplica se o autor for o Ministério Público.
  c) de homologação judicial, independentemente de o acordo ocorrer antes ou depois do ajuizamento da ação de improbidade administrativa.
- Para apuração do valor do dano, o Tribunal de Contas competente deverá ser ouvido em 90 dias, indicando os parâmetros utilizados em sua manifestação (§3º): **ATENÇÃO**! Na ADI 7236, o Min. Alexandre de Moraes deferiu medida cautelar para **suspender a eficácia** desse dispositivo!
- **Momento:** outro ponto que era objeto de dúvidas, antes da edição da Lei, dizia respeito ao momento para a celebração do acordo de não persecução civil. Pela nova redação legal, o acordo poderá ser celebrado no curso da investigação de apuração do ilícito, no curso da ação de improbidade ou no momento de execução da sentença condenatória.
- **Descumprimento:** descumprido o acordo, o investigado ficará impedido de celebrar novo pelo período de 5 anos, contado do conhecimento do MP do efetivo descumprimento.

Uso de colaboração premiada na ação de improbidade

ARE 1.175.650/PR (Tema 1.043 RG): "É constitucional a utilização da colaboração premiada, nos termos da Lei 12.850/2013, no âmbito civil, em ação civil pública por ato de improbidade administrativa movida pelo Ministério Público, observando-se as seguintes diretrizes:

1) Realizado o acordo de colaboração premiada, serão remetidos ao juiz, para análise, o respectivo termo, as declarações do colaborador e cópia da investigação, devendo o juiz ouvir sigilosamente o colaborador, acompanhado de seu defensor, oportunidade em que analisará os seguintes aspectos na homologação: regularidade, legalidade e voluntariedade da manifestação de vontade, especialmente nos casos em que o colaborador está ou esteve sob efeito de medidas cautelares, nos termos dos §§ 6º e 7º do artigo 4º da referida Lei 12.850/2013;
2) As declarações do agente colaborador, desacompanhadas de outros elementos de prova, são insuficientes para o início da ação civil por ato de improbidade;
3) A obrigação de ressarcimento do dano causado ao erário pelo agente colaborador deve ser integral, não podendo ser objeto de transação ou acordo, sendo válida a negociação em torno do modo e das condições para a indenização;
4) O acordo de colaboração deve ser celebrado pelo Ministério Público, com a interveniência da pessoa jurídica interessada e devidamente homologado pela autoridade judicial;
5) Os acordos já firmados somente pelo Ministério Público ficam preservados até a data deste julgamento, desde que haja previsão de total ressarcimento do dano, tenham sido devidamente homologados em Juízo e regularmente cumpridos pelo beneficiado."

Ação de improbidade x Ação civil

- Nos termos do art. 17-D da LIA, a ação de improbidade é repressiva, de caráter sancionatório, destinando-se à aplicação de sanções de caráter pessoal previstas na Lei. Difere-se, portanto, da ação civil e é vedado o seu ajuizamento para controle da legalidade de políticas públicas e para proteção do patrimônio público e social, do meio ambiente e outros interesses difusos, coletivos e individuais homogêneos.

Sentença

- Sentença que julgar procedente a ação fundamentada nos arts. 9º e 10 da Lei (art. 18): condenará ao ressarcimento dos danos e à perda ou reversão dos bens e valores ilicitamente adquiridos, conforme o caso, em favor da pessoa jurídica prejudicada pelo ilícito.

- Para apuração do valor: serão descontados os serviços efetivamente prestados.
- Parcelamento: o juiz poderá autorizar o parcelamento em até 48 parcelas mensais se o réu demonstrar incapacidade de saldar o débito decorrente da condenação.

Afastamento do agente público

- Autoridade judicial poderá determinar o afastamento do agente público do exercício do cargo, emprego ou função, sem prejuízo da remuneração, quando a medida for necessária à instrução processual ou para evitar a prática de novos ilícitos, pelo período de 90 dias, prorrogáveis uma vez por igual período (art. 20).
- **Sentenças civis e penais:** produzirão efeitos em relação à improbidade quando concluírem pela inexistência de conduta ou negativa de autoria (art. 21, §3º).
- **Absolvição criminal**: ação que discuta os mesmos fatos, confirmada por decisão colegiada, impede o trâmite da ação de improbidade, comunicando-se os fundamentos da absolvição previstos no art. 386 do CPP (art. 21, §4º). ATENÇÃO! Na ADI 7236, o Min. Alexandre de Moraes deferiu medida cautelar para **suspender a eficácia** desse dispositivo!
- **Sanções aplicadas em outras esferas:** devem ser compensadas com as aplicadas por esta lei (art. 21, §5º).

Prescrição (art. 23)

- **8 anos,** contados da ocorrência do fato ou, no caso de infrações permanentes, no dia em que cessou a permanência.
- **Suspensão da prescrição:** instauração de inquérito civil ou processo administrativo para apuração dos ilícitos suspende o curso do prazo prescricional pelo prazo máximo de 180 dias corridos, recomeçando a correr após a sua conclusão ou, caso não concluído, esgotado o prazo de suspensão.
- **Interrupção do prazo prescricional (art. 23, §4º):**

a) Ajuizamento da ação de improbidade administrativa;

b) publicação da sentença condenatória;

c) publicação da decisão ou acórdão de TJ ou TRF que confirma sentença condenatória ou reforma sentença de improcedência;

d) publicação da decisão ou acórdão do STJ que confirma acórdão condenatório ou reforma acórdão de improcedência;

e) publicação de decisão ou acórdão do STF que confirma acórdão condenatório ou reforma acórdão de improcedência.

- Interrompida a prescrição, o prazo recomeça do dia de interrupção, pela metade do prazo de 8 anos.

  STF 843989: "(...) 4) O novo regime prescricional previsto na Lei 14.230/2021 é IRRETROATIVO, aplicando-se os novos marcos temporais a partir da publicação da lei"
- **Capacitação:** dever do poder público oferecer contínua capacitação aos agentes públicos e políticos que atuem com prevenção e repressão de atos de improbidade administrativa (art. 23-A).

Custas e honorários (art. 23-B)

- Não haverá adiamento de custas, preparo, emolumentos, honorários periciais e quaisquer outras despesas nas ações e acordos regidos pela lei.
- No caso de procedência da ação, as custas e demais despesas processuais serão pagas ao final.
- Havendo má-fé, haverá condenação em honorários sucumbenciais.

Improbidade e partidos políticos (art. 23-C).

"Os atos que ensejem enriquecimento ilícito, perda patrimonial, desvio, apropriação, malbaratamento ou dilapidação de recursos públicos dos partidos políticos, ou de suas fundações, serão responsabilizados nos termos da Lei nº 9.096, de 19 de setembro de 1995". ATENÇÃO! NA ADI 7236, o Min. Alexandre de Moraes deferiu medida cautelar para dar interpretação conforme a esse dispositivo "no sentido de que os atos que ensejem enriquecimento ilícito, perda patrimonial, desvio, apropriação, malbaratamento ou dilapidação de recursos públicos dos partidos políticos, ou de suas fundações, poderão ser responsabilizados nos termos da Lei 9.096/1995, **mas sem prejuízo da incidência da Lei de Improbidade Administrativa**".

STF ADIs 7042 e 7043: "O Tribunal, por maioria, julgou parcialmente procedentes os pedidos formulados na ação direta para: (a) declarar a inconstitucionalidade parcial, sem redução de texto, do caput e dos §§ 6º-A e 10-C do art. 17, assim como do caput e dos §§ 5º e 7º do art. 17-B, da Lei 8.429/1992, na redação dada pela Lei 14.230/2021, de modo a restabelecer a existência de legitimidade ativa concorrente e disjuntiva entre o Ministério Público e as pessoas jurídicas interessadas para a propositura da ação por ato de improbidade administrativa e para a celebração de acordos de não persecução civil; (b) declarar a inconstitucionalidade parcial, com redução de texto, do § 20 do art. 17 da Lei 8.429/1992, incluído pela Lei 14.230/2021, no sentido de que não existe "obrigatoriedade de defesa judicial"; havendo, porém, a possibilidade dos órgãos da Advocacia Pública autorizarem a realização dessa representação judicial, por parte da assessoria jurídica que emitiu o parecer atestando a legalidade prévia"

STF ARE 843989 (Tema 1199): "1) É necessária a comprovação de responsabilidade subjetiva para a tipificação dos atos de improbidade administrativa, exigindo-se - nos artigos 9º, 10 e 11 da LIA - a presença do elemento subjetivo - DOLO; 2) A norma benéfica da Lei 14.230/2021 - revogação da modalidade culposa do ato de improbidade administrativa -, é IRRETROATIVA, em virtude do artigo 5º, inciso XXXVI, da Constituição Federal, não tendo incidência em relação à eficácia da coisa julgada; nem tampouco durante o processo de execução das penas e seus incidentes; 3) A nova Lei 14.230/2021 aplica-se aos atos de improbidade administrativa culposos praticados na vigência do texto anterior da lei, porém sem condenação transitada em julgado, em virtude da revogação expressa do texto anterior; devendo o juízo competente analisar eventual dolo por parte do agente; 4) O novo regime prescricional previsto na Lei 14.230/2021 é IRRETROATIVO, aplicando-se os novos marcos temporais a partir da publicação da lei"".

DIREITO PENAL

Danilo da Cunha Sousa

1. PRINCÍPIOS PENAIS E CONSTITUCIONAIS

- A concepção moderna de Direito Penal o conceitua como conjunto de normas que visam limitar a pretensão punitiva do Estado em favor dos direitos e garantias do acusado.
- A Constituição Federal estabeleceu um rol de direitos e garantias de natureza penal.
- **Princípio da reserva legal e da anterioridade**: não há crime sem lei anterior que o defina, nem pena sem prévia cominação legal.
- **Princípio da irretroatividade da norma penal**: a lei penal não retroagirá, salvo para beneficiar o réu;
- **Inafiançabilidade do crime de racismo**: a prática do racismo constitui crime inafiançável e imprescritível, sujeito à pena de reclusão, nos termos da lei;
- **Crimes Hediondos**: a lei considerará crimes inafiançáveis e insuscetíveis de graça ou anistia a prática da tortura, o tráfico ilícito de entorpecentes e drogas afins, o terrorismo e os definidos como crimes hediondos, por eles respondendo os mandantes, os executores e os que, podendo evitá-los, se omitirem.
- **Inafiançabilidade dos crimes contra a ordem constitucional e o Estado Democrático**: constitui crime inafiançável e imprescritível a ação de grupos armados, civis ou militares, contra a ordem constitucional e o Estado Democrático;
- **Princípio da intranscendência da pena**: nenhuma pena passará da pessoa do condenado, podendo a obrigação de reparar o dano e a decretação do perdimento de bens ser, nos termos da lei, estendidas aos sucessores e contra eles executadas, até o limite do valor do patrimônio transferido;
- **Princípio da individualização da pena**: a lei regulará a individualização da pena e adotará, entre outras, as seguintes: a) privação ou restrição da liberdade; b) perda de bens; c) multa; d) prestação social alternativa; e) suspensão ou interdição de direitos.
- **Princípio da vedação das penas cruéis ou humanitário**: não haverá penas: a) de morte, salvo em caso de guerra declarada, nos termos do art. 84, XIX. CF; b) de caráter perpétuo; c) de trabalhos forçados; d) de banimento; e) cruéis.
- **Princípio da individualização da execução da pena**: a pena será cumprida em estabelecimentos distintos, de acordo com a natureza do delito, a idade e o sexo do apenado.
- **Princípio da integridade física e moral do preso**: é assegurado aos presos o respeito à integridade física e moral.
- **Princípio da integridade física e moral da presa**: às presidiárias serão asseguradas condições para que possam permanecer com seus filhos durante o período de amamentação.

2. INTERPRETAÇÃO E INTEGRAÇÃO DA LEI PENAL

- A **norma penal incriminadora**, como implica restrição do direito de liberdade de ir e vir, deve ser interpretada **restritivamente**.
- **Interpretação extensiva:** busca o verdadeiro alcance da norma. O intérprete analisa um caso, a norma que regula esse caso, e procura entender qual o alcance e a elasticidade dela. A jurisprudência do STJ é no sentido de que não é admitida no direito brasileiro em face do princípio da reserva legal.
- **Interpretação analógica:** é autorizada pelo próprio legislador que, de início, estabelece a casuística e, em seguida, estabelece cláusula aberta. Exemplo: mediante paga ou promessa de recompensa, ou por **outro motivo torpe** (art. 121, § 2º, I, CP).

2.1. ANALOGIA

- Analogia é o método de **integração da norma**, em que se aplica, a uma hipótese não regulada por lei, a legislação de um caso semelhante.
- **Analogia em norma penal incriminadora ou *in malam partem***: é aquela aplicada em desfavor do réu. É **vedada em matéria penal**.
- **Analogia *in bonam partem***: é aquela aplicada em favor do réu. É **admitida em matéria penal**.
- Por exemplo: não é punido o aborto praticado por médico com o consentimento da gestante, se a gravidez for resultado de estupro. Se, em um local remoto em que não haja médico, não será punido o aborto praticado por uma enfermeira, se presentes os demais requisitos.

3. CONFLITO APARENTE DE NORMAS PENAIS

- **Conflito aparente de normas**: a um fato concreto aplica-se uma única norma. Pode ocorrer que, aparentemente, mais de uma lei pode ser aplicada a um fato, o que deve ser resolvido pelas técnicas de resolução do conflito.

Princípios	Características
Especialidade	Há uma norma especial que afasta a aplicação geral. Especial é a norma que reúne todos os elementos da norma geral, acrescidos de alguns outros denominados especializantes.
Subsidiariedade	A norma subsidiária afasta a aplicação da norma principal, ambas a tutelar o mesmo bem jurídico. Essa relação se revela pela análise do fato concreto
Consunção	A norma definidora de um crime é meio necessário ou fase normal de preparação ou execução de outro crime. Tem-se o fato anterior ou posterior impunível, porque fase preparatória ou consequência lógica para a realização do crime.

4. APLICAÇÃO DA LEI PENAL

4.1. A LEI PENAL NO TEMPO E NO ESPAÇO

- Princípio da **irretroatividade da norma penal:** a norma penal não retroage, exceto para beneficiar o réu.
- A qualquer tempo, mesmo depois de condenação transitada em julgado a sentença penal condenatória ou já extinta a punibilidade por qualquer motivo, inclusive, cumprimento de pena, a norma penal mais benéfica é aplicada.
- ***Abolitio criminis***: a norma deixa de considerar determinado fato como crime. Nesse caso, aplica-se a nova norma aos fatos ocorridos antes do início de sua vigência.
- Mas, não se aplica a lei penal posterior mais gravosa. Assim, se norma superveniente prevê penas mais severas a determinada conduta, não se aplica aos fatos ocorridos no passado, havendo ultratividade da norma penal mais benéfica, apesar de revogada.
- Exceções: **lei excepcional ou temporária**, embora decorrido o período de sua duração ou cessadas as circunstâncias que a determinaram, aplica-se ao fato praticado durante sua vigência.
- **Exemplo**: durante a guerra, promulga-se lei que incrimina o desperdício de água potável. Encerrado o evento excepcional, essa lei deixa de ter vigência e tal conduta deixa de ser considerada crime. Mesmo assim, por ser considerada lei excepcional, essa norma penal goza de ultratividade, apesar de ser norma penal mais gravosa.
- **Princípio da territorialidade:** se aplica a lei brasileira aos crimes cometidos no território nacional, ou seja, o espaço territorial em que o Brasil é soberano.

EXTENSÃO DO TERRITÓRIO NACIONAL	*i.* as embarcações e aeronaves brasileiras, de natureza pública ou a serviço do governo brasileiro, em qualquer lugar que se encontre; *ii.* as embarcações e aeronaves brasileiras, de natureza mercantil ou privada, que se achem respectivamente em alto-mar ou no espaço aéreo correspondente; *iii.* aeronaves e embarcações estrangeiras de propriedade privada, se estiverem sobre o território nacional, em aeroporto ou porto, ou no espaço aéreo ou marítimo (art. 5º, §§ 1º e 2º, do Código Penal).

- **Atenção**: se um crime é cometido em embarcação estrangeira particular, quando está em porto nacional, como o de Santos, aplica-se a lei brasileira por força do princípio da territorialidade, pois tal embarcação é considerada extensão do território nacional. Não se trata de aplicação do princípio da extraterritorialidade.
- **Princípio da extraterritorialidade**: em razão de determinadas circunstâncias, como de pessoas envolvidas ou dos bens jurídicos atingidos, aplica-se a lei brasileira, ainda que o fato tenha acontecido no exterior (art. 7º do Código Penal). É o caso de homicídio contra o Presidente da República praticado no exterior.

4.2. TEMPO E LUGAR DO CRIME

- **Tempo do crime:** art. 4º do Código Penal: adotou a teoria da **atividade**: considera-se praticado o crime no momento da ação ou da omissão, ainda que seja outro o do resultado.
- Se o agente tem 17 anos no dia em que atirou na vítima, que só veio a falecer dois meses depois, quando o autor do fato já completou 18 anos, este não responde penalmente.
- **Lugar do crime**: art. 6º do Código Penal: adotou a teoria da **ubiquidade:** considera-se praticado o crime no lugar em que ocorreu a ação ou omissão, no todo ou em parte, bem como onde se produziu ou deveria produzir o resultado.

4.3. LEI PENAL EXCEPCIONAL, ESPECIAL E TEMPORÁRIA

- **Lei excepcional:** é aquela adotada em razão de um fato extraordinário, como a guerra ou terremoto.
- **Lei temporária**: é aquela adotada durante período de tempo determinado.
- **Lei especial:** é a norma penal não prevista no Código Penal, como os crimes eleitorais do Código Eleitoral.

4.4. TERRITORIALIDADE E EXTRATERRITORIALIDADE DA LEI PENAL

A aplicação da lei penal está relacionada à soberania do Estado e, portanto, incide aos limites de seu território. Excepcionalmente, a lei penal brasileira se aplica a fatos ocorridos no exterior.

Espécies	Características	Hipóteses	Condições
Extraterritorialidade incondicionada	A lei brasileira se aplica aos fatos praticados no exterior, independentemente de qualquer condição	os crimes: a) contra a vida ou a liberdade do Presidente da República; b) contra o patrimônio ou a fé pública da União, do Distrito Federal, de Estado, de Território, de Município, de empresa pública, sociedade de economia mista, autarquia ou fundação instituída pelo Poder Público; c) contra a administração pública, por quem está a seu serviço; d) de genocídio, quando o agente for brasileiro ou domiciliado no Brasil.	INEXISTEM
Extraterritorialidade condicionada	A aplicação da lei brasileira depende do concurso de diversas condições	I – os crimes: a) que, por tratado ou convenção, o Brasil se obrigou a reprimir; b) praticados por brasileiro; c) praticados em aeronaves ou embarcações brasileiras, mercantes ou de propriedade privada, quando em território estrangeiro e aí não sejam julgados. II- crime cometido por estrangeiro contra brasileiro fora do Brasil	a) entrar o agente no território nacional; b) ser o fato punível também no país em que foi praticado; c) estar o crime incluído entre aqueles pelos quais a lei brasileira autoriza a extradição; d) não ter sido o agente absolvido no estrangeiro ou não ter aí cumprido a pena; e) não ter sido o agente perdoado no estrangeiro ou, por outro motivo, não estar extinta a punibilidade, segundo a lei mais favorável.

4.5. PENA CUMPRIDA NO ESTRANGEIRO

- **Pena cumprida no estrangeiro**: é causa de **detração penal**: porque atenua a pena imposta no Brasil pelo mesmo crime, quando diversas, ou nela é computada, quando idênticas.

4.6. TRANSFERÊNCIA DE EXECUÇÃO DE PENA

- **Nenhum brasileiro será extraditado**, salvo o naturalizado, em caso de crime comum, praticado antes da naturalização, ou de comprovado envolvimento em tráfico ilícito de entorpecentes e drogas afins, na forma da lei (art. 5º, LI, CF/88).
- Se um brasileiro nato for condenado por cometer crime na Itália, por exemplo, e estiver em território brasileiro, não poderá ser extraditado. Mas, a Itália poderá requerer que a pena seja cumprida no Brasil.

Requisitos para o cumprimento de pena	a) hipóteses em que couber solicitação de extradição executória; b) observado o princípio do non bis in idem; c) o condenado em território estrangeiro for nacional ou tiver residência habitual ou vínculo pessoal no Brasil; d) a sentença tiver transitado em julgado; e) a duração da condenação a cumprir ou que restar para cumprir for de, pelo menos, 1 (um) ano, na data de apresentação do pedido ao Estado da condenação; f) o fato que originou a condenação constituir infração penal perante a lei de ambas as partes; e g) houver tratado ou promessa de reciprocidade; h) respeitado o que determina o CP.

4.7. IRRETROATIVIDADE DA LEI PENAL

- A irretroatividade da norma penal é uma garantia constitucional: **a lei penal não retroagirá, salvo para beneficiar o réu.**
- Assim, não retroagem as normas que instituem crime, aumentam pena, criam causa de aumento de pena, etc.
- Retroagem as normas que deixam de considerar crime um determinado fato (*abolitio criminis*), diminuem pena, alteram pena de reclusão por detenção, etc.

5. TEORIA DO DELITO

- **Conceito analítico:** crime é fato **típico, antijurídico e culpável.** Embora, haja entendimento de que crime é fato típico e antijurídico, sendo a culpabilidade elemento que incide sobre a reprovabilidade da pessoa, não do fato.
- **Crimes Comuns**: É o que pode ser praticado por qualquer pessoa (lesão corporal, estelionato, furto).
- **Crimes Próprios**: São aqueles que exigem ser o agente portador de uma capacidade ou qualidade especial.
- **Crime de Mão Própria**: Distinguem-se dos delitos próprios porque estes não são suscetíveis de ser cometidos por um número limitado de pessoas, que podem, no entanto, valer-se de outras para executá-los, enquanto nos delitos de mão própria – embora passíveis de serem cometidos por qualquer pessoa – ninguém os pratica por intermédio de outrem.
- **Crimes Materiais**: Há necessidade de um resultado externo à ação, descrito na lei, e que se destaca lógica e cronologicamente da conduta.
- **Crimes Formais**: Não há necessidade de realização daquilo que é pretendido pelo agente, e o resultado jurídico previsto no tipo ocorre ao mesmo tempo em que se desenrola a conduta. A lei antecipa o resultado no tipo; por isso, são chamados crimes de conduta antecipada.
- **Crimes de Mera Conduta**: A Lei não exige qualquer resultado naturalístico, contentando-se com a ação ou omissão do agente. Não sendo relevante o resultado material, há uma ofensa (de dano ou de perigo) presumida pela lei diante da prática da conduta.
- **Crimes Comissivos**: São os que exigem, segundo o tipo penal objetivo, em princípio, uma atividade positiva do agente, um fazer. Na rixa (art. 137) será o "participar"; no furto (art. 155) o "subtrair" etc.
- **Crimes Omissivos**: São os que objetivamente são descritos com uma conduta negativa, de não fazer o que a lei determina, consistindo a omissão na transgressão da norma jurídica e não sendo necessário qualquer resultado naturalístico. Ex: Não prestar assistência a uma pessoa ferida (omissão de socorro, art. 135).
- **Crimes Comissivos por Omissão**: A omissão consiste na transgressão do dever jurídico de impedir o resultado, praticando-se o crime que, abstratamente, é comissivo. Ex: Mãe que deixa de amamentar ou cuidar do filho causando-lhe a morte.
- **Crimes Instantâneos**: É aquele que, uma vez consumado, está encerrado, a consumação não se prolonga. Isso não quer dizer que a ação seja rápida, mas que a consumação ocorre em determinado momento e não mais prossegue. Ex: Homicídio.
- **Crimes Permanentes**: A consumação se prolonga no tempo, dependente da ação do sujeito ativo. Ex: Cárcere privado (art. 148).
- **Crimes Instantâneos de Efeitos Permanentes**: Ocorrem quando, consumada a infração em dado momento, os efeitos permanecem, independentemente da vontade do sujeito ativo. Na bigamia (art. 235), não é possível aos agentes desfazer o segundo casamento.

ESCOLAS DA TEORIA GERAL DO CRIME	SÍNTESE
NATURALISMO OU CLASSICISMO	Tem como principal teórico **von Liszt**. Busca fundamento no positivismo jurídico, em que se afastam considerações éticas, sociais, políticas ou filosóficas, com subordinação exclusiva ao Direito Positivo. A conduta é o comportamento corporal (ação) que produz resultado no mundo exterior. O tipo penal e antijuridicidade são objetivos. Já a culpabilidade é subjetiva, pois, nela se situam o dolo e a culpa. Tem dificuldades em explicar os crimes omissivos, culposos, formais, de mera conduta e tentados.
NEOKANTISMO OU NEOCLASSICISMO	Tem como principais teóricos **Radbruch** e **Sauer**. Não é uma ruptura completa com o positivismo, mas busca superar o pensamento meramente formal e introduzir elementos valorativos (axiológicos) e finalísticos (teleológicos) do Direito. O tipo penal passa a ter elementos normativos (conteúdo de valor) e subjetivos. A antijuridicidade deixa de ser meramente formal, exigindo-se efetiva lesão ao bem jurídico tutelado (antijuricidade material). Já a culpabilidade continua subjetiva, pois, nela se situam o dolo e a culpa, mas se acrescenta a reprovabilidade. Tem dificuldades em explicar os crimes omissivos, formais, de mera conduta e tentados.

ESCOLAS DA TEORIA GERAL DO CRIME	SÍNTESE
FINALISMO	Tem como principal teórico **Welzel**. Rompe em definitivo com o positivismo. **A ação humana** é **exercício de atividade final**. A conduta é voltada a uma finalidade previsível pelo saber humano. Com o finalismo o dolo e a culpa são deslocados para o tipo penal do injusto, enquanto a culpabilidade passa a ser meramente objetiva, consistindo em juízo de reprovabilidade. As grandes contribuições do finalismo foram introduzir a finalidade da conduta e representação (previsibilidade) do resultado, como elementos do injusto e concepção mais adequada dos tipos penais, principalmente, na distinção entre tipo culposo e tipo doloso.
FUNCIONALISMO DUALISTA	Tem como principal teórico **Roxin**. O Direito Penal não pode ser reduzido a questões meramente ontológicas, sendo que é produto de escolhas de políticas criminais, não só sob o ponto de vista da escolha dos bens jurídicos a serem tutelados por ele, como ainda como limitação constitucional do poder punitivo estatal, priorizando-se valores e
FUNCIONALISMO DUALISTA	princípios garantistas. À finalidade da conduta, somam-se critérios de **imputação objetiva**, em que se investiga se a conduta representa ou não uma realização típica de um **risco permitido**.
FUNCIONALISMO MONISTA	Tem como principal teórico **Jakobs**. Diferencia-se do funcionalismo dualista, porque este busca limitações fora do sistema penal, enquanto o monista defende que o sistema penal tem seus limites internamente, sem parâmetros em outras áreas do conhecimento jurídico. Para Jakobs, devem ser afastadas valorações não normativas-penais, sendo o Direito Penal um sistema fechado, o que dificulta qualquer tentativa de

ESCOLAS DA TEORIA GERAL DO CRIME	SÍNTESE
FUNCIONALISMO MONISTA	limitação do poder punitivo estatal, deixando de lado a tutela dos reais interesses da sociedade, para dar ênfase a interesses meramente simbólicos. Ressalta a função da pena, como mecanismo de defesa de valores da sociedade. Àqueles que negam a existência do ordenamento jurídico e do próprio Estado, como terroristas, não se merece qualquer tutela do sistema penal.

5.1. TEORIA DO TIPO. O FATO TÍPICO E SEUS ELEMENTOS

- **Fato típico**: é o fato descrito na norma penal como crime.

São elementos do fato típico	(a) Conduta; (b) Resultado; (c) Nexo de causalidade; (d) Tipicidade.

5.1.1. CONDUTA

- **Conduta**: é o comportamento humano, comissivo ou omissivo, voltado para a prática de um fato definido em lei como típico.
- **Elementos objetivos da conduta**: é a descrição da conduta pelo tipo penal. Há crimes comissivos e crimes omissivos.
- **Crimes comissivos**: descreve uma ação, uma conduta positiva. Exemplo: Provocar aborto com o consentimento da gestante.
- **Crimes omissivos**: descreve uma omissão, uma conduta negativa. Exemplo: Calar a verdade como testemunha.
- **Crimes omissivos próprios**: o fato típico é uma omissão. Por exemplo, crime de omissão de socorro.
- **Crimes omissivos impróprios**: o fato típico é uma conduta positiva, mas o resultado pode ser obtido por omissão, como, no caso, de homicídio, em que o salva-vidas deixa a vítima se afogar deliberadamente.
- Nos crimes omissivos impróprios, a conduta só é relevante para o Direito Penal, se o agente **podia e tinha o dever de evitar o resultado.**

Dever evitar o resultado em crimes omissivos	a) tenha por lei obrigação de cuidado, proteção ou vigilância; b) de outra forma, assumiu a responsabilidade de impedir o resultado; c) com seu comportamento anterior, criou o risco da ocorrência do resultado.

PENAL

- **Elemento subjetivo do tipo penal**: se refere à vontade do agente. No direito penal contemporâneo, veda-se a responsabilidade penal objetiva. Só são relevantes ao direito penal as condutas culposas: dolo ou culpa em sentido estrito.
- De acordo com a teoria finalista, o **dolo** e a **culpa** são elementos da conduta.

Teorias do dolo	• **teoria da vontade:** há dolo direto quando há vontade consciente de querer praticar a infração penal; • **teoria da representação:** o agente prevê o resultado como possível e ainda assim opta por continuar a conduta (esta teoria abrange tanto o dolo eventual quanto a culpa consciente). • **teoria do consentimento ou assentimento:** há dolo quando o agente prevê o resultado como possível e ainda assim continua na prática assumindo o risco de produzi-lo.

- **Dolo direto**: é a vontade de, por meio de conduta, produzir o resultado previsto em lei como crime. Teoria da vontade.
- **Dolo eventual**: o agente não tem como finalidade a produção do resultado, mas, diante de sua conduta, assume o risco de produzi-lo, sem se importar que ele advenha. Teoria do assentimento.
- **Culpa**: é a conduta do agente que por **imprudência, negligência** ou **imperícia** produz o resultado.
- **Culpa inconsciente:** objetivamente, é previsível que a conduta vai produzir o resultado típico. Mas, em decorrência de imprudência, imperícia ou negligência, subjetivamente, o agente não prevê a produção do resultado.
- **Culpa consciente**: o agente prevê o advento do resultado típico, mas, mesmo assim, continua em sua conduta.

Dolo eventual	Culpa consciente
O agente prevê o resultado e assume o risco de produzi-lo, pouco se importando que ele advenha	O agente prevê o resultado, mas acredita sinceramente que pode evitá-lo

- **Crime preterdoloso:** preverem uma conduta inicial dolosa e um resultado adicional culposo, que justifica o agravamento da sanção.
- Exemplo: lesão corporal seguida de morte. O dolo do agente era praticar lesão corporal, mas por culpa sua a vítima falece.
- **Crime progressivo** é aquele realizado mediante um único ato ou atos que compõem único contexto. Em outras palavras, ocorre quando o agente, para alcançar um resultado mais grave, passa necessariamente por uma conduta inicial que produz um evento menos grave.
- Exemplo: para provocar o homicídio (crime mais grave), é preciso que o agente provoque lesão corporal (crime menos grave).
- A **progressão criminosa** é aquela realizada mediante dois atos, dois movimentos, ou seja, quando o agente inicia um comportamento que configura um crime menos grave, porém, ainda dentro do mesmo *inter criminis*, resolve praticar uma infração mais grave, que pressupõe a primeira.
- **Exemplo:** inicialmente, o agente visa apenas cometer crime de lesão corporal e depois muda seu intento e comete crime de homicídio, respondendo por este.

5.1.2. RELAÇÃO DE CAUSALIDADE. TEORIAS. IMPUTAÇÃO OBJETIVA

- Nexo causal é o vínculo existente entre a conduta do agente e o resultado por ela produzido.

Teorias	• **da equivalência das condições ou equivalência dos antecedentes ou *conditio sine que non***: quaisquer das condutas que compõem a totalidade dos antecedentes é causa do resultado;
Teorias	• **da causalidade adequada:** considera causa do evento apenas a ação ou omissão do agente apta e idônea a gerar o resultado; • **imputação objetiva**: para que uma conduta seja considerada causa do resultado é preciso que: 1) o agente tenha, com sua ação ou omissão, criado, realmente, um risco não tolerado nem permitido ao bem jurídico; ou 2) que o resultado não fosse ocorrer de qualquer forma, ou; 3) que a vítima não tenha contribuído com sua atitude irresponsável ou dado seu consentimento para a ocorrência do resultado.

- O CP adotou a teoria da conditio *sine qua non*, cujo problema é a possibilidade de regresso ao infinito para se determinador um evento como causa.
- Esse problema é resolvido pelo **processo de eliminação hipotética de Thyrén**: no campo mental da cogitação e suposições, o aplicador deve proceder a eliminação da conduta do sujeito ativo para concluir pela persistência ou desaparecimento do resultado. Persistindo o resultado não é causa, desaparecendo é causa.
- Nexo causal é o vínculo existente entre a conduta do agente e o resultado por ela produzido.
- O CP adotou a teoria da *conditio sine qua non*, cujo problema é a possibilidade de regresso ao infinito para se determinar um evento como causa.
- Esse problema é resolvido pelo **processo de eliminação hipotética**: no campo mental da cogitação e suposições, o aplicador deve proceder à eliminação da conduta do sujeito ativo para concluir pela persistência ou desaparecimento do resultado. Persistindo o resultado não é causa, desaparecendo é causa.

- No art. 13, § 1º, CP, que cuida de **superveniência de causa independente,** adotou-se a **teoria da causalidade adequada**.
- **Concausas:** concurso de fatores (preexistentes, concomitantes ou supervenientes) que, paralelamente ao comportamento do agente, são capazes de modificar o curso natural do resultado.

Concausas	Momento	Nexo de causalidade
Absolutamente independente	Preexistente Concomitante Superveniente	Há rompimento
Relativamente independente	Preexistente Concomitante	Não há rompimento
Relativamente independente	Superveniente	Há rompimento, se o evento posterior não se encontra na linha evolutiva esperada pela conduta do agente. Não há rompimento, se o evento posterior se encontra na linha evolutiva esperada pela conduta do agente.

5.1.3. TIPICIDADE

- Tipicidade é a subsunção (adequada) da conduta praticada pela pessoa em um tipo penal.
- A conduta só será punível se houver tipicidade formal e tipicidade material.
- **Tipicidade formal:** é a adequação da conduta ao tipo penal descrito na norma.
- **Tipicidade material:** é a conduta relevante penalmente que efetivamente violam o objeto jurídico tutelado pela norma penal.

Excluem a tipicidade	a) **PRINCÍPIO DA LESIVIDADE** - a conduta que não provoca sequer ameaça de lesão ao bem jurídico; b) **PRINCÍPIO DA INSIGNIFICÂNCIA**: a conduta que provoca uma lesão irrelevante ao bem jurídico; c) **PRINCÍPIO DA ADEQUAÇÃO SOCIAL**: a conduta que é socialmente adequada. Exemplo: furar a orelha de um bebê. d) **PRINCÍPIO DA ALTERIDADE:** a conduta que não lesa bens jurídicos de terceiros. Exemplo: o suicídio, a prostituição, a autolesão, destruição de coisa própria.

- **Requisitos do princípio da insignificância segundo o STF**: a) mínima ofensividade da conduta; b) a ausência de periculosidade social da ação; c) o reduzido grau de reprovabilidade do comportamento; d) a inexpressividade da lesão jurídica.
- "O princípio da insignificância é aplicável ao crime de contrabando de cigarros quando a quantidade apreendida não ultrapassar 1.000 (mil) maços, seja pela diminuta reprovabilidade da conduta, seja pela necessidade de se dar efetividade à repressão ao contrabando de vulto, excetuada a hipótese de reiteração da conduta, circunstância apta a indicar maior reprovabilidade e periculosidade social da ação" (Tese n. 1.143 – STJ).
- "Na espécie, trata-se de situação que não atrai a incidência excepcional do princípio da insignificância, uma vez que, apesar do valor da res furtiva não superar o percentual de 10% (dez por cento) do salário mínimo vigente à época dos fatos - 12 (doze) frascos de desodorante no valor total de R$ 127,00 (cento e vinte e sete reais), o recorrente é reincidente específico na prática de crime doloso contra o patrimônio, além disso ostenta outras anotações recentes, conforme consta na sentença e nas Certidões de Antecedentes Criminais acostadas aos autos, o que afasta o reduzido grau de reprovabilidade da conduta, não sendo possível do princípio da bagatela, demonstrando a reprovabilidade da conduta." (STJ - AgRg no REsp 1970812/SP).

6. ANTIJURICIDADE

- **Ilicitude**: a conduta do agente é contrária ao direito.
- **Excludentes de ilicitude ou de antijuricidade**: a conduta do agente é típica, ou seja, se "encaixa" em um fato descrito como crime pela lei. Mas há uma circunstância, no caso concreto, que torne essa conduta **lícita,** o que faz com que ele não responda penalmente por tal fato.
- **São excludentes de ilicitude**: legítima defesa, estado de necessidade, estrito cumprimento do dever legal e exercício regular de um direito (arts. 23 a 25 do Código Penal).
- **Legítima defesa**: Entende-se em legítima defesa quem, usando moderadamente dos meios necessários, repele injusta agressão, atual ou iminente, a direito seu ou de outrem.

Requisitos da legítima defesa	• Uso moderado; • Meios necessários; • Contra agressão atual e iminente; • Defesa de direito seu ou de outrem.

- **Legítima defesa putativa**: ocorre no caso em que o agente, por erro, reage a agressão inexistente. Há, no caso, erro de permissão e, como não há poten-

PENAL

cial consciência de ilicitude, há exclusão de culpabilidade.

- **Legítima defesa sucessiva**: ocorre no caso em que o agente reage ao excesso culposo ou doloso de quem, incialmente, se defendia contra ele. Exemplo: "A" agride "B" que, incialmente, se defende legitimamente. "B", na continuidade de sua conduta, por excesso, desfere um golpe de faca contra "A", que, legitimamente, reage a "B", quebrando-lhe o braço, no qual estava a faca.
- **Legítima defesa de legítima defesa**: é logicamente impossível, pois um dos requisitos da legítima defesa é que a agressão seja injusta. Ora, se a agressão decorre de exercício de legítima defesa, não se pode ter que ela seja injusta. Admite-se a legítima defesa contra agressão decorrente de legítima defesa putativa.
- **O Pacote Anticrime acrescentou o parágrafo único ao art. 25, CP, que estabelece que "considera-se também em legítima defesa o agente de segurança pública que repele agressão ou risco de agressão a vítima mantida refém durante a prática de crimes".**
- **Estado de necessidade**: Considera-se em estado de necessidade quem pratica o fato para salvar de perigo atual, que não provocou por sua vontade, nem podia de outro modo evitar, direito próprio ou alheio, cujo sacrifício, nas circunstâncias, não era razoável exigir-se.
- **Distinção entre legítima defesa e estado de necessidade**: em ambos, há uma reação a uma agressão ao bem jurídico. No entanto, na legítima defesa, a reação se volta contra a pessoa autora da agressão injusta, enquanto, no estado de necessidade, em regra, a reação se dá contra um objeto (um carro, um cão etc.), cujo titular não ocasionou o perigo intencionalmente. Excepcionalmente, a reação no estado de necessidade se volta contra uma pessoa, cuja conduta é lícita, porque, se fosse ilícita, haveria legítima defesa.
- **Estrito cumprimento do dever legal**: compreende as normas e princípios relativos à atuação de quem, sob comando legal, pratica conduta descrita em um tipo legal.
- Exemplo: o soldado do corpo de bombeiros que destrói a parede de uma casa (tipo do dano) para salvar a vítima. É uma conduta típica, porém lícita.
- **Exercício regular de direito**: compreende ações do cidadão comum autorizadas pela existência de direito definido em lei e condicionadas a regularidade do exercício desse direito.
- Exemplo: o proprietário que imediatamente afasta com as próprias mãos a turbação à posse do imóvel. No caso, a conduta é típica (exercício arbitrário das próprias razões), mas é lícita, porque abrigado pelo Direito Civil.

6.1. CULPABILIDADE

- **Culpabilidade**: é o juízo de reprovação que recai sobre a pessoa que cometeu um fato típico e antijurídico.
- **Excludentes de culpabilidade**: o agente comete um fato típico e antijurídico, mas, diante de uma situação que justifique a sua conduta, deixa de ser punido.
- Por exemplo, uma pessoa de quinze anos mata outra pessoa. Seu fato é típico (art. 121 do Código Penal), ilícito (não agiu em legítima defesa ou outra excludente de ilicitude), mas há uma circunstância que impede a aplicação da sanção penal, qual seja a menoridade.
- **Requisitos da culpabilidade**: imputabilidade (no que se inclui a maioridade), potencial consciência da ilicitude do fato e exigibilidade de conduta diversa.
- **Imputabilidade**: é a possibilidade jurídica de alguém ser responsabilizado penalmente.
- **O MENOR DE DEZOITO ANOS É INIMPUTÁVEL.**
- Outro fator de inimputabilidade é a doença mental, que, conforme o grau, pode tornar o agente inimputável ou imputável.

Situação pessoal do agente	Característica	Sanção penal
Imputável	**Inteiramente capaz** de entender o caráter ilícito do fato e de se autodeterminar	Pena.
Semi-imputável	**Parcialmente incapaz** de entender o caráter ilícito do fato e de se autodeterminar	Medida de segurança ou pena reduzida.
Inimputável	**Inteiramente incapaz** de entender o caráter ilícito do fato e de se autodeterminar	Medida de segurança.

EMBRIAGUEZ	CONSEQUÊNCIA
Voluntária	Não exclui a imputabilidade penal
Culposa	Não exclui a imputabilidade penal
Caso fortuito ou força maior – completa	A pessoa é considerada **inimputável**
Caso fortuito ou força maior – incompleta	A pessoa é considerada **semi-imputável**

Preordenada (a pessoa se coloca na situação de embriaguez para "ter coragem" de cometer o crime).	Não exclui a imputabilidade penal e incide a agravante do art. 61, II, l, do CP.

- **Inexigibilidade de conduta diversa**: exclui a culpabilidade, porque não se podia exigir do agente outra conduta que não fosse aquela que adotou.
- **Potencial consciência da ilicitude:** o agente tem que ter consciência de que a sua conduta é ilícita.
- **Erro de proibição:** o agente atua de modo a imaginar que está presente uma causa excludente de ilicitude, mas que em verdade não existe, como a legítima defesa putativa. Aqui a exclui a culpabilidade, porque o agente atua sem a potencial consciência da ilicitude.

6.2. CONDIÇÕES OBJETIVAS DE PUNIBILIDADE E ESCUSAS ABSOLUTÓRIAS

- **Condições objetivas de punibilidade:** são circunstâncias que não são elementos do tipo penal, mas que são pressupostos da punibilidade. Ou seja, sem elas, não há a possibilidade jurídica de aplicação ou execução da pena.
- Exemplo de **condição objetiva de punibilidade:** Art. 7º, § 2º, b e c, do CP.
- **Escusas absolutórias:** também conhecidas como imunidade absolutas, são circunstâncias de caráter pessoal, referente a laços familiares ou afetivos entre os envolvidos, que por razões de política criminal, o legislador houve por bem afastar a punibilidade.
- **Exemplos de escusas absolutórias:** art. 181, I e II, CP.

6.3. CONSUMAÇÃO E TENTATIVA. DESISTÊNCIA VOLUNTÁRIA E ARREPENDIMENTO EFICAZ. ARREPENDIMENTO POSTERIOR. CRIME IMPOSSÍVEL

- *Iter criminis*: é o caminho percorrido para que o crime se considere consumado.
- A conduta passa a ser relevante penalmente a partir dos atos executivos, quando o agente pratica os verbos-núcleos do tipo, como o início da subtração no furto.
- Se todos os elementos do tipo penal ocorrerem, há consumação.

INSTITUTO	DEFINIÇÃO	CONSEQUÊNCIA
TENTATIVA	o agente inicia a execução do crime, que não se consuma por **circunstâncias alheias** à **sua vontade**, como na hipótese de o agente atirar como a vítima, mas erra os tiros, ou, se acerta, esta é salva por terceiros	salvo disposição em contrário, **a pena** é **reduzida de um a dois terços.** Uma disposição em contrário: crime de evasão mediante violência contra a pessoa (art. 352 do CP), em que a tentativa de fuga mediante violência é punida com a mesma pena da fuga consumada.
DESISTÊNCIA VOLUNTÁRIA	o agente inicia a execução do crime, que não se consuma por vontade dele próprio. Por exemplo, a pessoa coloca a mão no bolso da vítima para furtar sua carteira, mas antes de ter a posse desta desiste de consumar a subtração por vontade sua.	o agente responde apenas pelos atos que já havia praticado.
ARREPENDIMENTO EFICAZ	O agente voluntariamente impede a produção do resultado.	Idem.
ARREPENDIMENTO POSTERIOR	o crime já se consumou, porém, o sujeito ativo, voluntariamente, repara o dano sofrido pela vítima. É o que ocorre no caso do furtador que devolve o dinheiro à vítima.	a pena é reduzida de um a dois terços.

- No crime impossível, o agente pratica atos de execução, mas jamais conseguiria consumar o crime por ineficácia absoluta do meio por ele empregado ou absoluta impropriedade do objeto.
- Exemplos: ineficácia absoluta do meio: ministrar farinha ao invés de veneno à vítima; absoluta impropriedade do objeto: esfaquear uma pessoa que já está morta.

7. ERRO

- **Erro de tipo:** incide sobre uma das elementares do tipo penal. O agente que age em erro de tipo não responde pelo crime, pois se exclui o dolo, salvo se houver previsão de tipo culposo para a conduta.
- **Descriminantes putativas:** As descriminantes putativas ocorrem nas hipóteses, em que o agente acredita estar amparado por uma causa legal de exclusão da antijuridicidade (descriminante) que não existe (putativa).
- O agente tem na mente que há um fato que lhe permite agir, por exemplo, em legítima defesa, mas esse fato não existe.
- Se o erro for invencível, exclui-se o dolo e a culpa.

PENAL

- Se o erro for vencível, exclui-se o dolo, mas mantém-se a culpa. É a chamada **culpa imprópria**.
- **Erro determinado por terceiro:** é o erro provocado por terceiro, que induz o agente a atuar com erro.
- Nesse caso, o terceiro responde pelo crime cometido.
- **Erro sobre pessoa ou erro *in persona***: o agente com sua conduta criminosa visa certa pessoa, mas por erro de representação, acredita ser aquela em que efetivamente deseja atingir.
- Trata-se de erro acidental e, com isso, não são excluídos o dolo e a culpa, respondendo o agente pela sua conduta.
- Por exemplo, o agente mata "A" pensando que se trata de "B". Responde o agente pelo crime de homicídio, como se a vítima fosse "B".
- **Erro de proibição**: exclui a potencial consciência da ilicitude. Portanto, o fato é típico e antijurídico, mas, se o erro for escusável, o agente é isento de pena.
- O agente atua com vontade, ou seja, dolo, portanto o primeiro requisito do fato típico punível encontra-se superado. A solução da questão se dará na culpabilidade. Esta não há, uma vez que se pratica o fato por erro quanto a antijuridicidade de sua conduta, não tem a potencial consciência da ilicitude.
- **Erro de tipo permissivo:** O Prof. Luiz Flávio Gomes salienta que se trata de uma espécie sui generis de erro, posto que não pode ser tratado como erro de tipo, já que nesse, a finalidade é a exclusão do dolo, o que não acontece em tais circunstâncias. Para o autor, o erro de tipo permissivo traz em seu bojo a fusão das consequências previstas para o erro de tipo e o erro de proibição.
- **Erro de tipo permissivo**: a) quando o erro é inevitável, impõe-se a isenção da pena, como se dá no erro de proibição; b) quando o erro se mostra vencível (evitável) ao agente será imposta a pena correspondente ao crime culposo, como ocorre nos casos de erro de tipo.

8. DO CONCURSO DE PESSOAS

- O concurso de pessoas ocorre nas hipóteses em que duas ou mais pessoas contribuem para a produção do resultado previsto em lei como crime.

Teorias do concurso de agentes	**a) Teoria monista:** dois ou mais agentes praticam condutas distintas e produzem um único resultado. Há somente um delito e cada um dos agentes respondem por esse mesmo crime.
Teorias do concurso de agentes	**b) Teoria dualista:** dois ou mais agentes praticam condutas diversas e produzem um único resultado. Mas, coautores e partícipes respondem por delitos diferentes. **c) Teoria pluralista:** dois ou mais agentes praticam condutas diversas, ainda que produzam um único resultado, respondem por delitos distintos.

- **No concurso de pessoas**, o Código Penal adotou a **teoria monista**. Assim, a pessoa que entra no imóvel (autor) responde pelo crime de furto, assim como aquele que ficou na rua a vigiar a chegada de terceiros (partícipe).
- Excepcionalmente, aplica-se a **teoria pluralista**. É o que ocorre no caso de disciplina do aborto, em que a gestante que pratica o aborto voluntariamente responde pelo tipo penal do art. 124, CP, enquanto o terceiro que provoca o mesmo aborto responde pelo crime do art. 126, CP.
- Em atendimento ao princípio constitucional da **individualização da pena,** cada um dos coautores e partícipes terão a pena aplicada na medida proporcional à sua contribuição para o evento.
- A participação ocorre nas hipóteses em que o sujeito ativo do crime não prática um dos verbos-núcleos do tipo penal, mas concorre de qualquer forma para a sua consumação por meio de **instigação, indução** ou **auxílio.**
- A punição do partícipe é explicada pela teoria da acessoriedade, ou seja, sua conduta é acessória à do autor do fato.
- No Brasil, se adotou o princípio da acessoriedade limitada.

Teoria da acessoriedade	Característica
Mínima	Basta que o autor tenha praticado uma conduta típica
Limitada	Basta que o autor tenha praticado uma conduta típica e antijurídica
Extrema	O autor deve ter praticado uma conduta típica, antijurídica e culpável

9. PENAS

- **Conceito de pena:** a imposição da perda ou diminuição de um bem jurídico, prevista em lei e aplicada pelo órgão judiciário, a quem praticou ilícito penal.
- A história da pena se confunde com a própria do Direito Penal como exposto acima.

Teoria ou Finalidades da pena	• **Retributiva:** a pena é uma resposta do Estado àquele que viola a norma penal; • **Preventiva:** a pena é exemplo para que outros não cometam a infração (prevenção geral), bem como o próprio autor do crime não reincida (prevenção especial); • **Ressocializadora:** durante a execução da pena, deve-se dar condições ao condenado de retornar à vida em sociedade.

- **Pena privativa de liberdade:** é a pena que implica restrição da liberdade de ir e vir e deve ser cumprida no sistema de reclusão ou detenção.

Sistema	Formas de Regime Inicial
Reclusão	Fechado, semiaberto e aberto.
Detenção	Semiaberto e aberto.

- **No sistema de reclusão,** o agente inicia o cumprimento de pena pelo regime aberto, semiaberto ou fechado.
- **No sistema de detenção,** o agente inicia o cumprimento de pena pelo regime aberto ou semiaberto, admitindo-se, porém, a **regressão** de regime semiaberto para o fechado.

Regime	Local de cumprimento	A quem é destinado
Fechado	Estabelecimento de segurança máxima ou média	**Reincidente** e primário com pena superior a 8 anos
Semiaberto	Colônia agrícola ou industrial ou estabelecimento similar	**Primário** com pena superior a quatro e não exceda oito anos
Aberto	Casa de albergado ou estabelecimento adequado	**Primário** com pena igual ou inferior a quatro anos.

- De acordo com a lei**,** quem comete **crime hediondo** o regime **inicial** para cumprimento de pena é o **fechado.** Mas, o STF, ao julgar o HC n. 111.840/ES, assentou que inexiste a obrigatoriedade do regime inicial fechado para os condenados por crimes hediondos e equiparados, determinando, também nesses casos, a observância do disposto no art. 33, §§ 2º e 3º, do Código Penal.
- "É admissível a adoção do regime prisional semiaberto aos reincidentes condenados a pena igual ou inferior a quatro anos se favoráveis as circunstâncias judiciais" (Súmula 269, STJ).
- Na sentença penal condenatória, o juiz fixa o regime inicial de cumprimento de pena. Mas, durante a execução, o agente está sujeito à **progressão ou regressão de regime**.
- **Pena restritiva de direitos:** são autônomas e substituem a pena privativa de liberdade, se presentes os requisitos legais do art. 44 do CP.

Espécies de pena restritiva de direitos	• prestação pecuniária; • perda de bens e valores; • limitação de fim de semana. • prestação de serviço à comunidade ou a entidades públicas; • interdição temporária de direitos; • limitação de fim de semana.
Requisitos para a aplicação de penas restritivas de direitos	• aplicada pena privativa de liberdade não superior a quatro anos e o crime não for cometido com violência ou grave ameaça à pessoa ou, qualquer que seja a pena aplicada, se o crime for culposo; • o réu não for reincidente em crime doloso; • a culpabilidade, os antecedentes, a conduta social e a personalidade do condenado, bem como os motivos e as circunstâncias indicarem que essa substituição seja suficiente.

- **O reincidente** pode ser beneficiado com pena restritiva de direitos, se **não for reincidente específico** (ou seja, não for condenado pelo mesmo crime da condenação anterior) e se a medida for socialmente recomendável.
- **Multa**: espécie de sanção penal sanção de caráter patrimonial, que se subsume na diminuição do patrimônio do condenado através de uma prestação em dinheiro.
- A pena de multa é aplicada em dias-multa. O valor do dia-multa será fixado pelo juiz não podendo ser inferior a um trigésimo do maior salário-mínimo mensal vigente ao tempo do fato, nem superior a 5 (cinco) vezes esse salário.
- O não pagamento da multa **jamais** será convertido em pena privativa de liberdade.
- Seguindo orientação do STF, o Pacote Anticrime deixou claro que a execução da pena de multa deve seguir o procedimento de execução fiscal, mas o juízo competente é o da execução penal, com legitimidade do Ministério Público para atuar no feito.
- **Cominação da pena** é a pena prevista em lei, fixada pelo legislador.
- Consiste no preceito secundário da norma penal. Exemplo: reclusão, de seis a vinte anos (art. 121, *caput*, CP).
- **Aplicação da pena** é a pena imposta pelo legislador.
- O CP, no art. 68, adotou a teoria trifásica de aplicação da pena: 1ª fase (circunstâncias judiciais), 2ª fase (agravantes e atenuantes genéricas) e 3ª fase (causas especiais de aumento e diminuição de pena).
- Circunstância atenuante genérica não pode conduzir à redução da pena abaixo do mínimo legal (Tema 158/STF).
- Na primeira e na segunda fase de aplicação da pena, o juiz não pode extrapolar o mínimo, nem o máximo da pena privativa de liberdade previstos no tipo penal, em abstrato.

- É possível, na segunda fase da dosimetria da pena, a compensação integral da atenuante da confissão espontânea com a agravante da reincidência, seja ela específica ou não. Todavia, nos casos de multirreincidência, deve ser reconhecida a preponderância da agravante prevista no art. 61, I, do Código Penal, sendo admissível a sua compensação proporcional com a atenuante da confissão espontânea, em estrito atendimento aos princípios da individualização da pena e da proporcionalidade (**TEMA 585 DE RECURSOS REPETITIVOS DO STJ**).
- Condenações criminais transitadas em julgado, não consideradas para caracterizar a reincidência, somente podem ser valoradas, na primeira fase da dosimetria, a título de antecedentes criminais, não se admitindo sua utilização para desabonar a personalidade ou a conduta social do agente. (**TEMA 1077 DE RECURSOS REPETITIVOS DO STJ**).
- A reincidência específica como único fundamento só justifica o agravamento da pena em fração mais gravosa que 1/6 em casos excepcionais e mediante detalhada fundamentação baseada em dados concretos do caso (**TEMA 1077 DE RECURSOS REPETITIVOS DO STJ**).
- Na terceira fase, em caso de diminuição de pena, ela pode ser fixada aquém do mínimo legal.
- Na terceira fase, em caso de aumento de pena, ela pode ser fixada além do mínimo legal.

Instituto	Conceito
Circunstâncias judiciais	Estão enumeradas no art. 59 do CP e devem ser valoradas pelo juiz para aplicação da pena-base
Agravantes Genéricas	Previstas nos arts. 61 e 62 do CP, são levadas em consideração pelo Juiz na 2ª fase para aumentar a pena
Atenuantes Genéricas	Previstas nos arts. 65 e 66 do CP, são levadas em consideração pelo juiz na 2ª fase para diminuir a pena

Causas especiais de aumento de pena	Previstas na Parte Geral e Especial, aumentam a pena em fração determinada por lei (art. 155, § 1º, CP)
Causa especiais de diminuição de pena	Previstas na Parte Geral e Especial, diminuem a pena em fração determinada por lei (art. 14, p.u., CP)
Qualificadoras	Circunstâncias mais graves que fazem com que o legislador preveja pena mais grave (art. 155, § 4º, CP)
Privilégios	Circunstâncias menos graves que fazem com que o legislador preveja pena mais branda (art. 155, § 2º, CP)

- **Tema 1215 - STJ**: Nos crimes contra a **dignidade sexual**, **não configura *bis in idem*** a aplicação simultânea da agravante genérica do art. 61, II, "f" (crime cometido com abuso de autoridade ou prevalecendo-se de relações domésticas, de coabitação ou de hospitalidade, ou com violência contra a mulher na forma da lei específica), e da majorante específica do art. 226, II (a pena dos crimes contra a dignidade sexual é aumentada de metade, se o agente é ascendente, padrasto ou madrasta, tio, irmão, cônjuge, companheiro, tutor, curador, preceptor ou empregador da vítima ou por qualquer outro título tiver autoridade sobre ela), ambos do Código Penal, salvo quando presente apenas a relação de autoridade do agente sobre a vítima, hipótese na qual deve ser aplicada tão somente a causa de aumento.
- **Concurso de crimes**: acontece quando o agente comete mais de um crime mediante uma ou mais ação ou omissão. No direito brasileiro, por questões de política criminal, cada forma de concurso tem uma maneira distinta no sistema de aplicação e cálculo das penas.

Instituto	Requisitos	Penas
Concurso material	Duas ou mais condutas produzem dois ou mais resultados	Cúmulo material (as penas são somadas)
Concurso formal perfeito ou próprio	Uma única conduta produz dois ou mais resultados	Cúmulo formal (considera-se apenas uma pena, a mais alta ou uma delas se iguais, acrescida de 1/6 a 1/2)
Concurso formal imperfeito ou impróprio	Uma única conduta produz dois ou mais resultados, que eram queridos pelo agente (desígnios autônomos)	Cúmulo material (as penas são somadas)
Crime continuado	Duas ou mais condutas produzem dois ou mais resultados, referentes a crimes de mesma espécie, valendo-se os agentes das mesmas condições de lugar, tempo, maneira de execução e outros semelhantes.	Cúmulo formal (considera-se apenas uma pena, a mais alta ou uma delas se iguais, acrescida de 1/6 a 2/3).

Instituto	Requisitos	Penas
Crime continuado específico	Duas ou mais condutas produzem dois ou mais resultados, referentes a crimes de mesma espécie, dolosos contra vítimas diferentes, cometidos mediante violência ou grave ameaça, valendo-se os agentes das mesmas condições de lugar, tempo, maneira de execução e outros semelhantes.	Considera-se uma única pena, a maior ou uma delas se idênticas, até o triplo.

- **Suspensão condicional da pena** é conhecida como *sursis* e implica na imposição de medidas restritivas de direitos e na suspensão da execução da pena privativa de liberdade durante o período de prova, findo o qual, sem revogação do benefício, há extinção de punibilidade.

Pressupostos	I – o condenado **não seja reincidente** em crime doloso; II – a culpabilidade, os antecedentes, a conduta social e personalidade do agente, bem como os motivos e as circunstâncias autorizem a concessão do benefício; III – Não seja indicada ou cabível a substituição prevista no art. 44 deste Código.

- Se a condenação anterior for a pena de multa, é possível o *sursis*.

Espécies de *sursis*	• **Simples**: **condições estabelecidas pelo juiz** + no primeiro ano do prazo, deverá o condenado **prestar serviços à comunidade** ou submeter-se à **limitação de fim de semana** (art. 78, *caput*, e § 1º, CP). • **Especial**: em caso de reparação do dano ou na impossibilidade de fazê-lo e condições judiciais favoráveis: **condições estabelecidas pelo juiz** + a) proibição de frequentar determinados lugares; b) proibição de ausentar-se da comarca onde reside, sem autorização do juiz; comparecimento pessoal e obrigatório a juízo, mensalmente, para informar e justificar suas atividades (art. 78, *caput* e § 2º, CP).

- ***Sursis* etário:** concedido ao condenado **maior de setenta anos.**
- ***Sursis* humanitário:** concedido ao condenado por razões de saúde que justifiquem.

Regra geral	Regra do sursis etário e humanitário
• Condenação por pena privativa de liberdade não superior a **dois anos;** • Período de prova de **dois a quatro anos**.	• Condenação por pena privativa de liberdade não superior a **quatro anos**; • Período de prova de **quatro a seis anos.**

Revogação do *sursis*	Hipóteses
Obrigatória	• é condenado, em sentença irrecorrível, por crime doloso; • frustra, embora solvente, a execução de pena de multa ou não efetua, sem motivo justificado, a reparação do dano; • descumpre a condição de, no primeiro ano do prazo, prestar serviços à comunidade ou submeter-se à limitação de fim de semana.
Facultativa	• se o condenado descumpre qualquer outra condição imposta; • ou é irrecorrivelmente condenado, por crime culposo ou por contravenção, a pena privativa de liberdade ou restritiva de direitos

- **Livramento condicional** é benefício concedido ao condenado que preencher algumas condições, pelo qual **se antecipa** a liberdade daquele que cumpre pena privativa liberdade.

Requisitos	• Condenação **igual ou superior a dois anos**; • Cumprida **mais de um terço** da pena se o condenado **não for reincidente em crime doloso** e tiver **bons antecedentes**; • Cumprida **mais da metade** se o condenado for **reincidente em crime doloso**; • Comprovado: **a) bom comportamento durante a execução da pena;** **b) não cometimento de falta grave nos últimos 12 (doze) meses;** **c) bom desempenho no trabalho que lhe foi atribuído; e** **d) aptidão para prover a própria subsistência mediante trabalho honesto;** • Tenha **reparado**, salvo efetiva impossibilidade de fazê-lo, **o dano causado pela infração.**

PENAL

Hipóteses específicas	Condições especiais
• Condenado por **crime doloso**, cometido com **violência ou grave ameaça** à pessoa	• Constatação de condições pessoais que façam presumir que o **liberado não voltará a delinquir.**
• Condenação por **crime hediondo, prática da tortura e terrorismo**, se o apenado não for reincidente específico em crimes dessa natureza.	• **Não reincidente específico nesses crimes**: cumprido **mais de dois terços da pena;** • **Reincidente específico nesses crimes: VEDADO** o livramento condicional.
• **arts. 33, caput e § 1º** (tráfico de drogas)**, e 34** (associação para o tráfico) **a 37 da Lei de Drogas.**	• **Não reincidente específico nesses crimes**: após o cumprimento de **dois terços da pena;** • **Reincidente específico nesses crimes: VEDADO** o livramento condicional.

Revogação do livramento condicional	Hipóteses
Obrigatória	• se o liberado vem a ser **condenado a pena privativa de liberdade, em sentença irrecorrível**: a) por crime cometido durante a vigência do benefício; b) por crime anterior, observado o disposto no art. 84 do Código Penal.
Facultativa	• se o liberado deixar de cumprir qualquer das obrigações constantes da sentença; • ou for irrecorrivelmente condenado, por crime ou contravenção, a pena que não seja privativa de liberdade.

- O tempo de cumprimento das penas privativas de liberdade não pode ser superior a **40 (anos) anos (art. 75, CP).**
- Unificação de pena: incidente na execução da pena, em que se somam todas as penas a que o sentenciado foi condenado.
- Para efeitos de benefícios, como o livramento condicional e a progressão de regime, leva-se em consideração o total da pena após unificação, mesmo que a soma seja superior a quarenta anos.
- A unificação de penas não enseja a alteração da data-base para concessão de novos benefícios executórios (Tese n. 1006, STJ).

10. EFEITOS DA CONDENAÇÃO

Espécies	Efeitos
Penais	a) **Direto:** cumprimento da pena imposta; b) **Indireto:** consequências provocadas pela condenação, tais como a reincidência, os maus antecedentes, a revogação de algum benefício etc.
Extrapenais	a) **Genéricos, obrigatórios e automáticos:** **a.1)** tornar certa a **obrigação de indenizar o dano** causado pelo crime; **a.2) perda em favor da União,** ressalvado o direito da vítima e do terceiro de boa-fé, dos instrumentos do crime, quando ilícitos, do produto do delito e do proveito auferido pelo agente com a prática criminosa. **b) específicos, facultativos para o juiz e necessitam constar da sentença para valer:**
Extrapenais	**b.1) a perda de cargo, função pública ou mandato eletivo,** quando aplicada pena privativa de liberdade igual ou superior a um ano, nos crimes cometidos com abuso de poder ou violação de dever para com a administração pública, bem como quando aplicada pena de prisão superior a quatro anos em qualquer caso;

Espécies	Efeitos
Extrapenais	**b.2) a incapacidade para o exercício do poder familiar, da tutela ou da curatela nos crimes dolosos sujeitos à pena de reclusão cometidos contra outrem igualmente titular do mesmo poder familiar, contra filho, filha ou outro descendente, tutelado ou curatelado, bem como nos crimes cometidos contra a mulher por razões da condição do sexo feminino, nos termos do § 1º do art. 121-A do Código Penal;** **b.3) a inabilitação para dirigir veículos** quando usado para o cometimento de delito doloso.

EFEITOS DA SENTENÇA CONDENATÓRIA EM CASO DE FEMINICÍDIO	Além das hipóteses acima, também é efeito da condenação no caso de feminicídio: serão vedadas a sua nomeação, designação ou diplomação em qualquer cargo, função pública ou mandato eletivo entre o trânsito em julgado da condenação até o efetivo cumprimento da pena.

ATENÇÃO: OS EFEITOS DA SENTENÇA PENAL CONDENATÓRIA SÃO AUTOMÁTICOS????

REGRA: NÃO. DEVENDO SER MOTIVADAMENTE DECLARADOS NA SENTENÇA PELO JUIZ, MAS INDEPENDEM DE PEDIDO EXPRESSO DA ACUSAÇÃO

EXCEÇÃO: SIM. NOS CRIMES PRATICADOS contra a mulher por razões da condição do sexo feminino, nos termos do § 1º do art. 121-A do Código Penal.

- A Lei nº 13.715/2018, modificou o ECA com o fim de estabelecer no art. 23, § 2º, que A condenação criminal do pai ou da mãe não implicará a destituição do poder familiar, exceto na hipótese de condenação por crime doloso sujeito à pena de reclusão contra outrem igualmente titular do mesmo poder familiar ou contra filho, filha ou outro descendente.
- A mesma Lei nº 13.715/2018, estabeleceu como efeito da sentença penal condenatória a perda do poder familiar das seguintes hipóteses do art. 1.638, parágrafo único, do CC.

Crime contra outrem igualmente titular do mesmo poder familiar	Crime contra filho, filha ou outro descendente
a) homicídio, feminicídio ou lesão corporal de natureza grave ou seguida de morte, quando se tratar de crime doloso envolvendo violência doméstica e familiar ou menosprezo ou discriminação à condição de mulher; b) estupro ou outro crime contra a dignidade sexual sujeito à pena de reclusão	a) homicídio, feminicídio ou lesão corporal de natureza grave ou seguida de morte, quando se tratar de crime doloso envolvendo violência doméstica e familiar ou menosprezo ou discriminação à condição de mulher; b) estupro, estupro de vulnerável ou outro crime contra a dignidade sexual sujeito à pena de reclusão."

10.1. DO CONFISCO ALARGADO

- Trata-se de inovação trazida pelo Pacote Anticrime que visa afetar o **proveito econômico do crime.**
- Por esse instituto, **são equiparados a produto ou proveito do crime os bens correspondentes à diferença entre o valor do patrimônio do condenado e aquele que seja compatível com seu rendimento lícito.**
- **Esses bens que excedem o patrimônio do autor do fato, ainda que não demonstrado cabalmente que sejam produto ou proveito do crime, ficam sujeitos ao confisco.**

Pressupostos	condenação por infrações às quais a lei comine pena máxima superior a 6 (seis) anos de reclusão, Incompatibilidade do patrimônio com a renda lícita do autor do crime

- **O confisco deve seguir o contraditório e a ampla defesa:** pedido expresso do Ministério Público no oferecimento da denúncia; possibilidade de o denunciado demonstrar a compatibilidade do patrimônio com sua renda lícita; sentença fundamentada demonstrando o quanto o patrimônio excede à renda lícita do agente.

11. MEDIDAS DE SEGURANÇA E EXECUÇÃO DAS MEDIDAS DE SEGURANÇA

- São duas as medidas de segurança: **internação** em hospital de tratamento psiquiátrico e **atendimento ambulatorial**, reservados, respectivamente, para condenados por crimes apenados com reclusão e detenção.
- Na internação de inimputável, o prazo é **indeterminado**, perdurando enquanto for constatada a periculosidade do agente, fixando-se **um prazo mínimo de um a três anos**, ao final do qual se realizará exame para aferição de **periculosidade do agente.**
- Observada a cessação de periculosidade o agente é colocado em liberdade, mas se, no prazo de um ano, praticar ato que indique que se mantém a periculosidade, a medida de segurança é restabelecida.
- O STJ e o STF firmaram jurisprudência no sentido de que o prazo máximo de internação é de **trinta anos**. Trata-se de aplicação do princípio da isonomia, pois esse é o limite de pena reservado ao imputável.
- Em caso de semi-imputável, há duas possibilidades: aplicação de **pena reduzida** de um a dois terços ou, necessitando o condenado de especial tratamento curativo, a pena privativa de liberdade pode ser substituída pela **internação**, ou **tratamento ambulatorial**, pelo prazo mínimo de um a três anos.

12. CAUSAS DE EXTINTIVAS DE PUNIBILIDADE

- A punibilidade é a possibilidade jurídica do Estado de aplicar sanção penal ao infrator da norma penal.
- Tem-se por extinta a punibilidade, quando um fato previsto em lei torna impossível a aplicação da sanção penal.
- **Morte:** no direito penal brasileiro, aplica-se o princípio da intranscedência da responsabilidade penal, ou seja, somente o autor do fato pode ser punido pelo crime.

- Se a extinção da punibilidade do agente for declarada com base em **certidão de** óbito **falsa**, essa decisão judicial pode ser revista, segundo entendimento jurisprudencial predominante.
- **Anistia:** é estabelecida por **lei**, que tem efeito retroativo, fazendo que se apaguem os efeitos penais do crime. Relacionada, geralmente, a crimes políticos.
- **Graça:** é concedida pelo Presidente da República, mediante provocação do interessado, e é direcionada a uma pessoa específica.
- **Indulto:** é concedida espontaneamente pelo Presidente da República e tem caráter generalizado, destinada a um grupo de sentenciados com características próprias.
- ***Abolitio criminis:*** uma lei deixa de considerar determinado fato como criminoso. É o que ocorreu com o adultério, que deixou de ser considerado crime pela Lei nº 11.106/2005. Como se trata de norma penal mais benéfica, retroage para beneficiar o agente, extinguindo a sua punibilidade.
- **Decadência** é a extinção da punibilidade decorrente da perda de direito de ação, já que o ofendido se mantém inerte e não oferece representação, no caso de ação penal pública condicionada à representação, ou queixa-crime, no caso de ação penal privada.
- Em regra, o prazo decadencial é de **seis meses** depois que se tem conhecimento de quem foi o **autor do crime.**
- **Perempção:** é a extinção da punibilidade decorrente da inércia do querelante (ofendido) na ação penal privada nos termos do art. 60, CPP.
- **Perdão judicial:** a faculdade concedida ao juiz de comprovada a prática de uma infração penal, deixar de aplicar a pena imposta pela lei, em face de justificadas circunstâncias excepcionais.
- No perdão judicial, a lei prevê que as consequências do crime já são suficientemente graves que a pena se torna desnecessária, como pode ocorrer no homicídio culposo em que a vítima é filha do autor.
- A concessão do perdão judicial depende da análise do caso concreto.
- A sentença concessiva de perdão judicial é declaratória da extinção da punibilidade, não subsistindo qualquer efeito condenatório (Súmula 18, STJ).
- **TEMA 931 – STJ:** "O inadimplemento da pena de multa, após cumprida a pena privativa de liberdade ou restritiva de direitos, não obsta a extinção da punibilidade, ante a alegada hipossuficiência do condenado, salvo se diversamente entender o juiz competente, em decisão suficientemente motivada, que indique concretamente a possibilidade de pagamento da sanção pecuniária."

12.1. DA PRESCRIÇÃO

- **Prescrição** é a extinção da punibilidade decorrente da inércia estatal que não exerce sua pretensão punitiva, que ocorre antes da sentença penal condenatória transitada em julgado, ou executória, que ocorre depois da sentença penal condenatória transitada em julgado.

Espécie	Forma de contagem	Termo Inicial	Efeitos	Modo de Ocorrência
Pretensão punitiva propriamente dita	Pega-se o máximo da pena prevista em lei	Em regra, o dia que se consumou o crime.	Apagam-se todas as consequências penais do crime, obstando desde a instauração de Inquérito Policial até a prolação de sentença penal condenatória.	Transcurso do prazo prescricional sem que tenha ocorrido um fator que o suspenda ou interrompa.
Superveniente ou intercorrente	Pega-se a pena em concreto estabelecido na sentença.	Publicação da sentença peal condenatória.	Apagam-se todas as consequências penais do crime, tirando o efeito da sentença penal condenatória, já prolatada, mas não transitada em julgado.	Transcurso do prazo prescricional entre a publicação da sentença e a intimação do réu ou a publicação da sentença e o julgamento do recurso da defesa.
Retroativa	Pega-se a pena em concreto estabelecido na sentença.	Publicação da sentença peal condenatória.	Apagam-se todas as consequências penais do crime, tirando o efeito da sentença penal condenatória, já prolatada, mas não transitada em julgado.	Conta-se para trás os eventos que suspendem ou interrompem o prazo prescricional
Executória	Pega-se a pena fixada na sentença ou acórdão condenatório transitado em julgado	Trânsito em julgado da sentença condenatória para a acusação	Impede a aplicação da pena, mas permanecem os demais efeitos penais, como reincidência, e extrapenais, como indenizatória.	Transcurso do prazo prescricional para o início ou a continuação da execução da pena

- A prescrição, depois da sentença condenatória com trânsito em julgado para a acusação ou depois de improvido seu recurso, regula-se pela pena aplicada, não podendo, em nenhuma hipótese, ter por termo inicial data anterior à da denúncia ou queixa.
- Termos iniciais para a contagem do prazo prescricional antes do trânsito em julgado da sentença penal condenatória:

Regra Geral	Data de Consumação do Crime
Tentativa	Dia em que Cessou a Atividade Criminosa
Crimes Permanentes	Dia em que Cessou a Permanência
Bigamia e falsidades de Registro Público	Dia em que o fato se tornou conhecido
Crimes contra a dignidade sexual de crianças e adolescente	Data em que a vítima completar 18 anos, salvo se a ação penal já fora proposta.
A partir da vigência da Lei nº 14.344/2022	Nos crimes contra a dignidade sexual ou que envolvam violência contra a criança e o adolescente, previstos neste Código ou em legislação especial, da data em que a vítima completar 18 (dezoito) anos, salvo se a esse tempo já houver sido proposta a ação penal.

Causas de Redução do prazo prescricional à metade	a) menor de vinte e um anos na DATA DO CRIME b) maior de 70 amos na DATA DA SENTENÇA

Prescrição da pena de Multa	a) Dois anos: se a multa for a única pena aplicada ou cominada. b) Mesmo prazo da pena privativa de liberdade: se a multa for cominada ou aplicada cumulativamente com a pena privativa de liberdade.

A nova redação do art. 51 do Código Penal não retirou o caráter penal da multa, de modo que, embora se apliquem as causas suspensivas da prescrição previstas na Lei n. 6.830/1980 e as causas interruptivas disciplinadas no art. 174 do Código Tributário Nacional, o prazo prescricional continua regido pelo art. 114, II, do Código Penal, inclusive quanto ao prazo de prescrição intercorrente (STJ - REsp 2.173.858-RN).

Causas impeditivas da prescrição	I - enquanto não resolvida, em outro processo, questão de que dependa o reconhecimento da existência do crime; II - enquanto o agente cumpre pena no exterior; III - na pendência de embargos de declaração ou de recursos aos Tribunais Superiores, quando inadmissíveis; e
Causas impeditivas da prescrição	IV - enquanto não cumprido ou não rescindido o acordo de não persecução penal.

Causas interruptivas da prescrição	I - pelo recebimento da denúncia ou da queixa; II - pela pronúncia; III - pela decisão confirmatória da pronúncia; IV - pela publicação da sentença ou acórdão condenatórios recorríveis; V - pelo início ou continuação do cumprimento da pena; VI - pela reincidência.

- **TEMA 1100 – STJ:** O acórdão condenatório de que trata o inciso IV do art. 117 do Código Penal interrompe a prescrição, inclusive quando confirmatório de sentença condenatória, seja mantendo, reduzindo ou aumentando a pena anteriormente imposta.
- Nos crimes conexos, que sejam objeto do mesmo processo, estende-se aos demais a interrupção relativa a qualquer deles.
- No caso de concurso de crimes, a extinção da punibilidade incidirá sobre a pena de cada um, isoladamente.

13. CRIMES EM ESPÉCIE

13.1. CRIMES CONTRA A PESSOA

- Apenas os crimes dolosos contra a vida são submetidos ao Tribunal do Júri: **homicídio doloso, induzimento instigação ou auxílio ao suicídio, infanticídio e aborto.**
- É possível a realização de **Tribunal do Júri na Justiça Federal**, se o crime for cometido em detrimento de bens, serviços ou interesse da União ou de suas entidades autárquicas ou empresas públicas.
- Por exemplo, é de competência da Justiça Federal o julgamento de homicídio doloso contra Policial Rodoviário Federal no exercício de suas funções.
- Os crimes de latrocínio (roubo seguido de morte) e genocídio (homicídio com a intenção de extinção de uma raça, credo ou cultura) **não são** crimes contra a vida.
- A Lei nº 13.491/2017 alterou o Código Penal Militar com o fim de estabelecer que o Militar das **Forças Armadas** que cometa crime doloso contra a vida de civil será julgado pela **JUSTIÇA MILITAR DA UNIÃO**, afastando-se a competência do Tribunal do Júri, se praticado nos contextos abaixo descritos.

cumprimento de atribuições que lhes forem estabelecidas pelo Presidente da República ou pelo Ministro de Estado da Defesa	ação que envolva a segurança de instituição militar ou de missão militar, mesmo que não beligerante;	atividade de natureza militar, de operação de paz, de garantia da lei e da ordem ou de atribuição subsidiária, realizadas em conformidade com o disposto no art. 142 da Constituição Federal e na forma dos seguintes diplomas legais: a) Código Brasileiro de Aeronáutica; b) Lei Complementar no 97/99; c) Código de Processo Penal Militar; e d) Código Eleitoral.

- A Lei nº 13.491/2017 manteve a competência do Tribunal do Júri caso o crime doloso contra civil seja cometido por **Militar Estadual**, como policial militar, ainda que presentes os mesmos requisitos acima apontados.

HOMICÍDIO

- **Homicídio** é o crime em que o agente mata alguém.
- Tutela-se no crime de homicídio a vida extrauterina. De acordo com o STJ, iniciado o trabalho de parto, é o caso de se falar em homicídio ou infanticídio, conforme o caso, não necessidade de comprovação de respiração do nascituro, pois há outas formas de comprovar o nascimento com vida" (HC n. 228.998/MG).
- **Consumação:** evento morte: no direito brasileiro, o parâmetro a ser seguido é o momento da morte encefálica nos termos da Lei nº 9.437/97.
- No **homicídio privilegiado**, o juiz deve reduzir a pena de um sexto a um terço (art. 121, § 1º, do Código Penal.
- A eutanásia pode configurar homicídio privilegiado.

Requisitos do homicídio privilegiado: basta a presença de um deles (a, b ou c) para a configuração do privilégio	a) Se o agente comete o crime impelido por motivo de relevante valor social: levam-se em consideração valores relevantes para a comunidade, com o patriotismo, a paz pública, etc. Por exemplo: assassinato do traidor da pátria. b) Se o agente comete o crime impelido por motivo de relevante valor moral: levam-se em consideração valores relevantes individuais: eutanásia.
	c) Se o agente comete o crime sob o domínio de violenta emoção, logo em seguida a injusta provocação da vítima: o agente está dominado, não meramente influenciado, pela injusta provocação da vítima.

- **Homicídio qualificado**: os patamares da pena prevista para o crime são maiores (pena: reclusão de 12 a 30 anos), em decorrência de circunstâncias objetivas e subjetivas, consideradas mais graves pelo legislador (art. 121, § 2º, CP).
- O homicídio qualificado é tido como hediondo pela Lei nº 8.072/90.

Qualificadoras subjetivas	Qualificadoras objetivas
Mediante paga ou promessa de recompensa ou por outro motivo torpe.	Com emprego de veneno, fogo, explosivo, asfixia, tortura ou outro meio insidioso ou cruel, ou de que possa resultar perigo comum.
Por motivo fútil.	À traição, de emboscada, ou mediante dissolução ou outro recurso que dificulte ou torne impossível a defesa do ofendido.
Para assegurar a execução, a ocultação, a impunidade ou vantagem de outro crime.	Contra autoridade ou agente descrito nos arts. 142 e 144 da Constituição Federal, integrantes do sistema prisional e da Força Nacional de Segurança Pública, no exercício da função ou em decorrência dela, ou contra seu cônjuge, companheiro ou parente consanguíneo até terceiro grau, em razão dessa condição.
--------	Contra menor de 14 anos.

- Admite-se o **homicídio privilegiado-qualificado**, se a qualificadora decorrer de motivo objetivo. Assim, impelido por motivo de relevante valor social, o agente mata a vítima por meio de asfixia.
- De acordo com a jurisprudência do STF, o homicídio privilegiado-qualificado **não é considerado hediondo, pois não consta do rol taxativo do art. 1º da Lei nº 8.072/90.**
- As causas de aumento de pena no homicídio doloso vêm sendo objeto de sucessivas alterações pelo legislador, como resposta a fatos graves de repercussão social, o que implica falta de boa técnica legislativa.
- Assim, por vezes, deve-se evitar o chamado *bis in idem*. Por exemplo, caso de vítima de feminicídio maior de sessenta anos. No caso, se aplica apenas a causa de aumento do art. 121, § 7º II, CP, afastando-se a incidência da causa de aumento do art. 121, § 4º, parte final do CP.

Causas de aumento de pena no Homicídio doloso: a pena é aumentada de **um terço** (art. 121, § 4º, parte final, CP)**:**	I – se o crime é praticado contra pessoa menor **de 14 (quatorze)**. PS: em relação ao fato de a vítima ser menor de 14 anos, há duas correntes: a) não há mais incidência dessa causa de diminuição de pena, porque haveria "bis in idem" ante a nova qualificadora do art. 121, IX, CP; b) aplica-se a causa de aumento de pena, se há outra qualificadora, no caso concreto, além da causa etária (por exemplo, vítima menor de quatorze anos e crime praticado por envenenamento. Nesse caso, o uso do veneno serve como qualificadora, enquanto a idade menor de 14 anos serve como causa de aumento). II – Crime praticado por maior de 60 (sessenta) anos.

Contra **menor de 14 anos** é aumentada de (art. 121, § 2º-B, CP)	I – **um terço até a metade** se a vítima é pessoa com **deficiência ou com doença** que implique o aumento de sua vulnerabilidade;
	II – dois terços se o autor é **ascendente, padrasto ou madrasta, tio, irmão, cônjuge, companheiro, tutor, curador, preceptor ou empregador** da vítima ou por qualquer outro título tiver **autoridade** sobre ela. III – 2/3 (dois terços) se o crime for praticado em instituição de educação básica pública ou privada.

A pena é aumentada de **um terço até a metade** (art. 121, § 6º, CP):	se o crime for praticado **por milícia privada,** sob o pretexto de prestação de serviço de segurança, **ou por grupo de extermínio.**

- No **homicídio culposo**, o agente provoca a morte da vítima em decorrência de inobservância do dever de cuidado, caracterizada pela imprudência, imperícia ou negligência (art. 121, § 3º, CP).
- Admite-se o perdão judicial no crime de homicídio culposo, como ocorre na hipótese em que um pai negligente acaba por causar a morte de seu próprio filho.
- O homicídio culposo na direção de veículo automotor caracteriza o crime do art. 302 do Código de Trânsito Brasileiro.

Causa de aumento de pena no Homicídio culposo: a pena é aumentada de **um terço** (art. 121, § 4º, parte inicial, CP)**:**	se o crime resulta de **inobservância de regra** técnica de profissão, arte ou ofício; ou se o agente **deixa de prestar imediato socorro** à vítima, **não procura diminuir as consequências** do seu ato, ou **foge** para evitar prisão em flagrante.

FEMINICÍDIO

- Com a Lei n. 14.994/2024, o feminicídio passou a ser previsto no art. 121-A, CP. Deixou de ser qualificadora prevista no art. 121, CP.
- O que é feminicídio? Matar mulher por razões da **condição do sexo feminino**.

Condições do sexo feminino para fins do tipo penal do art. 121-A, CP: Comunicam-se ao coautor ou partícipe as circunstâncias pessoais elementares do crime previstas no § 1º deste artigo	I – **violência doméstica e familiar**; II – **menosprezo ou discriminação à condição de mulher**.

Causas de aumento de pena: A pena do feminicídio é aumentada de 1/3 (um terço) até a metade se o crime é praticado:	I – durante a **gestação**, nos **três meses posteriores ao parto** ou se a vítima é a **mãe** ou a **responsável** por criança, adolescente ou pessoa com deficiência de qualquer idade; II – contra pessoa **menor de 14 (catorze) anos, maior de 60 (sessenta) anos**, com **deficiência ou portadora de doenças degenerativas** que acarretem **condição limitante** ou de **vulnerabilidade** física ou mental; III – na **presença** física ou virtual de **descendente ou de ascendente da vítima**; IV – em descumprimento das medidas protetivas de urgência previstas nos incisos I, II e III do caput do art. 22 da Lei Maria da Penha; V – nas circunstâncias previstas nos incisos III, IV e VIII do § 2º do art. 121 do Código Penal.

INDUZIMENTO, INSTIGAÇÃO OU AUXÍLIO A SUICÍDIO OU A AUTOMUTILAÇÃO

- O suicídio e automutilação, por si sós, não são crime.
- Pune-se aquela pessoa que **induz** (incutir na vítima o desejo de se suicidar ou automutilar), **instiga** (reforça na vítima o desejo de se suicidar ou automutilar) ou **auxilia** (ajuda a vítima materialmente a se suicidar ou automutilar) (art. 122, CP – crime de induzimento, instigação ou auxílio ao suicídio).
- Trata-se de **tipo misto alternativo**. Assim, se o agente induz, instiga e auxilia a vítima, responde por crime único.
- No crime de induzimento, instigação ou auxílio ao suicídio, na redação original, só haveria punição se houvesse lesão corporal de natureza grave ou morte. Com a redação conferida pela Lei nº 13.968/2019, não se exige nenhum resultado lesivo. Assim, a existência de ou não de lesão e, em existindo se é de natureza leve, grave ou gravíssima, ou se houve morte, só interessa para fins de aplicação da pena.
- Portanto, se do induzimento, da instigação e do auxílio, **não resultar lesão ou resultar lesão leve**, aplica-se a pena do art. 122, "caput", CP: reclusão, de 6 (seis) meses a 2 (dois) anos. A diferença da pena entre a inexistência de lesão e a existência de lesão leve vai ser levada no momento de aplicação da pena, na fase do art. 59, CP (circunstâncias judiciais), pois a consequência do crime com lesão leve é mais grave do que a sem lesão.
- Se da automutilação ou da tentativa de suicídio resulta **lesão corporal de natureza grave ou gravíssima**, aplica-se a pena do art. 122, § 1º, CP: reclusão,

de 1 (um) a 3 (três) anos (exceto nos caso do art. 122, § 6º, CP – vide comentário abaixo). A diferença da pena entre a lesão grave e a gravíssima vai ser levada no momento de aplicação da pena, na fase do art. 59, CP (circunstâncias judiciais), pois a consequência do crime com lesão gravíssima é mais grave do que a lesão grave.

- Se o suicídio se consuma ou se da automutilação resulta **morte:**, aplica-se a pena do art. 122, § 2º, CP: reclusão, de 2 (dois) a 6 (seis) anos (exceto nos caso do art. 122, § 7º, CP – vide comentário abaixo).
- Atualmente, admite-se a tentativa em crimes dessa natureza.

A PENA É DUPLICADA	I - se o crime é praticado por motivo egoístico, torpe ou fútil (art. 122, § 3º, I, CP). II - se a vítima é menor ou tem diminuída, por qualquer causa, a capacidade de resistência (art. 122, § 3º, II, CP). III - se o autor é líder, coordenador ou administrador de grupo, de comunidade ou de rede virtual, ou por estes é responsável (art. 122, § 5º, CP).

- A pena é **aumentada ATÉ o dobro** se a conduta é realizada por **meio da rede de computadores, de rede social ou transmitida em tempo real**.
- **Tipo subsidiário**: não há aplicação do art. 122. § 1º, CP, se houver resultado **lesão corporal de natureza gravíssima**, caso em que se aplicam as penas do art. 129, § 2º, CP (lesão corporal gravíssima); não há aplicação do art. 122, § 2º, se houver resultado **morte**, caso em que se aplicam as penas do art. 121 do CP (homicídio).

Isso ocorre nos seguintes casos em que a vítima (art. 122, §§ 6º e 7º, CP)	a) É menor de 14 (quatorze) anos; b) por enfermidade ou deficiência mental, não tem o necessário discernimento para a prática do ato, c) por qualquer outra causa, não pode oferecer resistência

- O crime de induzimento, instigação ou auxílio a suicídio ou a automutilação realizados por meio da rede de computadores, de rede social ou transmitidos em tempo real (art. 122, caput e § 4º) passou a ser considerado hediondo pela Lei n. 14.811/2024.

INFANTICÍDIO

- No infanticídio (art. 123, CP), **a mãe**, em **estado puerperal**, provoca a morte do filho, **durante ou logo após o parto**.
- **Atenção:** o infanticídio é norma especial em relação ao homicídio, já que o sujeito ativo é a **mãe da vítima influenciada pelo estado puerperal,** ocorrendo a conduta durante ou logo após o parto.
- Se o **pai** da criança ou qualquer outra pessoa induzir, instigar ou auxiliar a mãe a cometer o crime, responde também por **infanticídio**, em decorrência da comunicação das elementares do tipo ao partícipe (art. 30, CP).

ABORTO

- Nos crimes de aborto (arts. 124 a 126, CP), a morte da vítima ocorre durante a gestação, ou seja, tutela-se a vida intrauterina.

Formas criminosas de aborto	Aborto provocado pela gestante ou com seu consentimento – art. 124, CP.
	Aborto provocado por terceiro sem o consentimento da gestante – art. 125, CP.
	Aborto provocado por terceiro com o consentimento da gestante – art. 126, CP.

- No aborto provocado por terceiro com o consentimento da gestante, há exceção à teoria monista, pois a gestante responde pelo tipo penal do art. 124, enquanto o terceiro responde pelo art. 126, ambos do CP.
- O namorado que induz a namorada a praticar o aborto em uma clínica clandestina responde pelo tipo penal do art. 124, CP (Aborto provocado pela gestante ou com seu consentimento), como **partícipe.**
- **Dissentimento presumido:** grávida não é maior de 14 anos ou é alienada ou débil mental, presume-se que não pode dar consentimento válido para realização do aborto. Dessa forma, a conduta dela não pode ser considerada típica (não responde a adolescente nessa condição por ato infracional), enquanto o autor do fato responde pelo crime do art. 126, CP.
- Permite-se o aborto praticado por médico no caso de risco de morte para a gestante, de gravidez resultante de estupro e de gravidez de feto anencefálico.
- Se o aborto for praticado por outra pessoa que não seja médico, o agente responde pelo crime, exceto, no caso de risco de morte para a gestante, se presentes os requisitos do estado de necessidade.

LESÃO CORPORAL

a) Lesão corporal dolosa

- A integridade física também é um bem jurídico tutelado constitucional e penalmente, motivo pelo qual há o crime de lesão corporal.

Leve	Grave	Gravíssima
Residual	Incapacidade para ocupações habituais por mais de 30 dias	Incapacidade permanente para o trabalho
–	Perigo de vida	Enfermidade incurável
–	Debilidade permanente de membro, sentido ou função	Perda ou inutilizarão de membro, sentido ou função
–	Aceleração de Parto	Deformidade permanente
–	–	Aborto.

- No crime de lesão corporal gravíssima em decorrência do aborto, há um crime preterdoloso, já que o agente tinha o dolo de provocar a lesão corporal, enquanto resultado aborto decorre de conduta culposa.
- No crime de lesão corporal seguida de morte, há um crime preterdoloso, já que o agente tinha o dolo de provocar a lesão corporal, enquanto resultado morte decorre de conduta culposa.

Causa de diminuição de pena na lesão corporal dolosa privilegiada	Se o agente comete o crime impelido por **motivo de relevante valor social ou moral ou sob o domínio de violenta emoção**, logo **em seguida a injusta provocação da vítima**, o juiz pode reduzir a pena de **um sexto a um terço**.

Causa de aumento de pena: **Aumenta-se a pena de 1/3 (um terço) se**	I – o crime é praticado contra pessoa menor de 14 (quatorze) ou maior de 60 (sessenta) anos;
	II – o crime for praticado por milícia privada, sob o pretexto de prestação de serviço de segurança, ou por grupo de extermínio.

b) Lesão corporal dolosa no ambiente doméstico

A Lei Maria da Penha alterou o art. 129, § 9º, do Código Penal, a fim de estabelecer caso de qualificadora no caso de crime de lesão corporal **leve** no âmbito doméstico e familiar.

A pena no caso de violência doméstica em caso de lesão corporal leve passa a ser de: detenção, de 3 (três) meses a 3 (três) anos.

A incidência do art. 129, § 9º, CP, ocorre independentemente se a vítima for mulher ou homem, pois o tipo penal não faz essa distinção.

Para incidência do art. 129, § 9º, o agente deve-se valer de uma das condições a seguir para a prática da violência.

Para fins do art. 129, § 9º, CP, ocorre violência doméstica, se o crime for praticado contra.	a) ascendente, descendente e irmão: não se exige nesse caso a coabitação, mas apenas a existência do grau de parentesco (Nucci);
	b) cônjuges ou companheiros;
	c) com quem o autor do fato convive ou tenha convivido;
	d) relações domésticas, de coabitação ou de hospitalidade.

No caso de lesão corporal de **natureza grave e gravíssima**, bem como no caso de **lesão corporal seguida de morte**, as circunstâncias do art. 129, § 9º, CP, não são qualificadoras, mas causas de aumento de pena: aumenta-se a pena em 1/3 (um terço).

Se, presentes as circunstâncias do art. 129, § 9º, CP, e sendo a vítima **portadora de deficiência**, a pena é aumentada de 1/3.

c) Lesão corporal contra autoridade

Se a lesão for praticada contra autoridade ou agente descrito nos arts. 142 e 144 da Constituição Federal, integrantes do sistema prisional e da Força Nacional de Segurança Pública, no exercício da função ou em decorrência dela, ou contra seu cônjuge, companheiro ou parente consanguíneo até terceiro grau, em razão dessa condição, a pena é aumentada de um a dois terços.

d) Lesão corporal contra mulher

Presentes os requisitos do feminicídio, há a qualificadora do art. 129, § 13, CP: Se a lesão é praticada contra a mulher, por razões da condição do sexo feminino, nos termos do § 1º do art. 121-A do Código: reclusão, de 2 (dois) a 5 (cinco) anos. (Redação dada pela Lei nº 14.994, de 2024)

O art. 129, § 13, CP, a vítima deve ser mulher. Trata-se de violência de gênero, conforme o disposto no crime de feminicídio.

Se, ao mesmo tempo, houver uma das circunstâncias do art. 129, § 9º, e uma das condições do art. 129, § 13, CP, aplica-se a qualificadora desse parágrafo, servindo as causas do art. 129, § 9º, como circunstância judicial desfavorável (art. 59, CP) ou circunstância agravante (art. 61, CP).

e) Lesão corporal culposa

Na lesão corporal culposa, o resultado é provocado por imprudência, negligência ou imperícia.

A gravidade da lesão não serve como qualificadora ou causa de aumento de pena, mas pode o juiz levar em consideração como circunstância judicial desfavorável (consequências do crime).

Caso a lesão corporal seja provocada na direção de veículo automotor, trata-se de crime previsto no art. 303, CTB.

Na lesão corporal culposa, admite-se o perdão judicial.

CRIMES CONTRA A HONRA

- A honra é um direito da personalidade assegurado pela Constituição Federal, pelo Pacto de San José da Costa Rica, bem como na legislação infraconstitucional, como o Código Penal, o Código Civil e o Código Eleitoral.
- **Honra subjetiva:** refere-se à autoestima, ao conceito que a própria pessoa tem de si mesmo.
- **Honra objetiva:** refere-se ao conceito que a pessoa tem no meio social em que vive.
- Para a configuração de um dos crimes contra a honra (calúnia, difamação e injúria) é indispensável que o agente tenha o propósito de ofender (**elemento subjetivo especial do tipo**).
- Se a ofensa tem motivação eleitoral, trata-se de um dos crimes contra a honra previstos no Código Eleitoral.
- O STF declarou que a Lei de Imprensa não foi recepcionada pela CF/88, motivo pelo qual se a ofensa se der por meio de veículo de comunicação, a conduta do agente se subsume em uma das figuras dos arts. 138 a 140, CP.

- Imunidade parlamentar é uma causa de exclusão da **tipicidade material.** Para as declarações ofensivas feitas no recinto do Parlamento, a inviolabilidade é absoluta. Para as declarações feitas fora do Parlamento, como à imprensa, deverá haver um nexo entre as declarações e a atividade parlamentar, podendo, assim, ser afastada a imunidade em caso de abuso.
- Pessoa jurídica pode ser vítima de calúnia (imputação falsa de crime ambiental) e difamação, mas não pode ser vítima de furto.
- **Calúnia**: imputação falsa de um **crime** a uma pessoa.
- Criança, adolescentes e doentes mentais podem ser vítimas de **calúnia**, pois, apesar de serem inimputáveis, podem praticar **fato definido como crime**, como o é o ato infracional praticado por criança e adolescente.
- A calúnia contra os mortos é punível, porém, as vítimas são os familiares do *de cujos*.

Pessoa jurídica pode ser vítima de calúnia?	Doutrina: pode ser vítima de calúnia, quando lhe imputado falsamente crime ambiental e contra a ordem econômica. Não pode em relação a outros crimes. STF e STJ: não pode. Pessoa jurídica pode ser vítima de difamação, mas não de calúnia (porque pessoa jurídica não comete crime) e injúria (honra subjetiva é exclusiva de pessoa física).

- Não há calúnia se a imputação se referir a **contravenção penal**.
- Na calúnia, admite-se, em regra, **a exceção da verdade**, meio de defesa em que o agente visa demonstrar que a imputação que fez é verdadeira.

Não se admite a exceção de verdade no crime de calúnia	a) Se o crime imputado for de ação privada, o ofendido não foi condenado por sentença irrecorrível; b) Se o ofendido for Presidente da República ou Chefe de Governo Estrangeiro; c) Se o ofendido foi absolvido por sentença transitada em julgado.

- Exceção de notoriedade: trata-se de figura prevista no art. 523 do Código de Processo Penal. Fato notório é aquele que todas ou muitas pessoas têm conhecimento. Assim, sendo o fato notório, não haverá calúnia, pois é verdadeira a imputação.
- O crime de calúnia praticado por meio de internet se consuma no local em que se encontra o responsável pela veiculação e divulgação do fato ofensivo.
- A denunciação caluniosa, em que se ofende a Administração da Justiça, por ser mais ampla, absorve a calúnia.
- Assim, a imputação falsa sobre o mesmo fato criminoso feita à Autoridade Policial, que, por causa dela, instaura Inquérito Policial, configura crime de denunciação caluniosa, não se falando em calúnia.
- **Difamação:** é a imputação recai sobre fato desonroso, fato esse que não é considerado crime.
- A imputação pode ser falsa ou verdadeira, que se consuma a difamação.
- Na difamação, a exceção de verdade só se admite se o ofendido for funcionário público e a ofensa se referir a essa qualidade.
- Se o ofendido for Presidente da República, considerado funcionário público para efeitos penais, não se admite a exceção de verdade em caso de difamação, dada a vedação expressa no crime de calúnia.
- No caso da difamação, acolhida a exceção de verdade, o fato permanece típico, porém, reconhece-se a excludente da ilicitude do **exercício regular de um direito**.
- **Na injúria,** o agente atribui à vítima uma qualidade desfavorável, um atributo negativo, a provocar abalo em sua autoestima.
- A injúria ocorre quando a vítima toma conhecimento da ofensa.

Perdão judicial na injúria	Quando houve provocação injusta pelo ofendido; No caso de retorsão imediata a uma outra injúria

- A **injúria** real: a ofensa é provocada mediante violência ou vias de fato, como, por exemplo, dar um tapa no rosto da vítima.
- No caso de haver produção de lesões corporais, haverá soma da pena da injúria com a da lesão corporal.
- Antes da Lei nº 14.532/2023, o crime de injúria racial estava previsto no art. 140, § 3º, CP, ao lado da injúria em razão de religião, da idade e o fato de a pessoa ser portadora de deficiência.
- Com a Lei nº 14.532/2023, o art. 140, § 3º, CP, passou a tratar apenas da injúria consiste na utilização de elementos referentes a **religião ou à condição de pessoa idosa ou com deficiência**. A pena prevista nesse parágrafo é de reclusão, de 1 (um) a 3 (três) anos, e multa. Trata-se forma qualificada do crime de injúria.
- Por sua vez, o chamado crime de injúria racial foi transferido para o novo art. 2º-A, da Lei nº 7.716/1989 (Lei de Racismo), conforme se vê em comentários a essa Lei.

Calúnia	Difamação	Injúria
Imputação de fato determinado.	Imputação de fato determinado.	Atribuição de uma qualidade negativa.
Fato definido como crime.	Fato ofensivo à reputação da vítima, não definido como crime.	Qualidade ofensiva à dignidade ou decoro da vítima.
Imputação é falsa	É irrelevante que a imputação seja falsa.	É irrelevante que a imputação seja falsa.
Ofensa à honra objetiva.	Ofensa à honra objetiva.	Ofensa à honra subjetiva.

Em regra, admite a exceção de verdade.	Em regra, **não** admite a exceção de verdade.	Não admite a exceção de verdade.

- Não há crime de injúria ou difamação: I - a ofensa irrogada em juízo, na discussão da causa, pela parte ou por seu procurador; II - a opinião desfavorável da crítica literária, artística ou científica, salvo quando inequívoca a intenção de injuriar ou difamar; III - o conceito desfavorável emitido por funcionário público, em apreciação ou informação que preste no cumprimento de dever do ofício.
- Se o crime é cometido contra a mulher por razões da condição do sexo feminino, nos termos do § 1º do art. 121-A do Código Penal, aplica-se a pena em dobro.

CRIMES CONTRA A LIBERDADE PESSOAL

CONSTRANGIMENTO ILEGAL

- Ninguém será obrigado a fazer ou deixar de fazer alguma coisa senão em virtude de lei (art. 5º, II, CF/88). É essa garantia constitucional que se tutela com o crime de **constrangimento ilegal** (art. 146, CP).
- Constranger significa forçar alguém a fazer alguma coisa ou deixar de fazer alguma coisa.
- No crime de constrangimento ilegal, o agente se vale de **violência, grave ameaça ou qualquer outro meio** (como embriagar a vítima) para reduzir a capacidade da vítima para que esta pratique ou deixe de praticar ato a que não está obrigado por lei.
- Elemento subjetivo: **dolo.** Não existe a forma culposa.
- Causas de aumento da pena ao dobro: crime praticado por **mais de três pessoas** reunidas ou há emprego de **armas**.
- Se o constrangimento ilegal for cometido mediante violência, à pena do art. 146, CP, soma-se a pena correspondente da violência (como lesão corporal).

Não caracteriza constrangimento ilegal, se o constrangimento visa	I – **intervenção médica ou cirúrgica**, sem o consentimento do paciente ou de seu representante legal, se justificada por **iminente perigo de vida**; II – **impedir suicídio**.

INTIMIDAÇÃO SISTEMÁTICA (*BULLYING*)

- **art. 146-A, CP:** Intimidar sistematicamente, individualmente ou em grupo, mediante violência física ou psicológica, uma ou mais pessoas, de modo intencional e repetitivo, sem motivação evidente, por meio de atos de intimidação, de humilhação ou de discriminação ou de ações verbais, morais, sexuais, sociais, psicológicas, físicas, materiais ou virtuais.
- Trata-se de inovação trazida pela Lei n. 14.811/2024.
- O verbo-núcleo do tipo penal é **intimidar**, ou seja, causar medo, pavor ou apreensão; amedrontar, assustar.
- o crime pode ser cometido por uma só pessoa ou em grupo. Nesse caso, o juiz pode levar em consideração como circunstância judicial desfavorável o fato de o crime ser cometido em grupo.
- **Elemento normativo do tipo:** sistematicamente. Isso implica que a conduta do agente seja reiterada, devendo o juiz, no caso concreto, analisar se houve essa reiteração suficiente para causar a intimidação à vítima.

Pena – multa, se a conduta não constituir crime mais grave.

FORMA QUALIFICADA: Intimidação sistemática virtual (*cyberbullying*): Se a conduta é realizada por meio da rede de computadores, de rede social, de aplicativos, de jogos *on-line* ou por qualquer outro meio ou ambiente digital, ou transmitida em tempo real: reclusão, de 2 (dois) anos a 4 (quatro) anos, e multa, se a conduta não constituir crime mais grave.

AMEAÇA

- No crime de **ameaça**, o mal prometido deve ser injusto e grave.
- O Mal deve ser nocivo, grave, sério e verossímil.
- O simples temor reverencial não configura o crime do art. 147, CP.
- Meios de realizar a ameaça: **escrito, palavras, gestos ou qualquer outro meio simbólico.**
- O crime de ameaça pode ser absorvido por outro se ela for meio de praticar tal conduta, como ocorre no roubo.
- Aplica-se a pena em dobro, se o crime de ameaça for praticado contra mulher, desde que presentes os requisitos do feminicídio.

AÇÃO PENAL: **REGRA: ação penal pública condicionada à representação.** **EXCEÇÃO: NO CASO DE AMEAÇA CONTRA A MULHER NAS CIRCUNSTÂNCIAS DO FEMINICÍDIO, A AÇÃO PENAL É PÚBLICA INCONDICIONADA**

PERSEGUIÇÃO

- Art. 147-A. Perseguir alguém, reiteradamente e por qualquer meio, ameaçando-lhe a integridade física ou psicológica, restringindo-lhe a capacidade de locomoção ou, de qualquer forma, invadindo ou perturbando sua esfera de liberdade ou privacidade.
- Trata-se do crime de stalking.
- "Perseguir" significa ir ao encalço, atormentar, importunar, aborrecer, de modo a ofender a liberdade e a privacidade da vítima.

Causas de aumento de pena	I – contra criança, adolescente ou pessoa idosa; II – contra mulher por razões da condição de sexo feminino, nos termos do § 2º-A do art. 121 deste Código; III – mediante concurso de 2 (duas) ou mais pessoas ou com o emprego de arma.

- As penas desse crime se aplicam cumulativamente com as da violência. Assim, se houver lesão corporal, o agente responde em concurso com o art. 129, CP.
- A ação penal é pública condicionada à representação.

VIOLÊNCIA PSICOLÓGICA CONTRA A MULHER

- art. 147-B, CP: Causar dano emocional à mulher que a prejudique e perturbe seu pleno desenvolvimento ou que vise a degradar ou a controlar suas ações, comportamentos, crenças e decisões, mediante ameaça, constrangimento, humilhação, manipulação, isolamento, chantagem, ridicularização, limitação do direito de ir e vir ou qualquer outro meio que cause prejuízo à sua saúde psicológica e autodeterminação
- A violência psicológica consiste em ameaça, constrangimento, humilhação, manipulação, isolamento, vigilância constante, perseguição contumaz e insultos.
- A violência psicológica contra a mulher já era prevista na Lei Maria da Penha, mas não consistia em um tipo penal.
- Esse crime tem natureza subsidiária, pois só tem incidência, se o fato não constituir crime mais grave.

SEQUESTRO E CÁRCERE PRIVADO

- A diferença entre **sequestro e cárcere privado** é doutrinária: no primeiro, a restrição de liberdade é menor, como a pessoa que é colocada em uma fazenda de onde não consegue sair; enquanto no segundo a segregação é maior como no caso em que uma pessoa é colocada em um cubículo de uma casa.

Qualificadoras no crime de cárcere privado e sequestro	I – se a vítima é ascendente, descendente, cônjuge ou companheiro do agente ou maior de 60 (sessenta) anos; II – se o crime é praticado mediante internação da vítima em casa de saúde ou hospital; III – se a privação da liberdade dura mais de quinze dias. IV – se o crime é praticado contra menor de 18 (dezoito) anos; V – se o crime é praticado com fins libidinosos.

- A consumação do crime de sequestro ou cárcere privado se consuma no momento em que a vítima é privada da liberdade.
- Com isso, se a finalidade for libidinosa, a consumação se dá ainda que não se pratique o ato libidinoso, basta a privação de liberdade.
- O crime de sequestro e cárcere privado cometido contra menor de 18 (dezoito) anos (art. 148, § 1º, inciso IV) passou a ser considerado hediondo pela Lei n. 14.811/2024.

REDUÇÃO À CONDIÇÃO ANÁLOGA A DE ESCRAVO

- O crime de **redução à condição análoga a de escravo** consiste na submissão de uma pessoa a uma de forma degradante, sem respeito a seus direitos mínimos inerentes à condição humana.
- Na escravidão dos negros africanos na América, exigia-se que o escravo fosse comercializado. Nesse crime, a **comercialização não se faz necessária**. Basta que a pessoa seja colocada em condição degradante e se vê aprisionada a outra.
- **Condutas:**

(a) Submeter a vítima a **trabalhos forçados**: o trabalhador, mediante alguma forma de coerção, é submetido a trabalho contra a sua vontade;

(b) Submeter a vítima a **jornada exaustiva**: o empregador exige, impõe ao trabalhador a jornada extra de trabalho em desacordo com a legislação trabalhista sem o pagamento de verbas devidas;

© Sujeitar o trabalhador a **condições degradantes de trabalho:** o trabalhador é submetido a condições humilhantes de trabalho, que mais o aproximam de escravo do que homem livre. O juiz vai analisar no caso concreto se as condições são degradantes, tomando por base, inclusive, mas não exclusivamente, a legislação trabalhista;

(d) **Restringir**, por qualquer meio, **sua locomoção** em razão de **dívida contraída com o empregador ou preposto:** o trabalhador tem a sua liberdade cerceada pelo empregador em razão de dívida contraída. Exemplo clássico: o empregador tem uma mercearia dentro da Fazenda e obriga que o trabalhador compre dele produtos a preços aviltantes. Contraída a dívida, o trabalhador fica impedido de sair da fazenda, enquanto não a pagar;

(e) **Cercear o uso** de qualquer **meio de transporte** por parte do trabalhador, com o fim de **retê-lo no local de trabalho:** tutela-se a livre opção do trabalhador de usar meios de transporte para se ausentar do local de trabalho. Geralmente, ocorre em fazendas distantes de grandes centros urbanos, em que o empregador torne inviável o deslocamento do empregado ao retirar do local meios de transporte.;

(f) **Manter vigilância ostensiva** no local de trabalho com o fim de **reter o trabalhador no local de trabalho:** o uso de vigilantes armados por si só não configura o crime, como ocorre em bancos. O crime se configurar se a manutenção dessa vigilância tem como finalidade de reter o trabalhador no local de trabalho.

(g) **Apoderar-se de documentos ou objetos pessoais** do trabalhador, com o fim de **retê-lo no local de trabalho:** nesse crime a retenção de documentos do trabalhador, qualquer que seja ele, não só a CTPS, visa impedir que ele deixe o local de trabalho. Também ocorre se o emprego reter objetos pessoais doo trabalhador, como utensílios domésticos, instrumentos de trabalho.

- De acordo com recentes decisões do STJ e do STF, crime de redução à condição análoga a de escravo, além de atingir a dignidade da pessoa humana, viola a organização do trabalho, motivo pelo qual a competência para o seu julgamento é da Justiça Federal (art. 109, V-A e VI, CF/88).

Causas de aumento de pena (1/2), se o crime é cometido	I – contra **criança ou adolescente**; II – por motivo de **preconceito de raça, cor, etnia, religião ou origem**.

Tráfico de pessoas: visa tutelar a liberdade da pessoa de permanecer no local em que escolher de acordo com a sua conveniência.

Condutas criminosas (tipo penal misto alternativo: basta que o agente cometa um dos verbos. Se cometer mais de um deles, responderá por um único crime. Por exemplo: compra e aloja a mesma vítima	Agenciar; Aliciar; Recrutar; Transportar; Transferir; Comprar; Alojar; Acolher pessoa

Meios de praticar o crime	Grave ameaça; Violência; Coação; Fraude ou; Abuso

Finalidade especial: elemento subjetivo específico –I - remover-lhe **órgãos, tecidos ou partes do corpo**; –I - submetê-la a **trabalho em condições análogas à de escravo**; I–I - submetê-la a qualquer **tipo de servidão;** –V - **adoção ilegal**; ou–V - **exploração sexual**

Causas especiais de aumento de pena–I - o crime for cometido por **funcionário público** no exercício de suas funções ou a pretexto de exercê-las; –I - o crime for cometido contra **criança, adolescente** ou pessoa **idosa** ou com **deficiência;** I–I - o agente se prevalecer de relações de **parentesco, domésticas, de coabitação, de hospitalidade, de dependência econômica, de autoridade ou de superioridade hierárquica inerente ao exercício de emprego, cargo ou função**; ou –V - a vítima do tráfico de pessoas for **retirada do território nacional**.

- O crime de tráfico de pessoas cometido contra criança ou adolescente (art. 149-A, *caput*, incisos I a V, e § 1º, inciso II) passou a ser considerado hediondo pela Lei n. 14.811/2024.

13.2. DOS CRIMES CONTRA O PATRIMÔNIO

- Nos crimes contra o patrimônio, tutelam-se a propriedade e a posse da vítima sobre um bem.

FURTO

- **Furto**: o agente subtrai coisa alheia móvel pertencente a outrem.
- Ladrão que furta ladrão comete crime de furto, mas a vítima continua sendo o proprietário ou o possuidor originário.
- Objeto material: coisa corporal com valor patrimonial.
- Coisa de valor sentimental: há entendimento da doutrina majoritária no sentido de que pode ocorrer crime de furto.
- A subtração de cheque em branco não configura crime de furto por falta de valor econômico. Mas, se o agente que subtraiu o cheque o preenche e o faz circular, comete crime de estelionato.
- A coisa deve pertencer a uma terceira pessoa.
- A coisa abandonada, portanto, não pode ser objeto de furto.
- Se o agente subtrair coisa própria que está em poder de terceiro, pode cometer crime de exercício arbitrário das próprias razões (art. 346, CP) ou furto de coisa comum (art. 156, CP).
- Furto de uso: figura atípica. Requisitos: subtração de coisa infungível, intenção de uso momentâneo e devolução imediata do bem no mesmo estágio de conservação.
- **TEMA 934 DE RECURSOS REPETITIVOS DO STJ:** O Plenário do Supremo Tribunal Federal, superando a controvérsia em torno do tema, consolidou a adoção da teoria da *apprehensio* (ou *amotio*), segundo a qual se considera **consumado o delito de furto quando, cessada a clandestinidade, o agente detenha a posse de fato sobre o bem, ainda que seja possível à vítima retomá-lo, por ato seu ou de terceiro, em virtude de perseguição imediata.** Desde então, o tema encontra-se pacificado na jurisprudência dos Tribunais Superiores.
- **TEMA 924 DE RECURSOS REPETITIVOS DO STJ:** o fato de a loja ser equipada com aparelhos de vigilância, como câmeras, alarmes, por si só, não caracteriza o crime impossível, já que, mesmo sistemas de segurança mais avançados são falíveis.
- **TEMA 1205 DE RECURSOS REPETITIVOS DO STJ:** A restituição imediata e integral do bem furtado não constitui, por si só, motivo suficiente para a incidência do princípio da insignificância.
- **Furto noturno: art. 155, § 1º, CP:** praticado durante o repouso noturno, que deve ser analisado de acordo com os usos e costumes do lugar. O repouso noturno no campo é diferente do repouso noturno de uma grande cidade.

TEMA 1144 DO STJ: trata de questões relacionadas ao art. 155, § 1º, CP	1. Nos termos do § 1º do art. 155 do Código Penal, se o crime de furto é praticado durante o repouso noturno, a pena será aumentada de um terço. 2. O repouso noturno compreende o período em que a população se recolhe para descansar, devendo o julgador atentar-se às características do caso concreto.

PENAL

	3. A situação de repouso está configurada quando presente a condição de sossego/tranquilidade do período da noite, caso em que, em razão da diminuição ou precariedade de vigilância dos bens, ou, ainda, da menor capacidade de resistência da vítima, facilita-se a concretização do crime. 4. São irrelevantes os fatos das vítimas estarem ou não dormindo no momento do crime, ou o local de sua ocorrência, em estabelecimento comercial, via pública, residência desabitada ou em veículos, bastando que o furto ocorra, obrigatoriamente, à noite e em situação de repouso.

Furto Privilegiado (art. 155, § 2º, CP)	**Requisitos**	**Criminoso primário** **Pequeno valor da coisa subtraída**
	Consequência	**Substituição da pena de reclusão por detenção;** **Diminuir a pena de um sexto a dois terços ou** **Aplicar somente a pena de multa**

- Há um escalonamento para se diferenciar o furto privilegiado do furto em que incide o princípio da insignificância. No primeiro caso, trata-se de coisa com pequeno valor (até um salário mínimo); no segundo, o valor do bem é insignificante a ponto de não ser ofendido o patrimônio da vítima da subtração.
- **Furto qualificado – art. 155, § 4º, CP:** são circunstâncias que fazem com que o preceito penal secundário seja elevado: pena – **reclusão de 02 a 08 anos e multa.**

QUALIFICADORA	CARACTERÍSTICAS
Destruição ou rompimento de obstáculo	O agente pratica uma violência contra uma coisa que protege o bem a ser subtraído: corta a cerca elétrica da casa. Exige perícia.
Com abuso de confiança	Há uma relação de confiança entre vítima e agente que facilita a subtração. A simples relação empregatícia não significa, por si só, que o empregador tenha confiança em relação ao empregado, para fins penais.

QUALIFICADORA	CARACTERÍSTICAS
Mediante fraude	O agente utiliza um ardil para diminuir a vigilância da vítima sobre o bem e, assim, ter mais facilidade para subtrair a coisa.
Escalada	O agente entra no local em que está o bem por meio anormal e esforço imediato. Por exemplo, escalar o muro da casa.
Destreza	O agente usa uma especial habilidade para subtrair o bem, como na subtração de uma carteira do bolso da calça da vítima sem que ela perceba a ação do agente.
Chave falsa	Uso de instrumento para fazer vezes de chave verdadeira, como mixa, gazua, arame, alicate.
Concurso de pessoas	Duas ou mais pessoas participam da execução do crime, seja como autores, seja como partícipes.
Veículo automotor que venha a ser transportado de um estado para outro ou para o exterior	O veículo é transportado de um Estado da Federação para outro (de SP para MG) ou para o exterior (do Brasil para o Paraguai)
Subtração for de semovente domesticável de produção, ainda que abatido ou dividido em partes no local da subtração.	Exemplo de semovente domesticável: gado. Pena de dois a cinco anos
se houver emprego de explosivo ou de artefato análogo que cause perigo comum	A pena é de reclusão de 4 (quatro) a 10 (dez) anos e multa. Trata-se de qualificadora introduzida pela Lei nº 13.654/2018. Visa o combate a furto de agências bancárias. O uso de explosivo deve causar perigo comum, ou seja, atingir de alguma forma, outros bens da coletividade, não só da agência bancária.

- **A pena é de reclusão, de quatro a oito anos, e multa, se o furto mediante fraude é cometido por meio de dispositivo eletrônico ou informático, conectado ou não à rede de computadores, com ou sem a violação de mecanismo de segurança ou a utilização de programa malicioso, ou por qualquer outro meio fraudulento análogo.**

Causas de aumento de pena no crime de furto mediante fraude eletrônica	I – aumenta-se de 1/3 (um terço) a 2/3 (dois terços), se o crime é praticado mediante a utilização de servidor mantido fora do território nacional; II – aumenta-se de 1/3 (um terço) ao dobro, se o crime é praticado contra pessoa idosa ou vulnerável.

- **TEMA 561 DE RECURSOS REPETITIVOS DO STJ: Possibilidade de reconhecimento do furto privilegiado-qualificado**: Consoante entendimento pacificado pelo julgamento do EREsp. 842.425/RS, de que relator o eminente Ministro Og Fernandes, afigura-se absolutamente "possível o reconhecimento do privilégio previsto no § 2º do art. 155 do Código Penal nos casos de furto qualificado (CP, art. 155, § 4º)", máxime se presente qualificadora de ordem objetiva, a primariedade do réu e, também, o pequeno valor da res furtiva.
- **TEMA 1087 DE RECURSOS REPETITIVOS DO STJ: Impossibilidade de reconhecimento do furto noturno-qualificado:** A causa de aumento prevista no § 1° do art. 155 do Código Penal (prática do crime de furto no período noturno) não incide no crime de furto na sua forma qualificada (§ 4°).

ROUBO

- **Roubo Próprio (art. 157, *caput*, CP)**: o agente subtrai coisa alheia móvel pertencente a outrem com o emprego de violência ou grave ameaça ou qualquer outra forma de redução de vigilância da vítima (violência imprópria).
- **TEMA 916 DE RECURSOS REPETITIVOS DO STJ:** Consuma-se o crime de roubo com a inversão da posse do bem, mediante emprego de violência ou grave ameaça, ainda que por breve tempo e em seguida a perseguição imediata ao agente e recuperação da coisa roubada, sendo prescindível a posse mansa e pacífica ou desvigiada.
- **TEMA 1171 DE RECURSOS REPETITIVOS DO STJ:** A utilização de simulacro de arma configura a elementar grave ameaça do tipo penal do roubo, subsumindo à hipótese legal que veda a substituição da pena.
- **TEMA 1192 DE RECURSOS REPETITIVOS DO STJ:** O crime de roubo, praticado mediante uma única ação contra vítimas diferentes e em um mesmo contexto fático, configura o concurso formal de crimes e não um crime único, quando violados patrimônios distintos.
- **Roubo Impróprio (art. 157, § 1º, CP):** depois de subtrair o bem, para assegurar a posse e/ou impunidade, o agente pratica violência ou grave ameaça contra a vítima.
- **Roubo majorado (art. 157, § 2º, CP):** circunstância que faz o juiz aumentar a pena do agente de um terço até metade.

Circunstância	Característica
Concurso de duas ou mais pessoas	Duas ou mais pessoas participam da execução do crime, seja como autores, seja como partícipes.
A vítima está em transporte de valores	Como por exemplo, carros fortes.
Veículo automotor que venha a ser transportado de um estado para outro ou para o exterior	O veículo é transportado de um Estado da Federação para outro (de SP para MG) ou para o exterior (do Brasil para o Paraguai)
Restrição de liberdade da vítima	A restrição de liberdade da vítima deve se dar por um tempo juridicamente relevante e deve ser para executar o crime ou garantir a fuga
Se a subtração for de substâncias explosivas ou de acessórios que, conjunta ou isoladamente, possibilitem sua fabricação, montagem ou emprego	Aqui o objeto material do crime de roubo, ou seja, a coisa subtraída é substâncias explosivas ou acessórios para tal fim.
Se a violência ou grave ameaça é exercida com o emprego de arma branca	Trata-se de inovação trazida pela Lei Anticrime. Em sua redação originária o CP apenas se valia da expressão arma, no que estavam englobadas armas branca e de fogo. Com a Lei n. 13.654/2018, não se permitia mais a agravante no uso de arma branca. Houve reformatio in mellus e, com isso a norma penal retroagia. Com o Pacote Anticrime, a arma branca voltou a ser causa de aumento de pena, mas se aplicando apenas aos casos ocorridos após a sua vigência. No período entre a Lei nº 13.654/2018 e o início de vigência do Pacote Anticrime (Lei n. 13.964/2019), o emprego do uso de arma branca no crime de roubo poderia ser considerado circunstância judicial desfavorável, na fase do art. 59, CP (Tema 1110 – STJ).

- **Roubo majorado (art. 157, § 2º-A, CP):** circunstância que faz o juiz aumentar a pena do agente de 2/3: Trata-se de parágrafo introduzido pela Lei nº 13.654/2018.

PENAL

Circunstância	Característica
se a violência ou ameaça é exercida com emprego de arma de fogo	Trata-se de inovação trazida pela Lei n. 13.654/2018. Essa norma não retroage aos crimes cometidos antes da vigência dessa Lei, pois se trata de norma penal mais grave. Com isso, a tais crimes, aplica-se a majorante, mas na fração de pena do art. 157, § 2º, CP.
se há destruição ou rompimento de obstáculo mediante o emprego de explosivo ou de artefato análogo que cause perigo comum	No caso dessa causa de aumento de pena, o agente se vale de explosivos para rompimento de obstáculo à subtração. Há incidência apenas se o uso dos explosivos cause aumento de pena.

Roubo majorado (art. 157, § 2º-B, CP): Se a violência ou grave ameaça é exercida com emprego de arma de fogo de uso restrito ou proibido, aplica-se em dobro a pena prevista no caput deste artigo.

- **Roubo qualificado: da violência empregada resulta lesão corporal de natureza grave ou morte (latrocínio).**
- **A Lei nº 13.654/2018 alterou o § 3º do art. 157, do CP, apenas para desmembrá-lo em dois incisos e para aumentar a pena do roubo seguido de lesão corporal.**

Qualificadora	Pena
Lesão corporal grave	**7 a 18 anos e multa**
Morte	**20 a 30 anos e multa**

- O latrocínio consiste na subtração do bem, bem como, no mesmo contexto, na morte da vítima, que pode se dar pela forma culposa ou pela forma dolosa.

SUBTRAÇÃO	MORTE	LATROCÍNIO
Consumada	Consumada	Consumado
Consumada	Tentada	Tentado
Tentado	Consumada	Consumado
Tentada	Tentada	Tentado

- Se há mais de uma morte, porém, um único patrimônio é subtraído, a jurisprudência do STF é no sentido de que há **um único crime de latrocínio**. O STJ entendia que havia concurso formal de crimes, mas se rendeu ao entendimento do STF (STJ - AgRg no AREsp 2.119.185-RS – Inf. 789).

EXTORSÃO

- **Extorsão (art. 158, CP)**: mediante violência ou grave ameaça, o agente constrange alguém a fazer algo, como que obtém vantagem econômica.
- Na **extorsão**, a vítima é constrangida a fazer, tolerar que se faça ou deixar de fazer alguma coisa, mediante violência ou grave ameaça, tendo o sujeito ativo do crime a finalidade de obter, para si ou para outrem, indevida vantagem econômica.
- A diferença fundamental entre roubo e extorsão se encontra **na necessidade de participação ativa** da vítima para que o agente obtenha a vantagem patrimonial.
- No roubo, a coisa desejada pelo agente está à mão e a subtração independe da colaboração da vítima. Na extorsão, a conduta ativa da vítima é imprescindível para que o sujeito ativo do crime obtenha a indevida vantagem econômica.

EXTORSÃO MEDIANTE SEQUESTRO

- **Extorsão mediante sequestro (art. 159, CP)**: a obtenção da vantagem econômica é obtida por meio da restrição de liberdade da vítima.
- Trata-se de crime complexo, pois o sequestro, por si só, é uma infração autônoma e que, praticado com o fim de obter indevida vantagem, configura o tipo penal do art. 159, CP.
- É também crime formal, pois se consuma mesmo que não haja obtenção da indevida vantagem econômica, o que vem a ser mero exaurimento da conduta.

Formas qualificadas (art. 159, § 1º, CP)	Característica
O sequestro dura mais de vinte e quatro horas	A privação de liberdade traz fortes abalos emocionais à vítima, muitas vezes confinadas em locais insalubres, sem notícias de parentes e o medo de desfecho trágico, o que justifica a qualificadora em tela
O sequestrado é menor de dezoito anos ou maior de sessenta	A vulnerabilidade das pessoas menores de dezoito e maiores de sessenta anos exige maior reprimenda. Essa circunstância deve ser abrangida pelo dolo do agente, que sabia ou devia saber de sua existência.
Crime cometido por bando ou quadrilha	Com a Lei nº 12.850/2013, o *nomen criminis* passou a ser associação criminosa, sendo necessário que, pelo menos, **três pessoas** estejam associadas com o fim específico de praticar crimes. Ou seja, não basta o mero concurso de três pessoas a praticar o sequestro, mas se exige a estabilidade da associação voltada à prática de crimes

APROPRIAÇÃO INDÉBITA

- **Apropriação Indébita (art. 168, CP)**: a posse do bem é obtida licitamente pelo agente, que, no entanto, passa a ter a coisa como sua ilicitamente. Há uma inversão da vontade do agente.
- **Mero descumprimento contratual** não configura o crime de apropriação indébita. Trata-se de mero ilícito civil.

Causas de aumento de pena	Depósito necessário: se refere ao depósito que se faz em ocasião de **calamidade pública** (art. 647, II, CC). Tutor, curador, síndico liquidatário, inventariante, testamenteiro ou depositário judicial: em decorrência da elevada função que exercem recebem bens de terceiros e devem devolvê-los. Em razão de ofício, emprego ou profissão: a pessoa recebe o bem em razão da profissão e, se não o devolver, responde pela apropriação indébita com causa de aumento de pena.

APROPRIAÇÃO PREVIDENCIÁRIA

- **Crime de apropriação indébita previdenciária:** CP, art. 168-A. No crime de apropriação indébita previdenciária, basta que o agente deixe de recolher a contribuição aos cofres da Previdência Social.
- Não é necessário que o agente vise fraudar a Previdência Social, ou que reverta o dinheiro apropriado em proveito próprio (o chamado *animus rem sibi habendi*) (STJ – 5.ª T. – REsp. 629.091 – Rel. Arnaldo Esteves Lima – DJU 24.04.2006).
- **TEMA 1166 – STJ:** O crime de apropriação indébita previdenciária, previsto no art. 168-A, § 1.º, inciso I, do Código Penal, possui natureza de delito material, que só se consuma com a constituição definitiva, na via administrativa, do crédito tributário, consoante o disposto na Súmula Vinculante n. 24 do Supremo Tribunal Federal.

ESTELIONATO

- **Estelionato (art. 171, CP):** o agente obtém a vantagem patrimonial em detrimento de prejuízo da vítima, induzida ou mantida em erro, em decorrência de ardil.

Meios de induzimento ou manutenção em erro	Características
Artifício	É astúcia, esperteza, manobra que implica engenhosidade. Ex: o agente se faz passar como representante de uma entidade caridade respeitada na comunidade e induz o ofendido a fazer doação que, desde o início, tem a intenção de tê-la para si
Ardil	É também artifício, esperteza, embora na forma de armadilha, cilada ou estratagema. Ex: o agente prepara um local como sendo agência de veículos, vende automóvel à vítima, recebe o dinheiro, mas, antes de entregá-lo, desaparece com o dinheiro obtido.
Qualquer outro meio fraudulento	Trata-se de interpretação analógica

ESTELIONATO ELETRÔNICO: A pena é de reclusão, de quatro a oito anos, e multa, se a fraude é cometida com a utilização de informações fornecidas pela vítima ou por terceiro induzido a erro por meio de redes sociais, contatos telefônicos ou envio de correio eletrônico fraudulento, ou por qualquer outro meio fraudulento análogo.

Causas de aumento de pena no crime de estelionato eletrônico	a) considerada a relevância do resultado gravoso, aumenta-se de 1/3 (um terço) a 2/3 (dois terços), se o crime é praticado mediante a utilização de servidor mantido fora do território nacional;

CAUSA DE AUMENTO DE PENA: o estelionato é cometido em detrimento de entidade de direito público ou de instituto de economia popular, assistência social ou beneficência.

- A forma mais comum dessa modalidade de estelionato é o chamado estelionato previdenciário, praticado contra o INSS.
- Crime de estelionato previdenciário: CP, art. 171, § 3º. Não raro a Previdência Social é vítima de fraude por meio da qual uma pessoa passa a receber benefícios previdenciários.
- Classificação do estelionato previdenciário de acordo com o Prof. Rogério Sanches Cunha

Crime Permanente: caso o fraudador seja o próprio beneficiário, pois se compreende a obtenção da vantagem como produto de reiteração de condutas baseada no ato fraudulento cometido pelo próprio agente.
Instantâneo de efeitos permanentes: caso a conduta fraudulenta seja praticada em favor de terceiro que receberá o benefício indevido. Neste caso, o agente comete apenas uma conduta, da qual outra pessoa se beneficia reiteradamente (razão dos efeitos permanentes).
Continuado: caso alguém permaneça recebendo o benefício que, devido na origem, deveria ter cessado em virtude da morte do beneficiário. Em virtude das mesmas circunstâncias de tempo, local e modo de execução, considera-se como se uma obtenção de vantagem fosse continuação de outra.

- A pena aumenta-se de 1/3 (um terço) ao dobro, se o crime é cometido contra pessoa idosa ou vulnerável, considerada a relevância do resultado gravoso.

AÇÃO PENAL NO CRIME DE ESTELIONATO: REDAÇÃO DO PACOTE ANTICRIME:

Regra: ação penal pública condicionada à representação.

Exceções: ação penal pública incondicionada: se a vítima for: I - a Administração Pública, direta ou indireta;

II - criança ou adolescente; III - pessoa com deficiência mental; ou IV - maior de 70 (setenta) anos de idade ou incapaz.

Retroatividade da norma que estabelece a ação penal pública condicionada à representação:

A Lei n. 13.964/2019, que conferiu à ação penal na hipótese de delito de estelionato (art. 171 do Código Penal) a natureza de ação penal pública condicionada à representação da vítima, cuja representação passou a ser exigida como condição de procedibilidade, não retroage para atingir as ações penais já instauradas (Terceira Seção do STJ, HC n. 610.201/SP).

RECEPTAÇÃO

- **Receptação própria**: o agente, adquire, recebe, transporta, conduz ou oculta, para si ou para outrem, coisa que **sabe ser produto de crime.**
- **Receptação imprópria:** o agente influencia para que terceiro, de boa-fé, a adquira, receba ou oculte a coisa que ele, sujeito ativo do crime, sabe ser produto de crime.
- **Receptação qualificada:** trata-se de crime próprio, porque o agente deve ter uma qualidade especial: comerciante, ainda que irregular ou clandestino, ou empresário.
- **Elemento subjetivo:** no tipo penal da receptação qualificação, o legislador usa a seguinte expressão: coisa que **deve saber** ser produto de crime.
- Houve entendimento de que o único dolo a incidir nesse crime seria o dolo indireto, sendo que, se o agente soubesse a origem espúria do bem, haveria crime de receptação do art. 180, *caput*, CP.
- Porém, o entendimento majoritário é no sentido de que no art. 180, § 1º, CP, também, se admite o dolo direto, ou seja, se o agente sabia a origem espúria do bem, haverá o crime de receptação qualificada.
- Ressalte-se: o elemento do tipo que torna o art. 180, § 1º, CP, especial em relação ao art. 180, *caput*, CP, é o fato de que o primeiro é **crime próprio**, pois exige-se do sujeito ativo qualidade especial, qual seja, que ele seja **comerciante ou empresário** e que o crime tenha sido cometido no exercício de tais atividades,

RECEPTAÇÃO DE ANIMAL

- Com a Lei nº 13.330/2016, passou-se a ter o seguinte tipo penal: adquirir, receber, transportar, conduzir, ocultar, terem depósito ou vender, **com a finalidade de produção ou de comercialização, semovente domesticável de produção**, ainda que abatido ou dividido em partes, que deve saber ser produto de crime (art. 180, CP).
- Veja-se que o novo tipo penal exige uma finalidade especial do agente: **produção ou comercialização**.
- Caso a pessoa cometa um dos verbos do tipo, mas visa o consumo pessoal, sua conduta não incide no novo tipo penal, podendo ser o crime de receptação comum (art. 180-A, CP).
- Além disso, o objeto material: deve ser semovente domesticável de produção, como, por exemplo, o gado.

ESCUSAS ABSOLUTÓRIAS

- **Escusa absolutória**: há isenção de pena, apesar da conduta do agente ser típica.

Isenção de pena nos crimes contra o patrimônio	**I - do cônjuge, na constância da sociedade conjugal;** **II - de ascendente ou descendente, seja o parentesco legítimo ou ilegítimo, seja civil ou natural.**

Somente se procede mediante representação, se o crime previsto neste título é cometido em prejuízo	**I - do cônjuge desquitado ou judicialmente separado;** **II - de irmão, legítimo ou ilegítimo;** **III - de tio ou sobrinho, com quem o agente coabita.**

Não se aplicam os arts. 181 e 182, CP	**I - se o crime é de roubo ou de extorsão, ou, em geral, quando haja emprego de grave ameaça ou violência à pessoa;** **II - ao estranho que participa do crime.** **III – se o crime é praticado contra pessoa com idade igual ou superior a 60 (sessenta) anos. .**

- Causa de aumento de pena: Nos crimes de que trata este Título, quando cometidos contra as instituições financeiras e os prestadores de serviço de segurança privada, de que trata o Estatuto da Segurança Privada e da Segurança das Instituições Financeiras, as penas serão aumentadas de 1/3 (um terço) até o dobro.

13.3. CRIMES CONTRA A ORGANIZAÇÃO DO TRABALHO

- Os crimes contra a organização do trabalho visam tutelar a **dignidade do trabalhador nas relações de trabalho**, seja sob o aspecto individual, seja sob o aspecto coletivo.
- Se o crime contra a organização do trabalho atingir o **interesse coletivo**, a competência é da **Justiça Federal**. Contudo, se atingir apenas o **interesse individual** do trabalhador ou do empregador, haverá competência da **Justiça Estadual**.
- **Atentado contra a liberdade de trabalho** (art. 197, CP): trata-se de constranger a vítima, mediante grave ameaça ou violência, a fazer ou deixar de fazer alguma coisa relacionada ao livre exercício do trabalho, seja na qualidade de trabalhador (art. 197, I, CP), seja na qualidade de empregador (art. 197, II, CP).
- **Atentado contra a liberdade de contrato de trabalho e boicotagem violenta** (art. 198, CP): trata-se de constranger a vítima, mediante grave ameaça ou violência, a fazer ou deixar de fazer alguma coisa re-

lacionada ao livre exercício de celebração do contrato de trabalho (art. 198, primeira parte, CP), ou de impedir que a pessoa desenvolva livremente a atividade industrial ou agrícola (art. 198, segunda parte, CP).

- **Atentado contra a liberdade de associação** (art. 199, CP): trata-se de constranger a vítima, mediante grave ameaça ou violência, a se associar ou deixar de se associar a um determinado sindicato ou associação profissional.
- **Participação de trabalho, seguida de violência ou perturbação da ordem** (art. 200, CP): trata-se do exercício do *lockout*, suspensão do trabalho pelo empregador, e da greve de trabalhadores, promovida por meio de violência contra pessoa ou coisa. Como o tipo penal tem como verbo-núcleo "participar", exige-se que haja multiplicidade de pessoas a participar da paralisação, pelo menos três.
- **Paralisação de trabalho de interesse coletivo** (art. 201, CP): trata-se do exercício do *lockout*, suspensão do trabalho pelo empregador, e da greve de trabalhadores, em que há interrupção de obra pública ou serviço de interesse público. Nesse caso, há abuso do direito de greve e, portanto, deve-se analisar o tipo penal à luz da Lei de Greve (Lei nº 7.783/89). Também, se exige a participação de pelo menos três pessoas.
- **Invasão de estabelecimento industrial, comercial ou agrícola. Sabotagem** (art. 202, CP): a invasão ou a sabotagem (danificação do estabelecimento ou das coisas que ele guarnece) deve ser feita com a finalidade de impedir ou embaraçar o curso normal do trabalho.
- **Frustração de direito assegurado por lei trabalhista** (art. 203, CP): mais uma vez, a incidência da norma penal depende da conjugação com interpretação da legislação trabalhista, constitucional ou inconstitucional. Deve haver o dolo por parte do agente, sendo que o simples inadimplemento com as normas trabalhistas não implica incidência do tipo penal.
- No parágrafo primeiro, o agente não se vale de simples fraude, como no caput, mas de coação. Estranhamento, contudo, as penas previstas são as mesmas.
- Causa especial de pena: vítima menor de dezoito anos, idosa, gestante, indígena ou portadora de deficiência física ou mental.
- **Frustração da lei sobre a nacionalização do trabalho** (art. 204, CP): trata-se de norma penal em branco, porque as regras sobre nacionalização do trabalho são previstas em legislação do trabalho.
- **Exercício de atividade com infração de decisão administrativa** (art. 205, CP): o livre exercício da profissão é garantia constitucional, porém, a lei pode condicionar e limitar esse direito. Algumas profissões estão sujeitas ao controle administrativo, como, por exemplo, de seus conselhos, como o CRECI, CREA, CRM, etc., que podem impor sanções aos seus associados, como a suspensão da atividade. A inobservância dessa suspensão pode acarretar na subsunção da conduta ao crime do art. 205, CP, desde que seja feita de forma habitual.
- **Aliciamento para fim de emigração** (art. 206, CP): nesse crime, o sujeito ativo recruta (alicia, atrai), mediante fraude (falsas promessas), trabalhadores (no mínimo dois) para levá-los ao exterior.
- **Aliciamento de trabalhadores de um local para outro do território nacional** (art. 207, CP): nesse crime, o sujeito ativo alicia (recruta, atrai) trabalhadores (no mínimo dois) com o fim de levá-los de uma localidade para outra do território nacional. No caso, há violação não só a liberdade trabalhista, como ainda da liberdade de locomoção, dos sujeitos passivos do crime, que se deslocam de seu Estado de origem para outro.
- Causas especiais de aumento de pena (art. 207, CP): qualidade especial da vítima: menor de dezoito anos, idosa, gestante, indígena ou portadora de deficiência física ou mental.

13.4. CRIMES CONTRA A DIGNIDADE SEXUAL

- A Lei nº 12.015/09 provocou radical mudança no tratamento dado aos crimes sexuais. Antes se tutelavam os costumes. Agora, se tutela a dignidade sexual, ou seja, o desenvolvimento sadio da sexualidade.

ESTUPRO

- Com a nova sistemática, o crime de estupro (art. 213, CP) pode ter como sujeitos passivos **homens e mulheres**.
- Para a caracterização do crime de estupro é indispensável que a haja o dissenso por parte da vítima, ou seja, que ela não concorde com a relação sexual que só acontece em decorrência de **violência** ou **grave ameaça**.
- Consuma-se o estupro com a conjunção carnal (coito vaginal) ou com qualquer outra modalidade de ato libidinoso, como o coito anal, o sexo oral, o toque em regiões erógenas como o pênis, os seios, a própria vagina, etc.
- O condenado por estupro e atentado violento ao pudor, praticados no mesmo contexto fático e contra a mesma vítima, tem direito à aplicação retroativa da Lei 12.015/2009, de modo a ser reconhecida a ocorrência de crime único, devendo a prática de ato libidinoso diverso da conjunção carnal ser valorada na aplicação da pena-base referente ao crime de estupro (Informativo 543 do STJ).
- Recurso especial representativo de controvérsia provido para declarar a natureza hedionda dos crimes de estupro e atentado violento ao pudor praticados antes da edição da Lei nº 12.015/09, independentemente que tenham resultado lesões corporais de natureza grave ou morte. Acórdão sujeito ao regime do art. 543-C do CPC e da Resolução STJ 08/2008 (**TESE 581 DE RECURSOS REPETITIVOS DO STJ**).
- Estupro qualificado:

Art. 213, § 1º, CP: reclusão de 8 a 12 anos	• Se da conduta resulta **lesão corporal de natureza grave**. • Se a vítima é menor de 18 anos ou maior de 14 anos.
Art. 213, § 2º, CP: reclusão de 12 a 30 anos	• Se da conduta resulta morte.

ASSÉDIO SEXUAL

- **Assédio Sexual:** Trata-se de crime **próprio** porque o sujeito ativo deve ser superior hierárquico à vítima em relação de trabalho, seja no setor privado, seja no setor público.

Registro não autorizado da intimidade sexual

- **Produzir, fotografar, filmar ou registrar, por qualquer meio, conteúdo com cena de nudez ou ato sexual ou libidinoso de caráter íntimo e privado sem autorização dos participantes.**
- **Elemento normativo do tipo penal: sem autorização dos participantes.**

ESTUPRO DE VULNERÁVEL

- No crime de estupro de vulnerável (art. 217-A, CP), **não são necessárias** a violência ou **grave ameaça**. Isso porque o legislador presume que as vítimas não têm capacidade de discernimento sobre o consentimento na realização do sexo. **Trata-se de presunção absoluta.**

Vulneráveis para fins sexuais	• Menor de **14 anos;** • Portador de **enfermidade ou deficiência mental**, não tem o necessário discernimento para a prática do ato; • Por qualquer **outra causa, não pode oferecer resistência**: como por exemplo, a vítima que está em completo estado de embriaguez.

- **TEMA nº 918 do Recursos Repetitivos do STJ:** Para a caracterização do crime de estupro de vulnerável previsto no art. 217-A, caput, do Código Penal, basta que o agente tenha conjunção carnal ou pratique qualquer ato libidinoso com pessoa menor de 14 anos. O consentimento da vítima, sua eventual experiência sexual anterior ou a existência de relacionamento amoroso entre o agente e a vítima não afastam a ocorrência do crime.

  Esse Tema 919 dos Recursos repetitivos do STJ ratifica o disposto no art. 217-A, § 5º, CP.
- **TEMA nº 1121 do Recursos Repetitivos do STJ:** Presente o dolo específico de satisfazer à lascívia, própria ou de terceiro, a prática de ato libidinoso com menor de 14 anos configura o crime de estupro de vulnerável (art. 217-A do CP), independentemente da ligeireza ou da superficialidade da conduta, não sendo possível a desclassificação para o delito de importunação sexual (art. 215-A do CP).
- **TEMA nº 1202 do Recursos Repetitivos do STJ:** No crime de estupro de vulnerável, é possível a aplicação da fração máxima de majoração prevista no art. 71, *caput*, do Código Penal, ainda que não haja a delimitação precisa do número de atos sexuais praticados, desde que o longo período de tempo e a recorrência das condutas permita concluir que houve 7 (sete) ou mais repetições.
- **Corrupção de menores:** para fins sexuais, o crime de corrupção de menores passou a ser previsto nos arts. 218-A e 218-B do CP.
- **Satisfação de lascívia mediante presença de criança ou adolescente (art. 218-A, CP):** o adolescente apenas presencia o ato sexual do autor ou de terceiro, com o fim de satisfazer a lasciva desses. **Trata-se de crime formal**: não é necessária a efetiva corrupção da criança ou adolescente.
- **Favorecimento da prostituição ou de outra forma de exploração sexual de criança ou adolescente ou de vulnerável. (art. 218-B, CP): Submeter, induzir** ou **atrair** à **prostituição** ou outra forma de **exploração sexual** alguém **menor de 18 anos** ou que, por enfermidade ou deficiência mental, **não tem o necessário discernimento para a prática do ato, facilitá**-la, **impedir** ou **dificultar** que a abandone.
- na primeira parte do tipo penal, o agente introduz a vítima no mundo da prostituição, enquanto que na segunda parte ele impede ou dificulta que ela saia desse mundo.
- Trata-se de tipo penal misto alternativo, em que a prática de duas ou mais condutas implica reconhecimento de um único crime.
- O cliente de prostituição não comete crime, exceto se mantém conjunção carnal ou outro ato libidinoso com **menor de 18 anos e menor de 14 anos**, ciente dessa situação e que ela se encontre em estado de exploração sexual (art. 318-B, § 2º, I, CP).
- **ação penal:** Nos crimes do art. 213 a 218-B, CP, a ação penal é **pública condicionada** à representação.
- Exceção: a ação penal é pública **incondicionada** nos casos em que a vítima: a. é menor de dezoito anos de idade; b. é vulnerável nos termos do art. 217-A, CP.
- **LENOCÍNIO (arts. 227 e 228, CP)**: é a prestação de apoio, assistência e incentivo à vida voluptuosa de outra pessoa, dela tirando proveito. É o cafetão, rufião ou proxeneta.
- **Mediação para servir a lasciva de outrem (art. 227, CP):** o agente induz a vítima a satisfazer a lasciva de outrem. Para Nucci, se a vítima é adulta, esse tipo penal fere o princípio da intervenção mínima, pois não se viola a dignidade sexual de adulto incentivá-lo, sem qualquer ameaça ou violência, a praticar ato sexual consentido com outrem.
- **Finalidade de lucro:** aplica-se também a pena de multa.
- **Favorecimento de prostituição ou outra forma de exploração sexual (art. 228, CP):** o agente induz, atrai, impede ou dificulta que a vítima saia da prostituição ou outra forma de exploração sexual.
- Se a vítima for menor de 18 anos, aplica-se o tipo penal do art. 218-B, Código Penal, já se for maior de 18 anos, aplica-se o art. 228, CP.
- Não é necessário que o agente vise lucro, mas se tiver esse intento, além da pena privativa de liberdade,

13.4.1. NOVIDADES TRAZIDAS PELA LEI Nº 13.718/2018

a) Crime de importunação sexual

- Foi revogado o art. 61 da Lei de Contravenções Penais e importunação sexual passou a ser considerado crime, tipificado no art. 215-A, CP: Praticar contra alguém e **sem a sua anuência** ato libidinoso com o objetivo de satisfazer a própria lascívia ou a de terceiro.
- Assim, como no estupro, a vítima não dá anuência para a prática de ato libidinoso , mas, no estupro, o agente se vale de grave ameaça ou violência para a prática do ato libidinoso, enquanto que, no novo crime, o agente não se vale desses meios.

- Exemplo: o sujeito ativo se masturba nas proximidades da vítima, sem que a vítima consinta e ejacula no corpo dela.
- Se a vítima for vulnerável nos termos do art. 217-A, CP, a conduta incide neste artigo (não no art. 215-A, CP), pois a Lei nº 13.718/2018 positivou o entendimento jurisprudencial que, neste crime, é irrelevante que a vítima tenha consentido com o ato ou que já tenha praticado ato libidinoso anteriormente (art. 217, § 5º, CPb) Crime de Divulgação de cena de estupro ou de cena de estupro de vulnerável, de cena de sexo ou de pornografia
- A Lei nº 13.718/2018 introduziu o art. 218-C ao CP: Oferecer, trocar, disponibilizar, transmitir, vender ou expor à venda, distribuir, publicar ou divulgar, por qualquer me–o - inclusive por meio de comunicação de massa ou sistema de informática ou telemática -, fotografia, vídeo ou outro registro audiovisual que contenha cena de estupro ou de estupro de vulnerável ou que faça apologia ou induza a sua prática, ou, sem o consentimento da vítima, cena de sexo, nudez ou pornografia.

Objeto material	cena de estupro cena de estupro de vulnerável cena que faça apologia ou induza a sua prática cena de sexo, nudez ou pornografia, sem o consentimento da vítima

- Se as cenas envolverem criança e adolescente, pode-se configurar os crimes previstos no art. 241 e 241-A, ECA, conforme a conduta.

c) Irrelevância do consentimento e da experiência sexual no estupro de vulnerável: art. 217-A, CP: trata-se de norma penal explicativa que vem a positivar o entendimento consolidado na doutrina e na jurisprudência.

d) Natureza da ação penal: todos os crimes contra a liberdade sexual e crimes sexuais contra vulnerável passam a ser considerados de **ação penal pública incondicionada** (art. 225, CP).

d.1): Súmula 670 do STJ: "Nos casos de vulnerabilidade temporária, em que a vítima recupera suas capacidades físicas e mentais, e o pleno discernimento para decidir acerca da persecução penal de seu ofensor, a ação penal dos crimes sexuais é pública condicionada à representação."

e) Causas de aumento de pena: art. 226, CP.

Inciso	Quantum de aumento	Circunstância
I	¼ da pena	se o crime é cometido com o concurso de duas ou mais pessoas: esse inciso se aplica a todos os crimes contra a dignidade sexual, exceto estupro e estupro de vulnerável.
II	½ da pena	II - de metade, se o agente é ascendente, padrasto ou madrasta, tio, irmão, cônjuge, companheiro, tutor, curador, preceptor ou empregador da vítima ou por qualquer outro título tiver autoridade sobre ela; (Redação dada pela Lei nº 13.718, de 2018)
IV	1/3 a 2/3 da pena	Estupro coletivo: mediante concurso de dois ou mais agentes
IV	1/3 a 2/3 da pena	Estupro corretivo: para controlar o comportamento social ou sexual da vítima.

13.5. CRIMES CONTRA A PAZ PÚBLICA

- Incitação ao crime: a conduta deve ser pública, ou seja, na presença de várias pessoas que tenham acesso livre ao evento. Pode ser feito por qualquer meio de discursos, orais ou escritos. A incitação deve se referir a um crime determinado e individualizado, como, por exemplo, o agente que instiga as pessoas a matarem uma pessoa.

  Incorre na mesma pena quem incita, publicamente, animosidade entre as Forças Armadas, ou delas contra os poderes constitucionais, as instituições civis ou a sociedade. Trata-se de inovação trazida pela Lei nº 14.107/2021, que trata dos crimes contra o Estado Democrático de Direito.
- Apologia ao crime: o autor faz elogios a um crime ou ao autor do crime, porque o cometeu. O elogio deve ser com o objetivo de atingir número indeterminado de pessoas com o intuito de propagá-la.
- Associação criminosa: o tipo penal exige que a associação seja composta por no mínimo três pessoas. Portanto, se trata de crime plurissubsistente. Para a caracterização do crime, é necessário que os agentes devam estar associados com o fim específico de cometer crimes.
- Milícia privada: As milícias privadas são um fenômeno social em que ela atua em substituição ao Estado, controlando a vida da comunidade por meio de extorsões e coações, interferindo na prestação de serviços, como de água, energia, gás GLP, sinais de TV a cabo, etc. Com o crescimento desse fenômeno, a Lei nº 12.720/2012 acrescentou ao art. 288-A, CP em que se tipificou: Constituir, organizar, integrar, manter ou custear organização paramilitar, milícia particular, grupo ou esquadrão com a finalidade de praticar qualquer dos crimes previstos neste Código.

13.6. DOS CRIMES CONTRA A FÉ PÚBLICA

- Nos crimes contra a fé-pública, tutela-se a presunção de veracidade que se emana dos documentos.

Requisitos dos crimes de falsidade	**Imitação da verdade; Dano Potencial Dolo**

- **Moeda falsa (art. 289, CP):** consiste na fabricação de moeda falsa ou alteração do valor de moeda verdadeira.
- A moeda pode ser **metálica ou papel-moeda, nacional ou estrangeira.**
- A competência para o julgamento do crime é da **Justiça Federal**.
- É atípica a conduta de falsificar moeda que já saiu de circulação, como o cruzeiro ou cruzado.
- **Moeda falsa privilegiada (art. 289, § 2°, CP):** inicialmente, a pessoa recebe a moeda de boa-fé, sem saber da falsidade. No entanto, ao tomar conhecimento de que se trata de moeda falsa, a coloca em circulação.
- **Moeda falsa qualificada (art. 289, § 3°, CP):** trata-se de crime **próprio**, pois o sujeito ativo sempre será **funcionário público ou diretor, gerente, ou fiscal de banco de emissão que fabrica emite ou autoriza a fabricação ou emissão:**
- **Moeda falsa qualificada por equiparação (art. 289, § 4°, CP): funcionário público ou diretor, gerente, ou fiscal de banco de emissão** desvia e faz circular moeda, cuja **circulação não estava ainda autorizada.** Vê-se que a moeda não é falsa, mas sua circulação ainda não é permitida.
- **Petrechos para falsificação de moedas (art. 291, CP):** trata-se de um tipo penal **subsidiário**, pois, se o agente usa o maquinário e fabrica moeda falsa, responde apenas pelo tipo de crime de moeda falsa (art. 290, CP).
- **Falsificação de papéis públicos (art. 293, CP):** conceito de papel público: são os de feitura atribuída privativamente à administração do Estado ou a entidade de direito público cujos objetivos particulares são realizados no interesse da coletividade e que se ajustam ao programa funcional do Poder Público (Júlio Fabbrini Mirabete. *Manual de Direito Penal.* v. 3. p. 223).
- Há inúmeros papéis públicos, mas o crime só se caracterizará se a falsidade recair sobre um daqueles enumerados pelo art. 293, CP, tais como: estampilha, papel selado, papel de crédito público, etc..
- Quem falsifica vale postal incide na figura penal prevista no art. 47 da Lei n° 6.538/78, que revogou tacitamente o art. 293, III, CP.
- **Falsidade documental.**

Requisitos de um documento	**Forma escrita; Valor probatório; Autor certo; Expressão de um fato ou manifestação de vontade**

Não são considerados documentos
Escrito a lápis
Fotografias isoladas

Não são considerados documentos
Fotocópia não autenticada
Falsificação grosseira, facilmente perceptível

- **Falsidade material:** (arts. 297 a 298, CP) o documento ou parte dele é falso em sua estrutura. Significa formar um documento materialmente ou alterá-lo. Por exemplo, uma gráfica produz espelho de CNH ou alguém rasura o contrato.
- **Falsidade de documento público:** (art. 297, CP). Documento público: é o elaborado por funcionário público no desempenho de suas funções: escritura pública, RG, CPF, CTPS, alvará judicial, etc.
- **Documentos públicos por equiparação:** emanado de entidade paraestatal, título ao portador ou transmissível por endosso, ações da sociedade comercial, os livros mercantis e o testamento particular.
- **O particular** pode ser sujeito ativo do crime de falsidade de documento público, se fazer um documento que deveria ser elaborado por funcionário público ou adultera um documento público.
- **Causa de aumento de pena:** se o funcionário público for o autor da falsificação e se valer de sua função para cometer o crime (art. 297, § 1°, CP).
- **Crimes de falsidade de documentos relativos** à **Previdência Social:** art. 297, §§ 3° e 4°, CP: na verdade, seria falsidade ideológica, já que o que é falso é o conteúdo do documento, o fato que expressa. Mas, por falta de técnica de legislador, foi incluído no art. 297, tendo as mesmas penas deste, portanto.
- **Falsidade de documento particular:** (art. 298, CP): documento particular tem conceito residual, ou seja, é aquele que não é elaborado por funcionário público no exercício de suas funções ou não é equiparado pela lei.
- Em caso de documento público, a **Justiça Federal** será competente se o documento público for emanado de entidade ligada á União; se o documento for particular, a **justiça Federal** será competente, se a intenção do autor era causar prejuízo à União.
- A cópia autenticada de um documento particular continua particular. No entanto, se a falsificação recair precisamente sobre a autenticação, haverá falsificação de documento público.
- **Falsidade Ideológica:** (art. 299, CP) o documento é materialmente verdadeiro, emanado de quem tenha legitimidade para fazê-lo, mas o conteúdo que expressa é falso.

Condutas da falsidade ideológica	**Comissivas:**	**Inserir declaração falsa ou desvio da que devia constar; Fazer inserir declaração falsa ou diversa da que deveria constar**
	Omissivas	**Omitir declaração que deveria constar**

- Na falsidade ideológica, o documento pode ser público ou particular, conforme o art. 299, CP. Porém, a pena é maior se for público.
- O autor do documento pode não responder pelo crime, se não for ciente da declaração falsa. Por exemplo, "A" passou uma informação falsa a um funcionário público que produz uma certidão com esses dados falsos, sem saber desse fato. Somente, "A" responde pelo crime.
- Somente haverá crime de falsidade ideológica se o autor agir com um fim especial: **prejudicar direito, criar obrigação ou alterar a verdade sobre fato juridicamente relevante.**
- Na falsidade material, é **imprescindível o exame de corpo de delito;** enquanto falsidade ideológica não pode ser provado por perícia, já que, nesse caso, o documento é materialmente verdadeiro.

Falsidade Material	Falsidade Ideológica
Fabricação de espelho de RG em uma gráfica não autorizada para emiti-lo	Funcionário Público tem um espelho de RG verdadeiro em suas mãos e, com atribuição passa a preenchê-lo, acrescentando dados falsos
Particular tem espelho em branco de um RG verdadeiro e o preenche com dados falsos ou mesmo verdadeiro	Particular fornece dados inverídicos ao funcionário público que tem atribuição para emitir RG

- **Uso de documento falso:** (art. 304, CP): Fazer uso de um dos documentos falsos na forma dos arts. 297 a 302, CP.
- Trata-se de um tipo penal **remitido**, uma vez que faz referência a outros tipos penais para a sua configuração.
- Posição majoritária: **aquele que falsifica um documento e depois faz uso dele, só responde pelo crime de falsidade.** De acordo com essa corrente, o uso de documento falso, material ou formalmente, seria mero *post factum* impunível.
- Policiais em cumprimento de mandado de busca e apreensão domiciliar encontram o documento em uma gaveta, não há crime de uso de documento falso, pois não foi a pessoa que o apresentou, que dele fez uso.
- O mero porte de CRLV falsificada na condução de veículo automotor, sem a apresentação pelo condutor no momento da abordagem, não tipifica o crime de uso de documento falso, previsto no art. 304 do Código Penal (STJ - REsp 2.175.887-GO).
- **Finalidade especial:** fazer prova de fato relevante juridicamente.
- **Supressão de documento público**: (art. 305, CP): **destruição, supressão ou ocultação** de um documento público ou particular.
- **Falsa identidade**: (art. 307, CP): o agente não usa um documento falso, mas se identifica falsamente. Ou seja, mente em relação a um elemento de identificação, como nome, estado civil, sexo, idade, filiação, nacionalidade, etc.
- **Finalidade específica**: obter alguma vantagem ou causar prejuízo a terceiros.
- O Supremo Tribunal Federal, ao examinar o RE 640.139/DF, cuja repercussão geral foi reconhecida, entendeu que o **princípio constitucional da autodefesa não alcança aquele que atribui falsa identidade perante autoridade policial** com o objetivo de ocultar maus antecedentes, sendo, portanto, **típica a conduta praticada pelo agente. No mesmo sentido, a Tese n. 646 dos Recursos Repetitivos do STJ.**
- **Adulteração de sinal de veículo automotor:** (art. 311, CP): trata-se de falsificação de numeração de chassi, de placas, de motor, de câmbio e qualquer outro dado de identificação de veículo.
- Para o Superior Tribunal de Justiça, é típica a conduta de adulterar a placa de veículo automotor mediante a colocação de **fita adesiva**

Art. 311-A, CP, Fraudes em certames de interesse público

- Conduta criminosa: **Utilizar** ou **divulgar**, indevidamente, com o fim de beneficiar a si ou a outrem, ou de comprometer a credibilidade do certame, conteúdo sigiloso dos certames públicos a seguir enumerados.
- Condutas equiparadas: quem **permite ou facilita**, por qualquer meio, o acesso de pessoas não autorizadas às informações mencionadas.

Certames	I – concurso público; II – avaliação ou exame públicos; III – processo seletivo para ingresso no ensino superior; IV – exame ou processo seletivo previstos em lei.

- **Finalidade especial:** beneficiar a si ou a outrem, ou de comprometer a credibilidade do certame.
- Exemplo: alguém divulga as questões ou o gabarito do concurso antes de sua realização.
- A partir desse tipo penal, a chamada "cola", como a eletrônica, passou a ser considerada crime.
- Trata-se de crime formal, pois não se exige o efetivo benefício ou prejuízo à credibilidade do certame. Basta a conduta que vise um ou outro objetivo. Se houver o dano, há a qualificadora.

13.7. DOS CRIMES CONTRA A ADMINISTRAÇÃO PÚBLICA

- **Princípio da insignificância em crimes contra a Administração Pública: Súmula 599 do STJ: não se aplica o princípio da insignificância em crimes contra a Administração Pública.**
- Porém, o próprio STJ já afastou a incidência dessa Súmula em caso concreto, como no caso em que o prejuízo da Administração de aproximadamente R$ 25,00.
- Incide o princípio da insignificância aos crimes tributários federais e de descaminho quando o débito tributário verificado não ultrapassar o limite de R$ 20.000,00 (vinte mil reais), a teor do disposto no art. 20 da Lei n. 10.522/2002, com as atualizações efeti-

PENAL

vadas pelas Portarias 75 e 130, ambas do Ministério da Fazenda. (Tema Repetitivo 157 – STJ).

Conceito de Funcionário Público (art. 327, CP).

- Para fins penais, há um conceito de funcionário público próprio, previsto no art. 327 do Código Penal. Conceito esse que não se limita aos crimes previstos no Código, mas se estende à legislação extravagante, como a Lei nº 8.137/1990.
- O conceito abarca quem exerce transitoriamente ou sem remuneração cargo, emprego ou função. É o caso dos jurados do Tribunal do Júri.
- O modo de investidura no serviço público é indiferente. Pode ser por meio de concurso público (servidor de carreira), de eleição (prefeitos, vereadores, vice-prefeitos etc.) ou de livre nomeação (Ministros de Estado).
- Não importa se se trata de agente político (como membro de um dos Poderes ou do Ministério Público), servidor público estatutário, celetista ou ocupante de função pública.
- Estagiário no serviço público: é considerado funcionário público para efeitos penais (STJ – RHC 21951/MT – Rel. Min. Félix Fisher. DJ. 02/09/2008).
- Para fins penais: o art. 327, *caput*, do Código Penal, se aplica tanto às hipóteses em que o funcionário público é autor do crime (por exemplo, concussão, excesso de exação, corrupção passiva), quanto às hipóteses em que é vítima ao lado do Estado, da infração penal (por exemplo, desacato, desobediência e resistência). (STJ – HC nº 52.989/AC, Rel. Min. Félix Fisher, DJ. 23/05/2006)
- Funcionário público por equiparação: Art. 327, § 1º, do Código Penal.
- A expressão entidade paraestatal do art. 327, § 1º, do Código Penal, deve ser interpretada ampliativamente e deve abranger: autarquias, fundações públicas, sociedades de economia mista, empresas públicas, entidades do sistema S (SESI, SENAI, SENAC) etc.
- São equiparados a funcionários públicos os empregados das pessoas jurídicas de direito privado que mantêm contratos de concessão, permissão, autorização e convênios com o Poder Público, desde que o objeto desse contrato seja uma atividade típica da Administração Pública, como a prestação de serviços de saúde por uma Santa Casa.

II. Crimes contra Administração Pública praticados por funcionário público contra a Administração Pública em Geral

- Todos os crimes previstos entre o art. 312 e o art. 326, CP, são **crimes próprios**, ou seja, o autor do crime deve ser **funcionário público** na forma do art. 327, CP.
- **O particular** pode praticar tais crimes, desde que em concurso de agentes com o funcionário público.
- **Causa especial de aumento de pena:** funcionário público ocupante de **cargos em comissão ou de função de direção ou assessoramento.**

ARTS. 312 E 313, CP, PECULATO

- **Peculato** (arts. 312 e 313 do Código Penal). Peculato é um crime praticado por funcionário público e que visa tutelar o patrimônio da Administração e, excepcionalmente, atinge um bem particular, quando este está sob a posse ou a detenção da Administração Pública.

PECULATO DOLOSO	**Peculato-apropriação** **Peculato-desvio** **Peculato-furto**
PECULATO CULPOSO	

- **Peculato-apropriação**: art. 312, *caput*, 1ª parte, do Código Penal: o funcionário público, em razão da função que ocupa, tem **a posse lícita do bem público, mas passa a agir como se dono fosse do bem**. Por exemplo, o funcionário público tem a posse do computador em que trabalha e, então, resolvitevá-lo para casa, dele se apropriando.
- **Peculato-desvio**: art. 312, *caput*, 2ª parte: o funcionário público, em razão da função que ocupa, tem a posse lícita do bem público, mas desvia a sua aplicação em proveito próprio ou alheio. Por exemplo, há uma verba destinada ao pagamento pela construção da praça pública.
- **Prefeito Municipal**: não há crime de peculato, mas crime próprio, previsto no Decreto-Lei nº 201/1967 – que cuida dos crimes de responsabilidade de prefeitos.
- **Peculato-furto**: art. 312, § 1º, do Código Penal: o funcionário público, valendo-se das facilidades de sua função, subtrai (furta) ou concorre (auxilia, induz ou instigue) outrem a subtrair, para si ou para outrem, o bem da Administração Pública ou que esteja sob sua posse ou detenção.
- Nesse caso, o bem não está na posse ou detenção do funcionário-público (como ocorre no peculato-apropriação). Por exemplo, o segurança de um Banco estatal subtrai o dinheiro do caixa da agência, em que trabalha.
- **Peculato mediante erro de outrem**: agindo em erro, um particular entrega à Administração Pública um bem de expressão econômica, o funcionário público percebe o erro, mas mantém o particular nesse estado, e, ainda, se apropria do bem.
- Exemplo: agindo em erro, o particular paga R$ 2.000,00 (dois mil reais), relativa a uma multa administrativa, quando o valor seria de R$ 1.000,00 (mil reais). O funcionário público percebe o erro, mas mantém o particular dessa forma, e se apropria dos R$ 1.000,00 (mil reais).
- **Peculato culposo**: Art. 312, § 2º, do Código Penal: o agente age com culpa (negligência, imprudência ou imperícia), e, de sua conduta culposa, uma terceira pessoa se aproveita para praticar um crime contra a Administração Pública, como um furto ou um peculato, etc.

Reparação do dano no peculato culposo	**Antes da sentença irrecorrível: extinção da punibilidade;** **Depois da sentença irrecorrível: Reduz de metade a pena imposta**

- **NO PECULATO DOLOSO, APLICA-SE A REGRA DO ARREPENDIMENTO POSTERIOR (ART. 16, CP)**
- **Penas nos crimes de peculato.**

Peculato apropriação, desvio e furto	Pena - reclusão, de dois a doze anos, e multa.
Peculato culposo	Pena - detenção, de três meses a um ano.
Peculato mediante erro de outro	Pena - reclusão, de um a quatro anos, e multa.

ART. 313-A, CP, INSERÇÃO DE DADOS FALSOS EM SISTEMA DE INFORMAÇÕES

- Conduta criminosa: **Inserir** ou **facilitar** o funcionário autorizado a inserção de dados falsos, **alterar** ou **excluir** indevidamente dados corretos nos sistemas informatizados ou bancos de dados da Administração Pública com o fim de obter vantagem indevida para si ou para outrem ou para causar dano.
- Há doutrinadores que denominam esse crime de **peculato virtual**, pois a conduta do agente se assemelha ao peculato-estelionato, já que, por meio de ardil (falsificação dos sistemas de informática ou do banco de dados) ele visa obter vantagem indevida ou causar dano.
- O objeto jurídico desse crime é a fidelidade e integridade do sistema de informática e de bancos de dados da Administração Pública.
- **Finalidade especial do agente** de obter vantagem indevida para si ou para outrem ou de causar dano.
- **Consumação:** trata-se de **crime formal**, cuja consumação se dá no momento em que o agente inseri ou facilita a inserção de dados falsos ou altera ou exclui indevidamente os dados corretos, **mesmo que não obtenha a vantagem indevida para si ou para outrem** ou **cause danos.**
- **Pena:** reclusão, de 2 (dois) a 12 (doze) anos, e multa.

ART. 313-B, CP, MODIFICAÇÃO OU ALTERAÇÃO NÃO AUTORIZADA DE SISTEMA DE INFORMAÇÕES

- Conduta criminosa: **Modificar** ou **alterar** o funcionário sistema de informações ou programa de informática sem autorização ou solicitação de autoridade competente.
- Tutela-se o sistema de informações ou o sistema de informática da administração pública.

ART. 313-A, CP	ART. 313-B, CP
O agente não ingressa no sistema operacionavitaa-*are*), mas apenas falsifica os arquivos do programa.	O agente altera a própria programação, de modo a modificar o meio e modo de geração e criação de arquivos e dados.

- Não se exige obtenção de vantagem indevida ou prejuízo à administração.
- **Pena:** detenção, de três meses a dois anos, e multa.
- Caso haja prejuízo à Administração Pública ou ao administrado, **há causa de aumento de pena de um terço até a metade da pena.**

ART. 314, CP, EXTRAVIO, SONEGAÇÃO OU INUTILIZAÇÃO DE LIVRO OU DOCUMENTO

- Conduta criminosa: **Extraviar** livro oficial ou qualquer documento, de que tem a guarda em razão do cargo; sonegá-lo ou inutilizá-lo, total ou parcialmente.
- Livro Oficial pertence à Administração Pública, como, por exemplo, o livro de rol de culpados do Tribunal do Júri. O documento pode ser particular.
- Em ambas as hipóteses, o funcionário público tem a guarda em razão da função.
- **Pena: reclusão, de um a quatro anos, se o fato não constitui crime mais grave.**

ART. 315, CP, EMPREGO IRREGULAR DE VERBAS OU RENDAS PÚBLICAS

- Conduta criminosa: **Dar** às verbas ou rendas públicas aplicação diversa da estabelecida em lei.
- O sujeito ativo do presente crime, além de ser funcionário público, tem que ter a atribuição de destinar verbas ou rendas públicas.
- Algumas verbas públicas têm destinação vinculada em lei. Assim, o agente que, ao invés de aplicar a verba destinada à saúde, a aplica na educação.
- O Prefeito Municipal que pratica essa conduta incide no crime previsto no art. 1º, III, Decreto-Lei nº 201/1967
- **Pena: detenção, de um a três meses, ou multa.**

ART. 316, CP, CONCUSSÃO

- Conduta criminosa: **Exigir**, para si ou para outrem, direta ou indiretamente, ainda que fora da função ou antes de assumi-la, mas em razão dela, vantagem indevida.
- **Concussão**: O funcionário público, faz uma exigência ao particular, em que há uma **ameaça**, ao menos implicitamente, para receber vantagem indevida.
- Exemplo: o agente florestal **exige** do poluidor uma quantia em dinheiro para si, para deixar de aplicar a multa.
- O agente deve se valer da condição de funcionário público, que sequer pode ainda não estar a exercer, como no caso de nomeado, mas não empossado, ou se já aposentado.
- O crime se consuma com a **exigência**, independentemente da efetiva vantagem pretendida pelo agente. Trata-se de crime formal.
- A vantagem pode ser econômica ou de outra natureza, mas sempre tem que ser **vantagem indevida.**
- A vantagem pode ser em favor do próprio funcionário público ou de terceiro.
- **Pena - reclusão, de 2 (dois) a 12 (doze) anos, e multa. (Redação dada pela Lei nº 13.964, de 2019)**

ART. 316, §§ 1º E 2º, CP, EXCESSO DE EXAÇÃO

- Conduta criminosa: Se o funcionário **exige** tributo ou contribuição social que **sabe ou deveria saber indevido**, ou, **quando devido**, emprega na cobrança meio **vexatório ou gravoso**, que a lei não autoriza
- **Excesso de exação**: art. 316, § 1º, do Código Penal: Crime relacionado à cobrança de tributos.

PENAL

- Há duas figuras. Na primeira delas, o funcionário sabe ou devia saber que o tributo é indevido, mas mesmo assim exige o seu pagamento.
- Na segunda delas, o tributo é devido, mas o funcionário público expõe o devedor a uma cobrança vexatória ou gravosa, por meio não previsto em lei.
- A cobrança de tributo não deixa de ser meio invasivo, mas está delimitada nos termos da lei. O crime ocorre se o funcionário aplica meio vexatório não previsto em lei.
- **Pena: reclusão, de 3 (três) a 8 (oito) anos, e multa.**
- Há modalidade especial de excesso de exação previsto: art. 316, § 2º, do Código Penal: o funcionário público desvia a quantia recebida indevidamente **em proveito próprio ou alheio.**
- **Pena: reclusão, de dois a doze anos, e multa.**

ART. 317, CP, CORRUPÇÃO PASSIVA

- Conduta criminosa: **Solicitar** ou **receber**, para si ou para outrem, direta ou indiretamente, ainda que fora da função ou antes de assumi-la, mas em razão dela, vantagem indevida, ou **aceitar** promessa de tal vantagem.
- **Corrupção passiva**: o funcionário público solicita, recebe ou aceita promessa de vantagem indevida.
- Na concussão, o agente **exige** a vantagem indevida, enquanto, na corrupção passiva, há mera **solicitação**.
- Não é necessário que o funcionário público receba a vantagem indevida, basta que solicite ou aceite a promessa de recompensa, para a configuração do crime de corrupção passiva, já que se trata de **crime formal**.
- O agente deve se valer da condição de funcionário público, que sequer pode ainda não estar a exercer, como no caso de nomeado, mas não empossado, ou se já aposentado.
- O crime se consuma com a **solicitação ou aceitação**, independentemente da efetiva vantagem pretendida pelo agente. Trata-se de crime formal.
- A vantagem pode ser econômica ou de outra natureza, mas sempre tem que ser **vantagem indevida.**
- A vantagem pode ser em favor do próprio funcionário público, como particular.
- **Pena: reclusão, de 2 (dois) a 12 (doze) anos, e multa.**
- **Causa de aumento de pena:** art. 317, § 1º, CP: A pena é aumentada de **um terço**, se, em consequência da vantagem ou promessa, o funcionário **retarda ou deixa de praticar** qualquer **ato de ofício** ou o **pratica infringindo dever funcional**.
- **Corrupção privilegiada:** art. 317, § 2º, CP: Se o funcionário **pratica, deixa de praticar ou retarda ato de ofício**, com infração de dever funcional, cedendo a **pedido ou influência de outrem**.
- Na corrupção privilegiada, o funcionário público não solicita, recebe vantagem indevida ou aceita promessa de indevida vantagem. Ele age em desconformidade com a lei ao atender a pedido ou influência de outrem.
- **Pena: detenção, de três meses a um ano, ou multa.**

ART. 319, CP, PREVARICAÇÃO

- Conduta criminosa: **Retardar** ou **deixar de praticar**, indevidamente, ato de ofício, ou praticá-lo contra disposição expressa de lei, para satisfazer interesse ou sentimento pessoal.
- **Prevaricação**: se o funcionário público agir de forma contrária ao que determina a lei, comete crime de prevaricação, desde que vise a satisfazer interesse ou sentimento pessoal.
- No caso de dúvida ou erro na interpretação da lei, o funcionário público não responde por prevaricação.
- Além de querer não observar o que estabelece em lei, o funcionário público age **para satisfazer interesse ou sentimento pessoal**, como o ódio, a afeição, a teimosia, o capricho, a contemplação, benefício patrimonial indireto, etc.
- **Pena: detenção, de três meses a um ano, e multa.**

ART. 319-A, CP, PREVARICAÇÃO IMPRÓPRIA OU ESPECIAL

- Conduta criminosa: **Deixar** o Diretor de Penitenciária e/ou agente público, de **cumprir seu dever** de vedar ao preso o acesso a aparelho telefônico, de rádio ou similar, que permita a comunicação com outros presos ou com o ambiente externo.
- Além da qualidade de funcionário público, o autor do crime deve ser **DIRETOR DE PENITENCIÁRIA e/ou agente público** que tenha a atribuição de impedir a comunicação de pessoas presas.
- Trata-se de crime omissivo próprio, pois a conduta descrita no tipo penal é negativa: deixar de....
- O preso pode se comunicar com o mundo exterior, como por exemplo, visitas, cartas, mas não pode por telefone e, diante de vários casos de telefone celular no interior dos presídios, cuja entrada decorria de conduta de agentes penitenciários, houve por bem o legislador a prever o crime em tela.
- Para a configuração do crime, basta que haja a entrada dos objetos descritos no tipo penal no interior do presídio, não é preciso que o preso use o aparelho. Essa entrada deve decorrer da omissão dolosa do agente público.
- **Pena: detenção, de 3 (três) meses a 1 (um) ano.**

ART. 320, CP, CONDESCENDÊNCIA CRIMINOSA

- Conduta criminosa: **Deixar** o funcionário, por indulgência, **de responsabilizar** subordinado que cometeu infração no exercício do cargo ou, quando lhe falte competência, não levar o fato ao conhecimento da autoridade competente.
- **Condescendência criminosa:** art. 320, CP: o superior hierárquico, por indulgência, deixa de tomar as medidas legais cabíveis contra o funcionário público subordinado que cometeu uma infração administrativa.
- **Indulgência:** piedade, clemência, é o motivo que leva o autor a não punir o funcionário público faltoso.
- **Pena: detenção, de quinze dias a um mês, ou multa.**

ART. 321, CP, ADVOCACIA ADMINISTRATIVA

- Conduta criminosa: **Patrocinar**, direta ou indiretamente, interesse privado perante a administração pública, valendo-se da qualidade de funcionário.
- Patrocinar significa defender, advogar.
- Nesse crime, o funcionário público defende perante a Administração interesse de um particular.
- **Pena: detenção, de um a três meses, ou multa.**
- **Pena: detenção, de três meses a um ano, além da multa,** se o interesse é ilegítimo, como cancelamento de imposto que é devido.

ART. 323 CP, ABANDONO DE FUNÇÃO

- Conduta criminosa: **Abandonar** cargo público, fora dos casos permitidos em lei.
- Abandonar significa renunciar, afastar-se, retirar-se, do cargo por **tempo relevante** e em hipótese **não autorizada em lei.**
- Não se configura o crime, se o abandono for por causa autorizada em lei, como férias, licenças, etc.
- Não precisa de haver prejuízo concreto à Administração Pública, se ocorrer a forma qualificada com pena mais gravosa.
- Também, há pena mais gravosa, se o abandono for em região de fronteira, dado os interesses de proteger a soberania do Estado nessas regiões, como Polícia Federal e Receita Federal.
- **Pena: detenção, de quinze dias a um mês, ou multa.**
- **Pena: detenção, de três meses a um ano, e multa,** se do abandono houver prejuízo para a Administração Pública.
- **Pena: detenção, de um a três anos, e multa**, se o abandono ocorrer em região de fronteira.

ART. 324, CP, EXERCÍCIO FUNCIONAL ILEGALMENTE ANTECIPADO OU PROLONGADO

- Conduta criminosa: **Entrar** no exercício de função pública antes de satisfeitas as exigências legais**, ou continuar a exercê-la,** sem autorização, depois de saber oficialmente que foi exonerado, removido, substituído ou suspenso:
- Nesse crime, o agente entra em exercício antes de tomar posse ou continua em exercício mesmo depois de exonerado, removido, substituído ou suspenso.
- **Pena: detenção, de quinze dias a um mês, ou multa.**

ART. 325, CP, VIOLAÇÃO DE SIGILO FUNCIONAL

- Conduta criminosa: **Revelar** fato de que tem ciência em razão do cargo e que deva permanecer em segredo, ou **facilitar-lhe** a revelação.
- Nesse crime, deve haver perigo ao interesse público protegido pelo segredo para a configuração do crime.
- A consumação ocorre quando o terceiro toma conhecimento do fato que estava sob segredo.

Condutas equiparadas	I – permite ou facilita, mediante atribuição, fornecimento e empréstimo de senha ou qualquer outra forma, o acesso de pessoas não autorizadas a sistemas de informações ou banco de dados da Administração Pública; II – se utiliza, indevidamente, do acesso restrito.

- Pena: detenção, de seis meses a dois anos, ou multa, se o fato não constitui crime mais grave.
- Pena: reclusão, de 2 (dois) a 6 (seis) anos, e multa, e da quebra do sigilo, houver dano à Administração Pública.

III. Dos crimes praticados por particulares contra Administração em Geral

ART. 328, CP, USURPAÇÃO DE FUNÇÃO PÚBLICA

- Conduta criminosa: **Usurpar** o exercício de função pública.
- Usurpar: o autor do crime pratica ato público como se fosse funcionário público.
- O funcionário público que pratica ato que não é de sua atribuição, mas de outro funcionário, comete o crime de usurpação.
- **Pena: detenção, de três meses a dois anos, e multa.**
- **Pena: reclusão, de dois a cinco anos, e multa.** Se do fato, o autor do crime obtém vantagem. Não só vantagem de natureza patrimonial, como de outra natureza. Essa vantagem pode ser devida ou indevida.

ART. 329, CP, RESISTÊNCIA

- Conduta criminosa: **Opor-se** à execução de ato legal, mediante violência ou ameaça a funcionário competente para executá-lo ou a quem lhe esteja prestando auxílio.
- **Resistência**: Para a caracterização do crime de resistência, o sujeito ativo deve se voltar contra **ato legal** da Administração Pública, isto é, ato praticado formal e materialmente nos termos da lei.
- O agente deve resistir mediante **violência ou grave ameaça.**
- O ato de resistência deve ser voltado contra **o funcionário público competente** para a sua prática ou contra **o particular** que, por ventura, o esteja a **auxiliá-lo**.
- Exemplo: o funcionário da empresa pública de fornecimento de água vai cortar o fornecimento por falta de pagamento, mas o particular resiste mediante violência ou grave ameaça.
- O crime se consuma mesmo que o ato administrativo seja realizado.
- Caso o ato não se realize, há uma qualificadora.
- **Pena: detenção, de dois meses a dois anos.**
- **Pena: reclusão, de um a três anos.** Se o ato, em razão da resistência, não se executa:

ART. 330, CP, DESOBEDIÊNCIA

- Conduta criminosa: **Desobedecer** a ordem legal de funcionário público.
- **Desobediência**: O particular deixa de cumprir uma ordem legal, emanada de funcionário público que tenha competência para dar tal ordem.
- Pode o funcionário público praticar crime de desobediência, desde que não se dê em descumprimento hierarquia interna, hipótese em que não há o crime em tela, podendo configurar mera infração administrativa ou, no máximo, prevaricação (STJ - ROHC nº 12.780/MS. Rel. Min. Félix Fisher. DJ. 27.05.2003).
- Na desobediência, **não há violência ou grave ameaça.**
- **TEMA 1060 - STJ:** A desobediência à ordem legal de parada, emanada por agentes públicos em contexto de policiamento ostensivo, para a prevenção e repressão de crimes, constitui conduta penalmente típica, prevista no art. 330 do Código Penal Brasileiro.
- **Pena: detenção, de quinze dias a seis meses, e multa.**

ART. 331, CP, DESACATO

- Conduta criminosa: **Desacatar** funcionário público no exercício da função ou em razão dela
- **Desacato:** o agente, por qualquer meio, como palavras ou gestos ou escritos, humilha, ofende, desprestigia o funcionário público no exercício ou em função dela.
- O que se tutela é a dignidade da função pública, ou seja, há crime ainda que o servidor não se sinta ofendido subjetivamente.
- Se a ofensa for feita ao funcionário público ausente, haverá crime de injúria qualificada.
- A discussão exaltada entre o particular e o funcionário público **não** tipifica o crime de desacato (STJ - REsp. 13.946/PR. Rel. Min. Cid Flaquer Scartezzini. DJ. 24.06.1992).
- O Supremo Tribunal Federal declarou inconstitucional o art. 7º, § 2 ª, do Estatuto da Ordem dos Advogados do Brasil (Lei nº 8.906/1994), que tornava imune o advogado que cometia desacato no exercício de sua função (ADI nº 1127/DF. Rel. Original. Min. Marco Aurélio. Rel. para Acórdão. Min. Ricardo Lewandowski. DJ. 17.05.2006).
- O STJ firmou entendimento de que o crime de desacato não ofende o direito à liberdade expressão, consagrado no Pacto de San José da Costa Rica.
- **Pena: detenção, de seis meses a dois anos, ou multa.**

ART. 332, CP, TRÁFICO DE INFLUÊNCIA

- Conduta criminosa: **Solicitar, exigir, cobrar ou obter,** para si ou para outrem, vantagem ou promessa de vantagem, a pretexto de influir em ato praticado por funcionário público no exercício da função.
- O autor do fato pode ter ou não qualquer influência sobre o funcionário público, que o crime se consuma.
- Na verdade, essa suposta influência é mero pretexto para o agente obter a indevida vantagem, que pode ser patrimonial ou de outra natureza.
- Trata-se de crime formal, que se consuma no momento em que o agente pratica um dos verbos da conduta típica.
- Não precisa que o agente peça a influência ao funcionário público.
- **Pena: reclusão, de 2 (dois) a 5 (cinco) anos, e multa.**
- **Causa de aumento de pena:** A pena é aumentada da **metade**, se o agente **alega ou insinua** que a vantagem é também destinada ao funcionário**.**
- Para a incidência da causa de aumento, não é preciso que o funcionário público esteja de fato em conluio com o autor do fato. Basto alegação ou insinuação nesse sentido.

ART. 333, CP, CORRUPÇÃO ATIVA

- Conduta criminosa: **Oferecer** ou **prometer** vantagem indevida a funcionário público, para determiná-lo a praticar, omitir ou retardar ato de ofício.
- **Corrupção ativa**: o particular oferece ou promete a vantagem indevida comete crime.
- Trata-se de exceção à teoria monista, pois o funcionário público responde por corrupção passiva, enquanto o particular por corrupção ativa.

Corrupção ativa	Corrupção passiva
--------------------	Solicitar
Oferecer	Receber
Prometer	Aceitar promessa.

- **Atenção**: se o funcionário público tomar a iniciativa e solicitar a vantagem econômica, o particular **não** responde por corrupção ativa, mesmo que efetue o pagamento.
- **Finalidade específica:** o oferecimento ou a promessa de vantagem indevida tem o fim específico de determinar o funcionário público a praticar, omitir ou retardar ato de ofício.
- Trata-se de **crime formal**, Basta o oferecimento ou a promessa. Independe que o funcionário público deixe de praticar o ato de ofício.
- **Pena: reclusão, de 2 (dois) a 12 (doze) anos, e multa.**
- **Causa de aumento de pena:** A pena é aumentada de **um terço**, se, em razão da vantagem ou promessa, o funcionário **retarda ou omite ato de ofício**, ou **o pratica infringindo dever funcional.**
- Incide a causa de aumento de pena, se, em decorrência do oferecimento ou promessa, o funcionário público toma conduta contrária ao seu dever legal.

Art. 334, CP, DESCAMINHO

- Conduta criminosa: Iludir, no todo ou em parte, o pagamento de direito ou imposto devido pela entrada, pela saída ou pelo consumo de mercadoria.
- No crime de descaminho, a mercadoria tem origem lícita, mas o agente toma conduta que visa não pagar direito ou imposto devido pela entrada, saída ou consumo da mercadoria.

- A jurisprudência do STF admite a aplicação do princípio da insignificância em crime de descaminho, cujo valor de tributo não arrecado seja inferior a vinte mil reais. Porém, mesmo que o valor seja inferior a tal montante fica inviável o reconhecimento da insignificância ante outras circunstâncias, como a habitualidade delitiva (AgRg no REsp 1.679.396/SC. Rel. Min. Félix Fischer. DJ. 12/12/2017).
- **TEMA 933** – stj: Quando o falso se exaure no descaminho, sem mais potencialidade lesiva, é por este absorvido, como crime-fim, condição que não se altera por ser menor a pena a este cominada.

Pena: reclusão, de 1 (um) a 4 (quatro) anos.

Art. 334-A, CP, CONTRABANDO

- Conduta criminosa: Importar ou exportar mercadoria proibida.
- Trata-se de norma penal em branco, pois o conceito de mercadoria proibida advém de outro ato normativo.
- Em regra, não cabe aplicação do princípio da insignificância em crime de contrabando.

Pena: reclusão, de 2 (dois) a 5 (cinco) anos.

ART. 336, CP, INUTILIZAÇÃO DE EDITAL OU DE SINAL

- Conduta criminosa**: Rasgar** ou, de qualquer forma, **inutilizar ou conspurcar** edital afixado por ordem de funcionário público**; violar** ou **inutilizar** selo ou sinal empregado, por determinação legal ou por ordem de funcionário público, para identificar ou cerrar qualquer objeto.
- A Administração Pública pode fixar editais em lugares públicos, como, por exemplo, editais de citação em processos.
- Pode também colocar seus sinais em outros lugares, como, para interdição de estabelecimento comercial.
- Esses editais ou selos que são objeto material do crime.
- **Pena: detenção, de um mês a um ano, ou multa.**

ART. 337, CP, SUBTRAÇÃO OU INUTILIZAÇÃO DE LIVRO OU DOCUMENTO

- Conduta criminosa**: Subtrair**, ou **inutilizar,** total ou parcialmente, livro oficial, processo ou documento confiado à custódia de funcionário, em razão de ofício, ou de particular em serviço público.
- Na subtração, não basta que o livro oficial seja tirado do lugar. É preciso que o agente tome a coisa para si, a leve consigo, tome posse do livro.
- Na inutilização, não basta o simples risco ou a simples rasura, o livro deve se tornar inútil, não podendo mais ser usado para o seu devido fim.
- **Pena: reclusão, de dois a cinco anos, se o fato não constitui crime mais grave.**

IV. Crimes contra Administração da Justiça

- Os crimes desse capítulo tutelam a correta prestação jurisdicional.

ART. 339, CP, DENUNCIAÇÃO CALUNIOSA

- Conduta criminosa**: Dar causa** à instauração de inquérito policial, de procedimento investigatório criminal, de processo judicial, de processo administrativo disciplinar, de inquérito civil ou de ação de improbidade administrativa contra alguém, imputando-lhe crime, infração ético-disciplinar ou ato ímprobo de que o sabe inocente.

Procedimentos	inquérito policial, procedimento investigatório criminal, processo judicial, processo administrativo disciplinar, inquérito civil ou; ação de improbidade administrativa

- O crime se consuma com o início das investigações, mesmo que não haja inquérito policial formalmente instaurado.
- O crime ocorre se o fato não ocorreu e o agente, além de mentir quanto ao fato, imputa a alguém a autoria.
- O crime ocorre se o fato ocorreu e o agente imputa falsamente a alguém a autoria.
- O envio de carta anônima dando notícia de um crime e apontando falsamente a autoria delitiva configura crime de denunciação caluniosa, se a partir dela se iniciam as investigações.
- **Pena: reclusão, de dois a oito anos, e multa.**
- **Causa de aumento de pena:** A pena é aumentada de **sexta parte**, se o agente se serve de **anonimato** ou **de nome suposto.**
- **Causa de diminuição de pena:** A pena é diminuída de **metade, se** a imputação é de prática de **contravenção.**

ART. 340, CP, COMUNICAÇÃO FALSA DE CRIME

- Conduta criminosa**: Provocar** a ação de autoridade, comunicando-lhe a ocorrência de crime ou de contravenção que sabe não se ter verificado.
- Nesse crime, o agente não imputa o fato a alguém, mas comunica à autoridade policial que houve um **crime ou contravenção penal, que não ocorreu.**
- O crime não está na simples comunicação, mas no momento em que autoridade inicia qualquer ato de investigação, ainda que não inquérito policial, se tem a consumação do crime.
- **Pena: detenção, de um a seis meses, ou multa.**

ART. 341, CP, AUTO-ACUSAÇÃO FALSA

- Conduta criminosa**: Acusar-se**, perante a autoridade, de crime inexistente ou praticado por outrem.
- Nesse caso, o agente se acusa falsamente como autor de um **crime**, que não ocorreu, se ocorreu, foi praticado por outra pessoa.
- **Pena: detenção, de três meses a dois anos, ou multa.**

ART. 342, CP, FALSO TESTEMUNHO OU FALSA PERÍCIA

PENAL

- Conduta criminosa: **Fazer** afirmação falsa, ou **negar** ou **calar** a verdade como testemunha, perito, contador, tradutor ou intérprete em processo judicial, ou administrativo, inquérito policial, ou em juízo arbitral.
- **Falso testemunho:** se o falso é cometido no cumprimento de carta precatória, o Juízo deprecado é o competente para o julgamento do crime, pois o crime se consumou nesse local.

Sujeitos ativos	Testemunha; Perito; Contador; Tradutor; Intérprete

- O Superior Tribunal de Justiça firmou compreensão de que, apesar do crime de falso testemunho ser de mão própria, pode haver a participação do advogado no seu consentimento;
- Se a vítima mentir em Juízo, **não** comete crime de falso testemunho.
- Condutas comissivas: **Fazer** a afirmação falsa ou **negar** a verdade.
- Conduta omissiva: **Calar** a verdade.
- Fato juridicamente relevante: só o crime se o falso recair sobre fato relevante para o deslinde da causa. Se o fato for irrele-vante para a formação de convencimento da Autoridade Policial ou Judicial, não há potencialidade lesiva à Administração da Justiça.
- É pacífico o entendimento de que o crime de falso testemunho é formal, consumando-se no momento em que é feita a afirmação falsa sobre fato juridicamente relevante.
- Se o falso é cometido no cumprimento de carta precatória, o Juízo deprecado é o competente para o julgamento do crime, pois o crime se consumou nesse local.
- **Pena: reclusão, de 2 (dois) a 4 (quatro) anos, e multa.**
- **Causa de aumento de pena:** As penas aumentam-se de **um sexto a um terço,** se o crime é praticado **mediante suborno** ou se cometido com o fim de obter prova destinada a produzir efeito em **processo penal**, ou em **processo civil** em que for parte **entidade da administração pública direta ou indireta.**
- **Retratação:** o fato deixa de ser punível se, **antes da sentença no processo em que ocorreu o ilícito**, o agente se retrata ou declara a verdade.

ART. 343, CP, CORRUPÇÃO ATIVA DE TESTEMUNHA OU PERITO

- Conduta criminosa**: Dar, oferecer ou prometer** dinheiro ou qualquer outra vantagem a testemunha, perito, contador, tradutor ou intérprete, para fazer afirmação falsa, negar ou calar a verdade em depoimento, perícia, cálculos, tradução ou interpretação.
- A vantagem pode ser econômica ou de outra natureza.
- Não é preciso que a testemunha ou outro destinatário receba a vantagem basta que haja oferecimento ou promessa.
- Finalidade especial: a corrupção é para fazer afirmação falsa, negar ou calar a verdade em depoimento, perícia, cálculos, tradução ou interpretação.
- **Pena: reclusão, de três a quatro anos, e multa.**
- **Causa de aumento de pena:** As penas aumentam-se de **um sexto a um terço**, se o crime é cometido com o fim de obter prova destinada a produzir efeito **em processo penal** ou **em processo civil** em que for parte entidade da **administração pública direta ou indireta.**

ART. 344, CP, COAÇÃO NO CURSO DO PROCESSO

- Conduta criminosa**: Usar** de violência ou grave ameaça**,** com o fim de favorecer interesse próprio ou alheio, contra autoridade, parte, ou qualquer outra pessoa que funciona ou é chamada a intervir em processo judicial, policial ou administrativo, ou em juízo arbitral.
- Meio de coação: **violência ou grave ameaça.**
- Finalidade especial: **favorecer interesse próprio ou alheio**

Vítimas	Autoridade; Parte; Qualquer outra pessoa que funciona ou é chamada a intervir

- **Pena: reclusão, de um a quatro anos, e multa, além da pena correspondente à violência.**

  A pena aumenta-se de 1/3 (um terço) até a metade se o processo envolver crime contra a dignidade sexual.

ART. 345, CP, EXERCÍCIO ARBITRÁRIO DAS PRÓPRIAS RAZÕES

- Conduta criminosa**: Fazer** justiça pelas próprias mãos, para satisfazer pretensão, embora legítima, salvo quando a lei o permite.
- O Estado tem o monopólio da prestação jurisdicional, só ele faz a Justiça.
- Então, ninguém pode fazer Justiça pelas próprias mãos, ainda que sua pretensão seja legítima.
- Por vezes, a lei autoriza que a pessoa defenda sua pretensão sem necessidade de buscar a tutela jurisdicional.
- Exemplo: O possuidor turbado, ou esbulhado, poderá manter-se ou restituir-se **por sua própria força**, contanto que o **faça logo**; os atos de defesa, ou de desforço, não podem ir além do indispensável à manutenção, ou restituição da posse (art. 1.2010, § 1º, CP)..
- **Pena: detenção, de quinze dias a um mês, ou multa, além da pena correspondente à violência.**
- **Ação penal:** em regra, se procede **mediante queixa** (ação penal privada). Se houver violência, a ação penal é pública incondicionada.

ART. 346, CP, SUBTRAÇÃO, SUPRESSÃO OU DANIFICAÇÃO DE COISA PRÓPRIA NO LEGÍTIMO PODER DE TERCEIRO

- Conduta criminosa: **Tirar, suprimir, destruir ou danificar** coisa própria, que se acha em poder de terceiro por determinação judicial ou convenção.
- Mais uma vez, o Estado tutela o monopólio da prestação jurisdicional.
- O bem pertence ao agente, mas por decisão judicial ou contrato, tal bem está na posse de outra pessoa. O dano então tira, suprimi, destrói ou danifica tal bem.
- **Pena: detenção, de seis meses a dois anos, e multa.**

ART. 347, CP, FRAUDE PROCESSUAL

- Conduta criminosa: **Inovar** artificiosamente, na pendência de processo civil ou administrativo, o estado de lugar, de coisa ou de pessoa, com o fim de induzir a erro o juiz ou o perito.

Tipo penal	a) a conduta consiste em **inovar** (mudar, alterar), b) **artificiosamente** (mediante artifício ou ardil); c) o estado de **lugar**, de **coisa** ou de **pessoa**; d) com o **fim** de **induzir a erro ou juiz ou o perito**.

- **Pena: detenção, de três meses a dois anos, e multa.**
- **Causa de aumento de pena:** Se a inovação se destina a produzir efeito em **processo penal**, ainda que **não iniciado**, as penas aplicam-se em **dobro.**

Inovação artificial em processo civil ou administrativo	Inovação artificial em processo penal
O processo já **deve ter se iniciado (pendência)**	A inovação pode ocorrer mesmo antes de iniciado o processo

ART. 357, CP, EXPLORAÇÃO DE PRESTÍGIO

- Conduta criminosa: **Solicitar ou receber** dinheiro ou qualquer outra utilidade, a pretexto de influir em juiz, jurado, órgão do Ministério Público, funcionário de justiça, perito, tradutor, intérprete ou testemunha:
- Esse crime se assemelha ao de tráfico de influência a diferença é que a suposta influência vai recair sobre **juiz, jurado, órgão do Ministério Público, funcionário de justiça, perito, tradutor, intérprete ou testemunha**.
- **Pena: reclusão, de um a cinco anos, e multa.**
- **Causa de aumento de pena:** As penas aumentam-se de **um terço,** se o agente alega ou insinua que o dinheiro ou utilidade também se destina a qualquer das pessoas referidas neste artigo.

ART. 359, CP, DESOBEDIÊNCIA A DECISÃO JUDICIAL SOBRE PERDA OU SUSPENSÃO DE DIREITO

- Conduta criminosa: **Exercer** função, atividade, direito, autoridade ou múnus, de que foi suspenso ou privado por decisão judicial.
- Há ordem judicial que proíbe ou suspende a pessoa de praticar função atividade, direito, autoridade ou múnus.
- O crime ocorre caso o agente desobedece a essa ordem judicial.
- **Pena: detenção, de três meses a dois anos, ou multa.**

IV. CRIMES EM LICITAÇÕES E CONTRATOS ADMINISTRATIVOS

Os crimes em licitações e contratos administrativos são todos dolosos e de ação penal pública incondicionada.

Nesses crimes, a pena de multa cominada aos crimes previstos neste Capítulo seguirá a metodologia de cálculo prevista neste Código e não poderá ser inferior a 2% (dois por cento) do valor do contrato licitado ou celebrado com contratação direta.

ART. 337-E, CP, Contratação direta ilegal

- Conduta criminosa: **Admitir, possibilitar ou dar causa à contratação direta fora das hipóteses previstas em lei.**
- Em regra, os contratos administrativos são precedidos de processo licitatório. Apenas, excepcionalmente, a lei autoriza contratação sem licitação. Caso haja a contratação sem licitação fora das hipóteses legais, haverá crime em tela.
- **Pena: reclusão, de 4 (quatro) a 8 (oito) anos, e multa.**

ART. 337-F, CP, Frustração do caráter competitivo de licitação

- Conduta criminosa: **Frustrar ou fraudar, com o intuito de obter para si ou para outrem vantagem decorrente da adjudicação do objeto da licitação, o caráter competitivo do processo licitatório**
- A norma penal exige o elemento subjetivo do injusto, qual seja, que o agente vise obter para si ou para outrem vantagem decorrente de adjudicação de **objeto da licitação, o caráter competitivo do processo licitatório**
- **Pena: reclusão, de 4 (quatro) a 8 (oito) anos, e multa.**

ART. 337-G, CP, Patrocínio de contratação indevida

- Conduta criminosa: **Patrocinar, direta ou indiretamente, interesse privado perante a Administração Pública, dando causa à instauração de licitação ou à celebração de contrato cuja invalidação vier a ser decretada pelo Poder Judiciário**
- Trata-se de norma especial que afasta o crime de advocacia administrativa no âmbito de processo licitatório.
- Tem-se uma condição objetiva de punibilidade: que o contrato seja invalidado por decisão do Poder Judiciário. Não há crime se a própria Administração Pública reconhecer a invalidade.
- **Pena: reclusão, de 6 (seis) meses a 3 (três) anos, e multa.**

ART. 337-H, CP, Modificação ou pagamento irregular em contrato administrativo

- Conduta criminosa: **Admitir, possibilitar ou dar causa a qualquer modificação ou vantagem, inclusive prorrogação contratual, em favor do**

PENAL

contratado, durante a execução dos contratos celebrados com a Administração Pública, sem autorização em lei, no edital da licitação ou nos respectivos instrumentos contratuais, ou, ainda, pagar fatura com preterição da ordem cronológica de sua exigibilidade:

- É comum na Administração Pública os aditamentos aos contratos administrativos. No caso, há crime se esse aditamento se der fora das previsões legais e das normas do edital e do contrato.
- **Pena: reclusão, de 4 (quatro) anos a 8 (oito) anos, e multa.**

ART. 337-I, CP, Perturbação de processo licitatório

- Conduta criminosa: **Impedir, perturbar ou fraudar a realização de qualquer ato de processo licitatório:**
- O processo licitatório é escalonado e há crime caso haja perturbação em qualquer uma de suas etapas.
- **Pena: detenção, de 6 (seis) meses a 3 (três) anos, e multa.**

ART. 337-J, CP, Violação de sigilo em licitação

- Conduta criminosa: **Devassar o sigilo de proposta apresentada em processo licitatório ou proporcionar a terceiro o ensejo de devassá-lo.**
- O processo licitatório tem suas fases sigilosas para se garantir a paridade entre os licitantes. Se, por qualquer meio, há quebra desse sigilo, há o crime em tela.
- **Pena: detenção, de 2 (dois) anos a 3 (três) anos, e multa.**

ART. 337-K, CP, Afastamento de licitante

- Conduta criminosa: **Afastar ou tentar afastar licitante por meio de violência, grave ameaça, fraude ou oferecimento de vantagem de qualquer tipo:**
- No crime em tela, a tentativa é punida da mesma forma que a consumação.
- No caso de violência, o agente reponde em concurso com o resultado dela, como lesão corporal.
- **Pena: detenção, de 2 (dois) anos a 3 (três) anos, e multa.**

ART. 337-L, CP, Fraude em licitação ou contrato

- Conduta criminosa: **Fraudar, em prejuízo da Administração Pública, licitação ou contrato dela decorrente.**

FORMAS DE FRAUDE:

I - entrega de mercadoria ou prestação de serviços com qualidade ou em quantidade diversas das previstas no edital ou nos instrumentos contratuais:

II - fornecimento, como verdadeira ou perfeita, de mercadoria falsificada, deteriorada, inservível para consumo ou com prazo de validade vencido

III - entrega de uma mercadoria por outra

IV - alteração da substância, qualidade ou quantidade da mercadoria ou do serviço fornecido

V - qualquer meio fraudulento que torne injustamente mais onerosa para a Administração Pública a proposta ou a execução do contrato:

- **Pena: reclusão, de 4 (quatro) anos a 8 (oito) anos, e multa.**

ART. 337-M, CP, Contratação inidônea

- Conduta criminosa: **Admitir à licitação empresa ou profissional declarado inidôneo:**
- **Pena: reclusão, de 1 (um) ano a 3 (três) anos, e multa**
- Incide na mesma pena do caput deste artigo aquele que, declarado inidôneo, venha a participar de licitação e, na mesma pena do § 1º deste artigo, aquele que, declarado inidôneo, venha a contratar com a Administração Pública.
- Conduta criminosa: **Celebrar contrato com empresa ou profissional declarado inidôneo:**
- **Pena: reclusão, de 3 (três) anos a 6 (seis) anos, e multa.**
- Há a sanção no processo licitatório da inidoneidade, quando o contratante viola regras do contrato licitatório. Há crime se o agente contratar com pessoa já declarada inidônea.

ART. 337-N, CP, Impedimento indevido

- Conduta criminosa: **Obstar, impedir ou dificultar injustamente a inscrição de qualquer interessado nos registros cadastrais ou promover indevidamente a alteração, a suspensão ou o cancelamento de registro do inscrito:**
- **Pena:** reclusão, de 6 (seis) meses a 2 (dois) anos, e multa.
- os requisitos para a participação de qualquer pessoa no processo licitatório devem ser devidamente motivados e, assim, requisitos que não atendam ao interesse público devem ser considerados injustos. Havendo o crime em tela, em caso de injusta restrição.

ART. 337-O, CP, Omissão grave de dado ou de informação por projetista

- Conduta criminosa: **Omitir, modificar ou entregar à Administração Pública levantamento cadastral ou condição de contorno em relevante dissonância com a realidade, em frustração ao caráter competitivo da licitação ou em detrimento da seleção da proposta mais vantajosa para a Administração Pública, em contratação para a elaboração de projeto básico, projeto executivo ou anteprojeto, em diálogo competitivo ou em procedimento de manifestação de interesse.**
- **Pena:** reclusão, de 6 (seis) meses a 3 (três) anos, e multa.
- Causa de aumento de pena: Se o crime é praticado com o fim de obter benefício, direto ou indireto, próprio ou de outrem, aplica-se em dobro a pena.

ART. 337-P, CP, PENA DE MULTA

A pena de multa cominada aos crimes tratados anteriormente seguirá a metodologia de cálculo prevista no Código Penal e não poderá ser inferior a 2% (dois por cento) do valor do contrato licitado ou celebrado com contratação direta.

V- DOS CRIMES CONTRA O ESTADO DEMOCRÁTICO DE DIREITO

dos crimes contra a Soberania Nacional

Tutela-se nos crimes a seguir a soberania nacional, que é um dos fundamentos da República Federativa do Brasil (art. 1º, I, CF/88).

ART. 359-I, CP, Atentado à soberania

- Conduta criminosa: **Negociar com governo ou grupo estrangeiro, ou seus agentes, com o fim de provocar atos típicos de guerra contra o País ou invadi-lo:**
- Finalidade especial: **provocar atos típicos de guerra contra o País ou invadi-lo.**
- **Pena:** reclusão, de 3 (três) a 8 (oito) anos.
- Causa de aumento de pena: Aumenta-se a pena de metade até o dobro, se declarada guerra em decorrência das condutas previstas no caput deste artigo.
- Qualificadora: Se o agente participa de operação bélica com o fim de submeter o território nacional, ou parte dele, ao domínio ou à soberania de outro país:
- **Pena:** reclusão, de 4 (quatro) a 12 (doze) anos.

ART. 359-J, CP, Atentado à integridade nacional

- Conduta criminosa: **Praticar violência ou grave ameaça com a finalidade de desmembrar parte do território nacional para constituir país independente:**
- Objeto jurídico: **a integralidade do território nacional.**
- **Pena:** reclusão, de 2 (dois) a 6 (seis) anos, além da pena correspondente à violência.

ART. 359-K, CP, ESPIONAGEM

- Conduta criminosa: **Entregar a governo estrangeiro, a seus agentes, ou a organização criminosa estrangeira, em desacordo com determinação legal ou regulamentar, documento ou informação classificados como secretos ou ultrassecretos nos termos da lei, cuja revelação possa colocar em perigo a preservação da ordem constitucional ou a soberania nacional:**
- Figura equiparada: **quem presta auxílio a espião, conhecendo essa circunstância, para subtraí-lo à ação da autoridade pública.**
- **Pena:** reclusão, de 6 (seis) a 15 (quinze) anos.
- Forma privilegiada: Facilitar a prática de qualquer dos crimes previstos neste artigo mediante atribuição, fornecimento ou empréstimo de senha, ou de qualquer outra forma de acesso de pessoas não autorizadas a sistemas de informações:
- **Pena:** detenção, de 1 (um) a 4 (quatro) anos.
- Excludente de tipicidade: a entrega ou a publicação de informações ou de documentos com o fim de expor a prática de crime ou a violação de direitos humanos.

dos crimes contra as Instituições democráticas

- Objeto jurídico: nos crimes a seguir, tutela-se a própria ordem constitucional democrática, instituída pela Constituição Federal de 1988.
- A regularidade do Estado Democrático de Direito é tão fundamental que basta a mera tentativa para a configuração dos tipos penais.

ART. 359-L, CP, Abolição violenta do Estado Democrático de Direito

- Conduta criminosa: **Tentar, com emprego de violência ou grave ameaça, abolir o Estado Democrático de Direito, impedindo ou restringindo o exercício dos poderes constitucionais:**
- Colocar em risco o regular funcionamento de qualquer dos Poderes da República, mediante violência ou grave ameaça, é crime contra o Estado Democrático de Direito.
- **Pena:** reclusão, de 4 (quatro) a 8 (oito) anos, além da pena correspondente à violência.

ART. 359-m, CP, GOLPE DE ESTADO

- Conduta criminosa: **Tentar depor, por meio de violência ou grave ameaça, o governo legitimamente constituído:**
- **O respeito à soberania popular, expressa nas urnas, é tutelado no presente tipo penal, de modo que se garanta o cumprimento do mandato do titular do poder regularmente empossado.**
- **Pena:** reclusão, de 4 (quatro) a 12 (doze) anos, além da pena correspondente à violência.

dos crimes contra o funcionamento das instituições democráticas eleitorais.

Objeto jurídico: o devido processo eleitoral é uma garantia de todos os cidadãos.

ART. 359-N, CP, Interrupção do processo eleitoral

- Conduta criminosa: **Impedir ou perturbar a eleição ou a aferição de seu resultado, mediante violação indevida de mecanismos de segurança do sistema eletrônico de votação estabelecido pela Justiça Eleitoral:**
- Objeto material: **as urnas eletrônicas.**
- **Pena:** reclusão, de 3 (três) a 6 (seis) anos, e multa.

ART. 359-p, CP, VIOLÊNCIA POLÍTICA

- Conduta criminosa: **Restringir, impedir ou dificultar, com emprego de violência física, sexual ou psicológica, o exercício de direitos políticos a qualquer pessoa em razão de seu sexo, raça, cor, etnia, religião ou procedência nacional:**
- Objeto jurídico: **direitos políticos: de ser votado e de votar.**
- Meio: **emprego de violência física, sexual ou psicológica.**
- **Pena:** reclusão, de 3 (três) a 6 (seis) anos, e multa, além da pena correspondente à violência.

dos crimes contra o funcionamento dos serviços essenciais

ART. 359-r, CP, SABOTAGEM

- Conduta criminosa: **Destruir ou inutilizar meios de comunicação ao público, estabelecimentos, instalações ou serviços destinados à defesa nacional, com o fim de abolir o Estado Democrático de Direito:**
- Não se pode confundir o crime de sabotagem do art. 202 com o do art. 359-S, ambos do CP. No primeiro caso, a sabotagem se dá no contexto de violação à organização do trabalho, de forma restrita, enquanto, no segundo, tem-se ameaça ao próprio Estado Democrático de Direito.
- **Pena:** reclusão, de 2 (dois) a 8 (oito) anos.

ART. 359-T, CP, DISPOSIÇÕES COMUNS

Não constitui crime a manifestação crítica aos poderes constitucionais nem a atividade jornalística ou a reivindicação de direitos e garantias constitucionais por meio de passeatas, de reuniões, de greves, de aglomerações ou de qualquer outra forma de manifestação política com propósitos sociais.

14. LEGISLAÇÃO EXTRAVAGANTE

14.1. CRIMES AMBIENTAIS

- Meio ambiente é o conjunto de condições, leis, influências, alterações e interações de ordem física, química e biológica que permite, abriga e rege a vida em todas essas formas.
- Os crimes ambientais podem ser cometidos por pessoas naturais e jurídicas.
- A pessoa jurídica pode responder pela prática de crime ambiental, mesmo que não sejam identificadas pessoas físicas que a compõem, como diretores etc. (STF - RE 548181).
- O baixo grau de instrução ou escolaridade do agente não exclui o crime, mas é atenuante genérica.
- Nos crimes ambientais de menor potencial ofensivo, se admite a transação penal, desde que haja prévia composição do dano ambiental, salvo em caso de comprovada impossibilidade.
- Praticar ato de abuso, maus-tratos, ferir ou mutilar animais silvestres, domésticos ou domesticados, nativos ou exóticos constitui crime. É o que ocorre nas **brigas de galo**.
- Para efeitos da norma penal-ambiental, considera-se pesca todo ato tendente de retirar grupos de **peixe, crustáceos, moluscos e vegetais hidróbios**.
- A mera **utilização** de floresta considerada área de preservação permanente constitui crime, se não observadas normas de proteção ambiental.
- Destruir **plantas de ornamentação** de logradouros públicos e em propriedade privada constitui crime ambiental.

14.2. CRIMES HEDIONDOS

- Trata-se de mandado de criminalização da Constituição Federal a previsão legal de crimes hediondos (art. 5º, XLIII, CF/88).
- Crimes equiparados a hediondos – previsão mínima da CF/88: **a tortura, o tráfico ilícito de entorpecentes e drogas afins e o terrorismo.**
- O Brasil adotou o critério legal para definição de crimes hediondos: rol taxativo previsto no art. 1º da Lei nº 8.072/90.

Rol de crimes hediondos atualizado pela Lei Anticrime	I - homicídio (art. 121), quando praticado em atividade típica de grupo de extermínio, ainda que cometido por 1 (um) só agente, e homicídio qualificado (art. 121, § 2º, incisos I, II, III, IV, V, VII, VIII e IX); I-A – lesão corporal dolosa de natureza gravíssima (art. 129, § 2º) e lesão corporal seguida de morte (art. 129, § 3º), quando praticadas contra autoridade ou agente descrito nos arts. 142 e 144 da Constituição Federal, integrantes do sistema prisional e da Força Nacional de Segurança Pública, no exercício da função ou em decorrência dela, ou contra seu cônjuge, companheiro ou parente consanguíneo até terceiro grau, em razão dessa condição; I-B – feminicídio (art. 121-A) II - roubo: a) circunstanciado pela restrição de liberdade da vítima (art. 157, § 2º, inciso V); b) circunstanciado pelo emprego de arma de fogo (art. 157, § 2º-A, inciso I) ou pelo emprego de arma de fogo de uso proibido ou restrito (art. 157, § 2º-B); c) qualificado pelo resultado lesão corporal grave ou morte (art. 157, § 3º); III - extorsão qualificada pela restrição da liberdade da vítima, ocorrência de lesão corporal ou morte (art. 158, § 3º); IV - extorsão mediante sequestro e na forma qualificada (art. 159, caput, e §§ 1º, 2º e 3º); V - estupro (art. 213, caput e §§ 1º e 2º); VI - estupro de vulnerável (art. 217-A, caput e §§ 1º, 2º, 3º e 4º); VII - epidemia com resultado morte (art. 267, § 1º); VII-B - falsificação, corrupção, adulteração ou alteração de produto destinado a fins terapêuticos ou medicinais (art. 273, *caput* e § 1º, § 1º-A e § 1º-B, com a redação dada pela Lei no 9.677, de 2 de julho de 1998). VIII - favorecimento da prostituição ou de outra forma de exploração sexual de criança ou adolescente ou de vulnerável (art. 218-B, caput, e §§ 1º e 2º). IX - furto qualificado pelo emprego de explosivo ou de artefato análogo que cause perigo comum (art. 155, § 4º-A).

	X - induzimento, instigação ou auxílio a suicídio ou a automutilação realizados por meio da rede de computadores, de rede social ou transmitidos em tempo real (art. 122, caput e § 4º); XI - sequestro e cárcere privado cometido contra menor de 18 (dezoito) anos (art. 148, § 1º, inciso IV); XII - tráfico de pessoas cometido contra criança ou adolescente (art. 149-A, *caput*, incisos I a V, e § 1º, inciso II).

Consideram-se também hediondos, tentados ou consumados:	I - o crime de genocídio, previsto nos arts. 1º, 2º e 3º da Lei nº 2.889, de 1º de outubro de 1956; II - o crime de posse ou porte ilegal de arma de fogo de uso proibido, previsto no art. 16 da Lei nº 10.826, de 22 de dezembro de 2003; III - o crime de comércio ilegal de armas de fogo, previsto no art. 17 da Lei nº 10.826, de 22 de dezembro de 2003; IV - o crime de tráfico internacional de arma de fogo, acessório ou munição, previsto no art. 18 da Lei nº 10.826, de 22 de dezembro de 2003; V - o crime de organização criminosa, quando direcionado à prática de crime hediondo ou equiparado VI – os crimes previstos no Código Penal Militar, que apresentem identidade com os crimes previstos no art. 1º da Lei de Crimes Hediondos. VII - os crimes previstos no § 1º do art. 240 e no art. 241-B da Lei nº 8.069, de 13 de julho de 1990 (Estatuto da Criança e do Adolescente)."

- Os crimes de estupro e atentado violento ao pudor praticados antes da edição da Lei nº 12.015/2009, ainda que em sua forma simples, configuram modalidades de crime hediondo (Tese n. 581, STJ).

Consequências mais gravosas em caso de crime hediondo ou equiparado	I - Prazo de progressão de regime: a) 40% (quarenta por cento) da pena, se o apenado for condenado pela prática de crime hediondo ou equiparado, se for primário; b) 50% (cinquenta por cento) da pena, se o apenado for: a) condenado pela prática de crime hediondo ou equiparado, com resultado morte, se for primário, vedado o livramento condicional; b) condenado por exercer o comando, individual ou coletivo, de organização criminosa estruturada para a prática de crime hediondo ou equiparado;

Consequências mais gravosas em caso de crime hediondo ou equiparado	c) 60% (sessenta por cento) da pena, se o apenado for reincidente na prática de crime hediondo ou equiparado; d) 70% (setenta por cento) da pena, se o apenado for reincidente em crime hediondo ou equiparado com resultado morte, vedado o livramento condicional. II – Não terá direito à saída temporária a que se refere o caput deste artigo o condenado que cumpre pena por praticar crime hediondo com resultado morte. III – Prazo da prisão temporária: 30 dias com possibilidade de prorrogação; IV – Forma qualificada de associação criminosa: pena de três anos a seis anos de reclusão; V – Inaplicabilidade de concessão de anistia, graça e indulto; VI – Regime inicial fechado (Mas, de acordo com a jurisprudência, é possível a fixação de regime prisional diferente do fechado para o início do cumprimento de pena imposta ao condenado por tráfico de drogas. O STF declarou a inconstitucionalidade do § 1º do art. 2º da Lei n. 8.072/1990, com redação dada pela Lei n. 11.464/2007, afastando a obrigatoriedade do regime inicial fechado para os condenados por crimes hediondos e por aqueles a eles equiparados, como é o caso do tráfico de drogas. Precedentes citados do STF: HC 111.247-MG, DJe 12/4/2012; HC 111.840-ES, DJe 2/2/2012 ; do STJ: HC 118.776-RS, DJe 23/8/2010, e HC 196.199-RS, DJe 14/4/2011. EREsp 1.285.631-SP, Rel. Min. Sebastião Reis Junior, julgado em 24/10/2012.

- No julgamento do HC n. 111.840, o STF declarou a inconstitucionalidade do art. 2º, § 1º, da Lei de Crime Hediondos, que determina a obrigatoriedade do regime inicial fechado para condenado por crime hediondo ou equiparado, por violação ao princípio constitucional de individualização da pena. Com efeito, presentes os requisitos legais, pode ser fixado regime inicial semiaberto ou mesmo aberto. A imposição de regime inicial fechado impõe fundamentação idônea.
- É reconhecida a retroatividade do patamar estabelecido no art. 112, V, da Lei n. 13.964/2019, àqueles apenados que, embora tenham cometido crime hediondo ou equiparado sem resultado morte, não sejam reincidentes em delito de natureza semelhante (Tese n. 1084 – STJ).
- Tendo em vista a legalidade e a taxatividade da norma penal (art. 5º, XXXIX, CF), a alteração promovida pela Lei 13.964/2019 no art. 112 da LEP não autori-

za a incidência do percentual de 60% (inc. VII) aos condenados reincidentes não específicos para o fim de progressão de regime. Diante da omissão legislativa, impõe-se a analogia in bonam partem, para aplicação, inclusive retroativa, do inciso V do artigo 112 (lapso temporal de 40%) ao condenado por crime hediondo ou equiparado sem resultado morte reincidente não específico (STF, Tese n. 1169).

14.3. LEI DE LAVAGEM DE DINHEIRO

- Trata-se da Lei nº 9.613/98.
- Consiste a lavagem de dinheiro nos atos de ocultar ou dissimular a natureza, origem, localização, disposição, movimentação ou propriedade de bens, direitos ou valores provenientes, direta ou indiretamente, de **infração penal.**
- O crime de lavagem de dinheiro exige uma infração penal antecedente, cujo produto será o objeto da lavagem.
- Com a Lei nº 12.683/2012, a infração penal antecedente pode ser **crime ou contravenção penal.**
- Causas especiais de aumento de pena: crime de lavagem de dinheiro praticado de forma habitual ou por crime organizado.
- Para a apuração do crime de lavagem de dinheiro, admite-se a utilização da ação controlada e da infiltração de agentes (Inovação trazida pela Lei Anticrime).

14.4. LEI DE TORTURA

- Tortura é um crime equiparado a hediondo, consistente, em síntese, no emprego de grave ameaça ou violência, que cause sofrimento físico ou mental à vítima.
- No Brasil, o funcionário público e o particular podem ser sujeito ativo do crime de tortura.
- Tortura imprópria: art. 1º, § 2º, da Lei de Tortura – **OMISSÃO DO AGENTE,** que tinha o dever de evitá-la ou puni-la.
- Crime qualificado: se da tortura resulta **morte ou lesões corporais graves ou gravíssimas.**
- **Princípio da extraterritorialidade incondicionada:** aplicação da lei brasileira, ainda que o fato tenha acontecido no exterior, mas se a vítima é brasileira ou se o agente se encontrar em local sob jurisdição brasileira.

14.5. LEI DE DROGAS

- A Lei nº 11.343/06 trouxe dois sistemas de repressão bem diferentes para quem porta a droga para consumo pessoal e para quem promove o tráfico de drogas.
- Para quem visa o consumo próprio, a Lei prevê apenas penas restritivas de direito: advertência sobre os efeitos das drogas; prestação de serviços à comunidade e medida educativa de comparecimento a programa ou curso educativo.
- As penas de prestação de serviços à comunidade e medida educativa de comparecimento a programa ou curso educativo são pelo período de cinco meses, salvo se a pessoa for reincidente, quando a pena será de dez meses.
- Para determinar se a droga destinava-se a consumo pessoal, o juiz atenderá à natureza e à quantidade da substância apreendida, ao local e às condições em que se desenvolveu a ação, às circunstâncias sociais e pessoais, bem como à conduta e aos antecedentes do agente.
- Prescrevem em 2 (dois) anos a imposição e a execução das penas do crime do art. 28 da Lei nº 11.343/06.

Tema 506 STF - Tipicidade do porte de droga para consumo pessoal.
1. **Não comete infração penal** quem adquirir, guardar, tiver em depósito, transportar ou trouxer consigo, para consumo pessoal, a substância **cannabis sativa**, sem prejuízo do reconhecimento da **ilicitude extrapenal** da conduta, com apreensão da droga e aplicação de sanções de **advertência** sobre os efeitos dela (art. 28, I) e **medida educativa** de comparecimento a programa ou curso educativo (art. 28, III);
2. As sanções estabelecidas nos incisos I e III do art. 28 da Lei 11.343/06 serão aplicadas pelo juiz em procedimento de **natureza não penal, sem nenhuma repercussão criminal para a conduta**;
3. Em se tratando da posse de cannabis para consumo pessoal, a autoridade policial apreenderá a substância e notificará o autor do fato para comparecer em Juízo, na forma do regulamento a ser aprovado pelo CNJ. Até que o CNJ delibere a respeito, a competência para julgar as condutas do art. 28 da Lei 11.343/06 será dos **Juizados Especiais Criminais**, segundo a sistemática atual, vedada a atribuição de quaisquer efeitos penais para a sentença;
4. Nos termos do § 2º do artigo 28 da Lei 11.343/2006, **será presumido usuário** quem, para consumo próprio, adquirir, guardar, tiver em depósito, transportar ou trouxer consigo, **até 40 gramas de cannabis sativa ou seis plantas-fêmeas**, até que o Congresso Nacional venha a legislar a respeito;
5. A **presunção** do item anterior **é relativa**, não estando a autoridade policial e seus agentes impedidos de realizar a prisão em flagrante por tráfico de drogas, mesmo para quantidades inferiores ao limite acima estabelecido, quando presentes **elementos que indiquem intuito de mercancia**, como a forma de acondicionamento da droga, as circunstâncias da apreensão, a variedade de substâncias apreendidas, a apreensão simultânea de instrumentos como balança, registros de operações comerciais e aparelho celular contendo contatos de usuários ou traficantes;
6. Nesses casos, caberá ao Delegado de Polícia consignar, no **auto de prisão em flagrante**, **justificativa minudente** para afastamento da presunção do porte para uso pessoal, sendo vedada a alusão a critérios subjetivos arbitrários;
7. Na hipótese de prisão por quantidades inferiores à fixada no item 4, deverá o juiz, na audiência de custódia, avaliar as **razões invocadas para o afastamento da presunção** de porte para uso próprio;
8. A apreensão de quantidades superiores aos limites ora fixados não impede o juiz de concluir que a conduta é **atípica**, apontando nos autos prova suficiente da condição de usuário.

- Já para o crime de tráfico de drogas, equiparado a hediondo, são reservadas penas privativas de liberdade e de multa bem mais elevadas.
- No crime de tráfico, a intenção do agente é disseminar a droga a terceiras pessoas, ainda que gratuitamente.
- Oferecer droga, eventualmente e sem objetivo de lucro, a pessoa de seu relacionamento, para juntos a consumirem é o crime previsto no art. 33, § 3º, Lei nº 11.343/06.
- Causa de diminuição de pena: o agente seja primário, de bons antecedentes, não se dedique às atividades criminosas nem integre organização criminosa.
- TEMA 169 DOS RECURSOS REPETITIVOS DO STF: I – É inadmissível a aplicação da causa de diminuição prevista no art. 33, § 4º, da Lei 11.343/2006 à pena relativa à condenação por crime cometido na vigência da Lei 6.368/1976; II – Não é possível a conjugação de partes mais benéficas das referidas normas, para criar-se uma terceira lei, sob pena de violação aos princípios da legalidade e da separação de Poderes; III – O juiz, contudo, deverá, no caso concreto, avaliar qual das mencionadas leis é mais favorável ao réu e aplicá-la em sua integralidade.
- TEMA 191 DOS RECURSOS REPETITIVOS DO STJ: É cabível a aplicação retroativa da Lei n. 11.343/2006, desde que o resultado da incidência das suas disposições, na íntegra, seja mais favorável ao réu do que o advindo da utilização da Lei 6.368/76, sendo vedada a combinação de leis.
- TEMA 600 DOS RECURSOS REPETITIVOS DO STJ: O Supremo Tribunal Federal, no recente julgamento do HC 118.533/MS, firmou entendimento de que apenas as modalidades de tráfico ilícito de drogas definidas no art. 33, caput e § 1°, da Lei nº 11.343/2006 seriam equiparadas aos crimes hediondos, enquanto referido delito na modalidade privilegiada apresentaria "contornos mais benignos, menos gravosos, notadamente porque são relevados o envolvimento ocasional do agente com o delito, a não reincidência, a ausência de maus antecedentes e a inexistência de vínculo com organização criminosa."
- TEMA 1139 DOS RECURSOS REPETITIVOS DO STJ: É vedada a utilização de inquéritos e/ou ações penais em curso para impedir a aplicação do art. 33, § 4.º, da Lei n. 11.343/06."
- No crime de associação para o tráfico de drogas, se exige estabilidade na conduta de duas ou mais pessoas voltadas para o mesmo fim, qual seja o tráfico de drogas.
- Médico, farmacêutico ou enfermeiro podem praticar o crime próprio do art. 38 da Lei nº 11.343/06.
- O art. 40 da Lei de Drogas prevê causas de aumento de pena de um sexto a dois terços, tai como:
- A infração tiver sido cometida nas dependências ou imediações de estabelecimentos prisionais, de ensino ou hospitalares, de sedes de entidades estudantis, sociais, culturais, recreativas, esportivas, ou beneficentes, de locais de trabalho coletivo, de recintos onde se realizem espetáculos ou diversões de qualquer natureza, de serviços de tratamento de dependentes de drogas ou de reinserção social, de unidades militares ou policiais ou em transportes públicos.
- Sua prática envolver ou visar a atingir criança ou adolescente ou a quem tenha, por qualquer motivo, diminuída ou suprimida a capacidade de entendimento e determinação.
- TEMA 1052 DOS RECURSOS REPETITIVOS DO STJ: Para ensejar a aplicação de causa de aumento de pena prevista no art. 40, VI, da Lei n. 11.343/2006 ou a condenação pela prática do crime previsto no art. 244-B da Lei n. 8.069/1990, a qualificação do menor, constante do boletim de ocorrência, deve trazer dados indicativos de consulta a documento hábil - como o número do documento de identidade, do CPF ou de outro registro formal, tal como a certidão de nascimento.
- É pacífico na jurisprudência do STF e do STJ a inconstitucionalidade do art. 44 da Lei de Drogas no ponto em que veda a concessão de liberdade e a conversão das penas em restritivas de direitos para o crime de tráfico.

14.6. ESTATUTO DA CRIANÇA E DO ADOLESCENTE

- Considera-se ato infracional a conduta descrita como **crime ou contravenção penal** praticada por criança e adolescente.
- A criança que cometer ato infracional será submetida a medias protetivas do art. 101, ECA.
- O adolescente que comete ato infracional está submetido a **medida socioeducativa e/ou protetiva.**
- Os crimes do ECA têm como objetividade jurídica a tutela dos direitos e garantias fundamentais da criança e do adolescente.
- O crime de corrupção de menores do ECA é classificado como formal e, portanto, é indiferente que o menor seja efetivamente corrompido ou que tenha passagens anteriores por atos infracionais (Tema 221 dos Recursos Repetitivos do STJ).
- Para ensejar a aplicação de causa de aumento de pena prevista no art. 40, VI, da Lei n. 11.343/2006 ou a condenação pela prática do crime previsto no art. 244-B da Lei n. 8.069/1990, a qualificação do menor, constante do boletim de ocorrência, deve trazer dados indicativos de consulta a documento hábil - como o número do documento de identidade, do CPF ou de outro registro formal, tal como a certidão de nascimento. (Tema 1052 dos Recursos Repetitivos do STJ).
- A superveniência da maioridade penal não interfere na apuração de ato infracional nem na aplicabilidade de medida socioeducativa em curso, inclusive na liberdade assistida, enquanto não atingida a idade de 21 anos. (Tema 992 dos Recursos Repetitivos do STJ).
- Os tipos penais trazidos nos arts. 241-A e 241-B do Estatuto da Criança e do Adolescente são autônomos, com verbos e condutas distintas, sendo que o crime do art. 241-B não configura fase normal, tampouco meio de execução para o crime do art. 241-A, o que possibilita o reconhecimento de concurso material de crimes. (Tema 1168v dos Recursos Repetitivos do STJ).

14.7. ESTATUTO DO DESARMAMENTO

1. **Posse irregular de arma de fogo de uso permitido (art. 12, ED):** Possuir ou manter sob sua guarda arma de fogo, acessório ou munição, de uso permitido, **em desacordo com determinação legal ou regulamentar, no interior de sua residência ou dependência desta, ou, ainda no seu local de trabalho**, desde que seja o titular ou o responsável legal do estabelecimento ou empresa.

- **Trata-se de crime de perigo abstrato e de mera conduta e, portanto, segundo a jurisprudência dos Tribunais Superiores:**
  a) É **irrelevante** que haja **dano ou efetivo perigo** da posse de arma em desacordo com determinação legal;
  b) Não é necessária a realização de laudo pericial para a configuração do tipo penal. Porém, se este for feito e ficar demonstrado que a arma de fogo é ineficaz para o uso, a conduta é atípica.
  c) A arma de fogo de uso permitido **desmuniciada** não afasta os crimes de posse ou porte de arma de fogo.
  d) **Princípio da insignificância**: "A Sexta Turma do Superior Tribunal de Justiça, alinhando-se ao Supremo Tribunal Federal, tem entendido pela **possibilidade da aplicação do princípio da insignificância** aos crimes previstos na Lei nº 10.826/03, a despeito de serem delitos de mera conduta, afastando, assim, a tipicidade material, quando **evidenciada flagrante desproporcionalidade da resposta penal**. 2. Ainda que formalmente típica, a apreensão de apenas **5 munições na residência do réu, desacompanhada de arma de fogo, é desprovida de lesividade ao bem jurídico tutelado** (STJ – AgRg. no AREsp. N. 1.269.446/SP. Rel. Min. Nefi Cordeiro. DJ. 27/11/2018).
- Decreto nº 9.685, de 15 janeiro de 2019: trata-se de Decreto editado pelo Poder Executivo para regulamentar a posse de armas de fogo.
- Esse decreto não revogou o art. 12 do ED, pois decreto não revoga lei. Não houve *abolitio criminis*. Continua sendo crime a posse de arma de fogo em desacordo com determinação legal ou regulamentar.
- A norma do art. 12 do ED é norma penal em branco, pois a ocorrência do crime depende de complementação: desobediência ao que determina a lei ou o regulamento. Esse regulamento é o Decreto 5.123/2004, que foi modificado pelo Decreto n. 9.685/2019, com a finalidade de diminuir as exigências para a posse de arma de fogo.
- Um dos efeitos do Decreto n. 9.685/2019 foi a renovação automática dos registros de arma de fogo concedidos antes da sua publicação. Aqueles que estavam com o registro vencido, em tese, se fossem flagrados na posse de arma de fogo, poderiam incidir no art. 12 do ED. Porém, com a edição do Decreto n. 9.685/2019, os registros foram renovados e a situação regularizada. **Nesses casos específicos**, houve *abolitio criminis* com retroatividade da norma para beneficiar o réu.
  - **Tema 650 – STF:** É incabível a aplicação retroativa do art. 30 da Lei 10.826/2003, inserido pela Medida Provisória 417/2008, para extinguir a punibilidade do delito de posse de arma de fogo de uso permitido cometido antes da sua entrada em vigor.

2. **Omissão de cautela (art. 13, ED):** Deixar de observar as cautelas necessárias para impedir que **menor de 18 (dezoito) anos ou pessoa portadora de deficiência mental** se apodere de arma de fogo que esteja sob sua posse ou que seja de sua propriedade:

- **Trata-se de crime de omissivo próprio, porque a conduta descrita no tipo penal é omissiva: "Deixar de...".**
- **Trata-se de crime doloso.**
- **Elemento normativo do tipo: cautelas necessárias. O juiz no caso concreto vai analisar se o sujeito ativo deixou de observar os cuidados necessários que se espera do homem médio na guarda da arma em local que há menor de dezoito anos ou portador de doença mental.**
- **De acordo com a doutrina, trata-se de crime de perigo concreto, devendo o menor de dezoito anos ou o deficiente mental se apodere da arma em decorrência da omissão de cautela.**

3. **Porte ilegal de arma de fogo de uso permitido (art. 14, ED):** Portar, deter, adquirir, fornecer, receber, ter em depósito, transportar, ceder, ainda que gratuitamente, emprestar, remeter, empregar, manter sob guarda ou ocultar arma de fogo, acessório ou munição, de uso permitido, sem autorização e em desacordo com determinação legal ou regulamentar.

- **Trata-se de crime com as mesmas características do art. 12, ED, com diferença que, no art. 14, ED, o agente pratica o crime fora de sua <u>residência</u> ou <u>dependência</u> desta, ou, ainda fora do seu <u>local de trabalho</u>, desde que seja o titular ou o responsável legal do estabelecimento ou empresa.**

Posse de arma de fogo	Porte de arma de fogo
Conduta em manter no interior de **residência** (ou dependência desta) ou no **local de trabalho** a arma de fogo	Pressupõe que a arma de fogo esteja fora da residência ou local de trabalho

- Se o agente mantém a arma de fogo em seu local de trabalho, mas não é o titular ou o responsável legal do estabelecimento ou da empresa, responde pelo crime do art. 14, ED.
- Diante das mesmas características do crime do art. 12, ED (crime de perigo abstrato e de mera conduta), aplicam-se as mesmas disposições da jurisprudência dos Tribunais Superiores, enumeradas nos itens a, b, c e d, comentadas no art. 12, ED, acima.
- art. 14, parágrafo único, ED: o crime do art. 14, ED é inafiançável. Mas, na ADI n. 3.112, o STF declarou inconstitucional, pois não há previsão expressa nesse sentido na CF. Portanto, se trata de crime afiançável.

4. **Disparo de arma de fogo (art. 15, ED):** Disparar arma de fogo ou acionar munição em lugar habitado ou em suas adjacências, em via pública ou em direção a ela, desde que essa conduta não tenha como finalidade a prática de outro crime.

- **Crime subsidiário:** só o crime do art. 15, ED, se a conduta não tenha como finalidade a prática de outro crime (art. 15, Estatuto do Desarmamento). Assim, quem dispara em via pública para matar alguém responde apenas pelo **crime de homicídio**.
- **art. 15, parágrafo único, ED: o crime do art. 15, ED é inafiançável. Mas, na ADI n. 3.112, o STF declarou inconstitucional, pois não há previsão expressa nesse sentido na CF. Portanto, se trata de crime afiançável.**

5. **Posse ou porte ilegal de arma de fogo de uso restrito (art. 16, ED):** Possuir, deter, portar, adquirir, fornecer, receber, ter em depósito, transportar, ceder, ainda que gratuitamente, emprestar, remeter, empregar, manter sob sua guarda ou ocultar **arma de fogo, acessório ou munição de uso restrito**, sem autorização e em desacordo com determinação legal ou regulamentar.

- **Objeto material:** arma de fogo, acessório ou munição de **uso proibido ou restrito**. Ao contrário dos crimes dos arts. 12 e 14, em que o objeto material é o de **uso permitido**.
- **Pune-se tanto a posse, quanto o porte de arma de fogo de uso restrito ou proibido. Pode o juiz levar em conta a diferença no momento de aplicação da pena.**
- **Formas equiparadas: art. 16, § 1º, ED: exemplo: arma de fogo de uso permitido que esteja com numeração, marca ou qualquer outro sinal de identificação raspado, suprimido ou adulterado (art. 16, § 1º, IV, ED – redação dada pela Lei Anticrime).**
- **Forma qualificada: art. 16, § 2º, ED: Se as condutas descritas no caput e no § 1º deste artigo envolverem arma de fogo de uso proibido, a pena é de reclusão, de 4 (quatro) a 12 (doze) anos.**
  - **Tema 596 DOS RECURSOS RETITIVOS DO STJ:** É típica a conduta de possuir arma de fogo de uso permitido com numeração, marca ou qualquer outro sinal de identificação raspado, suprimido ou adulterado, praticada após 23/10/2005, pois, em relação a esse delito, a abolitio criminis temporária cessou nessa data, termo final da prorrogação dos prazos previstos na redação original dos arts. 30 e 32 da Lei n. 10.826/2003.

6. **Comércio ilegal de arma de fogo (art. 17, ED):** Adquirir, alugar, receber, transportar, conduzir, ocultar, ter em depósito, desmontar, montar, remontar, adulterar, vender, expor à venda, ou de qualquer forma utilizar, **em proveito próprio ou alheio, no exercício de atividade comercial ou industrial**, arma de fogo, acessório ou munição, sem autorização ou em desacordo com determinação legal ou regulamentar.

- **É permitida a comercialização de arma de fogo no território brasileiro, pois o art. 35, ED, que proibia tal atividade, foi rejeitado pela população em referendo.**
- **O crime ocorre se a comercialização é feita em desacordo com a determinação legal ou regulamentar.**
- **Trata-se de crime próprio, porque o sujeito ativo deve ser comerciante ou industrial, cujo objeto da atividade seja a comercialização ou industrialização de arma de fogo.**
- **Figura equiparada ao comércio ou indústria de arma de fogo: qualquer forma de prestação de serviços, fabricação ou comércio irregular ou clandestino, inclusive o exercido em residência.**
- **Trata-se de crime de perigo abstrato e de mera conduta.**

7. **Tráfico internacional de arma de fogo (art. 18, ED):** Importar, exportar, favorecer a entrada ou saída do território nacional, a qualquer título, de arma de fogo, acessório ou munição, sem autorização da autoridade competente.

- **Nesse artigo, há atividade comercial, mas há tráfico internacional.**
- **Competência para julgamento: Justiça Federal.**

8. **Causas de aumento de pena (art. 19, ED):** Nos crimes previstos nos **arts. 17 e 18** (comércio ilegal de arma de fogo e tráfico internacional de arma de fogo), a pena é aumentada da metade se a arma de fogo, acessório ou munição forem de uso proibido ou restrito.
9. **Causas de aumento de pena (art. 19, ED):** Nos crimes previstos nos **arts. 14, 15, 16, 17 e 18** (Porte ilegal de arma de fogo de uso permitido, Disparo de arma de fogo, Posse ou porte ilegal de arma de fogo de uso restrito comércio ilegal de arma de fogo e tráfico internacional de arma de fogo), a pena é aumentada da metade se forem praticados por integrante dos órgãos e empresas referidas nos arts. 6º, 7º e 8º desta Lei.
10. **Prisão preventiva obrigatória (art. 21, ED):** Os crimes previstos nos **arts. 16, 17 e 18** (Posse ou porte ilegal de arma de fogo de uso restrito comércio ilegal de arma de fogo e tráfico internacional de arma de fogo) são insuscetíveis de liberdade provisória. O STF declarou **inconstitucional** esse dispositivo na ADI **n. 3.112.**

14.8. LEI MARIA DA PENHA

Configura violência doméstica e familiar contra a mulher aquela que é decorrente do gênero, praticadas:	no âmbito da unidade doméstica, compreendida como o espaço de convívio permanente de pessoas, com ou sem vínculo familiar, inclusive as esporadicamente agregadas.
	no âmbito da família, compreendida como a comunidade formada por indivíduos que são ou se consideram aparentados, unidos por laços naturais, por afinidade ou por vontade expressa.
	no âmbito da família, compreendida como a comunidade formada por indivíduos que são ou se consideram aparentados, unidos por laços naturais, por afinidade ou por vontade expressa.

- Configura violência contra a mulher, ensejando a aplicação da Lei nº 11.340/2006, a agressão cometida por **ex-namorado que não se conformou com o fim de relação de namoro**, restando demonstra-

PENAL

do nos autos o nexo causal entre a conduta agressiva do agente e a relação de intimidade que existia com a vítima.

TEMA 177 DOS RECURSOS REPETITIVOS DO STJ:
2. Assim, a tese fixada passa a ser a seguinte: a ação penal nos crimes de lesão corporal leve cometidos em detrimento da mulher, no âmbito doméstico e familiar, é pública **incondicionada** (Redação conferida em 10/05/2017)..

TEMA 983 DOS RECURSOS REPETITIVOS DO STJ:
Nos casos de violência contra a mulher praticados no âmbito doméstico e familiar, é possível a fixação de valor mínimo indenizatório a título de dano moral, desde que haja pedido expresso da acusação ou da parte ofendida, ainda que não especificada a quantia, e independentemente de instrução probatória.

- **Súmula 600:** Para a configuração da violência doméstica e familiar prevista no artigo 5º da Lei n. 11.340/2006 (Lei Maria da Penha) não se exige a coabitação entre autor e vítima.
- **Súmula 589**: É inaplicável o princípio da insignificância nos crimes ou contravenções penais praticados contra a mulher no âmbito das relações domésticas.
- **Súmula 588:** A prática de crime ou contravenção penal contra a mulher com violência ou grave ameaça no ambiente doméstico impossibilita a substituição da pena privativa de liberdade por restritiva de direitos.
- A Lei nº 13.641/2018 acrescentou o crime de descumprimento de decisão judicial que defere medidas protetivas de urgência previstas na Lei Maria da Penha (art. 24-A).
- A medida descumprida pode ter sido deferida por Juízo Criminal ou Cível.
- O crime é afiançável, mas a fiança só pode ser fixada por Juiz
- A aplicação da pena do crime não exclui outras.

Inovações trazidas pela Lei n.13.827/2019 (art. 12-A da Lei Maria da Penha)

Hipótese de violência	Consequência	Autoridade competente
risco atual ou iminente à vida ou à integridade física da mulher em situação de violência doméstica e familiar, ou de seus dependentes	O agressor será imediatamente afastado do lar, domicílio ou local de convivência com a ofendida	I - pela autoridade judicial; II - pelo delegado de polícia, quando o Município não for sede de comarca; ou
		III - pelo policial, quando o Município não for sede de comarca e não houver delegado disponível no momento da denúncia.

- Se a medida for aplicada por Autoridade Policial ou por policial, o juiz será comunicado no prazo máximo de 24 (vinte e quatro) horas e decidirá, em igual prazo, sobre a manutenção ou a revogação da medida aplicada, devendo dar ciência ao Ministério Público concomitantemente.
- Nos casos de risco à integridade física da ofendida ou à efetividade da medida protetiva de urgência, não será concedida liberdade provisória ao preso.

14.9. LEI DE CRIME ORGANIZADO

- **Crime Organizado:** é o fenômeno social, criminológico e político, caracterizado pela extrema periculosidade e dificuldade no combate a tal crime pelas forças do Estado, motivo pelo qual implica ameaça ou lesão a direitos fundamentais e essenciais da pessoa, individualmente e coletivamente, tais como, a democracia, a paz, a vida, o patrimônio e, até mesmo, o futuro do planeta (distribuição do meio ambiente.
- **Organização criminosa**: conceituação normativa decorrente da necessidade se observar o princípio da reserva legal e apurar-se a responsabilidade penal dos seus integrantes.
- A Lei nº 12.850/2013 considera **organização criminosa a associação de 4 (quatro) ou mais pessoas** estruturalmente **ordenada** e caracterizada pela **divisão de tarefas**, ainda que informalmente, com objetivo de obter, direta ou indiretamente, **vantagem de qualquer natureza**, mediante a prática de **infrações penais cujas penas máximas sejam superiores a 4 (quatro) anos**, ou que sejam de **caráter transnacional**.
- O crime é **promover, constituir, financiar ou integrar, pessoalmente ou por interposta pessoa**, organização criminosa.
- Com o objetivo de preservar a persecução penal de organização criminosa, a mesma pena é cominada a quem embaraçar a investigação de organização criminosa.
- **Causa de aumento de pena:** se há uso de arma de fogo pela organização criminosa (até a metade).
- **Circunstância agravante:** ser o líder da organização criminosa, ainda que não participe de atos de execução.

Causas de aumento de pena (1/6 a 2/3)
I - se há participação de criança ou adolescente;
II- se há concurso de funcionário público, valendo-se a organização criminosa dessa condição para a prática de infração penal
III- se o produto ou proveito da infração penal destinar-se, no todo ou em parte, ao exterior;
IV - se a organização criminosa mantém conexão com outras organizações criminosas independentes;
V - se as circunstâncias do fato evidenciarem a transnacionalidade da organização

- Os demais tipos penais previstos na Lei nº 12.850/2013 visam tutelar os meios de obtenção de prova específicos da referida Lei.

Meio de Prova tutelado	Crime
Colaboração premiada	Revelar a identidade, fotografar ou filmar o colaborador, sem sua prévia autorização por escrito

Colaboração premiada	Imputar falsamente, sob pretexto de colaboração com a Justiça, a prática de infração penal a pessoa que sabe ser inocente, ou revelar informações sobre a estrutura de organização criminosa que sabe inverídicas:
Ação controlada e infiltração de agentes	Descumprir determinação de sigilo das investigações que envolvam a ação controlada e a infiltração de agentes.
Fornecimento de dados em geral	Recusar ou omitir dados cadastrais, registros, documentos e informações requisitadas pelo juiz, Ministério Público ou delegado de polícia, no curso de investigação ou do processo

Jurisprudência do STJ: Colaboração premiada. Encontro fortuito de provas. Autoridade com prerrogativa de foro. Competência para homologação do acordo. Teoria do juiz aparente. A homologação de acordo de colaboração premiada por juiz de primeiro grau de jurisdição, que mencione autoridade com prerrogativa de foro no STJ, não traduz em usurpação de competência desta Corte Superior. (Informativo 612).

Jurisprudência do STJ: Colaboração premiada. Encontro fortuito de provas. Autoridade com prerrogativa de foro. Remessa imediata dos autos ao foro prevalente. Inexistência. Usurpação de competência. Caracterização. Informativo 612.

- Conclusão: pode o Juiz de Primeiro Grau homologar a colaboração premiada, se nela houver encontro fortuito de provas relativo a autoridade com prerrogativa de foro. Mas, uma vez, encontradas tais provas, os autos devem ser enviados ao Tribunal competente imediatamente, sob pena de usurpação de competência;
- Na colaboração premiada, as tratativas são efetuadas pela Autoridade Policial ou pelo Ministério Público, cabendo ao Juiz apenas zelar pela legalidade da medida, a qual, se constatada, permite a sua homologação.
- Ação controlada: há retardamento da intervenção da Autoridade Policial em ato criminoso da organização criminosa para que tal intervenção se dê em momento mais oportuno para as investigações. Independe de autorização judicial prévia, mas deve a autoridade policial responsável enviar relatório circunstanciado da conduta.
- Infiltração de agentes: um agente policial é infiltrado na organização criminosa. Depende de prévia autorização judicial e manifestação do Ministério Público, depois de representação circunstanciada da Autoridade Policial responsável.
- Na sistemática da Lei nº 12.850/2013, o agente infiltrado não responde por eventual crime que tenha que cometer, isento de pena por inexigibilidade de conduta diversa de acordo com o caso em concreto.
- O procedimento judicial para apuração de organização criminosa a ser adotado é o ordinário previsto no CPP.
- Se o réu estiver preso, o prazo para conclusão do procedimento é de 120 dias, prorrogáveis em até igual período.

14.10. CÓDIGO DE TRÂNSITO BRASILEIRO

- Os crimes do Código de Trânsito Brasileiro (CTB) são aqueles praticados na condução de **veículo automotor em via pública**.
- **Veículo automotor**: todo veículo a motor de propulsão que circule por seus próprios meios, e que serve normalmente para o transporte viário de pessoas e coisas, ou para a tração viária de veículos utilizados para o transporte de pessoas e coisas. O termo compreende os veículos conectados a uma linha elétrica e que não circulam sobre trilhos (ônibus elétrico).
- **Via pública**: superfície por onde transitam veículos, pessoas e animais, compreendendo a pista, a calçada, o acostamento, ilha e canteiro central.
- Não comete o crime se o fato ocorreu dentro de uma garagem, ou no interior de um jardim particular, ou em um rio, no mar, etc.
- **Homicídio culposo na direção de veículo automotor:** previsto no art. 302 do CTB, trata-se do homicídio causado pelo agente na direção de veículo automotor, em decorrência de negligência, imprudência ou imperícia.
- Interessante questão surge no que se refere ao homicídio ocorrido em ambiente de disputas de automóveis não autorizadas (**rachas ou pegas**): admissível, em crimes de homicídio na direção de veículo automotor, o reconhecimento do dolo eventual, a depender das circunstâncias concretas da conduta.

Causas de aumento de pena no crime de homicídio do CTB	• não possuir Permissão para Dirigir ou Carteira de Habilitação; • praticá-lo em faixa de pedestres ou na calçada; • deixar de prestar socorro, quando possível fazê-lo sem risco pessoal, à vítima do acidente; • no exercício de sua profissão ou atividade, estiver conduzindo veículo de transporte de passageiros

Formas qualificadas: Se o agente conduz o veículo automotor	• com capacidade psicomotora alterada em razão da **influência de álcool ou de outra substância psicoativa** que determine dependência: é necessário que a ingestão de álcool ou droga tenha provocado alteração da capacidade psicomotora;
	• participa, em via, de corrida, disputa ou competição automobilística ou ainda de exibição ou demonstração de perícia em manobra de veículo automotor, não autorizada pela autoridade competente: é a hipótese do **racha** em que foi reconhecida modalidade culposa e a incidência do CTB, não dolosa.

- **Lesão corporal culposa na direção de veículo automotor:** trata-se do crime de lesão corporal culpo-

PENAL

sa praticada na direção de veículo automotor (art. 303, CTB).

- Incidem nesse tipo penal as causas de aumento de pena do crime de homicídio culposo na direção de veículo automotor.
- Mas, não incide as formas qualificadas.
- Ação penal: em regra, a ação penal é pública condicionada à representação porque incide a Lei nº 9.099/95.
- Será de ação penal pública incondicionada nos seguintes casos do art. 291, CTB, se o agente: I – sob a influência de álcool ou qualquer outra substância psicoativa que determine dependência; II – participando, em via pública, de corrida, disputa ou competição automobilística, de exibição ou demonstração de perícia em manobra de veículo automotor, não autorizada pela autoridade competente; III – transitando em velocidade superior à máxima permitida para a via em 50 km/h (cinquenta quilômetros por hora).
- **Omissão de socorro na direção de veículo automotor:** no art. 304, CTB, pune-se o crime de omissão de socorro praticado pelo condutor do veículo que causou acidente em que houve vítima.
- Se quem não presta o socorro é o condutor que não causou o acidente ou se não é o condutor do veículo, como o passageiro ou um pedestre, o agente responde pelo crime do art. 135, CP.
- Se houver crime de homicídio culposo na direção de veículo automotor e omissão de socorro: o agente responde apenas pelo crime do art. 302, § 1º, III, CTB, sem incidência do art. 304, CTB, sob pena de bis in idem.
- **Fuga de responsabilidade civil ou penal:** art. 305, CTB: Afastar-se o condutor do veículo do local do sinistro, para fugir à responsabilidade penal ou civil que lhe possa ser atribuída.
- **TEMA 907/STF:** "A regra que prevê o crime do art. 305 do Código de Trânsito Brasileiro (Lei nº 9.503/97) é constitucional, posto não infirmar o princípio da não incriminação, garantido o direito ao silêncio e ressalvadas as hipóteses de exclusão da tipicidade e da antijuridicidade."
- **Embriaguez ao volante:** O crime do art. 306, CTB, incide no caso de conduzir veículo automotor com capacidade psicomotora alterada em razão da influência de álcool ou de outra substância psicoativa que determine dependência.

Caracterização da embriaguez	• Concentração igual ou superior a 6 decigramas de álcool por litro de sangue ou igual ou superior a 0,3 miligrama de álcool por litro de ar alveolar; ou • Sinais que indiquem, na forma disciplinada pelo Contran, alteração da capacidade psicomotora.

- TEMA 447 – STJ: O tipo penal do art. 306 do Código de Trânsito Brasileiro é formado, entre outros, por um elemento objetivo, de natureza exata, que não permite a aplicação de critérios subjetivos de interpretação, qual seja, o índice de 6 decigramas de álcool por litro de sangue. O grau de embriaguez é elementar objetiva do tipo, não configurando a conduta típica o exercício da atividade em qualquer outra concentração inferior àquela determinada pela lei, emanada do Congresso Nacional. O decreto regulamentador, podendo elencar quaisquer meios de prova que considerasse hábeis à tipicidade da conduta, tratou especificamente de 2 (dois) exames por métodos técnicos e científicos que poderiam ser realizados em aparelhos homologados pelo CONTRAN, quais sejam, o exame de sangue e o etilômetro.
- **ART. 310, CTB:** Permitir, confiar ou entregar a direção de veículo automotor a pessoa não habilitada, com habilitação cassada ou com o direito de dirigir suspenso, ou, ainda, a quem, por seu estado de saúde, física ou mental, ou por embriaguez, não esteja em condições de conduzi-lo com segurança.
- **TEMA 901 – STJ:** É de perigo abstrato o crime previsto no art. 310 do Código de Trânsito Brasileiro. Assim, não é exigível, para o aperfeiçoamento do crime, a ocorrência de lesão ou de perigo de dano concreto na conduta de quem permite, confia ou entrega a direção de veículo automotor a pessoa não habilitada, com habilitação cassada ou com o direito de dirigir suspenso, ou ainda a quem, por seu estado de saúde, física ou mental, ou por embriaguez, não esteja em condições de conduzi-lo com segurança.

14.11. CRIMES CONTRA A ORDEM TRIBUTÁRIA

- A Lei nº 8.137/90 regulamentou os crimes contra a ordem tributária, econômica e relações de consumo.
- No capítulo I dessa lei, cuida-se dos crimes contra a ordem tributária em duas seções: Seção I dos crimes praticados por particulares; Seção II dos crimes praticados por funcionários públicos.
- Em que pese o edital do concurso de Auditor Fiscal de 2009 tenha exigido do candidato apenas os crimes da Seção II, traça-se brevíssimo comentário sobre os crimes praticados por particulares.
- Previstos nos arts. 1º e 2º, da Lei nº 8137/90, os crimes praticados por particulares contra ordem tributária se caracterizam pela sonegação fiscal dolosa praticada pelo contribuinte.
- Para a caracterização das condutas previstas no art. 1º, I a IV, da Lei nº 8.137/90, faz-se imprescindível o lançamento tributário definitivo (Súmula Vinculante nº 24 do Supremo Tribunal Federal).
- A jurisprudência do STJ é no sentido de que o **pagamento** integral do tributo, incluindo, acessórios, acarreta a extinção da punibilidade, mesmo que tal pagamento seja feito depois do trânsito em julgado da sentença penal condenatória pelo crime contra a ordem tributária (Info nº 611).
- O parcelamento do débito tributário **não é causa de extinção de punibilidade**, mas de suspensão da pretensão punitiva estatal. Somente depois de se ter o pagamento integral do débito é que se extingue a punibilidade.

CONDUTAS POR MEIO DAS QUAIS A PESSOA PRATICA A SONEGAÇÃO FISCAL
Omitir informação, ou prestar declaração falsa às autoridades fazendárias

Fraudar a fiscalização tributária, inserindo elementos inexatos, ou omitindo operação de qualquer natureza, em documento ou livro exigido pela lei fiscal
Falsificar ou alterar nota fiscal, fatura, duplicata, nota de venda, ou qualquer outro documento relativo à operação tributável
Elaborar, distribuir, fornecer, emitir ou utilizar documento que saiba ou deva saber falso ou inexato
Negar ou deixar de fornecer, quando obrigatório, nota fiscal ou documento equivalente, relativa a venda de mercadoria ou prestação de serviço, efetivamente realizada, ou fornecê-la em desacordo com a legislação

14.12. LEI DE EXECUÇÃO PENAL

Direitos e Garantias Fundamentais da Execução Penal
Individualização da pena (art. 5º, XLVI, CF/88)
Vedação de penas cruéis, desumanas e perpétuas (art. 5º, XLVII, CF)
Cumprimento da pena em estabelecimentos prisionais distintos, de acordo com a natureza do delito, a idade e o sexo do apenado (art. 5º, XLVIII, CF/88).
Respeito à integridade física e moral do preso (art. 5º, XLIX, CF/88)
Às presidiárias, serão asseguradas condições para que possam permanecer com seus filhos durante o período de amamentação

- **Identificação de perfil genético:** os condenados por crime praticado, **dolosamente, com violência de natureza grave contra pessoa, ou por qualquer dos crimes hediondos ou equiparados a hediondo**, serão submetidos, obrigatoriamente, à identificação do perfil genético, mediante extração de DNA – ácido desoxirribonucleico, por técnica adequada e indolor.
- Constitui falta grave a recusa do condenado em submeter-se ao procedimento de identificação do perfil genético (Lei Anticrime).
- O processo de execução penal se inicia de ofício pelo Juiz, mediante expedição ode guia de recolhimento, não existindo a citação do condenado.
- **Penitenciária**: destinada ao condenado definitivamente ao cumprimento de pena em regime fechado. O preso deve ser acomodado isoladamente nas celas;
- **Colônia agrícola, industrial ou similar**: destinado ao condenado ao cumprimento de pena em regime semiaberto. É possível a acomodação coletiva;
- **Casa do albergado**: destinada ao condenado ao regime aberto. Deve se localizar no perímetro urbano e sem mecanismos que impeçam a fuga do preso, pois o regime aberto pressupõe a responsabilidade do condenado;
- **Centro de observação**: destinado à realização de exames gerais e criminológicos.
- **Hospital de custódia e tratamento psiquiátrico**: destinado ao cumprimento de pena de internação e ambulatorial ao inimputável ou semi-imputável.
- **Cadeia Pública:** destinada aos presos provisórios, devendo haver uma em cada comarca. Assim, os presos provisórios devem ficar separados dos definitivos.
- **Direitos dos presos:** previstos no rol do art. 41 da LEP:

Atenção:
Os direitos dos presos de proporcionalidade na distribuição do tempo para **o trabalho, o descanso e a recreação**, de **visita** do cônjuge, da companheira, de parentes e amigos em dias determinados e de **contato com o mundo exterior** por meio de **correspondência escrita**, da **leitura** e de **outros meios de informação** que não comprometam a moral e os bons costumes poderão ser **suspensos ou restringidos** mediante **ato motivado do juiz da execução penal**.
O preso condenado por **feminicídio não poderá** usufruir do direito à **visita íntima ou conjugal**.

- **Não se admite a progressão por salto**, que consiste na progressão do regime fechado para o aberto sem passagem pelo semiaberto.

Prazos para progressão de regime (art. 112, LEP)	I - 16% (dezesseis por cento) da pena, se o apenado for primário e o crime tiver sido cometido sem violência à pessoa ou grave ameaça; II - 20% (vinte por cento) da pena, se o apenado for reincidente em crime cometido sem violência à pessoa ou grave ameaça; III - 25% (vinte e cinco por cento) da pena, se o apenado for primário e o crime tiver sido cometido com violência à pessoa ou grave ameaça; IV - 30% (trinta por cento) da pena, se o apenado for reincidente em crime cometido com violência à pessoa ou grave ameaça; V - 40% (quarenta por cento) da pena, se o apenado for condenado pela prática de crime hediondo ou equiparado, se for primário; VI - 50% (cinquenta por cento) da pena, se o apenado for: a) condenado pela prática de crime hediondo ou equiparado, com resultado morte, se for primário, vedado o livramento condicional; b) condenado por exercer o comando, individual ou coletivo, de organização criminosa estruturada para a prática de crime hediondo ou equiparado; ou c) condenado pela prática do crime de constituição de milícia privada; VI-A – 55% (cinquenta e cinco por cento) da pena, se o apenado for condenado pela prática de feminicídio, se for primário, vedado o livramento condicional.

PENAL

Prazos para progressão de regime (art. 112, LEP)	VII - 60% (sessenta por cento) da pena, se o apenado for reincidente na prática de crime hediondo ou equiparado; VIII - 70% (setenta por cento) da pena, se o apenado for reincidente em crime hediondo ou equiparado com resultado morte, vedado o livramento condicional.

- Em todos os casos, o apenado somente terá direito à progressão de regime se ostentar boa conduta carcerária, comprovada pelo diretor do estabelecimento, e pelos resultados do exame criminológico, respeitadas as normas que vedam a progressão.
- O cometimento de falta grave durante a execução da pena privativa de liberdade interrompe o prazo para a obtenção da progressão no regime de cumprimento da pena, caso em que o reinício da contagem do requisito objetivo terá como base a pena remanescente.
- **Não se admite a progressão por salto**, que consiste na progressão do regime fechado para o aberto sem passagem pelo semiaberto.
- **TEMA 20 DE RECURSOS REPETITIVOS DO STJ:** É lícito ao Juiz estabelecer condições especiais para a concessão do regime aberto, em complementação daquelas previstas na LEP (art. 115, da LEP), mas não poderá adotar a esse título nenhum efeito já classificado como pena substitutiva (art. 44 do CPB), porque aí ocorreria o indesejável bis in idem, importando na aplicação de dúplice sanção.
- **TEMA 1.084 DE RECURSOS REPETITIVOS DO STJ:** "É reconhecida a retroatividade do patamar estabelecido no art. 112, V, da Lei n. 13.964/2019, àqueles apenados que, embora tenham cometido crime hediondo ou equiparado sem resultado morte, não sejam reincidentes em delito de natureza semelhante".
- A regressão ocorre nas hipóteses em que o condenado comete **fato definido como crime doloso ou falta grave.**
- Há uma graduação de faltas em **leve, média e grave**. As duas primeiras são previstas em legislação local, enquanto as graves são aquelas enumeradas taxativamente no art. 50 da LEP.
- O reconhecimento de falta grave decorrente do cometimento de fato definido como crime doloso no cumprimento da pena prescinde do trânsito em julgado de sentença penal condenatória no processo penal instaurado para apuração do fato (Tese n. 655, STJ).
- Para o reconhecimento da prática de falta disciplinar, no âmbito da execução penal, é imprescindível a instauração de procedimento administrativo pelo diretor do estabelecimento prisional, assegurado o direito de defesa, a ser realizado por advogado constituído ou defensor público nomeado. (Tese n. 652, STJ).
- 1. A prática de falta grave interrompe o prazo para a progressão de regime, acarretando a modificação da data-base e o início de nova contagem do lapso necessário para o preenchimento do requisito objetivo. 2. Em se tratando de livramento condicional, não ocorre a interrupção do prazo pela prática de falta grave. Aplicação da Súmula 441/STJ. 3. Também não é interrompido automaticamente o prazo pela falta grave no que diz respeito à comutação de pena ou indulto, mas a sua concessão deverá observar o cumprimento dos requisitos previstos no decreto presidencial pelo qual foram instituídos. (Tese n. 709, STJ).
- A prática de fato previsto como crime doloso constitui falta grave e, quando ocasionar subversão da ordem ou disciplina internas, sujeitará o preso provisório, ou condenado, nacional ou estrangeiro, sem prejuízo da sanção penal, ao regime disciplinar diferenciado.
- O RDD tem as seguintes características: I - **duração máxima de até 2 (dois) anos**, sem prejuízo de repetição da sanção por nova falta grave de mesma espécie; II - recolhimento em **cela individual**; III - **visitas quinzenais, de 2 (duas) pessoas por vez**, a serem realizadas em instalações equipadas para **impedir o contato físico e a passagem de objetos**, por pessoa da família ou, no caso de terceiro, autorizado judicialmente, com duração de 2 (duas) horas; IV - direito do preso à **saída da cela por 2 (duas) horas diárias** para banho de sol, em grupos de até 4 (quatro) presos, desde que não haja contato com presos do mesmo grupo criminoso; V - **entrevistas sempre monitoradas**, exceto aquelas com seu defensor, em instalações equipadas para impedir o contato físico e a passagem de objetos, salvo expressa autorização judicial em contrário; VI - fiscalização do **conteúdo da correspondência**; VII - participação em audiências judiciais preferencialmente por **videoconferência**, garantindo-se a participação do defensor no mesmo ambiente do preso (Redação dada pela Lei Anticrime).

Cabimento do RDD de acordo com a Lei Anticrime	I- prática de fato previsto como crime doloso constitui falta grave e, quando ocasionar subversão da ordem ou disciplina internas;
Cabimento do RDD de acordo com a Lei Anticrime	II – presos que apresentem alto risco para a ordem e a segurança do estabelecimento penal ou da sociedade; III – presos sob os quais recaiam fundadas suspeitas de envolvimento ou participação, a qualquer título, em organização criminosa, associação criminosa ou milícia privada, independentemente da prática de falta grave.

• **Remição: direito do condenado de abreviar o tempo imposto em sua sentença penal, pode ocorrer mediante trabalho, estudo e, de forma mais recente, pela leitura.** Remição pelo Trabalho	A remição por meio do trabalho está prevista na Lei de Execução Penal, garantindo um dia de pena a menos a cada três dias de trabalho. A remição pelo trabalho é um direito de quem cumpre a pena em regime fechado ou semiaberto. Em maio de 2015, a 3ª Seção do Superior Tribunal de Justiça (STJ) pacificou o entendimento de que o trabalho externo pode ser contado para remir a pena de condenados à prisão, e não apenas o trabalho exercido dentro do ambiente carcerário.
Remição pelo Estudo	De acordo com a legislação em vigor, o condenado que cumpre a pena em regime fechado ou semiaberto pode remir um dia de pena a cada 12 horas de frequência escolar, caracterizada por atividade de
Remição pelo Estudo	ensino fundamental, médio, inclusive profissionalizante, superior, ou ainda de requalificação profissional. De acordo com a Recomendação n. 44 do CNJ, para fins de remição por estudo, deve ser considerado o número de horas correspondente à efetiva participação do apenado nas atividades educacionais, independentemente de aproveitamento, exceto quando o condenado for autorizado a estudar fora do estabelecimento penal. Neste caso, o preso tem que comprovar, mensalmente, por meio de autoridade educacional competente, tanto a frequência, quanto o aproveitamento escolar.
Remição pela Leitura	A possibilidade de remir a pena por meio da leitura já é realidade em diversos presídios do país. De acordo com a Recomendação n. 44 do CNJ, deve ser estimulada a remição pela leitura como forma de atividade complementar, especialmente para apenados aos quais não sejam assegurados os direitos ao trabalho, educação e qualificação profissional. Para isso, há necessidade de elaboração de um projeto por parte da autoridade penitenciária estadual ou federal visando a remição pela leitura, assegurando, entre outros critérios, que a participação do preso seja voluntária e que exista um acervo de livros dentro da unidade penitenciária. Segundo a norma, o preso deve ter o prazo de 22 a 30 dias para a leitura de uma obra, apresentando ao final do período uma resenha a respeito do assunto, que deverá ser avaliada pela comissão organizadora do projeto. Cada obra lida possibilita a remição de quatro dias de pena, com o limite de doze obras por ano, ou seja, no máximo 48 dias de remição por leitura a cada doze meses.

Jurisprudência do STJ: Esta Corte Superior de Justiça possui entendimento, com fulcro no art. 126 da Lei de Execução Penal, que a remição da pena pelo trabalho somente é possível aos condenados que cumprem pena em regime fechado ou semiaberto. Precedentes. III - No regime aberto, o referido benefício somente é conferido, conforme disciplinado no parágrafo 6º do mesmo dispositivo, se há frequência em curso de ensino regular ou de educação profissional **(STJ – HC nº 413.132/RS. Rel. Min. Félix Fischer. DJ. 27/02/2018).**

- **É possível a remição de parte do tempo de execução da pena quando o condenado, em regime fechado ou semiaberto, desempenha atividade laborativa extramuros (Tese n. 917 dos Recursos Repetitivos do STJ).**
- **Desvio ou excesso de execução**: incidente instaurado para adequação da execução aos exatos termos da sentença ou da previsão legal. O desvio se caracteriza pela destinação diversa da finalidade da pena, enquanto o excesso pela aplicação abusiva do previsto em lei.
- **Saída temporária:** concedida ao preso que cumpre pena em regime semiaberto, como parte do processo do retorno ao convício social. É concedida, geralmente, em datas comemorativas como Natal, dia das mães e dos pais. O juiz pode determinar que o preso em saída temporária seja submetido ao **monitoramento eletrônico.**
- Não terá direito à saída temporária ou a trabalho externo sem vigilância direta o condenado que cumpre pena por praticar crime hediondo ou com violência ou grave ameaça contra pessoa.

Teses do STJ sobre saída temporária	Primeira tese: É recomendável que cada autorização de saída temporária do preso seja precedida de decisão judicial motivada. Entretanto, se a apreciação individual do pedido estiver, por deficiência exclusiva do aparato estatal, a interferir no direito subjetivo do apenado e no escopo ressocializador da pena, deve ser reconhecida, excepcionalmente, a possibilidade de fixação de calendário anual de saídas temporárias por ato judicial único, observadas as hipóteses de revogação automática do art. 125 da LEP. Segunda tese: O calendário prévio das saídas temporárias deverá ser fixado, obrigatoriamente, pelo Juízo das Execuções, não se lhe permitindo delegar à autoridade prisional a escolha das datas específicas nas quais o apenado irá usufruir os benefícios. Inteligência da Súmula n. 520 do STJ. Terceira tese: Respeitado o limite anual de 35 dias, estabelecido pelo art. 124 da LEP, é cabível a concessão de maior número de autorizações de curta duração.

Teses do STJ sobre saída temporária	Quarta tese: As autorizações de saída temporária para visita à família e para participação em atividades que concorram para o retorno ao convívio social, se limitadas a cinco vezes durante o ano, deverão observar o prazo mínimo de 45 dias de intervalo entre uma e outra. Na hipótese de maior número de saídas temporárias de curta duração, já intercaladas durante os doze meses do ano e muitas vezes sem pernoite, não se exige o intervalo previsto no art. 124, § 3º, da LEP.

Hipóteses de monitoramento eletrônico na LEP	a - saída temporária no regime semiaberto; b - prisão domiciliar; c - pena privativa de liberdade a ser cumprida nos regimes aberto ou semiaberto, ou em caso de progressão para tais regimes; d - pena restritiva de direitos que estabeleça limitação de frequência a lugares específicos; e - livramento condicional; f) condenado por feminicídio ao usufruir de qualquer benefício em que ocorra a sua saída de estabelecimento penal.

Toda e qualquer decisão do Juízo das execuções é impugnável por agravo em execução, sem prejuízo da possibilidade de manejo de habeas corpus e mandado de segurança.

- O STF firmou entendimento no sentido de que, mesmo, a multa sendo dívida de valor, a execução deve ser promovida pelo MP, titular da ação penal pública. A legitimidade da Fazenda Pública é subsidiária, só surge em caso de inércia do MP.

14.13. LEI Nº 7.716/1989 E SUAS ALTERAÇÕES (CRIMES RESULTANTES DE PRECONCEITOS DE RAÇA OU DE COR)

- A prática do **racismo** constitui **crime inafiançável e imprescritível**, sujeito à pena de reclusão, nos termos da lei (art. 5º, XLII, CF/88).
- Para efeitos penais, considera-se racismo a discriminação ou preconceito de **raça, cor, etnia, religião ou procedência nacional.**
- Como já apontado nos comentários aos crimes contra a honra, após a Lei n. 14.532/2023, o chamado crime de injúria racial foi transferido para o novo art. 2º-A, da Lei nº 7.716/1989 (Lei de Racismo).
- Essa modificação se deve ao fato de que o legislador, tal como já entendia o STF, estabelecer que o crime de injúria racial tem a mesma natureza dos demais crimes de racismo, motivo pelo qual também é IMPRESCRITÍVEL E INAFIANÇÁVEL.
- No novo crime de injúria racial (ART. 2º-A, Lei de Racismo), há ofensa pessoal que se refere a **raça, cor, etnia ou procedência nacional:** Injuriar alguém, ofendendo-lhe a dignidade ou o decoro, em razão de raça, cor, etnia ou procedência nacional.
- O crime de racismo, por sua vez, está previsto no art. 20 da Lei nº 7.716/1989: Praticar, induzir ou incitar a discriminação ou preconceito de raça, cor, etnia, religião ou procedência nacional.
- A diferença entre o art. 2º-A e o art. 20, ambos da Lei da Lei nº 7.716/1898, é que a discriminação do primeiro tem caráter individual, enquanto no segundo a discriminação atinge uma coletividade de pessoas.
- **Causa de aumento de pena** no crime do **art. 2º-A**, Lei n. 7.716/1989: A pena é aumentada de metade se o crime for cometido mediante concurso de 2 (duas) ou mais pessoas.
- **Qualificadoras do crime do art. 20, Lei n. 7.716/1989**:

a) Fabricar, comercializar, distribuir ou veicular símbolos, emblemas, ornamentos, distintivos ou propaganda que utilizem a cruz suástica ou gamada, para fins de divulgação do nazismo: reclusão de dois a cinco anos e multa.

b) for cometido por intermédio dos meios de comunicação social, de publicação em redes sociais, da rede mundial de **computadores** ou de publicação de qualquer natureza: reclusão de dois a cinco anos e multa.

c) for cometido no contexto de atividades esportivas, religiosas, artísticas ou culturais destinadas ao público: reclusão, de 2 (dois) a 5 (cinco) anos, e proibição de frequência, por 3 (três) anos, a locais destinados a práticas esportivas, artísticas ou culturais destinadas ao público, conforme o caso.

- Figura **equiparada** ao 20 da Lei n. 7.716/1989: obstar, impedir ou empregar violência contra quaisquer manifestações ou práticas religiosas. Nesse caso, a pena do crime de racismo será somada à pena correspondente à eventual violência.
- Os crimes previstos nos arts. 2º-A e 20 da Lei n. 7.716/1989 terão as penas aumentadas de 1/3 (um terço) até a metade, quando praticados por funcionário público, conforme definição prevista no Código Penal, no exercício de suas funções ou a pretexto de exercê-las.
- Na interpretação da Lei nº 7.716/1989, o juiz deve considerar como discriminatória qualquer atitude ou tratamento dado à pessoa ou a grupos minoritários que cause constrangimento, humilhação, vergonha, medo ou exposição indevida, e que usualmente não se dispensaria a outros grupos em razão da cor, etnia, religião ou procedência.
- No julgamento da Ação Direta de Inconstitucionalidade por Omissão nº 4733/DF, o STF reconheceu que o Legislativo está em mora em não prever **crimes homofóbicos** e, por isso, determinou a aplicação da Lei n. 7.716/1989 para esses fatos, enquanto não houver legislação a respeito.

- "Em conclusão de julgamento, o Plenário, por maioria, julgou procedentes os pedidos formulados em ação direta de inconstitucionalidade por omissão (ADO) e em mandado de injunção (MI) para reconhecer **a mora do Congresso Nacional em editar lei que criminalize os atos de homofobia e transfobia**. Determinou, também, **até que seja colmatada essa lacuna legislativa, a aplicação da Lei 7.716/1989 (que define os crimes resultantes de preconceito de raça ou de cor) às condutas de discriminação por orientação sexual ou identidade de gênero, com efeitos prospectivos e mediante subsunção**" (STF - Informativo 944).

14.14. NOVA LEI DE ABUSO DE AUTORIDADE

- A Lei n. 13.869/2019 tem como escopo a regulamentação dos crimes de abuso de autoridade, adaptando a matéria à Constituição Federal de 1988.
- O abuso de autoridade ocorre, quando o agente público comete o excesso de poder (extrapola os limites de sua competência legal) ou o desvio de poder (desvio da finalidade legal).
- Os crimes de abuso de autoridade só ocorrem se o sujeito ativo agir com DOLO.
- Em regra, também se exige a finalidade especial do agente consistente em: a) prejudicar outrem; ou b) beneficiar a si mesmo ou a terceiro; ou c) por mero capricho ou satisfação pessoal.
- Não configura crime de abuso de autoridade a divergência na interpretação de lei ou na avaliação de fatos e provas não configura abuso de autoridade. Tem-se aqui a vedação de punição ao chamado crime de hermenêutica.
- Sujeito ativo: agente público, servidor ou não, que, no exercício de suas funções ou a pretexto de exercê-las, abuse do poder que lhe tenha sido atribuído.
- No art. 2º, parágrafo único, da Lei de Abuso de Autoridade, há norma penal explicativa, da qual se extrai o conceito de agente público para fins da Lei de Abuso de Autoridade: todo aquele que exerce, ainda que transitoriamente ou sem remuneração, por eleição, nomeação, designação, contratação ou qualquer outra forma de investidura ou vínculo, mandato, cargo, emprego ou função em órgão ou entidade da "administração direta, indireta ou fundacional de qualquer dos Poderes da União, dos Estados, do Distrito Federal, dos Municípios e de Território".

Rol exemplificativo de agentes públicos da Lei de Abuso de Autoridade	I - servidores públicos e militares ou pessoas a eles equiparadas; II - membros do Poder Legislativo; III - membros do Poder Executivo; IV - membros do Poder Judiciário; V - membros do Ministério Público; VI - membros dos tribunais ou conselhos de contas.

- Os crimes de abuso de autoridade são próprios, porque se exige a qualidade de agente público do sujeito ativo, mas o particular pode responder pelo crime em tela, se em concurso de agentes com agente público.
- Sujeitos passivo: o Estado e a pessoa física ou jurídica, diretamente atingida pela conduta do agente público.
- A ação penal nos crimes de abuso de autoridade é pública incondicionada, sem prejuízo da possibilidade de haver ação penal privada subsidiária da pública, em caso de inércia do Ministério Público.

Efeitos extrapenais da sentença penal condenatória por crime de abuso de autoridade	Tornar certa a obrigação de indenizar o dano causado pelo crime	O juiz pode fixar na sentença o valor da indenização, desde que haja requerimento feito pela vítima. Nada impede que esta busque a reparação em ação cível.
	a inabilitação para o exercício de cargo, mandato ou função pública, pelo período de 1 (um) a 5 (cinco) anos	Esses efeitos são condicionados à ocorrência de reincidência em crime de abuso de autoridade e não são automáticos, devendo ser declarados motivadamente na sentença.
	a perda do cargo, do mandato ou da função pública.	

- A Lei nº 13.869/2019 traz espécies de penas restritivas de direitos a serem aplicadas em crimes de abuso de autoridade. Com isso, não se aplicam nesses crimes as penas restritivas de direitos previstas no art. 44 do Código Penal.

Penas restritivas de direitos (substitutivas da privativa de liberdade)	I - prestação de serviços à comunidade ou a entidades públicas; II - suspensão do exercício do cargo, da função ou do mandato, pelo prazo de 1 (um) a 6 (seis) meses, com a perda dos vencimentos e das vantagens;

- A responsabilidade penal é independente das responsabilidades civil e administrativa do agente público que cometera o crime de abuso de autoridade.
- Mas, a sentença penal absolutória faz efeitos nas esferas cível e administrativo se tiver como fundamento: a prova da inexistência do fato; estar provado que o acusado não concorreu para a infração penal; há certeza sobre a existência de excludente de ilicitude real ou excludente de culpabilidade.

- O procedimento para apuração dos crimes de abuso de autoridade é de acordo com o que determina o CPP, sem prejuízo de aplicação do disposto na Lei n. 9.099/95 (Lei de Juizado Especial).

SÚMULAS APLICÁVEIS

STF

APLICAÇÃO DA LEI PENAL

- **STF 711**. A lei penal mais grave aplica-se ao crime continuado ou ao crime permanente, se a sua vigência é anterior à cessação da continuidade ou da permanência.

PENA

- **STF Vinculante 26**. Para efeito de progressão de regime no cumprimento de pena por crime hediondo, ou equiparado, o juízo da execução observará a inconstitucionalidade do art. 2º da Lei nº 8.072, de 25 de julho de 1990, sem prejuízo de avaliar se o condenado preenche, ou não, os requisitos objetivos e subjetivos do benefício, podendo determinar, para tal fim, de modo fundamentado, a realização de exame criminológico.
- **STF 499**. Não obsta a concessão do "sursis" condenação anterior a pena de multa.
- **STF 716**. Admite-se a progressão de regime de cumprimento da pena ou a aplicação imediata de regime menos severo nela determinada, antes do trânsito em julgado da sentença condenatória.
- **STF 717**. Não impede a progressão de regime de execução da pena, fixada em sentença não transitada em julgado, o fato de o réu se encontrar em prisão especial.
- **STF 718**. A opinião do julgador sobre a gravidade em abstrato do crime não constitui motivação idônea para a imposição de regime mais severo do que o permitido segundo a pena aplicada.
- **STF 719**. A imposição do regime de cumprimento mais severo do que a pena aplicada permitir exige motivação idônea.

PRESCRIÇÃO

- **STF 146**. A prescrição da ação penal regula-se pela pena concretizada na sentença, quando não há recurso da acusação.
- **STF 497**. Quando se tratar de crime continuado, a prescrição regula-se pela pena imposta na sentença, não se computando o acréscimo decorrente da continuação.
- **STF 592**. Nos crimes falimentares, aplicam-se as causas interruptivas da prescrição, previstas no Código Penal.

TIPIFICAÇÃO PENAL

- **STF Vinculante 24**. Não se tipifica crime material contra a ordem tributária, previsto no art. 1º, incisos I a IV, da Lei nº 8.137/90, antes do lançamento definitivo do tributo.
- **STF 145**. Não há crime, quando a preparação do flagrante pela polícia torna impossível a sua consumação.
- **STF 246**. Comprovado não ter havido fraude, não se configura o crime de emissão de cheque sem fundos.
- **STF 610**. Há crime de latrocínio, quando o homicídio se consuma, ainda que não se realize o agente a subtração de bens da vítima.
- **STF 720**. O art. 309 do Código de Trânsito Brasileiro, que reclama decorra do fato perigo de dano, derrogou o art. 32 da Lei das Contravenções Penais no tocante à direção sem habilitação em vias terrestres. STJ 17. Quando o falso se exaure no estelionato, sem mais potencialidade lesiva, é por este absorvido.

EXECUÇÃO PENAL

- **STF Vinculante 9**. O disposto no artigo 127 da Lei nº 7.210/1984 (Lei de Execução Penal) foi recebido pela ordem constitucional vigente, e não se lhe aplica o limite temporal previsto no caput do artigo 58.
- **STF 611**. Transitada em julgado a sentença condenatória, compete ao juízo das execuções a aplicação de lei mais benigna.
- **STF 715**. A pena unificada para atender ao limite de trinta anos de cumprimento, determinado pelo art. 75 do Código Penal, não é considerada para a concessão de outros benefícios, como o livramento condicional ou regime mais favorável de execução

STJ

APLICAÇÃO DA LEI PENAL

- **STJ 501**. É cabível a aplicação retroativa da Lei nº 11.343/2006, desde que o resultado da incidência das suas disposições, na íntegra, seja mais favorável ao réu do que o advindo da aplicação da Lei nº 6.368/1976, sendo vedada a combinação de leis.

Extinção da punibilidade

- **STJ 18**. A sentença concessiva do perdão judicial é declaratória da extinção da punibilidade, não subsistindo qualquer efeito condenatório.
- **STJ 438**. É inadmissível a extinção da punibilidade pela prescrição da pretensão punitiva com fundamento em pena hipotética, independentemente da existência ou sorte do processo penal.

PENA

- **STJ 74**. Para efeitos penais, o reconhecimento da menoridade do réu requer prova por documento hábil.
- **STJ 171**. Cominadas cumulativamente, em lei especial, penas privativas de liberdade e pecuniária, é defeso a substituição da prisão por multa.
- **STJ 231**. A incidência da circunstância atenuante não pode conduzir à redução da pena abaixo do mínimo legal.
- **STJ 241**. A reincidência penal não pode ser considerada como circunstância agravante e, simultaneamente, como circunstância judicial.

- **STJ 269**. É admissível a adoção do regime prisional semiaberto aos reincidentes condenados a pena igual ou inferior a quatro anos se favoráveis as circunstâncias judiciais.
- **STJ 440.** Fixada a pena-base no mínimo legal, é vedado o estabelecimento de regime prisional mais gravoso do que o cabível em razão da sanção imposta, com base apenas na gravidade abstrata do delito.
- **STJ 442**. É inadmissível aplicar, no furto qualificado, pelo concurso de agentes, a majorante do roubo.
- **STJ 443.** O aumento na terceira fase de aplicação da pena no crime de roubo circunstanciado exige fundamentação concreta, não sendo suficiente para a sua exasperação a mera indicação do número de majorantes.
- **STJ 444**. É vedada a utilização de inquéritos policiais e ações penais em curso para agravar a pena-base.
- **STJ 493**. É inadmissível a fixação de pena substitutiva (art. 44 do CP) como condição especial ao regime aberto.
- **STJ 607**. A majorante do tráfico transnacional de drogas (art. 40, I, da Lei n. 11.343/2006) configura-se com a prova da destinação internacional das drogas, ainda que não consumada a transposição de fronteiras.
- **STJ 631.** A incidência da atenuante da confissão espontânea no crime de tráfico ilícito de entorpecentes exige o reconhecimento da traficância pelo acusado, não bastando a mera admissão da posse ou propriedade para uso próprio.
- **STJ 636**. A folha de antecedentes criminais é documento suficiente a comprovar os maus antecedentes e a reincidência.
- **STJ 659**. A fração de aumento em razão da prática de crime continuado deve ser fixada de acordo com o número de delitos cometidos, aplicando-se 1/6 pela prática de duas infrações, 1/5 para três, 1/4 para quatro, 1/3 para cinco, 1/2 para seis e 2/3 para sete ou mais infrações..

PRESCRIÇÃO

- **STJ 191**. A pronúncia é causa interruptiva da prescrição, ainda que o Tribunal do Júri venha a desclassificar o crime.
- **STJ 220**. A reincidência não influi no prazo da prescrição da pretensão punitiva.
- **STJ 338**. A prescrição penal é aplicável nas medidas socioeducativas.
- **STJ 415**. O período de suspensão do prazo prescricional é regulado pelo máximo da pena cominada.

TIPIFICAÇÃO PENAL

- **STJ 24**. Aplica-se ao crime de estelionato em que figure como vítima entidade autárquica da Previdência Social a qualificadora do § 3º do art. 171 do Código Penal.
- **STJ 51**. A punição do intermediador, no jogo do bicho, independe da identificação do "apostador" ou do "banqueiro".
- **STJ 73**. A utilização de papel moeda grosseiramente falsificado configura, em tese, o crime de estelionato, da competência da justiça estadual.
- **STJ 96**. O crime de extorsão consuma-se independentemente da obtenção da vantagem indevida.
- **STJ 500**. A configuração do crime do art. 244-B do ECA independe da prova da efetiva corrupção do menor, por se tratar de delito formal.
- **STJ 502**. Presentes a materialidade e a autoria, afigura-se típica, em relação ao crime previsto no art. 184, § 2º, do CP, a conduta de expor à venda CDs e DVDs "piratas".
- **STJ 511.** É possível o reconhecimento do privilégio previsto no § 2º do art. 155 do CP nos casos de crime de furto qualificado, se estiverem presentes a primariedade do agente, o pequeno valor da coisa e a qualificadora for de ordem objetiva.
- **STJ 606.** Não se aplica o princípio da insignificância a casos de transmissão clandestina de sinal de internet via radiofrequência, que caracteriza o fato típico previsto no art. 183 da Lei n. 9.472/1997• **STJ 645.** O crime de fraude à licitação é formal, e sua consumação prescinde da comprovação do prejuízo ou da obtenção de vantagem.
- **STJ 658.** O crime de apropriação indébita tributária pode ocorrer tanto em operações próprias, como em razão de substituição tributária.
- **STJ 664.** É inaplicável a consunção entre o delito de embriaguez ao volante e o de condução de veículo automotor sem habilitação. (TERCEIRA SEÇÃO, julgado em 8/11/2023, DJe de 13/11/2023)
- **Súmula 670 do STJ:** "Nos casos de vulnerabilidade temporária, em que a vítima recupera suas capacidades físicas e mentais, e o pleno discernimento para decidir acerca da persecução penal de seu ofensor, a ação penal dos crimes sexuais é pública condicionada à representação."
- **Súmula 669 do STJ:** "O fornecimento de bebida alcoólica a criança ou adolescente, após o advento da lei 13.106/15, configura o crime previsto no art. 243 do ECA".

EXECUÇÃO PENAL

- **STJ 40**. Para obtenção dos benefícios de saída temporária e trabalho externo, considera-se o tempo de cumprimento da pena no regime fechado.
- **STJ 192**. Compete ao juízo das execuções penais do estado a execução das penas impostas a sentenciados pela justiça federal, militar ou eleitoral, quando recolhidos a estabelecimentos sujeitos à administração estadual.
- **STJ 341**. A frequência a curso de ensino formal é causa de remição de parte do tempo de execução de pena sob regime fechado ou semiaberto.
- **STJ 439**. Admite-se o exame criminológico pelas peculiaridades do caso, desde que em decisão motivada.
- **STJ 441**. A falta grave não interrompe o prazo para obtenção de livramento condicional.
- **STJ 471**. Os condenados por crimes hediondos ou assemelhados cometidos antes da vigência da Lei nº 11.464/2007 sujeitam-se ao disposto no art. 112 da Lei nº 7.210/1984 (Lei de Execução Penal) para a progressão de regime prisional.

- **STJ 491.** É inadmissível a chamada progressão "per saltum" de regime prisional.
- **STJ 617.** A ausência de suspensão ou revogação do livramento condicional antes do término do período de prova enseja a extinção da punibilidade pelo integral cumprimento da pena.
- **STJ 631.** O indulto extingue os efeitos primários da condenação (pretensão executória), mas não atinge os efeitos secundários, penais ou extrapenais.
- **STJ 639.** Não fere o contraditório e o devido processo decisão que, sem ouvida prévia da defesa, determine transferência ou permanência de custodiado em estabelecimento penitenciário federal.
- **STJ 643.** A execução da pena restritiva de direitos depende do trânsito em julgado da condenação.
- **STJ 660.** A posse, pelo apenado, de aparelho celular ou de seus componentes essenciais constitui falta grave.
- **STJ 661.** A falta grave prescinde da perícia do celular apreendido ou de seus componentes essenciais.
- **STJ 662.** Para a prorrogação do prazo de permanência no sistema penitenciário federal, é prescindível a ocorrência de fato novo; basta constar, em decisão fundamentada, a persistência dos motivos que ensejaram a transferência inicial do preso.

ESTATUTO DO DESARMAMENTO

- **STJ 513.** A 'abolitio criminis' temporária prevista na Lei nº 10.826/2003 aplica-se ao crime de posse de arma de fogo de uso permitido com numeração, marca ou qualquer outro sinal de identificação raspado, suprimido ou adulterado, praticado somente até 23/10/2005.

DIREITO PROCESSUAL PENAL

Danilo da Cunha Sousa

RESUMOS DOUTRINÁRIOS

1. PRINCÍPIOS GERAIS: APLICAÇÃO DA LEI PROCESSUAL NO TEMPO, NO ESPAÇO EM RELAÇÃO ÀS PESSOAS; SUJEITOS DA RELAÇÃO PROCESSUAL

- **Sistema processual:** é a natureza de processo penal adotada pelo ordenamento jurídico de um Estado, conforme suas normas processuais penais.

Sistema Inquisitivo	Sistema Acusatório	Sistema Misto
As funções de acusar, defender e julgar se concentram em um único órgão. Esse sistema é marcado pela limitação das garantias individuais sob o pretexto de um suposto interesse coletivo na imposição da pena.	Marcado pela separação entre as funções de acusar, defender e julgar. No Brasil, a função de acusar é conferida privativamente ao Ministério Público, a de defender a um advogado habilitado na OAB ou a um Defensor Público (outro órgão estatal) e a de julgar a um membro do Poder Judiciário imparcial.	Há uma primeira fase, inquisitiva, em que o Juiz de instrução busca colher provas sobre o ilícito penal, e uma segunda fase, acusatória, em que há um Juízo de conhecimento, oportunidade em que se aplicam as garantias do réu em sua plenitude.

- Há doutrinadoras que entendem que o Brasil adota o sistema misto, porque, na fase de inquérito policial, adotaria o sistema inquisitivo e, na fase judicial, o sistema acusatório.
- Mas, é o modelo constitucional que deve prevalecer. E a Constituição estabelece garantias ao investigado desde o inquérito policial, ao acusado durante a ação penal e ao executado na execução penal.
- Com o Pacote Anticrime, o CPP passou a adotar expressamente o sistema acusatório, conforme dispõe o art. 3º-A, CPP, segundo o qual são vedadas a iniciativa do juiz na fase de investigação e a substituição da atuação probatória do órgão de acusação.
- O STF, no julgamento das ADIs que impugnavam o Pacote Anticrime, deu interpretação conforme à Constituição Federal ao art. 3-A, CPP, ao estabelecer que o juiz, **pontualmente**, nos limites **legalmente autorizados**, pode determinar a realização de **diligências suplementares**, para o fim de **dirimir dúvida** sobre questão relevante para o julgamento do mérito.
- O processo penal, no Brasil, é regido por princípios, implícitos ou explícitos, na Constituição Federal ou em leis infraconstitucionais, os quais têm força normativa.
- **Princípio do devido processo legal**: é o postulado fundamental do processo penal contemporâneo. Sob o aspecto formal, deve-se observar o procedimento previamente estabelecido em lei. Sob o ponto de vista material, o procedimento deve garantir efetivamente o contraditório, a ampla defesa e os demais princípios constitucionais.
- **Princípio do contraditório**: direito de tomar ciência da ação penal que lhe é movida e, a partir disso, apresentar argumentos, produzindo provas e contraprovas, a fim de influenciar o convencimento do juiz.
- **Princípio da ampla defesa**: direito de exercer a defesa técnica e pessoal para impugnar os fatos narrados na denúncia e as provas produzidas contra o acusado.
- **Princípio da plenitude da defesa**: usado no Tribunal do Júri, representa a possibilidade de trazer argumentos extrajurídicos, como o pedido de clemência aos Jurados.
- **Princípio da publicidade**: é a regra no Direito brasileiro. Visa possibilitar às partes tomar conhecimento dos atos processuais, como ainda permitir à sociedade o controle da atividade jurisdicional.
- **Princípio de presunção de inocência**: ninguém poderá ser considerado culpado senão depois do trânsito em julgado da sentença penal condenatória.
- O STF concluiu julgamento em Ação Declaratória de Constitucionalidade, cujo objeto era o Art. 283 do CPP, concluindo-se pela constitucionalidade do referido dispositivo.
- Com efeito, concluiu-se que **não é possível a execução provisória de pena antes do trânsito em julgado da sentença penal condenatória** em face do princípio constitucional de presunção de inocência.
- Portanto, **antes do trânsito em julgado da sentença penal condenatória**, só é possível a prisão provisória do acusado, ou seja, só são possíveis **a prisão em flagrante, a prisão temporária e a prisão preventiva** desde que presentes os requisitos legais.

Vertentes do Princípio de presunção de inocência	A execução da pena não pode se iniciar antes do trânsito em julgado da sentença penal condenatória; O ônus da prova é da acusação

- **Tema 1.068 STF: A soberania dos veredictos do Tribunal do Júri autoriza a imediata execução de condenação imposta pelo corpo de jurados, independentemente do total da pena aplicada.**
- Em consagração ao princípio da presunção de inocência, o Pacote Anticrime estabeleceu no art. 313, § 2º, CPP, que não será admitida a decretação da prisão preventiva com a **finalidade de antecipação de cumprimento de pena** ou como **decorrência imediata de investigação criminal ou da apresentação ou recebimento de denúncia**.
- **Princípio da duração razoável do processo**: o processo não se deve prolongar no tempo com atos processuais desnecessários, meramente protelatórios. Porém, esse princípio não pode implicar desrespeito ao contraditório e à ampla defesa.
- **Princípio da vedação da prova ilícita:** são inadmissíveis, no processo, as provas obtidas por meios ilícitos. O Estado não se pode valer de ilicitude para a condenação do acusado, mas o réu pode se valer de prova ilícita para a sua absolvição.
- **Aplicação da lei processual no espaço**: segue o princípio da **territorialidade**: lei processual penal, em regra, **é** aplicada na persecução dos ilícitos ocorridos no espaço do territ**ó**rio nacional, ressalvada a incidência de tratados e convenções internacionais, bem como nos casos de crimes cometidos no exterior na forma do art. 7º do Código Penal.
- **Princípio da inércia:** a jurisdição é inerte. Só tem início mediante provocação do interessado. O juiz não pode dar início a um processo para que se mantenha **imparcial.**
- **Princípio do impulso oficial:** iniciada a ação pela parte, o andamento do processo é dado pelo Juiz, sujeito imparcial da relação jurídica processual e presidente do procedimento.
- **Princípio da verdade real:** no processo penal, busca-se a reprodução dos fatos como eles se deram, motivo pelo qual não se admite a presunção de veracidade dos fatos narrados na denúncia em caso de revelia.
- **Princípio do *favor rei* ou *in dubio pro reo*:** ao final da instrução, caso o juiz tenha dúvidas quanto aos fatos descritos na denúncia, deve absolver o réu com fundamento no art. 386, VII, CPP.
- **Princípio da oralidade:** deve-se dar prioridade à transmissão do pensamento por meio da oralidade, que seria reprodução mais fiel da realidade.
- **Princípio da identidade física do juiz:** o juiz que deve prolatar a sentença é aquele que presidiu a instrução.
- **Princípio da concentração:** a audiência deve ser uma com oitiva de testemunhas, interrogatório, debates e julgamento. Excepcionalmente, devem os atos processuais ser desmembrados.
- **Aplicação da lei processual no tempo:** a matéria é regida pelo princípio ***tempus regit actum*** (art. 2º, CPP), o que implica aplicação imediata e irretroativa da nova lei processual penal.
- **Imunidades processuais:** decorrem de situação jurídica da pessoa que lhe conferem prerrogativas que afastam a aplicação geral da lei processual penal.

Imunidade Diplomática	Os Chefes de Estado e os representantes de governos estrangeiros são excluídos da jurisdição criminal dos Estados em que exercem a função diplomática. Trata-se de imunidade renunciável. Abrange os governos diplomáticos (como embaixadores, os funcionários de organização internacional, Chefe de Estado estrangeiro em visita ao País e seus familiares. Não abrange os empregados particulares dessas pessoas e os cônsules.
Imunidade Parlamentar Federal	Deputados Federais e Senadores: são invioláveis civil e penalmente por quaisquer de suas opiniões, palavras e votos. Refere-se ao exercício da função, não precisando que o agente esteja no recinto do Congresso Nacional. É irrenunciável. Tem início com a Diplomação. Deputados Estaduais: Têm as mesmas prerrogativas dos Deputados Federais e Senadores. Vereadores: Tema 469 (STF): nos limites da circunscrição do Município e havendo pertinência com o exercício do mandato, os vereadores são imunes judicialmente por suas palavras, opiniões e votos.
Imunidades Processuais de Deputados Federais e Senadores	Prisão: desde a diplomação, os Congressistas não podem ser presos, salvo em caso de prisão em flagrante de crime inafiançável. Preso nessa hipótese, os Autos do flagrante serão encaminhados à respectiva Casa que deliberará sobre a prisão;

	Processo: Recebida a denúncia, o STF dará ciência à respectiva Casa, que poderá deliberar sobre a suspensão ou não do procedimento. Prerrogativa de foro: os Deputados e Senadores são processados perante o STF, desde que o fato tenha sido cometido no exercício do mandato e tenha relação com este.
Imunidades do Presidente da República	Prisão: Não cabe prisão provisória contra o Presidente, somente cabe prisão depois do trânsito em julgado da sentença penal condenatória. Processo: Oferecida a denúncia pelo PGR, é preciso autorização da Câmara dos Deputados para se dar continuidade ao processo. Negado o prosseguimento, há suspensão do processo e do prazo prescricional. Material: No exercício do mandato, o PR não pode ser responsabilidade criminalmente por atos estranhos à sua função. Terminado o mandato ele responde pelo fato.

2. INQUÉRITO POLICIAL

- O Inquérito Policial é um **procedimento administrativo**, presidido pela Autoridade Policial, destinado à produção de provas para que o autor da ação penal forme convicção acerca da autoria e da materialidade delitivas.

Características do Inquérito Policial	**1. Inquisitivo**: o IP é presidido pela Autoridade Policial, que busca a colheita de provas. O contraditório é mitigado. **2. Discricionariedade**: a Autoridade Policial tem certo poder de conveniência e oportunidade para instauração de IP. Pode negar, por exemplo, se o crime estiver prescrito. **3. Procedimento sigiloso:** O inquérito policial tem o sigilo natural como característica em razão de duas finalidades: a) Eficiência das investigações; b) Resguardar imagem do investigado;
Características do Inquérito Policial	**4. Procedimento escrito**: tudo deve ser reduzido a termo, inclusive, os elementos informativos produzidos oralmente; **5. Indisponível:** a autoridade policial não pode arquivar o inquérito policial ao receber *notitia criminis*.
Características do Inquérito Policial	**6. Dispensável:** se já existirem elementos de prova suficientes para oferecimento de denúncia ou queixa-crime, não se faz necessária a abertura de IP.

- Uma das características do Inquérito Policial é o **sigilo** das investigações. Contudo, **o advogado pode ter acesso às provas já produzidas**. Mas o Delegado de Polícia pode manter sigilo em relação às diligências futuras.
- **Incomunicabilidade do investigado preso**: inconstitucional, porque nem mesmo em Estado de Exceção, como o de Defesa e o de Sítio, não se permite, quanto mais em Estado de normalidade constitucional.
- **Atribuições da Autoridade Policial**:
  - **a.** fornecer às autoridades judiciárias as informações necessárias à instrução e julgamento dos processos;
  - **b.** realizar as diligências requisitadas pelo juiz ou pelo Ministério Público;
  - **c.** cumprir os mandados de prisão expedidos pelas autoridades judiciárias;
  - **d.** representar acerca da prisão preventiva.

Formas de instauração de IP pela Autoridade Policial	– De ofício; – Requisição pelo Juiz; – Requisição do MP; – Requerimento do ofendido.

- ***Notitia criminis:*** forma com que a Autoridade Policial toma conhecimento do fato criminoso.
- **NOTITIA CRIMINIS DE COGNIÇÃO DIRETA OU IMEDIATA:** a autoridade policial toma conhecimento direto do ilícito através de suas atividades de rotina, de jornais, pela descoberta do corpo do delito, por comunicação da polícia preventiva, por investigações da polícia judiciária, etc.
- **NOTITIA CRIMINIS DE COGNIÇÃO INDIRETA OU MEDIATA:** a autoridade policial toma conhecimento do ilícito por meio de algum ato jurídico de comunicação formal do delito. A notitia criminis de cognição indireta pode dar-se por: a. ***Delatio criminis***; b. **Requisição da autoridade judiciária e do Ministério Público**; c. **Requisição do Ministro da Justiça; d. Representação do ofendido.**
- **NOTITIA CRIMINIS DE COGNIÇÃO COERCITIVA**: Ocorre no caso de prisão em flagrante.

- Autoridade Policial não tem competência, mas atribuição para instaurar e presidir inquérito policial.
- **Prazos para encerramento do Inquérito Policial:**

Hipótese	Legislação	Réu Preso	Réu solto
Inquérito Policial	CPP	10 dias	30 dias
IP na Polícia Federal	Lei nº 5.010/66	15 dias	30 dias
Crimes contra a Economia Popular	Lei nº 1.521/51	10 dias	10 dias
Drogas	Lei nº 11.343/06	30 dias	90 dias
Inquérito Militar	CPP Militar	20 dias	40 dias

- Em regra, se o investigado estiver **preso**, o prazo para o encerramento do Inquérito Policial é **improrrogável**, devendo ser ele colocado em liberdade.
- Pelo Pacote Anticrime, se o investigado estiver preso, o juiz das garantias poderá, mediante representação da autoridade policial e ouvido o Ministério Público, prorrogar, uma única vez, a duração do inquérito por até 15 (quinze) dias, após o que, se ainda assim a investigação não for concluída, a prisão será imediatamente relaxada (art. 3º-B, § 2º, CPP).

No julgamento das ADIs que impugnaram o Pacote Anticrime, o STF, por unanimidade, atribuiu interpretação conforme ao § 2º do art. 3º-B do CPP, para assentar que	a) o juiz pode decidir de forma fundamentada, reconhecendo a necessidade de novas prorrogações do inquérito, diante de elementos concretos e da complexidade da investigação; e b) a inobservância do prazo previsto em lei não implica a revogação automática da prisão preventiva, devendo o juízo competente ser instado a avaliar os motivos que a ensejaram, nos termos da ADI nº 6.581;

- No caso da Lei de Drogas, o prazo para encerramento pode ser **duplicado ainda que o investigado esteja preso** (art. 51, parágrafo único).

2.1. ARQUIVAMENTO DO INQUÉRITO POLICIAL

- Após o julgamento das ADIs que impugnaram o Pacote Anticrime, o sistema de arquivamento de inquérito policial passou a ser da seguinte forma
  - O Ministério Público, titular da ação penal, é que tem atribuição constitucional para manifestar pelo arquivamento do Inquérito Policial ou de outras peças de informação.
  - Essa manifestação do Ministério Público está sujeita às seguintes formas de controle:

a) O órgão do Ministério Público deve submeter a manifestação ao juízo competente, que poderá homologar o arquivamento ou, caso discorde, enviar os Autos ao Órgão Superior do Ministério Público com atribuição para deliberar sobre o arquivamento;

b) O órgão do Ministério Público deve comunicar a vítima ou seu representante legal sobre o arquivamento, os quais poderão recorrer à instância superior do "Parquet" com atribuição para deliberar sobre o arquivamento;

c) O próprio órgão do Ministério Público pode encaminhar a manifestação aos Órgãos Superiores para eventual revisão de sua manifestação.

- O órgão Superior do Ministério Público poderá adotar as seguintes decisões: manter o arquivamento, requisitar novas diligências ou designar outro membro do MP para oferecimento da denúncia.
- Cabe registrar que a Autoridade Policial não tem atribuição para arquivar o inquérito policial, ao final do qual, ela elabora um relatório e o envia ao juízo competente e, depois de distribuídos os Autos, estes são encaminhados ao membro do Ministério Público, que tem atribuição para deliberar sobre o arquivamento.

C. DESARQUIVAMENTO DO INQUÉRITO POLICIAL

- Se o arquivamento do inquérito policial tiver como fundamento a **insuficiência de provas**, não se faz coisa julgada.
- Nesse caso, o inquérito policial pode ser desarquivado, desde que surjam **novas provas**, ou seja, provas que não eram do conhecimento dos órgãos de persecução penal, no momento do arquivamento.
- Em algumas hipóteses, o desarquivamento promove coisa julgada, como no caso de reconhecido, definitivamente, que o fato inexistiu ou que o investigado não foi o seu autor.

2.2. DO JUIZ DE GARANTIAS

- O Pacote Anticrime introduziu o juiz de garantias no sistema jurídico brasileiro.
- O fundamento jurídico para que exista o juiz de garantias é que, durante a fase inquisitiva, pode haver intervenção do Judiciário para que sejam observadas as garantias do acusado, principalmente, no que se refere à liberdade (decretação de prisão preventiva), à inviolabilidade do domicílio (busca e apreensão domiciliar) e inviolabilidade das comunicações telefônicas.
- Uma vez intervindo nessa fase processual, presume a lei que juiz perde a imparcialidade indispensável para o julgamento do mérito.
- No julgamento das ADIs que impugnaram o Pacote Anticrime e, em especial, o instituto do juiz das garantias:

a) O STF declarou a constitucionalidade do instituto do juiz das garantias e fixou o prazo de doze meses, prorrogável por mais doze meses, a contar da publicação da ata do julgamento, para que sejam adotadas as medidas legislativas e administrativas necessárias à adequação das diferentes leis de organização judiciária, à efetiva implantação e ao efetivo funcionamento do juiz das garantias em todo o país, tudo conforme as diretrizes do CNJ e sob a supervisão dele;

b) todos os atos praticados pelo Ministério Público como condutor de investigação penal se submetam ao controle judicial. Assim, por exemplo, não só os inquéritos policiais, como também os chamados procedimentos de investigação criminal (PIC), que correm no interior do MP, estão sujeitos ao controle judicial;

c) assegura-se o contraditório e a ampla defesa, principalmente, no que diz respeito à prorrogação de prisão preventiva ou outra medida cautelar, mas a audiência será **preferencialmente** oral e pública, admitindo-se que ocorra em sigilo judicial, quando houver fundamento legal para tanto;

d) em regra, o juiz deve decidir sobre a produção antecipada de provas consideradas urgentes e não repetíveis em audiência pública e oral, assegurados o contraditório e a ampla defesa. Mas, o juiz pode deixar de realizar a audiência quando houver risco para o processo, ou diferi-la em caso de necessidade;

e) o preso em flagrante ou por força de mandado de prisão provisória será encaminhado à presença do juiz das garantias, no prazo de 24 horas, salvo impossibilidade fática, momento em que se realizará a audiência com a presença do ministério pública e da defensoria pública ou de advogado constituído, cabendo, excepcionalmente, o emprego de videoconferência, mediante decisão da autoridade judiciária competente, desde que este meio seja apto à verificação da integridade do preso e à garantia de todos os seus direitos;

f) a competência do juiz das garantias cessa com o **oferecimento** da denúncia;

g) **oferecida** a denúncia ou queixa, as **questões pendentes** serão decididas pelo **juiz da instrução e julgamento**,

h) após **o oferecimento** da denúncia ou queixa, o juiz da instrução e julgamento deverá reexaminar a necessidade das medidas cautelares em curso, no prazo máximo de 10 (dez) dias;

i) os autos que compõem as matérias de competência do juiz das garantias serão remetidos ao juiz da instrução e julgamento;

j) o juiz das garantias será investido, e não designado, conforme as normas de organização judiciária da União, dos Estados e do Distrito Federal, observando critérios objetivos a serem periodicamente divulgados pelo respectivo tribunal;

k) O juiz das garantias deverá assegurar o cumprimento das regras para o tratamento dos presos, impedindo o acordo ou ajuste de qualquer autoridade com órgãos da imprensa para explorar a imagem da pessoa submetida à prisão, sob pena de responsabilidade civil, administrativa e penal;

l) a divulgação de informações sobre a realização da prisão e a identidade do preso pelas autoridades policiais, ministério público e magistratura deve assegurar a efetividade da persecução penal, o direito à informação e a dignidade da pessoa submetida à prisão;

m) regra de transição: quanto às ações penais já instauradas no momento da efetiva implementação do juiz das garantias pelos tribunais, a eficácia da lei não acarretará qualquer modificação do juízo competente.

N) NÃO SE APLICA O JUIZ DE GARANTIAS	a) processos de competência originária dos tribunais, os quais são regidos pela Lei nº 8.038/1990; b) processos de competência do tribunal do júri; c) casos de violência doméstica e familiar; e d) infrações penais de menor potencial ofensivo;

- Foi declarada a inconstitucionalidade do art. 3º-D, CPP: O juiz que, na fase de investigação, praticar qualquer ato incluído nas competências dos arts. 4º e 5º do CPP ficará impedido de funcionar no processo.
- Foi declarada a inconstitucionalidade formal do art. 3º-D, parágrafo único, CPP: Nas comarcas em que funcionar apenas um juiz, os tribunais criarão um sistema de rodízio de magistrados, a fim de atender às disposições deste Capítulo.

2.3. DISPOSIÇÕES ESPECIAIS NA FASE DE INQUÉRITO POLICIAL

- Se necessário à prevenção e à repressão dos crimes relacionados ao tráfico de pessoas, o membro do Ministério Público ou o delegado de polícia poderão requisitar, mediante autorização judicial, às empresas prestadoras de serviço de telecomunicações e/ou telemática que disponibilizem imediatamente os meios técnicos adequados – como sinais, informações e outros – que permitam a localização da vítima ou dos suspeitos do delito em curso.
- Nos casos em que servidores vinculados às instituições dispostas no art. 144 da Constituição Federal figurarem como investigados em inquéritos policiais, inquéritos policiais militares e demais procedimentos extrajudiciais, cujo objeto for a investigação de fatos relacionados ao uso da força letal praticados no exercício profissional, de forma consumada ou tentada, incluindo as situações dispostas no art. 23 do Decreto-Lei nº 2.848, de 7 de dezembro de 1940 (Código Penal), o indiciado poderá constituir defensor.

3. DA AÇÃO PENAL

Quadro resumido sobre ação penal:

Natureza	Legitimidade ativa	Condição Específica	Exemplos
Pública Incondicionada	Ministério Público	Não tem	É a regra: homicídio, furto, etc.
Pública Condicionada à Representação	Ministério Público	Representação do ofendido ou representante legal	Ameaça
Pública Condicionada à Requisição do Ministério da Justiça	Ministério Público	Requisição do Ministério da Justiça	Crimes contra a honra do Presidente da República
Privada	Ofendido ou seu representante	Não tem	Crimes contra a honra em geral
Privada Subsidiária da Pública	Ofendido ou seu representante	Inércia do Ministério Público	Qualquer crime de ação pública
Privada Personalíssima	Exclusiva do ofendido	Não tem	Única hipótese: art. 236, CP.

Condições da ação penal	a. Legitimidade ativa: é o autor da ação penal (Ministério Público, em regra; excepcionalmente, o ofendido); b. Legitimidade passiva: é autor do crime, aquele contra quem o Estado pretende exercer a pretensão punitiva; c. Interesse de agir: necessidade de intervenção do Judiciário para satisfação da pretensão punitiva e com a escolha da via adequada; d. Justa causa: a inicial da ação penal deve ser acompanhada pelo mínimo de prova a indicar a viabilidade da ação penal, ao final, ser julgada procedente.

A. AÇÃO PENAL PÚBLICA

- A ação penal pública é aquela em que o autor da ação é o Ministério Público, conforme dispõe o art. 129, I, CF/88.

Princípios da ação penal pública	1. **Princípio da obrigatoriedade**: o Ministério Público tem o dever de promover a ação penal tão só tenha ele notícia do crime e não existam obstáculos que o impeça de atuar. Assim, verificando ser a conduta típica, ilícita e culpável, o Ministério Público estará obrigado a oferecer a denúncia.
Princípios da ação penal pública	2. **Princípio da indisponibilidade**: uma vez proposta a ação penal, o MP não pode desistir de seu prosseguimento; 3. **Oficialidade:** a ação penal está a cargo do Ministério Público, órgão estatal; 4. **(In)divisibilidade** posição majoritária na doutrina: **indivisibilidade**: o MP deve oferecer denúncia contra todos os autores do crime, segundo os indícios colhidos até o momento da propositura da ação. **STF e STJ**: a jurisprudência é no sentido de que vige o princípio da **divisibilidade**, pois o MP pode oferecer denúncia contra um acusado em um momento e contra outro em momento posterior ao surgirem novas provas.

Jurisprudência do STJ: Na ação penal pública, o MP não está obrigado a denunciar todos os envolvidos no fato tido por delituoso, não se podendo falar em arquivamento implícito em relação a quem não foi denunciado. Isso porque, nessas demandas, **não vigora o princípio da indivisibilidade**. Assim, o Parquet é livre para formar sua convicção incluindo na increpação as pessoas que entenda terem praticados ilícitos penais, mediante a constatação de indícios de autoria e materialidade. Ademais, há possibilidade de se aditar a denúncia até a sentença. Precedentes citados: REsp 1.255.224-RJ, Quinta Turma, DJe 7/3/2014; APn 382-RR, Corte Especial, DJe 5/10/2011; e RHC 15.764-SP, Sexta

Turma, DJ 6/2/2006. RHC 34.233-SP, Rel. Min. Maria Thereza de Assis Moura, julgado em 6/5/2014.

Modalidades de ação penal pública	a) Ação penal pública incondicionada; b) Ação penal pública condicionada à representação do ofendido; c) Ação penal pública condicionada à requisição do Ministro da Justiça

- Na ação **penal pública incondicionada**, o Ministério Público age, independentemente de manifestação de vontade da vítima. Ou seja, ele pode oferecer a denúncia, desde que presentes os requisitos legais, ainda que a vítima manifeste que não está de acordo com a propositura da ação.
- Na ação **penal pública condicionada à representação** há condição específica de procedibilidade: a representação do ofendido ou de seu representante legal. Com efeito, o Ministério Público só pode iniciar a ação penal pela denúncia, desde que haja manifestação do ofendido nesse sentido.
- O ofendido pode se retratar à representação, em regra, até o **oferecimento** da denúncia.
- Na Lei Maria da Penha, a retratação pode acontecer até o **recebimento** da denúncia, necessitando-se de audiência específica para tanto.
- A representação tem caráter **objetivo**, ou seja, se refere ao fato, não aos autores dele, devendo o Ministério Público zelar pelo princípio da indivisibilidade.
- A outra modalidade de ação penal pública condicionada é aquela que depende de **requisição do Ministro da Justiça**, como, por exemplo, nos crimes contra a honra do Presidente da República.
- Tanto a representação do ofendido, quanto a requisição do Ministro da Justiça, não vinculam o Ministério Público, que pode não oferecer denúncia, se achar que não há prova da materialidade delitiva ou de indícios suficientes de autoria.

Jurisprudência do STJ: A controvérsia disposta nos autos versa acerca da possibilidade de terceiro (avó, no caso), que não seja representante legal, possa representar – no interesse da vítima – na ação penal pública condicionada, em razão da **prescindibilidade de rigores formais** para o ato, no caso de crime sexual contra menor de idade praticado antes da vigência da Lei n. 12.015/2009 – arts. 214 c/c o 224, a, e 226, II, do Código Penal. 2. Doutrina e jurisprudência são uniformes no sentido de que a representação **prescinde de qualquer formalidade**, sendo suficiente a demonstração do interesse da vítima ou seu representante em autorizar a persecução criminal. 3. A **representação tem mais caráter material do que formal, admitindo-se a iniciativa de outras pessoas ligadas à vítima**: avós, tios, irmãos, pais de criação, pessoas encarregadas da guarda, entre outras. 4. Percebe-se que a renúncia contida nos autos, deveu-se a fatores outros, totalmente alheios ao interesse da vítima, sendo imperioso prestigiar-se a legítima pretensão jurídica esboçada, in casu, pela avó da criança, em defesa dos direitos desta (AgRg no REsp nº 1.618.438/MG. Rel. Min. Sebastião Reis Júnior. DJ. 04/05/2017).

B. AÇÃO PENAL PRIVADA

- Na ação penal privada, a legitimidade extraordinária para propor a ação é do ofendido ou seu representante legal.

Princípios da ação penal privada	1. Oportunidade ou conveniência: é faculdade da vítima oferecer queixa-crime de acordo com a sua conveniência; 2. Disponibilidade: oferecida a queixa-crime, pode o querelante desistir da ação penal; 3. Indivisibilidade: o querelante deve promover a ação penal contra todos os autores do crime.

- **Perempção**: causa de extinção da punibilidade exclusiva da **ação penal privada** e decorre da inércia do querelante.

Causas de perempção	I – quando, iniciada esta, o querelante deixar de promover o andamento do processo durante 30 dias seguidos; II – quando, falecendo o querelante, ou sobrevindo sua incapacidade, não comparecer em juízo, para prosseguir no processo, dentro do prazo de 60 (sessenta) dias, qualquer das pessoas a quem couber fazê-lo, ressalvado o disposto no art. 36; III – quando o querelante deixar de comparecer, sem motivo justificado, a qualquer ato do processo a que deva estar presente, ou deixar de formular o pedido de condenação nas alegações finais; IV – quando, sendo o querelante pessoa jurídica, esta se extinguir sem deixar sucessor.

- **Renúncia**: antes de iniciada a ação penal, o ofendido manifesta, expressa ou tacitamente, que não vai oferecer queixa-crime, fato que extingue a punibilidade do autor do crime.
- **Perdão**: o ofendido manifesta, expressa ou tacitamente, o perdão ao autor do crime, o qual deve manifestar se anui com o perdão. É um ato bilateral que depende da anuência do autor do crime para gerar efeitos.
- Na **ação penal privada subsidiária da pública**, o ofendido oferece queixa-crime em caso de **inércia** do Ministério Público, que **não oferece denúncia, não arquiva o inquérito policial ou não requer novas diligências**.
- **Atenção:** o **arquivamento** do inquérito policial **não autoriza** o oferecimento de queixa-crime em

ação penal privada **subsidiária** da pública, porque **não houve inércia.**

- Na **ação penal privada subsidiária da pública**, se o ofendido não der continuidade à demanda, o Ministério Público deverá assumir o polo ativo da ação em razão do princípio da obrigatoriedade, que vige na ação penal pública (lembre-se que, originalmente, ação penal é pública, havendo mera substituição por privada em decorrência da inércia do MP).
- **Ação penal privada personalíssima:** só pode ser movida pelo próprio ofendido. Em caso de sua morte, outras pessoas não podem iniciar ou continuar a ação penal. Caso único: **Induzimento a erro essencial e ocultação de impedimento (art. 236, CP).**

C. DO ACORDO DE NÃO PERSCUÇÃO PENAL (ANPP)

- O acordo de não persecução penal foi introduzido no ordenamento jurídico brasileiro pelo Pacote Anticrime.

Requisitos para ANPP	a) Não é o caso de arquivamento do inquérito policial; b) Confissão formal e circunstanciada da prática da infração penal pelo investigado; c) infração penal sem violência ou grave ameaça e com pena mínima inferior a 4 (quatro) anos. d) A medida é necessária e suficiente para reprovação e prevenção do crime.
Fatos impeditivos para ANPP	I – se for cabível transação penal de competência dos Juizados Especiais Criminais, nos termos da lei; II – se o investigado for reincidente ou se houver elementos probatórios que indiquem conduta criminal habitual, reiterada ou profissional, exceto se insignificantes as infrações penais pretéritas; III – ter sido o agente beneficiado nos 5 (cinco) anos anteriores ao cometimento da infração, em acordo de não persecução penal, transação penal ou suspensão condicional do processo; e
Fatos impeditivos para ANPP	IV – nos crimes praticados no âmbito de violência doméstica ou familiar, ou praticados contra a mulher por razões da condição de sexo feminino, em favor do agressor.
Condições ajustadas cumulativa e alternativamente no ANPP	I – reparar o dano ou restituir a coisa à vítima, exceto na impossibilidade de fazê-lo; II – renunciar voluntariamente a bens e direitos indicados pelo Ministério Público como instrumentos, produto ou proveito do crime; III – prestar serviço à comunidade ou a entidades públicas por período correspondente à pena mínima cominada ao delito diminuída de um a dois terços, em local a ser indicado pelo juízo da execução, na forma do art. 46 do Decreto-Lei nº 2.848, de 7 de dezembro de 1940 (Código Penal); IV – pagar prestação pecuniária, a ser estipulada nos termos do art. 45 do Decreto-Lei nº 2.848, de 7 de dezembro de 1940 (Código Penal), a entidade pública ou de interesse social, a ser indicada pelo juízo da execução, que tenha, preferencialmente, como função proteger bens jurídicos iguais ou semelhantes aos aparentemente lesados pelo delito; ou V – cumprir, por prazo determinado, outra condição indicada pelo Ministério Público, desde que proporcional e compatível com a infração penal imputada.

- O juiz pode se recusar a homologar o ANPP, se não presentes os requisitos legais ou se considerar inadequadas, insuficientes ou abusivas as condições dispostas no acordo.
- Descumpridas quaisquer das condições estipuladas no acordo de não persecução penal, o Ministério Público deverá comunicar ao juízo, para fins de sua rescisão e posterior oferecimento de denúncia. Cumprido integralmente o acordo de não persecução penal, o juízo competente decretará a extinção de punibilidade.
- No caso de recusa, por parte do Ministério Público, em propor o acordo de não persecução penal, o investigado poderá requerer a remessa dos autos a órgão superior, na forma do art. 28, §1º do CPP.
- De acordo com entendimento do STJ, como o cumprimento do acordo de não persecução penal extingue a punibilidade, trata-se de norma mista mais benéfica ao acusado. Dessa forma, o novo art. 28-A, CPP, deve retroagir para beneficiar a réu que cometeu o fato antes da vigência do Pacote Anticrime (STJ – PExt no AgRg no HC 575395/RN. Rel. Min. NEFI CORDEIRO).

HC n. 185.913 - STF: TESES DE JULGAMENTO: "1. Compete ao membro do Ministério Público oficiante, motivadamente e no exercício do seu poder-dever, avaliar o preenchimento dos requisitos para negociação e celebração do ANPP, sem prejuízo do regular exercício dos controles jurisdicional e interno; 2. É cabível a celebração de Acordo de Não Persecução Penal em casos de processos em andamento quando da entrada em vigência da Lei nº 13.964, de 2019, mesmo se ausente confissão do réu até aquele momento, desde que o pedido tenha sido feito antes do trânsito em julgado; 3. Nos processos penais em andamento na data da proclamação do resultado deste julgamento, nos quais, em tese, seja cabível a negociação de ANPP, se este ainda não foi oferecido ou não houve motivação para o seu não oferecimento, o Ministério Público, agindo de ofício, a pedido da defesa ou mediante provocação do magistrado da causa, deverá, na primeira oportunidade em que falar nos autos, após a publicação da ata deste julgamento, manifestar-se motivadamente acerca do cabimento ou não do acordo; 4. Nas investigações ou ações penais iniciadas a partir da proclamação do resultado deste julgamento, a proposição de ANPP pelo Ministério Público, ou a motivação para o seu não oferecimento, devem ser apresentadas antes do recebimento da denúncia, ressalvada a possibilidade de propositura, pelo órgão ministerial, no curso da ação penal, se for o caso". Por fim, o Tribunal definiu que este julgamento não afeta, em nenhuma medida, as decisões já proferidas e, ainda, que a deliberação sobre o cabimento, ou não, do ANPP deverá ocorrer na instância em que o processo se encontrar"

D. DISPOSIÇÕES COMUNS À REPRESENTAÇÃO DO OFENDIDO E À QUEIXA-CRIME

Morte do ofendido (legitimidade para oferecer representação ou queixa-crime)	• **C**ônjuge; • **A**scendente; • **D**escendente; • **I**rmão.

- O prazo para representação na ação penal pública condicionada e para oferecimento de queixa-crime na ação penal privada é de **seis meses e se inicia a partir do momento em que o ofendido <u>tomou conhecimento da autoria do crime</u>.**
- Em caso de inércia do ofendido ou de seu representante legal, há extinção da punibilidade em razão da **decadência**.
- Quando a vítima for menor de dezoito anos ou incapaz, a representação na ação penal pública ou queixa-crime na ação penal privada deve ser feita pelo seu representante legal, em regra, aquele que detém o poder familiar.
- A partir da vigência do CC/02, o menor de vinte e um anos e maior de dezoito, não depende de representação.
- Se o incapaz não tiver representante legal ou os interesses deles conflitarem, o juiz pode nomear curador especial.
- Há casos na jurisprudência em que se admitiu como representante legal do ofendido incapaz os seus avós, tios, irmãos, vizinhos, etc.

E. DENÚNCIA E QUEIXA-CRIME (PETIÇÃO INICIAL)

- **Denúncia: é a peça inicial da ação penal pública.**
- **Queixa-crime: é a peça inicial da ação penal privada. Para o advogado apresentar a queixa-crime, deve ter poderes especiais para tanto.**

Requisitos formais da peça inicial, sob pena de inépcia	• a exposição do fato criminoso, com todas as suas circunstâncias; • a qualificação do acusado ou esclarecimentos pelos quais se possa identificá-lo; • a classificação do crime e; • quando necessário, o rol das testemunhas.

- **Não presentes esses requisitos é o caso de rejeição de denúncia ou queixa-crime pelo Juiz.**
- O prazo para oferecimento da denúncia, estando o réu preso, será de 5 dias, contado da data em que o órgão do Ministério Público receber os autos do inquérito policial, e de 15 dias, se o réu estiver solto ou afiançado.
- Para oferecimento de queixa-crime, o ofendido depende de advogado.

Conteúdo da procuração	a. **Poderes especiais**: deve ficar explícito que o mandato é para oferecimento de queixa-crime; b. **Nome do querelante** (ofendido/vítima); c. **Menção ao fato criminoso**, salvo se se depender de futuras diligências.

4. COMPETÊNCIA

I – Competência Material

- Competência material: determina se a causa vai ser julgada pela Justiça Especializada (Militar ou Eleitoral) ou comum (Federal ou Estadual).
- Crime praticado contra **sociedade de economia mista**, ainda que o ente público seja federal, como é o caso do Banco do Brasil S/A, é de competência da **Justiça Estadual**.
- No caso Lava Jato, a competência da Justiça Federal se fixou porque, apesar da Petrobras ser sociedade de economia mista, há crimes de competência da Justiça Federal, como evasão de divisas.

II – Competência Territorial

- Em termos de competência territorial, o CPP adotou a teoria do resultado, sendo competente o Juízo do local em que se consumou a infração penal. No caso de tentativa, pelo lugar em que for praticado o último ato de execução.
- No crime de estelionato, mediante depósito, mediante emissão de cheques sem suficiente provisão de fundos em poder do sacado ou com o pagamento frustrado ou mediante transferência de valores, a competência será definida pelo local do domicílio da vítima, e, em caso de pluralidade de vítimas, a competência firmar-se-á pela prevenção.

  Portanto, se trata de à regra geral de que a competência deve ser fixada pelo lugar do crime, pois o critério a ser adotado é o domicílio da vítima.
- No processo penal, o Juiz pode reconhecer a competência relativa de ofício até o momento da absolvição sumária, na fase do art. 397, CPP (Távora,

PROCESSUAL PENAL

Nestor e Rodrigues Alencar, Rosmar. *Curso de direito processual penal.* 7ª ed. Editora Juspodivm. p. 275).

III – Competência por Prerrogativa de Função

- A competência por prerrogativa de função é estabelecida em razão do **cargo** e não da pessoa.
- O foro por prerrogativa de função aplica-se apenas aos crimes cometidos **durante o exercício do cargo e relacionados às funções desempenhadas pelo parlamentar**. Após o final da instrução processual, com a publicação do despacho de intimação para apresentação de alegações finais, a competência para processar e julgar ações penais não será mais afetada em razão de o agente público vir a ocupar outro cargo ou deixar o cargo que ocupava, qualquer que seja o motivo. Esse é o entendimento do Plenário, ao resolver questão de ordem para determinar a baixa de ação penal ao juízo da zona eleitoral para posterior julgamento, tendo em vista que: a) os crimes imputados ao réu não foram cometidos no cargo de deputado federal ou em razão dele; b) o réu renunciou ao cargo para assumir a função de prefeito; e c) a instrução processual se encerrou perante a 1ª instância, antes do deslocamento de competência para o Supremo Tribunal Federal (STF – Informativos 867 e 885).
- Se uma pessoa comete um crime doloso contra a vida e tem foro por prerrogativa de função estabelecido na Constituição **Federal**, será julgado por este foro.
- A jurisprudência do Supremo Tribunal Federal evoluiu no que diz respeito à possibilidade de concessão de foro por prerrogativa de função pelo constituinte estadual, passando a declarar a inconstitucionalidade de expressões de constituições estaduais que ampliam o foro por prerrogativa de função a autoridades diversas das estabelecidas pela Constituição Federal (STF – ADI 6515)..

IV – Competência por Prevenção

- Havendo dois juízes igualmente competentes, julgará a causa aquele que primeiro dela tomar conhecimento.
- Em sendo o crime permanente, a competência será determinada pela prevenção. Assim, se a pessoa é sequestrada em São Paulo e mantida em cativeiro em Campinas, será competente o Juízo que primeiro tomar conhecimento do fato, como o que primeiro receber a denúncia ou decretar a prisão preventiva dos agentes.

V – Competência por Conexão e Continência

- Por questão de **segurança jurídica**, notadamente, para se evitar decisões conflitantes, duas ou mais ações que seriam julgadas separadamente são reunidas no juízo dito prevalente.

CONEXÃO INTERSUBJETIVA (art. 76, I, CPP)		
Sub-espécie	**Conceito**	**Exemplo**
Por simultaneidade	Duas ou mais pessoas praticam várias infrações penais simultânea e ocasionalmente	Uma carreta de cerveja tomba na rodovia. Os passantes não socorrem o motorista (omissão de socorro) e furtam a carga

CONEXÃO INTERSUBJETIVA (art. 76, I, CPP)		
Sub-espécie	**Conceito**	**Exemplo**
Por concurso	Mediante ajuste prévio, em concurso de agentes, duas ou mais pessoas praticam crimes diversos em locais diversos	É o caso de uma quadrilha que pratica diversos roubos em vários locais
Por reciprocidade	Duas ou mais pessoas praticam infrações penais umas contra as outras	Injúrias, ameaças e lesões corporais recíprocas

CONEXÃO MATERIAL (art. 76, II, do CPP)	
Conceito	**Exemplo**
Duas ou mais infrações penais terem sido praticadas para (a) ocultar as outras; (b) conseguir impunidade ou (c) obter vantagem em qualquer delas	(a) O autor do homicídio oculta o cadáver da vítima; (b) o autor do estupro mata a ***única*** testemunha; (c) o autor da corrupção promove a lavagem de dinheiro obtido criminosamente

CONEXÃO PROBATÓRIA (art. 76, III, CPP)	
Conceito	**Exemplo**
As provas relativas a uma infração penal influem na apuração de outras infrações penais	No crime de receptação, geralmente, há conexão com o crime antecedente como o furto, o roubo, etc.

CONTINÊNCIA POR CUMULAÇÃO SUBJETIVA (art. 77, I, CPP)	
Conceito	**Exemplo**
Duas ou mais pessoas são acusadas pela mesma infra***ção*** penal	Duas pessoas praticam o mesmo furto, o mesmo roubo etc.

CONTINÊNCIA POR CUMULAÇÃO OBJETIVA (art. 77, II, CPP)	
Conceito	**Exemplo**
Decorre dos crimes praticados em (a) concurso formal, (b) erro na execução e (c) resultado diverso do pretendido	(a) em um acidente, um motorista provoca a morte de duas pessoas na direção de veículo automotor; (b) o agente visa matar "A", mas por erro de pontaria, mata "B"; (c) o agente atira uma pedra contra a vitrine de uma loja, visando causar dano, mas atinge o dono da loja, causando-lhe lesão corporal culposa[1]

Havendo conexão e/ou continência entre dois ou mais crimes a ser julgado por justiça de mesma categoria, fixa-se o foro prevalente da seguinte forma:	a. local da infração **mais grave**; b. infração de igual gravidade, lugar onde ocorreram **maior número de crimes**; c. igual gravidade e quantidade, **juízo prevento**.

- O Juízo prevalente pode avocar o processo a qualquer momento desde que ainda não haja prolação de sentença no processo desgarrado.[1]
- No caso de conexão entre um crime de competência da Justiça Federal e outro da Justiça Estadual, é competente a Justiça Federal para o julgamento dos dois.
- O Plenário do STF confirmou jurisprudência no sentido da competência da Justiça Eleitoral para processar e julgar crimes comuns que apresentam conexão com crimes eleitorais. A Corte observou ainda que cabe à Justiça especializada analisar, caso a caso, a existência de conexão de delitos comuns aos delitos eleitorais e, em não havendo, remeter os casos à Justiça competente (AgR no Inq. n. 4435/RJ. Rel. Min. Marco Aurélio.)

5. QUESTÕES INCIDENTAIS

5.1. QUESTÕES PREJUDICIAIS

- Questão prejudicial é aquela que está associada ao mérito da causa e que deve ser resolvida antes dele.
- Assim, no crime de **bigamia** (art. 235 do Código Penal), em caso de eventual dúvida sobre o estado civil do réu (é ou não casado), deve tal questão ser resolvida no Juízo Cível, ficando a **ação penal suspensa**.

5.2. CONFLITO DE COMPETÊNCIA

- Como a competência é questão de ordem pública, o conflito pode ser instaurado, além da parte interessada, pelo próprio juiz de ofício ou pelo Ministério Público, ainda que não seja esse autor da ação penal, atuando apenas como fiscal da lei.

5.3. MEDIDAS ACAUTELATÓRIAS

- As medidas acautelatórias visam o ressarcimento do ofendido ou mesmo impedir que o agente tire proveito patrimonial de sua conduta ilícita.
- Comparação entre sequestro, arresto e hipoteca legal:

Medida	Natureza do bem	Origem do bem	Destinação do bem ao fim do processo
Sequestro	Móvel ou imóvel	Proveito do crime	Tesouro Nacional
Arresto	Móvel	Lícita	Ressarcimento do ofendido
Hipoteca Legal	Imóvel	Lícita	Ressarcimento do ofendido

1. NUCCI, Guilherme de Souza. *Código Penal Comentado*. 8ª ed. RT. p. 456.

5.3.1. MEDIDAS ACAUTELATÓRIAS NA LEI DE LAVAGEM DE DINHEIRO

- Decisão: de ofício do Juiz ou a requerimento do Ministério Público ou representação da autoridade de polícia.
- Prazo para o juiz tomar a decisão: vinte e quatro horas.
- Requisito: indícios suficientes de infração penal.
- Objeto: bens, direitos ou valores do investigado ou acusado, ou existentes em nome de interpostas pessoas, que sejam instrumento, produto ou proveito dos crimes previstos nesta Lei ou das infrações penais antecedentes.
- Alienação antecipada: preservação do valor dos bens sempre que estiverem sujeitos a qualquer grau de deterioração ou depreciação, ou quando houver dificuldade para sua manutenção.
- Liberação dos bens: comprovada a origem lícita do bem, mas se mantém a restrição dos bens, direitos e valores necessários e suficientes à reparação dos danos e ao pagamento de prestações pecuniárias, multas e custas decorrentes da infração penal.
- Requisito para liberação dos bens: comparecimento pessoal do acusado ou de interposta pessoa.

5.4. INCIDENTE DE INSANIDADE MENTAL

- Efeitos da insanidade mental do agente, considerado inimputável, no momento da prática da infração penal, durante a ação judicial e durante a execução criminal:

Momento	Efeito
Durante a infração penal	Imposição de medida de segurança.
Durante a ação penal	Suspensão do procedimento até o acusado se recuperar.
Durante a execução da pena	Conversão da pena privativa de liberdade em medida de segurança até o sentenciado se recuperar ou expirar o tempo da pena imposta.

5.5. DA RESTITUIÇÃO DE COISAS APREENDIDAS

- Para que o bem apreendido possa ser restituído, são necessários dois requisitos: a. que o bem não tenha mais interesse à persecução penal; b. que se trate de objeto não sujeito ao confisco pela União
- A restituição pode ser deferida pela própria Autoridade Policial ainda na fase de inquérito policial, desde que a apreensão não mais interesse às investigações, que não haja dúvidas quanto à titularidade do bem e que não tenha sido ele apreendido com terceiro de boa-fé.
- Será decidida a restituição perante o Juízo se houver dúvida quanto à titularidade do bem ou se ele for apreendido na posse de terceiro de boa-fé, hipóteses em que haverá dilação probatória e manifestação do Ministério Público antes da decisão judicial (art. 120 do CPP).
- Ao final da instrução do incidente, permanecendo a dúvida quanto à titularidade, os Autos serão remitidos ao Juízo Cível.

- Os bens que não forem restituídos, seja pela impossibilidade jurídica, seja pela falta de requerimento da parte interessada, será levados a leilão, cujo produto arrecadado será revertido em favor do Tesouro Nacional.

6. DA PROVA

I – Generalidades

- A doutrina majoritária distingue:
  a) provas **ilícitas** são aquelas derivadas de violação a normas, constitucionais ou infraconstitucionais, de direito material;
  b) provas **ilegítimas** são aquelas derivadas de violação a normas, constitucionais ou infraconstitucionais, de direito processual.
- **Teoria dos frutos da** árvore **envenenada**: importada do direito norte-americano (*fruits of the poisonous tree*). "Em um juízo de causa e efeito, tudo o que originário de uma prova ilícita seria imprestável, devendo ser desentranhado dos autos." (Távora, Nestor e Rodrigues Alencar, Rosmar. *Curso de direito processual penal.* 7ª ed. Editora Juspodivm. p. 383).
- Se a prova ilícita beneficiar o réu, não deve ser declarada imprestável e pode ser usada como fundamento à sua absolvição (princípio da proporcionalidade).
- O Pacote Anticrime, acrescentou o § 5º ao art. 157, CPP, segundo o qual o juiz que conhecer do conteúdo da prova declarada inadmissível não poderá proferir a sentença ou acórdão. O legislador buscou manter a imparcialidade do julgador. Não basta a retirada formal da prova dos Autos.
- Esse dispositivo, contudo, foi declarado inconstitucional pelo STF, no julgamento das ADIs, que impugnaram o Pacote Anticrime.
- **Ninguém** é **obrigado a produzir prova contra si mesmo**.
- Mas, se o agente consente em fazer a prova, ela é lícita. Assim, se o motorista é compelido a fazer o bafômetro, a prova obtida é ilícita. Do contrário, se o agente, voluntaria e espontaneamente, assopra o bafômetro, a prova é lícita.
  - O indivíduo não pode ser compelido a colaborar com os referidos testes do 'bafômetro' ou do exame de sangue, em respeito ao princípio segundo o qual ninguém é obrigado a se autoincriminar *(nemo tenetur se detegere)* – Tese firmada no Tema 446 dos Recursos Repetitivos do STJ.
  - No Brasil, se adota o **sistema do livre convencimento motivado ou da persuasão racional**, segundo o qual o juiz é livre para apreciar as provas e, em sequência, formar a sua convicção devidamente fundamentada.
- No sistema do Tribunal do Júri, adota-se o **sistema da** íntima **convicção**, já que os jurados não precisam motivar a decisão que tomaram.

II – Perícia

- O Pacote Anticrime introduziu no ordenamento jurídico brasileiro o sistema de **cadeia de custódia da prova**, consistente em um procedimento sistematizado para o fim de preservar o valor probatório da perícia, mais especificamente, no que tange à autenticidade da prova pericial, com a utilização de técnicas científicas, desde o primeiro contato com o elemento de prova até o seu descarte.
- O Pacote Anticrime introduziu no ordenamento jurídico brasileiro o sistema de **cadeia de custódia da prova**, consistente em um procedimento sistematizado para o fim de preservar o valor probatório da perícia, mais especificamente, no que tange à autenticidade da prova pericial.
- O início da cadeia de custódia se dá com: a) preservação do local do crime (isolado local do crime, o desrespeito a tal medida pode configurar crime de fraude processual (art. 158-C, § 2º, CPP); b) procedimentos policiais; c) procedimentos periciais.
- O art. 158-B, CPP, dispõe sobre as etapas de rastreamento dos vestígios.
- De acordo com a doutrina, há duas etapas de rastreamento de vestígios: **a) fase externa:** se estende da preservação do local do crime ou apreensão dos elementos de crime até a chegada dos vestígios ao órgão pericial encarregado de fazer a perícia; **b) fase interna:** compreende todas as etapas entre o ingresso dos vestígios no órgão pericial até a conclusão do laudo e sua remessa ao órgão competente.
- A coleta do vestígio deve ser feita, **preferencialmente**, por perito oficial, ou seja, servidor público concursado com curso superior. Contudo, na impossibilidade, pode outra pessoa fazer a coleta e encaminhamento à central de custódia, que deve ser criada por Instituto de Criminalística, com o objetivo de concentrar a custódia das provas periciadas.
- De acordo com a doutrina, há duas etapas de rastreamento de vestígios: **a) fase externa:** se estende da preservação do local do crime ou apreensão dos elementos de crime até a chegada dos vestígios ao órgão pericial encarregado de fazer a perícia; **b) fase interna:** compreende todas as etapas entre o ingresso dos vestígios no órgão pericial até a conclusão do laudo e sua remessa ao órgão competente.
- Se o crime **deixar vestígios**, é imprescindível a realização do exame de corpo de delito. Vestígio, na lição de Rogério Sanches Cunha, é todo objeto ou material bruto, visível ou latente, constatado ou recolhido, que se relaciona à infração penal.
- **Corpo de delito indireto**: se os vestígios do crime desapareceram, o exame de corpo de delito tem de ser feito, valendo-se o perito de outros meios, como oitiva de testemunhas, a consulta aos laudos médicos realizados no atendimento à vítima, etc.
- É possível a condenação por **homicídio** se o corpo da vítima **desaparecer**, desde que seja produzido **exame de corpo de delito indireto**.
- No exame pericial, é necessária a assinatura de apenas **um perito**, se for este oficial. Se não for oficial, são necessários dois peritos.
- Na **Lei de Drogas** (Lei nº 11.343/06), são realizados dois exames periciais para se provar a materialidade delitiva, se apreendida a droga:
- Laudo de **constatação ou preliminar**, assinado por um ou dois peritos, oficial ou não;
- Laudo **definitivo**: assinado por dois peritos, é imprescindível para sentença condenatória.

Hipóteses de prioridade nos exames periciais de crimes que envolvam:	I – violência doméstica e familiar contra mulher; II – violência contra criança, adolescente, pessoa idosa ou pessoa com deficiência.

III – Documentos

- Consideram-se documentos quaisquer escritos, instrumentos ou papéis, públicos ou particulares.
- Os documentos originais, juntos a processo findo, quando não exista motivo relevante que justifique a sua conservação nos autos, poderão, mediante requerimento, e ouvido o Ministério Público, ser entregues à parte que os produziu, ficando traslado nos autos.

IV – Interrogatório

- Predomina o entendimento de que o interrogatório é **meio de prova**, pois o juiz vai valorá-lo juntamente com os outros meios de prova para formar seu convencimento, e, **ao mesmo tempo**, é **meio de defesa**, porque, nele, o réu vai exercer a chamada defesa pessoal, apresentando sua versão sobre os fatos.
- No interrogatório, seja o feito pessoalmente, seja o feito por meio de videoconferência, é **assegurada a entrevista do réu com seu defensor**.
- Há entendimento de que o interrogatório por videoconferência viole os princípios do devido processo legal, da ampla defesa e do contraditório entre as partes, pois o interrogatório é oportunidade única do juiz ter contado direto com o réu, a fim de formar convicção acerca dos fatos apurados, bem como acerca da personalidade do agente.
- Por ocasião do julgamento do HC n. 127.900/AM, ocorrido em 3/3/2016 (DJe 3/8/2016), o Pleno do Supremo Tribunal Federal firmou o entendimento de que o rito processual para o interrogatório, previsto no art. 400 do Código de Processo Penal, deve ser aplicado a todos os procedimentos regidos por leis especiais. Isso porque a Lei n. 11.719/2008 (que deu nova redação ao referido art. 400) prepondera sobre as disposições em sentido contrário previstas em legislação especial, por se tratar de lei posterior mais benéfica ao acusado (lex mitior).
- Dessa maneira, se em Lei Especial há previsão de que o interrogatório é o primeiro ato da instrução, como ocorre no procedimento da Lei de Drogas, de acordo com essa decisão do STF, deve-se aplicar o CPP. Com efeito, o interrogatório deve ser o último ato a ser realizado.

requisitos formais da confissão	(a) pessoalidade; (b) expressa; (c) feita à autoridade competente; (d) livre e voluntária; (e) higidez mental do confidente (Cf. (Távora, Nestor e Rodrigues Alencar, Rosmar. Curso de direito processual penal. 7ª ed. Editora Juspodivm. p. 433).

V – Prova testemunhal

- Número de testemunhas: cada parte pode arrolar o número de testemunhas previsto em lei para cada procedimento.
- Esse número é relacionado a **cada fato probante**. Assim, por exemplo, se são dois roubos, pode cada parte arrolar, no máximo dezesseis testemunhas, oito para cada fato:

Procedimento	Número
Comum Ordinário	8
Comum Sumário	5
Sumaríssimo (Lei nº 9.099/95)	3
Segunda fase do Júri	5
Lei de drogas (Lei nº 11.343/06)	5

- O STJ já entendeu que, sob pena de **nulidade**, na atual sistemática, em primeiro lugar, devem as partes fazer perguntas às testemunhas e, ao juiz, cabe apenas complementar com outras perguntas, para esclarecimento de pontos que entender necessário.

Pessoas que não são obrigadas a testemunhar (art. 206, CPP)	o ascendente o descendente, o afim em linha reta, o cônjuge, ainda que desquitado, o irmão e o pai, a mãe, ou o filho adotivo do acusado

- O art. 206, CPP, excepciona a regra de que todos são obrigados a serem testemunha. O fundamento do legislador é a preservação dos laços familiares. É bom de se ter que o CPP é de 1941 e, portanto, deve-se ter algumas adaptações com o Direito de Família moderno. Assim, os companheiros também podem se recusar a depor. O termo desquitado se refere à separação judicial, mas também deve se estender ao divorciado, se mantido, em certo ponto, os laços de afeto. Além do que, a CF não difere filho adotivo de natural, etc.
- O art. 206, CPP, permite que as pessoas nele arroladas deponham, caso não haja outros meios de provar o fato. Por exemplo: o cônjuge é a única testemunha do estupro que a filha sofria dentro de casa. Nesse caso, **não se colhe o termo de compromisso.**

Pessoas que são proibidas de depor (art. 207, CPP)	pessoas que, em razão de função, ministério, ofício ou profissão, devam guardar segredo, salvo se, desobrigadas pela parte interessada, quiserem dar o seu testemunho.

- Por questões de ordem ética, moral ou legal, tais pessoas são proibidas de depor ainda que queiram, salvo se obtenham a autorização da parte interessada. Por exemplo, o paciente autoriza que a psicólo-

PROCESSUAL PENAL

ga seja testemunha, abrindo ela, voluntariamente, mão do dever de sigilo profissional. Caso a pessoa opte a prestar depoimento, autorizada pelo interessada, ela tem o dever de dizer a verdade, colhendo-se o seu compromisso.

São dispensados do compromisso de dizer a verdade	doentes e deficientes mentais menores de 14 (quatorze) anos, pessoas a que se refere o art. 206, CPP.

VI – Busca Pessoal e Domiciliar

Busca pessoal: A busca pessoal independerá de mandado, no caso de prisão ou quando houver fundada suspeita de que a pessoa esteja na posse de arma proibida ou de objetos ou papéis que constituam corpo de delito, ou quando a medida for determinada no curso de busca domiciliar (art. 44, CPP).

"Conforme previsto no art. 244 do Código de Processo Penal, a busca pessoal independerá de mandado, no caso de prisão ou quando houver fundada suspeita de que a pessoa esteja na posse de arma proibida ou de objetos ou papéis que constituam corpo de delito, ou quando a medida for determinada no curso de busca domiciliar. Quanto à realização de busca pessoal, a jurisprudência deste Superior Tribunal de Justiça já se firmou no sentido de que se faz necessária a presença de fundada suspeita para que esteja autorizada a medida invasiva. A abordagem do agravante foi amparada em fundadas suspeitas já que os policiais estavam realizando patrulhamento de rotina, quando observaram uma atitude suspeita, em virtude do horário e quantidade de ocupantes, assim ensejando a abordagem, foi determinada a parada pelos policiais que foi desobedecido e o paciente empreendeu fuga e só pagou quando o veículo adentou em uma rua de terra e atolou em meio da lama. Assim, restou demonstrado o elemento "fundadas suspeitas" apto a justificar e autorizar a busca pessoal e posterior busca domiciliar, inexistindo qualquer ilegalidade na abordagem realizada pelos policiais." (STJ - AgRg no HC 880177/SP).

Busca domiciliar: deve ser abordada levando-se em conta a garantia constitucional da inviolabilidade do domicílio.

Cláusula de reserva de jurisdição (medidas que só podem ser tomadas por Juiz)	(a) decretar a **prisão** de um cidadão; (b) **interceptação telefônica**; (c) mandado de **busca domiciliar** (inviolabilidade do domicílio).

- A busca e a apreensão domiciliar, mediante ordem judicial, só pode ser cumprida durante o dia em nome da tutela do direito à inviolabilidade do domicílio.
- Na busca e apreensão realizada em escritório de advocacia, além da ordem judicial, há de ser respeitado o que se segue:

(a) deve ser executada na presença de representante da OAB, que deve ser comunicada previamente e em sigilo;

(b) a busca deve se restringir a objetos relacionados ao fato pelo qual o advogado é investigado;

(c) são invioláveis instrumentos de trabalho, como livros, correspondências e outros objetos relacionados estritamente ao exercício da profissão;

(d) é vedado o acesso a documentos relativos aos clientes do advogado.

VII – Das provas no crime organizado

Tendo-se em vista a estrutura e as dificuldades de se combater o crime organizado, a Lei nº 12.850/2013 prevê meios de prova específicos de combate a esse fenômeno.

Meios de prova da Lei nº 12.850/2013	I – colaboração premiada; II – captação ambiental de sinais eletromagnéticos, ópticos ou acústicos; III – ação controlada; IV – acesso a registros de ligações telefônicas e telemáticas, a dados cadastrais constantes de bancos de dados públicos ou privados e a informações eleitorais ou comerciais; V – interceptação de comunicações telefônicas e telemáticas, nos termos da legislação específica;
Meios de prova da Lei nº 12.850/2013	VI – afastamento dos sigilos financeiro, bancário e fiscal, nos termos da legislação específica; VII – infiltração, por policiais, em atividade de investigação, na forma do art. 11; VIII – cooperação entre instituições e órgãos federais, distritais, estaduais e municipais na busca de provas e informações de interesse da investigação ou da instrução criminal.

- **Colaboração premiada**: meio de obtenção de prova por meio do qual integrante da organização criminosa fornece elementos de prova às Autoridades persecutórias do Estado em troca de benefícios penais.

Benefícios que o juiz pode conceder em caso de colaboração premiada	o perdão judicial, reduzir em até 2/3 (dois terços) a pena privativa de liberdade ou substituí-la por restritiva de direitos

Resultados exigidos para eficácia da colaboração premiada	I – a identificação dos demais coautores e partícipes da organização criminosa e das infrações penais por eles praticadas; II – a revelação da estrutura hierárquica e da divisão de tarefas da organização criminosa; III – a prevenção de infrações penais decorrentes das atividades da organização criminosa; IV – a recuperação total ou parcial do produto ou do proveito das infrações penais praticadas pela organização criminosa. V – a localização de eventual vítima com a sua integridade física preservada.

Jurisprudência do STJ: Colaboração premiada. Encontro fortuito de provas. Autoridade com prerrogativa de foro. Competência para homologação do acordo. Teoria do juiz aparente. A homologação de acordo de colaboração premiada por juiz de primeiro grau de jurisdição, que mencione autoridade com prerrogativa de foro no STJ, não traduz em usurpação de competência desta Corte Superior. (Informativo 612).

Jurisprudência do STJ: Colaboração premiada. Encontro fortuito de provas. Autoridade com prerrogativa de foro. Remessa imediata dos autos ao foro prevalente. Inexistência. Usurpação de competência. Caracterização. Informativo 612.

- Conclusão: pode o Juiz de Primeiro Grau homologar a colaboração premiada, se nela houver encontro fortuito de provas relativo a autoridade com prerrogativa de foro. Mas, uma vez, encontradas tais provas, os autos devem ser enviados ao Tribunal competente imediatamente, sob pena de usurpação de competência;
- Na colaboração premiada, as tratativas são efetuadas pela Autoridade Policial ou pelo Ministério Público, cabendo ao Juiz apenas zelar pela legalidade da medida, a qual, se constatada, permite a sua homologação.
- **Ação controlada:** há retardamento da intervenção da Autoridade Policial em ato criminoso da organização criminosa para que tal intervenção se dê em momento mais oportuno para as investigações. Independe de autorização judicial prévia, mas deve a autoridade policial responsável enviar relatório circunstanciado da conduta.
- **Infiltração de agentes:** um agente policial é infiltrado na organização criminosa. Depende de prévia autorização judicial e manifestação do Ministério Público, depois de representação circunstanciada da Autoridade Policial responsável.
- Na sistemática da Lei nº 12.850/2013, o agente infiltrado não responde por eventual crime que tenha que cometer, isento de pena por **inexigibilidade de conduta diversa** de acordo com o caso em concreto.
- O procedimento judicial para apuração de organização criminosa a ser adotado é o **ordinário previsto no CPP.**
- Se **o réu estiver preso, o prazo para conclusão do procedimento é de 120 dias, prorrogáveis em até igual período.**

VIII – Lei nº 9.296/1996 (Interceptação telefônica)

- A interceptação telefônica depende de ordem judicial e tem o prazo máximo de quinze dias, desde que imprescindível às investigações.
- Para a interceptação telefônica, é imprescindível a autorização judicial (art. 5º, XII, CF/88).

Requisitos da interceptação telefônica (interpretação *contrario sensu* art. 2º da Lei nº 9.296/96)	a) indícios razoáveis da **autoria** ou participação em **infração penal**; b) a prova **não** puder ser feita por outros meios disponíveis; c) o fato investigado constituir infração penal punida com pena de **reclusão**.

- Excepcionalmente, o juiz poderá admitir que o pedido seja formulado verbalmente, desde que estejam presentes os pressupostos que autorizem a interceptação, caso em que a concessão será condicionada à sua redução a termo.

> **Jurisprudência do STJ:** Não há ilicitude no encontro fortuito de prova em interceptação telefônica, sendo possível o uso do elemento probatório colhido, ainda que o réu não figure como investigado na diligência efetivada e que o crime descoberto não guarde elemento de conexão com aquele que motivou a interceptação. (REsp n.1.465.966/PE. Rel. Min. Sebastião Reis Júnior. DJ. 19/10/2017).

- Apesar do artigo 5º da Lei 9.296/1996 prever o prazo máximo de 15 (quinze) dias para a interceptação telefônica, renovável por mais 15 (quinze), não há qualquer restrição ao número de prorrogações possíveis, exigindo-se apenas que haja decisão fundamentando a necessidade de dilatação do período. Doutrina. Precedentes. (STJ – RHC nº 38.063/MG).
- O art. 6º da Lei n. 9.296/1996 não restringe à polícia civil a atribuição para a execução de interceptação telefônica ordenada judicialmente. Assim, o pedido ao juiz para a interceptação telefônica pode ser feito por outras instituições, como a Polícia Militar.
- É possível a determinação de interceptações telefônicas com base em denúncia anônima, desde que corroborada por outros elementos que confirmem a necessidade da medida excepcional.
- É legítima a prova obtida por meio de interceptação telefônica para apuração de delito punido com detenção, se conexo com outro crime apenado com reclusão.
- Os dados armazenados nos aparelhos celulares decorrentes de envio ou recebimento de dados via mensagens SMS, programas ou aplicativos de troca de mensagens (dentre eles o WhatsApp), ou mesmo por correio eletrônico, dizem respeito à intimidade e à vida privada do indivíduo, sendo, portanto,

PROCESSUAL PENAL

invioláveis, nos termos do art. 5°, X, da Constituição Federal. Assim, na esteira da jurisprudência do STJ, os dados decorrentes de comunicações realizadas por meio de comunicação telefônica ou pela internet, como mensagens ou caracteres armazenados em aparelhos celulares, são invioláveis, somente podendo ser acessados mediante prévia autorização judicial. Confira-se: REsp n. 1.661.378/MG, Sexta Turma, Relª. Minª. Maria Thereza de Assis Moura, DJe de 30/05/2017; e RHC n. 75.055/DF, Quinta Turma, Rel. Min. Ribeiro Dantas, DJe de 27/3/2017).

- Ademais importante ressaltar que a jurisprudência das duas Turmas da Terceira Seção do STJ firmou-se no sentido de ser ilícita a prova obtida diretamente dos dados constantes de aparelho celular, decorrentes de mensagens de textos SMS, conversas por meio de programa ou aplicativos ("WhatsApp"), mensagens enviadas ou recebidas por meio de correio eletrônico, obtidos diretamente pela polícia no momento do flagrante, sem prévia autorização judicial para análise dos dados armazenados no telefone móvel. Nesse diapasão: RHC n. 92.009/RS, Quinta Turma, de minha relatoria, DJe de 16/04/2018; RHC n. 73.998/SC, Quina Turma, Rel. Min. Joel Ilan Paciornik, DJe de 19/02/2018; HC n. 366.302/RJ, Quinta Turma, Rel. Min. Jorge Mussi, DJe de 19/12/2017; RHC n. 89.385/SP, Sexta Turma, Rel. Min. Rogerio Schietti Cruz, DJe de 28/08/2018).

7. DO JUIZ, DO MINISTÉRIO PÚBLICO, DO ACUSADO E DEFENSOR, DOS ASSISTENTES E AUXILIARES DA JUSTIÇA

- O Juiz é o representante do Estado-Juiz na relação jurídica processual e tem, como característica fundamental, a **imparcialidade.**
- Em relação aos **impedimentos**, são hipóteses **objetivas**, no sentido de que não é possível qualquer valoração por parte do Magistrado para continuar na condução da presidência do processo (art. 252, CPP e 253, CPP).
- Na **suspeição,** há espaço para um **juízo de valoração**, seja porque ao Juiz é permitido se declarar suspeito, de ofício ou após a arguição pela parte, seja porque o fato alegado deve ser demonstrado por meio de provas.
- Por sua vez, as causas de **incompatibilidade** não são previstas expressamente em lei, mas também podem surgir ao longo do processo e, tal como as causas de impedimento e suspeição, influir na imparcialidade no julgamento. É o caso de se alegar questão de foro íntimo para se seguir no feito.
- O Ministério Público é uma instituição **permanente, essencial à Justiça**, incumbindo-lhe a defesa da ordem jurídica, do regime democrático e dos interesses sociais e individuais indisponíveis (art. 127, *caput*, CF/88).
- Vê-se que, de suas elevadas funções constitucionais, extrai-se que o Ministério Público, mais do que acusar, tem a função da defesa do regime democrático, no que se inclui a tutela das garantias constitucionais do acusado.
- O Ministério Público, como **órgão** estatal, também é regido pela **imparcialidade** na execução de suas relevantes funções constitucionais, motivo pelo qual se aplicam a seus membros as causas de **impedimento, suspeição** e **incompatibilidade** dos Juízes (arts. 252 e ss. do CPP).
- **Assistente da acusação:** a vítima ou seus sucessores podem se habilitar ao processo para auxiliarem o Ministério Público na obtenção da sentença penal condenatória.
- Já decidiu o STJ: 1. **A legitimidade do assistente de acusação para apelar, quando inexistente recurso do Ministério Público, é ampla**, podendo impugnar tanto a sentença absolutória quanto a condenatória, visando ao aumento da pena imposta, já que a sua atuação justifica-se pelo desejo legítimo de buscar justiça, e não apenas eventual reparação cível. Doutrina. Precedentes do STJ e do STF. (HC 137.339/RS, Rel. Min. Jorge Mussi, 5ª T., DJ. 09/11/2010).

Classificação	Momento
Investigado, suspeito ou indiciado	Inquérito Policial
Acusado ou réu	Ação Penal
Executado, reeducando ou sentenciado	Execução penal

- **O direito de defesa técnica é irrenunciável**, pois "nenhum acusado, ainda que ausente ou foragido, será processado ou julgado sem defensor".
- **A ausência do advogado não implica adiamento da audiência**, salvo comprovado impedimento até sua abertura, podendo o Juiz nomear defensor *ad hoc*, apenas para o ato (art. 265, §§ 1° e 2°, CPP).
- O defensor não poderá abandonar o processo sem justo motivo, previamente comunicado ao juiz, sob pena de responder por infração disciplinar perante o órgão correicional competente.
- **Caso o acusado não constitua advogado, o juiz lhe nomeia um defensor dativo. Se o acusado, não tiver condições de pagar o advogado, o Estado custeia a defesa. Do contrário, o juiz fixa os honorários, conforme teses do STJ:**

1ª) As tabelas de honorários elaboradas unilateralmente pelos Conselhos Seccionais da OAB não vinculam o magistrado no momento de arbitrar o valor da remuneração a que faz jus o defensor dativo que atua no processo penal; servem como referência para o estabelecimento de valor que seja justo e que reflita o labor despendido pelo advogado;

2ª) Nas hipóteses em que o juiz da causa considerar desproporcional a quantia indicada na tabela da OAB em relação aos esforços despendidos pelo defensor dativo para os atos processuais praticados, poderá, motivadamente, arbitrar outro valor;

3ª) São, porém, vinculativas, quanto aos valores estabelecidos para os atos praticados por defensor dativo, as tabelas produzidas mediante acordo entre o Poder Público, a Defensoria Pública e a seccional da OAB.

4ª) Dado o disposto no art. 105, parágrafo único, II, da Constituição da República, possui caráter vinculante a Tabela de Honorários da Justiça Federal, assim como tabelas similares instituídas, eventualmente, pelos órgãos competentes das Justiças dos Estados e do Distrito Federal, na forma dos arts 96, I, e 125, § 1º, parte final, da Constituição da República.

- Os funcionários do Judiciários, aos quais, segundo a sistemática do CPP, também se aplicam as regras de suspeição, impedimento e incompatibilidade, notadamente, em relação àqueles que praticam atos de ordinatórios decorrentes de delegação por parte do Juízo.
- Em caso de o **perito deixar de atender as requisições** do Juízo, **ele estará sujeito à aplicação de multa de cem a quinhentos mil réis** (art. 277 do CPP). Para a corrente majoritária, por falta de atualização do valor, esse dispositivo está revogado tacitamente. No entanto, há entendimento no sentido de se aplicarem as astreintes, em decorrência da aplicação subsidiária do art. 461 e seguintes do CPC.
- Destacam-se ainda os **assistentes técnicos, cujo vínculo é com as partes** e não com o Juízo

8. DA PRISÃO E DA LIBERDADE PROVISÓRIA

I. Das medidas cautelares contra a pessoa do acusado

- A Lei nº 12.403/2011 trouxe profundas modificações acerca das medidas cautelares que recaiam sobre a pessoa do acusado, tomando partido no sentido de que a prisão cautelar é a última medida a ser aplicada, reservada às hipóteses em que a outra medida não é eficaz.
- O Pacote Anticrime, ao adotar o sistema acusatório, estabeleceu que as medidas cautelares pessoais devem ser decretadas pelo juiz, na fase judicial. **a requerimento das partes** (Ministério Público, querelante ou assistente de acusação) e, durante a fase de investigação, por **representação da Autoridade Policial ou a requerimento do Ministério Público.**
- Em nome do contraditório, o Pacote Anticrime impôs como regra a necessidade de se ouvir a parte contrária no prazo de cinco dias, antes de acolher o pedido da acusação ou a representação da Autoridade Policial.
- Excepcionalmente, em caso de **urgência ou de perigo de ineficácia da medida**, devidamente fundamentados, o Juiz pode decretar a medida cautelar sem oitiva do acusado. Na maior parte das vezes, na prática, para assegurar a eficácia da medida, o juiz deve acolher o pedido ou a representação sem oitiva do acusado.
- Cláusula ***rebus sic stantibus:*** caso as circunstâncias que autorizarem a decretação da medida cautelar não mais existirem ou se modificarem, o juiz pode alterar a medida cautelar ou revogar a anteriormente concedida. Por exemplo, decreta a proibição de o acusado frequentar determinado lugar. Caso se mostre ineficaz tal medida, o juiz pode substitui-la por outra, como a prisão.
- Em nome do princípio da presunção de inocência a regra é que o acusado responda o processo em **liberdade**; caso necessário, se deve decretar **medidas cautelares diversas da prisão** e, somente, como *ultima ratio*, se decreta a **prisão cautelar**.
- São vedadas no ordenamento jurídico brasileiro a previsão legal de prisão cautelar obrigatória. Nesse sentido, o STF declarou inconstitucional a proibição que havia no art. 44 da Lei de Drogas de concessão de liberdade provisória a quem é preso em flagrante pelos crimes dos arts. 33, *caput* e § 1º, e 34 a 37 desta Lei (Tema nº 959 – STF).
- É possível que o juiz decrete mais de uma medida cautelar, caso entenda necessário.

II. Da prisão cautelar ou provisória

- No sistema jurídico brasileiro, existem duas modalidades de prisão: a prisão-pena ou prisão sanção e a prisão cautelar.
- A prisão sanção decorre de sentença penal condenatória **transitada em julgado**, em nome do princípio de presunção de inocência.
- Por prisão cautelar ou provisória, se entende aquelas decretadas antes do trânsito em julgado da sentença penal condenatória. São suas espécies: (a) prisão em flagrante; (b) prisão preventiva; (c) prisão temporária.
- Em regra, toda prisão depende de prévia **decisão judicial devidamente fundamentada**, exceto no caso de prisão em flagrante delito, em que o controle judicial da medida é posterior.
- Toda prisão cautelar tem caráter **instrumental.** Desse modo, ela só é cabível em caso de ser cominado ao crime, isolada ou cumulativamente, pena de prisão.
- A prisão pode ser decretada em qualquer dia e horário, desde que respeitadas as restrições que garantem a inviolabilidade do domicílio: art. 5º, XI, CF/88: a casa é asilo inviolável do indivíduo, ninguém nela podendo penetrar **sem consentimento** do morador, **salvo em caso de flagrante delito** ou desastre, ou para prestar socorro, ou, **durante o dia, por determinação judicial**
- Em caso de cumprimento de prisão decorrente de ordem judicial, em se tratando de **crime inafiançável**, não é necessária a apresentação do mandado judicial, quando o preso deverá ser apresentado imediatamente ao juiz que expediu a ordem, em **audiência de custódia**.
- A audiência de custódia foi introduzida no ordenamento jurídico brasileiro, por força normativa do Pacto de São José da Costa Rica e do Pacto Internacional de Direitos Civis e Políticos de Nova Iorque, os quais impõem **a apresentação do preso a um juiz**.
- Inicialmente, a audiência de custódia foi regulamentada pela Resolução nº 213/2015 do Conselho Nacional de Justiça. O Pacote Anticrime introduziu o tema no CPP. Mas, a Resolução continua em vigor, pois, primeiro, se trata de norma primária, compatível com as disposições do CPP.
- De acordo com o Pacote Anticrime, o preso em flagrante ou por força de mandado de prisão provisória será encaminhado à presença do juiz de garantias no prazo de 24 (vinte e quatro) horas,

PROCESSUAL PENAL

momento em que se realizará audiência com a presença do Ministério Público e da Defensoria Pública ou de advogado constituído, vedado o emprego de vídeo conferência.

- Sobre as disposições do Pacote Anticrime no que diz respeito à audiência de custódia, o STF firmou os seguintes entendimentos:

a) Por unanimidade, atribuir **interpretação conforme** ao *caput* do art. 310 do CPP, para assentar que o juiz, em caso de urgência e se o meio se revelar idôneo, poderá realizar a audiência de custódia por **videoconferência;**

Por unanimidade, atribuir interpretação conforme ao § 4º do art. 310 do CPP, para assentar que a autoridade judiciária deverá avaliar se estão presentes os requisitos para a prorrogação excepcional do prazo de vinte e quatro horas para realização da audiência ou para sua realização por videoconferência, sem prejuízo da possibilidade de imediata decretação de prisão preventiva.

Finalidades da audiência de custódia	**Prisão em flagrante**	Tutelar a integridade física do preso; Verificar a legalidade da prisão
	Demais modalidades de prisão	Tutelar a integridade física do preso.

II.1. Da prisão em flagrante

- A prisão em flagrante é aquela que ocorre enquanto presente o chamado estado de flagrância.

Espécies de Flagrante	(a) o crime está acontecendo ou acabou de acontecer (**flagrante próprio**); (b) o agente é perseguido logo após a infração em situação que o faça presumir ser o autor do fato criminoso (**flagrante impróprio**); (c) o agente é preso logo depois de cometer o crime com objetos que presumam ser ele o autor do crime (**flagrante presumido**).

- No **flagrante preparado**, o agente é induzido ou instigado a cometer o crime, geralmente, por meio de uma conduta de uma agente do Estado. Nesse caso, não há crime, pois, a **consumação** é **impossível** (Súmula nº 145 do STF).
- No flagrante **esperado ou retardado**, o agente policial deixa de executar a prisão em flagrante por uma questão estratégica, como, por exemplo, esperar a colheita de mais elementos de provas.
- O flagrante esperado é previsto nas **leis de crime organizado** e na **de drogas**.
- Na lei de **crime organizado**, os agentes estatais **não dependem de autorização judicial** e de **prévia oitiva do Ministério Público** para postergar a prisão em flagrante.
- No entanto, a partir da Lei nº 12.850/2013, o Juiz e o Ministério Público devem ser **comunicados** acerca da não intervenção da Polícia, não para autorizar a conduta policial, mas para fiscalizá-la e, se for o caso, impor limites (art. 8º, § 1º).
- Na lei de drogas, **depende-se de previa oitiva** do Ministério Público e de **autorização** judicial.

Decisões que o juiz pode tomar na audiência de custódia no caso de prisão em flagrante	a) **Relaxamento do flagrante:** ocorre nas hipóteses em que a prisão é **ILEGAL**, seja porque o juiz considere que não estavam presentes os requisitos que caracterizam o estado de flagrância, seja por não se observarem as formalidades na elaboração do Auto de Prisão em Flagrante; b) **Conversão da prisão em flagrante em preventiva:** nesse caso, o juiz entende que o flagrante está em ordem e, diante da presença dos requisitos da prisão preventiva, decreta essa medida, caso não seja eficaz a decretação de medidas cautelares diversas da prisão.
Decisões que o juiz pode tomar na audiência de custódia no caso de prisão em flagrante	c) **Conceder liberdade provisória com ou sem fiança:** é a regra no ordenamento jurídico brasileiro que o acusado responda o processo em liberdade, com ou sem a fixação de fiança, conforme a presença dos requisitos legais.

ATENÇÃO: conforme for o fundamento da ilegalidade, o relaxamento de flagrante não impede que haja a decretação de prisão preventiva e posterior oferecimento de denúncia. Assim, por exemplo, se o acusado é preso na posse de instrumentos do crime, meses depois desse fato, o juiz deve relaxar a prisão em flagrante, mas pode decretar a sua prisão preventiva e receber a denúncia pelo crime, desde que presentes os requisitos previstos em lei.

II.2. Da prisão preventiva

- A prisão preventiva é aquela decretada na fase de inquérito policial ou na fase judicial, sempre **antes do trânsito em julgado da sentença penal condenatória.**
- Como se trata de medida cautelar, a prisão preventiva deve ser decretada em caso de presentes o *fumus boni iuris* e o *periculum in mora.*

Fumus comissi delicti	• Prova da materialidade delitiva; • Indícios suficientes de autoria delitiva
Periculum in libertatis **(perigo gerado pelo estado de liberdade do imputado)**	• Garantia da ordem pública; • Garantia da ordem econômica; • Conveniência da instrução criminal; • Assegurar a aplicação da lei penal; • Descumprimento de medidas cautelares diversas da prisão.

- A prisão **preventiva** pode ser decretada a **qualquer momento**. No entanto, encerrada a instrução processual, não pode ter como fundamento no perigo que a liberdade do réu representaria à colheita de prova.
- O juiz não pode decretar a prisão preventiva de ofício. Somente depois de requerimento do Ministério Público, do querelante ou representação da autoridade policial.
- Além dos requisitos acima, a decretação da preventiva deve ser decretada somente se presentes os seguintes pressupostos cautelares.

Pressupostos cautelares	• Crimes dolosos com pena privativa de liberdade máxima superior a quatro anos; • Reincidente em crime doloso;
Pressupostos cautelares	• Violência doméstica contra a mulher, criança, pessoa idosa, enfermo ou pessoa com deficiência, para se garantir a aplicação das medidas cautelares de urgência.

- **Prazo de duração:** a legislação brasileira não estipula um prazo máximo para a manutenção da prisão preventiva, porém, o Pacote Anticrime, estabeleceu no art. 316, parágrafo único, CPP, que: Decretada a prisão preventiva, deverá o órgão emissor da decisão revisar a necessidade de sua manutenção a cada 90 (noventa) dias, mediante decisão fundamentada, de ofício, sob pena de tornar a prisão ilegal.
- O STF, no julgamento do Suspensão de Liminar no HC nº 191836, firmou entendimento de que a inobservância da reavaliação no prazo de 90 dias, previsto no artigo 316 do Código de Processo Penal (CPP), com a redação dada pela Lei 13.964/2019 (conhecida como pacote anticrime), não implica a revogação automática da prisão preventiva: o juízo competente deve ser instado a reavaliar a legalidade e a atualidade de seus fundamentos.
- **Excesso de prazo:** aferição do excesso de prazo reclama a observância da garantia da duração razoável do processo, prevista no art. 5º, LXXVIII, da Constituição Federal. Tal verificação, contudo, não se realiza de forma puramente matemática. Demanda, ao contrário, um juízo de razoabilidade, no qual devem ser sopesados não só o tempo da prisão provisória, mas também as peculiaridades da causa, sua complexidade, bem como quaisquer fatores que possam influir na tramitação da ação penal.
- **Fundamentação:** a decretação da prisão preventiva ou de outra medida cautelar deve ser devidamente fundamentada pelo juiz, que deve indicar a existência de fatos novos ou contemporâneos que justifiquem a aplicação da medida extrema.

Não se considera fundamentação inidônea para a decretação da prisão preventiva ou de medida cautelar (art. 315, § 2º, CPP)	I – limitar-se à indicação, à reprodução ou à paráfrase de ato normativo, sem explicar sua relação com a causa ou a questão decidida; II – empregar conceitos jurídicos indeterminados, sem explicar o motivo concreto de sua incidência no caso; III – invocar motivos que se prestariam a justificar qualquer outra decisão; IV – não enfrentar todos os argumentos deduzidos no processo capazes de, em tese, infirmar a conclusão adotada pelo julgador;
Não se considera fundamentação inidônea para a decretação da prisão preventiva ou de medida cautelar (art. 315, § 2º, CPP)	V – limitar-se a invocar precedente ou enunciado de súmula, sem identificar seus fundamentos determinantes nem demonstrar que o caso sob julgamento se ajusta àqueles fundamentos; VI – deixar de seguir enunciado de súmula, jurisprudência ou precedente invocado pela parte, sem demonstrar a existência de distinção no caso em julgamento ou a superação do entendimento.

- O **advogado** preso preventivamente tem direito de permanecer em **Sala de Estado Maior**. Inexistindo essa na localidade, deve ser colocado em **prisão domiciliar** (STF – HC nº 102.128/SP. Rela. Mina. Cármen Lúcia. 22/03/2011).

Hipóteses de substituição da prisão preventiva por prisão domiciliar	• maior de **80 (oitenta) anos**; • extremamente debilitado por motivo de **doença grave**;

Hipóteses de substituição da prisão preventiva por prisão domiciliar	• imprescindível aos cuidados especiais de **pessoa menor de 6 (seis) anos** de idade ou com **deficiência**; • **gestante**; • **mulher** com **filho de até 12 (doze)** anos de idade incompletos; • **homem**, caso seja o único **responsável** pelos cuidados do **filho de até 12 (doze)** anos de idade incompletos.

- O Supremo Tribunal Federal, no julgamento do HC n. 143.641/SP, concedeu habeas corpus coletivo "para determinar a substituição da prisão preventiva pela domiciliar – sem prejuízo da aplicação concomitante das medidas alternativas previstas no art. 319 do CPP – de todas as mulheres presas, gestantes, puérperas, ou mães de crianças e deficientes sob sua guarda, nos termos do art. 2º do ECA e da Convenção de Direitos das Pessoas com Deficiências (Decreto Legislativo 186/2008 e Lei 13.146/2015), relacionadas nesse processo pelo DEPEN e outras autoridades estaduais, enquanto perdurar tal condição, excetuados os casos de crimes praticados por elas mediante violência ou grave ameaça, contra seus descendentes ou, ainda, em situações excepcionalíssimas, as quais deverão ser devidamente fundamentadas pelos juízes que denegarem o benefício (...)". (STF, HC n. 143.641/SP, relator Ministro RICARDO LEWANDOWSKI, SEGUNDA TURMA, julgado em 20/2/2018, DJe de 21/2/2018).
- Portanto, de acordo com essa decisão do STF, em regra, a mulher gestante, puérperas mães de crianças e deficientes têm direito à substituição da prisão preventiva por prisão domiciliar.
- A Lei n. 13.769/2018 acrescentou os arts. 318-A e 318-B, CPP, e regulamentou as hipóteses de substituição preventiva por prisão domiciliar à **mulher gestante ou que for mãe ou responsável por crianças ou pessoas com deficiência.**
- A mulher nessas condições **não terá** esse **direito**, se:
  a) Cometeu crime com **violência ou grave ameaça a pessoa**;
  b) Cometeu o crime **contra seu filho ou dependente**.

A substituição da prisão preventiva por domiciliar pode ser acompanhada de outras medidas cautelares diversas da prisão preventiva.

- A Resolução n. 369/2021 do CNJ regulamentou procedimentos e diretrizes para a substituição da privação de liberdade de gestantes, mães, pais e responsáveis por crianças e pessoas com deficiência, nos termos dos arts. 318 e 318-A do Código de Processo Penal, e em cumprimento às ordens coletivas de habeas corpus concedidas pela 2ª Turma do Supremo Tribunal Federal nos HCs no 143.641/SP e no 165.704/DF;

II. 3. Da prisão temporária

- A prisão temporária é espécie de prisão provisória ou cautelar, prevista em lei especial (Lei nº 7.960/89), decretada pelo Juiz a requerimento do Ministério Público ou da Autoridade Policial, durante a fase de **Inquérito Policial**.
- O Juiz **não pode decretar** a prisão temporária de ofício.
- A doutrina majoritária é no sentido de que, para a decretação da prisão temporária, a conduta do agente deve incidir em um dos crimes do rol **taxativo** do art. 1º, III, acumulado com a **imprescindibilidade para as investigações do inquérito policial** (art. 1º, I) **ou** indiciado não tiver **residência fixa** ou não fornecer elementos necessários para sua identificação (art. 1º, II).

Requisitos definidos pelo STF
1) for imprescindível para as investigações do inquérito policial, constatada a partir de elementos concretos, e não meras conjecturas, vedada a sua utilização como prisão para averiguações, em violação ao direito à não autoincriminação, ou quando fundada no mero fato de o representado não ter residência fixa;
2) houver fundadas razões de autoria ou participação do indiciado nos crimes descritos no artigo 1º, inciso III, da Lei 7.960/1989, vedada a analogia ou a interpretação extensiva do rol previsto;
3) for justificada em fatos novos ou contemporâneos;
4) for adequada à gravidade concreta do crime, às circunstâncias do fato e às condições pessoais do indiciado;
5) não for suficiente a imposição de medidas cautelares diversas, previstas nos artigos 319 e 320 do Código de Processo Penal (CPP).

- O prazo máximo de duração da prisão temporária é de cinco dias, prorrogável por igual prazo. Em caso de crimes hediondos, os prazos são de trinta dias.
- Encerrado o prazo, sem prorrogação ou decretação da prisão preventiva, deve o agente ser colocado em liberdade, sob pena de abuso de autoridade.

II.4. Outras medidas cautelares diversas da prisão

- As reformas do CPP dão prioridade a medidas diversas da prisão cautelar, que passa a ser subsidiárias.
- O **descumprimento** dessas medidas cautelares implica decretação da prisão preventiva.
- Entre as medidas cautelares diversas da prisão, está a suspensão de função pública ou de atividade de natureza de atividade econômica e financeira, a qual **não pode recair sobre a advocacia**, pois o Judiciário não pode suspender ou expulsar advogado, **prerrogativa da OAB**, além de se violar a garantia constitucional do direito ao trabalho (TJSP – HC. nº 0044978-48.2012.8.26.0000. Rel. Des. Moreira da Silva. 8ª Câm. Direito Criminal. Comarca de Franca. DJ. 26.07.2012).

Jurisprudência: II – A segregação cautelar deve ser considerada exceção, já que tal medida constritiva só se justifica caso demonstrada sua real indispensabilidade para assegurar a ordem pública, a instrução criminal ou a aplicação da lei penal, ex vi do artigo 312 do Código de Processo Penal. III – *In casu*, a decisão que decretou a prisão preventiva do paciente, não apresenta devida fundamentação, uma vez que a simples invocação da gravidade genérica do delito, nem mesmo a quantidade de droga apreendida (0,6 g de cocaína), não se revelam suficientes para autorizar a segregação cautelar com fundamento na garantia da ordem pública (HC n. 114.661/MG/STF, Primeira Turma, Rel. Min. Marco Aurélio, DJe de 1º/8/2014). IV – Parecer do Ministério Público Federal pela concessão da ordem, tendo em vista a ausência de fundamentação concreta do decreto de prisão preventiva. *Habeas Corpus* não conhecido. Ordem concedida, de ofício para revogar a prisão preventiva do paciente, salvo se por outro motivo estiver preso, e sem prejuízo da decretação de nova prisão, desde que concretamente fundamentada, ou de outras medidas cautelares diversas da prisão, previstas no art. 319 do Código de Processo Penal.

III – Liberdade Provisória

- A liberdade provisória é a contracautela à prisão provisória, podendo ser **concedida com ou sem fiança**, ou cumulada com outra medida cautelar prevista no art. 319 do CPP.
- A **Autoridade Policial** pode conceder fiança nos crimes com pena máxima em abstrata igual ou inferior a quatro anos.
- O art. 44 da Lei de Drogas **veda** a concessão de **liberdade provisória** a quem é acusado por crime de **tráfico de drogas**. Porém, o Plenário do **STF**, incidentalmente, por maioria de votos, declarou **inconstitucional** esse dispositivo ao estabelecer que o juiz não pode decretar a prisão provisória **somente com fundamento nele**. Isso é deve fundamentar a decisão na ocorrência **concreta** de um dos fatos previstos **no art. 312 do Código de Processo Penal**. Ausentes esses, o réu deve ser colocado em liberdade provisória (STF – HC nº 104.339/SP. Rel. Min. Gilmar Mendes. DJ. 10/05/2012).

9. ATOS PROCESSUAIS E ATOS JUDICIAIS

- Os atos processuais, as audiências e as sessões devem ser realizados em lugar estabelecido como adequado e próprio para tal fim, e esse lugar é o edifício onde o órgão jurisdicional tenha sua sede. (art. 792, CPP).
- Em caso de necessidade, os atos processuais poderão ser realizados na residência do Juiz, ou em outra casa por ele especialmente designada.
- O processo tem que seguir uma forma preestabelecida na lei, ou seja, deve ser conduzido dentro da moldura da lei

Requisitos dos atos processuais	a) Os atos devem ser escritos em língua portuguesa; b) Escrita; c) Publicidade; d) Assinatura

- O processo tem que seguir uma forma preestabelecida na lei, ou seja, deve ser conduzido dentro da moldura da lei.
- Os prazos no processo penal são contínuos e peremptórios, não se interrompendo por férias, domingo ou dia feriado.
- Não se aplica a regra do NCPC de que os prazos só correm nos dias úteis.
- No quadro abaixo, se enumeram os atos judiciais

Pronunciamento	Natureza
Despacho de mero expediente	Não tem conteúdo decisório. Visa dar impulso oficial ao processo.
Interlocutória simples	Decide questão incidente, mas não relativa ao mérito principal da ação penal
Interlocutória mista não terminativa	Decide questão e encerra uma fase do processo, sem julgamento do mérito da causa
Interlocutória mista terminativa	Encerra a relação jurídica processual, sem decidir o mérito da causa
Definitivas ou sentença em sentido próprio	Solucionam a lide, julgando o mérito da causa

- No processo penal, vige o **princípio da correlação entre a acusação e a sentença**, ou seja, como o réu se defende em relação aos fatos descritos na denúncia, a sentença deve ser adstrita aos tais fatos.
- ***Emendatio libelli***: (art. 383 do CPP) o juiz entende que os fatos descritos na denúncia ou queixa crime restaram comprovados, mas **discorda da capitulação penal** dada pelo autor da ação penal. Isso é possível, ainda que resulte pena mais grave, pois o réu se defende dos fatos descritos na peça acusatória.
- ***Mutatio libelli:*** (art. 384 do CPP) se, durante a instrução, surgir **fatos não descritos na denúncia**, o Ministério Público deverá aditá-la.
- juiz não poderá aditar a denúncia, sob pena de se violar os **princípios da titularidade da ação penal público e da inércia de jurisdição**. Assim, ele deve abrir vista para que o Parquet adite a denúncia, podendo-se valer do que dispõe o art. 28 do CPP, que trata do arquivamento do Inquérito Policial, caso o órgão do Ministério Público entenda que não seja o caso de aditar a denúncia.
- Não cabe *mutatio libelli* em grau de recurso, pois significaria supressão de instância. Nesse caso, o Tribunal anula a sentença e o processo volta à Primeira Instância, onde se procede à *mutatio*.
- A Lei nº 12.736/2012 acrescentou o parágrafo 2º ao art. 387 do CPP, segundo o qual **o Juiz deve levar em consideração o tempo de prisão provisória no momento de fixação do regime de cumprimento de pena**.
- Há divergência na doutrina quanto à natureza desse dispositivo. Para a primeira corrente, é mais um critério para o Juiz fixar o regime de pena, juntamente com outros, como os previstos no art. 33 do Código penal.
- Para a segunda corrente, trata-se de verdadeira **detração penal.** Assim, se uma pessoa é condenada a cinco anos de reclusão, a princípio, o regime imposto seria o semiaberto (art. 33, § 2º, *b*, do Código Penal. Se ele estava preso preventivamente já há um ano e seis meses, o regime de cumprimento de pena deve ser o **aberto**, pois com a detração penal

PROCESSUAL PENAL

a pena privativa de liberdade seria de três anos e seis meses (art. 33, § 2º, c, CP).

- Na sentença penal condenatória, o juiz deve fixar o valor mínimo da indenização devida pelo réu ao ofendido, desde que garantido o contraditório e a ampla defesa entre as partes.
- Nos termos do que estabelece o CPP, a sentença penal em que se reconhece a inimputabilidade do réu tem natureza de **sentença penal absolutória imprópria**, porque, nela, se declara que o réu praticou um fato típico e antijurídico, é **isento de pena**, devendo-se aplicar **medida de segurança**.

Intimação da sentença	I – ao réu, pessoalmente, se estiver preso; II – ao réu, pessoalmente, ou ao defensor por ele constituído, quando se livrar solto, ou, sendo afiançável a infração, tiver prestado fiança; III – ao defensor constituído pelo réu, se este, afiançável, ou não, a infração, expedido o mandado de prisão, não tiver sido encontrado, e assim o certificar o oficial de justiça; IV – mediante edital, nos casos do no II, se o réu e o defensor que houver constituído não forem encontrados, e assim o certificar o oficial de justiça;
Intimação da sentença	V – mediante edital, nos casos do no III, se o defensor que o réu houver constituído também não for encontrado, e assim o certificar o oficial de justiça; VI – mediante edital, se o réu, não tendo constituído defensor, não for encontrado, e assim o certificar o oficial de justiça.

10. ATOS DE COMUNICAÇÃO NO PROCESSO

Espécies de citação no processo penal	a. **pessoalmente** (mandado judicial cumprido por Oficial de Justiça); b. por **hora certa**; c. por **edital**.

- **Não existe citação por carta no processo penal**.
- Na **citação por hora certa**, se o réu não apresentar resposta e/ou constituir advogado, será nomeado defensor dativo em seu favor e segue o feito. **Não há suspensão do feito.**
- Em caso de **citação por edital**, se o réu não apresentar resposta e/ou constituir advogado, serão **suspensos o processo e o prazo prescricional (art. 366, CPP)**.
- O período máximo de suspensão da fluência do prazo prescricional corresponde ao que está fixado no art. 109 do CP, observada a pena máxima cominada para a infração penal (STJ – HC nº 159.429/SP. Rel. Min. Félix Fisher. DJ. 15/06/2010).
- O art. 367, CPP, trata da questão do réu que, citado ou intimado **pessoalmente**, deixa de comparecer no processo. De acordo com a doutrina majoritária se trata da hipótese de **revelia** ou **contumácia** no processo penal.
- Ainda que se trate de revelia, **não se gera o efeito material da revelia**, ou seja, ao contrário do que ocorre no processo civil, no processo penal, **não há presunção de veracidade dos fatos alegados pelo autor na inicial**, pois o direito de liberdade é indisponível, motivo pelo qual se nomeia defensor dativo ao acusado.
- A revelia, contudo, gera o efeito processual, pois, nesse caso, o acusado **deixa de ser intimado pessoalmente** para os atos processuais, sendo intimado apenas o seu defensor.
- **Intimação**: ato de comunicação aos sujeitos processuais sobre fatos já realizados.

Intimação pela imprensa oficial	• defensor constituído; • do advogado do querelante; • e do assistente
Intimação pessoal	• Defensor dativo; • Ministério Público; • Defensoria Pública; • Réu

- **Notificação**: Há doutrinadores que não a diferenciam da intimação. Outros doutrinadores porém afirmam que a notificação se refere a atos futuros, como a ciência de audiência.

11. DOS PROCESSOS EM ESPÉCIE. PROCEDIMENTOS DO CPP. PROCEDIMENTOS ESPECIAIS NA LEGISLAÇÃO EXTRAVAGANTE

11.1. PROCEDIMENTO COMUM

- O legislador estabelece que o procedimento será **comum**:
  (a) **ordinário**: sanção máxima cominada igual ou superior a quatro anos;
  (b) **sumária**: sanção máxima inferior a quatro anos;
  (c) **sumaríssimo:** infrações penais de **menor potencial ofensivo**, previsto na Lei nº 9.099/95.

Procedimento comum	1) Oferecimento de denúncia ou queixa. 2) Recebimento ou Rejeição de denúncia; 3) Se recebida a denúncia, citação do réu e apresentação de resposta à acusação. 4) Ratificação do recebimento da denúncia ou Absolvição Sumária; 5) Ratificado o recebimento da denúncia, há audiência de instrução e julgamento.

- Os processos que apurem a prática de crime hediondo ou violência contra a mulher terão prioridade de tramitação em todas as instâncias.
- Os processos que apurem violência contra a mulher independerão do pagamento de custas, taxas ou despesas processuais, salvo em caso de má-fé.
- Essas isenções aplicam-se apenas à vítima e, em caso de morte, ao cônjuge, ascendente, descendente ou irmão, quando a estes couber o direito de representação ou de oferecer queixa ou prosseguir com a ação.
- O juiz faz um juízo **prévio de admissibilidade** da peça acusatória, verificando se estão presentes as condições da ação e pressupostos processuais. Em caso positivo, **recebe a denúncia** (art.396 do CPP). Caso contrário, há **rejeição da denúncia.**

Hipóteses de rejeição de denúncia (condições da ação e pressupostos processuais)	I – for manifestamente inepta; II – faltar pressuposto processual ou condição para o exercício da ação penal; III – faltar justa causa para o exercício da ação penal.

- No art. 395, III, do CPP, a **justa causa** é elevada à **condição da ação** de forma expressa. Assim, exige-se que haja um mínimo de prova a indicar a **viabilidade** da ação penal, ou seja, uma **probabilidade** de que o denunciado vá ser condenado ao fim do processo.
- Em caso de rejeição de denúncia ou queixa, o Ministério Público poderá se valer de **recurso em sentido estrito** (art. 581, I, CPP).
- Se o juiz receber a denúncia, o procedimento prossegue com citação do réu para oferecer resposta à acusação.
- Hoje, a resposta à acusação tem maior relevância, pois pode o defensor refutar os fatos apresentados na denúncia para que se proceda à **absolvição sumária**.
- A absolvição sumária ocorre **antes** da instrução processual, de modo que só é possível se as hipóteses do art. 397, CPP, estiverem **manifestamente** demonstradas.

Hipóteses de absolvição sumária	• a existência manifesta de causa excludente da ilicitude do fato; • a existência manifesta de causa excludente da culpabilidade do agente, salvo inimputabilidade; • que o fato narrado evidentemente não constitui crime; ou • extinta a punibilidade do agente

- Não sendo o caso de absolvição sumária, o juiz ratifica o recebimento da denúncia, segundo os termos do art. 399 do CPP.
- Em verdade, há um só recebimento da denúncia que é aquele previsto no art. 396 do CPP. No art. **399** do CPP há mera **ratificação** do recebimento da denúncia. Assim, os efeitos do recebimento da denúncia, como interrupção da prescrição, ocorrem no primeiro momento, na fase do art. 396 do CPP.
- Com as reformas do processo penal, o princípio da **oralidade** ganha relevância. De maneira que se dá maior relevância à palavra falada.
- Isso se reflete na **concentração** dos atos processuais (colheita de prova oral, interrogatório, debates e julgamento) em audiência **una**, bem como na adoção do **princípio da identidade física do juiz**, pelo qual, em regra, o juiz que encerra a instrução deve ser aquele que profere a sentença.
- Deveres das partes na audiência, em especial que apuram crimes contra a dignidade sexual: zelar pela integridade física e psicológica da vítima, sob pena de responsabilização civil, penal e administrativa, cabendo ao juiz garantir o cumprimento do disposto neste artigo.

CONDUTAS VEDADAS NA AUDIÊNCIA	I – a manifestação sobre circunstâncias ou elementos alheios aos fatos objeto de apuração nos autos; II – a utilização de linguagem, de informações ou de material que ofendam a dignidade da vítima ou de testemunhas

ADPF 1107 - STF:

> Tese de julgamento: "É inconstitucional a prática de desqualificar a mulher vítima de violência durante a instrução e o julgamento de crimes contra a dignidade sexual e todos os crimes de violência contra a mulher, de modo que é vedada eventual menção, inquirição ou fundamentação sobre a vida sexual pregressa ou ao modo de vida da vítima em audiências e decisões judiciais (CF, arts. 1º, III; 3º, I e IV; 5º, caput e I; 226, § 5º)".

11.2. PROCEDIMENTOS ESPECIAIS

I. Procedimento do Tribunal do Júri

- O Tribunal do Júri é uma garantia constitucional, segundo a qual o réu em crimes de sua competência tem o direito de ser julgado por seus iguais, o jurado ou juiz leigo.
- Postulados constitucionais do Tribunal do Júri:

Postulado	Noção
Plenitude de defesa	é mais "ampla" que a ampla defesa. Constitui-se de defesa técnica, por meio de advogado, e de autodefesa, feita pelo próprio réu. Ambos podem argumentar os mais variados fatos, ainda que não jurídicos.
Sigilo das votações	diante da livre formação da convicção dos jurados, estes devem ter a mais ampla liberdade para formar o veredicto, livre de pressões.

PROCESSUAL PENAL

Soberania dos veredictos	a decisão dos jurados vincula a o juiz togado.
Competência para julgamento dos crimes dolosos contra a vida.	trata-se de uma competência mínima estabelecida pela Constituição Federal. Assim, o legislador pode ampliar a competência do Tribunal do Júri, mas não pode diminuir, excluindo um crime doloso contra a vida.

- Em nome da plenitude da defesa, pode o Juiz-Presidente **dissolver** o Plenário do Júri em razão de **deficiência** da defesa técnica, designando novos audiências e defensor ao acusado.
- **Não** são de competência do Tribunal do Júri o **latrocínio** (roubo seguido de morte, já que, nesse caso, a tutela penal se refere ao patrimônio) e o **genocídio** (em que o homicídio é apenas meio para o agente alcançar seu intento de eliminar uma determinada raça, crença, cultura, etc.).
- O procedimento do Tribunal do Júri é **escalonado** em duas fases: (a) juízo de **admissibilidade**, sumário de culpa, juízo de acusação ou *judicium accusationis*; (b) juízo de **mérito** ou *judicium causae*.
- Decisões ao final do juízo de admissibilidade:

Decisão	Motivação	Recurso
Pronúncia	Prova da materialidade e indícios de autoria de crime doloso contra a vida	Recurso em Sentido Estrito
Impronúncia	O juiz entende que não há prova da materialidade delitiva ou indícios suficientes de autoria por parte do acusado	Apelação
Absolvição Sumária	o juiz analisa o mérito da causa e, manifestamente presente uma causa de absolvição, a promove.	Apelação
Desclassificação	o juiz entende que o crime não é doloso contra a vida e, por isso, remete os Autos ao Juízo competente, que não é o Tribunal do Júri.	Recurso em Sentido Estrito

- **Não há coisa julgada material** no caso de **impronúncia**, já que poderá ser ofertada nova denúncia se surgirem novas provas, desde que não extinta a punibilidade, como a ocorrência de prescrição ou *abolitio criminis*.
- Se o réu comprovadamente **inimputável** alegar que não foi o autor do fato ou que o praticou em legítima defesa, o juiz não pode absolvê-lo sumariamente, devendo o julgamento ser remetido ao Tribunal do Júri, que analisará essas questões.
- A pronúncia **não** é **uma sentença**, mas é decisão interlocutória mista não terminativa, já que marca o fim de uma fase do processo (juízo de admissibilidade) e o início de uma nova fase (juízo de acusação).
- A **pronúncia** tem a função de **limitar a acusação** no Plenário do Júri. Ou seja, o réu não pode ser julgado no Tribunal do Júri por fato que não esteja previsto na pronúncia.

INTIMAÇÃO DA PRONÚNCIA

Intimação pessoal	Intimação através de publicação oficial	Intimação por edital
Ministério Público Defensoria Pública Defensores Dativos Acusado preso Acusado solto	Defensor Constituído Querelante Assistente de Acusação	Acusado não encontrado para intimação pessoal por Oficial de Justiça

- Com a reforma do CPP, o julgamento pode ocorrer se o réu, devidamente intimado, pessoalmente ou por edital, não comparecer. **Não há mais** a chamada **crise de instância**, em que não se realizava o julgamento se o réu não comparecesse.
- **Desaforamento** é o **deslocamento** da competência territorial do processo do Júri para a Comarca mais próxima da originalmente competente para julgar e ocorre, em razão de segurança do julgamento, seja no que se refere à imparcialidade dos jurados, seja em razão de segurança do réu.
- Se os jurados votarem pela materialidade e autoria delitivas, o juiz é **obrigado** a fazer o seguinte quesito: O jurado absolve o acusado? Refere-se a **todas as teses da defesa**: excludente de culpabilidade, de antijuricidade, clemência, etc.
- Há entendimento de que, caso a absolvição no Plenário se dê a partir desse quesito genérico, não é cabível apelação, ainda que tal decisão se mostre manifestamente contrária a prova dos autos, em nome do princípio da soberania dos veredictos.
- O STF (ADPF n. 779) reconheceu que não é possível a alegação de legítima defesa da honra para absolvição com base nesse quesito genérico, por violar os princípios constitucionais da dignidade da pessoa humana, da proteção à vida e da igualdade de gênero. Acolhendo sugestão do ministro Gilmar Mendes, o voto de Toffoli determina que a defesa, a acusação, a autoridade policial e o juízo não podem utilizar, direta ou indiretamente, o argumento da legítima defesa da honra (ou qualquer argumento que induza à tese) nas fases pré-processual ou processual penais nem durante julgamento perante o Tribunal do Júri, sob pena de nulidade do ato e do

julgamento. Na decisão liminar de fevereiro, o impedimento se restringia a advogados de réus.

EXECUÇÃO PROVISÓRIA DA PENA
De acordo com o art. 492, I, *e*, CPP, com redação dada pelo Pacote Anticrime, no caso de condenação a uma pena **igual ou superior a 15 (quinze) anos de reclusão**, determinará a **execução provisória das penas**, com expedição do mandado de prisão, se for o caso, sem prejuízo do conhecimento de recursos que vierem a ser interpostos. Portanto, o legislador adotou o entendimento no sentido de que o princípio da presunção de inocência deve ser mitigado, pois deve ser ponderado com o princípio da soberania dos veredictos. Em caso de condenação **inferior a quinze anos**, o juiz pode decretar ou manter a prisão preventiva do acusado, manifestando-se expressa e fundamentadamente sobre tal ponto.

II. Dos crimes praticados por funcionários públicos contra a Administração em Geral (arts. 312 a 326 CP)

- O procedimento é especial, porque oferecida a denúncia, antes de recebê-la, o juiz determina a **notificação** do denunciado para apresentar defesa **preliminar** e, só depois, recebe a denúncia ou a rejeita. Caso a receba, o procedimento passa a ser o comum.
- A **intimação** para apresentação da **defesa preliminar** é **obrigatória**, **exceto** se a denúncia for baseada em prévio **inquérito policial**.
- Em qualquer caso, o **denunciado não** é **obrigado** a apresentar a defesa preliminar.

11.3. PROCEDIMENTOS NA LEGISLAÇÃO EXTRAVAGANTE

I. Lei nº 9.099/1995 e Lei nº 10.259/2001 e suas alterações (Juizados Especiais Criminais)

- Admite-se a transação penal em **infrações de menor potencial ofensivo** (as contravenções penais e os crimes a que a lei comine pena máxima não superior a 2 (dois) anos, cumulada ou não com multa).
- Competência territorial: é competente o Juízo em que foi praticada a infração penal.
- Os atos processuais do JECRIM são públicos e primam pela informalidade.
- A citação no JECRIM será pessoa e feita na sede do próprio Juizado ou por meio de Oficial de Justiça.
- Não existe citação ficta em JECRIM.
- Caso frustrada a citação pessoal do autor do fato, os autos serão encaminhados ao Juízo Comum.
- O autor do fato deverá tomar ciência, na citação ou na intimação, de que terá de comparecer acompanhado de advogado e, na ausência deste, será nomeado um *ad hoc* para ele.
- Para apuração das infrações penais de menor potencial ofensivo, não se instaura inquérito policial, mas termo circunstanciado.
- A audiência preliminar visa à conciliação para a composição civil dos danos e para a transação penal.
- **Composição civil dos danos**: se refere a possível acordo entre autor do fato e o ofendido ou seu representante legal.
- Se acontecer a composição civil dos danos, em se tratando de **ação penal pública condicionada à representação** e à **ação penal privada**, implica extinção da punibilidade do autor do crime pela **renúncia** do direito de representar e oferecer queixa-crime.
- Caso não haja composição, o ofendido não precisa oferecer representação ou queixa-crime. A decadência se opera no prazo estipulado em lei.
- Em caso de crime de ação penal pública incondicionada ou havendo representação do ofendido, o MP pode oferecer a transação penal, com a aplicação imediata de pena restritiva de direitos ou multa.
- A sentença homologatória da transação penal, em que se aplica pena restritiva de direitos ou multa, **não gera maus antecedentes** e não forma título executivo na esfera cível.

Não se admite a transação penal, se presente ao menos um dos seguintes fatos	• ter sido o autor da infração condenado, pela prática de crime, à pena privativa de liberdade, por sentença definitiva; • ter sido o agente beneficiado anteriormente, no prazo de cinco anos, pela aplicação de pena restritiva ou multa, nos termos deste artigo; • não indicarem os antecedentes, a conduta social e a personalidade do agente, bem como os motivos e as circunstâncias, ser necessária e suficiente a adoção da medida.

- A sentença judicial que homologa a transação penal gera coisa formal. No entanto, não faz coisa julgada material e, se o agente descumprir os termos da transação, a ação penal é reiniciada (STF – RE. nº 602.072/RS – Rel. Min. Cezar Peluso. DJ. 19.11.2009 – Com repercussão geral reconhecida pelo Pleno).
- Não obtida ou impossível a transação penal, a Lei nº 9.099/95 prevê o procedimento sumaríssimo.
- Em regra, a denúncia ou a queixa crime deve ser apresentada **oralmente** na audiência preliminar, com fundamento no apurado no termo circunstanciado.
- Na audiência preliminar, o autor do fato criminoso deverá ser intimado sobre a data da audiência de instrução e julgamento.
- Nenhum ato processual na audiência de instrução e julgamento será adiado, devendo o juiz se valer da condução coercitiva, se necessário for.
- Da decisão judicial que **rejeita** denúncia ou queixa-crime e da **sentença**, cabe recurso de **apelação**.
- A apelação será julgada pelo **Colégio Recursal**, formado por três Juízes de Primeiro Grau.
- O prazo para interposição da apelação é de **dez dias**.

Casos de embargos de declaração	• Obscuridade; • Contradição; • Omissão

- O prazo para interposição da ED é de **cinco dias.**
- **Os embargos de declaração interrompem o prazo para a interposição de recurso.**
- Nas Disposições Finais, a Lei nº 9.099/95 trata da **suspensão condicional do processo**.
- Os crimes que estão sujeitas à suspensão condicional do processo não são apuradas no JECRIM, mas no Juízo Comum.

Requisitos da suspensão condicional do processo	• pena **mínima cominada** for igual ou inferior a um ano; • o acusado não esteja sendo processado ou não tenha sido condenado por outro crime; • demais requisitos da suspensão da pena (art. 77, CP).

- A suspensão do processo terá um prazo de dois a quatro anos e, nesse período, pode ser revogado, se o agente voltar a ser processado. Nos termos da lei, basta mero processo, mas há entendimento de que se depende de condenação transitada em julgado, sob pena de se violar o princípio de presunção de inocência.
- A Lei Maria da Penha **afasta** a aplicação do procedimento do JECRIM, o que foi considerado constitucional pelo STF dada a condição de hipossuficiência e vulnerabilidade da mulher na sociedade e na história do Brasil.

  Aos crimes cometidos contra a criança e o adolescente, independentemente da pena prevista, não se aplica a Lei n. 9.099/95 (Lei nº 14.344/2022).
- Nos crimes previstos no **Estatuto da Pessoa Idosa**, aplica-se o procedimento **sumaríssimo** aos crimes com **pena máxima** que **não ultrapasse os quatro anos**. Porém, o STF entendeu que **não se aplicam os institutos despenalizadores** da Lei nº 9.099/95, como a transação penal e a suspensão condicional do processo (ADI nº 3096/DF – Rela. Mina. Cármen Lúcia. DJ. 16.06.2010).
- **TEMAS 920 de Recursos repetitivos do STJ:** Se descumpridas as condições impostas durante o período de prova da suspensão condicional do processo, o benefício poderá ser revogado, mesmo se já ultrapassado o prazo legal, desde que referente a fato ocorrido durante sua vigência. [...] 2. Da exegese do § 4º do art. 89 da Lei n. 9.099/1995 ("a suspensão poderá ser revogada se o acusado vier a ser processado, no curso do prazo, por contravenção, ou descumprir qualquer outra condição imposta), constata-se ser viável a revogação da suspensão condicional do processo ante o descumprimento, durante o período de prova, de condição imposta, mesmo após o fim do prazo legal.
- **TEMAS 930 de Recursos repetitivos do STJ:** Não há óbice a que se estabeleçam, no prudente uso da faculdade judicial disposta no art. 89, § 2º, da Lei n. 9.099/1995, obrigações equivalentes, do ponto de vista prático, a sanções penais (tais como a prestação de serviços comunitários ou a prestação pecuniária), mas que, para os fins do sursis processual, se apresentam tão somente como condições para sua incidência.

II – Lei Maria da Penha (Lei nº 11.340/2006)

- A Lei Maria da Penha é fruto de compromisso internacional que o Brasil assumiu com o fim de combater a violência doméstica e familiar contra a mulher, sendo que cabe à família, à sociedade e ao Estado implementar os princípios nela formulados.
- Referida Lei atua com a ideia de prevenção à violência, sendo poucos os seus dispositivos referentes à repressão penal.
- É direito da mulher em situação de violência doméstica e familiar, o atendimento especializado por atendimento policial especializado, de preferência por servidores do sexo feminino, previamente capacitados.
- A oitiva da mulher vítima ou de testemunha se dará de forma a se assegurar a sua integridade física e psíquica.
- Nas ações penais públicas condicionadas à representação da ofendida de que trata esta Lei, só será admitida a renúncia à representação perante o juiz, em audiência especialmente designada com tal finalidade, antes do recebimento da denúncia e ouvido o Ministério Público.
- É vedada a aplicação, nos casos de violência doméstica e familiar contra a mulher, de penas de cesta básica ou outras de prestação pecuniária, bem como a substituição de pena que implique o pagamento isolado de multa.

Verificada a existência de risco atual ou iminente à vida ou à integridade física da mulher em situação de violência doméstica e familiar, ou de seus dependentes, o agressor será imediatamente afastado do lar, domicílio ou local de convivência com a ofendida:	I – pela autoridade judicial; II – pelo delegado de polícia, quando o Município não for sede de comarca; ou III – pelo policial, quando o Município não for sede de comarca e não houver delegado disponível no momento da denúncia.

- A Lei Maria da Penha impede a aplicação da Lei nº 9.099/95, o que implica dizer a **impossibilidade de transação penal, suspensão condicional do processo e a ação penal nos crimes de lesão corporal leve e culposo é incondicionada**, em casos de violência doméstica (tese firmada no Tema 713/STF e Tema 177/STJ).

Medidas Protetivas de Urgência	I – conhecer do expediente e do pedido e decidir sobre as medidas protetivas de urgência; II – determinar o encaminhamento da ofendida ao órgão de assistência judiciária, quando for o caso, inclusive para o ajuizamento da ação de separação judicial, de divórcio, de anulação de casamento ou de dissolução de união estável perante o juízo competente; III – comunicar ao Ministério Público para que adote as providências cabíveis. IV – determinar a apreensão imediata de arma de fogo sob a posse do agressor. V – prestação de alimentos provisionais ou provisórios. VI – comparecimento do agressor a programas de recuperação e reeducação; e VII – acompanhamento psicossocial do agressor, por meio de atendimento individual e/ou em grupo de apoio

Medidas que podem ser aplicadas pela Autoridade Policial em caso de violência doméstica e familiar contra a mulher	I – ouvir a ofendida, lavrar o boletim de ocorrência e tomar a representação a termo, se apresentada; II – colher todas as provas que servirem para o esclarecimento do fato e de suas circunstâncias; III – remeter, no prazo de 48 (quarenta e oito) horas, expediente apartado ao juiz com o pedido da ofendida, para a concessão de medidas protetivas de urgência; IV – determinar que se proceda ao exame de corpo de delito da ofendida e requisitar outros exames periciais necessários; V – ouvir o agressor e as testemunhas; VI – ordenar a identificação do agressor e fazer juntar aos autos sua folha de antecedentes criminais, indicando a existência de mandado de prisão ou registro de outras ocorrências policiais contra ele; VI-A – verificar se o agressor possui registro de porte ou posse de arma de fogo e, na hipótese de existência, juntar aos autos essa informação, bem como notificar a ocorrência à instituição responsável pela concessão do registro ou da emissão do porte, nos termos da Lei nº 10.826, de 22 de dezembro de 2003 (Estatuto do Desarmamento); VII – remeter, no prazo legal, os autos do inquérito policial ao juiz e ao Ministério Público.

- O pedido de concessão de medidas protetivas de urgência, feito pelo Ministério Público ou pela ofendida, será decidido pelo juiz, no prazo de quarenta e oito horas após o recebimento dos Autos,

Jurisprudência do STJ: As medidas protetivas de urgência da Lei 11.340/2006 (Lei Maria da Penha) podem ser aplicadas em ação cautelar cível satisfativa, independentemente da existência de inquérito policial ou processo criminal contra o suposto agressor (Informativo 535).

Jurisprudência do STJ: PENAL E PROCESSO PENAL. RECURSO EM HABEAS CORPUS. LESÃO CORPORAL PRATICADA POR FILHA CONTRA MÃE. INAPLICABILIDADE DA LEI MARIA DA PENHA. AUSÊNCIA DE SUBMISSÃO. DESCARACTERIZAÇÃO DA AÇÃO BASEADA NO GÊNERO. RECURSO PARCIALMENTE PROVIDO. (RHC nº 50636/AL. Rel. Min. Ribeiro Dantas. DJ. 28/11/2017)

Nos casos de violência contra a mulher praticados no âmbito doméstico e familiar, é possível a fixação de valor mínimo indenizatório a título de dano moral, desde que haja pedido expresso da acusação ou da parte ofendida, ainda que não especificada a quantia, e independentemente de instrução probatória.

III – Lei de Drogas (Lei nº 11.343/2006)

Conduta do Art. 28, Lei de Drogas (drogas para uso próprio)	será processado e julgado na forma dos arts. 60 e seguintes da Lei nº 9.099, de 26 de setembro de 1995, que dispõe sobre os Juizados Especiais Criminais. não se imporá prisão em flagrante, devendo o autor do fato ser imediatamente encaminhado ao juízo competente ou, na falta deste, assumir o compromisso de a ele comparecer, lavrando-se termo circunstanciado

PROCESSUAL PENAL

Conduta do Art. 28, Lei de Drogas (drogas para uso próprio)	e providenciando-se as requisições dos exames e perícias necessários. Para os fins do disposto no art. 76 da Lei nº 9.099, de 1995, que dispõe sobre os Juizados Especiais Criminais, o Ministério Público poderá propor a aplicação imediata de pena prevista no art. 28 desta Lei, a ser especificada na proposta.

Outras condutas da Lei de Drogas (relacionadas ao tráfico de Drogas): fase policial	**Prisão em Flagrante**: para efeito da lavratura do auto de prisão em flagrante e estabelecimento da materialidade do delito, é suficiente o laudo de constatação da natureza e quantidade da droga, firmado por perito oficial ou, na falta deste, por pessoa idônea.
Outras condutas da Lei de Drogas (relacionadas ao tráfico de Drogas): fase policial	A destruição das drogas apreendidas sem a ocorrência de prisão em flagrante será feita por incineração, no prazo máximo de 30 (trinta) dias contados da data da apreensão, guardando-se amostra necessária à realização do laudo definitivo.

Meios de obtenção de prova específicos da lei de drogas	I – a infiltração por agentes de polícia, em tarefas de investigação, constituída pelos órgãos especializados pertinentes; II – a não atuação policial sobre os portadores de drogas, seus precursores químicos ou outros produtos utilizados em sua produção, que se encontrem no território brasileiro, com a finalidade de identificar e responsabilizar maior número de integrantes de operações de tráfico e distribuição, sem prejuízo da ação penal cabível.

Outras condutas da Lei de Drogas (relacionadas ao tráfico de Drogas): fase judicial	1) Oferecimento de denúncia pelo MP; 2) Juiz determina a **notificação do denunciado** para apresentação de defesa preliminar no prazo de dez dias; 3) **Defesa preliminar**; 4) **Recebida a denúncia**, o juiz designará dia e hora para a audiência de instrução e julgamento, ordenará a citação pessoal do acusado, a intimação do Ministério Público, do assistente, se for o caso, e requisitará os laudos periciais 5) Audiência de instrução, debates e julgamentos. De acordo com Lei de Drogas, o interrogatório é o primeiro ato da audiência. Porém, o STF firmou o entendimento que, em nome dos princípios constitucionais do contraditório e da ampla defesa, o interrogatório deve ser o último ato da audiência. Caso o juiz não prolate a sentença em audiência, o fará no prazo de dez dias

12. NULIDADES

- A nulidade é absoluta nas hipóteses em que o vício é mais grave e se presume o prejuízo à parte. Decorre, em regra, de violação de norma constitucional.
- Já a nulidade é relativa se o vício é menos grave e a parte deve comprovar que sofreu prejuízo.

Princípio	Noção
Da transcendência ou *pas nulité sans grief*	não há nulidade sem prejuízo
Da causalidade	a nulidade de um ato causa a nulidade dos atos que dele dependam ou são consequência.
Do Interesse	somente a parte que for beneficiada com a declaração da nulidade tem interesse em argui-la.
Da convalidação	possibilita a ratificação do ato viciado se foi atingida a sua finalidade.

Instrumentalidade das formas	não se decreta a nulidade se o ato, apesar de viciado, atinge a sua finalidade ou não tenha influenciado na apuração da verdade real.

- A **falta** de defesa gera a **nulidade absoluta** do processo penal.
- Porém, a defesa **deficiente** não gera vício, exceto no caso de Tribunal do Júri em nome do princípio da plenitude da defesa.
- **Defesa colidente**: dois ou mais réus de um processo constituem o mesmo defensor, se os acusados apresentarem versões conflitantes, é caso de **nulidade absoluta.**
- A denúncia alternativa, que é aquela que narra uma conduta que poderia constituir em um ou outro tipo penal, é nula absolutamente, pois implica violação ao postulado da ampla defesa.
- Em caso de incompetência relativa, nenhum ato praticado pelo juiz incompetente é nulo. Já, no caso de incompetência absoluta, implica nulidade dos atos decisórios.
- A ausência de formulação de quesito obrigatório no Tribunal do Júri acarreta nulidade absoluta do julgamento, a qual não se submete aos efeitos da preclusão, mesmo que não tenha sido suscitada na ata de julgamento (STJ - AgRg no AREsp 1.668.151-PR).

13. DOS RECURSOS

- Os recursos encontram fundamento no princípio do duplo grau de jurisdição. Entretanto, esse postulado não é explícito na Constituição Federal, mas está expresso em Convenções Internacionais ratificadas pelo Brasil, como o Pacto de San José da Costa Rica.
- Princípios do sistema de recursal:

Princípio	Noção
Voluntariedade	O recurso é ato de iniciativa voluntária da parte sucumbente.
Princípio	**Noção**
Taxatividade	O recurso deve estar previsto no ordenamento jurídico.
Unirrecorribilidade	Em regra, em face de uma decisão, cabe somente um recurso.
Fungibilidade	Se uma parte interpuser o recurso errado, pode-se reconhecê-lo como sendo o certo, desde que não haja má-fé, erro grosseiro e dentro do prazo do recurso certo.
Vedação da *reformatio in pejus*	A parte que interpôs o recurso não pode ver sua situação piorada em razão deste recurso.

- Em todos os julgamentos em matéria penal ou processual penal em órgãos colegiados, **HAVENDO EMPATE**, prevalecerá a **DECISÃO MAIS FAVORÁVEL AO INDIVÍDUO IMPUTADO**, proclamando-se de imediato esse resultado, ainda que, nas hipóteses de vaga aberta a ser preenchida, de impedimento, de suspeição ou de ausência, tenha sido o julgamento tomado sem a totalidade dos integrantes do colegiado.
- Ao Ministério Público, são **vedadas** a renúncia e a desistência dos recursos.
- **TEMA 959 DOS RECURSOS REPETITIVOS DO STJ:** O termo inicial da contagem do prazo para impugnar decisão judicial é, para o Ministério Público, a data da entrega dos autos na repartição administrativa do órgão, sendo irrelevante que a intimação pessoal tenha se dado em audiência, em cartório ou por mandado.
- No processo penal, réu e defensor são intimados para manifestar se desejam ou não recorrer. Em caso de **conflito** entre a defesa pessoal e a técnica (por exemplo, o réu manifesta que quer recorrer e o advogado renúncia ao direito de recorrer) **prevalece a vontade daquele que quer recorrer.**
- **Deserção**: é forma anormal de extinção do recurso ante o não cumprimento pelo recorrente de um ônus processual, como o recolhimento das taxas recursais.
- A fuga do recorrente deixou de ser considerada caso de deserção pela Lei nº 12.403/2011, na esteira de decisões dos Tribunais Superiores no sentido que tal penalidade violava o princípio da ampla defesa.
- **Efeito extensivo do recurso**: em hipótese de concurso de agentes, a decisão do recurso beneficia o réu que não recorreu em questão de caráter não pessoal. Por exemplo: o apelante alega que absolvição porque o fato é atípico. Neste caso, o Tribunal, ao acolher a sua tese, reforma a sentença, absolvendo o recorrente e o réu que não recorreu.
- Prazos de interposição de recursos:

RECURSO	PRAZO
Apelação	5 dias
Apelação em contravenção penal	3 dias
Recurso em sentido estrito	5 dias
Carta testemunhável	48 horas
Correição Parcial	5 dias
Embargos de declaração	2 dias
Embargos Infringentes e de Nulidade	10 dias

PROCESSUAL PENAL

RECURSO	PRAZO
Recursos Especial e Extraordinário	15 dias
Agravo em Execução	5 dias
Recurso Apelação (JECRIM)	10 dias

- O termo inicial da contagem do prazo para impugnar decisão judicial é, para o Ministério Público, a data da entrega dos autos na repartição administrativa do órgão, sendo irrelevante que a intimação pessoal tenha se dado em audiência, em cartório ou por mandado (Tese 959 do STJ).

I. Apelação.

- Sua interposição pode ser feita por meio de **petição** ou por **termo** nos autos, ou seja, não depende de rigor formal, bastando manifestação de inconformismo pela parte com a decisão impugnada.
- O réu pode interpor recurso de apelação, mesmo que não tenha capacidade postulatória (não seja advogado).
- As razões de apelação podem ser apresentadas no mesmo momento da interposição do recurso ou, em separado, no prazo de oito dias.
- A apelação interposta pelo réu pode ser conhecida pelo tribunal ainda que não acompanhada das respectivas razões.
- Os limites da matéria impugnada são definidos nas razões de recurso, quando se instaura a dialética que caracteriza o contraditório (STJ).
- No caso de apelação contra decisão tomada pelo Tribunal do Júri, o princípio da soberania dos veredictos restringe as matérias que podem ser ventiladas no recurso, bem como a competência do Tribunal para reformar a sentença:

RAZÕES DA APELAÇÃO NO JURI	CONSEQUÊNCIA
Nulidade superveniente à pronúncia	Novo julgamento pelo Tribunal do Júri
A sentença do Juiz-Presidente contrariar dispositivo legal ou a decisão dos jurados	O Tribunal de Segundo Grau competente para julgar o recurso corrige a interpretação feita pelo Juiz.
Ocorrer equívoco na imposição da pena ou da medida de segurança	O Tribunal de Segundo Grau competente para julgar o recurso corrige a interpretação feita pelo Juiz.
A decisão dos jurados for manifestamente contrária às provas dos autos.	Novo julgamento pelo Tribunal do Júri.

- A apelação interposta com fundamento na decisão dos jurados manifestamente contrária às provas dos autos só pode ser interposta uma única vez.
- A apelação contra sentença absolutória nunca terá efeito suspensivo, devendo ser o réu colocado em liberdade.
- A apelação contra sentença condenatória ou absolutória imprópria (impõe medida de segurança) terá efeito suspensivo, em face do princípio de presunção de inocência.

II. Recurso em sentido estrito (RESE)

- O RESE é cabível somente diante das decisões previstas no **rol taxativo** do art. 581 do CPP.
- Cabe RESE contra a decisão ou despacho que **não receber** a denúncia ou queixa. Contra a decisão que **receber** a denúncia ou queixa **não cabe recurso, mas *habeas corpus*.**
- No **JECRIM**, contra a decisão que rejeitar a denúncia ou queixa, cabe **recurso de apelação**.
- Contra qualquer decisão tomada no Juízo das Execuções Penais, não cabe mais RESE e, sim, **Agravo em Execução**.
- No RESE, há **efeito regressivo**. Assim, o juiz que proferiu a decisão impugnada pode se retratar.

III. Carta testemunhável.

- Só pode ser interposta por petição dirigida ao **escrivão ou diretor** de secretária da Vara.
- Cabe contra a decisão do juiz que **não admitir** o prosseguimento de um **recurso** interposto, com **exceção** da decisão que não conhecer o recurso de **apelação** contra a qual caberá **RESE**.

IV. Correção parcial

- A correição parcial cabe contra decisão que **tumultue** o andamento do processo, desde que não caiba outro recurso contra a mesma decisão.
- Seu procedimento não está previsto no CPP, mas nos **Regimentos Internos** dos Tribunais.

V. Embargos de declaração (ED)

- Interpostos contra a decisão obscura, contraditória, omissa ou ambígua.
- Em regra, não tem efeito modificativo (infringente) sobre a decisão impugnada. Pode haver tal efeito, se for consequência da correção da irregularidade, quando deve-se oportunizar a prévia manifestação da parte contrária.
- A interposição do ED **interrompe** o prazo do recurso principal. Assim, apresentados ED contra a sentença, o prazo para apelação é interrompido, começando a correr novamente da intimação da decisão que julgou os ED.
- No JECRIM, a partir das alterações feitas pelo novo CPC, a interposição de ED **interrompe** o prazo para interposição do recurso inominado.

VI. Embargos de nulidade e/ou infringentes.

- Trata-se de recurso **privativo da defesa** e cabe contra Acórdão não unânime do Tribunal que for desfavorável ao réu, proferido em Apelação ou RESE.
- Trata-se de um mesmo recurso, sendo infringentes em relação ao mérito da causa e de nulidade se refere a algum vício processual.

VII. Recurso especial e recurso extraordinário

- Trata-se de **exceção** ao princípio recursal da **unirrecorribilidade** na medida em que, contra a decisão podem ser interpostos um recurso ao STJ e outro ao STF.

- Não se discutem mais os fatos decididos pelo Tribunal, mas apenas o Direito, constitucional (STF) ou infraconstitucional (STJ).
- No entanto, o STF decidiu, recentemente, por maioria de votos, que a interposição de recurso especial e/ou de recurso extraordinário não impedem o início de cumprimento de pena.

VIII. Agravo em execução

- Recurso a ser interposto **contra qualquer decisão em incidente de execução penal**, como a decisão que nega a unificação de penas ou a progressão de regimes, etc.

14. AÇÕES AUTÔNOMAS DE IMPUGNAÇÃO

I. *Habeas corpus* e seu processo.

- Pode ser interposto **a qualquer momento**: Inquérito Policial, durante a Ação Judicial ou mesmo após o trânsito em julgado da sentença penal condenatória desde que vise sanar **ameaça ou violação ao direito de liberdade de locomoção.**
- **Não cabe** *habeas corpus* em que a única pena cominada ou aplicada for a de **multa**.
- Em regra, para o **trancamento do Inquérito Policial**, cabe *habeas corpus* ao **Juízo de Direito de Primeiro Grau**.
- Mas, se o inquérito for instaurado por meio de **requisição do Juiz ou do Ministério Público** caberá *habeas corpus* ao **Tribunal de Segundo Grau**.
- Tem-se por **paciente a pessoa física** cuja liberdade se visa resguardar.
- Pessoa jurídica **não pode ser paciente em HC, mesmo em relação aos crimes ambientais, pois a ela não se aplicam penas privativas de liberdade.**
- o Ministério Público, na qualidade de fiscal da correta aplicação da lei penal e processual penal (*custos legis*) **tem legitimidade** ativa para impetrar com *habeas corpus* em favor do réu.
- o Delegado de Polícia **não pode** impetrar com *habeas corpus* em favor do investigado
- o Juiz de Direito **não tem legitimidade** para impetrar *habeas corpus*, pois ele goza de poder jurisdicional para cessar a ilegalidade do ato, concedendo a ordem de ofício ou mediante provocação
- No âmbito de sua competência jurisdicional, qualquer autoridade judicial poderá expedir de ofício ordem de habeas corpus, individual ou coletivo, quando, no curso de qualquer processo judicial, verificar que, por violação ao ordenamento jurídico, alguém sofre ou se acha ameaçado de sofrer violência ou coação em sua liberdade de locomoção.
- A ordem de habeas corpus poderá ser concedida de ofício pelo juiz ou pelo tribunal em processo de competência originária ou recursal, ainda que não conhecidos a ação ou o recurso em que veiculado o pedido de cessação de coação ilegal.

Espécies	Conceito
Preventivo	Há ameaça iminente de coação ilegal
Repressivo	O paciente se encontra preso ilegalmente
Suspensivo	Já existe o constrangimento ilegal, mas a pessoa ainda não foi presa
Profilático	Imediatamente, visa sanar a nulidade e, mediatamente, evitar a coação decorrente dessa nulidade

- A tramitação do *habeas corpus* é marcada pela celeridade. Dessa forma, não há espaço para produção de provas, devendo os fatos que fundamentam o pedido do autor estar demonstrados no momento da impetração do *writ*, geralmente, por meio de prova documental
- Em regra, não cabe *habeas corpus* contra decisão liminar tomada monocraticamente por Ministro Relator de Tribunal Superior (Súmula 691, STF). Somente, se a violação ao direito de locomoção for flagrante é que se torna possível o STF conceder a ordem contra decisão liminar de relator.

II. Revisão criminal

- Não se trata de um recurso, mas de ação autônoma que visa desconstituir sentença penal transitada em julgado.

Hipóteses de revisão	I – quando a sentença condenatória for contrária ao texto expresso da lei penal ou à evidência dos autos; II – quando a sentença condenatória se fundar em depoimentos, exames ou documentos comprovadamente falsos;
Hipóteses de revisão	III – quando, após a sentença, se descobrirem novas provas de inocência do condenado ou de circunstância que determine ou autorize diminuição especial da pena.

- A revisão poderá ser requerida em qualquer tempo, antes da extinção da pena ou após.
- A revisão poderá ser pedida pelo próprio réu ou por procurador legalmente habilitado ou, no caso de morte do réu, pelo cônjuge, ascendente, descendente ou irmão.
- Julgando procedente a revisão, o tribunal poderá alterar a classificação da infração, absolver o réu, modificar a pena ou anular o processo.
- Também poderá ser fixada indenização no caso de comprovados danos ao condenado que pediu a revisão criminal.

NÃO cabe indenização	a) se o erro ou a injustiça da condenação proceder de ato ou falta imputável ao próprio impetrante, como a confissão ou a ocultação de prova em seu poder; b) se a acusação houver sido meramente privada.

III. MANDADO DE SEGURANÇA

- O mandado de segurança tem aplicação subsidiária: só é cabível, se não for o caso de habeas corpus ou habeas data.
- Aqui, cabe enumerar alguns casos em que o mandado de segurança é o remédio constitucional adequado para afastar lesão ou ameaça a direito líquido e certo em matéria processual penal.
- Temos, em primeiro lugar, o cabimento do mandado de segurança, quando o paciente for pessoa jurídica. A estas, não se aplicam penas privativas de liberdade. Logo, não é possível a impetração de habeas corpus em seu favor, sendo manejável o mandado de segurança, para o trancamento de inquérito policial ou no curso de ação penal, que apuram crime ambiental.
- O mandado de segurança também é cabível nas hipóteses em que a lei não prevê recurso contra a decisão da autoridade judicial, como, por exemplo, contra a decisão que indefere a habilitação do assistente de acusação, da decisão que decretar o sequestro do bem ou ainda que indeferir a restituição da coisa apreendida.
- Por outro lado, caso caiba recurso contra a decisão, não se admite o mandado de segurança se a parte perdeu o prazo processual ou, de qualquer outra forma, a decisão judicial foi atingida pela preclusão.
- Nada impede o manejo do *mandamus* para que se dê efeito suspensivo ao recurso anteriormente interposto pela parte.
- Além disso, é possível a impetração de mandado de segurança ainda em sede de inquérito policial, quando, por exemplo, a autoridade policial não permitir que o advogado tenha acesso aos autos da investigação, em desrespeito à Súmula Vinculante nº 14 do STF.

SÚMULAS APLICÁVEIS

STF

INQUÉRITO POLICIAL

Súmula Vinculante 14**:** É direito do defensor, no interesse do representado, ter acesso amplo aos elementos de prova que, já documentados em procedimento investigatório realizado por órgão de com competência de polícia judiciária, digam respeito ao exercício do direito de defesa.

Súmula 524 do STF: Arquivado o inquérito policial, por despacho do juiz, a requerimento do Promotor de Justiça, não pode a ação penal ser iniciada, sem novas provas.

AÇÃO PENAL

Súmula 554 do STF**:** O pagamento de cheque emitido sem provisão de fundos, após o recebimento da denúncia, não obsta ao prosseguimento da ação penal.

Súmula 609 do STF**:** É pública incondicionada a ação penal por crime de sonegação fiscal.

Súmula 709 do STF**:** Salvo quando nula a decisão de primeiro grau, o acórdão que provê o recurso contra a rejeição da denúncia vale, desde logo, pelo recebimento dela.

Súmula 714 do STF**:** É concorrente a legitimidade do ofendido, mediante queixa, e do Ministério Público, condicionada à representação do ofendido, para a ação penal por crime contra a honra de servidor público em razão do exercício de suas funções.

Súmula 594 do STF**:** Os direitos de queixa e de representação podem ser exercidos, independentemente, pelo ofendido ou por seu representante legal.

COMPETÊNCIA

Súmula Vinculante 36**:** Compete à Justiça Federal comum processar e julgar civil denunciado pelos crimes de falsificação e de uso de documento falso quando se tratar de falsificação da Caderneta de Inscrição e Registro (CIR) ou de Carteira de Habilitação de Amador (CHA), ainda que expedidas pela Marinha do Brasil.

Súmula 555 do STF**:** É competente o tribunal de justiça para julgar conflito de jurisdição entre juiz de direito do Estado e a justiça militar local.

Súmula 522 do STF**:** Salvo ocorrência de tráfico com o exterior, quando, então, a competência será da Justiça Federal, compete à justiça dos Estados o processo e o julgamento dos crimes relativos a entorpecentes.

Súmula 521 do STF**:** O foro competente para o processo e julgamento dos crimes de estelionato, sob a modalidade da emissão dolosa de cheque sem provisão de fundos, é o do local onde se deu a recusa do pagamento pelo sacado.

Súmula 498 do STF**:** Compete à justiça dos Estados, em ambas as instâncias, o processo e o julgamento dos crimes contra a economia popular.

Súmula 704 do STF**:** Não viola as garantias do juiz natural, da ampla defesa e do devido processo legal a atração por continência ou conexão do processo do corréu ao foro por prerrogativa de função de um dos denunciados.

Súmula 703 do STF: A extinção do mandato do prefeito não impede a instauração de processo pela prática dos crimes previstos no art. 1º do DL 201/67.

Súmula 702 do STF**:** A competência do tribunal de justiça para julgar prefeitos restringe-se aos crimes de competência da justiça comum estadual; nos demais casos, a competência originária caberá ao respectivo tribunal de segundo grau.

Súmula 451 do STF**:** A competência especial por prerrogativa de função não se estende ao crime cometido após a cessação definitiva do exercício funcional.

PRISÃO E OUTRAS MEDIDAS CAUTELARES CONTRA A PESSOA DO ACUSADO

Súmula Vinculante 11: Só é lícito o uso de algemas em casos de resistência e de fundado receio de fuga ou de perigo à integridade física própria ou alheia, por parte do preso ou de terceiros, justificada a excepcionalidade por escrito, sob pena de responsabilidade disciplinar, civil e penal do agente ou da autoridade e de nulidade da prisão ou do ato processual a que se refere, sem prejuízo da responsabilidade civil do Estado.

Súmula 697 do STF: A proibição de liberdade provisória nos processos por crimes hediondos não veda o relaxamento da prisão processual por excesso de prazo.

DOS ATOS DE COMUNICAÇÃO DOS ATOS PROCESSUAIS

Súmula 273 do STF: Intimada a defesa da expedição da carta precatória, torna-se desnecessária intimação da data da audiência no juízo deprecado.

Súmula 710 do STF: No processo penal, contam-se os prazos da data da intimação, e não da juntada aos autos do mandado ou da carta precatória ou de ordem

DA SENTENÇA

Súmula 453 do STF: Não se aplicam à segunda instância o art. 384 e parágrafo único do Código de Processo Penal, que possibilitam dar nova definição jurídica ao fato delituoso, em virtude de circunstância elementar não contida, explícita ou implicitamente, na denúncia ou queixa.

PROCEDIMENTO DO TRIBUNAL DO JÚRI

Súmula 721 do STF: A competência constitucional do tribunal do júri prevalece sobre o foro por prerrogativa de função estabelecido exclusivamente pela constituição estadual.

Súmula 603 do STF: A competência para o processo e julgamento de latrocínio é do juiz singular e não do tribunal do júri.

Súmula 206 do STF: É nulo o julgamento ulterior pelo júri com a participação de jurado que funcionou em julgamento anterior do mesmo processo.

Súmula 156 do STF: É absoluta a nulidade do julgamento, pelo júri, por falta de quesito obrigatório.

DO JUIZADO ESPECIAL CRIMINAL (JECRIM)

Súmula Vinculante 35: A homologação da transação penal prevista no artigo 76 da Lei 9.099/1995 não faz coisa julgada material e, descumpridas suas cláusulas, retoma-se a situação anterior, possibilitando-se ao Ministério Público a continuidade da persecução penal mediante oferecimento de renúncia ou requisição de inquérito policial.

Súmula 723 do STF: Não se admite a suspensão condicional do processo por crime continuado, se a soma da pena mínima da infração mais grave com o aumento mínimo de um sexto for superior a um ano.

Súmula 696 do STF: Reunidos os pressupostos legais permissivos da suspensão condicional do processo, mas se recusando o promotor de justiça a propô-la, o juiz, dissentindo, remeterá a questão ao procurador-geral, aplicando-se por analogia o art. 28 do Código de Processo Penal.

NULIDADES NO PROCESSO PENAL

Súmula 712 do STF: É nula a decisão que determina o desaforamento de processo da competência do júri sem audiência da defesa.

Súmula 708 do STF: É nulo o julgamento da apelação se, após a manifestação nos autos da renúncia do único defensor, o réu não foi previamente intimado para constituir outro.

Súmula 707 do STF: Constitui nulidade a falta de intimação do denunciado para oferecer contra-razões ao recurso interposto da rejeição da denúncia, não a suprindo a nomeação de defensor dativo.

Súmula 706 do STF: É relativa a nulidade decorrente da inobservância da competência penal por prevenção.

Súmula 523 do STF: No processo penal, a falta da defesa constitui nulidade absoluta, mas a sua deficiência só o anulará se houver prova de prejuízo para o réu.

Súmula 366 do STF: Não é nula a citação por edital que indica o dispositivo da lei penal, embora não transcreva a denúncia ou queixa, ou não resuma os fatos em que se baseia.

Súmula 351 do STF: É nula a citação por edital de réu preso na mesma unidade da federação em que o juiz exerce a sua jurisdição.

Súmula 160 do STF: É nula a decisão do tribunal que acolhe, contra o réu, nulidade não arguida no recurso da acusação, ressalvados os casos de recurso de ofício.

Súmula 155 do STF: É relativa a nulidade do processo criminal por falta de intimação da expedição de precatória para inquirição de testemunha.

RECURSOS E AÇÕES AUTÔNOMAS DE IMPUGNAÇÃO

Súmula 713 do STF: O efeito devolutivo da apelação contra decisões do júri é adstrito aos fundamentos da sua interposição.

Súmula 705 do STF: A renúncia do réu ao direito de apelação, manifestada sem a assistência do defensor, não impede o conhecimento da apelação por este interposta.

Súmula 700 do STF: É de cinco dias o prazo para interposição de agravo contra decisão do juiz da execução penal.

Súmula 699 do STF: O prazo para interposição de agravo, em processo penal, é de cinco dias, de acordo com a Lei 8.038/90, não se aplicando o disposto a respeito nas alterações da Lei 8.950/94 ao Código de Processo Civil.

Súmula 448 do STF: O prazo para o assistente recorrer, supletivamente, começa a correr imediatamente após o transcurso do prazo do Ministério Público.

Súmula 431 do STF: É nulo o julgamento de recurso criminal, na segunda instância, sem prévia intimação, ou publicação da pauta, salvo em habeas-corpus.

Súmula 210 do STF: O assistente do Ministério Público pode recorrer, inclusive extraordinariamente, na ação penal, nos casos dos arts. 584, § 1º e 598 do Código de Processo Penal.

Súmula 393 do STF: Para requerer revisão criminal, o condenado não é obrigado a recolher-se à prisão.

Súmula 695 do STF: Não cabe habeas corpus quando já extinta a pena privativa de liberdade.

Súmula 694 do STF: Não cabe habeas corpus contra a imposição da pena de exclusão de militar ou de perda de patente ou de função pública.

Súmula 693 do STF: Não cabe habeas corpus contra decisão condenatória a pena de multa, ou relativo a processo em curso por infração penal a que a pena pecuniária seja a única cominada.

Súmula 692 do STF: Não se conhece de habeas corpus contra omissão de relator de extradição, se fundado em fato ou direito estrangeiro cuja prova não constava dos autos, nem foi ele provocado a respeito.

Súmula 691 do STF: Não compete ao Supremo Tribunal Federal conhecer de habeas corpus impetrado contra decisão do relator que, em habeas corpus requerido a tribunal superior, indefere a liminar.

Súmula 606 do STF: Não cabe habeas corpus originário para o Tribunal Pleno de decisão de turma, ou do plenário, proferida em habeas corpus ou no respectivo recurso.

Súmula 395 do STF: Não se conhece de recurso de habeas corpus cujo objeto seja resolver sobre o ônus das custas, por não estar mais em causa a liberdade de locomoção.

Súmula 344 do STF: Sentença de primeira instância concessiva de "habeas corpus", em caso de crime praticado em detrimento de bens, serviços ou interesses da União, está sujeita a recurso "ex officio".

Súmula 208 do STF: O assistente do Ministério Público não pode recorrer, extraordinariamente, de decisão concessiva de habeas-corpus.

EXECUÇÃO CRIMINAL

Súmula Vinculante 9: O disposto no artigo 127 da Lei nº 7.210/1984 (Lei de Execução Penal) foi recebido pela ordem constitucional vigente, e não se lhe aplica o limite temporal previsto no caput do artigo 58.

Súmula Vinculante 26: Para efeito de progressão de regime no cumprimento de pena por crime hediondo, ou equiparado, o juízo da execução observará a inconstitucionalidade do art. 2º da Lei n. 8.072, de 25 de julho de 1990, sem prejuízo de avaliar se o condenado preenche, ou não, os requisitos objetivos e subjetivos do benefício, podendo determinar, para tal fim, de modo fundamentado, a realização de exame criminológico.

Súmula Vinculante 56: A falta de estabelecimento penal adequado não autoriza a manutenção do condenado em regime prisional mais gravoso, devendo-se observar, nessa hipótese, os parâmetros fixados no RE 641.320/RS.

STJ

INQUÉRITO POLICIAL

Súmula 234 do STJ: A participação de membro do Ministério Público na fase investigatória criminal não acarreta o seu impedimento ou suspeição para o oferecimento da denúncia.

COMPETÊNCIA

Súmula 542 do STJ: A ação penal relativa ao crime de lesão corporal resultante de violência doméstica contra a mulher é pública incondicionada.

Súmula 209 do STJ: Compete à justiça estadual processar e julgar prefeito por desvio de verba transferida e incorporada ao patrimônio municipal.

Súmula 208 do STJ: Compete à justiça federal processar e julgar prefeito municipal por desvio de verba sujeita a prestação de contas perante órgão federal.

Súmula 172 do STJ: Compete à justiça comum processar e julgar militar por crime de abuso de autoridade, ainda que praticado em serviço.

Súmula 90 do STJ: Compete à justiça estadual militar processar e julgar o policial militar pela prática do crime militar, e à comum pela prática do crime comum simultâneo àquele.

Súmula 75 do STJ: Compete à justiça comum estadual processar e julgar o policial militar por crime de promover ou facilitar a fuga de preso de estabelecimento penal.

Súmula 53 do STJ: Compete à justiça comum estadual processar e julgar civil acusado de prática de crime contra instituições militares estaduais.

Súmula 6 do STJ: Compete à justiça comum estadual processar e julgar delito decorrente de acidente de trânsito envolvendo viatura de polícia militar, salvo se autor e vítima forem policiais militares em situação de atividade.

Súmula 147 do STJ: Compete à justiça federal processar e julgar os crimes praticados contra funcionário público federal, quando relacionados com o exercício da função.

Súmula 140 do STJ: Compete à justiça comum estadual processar e julgar crime em que o indígena figure como autor ou vítima.

Súmula 122 do STJ: Compete à justiça federal o processo e julgamento unificado dos crimes conexos de competência federal e estadual, não se aplicando a regra do art. 78, II, "a", do Código de Processo Penal.

Súmula 107 do STJ: Compete à justiça comum estadual processar e julgar crime de estelionato praticado mediante falsificação das guias de recolhimento das contribuições previdenciárias, quando não ocorrente lesão à autarquia federal.

Súmula 104 do STJ: Compete à justiça estadual o processo e julgamento dos crimes de falsificação e uso de documento falso relativo a estabelecimento particular de ensino.

Súmula 62 do STJ: Compete à justiça estadual processar e julgar o crime de falsa anotação na Carteira de Trabalho e Previdência Social, atribuído a empresa privada.

Súmula 42 do STJ: Compete à justiça comum estadual processar e julgar as causas cíveis em que é parte sociedade de economia mista e os crimes praticados em seu detrimento.

Súmula 38 do STJ: Compete à justiça estadual comum, na vigência da Constituição de 1988, o processo por contravenção penal, ainda que praticada em detrimento de bens, serviços ou interesse da União ou de suas entidades.

Súmula 244 do STJ: Compete ao foro do local da recusa processar e julgar o crime de estelionato mediante cheque sem provisão de fundos.

Súmula 200 do STJ: O juízo federal competente para processar e julgar acusado de crime de uso de passaporte falso é o do lugar onde o delito se consumou.

Súmula 165 do STJ: Compete à justiça federal processar e julgar crime de falso testemunho cometido no processo trabalhista.

Súmula 151 do STJ: A competência para o processo e julgamento por crime de contrabando ou descaminho define-se pela prevenção do juízo federal do lugar da apreensão dos bens.

Súmula 59 do STJ: Não há conflito de competência se já existe sentença com trânsito em julgado, proferida por um dos juízos conflitantes.

Súmula 48 do STJ: Compete ao juízo do local da obtenção da vantagem ilícita processar e julgar crime de estelionato cometido mediante falsificação de cheque.

Súmula 546 do STJ: A competência para processar e julgar o crime de uso de documento falso é firmada em razão da entidade ou órgão ao qual foi apresentado o documento público, não importando a qualificação do órgão expedidor.

PROVA NO PROCESSO PENAL

Súmula 455 do STJ: A decisão que determina a produção antecipada de provas com base no art. 366 do CPP deve ser concretamente fundamentada, não a justificando unicamente o mero decurso do tempo.

PRISÃO E OUTRAS MEDIDAS CAUTELARES CONTRA A PESSOA DO ACUSADO

Súmula 64 do STJ: Não constitui constrangimento ilegal o excesso de prazo na instrução, provocado pela defesa.

Súmula 52 do STJ: Encerrada a instrução criminal, fica superada a alegação de constrangimento por excesso de prazo.

Súmula 21 do STJ: Pronunciado o réu, fica superada a alegação do constrangimento ilegal da prisão por excesso de prazo na instrução.

Súmula 81 do STJ: Não se concede fiança quando, em concurso material, a soma das penas mínimas cominadas for superior a dois anos de reclusão.

DA SENTENÇA

Súmula 545 do STJ: Quando a confissão for utilizada para a formação do convencimento do julgador, o réu fará jus à atenuante prevista no art. 65, III, d, do Código Penal.

Súmula 347 do STJ: O conhecimento de recurso de apelação do réu independe de sua prisão.

PROCEDIMENTOS ESPECIAIS

Súmula 330 do STJ: É desnecessária a resposta preliminar de que trata o art. 514 do Código de Processo Penal, na ação penal instruída por inquérito policial.

DO JUIZADO ESPECIAL CRIMINAL (JECRIM)

Súmula 337 do STJ: É cabível a suspensão condicional do processo na desclassificação do crime e na procedência parcial da pretensão punitiva.

Súmula 243 do STJ: O benefício da suspensão do processo não é aplicável em relação às infrações penais cometidas em concurso material, concurso formal ou continuidade delitiva, quando a pena mínima cominada, seja pelo somatório, seja pela incidência da majorante, ultrapassar o limite de um (01) ano.

Súmula 536 do STJ: A suspensão condicional do processo e a transação penal não se aplicam na hipótese de delitos sujeitos ao rito da Lei Maria da Penha.

RECURSOS E AÇÕES AUTÔNOMAS DE IMPUGNAÇÃO

Súmula 604 do STJ: O mandado de segurança não se presta para atribuir efeito suspensivo a recurso criminal interposto pelo Ministério Público.

Súmula 347 do STJ: O conhecimento de recurso de apelação do réu independe de sua prisão.

EXECUÇÃO CRIMINAL

Súmula 639 do STJ: Não fere o contraditório e o devido processo decisão que, sem ouvida prévia da defesa, determine transferência ou permanência de custodiado em estabelecimento penitenciário federal.

Súmula 643 do STJ: A execução da pena restritiva de direitos depende do trânsito em julgado da condenação.

Súmula 491 do STJ: É inadmissível a chamada progressão per saltum de regime prisional.

Súmula 535 do STJ: A prática de falta grave não interrompe o prazo para fim de comutação de pena ou indulto.

Súmula 534 do STJ: A prática de falta grave interrompe a contagem do prazo para a progressão de regime de cumprimento de pena, o qual se reinicia a partir do cometimento dessa infração.

Súmula 533 do STJ: Para o reconhecimento da prática de falta disciplinar no âmbito da execução penal, é imprescindível a instauração de procedimento administrativo pelo diretor do estabelecimento prisional, assegurado o direito de defesa, a ser realizado por advogado constituído ou defensor público nomeado.

Súmula 526 do STJ**:** O reconhecimento de falta grave decorrente do cometimento de fato definido como crime doloso no cumprimento da pena prescinde do trânsito em julgado de sentença penal condenatória no processo penal instaurado para apuração do fato.

Súmula 520 do STJ**:** O benefício de saída temporária no âmbito da execução penal é ato jurisdicional insuscetível de delegação à autoridade administrativa do estabelecimento prisional.

Súmula 562 do STJ**:** É possível a remição de parte do tempo de execução da pena quando o condenado, em regime fechado ou semiaberto, desempenha atividade laborativa, ainda que extramuros.

DIREITO CIVIL

Luciano L. Figueiredo e Roberto L. Figueiredo

PARTE GERAL

1. LINDB

O QUE É A LINDB?

Consiste em uma **norma jurídica autônoma** aplicável sobre todo o Ordenamento Jurídico, e não apenas ao Direito Civil.

EXISTÊNCIA X VALIDADE X VIGÊNCIA DA NORMA

A **promulgação** (aprovação) da norma, somada à sua consequente **publicação**, gera **existência e validade** da mesma, mas não se confundem com a vigência, **que diz respeito à obrigatoriedade (plano dos efeitos).** Validade não se confunde com eficácia.

A **validade** da norma é o estado de consonância desta com o sistema jurídico na perspectiva **material e formal**. Uma norma para ser considerada válida deverá guardar plena harmonia com as disposições da Constituição Federal de 1988, bem como com as leis infraconstitucionais (**perspectiva material ou validade material**), tendo sido elaborada de acordo com o devido processo legislativo (**perspectiva formal ou validade formal**).

A regra geral é que haja, entre a publicação (existência e validade) e a vigência (eficácia/coercibilidade) normativa, um intervalo de tempo no qual a norma existe, é **válida, mas** ainda **não produz efeitos**. A isto se denomina ***vacatio legis***, sendo, em regra, de **45 (quarenta e cinco) dias para o território nacional e 3 (três) meses para o território estrangeiro** (art. 1º LINDB). A *vacatio legis* também poderá ser fixada pelo legislador em outro prazo qualquer.

Desta forma, o prazo da *vacatio legis* previsto na LINDB incidirá apenas na hipótese de **omissão** do legislador; ou seja: se este não prever, na própria lei publicada, prazo distinto.

Exemplos de Autodeclaração!	
Estatuto da Pessoa com Deficiência (Lei Federal nº 13.146 de 06 de julho de 2015)	"Art. 127. Esta Lei entra em vigor após decorridos 180 (cento e oitenta) dias de sua publicação oficial".
Lei da Arbitragem (Lei Federal nº 13.129 de 26 de maio de 2015)	"Art. 5º Esta Lei entra em vigor após decorridos 60 (sessenta) dias de sua publicação oficial".
Código de Processo Civil (Lei Federal nº 13.105 de 16 de março de 2015)	"Art. 1.045. Este Código entra em vigor após decorrido 1 (um) ano da data de sua publicação oficial".

O art. 8º, § 1º, da Lei Complementar 95/98 estabelece **regra diferenciada de contagem** do aludido **prazo de vacância**, a qual se dará com a inclusão da data da publicação e do último dia do prazo, entrando a norma em vigor no dia subsequente à sua consumação integral.

> **Atenção!** Os atos administrativos e as Emendas Constitucionais **não se submeterão à *vacatio legis***, de modo que entrarão em vigor imediatamente a partir da dada da sua publicação. Também é importante recordar que a lei entrará em vigor simultaneamente, de uma só vez, em todo o território nacional. A isto se convencionou chamar de princípio da **vigência sincrônica ou simultânea** da norma.

MODIFICAÇÃO DA LEI

A LINDB também prevê a possibilidade de **correção** a texto de lei. O tema é tratado nos §§ 3º e 4º do art. 1º da referida norma. A modificação da lei deverá seguir, essencialmente, **duas regras**, amplamente cobradas nos certames, quais sejam:

- A modificação de **lei já em vigor** somente poderá ocorrer por meio de **lei nova** (§ 4º, art. 1º da LINDB), havendo novo prazo de *vacatio;*
- A modificação de **lei que esteja em *vacatio legis*** deve acontecer por meio de **nova publicação de seu texto**, sendo conferido um novo prazo de *vacatio*.

PRINCÍPIO DA CONTINUIDADE OU PERMANÊNCIA DA NORMA

Se a lei superou a *vacatio* e entrou em vigor, em regra se submete ao **princípio da continuidade ou permanência**: a lei **permanece em vigor até que outra, no todo ou em parte, venha revogá-la.** A revogação pode ser **classificada**:

– Quanto à extensão:

a) Ab-Rogação – revogação total, a exemplo da realizada pelo CC/2002 em relação ao CC/1916. Outro exemplo diz respeito ao CPC/15 que revogou o CPC/73;

b) Derrogação – revogação parcial, a exemplo da realizada pelo CC/2002 à primeira parte do Código Comercial.

– Quanto à forma:

a) Expressa – Deve ser a regra, na dicção do art. 9º da Lei Complementar 95/98, pois ocasiona segurança jurídica.

b) Tácita – Decorre de **incompatibilidade** ou quando **uma nova norma regula todo o tema tratado pela lei anterior, com colisões (anti-**

nomia jurídica aparente). Afirma a doutrina que essa revogação tácita pode ser dar com fulcro no:

i. **Critério Hierárquico:** norma superior revoga norma inferior;
ii. **Critério Cronológico:** norma mais nova revoga a mais antiga e
iii. **Critério da Especialidade:** norma específica revoga norma geral.

Todavia, fique atento: **a lei nova, que estabeleça disposições gerais ou especiais a par das já existentes (sem incompatibilidade ou antinomia jurídica aparente), não revoga e nem modifica a lei anterior** (art. 2º, § 2º, da LINDB).

Excepcionalmente é possível que se verifique a chamada **ultratividade, pós-atividade ou pós-eficácia normativa**. Ou seja, quando uma norma já revogada (sem vigência) ainda possui vigor. Aplica-se a:

a) **Normas circunstanciais:** aquelas que regram um determinado fato (uma situação jurídica específica), durante uma determinada circunstância. Exemplifica-se com leis que se aplicam no tempo de guerra.
b) **Normas temporárias:** aquelas que tem vigência pré-programada, com data limite de finalização da vigência, a exemplo de normas de organização orçamentária, como planos plurianuais, cuja vigência é de 4 (quatro) anos.

Todavia, a hipótese de **ultratividade** normativa mais lembrada nas provas é a relativa à norma que se aplica à sucessão. De fato, a norma sucessória regente será a da época do **óbito**, e não a do curso do inventário, na exata dicção do artigo 1.787 do Código Civil.

REPRISTINAÇÃO

Repristinação é a **restauração da norma**, o seu renascimento. No Brasil, é **excepcional**, demandando **disposição normativa expressa**. A casuística, em regra, **cobrada** na prova é a seguinte: A Lei "A" está em vigor e é revogada pelo advento da Lei "B", a qual é revogada pela lei "C". Pergunta-se: a revogação da Lei "B", pela Lei "C", repristina (retoma) os efeitos da Lei "A"?

A resposta é negativa.

Conforme o artigo de lei mencionado, "a lei revogada não se restaura por ter a lei revogadora perdido a vigência". O dispositivo **ressalva** as hipóteses de **expressa disposição em sentido contrário na nova norma legal.**

OBRIGATORIEDADE DAS NORMAS

A ninguém é dado alegar o desconhecimento da lei para deixar de cumpri-la. Este entendimento decorre do **Princípio da Obrigatoriedade** que, **em regra, proíbe** a alegação do **erro de direito**. Há uma presunção no sentido de que o conhecimento (eficácia) da lei decorre de sua **publicação**. A LINDB acolheu o **sistema da obrigatoriedade simultânea (ou vigência sincrônica)**, obrigando a norma, simultaneamente, em todo o território nacional.

Dúvida relevante é a seguinte: a presunção de conhecimento das leis é **absoluta**? Não, pois o próprio ordenamento convive com hipóteses específicas e isoladas nas quais o erro de direito é previsto. Assim, não se pode alegar desconhecimento da lei, a não ser em casos **excepcionais**. No direito civil, foco do estudo, cita-se e exemplo do erro de direito como viável a gerar a anulação do negócio jurídico (CC, art. 139, III).

INTEGRAÇÃO NORMATIVA

É consabido que a **fonte primaz do direito é a lei.** Entretanto, por vezes, chega até as mãos do Juiz uma situação sobre a qual não há regramento legislativo prévio, ou seja, há uma **lacuna**. Neste caso, caberá ao Juiz lançar mão do método de integração de lacunas.

Integrar é preencher lacunas, consistindo em uma **atividade de colmatação**. Decorre das seguintes **premissas**: a) O legislador não tem como abarcar todos os tipos de conflitos possíveis em uma sociedade; b) É **vedado** ao magistrado deixar de julgar a lide alegando lacuna ou qualquer outra justificativa (vedação ao *no liquet* – art. 140 do CPC).

Aqui se insere o art. 4º da LINDB, utilizando-se da **analogia**, dos **costumes** e dos **princípios gerais do direito**.

Seria a **equidade** um método de colmatação de lacunas? A equidade é o senso de justiça, o valor de justo. Tal equidade não está expressamente noticiada na LINDB como método de integração normativa, não se enquadrando como um método típico. Entretanto, o art. 140, parágrafo único, do CPC, **autoriza** o seu uso, **apenas** se houver **permissivo legal expresso** (método de integração **atípico**). Exemplos: arts. 413 e 944, parágrafo único, do CC.

ANALOGIA

Consiste na **integração** por meio da **comparação** com uma regra legal **já existente**, afinal, onde há a mesma razão, aplica-se o mesmo direito (*ubi eadem ratio ibi idem ius*). Hipóteses de analogia:

I) **Analogia *legis*** – quando compara com uma situação prevista em uma lei específica.
II) **Analogia *iuris*** – quando compara com uma situação trabalhada dentro do sistema como todo, lançando mão de um conjunto de normas e princípios.

COSTUMES

Os costumes, como método integrativo, **nunca podem ser *contra legem*** (contra a lei). Além disso, é proibida a revogação da norma em decorrência dos costumes – vedação ao *consuetudo ab-rogatorio ou dessuetudo consuetudinaria*.

São encontrados no ordenamento brasileiro os costumes ***secundum legem*** e ***praeter legem***.

Os **costumes *secudum legem*** são hipóteses em que o próprio legislador resolve não disciplinar a matéria, remetendo aos costumes. Neste caso não há lacuna, mas sim opção legislativa. Tais costumes **não traduzem mecanismo de integração**.

O verdadeiro método integrativo é o costume dito *praeter legem*, o qual incide no silêncio da norma.

PRINCÍPIOS GERAIS DO DIREITO

São princípios universais utilizados para **colmatação** de lacunas. Remetem ao direito romano, sendo expressos ou implícitos na norma. Exemplifica-se com: i) não lesar a ninguém; ii) dar a cada um o que é seu; iii) viver honestamente.

INTERPRETAÇÃO DA NORMA

Interpretar significa **buscar o alcance e o sentido da norma**.

Afirma a LINDB que toda interpretação da norma deve levar em conta os fins sociais a que se destina e as exigências do bem comum. De cada interpretação se pode extrair resultados **ampliativos, declaratórios e restritivos**. A chamada **interpretação autêntica** é aquela conferida pelo próprio legislador, criador da norma (Poder Legislativo). A interpretação histórica é aquela que considera os fatos da história que levaram o legislador a produzir a referida norma, analisando o processo legislativo histórico, os debates no parlamento quando da elaboração da lei. A interpretação teleológica é a que considera a finalidade normativa. A interpretação literal ou gramatical é a que leva em conta aspectos ortográficos e se detém ao conteúdo semântico das palavras postas na norma. A interpretação sistêmica é a que se nega a considerar o dispositivo legal interpretado isoladamente e o considera de acordo com todo o ordenamento jurídico.

APLICAÇÃO DA LEI NO TEMPO

Quando uma lei nova surge para regulamentar certa matéria ela se aplica aos **fatos pendentes**, especificamente às suas **partes novas**, e **aos fatos futuros**, conforme se conclui a partir do artigo 6º da LINDB e artigo 5º, XXXVI da CF. Infere-se, portanto, a existência do **princípio da irretroatividade da norma**. O que se busca é a preservação da **segurança jurídica.**

Nessa senda, uma **lei nova** não se aplicará a um contrato já celebrado e quitado. Acaso o contrato já tenha sido celebrado, mas ainda não tenha sido quitada todas as prestações, a lei nova apenas se aplicará às prestações em aberto. Por fim, se o contrato for inteiramente novo, celebrado após a nova norma, a esta norma ele se submeterá por inteiro.

Admite-se a **retroatividade normativa**, desde que atendidos os seguintes **requisitos**:

I) Expressa disposição nesse sentido; **II)** Se esta retroatividade não violar o **ato jurídico perfeito**, a **coisa julgada** e o **direito adquirido**.

O **direito adquirido** consiste naquilo que se incorporou ao patrimônio do titular.

A **coisa julgada** traduz a imutabilidade de uma decisão exarada em um processo.

O **ato jurídico perfeito** é aquele perpetrado em consonância com determinada norma jurídica vigente ao seu tempo, estando perfeito e acabado, não podendo ser desfeito pelo advento de outra norma.

São chamados de **atos jurídicos continuativos** aqueles que nascem sob a vigência de uma norma e produzem efeitos na vigência de outra. Sobre eles, importante estar atento ao artigo 2.035 do CC, pois a **existência** e **validade** normativa se submetem à lei da época da celebração do negócio jurídico, mas a **eficácia** estará submetida à lei nova.

EFICÁCIA DA LEI NO ESPAÇO (DIREITO INTERNACIONAL PRIVADO)

Em razão da soberania nacional, o Direito Brasileiro está submetido ao **Princípio da Territorialidade Moderada/Mitigada**. Assim, **em regra**, se aplica a lei brasileira. **Excepcionalmente**, porém, é aplicável a norma estrangeira no território brasileiro, desde que haja disposição legal expressa neste sentido.

a) **Estatuto Pessoal** – Como bem pontua o artigo 7º da Lei de Introdução, aplica-se a **lei do domicílio** para reger: **I) nome; II) capacidade; III) começo e fim da personalidade; IV) direito de família.**

b) Conflito sobre bens imóveis situados fora do Brasil, aplica-se a **lei do lugar onde estiver situado** (art. 8º da LINDB). Já se o bem for móvel, se aplicará a **lei do domicílio do proprietário**. No penhor, aplicar-se-á a **norma do domicílio da pessoa que estiver na posse do bem empenhado.**

c) O contrato internacional se reputa formado **onde residir o seu proponente, sendo esta a legislação aplicável** e o foro competente (art. 9º, § 2º, LINDB). Para os contratos celebrados no Brasil, há norma específica reputando-os celebrados no local em que foi proposto (art. 435 do CC). Ademais, se o contrato celebrado no exterior deva ser executado no Brasil e a norma brasileira exigir forma especial, esta haverá de ser respeitada;

d) A sucessão será regulada pela **lei do domicílio** do estrangeiro. Todavia, caso o estrangeiro tenha bens imóveis no Brasil, em relação a estes bens, o **processo tramitará no Brasil**, aplicando-se, neste caso, a **lei mais benéfica ao cônjuge ou descendentes brasileiros** (arts. 23, II do CPC; 10, § 1º da LINDB e 5º, XXXI CF/88).

> **Atenção!** Recorda-se que, de acordo com o CPC, em seu art. 376. *"A parte que alegar direito municipal, estadual, estrangeiro ou consuetudinário provar-lhe-á o teor e a vigência, se assim o juiz determinar".*

e) As **sentenças, cartas rogatórias e laudos arbitrais estrangeiros** podem ser **executados no Brasil,** sendo relevantes as seguintes **considerações:**

I) Tradução por Interprete Autorizado.

II) Prova do Trânsito em Julgado da Sentença Estrangeira, consoante orientação da Súmula 420 do STF.

III) Filtragem Constitucional. A decisão estrangeira não poderá contrariar a soberania nacional, a ordem pública e aos bons costumes.

IV) Homologação pelo STJ (*exequatur*). Tal homologação é de competência do STJ. Após a dita homologação, o efetivo cumprimento caberá à Justiça Federal.

> **Atenção!** A **sentença estrangeira de divórcio consensual** produz efeitos no Brasil, **independentemente de homologação pelo STJ**. Neste caso, competirá a qualquer juiz examinar a validade da decisão, quando esta questão for suscitada em processo de sua competência.

Não será homologada a decisão estrangeira na hipótese de competência **exclusiva** da autoridade judiciária brasileira.

INTERPRETAÇÃO DAS NORMAS PELOS AGENTES PÚBLICOS

Nas esferas administrativa, controladora e judicial:

- **Não se decidirá com base em valores jurídicos abstratos** sem que sejam consideradas as consequências práticas da decisão.
- A decisão que decretar a invalidação de ato, contrato, ajuste, processo ou norma administrativa deverá indicar, de modo expresso, suas consequências jurídicas e administrativas. Tal decisão deverá, quando for o caso, indicar as condições para que a regularização ocorra de **modo proporcional e equânime** e **sem prejuízo aos interesses gerais**, não se podendo impor aos sujeitos atingidos ônus ou perdas que, em função das peculiaridades do caso, sejam anormais ou excessivos.
- A decisão que estabelecer interpretação ou orientação nova sobre norma de conteúdo indeterminado, impondo novo dever ou novo condicionamento de direito, deverá prever **regime de transição quando indispensável** para que o novo dever ou condicionamento de direito seja cumprido de modo proporcional, equânime e eficiente e sem prejuízo aos interesses gerais.
- A **revisão** quanto à validade de ato, contrato, ajuste, processo ou norma administrativa cuja produção já se houver completado, levará em conta as orientações gerais da época, sendo **vedado** que, com base em mudança posterior de orientação geral, se declarem inválidas situações plenamente constituídas. Consideram-se orientações gerais as interpretações e especificações contidas em atos públicos de caráter geral ou em jurisprudência judicial ou administrativa majoritária, e ainda as adotadas por prática administrativa reiterada e de amplo conhecimento público.
- A decisão do processo poderá **impor** compensação por benefícios indevidos ou prejuízos anormais ou injustos resultantes do processo ou da conduta dos envolvidos. A decisão sobre a compensação será **motivada**, ouvidas previamente as partes sobre seu cabimento, sua forma e, se for o caso, seu valor. Para prevenir ou regular a compensação, poderá ser celebrado compromisso processual entre os envolvidos.

Na interpretação de normas sobre gestão pública, serão considerados os obstáculos e as dificuldades reais do gestor e as exigências das políticas públicas a seu cargo, **sem prejuízo** dos direitos dos administrados.

Para eliminar irregularidade, incerteza jurídica ou situação contenciosa na aplicação do direito público, inclusive no caso de expedição de licença, a autoridade administrativa poderá, **após oitiva** do órgão jurídico e, quando for o caso, após realização de consulta pública, e presentes razões de relevante interesse geral, celebrar **compromisso** com os interessados, observada a legislação aplicável, o qual só produzirá efeitos a partir de sua publicação oficial.

O **agente público responderá pessoalmente** por suas decisões ou opiniões técnicas em caso de **dolo ou erro grosseiro.**

As autoridades públicas devem atuar para **aumentar a segurança jurídica na aplicação das normas**, inclusive por meio de regulamentos, súmulas administrativas e respostas a consultas. Tais regulamentos, súmulas administrativas e respostas a consultas terão caráter vinculante em relação ao órgão ou entidade a que se destinam, até ulterior revisão.

2. DAS PESSOAS

PERSONALIDADE JURÍDICA

A Personalidade Jurídica consiste na aptidão genérica conferida a alguém para **titularizar direitos** e **contrair deveres** na ordem jurídica. É a qualidade de ser pessoa. É o pressuposto dos demais direitos. Aquele que tem personalidade jurídica é denominado de **sujeito de direito**, incluindo-se, neste rol, as pessoas físicas e jurídicas. De acordo com o art. 1º do CC toda pessoa é capaz de contrair direitos e deveres no ordenamento jurídico.

2.1. DAS PESSOAS NATURAIS

A pessoa física é o ente dotado de complexidade biopsicológica, titular de **direitos** e **deveres** e que interage na ordem jurídica mediante a prática de atos civis. É chamada de pessoa física, natural ou de existência visível.

AQUISIÇÃO DA PERSONALIDADE JURÍDICA PELA PESSOA NATURAL

Para o Código Civil, a aquisição da **personalidade** *"começa do nascimento com vida"* (art. 2º, CC). Entende-se por nascimento com vida o início do funcionamento do aparelho cardiorrespiratório, após a expulsão do ventre materno.

O **registro** da pessoa natural consiste em **ato meramente declaratório**, que retroage à data do nascimento com vida, tendo eficácia *ex tunc*.

O NASCITURO

O nascituro é aquele já concebido, ainda não nascido, e dotado de vida intrauterina. A Lei Civil reconhece proteção jurídica ao nascituro desde a sua concepção (art. 2º, CC).

E O NATIMORTO? TEM PERSONALIDADE JURÍDICA?

O natimorto é aquele que já nasceu morto. Antes de morrer, porém, fora um nascituro. Justo por isso deve-se proteger o natimorto no que concerne aos **direitos da personalidade**, sendo deferido, por exemplo, tutela ao nome, a imagem e a memória daquele que nasceu morto (sepultura), como entende o 1º Enunciado do Conselho da Justiça Federal (CJF).

CAPACIDADE

Capacidade é a **medida jurídica da personalidade**. Juridicamente, a capacidade é um gênero que conta com duas espécies.

ESPÉCIES

a) Capacidade de Direito, Jurídica ou de Gozo

É uma **capacidade genérica**, adquirida juntamente com a personalidade para titularizar direitos e deveres no mundo jurídico. Adquirida a **personalidade jurídica**, toda pessoa passa a ser **capaz** de direitos e deveres na ordem jurídica (art. 1º do Código Civil).

b) Capacidade de Fato, Exercício ou Ação

Consiste na capacidade de **pessoalmente** praticar atos da vida civil, agindo de forma autônoma sem a necessidade de ser representado ou assistido. Os desprovidos de capacidade de fato são denominados de **incapazes**. Quando a pessoa física cumula as duas capacidades, afirma-se que ela possui a chamada **capacidade jurídica plena ou geral**.

INCAPACIDADE

Em um passeio pelas incapacidades no Código Civil, percebe-se que ela pode decorrer de um critério **objetivo, etário ou cronológico,** facilmente aferível com a simples verificação da certidão de nascimento ou carteira de identidade, bem como de um critério **subjetivo ou psíquico,** hipótese a exigir processo judicial de **interdição**.

INCAPACIDADE ABSOLUTA

Atualmente a incapacidade absoluta envolve os denominados **menores impúberes** e se limita ao critério etário. Assim, é absolutamente incapaz o menor de 16 anos (CC, art. 3º). Registra-se, porém, que o absolutamente incapaz será **eventualmente** escutado, mormente em ações que digam respeito à sua situação existencial, a exemplo de guarda e adoção (Enunciado 138 do CJF).

INCAPACIDADE RELATIVA

São incapazes **relativamente** a certos atos ou à maneira de os exercerem (CC, art. 4º):

I. **Os maiores de 16 (dezesseis) e menores de 18 (dezoito) anos.**

II. **Ébrios habituais e os viciados em tóxico.**

III. **Aqueles que, por causa transitória ou permanente, não puderem exprimir sua vontade.**

IV. **Pródigos.**

A prodigalidade é um desvio comportamental por meio do qual o indivíduo, desordenadamente, dilapida o seu patrimônio sem um motivo razoável, podendo-o reduzir-se à miséria. Nestes casos, deve o pródigo ser **interditado** na defesa do seu **mínimo existencial**. Assim, a curatela do pródigo somente o privará de, sem curador, emprestar, transigir, dar quitação, alienar, hipotecar, demandar ou ser demandado, e praticar, em geral, **atos que não sejam de mera administração** (CC, art. 1.782).

- **E o Indígena?**

Regem a capacidade dos indígenas as legislações especiais: a Lei 5.371/67 (Estatuto da Funai) e a 6.001/73 (Estatuto do Índio). Segundo a disciplina especial, **os silvícolas** – os oriundos da selva ou índios sem hábitos urbanos – são considerados **absolutamente incapazes**. Os demais, em regra, estarão sob tutela da FUNAI e, eventualmente, poderão ser integrados à sociedade como capazes.

SUPRIMENTO DA INCAPACIDADE (REPRESENTAÇÃO E ASSISTÊNCIA)

O suprimento da incapacidade **absoluta** dá-se por meio da **representação**, sob pena de **nulidade absoluta** (CC, art. 166, I). Na incapacidade relativa, dá-se tal suprimento por meio da **assistência**, sob pena de **anulabilidade** (CC, art. 171, I).

CESSAÇÃO DA INCAPACIDADE

Cessa a incapacidade com a causa que a originou:

a) Com o final de sua causa **objetiva**: Maioridade.

b) Com o final de sua causa **subjetiva**: Revisão do Processo de Interdição.

Todavia, há uma outra forma de cessar a incapacidade: a **Emancipação**.

EMANCIPAÇÃO

Consiste a emancipação na **antecipação da capacidade plena**. Trata-se de **ato irretratável e irrevogável**. O emancipado continuará inimputável criminalmente e protegido pelo ECA, enquanto menor de idade. Entretanto, poderá praticar sozinho atos da vida civil. Passaremos ao estudo das **modalidades de emancipação**.

VOLUNTÁRIA

É aquela concedida por ambos os pais ou, por um deles, na falta do outro, mediante **instrumento público**, independentemente da homologação do Juiz, desde que o menor tenha, no mínimo, 16 anos completos. Se houver conflito na decisão dos pais, cabe ao **juiz** decidir (art. 1.631, CC). A emancipação voluntária **não é hábil a afastar a responsabilidade civil dos pais.** (Resp 122.573/PR, STJ e Enunciado 41 do CJF).

JUDICIAL

A emancipação judicial é aquela concedida pelo **tutor** ao pupilo ou tutelado que tenha, ao menos, 16 (dezesseis) anos completo. Tal se dará por meio de **processo judicial**, com parecer do Ministério Público (CPC, 725).

LEGAL

Decorre da constatação de situação jurídica incompatível com a **incapacidade**. São as hipóteses:

- **a) Pelo casamento**

b) **Exercício de emprego público efetivo**

c) **Colação de grau em ensino superior**

d) **O estabelecimento civil ou comercial, ou a existência de relação de emprego**, desde que, em função deles, o menor com dezesseis anos completos tenha economia própria;

A emancipação legal é imediata e automática, **não sendo necessária declaração judicial**. Se houver vários atos emancipatórios seguidos, deve-se considerar apenas o primeiro, não havendo de se falar em diversas emancipações. A emancipação é irrevogável e irretratável.

ESTADO DA PESSOA

Diz respeito à **qualificação** jurídica da pessoa e suas projeções, sendo os estados:

a) **Individual** – sexo/idade/capacidade

b) **Familiar** – civil/parentesco

c) **Político** – nacional (brasileiro nato e naturalizado), estrangeiro

EXTINÇÃO DA PESSOA FÍSICA OU NATURAL

Termina a existência da pessoa natural com a **morte**. A morte no direito nacional pode ser:

CIVIL

MORTE REAL

Está regulada no artigo 6º do CC. Cuida-se da morte aferida, em regra, por profissional da medicina e, na sua falta, por duas testemunhas, na forma do artigo 77 da LRP (6.015/73).

A morte ocorre com a **paralisação das ondas cerebrais**, ainda que haja preservação do funcionamento do corpo para eventuais transplantes (Lei 9.434/97).

MORTE PRESUMIDA OU MORTE CIVIL OU *FICTA MORTIS*

Excepcionalmente, a morte pode ser presumida (a regra é a morte real). São hipóteses em que **há impossibilidade de localização do cadáver**.

MORTE PRESUMIDA COM PROCEDIMENTO DE AUSÊNCIA

Ausente é aquele que **desaparece** de seu domicílio sem deixar notícias. Para a configuração da ausência é necessário a verificação de um **processo** desdobrado em três fases.

1ª Fase – Curadoria de Bens do Ausente

Haverá requerimento para abertura do procedimento, por qualquer interessado ou pelo Ministério Público, e o Juiz irá **declarar** a ausência, nomeando um curador (CC, art. 22). O curador será o responsável por arrecadar os bens do ausente e protegê-los. Trata-se de uma curadoria **patrimonial**, e não pessoal. O curador não será, necessariamente, quem iniciou o procedimento, havendo uma **ordem preferencial** estabelecida no artigo 25 do CC:

a) O cônjuge, desde que não esteja separado judicialmente e nem de fato há mais de dois anos;
b) Os pais;
c) Os descendentes, preferindo os mais próximos em relação aos mais remotos;
d) Curador dativo, à escolha do Juiz.

A Doutrina inclui o **companheiro** no rol de possíveis curadores, ao lado do cônjuge, por questão de **isonomia constitucional.**

O art. 744 do CPC prescreve que, declarada a ausência, o juiz mandará arrecadar os bens do ausente e nomeará um **curador**, mandando publicar editais na rede mundial de computadores, no sítio do tribunal a que estiver vinculado e na plataforma de editais do Conselho Nacional de Justiça, onde permanecerá por um ano. Não havendo sítio, no órgão oficial e na imprensa da comarca, durante um ano, reproduzida de dois em dois meses, anunciando a arrecadação e chamando o ausente a entrar na posse de seus bens. A curadoria de bens **durará 1 (um) ano**. Todavia, se o ausente, antes do desaparecimento, houver nomeado procurador para a gestão dos seus bens e que haja aceito o encargo, o prazo da curadoria de bens será **dilatado para 3 (três) anos** (CC, arts. 23 e 26).

2ª Fase – Sucessão Provisória

Vencido o prazo da curadoria de bens, um dos interessados poderá requisitar a sua conversão em **sucessão provisória**. São **interessados neste requerimento** (CC, art. 27):

a) Cônjuge, não separado judicialmente;
b) Herdeiros;
c) Credores do ausente.

Renova-se, aqui, a inclusão **doutrinária** do **companheiro**, ao lado do cônjuge, por **isonomia**.

Acaso nenhum dos supracitados legitimados façam o requerimento, o **Ministério Público** poderá fazê-lo (CC, art. 28, § 1º). A **decisão que converte** a curadoria de bens em sucessão provisória apenas terá **efeito** 180 (cento e oitenta) dias após publicada na imprensa oficial (art. 28, CC). Pede-se ao Juiz que **transmita os bens** aos herdeiros, **em caráter precário (provisório)**, mediante **caução** (garantia). Pode ser **dispensada a caução** se a transmissão for para herdeiros necessários – descendentes, ascendentes e cônjuge – art. 30, § 2º. Nesta fase, não se admitirá prática de ato de disposição do direito (ex. alienação, venda, doação), **salvo** com autorização do juiz (art. 31, CC) ou para fins de desapropriação.

Por conta de possível retorno, deverão os herdeiros capitalizar o valor referente à metade dos frutos e rendimentos oriundos dos bens recebidos, prestando contas, anualmente, ao juízo competente (art. 33, CC). Tais frutos, porém, não serão devidos se, quando o ausente aparecer, restar comprovado que a ausência fora **voluntária e injustificada**.

Em arremate, destaque-se que o art. 745, § 2º do CPC prescreve que, findo o prazo previsto no edital, poderão os interessados requerer a abertura da sucessão provisória. O interessado, ao requerer a abertura da sucessão provisória, pedirá a **citação pessoal** dos herdeiros presentes e do curador e, por editais, a dos ausentes para requererem habilitação. E mais: presentes os requisitos legais, poderá ser requerida a **conversão** da sucessão provisória em **definitiva**.

3ª Fase – Sucessão Definitiva

Inicia-se 10 (dez) anos após o trânsito em julgado da sentença que declarou aberta a sucessão provisória, ou 5 (cinco) anos depois das últimas notícias do ausente, se maior de 80 (oitenta) anos, como pontuam os artigos 37 e 38 do CC. Nesta fase há **transmissão dos bens, em caráter definitivo**, sendo restituídas as cauções e frutos, bem como admitindo a prática do ato de disposição.

E se o ausente voltar durante o procedimento de ausência?

a) Se for na 1ª fase – **reassume** a titularidade do patrimônio.
b) Se for na 2ª fase – tem direito a reaver o patrimônio **no estado em que deixou**. Se houver depreciação além da usual, o ausente poderá levantar a caução. Se houver melhoramentos, o possuidor de boa-fé deve ser indenizado (art. 36, CC). Terá o ausente, ainda, direito aos frutos, salvo se a ausência for voluntária e injustificada (CC, art. 33)
c) Se for na 3ª fase – tem o ausente direito aos bens **no estado em que se encontram**, sendo que se tiverem sido vendidos, terá direito no que se sub-rogou (substituiu, segundo o art. 39 do CC).
d) Se após os 10 (dez) anos da 3ª fase – **não terá direito algum** o ausente.

Esclareça-se, ademais, que, na morte presumida com decretação de ausência (art. 6º), haverá dissolução do casamento, conforme o artigo 1.571 do CC.

E se o ausente retornar? O casamento restaura?

A resposta é **negativa**.

Nos termos do § 4º do art. 745 do CPC, regressando o ausente ou algum de seus descendentes ou ascendentes para requerer ao juiz a entrega de bens, serão citados para contestar o pedido os sucessores provisórios ou definitivos, o Ministério Público e o representante da Fazenda Pública, seguindo-se o procedimento comum.

MORTE PRESUMIDA SEM DECLARAÇÃO DE AUSÊNCIA

Há incidência normativa em duas hipóteses (CC, art. 7º):

- Quando **extremamente provável** a morte de quem estava em perigo de vida;
- Na hipótese de **desaparecimento** em decorrência de **campanha** ou **prisão**, quando o desaparecido não for encontrado **após 2 (dois) anos** do término da guerra.

Nesta hipótese há declaração da morte sem a necessidade do largo procedimento de declaração de ausência. Malgrado a inexistência deste procedimento, o pedido de declaração de morte demanda processo judicial específico, denominado de ***justificação do óbito***.

O parágrafo único do artigo 7º do CC determina que a declaração da morte presumida apenas poderá ser requerida depois de esgotadas buscas e averiguações. Neste caso, a **sentença deverá fixar a provável data do falecimento.**

COMORIÊNCIA

É a **declaração de morte simultânea** quando duas ou mais pessoas morreram na mesma ocasião, não sendo possível precisar quem morreu primeiro. A expressão legal "mesma ocasião" significa ao mesmo tempo, não se exigindo que seja no mesmo evento, ou lugar. A comoriência acarreta importantes consequências **práticas**, pois serão abertas cadeias sucessórias autônomas e distintas, de maneira que um comoriente não herdará do outro. A comoriência, como presunção relativa que o é, poderá ser afastada por prova definitiva em contrário (prova de premoriência).

DIREITOS DA PERSONALIDADE

A personalidade é o pressuposto de todos os demais direitos. Os direitos da personalidade são **direitos subjetivos** reconhecidos à pessoa, tomada em si mesma e em suas necessárias projeções (integridade física, psíquica ou moral e intelectual). À luz do **Princípio da Operabilidade** e objetivando maximizar os valores constitucionais, deve-se entender que a relação dos direitos da personalidade é **meramente exemplificativa**.

Os direitos da personalidade são **intransmissíveis e irrenunciáveis**, não admitindo, o seu exercício, limitação voluntária (caráter **indisponível**), nos termos do art. 11 do CC.

INDISPONÍVEIS

Os direitos da personalidade são indisponíveis por não serem passíveis de transmissão definitiva, *inter vivos* ou *causa mortis*, nem de renúncia. São **bens fora do comércio jurídico**. Essa indisponibilidade, todavia, **pode ser relativizada**, pois é cediço que os direitos da personalidade podem sofrer limitação voluntária, restrita e transitória à exemplo da cessão de direito à imagem, doação de órgãos humanos duplos e cessão de uso do nome.

ABSOLUTOS

São absolutos por possuir **eficácia (oponibilidade) contra todos (*erga omnes*)**.

EXTRAPATRIMONIAIS

Não traz conteúdo econômico em sua essência. Porém, acaso violado, torna-se **cabível indenização**, bem como quantificação nas hipóteses de cessão de uso.

INATOS (JUSNATURALISTAS)

Afirma a doutrina majoritária consistir os direitos da personalidade em **figuras inatas ao ser humano**, por preexistir à ordem jurídica.

IMPRESCRITÍVEIS

Os direitos da personalidade não se extinguem pelo não exercício. Frise-se, porém, que a **pretensão** de responsabilidade civil pela violação do direito (reparação pecuniária do eventual dano sofrido) **prescreve** no prazo de **três anos**, segundo artigo 206, §3º, V, do CC.

VITALÍCIOS

Os direitos da personalidade objetivam tutelar a personalidade, a qual é extinta no momento do óbito. Logo, são **direitos vitalícios**. Todavia, o Código Civil regula a chamada **lesão indireta**. Esta se configura quando na tentativa de lesionar a personalidade do morto se acaba por atingir a personalidade de alguém que está vivo, de forma indireta, oblíqua, reflexa ou ricochete. São os lesados indiretos, de acordo com o artigo 12, parágrafo único, do CC: **cônjuge sobrevivente**, **ascendentes**, **descendentes** e os **colaterais até 4º grau**.

> **Atenção!** A **doutrina** inclui no rol dos lesados indiretos o **companheiro**, ao lado do cônjuge, na forma do Enunciado 275 do CJF.

O artigo 12 do CC possibilita a proteção dos direitos da personalidade por meio de **medida preventiva (inibitória)** ou **repressiva (compensatória)**. Dentro da **prevenção**, evita-se o dano e o seu alargamento (artigo 12 do CC). Exemplifica-se com a proibição de veiculação indevida da imagem de um famoso em uma propaganda comercial. Uma vez, porém, concretizado o dano, a saída posta é a **reparação** (tutela repressiva), materializada pelo arbitramento indenizatório visando nítida tentativa de compensação. Aqui, o lesado poderá cumular pedidos de danos materiais, morais e estéticos, nos termos das Súmulas 37 e 387, ambas do STJ.

CLASSIFICAÇÃO DOS DIREITOS DA PERSONALIDADE

PILAR DA INTEGRIDADE FÍSICA

Consiste na tutela ao corpo humano, seja vivo ou morto, além de tecidos, órgãos e partes susceptíveis de separação e individualização. É o **direito da proteção corporal**, evitando o dano estético. Classifica-se o Pilar da Integridade Física em:

CORPO VIVO

Na forma do art. 13 do CC, salvo exigência médica, ninguém pode dispor do corpo de modo que haja sua diminuição permanente ou contrarie os bons costumes.

São lícitas, ainda, as reduções socialmente toleradas, como tatuagens, cirurgias estéticas (lipoaspiração, redução de mama). Com amparo no artigo 199, § 4º, CF, o transplante de órgãos é regulado pela Lei 9.434/97, a qual impõe alguns requisitos para o procedimento médico em vida, quais sejam: gratuidade – o contrato é neutro, pois é desprovido de economicidade; relacionado à órgãos dúplices ou regeneráveis (renováveis); o beneficiário seja cônjuge, parentes consanguíneos até o quarto grau ou qualquer outra pessoa, sendo, no último caso, demandada autorizações específicas.

CORPO MORTO

É possível **dispor sobre o corpo morto** para depois da vida, para **fins altruísticos ou científicos**, desde que seja de forma gratuita. Ex.: deixar o corpo para uma faculdade de medicina, para que se desenvolvam pesquisas médicas, para fins de transplante de órgãos (CC, art. 14). Tal ato de disposição é essencialmente **revogável**.

> **Atenção!**
>
> **Enunciado 277 – IV Jornada de Direito Civil – CJF:** O art. 14 do Código Civil, ao afirmar a validade da disposição gratuita do próprio corpo, com objetivo científico ou altruístico, para depois da morte, determinou que a manifestação expressa do doador de órgãos em vida prevalece sobre a vontade dos familiares, portanto, a aplicação do art. 4º da Lei nº 9.434/97 ficou restrita à hipótese de silêncio do potencial doador.
>
> **Enunciado 402 – V Jornada de Direito Civil – CJF:** O art. 14, parágrafo único, do Código Civil, fundado no consentimento informado, não dispensa o consentimento dos adolescentes para a doação de medula óssea prevista no art. 9º, § 6º, da Lei nº 9.434/1997 por aplicação analógica dos artigos 28, § 2º (alterado pela Lei nº 12.010/2009), e 45, § 2º, do ECA.

AUTONOMIA DO PACIENTE

Ninguém pode ser **constrangido** (obrigado) a se submeter a tratamento médico ou a intervenção cirúrgica com risco de vida. Nas **situações emergenciais**, entende-se que se a intervenção for necessária para a manutenção da vida, aliado ao fato de não ser uma mera intervenção fútil (que objetiva apenas adiar o inadiável falecimento), o médico deverá intervir. **Privilegia-se a vida em detrimento da autonomia**. Sobre o tema da autonomia do paciente, importante destacar recente decisão do STF que admitiu a este, no gozo de sua capacidade civil, recusar se submeter a tratamento por motivos religioso, desde que tal recusa decorra de decisão inequívoca, livre, informada e esclarecida, inclusive quando veiculada por meio de diretiva antecipada de vontade. Neste mesmo julgado, o STF admitiu possível a realização de procedimento médico disponibilizado a todos pelo SUS, com a interdição da realização de transfusão sanguínea ou outra medida excepcional, caso haja viabilidade técnico-científica de sucesso, anuência da equipe médica com a sua realização e decisão inequívoca, livre, informada e esclarecida do paciente (Tema 1.069 em Repercussão Geral. RE 1.212.272. 25.09.2024). Ainda sobre o assunto e fazendo expressa referência ao Testemunha de Jeová, quando maior e capaz, o STF reconheceu o direito deste recusar procedimento médico que envolva transfusão de sangue, com base na autonomia individual e na liberdade religiosa. Como consequência deste entendimento, o STF reconheceu direito subjetivo deste aos procedimentos alternativos disponíveis no SUS, inclusive tratamento fora do seu domicílio (Tema 952, Repercussão Geral. RE 979.742. 25.09.2024).

INTEGRIDADE PSÍQUICA OU MORAL

Sob o ponto de vista psíquico, com base no nosso direito positivo, há 4 (quatro) direitos da personalidade: **imagem, privacidade, honra** e **nome** (incolumidade moral).

IMAGEM

A proteção constitucional da imagem se encontra no artigo 5º, incisos V e X, da CF, bem como no art. 20 do CC. Incide proteção jurídica sobre a imagem por ela se inserir nas particularidades que identificam a pessoa no cenário social. Assim, malgrado a imagem consista em **bem jurídico uno**, é possível ser fracionada em: **imagem-retrato**: características fisionômicas de uma dada pessoa (elementos físicos identificadores) – é o pôster (retrato) da pessoa; **imagem-atributo**: é uma característica identificadora social da pessoa. É quando achamos alguém legal ou chato; **imagem-voz**: É o timbre sonoro identificador. Ex.: Lombardi (não se sabia quem era, mas só de ouvi-lo, identificava-se a pessoa), Silvio Santos, Cid Moreira. A utilização da imagem, em regra, **demanda autorização**, de forma expressa ou tácita. Todavia, apesar da regra geral, há **hipóteses em que não se fará necessária a autorização**: Se a veiculação da imagem for **necessária** à administração da justiça ou à manutenção da ordem pública, a exemplo da veiculação de fotos de um foragido; Para **biografias**. Nestas, segundo o Supremo Tribunal Federal (ADI 4815), **não se fará necessária** a autorização nem do biografado e nem dos coadjuvantes; Pessoas públicas em locais públicos, **para fins de informação**;

Lembre-se que a utilização da imagem para fins comerciais necessita de autorização, sob pena de **dano presumido – dano moral puro ou *in re ipsa*** – e tutela específica de paralisação da propaganda **(CC, art. 20 e S. 403 do STJ).** A aplicação da regra em comento vale tanto para a imagem das pessoas públicas como daquelas que não são públicas e pouco importará se a propaganda foi positiva ou negativa.

VIDA PRIVADA OU PRIVACIDADE

Há uma proteção constitucional da privacidade insípida no artigo 5º, inc. XII, da CF e, também, no artigo 21 do CC. Relaciona-se a um bem jurídico personalíssimo. Consiste em cláusula pétrea dos direitos da personalidade, pois afirma a norma ser a privacidade inviolável, devendo o juiz, a requerimento do interessado, adotar as providências necessárias para impedir ou fazer cessar ato contrário a esta norma. O direito à privacidade pode relativizado, haja vista a possibilidade das chamadas quebras de sigilos fiscais e de comunicações. À título ilustrativo, a Lei Geral de Proteção de Dados Pessoais (LGPD), de nº 13.709/18, que traz regras de proteção à privacidade. Existem várias normas no Direito Brasileiro atentas a esta proteção.

HONRA

Concerne ao **prestígio social**. A honra se divide em: **I) Objetiva:** É o que os outros pensam de você. Seu prestigio perante a sociedade. **II) Subjetiva:** É o que você pensa sobre si mesmo.

NOME

O direito ao nome é o **direito à identificação**. É o elemento que designa a pessoa na sociedade. O nome é, em regra, composto pelo **prenome** (primeiro nome) e

sobrenome – este último também chamado de **apelido de família** ou **patronímico** – art. 16, CC. Por exemplo: Luciano Lima Figueiredo – Luciano (prenome) Lima Figueiredo (Patronímicos). É possível que o nome ainda seja composto pelo **agnome**, sendo este uma **partícula diferenciadora e acessória,** revelando-se necessária para distinguir pessoas com prenomes e patronímicos iguais na mesma família. São exemplos de agnome: Júnior, Neto, Primeiro, Segundo. A **escolha do nome** não é completamente livre, existindo **limites: a)** Não é possível escolher um **nome que venha a expor o titular ao ridículo** (art. 55 da Lei nº 6.015/73); **b)** O artigo 13 da CF determina que **todo registro público deve ser feito na língua portuguesa** e, por isso, proíbe o registro de nome estrangeiro, salvo os já incorporados, a exemplo de David. A normatização veda a utilização do nome em publicações ou representações que exponham ao desprezo público, **ainda que inexista intenção difamatória** (art. 17, CC) – **responsabilidade objetiva**.

Note-se, ainda, que a **utilização de nome em propaganda comercial** necessita de autorização (art. 18, CC), mesmo sendo nome de pessoa pública.

> **Atenção! Enunciado 278 – IV Jornada de Direito Civil – CJF:** A publicidade que venha a divulgar, sem autorização, qualidades inerentes a determinada pessoa, ainda que sem mencionar seu nome, mas sendo capaz de identificá-la, constitui violação a direito da personalidade.

Pseudônimo, também chamado de **cognome** ou **apelido**, traduz designação dada a alguém, que passa a ser, assim, socialmente conhecido. O reconhecimento social e jurídico é tão forte que é possível o acréscimo do pseudônimo ao nome (art. 58 da LRP). É o exemplo de Maria das Graças Xuxa Meneghel. **Quando utilizado para atividades lícitas** será protegido (CC, art. 19). Em relação ao nome, vige o denominado **Princípio da Imutabilidade Relativa**. Logo, em regra, o nome é imutável. Todavia, excepcionalmente, admite-se mudanças no nome. Exemplos: casamento (art. 1.565, § 1º, CC); dissolução do casamento; aquisição de nacionalidade brasileira – estatuto do estrangeiro; em razão de fundada coação ou ameaça decorrente colaboração com proteção de crime – art. 58 da LRP (6.015/73) e Lei 9.807/99; adoção; nome vexatório, que expõe o titular ao ridículo (art. 55, LRP); substituição por apelido público notório (art. 58, LRP); modificação no primeiro ano após a maioridade através de decisão judicial (art. 56, LRP). A **jurisprudência** criou ainda outras possibilidades: homonímia depreciativa; transexuais; viuvez.

DIREITO DA RESPOSTA

Ao ofendido, em matéria divulgada, publicada ou transmitida por veículo de comunicação social, é assegurado o **direito de resposta** ou **retificação, gratuito e proporcional** ao agravo (Lei nº 13.188/15). Se a matéria atentar, ainda que por equívoco de informação, contra a honra, intimidade, reputação, conceito, nome, marca ou imagem de uma pessoa física ou jurídica, identificada ou passível de identificação, **será possível exigir o direito de resposta ou de retificação**. A norma exclui da definição de "matéria" os comentários realizados por usuários da internet nas páginas eletrônicas dos veículos de comunicação. A norma ainda afirma que a retração ou retificação espontânea não são capazes de impedir o exercício do direito de resposta, *"nem prejudicam a ação de reparação por dano moral"*.

Diante da lesão, o ofendido terá o **prazo decadencial de 60 (sessenta) dias** para exercitar o seu pedido de direito de resposta, **contados da data da divulgação, publicação ou transmissão da matéria ofensiva. Quem** fará o pedido do direito de resposta? Este **direito de resposta** poderá ser **exercido** pelo **ofendido**, pelo **representante legal** do ofendido incapaz ou da pessoa jurídica, bem como pelo **cônjuge**, **descendente**, **ascendente** ou **irmão do ofendido** que esteja ausente do país ou tenha falecido depois do agravo, mas antes de decorrido o prazo decadencial de 60 (sessenta) dias.

DIREITO À INTEGRIDADE INTELECTUAL

Os direitos da personalidade no âmbito intelectual são aqueles **decorrentes da criação**.

Abrangem, portanto, a propriedade intelectual, com os direitos autorais, e a propriedade industrial. Outras hipóteses de direitos da personalidade enquadradas no âmbito intelectual podem ser trazidas à baila: a **proteção da liberdade religiosa, sexual e a liberdade de pensamento.**

DOMICÍLIO DA PESSOA NATURAL

Domicílio civil da pessoa natural é o lugar onde ela estabelece sua residência com ânimo definitivo (art. 70, CC). Verifica-se, neste conceito, a presença de um elemento: **objetivo** – ato de fixação em determinado local (residência); **subjetivo** – o ânimo definitivo de permanência (*animus*).

Importante **não confundir** o domicílio com as correlatas noções de morada e residência.

A **morada** é o local onde a pessoa natural se estabelece provisoriamente, como quando viaja a trabalho ou a passeio, e permanece por alguns dias em uma determinada cidade.

Já a **residência** pressupõe maior estabilidade, consistindo no local em que a pessoa natural se estabelece habitualmente e, geralmente, é encontrada. Não há *animus* definitivo.

Em síntese:

- Morada – temporária
- Residência – habitual
- Domicílio – habitual com *animus* definitivo.

PLURALIDADE DE DOMICÍLIOS

"O domicílio da pessoa natural é o lugar onde ela estabelece residência com ânimo definitivo" (art. 70 do CC). Ocorre que, "se a pessoa natural tiver diversas residências, onde, alternadamente, viva, considerar-se-á seu domicílio qualquer delas" (art. 71).

DOMICÍLIO PROFISSIONAL

Inovou a legislação civilista ao afirmar ser possível uma mesma pessoa natural ter domicílio pessoal e profissional diversos, englobando este apenas o "concernente à profissão" (art. 72, CC).

Outrossim, caso a pessoa exerça sua profissão em lugares diversos, de forma frequente, cada um deles constituirá domicílio para as relações que lhe corresponderem.

DOMICÍLIO APARENTE OU OCASIONAL

Qual é o domicílio de quem não tem nem residência e nem profissão? Assim criou-se o domicílio aparente ou ocasional, previsto no art. 73 do CC: "considerar-se-á domicílio da pessoa natural, que não tenha residência habitual, o lugar onde for encontrada". É o caso daqueles que moram no circo, caxeiros viajantes, que estão sempre em trânsito.

ESPÉCIES DE DOMICÍLIOS

O domicílio poderá ser:

Explica-se:

a) **Voluntário, Comum ou Convencional:** Decorre de ato de vontade. Ele se divide em:
   a.1) **Voluntário Geral:** Eleito pela vontade da parte em se domiciliar em um dado local.
   a.2) **Voluntário de Eleição ou Especial:** Escolhido ou eleito pelos próprios contratantes (CC, art. 78). É o conhecido **foro de eleição**, o qual há de ser fixado de forma específica e por escrito (CPC, art. 63).

b) **Legal, Cogente ou Necessário:** decorre dos imperativos da lei, em atenção à condição especial de determinadas pessoas.

Nesse sentido, afirmam os artigos 76 e 77 do Código Civil que o domicílio:

- Do **Incapaz**: é o do seu representante ou assistente.
- Do **Servidor**: é o lugar que exerce permanentemente suas funções.
- Do **Militar**: onde servir, sendo da Marinha ou da Aeronáutica, a sede do comando a que se encontrar imediatamente subordinado.
- Do **Marítimo**: onde o navio estiver matriculado.
- Do **Preso**: lugar onde cumprir sentença (**não onde foi condenado**).
- Do **Agente Diplomático do Brasil**: quando citado no estrangeiro, alegar extraterritorialidade, sem designar, onde tem, no país, o seu domicílio, poderá ser demandado no Distrito Federal ou no último ponto do território brasileiro onde o teve.

2.2. DAS PESSOAS JURÍDICAS

CONCEITO

Afirma-se que a pessoa jurídica é a soma de esforços humanos (corporação) ou a destinação de um patrimônio (fundação), tendente a uma finalidade lícita, específica, **constituída** na forma da lei, a partir do **registro** (art. 45, CC).

SURGIMENTO DA PESSOA JURÍDICA

Pela **Teoria da Realidade Técnica**, abraçada no Código Civil de 2002, denominada por alguns de **Sistema das Disposições Normativas**, a existência da pessoa jurídica começa com a inscrição do seu ato constitutivo no registro competente (CC, art. 45). **O registro da pessoa jurídica é, portanto, ato constitutivo de direito**, com efeitos *ex*-nunc, sendo este ato capaz de gerar a sua personalidade. Tal registro da pessoa jurídica acontecerá em diferentes locais, a depender de sua modalidade. O assento dos atos constitutivos das sociedades simples, associações e fundações há de ser realizado no **Registro Civil das Pessoas Jurídicas** (Cartório de Registro das Pessoas Jurídicas). Já o registro das sociedades empresárias deverá ser realizado no **Registro Público das Sociedades Mercantis**, através das **Juntas Comerciais.**

Destarte, **há determinadas pessoas jurídicas** que necessitam mais do que o registro para aquisição da sua personalidade. Em tais hipóteses, impõe a norma, como consignado no artigo 45 do Código Civil, uma **autorização ou aprovação prévia**, conferida pelo Poder Executivo, **sob pena de inexistência**. Exemplifica-se com os bancos, os quais, antes do registro civil, devem ter autorização do Banco Central.

O direito de **anular** a constituição das pessoas jurídicas de direito privado por defeito do ato respectivo decairá no prazo decadencial de 3 (três) anos, contados da publicação de sua inscrição no registro ou, a partir do registro, nas hipóteses em que a publicação não for exigida (art. 45, p.u., CC).

ATO CONSTITUTIVO DAS PESSOAS JURÍDICAS

Basicamente se dá por meio de um estatuto ou um contrato social. O **estatuto** é destinado às fundações, partidos políticos, associações e sociedades anônimas. O **contrato social**, por sua vez, é utilizado pelas demais sociedades. Antes do registro de tais estatutos ou contratos sociais, não passam de mera sociedade não personificada (irregular).

PRINCÍPIO DA SEPARAÇÃO OU INDEPENDÊNCIA OU AUTONOMIA

No momento em que se opera o **assento** do contrato ou do estatuto no registro competente, a pessoa jurídica começa a **existir**, passando a ter **aptidão** para ser sujeito de direitos e obrigações. Forma-se, por conseguinte, uma **unidade orgânica autônoma**, dotada de **personalidade própria**, passando a titularizar direitos e contrair deveres de forma independente em relação a seus componentes e instituidores. Logo, em regra, responderá pelas obrigações da pessoa jurídica o próprio patrimônio da pessoa jurídica, como bem coloca o próprio art. 49-A do Código Civil. Tal regra da autonomia, porém, sofre exceções, sendo a principal a Teoria da Desconsideração da Personalidade Jurídica.

DESCONSIDERAÇÃO DA PERSONALIDADE JURÍDICA DA PESSOA JURÍDICA ("*DISREGARD DOCTRINE*")

A desconsideração da pessoa jurídica pretende **superar**, **episodicamente** e por **via de exceção, a personalidade jurídica** da pessoa jurídica, objetivando a **satisfação do terceiro lesado** junto ao **patrimônio dos próprios integrantes ou administradores**, que passam a ter **responsabilidade pessoal** pelo ilícito causado. Assim, levanta-se o "véu protetivo" do princípio da separação **apenas na situação concreta**, mantendo-se o princípio da personalização para demais atos.

A **desconsideração** não levará à **extinção** da pessoa jurídica ou de sua personalidade.

O Código Civil, colocando-se ao lado das legislações modernas, consagrou, em norma expressa, a teoria da desconsideração da personalidade jurídica (art. 50), em clara indicação de uma **responsabilidade patrimonial secundária**. Ao trazer a teoria para o seu campo normativo, o legislador optou pelo o que denomina a doutrina de uma **Teoria Maior**, ao passo que elencou alguns **requisitos para desconsideração**, quais sejam:

a) **Pedido Expresso: Da Parte ou do Ministério Público, quando couber intervir no Processo.**

+

b) Abuso da Personalidade: Seja através do Desvio de Finalidade ou Confusão Patrimonial.

+

c) Administrador ou Sócio beneficiado direta ou indiretamente pelo abuso.

Infere-se o desvio de finalidade, quando da utilização da pessoa jurídica com o propósito de lesar credores e para a prática de atos ilícitos de qualquer natureza. Registra-se que não constitui desvio de finalidade a mera expansão ou a alteração da finalidade original da atividade econômica específica da pessoa jurídica. Já a confusão patrimonial se operará na ausência de separação de fato entre os patrimônios, caracterizada por: I – cumprimento repetitivo pela sociedade de obrigações do sócio ou do administrador ou vice-versa; II – transferência de ativos ou de passivos sem efetivas contraprestações, exceto os de valor proporcionalmente insignificante e III – outros atos de descumprimento da autonomia patrimonial.

Como medida de exceção, o artigo 50 merece **interpretação restritiva** (Enunciado 146 do CJF). Tanto é assim que o mero encerramento das atividades não basta para caracterização do abuso de personalidade, bem como a insolvência não é exigida (Enunciados 281 e 282 do CJF). Na mesma linha de pensamento, não se permite a desconsideração de ofício. Outrossim, a mera existência de grupo econômico, sem a presença dos requisitos legais, não autoriza a desconsideração da personalidade da pessoa jurídica

Destaca-se que há **normas especiais**, ainda vigentes (Enunciado 51 do CJF), **que adotam a Teoria Menor da desconsideração**. São elas:

a) Código de Defesa do Consumidor – artigo 28, § 5º:

b) Lei dos Crimes Contra o Meio Ambiente (Lei 9.605/98) – artigo 4º:

c) Lei que Estrutura o Sistema Brasileiro de Defesa da Concorrência (Lei 12.529/11) – artigo 34.

Em regra geral **a desconsideração poderá atingir qualquer modalidade de pessoa jurídica** (Enunciado 284 do CJF), sendo **passível de ser arguida, até mesmo, pela própria pessoa jurídica** (Enunciado 285 do CJF).

Justamente atento à necessidade de observância de contraditório para desconsideração que o CPC passou a disciplinar, em seus arts. 133/137, o chamado **incidente de desconsideração da personalidade da pessoa jurídica**. Trata-se, na visão legislada, de um **novo mecanismo de intervenção de terceiro**, a ser instaurado a pedido da parte ou do Ministério Público, quando lhe couber intervir no processo. Além desta importante inovação legislativa, é importante frisar que a norma processual passou a admitir, textualmente, a denominada **desconsideração inversa**; ou seja, na contramão, partindo da pessoa física para a jurídica. O incidente de desconsideração é permitido em **todas** as fases do processo de conhecimento, no cumprimento de sentença e na execução fundada em título executivo extrajudicial, devendo ser imediatamente comunicada ao distribuidor do Fórum, para as anotações devidas. Evidentemente que o referido incidente será dispensado se a parte requerer a desconsideração na petição inicial, hipótese na qual será citado o sócio ou a pessoa jurídica desde o início do procedimento, já o integrando e lhe sendo ofertado o devido processo legal. De qualquer modo, instaurado o **incidente**, o processo principal será **suspenso** e o sócio, ou a pessoa jurídica, será citada para se manifestar e requerer as provas cabíveis no prazo de 15 dias úteis. Concluída a instrução, se necessário, o incidente será resolvido por decisão interlocutória, atacável por recurso de agravo. Se a decisão for proferida por ministro ou desembargados relator, ou seja, for uma decisão monocrática de tribunal, caberá contra a mesma o recurso de agravo interno.

SOCIEDADES DESPERSONIFICADAS

Também chamadas de **Sociedades Irregulares, Sociedades de Fato, Grupos ou Entes Despersonificados**, consistem em agrupamentos de pessoas ou destinação de patrimônio que, embora tenham finalidade, não estão constituídos nos termos da lei. Costuma a doutrina incluir no seu rol **a herança vacante, a herança jacente, a massa falida e o espólio.**

Apesar do direito não conferir a tais entes a personalidade jurídica, em razão da falta de registro, o Código Civil se preocupa em lhe dar tratamento, o fazendo a partir do artigo 986. Emoldura, a legislação civil, tais entes, como **sociedades comuns.**

Mas o que significa ser **despersonalizado** (não ter personalidade)? Qual a implicação jurídica?

Não ter personalidade é não ter aptidão genérica de ser titular de direitos e obrigações na esfera civil. Todavia, essa diretriz é mitigada, ao passo que, mesmo não tendo personalidade, **elas podem praticar alguns atos, a exemplo de celebração de contratos, bem como lhe é concedida legitimidade processual passiva** (art. 75, IX, CPC).

Destarte, o Código Civil, com o escopo de impor sanção a não observância da sua normatização cogente, traz diretriz, no artigo 990, que impõe a **responsabilidade solidária e ilimitada aos seus sócios e** retira o **benefício de ordem sobre o sócio que praticou o ato social** (Enunciado 59 do CJF).

Por fim, digna a lembrança de que, doutrinariamente, há quem estabeleça diferença entre sociedade irregular e sociedade de fato, como modalidades da **sociedade comum** (art. 58, CJF). A IRREGULAR é aquela que **possui o ato constitutivo, embora ainda não registrado**; já a SOCIEDADE DE FATO **é aquela que sequer possui o ato constitutivo.**

REPRESENTAÇÃO DA PESSOA JURÍDICA

A representação da pessoa jurídica será **conferida àqueles indicados no ato constitutivo**. Acaso **haja omissão no instrumento, todos os integrantes e administradores serão representantes**. Seguindo a logicidade do raciocínio, a **citação da pessoa jurídica deve ser recebida por aquele que tem poderes para tanto.** Todavia, entendem as Casas Judiciais Nacionais **que a citação feita na sede da pessoa jurídica, recebida por funcionário componente de seus quadros, é válida,** ainda que este não esteja mencionado no ato constitutivo como um dos representantes da empresa, com força na **Teoria da Aparência**. Outrossim, ainda que falte à pessoa jurídica, de maneira momentânea, quem a possa representá-la, isto não importará em incapacidade da mesma para a prática de atos jurídicos, cabendo ao juiz, a requerimento de qualquer interessado, nomear-lhe administrador provisório, medida

CIVIL

adotada para dar **garantia** as relações jurídicas (art. 49, CC).

CLASSIFICAÇÃO DAS PESSOAS JURÍDICAS

QUANTO À NACIONALIDADE: NACIONAL OU ESTRANGEIRA

A distinção pauta-se a partir da **ordem jurídica que lhe confira personalidade**. Explica-se: sendo a personalidade jurídica conferida pelo ordenamento brasileiro, é pessoa jurídica nacional; se o é pelo ordenamento alienígena, é estrangeira.

Há hipóteses em que as atividades são exclusivas de pessoas jurídicas nacionais, a exemplo da exploração de minério. A isto se denomina **reserva de mercado**, tendo como fundamento a Constituição Federal (art. 176).

QUANTO À ATIVIDADE EXECUTADA OU FUNÇÕES

a) **Direito Público** – são aquelas previstas em Lei e nas quais há soberania do público sobre o privado, com um regime jurídico diferenciado. Podem ser:
   - **Direito Público Interno**: União, Estados, Distrito Federal, Municípios, suas autarquias, associações públicas e fundações (CC, art. 41).
   - **Direito Público Externo**: submetidas ao Direito Internacional Público. Exemplifica-se com as diversas nações, inclusive a Santa Sé, e os organismos internacionais, como a ONU, a OEA, a FAO, a UNESCO etc... (CC, art. 42).

b) **Direito Privado** – todas as demais pessoas jurídicas não englobadas pelo direito público. O Código Civil enuncia um rol exemplificativo no art. 44, incluindo as **associações, sociedades, fundações, organizações religiosas, partidos políticos e empreendimentos de economia solidária** (Redação dada pela Lei 15.068/2024), determinando, em seu §2º, que as disposições concernentes às associações se apliquem de forma subsidiária aos empreendimentos de economia solidária e às sociedades.

QUANTO À ESTRUTURA INTERNA

a) **Corporações (*universitas personarum*)** – prevalece o critério da soma de pessoas (universalidade de pessoas), que podem, ou não, ter finalidade econômica. Dividem-se em:

a.1) Sociedades:

São **pessoas jurídicas de direito privado** formadas pela união de indivíduos, denominados de sócios, que se organizam por meio, em regra, de um **contrato social**, visando à partilha de lucros.

As **sociedades SIMPLES** são pessoas jurídicas que, embora persigam proveito econômico, não empreendem atividade empresarial, mas sim de **prestação de serviços**. Nestas, em regra, **o sócio participará da atividade final**, a exemplo de consultórios médicos, odontológicos, escritórios de advocacia. Tais sociedades simples serão registradas no **Cartório de Registro das Pessoas Jurídicas**.

A **sociedade EMPRESÁRIA** é aquela que tem por objeto o exercício de **atividade própria de empresário** (art. 966, CC), ou seja: organizada economicamente para produção ou circulação de bens ou serviços. O seu registro dar-se-á no **Registro Público de Empresas (Junta Comercial)**. Sobre o tema, afirma o art. 971 do CC que o empresário cuja atividade rural constitua sua principal profissão poderá requerer inscrição no Registro Público de Empresas Mercantis da respectiva sede, de modo que, depois de inscrito, ficará equiparado, para todos os efeitos, ao empresário sujeito a registro, aplicando-se esta regra à associação que desenvolva atividade futebolística em caráter habitual e profissional, caso em que, com a sua inscrição, será considerada empresária para todos os efeitos, conforme Lei Federal nº 14.193/21.

a.2) Associações:

São **entidades de direito privado** formadas pela união de associados, organizadas por meio de **estatutos** e com o propósito de realizarem **atividades com fins não econômicos** (CC, art. 53).

Os **associados têm iguais direitos**, a exemplo de voto, participação em deliberações, frequentar a sede. Todavia, nada impede que o estatuto traga vantagens especiais a certas categorias de associados (art. 55, CC). A associação é formada por:

I – Conselho deliberativo;

II – Um conselho fiscal;

III – Uma presidência;

IV – A assembleia geral de associados.

O ato constitutivo é o **estatuto** (art. 54, CC). O registro é feito no **Cartório de Registro de Pessoa Jurídica**. De acordo com o Código Civil, o estatuto das associações conterá, sob pena de nulidade (art. 54):

I – a denominação, os fins e a sede da associação;

II – os requisitos para a admissão, demissão e exclusão dos associados;

III – os direitos e deveres dos associados;

IV – as fontes de recursos para sua manutenção;

V – o modo de constituição e de funcionamento dos órgãos deliberativos;

VI – as condições para a alteração das disposições estatutárias e para a dissolução.

VII – a forma de gestão administrativa e de aprovação das respectivas contas.

No que tange a eventual **exclusão de associado**, será necessária justa causa, além de ser assegurado direito de defesa e recurso, nos termos previstos no Estatuto. Infere-se aplicação de um direito e garantia fundamental – devido processo legal – às relações privadas (CC, art. 57).

Quando da EXTINÇÃO de uma associação, qual a **destinação de seus bens**?

Deve primeiro ser deduzidas as **frações ideais** de cada associado. Mas o que seria a fração ideal?

Cada associado, para se associar, pode ser obrigado a dar uma **contribuição** – esta, se existente, é chamada de "fração ideal".

Após deduzidas as frações ideais, o patrimônio líquido remanescente será conferido a uma entidade de fins não econômicos indicada no estatuto. Se o estatuto for omisso, haverá deliberação em assembleia para indicar entidade municipal, estadual ou federal de fins idênticos ou semelhantes. Caso inexista, o patrimônio remanescente será devolvido a Fazenda Pública do Estado, do Distrito Federal ou da União (§ 2º do art. 61, CC).

Atenção! As pessoas jurídicas de direito privado, sem prejuízo do previsto em legislação especial e em seus atos constitutivos, poderão realizar suas assembleias gerais por meio eletrônico, inclusive para os fins do disposto no art. 59 deste Código, respeitados os direitos previstos de participação e de manifestação. (art. 48-A do CC. Leu 14.382/22)

b) **Fundações (*universitas bonorum*)** – as fundações resultam da **afetação de um patrimônio**, livre, desembaraçado e idôneo, para uma **finalidade prevista em lei**.

A criação da fundação passa por algumas etapas:

1º) Afetação de Bens Livres por meio do Ato de Dotação Patrimonial, seja mediante Escritura Pública (para atos *inter vivos*) ou Testamento (para atos *causa mortis*).

O ato de instituição, acaso realizado por mecanismo *inter vivos*, é **irretratável** (art. 64, CC).

Entretanto, se a afetação patrimonial for por meio do testamento, será essencialmente **revogável**.

Caso o **patrimônio afetado seja insuficiente**, seguir-se-á o destino indicado no ato de instituição (estatuto social). Caso omisso o ato de instituição, deve-se transferir o patrimônio para entidade de finalidade igual ou semelhante. Não havendo entidade alguma desse tipo, o juiz indicará o destino a ser dado ao aludido patrimônio (CC, art. 63).

O instituidor está obrigado a indicar a **finalidade fundacional**, mas indicará se quiser o modo de administrá-la.

A fundação somente terá finalidade de: assistência social, cultura, defesa e conservação do patrimônio histórico e artístico, educação, saúde, segurança alimentar e nutricional, defesa, preservação e conservação do meio ambiente, promoção do desenvolvimento sustentável, pesquisa científica, desenvolvimento de tecnologias alternativas, modernização de sistemas de gestão, produção e divulgação de informações e conhecimentos técnicos e científicos, promoção da ética, da cidadania, da democracia, dos direitos humanos e, finalmente, para atividades religiosas.

2º) Elaboração dos Estatutos:

a) **Direta**: feita pelo próprio instituidor.
b) **Indireta** ou **Fiduciária**: quando nomeia alguém para fazê-lo. Fiduciária porque decorre da confiança. Neste caso deverá o instituidor conferir PRAZO para que o designado confeccione os estatutos. Se não o fizer, a lei confere o prazo de 180 (cento e oitenta) dias. Não respeitado o prazo, o Ministério Público fará os estatutos de forma compulsória.

3º) Aprovação dos Estatutos:

Quem aprova é o Ministério Público (CC, art. 65).

Para a doutrina, porém, o Ministério Público não aprovará quando quem elaborou foi ele mesmo. Nessa hipótese, a aprovação deve ser feita pelo juiz.

4º) Realização do Registro Civil (no Cartório de Pessoa Jurídica) – é a partir daí que a fundação terá personalidade.

A **alteração do Estatuto já registrado** apenas poderá ser feita se presente os seguintes REQUISITOS disciplinados no Código Civil (art. 67):

> I – Aprovação de 2/3 dos competentes para gerir ou fiscalizar a fundação.
>
> II – Não contrariar ou desvirtuar a finalidade fundacional.
>
> III – Aprovação do Ministério Público no prazo de 45 (quarenta e cinco) dias. Acaso não se manifeste ou denegue a aprovação no aludido prazo, será viável ao interessado pedido de suprimento judicial.

A minoria de gestores vencida – aqueles 1/3 que opinaram em desfavor da alteração – terá o prazo de 10 (dez) dias para impugnar a modificação estatutária. Esse prazo é decadencial (art. 68. CC).

A **Fiscalização** das fundações deve ser feita pelo **Ministério Público Estadual (CC, art. 66)**. Acaso a fundação desenvolva sua atividade em mais de um Estado, a incumbência seguirá do Ministério Público Estadual, sendo cada filial de cada estado fiscalizada pelo respectivo Ministério Público. Se a fundação funcionar no Distrito Federal ou em território, caberá o encargo ao Ministério Público do Distrito Federal e Territórios, o qual é ligado ao Ministério Pública da União.

No caso de **extinção** da fundação, o seu **patrimônio** terá a **destinação** prevista no estatuto. Caso este seja omisso, o magistrado, com oitiva do MP, enviará para uma fundação similar, segundo o art. 69 do Código Civil.

EXTINÇÃO DA PESSOA JURÍDICA

A extinção da pessoa jurídica pode decorrer de vários motivos, sendo as suas **modalidades:**

a) **Convencional ou Voluntária:** quando os sócios resolvem dissolvê-la, por ato volitivo.
b) **Legal:** Hipóteses de extinção previstas na lei, como a morte dos sócios (art. 1.028 do CC).
c) **Administrativa:** pessoas jurídicas que precisam de autorização de outros órgãos do poder executivo para funcionamento e perdem tal autorização, por uma questão qualquer.
d) **Judicial:** quando há um processo e decisão, a exemplo da extinção mediante ação de anulação do ato constitutivo por defeito, no prazo decadencial de três anos.

Para a extinção, far-se-á necessária a **liquidação** da empresa, resolvendo-se todas as pendências obrigacionais e apurando-se eventual patrimônio remanescente.

DIREITOS DA PERSONALIDADE DA PESSOA JURÍDICA

Os direitos da personalidade consistem em categoria criada para **proteção da personalidade das pessoas físicas**. Todavia, como **o ordenamento jurídico confere personalidade à pessoa jurídica**, acaba o legislador civilista por estender, **naquilo que couber**, a proteção dos direitos da personalidade das pessoas físicas às pessoas jurídicas (CC, art. 52). Em titularizando tais direitos, é possível que a violação destes enseje **danos morais ou patrimoniais** (Súmula 227 do STJ).

DOMICÍLIO DA PESSOA JURÍDICA

O **domicílio** civil da **pessoa jurídica de direito privado** será o local eleito no seu ato constitutivo e, na falta de eleição expressa, onde funcionar sua diretoria ou administração. Caso, porém, a pessoa jurídica de direito privado tenha diversos estabelecimentos em lugares diferentes (filiais), cada uma delas será considerada como domicílio para os respectivos atos praticados (§ 1º do art. 75, CC). Se a administração ou diretoria tiver sede no **estrangeiro**, será domicílio da referida pessoa jurídica, **o local onde é sito o estabelecimento no Brasil** (art. 75, §2º, CC). No que tange às **pessoas jurídicas de direito público**, o artigo 75 do CC também enuncia seus domicílios, de forma cogente, sendo: **União** – Distrito Federal; **Estados e Territórios** – Respectivas Capitais; **Município** – Local onde funcione a sede da Administração ou da Prefeitura.

3. DOS BENS

CONCEITO DE BENS JURÍDICOS

Consistem os bens jurídicos em toda a utilidade **física ou ideal** que possa ser **objeto de um direito subjetivo**. Compreendem expressão genérica que engloba tanto os **bens corpóreos** – denominados também como coisas – e os **incorpóreos** – denominados por alguns de **imateriais** ou **ideais**.

CLASSIFICAÇÃO

BENS CONSIDERADOS EM SI MESMO

Objetiva esta classificação analisar o **bem de forma isolada**, de per si. Compreende outras subclassificações:

I. Imóveis e Móveis.

a) Imóveis.

Os bens imóveis são classificados em:

a1. Imóveis por sua própria natureza.

Trata-se do **solo** e de **tudo aquilo que a lhe for incorporado de forma natural ou artificial**, como plantações, construções... (CC, art. 79).

> **Atenção!** As **árvores destinadas ao corte, utilizadas pela indústria madeireira**, consideram-se **bens móveis por antecipação**, assim como os frutos que serão colhidos para alienação.

a2. Imóveis por determinação ou equiparação legal.

Aqui os bens são imóveis por mera **opção legislativa**, sendo irrelevante o aspecto naturalístico do bem. Assim, inclui-se como imóveis (arts. 80 e 81, CC): os **direitos reais sobre imóveis e as ações** que os asseguram; o **direito à sucessão aberta**, ainda que a herança seja apenas formada por móveis; as **edificações** que, separadas do solo, mas conservando a sua unidade, forem removidas para outro local; os **materiais provisoriamente separados de um prédio**, para nele se reempregarem.

b) Móveis

Os bens móveis são classificados em:

b1. Móveis por sua própria natureza.

Os bens móveis por sua natureza são aqueles **passíveis de deslocamento, sem quebra, fratura, alteração da sua substância ou da destinação econômico-social.**

Incluem-se na categoria de bens móveis por sua natureza **os bens suscetíveis de movimento próprio**, sem alteração de sua substância, como um cachorro (ben**s semoventes**).

b2. Móveis por determinação ou equiparação legal.

Aqui os bens são móveis por mera **opção legislativa**, sendo irrelevante o aspecto naturalístico do bem. Assim, inclui-se como móveis (arts. 82 e 83, CC): as energias que tenham valor econômico; os direitos reais sobre objetos móveis e as ações correspondentes; os direitos pessoais de caráter patrimonial e respectivas ações; os materiais destinados a alguma construção, enquanto não forem empregados; os materiais provenientes da demolição de algum prédio.

II. Fungíveis e Infungíveis.

São **fungíveis** os bens móveis que **podem ser substituídos por outros da mesma espécie, qualidade e quantidade**, a exemplo da soja, café, dinheiro, etc. (art. 85, CC). Por sua vez, infungíveis são aqueles **de natureza insubstituível**. É possível que **a vontade das partes torne um bem essencialmente fungível em infungível** (ex: empréstimos para ornamentação).

III. Consumíveis e Inconsumíveis.

São consumíveis os bens móveis cujo **uso importa destruição imediata da própria substância – naturalmente consumíveis –,** bem como aqueles **destinados à alienação – juridicamente consumíveis –,** a exemplo de um sanduíche, frutas, livros em uma estante para venda (art. 86, CC).

Inconsumíveis são os bens que **suportam uso continuado sem destruição da substância,** como aviões, carros, televisores, etc.

IV. Divisíveis e Indivisíveis.

Divisíveis são os bens que **podem ser repartidos em porções reais e distintas sem alterar a sua essência, sem diminuição considerável de valor ou prejuízo na destinação**, formando cada uma das porções um todo perfeito (art. 87 e 88, CC). Já os indivisíveis, **não admitem divisão cômoda sem desvalorização ou dano**, a exemplo de um cavalo de corrida.

Um bem naturalmente divisível **poderá se tornar** indivisível, por: **determinação da legislação** – indivisibilidade legal, a exemplo de um módulo rural; **vontade das partes** – indivisibilidade convencional, a exemplo de um condomínio.

V. Singulares e Coletivos

São singulares os bens considerados em sua individualidade, representados por uma **unidade autônoma.** Os bens coletivos, também chamados de **universalidades**, são aqueles que, **em conjunto, formam um todo homogêneo.** Classificam-se as universalidades: **de fato:** pluralidade de bens singulares que, pertencentes à uma mesma pessoa, tenham destinação unitária, como um rebanho, uma biblioteca (art. 90, CC); **de direito:** traduz um complexo de relações jurídicas dotadas de valor econômico, como um patrimônio, uma herança (art. 91, CC).

BENS RECIPROCAMENTE CONSIDERADOS

I. Principal

É o bem que **existe sobre si**, abstrata ou concretamente, de forma autônoma.

II. Acessório

É o bem cuja **existência supõe a do principal**, havendo relação de dependência, como o fruto em relação à árvore. Os **bens acessórios** admitem **subclassificação**, dividindo-se em:

a) **Frutos – utilidades renováveis**, que a coisa principal periodicamente produz e cuja retirada não diminuirá a substância da coisa principal. Tais frutos se classificam em:

b) **Produtos – utilidades não renováveis** (esgotáveis), cuja percepção diminui a substância da coisa principal (carvão extraído de uma mina esgotável, petróleo).

c) **Pertenças** – são bens que **não constituindo partes integrantes, acoplam-se às coisas principais**, se destinando, de **modo duradouro, ao seu uso, aformoseamento ou serviço.** Tem-se como exemplo claro **o trator e a máquina de colheita da fazenda** (art. 93, CC).

d) **Benfeitorias** – consistem em **melhoramentos ou acréscimos** sobrevindos ao bem por **intervenção humana (artificiais).** Há benfeitorias:
   i. **Necessárias**: Visionam a conservação do bem (vigas de sustentação, fiação elétrica, tubulação)
   ii. **Úteis**: Objetivam ampliar ou facilitar o uso do bem (despensa em uma cozinha residencial);
   iii. **Voluptuárias:** Desejam o mero deleite ou recreio, não aumentando o uso habitual. (piscina em um imóvel residencial, escultura, chafariz).

e) **Partes Integrantes - Bens acessórios que integram a coisa principal de maneira que a sua separação prejudicará a fruição do todo (lâmpada em relação ao lustre). Bens públicos e particulares**

Aqui difere-se os bens consoante o **regime jurídico aplicável**. Compreende:

O **Código Civil** divide os bens em públicos ou privados, segundo o **titular do domínio,** considerando o **critério da titularidade.** São PÚBLICOS os bens das pessoas jurídicas de direito público interno; enquanto que PRIVADOS serão os demais, considerando-se o **critério da afetação – destinação.** Para além da legislação, doutrina e jurisprudência entendem que por sobre o referido critério (da titularidade) é possível também se utilizar do critério da afetação para, em casos concretos, reconhecer como públicos certos bens tão somente pelo fato de se encontrarem afetados a uma finalidade pública. Trata-se de um critério (da afetação) complementar. A legislação **classifica os bens públicos**, afirmando da seguinte maneira:

a) **de uso comum do povo,** os rios, mares, estradas, ruas e praças;

b) **de uso especial,** os edifícios ou terrenos destinados a serviço ou estabelecimento da administração federal, estadual, territorial ou municipal, inclusive os de suas autarquias;

c) **os dominicais,** aqueles que constituem o patrimônio das pessoas jurídicas de direito público, como objeto de direito pessoal ou real de cada uma dessas entidades. Consideram-se ainda como dominicais os bens pertencentes às pessoas jurídicas de direito público a que se tenha dado estrutura de privada.

Os bens públicos DE USO COMUM DO POVO e os DE USO ESPECIAL são **inalienáveis**, enquanto conservarem essa qualificação, diferentemente dos DOMINICAIS, os quais, observadas as exigências legais, podem ser alienados (CC, arts. 100 e 101). Outrossim, tais **bens públicos não podem ser usucapidos** e **seu uso pode ser gratuito ou retribuído** (CC, arts. 102 e 103, bem como S. 341 do STF).

BEM DE FAMÍLIA

Consiste o bem de família na tutela de uma garantia mínima e necessária para a sobrevivência do devedor, sendo, em regra, inatingível por execuções. Visa, em última análise, a **promoção do patrimônio mínimo, a dignidade da pessoa humana** e do **direito constitucional à moradia.** Em uma análise sistemática do direito posto, infere-se que o bem de família divide-se em **duas modalidades**:

BEM DE FAMÍLIA VOLUNTÁRIO.

Consiste o bem de família voluntário naquele **instituído por ato de vontade do casal**, da **entidade familiar** ou até **mesmo de um terceiro**, mediante **escritura pública (doação) ou testamento**, destinando parte do seu patrimônio, **não superior ao montante de um terço do total do patrimônio líquido existente à época da instituição, para a manutenção da família.** Tal bem de família **pode consistir em imóveis ou móveis**, sendo possível, até mesmo, que seja instituído sobre **valores mobiliários** (art. 1.717, CC). A instituição efetiva do bem de família voluntário demandará concordância daquele(s) que recebe(m) o bem em doação ou herança, bem como o seu efetivo registro no respectivo Cartório de Registro de Imóveis (CC, arts. 1.711 e 1.714). Uma vez instituído, o bem de família voluntário será **impenhorável e inalienável**. Tais **características**, porém, são **relativas**, ao passo que:

a) A referida impenhorabilidade apenas diz respeito às **dívidas posteriores** à sua instituição e, em nenhuma hipótese, poderá ser oposta caso a natureza da dívida seja de **tributos relativos ao prédio** (IPTU, ITR) ou de **condomínio** (CC, art. 1.715);

b) A inalienabilidade pode ser afastada, desde que haja procedimento judicial específico para tanto, demandando autorização do juiz após a oitiva do instituidor e do Ministério Público (CC, art. 1.719).

Na hipótese de execução que atinja o bem de família, o **saldo residual haverá de ser empregado em outro bem**, o qual **passará a ter a característica de bem de família.** A **administração** do bem de família voluntário será **do casal**, devendo o Juiz resolver eventuais divergências. Na hipótese de **falecimento de um dos cônjuges, passará a administração ao outro. Caso ambos faleçam**, a administração passará **ao filho mais velho e maior; caso menor,** será a administração **do seu tutor.** A **extinção** do bem de família voluntário ocorre com **a morte de ambos os cônjuges e com a maioridade dos filhos, desde que não sejam incapazes.**

BEM DE FAMÍLIA LEGAL (LEI Nº 8.009/90)

É **automático (legal),** não dependendo de nenhum ato volitivo ou de registro. Essa espécie legal traduz a **impenhorabilidade** "do imóvel residencial próprio

CIVIL

do casal, ou da entidade familiar, isentando-o de dívidas civil, comercial, fiscal, previdenciária ou de qualquer natureza, contraída pelos cônjuges, pelos pais ou filhos que sejam seus proprietários e nele residam, ressalvadas as hipóteses previstas em lei". Tal isenção de impenhorabilidade "compreende **o imóvel** sobre o qual se assentam a construção, as plantações, as benfeitorias de qualquer natureza e todos os equipamentos, inclusive os de uso profissional, ou os **móveis** que guarnecem a casa, desde que quitados" (art. 1°, § único da Lei 8.009/90). A garantia em tela **aplica-se até mesmo às penhoras realizadas antes da edição da Lei 8.009/90**, conforme entendimento sumulado do STJ – Súmula 205.

Assim como o bem de família voluntário, o cogente também possui **exceções à sua impenhorabilidade**, não sendo possível a arguição desta para os **veículos de transporte, obras de arte e adorno suntuoso** (art. 2º da Lei nº 8.009/90).

Demais disto, o artigo 3° da Lei nº 8.009/90 enuncia outras hipóteses nas quais **não é possível a arguição da impenhorabilidade** do bem de família legal. São elas: pelo titular do crédito decorrente do financiamento destinado à construção ou à aquisição do imóvel, no limite dos créditos e acréscimos constituídos em função do respectivo contrato; pelo credor de pensão alimentícia, desde que resguardados os direitos, sobre o bem, do seu coproprietário que, com o devedor, integre a união estável ou conjugal, observadas as hipóteses em que ambos responderão pela dívida; para cobrança de impostos, predial ou territorial, taxas e contribuições devidas em função do imóvel familiar; para execução de hipoteca sobre o imóvel oferecido como garantia real pelo casal ou pela entidade familiar; por ter sido adquirido com produto de crime ou para execução de sentença penal condenatória a ressarcimento, indenização ou perdimento de bens; por obrigação decorrente de fiança concedida em contrato de locação.

4. DOS FATOS JURÍDICOS

Fato material é todo o **acontecimento não relevante** para o direito, a exemplo de um raio que cai no meio do mar ou em uma floresta, sem causar dano à pessoa ou ao patrimônio de alguém.

Fato jurídico, por sua vez, é todo fenômeno, todo **acontecimento relevante** para o direito.

CLASSIFICAÇÃO DOS FATOS JURÍDICOS

FATOS JURÍDICOS NATURAIS (OU FATO JURÍDICO EM SENTIDO ESTRITO OU STRICTO SENSU)

Os fatos da natureza que interessam ao direito civil são apenas os que interferem nas relações humanas, gerando efeitos para o direito. Nessa linha, os fatos jurídicos em sentido estrito **podem ser divididos em: ordinários:** acontecimentos comuns, do cotidiano (nascimento, morte)**; extraordinários:** incomuns, excepcionais e que fogem ao cotidiano (terremoto, maremoto, tsunami).

FATOS JURÍDICOS HUMANOS (ATO JURÍDICO)

Consistem naqueles fatos que decorrem da conduta humana e possuem consequências para o direito. **Podem ser divididos em: atos jurídicos ilícitos:** contrários ao direito, por violentarem regras do ordenamento jurídico; **atos jurídicos lícitos:** consoante o direito. Tais atos jurídicos lícitos, por sua vez, admitem **divisão**, falando-se em: **ato jurídico em sentido estrito (*stricto sensu*)** – é aquele que decorre da atividade humana volitiva, mas cujos efeitos estão todos vinculados na lei (*ex lege*); **negócio jurídico –** é aquele no qual a vontade humana não só é o fato gerador, mas também determina os efeitos do ato (*ex voluntate*); **ato--fato jurídico –** trata-se de categoria **DOUTRINÁRIA**, não regulamentada na legislação civilista, na qual se admite atribuir consequências a certos comportamentos humanos, ainda que não intencionais ou mesmo se praticado por incapazes. Exemplos: caça, pesca, achado de tesouro, especificação, compra e venda de absolutamente incapaz. Veja que nestes casos há, incialmente, uma **vontade humana** – um **ATO** –, mas como tal vontade não é abraçada pelo direito, finda-se em um **FATO**, falando-se do **ATO-FATO**.

4.1. DO NEGÓCIO JURÍDICO

Consiste o negócio jurídico no **encontro de vontades** visando **criar, modificar, conservar ou extinguir relações jurídicas**. Tem como centro a vontade humana, a qual tem **ampla atuação na criação do aludido negócio e na regulação dos seus efeitos**, nos limites da boa-fé, da função social e do ordenamento posto. A doutrina aponta para a existência de **três planos**; quais sejam:

PLANO DE EXISTÊNCIA

O **plano de existência** do negócio jurídico é uma criação DOUTRINÁRIA. Veicula os elementos estruturantes do negócio, aquilo que, minimamente, precisa o negócio jurídico para existir. São os **elementos da existência, de forma cumulativa: agente; objeto; forma; vontade exteriorizada.** Caso não esteja presente um dos elementos, o negócio jurídico será qualificado como **inexistente**.

PLANO DE VALIDADE

Validade é sinônimo de ***adequação ao sistema jurídico***. Assim, perfeitamente possível que um negócio jurídico existente seja inválido. Os **elementos da validade** do negócio jurídico encontram-se, preponderantemente, elencados no art. 104 do CC.

O negócio jurídico precisará para ser válido:

Capacidade e legitimação do AGENTE;

OBJETO lícito é aquele que está de acordo com a lei, sendo JURIDICAMENTE POSSÍVEL.

Possível será o **objeto** MATERIALMENTE POSSÍVEL, factível. Afirma a doutrina ser impossível, por exemplo, a compra e venda de um cachorro que fala.

Determinado é o **objeto** previamente INDIVIDUALIZADO segundo o GÊNERO, a QUANTIDADE **e** a QUALIDADE.

Determinável é o **objeto** indicado apenas pelo GÊNERO e pela QUANTIDADE**,** carecendo de qualidade.

Quanto à **FORMA**, o princípio regente é o da **liberdade de formas** (vide art. 107, CC).

Excepcionalmente, porém, a lei, ou até mesmo a vontade, poderá exigir uma **forma vinculada**, a qual há de ser observada, sob pena de nulidade.

Contudo, **não se terá a invalidade do ato se a forma for livre e o instrumento for inválido** (CC, art. 183). Tem-se hipóteses nas quais a forma é uma mera questão de prova (*forma ad probationem*), ao revés de ser questão de solenidade substancial (*ad substancione*). Exemplifica-se com uma promessa de compra e venda, cuja forma é livre, mas na qual as partes optaram em realizar por escritura pública. Acaso a escritura seja inválida, diante da liberdade de forma do ato, este persistirá válido; ou seja: a invalidade do instrumento (escritura), não ocasionará a do ato (promessa de compra e venda).

O **CONSENTIMENTO válido** remete à necessidade de a vontade ser livre e desembaraçada, sem nenhum tipo ERRO, DOLO, COAÇÃO.

A priori o consentimento poderá ser exteriorizado de qualquer maneira, sendo possível que o seja por escrito ou verbalmente. O **silêncio** é neutro para o direito, não significando nem aceitação e nem renúncia. Todavia, EXCEPCIONALMENTE é possível que o **silêncio revele a aceitação do negócio**, acaso presentes dois **requisitos cumulativos** (CC, art. 111). São eles: a circunstâncias ou os usos o autorizem e não seja necessária declaração de vontade expressa.

TEORIA DAS INVALIDADES DO NEGÓCIO JURÍDICO

A consequência jurídica do desrespeito à um dos pressupostos de validade do negócio jurídico será a sua **invalidade**; leia-se: **NULIDADE** ou a **ANULABILIDADE. Tais nulidades devem gerar prejuízo**, sob pena de não ocorrência.

▸ a) Nulidade Absoluta (Nulidades).

As **hipóteses** de nulidade absoluta estão elencadas nos artigos 166 e 167 do CC: simulação; negócio celebrado por pessoa absolutamente incapaz; for ilícito, impossível ou indeterminável o seu objeto; o motivo determinante, comum a ambas as partes, for ilícito; não revestir a forma prescrita em lei; for preterida alguma solenidade que a lei considere essencial para a sua validade; tiver por objetivo fraudar lei imperativa; a lei taxativamente o declarar nulo ou proibir-lhe a prática, sem cominar sanção.

Uma vez verificada a nulidade do negócio, ele terá as seguintes **características**:

A **nulidade absoluta** atingirá interesse público superior; pode ser arguida pelas partes, terceiro interessado, Ministério Público quando lhe couber intervir ou, até mesmo, pronunciada de ofício (*ex officio*) pelo Juiz; opera-se de pleno direito (*ope legis ou iures*); não admite confirmação (ratificação, convalidação ou saneamento), mas sim **CONVERSÃO** em um outro negócio jurídico válido; a ação declaratória de nulidade é decidida por sentença com efeitos *ex tunc* (retroativos) e *erga omnes* (contra todos); pode ser reconhecida a qualquer tempo **não se sujeitando a prazo prescricional ou decadencial**.

Sobre tais características, atenção para **alguns fatos relevantes**:

1) Entende o STJ que a arguição de nulidade absoluta EM INSTÂNCIAS EXTRAORDINÁRIAS demanda a observância do requisito do **prequestionamento**.
2) Apesar de **o juiz poder reconhecer *ex officio*** a nulidade, ele NÃO tem permissão para SUPRI-LA, ainda que a requerimento da parte (art. 168 p.u, CC).
3) Recorde-se que o art. 10 do CPC **veda a decisão surpresa**. Nessa linha, caso o juiz enxergue uma nulidade absoluta e deseje declará-la de ofício, antes de fazê-lo, haverá de dar CONTRADITÓRIO às partes.

▸ b) Nulidade Relativa (Anulabilidades)

As **principais hipóteses** de nulidade relativa estão elencadas no artigo 171 do Código Civil. São elas: **incapacidade RELATIVA** do agente; por **vício** resultante de **erro, dolo, coação, estado de perigo, lesão** ou **fraude contra credores**.

O negócio jurídico anulável possui as seguintes **características**:

A **nulidade relativa** atinge apenas **INTERESSES PARTICULARES**; **NÃO** se opera DE PLENO DIREITO, sendo *ope iudicis*; admite **CONFIRMAÇÃO** expressa ou tácita (ratificação, convalidação ou ratificação); somente pode ser **ARGUIDA** pelos legítimos interessados; **não** tem efeito antes de julgada por sentença, a qual, sempre que possível, **RESTITUIRÁ** as partes AO ESTADO EM QUE ANTES DELA SE ENCONTRAVAM. Não sendo viável, indenizará com o equivalente (arts. 177 e 182, CC); somente pode ser arguida, PELA VIA JUDICIAL, em **prazos decadenciais** de 4 anos e 2 anos (art. 178 e 179, CC).

PRINCÍPIO DA CONSERVAÇÃO DOS ATOS E NEGÓCIOS JURÍDICOS

Sempre que possível, ao revés de invalidar o negócio jurídico, deve-se aproveitá-lo. Afinal, **nos negócios jurídicos, mais vale a intenção neles consubstanciada do que o sentido literal da linguagem** (CC, art. 112).

Estão presentes na Codificação **três importantes institutos que viabilizam a conservação**:

▸ a) Conversão Substancial

Está prevista no artigo 170 do CC e consiste na recategorização de determinado negócio jurídico nulo para outro diverso, aproveitando-se os elementos materiais e a **vontade** manifestada.

▸ b) Convalidação (Saneamento, Ratificação ou Confirmação)

Trata-se de medida apenas aplicável ao negócio jurídico ANULÁVEL, o qual será aproveitado de forma expressa ou tácita e desde que não haja prejuízo a terceiro (CC, art. 172).

▸ c) Redução do Negócio Jurídico.

Permite a **invalidade parcial** do negócio jurídico, que terá nulificada a sua parte acessória. Tem cabimento quando for admitida a separação das partes do negócio, permitindo a extirpação da parte inválida do negócio, aproveitando-se a válida.

PLANO DE EFICÁCIA

Eficácia correlaciona-se aos **efeitos do negócio jurídico**. A premissa é que em sendo o negócio jurídico **existente** e **válido**, em **REGRA**, automaticamente produzirá os seus efeitos. **EXCEPCIONALMENTE**, a presença de um **fator de eficácia** acabará por autolimitar os efeitos do negócio jurídico. Refere-se, aqui, ao termo, condição, modo ou encargo, que são ELEMENTOS ACIDENTAIS OU ACESSÓRIOS do negócio jurídico e que não estão relacionados aos planos da existência e da validade. Consistem em autolimitações da vontade, de natureza facultativa e que incidem sobre os efeitos do negócio.

a) Condição

É **evento futuro e incerto** que deriva da **exclusivamente da vontade das partes** e **subordina** os **efeitos do negócio jurídico** (art. 121, CC). A condição admite classificações, falando-se em condições:

i) Suspensivas x Resolutivas

A condição **SUSPENSIVA** (CC, art. 125) é o evento futuro e incerto que **enquanto não implementado suspenderá tanto a aquisição como o exercício do direito** (negócio com efeitos pendentes).

A condição **RESOLUTIVA**, de seu turno, é aquele evento futuro e incerto que **quando implementado coloca fim ao negócio jurídico**, o resolvendo.

Antes de implementadas as condições, tem-se como possível os **atos de conservação**, por haver o que se denomina DIREITO EVENTUAL (art. 130, CC).

ii) Lícitas x Ilícitas

LÍCITAS são as condições que **se harmonizam com a lei, a ordem pública e os bons costumes** (art. 122, CC).

ILÍCITAS são aquelas **contrárias à lei, ordem pública e bons costumes**. Digno de nota que é **vedada a condição que prive o negócio de qualquer efeito prático**, como o empréstimo de um carro com vedação de dirigi-lo ou ocupá-lo por qualquer pessoa. Igualmente **ilícita** é a condição **que sujeita o negócio ao puro arbítrio de uma das partes** – condição PURAMENTE POTESTATIVA.

Afirma o CC, ainda, que INVALIDAM os negócios jurídicos (art. 123, CC): as condições **física ou juridicamente impossíveis, quando suspensivas**; as condições **ilícitas, ou de fazer coisa ilícita;** as condições **incompreensíveis ou contraditórias**. Outrossim, são tidas como INEXISTENTES as condições **impossíveis, quando resolutivas**, e **as de não fazer coisa impossível** (CC, art. 124).

Por fim, aduz o Código Civil que não pode a parte **obstar a condição que lhe desfavorece**, sob pena de tê-la como implementada, e **nem implementar a condição que lhe favorece**, sob pena de tê-la como não implementada. Trata-se de regra que objetiva evitar a torpeza (CC, art. 129).

b) Termo

Relaciona-se o termo a um **evento futuro e certo.** Consiste no dia ou momento em que o negócio começa (TERMO INICIAL ou *dies a quo*) ou extingue a sua eficácia (TERMO FINAL ou *dies ad quem*). Pode ser o termo fixado tanto pela lei (TERMO LEGAL) como pela vontade (TERMO CONVENCIONAL).

O lapso de tempo entre o termo inicial e o final é denominado de **prazo**, sendo a forma de sua contagem disciplinada no artigo 132 do CC.

O TERMO INICIAL **suspende apenas o exercício do direito, mas não a sua aquisição** (CC, art. 131).

c) Modo ou Encargo

É um **ônus (restrição)** imposto para que a parte usufrua de um benefício. Exemplifica-se com a doação de um automóvel para alguém, desde que essa pessoa leve o filho do doador ao colégio por dois anos consecutivos.

O encargo **não suspende nem o exercício e nem a aquisição do direito** (art. 136, CC). Acaso o encargo seja **descumprido,** a hipótese será de REVOGAÇÃO da doação (art. 555 e ss. do CC). Diga-se, ainda, que encargo ILÍCITO ou IMPOSSÍVEL **se considera não escrito, salvo se vier a constituir motivo determinante da liberalidade**, caso em que **invalidará a todo o negócio jurídico** (art. 137, CC).

Seria possível, no Brasil, o **autocontrato**, também chamado de **contrato consigo mesmo**? Remete a **situação na qual há uma mesma pessoa nos dois polos da relação jurídica**. Todavia, **de um lado, tal pessoa está atuando em nome próprio e, de outro, está a atuar como representante de alguém**. O autocontrato é **anulável**, no prazo decadencial de dois anos contados da conclusão do negócio (CC, arts. 117 e 179).

Por fim, digno de nota informar que há uma situação de autocontrato eivado de **nulidade absoluta**. Nas pegadas da Súmula 60 do Superior Tribunal de Justiça, é *nula a obrigação cambial assumida por procurador do mutuário vinculado ao mutuante, no exclusivo interesse deste.*

INTERPRETAÇÃO DOS NEGÓCIOS JURÍDICOS

O vigente Código Civil, por conta de reforma legislativa, passou a regular normas interpretativas dos negócios jurídicos, em seu art. 113. Parte-se da premissa de que os negócios jurídicos devem ser interpretados de acordo com a boa-fé (função interpretativa da boa-fé objetiva) e os usos (costumes) do lugar de sua celebração. A partir desta premissa, passa o legislador a veicular específicas normas interpretativas sobre o sentido dos negócios jurídicos, sendo tal sentido

> i. Aquele que for confirmado pelo comportamento das partes posterior à celebração do negócio. A isto a doutrina denomina de regra da confirmação posterior e reconhecimento da proibição do comportamento contraditório (*nemo potest venire contra factum proprium*);
>
> ii. Aquele que corresponder aos usos, costumes e práticas do mercado relativas ao tipo de negócio. A isto a doutrina denomina de regra dos costumes;
>
> iii. Aquele que corresponder à boa-fé. A isto doutrina denomina de regra da boa-fé;
>
> iv. Aquele que for mais benéfico à parte que não redigiu o dispositivo, se identificável. A isto a doutrina chama de *interpretatio contra proferentem* e
>
> v. Aquele que corresponder a qual seria a razoável negociação das partes sobre a questão discutida, inferida das demais disposições do negócio e da racionalidade econômica das partes, consideradas as informações disponíveis no momento de sua celebração. A isto a doutrina denomina de regra da vontade presumível.

Digno de nota que grande parte das regras do art. 113 apenas incidirão caso as partes não tenham pactuado, no próprio negócio jurídico, as suas regras de interpretação. Logo, o regramento do art. 113 é, em grande parte, supletivo ou dispositivo, aplicando-se no silêncio das partes. Obviamente, porém, que a possibilidade de regramento das premissas interpretativas pelas próprias partes terá incidência nos chamados contratos paritários ou negociados, entendidos como aqueles em que as partes, efetivamente, debatem previamente as cláusulas contratuais.

DEFEITOS OU VÍCIOS DO NEGÓCIO JURÍDICO

Relacionam-se a hipóteses nas quais **o negócio jurídico está inquinado de algum vício subjetivo** (no consentimento) **ou objetivo** (social). Tais defeitos podem se apresentar sob a forma de:

a) **Vícios de Consentimento** (de vontade) – dizem respeito a um aspecto INTERNO do negócio jurídico, inerente à própria manifestação de vontade. Há uma mácula na vontade declarada, a qual diverge do real desejo do agente, seja por um **erro**, **dolo**, **coação moral**, **lesão** ou **estado de perigo**.

b) **Vícios Sociais** – **a vontade do agente é exteriorizada consoante a sua intenção**. No entanto, há uma **tentativa de prejudicar terceiro ou burlar a lei**. Logo, trata-se de vício EXTERNO. São vícios sociais: a **fraude contra credores e a simulação**. Em síntese:

> **Atenção!**
>
> Os defeitos do negócio jurídico geram a **anulabilidade, com exceção da simulação** (CC, arts. 171 e 167), que é hipótese de nulidade absoluta.

VÍCIOS DE CONSENTIMENTO

▸ A) Erro ou Ignorância

Trata-se da percepção inexata da realidade que incide sobre alguma coisa, objeto ou pessoa e influi substancialmente na formação da vontade. Nessa senda, quando há erro, celebra o agente o negócio com base em uma **falsa percepção da realidade.** Nem todo erro enseja a invalidação do ato. O erro, para gerar anulabilidade do negócio jurídico, há de ser a **causa determinante** do ato, o denominado **erro essencial, substancial ou principal** (art. 138, CC).

Assim, em **sendo o erro acessório – secundário ou acidental –,** como o relativo à mera indicação da pessoa ou coisa, mas que, pelo contexto, poderá ser identificada, **não haverá de se falar em anulação do negócio** (art. 142, CC). Com efeito, o **ERRO ACESSÓRIO não tem consequência para o direito**. Como é **o ERRO PRINCIPAL que ocasionará a nulidade relativa do negócio jurídico**, o Código Civil passa a aprofundá-lo. O artigo 139 do Código Civil elenca **espécies ou modalidades de erro principal,** falando-se em:

a) *Error In Negotio* – **Incide sobre a NATUREZA do negócio**. Por exemplo, imagina-se que está realizando uma compra e venda, mas em verdade se está celebrando um contrato de troca ou permuta.

b) *Error In Corpore* – **Incide sobre o OBJETO do negócio jurídico**, seja sobre sua qualidade ou quantidade. Exemplo: imagina está comprando um imóvel na rua A, mas o está adquirindo na rua B, ou ainda em rua homônima; um colecionador compra coleção de selos imaginando ter 200 (duzentos) selos, mas em verdade há 150 (cento e cinquenta) selos.

c) *Error In Persona* – **Incide sobre a PESSOA**, em especial à sua identidade ou qualidade essencial. Exemplo: contrata-se Luciano Figueiredo imaginando ser Roberto Figueiredo.

d) *Erro de Direito* – Não implica negativa de aplicação à lei, não significando seu descumprimento intencional, mas sim **equívoco quanto ao ALCANCE DA NORMA JURÍDICA**. Exemplo: Cidadão compra o terreno para edificar em área que descobre, posteriormente, não ser edificante.

> **Atenção!**
>
> - O **falso motivo, expresso** no ato como sua **razão determinante**, equivale ao erro, gerando anulabilidade (art. 140 do CC).
> - A transmissão **equivocada** de vontade por **meios interpostos** é anulável nos mesmos casos da declaração direta (art. 141, CC).
> - O **erro de cálculo** gera mera ratificação, **não sendo hipótese de anulabilidade do negócio** (art. 143, CC).

Por fim, em sendo a consequência do erro a **anulabilidade** tem-se como plenamente possível a **conservação do ato.**

▸ B) Dolo (Art. 145 a 150, CC)

Consiste no **induzimento malicioso para que alguém pratique um ato** que lhe seja prejudicial, mas proveitoso ao autor do dolo ou a terceiro.

Difere-se o dolo do **erro** no momento em que neste o agente incorre **sozinho** em lapso, sem qualquer *"ajuda"* de terceiro. Se há *"ajuda"* – **induzimento** –, a hipótese é de **dolo**.

O dolo, para ser capaz de gerar anulabilidade do negócio jurídico, há de ser **essencial – substancial ou causa determinante** –, assim como o **erro** (art. 145, CC).

Todavia, caso se verifique que a parte realizaria o negócio com ou sem a presença do dolo, a hipótese é de ***dolo acidental*** **– secundário ou acessório**. Tal dolo acidental não gerará a anulação do negócio, mas ocasionará indenização por perdas e danos (art. 146, CC).

O dolo admite algumas **classificações**:

1) Dolo negativo

A omissão dolosa (decorrente de silêncio intencional de uma das partes) pode ensejar o dolo, **quando provado que, sem ela, o negócio não se teria celebrado** (CC, art. 147).

2) Dolo decorrente de conduta de terceiro

Imagine que Hugo tenta induzir a Caio para que este compre o seu carro por um valor acima do mercado. Para tanto, Hugo, dolosamente, informa a Caio uma série de "qualidades" que o carro não tem, como ser único dono, nunca ter sido batido... Todavia, como Caio está reticente, Hugo pede a Francisco, amigo em comum, que realize o induzimento de Caio. Tem-se um dolo decorrente da conduta de terceiro. Se a parte a quem aproveita não soubesse ou não devesse saber do dolo –, ainda que o negócio seja conservado, o prejudicado (Caio) poderá pleitear perdas e danos em face do terceiro (Francisco) (art. 148, CC).

3) Dolo do representante

Para que se verifiquem as consequências do dolo praticado pelo representante, há de se perquirir se a representação é legal ou convencional (CC, art. 149). Veja-se: se o dolo for praticado pelo representante legal, o representado apenas **responderá na medida de seu proveito econômico**. Por outro lado, se o dolo for praticado pelo **representante convencional**, o representado responderá **solidariamente** com o seu representante.

4) Dolo bilateral ou recíproco

Segundo o artigo 150 do CC, **ninguém poderá se beneficiar da própria malícia** (torpeza). Portanto, se ambas as partes incorrerem em dolo, independente da modalidade, nenhuma delas poderá arguir isto como motivo de anulação do negócio, nem reclamar indenização.

▸ C) Coação Moral

Coação é toda **ameaça ou pressão, física ou moral**, exercida sobre um indivíduo para forçá-lo, contra a sua vontade, a praticar um ato ou realizar um negócio, tornando o ato defeituoso. Assim, a coação pode ser:

a) **Coação Absoluta ou Física (*vis absoluta*).** Quando a manifestação de vontade pretendida é obtida pela **força física. Inexiste qualquer manifestação de vontade do agente**. Neste caso, a coação absoluta **gera inexistência do ato** por ausência de vontade.

b) **Coação Relativa ou Moral (*vis compulsiva*).** É a **coação psicológica,** vislumbrada em um terreno **emocional.** Na coação relativa **o negócio pode ser anulável,** desde que verificados os seguintes **requisitos cumulativos: causa do ato** – deve demonstrar que sem a coação o ato não teria sido concretizado; **grave:** a coação deve imputar ao coagido um verdadeiro temor de dano sério; **injusta** (ilícita, contrária ao direito, abusiva): a ameaça ao exercício normal do direito e o temor reverencial não configuram coação, por carecerem de ilicitude (art. 153, CC); **iminente ou atual:** o dano deve ser próximo e provável; deve constituir ameaça de prejuízo **à pessoa ou bens da vítima, às pessoas ou bens da sua família e até mesmo terceiros**, quando o juiz haverá de analisar as circunstâncias do caso (CC, art. 151).

Na análise dos requisitos acima se leva em consideração as **circunstâncias subjetivas** da vítima, como o sexo, a idade, a formação intelectual e profissional (art. 152, CC). Assim como o dolo, a coação **pode ser exercida por terceiro**, apenas viciando o negócio jurídico ***se a parte beneficiada tivesse ou devesse ter conhecimento dela***. Acaso, porém, a parte beneficiada não tivesse ou devesse ter conhecimento do ato, o negócio subsistirá, persistindo a responsabilidade do terceiro por eventual pleito de perdas e danos do prejudicado (art. 155, CC).

▸ D) Estado de Perigo

Configura-se o estado de perigo quando alguém, premido da necessidade de salvar-se, a pessoa de sua família ou, até mesmo, a terceiro, de grave dano conhecido pela outra parte, assume **obrigação excessivamente onerosa.** Lembra-se que caso o estado de perigo **diga respeito à terceiro**, o magistrado haverá de analisar as circunstâncias do caso.

▸ E) Lesão

Relaciona-se a uma concepção de **justiça contratual** e **equidade nas relações negociais**, visando conferir ao negócio jurídico trocas úteis e justas. Na dicção do art. 157 do CC, a configuração da lesão demandará **dois requisitos cumulativos**: a) Requisito Objetivo: **manifesta desproporção entre as prestações estabelecidas no negócio no momento da celebração do negócio jurídico.** b) Requisito Subjetivo: **inexperiência ou premente necessidade de uma das partes**, a qual é percebida pelas condições pessoais do contratante.

Os requisitos devem ser analisados no momento da contratação, e não posteriormente. **Não é necessário que a outra parte esteja ciente** da necessidade ou inexperiência de outro contratante para a configuração do instituto (Enunciado 150 do CJF). Presente os requisitos, o negócio será **anulado.**

Há possibilidade de **revisão do negócio, com suplemento suficiente ou redução do proveito.**

VÍCIOS SOCIAIS

▸ a) Fraude Contra Credores.

A *Fraude contra Credores* traduz vício social consistente na **prática de atos de disposição patrimonial pelo devedor com o intuito de esvaziar o seu patrimônio e gerar insolvência em face dos credores.** Para configuração da fraude contra credores se faz necessária a presença de **três requisitos cumulativos**: **anterioridade do crédito**: se não há nenhuma relação jurídica creditória pretérita ao desfazimento patrimonial, fraude contra credores inexistirá; **requisito objetivo (*eventus damni*):** consiste na **diminuição do patrimônio capaz de gerar a insolvência ou aprofundá-la**; **requisito subjetivo (*Consilium Fraudis*): conluio fraudulento,** que ressalta a má-fé dos envolvidos. Existem **hipóteses nas quais o CC presume a má-fé** (vide arts. 158, 159, 162 e 163, CC). A **boa-fé será presumida** quanto aos **negócios ordinários indispensáveis à manutenção do estabelecimento mercantil, rural ou industrial ou à subsistência do devedor e de sua família** (art. 164, CC).

Uma vez verificada a presença dos requisitos supracitados, estar-se-á configurada a fraude contra credores. Esta será combatida por meio da ***ação pauliana ou revocatória***, de natureza desconstitutiva e cujo pedido central é o de anulabilidade do ato (prazo decadencial de 4 anos). De mais a mais, anulado o ato, o bem retornará ao patrimônio do devedor, sendo excutido consoante a ordem de preferências e privilégios creditórios. Por fim, **não se deve confundir** fraude contra credores com fraude à execução, pois nesta: já há processo em curso; configura tipo penal (art. 179, CP); não exige o requisito subjetivo (*consilium fraudis*) para sua configuração; a consequência não é anulabilidade, mas sim ineficácia do ato; não será combatida por ação pauliana.

b) Simulação

A simulação consiste em uma **declaração enganosa de vontade**, visando produzir efeito diverso do ostensivamente indicado. Ocorre quando se celebra um negócio aparentemente normal, mas que não pretende atingir o efeito formal e naturalmente esperado.

Objetiva-se **prejudicar terceiros e/ou burlar a lei.** A simulação, hodiernamente, é composta de **duas modalidades**, quais sejam:

a) **Absoluta**: nesta é celebrado um negócio jurídico **destinado a não produzir nenhum efeito, com o único intento de lesar alguém.** Exemplo: João é casado com Maria e como estão prestes a divorciar, João celebra, com um grande amigo, contratos de compra e venda como forma de salvaguardar bens para que não sejam inclusos na divisão patrimonial do divórcio, aproveitando-se desta ilegalidade. Tais contratos de compra e venda não geram efetiva transmissão da posse dos bens de João, pois este continua no gozo dos bens.

b) **Relativa** (ou **dissimulação**): as partes **criam um negócio jurídico (simulado) destinado a encobrir outro negócio (dissimulado), cujos efeitos são proibidos por lei.** Exemplo: João é casado e, não podendo doar bens à concubina, ele faz uma simulação de uma compra e venda para dissimular a doação realizada.

E qual será a consequência da simulação?

No caso da absoluta, o negócio será **nulo** (CC, art. 167). Sendo a simulação uma **causa de nulidade absoluta do negócio jurídico**, pode ser alegada por uma das partes contra outra (Enunciado 294 do CJF).

Já na casuística da relativa, também denominada de dissimulação, **o negócio haverá de ser analisado.** No exemplo dado acima – doação de bens à concubina – ao ato será *anulável* (CC, arts. 167 e 550).

Importante ficar atento às **hipóteses de simulação elencadas no próprio artigo 167**, especialmente em seu § 1º, que dispõe como simulados os negócios que: ***I*** *– aparentarem conferir ou transmitir direitos a pessoas diversas daquelas às quais realmente se conferem, ou transmitem;* ***II*** *– contiverem declaração, confissão, condição ou cláusula não verdadeira;* ***III*** *– os instrumentos particulares forem antedatados, ou pós-datados.*

Não se deve confundir simulação com reserva mental, a qual também é chamada de reticência (art. 110, CC). Configura-se a reserva mental quando o **agente mantém escondida a intenção de não cumprir a finalidade do negócio.** Esta não tem consequências para o direito, produzindo o negócio jurídico seus efeitos regulares. Caso a *reserva mental* **seja conhecida de alguém**, para esta pessoa que especificamente teve conhecimento da reserva, o negócio não poderá ser exigido (CC, art. 110).

4.2. DOS ATOS JURÍDICOS

Como já visto, os atos jurídicos consistem naqueles fatos que decorrem da conduta humana e possuem consequências para o direito. Podem ser divididos em: atos jurídicos ilícitos: contrários ao direito, por violentarem regras do ordenamento jurídico; atos jurídicos lícitos: consoante o direito.

4.3. DA PRESCRIÇÃO E DA DECADÊNCIA

A **prescrição e a decadência** remetem ao fenômeno do passar do tempo gerando PERDAS, à vista da segurança jurídica, da estabilidade social e da pacificação dos conflitos. Afinal de contas *"aos que dormem, o direito não socorre"* (*dormientibus non sucurrit jus*).

Nesta senda, a EXTINÇÃO DO DIREITO poderá ocorrer de **duas maneiras**:

(1) o direito ao exercício de **pretensões** (DIREITO SUBJETIVO), se não exercido durante certo tempo, é fulminado pela **prescrição.**

(2) o direito potestativo é destruído pela **decadência.**

Os direitos subjetivos, que não são autoexecutáveis, acaso descumpridos, geram **pretensão**, que apenas terá sucesso se manejada em determinado prazo. A pretensão, acaso não utilizada no prazo, será extinta pela **prescrição**.

Os direitos potestativos, meramente informativos e autoexecutáveis, são extintos pela decadência. Logo, em havendo prazo para exercício do direito potestativo e, não sendo o prazo observado, ter-se-á a perda do direito potestativo pela **decadência.**

Tem-se, portanto:

- **Inércia do titular + decurso do tempo + pretensão = prescrição.**
- **Inércia do titular + decurso do tempo + potestade = decadência.**

Outra maneira de se distinguir prescrição e decadência se dá por meio da correlação da prescrição e da decadência com as **modalidades de ações**. Leia-se:

- Ações Declaratórias: Imprescritíveis.
- Ações Condenatórias: Prescritíveis.
- Ações Desconstitutivas ou Constitutivas: Decadenciais.

É possível, contudo, que uma **ação cumule pedidos de naturezas diversas.**

Exemplo: um suposto herdeiro ajuíza ação para que se *declare* o estado de filiação em face do *de cujus*. Neste mesmo processo, esta pessoa também postula o *pagamento* da herança (petição da herança). Como já esclareceu o Supremo Tribunal Federal (Súmula 149), é imprescritível a ação declaratória de investigação de paternidade, mas não o é a de petição da herança. Claro. Enquanto a ação de reconhecimento de filiação apenas quer declarar um fato, a de petição de herança objetiva uma condenação.

PRESCRIÇÃO

A **prescrição consiste na perda da pretensão**, relativa a um **direito subjetivo, patrimonial e disponível**, no prazo previsto em lei, em virtude da inércia do seu titular e manejada por uma **ação condenatória.**

Pretensão nada mais do que a **possibilidade de se exigir de outrem uma determinada obrigação** (de dar, fazer ou não fazer), sob pena de execução patrimonial dos bens desta pessoa contra a qual se pretende.

Nessa toada, como posto pelo Enunciado 579 do CJF, nas pretensões decorrentes de doenças profissionais ou de caráter progressivo, o cômputo da prescrição iniciar-se-á somente a partir da ciência inequívoca da incapacidade do indivíduo, da origem e da natureza dos danos causados (Súmula 573 do STJ).

Nada obstante, pretensões de responsabilidade civil que desdobram em violências jurídicas com expressão econômica permitem a formulação de pleitos **condenatórios**. Estes prescrevem.

PRAZOS PRESCRICIONAIS

Os prazos prescricionais estão **todos contidos na lei** e não podem ser alterados pela vontade das partes. Por isso se afirma que os prazos prescricionais são sempre legais (CC, art. 192, 205 e 206). O maior prazo prescricional existente é o de dez anos e ocorre ***"quando a lei não lhe haja fixado prazo menor"***, a teor do artigo 205 do CC.

São hipóteses de **prescrição ânua (art. 206, §1º) : I)** a dos hospedeiros ou fornecedores de víveres destinados a consumo no próprio estabelecimento, para o pagamento da hospedagem ou dos alimentos; **II)** a pretensão do segurado contra o segurador ou, a deste contra aquele, contado o prazo: a) para o segurado, no caso de seguro de responsabilidade civil, da data em que é citado para responder à ação de indenização proposta pelo terceiro prejudicado, ou da data que a este indeniza, com a anuência do segurador; b) quanto aos demais seguros, da ciência do fato gerador da pretensão; **III)** a pretensão dos tabeliães, auxiliares da justiça, serventuários judiciais, árbitros e peritos, pela percepção de emolumentos, custas e honorários; **IV)** a pretensão contra os peritos, pela avaliação dos bens que entraram para a formação do capital de sociedade anônima, contado da publicação da ata da assembleia que aprovar o laudo e a pretensão dos credores não pagos contra os sócios ou acionistas e os liquidantes, contado o prazo da publicação da ata de encerramento da liquidação da sociedade.

A única **prescrição bienal** (de dois anos) prevista no CC é para os ALIMENTOS (§ 2º).

O **prazo prescricional de três anos** ocorre: **I)** a pretensão relativa a aluguéis de prédios urbanos ou rústicos; **II)** a pretensão para receber prestações vencidas de rendas temporárias ou vitalícias; **III)** a pretensão para haver juros, dividendos ou quaisquer prestações acessórias, pagáveis, em períodos não maiores de um ano, com capitalização ou sem ela; **IV)** a pretensão de ressarcimento de enriquecimento sem causa; **V)** a pretensão de reparação civil; **VI)** a pretensão de restituição dos lucros ou dividendos recebidos de má-fé, correndo o prazo da data em que foi deliberada a distribuição; **VII)** a pretensão contra as pessoas em seguida indicadas por violação da lei ou do estatuto, contado o prazo: a) para os fundadores, da publicação dos atos constitutivos da sociedade anônima; b) para os administradores, ou fiscais, da apresentação, aos sócios, do balanço referente ao exercício em que a violação tenha sido praticada, ou da reunião ou assembleia geral que dela deva tomar conhecimento; c) para os liquidantes, da primeira assembleia semestral posterior à violação; **VIII)** a pretensão para haver o pagamento de título de crédito, a contar do vencimento, ressalvadas as disposições de lei especial; **IX)** a pretensão do beneficiário contra o segurador, e a do terceiro prejudicado, no caso de seguro de responsabilidade civil obrigatório.

A única **prescrição de quatro anos** prevista no § 4º, do artigo 206, do CC/02, é para *"a pretensão relativa à TUTELA, a contar da data da aprovação das contas"*.

Finalmente, a **prescrição quinquenal** (§ 5º, do art. 206) nos seguintes casos: **I)** a pretensão de COBRANÇA DE DÍVIDAS LÍQUIDAS constantes de instrumento público ou particular; **II)** a pretensão dos profissionais liberais em geral, procuradores judiciais, curadores e professores pelos seus HONORÁRIOS, contado o prazo da conclusão dos serviços, da cessação dos respectivos contratos ou mandato; **III)** a pretensão DO VENCEDOR para haver do vencido O QUE DESPENDEU EM JUÍZO.

Atenção!

- A prescrição intercorrente, que é aquela observada no curso de um processo judicial, observará o mesmo prazo da prescrição da pretensão e as hipóteses de impedimento, suspensão e interrupção, na forma do art. 206-A do CC, introduzido pela Lei 14.382/22).

CAUSAS IMPEDITIVAS, SUSPENSIVAS E INTERRUPTIVAS DA PRESCRIÇÃO

A regra geral é que o prazo prescricional fluirá em uma só toada. Todavia, malgrado a regra geral, é viável que se perceba, excepcionalmente, a presença de uma causa impeditiva, suspensiva e até mesmo interruptiva do prazo prescricional.

Por causas **impeditivas** tem-se hipóteses nas quais o **prazo sequer começa a ser contado**. Já as causas **suspensivas paralisam** o curso do prazo, o qual, acaso cessada a causa suspensiva, **retomará o seu curso de onde parou**. Em arremate, as causas **interruptivas** são aquelas que **destroem a contagem inicialmente realizada**, recomeçando-se a contagem do prazo *"do zero"*.

Atenção!

De acordo com o art. 3º da Lei 14.010/20, os prazos prescricionais e decadenciais se consideram impedidos ou suspensos, conforme o caso, a partir da entrada em vigor da referida norma, ocorrida em 12 de junho de 2020 e até 30 de outubro de 2020. De igual sorte, não correrá prazo de usucapião neste intervalo de tempo.

a) Causas Impeditivas e Suspensivas

A causa será PRÉ-EXISTENTE ao nascimento da pretensão e a contagem do prazo, impedindo a sua contagem. Entretanto, será **suspensiva** a causa que atingir o prazo EM CURSO, suspendendo a sua contagem.

Para o CC, não corre a prescrição *"**entre os cônjuges**, na constância da sociedade conjugal"* (art. 197, I, CC). E entre **companheiros** na união estável? Corre o prazo? Como o artigo não versa sobre o tema, a priori, a resposta é que corre normalmente. Entrementes, caso a questão verse sobre um posicionamento JURISPRUDENCIAL ou DOUTRINÁRIO, é possível aplicar a causa suspensiva ou impeditiva, com força no Enunciado 296 do CJF.

Não correrá prazo de prescrição *"**entre ascendentes e descendentes**, durante o poder familiar"* (art. 197, II, CC). Esta ideia também impede o fluxo da prescrição *"entre os **tutelados ou curatelados e seus tutores ou curadores**, durante a tutela ou curatela"* (art. 197, III, CC). Um cuidado, entretanto, deve ser levado em consideração no tocante aos absolutamente incapazes, em face dos relativamente. É que ***"não corre a prescrição contra os incapazes de que trata o art. 3º"*** do CC. Contudo, quanto aos relativamente incapazes **a prescrição corre normalmente**, a teor do artigo 195 do CC.

Seria justo correr prazo prescricional **contra servidor público** que se ausenta do nosso país para defender a pátria ou trabalhar em favor do interesse público? A resposta é intuitivamente NEGATIVA e está bem colocada no artigo 198, incisos II e III.

Ainda a respeito das hipóteses nas quais o PRAZO PRESCRICIONAL NÃO CORRE, deve-se destacar questões alusivas à **evicção, à pendência de condição suspensiva e à inexistência de prazo vencido**, a teor do artigo 199 do CC. Pela *Teoria da Actio Nata*, recorde-se, enquanto não for violado o direito material, não nasce à pretensão (art. 189, CC).

Demais disto, por conta da independência de instâncias na seara cível e penal, consigna o art. 200 do CC que, quando a **ação se originar de fato que deva ser apurado no juízo criminal**, não correrá a pretensão cível antes da respectiva decisão penal definitiva.

Por fim, a SUSPENSÃO da prescrição em favor de um dos **devedores solidários** apenas aproveitará aos outros se a obrigação for indivisível (art. 201, CC).

No que tange às hipóteses de impedimento e suspensão do prazo, indica-se, ainda, a importante Súmula 229 do STJ, segundo a qual o **pedido do pagamento de indenização à seguradora** SUSPENDE o prazo de prescrição até que o segurado tenha ciência da decisão.

b) Causas Interruptivas.

As causas interruptivas irão atingir o prazo prescricional EM CURSO, o interrompendo e consequentemente impondo a sua **recontagem de forma integral**. A interrupção do prazo prescricional **apenas poderá acontecer uma única oportunidade** (CC, art. 200).

A interrupção do prazo poderá ser promovida por qualquer interessado (CC, art. 203), sendo suas **hipóteses**: I) por DESPACHO DO JUIZ, mesmo incompetente, que ordenar a citação, se o interessado a promover no prazo e na forma da lei processual; II) por PROTESTO, nas condições do inciso antecedente; III) por PROTESTO CAMBIAL; IV) pela APRESENTAÇÃO DO TÍTULO DE CRÉDITO EM JUÍZO de inventário ou em concurso de credores; V) por qualquer ATO JUDICIAL que constitua em mora o devedor e VI) por qualquer ATO INEQUÍVOCO, ainda que extrajudicial, que importe reconhecimento do direito pelo devedor.

A interrupção da prescrição **por um credor** não aproveita aos outros; semelhantemente, a interrupção operada **contra o codevedor, ou seu herdeiro**, não prejudica aos demais coobrigados. Já a interrupção **por um dos credores solidários** aproveita aos outros; assim como a interrupção efetuada **contra o devedor solidário** envolve os demais e seus herdeiros. Outrossim, a interrupção operada **contra um dos herdeiros do devedor solidário** não prejudica os outros herdeiros ou devedores, senão quando se trate de obrigações e direitos indivisíveis. Por fim, a interrupção produzida **contra o principal devedor** prejudica o fiador.

LEMBRETES FINAIS SOBRE PRESCRIÇÃO

A **exceção prescreve no mesmo prazo em que a pretensão.** Entende-se por **exceção** a arguição de um direito em defesa, a exemplo do DIREITO DE COMPENSAÇÃO (CC, art. 190).

Também se há de lembrar que *"Prescreve a* ***execução*** *no mesmo prazo da prescrição da ação"*, ou melhor, da pretensão de conhecimento, a teor da súmula 150 do STF.

Ademais, a súmula 237 do STF possibilita a **arguição de usucapião** (prescrição aquisitiva) em sede de defesa. A doutrina vem entendendo que isso é possível ainda que em sede de ações possessórias, pois a usucapião não é uma exceção de propriedade, mais sim de domínio, não havendo, portanto, vedação em seu manejo.

Lembre-se que **a prescrição pode ser alegada em qualquer grau de jurisdição pela parte a quem aproveita.** Tal fato, porém, não retira a necessidade de respeito ao requisito do PREQUESTIONAMENTO para o tema ser ventilado nas **instâncias extraordinárias**.

Outrossim, a prescrição iniciada contra uma pessoa continua a correr **contra seus sucessores**, na forma do artigo 196 do CC.

DECADÊNCIA OU CADUCIDADE

Entende-se por decadência ou caducidade, **a perda do prazo predeterminado para o exercício de um determinado direito potestativo**, manejado por uma ação constitutiva. A inobservância do prazo gerará a extinção do direito, por decadência.

Isso leva a conclusão de que todo direito potestativo possui prazo de exercício? A resposta é negativa. Há direitos potestativos que não possuem prazo de exercício, não decaindo. Exemplifica-se com o divórcio, o qual poderá ser requisitado, pelo interessado, a qualquer tempo.

Diferentemente da prescrição, o **prazo decadencial** poderá decorrer **da lei ou da vontade**. Assim, fala-se em decadência: i) **Legal**, na qual o prazo está NA NORMA (CC, art. 178); ii) **Convencional**, quando o prazo será estabelecido POR ATO DE VONTADE (prazo de arrependimento em um contrato).

DIREITO INTERTEMPORAL E PRESCRIÇÃO

O **que fazer com os prazos prescricionais que foram reduzidos e ainda estavam em curso quando da vigência do atual CC**?

Solucionando o tema, o Código Civil, em seu artigo 2.028, trouxe uma REGRA DE TRANSIÇÃO, verberando que: *"Serão os da lei anterior os prazos, quando reduzidos por este Código, e se, na data de sua entrada em vigor, já houver transcorrido* ***mais da metade do tempo estabelecido na lei revogada****"*.

Exemplo: imagine uma lesão hábil a ocasionar reparação civil perpetrada em 1990. Como o prazo de reparação civil era de 20 (vinte) anos, iria até 2010. Como o CC trouxe prazo menor – de 3 (três) anos – e ganhou vigência em 2003 – quando já havia transcorrido mais da metade do prazo da lei velha: 13 (treze) anos –, seguiremos a contagem pela norma anterior, findando o prazo em 2010. Se, nesta mesma casuística, a lesão houvesse se dado em 2001, na data da vigência do CC/02 – em 2003 – teríamos apenas dois anos de contagem do prazo da lei velha, o que é menos da metade do prazo. Nessa toada, aplicar-se-á o prazo da lei nova – de 3 (três) anos – iniciando a contagem em 2003 – início da vigência do CC/02 – e findando em 2006.

PARTE ESPECIAL

5. DO DIREITO DAS OBRIGAÇÕES

As obrigações apontam para uma **relação prestacional, de caráter patrimonial, cujo desrespeito se resolve mediante a execução do patrimônio penhorável do inadimplente.**

DISTINÇÃO DOS DIREITOS REAIS

Direitos Reais	Direitos Obrigacionais
***Numerus Clausus* – Taxativos ou Típicos.**	*Numerus apertus* – exemplificativos.
Direito de Sequela – reivindicar a coisa onde quer que esteja e nas mãos de quem quer que esteja.	**Não há Sequela** – executa-se o contrato, incidindo a sanção, pelo descumprimento, no patrimônio do devedor.
Absolutos (Eficácia *erga omnes*) – oponível contra todos.	**Relativos (Eficácia *inter partes*)** – Obrigam, em regra, apenas os contratantes.
Registrabilidade e Publicidade – submetem-se ao registro.	**Forma livre**, em regra (Art. 107 do CC) – não exigem registro, nem publicidade.
***Jus in re* – direito sobre a coisa.** A relação jurídica se estrutura entre uma pessoa e a própria coisa, com oponibilidade em face de todos.	***Jus ad rem* – direito contra a pessoa.** A relação jurídica se estrutura entre pessoas determinadas ou determináveis.
Caráter Permanente ou Perpétuo – pois caso não haja alienação, transmite-se por herança.	**Caráter Transitório** – pois a obrigação nasce para ser cumprida, sendo o adimplemento obrigacional a sua natural forma de extinção.

ZONA DE CONFLUÊNCIA

Trata-se a zona cinzenta de uma **zona de natureza mista, de confluência** entre obrigações e reais. As três principais modalidades obrigacionais a habitarem esta zona são:

▸ a) Obrigações *Propter Rem.*

As obrigações próprias da coisa (*propter rem*) são aquelas que aderem à coisa, e não à pessoa, transmitindo-se automaticamente ao seu novo titular, com a transferência proprietária. Exemplifica-se com o IPTU, o ITR, o IPVA, as taxas condominiais, indenização de benfeitorias pelo possuidor de boa-fé e a obrigação de recuperação de área ambiental degradada.

▸ b) Obrigações de Ônus Real.

Obrigação de ônus real é aquela **que limita o uso e o gozo da propriedade**, consistindo em um **gravame.** É um direito sobre coisa alheia, oponível *erga omnes*. Exemplifica-se: João doa uma fazenda para Maria, obrigando esta (Maria) a destinar 50% (cinquenta por cento) da safra colhida, todo ano, para Caio. Enquadra-se igualmente aqui a hipoteca, o penhor e a anticrese, que são direitos reais de garantia, posto darem garantia a uma obrigação pré-existente, onerando um bem.

E como diferenciar a obrigação *propter rem* da de ônus real? A **obrigação de ônus real** tem como traço distintivo da *propter rem* o fato de se **limitar** ao valor da coisa.

▸ c) Obrigações de Eficácia Real.

A obrigação de eficácia real é aquela que – sem perder o seu caráter de direito pessoal ou direito a uma prestação – ganha **oponibilidade contra terceiros**, que adquiram direitos sobre determinado bem, tendo em vista o seu registro. É o que tecnicamente chama-se de oponibilidade *erga omnes***.** São obrigações que se transmitem. Exemplifica-se com o direito de preferência, em um contrato de locação devidamente registrado, conforme previsto no art. 33 da Lei do Inquilinato (Lei 8.245/91).

ELEMENTOS DA RELAÇÃO JURÍDICA OBRIGACIONAL

▸ a) Elemento subjetivo: sujeitos ativos e passivos.

São as pessoas, físicas ou jurídicas, que titularizam relações ativas de crédito (credores, sujeitos ativos), ou de débitos (devedores, sujeitos passivos). Estes últimos sofrerão a perda do respectivo patrimônio penhorável acaso não cumpram a conduta sobre a qual se obrigaram (inadimplemento).

▸ b) Elemento objetivo ou material: prestação.

A prestação é o objeto da relação jurídica obrigacional, como um dar, fazer ou não fazer. Esta prestação deve ser lícita, possível, certa, determinada ou determinável, suscetível de aferição econômica e comerciável.

Ainda no prisma do estudo da prestação, a doutrina remete a dois elementos da prestação: (i) **Imediato**: o qual se entende como o bem da vida, propriamente (carro, dinheiro); (ii) **Mediato**: que traduz a ação de adimplir.

▸ c) Elemento Imaterial: vínculo jurídico.

O vínculo jurídico obrigacional é aquilo que liga o credor, ao devedor, em torno de uma prestação. Pode ser um contrato, o direito de vizinhança, a obrigação de reparar o ato ilícito.

No campo do elemento imaterial, a doutrina aponta ser possível verificarmos: (i) ***Schuld*** (Débito), o qual consiste no dever de prestar; (ii) ***Halftung*** (Responsabilidade), que traduz a responsabilidade do devedor sob o prisma patrimonial.

Nessa ótica, se João é obrigado a pagar R$ 50.000,00 (cinquenta mil reais) a Paulo, o débito (*shuld)* será os R$ 50.000,00 (cinquenta mil reais), enquanto que a responsabilidade será a possibilidade de Paulo atingir o patrimônio pessoal de João acaso haja o inadimplemento.

Infere-se a presença de **débito sem responsabilidade** nas chamadas **obrigações naturais**, como **dívidas oriundas de jogo ou aposta**. O mesmo pensamento aplica-se às pretensões creditórias prescritas, coloquialmente denominadas de **dívidas prescritas**. Cediço concluir, portanto, que obrigações naturais são **irrepetíveis e inexigíveis**.

D'outra banda, factível verificarmos a presença de uma **responsabilidade sem débito**. Tal se dará nas obrigações de garantia, como fiança e aval. Nelas o garantidor não tinha débito originário, assumindo a responsabilidade por um débito alheio.

Veja-se que nas duas situações excepcionais supracitadas estar-se-á diante de **obrigações imperfeitas.**

5.1. DAS MODALIDADES DAS OBRIGAÇÕES QUANTO À NATUREZA DO OBJETO. – POSITIVAS: DE DAR E FAZER; OU NEGATIVAS: DE NÃO FAZER

OBRIGAÇÕES POSITIVAS.

As obrigações positivas podem ser de **dar** – seja uma coisa certa ou incerta – e de **fazer** – seja um fazer fungível ou infungível.

a) Obrigação de dar coisa certa.

A obrigação de dar coisa certa é assim denominada por ter um objeto plenamente **determinado** no seu gênero, quantidade e qualidade. Tendo em vista o caráter determinado do objeto, aplicar-se-á a regra geral de que **o acessório seguirá a sorte do bem principal** (CC, art. 233). Questão importante é como proceder na hipótese de perda ou deterioração do objeto na obrigação de dar coisa certa. O que fazer?

i. **Diferenciar Perecimento** (perda) **de deterioração**. Enquanto o perecimento ou perda remete à perda total, a deterioração remeterá à perda parcial;

ii. **Aplicar a regra do *res perit domino sue* – a coisa perece para o seu dono.** Assim, o Código Civil costuma analisar a perda sob o ponto de vista do devedor, preocupando-se com aquele que recebeu o preço, obrigou-se a entrega do bem e vem a perdê-lo antes desta;

iii. **Sempre que houver culpa haverá cumulação de perda e danos**.

Nessa ótica, tem-se que no perecimento (perda total), sem culpa do devedor, a obrigação se resolverá para ambas as partes. Já se houver culpa do devedor, o credor terá direito ao equivalente da perda, mais as perdas e danos (CC, art. 234). Veja-se:

Agora diante da **deterioração (perda parcial),** sem culpa do devedor, o credor terá direito a escolha entre **resolução da obrigação ou abatimento proporcional do preço**. Acaso haja **culpa** do devedor, o credor terá direito a escolha entre resolução da obrigação, mais as **perdas e danos,** ou ao abatimento proporcional do preço, **mais as perdas e da**nos (CC, arts. 235 e 236). Em síntese:

No que tange aos **melhoramentos e acrescidos antes da entrega (tradição),** o devedor poderá exigir aumento do preço, sob pena de resolução da obrigação. Exemplifica-se com a égua que, antes da entrega, emprenha. O devedor, neste caso, poderá exigir aumento do preço, sob pena de resolução da obrigação.

E se a **obrigação for de restituir**?

A obrigação de restituir é uma obrigação de dar coisa certa, na qual o devedor terá a obrigação de restituir o objeto. Exemplifica-se com o locatário que tem a obrigação de restituir ao locador o objeto da locação.

Na aludida obrigação de restituir: (i) Se houver **perda (perecimento) da coisa sem culpa do devedor**, a obrigação se resolve, sofrendo o credor o ônus da perda, ressalvados o seu direito aos frutos até o dia da perda (CC, art. 238); (ii) Se houver **perda (perecimento) da coisa com culpa do devedor**, o credor terá direito ao equivalente da perda mais as perdas e danos (CC, art. 239); (iii) Já na **deterioração sem culpa do devedor**, o credor receberá a coisa como se ache, sofrendo os ônus da perda parcial. Se a **deterioração for com culpa do devedor**, o credor receberá a coisa como se encontra e poderá pleitear perdas e danos (CC, art. 240).

No que tange aos **melhoramentos e acréscimos à coisa sem despesa ou trabalho do devedor**, lucrará o credor, sem a obrigação de restituir (CC, art. 241). Acaso tenha **existido trabalho ou dispêndio do devedor**, aplicar-se-ão as regras indenizatórias do possuidor de boa-fé, tema estudado no item posse. (CC, arts. 1.219 e ss.).

b) Obrigação de dar coisa incerta.

Na obrigação de dar coisa incerta a coisa será indicada, ao menos, pelo **gênero e** pela **quantidade**. Fala-se em um **objeto genérico, determinável**. O objeto incerto, em algum momento, haverá de ser acertado. Tal operação jurídica que transformará o objeto incerto em certo, conferindo qualidade, ao gênero e quantidade, denominar-se-á de **concentração do débito ou da prestação**. Tal concentração há de ser realizada, em regra, pelo **devedor, se o contrário não resultar do título.** A escolha deve ser com base **na amostra média** do produto, consoante a boa-fé.

Veja-se:

Feita a escolha, será **cientificado o credor**, aplicando-se, a partir de então, as regras da obrigação de dar coisa certa. E se a perda ou deterioração ocorrer antes da escolha? Neste caso, como o **gênero não perece nunca**, o devedor seguirá obrigado, ainda que a perda resulte de caso fortuito ou força maior (CC, art. 246).

c) Obrigação de fazer

Na obrigação de fazer a prestação será uma específica **conduta positiva**, um dado comportamento que não consista apenas em um entregar. Tem como objeto um comportamento, uma atividade humana, uma prestação de fato.

A obrigação de fazer pode ser: (i) **fungível:** entendida como aquela que pode ser adimplida por qualquer pessoa, ou (ii) **infungível:** de natureza personalíssima, quando o devedor é o elemento causal da prestação e há apenas interesse de que ele – devedor – realize o cumprimento da prestação.

Nessa senda, em havendo o descumprimento de um **fazer fungível**: (i) **sem culpa do devedor**, a obrigação se resolverá para ambas as partes, retornando ao *status quo ante*; (ii) **com culpa do devedor**, o credor poderá determinar que um terceiro execute às custas do devedor, sem prejuízo da indenização cabível. Poderá, ainda, pleitear uma tutela específica – multa diária – para que o próprio devedor cumpra, sem prejuízo da

CIVIL

indenização cabível. Na hipótese de **urgência**, poderá o credor, até mesmo, independentemente de autorização judicial, executar de próprio punho, ou mandar executar o fato, sendo depois ressarcido, em verdadeira possibilidade de autotutela (CC, art. 249).

Agora, acaso o descumprimento seja de um **fazer infungível**: (i) **sem culpa do devedor**, a obrigação se resolverá para ambas as partes, retornando ao *status quo ante;* (ii) **com culpa do devedor,** o credor poderá, inicialmente, requisitar o cumprimento obrigacional, buscando tutelas específicas, como uma multa diária (Enunciado 22 do CJF). Caso, ainda, assim, não haja sucesso, como o fazer é personalíssimo, o único caminho viável será a conversão em perdas e danos (CC, art. 247).

OBRIGAÇÕES NEGATIVAS (DE NÃO FAZER)

A obrigação de não fazer tem como objeto uma **abstenção juridicamente relevante.** Trata-se de obrigação indivisível por natureza. Uma vez verificado o descumprimento da obrigação de não fazer, tem-se que se for (CC, arts. 250 e 251): (i) **sem culpa do devedor**, a obrigação se resolverá para ambas as partes, havendo restituição ao *status quo ante;* (ii) **com culpa do devedor**, haverá de se verificar se o não fazer era, ou não, reversível. Em o sendo, o credor poderá requisitar o desfazimento, inclusive com tutela especifica – multa diária – até que se desfaça –, mais as perdas e danos. Acaso não seja possível o desfazimento, tudo será convertido em perdas e danos. Registra-se que se houver urgência, o credor poderá desfazer de próprio punho, ou mandar que outrem o faça, sem prejuízo da indenização cabível. Trata-se de uma clara hipótese de autotutela.

QUANTO AO MODO DE EXECUÇÃO – SIMPLES *VERSUS* COMPOSTAS

As **obrigações simples** são aquelas que assim se caracterizam ante a **singularidade do objeto e dos sujeitos;** ou seja: *um credor, um devedor uma prestação.* As **obrigações compostas**, ao contrário disto, caracterizam-se ou pela **multiplicidade de objetos, ou pela multiplicidade de sujeitos**.

OBRIGAÇÕES COMPOSTAS PELA MULTIPLICIDADE DE OBJETOS

▸ a) cumulativas ou conjuntivas.

Obriga-se o devedor ao adimplemento de **todas as prestações (objetos) da relação obrigacional**, as quais são ligadas pela partícula conjuntiva "e". Ex.: o devedor se compromete a construir a casa *e* pintá-la.

▸ b) alternativas ou disjuntivas.

O devedor somente necessitará adimplir **uma das prestações previamente pactuadas e ligadas pela partícula disjuntiva "ou"**. Ex.: o devedor será liberado da obrigação se construir a casa *ou* se pintar a casa construída por alguém.

Obviamente que se os objetos são alternativos não será viável o cumprimento parte em um objeto e parte em outro. Mas a quem caberá a escolha do objeto alternativo? Segundo o artigo 252 do CC, **a escolha caberá ao devedor, se outra coisa não for estipulada no ajuste.** Caso haja pluralidade de optantes, a escolha haverá de ser unânime. Em não havendo unanimidade, a escolha caberá ao juiz.

E como proceder na hipótese de **perda** ou **deterioração** do objeto da obrigação alternativa? **Se a perda total de ambos os objetos se der sem culpa do devedor**, a obrigação restará resolvida, sem perdas e danos, retornando as partes ao *status quo ante*. Se a **escolha compete ao devedor e por culpa deste não se puder cumprir nenhuma das prestações**, ficará o devedor obrigado a pagar o valor da que por último se impossibilitou, mais perdas e danos. Se a escolha couber ao credor e, por culpa do devedor, não for possível cumprir nenhuma das prestações, poderá o credor cobrar o valor de qualquer das duas prestações perdidas, mais as perdas e danos.

Em síntese:

E o que fazer na deterioração de um dos objetos? Se for **sem culpa do devedor**, remanescerá a obrigação no objeto remanescente. Se **for com culpa do devedor, mas a escolha couber a este**, remanescerá a obrigação no objeto remanescente. Se for **com culpa do devedor e o direito de escolha for do credor**, este poderá escolher a prestação remanescente, mais as perdas e danos, ou o equivalente da prestação perdida, mais as perdas e danos.

Em síntese:

Por fim, não se deve confundir a analisada obrigação alternativa com as chamadas **obrigações facultativas**, que são caracterizadas por objetos **sucessivos e subsidiários**, devendo o credor cumprir a obrigação no objeto "a" e, em comprovada a impossibilidade, adimplir em um objeto "b".

OBRIGAÇÕES COMPOSTAS PELA MULTIPLICIDADE DE SUJEITOS – SOLIDÁRIAS (ATIVA, PASSIVA OU MISTAS)

Nas obrigações solidárias ter-se-á uma pluralidade de credores, ou de devedores, cada um com direito ou obrigado à toda prestação (CC, art. 264). Tal **solidariedade não se presume**, decorrendo da lei – **solidariedade legal** – ou da vontade – **solidariedade convencional** (CC, art. 265).

Nada impede que no vínculo da solidariedade ela seja **diferenciada** entre os seus integrantes, sendo pura ou simples para uns; condicional, a termo ou com encargo para outro (CC, art. 266).

Na solidariedade ativa ter-se-á uma pluralidade de credores, cada um com direito à toda prestação. Imagine que Caio, Hugo e João são credores solidários de Maria de R$ 30.000,00 (trinta mil reais). Nessa ótica, cada um dos credores solidários poderá cobrar de Maria a totalidade do valor: R$ 30.000,00. Entretanto, se um dos credores solidários demandar o devedor comum, tal pagamento haverá de ser feito em juízo (CC, art. 268).

Em sendo o pagamento feito na **integralidade** a um dos credores solidários, o devedor estará liberado da prestação, cabendo ao credor solidário, que recebeu o pagamento por inteiro, realizar o **repasse** das cotas-partes dos demais credores.

O artigo 270 do CC traz relevante preceito alusivo à eventual morte de um dos credores solidários. Aqui haverá a **refração do crédito**, sendo viável, a cada um dos herdeiros do credor falecido, exigir valores, nos limites de sua quota hereditária. A regra só não incide acaso a **obrigação seja indivisível**, quando será viável o pedido, por cada herdeiro do falecido, do pagamento integral.

O artigo 273 do CC veda ao devedor opor **exceções pessoais (subjetivas)** indistintamente aos credores solidários, tendo em vista a natureza personalíssima e intransmissível de tais exceções.

O julgamento contrário a um dos credores solidários não atinge os demais, mas o julgamento favorável aproveita-lhes, sem prejuízo de exceção pessoal que o devedor tenha direito de invocar em relação a qualquer deles (CC, art. 274).

A **solidariedade** poderá ser **passiva**. Aqui ter-se-á uma pluralidade de devedores, cada um obrigado à toda prestação, seja por força da lei ou da vontade. Nessa linha cada um dos devedores poderá ser demandando pelo pagamento integral da dívida, tendo, após o pagamento, ações em regresso contra os demais devedores, para cobranças das respectivas cotas-partes. Assim, se Mariana, Joana e Luciana são devedoras solidárias de Hugo de R$ 30.000,00 (trinta mil reais), e Mariana faz o pagamento integral, Mariana poderá, posteriormente, demandar Joana em regresso por R$ 10.000,00 (dez mil reais) e Luciana em regresso por R$ 10.000,00 (dez mil reais) (CC, art. 283).

Na hipótese de **pagamento parcial** por um dos devedores solidários, todos os demais devedores subsistem solidariamente responsáveis pelo resto. Outrossim, a demanda ajuizada em face de um ou alguns dos devedores solidários não implicará renúncia da solidariedade em relação aos demais (CC, art. 275).

Na casuística de falecimento de um dos devedores solidários, os seus herdeiros responderão, cada um, por sua respectiva cota-parte, **nas forças da herança**.

Se houver remissão (perdão) de um dos devedores solidários, persistirão os demais solidariamente obrigados pelo resto (CC, art. 277). Quanto ao perdoado, estará liberado da obrigação.

Importante frisar que **a renúncia à solidariedade se diferencia da remissão**, pois, na renúncia, o devedor segue devendo, mas é retirado do vínculo solidário (CC, art. 282). Ex. ***A*** é credor de ***B, C*** e ***D*** em R$ 30.000,00 (trinta mil reais). ***A*** renúncia à solidariedade em relação a ***B***. Neste caso, ***B*** será exonerado da solidariedade, mas continua obrigado por R$ 10.000,00 (dez mil reais). Os demais devedores (C e D) seguem respondendo solidariamente pelo restante do valor: R$ 20.000,00 (vinte mil reais). Seguindo o dito é que se coloca o Enunciado 349 do CJF.

De mais a mais, na **renúncia** à solidariedade, em havendo insolvência de um dos devedores solidários, o exonerado persistirá responsável pelo rateio da cota do insolvente. Assim, no exemplo visto a pouco, se *C* for insolvente, *B* haverá de contribuir, ao lado de *D* com os valores de rateio da respectiva insolvência (CC, art. 284).

Na hipótese de perda do objeto por culpa de um dos devedores solidários, **subsistirá para todos** o encargo de pagar o equivalente do objeto e juros da mora. Todavia, pelas perdas e danos responderá **apenas** o culpado (CC, art. 279 e 280).

O devedor solidário demandado pelo cumprimento da obrigação poderá arguir em defesa as suas **exceções pessoais – subjetivas** – e as demais **exceções em comum – objetivas.**

Se houver um devedor principal e a dívida apenas lhe interessar, este responderá por sua integralidade (CC, art. 285). Ademais, qualquer cláusula, condição ou obrigação adicional apenas poderá agravar a posição do devedor solidário que consentir, segundo sua autonomia (CC, art. 278).

QUANTO AO TEMPO DE ADIMPLEMENTO – INSTANTÂNEA OU DE DURAÇÃO

Obrigações **instantâneas** são aquelas cuja prestação é imediatamente executada, razão pela qual o direito imagina a extinção natural do vínculo, de logo. Exemplifica-se com uma compra e venda à vista e com entrega imediata do objeto.

Já nas obrigações de **duração**, o vínculo perdurará no tempo. Tais obrigações de duração podem ser: (i) **diferidas**, quando a obrigação é cumprida em uma só vez, mas diferida no tempo; (ii) **de trato sucessivo**, quando a obrigação se renova no tempo, como uma locação.

QUANTO AOS ELEMENTOS ACIDENTAIS – PURA, CONDICIONAL, MODAL OU A TERMO

Os institutos já estudados alusivos à condição, ao termo e ao modo ou encargo aplicam-se, integralmente, ao direito obrigacional.

QUANTO À DIVISIBILIDADE

Trata-se de uma classificação alusiva ao **objeto** da prestação.

Assim, caso o objeto possa ser fracionado, ter-se-ão tantas obrigações, iguais e distintas, quanto aos credores e devedores (CC, art. 257). Entretanto, por vezes, o **objeto não é suscetível de divisão**, seja por sua natureza, por motivo de ordem econômica ou, até mesmo, dada a razão determinante do negócio jurídico.

Em sendo o objeto indivisível, cada um dos devedores será obrigado por todo ele, pois não é possível fracionar. Se um dos devedores realizar o pagamento integral, se substituirá (sub-rogará) no direito do credor em relação aos demais devedores (CC, art. 259).

Caso a pluralidade seja de credores, diante da indivisibilidade, o devedor deverá pagar a todos os credores conjuntamente, ou a um, conferindo este credor a caução de ratificação dos outros credores (CC, art. 260). Se um dos credores receber a prestação por inteiro, sem a caução de ratificação dos demais, cada um dos outros credores terá direito de exigir, do credor que recebeu sozinho, o pagamento do equivalente de sua respectiva fração em dinheiro (CC, art. 261).

Na casuística de remissão da dívida por um dos credores, a obrigação não restará extinta para os demais, podendo estes exigir o cumprimento da obrigação, abatida a quota do credor remitente. Este mesmo critério se aplicará na novação, compensação ou confusão (CC, art. 262).

Uma vez **convertida** em perdas e danos a obrigação indivisível perderá a sua qualidade, ao passo que o objeto – perdas e danos – se tornará divisível. Neste caso, pelas perdas e danos responderão apenas o(s) devedor(es) culpados (CC, art. 263).

QUANTO AO FIM – OBRIGAÇÕES DE MEIO, DE RESULTADO E DE GARANTIA

Existem obrigações que são **de resultado.** Nestas, o devedor se compromete com a ocorrência do resultado ajustado, sob pena de inadimplemento e responsabilidade civil.

Outras obrigações, contudo, são **de meio.** Aqui o devedor não se compromete em gerar um determinado resultado. Exemplifica-se com a obrigação do advogado, que não se compromete com o ganho da demanda. Nessa hipótese, o não atingimento de eventual resultado não ocasionará o inadimplemento.

Outrossim, o fato da obrigação ser de resultado e a responsabilidade civil objetiva não retirará a possibilidade de arguição de eventuais excludentes de responsabilidade civil.

Quanto à **obrigação de garantia**, esta se refere a contratos no quais há contraprestação pela garantia de um risco, como o seguro.

QUANDO RECIPROCAMENTE CONSIDERADAS – PRINCIPAL OU ACESSÓRIA

As obrigações principais são as que existem independentemente de qualquer outra. ***As acessórias seguem a sorte do principal,*** de modo que, inexistindo esta, quedam-se aquelas. Exemplo ilustrativo é a obrigação do fiador no contrato de locação. Enquanto a obrigação do locador é principal, a obrigação do fiador está condicionada a do contrato principal.

5.2. TRANSMISSÃO DAS OBRIGAÇÕES

As obrigações podem ser transmitidas, pois constituem bens móveis. Justamente por isto que o Código Civil disciplinou a matéria, admitindo tanto a cessão do crédito (transferência do crédito), quanto à cessão de débito, também denominada de assunção de dívida (transferência do débito). A doutrina, além da cessão do crédito e do débito, noticia, ainda, sobre a cessão de posição contratual.

CESSÃO DE CRÉDITO

Consiste em um **negócio jurídico por meio do qual o credor (cedente) transmite, total ou parcialmente, o seu crédito a um terceiro (cessionário), mantendo-se a relação obrigacional primitiva com o devedor originário (cedido).**

Apenas não será possível a cessão de crédito se a **natureza jurídica da obrigação** (Ex.: direito da personalidade), **a lei** (crédito alimentar – CC, art. 1707), ou **eventual convenção entre as partes** (*pacto non cedendo*), proibir a prática.

Não há limite legal ao número de cessões, podendo o mesmo crédito ser, sucessivamente, cedido. Neste caso, prevalecerá a cessão que completar com a tradição do título cedido (CC, art. 291).

Em geral, a cessão de crédito é onerosa, mas nada impede que seja gratuita.

A cessão de crédito, para ter **eficácia** em relação ao devedor, exige a notificação deste, que será tido como notificado se declarar-se ciente da cessão feita em escrito público ou particular (CC, art. 290). Tal notificação é necessária com o intuito de conferir ao devedor certeza de a quem deverá pagar, para que direcione, corretamente, o adimplemento.

Nessa esteira de pensamento, ficará desobrigado o devedor que, antes de ter conhecimento da cessão, paga ao credor primitivo, ou que, no caso de mais de uma cessão notificada, paga ao cessionário que lhe apresenta, com o título da cessão, o da obrigação cedida. Acaso o crédito conste em escritura pública, prevalecerá a prioridade da notificação (CC, art. 292).

A teor do artigo 294 do CC, o devedor pode opor ao cessionário as exceções que lhe competirem, bem como as que, no momento em que veio a ter conhecimento da cessão, tinha contra o cedente. Demais disto, independentemente do conhecimento da cessão pelo devedor, pode o cessionário exercer os atos conservatórios do direito cedido, o que comprova que a notificação não consiste em restrição ao plano da validade, mas apenas da eficácia da cessão (CC, art. 293).

No que tange à **responsabilidade civil do cedente** em relação ao cessionário, esta incidirá nas cessões onerosas e gratuitas de má-fé, dizendo respeito à existência do crédito – responsabilidade *pro-soluto*. Obviamente que não é crível ceder algo que, sequer, existe.

Nada impede, porém, que conte a cessão com **cláusula expressa**, na qual o cedente responda perante o cessionário, inclusive, pelo eventual inadimplemento do devedor. Neste caso, a responsabilidade que seria apenas *pro-soluto*, passará a ser *pro-solvendo* (CC, arts. 295 e 296).

De mais a mais, o artigo 298 do CC adverte que o crédito, uma vez penhorado, não mais poderá ser transferido pelo credor que tiver conhecimento da penhora; mas o devedor que pagar, não tendo notificação daquela, ficará exonerado, subsistindo somente, em face do credor, os direitos de terceiros.

Por fim, tendo em vista o **princípio da gravitação jurídica**, em regra, na cessão de crédito os acessórios seguem a sorte do principal, os quais serão abrangidos pela cessão (CC, art. 287).

CESSÃO DE DÉBITO (ASSUNÇÃO DE DÍVIDA)

Na cessão de débito **o devedor, com *expresso* consentimento do credor, transmite a um terceiro a sua dívida.** A alteração do devedor modifica a garantia do crédito, a qual repousa, justamente, no patrimônio exequível do devedor. Nessa linha, o **silêncio do credor**, invariavelmente, importará **recusa** à cessão do débito pretendida pelo devedor (CC, art. 299).

Com a aquiescência do credor e realizada a cessão do débito, o devedor primitivo, a priori, estará liberado da obrigação e das responsabilidades decorrentes, salvo se o novo devedor era insolvente ao tempo da assunção e o credor ignorava este fato (CC, art. 299). Feita a cessão, salvo consentimento expresso do devedor primitivo, consideram-se **extintas as garantias especiais** prestadas pelo devedor primitivo (CC, art. 300).

O novo devedor (cessionário) não poderá opor, ao credor, as exceções pessoais que competiam ao devedor primitivo (CC, art. 302).

Se a cessão do débito for invalidada, restaurar-se-á a obrigação primitiva, com todas as respectivas garantias, ressalvadas as prestadas por terceiros. Entretanto, se o terceiro conhecia do vício que inquinava a obrigação, sua garantia persistirá (CC, art. 301).

O adquirente do imóvel hipotecado tornar-se-á, após trinta dias sem oposição do credor sobre a transferência do débito, devedor do montante originário da hipoteca, podendo, inclusive, quitá-lo (CC, art. 303).

CESSÃO DE POSIÇÃO CONTRATUAL

Trata-se de modalidade não prevista na lei, mas admitida na jurisprudência e doutrina majoritárias. Nela o cedente transfere a própria posição no contrato (compreendendo créditos e débitos), a um terceiro (cessionário), **desde que haja consentimento da parte contrária**.

Assim, para que haja a cessão de posição contratual, demanda-se, cumulativamente: (i) anuência da parte contrária; (ii) a celebração de um negócio jurídico entre cedente e cessionário; (iii) integralidade da cessão (deve ser global).

5.3. DO ADIMPLEMENTO E EXTINÇÃO DAS OBRIGAÇÕES

A melhor compreensão do direito obrigacional demanda saber *quem* deve pagar, *a quem* pagar, *quando* pagar, *como* pagar, *onde* pagar.

REQUISITOS SUBJETIVOS DO PAGAMENTO

QUEM DEVE PAGAR (SOLVENS)

O *solvens* é justamente o termo jurídico utilizado para todo aquele que deve ou pode pagar. Fala-se no **sujeito ativo do pagamento**, pois é aquele que pagará, englobando o devedor, o seu representante e, eventualmente, um terceiro.

Nas pegadas do artigo 304 do Código Civil, qualquer interessado na extinção da dívida pode pagá-la, usando, se o credor se opuser, dos meios conducentes para tanto, como a **consignação em pagamento**.

Em sendo o pagador um **terceiro**, mister inferir se este **terceiro é interessado ou desinteressado**. O interesse em questão é jurídico; não moral. Nessa ótica, por terceiro interessado tem-se o fiador, o avalista, pessoas que possuem interesse jurídico no pagamento, sob pena de atingimento patrimonial. Desinteressado será, por conseguinte, o parente de um devedor, que não é garantidor, mas deseja pagar, por questões de ordem moral.

Em sendo o pagamento realizado por um **terceiro interessado**, a exemplo do fiador, este se sub-rogará (substituirá) na posição do credor originário e nos limites do pagamento, tendo em face do devedor todas as garantias que eram do credor originário.

Agora caso estejamos diante do pagamento realizado por um **terceiro não interessado**, mister perquirir se pagou em nome próprio ou em nome do devedor. Para tanto, bastará se verificar o recibo de quitação. Assim:

i. **Pagando o terceiro não interessado em nome próprio**, – o recibo de quitação indica que o pagamento é feito pelo terceiro, mas em virtude de dívida do devedor –, terá o terceiro, em face do devedor, **ação em regresso** de cobrança de valores.

ii. **Pagando o terceiro não interessado em nome do devedor** – o recibo de quitação indica apenas que a dívida do devedor foi paga, não sinalizando que o pagamento foi feito pelo terceiro –, estar-se-á diante de uma **obrigação natural**, a qual, como já estudada, tem débito, mas não tem obrigação, sendo irrepetível e inexigível.

Percebe-se que o devedor há de ser noticiado do pagamento pelo terceiro, podendo oferecer sua oposição, desde que tenha meios para ilidir com o pagamento. Caso tais requisitos não sejam observados, não terá o devedor originário obrigação de reembolso (CC, art. 306)

A QUEM SE DEVE PAGAR (ACCIPENS)

***Accipiens* é toda a pessoa em face de quem se pode** e se deve **pagar**. Trata-se do **sujeito passivo do pagamento**, pois é aquele que receberá a prestação, podendo ser o credor, o seu representante e, eventualmente, um terceiro (CC, art. 308 e 309).

O pagamento feito a terceiro, em regra, não é admitido pelo direito. Todavia, **há três situações** nas quais este pagamento feito a terceiro terá validade para o direito. São elas: (i) Se o credor originário ratificar o pagamento; (ii) Se o devedor comprovar que o pagamento reverteu em prol do credor originário e (iii) Na casuística do chamado **credor putativo, aparente ou imaginário**. Trata-se de alguém que aparenta ser o credor, mas não o é, e o devedor, de boa-fé, realiza o pagamento. Exemplifica-se com o desligamento do representante de uma empresa, que não foi noticiado ao devedor, e este, de boa-fé, realiza o pagamento. Tal pagamento é tido como válido.

Em relação ao credor incapaz, o pagamento há de ser feito ao seu representante ou assistente. Caso, conscientemente, o devedor tenha pago ao credor incapaz, tal pagamento apenas será validado se comprovado que, efetivamente, reverteu em favor do incapaz (CC, art. 310).

REQUISITOS OBJETIVOS DO PAGAMENTO

O Código Civil possui diretrizes objetivas do pagamento, as quais são denominadas de princípios do pagamento. São eles:

A) PRINCÍPIO DA IDENTIDADE OU EXATIDÃO.

O objeto do pagamento envolve uma prestação exata que, justamente por isto, limita os direitos e deveres dos sujeitos da relação obrigacional. Logo, o credor não é obrigado a receber prestação diversa da que lhe é devida, ainda que mais valiosa (art. 313, CC).

Nada impede que credor e devedor ajustem, posteriormente, a realização do pagamento de outra maneira. Logo, se a obrigação for o pagamento de R$ 50.000,00 (cinquenta mil reais), mas o devedor oferecer, e o credor aceitar, como pagamento um veículo, ter-se-á a dação em pagamento.

B) PRINCÍPIO DO PAGAMENTO À VISTA.

Em decorrência da noção acima apresentada, construída sob a égide do princípio da exatidão, é que o artigo 314 do Código afirma que: ainda que a obrigação tenha por objeto prestação divisível, não pode o credor ser obrigado a receber, nem o devedor a pagar, por partes, se assim não se ajustou.

Assim, o pagamento presume-se à vista, salvo ajuste em sentido contrário.

C) PRINCÍPIO DO NOMINALISMO.

A obrigação é definida por sua expressão nominal, em dinheiro. Apenas extraordinariamente é que se admitem dívidas em ouro ou em moedas estrangeiras, a exemplo dos contratos internacionais (CC, art. 315). Possibilita-se, no Brasil, a **cobrança de preço diferenciado a depender da forma de pagamento**. Assim, plenamente lícita a prática de preços diferenciados para pagamento à vista, em cheque, cartão.

D) PRINCÍPIO DA ESCALA MÓVEL OU AUMENTO PROGRESSIVO.

Nas obrigações de duração, tem-se como lícita a inclusão de um índice de reajuste, visionando um escalonamento. Assim, ter-se-á o aumento progressivo das prestações, conforme a incidência do aludido índice. Exemplifica-se com o IGP-M nos contratos de locações, INCC nos de financiamento.

E) PRINCÍPIO DA ONEROSIDADE EXCESSIVA.

Prescreve o artigo 317 do Código Civil que quando, por motivos imprevisíveis, sobrevier desproporção manifesta entre o valor da prestação devida e o momento de sua execução, poderá o juiz corrigi-lo, a pedido da parte, de modo que assegure, quanto possível, o valor real da prestação.

Atenção!

De acordo com o art. 7º da Lei 14.010/20, não se consideram fatos imprevisíveis, para os fins exclusivos dos arts. 317, 478, 479 e 480 do Código Civil, o aumento da inflação, a variação cambial, a desvalorização ou a substituição do padrão monetário, não sendo possível suscitar a onerosidade excessiva em situações como estas.

PROVA DO PAGAMENTO

A **rainha das provas** no pagamento é o **recibo de quitação**. Tanto o é que o devedor tem direito a tal recibo, podendo **reter** o pagamento enquanto a quitação não lhe seja conferida (CC, art. 319). Além da retenção, aconselha-se ao devedor que, quando haja a negativa do recibo, consigne o pagamento, em seguida, para que dúvidas não pairem sobre eventuais debates derredor da mora. **O recibo de quitação,** dessa forma, tem uma dupla face, sendo, ao mesmo tempo, **um direito subjetivo do devedor e um dever jurídico do credor.**

O recibo de quitação, **invariavelmente**, poderá ser conferido por **instrumento particular**, pouco importando a forma do ajuste da obrigação originária. O aludido recibo deverá conter o valor e a espécie da dívida quitada, o nome do devedor ou quem por este pagou, o tempo e o lugar do pagamento, com a assinatura do credor ou do seu representante (CC, art. 320).

Interessante notar, como já advertiu a doutrina mediante o *Enunciado 18* do CJF/STJ, que a expressão quitação regular engloba tanto a dada por meios eletrônicos, como por quaisquer formas de comunicação à distância.

Acaso tenha realizado o pagamento e não haja nenhum documento comprobatório, poderá o devedor lançar mão das **presunções relativas** (*juris tantum*) de pagamento. São relativas por admitir prova em contrário. Seguem as presunções:

i. No pagamento de **quotas periódicas**, a quitação da última estabelece, até prova em contrário, a quitação das anteriores (CC, art. 322).
ii. A quitação do **capital (principal)**, sem reserva dos juros (acessórios), gera presunção de quitação integral (CC, art. 323).
iii. A entrega do **título de crédito** ao devedor firma a presunção do pagamento. Ficará sem efeito a quitação se o credor provar, no **prazo decadencial** de 60 (sessenta) dias, a falta do pagamento (CC, art. 324).

No que tange às despesas da quitação, estas competem ao devedor, salvo disciplina negociada em sentido contrário. Se ocorrer aumento por fato do credor, suportará este a despesa acrescida (CC, art. 325).

LUGAR DO PAGAMENTO

A regra geral é que o pagamento deve ser efetuado no **domicílio do devedor**, restando configurada uma dívida *quérable* ou *quesível*.

Todavia, plenamente possível que o pagamento se dê no **domicílio do credor**. Tal ocorrerá se as partes assim convencionarem, se resultar da lei, da natureza da obrigação ou das circunstâncias do caso. Neste caso estar-se-á diante de uma obrigação *portable* ou *portável* (art. 327, CC).

Importante a ressalva feita pelo artigo 328 CC, segundo o qual se o pagamento consistir na tradição de um **imóvel**, ou em prestações relativas ao imóvel, far-se-á no lugar onde situado o bem.

De mais a mais, havendo **motivo grave** poderá o devedor realizar o pagamento em outro local, sem prejuízo ao credor (CC, art. 329).

Por fim, o pagamento **reiteradamente** feito em outro local faz presumir renúncia do credor relativamente ao previsto no contrato (CC, art. 330). Está este artigo relacionado com o instituto da ***supressio*** (verwirkung); ou seja: **supressão**, por **renúncia tácita**, de um direito ou de uma posição jurídica, **pelo seu não exercício**, reiterado, com o passar do tempo. Além da *supressio*, haverá a ***surrectio*** (erwirkung), ou seja: **surreição, surgimento do direito de pagamento no novo local**.

FORMAS ESPECIAIS OU INDIRETAS DE EXTINÇÃO DA OBRIGAÇÃO

Existem situações jurídicas nas quais a obrigação é extinta por uma maneira indireta, não usual, com ou sem pagamento. Fala-se, então, em um pagamento indireto ou especial, o qual poderá se dar através da:

CONSIGNAÇÃO EM PAGAMENTO

O vínculo jurídico que envolve o credor e o devedor, no liame obrigacional, confere a este o dever de adimplir a obrigação e, ao mesmo tempo, **o direito de pagar**. Afinal, é dado ao devedor o direito de adimplir as suas dívidas. Tal direito é instrumentalizado mediante a consignação em pagamento.

HIPÓTESES DE CABIMENTO

O artigo 335 do CC apresenta **rol exemplificativo** das hipóteses de cabimento da consignação, a saber:

- Se o credor não puder, ou sem justa causa, recusar receber o pagamento, ou dar quitação na devida forma (inciso I).

Esta é a denominada hipótese de *mora do credor* que, **sem justo motivo**, obstrui o direito material do devedor de pagar e obter a devida quitação. O inciso em referência disciplina situações de **dívidas *portables***, pois quitadas no domicílio do credor.

- Se o credor não for, nem mandar receber, a coisa no lugar, tempo, e condição devidos (inciso II).

Nesta hipótese estamos a falar a respeito das **dívidas quesíveis** ou ***querables***, pois devem ser adimplidas no domicílio do devedor (regra geral). Tem-se, na situação acima, nítida mora do credor, que não adota as providências cabíveis ao recebimento da coisa, nas condições ajustadas e, com isto, legitima a atuação do devedor visando à liberação da obrigação.

- Se o credor for incapaz de receber, for desconhecido, declarado ausente, ou residir em lugar incerto ou de acesso perigoso ou difícil (inciso III).

O preceito jurídico em tela apresenta várias circunstâncias nas quais é possível o manejo da consignação. São elas:

(i) ***Incapacidade do credor***. Sendo o credor incapaz, a legislação o proíbe de dar quitação. Seria possível, contudo, o pagamento ao credor, acaso este fosse representado, ou assistido, por quem de direito.

(ii) ***Credor desconhecido***. Imagine a situação na qual o credor falece sem deixar, ou sem se conhecer, efetivamente, os seus herdeiros. Como *quem paga mal paga duas vezes*, a prudência recomenda a consignação em pagamento, para obter o devedor o efeito liberatório obrigacional.

(iii) ***Credor ausente***. Os artigos 22/39 do CC disciplinam o instituto jurídico da ausência, espécie de morte presumida. Portanto, sendo ausente o credor, a situação jurídica posta em muito se equivalerá à do credor desconhecido, legitimando a consignação.

(iv) ***Residência em local incerto, de acesso perigoso ou difícil***. O devedor não deve arriscar a própria vida para quitar uma obrigação. Dessa maneira, se o local do pagamento é de acesso perigoso ou difícil, a consignação em pagamento se mostra adequada à solução do problema.

- Se ocorrer dúvida sobre quem deva legitimamente receber o objeto do pagamento (inciso IV).

Mantendo-se a ideia indicada no parágrafo anterior, quanto há fundadas dúvidas dos elementos do pagamento, deve o devedor ser prudente e manejar a consignação.

- Se pender litígio sobre o objeto do pagamento (inciso V).

Estando a obrigação *sub judice*, convém ao devedor consignar. Com isto, ilide o devedor eventual mora e ainda obtém o efeito liberatório da obrigação, de modo que não necessitará aguardar o término da pendência judicial para sua liberação.

CONDIÇÕES DE VALIDADE PARA O PAGAMENTO NA CONSIGNATÓRIA

O procedimento de consignação em pagamento deve observar os mesmos elementos (objetivos e subjetivos) sem os quais o pagamento não ocorreria (CC, art. 336).

Obrigações de dar coisa certa e incerta: especificidades

Em sendo uma coisa certa, basta que seja consignado o respectivo objeto. Se for um corpo certo, ou um imóvel, há de ser consignado no local em que se encontrar, muitas vezes de forma ficta, a exemplo da consignação das chaves do imóvel (CC, art. 341).

Na hipótese de a coisa ser indeterminada – incerta, determinável –, há de ser a mesma individuada, mediante a operação de **concentração do débito ou da prestação**, para posterior consignação (art. 342, CC). Se a escolha couber ao devedor, não há problemas. Ele escolhe e consigna o escolhido. Se recair a escolha sobre o credor, este inicialmente há de ser intimado para que a faça, em 5 (cinco) dias, sob pena de recair o direito sobre o devedor, quem escolherá e consignará no procedimento usual.

Na hipótese de obrigações de trato sucessivo (alimentos, salários, aluguéis, etc.), **podem ser consignados os valores à medida que forem vencendo,** sem maiores formalidades e até o quinto dia útil subsequente ao vencimento (art. 541, CPC/15).

REGRAS PROCEDIMENTAIS DA CONSIGNAÇÃO EM PAGAMENTO

A) CONSIGNAÇÃO EXTRAJUDICIAL

O § 1º do art. 530 do CPC firma ser possível ao devedor, ou ao terceiro, requerer, com efeito de pagamento, a consignação da quantia ou da coisa devida. Nessa linha, *"Tratando-se de obrigação em dinheiro, poderá o valor ser depositado em estabelecimento bancário, oficial, onde houver situado no lugar do pagamento, cientificando-se o credor por carta com aviso de recebimento, assinado o prazo de 10 (dez) dias para a manifestação de recusa"*.

Transcorrido o prazo, sem manifestação de recusa, considerar-se-á o devedor liberado da obrigação, ficando à disposição do credor a quantia depositada.

Por outro lado, ocorrendo recusa manifestada por escrito ao estabelecimento bancário, poderá ser proposta, dentro de 1 (um) mês, a ação de consignação, instruindo-se a petição inicial com a prova do depósito e da recusa. Não proposta a ação no referido prazo, ficará sem efeito o depósito, podendo levantá-lo o depositante e respondendo pela mora acumulada desde o vencimento originário da obrigação.

O procedimento extrajudicial não é necessário e nem preparatório ao judicial.

B) CONSIGNAÇÃO JUDICIAL

A consignação em pagamento será requerida no lugar do pagamento e, julgada procedente, ensejará como efeito jurídico a cessação dos juros e riscos retroativos à data do depósito (CPC, art. 540).

Nas consignatórias envolvendo aluguéis ou encargos, a competência será do foro de eleição**.** Na ausência deste, o processo será ajuizado no lugar da situação do imóvel (art. 58, II da Lei 8.245/91).

Na petição inicial o autor deverá requerer o depósito da quantia ou da coisa devida, a ser efetivado no

CIVIL

prazo de 5 (cinco) dias, contados do deferimento, bem como a citação do réu para levantar o depósito ou oferecer contestação (CPC, art. 542, I e II). **A ausência de depósito acarretará a extinção do processo, sem resolução do mérito.**

Uma vez feito o depósito, enquanto o credor não declarar se o aceita ou não o impugnar, poderá o devedor requerer o levantamento, pagando as respectivas despesas e subsistindo a obrigação para todas as consequências de direito (CC, art. 338). Acaso julgado procedente o depósito, o devedor não poderá levantá-lo, nem com consentimento do credor, salvo se os outros devedores e fiadores consentirem (CC, art. 339). Ademais, o credor que, após contestada a lide ou aceitar o depósito, aquiescer no levantamento, perderá a preferência e a garantia, restando desobrigado os codevedores e fiadores que não tenham concordado com a liberação (CC, art. 340).

Se o objeto da prestação for coisa indeterminada e a escolha couber ao credor, será este citado para exercer o seu direito, dentro de 5 (cinco) dias, se outro prazo não constar de lei ou contrato. Caso o credor deixe transcorrer o prazo e não se manifeste, o devedor passará a ter a faculdade de escolha. Outrossim, deve o juiz, ao despachar a inicial, fixar lugar, dia e hora em que se fará a entrega, sob pena de depósito (CPC, art. 543).

Na contestação o réu poderá alegar que não houve recusa ou mora em receber a quantia ou a coisa devida. Poderá argumentar, também, que a recusa foi justa, que o depósito não se efetuou no prazo e lugar do pagamento, ou, ainda, que o depósito não foi integral (CPC, art. 544).

Alegada a **insuficiência do depósito**, é lícito ao autor completá-lo em 10 (dez) dias, salvo se corresponder a prestação cujo inadimplemento acarrete rescisão do contrato. Dentro deste prazo, poderá o réu levantar a quantia ou a coisa depositada incontroversa, com a consequente liberação parcial do autor, prosseguindo o processo quanto à parcela controvertida.

A sentença que concluir pela insuficiência do depósito determinará, sempre que possível, o montante devido, valendo como título executivo, facultado ao credor promover-lhe o cumprimento nos mesmos autos, após a devida liquidação.

Julgado procedente o pedido, o juiz declarará extinta a obrigação e condenará o réu ao pagamento de custas e honorários (545, CPC). Proceder-se-á do mesmo modo se o credor receber e der quitação.

Havendo **dúvida** sobre quem deva **legitimamente** receber o pagamento, o autor requererá o depósito e a citação dos possíveis titulares do crédito, para que provem o seu direito. Não comparecendo pretendente algum, converter-se-á o depósito em arrecadação de coisas vagas. Comparecendo apenas um, o juiz da causa decidirá de plano. Comparecendo mais de um, o magistrado declarará efetuado o depósito e extinta a obrigação, continuando o processo a correr, unicamente, entre os presuntivos credores, observado o procedimento comum.

PAGAMENTO COM SUB-ROGAÇÃO

Pagamento com sub-rogação traduz **modalidade de pagamento *não liberatório* em relação ao devedor.** Transfere àquele que paga todos os direitos, ações, privilégios e garantias do primitivo crédito.

O **pagamento com sub-rogação poder ser: (i) *legal*:** imposto pela lei, operando-se de pleno direito, de forma automática (CC, art. 346). O clássico exemplo utilizado em provas é o fiador que paga a dívida pela qual poderia ser obrigado, sub-rogando-se no lugar do credor originário. **(ii) *convencional*:** decorrente da vontade das partes, como fruto da autonomia (CC, art. 347). O pagamento com sub-rogação tem efeito **extintivo** da obrigação para o credor. Este se retira da relação obrigacional, transferindo sua qualidade jurídica a quem paga (credor novo).

Na sub-rogação legal o sub-rogado apenas terá direito contra o credor em relação aos valores efetivamente pagos (CC, art. 350). Assim, se o débito do devedor principal era de R$ 20.000,00 (vinte mil reais) e o fiador que poderia ser efetivamente obrigado consegue fazer um acordo com o credor e paga apenas R$ 15.000,00 (quinze mil reais), com quitação total, a sub-rogação do fiador, no lugar do credor originário e em face do devedor, será no montante efetivamente pago – R$ 15.000,00 (quinze mil reais) – e não no originariamente devido – R$ 20.000,00 (vinte mil reais).

DAÇÃO EM PAGAMENTO (*DATIO IN SOLUNTUM*)

Trata-se de um meio efetivo de satisfação do credor, que *aceita* receber **prestação *diversa* da que lhe é devida** (art. 356, CC).

Esclareça-se que o uso da dação em pagamento como forma de cumprimento da obrigação está condicionado a determinados **requisitos**, quais sejam: I) existência de uma dívida vencida; II) consentimento do credor; III) entrega de uma prestação diversa da que era devida; IV) *animus solvendi* (animus/intenção de pagar).

Adverte o artigo 359 do CC que a ocorrência da evicção na dação em pagamento restabelecerá a obrigação primitiva. Nessa senda, se João devia R$ 50.000,00 (cinquenta mil reais) a Caio e Caio aceita que João dê em pagamento um carro, haverá dação em pagamento. Todavia, se Caio sofre a evicção (perda) do veículo – por ser o mesmo, na verdade, de Hugo, e não de João –, a obrigação primitiva se reestabelecerá, voltando João a ser devedor de Caio no valor de R$ 50.000,00 (cinquenta mil reais), a ser devidamente atualizados.

NOVAÇÃO

É um meio especial de pagamento pelo qual as partes **extinguem a obrigação anterior e criam uma nova**. Justo por isto que a expressão **novação** significa **nova obrigação**. Ex.: Flávio é credor de Pablo, que está sem dinheiro para o cumprimento da obrigação. Ambos resolvem extinguir esta obrigação, constituindo uma obrigação nova, na qual Pablo segue devedor de Flávio, mas agora de uma prestação de serviço.

Cumpre esclarecer que **não existe novação legal**, pois a novação pressupõe acordo de vontades.

REQUISITOS GERAIS DA NOVAÇÃO

São requisitos da novação: I. existência de uma obrigação anterior; **II.** intenção de novar (*animus novandi*); **III.** criação de uma obrigação nova, substancialmente diversa da primeira.

A **obrigação anulável poderá ser novada.** D'outra banda, as obrigações nulas ou extintas não podem ser novadas (CC, art. 367).

A jurisprudência predominante, inclusive sumulada (Súmula 286, STJ), é no sentido de admitir a discussão da validade das cláusulas do contrato novado ou renegociado. Assim, **a novação não convalida cláusulas invalidas anteriores.**

A novação, nos termos do artigo 364 do CC, tem efeito extintivo e liberatório, prejudicando também, em regra geral, eventuais garantias da obrigação primitiva. Observa-se que em relação **à fiança,** por exemplo, **cairá com a novação** (CC, art. 819 e S. 214, STJ).

ESPÉCIES DE NOVAÇÃO

I. **OBJETIVA** (art. 360, I, CC): é aquela em que as mesmas partes constituem a obrigação nova, extinguindo-se a obrigação anterior, criando uma nova e alterando apenas o seu objeto (prestação).

II. **SUBJETIVA** (art. 360, II e III, CC): é aquela em que as mesmas partes constituem a obrigação nova, extinguindo-se a obrigação anterior, criando uma nova e alterando o sujeito. Assim, divide-se em:

- **Ativa** (inc. III): mudança do credor. Ex.: Pablo deve R$ 1.000,00 à Liana e esta, por sua vez, deve R$ 1.000,00 a Roberto. Em lugar de pagar a Liana, fica acordado que Pablo vai pagar a Roberto, só que deve ainda ter a característica de obrigação nova e, por isto, devem ser estabelecidos novos prazos.
- **Passiva** (inc. II): mudança do devedor. Nesta hipótese sai o devedor velho e entra o novo, considerando-se criada, a partir dali, uma obrigação nova. Existem dois instrumentos jurídicos que realizam a novação subjetiva passiva, a saber:

a) **Delegação:** Todos os envolvidos participam do ato novatório, delegando o devedor primitivo, ao novo, a obrigação a ser assumida na novação. Neste caso, como na novação a obrigação primitiva restaria extinta, o primitivo devedor apenas responderá acaso tenha precedido de má-fé na delegação (CC, art. 363).

b) **Expromissão:** é um ato de força do credor. Nessa hipótese, o devedor novo ingressa na relação obrigacional sem anuência do devedor primitivo. Exemplifica-se com um pai que não admite que ninguém pague suas dívidas e está passando privações econômicas. Seu filho, sabendo que o pai não vai admitir que este venha a assumir a dívida em destaque, postula, em face do credor, que autoriza a este que efetue o pagamento, extinguindo a obrigação primitiva e criando uma nova com o filho (CC, art. 362)

Em síntese:

COMPENSAÇÃO

Afirma o art. 368 do CC que se duas pessoas forem, ao mesmo tempo, credor e devedor recíprocos, as duas obrigações extinguem-se, até onde se compensarem.

Não é possível a compensação de dívida fiscal, diante da supremacia do interesse público sobre o privado.

Também é importante frisar que o art. 375 do CC admite a elaboração, entre as partes, de uma **cláusula de exclusão da compensação**, afastando a incidência do instituto.

ESPÉCIES DE COMPENSAÇÃO

a) **Legal.** A compensação legal é aquela que está explicitamente prevista na legislação e costuma ser suscitada mediante defesa indireta de mérito (exceção substancial), através de preliminar (de mérito). Submete-se a certos requisitos (CC, arts. 369 e 370):

I. **Reciprocidade das Dívidas entre as Partes.** A compensação, a priori, é um instituto de **caráter personalíssimo**. Tal regra, porém, tem uma exceção: na hipótese da **fiança** (art. 371, CC). O fiador que garante a dívida de outrem tem direito subjetivo de opor a compensação em face do credor afiançado.

II. **Liquidez das Dívidas.** As dívidas precisam ser líquidas, certas, delimitadas, pois somente assim as partes saberão os limites até onde será possível compensar.

III. **Vencimento (exigibilidade) da Dívida.** A exigibilidade da dívida significa dizer que a mesma já se encontra vencida. Sem o vencimento da dívida não há direito subjetivo de pretender o recebimento do crédito. Sem existir este direito subjetivo, não há o que compensar.

IV. **Homogeneidade das Dívidas.** As dívidas devem possuir a mesma natureza jurídica, ou melhor, **devem ser homogêneas em gênero, quantidade e qualidade.** Ex.: compensa-se dinheiro com dinheiro; café do tipo A com café do tipo A.

b) **Convencional.** Brota da autonomia privada, de um contrato ou outro negócio jurídico qualquer. Admite-se a incidência da compensação convencional até mesmo para objetos diversos, de naturezas jurídicas distintas ou inexigíveis, eis que envolve direitos patrimoniais disponíveis.

c) **Judicial.** Trata-se de hipótese oriunda de decisão judicial transitada em julgado nos autos de um dado processo.

Em síntese:

IMPUTAÇÃO AO PAGAMENTO

Imputação ao pagamento significa especificar qual entre dois ou mais débitos da mesma natureza, positivos e vencidos, devidos a um só credor, está sendo quitado naquela oportunidade (CC, art. 352). Nesse contexto, quando do pagamento de um determinado valor surgirá a dúvida de qual débito se está a quitar, nascendo a necessidade de imputação.

Do dito, infere-se que a imputação ao pagamento exige: a) igualdade de sujeitos (credor e devedor); b) liquidez e vencimento de dívidas da mesma natureza.

Inicialmente a imputação ao pagamento é um direito do devedor. Este, ao pagar, deve indicar qual dívida está pagando. A isto denomina-se **imputação do devedor**.

Vale salientar que, salvo anuência do credor, o devedor não poderá imputar o pagamento em dívida cujo montante seja superior ao valor ofertado, pois, como visto, o pagamento parcelado do débito só é permitido quando convencionado (art. 314, CC).

Acaso, porém, o devedor, no ato do pagamento, não faça a imputação, o direito de imputar passará a ser do credor, que indicará qual dívida está quitando e não poderá agir com violência ou dolo (CC, art. 353). Ter-se-á a **imputação do credor**.

Caso o credor também não impute o pagamento, diante da sucessiva omissão do devedor e do credor, a lei regula critérios legais de imputação pagamento. É a chamada **imputação legal**, a qual se dará da seguinte maneira: (i) prioridade para os juros vencidos, em detrimento do capital; (ii) prioridade para as dívidas líquidas e vencidas anteriormente, em detrimento das mais recentes; (iii) prioridade para as dívidas mais onerosas, em detrimento das mais vultosas, se vencidas e líquidas ao mesmo tempo.

CONFUSÃO

Identifica-se a confusão quando as **qualidades de credor e devedor** são **reunidas em uma só pessoa** (CC, art. 381). Assim, torna-se inevitável a extinção da relação jurídica. Exemplifica-se com um sujeito que é devedor de seu pai e, em virtude do falecimento deste, adquire, por sucessão, o crédito, tornando-se credor de si mesmo (confusão). Tem-se, aqui, uma **confusão total e *mortis causa*.** A **confusão poderá ser parcial** (CC, art. 382). No exemplo dado acima, se o pai tivesse dois filhos e fosse credor de apenas um deles, no falecimento do genitor, o devedor originário receberia em herança apenas metade do crédito, falando-se em uma confusão parcial. Outrossim, nada impede que haja uma **confusão *inter vivos***. Como no caso de um cheque que, após circular no mercado, retorne às mãos do seu emissor, que se tornará credor de si mesmo, operando-se a confusão. Neste contexto é viável, até mesmo, que a confusão deixe de existir, renascendo a obrigação, como na casuística do emissor recolocar o mesmo cheque para circulação no mercado. A doutrina ainda reconhece a existência da chamada **confusão imprópria**, quando se reúnem, na mesma pessoa, as condições de garante e de sujeito obrigacional. Imagine um filho que é fiador de seu pai e, no falecimento do pai, passa a figurar como devedor da dívida que garantia como fiador. Neste caso – de confusão imprópria –, haverá extinção apenas da obrigação acessória, como a fiança, segundo o exemplo dado.

REMISSÃO

Remissão significa o **perdão da dívida.** Como **o devedor** tem direito subjetivo de pagar, **pode** este **apresentar *recusa* à remissão.** É fundamental, portanto, que a remissão seja aceita, tácita ou expressamente, para produzir efeitos (CC, art. 385).

Nessa senda, para caracterizar a remissão da dívida é necessária a presença simultânea de dois **requisitos**: **a) ânimo de perdoar** – o ato de perdoar exige esta intenção, esta manifestação de vontade que, em regra, deve ser expressa, admitindo-se, excepcionalmente, o perdão tácito para hipótese de presunções legais; **b) aceitação do perdão** – a remissão exige a concordância do devedor. Faltante a anuência, pode o devedor consignar o valor devido, colocando-o à disposição do credor. Afinal, é possível que o devedor queria pagar e concretize o seu direito ao pagamento. A remissão poderá ser **expressa ou tácita**. A remissão expressa ocorre tanto de forma escrita, como verbal. Entretanto, diante da dificuldade de prova da remissão verbal, o ideal é que seja feita por escrito. Além disso, a remissão poderá ser **total ou parcial**. Será total quando o credor perdoa a dívida em sua integralidade. Será parcial quando o credor perdoa fração da dívida. Também podemos constatar a presença da **remissão presumida,** ainda que não esteja verbalizada, mediante atos praticados pelo credor (art. 324, CC). Na ideia de devolução voluntária do título da obrigação, deve-se incluir a sua própria destruição, a ensejar a remissão tácita da dívida. Ex.: se W, credor de H em obrigação prevista em determinado título de crédito, simplesmente destrói o título na frente de H, mesmo que não diga expressamente que o está perdoando, a remissão será presumida.

Para encerrar, convém registrar que **a remissão do codevedor é plenamente válida,** impondo-se o equacionamento da dívida remitida, com a dedução da parte remetida (art. 388, CC). Portanto, **isso desembocará na extinção da obrigação em relação a esse codevedor,** incidindo os artigos 277 e 282 do CC. Ex.: A, B e C são devedores solidários de D no valor de 3 (três) mil. D, entretanto, perdoa a dívida de B. Nessa situação persiste a solidariedade em relação aos demais devedores (A e C), que deverão pagar 2 (dois) mil, em razão do abatimento da quota-parte de B (1 mil). Clarifica-se, aqui, o caráter *intuito personae* da remissão.

5.4. DO INADIMPLEMENTO DAS OBRIGAÇÕES

Na forma do art. 389 do CC, com redação dada pela Lei Federal nº 14.905/2024, não cumprida a obrigação o devedor responde por perdas e danos, mais juros, atualização monetária e honorários advocatícios. Prescreve o CC que se o índice de atualização monetária não for convencionado pelas partes, ou não estiver previsto em lei específica, será aplicada a variação do índice nacional de preços ao consumidor amplo (IPCA), apurado e divulgado pelo IBGE, ou do índice que vier a substituí-lo

O inadimplemento é o descumprimento obrigacional culposo. Poderá ser: i) total, quando será denominado de absoluto, e ii) parcial, quando será intitulado como relativo ou mora. O inadimplemento absoluto acontece quando o devedor não cumpre nenhuma das cláusulas ajustadas, ou ainda quando não há mais utilidade alguma naquele negócio jurídico ante o ato culposo do devedor; O inadimplemento relativo, ou parcial, também denominado de mora acontece quando o pagamento não é feito no tempo, lugar ou na forma convencionados (CC, art. 394). Exemplifica-se com o animador de uma festa de criança que chega com duas horas de atraso. Em tese há mora, mas é possível que, diante de tamanho atraso, não haja mais interesse do credor no cumprimento da obrigação. Para situações como a em tela, prevê o Código Civil o chamado inadimplemento absoluto por interesse do credor, o qual se configura quando a prestação, devido à mora, se torna inútil ao credor, podendo este enjeitá-la e requisitar perdas e danos (CC, art. 395; Enunciado 162 do CJF/STJ).

Voltando os olhos novamente à mora, recorda-se que ela pode ser do credor ou do devedor. Afinal, considera-se em mora o devedor que não efetuar o pagamento e o credor que não quiser recebê-lo no tempo, lugar e forma que a lei ou a convenção estabelecer (CC, art. 394). Assim, importante diferenciá-las. A teor do art. 395 do CC, com redação dada pela Lei Federal nº 14.905/2024, o devedor responderá pelos prejuízos a que sua mora der causa, mais juros, atualização dos valores monetários e honorários de advogado, sendo que se a prestação, devido à mora, se tornar inútil ao credor, este poderá enjeitá-la, e exigir a satisfação das perdas e danos.

A) MORA DO DEVEDOR

A mora do devedor ocorre quando este retarda **culposamente** o cumprimento da obrigação. Para que aconteça, alguns requisitos devem estar presentes, dentre os quais: (i) existência de uma dívida líquida e certa; (ii) vencimento da dívida; (iii) culpa do devedor (a responsabilidade civil é subjetiva, art. 396 do CC); (iv) viabilidade no cumprimento tardio da obrigação (art. 395, parágrafo único do CC). A mora do devedor pode ser:

(i) **"Ex re"** – é a **automática** que não exige aviso prévio algum. Aqui há um termo de vencimento pré-fixado da dívida, após o qual, automaticamente, há mora – "*dies interpelat pro homine*" (o dia interpela pelo homem). Exemplifica-se com um boleto de condomínio que vence no dia cinco. A partir do dia seis, automaticamente, o devedor estará em mora.

(ii) **"Ex persona"** – neste caso as partes, credor e devedor, não ajustaram data alguma para cumprimento da obrigação, inexistindo dia de vencimento. Justo por isto que a configuração da mora demandará, aqui, interpelação, com conferência de prazo para cumprimento da obrigação. Exemplifica-se com o empréstimo de um livro sem data ajustada para devolução. Para configuração da mora, o credor há de interpelar o devedor, dando prazo para que este devolva o livro. Findo o prazo, ter-se-á configurara a mora.

Responde o devedor pelos prejuízos a que sua mora der causa, mais juros, atualização dos valores monetários, segundo índices oficiais regularmente estabelecidos, e honorários de advogado (CC, art. 395). Além disto, o devedor terá responsabilidade civil pelo risco da perda da coisa, respondendo mesmo que o dano seja acidental (caso fortuito ou força maior), ressalvada isenção de culpa ou comprovação de que o dano ocorreria ainda que a obrigação fosse oportunamente cumprida. A isto denomina a doutrina de **perpetuação da obrigação.**

B) MORA DO CREDOR

Quando o **credor**, **sem justificativa**, **frustrar o pagamento**, este incorre em inadimplemento obrigacional, pois o devedor tem direito pagar. Neste cenário, estará o credor em mora, sendo o remédio principal desta a consignação em pagamento. Assim, **estará em mora o credor que não quiser receber o pagamento no tempo, lugar e forma que a lei ou a convenção estabelecer** (CC, art. 394).

A mora do credor gera como principal efeito, a teor do artigo 400 do CC, a **responsabilidade pela conservação da coisa**. De igual modo, o credor ficará obrigado a **ressarcir as despesas** empregadas com a coisa e, finalmente, a receber pela estimação mais favorável ao devedor, se o seu valor oscilar entre o acordado para o pagamento e a sua efetivação.

SINAL OU ARRAS

Consiste em uma disposição contratual pela qual uma das partes entrega à outra dinheiro ou bem móvel, no início do cumprimento obrigacional. Trata-se do que popularmente chama-se de entrada ou sinal. Duas são as espécies:

A) ARRAS CONFIRMATÓRIAS

Esta é a regra geral, de maneira que se o contrato menciona arras, mas não indica qual a sua modalidade, estar-se-á diante da figura das arras confirmatórias. Nesta modalidade, a entrega do numerário, ou do bem móvel, a título de sinal ou entrada, marcará o início da execução do contrato, de maneira **a não admitir o arrependimento posterior deste** (CC, art. 417,). Consiste, portanto, em um **reforço à execução do contrato.**

Em geral, o sinal é da mesma natureza da prestação original, sendo abatido do valor global do bem. Nesta situação, o comprador ficará responsável apenas pela diferença de valores. Exemplifica-se com a compra de um imóvel pelo valor de R$ 300.000,00 (trezentos mil reais), no qual se conferiu arras confirmatórias de R$ 50.000,00 (cinquenta mil reais), restando o débito de R$ 250.000,00 (duzentos e cinquenta mil reais). Nada impede, porém, que um bem móvel seja dado como arras, o qual é devolvido após a quitação do contrato.

E como proceder se houver desistência do pactuado na presença das arras confirmatórias?

Na forma do art. 418 do CC, com redação dada pela Lei 14.905/2024, na hipótese de inexecução do contrato se esta acontecer por parte de quem deu as arras, poderá a outra parte ter o contrato por desfeito, retendo-as. Agora, se a inexecução se der por quem recebeu as arras, poderá quem as deu haver o contrato por desfeito e exigir a sua devolução mais o equivalente, com atualização monetária, juros e honorários de advogado.

As **arras confirmatórias** funcionam apenas como um piso indenizatório, sendo viável à parte inocente o pedido suplementar, desde que faça prova das perdas e danos para além do valor das arras. Outrossim, poderá, ainda, a parte inocente, exigir o cumprimento do contrato (tutela específica), mais as perdas de danos pelo atraso, valendo as arras como mínimo a ser executado.

B) ARRAS PENITENCIAIS

Diferentemente das arras confirmatórias, as penitenciais, quando pactuadas, garantem o direito de arrependimento, tendo **função meramente indenizatória.** Significam a reparação integral do arrependimento, a penitência pela desistência. Justamente por isto, são excepcionais e demandam previsão expressa.

E como proceder se houver **desistência** do pactuado na presença das arras penitenciais? Neste caso, a regra geral é a perda do valor das arras em favor da parte inocente, sem possibilidade de pedido de indenização suplementar. **Parte inocente** é aquela que **não deu causa à desistência**. Assim, se quem desistiu foi aquele que conferiu as arras, as perderá para a parte inocente, que terá direito de retenção do valor. Entretanto, se quem desistiu foi aquele que recebeu as arras, deverá restituir em dobro – leia-se: o valor que havia recebido das arras do inocente e o equivalente das suas arras (CC, art. 420 e S. 412, STF).

CIVIL

Nessa linha, **enquanto as arras confirmatórias consistem em um reforço à execução do contrato, admitindo indenização suplementar, as penitenciais dizem respeito a uma indenização pré-estabelecida pelo descumprimento contratual ou arrependimento, não admitindo indenização suplementar.**

CLÁUSULA PENAL OU PENA CONVENCIONAL

A cláusula penal consiste em um **pacto acessório, adjeto a uma obrigação principal,** cujo objetivo é pré-fixar as consequências jurídicas decorrentes do descumprimento **culposo** da obrigação principal (CC, art. 408). A sua exigência não demandará a comprovação de prejuízo, ao passo que este se configura pelo próprio descumprimento culposo da avença (CC, art. 416). O escopo da cláusula penal é estabelecer previamente o valor das perdas e danos (função compensatória) e/ou a intimidação pedagógica ao cumprimento do ajuste (função penitencial). Assim, pode-se verificar uma cláusula penal: (i) **moratória** = incidente na mora e que possibilita o pedido do cumprimento da obrigação principal **e** da cláusula penal (CC, art. 411). Infere-se um padrão **cumulativo de exigência**; (ii) **compensatória** = incidente no inadimplemento absoluto e que serve de alternativa ao lesado, que poderá requisitar o cumprimento da obrigação principal, ou da cláusula penal (CC, art. 410). Infere-se um padrão **disjuntivo de exigência.**

A **cláusula penal**, ao estabelecer previamente o valor indenizatório **impossibilita pleito de indenização suplementar**, **salvo** se houver **previsão expressa**, na própria cláusula penal, neste sentido (CC, art. 416).

Nos termos do artigo 412 do CC, o valor da cominação imposta na cláusula penal não poderá exceder o da obrigação principal. Como pacto acessório que o é, a invalidade da cláusula penal não levará à da obrigação principal. Todavia, **uma vez inválida a obrigação principal, cairá a cláusula penal.**

Na hipótese de cláusula penal **manifestamente excessiva** ou de **cumprimento parcial da obrigação principal**, o juiz **deverá reduzir o valor da penal convencional**. Infere-se a presença de **norma de ordem pública**, a qual não poderá ser afastada pelas partes e possibilita ao magistrado, inclusive, agir de ofício (Enunciados 355 e 356 do CJF).

Caso a **obrigação** principal seja **divisível**, a pena convencional apenas será exigida do devedor ou herdeiro que infringir a obrigação, com proporcionalidade (CC, art. 414). Todavia, em sendo a **obrigação** principal **indivisível**, todos os devedores incorrerão na penalidade, pagando de forma proporcional e tendo ação regressiva em face do culpado. Apenas o culpado que poderá ser demandado por todo o valor (CC, art. 415).

PERDAS E DANOS, JUROS E TAXA SELIC

Afirma o art. 404 do CC, com redação dada pela Lei 14.905/2024, que as perdas e danos, nas obrigações de pagamento em dinheiro, serão pagas com atualização monetária, juros, custas e honorários advocatícios, sendo que para o caso de se constatar "que os juros da mora não cobram o prejuízo, e não havendo pena convencional, pode o juiz conceder ao credor indenização suplementar".

As perdas e danos envolvem aquilo que a vítima efetivamente perdeu (dano emergente), bem como aquilo que a vítima razoavelmente deixou de lucrar (lucros cessantes). É o que afirma o art. 402 do CC.

Os juros constituem **fruto civil** (também nomeado de rendimento) correspondente ou à remuneração devida ao credor pela utilização do seu capital **(juros compensatórios)**, ou à mora, compensando o credor em virtude do atraso em seu pagamento **ou inadimplemento relativo (juros moratórios)**.

De acordo com o art. 406 do CC, com redação dada pela Lei 14.905/2024, quando não forem convencionados os juros, ou quando o forem *"sem taxa estipulada, ou quando provierem de determinação da lei"*, serão os juros *"fixados de acordo com a taxa legal"*, que corresponderá à taxa referencial do Sistema Especial de Liquidação e de Custódia (SELIC), deduzido o índice de atualização monetária de que trata o parágrafo único do art. 389 do CC. A metodologia de cálculo da taxa legal e sua forma de aplicação serão definidas pelo Conselho Monetário Nacional e divulgadas pelo Banco Central do Brasil. Caso a taxa legal apresente resultado negativo, este será considerado igual a zero para efeito de cálculo de juros no período de referência.

Tecnicamente, os juros não se confundem com a correção monetária. De fato, os juros correspondem a um acréscimo, enquanto que a correção monetária não visa a acrescer o capital (não é um *plus*), mas apenas atualizar o valor nominal da dívida (atualizar o valor da moeda para que não haja distorções).

A taxa Selic é considerada uma **taxa básica de juros** da economia divulgada pelo Banco Central do Brasil e que tem como principal finalidade remunerar quem investe em títulos públicos federais, para que assim o governo ganhe mais dinheiro (captar investimento), bem como para segurar a inflação. É o COPON (Órgão do Banco Central) o responsável por divulgar a taxa.

6. DOS CONTRATOS

DOS CONTRATOS EM GERAL

CONCEITO E NATUREZA JURÍDICA

Consiste o **contrato** em um **encontro de vontades** visando **criar**, **modificar**, **conservar** ou **extinguir** relações jurídicas, nos limites do ordenamento jurídico nacional, notadamente com especial atenção à função social (art. 421, CC) e à boa-fé objetiva (art. 422, CC). Trata-se de **negócio jurídico,** tendo como epicentro a vontade humana (autonomia privada). Como negócio jurídico que é, há de ser estudado dentro dos planos da existência, validade e eficácia, tratados no capítulo da teoria do ato, fato e negócio jurídico.

PRINCÍPIOS DO DIREITO CONTRATUAL

Os **princípios gerais dos contratos** são aqueles que iluminam a edição das normas regras, constituindo a base da normatização contratual, o **porto seguro interpretativo**. Com a evolução das relações jurídicas e as novas figuras de negociação, os princípios contratuais modificaram, em muito, o seu conteúdo. A alteração no enfoque do direito civil do ter (concepção oitocentista patrimonialista) para o ser (olhar atual, com base na dignidade da pessoa humana, boa-fé e função social) é prova disto.

Entendemos que o **consensualismo** (necessidade de o contrato ter consigo, para se constituir, no mínimo, duas pessoas) é pressuposto contratual, apesar de muitos doutrinadores apresentarem o consensualismo também como espécie de princípio.

PRINCÍPIOS LIBERAIS

Os **princípios liberais**, **de primeira geração ou dimensão**, têm origem relacionada ao movimento revolucionário burguês, persistindo até os dias atuais com algumas mitigações. Remontam o constitucionalismo de primeira dimensão (geração), veiculando liberdades privadas.

PRINCÍPIO DA AUTONOMIA PRIVADA

É expressão da **liberdade humana**. Consiste na liberdade contratual em sua máxima expressão. Antigamente vigia, de forma absoluta, o ideal da **autonomia da vontade** nos contratos, remontando os pilares da Revolução Francesa (contrato era produto do liberalismo individualista, proprietário, iluminista, prezava, sobretudo, pela livre vontade dos contratantes). Justamente por isto é que nas relações contratuais privadas prevalecerão os princípios da intervenção mínima do Estado e da excepcionalidade da revisão das cláusulas contratuais, a fim de se respeitar, sempre que possível, a autodeterminação dos contratantes. Hoje, à luz da dignidade humana (art. 1°, inciso III da CF) e de acordo com os princípios gerais do Código Civil: **eticidade** (boa-fé), **sociabilidade** (função social), e **operabilidade**, além dos postulados constitucionais da **justiça distributiva** e **solidariedade**, a liberdade deve ser ressignificada, compreendida nos limites e de acordo com o garantismo constitucional, como também de acordo com as normas gerais fixadas no Código Civil (art. 425). A autonomia da vontade não foi eliminada, mas redimensionada na atualidade. Ilustre-se com os chamados contratos de adesão, mormente no que se relaciona à contratação dos serviços essenciais (luz, água, telefonia...), nos quais se restringiu a ideia de autonomia, pois o consumidor não tem a alternativa de escolher nem o contratado, nem as cláusulas, nem sequer o tipo de contrato. Uma ilustrativa hipótese da consagração do princípio da autonomia privada é o art. 425 do CC, que admite a celebração dos contratos atípicos.

PRINCÍPIO DA RELATIVIDADE

Segundo este princípio, o contrato deve gerar eficácia (obrigar) apenas às partes contratantes, subscritoras da avença – **efeito *inter partes*.** A regra, portanto, é que o contrato não produzirá efeitos contra todos (eficácia *erga omnes*). Diante dos valores metaindividuais (difusos e coletivos), considerando a **função social dos contratos** e os novos valores jurídicos postos, mitigou-se o princípio da relatividade em prol da eficácia transubjetiva dos contratos, com pactos que exaram efeitos sobre toda a sociedade. Exemplificam exceções ao relativismo as Convenções Coletivas de Trabalho (CCT), os Acordos Coletivos de Trabalho (ACT) ou mesmo contratos individuais que geram lesão à comunidade ou à função socioambiental. O próprio direito positivo, na teoria geral dos contratos, veicula abrandamentos, como se passa a ilustrar.

ESTIPULAÇÃO EM FAVOR DE TERCEIRO

Na estipulação em favor de terceiro, exceção ao princípio da relatividade dos efeitos do contrato, há **três sujeitos: o estipulante; o estipulado/beneficiário e o promitente**. O exemplo mais mencionado sobre tal pacto é o **seguro de vida**. No seguro de vida percebe-se a presença do estipulante (segurado), promitente (seguradora) e beneficiário (terceiro). Em tal contrato, realizado entre o **estipulante** e o **promitente**, o beneficiário é contemplado com indenização na hipótese da consumação de um dos riscos descritos na apólice. Logo, o beneficiário experimenta consequências de um contrato que não subscreveu em clara mitigação ao princípio da relatividade. Sobre tal contrato é importante observar que:

a) O beneficiário **pode ser alterado** independentemente do pagamento de valores de indenização (art. 438, CC).

b) Tanto o estipulante, quanto o estipulado/beneficiário, este nas condições de contrato, podem pedir a execução da avença. O **estipulado/beneficiário** possui interesse jurídico na execução, tendo em vista que será indenizado com o recebimento de valores na morte do segurado, consoante o art. 436 do CC. Já o **estipulante** apenas tem possibilidade de pleitear a execução do pacto quando o seguro não for apenas de vida, possibilitando a apólice recebimentos de valores pela sobrevivência (atingir uma determinada idade) e/ou acidente.

Sobre o tema, a Súmula 529 do STJ: "**No seguro de responsabilidade civil facultativo, não cabe o ajuizamento de ação pelo terceiro prejudicado direta e exclusivamente em face da seguradora do apontado causador do dano**".

PROMESSA DE FATO DE TERCEIRO

Acontece quando alguém promete obrigação a ser cumprida por outrem, a exemplo de quando alguém (promitente), desprovido de qualquer relação com um determinado grupo musical, promete que este grupo irá realizar um show em um determinado local, dia e horário. Atenção ao art. 439 do CC, o qual afirma que, em não acontecendo o show, caberá perdas e danos contra o promitente, pois este assume **obrigação de resultado**. Assim, responde e se obriga aquele que promete, ao passo que este subscreve o contrato. O terceiro apenas será responsabilizado se tiver proveito econômico, e na medida deste, ou ainda se o promitente era representante deste (terceiro).

CONTRATO COM PESSOA A DECLARAR

A **pessoa a declarar é aquela que deverá assumir os direitos e as obrigações decorrentes da avença**, na ordem de ideias do art. 467 do CC. Ocorre quando alguém contrata com o escopo de, futuramente, indicar pessoa que irá assumir os direitos e obrigações decorrentes do ajuste. A indicação (declaração), salvo disposição contratual em contrário, haverá de ser feita no prazo de 5 (cinco) dias, demandando aceitação na forma do contrato. Esta aceitação retroagirá à data da assinatura do contrato, conforme os arts. 468 e 469 ambos do Código Civil. Tal contrato, porém, apenas obrigará as partes originárias nas seguintes hipóteses (arts. 470 e 471 do CC): a) Se não houver indicação da pessoa; b) Caso o nomeado se recuse a aceitar; e c) Se a pessoa nomeada for insolvente e a outra pessoa desconhecia este fato no momento da insolvência.

PRINCÍPIO DA FORÇA OBRIGATÓRIA DO CONTRATO (OU PACTA SUNT SERVANDA)

Liga-se à obrigatoriedade que emana de todo o contrato, consubstanciando-se na noção de que **o contrato faz lei entre as partes,** razão pela qual deverá ser cumprido nos exatos termos ajustados, não sendo admitida a alteração do seu conteúdo. Impõe-se a impossibilidade do Estado-Juiz, em regra, intervir na contratação, sendo um corolário da autonomia da vontade. Modernamente, porém, a noção de força obrigatória não mais deve ser analisada de maneira absoluta, haja vista que revisões contratuais acontecem diuturnamente no Poder Judiciário. **Importante exceção à força obrigatória dos contratos é a denominada teoria da imprevisão, assim como o denominado Dirigismo Contratual, quando o Estado intervém, excepcionalmente, na defesa de garantias constitucionais, de ordem pública ou em decorrência da própria Supremacia do Interesse Público.**

TEORIAS DA IMPREVISÃO E DA ONEROSIDADE EXCESSIVA

Conceitualmente a Teoria da Imprevisão consiste no **reconhecimento de que a ocorrência de acontecimento novo, superveniente, imprevisível e extraordinário, em contrato comutativo e de duração, que desequilibre a base econômica (objetiva) contratual, com extrema vantagem para uma das partes e onerosidade excessiva para a outra, possibilita a sua resolução ou revisão** (CC, arts. 317 e 478). Seus **requisitos** são:

a) **Contrato comutativo** (oneroso e bilateral) **de duração** (execução diferida ou continuada): com efeito, não há de falar-se em imprevisão em contrato de **execução momentânea** (instantânea), ao passo que não há como configurar nessa modalidade de relação contratual um fato superveniente. O contrato momentâneo é aquele que resta finalizado logo após a sua contratação, a exemplo da compra e venda seguida do pagamento do preço e entrega do objeto, no qual, reprisa-se, não incide a imprevisão. Ademais, **não há de falar-se em imprevisão no contrato aleatório**, pois nesse há uma álea econômica (fator de variação), não sendo possível prevê de forma anterior os custos e benefícios do pacto. Nessa senda, a imprevisão tem incidência sobre a figura comutativa, na qual os contraentes têm a possibilidade de verificar, antes do pacto, quais seus custos e benefícios. Aplica-se, portanto, a imprevisão na compra e venda (contrato comutativo), e não tem incidência no seguro (contrato aleatório).

b) **Superveniência de circunstância extraordinária e imprevisível**: caso a onerosidade excessiva seja imposta a uma das partes, em decorrência de álea prevista em contrato, não há de falar-se em imprevisão. Tal circunstância, apta a gerar este fato, há de ser completamente **extraordinária** e **imprevisível**. Exemplifica-se no Brasil com o clássico acontecimento da alta do dólar, a qual desequilibrou vários contratos sucessivos indexados com base nessa moeda estrangeira.

c) **Alteração da base econômica objetiva do contrato com extrema vantagem a uma das partes e onerosidade excessiva para a outra:** a ocorrência desta circunstância superveniente, imprevisível e extraordinária deverá alterar a **base objetiva** do contrato, mudando o cenário originário de contratação e ocasionando um impacto diferenciado na execução da avença, com extrema vantagem para uma das partes e onerosidade excessiva para a outra. Configurado esse cenário, é possível, na dicção dos art. 478 e 479 do CC, a **resolução** ou **revisão contratual**.

Cuidado: para a revisão (conservação do negócio jurídico com o reequilíbrio contratual), na ótica do Código Civil, faz-se necessária a concordância do beneficiado, nos moldes do art. 479.

Questiona-se: Teoria da imprevisão e Teoria da Onerosidade Excessiva ou Base Objetiva do Contrato seriam expressões sinônimas? Infere-se, em alguns certames da OAB, o uso de tais expressões como sinônimas. Todavia, há diferença entre tais institutos. A configuração da **Teoria da Onerosidade Excessiva** exige os mesmos requisitos da Imprevisão, a exceção do fato ser imprevisível. Logo, faz-se necessário que o contrato seja comutativo, com a presença de um fato superveniente e extraordinário, que desequilibre a base econômica do contrato, gerando onerosidade excessiva para uma das partes e extrema vantagem para a outra.

Compulsando-se o Código Civil vigente, observa-se que ele ostenta um aparente contrassenso, pois antes de apresentar os arts. 478 a 480 intitulado da resolução por onerosidade excessiva, disciplina a imprevisão em seu art. 317. Entrementes, ao ser realizada a leitura do art. 478, verifica-se a necessidade de que o fato seja imprevisível. Como proceder na prova? Se subjetiva, a saída é simples. Deve o candidato tratar de ambas as teorias, diferenciando-as e abordando os seus âmbitos de aplicação. Caso a questão venha em uma prova objetiva, o candidato deverá se atentar para o fato do avaliador estar utilizando as expressões como sinônimas ou não. Em regra, deve-se considerá-las como sinônimas, salvo se a própria avaliação sugerir diferenciações.

É nula a cláusula contratual que proíbe a aplicação concreta da teoria da imprevisão, por violar o princípio da função social do contrato e, notadamente, porque estamos diante de normas cogentes, que não podem ser afastadas pela vontade das partes. Outrossim, em havendo imprevisão ou onerosidade excessiva, revisando ou resolvendo o contrato, os efeitos da decisão retroagem à data da citação.

Não confundir a teoria da imprevisão e onerosidade excessiva com o instituto da lesão, relativo aos vícios do consentimento. A lesão é vício de consentimento presente no negócio jurídico, cuja consequência é a sua anulabilidade. Configura-se a lesão quando há manifesta desproporção entre as prestações pactuadas, em virtude de premente necessidade ou inexperiência de uma das partes, conforme o art. 157 do CC. A ocorrência da lesão é verificada no momento da celebração do negócio jurídico, ou seja, da manifestação de vontade. É vício de consentimento ocorrido no ato da contratação. É vício que atinge o plano de validade. O contrato já nasce inválido (anulável).

Já a **teoria da imprevisão ou onerosidade excessiva atinge o plano de eficácia** do negócio jurídico, e não a sua validade, por ser posterior à sua formação, segundo os requisitos já mencionados neste capítulo. Configurada a imprevisibilidade ou a onerosidade excessiva, **a consequência não é a anulabilidade, mas revisão ou resolução do contrato.**

A Lei Federal 14.010/20 admitiu a alegação da imprevisão, ou da onerosidade excessiva para situações envolvendo a pandemia do covid-19, desde que preenchidos os requisitos legais para tanto.

PRINCÍPIOS SOCIAIS

Os princípios sociais, fruto do constitucionalismo de segunda e terceira dimensão, configuram **limitações às amplas liberdades** de outrora, objetivando igualdade material e solidarismo social. Decorrem da percepção de que a ampla liberdade, por vezes, escraviza o mais fraco, necessitando do intervencionismo estatal para ser igualado o fiel da balança contratual. Em contratos, as manifestações dos princípios sociais são a função social dos contratos, a boa-fé objetiva e a equivalência material ou justiça contratual.

PRINCÍPIO DA FUNÇÃO SOCIAL DO CONTRATO E A EQUIVALÊNCIA MATERIAL

Não há um conceito preciso de função social, tendo em vista se tratar de noção aberta, indeterminada, fluida e histórico-determinada. Relaciona-se com a **sociabilidade**, um dos princípios vetores do Código Civil. A primeira manifestação sobre o Princípio da Função Social foi no direito de propriedade, especificamente no decorrer do Século XX, em que a propriedade deixa de ser um direito absoluto, passando a ser a função social do detentor de riquezas, havendo de atender aos interesses dos proprietários e dos não proprietários. Na seara dos contratos, a função social é mais um **elemento de eficácia social** que traz a ideia básica de que a avença deve ser cumprida não só em função do credor, mas também de forma a não afrontar interesses difusos e conferir contribuição positiva para a sociedade. A função social do contrato significa que o mesmo deverá ter uma dada **finalidade**, a qual é qualificada pelo termo social, atendendo interesses da sociedade.

Nesse viés, é a **autonomia privada** (ou da vontade) **delimitada pela função social do contrato**, esta representada por uma **cláusula geral** a ser concretizada em cada caso, com vistas à promoção da dignidade da pessoa humana (art. 421 do CC e Enunciado 23 do CJF). Isto não significa, porém, que se estaria assistindo a morte da liberdade ou autonomia contratual. Autonomia contratual persiste como um princípio dos contratos, mitigado pela tutela externa do crédito (função social).

Portanto, a **eficácia difusa do contrato**, atingindo a todos, passa a se constituir realidade inegável (Enunciado 21 do CJF), abrandando-se o efeito *inter partes* e, por conseguinte, mitigando o relativismo contratual. O princípio da função social dos contratos importa no reconhecimento segundo o qual os negócios jurídicos merecem gerar trocas úteis e justas, em uma equivalência material ou justiça contratual cujo desrespeito justifica intervenção judicial a igualar o pêndulo contratual (Enunciado 22 do CJF). Aqui se insere o princípio da equivalência material ou justiça contratual, discutindo-se se é um princípio autônomo ou subproduto da função social. Por tudo isto, firma o Código Civil, no art. 421, que a liberdade contratual será exercida nos limites da função social do contrato. Registra-se, porém, que nos contratos paritários – aqueles que não são de adesão -, malgrado a aplicação da função social, prima-se por uma intervenção estatal mínima, sendo a revisão contratual sempre excepcional. Fato que no campo do direito civil há uma presunção relativa de que os contratos são paritários, pois negociados entre iguais ou quase iguais (CC, art. 421 e 421-A). Logo, para maior intervenção estatal nas relações cíveis, haverá a parte de afastar a presunção relativa de paridade contratual.

PRINCÍPIO DA BOA-FÉ

A boa-fé pode ser dividida em subjetiva (interna) e objetiva (externa). A **boa-fé subjetiva** tem raiz histórica no Direito Romano, ligando-se a um **dever interno, probo e confiável.** É uma boa-fé individualista. Hodiernamente se revela uma **cláusula geral e implícita,** tendo como **funções a interpretativa, integrativa e restritiva (ou limitadora).** A **Função Interpretativa** impõe a significação e execução do contrato sob a lente da ética. Para tanto, lembra o Enunciado 27 do CJF, deve-se considerar tanto o sistema do Código Civil, como as conexões para com outros estatutos normativos e fatores metajurídicos. A **Função Integrativa**, com Deveres Anexos, impõe a existência, em todo contrato, de deveres implícitos (satelitários, anexos, laterais, colaterais...), de obediência cogente, a exemplo dos deveres de zelo, informação, probidade, lealdade, confiança, assistência, sigilo, mitigação dos danos etc. Tais deveres sequer precisam estar noticiados no instrumento contratual. São **implícitos**. O descumprimento de tais deveres equivale ao inadimplemento contratual, com responsabilidade objetiva (Enunciado 24 do CJF). A **Função Restritiva ou Limitadora** afirma que não pode o contrato gerar prestações demasiadamente excessivas a uma das partes, em detrimento da outra, a exemplo de juros exacerbados. Nesta hipótese é possível ao magistrado a revisão do contrato, com eventual supressão da aludida cláusula (Enunciado 26 do CJF). Tal função restritiva tem íntima relação com a promoção da **justiça contratual**, em busca da **equivalência material** (vide tópico da função social dos contratos). Ao debruçar-se sobre a boa-fé, especificamente na redação dos art. 113 e 422, o Código Civil não deixou claro sobre o seu campo de incidência. Explica-se: existiria uma boa-fé apenas contratual, ou ela ainda persiste na seara pré-contratual e pós-contratual?

Pela literalidade do dispositivo, a boa-fé só pode ser observada na execução ou na conclusão do contrato. Como fazer? Aponta a esmagadora doutrina que há necessidade de observância a boa-fé **pré-contratual, contratual, e pós-contratual**, devendo ser o contrato iluminado desde as negociações preliminares, até o pós-contrato (pós-eficácia objetiva obrigacional). Nesse sentido os Enunciados 25 e 170 do CJF. Sobre o tema, costumam as provas enfatizar no pré-contrato a necessidade de cumprimento das promessas, e no pós-contrato o zelo e sigilo com a parceira anterior.

O exemplo corriqueiro da boa-fé pré-contratual remete a promessa de compra de safra futura, na qual o comprador resta responsável pelo adimplemento de valores. Na seara pós-contratual tem-se a realização de propaganda, por uma mesma pessoa, para empresas concorrentes, devendo-se zelar com a imagem das referidas empresas.

FORMAÇÃO DOS CONTRATOS

TRATATIVAS

As tratativas são **negociações preliminares**, que podem ser formais, através de minutas escritas, ou informais, feitas de forma verbal. Não há contrato ainda, e por isso inexiste exigibilidade. Porém, há necessidade de respeito à boa-fé e à função social. Ao final das tratativas, as partes poderão desembocar em um contrato definitivo, em um contrato preliminar, ou simplesmente na não contratação, como natural intuir. Na vida prática, verificam-se as tratativas quando as partes pontuam seus **interesses comuns**. Acontece quando alguém chega a determinado estabelecimento comercial e pergunta ao futuro vendedor se há um eletrodoméstico à venda (ex.: TV). Nesse momento, o futuro vendedor irá externar os modelos existentes, buscando interesse do futuro comprador. **É a negociação.**

PROPOSTA

É uma declaração receptícia de vontade dirigida pelo policitante (proponente) ao oblato (aquele que poderá aceitar a proposta). A proposta pode ser individual ou coletiva, como a vitrine de uma loja, sendo que, em ambos os casos e em regra, **obriga o proponente,** ou seja: não pode ser descumprida. Afirma o Código Civil (art. 427) que a regra é a obrigatoriedade da proposta, não persistindo esta, porém, se o contrário resultar dos termos dela, da natureza do negócio ou das circunstâncias do caso. Logo, caso na proposta haja uma cláusula de arrependimento, não há falar-se em sua obrigatoriedade. Segundo o art. 428 do Código Civil a proposta **pode ser realizada entre presentes ou entre ausentes.** Por presença, deve-se entender a comunicação simultânea, não sendo necessária a presença física, propriamente. A proposta feita entre presentes apenas obriga se imediatamente aceita. Essa regra geral apenas é afastada acaso haja na proposta um prazo específico, quando este há de ser respeitado como data limite. Já o contrato entre ausentes é aquele no qual não há comunicação simultânea entre as partes, a exemplo de carta ou e-mail. Segundo o Código Civil, a proposta entre ausentes obriga até que tenha decorrido tempo razoável para aceitação. Tal regra apenas será afastada se a própria proposta trouxe um prazo limite a ser respeitado.

A proposta feita **pode ser revogada** mediante o mesmo mecanismo (meio) que foi realizada, em respeito ao princípio da simetria das formas ou paralelismo das formas. Como, em regra, quem pode o mais, pode o menos, é possível afirmar que a proposta feita de forma verbal pode ser desfeita por escrito – o inverso, entretanto, não é possível. Importante consequência relacionada à proposta é a verificação do local no qual o contrato foi firmado, e da normatização territorialmente aplicável. Sim, porque **o contrato nacional se considera formado no local no qual foi feita a proposta** (art. 435 do CC). Tal local de formação será, em regra, o foro competente para dirimir as controvérsias relativas ao contrato, ressalvadas as hipóteses de foro de eleição ou de foro privilegiado (vide capítulo de domicílio). Não obstante, **em sendo o contrato internacional, aplica-se o art. 9º, § 2º da LINDB, sendo o local de formação do contrato aquele no qual é domiciliado o proponente.**

ACEITAÇÃO

O ato fundamental a ser praticado pelo policitante é a proposta, enquanto o **ato principal do oblato** é a aceitação. Tal aceitação há de ser feita nos exatos termos da proposta, sob pena de configurar contraproposta. Assim, a aceitação realizada fora do prazo, com adições, restrições ou modificações à proposta não enseja o surgimento da relação contratual, porque consiste em contraproposta, a ser apreciada pelo proponente, a quem, por sua vez, caberá anuir, desistir, ou ainda contrapropor (art. 431, CC). A formação do contrato entre presentes se dá no momento da aceitação da proposta, que deverá ser de pronto, ou no prazo convencionado. Já a formação do contrato entre ausentes, na ótica do Código Civil e segundo doutrina majoritária, dar-se-á no momento de expedição da aceitação. Adota-se no Brasil, portanto, em relação ao tema formação dos contratos entre ausentes, a teoria da expedição, ou seja: tal contrato torna-se perfeito e acabado no momento em que é expedida a aceitação pelo oblato (art. 433 e 434 do CC). A expedição da aceitação somente não promoverá o surgimento do contrato se antes dela chegue ao proponente à **retratação** do aceitante, bem como quando o próprio policitante houver se comprometido a esperar resposta, ou mesmo quando a aceitação não chegue no prazo convencionado, posto que a aceitação fora do prazo ostenta natureza jurídica de contraproposta.

CONTRATO PRELIMINAR

O contrato preliminar, também conhecido como "antecontrato", pré-contrato ou promessa, consiste em um **pacto através do qual as partes se comprometem a celebrar posterior contrato futuro. Atenção**: contrato preliminar é contrato! Não se trata de mera tratativa. Tem força coercitiva.

Encerra como principal obrigação um fazer, qual seja: a conclusão de um contrato definitivo, superveniente, individualizado, definido em suas cláusulas essenciais. O contrato preliminar **deverá conter todos os requisitos do definitivo, a exceção da forma,** segundo o art. 462 do CC. Exemplo: malgrado o contrato definitivo de alienação de imóvel cujo valor é superior a trinta vezes o maior salário mínimo vigente no país ter forma vinculada – escritura pública, sob pena de nulidade –, o respectivo contrato preliminar tem forma livre, sendo plenamente válida sua realização por escrito particular (arts. 108, 166 e 462 do Código Civil). Ainda sobre a promessa de compra e venda, o direito do promitente comprador em um instrumento de promessa de compra e venda devidamente levado a registro, após o pagamento da última parcela, é real (CC, arts. 1417 e 1418). A promessa **irretratável** de compra e venda, devidamente quitada e registrada gera direito real de aquisição do imóvel. Trata-se de uma peculiaridade do sistema. O contrato preliminar **é em regra irretratável,** salvo se possuir cláusula de arrependimento (art. 463, CC) e deve ser levado ao registro competente (art. 463, parágrafo único). Em virtude do seu caráter irretratável, caso uma das partes se recuse a dar execução ao contrato preliminar, poderá a parte prejudicada requerer judicialmente o seu cumprimento, com tutela específica, a exemplo de multa diária (*astreintes*) ou medida sub-rogatória (art. 536 § 1º, CPC).

VÍCIOS REDIBITÓRIOS

Consiste o vício redibitório no defeito oculto sobre a coisa alienada mediante contrato comutativo, que diminui o valor, ou prejudica a utilização da mesma. **O**

defeito sobre a coisa há de ser descoberto posteriormente pelo adquirente (art. 441, CC). Se o suposto defeito for do gênero da coisa, não se deve cogitar do vício redibitório, pois se trata de característica inerente ao bem (ex.: aquisição de um touro cuja raça é "baixa" em reprodução. Não se trata de defeito, mas de característica do animal). O vício ou impossibilita a destinação, ou reduz sensivelmente o **valor do bem**, sendo possível falar-se na aplicação do princípio da proporcionalidade (reduções mínimas de valores não ensejam alegação do vício em comento). Uma vez verificada a configuração do vício redibitório, o adquirente prejudicado poderá lançar mão de uma das ações edilícias, quais sejam: ação redibitória ou estimatória (*quanti minoris*). Tais pretensões não podem ser cumuladas (arts. 442 e 443, CC), sendo excludentes entre si.

A **ação redibitória** tem como escopo resolver (desfazer) o contrato; rejeita-se a coisa para obter o valor depositado de volta. Já a **ação estimatória** ou *quantis minoris* visa reduzir o valor de aquisição da coisa, por conta do vício, com o escopo de manutenção do bem. Estima-se o montante da desvalorização e abate-se do valor da venda (art. 442, CC). O Código Civil não exige a presença da culpa como elemento necessário à configuração do vício. **Caso haja culpa (em sentido amplo)**, torna-se **possível cumular a resolução ou diminuição dos valores com o pleito de perdas e danos** (art. 443, CC).

Importante: vício redibitório ocorrido na aquisição de coisas vendidas conjuntamente. Na forma do art. 503 do CC, se o vício existir apenas em uma das coisas não será possível o desfazimento de todo o negócio e a rejeição de todos os bens, mas apenas da coisa individualmente defeituosa. Ex.: compra de vinte frutas em uma feira. O fato de apenas uma das frutas se encontrar estragada não autorizará o adquirente a enjeitar todas as demais frutas, mas apenas exigir a troca, ou o abatimento, sobre a única fruta estragada.

O prazo para propor as duas ações edilícias terá diferentes sistematizações a depender da natureza do bem – móvel ou imóvel – e do tipo de vício – aparente ou oculto (art. 445, CC). Assim, tratando-se de **vício de fácil constatação** (vício aparente) o **prazo** será de: **a) 30 (trinta) dias quando bem móvel; b) 1 (um) ano quando bem imóvel**, ambos contados da entrega efetiva.

Advirta-se que se o adquirente já estava na posse da coisa, os prazos em comento serão reduzidos pela metade e serão contados da alienação. Pressupõe o legislador que estando o prejudicado na posse, esse já conhecia a coisa, tendo maiores possibilidade de verificar o vício, que é aparente. Ex.: João estava na posse da casa de Paulo por 10 (dez) meses, em virtude de contrato de locação. Resolveu Paulo vender a casa para João. O prazo para propor ação edilícia será de 6 (seis) meses, reduzindo-se o prazo de 1 (um) ano pela metade. Ademais disto, nos termos do Enunciado 174 da III Jornada de Direito Civil, em se tratando de vício oculto, o adquirente tem os prazos do art. 445 para obter a redibição ou o abatimento de preço, desde que os vícios se revelem nos prazos estabelecidos no seu §1º, fluindo, entretanto, a partir do conhecimento do defeito. Portanto, acaso se trate de **vício de difícil constatação** (vício oculto) o **prazo** será de: **a) 180 (cento e oitenta) dias para bens móveis;** b) 1 (um) ano para bens imóveis, contados da descoberta do vício, e não da data da entrega ou alienação.

O art. 446 do CC afirma que os prazos referentes ao vício redibitório **não correm enquanto não finalizado o prazo de garantia,** subsistindo o adquirente, nesse prazo, a obrigação de comunicar a existência do vício do prazo de 30 (trinta) dias, sob pena de decadência.

EVICÇÃO

Remete a ideia de **perda do objeto do contrato em face do reconhecimento de direito anterior de outrem.** É uma garantia contratual do adquirente típica dos contratos onerosos, translativos de propriedade, que se opera quando o adquirente vem a perder a posse, ou a propriedade da coisa em virtude do reconhecimento judicial ou administrativo do direito anterior de outrem. A evicção, com previsão no art. 447 do CC, é composta por 3 (três) personagens: **I.** Alienante: quem responde pelos riscos da evicção; **II.** Adquirente (ou evicto): pessoa que perde a posse e a propriedade; **III.** Terceiro (evictor): pessoa que prova direito anterior. Observe-se que a garantia da evicção subsiste ainda que a aquisição se tenha operado em **hasta pública**. Demais disto, há evicção mesmo que a perda se dê por execução de ato administrativo. A evicção poderá decorrer, portanto, ou de decisão judicial, ou de decisão administrativa.

Na evicção, o evicto que adquiriu um bem do alienante de forma onerosa perde a coisa em virtude de direito de terceiro (evictor). Nesta hipótese, poderá o adquirente pleitear os **direitos** esculpidos no art. 450 do CC, quais sejam: **I.** À indenização dos frutos que tiver sido obrigado a restituir; **II.** À indenização pelas despesas dos contratos e pelos prejuízos que diretamente resultarem da evicção; **III.** Às custas judiciais e aos honorários do advogado por ele constituído. Importante lembrar que o preço a ser considerado na **responsabilidade civil** decorrente da evicção será o do valor da época em que se evenceu e proporcional ao desfalque sofrido acaso a evicção seja parcial. Como se pode perceber, a evicção poderá ser total ou parcial. Se a evicção for parcial, mas considerável, poderá o evicto optar entre rescindir o contrato ou obter a restituição de parte do preço correspondente ao desfalque sofrido. Contudo, se a evicção for **parcial**, porém não considerável, caberá ao evicto postular apenas direito à indenização.

Nos termos do art. 448 do CC, vale registrar que **a cláusula de garantia da evicção pode ser reforçada, diminuída ou excluída. Com efeito, em se tratando de direito privado e disponível a autonomia das partes autoriza esta prática.** No que tange a exclusão, afirma o art. 449 do CC que se houver no contrato cláusula afirmando que "alienante não responde pelo risco da evicção", **este ainda terá direito a receber o preço que pagou pela coisa evicta, se não soube do risco da evicção, ou, dele informado, não o assumiu.**

Sendo a evicção uma **garantia legal** em benefício do adquirente de coisa onerosa, é possível afirmar que a responsabilidade civil do alienante subsistirá ainda que a coisa alienada esteja deteriorada, exceto havendo dolo do adquirente. Com efeito, em caso de **dolo** do adquirente não poderia ele se beneficiar da própria torpeza. Nesta última hipótese, se o adquirente tiver auferido vantagens decorrentes das deteriorações, e não houver sido condenado a indenizá-las, o valor de tais vantagens será deduzido da quantia que lhe houver de dar ao alienante. Sobre as **benfeitorias necessárias ou úteis** não abonadas ao que sofreu a evicção, há expressa previsão no CC aduzindo que deverão as mesmas serem pagas pelo alienante ao adquirente (CC, art. 453). Perceba, que o CC não aborda esta responsabilidade civil para as benfeitorias voluptuárias, aquelas que são feitas para o mero deleite. Por outro lado, se as benfeitorias abonadas ao que sofreu a evicção tiverem sido feitas pelo alienante, o valor das mesmas deverá ser levado em conta quando da restituição devida, a teor do art. 454 do CC.

É muito importante saber que o CPC/15 **expressamente** revogou o art. 456 do CC, de modo que o entendimento consagrado na legislação atual (e na jurisprudência também) é no sentido de que o **direito de regresso decorrente da evicção** pode ser exercido mediante ação judicial autônoma ainda que o evicto não tenha, a tempo e modo, quando da contestação, apresentada denunciação da lide. Significa isto dizer que a denunciação da lide não é obrigatória e, desta maneira, não impede o exercício do direito de regresso mediante ação judicial autônoma. Em arremate, forte nas noções de **eticidade** e **boa-fé**, observe-se que o adquirente não poderá alegar a evicção se sabia que a coisa era alheia ou litigiosa e ainda assim firmou o contrato oneroso, afinal de contas, como já esclarecido antes, ninguém poderá se beneficiar da própria torpeza.

EXTINÇÃO DOS CONTRATOS

São várias as hipóteses geradoras da extinção dos contratos. O adimplemento integral, por exemplo, também denominado de exaustão, é uma das causas mais ocorrentes. Nos contratos **personalíssimos**, o óbito da parte também será causa da extinção do mesmo, a exemplo da morte do empregado em um contrato de emprego. No campo das **invalidades**, situações jurídicas envolvendo nulidade absoluta (arts. 166 e 167 do CC) e situações jurídicas envolvendo nulidade relativa (art. 171, incisos I e II do CC) também ensejam a extinção dos contratos. Neste momento iremos focar o estudo deste assunto nas específicas hipóteses abordadas pelo CC na teoria geral dos contratos, notadamente a resilição e a resolução do contrato.

RESILIÇÃO

Traduz o desfazimento contratual **imotivado,** por simples manifestação de vontade de uma das partes (resilição unilateral ou denúncia), ou de ambas as partes (resilição bilateral ou distrato). A resilição decorre do princípio constitucional da liberdade e do direito da pessoa humana não permanecer contratado.

O **distrato** é a **resilição bilateral.** Decorre do desejo conjunto do contratante e do contratado não manterem mais o contrato vigorando (art. 472, CC). Exige como requisito ser feito na mesma forma exigida para a constituição do contrato. Desta maneira, se o contrato foi celebrado por instrumento público, o distrato deverá ser firmado por instrumento público também. Se o contrato foi celebrado por instrumento particular, o distrato deverá ser feito por instrumento particular. Observa-se aqui o princípio do **paralelismo das formas.**

A **resilição unilateral** (art. 473, CC) opera-se por meio de um ato jurídico chamado **denúncia.** Exemplos desta denúncia vazia (vazia de motivos) podem ser vistos no contrato de locação ou no contrato de prestação de serviços firmados por tempo indeterminado. Atente-se, ainda, para a redação do parágrafo único do art. 473 do CC, a qual afirma que se uma das partes houver realizado vultosos investimentos para a execução do contrato poderá o juiz determinar a manutenção da avença até o retorno do investimento, em clara atenção à probidade nas relações e à Justiça Contratual.

RESOLUÇÃO (ART. 475, CC)

Traduz **o desfazimento (ou dissolução) contratual em caso de inadimplemento,** a exemplo de imprevisão, ou dos vícios redibitórios. O inadimplemento contratual é combatido pelo pleito específico (tutela específica) de cumprimento, ou pedido de resolução, havendo a possibilidade da cumulação de ambos com perdas e danos (art. 475, CC). Por óbvio, tais possibilidades irão pressupor a presença dos elementos configuradores do dever de reparar o dano e da ausência das causas excludentes de responsabilidade civil.

Interessante verificar que não é indispensável ao contrato bilateral conter uma cláusula resolutiva expressa, afirmando que no caso de inadimplemento por uma das partes poderá ser resolvido o contrato. Com efeito, **todo contrato bilateral possui uma cláusula resolutória tácita.** Entretanto, a vantagem de se consignar a cláusula resolutiva de forma expressa e prévia no contrato é de economia processual e operabilidade, eis que descumprida a obrigação o contrato será automaticamente resolvido. Se não contiver essa cláusula, o prejudicado terá que comunicar a outra parte que o contrato está resolvido (art. 474, CC).

RESCISÃO

A rescisão é o **desfazimento do contrato por fato concomitante ou posterior à sua formação** (vide certame de 2009 da CESPE). Na prática forense e na doutrina, há quem a correlacione com o desfazimento do contrato por meio judicial, ou pelo específico desfazimento nas hipóteses de lesão ou estado de perigo. O CC, contudo, não abordou o tema na teoria geral dos contratos.

EXCEÇÃO DO CONTRATO NÃO CUMPRIDO (*EXCEPTIO NON ADIMPLETI CONTRACTUS*)

Consiste em defesa indireta de mérito através da qual a parte demandada pela execução de um contrato pode arguir que deixou de cumpri-lo pelo fato de a outra parte ainda não ter satisfeito a prestação correspondente. Este tema está regulado no art. 476 do CC, o qual prevê como **pressupostos** para o exercício da exceção do contrato não cumprido:

- **Existência de um contrato bilateral sinalagmático.** O instituto necessita que as prestações sejam recíprocas, ou seja: que uma prestação origine a outra.
- **Demanda de uma das partes pelo cumprimento do pactuado.** Somente há sentido na invocação de uma exceção se houver provocação, sendo impossível acontecer aplicação de ofício.
- **Prévio descumprimento da prestação pelo demandante.** Se a parte que demanda o cumprimento tiver cumprido integralmente a sua obrigação, possui direito de exigir da outra parte que cumpra a sua, em um exercício regular de direito.

A exceção do contrato não cumprido, prevista expressamente na legislação brasileira, pode ser afastada pelas partes se as mesmas assim expressamente pactuarem neste sentido, por escrito. Trata-se da denominada cláusula contratual de exceção denominada "**solve et repete**", a significar "pague e depois reclama", ou seja, a prescrever a não aplicação da exceção do contrato não cumprido. Havendo a cláusula "solve et repete" expressamente contratada poderá o contratante exigir imediatamente do contratado o adimplemento mesmo não tendo ainda adimplido a sua parte no contrato.

7. DA RESPONSABILIDADE CIVIL

CONCEITO

A responsabilidade civil é o dever jurídico secundário de reparar um dano decorrente do descumprimento do dever jurídico primário de não causar dano.

ELEMENTOS GERAIS E NECESSÁRIOS DA RESPONSABILIDADE CIVIL

A conduta (positiva ou omissiva) juridicamente qualificada, o dano injusto e o nexo causal entre a conduta e o dano são pressupostos necessários à configuração de toda e qualquer modalidade de responsabilidade civil, cujas espécies poderão ser classificadas em contratual (negocial) ou extracontratual (aquiliana), ou ainda em subjetiva ou objetiva.

ESPÉCIES

A DEPENDER DA NORMA JURÍDICA PRIMITIVA VIOLADA

a) **Contratual:** decorre de inadimplemento contratual.
b) **Extracontratual ou Aquiliana:** pressupõe a violação de um dever geral de conduta, imposto a todos.

A DEPENDER DA PRESENÇA DA CULPA

a) **Responsabilidade civil subjetiva:** decorre de um ato ilícito culposo (art. 186, CC), entendendo como culpa uma expressão ampla, a qual envolve tanto o dolo, quanto à culpa *stricto sensu*.
b) **Responsabilidade civil objetiva:** decorre de um ato antijurídico, não sendo exigida a presença do elemento culpa. Verificam-se como principais hipóteses de responsabilidade civil objetiva que são objeto de prova da OAB:

I. Nos casos especificados nas leis especiais: Ex.: Lei Ambiental (Lei 6.938/81, art. 14); Normas da CF que consagram a Responsabilidade do Estado (art. 37, § 6º, CF) e por Dano Nuclear (art.21, XXIII, CF); CDC (Lei 8.078/90); DPVAT (seguro obrigatório de acidente de veículo); Responsabilidade Civil do Transportador (art. 734, CC), etc.

II. Quando a atividade normalmente desenvolvida pelo autor do dano implica, por sua natureza, risco para os direitos de outrem. Entende-se por ***"atividade de risco"*** uma cláusula aberta a ser valorada pelo magistrado na análise do caso concreto. O Enunciado 38 do CJF determina que *"a responsabilidade fundada no risco da atividade, como prevista na segunda parte do parágrafo único do art. 927 do novo Código Civil, configura-se quando a atividade normalmente desenvolvida pelo autor do dano causar a pessoa determinada um ônus maior do que aos demais membros da coletividade"*.

III. Abuso de direito

A partir dessa teoria, direitos não mais são vistos como liberdades ilimitadas. Tal ideal tem previsão no art. 187 do CC, caracterizando-se por **manifesto excesso no exercício do direito em uma análise consoante com sua finalidade econômico-social, e segundo a boa-fé e os bons costumes.**

IV. Responsabilidade objetiva pelos riscos do desenvolvimento

É relativa aos empresários individuais e empresas que respondem pelos produtos postos em circulação, **independentemente** de culpa, na forma do artigo 931 do CC.

CAUSAS EXCLUDENTES DA RESPONSABILIDADE CIVIL

CASO FORTUITO E FORÇA MAIOR (ART. 393, CC)

São causas que excluem a responsabilidade civil já que decorrem de um evento não imputável ao suposto causador do dano, seja imprevisível, seja inevitável. A **força maior constitui inevitável evento da natureza, sendo fortuito o imprevisível evento humano.**

Importante destacar, contudo, que apenas o denominado **fortuito externo** (aquele que não guarda relação com a atividade exercida, não sendo inerente à mesma) é que excluirá o dever de reparar o dano. O fortuito interno, inerente à atividade, não é causa excludente.

ESTADO DE NECESSIDADE E LEGÍTIMA DEFESA (ART. 188, CC)

O **estado de necessidade** consiste na situação de agressão a um direito alheio, de valor jurídico igual ou inferior aquele que se quer preservar, visando à remoção de um perigo atual ou iminente (art. 188, II, CC). Na legitima defesa, o agente reage a uma agressão injusta, atual ou iminente, utilizando os meios necessários (art. 188, I, 1ª parte, CC), de forma proporcional e moderada. A legítima defesa putativa (aparente, ou imaginária), por exemplo, não exclui o dever de reparar o dano. De igual sorte, nos termos dos artigos 929 e 930 do Código Civil, atuando o agente em estado de necessidade e atingindo interesse de terceiro inocente, este deverá ser indenizado, cabendo ação regressiva em face do causado do perigo ou da agressão.

ESTRITO CUMPRIMENTO DO DEVER LEGAL E EXERCÍCIO REGULAR DE DIREITO

Pode ser ilustrado pelo exemplo da ausência de responsabilidade civil do policial que arromba uma porta em cumprimento de mandato. No estrito cumprimento de um dever legal o agente é mero executor de uma ordem legítima e exigível. No exercício regular de um direito **o agente atua autorizado pela lei**, ainda que não exista uma obrigação de assim atuar, mas com a faculdade de assim agir por se encontrar amparado pelo direito.

CULPA EXCLUSIVA DA VÍTIMA

A atuação culposa da vítima tem o poder de **romper** o nexo causal, excluindo a responsabilidade civil do agente. Nesta excludente de responsabilidade, somente a vítima deu causa ao evento, causando danos a si. Na culpa concorrente há duas pessoas que dão causa a um determinado evento, não eximindo nenhuma das partes da responsabilidade civil (art. 945, CC).

FATO DE TERCEIRO

Consiste no comportamento causal de um terceiro apto a **romper** o **nexo de causalidade** entre o agente do dano e a vítima. Sobre o tema, atente-se a importante súmula 187 do STF, que consiste em uma exclusão à regra geral aqui enunciada porquanto a **excepcional característica** do contrato de transporte (obrigação de resultado e responsabilidade objetiva): *"A responsabilidade contratual do transportador, pelo acidente com o passageiro, não é elidida por culpa de terceiro, contra o qual tem ação regressiva"*.

OUTRAS HIPÓTESES DE RESPONSABILIDADE CIVIL OBJETIVA

O parágrafo único, do art. 927 do CC reconhece responsabilidade civil objetiva para aquele que desenvolver atividade de risco, bem como para situações nas quais exista lei especial prevendo, de modo objetivo, o dever de reparar o dano. De igual sorte, o art. 931 do CC admite responsabilidade civil dos empresários individuais e das empresas por produtos postos em circulação.

RESPONSABILIDADE CIVIL PELO FATO DA COISA OU DE ANIMAL:

a) A responsabilidade pelos animais (art. 936, CC)

Segundo a ótica do Código Civil a responsabilidade civil objetiva pelo fato do animal é atribuída ou ao dono, ou ao detentor do animal (aquele que, transitoriamente, está com o animal sob seu comando). Tal responsabilidade admite, ainda segundo o artigo, as **excludentes** da culpa exclusiva da vítima e da força maior.

b) A responsabilidade por ruína de edifício ou construção (art. 937, CC)

É objetiva também a responsabilidade pela ruína do edifício ou construção por ausência de reparos cuja necessidade é manifesta e que resultarem de prejuízo à terceiros. Observa-se que a responsabilidade é do proprietário, pois este é o responsável pelas **benfeitorias necessárias**.

c) A responsabilidade por objetos lançados ou caídos (art. 938, CC)

A responsabilidade de objetos jogados, ou caídos também será **objetiva**. Aqui a responsabilidade será de quem habitar (do habitante) – pode ser o dono, o locatário, o comodatário, o promitente comprador (*actio de affusis et dejectis)*. E se a vítima do dano não souber de que unidade habitacional partiu o objeto? Nesse caso, a jurisprudência entende que a responsabilidade é de todo o condomínio, aplicando a teoria da causalidade alternativa.

RESPONSABILIDADE CIVIL POR ATO DE TERCEIRO, TAMBÉM DENOMINADA DE INDIRETA OU COMPLEXA (ART. 932, CC)

São hipóteses nas quais o agente responde pelo **ato de** um **terceiro**, de forma **objetiva**. Não há de falar-se em presunções de culpa (como a culpa *in vigilando*). As pessoas taxativamente indicadas no art. 932 do CC responderão objetivamente por atos praticados por outras pessoas. Esta responsabilidade será objetiva e solidária, a teor dos arts. 933 e 942, do CC). Assim, incide tal responsabilidade aos seguintes sujeitos: (i) os pais, pelos filhos menores que estiverem sob sua autoridade e em sua companhia; (ii) o tutor e o curador, pelos pupilos e curatelados, que se acharem nas mesmas condições; (iii) o empregador ou comitente, por seus empregados, serviçais e prepostos, no exercício do trabalho que lhes competir, ou em razão dele; (iv) os donos de hotéis, hospedarias, casas ou estabelecimentos onde se albergue por dinheiro, mesmo para fins de educação, pelos seus hóspedes, moradores e educandos; (v) os que gratuitamente houverem participado nos produtos do crime, até a concorrente quantia.

A responsabilidade civil do incapaz é subsidiária porque este apenas irá responder caso o seu responsável não tenha condições financeiras para tanto, ou responsabilidade de fazê-lo. Outrossim, a indenização a ser adimplida pelo incapaz há de ser fixada de maneira equitativa, não podendo atrapalhar a sua subsistência, ou de quem dele depende, em busca de tutela do patrimônio mínimo. Em arremate, deve-se também analisar o cabimento de ação regressiva daquele que efetivamente pagou na responsabilidade civil por ato de terceiro, na forma do art. 934 do CC segundo o qual salvo se o causador do dano for descendente, absoluta ou relativamente incapaz, daquele que pagou, haverá o direito de regresso. Atente-se que nessa ação em regresso a responsabilidade perquirida será subjetiva.

RESPONSABILIDADE CIVIL POR HOMICÍDIO

Na forma do art. 948 do CC em casos de homicídio a **reparação civil** consistirá, sem excluir outras indenizações, no pagamento das despesas com o tratamento da vítima, seu funeral, o luto da família, bem como na prestação de alimentos a quem o morto os devia, levando-se em conta a duração provável da vítima.

RESPONSABILIDADE CIVIL POR LESÃO OU OFENSA A SAÚDE

No caso de lesão ou outra ofensa à saúde, o ofensor indenizará o ofendido nas despesas do tratamento e dos lucros cessantes até o fim da convalescença, além de algum outro prejuízo que o ofendido prove haver sofrido (art. 949 do CC).

RESPONSABILIDADE CIVIL POR INCAPACIDADE LABORAL

Se a ofensa resultar defeito pelo qual o ofendido não possa exercer seu ofício ou profissão, ou se lhe diminua a capacidade de trabalho, a indenização, além das despesas do tratamento e lucros cessantes até ao fim da convalescença, incluirá **pensão** correspondente à importância do trabalho para que se inabilitou, ou da depreciação que ele sofreu (art. 950 do CC).Uma interessante questão se encontra no parágrafo único do art. 950 do CC segundo o qual *"O prejudicado, se preferir, poderá exigir que a indenização seja arbitrada e paga de uma só vez"*. Trata-se de direito **potestativo** assegurado à vítima.

RESPONSABILIDADE CIVIL POR ESBULHO

O esbulho consiste em uma ação praticada com **violência** ou **ameaça** contra quem se encontra na

posse mansa e pacífica de um determinado bem. O CC assegura à vítima do esbulho tanto o direito ao ajuizamento da ação de reintegração de posse (art. 1.210), quanto o desforço incontinente, vale dizer a possibilidade de a vítima do esbulho por suas próprias forças e independente de decisão judicial retirar o agende agressor do imóvel, desde que de forma proporcional e imediata. A conduta do esbulho pode gerar outros prejuízos para além da própria posse perdida. Justamente por isto, o art. 555, inciso I e II do CPC autoriza o autor da reintegração de posse a cumular ao pedido possessório o pleito de perdas e danos, como também a indenização pelos frutos.

RESPONSABILIDADE CIVIL POR INJÚRIA, CALÚNIA E DIFAMAÇÃO

Os crimes contra a honra geram o dever de reparar o dano. A teor do art. 953 do CC a indenização por injúria, difamação ou calúnia consistirá na reparação do dano que delas resulte ao ofendido e, se este não puder realizar a prova do prejuízo material, o valor da indenização será arbitrado na conformidade das circunstâncias do caso.

RESPONSABILIDADE CIVIL POR OFENSA A LIBERDADE PESSOAL

A indenização por ofensa à liberdade pessoal também está disciplinada no art. 954 do CC e consiste no pagamento de perdas e danos que sobrevierem ao ofendido, aplicando-se a mesma regra segundo a qual não sendo possível a este comprovar o prejuízo, o Juiz da Causa deverá arbitrar um valor de acordo com as **específicas circunstâncias** do caso.

RESPONSABILIDADE CIVIL POR COBRANÇA INDEVIDA

Trata do tema o Código Civil nos artigos 939 e 940, sendo o seu regramento compreendido da seguinte maneira: (a) o credor que demandar o devedor, **antes** de exigível o crédito, ficará obrigado a esperar o vencimento e descontar os juros correspondentes, além de pagar custas em dobro; (b) o credor que demandar por dívida **já paga** será obrigado a pagar ao devedor o dobro do que houver cobrado; (c) o credor que demandar por **mais** do que for devido será obrigado a indenizar pelo equivalente do pedido a mais. Há de observar que as situações enunciadas não terão aplicabilidade quando o autor (credor) **desistir** da ação antes de contestada a lide, salvo se o réu (devedor) tinha direito de haver indenização por algum prejuízo comprovado, conforme o artigo 941 do CC.

TRANSMISSIBILIDADE DA OBRIGAÇÃO DE INDENIZAR

Existem direitos que se caracterizam por serem personalíssimos e, justamente por isto, intransmissíveis, por constituírem o núcleo da personalidade individual humana (CC, art. 11). Ao lado disto, existem direitos que se transmitem entre vivos, ou *causa mortis*. O direito a ser indenizado e o dever de reparar o dano estariam agrupados no rol de direitos intransmissíveis, ou transmissíveis? De modo expresso, o CC tratou do assunto em seu art. 943 prescrevendo que o direito de exigir reparação e a obrigação de prestá-la se transmitem com a herança. Contudo, deve-se ter um cuidado para recordar também dos limites da responsabilidade civil por força da disciplina do direito sucessório. O art. 1.792 do CC dispõe que o herdeiro não responde por encargos superiores às forças da herança.

DICAS FINAIS

VEÍCULO LOCADO

Prevalece no STF o entendimento (Súmula 492) de que a empresa locadora do veículo responde solidariamente com o locatário pelos danos causados a terceiros, no uso do carro locado.

VEÍCULO ALIENADO SEM REGISTRO DA TRANSFERÊNCIA NO DETRAN

Tendo havido a alienação do veículo, sem que se seguisse a imediata regularização da transferência no respectivo DETRAN, o antigo proprietário continuaria **responsável** por eventuais danos causados a terceiros pelo novo condutor? Em caso de acidente após a transferência, bastará que se apresente prova documental de que já havia alienado o bem para se livrar de qualquer transtorno. Mas, na ausência de provas incidirá uma **presunção relativa** de propriedade contra aquele cujo nome se encontra nos registros do DETRAN (Súmula 132 do STJ).

8. DO DIREITO DAS COISAS

A expressão *"Direitos Reais"* ou Direito das Coisas consiste no **conjunto de normas e princípios reguladores das relações jurídicas sobre as coisas suscetíveis de apropriação pelo homem, segundo uma finalidade social.**

8.1. POSSE

CONCEITO E NATUREZA JURÍDICA

A posse é um direito autônomo e especial. Possuidor é aquele que tem de fato o exercício de algum dos poderes inerentes à propriedade (art. 1.196, CC). Portanto, a posse é um **estado de fato e de poder socioeconômico** sobre uma coisa.

PRINCIPAIS TEORIAS EXPLICATIVAS DA POSSE: BREVES NOTAS

TEORIA SUBJETIVA (FRIEDRICH CARL VON SAVIGNY)

Savigny, no festejado *"Tratado da Posse"* (1.824), sustentava que a **posse** traduziria um poder material sobre a coisa – domínio físico (*corpus*) – com a intenção de tê-la para si (*animus*).

Em suma: **posse = *corpus* + *animus*.**

TEORIA OBJETIVA (RUDOLF VON IHERING)

Para **Ihering** o possuidor é a pessoa que se comporta como se fosse proprietária da coisa, imprimindo destinação econômica à mesma, independentemente da demonstração do *animus* (o comportamento objetivo é que importa).

Em suma: **posse = *corpus*.**

O Código Civil parece adotar, preponderantemente, a **teoria objetiva da posse** (art. 1.196). Porém, em

algumas situações, há indícios da presença da **teoria subjetiva** (especialmente na disciplina da usucapião e do fâmulo da posse).

POSSE *X* DETENÇÃO: O FÂMULO DA POSSE

O Código Civil, em seu artigo 1.198, considera **detentor** aquele que, achando-se em relação de dependência para com o outro, conserva a posse em nome deste e em cumprimento de ordens e instruções suas, instituindo a figura do **fâmulo da posse.**

> **Atenção! Enunciado 493 – V Jornada de Direito Civil – CJF:** O detentor (art. 1.198 do Código Civil) pode, no interesse do possuidor, exercer a autodefesa do bem sob seu poder.

Digno de nota a propósito disto é a disciplina do artigo 1.208 do Código Civil segundo o qual a **permissão** (autorização prévia, induvidosa e expressa) e a **tolerância** (autorização posterior e tácita) não retiram daquele que autoriza, ou permite, o estado de poder socioeconômico sobre o bem, razão pela qual não induzem a posse.

POSSE DE DIREITOS (EXISTE POSSE DE DIREITOS?)

Apenas coisas (corpóreas) são objetos de posse. Talvez por isto o STJ tenha afirmado ser *"inadmissível o interdito proibitório para proteção de direito autoral"* (**súmula 228, STJ**).

CLASSIFICAÇÃO DA POSSE

a) Direta x Indireta. A posse direta, de pessoa que tem a coisa em seu poder, temporariamente, em virtude de direito pessoal, ou real, não anula a indireta, de quem aquela foi havida, podendo o possuidor direto defender a sua posse contra o indireto (art.1.197, CC). **Posse direta** é aquela em que o possuidor tem o contato material e imediato com a coisa. **Posse indireta** é aquela de onde a posse direta surgiu, na qual o possuidor está afastado da coisa, mas aufere vantagens desta. *"O possuidor direto tem direito de defender a sua posse contra o indireto, e este, contra aquele"*, como se cristalizou no Enunciado 76 da I Jornada de Direito Civil (CJF/STJ).

b) Composse. Duas ou mais pessoas exercem a **posse de maneira simultânea sobre coisa indivisível** (art. 1.199, CC), sendo possível a todas estas exercer sobre o bem os atos possessórios, desde que não excluam os outros direitos reais.

c) Justa x Injusta. Para o artigo 1.200 do CC é justa a posse que não for violenta, clandestina ou precária. Enquanto não cessar a injusta posse não se pode falar em início de prazo para usucapião, afinal de contas a ninguém é dado se beneficiar da própria torpeza. O possuidor tem direito a ser mantido na posse em caso de turbação, restituído no de esbulho, e segurado de violência iminente, se tiver justo receio de ser molestado. (art. 1.210)

A partir deste preceito surge o fundamento jurídico para ajuizamento dos chamados interditos possessórios (ações possessórias), vale dizer, **ação de reintegração (caso de perda da posse, ou seja, de esbulho), ação de manutenção (caso de turbação)** e, finalmente, **ação de interdito proibitório (tutela preventiva da posse para situações de ameaça de esbulho, ou ameaça de turbação).**

Também se extrai do artigo 1.210 acima a noção do **desforço incontinente,** ou seja, da **possibilidade do possuidor manso e pacífico que está a sofrer dano possessório agir imediatamente,** desde que de forma proporcional e sem necessitar da atuação Judicial, para retirar o invasor de seu imóvel, bem como a legítima defesa da posse, quando o possuidor utiliza da sua força para impedir a própria invasão (§ 1º).

A posse não é apêndice da propriedade (mas sim direito autônomo), de modo que não se discute propriedade em questões possessórias (§ 2º).

A **Súmula 487 do STF** estabelece que *"será deferida a posse a quem, evidentemente, tiver o domínio se com base neste for ela disputada"*.

d) De Boa-fé x de Má-fé. O art. 1.201 do CC determina que *"é de boa-fé a posse, se o possuidor ignora o vício, ou o obstáculo que impede a aquisição da coisa"*, advertindo ainda o parágrafo único – do mesmo preceito – que *"o possuidor com justo título tem por si a presunção de boa-fé, salvo prova em contrário, ou quando a lei expressamente não admite esta presunção"*. Trata-se da **boa-fé subjetiva.**

CONSTITUTO POSSESSÓRIO X TRADITION BREVE MANU

Imagine a hipótese na qual alguém vende um imóvel a outrem, mas continua a habitar naquele bem, que antes lhe pertencia (agora mediante o pagamento de aluguel). Nesta situação, este alienante possuía, originariamente, em nome próprio. Contudo, agora, passa a *possuir em nome alheio.* A isto se denomina **constituto possessório** ou **cláusula constituti.** A ***tradittio breve manu*** é o inverso. Ocorre quando alguém possuía originariamente algo em nome alheio e, agora, passa a possuir em nome próprio.

AQUISIÇÃO E PERDA DA POSSE

A aquisição da posse acontece desde o momento em que se torna possível o seu exercício (art. 1.204, CC). Esta posse faz presumir a dos bens móveis, os quais acompanham o principal (art. 1.209, CC).

A posse pode ser adquirida pela própria pessoa, seu representante ou terceiro, desde que haja ratificação, na forma do artigo 1.205 do CC. Esta posse se transmite aos herdeiros ou legatários do possuidor com os mesmos caracteres (art. 1.206, CC), sendo que o sucessor universal continua de direito a posse do seu antecessor; e ao sucessor singular é facultado unir sua posse à do antecessor, para efeitos legais (art. 1.207, CC), como no caso da soma das posses para fim da usucapião.

EFEITOS DA POSSE

QUANTO À PERCEPÇÃO DOS FRUTOS (ART. 1.214 A 1.216, CC)

A percepção dos frutos em sede possessória estará diretamente relacionada à boa ou à má-fé do possuidor. Os frutos percebidos pelo possuidor de boa-fé a este pertenceram (art. 1.214, CC). Os pendentes e antecipadamente colhidos ao tempo em que cessar a boa-fé serão devolvidos após o abatimento das despesas eventualmente ocorridas (p.u, art. 1.214, CC). Detalhe importante a este respeito é que os frutos naturais e industriais se reputam colhidos e percebidos, logo que são separados. Já os civis, percebidos dia por dia (art. 1.215, CC).Na hipótese de má-fé, o possuidor responde por todos os frutos colhidos e percebidos, bem como pelos que, por culpa sua, deixou de perceber (*fruto percipiendo*), desde o momento em que se constituiu de má-fé; tem direito às despesas da produção e custeio (art. 1.216, CC).

RESPONSABILIDADE PELA PERDA OU DETERIORAÇÃO DA COISA (ARTS. 1.217 E 1.218, CC)

O **possuidor de boa-fé só responde se der causa a perda ou deterioração da coisa, incorrendo em dolo ou culpa. O possuidor de má-fé responderá até mesmo pelos danos acidentais ocorridos.**

QUANTO ÀS BENFEITORIAS REALIZADAS NA COISA (ARTS. 1.219 E 1.220, CC)

O **possuidor de boa-fé** terá direito à indenização das benfeitorias necessárias e úteis, podendo reter a coisa até que estas sejam pagas. Quanto às voluptuárias, poderá apenas levantá-las, quando possível (sem prejuízo da coisa). Já **o possuidor de má-fé,** somente será ressarcido nas benfeitorias necessárias, sem direito à retenção.

8.2. DA PROPRIEDADE

Os direitos reais sobre coisas móveis, quando constituídos, ou transmitidos por atos entre vivos, só se adquirem com a tradição (artigo 1.226), enquanto que os direitos reais sobre imóveis constituídos, ou transmitidos por atos entre vivos, só se adquirem com o registro no Cartório de Registro de Imóveis dos referidos títulos, salvo os casos expressos neste Código (artigo 1.227).

CONCEITO E CARACTERES

Apesar de o Código Civil não conceituar o direito de propriedade, o legislador preocupou-se em definir o proprietário, elencando suas faculdades no artigo 1.228, quais sejam as de usar, gozar/fruir, dispor e reivindicar a coisa, segundo a sua função social. Dentro daquilo que se convencionou denominar princípio da taxatividade ou numerus clasulus do direito real, somente pode ser qualificado como direito real aquele que estiver explicitamente contido na legislação civil ou especial, daí a enumeração do artigo 1.225: São direitos reais: **I** – a propriedade; **II** – a superfície; **III** – as servidões; **IV** – o usufruto; **V** – o uso; **VI** – a habitação; **VII** – o direito do promitente comprador do imóvel; **VIII** – o penhor; **IX** – a hipoteca; **X** – a anticrese; **XI** – a concessão de uso especial para fins de moradia; **XII** – a concessão de direito real de uso; **XIII** – a laje ; **IV** – os direitos oriundos da imissão provisória na posse, quando concedida à União, aos Estados, ao Distrito Federal, aos Municípios ou às entidades delegadas e a respectiva cessão e promessa de cessão.

CARACTERÍSTICAS

a) COMPLEXO –é formado por um plexo (conjunto) de poderes ou faculdades (usar, gozar/fruir, dispor e reivindicar);

b) ABSOLUTO – a sua oponibilidade é *"erga omnes"* (em face de todos);

c) PERPÉTUO –não se extingue pelo simples não uso e pode ser transmitido de uma geração para outra;

d) EXCLUSIVO – afasta o exercício do poder dominial de terceiro sobre a mesma coisa (quando da propriedade sobre um bem), ressalvando-se apenas a situação do condomínio, em que há divisão ideal do bem;

e) ELÁSTICO – os poderes do proprietário podem ser distendidos ou contraídos, para formar outros direitos reais, sem perder a sua essência (vide art. 1.231, CC);

Dica: C + A + P + E + (E + L + A) = CAPEELA!

EXTENSÃO E LIMITES: FUNÇÃO SOCIAL DA PROPRIEDADE (ART. 1.229 E ART. 1.230, CC)

A Constituição Federal determina que a propriedade *atenderá* a função social, sendo possível afirmar que a cláusula pétrea que assim disciplina o assunto (art. 5º, XXII) trouxe à lume o princípio da função social da propriedade. Esta mesma Constituição Federal, agora no artigo 170, III, também identifica a **função social da propriedade como um elemento da ordem econômica.** Em fiel respeito ao mandamento constitucional (art. 176 da CF) prescreve o artigo 1.230 do Código Civil que a propriedade do solo não abrange as jazidas, minas e demais recursos minerais, os potenciais de energia hidráulica, os monumentos arqueológicos e outros bens referidos por leis especiais. Desta forma, **a extensão do direito de propriedade é diretamente orientada pela função socioambiental desta.**

FUNÇÃO SOCIAL DA PROPRIEDADE (ART. 5º, XXII E XXIII E ART. 170, III, CF)

O § 1º do art. 1228 do CC determina que o direito de propriedade deve ser exercido em consonância com as suas finalidades econômicas e sociais e de modo que sejam preservados, de conformidade com o estabelecido em lei especial, a flora, a fauna, as belezas naturais, o equilíbrio ecológico e o patrimônio histórico e artístico, bem como evitada a poluição do ar e das águas. A propriedade não é um direito absoluto, sendo defesos os atos que não trazem ao proprietário qualquer comodidade, ou utilidade, e sejam animados pela intenção de prejudicar outrem (§ 2º, do artigo 1.228, CC).

A DESCOBERTA

Nos termos do **artigo 1.233** do CC aquele que ache coisa alheia perdida há de restituí-la ao dono ou legítimo possuidor. A isto se denominando *descoberta.* Contudo, não conhecendo o dono o descobridor fará por encontrá-lo, e, se não o encontrar, entregará a coisa achada à autoridade competente. Este *descobridor* que restituir a coisa terá **direito a uma recompensa não inferior a cinco por cento do seu valor,** além da indenização pelas despesas que houver feito com a conservação e transporte da coisa, se o dono não preferir abandoná-la, respondendo aquele acaso proceda com dolo. Pela lei, deve-se utilizar da imprensa e de outros meios de informação para **identificar** o dono da coisa. Decorridos sessenta dias da divulgação da notícia sem resposta alguma, a coisa será vendida em hasta pública, transmitindo a propriedade do remanescente ao Município em cuja circunscrição se deparou o objeto perdido (art. 1.237, CC).

AQUISIÇÃO DA PROPRIEDADE IMOBILIÁRIA

Nos termos do artigo 1.241 do CC poderá o possuidor requerer ao juiz que seja declarada adquirida, **mediante usucapião,** a propriedade imóvel, de forma que a declaração obtida na forma deste artigo constituirá título hábil para o registro no Cartório de Registro de Imóveis. Sendo a **usucapião uma prescrição aquisitiva da propriedade** pode-se afirmar que o usucapiente não adquire a alguém; simplesmente adquire. Por constituir instituto semelhante à prescrição, as causas que obstam, suspendem ou interrompem esta, também devem se aplicar àquele, por força do artigo 1.244 do Código Civil.

a) Aquisição pela usucapião de bem imóvel

Trata-se de um **modo originário de aquisição da propriedade** por meio da posse mansa e pacífica ao longo do tempo fixado em lei e desde que seja quitado o tributo pela transmissão do bem.

Atenção!

De acordo com o art. 10 da Lei 14.010/20, suspendem-se os prazos de aquisição para a propriedade imobiliária ou mobiliária, nas diversas espécies de usucapião, a partir da entrada em vigor da referida norma, ocorrida em 12 de junho de 2020, até 30 de outubro de 2020. Portanto, neste período não correu prazo de usucapião.

Nenhum bem público pode ser usucapido (**STF, súmula 340** e **CC, art. 102**). É imprescindível que a coisa seja suscetível de ser usucapida, e, simultaneamente a isto, tenha transcorrido lapso temporal suficiente na posse mansa, contínua, pacífica e com o *animus domini* sobre a coisa. Espécies:

I. Usucapião extraordinária (art. 1.238, CC):

Trata-se de espécie de usucapião que **independe de título ou de boa-fé,** contentando-se com o **mero decurso do prazo de 15 (quinze) anos**. Contudo, este prazo é reduzido para 10 anos no caso da denominada *posse trabalho* (moradia habitual ou obras, serviços de caráter produtivo). Ocorrendo a usucapião extraordinária, a anterior matrícula do imóvel é arquivada sem qualquer tipo de sucessão da titularidade. É possível que uma pessoa adquira a propriedade pela usucapião extraordinária de mais de um bem, independentemente da área, desde que preencha os requisitos acima identificados.

II. Usucapião ordinária (art. 1.242, CC):

Nesta modalidade, **exige-se tanto o justo título, quanto a boa-fé.** Exatamente por isto, o **lapso temporal é menor, de 10 ou 5 anos.** Será de 5 anos se o imóvel houver sido adquirido onerosamente, com base em registro posteriormente cancelado, e os possuidores tiverem estabelecido moradia ou realizado investimentos sociais e econômicos (posse trabalho). *"A expressão justo título contida nos arts. 1.242 e 1.260 do CC abrange todo e qualquer ato jurídico hábil, em tese, a transferir a propriedade, independentemente de registro"* (Enunciado 86, CJF/STJ). É **possível que uma pessoa adquira a propriedade pela usucapião ordinária de mais de um bem, independentemente da área,** desde que preencha os requisitos acima identificados.

III. Usucapião especial rural ou pro-labore ou rústico (art. 1.239, CC; art. 191, CF/88 e Lei 6.969/81[1]):

A fim de assegurar o **direito constitucional à moradia**, a Constituição elegeu a usucapião rural em seu artigo 191. O Código Civil tratou a matéria de forma inédita: *"não sendo proprietário de imóvel rural ou urbano, possua como sua, por cinco anos ininterruptos, sem oposição, área de terra em zona rural não superior a cinquenta hectares, tornando-a produtiva por seu trabalho ou de sua família, tendo nela sua moradia"* (art. 1.239).

IV. Usucapião urbana ou "pro misero" (art. 1.240, CC; art. 183, CF/88 e arts. 9º e 10 do Estatuto das Cidades – Lei Federal nº 10.257/01, ou seja: *individual* ou *coletiva*):

O Código Civil prevê a aquisição da propriedade àquele que possuir, como sua, área urbana de até duzentos e cinquenta metros quadrados, por cinco anos ininterruptamente e sem oposição, utilizando-a para sua moradia ou de sua família desde que não seja proprietário de outro imóvel urbano ou rural.

Usucapião coletiva (art. 10 do Estatuto da Cidade – Lei 10.257/01 e 1228, § 4 do CC):

O fenômeno social das comunidades dá ensejo a situações nas quais a população de baixa renda ocupa terrenos de modo desordenado, mas de maneira mansa e pacífica, de modo coletivo. Por conta disto, o Estatuto das Cidades adverte que as áreas urbanas com mais de duzentos e cinquenta metros quadrados, ocupadas por população de baixa renda para sua moradia, por cinco anos, ininterruptamente e sem oposição, onde não for possível identificar os terrenos ocupados por cada possuidor, são susceptíveis de serem **usucapidas coletivamente**, desde que os possuidores não sejam proprietários de outro imóvel urbano ou rural (art. 10). O Código Civil Brasileiro, de certa maneira, também confere tratamento jurídico para esta situação, *ex vi* do artigo 1.228, CC. Na forma deste dispositivo, o proprietário também pode ser privado da coisa se o imóvel reivindicado consistir em extensa área, na posse ininterrupta e de boa-fé, por mais de cinco anos, de considerável número de pessoas, e estas nela houverem realizado, em conjunto ou separadamente, obras e serviços considerados pelo juiz de interesse social e econômico relevante. Convém lembrar ser **possível, para efeito da usucapião, a soma do tempo exigido mediante o acréscimo à atual posse da posse dos antecessores,** desde que contínuas, pacíficas, com justo título e de boa-fé, como adverte o artigo 1.243 do Código Civil.

A teor do artigo 12, inciso III, do Estatuto das Cidades, **o legitimado ativo** *ad causam* na **usucapião coletiva é a associação de moradores** da referida comunidade, legalmente constituída e desde que exista explícita autorização dos representados para assim atuar.

1. Equivocadamente o artigo 2º da Lei 6.969/81 admitiu a usucapião sobre terras devolutas (espécies de propriedade pública). Contudo, a jurisprudência e a doutrina majoritárias e pacíficas jamais admitiram esta prática.

V. Usucapião por abandono do lar (art. 1.240-A, CC):

Nesta modalidade, aquele que exercer por 2 anos ininterruptos e sem oposição a posse direta, com exclusividade, de imóvel urbano de até 250m² cuja propriedade divida com ex-cônjuge, ou ex-companheiro que abandonou o lar, utilizando-a para sua moradia ou de sua família, adquire o domínio integral, desde que não seja proprietário de outro imóvel urbano, ou rural. Trata-se de uma modalidade de usucapião que não será reconhecida mais de uma vez ao mesmo possuidor, com exíguo prazo de 2 anos.

VI – Usucapião indígena (arts. 32 e 33 da Lei Federal nº 6.001/73 – Estatuto do índio):

O índio, integrado ou não, que ocupe como próprio, por dez anos consecutivos, trecho de terra inferior a cinquenta hectares, adquirir-lhe-á a propriedade plena. A isto se convencionou denominar de usucapião indígena.

VII – Usucapião Administrativa do CPC/15 (art. 216-A da Lei de Registros Públicos, acrescido pelo 1.071 do CPC/15).

Sem prejuízo da via jurisdicional, é admitido o pedido de reconhecimento extrajudicial de usucapião, que será processado diretamente perante o cartório de Registo de Imóveis da comarca em que estiver situado o imóvel usucapiendo, a requerimento do interessado, representado por advogado. A isto se convencionou denominar de usucapião administrativa ou extrajudicial.

b) Aquisição pelo registro do título

A propriedade de bem imóvel deve ser transmitida mediante registro do instrumento no cartório de registro de imóveis. Enquanto não houver o registro, inexistirá a transferência da propriedade. Portanto, quem não registra não é dono (art. 1.245 do CC). Para que haja aquisição da propriedade é preciso conjugar duas variáveis: o *título* (contrato) e *modo* (solenidade na transferência). A solenidade dos bem móveis é a tradição e nos bens imóveis o registro. Para lei civil o registro é eficaz desde o momento em que se apresentar o título ao oficial de registro, e este o prenotar no protocolo (art. 1.246, CC e art. 186 da Lei de Registros Públicos). Trata-se do *princípio da prioridade da prenotação* a gerar uma presunção de verdade relativa, *juris tantum*, a ser ilidida mediante o cancelamento do próprio registro.

c) Aquisição da propriedade imóvel por acessão

Outra forma de aquisição da propriedade imóvel é a acessão, ou seja, a união física de uma coisa acessória a uma coisa principal, aumentando o volume desta última em favor do proprietário que, dono da coisa principal, passa também a ser titular da coisa acessória. A acessão pode ocorrer em seis hipóteses:

I. Acessão por formação de ilhas

A formação de ilhas, como **forma de aquisição natural da propriedade imóvel,** é tratada no art. 1.249 do CC. As ilhas que se formarem em correntes comuns ou particulares pertencem aos proprietários ribeirinhos fronteiros, observadas certas regras relacionadas a três situações que podem ocorrer de acordo com o local onde se formar as aludidas ilhas:

I – **as que se formarem no meio do rio** consideram-se acréscimos sobrevindos aos terrenos ribeirinhos fronteiros de ambas as margens, na proporção de suas testadas, até a linha que dividir o álveo em duas partes iguais;

II – **as que se formarem entre a referida linha e uma das margens** consideram-se acréscimos aos terrenos ribeirinhos fronteiros desse mesmo lado;

III – **as que se formarem pelo desdobramento de um novo braço do rio** continuam a pertencer aos proprietários dos terrenos à custa dos quais se constituíram.

II. Acessão por aluvião

Trata-se de uma forma de aquisição de propriedade imóvel que consiste no **acréscimo lento de resíduos que vão se acumulando à beira do rio,** na forma do artigo 1.250 do CC. Assim, os acréscimos formados, sucessiva e imperceptivelmente, por depósitos e aterros naturais ao longo das margens das correntes, ou pelo desvio das águas destas, pertencem aos donos dos terrenos marginais, sem indenização. Dispõe ainda o parágrafo único do aludido artigo que o terreno aluvial, que se formar em frente de prédios de proprietários diferentes, dividir-se-á entre eles, na proporção da testada de cada um sobre a antiga margem.

III. Acessão por avulsão

Ocorre quando, por **força natural violenta**, uma porção de terra se destaca de um prédio e se junta a outro. Nesta hipótese, o dono do prédio que teve acréscimo deve indenizar o proprietário daquele que sofreu decréscimo, dentro de um prazo decadencial de um ano. Caso não exista indenização, poderá o proprietário exigir a terra de volta.

IV. Acessão por álveo abandonado

Entende-se por álveo a **linha que divide o meio do rio**. Segundo o artigo 1.252 do CC o álveo abandonado de corrente pertence aos proprietários ribeirinhos das duas margens, sem que tenham indenização os donos dos terrenos por onde as águas abrirem novo curso, entendendo-se que os prédios marginais se estendem até o meio do álveo, sendo esta outra forma de aquisição da propriedade imóvel, decorrente de um novo traçado do rio.

V. Acessão por plantações e construções

Toda **construção ou plantação existente em um terreno se presume feita pelo proprietário, à sua custa, até que se prove o contrário** (artigo 1.253, CC). Esta **presunção** é **relativa**. Na forma do parágrafo único, do artigo 1.255 do CC, se a construção ou plantação for de valor maior do que a do próprio terreno, pode o construtor adquirir a propriedade do solo, indenizando o seu dono (**acessão artificial).**

AQUISIÇÃO DA PROPRIEDADE MÓVEL (ARTS. 1.260/1.274, CC)

a) Aquisição por usucapião de bem móvel

A **forma ordinária** exige o justo título e a boa-fé, estando prevista no art. 1.260. Assim, aquele que possuir coisa móvel como sua, contínua e incontestadamente durante três anos, com justo título e boa-fé, adquirir-lhe-á a propriedade. A **forma extraordinária** está prevista no art.1.261 de modo que se a posse da coisa móvel se prolongar por cinco anos, produzirá usucapião, independentemente de título e boa-fé. À usucapião dos bens móveis se aplica subsidiariamente o regime jurídico da usucapião dos bens imóveis, ou seja, os arts. 1.243 e 1.244 do CC.

b) Aquisição por ocupação

De acordo com a legislação, quem se assenhorear de coisa sem dono para logo lhe adquire a propriedade, não sendo essa ocupação vedada em lei (art. 1.263, CC), afinal de contas a propriedade deve atender a uma função social. Trata-se de **forma originária de aquisição da propriedade.**

c) Aquisição por achado do tesouro

Os artigos 1.264 a 1.266 do Código Civil também admitem a aquisição da propriedade móvel relativa ao depósito antigo de coisas preciosas, oculto e de cujo dono não haja memória devendo este ser dividido por igual entre o proprietário do prédio e o que achar o tesouro casualmente, salvo se for achado em decorrência de pesquisa ordenada pelo dono do prédio ou por este não autorizada, hipótese na qual apenas o proprietário do imóvel se tornará dono exclusivo do depósito.

d) Aquisição por tradição

A propriedade do bem móvel não se transfere pelos negócios jurídicos antes da tradição, a teor do artigo 1.267 do Código Civil, razão pela qual se constitui uma das formas de aquisição da referida propriedade sobre negócios jurídicos válidos.

e) Aquisição por especificação

Em arremate, a propriedade móvel também poderá ser adquirida por quem, trabalhando em matéria-prima em parte alheia, obtiver espécie nova, quando desta será proprietário se não puder restituir à forma anterior (art. 1.269, CC).

A PERDA DA PROPRIEDADE (ART. 1.275 E 1.276, CC)

São causas de perda da propriedade: a alienação, a renúncia, o abandono, o perecimento da coisa e a desapropriação.

A **alienação** gratuita (doação) ou onerosa (venda) é a forma usual de se perder a propriedade. A **renúncia** é a demissão da titularidade jurídica sobre uma dada coisa. É a declaração expressa da vontade abdicativa da propriedade.

O **abandono** constitui um fato jurídico não expresso, mas sobre o qual se pode extrair a intenção de não mais ser proprietário da coisa: o imóvel urbano que o proprietário abandonar, com a intenção de não mais o conservar em seu patrimônio, e que se não encontrar na posse de outrem, poderá ser arrecadado, como bem vago, e passar, três anos depois, à propriedade do Município ou à do Distrito Federal, se se achar nas respectivas circunscrições (art. 1.276, CC). Preceitua o § 1º do referido artigo 1.276 que o imóvel situado na zona rural, abandonado nas mesmas circunstâncias, poderá ser arrecadado, como bem vago, e passar, três anos depois, à propriedade da União, onde quer que ele se localize.

Também se perde a propriedade mediante o **perecimento da coisa,** lembrando a máxima segundo a qual a coisa perece em face de seu dono – *res perit domino.*

A **desapropriação** constitui a última modalidade de perda da propriedade e está relacionada com a supremacia do interesse social (público) sobre o particular egoístico.

DIREITOS DE VIZINHANÇA

Trata-se do **conjunto de regras previstas no Código Civil e que disciplinam a convivência pacífica entre vizinhos.**

a) Uso normal da propriedade e deveres de abstenção (arts. 1277 e ss.)

A noção primeira que se deve considerar reside no denominado dever de uso racional do prédio a gerar em face do proprietário ou possuidor o direito de fazer cessar, mediante tutela inibitória (obrigações de fazer) as interferências prejudiciais à segurança, ao sossego e à saúde provocadas pela abusiva utilização da propriedade vizinha (art. 1.277, CC).

Se o prédio estiver prestes a cair pode ser ajuizada ação visando caução pelos danos iminentes, ou a demolição, ou a reparação do dano deste prédio, tecnicamente denominada de **AÇÃO DE DANO INFECTO** que, se coletivo, legitima a atuação do próprio Ministério Público, afinal de contas o proprietário ou o possuidor tem direito a exigir do dono do prédio vizinho a demolição, ou a reparação deste, quando ameace ruína, bem como que lhe preste caução pelo dano iminente (art. 1.280, CC).

b) Árvores limítrofes (arts. 1.282 e ss.)

Admite-se a utilização racional, proporcional e não abusiva das árvores, disciplinando a propriedade sobre estas, quando estiverem em linha divisória, bem como a possibilidade de cortes e podas, assim como os frutos caídos desta: os frutos caídos de árvore do terreno vizinho pertencem ao dono do solo onde caíram, se este for de propriedade particular (art. 1.284, CC)

c) Passagem forçada (arts. 1.285 e ss.)

É o **direito potestativo** que assiste ao dono do chamado *imóvel encravado* (sem saída para a via pública, nascente ou porto) de reclamar do vizinho que lhe deixe passagem, mediante indenização, afinal de contas se exerce um ato lícito, mas haverá dever de indenizar tendo em vista a desvalorização econômica que o proprietário do prévio serviente experimentará com a passagem forçada.

d) Passagem de cabos e tubulações (arts. 1.286 e ss.)

De acordo com o artigo 1.286 do CC, mediante recebimento de indenização que atenda, também, à desvalorização da área remanescente, o proprietário é obrigado a tolerar a passagem, através de seu imóvel, de cabos, tubulações e outros condutos subterrâneos de serviços de utilidade pública, em proveito de proprietários vizinhos, quando de outro modo for impossível ou excessivamente onerosa.

e) Das águas (arts. 1.288 e ss.)

O dono ou o possuidor do prédio inferior é obrigado a receber as águas que correm naturalmente do superior, não podendo realizar obras que embaracem o seu fluxo; porém a condição natural e anterior do prédio inferior não pode ser agravada por obras feitas pelo dono ou possuidor do prédio superior. Preocupa-se, de igual sorte, com o fluxo das artificialmente levadas ao prédio superior ou ali colhidas, ao garantir ao dono o direito de reclamar que se desviem, ou se lhe indenize o prejuízo que sofrer (art. 1.289, CC), deduzindo-se o valor do benefício obtido.

Quanto às nascentes, também há regra específica assim disciplinada: o proprietário de nascente, ou do solo onde caem águas pluviais, satisfeitas as necessidades de seu consumo, não pode impedir, ou desviar o curso natural das águas remanescentes pelos prédios inferiores (art. 1.290, CC).

O possuidor do imóvel superior não poderá poluir as águas indispensáveis às primeiras necessidades da vida dos possuidores dos imóveis inferiores; as demais, que poluir, deverá recuperar, ressarcindo os danos que estes sofrerem, se não for possível a recuperação ou o desvio do curso artificial das águas.

O proprietário tem direito de construir barragens, açudes, ou outras obras para represamento de água em seu prédio; se as águas represadas invadirem prédio alheio, será o seu proprietário indenizado pelo dano sofrido, deduzido o valor do benefício obtido. Também é permitido (art. 1.293) a quem quer que seja, mediante prévia indenização aos proprietários prejudicados, construir canais, através de prédios alheios, para receber as águas a que tenha direito, indispensáveis às primeiras necessidades da vida, e, **desde que** não cause prejuízo considerável à agricultura e à indústria, bem como para o escoamento de águas supérfluas ou acumuladas, ou a drenagem de terrenos.

Nesta hipótese, ao proprietário prejudicado também assiste direito a **ressarcimento** pelos danos que de futuro lhe advenham da infiltração ou irrupção das águas, bem como da deterioração das obras destinadas a canalizá-las", sendo que (§ 2º) o proprietário prejudicado poderá exigir que seja subterrânea a canalização que atravessa áreas edificadas, pátios, hortas, jardins ou quintais.

Trata-se do denominado **aqueduto,** que será construído de maneira que cause o menor prejuízo aos proprietários dos imóveis vizinhos e a expensas do seu dono, a quem incumbem também às despesas de conservação: o aqueduto não impedirá que os proprietários cerquem os imóveis e construam sobre ele, sem prejuízo para a sua segurança e conservação; os proprietários dos imóveis poderão usar das águas do aqueduto para as primeiras necessidades da vida (art. 1.295, CC).

f) Limites e direito de tapagem (arts. 1.297 e ss.)

Consequência natural do **direito de vizinhança** é aquele conferido ao proprietário (art. 1.297, CC) para cercar, murar, valar ou tapar de qualquer modo o seu prédio, urbano ou rural, como ainda constranger o seu confinante a proceder com ele à demarcação entre os dois prédios, a aviventar rumos apagados e a renovar marcos destruídos ou arruinados, repartindo-se proporcionalmente entre os interessados as respectivas despesas. Estes limites e cercados se presumem, até prova em contrário, pertencerem a ambos os proprietários confinantes.

g) Direito de construir (arts. 1.299 e ss.)

O proprietário tem direito de construir da maneira que lhe aprouver e de acordo, evidentemente, com os regulamentos administrativos (art. 1.299, CC). Também é certo afirmar que da divisa entre as duas casas não se poderá construir janelas, eirado, terraços ou varandas a menos de metro e meio do terreno do vizinho, nos termos do artigo 1.301 do CC.

8.3. DO CONDOMÍNIO EM GERAL

O condomínio, ou seja, a **copropriedade** confere a cada um dos donos em comum o *direito* de usar da coisa conforme a sua destinação, mas também o *dever* de concorrer com as despesas de conservação ou divisão da coisa, suportando o ônus a que estiver sujeita, presumindo-se, até prova em contrário, que estas partes ideais pertencem de maneira igual a cada um dos condôminos.

A **responsabilidade civil** entre os condôminos está disciplinada no artigo 1.319 do CC de forma que cada um destes responde aos outros pelos frutos que percebeu da coisa e pelo dano que lhe causou, sendo lícito ao condômino, a todo tempo, exigir a divisão da coisa em comum, respondendo o quinhão de cada um pela parte nas despesas da dívida.

ADMINISTRAÇÃO DO CONDOMÍNIO

Por meio de deliberação da maioria, **é possível se escolher administrador, inclusive estranho, ao condomínio,** como permite o artigo 1.323 do CC. Para o caso de se eleger condômino para administrar, os atos por este praticados, sem oposição dos demais, se presumem legítimos, pois há presunção de ser este o *"representante comum"* dos demais (art. 1.324, CC).

CONDOMÍNIO NECESSÁRIO

Existem situações jurídicas nas quais o condomínio é obrigatório, necessário. Exemplo disto ocorre para **casos de meação de paredes, cercas, muros e valas,** regulando a matéria os artigos 1.327/1.330 do Código Civil. Nesta hipótese, haverá *meação* dos muros, certas, valas e paredes.

CONDOMÍNIO EDILÍCIO

Os artigos 1.331 a 1.338 regulam situações de **condomínios decorrentes de edificações que podem conter partes exclusivas e partes comuns** (loteamentos fechados, multipropriedades imobiliárias, clubes de campo, *flats,* entre outras).

No condomínio edilício as partes suscetíveis de utilização independente (salas, lojas, abrigos de veículos, escritórios) sujeitam-se à propriedade exclusiva, sendo que as partes comuns (solo, estrutura do prédio, telhado, rede de água, esgoto, gás, eletricidade, logradouro público) não poderão ser alienadas separadamente, nem divididas. A cada unidade imobiliária caberá, como parte inseparável, uma **fração ideal** no solo e nas outras partes comuns, que será identificada em forma decimal ou ordinária no instrumento de instituição do condomínio.

Nos termos do CC, **em regra** as vagas de garagens **não podem** ser alienadas, ou mesmo alugadas, à terceiros não condôminos, como adverte o art. 1.331 do CC, salvo se a convenção condominial expressamente autorizar.

A **Súmula 449 do STJ determina que** se a vaga de garagem possuir matrícula própria e, portanto, destacada da moradia, poderá ser a mesma penhorada. Não existindo a matrícula própria, entende-se que a vaga de garagem integra o próprio imóvel (a própria moradia) e, neste caso, não será possível a penhora da mesma.

O condomínio edilício se institui por ato entre vivos ou testamento, registrado no Cartório de Registro de Imóveis (art. 1.332, CC) elaborando-se ainda a convenção que o institui e será subscrita pelos titulares de, no mínimo, dois terços das frações ideais, obrigando todos os condôminos.

Importante registrar, finalmente, o advento da Lei Federal 14.309/22 que acrescentou parágrafos ao art. 1.353 do CC, assim como incluiu o art. 1.354-A ao CC para admitir expressamente que a assembleia do condomínio edilício possa converter a reunião condominial em sessão permanente indicando data e hora de seguimento e desde que não ultrapasse 60 dias corridos nas hipóteses ali estabelecidas.

DIREITOS DO CONDÔMINO

A teor do artigo 1.335 do Código Civil são direitos do condômino **usar**, **fruir** e livremente **dispor** das suas unidades, mas também usar as partes comuns, conforme a destinação destas, e contanto que não exclua a utilização dos demais e, finalmente, votar nas deliberações da assembleia e delas participar *"estando quite"* com as respectivas obrigações.

DEVERES DO CONDÔMINO

Devem, contudo, contribuir para as despesas do condomínio na proporção de suas frações ideais, não realizar obras que comprometam a segurança da edificação, não alterar a forma e a cor da fachada das partes e esquadrias externas, dar as suas partes a mesma destinação que tem a edificação, não prejudicar o sossego, salubridade, segurança, bons costumes, enfim, comportar-se de acordo com a **boa-fé objetiva** e a **função social da propriedade**. Importante recordar que se o condômino não pagar a sua contribuição ficará sujeito à correção monetária e aos juros moratórios convencionados ou, não sendo previstos, aos juros estabelecidos no art. 406 do CC, bem como à multa de até 2% sobre o débito, nos termos do art. 1.336, §1º do CC, com redação da Lei 14.905/2024.

APLICAÇÃO DE MULTAS AOS CONDÔMINOS

A legislação cível permite que multas sejam aplicadas a condôminos que desrespeitem tais deveres jurídicos. Sanção esta que jamais poderá ser superior a cinco vezes o valor de suas contribuições mensais. Também é possível, por deliberação de três quartos dos condôminos restantes (art. 1.337, CC), ser o condômino faltoso constrangido a pagar multa correspondente até ao quíntuplo do valor atribuído à contribuição para as despesas condominiais, conforme a gravidade das faltas e a reiteração, independentemente de perdas e danos que se apurarem.

ADMINISTRAÇÃO DO CONDOMÍNIO E DELIBERAÇÕES DA ASSEMBLEIA

A assembleia escolherá um síndico, que poderá não ser condômino, para administrar o condomínio, por prazo não superior a dois anos, o qual poderá renovar-se, como afirma o artigo 1.347 do Código Civil. Portanto, **o mandato do síndico é de dois anos e pode ser renovado repetidas vezes.**

Compete ao síndico convocar a assembleia, representar ativa e passivamente o condomínio, cientificar os condôminos acerca da existência de processo judicial ou administrativo, diligenciar a conservação e a guarda das partes comuns, zelar pela prestação dos serviços que interessem aos possuidores, elaborar orçamento a cada ano, exercer cobrança, prestar contas anuais à assembleia, ou quando exigido, realizar seguro, sendo possível à assembleia investir outra pessoa, em lugar deste, em poderes de representação. O síndico também pode ser destituído antes mesmo do término do mandato, mediante assembleia especialmente convocada para este fim e pelo voto absoluto de seus membros. De qualquer modo, deve o síndico convocar assembleia anualmente a fim de aprovar o orçamento das despesas, as contribuições e a prestação de contas (art. 1.350, CC). Também é possível se alterar a convenção condominial, desde que mediante votos de dois terços ou, em certos casos, pela unanimidade dos condôminos (art. 1.351, CC).

> **Atenção!**
>
> Tanto a alteração da convenção condominial, quanto a mudança da destinação do edifício ou da unidade imobiliária dependem da aprovação de 2/3 (dois terços) dos votos dos condôminos, na forma do art. 1.351 do CC, alterado pela Lei 14.405/22.

Quando a deliberação exigir quórum especial previsto em lei ou em convenção e ele não for atingido, a assembleia poderá, por decisão da maioria dos presentes, autorizar o presidente a converter a reunião em **sessão permanente**, desde que cumulativamente:

a) sejam indicadas a data e a hora da sessão em seguimento, que não poderá ultrapassar 60 (sessenta) dias, e identificadas as deliberações pretendidas, em razão do quórum especial não atingido;

b) fiquem expressamente convocados os presentes e sejam obrigatoriamente convocadas as unidades ausentes, na forma prevista em convenção;

c) seja lavrada ata parcial, relativa ao segmento presencial da reunião da assembleia, da qual deverão constar as transcrições circunstanciadas de todos os argumentos até então apresentados relativos à ordem do dia, que deverá ser remetida aos condôminos ausentes;

d) seja dada continuidade às deliberações no dia e na hora designados, e seja a ata correspondente lavrada em seguimento à que estava parcialmente redigida, com a consolidação de todas as deliberações,

Neste caso, os votos consignados na primeira sessão ficarão registrados, sem que haja necessidade de comparecimento dos condôminos para sua confirmação, os quais poderão, se estiverem presentes no encontro seguinte, requerer a alteração do seu voto até o desfecho da deliberação pretendida. A sessão permanente poderá ser prorrogada tantas vezes quantas necessárias, desde que a assembleia seja concluída no prazo total de 90 (noventa) dias, contado da data de sua abertura inicial.

Além disto, a convocação, a realização e a deliberação de quaisquer modalidades de assembleia poderão dar-se de forma eletrônica, desde que tal possibilidade não seja vedada na convenção de condomínio e sejam preservados aos condôminos os direitos de voz, de debate e de voto.

Do instrumento de convocação deverá constar que a assembleia será realizada por meio eletrônico, bem como as instruções sobre acesso, manifestação e forma de coleta de votos dos condôminos. A administração do condomínio não poderá ser responsabilizada por problemas decorrentes dos equipamentos de informática ou da conexão à internet dos condôminos ou de seus representantes nem por quaisquer outras situações que não estejam sob o seu controle.

Somente após a somatória de todos os votos e a sua divulgação será lavrada a respectiva ata, também eletrônica, e encerrada a assembleia geral. A assembleia eletrônica deverá obedecer aos preceitos de instalação, de funcionamento e de encerramento previstos no edital de convocação e poderá ser realizada de forma híbrida, com a presença física e virtual de condôminos concomitantemente no mesmo ato.

Normas complementares relativas às assembleias eletrônicas poderão ser previstas no regimento interno do condomínio e definidas mediante aprovação da maioria simples dos presentes em assembleia convocada para essa finalidade.

Os documentos pertinentes à ordem do dia poderão ser disponibilizados de forma física ou eletrônica aos participantes.

EXTINÇÃO DO CONDOMÍNIO

O artigo 1.357 do Código Civil disciplina a extinção do condomínio em casos de considerável ruína ou ameaça de ruína, quando se permite até mesmo a venda do condomínio desde que metade mais uma das frações ideais assim deliberem. **O condomínio também pode ser extinto em decorrência de desapropriação,** hipótese na qual *"a indenização será repartida na proporção"* do valor das unidades imobiliárias, como prevê o artigo 1.358.

CONDOMÍNIO DE LOTES

O art. 1.358-A passou a admitir, em terrenos, partes designadas por lotes, que são de propriedade exclusiva, e partes que são propriedade comum dos condôminos. De acordo com a referida legislação, a fração ideal de cada condômino poderá ser proporcional à área do solo de cada unidade autônoma, ao respectivo potencial construtivo ou a outros critérios indicados no ato de instituição do referido condomínio de lotes.

Ao condomínio de lotes será aplicada, no que couber, a disciplina do condomínio edilício, respeitada a legislação urbanística, assim como o regime jurídico das incorporações imobiliárias da Lei 4.591/64, equiparando-se o empreendedor ao incorporador quanto aos aspectos civis e registrários. É o que afirma a Lei Federal 14.382/22, que alterou o CC para também prever que para fins de incorporação imobiliária, a implantação de toda a infraestrutura ficará a cargo do empreendedor.

A MULTIPROPRIEDADE (*TIME-SHARING*)

A "**Multipropriedade** é o regime de **condomínio** em que cada um dos proprietários de um mesmo imóvel é titular de uma **fração de tempo, à qual corresponde a faculdade de uso e gozo, com exclusividade, da totalidade do imóvel, a ser exercida pelos proprietários de forma alternada**" (**art. 1.358-C, do CC**). A aplicação prática do instituto costuma dizer respeito a imóveis de férias, como casas, chalés e apartamentos cujos proprietários desejam utilizar-se por apenas uma determinada fração de tempo. Outrossim, o sistema também costuma ser utilizado em hotelaria e programas de navios.

Cada fração de tempo é indivisível. O período correspondente a cada fração de tempo será de, no mínimo, 7 (sete) dias, seguidos ou intercalados. Este período poderá ser: **i. fixo e determinado**, no mesmo período de cada ano; **ii. flutuante**, caso em que a determinação do período será realizada de forma periódica, mediante procedimento objetivo que respeite, em relação a todos os multiproprietários, o princípio da isonomia, devendo ser previamente divulgado e iii. **misto**, combinando os sistemas fixo e flutuante.

São **direitos do multiproprietário**, conforme art. 1.358-I do Código Civil: a) usar e gozar, durante o período correspondente à sua fração de tempo, do imóvel e de suas instalações, equipamentos e mobiliário; b) ceder a fração de tempo em locação ou comodato; c) alienar a fração de tempo, por ato entre vivos ou por causa de morte, a título oneroso ou gratuito, ou onerá-la, devendo a alienação e a qualificação do sucessor, ou a oneração, ser informadas ao administrador; d) participar e votar, pessoalmente ou por intermédio de representante ou procurador, desde que esteja quite com as obrigações condominiais, em assembleia geral do condomínio em multipropriedade, e o voto do multiproprietário corresponderá à quota de sua fração de tempo no imóvel; bem como em assembleia geral do condomínio edilício, quando for o caso.

Por outro lado, são **obrigações do multiproprietário** de acordo com o art. 1.358-J do Código Civil: a) pagar a contribuição condominial do condomínio em multipropriedade e, quando for o caso, do condomínio edilício, ainda que renuncie ao uso e gozo, total ou parcial, do imóvel, das áreas comuns ou das respectivas instalações, equipamentos e mobiliário; b) responder por danos causados ao imóvel, às instalações, aos equipamentos e ao mobiliário por si, por qualquer de seus acompanhantes, convidados ou prepostos ou por pessoas por ele autorizadas; c) comunicar imediatamente ao administrador os defeitos, avarias e vícios no imóvel dos quais tiver ciência durante a utilização; d) não modificar, alterar ou substituir o mobiliário, os equipamentos e as instalações do imóvel; e) manter o imóvel em estado de conservação e limpeza condizente com os fins a que se destina e com a natureza da respectiva construção; f) usar o imóvel, bem como suas instalações, equipamentos e mobiliário, conforme seu destino e natureza; g) usar o imóvel exclusivamente durante o período correspondente à sua fração de tempo; h) desocupar o imóvel, impreterivelmente, até o dia e hora fixados no instrumento de instituição ou na convenção de condomínio em multipropriedade, sob pena de multa diária, conforme convencionado no instrumento pertinente; i) permitir a realização de obras ou reparos urgente.

Na hipótese de inadimplemento, por parte do multiproprietário, da obrigação de custeio das despesas ordinárias ou extraordinárias, é cabível, na forma da lei processual civil, a **adjudicação** ao condomínio edilício da fração de tempo correspondente (CC, art. 1.358-S).

O condomínio edilício poderá adotar o regime de multipropriedade em parte ou na totalidade de suas unidades autônomas (art. 1.358-O do CC). O multiproprietário somente poderá renunciar de forma translativa a seu direito de multipropriedade em favor do condomínio edilício. Tal renúncia só é admitida se o multiproprietário estiver em dia com as contribuições condominiais, com os tributos imobiliários e, se houver, com o foro ou a taxa de ocupação (CC, art. 1.358-T).

Por fim**,** são equiparados aos multiproprietários os promitentes compradores e os cessionários de direitos relativos a cada fração de tempo (art. 1.358-K, do CC).

8.4. DA SUPERFÍCIE

Trata-se da concessão, gratuita ou onerosa, pelo proprietário a outrem do direito de plantar ou construir em seu terreno, por tempo determinado, mediante escritura pública devidamente registrada no Cartório de Registro de Imóveis, nos termos do artigo 1.369 do Código Civil. Os encargos e tributos que incidem sobre o imóvel serão de responsabilidade do superficiário, ou seja, daquele que se beneficia pela concessão de uso do imóvel para o fim acima indicado.

8.5. DAS SERVIDÕES

A servidão proporciona utilidade para o prédio dominante e grava o prédio serviente, que pertence a diverso dono, e constitui-se mediante declaração expressa dos proprietários, ou por testamento, e subsequente registro no Cartório de Registro de Imóveis (artigo 1.378, CC). Constitui, como se vê, **vínculo real entre dois prédios. O domínio do prédio serviente agrega utilidade ao prédio dominante que se serve dele para viabilizar-se.**

Digno de nota é que o exercício incontestado e contínuo de uma servidão aparente, por dez anos, autoriza o interessado a registrá-la em seu nome no Registro de Imóveis, valendo-lhe como título a sentença que julgar consumado a usucapião (art. 1.379, CC), que também acontecerá, se o possuidor não tiver justo título, no prazo de vinte anos.

EXERCÍCIO DAS SERVIDÕES

O exercício da servidão autoriza ao dono desta realizar as obras necessárias a sua conservação e uso. Se a servidão pertencer a mais de um prédio, tais despesas serão rateadas entre os respectivos donos (art. 1.380, CC). O exercício da servidão será limitado às necessidades do prédio dominante de modo a evitar aumento de encargo ao prédio serviente. Constituída para certo fim, **a servidão não se pode ampliar a outro.**

EXTINÇÃO DAS SERVIDÕES

Uma vez registrada, a servidão só **se extingue quando cancelada, ou em caso de desapropriação.** A teor do art. 1.388 o dono do prédio serviente tem direito, pelos meios judiciais, ao cancelamento do registro, embora o dono do prédio dominante lhe impugne em três hipóteses: I) quando o titular houver renunciado a sua servidão; II) quando tiver cessado, para o prédio dominante, a utilidade ou a comodidade, que determinou a constituição da servidão; III) quando o dono do prédio serviente resgatar a servidão. Também se extingue a servidão pela reunião dos dois prédios no domínio da mesma pessoa; pela supressão das respectivas obras por efeito de contrato, ou de outro título expresso, ou, finalmente, pelo não uso, durante dez anos contínuos.

8.6. DO USUFRUTO, DO USO E DA HABITAÇÃO

Trata-se de **direito real de gozo e fruição** que pode recair em um ou mais bens, móveis ou imóveis, em um patrimônio inteiro, ou parte deste, abrangendo-lhe frutos e utilidades. O usufruto de imóveis **se constitui mediante registro no Cartório de Registro de Imóveis, salvo nos casos da usucapião,** estendendo-se aos acessórios da coisa e seus acrescidos. A teor do artigo 1.393 do CC não se pode transferir o usufruto por alienação; mas o seu exercício pode ceder-se por título gratuito ou oneroso. É dizer: **o usufruto é inalienável.**

DIREITOS DO USUFRUTUÁRIO

O usufrutuário tem direito à posse, uso, administração e percepção dos frutos do usufruto, que pode recair sobre títulos de crédito, oportunidade na qual este terá direito tanto aos frutos, quanto à cobrança das respectivas dívidas. Os frutos naturais e pendentes ao começar o usufruto pertencem ao usufrutuário. Contudo, os frutos naturais e pendentes ao tempo em que cessa o usufruto pertencem ao dono, também sem compensação das despesas. De igual sorte, as crias dos animais pertencem ao usufrutuário, deduzidas quantas bastem para inteirar as cabeças de gado existentes ao começar o usufruto. O mesmo se diga para os frutos civis vencidos na data em que cessa o usufruto.

DEVERES DO USUFRUTUÁRIO

Deve o usufrutuário inventariar, à sua custa, os bens que receber em usufruto, determinando o estado em que se acham, conferindo caução, se lhe exigir o dono, de velar-lhes pela conservação, e entregá-los findo o usufruto. Não é obrigado à caução o doador que se reservar o **usufruto** da coisa doada.

Importante recordar que o usufrutuário não é obrigado a pagar as deteriorações resultantes do exercício regular do usufruto, afinal de contas *quem usa gasta*. Contudo, incumbe ao **usufrutuário**: as despesas ordinárias de conservação dos bens, o pagamento das prestações e tributos devidos pela posse ou rendimento da coisa. As **reparações** extraordinárias são devidas pelo dono da coisa. E mais: se a coisa estiver segurada, incumbe ao usufrutuário **pagar**, durante o usufruto, as contribuições do seguro (artigo 1.407).

EXTINÇÃO DO USUFRUTO

O artigo 1.410 do Código Civil disciplina os casos de extinção do usufruto que **haverá de ser cancelado**

do registro no Cartório de Registro de Imóveis, a saber: (i) pela renúncia ou morte do usufrutuário: de fato, sendo o usufruto constituído *intuito personae* o mesmo é intransmissível em situações como estas; (ii) pelo termo de sua duração, nos casos de usufruto por tempo determinado; (iii) pela extinção da pessoa jurídica em favor de quem o usufruto foi constituído, ou, se ela perdurar, pelo decurso de trinta anos da data em que se começou a exercer: de efeito, sendo a pessoa jurídica *eterna,* razoável a identificação de um prazo máximo de vigência do aludido usufruto, sob pena de a propriedade submeter-se à aludida situação indefinidamente, o que não convém para o direito; (iv) pela cessação do motivo de que se origina, afinal de contas, cessada a causa, cessa também o efeito; (v) pela destruição da coisa, a gerar a perda superveniente do objeto do usufruto; (vi) pela consolidação, ou seja, reunião com a propriedade; (vii) por culpa do usufrutuário, vale dizer, nos casos de responsabilidade civil deste; (viii) pelo não uso, ou não fruição, da coisa em que o usufruto recai.

Sendo o **usufruto personalíssimo e intransmissível (inalienável),** se este for constituído em favor de duas ou mais pessoas, extinguir-se-á a parte em relação a cada uma das que falecerem, salvo se, por estipulação expressa, o quinhão desses couber ao sobrevivente.

DO USO

No uso os únicos frutos devidos são aqueles relativos às necessidades do usuário e da família deste, conforme a condição social e o lugar onde viverem.

DA HABITAÇÃO

Trata-se de uma **modalidade de uso** que consiste no direito de habitar gratuitamente casa alheia, sendo vedado ao titular deste direito alugar, ou emprestar a coisa: deve tão somente ocupá-la com a família. Este direito real de habitação pode ser conferido a mais de uma pessoa.

8.7. DO DIREITO DO PROMITENTE COMPRADOR

Trata-se de direito real à aquisição do imóvel decorrente da promessa de compra e venda sem arrependimento, registrada em Cartório de Registro de Imóveis. Está previsto no art. 1.418 do CC e foi objeto do Enunciado 95 da I Jornada em Direito Civil, com o seguinte conteúdo: *"O direito à adjudicação compulsória, quando exercido em face do promitente vendedor, não se condiciona ao registro da promessa de compra e venda no cartório de registro imobiliário (Súmula nº 239 do STJ)".* Decorrência disto, o promitente comprador (titular deste direito real) pode exigir a outorga da escritura definitiva de compra e venda, estando autorizado a requerer ao juiz a adjudicação do imóvel.

8.8. DO PENHOR, DA HIPOTECA E DA ANTICRESE

Agora, estamos a falar dos **direitos reais de garantia.** Nas dívidas garantidas por penhor, anticrese ou hipoteca, o bem dado em garantia fica sujeito, por vínculo real, ao cumprimento da obrigação. O credor hipotecário e o pignoratício têm o direito de excutir a coisa hipotecada ou empenhada, e preferir, no pagamento, a outros credores, observada, quanto à hipoteca, a prioridade no registro (art. 1422, CC). Excetuam-se desta regra as dívidas que, em virtude de outras leis, devam ser pagas precipuamente a quaisquer outros créditos.

O pagamento de uma ou mais prestações da dívida não importa exoneração correspondente da garantia, ainda que esta compreenda vários bens, salvo disposição expressa no título ou na quitação (art. 1421, CC). Os contratos de penhor, anticrese ou hipoteca precisam declarar, sob pena de ineficácia, o valor do crédito, o prazo fixado para pagamento, a taxa dos juros, se houver e o bem dado em garantia, com as suas especificações.

DO PENHOR

Constitui-se o penhor pela **transferência efetiva da posse de bem móvel em garantia de débito ao credor.** Pode ser rural, industrial, mercantil e de veículos. Em tais hipóteses, as coisas empenhadas continuam em poder do devedor, que as deve guardar e conservar. O instrumento do penhor deverá ser levado a registro pelos contratantes.

CIVIL

DIREITOS DO CREDOR PIGNORATÍCIO

O credor pignoratício tem direito à posse da coisa empenhada, à retenção desta, ao ressarcimento do prejuízo que houver sofrido por vício da coisa empenhada, à execução judicial, à venda amigável do bem (se lhe permitir expressamente o contrato, ou lhe autorizar o devedor mediante procuração), a apropriar-se dos frutos da coisa empenhada que se encontra em seu poder e, finalmente, à venda antecipada, mediante prévia **autorização judicial**, sempre que haja receio fundado de que a coisa empenhada se perca ou deteriore (art. 1.433 do CC).

OBRIGAÇÕES DO CREDOR PIGNORATÍCIO

Obriga-se, contudo, à custódia da coisa, como depositário, a ressarcir o dono da perda ou deterioração de que for culpado, à defesa da posse da coisa empenhada, a imputar o valor dos frutos de que se apropriar nas despesas de guarda e conservação, a restituí-la, com os respectivos frutos e acessões, uma vez paga a dívida e a entregar o que sobeje do preço, quando a dívida for paga no caso do inciso IV do artigo 1.433. É o que afirma o artigo 1.434 do CC.

EXTINÇÃO DO PENHOR

Extingue-se o penhor extinguindo-se a obrigação, perecendo a coisa, pela renúncia do credor, pela confusão, pela adjudicação judicial, remissão, venda da coisa empenhada, feita pelo credor ou por ele autorizada.

PENHOR RURAL

A teor do artigo 1.438, constitui-se o penhor rural mediante instrumento público ou particular, registrado no Cartório de Registro de Imóveis da circunscrição em que estiverem situadas as coisas empenhadas restando disciplinado no parágrafo único que prometendo pagar em dinheiro a dívida, que garante com penhor rural, o devedor poderá emitir, em favor do credor, cédula rural pignoratícia, na forma determinada em lei especial. O penhor agrícola e o pecuário somente podem ser convencionados, respectivamente, pelos prazos máximos de três e quatro anos, prorrogáveis, uma só vez, até o limite de igual tempo.

PENHOR AGRÍCOLA

As **máquinas** e **instrumentos** de agricultura, as colheitas pendentes, ou em via de formação, os frutos acondicionados ou armazenados, a lenha cortada, o carvão vegetal e os animais do serviço ordinário de estabelecimento podem ser objeto do denominado penhor agrícola.

PENHOR PECUÁRIO

Podem ser objeto de penhor os **animais** que integram a atividade pastoril, agrícola ou de lacticínios.

PENHOR INDUSTRIAL E MERCANTIL

As máquinas, aparelhos, materiais, instrumentos instalados e em funcionamento, com os acessórios ou sem eles, os animais utilizados na indústria, o sal e bens destinados à exploração das salinas, os produtos de suinocultura, animais destinados à industrialização de carnes e derivados, as matérias-primas e produtos industrializados, tudo isto pode ser objeto de penhor industrial ou mercantil.

PENHOR DE DIREITOS E TÍTULOS DE CRÉDITO

Também podem ser objeto de penhor os direitos suscetíveis de cessão sobre coisas móveis, mediante instrumento público ou particular registrado no Registro de Títulos e Documentos.

PENHOR DE VEÍCULOS

Os veículos empregados em qualquer espécie de transporte ou condução podem ser objetos de penhor mediante instrumento público ou particular, registrado no Cartório de Títulos e Documentos do domicílio do devedor, e anotado no certificado de propriedade, pelo prazo máximo de dois anos, podendo ser prorrogado por igual período. De acordo com o artigo 1.463 do Código Civil não se fará o penhor de veículos sem que estejam previamente segurados contra furto, avaria, perecimento e danos causados a terceiros, sendo que, na forma do artigo 1.465: a alienação, ou a mudança, do veículo empenhado sem prévia comunicação ao credor importa no vencimento antecipado do crédito pignoratício. Importante lembrar que a Lei Federal nº 14.179/2021 revogou o art. 1.463 do CC, que vedava o penhor de veículos sem que antes estivessem os mesmos segurados contra furto, avaria, perecimento e danos causados a terceiros.

PENHOR LEGAL

Independentemente de convenção, o penhor legal ocorre nos hospedeiros, ou fornecedores de pousada ou alimento, sobre as bagagens, móveis, joias ou dinheiro que os seus consumidores ou fregueses tiverem consigo nas respectivas casas ou estabelecimentos, pelas despesas ou consumo que aí tiverem feito, como ainda em face do dono do prédio rústico ou urbano, sobre os bens móveis que o rendeiro ou inquilino tiver guarnecendo o mesmo prédio, pelos aluguéis ou rendas.

HIPOTECA

Conforme o art. 1.473 do CC pode ser objeto de hipoteca os imóveis, seus acessórios, o domínio direto, o domínio útil, as estradas de ferro, os recursos naturais a que se refere o art. 1.230, os **navios**, as **aeronaves**, o **direito de uso especial para fins de moradia**, o **direito real de uso** e a **propriedade superficiária**.

Importante a disciplina do artigo 1.475 do Código Civil para quem é nula a cláusula que proíbe ao proprietário alienar imóvel hipotecado, sendo possível, contudo, a teor do parágrafo único convencionar-se que vencerá o crédito hipotecário, se o imóvel for alienado. Também **é possível constituir outra hipoteca sobre imóvel já hipotecado,** mediante novo título, em favor do mesmo ou de outro credor, quando, então, o credor da segunda hipoteca não poderá executar o imóvel antes de vencida a primeira.

HIPOTECA LEGAL

A lei confere hipoteca às **pessoas de direito público interno** sobre os imóveis pertencentes aos encarregados da cobrança, guarda ou administração dos respectivos fundos e rendas, bem como aos filhos sobre os imóveis do pai ou da mãe que passar a outras núpcias, antes de fazer o inventário do casal anterior, ao ofendido, ou aos seus herdeiros, sobre os imóveis do delinquente, para satisfação do dano causado pelo delito e pagamento das despesas judiciais, ao coerdeiro para garantia do seu quinhão ou torna da partilha, sobre o imóvel adjudicado ao herdeiro reponente e ao credor sobre o imóvel arrematado, para garantia do pagamento do restante do preço da arrematação.

REGISTRO DA HIPOTECA

As hipotecas se registram no cartório do lugar do imóvel, exibindo-se o título e postulando-se o registro deste. Tais registros e averbações seguirão a ordem em que forem requeridas, pela numeração sucessiva do protocolo, que determina a **prioridade** (preferência) entre as hipotecas.

EXTINÇÃO DA HIPOTECA

A hipoteca se extingue pela extinção da obrigação principal, pelo perecimento da coisa, pela resolução da propriedade, pela renúncia do credor, pela remição (resgate), pela arrematação ou adjudicação. Também se extingue a hipoteca com a averbação, no Registro de Imóveis, do cancelamento do registro à vista da respectiva prova.

HIPOTECA DE VIAS FÉRREAS

Também é possível haver hipotecas sobre as estradas de ferro, que serão registradas no Município da estação inicial da respectiva linha, sendo que, a teor do artigo 1.503 do Código Civil os credores hipotecários não podem embaraçar a exploração da linha, nem contrariar as modificações, que a administração deliberar, no leito da estrada, em suas dependências, ou no seu material.

ANTICRESE

Nos termos do artigo 1.506 do Código Civil *"Pode o devedor ou outrem por ele, com a entrega do imóvel ao credor, ceder-lhe o direito de perceber, em compensação da dívida, os frutos e rendimentos"*. A isto se denomina *anticrese*: a **cessão do direito de se perceber frutos e rendimentos de imóvel para fim de compensação de certa dívida.**

DA LAJE

É permitido ao proprietário de uma construção-base ceder a superfície superior ou inferior de sua construção a fim de que o titular da laje mantenha unidade autônoma e distinta daquela originariamente construída sobre o solo. Portanto, este direito real de laje contemplará o espaço aéreo ou o subsolo de terrenos públicos, ou privados, tomados em projeção vertical, como unidade autônoma.

Para tanto, é imprescindível seja aberta uma matrícula própria no cartório de registro de imóveis, a partir de quando **o titular do direito real de laje passará a responder pelos encargos e tributos da mesma, além de adquirir o direito de usar, fruir e dispor da laje**.

Atenção!

A instituição do direito real de laje não implica a atribuição de fração ideal de terreno ao titular da laje ou a participação proporcional em áreas edificadas.

Importante saber também que o direito real de laje é passível de usucapião, como entende a doutrina no Enunciado 627 da VIII Jornada em Direito Civil do CJF.

Restou consagrado o direito de **preferência** em caso de alienação, tanto em relação ao dono da construção-base, quanto em relação do dono da laje, prevendo a norma necessidade de notificação no prazo de 30 dias, salvo se o contrato dispuser de maneira diversa.

Atenção!

A ruína da construção-base implica extinção do direito real de laje, salvo se este estiver sido instituído sobre o subsolo, ou se a construção-base for reconstruída no prazo de 5 anos, sem embargo do eventual direito à reparação civil contra o culpado pela ruína, na forma da Lei 14.382/22.

DIREITO PROCESSUAL CIVIL

Luciano Alves Rossato

1. MEIOS ADEQUADOS DE RESOLUÇÃO DE CONFLITOS

Os conflitos poderão ser solucionados de duas maneiras:

a) ***heterocomposição*** – terceiro solucionará o conflito, como ocorre quando a demanda é levada ao conhecimento do Poder Judiciário, ou solucionada por meio da arbitragem; e,

b) ***autocomposição*** – as partes chegam a uma composição, de modo que a solução do conflito não é entregue a um terceiro. São exemplos: a conciliação, a mediação, a negociação, entre outras possibilidades.

O CPC, em seu art. 3º, encampou o **princípio do *tribunal multiportas***, reconhecendo-se que existem outros meios adequados de solução dos conflitos que não só por decisão adjudicada pelo juiz. Note-se que, na atualidade, utiliza-se da expressão ***meios adequados de solução de conflitos* ao invés de *meios alternativos***, pois todos possuem a mesma importância. Na verdade, dá-se preferência pela solução de conflitos que não pelo Poder Judiciário.

CONCILIAÇÃO

A conciliação ocorrerá, preferencialmente, nos casos em que não houver vínculo anterior entre as partes, podendo ser sugeridas soluções para o litígio, sendo não admitida a utilização de qualquer tipo de constrangimento ou intimidação para que as partes se conciliem.

MEDIAÇÃO

A mediação, por sua vez, atuará preferencialmente nos casos em que houver vínculo anterior entre as partes, auxiliando aos interessados a compreender as questões e os interesses em conflito, de modo que eles possam, pelo restabelecimento da comunicação, identificar, por si próprios, soluções consensuais que gerem benefícios mútuos.

A mediação será informada pelos princípios da independência, da imparcialidade, da autonomia de vontade, da confidencialidade, da oralidade, da informalidade e da decisão informada.

<u>**Atenção**</u>: a mediação é informada pelo princípio da ***confidencialidade*** e não da publicidade. Toda e qualquer informação relativa ao procedimento de mediação será confidencial em relação a terceiros, não podendo ser revelada sequer em processo arbitral ou judicial salvo:

1 – se as partes expressamente decidirem de forma diversa

2 – ou quando sua divulgação for exigida por lei ou necessária para cumprimento de acordo obtido pela mediação.

Não está abrigada pela regra de confidencialidade a informação relativa à ocorrência de crime de ação pública.

O dever de confidencialidade aplica-se ao mediador, às partes, a seus prepostos, advogados, assessores técnicos e a outras pessoas de sua confiança que tenham, direta ou indiretamente, participado do procedimento de mediação, alcançando: I – declaração, opinião, sugestão, promessa ou proposta formulada por uma parte à outra na busca de entendimento para o conflito; II – reconhecimento de fato por qualquer das partes no curso do procedimento de mediação; III – manifestação de aceitação de proposta de acordo apresentada pelo mediador; IV – documento preparado unicamente para os fins do procedimento de mediação.

A prova apresentada em desacordo com o disposto neste artigo não será admitida em processo arbitral ou judicial.

Será confidencial a informação prestada por uma parte em sessão privada, não podendo o mediador revelá-la às demais, exceto se expressamente autorizado.

A mediação será presidida por um *mediador*, considerado como um auxiliar do juízo, devendo ser destacado:

a) o mediador será designado pelo tribunal ou escolhido pelas partes;

b) o mediador conduzirá o procedimento de comunicação entre as partes, buscando o entendimento e o consenso e facilitando a resolução do conflito;

c) o mediador fica impedido, pelo prazo de um ano, contado do término da última audiência em que atuou, de assessorar, representar ou patrocinar qualquer das partes;

d) o mediador não poderá atuar como árbitro nem funcionar como testemunha em processos judiciais ou arbitrais pertinentes a conflito em que tenha atuado como mediador;

e) Poderá atuar como mediador judicial a pessoa capaz, graduada há pelo menos dois anos em curso de ensino superior de instituição reconhecida pelo Ministério da Educação e que tenha obtido capacitação em escola ou instituição de formação de mediadores, reconhecida pela Escola Nacional de Formação e Aperfeiçoamento de Magistrados – ENFAM ou pelos tribunais, observados os requisitos mínimos estabelecidos pelo Conselho Nacional de Justiça em conjunto com o Ministério da Justiça.

Considera-se instituída a mediação na data para a qual for marcada a primeira reunião de mediação. Enquanto transcorrer o procedimento de mediação, ficará suspenso o prazo prescricional.

QUAL A DIFERENÇA ENTRE CONCILIAÇÃO E MEDIAÇÃO?

No primeiro caso, atua-se preferencialmente nos casos em que não houver vínculo anterior entre as partes, podendo o conciliador sugerir soluções para o litígio, sendo vedada a utilização de qualquer tipo de constrangimento ou intimidação para que as partes conciliem. No segundo caso, tem-se que o *mediador* atuará preferencialmente nos casos em que houver vínculo anterior entre as partes, auxiliará aos interessados a compreender as questões e os interesses em conflito, de modo que eles possam, pelo restabelecimento da comunicação, identificar, por si próprios, soluções consensuais que gerem benefícios mútuos. (art. 165, §§ 2º e 3º, CPC).

ARBITRAGEM

A arbitragem constitui-se em um dos métodos de solução adequada dos conflitos, encontrando-se disciplinada na Lei nº 9.307/1996.

Dela poderão se valer as pessoas capazes de contratar para dirimir litígios relativos a direitos patrimoniais disponíveis, ainda que se trate da administração pública direta ou indireta.

As partes interessadas podem submeter a solução de seus litígios ao juízo arbitral mediante convenção arbitral, que engloba a *cláusula compromissória* e o *compromisso arbitral* (art. 3º).

Cláusula compromissória: a convenção através da qual as partes em um contrato comprometem-se a submeter à arbitragem os litígios que possam vir a surgir, relativamente a tal contrato (art. 4º, *caput*).

Compromisso arbitral: a convenção através da qual as partes submetem um litígio à arbitragem de uma ou mais pessoas, podendo ser judicial ou extrajudicial (art. 9º, *caput*).

Quem pode ser árbitro? Qualquer pessoa capaz e que tenha a confiança das partes (art. 13, *caput*).

Estão impedidos de funcionar como árbitros as pessoas que tenham, com as partes ou com o litígio que lhes for submetido, algumas das relações que caracterizam os casos de impedimento ou suspeição de juízes, aplicando-se-lhes, no que couber, os mesmos deveres e responsabilidades, conforme previsto no Código de Processo Civil.

As pessoas indicadas para funcionar como árbitro têm o dever de revelar, antes da aceitação da função, qualquer fato que denote dúvida justificada quanto à sua imparcialidade e independência.

O árbitro pode ser recusado pelas partes? O árbitro somente poderá ser recusado por motivo ocorrido após sua nomeação. Poderá, entretanto, ser recusado por motivo anterior à sua nomeação, quando: a) não for nomeado, diretamente, pela parte; ou b) o motivo para a recusa do árbitro for conhecido posteriormente à sua nomeação.

2. NORMAS FUNDAMENTAIS DO DIREITO PROCESSUAL CIVIL

Modelo Constitucional de Processo

As Normas Fundamentais têm a sua origem na Constituição Federal, constituindo-se na forma de como o legislador compreendeu a aplicação, no âmbito processual, do princípio do devido processo legal em sua plenitude, nele contido todos os princípios que lhe são derivados, como os do contraditório, ampla defesa, boa-fé etc.

Para tanto, as Normas Fundamentais partem do modelo fundamental ou do modelo constitucional de processo.

Portanto, estabelece a Constituição as linhas fundamentais do processo, suas bases normativas e garantias mínimas, competindo ao legislador infraconstitucional traçar as especificidades próprias de cada ramo processual rumo à sua otimização.

O Princípio do devido processo legal como princípio nuclear

Os princípios fundamentais decorrem de um núcleo comum, que é o princípio do devido processo legal, indicado por Nelson Nery Júnior como "o gênero do qual todos os demais princípios constitucionais do processo são espécies". O devido processo legal se caracteriza de duas formas: material (devido processo legal em sentido material) e processual (devido processo legal em sentido processual).

Regra jurídica da iniciativa da parte e do impulso oficial

Deverá o Poder Judiciário ser provocado para que possa atuar no caso concreto. Trata-se de efeito corolário da regra jurídica da iniciativa da parte, dispositivo ou inércia da jurisdição.

Princípio do acesso à justiça ou inafastabilidade do controle jurisdicional

O princípio do acesso à justiça foi positivado no inciso XXXV, do art. 5º, do Texto Fundamental, garantindo-se que "a lei não excluirá da apreciação do Poder Judiciário lesão ou ameaça a direito".

Ao contrário do que pode parecer, o dispositivo constitucional não revela apenas ao direito de ação, ou seja, de peticionar e requerer providências pelo Estado-juiz. A par da própria consciência de respeito e confiança na Justiça, a garantia está ligada à noção de democracia e igualdade, com o objetivo de tornar efetivos os direitos individuais e coletivos por meio do processo. Trata-se, a um só tempo, de direito fundamental e de garantia à efetivação de direitos, formando-se entre as partes uma situação de interdependência e não propriamente de submissão.

Princípio da primazia do julgamento de mérito

Em conformidade com o disposto no art. 4º do CPC, "as partes têm o direito de obter em prazo razoável a solução integral do mérito, incluída a atividade satisfativa". Neste dispositivo é possível extrair o princípio da preferência ou da primazia pelo julgamento de mérito.

Princípio da duração razoável do processo

Seguindo a tendência internacional, a Emenda Constitucional n. 45/2004 inseriu o inciso LXXVIII ao art. 5º da Constituição Federal e, partir de então, o princípio da duração razoável do processo passou a ter status constitucional.

▸ **Princípio da boa-fé processual**

Sendo a segurança jurídica um dos fundamentos da República, tem a boa-fé processual base na Constituição Federal, também como decorrência da dignidade da pessoa humana (art. 1º, III) e da própria solidariedade social (art. 3º, I). Para outros, trata-se de corolário do devido processo legal.

▸ **Princípio da cooperação processual**

O princípio processual da cooperação processual tem o seu cerne na concepção de que o processo rege uma relação processual entre as partes e o juiz, que interagem entre si, estabelecendo-se uma comunidade de trabalho.

▸ **Princípio da isonomia**

O art. 7º do CPC assegura a paridade de tratamento em relação ao exercício de direitos e faculdades processuais, aos meios de defesa, aos ônus, aos deveres e à aplicação de sanções processuais, cabendo ao magistrado zelar pelo efetivo contraditório. Encampou-se o direito à igualdade processual como sendo um componente integrante do processo justo.

▸ **Princípio da publicidade dos atos processuais**

Em conformidade com o art. 5º, LX, "a lei só poderá restringir a publicidade dos atos processuais quando a defesa da intimidade ou o interesse social o exigirem", enquanto o art. 93, IX, dispõe que "todos os julgamentos dos órgãos do Poder Judiciário serão públicos".

▸ **Princípio do contraditório dinâmico**

Não há processo sem o efetivo contraditório. Trata-se de princípio inerente ao devido processo legal, pelo qual deve ser garantido às partes a possibilidade de se manifestar previamente à decisão judicial, com a finalidade de influenciá-lo, evitando-se a decisão surpresa.

▸ **Princípio da fundamentação analítica**

A fundamentação das decisões judiciais é um dever imposto pela Constituição Federal (art. 93, IX), reiterado pelo Código de Processo Civil de 2015 (art. 11), que registrou um conteúdo mínimo das decisões judiciais (art. 489 do CPC).

Em conformidade com o previsto no § 1º do art. 489 do CPC, não se considera fundamentada qualquer decisão judicial, seja ela interlocutória, sentença ou acórdão, que: I) se limitar à indicação, à reprodução ou à paráfrase de ato normativo, sem explicar sua relação com a causa ou a questão decidida; II) empregar conceitos jurídicos indeterminados, sem explicar o motivo concreto de sua incidência no caso; III) invocar motivos que prestariam a justificar qualquer outra decisão; IV) não enfrentar todos os argumentos deduzidos no processo capazes de, em tese, infirmar a conclusão adotada pelo julgador; V) se limitar a invocar precedente ou enunciado de súmula, sem identificar seus fundamentos determinantes nem demonstrar que o caso sob julgamento se ajusta àqueles fundamentos; VI) deixar de seguir enunciado de súmula, jurisprudência ou precedente invocado pela parte, sem demonstrar a existência de distinção no caso em julgamento ou a superação do entendimento.

▸ **Atendimento preferencial da ordem cronológica**

De acordo com o art. 12, do CPC, houve previsão no sentido de que "os juízes e os tribunais atenderão, preferencialmente, à ordem cronológica de conclusão para proferir sentença ou acórdão". Estão excluídos da regra do *caput*: I – as sentenças proferidas em audiência, homologatórias de acordo ou de improcedência liminar do pedido; II – o julgamento de processos em bloco para aplicação de tese jurídica firmada em julgamento de casos repetitivos; III – o julgamento de recursos repetitivos ou de incidente de resolução de demandas repetitivas; IV – as decisões proferidas com base nos arts. 485 e 932; V – o julgamento de embargos de declaração; VI – o julgamento de agravo interno; VII – as preferências legais e as metas estabelecidas pelo Conselho Nacional de Justiça; VIII – os processos criminais, nos órgãos jurisdicionais que tenham competência penal; IX – a causa que exija urgência no julgamento, assim reconhecida por decisão fundamentada.

Prioridade de tramitação

Terão prioridade de tramitação, em qualquer juízo ou tribunal, entre outros procedimentos, aqueles em que figure como parte a vítima de violência doméstica e familiar, nos termos da Lei Maria da Penha e, também aqueles em que se discuta a aplicação do disposto nas normas gerais de licitação e contratação.

▸ **Princípios regentes da aplicação do ordenamento jurídico**

Conforme dispõe o art. 8º do Código de Processo Civil, ao aplicar o ordenamento jurídico, "o juiz atenderá aos fins sociais e às exigências do bem comum, resguardando e promovendo a dignidade da pessoa humana e observando a proporcionalidade, a razoabilidade, a legalidade, a publicidade e a eficiência".

▸ **Garantias constitucionais do processo**

As garantias constitucionais são princípios qualificados que limitam o poder. Há várias garantias previstas na Constituição Federal, como o habeas corpus, o habeas data, a garantia do direito à propriedade, do direito à herança etc.

3. JURISDIÇÃO

A Jurisdição é o poder que detém o Estado de fazer atuar as regras jurídicas de forma concreta. Frise-se: só diante de casos concretos é que atuará a função jurisdicional. Essa atividade apresenta-se como secundária, instrumental, declarativa, desinteressada e provocada.

A Jurisdição é informada por três princípios basilares:

Princípio do juiz natural: somente exercerá a Jurisdição aquele devidamente investido na forma prevista pela Constituição Federal;

A Jurisdição é **improrrogável:** os limites do poder jurisdicional são traçados pela Constituição Federal; e,

PROCESSUAL CIVIL

A Jurisdição é **indeclinável:** não pode o Poder Jurisdicional recusar-se a cumprir a sua função, e nem delegá-la a quem quer que seja.

▸ Limites da jurisdição nacional e cooperação internacional

O CPC/2015 corrigiu a imprecisão conceitual existente anteriormente, ao modificar o tratamento da antiga competência internacional para "limites da jurisdição nacional e da cooperação internacional". De fato, não se trata de um problema que envolva a competência, mas de jurisdição, porque se verifica quais são as causas ou que deverão ser submetidas à jurisdição nacional.

EXCLUSIVA	CONCORRENTE
Somente podem ser decididas pela jurisdição brasileira. Eventuais decisões estrangeiras não serão homologadas pelo Superior Tribunal de Justiça.	Podem ser decididas tanto pelo tribunal estrangeiro quanto pela jurisdição nacional, ressalvadas disposições em contrário de tratados internacionais e acordos bilaterais. Eventual decisão estrangeira deverá ser homologada pelo Superior Tribunal de Justiça. A ação proposta perante o Tribunal estrangeiro não induz litispendência.

O juízo estrangeiro poderá decretar o divórcio, hipótese em que estará dispensada a homologação da sentença no Brasil (art. 961 CPC). Porém, a decisão sobre a partilha somente poderá ser proferida pela autoridade judicial brasileira.

Divórcio consensual puro ou simples: estará dispensada a homologação da sentença pelo Superior Tribunal de Justiça. Competirá a qualquer juiz examinar a validade da decisão, em caráter principal ou incidental, quando essa questão for suscitada em processo de sua competência (art. 961, §§ 5º e 6º).

***Divórcio consensual qualificado*: assim considerado aquele que dispõe sobre a guarda, alimentos e/ou partilha de bens**, nos termos dos artigos 1º e 2º, do Provimento nº 56/2016, do CNJ, não dispensará a homologação da sentença pelo Superior Tribunal de Justiça.

Admite-se a cooperação jurídica internacional que tenha por objeto: i) citação, intimação e notificação judicial e extrajudicial; ii) colheita de provas e obtenção de informações; iii) homologação e cumprimento de decisão; iv) concessão de medida judicial de urgência; v) assistência jurídica internacional; vi) qualquer outra medida judicial ou extrajudicial não proibida pela lei brasileira.

O auxílio direto terá os seguintes objetos:

I – obtenção e prestação de informações sobre o ordenamento jurídico e sobre processos administrativos ou jurisdicionais findos ou em curso;

II – colheita de provas, salvo se a medida for adotada em processo, em curso no estrangeiro, de competência exclusiva de autoridade judiciária brasileira;

e, III – qualquer outra medida judicial ou extrajudicial não proibida pela lei brasileira.

4. AÇÃO E PRESSUPOSTOS PROCESSUAIS

DIREITO DE AÇÃO

Cada indivíduo exercerá o direito de ação, por meio do qual provocará a atuação do Poder Judiciário. Feita essa provocação, compete ao Poder Judiciário conferir a necessária tutela jurisdicional ao caso concreto.

Dessa maneira, diferencia-se o direito de ação e o direito à tutela jurisdicional.

Esta se efetiva por meio da utilização da técnica processual adequada, de procedimento capaz de viabilizar a participação e da própria resposta jurisdicional. Deve ser visto sob a ótica da proteção do direito material a ser prestada pelo Estado, quer seja pelo legislador, com a previsão das técnicas adequadas, quer seja pelo juiz.

Teorias da Ação

a) Teoria imanentista: a ação corresponde ao direito de pedir em juízo o que é devido. Seria uma qualidade de todo direito ou o próprio direito quando reage a uma violação.

b) Ação como Direito Autônomo: i) teoria do direito concreto à tutela jurídica – não pressupõe o direito subjetivo material violado ou ameaçado; ii) ação como direito autônomo e abstrato – o direito de ação não depende da efetiva existência do direito material.

c) Doutrina de Liebman: ação corresponde a um direito subjetivo instrumental, correlato com a sujeição a uma pretensão.

CONDIÇÕES DA AÇÃO

A Constituição Federal assegura o direito de ação, mas é a lei processual que estabelece as condições necessárias para a devida prestação jurisdicional necessitada. No modelo de Liebman, adotado pelo CPC de 1973, para que se obtivesse a sentença de mérito, deveriam estar presentes as condições da ação, indicadas como sendo três: interesse processual, legitimidade de agir e possibilidade jurídica do pedido.

Dividiu-se a doutrina ao interpretar o Código de Processo Civil de 2015, sendo possível vislumbrar a existência de dois posicionamentos principais. Pelo primeiro, ainda persiste a categoria jurídica processual das condições da ação, sendo, porém, limitada a duas, quais sejam, interesse de agir e a legitimidade ad causam. Pelo segundo, não mais persiste esta categoria processual, sendo o interesse processual e a legitimidade tratadas entre os pressupostos processuais.

Dessa maneira, deve ser novamente enfatizado que as condições da ação, por essa concepção, resumem-se a duas, que são o interesse de agir e a legitimidade *ad causam*. A possibilidade jurídica do pedido deixou de ser tratada como condição da ação para ser enfrentada como matéria de mérito.

Legitimidade *ad causam*: deve haver nexo subjetivo entre a relação jurídica material e as partes no processo. O autor, em princípio, deve ser o titular da situação jurídica, e o réu deve estar em uma situação de sujeição. Portanto, o autor é aquele que se apresenta como titular da relação jurídica afirmada em juízo. Quando não houver essa correspondência, estar-se-á diante da legitimidade extraordinária.

Pela Teoria da Asserção, o magistrado verifica se estão presentes as condições da ação no momento em que a demanda é proposta. Nesta oportunidade, é possível a extinção do processo. Posteriormente, já estando adiantado o procedimento, se verificada a ausência de uma das condições, o magistrado não mais promoveria a extinção sem análise de mérito, mas julgaria o pedido improcedente justamente pela falta da condição. Parcela considerável da doutrina rejeita tal teoria, seguindo entendimento capitaneado por Dinamarco.

Interesse de agir: compreende dois aspectos, representados pelo binômio necessidade-utilidade (ou necessidade-adequação). A provocação da atividade jurisdicional deve ser necessária para a obtenção do resultado pretendido. Isso decorre de lei ou de ato do réu. Ademais, o instrumento deve ser adequado (útil) à obtenção do resultado.

Deve haver a diferenciação entre o interesse processual (ou secundário) do interesse substancial (primário).

O interesse substancial é aquele que o autor afirma ser o titular. É o interesse resistido, que não foi satisfeito pela parte contrária. Em decorrência da necessidade de proteção desse interesse, surge o interesse processual ou secundário.

Retoma-se aqui o tema da legitimidade ordinária e extraordinária. Como visto, a parte exercerá o seu direito de ação para tutelar a satisfação de um interesse substancial. Terá interesse processual para amparar um direito que afirma ser titular. Visto dessa maneira, tem-se a legitimidade ordinária, prevista no art. 18, *caput* do CPC nos seguintes termos: "Ninguém poderá pleitear direito alheio em nome próprio, salvo quando autorizado pelo ordenamento jurídico".

Ocorre que, por vezes, a lei admite que alguém, embora não seja o titular do interesse substancial, tem o interesse processual (secundário), de modo que lhe é facultado assegurar o direito. Tem-se como exemplo a propositura de ação civil pública para a proteção ambiental pelo Ministério Público.

Portanto, na legitimação extraordinária, terá legitimidade aquele que não é titular do interesse substancial, embora a lei lhe confira interesse processual.

Dessa maneira, o substituído deve ser parte legítima, bem como o substituto deverá atuar somente em virtude de autorização legal. Admite-se, de toda forma, a intervenção do substituído como assistente litisconsorcial.

O interesse do autor poderá consistir no exercício de uma pretensão com preponderância declaratória. Nesse sentido, indica o art. 19 que o interesse do autor pode limitar-se à declaração: i) da existência, da inexistência ou do modo de ser de uma relação jurídica, ou ii) da autenticidade ou da falsidade de documento. Tem-se, então, a ação meramente declaratória. Como é possível dessumir, não será pertinente ingressar com uma ação apenas para que haja uma consulta jurídica. Não se pode buscar a declaração de fatos, salvo relativos à autenticidade ou falsidade documental.

De toda forma, admite o Superior Tribunal de Justiça o ajuizamento de ação declaratória para obtenção de certeza quanto à exata interpretação de cláusula contratual (Súmula 181 STJ).

O Código de Processo Civil de 2015 foi enfático no sentido de dirimir uma velha questão: admite-se a ação meramente declaratória, ainda que tenha ocorrido a violação do direito. Admite-se a ação para declaração da existência de obrigação de pagar. Vide o art. 20.

PROCESSO

Conceito e natureza

Há várias teorias sobre a natureza jurídica do processo, podendo ser destacadas:

a) Processo como contrato: haveria um contrato entre as partes no sentido de se submeter à decisão judicial;
b) Processo como quase-contrato: as obrigações são determinadas com base na lei, pressupondo-se a existência de um acordo entre as partes;
c) Processo como relação jurídica: identifica-se uma relação jurídica entre as partes e o Estado-Juiz, chamada de relação jurídica processual. Esta relação se caracteriza quanto aos sujeitos, objeto e pelos seus pressupostos.
d) Processo como situação jurídica;
e) Processo como instituição;
f) Processo como mero procedimento;
g) Processo como categoria complexa;
h) Processo como categoria jurídica autônoma.

Para todos os fins, deve-se considerar como adequada a teoria que considera o processo como uma relação jurídica.

Espécies

Diante do que foi exposto, conclui-se pela existência de duas espécies de tutela. Uma a ser proporcionada pelo processo de conhecimento (sincrético), no qual são desenvolvidas várias fases (entre elas, a de cumprimento de sentença) e a relativa ao processo de execução.

A tutela provisória deixou de ser objeto de um processo autônomo, tal como ocorria no CPC de 1973. Atualmente, será requerida de forma antecedente ou incidentalmente no processo de conhecimento ou de execução.

Procedimento e relação jurídica processual

Essa relação jurídica é estabelecida entre autor, juiz e réu. Esse é o entendimento atual doutrinário, que entende essa relação jurídica como sendo triangular ou trilateral.

Em contrapartida, há aqueles que entendem ser a relação processual angular, estabelecendo-se relações entre autor e juiz, e réu e juiz.

É certo que, antes da citação, a relação jurídica processual não está completada e não há, propriamente, o processo. Tanto é assim que a citação vem sendo considerada como pressuposto processual de existência.

Essa ideia de relação processual surgiu na segunda metade do século XIX, a partir dos estudos da doutrina alemã. Antes disso, não se concebia o direito processual como uma ciência autônoma, mas como um apêndice do direito material.

Diante dessas observações, percebe-se que a relação processual possui as seguintes características: é autônoma, trilateral, pública, complexa e dinâmica.

Percebe-se, então, que os estudos da doutrina alemã, o direito processual foi concebido como uma ciência autônoma, com princípios e requisitos próprios, verificando-se a existência dos pressupostos processuais.

Estes pressupostos processuais, ao lado das condições da ação, compõem os pressupostos de admissibilidade da atividade jurisdicional.

PRESSUPOSTOS PROCESSUAIS

Várias são as classificações dos pressupostos processuais existentes em sede doutrinária.

Registre-se que o processo existirá ainda que faltem os pressupostos processuais. Assim, é no próprio processo que há o exame da existência ou inexistência deles.

Focando o estudo na relação processual, formada a partir do vínculo trilateral autor, réu e juiz, percebe-se a existência de pressupostos processuais que estão dentro dessa relação, ou seja, que são intrínsecos a ela, e pressupostos processuais que estão fora dessa relação.

Os primeiros são os pressupostos intrínsecos, que alguns doutrinadores indicam como sendo pressupostos de constituição e de desenvolvimento válido da relação processual. Devem estar presentes para que aquela relação processual exista e se desenvolva validamente.

Paralelamente, há os pressupostos externos à relação processual (extrínsecos). Estes não devem incidir, chamados, por isso, de negativos.

Para que o processo exista (no mundo jurídico) devem estar presentes os pressupostos de existência:

- Jurisdição: deve existir um órgão jurisdicional devidamente investido consoante determinam as normas constitucionais pertinentes.
- Petição inicial: o processo civil começa por iniciativa da parte. Não se inicia a relação processual sem a provocação do autor, por meio do instrumento adequado, denominado petição inicial. Entende-se por demanda a provocação do Estado Juiz e a petição inicial é o instrumento da demanda. Excepcionalmente, verifica-se que existem processos que se iniciam sem a petição inicial.
- Citação: é o ato pelo qual são convocados o réu, o executado ou o interessado para integrar a relação processual.

Partindo-se da hipótese em que a relação processual existe (porque presentes os pressupostos de existência), verifica-se se estão presentes os pressupostos de desenvolvimento válido do processo (ou só de desenvolvimento ou só de validade). Esses pressupostos completam os de existência.

São pressupostos de validade ou de desenvolvimento válido: competência (absoluta), imparcialidade, capacidade e legitimidade processual, petição inicial válida e citação válida.

Os pressupostos processuais negativos estão fora da relação processual. Não podem estar presentes, sob pena de extinção do processo, sem resolução do mérito.

Será reconhecida a existência da litispendência quando for proposta ação idêntica a outra já pendente, considerando essa identidade a partir dos elementos da ação.

A coisa julgada impede a repropositura da mesma ação quando já existir sentença transitada em julgado a respeito.

A perempção importará na extinção quando o autor der causa ao abandono da ação por três vezes. Na quarta, não poderá ser proposta a demanda.

Também se aponta a convenção de arbitragem como um dos pressupostos negativos, muito embora não possa ser a matéria conhecida de ofício pelo juiz.

5. AUXILIARES DA JUSTIÇA

O juiz não atua sozinho no processo. Ao contrário, é auxiliado por outros profissionais, que podem ter vínculo funcional direto com o Tribunal, ou apenas exercerem a sua função de forma eventual, sem vínculo funcional. Para fins penais, são considerados *funcionários públicos*. Para o Direito Administrativo, alguns ocupam cargos públicos, enquanto outros não.

São auxiliares da Justiça, além de outros cujas atribuições sejam determinadas pelas normas de organização judiciária, **o escrivão, o chefe de secretaria, o oficial de justiça, o perito, o depositário, o administrador, o intérprete, o tradutor, o mediador, o conciliador judicial, o partidor, o distribuidor, o contabilista e o regulador de avarias**.

Incumbirá ao escrivão ou ao chefe de secretaria:

I – redigir, na forma legal, os ofícios, os mandados, as cartas precatórias e os demais atos que pertençam ao seu ofício;

II – efetivar as ordens judiciais, realizar citações e intimações, bem como praticar todos os demais atos que lhe forem atribuídos pelas normas de organização judiciária;

III – comparecer às audiências ou, não podendo fazê-lo, designar servidor para substituí-lo;

IV – manter sob sua guarda e responsabilidade os autos, não permitindo que saiam do cartório, exceto: a) quando tenham de seguir à conclusão do juiz; b) com vista a procurador, à Defensoria Pública, ao Ministério Público ou à Fazenda Pública; c) quando devam ser remetidos ao contabilista ou ao partidor; d) quando forem remetidos a outro juízo em razão da modificação da competência; V – fornecer certidão de qualquer ato ou termo do processo, independentemente de despacho, observadas as disposições referentes ao segredo de justiça; VI – praticar, de ofício, os atos meramente ordinatórios, nos termos regulamentados por ato do juiz.

No impedimento do escrivão ou chefe de secretaria, o juiz convocará substituto e, não o havendo, nomeará pessoa idônea para o ato.

O escrivão ou o chefe de secretaria atenderá, **preferencialmente**, à ordem cronológica de recebimento para publicação e efetivação dos pronunciamentos judiciais, com exceção dos atos urgentes, assim reconhecidos pelo juiz no pronunciamento judicial a ser efetivado, bem como as preferências legais.

A parte que se considerar preterida na ordem cronológica poderá reclamar, nos próprios autos, ao juiz do processo, que requisitará informações ao servidor, a serem prestadas no prazo de dois dias. Constatada a preterição, o juiz determinará o imediato cumprimento do ato e a instauração de processo administrativo disciplinar contra o servidor.

São incumbências do oficial de justiça:

I – fazer pessoalmente citações, prisões, penhoras, arrestos e demais diligências próprias do seu ofício, sempre que possível na presença de 2 (duas) testemunhas, certificando no mandado o ocorrido, com menção ao lugar, ao dia e à hora;

II – executar as ordens do juiz a que estiver subordinado;

III – entregar o mandado em cartório após seu cumprimento;

IV – auxiliar o juiz na manutenção da ordem;

V – efetuar avaliações, quando for o caso;

VI – certificar, em mandado, proposta de autocomposição apresentada por qualquer das partes, na ocasião de realização de ato de comunicação que lhe couber, hipótese em que o juiz ordenará a intimação da parte contrária para manifestar-se, no prazo de 5 (cinco) dias, sem prejuízo do andamento regular do processo, entendendo-se o silêncio como recusa.

O escrivão, o chefe de secretaria e o oficial de justiça são responsáveis, civil e regressivamente, quando: I – sem justo motivo, se recusarem a cumprir no prazo os atos impostos pela lei ou pelo juiz a que estão subordinados; II – praticarem ato nulo com dolo ou culpa.

Note-se que há menção à responsabilidade civil e regressiva, de modo que, em primeiro lugar, responderá o Estado pelo dano, cabendo a busca da responsabilização posteriormente aos agentes públicos.

6. ATOS PROCESSUAIS

Definição

São atos processuais aqueles que se destinam à criação, modificação, conservação ou extinção da relação jurídica processual.[1] Podem ser praticados pelas partes, pelos auxiliares do juízo e pelo magistrado.

Diferenciam-se dos fatos processuais, que são fatos humanos ou não que tenham repercussão no processo.

Forma, Tempo e Lugar

Os atos processuais não dependem de prova determinada, salvo quando a lei expressamente o exigir.

Princípio da instrumentalidade das formas: consideram-se válidos os atos processuais que, embora realizados de outro modo, tenham preenchido a finalidade essencial.

Deve ser observado, ainda, os princípios da primazia do julgamento do mérito e do máximo aproveitamento do ato processual.

Como regra, os atos processuais são públicos. Porém, correrão em segredo de justiça: i) aqueles em que se exija o interesse público ou social; ii) que versem sobre casamento, separação de corpos, divórcio, separação, união estável, filiação, alimentos e guarda de crianças e adolescentes; iii) em que constem dados protegidos pelo direito constitucional à intimidade; iv) que versem sobre arbitragem, inclusive sobre cumprimento de carta arbitral, desde que a confidencialidade estipulada na arbitragem seja comprovada perante o juízo.

Os atos processuais serão praticados em horário autorizado por lei, qual seja, das 6 às 20 horas. Se iniciados antes, podem ser concluídos após as 20 horas, se o adiamento prejudicar a diligência ou causar grave dano.

As citações, intimações e as penhoras podem ser realizadas no período de férias forenses, nos feriados ou dias úteis fora do horário estabelecido, desde que se observe a impossibilidade de ingresso em domicílio em horário noturno sem a autorização do morador.

O ato eletrônico poderá ser praticado até as 24 horas do último dia do prazo.

Os atos processuais, como regra, serão praticados na sede do juízo. Excepcionalmente, poderão ser praticados em outro lugar em razão de deferência, interesse da justiça, da natureza do ato ou de obstáculo arguido pelo interessado e acolhido pelo juiz.

Os pronunciamentos judiciais

Conforme dispõe o parágrafo primeiro do art. 203, "ressalvadas as disposições expressas dos procedimentos especiais, sentença é o pronunciamento por meio do qual o juiz, com fundamento nos arts. 485 e 487, põe fim à fase cognitiva do procedimento comum, bem como extingue a execução".

A decisão interlocutória constitui-se no pronunciamento judicial de natureza decisória que não se enquadre nas hipóteses de sentença (art. 203, § 2º do CPC).

Admitem-se decisões interlocutórias (portanto, com carga decisória) com ou sem análise de mérito. Pode-se dizer que serão com análise de mérito todas as decisões proferidas e que, muito embora não encerrem uma fase procedimental, tenham como conteúdo uma das hipóteses indicadas no art. 487 do Código de Processo Civil de 2015. A interlocutória que prefere julgamento antecipado parcial da lide é uma hipótese de decisão interlocutória de mérito.

Em conformidade com o art. 203, § 3º, do Código de Processo Civil, são despachos todos os demais pronunciamentos do juiz praticados no processo, de ofício ou a requerimento da parte.

Prazos

A lei prescreverá os prazos em que serão realizados os atos processuais. Se a lei não fizer previsão do prazo, o juiz o fixará, levando em consideração a sua complexidade.

Contagem dos prazos processuais no processo civil
a) Regra: somente serão contados os dias úteis.
b) Juizados Especiais: na contagem de prazo em dias, estabelecidos por lei ou pelo juiz, para a prática de qualquer ato processual, inclusive para a interposição de recursos, computar-se-ão somente os dias úteis (art. 12-A, da Lei nº 9.099/1995).

1. WAMBIER, Luiz Rodrigues. TALAMINI, Eduardo. ALMEIDA. Flávio Renato Correia. *Curso Avançado de Processo Civil*. VOL. 1. 10ª ed. São Paulo: RT, 2008.

PROCESSUAL CIVIL

c) Procedimentos do Estatuto da Criança e do Adolescente que tramitem perante a Vara da Infância: os prazos estabelecidos no ECA e aplicáveis aos seus procedimentos são contados em dias corridos, excluído o dia do começo e incluído o do vencimento.

Atenção

Salvo disposição em sentido diverso, considera-se dia do começo do prazo, entre outras situações, o quinto dia útil seguinte à confirmação, na forma prevista na mensagem de citação, do recebimento da citação realizada por meio eletrônico.

Comunicação dos atos processuais

Citação é o ato pelo qual são convocados o réu, o executado ou o interessado para integrar a relação processual. Para que a relação processual seja válida, é imprescindível a citação do réu ou do executado, salvo nas hipóteses de indeferimento da petição inicial ou de improcedência liminar do pedido.

Decorrem certos efeitos da citação válida, ainda que o ato tenha sido ordenado por juiz incompetente. **Efeitos da citação válida: i) induzir litispendência; ii) tornar litigiosa a coisa; iii) constituir em mora o devedor, ressalvadas excepcionalidades previstas no Código Civil.**

Alterações importantes sobre a citação – alterações Lei 14.195/2021
1 – a citação será efetivada em até 45 dias a partir da propositura da ação. Trata-se, naturalmente, de prazo impróprio;
2 – A citação será feita preferencialmente por meio eletrônico, no prazo de até 2 (dois) dias úteis, contado da decisão que a determinar, por meio dos endereços eletrônicos indicados pelo citando no banco de dados do Poder Judiciário, conforme regulamento do Conselho Nacional de Justiça.
3 – As empresas públicas e privadas são obrigadas a manter cadastro nos sistemas de processo em autos eletrônicos, para efeito de recebimento de citações e intimações, as quais serão efetuadas preferencialmente por esse meio.
4 – A ausência de confirmação, em até 3 (três) dias úteis, contados do recebimento da citação eletrônica, implicará a realização da citação: I – pelo correio; II – por oficial de justiça; III – pelo escrivão ou chefe de secretaria, se o citando comparecer em cartório; IV – por edital. Competirá ao réu, citado de uma dessas formas alternativas à eletrônica, apresentar justa causa para a ausência de confirmação do recebimento da citação enviada eletronicamente.
5 – Considera-se ato atentatório à dignidade da justiça, passível de multa de até 5% (cinco por cento) do valor da causa, deixar de confirmar no prazo legal, sem justa causa, o recebimento da citação recebida por meio eletrônico.
6 – A União, o Distrito Federal e o Município são obrigados a manter cadastro nos sistemas de processo em autos eletrônicos, para efeito de recebimento de citações e intimações, as quais serão efetuadas preferencialmente por esse meio.
7 – As citações por correio eletrônico serão acompanhadas das orientações para realização da confirmação de recebimento e de código identificador que permitirá a sua identificação na página eletrônica do órgão judicial citante.
8 – Microempresas e pequenas empresas: somente serão obrigadas a manter cadastro nos sistemas de processo em autos eletrônicos, quando não possuírem endereço eletrônico cadastrado no sistema integrado da Rede Nacional para a Simplificação do Registro e da Legalização de Empresas e Negócios (Redesim).
9 – A citação será feita por meio eletrônico ou pelo correio para qualquer comarca do país, exceto: I – nas ações de estado; II – quando o citando for incapaz; III – quando o citando for pessoa jurídica de direito público; IV – quando o citando residir em local não atendido pela entrega domiciliar de correspondência; V – quando o autor, justificadamente, a requerer de outra forma.

PROCESSO ELETRÔNICO

Os órgãos do Poder Judiciário poderão desenvolver sistemas eletrônicos de processamento de ações judiciais por meio de autos total ou parcialmente digitais, utilizando, preferencialmente, a rede mundial de computadores e acesso por meio de redes internas e externas.

Todos os atos processuais do processo eletrônico serão assinados eletronicamente na forma estabelecida nesta Lei.

No processo eletrônico, todas as citações, intimações e notificações, inclusive da Fazenda Pública, serão feitas por meio eletrônico, na forma desta Lei.

A intimação e a citação da Fazenda Pública poderão ser realizadas por meio eletrônico.

As citações, intimações, notificações e remessas que viabilizem o acesso à íntegra do processo correspondente serão consideradas vista pessoal do interessado para todos os efeitos legais.

Quando, por motivo técnico, for inviável o uso do meio eletrônico para a realização de citação, intimação ou notificação, esses atos processuais poderão ser praticados segundo as regras ordinárias, digitalizando-se o documento físico, que deverá ser posteriormente destruído.

A distribuição da petição inicial e a juntada da contestação, dos recursos e das petições em geral, todos em formato digital, nos autos de processo eletrônico, podem ser feitas diretamente pelos advogados públicos e privados, sem necessidade da intervenção do cartório ou secretaria judicial, situação em que a autuação deverá se dar de forma automática, fornecendo-se recibo eletrônico de protocolo.

Quando o ato processual tiver que ser praticado em determinado prazo, por meio de petição eletrônica, serão considerados tempestivos os efetivados até as 24 (vinte e quatro) horas do último dia. Se o Sistema do Poder Judiciário se tornar indisponível por motivo técnico, o prazo fica automaticamente prorrogado para o primeiro dia útil seguinte à resolução do problema.

Sistema inoperante: prazo será prorrogado para o primeiro dia útil seguinte à resolução do problema.

Os documentos produzidos eletronicamente e juntados aos processos eletrônicos com garantia da origem e de seu signatário, serão considerados originais para todos os efeitos legais.

Os extratos digitais e os documentos digitalizados e juntados aos autos pelos órgãos da Justiça e seus auxiliares, pelo Ministério Público e seus auxiliares, pelas procuradorias, pelas autoridades policiais, pelas repartições públicas em geral e por advogados públicos e privados têm a mesma força probante dos originais, ressalvada a alegação motivada e fundamentada de adulteração antes ou durante o processo de digitalização.

A arguição de falsidade do documento original será processada eletronicamente na forma da lei processual em vigor. Os originais dos documentos digitalizados, nesse caso, deverão ser preservados pelo seu detentor até o trânsito em julgado da sentença ou, quando admitida, até o final do prazo para interposição de ação rescisória.

Os documentos cuja digitalização seja tecnicamente inviável devido ao grande volume ou por motivo de ilegibilidade deverão ser apresentados ao cartório ou secretaria no prazo de 10 (dez) dias contados do envio de petição eletrônica comunicando o fato, os quais serão devolvidos à parte após o trânsito em julgado.

Os documentos digitalizados juntados em processo eletrônico somente estarão disponíveis para acesso por meio da rede externa para suas respectivas partes processuais e para o Ministério Público, respeitado o disposto em lei para as situações de sigilo e de segredo de justiça.

O magistrado poderá determinar que sejam realizados por meio eletrônico a exibição e o envio de dados e de documentos necessários à instrução do processo.

7. COMPETÊNCIA

A competência territorial, em regra, será relativa, pois prevista no interesse das partes, que podem modificá-la por convenção (foro de eleição) ou por não terem apresentado a respectiva preliminar no tempo oportuno.

Constituem-se exceções à regra as ações fundadas em direito real sobre imóveis e ações possessórias, que devem ser processadas perante o foro da situação da coisa.

Admite-se que o autor opte pelo foro de domicílio do réu ou pelo foro de eleição se o litígio não recair sobre direito de propriedade, vizinhança, servidão, divisão e demarcação de terras e de nunciação de obra nova.

A ação fundada em direito pessoal e a ação fundada em direito real sobre bens móveis serão propostas, em regra, no foro do domicílio do réu. Tendo este mais de um domicílio, poderá ser demandado em qualquer um deles. Essa é a regra geral, sem prejuízo da existência de regras subsidiárias, se acaso aquela não puder ser aplicada.

A ação em que o incapaz for réu será proposta no foro de seu representante ou assistente.

Atenção – alteração legislativa – Lei nº 13.894/2019
É competente o foro: I – para a ação de divórcio, separação, anulação de casamento e reconhecimento ou dissolução de união estável: (...) d) de domicílio da vítima de violência doméstica e familiar, nos termos da Lei nº 11.340/2006.

As causas movidas pela União serão processadas perante o foro do domicílio do réu. Se a União for a demanda, será competente o foro do domicílio do autor, no de ocorrência do ato ou fato que originou a demanda, no de situação da coisa ou no Distrito Federal.

As hipóteses de foro especial sobrepõem-se à regra geral, segundo a qual a ação deve ser ajuizada perante o domicílio do réu.

As regras de competência podem existir para atendimento do interesse público, quando então se diz que se está diante da competência absoluta, ou para comodidade das partes, hipótese em que será relativa.

A competência absoluta é um pressuposto de validade da relação processual, configurando-se matéria que pode ser conhecida de ofício pelo juiz. Aliás, em consonância com o princípio da competência sobre a competência, admite-se que o juiz analise se tem ou não competência para decidir sobre determinada questão que lhe foi apresentada. Admite-se que a parte alegue o vício da incompetência absoluta até mesmo após o trânsito em julgado, por meio da ação rescisória.

Diferentemente, a competência relativa não é um pressuposto de validade da relação processual. Não poderá ser conhecida de ofício pelo juiz, devendo ser alegada oportunamente pela parte interessada, na própria contestação, como preliminar.

A *perpetuatio jurisdicionais* (ou perpetuação da competência, como seria mais adequado) não prevalecerá em quaisquer situações, conforme a própria ressalva do Código. Assim, se houver supressão do órgão judiciário ou alteração da competência da competência absoluta em decorrência das modificações do estado de fato ou de direito, haverá a alteração da competência.

A competência poderá ser alterada em decorrência de previsão legal (como ocorre com a conexão, por exemplo) ou por vontade das partes (foro de eleição ou não formulação de preliminar na contestação).

Prevê o art. 54 que a competência relativa poderá ser modificada pela conexão ou pela continência.

É possível estabelecer uma relação de afinidade entre ações, o que pode gerar vários efeitos práticos, como a reunião de processos para julgamento conjunto, a suspensão de um processo para se aguardar o julgamento de outro etc.

Consideram-se conexas duas ações quando lhes for comum o pedido ou a causa de pedir. Trata-se de hipótese mínima em que as causas serão conexas, porque é possível que exista esta relação muito embora não seja comum o pedido ou a causa de pedir.

CONEXÃO ENTRE CAUSAS
Se houver comunhão entre elas em relação ao pedido <u>OU</u> a causa de pedir.

A reunião dos processos será feita em favor do juízo prevento, que os decidirá. A prevenção do juízo será estabelecida pelo registro ou pela distribuição. Não mais se trata de efeito da citação válida.

> **A prevenção não mais se trata de efeito da citação válida. O juízo prevento será estabelecido em razão do registro ou da distribuição.**

Para que ocorra a reunião dos processos haverá a necessidade de observância dos seguintes requisitos: i) juízo absolutamente competente para decidir as causas;

PROCESSUAL CIVIL

ii) existência de liame entre as causas; iii) que a causa não tenha sido sentenciada.

A reunião dos processos para julgamento conjunto também será possível à execução de título executivo extrajudicial e à ação de conhecimento relativa ao mesmo ato jurídico, bem como às execuções fundadas no mesmo título executivo.

Admite o CPC, ainda, a reunião de processos para julgamento conjunto, ainda que não haja conexão. Isso será permitido em relação aos processos que possam gerar risco de prolação de decisões conflitantes ou contraditórias caso decididas separadamente.

Atenção para a cláusula de eleição de foro (Modificação ocorrida em 2024)

As partes podem modificar a competência em razão do valor e do território, elegendo foro onde será proposta ação oriunda de direitos e obrigações. A eleição de foro somente produz efeito quando constar de instrumento escrito, aludir expressamente a determinado negócio jurídico e guardar pertinência com o domicílio ou a residência de uma das partes ou com o local da obrigação, ressalvada a pactuação consumerista, quando favorável ao consumidor.

O foro contratual obriga os herdeiros e sucessores das partes.

Antes da citação, a cláusula de eleição de foro, se abusiva, pode ser reputada ineficaz de ofício pelo juiz, que determinará a remessa dos autos ao juízo do foro de domicílio do réu. Citado, incumbe ao réu alegar a abusividade da cláusula de eleição de foro na contestação, sob pena de preclusão.

Vamos testar o seu conhecimento?
a) O juízo poderá conhecer de ofício da abusividade da cláusula de eleição de foro? b) Se o juízo não reconhecer de ofício, poderá o réu alegá-la? c) Qual será a consequência se não for reconhecida de ofício a abusividade ou não alegada em preliminar de contestação? Respostas: a) Sim, o juiz poderá conhecer de ofício da abusividade da cláusula de eleição de foro. b) Se o juiz não reconhecer da abusividade de ofício, o réu deverá alegá-la em preliminar de contestação, sob pena de preclusão. c) Não sendo reconhecida de ofício ou alegada em preliminar de contestação, tem-se a preclusão, de modo que não poderá ser a abusividade aludida posteriormente.

Por fim, de se anotar que o ajuizamento de ação em juízo aleatório, entendido como aquele sem vinculação com o domicílio ou a residência das partes ou com o negócio jurídico discutido na demanda, constitui prática abusiva que justifica a declinação de competência de ofício.

8. PARTES, LITISCONSÓRCIO E INTERVENÇÃO DE TERCEIROS

Partes

Há dois sentidos para o conceito parte: sentido material e o sentido processual. Por meio do primeiro, traça-se correlação para com o negócio jurídico de direito material discutido em juízo. Porém, é possível que o demandante ou demandado não seja esse titular, mas ainda assim possa postular ou ser postulado. Tem-se aqui o conceito de parte em sentido processual, pois não se identifica com a lide.

As pessoas físicas maiores (salvo as emancipadas) e as pessoas jurídicas possuem capacidade civil de direito e de ser parte. Tem aptidão para ter direitos e podem praticar os atos da vida civil. Tendo possibilidade de exercício, terão capacidade processual.

Nesse sentido, o art. 70 do CPC: "toda pessoa que se encontre no exercício de seus direitos tem capacidade para estar em juízo".

Se o indivíduo, embora tenha capacidade civil de direito, não puder exercê-la, deve ter a capacidade de agir ou processual integrada. Por isso, o incapaz será representado ou assistido por seus pais, por tutor ou por curador, na forma da lei.

Curatela especial

Prevê a lei que, em certas ocasiões, deverá o juiz nomear curador especial:

i) ao incapaz, se não tiver representante legal ou se os interesses destes colidirem com os daquele, enquanto durar a incapacidade, bem como
ii) ao réu preso revel, bem como ao réu revel citado por edital ou com hora certa, enquanto não constituído advogado.

A curatela especial será exercida pela Defensoria Pública (que tem essa atribuição institucional). O curador especial tem a obrigatoriedade de oferecer a resposta, o que poderá fazer por negativa geral, não lhe sendo aplicado o ônus da impugnação especificada. De outro lado, não estará obrigado a recorrer.

Representação em juízo

Serão representados em juízo, ativa e passivamente:

i) a União, pela Advocacia-Geral da União, diretamente ou mediante órgão vinculado;
ii) o Estado e o Distrito Federal, por seus procuradores;
iii) o Município, por seu prefeito, procurador ou Associação de Representação de Municípios, quando expressamente autorizada;
iv) a autarquia e a fundação de direito público, por quem a lei do ente federado designar;
v) a massa falida, pelo administrador judicial;
vi) a herança jacente ou vacante, por seu curador;
vii) o espólio, pelo inventariante;
viii) a pessoa jurídica, por quem os respectivos atos constitutivos designarem ou, não havendo essa designação, por seus diretores;
ix) a sociedade e a associação irregulares e outros entes organizados sem personalidade jurídica, pela pessoa a quem couber a administração de seus bens;
x) a pessoa jurídica estrangeira, pelo gerente, representante ou administrador de sua filial, agência ou sucursal aberta ou instalada no Brasil;

xi) o condomínio, pelo administrador ou síndico.

A representação judicial do Município pela Associação de Representação de Municípios somente poderá ocorrer em questões de interesse comum dos Municípios associados e dependerá de autorização do respectivo chefe do Poder Executivo municipal, com indicação específica do direito ou da obrigação a ser objeto das medidas judiciais.

▸ Procuradores

A parte somente litigará em juízo se for representado por advogado devidamente inscrito na OAB. Permite-se a litigância em causa própria, desde que a parte tenha habilitação legal.

Há situações excepcionais em que se admite que a parte demande sem o patrocínio de advogado, como ocorre nas ações trabalhistas, nos Juizados Especiais Cíveis (até vinte salários-mínimos), nos alimentos provisórios e nas ações para inserção de criança em família substituta quando os genitores consentirem ou já houver ocorrida a prévia destituição do poder familiar.

O advogado não poderá postular sem procuração, salvo para evitar a preclusão, decadência ou a prescrição, ou ainda para praticar ato considerado urgente.

Nestes casos, compromete-se o advogado a apresentar a procuração no prazo de 15 dias, prorrogável pelo mesmo período. A apresentação da procuração acarretará a ratificação do ato. A não observância da regra acarretará na ineficácia do ato em relação àquele em cujo nome foi praticado.

A procuração habilita o advogado para o foro em geral. Para alguns atos, no entanto, exige-se que conste expressamente a autorização.

▸ Litisconsórcio

Tem-se o litisconsórcio quando duas ou mais pessoas litigarem em conjunto, no mesmo processo, em um dos polos da ação. Todos integrarão a relação jurídica processual na condição de partes.

O litisconsórcio comporta diversas classificações, com suas consequências práticas.

a) Quanto à posição dos sujeitos.

A reunião de pessoas poderá ocorrer no polo ativo, no polo passivo, ou até nos dois. Desse modo, identifica-se o litisconsórcio ativo, passivo e misto.

b) Quanto ao momento de sua formação.

Em relação ao momento de sua formação, tem-se o litisconsórcio inicial, quando o autor, na sua postulação, já indica a existência de mais de um componente do polo ativo, ou mais de um réu.

Porém, se tal indicação ocorrer supervenientemente, por determinação do juiz ou pela própria vontade da parte, tem-se o litisconsórcio ulterior.

c) Quanto à obrigatoriedade de sua formação.

A formação do litisconsórcio poderá ser uma opção do autor ou uma necessidade imposta pela lei. Tem-se, dessa maneira, o litisconsórcio facultativo e o necessário.

O litisconsórcio facultativo decorre exclusivamente da iniciativa do autor, que ao invés de propor várias ações contra réus diferentes, apresenta uma única demanda. Poderá ocorrer nas hipóteses indicadas no art. 113: I – entre elas houver comunhão de direitos ou de obrigações relativamente à lide; II – entre as causas houver conexão pelo pedido ou pela causa de pedir; III – ocorrer afinidade de questões por ponto comum de fato ou de direito (litisconsórcio impróprio).

Ocorre, contudo, que o número de litisconsortes poderá comprometer a rápida solução do litígio ou dificultar a defesa ou o cumprimento da sentença, hipótese em que se admite a sua limitação. Trata-se do que foi denominado de litisconsórcio facultativo multitudinário.

Litisconsórcio facultativo multitudinário é aquele em que o número de litisconsortes poderá comprometer a rápida solução do litígio ou dificultar a defesa ou o cumprimento da sentença. Poderá ser determinada a sua limitação pelo juízo, de ofício, ou atendendo a requerimento da parte contrária.

A parte poderá requerer a limitação do litisconsórcio multitudinário, quando então o prazo para manifestação ou resposta será interrompido, retomando-se da intimação do pronunciamento que decidir o requerimento.

Se, apresentado o requerimento de limitação do litisconsórcio, não for o mesmo acolhido pelo magistrado, poderá o prejudicado interpor recurso de agravo de instrumento (art. 1.015, VII).

Paralelamente, o litisconsórcio também poderá ser obrigatório ou necessário, quer em razão de disposição legal ou por conta da natureza da relação jurídica. Para tais hipóteses, a eficácia da sentença depende da citação de todos os litisconsortes.

A formação do litisconsórcio necessário deverá ser fiscalizada pelo juiz que, detectando a falha, determinará a regularização pelo autor, indicando prazo para tanto, sob pena de extinção do processo.

Note-se que o Código elencou consequências diferentes para a inobservância do litisconsórcio necessário, a depender se a decisão deveria ou não ser uniforme em relação a todos os que deveriam ter integrado o processo.

Como adiante se verá, o litisconsórcio será unitário se a decisão for obrigatoriamente uniforme em relação a todos os litisconsortes e será simples se tal uniformidade não for obrigatória.

Adianta-se tal informação justamente para que seja possível analisar, com mais precisão, a consequência advinda da inobservância da citação de todos os litisconsortes. Não se pode, com essa informação, confundir as modalidades de litisconsórcio.

Com efeito, litisconsórcio necessário não é a mesma coisa que unitário. No primeiro, há obrigatoriedade de sua formação. Por este, a formação do litisconsórcio não é obrigatória, mas, se ocorrer, a decisão deverá ser uniforme para todos os litisconsortes, não se admitindo pronunciamentos de teor diferentes.

Nesse sentido, tratando-se de litisconsórcio necessário e unitário, ao mesmo tempo, proferida sentença de mérito sem a citação de todos os litisconsortes, tem-se que esta é nula. Por outro lado, não havendo necessidade de tal uniformidade, a sentença não produzirá efeitos em relação àqueles que não foram citados.

Consequências decorrentes da não citação de todos os litisconsortes:

Litisconsórcio necessário e unitário	Litisconsórcio necessário e simples
Sentença nula	Ineficaz em relação aos litisconsortes não citados

d) Quanto à uniformidade da decisão.

Analisa-se, nesse ponto, se a decisão proferida deverá ser uniforme para todos os litisconsortes, ou se não há essa necessidade de identidade (muito embora ela possa ocorrer).

A propósito de tal critério, tem-se o litisconsórcio simples e o unitário, cada qual com seu regime jurídico.

No litisconsórcio simples, a decisão não precisa necessariamente uniforme em relação a todos os litisconsortes, sendo tratados como litigantes distintos. Consequentemente, os atos e omissões não beneficiarão ou prejudicarão os demais litisconsortes.

No litisconsórcio simples, a contestação apresentada por um dos litisconsortes não afastará a incidência do efeito material da revelia em relação aos demais.

Diferentemente, no litisconsórcio unitário, a decisão há de ser uniforme em relação a todos os litisconsortes. Por essa razão, estes serão considerados como integrantes de um bloco único, motivo pelo qual o ato praticado por um deles a todos aproveitará, embora as omissões não prejudicarão aos demais.

No litisconsórcio unitário, a contestação apresentada por um dos litisconsortes afastará a incidência do efeito material da revelia em relação aos demais.

Deve-se diferenciar, ainda, as figuras do litisconsórcio eventual, alternativo e sucessivo.

Litisconsórcio eventual: são colocadas em juízo duas pessoas, estabelecendo-se uma ordem de preferência entre elas. Ocorre, por exemplo, na desconsideração da personalidade jurídica.

Litisconsórcio alternativo: o autor postula contra dois réus, pois se encontra em dúvida sobre quem deve ocupar o polo passivo. Exemplo típico é o da ação de consignação em pagamento. E outro exemplo é o do pedido postulado em face da seguradora e do intermediário do seguro, pois, se aquele se livrar da responsabilização, requer que este seja obrigado a reparar.

Litisconsórcio sucessivo: o segundo litisconsorte somente terá reconhecido o seu direito se, antes, o primeiro também o tiver. É o exemplo da ação de alimentos com indenização de ressarcimento de despesas do parto.

▸ Da intervenção de terceiros: intervenção voluntária e provocada

A intervenção de terceiros é caracterizada pelo ingresso de um sujeito em processo pendente. Ele não participava do processo, sendo provocado para tanto, ou comparecendo e requerendo o seu ingresso espontaneamente.

▸ Assistência

A assistência é uma modalidade de intervenção de terceiros. Por meio dela, tem-se o ingresso voluntário de terceiro que demonstra possuir um interesse jurídico.

Há duas modalidades de assistência: simples e litisconsorcial.

Na assistência simples, o terceiro intervém no processo para auxiliar o assistido, uma vez que sua esfera jurídica será afetada de forma reflexa. Deve demonstrar a existência de interesse jurídico. O assistente, ao ingressar na ação, não poderá manifestar-se contrariamente aos interesses do assistido.

Nessa hipótese, sendo revel o assistido, o assistente será considerado seu substituto processual.

De outro lado, há assistência litisconsorcial (ou qualificada) quando a sentença houver de influir na relação jurídica entre ele o adversário do assistido. Nessa hipótese, o assistente poderia ser parte no processo.

▸ Denunciação da lide

Tem-se a denunciação da lide quando uma das partes promove, no mesmo processo, ação regressiva contra terceiro, dito denunciado. Pressupõe-se que o denunciante tenha uma pretensão própria contra o denunciado.

São requisitos indispensáveis para o deferimento da denunciação: a) pretensão própria do denunciante versus o denunciado; e b) existência de direito de regresso do denunciante frente ao denunciado.

Têm legitimidade à denunciação as partes da ação principal (autor e réu, além dos que já figurem como denunciados), desde que exista uma pretensão de regresso.

DENUNCIAÇÃO DA LIDE PELO AUTOR	DENUNCIAÇÃO DA LIDE PELO RÉU
O autor requer a denunciação na própria petição inicial. Ela somente será julgada se a ação principal, movida em face do réu, for julgada improcedente.	O réu a requer no prazo de resposta. Somente será julgada se a ação principal, movida em face do denunciante, for julgada procedente.
Requerida a citação do denunciado, o processo principal permanecerá paralisado. Realizada a citação, poderá o denunciado assumir a posição de litisconsorte do denunciante e acrescentar novos argumentos à petição inicial, procedendo-se em seguida à citação do réu.	Oferecida a denunciação, podem surgir três situações distintas: i) se o denunciado contestar o pedido formulado pelo autor, o processo prosseguirá tendo, na ação principal, em litisconsórcio, denunciante e denunciado; ii) se o denunciado for revel, o denunciante pode deixar de prosseguir com a sua defesa e abster-se de recorrer, restringindo sua atuação à ação regressiva; iii) se o denunciado confessar os fatos alegados pelo autor, o denunciante poderá prosseguir com sua defesa ou, aderindo a tal reconhecimento, pedir apenas a procedência da ação de regresso.

Chamamento ao processo

O chamamento ao processo é modalidade de intervenção de terceiros provocada pelo réu, que deverá exercer tal direito na contestação.

Existem duas teses a respeito da natureza do chamamento ao processo.

a) Trata-se de ação condenatória requerida pelo devedor solidário que, acionado sozinho para responder pela totalidade da dívida, pretende acertar, na ação secundária de chamamento, a responsabilidade do devedor principal ou dos demais codevedores solidários, na proporção de suas cotas. De acordo com os autores adeptos desta teoria, tese contrária ofenderia a opção do litisconsórcio facultativo para o autor nos casos de solidariedade.

b) Outros autores defendem tratar-se de forma de ampliação subjetiva passiva da relação processual.

O CPC/2015, ao que parece, adotou a segunda tese, como se pode extrair do que está previsto no art. 131, *caput*, ao mencionar que "a citação daqueles que devam figurar em litisconsórcio passivo (...)".

Incidente de desconsideração da personalidade jurídica

Com a finalidade de resguardar os princípios do contraditório dinâmico e da ampla defesa, o legislador fez previsão do incidente de desconsideração da personalidade jurídica, por meio do qual o sócio ou a própria pessoa jurídica (desconsideração invertida) serão previamente ouvidos, antes de se decidir pela possibilidade de desconsiderá-la.

A lei processual não fez previsão das hipóteses em que será admitida a desconsideração, reservando tal regulação para o direito material, como é possível verificar no Código Civil, Código de Defesa do Consumidor etc.

O incidente de desconsideração da personalidade jurídica será instaurado a pedido da parte ou do Ministério Público, quando lhe couber intervir no processo.

Aquele que demandar no processo poderá requerer a instauração do incidente de desconsideração da personalidade jurídica. Nesse sentido, poderão fazê-lo: i) autor; ii) o réu, por meio de reconvenção; iii) o autor ou o réu, quando requererem a denunciação da lide; iv) o réu, quando valer-se do chamamento ao processo; v) o assistente litisconsorcial também poderá requerer, até porque poderia ser parte na relação processual.

O Ministério Público também poderá fazê-lo, atuando como parte no processo, ou como fiscal da ordem jurídica.

Amicus Curiae

O *amicus curiae* não é parte no processo, pois não tem qualquer interesse no resultado da ação. Tem unicamente interesse em auxiliar o órgão judicial. Terá legitimidade recursal limitada, pois somente poderá recorrer para opor embargos declaratórios e para impugnar o pronunciamento que julgar o incidente de resolução de demandas repetitivas (art. 138, § 3º do CPC).

Se, de um lado, o CPC prevê a intervenção do *amicus curiae* em quatro dispositivos, restringe a possibilidade de interposição de recurso a apenas um deles – incidente de resolução de demandas repetitivas – e admite a apresentação de embargos declaratórios em todos (art. 138, §§ 1º e 3º).

Poderes do juiz

O juiz atuará como presidente do processo, sendo de sua atribuição dirigi-lo (princípio do impulso oficial), como um verdadeiro gestor para a garantia da ampla defesa, contraditório e com o objetivo de ser alcançada uma sentença de mérito justa e efetiva.

É sabido que o juiz não se exime de decidir sob a alegação de lacuna ou obscuridade do ordenamento jurídico, sendo proibido o *non liquet*, como consequência do princípio da indeclinabilidade da jurisdição.

O juiz responderá civil e regressivamente por perdas e danos quando: i) no exercício de suas funções, proceder com dolo ou fraude; ii) recusar, omitir ou retardar, sem justo motivo, providência que deva ordenar de ofício ou a requerimento da parte (art. 143).

NOTE-SE QUE SE TRATA DE RESPONSABILIDADE REGRESSIVA

A imparcialidade é essencial para a validade da relação processual. Porém, esta imparcialidade poderá estar comprometida em determinadas situações.

No art. 144, há a previsão do impedimento do juiz, sendo-lhe vedado exercer suas funções no processo nas hipóteses mencionadas nos incisos. Para estes casos, o impedimento poderá ser conhecido de ofício pelo magistrado ou alegado pelas partes. Como regra, deverão fazê-lo no prazo de 15 dias contados da ciência do fato, muito embora se admita a alegação posterior. Poderá ser objeto até mesmo de ação rescisória.

De outro lado, o art. 145 prevê as hipóteses de suspeição, que poderão ser conhecidas de ofício pelo juiz e as partes poderão alegá-las no prazo de 15 dias contados da ciência. Porém, se não o fizerem, ocorre a preclusão.

Hipóteses de impedimento:

Há impedimento do juiz, sendo-lhe vedado exercer suas funções no processo:

I - em que interveio como mandatário da parte, oficiou como perito, funcionou como membro do Ministério Público ou prestou depoimento como testemunha;

II - de que conheceu em outro grau de jurisdição, tendo proferido decisão;

III - quando nele estiver postulando, como defensor público, advogado ou membro do Ministério Público, seu cônjuge ou companheiro, ou qualquer parente, consanguíneo ou afim, em linha reta ou colateral, até o terceiro grau, inclusive;

IV - quando for parte no processo ele próprio, seu cônjuge ou companheiro, ou parente, consanguíneo ou afim, em linha reta ou colateral, até o terceiro grau, inclusive;

V - quando for sócio ou membro de direção ou de administração de pessoa jurídica parte no processo;

VI - quando for herdeiro presuntivo, donatário ou empregador de qualquer das partes;

VII - em que figure como parte instituição de ensino com a qual tenha relação de emprego ou decorrente de contrato de prestação de serviços;

~~VIII - em que figure como parte cliente do escritório de advocacia de seu cônjuge, companheiro ou parente, consanguíneo ou afim, em linha reta ou colateral, até o terceiro grau, inclusive, mesmo que patrocinado por advogado de outro escritório;~~ (esta hipótese foi considerada inconstitucional pelo STF na ADI 5953);

IX - quando promover ação contra a parte ou seu advogado.

Hipóteses de suspeição do juiz:

Há suspeição do juiz:

I - amigo íntimo ou inimigo de qualquer das partes ou de seus advogados;

II - que receber presentes de pessoas que tiverem interesse na causa antes ou depois de iniciado o processo, que aconselhar alguma das partes acerca do objeto da causa ou que subministrar meios para atender às despesas do litígio;

III - quando qualquer das partes for sua credora ou devedora, de seu cônjuge ou companheiro ou de parentes destes, em linha reta até o terceiro grau, inclusive;

IV - interessado no julgamento do processo em favor de qualquer das partes.

▸ Atuação do Ministério Público

O Ministério Público atuará no processo civil como parte ou como fiscal da ordem jurídica.

Alteração Legislativa

O Ministério Público intervirá, quando não for parte, nas ações de família em que figure como parte vítima de violência doméstica e familiar, nos termos da Lei Maria da Penha

9. TUTELA PROVISÓRIA

O Código de Processo Civil de 2015 denominou de provisória a tutela sumária, revogável, que pode ser deferida para em razão da existência de fundamentos relevantes e de risco de dano grave ou de difícil reparação, ou por conta da alta probabilidade de acolhimento da pretensão, não se justificando a necessidade de aguardar-se pelo final da caminhada processual.

A tutela de urgência será concedida quando houver elementos que evidenciem a probabilidade do direito (*fumus boni iuris*) e o perigo de dano ou o risco ao resultado útil do processo (*periculum in mora*).

Inovou o Código de Processo Civil de 2015 ao permitir que a tutela antecipada seja requerida de forma antecedente à instauração da relação processual.

Diferentemente do CPC de 1973, as medidas requeridas de forma antecedente não serão objeto de processo próprio, mas importarão na própria provocação do Poder Judiciário, que aguardará a vinda de futura complementação, a ser juntada nos próprios autos.

O procedimento da tutela cautelar requerida em caráter antecedente segue o disposto no art. 305 e seguintes do Código de Processo Civil.

A parte apresentará petição inicial antecedente, na qual indicará a lide e seu fundamento, a exposição sumária do direito que se objetiva assegurar e o perigo de dano ou o risco ao resultado útil do processo.

A tutela da evidência – antecipação de tutela sem o requisito exigência – poderá ser deferida nas hipóteses indicadas no art. 311, 558, 563, 678 e 701 do CPC 2015, bem como na indisponibilidade de bens na ação de improbidade administrativa e liminar de busca e apreensão de bem alienado fiduciariamente (DL nº 911/69).

O art. 311 do CPC demonstra a ampliação das hipóteses em que a tutela da evidência poderá ser deferida, se comparada com o regime anterior. São elas:

I – se ficar caracterizado o abuso do direito de defesa ou o manifesto propósito protelatório da parte: a tutela da evidência, na hipótese, é concedida em razão do comportamento abusivo da parte, contrário à boa-fé processual;

II – se as alegações de fato puderem ser comprovadas apenas documentalmente e houver tese em julgamento de casos repetitivos ou em súmula vinculante: se os fatos puderem ser comprovados por meio de documentos, não haverá necessidade de produção de outras provas. Além disso, a pretensão tem amparo jurídico em precedente que pode ser extraído de julgamento de casos repetitivos ou em súmula vinculante, o que permite afirmar que está em conformidade com precedente vinculante, conforme orienta o art. 927 do CPC;

III – se tratar de pedido reipersecutório fundado em prova documental adequada de contrato de depósito, caso em que será decretada a ordem de entrega do objeto custodiado, sob cominação de multa: é ação reipersecutória aquela em que se reivindica a posse ou a propriedade de uma coisa. Em tais ações, havendo prova documental adequada do contrato de depósito, será decretada a ordem de entrega do objeto custodiado, independentemente de urgência;

IV – se a petição inicial for instruída com prova documental suficiente dos fatos constitutivos do direito do autor, a que o réu não oponha prova capaz de gerar dúvida razoável: neste caso, a contestação não é suficiente para provocar qualquer dúvida no juízo. Note-se que é desnecessário que a tese esteja embasada em entendimento consubstanciado em precedente.

Nas hipóteses dos incisos II e III, o juiz poderá deferir liminarmente a tutela da evidência, pois, nesses casos, não há que se esperar pela conduta do réu.

A estabilização da tutela antecipada concedida em caráter antecedente a torna irrevogável no mesmo processo, exigindo que a parte ajuíze nova ação para o fim de rever, reformar ou invalidá-la.

Perceba-se que a estabilização da tutela não forma a coisa julgada. A propósito, não houve sentença de mérito sobre a questão, de modo que o magistrado não emitiu juízo de acertamento da situação subjetiva. Em outras palavras, não analisou se o pedido é procedente ou improcedente. Desse modo, o mérito continuará em aberto. De outro lado, foi estabilizada a tutela provisória, que permanecerá viva, mas somente modificável por meio de outra ação.

Haverá a estabilização da tutela se o réu não impugnar, por meio do recurso de agravo de instrumento (art. 1.015, I do CPC), a decisão interlocutória que, versando sobre o mérito, deferir a medida.

Ainda sobre o tema, deve ser registrado que:

A tutela antecipada antecedente torna-se estável unicamente se não houver qualquer tipo de impugnação pela parte contrária. Desse modo, o afastamento da estabilização da tutela não ocorrerá apenas se houver a impugnação da decisão judicial por meio de recurso. Admite-se, para tanto, a mera apresentação de contestação (Resp 1.760.966-SP).

10. FORMAÇÃO, SUSPENSÃO, EXTINÇÃO DO PROCESSO E PROCEDIMENTO COMUM

Formação.

Em conformidade com o **princípio da ação ou da inércia da jurisdição**, a relação processual se desenvolve a partir de **provocação da parte interessada**, que o faz por meio do instrumento adequado. Nesse contexto, tem-se o sentido da palavra **demanda**, que **significa o ato de vir a juízo e apresentar a devida postulação**, sendo a petição inicial seu instrumento.

Somente de forma excepcional poderá o magistrado iniciar o processo sem que seja antes devidamente provocado pela parte interessada. A propósito, a título de exemplo, assim poderá proceder em relação ao procedimento de apuração de irregularidade praticada por entidade de atendimento, previsto no Estatuto da Criança e do Adolescente e, entre outros, do procedimento de arrecadação de bens em caso de herança jacente (art. 738 do CPC 2015), devendo ser registrado, de antemão, que o Código de Processo Civil de 2015 excluiu a possibilidade do magistrado de iniciar, de ofício, o procedimento de inventário.

O CPC de 2015 não autoriza o início do procedimento de inventário, de ofício, pelo juízo.

A propositura da ação.

Enquanto não protocolada a petição inicial, tem-se que se trata de um documento exclusivo da parte autora, elaborado por profissional a que a lei deu essa atribuição.

Por isso, somente se considera proposta a ação quando **a petição inicial for protocolada** (art. 312). Note-se que houve correção da falha técnica contida no CPC 1973 (art. 263), que considerava proposta a ação quando a petição inicial fosse despachada ou distribuída.

Estabelecer de forma adequada e objetiva o momento em que a ação é proposta tem importância prática, pois, como se verá adiante, a interrupção da prescrição, ocorrida com o despacho da inicial, **retroagirá à data da propositura da ação** (entenda-se, data em que foi protocolada), quando for providenciado o necessário para a realização da citação.

Efeitos da propositura para o réu: somente a partir da citação válida.

Conforme deixa claro o art. 312 do CPC, embora se considere proposta a ação quando for protocolada, os efeitos de tal **propositura para o réu** somente se iniciam quando este for devidamente citado.

Assim, **a citação válida induz litispendência, torna litigiosa a coisa e constitui em mora o devedor** (salvo as exceções legais), retroagindo unicamente o efeito da interrupção da prescrição à data da propositura da ação, desde que tenham sido providenciado o necessário para a citação do réu.

Verifica-se que tais efeitos decorrem da citação válida e não da propositura da ação.

Da Suspensão do processo.

A suspensão e a extinção como causas de crise do processo.

A busca da solução do mérito é o caminho natural do processo. Aliás, em conformidade com o art. 4º, do CPC, tem-se como norma fundamental o **princípio da preferência pelo julgamento do mérito**. Não obstante, o caminhar do processo está sujeito a determinados eventos que poderão importar na sua **paralisação ou até na extinção**, pondo-se fim, neste último caso, à relação processual. Nas duas situações, ocorre o que se convencionou denominar de **crise do processo.**

Tal expressão, contudo, não é livre de críticas em relação à suspensão. Ora, é verdade que a relação processual deve ser desenvolvida para que tenha um fim. Porém, podem as partes entender que é conveniente para os seus interesses – e mesmo para a própria solução do litígio – que ocorra a paralização temporária do processo. Nesse passo, antevendo uma possível solução amigável, resolvem as partes suspender o andamento do processo, estabelecendo-se um negócio processual, em atenção ao princípio da autonomia de vontade (autorregulação do processo). Não se pode dizer, então, que a situação é reveladora de crise do processo, mas, justamente o contrário, de que o embate processual foi capaz de gerar reflexão e, quiçá, de conduzir as partes à solução amigável, sem a necessidade de resolução pelo Estado-Juiz.

Efeito da suspensão: paralisação do processo.

A suspensão do processo, por si só, é capaz de gerar o paralisar de seu andamento. Porém, em certas situações, será possível a prática de alguns atos processuais.

Tem-se, como regra, a **paralisação integral do processo**, admitindo-se unicamente a **prática de atos reputados urgentes**, salvo no caso de arguição de impedimento ou de suspeição.

Pelo que se extrai do que está previsto no art. 314 do CPC, portanto, se arguido o impedimento ou a suspeição, o juiz não poderá praticar qualquer ato, com exceção daqueles destinados ao processamento (desentranhamento da petição e juntada de manifestação do próprio juiz) e encaminhamento ao Tribunal para análise. E isso, pois, **a partir da entrada da petição em que se argui o impedimento ou a suspeição, estará o processo suspenso**, situação essa que poderá ser reavaliada pelo relator a que for distribuída a petição.

Na suspensão própria poderão ser praticados unicamente atos reputados urgentes, com exceção se arguido o impedimento ou a suspeição.

Como dito, ainda que suspenso o processo, salvo se arguido o impedimento ou a suspeição, poderá o magistrado determinar a prática de atos urgentes a fim de evitar dano irreparável, como, por exemplo, **a efetivação de tutela provisória em razão da urgência (tutela antecipada ou tutela cautelar)**. Não é possível, em tese, que decida sobre a tutela da evidência, pois não se está diante de ato que tenha como requisito a urgência, salvo se tal requisito também for deliberadamente comprovado pela parte.

Praticado um ato reputado urgente, como o deferimento da tutela provisória de urgência, o prazo para que a parte contrária possa interpor o respectivo recurso (agravo de instrumento) não estará paralisado, correndo normalmente.

Causas de suspensão do processo.

Sem prejuízo de outras causas mencionadas em lei, posto que o rol do artigo 313 do CPC não é taxativo, são causas de suspensão do processo:

I) Morte ou perda da capacidade processual de qualquer das partes, de seu representante legal ou de seu procurador.

Ocorrendo a morte de qualquer uma das partes, o processo será suspenso, aguardando-se a **habilitação dos herdeiros**, salvo se a demanda versar sobre direitos intransmissíveis, como ocorre na ação de divórcio, quando então haverá a sua extinção.

Merece muita atenção a modificação de que se extrai da redação do art. 313, I do CPC, em comparação ao previsto no § 1º. do art. 265 do CPC/1973, pois, atualmente, **não mais se diferencia se a morte ou a perda da capacidade processual ocorreram antes ou depois de iniciada a audiência de instrução e julgamento**.

Dessa forma, não importa se a morte ou a perda da capacidade processual ocorreram antes ou depois de iniciada a audiência de instrução e julgamento. Ocorrendo tais eventos, haverá a suspensão do processo, independentemente do momento.

A habilitação dos herdeiros seguirá o procedimento constante dos artigos 687 a 692 do Código de Processo Civil. Poderá ser iniciada pela parte, em relação aos sucessores do falecido, ou pelos próprios sucessores do falecido, em relação à parte.

Será processada nos autos do processo principal, na instância em que estiver. Recebida a petição, o juiz determinará a citação dos requeridos para que se pronunciem no prazo de cinco dias. O ato poderá ser realizado na pessoa do advogado, se já constituído nos autos.

O magistrado decidirá o pedido de habilitação imediatamente, proferindo-se decisão interlocutória. Porém, **se for necessária dilação probatória diversa da documental**, determina o **art. 691 que o pedido seja autuado em apartado**, sendo decidido ao final por **sentença**.

Não havendo impugnação ou sendo desnecessária dilação probatória complexa, a habilitação de herdeiros será processada **nos próprios autos**. Porém, **havendo necessidade de prova documental diversa da probatória**, o pedido será autuado em apartado e decidido por **sentença** (art. 692).

Ainda que se trate de habilitação processada em apartado, o pronunciamento jurisdicional desafiará o recurso de agravo de instrumento, com fundamento no art. 1.015, II do CPC.

Se não providenciada a habilitação, ao tomar conhecimento da morte da parte, o magistrado determinará a suspensão do processo e observará o seguinte:

i) falecido o réu, ordenará a intimação do autor para que promova a citação do respectivo espólio, de quem for o sucessor ou, se for o caso, dos herdeiros, no prazo que designar, de no mínimo dois e no máximo seis meses;

ii) falecido o autor e sendo transmissível o direito, determinará a intimação de seu espólio, de quem for o sucessor ou, se for o caso, dos herdeiros, pelos meios de divulgação que reputar mais adequados, para que manifestem interesse na sucessão processual e promovam a respectiva habilitação no prazo designado, sob pena de extinção do processo sem resolução do mérito.

Como é possível extrair da interpretação conjunta dos artigos 313, § 2º, e 689, do CPC, **a suspensão do processo ocorrerá no momento em que o magistrado tiver conhecimento do falecimento da parte**, seja por meio do pedido de habilitação, seja por outro meio. Neste último caso, determinará a intimação do indicado pela lei para que promova a habilitação.

Passa-se à análise da suspensão do processo em decorrência da morte do procurador de qualquer das partes.

Neste caso, também independentemente do momento em que ocorrida a morte, o processo será suspenso e o juiz determinará que a parte constitua novo mandatário, no prazo de quinze dias. Na inércia, o processo será extinto sem resolução do mérito, se o autor não nomear novo mandatário, ou ordenará o prosseguimento do processo à revelia do réu, se falecido procurador deste. Note-se que se trata de hipótese de revelia ulterior que produzirá unicamente efeito processual (não intimação dos atos processuais posteriores), se a resposta já tiver sido apresentada anteriormente.

II) Convenção das partes.

Poderão as partes ajustar a **suspensão do processo**, sendo a paralisação **limitada a seis meses**. Trata-se de **negócio processual** entabulado entre as partes, que produzirá efeitos a partir do momento em que ajustado, não obstante haja necessidade de homologação judicial.

Escoado o prazo de seis meses, deverá o juiz determinar a continuidade do processo.

III) Pela arguição de impedimento e suspeição.

As causas de impedimento e a suspeição prejudicam a imparcialidade do juiz e serão arguidas, de acordo com o CPC, mediante mera petição nos próprios autos. Não mais devem ser arguidas por meio de exceção.

Arguido o impedimento ou a suspeição, tem-se que ocorrerá a suspensão imediata do processo, não podendo o juiz praticar sequer atos reputados urgentes.

Ao ter ciência da arguição, o juiz poderá reconhecer a causa de impedimento ou de suspeição e determinar o encaminhamento dos autos ao seu substituto legal. De outro lado, discordando, determinará o desentranhamento da petição, podendo instruí-la, bem como o seu encaminhamento ao Tribunal para decisão a respeito.

Aportando no Tribunal respectivo e distribuída ao relator, este decidirá sobre a manutenção ou não do efeito suspensivo.

IV) Pela Admissão do Incidente de Resolução de Demandas Repetitivas.

O CPC se preocupou em atender aos reclamos da sociedade para solucionar a litigiosidade repetitiva. Para tanto, fez previsão de incidentes e meios capazes de formar pronunciamentos judiciais, dos quais será possível extrair precedentes que vincularão juízes e o tribunal no julgamento de casos futuros (art. 927).

Entre esses instrumentos, destaca-se o incidente de resolução de demandas repetitivas, por meio do qual, havendo efetiva repetição de processos que contenham controvérsia sobre a mesma questão unicamente de direito e risco de ofensa à isonomia e à segurança jurídica, visando fixar uma tese que possa ser aplicada pelos juízes do mesmo tribunal.

Em conformidade com o art. 982 do CPC, admitido o incidente, o relator suspenderá os processos pendentes, individuais ou coletivos, que tramitam no Estado ou na região (no caso de Tribunal Regional Federal).

Decidido o incidente, se não interposto recurso, cessará a suspensão dos processos. Contudo, interposto recurso (extraordinário e/ou especial, que terão efeito suspensivo nesse caso), a suspensão do processo prosseguirá.

Como se vê, a causa de suspensão do processo, aqui analisada, não é automática ou decorrente da instauração do incidente de resolução de demandas repetitivas, mas carece de decisão de seu relator e terá vigência enquanto tramitar, salvo se houver decisão em sentido contrário.

V) Quando a sentença de mérito.

Nesta hipótese, abrem-se outras duas situações:

a) se a sentença de mérito depender do julgamento de outra causa ou da declaração da existência ou da inexistência de relação jurídica que constitua o objeto principal de outro processo pendente:

Neste caso, para que seja proferida sentença de mérito, **há necessidade de se aguardar pelo julgamento de outro processo, no qual será analisada questão prejudicial externa.**

Questão prejudicial é aquela que influenciará no mérito do processo. Pode ser interna (controvertida no próprio processo), ou externa (quando será decidida em outro processo).

b) tiver de ser proferida somente após a verificação de determinado fato ou a produção de certa prova:

Nesse caso, a prova será produzida em outro juízo, havendo necessidade de se aguardar por ela. A suspensão terá o prazo máximo de um ano nas duas hipóteses.

Dependendo o conhecimento do mérito de verificação de existência de fato delituoso, será determinada a suspensão do processo até que haja decisão no processo criminal. Será aguardado pelo prazo de três meses para o ajuizamento da ação penal. Se já ajuizada, porém, o processo ficará suspenso pelo prazo máximo de um ano.

VI) Por motivo de força maior.

Na hipótese constante do inciso V, indica o CPC que o processo poderá ser suspenso por motivo de força maior, que não decorre propriamente da vontade das partes, como, por exemplo, o alagamento de uma cidade por conta de fortes chuvas.

VII) quando se discutir em juízo questão decorrente de acidentes e fatos da navegação de competência do Tribunal Marítimo.

Havendo necessidade de se aguardar por decisão do Tribunal Marítimo como questão que influenciará o mérito da decisão de mérito, o juiz suspenderá o processo.

VIII) nos demais casos previstos em lei.

O rol constante do art. 313 não é exaustivo, mas exemplificativo, existindo outras hipóteses de suspensão do processo, como, por exemplo, a concessão de efeito suspensivo em embargos à execução.

IX) pelo parto ou pela concessão de adoção, quando a advogada responsável pelo processo constituir a única patrona da causa.

Trata-se de hipótese incluída pela Lei n. 13.363/2016, em que o período de suspensão será de trinta dias, contado a partir da data do parto ou da concessão da adoção, mediante apresentação de certidão de nascimento ou documento similar que comprove a realização do parto, ou de termo judicial que tenha decidido a adoção, desde que haja notificação ao cliente.

X – quando o advogado responsável pelo processo constituir o único patrono da causa e tornar-se pai.

Hipótese também incluída pela Lei n. 13.363/2016, segundo a qual o período de suspensão será de oito dias, contado a partir da data do parto ou da concessão da adoção, mediante apresentação de certidão de nascimento ou documento similar que comprove a realização do parto, ou de termo judicial que tenha concedido a adoção, desde que haja notificação ao cliente.

Extinção do processo.

A **extinção do processo** ocorrerá por meio de sentença, que terá por fundamento um dos incisos do art. 485, bem como os incisos II e III do art. 487 do CPC (vide, a respeito, o art. 354).

Nesse passo, a extinção do processo decorrerá de sentença em que não é analisado o mérito, ou, então, em sentença que decide, de ofício ou a requerimento, sobre a ocorrência de decadência ou prescrição, bem como a que homologa ato de reconhecimento da procedência do pedido e da reconvenção, a transação e a renúncia à pretensão formulada na ação ou na reconvenção.

Fala-se em extinção do processo, por isso, diz-se que será proferida sentença. Contudo, será possível que o magistrado profira **decisão interlocutória** em que **extingue parcialmente o processo**, com ou sem análise de mérito. Neste caso, o processo prosseguirá em relação à parte não objeto de extinção. A extinção também poderá ocorrer por meio de decisão monocrática, em julgamento, por exemplo, de agravo de instrumento.

PROCEDIMENTO COMUM

▸ Petição inicial

É possível a identificação de requisitos intrínsecos e extrínsecos da petição inicial. Aqueles devem estar constantes do próprio corpo da petição inicial, ao passo que estes se revelam como documentos que devem acompanhar a peça, por serem imprescindíveis à propositura da ação.

Classificação dos Requisitos da Petição Inicial	
Intrínsecos	**Extrínsecos**
Contidos no corpo da petição inicial	Documentos indispensáveis à propositura da ação

PROCESSUAL CIVIL

Classificação dos Requisitos da Petição Inicial	
Intrínsecos	**Extrínsecos**
Ausência: o juiz determinará a emenda.	Ausência: o juiz determinará que a peça seja completada

As causas serão levadas à distribuição/registro. A distribuição poderá ser livre ou vinculada (dependência).

Serão distribuídas por dependência as causas de qualquer natureza: i) quando se relacionarem, por conexão ou continência, com outra já ajuizada; ii) quando, tendo sido extinto o processo sem resolução de mérito, for reiterado o pedido, ainda que em litisconsórcio com outros autores ou que sejam parcialmente alterados os réus da demanda; iii) quando houver ajuizamento de ações que serão reunidas, ao juízo prevento.

A toda causa deve ser atribuído um valor, ainda que a ação não tenha conteúdo econômico.

Há critérios para a fixação do valor da causa. Nesse sentido:

> *Art. 292. O valor da causa constará da petição inicial ou da reconvenção e será: I – na ação de cobrança de dívida, a soma monetariamente corrigida do principal, dos juros de mora vencidos e de outras penalidades, se houver, até a data de propositura da ação; II – na ação que tiver por objeto a existência, a validade, o cumprimento, a modificação, a resolução, a resilição ou a rescisão de ato jurídico, o valor do ato ou o de sua parte controvertida; III – na ação de alimentos, a soma de 12 (doze) prestações mensais pedidas pelo autor; IV – na ação de divisão, de demarcação e de reivindicação, o valor de avaliação da área ou do bem objeto do pedido; V – na ação indenizatória, inclusive a fundada em dano moral, o valor pretendido; VI – na ação em que há cumulação de pedidos, a quantia correspondente à soma dos valores de todos eles; VII – na ação em que os pedidos são alternativos, o de maior valor; VIII – na ação em que houver pedido subsidiário, o valor do pedido principal.*

Admite-se a cumulação de pedidos, observando-se a seguintes classificação: i) cumulação própria – os pedidos são apresentados, pretendendo o autor o acolhimento de todos eles; ii) cumulação imprópria – os pedidos são apresentados, mas o autor não pretende que todos eles sejam acolhidos. Poderá ser subsidiária (estabelece-se uma ordem entre eles), ou alternativa (sem estabelecimento desta ordem).

O indeferimento da petição inicial consiste na manifestação do juiz no sentido de que, a partir dos elementos indicados naquela peça, a ação não poderá prosseguir. Poderá ocorrer de forma parcial, com relação a algum dos pedidos, ou total, o que refletirá na natureza do pronunciamento jurisdicional (decisão interlocutória ou sentença).

Entende-se por liminar o pronunciamento proferido no início do processo, no seu limiar. A liminar poderá consistir em uma decisão interlocutória (tutela antecipada), em uma sentença (sentença de indeferimento da inicial), decisão monocrática proferida por relator e, por que não, até por decisão colegiada em Tribunal.

Como regra, uma vez iniciado o procedimento, haverá a citação da parte contrária e o andamento regular dos atos processuais, para que o magistrado possa, ao final, proferir a sentença de mérito.

Contudo, como visto no item anterior, será possível que o magistrado entenda que a petição inicial não reúne condições para que haja o desenrolar do processo, hipótese em que poderá indeferir a petição inicial, com pronunciamento sem análise de mérito.

Em outros casos, faculta o CPC que o juiz analise o mérito desde já, independentemente de citação da parte contrária, proferindo pronunciamento de improcedência liminar do pedido.

Há uma diferenciação a ser feita que é vital para o entendimento. Na improcedência liminar, o magistrado analisa o mérito. Julga-o desde já, com possibilidade de formação da coisa julgada material, se não houver a interposição de recurso. No indeferimento da inicial, contudo, não há análise de mérito.

Assim, o autor postula os seus pedidos e o magistrado, quando da análise da inicial, profere julgamento de improcedência liminar.

O CPC permite que tal julgamento ocorra, em suma, quando a pretensão apresentada pela parte contrária encampar tese jurídica contrária ao já decidido em determinados precedentes, quais sejam: I - enunciado de súmula do Supremo Tribunal Federal ou do Superior Tribunal de Justiça; II - acórdão proferido pelo Supremo Tribunal Federal ou pelo Superior Tribunal de Justiça em julgamento de recursos repetitivos; III - entendimento firmado em incidente de resolução de demandas repetitivas ou de assunção de competência; IV - enunciado de súmula de tribunal de justiça sobre direito local.

▸ Audiência de conciliação e mediação

Estando a petição inicial em ordem e não entendendo o magistrado ser o caso de ser proferida sentença de improcedência liminar, será designada audiência de conciliação ou de mediação com antecedência mínima de 30 dias, devendo o réu ser citado com pelo menos vinte dias de antecedência.

▸ Contestação e reconvenção

A contestação é regida pelos seguintes princípios:

a) concentração: deverá o réu concentrar em sua defesa toda a matéria de defesa, ainda que contraditória. Trata-se do momento oportuno para que isso seja feito. Uma vez apresentada, não poderá ser posteriormente complementada, uma vez que verificada a preclusão consumativa.

Há, porém, matérias que o réu poderá alegar posteriormente. Estão elencadas no art. 342 do CPC: i) relativas a direito ou a fato superveniente; ii) competir ao juiz conhecer delas de ofício; iii) por expressa autorização legal, puderem ser formuladas em qualquer tempo e grau de jurisdição.

Nestes casos, admite-se que a matéria seja alegada posteriormente. Imagine-se, por exemplo, o tema prescrição. Como sabido, dele o juiz poderá conhecer, de ofício, a qualquer momento. Por isso, o réu poderá alegá-la posteriormente, ainda que já oferecida contestação. A decadência contém uma particularidade, em razão de suas duas espécies. A decadência legal poderá ser alegada e conhecida a qualquer momento. De outro lado, a decadência convencional poderá ser alegada a qualquer tempo, muito embora somente poderá ser conhecida se houver requerimento nesse sentido. O juiz não poderá conhecê-la de ofício.

A regra, portanto, é de que toda a matéria de defesa seja alegada na contestação, ainda que ela seja contraditória.

b) ônus da impugnação especificada: a contestação é a oportunidade para que o réu impugne os fatos apresentados pelo autor na petição inicial. Algumas explicações preliminares são importantes para o entendimento correto deste princípio.

Na petição inicial, o autor apresenta os fatos dos quais extrai determinadas consequências jurídicas. O réu, ao ser citado, terá oportunidade de impugnar cada um destes fatos por meio da contestação, quando, então, passa-se a ter uma questão controvertida sobre a qual incidirá a prova. De outro lado, se o fato não for impugnado, será presumida a sua veracidade. Trata-se do ônus da impugnação especificada.

Porém, não haverá a presunção de veracidade, se não for admissível, a seu respeito, a confissão; se a petição inicial não estiver acompanhada de instrumento que a lei considerar da substância do ato; se os fatos estiverem em contradição com a defesa, considerada em seu conjunto.

Tal ônus não será aplicado ao defensor público, ao advogado dativo e ao curador especial. Dessa maneira, pela previsão contida no art. 341, parágrafo único do CPC, se a parte for assistida por Defensor Público, ainda que não apresente resposta, tem-se que não serão presumidos como verdadeiros os fatos articulados na petição inicial.

A contestação deverá ser apresentada por meio de petição, no prazo de 15 dias, sendo aplicáveis os prazos especiais previstos na lei.

Têm prazos especiais: Ministério Público, Defensoria Pública, Fazenda Pública e litisconsortes com diversos procuradores, que não sejam do mesmo escritório jurídico e não seja processo eletrônico.

No CPC de 1973, o prazo para o oferecimento de resposta era contado da juntada do mandado de citação aos autos. No CPC de 2015, porém, como houve previsão da necessidade de ser designada a audiência de conciliação ou de mediação, o prazo de resposta terá outro termo inicial.

Nesse sentido, prevê o art. 335 do Código de Processo Civil que o termo inicial será a data:

i) da audiência de conciliação ou de mediação, ou da última sessão de conciliação, quando qualquer parte não comparecer ou, comparecendo, não houver autocomposição: uma vez designada a audiência para tentativa conciliação ou de mediação, deverão as partes comparecer para a composição. Se esta ocorrer, será o ajuste homologado por sentença judicial. Porém, se a composição não ocorrer e houver necessidade de continuação do procedimento, será iniciado o prazo para que o réu possa apresentar a sua contestação. Importante que o (a) candidato(a) esteja bem atento à forma de contagem deste prazo, pois é possível que haja questionamento para indicação de seu termo final em um determinado problema. A título de exemplo, examina-se a seguinte hipótese.

O autor propôs ação de cobrança. Foi designada audiência de conciliação. As partes compareceram à audiência, oportunidade em que foi tentada a composição entre elas, que restou infrutífera. Nesse caso, haverá necessidade de continuidade do processo, abrindo-se prazo para que o réu ofereça resposta. Considerando-se que a audiência foi realizada no dia 23.09.2016, assinale o prazo final para que o réu possa oferecer resposta.

ii) do protocolo do pedido de cancelamento da audiência de conciliação ou de mediação apresentado pelo réu, quando ocorrer a hipótese do art. 334, § 4º, inciso I: poderá o autor ter indicado na petição inicial que não pretende conciliar-se, tendo o réu feito o mesmo no prazo legal. Dessa maneira, não há motivo para que seja realizada a audiência, que será dada como prejudicada. Nesse caso, o prazo para que o réu possa oferecer a sua resposta será na data do protocolo do pedido de cancelamento apresentado pelo réu.

Se houver litisconsórcio passivo, o prazo será contado a partir de cada pedido de cancelamento da audiência. Registre-se que, nesta hipótese, o prazo não será iniciado conjuntamente para todos os réus. Será contado de uma maneira para aqueles que requererem o cancelamento da audiência e da audiência para os demais, se ela ainda assim for realizada.

iii) prevista no art. 231, de acordo com o modo como foi feita a citação, nos demais casos: no inciso III estão incluídas várias situações, como, por exemplo, o caso em que o magistrado vislumbrou, de imediato, que não deverá ser designada audiência de conciliação ou de mediação, uma vez que o direito é indisponível. Dessa forma, desde já, dispensa a audiência e determina a citação do réu para oferecer resposta. Assim, o prazo para a contestação será iniciado: a) da data de juntada aos autos do aviso de recebimento, quando a citação for pelo correio; b) da data de juntada aos autos do mandado cumprido, quando a citação for por oficial de justiça; c) da data da citação, se esta for promovida pelo escrivão ou chefe de secretaria; d) do dia útil seguinte ao fim da dilação assinada pelo juiz, quando a citação for por edital; e) do dia seguinte à consulta ao teor da citação ou ao término do prazo para que a consulta se dê, quando a citação for eletrônica; f) da data da juntada do comunicado de que houve a citação pelo juízo deprecado, ou, não havendo tal, da data de juntada da carta aos autos de origem devidamente cumprida.

Tratando-se de prazo processual, naturalmente, o prazo de resposta será contado em dias úteis.

O Código de Processo Civil de 2015 acarretou na concentração das matérias que podem ser alegadas na contestação, se comparado com o Código anterior.

Nesse sentido, podem ser alegadas e apresentadas as seguintes matérias processuais e substanciais. Além disso, será também possível apresentar pedido na própria contestação, como adiante será visto.

CONTEÚDO DA CONTESTAÇÃO		
DEFESA PROCESSUAL	DEFESA DE MÉRITO	EXERCÍCIO DE PRETENSÃO

Defesa processual: poderá o réu alegar determinadas matérias, que são indicadas como processuais, por não se referirem ao mérito. Tratam-se das preliminares, que podem ser ainda classificadas em dilatória ou peremptórias.

PROCESSUAL CIVIL

A defesa processual dilatória importa no prolongamento da relação processual, como ocorre com a incompetência absoluta. Nesse caso, o juiz não encerra o processo, mas determina o seu encaminhamento para o juízo competente, o que importa em uma demora na solução da questão.

De outro lado, a defesa processual peremptória importará na extinção do processo, como ocorre com o reconhecimento da existência de coisa julgada.

O art. 337 do Código de Processo Civil elenca as preliminares. Em comum, já poderiam ser conhecidas de ofício pelo juiz, ou seja, independentemente de serem alegadas na contestação, com exceção da incompetência relativa e da convenção de arbitragem, que dependem de ser alegadas pela parte.

Há duas preliminares que tratam de matérias que não podem ser conhecidas de ofício pelo juiz. São elas: incompetência relativa e a convenção de arbitragem.

Exercício de pretensão: poderá o réu, ainda na contestação, exercer pretensão em face do autor, ou mesmo de terceiro. E assim ocorrerá na reconvenção ou mesmo na denunciação da lide.

A reconvenção é o contra-ataque exercido pelo réu (identificado como réu-reconvinte), ou, no mínimo este e mais pessoas, em face do autor ou também autor e outras pessoas. Trata-se de ação promovida no mesmo processo, que será exercida na própria contestação, quando então deverá o réu indicar o valor da causa (art. 292 *caput* CPC), devendo o pedido ser certo e determinado, admitindo-se também o pedido genérico nas hipóteses legais (art. 324 § 2º).

Por ser ação autônoma, a desistência da ação principal ou a ocorrência de causa extintiva que impeça o exame de seu mérito não obsta ao prosseguimento do processo quanto à reconvenção.

Oferecida a reconvenção, o magistrado determinará que se proceda à respectiva anotação pelo distribuidor (art. 286, parágrafo único).

Na reconvenção não se exigirá caução para que o brasileiro ou estrangeiro, que resida fora do Brasil ou que deixar de residir no país ao longo da tramitação de processo, ainda que não tenha bens imóveis no Brasil que assegure o pagamento das custas e dos honorários de advogado da parte contrária (art. 83, III do CPC).

▸ Revelia

É efeito material da revelia a presunção de veracidade dos fatos articulados pelo autor na inicial. Não decorre a lógica procedência do pedido, mas apenas a presunção de que os fatos indicados na petição inicial são verdadeiros.

Porém, não haverá a produção deste efeito se: i) havendo pluralidade de réus, algum deles contestar a ação; ii) o litígio versar sobre direitos indisponíveis; iii) a petição inicial não estiver acompanhada de instrumento que a lei considere indispensável à prova do ato; iv) as alegações de fato formuladas pelo autor forem inverossímeis ou estiverem em contradição com a prova constante dos autos.

▸ Providências preliminares

Tendo o réu apresentado a sua resposta, poderá o magistrado tomar algumas providências, indicadas como preliminares. E assim são identificadas, porque objetivam preparar o processo para a fase processual seguinte.

Nesse sentido, verificando o magistrado que o réu não ofereceu resposta, mas que não haverá a incidência do efeito material da revelia, abrirá oportunidade para que o autor possa especificar as provas que pretende produzir, se ainda não as tiver indicado (art. 348).

▸ Julgamento conforme o estado do processo

Verificando o magistrado que poderá proferir pronunciamento sem a análise de mérito por incidir uma das hipóteses do art. 485, ou então, ser possível a análise de mérito com fundamento nos incisos II e III do art. 487 do CPC, proferirá sentença e extinguirá o processo (se decidir sobre a decadência ou a prescrição, ou, ainda, se homologar o reconhecimento da procedência do pedido formulado na ação ou na reconvenção, a transação ou a renúncia à pretensão formulada ou na reconvenção).

▸ Audiência de saneamento e organização do processo

Se o magistrado entender que não é o caso de extinção do processo ou de promover ao julgamento antecipado do mérito, então, deverá proferir decisão de saneamento e de organização do processo, por meio da qual: i) resolverá as questões processuais pendentes, se houver; ii) delimitará as questões de fato sobre as quais recairá a atividade probatória, especificando os meios de prova admitidos; iii) definirá a distribuição do ônus probatório; iv) delimitará as questões de direito relevantes para a decisão do mérito; v) designará, se necessário, audiência de instrução e julgamento.

▸ Audiência de instrução e julgamento

Tem a audiência de instrução e julgamento a finalidade de ser colhida a prova oral a ser produzida.

DAS PROVAS

Por *meios de prova* compreendem-se os procedimentos adequados para a obtenção da informação e o seu registro. Há vários meios de prova, como a pericial, a testemunhal. Não se confunde com fonte de prova.

A prova é extraída de uma fonte de prova. Uma pessoa pode ser uma fonte de prova, sendo aquela examinada por um perito médico, por exemplo. Tem-se, então, uma fonte de prova, que não se confunde com os meios de prova.

Serão admitidos todos os meios de prova moralmente legítimos, ainda que atípicos.

Admite-se, também, que o magistrado determine a produção da prova que entenda pertinente como decorrência do dever-poder instrutório do juiz (art. 370 do CPC).

Em consonância com o princípio da comunhão das provas, uma vez sendo produzida, poderá qualquer uma das partes dela se aproveitar, ainda que não tenha a requerido. A prova não pertence à parte que a produziu.

Em conformidade com o art. 5º, XII, CF, são inadmissíveis, no processo, as provas obtidas por meios ilícitos.

São princípios que regem a prova cível: atipicidade da prova; proibição da utilização das provas obtidas por meios ilícitos; aquisição e comunhão da prova; oralidade; máxima eficiência dos meios probatórios; deveres-poderes instrutórios do juiz; unidade probatória; e, livre convencimento motivado do juiz.

Distribuição do ônus da prova.

Ônus probatório: a propósito do tema, deve haver prévia análise da carga estática e da carga dinâmica do ônus probatório. Pela carga estática do ônus probatório, que ainda é a regra, há a prévia distribuição daquilo que cada parte no processo deverá comprovar. Desse modo, incumbe ao autor o ônus da prova quanto ao fato constitutivo de seu direito e ao réu, por sua vez, quanto ao fato impeditivo, modificativo ou extintivo do direito do autor.

Admite-se que as partes, por convenção, modifiquem o ônus da prova. Contudo, tal convenção não será admitida quando recair sobre direito indisponível da parte ou se tornar excessivamente difícil a uma parte o exercício do direito (art. 373, § 3º).

O CPC inovou ao prever, também, a carga dinâmica do ônus probatório. Diferentemente do que foi anteriormente analisado, será possível que o juiz atribua o ônus da prova de modo diverso, desde que o faça por decisão fundamentada, justificada nos casos previstos em lei ou diante de peculiaridades da causa decorrentes da excessiva dificuldade de cumprir o encargo. Enfim, terá o ônus de provar aquele que tiver melhores condições de fazê-lo.

Fatos que independem de prova.

As provas buscam demonstrar os fatos. Porém, nem todos os fatos precisam ser demonstrados.

Nesse sentido, o art. 374 dispensa a prova dos fatos: i) notórios; ii) afirmados por uma parte e confessados pela parte contrária; iii) admitidos no processo como incontroversos; iv) em cujo favor milita presunção legal de existência ou de veracidade.

Produção antecipada de prova

O Código fez previsão da denominada ação probatória, que tem por finalidade exclusiva a produção antecipada de prova que poderá ser utilizada posteriormente em procedimento arbitral, judicial ou administrativo. Será admitida se: houver fundado receio de que venha a tornar-se impossível ou muito difícil a verificação de certos fatos na pendência da ação; a prova a ser produzida seja suscetível de viabilizar a autocomposição ou outro meio adequado de solução de conflito; o prévio conhecimento dos fatos possa justificar ou evitar o ajuizamento de ação.

Note-se que nem sempre haverá necessidade do elemento urgência.

A ação probatória não admitirá defesa ou recurso, salvo contra decisão que indeferir totalmente a produção da prova pleiteada pelo requerente originário.

Uma vez deferida e produzida a prova, os autos permanecerão durante um mês para extração de cópias e certidões.

Provas típicas e atípicas:

Ata notarial

A existência e o modo de existir de algum fato podem ser atestados ou documentados, a requerimento do interessado, mediante ata lavrada por tabelião.

Dados representados por imagem ou som gravados em arquivos eletrônicos poderão constar da ata notarial.

O Provimento nº 65, de 14.12.2017, da Corregedoria Nacional de Justiça, estabeleceu diretrizes para o procedimento da usucapião extrajudicial nos serviços notariais e de registro de imóveis.

Depoimento pessoal.

O depoimento pessoal é um meio de prova consistente na colheita do depoimento do autor e do réu. Será produzido na audiência de instrução e julgamento, com possibilidade de que haja a formulação de reperguntas pelo advogado da parte contrária.

Não obstante, admite-se que, se a parte residir em comarca, seção ou subseção judiciária diversa daquela onde tramita o processo poderá ser colhida por meio de videoconferência ou outro recurso tecnológico de transmissão de sons e imagens em tempo real, o que poderá ocorrer, inclusive, durante a realização da audiência de instrução e julgamento.

Se a parte não comparecer, apesar de pessoalmente intimada, ser-lhe-á aplicada a pena de confesso. Da mesma forma, se recusar a depor.

A parte não é obrigada a depor sobre fatos criminosos ou torpes que lhe forem imputados, a cujo respeito, por estado ou profissão, deva guardar sigilo, acerca dos quais não possa responder sem desonra própria, de seu cônjuge, de seu companheiro ou de parente em grau sucessível, que coloquem em perigo a vida do depoente ou das pessoas antes indicadas. Esta regra, contudo, não se aplica às ações de estado e de família.

Difere o depoimento pessoal do interrogatório, que poderá ser colhido a qualquer momento. Porém, no interrogatório a parte não está obrigada a depor e, se deixar de fazê-lo, não lhe será aplicada a pena de confesso.

Confissão.

Haverá a confissão quando a parte admite a verdade de fato contrário ao seu interesse e favorável ao do adversário.

Ela poderá ocorrer no âmbito judicial ou extrajudicial. Pode ainda ser espontânea ou provocada.

A confissão é irrevogável, mas poderá ser anulada se decorreu de erro de fato ou de coação. A legitimidade para a propositura desta ação é exclusiva do confitente e pode ser transferida a seus herdeiros se ele falecer após a propositura.

Exibição de documento ou coisa

A exibição poderá ser determinada pelo juiz, estando o documento ou coisa sob poder da parte ou de terceiros.

Atenção

O pedido formulado pela parte conterá: I – a descrição, tão completa quanto possível, do documento ou da coisa, ou das categorias de documentos ou de coisas buscados; II – a finalidade da prova, com indicação dos fatos que se relacionam com o documento ou com a coisa, ou com suas categorias; III – as circunstâncias em que se funda o requerente para afirmar que o documento ou a coisa existe, ainda que a referência seja a categoria de documentos ou de coisas, e se acha em poder da parte contrária.

Se estiver em poder da parte contrária, esta será intimada para responder no prazo de cinco dias contados de sua intimação. Instaura-se um incidente processual. Poderá o requerido afirmar que não possui o documento. Se o juiz não admitir a sua recusa, admitirá como verdadeiros os fatos que, por meio do documento ou da coisa, a parte pretendia provar se: i) o requerido não efetuar a exibição e nem fizer nenhuma declaração no prazo de cinco dias; ii) a recusa for havida por ilegítima.

Estando o documento ou coisa em poder de terceiro, será instaurado processo incidente. Nesse sentido, o terceiro será citado para responder no prazo de 15 dias. Não havendo motivo justo, o juiz ordenará o depósito em cartório, podendo haver a expedição de mandado de busca e apreensão.

Prova documental.

De todos os aspectos da prova documental, merecem ser destacados pela própria incidência em provas e concursos, alguns aspectos importantes.

O réu manifestar-se-á na contestação sobre os documentos anexos à inicial, e o autor na réplica sobre os documentos anexados na contestação.

A parte poderá requerer a juntada de documento aos processos e a outra poderá arguir a sua falsidade na contestação, na réplica ou no prazo de 15 dias contados da intimação da juntada dos documentos aos autos.

Arguida a falsidade como questão incidental, assim será decidida e não fará coisa julgada. Porém, poderá ser resolvida como questão principal, desde que haja requerimento da parte e seja o juiz competente, hipótese em que fará coisa julgada.

A propósito, indica o art. 433: "A declaração sobre a falsidade do documento, quando suscitada como questão principal, constará da parte dispositiva da sentença e sobre ela incidirá também a autoridade da coisa julgada".

Em regra, a prova documental deve ser apresentada juntamente com a petição inicial e contestação, sendo lícito às partes, porém, em qualquer momento, juntar aos autos documentos novos, se destinados a fazer prova de fatos ocorridos depois dos alegados, ou para contrapô-los aos que foram produzidos nos autos.

Sendo assim, se o réu apresenta fatos modificativos do direito do autor, poderá o autor apresentar novos documentos, afastando as alegações trazidas.

Os documentos podem ser públicos ou privados.

Competirá à parte impugnar a autenticidade da assinatura e a veracidade do contexto, o que presumir-se-á tendo em vista o seu silêncio. Tal eficácia cessa, contudo, se o documento foi obtido por erro, dolo ou coação, que podem ser alegados em momento posterior.

Documentos eletrônicos

A utilização de documentos eletrônicos no processo convencional dependerá de sua conversão à forma impressa e da verificação de sua autenticidade, na forma da lei.

O juiz apreciará o valor probante do documento eletrônico não convertido, assegurado às partes o acesso a seu teor.

Serão admitidos documentos eletrônicos produzidos e conservados com a observância da legislação específica.

Prova testemunhal.

A testemunha é a fonte da prova testemunhal. É a pessoa que, não sendo parte, será chamada a depor sobre fatos tratados no processo, sendo indeferida a sua oitiva sobre fatos já provados por documento ou confissão da parte, ou que só por documento ou por exame pericial puderem ser provados.

Todas as pessoas podem ser acionadas como testemunhas, havendo ressalva, contudo, em relação às incapazes, impedidas e suspeitas.

Sendo necessário, o magistrado poderá ouvir as testemunhas menores, impedidas ou suspeitas, sem tomar-lhes o compromisso de dizer a verdade.

A testemunha é obrigada a depor e a dizer a verdade, sob pena de praticar o crime de falso testemunho. Porém, não é obrigada a depor sobre fatos: (i) que lhe acarretem grave dano, bem como ao seu cônjuge e aos seus parentes consanguíneos ou afins, em linha reta, ou na colateral em segundo grau; (ii) a cujo respeito, por estado ou profissão, deva guardar sigilo.

Nos casos em que a lei exigir prova escrita da obrigação, é admissível a prova testemunhal quando houver começo de prova por escrito, emanado da parte contra a qual se pretende produzir a prova.

Também se admite a prova testemunhal quando o credor não pode ou não podia, moral ou materialmente, obter a prova escrita da obrigação, em casos como o de parentesco, de depósito necessário ou de hospedagem em hotel ou em razão das práticas comerciais do local onde contraída a obrigação.

O juiz fixará, na decisão saneadora, o prazo comum não superior a 15 dias para que as partes apresentem rol de testemunhas. No caso de saneamento compartilhado, as partes devem levar consigo o rol de testemunhas.

O número de testemunhas não pode ser superior a dez, sendo 03 no máximo para a prova de cada fato.

Admite-se que o juiz limite o número de testemunhas levando em conta a complexidade da causa e dos fatos individualmente considerados.

Prova pericial.

A prova pericial consiste em exame, vistoria ou avaliação. Trata-se de meio de prova em que se necessita dos conhecimentos de expert nomeado pelo Juízo.

A prova pericial poderá ser substituída pela prova técnica simplificada, se o ponto controvertido for de menor complexidade, consistindo apenas na inquirição de especialista pelo juiz.

Ao nomear o perito, o juiz fixará prazo para a entrega do laudo.

Uma vez intimada, a parte terá o prazo de quinze dias para arguir o impedimento ou a suspeição do perito, indicar assistente técnico ou apresentar quesitos.

Ciente da notificação, o perito apresentará proposta de honorários, currículo com comprovação de especialização e contatos profissionais, sendo as partes intimadas, podendo manifestar-se a respeito em cinco dias.

Ultrapassado o prazo, com ou sem manifestação, o juiz arbitrará o valor, intimando-se as partes.

É admissível a apresentação de quesitos suplementares durante a diligência, que poderão ser respondidos pelo perito previamente ou na audiência de instrução e julgamento.

É admissível também que as partes escolham o perito, indicando-o mediante requerimento, desde que sejam plenamente capazes e a causa possa ser resolvida por autocomposição.

Inspeção judicial.

A inspeção judicial consiste na possibilidade de o juiz, sem intermediários, constatar determinado fato indicado na inicial ou na contestação.

Assim, o juiz, de ofício ou a requerimento da parte, poderá, em qualquer fase do processo, inspecionar pessoas ou coisas, com a finalidade de esclarecer sobre fato.

Realizada a inspeção, será lavrado auto circunstanciado.

11. DA SENTENÇA E DA COISA JULGADA

CONCEITO

O Código de Processo Civil corrigiu a imprecisão terminológica, conforme se vê do art. 203, ao prever que os "os pronunciamentos do juiz consistirão em sentenças, decisões interlocutórias e despachos" (*caput*), e que acórdão é "o julgamento colegiado proferido pelos tribunais".

Conforme dispõe o parágrafo primeiro do art. 203, "ressalvadas as disposições expressas dos procedimentos especiais, sentença é o pronunciamento por meio do qual o juiz, com fundamento nos arts. 485 e 487, põe fim à fase cognitiva do procedimento comum, bem como extingue a execução".

A definição adotada pelo legislador levou em consideração os reclamos da doutrina, para o fim de unir os critérios de conteúdo e de efeito do ato.

O conceito, então, adotado pelo CPC/2015, leva em conta os **critérios do conteúdo,** de modo que será sentença o ato judicial que incidir em uma das hipóteses indicadas nos arts. 485 e 487, **bem como do efeito, pois propiciará o encerramento de uma fase procedimental do procedimento comum, ou mesmo da execução.**

Relevante foi a ressalva levada a cabo na parte inicial do parágrafo primeiro do art. 203, no sentido de ser levada em consideração as particularidades dos procedimentos especiais.

O Código de Processo Civil também dividiu as **sentenças em terminativas e definitivas.**

As sentenças terminativas são aquelas em que, além de não haver a resolução do mérito, também ocorreu a extinção da fase procedimental.

A sentença terminativa enseja o que Dinamarco denominou de extinção anômala, em que não houve "a produção do provimento para o qual ele foi instaurado e, portanto, sem oferta de tutela jurisdicional plena e nenhuma das partes (...)".[2] Tal pronunciamento conduz à crise do processo[3] e está na contramão de direção do sentido do princípio da primazia do julgamento do mérito (art. 4º do CPC). A depender da hipótese extintiva, também vai de encontro com o contraditório efetivo, uma vez que é dever do magistrado indicar às partes o que for necessário para o aperfeiçoamento dos atos processuais, conforme adiante será visto.

A sentença extintiva importará em desgaste da máquina judiciária, pois haverá um processo com utilidade reduzida (ou nenhuma), que ocupou o tempo e recursos necessários para a análise de outros casos relevantes, em que se deve buscar a tutela jurisdicional adequada.

Muito embora não seja um fim em si mesma (e, muitas vezes, até dispensáveis porque uma decisão sem cognição exauriente pode ter utilidade prática à parte), o procedimento tramita com a finalidade de que, em primeiro lugar, tenha-se a sentença de mérito, bem como de que tal sentença seja efetiva.

A sentença de mérito acarretará o encerramento de uma fase procedimental ou da execução e será proferida nas hipóteses indicadas no art. 487 do CPC. Com o trânsito em julgado, formará a coisa julgada material.

Em atenção ao princípio da correlação, deverá a sentença observar os limites que foram impostos pelos pedidos apresentados no processo.

A decisão interlocutória é todo pronunciamento judicial de natureza decisória que não se enquadre nas hipóteses de sentença (art. 203, § 2º do CPC).

Admitem-se **decisões interlocutórias (portanto, com carga decisória) com ou sem análise de mérito.** Pode-se dizer que serão com análise de mérito todas as decisões proferidas e que, muito embora não encerrem uma fase procedimental, tenham como conteúdo uma das hipóteses indicadas no art. 487 do Código de Processo Civil. A interlocutória que prefere julgamento antecipado parcial da lide é uma hipótese de decisão interlocutória de mérito.

Desse modo, admitem-se as **decisões interlocutórias típicas**, em que não há análise de mérito, e **decisões interlocutórias atípicas**, que dizem respeito ao próprio mérito.

Serão interlocutórias típicas aquelas, como foi dito, em que não há análise de mérito. Mesmo essas poderão ter conteúdo de sentença (embora sejam interlocutórias), como ocorre, por exemplo, com a exclusão de um dos litisconsortes.

As decisões interlocutórias atípicas, por sua vez, comportam a seguinte divisão: i) **decisões interlocutórias que versam sobre o mérito; e, ii) interlocutórias de mérito, com conteúdo de sentença**. Para explicar a diferença entre as duas situações, parte-se do exemplo da decisão antecipatória de mérito (tutela provisória de urgência antecipatória). Neste caso, profere-se "**decisão *sobre o mérito,*** embora **não seja decisão de mérito**, no sentido do art. 485 do CPC. É decisão *sobre o mérito* e, quando se afirma isto, se leva em conta o objeto sobre o qual recai a cognição do juiz".[4]

Portanto, a decisão antecipatória de tutela, ou mesmo a decisão que defere a tutela da evidência, são **decisões interlocutórias que versam sobre o mérito**, mas não propriamente interlocutórias de mérito.

2. DINAMARCO, Cândido Rangel. *Instituições de Direito Processual Civil*. 6. ed. Vol. II. São Paulo: Malheiros, 2009, p. 646.

3. DINAMARCO, Cândido Rangel. *Instituições de Direito Processual Civil*. 6. ed. Vol. II. São Paulo: Malheiros, 2009, p. 644.

4. WAMBIER, Teresa Arruda Alvim; CONCEIÇÃO, Maria Lúcia Lins; RIBEIRO, Leonardo Ferres da Silva; MELLO, Rogério Licastro Torres de. *Primeiros Comentários ao Novo Código de Processo Civil. Artigo por Artigo*. São Paulo: RT, 2015, p. 370.

Será **decisão interlocutória de mérito (com conteúdo de sentença)** a que, por exemplo, promover o julgamento antecipado parcial da lide (art. 356 do CPC), ou então julgar improcedente liminarmente um dos pedidos (art. 332 do CPC). Nestes casos, a decisão resolve o mérito, mas não coloca fim ao procedimento. Nesse sentido, "haverá decisões – que sempre consideramos serem verdadeiras sentenças – que a nova lei chama de **interlocutórias**, mas que **transitam em julgado** e podem, eventualmente, ser **rescindidas**".[5]

Em conformidade com o art. 203, § 3º, do Código de Processo Civil, são despachos todos os demais pronunciamentos do juiz praticados no processo, de ofício ou a requerimento da parte.

O acórdão é o julgamento colegiado proferido pelos tribunais.

CLASSIFICAÇÕES

Em primeiro lugar, tem-se que as sentenças poderão ser terminativas (sem resolução do mérito) ou definitivas (com resolução do mérito).

Quanto à espécie de tutela jurisdicional concedida à parte, tem-se que as sentenças podem ser declaratórias, constitutivas e condenatórias. Para os adeptos da teoria quinária da ação, também podem ser mandamentais e executivas lato sensu.

- **Sentença declaratória ➔** tem a finalidade de declarar a existência, a inexistência ou o modo de ser de uma relação jurídica. De se lembrar que toda sentença possui uma carga declaratória, mas há algumas em que isso prevalece. A improcedência de qualquer pedido gera uma sentença declaratória.
- **Sentença condenatória ➔** neste pronunciado, será certificado o direito da parte vencedora. Por meio dela, verifica-se a existência do direito e impõe o seu cumprimento.
- **Sentença constitutiva ➔** por meio dela, o pronunciamento criará, modificará ou extinguirá um estado ou uma relação jurídica. Exemplo: sentença de divórcio.

É possível que uma sentença encampe uma multiplicidade de efeitos. Poderá ter predominância em relação a um dos efeitos, mas imponha também outro.

- **Sentenças mandamental e executiva lato sensu ➔** para aqueles que defendem a sua existência, tem-se que na primeira haverá a imposição de uma ordem, de um mandamento, a ser cumprido pelo próprio obrigado. Diferentemente, na executiva lato sensu, impõe-se uma ordem que será cumprida independentemente da vontade daquele que tem o dever de fazê-lo. Exemplo: mandado de reintegração de posse. A ordem será cumprida ainda que o ocupante não concorde ou não o permita.

Também se admite outra classificação, que relaciona a tutela pretendida com o ilícito e a necessidade de reparação do dano. Assim, tem-se:

Tutela	Ilícito	Dano
Inibitória	Visa impedir a ocorrência do ilícito	Não pressupõe o dano.
Remoção do ilícito	Visa remover o ilícito. O dano ainda não ocorreu.	
Reparatória		Tem a finalidade de reparar o dano. Não pressupõe que tenha ocorrido o ilícito.

REQUISITOS

Os pronunciamentos do juiz em que houve ou não a resolução do mérito já foram analisados anteriormente, quando do estudo dos pronunciamentos judiciais.

A sentença possui uma estrutura orgânica, devendo ser composta pelo relatório, pelos fundamentos e pelo dispositivo.

- **Relatório ➔** conterá os nomes das partes, a identificação do caso, com a suma do pedido e da contestação, e o registro das principais ocorrências havidas no andamento do processo;
- **Fundamentação ➔** por meio dos fundamentos o juiz analisará as questões de fato e de direito.
- **Dispositivo ➔** o juiz resolverá as questões principais que as partes lhe submeterem.

Em observância ao princípio da fundamentação analítica, não será considerada fundamentada qualquer decisão judicial, seja ela interlocutória, sentença ou acórdão, que: I – se limitar à indicação, à reprodução ou à paráfrase de ato normativo, sem explicar sua relação com a causa ou a questão decidida; II – empregar conceitos jurídicos indeterminados, sem explicar o motivo concreto de sua incidência no caso; III – invocar motivos que se prestariam a justificar qualquer outra decisão; IV – não enfrentar todos os argumentos deduzidos no processo capazes de, em tese, infirmar a conclusão adotada pelo julgador; V – se limitar a invocar precedente ou enunciado de súmula, sem identificar seus fundamentos determinantes nem demonstrar que o caso sob julgamento se ajusta àqueles fundamentos; VI – deixar de seguir enunciado de súmula, jurisprudência ou precedente invocado pela parte, sem demonstrar a existência de distinção no caso em julgamento ou a superação do entendimento.

EFEITOS

Podem ser apontados os seguintes efeitos da sentença em que ocorra a análise de mérito:

i) colocar fim à fase cognitiva e na execução;
ii) a sentença que impuser obrigação se constituirá em título executivo judicial;
iii) a hipoteca judiciária, como previsto no art. 495: "a decisão que condenar o réu ao pagamento de prestação consistente em dinheiro e a que determinar a conversão de prestação de fazer, de não fazer ou de dar coisa em prestação pecuniária

5. WAMBIER, Teresa Arruda Alvim; CONCEIÇÃO, Maria Lúcia Lins; RIBEIRO, Leonardo Ferres da Silva; MELLO, Rogério Licastro Torres de. *Primeiros Comentários ao Novo Código de Processo Civil. Artigo por Artigo*. São Paulo: RT, 2015, p. 369.

valerão como título constitutivo de hipoteca judiciária". Por isso, a decisão (pode ser sentença ou mesmo decisão interlocutória de mérito) produzirá hipoteca judiciária: a) ainda que a condenação seja genérica, exigindo futura liquidação; b) ainda que submetida a cumprimento provisório apenas; c) ainda que impugnada com recurso com efeito suspensivo.

A possibilidade de interposição de recurso com efeito suspensivo não retira a possibilidade da hipoteca judiciária.

A hipoteca judiciária, uma vez constituída, implicará, para o credor hipotecário, o direito de preferência, quanto ao pagamento, em relação a outros credores, observada a prioridade no registro. Responderá a parte de forma objetiva (sem necessidade de demonstração de dolo ou culpa) pelos prejuízos causados se acaso houver reforma ou invalidação da decisão que impôs o pagamento de quantia. Os danos serão apurados no próprio processo, onde também serão executados.

A hipoteca judiciária constitui efeito secundário da sentença.

PUBLICAÇÃO, INTIMAÇÃO, CORREÇÃO E INTEGRAÇÃO DA SENTENÇA

Constitui a publicação o ato de tornar pública a sentença. Trata-se da entrega do pronunciamento ao escrivão. A partir de então, o magistrado somente poderá alterar a sentença para corrigir-lhe, de ofício ou a requerimento da parte, inexatidões materiais ou erros de cálculo ou por meio dos embargos de declaração.

Para a correção de inexatidões materiais ou erros de cálculo, como foi dito, a correção poderá se dar de ofício, a qualquer tempo.

Tem os embargos declaratórios natureza mista, na medida em que se constituem em recursos, mas também em meio de correção e integração da sentença.

Uma vez publicada a sentença (tornada pública), providenciará o escrivão (e os demais agentes – auxiliares da justiça) a intimação das partes, seguindo-se as regras gerais para tanto.

COISA JULGADA

CONCEITO E ESPÉCIES

A coisa julgada, no entanto, não é uma garantia absoluta, devendo conviver com outras garantias e bens jurídicos de igual importância. Sendo assim, muito embora presente a coisa julgada, a lei permite, em casos excepcionais, a rescisão de tal qualidade, por meio da ação rescisória, apta a ser ajuizada nos casos mencionados no art. 966, do Código de Processo Civil.

Formada a coisa julgada, não se permitirá a rediscussão da sentença.

Porém, é preciso verificar se essa impossibilidade de rediscussão ocorrerá no mesmo ou em outro processo.

E a resposta a essa indagação variará consoante tenha ocorrido ou não a resolução do mérito.

Com efeito, **se proferida sentença extintiva processual, será permitido ao autor repropor a demanda em outra oportunidade**, motivo pelo qual se diz que foi formada a coisa julgada exclusivamente formal. Trata-se da chamada preclusão máxima.

De outro lado, porém, se proferida **sentença com resolução do mérito, será formada não só a coisa julgada formal, mas também a material**, impedindo-se a sua rediscussão não só no mesmo, mas também em outro processo, tendo a sentença força de lei nos limites da lei e das questões decididas.

Nestas sentenças com resolução do mérito, a coisa julgada formal e a material formam-se no mesmo momento, que é o do trânsito em julgado. Ou seja, somente depois de decidido o último recurso interposto é que será formada, ainda que ele seja intempestivo.

EFEITOS DA COISA JULGADA

A coisa julgada produz três efeitos distintos: **negativo, positivo e preclusivo**.

Em razão do **efeito negativo**, impede-se que a questão seja decidida novamente em outro processo.

Por conta do **efeito positivo**, porém, havendo necessidade de retorno da questão principal ao Poder Judiciário, esta não poderá ser decidida de maneira diversa. Por esse motivo, por exemplo, havendo necessidade de liquidação da sentença, não poderá o magistrado decidir pela desnecessidade da indenização porque o autor não praticou o ato ilícito que lhe foi imputado. Estará impedido de fazê-lo, pois, deverá respeitar a coisa julgada formada.

Note-se, porém, que não há impedimento para a revisão da sentença pelo magistrado, desde que provocado por processo próprio, nas causas em que a modificação do estado das coisas poderá importar na alteração da própria obrigação, como ocorre na ação revisional de alimentos. Ou seja, um julgamento *rebus sic stantibus*, encampado em sentença determinativa, permite que a questão seja reanalisada, porque projeta a sua eficácia à frente.

Por conta do **efeito preclusivo**, reputam-se **deduzidas e repelidas todas as alegações e defesas** que a parte poderia opor assim ao acolhimento como à rejeição do pedido. A coisa julgada, dessa maneira, abrangerá aquilo que foi deduzido e aquilo que era deduzível, o que não afasta a possibilidade de ajuizamento de nova ação, fundada em elementos diversos.

Nelson Nery Júnior aponta a existência de um **efeito especial, que é o substitutivo**. Segunda ensina, "a sentença de mérito transitada em julgado substitui todas as atividades das partes e do juiz praticadas no processo, de sorte que as nulidades e anulabilidades porventura ocorridas durante o procedimento terão sido substituídas pela sentença, que as abarca".

O estudo do regime jurídico da coisa julgada compreende a análise de seus **limites objetivos**, **limites subjetivos** e também de seu **modo de produção**.

a) *Limites objetivos*: verifica-se o que é atingido pela coisa julgada material, se toda a sentença, ou se parte dela.

Como sabido, a sentença é constituída por três elementos essenciais: *o relatório, a fundamentação e a parte dispositiva (dispositivo)*, mas somente a última é atingida pela coisa julgada, excluindo-se os motivos, ainda que importantes para determinar o alcance da parte dispositiva da sentença, assim como também a verdade dos fatos, estabelecida como fundamento da sentença.

PROCESSUAL CIVIL

Por esse motivo, "a decisão que declara indevida a cobrança do imposto em determinado exercício não faz coisa julgada em relação aos posteriores" (súmula 239, do Supremo Tribunal Federal).

A questão prejudicial, decidida incidentalmente no processo, também não fará coisa julgada material. Trata-se de antecedente lógico da sentença e, por isso, não abrangida pela coisa julgada. Porém, se a parte o requerer por meio da ação declaratória incidental, apresentará a eficácia de coisa julgada material.

Questão interessante refere-se à sentença omissa em relação à condenação ao pagamento de honorários advocatícios. Como tal condenação não constou do dispositivo da sentença, não será possível que tal verba seja posteriormente incluída na execução do julgado, e nem mesmo cobrada em outro processo.

b) *Limites subjetivos*: nesse ponto, verifica-se quem será atingido pela coisa julgada formada.

Em um primeiro momento, a coisa julgada estará adstrita às partes do processo e, por isso, é denominada de ***inter partes***.

Contudo, admitem-se exceções.

Na primeira, verifica-se a coisa julgada ***ultra partes***, que vai além das partes do processo, para atingir também determinados terceiros. É o que ocorre nos casos de substituição processual, em que o substituído, apesar de não ter participado do processo, terá sua esfera jurídica atingida.

Outra exceção é a **coisa julgada *erga omnes***, que atingirá a todos os jurisdicionados, sendo eles partes ou não. A ação de usucapião é um exemplo, assim como a procedência da ação civil pública para a tutela de interesses difusos.

c) *Quanto ao modo de produção*: de acordo com esse critério, a coisa julgada será *pro et contra*, *secundum eventum litis* e *secundum eventum probationis*.

Em regra, a coisa julgada forma-se independentemente do resultado do processo. Sendo o pedido procedente ou improcedente, havendo ou não o esgotamento das provas, haverá a coisa julgada.

Portanto, se o autor propuser a sua demanda e o magistrado julgá-la improcedente em decorrência da ausência de comprovação dos fatos apresentados na inicial, ainda assim, será formada a coisa julgada.

Nesse contexto, surgem as técnicas que se passa a expor.

Haverá a coisa julgada *secundum eventum litis* (segundo o resultado do processo), em casos específicos e previstos em lei. Assim, na procedência da ação civil pública em que se busca a tutela de interesses difusos, poderão as vítimas buscar, individualmente, a liquidação do julgado.

Já a coisa julgada *secundum eventum probationis* (segundo a prova produzida) existirá quando houver o esgotamento das provas. Assim, se a ação popular, por exemplo, for julgada improcedente, porém, sem o esgotamento das provas, admite-se a nova ação sobre a mesma matéria. Note-se que se trata de exceção à regra.

DA REMESSA NECESSÁRIA

A remessa necessária é condição de eficácia da sentença proferida contra o Poder Público, de modo que, neste caso, aquela não produzirá efeitos depois de revista pelo tribunal.

De acordo com o art. 496 do Código de Processo Civil, existem algumas regras importantes quanto à incidência ou não da remessa necessária, assim enumeradas:

i) Incidência da remessa necessária quando o valor da condenação ou o proveito econômico obtido na causa for de valor certo e líquido superior a 1.000 salários-mínimos para a União; 500 salários-mínimos para os Estados e o Distrito Federal e os Municípios que forem capitais; e, 100 salários-mínimos para os demais municípios. A mesma regra vale para as respectivas autarquias e fundações públicas.

ii) Aplicação dos precedentes:

Também não haverá a remessa oficial se a sentença proferida estiver em conformidade com súmula de tribunal superior, acórdão proferido pelo Supremo Tribunal Federal ou pelo Superior Tribunal de Justiça em julgamento de recursos repetitivos, ou, ainda, entendimento firmado em incidente de resolução de demandas repetitivas ou assunção de competência.

Ora, não se mostra razoável exigir-se que a sentença seja revista pelo Tribunal a que o juízo estiver vinculado, se o pronunciamento jurisdicional de primeiro grau já for fundado em precedente obrigatório, principalmente pela observância da coerência da jurisprudência.

iii) Entendimento coincidente com orientação vinculante firmada no âmbito administrativo do próprio ente público, consolidada em manifestação, parecer ou súmula administrativa:

No âmbito da Advocacia Geral da União, está a Procuradoria-Geral da Fazenda Nacional dispensada a interpor recurso em determinadas situações, prestigiando os precedentes e a própria orientação emanada da Administração Federal (Lei 10.522/2002, art. 19).

O CPC, ao referir-se à dispensa da remessa necessária quando a sentença estiver fundada em súmula de tribunal superior, acórdão proferido pelo STF ou STJ, também deve estar incluído o Tribunal Superior do Trabalho, guardando-se o devido paralelismo.

LIQUIDAÇÃO DE SENTENÇA

OS PRONUNCIAMENTOS ILÍQUIDOS QUE RECONHECEM A EXISTÊNCIA DE OBRIGAÇÃO

O pronunciamento jurisdicional que reconhece a existência de obrigação e impõe o seu cumprimento, como regra, deverá indicar a sua **extensão**, o índice de correção monetária, a taxa de juros, o termo inicial de ambos e a periodicidade da capitalização dos juros, se for o caso.

Ocorre, porém, que se o juiz não puder determinar, **de modo definitivo, o montante devido, ou a apuração depender da produção de prova demorada ou excessivamente dispendiosa**, assim reconhecida no pronunciamento, poderá proferir **sentença ilíquida**.

Exemplo:

Em razão de acidente automobilístico, ao qual o réu deu causa, o autor sofreu determinados danos materiais e morais. Ocorre que, de imediato, não é possível precisar a extensão da obrigação, havendo necessidade de se averiguar se o autor terá sequelas definitivas ou não.

Como se vê, o pronunciamento judicial ilíquido é aquele que, embora certifique a existência de uma obrigação, não delimita a sua extensão, **carecendo-se de nova manifestação do Poder Judiciário para complementação**.

E, a partir da liquidação, a obrigação passa a preencher o requisito da **liquidez, passível, então, de ter início a respectiva fase de cumprimento de sentença**.

LIQUIDAÇÃO PROVISÓRIA E DEFINITIVA

A liquidação **poderá ser iniciada** apesar de estar pendente de julgamento o recurso interposto para impugnar o pronunciamento judicial, ainda que tenha efeito suspensivo.

Trata-se da **liquidação provisória**, que será processada em autos apartados, em que o credor busca adiantar-se. Poderia aguardar o julgamento do recurso, mas prefere já buscar delimitar o valor devido.

Não havendo modificação da decisão em execução, será iniciada a fase de cumprimento de sentença, bastando ao credor atualizar os cálculos. De outro lado, se houver modificação do pronunciamento, o valor da obrigação deverá ser ajustado ao novo desenho traçado com o julgamento do recurso.

CONCOMITANTES LIQUIDAÇÃO E CUMPRIMENTO DE SENTENÇA EM RELAÇÃO AO MESMO TÍTULO

É possível que o mesmo título executivo judicial contenha uma parte líquida, permitindo-se o cumprimento de sentença imediato, e outra parte ilíquida, a exigir a devida apuração do valor. Nesse caso, poderá o credor, de imediato, iniciar a fase de cumprimento, em relação à primeira, e promover a liquidação no que tange à segunda.

APURAÇÃO DO VALOR DEPENDENTE DE CÁLCULOS ARITMÉTICOS

Não carecerá de liquidação o cumprimento de pronunciamento que reconheça obrigação, cujo montante poderá ser delimitado com a apresentação **de cálculos aritméticos**.

Tais cálculos deverão ser apresentados pelo credor ao requerer o início da fase de cumprimento de sentença, observando-se estritamente o que foi fixado no título judicial, sendo vedado discutir de novo a lide ou modificar a sentença que a julgou.

A propósito, o Superior Tribunal de Justiça admite a utilização da ação rescisória para **rescindir** a sentença que homologa a liquidação, **se esta não respeitar a coisa julgada**.[6]

6. REsp 1513261/RS, Rel. Ministro PAULO DE TARSO SANSEVERINO, TERCEIRA TURMA, julgado em 22/09/2015, DJe 28/09/2015.

FIXAÇÃO DE HONORÁRIOS NA LIQUIDAÇÃO PROPOSTA EM FACE DA FAZENDA PÚBLICA

O CPC inovou ao fixar uma série de regras para a fixação dos honorários devidos pela Fazenda Pública nas ações em que for vencida.

Para tanto, estabelece faixas de valores, estabelecidos em salários-mínimos, bem como os respectivos percentuais máximos e mínimos. Por meio de tal regra, por exemplo, se o valor da condenação sofrida pela Fazenda Pública corresponder a 150 salários-mínimos, os honorários serão fixados no percentual de 10 a 20%.

Ocorre, no entanto, que nem sempre será possível fixar, de imediato, o montante da condenação. Em tal hipótese, poderá o montante devido a título de honorários advocatícios ser fixado na **própria liquidação**.

LIQUIDAÇÃO INCIDENTAL E AUTÔNOMA

Inicialmente, deve ser lembrado que o Código de Processo Civil adota a ideia do processo sincrético.

Nesse contexto, insere-se a liquidação como integrante de tal processo, uma fase específica para a delimitação do valor da obrigação.

Existem outras situações em que a liquidação não ocorre como fase no processo sincrético. Em verdade, o processo se inicia com a própria liquidação (incisos VI a IX, do art. 515 do CPC/2015), quando o devedor será citado no juízo cível para o cumprimento da sentença ou para a liquidação no prazo de 15 dias.

E assim ocorre nas seguintes hipóteses: a) sentença penal condenatória transitada em julgado; b) sentença arbitral; c) sentença estrangeira homologada pelo Superior Tribunal de Justiça; e, d) decisão interlocutória estrangeira, após a concessão do exequatur à carta rogatória pelo STJ.

A sentença penal condenatória transitada em julgado configura-se como título executivo judicial apto à execução. Porém, em regra, a sentença circunscreve-se à condenação do réu pela prática criminosa, bem como na fixação da pena a ser cumprida.

É certo que Código de Processo Penal determina que o juiz fixe, sempre que possível, o valor da reparação devida em razão da prática delituosa. Contudo, tal valor configura-se em um mínimo, e nada impede que a parte busque, em processo autônomo, a complementação. Na maioria dos casos, simplesmente não há essa fixação de valor, porque o juiz, no processo penal, não possui elementos suficientes para a sua fixação.

Diante disso, compete à vítima ingressar no juízo cível e buscar executar o título executivo, passando, antes, pela liquidação da obrigação.

Dessa maneira, como a liquidação não se processará perante o juízo criminal, haverá necessidade da formação de nova relação processual, que tramitará no juízo cível competente para a execução.

Também enseja a liquidação autônoma a sentença arbitral, aquela decorrente da convenção de arbitragem, desde que, obviamente, não tenha sido fixado o objeto devido, o mesmo ocorrendo com os casos que exigem homologação pelo STJ.

Note-se que, neste caso, não houve anterior processo civil de conhecimento em trâmite no Poder Judiciário brasileiro, exigindo-se o início de uma ação para a apuração do valor, na qual, posteriormente, correrá o cumprimento de sentença.

INICIATIVA DA LIQUIDAÇÃO

A liquidação poderá ser iniciada pelo próprio **credor** ou pelo **devedor** (liquidação invertida).

O credor, tendo-se em vista o pronunciamento judicial que lhe é favorável, requer a apuração do valor, fixando-se a extensão da obrigação.

Ocorre que o devedor, por sua vez, também terá interesse em requerer a liquidação, principalmente para ver-se livre o mais rápido possível daquela obrigação, propiciando o seu cumprimento imediato, sem precisar aguardar pelas diligências do credor.

PROCEDIMENTOS PARA APURAÇÃO DO VALOR

O valor poderá ser apurado de duas formas: ou por **arbitramento**, ou por meio do **procedimento comum**.

a) Liquidação por Arbitramento

Quando determinado pelo pronunciamento, convencionado pelas partes ou exigido pela natureza do objeto, esta poderá ser realizada por **arbitramento**.

É certo que, embora fixado na sentença que a liquidação deva ocorrer de uma determinada maneira, não há óbice à utilização de técnica diversa se isso for adequado ao procedimento.

Na liquidação por arbitramento, o juiz intimará as partes para a apresentação de seus **pareceres ou documentos elucidativos**, no prazo que fixar e, no caso de não poder decidir de plano, **nomeará perito**, observando-se, no que couber, o procedimento da prova pericial.

b) Liquidação pelo Procedimento Comum

Admite-se, também, que a liquidação pelo procedimento comum, quando houver necessidade de alegar e provar fato novo. Trata-se da já conhecida liquidação por artigos.

Nesta modalidade de liquidação, o juiz determinará a intimação do requerido, na pessoa de seu advogado ou de sociedade de advogados, para, querendo, oferecer **contestação no prazo de 15 dias**.

NATUREZA DO PRONUNCIAMENTO QUE JULGA DA LIQUIDAÇÃO

A liquidação será decidida por meio de **decisão interlocutória**, que poderá ser impugnada pelo **recurso de agravo de instrumento** (art. 1.015, parágrafo único do CPC de 2015).

CONDENAÇÃO EM VERBA HONORÁRIA NA LIQUIDAÇÃO

Neste último item, deve ser analisado se o juiz deverá condenar o devedor ao pagamento de verba honorária em sede de apuração do valor devido (liquidação).

A propósito, já decidiu o Superior Tribunal de Justiça que são cabíveis honorários advocatícios em sede de liquidação de sentença por arbitramento, quando houver resistência da parte ré.[7]

7. AgRg no REsp 1155885/SP, Rel. Ministro MARCO BUZZI, QUARTA TURMA, julgado em 16/02/2016, DJe 24/02/2016.

O Código de Processo Civil silencia a respeito, indicando o § 1º, do art. 85, que serão devidos honorários advocatícios na reconvenção, no cumprimento de sentença, provisório ou definitivo, na execução, resistida ou não, e nos recursos interpostos, cumulativamente. Não há menção à liquidação de sentença.

Ocorre, porém, que o silêncio não foi propositado, devendo ser considerado o trabalho adicional do causídico ao pleitear a liquidação da obrigação, motivo pelo qual, havendo oposição da parte contrária, serão devidos honorários advocatícios.

INVIABILIDADE DAS SENTENÇAS ILÍQUIDAS NO ÂMBITO DOS JUIZADOS

Nos Juizados Especiais Cíveis não se admite sentença condenatória por quantia ilíquida, ainda que tenha a parte formulado pedido genérico.

O mesmo se aplica, por extensão, aos Juizados Especiais Federais e aos Juizados Especiais da Fazenda Pública.

12. PROCEDIMENTOS ESPECIAIS DE JURISDIÇÃO CONTENCIOSA E VOLUNTÁRIA

▸ Consignação de Pagamento

Finalidade:

Tem a ação de consignação em pagamento a finalidade de proporcionar ao devedor ou a terceiro liberar-se de determinada obrigação de pagar ou de entregar coisa. Para tanto, deverá depositar o respectivo valor ou coisa e pleitear que seja proferida sentença de natureza declaratória, pela qual o juiz declara extinta a obrigação.

Efeito interruptivo da prescrição:

O ajuizamento da ação consignatória importará na interrupção da prescrição da respectiva ação de cobrança, pois acarreta o reconhecimento inequívoco, por parte do devedor, do direito do credor em relação às prestações consignadas.

Consignação extrajudicial:

Permite o CPC de 2015 que, tratando-se de obrigação em dinheiro, poderá o valor ser depositado em estabelecimento bancário, oficial onde houver, situado no lugar do pagamento, cientificando-se o credor por carta com aviso de recebimento, assinado o prazo de dez dias para a manifestação de recusa.

Atenção!

A consignação extrajudicial somente tem cabimento para depósito de dinheiro e não é obrigatória.

Procedimento da Consignação Extrajudicial:

Notificado o credor, aguarda-se pelo prazo de dez dias, contado do retorno do aviso de recebimento. Decorrido o prazo, sem manifestação de recusa, estará o devedor liberado da obrigação, permanecendo o valor à disposição do credor. De outro lado, havendo manifestação de recusa, que deverá ser por escrito, poderá ser proposta ação de consignação, no prazo de um mês, instruindo-se a inicial com a prova do depósito e da recusa.

Ajuizada a ação, deverá o autor comprovar o ajuizamento à instituição financeira, para que a correção monetária tenha índice diverso. Com efeito, os depósitos extrajudiciais são atualizados pela TR, ao passo que os judiciais seguem as regras da caderneta de poupança (art. 6°, parágrafo único, da Resolução n. 2.814 do Bacen). Se não ajuizada a ação no prazo de um mês, ficará sem efeito o depósito, podendo levantar o valor o depositante.

Embora a Lei de Locações não faça qualquer previsão a respeito da consignação extrajudicial, prevaleceu a tese segundo a qual poderá ser buscada a liberação do cumprimento da obrigação por esse meio.[8]

Procedimento da ação consignatória:

A ação consignatória deverá ser ajuizada no lugar do pagamento, consoante preveem os artigos 540 CPC/2015 e art. 337 do Código Civil. Tratando-se, de outro lado, de consignação de alugueres, será competente o foro da situação da coisa.

Informativo n. 543 do STJ: competirá ao foro do local em que situado o imóvel o julgamento de ação consignatória e de ação de rescisão de contrato cumulada com retificação de escritura pública, reunidas para julgamento conjunto por conexão.

Sentença na ação consignatória:

Dessa forma, a sentença: i) ou reconhecerá que o depósito inicial é suficiente, liberando-se o devedor (sentença declaratória), condenando-se o réu ao pagamento de custas e honorários advocatícios; ii) ou reconhecerá que o depósito não é integral e condenará o autor ao pagamento do valor restante, formando-se título executivo judicial, com possibilidade de exigir-se o cumprimento da obrigação nos próprios autos (cumprimento de sentença).

Consignatória: ação de natureza dúplice.

Consoante o § 2° do art. 545 do CPC, a consignatória é ação de natureza dúplice. Portanto, tendo sido apurada a diferença entre o valor efetivamente devido e o consignado, o juízo proferirá sentença condenatória, cujo cumprimento poderá ser exigido nos próprios autos. Assim, tal condenação independerá de reconvenção. No entanto, será possível a reconvenção para que se determine o despejo. Por isso, poderá o réu, na sua própria contestação, como determina o CPC, além de alegar as matérias de defesa, pugnar também pelo decreto de despejo do autor.

Consignatória: dúvida quanto ao titular do crédito.

Como regra, o autor formula o seu pedido e espera que o mesmo seja acolhido para acertamento da situação subjetiva ligada a um réu específico. Porém, existem situações em que o autor pode apresentar o pedido e deixar que o juiz escolha em face de qual dos litisconsortes passivos ele será acolhido.

A consignatória, nesse passo, poderá ser ajuizada em face de possíveis titulares do crédito, pois há dúvida de quem tem legitimidade para receber o pagamento.

Em tal caso, se, uma vez citados, não comparecer pretendente algum, converter-se-á o depósito em arrecadação de coisas vagas. De outro lado, comparecendo apenas um, o juiz decidirá de plano. E, por fim, comparecendo mais de um, o magistrado poderá declarar efetuado o depósito e extinta a obrigação, continuando o processo a correr unicamente entre os presuntivos credores, segundo o procedimento comum.

Atenção para a alteração jurisprudencial

Tema Repetitivo 967 – STJ.

Em ação consignatória, a insuficiência do depósito realizado pelo devedor conduz ao julgamento de improcedência do pedido, pois o pagamento parcial da dívida não extingue o vínculo obrigacional.

▸ Ação de Exigir Contas

O autor, em sua petição inicial, deverá especificar as razões pelas quais exige as contas, instruindo-a com documentos comprobatórios dessa necessidade.

O réu será citado e, no prazo de quinze dias, poderá prestar as contas ou contestar o pedido. O exercício de uma das opções, automaticamente, exclui a outra, por conta da preclusão lógica.

Prestadas as contas, o autor terá quinze dias para se manifestar, competindo-lhe, se o caso, impugná-las de forma precisa, seguindo-se a produção das provas.

Poderá o réu, no entanto, contestar o dever de prestar as contas, o que será objeto de análise pelo magistrado.

▸ Ações Possessórias

Em relação às ações possessórias, o CPC prevê a aplicabilidade do princípio da fungibilidade, de modo que a propositura de uma ação possessória em vez de outra não obsta a que o juiz defira a proteção necessária.

Dessa maneira, se ajuizada ação com pedido de interdito proibitório, porém, já verificado que houve o esbulho, deverá ser deferida a medida que conferir a tutela necessária – reintegração de posse.

A depender da proteção necessária, admite-se três tipos diferentes de ações possessórias: i) o interdito proibitório – que tem finalidade preventiva, em razão ser iminente a invasão; ii) a reintegração de posse – que pressupõe a perda total da posse (esbulho); iii) a manutenção de posse – que pressupõe a inexistência de privação integral.

▸ Inventário e partilha

Como consequência do princípio da *saisine*, com a morte, os bens do falecido serão imediatamente trans-

8. LOCAÇÃO. ALUGUÉIS. CONSIGNAÇÃO EXTRAJUDICIAL. CREDOR. NOTIFICAÇÃO. PESSOAL. I- O depósito extrajudicial dos aluguéis tem o efeito de desonerar o locatário da obrigação. II – É necessário que o locatário comprove o efetivo conhecimento do depósito pelo locador, o que se perfaz com a notificação pessoal deste. Interpretação sistemática do §1° do art. 890 com o art. 223, parágrafo único do CPC. Recurso especial desprovido. (REsp 618.295/DF, Rel. Ministro FELIX FISCHER, QUINTA TURMA, julgado em 06/06/2006, DJ 01/08/2006, p. 514).

mitidos aos sucessores, o que ocorre de forma universal, sem que haja devida divisão entre os herdeiros.

E para que haja a devida divisão entre os herdeiros será possível que estes, sendo todos capazes, havendo concordância com os termos da partilha, assistidos por advogado ou defensor público e não sendo caso de cumprimento de testamento, poderão valer-se de escritura pública de inventário, ou, então podem ajuizar a respectiva ação de inventário.

Arrolamento litigioso ou inventário e partilha: se houver divergência entre os sucessores em relação ao inventário e a partilha.

Arrolamento sumário: procedimento de jurisdição voluntária, sendo todos os herdeiros capazes e havendo concordância quanto à partilha.

> A homologação da partilha no procedimento sumário não pressupõe o atendimento das obrigações tributárias principais e tampouco acessórias relativas ao imposto sobre transmissão *causa mortis* (REsp 1.751.332-DF).

Arrolamento comum: se o total da herança for igual ou inferior a mil salários-mínimos, ainda que haja discordância e também interesses de incapazes.

EMBARGOS DE TERCEIRO

Os embargos de terceiro constituem-se em procedimento de jurisdição contenciosa por meio do qual se busca desfazer a constrição judicial que se entende indevida, já realizada ou na iminência de ser.

> **ATENÇÃO!**
>
> Em relação ao prazo para o ajuizamento dos embargos, há de se observar duas regras:
>
> a) Regra geral: antes do trânsito em julgado se a constrição ocorrer na fase de conhecimento, ou em cinco dias contados da adjudicação, da arrematação ou da alienação.
>
> b) Regra especial: se os embargos se justificarem na declaração de ineficácia proferida em razão de reconhecida fraude à execução, o prazo será de quinze dias, a partir de sua intimação.

> **Atualização jurisprudencial**
>
> A nulidade do negócio jurídico simulado pode ser reconhecida no julgamento de embargos de terceiro (REsp 1.927.496-SP).

▸ Habilitação

Havendo o falecimento de qualquer das partes, o juiz suspenderá o processo, a fim de que os interessados possam sucedê-lo no processo.

Terá a habilitação a natureza de procedimento especial, embora existam dois procedimentos distintos para o seu processamento.

A regra da habilitação no CPC/2015 é a de que o seu processamento ocorrerá nos próprios autos principais. E assim será sempre requerida. Porém, verificando-se a necessidade de dilação probatória diversa da documental, determinará que o pedido seja autuado em apartado e disporá sobre a instrução.

> **ATENÇÃO!**
>
> Regra da habilitação: processamento nos próprios autos principais.
>
> Exceção: será autuada em apartado, se houver necessidade de dilação probatória diversa da documental.

▸ Ação monitória

Por meio de tal ação, aquele que se afirmar, com base em prova escrita sem eficácia de título executivo, ter direito de exigir do devedor capaz: i) o pagamento de quantia em dinheiro; ii) a entrega de coisa fungível ou infungível ou de bem móvel ou imóvel; iii) o adimplemento de obrigação de fazer ou de não fazer.

Foi equiparada à prova escrita sem eficácia de título executivo a prova escrita documentada em ação de produção antecipada de prova.

▸ Restauração de Autos

Os autos constituem-se no **registro**, para fins de consulta, **dos vários atos praticados no processo**. Este registro pode ser feito por meio físico, em papel, ou por meio eletrônico, nos termos das diretrizes lançadas pela Lei n. 11.419/2006, bem como pelo que é determinado pelo Código de Processo Civil.

Há interesse público na integridade dos autos e a sua guarda e responsabilidade compete ao escrivão ou chefe de secretaria (art. 152, IV CPC) que, em relação aos autos físicos, não permitirá que saiam do cartório, salvo: a) quando tenham de seguir à conclusão do juiz; b) com vista a procurador, à Defensoria Pública, ao Ministério Público ou à Fazenda Pública; c) quando devam ser remetidos ao contabilista ou ao partidor; e, d) quando forem remetidos a outro juízo em razão da modificação da competência.

▸ Procedimentos de Jurisdição Voluntária

NATUREZA JURÍDICA

A jurisdição voluntária consiste na administração pública de negócios privados. Em razão da importância destes, há necessidade da chancela judicial, do controle pelo juiz, tal como ocorre, por exemplo, com a alienação de bem pertencente a incapazes.

Ações processadas de acordo com as regras do Procedimento de Jurisdição Voluntária

O art. 725 do CPC elenca, exemplificativamente, os procedimentos que se processão pelo procedimento de jurisdição voluntária. São eles:

Emancipação: se o adolescente estiver sob tutela ou houver divergência entre os seus genitores, a emancipação deverá ser requerida por meio judicial.

Sub-rogação: considerando-se a existência de cláusula de inalienabilidade e a necessidade de liberação de um bem para que tal ônus passa a incidir sobre outro, deverá ser requerida a sub-rogação.

Alienação, arrendamento ou oneração de bens de crianças ou adolescentes, de órgãos e de interditos: a venda de bens de incapazes, ou de interditados, somente produzirá efeitos se requerida no âmbito judicial;

Alienação de quinhão de coisa comum: embora esteja elencada entre as hipóteses de jurisdição voluntária, na verdade seria de jurisdição contenciosa, à vista da discordância existente;

Extinção do usufruto, quando não decorrer da morte do usufrutuário, do termo de sua duração ou da consolidação, e de fideicomisso, quando decorrer de renúncia ou quando ocorrer antes do evento que caracterizar a condição resolutória: havendo a necessidade de extinção do usufruto ou do fideicomisso, deverá a parte indicar ao juiz os motivos para tanto, que serão avaliados;

Expedição de alvará judicial: o alvará judicial consistirá na autorização judicial para a prática de um ato, como, por exemplo, para que o interessado, que não o proprietário, possa promover a regularização de um imóvel junto ao cadastro do Município;

Homologação de autocomposição extrajudicial, de qualquer natureza ou valor: consiste na chancela judicial à composição levada a cabo pelas partes.

NOTIFICAÇÃO, INTERPELAÇÃO E DO PROTESTO

A notificação e a interpelação são procedimentos que têm como finalidade precípua a documentação. O juízo não analisará o mérito e nem proferirá pronunciamento que o finalize. Poderá ser utilizada, por exemplo, para a interrupção da prescrição.

Por isso, quem tiver interesse em manifestar formalmente sua vontade a outra pessoa poderá notificar pessoas participantes da mesma relação jurídica para dar-lhes ciência de seu propósito.

Admite-se, também, que o interessado interpele o requerido, para que faça ou deixe de fazer alguma coisa.

Deferida a realização da notificação ou interpelação, os autos serão entregues ao requerente.

ALIENAÇÃO JUDICIAL

Nos casos expressos em lei, não havendo acordo entre os interessados sobre o modo como se deve realizar a alienação do bem, o juiz, de ofício ou a requerimento dos interessados ou do depositário, mandará aliená-lo em leilão.

SEPARAÇÃO, DIVÓRCIO E ALTERAÇÃO DE REGIME DE BENS

A homologação do divórcio ou da separação consensuais, observados os requisitos legais, poderá ser requerida em petição assinada por ambos os cônjuges, da qual constarão: I – as disposições relativas à descrição e à partilha dos bens comuns; II – as disposições relativas à pensão alimentícia entre os cônjuges; III – o acordo relativo à guarda dos filhos incapazes e ao regime de visitas; e IV – o valor da contribuição para criar e educar os filhos.

Se os cônjuges não acordarem sobre a partilha dos bens, far-se-á esta depois de homologado o divórcio.

Estas regras aplicam-se, no que couber, ao processo de homologação da extinção consensual de união estável.

O divórcio consensual, a separação consensual e a extinção consensual de união estável, não havendo nascituro ou filhos incapazes e observados os requisitos legais, poderão ser realizados por escritura pública.

O tabelião somente lavrará a escritura se os interessados estiverem assistidos por advogado ou por defensor público, cuja qualificação e assinatura constarão do ato notarial.

A alteração do regime de bens do casamento, observados os requisitos legais, poderá ser requerida, motivadamente, em petição assinada por ambos os cônjuges, na qual serão expostas as razões que justificam a alteração, ressalvados os direitos de terceiros.

Ao receber a petição inicial, o juiz determinará a intimação do Ministério Público e a publicação de edital que divulgue a pretendida alteração de bens, somente podendo decidir depois de decorrido o prazo de 30 (trinta) dias da publicação do edital.

Os cônjuges, na petição inicial ou em petição avulsa, podem propor ao juiz meio alternativo de divulgação da alteração do regime de bens, a fim de resguardar direitos de terceiros.

Após o trânsito em julgado da sentença, serão expedidos mandados de averbação aos cartórios de registro civil e de imóveis e, caso qualquer dos cônjuges seja empresário, ao Registro Público de Empresas Mercantis e Atividades Afins.

TESTAMENTOS E DOS CODICILOS

Recebendo testamento cerrado, o juiz, se não achar vício externo que o torne suspeito de nulidade ou falsidade, o abrirá e mandará que o escrivão o leia em presença do apresentante.

Do termo de abertura constarão o nome do apresentante e como ele obteve o testamento, a data e o lugar do falecimento do testador, com as respectivas provas, e qualquer circunstância digna de nota.

Depois de ouvido o Ministério Público, não havendo dúvidas a serem esclarecidas, o juiz mandará registrar, arquivar e cumprir o testamento.

Feito o registro, será intimado o testamenteiro para assinar o termo da testamentária.

Se não houver testamenteiro nomeado ou se ele estiver ausente ou não aceitar o encargo, o juiz nomeará testamenteiro dativo, observando-se a preferência legal.

O testamenteiro deverá cumprir as disposições testamentárias e prestar contas em juízo do que recebeu e despendeu.

Qualquer interessado, exibindo o traslado ou a certidão de testamento público, poderá requerer ao juiz que ordene o seu cumprimento.

HERANÇA JACENTE

Nos casos em que a lei considere jacente a herança, o juiz em cuja comarca tiver domicílio o falecido procederá imediatamente à arrecadação dos respectivos bens.

A herança jacente ficará sob a guarda, a conservação e a administração de um curador até a respectiva entrega ao sucessor legalmente habilitado ou até a declaração de vacância.

Terminada a arrecadação, o juiz mandará expedir edital, que será publicado na rede mundial de computadores, no sítio do tribunal a que estiver vinculado o juízo e na plataforma de editais do Conselho Nacional de Justiça, onde permanecerá por 3 (três) meses, ou, não havendo sítio, no órgão oficial e na imprensa da comarca, por 3 (três) vezes com intervalos de 1 (um) mês, para que os sucessores do falecido venham a habilitar-se no prazo de 6 (seis) meses contado da primeira publicação.

Verificada a existência de sucessor ou de testamenteiro em lugar certo, far-se-á a sua citação, sem prejuízo do edital.

Quando o falecido for estrangeiro, será também comunicado o fato à autoridade consular.

Julgada a habilitação do herdeiro, reconhecida a qualidade do testamenteiro ou provada a identidade do cônjuge ou companheiro, a arrecadação converter-se-á em inventário.

Os credores da herança poderão habilitar-se como nos inventários ou propor a ação de cobrança.

Passado 1 (um) ano da primeira publicação do edital e não havendo herdeiro habilitado nem habilitação pendente, será a herança declarada vacante. Pendendo habilitação, a vacância será declarada pela mesma sentença que a julgar improcedente, aguardando-se, no caso de serem diversas as habilitações, o julgamento da última.

Transitada em julgado a sentença que declarou a vacância, o cônjuge, o companheiro, os herdeiros e os credores só poderão reclamar o seu direito por ação direta.

BENS DOS AUSENTES

Declarada a ausência nos casos previstos em lei, o juiz mandará arrecadar os bens do ausente e nomear-lhes-á curador.

Feita a arrecadação, o juiz mandará publicar editais na rede mundial de computadores, no sítio do tribunal a que estiver vinculado e na plataforma de editais do Conselho Nacional de Justiça, onde permanecerá por 1 (um) ano, ou, não havendo sítio, no órgão oficial e na imprensa da comarca, durante 1 (um) ano, reproduzida de 2 (dois) em 2 (dois) meses, anunciando a arrecadação e chamando o ausente a entrar na posse de seus bens. Findo o prazo previsto no edital, poderão os interessados requerer a abertura da sucessão provisória, observando-se o disposto em lei.

DAS COISAS VAGAS

Recebendo do descobridor coisa alheia perdida, o juiz mandará lavrar o respectivo auto, do qual constará a descrição do bem e as declarações do descobridor.

Recebida a coisa por autoridade policial, esta a remeterá em seguida ao juízo competente.

Depositada a coisa, o juiz mandará publicar edital na rede mundial de computadores, no sítio do tribunal a que estiver vinculado e na plataforma de editais do Conselho Nacional de Justiça ou, não havendo sítio, no órgão oficial e na imprensa da comarca, para que o dono ou o legítimo possuidor a reclame, salvo se se tratar de coisa de pequeno valor e não for possível a publicação no sítio do tribunal, caso em que o edital será apenas afixado no átrio do edifício do fórum.

DA INTERDIÇÃO

O estudo da **curatela** deverá compreender uma análise conjuntado Código Civil, Código de Processo Civil e também do Estatuto das Pessoas com Deficiência.

Note-se que, pelo Estatuto das Pessoas com Deficiência, a pessoa com deficiência não é mais considerada um incapaz.

Estão sujeitos à **curatela** aqueles que, por causa transitória ou permanente, não puderem exprimir a sua vontade, os ébrios habituais e os viciados em tóxico, bem como os pródigos.

Reconhece-se que a curatela se constitui em medida protetiva excepcional, proporcional às necessidades e às circunstâncias de cada caso, devendo durar o menor tempo possível.

De acordo com o novo regramento, a curatela afetará tão somente os atos relacionados aos direitos de natureza patrimonial e negocial, não alcançando o direito ao próprio corpo, à sexualidade, ao matrimônio, à privacidade, à educação, à saúde, ao trabalho e ao voto.

Na nomeação de curador para a pessoa com deficiência, o juiz poderá estabelecer curatela compartilhada a mais de uma pessoa.

Admite-se, como medida preferencial à curatela, o processo de tomada de decisão apoiada.

Para formular pedido de tomada de decisão apoiada, a pessoa com deficiência e os apoiadores devem apresentar termo em que constem os limites do apoio a ser oferecido e os compromissos dos apoiadores, inclusive o prazo de vigência do acordo e o respeito à vontade, aos direitos e aos interesses da pessoa que devem apoiar.

O pedido de tomada de decisão apoiada será requerido pela pessoa a ser apoiada, com indicação expressa das pessoas aptas a prestarem o apoio previsto no *caput* deste artigo.

Antes de se pronunciar sobre o pedido de tomada de decisão apoiada, o juiz, assistido por equipe multidisciplinar, após oitiva do Ministério Público, ouvirá pessoalmente o requerente e as pessoas que lhe prestarão apoio.

A decisão tomada por pessoa apoiada terá validade e efeitos sobre terceiros, sem restrições, desde que esteja inserida nos limites do apoio acordado

Terceiro com quem a pessoa apoiada mantenha relação negocial pode solicitar que os apoiadores contra-assinem o contrato ou acordo, especificando, por escrito, sua função em relação ao apoiado.

Em caso de negócio jurídico que possa trazer risco ou prejuízo relevante, havendo divergência de opiniões entre a pessoa apoiada e um dos apoiadores, deverá o juiz, ouvido o Ministério Público, decidir sobre a questão.

A esterilização cirúrgica em pessoas absolutamente incapazes somente poderá ocorrer mediante autorização judicial (art. 10, §6º, Lei nº 9.263/1996).

A interdição pode ser promovida: I – pelo cônjuge ou companheiro; II – pelos parentes ou tutores; III – pelo representante da entidade em que se encontra abrigado o interditando; IV – pelo Ministério Público.

A legitimidade deverá ser comprovada por documentação que acompanhe a petição inicial.

DISPOSIÇÕES COMUNS À TUTELA E À CURATELA

O tutor ou o curador será intimado a prestar compromisso no prazo de 5 (cinco) dias contado da: I – nomeação feita em conformidade com a lei; II – intimação do despacho que mandar cumprir o testamento ou o instrumento público que o houver instituído.

O tutor ou o curador poderá eximir-se do encargo apresentando escusa ao juiz no prazo de 5 (cinco) dias contado: I – antes de aceitar o encargo, da intimação para prestar compromisso; II – depois de entrar em exercício, do dia em que sobrevier o motivo da escusa.

Incumbe ao Ministério Público ou a quem tenha legítimo interesse requerer, nos casos previstos em lei, a remoção do tutor ou do curador.

O tutor ou o curador será citado para contestar a arguição no prazo de 5 (cinco) dias, findo o qual observar-se-á o procedimento comum. Em caso de extrema gravidade, o juiz poderá suspender o tutor ou o curador do exercício de suas funções, nomeando substituto interino.

13. CUMPRIMENTO DE SENTENÇA E DO PROCESSO DE EXECUÇÃO

▸ São títulos executivos judiciais:

I - as decisões proferidas no processo civil que reconheçam a exigibilidade de obrigação de pagar quantia, de fazer, de não fazer ou de entregar coisa;

II - a decisão homologatória de autocomposição judicial;

III - a decisão homologatória de autocomposição extrajudicial de qualquer natureza;

IV - o formal e a certidão de partilha, exclusivamente em relação ao inventariante, aos herdeiros e aos sucessores a título singular ou universal;

V - o crédito de auxiliar da justiça, quando as custas, emolumentos ou honorários tiverem sido aprovados por decisão judicial;

VI - a sentença penal condenatória transitada em julgado;

VII - a sentença arbitral;

VIII - a sentença estrangeira homologada pelo Superior Tribunal de Justiça;

IX - a decisão interlocutória estrangeira, após a concessão do exequatur à carta rogatória pelo Superior Tribunal de Justiça;

▸ São títulos executivos extrajudiciais:

I - a letra de câmbio, a nota promissória, a duplicata, a debênture e o cheque;

II - a escritura pública ou outro documento público assinado pelo devedor;

III - o documento particular assinado pelo devedor e por 2 (duas) testemunhas;

IV - o instrumento de transação referendado pelo Ministério Público, pela Defensoria Pública, pela Advocacia Pública, pelos advogados dos transatores ou por conciliador ou mediador credenciado por tribunal;

V - o contrato garantido por hipoteca, penhor, anticrese ou outro direito real de garantia e aquele garantido por caução;

VI - o contrato de seguro de vida em caso de morte;

VII - o crédito decorrente de foro e laudêmio;

VIII - o crédito, documentalmente comprovado, decorrente de aluguel de imóvel, bem como de encargos acessórios, tais como taxas e despesas de condomínio;

IX - a certidão de dívida ativa da Fazenda Pública da União, dos Estados, do Distrito Federal e dos Municípios, correspondente aos créditos inscritos na forma da lei;

X - o crédito referente às contribuições ordinárias ou extraordinárias de condomínio edilício, previstas na respectiva convenção ou aprovadas em assembleia geral, desde que documentalmente comprovadas;

XI - a certidão expedida por serventia notarial ou de registro relativa a valores de emolumentos e demais despesas devidas pelos atos por ela praticados, fixados nas tabelas estabelecidas em lei;

XI-A - o contrato de contragarantia ou qualquer outro instrumento que materialize o direito de ressarcimento da seguradora contra tomadores de seguro-garantia e seus garantidores;

XII - todos os demais títulos aos quais, por disposição expressa, a lei atribuir força executiva.

O título estrangeiro só terá eficácia executiva quando satisfeitos os requisitos de formação exigidos pela lei do lugar de sua celebração e quando o Brasil for indicado como o lugar de cumprimento da obrigação.

Nos títulos executivos constituídos ou atestados por meio eletrônico, é admitida qualquer modalidade de assinatura eletrônica prevista em lei, dispensada a assinatura de testemunhas quando sua integridade for conferida por provedor de assinatura.

▸ Cumprimento das sentenças

A intimação do devedor se dará:

I – pelo Diário da Justiça, na pessoa de seu advogado constituído nos autos, salvo se o requerimento de início da fase de execução ocorrer após um ano do trânsito em julgado, quando a intimação será realizada na pessoa do devedor;

Como regra, o devedor será intimado na pessoa de seu advogado, que o representou na fase de conhecimento ou que ingressou nos autos posteriormente. Porém, se já transcorrido prazo de um ano do trânsito em julgado, a intimação será realizada diretamente na pessoa do devedor e não mais do advogado.

II – por carta com aviso de recebimento, quando representado pela Defensoria Pública ou quando não tiver procurador constituído nos autos, ressalvada a hipótese do inciso IV;

Se o devedor será intimado por meio de carta com aviso de recebimento e não na pessoa do Defensor Público.

III – por meio eletrônico, quando, no caso do § 1º do art. 246, não tiver procurador constituído nos autos;

IV – por edital, quando, citado na forma do art. 256, tiver sido revel na fase de conhecimento.

Tendo sido o réu revel na fase de conhecimento, o devedor será intimado por edital na fase de execução.

IMPORTANTE!

Em razão do constante no art. 513, §2º do CPC, resta prejudicada a Súmula 410 do Superior Tribunal de Justiça apesar de ainda não ter sido cancelada.

Com efeito, tendo advogado constituído nos autos, não haverá necessidade de intimação pessoal do executado.

PROCESSUAL CIVIL

IMPORTANTE!

Sendo o réu citado por edital e não tendo constituído advogado na fase de conhecimento, deverá haver intimação por edital do executado.

Se o devedor mudar de endereço sem prévia comunicação ao juízo, considera-se realizada a intimação.

De toda forma, se já transcorrido o prazo de um ano do trânsito em julgado da sentença, a intimação será feita na pessoa do devedor, por meio de carta com aviso de recebimento.

Como ficou, então?

a) o executado precisa ser intimado, na pessoa de seu advogado, havendo procurador constituído nos autos;

b) se antes citado por edital, não tendo procurador constituído nos autos (ainda que tenha curador especial), deverá ser intimado por edital;

c) ultrapassado o prazo de um ano do trânsito em julgado, a intimação deverá feita na pessoa do devedor, por meio de carga com aviso de recebimento.

▸ Competência para a fase de cumprimento de sentença

O cumprimento da sentença efetuar-se-á perante:

I – os tribunais, nas causas de sua competência originária;

II – o juízo que decidiu a causa no primeiro grau de jurisdição;

III – o juízo cível competente, quando se tratar de sentença penal condenatória, de sentença arbitral, de sentença estrangeira ou de acórdão proferido pelo Tribunal Marítimo.

Nas hipóteses dos incisos II e III, o exequente poderá optar pelo juízo do atual domicílio do executado, pelo juízo do local onde se encontrem os bens sujeitos à execução ou pelo juízo do local onde deva ser executada a obrigação de fazer ou de não fazer, casos em que a remessa dos autos do processo será solicitada ao juízo de origem.

Em razão da nova natureza do protesto de títulos, não só possível para a comprovação da mora, mas também como meio extrajudicial apto a compelir o devedor a cumprir a obrigação, veio o art. 517 do CPC permitir que a decisão transitada em julgado poderá ser levada a protesto, nos termos da lei, depois de transcorrido o prazo para pagamento voluntário da obrigação.

Todas as questões relativas à validade do procedimento de cumprimento da sentença e dos atos executivos subsequentes poderão ser arguidas pelo executado nos próprios autos e nestes serão decididas pelo juiz.

As questões relativas a fato superveniente ao término do prazo para apresentação da impugnação, assim como aquelas relativas à validade e à adequação da penhora, da avaliação e dos atos executivos subsequentes, podem ser arguidas por simples petição, tendo o executado, em qualquer dos casos, o prazo de 15 (quinze) dias para formular esta arguição, contado da comprovada ciência do fato ou da intimação do ato.

O cumprimento da sentença que reconhece a exigibilidade de obrigação de pagar quantia certa poderá ser provisório ou definitivo, atentando-se ao seguinte esquema:

> ***Cumprimento provisório:*** *se não ocorreu o trânsito em julgado da sentença e pende de julgamento recurso que possui apenas efeito devolutivo.*
>
> ***Cumprimento definitivo:*** *se a sentença já transitou em julgado.*

O cumprimento de sentença provisório será realizado da mesma forma que o cumprimento definitivo, sujeitando-se ao seguinte regime:

I – corre por iniciativa e responsabilidade do exequente (responsabilidade objetiva);

II – fica sem efeito, sobrevindo decisão que modifique ou anule a sentença objeto da execução, restituindo-se as partes ao estado anterior e liquidando-se eventuais prejuízos nos mesmos autos;

III – se a sentença objeto de cumprimento provisório for modificada ou anulada apenas em parte, somente nesta ficará sem efeito a execução; IV – o levantamento de depósito em dinheiro e a prática de atos que importem transferência de posse ou alienação de propriedade ou de outro direito real, ou dos quais possa resultar grave dano ao executado, dependem de caução suficiente e idônea, arbitrada de plano pelo juiz e prestada nos próprios autos. Esta caução, contudo, poderá ser dispensada nos casos em que: i) o crédito for de natureza alimentar, independentemente de sua origem; ii) o credor demonstrar situação de necessidade; iii) pender o agravo de despacho denegatório de recurso extraordinário ou de recurso especial; iv) a sentença a ser provisoriamente cumprida estiver em consonância com súmula da jurisprudência do STF ou do STJ ou em conformidade com acórdão proferido no julgamento de casos repetitivos.

Ainda que ocorra uma das situações em que a caução está dispensada, a garantia será mantida se por conta da dispensa possa resultar manifesto risco de grave dano de difícil ou incerta reparação.

Deverá o credor requerer o cumprimento de sentença por meio de petição dirigida ao juízo competente, instruindo-se a petição com as seguintes peças do processo, cuja autenticidade poderá ser certificada pelo próprio advogado, sob pena de sua responsabilidade pessoal: I – decisão exequenda; II – certidão de interposição do recurso não dotado de efeito suspensivo; III – procurações outorgadas pelas partes; IV – decisão de habilitação, se for o caso; V – facultativamente, outras peças processuais consideradas necessárias para demonstrar a existência do crédito.

O **processo de execução autônomo** é objeto do Livro II, da Parte Especial, do Código de Processo Civil. As suas disposições serão aplicadas, **no que couber**, aos procedimentos especiais de execução (execução fiscal, por exemplo), aos atos executivos realizados no procedimento de cumprimento de sentença, bem como aos efeitos de atos ou fatos processuais a que a lei atribuir força executiva.

ATENÇÃO!

Na fase de cumprimento de sentença será possível a prática de atos executivos (penhora), bem como de atos expropriatórios (como a adjudicação, por exemplo), aos quais serão aplicadas as disposições, no que couber, do processo de execução.

Para que se admita a execução fundada em título executivo extrajudicial, a **obrigação** deve estar fundada em título líquido, certo e exigível.

- Liquidez: tem-se a obrigação líquida se especificado o *quantum*, o valor do débito em execução.
- Certeza: a obrigação deve ser certa quanto à sua existência.
- Exigível: a obrigação deve estar apta a ser exigida.

A execução será suspensa:

I – nas hipóteses gerais de suspensão do processo;

II – no todo ou em parte, quando recebidos com efeito suspensivo os embargos à execução;

III – quando não for localizado o executado ou bens penhoráveis, quando a suspensão terá o prazo de um ano, durante o qual se suspenderá a prescrição.

IV – se a alienação dos bens penhorados não se realizar por falta de licitantes e o exequente, em 15 (quinze) dias, não requerer a adjudicação nem indicar outros bens penhoráveis;

V – quando concedido o parcelamento judicial.

Uma vez suspensa a execução, não serão praticados atos processuais, podendo o juiz, entretanto, salvo no caso de arguição de impedimento ou de suspeição, ordenar providências urgentes.

PRESCRIÇÃO INTERCORRENTE – ALTERAÇÕES LEI 14.195/2021.

Sobre a **prescrição intercorrente**, podem ser feitos os seguintes apontamentos:

I – suspende-se a execução, pelo prazo de um ano, quando não for localizado o executado ou bens penhoráveis. Neste período, o prazo prescricional estará suspenso;

II – decorrido o prazo máximo de um ano sem que seja localizado o executado ou que sejam encontrados bens penhoráveis, o juiz ordenará o arquivamento dos autos;

III – os autos serão desarquivados para prosseguimento da execução se a qualquer tempo forem encontrados bens penhoráveis;

IV – o termo inicial da prescrição no curso do processo será a ciência da primeira tentativa infrutífera de localização do devedor ou de bens penhoráveis, e será suspensa, por uma única vez, pelo prazo máximo de um ano;

V – A efetiva citação, intimação do devedor ou constrição de bens penhoráveis interrompe o prazo de prescrição, que não corre pelo tempo necessário à citação e à intimação do devedor, bem como para as formalidades da constrição patrimonial, se necessária, desde que o credor cumpra os prazos previstos na lei processual ou fixados pelo juiz;

VI – O juiz, depois de ouvidas as partes, no prazo de 15 (quinze) dias, poderá, de ofício, reconhecer a prescrição no curso do processo e extingui-lo, sem ônus para as partes;

VII – A alegação de nulidade quanto ao procedimento somente será conhecida caso demonstrada a ocorrência de efetivo prejuízo, que será presumido apenas em caso de inexistência da intimação mencionada no item V, acima.

A execução será extinta:

I – a petição inicial for indeferida;

II – a obrigação for satisfeita;

III – o executado obtiver, por qualquer outro meio, a extinção total da dívida;

IV – o exequente renunciar ao crédito;

V – **ocorrer a prescrição intercorrente.**

▸ Fraude à execução

ATENÇÃO!

Na fraude à execução, diferentemente do que ocorre na fraude contra credores, o ato negocial praticado pelo devedor **não é nulo.** É válido. **Porém, será considerado ineficaz em relação ao credor.** Considera-se como se não praticado.

A ocorrência da fraude à execução e a declaração de ineficácia do negócio jurídico celebrado pelo responsável patrimonial poderá se consumar por meio de decisão interlocutória proferida no próprio processo em que apurada, independentemente da instauração de nova relação processual.

Para que haja o reconhecimento da ocorrência de ato em fraude à execução, será necessário que o juízo, em cognição sumária, verifique estarem presentes os seguintes requisitos: a) realização do negócio jurídico após a instauração da relação processual; b) inexistência de outros bens suficientes; c) prévia manifestação do terceiro adquirente do bem.

ATENÇÃO!

O § 4º do art. 792 do CPC inseriu interessante novidade no procedimento de declaração da fraude à execução, ao determinar a prévia manifestação do terceiro adquirente do bem.

O artigo 792 do CPC elenca as hipóteses em que a alienação ou a oneração é considerada fraude à execução. São elas:

I – quando sobre o bem pender ação fundada em direito real ou com pretensão reipersecutória, desde que a pendência do processo tenha sido averbada no respectivo registro público, se houver;

II – quando tiver sido averbada, no registro do bem, a pendência do processo de execução, na forma do art. 828;

III – quando tiver sido averbado, no registro do bem, hipoteca judiciária ou outro ato de constrição judicial originário do processo onde foi arguida a fraude;

IV – quando, ao tempo da alienação ou da oneração, tramitava contra o devedor ação capaz de reduzi-lo à insolvência;

V – nos demais casos expressos em lei

▸ Execução por quantia certa

Na execução de obrigação de pagar quantia certa: o juiz despachará a inicial, fixando os honorários advocatícios em 10%, a serem pagos pelo executado. Este será citado para que dê integral cumprimento ao pagamento no prazo de três dias. Se o fizer, a verba honorária será reduzida de metade.

A penhora é o ato executivo destinado à apreensão de bens do devedor, vinculando-os à execução. Com a

PROCESSUAL CIVIL

penhora, o credor também passa a ter preferência em relação a outros credores, da mesma categoria, que futuramente penhorem o mesmo bem. Trata-se do direito de prelação ou de preferência.

No prazo de embargos, poderá o devedor reconhecer o crédito do exequente e comprovando o depósito de 30% do valor em execução, acrescido de custas e de honorários do advogado, requerer que lhe seja permitido pagar o restante em até seis parcelas mensais, acrescidas de correção monetária e de juros de um por cento ao mês.

Os embargos à execução não terão efeito suspensivo. Poderá o juiz concedê-lo, no entanto, a requerimento do embargante, quando verificados os requisitos para a concessão da tutela provisória e desde que a execução já esteja garantida por penhora, depósito ou caução suficientes.

A expropriação consistirá em: i) adjudicação; ii) alienação; iii) apropriação de frutos e rendimentos de empresa ou de estabelecimentos e de outros bens.

Não obstante seja considerada perfeita, acabada e irretratável com a assinatura do auto de arrematação, poderão ser alegadas, no prazo de dez dias, as situações indicadas no art. 903, § 1º do CPC. Nesse passo, a arrematação poderá ser invalidada, considerada ineficaz ou resolvida, conforme explicado no seguinte quadro:

Invalidação	**Se realizada por preço vil ou com outro vício.**
Ineficácia em relação a determinadas pessoas.	Alienação sem a intimação prévia: i) dos respectivos credores pignoratício, hipotecário e anticrético; ii) do promitente comprador ou do cessionário de bem objeto de promessa de compra e venda ou de cessão registrada;
Ineficácia em relação a determinadas pessoas.	iii) concedente ou concessionário de direito de superfície; iv) enfiteuta ou concessionário na alienação de imóvel sobre o qual tenha sido instituída a enfiteuse, concessão de uso especial para fins de moradia ou concessão de direito real de uso; do proprietário do imóvel no caso de alienação de direitos do enfiteuta, do concessionário de direito real de uso ou do concessionário de uso especial para fins de moradia; titular do direito de usufruto, uso ou habitação.
Resolvida	Se não for pago o preço ou não for prestada a caução.

Execução de alimentos

No cumprimento da sentença que condene ao pagamento de prestação alimentícia ou de decisão interlocutória que fixe alimentos, o juiz, a requerimento do exequente, mandará intimar o executado pessoalmente para, em três dias, pagar o débito, provar que o fez ou justificar a impossibilidade de efetuá-lo.

Se o executado não pagar ou se a justificativa apresentada não for aceita, o juiz, além de mandar protestar o pronunciamento judicial, decretar a prisão pelo prazo de um a três meses. A prisão será cumprida em regime fechado, devendo o preso ficar separado dos presos comuns.

O débito alimentar que autoriza a prisão civil do alimentante é o que compreende até as três prestações anteriores ao ajuizamento da execução e as que se vencerem no curso do processo.

Na execução fundada em título executivo extrajudicial que contenha obrigação alimentar, o juiz mandará citar o executado para, em três dias, efetuar o pagamento das parcelas anteriores ao início da execução e das que se vencerem no seu curso, provar que o fez ou justificar a impossibilidade de fazê-lo.

Na execução de obrigação alimentar fundada em título executivo extrajudicial, como uma escritura pública, por exemplo, ou uma transação referendada por Advogados, o credor indicará se pretende que seja realizada a penhora de bens, para futura expropriação, ou, então, ser pretende que seja utilizada a medida coercitiva da prisão.

Duas opções do credor:

a) valer-se da constrição de bens e, se necessário, dos meios expropriatórios necessários para a satisfação do direito mediante a adjudicação ou a entrega de dinheiro.

b) ou, então, pela adoção da medida coercitiva voltada à prisão civil do executado, consoante admitido na Constituição Federal e disciplinado nos §§ 2º a 7º do art. 528 do CPC.

ATENÇÃO!

Se o credor optar pela prática de constrição de bens, ao invés da utilização da medida coercitiva da prisão civil, a execução seguirá as regras gerais existentes, com a diferença de que a concessão de efeito suspensivo aos embargos à execução não constitui óbice a que o exequente levante mensalmente a importância da prestação.

Optando o credor pela execução em que será possível, posteriormente e se possível, a prisão civil do alimentante, quando fundada em título executivo extrajudicial, o executado será citado para, em três dias, efetuar o pagamento das parcelas anteriores ao início da execução e das que se vencerem no seu curso, provar que o fez ou justificar a impossibilidade de fazê-lo.

ATENÇÃO!

A defesa do executado será possibilitada por meio da justificativa de impossibilidade de cumprimento da obrigação, a qual terá o condão único de, se acolhida, afastar a prisão, permanecendo íntegra a obrigação de pagar, que somente poderá ser afastada por meio da ação exoneratória de pagamento de alimentos.

Também será determinado à autoridade, à empresa ou ao empregador que, sob pena de desobediência, proceda ao desconto em folha de pagamento a partir da primeira remuneração posterior do executado, a contar do protocolo do ofício.

Ao final, não cumprida a obrigação e não acolhida a justificativa apresentada, o magistrado poderá decretar a prisão civil do executado, pelo prazo de um a três meses, que será cumprida em regime fechado, devendo o preso ficar separado dos presos comuns.

14. PROCESSO NOS TRIBUNAIS

Deveres dos tribunais.

O art. 926 do CPC, além de inaugurar o Livro III, da Parte Especial, determina que os Tribunais devem uniformizar sua jurisprudência e mantê-la estável, íntegra e coerente.

Imediata Distribuição

Os autos serão registrados no protocolo do tribunal no dia de sua entrada, devendo ser imediatamente distribuídos pela secretaria, observando-se a seguinte ordem:

Julgamento Monocrático

DISTRIBUIÇÃO RELATOR Manifestação da(s) Parte(s)

Presidente Designa Data

O CPC/2015 não tratou do voto de revisão.

Prevenção do Relator

Estará prevento para os demais recursos, no mesmo ou em processos conexos, o relator do que for anteriormente protocolado no tribunal.

Assim, se antes houver a interposição do recurso de agravo de instrumento, o mesmo relator estará prevento para o julgamento da futura apelação.

Incumbências do Relator

Ao relator competirá presidir o processo que tramitar no tribunal, incumbindo-lhe:

I – dirigir e ordenar o processo no tribunal, inclusive em relação à produção de prova, bem como, quando for o caso, homologar autocomposição das partes;

II – apreciar o pedido de tutela provisória nos recursos e nos processos de competência originária do tribunal;

III – não conhecer de recurso inadmissível, prejudicado ou que não tenha impugnado especificamente os fundamentos da decisão recorrida;

IV – negar provimento a recurso que for contrário a:

a) súmula do Supremo Tribunal Federal, do Superior Tribunal de Justiça ou do próprio tribunal;

b) acórdão proferido pelo Supremo Tribunal Federal ou pelo Superior Tribunal de Justiça em julgamento de recursos repetitivos;

c) entendimento firmado em incidente de resolução de demandas repetitivas ou de assunção de competência;

V – depois de facultada a apresentação de contrarrazões, dar provimento ao recurso se a decisão recorrida for contrária a:

a) súmula do Supremo Tribunal Federal, do Superior Tribunal de Justiça ou do próprio tribunal;

b) acórdão proferido pelo Supremo Tribunal Federal ou pelo Superior Tribunal de Justiça em julgamento de recursos repetitivos;

c) entendimento firmado em incidente de resolução de demandas repetitivas ou de assunção de competência;

VI – decidir o incidente de desconsideração da personalidade jurídica, quando este for instaurado originariamente perante o tribunal;

VII – determinar a intimação do Ministério Público, quando for o caso;

VIII – exercer outras atribuições estabelecidas no regimento interno do tribunal.

Competirá ao relator, ainda, constatada a ocorrência de vício sanável, inclusive aquele que possa ser conhecido de ofício, determinar a realização ou a renovação do ato processual, no próprio tribunal ou em primeiro grau de jurisdição, intimando-se as partes.

Se reconhecer a necessidade de produção de provas, deverá o relator converter o julgamento em diligência, que se realizará no tribunal ou em primeiro grau de jurisdição.

TÉCNICA DE AMPLIAÇÃO DO QUÓRUM PARA JULGAMENTO	
APLICABILIDADE	**NÃO APLICABILIDADE**
Apelação não unânime	Incidente de assunção de competência e de resolução de demandas repetitivas.
Ação rescisória não unânime, com rescisão da sentença.	Remessa necessária.
Agravo de instrumento, se houver reforma da decisão que julgar parcialmente o mérito.	Julgamento não unânime proferido pelo plenário ou pela corte especial.

Deverá ser **utilizada a técnica de julgamento ampliado na apelação quando a decisão for por maioria**, seja **reformando ou confirmando a sentença**, analisando ou não o mérito.

ATENÇÃO! Cabimento da técnica de ampliação do quórum para o julgamento da apelação quando a decisão for por maioria, não importando se haverá reforma ou confirmação da sentença, diferentemente do que ocorria nos embargos infringentes do CPC de 1973.

Atualização jurisprudencial

A técnica de ampliação do colegiado, prevista no art. 942 do CPC/2015, aplica-se também ao julgamento de apelação interposta contra sentença proferida em mandado de segurança.

▸ Precedente, jurisprudência e súmula

Considerando-se a imprecisão terminológica existente sobre as expressões **jurisprudência, exemplo, súmula e precedente**, procura-se, neste primeiro momento, indicar os principais pontos conceituais que diferem um instituto do outro.

Há vários significados para a expressão **jurisprudência**, que pode designar, conforme registrado por Lenio Luiz Streck, em sentido estrito, a Ciência do Direito e, em

PROCESSUAL CIVIL

sentido lato, o "conjunto de sentenças dos Tribunais" e, ainda, pode indicar somente as sentenças uniformes.[9]

Significado mais comum: conjunto de decisões uniformes, ou proferidas em sentido dominante. Pode se referir a dezenas, centenas e até milhares de decisões. Trata-se de ideia plural, ao contrário da ideia singular ligada ao precedente (diferença de caráter quantitativo).

JURISPRUDÊNCIA:	IDEIA PLURAL. VÁRIAS DECISÕES.
PRECEDENTE:	IDEIA SINGULAR.

▸ Incidente de assunção de competência

Cabimento: é admissível quando o julgamento de recurso, de remessa necessária ou de processo de competência originária envolver questão de direito, com grande repercussão social, sem repetição em múltiplos processos, com o objetivo de que sejam julgados pelo órgão colegiado que o regimento interno indicar.

Instauração: proposta pelo relator, de ofício, ou a requerimento da parte, do Ministério Público ou da Defensoria Pública.

Requisito: o órgão colegiado julgará o recurso, a remessa necessária ou o processo de competência originária se reconhecer interesse público na assunção da competência.

IRDR	ASSUNÇÃO DE COMPETÊNCIA
Há cisão no julgamento	Não há cisão do julgamento
Repetição em múltiplos casos	Sem repetição em múltiplos casos

▸ Incidente de arguição de inconstitucionalidade

Formas de reconhecimento da inconstitucionalidade

A inconstitucionalidade de lei ou de ato normativo poderá ser reconhecida incidentalmente em um processo, quando se terá o denominado *controle difuso de constitucionalidade*, ou então, ser objeto de ação própria, o que ocorrerá por meio do controle concentrado de constitucionalidade.

CONTROLE DIFUSO	CONTROLE CONCENTRADO
Pode ser realizado por qualquer juiz ou tribunal quando do julgamento de um caso concreto.	Será realizado por um único Tribunal.
CONTROLE DIFUSO	**CONTROLE CONCENTRADO**
Será sempre incidental.*	Se faz por via de ação própria.

*** Como alerta a doutrina,**

"não se pode confundir controle incidental com controle difuso. Há possibilidade de controle incidental no controle concentrado, como por exemplo na Ação declaratória de constitucionalidade n. 1-1/DF. Antes de abordar o mérito da ação (...), o Supremo Tribunal Federal declarou, em sede de controle incidental, a constitucionalidade da ação declaratória (prevista por Emenda Constitucional), e somente depois apreciou o mérito".[10]

▸ Conflito de competência

As Espécies de Conflito de Competência

Será possível que, entre dois Juízos, haja divergência quanto à competência para o julgamento de determinada demanda, quando se está diante do **conflito de competência**, que poderá ser positivo ou negativo.

O **conflito positivo de competência** ocorrerá quando dois juízos se derem por competentes. Diferentemente, haverá o **conflito negativo** se houver a recusa entre eles, por entenderem não ser competentes, o que será possível se um atribuir ao outro a competência, ou se surgir controvérsia sobre a reunião ou separação de processos.

Se excluído do feito o ente federal, cuja presença foi fator preponderante para que o juízo estadual declinasse de sua competência, deverá o juízo federal restituir os autos e não suscitar o conflito (Súmula 224 STJ), não podendo o juízo estadual discutir sobre o interesse do ente federal.

O juiz que não acolher a competência declinada deverá **suscitar o conflito**, salve se a atribuir a outro juízo.

O conflito poderá ser suscitado por qualquer das partes, pelo Ministério Público ou pelo juiz. A parte, contudo, não poderá suscitá-lo se já alegou a incompetência relativa.

▸ Ação Rescisória

A **coisa julgada** é uma garantia assegurada pela Constituição Federal, fundada na necessidade de proporcionar a **segurança jurídica**. Com efeito, como decorrência da soberania de um país, compete ao seu Poder competente a aplicação da ordem jurídica vigente, dirimindo os conflitos existentes.

Por **objeto** da ação rescisória, busca-se definir o seu **pedido**, que sempre será o de **rescindir** a coisa julgada formada, bem como, em alguns casos, o de ser **rejulgada** a causa. Diz-se, então, que há o **juízo rescindente (rescindir)** e o **juízo rescisório (rejulgamento da causa)**.

Pedido rescindente

OBJETO DA AÇÃO RESCISÓRIA

Pedido rescisório

9. STRECK, Lênio Luiz. *Súmulas no direito brasileiro: eficácia, poder e função*. Porto Alegre: Livraria do Advogado, 1998, p. 83.

10. FERREIRA, Olavo Augusto Vianna Alves. Controle de Constitucionalidade e seus efeitos. 3ª. ed. Salvador: Juspodivm, 2016, p. 41.

Em suma: tem-se que a ação rescisória poderá rescindir:

i) a coisa julgada material (formada por meio de decisão interlocutória, sentença ou acórdão);

ii) a coisa julgada formal, desde que haja impedimento à propositura de nova ação;

iii) decisão que não admita recurso, desde que já transcorrido o prazo para que tal *decisum seja* impugnado pelo meio adequado.

Para a fixação da competência do Tribunal competente para o julgamento da ação rescisória, devem ser observadas **três regras cumulativas**:

i) trata-se de ação originária dos tribunais;

ii) cada tribunal é competente para o julgamento das rescisórias de seus próprios julgados;

iii) Aplicação das Súmulas 249 e 515 do STF.

São requisitos específicos:

(i) decisão (de mérito) transitada em julgado (já analisado quando do estudo do objeto da ação rescisória);

(ii) observância do prazo legal;

(iii) depósito da multa de 5%;

(iv) presença de uma das hipóteses do art. 966 do CPC.

▸ Incidente de Resolução de Demandas Repetitivas

Cabimento: será cabível quando houver, simultaneamente: I) efetiva repetição de processos que contenham controvérsia sobre a mesma questão unicamente de direito; II) risco de ofensa à isonomia e à segurança jurídica. O instituto possui três pilares fundamentais: i) isonomia, pelo qual se exige tratamento igualitário para a solução de litígios isomórficos; ii) a segurança jurídica, pois se busca a uniformidade das decisões judiciais e, iii) prestação razoável em termos de tempo em que prestada.[11]

Pedido para instauração: o pedido será dirigido ao presidente de tribunal (I) pelo juiz ou relator, por ofício; (II) pelas partes, por petição; e, (III) pelo Ministério Público ou pela Defensoria Pública, por petição.

Custas: não serão exigidas custas processuais no incidente.

Causa impeditiva de instauração: não será cabível a instauração do incidente quando um dos tribunais superiores, no âmbito de sua respectiva competência, já tiver afetado recurso para definição de tese sobre questão de direito material ou processual repetitiva.

Suspensão dos processos pendentes: admitido o incidente, o relator (I) suspenderá os processos pendentes, individuais ou coletivos, que tramitam no Estado ou na região, conforme o caso; (II) poderá requisitar informações a órgãos em cujo juízo tramita processo no qual se discute o objeto do incidente; (III) intimará o Ministério Público para, querendo, manifestar-se no prazo de quinze dias. Durante a suspensão, o pedido de tutela de urgência deverá ser dirigido ao juízo onde tramita o processo suspenso.

Suspensão nacional dos processos pendentes: visando à garantia da segurança jurídica, os legitimados poderão requerer, ao tribunal competente para conhecer do recurso extraordinário ou especial, a suspensão de todos os processos individuais ou coletivos em curso no território nacional que versem sobre a questão objeto do incidente já instaurado. Cessará a suspensão se não for interposto o recurso especial ou recurso extraordinário contra a decisão proferida no incidente. Consoante o que foi decidido no Pedido de Suspensão no IRDR nº 7, o pedido de suspensão nacional de processos em IRDR estará presente na hipótese em que o incidente admitido no tribunal de segunda instância:

a) demandar a interpretação da legislação infraconstitucional federal;

b) abranger matéria que se repete em processos em tramitação em outros estados ou regiões; e,

c) ensejar divergência de entendimentos entre pelo menos dois tribunais.

Fixação da tese: haverá a fixação da tese jurídica e também o julgamento do recurso, da remessa necessária ou do processo de competência originária de onde se originou o incidente. Julgado o incidente, a tese jurídica será aplicada: I – a todos os processos individuais ou coletivos que versem sobre idêntica questão de direito e que tramitem na área de jurisdição do respectivo tribunal, inclusive àqueles que tramitem nos juizados especiais do respectivo Estado ou região; II – aos casos futuros que versem idêntica questão de direito e que venham a tramitar no território de competência do tribunal, salvo revisão na forma do art. 986.

Cabimento de reclamação: não observada a tese adotada no incidente, caberá reclamação.

Recursos: do julgamento do mérito do incidente, será cabível a interposição de recurso extraordinário ou especial, conforme o caso, que terão efeito suspensivo.

Interposto recursos especial ou recurso extraordinário contra o acórdão que julgou incidente de resolução de demandas repetitivas – IRDR, a suspensão dos processos realizada pelo relator ao admitir o incidente só cessará com o julgamento dos referidos recursos, não sendo necessário, entretanto, aguardar o trânsito em julgado (REsp 1.869.867/SC).

Revisão da tese: a revisão da tese jurídica será feita no mesmo tribunal, **de ofício** ou **mediante requerimento do Ministério Público ou da Defensoria Pública.**

Ministério Público no Incidente de Resolução de Demandas Repetitivas
a) Poderá requerer a sua instauração;
b) Se não for o requerente, atuará como fiscal da ordem jurídica;
c) Poderá requerer a suspensão nacional de todos os processos individuais ou coletivos em curso no território nacional que versem sobre a questão objeto do incidente já instaurada;

11. MENDES, Aluísio Gonçalves de Castro. TEMER, Sofia. *O incidente de resolução de demandas repetitivas do Novo Código de Processo Civil. Op. Cit.*, p. 285.

Ministério Público no Incidente de Resolução de Demandas Repetitivas
d) Tem legitimidade para a interposição de recurso especial ou extraordinário;
e) Poderá requerer a revisão da tese jurídica.

Reclamação

A reclamação possui natureza jurídica de ação e poderá ser ajuizada para preservar a competência de tribunal, garantir a autoridade das decisões do tribunal, garantir a observância de enunciado de súmula vinculante e de decisão do Supremo Tribunal Federal em controle concentrado de constitucionalidade e para garantir a observância de acórdão proferido em julgamento de incidente de resolução de demandas repetitivas ou de incidente de assunção de competência.

Inadmissibilidade

Não será cabível a reclamação se a decisão já tiver transitado em julgado. Também não será admissível para garantir a observância de acórdão de recurso extraordinário com repercussão geral reconhecida ou de acórdão proferido em julgamento de recursos extraordinário ou especial repetitivos, quando não esgotadas as vias ordinárias.

Sendo julgada procedente a reclamação, o tribunal cassará a decisão exorbitante de seu julgado ou determinará medida adequada à solução da controvérsia.

15. RECURSOS

Os requisitos de admissibilidade dos recursos

Os requisitos intrínsecos

Os requisitos intrínsecos "são aqueles que dizem respeito à decisão recorrida em si mesma considerada".[12] Levam em conta "o conteúdo e a forma da decisão impugnada, de tal modo que, para proferir o juízo de admissibilidade, toma-se o ato judicial impugnado no momento e da maneira como foi prolatado".[13] Constituem requisitos intrínsecos de admissibilidade o cabimento, a legitimação para recorrer e o interesse recursal.

a) Cabimento

A recorribilidade e a adequação são dois fatores que compõem o requisito do cabimento. Para que seja cabível, o "recurso precisa estar previsto na lei processual contra determinada decisão judicial",[14] bem como que seja o correto para impugnar o pronunciamento judicial.

O CPC elenca os recursos no art. 994. São eles: I – apelação; II – agravo de instrumento; III – agravo interno; IV – embargos de declaração; V – recurso ordinário; VI – recurso especial; VII – recurso extraordinário; VIII – agravo em recurso especial ou extraordinário; e IX – embargos de divergência.

Além desses recursos, merece registro a previsão de outros em leis especiais, como os recursos inominados (art. 49 da Lei 9.099/95), os incidentes de uniformização de interpretação de lei (Leis n. 10.259/2001 e 12.153/2009) e os embargos infringentes de alçada (art. 34 da Lei n. 6.830/1980).

Encampou-se, assim, o princípio da taxatividade dos recursos, por meio do qual somente serão recursos aqueles assim previstos em lei federal.

Além de verificar se o recurso está previsto em lei federal, também deve ser examinado se o pronunciamento judicial poderá ser impugnado por meio dele.

Assim, da sentença caberá o recurso de apelação, a decisão interlocutória poderá ser impugnada por meio do agravo de instrumento nas hipóteses indicadas no art. 1.015 do CPC/2015, o despacho será irrecorrível, a decisão monocrática desafiará o agravo interno, o acórdão poderá ser impugnado pelos recursos extraordinário e especial, ou, ainda, pelos embargos de divergência, cabendo ainda os embargos declaratórios contra todos os pronunciamentos.

Verificada, assim, a natureza do pronunciamento judicial, tem-se o recurso adequado para a sua impugnação.

b) Legitimidade para recorrer

Para a admissibilidade do recurso, deverá o recorrente ter legitimidade para sua interposição, prevista de forma genérica. Nesse sentido, o art. 996 do CPC/2015 dispõe que têm legitimidade a parte, o terceiro prejudicado e o Ministério Público, como parte ou como fiscal da ordem jurídica.

Assegura-se também legitimidade de recorrer ao terceiro prejudicado.

A partir do próprio texto da lei, é possível assinalar que existem duas ordens diferentes de interesse jurídico recursal de terceiro, quais sejam: i) direito de que o recorrente se afirme titular; ou ii) direito de que possa discutir como substituto processual. Nas duas hipóteses, a lei prevê a legitimidade recursal.

No primeiro, o interesse poderá surgir tendo em vista a possibilidade de que a decisão possa atingir direito de que **o recorrente se afirme titular**, de modo que poderia ter figurado como assistente simples ou litisconsorcial no processo, mas não só nesse caso.

Sobre o tema, já se afirmou que:

> O **terceiro recorrente** é aquele que poderia ter sido assistente – simples ou litisconsorcial –, mas não só.
>
> **Há terceiros que podem sofrer reflexos de decisões proferidas em processos alheios, e que não poderiam ter sido assistentes.** Pense-se, por exemplo, na situação daquela que moveu ação de investigação de paternidade contra o pai falecido, e pede reserva de quinhão no inventário. Julgada procedente a ação, é terceira prejudicada para recorrer da partilha em que seu quinhão não foi reservado. Também é **terceiro prejudicado** para recorrer o **litisconsorte necessário** que não foi citado no processo. Ele tem legitimidade e interesse para apresentar recurso, na condição de

---

12. NERY JÚNIOR, Nelson. *Teoria geral dos recursos*. 7ª ed. São Paulo: RT, 2013, p. 266.
13. NERY JÚNIOR, Nelson. *Teoria geral dos recursos*. 7ª ed. São Paulo: RT, 2013, p. 266.
14. NERY JÚNIOR, Nelson. *Teoria geral dos recursos*. 7ª ed. São Paulo: RT, 2013, p. 267.

> terceiro e impugnar a decisão que o atinge diretamente.[15]

Assim, conforme registrado, como regra, o terceiro prejudicado poderia atuar como assistente, embora se admitam exceções.

c) Interesse Recursal

Passa-se ao exame do interesse em recorrer.

Haverá interesse em recorrer quando presentes os requisitos do binômio necessidade-utilidade.[16]

Para que haja a necessidade recursal, deverá o recorrente demonstrar que o recurso é o único meio de obter "o que pretende contra a decisão impugnada".[17]

Em relação à utilidade, o recurso será útil se puder importar em situação de melhora ao recorrente, em decorrência da sucumbência ou prejuízo imposto pelo pronunciamento jurisdicional.

A propósito, Nelson Nery Júnior, embasado em doutrina alemã, destaca a existência da sucumbência formal e material. Ensina o doutrinador que:

> Há sucumbência quando o conteúdo da parte dispositiva da decisão judicial diverge do que foi requerido pela parte no processo (*sucumbência formal*) ou quando, independentemente das pretensões deduzidas pelas partes no processo, a decisão judicial colocar a parte ou o terceiro em situação jurídica pior do que aquela que tinha antes do processo, isto é, quando a decisão produzir efeitos desfavoráveis à parte ou a ao terceiro (*sucumbência material*), ou, ainda, quando a parte não obteve no processo tudo aquilo que poderia dele ter obtido.[18]

E conclui que a "sucumbência é aferível com base na soma de vários critérios distintos. A tão só desconformidade da decisão com os requerimentos formulados pelas partes não basta, por si só, para caracterizar a sucumbência".[19]

Nas duas modalidades de sucumbência, portanto, haverá o interesse em recorrer.

Requisitos extrínsecos

Os requisitos extrínsecos referem-se a fatores externos ao pronunciamento judicial impugnado. São eles: a tempestividade, a regularidade formal, a inexistência de fato impeditivo ou extintivo do poder de recorrer e o preparo recursal.

a) Tempestividade

Observando-se o princípio da preclusão, tem-se que os atos processuais devem observar uma sequência lógica e ser praticados dentro dos prazos estabelecidos na lei. Não realizado no tempo legal, tem-se que ocorrerá a perda da oportunidade de praticá-lo, por conta da preclusão temporal.

O CPC de 2015 previu expressamente que, excetuados os embargos de declaração, o prazo para interpor os recursos e para responder-lhes é de quinze dias (art. 1.003, § 5º, do CPC).

Atenção para o §6º do art. 1.003, incluído pela Lei nº 14.939/2024:

> Art. 1.003. (...)
> § 6º O recorrente comprovará a ocorrência de feriado local no ato de interposição do recurso, e, se não o fizer, o tribunal determinará a correção do vício formal, ou poderá desconsiderá-lo caso a informação já conste do processo eletrônico. (Redação dada pela Lei nº 14.939, de 2024)

Também devem ser observadas as regras gerais de prazos diferenciados decorrentes de prerrogativas processuais.

Nesse sentido, o Ministério Público contará com prazo dobrado para manifestação nos autos (art. 180, *caput*, do Código de Processo Civil), regramento esse que não será aplicado quando a lei lhe estabelecer prazo próprio para a prática de ato processual (art. 180, § 2º, do CPC/2015).

A Defensoria Pública da União e dos estados, quer estejam atuando em seu nome, substituindo a coletividade, ou patrocinando interesse de assistido, gozarão de prazo em dobro para a prática de atos processuais, especialmente para interpor e responder recursos (art. 186, *caput*, do CPC), salvo se o prazo for próprio para a Defensoria.

O mesmo se aplicará aos escritórios de prática jurídica das faculdades de Direito reconhecidas na forma da lei e às entidades que prestam assistência jurídica gratuita em razão de convênios firmados com a Defensoria Pública, modificando-se o posicionamento dominante no Superior Tribunal de Justiça e encampando lição doutrinária.

Também terão prazo dobrado os litisconsortes com diferentes procuradores, de escritórios de advocacia distintos, salvo se o processo for eletrônico (art. 229, *caput* e § 2º, do CPC).

Competirá ao recorrente comprovar a ocorrência de feriado local no ato de interposição do recurso, e, se não o fizer, o tribunal determinará a correção do vício formal, ou poderá desconsiderá-lo caso a informação já conste do processo eletrônico.

O terceiro prejudicado terá o mesmo prazo da parte para recorrer e, interpostos embargos declaratórios, o prazo será interrompido para todos, alcançando-lhes.

b) Regularidade formal

Outro requisito extrínseco é a regularidade formal, exigindo-se que o recorrente observe a forma prevista pela lei como imprescindível para que o recurso seja conhecido.

Exige o CPC, de modo geral, que os recursos sejam interpostos por petição escrita, acompanhada das razões do inconformismo e do pedido de nova decisão, sem prejuízo de requisitos formais específicos para cada um dos recursos.

Questiona-se se, não observado qualquer requisito formal, o recurso não será admitido, de plano, ou se dever ser permitida a regularização ao recorrente.

c) Inexistência de fato impeditivo ou extintivo do poder de recorrer

Constitui requisito intrínseco dos recursos a inexistência de fato impeditivo ou extintivo do poder de recorrer.

15. WAMBIER, Teresa Arruda Alvim; CONCEIÇÃO, Maria Lúcia Lins; RIBEIRO, Leonardo Ferres da Silva; MELLO, Rogério Licastro Torres de. *Primeiros comentários ao Novo Código de Processo Civil, artigo por artigo.* São Paulo: RT, 2015, p. 1.427.
16. NERY JUNIOR, Nelson; NERY, Rosa Maria de Andrade. *Comentários ao Código de Processo Civil. CPC – Lei 13.105/2015.* São Paulo: RT, 2015, p. 300.
17. NERY JUNIOR, Nelson; NERY, Rosa Maria de Andrade. *Comentários ao Código de Processo Civil. CPC – Lei 13.105/2015.* São Paulo: RT, p. 300.
18. NERY JÚNIOR, Nelson. *Teoria geral dos recursos.* 7ª ed. São Paulo: RT, 2013, p. 301.
19. NERY JÚNIOR, Nelson. *Teoria geral dos recursos.* 7ª ed. São Paulo: RT, 2013, p. 301.

São fatos impeditivos a desistência do recurso (art. 998), o reconhecimento jurídico do pedido e a renúncia ao direito sobre o que se funda a ação. De outro lado, são fatos extintivos a renúncia e a aquiescência da parte.

A desistência do recurso interposto é negócio jurídico unilateral não receptício,[20] pois poderá ser manifestado unilateralmente pela parte, sem necessidade de concordância da parte contrária, produzindo efeitos desde que é efetuada.

Como regra, havendo a desistência do prosseguimento do recurso, tem-se o impedimento para que o órgão jurisdicional *ad quem* julgue o recurso interposto. No entanto, o Superior Tribunal de Justiça já adotava o entendimento de que o interesse particular não pode sobrepor-se ao interesse da coletividade no julgamento do recurso, no sentido de que, sendo este o escolhido como representativo da controvérsia, não seria admissível a desistência (STJ, Corte Especial, REsp 1.102.473/RS, Rel. Min. Maria Thereza de Assis Moura, *DJe* de 27.8.2012). No mesmo sentido, também não seria possível a desistência de recurso em que reconhecida a repercussão geral da questão constitucional.

Nessa mesma linha, o parágrafo único do art. 998 do CPC/2015 prevê que a desistência do recurso não impede a análise da questão cuja repercussão geral já tenha sido reconhecida e daquela objeto de julgamento de recursos extraordinário ou especiais repetitivos.

d) Preparo recursal

Por fim, o último requisito extrínseco é da exigência de comprovação do recolhimento de preparo recursal, que compreende custas e despesas processuais com o porte e o retorno dos autos processuais.

i) Regramento geral

Nesse sentido, segundo o CPC, o pagamento do preparo recursal, incluindo o porte e o retorno (dispensado em autos eletrônicos), deverá ser comprovado quando da interposição do recurso. Se, posteriormente, for provado justo impedimento, o relator poderá relevar a pena de deserção, fixando-se prazo de cinco dias para efetuar o preparo. Admite-se, ainda, muito embora não prevista legalmente, a continuidade do entendimento encampado na Súmula 484 do STJ, de modo que, se interposto o recurso fora do horário do expediente bancário, será possível comprovar seu recolhimento no primeiro dia útil seguinte.

Sendo insuficiente o valor recolhido, será o recorrente intimado para regularizar o vício, compreendendo-se tanto as custas quanto a própria despesa de porte e retorno. Se não o fizer, tem-se a deserção.

Como novidade, há a previsão de que, independentemente de justo motivo, é possível ao recorrente livrar-se da deserção advinda da não comprovação do recolhimento do preparo recursal, impondo-lhe, como sanção e condição de admissibilidade, o recolhimento em dobro (art. 1.007, § 4º).

ii) A isenção do preparo recursal

Assegura-se a dispensa de preparo, inclusive porte de remessa e de retorno, aos recursos interpostos pelo Ministério Público, pela União, pelo Distrito Federal, pelos estados, pelos municípios e pelas respectivas autarquias, e pelos que gozam de isenção legal.

Lembrando-se que o preparo compreende as custas recursais e, estas, por sua vez, possuem natureza de taxa, naturalmente não poderiam a União, o Distrito Federal e os estados cobrar pelo respectivo serviço prestado aos demais entes (hipótese de imunidade tributária prevista no art. 150, VI, *a*, da Constituição Federal).

A "isenção" aludida no § 1º não alcança eventuais multas que podem ser aplicadas em razão da interposição de recurso manifestamente protelatório (art. 1.026, §§ 2º e 3º), muito embora não seja admitida a exigência de recolhimento do valor como condição de admissibilidade do recurso (§ 3º).

iii) Preparo recursal e recursos na Justiça federal

Em consonância com o princípio da especialidade, o regramento das custas no âmbito da Justiça federal segue o contido na Lei n. 9.289/96. Nesse sentido, previa o art. 14, II, da aludida Lei que aquele que recorrer da sentença pagará a outra metade das custas, dentro do prazo de cinco dias, sob pena de deserção.

Por isso, em decorrência de norma expressa, uma vez interposta a apelação, poderia o recorrente comprovar o recolhimento do preparo, que compreendia a outra metade das custas (pois a primeira metade foi recolhida quando do ajuizamento da ação), no prazo de cinco dias.

Ocorre que a Lei n. 13.105/2015 alterou o inciso II do art. 14 da Lei n. 9.289/96, de modo que houve a unificação da sistemática de comprovação do recolhimento do preparo recursal, que deverá ser imediato, aplicando-se as regras previstas no art. 1.007 do CPC.

Efeitos dos Recursos:

(i) Efeito devolutivo: o efeito devolutivo é aquele em virtude do qual a matéria é devolvida ao órgão judicante, seja ele superior àquele que proferiu a decisão, seja ao próprio órgão prolator da decisão. Compreende o princípio do ***tantum devolutum quantum appellatum***. Todo recurso conta com esse efeito.

Tal efeito deve ser analisado quanto à sua extensão e quanto à sua profundidade.

Sob o primeiro aspecto (quanto à extensão), tem-se a delimitação da matéria objeto do recurso. Trata-se da dimensão horizontal do efeito devolutivo.

Assim, se o réu é condenado ao pagamento de indenização por danos materiais e morais e somente recorre em relação a estes últimos, ele delimita o seu recurso, a sua irresignação, e o Tribunal estará vinculado a essa vontade.

Sob o segundo aspecto (quanto à profundidade), tem-se que ficam devolvidas todas as questões suscitadas e discutidas no processo, ainda que a sentença não as tenha julgado por inteiro, desde que relativas ao capítulo impugnado. Trata-se da dimensão vertical do efeito devolutivo.

Em decorrência da preferência pelo julgamento do mérito, se o processo estiver em condições de imediato julgamento, o tribunal deve decidir desde logo o mérito quando: I – reformar sentença fundada no art. 485; II – decretar a nulidade da sentença por não ser ela congruente com os limites do pedido ou da causa de pedir; III – constatar a omissão no exame de um dos pedidos, hipótese em que poderá julgá-lo; IV – decretar a nulidade de sentença por falta de fundamentação.

20. NERY JUNIOR, Nelson; NERY, Rosa Maria de Andrade. *Comentários ao Código de Processo Civil – CPC – Lei 13.105/2015*. São Paulo: RT, 2015, p. 2.020.

(ii) Efeito translativo: apesar do efeito devolutivo, algumas matérias, poderão ser conhecidas de ofício, independentemente de requerimento ou arguição da parte. São as matérias de ordem pública.

(iii) Efeito suspensivo: pelo efeito suspensivo, impede-se a produção imediata de efeitos da decisão, situação essa que durará até o julgamento do recurso. Essa suspensividade não advém da interposição do recurso, mas da simples previsão de que terá tal efeito por força de lei.

O efeito suspensivo poderá existir por força de lei (ope legis) ou em razão de decisão judicial a respeito (*ope judicis*).

A apelação, como regra, tem duplo efeito – devolutivo e suspensivo. Terão somente efeito devolutivo a sentença que: I – homologa divisão ou demarcação de terras; II – condena a pagar alimentos; III – extingue sem resolução do mérito ou julga improcedentes os embargos do executado; IV – julga procedente o pedido de instituição de arbitragem; V – confirma, concede ou revoga tutela provisória; VI – decreta a interdição.

Em tais situações, o apelado poderá promover o pedido de cumprimento provisório de sentença.

Não obstante, o apelante poderá pleitear a concessão de efeito suspensivo em tais casos, se for demonstrada a probabilidade de provimento do recurso ou se, sendo relevante a fundamentação, houver risco de dano grave ou de difícil reparação. Este requerimento será dirigido ao: I – tribunal, no período compreendido entre a interposição da apelação e sua distribuição, ficando o relator designado para seu exame prevento para julgá-la; II – relator, se já distribuída a apelação.

Da mesma forma, os recursos extraordinário e especial também não são dotados de efeito suspensivo. Tal efeito, contudo, poderá ser requerido ao tribunal superior, no período compreendido entre a publicação da decisão de admissão do recurso e sua distribuição, ficando o relator designado para seu exame prevento para julgá-lo; ao relator, se já distribuído o recurso; ou, então, ao presidente ou ao vice-presidente do tribunal recorrido, no período compreendido entre a interposição do recurso e a publicação da decisão de admissão do recurso, assim como no caso de recurso ter sido sobrestado.

(iv) Efeito expansivo ou extensivo: em decorrência desse efeito, consideram-se sem efeito os atos ou decisões dependentes da decisão recorrida, naquilo em que forem incompatíveis com o julgamento do recurso. Se o julgamento do recurso afetar outras decisões que não a recorrida, estar-se-á diante do efeito expansivo externo; se, porém, o recurso fizer referência apenas a um dos capítulos da decisão, que examina questão preliminar ou prejudicial, e o acolhimento do recurso repercutir no capítulo relacionado à questão subordinada, estar-se-á diante de efeito expansivo interno.

(v) Efeito substitutivo: o julgamento proferido pelo tribunal substituirá a sentença ou a decisão recorrida no que tiver sido objeto de recurso.

Portanto, não existirão dois atos ou decisões sobre a mesma matéria, mas apenas um, fato esse que é relevante para se saber a competência para conhecimento da ação rescisória, como adiante será visto.

Cada parte interporá o recurso independentemente, no prazo e com observância das exigências legais. Se vencidos o autor e réu, ao recurso interposto por qualquer deles poderá aderir o outro.

O recurso adesivo fica subordinado ao recurso independente, sendo-lhe aplicáveis as mesmas regras deste quanto aos requisitos de admissibilidade e julgamento no tribunal, salvo disposição legal diversa, observado, ainda, o seguinte: I – será dirigido ao órgão perante o qual o recurso independente fora interposto, no prazo de que a parte dispõe para responder; II – será admissível na apelação, no recurso extraordinário e no recurso especial; III – não será conhecido, se houver desistência do recurso principal ou se for ele considerado inadmissível.

APELAÇÃO

O recurso de apelação será cabível com a finalidade de reformar sentença.

Porém, nem todas as sentenças são apeláveis.

Nesse sentido, a sentença proferida no âmbito dos Juizados Especiais não será impugnada pelo recurso de apelação, mas pelo recurso inominado. Também a sentença proferida nas execuções fiscais de valor inferior ao de alçada será objeto dos embargos infringentes de alçada.

A apelação será interposta por petição dirigida ao juízo da causa, acompanhada das respectivas razões recursais, nas quais o apelante poderá alegar vício da atividade (error in procedendo), assim como vícios de juízo (*error in judicando*). Trata-se, portanto, de um recurso de cognição ampla e não vinculada.

A apelação é dotada de efeitos devolutivo e suspensivo, de modo que a sentença não produzirá efeitos enquanto não julgado o recurso.

Contudo, em determinadas situações, a apelação terá apenas efeito devolutivo, permitindo-se o cumprimento provisório da sentença. E assim ocorrerá nas seguintes hipóteses, entre outras previstas em leis extravagantes: homologar a divisão ou a demarcação de terras, condenar a pagar alimentos, extingue sem resolução do mérito ou julga improcedentes os embargos do executado, julga procedente o pedido de instituição de arbitragem, confirma, concede ou revoga tutela provisória e decreta a interdição.

Ainda nestes casos, será possível buscar-se a concessão do efeito suspensivo junto ao tribunal, por meio de petição específica que, se apresentada anteriormente à distribuição do recurso, tornará prevento o relator.

A admissibilidade do recurso de apelação será realizada exclusivamente perante o Tribunal (juízo ad quem). Houve alteração nesse sentido, de modo que o seu juízo de admissibilidade não é mais desdobrado, mas único, no tribunal.

Admite-se que, uma vez interposta a apelação, o juízo se retrate. Isso ocorrerá se o juiz proferir pronunciamento sem resolução do mérito, bem como nos casos de improcedência liminar.

A apelação devolverá ao tribunal o conhecimento da matéria impugnada. Com a sua interposição, fixa-se o objeto do recurso.

Contudo, serão, porém, objeto de apreciação e julgamento pelo tribunal todas as questões suscitadas e discutidas no processo, ainda que não tenham sido solucionadas, desde que relativas ao capítulo impugnado.

Se o pedido ou a defesa tiver mais de um fundamento e o juiz acolher apenas um deles, a apelação devolverá ao tribunal o conhecimento dos demais.

E, se o processo estiver em condições de imediato julgamento, o tribunal deve decidir desde logo o mérito quando: I – reformar sentença fundada no art. 485; II – decretar a nulidade da sentença por não ser ela congruente com os limites do pedido ou da causa de pedir; III – constatar a omissão no exame de um dos pedidos, hipótese em que poderá julgá-lo; IV – decretar a nulidade de sentença por falta de fundamentação.

Quando reformar sentença que reconheça a decadência ou a prescrição, o tribunal, se possível, julgará o mérito, examinando as demais questões, sem determinar o retorno do processo ao juízo de primeiro grau.

AGRAVO DE INSTRUMENTO

O CPC de 2015, inovando em relação ao anterior, fixou a regra de que as questões decididas por meio de decisões interlocutória não são recorríveis de imediato, salvo quando admitido o agravo de instrumento para a hipótese.

Constitui-se o agravo de instrumento no recurso apropriado para impugnar decisão interlocutória que versar sobre matérias específicas elencadas no art. 1.015 e em outros dispositivos.

Nesse sentido, caberá a interposição de agravo de instrumento quando a decisão interlocutória versar sobre: i) tutela provisória; ii) mérito do processo; iii) rejeição da alegação de convenção de arbitragem; iv) incidente de desconsideração da personalidade jurídica; v) rejeição do pedido de gratuidade da justiça ou acolhimento do pedido de sua revogação; vi) exibição ou posse de documento ou coisa; vii) exclusão de litisconsorte; viii) rejeição do pedido de limitação do litisconsórcio; ix) admissão ou inadmissão de intervenção de terceiros; x) concessão, modificação ou revogação do efeito suspensivo aos embargos à execução; xi) redistribuição do ônus probatório (carga dinâmica) e em outros casos admitidos na lei.

Também será cabível o agravo contra decisões interlocutórias proferidas na fase de liquidação de sentença ou de cumprimento de sentença, no processo de execução e no processo de inventário. A lógica, nesses casos, é a de que não haverá sentença em um espaço curto de tempo, de modo que não se poderia aguardar por tanto tempo.

> De acordo com o que decidiu o STJ, o rol do art. 1.015 do CPC é de taxatividade mitigada, admitindo-se a interposição do recurso de agravo de instrumento se verificada a urgência decorrente da inutilidade do julgamento da questão no recurso de apelação (Tema 988, Recursos Repetitivos, STJ).

O recurso de agravo de instrumento deverá ser interposto no prazo de 15 dias, diretamente no Tribunal, acompanhado das peças obrigatórias e facultativas. Admite-se também que o seu protocolo seja feito na própria comarca, seção ou subseção judiciária, por postagem, sob registro, com aviso de recebimento ou por meio de transmissão de dados tipo fac-símile, ou ainda de acordo com outra forma prevista na lei.

Uma vez recebido o agravo de instrumento, poderá o relator decidi-lo monocraticamente nas hipóteses do art. 932, III e IV. Se não for o caso, mandará intimar o agravado e, oportunamente, solicitará prazo para julgamento.

AGRAVO INTERNO

Contra as decisões proferidas pelo relator será cabível a interposição do agravo interno, nos termos do regimento interno do tribunal.

É vedado ao relator limitar-se à reprodução dos fundamentos da decisão agravada para julgar improcedente o agravo interno.

Se o agravo interno for declarado manifestamente inadmissível ou improcedente em votação unânime, o órgão colegiado, em decisão fundamentada, condenará o agravante a pagar ao agravado multa fixada entre um e cinco por cento do valor atualizado da causa, estando a interposição de outro recurso condicionada ao seu recolhimento, salvo em relação à Fazenda Pública e dos beneficiários da gratuidade da justiça.

EMBARGOS DE DECLARAÇÃO

Os embargos de declaração possuem natureza mista ou híbrida. Reconhece-se a natureza de recurso, porque é previsto do Código de Processo Civil. Ao mesmo tempo, também é um meio de integração e de correção de omissão e de contradição da decisão proferida.

Cabem embargos de declaração quando: I – esclarecer obscuridade ou eliminar contradição; ii – suprir omissão de ponto ou questão sobre o qual devia se pronunciar o juiz de ofício ou a requerimento; iii– corrigir erro material.

Os embargos de declaração devem ter a petição dirigida ao juízo que proferiu a decisão, que terá competência para o seu julgamento. Podem ser interpostos em face de qualquer pronunciamento jurisdicional (decisões interlocutórias, sentenças e acórdãos).

A interposição dos embargos de declaração interrompe o curso do prazo para a interposição de outros recursos. Essa interrupção alcança todas as partes do processo, e não só o recorrente, muito embora não albergue o prazo para interposição dos embargos declaratórios.

Poderão opor os embargos não só a parte sucumbente, mas também o vencedor da ação e o Ministério Público.

Nos tribunais, o relator apresentará os embargos em mesa na sessão subsequente, proferindo voto, e, não havendo julgamento nessa sessão, será o recurso incluído em pauta automaticamente.

Quando os embargos de declaração forem opostos contra decisão de relator ou outra decisão unipessoal proferida em tribunal, o órgão prolator da decisão embargada decidi-los-á monocraticamente.

O órgão julgador conhecerá dos embargos de declaração como agravo interno se entender ser este o recurso cabível, desde que determine previamente a intimação do recorrente para, no prazo de 5 (cinco) dias, complementar as razões recursais, de modo a ajustá-las às exigências do art. 1.021, § 1º.

Caso o acolhimento dos embargos de declaração implique modificação da decisão embargada, o embargado que já tiver interposto outro recurso contra a decisão originária tem o direito de complementar ou alterar suas razões, nos exatos limites da modificação, no prazo de 15 (quinze) dias, contado da intimação da decisão dos embargos de declaração.

Se os embargos de declaração forem rejeitados ou não alterarem a conclusão do julgamento anterior, o recurso interposto pela outra parte antes da publicação do julgamento dos embargos de declaração será processado e julgado independentemente de ratificação.

Consideram-se incluídos no acórdão os elementos que o embargante suscitou, para fins de pré-questionamento, ainda que os embargos de declaração sejam inadmitidos ou rejeitados, caso o tribunal superior considere existentes erro, omissão, contradição ou obscuridade.

A eficácia da decisão monocrática ou colegiada poderá ser suspensa pelo respectivo juiz ou relator se demonstrada a probabilidade de provimento do recurso ou, sendo relevante a fundamentação, se houver risco de dano grave ou de difícil reparação.

Quando manifestamente protelatórios os embargos de declaração, o juiz ou o tribunal, em decisão fundamentada, condenará o embargante a pagar ao embargado multa não excedente a dois por cento sobre o valor atualizado da causa. Na reiteração de embargos de declaração manifestamente protelatórios, a multa será elevada a até dez por cento sobre o valor atualizado da causa, e a interposição de qualquer recurso ficará condicionada ao depósito prévio do valor da multa, à exceção da Fazenda Pública e do beneficiário de gratuidade da justiça, que a recolherão ao final.

Não serão admitidos novos embargos de declaração se os 2 (dois) anteriores houverem sido considerados protelatórios.

RECURSOS PARA O SUPREMO TRIBUNAL FEDERAL E PARA O SUPERIOR TRIBUNAL DE JUSTIÇA. RECURSO ORDINÁRIO CONSTITUCIONAL. RECURSO EXTRAORDINÁRIO. RECURSO ESPECIAL. EMBARGOS DE DIVERGÊNCIA. NOÇÕES GERAIS E HIPÓTESES DE CABIMENTO. JULGAMENTO DOS RECURSOS REPETITIVOS

RECURSO ORDINÁRIO

Será cabível o recurso ordinário ao: i) I – pelo Supremo Tribunal Federal, os mandados de segurança, os habeas data e os mandados de injunção decididos em única instância pelos tribunais superiores, quando denegatória a decisão; II – pelo Superior Tribunal de Justiça: a) os mandados de segurança decididos em única instância pelos tribunais regionais federais ou pelos tribunais de justiça dos Estados e do Distrito Federal e Territórios, quando denegatória a decisão; b) os processos em que forem partes, de um lado, Estado estrangeiro ou organismo internacional e, de outro, Município ou pessoa residente ou domiciliada no País.

Nos processos referidos no inciso II, alínea "b", contra as decisões interlocutórias caberá agravo de instrumento dirigido ao Superior Tribunal de Justiça, nas hipóteses do art. 1.015.

Aplica-se também ao recurso ordinário. Por isso, estando o processo em condições de imediato julgamento, o tribunal deve decidir desde logo o mérito quando: i– reforma sentença proferida sem análise de mérito; ii– decretar a nulidade da sentença por não ser ela congruente com os limites do pedido ou da causa de pedir; iii-contestar a omissão no exame de um dos pedidos, hipótese em que poderá julgá-lo; iv-decretar a nulidade de sentença por falta de fundamentação.

Contra sentença proferida pelo Juízo Federal de 1º grau (art. 1.027, II, b): ao invés de ser impugnada por meio do recurso de apelação, será cabível o recurso ordinário, observando-se, em tudo, as regras de admissibilidade e de procedimento da própria apelação, bem como o Regimento Interno do Superior Tribunal de Justiça.

RECURSO EXTRAORDINÁRIO E RECURSO ESPECIAL

NATUREZA

Os recursos extraordinário e especial possuem natureza extraordinária, em sentido amplo, pois diferentemente dos recursos comuns, possuem como finalidade a manutenção da segurança jurídica, resguardando a aplicação da legislação federal e das normas constitucionais.

FINALIDADE

Conforme já foi dito acima, a finalidade precípua dos recursos extraordinário e especial é a segurança jurídica.

PRESSUPOSTOS GERAIS E ESPECÍFICOS

Os pressupostos gerais dos recursos extraordinário e especial são os comuns a todos os demais recursos, já delimitados no capítulo específico.

Já os pressupostos específicos do recurso extraordinário são aqueles dispostos no artigo 102, inciso III, alíneas a, b, c e d da Constituição Federal, que dispõe:

> Art. 102. Compete ao Supremo Tribunal Federal, precipuamente, a guarda da Constituição, cabendo-lhe:
>
> III – julgar, mediante recurso extraordinário, as causas decididas em única ou última instância, quando a decisão recorrida:
>
> a) contrariar dispositivo desta Constituição;
>
> b) declarar a inconstitucionalidade de tratado ou lei federal;
>
> c) julgar válida lei ou ato de governo local contestado em face desta Constituição.
>
> d) julgar válida lei local contestada em face de lei federal.

Quanto ao recurso especial, seus pressupostos específicos encontram-se no artigo 105, inciso III, alíneas a, b e c da Carta Magna:

> Art. 105. Compete ao Superior Tribunal de Justiça:
>
> III – julgar, em recurso especial, as causas decididas, em única ou última instância, pelos Tribunais Regionais Federais ou pelos tribunais dos Estados, do Distrito Federal e Territórios, quando a decisão recorrida:
>
> a) contrariar tratado ou lei federal, ou negar-lhes vigência;
>
> b) julgar válido ato de governo local contestado em face de lei federal;

PROCESSUAL CIVIL

c) der a lei federal interpretação divergente da que lhe haja atribuído outro tribunal.

HIPÓTESES DE CABIMENTO

O recurso extraordinário e o recurso especial, nos casos previstos na Constituição Federal, serão interpostos perante o presidente ou o vice-presidente do tribunal recorrido, em petições distintas que conterão: I – a exposição do fato e do direito; II – a demonstração do cabimento do recurso interposto; III – as razões do pedido de reforma ou de invalidação da decisão recorrida.

Quando o recurso fundar-se em dissídio jurisprudencial, o recorrente fará a prova da divergência com a certidão, cópia ou citação do repositório de jurisprudência, oficial ou credenciado, inclusive em mídia eletrônica, em que houver sido publicado o acórdão divergente, ou ainda com a reprodução de julgado disponível na rede mundial de computadores, com indicação da respectiva fonte, devendo-se, em qualquer caso, mencionar as circunstâncias que identifiquem ou assemelhem os casos confrontados.

Quando o recurso estiver fundado em dissídio jurisprudencial, é vedado ao tribunal inadmiti-lo com base em fundamento genérico de que as circunstâncias fáticas são diferentes, sem demonstrar a existência da distinção.

O Supremo Tribunal Federal ou o Superior Tribunal de Justiça poderão desconsiderar vício formal de recurso tempestivo ou determinar sua correção, desde que não o repute grave.

CONCESSÃO DE EFEITO SUSPENSIVO

O pedido de concessão de efeito suspensivo a recurso extraordinário ou a recurso especial poderá ser formulado por requerimento dirigido: I – ao tribunal superior respectivo, no período compreendido entre a publicação da decisão de admissão do recurso e sua distribuição, ficando o relator designado para seu exame prevento para julgá-lo; II – ao relator, se já distribuído o recurso; III – ao presidente ou vice-presidente do tribunal recorrido, no período compreendido entre a interposição do recurso e a publicação da decisão de admissão do recurso, bem como no caso de recurso sobrestado para aguardar julgamento de paradigma.

JUÍZO DE ADMISSIBILIDADE

O juízo de admissibilidade será desdobrado, diferentemente do que ocorre em relação à apelação.

INTERPOSIÇÃO CONJUNTA DO RECURSO EXTRAORDINÁRIO E DO RECURSO ESPECIAL

Na hipótese de interposição conjunta de recurso extraordinário e recurso especial, os autos serão remetidos ao Superior Tribunal de Justiça.

Concluído o julgamento do recurso especial, os autos serão remetidos ao Supremo Tribunal Federal para apreciação do recurso extraordinário, se este não estiver prejudicado.

Se o relator do recurso especial considerar prejudicial o recurso extraordinário, em decisão irrecorrível, sobrestará o julgamento e remeterá os autos ao Supremo Tribunal Federal. Se o relator do recurso extraordinário, em decisão irrecorrível, rejeitar a prejudicialidade, devolverá os autos ao Superior Tribunal de Justiça para o julgamento do recurso especial.

QUESTÃO CONSTITUCIONAL CONSTATADA PELO SUPERIOR TRIBUNAL DE JUSTIÇA

Se o relator, no Superior Tribunal de Justiça, entender que o recurso especial versa sobre questão constitucional, deverá conceder prazo de 15 (quinze) dias para que o recorrente demonstre a existência de repercussão geral e se manifeste sobre a questão constitucional.

OFENSA REFLEXA À CONSTITUIÇÃO

Se o Supremo Tribunal Federal considerar como reflexa a ofensa à Constituição afirmada no recurso extraordinário, por pressupor a revisão da interpretação de lei federal ou de tratado, remetê-lo-á ao Superior Tribunal de Justiça para julgamento como recurso especial.

EFEITO DEVOLUTIVO NO RECURSO EXTRAORDINÁRIO OU NO ESPECIAL

Admitido o recurso extraordinário ou o recurso especial, o Supremo Tribunal Federal ou o Superior Tribunal de Justiça julgará o processo, aplicando o direito.

MULTIPLICIDADE DE RECURSOS EXTRAORDINÁRIOS OU ESPECIAIS

Sempre que houver multiplicidade de recursos extraordinários ou especiais com fundamento em idêntica questão de direito, haverá afetação para julgamento de acordo com as disposições desta Subseção, observado o disposto no Regimento Interno do Supremo Tribunal Federal e no do Superior Tribunal de Justiça.

A ESCOLHA DOS RECURSOS REPRESENTATIVOS DA CONTROVÉRSIA

O presidente ou o vice-presidente de tribunal de justiça ou de tribunal regional federal selecionará 2 (dois) ou mais recursos representativos da controvérsia, que serão encaminhados ao Supremo Tribunal Federal ou ao Superior Tribunal de Justiça para fins de afetação, determinando a suspensão do trâmite de todos os processos pendentes, individuais ou coletivos, que tramitem no Estado ou na região, conforme o caso.

DECISÃO DE AFETAÇÃO

Selecionados os recursos, o relator, no tribunal superior, constatando a presença do pressuposto do *caput* do art. 1.036, proferirá decisão de afetação, na qual: I – identificará com precisão a questão a ser submetida a julgamento; II – determinará a suspensão do processamento de todos os processos pendentes, individuais ou coletivos, que versem sobre a questão e tramitem no território nacional; III – poderá requisitar aos presidentes ou aos vice-presidentes dos tribunais de justiça ou dos tribunais regionais federais a remessa de um recurso representativo da controvérsia.

REQUERIMENTO DE DESTRAVAMENTO – CASO DISTINTO

Demonstrando distinção entre a questão a ser decidida no processo e aquela a ser julgada no recurso especial ou extraordinário afetado, a parte poderá requerer o prosseguimento do seu processo. O requerimento será dirigido: I – ao juiz, se o processo sobrestado estiver em primeiro grau; II – ao relator, se o processo sobrestado estiver no tribunal de origem; III – ao relator do acórdão recorrido, se for sobrestado recurso especial ou recurso extraordinário no tribunal de origem; IV – ao relator, no tribunal superior, de recurso especial ou de recurso extraordinário cujo processamento houver sido sobrestado.

EXTENSÃO DA DECISÃO PROFERIDA NOS RECURSOS AFETADOS

Decididos os recursos afetados, os órgãos colegiados declararão prejudicados os demais recursos versando sobre idêntica controvérsia ou os decidirão aplicando a tese firmada. Negada a existência de repercussão geral no recurso extraordinário afetado, serão considerados automaticamente inadmitidos os recursos extraordinários cujo processamento tenha sido sobrestado.

AGRAVO EM RECURSO ESPECIAL E EM RECURSO EXTRAORDINÁRIO

Cabe agravo contra decisão do presidente ou do vice-presidente do tribunal recorrido que inadmitir recurso extraordinário ou recurso especial, salvo quando fundada na aplicação de entendimento firmado em regime de repercussão geral ou em julgamento de recursos repetitivos.

REPERCUSSÃO GERAL

A Emenda Constitucional n. 45/2004, entre outras importantes alterações, inseriu o requisito da repercussão geral para a admissibilidade do recurso extraordinário, de modo a preservar a função da Corte Suprema como garantidora da unidade do direito. No mesmo sentido, o CPC 2015 indicou que o STF não conhecerá, em decisão irrecorrível, de recurso extraordinário quando a questão constitucional nele versada não tiver repercussão geral (art. 1.035, caput).

Como corolário da repercussão geral, exige-se que a questão reflita conteúdo relevante do ponto de vista econômico, político, social ou jurídico que ultrapasse os interesses subjetivos das partes do processo (art. 1.035, § 1º do CPC).

Diante desses dados, reconhece-se relevância e transcendência aos julgados proferidos pelo STF em controle difuso, motivo pelo qual emite a Corte precedentes constitucionais de eficácia vinculante.[21]

RELEVÂNCIA DAS QUESTÕES DE DIREITO FEDERAL INFRACONSTITUCIONAL

ATUALIZAÇÃO LEGISLATIVA

No recurso especial, o recorrente deve demonstrar a relevância das questões de direito federal infraconstitucional discutidas no caso, nos termos da lei, a fim de que a admissão do recurso seja examinada pelo Tribunal, o qual somente pode dele não conhecer com base nesse motivo pela manifestação de 2/3 (dois terços) dos membros do órgão competente para o julgamento.

Haverá a relevância nos seguintes casos:

I – ações penais;

II – ações de improbidade administrativa;

III – ações cujo valor da causa ultrapasse 500 salários-mínimos;

IV – ações que possam gerar inelegibilidade;

V – hipóteses em que o acórdão recorrido contrariar jurisprudência dominante do Superior Tribunal de Justiça.

VI – outras hipóteses previstas em lei.

Embora o art. 2º, da EC 125, preveja que a relevância será exigida nos recursos especiais interpostos após o início de sua vigência, o Pleno do STJ aprovou o Enunciado Administrativo nº 8, cuja redação é a seguinte: "A indicação, no recurso especial, dos fundamentos de relevância da questão de direito federal infraconstitucional somente será exigida em recursos interpostos contra acórdãos publicados após a data de entrada em vigor da **lei regulamentadora** prevista no artigo 105, parágrafo 2º, da Constituição Federal" [grifo nosso].

RECURSO DE EMBARGOS DE DIVERGÊNCIA

O recurso de embargos de divergência tem a finalidade de buscar a uniformização de entendimento nos tribunais superiores. Assim, poderão ser interpostos contra acórdão de órgão fracionário do STF ou do STJ que: i) em recurso extraordinário ou em recurso especial, divergir do julgamento de qualquer outro órgão do mesmo tribunal, sendo os acórdãos embargado e paradigma, de mérito; ii) em recurso extraordinário ou em recurso especial divergir do julgamento de qualquer outro órgão do mesmo tribunal, sendo um acórdão de mérito e outro que não tenha conhecido do recurso, embora tenha apreciado a controvérsia.

A divergência que justifica a interposição dos embargos de divergência pode ser de direito material e de direito processual.

Ainda que proveniente da mesma turma, serão cabíveis os embargos de divergência quando a sua composição tiver sofrido alteração em mais da metade de seus membros.

INTERRUPÇÃO DE PRAZO PARA O RECURSO EXTRAORDINÁRIO

A interposição de embargos de divergência no Superior Tribunal de Justiça interrompe o prazo para interposição de recurso extraordinário por qualquer das partes.

Se os embargos de divergência forem desprovidos ou não alterarem a conclusão do julgamento anterior, o recurso extraordinário interposto pela outra parte antes da publicação do julgamento dos embargos de divergência será processado e julgado independentemente de ratificação.

16. AÇÕES CONSTITUCIONAIS

▸ Mandado de Segurança (Lei n. 12.016/2009)

O mandado de segurança é um remédio constitucional, por meio do qual o impetrante buscará proteger

21 MARINONI, Luiz Guilherme. *Precedentes obrigatórios*. *Op. Cit.*, p. 307.

direito líquido e certo, não amparado por habeas corpus ou habeas data, sempre que, ilegalmente ou com abuso de poder, qualquer pessoa física ou jurídica sofrer violação ou houver justo receio de sofrê-lo por parte de autoridade, seja de que categoria for e sejam quais forem as funções que exerça.

O mandado de segurança também poderá ser espécie de ação coletiva para a tutela de determinados interesses.

Nesse sentido, assegura-se a possibilidade de ajuizamento do mandado de segurança coletivo por partido político com representação no Congresso Nacional ou por organização sindical, entidade de classe ou associação legalmente constituída e em funcionamento há pelo menos um ano, em defesa dos interesses de seus membros ou associados (art. 5º, LXX, da Constituição Federal).

Importante: houve o julgamento da **ADIN 4926**, que analisou a constitucionalidade de vários dispositivos da Lei nº 12.016/2009.

Reconhecida a inconstitucionalidade	Reconhecida a constitucionalidade.
Art. 7º, § 2º - Desse modo, entendeu-se inconstitucional a vedação da concessão de medida liminar que tenha por objeto a compensação de créditos tributários, a entrega de mercadorias e bens provenientes do exterior, a reclassificação ou equiparação de servidores públicos e a concessão de aumento ou a extensão de vantagens ou pagamento de qualquer natureza. Art. 22, § 2º - reconheceu-se a inconstitucionalidade da exigência de contraditório prévio par a concessão de liminar.	Art. 1º, § 2º - Não cabimento de mandado de segurança contra os atos de gestão comercial praticados pelos administradores de empresas públicas, de sociedade de economia mista e de concessionárias de serviço público; Art. 7º, III - Admissibilidade do juiz exigir do impetrante caução, fiança ou depósito, com o objetivo de assegurar o ressarcimento à pessoa jurídica, no caso de deferimento de tutela provisória; Art. 23 - Reconheceu-se a constitucionalidade do prazo decadencial de 120 dias para o ajuizamento do mandado de segurança; Art. 25 - Reconheceu-se a constitucionalidade da inviabilidade de condenação ao pagamento dos honorários advocatícios, sem prejuízo da aplicação de sanções no caso de litigância de má-fé.

▸ ***Habeas data***

O habeas data foi previsto na Constituição Federal como um remédio constitucional destinado a (i) assegurar o conhecimento de informações relativas à pessoa do impetrante, constantes de registros ou bancos de dados de entidades governamentais ou de caráter público, ou, então (ii) para a retificação de dados, quando não se prefira fazê-lo por processo sigiloso, judicial ou administrativo.

▸ **Ação popular**

Trata-se de remédio constitucional que tem por finalidade corrigir atos lesivos ao patrimônio público ou de entidade de que o Estado participe, à moralidade administrativa, ao meio ambiente e ao patrimônio histórico e cultural.

A legitimação para a propositura da ação popular é constante da Constituição Federal (art. 5º, LXXIII) e nos arts. 1º e 4º, da Lei 4.717/65. Portanto, somente o brasileiro (nato ou naturalizado), que ostente a condição de eleitor, poderá ajuizá-la.

O autor popular agirá como substituto processual da coletividade e, por isso, se acaso abandonar a causa, poderá o polo ativo ser ocupado por outro legitimado. Supletivamente, poderá o Ministério Público assumir o polo ativo, se nenhum outro legitimado o fizer.[22]

17. PROCESSO COLETIVO

A partir do conjunto normativo em vigência, reconhece-se a existência de um "subsistema específico, rico e sofisticado, aparelhado para atender aos conflitos coletivos, característicos da sociedade moderna"[23], denominado de **Direito Processual Coletivo**, dividido em *especial* e *comum*[24], interessando, neste momento, o segundo.

Assim, o **processo coletivo comum engloba a ação civil pública, a ação popular, o mandado de injunção, o mandado de segurança coletivo, o dissídio coletivo, a impugnação de mandato eletivo e a ação direta interventiva**. Esse direito processual coletivo é regido por princípios próprios de um novo sub-ramo da processualística.[25]Em comuns a todas essas ações, tem-se a **legitimidade coletiva** e o **regime da coisa julgada**.

Nos termos do art. 81, parágrafo único, I, do Código de Defesa do Consumidor, direitos ou interesses difusos são aqueles "transindividuais, de natureza indivisível, de que sejam titulares pessoas indeterminadas e ligadas por circunstâncias de fato". Compreendem grupos menos determinados de pessoas, sendo que entre elas não existe vínculo jurídico preciso.[26] O objeto desses interesses é indivisível, de modo que não é possível ser dividido entre os membros da coletividade.[27]

Sobre a relação entre tais interesses, Hugo Nigro Mazzilli apresenta didático quadro para compreensão:[28]

Interesses	Grupo	Objeto	Origem
Difusos	Indeterminável	Indivisível	Situação de fato

22. REsp 638.011/RJ, Rel. Ministro LUIZ FUX, PRIMEIRA TURMA, julgado em 25/04/2006, DJ 18/05/2006, p. 182.
23. ZAVASCKI, Teori Albino. Op. cit., p. 36.
24. MANCUSO, Rodolfo de Camargo. *Jurisdição Coletiva e Coisa Julgada. Teoria Geral das Ações coletivas*. 2 ed. São Paulo: Revista dos Tribunais, 2007, p. 72-73.
25. Idem, ibidem, p.72-73.
26. MAZZILLI, Hugo Nigro. *A Defesa dos Interesses Difusos em Juízo*. São Paulo: Saraiva, 2006, p. 50-51.
27. Idem, ibidem, p. 52.
28. MAZZILLI, Hugo Nigro. Op. cit., p. 58.

Interesses	Grupo	Objeto	Origem
Coletivos	Determinável	Indivisível	Relação jurídica
Ind. Homog.	Determinável	Divisível	Origem comum

Como foi demonstrado acima, os direitos podem ser coletivos por natureza e, por isso, são denominados de essencialmente coletivos. Correspondem aos direitos difusos e coletivos em sentido estrito.

De outro lado, existem os direitos que não são propriamente coletivos, mas que podem ser tutelados pela ação coletiva, conforme autorizado pela lei. Tem-se, nessa hipótese, a tutela coletiva de direitos.

Tutela de direitos coletivos	#	Tutela coletiva de direitos

Direitos essencialmente coletivos vs. Direitos acidentalmente coletivos

Há duas características marcantes das ações coletivas, que as distinguem em relação às ações individuais: a **legitimidade** e o **regime jurídico da coisa julgada**.

Em relação à legitimação, destaca-se a existência de modelos distintos: o primeiro, utilizado para a ação popular, que poderá ser ajuizada por qualquer cidadão; e, também, o modelo segundo o qual determinado entes são escolhidos para substituir a coletividade, tal como ocorre na ação civil pública.

(i) Ação popular:

A legitimação para a propositura da ação popular é constante da Constituição Federal (art. 5º, LXXIII) e nos arts. 1º e 4º, da Lei 4.717/65. Portanto, somente o ***brasileiro*** (nato ou naturalizado), que ostente a condição de ***eleitor***, poderá ajuizá-la.

O autor popular agirá como substituto processual da coletividade e, por isso, se acaso abandonar a causa, poderá o polo ativo ser ocupado por outro legitimado. Supletivamente, poderá o Ministério Público assumir o polo ativo, se nenhum outro legitimado o fizer.[29] Exclui-se a possibilidade de ser ajuizada por pessoa jurídica (súmula 365, STF). Somente poderá ser ajuizada por aquele que se encontre no exercício pleno do direito político de eleger os representantes do povo.

O Superior Tribunal de Justiça também admite que a ação popular seja ajuizada pelo **Ministério Público**, legitimando-o a toda e qualquer demanda que vise à defesa dos interesses difusos e coletivos, sob ângulo material ou imaterial.[30]

(ii) Ação civil pública:

A legitimação para a defesa dos interesses metaindividuais de crianças e adolescentes decorre da integração da Lei da Ação Civil Pública, do Código de Defesa do Consumidor, do Estatuto da Criança e do Adolescente, entre outras leis.

Nesse sentido, possuem legitimação para a propositura da ação civil pública: I – o Ministério Público; II – a Defensoria Pública; III – a União, os Estados, o Distrito Federal e os Municípios; IV – a autarquia, empresa pública, fundação ou sociedade de economia mista; V – a associação que, concomitantemente: a) esteja constituída há pelo menos um ano e, b) inclua entre suas finalidades institucionais a proteção ao meio ambiente, ao consumir, à ordem econômica, à livre concorrência ou ao patrimônio artístico, estético, histórico, turístico e paisagístico.

O Ministério Público tem missão especial em relação à ação civil pública, competindo-lhe a tutela dos interesses difusos, coletivos e individuais homogêneos, além de direitos individuais indisponíveis.

Ainda em caso de desistência infundada ou abandono da ação por associação legitimada, o MP ou outro legitimado assumirá a titularidade ativa. No REsp 1.372.593, também se estendeu esta possibilidade aos casos em que for verificado vício na representação processual da associação autora.

A Defensoria Pública é indicada na Constituição Federal como instituição essencial à função jurisdicional do Estado, cabendo-lhe a orientação jurídica e a defesa, em todos os graus, dos necessitados, na forma do seu art. 5º, LXXIV. A expressão "necessitados" não está adstrita ao plano econômico, abrangendo, também, os necessitados do ponto de vista organizacional, que são os socialmente vulneráveis.[31]

A legitimação das associações para a defesa de interesses metaindividuais deve ser entendida no contexto como "participação popular na boa gestão da coisa pública, sob a égide da democracia participativa, incentivada pela Constituição Federal (art. 1º, parágrafo único), como se dá com a defesa do meio ambiente (art. 225, *caput*) e do patrimônio cultural (art. 216 e § 1º)".[32]

(iii) Mandado de segurança coletivo:

Assegura-se a possibilidade de ajuizamento do mandado de segurança coletivo por partido político com representação no Congresso Nacional ou por organização sindical, entidade de classe ou associação legalmente constituída e em funcionamento há pelo menos um ano, em defesa dos interesses de seus membros ou associados (art. 5º, LXX, da Constituição Federal).

O Superior Tribunal de Justiça também admite a legitimação ativa do Ministério Público para ao ajuizamento de mandado de segurança coletivo, defendendo-se que o Parquet pode valer-se da ação necessária para a defesa de interesses metaindividuais.

O Código de Defesa do Consumidor disciplinou a coisa julgada nas ações coletivas, relacionando-a ao interesse tutelado, o que pode ser resumido no seguinte quadro:

Interesse	Coisa julgada
Difuso	*Erga omnes*, salvo se a improcedência decorrer da falta de provas.

29. REsp 638.011/RJ, Rel. Ministro LUIZ FUX, PRIMEIRA TURMA, julgado em 25/04/2006, DJ 18/05/2006, p. 182.

30. AgRg no AREsp 746.846/RJ, Rel. Ministro HERMAN BENJAMIN, SEGUNDA TURMA, julgado em 15/12/2015, DJe 05/02/2016.

31. Disponível em http://www.anadep.org.br/wtksite/cms/conteudo/4820/Documento10.pdf.

32. MANCUSO, Rodolfo de Camargo. *Ação Civil Pública – Em defesa do meio ambiente, do patrimônio cultural e dos consumidores*. 10ª ed. São Paulo: RT, 2006, p. 138-139.

Coletivo	*Ultra partes*, limitada ao grupo, categoria ou classe de lesados, salvo se a improcedência se der por falta de provas.
Individuais homogêneos	*Erga omnes* em caso de procedência, beneficiando vítimas e sucessores.

De outro lado, **na sentença de improcedência**, há de ser feita uma importante distinção, segundo haja ou não esgotamento das provas.

Por falta de provas	Outros legitimados poderão propor a ação civil pública, desde que fundada em nova prova.
Por outro motivo	Outros legitimados não poderão propor a ação civil pública, ainda que fundada em nova prova.

18. JUIZADOS ESPECIAIS

COMPETÊNCIA

- Os juizados especiais cíveis possuem o mister de dirimir as demandas de menor complexidade, assim definidas em lei.
- Por esse motivo, as demandas que assim não se enquadrarem, deverão ser processadas em outro juízo, não se adequando aos princípios dos juizados, notadamente o da simplicidade. Tal complexidade é aferida em razão da prova, e não do direito em si.
- A utilização dos juizados especiais cíveis é facultativa, podendo a parte optar por ela, no que difere em relação aos Juizados Especiais da Fazenda Pública e Juizados Especiais Federais.
- Assim, estando diante de uma causa de *menor complexidade*, competirá à parte escolher demandar ou não nos Juizados Especiais Cíveis.[33]
- Três são os critérios básicos para definir-se se os juizados são competentes ou não para o julgamento de determinada demanda.

PEQUENA COMPLEXIDADE EM RAZÃO	- DO VALOR DA CAUSA - DA MATÉRIA - CRITÉRIO MISTO.

Importante: Os juizados especiais cíveis previstos na Lei nº 9.099/1995 continuam competentes para o processamento e julgamento das causas previstas no inciso II do art. 275, do CPC/1973.

COMPETÊNCIA DA JURISDIÇÃO VOLUNTÁRIA

A LJE prevê, em seu artigo 57, que *o acordo extrajudicial, de qualquer natureza ou valor, poderá ser homologado, no juízo competente, independentemente de termo, valendo a sentença como título executivo judicial.*

DAS CAUSAS EXCLUÍDAS DA COMPETÊNCIA DOS JUIZADOS

Estão excluídas da competência dos Juizados Especiais Cíveis as seguintes causas:

- *de natureza alimentar*: as ações de alimentos são aquelas em que se busca, em processo de conhecimento de conhecimento, a fixação de valores destinados a proporcionar o suprimento das necessidades do demandante. Essas ações, em regra, são de competência das Varas de Família[34] e, quando fundadas em relação de parentesco pré-constituída, observarão o procedimento célere previsto na Lei 5.478/1968[35].
- *causas de natureza fiscal*: ações de natureza fiscal são aquelas que tenham por objeto a discussão de débito tributário (ICMS, IPVA etc.) e também não tributário (taxas) e que sejam direcionadas contra o fisco para o fim de ver-se reconhecida a inexigibilidade da obrigação.
- *causas de interesse da Fazenda Pública*: esta expressão compreende as pessoas jurídicas de direito público, que poderão ser demandas somente nos Juizados Especiais Federais e nos Juizados Especiais da Fazenda Pública;
- *causas relativas a acidentes de trabalho;*
- *causas relativas a resíduos*: entendem-se como *resíduos* os "remanescentes de bens legados que, por morte do beneficiário, em virtude de cláusula expressa, são restituídos à pessoa designada pelo testador"[36], sendo relativas a "causas fundadas em disposição testamentária".[37]
- *causas relativas a capacidade das pessoas*;
- *ações sujeitas a procedimentos especiais:* de acordo com o direito material em questão, o legislador determina o procedimento processual adequado para a adequada solução da demanda. Desse modo, ao prever a necessidade de adoção de procedimento especial, como ocorre com a ação de consignação em pagamento, por exemplo, não estará o demandante autorizado a valer-se dos Juizados Especiais Cíveis. A propósito, vide o enunciado FONAJE

33. Alexandre Freitas Câmara apresenta dois argumentos que sustentam o caráter opcional dos Juizados Especiais Cíveis. De acordo com o primeiro, o caráter obrigatório seria inconstitucional, por violação às garantias constitucionais do processo, como o devido processo legal e o contraditório. Pelo segundo, como o procedimento diferenciado é uma escolha que não decorre do direito material, não haveria qualquer óbice à escolha pelo demandante. *In* Juizados Especiais Cíveis Estaduais, Federais e da Fazenda Pública. CÂMARA, Alexandre Freitas. 6ª. Ed. Rio de Janeiro: Lúmen Juris, p. 23-24.

34. Ou Varas da Infância e da Juventude ou da Pessoa Idosa.

35. É certo que a própria Lei 5.478/1968 prevê um procedimento que muito se aproxima do sumaríssimo da LJE. Nesse sentido, poderá o demandante procurar a própria Secretaria do Juízo e lá formular o seu pedido, independentemente da representação por advogado (art. 2º), quando então o Juízo designará audiência una para a tentativa de conciliação entre as partes e, se o caso, a produção da prova oral, debates e sentença.

36. CHIMENTI, Ricardo Cunha. Teoria e Prática dos Juizados Especiais Cíveis Estaduais e Federais. 9ª. edição. São Paulo: Saraiva, 2007, *apud* NUNES, Pedro, Dicionário de tecnologia jurídica, 8ª. Ed. São Paulo, Freias Bastos.

37. NEGRÃO, Theotonio. Código de Processo Civil e Legislação Processual em Vigor. Nota 14, ao art. 3º.

nº 08, *in verbis*: "As ações cíveis sujeitas aos procedimentos especiais não são admissíveis nos Juizados Especiais".

- *ações coletivas*: ações coletivas são aquelas destinadas à tutela de interesses metaindividuais, compreendidos como difusos, coletivos e individuais homogêneos.
- *causas que, em razão do objeto da prova, não podem ser consideradas como de menor complexidade*: de fato, há demandas cuja solução requer a produção de provas complexas, de difícil colheita na seara dos Juizados Especiais e que não estarão em sintonia com a simplicidade e informalidade do procedimento. Note-se que a complexidade advém do objeto da prova e não do direito material. Em razão disso, mesmo que a matéria seja de difícil solução, por exigir vasto conhecimento ou interpretação decorrente da análise de várias fontes normativas, se a lei autorizar o seu processamento nos Juizados, não haverá qualquer óbice, desde que a prova a ser produzida não justifique o desvio do procedimento para as vias ordinárias.

DA COMPETÊNCIA TERRITORIAL

O reconhecimento da incompetência acarretará a remessa dos autos ao juízo competente.

Nos Juizados Especiais Cíveis, no entanto, o tema comporta regramento diferenciado.

Nesse sentido, a incompetência territorial é vício que poderá ser conhecido de ofício pelo magistrado, conforme fixado no Enunciado nº 89, do FONAJE: "A incompetência territorial pode ser conhecida de ofício no sistema de juizados especiais cíveis".[38]

Se não reconhecida a incompetência, de ofício, pelo magistrado, poderá ser alegada pelo demandado na própria contestação, independentemente de exceção de incompetência.

PARTICIPAÇÃO NO PROCESSO

Há restrição à participação nos processos que tramitam nos Juizados Especiais. Desse modo:

a) Podem ocupar o polo ativo

- *pessoas naturais capazes e que não estejam presas;*
- a firma individual;
- *as microempresas e* as empresas de pequeno porte, definidas na Lei Complementar nº 123/2006;
- as pessoas jurídicas qualificadas como Organização da Sociedade Civil de Interesse Público, nos termos da Lei 9.720/1999;
- as sociedades de crédito ao microempreendedor, nos termos do art. 1º, da Lei 10.194/2001 (com a redação dada pela Lei 12.126/2009);
- *o condomínio residencial, exclusivamente na hipótese de cobrança contra o condômino* (Enunciado nº 09, do FONAJE)[39];
- *o espólio sem herdeiro incapaz* (Enunciado nº 148, do FONAJE): o espólio constitui no conjunto ativo e passivo de bens deixados pelo *de cujus* enquanto não houver a devida partilha. Não existindo herdeiros incapazes, admite-se figurar no polo ativo da ação;

b) Podem ocupar o polo passivo da ação:

- *pessoas naturais capazes, desde que não estejam presas;*
- *empresas de pequeno porte;*
- *microempresas;*
- *firmas individuais;*
- *espólio sem herdeiro incapaz;*
- *outras pessoas jurídicas de direito privado NÃO FALIDAS*, incluindo-se sociedades de economia mista (vide Enunciado nº 131, FONAJE), excluindo-se as pessoas jurídicas de direito público, já que estas poderão figurar como rés nos Juizados Especiais da Fazenda Pública.

DA VEDAÇÃO DA INTERVENÇÃO DE TERCEIROS

Está vedada toda e qualquer forma de intervenção de terceiros nos Juizados, nem mesmo a assistência ou o recurso de terceiro prejudicado. Admite-se, contudo, o incidente de desconsideração da personalidade jurídica (espécie de intervenção de terceiros).

DOS CONCILIADORES E DOS JUÍZES LEIGOS

A Lei 9.099 privilegia a participação de juízes leigos e de conciliadores.

O juiz leigo deverá ser preferencialmente advogado com experiência de cinco anos. Não estará incompatibilizado para o exercício da advocacia, exceto perante o próprio Juizado Especial em que atua. Atuará no processo e, ao final, proferirá laudo arbitral, que deverá ser homologado por sentença, em decisão irrecorrível.[40]

DA EQUIDADE

Nos Juizados Especiais é permitido o julgamento por equidade, regra essa que se aplica a todo o Sistema, não estando adstrito aos Juizados Especiais Cíveis.

Nesse sentido, dispõe o art. 6º, da LJE: "o juiz adotará em cada caso a decisão que reputar mais justa e equânime, atendendo aos fins sociais da lei e às exigências do bem comum".

---

38. Sem prejuízo de entendimento em sentido contrário, conforme indicado por Theotonio Negrão: "Aplica-se, no âmbito dos Juizados Especiais Cíveis o entendimento consolidado na Súm. 33 do STJ, orientação que é adequada aos princípios da celeridade e economia processual. O fato de a Lei 9.099/95, em seu art. 51, III, determinar a extinção do processo quando for reconhecida a incompetência territorial não significa que se trate de matéria cognoscível de ofício" (RT 858/310). NEGRÃO, Theotonio. Código de Processo Civil e Legislação Processual em Vigor. Nota 5, ao art. 51, da LJE..

39. CÂMARA, ALEXANDRE FREITAS. *Juizados Especiais Cíveis Estaduais, Federais e da Fazenda* Pública: uma abordagem crítica. 6ª. Ed. São Paulo: Lúmen Juris, 2010, p.. 56-57.

40. Alexandre de Freitas Câmara lembra que poucos os Estados brasileiros possuem juízes leigos, podendo ser lembrados Paraíba, Mato Grosso do Sul, Rio de Janeiro, Paraná e Rio Grande do Sul. *InJuizados Especiais Cíveis Estaduais, Federais e da Fazenda* Pública: uma abordagem crítica. 6ª. Ed. São Paulo: Lúmen Juris, 2010, P. 48.

DA CONCILIAÇÃO E DA INSTRUÇÃO E JULGAMENTO

Em decorrência do princípio da oralidade, as partes devem comparecer pessoalmente às audiências designadas, com a finalidade de que, principalmente, ocorra a sua composição amigável.

É indiscutível que a composição amigável é extremamente mais vantajosa à sociedade brasileira, pois, a um só tempo, alcança-se a pacificação social e proporciona-se agilidade na solução de outras demandas. Ganham as partes, a sociedade e o Poder Judiciário. Levando-se em conta esses parâmetros, o Sistema dos Juizados Especiais incentiva a conciliação das partes.

Poderá ser obtida mediante ajuste das partes, que levarão o acordo ao Juízo para que seja devidamente homologado. Também poderá ser obtida a partir de negociações na audiência de conciliação, conduzida por um conciliador, juiz leigo ou ainda pelo juízo togado. Nesta, as partes presentes serão esclarecidas sobre as vantagens da conciliação, mostrando-lhes os riscos e as consequências do litígio, bem como a possibilidade de, por meio de acordo, fixar-se obrigação com valor superior ao limite legal de quarenta salários-mínimos.

Se acaso não for obtida a conciliação, poderão as partes optar pelo juízo arbitral, conforme autoriza o art. 24, da Lei 9.099/95. A propósito, destacou Ricardo Cunha Chimenti que as disposições relativas ao juízo arbitral não foram derrogadas com o advento da Lei 9.307/96, aplicando-se esta de forma subsidiária.[41]

É na audiência de instrução e julgamento que o réu oferecerá a sua defesa, apresentada por meio escrito ou oral, reduzida a escrito no termo de audiência. Na mesma oportunidade, será colhida a prova oral – depoimento pessoal das partes e oitiva das testemunhas arroladas, decidindo de plano todos os incidentes que possam interferir no regular prosseguimento da audiência.

DO RECURSO INOMINADO

Das sentenças proferidas no âmbito dos juizados, podem ser vislumbradas quatro: (i) sentença processual; (ii) homologatória de conciliação; (iii) homologatória de laudo arbitral; (iv) de mérito direta, em que o magistrado acolhe ou rejeita o pedido do autor.

De todas estas situações, somente a última comporta impugnação, o que poderá ocorrer por meio do *recurso inominado*, a ser interposto no prazo de dez dias.

Nos juizados especiais, os embargos declaratórios poderão ser interpostos em cinco dias e interromperão o curso do prazo.

IRRECORRIBILIDADE DAS DECISÕES INTERLOCUTÓRIAS

As decisões interlocutórias, proferidas em sede dos juizados especiais cíveis, são irrecorríveis. Portanto, não poderão estas decisões ser impugnadas por meio do recurso de agravo.

Trata-se de questão muito discutida no dia-a-dia forense. A propósito, nos Juizados Especiais Federais e nos Juizados Especiais da Fazenda Pública, há previsão específica do cabimento de recurso contra decisões que neguem ou concedam a tutela de urgência.

Porém, nos Juizados Especiais Cíveis, por absoluta falta de previsão legal, vige ainda o princípio da irrecorribilidade das decisões interlocutórias.

JUIZADOS ESPECIAIS DA FAZENDA PÚBLICA

CRIAÇÃO

Os Juizados Especiais da Fazenda Pública no âmbito dos Estados, do Distrito Federal, dos Territórios e dos Municípios são órgãos inseridos na Justiça Comum e integrantes do Sistema dos Juizados Especiais.

O Sistema dos Juizados Especiais dos Estados e do Distrito Federal é formado pelos Juizados Especiais Cíveis, Juizados Especiais Criminais e Juizados Especiais da Fazenda Pública.

COMPETÊNCIA

A competência dos Juizados Especiais da Fazenda Pública é **absoluta** para processar, conciliar e julgar causas cíveis de interesse dos Estados, do Distrito Federal, dos Territórios e dos Municípios, **até o valor de sessenta salários-mínimos**.

Reconhecendo-se a incompetência absoluta, o processo deverá ser extinto, diferentemente da regra geral, que seria no sentido de determinar o encaminhamento para o juízo competente.

O quadro a seguir bem resume a regra de competência dos Juizados Especiais da Fazenda Pública:

Quadro Resumo – Competência Juizados Especiais da Fazenda Pública
Competência absoluta, desde que instalado o Juizado.
Excluídos da competência mandado de segurança (embora possa tramitar perante a Turma Recursal), desapropriação, divisão e demarcação, ação popular, ação por improbidade administrativa, execução fiscal (mas a ação tributária antiexacional pode tramitar), ações sobre direitos ou interesses difusos e coletivos, causas sobre bens imóveis dos Estados, Distrito Federal, Territórios e Municípios, autarquias e fundações públicas a ela vinculadas, bem como as causas que tenham por objeto a impugnação da pena de demissão imposta a servidores públicos civis ou sanções disciplinares aplicadas a militares.
Competência em razão do valor da causa Até 60 salários-mínimos, por autor e, no caso de obrigações vincendas, somam-se as doze parcelas vincendas e de eventuais parcelas vencidas.

PARTES

Podem compor o polo ativo, como autores: as pessoas físicas (capazes e incapazes), as microempresas e as empresas de pequeno porte;

Podem compor o polo passivo, como réus: os Estados, o Distrito Federal, os Territórios e os Municípios, bem como autarquias, fundações e empresas públicas a eles vinculadas.

41. CHIMENTI, Ricardo Cunha. *Teoria e Prática dos Juizados Especiais Cíveis Estaduais e Federais*. 9ª.ed. São Paulo: Saraiva, 2007, p. 172.

Ação em face de sociedade de economia mista: tramitará perante o Juizado Especial Cível (se estadual) e não nos Juizados Especiais da Fazenda Pública.

Importante lembrar que nos Juizados não é admitida a intervenção de terceiros.

INEXISTÊNCIA DE PRAZOS DIFERENCIADOS

As pessoas jurídicas de direito público não possuem prazos diferenciados nos Juizados Especiais.

RECURSOS

Para impugnar sentença: segue-se a regra da Lei n.9.099/1995, de modo que, da sentença que analisa o mérito, decidindo o conflito, caberá a interposição de **recurso inominado**, que será julgado por uma Turma Recursal.

O recurso inominado será interposto no prazo de dez dias (não se conta em dobro para a Fazenda Pública).

Como regra, as questões decididas por meio de decisões interlocutórias não poderão ser impugnadas pelo recurso de agravo de instrumento, **salvo se o juiz deferir quaisquer providências cautelares ou antecipatórias no curso do processo, para evitar dano de difícil ou de incerta reparação.**

Portanto, se o magistrado deferir medida cautelar ou antecipatória de tutela poderá a parte valer-se de recurso para impugnar a decisão. O mesmo deve ser admitido se for deferida tutela da evidência.

Dos pronunciamentos também será cabível a interposição de embargos declaratórios, com a mesma finalidade do constante do CPC, no prazo de cinco dias. Interpostos os embargos, haverá a interrupção do curso do prazo para interposição de outros recursos.

A decisão proferida pela Turma Recursal não é equiparada a uma decisão emitida por tribunal e, por isso, não poderá ser impugnada pelo recurso especial.

De outro lado, presentes as hipóteses do art. 102, III, da Constituição Federal, será possível a interposição do recurso extraordinário.

Prevê a Lei 12.153/2009 um tipo específico de recurso, denominado de incidente de interpretação de lei. São admitidos os seguintes incidentes:

I – se houver divergência entre decisões proferidas por Turmas Recursais sobre questões de direito material: será decidido em reunião conjunta das Turmas em conflito;

II – se houver divergência entre decisões de Turmas Recursais de diferentes Estados, ou, ainda, se a divergência for com súmula do STJ, será decidido pelo próprio Superior Tribunal de Justiça.

Note-se que, diferentemente dos Juizados Especiais Federais, não há uma Turma Nacional de Uniformização no âmbito dos Juizados Especiais da Fazenda Pública.

CUMPRIMENTO DE SENTENÇA

Não há previsão de intimação do Poder Público para que, querendo, apresente impugnação ao cumprimento de sentença. Diferentemente, transitada em julgado a sentença, o juiz requisitará o pagamento, tratando-se de obrigação de pequeno valor, ou expedirá o que for necessário para a formação de precatório.

DIREITOS DAS PESSOAS COM DEFICIÊNCIA

Paulo Henrique Martinucci Boldrin

1. INCLUSÃO, DIREITOS E GARANTIAS LEGAIS E CONSTITUCIONAIS DAS PESSOAS COM DEFICIÊNCIA

Competência constitucional acerca dos direitos das pessoas com deficiência: De acordo com o art. 23, II, da CF/88, é competência comum entre União, Estados, Distrito Federal e Municípios, cuidar da saúde, assistência pública, da proteção e das garantias da pessoa com deficiência. Além disso, União, Estados e Distrito Federal são concorrentemente competentes para legislar sobre a proteção e integração social das pessoas com deficiência (art. 24, XIV, CF/88).

Estatuto da Pessoa com Deficiência: Em julho de 2015, foi promulgada a **Lei nº 13.146/2015**, que instituiu a **Lei Brasileira de Inclusão da Pessoa com Deficiência – LBI**. Essa legislação também é denominada de **Estatuto da Pessoa com Deficiência** e constitui importante dispositivo normativo que regulamenta os direitos da pessoa com deficiência. A legislação é destinada a assegurar e a promover, em igualdade de condições, o exercício de direitos e liberdades fundamentais da pessoa com deficiência, a fim de garantir a inclusão social e a cidadania (art. 1º, Lei nº 13.146/2015).

Convenção sobre os Direitos das Pessoas com Deficiência e seu protocolo facultativo: é o diploma normativo que influenciou fortemente o surgimento e o conteúdo das normas do Estatuto da Pessoa com Deficiência. Essa convenção foi o primeiro tratado internacional recepcionado com força de emenda constitucional.

A Convenção da ONU sobre os Direitos das Pessoas com Deficiência foi realizada em Nova York no ano de 2007 e assinada pelo Brasil em 30 de março de 2007. A assinatura do tratado não assegura sua vigência no plano interno e externo, pois o Estado ainda necessita ratificar a convenção.

Equivalente às emendas constitucionais: O ordenamento jurídico brasileiro exige a aprovação prévia pelo Congresso Nacional para que a convenção ou tratado internacional possam ser ratificados no plano externo. Ademais, o art. 5º, § 3º da CF/88 prevê que a convenção ou tratado internacional sobre direitos humanos que venha a ser aprovado, em cada casa do Congresso Nacional, em 2 turnos de votação por 3/5 dos votos de seus membros, será equivalente às emendas constitucionais. Dessa forma, a Convenção sobre os Direitos das Pessoas com Deficiência foi aprovada pelo Congresso Nacional **com "status" de emenda constitucional** por meio da promulgação do Decreto Legislativo nº 186/2008. Por fim, em 25/08/2009, a Convenção e seu Protocolo facultativo foram promulgados pelo Decreto nº 6.949/2009

1.1. PESSOA COM DEFICIÊNCIA

Conceito: O Estatuto da Pessoa com Deficiência traz o conceito de pessoa com deficiência, que foi inspirado naquilo que prevê o art. 1º da Convenção sobre os Direitos das Pessoas com Deficiência. **Atenção! A memorização do conceito de pessoa com deficiência é essencial ao seu concurso:**

> **Art. 2º, Estatuto da Pessoa com Deficiência:** Considera-se pessoa com deficiência aquela que tem impedimento de longo prazo de natureza física, mental, intelectual ou sensorial, o qual, **em interação com uma ou mais barreiras**, pode obstruir sua participação plena e efetiva na sociedade em igualdade de condições com as demais pessoas (grifos acrescidos).

> **Art. 1º, Convenção sobre os Direitos das Pessoas com Deficiência:** O propósito da presente Convenção é promover, proteger e assegurar o exercício pleno e equitativo de todos os direitos humanos e liberdades fundamentais por todas as pessoas com deficiência e promover o respeito pela sua dignidade inerente.

Pessoas com deficiência são aquelas que têm impedimentos de longo prazo de natureza física, mental, intelectual ou sensorial, os quais, em interação com diversas barreiras, podem obstruir sua participação plena e efetiva na sociedade em igualdades de condições com as demais pessoas.

Observe que o conceito trazido pela legislação ressalta que a deficiência não necessariamente decorre de doença enfrentada pela pessoa e que deverão ser consideradas pessoas com deficiência aqueles que apresentam impedimento intelectual. Portanto, além da deficiência física, é necessário o reconhecimento da **deficiência de ordem psicológica**, que merece atenção especial do Estado[1].

Além disso, o conceito esclarece que não é o próprio impedimento da pessoa com deficiência que obstrui a participação efetiva na sociedade, mas sua **interação com barreiras**. Portanto, a eliminação de barreiras à

1. FARIAS, Cristiano Chaves de.; CUNHA, Rogério Sanches; PINTO, Ronaldo Batista. *Estatuto da Pessoa com Deficiência comentado artigo por artigo.* Salvador: JusPodivm, 2016. p. 24.

pessoa com deficiência, especialmente ao se assegurar a acessibilidade e a utilização de tecnologias assistivas, é uma das formas de garantir a plena participação na sociedade em igualdade de condições com as demais pessoas.

Avaliação da deficiência: A avaliação da deficiência, quando for necessária, será **biopsicossocial**, realizada por equipe multiprofissional e interdisciplinar (art. 2º, § 1º, Estatuto da Pessoa com Deficiência). A avaliação biopsicossocial é aquela que considera os aspectos sociais da pessoa com deficiência além de dados médicos que demonstrem sua incapacidade. Há superação do modelo apenas biológico de análise para acrescentar fatores como nível de escolaridade, profissão, composição familiar, etc.[2].

Ademais, destaca-se que a avaliação deve se atentar para:

- impedimentos nas funções e estruturas do corpo;
- fatores socioambientais, psicológicos e pessoais;
- limitação no desempenho de atividades;
- restrição de participação.

Instrumentos de avaliação da deficiência: devem ser criados pelo Poder Executivo. O Decreto 11.063/2022 estabeleceu os critérios e os requisitos para a avaliação de pessoas com deficiência ou pessoas com transtorno do espectro autista para fins de concessão de isenção do IPI na aquisição de automóveis.

Exame médico-pericial da avaliação biopsicossocial: Conforme inclusão da Lei nº 14.724/2023, o exame poderá ser realizado com o uso de tecnologia de telemedicina ou por análise documental conforme situações e requisitos definidos em regulamento.

Símbolo nacional de identificação de pessoas com deficiências ocultas: corresponde ao cordão de fita com desenhos de girassóis, sendo seu uso opcional, e sua ausência não prejudica o exercício de direitos e garantias previstos em lei.

Atenção: A utilização do símbolo não dispensa a apresentação de documento comprobatório da deficiência, caso seja solicitado pelo atendente ou pela autoridade competente.

2. CONCEITOS PREVISTOS NO ESTATUTO DA PESSOA COM DEFICIÊNCIA

CONCEITOS UTILIZADOS NO ESTATUTO DA PESSOA COM DEFICIÊNCIA

Palavra ou expressão	Conceito legal
Acessibilidade	**Possibilidade e condição de alcance para utilização, com segurança e autonomia, de espaços, mobiliários, equipamentos urbanos, edificações, transportes, informação e comunicação**, inclusive seus sistemas e tecnologias, bem como de outros serviços e instalações abertos ao público, de uso público ou privados de uso coletivo, tanto na zona urbana como na rural, **por pessoa com deficiência ou com mobilidade reduzida.** (art. 3º, I, Estatuto da Pessoa com Deficiência)
Desenho universal	Concepção de produtos, ambientes, programas e serviços a serem usados por todas as pessoas, **sem necessidade de adaptação ou de projeto específico, incluindo os recursos de tecnologia assistiva**. (art. 3º, II, Estatuto da Pessoa com Deficiência)
Tecnologia assistiva ou ajuda técnica	Produtos, equipamentos, dispositivos, recursos, metodologias, estratégias, práticas e serviços que objetivem **promover a funcionalidade, relacionada à atividade e à participação** da pessoa com deficiência ou com mobilidade reduzida, visando **à** sua **autonomia, independência, qualidade de vida e inclusão social.** (art. 3º, III, Estatuto da Pessoa com Deficiência)
Barreiras	Qualquer **entrave, obstáculo, atitude ou comportamento que limite ou impeça a participação social da pessoa**, bem como o gozo, a fruição **e o exercício de seus direitos à acessibilidade, à liberdade de movimento e de expressão, à comunicação, ao acesso à informação, à compreensão, à circulação com segurança,** entre outros, classificadas em: **a) barreiras urbanísticas:** as existentes nas vias e nos **espaços públicos** e privados **abertos ao público** ou de uso coletivo; **b) barreiras arquitetônicas:** as existentes nos **edifícios** públicos e privados; **c) barreiras nos transportes:** as existentes nos sistemas e **meios de transportes**;

2. FARIAS, Cristiano Chaves de.; CUNHA, Rogério Sanches; PINTO, Ronaldo Batista. *Estatuto da Pessoa com Deficiência comentado artigo por artigo.* Salvador: JusPodivm, 2016. p. 25.

CONCEITOS UTILIZADOS NO ESTATUTO DA PESSOA COM DEFICIÊNCIA	
Palavra ou expressão	**Conceito legal**
Barreiras	**d) barreiras nas comunicações e na informação:** qualquer entrave, obstáculo, atitude ou comportamento que **dificulte ou impossibilite a expressão ou o recebimento de mensagens e de informações** por intermédio de sistemas de comunicação e de tecnologia da informação; **e) barreiras atitudinais: atitudes ou comportamentos que impeçam ou prejudiquem a participação social** da pessoa com deficiência em igualdade de condições e oportunidades com as demais pessoas; **f) barreiras tecnológicas:** as que **dificultam ou impedem o acesso** da pessoa com deficiência **às tecnologias**; (art. 3º, IV, Estatuto da Pessoa com Deficiência)
Comunicação	Forma de interação dos cidadãos que abrange, entre outras opções, as línguas, inclusive a Língua Brasileira de Sinais (Libras), a visualização de textos, o Braille, o sistema de sinalização ou de comunicação tátil, os caracteres ampliados, os dispositivos multimídia, assim como a linguagem simples, escrita e oral, os sistemas auditivos e os meios de voz digitalizados e os modos, meios e formatos aumentativos e alternativos de comunicação, incluindo as tecnologias da informação e das comunicações. (art. 3º, V, Estatuto da Pessoa com Deficiência)
Adaptações razoáveis	**Adaptações, modificações e ajustes necessários e adequados que não acarretem ônus desproporcional e indevido**, quando requeridos em cada caso, a fim de assegurar que a pessoa com deficiência possa **gozar ou exercer, em igualdade de condições e oportunidades com as demais pessoas, todos os direitos e liberdades fundamentais.** (art. 3º, VI, Estatuto da Pessoa com Deficiência)

CONCEITOS UTILIZADOS NO ESTATUTO DA PESSOA COM DEFICIÊNCIA	
Palavra ou expressão	**Conceito legal**
Elemento de urbanização	Quaisquer componentes de **obras de urbanização,** tais como os referentes a pavimentação, saneamento, encanamento para esgotos, distribuição de energia elétrica e de gás, iluminação pública, serviços de comunicação, abastecimento e distribuição de água, paisagismo e os que materializam as indicações do planejamento urbanístico; (art. 3º, VII, Estatuto da Pessoa com Deficiência)
Mobiliário urbano	**Conjunto de objetos existentes nas vias e nos espaços públicos, superpostos ou adicionados aos elementos de urbanização ou de edificação**, de forma que sua modificação ou seu traslado não provoque alterações substanciais nesses elementos, tais como semáforos, postes de sinalização e similares, terminais e pontos de acesso coletivo às telecomunicações, fontes de água, lixeiras, toldos, marquises, bancos, quiosques e quaisquer outros de natureza análoga. (art. 3º, VIII, Estatuto da Pessoa com Deficiência)
Pessoa com mobilidade reduzida	Aquela que tenha, por qualquer motivo, **dificuldade de movimentação, permanente ou temporária**, gerando redução efetiva da mobilidade, da flexibilidade, da coordenação motora ou da percepção, incluindo pessoa idosa, gestante, lactante, pessoa com criança de colo e obeso. (art. 3º, IX, Estatuto da Pessoa com Deficiência)
Residências inclusivas	**Unidades de oferta do Serviço de Acolhimento do Sistema Único de Assistência Social (Suas)** localizadas em áreas residenciais da comunidade, com estruturas adequadas, que possam contar com apoio psicossocial para o atendimento das necessidades da pessoa acolhida, **destinadas a jovens e adultos com deficiência, em situação de dependência, que não dispõem de condições de autossustentabilidade e com vínculos familiares fragilizados ou rompidos**. (art. 3º, X, Estatuto da Pessoa com Deficiência)

PESSOAS COM DEFICIÊNCIA

CONCEITOS UTILIZADOS NO ESTATUTO DA PESSOA COM DEFICIÊNCIA	
Palavra ou expressão	**Conceito legal**
Moradia para a vida independente da pessoa com deficiência	Moradia com estruturas adequadas capazes de proporcionar serviços de apoio coletivos e individualizados que respeitem e ampliem o grau de autonomia de jovens e adultos com deficiência. (art. 3º, XI, Estatuto da Pessoa com Deficiência)
Atendente pessoal	Pessoa, membro ou não da família, que, com ou sem remuneração, assiste ou **presta cuidados básicos e essenciais à pessoa com deficiência no exercício de suas atividades diárias**, excluídas as técnicas ou os procedimentos identificados com profissões legalmente estabelecidas. (art. 3º, XII, Estatuto da Pessoa com Deficiência)
Profissional de apoio escolar	Pessoa que exerce atividades de alimentação, higiene e locomoção do estudante com deficiência e atua em todas as atividades escolares nas quais se fizer necessária, em todos os níveis e modalidades de ensino, em instituições públicas e privadas, excluídas as técnicas ou os procedimentos identificados com profissões legalmente estabelecidas. (art. 3º, XIII, Estatuto da Pessoa com Deficiência)
Acompanhante	Aquele que acompanha a pessoa com deficiência, podendo ou não desempenhar as funções de atendente pessoal. (art. 3º, XIV, Estatuto da Pessoa com Deficiência)

3. DIREITO À IGUALDADE E À NÃO DISCRIMINAÇÃO

Dentre os princípios basilares do Estatuto da Pessoa com Deficiência, encontram-se o respeito **à igualdade de oportunidades** com as demais pessoas e na **não discriminação** (art. 4º, Estatuto da Pessoa com Deficiência).

Discriminação em razão da deficiência: Toda forma de distinção, restrição ou exclusão que prejudique, impeça ou anule o reconhecimento ou exercício de direitos e liberdades fundamentais da pessoa com deficiência é considerada pela Lei Brasileira de Inclusão como discriminação em razão da deficiência.

Dever de proteção da pessoa com deficiência: É necessária a garantia de proteção da pessoa com deficiência, em especial para aquelas consideradas especialmente vulneráveis: a **criança**, o **adolescente**, a **mulher** e a **pessoa idosa**, com deficiência. Ressalta-se que a legislação estabelece as formas de proteção que necessitam as pessoas com deficiência (art. 5º, Lei Brasileira de Inclusão da Pessoa com Deficiência): a) negligência; b) discriminação; c) exploração; d) violência; e) tortura; f) crueldade; g) opressão; e h) tratamento desumano ou degradante.

É dever de **TODOS** a comunicação à autoridade competente quando verificada qualquer forma de ameaça ou de violação aos direitos da pessoa com deficiência (art. 7º, Estatuto da Pessoa com Deficiência).

Deveres do Estado, sociedade e família: Além do dever de comunicação em relação a qualquer forma de ameaça ou violação aos direitos de pessoa com deficiência, a Lei Brasileira de Inclusão estabelece **rol exemplificativo** de direitos das pessoas com deficiência que toda a sociedade, o Estado e também a família devem efetivar com prioridade (art.8º). Ressalta-se que esse rol é complementado pelos demais direitos assegurados na Constituição Federal, na Convenção sobre os Direitos das Pessoas com Deficiências e seu Protocolo Facultativo bem como demais normas que assegurem o **bem-estar pessoal, social e econômico à** pessoa com deficiência.

Atribuição do Ministério Público: Os juízes e tribunais têm a obrigação de remeter as peças ao Ministério Público quando tomarem conhecimento de fatos que caracterizem violações ao Estatuto da Pessoa com Deficiência (art. 7º, parágrafo único, Lei nº 13.146/2015). Nesse sentido, o próprio Estatuto estabelece como atribuição do Ministério Público zelar pela correta aplicação de seus dispositivos normativos e, portanto, assegurar o cumprimento dos direitos e garantias das pessoas com deficiência.

4. DIREITO À VIDA

Dignidade da pessoa com deficiência: é dever do poder público assegurar o respeito à dignidade da pessoa com deficiência ao longo de toda sua vida. Lembre-se de que o respeito à dignidade da pessoa humana é fundamento da República Federativa do Brasil (art. 1º, III, CF/88) e deve ser observado em maior intensidade em relação à pessoa com deficiência em razão de sua vulnerabilidade. Em situações de risco**, emergência ou estado de calamidade pública**, a pessoa com deficiência é considerada vulnerável e o poder público deve adotar medidas para sua proteção e segurança (art. 10, Lei nº 13.146/2015). Como já visto, é assegurado atendimento prioritário às pessoas com deficiência na proteção e socorro em quaisquer circunstâncias (art. 9º, I, Estatuto da Pessoa com Deficiência).

Liberdade de escolha de tratamento e intervenções:

A pessoa com deficiência **NÃO** pode ser **obrigada** a se submeter a:

- Intervenção clínica ou cirúrgica;
- Tratamento; e
- Institucionalização forçada.

Exceção: Se a pessoa estiver em situação de curatela, é possível que o consentimento para o tratamento, intervenção ou institucionalização seja suprido judicialmente.

Consentimento livre e esclarecido: Qualquer procedimento, tratamento, hospitalização e pesquisa científica exige o consentimento **prévio, livre**

e esclarecido da pessoa com deficiência (art. 12, Lei nº 13.146/2015).

Atendimento sem consentimento: o atendimento sem o consentimento prévio, livre e esclarecido de pessoa com deficiência somente é possível em casos de risco de morte e de emergência de saúde, desde que sejam resguardados seus interesses e adotadas todas as salvaguardas legais cabíveis (art. 13, Lei nº 13.146/2015).

Pesquisa científica de pessoa com deficiência em situação de curatela: deve ser realizada apenas em **caráter excepcional** quando preenchidos dois requisitos exigidos pelo art. 12, § 2º do Estatuto da Pessoa com Deficiência:

a) Benefício direto para sua saúde ou para outras pessoas com deficiência; e

b) Não exista outra opção de pesquisa de eficácia similar com participantes que não sejam tutelados ou curatelados.

5. DIREITO À HABILITAÇÃO E À REABILITAÇÃO

Direito à habilitação e à reabilitação: De acordo com o art. 203, IV, Constituição Federal, é objetivo da Assistência Social assegurar a habilitação e reabilitação das Pessoas com Deficiência e a promoção de sua integração à vida comunitária. Trata-se de um direito da pessoa com deficiência que se baseia em avaliação multidisciplinar das necessidades, habilidades e potencialidade de cada pessoa (art. 14 e 15, "caput", Lei nº 13.146/2015). A habilitação corresponde ao processo que assegura a aquisição de habilidade e aptidões à pessoa que nunca as teve. Por sua vez, a reabilitação é o processo de recuperação de habilidades e aptidões à pessoa que as perdeu em razão de alguma doença ou acidente.

Objetivo do processo de habilitação e da reabilitação: desenvolver as potencialidades, talentos, habilidades e aptidões que contribuam para o alcance da **autonomia da pessoa com deficiência** e de sua **participação social em igualdade de condições e oportunidades** com as demais pessoas. Note-se, novamente, o destaque da lei à necessidade de se assegurar o direito à igualdade de oportunidades à pessoa com deficiência.

Dever de informação: É dever do Sistema Único de Saúde (SUS) e Sistema Único de Assistência Social (Suas) proporcionar à pessoa com deficiência e sua família o acesso a informações, orientações e formas de acesso às políticas públicas com a finalidade de assegurar a plena participação social. A legislação lista as principais áreas de informações e orientações que podem ser fornecidas às pessoas com deficiência pelo SUS e Suas, mas permite a transmissão de outras informações que possibilitem o exercício de sua cidadania.

6. DIREITO À SAÚDE

Políticas públicas de saúde: A pessoa com deficiência tem assegurada sua participação na elaboração das políticas públicas de saúde a elas destinadas (art. 18, § 1º, LBI). Essa medida contribui para o aumento da efetividade das políticas públicas voltadas às pessoas com deficiência, pois é possível a apresentação dos reais problemas enfrentados por essas pessoas no âmbito da saúde pública.

Capacitação profissional: os profissionais que prestam assistência à pessoa com deficiência devem ter asseguradas a capacitação inicial e continuada, especialmente em serviços de habilitação e de reabilitação (art. 18, § 3º, Estatuto da Pessoa com Deficiência). Ademais, o atendimento deve seguir as normas éticas e técnicas que regulamentam a atuação dos profissionais da saúde relacionadas aos direitos das pessoas com deficiência.

Ações e serviços de saúde pública: O Estatuto da Pessoa com Deficiência estabelece as medidas que devem ser asseguradas pelas ações e serviços de saúde pública voltados à pessoa com deficiência (art. 18, § 4º). As instituições privadas que participam de forma complementar do SUS ou que recebem recursos públicos para sua manutenção têm o dever de seguir as diretrizes traçadas às ações e serviços de saúde pública.

AÇÕES E SERVIÇOS DE SAÚDE PÚBLICA
– **Diagnóstico e intervenção precoces**; – **Serviços de habilitação e de reabilitação** sempre que necessários para a manutenção da melhor condição de saúde e qualidade de vida; – **Atendimento domiciliar multidisciplinar**, tratamento ambulatorial e internação; – Campanhas de **vacinação**; – **Atendimento psicológico** para as pessoas com deficiência e seus familiares e atendentes pessoais; – Respeito **à identidade de gênero** e **à orientação sexual** da pessoa com deficiência; – **Atenção sexual e reprodutiva** com o direito à fertilização assistida;
– **Informação adequada e acessível** sobre sua condição de saúde. Nesse sentido, o dispositivo coaduna-se com a exigência de consentimento prévio, livre e esclarecido para quaisquer tratamentos e intervenções que a pessoa com deficiência possa se submeter; – Serviços para **prevenção na ocorrência e desenvolvimento de deficiências** e agravos adicionais; – **Capacitação permanente** das equipes que atuam no SUS para atendimento à pessoa com deficiência e orientação para seus atendentes pessoais; – **Oferta de órteses, próteses**, meios auxiliares de locomoção, medicamentos, insumos e fórmulas nutricionais. Ressalta-se que o Estatuto da Pessoa com Deficiência incluiu nova hipótese de saque do FGTS para possibilitar a aquisição de órteses e próteses para pessoas com deficiência (art. 20, XVIII, Lei nº 8.036/1990 – Lei do FGTS).

Prevenção de deficiências por causas evitáveis: O Estatuto da Pessoa com Deficiência prevê como atribuição do SUS o desenvolvimento de ações destinadas à prevenção de deficiências por causas evitáveis e traça algumas formas de se efetuar essa atuação preventiva (art. 19):

a) Acompanhamento da gravidez, do parto e do puerpério com garantia de parto humanizado e seguro.

b) Promoção de práticas alimentares saudáveis e adequadas, vigilância alimentar e nutricional, prevenção e cuidado integral dos agravos

causados pela alimentação da nutrição da mulher e da criança. (art. 5º, parágrafo único, Lei nº 13.146/2015);

c) **Aprimoramento e expansão dos programas de imunização e de triagem neonatal.**

d) **Identificação e controle da gestação de alto risco.**

e) **aprimoramento do atendimento neonatal, com a oferta de ações e serviços de prevenção de danos cerebrais e sequelas neurológicas em recém-nascidos, inclusive por telessaúde. Essa hipótese foi incluída pela Lei nº 14.510, de 2022.**

Operadoras de planos e seguros privados: devem garantir à pessoa com deficiência, no mínimo, todos os serviços e produtos ofertados aos demais clientes (art. 20, Lei nº 13.146/2015). Além disso, como foram de se evitar a discriminação contra a pessoa com deficiência, é vedada a cobrança de valores diferenciados por planos e seguros privados de saúde em razão da sua condição (art. 23, Lei nº 13.146/2015).

Acesso a recursos de tecnologia assistiva: é assegurado à pessoa com deficiência o acesso aos serviços de saúde, públicos e privados, e às informações recebidas por meio de recursos de tecnologia assistivas e de toda forma de comunicação, como o uso da Libras, Braille, sistema de sinalização ou de comunicação tátil, etc. (art. 24, Lei Brasileira de Inclusão).

Remoção de barreiras: os espaços dos serviços públicos e privados de saúde devem garantir o acesso da pessoa com deficiência mediante a remoção de barreiras, por meio de projetos arquitetônicos, de ambientação interior e de comunicação que atendam às pessoas com deficiência física, sensorial, intelectual e mental (art. 25, Estatuto da Pessoa com Deficiência).

Violência contra pessoa com deficiência: é considerada qualquer ação ou omissão, praticada em local público ou privado, que cause à pessoa com deficiência morte ou dano ou sofrimento físico ou psicológico. Qualquer suspeita ou confirmação de violência contra pessoa com deficiência deve ser objeto de **notificação compulsória** pelos serviços de saúde públicos e privados **à autoridade policial e ao Ministério Público**, além dos Conselhos dos Direitos da Pessoa com Deficiência (art. 26, Estatuto da Pessoa com Deficiência).

7. DIREITO À EDUCAÇÃO

Educação enquanto direito: A educação é direito da pessoa com deficiência sendo assegurado **sistema educacional inclusivo** em todos os níveis de aprendizado ao longo da vida para se alcançar o máximo desenvolvimento possível dos talentos e habilidades da pessoa com deficiência.

Educação enquanto dever: É dever do Estado, da família, da comunidade escolar e da sociedade assegurar educação de qualidade à pessoa com deficiência. Além disso, deve ser garantida proteção contra toda forma de violência, negligência e discriminação.

Deveres do Estado: De acordo com o art. 208, III, da Constituição Federal, a efetivação do dever do Estado com a Educação ocorre com o atendimento educacional especializado à Pessoa com Deficiência preferencialmente na rede regular de ensino. O Estatuto da Pessoa com Deficiência traz os deveres do Estado em relação à garantia do direito à educação da pessoa com deficiência (art. 28, Lei nº 13.146/2015).

DEVERES DO PODER PÚBLICO NA EDUCAÇÃO
– Incumbe ao poder público assegurar, criar, desenvolver, implementar, incentivar, acompanhar e avaliar:
1) **Sistema educacional inclusivo** em todos os níveis e modalidades, bem como o aprendizado ao longo de toda a vida;
2) Aprimoramento dos sistemas educacionais com o objetivo de garantir condições de acesso, permanência, participação e aprendizagem por meio da **oferta de serviços e de recursos de acessibilidade** que eliminem barreiras e promovam a inclusão plena;
3) **Projeto pedagógico** que institucionalize o **atendimento educacional especializado** para atender às características dos estudantes com deficiência e garantir o acesso ao currículo em condições de igualdade, com a promoção de sua autonomia;
4) **Oferta de educação bilíngue**, em Libras como primeira língua e na modalidade escrita da língua portuguesa como segunda língua, em escolas e classes bilíngues e em escolas inclusivas;
Obs.: *Essa obrigação acima não se aplica às instituições privadas de ensino.*
5) **Maximização do desenvolvimento acadêmico e social** dos estudantes com deficiência favorecendo o acesso, a permanência e a aprendizagem em instituições de ensino;
6) **Pesquisas** para o desenvolvimento de **novos métodos e técnicas pedagógicas**, de materiais didáticos, de equipamentos e de recursos de tecnologia assistiva;
Obs.: *Essa obrigação acima não se aplica às instituições privadas de ensino.*

DEVERES DO PODER PÚBLICO NA EDUCAÇÃO
7) **Planejamento** de estudo de caso, de elaboração de plano de atendimento educacional especializado, de organização de recursos e serviços de acessibilidade e de disponibilização e usabilidade pedagógica de recursos de tecnologia assistiva;
8) **Participação dos estudantes** com deficiência e de suas famílias nas diversas instâncias de atuação da comunidade escolar;
9) **Estimular o desenvolvimento** dos aspectos linguísticos, culturais, vocacionais e profissionais, de acordo com o talento, a criatividade, as habilidades e os interesses do estudante com deficiência;
10) **Práticas pedagógicas inclusivas** pelos programas de formação inicial e continuada de professores e oferta de formação continuada para atendimento educacional especializado;
11) **Formação e disponibilização de professores** para o atendimento educacional especializado, de **tradutores e intérpretes de Libras, de guias intérpretes** e de profissionais de apoio.
12) Oferta de ensino da **Libras**, do **Sistema Braille** e de uso de **recursos de tecnologia assistiva**, de forma a ampliar habilidades funcionais dos estudantes, promovendo sua autonomia e participação;
13) Acesso **à educação superior e à educação profissional e tecnológica** em igualdade de oportunidades e condições com as demais pessoas;

14) **Inclusão em conteúdos curriculares**, em cursos de nível superior e de educação profissional técnica e tecnológica, de **temas relacionados à pessoa com deficiência** nos respectivos campos de conhecimento;

15) **Acesso em igualdade de condições a jogos e a atividades recreativas, esportivas e de lazer** no sistema escolar;

16) **Acessibilidade para todos os estudantes, trabalhadores da educação e demais integrantes da comunidade escolar às** edificações, aos ambientes e **às** atividades concernentes a todas as modalidades, etapas e níveis de ensino;

17) Oferta de **profissionais de apoio escolar**;

18) Articulação intersetorial na **implementação de políticas públicas**.

Formação dos tradutores e intérpretes da Libras: O Estatuto da Pessoa com Deficiência estabelece o nível necessário de formação dos tradutores e intérpretes da Língua Brasileira de Sinais para cada área de atuação (art. 28, § 2º, Lei nº 13.146/2015).

FORMAÇÃO EXIGIDA DOS TRADUTORES E INTÉRPRETES DA LIBRAS	
Atuação na educação básica	Ensino médio completo + Certificado de proficiência em Libras
Atuação nos cursos de graduação e pós-graduação	Nível superior com habilitação, prioritariamente, em Tradução e Interpretação em Libras

8. DIREITO À MORADIA

Moradia digna: É assegurado à pessoa com deficiência o direito à moradia digna (art. 31, Lei nº 13.146/2015) que pode ser:

- **No seio da família natural ou substituta**, com seu cônjuge ou companheiro ou desacompanhada; ou
- **Em moradia para a vida independente**. Para isso, o poder público deve adotar programas e ações estratégicas para apoiar a criação e a manutenção dessa moradia para vida independente;
- **Em residência inclusiva**. A proteção integral na modalidade de residência inclusiva será prestada no âmbito do SUAS à pessoa com deficiência em situação de dependência que não disponha de condições de autossustentabilidade, com vínculos familiares fragilizados ou rompidos.

Prioridade na aquisição de moradia própria: A pessoa com deficiência ou o seu responsável gozam de prioridade na aquisição de imóvel para moradia própria em programas habitacionais, públicos ou subsidiados com recursos públicos. Ressalta-se que o direto à prioridade é válido **apenas uma vez**. Portanto, para compra do 2º imóvel, não há prioridade de aquisição para a pessoa com deficiência. Além disso, é necessário observar o seguinte (art. 32, Lei nº 13.146/2015):

PRIORIDADE NA AQUISIÇÃO DE IMÓVEL
– **Reserva** de, no mínimo, **3% das unidades habitacionais** para pessoa com deficiência;
– **Garantia de acessibilidade** nas áreas de uso comum e nas unidades habitacionais no piso térreo e de acessibilidade ou adaptação nos demais piso em se tratando de **edificação multifamiliar**;
– Disponibilização de **equipamentos urbanos comunitários acessíveis**;
– Elaboração de especificações técnicas no projeto que permitam a **instalação de elevadores**.

Critérios de financiamento: Nos programas habitacionais públicos, os critérios de financiamento devem ser compatíveis com os rendimentos da pessoa com deficiência ou de sua família.

Ausência de interesse: Se não houver pessoa com deficiência interessada nas unidades habitacionais reservadas (3%), poderão ser disponibilizadas às demais pessoas.

Obrigações do Poder Público: Cabe ao poder público (art. 33, Lei nº 13.146/2015):

- Assegurar o direito à moradia digna da pessoa com deficiência e o atendimento aos requisitos da prioridade na aquisição de moradia própria.
- Divulgar a política habitacional aos agentes interessados e beneficiários com ênfase na garantia da acessibilidade.

9. DIREITO AO TRABALHO

Direito ao trabalho: De acordo com o art. 6º da Constituição Federal, o direito ao trabalho é reconhecido como direito fundamental, enquanto direito social. A pessoa com deficiência tem direito ao trabalho de sua livre escolha e aceitação em ambiente acessível e inclusivo em igualdade de oportunidades com as demais pessoas (art. 34, Lei nº 13.146/2015). Além disso, é proibida qualquer forma de discriminação no tocante ao salário e critérios de admissão do trabalhador com deficiência (art. 7º, XXXI, CF/88).

Meio ambiente de trabalho: É obrigação das pessoas jurídicas de direito público, privado ou de qualquer natureza assegurar meio ambiente de trabalho acessível e inclusivo (art. 34, § 1º, Lei nº 13.146/2015). Dessa forma, é necessário que o trabalho seja desenvolvido em ambiente que não imponha nenhuma forma de barreira à pessoa com deficiência (acessíveis) e que não ocasione a segregação do trabalhador com deficiência em relação aos demais (inclusivos).

Vedação à discriminação ao trabalho: É proibida a restrição ao trabalho da pessoa com deficiência em razão de sua condição em todas as etapas para contratação de empregado, seja na fase pré-contratual como na execução do contrato de trabalho (art. 34, § 3º, Lei nº 13.146/2015).

O trabalhador com deficiência tem direito ao acesso em igualdade de oportunidades com os demais empregados a **cursos, treinamentos, educação continuada, planos de carreira, promoções, bonificações e incentivos profissionais**. Ressalta-se que deve ser assegurada acessibilidade em cursos de formação e de

PESSOAS COM DEFICIÊNCIA

capacitação para o trabalhador com deficiência (art. 34, § 4º e 5º, Lei nº 13.146/2015).

Habilitação e reabilitação profissional: É dever do poder público implementar serviços e programas de habilitação e de reabilitação profissional para viabilizar o ingresso, continuação ou retorno ao mercado de trabalho da pessoa com deficiência, sempre devendo respeitar a livre escolha, a vocação e o interesse. Cabe ressaltar que equipe multidisciplinar será responsável por indicar programa de habilitação, para que o trabalhador com deficiência adquira novas capacidades e habilidades de trabalho, e reabilitação profissional para restaurar sua capacidade profissional (art. 36, Lei nº 13.146/2015).

Articulação com redes públicas e privadas: A habilitação e a reabilitação profissional devem ser articuladas com as redes públicas e privadas, especialmente de saúde, de ensino e de assistência social, em entidades de formação profissional ou diretamente com o empregador.

Habilitação profissional e reserva de vagas: Apesar da habilitação profissional ser proporcionada, via de regra, pelo poder público (INSS), é possível que ocorra em empresas por meio de prévia formalização do contrato de trabalho. Nesse caso, a contratação da pessoa com deficiência é considerada no cômputo da reserva de vagas para contratação de pessoa com deficiência prevista no art. 93 da Lei nº 8.213/1991 – 2% a 5% dos empregados da empresa devem ser pessoas com deficiência. Para maiores informações, consulte o tópico referente aos reflexos do Estatuto da Pessoa com Deficiência no Direito do Trabalho.

Colocação competitiva no mercado de trabalho: trata-se de modo de inclusão da pessoa com deficiência no mercado de trabalho em igualdade de oportunidades com as demais pessoas sempre atendidas as regras de acessibilidade, o fornecimento de recursos de tecnologia assistiva e a adaptação razoável no ambiente de trabalho (art. 37, Lei nº 13.146/2015).

Processo seletivo público ou privado: A entidade contratada para realização de processo seletivo público (concurso público) ou privado para cargo, função ou emprego deve observar todas as normas do Estatuto da Pessoa com Deficiência e as normas vigentes de acessibilidade.

Acessibilidade no local de trabalho e adaptação razoável: Os órgãos da administração pública federal direta e indireta, as empresas públicas e as sociedades de economia mista deverão providenciar a acessibilidade no local de trabalho e a adaptação razoável, quando requerida, para o efetivo exercício laboral da pessoa com deficiência.

10. DIREITO À ASSISTÊNCIA SOCIAL

Política pública de assistência social: tem como objetivo a garantia da segurança de renda, da acolhida, da habilitação e da reabilitação, do desenvolvimento da autonomia e da convivência familiar e comunitária, para a promoção do acesso a direitos e da plena participação social da pessoa com deficiência (art. 39, Lei nº 13.146/2015).

Proteção Social Básica e da Proteção Social Especial: conjunto articulado de serviços, ofertados pelo SUAS, para a garantia de segurança fundamentais no **enfrentamento de situações de vulnerabilidade e de risco**, por fragilização de vínculos e ameaça ou violação de direitos.

Cuidadores sociais: serviços socioassistenciais destinados à pessoa com deficiência em situação de dependência devem contar com cuidadores sociais para prestar-lhe cuidados básicos e instrumentais. A legislação não é clara quanto à abrangência da proteção realizada pelos cuidadores sociais. No entanto, é possível sua destinação especial às pessoas com maior grau de vulnerabilidade, como crianças, adolescentes e pessoas idosas que se encontrem em situação de dependência.

Benefício de prestação continuada (BPC-LOAS): De acordo com o art. 203, V, da Constituição Federal, é assegurado benefício de prestação continuada ao deficiente e as pessoas idosas que não possuam meios de prover sua subsistência ou de tê-la provido por sua família. A Lei Brasileira de inclusão inseriu dispositivo que assegura à pessoa com deficiência que não possa prover a sua subsistência e nem a ter provida por sua família o recebimento de 1 salário mínimo mensal (art. 40, Lei nº 13.146/2015).

Auxílio-inclusão: o art. 94 do Estatuto da Pessoa com Deficiência criou o benefício previdenciário auxílio-inclusão que é devido à pessoa com deficiência moderada ou grave que:

1) Receba o BPC da LOAS e que passe a exercer atividade remunerada que a enquadre como segurado obrigatório do RGPS;
2) Tenha percebido, nos últimos 5 anos, o BPC e exerça atividade remunerada que a enquadre como segurado obrigatório do RGPS.

11. DIREITO À CULTURA, AO ESPORTE, AO TURISMO E AO LAZER

Direito à cultura, ao esporte, ao turismo e ao lazer em igualdade de oportunidades: Nesse sentido, o Estatuto da Pessoa com Deficiência assegura o acesso a (art. 42, Lei nº 13.146/2015):

a) bens culturais em formato acessível;
b) programas de televisão, cinema, teatro e outras atividades culturas e desportivas em forma acessível; e
c) Monumentos e locais de importância cultural e a espaços que ofereçam serviços culturais e esportivos.

Proibição de recusa de obra intelectual em forma acessível: é proibida a recusa de oferta de obra intelectual em formato acessível sob qualquer argumento, inclusive sob a alegação de proteção dos direitos de propriedade intelectual.

Deveres do poder público: eliminação, redução ou superação de barreiras para a promoção do acesso ao patrimônio cultural, observadas as normas de acessibilidade, ambientais e de proteção do patrimônio histórico e artístico nacional.

Reserva de espaços livres e assentos: É assegurada a reserva de espaços livres e assentos para as pessoas com deficiência de acordo com a capacidade de lotação da edificação nos teatros, cinemas, auditórios, estádios, ginásios de esportes, locais de espetáculos e de conferências (art. 44, Lei nº 13.146/2015). Esses espaços devem atender às normas de acessibilidade. No mesmo sentido, prevê o art. 12 da Lei nº 10.098/2000.

Ausência de procura comprovada: Se não houver procura comprovada pelos espaços livres para pessoas em cadeira de rodas e assentos reservados para pessoas com deficiência ou com mobilidade reduzida, é permitido o uso excepcional por pessoa sem deficiência ou que não tenham mobilidade reduzida. Essas vagas somente poderão ser disponibilizadas a essas pessoas depois de vendidas todas os demais assentos daquele setor e, somente após o prazo de duração da reserva de assentos expirar.

Normas sobre pontos de venda de ingressos e de divulgação do evento: Os espaços livres para pessoas em cadeira de rodas e assentos reservados para pessoas com deficiência ou com mobilidade reduzida serão identificados no mapa de assentos localizados nos pontos de venda de ingresso e de divulgação do evento, sejam eles físicos ou virtuais. Esses pontos de venda devem:

a) Ser acessíveis às pessoas com deficiência e com mobilidade reduzida;

b) Conter informações sobre os recursos de acessibilidade disponíveis nos eventos.

Desenho universal em hotéis, pousadas e similares: dever de construção, observados os princípios do desenho universal, além de adotar todos os meios de acessibilidade (art. 45, Lei nº 13.146/2015).

Hotéis, pousadas e similares já construídos: Devem disponibilizar, pelo menos, 10% de seus dormitórios acessíveis e em rotas acessíveis, garantida, no mínimo, 1 unidade acessível. Trata-se de regra que flexibiliza a necessidade de dormitórios em desenho universal e acessível para apenas 10% do número total de dormitórios quando o hotel, pousada ou similar já existir.

Riscos estruturais: Os meios de hospedagem já existentes que, por impossibilidade técnica decorrente de riscos estruturais da edificação, não possam cumprir o percentual estipulado acima, ficam dispensados dessa exigência mediante comprovação por laudo técnico estrutural, que deverá ser renovado a cada 5 (cinco) anos. Essa alteração foi incluída pela Lei nº 14.978/2024.

12. ACESSO À JUSTIÇA E RECONHECIMENTO IGUAL PERANTE A LEI

Acesso à justiça: poder público deve assegurar o acesso da pessoa com deficiência à justiça, em igualdade de oportunidades com as demais pessoas, garantindo adaptações e recursos de tecnologia assistiva (art. 79, Lei nº 13.146/2015).

Capacitação dos membros e servidores que atuam no processo: Para assegurar a atuação da pessoa com deficiência em todo o processo judicial, é necessária a capacitação quanto aos direitos da pessoa com deficiência dos membros e servidores do Poder Judiciário, no Ministério Público, na Defensoria Pública, nos órgãos de segurança pública e no sistema penitenciário.

Medidas restritivas de liberdade: Devem ser assegurados todos os direitos aos apenados sem deficiência sempre garantida a acessibilidade.

Atuação do Ministério Público e Defensoria Pública: Cabe a esses órgãos adotar as medidas necessárias para assegurar à pessoa com deficiência o cumprimento de todos os direitos previstos no Estatuto da Pessoa com Deficiência.

Recursos de tecnologia assistiva: devem ser assegurados para o acesso à justiça da pessoa com deficiência que atue como (art. 80, Estatuto da Pessoa com Deficiência): Parte no processo; Testemunha; Advogado; Defensor público; Magistrado; Membro do Ministério Público; ou Partícipe da lide posta em juízo.

Acesso ao conteúdo dos atos processuais: A pessoa com deficiência tem direito ao acesso ao conteúdo de todos os atos processuais de seu interesse, inclusive no exercício da advocacia (art. 80, parágrafo único).

Sanções penais: Direitos da pessoa com deficiência devem ser garantidos na aplicação de sanções penais (art. 81).

Serviços notariais e de registro: Não pode negar ou criar óbices ou condições diferenciadas para prestar serviços em razão de deficiência, sob pena de constituir o ato discriminação em razão de deficiência. Deve ser reconhecida capacidade legal plena, garantida a acessibilidade (art. 83).

Reconhecimento igual perante a lei: As pessoas com deficiência têm direito ao exercício da capacidade legal em **igualdade de condições** com as demais pessoas (art. 84, Lei nº 13.146/2015). Na maioria dos casos, a pessoa com deficiência tem capacidade plena para exercício dos atos da vida civil, em especial (art. 6º, Estatuto da Pessoa com Deficiência):

CAPACIDADE CIVIL DA PESSOA COM DEFICIÊNCIA
– A pessoa com deficiência tem capacidade inclusive para: a) Casar-se e constituir união estável; b) Direitos sexuais e reprodutivos; c) Planejamento familiar; d) Conservar fertilidade, sendo veda a esterilização compulsória; e) Direito à família e à convivência familiar e comunitária; f) Direito à guarda, à tutela, à curatela e à adoção, como adotante ou adotando em igualdade de condições com as demais pessoas;

Quando necessário, é possível a instituição da curatela, desde que respeite alguns requisitos previstos no Estatuto:

a) Instituição como medida protetiva **extraordinária**, devendo constar da sentença que a determinar as razões e motivações de sua definição, preservados os interesses do curatelado;

b) Proporcional **às necessidades** da pessoa com deficiência e **às circunstâncias** de cada caso;

c) Duração da curatela pelo **menor tempo** possível.

Curatela no Código Civil: O Estatuto da Pessoa com Deficiência alterou significativa o procedimento de curatela previsto no Código Civil. Tendo em vista o caráter excepcional da curatela, removeu-se as hipóteses que vinculavam a necessidade de curatela à existência de deficiência. A curatela somente será possível quando a pessoa não puder exprimir sua vontade por causa transitória ou permanente. Portanto, somente se a pessoa com deficiência não puder exprimir sua vontade, é possível a instituição da curatela.

Direitos do curatelado: O Estatuto da Pessoa com Deficiência limita a abrangência da curatela quanto aos direitos do curatelado. O candidato deve estar atento, conforme informações da tabela a seguir, para o fato de que os direitos do curatelado permanecem, em sua maioria, livres para seu exercício sem a necessidade de curatela (art. 85, Lei nº 13.146/2015):

Direitos afetados pela curatela	Direitos NÃO afetados pela curatela
– Direitos de natureza patrimonial e negocial	– Direito ao **P**róprio **C**orpo – Direito à **S**exualidade – Direito à **E**ducação – Direito ao **M**atrimônio – Direito à **P**rivacidade – Direito ao **T**rabalho – Direito ao **V**oto – Direito à **S**aúde

Ressalta-se que, para a emissão de documentos oficiais, não será exigida a situação de curatela da pessoa com deficiência (art. 86, Lei nº 13.146/2015).

Curador: É obrigação dos curadores a prestação anual de contas de sua administração ao juiz, apresentando o balanço do respectivo ano (art. 84, § 4º, Lei nº 13.146/2015).

Se a pessoa com deficiência estiver em situação de institucionalização, o juiz deve dar preferência na escolha do curador para aqueles que tenham vínculo de natureza familiar, afetiva ou comunitária com o curatelado (art. 85, § 3º, Lei nº 13.146/2015). Além disso, deve ser assegurado o apoio necessário para ter preservado o direito à convivência familiar e comunitária, sendo evitado o seu recolhimento em estabelecimento que os afaste desse convívio (art. 1.777, CC/02).

Curador provisório: Em casos de relevância e urgência e a fim de proteger os interesses da pessoa com deficiência em situação de curatela, é possível a nomeação de curador provisório pelo juiz, ouvido o Ministério Público, de ofício ou a requerimento do interessado (art. 87, Lei nº 13.146/2015).

Tomada de decisão apoiada: O Estatuto da Pessoa com Deficiência criou modelo de proteção intermediária para a pessoa com deficiência que não determina sua incapacidade relativa ou absoluta. Assim, a plena capacidade civil é garantida, mas verifica-se um auxílio a sua dignidade e igualdade substancial[3]. Trata-se do processo pelo qual a pessoa com deficiência escolhe 2 pessoas idôneas com quem mantenha vínculos e relação de confiança para prestar-lhe apoio na tomada de decisão sobre atos da vida civil, fornecendo elementos e informações necessários para que possa exercer sua capacidade (art. 1783-A, CC/02).

Termo de apoio: Para o exercício da tomada de decisão apoiada, é necessário que a pessoa com deficiência e seus apoiadores apresentem termo que conste as seguintes informações (art. 1783-A, § 1º, CC/02):

- Limites do apoio a ser oferecido;
- Compromissos dos apoiadores;
- Prazo de vigência do acordo; e
- Respeito à vontade, aos direitos e aos interesses da pessoa que devem apoiar.

Procedimento: Antes de se pronunciar, o Juiz deve ser assistido por equipe multidisciplinar e ouvir pessoalmente o requerente e as pessoas que lhe prestarão apoio, ouvido o Ministério Público.

Efeitos da decisão: A decisão tomada por pessoa apoiada tem validade e efeitos sobre terceiros sem restrições desde que esteja inserida nos limites do apoio acordado. Nesse sentido, pode ser solicitado que os apoiadores contra-assinem o contrato ou acordo entre a pessoa com deficiência e o terceiro com quem mantem relação negocial.

Negócio jurídico que traga risco ou prejuízo: Se houver divergência de opinião entre a pessoa apoiada e um dos apoiadores, o juiz deve decidir a questão, ouvido o Ministério Público.

Negligência, pressão indevida ou inadimplemento das obrigações pelo apoiador: Se o apoiador agir com negligência, exercer pressão indevida ou não adimplir as obrigações assumidas, qualquer pessoa, inclusive a pessoa apoiada, pode apresentar denúncia ao Ministério Público ou ao juiz. Se procedente a denúncia, será destituído e nomeada outra pessoa para prestação de apoio.

Término do acordo firmado em processo de tomada de decisão apoiada: pode ser solicitado a qualquer tempo pela pessoa apoiada. É possível ainda que o apoiador solicite sua exclusão do processo de tomada de decisão apoiada, ficando seu desligamento condicionado à manifestação do juiz.

13. CRIMES PREVISTOS NO ESTATUTO DA PESSOA COM DEFICIÊNCIA

O Título II do Estatuto da Pessoa com Deficiência estabeleceu a criação de crimes e sanções administrativas por violação dos direitos da pessoa com deficiência.

Para facilitar a memorização do assunto, segue quadro dos crimes da Lei Brasileira de Inclusão dispostos de maneira sistematizada:

3. FARIAS, Cristiano Chaves de.; CUNHA, Rogério Sanches; PINTO, Ronaldo Batista. *Estatuto da Pessoa com Deficiência comentado artigo por artigo*. Salvador: JusPodivm, 2016. p. 335.

CRIMES PREVISTOS NO ESTATUTO DA PESSOA COM DEFICIÊNCIA		
Tipo penal	**Pena**	**Causas de aumento de pena e qualificadoras**
Praticar, induzir ou incitar **discriminação de pessoa em razão de deficiência** (art. 88)	Reclusão, de 1 a 3 anos; e multa	– Aumento de 1/3 se a vítima estiver sob cuidado e responsabilidade do agente. – Se praticado por intermédio de meios de comunicação social ou de publicação de qualquer natureza: Reclusão, de 2 a 5 anos; e Multa
Apropriar-se de ou desviar bens, proventos, pensão, benefícios, remuneração ou qualquer outro rendimento de pessoa com deficiência (art. 89)	Reclusão, de 1 a 4 anos; e multa	– Aumento de 1/3 se o crime é cometido: a) por tutor, curador, síndico, liquidatário, inventariante, testamenteiro ou depositário judicial; b) por aquele que se apropriou em razão de ofício ou profissão.
Abandonar pessoa com deficiência em hospitais, casas de saúde, entidades de abrigamento ou congêneres (art. 90)	Reclusão, de 6 meses a 3 anos; e multa	–
Não prover as **necessidades básicas de pessoa com deficiência** quando obrigado por lei ou mandado (art. 90, parágrafo único).	Reclusão, de 6 meses a 3 anos; e multa	–

CRIMES PREVISTOS NO ESTATUTO DA PESSOA COM DEFICIÊNCIA		
Tipo penal	**Pena**	**Causas de aumento de pena e qualificadoras**
Reter ou utilizar cartão magnético, qualquer meio eletrônico ou documento de pessoa com deficiência destinados ao recebimento de benefícios, proventos, pensões ou remuneração ou à realização de operações financeiras, com o fim de obter vantagem indevida para si ou para outrem (art. 91)	Detenção, de 6 meses a 2 anos; e multa.	– Aumento de 1/3 se o crime é cometido por tutor ou curador.

14. PRIORIDADE DE ATENDIMENTO ÀS PESSOAS COM DEFICIÊNCIA

Atendimento prioritário: De acordo com a legislação (art. 9º, Lei nº 13.146/2015), a pessoa com deficiência tem direito ao recebimento de atendimento prioritário, que compreende tratamento diferenciado e atendimento imediato (art. 6º, Decreto nº 5.296/2004). Cumpre ressaltar que, além da pessoa com deficiência, tem direito ao atendimento prioritário (art. 1º, Lei nº 10.048/2000 e art. 5º, Decreto nº 5.296/2004):

- Pessoas com transtorno do espectro autista;
- Pessoas idosas com idade superior a 60 anos;
- Gestantes;
- Lactantes;
- Pessoas com crianças de colo;
- Obesos;
- Pessoas com mobilidade reduzida;
- Doadores de sangue.

Doadores de sangue: terão direito a atendimento prioritário após todos os demais beneficiados no rol anterior, mediante apresentação de comprovante de doação, com validade de 120 dias.

O Estatuto da Pessoa com Deficiência traça as principais hipóteses para esse tratamento diferenciado no atendimento:

- **Proteção e socorro**: nos serviços de emergência públicos e privados, a prioridade é condicionada à observância dos protocolos de atendimento médico (art. 9º, I, Estatuto da Pessoa com Deficiência);
- **Atendimento ao público:** Atendimento em todas as instituições e serviços de atendimento ao público (art. 9º, II, Estatuto da Pessoa com Deficiência);
- **Recursos para igualdade de condições:** Disponibilização de recursos humanos e tecnológicos que assegurem atendimento em igualdade de condi-

PESSOAS COM DEFICIÊNCIA

ções com as demais pessoas (art. 9º, III, Estatuto da Pessoa com Deficiência);

- **Transporte acessível e seguro:** Disponibilização de pontos de parada, estações e terminais acessíveis de transporte coletivo de passageiros e garantia de segurança no embarque e desembarque (art. 9º, IV, Estatuto da Pessoa com Deficiência);
- **Acesso a informações e recursos de comunicação acessíveis** (art. 9º, V, Estatuto da Pessoa com Deficiência);
- Recebimento de **restituição de imposto de renda** (art. 9º, VI, Estatuto da Pessoa com Deficiência);
- **Tramitação processual** e procedimentos judiciais e administrativos em que for parte ou interessada, em todos os atos e diligências (art. 9º, VII, Estatuto da Pessoa com Deficiência).

Acompanhante e atendente pessoal: os direitos de atendimento prioritário são extensíveis ao acompanhante de pessoa com deficiência ou ao seu atendente pessoal com exceção do atendimento prioritário no recebimento de restituição de imposto de renda e na tramitação processual.

De acordo com a Lei nº 14.626/2023, os acompanhantes ou atendentes pessoais das pessoas com prioridade de atendimento serão atendidos junta e acessoriamente aos titulares da prioridade.

Doadores de sangue: terão direito a atendimento prioritário após todos os demais beneficiados no rol constante acima, mediante apresentação de comprovante de doação, com validade de 120 (cento e vinte) dias.

Como se dá o atendimento prioritário? poderá ser realizado mediante discriminação de postos, caixas, guichês, linhas ou atendentes específicos para esse fim. Caso não haja postos, caixas, guichês, linhas ou atendentes específicos para a realização do atendimento prioritário, as pessoas deverão ser atendidas imediatamente após a conclusão do atendimento que estiver em andamento, antes de quaisquer outras pessoas.

15. ACESSIBILIDADE

Acessibilidade: É o direito que assegura à pessoa com deficiência ou com mobilidade reduzida **viver de forma independente** e exercer seus **direitos de cidadania e de participação social** (art. 53, Lei nº 13.146/2015).

Concessão e renovação de alvará de funcionamento: condicionada ao cumprimento e certificação das regras de acessibilidade.

Carta de habite-se: A emissão de cara de habite-se, sua habilitação equivalente e renovação, é condicionada à observância e certificação das regras de acessibilidade (art. 60, § 2º, Lei nº 13.146/2015).

15.1. PRINCÍPIO DO DESENHO UNIVERSAL

Princípio do desenho universal: Projetos que versem sobre o meio físico, de transporte, de informação e comunicação, inclusive de sistemas e tecnologias da informação e comunicação, e de outros serviços, equipamentos e instalações abertas ao público, devem atender aos princípios do desenho universal, tendo como referência as normas de acessibilidade (art. 55, Lei nº 13.146/2015).

Desenho universal será utilizado como **regra geral**, inclusive desde a etapa de concepção das políticas públicas. **Exceção:** Nas hipóteses que comprovadamente não seja possível utilizar o desenho universal, deve ser adotada **adaptação razoável** (art. 55, § 1º e 2º, Lei nº 13.146/2015).

Diretrizes curriculares e projetos de pesquisa: é dever do poder público incluir conteúdos temáticos referentes ao desenho universal nas diretrizes curriculares da educação profissional e tecnológica e do ensino superior e na formação das carreiras de Estado. Projetos de pesquisa com apoio de organismos públicos de auxílio à pesquisa e de agências de fomento devem incluir temas voltados para o desenho universal (art. 55, § 4º, Lei nº 13.146/2015).

15.2. ACESSIBILIDADE EM EDIFICAÇÕES, VIAS E ESPAÇOS PÚBLICOS

Previsão constitucional: De acordo com o art. 227, § 2º, da Constituição Federal, a lei deve dispor sobre normas de construção dos logradouros e dos edifícios de uso público, e da fabricação de transporte coletivo a fim de garantir acesso adequado às pessoas com deficiência.

Alterações em edificações abertas ao público: a construção, reforma, ampliação ou mudança de uso de edificações abertas ao público devem ser executadas de modo a serem acessíveis. Entidades de fiscalização profissional de Engenharia, Arquitetura e correlatas devem exigir a responsabilidade profissional declarada de atendimento às regras de acessibilidade ao anotarem a responsabilidade técnica de projetos. Após a certificação de acessibilidade pelo poder público será colocado símbolo internacional de acesso em locais de ampla visibilidade (art. 56, Lei nº 13.146/2015). Nesse mesmo sentido, o art. 4º da Lei nº 10.048/2000 determina a facilitação do acesso em logradouros e sanitários públicos às pessoas com deficiência.

Edificações já existentes: as edificações públicas e privadas de uso coletivo já existentes devem assegurar o atendimento às normas de acessibilidade à pessoa com deficiência em todas as suas dependências e serviços (art. 57, Lei nº 13.146/2015).

Edificação de uso privado multifamiliar: O projeto e a construção de edificação de uso privado multifamiliar devem atender aos preceitos de acessibilidade (art. 58, Estatuto da Pessoa com Deficiência). Percentual mínimo das unidades internamente acessíveis deve ser assegurado pelas construtoras e incorporadoras responsáveis pelo projeto e nenhum valor adicional pode ser exigido na aquisição da unidade acessível.

Requisitos de acessibilidade em elevadores: Os elevadores instalados em edifícios de uso privado devem atender aos seguintes requisitos de acessibilidade (art. 13, Lei nº 10.098/2000):

a) percurso acessível que una as unidades habitacionais com o exterior e com as dependências de uso comum;

b) percurso acessível que una a edificação à via pública, às edificações e aos serviços anexos de uso comum e aos edifícios vizinhos;

c) cabine de elevador e respectiva porta de entrada acessíveis para pessoas com deficiência.

Vias públicas, parques e demais espaços públicos já existentes: necessidade de adaptação para assegurar a mais ampla acessibilidade às pessoas com deficiência ou mobilidade reduzida (art. 4º, Lei nº 10.098/2000).

Projeto e traçado dos elementos de urbanização públicos e privados de uso comunitário: deverão observar os parâmetros estabelecidos pelas normas técnicas de acessibilidade da ABNT (art. 5º da Lei nº 10.098/2000).

Sinalização tátil de alerta no piso: A instalação de mobiliário urbano que ofereça risco de acidente à pessoa com deficiência deve ser indicada mediante sinalização tátil de alerta no piso (art. 10-A, Lei nº 10.098/2000). Esses elementos de mobiliário urbano deverão ser projetados e instalados em locais que permitam sejam eles utilizados pelas pessoas portadoras de deficiência ou com mobilidade reduzida (art. 10 da Lei nº 10.098/2000).

Adaptação de brinquedos e equipamento de lazer: De acordo com a Lei nº 13.443/2017, que alterou a redação do art. 4º, parágrafo único, da Lei nº 10.098/2000, as vias públicas, os parques e os demais espaços de uso público, devem ter, pelo menos 5% de cada brinquedo e equipamento de lazer adaptado e identificá-lo para o uso da pessoa com deficiência, inclusive visual, ou com mobilidade reduzida (art. 4º, parágrafo único, Lei nº 10.098/2000).

Banheiros de uso público: Os banheiros de uso público existentes ou a construir em parques, jardins e espaços livres ao público devem ser acessíveis e assegurar pelo menos 1 sanitário e 1 lavatório que atendam às especificações técnicas de acessibilidade da ABNT (Associação Brasileira de Normas Técnicas) (art. 6º, Lei nº 10.098/2000).

Banheiros químicos (Lei nº 13.825/2019): De acordo com a redação do art. 6º, § 1º e 2º da Lei nº 10.098/2000, os eventos organizados em espaços públicos e privados em que haja a instalação de banheiros químicos deverão contar com unidades acessíveis a pessoas com deficiência ou com mobilidade reduzida. A lei estabelece ainda a obrigação de que 10% do total de banheiros químicos seja acessível, garantindo-se, pelo menos, 1 unidade acessível caso a aplicação do percentual resulte em fração inferior a 1.

Intervenção nas vias e espaços públicos: dever do poder público e das concessionárias de assegurar a fluidez do trânsito e a livre circulação e acessibilidade das pessoas nas intervenções nas vidas e nos espaços públicos, durante e após sua execução (art. 59, Lei nº 13.146/2015).

Cadeiras de roda: Os centros comerciais e os estabelecimentos congêneres devem fornecer carros e cadeiras de rodas, motorizados ou não, para o atendimento da pessoa com deficiência ou com mobilidade reduzida (art. 12-A, Lei nº 10.098/2000)

15.3. ACESSO À INFORMAÇÃO E À COMUNICAÇÃO

***Sites* acessíveis:** É obrigatória a acessibilidade à pessoa com deficiência nos sítios eletrônicos (sites) mantidos por empresas com sede ou representação comercial no país ou por órgãos de governo. Os *sites* devem conter o símbolo de acessibilidade em destaque (art. 63, Estatuto da Pessoa com Deficiência).

Telecentros comunitários e *lan houses*: Os telecentros comunitários que receberem recursos públicos federais e as *lan houses* devem possuir equipamentos e instalações acessíveis com, no mínimo, 10% de seus computadores com recursos de acessibilidade para pessoa com deficiência visual, garantido pelo menos 1 equipamento, quando o resultado percentual for inferior a 1. Assim, por exemplo, se uma *lan house* tem 5 computadores, ao se aplicar o percentual de 10% leva ao resultado de 0,5 computador, o que obriga a garantia de pelo menos 1 computador, ainda que o resultado seja inferior.

Financiamento público: Para obtenção de financiamento de projeto com utilização de recursos públicos, é necessário assegurar a acessibilidade nos sítios eletrônicos da empresa (art. 64, Lei nº 13.146/2015).

Telecomunicação: As empresas prestadoras de serviços de telecomunicações devem garantir o pleno acesso à pessoa com deficiência conforme regulamentação específica (art. 65, Lei nº 13.146/2015).

Telefones e celulares acessíveis: É dever do poder público incentivar a oferta de aparelhos de telefonia fixa e celulares com acessibilidade que permitam a possibilidade de indicação e de ampliação sonoras de todas as operações e funções disponíveis (art. 66, Lei nº 13.146/2015).

Serviços de radiodifusão de sons e imagens: devem permitir o uso dos seguintes recursos (art. 67, Lei nº 13.146/2015):

- Subtitulação por legenda oculta;
- Janela com intérprete de Libras;
- Audiodescrição.

Livros e artigos acessíveis: Incentivo do poder público na produção, edição, difusão, distribuição e comercialização de **livros em formatos acessíveis**, inclusive nas publicações da administração pública ou financiadas com recursos públicos, para garantir à pessoa com deficiência o direito de acesso à leitura, à informação e à comunicação (art. 68, Lei nº 13.146/2015). Além disso, o poder público deve estimular a adaptação e produção de **artigos científicos** em formato acessível, inclusive em Libras;

Impedimento às editoras sem formatos acessíveis: Nas compras de livros para as bibliotecas públicas e de todos os níveis de educação, o poder público deve adotar cláusulas que impeçam a participação de editoras que não oferecem livros em formatos acessíveis.

Informações aos consumidores: É dever do poder público assegurar que as informações disponíveis aos consumidores nos produtos e serviços ofertados sejam corretas e claras, por quaisquer meios de comunicação, inclusive em ambiente virtual, contendo a **especificação correta de quantidade, qualidade, características, composição e preço, bem como sobre os eventuais riscos à saúde e à segurança do consumidor com deficiência** com aplicação no que couber dos arts. 30 a 41 do Código de Defesa do Consumidor nos assuntos referentes à oferta dos produtos e serviços, à publicidade e às práticas abusivas.

Congressos seminários e oficinas financiadas pelo poder público: Nesse caso, devem garantir além dos recursos de tecnologia assistiva, as condições de acessibilidade (art. 71, Estatuto da Pessoa com Deficiência). Projetos de pesquisa com apoio de agências de financiamento e de órgãos e entidades integrantes da administração pública que atuem no auxílio à pesquisa devem incluir temas voltados para o desenho universal (art. 72).

Capacitação de tradutores e intérpretes de Libras, profissionais habilitados em Braille: cabe ao poder público, diretamente ou mediante parceria com organizações da sociedade civil, promover a capacitação de tradutores e intérpretes de Libras, de guias intérpretes e profissionais habilitados em Braille, audiodescrição, estenotipia e legendagem (art. 73, da Lei nº 13.146/2015 e art. 18, Lei nº 10.098/2000).

Símbolo internacional de surdez: É obrigatória a colocação de modo visível do "Símbolo Internacional de Surdez" em todos os locais que possibilitem acesso, circulação e utilização por pessoas com deficiência auditiva e em todos os serviços que forem postos à sua disposição (art. 1º. Lei nº 8.160/1991).

Local visível ao público: A colocação do símbolo deve ocorrer em local visível ao público, não sendo permitida modificação ou adição ao desenho reproduzido.

Proibição de uso: é proibido o uso do símbolo internacional de surdez para finalidade diversa que não seja a identificar, assinalar ou indicar local ou serviço habilitado ao uso de pessoas com deficiência. Essa proibição não se aplica à reprodução do símbolo em publicações e outros meios de comunicação relevantes para os interesses do deficiente auditivo, por exemplo, nos adesivos específicos para veículos por ele conduzidos.

Campanhas sociais, preventivas e educativas: de acordo com a Lei nº 14.863/2024, essas campanhas devem ser acessíveis às pessoas com deficiência (art. 73-A da Lei nº 13.146/2015).

15.4. TECNOLOGIA ASSISTIVA

Acesso à tecnologia assistiva: A pessoa com deficiência tem assegurado o acesso a produtos, recursos, estratégias, práticas, processos, métodos e serviços de tecnologia assistiva que possibilitem a maximização da autonomia, mobilidade pessoal e qualidade de vida (art. 74, Estatuto da Pessoa com Deficiência).

Plano específico de medidas: Acerca da implementação de tecnologia assistiva, o Estatuto da Pessoa com Deficiência traz plano específico de medidas, que deve ser **renovado a cada 4 anos**. Os procedimentos constantes desse plano específico devem ser avaliados a cada 2 anos para assegurar o acesso à tecnologia assistiva.

15.5. PARTICIPAÇÃO NA VIDA PÚBLICA E POLÍTICA

Exercício de direitos políticos: A pessoa com deficiência deve ter assegurado pelo poder público todos os direitos políticos e a oportunidade de exercê-los em igualdade de condições com as demais pessoas (art. 76, Estatuto da Pessoa com Deficiência).

Direito de votar e ser votado: Deve ser assegurado à pessoa com deficiência o direito de votar e ser votada por meio das seguintes ações (art. 76, § 1º, Lei nº 13.146/2015):

- **Procedimentos, instalações, materiais e equipamentos acessíveis** e de fácil compreensão, sendo vedada a instalação de seções eleitorais exclusivas para a pessoa com deficiência. Essa medida assegura o respeito ao direito à não discriminação e ao exercício do voto em igualdade de condições com as demais pessoas.
- **Incentivo à candidatura da pessoa com deficiência** e ao desempenho de funções públicas, inclusive com o uso de tecnologias assistivas;
- **Pronunciamentos oficiais, propagando eleitoral gratuita e os debates** transmitidos pelas emissoras de televisão por meio de **recursos de tecnologia assistiva** (subtitulação por legenda oculta, janela com intérprete de Libras e audiodescrição);
- **Livre exercício do direito ao voto** e sempre que necessário e a seu pedido, permissão para que a pessoa com deficiência seja auxiliada na votação por pessoa de sua escolha.

Participação da pessoa com deficiência: Poder público deve promover a participação da pessoa com deficiência na condução das questões públicas sem discriminação e em igualdade de oportunidades, sempre observado o seguinte:

a) Participação em organizações não governamentais relacionadas à vida pública e à política do país;

b) Participação em atividades e administração de partidos políticos;

c) Formação de organizações para representar a pessoa com deficiência em todos os níveis;

d) Participação da pessoa com deficiência em organizações que a representem.

16. DIREITOS NO SISTEMA DE TRANSPORTE COLETIVO

Transporte e mobilidade em igualdade de oportunidades: Novamente, a Lei Brasileira de Inclusão da Pessoa com Deficiência ressalta a necessidade de assegurar direito ao transporte e mobilidade em igualdade de oportunidades com as demais pessoas à pessoa com deficiência ou com mobilidade reduzida, por meio de identificação e de **eliminação de obstáculos e barreiras ao acesso** (art. 46, Lei nº 13.146/2015).

Transporte coletivo terrestre, aquaviário e aéreo: Com a finalidade de acessibilidade, consideram-se integrantes desses serviços, os veículos, os terminais, as estações, os pontos de parada, o sistema viário e a prestação do serviço.

Símbolo internacional de acesso: Para colocação do símbolo internacional de acesso nos veículos de empresa de transporte coletivo de passageiros, é necessária a certificação de acessibilidade emitida pelo gestor público responsável pela prestação do serviço.

Vagas em estacionamentos: é necessária a **reserva de 2% das vagas sinalizadas**, sempre garantida 1 vaga, próximas aos acessos de circulação de pedestres para veículos que transportem pessoa com deficiência com comprometimento de mobilidade em todas as áreas de estacionamento abertas ao público, de uso público ou privado de uso coletivo e em vias públicas. Os veículos estacionados nessas vagas devem exibir credencial de beneficiário confeccionada pelos órgãos de trânsito, que será válida em todo território nacional (art. 47, Lei nº 13.146/2015). O art. 7º da Lei nº 10.098/2000 também prevê a reserva de 2% das vagas de estacionamento devidamente sinalizadas e próximas ao acesso de circulação de pedestres.

Utilização indevida das vagas reservadas às pessoas com deficiência: sujeita o infrator à multa de trânsito de natureza grave conforme art. 181, XX, do Código de Trânsito Brasileiro.

Acessibilidade no transporte: Os veículos de transporte coletivo terrestre, aquaviário e aéreo, as instalações, estações, portos e terminais devem ser acessíveis para o uso de todas as pessoas. É necessária a disponibilização de informações em comunicação acessível sobre todos os pontos do itinerário (art. 48, Lei nº 13.146/2015). Os sistemas de transporte coletivo são considerados acessíveis quando todos os seus elementos são concebidos, organizados, implantados e adaptados segundo o conceito de desenho universal, garantindo o uso pleno com segurança e autonomia por todas as pessoas (art. 34, Decreto nº 5.296/2004). De acordo com o art. 5º da Lei nº 10.048/2000, os veículos de transporte coletivo serão planejados de forma a facilitar o acesso a seu interior das pessoas com deficiência.

Reserva de assentos em transportes coletivos: As empresas públicas de transporte e as concessionárias de transporte coletivo reservarão assentos, devidamente identificados, às pessoas com deficiência, às pessoas com transtorno do espectro autista, às pessoas idosas, às gestantes, às lactantes, às pessoas com criança de colo e às pessoas com mobilidade reduzida (art. 3º, Lei nº 10.048/2000 com redação dada pela Lei nº 14.626, de 2023).

Prioridade no embarque e desembarque: A pessoa com deficiência tem assegurada prioridade e segurança nos procedimentos de embarque e desembarque nos veículos de transporte coletivo.

Acessibilidade em elementos verticais de sinalização: Os sinais de tráfego, semáforos, postes de iluminação e quaisquer outros elementos verticais de sinalização devem ser dispostos de modo a não dificultar a circulação, assegurando sua utilização com a máxima comodidade (art. 8º, Lei nº 10.098/2000)

Sinal sonoro de orientação para pedestre: Os semáforos para pedestres devem estar equipados com mecanismo que emita sinal sonoro suave ou com outro mecanismo alternativo que viabilize a travessia de pessoas com deficiência visual, se intensidade de fluxo de veículos assim determinar. Será obrigatório o uso desse sinal sonoro em vias públicas de grande circulação ou que deem acesso ao serviço de reabilitação (art. 9º, Lei nº 10.098/2000 e art. 17 do Decreto nº 5.296/2004).

Fabricação de veículos acessíveis: O poder público deve incentivar a fabricação de veículos acessíveis e sua utilização como táxis e vans para permitir seu uso por todas as pessoas (art. 50, Lei nº 13.146/2015). Ademais, todos os veículos de transporte coletivo rodoviário, aquaviário, metroferroviário, ferroviário e aéreo devem ser fabricados acessíveis de forma a garantir o uso de pessoa com deficiência ou mobilidade reduzida (art. 38 a 44 do Decreto nº 5.296/2004)

Reserva de táxis acessíveis: Empresas de táxi devem reservar 10% de seus veículos acessíveis à pessoa com deficiência, sendo proibida a cobrança de valores adicionais pelo serviço prestado. Para assegurar o cumprimento da cota de 10%, é possível a instituição de incentivos fiscais pelo poder público (art. 51, Lei nº 13.146/2015).

Reserva de vagas na outorga de táxis: O Estatuto da Pessoa com Deficiência inseriu o art. 12-B à Lei nº 12.587/2012 que prevê a necessidade de se reservar 10% das vagas em outorga de exploração de serviço e táxis à pessoa com deficiência. Para ter direito de concorrer às vagas, o condutor deve atender aos seguintes requisitos quanto ao veículo utilizado, sob pena de deixar sua vaga para os remanescentes:

- Ser o veículo de sua propriedade e por ele conduzido;
- Estar adaptado às suas necessidades.

Locadores de veículos: Obrigação de oferecimento de 1 veículo adaptado para pessoa com deficiência a cada conjunto de 20 veículos de sua frota. Veículo deverá ter, no mínimo, câmbio automático, direção hidráulica, vidros elétricos e comandos manuais de freio e embreagem.

16.1. PASSE LIVRE NO TRANSPORTE COLETIVO INTERESTADUAL (LEI Nº 8.899/1994 E DECRETO Nº 3.691/2000)

Passe livre: É assegurado à pessoa com deficiência, comprovadamente carente, o passe livre no transporte coletivo interestadual (art. 1º, Lei nº 8.899/1994). Nesse sentido, o art. 1º do Decreto nº 3.691/2000, que regulamenta a Lei nº 8.899/1994, estabelece a necessidade das empresas permissionárias e autorizatárias de transporte interestadual de passageiros a reservar dois assentos de cada veículo para pessoa com deficiência. Cabe ao Ministro de Estado dos Transportes estabelecer a disciplina do Decreto nº 3.691/2000.

Lembre-se de que as pessoas com mobilidade reduzida não têm direito ao passe livre, pois a lei restringe o direito apenas às pessoas com deficiência.

17. DIREITO DE SER ACOMPANHANDO DE CÃO-GUIA

Utilização de cão-guia: A pessoa com deficiência visual tem direito a ingressar e permanecer em todos os meios de transporte e em estabelecimentos abertos ao público acompanhada de cão-guia (art. 1º da Lei nº 11.126/2005). Considera-se deficiência visual apenas a cegueira e a baixa visão. Esse direito é aplicado em todas modalidades de serviços de transporte coletivo de passageiros inclusive em esfera internacional com origem em território brasileiro.

Discriminação em relação ao uso de cão-guia: A tentativa de impedir ou dificultar o exercício do direito ao uso de cão-guia constitui ato de discriminação, que tem como penalidade a interdição e a aplicação de multa. (art. 3º da Lei nº 11.126/2005). Ademais, de acordo com o art. 1º, § 2º, do Decreto nº 5.904/2006, "É vedada a exigência do uso de focinheira nos animais de que trata este Decreto, como condição para o ingresso e permanência nos locais descritos no caput."

18. NORMAS DE APOIO ÀS PESSOAS COM DEFICIÊNCIA E SUA INTEGRAÇÃO SOCIAL

Pleno exercício de direitos e integração: É necessário assegurar o pleno exercício dos direitos individuais e sociais da pessoa com deficiência e sua efetiva integração social por meios das ações governamentais necessárias ao cumprimento das disposições constitucionais e legais referentes às pessoas com deficiência, afastadas a discriminação e preconceitos de qualquer espécie (art. 1º, Lei nº 7.853/1989).

Para isso, deve-se atender aos seguintes valores básicos:

- Igualdade de tratamento e oportunidade;
- Justiça social;
- Respeito à dignidade da pessoa humana;
- Bem-estar e outros previstos na Constituição ou indicados por princípios gerais do Direito.

18.1. TUTELA JUDICIAL DOS INTERESSES DA PESSOA COM DEFICIÊNCIA

Medidas judiciais de proteção à pessoa com deficiência: São asseguradas medidas judiciais de proteção aos direitos difusos, coletivos, individuais homogêneos e indisponíveis da pessoa com deficiência que poderá ser proposta pelos seguintes legitimados (art. 3º, Lei nº 7.853/1989):

a) Ministério Público;

b) Defensoria Pública;

c) União;

d) Estados;

e) Municípios;

f) Distrito Federal;

g) Autarquia, fundação, empresa pública e sociedade de economia mista que tenham entre suas finalidades institucionais, a proteção dos interesses e a promoção de direitos da pessoa com deficiência; e

h) Associação constituída há mais de 1 ano, que tenha entre suas finalidades institucionais, a proteção dos interesses e a promoção de direitos da pessoa com deficiência.

Certidões e informações: Para instruir a inicial, é permitido ao interessado requerer às autoridades competentes certidões e informações que julgar necessárias, que deverão ser fornecidas no prazo de 15 dias da entrega dos requerimentos e só podem ser usadas para instruir ação civil. Somente nos casos de interesse público, devidamente justificado, é possível impor sigilo e negar a certidão. Nesse caso, cabe ao juiz, após apreciar os motivos do indeferimento, requisitar umas e outras, salvo se se tratar de questão de segurança nacional. Feita a requisição, o processo deve correr em segredo de justiça, que terminará com o trânsito em julgado da sentença.

Litisconsórcio e abandono: fica facultado aos demais legitimados para propor a ação habilitarem-se como litisconsortes nas ações propostas por qualquer um deles. Se houver desistência ou abandono da ação, qualquer dos co-legitimados pode assumir a titularidade ativa.

Efeitos da sentença: eficácia de coisa julgada "erga omnes", exceto se haver sido a ação julgada improcedente por deficiência de prova, hipótese em que qualquer legitimado pode ingressar com nova ação com mesmo fundamento e novas provas (art. 4º, Lei nº 7.853/1989).

Remessa de ofício: sentença de carência ou improcedência sujeita-se ao duplo grau de jurisdição, somente produzindo efeitos com a confirmação do tribunal.

Recursos: legitimidade para recorrer é estendida a qualquer legitimado ativo.

Intervenção do Ministério Público: é obrigatória nas ações públicas, coletivas ou individuais em que se discutam interesses relacionados à deficiência (art. 5º, Lei nº 7.853/1989).

Procedimento no Ministério Público (art. 6º, Lei nº 7.853/1989): é possível a instauração de inquérito civil ou requisitar novas diligências no prazo não inferior a 10 dias úteis. Esgotadas as diligências, é possível o arquivamento do inquérito civil ou das peças informativas. Neste caso, deve haver reexame dos autores em 3 dias pelo Conselho Superior do Ministério Público. Se a promoção do arquivamento for reformada, será designado pelo Conselho Superior outro órgão do Ministério Público para o ajuizamento da ação.

Aplicação subsidiária da Lei da Ação Civil Pública (Lei nº 7.347/1985): Sempre que cabível são aplicáveis os dispositivos da Lei nº 7.347/1985 à ação civil pública prevista para a tutela dos direitos das pessoas com deficiência (art. 7º da Lei nº 7.853/1989).

18.2. POLÍTICA NACIONAL PARA INTEGRAÇÃO DA PESSOA PORTADORA DE DEFICIÊNCIA

Política Nacional para Integração da Pessoa Portadora de Deficiência: compreende um conjunto de orientações normativas que objetivam assegurar o pleno exercício dos direitos individuais e sociais das pessoas com deficiência (art. 1º, Decreto nº 3.298/1999). É dever do Poder Público assegurar o pleno exercício dos direitos básicos da pessoa com deficiência, previstos na Constituição e nas leis, que propiciem seu bem-estar pessoal, social e econômico (art. 2º, Decreto nº 3.298/1999).

Princípios: A Política Nacional para Integração da Pessoa Portadora de Deficiência deve atender aos seguintes princípios (art. 5º, Decreto nº 3.298/1999):

a) Desenvolvimento de ação conjunta do Estado e sociedade civil para assegurar plena integração da pessoa com deficiência.

b) Estabelecimentos de mecanismos e instrumentos legais e operacionais para assegurar o pleno exercício dos direitos das pessoas com deficiência;

c) Respeito às pessoas com deficiência com tratamento em igualdade de oportunidades na sociedade por reconhecimento dos direitos que lhe são assegurados sem privilégios ou paternalismos.

Diretrizes: São consideradas diretrizes da Política Nacional para Integração da Pessoa Portadora de Deficiência (art. 6º, Decreto nº 3.298/1999):

- Estabelecer mecanismos que acelerem e favoreçam a inclusão social da pessoa com deficiência;
- Adotar estratégias de articulação com órgãos públicos e privados, bem como organismos internacionais;
- Incluir a pessoa com deficiência, respeitadas as suas peculiaridades, em todas as iniciativas governamentais relacionadas à educação, à saúde, ao trabalho, à edificação pública, à previdência social, à assistência social, ao transporte, à habitação, à cultura, ao esporte e ao lazer.
- Viabilizar a participação da pessoa com deficiência em todas as fases de implementação dessa política por meio de suas entidades representativas.
- Ampliar as alternativas de inserção econômicas da pessoa com deficiência, proporcionando a ela qualificação profissional e incorporação no mercado de trabalho.

- Garantir o efetivo atendimento de suas necessidades, sem cunho paternalista.

Objetivos: São traçados também os objetivos que se pretende alcançar com a implementação dessa política (art. 7º, Decreto nº 3.298/1999):

- Acesso, o ingresso e a permanência da pessoa portadora de deficiência em todos os serviços oferecidos à comunidade;
- Integração das ações dos órgãos e das entidades públicos e privados nas áreas de saúde, educação, trabalho, transporte, assistência social, edificação pública, previdência social, habitação, cultura, desporto e lazer, visando à prevenção das deficiências, à eliminação de suas múltiplas causas e à inclusão social;
- Desenvolvimento de programas setoriais destinados ao atendimento das necessidades especiais da pessoa com deficiência;
- Formação de recursos humanos para atendimento da pessoa portadora de deficiência; e
- Garantia da efetividade dos programas de prevenção, de atendimento especializado e de inclusão social.

Instrumentos: O art. 8º do Decreto nº 3.298/1999 estabelece ainda instrumentos para a implementação da política nacional:

- Articulação entre entidades governamentais e não governamentais que tenha responsabilidades quanto ao atendimento de pessoa com deficiência em todos os níveis federativos;
- Fomento à formação de recursos humanos para adequado e eficiente atendimento da pessoa com deficiência;
- Aplicação da legislação específica que disciplina a reserva de mercado de trabalho em favor da pessoa com deficiência no setor público e privado;
- Fomento da tecnologia de bioengenharia voltada para a pessoa com deficiência e a facilitação da importação de equipamentos;
- Fiscalização do cumprimento da legislação pertinente à pessoa com deficiência.

MATEMÁTICA E RACIOCÍNIO LÓGICO

Marcelo Sbicca e Marcos Bosso

PARTE I – MATEMÁTICA

1. OPERAÇÕES BÁSICAS E CONJUNTOS

1.1. OPERAÇÕES BÁSICAS

- Números decimais e fracionários

Fração é a representação numérica de uma determinada quantidade de partes de um todo. Podemos dizer que é simplesmente uma divisão cujo denominador deve ser diferente de zero.

Adição e subtração (mesmos denominadores)

Manter o denominador e somar (ou subtrair) os numeradores.	$\frac{5}{7}+\frac{9}{7}-\frac{6}{7}=\frac{8}{7}$

Caso as frações apresentem diferentes denominadores, é necessário que elas sejam convertidas em suas equivalentes com denominadores iguais.

As frações são convertidas em suas equivalentes, com a utilização do MMC, de modo que os denominadores fiquem iguais.	$\frac{3}{4}+\frac{2}{3}-\frac{7}{6}=\frac{9}{12}+\frac{8}{12}-\frac{14}{12}$
Resolver como frações de mesmo denominador.	$\frac{9+8-14}{12}=\frac{3}{12}=\frac{1}{4}$

Multiplicação de frações

A multiplicação de números fracionários independe da igualdade dos denominadores.

Multiplicar os numeradores entre si e os denominadores entre si.	$\frac{6}{5}.\frac{3}{8}=\frac{18}{40}=\frac{9}{20}$

Divisão de frações

Na divisão de números fracionários, o que encontramos, na realidade, é uma razão entre frações (fração de frações).

Manter o numerador, inverter a fração que se encontra no denominador e transformar a operação de divisão em multiplicação.	$\frac{6/5}{3/8}=\frac{6}{5}.\frac{8}{3}$
Resolver a multiplicação.	$\frac{6}{5}.\frac{8}{3}=\frac{48}{15}=\frac{16}{5}$

Observação: As simplificações, quando possível, facilitam as operações.

- Potenciação e Radiciação

Potenciação

Potenciação ou exponenciação implica multiplicar a base (número real) por ela mesma tantas vezes quanto for o valor da potência.

Lembre-se	$x^1 = x$ $x^0 = 1$ (desde que $x \neq 0$) $1^x = 1$

Multiplicação e divisão

Nos casos da multiplicação e divisão, a potência do produto (ou quociente) é igual ao produto (ou quociente) das potências.

Ficou complicada a explicação? Então, veja como vai simplificar bastante com a exemplificação:

A potência do produto é igual ao produto das potências.	$(a.\,b)^x = a^x.\,b^x$
A potência do quociente é igual ao quociente das potências.	$\left(\frac{a}{b}\right)^x = \frac{a^x}{b^x}$

Propriedades da potenciação

Propriedade	Regra	Exemplo
Multiplicação de potências com mesma base.	Manter a base e somar os expoentes.	$a^x.\,a^y = a^{x+y}$
Divisão de potências com mesma base.	Manter a base e subtrair os expoentes.	$\frac{a^x}{a^y} = a^{x-y}$
Potência da potência.	Manter a base e multiplicar os expoentes.	$(a^x)^y = a^{x.y}$

Observe a potenciação a seguir.

a^{x^y}	Não se trata de potência da potência. Nesse caso, primeiro calcula-se "x" elevado à potência "y" para, na sequência, calcular a potenciação da base "a".

Potenciação com base negativa

O sinal negativo somente integra a operação de potenciação quando estiver delimitado por parênteses. Veja os exemplos:

O sinal faz parte da base.	$(-2)^3 = (-2).\,(-2).\,(-2) = -8$ $(-2)^4 = (-2).\,(-2).\,(-2).\,(-2) = 16$

Caso não existam parênteses indicando que o sinal negativo faz parte da operação, a potenciação inclui apenas o número.

O sinal não faz parte da base.	$-2^4 = -(2\,.\,2\,.\,2\,.\,2) = -16$

Potenciação com expoente negativo

O número da base deve ser invertido e o expoente passa de negativo para positivo.

Expoente negativo	$4^{-3} = \frac{1}{4^3} = \frac{1}{64}$

Potenciação com expoente fracionário

O expoente fracionário transforma-se em um radical.

MNEMÔNICO; "Aquele que está por cima está por dentro e aquele que está por baixo está por fora".

Veja na prática.

Expoente fracionário	$4^{\frac{3}{2}} = \sqrt[2]{4^3} = \sqrt{4^3}$

O numerador do expoente fracionário, número 3, está "por cima", logo, encontra-se "por dentro" da raiz.

Já o número 2, denominador do expoente fracionário, está "por baixo" quando o referencial é a fração e, conforme o mnemônico, "por fora" em relação à raiz.

Potenciação da raiz

Na potenciação do radical, o índice da potência (expoente) passa a ser o índice do radicando:

Potência de raiz	$(\sqrt[x]{a})^y = \sqrt[x]{a^y}$ $(\sqrt[x]{a})^x = a$

1.2. CONJUNTOS NUMÉRICOS

Sobre conjuntos, ou teoria dos conjuntos, é importante entender as relações e operações entre eles ou em relação aos seus elementos.

- Pertinência e Inclusão

Pertinência é a relação dos elementos com o conjunto, se tal elemento pertence ou não pertence ao conjunto. Enquanto inclusão é a relação entre conjuntos, se um conjunto contém ou está contido em outro conjunto.

<u>Exemplo de pertinência:</u>

Dado o conjunto X = {4, 7, 9, 11, 15}.

O elemento 7 pertence ao conjunto X, ou seja, "$7 \in X$".

O elemento 5 não pertence ao conjunto X, ou seja, "$5 \notin X$".

<u>Exemplo de inclusão:</u>

Dados os conjuntos A = {1, 2, 3, 4, 5, 6, 7, 8}, B = {2, 4, 6, 8} e C = {0, 1, 2, 3}

Na comparação entre os conjuntos, temos:

O conjunto A contém o conjunto B, isso porque o conjunto A é mais abrangente e contém todos os elementos de B. Representado por "$A \supset B$".

O conjunto B está contido no conjunto A, ou seja, B é um subconjunto de A. Representado por "B ⊠ A".

O conjunto C não está contido no conjunto A, pois existe um elemento em C que não faz parte do conjunto A. Representado por "$C \not\subset A$".

- União, Intersecção e Diferença

A união de dois conjuntos pressupõe a soma dos elementos de ambos. Caso um elemento seja comum aos dois conjuntos, na união, este elemento é representado uma única vez.

O conjunto formado somente por elementos que são comuns a dois (ou mais) conjuntos é o que denotamos intersecção destes.

Mas, identificados os elementos comuns a dois conjuntos e os subtraímos do primeiro deles, então temos a chamada diferença entre conjuntos.

Exemplo da diferença entre conjuntos: Dados os conjuntos A = {1, 2, 3, 4, 5} e B = {4, 5, 6, 7, 8}.

Consideramos todos os elementos de A (1, 2, 3, 4, 5) e, desses elementos, excluímos aqueles que fazem parte de B. A diferença entre os conjuntos A e B, é igual a:

Diferença: A – B	A – B = {1, 2, 3}

Ressalta-se que a alteração da ordem dos conjuntos altera também o resultado.

Diferença: B – A	B – A = {6, 7, 8}

2. PROPORCIONALIDADE

- Razão

A razão é o quociente entre dois números que tem por finalidade a comparação relativa entre eles. Ao fazer a divisão de uma grandeza por outra, na mesma unidade de medida, o resultado indica o quanto a primeira representa em relação à segunda.

Exemplo: Imagine uma indústria de linha branca, com produção semanal de 40 geladeiras, 110 fogões e 125 máquinas de lavar roupa. Em relação à produção podemos formalizar algumas razões:

Razão entre a quantidade de geladeiras e a produção total de unidades.

$\frac{\text{Geladeira}}{\text{Total}} = \frac{40}{275} = 0{,}145$	Significa que a produção de geladeiras representa 0,145 da produção total da indústria. Também podemos dizer que 14,5% de unidades produzidas são de geladeiras.

Razão entre a produção total e a quantidade de máquinas de lavar roupas.

$\frac{\text{Total}}{\text{Máquinas}} = \frac{275}{125} = 2{,}2$	O total de unidades produzidas na indústria é 2,2 vezes maior que a produção de máquinas de lavar. Ou, a produção total é 120% maior que a produção de máquinas de lavar.

Razão entre a quantidade produzida de fogões e geladeiras.

$\frac{\text{Fogões}}{\text{Geladeiras}} = \frac{110}{40} = 2,75$	A indústria produz 175% mais fogões que geladeiras. Ou, a produção de fogões é 2,75 vezes maior que a produção de geladeiras.

- Proporção

A igualdade entre duas frações é a chamada proporção.

$\frac{a}{b} = \frac{c}{d}$	A razão "a para b" é igual à razão "c para d", ou seja, as razões (frações) são proporcionais.

- Relação Diretamente Proporcional

A proporção é direta quando são comparadas duas grandezas e a variação de uma provoca variação proporcional da outra no mesmo sentido.

Por exemplo, para fazer um bolo usamos vários ingredientes, entre eles ovos e farinha de trigo. Se o desejo é fazer uma receita maior, aumentamos a quantidade de ovos e a quantidade de farinha. Por outro lado, para um bolo menor, ambos os ingredientes devem ser reduzidos, mantendo-se a mesma proporção.

Esta análise é importante para a resolução da regra de três porque, apesar de não ter implicação alguma quando a relação é direta, é bom saber se não é caso de uma relação inversa, antes de efetivamente resolvê-la.

- Relação Inversamente Proporcional

Diferente da proporção direta, na relação inversa também há variação proporcional entre as grandezas comparadas, porém, em sentidos contrários.

Por exemplo, uma pessoa dedica meia hora por dia para fazer a leitura de determinado livro e, assim, a leitura estará concluída em 12 dias. Se essa mesma pessoa passar a dedicar três horas por dia, vai acabar a leitura do livro em um prazo menor. Assim, aumenta-se o tempo diário de leitura e o prazo para o término do livro reduz (aumenta uma grandeza enquanto a outra reduz).

- Regra de Três Simples

A regra de três é uma importante ferramenta para resolução de questões que abordam grandezas proporcionais.

Usando um termo mais técnico, denominamos a regra de três por "quarta proporcional", onde são conhecidos três valores de uma sequência com quatro (um dos valores é a incógnita) e, mantida a proporção, descobrimos o quarto valor.

Para resolver e achar o valor de X, multiplica-se em cruz. Ou, relembrando uma propriedade da proporção, o produto dos extremos é igual ao produto dos meios.

$$\frac{a}{b} = \frac{c}{X}$$
$$aX = bc$$
$$X = \frac{bc}{a}$$

- Regra de Três Composta

Para a resolução dos problemas que apresentam mais de duas grandezas lançamos mão da regra de três composta cujo desenvolvimento obedece ao seguinte regramento:

- Posicionar as grandezas em linhas e colunas;
- Analisar se as relações são direta ou inversamente proporcionais;
- Alterar as posições das grandezas inversamente proporcionais;
- Isolar a coluna na qual se encontra a variável e fazer o produto das demais;
- Resolver como uma regra de três simples.

- Divisão Proporcional

A divisão em partes proporcionais ou, como algumas bancas costumam chamar, regra de sociedade, é uma aplicabilidade do que foi visto no item anterior, razão e proporção, e que também pode ser resolvida com a regra de três.

Por exemplo, a banca apresenta uma questão na qual uma empresa tem alguns sócios e cada um com quantidades diferentes de ações. Em determinado ano o lucro auferido deve ser dividido para os sócios segundo suas participações acionárias.

3. PORCENTAGEM

A porcentagem é uma razão, ou seja, é uma fração que tem como característica a base 100. Quando escrito de modo formal, o número é acompanhado pelo símbolo da porcentagem "%".

A razão centesimal ou fração de base 100 tem o denominador com esse valor. O número decimal é o quociente (resultado) da fração centesimal. Assim, a porcentagem pode ser representada por:

Razão centesimal	Número decimal	Porcentagem
0,5/100	0,005	0,5%
1/100	0,01	1%
4,3/100	0,043	4,3%
25/100	0,25	25%
100/100	1	100%
650/100	6,5	650%
1200/100	12	1200%

O mais importante, em se tratando de porcentagem, é a identificação da base sobre a qual será aplicado o índice.

Podemos dizer, por exemplo, que um comerciante comprou uma mercadoria pelo custo X e pretende vender a um preço Y de tal forma que obtenha um lucro de 30% sobre o preço de venda. Neste caso, o índice percentual deve ser aplicado sobre o valor Y, ou seja, valor de venda.

No mesmo exemplo, o examinador poderia mencionar lucro sobre o custo. Então, o percentual seria aplicado sobre o valor X, ou seja, valor da compra despendido pelo comerciante.

Nas duas situações propostas para o mesmo exemplo os resultados serão distintos.

4. EQUAÇÃO E SISTEMA DE EQUAÇÕES

- Equação do 1º grau

O que vai caracterizar uma equação é a presença de uma ou mais variáveis (termo desconhecido) e a igualdade. A resolução consiste em determinar o valor da variável, ou das variáveis, de forma que a igualdade seja verdadeira.

Nas questões de matemática, as equações são, em sua maioria, de fácil resolução. O ponto crucial para o sucesso na prova está na compreensão e tradução do que se lê para a linguagem matemática.

A equação de primeiro grau é definida por: $ax + b = 0$, sendo "a" e "b" termos conhecidos de tal modo que "a" necessariamente seja diferente de 0.

Resolver uma equação significa descobrir o valor da incógnita geralmente representada por "x".

Vejamos a resolução da equação $70 + 8x = 5x + 19$ passo a passo.

Equação	$70 + 8x = 5x + 19$
Deixar incógnitas de um lado da igualdade e termos numéricos do outro lado.	$8x - 5x = 19 - 70$
Fazer as operações em cada um dos membros da equação.	$3x = -51$
Isolar a incógnita em um dos membros da equação (preferencialmente no primeiro).	$x = -51 / 3$ $x = -17$

Acontece que as equações podem apresentar duas ou mais incógnitas e, nem por isso, a equação deixa de ser de primeiro grau. Ela é representada por: $ax + by + c = 0$.

Os valores desconhecidos estão representados por "x" e "y", sendo que os termos "a" e "b" são diferentes de 0.

As duas incógnitas, x e y, formam o par ordenado (x, y) da equação e mantém entre si uma relação de dependência. Nesta situação o valor de x depende do valor que assume a variável y (o contrário também é válido).

	Valor de x	**Valor de y**	**Par ordenado (x, y)**
Dada a equação: $4x - 6y = 12$	$x = 0$	$y = -2$	(0, -2)
	$x = 3$	$y = 0$	(3, 0)
	$x = 6$	$y = 2$	(6, 2)

As equações com duas incógnitas serão resolvidas por meio do sistema de equações, que pressupõe a existência de, pelo menos, duas equações com as mesmas duas incógnitas.

- Equação do 2º grau

A característica da equação de segundo grau é a existência do expoente 2 em uma das variáveis.

Esse tipo de equação, representa por "$ax^2 + bx + c = 0$", tem no máximo duas raízes (valores de x) e a resolução largamente utilizada é por meio do método de *Bhaskara*.

Fórmula de *Bhaskara*	$x = \frac{-b \pm \sqrt{b^2 - 4ac}}{2a}$	$x = \frac{-b \pm \sqrt{\Delta}}{2 . a}$

Veja, por exemplo, que as raízes da equação: "$x^2 - 10x + 24 = 0$" tanto pode ser o valor 4 quanto o valor 6.

x = 4	$x^2 - 10x + 24 = 0$ $4^2 - 10(4) + 24 = 0$ $16 - 40 + 24 = 0$ $0 = 0$
x = 6	$x^2 - 10x + 24 = 0$ $6^2 - 10(6) + 24 = 0$ $36 - 60 + 24 = 0$ $0 = 0$

Exemplo: $x^2 - 2x - 3 = 0$.

Como dito anteriormente, a equação de 2º grau possui a seguinte lei de formação "$ax^2 + bx + c = 0$", onde a, b e c são os coeficientes da equação (a = 1, b = -2 e c = -3).

Na fórmula de Bhaskara utilizaremos somente os coeficientes. Veja:

Definir o valor do discriminante (delta).	$\Delta = b^2 - 4ac$ $\Delta = (-2)^2 - 4(1)(-3)$ $\Delta = 4 + 12$ $\Delta = 16$
Desenvolver a fórmula para x.	$x = \frac{-b \pm \sqrt{\Delta}}{2a}$ $x = \frac{-(-2) \pm \sqrt{16}}{2(1)}$ $x = \frac{2 \pm 4}{2}$

A equação possui duas raízes.

Calcular a raiz x'.	$x = \frac{2 + 4}{2}$ $x = 3$
Calcular a raiz x".	$x = \frac{2 - 4}{2}$ $x = -1$

As possíveis soluções para a equação são: x' = 3 e x" = -1.

<u>Discriminante (△ = Delta) igual a zero</u>

Determinar a solução da seguinte equação do 2º grau: $x^2 + 8x + 16 = 0$.

Definir o valor do discriminante (delta).	$\Delta = b^2 - 4ac$ $\Delta = 8^2 - 4(1)(16)$ $\Delta = 64 - 64$ $\Delta = 0$
Desenvolver a fórmula para x.	$x = \frac{-b \pm \sqrt{\Delta}}{2a}$ $x = \frac{-8 \pm \sqrt{0}}{2(1)}$ $x = \frac{-8 \pm 0}{2}$

As duas raízes são iguais.

Calcular a raiz x'.	$x = \frac{-8+0}{2}$ $x = -4$
Calcular a raiz x''.	$x = \frac{-8-0}{2}$ $x = -4$

A única possibilidade para a resolução da equação é: x = –4. (a equação possui somente uma solução ou raiz única).

Discriminante negativo

Calcule o conjunto solução da equação: $10x^2 + 6x + 1 = 0$

Definir o valor do discriminante (delta).	$\Delta = b^2 - 4ac$ $\Delta = 6^2 - 4(10)(1)$ $\Delta = 36 - 40$ $\Delta = -4$

A equação de 2º grau cujo discriminante é menor que zero, isto é, número negativo, não possui raiz, pelo menos, não que pertença ao conjunto dos números reais.

Resumo dos discriminantes:

$\Delta > 0$	Duas raízes reais e diferentes
$\Delta = 0$	Duas raízes reais e iguais
$\Delta < 0$	Nenhuma raiz real

Relação entre coeficientes e raízes:

Uma opção para resolver a equação de 2º grau, sem nos valermos da fórmula de *Bhaskara*, é por meio da relação de soma e multiplicação das raízes.

Soma das raízes x' e x'':	$S = \frac{-b}{a}$
Produto das raízes x' e x'':	$P = \frac{c}{a}$

Exemplos: Calcular o valor de x para a equação: $x^2 - 10x + 24 = 0$

Soma das raízes x' e x'':	$S = \frac{-(-10)}{1} = 10$
Produto das raízes x' e x'':	$P = \frac{24}{1} = 24$

Sabemos que a soma dos dois possíveis valores para x é igual a 10 e que o produto desses mesmos dois valores é igual a 24. Logo, as raízes são:

Possíveis produtos	Soma	Satisfaz
1 x 24 = 24	1 + 24 = 25	não
2 x 12 = 24	2 + 12 = 14	não
3 x 8 = 24	3 + 8 = 11	não
4 x 6 = 24	**4 + 6 = 10**	**sim**

As raízes para a equação são iguais a 4 e 6.

- Sistema de equação do 1º grau

O par ordenado (x, y) que soluciona as equações do 1º grau que apresentam as mesmas duas variáveis será definido, principalmente, pelo método, mais conhecido, da substituição.

Método da substituição

O método da substituição para a resolução do sistema de equações do 1º grau consiste em escolher uma das equações, isolar uma incógnita e substituir na outra.

Dadas as equações.	$2x + 3y = 5$ $x - 4y = 8$
Isolar uma das incógnitas em uma das equações.	$x - 4y = 8$ $x = 8 + 4y$
Substituir na outra equação.	$2x + 3y = 5$ $2(8 + 4y) + 3y = 5$ $11y = 5 - 16$ $y = -1$
Substituir o valor de y em qualquer das equações dadas.	$x = 8 + 4y$ $x = 8 + 4(-1)$ $x = 4$

O valor de x é igual a 4 e o valor de y é igual a -1. Dessa forma, o par ordenado que soluciona o sistema é (4, –1).

Método da soma

Bem menos empregado, consiste em somar cada um dos termos semelhantes das duas equações, de tal modo que o resultado de um dos termos (acompanhado por incógnita) seja igual a zero.

5. MÉDIA

- Média aritmética simples

O termo "média", quando isolado, traduz-se por média aritmética simples. Significa a transformação de um conjunto de elementos numéricos em um único que os representa (equilíbrio entre todos os elementos), cuja resolução faz-se com o somatório dos valores dividido pela quantidade deles.

Média aritmética simples	$M_S = \dfrac{x_1 + x_2 + \cdots + x_n}{n}$

- Média aritmética ponderada

No caso anterior, cada um dos elementos tem a mesma representatividade. No entanto, caso exista uma classificação de importância de forma que um elemento tenha maior representatividade que outro, então, estamos falando de média aritmética ponderada.

Média aritmética ponderada	$M_p = \dfrac{x_1 . p_1 + x_2 . p_2 + \cdots + x_n . p_n}{p_1 + p_2 + \cdots + p_n}$

Exemplo: Determinado aluno tirou nota 8 no primeiro bimestre, 4 no segundo, 6,5 no terceiro e 9 na prova final. Sabendo que a média para aprovação deve ser, no mínimo igual a 7, o aluno foi aprovado?

Média aritmética simples.	$M = \dfrac{8 + 4 + 6{,}5 + 9}{4}$ $M = 6{,}875$

Portanto, o aluno foi reprovado.

Mas, e se a escola tivesse definido que a última prova teria peso 2, qual seria a situação do mesmo aluno?

Média aritmética ponderada.	$M = \dfrac{1 . 8 + 1 . 4 + 1 . 6{,}5 + 2 . 9}{1 + 1 + 1 + 2}$ $M = 7{,}3$

O mesmo aluno com as mesmas notas teria sido aprovado caso a escola adotasse peso 2 para a última prova.

- Média harmônica

Não muito comum, mas você poderá deparar-se com questão solicitando a média harmônica.

Média harmônica	$M_H = \dfrac{n}{\dfrac{1}{a} + \dfrac{1}{b} + \cdots + \dfrac{1}{n}}$

6. PROGRESSÃO

- Progressão Aritmética – PA

A progressão aritmética traduz-se por uma sequência numérica com variações iguais entre valores contíguos.

Como dissemos, as regras matemáticas imperam, logo, fórmulas são utilizadas. Para o caso da PA, duas delas são necessárias: termo geral e soma dos termos.

Por meio do termo geral chegamos ao enésimo valor da sequência.

Termo Geral	an = a1 + (n – 1) . r

Onde:

- an = Termo qualquer da sequência;
- a1 = Primeiro termo da sequência;
- n = Identificação da posição na sequência;
- r = razão (constante acrescida a cada termo da sequência).

E quando solicitada a soma dos termos da progressão utilizamos:

Soma dos Termos	$S_n \frac{(a_1 + a_n) . n}{2}$

Onde:

- Sn = Soma do início ao enésimo termo da sequência;

- Progressão Geométrica – PG

O que muda em relação à PA é que a razão, neste caso, é uma constante que multiplica cada termo para a formação do termo seguinte.

Seguindo a linha da PA, também teremos as fórmulas para a PG: termo geral e soma dos termos, porém, em relação a esta, subdividida em soma dos termos para sequências finitas e soma dos termos para progressão infinita.

Termo geral	$an = a1 . q^{n-1}$

Onde:

- q = razão (constante multiplicada a cada termo da sequência).

<u>Soma dos termos para progressão finita.</u>

Soma dos termos	$S_n = \frac{a_1 . (1 - q^n)}{1 - q}$

<u>Soma dos termos para progressão infinita.</u>

A característica que define uma progressão geométrica de infinitos termos é a razão q ter valores maiores que -1 e menores que 1.

Soma dos infinitos termos	$S_\infty = \frac{a_1}{1 - q}$

7. SISTEMA DE MEDIDAS

- Sistema Internacional - SI

Existe um padrão internacional para as medidas conhecido por Sistema Internacional de Unidades – SI. Este sistema define a unidade padrão para cada medida, entre elas, as principais são as medidas de tempo (segundo), distância (metro), peso (grama) e volume (litro).

- Múltiplos e submúltiplos do segundo

Os múltiplos do segundo são, nessa ordem, minuto, hora, dia, semana e assim por diante.

Vale destacar que o tempo não está baseado no sistema decimal, mas sim no sistema sexagesimal. Portanto, é errado representar oito e meia da manhã por 8,30 h. A forma correta é 8h e 30min.

Múltiplos do segundo			
Segundo (s)	Minuto (min)	Hora (h)	Dia (d)
1s	1s . 60 = 1min	1min . 60 = 1h	1h . 24 = 1d

Por outro lado, existem os submúltiplos do segundo (décimo de segundo, centésimo de segundo, milésimo de segundo) que, por não serem cobrados em provas de concursos, não serão aqui tratados.

MATEMÁTICA

- Conversão de unidades

As unidades de tempo são utilizadas cotidianamente e, por esse motivo, estamos familiarizados com elas. Falo isso porque as conversões serão por meio de multiplicação e divisão, também, claro, para converter uma unidade menor em outra maior faz-se a divisão. De modo inverso, de uma unidade maior para outra menor, com a multiplicação.

Sendo	Converter		Multiplicar por
	De:	Para:	
1h = 1/24 dia	Horas	Dias	1/24
1min = 1/60h	Minutos	Horas	1/60
1s = 1/60min	Segundos	Minutos	1/60
1min = 60s	Minutos	Segundos	60
1h = 60min	Horas	Minutos	60
1 dia = 24h	Dias	Horas	24

- Velocidade média

A velocidade média, além da medida do tempo, agrega a distância percorrida.

Para não perder tempo pensando qual a fórmula a ser utilizada nas situações que envolvem tempo, distância e velocidade, pense como é dita a velocidade: "Estou dirigindo a 100 km/h". Pronto, esta é a fórmula: V = km/h.

Fórmula da velocidade.	Velocidade = Distância / Tempo V = D / t
Variações.	D = V . t t = D / V

8. ANÁLISE COMBINATÓRIA

- Permutação

A permutação revela a quantidade de sequências distintas em que os elementos de determinado conjunto podem ser ordenados. É representado pelo fatorial "P(x) = x!". Por exemplo: diferentes possibilidades de cinco pessoas se acomodem em um carro com cinco lugares.

Permutação P(x) = x!	P(x) = x! P(5) = 5! P(5) = 5 . 4 . 3 . 2 . 1 = 120

- Arranjo e combinação

Arranjo e combinação serão adotados quando os agrupamentos possuírem quantidades diferentes de elementos em relação ao grupo inicial. Exemplo: agrupamentos possíveis no jogo da Mega Sena. O conjunto inicial tem 60 elementos e os agrupamentos serão feitos de seis em seis.

Para distinguir entre arranjo ou combinação, inverta a posição dos elementos que formam o subconjunto e verifique se o resultado é um conjunto diferente. Caso o resultado alterar o conjunto e formar outro novo, então resolvemos por arranjo. Se o conjunto continuar igual, resolveremos por combinação.

Exemplo: considere uma classe com 10 alunos. A partir desse grupo, vamos formar uma comissão com três alunos para representar a classe ou formar uma chapa com três alunos para disputar as eleições do diretório acadêmico, sendo um o presidente, o outro, secretário e o último, tesoureiro.

A Comissão com três alunos: Ângela, Bernardo e Camila. Alterando a ordem dos integrantes da comissão, a comissão permanece a mesma. Trata-se de combinação. C(10,3) = 120.

Chapa com três alunos: Ângela (presidente), Bernardo (secretário) e Camila (tesoureira). Alterando a ordem, é formado um novo grupo: Bernardo (presidente), Camila (secretária) e Ângela (tesoureira). Trata-se de arranjo A(10,3) = 720.

Arranjo	$A(n,p) = \frac{n!}{(n-p)!}$	A = Arranjo C = Combinação n = Total de elementos p = Quantidade de elementos do agrupamento.
Combinação	$C(n,p) = \frac{n!}{p!\,(n-p)!}$	

Para a prova, resolução rápida

Arranjo: Multiplica-se n por seus subsequentes subtraídos de uma unidade, tantas vezes quanto for o valor de p.

Arranjo	A(5,3) = 5 . 4 . 3 A(5,4) = 5 . 4 . 3 . 2 A(6,2) = 6 . 5

Combinação: Compara-se "p – n" com "p", aquele que for menor será a quantidade de fatores a serem multiplicados tanto no numerador quanto no denominador.

No numerador multiplica-se n pelos seus antecedentes (subtração de uma unidade a cada fator). No denominador multiplica-se 1 por seus subsequentes (adição de uma unidade a cada fator).

Combinação	$C(5,3) = \frac{5 . 4}{1 . 2}$ $C(9,4) = \frac{9 . 8 . 7 . 6}{1 . 2 . 3 . 4}$ $C(6,2) = \frac{6 . 5}{1 . 2}$

9. PROBABILIDADE

- Conceitos básicos

Experimento aleatório: São experimentos que, sob a mesma condição, podem apresentar diferentes resultados a cada ocorrência. Exemplo: lançamento de um dado.

Espaço amostral: É o conjunto de todos os possíveis resultados de um experimento. Exemplo: para o lançamento de um dado, o espaço amostral será: S = {1, 2, 3, 4, 5, 6}.

Evento: É um subconjunto do espaço amostral, ou seja, cada ocorrência. Exemplo: o resultado após o lançamento do dado.

Eventos independentes: Dois eventos são independentes se a ocorrência ou não ocorrência de um não afeta a probabilidade do outro acontecer. Exemplo: lançados dois dados, um vermelho e outro branco, o resultado obtido pelo vermelho independe do resultado obtido pelo branco.

Situações excludentes: Eventos mutuamente exclusivos ou, simplesmente, situações excludentes são aquelas cuja ocorrência de uma elimina a possibilidade de ocorrência da outra. A soma das probabilidades de ocorrência das situações excludentes, quanto forem complementares, será igual a 1 ou 100%.

- Probabilidade

Fórmula.	$P = \frac{\text{Eventos Favoráveis}}{\text{Total de eventos}}$

- Probabilidade da união de dois eventos

Quando uma questão referir-se a dois eventos, conectados entre si pela partícula "ou". Por exemplo, a questão apresenta uma série de dados e ao final pergunta: Qual a probabilidade da ocorrência do evento A ou do evento B? Resolvemos esse tipo de questão com a fórmula:

Fórmula.	P(A ou B) = $P(A \cup B)$ = P(A) + P(B) – P(A e B)

- Probabilidade da ocorrência simultânea de dois eventos

Observe parte da fórmula anterior: P(A e B). Trata-se da probabilidade de ocorrência simultânea dos eventos A e B. Caso os eventos A e B sejam eventos independentes, então a probabilidade de ocorrência de A e B, ao mesmo tempo, será encontrada pelo produto das probabilidades individuais.

Fórmula.	P(A e B) = $P(A \cap B)$ = P(A) . P(B)

- Probabilidade condicional

Situação hipotética: Será sorteado uma bolsa de estudos entre os 40 concursandos de determinada turma de um curso preparatório. Neste caso, para cálculos probabilísticos, o espaço amostra (total de casos favoráveis) é igual a 40. Entretanto, se o sorteio limitar-se àqueles que obtiveram nota acima de 8 no último simulado, então, o espaço amostral altera-se. A secretaria do curso preparatório apurou que dos 40 concursando, 32 tiraram nota acima de 8; significa dizer que o total de casos possíveis para os cálculos probabilísticos passa a ser igual a 32.

Este foi um exemplo de probabilidade condicional, representada por P(A□B), lê-se: probabilidade de A dado B. Sendo mais detalhista: probabilidade da ocorrência do evento A considerando o evento B conhecido.

MATEMÁTICA

Para resolver os problemas que envolvem probabilidade condicional considere.

Probabilidade Condicional	$P(A \mid B) = \dfrac{P(A \cap B)}{P(B)}$

A intersecção (numerador da fórmula) deve ser tratada de maneira diferente dependendo da independência dos eventos A e B.

Eventos dependentes.	$P(A \cap B) = P(A).\ P(B \mid A) = P(B).\ P(A \mid B)$
Eventos independentes	$P(A \cap B) = P(A)\ .\ P(B)$

Logo, probabilidade condicional:

Eventos dependentes.	$P(A \mid B) = \dfrac{P(A).\ P(B \mid A)}{P(B)}$
Eventos independentes	$P(A \mid B) = P(A)$

10. GRÁFICOS E TABELAS

- Tabelas

As tabelas são formas de apresentação de dados sobre os mais variados assuntos, como por exemplo, medidas, quantidades, pessoas, funções, tempo, preços, etc., inclusive, com a possibilidade de fazer relações entre eles.

Geralmente são apresentadas em quadros com informações em linhas e colunas dispostas de acordo com determinada ordem.

As finalidades principais são armazenar informações de forma sintética e facilitar a visualização e entendimento para terceiros.

- Gráficos

Assim como a tabela, o gráfico é uma ferramenta para a apresentação de dados com um apelo visual ainda maior.

Tal qual a tabela, a finalidade de medir a capacidade de leitura e interpretação de dados para aplicar os mais diversos conteúdos matemático.

11. GEOMETRIA

- Formas geométricas

As formas geométricas vão desde o ponto, considerado um axioma ou postulado geométrico, passando por: retas, segmentos de reta, planos, até as figuras planas: quadrados, retângulos, triângulos e figuras espaciais: prismas, cones, pirâmides e esferas.

- Perímetro

Perímetro é a soma das medidas dos lados de um polígono. Nos polígonos regulares as medidas de todos os lados são iguais. Assim o perímetro desses polígonos será o produto do número de lados pela sua medida

Polígonos regulares - Fórmula	
$P = n\ .\ l$	P = Perímetro n = Número de lados l = Medida do lado

- Áreas das figuras planas

O cálculo da área exige conhecimento um pouco mais refinado, pois não se trata do contorno da região, mas sim de toda sua superfície. Para isso é necessário conhecer as formulas específicas para o cálculo de cada uma das áreas das figuras geométricas.

Comumente, a área é denotada pela letra S.

Importante para sua prova são as fórmulas de pelo menos três figuras geométricas: Triângulo, quadrilátero e círculo.

	Figura	**Fórmula**	**Nomenclatura**
Área das Figuras Planas.	Triângulo	$S = \dfrac{b\ .\ h}{2}$	S = Área b = Base h = Altura π = Pi (3,1416) r = Raio
	Retângulo	$S = b\ .\ h$	
	Círculo	$S = \pi\ .\ r^2$	

A unidade de área será a unidade de medida adotada elevada ao quadrado, já que a operação utilizada é o produto. Se as medidas são dadas em cm (centímetro), a área mede-se em cm2 (centímetro quadrado).

- Volume das figuras espaciais

Todo sólido geométrico possui volume e ocupa espaço, sendo a unidade usual de medida o metro cúbico (m^3).

Seguem as principais figuras sólidas geométricas e as respectivas fórmulas para o cálculo do seu volume.

	Figura	Fórmula	Nomenclatura
Volume dos sólidos geométricos.	Paralelepípedo	$V = c.l.h$	V = Volume c = Comprimento l = Largura h = Altura A_b = Área da base π = Pi (3,1416) r = Raio
	Cubo	$V = l^3$	
	Pirâmide	$V = \frac{A_b.h}{3}$	
	Cilindro	$V = A_b.h$	
	Esfera	$V = \frac{4.\pi.r^3}{3}$	

Para finalizar, seguem algumas relações que poderão facilitar resolução de questão sobre o tema.

RELAÇÕES IMPORTANTES
1 m^3 = 1000 litros
1 cm^3 = 1 ml (mililitro)
1 litro = 1000 cm^3 = 1 dm^3 (decímetro cúbico)

- Ângulo

Duas semirretas com a mesma origem formam, entre elas, o ângulo. As semirretas são denominadas lados e a origem é o vértice do ângulo. Sua medida é representada pela unidade grau e, de acordo com a medida, o ângulo classifica-se em agudo (medida inferior a 90°), reto (medida igual a 90°) e obtuso (medida superior a 90°).

Agudo	Reto	Obtuso
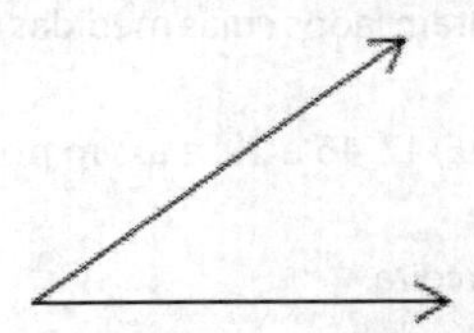	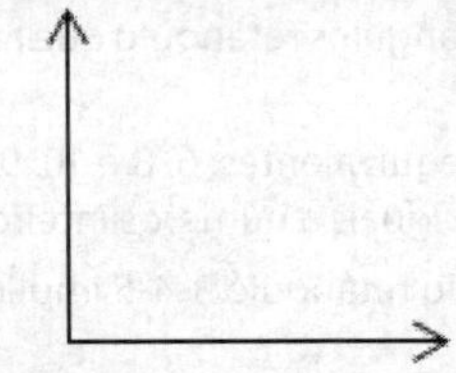	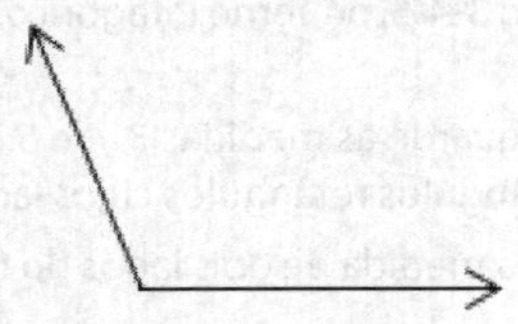

Soma dos ângulos internos do polígono regular

Fórmula	S = 180 (n – 2)

Sendo "n" a quantidade de lados do polígono.

Por exemplo, soma dos ângulos internos do pentágono.

Soma de ângulos do pentágono	S = 180 (n – 2) S = 180 (5 – 2) S = 540

O somatório dos ângulos internos ao pentágono é igual a 540°.

Ainda, é possível dizer que cada ângulo do pentágono tem 108° (quociente da soma dos ângulos pela sua quantidade: 540/5 = 108).

Outra variação para aplicação da fórmula está na determinação da quantidade de lados da figura geométrica. Por exemplo, quantos lados possui o polígono cuja soma dos ângulos internos é igual a 720°.

Quantidade de lados	S = 180 (n – 2) 720 = 180 (n – 2) n – 2 = 720/180 n = 6

O polígono tem 6 lados (hexágono).

Outras classificações para os ângulos:

- Ângulo raso: Tem medida de 180°.
- Ângulos complementares: Dois ângulos são complementares quanto a soma é igual a 90°.
- Ângulos suplementares: Dois ângulos são suplementares quanto a soma é igual a 180°.

Ângulo Raso	Complementares	Suplementares
	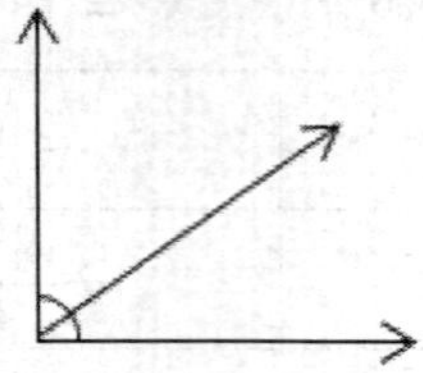	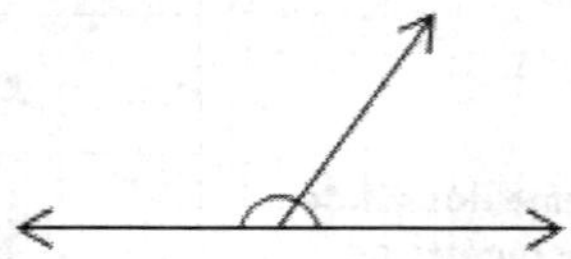

- Teorema de Pitágoras

O Teorema de Pitágoras é a relação existente entre as medidas dos catetos do triângulo retângulo e sua hipotenusa.

Triângulo retângulo	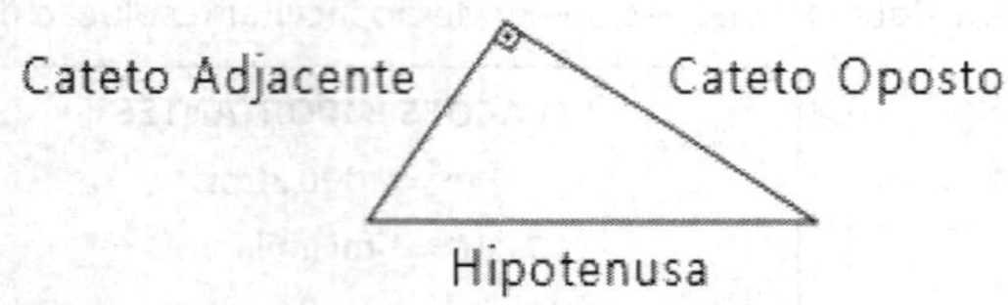

O maior segmento do triângulo, lado oposto ao ângulo reto, é a hipotenusa, os outros dois são os catetos. Abaixo "a" = hipotenusa, "b" e "c" = catetos.

Teorema de Pitágoras	$a^2 = b^2 + c^2$

- Triângulo 3-4-5

O triângulo 3-4-5, ou Terno Pitagórico, são triângulos retângulo que apresentam lados cujas medidas são números inteiros.

Portanto, guarde as medidas 3, 4 e 5 e suas equivalentes: 6, 8 e 10; 9, 12 e 15; 12, 16 e 20; e assim por diante. Elas formam os triângulos retângulos cujos lados são iguais a números inteiros.

Conhecer a medida de dois lados do triângulo retângulo 3-4-5 implica a terceira.

12. MATEMÁTICA FINANCEIRA

- Capital

Comumente representado por "C", o capital, sinônimo de dinheiro, é o valor aplicado inicialmente em determinada operação financeira.

- Juros

Na matemática financeira, juros é o nome da porcentagem que representa a remuneração obtida pelo empréstimo do capital ou do custo pago por tomar um valor emprestado.

- Juros simples

Os juros incidem sempre sobre o capital inicial, independente da quantidade de períodos.

Simulação de uma aplicação no valor de R$ 1.000,00 com juros simples de 2% ao mês.

Tempo	Saldo Inicial	Juros	Saldo Final
0	R$ 1.000,00	R$ 20,00	R$ 1.020,00
1	R$ 1.020,00	R$ 20,00	R$ 1.040,00
2	R$ 1.040,00	R$ 20,00	R$ 1.060,00
3	R$ 1.060,00	R$ 20,00	R$ 1.080,00
4	R$ 1.080,00	R$ 20,00	R$ 1.100,00

Fórmulas:

Juros simples	J = C . i . t	J = Juros C = Capital M = Montante i = Taxa de juros t = Quantidade de períodos
Montante	M = C + J	

- Juros compostos

Os juros compostos incidem sobre o capital atual acrescido dos juros acumulados de períodos anteriores. Veja a diferença na mesma simulação feita para demonstrar o conceito de juros simples.

Tempo	Saldo Inicial	Juros	Saldo Final
0	R$ 1.000,00	R$ 20,00	R$ 1.020,00
1	R$ 1.020,00	R$ 20,40	R$ 1.040,40
2	R$ 1.040,40	R$ 20,81	R$ 1.061,21
3	R$ 1.061,21	R$ 21,22	R$ 1.082,43
4	R$ 1.082,43	R$ 21,65	R$ 1.104,08

Fórmula:

Juros compostos	$M = C \cdot (1 + i)^t$	M = Montante C = Capital i = Taxa de juros t = Quantidade de períodos

- Desconto

Os conceitos simples e composto têm relevância na aplicação em operações de descontos, além disso, outra distinção que merece destaque na aplicação de descontos é quanto a ser racional (por dentro) ou comercial (por fora).

Desconto simples por dentro:

Também identificado como racional, tem como característica a aplicação das taxas sobre o valor atual livre de juros (data zero).

Desconto simples por fora:

Podemos encontrar como sinônimos os termos desconto comercial ou desconto bancário. Difere do desconto racional por ter suas taxas aplicadas sobre o valor futuro, ou seja, o valor nominal do título (os juros estão embutidos no valor nominal do título).

Desconto simples por dentro (Desconto racional)	Dd = A . i . n	Dd = Desconto por dentro Df = Desconto por fora A = Valor atual N = Valor nominal i = Taxa de juros n = Quantidade de períodos
Desconto simples por fora (Desconto comercial)	Df = N . i . n	

Desconto – juros compostos

Também teremos, em desconto composto, a separação em racional e comercial, cujas fórmulas são:

Desconto composto por dentro (Desconto racional)	$N = A\ (1 + i)^n$	A = Valor atual N = Valor nominal i = Taxa de juros n = Quantidade de períodos
Desconto composto por fora (Desconto comercial)	$A = N\ (1 - i)^n$	

MATEMÁTICA

Não são difíceis as fórmulas, porém, fácil confundi-las e acabar invertendo uma pela outra durante a resolução da prova. Então, vamos relembrar um mnemônico (adaptado), dos colegas Sérgio Carvalho e Weber Campos, já bastante conhecido entre os concursandos.

Quando o desconto for composto, memorize a frase: "Composto rima com oposto" e relacione ao esquema:

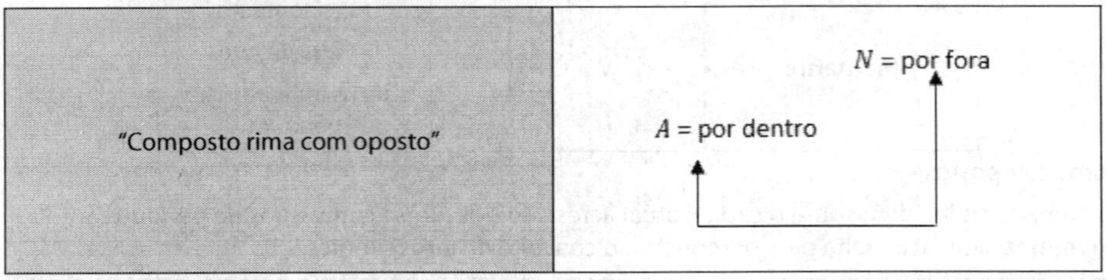

Desconto composto por fora:

Lembre-se "composto rima com oposto", então a fórmula começa pelo valor atual "A" (por dentro) que é oposto de nominal "N" (por fora):

Desconto por fora (A é oposto de "por fora")	A =

Completamos a fórmula com o outro termo, neste caso N, multiplicado pelo fator (sem o sinal de adição ou subtração):

Desconto por fora	$A = N\ (1\ \ i)^n$

Só falta o sinal dentro dos parênteses do fator. Pense assim, o fator está do mesmo lado que N na igualdade, sabemos que N é um valor maior que A, concluímos que, para manter a igualdade, precisamos reduzir o valor de N, portanto, utilizamos o sinal de subtração.

Desconto por fora	$A = N\ (1 - i)^n$

Desconto composto por dentro:

Esse caso é o inverso do anterior. Começamos com N (por fora) que é o oposto de "por dentro":

Desconto por dentro (N é oposto de "por dentro")	N =

Completamos a fórmula com o outro termo multiplicado pelo fator

Desconto por dentro	$N = A\ (1\ \ i)^n$

Para preencher o valor do sinal dentro dos parênteses do fator, pense assim: O fator está do mesmo lado que A na igualdade, se A é um valor menor que N, concluímos que para manter a igualdade, precisamos de um acréscimo ao valor de A, logo, utilizamos o sinal de adição.

Desconto por dentro	$N = A\ (1 + i)^n$

- Taxas de juros

Taxa de juros nominal

Geralmente nos informam a taxa anual nas questões. Não é percentual aplicável diretamente ao problema, trata-se de um referencial e que deve ser convertido em taxa efetiva de acordo com o período de capitalização. Por exemplo: Taxa nominal de 12% ao ano com capitalização mensal resulta em uma taxa efetiva de 1% ao mês.

Taxa de juros efetiva

Enquanto a taxa nominal é uma referência para a operação financeira, a taxa efetiva é aquela dita "verdadeira", que produz efeito (efetivamente utilizada para os cálculos). A taxa coincide com o tempo de capitalização, portanto, pode ser aplicada na resolução dos problemas.

Taxas de juros proporcionais

São taxas apresentadas com o fator tempo diferente, mas, quando reduzidas ao mesmo fator tempo, apresentam o mesmo resultado. O termo "proporcionais" aplica-se a juros simples, por exemplo: São proporcionais as taxas de juros simples de 2% ao mês, 12% ao semestre e 24% ao ano.

Taxas de juros equivalentes

O termo remete a juros compostos. São taxas apresentadas em tempos diferentes, mas, se aplicadas ao mesmo período de tempo, apresentam o mesmo resultado, por exemplo, a taxa de juros compostos de 10% ao mês é equivalente à taxa de 33,1% ao trimestre.

Para transformar uma taxa em outra equivalente lançamos mão da igualdade:

Taxas equivalentes	$1 + I = (1 + i)^n$	I "izão" = Taxa do período maior. i "izinho" = Taxa do período menor. n = Quantidade de períodos.

A quantidade de períodos "n" corresponde ao número de vezes que o período menor cabe no maior.

Taxa de juros real

A taxa apresenta-se isenta do índice de correção monetária (inflacionária) ou variação cambial do período, ou seja, para as operações financeiras é considerado o fluxo de caixa expresso em moeda estável, a preços constantes e com uma taxa de juros real, sem inflação.

Taxa de juros aparente

Para períodos inflacionários, a taxa aparente será formada por dois componentes, um ligado à inflação e o outro a parte real dos juros.

- Fluxo de Caixa

A análise de uma operação financeira pressupõe a quantidade de valores aplicados e o resultado (ou retorno) proveniente da aplicação. Tanto pode haver uma única aplicação como um único resgate, como uma pluralidade deles, assim, as várias entradas e saídas de valores constituem o que denominamos fluxo de caixa. Por exemplo:

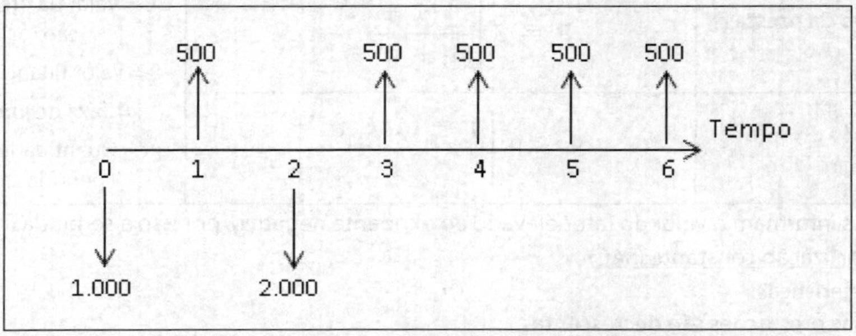

Não existe convenção quanto às setas voltadas para cima ou para baixo indicarem entradas ou saídas. Manter a coerência é suficiente: entradas com setas para o mesmo lado e saídas com setas para o outro lado.

- Rendas Uniforme e Variável

As séries de pagamento, tanto uniformes como variáveis, são uma junção dos conceitos de juros compostos com fluxo de caixa, de tal forma que existam entradas ou saídas múltiplas de valores.

Série de pagamentos – Antecipado

Na série de pagamento antecipada o primeiro pagamento é efetivado na data zero. Ainda, podemos afirmar que os pagamentos são efetivados sempre no início de cada período.

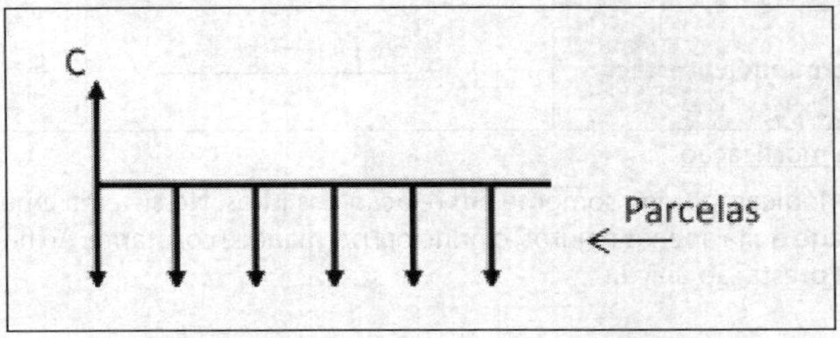

Fórmula:

Série antecipada	$VP = P\left[\frac{(1+i)^n - 1}{(1+i)^{n-1}.i}\right]$

Série de pagamentos – Postecipado

As séries postecipadas são mais comuns no dia a dia. Os pagamentos iniciam-se no final do primeiro período. Não existe um pagamento como entrada.

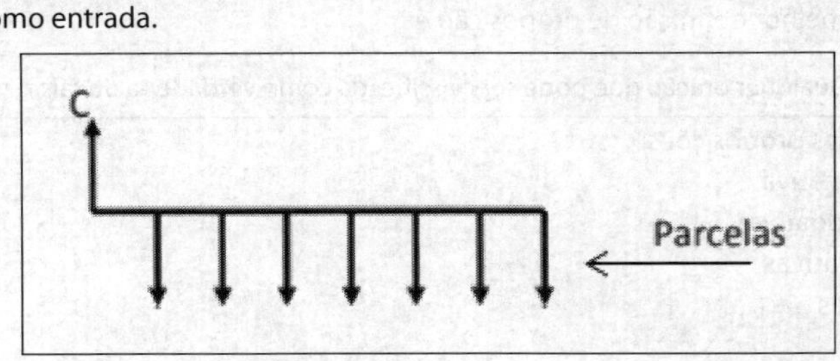

Fórmula:

Série postecipada	$VP = P\left[\frac{(1+i)^n - 1}{(1+i)^n \cdot i}\right]$

Considere:

- VP = Valor presente
- P = Valor da prestação
- i = Taxa de juros
- n = Quantidade de períodos

- Sistemas de Financiamento

Sistema francês (price)

Principais características:

- As parcelas são constantes.
- Os juros são decrescentes.
- Os valores amortizados são crescentes.

Fórmulas:

Cálculo da prestação	$P = S\left[\frac{i(1+i)^t}{(1+i)^t - 1}\right]$	P = Valor da prestação. S = Valor financiado. i = Taxa de juros. t = Quantidade de períodos.
Cálculo do valor financiado	$S = P\left[\frac{1-(1+i)^{-t}}{i}\right]$	

Algumas bancas informam o valor do fator elevado ao expoente negativo, por isso a segunda fórmula.

Sistema de amortização constante (SAC)

Principais características:

- Os valores das prestações são decrescentes.
- Os valores das amortizações são constantes.
- Os valores dos juros são decrescentes.

Fórmulas:

Valor da amortização	A = S / n	A = Valor da amortização S = Valor financiado n = Quantidade de períodos Pk = Prestação qualquer k = Número da prestação Jk = Juros de determinada prestação
Valor de uma prestação qualquer	$P_k = \frac{S[(n-k+1).i+1]}{n}$	
Valor dos juros em determinada prestação	$J_k = \frac{S.i(n-k+1)}{n}$	

Sistema americano de amortização

Os pagamentos são periódicos, porém, somente em relação aos juros. No sistema americano de amortização, a cada período o valor a ser pago quita apenas os juros, o principal permanece constante. Ao final do período contratado, o valor principal é pago em prestação única.

PARTE II – RACIOCÍNIO LÓGICO

1. LÓGICA PROPOSICIONAL

1.1. PROPOSIÇÃO E CONECTIVOS

A proposição é um conjunto de palavras ou símbolos que expressam uma ideia com sentido completo. Para o universo dos concursos, a melhor definição de proposição é:

Qualquer oração que pode ser classificada como verdadeira ou falsa

- Não são considerados proposições:
  - Sentenças exclamativa
  - Sentenças interrogativas
  - Sentenças imperativas
  - Sentenças abertas
  - Palavras soltas

Até aqui falamos de proposição que traz uma, e apenas uma, informação completa, é a denominada proposição simples ou proposição atômica. Entretanto, ela não será objeto das questões de raciocínio lógico, pelo menos não isoladamente.

- **Proposições Compostas**

Uma nova mensagem ou uma nova proposição não pode ser um subconjunto de uma proposição simples. A proposição simples não se subdivide, no entanto, pode unir-se a outra proposição para formar a proposição composta.

Quando abstraímos duas ou mais mensagens de uma sentença, ela é dita proposição composta ou proposição molecular. Isso quer dizer que uma proposição composta é a junção de duas ou mais proposições simples, as quais estão ligadas por meio de conectivos ou operadores lógicos.

- **Conjunção**

Entenda conjunção como a adição de proposições simples, por meio do conectivo "e" ou representado pelo símbolo "$\wedge$".

A proposição composta conjuntiva será verdadeira em apenas uma situação, quando ambas as proposições simples forem verdadeiras (primeira linha da tabela verdade), as demais situações serão falsas:

p	q	$p \wedge q$
V	**V**	**V**
V	F	F
F	V	F
F	F	F

- **Disjunção**

Na disjunção a ideia é de escolha, uma ou outra proposição simples. Basta a verdade de apenas uma das proposições simples para garantir a verdade da proposição composta. Acrescentamos que não há impeditivo para que as duas proposições simples sejam, igualmente, verdadeiras.

Caracteriza a disjunção é a presença do conectivo "ou" cuja representação simbólica é o "$\vee$".

p	q	$p \vee q$
V	V	V
V	F	V
F	V	V
F	F	F

- **Disjunção Exclusiva**

Se uma proposição simples é verdadeira, a outra obrigatoriamente deve ser falsa e vice versa para que a proposição composta seja verdadeira. Este é o conceito de exclusão, a verdade de uma exclui a verdade da outra.

O símbolo que representa a disjunção exclusiva é o "$\underline{\vee}$", mas preste atenção, o símbolo é sublinhado.

p	q	$p \underline{\vee} q$
V	V	F
V	F	V
F	V	V
F	F	F

Conforme a tabela verdade, na disjunção exclusiva as proposições simples não podem ser ambas verdadeiras ou ambas falsas na mesma proposição composta verdadeira.

- **Condicional**

A condicional é a situação em que estão presentes causa e consequência, tem como representação simbólica a seta "$\rightarrow$", cuja leitura é "se... então..." e a tabela verdade é a seguinte:

p	q	$p \rightarrow q$
V	V	V
V	F	F
F	V	V
F	F	V

MATEMÁTICA

Trata-se do assunto mais importante da lógica proposicional e, para fixar, guarde.

> A condicional somente será falsa quanto o termo antecedente for verdadeiro e o consequente falso. Nas demais situações, sempre verdadeira.

- **Bicondicional**

A bicondicional é equivalente a duas proposições condicionais na situação em que os termos antecedente e consequente se alternam. A representação simbólica é a dupla seta "↔" cuja leitura é "se, e somente se".

Bicondicional	Equivalente a
$A \leftrightarrow B$	$A \rightarrow B$ e $B \rightarrow A$

Tabela verdade:

p	q	$p \leftrightarrow q$
V	V	V
V	F	F
F	V	F
F	F	V

Para gravar, guarde a regra abaixo.

> A bicondicional será verdadeira quando os valores lógicos das duas proposições simples que a compõem forem iguais. Por outro lado, falsa quando ambas as proposições simples forem diferentes, uma verdadeira e a outra falsa.

- **Fórmulas proposicionais**

As fórmulas proposicionais guardam uma certa semelhança com as equações matemáticas, porém, no nosso caso, as variáveis são binárias (resultados possíveis: verdadeiro e falso) e os operadores são os conectivos, também denominados operadores lógicos e que foram vistos no capítulo anterior.

Da mesma forma como na matemática, os conectivos lógicos obedecem a uma ordem de precedência que será alterada pela inclusão dos parênteses.

Assim, na equação lógica as negações têm maior precedência, seguidas pelas operações conjuntiva "e" e disjuntiva "ou" e para finalizar, com a condicional "se, então" e bicondicional "se e somente se". Vale destacar que os operadores com mesmo nível de precedência devem ser resolvidos na ordem em que aparecem na sentença (da esquerda para a direita).

Basta uma negação de uma proposição simples para termos uma fórmula lógica. Por exemplo: "~x", onde x representa uma proposição simples.

x	~x
V	F
F	V

A tabela apresenta os dois valores lógicos que o x pode assumir e a fórmula proposicional "~x" que é a negação do x.

Mas a fórmula proposicional pode ser mais elaborada, por exemplo: "$(x \rightarrow \sim y) \vee z$". Para o exemplo, a primeira tarefa é construir a tabela verdade.

x	y	z
V	V	V
V	V	F
V	F	V
V	F	F
F	V	V
F	V	F
F	F	V
F	F	F

Seguimos com a negação de y, ou seja, inversão dos valores lógicos.

x	y	z	~y
V	V	V	F
V	V	F	F
V	F	V	V
V	F	F	V
F	V	V	F
F	V	F	F
F	F	V	V
F	F	F	V

Então, a operação delimitada pelos parênteses (x → ~y). Se não fossem os parênteses, de acordo com a ordem de prevalência, deveríamos efetivar primeiro a operação disjuntiva "ou", face à sua prevalência sobre a condicional "se, então".

x	y	z	~y	(x → ~y)
V	V	V	F	F
V	V	F	F	F
V	F	V	V	V
V	F	F	V	V
F	V	V	F	V
F	V	F	F	V
F	F	V	V	V
F	F	F	V	V

Para concluir a resolução da fórmula proposicional, a resolução da condicional.

x	y	z	~y	(x → ~y)	(x→~y) ∨ z
V	V	V	F	F	V
V	V	F	F	F	F
V	F	V	V	V	V
V	F	F	V	V	V
F	V	V	F	V	V
F	V	F	F	V	V
F	F	V	V	V	V
F	F	F	V	V	V

1.2. NEGAÇÃO DA PROPOSIÇÃO

A negação da proposição simples é a inversão do seu valor lógico. Mas, para as proposições compostas existe um regramento específico para cada conectivo.

- **Conjunção**

A negação da proposição conjuntiva, ~(p ∧ q), realiza-se conforme segue:

Regra	Negação
Proposição composta conjuntiva.	$p \wedge q$
Alterar o conectivo conjunção "e" pela disjunção "ou".	$\vee$
Negar ambas as proposições simples.	$\sim p \vee \sim q$

- **Disjunção**

Se a negação da conjunção resulta em uma disjunção, para a disjunção temos a situação inversa: $\sim(p \vee q) = \sim p \wedge \sim q$.

Regra	Negação
Proposição composta disjuntiva.	$p \vee q$
Alterar o conectivo disjunção "ou" pela conjunção "e".	$\wedge$
Negar ambas as proposições simples.	$\sim p \wedge \sim q$

- **Condicional**

Chegamos à principal das negações, a condicional (entenda principal como a mais cobrada).

Regra	Negação
Proposição composta condicional.	$p \rightarrow q$
Alterar o conectivo condicional "se, então" pela conjunção "e".	$\wedge$
Negar a segunda proposição simples.	$p \wedge \sim q$

- **Bicondicional**

Apesar de não ser uma unanimidade, algumas bancas admitem que a negação da bicondicional é a conversão em outra proposição, a disjunção exclusiva. Justifica-se este entendimento uma vez que a tabela verdade de uma é exatamente o contrário da outra. Ficaremos com esse entendimento.

Veja a tabela verdade da bicondicional.

p	**q**	$p \leftrightarrow q$
V	V	V
V	F	F
F	V	F
F	F	V

E compare com a disjunção exclusiva.

p	**q**	$p \veebar q$
V	V	F
V	F	V
F	V	V
F	F	F

1.3. EQUIVALÊNCIA PROPOSICIONAL

As proposições são equivalentes ou logicamente equivalentes quando são mantidas as mesmas proposições simples em novo arranjo proposicional e os resultados das tabelas-verdade continuam idênticos.

Algumas equivalências, básicas, chegam a ser intuitivas:

Proposição	Equivalência
$a \wedge a$	a
$a \vee a$	a

Proposição	Equivalência
$a \wedge b$	$b \wedge a$
$a \vee b$	$b \vee a$
$a \leftrightarrow b$	$b \leftrightarrow a$
$a \leftrightarrow b$	$(a \to b) \wedge (b \to a)$

Mas, vamos ao que interessa, a queridinha dos concursos públicos, equivalência da proposição composta condicional.

- **Condicional**

Muito explorada em concursos públicos, a equivalência, ou melhor, as equivalências da condicional são:

Equivalência 1

Regra	Equivalência
Proposição composta condicional.	$p \to q$
Manter o mesmo conectivo "se, então".	$\to$
Inverter a posição das proposições simples.	$q \to p$
Alterar o valor lógico de ambas as proposições.	$\sim q \to \sim p$

Neste primeiro caso, o resultado também é uma proposição composta condicional. Observe que na segunda forma de montarmos a equivalência (abaixo), a condicional transforma-se em uma disjunção.

Equivalência 2

Regra	Equivalência
Proposição composta condicional.	$p \to q$
Mudar a condicional "se, então" para disjunção "ou".	$\vee$
Alterar o valor lógico da primeira proposição.	$\sim p \vee ...$
Manter o valor lógico da segunda proposição.	$\sim p \vee q$

2. ESTRUTURAS LÓGICAS

2.1. ARGUMENTO

Usamos a argumentação, baseada no raciocínio, para provocar o convencimento do outro.

O raciocínio envolve juízos existentes cujo objetivo é chegar a conclusões adequadas. Já a argumentação faz uso de raciocínio baseado em lastros sólidos e argumentações aceitáveis.

Para o raciocínio lógico, objeto de concursos públicos, argumento é a relação entre um conjunto de proposições (sentenças declarativas) com uma proposição conclusiva. Nessa relação, denominam-se premissas as primeiras, que resultam em uma sentença declarativa denominada "conclusão".

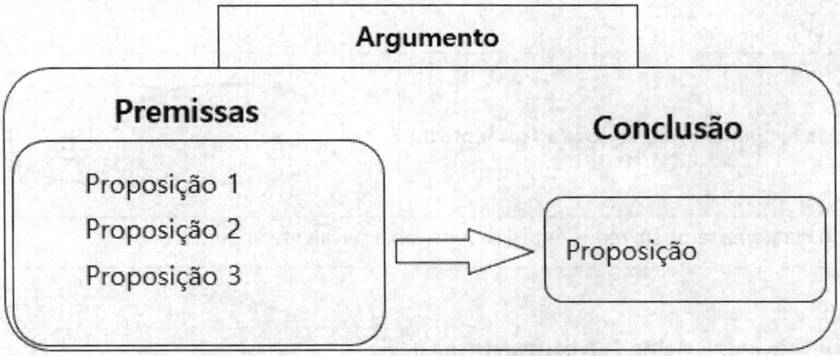

- **Silogismo**

O silogismo é uma construção especial de argumentação na qual estarão presentes duas, e somente duas, premissas seguidas da conclusão. Muito explorado em provas, principalmente com a inserção de proposições categóricas (visto no capítulo 2).

- **Validade do argumento**

É importante não confundir valor lógico de cada uma das premissas (verdadeira ou falsa) com o valor lógico da argumentação (validade do argumento).

O argumento poderá ter premissas verdadeiras, conclusão verdadeira, mas a relação entre premissas e conclusão não foi o que garantiu a verdade da última. Então, estamos diante de um argumento inválido.

Adicionalmente, podemos encontrar argumentação válida para uma conclusão com valor lógico falso. Ou seja, a estrutura está correta, porém a falsidade de uma das premissas resultou em uma conclusão falsa. Neste caso, o resultado foi totalmente deduzido através das premissas, a estrutura está correta, portanto, o argumento é dito "válido".

Resumindo:

> As premissas e a conclusão são classificadas por seus valores lógicos (verdadeiros e falsos). A estrutura ou argumentação é classificada como válida ou inválida. Será válida quando a conclusão estiver totalmente fundamentada nas premissas que a antecedem.

2.2. PROPOSIÇÃO CATEGÓRICA

Proposições categóricas trazem consigo informações sobre duas classes considerando pertencer ou não pertencer, total ou parcialmente, uma classe da outra.

- Universal afirmativa: "Todo A é B".
- Universal negativa: "Nenhum A é B".
- Particular afirmativa: "Algum A é B".
- Particular negativa: "Algum A não é B".

Proposição categórica caracteriza-se pela presença de um quantificador (todo, algum e nenhum) associado ao sujeito da oração. Por exemplo: Algumas provas são difíceis, onde:

- Algumas provas: Sujeito da oração.
- Provas: Núcleo do sujeito.
- Algumas: Quantificador.

A melhor forma para apresentar e interpretar as informações sobre as proposições categóricas é lançando mão de diagramas (conjuntos ou diagrama de *Venn*).

- **TODO (Todo A é B)**

São duas proposições simples, ligadas pelo conectivo todo, de tal modo que a integralidade daquilo informado em A faz parte do conteúdo de B. Para facilitar nossa vida, o conjunto A está contido no conjunto B.

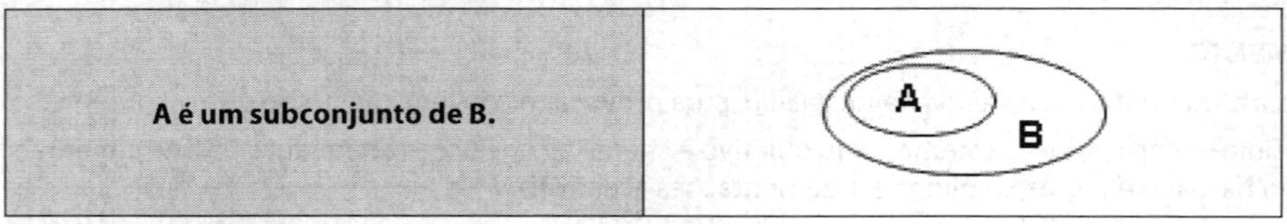

- **ALGUM (Algum A é B)**

Encontraremos o quantificar no plural, "alguns A são B", não há problema algum. Outro termo possível e que melhor explica a situação é "pelo menos um", em outras palavras, pelo menos um elemento do conjunto A pertence ao conjunto B.

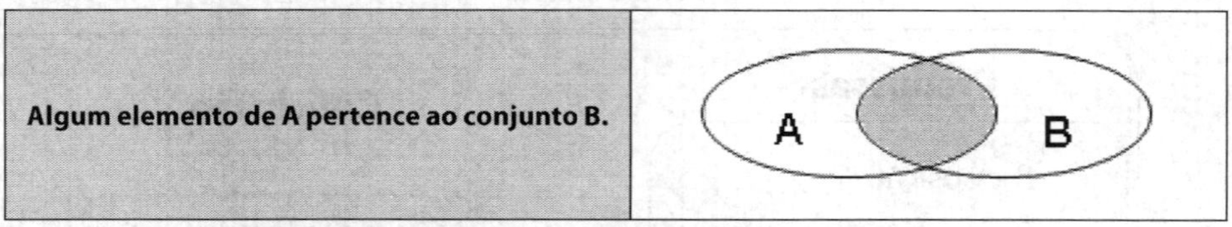

Este mesmo diagrama também representa a proposição equivalente "algum A não é B":

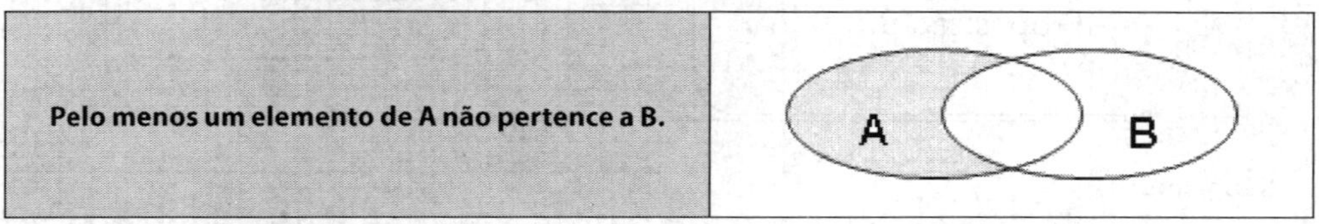

- **NENHUM (Nenhum A é B)**

A única coisa a dizer é que não há intersecção entre os conjuntos, os elementos do conjunto A são totalmente distintos dos elementos do conjunto B.

Não há elementos comuns aos conjuntos A e B.	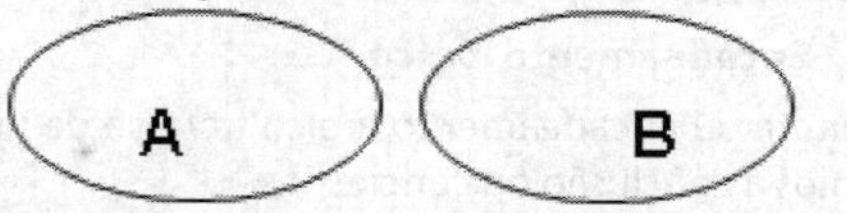

- **Silogismo categórico**

Silogismo é um tipo específico de argumento (falaremos bastante sobre argumento no terceiro capítulo) estruturado em três proposições, as duas primeiras são as premissas que fundamentam a última, chamada conclusão.

➢ Premissa maior: declaração genérica.

➢ Premissa menor: indicar a parte pertencente ao todo.

➢ Conclusão: junção das premissas maior e menor.

Além das proposições, os termos também são classificados.

➢ Termo maior: presente na premissa maior e será o predicado da conclusão.

➢ Termo menor: presente na premissa menor e será o sujeito da conclusão.

➢ Termo médio: presente em ambas as premissa, não figura na conclusão.

Para fixar, veja o exemplo de silogismo aristotélico:

Premissa maior	Todos os homens são mortais
Premissa menor	Sócrates é homem
Conclusão	Sócrates é mortal

De onde extraímos que:

Termo maior	Mortal
Termo menor	Sócrates
Termo médio	Homem

- **Equivalência das proposições categóricas**

A equivalência é pouco cobrada em concursos para a área fiscal. O que você deve guardar é pouco e está no quadro a seguir.

Proposição	**Equivalência**
Todo A é B	Nenhum A não é B
Todo A não é B	Nenhum A é B

Exemplos:

Proposição	**Equivalência**
Todo engenheiro é matemático.	Nenhum engenheiro não é matemático.
Todo engenheiro não é físico.	Nenhum engenheiro é físico.

- **Negação das proposições categóricas**

No item proposições categóricas, o assunto abordado com maior frequência é a sua negação.

Proposição	**Negação**
Algum	Nenhum
Nenhum	Algum
Todos	Algum... não

Exemplos:

Proposição	**Negação**
Algum engenheiro é matemático	Nenhum engenheiro é matemático
Nenhum engenheiro é físico	Algum engenheiro é físico
Todo engenheiro é arquiteto	Algum engenheiro não é arquiteto

2.3. ESTRUTURA LÓGICA

- **Encadeamento lógico**

Estrutura ou encadeamento lógico trata-se de uma sequência de proposições compostas (premissas) das quais extrairemos a conclusão ou conclusões.

As premissas são, nada mais nada menos, que nosso objeto de estudo quando se fala em proposições compostas ou encadeamento destas.

Apesar de em muitos enunciados não estar expresso diretamente, vamos considerar todas as premissas verdadeiras. Entretanto, isto não significa que as proposições simples contidas em cada uma delas sejam, da mesma forma, verdadeiras.

Existem casos em que a união de proposições simples falsas culmina em outra nova, portanto composta, e que pode ser verdadeira.

Definimos que as premissas são verdadeiras e trabalharemos com o objetivo de confirmar qual o valor lógico de cada proposição simples.

O ponto de partida será aquela proposição simples cujo valor lógico é conhecido, por exemplo, expresso no enunciado ou no caso da proposição composta conjuntiva (conectivo "e") que, para ser verdadeira, ambas as proposições simples que a compõe obrigatoriamente são verdadeiras também.

Na sequências, aproveitamos os valores lógicos conhecidos das proposições simples e extrapolamos para aquelas das demais proposições compostas.

Vale ressaltar que existe tipos específicos de encadeamento lógico para os quais há também regras específicas que, apesar de não serem indispensáveis, pode poupar-lhe tempo precioso, são os casos chamados Dilema Construtivo e Dilema Destrutivo.

- **Dilema Construtivo e Dilema Destrutivo**

Trata-se de um modelo de inferência segundo o qual, a partir de três proposições compostas conhecidas (duas condicionais e uma disjuntiva), concluímos uma quarta também disjuntiva.

- **Dilema Construtivo**

O Dilema Construtivo caracteriza-se pela seguinte formação: se A então B; se C então D; A ou C, infere-se corretamente que: B ou D.

Para melhor entendimento, veja a informação acima de forma estruturada.

Dadas as proposições	$A \rightarrow B$
	$C \rightarrow D$
	A v C
Conclui-se que	B v D

Então, ao perceber que a estrutura de afirmações tem a sequência: "se A então B; se C então D; A ou C", é bastante provável que entre as alternativas haverá aquela com a informação "B ou D", logo, a resposta para a questão.

- **Dilema Destrutivo**

Neste caso, em relação ao Dilema Construtivo, a diferença está na negação apresentada na proposição composta disjuntiva, o que nos leva, também, a uma conclusão com termos negativos.

Conhecidas três proposições compostas: se A então B; se C então D; não B ou não D, infere-se corretamente que: não A ou não C.

De forma estruturada, temos.

Dadas as proposições	$A \rightarrow B$
	$C \rightarrow D$
	~B v ~D
Conclui-se que	~A v ~C

Atenção:

Veja que no Dilema Construtivo, a disjunção (terceira linha) é formada pelos termos antecedentes das duas condicionais e a conclusão (quarta linha) é formada pelos termos consequentes das mesmas duas condicionais.

Por outro lado, a disjunção, no caso do Dilema Destrutivo, é formada pela negação dos termos consequentes das duas condicionais enquanto a conclusão é formada pela negação dos termos antecedentes destas condicionais.

Para fixar a regra:

- **Dilema Construtivo:** Se A então B. Se C então D. A ou C. Logo, B ou D.
- **Dilema Destrutivo:** Se A então B. Se C então D. Não B ou não D. Logo, não A ou não C.

Podemos dizer que este tópico, Dilema Construtivo e Destrutivo, nada mais é senão um grande atalho para resolver questão de estrutura lógica com uma economia significativa de tempo. Identificada o esqueleto conforme descrito, basta encontrar, entre as alternativas, a conclusão do Dilema.

3. CORRELACIONAMENTO LÓGICO

O correlacionamento é uma forma de lógica estruturada, porém, não há o encadeamento observado pela repetição de proposições simples, ou seja, é modalidade de argumentação, cuja estrutura é composta de informações (disponibilizadas no enunciado da questão) e, a partir delas, inferimos novas informações que servirão de resposta para a questão.

➢ Classificações:

Não existe regra definida para a resolução de questões de correlacionamento. O que vale mesmo é sua atenção nas informações da questão, para poder esquematizá-las, geralmente lançamos mão do auxílio de diagramas ou planilhas, na busca da conclusão lógica adequada.

Contudo, mesmo sem que exista uma regra específica, adotaremos uma classificação básica que abarca as diferentes questões sobre o tema, são elas, ordenação, dedução e hipóteses.

3.1. ORDENAÇÃO

Podemos entender ordenação como a reestruturação do ordenamento das informações para, enfim, chegar à conclusão. Todas as informações são conhecidas, porém estão fora de ordem.

Esse tipo de questão apresenta informações relacionadas a uma situação sequencial, por exemplo: Pessoas na fila do caixa bancário, espectadores sentados lado a lado nas cadeiras do cinema, provas sobrepostas de acordo com as notas, fila organizada pela altura dos jogadores de basquete, ordem de emissoras de TV conforme pontos em pesquisa de audiência e assim por diante.

A resolução dessas questões, consideradas fáceis na maior parte das vezes, é feita com a leitura atenta da questão e alocação dos elementos identificados na sequência correta, de acordo com as diretrizes propostas pelo examinador.

3.2. DEDUÇÃO

A análise das informações disponíveis serve de parâmetro para deduzirmos novas informações que são, necessariamente, consequência das existentes.

São os casos em que o examinador disponibiliza alguns dados relacionados a grandezas diferentes e que se relacionam entre si.

Por exemplo, a questão diz que três irmãs usam vestidos de cores diferentes. Então, são dadas algumas dicas iniciais e, finalmente, é solicitada qual a cor do vestido que cada uma das irmãs está usando.

Resolva as questões com este perfil alinhando as grandezas em linhas e colunas como numa planilha do *excel*. As células que representam o cruzamento de linha e coluna são preenchidas com "SIM" ou "NÃO", considerando se a relação está correta ou errada, respectivamente.

3.3. HIPÓTESES

A terceira e última classificação, nas questões que envolvam verdades e mentiras, são as hipóteses. O desenvolvimento e a resolução do problema passam pela criação de hipóteses, considerando situações ora verdadeiras, ora mentirosas.

O objetivo é testar cada uma das situações hipotéticas até chegar a uma conclusão, sem que haja contradições entre as premissas e a conclusão.

Por exemplo: São dadas três afirmativas e a questão informa que duas delas são falsas e a outra é verdadeira, porém, não se sabe qual. Logo, é preciso formular as possíveis situações e testar cada uma delas:

	Hipótese 1	Hipótese 2	Hipótese 3
Afirmativa 1	Verdade	Falso	Falso
Afirmativa 2	Falso	Verdade	Falso
Afirmativa 3	Falso	Falso	Verdade

Então, para as informações falsas, faz-se a negação e, finalmente, identifica-se a hipótese que não apresenta contradição e dela se retira a resposta para a questão.

Para as questões de hipóteses a dica é:

> "Contradição": Informações contraditórias revelam a existência de valores lógicos opostos, um verdadeiro e outro falso. Isso pode eliminar alguma ou algumas hipóteses.

MATEMÁTICA

4. VERDADES E MENTIRAS

Podemos classificar as questões de verdades e mentiras em dois grandes grupos:

No primeiro deles existe a informação de quantos são os personagens verazes e mentirosos, por exemplo, a narrativa descreve três pessoas sendo duas mentirosas e a outra que só fala a verdade, ou mesmo, o examinador pode apresentar um rol de afirmativas e diz que determinada quantidade é verdadeira e as demais são mentirosas. Neste caso, o caminho para a resolução é por meio da formulação de hipóteses conforme visto no item anterior.

A característica principal do segundo grupo que o diferencia do anterior é que, apesar de haver pessoas mentirosas e verazes ou afirmativas verdadeiras e falsas, não é de conhecimento as quantidades de verdades e mentiras, logo, formular hipóteses seria um trabalho árduo dada a quantidade de combinações.

Este segundo grupo de questões sobre verdades e mentiras é o objeto deste item o qual aproveita uma dica também utilizada naquele de formulação de hipóteses:

> "Contradição": Informações contraditórias revelam a existência de valores lógicos opostos, um verdadeiro e outro falso. Isso pode eliminar alguma ou algumas hipóteses.

Acrescentaria que, neste caso, além de ser uma dica, na maior partes dos casos será por meio das contradições que se inicia a resolução do problema proposto.

Você ainda vai encontrar algumas questões dizendo algo como: "Entre os amigos A, B e C, o primeiro sempre fala a verdade e ou outros dois ora falam verdade ora mentem". Percebe que esta situação também faz parte do segundo grupo (não sabemos quantos valam verdade e quantos mentem). Então segue outra dica:

> "Trabalhe a verdade": Coloque o personagem que fala a verdade em todas as situações possíveis e analise se existe inconsistência.

Continuando com o exemplo dos amigos A, B e C, uma vez que A somente fala a verdade, descartaríamos algumas afirmativas como:

- O mais velho diz: O amigo mais novo é o "A".
- O amigo ruivo diz: Eu sou "B".
- O amigo mais alto diz: "C" é o amigo mais alto.

Só por estas informações dá pra dizer que A não é o mais velho, não é ruivo e não é o mais alto. Considerando que A só fala a verdade, há inconsistência nos três pronunciamentos:

- O mais velho diz: O amigo mais novo é o "A".

"A" deveria dizer: O amigo mais velho é o "A".

- O amigo ruivo diz: Eu sou "B".

"A" deveria dizer: Eu sou "A".

- O amigo mais alto diz: "C" é o amigo mais alto.

"A" deveria dizer: "A" é o amigo mais alto.

Com estas dicas você combina falas ou afirmativas com os personagens até que não haja qualquer inconsistência, então saberemos quem fala verdade, quem mente e as demais informações que completam a contextualização da questão.

5. SEQUÊNCIA LÓGICA

As sequências formuladas para questões de concursos estão, na sua maior parte, relacionada a números. Mesmo aquelas que utilizam figuras, acabam, em algum momento, valendo-se de operações matemáticas.

O seu objetivo é identificar a lógica empregada no trecho da sequência e, a partir dela, identificar os elementos seguintes e suas posições.

Reafirmo, o uso de operações matemáticas básicas é muito empregado, portanto, na sua análise para definir a lógica da sequência, faça comparações com os elementos agrupando-os dois a dois ou três a três; verifique a relação do primeiro com o último elemento da sequência; preste atenção nas somas ou diferenças entre elementos, investigue se existe uma constante que multiplica ou divide cada elemento; verifique se a sequência é crescente ou decrescente.

Pois bem, isso é o que podemos deixar de indicativos para facilitar seu trabalho, entretanto, a dica principal para este tipo de questão é:

> Evite a perda de tempo: A análise inicial para identificação da lógica que define a sequência deve ser feita de forma rápida, não mais do que um minuto. Identificou a lógica, OK, siga em frente e resolva a questão. Não identificou, então pule para a próxima e retorne a esta depois de responder as demais questões.

6. CONJUNTOS

Chamamos de conjunto a fatia de questões que são resolvidas por meio desta ferramenta cuja denominação formal é diagrama de *Venn*.

O relato do problema mantém as mesmas características em todas as questões, independente da banca examinadora. São pessoas, objetos, atividades com quantidades variadas e partes destas quantidades sobrepostas, algo como, "Uma quantidade X de alunos estão matriculados no curso preparatório para concursos nas áreas Fiscal, Policial e Tribunais. Y quantidade fazem os três cursos, Z quantidades cursam área Fiscal e Tribunais..." e por aí vai.

A resolução será toda ela baseada nos conjuntos e suas intersecções.

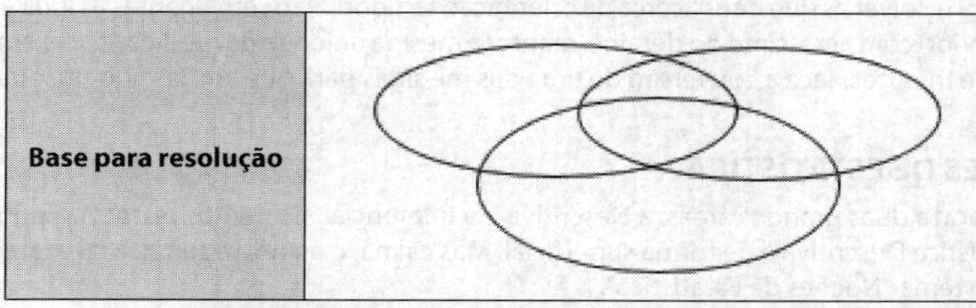

Cada círculo representa, no exemplo, uma área do curso preparatório. As partes isoladas correspondem às quantidades daqueles alunos que estão matriculados em um único curso e as intersecções àquelas quantidades de alunos matriculados em duas ou três áreas distintas.

São duas observações acerca destas questões:

<u>Observação 1</u>:

Inicie a resolução inserindo as quantidades das intersecções com maiores sobreposições. Se forem três conjuntos no total, primeiro a quantidade da intersecção dos três conjuntos, após as intersecções de cada dois conjuntos e, por fim, as partes isoladas.

<u>Observação 2</u>:

Subtrair as quantidades duplicadas das intersecções em relação ao todo. Por exemplo.

- Alunos matriculados no curso para área Fiscal = 35
- Alunos matriculados no curso para área Policial = 26
- Alunos matriculados nos cursos Fiscal e Policial = 7

Primeiro a intersecção.

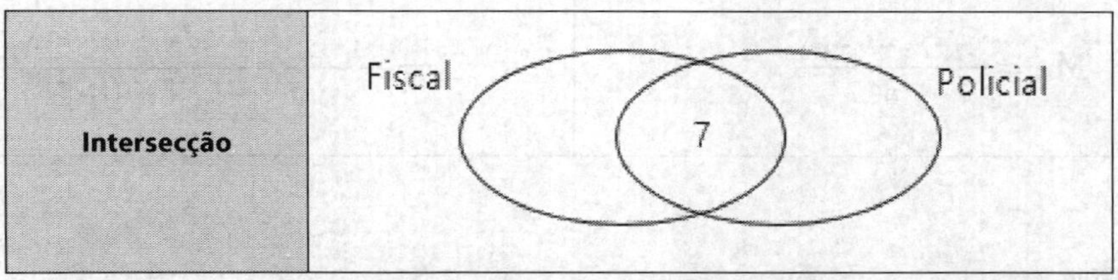

Retirar a dupla contagem. Dos 35 alunos matriculados na área Fiscal, 7 estão matriculados também na área Policial. O mesmo raciocínio para a área Policial.

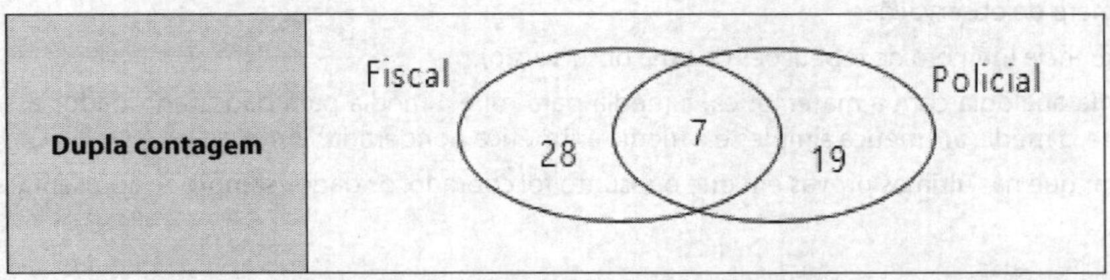

Seguindo estas regras chegamos às diferentes quantidades de cada uma das partes do montante e, consequentemente, à resposta para a questão.

7. PROBLEMAS LÓGICOS

Além das questões que seguem um determinado padrão e que podem ser resolvidas de acordo com o conteúdo abordado nos itens anteriores, sejam elas de lógica proposicional, argumentação, estrutura e correlacionamento lógico, sequência, as bancas abusam da criatividade e apresentam questões que fogem aos modelos.

Conhecimento lógico-matemático e interpretação são indispensáveis: Primeiro porque as questões são contextualizadas exigindo do candidato o entendimento daquilo que se lê, também, porque as provas de raciocínio envolvem algum conteúdo matemático.

Estamos falando de questões estruturadas a partir de uma determinada lógica, muitas vezes inédita, e que você, concursando, terá que identificar no momento em que estiver resolvendo a prova.

Algumas delas, por exemplo, são formuladas em função do tempo ou do espaço.

- **Orientação Espacial**

Especificamente, na orientação espacial, a banca explora a capacidade do concursando, por meio da mensagem trazida no enunciado da questão, conseguir orientar-se em relação à direção (lados direito ou esquerdo, por exemplo) e posicionamento (atrás, sobre, na frente) em face de determinado referencial. Nestes casos, sua atenção ao enunciado será de fundamental importância para resolução do problema proposto.

Atenção redobrada nas situações em que o problema insere também a temporalidade. A matemática será também uma ferramenta importante para a resolução.

- **Orientação Temporal**

As orientações para resolver as questões acerca de orientação temporal são semelhantes às indicadas para orientação espacial (item anterior) com acréscimo do detalhe: manter a mesma unidade de medida, por exemplo, se a questão faz citações em horas e minutos, faça a conversão de uma das medidas para que ambas fiquem iguais.

PARTE III – NOÇÕES DE ESTATÍSTICA

A Estatística comporta duas grandes áreas, a Descritiva e a Inferencial, ficaremos restritos à primeira, ou melhor, a parte inicial da Estatística Descritiva e de forma superficial. Mas calma, o estudo é superficial exatamente porque as bancas assim tratam o tema "Noções de Estatística".

Tal qual discriminado em editais em noções de estatística, bem como demonstrado no histórico de questões recentes, veremos a frente que não há de se falar em preocupação com o nível de dificuldade, muito pelo contrário, esse é um capítulo leve e ao mesmo tempo completo para que o candidato esteja preparado para sua prova.

Trataremos das medidas de posição ou medidas de tendência central, média, mediana e moda e das medidas de dispersão, desvio padrão e variância.

1. MEDIDAS DE POSIÇÃO

O primeiro grupo a ser trabalhado são as medidas de localização do centro dos dados: média, mediana e moda. Sempre com atenção ao detalhamento da apresentação dos dados, se são simples ou se são em intervalos de classes.

1.1. MÉDIA

A média é o ponto de equilíbrio da distribuição.

Média para rol	Média para dados agrupados
$Me = \frac{X_1+X_2+\cdots+X_n}{n}$	$\overline{X} = \frac{X_1.f_1 + X_2.f_2 + \cdots + X_n.f_n}{f_1 + f_2 + \cdots + f_n}$

Onde:

- Me = Média
- X = Valores de cada observação
- n = Número de observações
- f = Frequência (número de repetições de uma observação).

Fazendo uma analogia com a matemática, a média para rol e a média para dados agrupados assemelham-se, respectivamente, à média aritmética simples e à média aritmética ponderada.

Vale ressaltar que nas últimas provas em que o assunto foi cobrado, os dados sempre se apresentaram em rol.

1.2. MEDIANA

Mediana é o valor que se encontra exatamente no centro da série de observações dividindo-a em partes iguais (cada uma com o mesmo número de observações).

Mediana rol (n: ímpar)	Mediana rol (n: par)
$Md = X_{\left(\frac{n+1}{2}\right)}$	$Md = \frac{X_{(n/2)} + X_{((n/2)+1)}}{2}$

Onde:

- Md = Mediana
- X = Valores observados
- ((n+10/ 2) ou (n/2) ou ((n/2)+1) = Identificação da posição de X

Vamos simplificar:

- Mediana para rol com número ímpar de observações (em ordem crescente ou decrescente):
- Haverá uma única observação que divide o rol em duas partes iguais, por exemplo, para R = {1, 4, 5, 6, 6}, a mediana é igual a 5 (restam duas observações antes da observação "5" e outras duas após).
- Mediana para rol com número par de observações (em ordem crescente ou decrescente):

Neste caso serão duas as observações centrais que dividem o rol em partes iguais, por exemplo, para R = {1, 3, 5, 7, 8, 10}, a mediana será a média entre as observações "5" e "7", ou seja, igual a 6.

Veja a aplicação das fórmulas nos exemplos dados:

Mediana rol (n: ímpar)	**Mediana rol (n: par)**
$Md = X_{\left(\frac{n+1}{2}\right)}$ $Md = X_{\left(\frac{5+1}{2}\right)}$ $Md = X_{(3)}$	$Md = \frac{X_{(n/2)} + X_{((n/2)+1)}}{2}$ $Md = \frac{X_{(6/2)} + X_{((6/2)+1)}}{2}$ $Md = \frac{X_{(3)} + X_{(4)}}{2}$
$Md = 6$	$Md = \frac{5+7}{2}$ $Md = 6$

No primeiro caso a mediana encontra-se na posição 3 e no segundo, média dos valores das posições 3 e 4.

Observação: A mediana é o elemento central. Para os casos em que as observações estão dispostas em rol, a identificação é visual, logo, você provavelmente não usará a fórmula acima.

1.3. MODA

A moda corresponde ao valor da observação que aparece mais vezes. O detalhe é que não necessariamente haverá uma moda, existem casos em que haverá mais de uma moda ou mesmo nenhuma. Por exemplo, imagine os conjuntos abaixo:

- Unimodal: Uma única moda.

A = {3, 6, 7, 7, 7, 9, 10, 11, 15}

Mo = 7

- Bimodal: Duas modas.

B = {3, 6, 7, 7, 8, 9, 9, 10, 11}

Mo = 7 e 9

- Multimodal: Três ou mais modas.

C = {3, 6, 7, 7, 9, 9, 10, 11, 11}

Mo = 7, 9 e 11

- Amodal: Não tem moda.

C = {3, 4, 6, 7, 8, 9, 10, 11, 15}

Mo = ∅

Tanto as medidas de posição como as de dispersão são classificadas como medidas resumo devido à capacidade de sintetizar, em um único valor, todas as observações de uma lista. A diferença é que, no primeiro caso, as medidas de posição apontam para um ponto específico na abrangência dos dados, enquanto que, no segundo caso, em medidas de dispersão, a medida é de distância entre os dados observados em relação a uma medida de posição, geralmente a média.

A maneira mais sintética para definir medidas de dispersão é: Grau de variabilidade das observações de um experimento.

2. MEDIDAS DE DISPERSÃO

2.1. AMPLITUDE

A medida básica de dispersão é a amplitude total, diferença entre o maior e o menor valor de um determinado experimento, o que traz informação limitada, uma vez que não considera os valores intermediários, apenas os extremos.

MATEMÁTICA

Amplitude Total	h = Limite Superior – Limite Inferior

Olha que interessante! Usaremos o conceito de amplitude total para agregar uma das regras mais simples para a nossa disciplina, também fácil de gravar e que vai poupar-lhe um tempo precioso. Veja esta questão que tomamos emprestado do pessoal da área policial.

(CEBRASPE – Polícia Federal) Se a amplitude observada em um conjunto de dados formado por 10 elementos for igual a 12, então a variância desse conjunto de dados será inferior a 120.

Comentários:

O examinador disponibilizou duas informações das quais basta uma para resolver a questão.

- Tamanho do conjunto de dados: n = 10
- Amplitude: h = 12

A regra que apresentamos abaixo define o maior valor possível para a variância, a partir do tamanho da amplitude.

Limite Máximo para a Variância	Var (LM) = $(h/2)^2$ Var (LM) = $(12/2)^2$ Var (LM) = $(6)^2$ Var (LM) = 36

Onde:

- Var (LM) = Limite máximo para a variância
- h = Amplitude

Resposta: A variância do conjunto de dados será, no máximo, igual a 36, portanto, inferior a 120. A afirmativa da questão está correta.

Na mesma linha de raciocínio, além do cálculo para o maior valor admitido para a variância, existe a regra para o valor máximo relativo ao desvio padrão de um dado rol de observações, a partir da amplitude total.

Limite Máximo para o Desvio Padrão	DP (LM) = h/2
Limite Máximo para a Variância	Var (LM) = $(h/2)^2$

2.2. DESVIO MÉDIO

A diferença entre os valores observados em relação a uma medida de tendência central (média ou mediana) é conhecida como desvio. Se esta medida está relacionada com a média, ou seja, desvio médio, os valores são calculados em termos absolutos (diferença em módulo) para evitar que o somatório seja sempre igual a zero.

Desvio Médio	$dm = \frac{\sum \lvert X_i - \mu \rvert}{n}$

Onde:

- dm = Desvio médio
- Xi = Valores das observações
- μ = Média
- n = Quantidade de observações

2.3. VARIÂNCIA

A variância é uma medida que se baseia nos desvios quadrados do conjunto em relação à média.

Variância populacional	Variância amostral
$\sigma^2 = \frac{\sum(X_i - \mu)^2}{n}$	$S^2 = \frac{\sum(X_i - \overline{X})^2}{n-1}$

Onde:

- σ^2 = Variância populacional
- Xi = Valores das observações
- μ = Média populacional
- n = Quantidade de observações

- S^2 = Variância amostral
- $\overline{X}$ = Média amostral

Nos casos de distribuição classificada por intervalos as fórmulas repetem-se incluindo o produto pela frequência de cada classe.

Variância populacional para intervalos de classes	Variância amostral para intervalos de classes
$\sigma^2 = \frac{\sum(X_i - \mu)^2.fi}{n}$	$S^2 = \frac{\sum(X_i - \overline{X})^2.fi}{n-1}$

Descrevemos duas fórmulas, uma para apresentação de dados populacionais e outra para dados amostrais.

Um detalhe. Perceba que, nas variações da fórmula, ora a média estava representada pela letra grega sigma "σ", ora por um "S" do nosso alfabeto normal (romano). Trata-se de uma convenção que adota as representações por meio de letras gregas para cálculos sobre dados populacionais e as letras no nosso alfabeto para os cálculos sobre dados amostrais.

2.4. DESVIO PADRÃO

O desvio padrão, em termos matemáticos, é a raiz quadrada da variância.

Desvio Padrão = √Variância	Variância = Desvio Padrão²

Disto conclui-se que as fórmulas para o desvio padrão são semelhantes às da variância.

Desvio Padrão populacional	Desvio Padrão amostral
$\sigma = \sqrt{\frac{\sum(X_i - \mu)^2}{n}}$	$S = \sqrt{\frac{\sum(X_i - \overline{X})^2}{n-1}}$

Como a variância, o desvio padrão também é uma medida absoluta, porém, de mais fácil interpretação, uma vez que mantém a mesma unidade de medida do conjunto (não quadrática como na variância).

3. PROPRIEDADES DAS MEDIDAS DE POSIÇÃO E DISPERSÃO

3.1. PROPRIEDADES

Abaixo algumas observações simples das probabilidades, porém com grande potencial para auxiliá-lo na resolução de questões.

	Média	Mediana	Desvio Padrão	Variância
Quando os valores da variável são somados (subtraídos) a uma constante	Soma (subtrai) a mesma constante	Soma (subtrai) a mesma constante	Inalterado	Inalterado
Os valores da variável são multiplicados (divididos) por uma constante	Multiplica (divide) pela mesma constante	Multiplica (divide) pela mesma constante	Multiplica (divide) pela mesma constante (módulo)	Multiplica (divide) pelo quadrado da constante

Na primeira linha do quadro precedente, um valor constante é somado ou subtraído a todos os valores observados da variável de interesse. Na segunda situação, um valor constante é multiplicado ou dividido por cada valor observado da variável de interesse.

A partir dessas operações, o quadro mostra qual a implicação nos valores das medidas de média, mediana, desvio padrão e variância.

DIREITO TRIBUTÁRIO

Alan Martins e Dimas Yamada Scardoelli

1. TRIBUTO: CONCEITO, NATUREZA JURÍDICA E ESPÉCIES

- **Tributo** é toda prestação pecuniária compulsória, em moeda ou cujo valor nela se possa exprimir, que não constitua sanção de ato ilícito, instituída em lei e cobrada mediante atividade administrativa plenamente vinculada (CTN, art. 3º).
- **Prestação pecuniária:** em dinheiro.
- **Compulsória:** cumprir a obrigação tributária é um dever do contribuinte e não uma faculdade.
- **Em moeda ou cujo valor nela se possa exprimir:** a expressão "em moeda", além de dar ênfase ao caráter pecuniário do tributo, também respalda a expressão alternativa "ou cujo valor nela se possa exprimir", cuja coerência ficou mais clara a partir do advento da Lei complementar 104/2001, que introduziu o inciso XI ao artigo 156 do CTN, prevendo a dação em pagamento em bens imóveis como hipótese de extinção do crédito tributário, na forma e condições estabelecidas em lei.
- **Que não constitua sanção de ato ilícito:** serve para **distinguir tributo de multa**, deixando claro que a hipótese legal de incidência do tributo não é uma infração, nem sua consequência jurídica uma penalidade. É diferente da multa, que sempre constitui a sanção de um ato ilícito, como ocorre nas multas por infração às legislações de trânsito, ambiental, sanitária etc. Com base nesse aspecto conceitual o STF julgou indevido um acréscimo de 200% ao IPTU estabelecido por uma lei municipal sobre imóveis onde houvesse construções irregulares, entendendo que o acréscimo configurava sanção a ato ilícito (RE 104.817 / SP).
- **Instituída em lei:** condiz com o princípio da legalidade tributária (CF, art. 150, I), segundo o qual é vedada a instituição ou majoração de tributos sem previsão legal do seu fato gerador.
- **Cobrada mediante atividade administrativa plenamente vinculada:** por ser uma prestação compulsória instituída em lei, a autoridade administrativa fica vinculada à exigência do tributo, até porque tem o dever de exercer as competências que lhes são atribuídas por lei. Não há discricionariedade, isto é, juízo de conveniência e oportunidade, por parte da referida autoridade.
- **Denominação e destino do produto de arrecadação:** segundo o texto literal, que é o cobrado na maioria das questões de concursos públicos, o artigo 4º do CTN se estrutura da seguinte forma:

Fatores para determinar natureza jurídica do tributo	Relevante	Irrelevante
CTN, art. 4º, *caput*	Fato gerador da respectiva obrigação	
CTN, art. 4º, inciso I		denominação e demais características formais adotadas pela lei
CTN, art. 4º, inciso II		aplicação financeira do produto da arrecadação

- **Critérios constitucionais para determinação da natureza jurídica do tributo:** três critérios são apresentados no quadro a seguir:

Nome	Critério	Tributos
Critério material da hipótese de incidência	Tributos vinculados	taxas e contribuições de melhoria
	Tributos não vinculados	impostos, contribuições e empréstimos compulsórios
Critério da destinação específica do produto da arrecadação	Tributos **com** destinação específica	taxas, contribuições de melhoria, contribuições e empréstimo compulsório
	Tributos **sem** destinação específica	impostos
Critério da restituibilidade do valor arrecadado	Restituibilidade	empréstimo compulsório
	Não Restituibilidade	impostos, taxas, contribuições de melhoria e contribuições

- **Espécies tributárias no CTN:** impostos, taxas e contribuições de melhoria.
- **Espécies tributárias na CF/88:** impostos, taxas, contribuições de melhoria, contribuições e empréstimos compulsórios.
- **Imposto:** tributo cuja obrigação tem por fato gerador uma situação independente de qualquer atividade estatal específica relativa ao contribuinte (CTN, art. 16). **Características:** não vinculado, incidência sobre fatos signo-presuntivos de riqueza, ausência de destinação específica do produto da arrecadação.
- **Taxa:** tem como possíveis fatos geradores: 1) o exercício regular do poder de polícia; 2) a utilização, efetiva ou potencial, de serviços públicos específicos e divisíveis, prestados ao contribuinte ou postos à sua disposição (CTN, art. 77). **Características:** vinculado, contraprestacional, destinação específica do produto da arrecadação, **não** poderão ter base de cálculo própria de impostos (CF, art. 145, §2º), distinguem-se de preço público ou tarifa.
- "É constitucional a adoção, no cálculo do valor de **taxa**, de um ou mais elementos da base de cálculo própria de determinado imposto, desde que não haja integral identidade entre uma base e outra" (Súmula Vinculante 29).
- A taxa de polícia (de fiscalização) é cobrada quando há o exercício do poder de polícia, também chamado de poder de fiscalização.
- A taxa de serviço é cabível toda vez que o Estado, diretamente, presta serviço público específico e divisível ao contribuinte. Assim, se o serviço é genérico e indivisível, sua remuneração se dá através dos impostos. Se é específico e divisível, pelo princípio da justiça fiscal, seu pagamento deve ser cobrado apenas dos que recebem o serviço, situação em que se cobra a taxa.
- A taxa, também, não é sinônimo de tarifa ou de preço público, como bem se verifica pela análise comparativa dos institutos no seguinte quadro:

CRITÉRIOS	TAXA	PREÇO PÚBLICO / TARIFA
Regime	Direito Público (tributário)	Direito Privado (consumidor – contratual)
Natureza Jurídica	Tributária (espécie tributária, artigo 145, inciso II, CF/88, portanto, deve respeito aos princípios tributários)	Contratual (Estado prestador de serviço como se fora um particular ou o particular sob delegação do Estado – concessões, permissões, etc.)
Tipo de receita pública	Receita derivada	Receita originária
Serviços Públicos	Específicos e divisíveis, de uso efetivo ou potencial	Específicos e divisíveis, apenas de uso efetivo
Tipos de serviços públicos	A) Propriamente estatais e ínsitos à soberania do Estado (exemplo: concessão de passaporte) e; B) Essenciais ao interesse público	A) Não essenciais ao interesse público (exemplos: telefonia, gás, energia elétrica e outros sujeitos à concessão ou permissão pelo ente estatal) e; B) Em regra, serviços delegáveis
Cobrança	Compulsória (característica tributária, cobrada no caso de utilização do serviço público e mesmo no caso de o serviço público ter sido colocado à disposição e não necessariamente utilizado)	Voluntária (apenas no uso do serviço público)
Dívida Ativa	Créditos oriundos do não pagamento são inscritos na Dívida Ativa tributária	Créditos oriundos do não pagamento são inscritos na Dívida Ativa não tributária
Repetição de indébito	Ação de repetição de indébito sujeita-se ao prazo previsto no CTN	Ação de repetição de indébito sujeita-se ao prazo prescricional estabelecido no Código Civil (Súmula 412 do STJ)
Decorre de (segundo Súmula 545 do STF)	Lei	Contrato (vontade das partes)
Prescrição	Quinquenal, regida pelo Direito Público (Código Tributário Nacional)	Decenal, regida pelo Direito Privado (Código Civil). Conforme REsp 1117903

- Embora superado o **Princípio da Anualidade** (exigência de prévia previsão orçamentária), o STF não revogou a Súmula 545 e algumas bancas examinadoras continuam cobrando o seu texto literal e integral[1].

- A natureza jurídica do **pedágio** sempre gerou muita polêmica. Porém, recentemente, **o Supremo Tribunal Federal pronunciou-se pela natureza de tarifa ou preço público do pedágio, haja vista não gozar da compulsoriedade, característica essencial das taxas** (STF – ADI 800/RS, rel. Min. Teori Zavascki, 11.6.2014).
- **Contribuição de melhoria:** tem por fato gerador a valorização imobiliária decorrente de uma obra pública (CF, art. 145, III c/c CTN, art. 81). Tributo vinculado cujo objetivo é fazer frente ao custo da obra pública.
- **Contribuições:** quase sempre de competência da União, as contribuições, de maneira geral, possuem finalidades constitucionalmente previstas. Daí a existência de contribuições de variadas naturezas, tais como as de seguridade social, intervenção no domínio econômico, iluminação pública etc. Na classificação **são contribuições sociais** as de **seguridade social** (CF, art. 195) e o **salário educação** (CF, art. 212, § 5º). Todas as demais podem ser consideradas **contribuições especiais**, cabendo mencionar nessa categoria as de **intervenção no domínio econômico** e de **interesse de categorias profissionais ou econômicas** (CF, art. 149), mais a Contribuição para **iluminação pública** (CF, art. 149-A), posteriormente implementada pela Emenda Constitucional 39/2002 e as contribuições para o **Programa de Integração Social – PIS** (CF, art. 239) e para o **Sistema "S"** (CF, art. 240).
- Entre essas contribuições, não há dúvida de que as **Contribuições para a Seguridade Social** são as de finalidade social mais ampla, pois custeiam o sistema público que abrange Saúde, Previdência e Assistência Social. Previstas no artigo 195, incisos I a V, da CF, compreendem as contribuições sociais: I – do empregador, da empresa e da entidade a ela equiparada na forma da lei, incidentes sobre: a) a **folha de salários e demais rendimentos do trabalho** pagos ou creditados, a qualquer título, à pessoa física que lhe preste serviço, mesmo sem vínculo empregatício (CPP – Contribuição Previdenciária Patronal); b) a **receita** ou o **faturamento** (COFINS); c) o **lucro** (CSLL – Contribuição Social sobre o Lucro Líquido); II – do **trabalhador e dos demais segurados** da previdência social (CP – Contribuição Previdenciária, devida por empregados, autônomos e facultativos), **não incidindo** contribuição sobre aposentadoria e pensão concedidas pelo regime geral de previdência social de que trata o art. 201; III – sobre a receita de **concursos de prognósticos** (loterias); IV – do **importador** de bens ou serviços do exterior, ou de quem a lei a ele equiparar e; V – sobre bens e serviços, nos termos de lei complementar (CBS, inserida no texto constitucional pela Emenda Constitucional 132/2023, que se refere à chamada "Reforma Tributária").
- Por serem destinadas ao custeio de atividades de entidades paraestatais, as contribuições de interesse das categorias econômicas e profissionais são classificadas como parafiscais. A parafiscalidade é uma característica de tributos instituídos pelas pessoas políticas com delegação da capacidade tributária ativa a terceiros. Isso ocorre em relação a várias contribuições sociais, como as devidas ao Sistema "S", em que serviços sociais arrecadam e fiscalizam tributos instituídos pela União.
- Com a Reforma Trabalhista aprovada em 2017, a CLT, lei instituidora da contribuição sindical, passou a estabelecer no seu artigo 578 que: "As contribuições devidas aos sindicatos pelos participantes das categorias econômicas ou profissionais ou das profissões liberais representadas pelas referidas entidades serão, sob a denominação de contribuição sindical, pagas, recolhidas e aplicadas na forma estabelecida neste Capítulo, desde que prévia e expressamente autorizadas." E, com isso, o desconto da contribuição em relação a trabalhadores e o pagamento por parte dos empregadores e profissionais liberais passa a ter caráter facultativo (CLT, arts. 579/587).
- Com a alteração promovida, a contribuição sindical deixa de ter caráter tributário, uma vez perder uma característica essencial do conceito de tributo estabelecido no artigo 3º do CTN, que é a natureza compulsória. Em outras palavras, tornando-se facultativa, a contribuição sindical passa a ter natureza trabalhista e ser objeto do direito coletivo do trabalho. Exatamente como ocorre com as outras cobranças sindicais facultativas, tais como as contribuições confederativa e assistencial, bem como as taxas associativas (Súmula Vinculante 40).
- De qualquer forma, permanece vigente a competência da União para instituição de contribuições de interesse de categorias profissionais, estabelecida no artigo 149 da CF/88. Consequentemente, a contribuição sindical poderá retomar a sua natureza tributária caso a sua obrigatoriedade, futuramente, venha a ser restabelecida em lei, por exemplo, por uma eventual nova alteração da CLT.
- **Empréstimo compulsório:** nos termos do artigo 148, da CF o empréstimo compulsório poderá ser instituído nas seguintes hipóteses: **Inciso I:** para atender às despesas extraordinárias decorrentes de calamidade pública, de guerra externa ou sua iminência. **Inciso II:** no caso de investimento público de caráter urgente e de relevante interesse nacional. **Características:** restituibilidade, caráter não vinculado e destinação específica do produto da arrecadação.
- Impostos:

1. Súmula 545 do STF: "Preços de serviços públicos e taxas não se confundem, porque estas, diferentemente daqueles, são compulsórias e têm sua cobrança condicionada à prévia autorização orçamentária, em relação à lei que as instituiu".

TRIBUTÁRIO

IMPOSTOS FEDERAIS (CF, arts. 153 e 154)	IMPOSTOS ESTADUAIS/DF (CF, art. 155)	IMPOSTOS MUNICIPAIS/ DF (CF, art. 156)	IMPOSTO DE COMPETÊNCIA COMPARTILHADA – ESTADOS, DF E MUNICÍPIOS (CF, art. 156-A
Imposto sobre importação de produtos estrangeiros – II	Imposto sobre transmissão "causa mortis" e doação de quaisquer bens ou direitos – ITCMD	Imposto sobre a propriedade predial e territorial urbana – IPTU	Imposto sobre bens e serviços (IBS)
Imposto sobre exportação, para o exterior, de produtos nacionais ou nacionalizados – IE	Imposto sobre operações relativas a circulação de mercadorias e sobre prestações de serviços de transporte interestadual e intermunicipal e de comunicação, ainda que as operações e as prestações se iniciem no exterior – ICMS	Imposto sobre a transmissão "inter vivos", a qualquer título, por ato oneroso, de bens imóveis, por natureza ou acessão física, e de direitos reais sobre imóveis, exceto os de garantia, bem como cessão de direitos a sua aquisição – ITBI ou ITIV	
Imposto sobre a renda e proventos de qualquer natureza – IR	Imposto sobre a propriedade de veículos automotores – IPVA	Imposto sobre serviços de qualquer natureza serviços de qualquer natureza, não compreendidos no art. 155, II, definidos em lei complementar – ISS ou ISSQN	
Imposto sobre produtos industrializados – IPI	–	–	
Imposto sobre operações de crédito, câmbio e seguro, ou relativas a títulos ou valores mobiliários – IOF	–	–	
Imposto sobre a propriedade territorial rural – ITR	–	–	
Imposto sobre grandes fortunas	–	–	
Imposto sobre produção, extração, comercialização ou importação de bens e serviços prejudiciais à saúde ou ao meio ambiente, nos termos de lei complementar – IS (Imposto seletivo)	–	–	–
Impostos residuais	–	–	
Impostos extraordinários	–	–	

- Por fim, também é curioso anotar que, no caso de guerra externa ou sua iminência, a CF conferiu competência à União para a instituição de dois tributos específicos para fazer frente aos custos do evento, que são o **empréstimo compulsório** (CF, art. 148, I) e o **imposto extraordinário de guerra** (CF, art. 154, II). Outro fato interessante é que esse último foge à regra de que não há destinação específica do produto da arrecadação de impostos.

- **Impostos Extraordinários de Guerra:** também de **competência da União**, previstos no artigo 154, inciso II, da CF, pressupõem a **iminência ou ocorrência de guerra externa**. Anote-se que esses impostos extraordinários **podem ou não estar compreendidos na competência tributária da União**. Eis, aliás, a única e excepcional hipótese em que a competência de um ente federativo pode ser exercida por outro, pois, como regra, a União não tem competência para legislar sobre impostos estaduais e municipais, sob pena de quebra do pacto federativo. Há, inclusive, proibição expressa no artigo 151, inciso III, da CF.

- Os impostos extraordinários, instituídos pela iminência ou no caso de guerra externa, serão suprimidos, gradativamente, cessadas as causas de sua criação (CF, art. 154, II).
- Por fim, a partir do estudo dos tributos, segue um quadro sistemático de classificações doutrinárias. Nas obras em geral, as classificações costumam vir com abordagem conceitual dos temas. Entretanto, por questão didática, optou-se por deixar para o final deste capítulo, após o leitor estar mais habituado com os pressupostos teóricos que justificam a classificação.

CRITÉRIO	CLASSIFICAÇÃO	EXPLICAÇÃO
Competência	Federais, estaduais e municipais	Tributo **federal** é o de competência para instituição da União. Tributo **estadual** é o de competência dos Estados e do Distrito Federal. Tributo **municipal** é o de competência dos Municípios e do Distrito Federal.
Competência (2)	Privativa, concorrente, compartilhada e residual	Tributos de **competência privativa** são aqueles cuja instituição cabe exclusivamente a um ente federativo (exemplo, os impostos federais, que cabem privativamente à União). Tributos de **competência concorrente** são aqueles cuja instituição cabe comumente a todos os entes federativos (exemplos, as taxas e as contribuições de melhoria). Tributo de **competência compartilhada** é aquele cuja instituição cabe ao conjunto de mais de um ente federativo (exemplo, o IBS, introduzido pela Reforma Tributária, à cargo compartilhado dos Estados, do DF e dos Municípios). Tributos de **competência residual** são novos tributos que a CF admite que sejam instituídos mediante a observância de pressupostos especiais (exemplos, novos impostos e novas contribuições sociais a cargo exclusivo da União).
Finalidade	Fiscal e extrafiscal	Tributo **fiscal** tem escopo exclusivo de arrecadar recursos para os cofres públicos e tributo **extrafiscal** não tem como finalidade precípua a arrecadação de recursos, mas sim a utilização como instrumento estatal de intervenção na ordem socioeconômica – caráter regulatório.

TRIBUTÁRIO

CRITÉRIO	CLASSIFICAÇÃO	EXPLICAÇÃO
Natureza econômica do FG	Comércio exterior, patrimônio-renda e circulação-produção	É a classificação constante do CTN: **Comércio Exterior:** II e IE **Patrimônio-Renda:** ITR, IPTU, ITBI, IR **Circulação-produção:** IPI e ICMS
Hipótese de incidência	Vinculado e não vinculado	Tributos **vinculados** são aqueles em que há uma atividade específica realizada pelo sujeito ativo em relação ao sujeito passivo (exemplos, as taxas e as contribuições de melhoria). Tributos **não vinculados** são aqueles em que não há necessidade de uma atividade específica do sujeito ativo para com o sujeito passivo (exemplo, os impostos).
Hipótese de incidência (2)	Reais e Pessoais	Tributos **reais** incidem sobre coisas (exemplos: IPVA, ITR, IPTU). Tributos **pessoais** incidem de forma subjetiva, pois consideram os aspectos particulares dos contribuintes (exemplo, o IR).
Repercussão do ônus financeiro	Direto e indireto	Tributo **indireto** permite a repercussão do ônus financeiro para o próximo elo da cadeia produtiva (exemplo, o ICMS). Tributo **direto** é aquele que não permite a referida repercussão (exemplo, o IR).

2. LIMITAÇÕES AO PODER DE TRIBUTAR

- **Sistema tributário nacional:** corresponde ao capítulo I do título VI da CF. Fundamentalmente, abrange as **competências tributárias**, as **limitações ao poder de tributar** e as **repartições das receitas tributárias**.
- **Objetivos do sistema tributário:** por meio das **competências** atribuem-se parcelas do poder de tributar a cada uma das pessoas políticas (União, Estados, Distrito Federal e Municípios). Já as **limitações ao poder de tributar** são estabelecidas na Constituição justamente para impor freios ao exercício das competências, evitando abusos por parte dos entes tributantes. Compreendem os **princípios** e as **imunidades.** Por fim, as **repartições das receitas tributárias** constituem normas que obrigam as pessoas políticas a partilharem com outras os resultados de suas arrecadações de tributos.
- **Princípios:** são veiculados na CF os **princípios constitucionais tributários gerais**, aplicáveis aos tributos em geral, e os **princípios constitucionais tributários específicos**, que dizem respeito a tributos determinados.
- **Princípio da legalidade (CF, art. 150, I):** é vedada a exigência ou aumento de tributo sem que lei o estabeleça. Em regra, cumpre-se o princípio da legalidade pela instituição ou majoração de tributo por lei ordinária. Contudo, o quadro a seguir aponta: 1º) 7 exceções constitucionais relativas a tributos que só podem ser instituídos por lei complementar; 2º) **amenizações ao princípio**, também previstas na Constituição, relativas a tributos já antes instituídos por lei. Veja-se:

Regra	Exceções / mitigações		
	Exceções: Lei complementar	**Mitigações: Admitem alteração de alíquota por ato do Poder Executivo**	**Mitigações: Admitem redução e restabelecimento de alíquotas por ato do Poder Executivo**
Lei ordinária	IGF IBS IS CBS Empréstimo compulsório Impostos residuais Contribuições residuais	II IE IPI IOF	CIDE – Combustível ICMS – Combustível monofásico

- **Não se considera majoração de tributo a atualização do valor monetário da respectiva base de cálculo** (CTN, art. 97, § 2º), mas **depende de lei** qualquer **alteração da base de cálculo que importe em tornar o tributo mais oneroso** (CF, art. 97, § 1º).

- **Princípio da isonomia (CF, art. 150, II):** é vedado aos entes federativos instituir tratamento desigual entre contribuintes que se encontrem em situação equivalente, proibida qualquer distinção em razão de ocupação profissional ou função por eles exercida, independentemente da denominação jurídica dos rendimentos, títulos ou direitos.
- **Princípio da capacidade contributiva (CF, art. 145, § 1º):** sempre que possível, os impostos terão caráter pessoal e serão graduados segundo a capacidade econômica do contribuinte (CF, art. 145, § 1º).
- Relaciona-se a esse preceito o **princípio da progressividade**, tipicamente vinculado aos impostos de caráter pessoal. Tanto que, nos termos da **Súmula 656 do STF**, é "inconstitucional a lei que estabelece alíquotas progressivas para o imposto de transmissão *inter vivos* de bens imóveis – ITBI com base no valor venal do imóvel". Fundamento da súmula é que se trata de um imposto de caráter real (objetivo e não pessoal). Porém, o próprio STF, na decisão do **RE 562045/RS**, posicionou-se de maneira distinta quanto ao **ITCMD**, ao permitir a sua **progressividade, mesmo em se tratando de um imposto real**. Desta feita o fundamento utilizado pelo Supremo diz respeito à técnica de progressividade e mensuração da capacidade contributiva, que leva em conta o valor dos quinhões recebidos pelos herdeiros. A progressividade do ITCMD foi agora expressamente prevista no texto constitucional com a Reforma Tributária.
- **Princípio da irretroatividade da norma tributária (CF, art. 150, III, "a"):** a lei tributária não retroagirá para atingir fatos geradores ocorridos anteriormente à sua vigência. **Exceções** à regra da irretroatividade estão previstas no artigo 106 do CTN e a maioria delas diz respeito **a atos ou fatos pretéritos não julgados definitivamente, em matéria de infrações e penalidades para beneficiar o infrator** (CTN, art. 106, II). Essa **retroatividade *in bonam partem*** verifica-se nos casos em que a lei nova: i) deixe de definir o ato ou fato como infração ou de tratá-lo como contrário a qualquer exigência de ação ou omissão, desde que não tenha sido fraudulento e não tenha implicado em falta de pagamento de tributo (extinção da infração/alíneas "a" e "b"); ii) quando passe a cominar penalidade menos severa que a prevista na lei vigente ao tempo da sua prática (redução da penalidade/alínea "c"). Além disso, podem ser aplicadas imediatamente as **leis que sejam expressamente interpretativas** (CTN, art. 106, I).
- **Princípio da anterioridade (CF, art. 150, III, "b" e "c"):** está positivado na ordem constitucional em duas vertentes. São elas: **anterioridade do exercício ou anual** (alínea "b"), segundo a qual é vedado aos entes federativos cobrar tributos no mesmo exercício financeiro em que haja sido publicada a lei que os instituiu ou aumentou; **anterioridade nonagesimal** (alínea "c"), implementada pela Emenda Constitucional 42/2003, segundo a qual também é vedado aos entes tributantes cobrar tributos antes de decorridos noventa dias da data em que haja sido publicada a lei que os instituiu ou aumentou. Como regra, os dois princípios se aplicam cumulativamente. Mas há exceções, conforme apresentado no quadro a seguir, onde as exceções comuns às duas vertentes estão grafadas em negrito:

REGRA	EXCEÇÕES
Anterioridade anual	**II, IE,** IPI, **IOF, empréstimo compulsório do art. 148, inciso I da CF e imposto extraordinário de guerra,** ICMS-combustível e CIDE-combustível monofásico e contribuições sociais para custeio da seguridade social
Anterioridade nonagesimal	**II, IE,** IR, **IOF, empréstimo compulsório do art. 148, inciso I da CF, imposto extraordinário de guerra** e fixação de base de cálculo de IPVA e IPTU

- **Princípio do não confisco (CF, art. 150, IV):** constitui vedação à instituição de tributos que não sejam razoáveis, que tenham carga tributária desproporcional e excessiva.
- O conceito de confisco é indeterminado e deve ser analisado a cada caso concreto, no que se recomenda a utilização de critérios de razoabilidade e proporcionalidade (STF – ADIN 551/RJ), sendo "cabível, em sede de controle normativo abstrato, a possibilidade de o Supremo Tribunal Federal examinar se determinado tributo ofende, ou não, o princípio constitucional da não confiscatoriedade" (STF – ADI 1.075-MC).
- Não é o percentual da alíquota do tributo que faz ensejar um eventual caráter confiscatório, mas a caracterização do efeito confiscatório pressupõe a análise de dados concretos e de peculiaridades de cada operação ou situação, tomando-se em conta custos, carga tributária global, margens de lucro e condições pontuais do mercado e de conjuntura social e econômica (STF – RE 448.432-AgR).
- O princípio da vedação ao efeito de confisco aplica-se às multas (STF – RE 523.471-AgR).
- **Princípio da liberdade de tráfego (CF, art. 150, V):** é vedado estabelecer limitações ao tráfego de pessoas ou bens, por meio de tributos interestaduais ou intermunicipais, **ressalvada** a cobrança de pedágio pela utilização de vias conservadas pelo Poder Público.
- **Princípios da uniformidade geográfica e da não diferenciação (CF, art. 151, I):** é vedado à União instituir tributo que não seja uniforme em todo o território nacional **ou** que implique distinção ou preferência em relação a Estado, ao Distrito Federal ou a Município, em detrimento de outro. Como exceção a esse princípio, admite-se a concessão de incentivos fiscais destinados a promover o equilíbrio do desenvolvimento socioeconômico entre as diferentes regiões do País.
- **Princípios específicos:** por exemplo, a **progressividade** do IPTU, **fiscal** (em razão do valor) e **extrafiscal** (no tempo, visando ao cumprimento da função social do imóvel), **não cumulatividade** (direito a compensar o imposto cobrado em operações anteriores para evitar a tributação "em cascata") e **seletividade** (graduação da carga tributária segundo a essencialidade dos produtos), esses dois

TRIBUTÁRIO

últimos aplicáveis ao ICMS (seletividade facultativa) e ao IPI (seletividade obrigatória).

- **Imunidades tributárias:** são exonerações tributárias previstas na Constituição Federal, mediante normas que estabelecem situações em que é vedado às pessoas políticas exercerem suas competências tributárias. Também podem ser vistas como **direito subjetivo do cidadão de não ser tributado** nas situações constitucionalmente previstas.
- **Imunidade e isenções:** também é fundamental saber distinguir as imunidades de outras exonerações tributárias, a começar pela isenção. Enquanto a **imunidade tributária**, como já visto, constitui limitação de competência estabelecida em normas constitucionais, a **isenção** é uma hipótese legal de exclusão do crédito tributário (CTN, art. 175, I), isto é, uma dispensa legal do pagamento do tributo. Portanto, na isenção, a pessoa política exerce a competência tributária instituindo o tributo, mas estabelece algumas situações, pessoas ou bens não alcançados pela regra de tributação, diferente da imunidade, em que o exercício da competência tributária fica vedado.
- **Remissões e isenções:** qualquer subsídio ou isenção, redução de base de cálculo, concessão de crédito presumido, anistia ou remissão, relativos a impostos, taxas ou contribuições, só poderá ser concedido mediante **lei específica**, federal, estadual ou municipal, que regule exclusivamente as matérias acima enumeradas ou o correspondente tributo ou contribuição, sem prejuízo do disposto no art. 155, § 2.º, XII, "g" (CF, art. 150, § 6º).
- Na **imunidade subjetiva**, o ente federativo não tem o direito ao exercício da competência para tributar determinadas pessoas, como é o caso da imunidade dos templos de qualquer culto (CF, art. 150, VI, "b"). Já na **imunidade objetiva**, a vedação atinge o objeto da tributação, como ocorre na imunidade do livro (CF, art. 150, VI, "d").
- Além das imunidades tributárias **gerais**, estabelecidas no artigo 150, inciso VI, da CF, a Constituição também contempla as chamadas imunidades **específicas**, correspondentes a todas aquelas aplicáveis a tributos determinados, como são a imunidade das taxas (CF, art. 5º, XXXIV) e a imunidade do ICMS nas operações de exportação (CF, art. 155, § 2º, X, "a"), entre outras.
- **Imunidade recíproca:** vedação de que União, Estados, Distrito Federal e Municípios instituam **impostos** sobre patrimônio, renda e serviços uns dos outros (CF, art. 150, VI, "a"). É **extensiva às autarquias e às fundações instituídas e mantidas pelo Poder Público** e à empresa pública prestadora de serviço postal, no que se refere ao **patrimônio, à renda e aos serviços, vinculados às suas finalidades essenciais ou às delas decorrentes** (CF, art. 150, § 2º). Por outro lado, conforme norma expressa veiculada no § 3º do artigo 150 da CF, **não** se aplica aos serviços relacionados com exploração de atividades econômicas regidas pelas normas aplicáveis a empreendimentos privados, ou em que haja contraprestação ou pagamento de preços ou tarifas pelo usuário.
- **Imunidade dos templos:** nos termos do artigo 150, inciso VI, alínea "b" c/c § 4º, da CF, a imunidade dos templos de qualquer culto e entidades religiosas, inclusive suas organizações assistenciais e beneficentes, compreende os **impostos** sobre o patrimônio, a renda e os serviços relacionados com as finalidades essenciais das referidas entidades (CF, art. 150, § 4º).
- **A imunidade religiosa abrange** não somente os prédios destinados ao culto, como também o IPTU sobre imóveis de propriedade de cultos religiosos que se encontrarem alugados, quando a renda decorrente da locação tiver aplicação relacionada com as finalidades essenciais das entidades (STF – AI 690.712-AgR). Por outro lado, no que diz respeito ao Imposto Sobre Transmissão Onerosa de Bens Imóveis – ITBI, de competência do Município, a Emenda Constitucional nº 116/2022, incluiu um § 1º-A no artigo 156 para estabelecer que o mesmo não incide sobre templos de qualquer culto, ainda que as entidades religiosas sejam apenas locatárias do bem imóvel.
- **Imunidade dos partidos políticos, entidades sindicais, de educação e de assistência social:** segundo a norma do artigo 150, inciso VI, alínea "c", da CF, são imunes a **impostos** sobre patrimônio, renda ou serviços: os partidos políticos, inclusive suas fundações; as entidades sindicais dos trabalhadores; instituições de educação e de assistência social, sem fins lucrativos. Em todos os casos, a Constituição exige que sejam atendidos os requisitos de lei, razão pela qual são chamadas de **imunidades não autoaplicáveis**. Esses requisitos devem ser estabelecidos em lei complementar, sob o fundamento de que cabe à lei complementar regular limitações constitucionais ao poder de tributar (CF, art. 146, II), como é o caso das imunidades (ADI 566622 e ADIs 2028, 2036, 2228 e 2621).
- **Súmula Vinculante nº 52**: ainda quando alugado a terceiros, permanece imune ao IPTU o imóvel pertencente a qualquer das entidades referidas pelo art. 150, VI, "c", da Constituição Federal, desde que o valor dos aluguéis seja aplicado nas atividades para as quais tais entidades foram constituídas.
- **Imunidades dos livros:** de acordo com a redação da alínea "d" do inciso VI do artigo 150 da CF, são imunes a impostos os livros, jornais, periódicos e o papel destinado à sua impressão. Essa imunidade refere-se **apenas** a **impostos**, não se aplicando a outras espécies de tributos.
- A imunidade em questão tem caráter objetivo e incide diretamente sobre o livro, o jornal, o periódico e o papel destinado à impressão. Não se estende ao patrimônio das pessoas jurídicas empreendedoras de negócios relativos a esses bens de valor cultural devendo ser interpretada restritivamente sob esse aspecto, não abrangendo os serviços prestados por empresas que fazem a distribuição, o transporte ou a entrega de livros, jornais, periódicos e do papel destinado a sua impressão (STF – RE 630.462-AgR – 2ª. Turma – Rel. Min. Ayres Brito – julg. 07/02/2012).
- "A imunidade tributária constante do artigo 150, VI, d, da Constituição Federal, aplica-se ao livro eletrônico (e-book), inclusive aos suportes exclusivamente utilizados para fixá-lo" (STF, RE 330817 – com repercussão geral reconhecida). "A imunidade tributária da alínea "d" do inciso VI do artigo 150 da Constituição Federal alcança componentes eletrônicos destinados exclusivamente a integrar unidades didáticas com fascículos" (STF, RE 595676 – com repercussão geral reconhecida). Recentemente, foi publicada a Súmula Vinculante 57, com o seguinte teor "a imunidade tributária constante do art. 150, VI, d, da CF/88 aplica-se à importação e comercialização, no mercado interno, do livro eletrônico (e-book) e dos suportes exclusivamente utilizados para fixá-los, como leitores de livros eletrônicos (e-readers), ainda que possuam funcionalidades acessórias".
- **Imunidade musical:** alínea "e" do inciso VI do artigo 150 da CF, incluída pela Emenda Constitucional 75/2013, relativa a fonogramas e videofonogramas musicais produzidos no Brasil contendo obras musicais ou literomusicais de autores brasileiros e/ou obras em geral interpretadas por artistas brasileiros bem como os suportes materiais ou arquivos digitais que os contenham, **salvo** na etapa de replicação industrial de mídias ópticas de leitura a laser.

- Portanto, pode-se afirmar que a **imunidade** abrange todas as etapas de **produção e comercialização das obras audiovisuais** contempladas no artigo 150, inciso VI, alínea "e", da CF, e respectivos suportes materiais, com **exceção** da etapa de **replicação industrial de mídias ópticas de leitura a laser**. Para melhor compreensão, cumpre dizer que a produção de fonogramas e videogramas tem início nos estúdios das gravadoras, onde se dá a gravação de sons (fonografias) e imagens (cinematografias), inclusive trucagem, dublagem, mixagem e congêneres, etapa sujeita ao **ISSQN**, nos termos dos **itens 13.02 e 13.03 da Lista de Serviços Anexa à Lei Complementar 116/2003**, e **agora imune** nas hipóteses do artigo 150, inciso VI, alínea "e", da CF. O resultado é a obtenção da matriz da obra, que a norma constitucional trata por fonograma, tal como o CD de um sambista, ou videofonograma, a exemplo do DVD do show ao vivo de uma dupla sertaneja, hipótese em que a atividade de estúdio é precedida pelos serviços de captação de imagens e sons durante o evento escolhido para gravação do show.
- A imunidade tributária prevista no art. 150, inciso VI, alínea e, da Constituição Federal não se aplica às importações de suportes materiais produzidos fora do Brasil, ainda que contenham obra musical de artista brasileiro" (Tese do Tema 1083 de Repercussão Geral).
- Além das imunidades tributárias gerais do artigo 150, inciso VI, da CF, a Constituição também contempla as chamadas **imunidades específicas**, correspondentes a todas aquelas aplicáveis a tributos determinados.
- Confira no quadro abaixo as diversas imunidades específicas previstas na Constituição:

CF	TRIBUTO (imune)	IMUNIDADE SOBRE
Art. 184, § 5º	ITBI	As operações de transferência de imóveis desapropriados para fins de reforma agrária.
Art. 5º, XXXIV, "a" e "b"	TAXAS	Direito de petição aos Poderes Públicos (defesa de direito ou contra ilegalidade ou abuso de poder); Obtenção de certidões em repartições públicas (defesa de direito e esclarecimento de situações de interesse pessoal).
Art. 149, § 2º, I	Contribuições sociais e CIDEs	Receitas decorrentes de exportação.

CF	TRIBUTO (imune)	IMUNIDADE SOBRE
Art. 153, § 3º, III	IPI	Produtos industrializados destinados ao exterior.
Art. 153, § 4º, II	ITR	Pequenas glebas rurais, definidas em lei, quando as explore o proprietário que não possua outro imóvel.
Art. 156, § 2º, I	ITBI	Transmissão de bens ou direitos incorporados ao patrimônio de pessoa jurídica em realização de capital, nem sobre a transmissão de bens ou direitos decorrente de fusão, incorporação, cisão ou extinção de pessoa jurídica, salvo se, nesses casos, a atividade preponderante do adquirente for a compra e venda desses bens ou direitos, locação de bens imóveis ou arrendamento mercantil.
Art. 155, § 2º, X, "a" a "d"	ICMS	Operações que destinem mercadorias para o exterior, nem sobre serviços prestados a destinatários no exterior, assegurada a manutenção e o aproveitamento do montante do imposto cobrado nas operações e prestações anteriores;

TRIBUTÁRIO

CF	TRIBUTO (imune)	IMUNIDADE SOBRE
Art. 155, § 2º, X, "a" a "d"	ICMS	Operações que destinem a outros Estados petróleo, inclusive lubrificantes, combustíveis líquidos e gasosos dele derivados, e energia elétrica; O ouro, nas hipóteses definidas no art. 153, § 5º (ou seja, quando for ativo financeiro ou instrumento cambial); As prestações de serviço de comunicação nas modalidades de radiodifusão sonora e de sons e imagens de recepção livre e gratuita.
Art. 195, II	Contribuição social do trabalhador e demais segurados do INSS	Aposentadoria e pensão concedidas pelo regime geral de previdência social.
Art. 155, § 3º	Todos os impostos, exceto ICMS, II, IE e IBS	Operações relativas a energia elétrica e serviços de telecomunicações.
Art. 155, § 3º	Todos os impostos, exceto ICMS, II, IE, IBS e IS	Operações relativas a derivados de petróleo, combustíveis e minerais do País
Art. 156, II, ***in fine***	ITBI	Direitos reais de garantia sobre os imóveis (hipoteca e anticrese).
Art. 195, § 7º	Contribuições para a seguridade social	As entidades beneficentes de assistência social que atendam às exigências estabelecidas em lei

CF	TRIBUTO (imune)	IMUNIDADE SOBRE
Art. 153, §6º, I	Imposto Seletivo	Não incidirá sobre as exportações nem sobre as operações com energia elétrica e com telecomunicações
Art. 155, §1º, V e VII	ITCMD	Não incidirá sobre as doações destinadas, no âmbito do Poder Executivo da União, a projetos socioambientais ou destinados a mitigar os efeitos das mudanças climáticas e às instituições federais de ensino. Não incidirá sobre as transmissões e as doações para as instituições sem fins lucrativos com finalidade de relevância pública e social, inclusive as organizações assistenciais e beneficentes de entidades religiosas e institutos científicos e tecnológicos, e por elas realizadas na consecução dos seus objetivos sociais, observadas as condições estabelecidas em lei complementar.

CF	TRIBUTO (imune)	IMUNIDADE SOBRE
Art. 155, §6º, III	IPVA	Aeronaves agrícolas e de operador certificado para prestar serviços aéreos a terceiros; Embarcações de pessoa jurídica que detenha outorga para prestar serviços de transporte aquaviário ou de pessoa física ou jurídica que pratique pesca industrial, artesanal, científica ou de subsistência; Plataformas suscetíveis de se locomoverem na água por meios próprios, inclusive aquelas cuja finalidade principal seja a exploração de atividades econômicas em águas territoriais e na zona econômica exclusiva e embarcações que tenham essa mesma finalidade principal; Tratores e máquinas agrícolas
Art. 156, §1º-A	IPTU	Não incide sobre templos de qualquer culto, ainda que as entidades abrangidas pela imunidade sejam apenas locatárias do bem imóvel

CF	TRIBUTO (imune)	IMUNIDADE SOBRE
Art. 156-A, §1º, III e XI e art. 149-B, II	IBS e CBS	Não incidirá sobre as exportações, assegurados ao exportador a manutenção e o aproveitamento dos créditos relativos às operações nas quais seja adquirente de bem material ou imaterial, inclusive direitos, ou serviço. Não incidirá nas prestações de serviço de comunicação nas modalidades de radiodifusão sonora e de sons e imagens de recepção livre e gratuita.

- Destaque para a imunidade das entidades beneficentes de assistência social às contribuições para a seguridade social, que constitui previsão expressa do artigo 195, § 7º da CF. Embora o dispositivo em questão utilize a expressão "isentas" ao invés de "imunes", por se tratar de uma exoneração tributária veiculada na Constituição Federal, a mesma possui natureza de imunidade.
- Sobre essa imunidade, cabe ressaltar que, segundo a norma do artigo 195, § 7º, da CF, são isentas de **contribuição para a seguridade social** as entidades beneficentes de assistência social que atendam às exigências estabelecidas em lei. "Os requisitos para o gozo de imunidade hão de estar previstos em lei complementar" (RE 566622 e ADIs 2028, 2036, 2228 e 2621 – com repercussão geral reconhecida).

3. COMPETÊNCIA TRIBUTÁRIA E REPARTIÇÃO DAS RECEITAS TRIBUTÁRIAS

- **Competência tributária:** é o poder de tributar conferido pela Constituição Federal a um ente federativo. Ao estabelecer as competências tributárias, a Constituição o faz com exclusividade a determinado ente federativo (**competências privativas**), ou então, a todos os entes federativos concomitantemente (**competências concorrentes**). Pertencem ao campo das competências privativas os impostos (federais, estaduais e municipais), o empréstimo compulsório (União) e as contribuições sociais e especiais (União, via de regra). Ao campo das competências concorrentes, pertencem as taxas e contribuições de melhoria. A Reforma Tributária trouxe a **competência compartilhada** para instituição do IBS, entre Estados, DF e Municípios.

- **Competência tributária plena:** a competência tributária para instituição de tributos é plena, isto é, compreende também a atribuição de legislar a respeito dos mesmos.
- **Competências residuais:** são deferidas apenas à União para instituir impostos (CF, art. 154, I) e contribuições que constituam outras fontes de custeio da seguridade social (CF, art. 195, § 4º) nos seguintes termos: mediante lei complementar; diferentes dos(as) já previstos(as) nos artigos 153 (impostos) e 195 (contribuições para custeio da seguridade social) da CF; – não cumulativos(as); – que não tenham fato gerador ou base de cálculo próprios(as) dos(as) já discriminados(as) na Constituição.
- **Competência extraordinária:** da União para instituição de impostos extraordinários de guerra, previstos no artigo 154, inciso II, da CF, compreendidos ou não na competência tributária da União.
- **Indelegabilidade de competência e capacidade tributária ativa:** a competência tributária é indelegável, porém, a capacidade tributária ativa, assim compreendidas as funções de arrecadar ou fiscalizar tributos, ou de executar leis, serviços, atos ou decisões administrativas em matéria tributária, pode ser delegada por uma pessoa jurídica de direito público a outra (CTN, art. 7º).
- Segue um quadro das competências tributárias privativas e concorrentes estabelecidas na Constituição:

Tributo	Competência
Empréstimos compulsórios (CF, art. 148)	União
Contribuições sociais, de intervenção no domínio econômico (CIDE) e de interesse das categorias profissionais ou econômicas (CF, art. 149)	
Imposto sobre importação de produtos estrangeiros – II (CF art. 153, I)	
Imposto sobre exportação, para o exterior, de produtos nacionais ou nacionalizados – IE (CF art. 153, II)	
Imposto sobre renda e proventos de qualquer natureza – IR (CF art. 153, III)	
Imposto sobre produtos industrializados – IPI (CF art. 153, IV)	
Imposto sobre operações de crédito, câmbio e seguro, ou relativas a títulos ou valores mobiliários – IOF (CF art. 153, V)	
Imposto sobre propriedade territorial rural – ITR (CF art. 153, VI)	
Imposto sobre grandes fortunas, nos termos de lei complementar – IGF (CF art. 153, VII)	

Tributo	Competência
Imposto sobre produção, extração, comercialização ou importação de bens e serviços prejudiciais à saúde ou ao meio ambiente, nos termos de lei complementar – IS (Imposto seletivo)	União
Imposto extraordinário na iminência ou no caso de guerra externa (CF, art. 154, II)	
Contribuições sociais de custeio da seguridade social (CF, art. 195), incluindo a nova CBS.	
Contribuição para custeio da previdência dos servidores públicos federais (CF, art. 40)	
Imposto sobre transmissão *causa mortis* e doação, de quaisquer bens ou direitos – ITCMD (CF, art. 155, I)	Estados e Distrito Federal
Imposto sobre operações relativas à circulação de mercadorias e sobre prestações de serviços de transporte interestadual e intermunicipal e de comunicação, ainda que as operações e as prestações se iniciem no exterior – ICMS (CF, art. 155, II)	
Imposto sobre propriedade de veículos automotores – IPVA (CF, art. 155, III)	
Contribuição para custeio da previdência dos servidores públicos estaduais e do Distrito Federal (CF, art. 149, § 1º)	
Imposto sobre propriedade predial e territorial urbana – IPTU (CF, art. 156, I)	Municípios e Distrito Federal
Imposto sobre transmissão *inter vivos*, a qualquer título, por ato oneroso, de bens imóveis, por natureza ou acessão física, e de direitos reais sobre imóveis, exceto os de garantia, bem como cessão de direitos a sua aquisição – ITBI (CF, art. 156, II)	
Imposto sobre serviços de qualquer natureza, não compreendidos no art. 155, II, definidos em lei complementar – ISSQN (CF, art. 156).	
Contribuição para custeio da previdência dos servidores públicos municipais (CF, art. 149, § 1º)	

Tributo	Competência
Contribuição para custeio do serviço de iluminação pública (CF, art. 149-A)	Municípios e Distrito Federal
Demais contribuições previstas na CF (por exemplo, arts. 212, 239 e 240)	União
Em território Federal, os impostos estaduais e, se o Território não for dividido em Municípios, cumulativamente, os impostos municipais (CF, art. 147)	União
Taxas em razão do exercício regular do poder de polícia ou pela prestação ou disponibilização de serviços públicos específicos e divisíveis (CF, art. 145, II)	Concorrente
Contribuições de melhoria (CF, art. 145, III)	
Imposto sobre bens e serviços – IBS	Compartilhada entre Estados, DF e Municípios

- Como se observa no quadro apresentado, além dos impostos estaduais (CF, art. 155) e dos tributos de competência concorrente da União, dos Estados, do Distrito Federal e dos Municípios (CF, arts. 145, II e III), cabem ao Distrito Federal os impostos municipais (CF, art. 147, *in fine*), além de ser titular da competência compartilhada para instituição do IBS (CF, art. 156-A).
- Muito embora, atualmente, não exista nenhum Território Federal, costuma-se exigir em concursos públicos outra competência conferida à União pela Constituição Federal. É que nos termos da primeira parte do artigo 147 da CF, em relação a Território Federal, competem os impostos estaduais e, se o Território não for dividido em Municípios, cumulativamente, os impostos municipais.
- Outro ponto de destaque é que **não** pertence à União a competência para instituir contribuição previdenciária dos servidores dos Estados, do Distrito Federal e dos Municípios. Essa competência é atribuída aos próprios Estados, Distrito Federal e Municípios e a alíquota das contribuições estaduais e municipais **não serão inferiores** à da contribuição dos servidores titulares de cargos efetivos da União (CF, art. 149, § 1º).
- **Repartição das receitas tributárias:** em geral, a pessoa política que institui e arrecada determinado tributo fica com o produto de sua arrecadação. Entretanto, com fundamento no pacto federativo, a CF/88 traz uma série de situações em que o ente tributante deve repassar parte do numerário arrecadado a outro. São as chamadas repartições de receitas tributárias e estão disciplinadas entre os artigos 157 e 162 do texto constitucional.

Confira, no quadro a seguir, didaticamente elaborado (*in:* MARTINS, Alan; SCARDOELLI, Dimas Yamada. *Direito Tributário – curso rápido e didático para estudos e revisões.* Leme: Editora JH Mizuno, 2012, página 64), as regras constitucionais sobre partilha da arrecadação tributária, previstas principalmente entre os artigos 157 e 159 da CF:

Tributo	União	Est./DF	Mun	Outros	%	CF/88	Observações constitucionais (CF/88)
IR – retido na fonte	O	D	–	–	100	157, I	Pagamentos efetuados pelos Estados.
Imposto Residual	O	D	–	–	20	157, II	Ver art. 154, I.
IR – retido na fonte	O	–	D	–	100	158, I	Pagamentos efetuados pelos Municípios.
ITR	O	–	D	–	50	158, II	Imóveis rurais situados nos Municípios. O repasse pode chegar a 100%, nos termos do art. 153, § 4º, III.
IPVA	–	O	D	–	50	158, III	Critério: local do licenciamento para veículos terrestres e domicílio do proprietário para os veículos aquáticos e aéreos.
ICMS	–	O	D	–	25	158, IV, "a"	Critério: índice de participação. Ver parágrafo primeiro do art. 158 (principal variável: valor adicionado).
IBS	–	O	O e D	–	25	158, IV, "b"	Critério: índice de participação. Ver parágrafo segundo do art. 158 (principal variável: população).

TRIBUTÁRIO

Tributo	União	Est./DF	Mun	Outros	%	CF/88	Observações constitucionais (CF/88)
IR/IPI/IS	O			D	50	159, I	Outros: Fundos de Participações dos Estados (21,5%) e dos Municípios (22,5%), Programas de Financiamento regiões N, NE e CO (3%) e, novamente, Fundo de Participação dos Municípios para entrega no primeiro decêndio do mês de dezembro de cada ano (1%) no primeiro decêndio do mês de julho de cada ano (1%) e no primeiro decêndio do mês de setembro de cada ano (1%)
IPI/IS	O	D	–	–	10	159, II	Proporcional às exportações de produtos industrializados. Do valor recebido pelos Estados/DF (nunca superior a 20%), serão entregues 25% do IPI aos Municípios pelo critério idêntico ao ICMS e 25% do IS aos Municípios pelo critério idêntico ao IBS.
CIDE combust.	O	D	–	–	29	159, III	Os Estados e o DF destinarão 25% do valor recebido aos Municípios.
IOF ouro	O	D	–	–	30	153, § 5º, I	Ouro como ativo financeiro ou instrumento cambial. Critério: origem
IOF ouro	O	–	D	–	70	153, § 5º, II	Ouro como ativo financeiro ou instrumento cambial. Critério: origem

Legenda:
O = origem (ente que detém a competência tributária).
D = destino (ente que recebe o repasse da receita).
% = percentual de receita repassada.

4. LEGISLAÇÃO TRIBUTÁRIA

- **Legislação tributária:** dispõe o artigo 96 do CTN que a expressão "legislação tributária" compreende o conjunto de normas que versem, **no todo ou em parte**, sobre **tributos** e relações jurídicas a ele pertinentes (CTN, art. 96). Essas normas são: (i) as leis; (ii) os tratados e as convenções internacionais; (iii) os decretos e (iv) as normas complementares da legislação tributária.
- **Leis complementares:** são aprovadas por **maioria absoluta**, ou seja, por metade mais um dos membros da casa legislativa (CF, art. 69). De acordo com o contexto da previsão constitucional, a lei complementar aprovada pelo Congresso Nacional poderá ter caráter **federal** (aplicável apenas no âmbito da União) ou **nacional** (aplicável a todos os entes da Federação, a todos os Estados ou a todos os Municípios). São de **caráter federal** as leis complementares exigidas para instituição de alguns tributos de competência da União, quais sejam: imposto sobre grandes fortunas (CF, art. 153, VII), imposto seletivo (CF, art. 153, VIII), empréstimos compulsórios (CF, art. 148), impostos de competência residual da União (CF, art. 154, I) e contribuições sociais para custeio da seguridade social de competência residual da União (CF, art. 195, § 4º c/c art. 154, I). Já as **leis complementares de caráter nacional** são mais numerosas, no que se destaca o **artigo 146, do CTN**, segundo qual incumbe à lei complementar: **I – dispor sobre conflitos de competência**, em matéria tributária, entre a União, os Estados, o Distrito Federal e os Municípios; **II – regular as limitações constitucionais ao poder de tributar**; **III – estabelecer normas gerais em matéria de legislação tributária**, especialmente sobre: **a)** definição de tributos e de suas espécies, bem como, em relação aos impostos discriminados nesta Constituição, a dos respectivos fatos geradores, bases de cálculo e contribuintes; **b)** obrigação, lançamento, crédito, prescrição e decadência tributários; **c)** adequado tratamento tributário ao ato cooperativo praticado pelas sociedades cooperativas; **d)** definição de tratamento diferenciado e favorecido para as microempresas e para as empresas de pequeno porte.
- O Código Tributário Nacional – CTN, lei formalmente **ordinária** (Lei 5.172/66), foi recepcionado pela CF/88 como lei **complementar** (ADCT, art. 34, § 5º), haja vista regular limitações ao poder de tributar e estabelecer normas gerais de direito tributário, matérias reservadas à lei complementar pelo artigo 146, incisos II e III.
- Consequentemente, qualquer alteração do CTN sempre deverá ocorrer por meio de **lei complementar**.
- O **Livro Segundo do CTN** é intitulado **Normas Gerais de Direito Tributário** e inicia-se a partir do seu artigo 96. É subdividido em quatro títulos (I – Legislação Tributária; II – Obrigação Tributária; III – Crédito Tributário e; IV – Administração Tributária).
- Um exemplo jurisprudencial dessa competência suplementar do Estados e do Distrito Federal decorre da ADI 2298, em que o Supremo Tribunal Federal decidiu que o fato de não haver lei complementar federal (nacional) para dispor sobre as normas gerais relativas ao IPVA **não** impede que os Estados e o

Distrito Federal exerçam a competência legislativa plena, instituindo e exigindo a exação, nos termos do artigo 24, § 3º da CF.

- **Leis ordinárias:** aprovadas por **maioria simples**, isto é, por metade mais um dos presentes à votação. Toda matéria que depende de lei, como regra, deve ser regida por lei ordinária. São os casos da instituição ou majoração de tributos (CF, art. 150, I) e da imposição de sujeição passiva por substituição tributária (CF, art. 150, § 7º). Além disso, o artigo 97 do CTN veicula no âmbito infraconstitucional o princípio da legalidade tributária, estabelecendo que **somente a lei poderá** dispor sobre: I – a instituição de tributos, ou a sua extinção; II – a majoração de tributos, ou sua redução, salvo exceções; III – a definição do fato gerador da obrigação tributária principal, salvo exceções, e do seu sujeito passivo; IV – a fixação de alíquota do tributo e da sua base de cálculo, salvo exceções; V – a cominação de penalidades para as ações ou omissões contrárias a seus dispositivos, ou para outras infrações nela definidas; VI – as hipóteses de exclusão, suspensão e extinção de créditos tributários, ou de dispensa ou redução de penalidades.
- Em razão desse **quórum de aprovação**, parte da doutrina defende a superioridade hierárquica das leis complementares em relação às leis ordinárias (aprovadas por maioria simples). Outra corrente defende uma hierarquia tão somente material, na medida em que a Constituição Federal reserva algumas matérias a serem tratadas exclusivamente por lei complementar.
- **Súmula vinculante 62:** É legítima a revogação da isenção estabelecida no art. 6º, II, da Lei Complementar 70/1991 pelo art. 56 da Lei 9.430/1996, dado que a LC 70/1991 é apenas formalmente complementar, mas materialmente ordinária com relação aos dispositivos concernentes à contribuição social por ela instituída.
- **Medida provisória**: a medida provisória que implicar na instituição ou majoração de **impostos** só produzirá efeitos no exercício financeiro seguinte (**anterioridade**) se houver sido convertida em lei até o último dia daquele em que foi editada (**legalidade**). São **exceções** a essa regra os impostos previstos nos artigos 153, incisos I, II, IV, V e 154, inciso II, da CF. Outro ponto importante é que a **medida provisória não pode versar sobre matérias reservadas à lei complementar** (CF, art. 62, § 1º, III). Dessa forma, por exemplo, não pode ser editada medida provisória que tenha por condão estabelecer normas gerais sobre definição de base de cálculo de um imposto, pois se trata de matéria reservada à lei complementar, segundo o artigo 146, inciso III, alínea "a", da CF.
- **Decretos:** o Chefe do Poder Executivo (Presidente da República, Governador de Estado e Prefeito Municipal) tem a competência para expedir decretos, cujo conteúdo e o seu alcance restringem-se aos das leis em função das quais sejam expedidos (CTN, art. 99). Os regulamentos dos impostos são aprovados por decretos do Poder Executivo.
- **Tratados e convenções internacionais:** Nos termos do artigo 98 do CTN, são fontes formais primárias do Direito Tributário. Revogam ou modificam a legislação tributária interna, e serão observados pela que lhes sobrevenha. Porém, para que produzam esse efeito, esses tratados necessitam ser internalizados, isto é, transpostos para a legislação interna, conforme consagrado na jurisprudência do STF (CR 8279 AgR).

  A competência para resolver definitivamente sobre internalização desses diplomas normativos é exclusiva do Congresso Nacional (CF, art. 49, I). Logo, o instrumento normativo hábil é o decreto legislativo que, nos termos do artigo 109, inciso II do Regimento Interno da Câmara dos Deputados e do artigo 213, II do Regimento Interno do Senado Federal, é o veículo normativo destinado a matérias de competência exclusiva do Congresso Nacional, isto é, aquelas que independem de sanção do Presidente da República. Além disso, o artigo 172, inciso II, alínea "c" do Regimento Interno do Senado Federal também faz expressa menção ao decreto legislativo referente a tratado, convênio ou acordo internacional.
- **Normas complementares da legislação tributária:** são "normas complementares" à legislação tributária, isto é, das leis, das convenções internacionais e dos decretos: (a) os atos normativos expedidos pelas autoridades administrativas, tais como portarias, resoluções, instruções normativas etc.; (b) as decisões administrativas de eficácia normativa; (c) as práticas reiteradamente observadas pelas autoridades administrativas ("costumes") e (d) os convênios que entre si celebram os entes federativos tributantes (CTN, art. 100).
- **Resoluções do Senado:** também possuem importância ímpar em matéria de tributos estaduais, sendo o veículo competente para fixação de alíquotas máximas de ITCMD (CF, art. 155, § 1º, IV), mínimas de IPVA (CF, art. 155, §6º, I) e de alíquotas de ICMS nas hipóteses dos incisos IV e V do § 2º do art. 155 da CF.
- **Vigência da norma tributária:** força de uma norma jurídica para regular condutas dentro de limites de **tempo** e **espaço** estabelecidos na ordem de direito positivo. No que se refere à **vigência no tempo**, além de disciplinar o início da vigência das normas complementares, o CTN mostra-se sintonizado com o princípio da anterioridade tributária. Já a **vigência no espaço** está estritamente ligada à respectiva fonte de produção (as leis podem ser classificadas em **municipais**, **estaduais**, **federais** e **nacionais**).
- **Aplicação:** a legislação tributária aplica-se imediatamente aos **fatos geradores futuros** (que estão por acontecer) **e aos pendentes**, assim entendidos aqueles cuja ocorrência tenha tido início, mas não esteja completa (CTN, art. 105). **Amenizações à regra da irretroatividade** estão previstas no artigo 106 do CTN, quais seja: normas expressamente interpretativas (CTN, art. 106, I) e atos ou fatos pretéritos não julgados definitivamente, em matéria de infrações e penalidades para beneficiar o infrator (CTN, art. 106, II).
- **Interpretação:** raciocínio lógico-jurídico desenvolvido para compreensão do conteúdo e alcance de uma norma jurídica ou de um conjunto dessas normas, visando à correta aplicação da legislação. Em matéria tributária, os artigos 109 a 112 do CTN estabelecem inúmeras regras de interpretação. Os artigos 109 e 110 versam sobre a utilização de conceitos e princípios de direito privado, o artigo 111 sobre a intepretação literal da norma tributária e o artigo 112 sobre *in dubio pro contribuinte* em matéria de infrações e penalidades.
- **Integração:** é colmatar lacunas, suprir as omissões da ordem jurídica, de acordo com preceitos ex-

traídos do próprio sistema normativo. Em matéria tributária, a integração normativa é regida pelo artigo 108 do CTN, que prevê a utilização, **sucessivamente**, dos seguintes critérios de integração: 1º) analogia; 2º) princípios gerais de direito tributário; 3º) princípios gerais de direito público; 4º) equidade. **Exceções:** o emprego da analogia não poderá resultar na exigência de tributo não previsto em lei (CTN, art. 108, § 1º); a equidade não poderá levar à dispensa do pagamento de tributo devido (CTN, art. 108, § 2º).

5. OBRIGAÇÃO TRIBUTÁRIA E FATO GERADOR

- **Obrigação tributária:** é **principal** ou **acessória** (CTN, art. 113).
- **Obrigação principal:** surge com a ocorrência do fato gerador, tem por objetivo o pagamento de tributo ou penalidade pecuniária e extingue-se juntamente com o crédito dela decorrente (CTN, art. 113, §1º).
- **Obrigação tributária acessória:** consubstancia-se em prestações positivas ou negativas previstas na legislação tributária no interesse da arrecadação e da fiscalização (CTN, art. 113, § 2º). A inobservância de obrigação acessória enseja a sua conversão em obrigação principal relativamente à penalidade pecuniária (CF, 113, § 3º), ou seja, a multa aplicada por descumprimento de obrigação acessória recebe o tratamento de uma obrigação tributária principal.
- O montante da obrigação tributária (**dívida tributária**) é o aspecto quantitativo da norma tributária impositiva, que pode ser um valor fixo, um percentual (**alíquota**) incidente sobre determinada grandeza (**base de cálculo**) ou até mesmo a lei pode utilizar-se do enquadramento em tabelas.
- Em diversos dispositivos constitucionais há menção a vários aspectos relativos às alíquotas aplicáveis aos impostos, conforme o quadro a seguir (rol exemplificativo):

Tributo	Alíquota	Competência/Observação
IOF (ouro)	Mínima	1%
ITCMD	Máxima	Senado Federal
ICMS (operações internas)	Mínima	Senado Federal (resolução de iniciativa de um terço dos senadores e aprovada por maioria absoluta)
ICMS (operações internas)	Máxima	Senado Federal (resolução de iniciativa da maioria absoluta e aprovada por 2/3 dos senadores)
ICMS (operações internas)	Deve ser maior do que a	Alíquota interestadual
ICMS (operações interestaduais)	a ser fixada pelo	Senado Federal (resolução de iniciativa do Presidente da República ou de um terço dos senadores)
IPVA	Mínima	Senado Federal
ISS	Mínimas/ Máximas	Lei Complementar
ISS	Mínima	2% (art. 88 ADCT, enquanto a lei complementar não disciplinar o assunto, exceto para os serviços de construção civil, demolição e reforma de edifícios e congêneres)

- No Direito Tributário, a expressão "**fato gerador**" é ambígua, haja vista que contempla ora a descrição legal (significando a **hipótese de incidência**), ora o fato concreto (significando o **fato jurídico-tributário**), cuja subsunção deste àquela dá origem à obrigação tributária.
- De acordo com o artigo 114 do CTN, "fato gerador da obrigação principal é a situação definida em lei como necessária e suficiente à sua ocorrência", ou seja, a partir da subsunção do fato (fato gerador concreto ou fato jurídico-tributário) à norma (fato gerador abstrato ou **hipótese de incidência**), nasce a obrigação tributária ou, noutras palavras, constitui-se a **relação jurídica tributária** (vínculo entre devedor e credor tributários).
- **Momento da ocorrência do fato gerador**: tratando-se de **situação de fato**, considera ocorrido o fato gerador desde o momento em que se verifiquem as circunstâncias materiais necessárias a que produza os efeitos que normalmente lhe são próprios (CTN, art. 116, I); se for uma **situação jurídica**, considera-se ocorrido desde o momento em que a situação jurídica estiver definitivamente constituída (CTN, art. 116, II).
- **Fato gerador condicional:** nos termos do artigo 117 do CTN ocorre, **na condição suspensiva**, desde o momento de sua implementação; **na condição resolutória**, desde o momento da prática do ato ou da celebração do negócio.

- **Interpretação do fato gerador:** a definição legal do fato gerador independe da validade jurídica, natureza do objeto ou efeitos dos atos praticados (CTN, art. 118, I) ou dos fatos ocorridos (CTN, art. 118, II).
- Diante dessa regra hermenêutica, consideram-se válidos fatos geradores relacionados a atividades ilícitas, tais como o IPTU do imóvel onde funciona uma banca de jogo de bicho ou a renda obtida por um membro de crime organizado. Trata-se da aplicação do princípio do *non olet* ("o dinheiro não tem cheiro"), que leva à interpretação objetiva dos fatos geradores, preconizada no artigo 118 do CTN.
- **Norma geral antielisão:** a autoridade administrativa poderá desconsiderar atos ou negócios jurídicos praticados com a finalidade de dissimular a ocorrência do fato gerador do tributo ou a natureza dos elementos constitutivos da obrigação tributária, observados os procedimentos a serem estabelecidos em lei ordinária (CTN, art. 116, parágrafo único).

6. SUJEITOS (ATIVO E PASSIVO), CAPACIDADE TRIBUTÁRIA, DOMICÍLIO TRIBUTÁRIO E RESPONSABILIDADE TRIBUTÁRIA

- **Sujeito ativo:** pessoa política titular da competência para exigir o cumprimento da obrigação tributária (CTN, art. 119).
- **Sujeito passivo:** é o devedor da relação tributária, isto é, aquele obrigado ao pagamento do tributo ou da penalidade pecuniária. Como dispõe o artigo 121, parágrafo único do CTN, o sujeito passivo pode ser: I – o **contribuinte** (alguém com relação pessoal e direta com a situação que constitua o respectivo fato gerador)**; II –** o **responsável** (aquele que, não se revestindo da condição de contribuinte, sua obrigação decorra de expressa disposição legal).
- **Sujeito passivo da obrigação acessória:** é a pessoa obrigada às prestações que constituam o seu objeto (CTN, art. 122).
- **Convenções entre particulares:** eventual acordo entre particulares com relação à responsabilidade pelo pagamento de tributos, salvo disposição de lei em contrário, não pode ser oposto à Fazenda Pública no intuito de modificar a definição legal do sujeito passivo da obrigação tributária correspondente (CTN, art. 123).
- **Solidariedade tributária:** é a modalidade de sujeição passiva em que a responsabilidade pelo cumprimento da obrigação principal pode ser atribuída a um ou mais devedores ao mesmo tempo e sem benefício de ordem. Atinge as **pessoas que tenham interesse comum na situação que constitua o fato gerador da obrigação tributária principal (CTN, art. 124, I),** bem como **aquelas pessoas expressamente designadas em lei (CTN, art. 124, II)**. Na solidariedade, o pagamento efetuado por um dos obrigados aproveita aos demais, a isenção ou remissão de crédito tributário exonera todos os obrigados (exceto se for outorgada pessoalmente a um deles, subsistindo a solidariedade quanto aos demais sobre o saldo) e a interrupção da prescrição em favor ou contra um dos obrigados, favorece ou prejudica aos demais (CTN, art. 125).
- **Capacidade tributária passiva:** independe da capacidade civil da pessoa física ou do fato de se achar sujeita a medidas que importam em privação ou limitação do exercício de atividades civis, comerciais, profissionais ou da administração de seus bens ou negócios (CTN, art. 126).
- **Eleição de domicílio e recusa de domicílio eleito:** todo sujeito passivo (contribuinte ou responsável) tem um domicílio tributário, como regra, o domicílio que eleger (CTN, art. 127). Porém, o domicílio eleito pelo sujeito passivo poderá ser recusado pela autoridade fazendária quando impossibilitar ou dificultar a arrecadação dos tributos (CTN, art. 127, § 2º).
- **Ausência de eleição de domicílio:** hipótese suprida pelas regras do artigo 127 do CTN. No caso de pessoa física, o domicílio será a residência habitual do contribuinte, ou então, se a residência for incerta ou desconhecida, o centro habitual de suas atividades (inciso I). Na mesma linha, não havendo eleição de domicílio fiscal, será considerado como tal o local da sede da pessoa jurídica de Direito Privado (inciso II) ou da repartição da pessoa jurídica de Direito Público (inciso III).
- **Regra supletiva:** não sendo possível a aplicação das regras acima, o domicílio tributário será o lugar da situação dos bens ou da ocorrência dos atos ou fatos que derem origem à obrigação tributária (CTN, art. 127, § 1º).
- A expressão responsabilidade tributária e o termo responsável são importantíssimos para o Direito Tributário, uma vez que, em linhas gerais, implicam na submissão de determinada pessoa a arcar com o débito fiscal.
- À condição de sujeito passivo do responsável, dá-se o nome de responsabilidade tributária, tema exaustivamente explorado em concursos públicos. Para desenvolvê-lo, é importante estabelecer uma sistematização das normas de responsabilidade tributária no CTN, podendo-se partir da classificação que subdivide a responsabilidade tributária em responsabilidade por substituição (CTN, art. 128) e responsabilidade por transferência, esta última compreendendo as seguintes subespécies de responsabilidades: por sucessão, de terceiros e por infrações.
- **Responsável tributário:** deve ser uma terceira pessoa vinculada ao fato gerador da respectiva obrigação, excluindo a responsabilidade do contribuinte ou atribuindo-a a este em caráter supletivo do cumprimento total ou parcial da referida obrigação (CTN, art. 128).

Responsabilidade Solidária	Responsabilidade Subsidiária	Responsabilidade pessoal
A dívida tributária pode ser exigida tanto do "contribuinte" como do "responsável", ou de dois contribuintes, sem benefício de ordem.	Responsabilidade decorre da impossibilidade de exigência da obrigação junto ao "contribuinte".	Diretamente da pessoa indicada como responsável tributária, independente da responsabilidade do contribuinte

TRIBUTÁRIO

- **Responsabilidade por substituição tributária:** a lei poderá atribuir a sujeito passivo de obrigação tributária a condição de responsável pelo pagamento de imposto ou contribuição, cujo fato gerador deva ocorrer posteriormente (CF, art. 150, § 7º c/c CTN, art. 128), assegurada a imediata e preferencial restituição da quantia paga, caso não se realize o fato gerador presumido.
- **Finalidades da substituição tributária:** facilitar arrecadação e fiscalização.
- "É devida a restituição da diferença do ICMS pago a mais no regime de substituição tributária para a frente se a base de cálculo efetiva da operação for inferior à presumida" (Tese do Tema 201 de Repercussão Geral).
- **Retenção na fonte:** a lei pode atribuir à fonte pagadora da renda ou dos proventos tributáveis a condição de responsável pelo imposto cuja retenção e recolhimento lhe caibam (CTN, art. 45).
- **Responsabilidade dos sucessores:** encontra-se disciplinada entre os artigos 129 a 133 do CTN. Aplica-se por igual aos créditos tributários definitivamente constituídos ou em curso de constituição à data dos atos nela referidos e aos constituídos posteriormente aos mesmos atos, desde que relativos a obrigações tributárias surgidas até a referida data.

Responsabilidade dos Sucessores	
Aplica-se por igual aos créditos tributários definitivamente constituídos ou em curso de constituição à data dos atos nela referidos e aos constituídos posteriormente aos mesmos atos, desde que relativos a obrigações tributárias surgidas até a referida data.	
Tributos "propter rem" (imóveis) - CTN, art. 130	Sub-rogam-se na pessoa dos respectivos adquirentes, **salvo quando conste do título a prova de sua quitação.**
Aquisição de imóvel em hasta pública - CTN, art. 130, parágrafo único	A sub-rogação dos tributos "propter rem" ocorre sobre o respectivo preço.
Responsabilidade pessoal - CTN, art. 131, I	do adquirente ou remitente, pelos tributos relativos aos bens adquiridos ou remidos.
Responsabilidade pessoal - CTN, art. 131, II	do sucessor a qualquer título e o cônjuge meeiro, pelos tributos devidos pelo de cujus até a data da partilha ou adjudicação, limitada esta responsabilidade ao montante do quinhão do legado ou da meação.
Responsabilidade pessoal - CTN, art. 131, III	do espólio, pelos tributos devidos pelo de cujus até a data da abertura da sucessão.

Responsabilidade dos Sucessores	
Pessoa jurídica de direito privado que resultar de fusão, transformação ou incorporação - CTN, art. 132	é responsável pelos tributos devidos até a data do ato pelas pessoas jurídicas de direito privado fusionadas, transformadas ou incorporadas.
Extinção de pessoa jurídica de direito privado - CTN, art. 132, parágrafo único	quando a exploração da respectiva atividade seja continuada por qualquer sócio remanescente, ou seu espólio, sob a mesma ou outra razão social, ou sob firma individual, estes são responsáveis.
Pessoa natural ou jurídica que adquire de outra um estabelecimento (fundo de comércio) - CTN, art. 133	Responde pelos tributos, relativos ao fundo ou estabelecimento adquirido, devidos até a data do ato: I - **integralmente**, se o alienante cessar a exploração do comércio, indústria ou atividade; II - **subsidiariamente** com o alienante, se este prosseguir na exploração ou iniciar dentro de seis meses a contar da data da alienação, nova atividade no mesmo ou em outro ramo de comércio, indústria ou profissão.
Pessoa natural ou jurídica que adquire estabelecimento (fundo de comércio) de outra em processo de falência; ou adquire filial ou unidade produtiva isolada, em processo de recuperação judicial - CTN, art. 133, §§ 1º e 2º	Não responde pelos tributos, quer integral, quer subsidiariamente, exceto quando o adquirente for: I - sócio da sociedade falida ou em recuperação judicial, ou sociedade controlada pelo devedor falido ou em recuperação judicial; II - parente, em linha reta ou colateral até o 4º (quarto) grau, consanguíneo ou afim, do devedor falido ou em recuperação judicial ou de qualquer de seus sócios; ou III - identificado como agente do falido ou do devedor em recuperação judicial com o objetivo de fraudar a sucessão tributária.

- **Responsabilidade de terceiros:** está disciplinada nos artigos 134 e 135 do CTN.
- **Responsabilidade de terceiros com atuação regular:** nos casos de impossibilidade de exigência do cumprimento da obrigação principal pelo contribuinte, respondem **solidariamente** com este nos atos em que intervierem ou pelas omissões de que forem responsáveis (CTN, art. 134).

- **Responsabilidade de terceiros com atuação irregular:** as pessoas do artigo 135 do CTN são **pessoalmente** responsáveis pelos créditos correspondentes a obrigações tributárias resultantes de **atos praticados com excesso de poder, ou infração à lei, estatuto ou contrato social**.

Responsabilidade de Terceiros		
Nos casos de impossibilidade de exigência do cumprimento da obrigação principal pelo contribuinte, respondem solidariamente com este nos atos em que intervierem ou pelas omissões de que forem responsáveis. O disposto neste artigo só se aplica, em matéria de penalidades, às de caráter moratório (art. 134, parágrafo único).		
Contribuinte, tributos devidos pelos:	**Terceiro Responsável**	**CTN, artigo 134, inciso:**
Filhos menores	Pais	I
Tutelados e curatelados	Tutores e curadores	II
Terceiros	Administradores de bens de terceiros	III
Espólio	Inventariante	IV
Massa falida ou concordatário	Síndico e comissário (atualmente "administrador judicial")	V
Atos praticados por tabeliães, escrivães e demais serventuários de ofício, ou perante eles, em razão do seu ofício	os tabeliães, escrivães e demais serventuários de ofício	VI
Liquidação de sociedade de pessoas	Sócios	VII

Todas estas pessoas elencadas na coluna "terceiro responsável"	+	Os mandatários, prepostos e empregados	+	Os diretores, gerentes ou representantes de pessoas jurídicas de direito privado

São pessoalmente responsáveis pelos créditos correspondentes a obrigações tributárias resultantes de atos praticados:	
Com excesso de poderes ou	Infração de lei, contrato social ou estatutos

- **Responsabilidade por infrações:** está disciplinada nos artigos 136 a 138 do CTN. Salvo disposição de lei em contrário, a responsabilidade por infrações da legislação tributária independe **da intenção do agente** ou do responsável e da efetividade, natureza e extensão dos efeitos do ato (CTN, art. 136). O artigo 137 trata da responsabilidade pessoal do agente nas infrações tipificadas por lei como crimes ou contravenções ou relacionadas a dolo específico.
- **Denúncia espontânea:** a responsabilidade é excluída pela denúncia espontânea da infração, acompanhada, se for o caso, do pagamento do tributo devido e dos juros de mora, ou do depósito da importância arbitrada pela autoridade administrativa, quando o montante do tributo dependa de apuração (CTN, art.138). No entanto, "não se considera espontânea a denúncia apresentada após o início de qualquer procedimento administrativo ou medida de fiscalização, relacionados com a infração" (CTN, art. 138, parágrafo único).

7. CRÉDITO TRIBUTÁRIO: LANÇAMENTO TRIBUTÁRIO, SUSPENSÃO DA EXIGIBILIDADE, EXTINÇÃO, EXCLUSÃO, GARANTIAS E PRIVILÉGIOS

- **Crédito tributário:** direito subjetivo da Fazenda Pública ao objeto da obrigação tributária, o crédito tributário, para ser exigido, deve ser formalizado por meio do lançamento.
- O crédito tributário decorre da obrigação principal e tem a mesma natureza desta (CTN, art. 139), de modo que, a exemplo da obrigação tributária, o crédito tributário constitui o direito subjetivo da Fazenda Pública exigir a prestação tributária do contribuinte ou responsável.
- Logo, também, crédito tributário não é sinônimo de obrigação tributária. Aliás, segundo o artigo 140 do CTN, "as circunstâncias que modificam o crédito tributário, sua extensão ou seus efeitos, ou as garantias ou os privilégios a ele atribuídos, ou que excluem sua exigibilidade não afetam a obrigação tributária que lhe deu origem".
- O crédito tributário é constituído pelo **lançamento tributário.**
- **Conceito de lançamento:** compete privativamente à autoridade administrativa constituir o crédito tributário pelo **lançamento**, assim entendido o procedimento administrativo tendente a verificar a ocorrência do fato gerador da obrigação correspondente, determinar a matéria tributável, calcular o montante do tributo devido, identificar o sujeito passivo e, sendo caso, propor a aplicação da penalidade cabível (CTN, art. 142).
- **Natureza do lançamento:** possui natureza constitutiva do crédito tributário e eficácia declaratória da obrigação tributária (CTN, art. 142).

- **Natureza vinculada e obrigatória:** a atividade administrativa de lançamento é vinculada e obrigatória, sob pena de responsabilidade funcional (CTN, art. 142, parágrafo único).
- **Lançamento em moeda estrangeira:** salvo disposição de lei em contrário, quando o valor tributário esteja expresso em moeda estrangeira, no lançamento far-se-á sua conversão em moeda nacional ao câmbio do dia da ocorrência do fato gerador da obrigação (CTN, art. 143).
- **Modalidades de lançamento:** lançamento de ofício, lançamento por declaração e lançamento por homologação (classificação de acordo com o grau de participação do fisco).
- **Lançamento por declaração (CTN, art. 147):** efetivado pela autoridade administrativa (agente do órgão fazendário) a partir de informações imprescindíveis, declaradas pelo sujeito passivo ou por terceiro (grau médio de participação).
- **Lançamento de ofício (CTN, art. 149):** efetivado diretamente pela autoridade administrativa, independentemente de qualquer informação ou ato do sujeito passivo ou de terceiro (grau máximo de participação).
- **Lançamento por homologação ou autolançamento (CTN, art. 150):** o sujeito passivo antecipa o pagamento sem prévia análise da autoridade administrativa (grau mínimo de participação). A homologação pela autoridade administrativa pode ser expressa ou tácita (mais comum, pelo decurso de tempo).
- **Revisão do lançamento:** após devidamente notificado ao sujeito passivo, o lançamento só poderá ser alterado por: I – impugnação do próprio sujeito passivo; II – recurso de ofício; III – iniciativa de ofício da autoridade administrativa, nos casos previstos no artigo 149 (CTN, art. 145).
- **Hipóteses em que o lançamento é efetuado ou revisto de ofício:** I – quando a lei assim o determine; II – quando a declaração não seja prestada, por quem de direito, no prazo e na forma da legislação tributária; III – quando a pessoa legalmente obrigada, embora tenha prestado declaração nos termos do inciso anterior, deixe de atender, no prazo e na forma da legislação tributária, a pedido de esclarecimento formulado pela autoridade administrativa, recuse-se a prestá-lo ou não o preste satisfatoriamente, a juízo daquela autoridade; IV – quando se comprove falsidade, erro ou omissão quanto a qualquer elemento definido na legislação tributária como sendo de declaração obrigatória; V – quando se comprove omissão ou inexatidão, por parte da pessoa legalmente obrigada, no exercício da atividade a que se refere o artigo seguinte; VI – quando se comprove ação ou omissão do sujeito passivo, ou de terceiro legalmente obrigado, que dê lugar à aplicação de penalidade pecuniária; VII – quando se comprove que o sujeito passivo, ou terceiro em benefício daquele, agiu com dolo, fraude ou simulação; VIII – quando deva ser apreciado fato não conhecido ou não provado por ocasião do lançamento anterior; IX – quando se comprove que, no lançamento anterior, ocorreu fraude ou falta funcional da autoridade que o efetuou, ou omissão, pela mesma autoridade, de ato ou formalidade especial (CTN, art. 149).
- **Limite temporal para revisão do lançamento:** a revisão do lançamento só pode ser iniciada enquanto não extinto o direito da Fazenda Pública (CTN, art. 149, parágrafo único).
- **Lançamento no tempo:** coerente com o princípio da irretroatividade da norma tributária, o lançamento reporta-se à data da ocorrência do fato gerador da obrigação e rege-se pela lei então vigente, ainda que posteriormente modificada ou revogada (CTN, art. 144). Na verdade, o **lançamento tributário tem efeitos *ex tunc***. A expressão latina *ex tunc* pode ser traduzida como **desde a época**. Ao dizer que o lançamento tributário é *ex tunc* significa que seus efeitos retroagem à época da ocorrência do fato gerador (fato jurídico-tributário).
- Aplica-se ao lançamento a legislação que, posteriormente à ocorrência do fato gerador da obrigação, tenha instituído novos critérios de apuração ou processos de fiscalização, ampliado os poderes de investigação das autoridades administrativas, ou outorgado ao crédito maiores garantias ou privilégios, exceto, neste último caso, para o efeito de atribuir responsabilidade tributária a terceiros (art. 144, § 1º). O disposto no artigo 144 não se aplica aos impostos lançados por períodos certos de tempo, desde que a respectiva lei fixe expressamente a data em que o fato gerador se considera ocorrido (art. 144, § 2º). A modificação introduzida, de ofício ou em consequência de decisão administrativa ou judicial, nos critérios jurídicos adotados pela autoridade administrativa no exercício do lançamento somente pode ser efetivada, em relação a um mesmo sujeito passivo, quanto a fato gerador ocorrido posteriormente à sua introdução (CTN, art. 146).

Quadro sinóptico sobre o lançamento tributário:

Natureza	Constitutiva do crédito tributário
Em relação à obrigação tributária	Viés declaratório da obrigação tributária
Efeitos	"ex tunc" (seus efeitos retroagem à época da ocorrência do fato gerador)
Competência	Privativa da autoridade administrativa
Deve conter	a) A verificação da ocorrência do fato gerador da obrigação tributária; b) A determinação da matéria tributável; c) O cálculo do montante do tributo devido; d) A identificação do sujeito passivo; e) A aplicação da penalidade cabível (se for o caso).

- **Suspensão da exigibilidade do crédito tributário:** a suspensão da exigibilidade do crédito tributário na via judicial impede o Fisco de praticar qualquer ato contra o contribuinte visando à cobrança de seu crédito, tais como inscrição em dívida, execução e penhora, mas não impossibilita a Fazenda de proceder à regular constituição do crédito tributário para prevenir a decadência do direito de lançar (STJ, REsp 260.040).

- **Causas de suspensão da exigibilidade do crédito tributário**: impedem o ajuizamento da execução fiscal. E, logicamente, se a causa de suspensão se apresentar posteriormente ao ajuizamento da execução fiscal, esta deverá ficar sobrestada até que o motivo da suspensão cesse.
- As **hipóteses de suspensão da exigibilidade** do crédito tributário estão previstas no **artigo 151 do CTN**, conforme sintetizado no quadro abaixo:

Art. 151 CTN Inciso:	Hipóteses	Resumo
I	**Moratória**	Postergação do momento do pagamento do crédito tributário
II	**Depósito de seu montante integral**	Depósito, pelo contribuinte, do valor do crédito tributário discutido
III	**Defesas e recursos no âmbito do processo administrativo fiscal (PAF)**	Atos de defesa do contribuinte face ao lançamento de ofício, conforme previsão nas leis que regem o PAF
IV	**Liminar em mandado de segurança**	Ordem judicial concedida no início do procedimento do mandado de segurança, em geral, sem ouvir a parte contrária
V	**Liminar/tutela antecipada em outras espécies de ações judiciais**	Ordem judicial concedida no início da ação, em geral, sem ouvir a parte contrária
VI	**Parcelamento**	Acordo de quitação em parcelas de um crédito tributário reconhecido e confessado pelo contribuinte, conforme diretrizes fixadas em lei

- A suspensão da exigibilidade **não** dispensa o cumprimento das obrigações acessórias dependentes da obrigação principal cujo crédito seja suspenso (CTN, art. 151, parágrafo único).
- **Juros no parcelamento:** salvo disposição de lei em contrário, o parcelamento do crédito tributário não exclui a incidência de juros e multas (CTN, art. 155-A, § 1º).
- **Juros nas liminares:** dependerá da sentença ou acórdão transitado em julgado; em caso de procedência da ação e manutenção da liminar, o crédito tributário será extinto (CTN, art. 156, X); mas se a liminar for revogada e a ação julgada improcedente, o crédito tributário poderá ser exigido acrescido de todos os consectários da mora.
- Da mesma forma que decorre da obrigação principal (CTN, art. 139), o crédito tributário desaparece juntamente com o vínculo obrigacional, diante de acontecimentos previstos como **hipóteses de extinção no artigo 156 do CTN**, sinteticamente apresentadas no quadro abaixo:

Art. 156 CTN inciso	Hipóteses	Resumo
I	**Pagamento**	Adimplemento voluntário pelo sujeito passivo com entrega de pecúnia, em geral via rede bancária
II	**Compensação**	Os polos da relação jurídica são, ao mesmo tempo, devedores e credores reciprocamente
III	**Remissão**	Perdão legal do crédito tributário existente
IV	**Transação**	Concessões mútuas (devedor e credor tributários) que importem em terminação de litígio
V	**Prescrição**	Perda pelo decurso de prazo, por parte do sujeito ativo, do direito de promover a execução fiscal face ao sujeito passivo
V	**Decadência**	Perda pelo decurso de prazo, por parte do sujeito ativo, do direito de constituir o crédito tributário

TRIBUTÁRIO

Art. 156 CTN inciso	Hipóteses	Resumo
VI	**Conversão de depósito em renda**	Transformação do depósito feito pelo sujeito passivo em renda para sujeito ativo
VII	**Pagamento antecipado e homologação de lançamento**	Pagamento realizado pelo sujeito passivo a partir da apuração feita por ele próprio, sem participação do fisco num primeiro momento (por isso o pagamento é tido por antecipado), sendo que a homologação fiscal pode ser expressa ou tácita (decurso de prazo)
VIII	**Consignação em pagamento**	Diante de obstáculo ao pagamento criado pelo sujeito ativo (hipóteses do artigo 164 do CTN), o sujeito passivo ingressa com a ação para consignar o crédito tributário em pagamento (depositando-o)
IX	**Decisão administrativa irreformável**	Decisão administrativa favorável ao sujeito passivo sobre a qual não caiba mais recurso
X	**Decisão judicial transitada em julgado**	Decisão judicial favorável ao sujeito passivo sobre a qual não caiba mais recurso
XI	**Dação em pagamento de bens imóveis**	Espontâneo oferecimento de bens imóveis pelo devedor (ao invés de pecúnia), ao credor, como forma de extinguir a dívida

- Os juros de mora são calculados à taxa de 1% (um por cento) ao mês, salvo se a lei dispuser de modo diverso (CNT, art. 161, § 2º).
- Os institutos da decadência e da prescrição merecem destaque especial. Ambos são hipóteses de extinção do crédito tributário (CTN, art. 156, V).
- O **artigo 173 do CTN** dispõe sobre a **decadência** do direito de o fisco constituir o crédito tributário pelo **lançamento de ofício.** Assim, embora a decadência esteja no rol das hipóteses de extinção do crédito tributário, fato é que, vindo a ocorrer, a Fazenda fica mesmo é legalmente impedida de constitui-lo.
- O prazo de decadência aplicável ao lançamento de ofício, fixado pelo artigo 173 do CTN, é de **5 (cinco) anos contados**: **I** – do **primeiro dia do exercício seguinte** àquele em que o lançamento poderia ter sido efetuado; **II** – da data em que se tornar definitiva a decisão que houver anulado, por **vício formal**, o lançamento anteriormente efetuado.
- Nos tributos sujeitos ao **lançamento por homologação**, o prazo de decadência também é de **5 (cinco) anos, contados** da ocorrência **do fato gerador** (CTN, art. 150, § 4º). Como se trata de um autolançamento, não se refere a um prazo para o fisco constituir o crédito tributário, mas sim para promover a homologação da atividade do sujeito passivo, o que **se confunde com** o período de 5 (cinco) anos para **homologação tácita** previsto no artigo 150, § 4º do CTN.
- Todavia, como expressamente ressalva o próprio artigo 150, § 4º do CTN, o prazo de homologação **não se aplica em situações nas quais houver prova de dolo, fraude ou simulação.** Nesses casos, torna-se necessário o chamado lançamento de ofício substitutivo e o **prazo decadencial aplicável passa a ser o do artigo 173, inciso I**, próprio do lançamento de ofício. O mesmo ocorre em outras situações decorrentes da interpretação do STJ acerca dessas normas de decadência (REsp 973.733/SC e REsp 979.228/RS), de modo que, em síntese, nos tributos sujeitos ao lançamento por homologação, a decadência é definida nos seguintes termos:
- **Regra Geral:** art. 150, §4º do CTN, cinco anos contados da ocorrência do fato gerador.
- **Aplicação do artigo 173, inciso I, do CTN**, cinco anos contados a partir do primeiro dia do exercício seguinte àquele em que o lançamento poderia ter sido efetuado, nas seguintes hipóteses: a) quando houver dolo, fraude ou simulação na atividade do sujeito passivo, decorrente de exceção expressa no artigo 150, §4º; b) quando houver falta de antecipação do pagamento ou crédito indevido, conforme jurisprudência do STJ.
- A **ação para a cobrança do crédito tributário**, isto é, a **execução fiscal** (Lei 6.830/80), **prescreve** em **5 (cinco) anos, contados da constituição definitiva** (CTN, art. 174). A prescrição também extingue o crédito tributário (CTN, art. 156, V).
- A **prescrição será interrompida** por um dos **seguintes atos**: **I** – pelo **despacho** do juiz **que ordenar a citação** em execução fiscal (redação dada pela LC 118/2003); **II** - pelo protesto judicial ou extrajudicial; **III** – por qualquer ato judicial que constitua em mora o devedor; **IV** – por

qualquer ato inequívoco, ainda que extrajudicial, que importe em reconhecimento do débito pelo devedor (CTN, art. 174, parágrafo único). Muito cuidado que, em concursos públicos, os examinadores costumam substituir o verbo "interromper" por "suspender" quando se referem ao artigo 174, parágrafo único, do CTN, o que está errado, pois, nas referidas hipóteses, a prescrição é interrompida e não suspensa.

- Como se vê, no parágrafo único do artigo 174, o CTN elenca apenas hipóteses de interrupção da prescrição, não trazendo nenhuma hipótese de suspensão do prazo prescricional. Porém, embora não exista no CTN previsão para a suspensão da prescrição, cuidando-se de tributo definitivamente lançado, **suspensa a exigibilidade do crédito tributário**, por viés lógico de consequência, **suspende-se também a prescrição** (STJ – RESP 267437-MG, 2ª. T., Relª. Minª. Eliana Calmon – DJU 17.06.2002).
- **Exclusão do crédito tributário:** expressão objeto de muitas críticas da doutrina, a exclusão do crédito tributário é regida essencialmente pelos artigos 175 a 182 do CTN.
- **Hipóteses previstas no CTN:** isenção e anistia, resumidas no quadro abaixo:

Isenção	Anistia
Implica a exclusão ou dispensa do tributo	Implica a exclusão ou dispensa da multa
Alcança somente fatos geradores ocorridos após a lei	Alcança somente fatos geradores ocorridos antes da lei

- Ambas dependem de **expressa previsão legal**, como consequência do princípio da legalidade (CF, art. 150, I) e reserva do artigo 97, inciso VI, do CTN, demandando, por essa razão, uma interpretação literal da norma instituidora do benefício (CTN, art. 111, I e II).
- Sob a ótica do CTN, a isenção constitui uma dispensa legal do pagamento do tributo, pois, exclui o crédito tributário, ou seja, há a obrigação tributária decorrente da incidência do tributo, entretanto, a constituição do crédito tributário fica inviabilizada pela norma de isenção.
- Salvo previsão legal em contrário, não dispensam o contribuinte beneficiado de cumprir com as obrigações tributárias acessórias (CTN, art. 175, parágrafo único).
- **Isenção heterônoma**: aquela concedida por ente federativo tributante diferente daquele que teria por regra competência para instituí-la. O artigo 151, inciso III, da CF proibiu tal tipo de isenção ao vedar à União instituir isenções de tributos da competência dos Estados, do Distrito Federal ou dos Municípios. Entretanto, no texto constitucional, constata-se como exceção a essa regra a possibilidade de exclusão do ISS incidente sobre exportações de serviços, pela União, via lei complementar (CF, art. 156, §3º, II).
- As **garantias e os privilégios do crédito tributário** estão disciplinados no CTN (artigos 183 a 193).
- As **garantias** são instrumentos de que dispõe o Poder Público para assegurar o seu direito de receber o crédito tributário, impelindo o sujeito passivo a extingui-lo (principalmente pelo pagamento).
- Os **privilégios** são preferências gozadas pelo crédito tributário em comparação com créditos de demais naturezas jurídicas.
- O quadro a seguir sistematiza as **garantias** previstas no CTN:

Responsabilidade patrimonial:	Sem prejuízo dos privilégios especiais sobre determinados bens, responde pelo pagamento do crédito tributário a totalidade dos bens e das rendas, de qualquer origem ou natureza, do sujeito passivo, seu espólio ou sua massa falida, inclusive os gravados por ônus real ou cláusula de inalienabilidade ou impenhorabilidade, seja qual for a data da constituição do ônus ou da cláusula, excetuados unicamente os bens e rendas que a lei declare absolutamente impenhoráveis.
Presunção de Fraude:	Presume-se fraudulenta a alienação ou oneração de bens ou rendas, ou seu começo, por sujeito passivo em débito para com a Fazenda Pública, por crédito tributário regularmente inscrito como dívida ativa.
Não aplicação da presunção de fraude:	Na hipótese de o devedor ter reservado bens ou rendas suficientes para o total pagamento da dívida inscrita.
Determinação judicial de indisponibilidade de bens e direitos do devedor:	Na hipótese de o devedor tributário, devidamente citado, não pagar nem apresentar bens à penhora no prazo legal e não forem encontrados bens penhoráveis. A decisão será comunicada aos órgãos e entidades que promovem registros de transferência de bens, especialmente ao registro público de imóveis e às autoridades supervisoras do mercado bancário e do mercado de capitais, a fim de que, no âmbito de suas atribuições, façam cumprir a ordem judicial.
Limite da indisponibilidade:	Valor total exigível, devendo o juiz determinar o imediato levantamento da indisponibilidade dos bens ou valores que excederem esse limite.

Prova de tributos quitados:	Salvo quando expressamente autorizado por lei, nenhum departamento da administração pública da União, dos Estados, do Distrito Federal, ou dos Municípios, ou sua autarquia, celebrará contrato ou aceitará proposta em concorrência pública sem que o contratante ou proponente faça prova da quitação de todos os tributos devidos à Fazenda Pública interessada, relativos à atividade em cujo exercício contrata ou concorre.

Em linhas gerais (exceto no caso de falência) o crédito tributário tem as **seguintes preferências**:

- O crédito tributário prefere a qualquer outro, seja qual for sua natureza.
- O crédito tributário prefere a qualquer outro, seja qual for o tempo de sua constituição.
- Há duas ressalvas: os créditos decorrentes da (1) legislação do trabalho ou do (2) acidente de trabalho.
- A sua cobrança judicial não é sujeita a (1) concurso de credores ou (2) habilitação em falência, recuperação judicial, concordata, inventário ou arrolamento.

8. ADMINISTRAÇÃO TRIBUTÁRIA: FISCALIZAÇÃO TRIBUTÁRIA, DÍVIDA ATIVA E CERTIDÕES

O estudo da **Administração Tributária** é dividido em três temas principais: Fiscalização (CTN, arts. 194 a 200); Dívida Ativa (CTN, arts. 201 a 204) e Certidões Negativas (CTN, arts. 205 a 208).

- O quadro abaixo reflete os **principais aspectos da fiscalização** no CTN e na CF:

Tópicos	Considerações
Primazia Constitucional (CF, art. 37, incisos XVIII e XXII)	Art. 37. A administração pública direta e indireta (...): XVIII – **a administração fazendária** e seus servidores fiscais terão, dentro de suas áreas de competência e jurisdição, **precedência sobre os demais setores administrativos**, na forma da lei; XXII – **as administrações tributárias** da União, dos Estados, do Distrito Federal e dos Municípios, atividades essenciais ao funcionamento do Estado, exercidas por servidores de carreiras específicas, **terão recursos prioritários para a realização de suas atividades e atuarão de forma integrada**, inclusive com o compartilhamento de cadastros e de informações fiscais, na forma da lei ou convênio.
Respeito aos Direitos e Garantias Fundamentais (CF, art. 145, §1º)	§ 1º – Sempre que possível, os impostos terão caráter pessoal e serão graduados segundo a capacidade econômica do contribuinte, **facultado à administração tributária**, especialmente para conferir efetividade a esses objetivos, identificar, **respeitados os direitos individuais e nos termos da lei**, o patrimônio, os rendimentos e as atividades econômicas do contribuinte
Autoexecutoriedade (CTN, art. 195)	Art. 195. Para os efeitos da legislação tributária, não têm aplicação quaisquer disposições legais excludentes ou limitativas do direito de examinar mercadorias, livros, arquivos, documentos, papéis e efeitos comerciais ou fiscais, dos comerciantes industriais ou produtores, ou da obrigação destes de exibi-los. **Noutras palavras:** Contribuinte (demais fiscalizados): dever de exibir; Fisco: direito de examinar; O quê? Mercadorias, livros, arquivos, documentos, papeis de trabalho.
Quem está sujeito a ser fiscalizado? (CTN, art. 194, parágrafo único)	Pessoas naturais ou jurídicas, contribuintes ou não, inclusive às que gozem de imunidade tributária ou de isenção de caráter pessoal.
Início da Fiscalização (CTN, art. 196)	Deve ser documentado. Atualmente tem-se o mandado de procedimento fiscal (federal), as ordens de serviço fiscal (estadual – SP) e os termos de início de fiscalização (municipais). A partir do início da fiscalização não cabe mais o instituto da denúncia espontânea previsto no artigo 138 do CTN.
Uso de força policial (CTN, art. 200)	Os fiscais poderão requerer o auxílio de força policial quando vítimas de embaraço ou desacato no exercício de suas funções, ou quando necessário à efetivação dê medida prevista na legislação tributária, ainda que não se configure fato definido em lei como crime ou contravenção.

Tópicos	Considerações
Sigilo Fiscal (CTN, art. 198, *caput*)	Art. 198. Sem prejuízo do disposto na legislação criminal, é vedada a divulgação, por parte da Fazenda Pública ou de seus servidores, de informação obtida em razão do ofício sobre a situação econômica ou financeira do sujeito passivo ou de terceiros e sobre a natureza e o estado de seus negócios ou atividades.
Exceções ao Sigilo Fiscal (CTN, art. 198, §§1º e 3º e 199)	Não são considerados "quebra" do sigilo fiscal: a) Atendimento pelo Fisco de requisição de autoridade judiciária no interesse da justiça; b) Atendimento pelo Fisco de solicitações de autoridade administrativa no interesse da Administração Pública, desde que seja comprovada a instauração regular de processo administrativo, no órgão ou na entidade respectiva, com o objetivo de investigar o sujeito passivo a que se refere a informação, por prática de infração administrativa. c) Divulgação, pelo Fisco, de informações relativas a representações fiscais para fins penais. d) Divulgação, pelo Fisco, de informações relativas a inscrições na Dívida Ativa da Fazenda Pública. e) Divulgação, pelo Fisco, de informações relativas a parcelamento ou moratória. f) Troca de informações entre os Fiscos (Federal, Estaduais e Municipais), por lei ou convênio. g) Troca de informações entre o Fisco Federal e os estados estrangeiros, na forma estabelecida em tratados, acordos ou convênios no interesse da arrecadação e da fiscalização de tributos. h) Divulgação, pelo Fisco, de informações relativas a incentivo, renúncia, benefício ou imunidade de natureza tributária cujo beneficiário seja pessoa jurídica.
Sanções Políticas (Súmulas do STF)	**Súmula 70:** "É inadmissível a interdição de estabelecimento como meio coercitivo para cobrança de tributo".

Tópicos	Considerações
Sanções Políticas (Súmulas do STF)	**Súmula 323:** "É inadmissível a apreensão de mercadorias como meio coercitivo para pagamento de tributos". **Súmula 547:** "Não é lícito à autoridade proibir que o contribuinte em débito adquira estampilhas, despache mercadorias nas alfândegas e exerça suas atividades profissionais".
Prestação de informações (CTN, arts. 197 e 198, §§ 4º e 5º)	Art. 197. Mediante intimação escrita, são obrigados a prestar à autoridade administrativa todas as informações de que disponham com relação aos bens, negócios ou atividades de terceiros: I – os tabeliães, escrivães e demais serventuários de ofício; II – os bancos, casas bancárias, Caixas Econômicas e demais instituições financeiras; III – as empresas de administração de bens; IV – os corretores, leiloeiros e despachantes oficiais; V – os inventariantes; VI – os síndicos, comissários e liquidatários; VII – quaisquer outras entidades ou pessoas que a lei designe, em razão de seu cargo, ofício, função, ministério, atividade ou profissão. Parágrafo único. A obrigação prevista neste artigo não abrange a prestação de informações quanto a fatos sobre os quais o informante esteja legalmente obrigado a observar segredo em razão de cargo, ofício, função, ministério, atividade ou profissão.
	A administração tributária poderá requisitar informações cadastrais e patrimoniais de sujeito passivo de crédito tributário a órgãos ou entidades, públicos ou privados, que, inclusive por obrigação legal, operem cadastros e registros ou controlem operações de bens e direitos. Os órgãos e as entidades da administração pública

TRIBUTÁRIO

Tópicos	Considerações
Prestação de informações (CTN, arts. 197 e 198, §§ 4º e 5º)	direta e indireta de qualquer dos Poderes colaborarão com a administração tributária visando ao compartilhamento de bases de dados de natureza cadastral e patrimonial de seus administrados e supervisionados.

- **Dívida ativa tributária** é um crédito público, valor que a Fazenda Pública tem para receber de terceiros, proveniente do crédito tributário, regularmente inscrito na repartição pública competente depois de esgotado o prazo fixado, para pagamento, pela lei ou por decisão final proferida em processo regular.
- O débito fiscal regularmente inscrito em dívida ativa **goza de presunção relativa de liquidez e certeza** e tem efeito de prova pré-constituída.
- A **inscrição de um débito fiscal na dívida ativa** é um ato administrativo de cadastro próprio da Fazenda Pública (que se constitui no ato de controle administrativo da legalidade). Dele se extrai uma certidão, com os mesmos termos, denominada de CDA – Certidão de Dívida Ativa (CPC, art. 784, inciso IX), que tem natureza de título executivo extrajudicial, ou seja, é imprescindível para a cobrança judicial do crédito pela referida Fazenda Pública, através da Execução Fiscal, disciplinada pela Lei 6.830/80 (LEF – Lei de Execuções Fiscais). Aliás, a petição inicial da execução fiscal e a Certidão de Dívida Ativa poderão constituir um único documento, preparado inclusive por processo eletrônico.
- Os **requisitos obrigatórios do termo de inscrição em dívida ativa** estão previstos no CTN (art. 202) e na LEF (art. 2º, §5º):

Requisitos obrigatórios do termo de inscrição em dívida ativa	
Segundo o CTN (art. 202):	**Segundo a LEF (art. 2º, §5º):**
I – o nome do devedor e, sendo caso, o dos corresponsáveis, bem como, sempre que possível, o domicílio ou a residência de um e de outros;	I – o nome do devedor, dos corresponsáveis e, sempre que conhecido, o domicílio ou residência de um e de outros;
II – a quantia devida e a maneira de calcular os juros de mora acrescidos;	II – o valor originário da dívida, bem como o termo inicial e a forma de calcular os juros de mora e demais encargos previstos em lei ou contrato;
III – a origem e natureza do crédito, mencionada especificamente a disposição da lei em que seja fundado;	III – a origem, a natureza e o fundamento legal ou contratual da dívida;
IV – a data em que foi inscrita;	IV – a indicação, se for o caso, de estar a dívida sujeita à atualização monetária, bem como o respectivo fundamento legal e o termo inicial para o cálculo;
V – sendo o caso, o número do processo administrativo de que se originar o crédito.	V – a data e o número da inscrição, no Registro de Dívida Ativa; e
Parágrafo único. A certidão conterá, além dos requisitos deste artigo, a indicação do livro e da folha da inscrição.	VI – o número do processo administrativo ou do auto de infração, se neles estiver apurado o valor da dívida.

- Em diversas ocasiões exige-se do contribuinte a prova de quitação de tributos. Tal prova é materializada pela **certidão negativa**, "expedida à vista de requerimento do interessado, que contenha todas as informações necessárias à identificação de sua pessoa, domicílio fiscal e ramo de negócio ou atividade e indique o período a que se refere o pedido (CTN, art. 205)".
- São **três as espécies de certidões**, conforme detalhes no quadro a seguir:

Abreviatura	Nome	Característica
CND	**C**ertidão **N**egativa de **D**ébitos	Comprova a **inexistência** de débitos fiscais em nome do contribuinte em relação à Fazenda Pública que emite a certidão
CPD	**C**ertidão **P**ositiva de **D**ébitos	Comprova a **existência** de débitos fiscais em nome do contribuinte em relação à Fazenda Pública que emite a certidão
CPD-EN	**C**ertidão **P**ositiva de **D**ébitos, com **E**feitos de **N**egativa	Comprova a **existência** de débitos fiscais em nome do contribuinte em relação à Fazenda Pública que emite a certidão, **porém**, poderá ser utilizada pelo contribuinte para os mesmos fins que seria utilizada a CND

O contribuinte faz jus à CPD-EN caso apresente:	***Débitos fiscais vincendos*** (ou seja, que ainda estão no prazo para pagamento)
O contribuinte faz jus à CPD-EN caso apresente:	***Débitos fiscais em curso de cobrança executiva em que tenha sido efetivada a penhora*** (hipótese de garantia à execução fiscal)
	Débitos fiscais cuja exigibilidade esteja suspensa nos termos do artigo 151 do CTN. São causas de suspensão da exigibilidade: a) Moratória; b) Depósito do montante integral; c) Defesas e recursos no âmbito do processo administrativo fiscal; d) Concessão de liminar em mandado de segurança; e) Concessão de liminar ou antecipação de tutela em outas espécies de ação judicial; f) Parcelamento.

9. PROCESSO TRIBUTÁRIO. COBRANÇA DA DÍVIDA ATIVA

MEDIDA CAUTELAR FISCAL

- Com o **objetivo de prevenir os direitos de credor da Fazenda Pública em face de atos de dilapidação patrimonial por parte do devedor** do crédito tributário, a **Lei 8.397/92** instituiu a chamada medida cautelar fiscal.
- Ação exacional cujo procedimento poderá ser **instaurado, como regra, após a constituição do crédito** pela Fazenda Pública, inclusive no curso da Execução Fiscal (Lei 8.397/92, art. 1º), **em uma única situação excepcional, poderá ser ajuizada antes mesmo da constituição do crédito tributário**. Diz respeito à hipótese do artigo 2º, inciso V da Lei 8.397/92, isto é, quando o **contribuinte, notificado** pela Fazenda Pública **para** que proceda ao **recolhimento** do crédito fiscal, **puser ou tentar por seus bens em nome de terceiros** (art. 1º, parágrafo único).
- São **hipóteses de cabimento** da medida cautelar fiscal aquelas em que o devedor: I – sem domicílio certo, intenta ausentar-se ou alienar bens que possui ou deixa de pagar a obrigação no prazo fixado; II – tendo domicílio certo, ausenta-se ou tenta se ausentar, visando a elidir o adimplemento da obrigação; III – caindo em insolvência, aliena ou tenta alienar bens; IV – contrai ou tenta contrair dívidas que comprometam a liquidez do seu patrimônio; V – notificado pela Fazenda Pública para que proceda ao recolhimento do crédito fiscal: a) deixa de pagá-lo no prazo legal, salvo se suspensa sua exigibilidade; b) põe ou tenta por seus bens em nome de terceiros; VI – possui débitos, inscritos ou não em Dívida Ativa, que somados ultrapassem trinta por cento do seu patrimônio conhecido; VII – aliena bens ou direitos sem proceder à devida comunicação ao órgão da Fazenda Pública competente, quando exigível em virtude de lei; VIII – tem sua inscrição no cadastro de contribuintes declarada inapta, pelo órgão fazendário; IX – pratica outros atos que dificultem ou impeçam a satisfação do crédito (Lei 8.397/92, art. 2º).
- Além disso, são **condições específicas** da ação e requisitos para concessão da medida cautelar fiscal: I – **prova literal da constituição do crédito fiscal**; II – **prova documental de alguma das hipóteses de cabimento** (Lei 8.397/92, art. 3º).
- Quanto aos **efeitos**, a decretação da medida cautelar fiscal produzirá, de imediato, a **indisponibilidade dos bens do requerido, até o limite da satisfação da obrigação** (Lei 8.397/92, art. 4º). Na hipótese de pessoa jurídica, a indisponibilidade recairá somente sobre os bens do ativo permanente. Pode, ainda, ser estendida aos bens do acionista controlador e aos dos que em razão do contrato social ou estatuto tenham poderes para fazer a empresa cumprir suas obrigações fiscais, ao tempo: a) do fato gerador, nos casos de lançamento de ofício; b) do inadimplemento da obrigação fiscal, nos demais casos (Lei 8.397/92, art. 4º, § 1º).
- Como típico das ações cautelares, o procedimento **admite a concessão de liminar *inaudita altera pars***, ou seja, sem oitiva da parte contrária. Assim, nos termos do artigo 7º da Lei 8.397/92, o Juiz concederá liminarmente a medida cautelar fiscal, dispensada a Fazenda Pública de justificação prévia e de prestação de caução. Por se tratar de uma decisão interlocutória (resolve um incidente processual sem colocar fim ao processo, que prossegue até final sentença), **do despacho** que conceder liminarmente a medida cautelar **caberá** como recurso o **agravo de instrumento** (art. 7º, parágrafo único).
- Por outro lado, seja qual for a hipótese ou circunstância em que concedida, **a medida cautelar pode, a qualquer tempo, ser revogada ou modificada** (Lei 8.397/92, art. 12, *in fine*), além do que **cessa a sua eficácia**, não só na hipótese de **ausência de propositura da Execução Fiscal em sessenta dias (art. 13, I)**, como também nos seguintes casos: **se não for executada dentro de trinta dias**; se **for julgada extinta a Execução Fiscal**; **se o requerido promover a quitação do débito** que está sendo executado (art. 13, II, III e IV).
- Finalmente, **da sentença** que decretar a medida cautelar fiscal **caberá apelação**, sem efeito suspensivo, salvo se o requerido oferecer garantia (Lei 8.397/92, art. 17 c/c art. 10).

EXECUÇÃO FISCAL

- A execução judicial para cobrança da Dívida Ativa da União, dos Estados, do Distrito Federal, dos Municípios e respectivas autarquias, denominada Execução Fiscal, é **regida pela Lei 6.830/80** e, **subsidiariamente**, pelo **Código de Processo Civil – CPC/2015**.
- A **Lei 6.830/80 rege** não apenas a **cobrança da Dívida Ativa tributária**, como também da **não tributária** e abrange atualização monetária, juros e multa de mora e demais encargos previstos em lei ou contrato (art. 2º, § 2º). Aplica-se à Dívida Ativa da Fazenda Pública de natureza não tributária

TRIBUTÁRIO

o disposto nos artigos 186 e 188 a 192 do Código Tributário Nacional, normas que se referem a preferências do crédito tributário (art. 4º, § 4º).

- **Até a decisão de primeira instância**, a Certidão de Dívida Ativa **poderá ser emendada ou substituída**, assegurada ao executado a **devolução do prazo para embargos** (art. 2º, § 8º).
- A **Dívida Ativa regularmente inscrita** goza da **presunção de certeza e liquidez** (art. 3º). Mas essa **presunção é relativa** e pode ser ilidida por prova inequívoca, a cargo do executado ou de terceiro, a quem aproveite (art. 3º).
- No âmbito da Execução Fiscal, podem figurar como **executados**: I – o devedor; II – o fiador; III – o espólio; IV – a massa; V – o responsável, nos termos da lei, por dívidas, tributárias ou não, de pessoas físicas ou pessoas jurídicas de direito privado; e VI – os sucessores a qualquer título (art. 4º).
- A **competência para processar e julgar a execução** da Dívida Ativa da Fazenda Pública **exclui a de qualquer outro Juízo**, inclusive o da falência, da concordata, da liquidação, da insolvência ou do inventário (art. 5º).
- A **petição inicial**, distinto do que prevê o artigo 319 do CPC/2015, **indicará apenas:** I – o Juiz a quem é dirigida; II – o pedido; e III – o requerimento para a citação (art. 6º). **Será instruída com a CDA**, que dela fará parte integrante, como se estivesse transcrita (art. 6º, § 1º). A **petição inicial e a Certidão de Dívida Ativa poderão constituir um único documento**, preparado inclusive por processo eletrônico (art. 6º, § 2º).
- O despacho do Juiz que deferir a inicial importa em **ordem para**: I – **citação**, pelas sucessivas modalidades previstas no artigo 8º; II – **penhora**, se não for paga a dívida, nem garantida a execução, por meio de depósito, fiança ou seguro garantia; III – **arresto**, se o executado não tiver domicílio ou dele se ocultar; IV – **registro da penhora ou do arresto**, independentemente do pagamento de custas ou outras despesas; V – **avaliação** dos bens penhorados ou arrestados (art. 7º).
- O executado será citado para, no prazo de 5 (cinco) dias, pagar a dívida com os juros e multa de mora e encargos indicados na CDA, ou garantir a execução (art. 8º). A citação será, em regra, pelo correio, considerando-se feita na data da entrega da carta no endereço do executado, ou, se a data for omitida, no aviso de recepção, 10 (dez) dias após a entrega da carta à agência postal (art. 8º, I e II). Se o aviso de recepção não retornar no prazo de 15 (quinze) dias da entrega da carta à agência postal, a citação será feita por Oficial de Justiça ou por edital (art. 8º, III).
- Em **garantia da execução**, pelo valor da dívida, juros e multa de mora e encargos indicados na Certidão de Dívida Ativa, o executado poderá: I – efetuar **depósito em dinheiro**, à ordem do Juízo em estabelecimento oficial de crédito, que assegure atualização monetária; II – oferecer **fiança bancária**; III – **nomear bens à penhora**, observada a **ordem do artigo 11**; ou IV – **indicar à penhora bens oferecidos por terceiros e aceitos pela Fazenda Pública** (art. 9º).
- No que tange à **ordem de penhora ou arresto de bens**, nos termos do artigo 11 da Lei 6.830/80, é a seguinte: I – dinheiro; II – título da dívida pública, bem como título de crédito, que tenham cotação em bolsa; III – pedras e metais preciosos; IV – imóveis; V – navios e aeronaves; VI – veículos; VII – móveis ou semoventes; e VIII – direitos e ações.
- **Excepcionalmente**, a **penhora poderá recair sobre estabelecimento** comercial, industrial ou agrícola, bem como em plantações ou edifícios em construção (art. 11, § 1º).
- O artigo 15 trata da **substituição da penhora**, que poderá ser deferida pelo Juiz ao executado ou à Fazenda Pública, mas em amplitudes diferentes, quais sejam: I – **ao executado**, a substituição da penhora **por depósito em dinheiro ou fiança bancária**; e II – **à Fazenda Pública**, a substituição dos bens penhorados **por outros, independentemente da ordem do artigo 11**, bem como o **reforço da penhora insuficiente**.
- O prosseguimento da execução dá-se com a fase de satisfação do credor (Fazenda Pública), por meio de execução da garantia.
- Pode, também, haver a **alienação antecipada dos bens penhorados**, hipótese em que o produto será depositado em garantia da execução (art. 21).
- Não havendo alienação antecipada, nem ocorrendo pagamento ou remissão do bem penhorado, a próxima etapa será levá-lo à arrematação, que será precedida de edital, afixado no local de costume, na sede do Juízo, e publicado em resumo, uma só vez, gratuitamente, como expediente judiciário, no órgão oficial (art. 22).
- A **alienação** de quaisquer bens penhorados **será feita em leilão público**, no lugar designado pelo Juiz (art. 23). O prazo entre as datas de publicação do edital e do leilão não poderá ser superior a 30 (trinta), nem inferior a 10 (dez) dias (art. 22, § 1º). Sobre a realização desse leilão, o representante judicial da Fazenda Pública será intimado, pessoalmente, com a mesma antecedência, ou seja, mínima de 10 (dez) dias e máxima de 30 (trinta) dias (art. 22, § 1º). Aliás, na execução fiscal, qualquer intimação ao representante judicial da Fazenda Pública será feita pessoalmente (art. 25), o que pode ocorrer mediante vista dos autos, com imediata remessa a esse representante, pelo cartório ou secretaria (art. 25, parágrafo único).
- A Fazenda Pública e o executado poderão requerer que os bens sejam leiloados englobadamente ou em lotes que indicarem (art. 23, § 1º). Quanto à comissão do leiloeiro e demais despesas indicadas no edital, ao contrário do que se pode pensar, não pertencem ao executado, cabendo seu pagamento ao arrematante (art. 23, § 2º).
- **A Fazenda Pública poderá adjudicar os bens penhorados antes ou depois do leilão**, isto é, adquirir os bens penhorados em pagamento ou abatimento da dívida.

EXCEÇÃO DE PRÉ-EXECUTIVIDADE

- A exceção de pré-executividade é admissível na execução fiscal relativamente às **matérias conhecíveis de ofício** que **não** demandem **dilação probatória** (Súmula 393 do STJ), tais como a nulidade da citação, a prescrição (STJ, REsp 1136144/RJ), a execução desacompanhada de título executivo e outras nulidades processuais, a inconstitucionalidade da norma em que tenha se fundamentado o lançamento, o pagamento, a compensação e outras hipóteses de extinção do crédito tributário.

EMBARGOS À EXECUÇÃO FISCAL

- **Garantido o juízo**, o executado oferecerá **embargos**, no **prazo de 30 (trinta) dias**, contados: I – **do depósito**; II – **da juntada da prova da fiança** bancária; III – **da intimação da penhora** (Lei 6.830/80, art. 16).
- O termo *a quo* (**termo inicial**) para opor embargos à execução fiscal é a **data da efetiva intimação da penhora**, não se aplicando a regra geral de contagem de prazos do CPC, que seria a partir da juntada do mandado de intimação aos autos.
- No prazo dos embargos, o **executado deverá alegar toda matéria útil à defesa**, requerer provas e juntar aos autos os documentos e rol de testemunhas, até três, ou, a critério do juiz, até o dobro desse limite (Lei 6.830/80, art. 16, § 2º). Portanto, o objeto dos embargos é bem amplo, assim como a possibilidade de dilação probatória.
- Recebidos os embargos, o **Juiz mandará intimar a Fazenda para impugná-los no prazo de 30 (trinta) dias**, designando, em seguida, audiência de instrução e julgamento (Lei 6.830/80, art. 17). Mas, não se realizará audiência se os embargos versarem sobre matéria de direito, ou, sendo de direito e de fato, a prova for exclusivamente documental, caso em que o Juiz proferirá a sentença no prazo de 30 (trinta) dias (Lei 6.830/80, art. 17, parágrafo único).

	Garantia do juízo	Matérias	Dilação probatória
Embargos à execução	Pressuposto necessário	Alegar toda matéria útil à defesa	Possibilidade
Exceção de pré-executividade	Independe de garantia do juízo	Matérias conhecíveis de ofício que não demandem dilação probatória	Impossibilidade

MANDADO DE SEGURANÇA

- Disciplinado no plano infraconstitucional pela **Lei 12.016/2009**, o mandado de segurança constitui garantia constitucional para proteger **direito líquido e certo**, não amparado por *habeas corpus* e *habeas data*, quando o responsável pela **ilegalidade ou abuso de poder** for autoridade pública ou agente de pessoa jurídica no exercício de atribuições do Poder Público (CF, art. 5º, LXIX).
- O exercício do direito à impetração de mandado de segurança submete-se ao **prazo decadencial de 120 (cento e vinte) dias**, que são **contados da ciência do ato coator** (Lei 12.016/2009, art. 3º, parágrafo único c/c art. 23).
- No que concerne à **legitimidade ativa**, o mandado de segurança poderá ser impetrado por qualquer **pessoa física ou jurídica** que sofrer violação (**via repressiva**) ou houver justo receio de sofrê-la (**via preventiva**) por parte de autoridade.
- Em matéria tributária não é diferente, podendo ser impetrado pelo contribuinte **mandado de segurança repressivo**, em face da **ilegalidade do lançamento** constitutivo do crédito tributário, ou **mandado de segurança preventivo**, se houver **justo receio de sofrer o lançamento ilegal** por parte da autoridade administrativa tributária.
- Parte legítima para figurar no **polo passivo** da ação é a própria **autoridade coatora**, isto é, aquela responsável pela prática do ato impugnado ou em relação à qual se tem o receio que venha a praticá-lo.
- Ao despachar a inicial, o juiz ordenará: I – que se notifique o coator do conteúdo da petição inicial, enviando-lhe a segunda via apresentada com as cópias dos documentos, a fim de que, no prazo de 10 (dez) dias, preste as informações; II – que se dê ciência do feito ao órgão de representação judicial da pessoa jurídica interessada, enviando-lhe cópia da inicial sem documentos, para que, querendo, ingresse no feito (Lei 12.106/2009, art. 7º).
- Também com o despacho inicial, o **juiz poderá conceder liminar**, sem oitiva da parte contrária, determinando que se suspenda o ato que deu motivo ao pedido, **quando houver fundamento relevante e do ato impugnado puder resultar a ineficácia da medida**, caso seja finalmente deferida, sendo facultado exigir do impetrante caução, fiança ou depósito, com o objetivo de assegurar o ressarcimento à pessoa jurídica (art. 7º, III). Em matéria tributária, essa liminar tem por **efeito suspender a exigibilidade do crédito tributário** (CTN, art. 151, IV).
- Portanto, a concessão de liminar em mandado de segurança consistirá em uma ordem para suspensão do ato coator, que poderá ser concedida quando presentes os pressupostos legais **cumulativos**, quais sejam:

Fundamento relevante	+	Risco do ato impugnado resultar na ineficácia da medida

- Por ter caráter interlocutório, a **decisão** do juiz de primeiro grau **que conceder ou denegar a liminar** desafiará como recurso o **agravo de instrumento** (art. 7º, § 1º), que seguirá os trâmites do CPC.
- Ainda sobre a liminar, **não será concedida medida liminar que tenha por objeto a compensação de créditos tributários**, a entrega de mercadorias e bens provenientes do exterior, a reclassificação ou equiparação de servidores públicos e a concessão de aumento ou a extensão de vantagens ou pagamento de qualquer natureza (art. 7º, § 2º).
- Além disso, a **liminar** em mandado de segurança **pode ser revogada ou cassada. Se isso não ocorrer, seus efeitos persistirão até a prolação da sentença** (art. 7º, § 3º).
- Como consequência de ser uma medida judicial contra a violação a direito líquido e certo, confor-

TRIBUTÁRIO

me consagrado na **Súmula 266 do STF, não cabe mandado de segurança contra lei em tese.**

- Sobre esse aspecto, cabem duas observações fundamentais:
- A primeira é de que se compreende por "lei em tese" todo e qualquer ato de caráter normativo, isto é, aquele que veicule normas gerais e abstratas. Portanto, não é lei em sentido estrito (lei ordinária, lei complementar), mas lei em sentido lato, abrangendo também outros atos normativos como medidas provisórias, decretos, portarias, resoluções, instruções normativas etc.
- A segunda é de que o entendimento da Súmula 266 não se estende à pessoa que sofrer os efeitos concretos e abusivos da norma jurídica ilegal, ou mesmo inconstitucional, podendo essa pessoa se insurgir contra o ato ou ameaça de ato que concretizar o comando geral e abstrato da norma, ainda que o fundamento seja a ilegalidade ou inconstitucionalidade da norma (STJ – AGRESP. 105249 – PE – 2ª T. – REL. MIN. PAULO GALLOTTI – DJU 08.04.2002 E MS 5205 – DF – 1ª S. – RELª MINª LAURITA VAZ – DJU 18.02.2002 – P. 00220).
- E, também como consequência de ser uma medida judicial contra a violação a direito líquido e certo, a **impetração** de mandado de segurança **depende de prova pré-constituída**, devendo a petição inicial vir instruída com documentos suficientes à comprovação do direito e de sua respectiva violação. Logicamente, o procedimento **não comporta dilação probatória**, devendo a parte optar por ação anulatória ou declaratória, caso necessite, para provar suas alegações, de audiência, depoimento pessoal, testemunhas, perícias, vistorias etc.

AÇÃO DECLARATÓRIA E AÇÃO ANULATÓRIA

- Ações de iniciativa do contribuinte que tramitam pelo **procedimento comum** do processo civil brasileiro, a **ação anulatória de débito fiscal** e a **ação declaratória de inexistência de relação jurídico-tributária** distinguem-se em relação a vários aspectos.
- O fundamento processual da **ação anulatória** é o **artigo 38 da Lei de Execução Fiscal - Lei 6.830/80**. Já a **ação declaratória** fundamenta-se no **artigo 19 do Código de Processo Civil - CPC/2015**, segundo o qual o interesse do autor pode limitar-se à declaração: I – da existência, da inexistência ou do modo de ser de uma relação jurídica; II – da autenticidade ou da falsidade de documento.
- Quanto ao **objeto da pretensão**, enquanto a pretensão da **ação anulatória** é a **desconstituição do crédito tributário** que já foi objeto de lançamento, constituindo a sentença de procedência causa de extinção do crédito tributário (CTN, art. 156, X), a pretensão da **ação declaratória** é a **declaração de inexistência de relação jurídico-tributária** que possa fundamentar o lançamento. Consequentemente, também, são ações ajuizadas em momentos distintos, na medida em que a **ação anulatória** de débito fiscal pressupõe que o **crédito tributário** já tenha sido **constituído** pelo lançamento, ao passo que a **ação declaratória** de inexistência da relação jurídico-tributária **antecede** o ato-procedimento de **constituição do crédito tributário**.
- Pela mesma linha de raciocínio as duas ações também se distinguem quanto às respectivas naturezas. Enquanto a **ação anulatória** de débito fiscal possui natureza **constitutivo-negativa**, a **declaratória** de inexistência de relação jurídico-tributária, como o próprio nome diz, tem a **natureza declaratória.**
- Com base em todas essas informações, é possível traçar o seguinte quadro comparativo entre as duas ações, certamente, de grande valia para a compreensão dessas figuras processuais antiexacionais:

	Ação anulatória	**Ação declaratória**
Rito processual	Procedimento comum	Procedimento comum
Fundamento processual	Lei 6.830/80, art. 38	CPC, art. 19
Objeto da pretensão	Desconstituição do crédito tributário	Declaração de inexistência da relação jurídico-tributária
Natureza da ação	Constitutivo-negativa	Declaratória
Momento	Após a constituição do crédito tributário pelo lançamento	Anterior ao lançamento
Prerrogativas da Fazenda	Remessa necessária e prazos especiais	Remessa necessária e prazos especiais
Antecipação de tutela	Cabimento	Cabimento
Efeitos da sentença	Coisa julgada material com natureza dúplice	Coisa julgada material com natureza dúplice

- **Prazo em dobro e intimações da Fazenda Pública:** a União, os Estados, o Distrito Federal, os Municípios e suas respectivas autarquias e fundações de direito público gozarão de prazo em dobro para todas as suas manifestações processuais, cuja contagem terá início a partir da intimação pessoal (CPC/2015, art. 183). A intimação pessoal far-se-á por carga, remessa ou meio eletrônico (art. 183, § 1º) e não se aplica o benefício da contagem em dobro quando a lei estabelecer, de forma expressa, prazo próprio para o ente público (art. 183, § 2º).

AÇÃO CONSIGNATÓRIA

- A importância do crédito tributário pode ser consignada judicialmente pelo sujeito passivo nas hipóteses do artigo 164 do CTN. Para tanto, é necessário o ajuizamento da chamada ação de consignação em pagamento. ***Art. 164.*** *A importância de crédito tributário pode ser consignada judicialmente pelo sujeito passivo, nos casos:* ***I –*** *de recusa de recebimento, ou subordinação deste ao pagamento de outro tributo* *ou de penalidade, ou ao cumprimento de obrigação acessória;* ***II*** *– de subordinação do recebimento ao cumprimento de exigências administrativas sem fundamento legal;* ***III*** *– de exigência, por mais de uma pessoa jurídica de direito público, de tributo idêntico sobre um mesmo fato gerador.*

- Importante recordar que a **consignação só pode versar sobre o crédito que o consignante se propõe a pagar** (CTN, art. 164, § 1º). Quer dizer que, em matéria tributária, a **ação não pode ser ajuizada para discutir a validade ou o valor do tributo**. Nesses casos, a opção do contribuinte deve ser por outra ação (v.g. ação anulatória) e pelo depósito do montante integral para suspender a exigibilidade do crédito, se assim o desejar.
- A ação de consignação em pagamento não é uma via adequada para forçar a concessão de parcelamento e discutir a exigibilidade e a extensão do crédito tributário. Diversamente, sua finalidade é a desoneração do devedor mediante o depósito do valor correspondente ao crédito. (STJ – AgRg no REsp 1.270.034-RS, 2ª Turma, Min. Mauro Campbell Marques, julgado em 23/10/2012).
- Julgada **procedente a consignação**, o **pagamento se reputa efetuado e a importância consignada é convertida em renda**; julgada **improcedente a consignação**, no todo ou em parte, **cobra-se o crédito** acrescido de juros de mora, sem prejuízo das penalidades cabíveis (CTN, art. 164, § 2º).

AÇÃO DE REPETIÇÃO DO INDÉBITO

- Repetição de indébito tributário é a ação antiexacional por meio da qual o sujeito passivo pleiteia a **restituição do pagamento indevido** ou em quantia superior à exigida em face da legislação tributária aplicável (CTN, art. 165).
- **Pagamento indevido:** conforme o artigo 165, inciso I do CTN, em caso de cobrança ou pagamento espontâneo de tributo indevido ou maior que o devido em face da legislação tributária aplicável, ou da natureza ou circunstâncias materiais do fato gerador efetivamente ocorrido, o sujeito passivo tem direito, independentemente de prévio protesto, à restituição total (quando indevido) ou parcial (quando pago a maior). Também há direito à restituição nas hipóteses de erro na identificação do sujeito passivo, na determinação da alíquota aplicável, no cálculo do montante do débito ou conferência de qualquer documento relativo ao pagamento (CTN, art. 165, II) e de reforma, anulação, revogação ou rescisão de decisão condenatória que determinava o pagamento (CTN, art. 165, III).
- **Restituição de tributos indiretos:** por comportarem, em razão da respectiva natureza, transferência do respectivo encargo financeiro, somente será feita a quem prove haver assumido referido encargo, ou, no caso de tê-lo transferido a terceiro, estar por este expressamente autorizado a recebê-la (CTN, art. 166). Em outras palavras, para que haja restituição de um tributo indireto, o contribuinte (de direito) deve comprovar que não transferiu o encargo financeiro ao adquirente (contribuinte de fato) ou, caso tenha transferido, deve ter uma expressa autorização deste para tal (CTN, art. 166).
- **Prescrição:** prazos (5 anos como regra e 2 anos na hipótese do artigo 165, III do CTN), interrupção (pelo início da ação judicial) e reinício da contagem (pela metade) são matérias regidas pelos artigos 168 e 169 do CTN.

10. REFORMA TRIBUTÁRIA (EMENDA CONSTITUCIONAL Nº 132/2023)

Emenda Constitucional nº132/2023: alterou o Sistema Tributário Nacional e ficou conhecida como a "Reforma Tributária".

Foco da Reforma Tributária: em linhas gerais, o foco referiu-se à tributação incidente sobre o consumo. Foi previsto no texto constitucional a possibilidade de instituição de um tributo federal – a Contribuição sobre Bens e Serviços (CBS) – e um tributo compartilhado por Estados, Distrito Federal e Municípios – o Imposto sobre Bens e Serviços (IBS), que abarcarão, ao longo do tempo, cinco tributos: a contribuição para o PIS, a Cofins, o ICMS, o ISS e o IPI (único desses que não será extinto). Esses novos tributos (IBS e CBS) apresentam as características de um imposto sobre valor agregado (IVA), utilizado em muitos países, com não-cumulatividade plena e enfoque no destino, a busca por uniformização de alíquotas e a exoneração de exportações. Foi também prevista a possibilidade de instituição de um Imposto Seletivo (IS), de natureza extrafiscal para desestimular o consumo de bens e serviços danosos à saúde ou ao meio ambiente.

Novos princípios tributários: "O Sistema Tributário Nacional deve observar os princípios da simplicidade, da transparência, da justiça tributária, da cooperação e da defesa do meio ambiente" (CF, art. 145, §3º).

Diretriz para a legislação tributária: "As alterações na legislação tributária buscarão atenuar efeitos regressivos" (CF, art. 145, §4º).

Imunidade Religiosa: houve ampliação de sua abrangência, na medida em que antes era vedado aos entes federativos tributantes instituir impostos sobre templos de qualquer culto e, agora, a vedação alberga também as "entidades religiosas e templos de qualquer culto, inclusive suas organizações assistenciais e beneficentes" (CF, art. 150, VI, "b").

Imunidade Recíproca: houve ampliação de sua abrangência em relação à administração pública indireta, antes restrita às autarquias e às fundações instituídas e mantidas pelo poder público, e agora abarcando a empresa pública prestadora de serviço postal, sempre no que se refere ao patrimônio, à renda e aos serviços vinculados a suas finalidades essenciais ou às delas decorrentes (CF, art. 150, §2º).

CIDE-Combustíveis: foi inserida uma nova possibilidade de destinação dos recursos arrecadados com a CIDE-combustíveis, qual seja, "pagamento de subsídios a tarifas de transporte público coletivo de passageiros" (CF, art. 177, §4º, alínea "d").

COSIP: houve expansão da finalidade constitucional e, por consequência, da possibilidade de utilização dos recursos arrecadados com a COSIP, não mais se restringindo ao custeio do serviço de iluminação pública, contemplando, também, a sua expansão e melhoria, bem como os sistemas de monitoramento para segurança e preservação de logradouros públicos (CF, art. 149-A, *caput*).

TRIBUTÁRIO

IPTU: poderá "ter sua base de cálculo atualizada pelo Poder Executivo, conforme critérios estabelecidos em lei municipal" (CF, art. 156, §1º, III).

IPVA: agora poderá ter alíquotas diferenciadas não só em função do tipo e da utilização do veículo, mas também em virtude do valor e do impacto ambiental (CF, art. 155, §6º, II). Houve também o alargamento de sua base de incidência para além da propriedade de veículos automotores terrestres, contemplando também as aeronaves e embarcações (CF, art. 155, §6º, III). Sobre esse alargamento (veículos aquáticos e aéreos), a repartição da receita tributária de 50% com os Municípios tem como critério o território em que os proprietários sejam domiciliados. Por fim, houve inserção de algumas imunidades específicas, tais como "aeronaves agrícolas e de operador certificado para prestar serviços aéreos a terceiros; embarcações de pessoa jurídica que detenha outorga para prestar serviços de transporte aquaviário ou de pessoa física ou jurídica que pratique pesca industrial, artesanal, científica ou de subsistência; plataformas suscetíveis de se locomoverem na água por meios próprios, inclusive aquelas cuja finalidade principal seja a exploração de atividades econômicas em águas territoriais e na zona econômica exclusiva e embarcações que tenham essa mesma finalidade principal e; tratores e máquinas agrícolas.

ITCMD: houve alteração da competência tributária nas transmissões *causa mortis* de bens móveis, títulos e créditos, cabendo agora ao "Estado onde era domiciliado o *de cujus*, ou tiver domicílio o doador, ou ao Distrito Federal" (CF, art. 155, §1º, II). Ainda, a progressividade passou a ser expressa no texto constitucional, "em razão do valor do quinhão, do legado ou da doação" (CF, art. 155, §1º, VI). Foi inserida uma nova imunidade específica aplicável ao ITCMD, que "não incidirá sobre as transmissões e as doações para as instituições sem fins lucrativos com finalidade de relevância pública e social, inclusive as organizações assistenciais e beneficentes de entidades religiosas e institutos científicos e tecnológicos, e por elas realizadas na consecução dos seus objetivos sociais, observadas as condições estabelecidas em lei complementar" (CF, art. 155, §1º, VII). Por fim, foram estabelecidos critérios transitórios nas transmissões *causa mortis* ou por doação com elementos de conexão com o exterior, enquanto não promulgada a lei complementar com essa disciplina, ""I – relativamente a bens imóveis e respectivos direitos, ao Estado da situação do bem, ou ao Distrito Federal; II – se o doador tiver domicílio ou residência no exterior: a) ao Estado onde tiver domicílio o donatário ou ao Distrito Federal; b) se o donatário tiver domicílio ou residir no exterior, ao Estado em que se encontrar o bem ou ao Distrito Federal; III – relativamente aos bens do de cujus, ainda que situados no exterior, ao Estado onde era domiciliado, ou, se domiciliado ou residente no exterior, onde tiver domicílio o sucessor ou legatário, ou ao Distrito Federal" (EC 132/2023, art. 16).

Imposto Seletivo (IS): de competência federal, refere-se ao imposto sobre "produção, extração, comercialização ou importação de bens e serviços prejudiciais à saúde ou ao meio ambiente, nos termos de lei complementar" (CF, art. 153, VIII). Características: não incidirá sobre as exportações nem sobre as operações com energia elétrica e com telecomunicações; incidirá uma única vez sobre o bem ou serviço; não integrará sua própria base de cálculo; integrará a base de cálculo dos seguintes tributos: ICMS, ISS, IBS e CBS; poderá ter o mesmo fato gerador e base de cálculo de outros tributos; terá suas alíquotas fixadas em lei ordinária, podendo ser específicas (unidade de medida adotada ou *ad valorem*); na extração, o imposto será cobrado independentemente da destinação, caso em que a alíquota máxima corresponderá a 1% do valor de mercado do produto (CF, art. 153, §6º).

Imposto sobre bens e serviços (IBS): a instituição está reservada à lei complementar, com competência tributária compartilhada entre Estados, Distrito Federal e Municípios, informado pelo princípio da neutralidade (CF, art. 156-A).

IBS (incidência): incidirá sobre operações com bens materiais ou imateriais, inclusive direitos, ou com serviços e, também, sobre a importação de bens materiais ou imateriais, inclusive direitos, ou de serviços realizada por pessoa física ou jurídica, ainda que não seja sujeito passivo habitual do imposto, qualquer que seja a sua finalidade.

IBS (imunidades): não incidirá sobre as exportações, assegurados ao exportador a manutenção e o aproveitamento dos créditos relativos às operações nas quais seja adquirente de bem material ou imaterial, inclusive direitos, ou serviço. Também não incidirá nas prestações de serviço de comunicação nas modalidades de radiodifusão sonora e de sons e imagens de recepção livre e gratuita.

IBS (legislação e alíquota): a legislação será única e uniforme em todo o território nacional, ressalvado que cada ente federativo fixará sua alíquota própria por lei específica. Já a alíquota será fixada pelo ente federativo e será a mesma para todas as operações com bens materiais ou imateriais, inclusive direitos, ou com serviços, ressalvadas as hipóteses previstas na Constituição.

IBS (cobrança, não-cumulatividade e cálculo): a cobrança contemplará o somatório das alíquotas do Estado e do Município de destino da operação. Pela não-cumulatividade será compensado o IBS devido com o montante cobrado sobre todas as operações nas quais seja adquirente de bem material ou imaterial, inclusive direito, ou de serviço, excetuadas exclusivamente as consideradas de uso ou consumo pessoal especificadas em lei complementar e as hipóteses previstas na Constituição. Nos casos de isenção e de imunidade, conforme a não-cumulatividade, não implicará crédito para compensação com o montante devido nas operações seguintes e acarretará a anulação do crédito relativo às operações anteriores, salvo, na hipótese da imunidade, quando determinado em contrário em lei complementar. O seu cálculo será "por fora", uma vez que não integrará sua própria base de cálculo nem a dos seguintes tributos: IS, Cofins, CBS e PIS.

IBS (assuntos a serem disciplinados por lei complementar): regras para a distribuição do produto da arrecadação; regime de compensação; forma e prazo para ressarcimento de créditos acumulados; critérios para a definição do destino da operação; forma de desoneração da aquisição de bens de capital; diferimento e desoneração aplicáveis aos regimes aduaneiros especiais e às zonas de processamento de exportação; processo administrativo fiscal; hipóteses de devolução do imposto a pessoas físicas e; critérios para as obrigações tributárias acessórias.

IBS (regimes específicos de tributação por LC): combustíveis e lubrificantes sobre os quais o imposto incidirá uma única vez; serviços financeiros, operações com bens imóveis, planos de assistência à saúde e concursos de prognósticos; sociedades cooperativas, que será optativo; serviços de hotelaria, parques de diversão e parques temáticos, agências de viagens e de turismo, bares e restaurantes, atividade esportiva desenvolvida por Sociedade Anônima do Futebol e aviação regional; operações alcançadas por tratado ou convenção internacional e; serviços de transporte coletivo de passageiros rodoviário intermunicipal e interestadual, ferroviário e hidroviário.

IBS (Comitê Gestor – CG): os Estados, o Distrito Federal e os Municípios exercerão de forma integrada, exclusivamente por meio do Comitê Gestor do IBS (CG), nos termos e limites estabelecidos na Constituição e em lei complementar, as competências administrativas relativas ao IBS. O CG terá natureza de entidade pública sob regime especial, além de independência técnica, administrativa, orçamentária e financeira.

Contribuição social sobre bens e serviços (CBS): a instituição está reservada à mesma lei complementar que instituir o IBS, com competência tributária da União, podendo ter sua alíquota fixada em lei ordinária, além de apresentar o cálculo "por fora", que não integrará sua própria base de cálculo nem a dos seguintes tributos: IS, IBS, Cofins e PIS.

IBS e CBS (regras de observância comum): fatos geradores, bases de cálculo, hipóteses de não incidência e sujeitos passivos; imunidades; regimes específicos, diferenciados ou favorecidos de tributação; regras de não cumulatividade e de creditamento (CF, art. 149-B).

IBS e CBS (regimes diferenciados de tributação por lei complementar, com redução de 60% das alíquotas): serviços de educação; serviços de saúde; dispositivos médicos; dispositivos de acessibilidade para pessoas com deficiência; medicamentos; produtos de cuidados básicos à saúde menstrual; serviços de transporte público coletivo de passageiros rodoviário e metroviário de caráter urbano, semiurbano e metropolitano; alimentos destinados ao consumo humano; produtos de higiene pessoal e limpeza consumidos por famílias de baixa renda; produtos agropecuários, aquícolas, pesqueiros, florestais e extrativistas vegetais in natura; insumos agropecuários e aquícolas; produções artísticas, culturais, de eventos, jornalísticas e audiovisuais nacionais, atividades desportivas e comunicação institucional; bens e serviços relacionados a soberania e segurança nacional, segurança da informação e segurança cibernética.

IBS e CBS (regimes diferenciados de tributação por lei complementar, com isenção e redução em 100% das alíquotas): isenção de serviços de transporte público coletivo de passageiros rodoviário e metroviário de caráter urbano, semiurbano e metropolitano. Já redução em 100% das alíquotas para: dispositivos de acessibilidade para pessoas com deficiência; medicamentos; produtos de cuidados básicos à saúde menstrual; produtos hortícolas, frutas e ovos; serviços prestados por Instituição Científica, Tecnológica e de Inovação (ICT) sem fins lucrativos; automóveis de passageiros, conforme critérios e requisitos estabelecidos em lei complementar, quando adquiridos por pessoas com deficiência e pessoas com transtorno do espectro autista, diretamente ou por intermédio de seu representante legal ou por motoristas profissionais, nos termos de lei complementar, que destinem o automóvel à utilização na categoria de aluguel (táxi).

IBS e CBS (regimes diferenciados de tributação por lei complementar, com isenção ou redução em 100% das alíquotas): para atividades de reabilitação urbana de zonas históricas e de áreas críticas de recuperação e reconversão urbanística.

IBS e CBS (regimes diferenciados de tributação por lei complementar, com redução em 30% das alíquotas): na prestação de serviços de profissão intelectual, de natureza científica, literária ou artística, desde que sejam submetidas a fiscalização por conselho profissional.

CBS (regimes diferenciados de tributação por lei complementar, com redução em 100% da alíquota): para serviços de educação de ensino superior nos termos do Programa Universidade para Todos (Prouni).

IBS e CBS (Cesta Básica Nacional de Alimentos): a lei complementar definirá os produtos destinados à alimentação humana que comporão a Cesta Básica Nacional de Alimentos, sobre os quais as alíquotas do IBS e da CBS serão reduzidas a zero. A Cesta Básica Nacional de Alimentos considerará a diversidade regional e cultural da alimentação do País e garantirá a alimentação saudável e nutricionalmente adequada.

A cronologia da transição: em 2026 o IBS terá alíquota de 0,1% e a CBS de 0,9%. A partir de 2027 haverá a cobrança da CBS e do IS; a extinção da Cofins e do PIS (desde que instituída a CBS) e; o IPI terá redução das alíquotas a zero (exceto em relação aos produtos que tenham industrialização incentivada na ZFM e não incidirá juntamente com o IS). Em 2027 e 2028 o IBS terá alíquota estadual de 0,05% e alíquota municipal de 0,05%, ao passo que a CBS será reduzida em 0,1%. De 2029 a 2032 as alíquotas do ICMS e do ISS terão as seguintes proporções de suas legislações: 9/10 em 2029; 8/10 em 2030; 7/10 em 2031 e; 6/10 em 2032. A partir de 2033 haverá a extinção do ICMS e do ISS.

Lei Complementar 214/2025: trata-se da primeira lei complementar que regulamenta pontos importantes da Reforma Tributária, pois que instituiu o Imposto sobre Bens e Serviços (IBS), a Contribuição Social sobre Bens e Serviços (CBS) e o Imposto Seletivo (IS) e criou o Comitê Gestor do IBS.

DIREITO PREVIDENCIÁRIO

Adriana Menezes

1. SEGURIDADE SOCIAL – CONCEITO E EVOLUÇÃO

- Apresenta-se, aqui, o histórico da evolução da Previdência Social no Mundo e no Brasil:

HISTÓRICO NO MUNDO	
Inglaterra, 1601	Poor Relief Act ou Poor Law ou Lei dos Pobres – primeiro ato relativo à assistência social.
Alemanha, 1883	Chanceler Bismark obteve a aprovação do parlamento de seu projeto de seguro de doença, que foi seguido pelo seguro de acidentes de trabalho (1884) e pelo seguro de invalidez e velhice (1889).
1917	A primeira Constituição a mencionar o seguro social foi a do **MÉXICO.**
1919	A Constituição de Weimar, na Alemanha, traz vários dispositivos relativos à Previdência.
Estados Unidos, 1935	A partir do modelo Bismarkiano, esta técnica protetiva espalhou-se pelo mundo, sendo que, no período entre as duas grandes guerras, houve uma maior abrangência da técnica, atingindo um número cada vez maior de pessoas. Neste período, pode-se citar o Social Security Act.
Inglaterra, 1942	Relatório **BEVERIDGE.** Este relatório, responsável pelo surgimento do plano de mesmo nome, foi que deu origem à Seguridade Social, ou seja, a responsabilidade estatal não só do seguro social, mas também de ações na área de saúde e assistência social.
1952, Genebra	Aprovação da Convenção nº 102 da OIT que adota proposições relativas às normas mínimas para a seguridade social, sendo observada pelos países signatários, dentre eles, o Brasil. A Convenção nº 102 entrou em vigor no plano internacional em 27/04/1955. Foi aprovada, no Brasil, pelo Decreto Legislativo nº 269/2008 e ratificada em 15/06/2009.

HISTÓRICO NO BRASIL	
1543	Exemplos mais antigos da proteção social brasileira – santas casas.
1808	Montepio para a guarda pessoal de D. João VI.
1824	A Constituição do Império tratou dos socorros públicos.
1835	Criação do **MONGERAL**, Montepio Geral dos Servidores do Estado.
1891	A Constituição de 1891 foi a primeira a conter a expressão "aposentadoria", que era concedida a funcionários públicos, em caso de invalidez permanente.
1923	**Ainda sob a égide da Constituição de 1891, foi editada a Lei Eloy Chaves (Decreto-Legislativo nº 4.682, de 24/01/1923), que criou caixas de aposentadorias e pensões para os ferroviários, por empresa.** Apesar de não ser o primeiro diploma legal sobre o assunto securitário (já havia o Decreto-Legislativo nº 3.724/19 sobre o seguro obrigatório de acidentes do trabalho), devido ao desenvolvimento posterior da previdência e à estrutura interna da "lei" Eloy Chaves, ficou esta conhecida como o **marco inicial da Previdência Social**.
1933	Criação do primeiro IAP (Instituto de Aposentadorias e Pensões). O Instituto de Aposentadoria e Pensão dos Marítimos (IAPM) foi criado por meio do Decreto nº22.872 de 29.06.1933. OS IAP atendiam às categorias de trabalhadores. Esses IAP vão até a década de 50.
1934	A Constituição de 1934 foi a primeira a estabelecer a forma tríplice da fonte de custeio previdenciária, com contribuições do Estado, do empregador e do empregado. Foi, também, a primeira Constituição a utilizar a palavra "Previdência", sem o adjetivo "social".

HISTÓRICO NO BRASIL	
1937	A Constituição de 1937 não traz novidades, a não ser o uso da palavra "seguro social" como sinônimo de previdência social.
1946	A Constituição de 1946 foi a primeira a utilizar a expressão "previdência social", substituindo a expressão "seguro social".
1960	A Lei nº 3.807, de 26/08/1960, unificou toda a legislação securitária e ficou conhecida como a Lei Orgânica da Previdência Social (LOPS).
1963	Instituição do Fundo de Assistência e Previdência do Trabalhador Rural (FUNRURAL), instituído pela Lei nº 4.214, de 02.03.1963.
1966	**Institutos de Aposentadorias e Pensões (IAP) foram unificados no Instituto Nacional da Previdência Social (INPS), por meio do Decreto-Lei nº 72, de 21.11.1966. INSS passa existir em janeiro de 1967.**
1971	A Lei Complementar nº 11, de 25.05.1971, instituiu o Programa de Assistência ao Trabalhador Rural (PRORURAL), de natureza assistencial, cujo principal benefício era a aposentadoria por velhice, após 65 anos de idade, equivalente a 50% do salário mínimo de maior valor no País.
1977	A Lei nº 6.439/77 institui o SINPAS – Sistema Nacional de Previdência e Assistência Social. Faziam parte dele: o INPS (Previdência Social), o INAMPS (Assistência Médica), o IAPAS (arrecadação, cobrança e fiscalização das contribuições previdenciárias), a CEME (Central de Medicamentos), a LBA (Legião Brasileira de Assistência), a Funabem (Fundação Nacional do bem-estar do menor) e a DATAPREV (Empresa Pública de Processamento de Dados da Previdência Social).
1988	A Constituição de 1988 tratou, **pela primeira vez no Brasil,** da Seguridade Social, entendida como um conjunto integrado de ações de iniciativa dos Poderes Públicos e da sociedade destinado a assegurar os direitos à Saúde, à Previdência e à Assistência Social.

HISTÓRICO NO BRASIL	
1990	O SINPAS foi extinto em 1990. A Lei nº 8.029, de 12/04/1990, criou **o INSS (Instituto Nacional do SEGURO SOCIAL)**, por meio da fusão do INPS com o IAPAS. Atualmente, o INSS está vinculado ao Ministério da Previdência Social. Nesse mesmo ano, foi aprovada a Lei Orgânica da Saúde – Lei nº 8.080/91 – que criou o SUS (Sistema Único de Saúde).
1991	Lei nº 8.212 (Plano de Custeio e Organização da Seguridade Social) e Lei nº 8.213 (Plano de Benefícios da Previdência Social).
1999	Decreto nº 3.048/99. Regulamento das Leis nº 8.212 e 8.213, ambas de 1991.
Emenda Constitucional nº 20/98	1ª Reforma da Previdência, transformando aposentadoria por tempo de serviço em aposentadoria por tempo de contribuição.
Emenda Constitucional nº 41/03	2ª Reforma da Previdência, mudando regras de aposentadoria do servidor, com o fim da integralidade e da paridade. Permite, agora, a instituição de contribuição social para o custeio de regime próprio de previdência social dos servidores públicos, sobre aposentadorias e pensões. O custeio do regime próprio de previdência social dos servidores públicos virá, também, da contribuição de inativos e pensionistas.
Lei nº 11.457/07	A partir de maio de 2007, o INSS não mais tem atribuição de arrecadar, fiscalizar e cobrar as contribuições previdenciárias. Terá a atribuição de conceder, manter e revisar os benefícios previdenciários do Regime Geral de Previdência Social (RGPS). Os créditos das contribuições previdenciárias pertencem à União.
Lei nº 12.618/12	A União, em observância ao disposto no art. 40, § 14 da Constituição Federal, instituiu o Plano de Previdência Complementar para os servidores públicos federais, titulares de cargo efetivo.
Decreto nº 7.808/12	Foi criada a Fundação de Previdência Complementar do Servidor Público Federal do Poder Executivo (Funpresp-Exe). Esse plano contempla, ainda, servidores públicos do Poder Legislativo Federal e do Tribunal de Contas da União, em razão do convênio de adesão à Funpresp-Exe.

HISTÓRICO NO BRASIL	
Resolução do STF nº 496/2012	Foi criada a Fundação de Previdência Complementar do Servidor Público Federal do Poder Judiciário (Funpresp-Jud). A aprovação do Plano pela PREVIC deu-se em 14/10/13.
Emenda Constitucional nº 72/2013	Deu nova redação ao parágrafo único do art. 7º da Constituição Federal, estendendo ao empregado doméstico o direito ao salário-família, ao depósito de FGTS, ao seguro contra acidente do trabalho, dentre outros direitos trabalhistas e previdenciários.
Lei Complementar nº 142/2013	Regulamenta a concessão de aposentadoria para pessoa portadora com deficiência e segurada do RGPS.
Lei Complementar nº 150/2015	Dispõe sobre o contrato de trabalho doméstico e traz alterações nas Leis 8.212 e 8.213, ambas de 1991.
Lei nº 13.146/2015	Instituiu a Lei Brasileira de Inclusão da Pessoa com Deficiência (Estatuto da Pessoa com Deficiência).
Lei Complementar nº 152/2015	Regulamenta a aposentadoria compulsória do servidor público aos 75 anos de idade.
Lei nº 13.467/2017	Trouxe a reforma trabalhista que repercutiu na esfera previdenciária. Alterou a CLT e a Lei nº 8.212/91 a fim de adequar a legislação às novas relações de trabalho.
Emenda Constitucional nº 103/2019	Reforma Previdenciária na previdência do RGPS e nos regimes próprios de previdência social (RPPS). Trouxe a aposentadoria programada que exige do segurado, cumulativamente, idade e tempo de contribuição. Modificou a forma de cálculo das aposentadorias e pensão por morte. Novas regras de aposentadoria e pensão por morte para servidores públicos.

- A Constituição Federal de 1988, pela primeira vez, trouxe o conceito de seguridade social. Conforme dispõe o art. 194, *caput*, da CF, a Seguridade Social compreende um conjunto integrado de ações de iniciativa dos poderes públicos e da sociedade destinadas a assegurar os direitos à saúde, previdência e assistência social.
- Compete privativamente à União legislar sobre seguridade social.
- Lei complementar da União poderá autorizar os Estados e o Distrito Federal a legislar sobre questões de seguridade social.
- Não são todos os direitos sociais que são assegurados pelo sistema de seguridade social. Apenas os direitos à saúde, previdência e assistência social.

1.1. SAÚDE

- A Saúde é um direito garantido a todos e dever do Estado. Será prestada independentemente de contribuição à seguridade social.
- As ações e serviços públicos de saúde integram uma rede regionalizada e hierarquizada e constituem um sistema único, organizado de acordo com as seguintes diretrizes: descentralização, com direção única em cada esfera de governo; atendimento integral, com prioridade para as atividades preventivas, sem prejuízo dos serviços assistenciais; e participação da comunidade.
- Em relação às ações judiciais para o fornecimento de medicamentos pela rede pública de saúde, o STJ entende que a substituição de um medicamento por outro para tratar a mesma doença não constitui novo pedido, pois os objetos imediatos e mediatos não foram alterados: a requerente busca provimento jurisdicional que condene o Estado a fornecer medicamentos, para tratar as sequelas de moléstia que lhe sucedeu, com vistas à manutenção de sua saúde para garantia de uma vida digna.
- As instituições privadas poderão participar de forma complementar do SUS, segundo diretrizes deste, mediante contrato de direito público ou convênio, tendo preferência as entidades filantrópicas e as sem fins lucrativos.
- É vedada a participação direta ou indireta de empresas ou capitais estrangeiros na assistência à saúde no País, salvo nos casos previstos em lei.
- A Lei nº 13.097/2015 veio autorizar a participação direta ou indireta, inclusive o controle, de empresas ou de capital estrangeiro na assistência à saúde nos casos de:

  I – doações de organismos internacionais vinculados à Organização das Nações Unidas, de entidades de cooperação técnica e de financiamento e empréstimos;

  II – pessoas jurídicas destinadas a instalar, operacionalizar ou explorar:

  a) hospital geral, inclusive filantrópico, hospital especializado, policlínica, clínica geral e clínica especializada; e

  b) ações e pesquisas de planejamento familiar;

  III – serviços de saúde mantidos, sem finalidade lucrativa, por empresas, para atendimento de seus empregados e dependentes, sem qualquer ônus para a seguridade social.
- A Constituição Federal determina que a União, os Estados, o Distrito Federal e os Municípios devam aplicar, anualmente, recursos mínimos em ações e serviços públicos de saúde.
- Os recursos mínimos a serem aplicados anualmente em ações e serviços públicos de saúde pela União serão calculados sobre a receita corrente líquida do respectivo exercício financeiro, não podendo ser inferior a 15% (quinze por cento).
- Os percentuais mínimos sobre a arrecadação tributária que devem ser aplicados pelos Estados, Distrito Federal e Municípios em ações e serviços públicos de saúde são estabelecidos por lei complementar que será reavaliada pelo menos a cada

PREVIDENCIÁRIO

cinco anos. Os percentuais mínimos estão fixados na Lei Complementar nº 141/2012.

- O vencimento dos agentes comunitários de saúde e dos agentes de combate às endemias fica sob responsabilidade da União, e cabe aos Estados, ao Distrito Federal e aos Municípios estabelecer, além de outros consectários e vantagens, incentivos, auxílios, gratificações e indenizações, a fim de valorizar o trabalho desses profissionais.
- Os recursos destinados ao pagamento do vencimento dos agentes comunitários de saúde e dos agentes de combate às endemias serão consignados no orçamento geral da União com dotação própria e exclusiva.
- O vencimento dos agentes comunitários de saúde e dos agentes de combate às endemias não será inferior a 2 (dois) salários mínimos, repassados pela União aos Municípios, aos Estados e ao Distrito Federal.
- Os agentes comunitários de saúde e os agentes de combate às endemias terão também, em razão dos riscos inerentes às funções desempenhadas, aposentadoria especial e, somado aos seus vencimentos, adicional de insalubridade.
- Os recursos financeiros repassados pela União aos Estados, ao Distrito Federal e aos Municípios para pagamento do vencimento ou de qualquer outra vantagem dos agentes comunitários de saúde e dos agentes de combate às endemias não serão objeto de inclusão no cálculo para fins do limite de despesa com pessoal.

1.2. ASSISTÊNCIA SOCIAL

- A Assistência Social é um dos subsistemas da Seguridade Social, mas não será prestada a todos, como é o caso da Saúde. A Assistência Social será prestada a quem dela necessitar, independentemente de contribuição à seguridade social.
- **Objetivos da Assistência Social**

  Para o enfrentamento da pobreza, a assistência social realiza-se de forma integrada às políticas setoriais, garantindo mínimos sociais e provimento de condições para atender contingências sociais e promovendo a universalização dos direitos sociais.

  I – a proteção social, que visa à garantia da vida, à redução de danos e à prevenção da incidência de riscos, especialmente:

  a) a proteção à família, à maternidade, à infância, à adolescência e à velhice;

  b) o amparo às crianças e aos adolescentes carentes;

  c) a promoção da integração ao mercado de trabalho;

  d) a habilitação e reabilitação das pessoas com deficiência e a promoção de sua integração à vida comunitária;

  e) a garantia de 1 (um) salário mínimo de benefício mensal à pessoa com deficiência e as pessoas idosas que comprovem não possuir meios de prover a própria manutenção ou de tê-la provida por sua família; e

  f) a redução da vulnerabilidade socioeconômica de famílias em situação de pobreza ou de extrema pobreza.

  II – a vigilância socioassistencial, que visa a analisar territorialmente a capacidade protetiva das famílias e nela a ocorrência de vulnerabilidades, de ameaças, de vitimizações e danos;

  III – a defesa de direitos, que visa a garantir o pleno acesso aos direitos no conjunto das provisões socioassistenciais.
- **Diretrizes da Assistência Social:**

  I – **descentralização** político-administrativa para os Estados, o Distrito Federal e os Municípios, e comando único das ações em cada esfera de governo;

  II – **participação da população**, por meio de organizações representativas, na formulação das políticas e no controle das ações em todos os níveis;

  III – **primazia da responsabilidade do Estado** na condução da política de assistência social em cada esfera de governo.
- A gestão das ações na área de assistência social ficará organizada sob a forma de sistema descentralizado e participativo, denominado Sistema Único de Assistência Social (SUAS), com os seguintes objetivos:

I. consolidar a gestão compartilhada, o cofinanciamento e a cooperação técnica entre os entes federativos que, de modo articulado, operam a proteção social não contributiva;

II. integrar a rede pública e privada de serviços, programas, projetos e benefícios de assistência social;

III. estabelecer as responsabilidades dos entes federativos na organização, regulação, manutenção e expansão das ações de assistência social;

IV. definir os níveis de gestão, respeitadas as diversidades regionais e municipais;

V. implementar a gestão do trabalho e a educação permanente na assistência social;

VI. estabelecer a gestão integrada de serviços e benefícios; e

VII. afiançar a vigilância socioassistencial e a garantia de direitos.

- As ações ofertadas no âmbito do SUAS têm por objetivo a proteção à família, à maternidade, à infância, à adolescência e à velhice e, como base de organização, o território. O SUAS é integrado pelos entes federativos, pelos respectivos conselhos de assistência social e pelas entidades e organizações de assistência social abrangidas pela LOAS.
- **Proteção social básica**: conjunto de serviços, programas, projetos e benefícios da assistência social que visa a prevenir situações de vulnerabilidade e risco social por meio do desenvolvimento de potencialidades e aquisições e do fortalecimento de vínculos familiares e comunitários;
- **Proteção social especial**: conjunto de serviços, programas e projetos que tem por objetivo contribuir para a reconstrução de vínculos familiares e comunitários, a defesa de direito, o fortalecimento das potencialidades e aquisições e a proteção de famílias e indivíduos para o enfrentamento das situações de violação de direitos.
- As proteções sociais, básica e especial, serão ofertadas precipuamente no Centro de Referência de Assistência Social (Cras) e no Centro de Referência Especializado de Assistência Social (Creas), respec-

tivamente, e pelas entidades sem fins lucrativos de assistência social.

- **Os Cras e os Creas** são unidades públicas estatais instituídas no âmbito do Suas, que possuem interface com as demais políticas públicas e articulam, coordenam e ofertam os serviços, programas, projetos e benefícios da assistência social.
- **O Cras é a unidade pública municipal**, de base territorial, localizada em áreas com maiores índices de vulnerabilidade e risco social, destinada à articulação dos serviços socioassistenciais no seu território de abrangência e à prestação de serviços, programas e projetos socioassistenciais de proteção social básica às famílias.
- **O Creas é a unidade pública de abrangência e gestão municipal, estadual ou regional**, destinada à prestação de serviços a indivíduos e famílias que se encontram em situação de risco pessoal ou social, por violação de direitos ou contingência, que demandam intervenções especializadas da proteção social especial.
- A Constituição Federal assegura à pessoa portadora de deficiência e às pessoas idosas, que comprovem não possuir meios de prover a própria manutenção ou de tê-la provida por sua família, o benefício assistencial no valor de um salário mínimo, desde que atendam os requisitos dispostos na lei. Nesse caso, os requisitos vão estar dispostos em lei ordinária, no caso, a Lei nº 8.742/93.
- O Estado e o Distrito Federal poderão vincular até 0,5% de sua receita tributária líquida a programa de apoio à inclusão e promoção social. No entanto, é vedada a aplicação destes recursos no pagamento de despesas com pessoal e encargos sociais, de serviço da dívida ou de qualquer despesa corrente não vinculada aos investimentos ou ações socais apoiadas.

1.3. PREVIDÊNCIA SOCIAL

- A Previdência Social será organizada sob a forma de regime geral, terá caráter contributivo e de filiação obrigatória, observados os critérios que preservem o equilíbrio financeiro e atuarial.
- O regime geral de previdência social (RGPS) utiliza o modelo de repartição simples.
- O regime de repartição simples flui do princípio da solidariedade, daí ser chamado, inclusive, de regime da solidariedade. As contribuições oriundas dos contribuintes em atividade vão custear as prestações dos beneficiários atuais. Não há acumulação de reservas para serem utilizadas no futuro, uma vez que todas as contribuições recolhidas formarão recursos a serem utilizados para o pagamento dos benefícios daquele ano.
- A Previdência Social atenderá:

> *I – cobertura dos eventos de incapacidade temporária e permanente para o trabalho e idade avançada;*
>
> *II – proteção à maternidade, especialmente à gestante;*
>
> *III – proteção ao trabalhador em situação de desemprego involuntário;*
>
> *IV – salário-família e auxílio-reclusão para os dependentes dos segurados de baixa renda;*
>
> *V – pensão por morte do segurado, homem ou mulher, ao cônjuge ou companheiro e dependentes.*

- Aos servidores titulares de cargos efetivos da União, dos Estados, do Distrito Federal e dos Municípios, incluídas suas autarquias e fundações, é assegurado regime de previdência de caráter contributivo e solidário, mediante contribuição do respectivo ente público, dos servidores ativos e inativos e dos pensionistas, observados critérios que preservem o equilíbrio financeiro e atuarial.
- Vedada a instituição de novos regimes próprios de previdência social, lei complementar federal estabelecerá, para os que já existam, normas gerais de organização, de funcionamento e de responsabilidade em sua gestão.
- Os servidores públicos titulares apenas de cargos em comissão são segurados do RGPS, sempre. Também são filiados obrigatórios do RGPS os agentes que trabalham para a Administração Pública submetidos ao regime da CLT e os temporários (contratados por tempo determinado para atenderem a necessidade temporária de excepcional interesse público, na forma do art. 37, IX, da CF). Não são amparados pelo regime próprio de previdência social dos servidores públicos.
- Tem-se, ainda, a possibilidade da Previdência de natureza complementar e facultativa como forma de aumentar a renda do trabalhador. No entanto, segundo dispõe o art. 202 da CF, essa proteção é de natureza complementar e não obriga a pessoa física dela participar.
- O regime de previdência privada, firmado pelo art. 202 da Constituição Federal, tem caráter complementar, é organizado de forma autônoma em relação ao regime geral de previdência social e será facultativo, baseado na constituição de reservas que garantam o benefício contratado, além de regulado por lei complementar.
- No Brasil, os regimes de previdência privada adotam o regime de capitalização, não havendo se falar de solidariedade.
- No regime de capitalização, a ideia fundamental é a formação de reservas de capital que possam garantir as prestações previdenciárias futuras aos beneficiários. As contribuições previdenciárias são acumuladas em fundos de pensões ou em contas específicas e aplicadas no mercado financeiro e em outros ativos ao longo da vida ativa do segurado. Quando o segurado passa para a inatividade, terá de volta o que contribuiu acrescido dos rendimentos do capital, tudo mediante regras estabelecidas pelas normas que regem o sistema de previdência organizada sob o regime de capitalização.

SEGURIDADE SOCIAL (ARTS. 194/204, CF)		
Previdência Social	**Assistência Social**	**Saúde**
Organizada sob a forma do Regime Geral de Previdência Social;	Será prestada a quem dela necessitar;	Direito de todos e dever do Estado;

PREVIDENCIÁRIO

Caráter contributivo;	Independe de contribuição para a Seguridade Social;	Independe de contribuição para a Seguridade Social.
Filiação obrigatória (art. 201, CF);	Será financiada com recursos do orçamento da Seguridade Social, além de outras fontes. (arts. 203 e 204, CF);	Integra uma rede regionalizada e hierarquizada e constitui um sistema único – SUS (arts. 196 a 200, CF)
Previdência Complementar de natureza facultativa (art. 202, CF).	Gestão das ações na área de assistência social organizada sob a forma de sistema descentralizado e participativo, denominado Sistema Único de Assistência Social (SUAS).	–

Para memorizar:

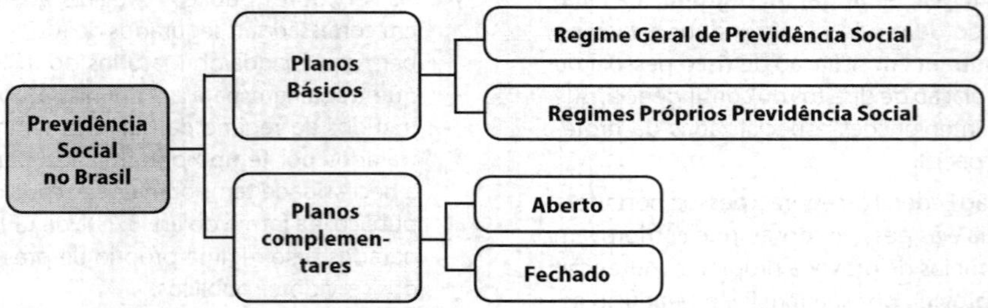

2. CONSELHOS

2.1. O CONSELHO NACIONAL DE PREVIDÊNCIA SOCIAL (CNPS)

- O Conselho Nacional de Previdência Social (CNPS) demonstra a aplicação do princípio constitucional do caráter democrático e descentralizado na organização da seguridade social, previsto no art. 194, parágrafo único, inciso VII, da Constituição Federal.
- O Conselho Nacional de Previdência Social é órgão superior de deliberação colegiada cuja competência está delineada no art. 4º da Lei nº 8.213/91. Está vinculado ao Ministério da Previdência Social.
- O CNPS é composto por 15 membros entre representantes do Governo e da sociedade civil. São:

<table>
<tr><th colspan="2">COMPOSIÇÃO DO CNPS</th></tr>
<tr><th colspan="2">15 membros entre representantes dos quais:</th></tr>
<tr><td>6 do Governo</td><td>9 da sociedade civil dos quais:
• 3 dos aposentados e dos pensionistas;
• 3 dos trabalhadores em atividade;
• 3 dos empregadores.</td></tr>
</table>

- Os membros do CNPS e seus respectivos suplentes serão nomeados pelo Presidente da República, tendo os representantes titulares da sociedade civil mandato de 2 (dois) anos, podendo ser reconduzidos, de imediato, uma única vez.
- Os representantes dos trabalhadores em atividade, dos aposentados, dos empregadores e seus respectivos suplentes serão indicados pelas centrais sindicais e confederações nacionais.
- É competência do CNPS:
  1) estabelecer diretrizes gerais e apreciar as decisões de políticas aplicáveis à Previdência Social;
  2) participar, acompanhar e avaliar sistematicamente a gestão previdenciária;
  3) apreciar e aprovar os planos e programas da Previdência Social;
  4) apreciar e aprovar as propostas orçamentárias da Previdência Social, antes de sua consolidação na proposta orçamentária da Seguridade Social;
  5) acompanhar e apreciar, através de relatórios gerenciais por ele definidos, a execução dos planos, programas e orçamentos no âmbito da Previdência Social;
  6) acompanhar a aplicação da legislação pertinente à Previdência Social;
  7) apreciar a prestação de contas anual a ser remetida ao Tribunal de Contas da União, podendo, se for necessário, contratar auditoria externa;
  8) estabelecer os valores mínimos em litígio, acima dos quais será exigida a anuência prévia do Procurador-Geral ou do Presidente do INSS para formalização de desistência ou transigência judiciais;
  9) elaborar e aprovar seu regimento interno.
- O CNPS reunir-se-á, ordinariamente, uma vez por mês, por convocação de seu Presidente, não podendo ser adiada a reunião por mais de 15 (quinze) dias se houver requerimento nesse sentido da maioria dos conselheiros.
- Poderá ser convocada reunião extraordinária por seu Presidente ou a requerimento de um terço de seus membros, conforme dispuser o regimento interno do CNPS.
- As ausências ao trabalho dos representantes dos trabalhadores em atividade, decorrentes das atividades do Conselho, serão abonadas, computan-

do-se como jornada efetivamente trabalhada para todos os fins e efeitos legais.

- Aos membros do CNPS, enquanto representantes dos trabalhadores em atividade, titulares e suplentes, é assegurada a estabilidade no emprego, da nomeação até um ano após o término do mandato de representação, somente podendo ser demitidos por motivo de falta grave, regularmente comprovada através de processo judicial.
- É competência do CNPS:

1) estabelecer diretrizes gerais e apreciar as decisões de políticas aplicáveis à Previdência Social;
2) participar, acompanhar e avaliar sistematicamente a gestão previdenciária;
3) apreciar e aprovar os planos e programas da Previdência Social;
4) apreciar e aprovar as propostas orçamentárias da Previdência Social, antes de sua consolidação na proposta orçamentária da Seguridade Social;
5) acompanhar e apreciar, através de relatórios gerenciais por ele definidos, a execução dos planos, programas e orçamentos no âmbito da Previdência Social;
6) acompanhar a aplicação da legislação pertinente à Previdência Social;
7) apreciar a prestação de contas anual a ser remetida ao Tribunal de Contas da União, podendo, se for necessário, contratar auditoria externa;
8) estabelecer os valores mínimos em litígio, acima dos quais será exigida a anuência prévia do Procurador-Geral ou do Presidente do INSS para formalização de desistência ou transigência judiciais;
9) elaborar e aprovar seu regimento interno.

2.2. CONSELHO NACIONAL DE ASSISTÊNCIA SOCIAL (CNAS)

- O Conselho Nacional de Assistência Social é órgão superior de deliberação colegiada, vinculado à estrutura do órgão da Administração Pública Federal responsável pela coordenação da Política Nacional de Assistência Social.
- O CNAS é composto por 18 membros e respectivos suplentes, cujos nomes são indicados ao órgão da Administração Pública Federal responsável pela coordenação da Política Nacional de Assistência Social. São:

COMPOSIÇÃO DO CNAS	
18 membros entre representantes dos quais:	
9 representantes governamentais, incluindo 1 (um) representante dos Estados e 1 (um) dos Municípios.	**9 da sociedade civil** dentre representantes dos usuários ou de organizações de usuários, das entidades e organizações de assistência social e dos trabalhadores do setor, escolhidos em foro próprio sob fiscalização do Ministério Público Federal.

- Os membros do CNAS serão nomeados pelo Presidente da República, com mandato de 2 (dois) anos, permitida uma única recondução por igual período.
- O CNAS é presidido por um de seus integrantes, eleito dentre seus membros, para mandato de 01 (um) ano, permitida uma única recondução por igual período.
- A competência do CNAS está delineada no art. 18 da Lei nº 8.742/93.

2.3. CONSELHO DE RECURSOS DA PREVIDÊNCIAL SOCIAL (CRPS)

- O **Conselho de Recursos da Previdência Social (CRPS)** é um órgão colegiado integrante da estrutura do Ministério da Previdência Social, atuando como revisor das decisões administrativas do INSS nos processos de interesse dos beneficiários.
- O Conselho de Recursos da Previdência Social é composto por:

I. Juntas de Recursos com a competência para julgar, em primeira instância:

a) os recursos das decisões proferidas pelo INSS nos processos de interesse de seus beneficiários;

b) os recursos das decisões proferidas pelo INSS relacionados à comprovação de atividade rural de segurado especial de que trata o art. art. 38-B da Lei nº 8.213, de 1991, ou às demais informações relacionadas ao CNIS de que trata o art. 29-A da referida Lei

c) os recursos de decisões relacionadas à compensação financeira de que trata a Lei nº 9.796, de 5 de maio de 1999 (contagem recíproca de tempo de contribuição);

d) as contestações relativas à atribuição do FAP (fator acidentário de prevenção) aos estabelecimentos da empresa; e

e) os recursos relacionados aos processos sobre irregularidades verificadas em procedimento de supervisão e de fiscalização nos regimes próprios de previdência social e aos processos sobre apuração de responsabilidade por infração às disposições da Lei nº 9.717, de 1998;

II. **Câmaras de Julgamento** com a competência para julgar, em segunda instância, os recursos interpostos contra as decisões proferidas pelas Juntas de Recursos;

III. Conselho Pleno com a competência para uniformizar a jurisprudência previdenciária mediante enunciados, podendo ter outras competências definidas no Regimento Interno do Conselho de Recursos da Previdência Social.

- Os recursos contra as decisões proferidas pelo INSS nos processos de interesses de seus beneficiários e os relativos à condição de segurado especial poderão ser interpostos diretamente ao Conselho de Recursos da Previdência Social, que emitirá notificação eletrônica automática para o INSS reanalisar, no prazo máximo de 30 (trinta) dias, a decisão administrativa, na forma disciplinada por ato conjunto do Ministério da Previdência Social, do Conselho de Recursos da Previdência Social e do INSS.

PREVIDENCIÁRIO

- O Conselho de Recursos da Previdência Social é presidido por representante do Governo, com notório conhecimento da legislação previdenciária, nomeado pelo Ministro da Previdência Social.
- As Juntas de Recursos e as Câmaras de Julgamento, presididas por representantes do Governo Federal, são integradas por 04 conselheiros em cada turma, nomeados pelo Ministro da Previdência Social, com a seguinte composição:

  I – para os órgãos com competência para processar e julgar as contestações ou os recursos das decisões proferidas pelo INSS nos processos de interesse de seus beneficiários; relativos à atribuição, pelo Ministério da Fazenda, do FAP aos estabelecimentos das empresas; e das decisões proferidas pelo INSS relacionados à comprovação de atividade rural de segurado especial ou às demais informações relacionadas ao CNIS:

  a) dois representantes do Governo federal;

  b) um representante das empresas; e

  c) um representante dos trabalhadores.

  II – para os órgãos com competência para processar e julgar os recursos das decisões relacionadas à compensação financeira de que trata a Lei nº 9.796, de 1999; e os recursos relacionados aos processos sobre irregularidades verificadas em procedimento de supervisão e de fiscalização nos regimes próprios de previdência social e aos processos sobre apuração de responsabilidade por infração às disposições da Lei nº 9.717, de 1998:

  a) dois representantes do Governo federal;

  b) um representante dos entes federativos; e

  c) um representante dos servidores públicos.
- Os representantes do Governo federal são escolhidos entre servidores federais, preferencialmente do Ministério da Previdência Social ou do INSS, ou de outro órgão da administração pública federal, estadual, municipal ou distrital, com graduação em Direito, os quais prestarão serviços exclusivos ao CRPS, sem prejuízo dos direitos e vantagens percebidos no cargo de origem.
- O mandato dos conselheiros do CRPS é de 03 anos, permitida a recondução.

3. PRINCÍPIOS CONSTITUCIONAIS DA SEGURIDADE SOCIAL

- O art. 194, parágrafo único, da Constituição Federal elenca os objetivos a serem perseguidos na organização da Seguridade Social. São entendidos como verdadeiros princípios constitucionais da seguridade social.
- O **princípio da universalidade da cobertura e do atendimento** visa cobrir todas as espécies de infortúnios sociais que possam ocorrer e atender a todos os residentes no Brasil, em termos de benefícios e serviços da Seguridade Social.
- O **princípio da uniformidade e equivalência dos benefícios e serviços às populações urbanas e rurais** ordena que as populações urbana e rural devam possuir os mesmos direitos a título de seguridade social. Os segurados e dependentes urbanos e rurais devem ter o mesmo tratamento.
- O **princípio da seletividade** propicia ao legislador estudar as carências sociais, priorizando-as em relação às demais, viabilizando a promoção da Seguridade Social factível. Cobrem-se as necessidades mais essenciais e planeja-se, para o futuro, a cobertura das demais, visando alcançar a Seguridade Social ideal. **A distributividade** consagra que, após cada pessoa ter contribuído com o que podia, dá-se a cada um de acordo com suas necessidades.
- Como exemplos da aplicação concreta do princípio da seletividade e distributividade na prestação dos benefícios e serviços da seguridade social podem ser citados os benefícios salário-família e auxílio-reclusão. O salário-família é concedido aos segurados empregado, empregado doméstico e trabalhador avulso de baixa renda que possuem filho até 14 anos de idade ou inválido de qualquer idade. O auxílio-reclusão é concedido aos dependentes de segurado de baixa renda recolhido à prisão em regime fechado.
- O **princípio da irredutibilidade do valor dos benefícios** preceitua que haverá nenhuma redução efetiva dos valores nominais dos benefícios. **Não é possível a vinculação do valor dos benefícios ao número de salários mínimos. O reajuste dos benefícios previdenciários é feito mediante a aplicação do INPC.**

  Tema 996, STF: Não encontra amparo no Texto Constitucional revisão de benefício previdenciário pelo valor nominal do salário mínimo.
- **O princípio da equidade na forma de participação do custeio da seguridade social** está intimamente atrelado aos preceitos da igualdade e da capacidade contributiva. Aqueles contribuintes que apresentarem maior capacidade contributiva para o sistema da Seguridade Social arcarão com uma parcela maior de contribuição.
- Com base nesse princípio, vê-se a aplicação de alíquotas diferenciadas para as contribuições sociais das empresas em razão da atividade econômica, do uso intensivo de mão de obra, do porte da empresa e das condições estruturais do mercado de trabalho (art. 195, § 9º, CF). Poderão ter bases de cálculo diferenciadas somente as contribuições das empresas sobre a receita e o faturamento ou sobre o lucro.
- O **princípio da diversidade de financiamento** traz que a base de financiamento do sistema de seguridade social não se concentrará em uma só fonte de tributação, atingindo, em contrapartida, o maior número de pessoas capazes de contribuir e a maior constância de entradas. Isso pode ser verificado pelo disposto no art. 195 da Constituição Federal, que elenca a forma de financiamento da seguridade social de forma direta e indireta por toda a sociedade. Determina que se deve identificar, em rubricas contábeis específicas para cada área, as receitas e as despesas vinculadas a ações de saúde, previdência e assistência social, preservado o caráter contributivo da previdência social.
- O **princípio da gestão democrática e descentralizada da seguridade social** deriva dos princípios superiores atinentes à origem democrática do poder e à participação popular. A Seguridade Social terá

caráter democrático e descentralizado na administração, mediante gestão quadripartite, com participação dos trabalhadores, dos empregadores, dos aposentados e do Governo nos órgãos colegiados.

- O **princípio da solidariedade contributiva** está previsto no art. 195 da Constituição Federal, que preceitua que a sociedade, de forma direta ou indireta, será responsável pelo financiamento do Sistema de Seguridade Social, visto que o orçamento será composto pelos recursos provenientes dos orçamentos dos próprios entes federativos e por todas as contribuições sociais criadas pela União para custear o sistema.
- O princípio da solidariedade justifica a compulsoriedade do recolhimento das contribuições sociais de financiamento da seguridade social. Justifica, também, a contribuição previdenciária de aposentados e pensionistas ao regime próprio de previdência social.
- Nenhum benefício ou serviço da seguridade social poderá ser criado, estendido ou majorado sem a correspondente fonte de custeio total. Esse é o **princípio da preexistência do custeio, da precedência do custeio ou princípio da contrapartida** (art. 195, § 5º, CF).
- **Princípio da proibição da proteção insuficiente:** visa assegurar um patamar mínimo existencial, que resguarde a dignidade da pessoa humana, sem olvidar a magnitude dos interesses coletivos.

  A proibição do excesso quanto da proteção insuficiente deve ser considerada diante de aparentes antinomias de normas constitucionais, afigurando-se como parâmetros do postulado jurídico da proporcionalidade, em seu duplo viés (positivo e negativo), de modo a resguardar a força normativa da Constituição e a máxima efetividade dos direitos fundamentais por ela assegurados.
- **Princípio da dignidade da pessoa humana, mínimo existencial:** a dignidade humana é um valor moral prévio à própria organização social, uma qualidade imanente dos seres humanos que os coloca como destinatários de respeito e merecedores de igual atenção por parte do Estado e de seus semelhantes, de tal forma que não percam a possibilidade de exercer autonomia. A dignidade pressupõe consideração pela vida e pela integridade do ser humano, garantias de presença de condições básicas para uma existência na qual se possa exercer a liberdade e receber respeito como pessoa dotada de razão.
- **Princípio da reserva do possível:** os benefícios devem ser concedidos para garantir o mínimo existencial dos segurados, atrelado às possibilidades orçamentárias. Conclui-se que, para além dessa configuração mínima, a proteção previdenciária depende da reserva das disponibilidades orçamentárias do Estado.

4. PRINCÍPIOS DA PREVIDÊNCIA SOCIAL

- Não haverá incidência de contribuição social sobre os valores de aposentadoria e pensão pagos pelo Regime Geral de Previdência Social (RGPS). Trata-se de **imunidade tributária.**
- Os salários de contribuição utilizados para o cálculo da renda mensal dos benefícios previdenciários deverão ser corrigidos monetariamente. **Trata-se do princípio da recomposição monetária dos benefícios.**
- Nenhum benefício previdenciário que substitua o salário de contribuição ou o rendimento do trabalho do segurado terá valor inferior ao salário mínimo. **Trata-se do princípio do valor mínimo.**
- É assegurado o reajustamento dos benefícios previdenciários para preservar-lhes, em caráter permanente, o valor real, conforme critérios definidos em lei. **Princípio da preservação do valor real dos benefícios previdenciários.**
- O valor dos benefícios previdenciários não está vinculado ao número de salários mínimos. Os benefícios serão reajustados anualmente, aplicando-se o INPC para preservar-lhes o poder aquisitivo.
- Os ganhos habituais do empregado, a qualquer título, serão incorporados ao salário para efeito de contribuição previdenciária e consequente repercussão em benefícios, na forma da lei.

PREVIDENCIÁRIO

QUADRO RESUMO

Princípios da Seguridade Social (Art. 194, parágrafo único, CF)	• universalidade da cobertura e do atendimento (Art.194, parágrafo único, I, CF) • uniformidade e equivalência dos benefícios e serviços às populações urbanas e rurais (Art.194, parágrafo único, II, CF) • seletividade e distributividade dos benefícios e serviços. (Art.194, parágrafo único, III, CF) • irredutibilidade do valor dos benefícios. (Art.194, parágrafo único, IV, CF) • equidade na forma de participação no custeio. (Art.194, parágrafo único, V, CF) • diversidade da base de financiamento. (Art.194, parágrafo único, VI, CF) • da gestão democrática e descentralizada da seguridade social (Art.194, parágrafo único, VII, CF)
Outros Princípios da Seguridade Social	• Solidariedade (Art. 3º, I, CF) • Solidariedade contributiva (Art. 195, CF) • Preexistência de custeio ou contrapartida (Art. 195, § 5º, CF) • Princípio da proibição da proteção insuficiente • Princípio da dignidade da pessoa humana, mínimo existencial • Princípio da reserva do possível
Alguns Princípios da Previdência Social	• da recomposição monetária (Art. 201, § 3º da CF) • do valor mínimo (Art. 201, § 2º, CF) • da preservação do valor real dos benefícios (Art. 201, § 4º, CF)

5. REGIME GERAL DE PREVIDÊNCIA SOCIAL – SEGURADOS

- Segundo o disposto no art. 201 da Constituição Federal, a Previdência Social será organizada sob a forma de regime geral, terá caráter contributivo e filiação obrigatória.
- O Regime Geral de Previdência Social (RGPS) foi instituído pela Lei nº 8.213/91 e tem como beneficiários (credores das prestações previdenciárias) os segurados e os dependentes.

RELAÇÃO PREVIDENCIÁRIA:

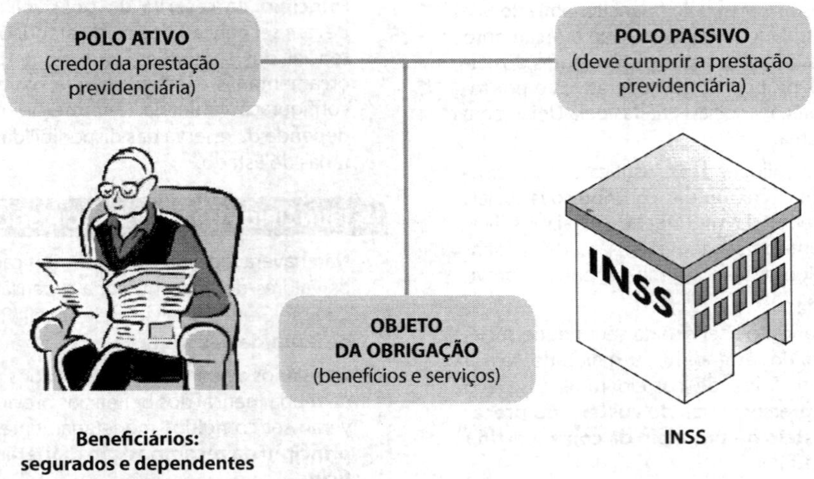

- Os segurados do regime geral de previdência social (RGPS) são divididos em segurados obrigatórios e facultativos.
- O segurado obrigatório é a pessoa física que vai exercer, **de forma lícita,** atividade remunerada abrangida pelo RGPS. Sua filiação está ligada ao exercício da atividade remunerada e é obrigatória.
- Os segurados obrigatórios estão qualificados em cinco categorias: empregado, empregado doméstico, trabalhador avulso, contribuinte individual e segurado especial.

Segurados Obrigatórios:	• Empregado • Empregado doméstico • Trabalhador Avulso • Contribuinte Individual • Especial

- Os segurados empregados estão elencados nos art. 11, I, da Lei nº 8.213/91.
- Entre outros, são empregados:
  - o menor aprendiz e o aprendiz;
  - o exercente de mandado eletivo municipal, estadual ou federal, desde que não amparado por regime próprio de previdência social;
  - o servidor que ocupa exclusivamente cargo em comissão na União, nos Estados, do Distrito Federal e nos Municípios, incluídas suas autarquias e fundações.
  - o brasileiro civil que trabalha para a União, no exterior, em organismos oficiais brasileiros ou internacionais dos quais o Brasil seja membro efetivo, ainda que lá domiciliado e contratado, salvo se segurado na forma da legislação vigente do país do domicílio;
  - aquele que presta serviço no Brasil a missão diplomática ou a repartição consular de carreira estrangeira e a órgãos a elas subordinados, ou a membros dessas missões e repartições, excluídos o não brasileiro sem residência permanente no Brasil e o brasileiro amparado pela legislação previdenciária do país da respectiva missão diplomática ou repartição consular;
  - aquele contratado como trabalhador intermitente para a prestação de serviços, com subordinação, de forma não contínua, com alternância de períodos de prestação de serviços e de inatividade, em conformidade com o disposto no <u>§ 3º do art. 443 da CLT</u>.
- Características do segurado empregado doméstico:

Empregado doméstico:	• Aquele que presta serviços de forma contínua, subordinada, onerosa e pessoal e de finalidade não lucrativa à pessoa ou à família, no âmbito residencial destas, por mais de 2 (dois) dias por semana.

- O trabalhador avulso presta serviço de natureza eventual a uma ou mais empresas, <u>com intermediação obrigatória do sindicato ou órgão gestor de mão de obra</u> e não precisa ser sindicalizado. Veja as principais características:

Trabalhador avulso:	• Trabalho de caráter eventual, sem vínculo empregatício. • Presta serviços para empresas urbanas ou rurais. • A intermediação obrigatória é feita pelo sindicato (trabalhador avulso não portuário) ou pelo órgão gestor de mão de obra (OGMO) (trabalhador avulso portuário). • NÃO precisa ser sindicalizado. • A lista de atividades do trabalhador avulso constantes no Decreto nº 3.048/99 é TAXATIVA. • Conforme dispõe o art. 7º, XXXIV, da CF, são garantidos ao trabalhador avulso os direitos trabalhistas assegurados aos empregados.

- O segurado especial vai exercer, individualmente ou em regime de economia familiar, atividade agropecuária, pesqueira, extrativista vegetal ou de seringueiro, conforme tabela abaixo.
- O segurado especial não precisa ser proprietário do imóvel rural onde exerce suas atividades. Pode ser meeiro, parceiro, arrendatário rural, usufrutuário, comodatário, etc. Não precisa, também, morar no imóvel rural. Ele pode residir em aglomerado urbano próximo ao imóvel rural.

- Veja a tabela abaixo:

ENQUADRAMENTO COMO SEGURADO ESPECIAL			
Condição	Produtor que seja: proprietário, usufrutuário, possuidor, assentado, parceiro, meeiro, outorgados, comodatário ou arrendatário rurais.		Pescador artesanal ou assemelhado.
Atividade explorada	Agropecuária	Seringueiro ou extrativista vegetal, que exerça suas atividades nos termos da Lei nº 9.985, de 18 de julho de 2000, e faça dessas atividades o principal meio de vida.	Que faça da pesca profissão habitual ou principal meio de vida. Pode utilizar embarcação com arqueação bruta igual ou inferior a 20).
Limitação da área explorada	Até quatro módulos fiscais, independentemente da região do país.	Sem limitação de área.	Sem limitação de área.
Extensão do enquadramento	Ao cônjuge ou companheiro, bem como filho maior de 16 anos de idade ou a este equiparado, do segurado enquadrado nas situações mencionadas anteriormente que, comprovadamente, tenham **participação ativa nas atividades rurais ou pesqueiras artesanais, respectivamente, do grupo familiar**.		

- O pescador artesanal é aquela pessoa física que, individualmente ou em regime de economia familiar, faz da pesca sua profissão habitual ou meio principal de vida desde que:
  - não utilize embarcação ou;
  - utilize embarcação de pequeno porte (com arqueação bruta igual ou menor a 20).
- Assemelha-se ao pescador artesanal aquele que realiza atividade de apoio à pesca artesanal, exercendo trabalhos de confecção e de reparos de artes e petrechos de pesca e de reparos em embarcações de pequeno porte ou atuando no processamento do produto da pesca artesanal.
- O segurado especial poderá contratar empregados ou contribuintes individuais à razão de, no máximo, 120 pessoas por dia no mesmo ano civil, em períodos corridos ou intercalados, ou, ainda, por tempo equivalente em horas de trabalho, à razão de 08 horas por dia e 44 horas por semana, hipóteses em que períodos de afastamento em decorrência de percepção de auxílio por incapacidade temporária não serão computados. Caso o limite legal seja superado, o segurado especial deixará de ser assim considerado e será qualificado como contribuinte individual.
- O segurado especial poderá ter sua inscrição perante a previdência social *post mortem*. Será feita pelos seus dependentes quando forem requerer o benefício de pensão por morte.
- O segurado especial poderá exercer certas atividades sem que, com isso, perca a condição de especial. Veja a tabela a seguir:

ATIVIDADE PERMITIDA	CONDIÇÕES
Sociedade empresária, sociedade simples, como empresário individual ou como titular de empresa individual de responsabilidade limitada, considerada microempresa.	• o objeto da sociedade deve ser agrícola, agroindustrial ou agroturístico; • o segurado deve manter o exercício de sua atividade rural como segurado especial; • a pessoa jurídica deve ser composta apenas de segurados de igual natureza (especiais) e sediar-se no mesmo município ou em município limítrofe àquele em que eles desenvolvam suas atividades.
Atividade sujeita à incidência de IPI sobre os produtos das atividades desenvolvidas.	• desde que seja a atividade desenvolvida nos moldes das sociedades descritas na coluna acima.
Outorga de imóvel rural	• Por meio de contrato escrito de parceria, meação ou comodato de até 50% de imóvel rural cuja área total não seja superior a 4 módulos fiscais; • desde que outorgante e outorgado continuem a exercer a respectiva atividade, individualmente ou em regime de economia familiar, como segurado especial.

ATIVIDADE PERMITIDA	CONDIÇÕES
Turismo, inclusive hospedagem rústica	• Na propriedade rural; • por não mais de 120 (cento e vinte) dias ao ano.
Participação em plano de previdência complementar	• Instituído por entidade classista a que seja associado; • em razão da condição de trabalhador rural ou de produtor rural em regime de economia familiar.
Programa assistencial oficial de governo	• Ser beneficiário; ou • fazer parte de grupo familiar em que algum componente seja beneficiário.
Beneficiamento ou industrialização artesanal	• Utilizado pelo próprio grupo familiar, na exploração da atividade; • considera-se processo de beneficiamento ou industrialização artesanal aquele realizado diretamente pelo próprio produtor rural, pessoa física, desde que não esteja sujeito à incidência do Imposto Sobre Produtos Industrializados (IPI).
Associação	• Em cooperativa, **exceto em cooperativa de trabalho**, conforme regulamento, que tenha atuação vinculada às atividades de segurado especial, conforme previsão em seu objeto social ou autorização da autoridade competente.

- O segurado especial poderá ter rendimentos, conforme tabela abaixo, que não o desqualificam como especial:

Outras fontes de rendimento permitidas ao segurado especial.	• benefício de pensão por morte, auxílio-acidente ou auxílio-reclusão, cujo valor não supere o do menor benefício de prestação continuada da Previdência Social; • benefício concedido ao segurado qualificado como segurado especial, independentemente do valor;
Outras fontes de rendimento permitidas ao segurado especial.	• exercício de atividade remunerada, sem dedicação exclusiva ou regime integral de trabalho, derivada de mandato eletivo em cooperativa, **exceto** cooperativa de trabalho, que tenha atuação vinculada às atividades de segurado especial, conforme previsão em seu objeto social ou autorização da autoridade competente, • mandato eletivo de dirigente sindical de organização da categoria de trabalhadores rurais; • exercício de mandato de vereador do Município em que desenvolve a atividade rural; • atividade artesanal desenvolvida com matéria-prima produzida pelo respectivo grupo familiar, podendo ser utilizada matéria-prima de outra origem, desde que a renda mensal obtida na atividade não exceda ao menor benefício de prestação continuada da Previdência Social; e
Outras fontes de rendimento permitidas ao segurado especial.	• atividade artística, desde que em valor mensal inferior ao menor benefício de prestação continuada da Previdência Social. • Sociedade empresária, sociedade simples, como empresário individual ou como titular de empresa individual de responsabilidade limitada, considerada microempresa, observando:
	➢ o objeto da sociedade deve ser agrícola, agroindustrial ou agroturístico; ➢ o segurado deve manter o exercício de sua atividade rural como segurado especial ➢ a pessoa jurídica deve ser composta apenas de segurados de igual natureza (especiais) e estar sediada no mesmo município ou em município limítrofe àquele em que eles desenvolvam suas atividades. • Atividade sujeita à incidência de IPI sobre os produtos das atividades desenvolvidas, desde que seja a atividade desenvolvida nos moldes das sociedades descritas acima.

- **O segurado especial poderá ter sua inscrição *post mortem*.**
- Os contribuintes individuais estão elencados no art. 11, V, da Lei nº 8.213/91.
- Entre outros contribuintes individuais estão:
  - o ministro de confissão religiosa;
  - o síndico de condomínio que recebe remuneração ou mesmo que seja isento da taxa condominial pelo encargo assumido;
  - desde que receba remuneração decorrente de trabalho na empresa:

a) o empresário individual e o titular de empresa individual de responsabilidade limitada, urbana ou rural;

b) o diretor não empregado e o membro de conselho de administração de sociedade anônima;

c) o sócio de sociedade em nome coletivo; e

d) o sócio solidário, o sócio gerente, o sócio cotista e o administrador, quanto a este último, quando não for empregado em sociedade limitada, urbana ou rural.

- o brasileiro civil que trabalha no exterior para organismo oficial internacional do qual o Brasil é membro efetivo, ainda que lá domiciliado e contratado, salvo quando coberto por regime próprio de previdência social;
- aquele que exerce atividade agropecuária, proprietário ou não, em área superior a 04 módulos fiscais;
- aquele que exerce atividade agropecuária, proprietário ou não, em área inferior ou igual 04 módulos fiscais, com ajuda de prepostos ou empregados permanentes;
- aquele que exerce atividade por conta própria;
- o garimpeiro;
- o microempreendedor individual (MEI).

• O segurado facultativo é a pessoa física que não se enquadra na qualidade de segurado obrigatório do RGPS, tampouco figura como segurado obrigatório de regime próprio de previdência social e que, por vontade própria, filia-se ao RGPS a fim de obter proteção previdenciária do Estado. Sua filiação poderá ocorrer para maiores de 16 anos, com a inscrição e o pagamento da primeira contribuição previdenciária sem atraso.

Segurado facultativo	• a pessoa tem que ter mais de 16 anos;
	• não pode ser segurado obrigatório do RGPS ou de qualquer regime próprio de previdência social (RPPS);
	• a sua filiação se dá por ato volitivo (de vontade) com sua inscrição e o pagamento da primeira contribuição previdenciária sem atraso.

• Como exemplos de segurados facultativos, podemos citar:
  - aquele que se dedica exclusivamente ao trabalho doméstico no âmbito da sua residência (dona de casa);
  - o síndico de condomínio, quando não remunerado;
  - o estudante;
  - o brasileiro que acompanha cônjuge que presta serviço no exterior;
  - o presidiário;
  - aquele que deixou de ser segurado obrigatório da previdência social.

• Todo aquele que exercer, concomitantemente, mais de uma atividade remunerada sujeita ao RGPS é obrigatoriamente filiado em relação a cada uma delas.

• O dirigente sindical mantém, durante o exercício do mandato eletivo, o mesmo enquadramento no RGPS de antes da investidura.

• O aposentado pelo RGPS que estiver exercendo ou que voltar a exercer atividade abrangida pelo RGPS é segurado obrigatório em relação a essa atividade, ficando sujeito às contribuições de que trata a Lei nº 8.212/91, para fins de custeio da Seguridade Social.

• O Plano de Benefícios do Regime Geral, criado por meio da Lei nº 8.213/91, permite que o segurado, mesmo sem estar contribuindo para o RGPS, permaneça na qualidade de segurado por certo período. Esse período em que o segurado permanece vinculado ao RGPS mesmo sem estar contribuindo denomina-se **período de graça**. Período de graça porque nesse lapso de tempo ele não contribui, mas é considerado segurado do RGPS com direitos relativos às prestações e serviços que a Previdência Social oferece.[1]

• O segurado mantém-se vinculado ao Regime Geral de Previdência Social, independentemente de contribuições:

PERÍODOS DE GRAÇA – MANUTENÇÃO DA QUALIDADE DE SEGURADO	
Até 3 meses:	após o licenciamento, o segurado incorporado às Forças Armadas para prestar serviço militar.
Até 6 meses:	após a cessação das contribuições, no caso do segurado facultativo.
Até 12 meses:	cessação das contribuições para os segurados obrigatórios[1;2]; cessação dos benefícios por incapacidade para todos os tipos de segurados[1]; cessação da segregação, do segurado acometido de doença de segregação compulsória; após o livramento do segurado detido ou recluso.
Sem limite de prazo	Quando o segurado estiver em gozo de benefício previdenciário, exceto de auxílio-acidente.
1. Pode ter acréscimo de 12 meses quando tiver mais de 120 contribuições ininterruptas que não acarretem a perda da qualidade de segurado. 2. Pode ter acréscimo de 12 meses quando o empregado estiver desempregado de forma involuntária e comprovar tal situação por meio do Ministério do Trabalho e Emprego. A jurisprudência aceita para comprovar a situação de desemprego por outros meios admitidos em direito (súmula nº 27, TNU).	

1. MENEZES. Adriana. DIREITO PREVIDENCIÁRIO – COLEÇÃO TRIBUNAIS E MPU: Para Técnico e Analista de Tribunais e INSS. 10ª ed. Salvador. Editora JusPodivm. 2022.

- **Tema 239, TNU:** A prorrogação da qualidade de segurado por desemprego involuntário, nos moldes do §2º do art. 15 da Lei 8.213/91, se estende ao segurado contribuinte individual se comprovada a cessação da atividade econômica por ele exercida por causa involuntária, além da ausência de atividade posterior.
- O INSS reconhece a prorrogação por desemprego involuntário, para o segurado contribuinte individual se comprovada a cessação da atividade econômica por ele exercida por causa involuntária, além da ausência de atividade posterior (IN PRES/INSS n. 128/2022).
- Na hipótese de perda da qualidade de segurado, para fins de concessão dos benefícios de auxílio por incapacidade temporária, aposentadoria por incapacidade permanente e auxílio-reclusão, o segurado deverá contar, a partir da nova filiação à Previdência Social com metade do período de carência exigido para esses benefícios.

6. REGIME GERAL DE PREVIDÊNCIA SOCIAL – DEPENDENTES

- Os dependentes do RGPS são divididos em três classes dispostas no art. 16 da Lei nº 8.213/91, conforme tabela abaixo:

Dependentes	**1ª Classe:**	cônjuge, companheiro (a) e filho não emancipado, de qualquer condição, menor de 21 anos ou inválido ou que **tenha deficiência intelectual ou mental ou deficiência grave.**
Dependentes	**2ª Classe:**	os pais.
	3ª Classe:	**o irmão não emancipado**, de qualquer condição, menor de 21 (vinte e um) anos ou inválido ou que **tenha deficiência intelectual ou mental ou deficiência grave.**

- O companheiro ou a companheira do mesmo sexo do segurado inscrito no RGPS integra o rol dos dependentes e, desde que comprovada a união estável, concorre para fins de pensão por morte e de auxílio-reclusão com os dependentes de 1ª classe. A dependência, no caso, é presumida.
- Se na separação judicial, no divórcio ou na dissolução da união estável, restou determinado o direito à pensão alimentícia, ex-cônjuges, ex-companheiros e ex-companheiras continuam como dependentes do segurado do RGPS, concorrendo para fins de pensão por morte e de auxílio-reclusão com os dependentes de 1ª classe.
- Na separação de fato, ex-cônjuges, ex-companheiros e ex-companheiras somente figuram como dependentes de 1ª classe se comprovarem dependência econômica.
- Posição do STF quanto à existência de união estável, concubinato e casamento:
  - *É incompatível com a Constituição Federal o reconhecimento de direitos previdenciários (pensão por morte) à pessoa que manteve, durante longo período e com aparência familiar, união com outra casada, porquanto o concubinato não se equipara, para fins de proteção estatal, às uniões afetivas resultantes do casamento e da união estável (Tema 526).*
  - *A preexistência de casamento ou de união estável de um dos conviventes, ressalvada a exceção do artigo 1723, §1° do Código Civil, impede o reconhecimento de novo vínculo referente ao mesmo período, inclusive para fins previdenciários, em virtude da consagração do dever de fidelidade e da monogamia pelo ordenamento jurídico-constitucional brasileiro. (Tema 529).*
- Os dependentes pertencentes à mesma classe vão concorrer em igualdade de condições, tendo o benefício dividido em partes iguais entre eles.
- A existência de dependente de uma classe superior exclui o direito dos dependentes pertencentes às classes seguintes.
- A dependência econômica dos dependentes de 1ª classe em relação ao segurado é presumida, e a dos demais deve ser comprovada.
- O enteado e o menor tutelado equiparam-se ao filho mediante declaração do segurado e desde que comprovada a dependência econômica na forma estabelecida no Regulamento.
- A lei previdenciária não prevê o **menor sob guarda** como integrante do rol de dependentes do RGPS.
- No entanto, o STF, ao julgar a ADI 4.878 assegurou o direito do menor sob guarda à pensão por morte. O Tribunal, por maioria, julgou procedente a ação, de modo a conferir interpretação conforme ao § 2º do art. 16 da Lei 8.213/1991, para contemplar, em seu âmbito de proteção, o "menor sob guarda". **O entendimento do INSS é cumprir a decisão do STF para fatos geradores (morte ou reclusão) até o advento da Emenda Constitucional n. 103/2019, ou seja, até 13/11/2019.**
- A condição de filho inválido deve ser atestada pela perícia médica federal.
- O filho e o irmão com deficiência deverão passar por avaliação biopsicossocial por meio de equipe multiprofissional e interdisciplinar.
- **O cônjuge, o companheiro e a companheira terão direito ao benefício de pensão por morte:**
  - **por 04 meses**, caso o segurado não tenha 18 contribuições mensais **ou** o casamento ou a união estável tiverem sido iniciados há menos de 2 (dois) anos do óbito do segurado.
- **Essa regra não é aplicada em caso de morte por acidente de qualquer natureza, doença profissional ou do trabalho.**

CONCLUINDO (...)

DURAÇÃO DE 4 MESES

⇓ **Se o óbito ocorrer sem que o segurado tenha vertido 18 contribuições mensais.**

⇓ **Se o casamento ou a união estável tiverem sido iniciados em menos de 2 anos antes do óbito do segurado.**

EXCEÇÕES:
1) INVALIDEZ OU DEFICIÊNCIA DO CÔNJUGE OU COMP(A);
2) MORTE DECORRENTE DE ACIDENTE DE QQ NATUREZA, DOENÇA PROFISSIONAL OU DO TRABALHO.

- **pelo prazo estabelecido na tabela abaixo**, caso o segurado tenha 18 ou mais contribuições mensais **e** o casamento ou a união estável tiverem sido iniciados há, pelo menos, 02 anos da data do óbito.

- **Essa regra, também, é aplicada nos casos em que a morte decorrer de acidente de qualquer natureza ou causa, mesmo que não tenha o segurado 18 ou mais contribuições e o casamento ou a união estável tenha sido iniciado há menos de 02 anos da data do óbito do segurado.**

Idade x do cônjuge, companheiro ou companheira, em anos (E(x))	Duração do benefício de pensão por morte (em anos)
menor que 22	3
entre 22 e 27	6
entre 28 e 30	10
entre 31 e 41	15
entre 42 e 44	20
45 anos ou mais	Vitalícia

- A idade do cônjuge, companheiro ou companheira na data do óbito do segurado vai determinar por quanto tempo lhes será paga a pensão por morte.

- Após o transcurso de pelo menos 3 (três) anos e desde que nesse período se verifique o incremento mínimo de um ano inteiro na média nacional única, para ambos os sexos, correspondente à expectativa de sobrevida da população brasileira ao nascer, poderão ser fixadas, em números inteiros, novas idades para a tabela acima, limitado o acréscimo na comparação com as idades anteriores ao referido incremento.
  - **até a cessação da invalidez ou o afastamento da deficiência,** se forem inválidos ou com deficiência, respeitados os períodos mínimos de 04 meses ou da tabela acima.

- Na hipótese de o segurado falecido estar, na data de seu falecimento, obrigado por determinação judicial a pagar alimentos temporários a ex-cônjuge, ex-companheiro ou ex-companheira, a pensão por morte será devida pelo prazo remanescente na data do óbito, caso não incida outra hipótese de cancelamento anterior do benefício.

- Em relação à perda da condição de dependente, veja a tabela abaixo:

Perda da qualidade de dependente	**para o cônjuge, companheiro ou companheira:**	**a) por decurso de prazo:** - **após 04 meses**, se **não tiver** o segurado, pelo menos, 18 contribuições mensais **OU** se o casamento ou a união estável tiverem sido iniciados há menos de 02 anos da data óbito/reclusão do segurado; - **após 03, 06, 10, 15, 20 anos ou de forma vitalícia**, conforme tabela já demonstrada acima, se o segurado **tiver** 18 ou mais contribuições **E** o casamento ou a união estável tiverem sido iniciados há, pelo menos, 02 anos da data do óbito/reclusão do segurado **OU** • mesmo não tendo 18 ou mais contribuições e, no mínimo, 02 anos de casamento ou união estável, se o segurado falecer em razão de acidente de qualquer natureza ou causa ou doença profissional ou do trabalho. **b) pela cessação da invalidez ou pelo afastamento da deficiência**, respeitados os períodos mínimos descrito na letra "a". • pela separação judicial ou divórcio sem direito à prestação de alimentos.
Perda da qualidade de dependente	**para o filho, pessoa a ele equiparada ou irmão, de ambos os sexos:**	• Ao completar 21 anos de idade, salvo se for inválido ou com deficiência intelectual ou mental ou com deficiência grave

PREVIDENCIÁRIO

Perda da qualidade de dependente	**para o filho ou equiparado e o irmão inválidos:**	• Com a cessação da invalidez
	para os pais:	• Quando vierem a falecer.
	para todos os dependentes:	• Quando vierem a falecer. • Com a perda da qualidade de segurado do qual eles eram dependentes.

7. FILIAÇÃO E INSCRIÇÃO

- A **filiação** é o vínculo jurídico estabelecido entre o segurado e o Regime Geral de Previdência Social. É, conforme dispõe o art. 20 do Decreto nº 3.048/99, "o vínculo que se estabelece entre pessoas que contribuem para a previdência social e esta, do qual decorrem direitos e obrigações."
- A filiação dos segurados obrigatórios na previdência social decorre automaticamente do exercício de atividade remunerada. Ela está intimamente ligada ao exercício da atividade remunerada.
- A filiação do segurado facultativo se dá somente após a sua inscrição no RGPS e o pagamento da primeira contribuição previdenciária sem atraso.
- A **inscrição** é o cadastramento do segurado ou do dependente perante o regime previdenciário. É o ato pelo qual o segurado é cadastrado no RGPS por meio de comprovação de dados pessoais e outros elementos necessários e úteis à sua caracterização.
- No caso do segurado empregado, a inscrição é feita por meio da formalização do contrato de trabalho e, a partir da obrigatoriedade do uso do Sistema de Escrituração Digital das Obrigações Fiscais, Previdenciárias e Trabalhistas – eSocial, instituído pelo Decreto nº 8.373, de 11 de dezembro de 2014, ou do sistema que venha a substituí-lo, por meio do registro contratual eletrônico realizado nesse Sistema.
- O trabalhador avulso tem sua inscrição pelo cadastramento e pelo registro no órgão gestor de mão de obra, no caso de trabalhador portuário, ou no sindicato, no caso de trabalhador não portuário, e a partir da obrigatoriedade do uso do eSocial, ou do sistema que venha a substituí-lo, por meio do cadastramento e do registro eletrônico realizado nesse Sistema.
- **O empregado doméstico** terá sua inscrição feita pelo empregador doméstico por meio do sistema eSocial.
- O contribuinte individual será inscrito no RGPS:
  a) por ato próprio, por meio do cadastramento de informações para identificação e reconhecimento da atividade, hipótese em que o Instituto Nacional do Seguro Social – INSS poderá solicitar a apresentação de documento que comprove o exercício da atividade declarada;
  b) pela cooperativa de trabalho ou pela pessoa jurídica a quem preste serviço, no caso de cooperados ou contratados, respectivamente, se ainda não inscritos no RGPS; e
  c) pelo MEI, por meio do sítio eletrônico do Portal do Empreendedor.
- Não se admite a inscrição *post mortem* do contribuinte individual, uma vez que sua filiação é condicionada ao pagamento tempestivo da contribuição previdenciária.
- A inscrição do segurado especial será feita de forma a vinculá-lo ao respectivo grupo familiar e conterá, além das informações pessoais, a identificação da propriedade em que desenvolve a atividade e a que título, se nela reside ou o Município onde reside e, quando for o caso, a identificação e inscrição da pessoa responsável pelo grupo familiar.
- O segurado especial integrante de grupo familiar que não seja proprietário ou dono do imóvel rural em que desenvolve sua atividade deverá informar, no ato da inscrição, conforme o caso, o nome do parceiro ou meeiro outorgante, arrendador, comodante ou assemelhado.
- O segurado especial pode ter sua inscrição *post mortem*.
- O segurado facultativo promoverá sua inscrição por meio dos canais de atendimento, com a apresentação de documento de identidade e declaração expressa de que não exerce atividade que o enquadre na categoria de segurado obrigatório.
- Não pode haver a inscrição *post mortem* do segurado facultativo.
- A inscrição dos dependentes no RGPS só é feita no momento em que eles forem requerer o seu benefício.
- A condição do dependente inválido ou com deficiência intelectual, mental ou grave poderá ser reconhecida previamente ao óbito do segurado e, quando necessário, ser reavaliada quando da concessão do benefício.
- A partir de 13 de novembro de 2019, para fins de aquisição e manutenção da qualidade de segurado, de carência, de tempo de contribuição e de cálculo do salário de benefício exigidos para o reconhecimento do direito aos benefícios do RGPS e para fins de contagem recíproca, somente serão consideradas as competências cujo salário de contribuição tenha valor igual ou superior ao limite mínimo estabelecido pela Previdência Social (igual ou maior do que 01 salário mínimo).

8. ACIDENTE DO TRABALHO

- O **acidente do trabalho TÍPICO** é o que ocorre pelo exercício do trabalho a serviço da empresa ou de empregador doméstico ou pelo exercício do trabalho dos segurados especiais, provocando lesão corporal ou perturbação funcional que cause a morte ou a perda ou redução, permanente ou temporária, da capacidade para o trabalho.

- O acidente do trabalho somente contempla os segurados empregado, **inclusive o doméstico,** trabalhador avulso e o segurado especial. Daí, conclui-se que somente empregados, empregados domésticos, trabalhadores avulsos e segurados especiais poderão ter seus benefícios caracterizados como de natureza acidentária.
- A Lei nº 8.213/91 estendeu o conceito de acidente do trabalho, considerando como tal as doenças profissionais e do trabalho. Essas doenças são deflagradas em virtude da atividade laborativa desempenhada pelo indivíduo. São os chamados **acidentes ATÍPICOS**.
- A **doença profissional** é aquela produzida ou desencadeada pelo exercício do trabalho peculiar a determinada atividade e constante da respectiva relação elaborada pela Previdência Social. É chamada de tecnopatia.
- A **doença do trabalho** é aquela adquirida ou desencadeada em função de condições especiais em que o trabalho é realizado e com ele se relacione diretamente, constante da relação elaborada pela Previdência Social. É chamada de mesopatia.
- Não são consideradas doenças do trabalho:
  - a doença degenerativa;
  - a doença inerente ao grupo etário;
  - a doença que não produza incapacidade laborativa;
  - a doença endêmica adquirida por segurado habitante de região em que ela se desenvolva, salvo comprovação de que é resultante de exposição ou contato direto determinado pela natureza do trabalho.
- Além dos acidentes do trabalho típicos e atípicos, a Lei nº 8.213/91 elenca situações que são equiparadas ao acidente do trabalho. É o que se chama de **ACIDENTES POR EQUIPARAÇÃO**, trazidos pelo art. 21 da Lei.
- A perícia médica do INSS considerará caracterizada a natureza acidentária da incapacidade quando constatar ocorrência de nexo técnico epidemiológico entre o trabalho e o agravo decorrente da relação entre a atividade da empresa ou do empregado doméstico e a entidade mórbida motivadora da incapacidade elencada na Classificação Internacional de Doenças (CID), em conformidade com o que dispuser o regulamento.
- O nexo técnico epidemiológico previdenciário (NTEP) **não** gera uma presunção absoluta de que a motivação determinante da inaptidão laboral decorre da atividade exercida pela empresa ou pelo empregado doméstico.
- A empresa ou o empregador doméstico poderão requerer a não aplicação do nexo técnico epidemiológico, de cuja decisão caberá recurso com efeito suspensivo, da empresa, do empregador doméstico ou do segurado, ao Conselho de Recursos do Previdência Social (CRPS).
- A empresa é responsável pela adoção e uso de medidas coletivas e individuais de proteção e segurança da saúde do trabalhador. É seu dever prestar informações pormenorizadas sobre os riscos da operação e do produto a manipular.
- Constitui contravenção penal, punível com multa, a empresa deixar de cumprir as normas de segurança e higiene do trabalho.
- A empresa ou o empregador doméstico deverão comunicar à Previdência Social a ocorrência de acidente de trabalho através da CAT (Comunicação de Acidente de Trabalho):
  - até o primeiro dia útil seguinte ao da sua ocorrência;
  - imediatamente no caso de morte à autoridade competente.
- Na falta de comunicação por parte da empresa ou do empregador doméstico, poderão formalizar a CAT o próprio acidentado, seus dependentes, a entidade sindical competente, o médico que o assistiu ou qualquer autoridade pública. Estas pessoas não estão sujeitas aos prazos previstos para as empresas para a entrega da CAT.
- O dia do acidente, no caso de doença profissional ou do trabalho, será considerado como sendo a data do início da incapacidade laborativa para o exercício da atividade habitual, ou o dia da segregação compulsória, ou o dia em que for realizado o diagnóstico, valendo para este efeito o que ocorrer primeiro.
- O segurado que sofreu acidente do trabalho tem garantida, pelo prazo mínimo de doze meses, a manutenção do seu contrato de trabalho na empresa, após a cessação do auxílio por incapacidade temporária (antigo auxílio-doença) acidentário, independentemente de percepção de auxílio-acidente.
- O reconhecimento do acidente do trabalho e, por conseguinte, a concessão de um benefício previdenciário de natureza, também, acidentária gera consequências importantes que merecem ser destacadas:
  - na concessão dos benefícios de auxílio por incapacidade temporária e de aposentadoria por incapacidade permanente cuja incapacidade decorreu de acidente do trabalho, não se exigirá do segurado a carência mínima de contribuições para a Previdência Social. O cumprimento da carência, nesse caso, é dispensado;
  - o segurado que receber auxílio por incapacidade temporária acidentário terá mantido o seu contrato de trabalho, pelo prazo mínimo de doze meses, após a cessação do referido benefício;
  - o empregador do segurado em gozo de auxílio por incapacidade temporária acidentário está obrigado a depositar a importância de título de FGTS na conta do empregado, conforme determina o disposto no art. 15, § 5, da Lei nº 8.036/90;
  - o evento do acidente do trabalho será considerado na estatística da empresa para fins de majoração da contribuição do SAT/RAT em até 100%, conforme dispõe o art. 10 da Lei nº 10.666/2003;
  - as ações judiciais propostas em face do INSS que discutem acerca dos benefícios acidentários (em razão de acidente do trabalho) serão processadas e julgadas pela Justiça Estadual.
- Nos casos de negligência quanto às normas padrão de segurança e higiene do trabalho indicados para

a proteção individual e coletiva, a Previdência Social proporá ação regressiva contra os responsáveis.

- O pagamento, pela Previdência Social, das prestações por acidente do trabalho não exclui a responsabilidade civil da empresa ou de outrem.

Segurados sujeitos a acidentes de trabalho	• Empregado. • **Empregado doméstico,** após a publicação da Lei Complementar nº 150/2015. • Trabalhador avulso. • Segurado especial.
Acidente do Trabalho	• **Acidente típico:** Acidente pelo exercício do trabalho. (Art. 19, Lei nº 8.213/91) • **Acidente Atípico:** decorrente de doenças ocupacionais. (Art. 20, Lei nº 8.213/91) • **Acidente por equiparação:** O legislador equipara o evento ao acidente do trabalho. (Art. 21, Lei nº 8.213/91)
Doenças ocupacionais	• **Doenças profissionais:** produzidas ou desencadeadas pelo exercício do trabalho. Também chamadas de tecnopatias, ergopatias ou idiopatias. • **Doenças do trabalho:** adquiridas ou desencadeadas em função de condições especiais em que o trabalho é realizado. Chamadas de mesopatias.

- Os Juizados Especiais da Fazenda Pública não têm competência para o julgamento de ações decorrentes de acidente de trabalho em que o Instituto Nacional do Seguro Social figure como parte (STJ, Tema 1053, Recursos Repetitivos).
- Compete à Justiça Ordinária Estadual o processo e o julgamento, em ambas as instâncias, das causas de acidente do trabalho, ainda que promovidas contra a União, suas autarquias, empresas públicas ou sociedades de economia mista (STF, súmula 501).
- Nas ações de acidente do trabalho, os honorários periciais, adiantados pelo INSS, constituirão despesa a cargo do Estado, nos casos em que sucumbente a parte autora, beneficiária da isenção de ônus sucumbenciais, prevista no parágrafo único do art. 129 da Lei 8.213/91 (STJ, Tema 1044, Recursos Repetitivos).

9. REGIME GERAL DE PREVIDÊNCIA SOCIAL – BENEFÍCIOS E SERVIÇOS PREVIDENCIÁRIOS

- O Regime Geral de Previdência Social (RGPS) compreende prestações expressas em benefícios e serviços.
- No atual Plano de Benefícios da Previdência Social (PBPS), os benefícios previdenciários em espécie são distribuídos em função da titularidade ativa, na respectiva relação jurídica de direito previdenciário, conforme tabela abaixo. Os serviços são prestados para segurados e dependentes, sem distinção.

QUADRO DOS BENEFÍCIOS E SERVIÇOS

Prestações do RGPS		
Benefícios		**Serviços**
Para os segurados	**Para os dependentes**	**Para os segurados e dependentes**
• Auxílio por incapacidade temporária • Auxílio-acidente • Aposentadoria por incapacidade permanente • Aposentadoria programada • Aposentadoria programada do professor • Aposentadoria especial • Aposentadoria da pessoa com deficiência (por idade e por tempo de contribuição) • Aposentadoria por idade do trabalhador rural e do garimpeiro que exerce atividade em regime de economia familiar • Salário-família • Salário-maternidade	• Auxílio-reclusão • Pensão por morte	• Reabilitação profissional • Serviço social

9.1. CARÊNCIA

BENEFÍCIOS QUE EXIGEM CARÊNCIA MÍNIMA DE CONTRIBUIÇÕES À PREVIDÊNCIA SOCIAL:

- Período de carência é o número mínimo de contribuições mensais indispensáveis para que o beneficiário faça jus ao benefício, consideradas a partir do transcurso do primeiro dia dos meses de suas competências.

	Benefícios	Contribuições mensais
COM CARÊNCIA – ART. 25 DA LEI Nº 8.213/91	Auxílio por incapacidade temporária	12
	aposentadoria por incapacidade permanente	12
	Auxílio-reclusão	24
	aposentadoria programada e aposentadoria programada do professor	180
	aposentadoria por idade do trabalhador rural e do garimpeiro que exerce atividade em regime de economia familiar	180
	aposentadoria especial	180
	Aposentadoria do segurado com deficiência	180

- No caso de perda da qualidade de segurado, para efeito de carência para a concessão dos benefícios de auxílio-doença, de aposentadoria por invalidez e de auxílio-reclusão, o segurado deverá contar, a partir da nova filiação à Previdência Social, com a metade dos períodos previstos acima.

Prestações previdenciárias que não exigem CARÊNCIA MÍNIMA de contribuições – Art. 25 e 26 da Lei nº 8.213/91	• Pensão por morte; • auxílio-acidente; • salário-família; • auxílio por incapacidade temporária e aposentadoria por incapacidade permanente nos casos de acidente de qualquer natureza ou causa e de doença profissional ou do trabalho e de doenças e afecções especificadas em lista elaborada pelos Ministérios da Saúde e da Previdência Social, atualizada a cada 3 (três) anos, de acordo com os critérios de estigma, deformação, mutilação, deficiência ou outro fator que lhe confira especificidade e gravidade que mereçam tratamento particularizado; • salário-maternidade para todos os segurados (ADI 2110/DF); • serviço social e reabilitação profissional.

9.2. SALÁRIO DE BENEFÍCIO

- É base de cálculo dos benefícios previdenciários, com exceção do salário-família, salário-maternidade, pensão por morte e auxílio-reclusão.
- Consiste no resultado da média aritmética simples dos salários de contribuição e das remunerações adotadas como base para contribuições a regime próprio de previdência social ou como base para contribuições decorrentes das atividades militares de que tratam os art. 42 e art. 142 da Constituição, considerados para a concessão do benefício, atualizados monetariamente, correspondentes a cem por cento do período contributivo desde a competência julho de 1994 ou desde o início da contribuição, se posterior a essa competência.
- O salário de benefício não poderá ter valor inferior ao mínimo estabelecido pela previdência social (01 salário mínimo) e nem superior ao teto fixado por Portaria Interministerial MPS/MF[2].
- No cálculo do valor da renda mensal do benefício, inclusive o decorrente de acidente do trabalho, serão computados:

  I - para o segurado empregado, inclusive o doméstico, e o trabalhador avulso, os salários de contribuição referentes aos meses de contribuições devidas, ainda que não recolhidas pela empresa ou pelo empregador doméstico, sem prejuízo da respectiva cobrança e da aplicação das penalidades cabíveis;

  II - para o segurado empregado, inclusive o doméstico, o trabalhador avulso e o segurado especial, o valor mensal do auxílio-acidente, considerado como salário de contribuição para fins de concessão de qualquer aposentadoria;

  III - para os demais segurados, os salários de contribuição referentes aos meses de contribuições efetivamente recolhidas.

9.3. RENDA MENSAL DOS BENEFÍCIOS

Benefícios	Renda Mensal Inicial
Auxílio por incapacidade temporária	91% do salário de benefício. O valor do auxílio por incapacidade temporária não poderá exceder a média dos últimos 12 salários de contribuição ou, se não houver 12, a média dos salários de contribuição existentes.
Auxílio-acidente	50% do salário de benefício.

2. R$8.157,41 (oito mil cento e cinquenta e sete reais e quarenta e um centavos), conforme Portaria Interministerial MPS/MF nº 06/2025.

Benefícios	Renda Mensal Inicial
Aposentadoria por incapacidade permanente	Acidentária = 100% do salário de benefício.
	Não acidentária = 60% do salário de benefício, acrescido de 2% para cada ano que exceder: - 20 anos de contribuição, se homem; - 15 anos de contribuição, se mulher.
Aposentadoria programada e programada do professor	60% do salário de benefício, acrescido de 2% para cada ano que exceder: - 20 anos de contribuição, se homem; - 15 anos de contribuição, se mulher.
Aposentadoria especial	- quando exige 20 ou 25 anos de contribuição: 60% do salário de benefício, acrescido de 2% para cada ano que exceder 20 anos de contribuição, se homem e 15 anos de contribuição, se mulher.
	- quando exige 15 anos de contribuição: 60% do salário de benefício, acrescido de 2% para cada ano que exceder 15 anos de contribuição, se homem ou mulher.
Aposentadoria por idade do trabalhador rural	70% do salário de benefício, mais 1% para cada grupo de 12 contribuições mensais até o máximo de 30%, totalizando, no máximo, 100% do salário de benefício. Para o segurado especial = 01 salário mínimo.

9.4. REAJUSTAMENTO E REVISÃO DOS BENEFÍCIOS

- Os reajustamentos dos benefícios visam à garantia da manutenção do seu valor real, permitindo a preservação do poder aquisitivo, considerando os períodos de intenso processo inflacionário verificado no país.
- O valor dos benefícios em manutenção será reajustado, anualmente, na mesma data do reajuste do salário-mínimo, pro rata, de acordo com suas respectivas datas de início ou do último reajustamento, com base no Índice Nacional de Preços ao Consumidor (INPC), apurado pela Fundação Instituto Brasileiro de Geografia e Estatística (IBGE).
- Não restou assegurada a vinculação do valor do benefício previdenciário ao número de salários-mínimos. Foi dado ao legislador ordinário fixar os índices de reajustamento, somente.
- Não encontra amparo no Texto Constitucional revisão de benefício previdenciário pelo valor nominal do salário-mínimo (Tema 996, STF).

9.5. BENEFÍCIOS PREVIDENCIÁRIOS

AUXÍLIO POR INCAPACIDADE TEMPORÁRIA (ANTIGO AUXÍLIO-DOENÇA)	
Beneficiários	Todos os segurados.
Requisitos	1) Incapacidade para o exercício do trabalho ou atividades habituais por mais de 15 dias consecutivos. * O exame médico-pericial, a cargo da Previdência Social, poderá ser realizado com o uso de tecnologia de telemedicina ou por análise documental conforme situações e requisitos definidos em regulamento. * Ato do Ministro da Previdência Social poderá estabelecer as condições de dispensa da emissão de parecer conclusivo da perícia médica federal quanto à incapacidade laboral, hipótese na qual a concessão do benefício de que trata este artigo será feita por meio de análise documental, incluídos atestados ou laudos médicos, realizada pelo INSS * Não será devido auxílio por incapacidade temporária ao segurado que se filiar ao Regime Geral de Previdência Social já portador da doença ou da lesão invocá-la como causa para o benefício, salvo quando a incapacidade sobrevier por motivo de progressão ou agravamento dessa doença ou lesão. 2) Estar na qualidade de segurado na data de início da incapacidade. 3) Cumprimento da carência mínima de contribuições, quando exigida, até o início da incapacidade. * Não é devido quando o segurado estiver preso em regime fechado.
Carência	– 12 contribuições mensais, exceto se a incapacidade decorrer de: – acidente de qualquer natureza ou causa ou – doenças ou afecções especificadas em lista elaborada pelos Ministérios da Saúde e da Previdência Social, segundo os critérios de estigma, deformação, mutilação, deficiência ou outro fator que lhe confira especificidade e gravidade que mereçam tratamento particularizado.

AUXÍLIO POR INCAPACIDADE TEMPORÁRIA (ANTIGO AUXÍLIO-DOENÇA)	
Carência	No caso do segurado especial, a carência é de 12 meses de efetivo exercício efetivo na atividade rural, ainda que de forma descontínua, imediatamente anteriores à data do requerimento do benefício. As condições de isenção do cumprimento de carência são aplicadas, também, ao segurado especial. No caso de perda da qualidade de segurado, para efeito de carência, o segurado deverá contar, a partir da nova filiação à Previdência Social, com a metade do período de carência exigido.
Salário de benefício (SB)	Média aritmética simples dos salários de contribuição e das remunerações adotadas como base para contribuições a regime próprio de previdência social ou como base para contribuições decorrentes das atividades militares de que tratam os art. 42 e art. 142 da Constituição, considerados para a concessão do benefício, atualizados monetariamente, correspondentes a cem por cento do período contributivo desde a competência julho de 1994 ou desde o início da contribuição, se posterior a essa competência.
Renda mensal inicial (RMI)	91% do salário de benefício. O valor do auxílio por incapacidade temporária não poderá ser exceder a média aritmética simples dos últimos 12 (doze) salários de contribuição, inclusive no caso de remuneração variável, ou, se não alcançado o número de doze, a média aritmética simples dos salários de contribuição existentes.
Data de início do benefício (DIB)	• **para o empregado:** ☞ a partir do 16º dia do afastamento, se requerido o benefício até 30 dias da data do afastamento; ☞ a partir da data da entrada do requerimento, se entre o afastamento e a data de entrada do requerimento houver mais de 30 dias. • **para os demais segurados, incluídos o empregado com contrato de trabalho intermitente e o empregado doméstico:** ☞ a partir da data do início da incapacidade, se requerido dentro de 30 dias do início da incapacidade; ☞ da data da entrada do requerimento, se requerido após 30 dias do início da incapacidade.

AUXÍLIO POR INCAPACIDADE TEMPORÁRIA (ANTIGO AUXÍLIO-DOENÇA)	
Divisão do auxílio por incapacidade temporária em acidentário ou não acidentário ou previdenciário	**Acidentário** = incapacidade decorre de acidente do trabalho. Após a cessação do auxílio por incapacidade temporária acidentário o segurado mantém pelo prazo mínimo de doze meses o contrato de trabalho, independentemente do recebimento de auxílio-acidente. **Não acidentário ou Previdenciário** = incapacidade decorre de outros eventos, exceto acidente do trabalho.
Suspensão do benefício	- Quando não comparecer à perícia médica ou à convocação do INSS; - recusar tratamento oferecido gratuitamente, exceto o cirúrgico e a transfusão de sangue, que são facultativos. - recusar o tratamento de reabilitação profissional, prescrito e custeado pela Previdência Social. - Quando o segurado for recolhido à prisão em regime fechado.
Cessação do benefício	• quando cessar a incapacidade; • quando transformar-se em aposentadoria por incapacidade permanente; • quando conceder auxílio-acidente. • quando o segurado falecer. • quando a prisão do segurado, em regime fechado, superar o prazo de 60 dias. • Sempre que possível, o ato de concessão ou de reativação de auxílio por incapacidade temporária, judicial ou administrativo, deverá fixar o prazo estimado para a duração do benefício. • Na ausência de fixação do prazo de cessação do benefício, ele cessará após 120 dias, contado da data de concessão ou de reativação, exceto se o segurado requerer a sua prorrogação junto ao INSS ou estiver em processo de reabilitação profissional.
Não pode acumular com	➢ Aposentadorias, ➢ salário-maternidade, ➢ auxílio-acidente quando as causas forem idênticas, ➢ BPC – LOAS, ➢ auxílio-inclusão; ➢ seguro-desemprego.

AUXÍLIO POR INCAPACIDADE TEMPORÁRIA (ANTIGO AUXÍLIO-DOENÇA)	
Pontos importantes	• O segurado que durante o gozo do auxílio por incapacidade temporária vier a exercer atividade que lhe garanta subsistência **poderá** ter o benefício cancelado a partir do retorno à atividade. • Caso o segurado, durante o gozo do auxílio por incapacidade temporária, venha a exercer atividade diversa daquela que gerou o benefício, deverá ser verificada a incapacidade para cada uma das atividades exercidas. • O segurado em gozo de auxílio por incapacidade temporária, insuscetível de recuperação para sua atividade habitual, deverá submeter-se a processo de reabilitação profissional. • O auxílio por incapacidade temporária será mantido até que o segurado seja considerado reabilitado para o desempenho de atividade que lhe garanta a subsistência ou, quando considerado não recuperável, for aposentado por incapacidade permanente. • **Tema 1125, STF**: É constitucional o cômputo, para fins de carência, do período no qual o segurado esteve em gozo do benefício de auxílio-doença, desde que intercalado com atividade laborativa. • **Tema 1246, STJ**: É inadmissível Recurso Especial que pretenda rediscutir conclusões de acórdão sobre incapacidade laborativa, independentemente de questionar sua existência, extensão (total/parcial) ou duração (temporária/permanente).

AUXÍLIO-ACIDENTE	
Beneficiários	Empregado, empregado doméstico, trabalhador avulso e segurado especial. ***Não é devido ao contribuinte individual e ao segurado facultativo.***
Natureza jurídica	CARÁTER INDENIZATÓRIO por redução na capacidade para o trabalho.
Requisitos	Consolidação das lesões decorrentes de acidente de qualquer natureza, resultando em sequela definitiva que, a exemplo das situações discriminadas no Anexo III do Decreto 3.048/99, implique redução da capacidade para o trabalho que o segurado habitualmente exercia.

AUXÍLIO-ACIDENTE	
Requisitos	A perda da audição, em qualquer grau, somente proporcionará a concessão do auxílio-acidente, quando, além do reconhecimento de causalidade entre o trabalho e a doença, resultar, comprovadamente, na redução ou perda da capacidade para o trabalho que habitualmente exercia. * O exame médico-pericial, a cargo da Previdência Social, poderá ser realizado com o uso de tecnologia de telemedicina ou por análise documental conforme situações e requisitos definidos em regulamento. * Ato do Ministro da Previdência Social poderá estabelecer as condições de dispensa da emissão de parecer conclusivo da perícia médica federal quanto à incapacidade laboral, hipótese na qual a concessão do benefício de que trata este artigo será feita por meio de análise documental, incluídos atestados ou laudos médicos, realizada pelo INSS.
Carência	Não exige carência mínima.
Renda mensal inicial (RMI)	50% do salário de benefício. Pode ter valor inferior a 01 salário mínimo. Não é substituto do rendimento do trabalho ou do salário de contribuição.
Data de início do benefício (DIB)	- Dia seguinte ao da cessação do auxílio por incapacidade temporária; - data do requerimento administrativo se não houver sido precedido de auxílio por incapacidade temporária. - STJ, Tema 862: O termo inicial do auxílio-acidente deve recair no dia seguinte ao da cessação do auxílio-doença que lhe deu origem, conforme determina o art. 86, § 2º, da Lei 8.213/91, observando-se a prescrição quinquenal da Súmula 85/STJ.
Classificação em auxílio-acidente acidentário e previdenciário	**Acidentário** = a perda parcial da capacidade laborativa, decorre de acidente do trabalho (típico, atípico ou por equiparação). **Previdenciário ou não acidentário** = a perda parcial da capacidade laborativa, decorre de acidente de qualquer natureza. A causa não é acidente do trabalho.

AUXÍLIO-ACIDENTE	
Suspensão do benefício	• Em caso de retornar incapacidade temporária cuja causa seja a mesma que originou o auxílio-acidente. • Em caso de o segurado recusar a se submeter a: – a exame médico a cargo da Previdência Social para avaliação das condições que ensejaram sua concessão ou manutenção; – processo de reabilitação profissional por ela prescrito e custeado; e – tratamento dispensado gratuitamente, exceto o cirúrgico e a transfusão de sangue, que são facultativos.
Cessação do benefício	• com a concessão de qualquer aposentadoria ao segurado; • com a morte do segurado; • com a emissão da certidão de tempo de contribuição para contagem do tempo de contribuição em regime próprio de previdência social.
Não pode acumular com	➢ aposentadorias; ➢ auxílio-acidente (pode optar pelo mais vantajoso); ➢ auxílio por incapacidade temporária quando as causas forem idênticas; ➢ BPC – LOAS.
Pontos importantes	A percepção de salário, salário-maternidade ou seguro-desemprego não impede o recebimento do auxílio-acidente. Pode ser concedido ainda que o segurado esteja desempregado, desde que o acidente ocorra em época que o indivíduo esteja na condição de segurado do RGPS.

- Súmula 89, TNU: Exige-se, para concessão do auxílio-acidente, a existência de lesão, decorrente de acidente do trabalho, que implique redução da capacidade para o labor habitualmente exercido. O nível do dano e, em consequência, o grau do maior esforço, não interferem na concessão do benefício, o qual será devido ainda que mínima a lesão (STJ, Tema 416).
- Para a concessão de auxílio-acidente fundamentado na perda de audição (...), é necessário que a sequela seja ocasionada por acidente de trabalho e que acarrete uma diminuição efetiva e per manente da capacidade para a atividade que o segurado habitualmente exercia (STJ, Tema 213).
- Será devido o auxílio-acidente quando demonstrado o nexo de causalidade entre a redução de natureza permanente da capacidade laborativa e a atividade profissional desenvolvida, sendo irrelevante a possibilidade de reversibilidade da doença (STJ, Tema 156).
- Comprovados o nexo de causalidade e a redução da capacidade laborativa, mesmo em face da disacusia em grau inferior ao estabelecido pela Tabela Fowler, subsiste o direito do obreiro ao benefício de auxílio-acidente (STJ, Tema 22).
- A acumulação de auxílio-acidente com aposentadoria pressupõe que a lesão incapacitante e a aposentadoria sejam anteriores a 11/11/1997, observado o critério do art. 23 da Lei n. 8.213/1991 para definição do momento da lesão nos casos de doença profissional ou do trabalho (STJ, Súmula 507).
- O segurado especial, cujo acidente ou moléstia é anterior à vigência da Lei n. 12.873/2013, que alterou a redação do inciso I do artigo 39 da Lei n. 8.213/91, não precisa comprovar o recolhimento de contribuição como segurado facultativo para ter direito ao auxílio-acidente. (STJ, Tema 627).
- O termo inicial do auxílio-acidente deve recair no dia seguinte ao da cessação do auxílio-doença que lhe deu origem, conforme determina o art. 86, § 2º, da Lei 8.213/91, observando-se a prescrição quinquenal da Súmula 85/STJ. (STJ, Tema 862).

APOSENTADORIA POR INCAPACIDADE PERMANENTE (ANTES, APOSENTADORIA POR INVALIDEZ)	
Beneficiários	Todos os segurados
Requisitos	**1)** Incapacidade permanente para o exercício do trabalho e insuscetível de reabilitação para o exercício de atividade que lhe garanta a subsistência; * Não será devida aposentadoria por incapacidade permanente ao segurado que se filiar ao Regime Geral de Previdência Social já portador da doença ou da lesão invocá-la como causa para o benefício, salvo quando a incapacidade sobrevier por motivo de progressão ou agravamento dessa doença ou lesão. – necessidade de perícia médica a cargo da Perícia Médica Federal. * O exame médico-pericial, a cargo da Previdência Social, poderá ser realizado com o uso de tecnologia de telemedicina ou por análise documental conforme situações e requisitos definidos em regulamento. • **Tema 1246, STJ:** É inadmissível Recurso Especial que pretenda rediscutir conclusões de acórdão sobre incapacidade laborativa, independentemente de questionar sua existência, extensão (total/parcial) ou duração temporária/permanente). **2)** qualidade de segurado na data de início da incapacidade; **3)** cumprimento da carência mínima de contribuições, quando exigida, até o início da incapacidade.

PREVIDENCIÁRIO

APOSENTADORIA POR INCAPACIDADE PERMANENTE (ANTES, APOSENTADORIA POR INVALIDEZ)	
Carência	12 contribuições mensais, **EXCETO**: – no caso da causa ter sido acidente de qualquer natureza ou causa ou – nos casos de segurado que, após filiar-se ao RGPS, for acometido de alguma das doenças e afecções especificadas em lista elaborada pelos Ministérios da Saúde e da Previdência Social, atualizada a cada 3 (três) anos, de acordo com os critérios de estigma, deformação, mutilação, deficiência ou outro fator que lhe confira especificidade e gravidade que mereçam tratamento particularizado. No caso de perda da qualidade de segurado, para efeito de carência, o segurado deverá contar, a partir da nova filiação à Previdência Social, com metade do período de carência exigido.
Renda mensal inicial (RMI)	**Aposentadoria acidentária** = 100% do salário de benefício.
	Aposentadoria não acidentária = 60% do salário de benefício acrescido de 2% para cada ano que exceder: - 20 anos de contribuição, se homem - 15 anos de contribuição, se mulher.
	O valor da aposentadoria por incapacidade permanente do segurado que necessitar da assistência permanente de outra pessoa será acrescido de 25% (auxílio-acompanhante) e poderá ultrapassar o valor máximo estabelecido para os benefícios do RGPS. **Tema 1095, STF:** No âmbito do Regime Geral de Previdência Social (RGPS), somente lei pode criar ou ampliar benefícios e vantagens previdenciárias, não havendo, por ora, previsão de extensão do auxílio da grande invalidez a todas às espécies de aposentadoria.
Data de início do benefício (DIB)	• **Se for concedida pela transformação do auxílio por incapacidade temporária**: a partir do dia seguinte ao da cessação do auxílio por incapacidade temporária; • **Se for concedida de imediato:** ➢ para o empregado, exceto o doméstico e o empregado com contrato intermitente: a partir do 16º dia do afastamento, se requerido o benefício até o 30º dia do afastamento;

APOSENTADORIA POR INCAPACIDADE PERMANENTE (ANTES, APOSENTADORIA POR INVALIDEZ)	
Data de início do benefício (DIB)	➢ para os demais segurados: a partir da data do início da incapacidade, se requerido o benefício até o 30º dia do afastamento; ➢ para todos os segurados: a partir da data do requerimento, quando requerido após o 30º dia do afastamento.
Dividida em acidentária ou previdenciária	**Acidentária**= incapacidade decorre de acidente do trabalho **Previdenciária ou não acidentária** = incapacidade não decorre de acidente do trabalho. Decorre de outros eventos, exceto o acidente do trabalho.
Suspensão do benefício	Quando não comparecer à perícia médica ou à convocação do INSS ou recusar ao tratamento de reabilitação profissional. O segurado aposentado por incapacidade permanente poderá ser convocado a qualquer momento para avaliação das condições que ensejaram o afastamento ou a aposentadoria, concedida judicial ou administrativamente. * O aposentado por incapacidade permanente que não tenha retornado à atividade estará isento do exame médico pericial periódico: I – após completar 55 anos ou mais de idade e quando decorridos 15 anos da data da concessão da aposentadoria por invalidez ou do auxílio por incapacidade temporária que a precedeu; II – após completar 60 anos de idade; III – se for portador do vírus HIV/AIDS.
Cessação do benefício	• quando cessa a incapacidade; • quando o segurado falece; • quando o segurado retorna voluntariamente à atividade.
Não pode acumular com	• auxílio por incapacidade temporária; • auxílio-acidente; • salário-maternidade; • outra aposentadoria do RGPS; • BPC – LOAS; • auxílio-inclusão; • seguro-desemprego.

Mensalidade de recuperação	
Situação do aposentado por invalidez que se recuperar total ou parcialmente	**Procedimento**
I – Se a recuperação for total para o exercício de trabalho que o segurado habitualmente exercia e ocorrer dentro de 5 (cinco) anos, contados da data do início da aposentadoria por incapacidade permanente ou do auxílio por incapacidade temporária que a antecedeu sem interrupção.	a) Para o segurado empregado que tiver direito de retornar à empresa: o benefício será cessado imediatamente. b) Para os demais segurados: o benefício somente será cessado após tantos meses quantos forem os anos de duração do auxílio por incapacidade temporária e da aposentadoria por incapacidade permanente.
II – Se a recuperação for parcial em qualquer época, ou for total após cinco anos do afastamento, ou ainda quando o segurado for declarado apto para o exercício de trabalho diverso do qual habitualmente exercia.	Para todos os segurados será paga a aposentadoria por incapacidade permanente: • nos primeiros 6 meses no seu valor integral; • do 7º ao 12º mês pelo valor com redução de 50%; • do 13º ao 18º mês pelo valor com redução de 75%; • após o 18º mês cessará definitivamente.

APOSENTADORIA PROGRAMADA (IDADE + TEMPO DE CONTRIBUIÇÃO)		
Beneficiários	Todos os segurados do RGPS.	
Requisitos	**Homem:**	**65 anos de idade.**
		20 anos de contribuição. O tempo mínimo de contribuição poderá ser alterado por lei ordinária.
	Mulher:	**62 anos de idade.**
		15 anos de contribuição. O tempo mínimo de contribuição poderá ser alterado por lei ordinária.
Carência	180 contribuições mensais.	

APOSENTADORIA PROGRAMADA (IDADE + TEMPO DE CONTRIBUIÇÃO)	
Salário de Benefício (SB)	Média aritmética simples dos salários de contribuição correspondentes a 100% do período contributivo, desde a competência de julho de 1994 ou desde o início das contribuições se posterior a essa competência. * Poderão ser excluídas do cálculo da média dos salários de contribuição e das remunerações adotadas como base para contribuições a regime próprio de previdência social ou como base para contribuições decorrentes das atividades militares de que tratam os art. 42 e art. 142 da Constituição, utilizado para definição do salário de benefício, as contribuições que resultem em redução do valor do benefício. * A exclusão das contribuições não altera o direito à aposentadoria previamente reconhecido, desde que mantida a quantidade de contribuições equivalente ao período de carência e observado o tempo mínimo de contribuição necessário à elegibilidade da aposentadoria requerida. * É vedada a utilização das contribuições excluídas para qualquer finalidade, inclusive para: I – o acréscimo do percentual da renda mensal; II – a averbação em outro regime previdenciário.
Renda mensal inicial (RMI)	60% do salário de benefício, acrescido de 2% para cada ano que exceder: - 20 anos de contribuição, se homem; - 15 anos de contribuição, se mulher.
Data de início do benefício (DIB)	• para o empregado, **incluído** o doméstico: ➢ a partir da data do desligamento do emprego, quando requerida até 90 dias do desligamento; ➢ a partir da data do requerimento, quando requerido após o 90º dia do desligamento do emprego ou quando não se desligar do emprego. • para os demais segurados: ➢ - a partir da data do requerimento da aposentadoria.

PREVIDENCIÁRIO

APOSENTADORIA PROGRAMADA (IDADE + TEMPO DE CONTRIBUIÇÃO)	
Cessação do benefício	Com a morte do segurado.
Não pode acumular com	• auxílio por incapacidade temporária; • auxílio-acidente; • outra aposentadoria do RGPS; • auxílio-inclusão; • BPC – LOAS; • seguro-desemprego.
Pontos importantes	• Pode o segurado retornar à atividade remunerada sem perder o benefício da aposentadoria e deverá contribuir em relação à nova atividade. • O aposentado que retornar a exercer atividade terá direito ao salário-maternidade em relação à nova atividade. Terá direito ao salário-família e à reabilitação profissional, se for empregado, empregado doméstico ou trabalhador avulso. • **Tema 1065, STF:** É constitucional a contribuição previdenciária devida por aposentado pelo Regime Geral de Previdência Social (RGPS) que permaneça em atividade ou a essa retorne. • A concessão de aposentadoria requerida a partir de 14 de novembro de 2019 com a utilização de tempo de contribuição decorrente de cargo, emprego ou função pública acarretará o rompimento do vínculo que gerou o referido tempo de contribuição.

APOSENTADORIA PROGRAMADA DO PROFESSOR DE MAGISTÉRIO NA EDUCAÇÃO INFANTIL, NO ENSINO FUNDAMENTAL E MÉDIO (IDADE + TEMPO DE CONTRIBUIÇÃO)	
Beneficiário	Professor que se dedica exclusivamente tempo de efetivo exercício em função de magistério na educação infantil, no ensino fundamental ou no ensino médio. . **Tema 965, STF:** Para a concessão da aposentadoria especial de que trata o art. 40, § 5º, da Constituição, conta-se o tempo de efetivo exercício, pelo professor, da docência e das atividades de direção de unidade escolar e de coordenação e assessoramento pedagógico, desde que em estabelecimentos de educação infantil ou de ensino fundamental e médio.

APOSENTADORIA PROGRAMADA DO PROFESSOR DE MAGISTÉRIO NA EDUCAÇÃO INFANTIL, NO ENSINO FUNDAMENTAL E MÉDIO (IDADE + TEMPO DE CONTRIBUIÇÃO)	
Requisitos	- Professor: 60 anos de idade - Professora: 57 anos de idade - 25 anos de contribuição no exercício do magistério na educação infantil, no ensino fundamental ou no ensino médio para ambos os sexos. O tempo mínimo de contribuição poderá ser alterado por lei complementar.
Carência	180 contribuições mensais.
Salário de Benefício (SB)	Média aritmética simples dos salários de contribuição correspondentes a 100% do período contributivo, desde a competência de julho de 1994 ou desde o início das contribuições se posterior a essa competência. * Poderão ser excluídas do cálculo da média dos salários de contribuição e das remunerações adotadas como base para contribuições a regime próprio de previdência social ou como base para contribuições decorrentes das atividades militares de que tratam os art. 42 e art. 142 da Constituição, utilizado para definição do salário de benefício, as contribuições que resultem em redução do valor do benefício. * A exclusão das contribuições não altera o direito à aposentadoria previamente reconhecido, desde que mantida a quantidade de contribuições equivalente ao período de carência e observado o tempo mínimo de contribuição necessário à elegibilidade da aposentadoria requerida. * É vedada a utilização das contribuições excluídas para qualquer finalidade, inclusive para: I – o acréscimo do percentual da renda mensal; II – a averbação em outro regime previdenciário.
Renda mensal inicial (RMI)	60% do salário de benefício, acrescido de 2% para cada ano que exceder: - 20 anos de contribuição, se homem; - 15 anos de contribuição, se mulher.

APOSENTADORIA PROGRAMADA DO PROFESSOR DE MAGISTÉRIO NA EDUCAÇÃO INFANTIL, NO ENSINO FUNDAMENTAL E MÉDIO (IDADE + TEMPO DE CONTRIBUIÇÃO)	
Data de início do benefício (DIB)	• para o empregado: ➢ a partir da data do desligamento do emprego, quando requerida até 90 dias do desligamento; ➢ a partir da data do requerimento, quando requerido após o 90º dia do desligamento do emprego ou quando não se desligar do emprego.
Cessação do benefício	Com a morte do segurado.
Não pode acumular com	• auxílio por incapacidade temporária; • auxílio-acidente; • outra aposentadoria do RGPS; • BPC – LOAS; • auxílio-inclusão; • seguro-desemprego.
Pontos importantes	• Essa regra não é aplicada ao professor que se dedica ao magistério do ensino superior.

APOSENTADORIA PROGRAMADA DO PROFESSOR DE MAGISTÉRIO NA EDUCAÇÃO INFANTIL, NO ENSINO FUNDAMENTAL E MÉDIO (IDADE + TEMPO DE CONTRIBUIÇÃO)	
Pontos importantes	• Pode o segurado retornar à atividade remunerada sem perder o benefício da aposentadoria e deverá contribuir em relação à nova atividade. • O aposentado que retornar a exercer atividade terá direito ao salário-maternidade em relação à nova atividade. Terá direito ao salário-família e à reabilitação profissional, se for empregado, empregado doméstico ou trabalhador avulso. • **Tema 1065, STF:** É constitucional a contribuição previdenciária devida por aposentado pelo Regime Geral de Previdência Social (RGPS) que permaneça em atividade ou a essa retorne. • A concessão de aposentadoria requerida a partir de 14 de novembro de 2019 com a utilização de tempo de contribuição decorrente de cargo, emprego ou função pública acarretará o rompimento do vínculo que gerou o referido tempo de contribuição.

<table>
<tr><th colspan="4">APOSENTADORIA DA PESSOA COM DEFICIÊNCIA</th></tr>
<tr><td>Beneficiários</td><td colspan="3">Os segurados com deficiência – impedimento de longo prazo de natureza física, mental, intelectual ou sensorial, o qual com interação com diversas barreiras pode obstruir sua participação plena e efetiva na sociedade em igualdade de condições com as demais pessoas.</td></tr>
<tr><td>Tipos de aposentadorias</td><td colspan="3">Aposentadoria por tempo de contribuição.
Aposentadoria por idade.</td></tr>
<tr><td rowspan="5">Requisitos -aposentadoria por tempo de contribuição</td><td rowspan="2">Grau de deficiência</td><td colspan="2">Tempo de contribuição</td></tr>
<tr><td>Homem</td><td>Mulher</td></tr>
<tr><td>Leve</td><td>33 anos de contribuição</td><td>28 anos de contribuição</td></tr>
<tr><td>Moderada</td><td>29 anos de contribuição</td><td>24 anos de contribuição</td></tr>
<tr><td>Grave</td><td>25 anos de contribuição</td><td>20 anos de contribuição</td></tr>
<tr><td>Requisitos -aposentadoria por idade</td><td colspan="3">Homem – 60 anos de idade
Mulher – 55 anos de idade
Idade mínima exigida para todos os graus de deficiência.
15 anos na condição de pessoa com deficiência</td></tr>
<tr><td>Carência</td><td colspan="3">180 contribuições mensais.</td></tr>
<tr><td>Salário de benefício (SB)</td><td colspan="3">Média aritmética simples dos salários de contribuição correspondentes a 100% do período contributivo, desde julho de 1994 ou desde o início das contribuições, se posterior a essa competência.</td></tr>
<tr><td>Renda mensal inicial (RMI)</td><td colspan="3">➢ 100% do salário de benefício, nos casos de aposentadoria por tempo de contribuição.
➢ 70% do salário de benefício, acrescido de 1% para cada grupo de 12 contribuições, não podendo esse acréscimo ultrapassar o total de 30%, no caso de aposentadoria por idade.</td></tr>
</table>

Data de início do benefício (DIB)	Para o empregado, incluído o doméstico:	• a partir da data do desligamento do emprego, quando requerido até 90 dias do desligamento. • a partir da data do requerimento, quando requerido após o 90º dia do desligamento do emprego ou quando não se desligar do emprego.
	Para os demais segurados:	a partir da data do requerimento da aposentadoria.
Cessação do benefício	Com a morte do segurado.	
Pontos importantes	• O segurado será previamente submetido a avaliação biopsicossocial realizada por equipe multiprofissional e interdisciplinar. • A comprovação de tempo de contribuição de segurado com deficiência em período anterior à entrada em vigor da Lei Complementar nº 142/13 não será admitida por meio de prova exclusivamente testemunhal. • O segurado com deficiência poderá escolher a aposentadoria que lhe for mais vantajosa, atendidos os requisitos para tal.	
	Empregado, trabalhador avulso, cooperado de cooperativa de trabalho, cooperado de cooperativa de produção.	
Requisitos	**Idade mínima**	**Exposição efetiva a agentes químicos, físicos ou biológicos prejudiciais à saúde, ou a associação desses agentes**
	55 anos	15 anos de contribuição
	58 anos	20 anos de contribuição
	60 anos	25 anos de contribuição
Carência	180 contribuições mensais.	
Salário de benefício (SB)	Média aritmética simples dos salários de contribuição correspondentes a 100% do período contributivo, desde julho de 1994 ou desde o início das contribuições, se posterior a essa competência.	
Renda mensal inicial (RMI)	Agente que exige 20 ou 25 anos de efetiva exposição:	• 60% da média aritmética dos salários de contribuição do segurado, atualizados monetariamente, correspondentes a 100% (cem por cento) do período contributivo desde a competência julho de 1994 ou desde o início da contribuição, se posterior a essa competência; • com acréscimo de 2% para cada ano de contribuição que exceder o tempo de: - 20 (vinte) anos de contribuição, se homem, e - 15 (vinte) anos de contribuição, se mulher.
	Agente que exige 15 anos de efetiva exposição:	• 60% da média aritmética dos salários de contribuição do segurado, atualizados monetariamente, correspondentes a 100% (cem por cento) do período contributivo desde a competência julho de 1994 ou desde o início da contribuição, se posterior àquela competência; • com acréscimo de 2% para cada ano de contribuição que exceder o tempo de 15 (vinte) anos de contribuição, se homem ou mulher.
Data de início do benefício (DIB)	Para o empregado	• a partir da data do desligamento do emprego, quando requerido até 90 dias do desligamento; • a partir da data do requerimento, quando requerido após o 90º dia do desligamento do emprego ou quando não se desligar do emprego.

	Para os demais segurados (trabalhador avulso e cooperados do trabalho e de produção):	• a partir da data do requerimento da aposentadoria.
Cessação do benefício	• Com a morte do segurado. • Quando o segurado aposentado retornar ao trabalho que o exponha a agentes prejudiciais à saúde. • Não precisa ser a mesma condição especial anteriormente exposta, mas, sim, qualquer condição especial de trabalho na mesma ou outra empresa e sob qualquer forma de prestação de serviço ou categoria de segurado. • O segurado será imediatamente notificado da cessação do pagamento de sua aposentadoria, no prazo de 60 dias contados da data da emissão da notificação. • **Tema 709, STF**: I) É constitucional a vedação de continuidade da percepção de aposentado ria especial se o beneficiário permanece laborando em atividade especial ou a ela retorna, seja essa atividade especial aquela que ensejou a aposentação precoce ou não. II) Nas hipóteses em que o segurado solicitar a aposentadoria e continuar a exercer o labor especial, a data de início do benefício será a data de entrada do requerimento, remontando a esse marco, inclusive, os efeitos financeiros. Efetivada, contudo, seja na via administrativa, seja na judicial a implantação do benefício, uma vez verificado o retorno ao labor nocivo ou sua continuidade, cessará o pagamento do benefício previdenciário em questão.	
Não pode acumular com	• auxílio por incapacidade temporária; • auxílio-acidente; • outra aposentadoria do RGPS; • BPC – LOAS; • auxílio-inclusão; • seguro-desemprego.	
Pontos importantes	• Caso o segurado retorne a exercer atividade remunerada, sem que seja em condições especiais, não perderá o benefício da aposentadoria especial, devendo contribuir novamente para a Previdência Social em relação à nova atividade remunerada. • A empresa deverá elaborar e manter atualizado o perfil profissiográfico previdenciário (PPP), ou o documento eletrônico que venha a substituí-lo, no qual deverão ser contempladas as atividades desenvolvidas durante o período laboral, garantido ao trabalhador o acesso às informações nele contidas, sob pena de sujeição à multa. • Não é possível converter tempo especial em tempo comum quando cumprido após 13/11/2019 (EC n. 103/2019). • **Tema 555, STF:** O direito à aposentadoria especial pressupõe a efetiva exposição do trabalhador a agente nocivo à sua saúde, de modo que, se o EPI for realmente capaz de neutralizar a nocividade não haverá respaldo constitucional à aposentadoria especial. Na hipótese de exposição do trabalhador a ruído acima dos limites legais de tolerância, a declaração do empregador, no âmbito do Perfil Profissiográfico Previdenciário (PPP), no sentido da eficácia do EPI, não descaracteriza o tempo de serviço especial para aposentadoria.	

APOSENTADORIA DO TRABALHADOR RURAL E DO GARIMPEIRO QUE EXERCE ATIVIDADE EM REGIME DE ECONOMIA FAMILIAR	
Beneficiários	**Trabalhador rural:** empregado rural, trabalhador avulso rural, contribuinte individual rural, segurado especial **Garimpeiro que exerce a atividade em regime de economia familiar.**
Requisitos -aposentadoria por idade	**Homem – 60 anos de idade** **Mulher – 55 anos de idade**
Carência	180 contribuições mensais. 180 meses de exercício de atividade rural para o segurado especial
Salário de benefício (SB)	Média aritmética simples dos salários de contribuição correspondentes a 100% do período contributivo, desde julho de 1994 ou desde o início das contribuições, se posterior a essa competência. 01 salário mínimo para o segurado especial

PREVIDENCIÁRIO

Renda mensal inicial (RMI)	> 70% do salário de benefício, acrescido de 1% para cada grupo de 12 contribuições, não podendo esse acréscimo ultrapassar o total de 30%. > Para o segurado especial= 01 salário mínimo.	
Data de início do benefício (DIB)	Para o empregado rural,	• a partir da data do desligamento do emprego, quando requerido até 90 dias do desligamento. • a partir da data do requerimento, quando requerido após o 90º dia do desligamento do emprego ou quando não se desligar do emprego.
	Para os demais segurados:	• a partir da data do requerimento da aposentadoria.
Cessação do benefício	Com a morte do segurado.	
Pontos importantes	• **Tema 327, TNU:** Constitui início de prova material do exercício de atividade rural a documentação em nome do cônjuge ou companheiro que o qualifica como empregado rural para fins de concessão de benefício previdenciário na condição de segurado especial.	
APOSENTADORIA HÍBRIDA		
Beneficiário	O trabalhador rural que não completar os requisitos para a aposentadoria por idade, poderá se valer de período de contribuição sob outras categorias de segurado para se aposentar na forma programada.	
Idade	**Homem** = 65 anos	
	Mulher = 62 anos	
Carência	180, somando-se tempo rural e tempo de contribuição sob outra categoria de segurado	
Salário de benefício (SB)	Média aritmética simples dos salários de contribuição correspondentes a 100% do período contributivo, desde julho de 1994 ou desde o início das contribuições, se posterior a essa competência. > No período de segurado especial, considera-se como salário de contribuição o valor de 01 salário mínimo	
Renda mensal inicial (RMI)	• 60% da média aritmética dos salários de contribuição do segurado, atualizados monetariamente, correspondentes a 100% (cem por cento) do período contributivo desde a competência julho de 1994 ou desde o início da contribuição, se posterior a essa competência; • com acréscimo de 2% para cada ano de contribuição que exceder o tempo de: – 20 (vinte) anos de contribuição, se homem, e – 15 (vinte) anos de contribuição, se mulher.	
Data de início do benefício (DIB)	Para o empregado, inclusive o doméstico	• a partir da data do desligamento do emprego, quando requerido até 90 dias do desligamento. • a partir da data do requerimento, quando requerido após o 90º dia do desligamento do emprego ou quando não se desligar do emprego.
	Para os demais segurados	• a partir da data do requerimento da aposentadoria.
Cessação do benefício	Com a morte do segurado.	
Importante	Na oportunidade do requerimento da aposentadoria, o segurado não precisa estar na condição de trabalhador rural.	

SALÁRIO-FAMÍLIA	
Beneficiários	Segurados: • empregado, empregado doméstico, trabalhador avulso de baixa renda; • empregado, empregado doméstico e trabalhador avulso em gozo de auxílio por incapacidade temporária ou aposentadoria por incapacidade permanente • trabalhador rural aposentado por idade aos 60 anos, se homem, ou 55 anos, se mulher, • demais aposentados, desde que empregados, empregados domésticos ou trabalhadores avulsos, maiores de 65 anos, homem, e de 60 anos, mulher.
Carência	Não há carência mínima de contribuições.
Requisitos	• possuir baixa renda = salário de contribuição igual ou inferior ao fixado por Portaria Interministerial*. • ter filhos menores ou equiparados até 14 anos de idade ou inválidos de qualquer idade.
Data de início do benefício – DIB	• A partir da apresentação da certidão de nascimento do filho ou da documentação do equiparado a filho e atestado de vacinação obrigatória para filho ou equiparado de até 06 anos e frequência escolar a partir dos 04 anos de idade. • No caso de invalidez de filho ou equiparado maior de 14 anos, deve ser feita perícia médica a cargo da Perícia Médica Federal.
Data de início do benefício – DIB	• O empregado doméstico somente deverá apresentar a certidão de nascimento do filho ou a documentação do equiparado ao filho.
Suspensão do benefício	• Na falta da entrega da renovação da documentação exigida para a concessão do benefício.

SALÁRIO-FAMÍLIA	
Cessação do benefício	• por morte do filho ou equiparado, a contar do mês seguinte ao do óbito, • quando o filho ou equiparada completar 14 anos de idade, salvo se inválido, a contar do mês seguinte ao da data do aniversário, • pela recuperação da capacidade do filho ou equiparado, a contar do mês seguinte ao da cessação da incapacidade ou • pelo desemprego do segurado.
Outras questões	• Quando mãe e pai são, ambos, segurados do RGPS e preencherem os requisitos do benefício, será pago salário-família para os dois, pai e mãe. • As cotas do salário--família serão pagas pela empresa ou pelo empregador doméstico, mensalmente, junto com o salário, efetivando-se a compensação quando do recolhimento das contribuições, conforme dispuser o Regulamento.
Outras questões	• A empresa ou o empregador doméstico conservarão durante 05 (cinco) anos os comprovantes de pagamento e as cópias das certidões correspondentes para exame pela fiscalização. • Quando o pagamento do salário não for mensal, o salário-família será pago juntamente com o último pagamento relativo ao mês. • O salário-família devido ao trabalhador avulso poderá ser recebido pelo sindicato de classe respectivo, que se incumbirá de elaborar as folhas correspondentes e de distribuí-lo.

* O valor da cota do salário-família por filho ou equiparado de qualquer condição, até 14 (quatorze) anos de idade, ou inválido de qualquer idade, a partir de 1º de janeiro de 2025, é de R$65,00 (sessenta e cinco reais) para o segurado com remuneração mensal não superior a R$1.906,04 (um mil novecentos e seis reais e quatro centavos).

PREVIDENCIÁRIO

SALÁRIO-FAMÍLIA	
SALÁRIO-MATERNIDADE	
Beneficiários	Todos os segurados e seguradas que preencherem os requisitos legais.
Requisitos	• Parto, inclusive de natimorto. • Adoção ou guarda judicial para fins de adoção de crianças. • Nesse caso, o benefício poderá ser pago ao segurado ou à segurada. • Não se pode pagar o benefício para ambos os segurados, no caso de adoção da mesma criança. • Aborto não criminoso. • Falecimento de segurado ou de segurada, cônjuge, ou companheiro que fazia jus ao salário-maternidade (salário-maternidade complementar). • Afastamento da empregada gestante e lactante do trabalho por não poder exercer atividades em condições insalubres (super salário-maternidade).
Carência	• Com a decisão do STF na ADI 2110, não há mais carência para a concessão do salário-maternidade.
Período de recebimento	• PARTO = 120 dias, podendo iniciar 28 dias antes do parto. • ABORTO NÃO CRIMINOSO = duas semanas. • ADOÇÃO OU GUARDA JUDICIAL PARA FINS DE ADOÇÃO = 120 dias, independentemente da idade da criança. • FALECIMENTO DA SEGURADA OU DO SEGURADO NO PERÍODO DA LICENÇA-MATERNIDADE = período restante entre a data do óbito e o último dia do término do salário-maternidade originário.

SALÁRIO-FAMÍLIA	
Renda mensal inicial – valor	• Para o empregado = valor da última remuneração, limitado ao teto do ministro do STF. • Para empregado com contrato intermitente = média aritmética simples das remunerações apuradas no período referente aos 12 meses que antecederem o parto, a adoção ou a obtenção da guarda para fins de adoção. Na hipótese de empregos intermitentes concomitantes, a média aritmética será calculada em relação a todos os empregos e será pago somente 01 salário-maternidade. • Para o trabalhador avulso = remuneração equivalente a um mês de trabalho, limitado ao teto do ministro do STF; • Para o empregado doméstico = o último salário de contribuição, sujeito ao limite máximo correspondente;
Renda mensal inicial – valor	• Para o contribuinte individual, facultativo (a) e desempregado(a) = 1/12 da soma dos últimos 12 salários de contribuição apurados em período não superior a quinze meses, limitado o valor ao teto máximo do salário de contribuição. Não poderá ser pago em valor inferior ao salário mínimo, • Para o segurado especial = um salário mínimo. • Para o cônjuge ou companheiro sobrevivente seguem-se as regras acima, considerando os salários de contribuição do segurado sobrevivente*.
Data de início do benefício (DIB)	• No caso de parto = 28 dias antes do parto OU a partir do dia do parto.

SALÁRIO-FAMÍLIA	
Data de início do benefício (DIB)	• Nos casos de aborto não criminoso e adoção = a partir da data do requerimento. • No caso de segurado cônjuge ou companheiro(a) sobrevivente do segurado falecido que fazia jus ao salário-maternidade = data do óbito do(a) segurado(a), desde que requerido até o último dia previsto para o término do salário-maternidade originário.
Não pode acumular com	• Auxílio por incapacidade temporária; • aposentadoria por incapacidade permanente; • BPC – LOAS; • seguro-desemprego.
Responsável pelo pagamento	– para as empregadas, no caso de parto = a empresa pagará o benefício e será reembolsada do valor no momento do recolhimento de suas contribuições previdenciárias; – para as empregadas do MEI, no caso de parto = o pagamento é feito diretamente pela Previdência Social; – para todos os segurados em razão dos demais fatos geradores, incluindo as empregadas = o pagamento é feito diretamente pela Previdência Social; – super salário-maternidade = pagamento pela empresa com direito à compensação dos valores com as contribuições previdenciárias a pagar.
Pontos importantes	• Parto de natimorto, gera direito ao salário-maternidade. • Se houver nascimento de um ou mais filhos, será pago apenas um salário-maternidade. • Se a mãe biológica, segurada do RGPS, tiver recebido salário-maternidade, não há óbice para conceder o benefício ao segurado ou segurada adotante.

SALÁRIO-FAMÍLIA	
Pontos importantes	• O salário-maternidade não pode ser acumulado com benefício por incapacidade (auxílio por incapacidade temporária e aposentadoria por incapacidade permanente). • Para que o cônjuge ou companheiro tenha direito ao salário-maternidade após o falecimento do segurado ou da segurada é necessário que ele seja segurado do RGPS e se afaste do trabalho ou das atividades desempenhadas para cuidar do filho. • A licença-maternidade de 120 dias pode ser prorrogada por mais 60 dias na hipótese de adesão da empresa ao Programa Empresa Cidadã nos termos da Lei nº 11.770/2008.
Cessação do benefício	• No caso de parto = após 120 dias do início do benefício; • no caso de aborto não criminoso = após duas semanas;
Cessação do benefício	• no caso de adoção ou guarda judicial para fins de adoção de criança = após 120 dias do início do benefício;
Cessação do benefício	• no caso de salário-maternidade remanescente = após último dia do término previsto para o salário-maternidade originário.
Jurisprudência	• ADI 6327 – prorrogação do salário-maternidade necessidade de prorrogar o benefício no caso de internação do recém-nascido ou da mãe, considerando como termo inicial da licença-maternidade e do respectivo salário-maternidade a alta hospitalar do recém-nascido e/ou de sua mãe, o que ocorrer por último.

PREVIDENCIÁRIO

SALÁRIO-FAMÍLIA	
Jurisprudência	• **ADI 2110 e 2111** – É inconstitucional — por violar os princípios da isonomia, da razoabilidade e da proteção constitucional à maternidade — o período de carência (10 contribuições mensais) para a concessão do benefício de salário-maternidade exigido para algumas categorias de seguradas
~~* Caso esteja desempregado a renda mensal inicial será apurada da mesma forma que se apura para o contribuinte individual.~~	

Salário-maternidade complementar ou remanescente – Arts. 71-B e 71-C da Lei nº 8.213/91	
Contemplados	Cônjuge ou companheiro de segurado ou segurada que venha a falecer no período de licença-maternidade.
Requisitos	Falecimento da segurada ou segurado que fizer jus ao recebimento do salário-maternidade.
	Cônjuge ou companheiro sobrevivente deverá ser, também, segurado da Previdência Social.
	Cônjuge ou companheiro deverá se afastar do seu trabalho ou da atividade desempenhada para cuidar do filho.
Requerimento	Até o último dia do prazo previsto para o término do salário-maternidade originário.
Período de recebimento	Entre a data do óbito da segurada e o último dia do término do salário-maternidade originário
Renda mensal do benefício	As regras são as mesmas que são previstas para as seguradas, mas a remuneração ou o salário de contribuição a ser considerado será a do segurado sobrevivente.

PENSÃO POR MORTE	
Beneficiários	• Dependentes do segurado. ➢ Dependentes da 1ª classe não precisam comprovar dependência econômica. ➢ Equiparam-se ao filho, o menor sob tutela e o enteado, desde que comprovada dependência econômica do segurado.
Requisitos	• Óbito do segurado; • morte presumida declarada por decisão judicial.
Carência	• Não há carência mínima de contribuições exigida para qualquer dependente. • É devida para cônjuge/companheiro(a) ainda que tiver menos de 02 anos de casamento/união estável até a data do óbito.
Renda mensal inicial (RMI)	• Regra geral: • uma cota de 50% do valor da aposentadoria que o segurado recebia ou daquela a que teria direito se estivesse aposentado por incapacidade permanente na data de seu óbito, • acrescida de 10% por dependente até o máximo de 100%. • **Quando houver algum dependente inválido, com deficiência mental, intelectual ou grave:** • 100% do valor da aposentadoria que o segurado recebia ou daquela a que teria direito se estivesse aposentado por incapacidade permanente na data de seu óbito.
Benefício devido a partir de	• Data do óbito, quando requerido em até 180 dias deste, para filhos menores de 16 anos • Data do óbito, quando requerido em até 90 dias deste, para os demais dependentes. • Data do requerimento, quando superados os prazos acima mencionados. • Data da decisão judicial: quando se tratar de morte presumida.

PENSÃO POR MORTE	
Suspensão do benefício	• Quando o dependente inválido não comparecer à perícia médica ou à convocação do INSS ou não se submeter ao processo de reabilitação profissional quando prescrito pela previdência social. O pensionista inválido que não tenha retornado à atividade estará isento do exame médico pericial periódico após completar 60 anos de idade.
Cessação do benefício	• **pela morte do pensionista;** • **ao completar 21 anos,** o filho, pessoa a ele equiparada ou irmão, salvo se inválido ou com deficiência intelectual ou mental ou com deficiência grave; • **pela cessação da invalidez** do filho, do equiparado a filho ou do irmão inválido; • **pelo afastamento da deficiência** do filho, do equiparado a filho ou do irmão com deficiência; • **pela adoção do filho que recebia pensão por morte dos pais biológicos, exceto** se for adotado pelo cônjuge ou companheiro(a) do outro(a). • **para o cônjuge, o companheiro ou a companheira**: a) **por decurso de prazo:** - após 04 meses, se **não tiver** o segurado, pelo menos, 18 contribuições mensais ou se o casamento ou a união estável tiverem sido iniciados há menos de 02 anos da data do óbito do segurado, salvo se a morte decorrer de acidente de qualquer natureza ou doença profissional ou do trabalho;

PENSÃO POR MORTE	
Cessação do benefício	- após 03, 06, 10, 15, 20 anos ou de forma vitalícia, conforme tabela já demonstrada, se o segurado **tiver** 18 ou mais contribuições e o casamento ou a união estável tiverem sido iniciados há, pelo menos, 02 anos da data do óbito do segurado ou se a morte decorrer de acidente de qualquer natureza ou doença profissional ou do trabalho. b) **pela cessação da invalidez**, respeitados os períodos mínimos descritos acima.
Não se acumula com	• outra pensão de cônjuge/companheiro(a), podendo optar pela mais vantajosa; • auxílio-inclusão; • BPC – LOAS.
Pontos importantes	• Perde o direito à pensão por morte o condenado criminalmente por sentença transitada em julgado, como autor, coautor ou partícipe de homicídio doloso, ou de tentativa desse crime, cometido contra a pessoa do segurado, ressalvados os absolutamente incapazes e os inimputáveis. • O cônjuge, o companheiro ou a companheira, perderá a pensão por morte se, comprovada, a qualquer tempo, simulação ou fraude no casamento ou na união estável, ou a formalização desses com o fim exclusivo de constituir benefício previdenciário, apuradas em processo judicial no qual será assegurado o direito ao contraditório e à ampla defesa. • O exercício de atividade remunerada, inclusive na condição de microempreendedor individual, não impede a concessão ou manutenção da parte individual da pensão do dependente com deficiência intelectual ou mental ou com deficiência grave.

PENSÃO POR MORTE	
Pontos importantes	• A pensão não se acumula com pensão deixada por cônjuge ou companheira, dando-se o direito à opção pela mais vantajosa. • O casamento do(a) cônjuge ou do(a) companheiro(a) após a concessão do benefício não faz cessar a pensão por morte. • O recebimento de pensão por morte não impede o pagamento de seguro-desemprego quando o dependente tiver direito.
Jurisprudência	• **ADI 7051** – É constitucional o art. 23, caput, da Emenda Constitucional nº 103/2019, que fixa novos critérios de cálculo para a pensão por morte no Regime Geral e nos Regimes Próprios de Previdência Social. • **Tema 529, STF:** É incompatível com a Constituição Federal o reconhecimento de direitos previdenciários (pensão por morte) à pessoa que manteve, durante longo período e com aparência familiar, união com outra casada, porquanto o concubinato não se equipara, para fins de proteção estatal, às uniões afetivas resultantes do casamento e da união estável. • **Tema 526:** A preexistência de casamento ou de união estável de um dos conviventes, ressalvada a exceção do artigo 1723, §1° do Código Civil, impede o reconhecimento de novo vínculo referente ao mesmo período, inclusive para fins previdenciários, em virtude da consagração do dever de fidelidade e da monogamia pelo ordenamento jurídico-constitucional brasileiro.

PENSÃO POR MORTE	
Jurisprudência	• **STJ, súmula 336** – A mulher que renunciou aos alimentos na separação judicial ou divórcio, poderá ter direito à pensão por morte, se comprovada a dependência econômica superveniente.

AUXÍLIO-RECLUSÃO	
Beneficiários	• Dependentes. ➢ Dependentes da 1ª classe não precisam comprovar dependência econômica. ➢ Equiparam-se ao filho, o menor sob tutela e o enteado, desde que comprovada dependência econômica do segurado.
Requisitos	1) Recolhimento do segurado à prisão para cumprir pena em regime fechado. 2) Não pode o segurado estar recebendo auxílio por incapacidade temporária, salário-maternidade, pensão por morte, aposentadorias, abono de permanência em serviço ou remuneração de empresa. 3) A média dos salários de contribuição apurados no período de 12 (doze) meses anteriores ao mês do recolhimento à prisão do segurado deve ser igual ou menor que R$1.906,04 (mil novecentos e seis reais e quatro centavos) a partir de janeiro de 2025 – Portaria Interministerial MPS/MF nº 06/2025). – Pode ser concedido quando a prisão for provisória.
Requisitos	– O cumprimento de pena em prisão domiciliar não impede o recebimento do benefício de auxílio-reclusão pelo(s) dependente(s) se o regime previsto for o fechado. – Não cabe em caso de cumprimento de pena em regime semiaberto ou aberto e de prisão civil.
Carência	• **24 contribuições mensais.**
Renda mensal inicial – RMI	• 01 salário mínimo.

AUXÍLIO-RECLUSÃO	
Data de início do benefício – DIB	• Data do recolhimento à prisão, quando requerido em até 180 dias após esta para os filhos menores de 16 anos. • Data do recolhimento à prisão, quando requerido em até 90 dias após esta para os demais dependentes. • Data do requerimento, quando superados os prazos acima mencionados.
Suspensão do benefício	• Em caso de fuga. • No caso de o dependente não apresentar o atestado trimestral emitido pela autoridade competente. • No caso de o segurado deixar a prisão por livramento condicional ou para cumprir pena em regime semiaberto ou aberto.
Cessação do benefício	• Quando o dependente perde essa qualidade de beneficiário; • quando o segurado passa a receber aposentadoria; • quando o segurado morre; • na data da soltura; • **pela morte do beneficiário;** • **ao completar 21 anos,** o filho, pessoa a ele equiparada ou irmão, salvo se inválido ou com deficiência intelectual, mental ou grave; • **pela cessação da invalidez** do filho, pessoa a ele equiparada ou do irmão inválido; • **pela adoção do filho que recebia pensão por morte dos pais biológicos, exceto** se for adotado pelo cônjuge ou companheiro(a) do outro(a).
Cessação do benefício	• **para o cônjuge, o companheiro ou a companheira**: **a) por decurso de prazo:** - após 04 meses, se **não tiver** o segurado, pelo menos, 18 contribuições mensais ou se o casamento ou a união estável tiverem sido iniciados há menos de 02 anos da data da reclusão do segurado; - após 03, 06, 10, 15, 20 anos, conforme tabela já demonstrada, se o segurado **tiver** 18 ou mais contribuições e o casamento ou a união estável tiverem sido iniciados há, pelo menos, 02 anos da data da reclusão do segurado.

AUXÍLIO-RECLUSÃO	
Cessação do benefício	b) **pela cessação da invalidez**, respeitados os períodos mínimos descritos acima. - Esses períodos de gozo do auxílio-reclusão serão observados, desde que não haja, ANTES, outra causa de cessação do benefício.
Pontos importantes	• Equipara-se à condição de recolhido à prisão a situação do maior de 16 e menor de 18 anos que se encontre internado em estabelecimento educacional ou congênere, sob custódia do Juizado da Infância e da Juventude, desde que, obviamente, segurado do RGPS.
Pontos importantes	• O exercício de atividade remunerada, inclusive na condição de microempreendedor individual, não impede a concessão ou manutenção da parte individual da pensão do dependente com deficiência intelectual ou mental ou com deficiência grave. • **Tema 310, TNU**: A partir da vigência da Medida Provisória 871/2019, convertida na Lei 13.846/2019, a aferição da renda para enquadramento do segurado como baixa renda, visando à concessão de auxílio-reclusão, dá-se pela média dos salários de contribuição apurados no período de 12 meses anteriores ao mês do recolhimento à prisão, computando-se no divisor apenas o número de salários de contribuição efetivamente existentes no período. • **Tema 357, TNU**: O benefício de auxílio-reclusão concedido para fatos geradores ocorridos antes de 18 de janeiro de 2019, data da vigência da MP nº 871, permanece mesmo na hipótese de progressão de regime fechado para o semiaberto (inclusive em caso de monitoramento eletrônico).

- O abono anual é o valor devido ao segurado e ao dependente que, durante o ano, recebeu benefício previdenciário. Todo beneficiário que recebeu, durante o ano, auxílio por incapacidade temporária,

PREVIDENCIÁRIO

auxílio-acidente, aposentadoria, salário-maternidade, pensão por morte ou auxílio-reclusão terá direito de receber o chamado abono anual que será calculado da mesma forma que a gratificação natalina dos trabalhadores. É o valor equivalente "ao 13º salário" pago pelo INSS aos beneficiários do RGPS. Será calculado, da mesma forma que a Gratificação de Natal dos trabalhadores, tendo por base o valor da renda mensal do benefício do mês de dezembro de cada ano. Imperioso chamar a atenção do leitor de que o benefício assistencial pago à pessoa idosa e ao deficiente não gera direito ao recebimento de abono anual.

- Benefícios que **não** podem ser recebidos conjuntamente:

- auxílio por incapacidade temporária e aposentadorias;
- auxílio por incapacidade temporária e auxílio-acidente quando a causa for a mesma para ambos os benefícios;
- salário-maternidade e benefícios por incapacidade;
- mais de uma aposentadoria no RGPS;
- aposentadoria e abono de permanência em serviço;
- mais de um auxílio-acidente, podendo optar pelo mais vantajoso;
- mais de uma pensão deixada por cônjuge ou companheiro, ressalvado o direito de opção pela mais vantajosa.
- salário-maternidade para segurados quando adotantes da mesma criança. Somente um deles poderá receber.
- benefícios da seguridade social e BPC-LOAS, exceto assistência médica e pensão especial de natureza indenizatória;
- auxílio-acidente e BPC-LOAS;
- auxílio-inclusão com benefícios por incapacidade, aposentadoria, pensões, seguro-desemprego e BPC-LOAS.

- **Seguro-desemprego** pode ser recebido conjuntamente com: pensão por morte, auxílio-reclusão e auxílio-acidente.

9.6. DA DECADÊNCIA E PRESCRIÇÃO EM RELAÇÃO AOS BENEFÍCIOS PREVIDENCIÁRIOS

- O direito ao benefício previdenciário não decai nem prescreve.
- É de dez anos o prazo de decadência de todo e qualquer direito ou ação do segurado ou beneficiário para a revisão do ato de concessão de benefício, a contar do dia primeiro do mês seguinte ao do recebimento da primeira prestação ou, quando for o caso, do dia em que tomar conhecimento da decisão indeferitória definitiva no âmbito administrativo.
- **Súmula 81, TNU**: *A impugnação de ato de indeferimento, cessação ou cancelamento de benefício previdenciário não se submete a qualquer prazo extintivo, seja em relação à revisão desses atos, seja em relação ao fundo de direito.*
- Prescreve em cinco anos, a contar da data em que deveriam ter sido pagas, toda e qualquer ação para haver prestações vencidas ou quaisquer restituições ou diferenças devidas pela Previdência Social, salvo o direito dos menores, incapazes e ausentes, na forma do Código Civil.

9.7. SERVIÇOS

- Os serviços assegurados pelo RGPS são o serviço social e a reabilitação profissional.
- As ações profissionais do serviço social do INSS visam esclarecer o usuário sobre seus direitos sociais e os meios de exercê-los, possibilitando a solução de problemas dentro ou fora do contexto previdenciário.
- A reabilitação profissional visa proporcionar aos beneficiários, incapacitados parcial ou totalmente para o trabalho, em caráter obrigatório, independentemente de carência, e às pessoas com deficiência, os meios indicados para proporcionar o reingresso no mercado de trabalho e no contexto em que vivem.
- A reabilitação profissional compreende:

a) o fornecimento de aparelho de prótese, órtese e instrumentos de auxílio para locomoção quando a perda ou redução da capacidade funcional puder ser atenuada por seu uso e dos equipamentos necessários à habilitação e reabilitação social e profissional;

b) a reparação ou a substituição dos aparelhos mencionados no inciso anterior, desgastados pelo uso normal ou por ocorrência estranha à vontade do beneficiário;

c) o transporte do acidentado do trabalho, quando necessário.

- A avaliação da elegibilidade do segurado para encaminhamento à reabilitação profissional, a reavaliação da incapacidade de segurados em programa de reabilitação profissional e a prescrição de órteses, próteses e meios auxiliares de locomoção e acessórios serão realizadas pela Perícia Médica Federal.
- Toda empresa com 100 ou mais empregados está obrigada a preencher 2 a 5% de seus cargos com beneficiários reabilitados ou pessoas portadoras de deficiência, habilitadas, na seguinte proporção:

Número de empregados	% obrigatória de reabilitados ou portadores de deficiência
de 100 a 200	2%
de 201 a 500	3%
de 501 a 1000	4%
acima de 1000	5%

- Para a reserva de cargos será considerada somente a contratação direta de pessoa com deficiência, excluído o aprendiz com deficiência.
- A dispensa de pessoa com deficiência ou de beneficiário reabilitado da Previdência Social ao final de contrato por prazo determinado de mais de 90 (noventa) dias e a dispensa imotivada em contrato por prazo indeterminado somente poderão ocorrer após a contratação de outro trabalhador com deficiência ou beneficiário reabilitado da Previdência Social.

10. FINANCIAMENTO DA SEGURIDADE SOCIAL

10.1. PARTE CONSTITUCIONAL

- As contribuições sociais que vão financiar a Seguridade Social ostentam natureza jurídica tributária.
- Observe o quadro esquematizado a respeito das contribuições da Seguridade Social que tem a União competência para instituir através de lei ordinária ou medida provisória:

Das Contribuições Sociais de Financiamento da Seguridade Social (art. 195, CF)	Do empregador, da empresa e da entidade a ela equiparada (art. 195, I, CF): • Sobre a folha de salário e demais rendimentos pagos ou creditados, a qualquer título, à pessoa física que lhe preste serviço, mesmo sem vínculo empregatício (art. 195, I, a, CF).
Das Contribuições Sociais de Financiamento da Seguridade Social (art. 195, CF)	• Sobre a receita ou faturamento (art. 195, I, b, CF) • Sobre o lucro (art. 195, I, c, CF)
	Do trabalhador e dos demais segurados do Regime Geral de Previdência Social (art. 195, II, CF)
	Sobre a receita de concursos de prognósticos (art. 195, III, CF)
	Do importador de bens ou serviços do exterior, ou de quem a lei a ele equiparar (art. 195, IV, CF).
	Contribuição sobre bens e serviços, nos termos de lei complementar (art. 195, V, CF).

- A União poderá criar novas contribuições sociais além daquelas que já se encontram previstas no texto constitucional. Trata-se, no caso, da competência residual tributária e, por isso, as novas contribuições sócias são, muitas vezes, chamadas, de contribuições residuais da Seguridade Social.
- Para melhor compreensão, as contribuições residuais da seguridade social devem ser criadas, observando o disposto no art. 195, § 4º, da CF:

Nova contribuição da Seguridade Social deve observar (art. 195, § 4º, CF)	• Ser criada por lei complementar • Ser não cumulativa • Não ter fato gerador ou base de cálculo das contribuições sociais já discriminadas na CF.

- Todas as contribuições sociais de financiamento da Seguridade Social devem respeitar o **princípio da noventena ou prazo nonagesimal.** Suas cobranças somente serão legitimas após decorridos noventa dias da data da publicação da lei que as instituiu ou as modificou.
- As contribuições sociais de financiamento da Seguridade Social não precisam respeitar o princípio da anterioridade comum. Assim, não é preciso aguardar o exercício financeiro seguinte para que sejam cobradas quando da sua instituição ou majoração.
- É possível a **diferenciação de alíquota** das contribuições das empresas sobre a folha de pagamento e demais rendimentos, sobre a receita e sobre o lucro, em razão da atividade econômica, da utilização intensiva de mão de obra, do porte da empresa ou da condição estrutural do mercado de trabalho (art. 195, § 9º, CF).
- É possível a **diferenciação de base de cálculo somente** das contribuições das empresas sobre a receita e sobre o lucro, em razão da atividade econômica, da utilização intensiva de mão de obra, do porte da empresa ou da condição estrutural do mercado de trabalho (art. 195, § 9º, CF).
- A pessoa jurídica em débito com o sistema da Seguridade Social não poderá contratar com o Poder Público, nem dele receber benefícios ou incentivos fiscais ou creditícios (art.195, § 3º, CF).
- São isentas de contribuição para a seguridade social as entidades beneficentes de assistência social que atendam às exigências estabelecidas em lei. Trata-se de imunidade tributária por ser regramento constitucional.
- Os proventos de pensão e aposentadorias concedidos pelo RGPS não terão incidência de contribuição social.

10.2. SALÁRIO DE CONTRIBUIÇÃO

- Salário de contribuição é a expressão que quantifica a base de cálculo da contribuição previdenciária dos segurados da previdência social.
- Veja o quadro abaixo acerca do conceito de salário de contribuição para cada tipo de segurado do RGPS:

SEGURADO	SALÁRIO DE CONTRIBUIÇÃO
Empregado e Trabalhador Avulso	A remuneração auferida em uma ou mais empresas, assim entendida a totalidade dos rendimentos pagos, devidos ou creditados a qualquer título, durante o mês, destinados a retribuir o trabalho, qualquer que seja a sua forma, inclusive as gorjetas, os ganhos habituais sob a forma de utilidades e os adiantamentos decorrentes de reajuste salarial, quer pelos serviços efetivamente prestados, quer pelo tempo à disposição do empregador ou tomador de serviços nos termos da lei ou do contrato ou, ainda, de convenção ou acordo coletivo de trabalho ou sentença normativa.

SEGURADO	SALÁRIO DE CONTRIBUIÇÃO
Empregado Doméstico	A remuneração registrada na Carteira de Trabalho e Previdência Social, observadas as normas a serem estabelecidas em regulamento para comprovação do vínculo empregatício e do valor da remuneração.
Contribuinte Individual	A remuneração auferida em uma ou mais empresas ou pelo exercício de sua atividade por conta própria, durante o mês, observado o limite máximo estabelecido por Portaria Interministerial do Ministério da Previdência Social e do Ministério da Fazenda*.
Segurado Facultativo	O valor por ele declarado, observado os limites mínimo e máximo estabelecido por Portaria Interministerial do Ministério da Previdência Social e do Ministério da Fazenda**.

* Limite máximo de R$). Valor reajustado pela Portaria do Interministerial MPS/MF nº 02/2024.

** **A partir de 1º de janeiro de 2025, o salário de contribuição não poderá ser inferior a R$ 1.518,00 (um mil quinhentos e dezoito reais) nem superior a R$8.157,42** (oito mil cento e cinquenta e sete reais quarenta e dois centavos)). **Valor reajustado pela Portaria Interministerial MPS/MF nº 06/2025**.

- O segurado especial contribui sobre o valor da receita bruta da comercialização da produção e, não sobre o salário de contribuição.
- O 13º salário é considerado salário de contribuição e, sobre ele, em qualquer hipótese, recairá a contribuição previdenciária. Haverá a incidência da contribuição previdenciária sobre a parcela do 13º salário quando ele for pago no curso do contrato do trabalho ou, mesmo, sobre o 13º salário proporcional pago no momento do desligamento do emprego.
- O 13º salário não integra o cálculo do salário de contribuição.
- Salário-maternidade é salário de contribuição, para fins somente da contribuição do segurado.
- **STF julgou inconstitucional a contribuição do empregador sobre o salário-maternidade (Tema 72).**
- Incide contribuição previdenciária sobre os valores pagos a título de salário-paternidade.

Parcelas pagas, devidas ou creditadas, de acordo com a legislação	SALÁRIO DE CONTRIBUIÇÃO	
	SIM	NÃO
Salário	X	
Horas extras	X	
Comissões e percentagens	X	
Gorjetas	X	
Gratificações legais	X	
Adicional de insalubridade e de periculosidade	X	
Adicional noturno	X	
Adicional de tempo de serviço	X	
Adicional de transferência	X	
Adicional de quebra de caixa	X	
Férias gozadas	X	
Adicional de 1/3 sobre as férias gozadas	X[1]	
Férias indenizadas		X
Adicional de 1/3 sobre as férias indenizadas		X
13º salário	X	
13º salário proporcional	X	
13º salário referente a 1/12 do aviso prévio indenizado	X	
Aviso prévio trabalhado	X	
Aviso prévio indenizado		X
Gratificações de desempenho pagas habitualmente	X	
Diárias para viagens		X
Participação nos lucros ou resultados		X[2]
Distribuição de lucros e dividendos		X
Salário-maternidade	X[3]	
Licença-paternidade	X[4]	
Aposentadorias e pensões pagas pelo RGPS		X[5]
Benefícios pagos pelo RGPS, exceto salário-maternidade		X[6]
Vale-transporte ainda que pago em dinheiro		X[7]
Auxílio-alimentação, vedado o seu pagamento em dinheiro		X
Auxílio-alimentação pago em dinheiro	X	
Valor descontado do empregado para custear o auxílio-alimentação e o vale-transporte	X	

Parcelas pagas, devidas ou creditadas, de acordo com a legislação	SALÁRIO DE CONTRIBUIÇÃO	
	SIM	NÃO
Auxílio-creche e reembolso babá		X
Previdência privada complementar: valor das contribuições pago pela pessoa jurídica, desde que disponível à totalidade dos empregados e dos dirigentes da empresa.		X
O valor relativo à assistência prestada por serviço médico ou odontológico, próprio da empresa ou por ela conveniado, inclusive o reembolso de despesas com medicamentos, óculos, aparelhos ortopédicos, próteses, órteses, despesas médico-hospitalares e outras similares.		X
Complemento de auxílio-doença, desde que extensivo à totalidade dos empregados da empresa		X
Plano de educação		X
Bolsa de estágios		X
Bolsa de estudos		X
Pró-labore dos sócios	X	
Pagamento de 40% ou de 20% do FGTS em caso de demissão		X
Ajuda de custo para mudança paga em única parcela		X
Seguro de vida em grupo		X
Abono do PIS		X
Programa de demissão voluntária		X
Direitos autorais		X
Valores despendidos com ministros de confissão religiosa		X
Vale-cultura		X
Abonos e prêmios, ainda que pagos habitualmente.		X[8]
Bolsa-atleta		X
Indenização pela supressão de intervalo intrajornada		X
Stock Option		X
Licença-prêmio indenizada		X

1. STF julgou o tema 985, fixando a tese de que é legítima a incidência de contribuição social sobre o valor satisfeito a título de terço constitucional de férias.

2. Se a distribuição dos lucros não estiver de acordo com a legislação específica, haverá incidência da contribuição previdenciária. Se o pagamento de PLR for feito em periodicidade inferior a um trimestre civil e mais de duas vezes no mesmo ano, os valores serão considerados parcelas integrantes do salário de contribuição.

3. STF ao julgar, em sede de repercussão geral, o tema 72, considerou inconstitucional a contribuição do empregador sobre o salário-maternidade. Receita Federal entende que permanece a legitimidade da contribuição do segurado sobre o salário-maternidade.

4. Com o julgamento do REsp1.230.957-RS (Rel. Min. Mauro Campbell Marques, julgado em 26/2/2014. Informativo nº 536), entendeu-se que incide contribuição previdenciária a cargo da empresa sobre os valores pagos a título de licença-paternidade. Tema 740, julgado em sede de recurso repetitivo.

5. Há imunidade tributária (art. 195, II, CF).

6. Receita Federal entende que permanece a legitimidade da contribuição do segurado sobre o salário-maternidade.

7. Segundo entendimento do STF e Súmula nº 60 da AGU, o vale-transporte, mesmo pago em dinheiro, não terá incidência de contribuição previdenciária. O Regulamento da Previdência Social se curvou a esse entendimento.

8. Consideram-se prêmios as liberalidades concedidas pelo empregador em forma de bens, serviços ou valor em dinheiro a empregado ou a grupo de empregados, em razão de desempenho superior ao ordinariamente esperado no exercício de suas atividades.

- Não se considera como remuneração direta ou indireta, os valores despendidos pelas entidades religiosas e instituições de ensino vocacional com ministro de confissão religiosa, membros de instituto de vida consagrada, de congregação ou de ordem religiosa em face do seu mister ou para sua subsistência desde que fornecidos em condições que independam da natureza e da quantidade do trabalho executado. (art. 22, § 13 da Lei nº 8.212/91,)

10.3. DA CONTRIBUIÇÃO DOS SEGURADOS

- A contribuição dos segurados empregado, empregado doméstico e trabalhador avulso é calculada por meio da aplicação da alíquota correspondente, de forma progressiva, sobre o seu salário de contribuição.
- Confira a tabela com valores atualizados para o ano de 2024, pela Portaria Interministerial MPS/MF nº 02/2025:

Salário de contribuição (R$)	Alíquota para fins de contribuição previdenciária
até 1.518,00	7,50%
de 1,518,01 até 2.793,88	9,00%
de 2.793,89 até 4.190,83	12,00%
de 4.190,84 até 8.157,41	14,00%

- Os empregados, os empregados domésticos e trabalhadores avulsos não têm a obrigação de recolher suas contribuições previdenciárias diretamente à União, embora sejam contribuintes. A contribuição será descontada (retida) pelos empregadores ou tomadores de serviços que ficarão com a responsabilidade de repassar aos cofres da União. Gozam de presunção de recolhimento das contribuições previdenciárias.
- A contribuição do contribuinte individual incide sobre o seu salário de contribuição de acordo com o quadro abaixo:

CONTRIBUINTE INDIVIDUAL	ALÍQUOTA	RESPONSÁVEL PELO RECOLHIMENTO
Contribuinte Individual que presta serviços por conta própria	20%*	Contribuinte individual
Contribuinte Individual que presta serviços a outro contribuinte individual equiparado a empresa ou a produtor rural ou a missão diplomática e repartição consular de carreira estrangeira.	20%	Contribuinte individual
Contribuinte individual que opta pelo regime especial de inclusão previdenciária (base de cálculo = 01 salário mínimo).	11%	Contribuinte individual
Contribuinte Individual que presta serviços às empresas em geral	11%**	Contribuição a ser DESCONTADA (retida) pela EMPRESA.
Contribuinte Individual que presta serviços à entidade beneficente e assistência social isenta das contribuições sociais	20%	Contribuição a ser DESCONTADA (retida) pela ENTIDADE BENEFICIENTE.
MEI – Microempreendedor Individual (base de cálculo = 01 salário mínimo)	5%	Recolhimento próprio

*. A alíquota do transportador rodoviário autônomo, do auxiliar de condutor autônomo de veículo rodoviário, bem como do operador de máquinas é de 20% sobre o valor da nota fiscal, fatura ou recibo.

**. O contribuinte individual contratado por pessoa jurídica obrigada a proceder à arrecadação e ao recolhimento da contribuição por ele devida, cuja remuneração recebida ou creditada no mês, por serviços prestados a ela, for inferior ao limite mínimo do salário de contribuição, é obrigado a complementar a sua contribuição mensal, diretamente, mediante a aplicação da alíquota de 20% sobre o valor resultante da seguinte diferença: (01 salário mínimo – Remuneração mensal).

- A contribuição do segurado facultativo será de 20% sobre o seu salário de contribuição. O segurado poderá escolher, a cada mês, o valor do seu salário de contribuição, observando apenas que não poderá ser inferior ao valor do salário mínimo nem superior ao valor máximo[3] fixado em Portaria Interministerial do Ministério da Previdência Social e do Ministério da Fazenda.
- Caso o segurado facultativo seja de baixa renda terá uma alíquota menor a título de contribuição, devendo observar a tabela abaixo:

Contribuição do segurado facultativo	Alíquota/base de cálculo
Contribuição básica	20% sobre o salário de contribuição declarado por ele, observados os limites mínimo e máximo estabelecidos por Portaria Interministerial.
Segurado facultativo que opta pelo regime especial de inclusão previdenciária	11% sobre o valor mínimo do salário de contribuição (01 salário mínimo).
Segurado facultativo sem renda própria que se dedica exclusivamente ao trabalho doméstico no âmbito de sua residência pertencente à família de baixa renda (até 02 salários mínimos) e inscrito no cadastro único do Governo Federal	5% o valor mínimo do salário de contribuição (01 salário mínimo).

- A contribuição do segurado especial será de **1,3% sobre a receita bruta proveniente da comercialização da sua produção.**
- O segurado especial poderá, facultativamente, recolher nos moldes do contribuinte individual. O exercício desta faculdade não o exime da obrigatoriedade da contribuição sobre a comercialização da produção.

3. Limite de R$8.157,41 (oito mil cento e cinquenta e sete reais e quarenta e um reais).

10.4. DA CONTRIBUIÇÃO DAS EMPRESAS E DO EMPREGADOR DOMÉSTICO

Contribuição Previdenciária do empregador doméstico	8% x salário de contribuição do empregado doméstico.	Contribuição patronal
	0,8% x salário de contribuição empregado doméstico.	Contribuição patronal para financiamento do seguro contra acidentes de trabalho

- Para o Direito Previdenciário empresa é conceituada como "a firma individual ou sociedade que assume o risco da atividade econômica urbana e rural, com **fins lucrativos ou não**, bem como os órgãos e entidades da administração pública direta, indireta e fundacional".
- Equiparam-se a empresa, o contribuinte individual e a pessoa física na condição de proprietário ou dono de obra de construção civil, em relação a segurado que lhe presta serviço, bem como a cooperativa, a associação ou a entidade de qualquer natureza ou finalidade, a missão diplomática e a repartição consular de carreira estrangeiras.

Em relação às contribuições previdenciárias das empresas, em geral, veja a tabela a seguir:
CONTRIBUIÇÕES SOCIAIS PREVIDENCIÁRIAS DAS EMPRESAS EM GERAL

Contribuição	Alíquota	Base de Cálculo
Folha de salários e demais rendimentos	20%*	Remunerações pagas, devidas ou creditadas, a qualquer título, no decorrer do mês, aos segurados empregados e trabalhadores avulsos.
Remunerações pagas a Contribuintes Individuais.	20%*	Remunerações ou retribuições pagas, devidas ou creditadas no decorrer do mês ao segurado contribuinte individual.
SAT/GILRAT – segundo o grau de risco da empresa decorrente dos riscos ambientais de trabalho**.	1% – leve 2% – médio 3% – grave	Remunerações pagas, devidas ou creditadas a qualquer título, no decorrer do mês, ao segurado empregado e trabalhador avulso.

Em relação às contribuições previdenciárias das empresas, em geral, veja a tabela a seguir:
CONTRIBUIÇÕES SOCIAIS PREVIDENCIÁRIAS DAS EMPRESAS EM GERAL

Contribuição	Alíquota	Base de Cálculo
Adicional de SAT/GILRAT – Empresas que possuem segurados expostos a condições de trabalho que ensejam a concessão do benefício aposentadoria especial.	12% – 15 anos de contribuição 9% – 20 anos de contribuição 6% – 25 anos de contribuição	Remunerações pagas, devidas ou creditadas, a qualquer título, no decorrer do mês, aos segurados expostos a riscos que ensejem a concessão de aposentadoria especial após quinze, vinte ou vinte e cincos anos de contribuição.

*. No caso de instituições financeiras a alíquota da contribuição é de 22,5%.

**.Essa contribuição poderá ter sua alíquota diminuída em até 50% ou aumentada em até 100% dependendo do enquadramento da empresa no FAP (fator acidentário de prevenção).

- *É constitucional a previsão legal de diferenciação de alíquotas em relação às contribuições previdenciárias incidentes sobre a folha de salários de instituições financeiras ou de entidades a elas legalmente equiparáveis, após a edição da Ec 20/98* (RE 598572 – 30/03/2016).
- Na contratação de serviços de transporte rodoviário de carga ou de passageiro, de serviços prestados com a utilização de trator, máquina de terraplenagem, colheitadeira e assemelhados, a base de cálculo da contribuição da empresa corresponde a 20% (vinte por cento) do valor da nota fiscal, fatura ou recibo, quando esses serviços forem prestados por condutor autônomo de veículo rodoviário, auxiliar de condutor autônomo de veículo rodoviário, bem como por operador de máquinas.
- Veja o quadro elucidativo abaixo acerca da contribuição do produtor rural pessoa física como entidade equiparada à empresa:

Discriminação da contribuição do produtor rural pessoa física	Alíquota
Parcela básica sobre a comercialização da produção rural	1,2 %
Contribuição para o SAT	0,1%
SENAR sobre a comercialização da produção rural	0,2%
Discriminação da contribuição do produtor rural pessoa física	**Alíquota**
Contribuição sobre a remuneração de contribuintes individuais contratados	20%

PREVIDENCIÁRIO

- O produtor rural pessoa física poderá optar por contribuir na forma acima ou na forma dos incisos I e II do **caput** do art. 22 da Lei nº 8.212/91, manifestando sua opção mediante o pagamento da contribuição incidente sobre a folha de salários relativa a janeiro de cada ano, ou à primeira competência subsequente ao início da atividade rural, e será irretratável para todo o ano-calendário.
- Veja o quadro das contribuições previdenciárias da pessoa jurídica que se dedica exclusivamente à atividade rural e das agroindústrias[4]:

Discriminação da contribuição do produtor rural pessoa jurídica	**Alíquota**
Parcela básica sobre a comercialização da produção rural	2,5 %
SAT/GILRAT sobre a comercialização da produção rural	0,1%
SENAR sobre a comercialização da produção rural	0,25%
Contribuição sobre a remuneração de contribuintes individuais contratados	20%

- A contribuição para o SENAR, não é contribuição para o financiamento da seguridade social. Trata-se de contribuição social de terceiros.

<table>
<tr><th colspan="4">COOPERATIVAS DE PRODUÇÃO</th></tr>
<tr><th colspan="3">Discriminação da contribuição das cooperativas de produção</th><th>Alíquota</th></tr>
<tr><td colspan="3">Remuneração básica dos cooperados</td><td>20 %</td></tr>
<tr><td rowspan="3">Adicional de aposentadoria especial dos cooperados quando expostos a condições especiais de trabalho</td><td rowspan="3">Tempo de contribuição</td><td>15 anos</td><td>12%</td></tr>
<tr><td>20 anos</td><td>9%</td></tr>
<tr><td>25 anos</td><td>6%</td></tr>
<tr><td colspan="3">Contribuição básica sobre a remuneração dos empregados</td><td>20%</td></tr>
<tr><td colspan="3">SAT/GILRAT sobre a remuneração dos empregados</td><td>1%, 2% ou 3%</td></tr>
<tr><td colspan="3">Remuneração sobre os contribuintes individuais não cooperados</td><td>20%</td></tr>
</table>

<table>
<tr><th colspan="4">COOPERATIVAS DE TRABALHO</th></tr>
<tr><th colspan="3">Discriminação da contribuição da cooperativa de trabalho</th><th>Alíquota</th></tr>
<tr><td colspan="3">Remuneração básica dos cooperados</td><td>Não há</td></tr>
<tr><td rowspan="3">Adicional de aposentadoria especial dos cooperados de trabalho expostos a condições especiais de trabalho</td><td rowspan="3">Tempo de contribuição</td><td>15 anos</td><td rowspan="2">Não há</td></tr>
<tr><td>20 anos</td></tr>
<tr><td>25 anos</td><td>Não há</td></tr>
<tr><td colspan="3">Contribuição básica sobre a remuneração dos empregados</td><td>20%</td></tr>
<tr><td colspan="3">SAT/GILRAT sobre a remuneração dos empregados</td><td>1%, 2% ou 3%</td></tr>
<tr><td colspan="3">Remuneração sobre os contribuintes individuais não cooperados</td><td>20%</td></tr>
</table>

<table>
<tr><th colspan="2">AGROINDÚSTRIAS</th></tr>
<tr><th>Discriminação da contribuição das agroindústrias</th><th>Alíquota</th></tr>
<tr><td>Parcela básica sobre a comercialização da produção rural</td><td>2,5 %</td></tr>
<tr><td>SAT/GILRAT sobre a comercialização da produção rural</td><td>0,1%</td></tr>
<tr><td>SENAR sobre a comercialização da produção rural</td><td>0,25%</td></tr>
<tr><td>Contribuição sobre a remuneração de contribuintes individuais contratados</td><td>20%</td></tr>
</table>

<table>
<tr><th colspan="3">CONTRIBUIÇÃO DO MICROEMPREENDEDOR INDIVIDUAL (MEI)</th></tr>
<tr><td rowspan="3">Contribuição Previdenciária do MEI com empregado</td><td colspan="2">Resultado da apuração das seguintes parcelas</td></tr>
<tr><td>3% x remuneração paga ao empregado</td><td>Patronal</td></tr>
<tr><td>5% sobre o valor de 01 (um) salário mínimo</td><td>Contribuição própria</td></tr>
</table>

- Nas sentenças judiciais ou nos acordos homologados na Justiça do Trabalho, em que não figurarem, discriminadamente, as parcelas legais relativas às contribuições sociais, estas incidirão sobre o valor do acordo homologado.
- O fato gerador das contribuições socais ocorre na data da prestação do serviço.

10.5. DAS OBRIGAÇÕES ACESSÓRIAS

- As obrigações acessórias são obrigações positivas (de fazer) ou negativas (de não fazer) no interesse da arrecadação ou fiscalização dos tributos.

4. Não recolhem sobre a receita bruta da comercialização da produção as cooperativas, as agroindústrias que se dedicam à carcinicultura, psicultura, suinocultura e avicultura e ao florestamento e reflorestamento (empresas fabricantes de papel).

- O descumprimento da obrigação acessória está sujeito à imposição de multa.
- A empresa deve preparar a folha de pagamento mensal da remuneração paga, devida ou creditada a todos os segurados ao seu serviço, de forma coletiva por estabelecimento, por obra de construção civil e por tomador de serviços, com a correspondente totalização e resumo geral.
- A empresa é obrigada a lançar mensalmente em títulos próprios de sua contabilidade, de forma discriminada, os fatos geradores de todas as contribuições sociais a cargo da empresa, as contribuições sociais previdenciárias descontadas dos segurados, as decorrentes de sub-rogação, as retenções e os totais recolhidos.
- Estão as empresas obrigadas a prestar à Secretaria da Receita Federal do Brasil todas as informações cadastrais, financeiras e contábeis de interesse da mesma, na forma por ela estabelecida, bem como os esclarecimentos necessários à fiscalização.
- A empresa é obrigada a inscrever no RGPS os segurados empregados e os trabalhadores avulsos a seu serviço, bem como os contribuintes individuais que lhe prestarem serviços.
- A empresa é obrigada a arrecadar a contribuição previdenciária a cargo dos segurados empregados, trabalhadores avulsos e contribuintes individuais que lhe prestam serviços e repassar aos cofres da União.
- A empresa deve comunicar, mensalmente, aos empregados, por intermédio de documento a ser definido em regulamento, os valores recolhidos sobre o total de sua remuneração ao INSS.
- A empresa que contratar serviço através de cessão de mão de obra deverá reter 11% do valor da nota fiscal ou fatura de serviço emitida a título de contribuição previdenciária da empresa contratada.
- A empresa deverá elaborar e manter atualizado o perfil profissiográfico previdenciário (PPP) do trabalhador, contemplando as atividades desenvolvidas durante o período laboral, documento que a ele deverá ser fornecido, por cópia autêntica, sob pena de sujeição às sanções previstas na legislação aplicável.
- O Município e o Distrito Federal, por intermédio do órgão competente, têm a obrigação de fornecer mensalmente à Secretaria da Receita Federal do Brasil, relação de alvarás para construção civil e documentos de "habite-se" concedidos.
- A empresa é obrigada a matricular a obra de construção civil executada sob sua responsabilidade, dentro do prazo de trinta dias contados do início da execução.
- É de responsabilidade do empregador o arquivamento de documentos comprobatórios do cumprimento das obrigações fiscais, trabalhistas e previdenciárias, enquanto essas não prescreverem.
- O empregador doméstico tem a obrigação de inscrever seu empregado perante a Previdência Social, recolher as contribuições previdenciárias a seu cargo e de seus empregados, no documento único de arrecadação – SIMPLES DOMÉSTICO.
- O empregador doméstico fornecerá, mensalmente, ao empregado doméstico cópia do documento único de arrecadação – SIMPLES DOMÉSTICO.

10.6. DOS PRAZOS DE RECOLHIMENTO DAS CONTRIBUIÇÕES PREVIDENCIÁRIAS

- Veja o quadro a seguir acerca dos prazos de recolhimento das contribuições previdenciárias:

PRAZO DE RECOLHIMENTO	CONTRIBUIÇÕES
Até o dia 20 do mês seguinte ao da competência, ou até o dia útil imediatamente posterior se não houver expediente bancário no dia 20 do mês.	• As contribuições a cargo da empresa incidentes sobre as remunerações de segurados empregado, trabalhador avulso e contribuinte individual. • As retenções de 11% sobre o valor dos serviços contidos em nota fiscal prestados mediante cessão de mão de obra ou empreitada. • As contribuições incidentes sobre a comercialização da produção rural adquirida de produtor rural, pessoa física, ou de segurado especial. • A contribuição de 5% incidente sobre patrocínio, licenciamento de uso de marcas e símbolos, publicidade, propaganda e transmissão de espetáculos. • As contribuições descontadas dos segurados empregados e trabalhadores avulsos. • As contribuições descontadas do contribuinte individual pela empresa (inclusive as descontadas do cooperado pela cooperativa de trabalho).
Até o dia 20 do mês seguinte ao da competência, ou até o dia útil imediatamente anterior se não houver expediente bancário no dia 20 do mês.	• A contribuição do microempreendedor individual (MEI) como segurado e como empregador.
Até 2 dias úteis após a realização do evento.	• A contribuição de 5% incidente sobre a receita bruta de espetáculos desportivos a ser recolhida pelo promotor do espetáculo.

PREVIDENCIÁRIO

PRAZO DE RECOLHIMENTO	CONTRIBUIÇÕES
Dia 15 do mês seguinte ao da competência, prorrogando-se para o dia útil imediatamente posterior quando não houver expediente bancário no dia 15 do mês.	• As contribuições do contribuinte individual, quando recolhidas pelo próprio segurado. • As contribuições do segurado facultativo.
Dia 20 de dezembro, antecipando-se para o dia útil imediatamente anterior quando não houver expediente bancário naquele dia.	• A contribuição incidente sobre o valor do 13º salário a ser paga pelas empresas. • No caso de rescisão de contrato de trabalho, as contribuições devidas serão recolhidas no dia 20 do mês seguinte ao da rescisão, computando-se em separado a parcela referente ao 13º salário.
Até o dia 20 do mês subsequente ao da competência.	• **A contribuição do produtor rural pessoa física**, quando tiver a obrigação de recolher a sua própria contribuição (parte patronal correspondente a 1,3% da receita bruta da comercialização da produção). • **A contribuição do segurado especial que recolhe por conta própria.**
Até o dia 20 do mês subsequente ao da competência, ou no dia útil imediatamente **anterior** quando não houver expediente bancário no dia 20 do mês.	• **O segurado especial**, quando tiver a obrigação de recolher a sua própria contribuição (parte patronal correspondente a 1,3% da receita bruta da comercialização da produção) e as contribuições retidas das pessoas que lhes prestaram serviço durante o mês.
Até o dia 20 do mês subsequente ao da competência devendo-se antecipar o pagamento para o dia útil imediatamente anterior se no dia 20 não houver expediente bancário.	• As contribuições descontadas do segurado empregado doméstico. • As contribuições a cargo do empregador doméstico.

- As contribuições previdenciárias que não forem pagas dentro do prazo previsto pela legislação tributária, acarretam para os responsáveis à imposição de multa e juros de mora, incidentes sobre o valor principal devido:

MULTA DE MORA	
Alíquota	0,33% ao dia
Base para Incidência	Valor da contribuição devido
Termo Inicial	1º dia subsequente ao do vencimento do prazo previsto para o pagamento da contribuição
Termo Final	Dia em que ocorrer o seu pagamento
Limite Máximo	20%

E

JUROS DE MORA	=	**JUROS DE SELIC (A contar do 1º dia do mês subsequente ao dia do vencimento)**	+	**1% (Mês do pagamento)**

10.7. DAS OUTRAS RECEITAS DA SEGURIDADE SOCIAL

- No âmbito federal, o orçamento da Seguridade Social é composto das seguintes receitas:
  I. receitas da União;
  II. receitas das contribuições sociais;
  III. receitas de outras fontes.
- A contribuição da União é constituída por recursos adicionais do Orçamento Fiscal que estão fixados na Lei Orçamentária Anual.
- Algumas fontes de receita para a seguridade social que merecem destaque:
- multas, juros moratórios, atualização monetária;
- 40% (quarenta por cento) do resultado dos leilões dos bens apreendidos pela Secretaria da Receita Federal do Brasil;
- 50% (cinquenta por cento) dos valores obtidos e aplicados na forma do parágrafo único do art. 243 da Constituição Federal;

10.8. DA RESPONSABILIDADE SOLIDÁRIA

- A responsabilidade solidária passiva tributária não comporta benefício de ordem.
- O proprietário, o incorporador, o dono da obra ou condômino da unidade imobiliária, qualquer que seja a forma de contratação da construção, reforma ou acréscimo, são solidários com o construtor, e estes com a subempreiteira, pelo cumprimento das obrigações para com a Seguridade Social.
- As empresas que integram grupo econômico de qualquer natureza respondem solidariamente pelas obrigações previdenciárias
- Os produtores rurais integrantes do consórcio simplificado de produtores rurais respondem, também, solidariamente pelas obrigações previdenciárias do consórcio.
- O operador portuário e o órgão gestor de mão de obra são solidariamente responsáveis pelo pagamento das contribuições previdenciárias e

demais obrigações, inclusive as acessórias, devidas à Seguridade Social, arrecadadas pela SRFB, relativamente à requisição de mão de obra de trabalhador avulso.

10.9. DA DECADÊNCIA E PRESCRIÇÃO DAS CONTRIBUIÇÕES DA SEGURIDADE SOCIAL

- O prazo de decadência para a constituição do crédito das contribuições da seguridade social é de 05 anos.
- Para que a Secretaria da Receita Federal do Brasil (SRFB) possa vir a constituir os créditos relativos a tais contribuições, deve-se observar **o prazo de 05 anos** contados a partir:
  - do primeiro dia do exercício seguinte àquele em que o crédito poderia ser constituído;
  - da data em que se tornar definitiva a decisão que houver anulado, por vício formal, a constituição de crédito anteriormente efetuada.
- O prazo prescricional a ser observado para a cobrança das contribuições da seguridade social é de 05 anos contados da data da constituição definitiva do crédito.
- Em relação às contribuições da seguridade social aplicam-se os prazos de decadência e prescrição dispostos no Código Tributário Nacional (CTN).

11. BENEFÍCIO DE PRESTAÇÃO CONTINUADA DA ASSISTÊNCIA SOCIAL – BPC LOAS

- O benefício de prestação continuada da Assistência Social não carece de contribuição prévia do beneficiário para sua obtenção, bastando a comprovação da condição de necessitado exigida pela lei.
- **Não é um benefício previdenciário.**
- **Não gera direito à pensão por morte, tampouco abono anual.**
- A sua concessão é feita pelo INSS, dada a delegação a esta autarquia federal da responsabilidade pela operacionalização do BPC-LOAS.
- A legitimidade passiva nas ações em que o indivíduo venha a reivindicar o benefício assistencial é do INSS, segundo entendimento pacificado pelo STJ.

BENEFÍCIO ASSISTENCIAL DE PRESTAÇÃO CONTINUADA – BPC-LOAS	
Beneficiários	• Pessoa idosa com 65 anos ou mais • Pessoa com deficiência • é devido ao estrangeiro residente o Brasil com situação regular

BENEFÍCIO ASSISTENCIAL DE PRESTAÇÃO CONTINUADA – BPC-LOAS	
Requisitos para a pessoa idosa	• ter 65 anos ou mais • apresentar renda per capita familiar inferior ou igual a 1/4 do salário-mínimo, podendo em determinados casos, chegar até ½ salário-mínimo (art. 20-B, LOAS); • Inscrição no Cadastro de Pessoas Físicas (CPF); • Inscrição no Cadastro Único para Programas Sociais do Governo Federal – CadÚnico.
Requisitos para a pessoa com Deficiência	• ter impedimento de longo prazo de natureza física, mental, intelectual ou sensorial, o qual, em interação com diversas barreiras, pode obstruir sua participação plena e efetiva na sociedade em igualdade de condições com as demais pessoas; • apresentar renda per capita familiar inferior ou igual a 1/4 do salário mínimo, podendo em determinados casos, chegar até ½ salário-mínimo (art. 20-B, LOAS); • Inscrição no Cadastro de Pessoas Físicas (CPF); • Inscrição no Cadastro Único para Programas Sociais do Governo Federal – CadÚnico. ➢ Enquanto não estiver regulamentado o instrumento de avaliação biopsicossocial, a concessão do BPC-LOAS ficará sujeita à avaliação do grau da deficiência e do impedimento, composta de avaliação médica e avaliação social realizadas, respectivamente, pela perícia médica federal e pelo serviço social do INSS, com a utilização de instrumentos desenvolvidos especificamente para esse fim, e será obrigatório o registro, nos sistemas informacionais utilizados para a concessão do benefício, do código da Classificação Internacional de Doenças (CID), garantida a preservação do sigilo.

PREVIDENCIÁRIO

BENEFÍCIO ASSISTENCIAL DE PRESTAÇÃO CONTINUADA – BPC-LOAS	
Exame biométrico	• Obrigatório para o requerente do BPC-LOAS • Na impossibilidade de registro biométrico do requerente, ele será obrigatório ao responsável legal. • Será solicitado registro biométrico nos cadastros da Carteira de Identidade Nacional (CIN), do título eleitoral ou da Carteira Nacional de Habilitação (CNH), nos termos de ato conjunto dos órgãos competentes.
Cálculo da renda per capita familiar mensal	• O cálculo da renda familiar considerará a soma dos rendimentos auferidos mensalmente pelos **membros da família que vivam sob o mesmo teto, vedadas deduções não previstas em lei.**
Não inclui no cálculo da renda per capita familiar mensal	➢ Os valores recebidos a título de auxílio financeiro temporário ou de indenização por danos sofridos em decorrência de rompimento e colapso de barragens, ➢ os rendimentos decorrentes de estágio supervisionado e de aprendizagem, ➢ O BPC-LOAS no valor de até 1 (um) salário mínimo concedido à pessoa idosa acima de 65 ou à pessoa com deficiência.
Critérios a serem observados para que a renda per capita familiar mensal seja de até ½ salário mínimo	I – o grau da deficiência; II – a dependência de terceiros para o desempenho de atividades básicas da vida diária; e III – o comprometimento do orçamento do núcleo familiar exclusivamente com gastos médicos, com tratamentos de saúde, com fraldas, com alimentos especiais e com medicamentos da pessoa idosa ou da pessoa com deficiência não disponibilizados gratuitamente pelo SUS, ou com serviços não prestados pelo Suas, desde que comprovadamente necessários à preservação da saúde e da vida.
Carência	• Assistência Social independe de contribuição à seguridade social.
Renda mensal	• 01 (um) salário mínimo.

BENEFÍCIO ASSISTENCIAL DE PRESTAÇÃO CONTINUADA – BPC-LOAS	
Data de início do benefício – DIB	• data da entrada do requerimento
Atualização da inscrição no CadÚnico	• Os beneficiários do BPC-LOAS, quando não estiverem inscritos no CadÚnico ou quando estiverem com o cadastro desatualizado há mais de 24 meses, deverão regularizar a situação nos seguintes prazos, contados a partir da efetiva notificação bancária ou por outros canais de atendimento: ➢ I – 45 dias para Municípios de pequeno porte; ➢ II – 90 dias para Municípios de médio e grande porte ou metrópole, com população acima de 50.000. • Na falta da ciência da notificação bancária ou por outros canais de atendimento, o crédito do benefício será bloqueado em 30 dias após o envio da notificação. • O não cumprimento implicará a suspensão do benefício, desde que comprovada a ciência da notificação. • O beneficiário poderá realizar a inclusão ou a atualização no CadÚnico até o final do prazo de suspensão, sem que haja prejuízo no pagamento do benefício.
Suspensão do benefício	I – identificação de irregularidade na concessão ou manutenção do benefício; II – não inscrição no CadÚnico após o fim do prazo; III – deixar de atualizar a inscrição no CadÚnico no prazo legal; IV - não agendamento da reavaliação da deficiência até a data limite estabelecida em convocação; V – identificação de inconsistências ou insuficiências cadastrais que afetem a avaliação da elegibilidade do beneficiário para fins de manutenção do benefício; VI – identificação de outras irregularidades.

BENEFÍCIO ASSISTENCIAL DE PRESTAÇÃO CONTINUADA - BPC-LOAS	
Suspensão do benefício	• Quando a pessoa com deficiência vier a exercer atividade remunerada, inclusive na condição de microempreendedor individual, salvo se for contrato de aprendizagem. • Em caso de contrato de aprendizagem com a PCD, a suspensão do benefício só ocorrerá após decorridos 02 anos. Assim, durante os primeiros 02 anos poderá a PCD receber BPC-LOAS e a remuneração do contrato de aprendizagem.
Cessação do benefício	I – nas hipóteses de óbito, de morte presumida ou de ausência do beneficiário, na forma da lei; II – quando o beneficiário, o seu representante legal ou o seu procurador não interpuser recurso ao CRPS no prazo de trinta dias, contado da suspensão do benefício; ou III – quando o recurso ao CRPS não for provido.
Revisão do benefício	• A cada 02 (dois) anos • O beneficiário em gozo de benefício de prestação continuada concedido judicial ou administrativamente poderá ser convocado para avaliação das condições que ensejaram sua concessão ou manutenção, sendo-lhe exigida a presença dos requisitos previstos na LOAS e no regulamento.
Não acumula com	• com qualquer outro no âmbito da seguridade social ou de outro regime, **salvo** ➢ os da assistência médica, ➢ a pensão especial de natureza indenizatória, ➢ as transferências de renda de que tratam o parágrafo único do art. 6º e o inciso VI do *caput* do art. 203 da Constituição Federal e o *caput* e o § 1º do art. 1º da Lei nº 10.835, de 8 de janeiro de 2004.
Pontos importantes	• A condição de acolhimento em instituições de longa permanência ou asilos não impede que a pessoa idosa ou a pessoa com deficiência recebam o benefício.

BENEFÍCIO ASSISTENCIAL DE PRESTAÇÃO CONTINUADA - BPC-LOAS	
Pontos importantes	• O benefício de prestação continuada poderá ser devido a mais de um membro da mesma família enquanto atendidos os requisitos exigidos na LOAS. • O Cadastro Único para Programas Sociais do Governo Federal (CadÚnico) coletará informações que caracterizem a condição socioeconômica e territorial das famílias, as quais serão objeto de checagem em outras bases de dados, nos termos estabelecidos em ato do Poder Executivo federal.

AUXÍLIO-INCLUSÃO	
Beneficiários	- pessoa com deficiência moderada ou grave que passa a exercer atividade remunerada.
Requisitos	I – receba o BPC-LOAS e passe a exercer atividade com remuneração limitada a 2 (dois) salários mínimos e que enquadre o beneficiário como segurado obrigatório do RGPS ou como filiado a regime próprio de previdência social da União, dos Estados, do Distrito Federal ou dos Municípios; II – tenha inscrição atualizada no CadÚnico no momento do requerimento do auxílio-inclusão; III – tenha inscrição regular no CPF; e IV – atenda aos critérios de manutenção do benefício de prestação continuada, incluídos os critérios relativos à renda familiar mensal per capita exigida para o acesso ao benefício (desconsideradas as remunerações obtidas pelo requerente em decorrência de exercício de atividade laboral, desde que o total recebido no mês seja igual ou inferior a 2 salários mínimos, e as rendas oriundas dos rendimentos decorrentes de estágio supervisionado e de aprendizagem).

Requisitos	OU I – que tenha recebido o BPC-LOAS nos 5 (cinco) anos imediatamente anteriores ao exercício da atividade remunerada; e II – que tenha tido o benefício suspenso pelo exercício da atividade remunerada (art. 21-A, LOAS).
Valor	50% do valor do BPC-LOAS (1/2 salário mínimo).
Data do início do benefício	A partir da data do requerimento.
Não se acumula com	I – BPC-LOAS; II – prestações a título de aposentadoria, de pensões ou de benefícios por incapacidade pagos por qualquer regime de previdência social; ou III – seguro-desemprego.

12. PREVIDÊNCIA DO SERVIDOR PÚBLICO

- O regime próprio de previdência social dos servidores titulares de cargos efetivos terá caráter contributivo e solidário, mediante contribuição do respectivo ente federativo, de servidores ativos, de aposentados e de pensionistas, observados critérios que preservem o equilíbrio financeiro e atuarial.
- A instituição de Regime Próprio de Previdência Social (RPPS) é feita por lei do respectivo ente federativo (União, Estado, Distrito Federal, Município). A União tem competência para a edição de normas gerais sob a matéria.
- Após a reforma da previdência social em novembro/2019 restou vedada a criação de novos regimes próprios de previdência social.
- Apenas servidores públicos ocupantes de cargo efetivo podem ser amparados por regime próprio de previdência social. Caso o ente federativo não tenha criado seu regime próprio de previdência social, seus servidores serão amparados pelo RGPS.
- O rol de benefícios dos regimes próprios de previdência social fica limitado **às aposentadorias e à pensão por morte.**
- Os afastamentos por incapacidade temporária para o trabalho e o salário-maternidade serão pagos diretamente pelo ente federativo e não correrão à conta do regime próprio de previdência social ao qual o servidor se vincula.
- Os servidores titulares apenas de cargos em comissão são segurados do RGPS, sempre. Também são filiados obrigatórios do RGPS os agentes que trabalham para a Administração Pública submetidos ao regime da CLT e os temporários (contratados por tempo determinado para atenderem a necessidade temporária de excepcional interesse público, na forma do art. 37, IX, da CF).
- Os entes federativos não podem adotar mais de um regime previdenciário para seus servidores.

REGIME PRÓPRIO DE PREVIDÊNCIA DOS SERVIDORES PÚBLICOS	Instituídos por **lei** do respectivo **ente da Federação** para amparar os servidores ocupantes de cargo público efetivo. Caráter contributivo e solidário, mediante contribuição do respectivo ente público, dos servidores ativos e inativos e dos pensionistas, observados critérios que preservem o equilíbrio financeiro e atuarial. O rol de benefícios dos regimes próprios de previdência social **fica limitado às aposentadorias e à pensão por morte.**

- As regras para **cálculo de proventos de aposentadoria serão disciplinadas em lei do respectivo ente federativo.**
- É vedada a percepção simultânea de proventos de aposentadoria decorrentes do RPPS ou da atividade militar com a remuneração de cargo, emprego ou função pública, ressalvados os cargos acumuláveis na forma da Constituição, os cargos eletivos e os cargos em comissão declarados em lei de livre nomeação e exoneração.
- É vedada a acumulação remunerada de cargos públicos, exceto, quando houver compatibilidade de horários, observado em qualquer caso o teto constitucional:
  - a de dois cargos de professor;
  - a de um cargo de professor com outro técnico ou científico;
  - a de dois cargos ou empregos privativos de profissionais de saúde, com profissões regulamentadas.
- A aposentadoria concedida com a utilização de tempo de contribuição decorrente de cargo, emprego ou função pública, inclusive do RGPS, acarretará o rompimento do vínculo que gerou o referido tempo de contribuição.
- O servidor público será aposentado por incapacidade permanente para o trabalho, no cargo em que estiver investido, quando insuscetível de readaptação, hipótese em que será obrigatória a realização de avaliações periódicas para verificação da continuidade das condições que ensejaram a concessão da aposentadoria, na forma de lei do respectivo ente federativo.
- O servidor público titular de cargo efetivo poderá ser **readaptado** para exercício de cargo cujas atribuições e responsabilidades sejam compatíveis com a limitação que tenha sofrido em sua capacidade física ou mental, enquanto permanecer nesta condição, desde que possua a habilitação e o nível de escolaridade exigidos para o cargo de destino, mantida a remuneração do cargo de origem.

APOSENTADORIA POR INCAPACIDADE PERMANENTE – SERVIDOR PÚBLICO FEDERAL VALOR	
APOSENTADORIA POR INCAPACIDADE PERMANENTE NÃO ACIDENTÁRIA	60% da média aritmética dos salários de contribuição e das remunerações adotados como base para contribuições a regime próprio de previdência social e ao RGPS, ou como base para contribuições decorrentes das atividades militares de quem tratam os arts. 42 e 142 da Constituição Federal, atualizados monetariamente, correspondentes a 100% do período contributivo desde a competência julho de 1994 ou desde o início da contribuição, se posterior a essa competência; ➢ com acréscimo de 2% para cada ano de contribuição que exceder o tempo de 20 (vinte) anos de contribuição, para homens e mulheres.
APOSENTADORIA POR INCAPACIDADE PERMANENTE ACIDENTÁRIA (decorrente de acidente de trabalho, doença profissional ou doença do trabalho)	100% da média aritmética dos salários de contribuição e das remunerações adotados como base para contribuições a regime próprio de previdência social e ao RGPS, ou como base para contribuições decorrentes das atividades militares de quem tratam os arts. 42 e 142 da Constituição Federal, atualizados monetariamente, correspondentes a 100% do período contributivo desde a competência julho de 1994 ou desde o início da contribuição, se posterior a essa competência.

- No **âmbito da União**, o servidor público se aposentará voluntariamente aos 62 anos de idade, se mulher, e aos 65 anos de idade, se homem, e, no âmbito dos Estados, do Distrito Federal e dos Municípios, na idade mínima estabelecida mediante emenda às respectivas Constituições e Leis Orgânicas, observados o tempo de contribuição e os demais requisitos estabelecidos em lei complementar do respectivo ente federativo.

APOSENTADORIA VOLUNTÁRIA – SERVIDOR PÚBLICO FEDERAL REGRA GERAL (idade + tempo de contribuição)	
Idade mínima	65 anos, se homem
	62 anos, se mulher
Tempo mínimo de contribuição	25 anos de contribuição
Tempo mínimo de efetivo exercício no serviço público	10 anos
Tempo de exercício no cargo efetivo em que se dará a aposentadoria	05 anos
Renda Mensal Inicial	– 60% da média aritmética dos salários de contribuição e das remunerações adotados como base para contribuições a regime próprio de previdência social e ao RGPS, ou como base para contribuições decorrentes das atividades militares de quem tratam os arts. 42 e 142 da Constituição Federal, atualizados monetariamente, correspondentes a 100% do período contributivo desde a competência julho de 1994 ou desde o início da contribuição, se posterior a essa competência; ➢ com acréscimo de 2% para cada ano de contribuição que exceder o tempo de 20 (vinte) anos de contribuição.

APOSENTADORIA VOLUNTÁRIA – SERVIDOR PÚBLICO FEDERAL PROFESSOR DA EDUCAÇÃO INFANTIL OU DO ENSINO FUNDAMENTAL OU DO ENSINO MÉDIO (idade + tempo de contribuição)	
Idade mínima	60 anos, se homem
	57 anos, se mulher
Tempo de contribuição de efetivo exercício de magistério da educação infantil ou do ensino fundamental ou do ensino médio	25 anos de contribuição
Tempo mínimo de efetivo exercício no serviço público	10 anos
Tempo de exercício no cargo efetivo em que se dará a aposentadoria	05 anos
Renda Mensal Inicial	– 60% da média aritmética dos salários de contribuição e das remunerações adotados como base para contribuições a regime próprio de previdência social e ao RGPS, ou como base para contribuições decorrentes das atividades militares de quem tratam os arts. 42 e 142 da Constituição Federal, atualizados monetariamente, correspondentes a 100% do período contributivo desde a competência julho de 1994 ou desde o início da contribuição, se posterior a essa competência;

Renda Mensal Inicial	➢ com acréscimo de 2% para cada ano de contribuição que exceder o tempo de 20 (vinte) anos de contribuição.

- Poderão ser estabelecidos por lei complementar do respectivo ente federativo idade e tempo de contribuição diferenciados para aposentadoria de servidores com deficiência, previamente submetidos a avaliação biopsicossocial realizada por equipe multiprofissional e interdisciplinar.

SERVIDOR PÚBLICO FEDERAL COM DEFICIÊNCIA APOSENTADORIA POR TEMPO DE CONTRIBUIÇÃO		**Tempo de contribuição**	
		Homem	**Mulher**
Grau de deficiência	Grave	25 anos	20 anos
	Moderada	29 anos	24 anos
	Leve	33 anos	28 anos
– 10 anos de efetivo exercício no serviço público e – 05 anos no cargo efetivo em que se dará a aposentadoria. – **Não exige idade mínima.**			
Renda Mensal inicial = 100% da média aritmética dos salários de contribuição e das remunerações adotados como base para contribuições a regime próprio de previdência social e ao RGPS, ou como base para contribuições decorrentes das atividades militares de quem tratam os arts. 42 e 142 da Constituição Federal, atualizados monetariamente, correspondentes a 100% do período contributivo desde a competência julho de 1994 ou desde o início da contribuição, se posterior a essa competência.			

SERVIDOR PÚBLICO FEDERAL COM DEFICIÊNCIA APOSENTADORIA POR IDADE		
IDADE	Homem	60 anos
	Mulher	55 anos
DEMAIS REQUISITOS	Homem e mulher	
	– 10 anos de efetivo exercício no serviço público, – 05 anos no cargo efetivo em que se dará a aposentadoria, – Carência mínima de 15 anos de contribuição na condição de pessoa com deficiência.	
RENDA MENSAL INICIAL	– 70% da média aritmética dos salários de contribuição e das remunerações adotados como base para contribuições a regime próprio de previdência social e ao RGPS, ou como base para contribuições decorrentes das atividades militares de quem tratam os arts. 42 e 142 da Constituição Federal, atualizados monetariamente, correspondentes a 100% do período contributivo desde a competência julho de 1994 ou desde o início da contribuição, se posterior a essa competência; – com acréscimo de 1% para cada grupo de 12 contribuições.	

- Poderão ser estabelecidos por lei complementar do respectivo ente federativo idade e tempo de contribuição diferenciados para aposentadoria de ocupantes do cargo de agente penitenciário, de agente socioeducativo ou de policial civil.

SERVIDOR PÚBLICO FEDERAL APOSENTADORIA DO POLICIAL			
Servidores Públicos Federais	**Requisitos – homem e mulher**		
	Idade mínima	**Tempo de contribuição**	**Tempo de efetivo exercício nas carreiras policiais**
- agente penitenciário, - agente socioeducativo, - policial federal, - policial rodoviário federal, - policial ferroviário federal, - policial legislativo da Câmara Federal, - policial legislativo do Senado Federal.	55 anos*	30 anos	25 anos
• **ADI 7727 – Liminar concedida no sentido de** "suspender a eficácia das expressões "para ambos os sexos", contidas nos arts. 5º, caput, e 10, § 2º, I, da EC nº 103/2019, bem como para determinar que o Congresso Nacional corrija a inconstitucionalidade mediante a edição da norma adequada. Aplicar-se-á, por simetria, até que o novel regramento constitucional entre em vigor, a diferenciação contida no art. 40, III, da Lei Maior, na redação dada pela EC nº 103/2019, ou seja, a "regra geral" de 3 (três) anos de redução para todos os prazos que se refiram a mulheres policiais civis e federais. Acresço que o Congresso Nacional, ao legislar para corrigir a inconstitucionalidade quanto às mulheres, deve adotar a diferenciação que considerar cabível em face da discricionariedade legislativa." • **Idade mínima para a mulher = 52 anos.**			

- Poderão ser estabelecidos por lei complementar do respectivo ente federativo idade e tempo de contribuição diferenciados para aposentadoria de servidores cujas atividades sejam exercidas com efetiva exposição a agentes químicos, físicos e biológicos prejudiciais à saúde, ou associação desses agentes, vedada a caracterização por categoria profissional ou ocupação.

SERVIDOR PÚBLICO FEDERAL APOSENTADORIA ESPECIAL efetiva exposição a agentes químicos, físicos ou biológicos prejudiciais à saúde ou a associação desses agentes			
Idade	**Tempo de efetiva exposição aos agentes prejudiciais à saúde**	**Tempo efetivo de exercício no serviço público**	**Tempo no cargo efetivo em que se dará a aposentadoria**
60 anos	25 anos de contribuição	10 anos	05 anos

- A aposentadoria compulsória dos servidores públicos ocorrerá aos 75 anos de idade, na forma de Lei Complementar nº 152/2015, com proventos proporcionais ao tempo de contribuição, sem exigir tempo mínimo de contribuição.
- O servidor titular de cargo efetivo que tenha completado as exigências para a aposentadoria voluntária e que opte por permanecer em atividade **poderá fazer jus a um abono de permanência equivalente,** no máximo, ao valor da sua contribuição previdenciária, até completar a idade para aposentadoria compulsória.
- O benefício de **pensão por morte** será concedido nos termos de lei do respectivo ente federativo, a qual tratará de forma diferenciada a hipótese de morte dos servidores policiais, agentes penitenciários e socioeducativos, decorrente de agressão sofrida no exercício ou em razão da função.
- A pensão por morte de servidor público poderá ser paga em valor inferior a 01 salário mínimo quando o dependente tiver outra fonte formal de renda.
- A **pensão por morte do servidor público federal** terá o valor equivalente a:
  - ➢ uma cota de 50% do valor da aposentadoria que o servidor recebia ou daquela a que teria direito se estivesse aposentado por incapacidade permanente na data de seu óbito,
  - ➢ acrescido de 10% por dependente até o máximo de 100%.

Valor Pensão por morte do servidor público federal	
Cota familiar de 50% acrescido de 10% por dependente	Valor da aposentadoria que vinha recebendo o servidor
	Valor da aposentadoria por incapacidade permanente a que o servidor teria direito na data do óbito.

- Caso exista dependente inválido ou com deficiência mental, intelectual ou grave no conjunto de dependentes habilitados, o valor do benefício será equivalente a:
  - ➢ 100% do valor da aposentadoria recebida pelo servidor ou daquela a que teria direito se estivesse aposentado por incapacidade permanente na data do óbito, até o limite máximo de benefícios do RGPS e
  - ➢ uma cota familiar de 50% acrescida de cotas de 10% por dependente, até o máximo de 100%, para o valor que superar o limite máximo de benefícios do RGPS.

Valor Pensão por morte do servidor público federal Existência de dependente inválido, com deficiência intelectual ou mental ou com deficiência grave	
100% até o valor máximo estabelecido para os benefícios do RGPS (teto do INSS) + Cota familiar de 50%, acrescido de 10% por dependente, sobre o valor que superar o teto do INSS.	Valor da aposentadoria que vinha recebendo o servidor
	Valor da aposentadoria por incapacidade permanente a que o servidor teria direito na data do óbito.

- Para o custeio do regime próprio de previdência dos servidores efetivos, os entes instituirão, por meio de lei, contribuições cobradas dos servidores ativos, dos aposentados e dos pensionistas, que **poderão ter alíquotas progressivas de acordo com o valor da base de contribuição ou dos proventos de aposentadoria e de pensões.**
- Os Estados, o Distrito Federal e os Municípios **não poderão estabelecer alíquota inferior à da contribuição dos servidores da União, exceto** se demonstrado que o respectivo regime próprio de previdência social não possui déficit atuarial a ser equacionado, hipótese em que a alíquota não poderá ser inferior às alíquotas aplicáveis ao Regime Geral de Previdência Social.
- Quando houver déficit atuarial, a contribuição ordinária dos aposentados e pensionistas poderá incidir sobre o valor dos proventos de aposentadoria e de pensões que supere o valor do salário mínimo.
- No caso da União, já foram adotadas as alíquotas progressivas para a contribuição do servidor efetivo, dos aposentados e pensionistas do regime próprio de previdência social:
- A alíquota da contribuição previdenciária será de 14% (quatorze por cento). Essa alíquota será reduzida ou aumentada, considerando o valor da base de

PREVIDENCIÁRIO

contribuição ou do benefício recebido, de acordo com os seguintes parâmetros[5]:

BASE DE CONTRIBUIÇÃO (R$)	ALÍQUOTA PROGRESSIVA INCIDINDO SOBRE A FAIXA DE VALORES
até 1.518,00	7,5 %
de 1.518,01 até 2.793,88	9%
de 2.793,89 até 4.190,83	12%
de 4.190,84 até 8.157,41	14%
de 8.157,42 até 13.969,49	14,5%
de 13.969,50 até 27.938,95	16,5%
de 27.938,96 até 54.480,97	19%
acima de 54.480,97	22%

Contribuição social do servidor público ativo para o RPPS DA UNIÃO	
14%, com redução ou majoração incidentes sobre a	**Quando o servidor tiver ingressado no serviço público**
totalidade da base de contribuição.	até a data da vigência do regime de previdência complementar para os servidores públicos federais titulares de cargo efetivo e **não tiver** optado por aderir a ele.
parcela da base de contribuição que não exceder o limite máximo estabelecido para os benefícios do RGPS.	até a data da vigência do regime de previdência complementar para os servidores públicos federais titulares de cargo efetivo e tiver optado por aderir a ele.
parcela da base de contribuição que não exceder o limite máximo estabelecido para os benefícios do RGPS.	a partir da data da vigência do regime de previdência complementar para os servidores públicos federais titulares de cargo efetivo, **independentemente de adesão a ele.**

- A exigência de contribuição previdenciária alcançará os aposentados e pensionistas, cuja base de cálculo será o valor que excede o valor máximo estabelecido para os benefícios do RGPS. O percentual da contribuição (alíquota) será o mesmo para os dois grupos de inativos e pensionistas, sendo esse percentual igual ao estabelecido para os servidores em atividade.
- A alíquota de contribuição de 14%, com a redução ou a majoração, será devida pelos aposentados e pensionistas de quaisquer dos Poderes da União, incluídas suas entidades autárquicas e suas fundações, e incidirá sobre o **valor da parcela dos proventos de aposentadoria e de pensões que supere o limite máximo estabelecido para os benefícios do Regime Geral de Previdência Social, hipótese em que será considerada a totalidade do valor do benefício para fins de definição das alíquotas aplicáveis.**

13. CONTAGEM RECÍPROCA DE TEMPO DE CONTRIBUIÇÃO E COMPENSAÇÃO FINANCEIRA

- Para fins de aposentadoria, será assegurada a contagem recíproca do tempo de contribuição entre o Regime Geral de Previdência Social e os regimes próprios de previdência social, e destes entre si, observada a compensação financeira, de acordo com os critérios estabelecidos em lei.
- O tempo de serviço militar exercido nas atividades de que tratam os arts. 42, 142 e 143 da CF e o tempo de contribuição ao Regime Geral de Previdência Social ou a regime próprio de previdência social terão contagem recíproca para fins de inativação militar ou aposentadoria, e a compensação financeira será devida entre as receitas de contribuição referentes aos militares e as receitas de contribuição aos demais regimes.
- O tempo de contribuição ou de serviço será contado de acordo com a legislação pertinente, observadas as normas seguintes:

  I – não será admitida a contagem em dobro ou em outras condições especiais;

  II – é vedada a contagem de tempo de serviço público com o de atividade privada, quando concomitantes;

  III – não será contado por um sistema o tempo de serviço utilizado para concessão de aposentadoria pelo outro;

  IV – o tempo de serviço anterior ou posterior à obrigatoriedade de filiação à previdência social só será contado mediante indenização da contribuição correspondente ao período respectivo, com acréscimo de juros moratórios de 0,5% por cento ao mês, capitalizados anualmente, limitados ao percentual máximo de 50% e multa de dez por cento.

14. PREVIDÊNCIA COMPLEMENTAR

- O regime de previdência privada complementar é de natureza facultativa e organizado de forma autônoma em relação ao Regime Geral de Previdência Social.
- A previdência privada objetiva complementar a proteção oferecida pela previdência pública, por meio de organização autônoma e da adoção do regime de financiamento por capitalização, bem como contribuir para o fomento da poupança nacional.
- As entidades de previdência privada são constituídas sob a forma de fundação privada, sociedade civil (entidades fechadas) ou sociedade anônima (entidades abertas).
- A previdência complementar privada é regulada por lei complementar. A Lei Complementar nº

5. Valores para 2025, nos termos da Portaria Interministerial MPS/MF n. 06/2025.

109/2001 traz as regras gerais aplicáveis para a previdência complementar nas áreas privada e pública. Já a Lei Complementar nº 108/2001 regula as relações jurídicas entre as entidades da Administração Pública com as entidades fechadas de previdência complementar, os chamados fundos de pensão.

- Assim, em relação aos planos de previdência para os servidores públicos devem ser observadas as regras dispostas nas Leis Complementares 108 e 109, ambas de 2001.
- A previdência complementar aberta é acessível a qualquer pessoa e a entidade será constituída sob a forma de sociedade anônima sempre.
- **Os planos de benefícios, regido pela Lei Complementar nº109/2001** deverão prever os seguintes institutos:

I. **benefício proporcional diferido**, em razão da cessação do vínculo empregatício com o patrocinador ou associativo com o instituidor antes da aquisição do direito ao benefício pleno, a ser concedido quando cumpridos os requisitos de elegibilidade;

II. portabilidade do direito acumulado pelo participante para outro plano;

III. resgate da totalidade das contribuições vertidas ao plano pelo participante, descontadas as parcelas do custeio administrativo, na forma regulamentada; e

IV. faculdade de o participante manter o valor de sua contribuição e a do patrocinador, no caso de perda parcial ou total da remuneração recebida, para assegurar a percepção dos benefícios nos níveis correspondentes àquela remuneração ou em outros definidos em normas regulamentares **(autopatrocínio)**.

- Os planos de benefícios instituídos por entidades abertas poderão ser:

I - individuais, quando acessíveis a quaisquer pessoas físicas; ou

II - coletivos, quando tenham por objetivo garantir benefícios previdenciários a pessoas físicas vinculadas, direta ou indiretamente, a uma pessoa jurídica contratante.

- Observados os conceitos, a forma, as condições e os critérios fixados pelo órgão regulador, é assegurado aos participantes o direito à portabilidade, inclusive para plano de benefício de entidade fechada, e ao resgate de recursos das reservas técnicas, provisões e fundos, total ou parcialmente.
- A entidade de previdência complementar fechada é constituída sob a forma de fundação ou sociedade civil, sem finalidade lucrativa. Vai contemplar grupos fechados como empregados de empresas, servidores dos entes federativos, associados ou membros de pessoas jurídicas de caráter profissional, setorial ou classista.
- **PATROCINADORES** são as empresas e os entes federativos que instituem plano de previdência fechada para seus empregados ou servidores.
- **INSTITUIDORAS** são as associações que instituem plano de previdência fechada para seus membros associados.
- A pessoa física que aderir ao plano de benefício de previdência privada é denominada **PARTICIPANTE.**
- O participante ou seu beneficiário em gozo de benefício de prestação continuada é chamado de **ASSISTIDO.**
- É vedado o aporte de recursos à entidade de previdência privada pela União, Estados, Distrito Federal e Municípios, suas autarquias, fundações, empresas públicas, sociedades de economia mista e outras entidades públicas**, salvo** na condição de patrocinador, situação na qual, em hipótese alguma, sua contribuição normal poderá exceder a do segurado.
- As entidades fechadas de previdência complementar gozarão da imunidade de impostos sobre patrimônio, renda e serviços, prevista no art. 150, VI, "c' da Constituição Federal, somente quando não exigirem contribuição dos beneficiários do plano.
- As entidades fechadas devem ser organizadas sob a forma de fundação ou sociedade civil, **sem fins lucrativos.**
- As entidades de previdência complementar fechada têm como **órgão regulador** o Conselho Nacional de Previdência Complementar (CNPC) e, como **órgão fiscalizador,** a Superintendência Nacional de Previdência Complementar (PREVIC).
- A Superintendência Nacional de Previdência Complementar (PREVIC), autarquia federal vinculada ao Ministério da Previdência Social, foi criada pela Lei nº 12.154/2009, dotada de autonomia administrativa, financeira, com patrimônio próprio e responsável pela:

– fiscalização, autorização para constituição e funcionamento de planos de benefícios e de entidades fechadas de previdência;

– apuração e julgamento das infrações, bem como da aplicação das penalidades;

– promoção da mediação e conciliação dos interesses dos fundos de pensão, dos patrocinadores e dos participantes e assistidos.

- Ainda dentro da regulamentação dos entes fechados de previdência complementar, têm-se:

– O Conselho Nacional de Previdência Complementar (CNPC) é o órgão com a função de regular o regime de previdência complementar operado pelas entidades fechadas de previdência complementar;

– a Câmara de Recursos da Previdência Complementar (CRPC) funciona como instância recursal e de julgamento das decisões relativas às penalidades aplicadas pela PREVIC.

- A CRPC, órgão colegiado, que aprecia e julga os recursos interpostos contra decisões da Diretoria Colegiada da Superintendência Nacional de Previdência Complementar (Previc) referentes a autos de infração e aos lançamentos tributários da Taxa de Fiscalização e Controle da Previdência Complementar (Tafic).
- Os auditores fiscais da Secretaria da Receita Federal do Brasil têm atribuição de fiscalizar as entidades de previdência complementar fechada.
- As entidades fechadas não poderão solicitar concordata e não estão sujeitas a falência, mas somente a liquidação extrajudicial.

- A liquidação extrajudicial será decretada quando reconhecida a inviabilidade de recuperação da entidade de previdência complementar ou pela ausência de condição para seu funcionamento.
- Prescreve em cinco anos o direito a prestações não pagas nem reclamadas na época própria, resguardados os direitos dos menores dependentes, dos incapazes ou dos ausentes, na forma do Código Civil
- Prescreve em cinco anos o direito a prestações não pagas nem reclamadas na época própria, resguardados os direitos dos menores dependentes, dos incapazes ou dos ausentes, na forma do Código Civil

15. O PLANO DE PREVIDÊNCIA COMPLEMENTAR DOS SERVIDORES PÚBLICOS FEDERAIS

- A Constituição Federal determina que a União, os Estados, o Distrito Federal e os Municípios instituam regime de previdência complementar para seus servidores.
- Nesse caso, poderão fixar o valor das aposentadorias e pensões pagas pelo seu regime próprio de previdência social ao valor do limite máximo estabelecido para os benefícios do regime geral de previdência social – RGPS.
- A União instituiu o Plano de Previdência Complementar para os servidores públicos federais, titulares de cargo efetivo, suas autarquias e fundações, inclusive para os membros do Poder Judiciário, do Ministério Público da União e do Tribunal de Contas da União, através da Lei nº 12.618 de 30 de abril de 2012.

REGIME DE PREVIDÊNCIA COMPLEMENTAR DOS SERVIDORES PÚBLICOS FEDERAIS	Instituído por meio da Lei nº 12.618/2012.
	Para os servidores públicos titulares de cargo efetivo da União, suas autarquias e fundações, inclusive para os membros do Poder Judiciário, do Ministério Público da União e do Tribunal de Contas da União.
	A União passa a poder aplicar o limite máximo estabelecido para os benefícios do regime geral de previdência social (RGPS) às aposentadorias e pensões concedidas pelo seu regime próprio de previdência aos servidores que ingressarem no serviço público a partir do início da vigência do regime de previdência complementar.

- Com a finalidade de administrar e executar os planos de benefícios de caráter previdenciário, o art. 4º da Lei nº 12.618/2012 autorizou a União criar as seguintes entidades fechadas de previdência complementar:

FUNPRESP-EXE: Fundação de Previdência Complementar do Servidor Público Federal do Poder Executivo, para os servidores públicos titulares de cargo efetivo do Poder Executivo, por meio de ato do Presidente da República. Instituída por meio do Decreto nº 7.808/2012. O plano contempla, ainda, os servidores públicos do Poder Legislativo Federal e do Tribunal de Contas da União, em razão do convênio de adesão à Funpresp-Exe.
FUNPRESP-JUD: Fundação de Previdência Complementar do Servidor Público do Poder Judiciário, para os servidores públicos titulares de cargo efetivo e membros do Poder Judiciário, por meio de ato do Presidente do Supremo Tribunal Federal. Criada por meio da Resolução nº 496 do STF.
FUNPRESP-LEG: Fundação de Previdência Complementar do Servidor Público Federal do Poder Legislativo, para os servidores públicos titulares de cargo efetivo do Poder Legislativo e do Tribunal de Contas da União, por meio de ato conjunto dos Presidentes da Câmara dos Deputados e do Senado Federal. ***Não foi, ainda, instituída.*** ***Servidores podem aderir à FUNPRESP-EXE.***

ESTRUTURA ORGANIZACIONAL DAS ENTIDADES DE PREVIDÊNCIA COMPLEMENTAR PATROCINADAS PELA UNIÃO	**Conselho Deliberativo:** composição paritária, integrado por 06 (seis) membros. Os membros do conselho deliberativo das entidades fechadas serão designados pelos Presidentes da República e do Supremo Tribunal Federal e por ato conjunto dos Presidentes da Câmara dos Deputados e do Senado Federal, respectivamente.
	A presidência do conselho deliberativo será exercida pelos membros indicados pelos patrocinadores, na forma prevista no estatuto das entidades fechadas de previdência complementar.
ESTRUTURA ORGANIZACIONAL DAS ENTIDADES DE PREVIDÊNCIA COMPLEMENTAR PATROCINADAS PELA UNIÃO	**Conselho Fiscal:** composição paritária, integrado por 04 (quatro) membros. Os membros do conselho fiscal das entidades fechadas serão designados pelos Presidentes da República e do Supremo Tribunal Federal e por ato conjunto dos Presidentes da Câmara dos Deputados e do Senado Federal, respectivamente. A presidência será exercida pelos membros indicados pelos participantes e assistidos, na forma prevista no estatuto das entidades fechadas de previdência complementar.
	Diretoria Executiva: composta, no máximo, por 04 (seis) membros, nomeados pelos conselhos deliberativos das entidades fechadas de previdência complementar.

- A adesão ao plano de previdência complementar para os servidores federais é facultativa tanto para os aqueles que já haviam ingressado no serviço público antes da aprovação do plano de previdência complementar, quanto para os novos servidores.

- Os servidores públicos titulares de cargo efetivo da União, suas autarquias e fundações, inclusive os membros do Poder Judiciário, do Ministério Público da União e do Tribunal de Contas da União, com remuneração superior ao limite máximo estabelecido para os benefícios do Regime Geral de Previdência Social, que venham a ingressar no serviço público a partir do início da vigência do regime de previdência complementar da União, serão automaticamente inscritos no respectivo plano de previdência complementar desde a data de entrada em exercício.
- Esses servidores participantes poderão requerer, a qualquer tempo, o cancelamento de sua inscrição, nos termos do regulamento do plano de benefícios.
- Na hipótese de o cancelamento ser requerido no prazo de até noventa dias da data da inscrição, fica assegurado o direito à restituição integral das contribuições vertidas, a ser paga em até sessenta dias do pedido de cancelamento, corrigidas monetariamente.
- No atual panorama, tem-se 03 (três) situações:

1) **Servidores que ingressarem no serviço público a partir da vigência do regime de previdência complementar instituído pela Lei nº 12.618/12:** esses servidores terão seus benefícios de aposentadoria e pensão concedidos pelo regime próprio de previdência da União, limitado o seu valor até o valor máximo estabelecido para os benefícios do RGPS, independentemente de sua adesão ao plano de benefício de previdência complementar.

2) **Servidores que ingressaram no serviço público até a data anterior ao início da vigência do regime de previdência complementar, que nele tenham permanecido sem perda do vínculo efetivo e venham optar por participar do regime de previdência complementar instituído pela Lei nº 12.618/12:** terão seus benefícios de aposentadoria e pensão concedidos pelo regime próprio de previdência da União, limitado o seu valor até o teto estabelecido para os benefícios do regime geral de previdência social. Terão, ainda, o direito a um benefício especial contemplado pela Lei nº 12.618/12.

   O benefício especial será pago, pelo órgão competente da União, ao servidor público por ocasião da concessão de aposentadoria, inclusive por invalidez, ou pensão por morte pelo regime próprio de previdência da União, enquanto perdurar o benefício pago por esse regime, inclusive junto com a gratificação natalina.

3) **Servidores que ingressaram no serviço público até a data anterior ao início da vigência do regime de previdência complementar, que nele tenham permanecido sem perda do vínculo efetivo e que não optaram por participar do regime de previdência complementar instituído pela Lei nº 12.618/12:** esses servidores terão seus benefícios de aposentadoria e pensão calculados na forma disposta no art. 40 da Constituição Federal e na Emenda Constitucional nº 103/2019.

- Para melhor entendimento acerca da situação dos servidores públicos efetivos quanto ao regime de previdência complementar veja a tabela abaixo:

Regime de Previdência Complementar dos Servidores Públicos Federais	
Servidores que ingressaram no serviço público antes da data do início da vigência do regime de previdência complementar – Lei nº 12.618/2012	**Servidores que ingressarem no serviço público a partir da data do início da vigência do regime de previdência complementar – Lei nº 12.618/2012**
Só se submeterão ao teto máximo dos benefícios do RGPS e ao regime complementar por expressa opção. Com a opção pelo regime de previdência complementar terão: – benefícios de aposentadoria e pensão por morte pagos pelo regime próprio de previdência social, com valores limitados ao teto máximo do RGPS;	Seus benefícios estarão obrigatoriamente submetidos ao limite máximo estabelecido para os benefícios do RGPS. Poderão optar por ingressar no regime de previdência complementar. Mas, se não aderirem, continuam sendo obrigatoriamente submetidos à limitação dos seus benefícios de aposentadoria e pensão por morte ao teto do RGPS.
– direito ao pagamento de benefício especial; – direito ao benefício de previdência complementar.	Com a opção pelo regime de previdência complementar terão: – benefícios pagos pelo regime próprio de previdência social, com valores limitados ao teto máximo do RGPS; – direito ao benefício de previdência complementar.

16. CRIMES PREVIDENCIÁRIOS

16.1. CRIME DE APROPRIAÇÃO INDÉBITA PREVIDENCIÁRIA

- Crime previsto no art. 168-A do Código Penal:

> "Deixar de repassar à previdência social as contribuições recolhidas dos contribuintes, no prazo e forma legal ou convencional:
>
> Pena – reclusão, de 2 (dois) a 5 (cinco) anos, e multa.
>
> § 1º Nas mesmas penas incorre quem deixar de:
>
> I – recolher, no prazo legal, contribuição ou outra importância destinada à previdência social que tenha sido descontada de pagamento efetuado a segurados, a terceiros ou arrecadada do público;
>
> II – recolher contribuições devidas à previdência social que tenham integrado despesas contábeis ou custos relativos à venda de produtos ou à prestação de serviços;
>
> III – pagar benefício devido a segurado, quando as respectivas cotas ou valores já tiverem sido

reembolsados à empresa pela previdência social.

§ 2º É extinta a punibilidade se o agente, espontaneamente, declara, confessa e efetua o pagamento das contribuições, importâncias ou valores e presta as informações devidas à previdência social, na forma definida em lei ou regulamento, antes do início da ação fiscal.

§ 3º É facultado ao juiz deixar de aplicar a pena ou aplicar somente a multa se o agente for primário e de bons antecedentes, desde que:

I – tenha promovido, após o início da ação fiscal e antes de oferecida a denúncia, o pagamento da contribuição social previdenciária, inclusive acessórios; ou

II – o valor das contribuições devidas, inclusive acessórios, seja igual ou inferior àquele estabelecido pela previdência social, administrativamente, como sendo o mínimo para o ajuizamento de suas execuções fiscais."

§ 3º Se o empregador não é pessoa jurídica e sua folha de pagamento mensal não ultrapassa a R$7.201,70 (sete mil, duzentos e um reais e setenta centavos) - Portaria MPS/MF nº 06/2025, o juiz poderá reduzir a pena de um terço até a metade ou aplicar apenas a de multa.

§ 4º A faculdade prevista no § 3º deste artigo não se aplica aos casos de parcelamento de contribuições cujo valor, inclusive dos acessórios, seja superior àquele estabelecido, administrativamente, como sendo o mínimo para o ajuizamento de suas execuções fiscais.[6]"

- **Extinção da punibilidade:** exige-se que o agente, espontaneamente, declare, confesse e efetue o pagamento das contribuições, importâncias ou valores e preste as informações devidas à Previdência Social, **antes do início da ação fiscal.**
- **Perdão judicial:** o juiz poderá aplicar apenas a pena de multa ou não aplicar pena alguma, nos casos em que o **agente seja primário e de bons antecedentes,** e:

a) tenha promovido, após o início da ação fiscal e antes de oferecida a denúncia, o pagamento da contribuição social previdenciária, inclusive acessórios. Essa hipótese resta, hoje, sem aplicação, diante do entendimento que o pagamento a qualquer tempo extingue a punibilidade do crime, ou

b) se o valor das contribuições devidas, inclusive acessórios, seja igual ou inferior àquele estabelecido pela Previdência Social[7], administrativamente, como sendo o mínimo para o ajuizamento de suas execuções fiscais

16.2. CRIME DE SONEGAÇÃO PREVIDENCIÁRIA

- Previsto no art. 337-A do Código Penal:

"Suprimir ou reduzir contribuição social previdenciária e qualquer acessório, mediante as seguintes condutas:

I – omitir de folha de pagamento da empresa ou de documento de informações previsto pela legislação previdenciária segurados empregado, empresário, trabalhador avulso ou trabalhador autônomo ou a este equiparado que lhe prestem serviços;

II – deixar de lançar mensalmente nos títulos próprios da contabilidade da empresa as quantias descontadas dos segurados ou as devidas pelo empregador ou pelo tomador de serviços;

III – omitir, total ou parcialmente, receitas ou lucros auferidos, remunerações pagas ou creditadas e demais fatos geradores de contribuições sociais previdenciárias:

Pena – reclusão, de 2 (dois) a 5 (cinco) anos, e multa.

§ 1º É extinta a punibilidade se o agente, espontaneamente, declara e confessa as contribuições, importâncias ou valores e presta as informações devidas à previdência social, na forma definida em lei ou regulamento, *antes do início da ação fiscal.*

§ 2º É facultado ao juiz deixar de aplicar a pena ou aplicar somente a de multa se o agente for primário e de bons antecedentes, desde que:

I – (VETADO)

II – o valor das contribuições devidas, inclusive acessórios, seja igual ou inferior àquele estabelecido pela previdência social, administrativamente, como sendo o mínimo para o ajuizamento de suas execuções fiscais.

§ 3º Se o empregador não é pessoa jurídica e sua folha de pagamento mensal não ultrapassa a R$ 6.873,82 (seis mil oitocentos e setenta e três reais e oitenta e dois centavos) - Portaria MPS/MF nº 02/2024, o juiz poderá reduzir a pena de um terço até a metade ou aplicar apenas a de multa.

§ 4º O valor a que se refere o parágrafo anterior será reajustado nas mesmas datas e nos mesmos índices do reajuste dos benefícios da previdência social".

- **Extinção da punibilidade**: exige-se que o agente, espontaneamente, declare, confesse as contribuições, importâncias ou valores e preste as informações devidas à União [8], **antes do início da ação fiscal.**
- **Perdão judicial**: o juiz poderá aplicar apenas a pena de multa ou não aplicar pena alguma, no caso em que o **agente seja primário e de bons antecedentes** e se o valor das contribuições devidas, inclusive acessórios, seja igual ou inferior àquele estabelecido pela Previdência Social[9], administrativamente, como sendo o mínimo para o ajuizamento de suas execuções fiscais.
- **Causa de diminuição de pena:** o juiz poderá reduzir a pena de um terço até a metade ou aplicar ape-

6. Alteração trazida por meio da Lei nº 13.606/2018.
7. Como a administração das contribuições sociais estão a cargo da Secretaria da Receita Federal do Brasil, há que se observar os valores estabelecidos pela SRFB ou Ministério da Fazenda para o ajuizamento de suas execuções fiscais.
8. Como a administração das contribuições sociais estão a cargo da Secretaria da Receita Federal do Brasil, o agente deverá proceder à confissão à SRFB.
9. Como a administração das contribuições sociais estão a cargo da Secretaria da Receita Federal do Brasil, há que se observar os valores estabelecidos pela SRFB ou Ministério da Fazenda para o ajuizamento de suas execuções fiscais.

nas a pena de multa quando o empregador não for pessoa jurídica e sua folha de pagamento mensal não ultrapassar R$7.201,70 (sete mil, duzentos e um reais e setenta centavos).[10]

16.3. ESTELIONATO PREVIDENCIÁRIO

- Previsto no art. 171, § 3º do Código Penal:

> *Obter, para si ou para outrem, vantagem ilícita, em prejuízo alheio, induzindo ou mantendo alguém em erro, mediante artifício, ardil, ou qualquer outro meio fraudulento: Pena – reclusão, de 1 (um) a 5 (cinco) anos, e multa. (...)*
>
> *§ 3º A pena aumenta-se de um terço, se o crime é cometido em detrimento de entidade de direito público ou de instituto de economia popular, assistência social ou beneficência." (negrito meu).*

16.4. FALSIFICAÇÃO DE DOCUMENTAÇÃO PREVIDENCIÁRIA

Previsto nos §§ 3º e 4º do art. 297 do Código Penal:

> *Falsificar, no todo ou em parte, documento público, ou alterar documento público verdadeiro:*
> *Pena – reclusão, de 2 (dois) a 6 (seis) anos, e multa.*
>
> *§ 1º Se o agente é funcionário público, e comete o crime prevalecendo-se do cargo, aumenta-se a pena de sexta parte.*
>
> *§ 2º Para os efeitos penais, equiparam-se a documento público o emanado de entidade paraestatal, o título ao portador ou transmissível por endosso, as ações de sociedade comercial, os livros mercantis e o testamento particular.*
>
> *§ 3º Nas mesmas penas incorre quem insere ou faz inserir:*
>
> *I – na folha de pagamento ou em documento de informações que seja destinado a fazer prova perante a previdência social, pessoa que não possua a qualidade de segurado obrigatório;*
>
> *II – na Carteira de Trabalho e Previdência Social do empregado ou em documento que deva produzir efeito perante a previdência social, declaração falsa ou diversa da que deveria ter sido escrita;*
>
> *III – em documento contábil ou em qualquer outro documento relacionado com as obrigações da empresa perante a previdência social, declaração falsa ou diversa da que deveria ter constado.*
>
> *§ 4º Nas mesmas penas incorre quem omite, nos documentos mencionados no § 3º, nome do segurado e seus dados pessoais, a remuneração, a vigência do contrato de trabalho ou de prestação de serviços." (negrito nosso)*

- Destaque o fato de que se o agente falsificar o documento para cometimento de estelionato, só responderá por estelionato, conforme entendimento que se extrai da **Súmula 17 do STJ:**

> *"Quando o falso se exaure no estelionato, sem potencialidade lesiva, é por este absorvido."*

10. Valor atualizado pela Portaria Interministerial MPS/MF nº 06/2025.

16.5. INSERÇÃO DE DADOS FALSOS EM SISTEMA DE INFORMAÇÕES

Previsto no art. 313-A do Código Penal, *in verbis*:

> *Inserir ou facilitar, o funcionário autorizado, a inserção de dados falsos, alterar ou excluir indevidamente dados corretos nos sistemas informatizados ou bancos de dados da Administração Pública com o fim de obter vantagem indevida para si ou para outrem ou para causar dano."*
>
> *Pena – reclusão, de 2 (dois) a 12 (doze)* anos, e multa.

Neste particular, é interessante registrar o novo conceito de funcionário público trazido pelo art. 327, § 1º do Código Penal:

> "Considera-se funcionário público, para os efeitos penais, quem, embora transitoriamente ou sem remuneração, exerce cargo, emprego ou função pública.
>
> § 1º Equipara-se a funcionário público quem exerce cargo, emprego ou função em entidade paraestatal, e quem trabalha para empresa prestadora de serviço contratada ou conveniada para a execução de atividade típica da Administração Pública."

16.6. MODIFICAÇÃO OU ALTERAÇÃO NÃO AUTORIZADA DE SISTEMA DE INFORMAÇÕES

> *Art. 313-B. Modificar ou alterar, o funcionário, sistema de informações ou programa de informática sem autorização ou solicitação de autoridade competente:*
>
> Pena – *detenção, de 3 (três) meses a 2 (dois) anos, e multa.*
>
> *Parágrafo único. As penas são aumentadas de um terço até a metade se da modificação ou alteração resulta dano para a Administração Pública ou para o administrado.*

Esta nova conduta é conhecida por data *dilling*.

17. AÇÕES JUDICIAIS EM MATÉRIA PREVIDENCIÁRIA

- A **Justiça do Trabalho** tem a competência para processar e julgar a execução, *de ofício*, das contribuições sociais previstas no art. 195, I, a, e II, CF e seus acréscimos legais, decorrentes das sentenças que proferir.
- Nas ações trabalhistas de que resultar o pagamento de direitos sujeitos à incidência de contribuição previdenciária, o juiz, sob pena de responsabilidade, determinará o imediato recolhimento das importâncias devidas à Seguridade Social.
- Nas sentenças judiciais ou nos acordos homologados pela Justiça do Trabalho em que não figurarem, discriminadamente, as parcelas legais relativas às contribuições sociais, estas incidirão sobre o valor total apurado em liquidação de sentença ou sobre o valor do acordo homologado.
- Na hipótese de acordo celebrado após ter sido proferida decisão de mérito, a contribuição será calculada com base no valor do acordo.

PREVIDENCIÁRIO

- As ações previdenciárias devem, em regra, ser julgadas pelos juízes federais. Veja o que dispõe o art. 109, I, da Constituição Federal:

  "Aos juízes federais compete processar e julgar:

  I – as causas em que a União, entidade autárquica ou empresa pública federal forem interessadas na condição de autoras, rés, assistentes ou oponentes, exceto as de falência, as de acidentes de trabalho e as sujeitas à Justiça Eleitoral e à Justiça do Trabalho."(negrito meu).

- A justiça comum estadual do foro do domicílio do segurado possuirá competência para processar e julgar ação previdenciária proposta contra o INSS se, na comarca em questão, não existir sede da justiça federal. Entretanto, nesse caso, o recurso cabível contra eventual decisão terá de ser dirigido ao tribunal regional federal na área de jurisdição do juiz de primeiro grau.
- **É da competência absoluta da justiça estadual** processar e julgar as ações previdenciárias de natureza acidentária (benefícios decorrentes de acidente do trabalho).
- O ajuizamento de ação judicial não exige o exaurimento prévio do processo administrativo.

  O Plenário do STF, no julgamento do RE 631.240, adotou a tese de que o prévio requerimento administrativo é condição de procedibilidade da ação judicial, sob pena de carência de interesse de agir e extinção do processo sem julgamento do mérito.

  Entende o STF que a exigência de prévio requerimento não se confundiria, entretanto, com o exaurimento das vias administrativas.

  Entende, também, que a exigência de prévio requerimento administrativo não deveria prevalecer quando o entendimento da Administração fosse notório e reiteradamente contrário à postulação do segurado. Nas hipóteses de pretensão de revisão, restabelecimento ou manutenção de benefício anteriormente concedido — uma vez que o INSS teria o dever legal de conceder a prestação mais vantajosa possível — o pedido poderia ser formulado diretamente em juízo, porque nesses casos a conduta do INSS já configuraria o não acolhimento da pretensão[11].
- As **ações de mandado de segurança** impetradas por beneficiários do RGPS contra atos de autoridades vinculadas ao INSS serão **sempre processadas e julgadas pelos juízes federais**, conforme dispõe o art. 109, VIII, da Constituição Federal.
- **As ações regressivas ajuizadas pelo INSS** contra as empresas que não cumprem as normas padrões de segurança e higiene do trabalho indicadas para a proteção individual e coletiva, a fim de verem ressarcidas as prestações acidentárias pagas pela previdência social em razão de culpa do empregador, devem ser ajuizadas, processadas e julgadas pela **Justiça Federal**, não comportando qualquer exceção.

11. RE 631240/MG, Rel. Min. Roberto Barroso, 3.9.2014. Informativo nº 757.

- A partir da publicação da Lei nº 13.043, de 13 de novembro de 2014, as **execuções fiscais** para cobrança dos créditos das contribuições da seguridade social devem ser ajuizadas perante o **juízo federal, sempre.**
- **Os créditos constituídos pelo INSS** em razão de benefício previdenciário ou assistencial pago indevidamente ou além do devido serão inscritos em dívida ativa pela Procuradoria-Geral Federal, hipótese em que se aplica o disposto na Lei nº 6.830, de 22 de setembro de 1980, para a execução[12]. A **execução fiscal** voltou a ser o meio adequado de cobrança.
- **Em regra, o Ministério Público não atua nos processos judiciais previdenciários.**

  Deverá intervir nos casos em que a parte por incapaz, na condição de *custos legis.*

  Segundo o STJ "o só fato de ser pessoa idosa não denota parâmetro suficiente para caracterizar a relevância social a exigir a intervenção do Ministério Público."[13].

  O Supremo Tribunal Federal, apreciando a questão da legitimidade do Parquet para ajuizar Ação Civil Pública pertinente a benefício previdenciário, decidiu que "o Ministério Público detém legitimidade para propor ação civil pública em defesa de interesses individuais homogêneos, quando presente evidente relevo social, independentemente de os potenciais titulares terem a possibilidade de declinar a fruição do direito afirmado na ação." (AgRg no AI516.419/PR, 2ª Turma, Rel. Min. GILMAR MENDES, DJe de 30/11/2010).

  O STJ é favorável à legitimidade do Ministério Público para figurar no polo ativo de Ação Civil Pública destinada à defesa de direitos de natureza previdenciária, tendo em vista, principalmente, a presença do inquestionável interesse social envolvido no assunto.
- **É cabível ação declaratória** para o mero reconhecimento de tempo de serviço para fins previdenciários.
- Na hipótese em que a **ação revisional de benefício previdenciário** se fundar em decisão da justiça do trabalho, o termo inicial da decadência decenal será a data da coisa julgada na seara trabalhista, segundo entendimento do STJ (REsp 1637856 / MG, Relator Ministro Herman Benjamim, 2ª Turma, DJ 13/12/2016. DJe 02/02/2017).
- O Supremo Tribunal Federal decidiu finalmente a questão, entendendo que "no âmbito do regime geral de previdência social – RGPS, somente lei pode criar benefícios e vantagens previdenciárias, **não havendo, por ora, previsão legal do direito à 'desaposentação'**, sendo constitucional a regra do art. 18, § 2º, da Lei 8.213/1991."

SÚMULAS IMPORTANTES

1. DOS SEGURADOS DA PREVIDÊNCIA SOCIAL

12. Alteração trazida pela Medida Provisória nº 780/2017, convertida na Lei nº 13.494/2017. Foi incluído o § 3º no art. 115 da Lei nº 8.213/91.
13. REsp 1.235.375, de 12/04/2011.

1.1. EMPREGADOS

- **TNU 27** – A ausência de registro em órgão do ministério do trabalho não impede a comprovação do desemprego por outros meios admitidos em direito.
- **TNU 18** – Para fins previdenciários, o cômputo do tempo de serviço prestado como aluno-aprendiz exige a comprovação de que, durante o período de aprendizado, houve simultaneamente: (i) retribuição consubstanciada em prestação pecuniária ou em auxílios materiais; (ii) à conta do Orçamento; (iii) a título de contraprestação por labor; (iv) na execução de bens e serviços destinados a terceiros.

1.2. SEGURADOS ESPECIAIS

- **STJ 577 – É possível reconhecer o tempo de serviço rural anterior ao documento mais antigo apresentado, desde que aparado em convincente prova testemunhal colhida sob o contraditório.**
- **STJ 272** – O trabalhador rural, na condição de segurado especial, sujeito à contribuição obrigatória sobre a produção rural comercializada, somente faz jus à aposentadoria por tempo de serviço, se recolher contribuições facultativas.
- **STJ 149** – A prova exclusivamente testemunhal não basta à comprovação da atividade rurícola, para efeito da obtenção de benefício previdenciário.
- **TNU 76** – A averbação de tempo de serviço rural não contributivo não permite majorar o coeficiente de cálculo da renda mensal inicial de aposentadoria por idade previsto no art. 50 da Lei nº 8.213/91
- **TNU 46** – O exercício de atividade urbana intercalada não impede a concessão de benefício previdenciário de trabalhador rural, condição que deve ser analisada no caso concreto.
- **TNU 41** – A circunstância de um dos integrantes do núcleo familiar desempenhar atividade urbana não implica, por si só, a descaracterização do trabalhador rural como segurado especial, condição que deve ser analisada no caso concreto.
- **TNU 34** – Para fins de comprovação do tempo de labor rural, o início de prova material deve ser contemporâneo à época dos fatos a provar.
- **TNU 30** – Tratando-se de demanda previdenciária, o fato de o imóvel ser superior ao módulo rural não afasta, por si só, a qualificação de seu proprietário como segurado especial, desde que comprovada, nos autos, a sua exploração em regime de economia familiar.
- **TNU 24** – O tempo de serviço do segurado trabalhador rural anterior ao advento da Lei nº 8.213/91, sem o recolhimento de contribuições previdenciárias, pode ser considerado para a concessão de benefício previdenciário do Regime Geral de Previdência Social (RGPS), exceto para efeito de carência, conforme a regra do art. 55, § 2º, da Lei nº 8.213/91
- **TNU 14** – Para a concessão de aposentadoria rural por idade, não se exige que o início de prova material, corresponda a todo o período equivalente à carência do benefício.
- **TNU 10** – O tempo de serviço rural anterior à vigência da Lei nº. 8.213/91 pode ser utilizado para fins de contagem recíproca, assim entendida aquela que soma tempo de atividade privada, rural ou urbana, ao de serviço público estatutário, desde que sejam recolhidas as respectivas contribuições previdenciárias.
- **TNU 06** – A certidão de casamento ou outro documento idôneo que evidencie a condição de trabalhador rural do cônjuge constitui início razoável de prova material da atividade rurícola
- **TNU 05** – A prestação de serviço rural por menor de 12 a 14 anos, até o advento da Lei 8.213, de 24 de julho de 1991, devidamente comprovada, pode ser reconhecida para fins previdenciários.

1.3. SEGURADOS CONTRIBUINTES INDIVIDUAIS

- **STF 466** – Não é inconstitucional a inclusão de sócios e administradores de sociedades e titulares de firmas individuais como contribuintes obrigatórios da previdência social.
- **TNU 62** – O segurado contribuinte individual pode obter reconhecimento de atividade especial para fins previdenciários, desde que consiga comprovar exposição a agentes nocivos à saúde ou à integridade física.
- **TNU 52** – Para fins de concessão de pensão por morte, é incabível a regularização do recolhimento de contribuições de segurado contribuinte individual posteriormente a seu óbito, exceto quando as contribuições devam ser arrecadadas por empresa tomadora de serviços.

2. DOS DEPENDENTES DO REGIME GERAL DE PREVIDÊNCIA SOCIAL

- **STJ 416** – É devida a pensão por morte aos dependentes do segurado que, apesar de ter perdido essa qualidade, preencheu os requisitos legais para a obtenção de aposentadoria até a data do seu óbito.
- STJ 336 – A mulher que renunciou aos alimentos na separação judicial tem direito à pensão previdenciária por morte do ex-marido, comprovada a necessidade econômica superveniente.
- TNU 63 – A comprovação de união estável para efeito de concessão de pensão por morte prescinde de início de prova material.
- **TNU 37** – A pensão por morte, devida ao filho até os 21 anos de idade, não se prorroga pela pendência do curso universitário.
- **TNU 04** – Não há direito adquirido à condição de dependente de pessoa designada, quando o falecimento do segurado deu-se após o advento da Lei 9.032/95.

3. DOS BENEFÍCIOS PREVIDENCIÁRIOS

3.1. AUXÍLIO POR INCAPACIDADE TEMPORÁRIA

- **STJ 146** – O segurado, vítima de novo infortúnio, faz jus a um único benefício somado ao salário-de-contribuição vigente no dia do acidente.

PREVIDENCIÁRIO

- **STJ 44** – A definição, em ato regulamentar, de grau mínimo de disacusia, não exclui, por si só, a concessão do benefício previdenciário.
- **TNU 78** – Comprovado que o requerente de benefício é portador do vírus HIV, cabe ao julgador verificar as condições pessoais, sociais, econômicas e culturais, de forma a analisar a incapacidade em sentido amplo, em face da elevada estigmatização social da doença.
- **TNU 77** – O julgador não é obrigado a analisar as condições pessoais e sociais quando não reconhecer a incapacidade do requerente para a sua atividade habitual.
- **TNU 73** – O tempo de gozo de auxílio-doença ou de aposentadoria por invalidez não decorrentes de acidente de trabalho só pode ser computado como tempo de contribuição ou para fins de carência quando intercalado entre períodos nos quais houve recolhimento de contribuições para a previdência social.
- **TNU 72** – É possível o recebimento de benefício por incapacidade durante período em que houve exercício de atividade remunerada quando comprovado que o segurado estava incapaz para as atividades habituais na época em que trabalhou.
- **TNU 53** – Não há direito a auxílio-doença ou a aposentadoria por invalidez quando a incapacidade para o trabalho é preexistente ao reingresso do segurado no Regime Geral de Previdência Social.
- **TST 440 – Auxílio-doença acidentário. Aposentadoria por invalidez. Suspensão do contrato de trabalho. Reconhecimento do direito à manutenção de plano de saúde ou de assistência médica.** Assegura-se o direito à manutenção de plano de saúde, ou de assistência médica, oferecido pela empresa ao empregado, não obstante suspenso o contrato de trabalho em virtude de auxílio-doença acidentário ou de aposentadoria por invalidez.
- **TST 378 – Estabilidade provisória. Acidente do trabalho. Art. 118 da Lei nº 8. 213/1991. Constitucionalidade. Pressupostos.** I – É constitucional o artigo 118 da Lei n. 8.213/91 que assegura o direito à estabilidade provisória por período de 12 meses após a cessação do auxílio-doença ao empregado acidentado. II – São pressupostos para a concessão da estabilidade o afastamento superior a 15 dias e a consequente percepção do auxílio-doença acidentário, salvo se constatada, após a dispensa, doença profissional que guarde relação de causalidade com a execução do contrato de emprego (primeira parte – ex-OJ nº 230 da SBDI-I – inserida em 20.06.2001). III – O empregado submetido a contrato de trabalho por tempo determinado goza da garantia provisória de emprego, decorrente de acidente de trabalho, prevista no art. 118 da Lei n. 8. 213/1991.
- **TST 371 – Aviso-prévio indenizado. Efeitos. Superveniência de auxílio-doença no curso deste.** A projeção do contrato de trabalho para o futuro, pela concessão do aviso-prévio indenizado, tem efeitos limitados às vantagens econômicas obtidas no período de pré-aviso, ou seja, salários, reflexos e verbas rescisórias. No caso de concessão de auxílio-doença no curso do aviso-prévio, todavia, só se concretizam os efeitos da dispensa depois de expirado o benefício previdenciário.
- **TST OJ nº 375 da SDI – I.** **Auxílio-doença. Aposentadoria por invalidez. Suspensão do contrato de trabalho. Prescrição. Contagem.** A suspensão do contrato de trabalho, em virtude da percepção do auxílio-doença ou da aposentadoria por invalidez, não impede a fluência da prescrição quinquenal, ressalvada a hipótese de absoluta impossibilidade de acesso ao Judiciário.
- **TST OJ n. 41 da SDI – I – Estabilidade. Instrumento normativo. Vigência. Eficácia.** Preenchidos todos os pressupostos para a aquisição de estabilidade decorrente de acidente ou doença profissional, ainda durante a vigência do instrumento normativo, goza o empregado de estabilidade mesmo após o término da vigência deste.
- **TST O J n. 31 da SDC – Estabilidade do acidentado. Acordo homologado. Prevalência. Impossibilidade. Violação do art. 118 da lei nº 8. 213/91.** Não é possível a prevalência de acordo sobre legislação vigente, quando ele é menos benéfico do que a própria lei, porquanto o caráter imperativo dessa última restringe o campo de atuação da vontade das partes.

3.2. AUXÍLIO-ACIDENTE

- **STJ 507** – A acumulação de auxílio-acidente com aposentadoria pressupõe que a lesão incapacitante e a aposentadoria sejam anteriores a 11/11/97, observado o critério do artigo 23 da lei 8.213/91 para definição do momento da lesão nos casos de doença profissional ou do trabalho.
- **TNU 89** – Não há direito à concessão de benefício de auxílio-acidente quando, após consolidação das lesões decorrentes de acidente de qualquer natureza, resultarem sequelas que não reduzem a capacidade laborativa habitual nem sequer demandam dispêndio de maior esforço na execução da atividade habitual.
- **TNU, 88** – A existência de limitação, ainda que leve, para o desempenho da atividade para o trabalho habitual enseja a concessão do benefício de auxílio-acidente, em observância a tese fixada sob o Tema 416 do Superior Tribunal de Justiça.

3.3. APOSENTADORIA POR INCAPACIDADE PERMANENTE

- **STJ 576** – Ausente requerimento administrativo no INSS, o termo inicial para a implantação da aposentadoria por invalidez concedida judicialmente será a data da citação válida.
- **TNU 78** – Comprovado que o requerente de benefício é portador do vírus HIV, cabe ao julgador verificar as condições pessoais, sociais, econômicas e culturais, de forma a analisar a incapacidade em sentido amplo, em face da elevada estigmatização social da doença.
- **TNU 77** – O julgador não é obrigado a analisar as condições pessoais e sociais quando não reconhecer a incapacidade do requerente para a sua atividade habitual.
- **TNU 73** – O tempo de gozo de auxílio-doença ou de aposentadoria por invalidez não decorrentes de

acidente de trabalho só pode ser computado como tempo de contribuição ou para fins de carência quando intercalado entre períodos nos quais houve recolhimento de contribuições para a previdência social.

- **TNU 72** – É possível o recebimento de benefício por incapacidade durante período em que houve exercício de atividade remunerada quando comprovado que o segurado estava incapaz para as atividades habituais na época em que trabalhou.
- **TNU 53 –** Não há direito a auxílio-doença ou a aposentadoria por invalidez quando a incapacidade para o trabalho é preexistente ao reingresso do segurado no Regime Geral de Previdência Social.
- **TNU 47** – Uma vez reconhecida a incapacidade parcial para o trabalho, o juiz deve analisar as condições pessoais e sociais do segurado para a concessão de aposentadoria por invalidez.
- **TNU 36** – Não há vedação legal à cumulação da pensão por morte de trabalhador rural com o benefício da aposentadoria por invalidez, por apresentarem pressupostos fáticos e fatos geradores distintos.
- **TST 440 – Auxílio-doença acidentário. Aposentadoria por invalidez. Suspensão do contrato de trabalho. Reconhecimento do direito à manutenção de plano de saúde ou de assistência médica.** Assegura-se o direito à manutenção de plano de saúde, ou de assistência médica, oferecido pela empresa ao empregado, não obstante suspenso o contrato de trabalho em virtude de auxílio-doença acidentário ou de aposentadoria por invalidez.
- **TST 160 – Aposentadoria por invalidez.** Cancelada a aposentadoria por invalidez, mesmo após cinco anos, o trabalhador terá direito de retornar ao emprego, facultado, porém, ao empregador, indenizá-lo na forma da lei.
- **TST OJ n. 375 da SDI – I – Auxílio-doença. Aposentadoria por invalidez. Suspensão do contrato de trabalho. Prescrição. Contagem.** A suspensão do contrato de trabalho, em virtude da percepção do auxílio-doença ou da aposentadoria por invalidez, não impede a fluência da prescrição quinquenal, ressalvada a hipótese de absoluta impossibilidade de acesso ao Judiciário.

3.4. APOSENTADORIA POR IDADE

- **TNU 76** – A averbação de tempo de serviço rural não contributivo não permite majorar o coeficiente de cálculo da renda mensal inicial de aposentadoria por idade previsto no art. 50 da Lei nº 8.213/91.
- **TNU 54** – Para a concessão de aposentadoria por idade de trabalhador rural, o tempo de exercício de atividade equivalente à carência deve ser aferido no período imediatamente anterior ao requerimento administrativo ou à data do implemento da idade mínima.
- **TNU 44** – Para efeito de aposentadoria por idade urbana a tabela progressiva de carência prevista no artigo 42 da Lei 8.213/91 deve ser aplicada em função do ano em que o segurado completa a idade mínima para a concessão do benefício, ainda que o período de carência só seja preenchido posteriormente.
- **TNU 14** – Para a concessão de aposentadoria rural por idade, não se exige que o início de prova material, corresponda a todo o período equivalente à carência do benefício.

3.5. APOSENTADORIA POR TEMPO DE CONTRIBUIÇÃO

- **TNU 75** – A Carteira de Trabalho e Previdência Social (CTPS) em relação à qual não se aponta defeito formal que lhe comprometa a fidedignidade goza de presunção relativa de veracidade, formando prova suficiente de tempo de serviço para fins previdenciários, ainda que a anotação de vínculo de emprego não conste no Cadastro Nacional de Informações Sociais (CNIS).
- **TNU 71** – O mero contato do pedreiro com o cimento não caracteriza condição especial de trabalho para fins previdenciários.
- **TNU 70** – A atividade de tratorista pode ser equiparada à de motorista de caminhão para fins de reconhecimento de atividade especial mediante enquadramento por categoria profissional.
- **TNU 68** – O laudo pericial não contemporâneo ao período trabalhado é apto à comprovação da atividade especial do segurado.
- **TNU 33** – Quando o segurado houver preenchido os requisitos legais para concessão da aposentadoria por tempo de serviço na data do requerimento administrativo, esta data será o termo inicial da concessão do benefício.
- **TNU 18** – Para fins previdenciários, o cômputo do tempo de serviço prestado como aluno-aprendiz exige a comprovação de que, durante o período de aprendizado, houve simultaneamente: (i) retribuição consubstanciada em prestação pecuniária ou em auxílios materiais; (ii) à conta do Orçamento; (iii) a título de contraprestação por labor; (iv) na execução de bens e serviços destinados a terceiros.
- **TST OJ nº 361 da SDI – I. Aposentadoria espontânea. Unicidade do Contrato de trabalho. Multa de 40% do FGTS sobre todo o período.** A aposentadoria espontânea não é causa de extinção do contrato de trabalho se o empregado permanece prestando serviços ao empregador após a jubilação. Assim, por ocasião da sua dispensa imotivada, o empregado tem direito à multa de 40% do FGTS sobre a totalidade dos depósitos efetuados no curso do pacto laboral.

3.6. APOSENTADORIA ESPECIAL

- **TNU 87** – A eficácia do EPI não obsta o reconhecimento de atividade especial exercida antes de 03/12/1998, data de início da vigência da MP 1.729/98, convertida na Lei n. 9.732/98.
- **TNU 85** – É possível a conversão de tempo comum em especial de período(s) anterior(es) ao advento da Lei nº 9.032/95 (que alterou a redação do §3º do art. 57 da Lei nº 8.213/91), desde que todas as condições legais para a concessão do benefício pleiteado tenham sido atendidas antes da publicação da referida lei, independentemente da data de entrada do requerimento (DER).
- **TNU 82** – O código 1.3.2 do quadro anexo ao Decreto n.º 53.831/64, além dos profissionais da área

PREVIDENCIÁRIO

da saúde, contempla os trabalhadores que exercem atividades de serviços gerais em limpeza e higienização de ambientes hospitalares.

- **TNU 75** – A Carteira de Trabalho e Previdência Social (CTPS) em relação à qual não se aponta defeito formal que lhe comprometa a fidedignidade goza de presunção relativa de veracidade, formando prova suficiente de tempo de serviço para fins previdenciários, ainda que a anotação de vínculo de emprego não conste no Cadastro Nacional de Informações Sociais (CNIS).
- **TNU 71** – O mero contato do pedreiro com o cimento não caracteriza condição especial de trabalho para fins previdenciários.
- **TNU 70** – A atividade de tratorista pode ser equiparada à de motorista de caminhão para fins de reconhecimento de atividade especial mediante enquadramento por categoria profissional.
- **TNU 68** – O laudo pericial não contemporâneo ao período trabalhado é apto à comprovação da atividade especial do segurado.
- **TNU 55** – A conversão do tempo de atividade especial em comum deve ocorrer com aplicação do fator multiplicativo em vigor na data da concessão da aposentadoria.
- **TNU 50** – É possível a conversão do tempo de serviço especial em comum do trabalho prestado em qualquer período.
- **TNU 49** – Para reconhecimento de condição especial de trabalho antes de 29/4/1995, a exposição a agentes nocivos à saúde ou à integridade física não precisa ocorrer de forma permanente.
- **TNU 26** – A atividade de vigilante enquadra-se como especial, equiparando-se à de guarda, elencada no item 2.5.7. do Anexo III do Decreto n. 53.831/64
- **TNU 09** – O uso de Equipamento de Proteção Individual (EPI), ainda que elimine a insalubridade, no caso de exposição a ruído, não descaracteriza o tempo de serviço especial prestado.

3.7. SALÁRIO-MATERNIDADE

- **STJ – Súmula nº 657** – Atendidos os requisitos de segurada especial no RGPS e do período de carência, a indígena menor de 16 anos faz jus ao salário-maternidade.
- **TNU 45** – O salário-maternidade deve receber correção monetária desde a época do parto, independentemente da data do requerimento administrativo.
- **TST OJ n. 44 da SDI – I – Gestante. Salário-maternidade.** É devido o salário-maternidade, de 120 dias, desde a promulgação da CF/1988, ficando a cargo do empregador o pagamento do período acrescido pela Carta.
- **TST 15: Justificação – Ausência no Trabalho – Doença – Atestado Médico.** A justificação da ausência do empregado motivada por doença, para a percepção do salário-enfermidade e da remuneração do repouso semanal, deve observar a ordem preferencial dos atestados médicos, estabelecida em lei.

3.8. PENSÃO POR MORTE:

- **STF 613** – Os dependentes de trabalhador rural não têm direito a pensão previdenciária, se o óbito ocorreu anteriormente à vigência da Lei Complementar 11/71.
- **STJ 416** – É devida a pensão por morte aos dependentes do segurado que, apesar de ter perdido essa qualidade, preencheu os requisitos legais para a obtenção de aposentadoria até a data do seu óbito.
- **STJ 340** – A lei aplicável à concessão de pensão previdenciária por morte é aquela vigente na data do óbito do segurado.
- **STJ 336** – A mulher que renunciou aos alimentos na separação judicial tem direito à pensão previdenciária por morte do ex-marido, comprovada a necessidade econômica superveniente.
- **TNU 63** – A comprovação de união estável para efeito de concessão de pensão por morte prescinde de início de prova material.
- **TNU 52** – Para fins de concessão de pensão por morte, é incabível a regularização do recolhimento de contribuições de segurado contribuinte individual posteriormente a seu óbito, exceto quando as contribuições devam ser arrecadadas por empresa tomadora de serviços.
- **TNU 37** – A pensão por morte, devida ao filho até os 21 anos de idade, não se prorroga pela pendência do curso universitário
- **TNU 36** – Não há vedação legal à cumulação da pensão por morte de trabalhador rural com o benefício da aposentadoria por invalidez, por apresentarem pressupostos fáticos e fatos geradores distintos.

3.9 SALÁRIO-FAMÍLIA

- **TST 344 – SALÁRIO-FAMÍLIA. TRABALHADOR RURAL.** O salário-família é devido aos trabalhadores rurais somente após a vigência da Lei nº 8.213, de 24.07.1991.
- **TST 254 – Salário-família. Termo inicial da obrigação.** O termo inicial do direito ao salário-família coincide com a prova da filiação. Se feita em juízo, corresponde à data de ajuizamento do pedido, salvo se comprovado que anteriormente o empregador se recusara a receber a respectiva certidão.

3.10. OUTRAS SÚMULAS SOBRE BENEFÍCIOS E AÇÕES PREVIDENCIÁRIAS

- **STF 729** – A decisão na ação direta de constitucionalidade não se aplica à antecipação de tutela em causa de natureza previdenciária.
- **STF 689** – O segurado pode ajuizar ação contra a instituição previdenciária perante o juízo federal do seu domicílio ou nas varas federais da capital do estado-membro.
- **STF 688** – É legítima a incidência da contribuição previdenciária sobre o 13º salário.
- **STF 687** – A revisão de que trata o art. 58 do ADCT não se aplica aos benefícios previdenciários concedidos após a promulgação da Constituição de 1988.

- **STJ 483**– O INSS não está obrigado a efetuar depósito prévio do preparo por gozar das prerrogativas e privilégios da Fazenda.
- **STJ 456** – É incabível a correção monetária dos salários de contribuição considerados no cálculo do salário de benefício de auxílio-doença, aposentadoria por invalidez, pensão ou auxílio-reclusão concedidos antes da vigência da CF/1988.
- **STJ 242**– Cabe ação declaratória para reconhecimento de tempo de serviço para fins previdenciários.
- **STJ 204** – Os juros de mora nas ações relativas a benefícios previdenciários incidem a partir da citação válida.
- **STJ 178** – O INSS não goza de isenção do pagamento de custas e emolumentos, nas ações acidentárias e de benefícios, propostas na justiça estadual.
- **STJ 175**– Descabe o depósito prévio nas ações rescisórias propostas pelo INSS.
- **STJ 110** – A isenção do pagamento de honorários advocatícios, nas ações acidentárias, é restrita ao segurado.
- **STJ 77** – A Caixa Econômica Federal é parte ilegítima para figurar no polo passivo das ações relativas às contribuições para o fundo PIS/Pasep.
- **STJ 65**– O cancelamento, previsto no art. 29 do Decreto-lei 2.303, de 21.11.86, não alcança os débitos previdenciários.
- **TNU 81** – A impugnação de ato de indeferimento, cessação ou cancelamento de benefício previdenciário não se submete a qualquer prazo extintivo, seja em relação à revisão desses atos, seja em relação ao fundo de direito.
- **TNU 74**– O prazo de prescrição fica suspenso pela formulação de requerimento administrativo e volta a correr pelo saldo remanescente após a ciência da decisão administrativa final.
- **TNU 27**– A ausência de registro em órgão do Ministério do Trabalho não impede a comprovação do desemprego por outros meios admitidos em Direito.

4. DO FINANCIAMENTO DA SEGURIDADE SOCIAL

4.1. DAS CONTRIBUIÇÕES SOCIAIS

- **STF – Súmula Vinculante nº 53** – A competência da Justiça do Trabalho prevista no art. 114, VIII, da Constituição Federal alcança a execução de ofício das contribuições previdenciárias relativas ao objeto da condenação constante das sentenças que proferir e acordos por ela homologados.
- **STF – Súmula Vinculante nº 50** – Norma legal que altera o prazo de recolhimento de obrigação tributária não se sujeita ao princípio da anterioridade.
- **STF 659** – É legítima a cobrança da COFINS, do PIS e do FINSOCIAL sobre as operações relativas a energia elétrica, serviços de telecomunicações, derivados de petróleo, combustíveis e minerais do país.
- **STJ 516** – A contribuição de intervenção no domínio econômico para o Incra (Decreto-Lei n. 1.110/1970), devida por empregadores rurais e urbanos, não foi extinta pelas Leis ns. 7.787/1989, 8.212/1991 e 8.213/1991, não podendo ser compensada com a contribuição ao INSS.
- **STJ 508 – A** isenção da Cofins concedida pelo artigo 6º, II, da LC 70/91 às sociedades civis de prestação de serviços profissionais foi revogada pelo artigo 56 da lei 9.430/96.
- **STJ 468** – A base de cálculo do PIS, até a edição da MP n. 1.212/1995, era o faturamento ocorrido no sexto mês anterior ao do fato gerador.
- **STJ 423** – A Contribuição para Financiamento da Seguridade Social – COFINS incide sobre as receitas provenientes das operações de locação de bens móveis.

4.2. DO SALÁRIO DE CONTRIBUIÇÃO

- **STF 688** – É legítima a incidência da contribuição previdenciária sobre o 13º salário.
- **STF 241** – A contribuição previdenciária incide sobre o abono incorporado ao salário.
- **STJ 458** – A contribuição previdenciária incide sobre a comissão paga ao corretor de seguros.
- **STJ 456** – É incabível a correção monetária dos salários-de-contribuição considerados no cálculo do salário-de-benefício de auxílio-doença, aposentadoria por invalidez, pensão ou auxílio-reclusão concedidos antes da vigência da CF/1988.
- **STJ 310** – O Auxílio-creche não integra o salário-de--contribuição.
- **TNU 67** – O auxílio-alimentação recebido em pecúnia por segurado filiado ao Regime Geral da Previdência Social integra o salário-de-contribuição e sujeita-se à incidência de contribuição previdenciária.
- **TST 367. Utilidades "in natura". Habitação. Energia elétrica. Veículo. Cigarro. Não integração ao salário.** I – A habitação, a energia elétrica e veículo fornecidos pelo empregador ao empregado, quando indispensáveis para a realização do trabalho, não têm natureza salarial, ainda que, no caso de veículo, seja ele utilizado pelo empregado também em atividades particulares. II – O cigarro não se considera salário-utilidade em face de sua nocividade à saúde.
- **TST. 354. Gorjetas. Natureza jurídica. Repercussões.** As gorjetas, cobradas pelo empregador na nota de serviço ou oferecidas espontaneamente pelos clientes, integram a remuneração do empregado, não servindo de base de cálculo para as parcelas de aviso-prévio, adicional noturno, horas extras e repouso semanal remunerado.
- **TST 247 – Quebra de caixa. Natureza jurídica.** A parcela paga aos bancários sob a denominação "quebra de caixa" possui natureza salarial, integrando o salário do prestador de serviços, para todos os efeitos legais.
- **TST 203 – Gratificação por tempo de serviço. Natureza salarial.** A gratificação por tempo de serviço integra o salário para todos os efeitos legais.
- **TST 139 – Adicional de insalubridade.** Enquanto percebido, o adicional de insalubridade integra a remuneração para todos os efeitos legais.
- **TST O J n. 123 da SDI – I – Bancários. Ajuda alimentação.** A ajuda alimentação prevista em norma

coletiva em decorrência de prestação de horas extras tem natureza indenizatória e, por isso, não integra o salário do empregado bancário.

4.3. DA CONTRIBUIÇÃO DAS EMPRESAS

- **STJ 425** – A retenção da contribuição para a seguridade social pelo tomador do serviço não se aplica às empresas optantes pelo Simples.
- **STJ 360 –** O benefício da denúncia espontânea não se aplica aos tributos lançados por homologação regularmente declarados, mas pagos a destempo.
- **STJ 351 –** A alíquota de contribuição para o Seguro de Acidente do Trabalho (SAT) é aferida pelo grau de risco desenvolvido em cada empresa, individualizada pelo seu CNPJ, ou pelo grau de risco da atividade preponderante quando houver apenas um registro.
- **TST – Súmula nº 454 –** Competência da Justiça do Trabalho. Execução de ofício. Contribuição social referente ao seguro de acidente de trabalho (SAT). Arts. 114, VIII, e 195, I, "a", da Constituição da República. **(conversão da Orientação Jurisprudencial nº 414 da SBDI-1) –** Compete à Justiça do Trabalho a execução, de ofício, da contribuição referente ao Seguro de Acidente de Trabalho (SAT), que tem natureza de contribuição para a seguridade social (arts. 114, VIII, e 195, I, "a", da CF), pois se destina ao financiamento de benefícios relativos à incapacidade do empregado decorrente de infortúnio no trabalho (arts. 11 e 22 da Lei nº 8.212/1991).
- **TST – 401 AÇÃO RESCISÓRIA. DESCONTOS LEGAIS. FASE DE EXECUÇÃO. SENTENÇA EXEQUENDA OMISSA. INEXISTÊNCIA DE OFENSA À COISA JULGADA** (conversão da Orientação Jurisprudencial nº 81 da SBDI-II) – Res. 137/2005 – DJ 22, 23 e 24.08.2005 – Os descontos previdenciários e fiscais devem ser efetuados pelo juízo executório, ainda que a sentença exequenda tenha sido omissa sobre a questão, dado o caráter de ordem pública ostentado pela norma que os disciplina. A ofensa à coisa julgada somente poderá ser caracterizada na hipótese de o título exequendo, expressamente, afastar a dedução dos valores a título de imposto de renda e de contribuição previdenciária. (ex-OJ nº 81 da SBDI-II – inserida em 13.03.2002)
- **TST – Súmula nº 368 –DESCONTOS PREVIDENCIÁRIOS. IMPOSTO DE RENDA. COMPETÊNCIA. RESPONSABILIDADE PELO RECOLHIMENTO. FORMA DE CÁLCULO. FATO GERADOR (aglutinada a parte final da Orientação Jurisprudencial nº 363 da SBDI-I à redação do item II e incluídos os itens IV, V e VI em sessão do Tribunal Pleno realizada em 26.06.2017) – Res. 219/2017, republicada em razão de erro material – DEJT divulgado em 12, 13 e 14.07.2017** I – A Justiça do Trabalho é competente para determinar o recolhimento das contribuições fiscais. A competência da Justiça do Trabalho, quanto à execução das contribuições previdenciárias, limita-se às sentenças condenatórias em pecúnia que proferir e aos valores, objeto de acordo homologado, que integrem o salário de contribuição. (ex-OJ nº 141 da SBDI-1 – inserida em 27.11.1998). II – É do empregador a responsabilidade pelo recolhimento das contribuições previdenciárias e fiscais, resultantes de crédito do empregado oriundo de condenação judicial. A culpa do empregador pelo inadimplemento das verbas remuneratórias, contudo, não exime a responsabilidade do empregado pelos pagamentos do imposto de renda devido e da contribuição previdenciária que recaia sobre sua quota-parte. (ex-OJ nº 363 da SBDI-1, parte final) Súmulas A-114 SÚMULAS III – Os descontos previdenciários relativos à contribuição do empregado, no caso de ações trabalhistas, devem ser calculados mês a mês, de conformidade com o art. 276, § 4º, do Decreto n º 3.048/1999 que regulamentou a Lei nº 8.212/1991, aplicando-se as alíquotas previstas no art. 198, observado o limite máximo do salário de contribuição (ex-OJsnºs 32 e 228 da SBDI-1 – inseridas, respectivamente, em 14.03.1994 e 20.06.2001). IV – Considera-se fato gerador das contribuições previdenciárias decorrentes de créditos trabalhistas reconhecidos ou homologados em juízo, para os serviços prestados até 4.3.2009, inclusive, o efetivo pagamento das verbas, configurando-se a mora a partir do dia dois do mês seguinte ao da liquidação (art. 276, "caput", do Decreto nº 3.048/1999). Eficácia não retroativa da alteração legislativa promovida pela Medida Provisória nº 449/2008, posteriormente convertida na Lei nº 11.941/2009, que deu nova redação ao art. 43 da Lei nº 8.212/91. V – Para o labor realizado a partir de 5.3.2009, considera-se fato gerador das contribuições previdenciárias decorrentes de créditos trabalhistas reconhecidos ou homologados em juízo a data da efetiva prestação dos serviços. Sobre as contribuições previdenciárias não recolhidas a partir da prestação dos serviços incidem juros de mora e, uma vez apurados os créditos previdenciários, aplica-se multa a partir do exaurimento do prazo de citação para pagamento, se descumprida a obrigação, observado o limite legal de 20% (art. 61, § 2º, da Lei nº 9.430/96). VI – O imposto de renda decorrente de crédito do empregado recebido acumuladamente deve ser calculado sobre o montante dos rendimentos pagos, mediante a utilização de tabela progressiva resultante da multiplicação da quantidade de meses a que se refiram os rendimentos pelos valores constantes da tabela progressiva mensal correspondente ao mês do recebimento ou crédito, nos termos do art. 12-A da Lei nº 7.713, de 22/12/1988, com a redação conferida pela Lei nº 13.149/2015, observado o procedimento previsto nas Instruções Normativas da Receita Federal do Brasil.
- **TST – OJ nº 398 da SDI – I. Contribuição previdenciária. Acordo homologado em juízo sem reconhecimento de vínculo de emprego. Contribuinte individual. Recolhimento da alíquota de 20% a cargo do tomador e 11% a cargo do prestador de serviços.** Nos acordos homologados em juízo em que não haja o reconhecimento de vínculo empregatício, é devido o recolhimento da contribuição previdenciária, mediante a alíquota de 20% a cargo do tomador de serviços e de 11% por parte do prestador de serviços, na qualidade de contribuinte individual, sobre o valor total do acordo, respeitado o teto de contribuição. Inteligência do § 4º do art. 30 e do inciso III do art. 22, todos da Lei nº 8.212, de 24.07.1991.
- **TST – OJ nº 368 da SDI – I.** Descontos **previdenciários. Acordo homologado em juízo. Ine-**

xistência de vínculo empregatício. Parcelas indenizatórias. Ausência de discriminação. Incidência sobre o valor total. É devida a incidência das contribuições para a Previdência Social sobre o valor total do acordo homologado em juízo, independentemente do reconhecimento de vínculo de emprego, desde que não haja discriminação das parcelas sujeitas à incidência da contribuição previdenciária, conforme parágrafo único do art. 43 da Lei nº 8.212, de 24.07.1991, e do art. 195, I, "a", da CF/1988.

5. DAS OBRIGAÇÕES ACESSÓRIAS

- **STF 439** – Estão sujeitos à fiscalização tributária ou previdenciária quaisquer livros comerciais, limitado o exame aos pontos objeto da investigação.
- **STJ 352** – A obtenção ou a renovação do Certificado de Entidade Beneficente de Assistência Social (Cebas) não exime a entidade do cumprimento dos requisitos legais supervenientes.

6. DA CERTIDÃO NEGATIVA DE DÉBITO

- **STJ 446** – Declarado e não pago o débito tributário pelo contribuinte, é legítima a recusa de expedição de certidão negativa ou positiva com efeito de negativa.

7. DA DECADÊNCIA E PRESCRIÇÃO DAS CONTRIBUIÇÕES DA SEGURIDADE SOCIAL

- **Súmula Vinculante n. 8** – São inconstitucionais o parágrafo único do artigo 5º do Decreto-Lei nº 1.569/1977 e os artigos 45 e 46 da Lei nº 8.212/1991, que tratam de prescrição e decadência de crédito tributário.

8. BENEFÍCIO DE PRESTAÇÃO CONTINUADA DA ASSISTÊNCIA SOCIAL – BPC

- **TNU 80** – Nos pedidos de benefício de prestação continuada (LOAS), tendo em vista o advento da Lei 12.470/11, para adequada valoração dos fatores ambientais, sociais, econômicos e pessoais que impactam na participação da pessoa com deficiência na sociedade, é necessária a realização de avaliação social por assistente social ou outras providências aptas a revelar a efetiva condição vivida no meio social pelo requerente.
- **TNU 79** – Nas ações em que se postula benefício assistencial, é necessária a comprovação das condições socioeconômicas do autor por laudo de assistente social, por auto de constatação lavrado por oficial de justiça ou, sendo inviabilizados os referidos meios, por prova testemunhal.
- **TNU 48** – Para fins de concessão do benefício assistencial de prestação continuada, o conceito de pessoa com deficiência, que não se confunde necessariamente com situação de incapacidade laborativa, exige a configuração de impedimento de longo prazo com duração mínima de 2 (dois) anos, a ser aferido no caso concreto, desde o início do impedimento até a data prevista para a sua cessação.
- **TNU 29** – Para os efeitos do art. 20, § 2º, da Lei n. 8.742, de 1993, incapacidade para a vida independente não é só aquela que impede as atividades mais elementares da pessoa, mas também a impossibilita de prover ao próprio sustento.
- **TNU 22** – Se a prova pericial realizada em juízo dá conta de que a incapacidade já existia na data do requerimento administrativo, esta é o termo inicial do benefício assistencial.

9. PREVIDÊNCIA DO SERVIDOR PÚBLICO

- **STF – Súmula Vinculante nº 55** – O direito ao auxílio-alimentação não se estende aos servidores inativos.
- **STF – Súmula Vinculante nº 44** – Só por lei se pode sujeitar a exame psicotécnico a habilitação de candidato a cargo público.
- **STF – Súmula Vinculante nº 43** – É inconstitucional toda modalidade de provimento que propicie ao servidor investir-se, sem prévia aprovação em concurso público destinado ao seu provimento, em cargo que não integra a carreira na qual anteriormente investido.
- **STF – Súmula Vinculante nº 42** – É inconstitucional a vinculação do reajuste de vencimentos de servidores estaduais ou municipais a índices federais de correção monetária.
- **STF – Súmula Vinculante nº 39** – Compete privativamente à União legislar sobre vencimentos dos membros das polícias civil e militar e do corpo de bombeiros militar do Distrito Federal.
- **STF – Súmula Vinculante nº 37** – Não cabe ao poder judiciário, que não tem função legislativa, aumentar vencimentos de servidores públicos sob o fundamento de isonomia.
- **STF – Súmula Vinculante nº 33** – Aplicam-se ao servidor público, no que couber, as regras do Regime Geral de Previdência Social sobre aposentadoria especial de que trata o artigo 40, parágrafo 4º, inciso III, da Constituição Federal, até edição de lei complementar específica.
- **STJ – Súmula nº 663** – A pensão por morte de servidor público federal pode ser concedida ao filho inválido de qualquer idade, desde que a invalidez seja anterior ao óbito.
- **TNU 66** – O servidor público ex-celetista que trabalhava sob condições especiais antes de migrar para o regime estatutário tem direito adquirido à conversão do tempo de atividade especial em tempo comum com o devido acréscimo legal, para efeito de contagem recíproca no regime previdenciário próprio dos servidores públicos.

10. PREVIDÊNCIA COMPLEMENTAR

- **STJ 590** – Constitui acréscimo patrimonial a atrair a incidência do imposto de renda, em caso de liquidação de entidade de previdência privada, a quantia que couber a cada participante, por rateio do patrimônio, superior ao valor das respectivas contribuições à entidade em liquidação, devidamente atualizadas e corrigidas.
- **STJ 505** – a competência para processar e julgar as demandas que têm por objeto obrigações decorrentes dos contratos de planos de previdência privada firmados com a fundação rede ferroviária de seguridade social – REFER é da justiça estadual.

- **STJ 427** – A ação de cobrança de diferenças de valores de complementação de aposentadoria prescreve em cinco anos contados da data do pagamento.
- **STJ 291** – A ação de cobrança de parcelas de complementação de aposentadoria pela previdência privada prescreve em cinco anos.
- **STJ 290** – Nos planos de previdência privada, não cabe ao beneficiário a devolução da contribuição efetuada pelo patrocinador.
- **STJ 289** – A restituição das parcelas pagas a plano de previdência privada deve ser objeto de correção plena, por índice que recomponha a efetiva desvalorização da moeda.
- **TST 288 – Complementação dos proventos da aposentadoria.** A complementação dos proventos da aposentadoria é regida pelas normas em vigor na data da admissão do empregado, observando-se as alterações posteriores desde que mais favoráveis ao beneficiário do direito.
- **TST 97 – Aposentadoria. Complementação.** Instituída complementação de aposentadoria por ato da empresa, expressamente dependente de regulamentação, as condições desta devem ser observadas como parte integrante da norma.
- **TST 92 – Aposentadoria.** O direito à complementação de aposentadoria, criado pela empresa, com requisitos próprios, não se altera pela instituição de benefício previdenciário por órgão oficial.
- **TST 87 – Previdência privada.** Se o empregado, ou seu beneficiário, já recebeu da instituição previdenciária privada, criada pela empresa, vantagem equivalente, é cabível a dedução de seu valor do benefício a que faz jus por norma regulamentar anterior.
- **TST 52 do TST. Tempo de serviço.** O adicional de tempo de serviço (quinquênio) é devido, nas condições estabelecidas no art. 19 da Lei nº 4. 345, de 26. 06. 1964, aos contratados sob o regime da CLT, pela empresa a que se refere a mencionada lei, inclusive para o fim de complementação de aposentadoria.
- **TST OJ n. 276 da SDI – I – Ação declaratória.** Complementação de aposentadoria. É incabível ação declaratória visando a declarar direito à complementação de aposentadoria, se ainda não atendidos os requisitos necessários à aquisição do direito, seja por via regulamentar, ou por acordo coletivo.
- **TST OJ nº 129 da SDI – I – Prescrição. Complementação da pensão e auxílio funeral.** A prescrição extintiva para pleitear judicialmente o pagamento da complementação de pensão e do auxílio-funeral é de 2 anos, contados a partir do óbito do empregado.

11. CRIMES PREVIDENCIÁRIOS

- **Súmula Vinculante nº 24** – Não se tipifica crime material contra a ordem tributária, previsto no art. 1º, incisos I a IV, da Lei nº 8.137/90, antes do lançamento definitivo do tributo.
- **STF 711** – A lei penal mais grave aplica-se ao crime continuado ou ao crime permanente, se a sua vigência é anterior à cessação da continuidade ou da permanência.
- **STJ 24** – Aplica-se ao crime de estelionato, em que figure como vítima entidade autárquica da previdência social, a qualificadora do § 3º, do art. 171 do código penal.
- **STJ 17** – Quando o falso se exaure no estelionato, sem mais potencialidade lesiva, e por este absorvido.

ATUALIDADES

Rodolfo Gracioli

1. PRINCIPAIS FATOS DE JANEIRO DE 2024

- **LAI CHING-TE venceu eleição PRESIDENCIAL em TAIWAN.** Trata-se de uma eleição que a China definiu como uma escolha entre a guerra e a paz. O candidato do principal partido da oposição de Taiwan, o Kuomintang (KMT), Hou Yu-ih, admitiu a derrota nas eleições. **Lai é o atual vice-presidente da ilha e substituirá sua companheira de chapa, a presidente Tsai Ing-wen**. Ela não participou do pleito por atingir o limite de 2 mandatos consecutivos. A vitória do taiwanês nas eleições presidenciais consolida um 3º mandato do PDP (Partido Democrático Progressista), que defende a identidade separada de Taiwan e rejeita as reivindicações territoriais da China. Sua posse está prevista para 20 de maio. **TAIWAN** é uma ilha com cerca de 23 milhões de habitantes cuja capital é Taipei. Atualmente, a ilha domina a produção global de chips para computador, sendo uma economia extremamente importante para as cadeias globais de produção. Para a China, a ilha trata-se de uma província rebelde que segue fazendo parte de seu território. Já para o governo de Taiwan, a ilha é um estado independente, gerido por uma Constituição própria, e por décadas foi considerada o próprio governo chinês, no exílio. Isso porque os atuais governantes de Taiwan foram os inimigos derrotados na década de 1940 pelos comunistas que governam atualmente a China. **Taiwan é o epicentro de uma crise entre os Estados Unidos e a China**, um dos territórios mais indefinidos do atual cenário geopolítico mundial e um dos mais estratégicos para potências mundiais.
- **GRUPO REBELDE XIITA HOUTHIS, financiado pelo IRÃ, já ATACOU mais de 30 navios** mercantes internacionais no **MAR VERMELHO** desde meados de novembro e os sinais são de que os ataques irão continuar. Os houthis controlam as partes mais populosas do Iêmen. Eles afirmam que seus ataques são atos de solidariedade aos palestinos, depois dos ataques de Israel contra a Faixa de Gaza. Os ataques dos houthis têm prejudicado o transporte marítimo global. Os Houthis têm atacado o que consideram navios ligados a Israel no Mar Vermelho em solidariedade aos palestinos de Gaza, perturbando o tráfego marítimo e levando os **ESTADOS UNIDOS e o REINO UNIDO a realizar ataques retaliatórios.**
- **AUTORIDADES DO EQUADOR** intensificaram as buscas e o patrulhamento em Guayaquil. A ação vem em meio à escalada da **CRISE DE SEGURANÇA no país após a fuga de "FITO",** chefe da maior quadrilha criminosa de um presídio da cidade. Há suspeitas de que ele tenha entrado em território colombiano após a fuga. As quadrilhas ligadas ao narcotráfico estão no centro da crise de segurança enfrentada pelo Equador. A situação no país ganhou novas proporções após uma **emissora de TV ser invadida por homens armados com revólveres e bombas.** A crise no Equador tem origem em motins em prisões e faz parte de uma onda de violência que vem tomando conta do país desde agosto de 2023. A Polícia Federal do Brasil formalizou a oferta de ajuda ao governo do Equador na área de inteligência.
- **EX-JOGADOR E TÉCNICO MÁRIO JORGE LOBO ZAGALLO**, lenda do futebol e único tetracampeão do mundo, **FALECEU aos 92 anos** no Rio de Janeiro, cidade onde foi criado e começou a jogar a bola. A origem do Velho Lobo, no entanto, é **alagoana.** Ele **nasceu em MACEIÓ** no dia 9 de agosto de 1931.
- **DOURADOS (MS) é a 1ª cidade do Brasil** a iniciar **vacinação em massa** contra **DENGUE.** Município fez convênio com o laboratório japonês Takeda, que desenvolveu a vacina Qdenga. A vacina disponibilizada **QDENGA** possui duas doses, que devem ser administradas com intervalo de 3 meses. É indicada para a **faixa etária de 4 a 59 anos.** Ela também poderá ser aplicada em quem já teve a doença.
- **IMPULSIONADA PELA SAFRA RECORDE DE SOJA** e pela queda das importações, a balança comercial encerrou 2023 com **SUPERÁVIT recorde de US$ 98,839 bilhões**. O resultado representa alta de 60,6% sobre 2022, pelo critério da média diária, e é o maior desde o início da série histórica em 1989. Comparando o desempenho do agro com os demais setores produtivos, fica claro o peso do setor rural para a economia brasileira. De tudo o que o Brasil exportou em 2023, **49% foi AGRO.** Problemas climáticos em importantes produtores mundiais, como Argentina, Estados Unidos, Índia e Tailândia, causaram quebras de safra e consequente redução da oferta mundial de produtos como soja, milho e açúcar. Com isso, o Brasil vendeu mais. No caso do milho, o Brasil ultrapassou os Estados Unidos e se tornou o maior exportador mundial. Só para a Argentina, as compras de soja em grãos cresceram mais de 1.000%, fazendo com que o país pulasse do 18º lugar para o sétimo principal destino do agro brasileiro em 2023. **A SOJA em grãos continua como a grande estrela da pauta exportadora.** Dos quase US$ 167 bilhões exportados no ano passado pelo setor, **US$ 53 bilhões** foram soja em grãos. Segundo colocado, o **milho** respondeu por **8%** do total (US$ 13,5 bilhões).
- **NOVO SALÁRIO MÍNIMO NACIONAL**, de **R$ 1.412**, passa a valer a partir do dia 1º de janeiro. O valor responde por um aumento de quase 7% (R$ 92 a mais) em comparação aos R$ 1.320 válidos até dezembro de 2023. Se cumprisse apenas a regra

da Constituição, de corrigir o valor pela inflação, o governo poderia reajustar o salário mínimo dos atuais R$ 1.320 para algo em torno de R$ 1.370,82. O cálculo leva em conta a inflação medida pelo Índice Nacional de Preços ao Consumidor (INPC) em 12 meses até novembro, que foi de 3,85%. O governo Lula, no entanto, prometeu ainda durante a campanha que retomaria a chamada **"política de valorização do salário mínimo"**, o que significa **AUMENTOS PARA ALÉM DA INFLAÇÃO**. O Congresso aprovou uma medida provisória editada por Lula e incluiu esse mecanismo na lei. Pela nova regra, o reajuste do salário mínimo leva em conta dois fatores:

- **a inflação medida pelo INPC até novembro, como prevê a Constituição;**
- **o índice de crescimento real do Produto Interno Bruto (PIB) dos dois anos anteriores.**

  Com isso, além dos 3,85% de inflação, o salário mínimo de 2024 crescerá 3% (ganho real) equivalente à expansão do PIB em 2022.

- **LÍDER DA OPOSIÇÃO DA COREIA DO SUL, LEE JAE-MYUNG**, foi **ESFAQUEADO** durante uma visita a uma cidade portuária do país quando conversava com jornalistas. O político estava em Busan para visitar obras de um novo aeroporto. O agressor se aproximou de Lee fingindo ser um apoiador e afirmando que queria um autógrafo. Em seguida, o homem atacou o político. Ele foi detido no local. Lee, que é líder do **Partido Democrata**, foi socorrido consciente. Ele foi encaminhado para o hospital e, depois, transferido para um hospital de Seul. Ele não corre risco de vida.
- **BRASÍLIA**, a capital de design "modernista", foi a única cidade do Brasil escolhida pelo jornal americano The New York Times no ranking dos **52 melhores DESTINOS TURÍSTICOS DO MUNDO para 2024.**
- **Lei nº 14.794, de 5 de janeiro de 2024** que institui o **ANO DE 2024** como o **ANO NACIONAL FERNANDO SABINO** em comemoração ao **CENTENÁRIO do nascimento do escritor. FERNANDO SABINO** é autor da terceira fase do modernismo brasileiro (ou pós-modernismo). Seus livros mais conhecidos são "O encontro marcado" e "O grande mentecapto". O escritor mineiro nasceu em outubro de 1923 e faleceu em outubro de 2004. Neste ano, a morte do cronista e romancista completa 20 anos.
- **Universidade de São Paulo (USP),** uma das mais prestigiadas instituições de ensino superior e pesquisa no Brasil e na América Latina, celebrou recentemente seu **90º ANIVERSÁRIO. Fundada em 1934**, a **USP** é uma das maiores riquezas do Brasil, considerada a **melhor universidade da AMÉRICA LATINA e a número 85 do mundo**, de acordo com o QS World University Ranking 2024.
- **PRESIDENTE DA FIFA, GIANNI INFANTINO, DEFENDEU DERROTA AUTOMÁTICA de equipes** quando seus **TORCEDORES COMETEREM RACISMO OU INJÚRIA RACIAL** durante partidas. A declaração foi dada por Infantino depois de um caso de racismo durante um jogo do Campeonato Italiano. Na partida entre Udinese e Milan, o goleiro do Milan, Mike Maignan, foi alvo de ofensas racistas por parte de torcedores da equipe adversária. O jogo foi paralisado por cerca de 5 minutos e os jogadores chegaram a deixar o campo, mas retornaram pouco depois.
- **IBGE está substituindo a denominação dos "Aglomerados Subnormais"**, adotada pelo instituto em seus censos e pesquisas desde 1991. A **nova denominação** será **"FAVELAS E COMUNIDADES URBANAS"**, que irá abranger também os diferentes termos utilizados em outros locais do Brasil, como comunidades, quebradas, grotas, baixadas, alagados, vilas, ressacas, palafitas, loteamentos informais e vilas de malocas. Com isso, o IBGE retoma o termo "Favela", utilizado historicamente pelo órgão desde 1950, junto ao termo "Comunidades Urbanas", de acordo com identificações mais recentes. Não houve alteração no conteúdo dos critérios que estruturam a identificação e o mapeamento dessas áreas e que orientaram a coleta do Censo Demográfico 2022. Antes da nova mudança, já foram usados os termos **"Aglomerados Subnormais"**, **"Aglomerados Urbanos Excepcionais"** e **"Setores Especiais de Aglomerados Urbanos"** para se referir aos locais. A alteração foi feita por demanda dos moradores de favelas e comunidades urbanas. Segundo o IBGE, a aceitação unânime do termo favela está "vinculado à reivindicação histórica por reconhecimento e identidade dos movimentos populares".
- **PARLAMENTO DA TURQUIA aprovou a ENTRADA da SUÉCIA na Organização do Tratado do Atlântico Norte (OTAN)** encerrando meses de negociações entre o país e a aliança militar. Foram 287 votos a favor e 55 contra. O presidente turco, Recep Tayyip Erdogan, ainda precisa assinar a decisão para que os suecos se tornem o 32º o país a integrar a aliança, o que deve acontecer nos próximos dias. Agora, resta apenas a aprovação da **HUNGRIA** para que a Suécia entre na organização. É necessária a aprovação de todos os integrantes da Otan para a entrada de um novo país.
- **PROTESTOS DE AGRICULTORES** levam a **FRANÇA** a pressionar a **UNIÃO EUROPEIA** a **encerrar negociações** de acordo comercial com o **MERCOSUL**. Os dois blocos tentam finalizar as negociações, que se arrastam há mais de 20 anos. Os produtores franceses afirmam que haveria uma "concorrência desleal" devido à entrada de mercadorias de países como o Brasil. Há quase duas semanas, os agricultores protestam contra o aumento do preço dos combustíveis, os impostos no setor agrícola e o que chamam de crescente competição com o mercado externo.
- **ELON MUSK**, o bilionário fundador da **NEURALINK**, disse que o **primeiro humano** recebeu um **implante da startup de chips cerebrais** e está se recuperando bem. O estudo avaliará a funcionalidade da interface que permite que pessoas com tetraplegia, ou paralisia dos quatro membros, controlem dispositivos com o pensamento. Pessoas com paralisia causada por lesão da medula espinhal cervical ou esclerose lateral amiotrófica (ELA) podem se qualificar para o estudo, mas não foi revelado quantos participantes seriam incluídos na pesquisa, que levará cerca de seis anos para ser concluída.
- **AGÊNCIA DA ONU PARA OS REFUGIADOS PALESTINOS (UNRWA)**, enfrenta a sua maior crise de legitimidade. Embora tenha sido pensada como fins humanitários, diversas provas demonstraram

nos últimos dias que a organização é uma das principais estimuladoras do ódio contra judeus e do terrorismo no Oriente médio. Pelo menos **12 funcionários da UNRWA participaram dos ATAQUES TERRORISTAS em ISRAEL em 7 de outubro**, como demonstrou, para além de dúvidas, um relatório de inteligência israelense. Dez deles pertenciam ao Hamas. Um era da Jihad Islâmica. Seis deles entraram nesse dia em Israel como outros terroristas, como prova a geolocalização de seus celulares. Os que não participaram diretamente da ação compraram munições, guardaram lançadores de granadas ou ajudaram na logística. Sete eram professores de escolas da UNRWA, ministrando disciplinas como matemática e árabe. **Dezesseis países cancelaram temporariamente a ajuda financeira à UNRWA**.

- **REDE SOCIAL X** (antigo Twitter) **BLOQUEOU as pesquisas por "TAYLOR SWIFT"** após nudes falsas da cantora, criadas por inteligência artificial, circularem nas redes sociais. As imagens começaram a viralizar na internet gerando revolta nos fãs, que colocaram a tag "**protect Taylor**" nos assuntos mais comentados do X. O objetivo da plataforma é tentar reduzir a circulação das imagens falsas de Taylor. Ao pesquisar pelo nome da cantora na seção "Explorar" da rede social, aparece a mensagem: "Ocorreu um erro. Tente recarregar a página". Com a popularização do uso de inteligência artificial, têm se tornado um desafio frequente combater a manipulação de voz, rosto ou corpo de pessoas de maneira realista – uma prática chamada de "**DEEPFAKE**". No caso de Taylor Swift, a cantora foi mais uma das vítimas de "**DEEPNUDES**", uma variação para designar a criação de nudes falsos de uma pessoa.
- **DUAS ATIVISTAS AMBIENTAIS JOGARAM SOPA** no vidro que protege o **quadro "MONA LISA" no museu do Louvre, em Paris.** A ação foi reivindicada pela organização "**RIPOSTE ALIMENTAIRE**". No vídeo da ação publicado nas redes sociais, duas mulheres jogam o líquido e se posicionam em frente à obra. Elas falam: "O que é mais importante? Arte ou direito à alimentação saudável e sustentável? Nosso sistema agrícola está doente. Nossos agricultores estão morrendo no trabalho".
- **NÚMERO DE CASOS DE DENGUE explodiu no Brasil em 2024**. De 1º a 30 de janeiro, o Ministério da Saúde registrou mais de 217 mil casos. No mesmo período de 2023, foram pouco mais de 65 mil — um **AUMENTO DE 233%.** O Ministério da Saúde anunciou o início das atividades do **Centro de Operações de Emergência contra a dengue (COE Dengue)**, implementado diante do aumento de casos da doença no país. O COE Dengue terá a participação de todas as secretarias do ministério e participação dos estados e municípios, cujos representantes vão realizar reuniões diárias para monitorar a notificação de casos, produção de relatórios, elaboração de ações de resposta e divulgação de informações para a população.
- **A META**, empresa de tecnologia de **MARK ZUCKERBERG**, responsável pelo Facebook, Instagram e WhatsApp, foi **alvo de investigação**. A Meta foi alvo de um processo no estado americano do Novo México, acusada de **FALHAR NA REMOÇÃO** de material de **ABUSO SEXUAL INFANTIL EM SUAS PLATAFORMAS**. A acusação seguiu uma investigação encoberta de meses, onde contas fictícias foram criadas representando crianças menores de 14 anos. Além disso, uma investigação identificou que os algoritmos da Meta facilitaram a criação de uma rede para compra e venda de conteúdo sexual de menores. Em resposta, a empresa afirmou ter melhorado a detecção proativa de grupos potencialmente suspeitos. Zuckerberg pediu desculpas a familiares de crianças e adolescentes que morreram depois de sofrer violência nas redes sociais.
- **PRODUTOS INDÍGENAS PASSAM A TER SELO DE IDENTIFICAÇÃO DE ORIGEM**: o governo federal criou o **SELO INDÍGENAS DO BRASIL**, para identificação de origem de produtos indígenas, da agricultura familiar, extrativistas e artesanal. A certificação identificará origem étnica e territorial. O uso do selo tem validade por cinco anos e pode ser renovado com antecedência de seis meses do fim do prazo.
- **RIO DE JANEIRO PROÍBE COBRANÇA DE TAXA PARA USO DE AR CONDICIONADO EM CARROS DE APP:** pela nova resolução, logo que o usuário pede o carro, as informações precisam estar bem visíveis. Mas, enquanto as plataformas não deixam claro se os veículos têm ou não ar-condicionado, todo motorista deve manter o aparelho ligado durante a corrida. Só pode desligá-lo se o passageiro pedir. Além disso, se o carro não tiver ar-condicionado ou se o aparelho estiver quebrado, o aplicativo tem que suspender a circulação dele.
- **X-59: NASA APRESENTA SEU JATO SUPERSÔNICO SILENCIOSO.** Ele foi projetado para voar mais rápido que a velocidade do som sem gerar o tradicional estrondo sônico de modelos do tipo. A apresentação oficial do X-59 ocorreu nas instalações Skunk Works da Lockheed Martin em Palmdale, na Califórnia, onde o avião foi montado. o X-59 faz parte da Quesst, missão da Nasa que visa demonstrar as capacidades de voo supersônico silencioso sobre comunidades selecionadas nos Estados Unidos.
- **CIDADES DE 2500 ANOS SÃO DESCOBERTAS NA AMAZÔNIA:** Hoje cobertas pela floresta, vilas conectadas por estradas reuniam até 30 mil pessoas no **EQUADOR.** Rede de casas e campos é mil anos mais antiga que achados anteriores. A ideia de que a Amazônia era pouco habitada antes da chegada dos europeus cai cada vez mais por terra.
- **JOGADOR ISRAELENSE LEMBRA REFÉNS DO HAMAS APÓS GOL E É DETIDO NA TURQUIA. SAGIV JEHEZKEL**, atacante de 28 anos do **Antalyaspor**, fez uma comemoração de gol que ocasionou a rescisão de seu contrato, abriu uma investigação criminal e provocou sua detenção na **TURQUIA**. Israelense, ele lembrou os 100 dias desde o ataque do Hamas ao seu país natal.
- **MACRON, PRESIDENTE DA FRANÇA, ANUNCIA TRAJE ÚNICO EM ESCOLAS APÓS POLÊMICA COM VESTE ISLÂMICA**. Para Macron, o traje único ajudaria a resolver problemas ligados à **LAICIDADE** e ao que chamou de roupas excêntricas. A escola deve ser "um espaço onde haja o mínimo de diferenças possível", afirmou ele. Nas escolas em questão, cada aluno receberá um kit composto por cinco camisas pólo, dois suéteres e duas calças.
- **BRASIL É O PAÍS QUE MAIS MATA TRANS PELO 15º ANO CONSECUTIVO**. O relatório anual da As-

sociação Nacional de Travestis e Transexuais (Antra) divulgou que 145 pessoas foram assassinadas em 2023, um aumento de 10,7% comparado a 2022. Os estados com maior número de homicídios são: São Paulo (19), Rio de Janeiro (16), Ceará(12), Panará (12) e Minas Gerais (11). O perfil das vítimas se mantém entre 18 e 39 anos, negras (72%) e moradoras da periferia.

- **ESTADOS UNIDOS ANUNCIAM QUE NÃO VÃO MAIS SOBRETAXAR IMPORTAÇÕES BRASILEIRAS DE TUBOS DE AÇO.** os EUA deixarão de cobrar taxas adicionais de 103,4% na importação de tubos soldados de aço não-ligado das indústrias brasileiras. Decisão foi baseada na conclusão de que a extinção da medida não causará danos à indústria. A sobretaxa encarecia os produtos siderúrgicos brasileiros. Brasil foi o único país contemplado.
- **PRESIDENTE DE BELARUS SANCIONOU LEI QUE LHE GARANTE IMUNIDADE VITALÍCIA** contra processos criminais e impede que líderes da oposição que vivem no exterior possam se candidatar em futuras eleições presidenciais. O texto estabelece que quando – ou se – Lukashenko deixar o poder ele "não poderá ser responsabilizado por medidas tomadas em associação ao exercício de seus poderes presidenciais". Considerado "o último ditador da Europa", Lukashenko governa Belarus com mão de ferro há quase 30 anos. A lei aumenta os pré-requisitos para possíveis candidaturas e proíbe que líderes da oposição que tiveram de fugir do país possam disputar as eleições. Apenas estão aptos a concorrer os cidadãos de Belarus que moram no país em caráter permanente há pelo menos 20 anos e que jamais tenham obtido permissão de residência em qualquer outra nação.
- **TERREMOTO NO JAPÃO**: Número de mortos em terremoto no Japão sobe para 200, e mais de 1.000 seguem isolados. Tremor, de magnitude 7,6, atingiu costa oeste do país em 1º de janeiro. Alerta de tsunami com 'grandes ondas' chegou a ser ativado. Governo japonês mobilizou tropas de todo o país para ajudar no trabalho de reconstrução.
- **ARGENTINA BATE RECORDE DE CASOS DE DENGUE**: O país registrou 135 mil casos de dengue apenas em 2023. Uma espécie "parente" do mosquito, o **AEDES ALBIFASCIATUS**, também se alastrou pelo país, transmitindo outros vírus.
- **COREIA DO NORTE INTENSIFICA DISPAROS E AUMENTA TENSÕES COM A COREIA DO SUL**: A Coreia do Norte realizou cerca de 260 disparos de projéteis perto da fronteira marítima com a Coreia do Sul. A nova rodada de exercícios de artilharia de Pyongyang é mais um episódio do aumento das tensões entre as duas Coreias. Os exercícios foram realizados em meio a uma série de declarações bélicas do líder norte-coreano, Kim Jong-un. Nos últimos dias, ele ameaçou "aniquilar" a Coreia do Sul e os Estados Unidos e defendeu o aumento na produção de lançadores de mísseis para uma possível guerra.
- **CRIMINOSO MAIS PROCURADO DO EQUADOR DESAPARECE DA PRISÃO.** Investigam suposta fuga de José Adolfo Macias, líder da organização criminosa **LOS CHONEROS.**
- **EUA LANÇAM PRIMEIRO FOGUETE RUMO À LUA APÓS MAIS DE MEIO SÉCULO. VULCAN CENTAUR** leva o que pode ser considerado o 1º módulo comercial a pousar no satélite, em parceria com várias empresas. Última missão americana de pouso lunar foi em 1972
- **AUSTRÁLIA PROÍBE SAUDAÇÃO NAZISTA E EXIBIÇÃO PÚBLICA DE SÍMBOLOS DE GRUPOS TERRORISTAS.** Lei entrou em vigor e crime pode levar a 12 meses de prisão. Comércio de material que faça referência ao nazismo ou ao terrorismo também foi proibido.
- **VIENA É ELEITA A CIDADE COM A MELHOR QUALIDADE DE VIDA DO MUNDO.** Pesquisa em consideração critérios como segurança, serviços de saúde, educação e transporte público.
- **COREIA DO SUL APROVA PROJETO QUE PROÍBE CONSUMO DE CARNE DE CACHORRO.** Alimento é popular no país, com estimativas de até um milhão de animais consumidos por ano. Consumo tem diminuído à medida que população passou a ver os cães mais como companheiros.
- **GABRIEL ATTAL, AOS 34 ANOS, É O MAIS JOVEM PRIMEIRO-MINISTRO DA FRANÇA E O PRIMEIRO ABERTAMENTE GAY.** Emmanuel Macron nomeou o ministro da Educação, Gabriel Attal como seu novo primeiro-ministro. A nomeação ocorre no momento em que o presidente francês busca dar novo fôlego ao seu segundo mandato antes das eleições para o Parlamento Europeu. A medida não levará necessariamente a qualquer mudança política importante, mas sinaliza o desejo de Macron de tentar ir além das impopulares reformas da previdência e de imigração do ano passado e melhorar as chances de seu partido de centro na votação da União Europeia em junho.
- **RICARDO LEWANDOWSKI É O NOVO MINISTRO DA JUSTIÇA.** Ele ocupará a vaga deixada por Flávio Dino, indicado ao STF para o lugar da ex-ministra Rosa Weber que se aposentou compulsoriamente ao completar 75 anos.
- **INFLAÇÃO BRASILEIRA** fecha 2023 em **4,62%** segundo dados do IBGE
- **INFLAÇÃO NA ARGENTINA** sobe **211%** em 2023, maior patamar em mais de 30 anos. Novas medidas do país com o presidente Milei incluem combater a hiperinflação.
- **HELICÓPTERO DESAPARECIDO EM SÃO PAULO É LOCALIZADO.** Corpos estavam ao lado da aeronave que caiu a caminho de Ilhabela. As vítimas estavam na região da mata em **PARAIBUNA**. Operação durou 12 dias e contou com a participação da FAB.
- **RÓTULO DE MEDICAMENTO TEM QUE ALERTAR PRESENÇA DE DOPING.** Obrigatoriedade é para evitar o chamado doping acidental quando atletas acabam ingerindo substâncias proibidas de forma inadvertida ao tomarem um medicamento com outra finalidade.
- **PRESIDENTE LULA SANCIONA LEI QUE INCLUI BULLYING E CYBERBULLYING NO CÓDIGO PENAL.** As duas condutas passam a integrar o artigo que trata de constrangimento ilegal. Agora, o Código Penal prevê multa para quem cometer bullying, e reclusão e multa para quem cometer o mesmo

crime por meios virtuais. No caso do cyberbullying, a pena pode chegar a um período de 2 a 4 anos de reclusão, além de multa. O termo inclui a intimidação sistemática feita em redes sociais, aplicativos, jogos online ou "qualquer meio ou ambiente digital". O Código Penal também prevê agravantes se o bullying for cometido em grupo (mais de três autores), se houver uso de armas ou se envolver outros crimes violentos incluídos na legislação. No trecho do Código Penal que trata de homicídio, por exemplo, a nova lei prevê que a pena por matar uma criança menor de 14 anos seja aumentada em 2/3 caso o crime tenha sido cometido em uma escola (pública ou privada). No crime de indução ou auxílio ao suicídio, a pena agora pode dobrar se o autor é "líder, coordenador ou administrador de grupo, de comunidade ou de rede virtual, ou por estes é responsável". Com a nova lei, os crimes previstos no Estatuto da Criança e do Adolescente (ECA) passam a ser considerados hediondos. Isso significa que o acusado não pode pagar fiança, ter a pena perdoada ou receber liberdade provisória, por exemplo. A progressão de pena também é mais lenta. A lei sancionada nesta segunda também inclui na lista de crimes hediondos outras três condutas: indução ou auxílio a suicídio ou automutilação, usando a internet; sequestro e cárcere privado contra menores de 18 anos; tráfico de pessoas contra crianças ou adolescentes.

- **PRESIDENTE LULA SANCIONA LEI QUE CRIA POUPANÇA PARA ALUNOS DO ENSINO MÉDIO**. O programa **PÉ DE MEIA** prevê o pagamento de um incentivo financeiro mensal para alunos de baixa renda matriculados no ensino médio público e que pertençam a famílias inscritas no **CadÚnico** cuja renda per capita mensal seja igual ou inferior a R$ 218.
- **PRESIDENTE LULA ASSINA LEI QUE CRIA BOLSA PARA MORADOR DE RUA QUE FIZER CURSO TÉCNICO**. O presidente Lula sancionou uma lei que institui a **Política Nacional de Trabalho Digno e Cidadania para População em Situação de Rua** (**PNTC Pop Rua**). A bolsa destina "a promover os direitos humanos de pessoas em situação de rua ao trabalho, à renda, à qualificação profissional e à elevação da escolaridade". Para que a política alcance o seu objetivo, foram estabelecidos três eixos estratégicos de organização, são eles: incentivar a geração de empregos e a contratação de pessoas em situação de rua; promover iniciativas de estímulo e apoio à permanência para qualificação profissional e elevação da escolaridade; e facilitar o acesso à renda por meio da implantação de uma política de acesso ao microcrédito para assim incentivar o associativismo e o empreendedorismo solidário. O projeto cria as **Bolsas de Qualificação para o Trabalho e Ensino da População em Situação de Rua (Bolsas QualisRua).** Pessoas que queiram participar de cursos de qualificação profissional ou aprimorar o nível de escolaridade vão receber um incentivo financeiro. A legislação não cita valores, que ainda serão definidos por meio de decreto, assim como critérios de concessão, de vigência e de interrupção. Entre as medidas previstas, está a criação de uma bolsa de qualificação profissional para custear despesas com alimentação e transporte às pessoas em situação de rua que participarem de cursos técnicos ou que escolherem aprimorar seu nível de escolaridade. Os entes federativos que aderirem à política deverão criar **Centros de Apoio ao Trabalhador em Situação de Rua (CatRua).** Esses centros serão responsáveis por cadastrar, captar e oferecer aos desempregados e aos trabalhadores em situação de rua a possibilidade de reinserção no mercado de trabalho, vagas de qualificação profissional, além de acesso ao Programa Nacional de Acesso ao Ensino Técnico e Emprego (Pronatec) e ao Sistema Nacional de Emprego (Sine).
- **PERU FAZ MEGAOPERAÇÃO COM BUSCAS EM TODOS OS PRESÍDIOS DO PAÍS**. Em onda de violência, Peru proíbe cidadãos de se reunirem entre meia-noite e 4h. País registrou mais de 7600 homicídios somente em 2023, número considerado recorde.
- **MINISTÉRIO PÚBLICO DO PERU PEDE 34 ANOS DE PRISÃO PARA EX-PRESIDENTE PEDRO CASTILLO.** Político está preso preventivamente até dezembro de 2025 em um presídio especial. Castillo nega acusações.
- **ARGENTINA VAI EMITIR NOTAS DE 10 MIL E 20 MIL PESOS**. Novas cédulas entrarão em circulação neste ano. A medida é adotada depois de a taxa de inflação anual ultrapassar 211% em dezembro.
- **TJ-RJ MANDA APAGAR DA INTERNET VÍDEO DE FILHO DO MINISTRO BENEDITO GONÇALVES DO STJ**. Após a repercussão negativa do vídeo de Felipe Brandão, filho do ministro ostentando roupas e acessórios avaliados em mais de R$ 1 milhão, a justiça do Rio de Janeiro ordenou retirada dos vídeos das redes sociais.
- **REI FREDERICO X SOBE AO TRONO APÓS RAINHA ABDICAR NA DINAMARCA**. Sucessão foi formalizada no Parlamento. Dinamarca não tem coroação.
- **PRESIDENTE DE PORTUGAL DISSOLVE PARLAMENTO E CONFIRMA ELEIÇÕES ANTECIPADAS**. Medida foi tomada após renúncia de premiê ANTÓNIO COSTA, que foi alvo de operação sobre tráfico de influência.
- **BERNARDO ARÉVALO ASSUME COMO PRESIDENTE DA GUATEMALA APÓS POSSE CAÓTICA**. Novo mandatário foi empossado após uma cerimônia atrasada por horas pelos opositores do Congresso.
- **SUÍÇA SEDIARA CÚPULA DE PAZ SOBRE UCRÂNIA A PEDIDO DO PRESIDENTE ZELENSKY**. Neutra, a Suíça já agiu como mediadora de conflitos no passado e agora pode ajudar a encontrar uma solução para a guerra entre Rússia e Ucrânia.
- **POLÍCIA DA BÉLGICA ENCONTRA PINTURAS ROUBADAS DE PICASSO E CHAGALL.** As pinturas "TETÊ", de PICASSO, e "L´HOMME EM PRIÈRE", de CHAGALL, foram roubadas de um colecionador de arte de Tel Aviv.
- **CONSUMO MUNDIAL DE TABACO CAI, INFORMA OMS**. Embora as taxas de tabagismo estejam diminuindo na maioria dos países, a OMS alerta que as mortes relacionadas ao tabaco deverão permanecer elevadas nos próximos anos.
- **ESTADOS UNIDOS RECLASSIFICAM HOUTHIS COMO ENTIDADE TERRORISTA.** Governo afirma que medida visa o fim dos ataques a navios no Mar

Vermelho, ao mesmo tempo que não dificultaria entrega de ajuda humanitária ao Iêmen.

- **JAPÃO É 5º PAÍS A COLOCAR ESPAÇONAVE NA LUA**. Até então, somente os estados Unidos, a antiga União Soviética, a China e a Índia tinham alcançado esse marco. A agência espacial informou que sua sonda **SMART LANDER for Investigating Moon (Slim)** fez um pouso suave na superfície lunar.
- **SOROCABA DECRETA ESTADO DE CALAMIDADE EM RAZÃO DAS CHUVAS.** Desde 1981 não se registrava na cidade um volume de alagamento nas proporções como de 20 de janeiro de 2024.
- **REGIÃO NORTE REGISTRA MAIOR TREMOR DE TERRA DA HISTÓRIA DO BRASIL.** Não há registro de danos, pois o abalo ocorreu a 615 quilômetros de profundidade, o que permite que a energia se dissipe. Segundo geólogos, um tremor como esse dificilmente é sentido pela população.
- **APÓS ENCONTRO EM BRASÍLIA, GUIANA E VENEZUELA PROMETEM EVITAR CONFLITOS**. Chanceleres dos dois países se reuniram no Palácio do Itamaraty e disseram estar dispostos a continuar o diálogo em busca de solução para crise.
- **MUHAMMAD YUNUS, VENCEDOR DO NOBEL DA PAZ EM 2006, É CONDENADO À PRISÃO EM BANGLADESH**. Tribunal condenou o banqueiro a 6 meses de prisão por **VIOLAR LEGISLAÇÃO TRABALHISTA**. Yunus e mais 3 parceiros de negócio da Grameen Telecom foram considerados culpados por não criarem um fundo de assistência para os funcionários da empresa. Os 4 poderão recorrer em liberdade.
- **SUPREMO DE ISRAEL DERRUBA REFORMA QUE LEVOU MILHÕES ÀS RUAS CONTRA PRIMEIRO MINISTRO DO PAÍS BENJAMIN NETANYAHU**. Ele tirava o poder do Judiciário do país. A lei provocou uma onda de protestos sem precedentes nas principais cidades de Israel ao longo de 2023.
- **JUSTIÇA DA SUÍCA ANULA CONDENAÇÃO DO TÉCNICO DE FUTEBOL CUCA POR ESTUPRO**. Ele era suspeito de estuprar uma menor de idade durante uma excursão do GRÊMIO ao país europeu em 1987. Em novembro de 2023, a juíza Bettina reabriu o caso após pedido solicitado pela defesa do treinador. Após analisar os procedimentos do processo entre 1987 e 1990, a magistrada, em função de diversas irregularidades ocorridas no processo de 1989, tendo levado a um "veredito injusto", reconheceu as razões do técnico e submeteu o processo ao Ministério Público para análise de eventual prescrição. O Ministério Público, por sua vez, alegou que o crime estava prescrito, não podendo haver um novo julgamento, sugerindo a anulação da pena e, consequentemente, a extinção do processo. No dia 28 de dezembro, a juíza encerrou o caso e ainda determinou que Cuca recebesse uma indenização de R$ 75 mil. As cifras foram reduzidas a R$ 55,2 mil após descontos dos casos processuais. Cabe ressaltar que a decisão da Justiça da Suíça não inocenta Cuca, apenas anula a sentença e extingue o processo, sem entrar no mérito de culpa ou inocência. Não há a possibilidade da abertura de um novo julgamento.
- **43 ESQUELETOS E 100 MIL ARTEFATOS SÃO ACHADOS EM OBRA NO BAIRRO VICENTE FIALHO, EM SÃO LUÍS** onde a construtora MRV está erguendo condomínios residenciais do programa federal de habitação Minha Casa Minha Vida.
- **JUSTIÇA DA ITÁLIA PERMITE SAUDAÇÃO FASCISTA EM COMÍCIOS** a menos que ameacem a ordem pública ou corram o risco de reviver o partido fascista ilegal do país. Vários membros dos partidos de oposição italianos e líderes da comunidade judaica criticaram a decisão e planejam se mobilizar contra ela.
- **FMI AFIRMA QUE INTELIGÊNCIA ARTIFICIAL AFETARÁ 40% DOS EMPREGOS NO MUNDO**. O documento alerta que a IA poderá agravar as desigualdades salariais, prejudicando sobretudo a classe média, enquanto os trabalhadores com rendimentos já elevados poderão ver os seus salários "aumentarem mais do que a proporção" dos ganhos de produtividade com essa tecnologia.
- **MICROSOFT PASSA APPLE E SE TORNA A EMPRESA MAIS VALIOSA DO MUNDO**. A Microsoft está avaliada em cerca de US$ 2,9 trilhões. A companhia cofundada por Bill Gates tem seu crescimento atribuído ao investimento realizado em inteligência artificial em um período em que ela ainda não era uma tendência. Um dos principais motivos da Apple perder o posto foi a queda do número de vendas do iPhone 15, removendo cerca de US$ 162 bilhões da capitalização de mercado da empresa em 2024. Atualmente, a Apple vale aproximadamente US$ 2,8 trilhões.
- **RÚSSIA DIZ QUE AVIÃO COM 65 PRISIONEIROS CAIU**. Ucrânia alega que aeronave levava mísseis. Existem relatos conflitantes sobre o que a aeronave IL-76 carregava. Agências de notícias russas, citando o Ministério da Defesa, disseram que 65 militares ucranianos estavam a bordo e eram levados de avião para Belgorod para uma troca de prisioneiros. O governador de Belgorod afirmou que todos os passageiros a bordo morreram. Já fontes ucranianas afirmaram que o avião transportava mísseis para o sistema de defesa aérea S-300. A causa do acidente estava sendo investigada.

FALECIMENTOS:

- **JOÃO CARREIRO** morreu aos 41 anos. **Sertanejo da dupla com Capataz** não resistiu a uma cirurgia no coração.
- **QUINHO DO SALGUEIRO**, uma das maiores vozes do **carnaval carioca**, morreu aos 66 anos lutando contra um câncer.
- **FRANZ BECKENBAUER**, considerado o maior nome da história do **futebol alemão**, morreu aos 78 anos. Não há detalhes da causa da morte.
- **JANDIRA MARTINI**, **atriz de longa carreira televisiva**, morre aos 78 anos. Teve destaque ao participar de novelas como "O CLONE", "CAMINHO DAS ÍNDIAS", "AMÉRICA" e "SALVE JORGE" entre outras. Ela tratava um câncer no pulmão.

2. PRINCIPAIS FATOS DE FEVEREIRO DE 2024

- **FUGITIVOS DA PENITENCIÁRIA FEDERAL EM MOSSORÓ – RIO GRANDE DO NORTE:** no dia 14 de fevereiro, **DEIBSON NASCIMENTO** e **ROGÉRIO**

MENDONÇA escaparam da **Penitenciária Federal de MOSSORÓ (RN),** em uma **FUGA INÉDITA registrada no Sistema Penitenciário Federal (SPF).** Os dois integrantes da **FACÇÃO COMANDO VERMELHO** fugiram pela luminária que estava na cela, chamada pela perícia da Polícia Federal de **"shaft de manutenção".** Os dois ficaram em um **esconderijo na região de BARAÚNA**, a 22 km do presídio, segundo a polícia. O dono da chácara onde os fugitivos teriam se escondido foi preso. Ele teria recebido R$ 5 mil para esconder os foragidos. **O governo anunciou RECOMPENSA de R$ 15 mil por foragido** para informações que levem até os fugitivos. O objetivo é contar ainda mais com ajuda dos vizinhos na caçada. Ao todo, mais de 600 agentes de segurança atuam de forma integrada na operação para tentar recapturar os foragidos. São policiais federais, rodoviários federais, militares e civis, além da Força Nacional.

- **MORTE DE ALEXEI NAVALNY:** depois que o **serviço penitenciário do distrito russo de Yamalo-Nenets, na SIBÉRIA**, comunicou a **MORTE DE ALEXEI NAVALNY** em 16 de fevereiro, **a família do ativista conseguiu acesso ao corpo 7 dias depois.** Os familiares afirmam que a demora se deu porque o governo russo tentou esconder vestígios de assassinato. O Kremlin nega. Segundo o certificado de óbito, **a morte se deu por "CAUSAS NATURAIS".** Em discurso no Parlamento Europeu, a mulher do ativista, Yulia Navalnaya, acusou as **autoridades russas de TORTURAR Navalny enquanto ele estava na prisão.** A **música da cena final do filme "O Exterminador do Futuro 2"** foi uma das escolhidas para ser **tocada no funeral** porque Navalny considerava a obra como "o melhor filme do mundo". **O caixão do ativista foi BAIXADO NA SEPULTURA ao som da música "My Way" de FRANK SINATRA.** Do lado de fora da igreja e no caminho até o cemitério, as pessoas seguraram rosas e gritaram o sobrenome de Navalny, além de mensagens como "não a guerra", em referência ao conflito na Ucrânia, e "a Rússia será livre.
- **NOVA LEI PERMITE O USO RECREATIVO DE CANNABIS SATIVA, A MACONHA NA ALEMANHA:** é mais um país a legalizar o consumo da planta em seu território depois de décadas de proibição. Canadá, Malta e Uruguai são outras nações que permitem o uso adulto da cannabis sativa. Nos Estados Unidos, não há uma legalização federal, mas diversos Estados, como Nova York, Califórnia e Colorado, têm leis próprias que permitem o consumo e o comércio de maconha. Usar cannabis em muitos espaços públicos da Alemanha será permitido pela lei a partir de 1º de abril. A posse de até 25 gramas será liberada em espaços públicos. Em residências particulares o limite legal será de 50 gramas. A lei aprovada também prevê uma anistia e revisão de casos anteriormente puníveis.
- **SANTOS (SP) É A CIDADE MAIS VERTICAL DO BRASIL:** pela primeira vez na história, três cidades brasileiras têm **mais da metade de sua população morando em APARTAMENTOS**. É o que mostram os dados do **Censo Demográfico de 2022**, divulgados pelo **IBGE**. Em **SANTOS (SP), 63%** dos moradores residem em prédios. Em **Balneário Camboriú (SC),** esse percentual é de **57%.** Já em **São Caetano do Sul (SP)**, a proporção é de **50,7%.**
- **PERSONA NON GRATA:** um dia após **BENJAMIN NETANYAHU, primeiro-ministro de ISRAEL**, afirmar que vai convocar o embaixador brasileiro para "uma dura conversa de repreensão", **o governo do país declarou que o PRESIDENTE LULA é uma "PERSONA NON GRATA"**. A decisão aconteceu depois de o **presidente do Brasil comparar ações de Israel na Faixa de Gaza ao EXTERMÍNIO de judeus na Segunda Guerra.** O ministro das Relações Exteriores de Israel disse que **o termo só será retirado se Lula pedir desculpas e se retratar.** O petista fez a afirmação após ser questionado sobre a decisão de alguns países de suspender repasses financeiros à Agência da ONU para os Refugiados Palestinos (UNRWA). Lula deu as declarações durante entrevista em Adis Abeba, na Etiópia, onde participou nos últimos dias da 37ª Cúpula da União Africana. O **termo "PERSONA NON GRATA"** (alguém que não é bem-vindo) é um instrumento jurídico utilizado nas relações internacionais para indicar que um representante oficial estrangeiro não é mais bem-vindo. O termo foi descrito no **artigo 9 da Convenção de Viena sobre relações diplomáticas.** Katz afirmou também que "a comparação do presidente brasileiro Lula entre a guerra justa de Israel contra o Hamas e as ações de Hitler e dos nazistas, que exterminaram 6 milhões de judeus, é um grave ataque antissemita que profana a memória daqueles que morreram no Holocausto". Lula classificou como **"GENOCÍDIO"** e **"CHACINA"** a resposta de Israel na Faixa de Gaza aos ataques terroristas promovidos pelo Hamas no início de outubro. Ele comparou a ação israelense ao extermínio de milhões de judeus pelos nazistas chefiados por Adolf Hitler no século passado.
- **GRÉCIA APROVOU UM PROJETO DE LEI QUE PERMITE O CASAMENTO CIVIL E A ADOÇÃO DE FILHOS POR PESSOAS DO MESMO SEXO.** A aprovação faz da Grécia a **1ª nação cristã ORTODOXA do mundo** a legalizar o casamento entre pessoas do mesmo sexo. A Igreja Ortodoxa opõe-se à medida por considerar a homossexualidade um pecado. O apoio do **partido de esquerda SYRIZA**, o principal da oposição, foi fundamental para a aprovação do projeto. A legenda é liderada por Stefanos Kasselakis, o 1º líder de partido assumidamente gay da Grécia. Apesar de ajudar na aprovação da medida, o Syriza disse que o texto é "imperfeito" por, entre outras coisas, proibir casais do mesmo sexo de conseguirem a paternidade por meio de barriga de aluguel.
- **UNIDOS DO VIRADOURO** é a grande **CAMPEÃ do CARNAVAL 2024 DO RIO DE JANEIRO**. A Vermelha e Branca de Niterói mostrou as **SERPENTES** que são objeto de culto na tradição africana. Em **"ARROBOBOI, DANGBÉ"**, o enredo pedia proteção à grande cobra mítica. Foi contado na avenida o **mito de uma SERPENTE VODUM**, que se tornou uma divindade após épica batalha entre reinos da antiga região da Costa da Mina, na África, e exaltando a força e representatividade da mulher negra.
- **MOCIDADE ALEGRE** levou o título de **CAMPEÃ do CARNAVAL DE 2024 em SÃO PAULO** pelo segundo ano consecutivo. O desfile **homenageou o**

ESCRITOR MÁRIO DE ANDRADE com o enredo: **"Brasiléia Desvairada: a Busca de Mário de Andrade por um País".** O samba narrou a jornada do escritor desde Minas Gerais, onde pesquisou sobre a arte barroca, até São Paulo, em que consolidou boa parte de seu arsenal literário. Com **270 pontos**, a escola **conquistou o 12º título da sua história**. Em **segundo lugar, ficou a Dragões da Real (270), seguida da Acadêmicos do Tatuapé.** As duas escolas duelaram até o último momento da corrida pelo título e encerraram o placar com 270 pontos, mas a Mocidade levou a melhor no **critério de desempate**, que este ano foi o quesito "**HARMONIA**"

- **INCÊNDIO NO CHILE:** Com mais de 110 mortos e cerca de 15 mil casas atingidas, o **INCÊNDIO** que ocorreu na **região de Valparaíso chocou o CHILE**. Foi descrito como uma das maiores tragédias que o Chile viveu nas últimas décadas. Em duas das cidades mais atingidas, **Viña del Mar e Quilpué** — localizadas a cerca de 120 km da capital Santiago —, bairros inteiros viraram cinzas. As imagens são devastadoras. Centenas de pessoas perderam suas casas e agora tentam recuperar alguns de seus pertences dos escombros. As autoridades garantiram que existem provas de que alguns dos focos foram acesos intencionalmente. O próprio presidente, Gabriel Boric, pediu que sejam investigadas "todas as informações" sobre a origem dos incêndios. Embora grandes incêndios não sejam um fenômeno novo no Chile — o país já viveu anos críticos em 2014, 2017 e 2023, entre outros — este último tem uma dimensão sem precedentes devido ao número de vítimas. Um dos fatores que mais tem chamado a atenção é a velocidade com que os incêndios se espalharam. Seca prolongada, vento forte, altas temperaturas e densidade populacional podem se fatores que contribuíram para o incêndio.
- **CHINA MOBILE, lançou o primeiro satélite de testes para o 6G.** De acordo com a mídia chinesa, a nova tecnologia deve ser 50 vezes mais rápida que o 5G. O satélite conta com autonomia própria e é considerado de **ÓRBITA-BAIXA**, cobrindo mais facilmente buracos na cobertura de internet.
- **FACEBOOK completou 20 ANOS de operação** e, mesmo após duas décadas de existência — e muitas polêmicas no caminho —, segue como a maior referência em rede social. A plataforma criada por Mark Zuckerberg e colegas da Universidade Harvard em 2004 alcança mensalmente mais de 3 bilhões de usuários ativos, o que representa 40% da população mundial.
- **MORTE DO EX-PRESIDENTE DO CHILE – SEBASTIAN PIÑERA:** presidente do **CHILE**, Gabriel Boric, decretou **LUTO NACIONAL** depois que a notícia da **MORTE de SEBASTIAN PIÑERA, ex-presidente do país**, foi oficialmente confirmada. O **HELICÓPTERO em que Piñera estava CAIU no lago Ranco, em Los Ríos**, na região central do Chile. Autópsia feita pelo Serviço Médico Legal confirmou que a morte do ex-presidente, de 74 anos, deu-se por "**ASFIXIA POR IMERSÃO**", ou seja, por **afogamento**
- **OSCAR – NOVA CATEGORIA:** Academia de Artes e Ciências Cinematográficas de Hollywood anunciou uma **NOVA CATEGORIA** para o **OSCAR**, chamada de **"MELHOR ELENCO".** O novo prêmio será entregue pela primeira vez na 98ª edição do Oscar, em 2026. As regras para elegibilidade na categoria serão anunciadas em abril de 2025. Essa é a primeira vez em mais de 20 anos que um novo prêmio é acrescentando ao Oscar.
- **REGIÃO NORTE SEM ACESSO A UMA ESTRUTURA ADEQUADA DE SANEAMENTO BÁSICO: cerca de 1/4 da população brasileira (24,3%),** ou aproximadamente 49 milhões de pessoas, **continua SEM ACESSO a uma estrutura adequada de SANEAMENTO BÁSICO**. Os dados são da edição de 2022 do Censo Demográfico do **IBGE**. O levantamento do IBGE considera como estrutura adequada de saneamento básico os métodos reconhecidos pelo Plansab (Plano Nacional de Saneamento Básico). Veja o percentual da população: rede geral ou pluvial – 58,3%; fossa séptica ou fossa filtro ligada à rede – 4,2%; fossa séptica ou fossa filtro não ligada à rede – 13,2%. Isso significa que os dejetos de 24,3% dos 203 milhões de habitantes do país são depositados em buracos e valas ou seguem sem nenhum tipo de tratamento para rios, lagos, córregos ou para o mar. Há ainda um percentual (0,6%) de brasileiros, ainda que pequeno, que sequer tem banheiro em casa. O **NORTE** é a região do Brasil com o **menor percentual da população com acesso a uma estrutura adequada de saneamento básico**: são só **46,4%** –menos da metade dos seus 17,2 milhões de habitantes. O Estado com o pior percentual da população com acesso a uma estrutura adequada de saneamento básico fica no Norte. É **RONDÔNIA**, com 39,4%, seguido de Maranhão (41%) e Pará (45%) –também no Norte.
- **PROGRAMA MUNDIAL DE ALIMENTOS (PMA),** da ONU, afirmou que a **FOME EXTREMA** é iminente no norte da **FAIXA DE GAZA**, sem acesso aos itens de assistência humanitária e onde continua a guerra entre Israel e o grupo terrorista Hamas. Cerca de 97% da água em Gaza foi reportada como "não apta para o consumo humano" e a produção agrícola está começando a colapsar, disse a Organização das Nações Unidas para a Agricultura e a Alimentação (**FAO**). Considerada agremiação **TERRORISTA** pelos EUA e União Europeia, **HAMAS** foi criado em 1987 e **controla desde 2007 a FAIXA DE GAZA**, na Palestina.
- **FIES SOCIAL:** O **Ministério da Educação (MEC)** anunciou o lançamento do **FIES SOCIAL**, que dará condições especiais de financiamento para alunos de baixa renda estudarem em faculdades particulares. A partir do segundo semestre de 2024, os cadastrados no **CadÚnico** que tenham renda familiar per capita de até meio salário mínimo poderão pagar 100% dos gastos com a universidade só depois da formatura. Terão acesso a essas condições especiais de empréstimo os candidatos que: **estejam inscritos no Cadastro Único (CadÚnico); tenham renda familiar per capita de até meio salário mínimo (R$ 706).** Lembrando que: os "tetos" do Fies continuam valendo para todos, inclusive aos beneficiários do novo Fies Social. Isso significa que o programa não vai financiar mais do que R$ 42,9 mil por semestre (no caso de medicina, o limite é de R$ 60 mil). O valor que exceder essa quantia deverá ser pago a cada mês pelo estudante. O MEC não informou o total de alunos beneficiados pelo programa. O que foi determinado, por enquanto, é que pelo

menos **metade das vagas** de cada processo seletivo seja direcionada para o Fies Social. O Comitê Gestor do Fies decidiu também que haja uma reserva de vagas para estudantes com deficiência e/ou autodeclarados pretos, pardos, indígenas e quilombolas.

- **EXPULSÃO NA VENEZUELA DE FUNCIONÁRIOS DA ACNUDH: FUNCIONÁRIOS** de um escritório local do **Alto Comissariado das Nações Unidas para os Direitos Humanos (ACNUDH) deixaram a VENEZUELA depois que o governo ordenou sua EXPULSÃO**. O governo venezuelano deu-lhes **72 HORAS** para partir e ordenou que o gabinete de assessoria técnica do ACNUDH suspendesse as suas atividades, segundo o ministro dos Negócios Estrangeiros venezuelano, Yvan Gil. O ministro fez o anúncio depois que o ACNUDH expressou preocupação com o destino da ativista venezuelana Rocío San Miguel, detida por uma suposta conspiração para assassinar o presidente Nicolás Maduro. A acusação foi amplamente questionada.
- **EL SALVADOR INICIOU UM GRANDE JULGAMENTO de quase 500 supostos líderes da gangue MARA SALVATRUCHA** por mais de **37 MIL CRIMES** cometidos ao longo de uma década. Entre os acusados estão 24 chefões da MS-13, alguns que têm pedidos de extradição emitidos pelos Estados Unidos. Eles são acusados de crimes como homicídio qualificado, sequestro e tráfico de armas. O julgamento é **realizado de FORMA VIRTUAL**, já que os acusados estão detidos em várias prisões. O **presidente NAYIB BUKELE** fez do combate ao crime a marca de seu governo, e **foi REELEITO** com facilidade em um momento em que suas políticas mostram popularidade entre os eleitores.
- **MÉXICO SUPERA ARGENTINA COMO MAIOR MERCADO PARA VEÍCULOS BRASILEIROS**. O "posto" pertencia tradicionalmente à Argentina há quatro décadas. A Argentina sentiu os efeitos da recessão em 2023 e deve repetir o cenário de demanda baixa em 2024, com queda de 20% a 25% do mercado para automóveis. É um efeito direto da crise vivida no ano passado e, agora, do ajuste pretendido pelo novo governo de Javier Milei.
- **FINANCIAMENTO CLIMÁTICO**: governo **BRASILEIRO** busca associar a presidência do G20 em 2024 a avanços na agenda do financiamento climático para os países em desenvolvimento. A meta é encaminhar soluções sobre o tema para a próxima **Cúpula das Nações Unidas sobre as Mudanças Climáticas (COP29),** que acontecerá no **AZERBAIJÃO**, no fim do ano, e cujo foco das negociações será o aporte de recursos para as nações mais pobres promoverem a transição ecológica. Desde que assumiu a presidência do G20, o Brasil vem apontando que irá priorizar a agenda climática nas reuniões do bloco. O **FINANCIAMENTO CLIMÁTICO**, principal tema da mesa, se caracteriza por "fundos e mecanismos de financiamento, estabelecidos ou regulados internacionalmente, para apoiar países na transição climática e no combate aos seus efeitos". O **OBJETIVO do financiamento climático** é fornecer recursos financeiros e técnicos para projetos e programas que promovam a redução de emissões de gases de efeito estufa, a proteção contra os impactos das mudanças climáticas e a promoção de uma transição energética justa e sustentável.
- **LULA COBRA REGULAÇÃO DAS REDES SOCIAIS** para "desmantelar a máquina de **FAKE NEWS**". Ele disse que é preciso criminalizar aqueles que incitam a violência nas redes sociais. Mas é também necessário responsabilizar as empresas pelos crimes que são cometidos em suas plataformas — a exemplo de pedofilia, incentivo a massacres nas escolas e estímulo à automutilação de adolescentes e crianças. Ele discursou durante a abertura do **ANO JUCIDIÁRIO DE 2024.**
- **PREFEITURA DO RIO DE JANEIRO PROÍBE USO DE CELULARES EM SALA DE AULA E NO RECREIO.** Os dispositivos só poderão ser usados antes da primeira aula e após a última, à exceção de casos especiais. Apenas na Educação de Jovens e Adultos será permitido o uso de celulares nos intervalos. O decreto orienta que os celulares e demais dispositivos eletrônicos deverão ser guardados na mochila ou bolsa do próprio aluno, desligado ou ligado em modo silencioso e sem vibração. Apesar disso, a publicação deixa margem para que a equipe da escola adote outra estratégia de preferência. Caso haja desrespeito à proibição, o decreto autoriza os professores a advertir os alunos e cercear o uso dos dispositivos em sala de aula. Apesar da proibição, os professores podem propor a utilização dos celulares e dispositivos eletrônicos para fins pedagógicos, como pesquisas, leituras ou acesso a outros materiais educativos. Os alunos com deficiência ou com condições de saúde que necessitam destes dispositivos para monitoramento ou auxílio de sua necessidade também têm autorização para mantê-los em funcionamento na escola. O uso também pode ser liberado quando a cidade estiver classificada nos estágios operacionais 3, 4 e 5 pelo Centro de Operações da Prefeitura do Rio. Isso ocorre em situações que causam impacto na rotina da cidade, como temporais que provocam alagamentos e incidentes graves de trânsito ou segurança pública.
- **EXÉRCITO ENVIA MAIS DE 20 BLINDADOS A RORAIMA PARA REFORÇAR FRONTEIRA COM VENEZUELA E GUIANA**. O reforço na fronteira pelo Brasil teve início após a escalada de tensões entre Venezuela e Guiana causada **pela disputa pelo território de ESSEQUIBO**, aprovada inclusive em referendo pelos venezuelanos. O território voltou a ser reclamado pelo governo da Venezuela no ano passado.
- **ALAGOAS E PERNAMBUCO TÊM MAIS DE 400 CASOS DE INTOXICAÇÃO DA MARÉ VERMELHA.** A maré vermelha é um fenômeno provocado pelo crescimento excessivo de algas que liberam ou não toxinas. É percebido na superfície da água pelo odor e pela formação de uma grande mancha que pode apresentar tons avermelhados, alaranjados, amarelados ou acastanhados. o fenômeno é provocado pelo aumento da temperatura, salinidade, excesso de nutrientes, entre outros fatores. Também contribui a liberação de esgoto doméstico nas praias, fazendo com que o tempo de permanência da maré vermelha na região dure entre 12h e 48h. Entre os principais sintomas de intoxicação estão enjoo, diarreia, irritação e secura nos olhos, além de falta de ar.

- **GOVERNO AMPLIA ISENÇÃO DO IMPOSTO DE RENDA PARA QUEM RECEBE ATÉ DOIS SALÁRIOS MÍNIMOS.** A partir de agora, a pessoa física com remuneração mensal de até R$ 2.824 não terá mais de pagar o tributo. O governo alterou a primeira faixa da tabela progressiva mensal do IR, **com elevação do limite de aplicação da alíquota zero em 6,97%.** Assim, o valor atualmente vigente passa de R$ 2.112 para R$ 2.259,20. O contribuinte com rendimentos de até R$ 2.824 mensais será beneficiado com a isenção porque, dessa renda, se tira o desconto simplificado, de R$ 564,80, resultando em uma base cálculo mensal de R$ 2.259,20, ou seja, exatamente o limite máximo da faixa de alíquota zero da nova tabela. O desconto de R$ 564,80 é opcional, ou seja, quem tem direito a descontos maiores pela legislação atual (previdência, dependentes, alimentos) não será prejudicado.
- **COMISSÃO DO SENADO APROVA FIM DO SAIDÃO PARA PRESOS.** O benefício é mantido aos presos que fazem cursos profissionalizantes ou ensino médio e superior. A legislação atual prevê a saída temporária, conhecida como "saidão" ou "saidinha", para condenados no semiaberto. Eles podem deixar a prisão cinco vezes ao ano para visitar a família em feriados, estudar fora ou participar de atividades de ressocialização. O projeto de lei revoga esse benefício. O relator, senador Flávio Bolsonaro (PL-RJ), acatou emenda do senador Sergio Moro (União-PR) para a manutenção do benefício aos presos que fazem cursos profissionalizantes ou cursam os ensinos médio e superior. O tema ganhou destaque após a morte do sargento Roger Dias da Cunha, da Polícia Militar de Minas Gerais. Ele foi baleado e morto ao abordar dois suspeitos de furto em Belo Horizonte, no dia 5 de janeiro. O autor do disparo tinha deixado a cadeia em um "saidão" e deveria ter retornado no dia 23 de dezembro. O texto ainda determina a obrigatoriedade de exame criminológico para a progressão de regime e para a autorização do semiaberto. O exame terá de verificar se o detento tem condições de se ajudar ao novo regime, baixa periculosidade e senso de responsabilidade. O projeto amplia as regras para uso de tornozeleira eletrônica pelos presos autorizados a deixar o regime fechado. O projeto foi aprovado pela Câmara dos Deputados em 2022.
- **ÉRIKA HILTON SE TORNA A 1ª LÍDER PARLAMENTAR TRANS DA HISTÓRIA DO CONGRESSO.** Erika vai liderar um grupo de 14 parlamentares, sucedendo o deputado Guilherme Boulos (PSOL-SP), que vai se dedicar neste ano à campanha à Prefeitura de São Paulo. A escolha, segundo as siglas, ocorreu por aclamação durante a primeira reunião de bancada da federação.
- **DENÚNCIAS NA ILHA DE MARAJÓ:** De volta ao centro das atenções devido a denúncias de ser o palco de um cenário em que **CRIANÇAS SÃO SEXUALMENTE EXPLORADAS, a Ilha de Marajó, no Pará**, já viu o mesmo tema ser discutido em uma Comissão Parlamentar de Inquérito (CPI), no Senado, em 2010. Dessa vez, o cenário ganhou repercussão e chamou a atenção de influenciadores após a **CANTORA AYMEÊ** fazer fortes relatos sobre o tema em um programa de competição musical no dia 16 de fevereiro. Após cantar a artista declarou: "Marajó é uma ilha a alguns minutos de Belém, minha terra. E lá tem muito tráfico de órgãos. Lá é normal isso. Tem pedofilia em nível hard". "Marajó é muito turístico, e as famílias lá são muito carentes. As criancinhas de 6 e 7 anos saem numa canoa e se prostituem no barco por R$ 5", completou a artista. O ministro da Advocacia-Geral da União, Jorge Messias, afirmou no dia 24 de fevereiro em uma rede social que o órgão vai investigar se **"REDES DE DESINFORMAÇÃO" atuaram para espalhar informações falsas sobre a situação** de crianças na Ilha do Marajó, no Pará. Ao longo da última semana, influencers e artistas divulgaram imagens e informações que citavam um suposto aumento da violência e da exploração infantil na Ilha do Marajó. Esse material, segundo o governo, é falso – havia inclusive vídeos gravados em outros países e divulgados como se fossem no Brasil.
- **MILEI COMPARTILHA POSTAGENS EM APOIO A ATO PRÓ-BOLSONARO.** O **PRESIDENTE ARGENTINO** também reproduziu mensagem que associa Lula ao Hamas. **BOLSONARO** liderou um ato público no dia 25 de fevereiro para questionar as **SUSPEITAS DE TENTATIVA DE GOLPE DE ESTADO** levantadas pela PF (Polícia Federal) durante a **OPERAÇÃO TEMPUS VERITATIS.** Reuniu de 300 mil a 350 mil pessoas em uma das principais avenidas da capital paulista. Em seu perfil no X (ex-Twitter), Milei republicou vídeos compartilhados na internet por jornalistas e manifestantes presentes no evento. Os textos dizem que a "grande mobilização" buscou questionar "o autoritarismo de Lula" e a "perseguição à oposição" do chefe do Executivo. Entre as imagens compartilhadas, Bolsonaro aparece segurando a bandeira de Israel, em referência à crise diplomática desde que Lula comparou a guerra em Gaza ao extermínio de judeus pela Alemanha nazista. Junto do vídeo, o texto diz: "Lula é pró-Hamas. Bolsonaro é pró-Israel. Fim".
- **DANIEL ALVES É CONDENADO A 4 ANOS E 6 MESES POR ESTUPRO NA ESPANHA.** O jogador terá ainda que pagar 150 mil euros (cerca de R$ 800 mil) para a vítima. Daniel Alves já passou um ano na prisão, tempo que será descontado da condenação. Depois que for liberado, terá que cumprir um período de cinco anos de liberdade vigiada, além da proibição de se aproximar a menos de mil metros do domicílio ou do local de trabalho da vítima por nove anos e seis meses.
- **CLUBES BRASILEIROS PRESTAM SOLIDARIEDADE AO FORTALEZA APÓS ATAQUE.** O ônibus com a delegação foi atingido por bombas e pedras na saída da Arena Pernambuco após jogo contra o Sport na saída da Arena de Pernambuco após o jogo pela Copa do Nordeste.
- **AMAZÔNIA CORRE RISCO DE ENTRAR EM COLAPSO EM 2050.** Artigo científico liderado por pesquisadores brasileiros aponta que se não forem tomadas medidas urgentes, o ano de 2050 pode marcar o início de uma redução substancial na cobertura de floresta na região amazônica.
- **ORGANIZAÇÃO MUNDIAL DA SAÚDE (OMS)** diz que novos **CASOS DE CÂNCER** devem **aumentar 77%** em 2050. **TABACO, ÁLCOOL** e **OBESIDADE** estão por trás do aumento da incidência da doença.

- **ORGANIZAÇÃO MUNDIAL DA SAÚDE (OMS) ALERTA PARA AUMENTO DE CASOS DE SARAMPO NO MUNDO.** Dados mais recentes, segundo Natasha, apontam para mais de 300 mil casos de sarampo reportados ao longo de 2023, um aumento de 79% em relação ao ano anterior. Em 2023, um total de 51 países reportaram grandes surtos da doença contra 32 no ano anterior.
- **NAUFRÁGIO DO "IVANOVETS" NAVIO DE GUERRA DA RÚSSIA**: ataques ucranianos com drones afundaram o navio de guerra da Rússia Ivanovets na costa da Criméia.
- **REGIÃO ESPANHOLA DA CATALUNHA DECLARA EMERGÊNCIA POR CAUSA DA SECA.** A Catalunha tem enfrentado uma crescente escassez de água nos últimos anos. A atual seca, conhecida como a "pior da história", já dura mais de três anos.
- **UNIÃO EUROPEIA (EU) DÁ AVAL AS PRIMEIRAS REGRAS DO MUNDO PARA INTELIGÊNCIA ARTIFICIAL.** Os países da União Europeia deram luz verde ao texto quase final de um pioneiro projeto de lei que cria normas para o uso da Inteligência Artificial. Trata-se da primeira região do mundo a estabelecer regras que se aplicam a todos, de usuários comuns a grandes empresas fabricantes de softwares de IA generativa, contemplando ainda os direitos autorais de criadores cujas obras são varridas para "treinar" os sistemas. Entre as regras mais detalhadas agora estão, por exemplo, uma que prevê uma "obrigação de transparência" por parte das produtoras da tecnologia, como Chat GPT e Google, em que as empresas devem esclarecer quando um conteúdo é criado ou manipulado por IA. Além disso, as criações por IA generativa devem respeitar as regras europeias já existentes sobre direitos autorais — tema caro aos criadores humanos, que veem como suas obras atualmente são varridas sem qualquer controle (ou pagamento) pelos softwares de IA generativa. O não cumprimento desta e de outras regras pode dar em multas pesadas, como a que prevê o pagamento de 7% da receita global dessas companhias. Apesar da **APROVAÇÃO UNÂNIME** na reunião, **ainda há países que veem a futura lei com DESCONFIANÇAS.** É o caso da **FRANÇA.** O motivo disso é a cláusula do texto que obriga as empresas de IA generativa a publicarem todo o conjunto de dados utilizados no treinamento dos seus softwares para evitar violações de direitos autorais. O governo de Emmanuel Macron via nesse nível de transparência uma ameaça ao florescimento de start-ups europeias — como a francesa Mistral AI e a alemã Aleph — e sua capacidade de competir com as empresas do Vale do Silício, como ChatGPT e Bard, entre outras. Agora que uma versão mais definitiva do texto foi conhecida e aprovada, virá a última etapa da longa tramitação do projeto: uma nova votação no Parlamento Europeu, prevista para abril. Caso o texto seja aprovado, deverá ser implementado em etapas, com alguns dispositivos aplicados já depois de seis meses e outros, somente depois de dois anos.
- **LEI DOS SERVIÇOES DIGITAIS ENTRA EM VIGOR NA UNIÃO EUROPEIA:** A Lei dos Serviços Digitais entra em vigor na União Europeia (UE), estabelecendo novas obrigações para plataformas digitais no que diz respeito à moderação de conteúdo e à publicidade online. A DSA (sigla da nova lei em inglês) proíbe explicitamente o direcionamento de anúncios a menores com base em dados pessoais e a qualquer pessoa com base em informações sensíveis, por exemplo. As plataformas agora devem informar os usuários sobre os motivos de moderação de conteúdo ou contas, além de oferecer meios para contestação e reclamação. A nova legislação aplica-se a big techs como X (Twitter), Meta e Google, enquanto serviços menores são isentos. Mas há preocupações sobre a prontidão dos Estados-Membros da UE para aplicar a lei de forma eficaz.
- **INTELIGÊNCIA ARTIFICIAL "RESSUSCITA" O DITADOR SUHARTO EM CAMPANHA ELEITORAL NA INDONÉSIA.** Ele foi presidente da Indonésia por 31 anos e morreu há quase 16 anos. Partido diz que utilizou imagens de ditador para lembrar eleitores da importância do voto nas eleições deste ano.
- **CUBA ADIA PLANO DE AUMENTAR PREÇO DOS COMBUSTÍVEIS EM 500%.** A justificativa dada foi um **ATAQUE CIBERNÉTICO** promovido por um agente externo e que frustrou a implementação. Os planejados aumentos de preços abalaram Cuba, onde os moradores dependem há muito tempo de um vasto programa de alimentos, combustíveis e medicamentos subsidiados pelo Estado para sobreviver. O governo disse que também aumentará os preços nos próximos meses do gás liquefeito, utilizado para cozinhar, bem como da eletricidade, mas prometeu proteger os vulneráveis desse aumento dos custos. O **AUMENTO DA GASOLINA em CUBA em MAIS DE 500% entrará em vigor em 1º de março**. Cuba enfrenta uma crise crônica de combustíveis, que se agravou em abril de 2023. O presidente Miguel Díaz-Canel a atribuiu ao descumprimento dos compromissos por parte dos países que fornecem petróleo à ilha porque enfrentam "uma situação energética complexa.
- **IRLANDA DO NORTE NOMEIA NACIONALISTA COMO PRIMEIRA MINISTRA EM MUDANÇA HISTÓRICA. Michelle O'Neill** representa o partido Sinn Féin que defende a unificação da Irlanda.
- **IRÃ CONDENA ATAQUES AÉREOS DOS EUA NO IRAQUE E NA SÍRIA:** o exército norte-americano bombardeou alvos nos países ligados à Guarda Revolucionária do Irã, incluindo centros de comando, sedes de inteligência e galpões de armazenamento de equipamentos militares. Segundo a Casa Branca, os ataques duraram cerca de 30 minutos. Ao menos 39 pessoas morreram por causa do bombardeio. A investida é parte da resposta norte-americana ao ataque na **JORDÂNIA** que matou 3 soldados do país e deixou 40 feridos. O presidente Joe Biden culpou o Irã pela ação. O governo iraniano negou envolvimento no ataque.
- **REI CHARLES 3º É DIAGNOSTICADO COM CÂNCER,** mas não informou o tipo de câncer ou o estágio da doença.
- **RÚSSIA E UCRÂNIA TROCAM 100 PRISIONEIROS DE GUERRA.** Emirados Árabes Unidos mediaram a troca. O Ministério da Defesa da Rússia forneceu poucos detalhes da troca, mas disse que os soldados que retornassem seriam submetidos a exames médicos em Moscou.

ATUALIDADES

- **PRESIDENTE DA HUNGRIA, KATALIN NOVÁK, RENUNCIA APÓS PERDÃO DE CASO DE ABUSO SEXUAL.** Novák vinha sendo pressionada após ter perdoado um homem condenado por ser cúmplice de ajudar a encobrir um caso de abuso sexual em um orfanato. "Eu cometi um erro. Hoje é o último dia em que me dirijo a vocês como presidente", disse Novák em um discurso transmitido pela televisão estatal.
- **VATICANO CANONIZA 1ª SANTA ARGENTINA.** Francisco liderou uma missa de canonização na Basílica de São Pedro para **Maria Antônia de Paz y Figueroa**, mais conhecida como **"MAMA ANTULA"**, uma leiga consagrada do século XVIII que renunciou às riquezas de sua família para se concentrar na caridade e nos exercícios espirituais jesuítas.
- **RÚSSIA NEGA ACUSAÇÕES DE USO DA EMPRESA DE INTERNET DE ELON MUSK NA GUERRA.** Governo ucraniano disse que as tropas russas estavam usando o **STARLINK** em partes da Ucrânia.
- **RÚSSIA EMITIU UM MANDADO DE PRISÃO PARA A PRIMEIRA-MINISTRA DA ESTÔNIA, KAJA KALLAS.** Ela foi acusada de "destruir monumentos aos soldados soviéticos". O monumento é um tanque de guerra, monumento da URSS, da qual a Estônia fez parte, e que o governo teria colocado em discussão a retirada. No momento da fala de Kallas, o secretário de Estado da Estónia, Taimar Peterkop, estava ao lado dela, o que o levou a também ser incluído na lista de procurados pela polícia.
- **POLÍCIA SE DISFARÇA DE URSO DE PELÚCIA PARA PRENDER SUPOSTA TRAFICANTE NO PERU.** Operação chamada de **"O ursinho do amor pela segurança"** resultou na prisão de duas pessoas.
- **ALEMANHA ULTRAPASSA O JAPÃO E SE TORNA A TERCEIRA MAIOR ECONOMIA DO MUNDO.** O país fica atrás apenas dos **ESTADOS UNIDOS** e **CHINA**, o primeiro e segundo lugar, respectivamente. Na projeção do Fundo, o **BRASIL** figura em **9º LUGAR**, com um Produto Interno Bruto (PIB) estimado em US$ 2,13 trilhões em 2023, ultrapassando o Canadá, com PIB previsto de US$ 2,12 trilhões.
- **NAVE DOS EUA PODE SE TORNAR A PRIMEIRA A POUSAR NA LUA EM 52 ANOS.** A **MISSÃO "IM-1"**, liderada pela **INTUITIVE MACHINES**, tem como objetivo realizar uma alunissagem suave. Em seguida, irá colocar o primeiro robô americano na Lua desde as missões Apollo.
- **CHILE REABRE INQUÉRITO SOBRE MORTE DO POETA E VENCEDOR DO PRÊMIO NOBEL PABLO NERUDA EM 1973.** Sugere-se que Neruda não morreu apenas de câncer, como foi oficialmente declarado. Há indícios de que ele foi envenenado.
- **RAPPER KILLER MIKE É ALGEMADO E RETIRADO DO GRAMY DEPOIS DE VENCER TRÊS PRÊMIOS:** Durante a cerimônia, ele venceu as três categorias a que foi indicado: **melhor música RAP** e **melhor performance de rap**, ambas pela música "Scientists & Engineers", e **melhor álbum de rap** por "Michael", lançado em junho de 2023. Policiais informam que Killer Mike foi detido após uma briga com um segurança do evento. O rapper esteve sob custódia da polícia, mas não foi encaminhado à prisão.
- **EX-PRIMEIRO MINISTRO DA HOLANDA, DRIES VAN AGT, E SUA ESPOSA, EUGENIE, MORREM POR EUTANÁSIA DUPLA E DE MÃOS DADAS.** O ex-premiê, que governou a Holanda entre 1977 e 1982, tinha sequelas de uma hemorragia cerebral que teve em 2019, e sua esposa optou por não viver sem o marido, ainda de acordo com a fundação. A Holanda permite que casais optem pelo procedimento. Desde 2022, o governo já registrou 116 eutanásias duplas. Dries e Eugenia van Agt estavam casados havia 70 anos. Ambos tinham 93 anos e morreram assistidos por médicos. Na Europa, além da Holanda, Bélgica, Luxemburgo, Espanha e Portugal permitem a eutanásia.
- **ALEXANDER STUBB É ELEITO PRESIDENTE DA FINLÂNDIA.** Ele é um forte apoiador da Ucrânia. A eleição de Stubb se dá menos de 1 ano depois de o país ingressar oficialmente na Otan (Organização do Tratado do Atlântico Norte) –bloco defendido pelo presidente eleito.
- **PARLAMENTO DA HUNGRIA APROVA ADESÃO DA SUÉCIA À OTAN.** A Hungria foi o último entre os 31 membros da aliança a ratificar a adesão da Suécia. Com a adesão da Suécia, a Otan contará com **32 PAÍSES** entre os seus membros, uma reviravolta irônica, dado que a Rússia lançou a guerra contra a Ucrânia em parte devido ao crescimento da aliança na Europa Oriental, ao longo da fronteira russa. Com isso, a Finlândia e a Suécia irão desfrutar da proteção concedida ao abrigo do Artigo 5º do tratado que estabeleceu a aliança, que afirma que um ataque a um membro é considerado um ataque contra todos.

FALECIMENTOS:

- **HAGE GEINGOB, PRESIDENTE DA NÍBIA**, morre aos 82 anos. Ele lutava contra o câncer.
- **MIGUEL ÁNGEL GONZÁLEZ, EX GOLEIRO DO REAL MADRID,** morre aos 76 anos. Ele sofria de Esclerose Lateral Amiotrófica (ELA) uma doença degenerativa.
- **PUMA CHÁVEZ, JOGADOR que atuava na 1ª divisão do MÉXICO**, morre aos 28 anos. Ala direito do JUÁREZ sofreu acidente de carro.
- **ABÍLIO DINIZ, EMPRESÁRIO**, morre aos 87 anos. Trata-se do **ex-dono do Grupo Pão de Açucar**.
- **WILSON FITTIPALDI, EX-PILOTO DE FÓRMULA 1,** morre aos 80 anos. Ele estava internado vítima de complicações por uma parada cardíaca após um engasgo.
- **LUIZA TRAJANO DONATO, FUNDADORA DO GRUPO MAGAZINE LUIZA**, morre aos 97 anos de causas naturais.
- **AFFONSO CELSO PASTORE, EX-PRESIDENTE DO BANCO CENTRAL DO BRASIL**, morre aos 84 anos.

3. PRINCIPAIS FATOS DE MARÇO DE 2024

- **HOUTHIS** constituem uma milícia ou um movimento político que controla a maior parte do **território do Iêmen**, país que foi e continua a ser palco de uma disputa entre sunitas e xiitas. Os sunitas receberam e continuam a receber suporte dos Emirados Árabes Unidos e da Arábia Saudita. O **IRÃ**, xiita, **apoiou os HOUTHIS** que integram o chamado **MOVIMENTO DE RESISTÊNCIA**, que é contrário aos Estados Unidos, a Israel e ao próprio Ocidente. Os houthis têm realizado constantes **ATAQUES**

CONTRA NAVIOS atravessando o MAR VERMELHO como forma de protestar contra a guerra de Israel e o Hamas na Faixa de Gaza. O Mar Vermelho é um canal entre a Península Arábica e o continente africano, sendo muito importante para as cadeias de suprimento de produtos em todo o mundo. Cerca de 50 embarcações passam por lá todos os dias, transportando os mais variados produtos. Aproximadamente 10% dos bens comercializados no mundo atravessam essa passagem, sendo essencial para a segurança energética global. Os **ESTADOS UNIDOS** e o **REINO UNIDO** realizaram uma retaliação pesada contra o grupo, após os ataques contra navios comerciais no Mar Vermelho. A **UNIÃO EUROPEIA (UE)** lançou oficialmente uma missão para ajudar a proteger a navegação internacional no Mar Vermelho dos ataques dos Houthis do Iêmen. Trata-se da **OPERAÇÃO ASPIDES**, que significa **ESCUDO** em grego. A operação trabalhará para proteger os navios comerciais e interceptar os ataques.

- **VLADIMIR PUTIN foi ELEITO para o seu QUINTO MANDATO como PRESIDENTE DA RÚSSIA.** Ele recebeu 88% dos votos. Com o resultado, ele se mantém no poder por mais seis anos, **até 2030**. Como a maioria dos candidatos da oposição mortos, presos, exilados, impedidos de concorrer ou simplesmente figuras simbólicas, a vitória de Putin já era praticamente garantida. Se concluir o novo mandato, o presidente de 71 anos somará 30 anos no comando da Rússia, ultrapassando Josef Stalin, governante soviético entre 1927 e 1953, como o líder russo mais longevo da história moderna. Foram realizadas votações em áreas **ANEXADAS DA UCRÂNIA** em **Zaporizhzhia, Kherson, Luhansk e Donetsk** que a Rússia anexou como parte do seu território em setembro de 2022.
- **SUÉCIA se tornou oficialmente o 32º país a integrar a OTAN, a Organização do Tratado do Atlântico Norte.** Suécia enfrentou resistência da Turquia e da Hungria para aderir à aliança. Os turcos acusaram o país nórdico de clemência para com ativistas curdos que se refugiaram em solo sueco, sendo alguns considerados como terroristas. Também houve resistência do primeiro-ministro húngaro Viktor Orban, que cobrou "respeito" de Estocolmo, que teria "atacado" as políticas húngaras durante anos. Para entrar na OTAN, é necessário que todos os 31 integrantes aprovem. Caso contrário, o país candidato tem sua filiação à comunidade negada. A Rússia prometeu tomar medidas em reação à adesão de Estocolmo. O país afirmou que o grau de sanções dependerá "das condições e da extensão da integração da Suécia na Otan".
- **LILIA KATRI MORITZ SCHWARCZ**, historiadora e antropóloga, **foi eleita a nova integrante da ABL (Academia Brasileira de Letras).** Ela ocupará a cadeira de número 9, que pertencia ao também historiador Alberto da Costa e Silva, que faleceu em novembro de 2023. Lilia é a **11ª mulher a integrar a organização** desde a sua fundação, 127 anos atrás. Ela possui mais de 30 livros publicados. Entre suas obras mais conhecidas estão "Retrato em branco e negro" (1987), "As Barbas do Imperador" (1998), "Brasil uma biografia"(2015) e "Lima Barreto triste visionário" (2018). Porém, ela também foi premiada com: Comenda do Mérito Científico, medalha Júlio Ribeiro e Comenda Rio Branco. Seu livro "As barbas do imperador: D. Pedro II, um monarca nos trópicos" ganhou o prêmio Jabuti de Livro do Ano, em 1999.
- **PRODUTO INTERNO BRUTO (PIB) do Brasil CRESCEU 2,9% em 2023.** O PIB teve dinâmicas diferentes no primeiro e segundo semestres. Na primeira metade do ano, a atividade econômica foi puxada por uma safra excepcional de grãos. Com o desempenho recorde da produção de soja e milho, a **AGROPECUÁRIA registrou ALTA de 15,1% no ano**, um **recorde da série histórica** que se inicia em 1996. A agropecuária também ajudou o resultado de outros setores, como as **exportações (9,1%), a indústria de alimentos e segmentos específicos do setor de serviços,** que são beneficiados pela cadeia de produção e logística do campo. O recuo mais relevante do ano foi dos **Investimentos (-3%).**
- **BRASIL** é o primeiro país das Américas a se tornar **"ESTADO MEMBRO ASSOCIADO"** do **CERN**, Organização Europeia para a Pesquisa Nuclear responsável pela operação do maior colisor de partículas do mundo, palco de uma das grandes descobertas da história da física: **o bóson de Higgs, apelidado de "PARTÍCULA DE DEUS".** O **CERN (Organização Europeia para a Pesquisa Nuclear)** possui 23 Estados Membros, todos países europeus, como Suíça, França e Alemanha, que contribuem com os custos de estrutura e operações. Como "Estado Membro Associado", o terceiro não europeu e o único nas Américas, o **BRASIL** se compromete a contribuir com algo em torno de 10% do que é investido pelos membros principais, equivalente a R$ 58 milhões por ano.
- **CHEF DE COZINHA BRASILEIRA JANAÍNA TORRES RUEDA venceu o prêmio DE MELHOR CHEF FEMININA DO MUNDO de 2024.** O reconhecimento partiu do The World's 50 Best Restaurants, o maior prêmio da gastronomia mundial. Ela é chef e co-proprietária do **restaurante A CASA DO PORCO** e conhecida por ter atuado no projeto "Cozinheiros pela Educação", onde treinou cozinheiros de escolas públicas para oferecer uma merenda com menos produtos processados e mais ingredientes in natura.
- **SUBMARINO TONELERO (S42):** presidente **LULA** e o presidente da **FRANÇA, EMMANUEL MACRON**, participaram da cerimônia de batismo e lançamento ao mar do **SUBMARINO TONELERO (S42), em Itaguaí, no Rio de Janeiro.** A embarcação faz parte do **Programa de Desenvolvimento de Submarinos (Prosub),** uma parceria entre o Brasil e França firmada em 2008, com orçamento de aproximadamente R$ 40 bilhões. O **TONELERO é o 3º submarino** convencional com propulsão diesel-elétrico construído totalmente no Brasil, através do Prosub. Todos os submarinos desenvolvidos pelo Prosub **são batizados com nomes de batalhas vencidas pela Marinha no século 19.** O nome Tonelero faz menção à principal ação naval da Marinha Imperial brasileira na Guerra do Prata (1851-1852), também conhecida como **Guerra contra Oribe e Rosas**. A "Passagem de Tonelero" foi uma manobra em que os navios brasileiros transpuseram, sob ataque do Exército argentino, o Passo de Tonelero, uma região às margens do rio Paraná, em território argentino.

ATUALIDADES

Atualmente, 2 submarinos desenvolvidos pelo Prosub já estão em operação: o Riachuelo e o Humaitá. O **submarino RIACHUELO** foi entregue em setembro de 2022, primeiro a ser lançado com recursos do Prosub, homenageia a **vitória brasileira na batalha do Riachuelo**, na Guerra do Paraguai (1864-1870) entre Brasil, Argentina, Uruguai e Paraguai. Já o **submarino HUMAITÁ** foi entregue em janeiro de 2024 e homenageia a passagem da **Esquadra brasileira pelo complexo fortificado de Humaitá no Rio Paraguai**, durante a Guerra do Paraguai.

- A **Corte Interamericana de Direitos Humanos (Corte IDH)**, na Costa Rica, **CONDENOU o ESTADO BRASILEIRO pela ação policial que terminou com a morte de 12 homens**, na rodovia Senador José Ermírio de Moraes, a Castelinho (SP-75), entre Itu e Sorocaba, no interior de São Paulo. O caso ficou conhecido como "**OPERAÇÃO CASTELINHO**", e **ocorreu em 2002**. Teve como ponto de partida a **saída temporária da prisão de três detentos** com autorização da Justiça. De acordo com a corte, eles transmitiram a 12 pessoas a notícia falsa de que um avião que transportava R$ 28 milhões aterrissaria no Aeroporto de Sorocaba, no interior do estado, no dia 5 de março daquele ano, e incitaram o grupo a preparar um roubo à aeronave. O grupo, juntamente com os infiltrados [os três detentos], saiu em direção ao aeroporto, pela Rodovia Castelo Branco, em quatro veículos. Quando o ônibus do comboio chegou ao pedágio, os agentes de polícia interromperam o trânsito, rodearam o comboio e dispararam durante, aproximadamente, 10 minutos contra o ônibus. A Corte argumentou que não houve um intercâmbio de disparos entre os policiais e as 12 pessoas mortas, uma vez que a maior parte das provas indica que as supostas vítimas não estavam armadas no momento de sua morte. Por isso, a corte concluiu que a privação da vida das 12 pessoas durante a Operação Castelinho resultou de uma ação planejada e realizada por agentes estatais para executar extrajudicialmente as referidas pessoas. O julgamento internacional responsabilizou o Estado brasileiro, mas a ação se refere aos atos cometidos pela polícia militar paulista.
- **AUMENTO DO VALOR DAS MORADIAS EM PORTUGAL** vem ocasionando uma série de crises no país europeu, entre elas, o acréscimo de pessoas sem-tetos espalhadas pelas ruas da capital, Lisboa. **Os brasileiros correspondem a 80% das inscrições do programa de retorno voluntário ao país** de origem. O projeto, financiado em parte pelo Governo Portugal, visa ajudar imigrantes que não conseguem suprir com as suas necessidades básicas. Uma alternativa encontrada por alguns brasileiros para fugir dos aluguéis caros foi montar um acampamento, com tendas, em lugares públicos. A **XENOFOBIA em Portugal** é uma realidade que vem aumentando desde 2017. Segundo dados da Comissão para Igualdade e Contra a Discriminação Racial do governo de Portugal, as denúncias de xenofobia contra imigrantes brasileiros cresceram mais de 500% até o final do ano passado, em relação a 2022.
- **AGÊNCIA DE MONITORAMENTO FINANCEIRO DA RÚSSIA**, a Rosfinmonitoring, adicionou o **ex-campeão mundial de xadrez GARRY KASPAROV**, um crítico proeminente do governo russo, à **LISTA de "TERRORISTAS E EXTREMISTAS" do país**. A listagem impõe limites às transações bancárias dos indivíduos e os obriga a buscar aprovação sempre que quiserem usar suas contas. Kasparov fugiu da Rússia em 2014 por medo de perseguição. Em reação a decisão, Kasparov ironizou a decisão do governo russo. "Uma honra que diz mais sobre o regime fascista de Putin que sobre mim", escreveu em seu perfil do X.
- **FILME "OPPENHEIMER"** foi o grande **vencedor da 96ª edição do OSCAR 2024**. O longa sobre o "pai" da **BOMBA ATÔMICA** foi premiado nas seguintes categorias: melhor filme, melhor direção, melhor montagem, melhor fotografia, melhor trilha sonora original, melhor ator, com Cillian Murphy, e melhor ator coadjuvante, com Robert Downey Jr.
- **CONSELHO DE SEGURANÇA DAS NAÇÕES UNIDAS aprovou** sua primeira proposta de resolução que **pede um CESSAR-FOGO imediato na FAIXA DE GAZA**. Após quatro tentativas fracassadas ao longo de mais de cinco meses de conflito, o Conselho aprovou a resolução com os votos de 14 de seus 15 membros e a **ABSTENÇÃO dos ESTADOS UNIDOS. Não teve nenhum voto contrário.** A ONU não tem poder coercitivo, mas o secretário-geral da entidade pediu para governo israelense acatar decisão do conselho. O **CESSAR-FOGO prevê uma pausa no conflito durante o mês do Ramadã**, o período sagrado para os muçulmanos — que começou dia 10 e termina em 9 de abril. O Conselho de Segurança é formado por 15 países: cinco com assento permanente (China, França, Rússia, Reino Unido e Estados Unidos) e dez rotativos (Argélia, Equador, Guiana, Japão, Malta, Moçambique, Coréia do Sul, Serra Leoa, Eslovênia e Suíça).
- **ALIANÇA DEMOCRÁTICA (AD)**, coligação liderada pelo **Partido Social Democrata (PSD),** de **centro-direita**, ganhou por estreia margem de votos do Partido Socialista (PS) as eleições legislativas de **PORTUGAL. LUIS MONTENEGRO**, o líder do Partido Social Democrata, de 51 anos, é advogado de formação e está no Parlamento há 16 anos. Em Portugal, os votos na eleição legislativa, diferentemente do que ocorre no Brasil, são para um partido, não em um candidato. O partido que obtiver mais votos pode ganhar o controle do Legislativo, mas só se conquistar um número mínimo de assentos no Parlamento. A disputa ficou marcada também pela **ascensão** do **CHEGA, de extrema direita**, que aumentou significativamente o número de cadeiras na Assembleia da República, como é chamado o Parlamento local, e terminou em terceiro lugar.
- **PRIMEIRO-MINISTRO DO HAITI, ARIEL HENRY**, anunciou sua **RENÚNCIA** em meio a uma **grave crise de violência que assola o país há semanas**, com ataques altamente coordenados de gangues contra as autoridades e instituições estatais.
- **NOVA LEI DE SEGURANÇA NACIONAL**, conhecida como **ARTIGO 23**, entrou em vigor em **HONG KONG**. A legislação dá às autoridades da ex-colônia britânica mais poder para reprimir manifestações contrárias a China e ao governo de Hong Kong. A medida estabelece novos crimes de segurança nacional. Dentre eles interferência externa, traição, espionagem, insurreição, sabotagem e roubo de se-

gredos de Estado. Os crimes mais graves podem ter **PENAS DE PRISÃO PERPÉTUA**. A nova legislação permitirá à região administrativa "prevenir, resistir e eliminar prontamente os riscos à segurança nacional".

- **Por maioria de votos**, a Corte Especial do Superior Tribunal de Justiça (STJ) homologou a sentença da Itália que condenou o **ex-jogador Robson de Souza**, conhecido como **ROBINHO, à pena de 9 ANOS de prisão por ESTUPRO COLETIVO na ITÁLIA**. Com a homologação, o STJ confirmou a possibilidade de transferência da execução da pena para o Brasil e estabeleceu o regime. Robinho, foi preso pela Polícia Federal em **SANTOS**. O caso foi em 2013, em Milão, e a vítima é uma jovem albanesa. A sentença definitiva saiu nove anos depois, em janeiro de 2022, pela mais alta instância da Justiça italiana.
- **EL NIÑO** que vivemos é um dos mais intensos já registrados. Inclusive, o **ano de 2023** foi o **MAIS QUENTE DA HISTÓRIA** e confirmado pelo relatório da Organização Meteorológica Mundial (OMM). Os recordes foram, mais uma vez, quebrados em termos de níveis de gases de efeito de estufa, temperaturas da superfície, calor e acidificação dos oceanos, aumento do nível do mar, cobertura de gelo marinho na Antártida e recuo dos glaciares. Já a **LA NIÑA** é o oposto do El Niño e deve refrescar grande parte do Brasil e do mundo. Ela é provocada pelo **resfriamento do OCEANO PACÍFICO**. Apesar de atualmente o fenômeno [El Niño] estar classificado como forte, a intensidade do fenômeno deve mudar de moderada para fraca nos próximos meses com possibilidade de formação do La Niña no segundo semestre.
- **FINLÂNDIA** mais uma vez **LIDERA** o **Relatório Mundial de FELICIDADE**, que mede o suporte social, renda, saúde, liberdade, generosidade e ausência de corrupção para determinar a felicidade de um país. Em **2º lugar** ficou a **DINAMARCA** e em **3º lugar** a **ISLÂNDIA**. O **BRASIL** subiu 5 posições e agora é o **44º colocado no ranking**. O **AFEGANISTÃO** aparece em **ÚLTIMO LUGAR**. Pela 1ª vez em 10 anos, **EUA e Alemanha NÃO figuram entre os 20 primeiros colocados**. Na atual edição, ocupam as posições 23 e 24, respectivamente.
- **ÍNDICE DE DESENVOLVIMENTO HUMANO (IDH):** Os três países no topo do Índice de Desenvolvimento Humano (IDH) são:

  Suíça (0,967),

  Noruega (0,966)

  Islândia (0,959).

  Em **ÚLTIMO LUGAR** está a **SOMÁLIA (0,380).** Os dados do relatório atual são referentes ao ano de 2022.

  O **BRASIL caiu duas posições** e agora está na **POSIÇÃO 89**, na faixa dos países com desenvolvimento alto. O IDH brasileiro ficou em **0,760**. O **AZERBAIJÃO** tem o MESMO índice do Brasil. O IDH mede o bem-estar da população considerando três pilares: **saúde, educação e renda**. Ele varia de **zero** a **1** e, quanto maior, melhor. Anualmente, o programa divulga o IDH das nações em um ranking dividido em **quatro faixas de desenvolvimento**. São elas:

  MUITO ALTO (igual ou acima de 0,800)

  ALTO (de 0,700 a 0,799)

  MÉDIO (de 0,555 a 0,699) e

  BAIXO (abaixo de 0,555)

  O Brasil está à frente de países vizinhos como Colômbia e Venezuela. Mas segue atrás da Argentina, Peru, Uruguai, Chile, além de México e Cuba. A melhora do Brasil veio graças principalmente a um aumento da expectativa de vida, que subiu de 72,8 para 73,4 anos, em relação a 2021, depois de uma queda causada pela pandemia. O **CHILE** é o país da **América Latina e do Caribe** com o **IDH MAIS ALTO, sendo 0,860.** O PNUD afirma que a **América Latina e Caribe** são as regiões que tiveram **MAIOR QUEDA** no IDH entre 2019 e 2021, com leve recuperação de 0,75 para 0,76 em 2022.
- **CHORO É DECLARADO PATRIMÔNIO CULTURAL IMATERIAL DO BRASIL:** o **CHORO**, musicado pelo conjunto de bandolim, flauta, violão 7 Cordas, pandeiro, cavaquinho e clarinete, virou Patrimônio Cultural do Brasil. O gênero genuinamente brasileiro passa a ser reconhecido como parte da cultura e da história do país. A decisão do registro foi tomada por unanimidade, pelo Conselho Consultivo do Patrimônio Cultural, presidido pelo Iphan, Instituto do Patrimônio Histórico e Artístico Nacional. Nomes como Chiquinha Gonzaga e Pixinguinha se consagraram no gênero.
- **AMAZONAS RECONHECE SURTO DE FEBRE DO OROPOUCHE:** Após 1.674 casos da Febre do Oropouche no Amazonas em 2024, o governo do Estado reconheceu o surto da doença. A arbovirose tem sintomas semelhantes aos da dengue. A Febre do Oropouche é transmitida principalmente por um mosquito conhecido popularmente como **MARUIM ou MERUIM**. O mosquito é 20 vezes menor que o Aedes aegypti.
- **PRINCIPAL RIO DE RORAIMA REGISTRA SEGUNDA MAIOR SECA DA HISTÓRIA:** O **RIO BRANCO** atingiu a marca de 39 centímetros e enfrenta a segunda maior seca da história.
- **LIVRO "O AVESSO DA PELE" É RETIRADO DE ESCOLAS:** O livro "O avesso da pele", escrito por Jeferson Tenório e vencedor do prêmio Jabuti em 2021, teve seu recolhimento decretado nos **estados de GOIÁS, MATO GROSSO DO SUL e PARANÁ**. O livro conta a história de um menino negro que teve o pai assassinado em uma abordagem policial. Os estados do Mato Grosso do Sul e Paraná, por sua vez, recolheram os livros sob a justificativa de linguagem "imprópria" ou "inadequada".
- **LULA LANÇA PLANO JUVENTUDE NEGRA VIVA (PJNV):** O objetivo do programa é reduzir desigualdades enfrentadas pela população negra através de ações nas áreas de saúde, educação e segurança pública. Ao todo, serão investidos 655 milhões de reais no Plano. Em destaque entre as ações está a criação de um projeto nacional para o uso de câmeras corporais por policiais. A intenção é evitar abordagens violentas, que atingem, principalmente, jovens negros. Ainda estão programadas ações de cotas étnico-raciais para programas de fomento à cultura, além de bolsas de incentivo a jovens que queiram ingressar em carreiras do serviço público federal. Em outro ponto, o plano prevê a aplicação de uma política pública de saúde para tratar pes-

soas que foram resgatadas de regime de trabalho análogo à escravidão, em sua maioria, negros.

- **RIO DE JANEIRO CRIA DATA PARA REFLEXÃO SOBRE MORTE DE JOVENS NEGROS:** O governo do Rio de Janeiro sancionou a lei que cria o **DIA DE LUTA JOVEM PRETO VIVO – JOÃO PEDRO MATOS PINTO**, aprovada pela Assembleia Legislativa do Rio de Janeiro (Alerj). A lei visa criar uma data comemorativa, a ser celebrada anualmente em **18 DE MAIO**, com o objetivo de sensibilizar a sociedade sobre a violência cometida contra jovens negros no estado. O Dia de Luta homenageia João Pedro Matos Pinto, adolescente de 14 anos assassinado com um tiro de fuzil, pelas costas, por policiais em 18 de maio de 2020, durante uma operação no Complexo do Salgueiro, em São Gonçalo, no Grande Rio.
- **MATTEL LANÇA BARBIE INDÍGENA EM HOMENAGEM A INFLUENCER MAIRA GOMEZ:** trata-se da primeira Barbie indígena do Brasil, inspirada na influenciadora Maira Gomez, conhecida nas redes como Cunhaporanga, que significa "moça bonita".
- **DEPUTADO FEDERAL NIKOLAS FERREIRA NA COMISSÃO DE EDUCAÇÃO DA CÂMARA:** Nikolas Ferreira (PL-MG) foi eleito presidente da Comissão de Educação, por 22 votos favoráveis e 15 votos brancos. A decisão se deu após falhar a articulação de parte do PT, que tentava impedir que o parlamentar indicado pelo PL ocupasse o posto. Petistas alegam que o partido oposicionista teria quebrado um acordo estabelecido e feito a indicação de última hora para tentar barganhar com o PT pela vice-presidência no colegiado de Saúde.
- **PRISÕES DOS MANDANTES DO ASSASSINATO DA VEREADORA MARIELLE FRANCO:** trata-se do deputado estadual fluminense **CHIQUINHO BRAZÃO**, do União Brasil, e seu irmão **DOMINGOS BRAZÃO**, Eles são os idealizadores do crime brutal. A outra, que pegou até a família de Marielle de surpresa, é o envolvimento de **RIVALDO BARBOSA, chefe da Polícia Civil do Rio de Janeiro**, no planejamento do crime e obstrução da investigação.
- **BOLSONARO NA EMBAIXADA DA HUNGRIA:** ex-presidente Jair Bolsonaro confirmou ter permanecido dois dias na Embaixada da Hungria em Brasília, logo após ser alvo de uma operação da Polícia Federal que apreendeu seu passaporte, em fevereiro. as imagens captadas mostram que Bolsonaro chegou à embaixada no dia 12 de fevereiro, segunda-feira de Carnaval. Quatro dias antes de Bolsonaro se abrigar na embaixada, a PF tinha apreendido o passaporte dele, com base em uma investigação que apura uma suposta trama golpista liderada pelo ex-presidente para permanecer no poder após a derrota para Lula nas eleições de 2022.
- **GABIGOL, JOGADOR DO FLAMENGO, É SUSPENSO POR 2 ANOS** sob acusação de **FRAUDE** em exame **ANTIDOPING**.
- **TROFÉU ROBERTO DINAMITE:** A CBF vai homenagear Roberto Dinamite. E dará o nome do maior ídolo da **história do Vasco** ao troféu de **ARTILHEIRO do Campeonato Brasileiro**. Além do troféu, o vencedor receberá também um prêmio financeiro.
- **BRASIL VOLTA AO GRUPO DAS 10 MAIORES ECONOMIAS DO MUNDO APÓS ALTA DO PIB:** O crescimento de 2,9% do Produto Interno Bruto (PIB) em 2023 colocou o Brasil de volta na lista das 10 maiores economias do mundo. O desempenho fez o **BRASIL** ocupar a **9ª COLOCAÇÃO**. Os ESTADOS UNIDOS, CHINA e ALEMANHA lideram o ranking.
- **TURISTA BRASILEIRA É ESTUPRADA POR SETE HOMENS NA ÍNDIA:** Fernanda e Vicente viajavam de moto até o Nepal, mas decidiram acampar em **DUMKA** e foram atacados pelo grupo durante a noite. Fernanda cedeu à polícia uma gravação que conseguiu fazer da voz de um dos criminosos. Esse arquivo permitiu que a polícia encontrasse em poucas horas o suspeito, que confessou o crime. Depois, outras duas prisões de envolvidos foram feitas. Como Fernanda e seu marido também foram agredidos e roubados, o governo local pagou uma indenização para eles de cerca de R$ 60 mil.
- **PERNAMBUCANA É A PRIMEIRA DO PAÍS A OBTER REGISTRO INTERSEXO:** Após quase três anos de espera, incluindo o período de um processo judicial, a jornalista e fotógrafa **Céu Ramos de Albuquerque** conseguiu o direito de retificar o nome e o sexo na certidão de nascimento. Ela é a primeira pessoa intersexo de que se tem notícia em todo o Brasil a fazer a alteração com esse termo no registro civil. As pessoas intersexo são aquelas que têm características sexuais que, desde o nascimento, não se enquadram nas normas médicas e sociais para corpos femininos ou masculinos. Essas características podem estar relacionadas a cromossomos, órgãos genitais, hormônios, entre outros.
- **GOVERNO FEDERAL ANUNCIOU MUDANÇAS NA COMPOSIÇÃO DA CESTA BÁSICA BRASILEIRA:** Agora, a cesta básica será composta principalmente por **ALIMENTOS IN NATURA** ou minimamente processados, em detrimento dos **ALIMENTOS ULTRAPROCESSADOS.** Essa mudança reflete o compromisso do governo em promover uma alimentação mais saudável e nutritiva para os brasileiros. Com essa iniciativa, o governo busca melhorar a qualidade da alimentação da população de baixa renda, contribuindo para a promoção da saúde e o combate à desnutrição e às doenças relacionadas à má alimentação. Além disso, a nova composição da cesta básica incluirá ingredientes culinários, proporcionando maior diversidade e possibilidades na preparação das refeições.
- **AMPLIAÇÃO DO DIREITO À LICENÇA MATERNIDADE A TRABALHADORAS:** O Supremo Tribunal Federal (STF) decidiu, em julgamento da Ação Direta de Inconstitucionalidade (ADI) 2110 ampliar o direito à licença-maternidade para trabalhadoras autônomas, derrubando uma regra de 1999. Agora, as profissionais **autônomas, seguradas especiais e facultativas** devem se igualar às contratadas pela Consolidação das Leis do Trabalho (CLT), tendo direito à licença por parto, nascimento, adoção ou aborto com **APENAS** um pagamento/contribuição ao INSS.
- **PANDEMIA DA COVID-19 COMPLETA 4 ANOS:** A pandemia de covid-19 completou 4 anos no dia 11/03/2024. A caracterização da doença foi decretada pela OMS (Organização Mundial da Saúde) em 2020. Na época, o patamar foi determinado pelo fato desse vírus ter se espalhado mundialmente, disseminando-se em diversos países e afetando um grande número de pessoas.

- **ANVISA APROVA REGISTRO DA VACINA SPIKEVAX MONOVALENTE:** o imunizante está atualizado para proteger contra a **variante ômicron XBB 1.5 da covid**, conhecida popularmente como **KRAKEN**.
- **OBESIDADE ATINGE MAIS DE UM BILHÃO DE PESSOAS NO MUNDO:** A pesquisa foi feita em colaboração com a OMS (Organização Mundial da Saúde). Os dados mostram que a doença mais do que **dobrou** entre adultos e **quadruplicou** entre crianças e adolescentes de 5 a 19 anos, no período entre 1990 e 2022. Esses dados sugerem que a obesidade se tornou a forma mais comum de **MÁ NUTRIÇÃO** na maioria dos países.
- **FRANÇA INCLUI DIREITO AO ABORTO EM SUA CONSTITUIÇÃO:** no Dia Internacional da Mulher, a inclusão tornou a França o primeiro país do mundo a tornar a interrupção voluntária da gravidez um direito previsto na Constituição. A inserção foi feita manualmente com uma impressora do século XIX para selar a alteração na Constituição. Foi a primeira vez que a máquina, de 300 kg, saiu da sala onde fica. A lei foi inserida dentro do **Artigo 34** da Constituição francesa. O artigo passou a ter a seguinte inscrição: "a lei determina as condições em que uma mulher tem a liberdade garantida de recorrer ao aborto".
- **CRISE ENERGÉTICA EM CUBA:** O governo de Cuba desligou quase 75% da iluminação pública da ilha para evitar apagão. O país passa por problemas de abastecimento energético por causa da **FALTA DE COMBUSTÍVEL** e pela necessidade de manutenção da infraestrutura obsoleta.
- **REPÚBLICA TCHECA – KRYSTYNA PYSZKOVA - MISS MUNDO 2024:** Krystyna é coroada Miss Mundo 2024. A **AMAZONENSE LETÍCIA FROTA** ficou entre as 8 finalistas e recebeu o prêmio **BELEZA COM PROPÓSITO**. A brasileira possui um projeto que apoia a <u>luta contra a</u> **HANSENÍASE**
- **EX-PRESIDENTE DA ARGENTINA, ALBERTO FERNANDEZ, É DENUNCIADO POR PECULATO:** a denúncia diz respeito à contratação de serviços de seguros para diversas áreas da administração pública. A origem da denúncia é um decreto do próprio Fernández de 2021, quando estabeleceu que, a partir daquele momento, todas as apólices dos órgãos estatais deveriam ser feitas com a Nación Seguros, braço segurador do banco estatal Banco de la Nación Argentina. A medida pagou comissões ao novo corretor que giram em torno de US$ 20 milhões por ano e US$ 300 mil mensalmente, aumentando exponencialmente os custos para o erário público e alimentando a suspeita de que o valor seria redistribuído
- **ARGENTINA E LEI ANTICASTA:** O presidente da Argentina, **JAVIER MILEI** enviará ao Congresso um novo pacote de leis na abertura das sessões ordinárias. **Batizada de lei "anticasta",** as medidas preveem o fim do financiamento público dos partidos e o desconto no pagamento de funcionários públicos que participem de greves. Além disso, a lei prevê uma espécie de "lei ficha limpa" que proíbe que pessoas condenadas em segunda instância sejam candidatas em eleições nacionais.
- **EXTREMA DIREITA NÃO VENCEU AS ELEIÇÕES EM PORTUGAL:** o líder do partido **CHEGA**, **André Ventura**, dizia que "se o Chega vencer as eleições legislativas no próximo domingo, o senhor presidente do Brasil, Luiz Inácio Lula da Silva, não vai entrar em Portugal". Ele ameaçou até prender o presidente brasileiro caso ele insista em viajar ao país europeu para comemorar a **REVOLUÇÃO DOS CRAVOS**, que completará 50 anos em 25 de abril. Por fim, o partido ficou em <u>terceiro lugar no pleito</u>. Quem venceu foi a coligação política **Aliança Democrática**, de **CENTRO DIREITA**, coligação liderada pelo Partido Social Democrata (PSD).
- **PAOLA ROLDÁN, A MULHER QUE LUTOU PELA DESCRIMINALIZAÇÃO DA EUTANÁSIA NO EQUADOR**, morre aos 42 anos. Ela foi diagnosticada com esclerose lateral amiotrófica (ELA) em 2020, que a manteve com 95% de incapacidade e a mantinha conectada a um respirador e sob cuidados paliativos. No dia 7 de fevereiro, o Tribunal Constitucional do **EQUADOR APROVOU A DESCRIMINALIZAÇÃO CONDICIONAL DA EUTANÁSIA** no país com base na alegação de inconstitucionalidade do artigo 144 do Código Penal Integral. A medida criminalizava, por homicídio simples, quem ajudava uma pessoa que manifestasse seu desejo pela eutanásia. O processo foi apresentado pela equipe jurídica de Roldán em agosto de 2023. A ação foi admitida em setembro e o procedimento foi autorizado para Paola.
- **CIDADE DE LIMA (PERU) É ESCOLHIDA COMO SEDE DOS JOGOS PAN-AMERICANOS DE 2027:** Palco da competição em 2019, a cidade será a primeira a abrigar o Pan duas vezes nos jogos em um intervalo tão curto de tempo. Lima venceu Assunção, cidade do Paraguai, em eleição realizada em Miami, nos Estados Unidos, por 28 a 24.
- **VENEZUELA PROÍBE COMPANHIAS AEREAS DA ARGENTINA DE SOBREVOAREM SEU TERRITÓRIO:** O governo da Argentina apresentou uma nota de protesto à Venezuela pela decisão, e anunciou que serão tomadas medidas correspondentes no âmbito da Organização da Aviação Civil Internacional por violação da Convenção sobre Aviação Civil Internacional (Convenção de Chicago, 1944). Isso ocorre quase um mês depois que os **ESTADOS UNIDOS** confiscaram um avião de carga Boeing da estatal venezuelana **EMTRASUR** que estava na Argentina e que havia sido vendido por uma companhia aérea **IRANIANA** sancionada, violando as leis federais de controle de exportação.
- **PARLAMENTO EUROPEU APROVA NOVA LEI DE LIBERDADE DE IMPRENSA**: A chamada Lei Europeia de Liberdade de Imprensa visa proteger os profissionais de mídia de pressões políticas e da espionagem cibernética, além de criar salvaguardas legais para garantir a independência editorial e a proteção das fontes jornalísticas. As grandes plataformas de internet, como o Google ou as redes sociais X e Facebook, serão obrigadas a dar um prazo de 24 horas aos veículos de imprensa, além de um direito de resposta, antes de restringir ou eliminar seus conteúdos. Para que estejam aptas a receber esse benefício, as organizações de mídia deverão estar devidamente registradas. O texto ainda precisará ser adotado pelos Parlamentos dos 27 Esta-

dos-membros da UE, o que deve ocorrer dentro de poucos meses. A aplicação da lei ficará a cargo de cada país.

- **INCÊNDIO DEVASTA ESTÚDIO HISTÓRICO DE CINEMA NO EGITO**: Um grande incêndio devastou o icônico **AL-AHRAM STUDIO**, de 80 anos, no Cairo, causando grandes danos e se espalhando para edifícios adjacentes. O Ministério Público do Egito lançou uma investigação sobre a causa do incêndio.
- **ONU APROVA RESOLUÇÃO PARA REGULAR O USO DA INTELIGÊNCIA ARTIFICIAL**: Texto aprovado por unanimidade ressalta que ninguém deve usar a Inteligência Artificial para prejudicar a paz ou reprimir direitos humanos.
- **ATAQUE A CASA DE SHOW NA RÚSSIA:** O número de mortos nos ataques a tiros à casa de shows **CROCUS CITY HALL**, em Moscou, capital da Rússia, subiu para 139. Assassinos usaram armas automáticas e roupas camufladas. O **ESTADO ISLÂMICO** reivindicou a autoria do ataque. A **UCRÂNIA** nega envolvimento.
- **PONTE DESABA EM BALTIMORE, NOS EUA, APÓS COLISÃO DE NAVIO:** A **ponte FRANCIS SCOTT KEY**, em Baltimore (EUA), desabou depois de ser atingida por um navio de carga. A embarcação tem bandeira de Cingapura. Cerca de 20 pessoas estão desaparecidas. Investigação irá apurar o uso de combustível impróprio pela embarcação, possível causa da falta de energia durante o acidente.
- **UNIÃO EUROPEIA APROVA INÍCIO DE NEGOCIAÇÕES PARA ADESÃO DA BÓSNIA-HERZEGOVINA AO BLOCO.** Porém, os Estados-membros deixam claro que o país terá que empreender mais reformas judiciais e eleitorais.
- **PRIMEIRA MINISTRA DA ITÁLIA, GIORGIA MELONI, PEDE 100 MIL EUROS EM INDENIZAÇÃO** após ser vítima de **DEEPFAKE** pornográfico.
- **RÚSSIA ADICIONA "MOVIMENTO INTERNACIONAL LGBTQIA+" A LISTA DE ENTIDADES TERRORISTAS:** Medida segue a decisão judicial de novembro passado, de que ativistas LGBT deveriam ser designados como extremistas, o que os coloca em risco de prisões, processos e congelamento de contas bancárias.

OSCAR - 2024

- **MELHOR FILME:** OPPENHEIMER
- **MELHOR FILME INTERNACIONAL:** ZONA DE INTERESSE
- **MELHOR FILME DE ANIMAÇÃO:** O MENINO E A GARÇA
- **MELHOR DOCUMENTÁRIO:** 20 DIAS EM MARIUPOL
- **MELHOR ATOR:** CILLIAN MURPHY (Oppenheimer)
- **MELHOR ATRIZ:** EMMA STONE (Pobres Criaturas)
- **MELHOR ATOR COADJUVANTE:** ROBERT DOWNEY JR (Oppenheimer)
- **MELHOR ATRIZ COAJJUVANTE:** DA'VINE JOY RANDOLPH (Os Rejeitados)

FALECIMENTOS:

- **AKIRA TORIYAMA**, criador de **DRAGON BALL**, morre aos 68 anos devido a um coágulo de sangue no cérebro.
- **ERIC CARMEN,** cantor de "**ALL BY MYLSELF**" morre aos 74 anos. Não foi anunciada a causa da morte.
- **PEDRO HERZ**, dono da **LIVRARIA CULTURA**, morre aos 83 anos de ataque cardíaco.

4. PRINCIPAIS FATOS DE ABRIL DE 2024

- **ACAMPAMENTO TERRA LIVRE:** Oito mil **INDÍGENAS** estão em **BRASÍLIA** para cobrar demarcação de terras. O **Acampamento TERRA LIVRE completa 20 anos com o lema: "Nosso marco é ancestral. Sempre estivemos aqui".** O foco é a reafirmação da luta contra a lei do marco temporal. Por meio dessa regra, os povos indígenas somente teriam direito à demarcação de terras que estavam ocupadas por eles na data da promulgação da Constituição, em 5 de outubro de 1988. O Acampamento marca também uma postura de crítica ao governo, principalmente, pela demora em demarcar novas terras. Além disso, aconteceu um ato denúncia à violência contra lideranças indígenas, e também uma **homenagem à Nêga Pataxó, assassinada em janeiro, na BAHIA.**
- **ALEMANHA descriminalizou parcialmente o uso de MACONHA.** A nova lei passa a valer a partir de 1º de abril de 2024. Segundo a nova legislação do país, os maiores de 18 anos na Alemanha poderão possuir quantidades substanciais de cannabis, mas regras rigorosas vão dificultar a compra da droga. A nova lei tem como objetivo minar o mercado ilegal, proteger os usuários da cannabis de baixa qualidade e cortar os fluxos de receitas das quadrilhas do crime organizado. A posse de até **25 gramas** será liberada em **espaços públicos**. Em **residências particulares** o limite legal será de **50 gramas**. As pessoas não poderão fumar maconha perto de escolas, centros desportivos ou em "zonas de pedestres" entre as 7h00 e as 20h00. Associações de produtores ou "clubes sociais" podem ser criados com até 500 integrantes. Os membros dos clubes devem ter mais de 18 anos e morar na Alemanha. Os clubes podem cultivar e distribuir a droga estritamente sem fins lucrativos. Não será permitido consumir o medicamento no local.

  Descriminalização no Brasil: No Brasil, o Supremo Tribunal Federal (STF) está prestes aprovar a descriminalização do porte de drogas para consumo, incluindo a maconha. Cinco ministros se posicionaram a favor da medida, sendo necessário mais um voto para que ela entre em vigor. A Corte também caminha para fixar parâmetros objetivos de quantidade de maconha para diferenciar quem seria usuário ou traficante, o que, na visão de defensores da medida, pode reduzir o que seriam prisões equivocadas por tráfico no país. Por enquanto, estão a favor da descriminalização do porte para consumo Gilmar Mendes (relator da ação), Edson Fachin, Luís Roberto Barroso, Alexandre de Moraes e a ex-presidente da Corte, Rosa Weber, que se aposentou. Eles argumentaram que o uso da maconha é uma questão de liberdade individual e deve ser combatido com campanhas de informação e atendimento focado na saúde dos usuários. Votou contra a descriminalização os ministros André Mendonça, Nunes Marques e Cristiano Zanin."A descriminação, ainda que parcial das drogas, poderá contribuir com o agravamento deste problema de saúde", argumentou Zanin. O julgamento, iniciado em 2015, foi suspenso em março de 2024, após o ministro Dias Toffoli pedir vista (mais tempo para analisar o caso). Ele terá até 90 dias para analisar o processo antes de devolvê-lo para que o presidente da Casa, Luís Roberto Barroso. Além dele, faltam votar Luiz Fux e Cármen Lúcia.

- **BRASIL NO CENTRO: Instituto Brasileiro de Geografia e Estatística (IBGE)** lançou o **NOVO MAPA** voltado para o público escolar. Na edição, o **BRASIL** aparece pela primeira vez no **CENTRO DO MUNDO**. Além disso, há sinalização nos países que compõem o G20. De acordo com o IBGE, a divulgação ocorre em consonância com o momento especial em que o Brasil está presidindo o G20 e é uma oportunidade de mostrar uma forma singular do Brasil ser visto em relação a esse grupo de países e ao restante do mundo. A nova versão também inclui a **marcação dos países que compõem o G20** e dos com **representação diplomática brasileira.**
- **MERCÚRIO**: uma pesquisa realizada pela Fundação Oswaldo Cruz (Fiocruz) indica que a **contaminação por MERCÚRIO** afeta toda a população de nove aldeias em **RORAIMA**, do povo Yanomami. Os resultados foram obtidos a partir da análise de amostras de cabelos colhidas em outubro de 2022. De acordo com as pesquisadoras e os pesquisadores, o estudo mostra uma situação preocupante e contribui para aprofundar o conhecimento sobre os impactos do garimpo ilegal de ouro na região. Os pesquisadores apontam que os maiores níveis de exposição foram detectados em indígenas que vivem nas aldeias localizadas mais próximas aos garimpos ilegais. A Terra Yanomami ocupa mais de 9 milhões de hectares e se estende pelos estados de Roraima e do Amazonas. A presença do garimpo ilegal nesse território é um problema de décadas. O mercúrio é usado no processo de separação do ouro dos demais sedimentos. Sendo uma atividade clandestina, que busca driblar a fiscalização, geralmente não são adotados cuidados ambientais. O mercúrio acaba sendo despejado nos rios e entra na cadeia alimentar dos peixes e de outros animais. Além da contaminação, o avanço do garimpo ilegal tem sido relacionado com outros problemas de saúde enfrentados pelas populações yanomamis, tais como a desnutrição e o aumento de diferentes doenças, sobretudo a malária.
- **CANTORA BRASILEIRA, MARÍLIA MENDONÇA** (1995-2021), alcançou um marco significativo ao se tornar a **primeira artista do Brasil a atingir 10 bilhões de reproduções no SPOTIFY.**
- **SUÍÇA:** comissão do **Tribunal Europeu dos Direitos Humanos CONDENOU** o governo da **SUÍÇA** por não estar agindo como deveria em relação às **MUDANÇAS CLIMÁTICAS**. O pedido de análise foi levado ao tribunal por um grupo de suíças que argumenta que a falta de planos do país para diminuir a emissão de gases de efeito estufa, entre outras iniciativas, estaria colocando em risco os cidadãos da nação. **As mulheres integram a associação de Idosas Pela Proteção do Clima**. Essa foi a primeira vez na história que um país foi condenado por não agir para combater o aquecimento global.
- **ENCHENTE EM DUBAI:** em pleno deserto, a cidade de **DUBAI**, nos **EMIRADOS ÁRABES UNIDOS**, parou devido a um problema incomum: a **CHUVA**. Foi a tempestade mais intensa por lá em pelo menos 75 anos. Em menos de 48 horas, a cidade registrou 142 milímetros de chuva – volume muito maior do que o esperado para um ano inteiro, de 94,7 milímetros. **E a causa disso pode ser o FATOR HUMANO** e uma das razões pode ser uma **"SEMEADURA DE NUVENS"** mal calculada. A "semeadura", ou "cloud seeding", em inglês, é uma intervenção humana que consiste em bombardear nuvens com produtos químicos específicos, como iodeto de prata ou gelo seco. O governo dos Emirados realiza voos para esse propósito regularmente. O objetivo é provocar chuvas para aumentar a oferta de água na região desértica. Os Emirados Árabes Unidos dependem em grande parte de usinas de dessalinização para obter água potável, num processo caro, que consome muita energia. Por isso, eventualmente o país utiliza a semeadura de nuvens para aumentar a presença de água no subsolo. O **AQUECIMENTO GLOBAL** também pode ter potencializado o fenômeno, que transformou a cidade localizada em pleno deserto em um grande rio.
- **FOTO da palestina Inas Abu Maamar**, de 36 anos, **abraçada ao corpo da sobrinha Saly**, de 5 anos, morta em um bombardeio israelense em Khan Younis, na **FAIXA DE GAZA, ganhou o primeiro PRÊMIO DO WORLD PRESS PHOTO.** A imagem foi registrada pelo fotojornalista Mohammed Salem, no dia 17 de outubro de 2023, no hospital Nasser. A criança morreu com a mãe e a irmã após um míssil atingir sua casa na região sul de Gaza. O registro foi feito dez dias após o início do conflito entre Israel e Hamas, desencadeado no dia 7 de outubro de 2023, quando o grupo extremista atacou Israel.
- **GAIA BH3:** astrônomos identificaram um novo **BURACO NEGRO** na vizinhança. Batizado de **GAIA BH3**, o novato tem massa aproximadamente 33 vezes maior que o nosso Sol. Ele está a 2 mil anos-luz de distância da Terra, na constelação de Águia, e é o segundo buraco negro mais próximo de nós, atrás apenas do Gaia BH1, que está a 1,5 mil anos-luz daqui. (Lembrando: ano-luz é uma medida de distância. Dizer que um objeto que está a dois mil anos-luz de nós significa dizer que, se quebrássemos as leis da física e viajássemos na velocidade da luz, demoraríamos dois mil anos para chegar lá).
- **CIDADE DE AMSTERDÃ**, na **HOLANDA**, **proibiu a construção de hotéis para limitar o número de turistas em sua rede hoteleira**. A decisão foi anunciada como uma tentativa de "manter a cidade habitável para residentes e visitantes". A decisão faz parte de uma política que Amsterdã adotou em 2021, depois de uma iniciativa com 30 mil moradores pedir um **CONTROLE NO FLUXO DE TURISTAS** na região. Desde então, as autoridades são obrigadas a adotar medidas para limitar o turismo se a cidade passar de 20 milhões de diárias de hotéis em um ano. Em 2023, turistas totalizaram cerca de 20,7 milhões de diárias, de acordo com o governo local.
- **20ª edição da SP-ARTE** se deparou com uma polêmica ao ser revelada que uma tela de **TARSILA DO AMARAL** levada à feira por um galerista **poderia ser uma FALSIFICAÇÃO**. A tela é uma pintura datada de 1925 e que seria da fase **"PAU-BRASIL"** de Tarsila, quando a artista morava em Paris nos seus

ATUALIDADES

anos de formação. Ele pede **R$ 16 milhões pela tela**. O quadro estava no Líbano desde 1976 e foi trazido de volta ao Brasil há poucos meses, segundo seu proprietário, um homem de 60 anos com raízes familiares naquele país e que prefere não ter seu nome publicado. A tela, por não constar no catálogo raisonné de Tarsila, e por exigir a aprovação de especialistas, ainda carece de validação definitiva.

- **INVASÃO da polícia do EQUADOR na embaixada do MÉXICO** aconteceu na noite do dia 05/04. Durante a ação, os policiais **prenderam ex-vice-presidente do país JORGE DAVID GLAS ESPINEL GLAS**, condenado a seis anos de prisão por corrupção em um caso que envolve a **ODEBRECHT**. Glas recebeu asilo político do México e estava na embaixada desde dezembro 2023. Ele alega ser vítima de uma perseguição da Procuradoria-Geral do Equador. Após a invasão, o presidente mexicano López Obrador anunciou o rompimento das relações diplomáticas com o Equador. De acordo com a Convenção de Viena sobre as Relações Diplomáticas, de 1961, os locais de missões de um país dentro de um outro — como embaixadas e consulados — são considerados invioláveis. Equador e México aderiram à regra na década de 1960. Segundo o tratado, a entrada de agentes de estado dentro desses locais depende da autorização do chefe da missão estrangeira. Ou seja, no caso do Equador, a polícia deveria solicitar permissão ao embaixador mexicano para ingressar na Embaixada do México. **CRISE:** A crise entre México e Equador começou a escalar após declarações do presidente López Obrador sobre as eleições equatorianas de 2023. Em abril de 2024, Obrador comparou o assassinato de Fernando Villavicencio, que era candidato à Presidência do Equador, à violência na atual temporada eleitoral do México. Villavicencio foi morto em agosto de 2023, após um comício em Quito. Já no caso do México, vários candidatos locais foram assassinados nas últimas semanas. As eleições mexicanas estão marcadas para junho. **LOPES OBRADOR, presidente do MÉXICO**, também afirmou que a candidata de esquerda Luisa González, derrotada nas eleições do Equador, foi injustamente associada ao assassinato de Villavicencio. O presidente mexicano ainda culpou a mídia do Equador, chamando-a de corrupta. O governo do **EQUADOR** considerou as falas de Obrador "infelizes" e, como resposta, **declarou a embaixadora mexicana "PERSONA NON GRATA".** O termo "persona non grata" é um instrumento jurídico utilizado nas relações internacionais para indicar que um representante oficial estrangeiro não é mais bem-vindo.
- **TERRITÓRIO DE ESSEQUIBO** é disputado por **VENEZUELA e GUIANA** há mais de 100 anos. A área representa 70% do atual território da Guiana, e lá moram 125 mil pessoas. Tanto a Guiana quanto a Venezuela afirmam ter direito sobre o território com base em documentos internacionais. O **presidente da Venezuela, Nicolás Maduro, promulgou** a chamada **LEI ORGÂNICA PARA A DEFESA DE ESSEQUIBO**, que cria uma região venezuelana dentro do território internacionalmente reconhecido como parte da Guiana. O texto conta com 39 artigos que regulamentam a fundação da "Guiana Essequiba", como é chamado o território pelos venezuelanos. O artigo 25 da lei promulgada impede que apoiadores do governo da Guiana ocupem cargos públicos ou eletivos, o que cria uma camada de proteção à Venezuela contra críticos do projeto de anexação. Além disso, a lei também proíbe a divulgação do mapa político da Venezuela sem a inclusão do território de Essequibo. Caso Maduro decida realizar uma ação militar para tomar Essequibo, a única ligação viável por terra passa pelo Brasil. Trata-se de uma rodovia que começa em Boa Vista, em **RORAIMA**, e entra no território da Guiana por meio da ponte sobre o Rio Tacutu e segue adentro pelo país vizinho. No Brasil, essa via leva o nome de BR-401. O Itamaraty observa com "cautela" a decisão do presidente Nicolas Maduro de promulgar uma lei para anexar o território de Essequibo à Venezuela. A área de Essequibo corresponde a dois terços do território guianense, portanto uma anexação pela Venezuela representaria uma ameaça à integridade da Guiana.
- **ESLOVÁQUIA** escolheu como **novo presidente PETER PELLEGRINI**, político considerado do campo pró- Rússia e cético à Ucrânia.
- **PESQUISADORES BRASILEIROS** encontraram um **FÓSSIL INÉDITO de 540 milhões de anos**, em **MINAS GERAIS, no município de JANUÁRIA**. Batizado de **GHOSHIA JANUARENSIS**, o achado é uma **CIANOBACTÉRIA** de 10 micrômetros. A cianobactéria estava presente no período Pré-Cambriano, ou seja, antes dos dinossauros existirem. A descoberta de mais uma cianobactéria aponta que existiam fósseis mais antigos, o que reforça a teoria da evolução de Charles Darwin, de que já existia vida há mais de 500 milhões de anos.
- **PRESIDENTE DE PORTUGAL, Marcelo Rebelo de Sousa**, disse que o país foi responsável por uma série de **CRIMES CONTRA ESCRAVOS E INDÍGENAS NO BRASIL** na era colonial e que o Estado português deveria **REPARAR DANOS CAUSADOS** nesse período. Portugal foi o país que mais traficou africanos na era colonial. Foram quase 6 milhões deles, quase a metade do total de pessoas escravizadas à época pelos países europeus. Os principais destinos foram o Brasil e Caribe. Esta foi a primeira vez que um presidente de Portugal reconhece a culpa. Na conversa, no entanto, Marcelo Rebelo não especificou de que forma a reparação será feita.
- **PRESIDENTE DOS ESTADOS UNIDOS Joe Biden** sancionou projeto de lei que pode resultar no **BANIMENTO do TIKTOK no país**. No caso do TikTok, o aplicativo poderá ser banido nos EUA caso a **BYTEDANCE**, que é dona da rede social, não encontre um comprador de confiança dos norte-americanos. Após sanção de Biden, a ByteDance terá 270 dias – até meados de janeiro de 2025 – para encontrar um comprador das operações do TikTok nos Estados Unidos. Esse prazo poderá ser renovado por mais 90 dias. O novo dono não pode ter relação com a empresa chinesa. A expectativa é que a ByteDance ingresse com uma ação judicial para impedir a aplicação da lei. A empresa alega que o projeto é inconstitucional. A ideia de banir a plataforma vem desde o governo de Donald Trump, que dizia que a ByteDance representava um risco para a segurança do país porque a China poderia se aproveitar do poder da empresa para obter dados de usuários americanos. O TikTok, por sua vez, sempre negou.

O **pacote também inclui o envio de ajuda financeira para UCRÂNIA, ISRAEL e TAIWAN**. Por que o projeto passou junto de um pacote com temas diferentes? Uma versão anterior do texto estava paralisada no Senado desde março. Os congressistas, então, resolveram incluir a rede social em um pacote que inclui ajuda econômica a países aliados dos EUA, como Ucrânia e Israel. Projetos de lei de financiamento costumam andar mais rápido nas casas, além de ser uma prioridade do presidente Joe Biden.

- **PARLAMENTO DO REINO UNIDO aprovou uma LEI para DEPORTAR estrangeiros que pedem REFÚGIO.** O texto prevê que as autoridades britânicas mandem os imigrantes que entram ilegalmente no Reino Unido - e que pedem asilo no país - para **RUANDA**, na África, com passagem só de ida.Para abrir a porta para esses imigrantes, Ruanda concordou em receber do governo britânico um total de 370 milhões de libras esterlinas em um período de cinco anos, o equivalente a uns R$ 2,3 bilhões.
- **BANCO CENTRAL lançou** uma **MOEDA COMEMORATIVA de R$ 5** em **celebração aos 200 ANOS DA CRIAÇÃO DA PRIMEIRA CONSTITUIÇÃO DO BRASIL.** Moeda comemorativa é de prata e pesa 28 gramas. Destinados a colecionadores, a moeda foi cravada em sua face com o valor de R$ 5. Cada unidade custava R$ 440. Na parte da frente, ela tem **um livro da primeira Constituição brasileira aberto com as páginas em cor amarelada**, representando a antiguidade. Também há uma pena ao lado, que, segundo o BC, foi material usado para escrever o texto. A parte de trás mostra **o prédio do Congresso Nacional**. Banco Central diz que lançamento é uma homenagem ao Poder Legislativo. A primeira Constituição brasileira é datada de 25 de março de 1824, durante o Brasil Império. A Carta implementou o bicameralismo - composição formada pela Câmara dos Deputados e pelo Senado Federal.
- **ISRAEL ENCERRA OPERAÇÃO MILITAR NO MAIOR HOSPITAL DE GAZA**. A operação matou cerca de 200 homens do Hamas e da Jihad Islâmica **no HOSPITAL AL-SHIFA.** O Exército de Israel acusou o Hamas de usar o hospital como centro de comando. O Hamas nega.
- **A LEI "AL JAZEERA" FOI APROVADA EM ISRAEL.** O Parlamento de Israel aprovou uma lei que permite fechar emissoras internacionais no país. A nova legislação do governo de Benjamin Netanyahu mira o **JORNAL ÁRABE AL JAZEERA**, que é financiado pela monarquia do Qatar, país que tem atuado como mediador nas conversas entre Israel e o Hamas.
- **IRÃ ACUSA ISRAEL DE ATAQUE A CONSULADO NA SÍRIA E PROMETE DURA RESPOSTA.** Os governos do Irã e da Síria culparam Israel por um **ATAQUE AO CONSULADO IRANIANO** em Damasco, **NA SÍRIA**, no qual foi morto o brigadeiro-general da Guarda Revolucionária iraniana Mohamed Reza al Zahedi e seu assistente. Devido a isso, o IRÃ lançou mais de 300 drones e mísseis no território ISRAELENSE. Alguns drones foram derrubados pelas forças de defesa de Israel, pelos Estados Unidos, pelo Reino Unido e pela Jordânia antes de chegarem ao espaço aéreo israelense. O ataque do Irã foi uma grande surpresa para o mundo inteiro
- **VENEZUELA PRENDE YOUTUBER QUE GRAVOU VÍDEO "ENSINANDO" A DERRUBAR SISTEMA BANCÁRIO.** O Ministério Público da Venezuela confirmou nesta segunda-feira (1) que pediu uma medida cautelar contra um youtuber venezuelano que gravou um vídeo indicando um edifício onde ficavam os sistemas operativos de cartões de crédito e débito do país e afirmando que se uma bomba fosse colocada no local, derrubaria o sistema bancário do país. Oscar Alejandro Pérez, de 37 anos, foi preso no Aeroporto Internacional de Maiquetía
- **IBAMA CRIA PLATAFORMA PARA ACOMPANHAR RECUPERAÇÃO AMBIENTAL**. Trata-se da **RECOOPERAR**, que reunirá processos sobre áreas degradadas e dados geográficos como bioma e informações hidrográficas.
- **CARTÓRIOS LANÇAM AUTORIZAÇÃO ELETRÔNICA PARA DOAÇÃO DE ÓRGÃOS:** O presidente do Conselho Nacional de Justiça (CNJ), ministro Luís Roberto Barroso, junto com os cartórios, assinaram o lançamento da campanha **"Um Só Coração: Seja Vida na Vida de Alguém".** Essa iniciativa marca também a regulamentação da **Autorização Eletrônica de Doação de Órgãos (Aedo),** que é uma forma eletrônica e gratuita de autorizar a doação dos órgãos, tecidos e partes do corpo. A partir do preenchimento do formulário, o tabelião agenda uma videoconferência com a pessoa interessada e confirma a manifestação de vontade de se tornar doadora. Ambos assinam digitalmente a Aedo, que vai para um banco de dados e, imediatamente após o falecimento de um doador, é notificado no sistema que todos os médicos credenciados terão acesso.
- **VÍRUS SINCICIAL RESPIRATÓRIO E INFLUENZA TÊM AUMENTO DE CASOS NO BRASIL.** O Brasil registrou, um aumento no predomínio de casos de **vírus sincicial respiratório (VSR)** e de influenza, que corresponderam, respectivamente, a 35% e 21% dos casos de Síndrome Respiratória Aguda Grave (SRAG).
- **BACTÉRIA WOLBACHIA:** Rio de Janeiro faz nova soltura de **MOSQUITOS USADOS NO COMBATE À DENGUE**. Fêmeas geneticamente modificadas se acasalam com Aedes Aegypti e filhotes nascem com a bactéria Wolbachia, sem capacidade de transmitir a doença.
- **CAMPANHA CONTRA O ÓDIO A JUDEUS ESPALHA PAINÉS EM SHOPPINGS PELO BRASIL:** a iniciativa PIN FOR PEACE surgiu depois dos ataques do grupo terrorista Hamas a Israel e da onda de antissemitismo global.
- **INCÊNDIO EM BOATE NA TURQUIA:** Um incêndio em uma boate de Istambul, na Turquia, deixou ao menos 29 funcionários mortos. O fogo se alastrou durante reforma no subsolo da casa noturna. O local não tinha licença para realizar os reparos.
- **LUIS MONTENEGRO TOMA POSSE COMO PREMIÊ DE PORTUGAL:** O governo minoritário de centro-direita do **primeiro-ministro** de Portugal, Luís Montenegro, tomou posse no Palácio Nacional da Ajuda, em Lisboa, após a vitória da coligação Aliança Democrática (AD) nas eleições legislativas em 10 de março.

- **FORTE TERREMOTO ATINGE TAIWAN:** O terremoto de magnitude 7,4 que atingiu Taiwan foi o mais forte registrado na ilha em 25 anos. O tremor deixou 9 mortos, 1.038 pessoas feridas e 52 desaparecidas.
- **BRASIL PASSA A EXIGIR VISTO DE TURISTAS DA AUSTRÁLIA, CANADÁ E DOS EUA.** A partir do Decreto nº 11.875/2024, o prazo inicial para a cobrança era 10 de janeiro, mas foi adiado para abril. À época, em nota, o Ministério de Relações Exteriores (MRE) justificou o novo prazo como necessário para conclusão do processo de implementação do sistema e para evitar consequências negativas para o turismo brasileiro.
- **UCRÂNIA DIMINUI IDADE DE ALISTAMENTO PARA AUMENTAR EFETIVO MILITAR:** presidente Zelensky promulgou lei que reduz a idade de mobilização militar de 27 para 25 anos.
- **SUBSTÂNCIA TÓXICA INTERROMPE ABASTECIMENTO DE ÁGUA NA REGIÃO METROPOLITANA DO RIO DE JANEIRO:** vazamento de **TOLUENO** afeta dois milhões de moradores de diversas cidades. Autoridades investigam contaminação e pedem economia de água. A substância é adicionada à gasolina e comumente usada como matéria-prima de solventes orgânicos em colas e tintas. A OPERAÇÃO ÁGUAS LIMPAS está investigando o caso
- **OTAN COMPLETA 75 ANOS** com recorde de países membros e sob ameaça de guerra na Europa. Organização se fortaleceu nos últimos anos, mas encara ofensiva russa e teme resultado das eleições americanas.
- **BRASÍLIA TEM A MAIOR RENDA MENSAL DO BRASIL**: a **MENOR RENDA É NO MARANHÃO.** Os moradores do Distrito Federal têm um rendimento nominal médio per capita de R$ 3.215. O valor é 232% maior que a média no Maranhão (R$ 969), Estado mais pobre do país. Quando a comparação é feita com o Brasil (R$ 1.848), a renda média mensal do DF é 74% superior. Os dados são do IBGE.
- **HINO NACIONAL** É CANTADO EM **IDIOMA TIKUNA** em reunião do conselho de política indigenista.
- **PRESIDENTE DO PERU CRITICA ESCÂNDALO DO ROLEX**. A presidente do Peru**, DINA BOLUARTE**, criticou um escândalo sobre seu uso de relógios de luxo e joias de grife caras dizendo que os itens foram emprestados a ela e que ela admitiu ter feito um mau julgamento, uma semana depois que a polícia fez buscas em sua casa e seu escritório por suspeita de corrupção.
- **ALEXANDRE DE MORAES INCLUI ELON MUSK NO INQUÉRITO DAS MILÍCIAS DIGITAIS**: a divulgação do documento ocorreu após Musk escrever que Moraes deveria "renunciar" ou sofrer um impeachment.
- **FOTO DA CARTEIRA DE MOTORISTA PODERÁ CONTER ITENS RELIGIOSOS:** vestuário relacionado à crença ou religião, como véus e hábitos, e à queda de cabelo, por causa de doenças, poderá ser utilizado. A face, a testa e o queixo precisam ficar visíveis.
- **GOVERNO FEDERAL VETA PARCIALMENTE O PROJETO DE LEI DAS SAIDINHAS PARA MANTER VISITAS ÀS FAMÍLIAS:** impedir que detentos do regime semiaberto deixem a prisão em datas especiais como Páscoa e Dia das Mães iria ferir os "valores fundamentais da Constituição".
- **TURISMO NO ESTADO DO RIO DE JANEIRO DEVERÁ SER ACESSÍVEL A PESSOAS COM AUTISMO**. Lei estabelece que haja capacitação dos colaboradores para que possam orientar esses visitantes e a disponibilização de materiais impressos ou online.
- **MULHER MORRE POR EUTANÁSIA NO PERU. CASO É O PRIMEIRO DA HISTÓRIA DO PAÍS.** Trata-se da psicóloga Ana Estrada. Ela foi a primeira pessoa no país a receber o procedimento, autorizado pela Suprema Corte em 2022. Ela exerceu o seu direito fundamental a uma morte digna. Morreu nos seus próprios termos, conforme a sua ideia de dignidade e em pleno controle da sua autonomia até o final.
- **EXPLOSÃO DE HIDRELÉTRICA NA ITÁLIA:** Uma explosão em uma hidrelétrica da **ENEL** no norte da Itália deixou três pessoas mortas e quatro desaparecidas.
- **LEI QUE REGULA O USO DA INTERNET NO BRASIL COMPLETA 10 ANOS**: Há 10 anos o uso da internet no Brasil passou a ter princípios e garantias previstas em lei. O Marco Civil da Internet (Lei 12.965, de 2014) foi criado para estabelecer o direito ao exercício da cidadania nos meios digitais, além da diversidade e da liberdade de expressão na internet.
- **EMBARCAÇÃO É ENCONTRADA NO PARÁ COM VÁRIOS CORPOS EM DECOMPOSIÇÃO.** Uma perícia feita no barco sugere que ele tinha capacidade máxima de comportar entre 30 e 40 pessoas. Com essa informação, para os investigadores, é possível que houvesse mais pessoas dentro da embarcação que naufragou e veio parar na costa brasileira. A investigação aponta que eram mais de 25 pessoas. Além dos 27 celulares, havia 25 capas de chuvas idênticas no barco. As investigações apontam que o grupo teria como destino as Ilhas Canárias, arquipélago espanhol. Documentos e objetos encontrados na embarcação apontam que as vítimas eram migrantes da região da **MAURITÂNIA e MALI, na ÁFRICA.**
- **NOVA REGRA DE SUBSTITUIÇÃO EXTRA POR CONCUSSÃO NO BRASILEIRÃO**: regulamento permite uma troca extra em caso de jogadores que sofram pancadas na cabeça. Antes da partida, a equipe de arbitragem entregará ao médico um cartão específico para a substituição por concussão (**DE COR VERMELHA**), que será mostrado ao árbitro no momento da troca do atleta. Após o apito final, o médico o devolverá, com sua assinatura e o número do jogador, e preencherá um questionário obrigatório, detalhando os sintomas identificados e o tratamento feito com o atleta, como, por exemplo, se foi submetido a uma tomografia computadorizada, se ficou em observação no hospital ou em domicílio/hotel, entre outros. Um relatório deverá ser enviado, com a evolução do quadro do jogador, o protocolo de retorno aplicado e a data do retorno do jogador para a próxima partida, à Comissão Médica da CBF, que irá verificar se os procedimentos preconizados foram cumpridos. A nova regra de substituição prioriza a continuação do jogo além de demonstrar preocupação com a saúde do atleta.

- **ARMEIRA DO FILME "RUST" É CONDENADA A 18 MESES DE PRISÃO POR HOMICÍDIO CULPOSO.** Hannah Gutierrez-Reed havia carregado o revólver com o qual Alec Baldwin estava ensaiando, em outubro de 2021, quando a filmagem virou tragédia em um rancho do Novo México. Além da morte da diretora de fotografia, o incidente deixou o diretor Joel Souza ferido.
- **APÓS COVID, OMS DEFINE DOENÇA PROPAGADA "PELO AR"**: a expressão **"PELO AR"** pode ser usada para doenças infecciosas em que o principal tipo de transmissão envolve o patógeno que viaja ou fica suspenso no ar, em linha com outros termos, como doenças "transmitidas pela água", que são compreendidas por todas as disciplinas e pelo público.
- **BRASIL REGISTROU UM CASO AUTÓCTONE DE CÓLERA**, ou seja, em que o paciente contraiu a doença no próprio país e não em viagem para regiões afetadas. O caso foi detectado em Salvador, na **BAHIA**. Desde 2006, o Brasil não registrava casos da doença
- **EFEITO GLORIA É RARO E FOI DETECTADO PELA PRIMEIRA VEZ EM UM EXOPLANETA:** Astrônomos identificaram o que eles acreditam ser um fenômeno semelhante a um arco-íris — **o efeito Glória** — acontecendo em um planeta fora do nosso sistema solar pela primeira vez. A descoberta pode revelar novas percepções sobre os mundos fora da Terra.
- **BRASIL E ANGOLA LANÇAM PROGRAMA PARA FORMAÇÃO DE RECURSOS HUMANOS EM SAÚDE.** A iniciativa de cooperação técnico-educacional tem como meta fortalecer o sistema público de saúde do país africano.
- **GOL SUSPENDE TRANSPORTE DE ANIMAIS NO PORÃO POR 30 DIAS APÓS MORTE DE CACHORRO JOCA:** Após a morte do golden retriever Joca, a Gol anunciou a suspensão do transporte aéreo de animais no porão. O cachorro embarcou com destino a Sinop, em **MATO GROSSO**, mas, devido a um erro da empresa, foi parar em Fortaleza, **CEARÁ**. Tutor do cachorro apresentou à companhia aérea um atestado veterinário que indicava que o animal suportaria uma viagem de duas horas e meia. Com o erro da empresa, porém, Joca ficou quase 8 horas no trajeto.
- **EXPOSIÇÃO HOMENAGEIA TRAJETÓRIA DE MULHERES NA SAÚDE:** Exposição **DONA IVONE LARA** e **MULHERES DA SAÚDE** tem como proposta enaltecer o legado de trajetórias femininas importantes para a construção da saúde pública no Brasil.
- **ÁSIA FOI REGIÃO MAIS AFETADA POR DESASTRES CLIMÁTICOS EM 2023** com inundações e tempestades causando o maior número de vítimas e perdas, anunciou a ONU.
- **MORAES CONCLUI QUE NÃO HÁ PROVAS QUE BOLSONARO PEDIRIA ASILO À HUNGRIA.** Ex-presidente teve o passaporte retido e foi proibido de sair do país por decisão do ministro do STF e é investigado por "tentativa de golpe de Estado".
- **ANVISA PUBLICA RESOLUÇÃO QUE PROÍBE CIGARRO ELETRÔNICO NO BRASIL:** documento proíbe ingresso no país de produto trazido por viajantes por qualquer forma de importação, incluindo a modalidade de bagagem acompanhada ou bagagem de mão. A Resolução da Diretoria Colegiada RDC nº 855/2024 além de proibir a comercialização, importação, o armazenamento, o transporte e a propaganda dos **Dispositivos Eletrônicos para Fumar (DEF),** reforça a proibição de seu uso em recintos coletivos fechados, público ou privado.
- **PAMPA É O BIOMA BRASILEIRO MENOS PROTEGIDO POR UNIDADES DE CONSERVAÇÃO.** O Pampa é o único dos seis biomas terrestres do Brasil que abrange um só estado, o <u>Rio Grande do Sul</u>. Com 178 mil km2, ocupa 63% do território gaúcho com paisagens naturais como serras, planícies, morros rupestres e coxilhas.
- **INSEGURANÇA ALIMENTAR ATINGE 27,6% DOS DOMICÍLIOS BRASILEIROS E 64 MILHÕES DE PESSOAS:** segundo o IBGE, falta de alimentos é mais prevalente em áreas rurais, em famílias lideradas por mulheres, em lares com pessoas pretas ou pardas e em residências com crianças.
- **PREMIÊ DO HAITI ARIEL HENRY RENUNCIOU AO CARGO.** O Haiti foi invadido pelo caos e pela violência de gangues nas últimas semanas, com grupos criminosos atacando estruturas governamentais e a ordem social à beira do colapso.
- **MODELO ARGENTINA DE 60 ANOS VENCE CONCURSO DE BELEZA E PODE CONCORRER A MISS UNIVERSO:** Alejandra Rodrigues foi estreante na competição regional, na primeira vez que não houve limite de idade.
- **DEFESA DE MULHER QUE LEVOU TIO MORTO AO BANCO PEDE PRISÃO DOMICILIAR.** Erika levou o tio, Paulo Roberto Braga, 68 anos, já morto, para receber um empréstimo de R$ 17 mil, previamente autorizado, em uma agência bancária em Bangu, na zona oeste do Rio de Janeiro. Érika responde por **vilipêndio de cadáver e furto qualificado mediante fraude**. Ela foi presa em flagrante quando tentou sacar um empréstimo em nome do tio, cujo corpo foi carregado em uma cadeira de rodas até o local. Ela foi presa em flagrante. A defesa alegou que o homem estaria vivo ao chegar ao banco. A investigação do caso, porém, indica que ele já havia chegado ao estabelecimento morto.
- **IRAQUE CRIMINALIZA RELAÇÕES ENTRE PESSOAS DO MESMO SEXO.** Lei impõe penas de prisão de até 15 anos para os atos homossexuais. Nova medida também criminaliza pessoas transgênero e cirurgias de mudança de sexo. Perseguição à comunidade LGBTQIA+ vem crescendo no país.
- **MINISTÉRIO DA SAÚDE INCLUI NOVO GRUPO PRIORITÁRIO PARA VACINAÇÃO CONTRA HPV:** portadores de <u>PAPILOMATOSE RESPIRATÓRIA RECORRENTE (PRR)</u> agora poderão recorrer à vacina como forma de tratamento.
- **POR UNANIMIDADE, STF REJEITA A TESE DE QUE AS FORÇAS ARMADAS SERIAM UM "PODER MODERADOR"** – ou seja, uma instância superior para mediar eventuais conflitos entre Legislativo, Executivo e Judiciário. No julgamento, o STF assentou, ainda, que a chefia das Forças Armadas tem poder limitado, não sendo possível qualquer interpretação que permita sua utilização para indevidas intromissões no funcionamento independente dos poderes da República. O Plenário considerou que a prerrogativa do presidente da República de auto-

ATUALIDADES

rizar o emprego das Forças Armadas, por iniciativa própria ou a pedido dos presidentes do STF, do Senado ou da Câmara dos Deputados, não pode ser exercida contra os próprios poderes entre si. Por fim, o Supremo reforçou que o emprego das Forças Armadas deve ser usado, excepcionalmente, quando houver grave e concreta violação à segurança pública interna. Ponderou que essa medida só deve ser utilizada após o esgotamento dos mecanismos ordinários e preferenciais de preservação da ordem pública.

- **GOVERNO BRASILEIRO PREVÊ SALÁRIO MÍNIMO DE R$ 1.502 PARA 2025.** O percentual segue a nova regra de valorização do salário mínimo, que leva em conta o crescimento do Produto Interno Bruto (PIB) além da inflação do período.
- **COMISSÃO RECONHECE CLARICE HERZOG, VIÚVA DE JORNALISTA VLADIMIR HERZOG MORTO PELA DITADURA, COMO ANISTIADA POLÍTICA.** A decisão admite que o Estado brasileiro perseguiu, durante o regime militar, Clarice e sua família, em razão do movimento liderado pela publicitária para esclarecer o assassinato do marido. Também assegura à Clarice o direito a uma reparação econômica, que deverá ser paga pelo Ministério do Planejamento em até 60 dias após a publicação da portaria que reconhece a condição. Vladimir Herzog era diretor de jornalismo da TV Cultura quando foi convocado pelo Exército para prestar depoimento sobre as ligações com o PCB, partido contrário ao regime militar e que nunca defendeu a luta armada. A versão dada pelo Exército à época foi a de que o jornalista teria se enforcado com um cinto, o que logo provou-se ser uma mentira (veja imagem abaixo). Vladimir Herzog foi torturado e assassinado por militares.

FALECIMENTOS:

- **PETER HIGGS**, ganhador do Prêmio Nobel de Física em 2013, morre aos 94 anos. Ele descobriu em 1964 a existência da "**PARTÍCULA DE DEUS**".
- **MORREU aos 91 anos o desenhista e escritor ZIRALDO**, criador de personagens como os de **"O MENINO MALUQUINHO"** e **"TURMA DO PERERÊ"**. Ziraldo morreu dormindo, quando estava em casa, em um apartamento no bairro da Lagoa, na Zona Sul do Rio. Também chargista, caricaturista e jornalista, ele foi um dos fundadores nos anos 1960 do **jornal "O Pasquim"**, um dos principais veículos a **combater a DITADURA MILITAR no Brasil**. O Pasquim, tabloide de oposição ao regime militar, foi uma das prováveis razões de sua prisão, ocorrida um dia após a promulgação do AI-5. **Ziraldo Alves Pinto nasceu em 24 de outubro de 1932 em Caratinga (MG),** onde passou a infância. Mais velho de uma família com sete irmãos, foi batizado a partir da combinação do **nome da mãe (Zizinha) com o nome do pai (Geraldo).** Em 1969, publicou seu **primeiro livro infantil, "FLICTS".** Em 1979, passou a se dedicar à literatura para crianças. Seu maior sucesso, "O Menino Maluquinho", saiu em 1980. É considerado um dos maiores fenômenos do mercado editorial brasileiro em todos os tempos.
- **ANDERSON LEONARDO,** vocalista do **GRUPO MOLEJO**, morre aos 51 anos. Ele tratava desde 2022 um câncer inguinal

5. PRINCIPAIS FATOS DE MAIO DE 2024

- **ANITTA E HOMENAGEM AO CANDOMBLÉ:** ANITTA abriu uma live no Instagram para falar sobre o lançamento do **clipe "Aceita"**, que faz parte do álbum **"Funk Generation"** e homenageará o candomblé — religião da qual é adepta Ela desabafou sobre a **perda de mais de 200 mil seguidores** desde o anúncio do novo trabalho. Ela ainda ressaltou não ter raiva das pessoas que estão lhe enviando ataques virtuais e que manterá os comentários de repúdio na publicação, para que todos enxerguem que o preconceito existe (INTOLERÂNCIA RELIGIOSA) e precisa ser combatido.
- **VÍRUS MAYARO:** Cientistas confirmaram a circulação do **vírus MAYARO (MAYV)** entre humanos no estado de **RORAIMA**. No Brasil, a detecção do vírus ocorre historicamente em estados da **região Norte**, como Acre, Pará e Amazonas. O MAYV é transmitido por um mosquito silvestre – o Haemagogus janthinomys, o mesmo que transmite a febre amarela. Causador de sintomas parecidos com os da dengue e febre chikungunya, o diagnóstico clínico do vírus pode ser uma tarefa difícil.
- **MORTE DO PRESIDENTE DO IRÃ:** o corpo do presidente do **IRÃ, EBRAHIM RAISI**, foi enterrado na sua cidade natal, Mashhad. **Ele MORREU em queda de um helicóptero**. A aeronave caiu numa região montanhosa do Irã em razão das más condições climáticas durante um voo que transportava o presidente e outras autoridades que voltavam da inauguração de uma represa na região da fronteira com o **AZERBAIJÃO**.
- **PAÍSES ANUNCIAM RECONHECIMENTO DE UM ESTADO PALESTINO INDEPENDENTE. NORUEGA, ESPANHA E IRLANDA** reconheceram a **PALESTINA** como Estado Independente. Com isso, 146 países reconhecem o estado palestino, incluindo o Brasil. A decisão conjunta foi tomada **depois** de a Assembleia Geral da ONU ter aprovado, no início do mês, uma resolução que abre caminho para o reconhecimento da Palestina como Estado-membro da organização. Os **ESTADOS UNIDOS é o único país**, dos "MEMBROS PERMANENTES" no Conselho de Segurança, que ainda **VETA** o reconhecimento oficial da Palestina.
- **CERRADO SE TORNOU O BIOMA MAIS DESMATADO DO BRASIL**. A **exportação de soja para a CHINA** tem estimulado a expansão do agronegócio no Cerrado. Devido a isso, o Cerrado superou a Amazônia e se tornou o bioma mais desmatado do país em 2023. A região do **MATOPIBA** (Maranhão, Tocantins, Piauí e Bahia), dedicada ao agronegócio para exportação, concentrou 47% de todo o desmatamento registrado no Brasil no ano de 2023. Dos estados mais desmatados do Brasil em 2023, três são do Matopiba. **Maranhão (1º), Bahia (2º) e Tocantins (3º) ULTRAPASSARAM Pará (4º) e Mato Grosso (5º),** que tradicionalmente ocupavam os primeiros lugares da lista. De 2022 para 2023, o Tocantins foi o estado que mais acelerou o desmatamento — aumento de 177,9%, de acordo com o Mapbiomas. Ao contrário do Matopiba, onde a perda de vegetação costuma acontecer em áreas legalizadas, a **AMACRO** (Amazonas, Acre e Rondônia) é marcada por crimes ambientais como pecuária ilegal e extração de madeira. Em 2023, o desma-

tamento nessa região caiu 74% em relação ao ano anterior.

- **CARLO ACUTIS, O PADROEIRO DA INTERNET**. Carlo Acutis foi **BEATIFICADO** em 2020 pelo Vaticano após seu primeiro milagre ter sido reconhecido pela igreja. Na ocasião, ele curou uma criança brasileira que tocou em uma relíquia sua em 12 de outubro de 2010 em Campo Grande, no Mato Grosso do Sul. No segundo milagre, ele curou uma jovem da COSTA RICA após um acidente de bicicleta ocorrido em 2022 em Florença, na Itália. A costarriquenha Valeria estava internada com poucas chances de sobrevivência e foi curada dias após sua mãe rezar em sua tumba em Assis, na Itália. A expectativa, agora, é que Acutis possa ser santificado. O corpo de Acutis, considerado o "PADROEIRO DA INTERNET", está exposto na igreja de Santa Maria Maggiore. O Vatican News trata Acutis como "**MILLENNIAL**". O beato nasceu em 3 de maio de 1991, em Londres, na Inglaterra, mas passou toda sua vida na Itália. Ele gostava de computadores e tinha um conhecimento de ciência da computação muito acima da média para garotos da sua idade. Ele tinha leucemia e morreu em 12 de outubro de 2006
- **NOTA DE 10.000 PESOS ARGENTINOS:** O Banco Central da Argentina (BCRA) colocou em circulação uma nova cédula de 10 mil pesos, o maior valor emitido até agora. O país enfrenta uma das maiores inflações do planeta, que atingiu 279% ao ano em março. Com isso, as notas perdem valor e é preciso usar quantidades cada vez maiores de cédulas. Na cotação, 10 mil pesos equivalem a R$ 57, ou US$ 11,35. O objetivo será reduzir o custo de produção em notas de valor mais baixo, tendo em vista a alta inflação no país. A nova cédula traz as imagens de **Manuel Belgrano**, general e criador da **BANDEIRA ARGENTINA**, e de **María Remedios del Valle**, heroína da guerra da independência do país e considerada a **MÃE DA PÁTRIA.**
- **EUTANÁSIA AUTORIZADA NA HOLANDA**: A holandesa Zoraya ter Peek, de 29 anos, recebeu autorização do país para passar por um processo de eutanásia, justificado por um "sofrimento mental insuportável. A mulher conta com diagnóstico de Transtorno do Espectro Autista, além de relatar depressão crônica, ansiedade e transtorno de personalidade. Ao jornal britânico, Zoraya contou que registrou o pedido de "morte assistida" em dezembro de 2020, depois de passar por cerca de 10 anos de terapia e acompanhamento psiquiátrico. A resposta com a autorização veio no final de abril 2024. A solicitação se baseia em uma lei da Holanda de 2002, que autoriza o processo de eutanásia para pessoas que alegam passar por um "sofrimento insuportável, sem perspectiva de melhora".
- **HOMENAGEM À DEPUTADA AMÁLIA BARROS -PRÊMIO BRASIL MAIS INCLUSÃO** é batizado com o nome da deputada federal AMÁLIA BARROS (PL-MT). O prêmio é concedido a empresas, União, Estados, municípios, entidades ou indivíduos que se destacaram na promoção de inclusão de pessoas com deficiência. Ela perdeu a visão do olho esquerdo por causa de uma infecção - toxoplasmose - e precisou retirar o globo ocular, passando a usar uma prótese. Como parlamentar foi uma das articuladoras pela inclusão da **VISÃO MONOCULAR** na situação de deficiência. **Amália faleceu aos 39 anos** no mês de maio 2024. Foi submetida a vários procedimentos cirúrgicos após precisar retirar um nódulo do pâncreas.
- **ENCHENTE NO RIO GRANDE DO SUL:** As chuvas que atingem o Rio Grande do Sul desde o fim de abril já deixaram 171 mortos. Das 497 cidades do Rio Grande do Sul, 475 sofreram algum dano. Estamos em **ano de EL NIÑO**, o que provoca aumentos nas precipitações no sul do país. A **ENCHENTE DO GUAÍBA** de 1941 foi a segunda maior enchente (4,76 metros) já registrada na cidade de Porto Alegre, sendo superada apenas pela enchente (5,35 metros) de 2024. O Guaíba é um **LAGO** de 496 km^2 de superfície localizado no Rio Grande do Sul. Nos últimos dias, o número de mortes e casos confirmados de **LEPTOSPIROSE** tem subido.
- **DEPUTADO ESTADUAL RODRIGO AMORIM (UNIÃO BRASIL) É O 1º CONDENADO POR VIOLÊNCIA POLÍTICA DE GÊNERO NO BRASIL.** Ele foi condenado pelo TRE-RJ por ofender a vereadora de **BENNY BRIOLLY (PSOL)**, primeira travesti eleita em Niterói, durante uma seção plenária na Assembleia Legislativa. Na ocasião, Amorim ofendeu a vereadora, chamando-a de "**boizebu**" e "**aberração da natureza**", entre outros impropérios. Ele foi condenado à pena de um ano, quatro meses e 13 dias, convertidos a serviços comunitários prestados à população em situação de rua, além de um pagamento de multa de 70 salários mínimos. A Lei 14.192/2021 tornou crime a violência política de gênero no Brasil. De acordo com a lei, considera-se violência política contra a mulher toda ação, conduta ou omissão com a finalidade de impedir ou restringir os direitos políticos femininos. A norma prevê pena de um a quatro anos de prisão para quem assediar, constranger, perseguir ou ameaçar candidata a cargo eletivo ou detentora de mandato, utilizando-se de discriminação à condição de mulher ou à sua cor, raça ou etnia.
- **RISHI SUNAK, PRIMEIRO-MINISTRO DO REINO UNIDO, DISSOLVE PARLAMENTO E ANTECIPA ELEIÇOES.** Essa manobra é comum em regimes parlamentaristas. Ele assumiu o governo em outubro de 2022 após Liz Truss renunciar. Segundo a imprensa local, ele decidiu antecipar o pleito após a divulgação de novos dados econômicos positivos para seu governo. Membros do partido convenceram Sunak de que esses números não melhorariam até o fim do ano, de forma que seria melhor para os Conservadores realizar o pleito o quanto antes. No entanto, pesquisas indicam que o líder do Partido Trabalhista, Keir Starmer, é o favorito para vencer um novo pleito.
- **VOX – PARTIDO DA ESPANHA**: O partido VOX da ESPANHA organizou um **COMÍCIO** com líderes de extrema direita do mundo todo. Estiveram presentes: líder da extrema direita da França, Marine Le Pen, presidente da Argentina, Javier Milei, presidente do partido de Portugal anti-imigração Chega, André Ventura. Além de via vídeo, a primeira-ministra italiana Giorgia Meloni e o primeiro-ministro húngaro Viktor Orbán. Isso mostra como o movimento está se reorganizando e como o Vox está desempenhando um papel central. O Vox pode passar de quatro a seis assentos no Parlamento Europeu, caso

se confirmem os 8,8% de intenção de votos medidos em uma pesquisa.

- **PRIMEIRO MINISTRO DA ESLOVÁQUIA É BALEADO:** O primeiro-ministro da Eslováquia, **ROBERT FICO**, recebeu alta do hospital após semanas de internação devido aos ferimentos que sofreu durante uma **tentativa de assassinato**. Ele sofreu um ataque a tiros enquanto cumprimentava apoiadores em frente a um centro cultural em **Handlova**. Roberto Fico tentava reformular as regras sobre mídias do país, o que, segundo críticos, daria ao governo controle total da televisão e da rádio públicas. Isto, somado com os seus planos de alterar o código penal para eliminar um procurador especializado em combate à corrupção, levou opositores a acusarem-no de estar levando a Eslováquia em uma direção mais autocrática, como a Hungria de Viktor Órban,
- **FESTIVAL EUROVISION 2024:** Cerca de 10 mil foram às ruas de Malmö, na **SUÉCIA**, protestar contra a participação de **ISRAEL** no Festival Eurovisão da Canção 2024 (EUROVISION), poucas horas depois da israelense **EDEN GOLAN** chegar à final do concurso com apoio de votos populares com a **música Hurricane**. Entre os manifestantes em Malmö, estava a ativista climática sueca Greta Thunberg. A União Europeia de Radiodifusão (EBU), organizadora do Eurovisão. decidiu que Israel tem permissão para competir, apesar de meses de oposição contra a participação do país em meio à guerra entre Israel e o Hamas. No entanto, Golan teve de mudar o título e a letra de sua música. Originalmente, o título era **October Rain** (Chuva de outubro), o que parecia ser uma referência ao ataque terrorista do Hamas a Israel em 7 de outubro, o que desencadeou a guerra atual.A **SUÍÇA ganhou o festival Eurovision** com a **canção "The Code", cantada por NEMO**. Foi a primeira vez que um **ARTISTA NÃO-BINÁRIO** venceu e a primeira vitória suíça desde 1988, quando o país foi representado por Celine Dion. A performance da cantora israelense Eden Golan foi recebida com uma mistura de vaias e aplausos. Apesar da controvérsia, a jovem - com sua música "Hurricane" - ficou em quinto lugar.
- **ASTRAZENECA ENCERRA PRODUÇÃO E DISTRIBUIÇÃO DA VACINA CONTRA A COVID-19:** a Astrazeneca está retirando do mercado sua vacina bem-sucedida contra o coronavírus, citando a disponibilidade de novas doses de outros imunizantes que levou a uma queda na demanda. **A vacina — chamada VAXZEVRIA** e desenvolvida em parceria com a Universidade de Oxford – tem sido uma das principais vacinas contra a Covid-19 em todo o mundo, com mais de 3 bilhões de doses fornecidas desde a primeira aplicação no Reino Unido em 4 de janeiro de 2021. Mas a vacina não gerou receita para a AstraZeneca desde abril de 2023
- **GOVERNO FEDERAL E RIO GRANDE DO SUL:** O governo federal sancionou a Lei Complementar 206/2024, aprovada pelo Congresso Nacional, que trata da **SUSPENSÃO** do pagamento das parcelas da dívida pública do Rio Grande do Sul com a União por **36 MESES** e o **PERDÃO DOS JUROS** das dívidas do estado. A legislação determina que os valores destinados ao pagamento do serviço da dívida sejam aplicados no Fundo do Plano Rio Grande (Funrigs), que financiará ações de enfrentamento aos danos causados pela tragédia climática. Além disso, estudantes do Rio Grande do Sul ganham **isenção da taxa de inscrição do Enem 2024**. No total, já foram destinados R$ 62,5 bilhões ao Rio Grande do Sul arrasado pelas chuvas. Entre as ações do governo federal, além da liberação de recursos, estão a antecipação de benefícios e a prorrogação do pagamento de tributos: **AUXÍLIO RECONSTRUÇÃO** - pagamento de R$ 5,1 mil a cada família, em parcela única, para aquisição de itens perdidos nas enchentes. Adiantamento do Bolsa Família; Benefício de Prestação Continuada ;Liberação do FGTS; Seguro Desemprego - duas parcelas adicionais aos trabalhadores; Restituição antecipada do Imposto de Renda; Importação de até 1 milhão de toneladas de ARROZ para suprir os prejuízos com a safra no estado; ·Apoio a empresas de todos os portes afetadas pelas inundações; Linha especial de crédito para micro, pequenas e médias empresas; Linha especial para agricultura familiar e o médio produtor; Antecipação da parcela do Piso Nacional de Enfermagem.
- **OPERAÇÃO TERRESTRE NA CIDADE DE RAFAH:** Quase metade da população de Gaza — mais de um milhão de palestinos — foi deslocada criando uma **CRISE HUMANITÁRIA** muito grave. Os militares israelenses iniciaram uma **OPERAÇÃO TERRESTRE** na cidade de RAFAH em 6 de maio, após sete meses de guerra em Gaza. Israel insiste que a vitória é impossível sem tomar Rafah e eliminar os últimos batalhões restantes do Hamas. Rafah era lar de pouco mais de 200 mil pessoas antes do massacre israelense. Os palestinos fugiram de Rafah e agora estão aglomerados **na cidade KHAN YOUNIS**, que **enfrenta inundação de esgoto** depois do rompimento de um duto. A cidade fica ao norte de Rafah e abriga agora cerca de 1,7 milhão de pessoas.
- **APRESENTAÇÃO DA CANTORA MADONNA** em Copacabana, no **RIO DE JANEIRO**, tornou-se um dos assuntos mais comentados nas redes sociais um dia após o espetáculo. A cantora prestou homenagem a ícones da cultura, do esporte e da política do Brasil e resgatou as cores da bandeira nacional. Ela celebrou 40 anos de carreira para um público de 1,6 milhões de pessoas. O espetáculo gratuito foi o maior já realizado nas areias do simbólico ponto turístico nacional. Durante a **canção MUSIC**, ela foi acompanhada por crianças e adolescentes ritmistas de comunidades do Rio de Janeiro, sob a regência do instrumentista Pretinho da Serrinha. A **versão em SAMBA da música** foi executada ao lado de **PABLO VITTAR**, enquanto o telão mostrava figuras nacionais icônicas. Madonna, Vittar, instrumentistas e o corpo de dança do espetáculo vestiam camisas da seleção brasileira e as cores da bandeira. Uma das **HOMENAGEADAS** no telão foi a vereadora **MARIELLE FRANCO**, assassinada em 2018 em retaliação a sua luta contra o domínio das milícias na cidade do Rio de Janeiro. O educador e filósofo **PAULO FREIRE**, patrono da educação brasileira e pioneiro da alfabetização popular também recebeu tributo, assim como líder popular quilombola **ZUMBI DOS PALMARES**. Na lista de personalidades brasileiras que foram lembradas estiveram ainda o rapper Mano Brown, do Racionais MCs, a deputada federal Erika Hilton (PSOL), a ministra do Meio Ambiente, Marina Silva (Rede) e a ministra dos

Povos Indígenas Sonia Guajajara (PSOL), a jogadora de futebol Marta e o também jogador Pelé, o músico Gilberto Gil, a artista plástica Tarsila do Amaral, a cantora Elza Soares. A música terminou com a imagem gigantesca da bandeira brasileira no telão, aplaudida durante vários minutos pela multidão. Madonna também usou as cores do país no figurino que vestiu quando foi acompanhada de **ANITTA**, na canção **VOGUE, carregada de referências à LIBERDADE SEXUAL**. Como de costume, o espetáculo foi permeado por homenagens e celebrações à comunidade LGBTQIAPN+ e à diversidade. A diva lembrou ainda as vítimas da crise do HIV, nas décadas de 1980 a 1990, como fotos de Renato Russo, Cazuza, Fred Mercury, entre outros. As manifestações políticas não ficaram apenas no palco. Fãs que foram ao evento projetaram a bandeira da Palestina no Copacabana Palace, em memória às vítimas dos ataques diários israelenses ao território. A **cantora Anitta** ironizou a **MOÇÃO DE REPÚDIO APROVADA POR DEPUTADOS FEDERAIS**, contra ela, a também cantora Pabllo Vittar e a cantora americana Madonna. O requerimento de moção foi protocolado pela deputada federal Chris Tonietto (PL-RJ), "em razão do vilipêndio à fé da maioria da população brasileira, e do conteúdo nocivo apresentado, de **FORTE VIÉS ERÓTICO**", apresentado no show, segundo a justificativa do pedido. A moção diz que o show foi realizado "durante um momento extremamente delicado para toda a nação, comovida com a tragédia natural resultante das fortes chuvas no Rio Grande do Sul".

- **27 NAÇÕES DA UNIÃO EUROPEIA (UE) APROVARAM A PRIMEIRA LEI VOLTADA PARA O COMBATE À VIOLÊNCIA CONTRA MULHERES** a ser adotada em todos os Estados-membros. A legislação aprovada pelos ministros da Igualdade de todos os países do bloco tem como objetivo punir a violência de gênero, mutilações genitais femininas, casamentos forçados e atos de violência através da internet, como o assédio online e compartilhamento não consensual de conteúdo íntimo. A lei torna mais fácil para as vítimas denunciarem os crimes, que poderão render penas de até CINCO ANOS de prisão, sendo que as punições para crimes contra crianças, esposas, ex-esposas, políticos, jornalistas e ativistas dos direitos humanos podem ser ainda maiores. A partir de agora, os Estados-membros terão prazo de três anos para transformam as novas regulamentações em leis nacionais. Mas, apesar da unanimidade entre os países no que diz respeito à necessidade da lei, os Estados-membros fracassaram na tentativa de elaborar uma definição comum para o **ESTUPRO**, o que gerou desentendimentos entre diferentes países durante as negociações. Nações como Itália e Grécia defendiam a inclusão de uma definição. Já outras, como Alemanha e França, alegavam que a UE não possui competência sobre essa questão.
- **TELESCÓPIO JAMES WEB REGISTRA A IMAGEM MAIS NÍTIDA DA NEBULOSA CABEÇA DE CAVALO**. Conhecida por ser um dos objetos mais singulares do espaço, esta fotografia permitirá estudos sobre a interação entre radiação e o meio interestelar.
- **ATAQUE RUSSO ATINGE "CASTELO DO HÁRRY POTTER"** e mata cinco pessoas na Ucrânia. Prédio faz parte de uma instituição de ensino de Odessa.
- **TRIBUNAL DA ONU REJEITA AÇÃO QUE OBRIGARIA ALEMANHA A PARAR VENDA DE ARMAS A ISRAEL.** A Corte Internacional de Justiça, das Nações Unidas, derrubou uma exigência da **Nicarágua** de que a Alemanha suspenda imediatamente suas exportações de armas para Israel, dizendo que não pode emitir medidas de emergência contra Berlim nas circunstâncias atuais.
- **AUSTRÁLIA ANUNCIA CONTROLE DE PORNOGRAFIA NA INTERNET** e apoio financeiro a vítimas de violência doméstica. Medidas para combater pornografia é resposta ao que o governo chama de **"crise nacional"** de violência de gênero.
- **EUA DEVE RECLASSIFICAR MACONHA COMO SUBSTÂNCIA DE MENOR RISCO**. A mudança representaria uma alteração importante na lei federal sobre a maconha e poderia proporcionar um ganho político a Biden no momento em que ele luta para aumentar sua popularidade entre jovens.
- **LULA PEDE VOTOS A GUILHERME BOULOS DURANTE EVENTO EM ITAQUERA E É ACUSADO DE BURLAR REGRAS ELEITORAIS.** A fala do petista gerou reação de adversários e acusações de desrespeito à legislação eleitoral brasileira. A manifestação favorável a Boulos pode configurar propaganda eleitoral antecipada, o que é vedado.
- **SOBE PARA 181 O NÚMERO DE MORTOS APÓS INUNDAÇÕES NO QUÊNIA.** Chuvas torrenciais e inundações destruíram casas, estradas, pontes e outras infraestruturas em toda a região
- **VULCÃO IBU NA INDONÉSIA ENTRA EM ERUPÇÃO** expelindo uma coluna de fumaça de 1,5 km, o que levou as autoridades a aumentar o nível de alerta e a pedir à população que se afastasse do local.
- **INUNDAÇÕES NA INDONÉSIA** deixam 52 mortos e forçam retirada de moradores.
- **CRIANÇAS SÃO RETIRADAS DA LAMA APÓS ENCHENTES MORTAIS NO AFEGANISTÃO.** Ao menos 300 pessoas morreram. Essa catástrofe natural acontece após um período de seca no Afeganistão, sendo vista como um exemplo de uma **crise climática** — que atinge mesmo os países que não são os maiores poluidores.
- **POR COMBUSTÍVEL NEGADO, CUBA SUSPENDE VOOS PARA ARGENTINA APÓS 39 ANOS**. Interrupção acontece após estatal petrolífera da Argentina, YPF, negar-se a abastecer aviões por causa de embargo dos EUA contra ilha.
- **SÃO TOME E PRÍNCIPE VAI PEDIR REPARAÇÕES PELA COLONIZAÇÃO A PORTUGAL**. Presidente português afirmou que é necessário reparar para resolver o legado da **ESCRAVATURA**.
- **SENADO APROVA SEGURO OBRIGATÓRIO PARA INDENIZAR ACIDENTES DE TRÂNSITO**. Valor do novo Seguro Obrigatório para Proteção de Vítimas de Acidentes de Trânsito (SPVAT) ficará entre R$ 50 e R$ 60 por ano, sem diferença entre motos e veículos, para pessoas que sofrem acidentes.
- **ISRAEL E HEZBOLLAH TROCAM FOGO PESADO EM MEIO À ESCALADA DE TENSÃO**. Israel realizou

ataques aéreos pesados no sul do **LÍBANO** e o Hezbollah, grupo apoiado pelo **IRÃ**, afirmou ter lançado drones explosivos e foguetes poderosos contra alvos israelenses em uma escalada de sete meses de hostilidades na região da fronteira.

- **COLÔMBIA RECONHECE FACÇÃO DISSIDENTE DE GRUPO REBELDE COMO ORGANIZAÇÃO INDEPENDENTE.** Frente Comunitária Sul, que opera na província colombiana de Narino, anunciou ruptura com o Exército de Libertação Nacional (ELN).
- **ARQUEÓLOGA NIÈDE GUIDON RECEBE PRÊMIO ALMIRANTE ÁLVARO ALBERTO.** Niéde identificou mais de 700 sítios pré-históricos, entre os quais 426 paredes de pinturas antigas e evidências de habitações humanas antigas na área da Serra da Capivara, em **PIAUÍ**.
- **CONGRESSO DERRUBA VETO A PARTES DA LEI DO AGROTÓXICO.** Com derrubada do veto, registro e fiscalização de agrotóxicos ficam sob responsabilidade do **Ministério da Agricultura e Pecuária (Mapa)** e **NÃO** precisam passar por Ibama e Anvisa.
- **ATIVISTAS IDOSAS TENTAM DESTRUIR CARTA MAGNA DA INGLATERRA.** Manifestantes do grupo ambientalista **JUST STOP OIL** foram detidas. A dupla se manteve colada ao lado da caixa do documento e segurou um cartaz que dizia: "O governo está violando a lei".
- **ASSEMBLEIA DA ONU PEDE QUE CONSELHO RECONSIDERE ADESÃO DA PALESTINA:** a Assembleia da ONU aprovou **no dia 10/05** uma resolução que abre caminho para que a Palestina se torne membro das Nações Unidas e concede "novos direitos e privilégios" aos palestinos. O texto pede que o Conselho de Segurança da ONU **aprove que a PALESTINA se torne o 194º MEMBRO das Nações Unidas.** A resolução foi aprovada por 143 votos a favor, nove contra e 25 abstenções. O Brasil votou a favor da resolução. Argentina, Israel, Estados Unidos, República Tcheca, Hungria, Micronésia, Nauru, Palau, Papua-Nova Guiné deram votos contrários à medida. Para que a Palestina seja reconhecida como "Estado observador" da ONU, a medida tem que passar pelo Conselho de Segurança, o que não deve acontecer, já que os **EUA** têm **PODER DE VETO** no órgão.
- **ISRAEL CONDENA RESOLUÇÃO DA ONU QUE PEDE ADESÃO DA PALESTINA.** Decisão complicaria ainda mais as negociações em torno da libertação de reféns mantidos em Gaza.
- **MILHARES DE PESSOAS FORAM ÀS RUAS NA GEÓRGIA PARA PROTESTAR CONTRA "LEI RUSSA".** O projeto de lei de **"agentes estrangeiros"**, foi chamado de **"lei russa"** por críticos por conter pontos similares a uma legislação adotada na Rússia em 2012 e depois reforçada em 2022 após a invasão da Ucrânia pelo regime do Kremlin. Na Rússia, essa legislação foi instrumentalizada para sufocar organizações da sociedade civil e críticos do Kremlin. Se aprovada, a lei prevê exigir que qualquer ONG ou organização de mídia que receba mais de 20% de seu financiamento do exterior passe a ser registrada como uma "organização que busca os interesses de uma potência estrangeira".
- **BRASIL É ESCOLHIDO PARA RECEBER A COPA DO MUNDO FEMININA DE FUTEBOL DE 2027.** Foi a primeira vez que um Congresso da Fifa decidiu, por meio de eleição com os mais de 200 filiados, a sede de uma Copa Feminina. As anteriores eram definidas em reuniões do Conselho, antigo Comitê Executivo, que tem pouco mais de 30 membros.
- **PELO MENOS 56 MORRERAM EM ESTADO NO SUDÃO.** País está à beira do colapso e da **FOME** após um ano de guerra civil.
- **CASAMENTO EM MASSA DE MENINAS NA NIGÉRIA PROVOCA DEBATE SOBRE CRISE SOCIAL.** Um plano para casar 100 meninas e mulheres jovens nigerianas em um casamento em massa patrocinado pelo Estado provocou um debate sobre o casamento infantil e a educação feminina na Nigéria, com esforços em andamento para proibir as cerimônias.
- **PORTUGAL APROVA REDUÇÃO DE IMPOSTOS PARA EVITAR QUE JOVENS DEIXEM O PAÍS.** De acordo com o Observatório da Emigração, cerca de 850 mil jovens, ou 30% das pessoas com idade entre 15 e 39 anos, deixaram o país e estão vivendo no exterior
- **VENTO FORTE DERRUBA PALCO E DEIXA 9 MORTOS EM COMÍCIO DE PRESIDENCIÁVEL NO MÉXICO.** Candidato **JORGE ÁLVAREZ MÁYNEZ** conseguiu escapar sem ferimentos
- **MAGDA CHAMBRIARD TOMA POSSE COMO PRESIDENTE DA PETROBRÁS.** Ela é a segunda mulher a ocupar o cargo de presidente da Petrobras. A primeira foi Graça Foster, que presidiu a companhia entre 2012 e 2015
- **TIKTOK PROCESSA O GOVERNO DOS EUA CONTRA VENDA DA EMPRESA.** A chinesa ByteDance, dona do TikTok, disse que entrou com uma ação no Tribunal Federal dos EUA buscando derrubar uma lei que força a venda da rede social nos país. A empresa alega que a legislação viola a Constituição dos EUA por vários motivos, incluindo entrar em conflito com as proteções à liberdade de expressão da Primeira Emenda. A lei, assinada por Biden, força a ByteDance a vender o TikTok para uma empresa de confiança dos EUA. Se essa operação não for concluída até janeiro de 2025, a plataforma poderá ser banida no país.
- **GOVERNO DO PERU CLASSIFICA TRANSEXUALIDADE COMO DOENÇA MENTAL.** Foram incluídos na lista transexualidade, travestismo, transtorno de gênero na infância e itens mais genéricos, como outros transtornos de identidade de gênero ou transtorno da identidade de gênero não especificado.
- **TODOS OS PACIENTES QUE TOMAS ZOLPIDEM VÃO PRECISAR DA RECEITA MÉDICA AZUL** com três vias. Isso significa que o médico precisa estar previamente cadastrado na vigilância sanitária local, o que aumenta o controle sobre a venda do medicamento. Para aprovar a mudança, a Anvisa alegou também falta de dados científicos que justifiquem normas diferentes pra dosagens até 10 mg. Segundo a Anvisa, o uso do zolpidem deve ser o menor possível e não pode passar de quatro semanas, a depender da orientação médica.
- **TAXA DE ANALFABETISMO NO NORDESTE É O DOBRO DA MÉDIA DO BRASIL:** No Brasil, 11,4 milhões de pessoas com 15 anos ou mais não sabem ler e escrever uma carta simples – o equivalente a 7% da população nessa faixa etária. Ainda que o

problema tenha sido atenuado nas últimas décadas o Nordeste continua sendo a região com o índice de analfabetismo mais alto do país: 14,2%, o dobro da média nacional. Entre os **ESTADOS**, os piores números foram registrados em **Alagoas** (17,7%) e no **Piauí** (17,2%). A disparidade regional, no entanto, continua acentuada: o **SUL**, com o melhor índice do país, chegou ao patamar de 96,6% de moradores que sabem ler e escrever.

- **BILIONÁRIA AUSTRALIANA EXIGE QUE GALERIA RETIRE SEU RETRATO DE EXPOSIÇÃO.** Imagem de **GINA RINEHART** foi criada pelo artista Vincent Namatjira, conhecido por pintar representações caricatas de personagens famosos. A Galeria Nacional se recusou a fazer a retirada da imagem e informou em comunicado que recebeu com satisfação o diálogo público sobre a sua coleção e exposições. A pintura de Gina está ao lado de imagens da Rainha Elizabeth II e do jogador de futebol Adam Goodes
- **INFLUENCIADORA QUE ASSOCIOU TRAGÉDIA CLIMÁTICA DO RIO GRANDE DO SUL A RELIGIÕES DE MATRIZ AFRICANA É DENUNCIADA PELO MP**. A empresária e influenciadora **Michele Mendonça Dias Abreu**, acusada de **INTOLERÂNCIA RELIGIOSA** após associar a tragédia climática no Rio Grande do Sul a religiões de matriz africana, virou ré. Em vídeo publicado nas redes sociais, no dia 5 de maio, Michele Mendonça disse que os temporais que afetaram 2,3 milhões de pessoas e deixaram mais de 170 mortos no Rio Grande do Sul foram motivados pela **"IRA DE DEUS"**. defesa de Michele Mendonça afirmou que os vídeos publicados nas redes sociais da influenciadora "foram manipulados e divulgados indevidamente".
- **TRIBUNAL DE LONDRES AUTORIZA JULIAN ASSANGE A APRESENTAR RECURSO CONTRA EXTRADIÇÃO PARA OS EUA**. Assange, **fundador do WikiLeaks**, pode ser condenado a 175 anos de prisão nos Estados Unidos caso seja enviado ao país, do qual é cidadão. A Justiça dos EUA quer julgá-lo por vazar 700 mil documentos confidenciais desde 2010 sobre as atividades militares e diplomáticas americanas, principalmente no Iraque e Afeganistão.
- **PORTA DO INFERNO NA SIBÉRIA CRESCE EM RITMO ASSUSTADOR.** Misteriosa cratera de Batagaika, na Sibéria, popularmente conhecida como **"PORTA DO INFERNO"**, está expandindo em ritmo alarmante de até um milhão de metros cúbicos por ano devido ao derretimento do **PERMAFROST**. O fenômeno removeu a cobertura de permafrost – uma camada de gelo, rocha e sedimentos – que permaneceu congelado por 650 mil anos. Essa cratera é um sinal claro do impacto das mudanças climáticas
- **MERCOSUL AUMENTOU O PREÇO DO ARROZ EM ATÉ 30% APÓS BRASIL ANUNCIAR LEILÃO.** A intenção do ministério era comprar toneladas do cereal dos vizinhos que pertencem ao bloco, para aumentar a oferta no mercado interno e evitar altas de preços ao consumidor após a tragédia no Rio Grande do Sul, estado responsável por 70% da produção nacional do grão. Mas o leilão de compra foi suspenso depois de, segundo o ministro, o Mercosul elevar em até 30% o preço do cereal. **CARLOS FÁVARO, Ministro da Agricultura**, disse que, por conta da alta, o governo decidiu zerar o imposto de importação do grão vindo de fora do bloco sul-americano.
- **MINISTÉRIO DA SAÚDE MUDA CLASSIFICAÇÃO DE GÊNERO EM TRATAMENTOS PARA AMPLIAR ACESSO A TRANSEXUAIS.** Com a portaria, homens e mulheres vão poder fazer vários tratamentos e exames que antes tinham restrição de gênero. Na lista, estão incluídos 271 procedimentos entre eles: Vasectomia, Tratamentos contra o câncer no útero, Parto, Mastectomia (retirada das mamas) e exames específicos para a saúde feminina e masculina.
- **ACABA MANDATO DE ZELENSKY NA UCRÂNIA, MAS ELE CONTINUA PRESIDENTE.** As novas eleições no país deveriam ter sido realizadas em 31 de março, mas a **LEI MARCIAL** decretada desde a invasão da Rússia contra o território ucraniano o mantém no cargo sem um novo pleito até que a situação no país seja normalizada. Segundo o artigo 108, o presidente em exercício se manterá no poder até que um novo presidente eleito assuma o cargo, desconsiderando o artigo 103, que afirma que o mandato de um chefe do Executivo é de 5 anos. Além de eleições, a lei marcial ucraniana restringe a existência de alguns direitos civis, como reunião pacífica de indivíduos, liberdade de expressão e movimento. O governo justifica as restrições políticas e individuais como necessárias para a manutenção da soberania da Ucrânia.
- **USO DIÁRIO DE MACONHA SUPERA PELA 1ª VEZ E DE ÁLCOOL NOS EUA:** O estudo indica que, em 2022, 17,7 milhões de norte-americanos diziam usar a cannabis diariamente ou quase diariamente, enquanto 14,7 milhões de cidadãos afirmava consumir álcool frequentemente.
- **STF INVALIDA ESTRATÉGIA JURÍDICA DE DESQUALIFICAR MULHERES VÍTIMAS DE VIOLÊNCIA:** Por unanimidade, os ministros do STF decidiram que é inválida a prática de desqualificar e culpar as mulheres vítimas de violência quando ocorre o julgamento destes crimes na Justiça. Os ministros decidiram estender para todos os crimes de violência contra a mulher – os delitos previstos na Lei Maria da Penha e a violência política de gênero, por exemplo.
- **MORRE KABOSU**, cachorrinha japonesa da raça **shiba inu** que inspirou memes e logotipo da **CRIPTOMOEDA DOGECOIN**.
- **OBRA DO ARTISTA KOBRA** leiloada para ajudar o **RIO GRANDE DO SUL** deve virar mural**.** Uma obra que retrata um punho tatuado com a Estátua do Laçador – símbolo oficial de Porto Alegre– segurando a bandeira do Rio Grande do Sul foi leiloada por R$ 400 mil. A **tela "RESILIÊNCIA"** foi criada pelo artista **EDUARDO KOBRA** e pode ganhar um espaço no estado em breve.
- **"ANORA" VENCE PALMA DE OURO NO FESTIVAL DE CANNES NA FRANÇA.** A produção é sobre uma garota que trabalha como stripper e se apaixona por um filho de um oligarca russo. O filme **"MOTEL DESTINO"**, do diretor do **CEARÁ,** Karim Ainouz, representou o **BRASIL** na disputa.
- **GILBERTO GIL É HOMENAGEADO EM UMA SÉRIE DE SELOS E CARIMBOS DOS CORREIOS.** O selo institucional de Gil **é o primeiro da Série "Perso-**

ATUALIDADES

nalidades", criada pela estatal para celebrar expoentes brasileiros da música, das artes cênicas e dos esportes.

- **MARCO LEGAL DOS GAMES É SANCIONADO POR LULA.** O chamado Marco Legal dos Games regulamenta a fabricação, importação, comercialização, o desenvolvimento de jogos eletrônicos e seu uso comercial no Brasil. Na definição de jogos eletrônicos, entram os softwares, as imagens geradas a partir da conexão com o jogador, conhecido como gamer; os jogos de console de videogames e de realidade virtual, realidade aumentada, realidade mista e realidade estendida ou imersiva. **Não entram nesta categoria de gamer:** os jogos de azar eletrônicos, apostas do tipo bet, poker on-line e outros que envolvam prêmios em dinheiro.
- **A MINISTRA CÁRMEN LÚCIA É ELEITA PRESIDENTE DO TSE no biênio 2024-2026.** O ministro **Nunes Marques** foi eleito **vice-presidente** do Tribunal. O cargo de presidente é ocupado de forma rotativa entre os ministros do STF que atuam no tribunal. A ministra Cármen Lúcia substitui Alexandre de Moraes no comando da Justiça Eleitoral a partir de junho. O ministro **ALEXANDRE DE MORAES** poderá ficar no **STF até 2043**, quando completará 75 anos, idade limite para aposentadoria. A vaga aberta no TSE com a saída de Alexandre de Moraes – também em junho – será preenchida pelo ministro **ANDRÉ MENDONÇA**, também do STF. A partir de junho, a composição titular do **TSE** será: Cármen Lúcia (presidente), Nunes Marques, (vice-presidente) André Mendonça; Raul Araújo; Isabel Gallotti; André Ramos Tavares; e Floriano de Azevedo Marques.
- **MORTE DE MARIELLE OCORREU PARA PROTEGER INTERESSES DE MILÍCIAS:** A Procuradoria-Geral da República (PGR) concluiu que o assassinato da vereadora Marielle Franco e do motorista Anderson Gomes, ocorrido em 2018, foi executado para proteger interesses econômicos de milícias e desencorajar atos de oposição política de Marielle, filiada ao Psol. A base da acusação é a delação premiada do ex-policial **Ronnie Lessa**, réu confesso da execução dos homicídios.
- **PAULO PIMENTA SERÁ MINISTRO EXTRAORDINÁRIO PELA RECONSTRUÇÃO DO RIO GRANDE DO SUL:** o Rio Grande do Sul vai ganhar um ministro extraordinário para coordenar as ações do governo federal. Atual titular da Secom, **Secretaria de Comunicação Social**, Paulo Pimenta é o novo ministro extraordinário para ajudar na reconstrução do estado.
- **RIO DE JANEIRO TEM LEI CONTRA ASSÉDIO SEXUAL EM ESTÁDIOS DE FUTEBOL.** A intenção é combater a importunação sexual durante as competições.
- **ESPANHA RETIRA EMBAIXADORA DA ARGENTINA DE FORMA DEFINITIVA APÓS FALA DE JAVIER MILEI.** A crise começou após o presidente argentino, **Javier Milei**, chamar a **ESPOSA** do primeiro-ministro espanhol, **Pedro Sánchez**, de **CORRUPTA** por conta de uma investigação arquivada contra ela. A Espanha, como reação, convocou sua embaixadora em Buenos Aires e exigiu pedido de desculpas por parte de Milei.
- **LULA SANCIONA LEI QUE DESONERA ATIVIDADES DO SETOR DE EVENTOS.** O presidente Lula sancionou sem vetos a lei que muda as regras do **Programa Emergencial de Retomada do Setor de Eventos (PERSE)**, para o período entre 2024 e 2026. O texto sancionado define o valor de R$15 bilhões como teto de **RENÚNCIA TRIBUTÁRIA** para beneficiar empresas com faturamento de até R$ 78 milhões e que exerçam 30 atividades do setor de eventos.
- **DESLIZAMENTO DE TERRA EM PAPUA-NOVA GUINÉ:** Organização Internacional para as Migrações da ONU (OIM) estimou que **670 pessoas morreram** após um deslizamento de terra em Papua-Nova Guiné, que costuma ter fortes chuvas. No entanto, as tempestades e inundações têm sido mais intensas em 2024 do que o normal.
- **ESPANHA ANUNCIA UM BILHÃO DE EUROS DE AJUDA MILITAR A KIEV.** O acordo entre **Espanha** e **Ucrânia** está centrado na entrega de **mísseis Patriot** para defesa antiaérea e **tanques Leopard.**
- **NOVO PRESIDENTE INTERINO DO IRÃ, MOHAMMAD MOKHBER,** vai ocupar o papel de Ebrahim Raisi, que morreu depois do helicóptero no qual viajava ter caído no noroeste do país.
- **CONGRESSO DERRUBA VETO DE LULA E PROÍBE USO DE VERBAS PARA ABORTO E MUDANÇA DE SEXO.** O Congresso derrubou o veto do presidente Lula a um trecho da LDO (Lei de Diretrizes Orçamentárias) de 2024 que proibia o uso de recursos públicos para ações que estimulem "aborto, transição de gênero, ocupações de terras" ou que atentem contra a "família tradicional brasileira". Leia o que a emenda retomada determina: "É vedado à União realizar despesas que, direta ou indiretamente, promovam, incentivem ou financiem: **I** – invasão ou ocupação de propriedades rurais privadas; **II** – ações tendentes a influenciar crianças e adolescentes, da creche ao ensino médio, a terem opções sexuais diferentes do sexo biológico; **III** – ações tendentes a desconstruir, diminuir ou extinguir o conceito de família tradicional, formado por pai, mãe e filhos; **IV** – cirurgias em crianças e adolescentes para mudança de sexo; **V** – realização de abortos, exceto nos casos autorizados em lei.
- **CONGRESSO DERRUBA VETO DE LULA E ACABA COM SAIDINHAS PARA VISITAS A FAMILIARES.** Com a derrubada do veto, legislação volta à redação original aprovada pelo Congresso, que acaba com a saída temporária de presos do regime semiaberto. O único senador do PT a votar contra veto de Lula a "saidinha" foi o DELEGADO FABIANO CONTARATO (ES). Ele disse não considerar o benefício "razoável". A decisão dos parlamentares restringe ainda mais as saidinhas, porque também proíbe que os detentos deixem os presídios temporariamente para: **visitar a família**; **praticar atividades que contribuam para o retorno do convívio social**. O benefício, portanto, será dado somente a quem for sair para estudar – seja ensino médio, superior, supletivo ou cursos profissionalizantes. O detento tem direito de solicitar até cinco saídas de sete dias por ano ou de acordo com a duração do curso. Em abril, Lula vetou o texto na tentativa de permitir que o preso visite a família e participe de atividades para reinserção social. Agora, o parlamento reverteu a decisão.

- **TAXA DAS BLUSINHAS:** O projeto de lei que institui uma **TAXA de 20% sobre compras internacionais de até US$ 50** foi aprovado na Câmara dos Deputados e aguarda a sanção do presidente Lula. A medida, apelidada de "taxa das blusinhas", deve reduzir drasticamente o volume de encomendas do exterior
- **THIAGO BRAZ É SUSPENSO POR DOPING E PERDE PARIS 2024**. Thiago, campeão olímpico do **SALTO COM VARA,** estava suspenso provisoriamente desde 28 de julho de 2023, após ter sido pego no antidoping com a **substância OSTARINA**, droga utilizada para o aumento de massa muscular. Com a confirmação da suspensão, ele só poderá voltar a competir em 27 de novembro deste ano, três meses após o fim dos Jogos Olímpicos.
- **CONGRESSO DA COLÔMBIA APROVA PROIBIÇÃO DE TOURADAS APÓS SETE ANOS DE TENTATIVAS.** O projeto de lei que proíbe as touradas foi aprovado com 93 votos a favor e dois contra. O tribunal constitucional da Colômbia instou o Congresso nos últimos anos a emitir uma regulamentação definitiva sobre o assunto. Os eventos de touradas são **proibidos** por lei em alguns países latino-americanos, como Argentina e Cuba, enquanto são **legais** na maior parte do México e do Peru.
- **BARROSO DÁ 72 HORAS PARA SÃO PAULO EXPLICAR EDITAL DE CÂMERAS PARA POLÍCIA**. Governo do Estado deverá prestar informações sobre regras para gravação de imagens de forma ininterrupta, prazo para armazenamento das imagens captadas e políticas públicas para destinação de câmeras.
- **COREIA DO NORTE ENVIA BALÕES COM LIXO E SUPOSTAS FEZES DE ANIMAIS PARA COREIA DO SUL.** Pyongyang defende sua campanha dizendo que esses "presentes" são uma represália pelos balões cheios de propaganda contra o governo de Kim Jong Un enviados ao norte por ativistas do sul.
- **CORTINA BLOQUEIA VISTA "VIRAL" DE MONTE FUJI EM CIDADE JAPONESA.** Uma cidade no Japão inaugurou uma cortina preta de 2,5 metros de altura e 20 m de comprimento para separar os turistas de uma vista do monte Fuji em frente a uma loja de conveniência. A barreira é um sinal recente da luta do Japão contra um pico de visitantes. Isso ocorre por conta da **queda na cotação do Iene**, que atingiu seu menor valor em 34 anos. O iene fraco se tornou irresistível para muitos visitantes. Isso significa boas notícias para a economia local, mas também um turismo exagerado em algumas cidades e locais populares.
- **CONGRESSO MANTÉM VETO DE BOLSONARO A LEI QUE PUNIRÁ FAKE NEWS EM ELEIÇÕES.** O Congresso Nacional manteve veto do ex-presidente Jair Bolsonaro (PL) que impediu punir quem espalhar fake news durante as eleições. A decisão dos parlamentares barrou a possibilidade de estipular na lei o crime de "comunicação enganosa em massa", com uma pena de prisão de um a cinco anos e multa. O texto previa a reclusão, o que admite início do cumprimento em regime fechado. Com a decisão de hoje, deixa de ocorrer a inclusão de uma lista de "crimes contra a democracia" no Código Penal.
- **DESAPARECIMENTO DE CRIANÇA PODE SER COMUNICADO ANTES DE 24 HORAS.** A iniciativa, chamada **"Não Espere 24h",** foi lançada para lembrar o Dia Internacional das Crianças Desaparecidas. A recomendação é que a polícia seja notificada o mais rápido possível do sumiço. Quanto antes o desaparecimento é comunicado, maior a chance de localização da criança.
- **LIBERDADE DE EXPRESSÃO E O AVANÇO DO BRASIL NO RANKING.** O Brasil foi o país que registrou o maior avanço mundial no ranking que mede a liberdade de expressão em 161 países. No último relatório, o Brasil estava em 81º lugar no ranking mundial. Agora, passou para a **35ª POSIÇÃO** e fez com que o país saísse da categoria "restrito" e passasse a integrar a "aberto", considerada a com maior liberdade de expressão.
- **ESCUTA SUSP:** programa Escuta Susp (**Sistema Único de Segurança Pública**) dará apoio psicológico a profissionais da segurança.
- **TRUMP SE TORNA 1º EX-PRESIDENTE CONDENADO EM AÇÃO CRIMINAL NA HISTÓRIA DOS EUA:** Trump foi acusado de fraudar documentos fiscais para esconder pagamento a atriz de filmes adultos, Stormy Daniels, **ANTES** das eleições de 2016.
- **VIOLÃO DE JOHN LENNON É LEILOADO POR R$ 15 MILHÕES.** Violão de modelo HOOTENANNY foi o quinto mais caro já vendido. Ele usou esse violão na gravação dos álbuns "HELP" e "Rubber Soul"
- **PARLAMENTO DA ESPANHA APROVA LEI POLÊMICA DE ANISTIA PARA SEPARATISTAS CATALÃES.** Medida concede perdão a mais de 400 pessoas acusadas de separatismo pelo governo espanhol, incluindo o ex-presidente autodeclarado da Catalunha, Carles Puigdemont, que atualmente está em exílio na Bélgica. Com a nova lei, ele poderá retornar ao país.
- **PEC DO QUINQUÊNIO:** cria um **adicional de 5% do salário** a cada cinco anos — como valorização por tempo de exercício — para agentes públicos de carreiras jurídicas, como juízes, procuradores e defensores públicos. O impacto estimado pela área orçamentária do Senado é de R$ 81,6 bilhões até 2026 se o texto for aprovado. O governo é contra a proposta, avaliada como "pauta-bomba" por integrantes da base. O texto, em tramitação no Senado, passará por novas análises de impacto financeiro e foi retirado da agenda por conta da situação do Rio Grande do Sul.

FALECIMENTOS:

- **BERNARD HILL**, ator britânico de **TITANIC** e **O SENHOR DOS ANÉIS** morre aos 75 anos. Ator interpretou o capitão Edward Smith no filme sobre o naufrágio e o rei Théoden na trilogia de fantasia.
- **PAULO CESAR PEREIRO**, renomado ator, morre aos 83 anos. Ele estava residindo no **Retiro dos Artistas**.
- **WASHINGTON RODRIGUES**, o **APOLINHO**, **jornalista** e ex-técnico do Flamengo, morre aos 87 anos
- **ANTERO GRECO**, **jornalista** que marcou época como apresentador dos **canais ESPN**, morre aos 69 anos. Ele lutava contra um tumor no cérebro.
- **SILVIO LUIZ**, **narrador de futebol**, morre anos 89 anos. Ele sofreu derrame enquanto trabalhava na

ATUALIDADES

transmissão digital da Record em Palmeiras x Santos.

- **TONI VENTURI, cineasta**, morreu aos 68 anos. Ele faleceu após passar mal nadando na praia de São Sebastião, litoral de São Paulo
- **ALICE MUNRO, escritora** que venceu **PRÊMIO NOBEL DE LITERATURA**, morreu aos 92 anos.

6. PRINCIPAIS FATOS DE JUNHO DE 2024

- **FILME DIVERTIDA MENTE 2:** Há tanta coisa acontecendo dentro do cérebro de um adolescente que a subsidiária da Disney, Pixar, fez um filme inteiro sobre isso. "DIVERTIDA MENTE 2" segue a personagem principal, Riley, enquanto ela completa 13 anos e passa por todas as mudanças emocionais que acompanham a puberdade: mais sensibilidade, consciência de seu lugar no círculo social e muita ansiedade. Nos primeiros anos da adolescência, o cérebro está passando por uma remodelação. Junto com essas reformas vêm novas e complexas emoções — VERGONHA, INVEJA, TÉDIO E ANSIEDADE.
- **NOVA PRESIDENTE DO MÉXICO:** Apadrinhada pelo atual presidente Andrés Manuel López Obrador, a política **CLAUDIA SHEINBAUM** se tornou a **PRIMEIRA MULHER PRESIDENTE DO MÉXICO**. De perfil sóbrio, chamada de **"Dama de Gelo"** por opositores, Claudia será também a primeira pessoa de **ascendência judaica** a comandar o país. Com candidatura de esquerda pelo **partido MORENA**, ela deve aprofundar combate às desigualdades iniciado por Obrador. A presidente eleita considera as reformas constitucionais de programas sociais sobre **direitos e reconhecimento dos povos indígenas** uma prioridade para as próximas negociações. Antes de entrar na política, Sheinbaum construiu uma carreira acadêmica: formou-se em física pela Unam e fez pós-graduação em engenharia ambiental.
- **ONDA DE CALOR MATA MAIS DE MIL PESSOAS DURANTE PEREGRINAÇÃO ANUAL A MECA, NA ARÁBIA SAUDITA:** Temperatura na região chegou a 52ºC. Chamada de **HAJJ**, a peregrinação leva milhares de muçulmanos a Meca todos os anos. Meca é a principal cidade sagrada do Islã e um dos cinco pilares do islamismo. Apenas os muçulmanos podem entrar na cidade, e, durante o período de peregrinação, **o governo saudita distribui vistos para estrangeiros**, com base em um sistema de cotas. No entanto, entre as vítimas, **mais 630 estavam em situação irregular no país**, porque não têm dinheiro suficiente para pagar os custos dos trâmites oficiais. Essas pessoas são mais vulneráveis ao calor extremo, porque, sem documentos oficiais, não podem ter acesso aos espaços com ar-condicionado disponibilizados pelas autoridades sauditas, que este ano receberam 1,8 milhão de peregrinos autorizados.
- **PRESIDENTE DA ARGENTINA ENVIOU UM PROJETO PARA REDUZIR A MAIORIDADE PENAL NO PAÍS PARA 13 ANOS.** O texto foi enviado em regime de urgência e já está em discussão no Congresso argentino. Atualmente, a maioridade penal no país é de 16 anos. A proposta prevê que menores entre 13 e 18 serão destinados a prisões especiais, uma espécie de Fundação Casa. Os pais do infrator serão notificados, mas não responderão pelo adolescente. As penas, segundo o projeto, podem chegar até 6 anos de prisão em casos graves. Em caso de morte ou violência grave, as penas podem atingir 20 anos de prisão. O texto ainda prevê que o tempo de prisão deverá considerar a idade do infrator. A depender dos crimes, as penas podem ser trocadas por medidas socioeducativas, como tratamento médico e proibição de consumo de álcool e drogas.
- **ACORDO MÚTUO ENTRE COREIA DO NORTE X RÚSSIA: Coreia Do Norte** divulgou alguns detalhes do **acordo de ajuda mútua** fechado com a **Rússia.** O tratado cita a segurança nacional dos dois países e possíveis ameaças e ataques que ambos possam sofrer. Veja a seguir alguns pontos do pacto: Cada país deve fornecer toda a assistência militar necessária e outras disponíveis se o outro enfrentar um ataque armado; Ambos não poderão assinar tratados com nações terceiras que infrinjam os interesses de Rússia e Coreia do Norte; As duas nações ficam proibidas de autorizar o uso do próprio território por terceiros para infringir a segurança ou a soberania; Rússia e Coreia do Norte irão tomar ações conjuntas para fortalecer as capacidades de defesa; Ambos os lados cooperarão em questões de interesse mútuo e segurança dentro da ONU; Os dois países adotarão políticas pacíficas para uma ordem mundial justa e multipolar; Cooperarão em pesquisas espaciais, além do uso pacífico da energia nuclear e inteligência artificial; Coreia do Norte e Rússia também assinaram um acordo para construir uma ponte rodoviária na fronteira entre os dois países. Segundo a Coreia do Norte, o pacto não tem prazo para acabar, a menos que uma das partes pretenda suspendê-lo. O acordo assinado resgata relações semelhantes que os países tinham durante a Guerra Fria. A parceria também prevê, de um lado, apoio da Rússia a manobras de Pyongyang perto da Coreia do Sul, o que deve piorar ainda mais a relação entre as duas Coreias.
- **ESCRITORA ADÉLIA PRADO** é a vencedora do Prêmio Camões - o mais importante da língua portuguesa, e também venceu o Prêmio Machado de Assis 2024. **PRÊMIO CAMÕES 2024**: O valor da premiação é de 100 mil euros, um dos maiores valores do mundo entre os prêmios literários. A premiação é concedida por meio de subsídio da Fundação Biblioteca Nacional (FBN) – entidade vinculada ao Ministério da Cultura (MinC) e do Governo de Portugal. **PRÊMIO MACHADO DE ASSIS 2024**: Criado em 1941, o Prêmio Machado de Assis é entregue a autores que se destacam pelo conjunto de sua obra. Os vencedores são escolhidos pelos membros da ABL. Adélia Prado é a 11ª mulher a receber o prêmio, que atualmente tem o valor de R$ 100 mil. O prêmio celebra os mais de 20 livros publicados por Adélia, cuja escrita é construída entre **A PROSA E O VERSO**, poetizando temas do cotidiano, da religiosidade e do feminino. Considerada uma das principais escritoras brasileiras, Adélia Prado, aos 88 anos, é considerada a maior poetisa viva da literatura brasileira. Nascida em Divinópolis, no estado de Minas Gerais, ela escreveu os primeiros versos aos 15 anos. Em 1976, publicou **"BAGAGEM"**. Já em 1978 foi a vez de "O coração disparado", agraciado com o Prêmio Jabuti. Sua estreia em prosa se deu no ano

seguinte, com o livro "Solte os cachorros". Depois de alguns anos de ausência, prepara-se para lançar uma obra ainda em 2024, com o título provisório de "**JARDIM DAS OLIVEIRAS**".

- **CÁRMEN LÚCIA**, ministra do Supremo Tribunal Federal, **tomou posse no cargo de PRESIDENTE DO TRIBUNAL SUPERIOR ELEITORAL (TSE).** O mandato será de dois anos. Cármen Lúcia entra na vaga deixada por Alexandre de Moraes, que cumpriu o período máximo de um biênio na chefia do TSE. A ministra será responsável por comandar as eleições municipais de outubro. O **ministro NUNES MARQUES** ficará com a **VICE-PRESIDÊNCIA** do tribunal pelo mesmo período. O TSE é composto por sete ministros, sendo três do STF, dois do Superior Tribunal de Justiça (STJ), e dois advogados com notório saber jurídico indicados pelo presidente da República
- **OPERAÇÃO FUNDO NO POÇO:** Polícia Federal deflagrou a **OPERAÇÃO FUNDO NO POÇO** para desarticular organização criminosa responsável pelos desvios nos fundos partidários e eleitorais de 2022 do **partido PROS – que foi incorporado pelo partido SOLIDARIEDADE em 2023.** Um dos alvos é **Eurípedes Gomes Júnior**, atual presidente nacional do Solidariedade. As investigações começaram a partir de uma denúncia feita por Marcus Vinicius Chaves de Holanda, que foi presidente do PROS. Ele acusou Eurípedes Júnior de desviar cerca de R$ 36 milhões do partido. Investigadores da Polícia Federal identificaram indícios de que o grupo criminoso agiu com o objetivo de desviar e se apropriar de recursos dos fundos partidário e eleitoral por meio de **CANDIDATURAS LARANJAS** em diferentes estados do país. O grupo também é suspeito de superfaturar serviços contratados junto a consultorias jurídicas e também de desviar verbas destinadas à Fundação de Ordem Social, ligada ao PROS. O grupo teria lavado o dinheiro desviado a partir da criação de empresas de fachada, compra de imóveis por intermediários e superfaturamento de serviços prestados aos laranjas e ao próprio partido.
- **FUNDADOR DO WIKILEAKS, JULIAN ASSANGE,** declarou-se culpado e foi condenado durante uma audiência no **tribunal dos Estados Unidos** nas **ILHAS MARIANAS DO NORTE**. Apesar da condenação por espionagem, devido a um acordo, ele foi posto em **LIBERDADE**. A juíza disse ainda ser "justo" e "razoável" aceitar como sentença os 62 meses de prisão que Assange já cumpriu no Reino Unido. A audiência é fruto de um acordo de Assange com a Justiça dos EUA. Ele se declarou culpado por violar a Lei de Espionagem dos Estados Unidos. Ele divulgou em 2010, através do Wikileaks, centenas de documentos militares confidenciais dos EUA sobre guerra no Afeganistão e Iraque. Ele disse ao tribunal acreditar que a Lei de Espionagem contradizia os direitos da Primeira Emenda dos Estados Unidos, mas que aceitava o fato de que incentivar fontes a fornecer informações confidenciais para publicação pode ser ilegal. Depois de deixar o tribunal, Assange foi para o aeroporto e embarcou em voo rumo a Camberra, na **AUSTRÁLIA. O ativista é australiano** e deve viver no país com a esposa e os dois filhos.
- **KRIST NOVOSELIC, ex-baixista do NIRVANA,** anunciou que lançará sua candidatura para concorrer nas **eleições presidenciais dos EUA** previstas para 5 de novembro. Ele foi nomeado durante a convenção do partido recém-criado **Cascade Party**. Mas Novoselic afirma que não pretende concorrer de fato ao cargo. Apesar de ser um candidato, a campanha terá como objetivo só atender exigências legais para a formalização da sigla. Dentre os requisitos para a criação de um novo partido, a legislação de Washington exige a formação de uma chapa presidencial para concorrer no pleito. O Cascade Party também busca conseguir ao menos 1.000 assinaturas para a formalização do grupo. O **Cascade Party** se classifica como uma associação "**CENTRISTA**". O partido afirma ser uma associação para os cidadãos norte-americanos insatisfeitos com a polarização política do país.
- **PROPOSTA BRASILEIRA NO G20 PARA TAXAR SUPER-RICOS** pode arrecadar até US$ 250 bilhões por ano. Trata-se de **um imposto mínimo de 2% da riqueza dos bilionários do mundo** Documento dá sustentação técnica para a proposta da presidência do Brasil no G20 de taxar os bilionários e destaca a importância da cooperação internacional para evitar evasão fiscal e os desafios para a implementação de um padrão de tributação internacional. A proposta foi elaborada pelo **economista francês Gabriel Zucman**, professor de economia na Escola de Economia de Paris e da Universidade da Califórnia.
- **MANIFESTANTES DA FRANÇA AMEAÇAM UMA DEFECAÇÃO EM MASSA NO RIO SENA** em **PROTESTO aos Jogos Olímpicos em Paris**, que começam em julho de 2024. O protesto é por causa do alto nível de poluição do rio mesmo depois de gastos estimados em 1,4 bilhão de euros para despolui-lo até o evento. Nas redes sociais, a hashtag "Eu caguei no Sena em 23 de junho" mobiliza internautas. A prefeita de Paris, Anne Hidalgo chamou autoridades –inclusive o presidente, que confirmou presença– a fim de provar que a água está apta para receber atletas que vão usá-lo na competição, como os de **NATAÇÃO e TRIÁTLON**. Contudo, o mergulho da prefeita foi remarcado para 15 de julho –duas semanas antes das Olimpíadas. Especula-se que o motivo seja o **NÍVEL DE POLUIÇÃO DO RIO**. A Prefeitura culpou as más condições meteorológicas de junho na França.
- **MAIS DE 120 MILHÕES DE PESSOAS EM TODO O MUNDO ESTÃO DESLOCADAS À FORÇA** de suas casas devido a perseguições, conflitos, violência e violação de direitos. Isso representou, segundo a Agência das Nações Unidas para Refugiados (Acnur), um aumento de 8% em relação ao ano anterior. De acordo com a agência internacional, 73% dos refugiados e dos deslocados pertencem apenas a 5 países: **AFEGANISTÃO, SÍRIA, VENEZUELA, UCRÂNIA e SUDÃO DO SUL**. A **SÍRIA** continua sendo a fonte da maior crise de refugiados do mundo, com 13,8 milhões de pessoas deslocadas à força dentro e fora do país até ao final de 2023, devido à guerra civil que começou há 12 anos.
- **PRESIDENTE DA TURQUIA PEDE APOIO AO PRESIDENTE LULA PARA INTEGRAR O BRICS.** Lula teve uma reunião bilateral com o presidente Recep Erdoğan, à margem da Cúpula do G7, na Itália. BRICS é bloco de países originalmente formado por

Brasil, Rússia, Índia, China e África do Sul, que teve em 2023 as adesões de Egito, Etiópia, Arábia Saudita, Emirados Árabes Unidos e Irã. A Rússia saúda desejo da Turquia de se juntar ao Brics. Como integrante da Otan, a Turquia tem sido criticada por seus aliados ocidentais por causa dos seus laços com a Rússia. No entanto a Turquia rejeitou as alegações, reafirmando seu compromisso com a aliança e seu objetivo de adesão plena à União Europeia.

- **ESQUERDA VENCEU ELEIÇÕES NA FRANÇA:** Macron dissolve parlamento e convoca eleição legislativa na França. Decisão foi tomada após extrema-direita mostrar força nas eleições europeias.

  O **partido de direita radical REUNIÃO NACIONAL (NR),** liderado por **Marine Le Pen**, saiu como vencedor do **primeiro turno** das eleições parlamentares realizadas na **FRANÇA**, com 33% dos votos. O ex-meio campista **RAÍ**, um dos maiores ídolos do São Paulo, do Paris Saint-Germain e da seleção brasileira nos anos 1990, discursou em um ato **contra a extrema-direita**. Ele relembra Bolsonaro em discurso contra a ultradireita na França: 'Vivemos um pesadelo'. O capitão da seleção francesa de futebol, **MBAPPÉ**, fez um apelo para que os eleitores franceses não votem na extrema direita no segundo turno das eleições. **Macron** apelou aos partidos de **centro** (Juntos) e de **esquerda** (Nova Frente Popular) para se unirem para evitar que a direita radical ganhe o controle do Parlamento. Um grande número de candidatos de esquerda e de centro deixaram de concorrer numa tentativa de bloquear uma possível vitória do Reunião Nacional. Essa estratégia, conhecida como **"CORDÃO SANITÁRIO",** já foi utilizada em outras eleições francesas e tem por objetivo concentrar os votos do campo considerado democrático em uma única candidatura em cada região em disputa. Em um resultado surpreendente, **a coalizão de esquerda NOVA FRENTE POPULAR, liderada por Jean-Luc Mélenchon**, foi a **VENCEDORA** no **segundo turno** e obteve o maior número de assentos na Assembleia Nacional da França nas eleições legislativas, mas sem força suficiente para governar sozinha.

  1. Nova Frente Popular (esquerda): 182 assentos;
  2. Juntos (centro): 168 assentos;
  3. Reunião Nacional (extrema direita): 143 assentos.

  Para a extrema direita, apesar do crescimento vertiginoso do número de assentos obtidos pelo Reunião Nacional (RN), de 88 para 143, o resultado foi uma decepção. O **primeiro-ministro, GABRIEL ATTAL,** que é do Juntos (centro), também admitiu a derrota, e **disse que iria renunciar ao cargo**. Caberá ao presidente da França, Emmanuel Macron, indicar um novo premiê a partir dos resultados dessas eleições. Ainda não há previsão de quando isso vai ocorrer.

- **TENTATIVA DE GOLPE DE ESTADO NA BOLÍVIA:** A Bolívia sofreu uma tentativa de golpe de estado liderada pelo ex-comandante do Exército do país, mas que acabou falhando. Tanques do Exército e militares armados **chegaram a invadir o Palácio Quemado, em La Paz.** A tentativa de golpe, a segunda em cinco anos no país, foi arquitetada pelo **general JUAN JOSÉ ZÚÑIGA.** Ele, que havia sido destituído do cargo de comandante do Exército após fazer **ameaças ao ex-presidente Evo Morales**, afirmou que prenderia Morales caso o ex-presidente volte ao poder. O ex-comandante terminou preso após o ato e, ao ser levado por policiais, **acusou o atual presidente da Bolívia, LUIS ARCE,** a ter orquestrado o ato para promover um autogolpe e ganhar popularidade. Após cerca de quatro horas de tensões que incluíram um cara a cara entre o presidente, Luis Arce, e Zúñiga, o movimento foi desmobilizado por ordem de Arce, e os militares que participaram da tentativa de golpe deixaram o local, cercados por soldados que se mantiveram fiéis ao governo. Zuñiga disse a TVs locais que o movimento era uma "tentativa de restaurar a democracia" na Bolívia e de " libertar prisioneiros políticos". No entanto, a tentativa de golpe foi fortemente condenada até por adversários políticos de Arce, como a ex-presidente da Bolívia Jeanine Áñez.

- **ESCÂNDALO DO PANAMÁ PAPERS**: A Justiça do **PANAMÁ** decidiu absolver 28 pessoas acusadas de lavagem de dinheiro relacionadas ao extinto **escritório de advocacia MOSSACK FONSECA**, que protagonizou o escândalo dos PANAMA PAPERS. Entre os absolvidos estão os fundadores do escritório, Jürgen Mossack e Ramón Fonseca — que morreu no último dia 9 de maio. Durante o julgamento, a promotoria defendeu que os acusados fossem condenados a 12 anos de prisão. A juíza, contudo, entendeu que as provas coletadas nos servidores do escritório de advocacia não permitiram "ter certeza de sua autenticidade e integridade" Objeto de uma série de reportagens, o escândalo do Panama Papers revelou o funcionamento de um esquema de ocultação de propriedade e lavagem de dinheiro por meio de empresas de fachadas.

- **TRIBUNAL REGIONAL ELEITORAL DO AMAPÁ CASSOU O MANDATO DA DEPUTADA FEDERAL SILVIA WAIÃPI**. Ela foi denunciada pelo Ministério Público Eleitoral por gasto ilícito de dinheiro público. A representação descrevia que ela teria usado R$ 9 mil dos recursos destinados à campanha de 2022 para **pagar uma HARMONIZAÇÃO FACIAL** em um consultório odontológico em Macapá. Antes da carreira política, Silvia Wiãpi teve trabalhos na TV. Na novela **"Uga"** (2000), ficou conhecida pelo papel da **índia CROCOKÁ**. De 2018 a 2022, ocupou o cargo de secretária de Saúde Indígena no governo federal. Em 2023, o nome de Silvia foi incluído no inquérito que apura os atos golpistas no Distrito Federal.

- **DEBATE SOBRE PROPOSTA QUE REDUZ A 14 ANOS A IDADE MÍNIMA PARA QUE ADOLESCENTE POSSA TRABALHAR** volta à CCJ da câmara**.** Pela PEC principal, além do regime da aprendizagem, adolescentes com 14 anos ou mais poderão trabalhar em tempo parcial (**até 30 horas semanais ou 6 horas diárias**). O Conselho Nacional dos Direitos da Criança e do Adolescente (Conanda), vinculado ao Ministério dos Direitos Humanos, e a OIT já se posicionaram contra a aprovação da proposta, que viola os "direitos fundamentais à proteção no trabalho e à profissionalização e princípios da proteção integral e da prioridade absoluta". O órgão também diz que a medida traz um "retrocesso social" e prejuízos à saúde e ao desenvolvimento físico, psíquico, moral e social dos adolescentes.

- **LEI Nº 14.902/2024** acaba com a isenção do Imposto de Importação para compras internacionais de até US$ 50, determinando a **INCIDÊNCIA DO IMPOSTO DE IMPORTAÇÃO SOB A ALÍQUOTA DE 20%,** popularmente conhecida como "**TAXA DAS BLUSINHAS**". Logo, **o consumidor pagará 20% de Imposto de Importação para mercadorias até US$ 50** (atualmente cerca de R$ 275) ou de 60% para mercadorias acima desse valor. De acordo com o governo, a taxação de 20% do Imposto de Importação **NÃO** valerá para medicamentos importados por pessoa física. A Lei 14.902, de 2024, **também** cria o **PROGRAMA MOBILIDADE VERDE E INOVAÇÃO (MOVER).** O Mover inova em relação ao Rota 2030, criado em 2018, e a seu antecessor, o Inovar Auto, de 2012. Todos têm como meta **reduzir em 50% as emissões de carbono até 2030**, estabelecendo requisitos mínimos para que os veículos saiam das fábricas mais econômicos, mais seguros e menos poluentes. O "Mover" é um programa sistematizado pelo Ministério do Desenvolvimento, Indústria, Comércio e Serviços (MDIC), visando a descarbonização dos veículos e incentivando a eficiência energética e a reciclagem na fabricação. Ele introduz o **"IPI VERDE",** que reduz impostos para veículos menos poluentes. Além disso, oferece incentivos fiscais para empresas que investem em descarbonização, alinhando-se ao compromisso com o desenvolvimento sustentável. O novo programa aumenta os requisitos obrigatórios de sustentabilidade para os veículos novos comercializados no país. Entre as novidades está a medição das emissões de carbono "**DO POÇO À RODA**", ou seja, considerando todo o ciclo da fonte de energia utilizada. Posteriormente, o Mover prevê uma medição ainda mais ampla, conhecida como "**DO BERÇO AO TÚMULO**" e abrangendo a pegada de carbono de todos os componentes e de todas as etapas de produção, uso e descarte do veículo.
- **PANTANAL REGISTROU ALTA de quase 1000% NAS QUEIMADAS** no primeiro semestre de 2024, em comparação com o mesmo período do ano passado. Os municípios com mais focos de incêndio registrados foram **CORUMBÁ, no Mato grosso do Sul, e CÁCERES, no Mato Grosso**. As duas cidades juntas representam mais de 70% dos registros no Pantanal neste ano. **MATO GROSSO DO SUL** decreta **SITUAÇÃO DE EMERGÊNCIA**. O decreto de emergência prevê uma atuação do poder público mais célere nos municípios de Mato Grosso do Sul afetados pelos incêndios.
- **DISPUTA TERRITORIAL ENTRE CEARÁ E PIAUÍ:** O **LITÍGIO** entre o Piauí e o Ceará é uma disputa territorial que iniciou em 1758 e permanece até hoje devido a inúmeras controvérsias quanto à divisa entre os estados. O território em disputa é de 3 mil quilômetros quadrados de terras na Serra da Ibiapaba, a maioria das terras fica na Zona Rural dos municípios, e envolve 13 municípios cearenses e nove piauienses. Vivem cerca de 25 mil pessoas nestas áreas. Como se trata de litígio, essa área não pertence nem ao Piauí nem ao Ceará. Uma eventual mudança de território somente acontecerá após o final do processo com o trânsito em julgado da decisão tomada pelo Supremo Tribunal.
- **MASSACRE DA PRAÇA DA PAZ CELESTIAL FAZ 35 ANOS. CHINA PROÍBE HOMENAGEM**: Três décadas e meia após a repressão sangrenta do movimento pró-democracia pacifico, a memória dos acontecimentos em Tiananmen — Praça da Paz Celestial — continua proibida no país. Como em todos os dias 4 de junho desde 1989, a censura e a vigilância dos locais comemorativos foram reforçadas. Presidente de Taiwan provoca a China e promete preservar a memória do massacre da Praça da Paz Celestial. Declaração de Lai Ching-te ocorre após a China ter realizado manobras militares em torno de Taiwan
- **ASSEMBLEIA DO PARANÁ APROVA PROJETO PARA TERCEIRIZAR GESTÃO DE ESCOLAS EM 204 COLÉGIOS ESTADUAIS.** O próximo passo é a sanção do governador Ratinho Jr. (PSD), autor do projeto. Programa **"PARCEIRO DA ESCOLA"** transfere a gestão administrativa e de infraestrutura das escolas estaduais para empresas. Segundo o projeto de Ratinho Jr., o objetivo é "otimizar a gestão", mantendo diretores, professores e funcionários das escolas. Professores da rede estadual entraram em greve contra a proposta. O sindicato argumenta que não houve debate com a sociedade.
- **MARIA DA CONCEIÇÃO TAVARES, ECONOMISTA E PROFESSORA, MORRE AOS 94 ANOS,** no Rio de Janeiro. Nascida em Aveiro, Portugal, ela era brasileira naturalizada. Uma das maiores intelectuais brasileiras, ela era filiada ao PT desde 1994, foi professora titular da Unicamp, professora emérita da Universidade Federal do Rio de Janeiro e deputada federal pelo Rio de Janeiro, de 1995 a 1999.
- **COREIA DO NORTE X COREIA DO SUL:** Na chamada **'GUERRA DE BALÕES'**, a COREIA DO SUL envia para Coreia do Norte pen drives com músicas do estilo local, e a COREIA DO NORTE envia para Coreia do Sul lixo e fezes. Ou seja, o regime de Kim Jong-un enviou cerca de 260 balões com fezes e lixo ao território sul-coreano, em retaliação a uma onda de envio de pen drives com músicas de k-pop por ativistas da Coreia do Sul.
- **JOVEM ATACADA COM SODA CÁUSTICA NO PARANÁ**: A jovem Isabelly Aparecida Ferreira Moro, de 23 anos, atacada com soda cáustica contou lembrar que ao ser atingida pelo produto, sentiu que a pele estava "pegando fogo". O caso aconteceu na cidade paranaense de **JACAREZINHO.** A suspeita de atacar é Débora Custódio, 22 anos, detida dois dias após o ataque. A polícia acredita que Débora cometeu o crime por ciúmes de Isabelly, que é ex-namorada do atual companheiro dela.
- **PEELING DE FENOL:** O empresário Henrique Silva Chagas, de 27 anos, **morreu** após ser submetido a um tratamento estético, em São Paulo. O procedimento foi realizado pela influenciadora que se identifica como Natalia Becker nas redes sociais. Ela não é médica. Também não é especialista em dermatologia. A polícia também investiga se ela chegou a usar algum registro profissional falso ou de outra pessoa para se passar por médica em algum momento. Ela realizou um curso online para poder aplicar o peeling de fenol. Uma das hipóteses é a de que o empresário possa ter tido algum tipo de rea-

ção alérgica ao tratamento e morrido por "choque anafilático" pelo uso de alguma substância química, entre elas o fenol.

- **DESCRIMINALIZAÇÃO DA MACONHA NO BRASIL:** Após nove anos de sucessivas interrupções, por 6 votos a 3, o Supremo Tribunal Federal (STF) finalizou o julgamento que descriminalizou o porte de maconha para uso pessoal e fixou a **QUANTIA DE 40 GRAMAS** para diferenciar usuários de traficantes. Com a decisão, **não comete infração penal** quem adquirir, guardar, tiver em depósito, transportar ou trouxer consigo até 40 gramas de maconha para consumo pessoal. A decisão do Supremo não legaliza o porte de maconha. O porte para uso pessoal continua como comportamento ilícito, ou seja, permanece proibido fumar a droga em local público, mas as consequências passam a ter natureza administrativa e não criminal. **PRINCIPAIS PONTOS DE DECISÃO**: A Corte manteve a validade da Lei de Drogas, mas entendeu que **as consequências são ADMINISTRATIVAS**. Com a descriminalização, **sai do rol de punições possíveis a PRESTAÇÃO DE SERVIÇOS À COMUNIDADE**, que tem caráter penal. A advertência e presença obrigatória em curso educativo seguem mantidas e deverão ser aplicadas pela Justiça em procedimentos administrativos, sem repercussão penal. O registro de antecedentes criminais também não poderá ser avaliado contra os usuários. A Corte fixou que deve ser de **40 GRAMAS ou SEIS PLANTAS FÊMEAS DE CANNABIS** a quantidade de maconha para caracterizar porte para uso pessoal e diferenciar usuários e traficantes. A decisão também permite a prisão por tráfico de drogas nos casos de quantidade de maconha inferiores a 40 gramas. Nesses casos, deverão ser considerados pelos delegados indícios de comercialização, apreensão de balança para pesar o entorpecente e registros de vendas e de contatos entre traficantes. A decisão não impede abordagens policiais, e a apreensão da droga poderá ser feita pelos agentes. Os usuários poderão ser levados para uma delegacia quando forem abordados pela polícia portando maconha. Caberá ao delegado pesar a droga, verificar se a situação realmente pode ser configurada como porte para uso pessoal. Em seguida, o usuário será notificado a comparecer à Justiça. Contudo, não pode ocorrer prisão em flagrante no caso de usuário. Após o julgamento, o presidente do STF, Luís Roberto Barroso, disse que a decisão pode retroagir para atingir pessoas condenadas pela Justiça. Segundo ele, a decisão pode beneficiar pessoas exclusivamente condenadas por porte de até 40 gramas de maconha, sem ligações com o tráfico. A revisão da pena não é automática e só poderia ocorrer por meio de um recurso apresentado à Justiça. "A regra básica em matéria de Direito Penal é que a lei não retroage se ela agravar a situação de quem é acusado ou esteja preso. Para beneficiar, é possível", afirmou.

- **TRIBUNAL DA NAMÍBIA ANULOU LEI QUE CRIMINALIZAVA AS RELAÇÕES HOMOSSEXUAIS, HERDADA DOS TEMPOS COLONIAIS.** A decisão, chamada de "histórica", foi comemorada pela comunidade LGBTQIA+. O tribunal de Windhoek, capital do país, decidiu que "o crime de sodomia" e os "crimes sexuais contra natura" são inconstitucionais"

- **BRASIL NÃO ASSINA DECLARAÇÃO DE CÚPULA DE PAZ NA UCRÂNIA, QUE ACONTECEU NA SUÍÇA.** Lula diz que tomou a decisão de não ir ao encontro internacional porque o Brasil só participaria da discussão sobre a paz quando os 2 lados em conflito, Ucrânia e Rússia, estiverem sentados à mesa. Ao fim da Cúpula para a Paz na Ucrânia, na Suíça, não houve unanimidade entre as 101 delegações participantes. O documento, que pede que "todas as partes" do conflito armado estejam envolvidas para alcançar a paz, foi assinado por 84 países. Os países signatários assumem que os princípios de soberania, independência e integridade territorial de todos os Estados devem ser salvaguardados. O documento reforça que qualquer ameaça ou uso de armas nucleares no contexto da guerra em curso contra a Ucrânia é inadmissível. Entre os países que não assinaram o comunicado estão os membros do Brics -bloco formado por Brasil, Rússia, Índia, China e África do Sul, sendo que Rússia e China sequer enviaram representantes. O presidente russo, Vladimir Putin, prometeu estabelecer imediatamente um cessar-fogo na Ucrânia e iniciar negociações se o país começasse a retirar as tropas das quatro regiões anexadas por Moscou, em 2022: Donetsk, Luhansk, Kherson e Zaporíjia. Putin ainda exigiu que a Ucrânia renunciasse aos planos de adesão à Otan.

- **LÍDERES DO G7 DIVULGARAM A DECLARAÇÃO FINAL DA CÚPULA DE 2024.** Destacaram a situação na Faixa de Gaza e na Ucrânia, além de enfatizar a importância dos direitos humanos e da migração. O apoio à Ucrânia foi o principal tópico da reunião. O Brasil participou como convidado. Também foram convidados: presidente da Ucrânia, presidente da Turquia e o Papa Francisco. Compõem o G7: **EUA, Reino Unido, França, Japão, Canadá, Alemanha** e **Itália**. Abaixo, leia os destaques:

  Faixa de Gaza — a declaração expressou "profunda preocupação" com as operações de Israel em Rafah, apelando ao governo israelense para evitar uma ofensiva militar em larga escala devido às "consequências desastrosas para os civis". Reconheceu o direito de Israel à autodefesa depois do ataque do Hamas em 7 de outubro, mas exigiu que o país cumpra as normas do direito internacional para garantir ajuda humanitária na região. Também endossou a proposta de cessar-fogo apresentada pelo presidente norte-americano Joe Biden e apoiada pelo Conselho de Segurança da ONU;

  Ucrânia — o G7 prometeu um empréstimo de US$ 50 bilhões, financiado pelos lucros dos ativos russos congelados. Os líderes reafirmaram o "apoio inabalável à Ucrânia" pelo "tempo que for necessário" e se comprometeram a continuar fornecendo apoio militar, financeiro e humanitário para a reconstrução do país no Leste Europeu. O presidente Lula, que participou como convidado, defendeu que as discussões sobre a paz na Ucrânia devem incluir a participação russa;

  Migração — os integrantes do G7 aprovaram o lançamento de uma coalizão para combater o tráfico de migrantes, enfatizando a importância da cooperação em questões migratórias;

  Clima e meio ambiente — a declaração também abordou os esforços para mitigar os efeitos da crise climática, proteger a segurança alimentar global, apoiar soluções de energia e infraestrutura para países africanos e promover ações para atingir os ODS (Objetivos de Desenvolvimento Sustentável);

IA (Inteligência Artificial) — foi prometido o lançamento de um plano de ação para o uso da inteligência artificial no mundo do trabalho e a implementação do Código Internacional de Conduta para Organizações que Desenvolvem Sistemas Avançado.

A **CÚPULA DO G7**, que contou com a presença inédita do **PAPA FRANCISCO** foi realizada na **ITÁLIA** e **PRESIDIDA pela primeira-ministra italiana GIORGIA MELONI**, **NÃO** abordou diretamente os direitos da população LGBTQIA+ **NEM** o direito ao aborto. A maior opositora à menção ao aborto no documento final foi Meloni. Seu governo não reverteu o direito à interrupção da gravidez voluntária na Itália, mas apoiou um projeto de lei, aprovado em abril, que permite o acesso de grupos antiaborto a clínicas de planejamento familiar. No entanto, a declaração enfatizou o compromisso do grupo com a equidade de gênero, expressando preocupação com o retrocesso dos direitos de mulheres, meninas e pessoas LGBTQIA+ ao redor do mundo.

- **ESPANHA AUMENTA IDADE PARA ABRIR CONTA NAS REDES SOCIAIS: 16 ANOS**. O Governo local aprovou um pacote de medidas para controlar a utilização das redes sociais pelos mais jovens e restringir o acesso dos menores a sites e conteúdos pornográficos. Os menores de 16 anos só poderão registrar-se nas redes sociais com a autorização de um dos pais ou de um tutor, de acordo com a lei proposta.
- **'O MENINO MARROM': JUSTIÇA DETERMINA VOLTA DO LIVRO EM ESCOLAS DE CIDADE DE MINAS GERAIS**: O Tribunal de Justiça de Minas Gerais (TJMG) derrubou a suspensão dos trabalhos pedagógicos com o livro de **ZIRALDO**. O material havia sido suspenso nas escolas de **Conselheiro Lafaiete**, na Região Central de Minas Gerais, após pressão de pais que consideraram o conteúdo da obra "agressivo". O livro, de 1986, conta a história de dois amigos, um negro e um branco, que querem entender juntos as cores. Eles buscam saber o que é branco e o que é preto e se isso os torna diferentes. Para alguns pais, trechos do texto induzem crianças "a fazer maldade".
- **PROJETO DE LEI EQUIPARA ABORTO AO CRIME DE HOMICÍDIO:** o texto altera o Código Penal e estabelece a aplicação de pena de homicídio simples nos casos de **aborto em fetos com MAIS DE 22 SEMANAS** nas situações em que a gestante:
  1. Provoque o aborto em si mesma ou consente que outra pessoa lhe provoque. Pena passa de prisão de 1 a 3 anos para **6 a 20 anos**
  2. Tenha o aborto provocado por terceiro com ou sem o seu consentimento. Pena para quem realizar o procedimento com o consentimento da gestante passa de 1 a 4 anos para **6 a 20 anos**, mesma pena para quem realizar o aborto sem consentimentos, hoje fixada de 3 a 10 anos.

  A proposta também altera o artigo que estabelece casos em que o aborto é legal. Conforme o texto, só poderão realizar o procedimento mulheres com gestação até a 22ª semana. **Após esse período, MESMO EM CASO DE ESTUPRO, a prática será criminalizada.** Vale lembrar que a lei brasileira não prevê um limite máximo para interromper a gravidez de forma legal. Em um caso hipotético de uma mulher adulta vítima de estupro e que interrompa a gravidez após a 22ª semana, é possível que **ela seja condenada a 20 anos de prisão, enquanto o seu estuprador fique entre 6 e 10 anos preso**. O aborto é crime no Brasil, mas existem três situações em que ele é permitido. São os casos de aborto legal: anencefalia fetal, ou seja, má formação do cérebro do feto; gravidez que coloca em risco a vida da gestante e gravidez que resulta de estupro.

  A sessão teve uma encenação contra o aborto no início, em que a contadora de histórias **Nyedja Gennari** simulou um feto sofrendo com o procedimento. Pacheco não gostou do teatro. Sinalizou que debates do tipo não devem ser feitos com "dramatização" e, sim, argumentos técnicos.
- **ALISTAMENTO DE MULHERES:** A cúpula das Forças Armadas e o Ministério da Defesa, comandado pelo ministro José Múcio, decidiram abrir o alistamento militar feminino para ingresso na **carreira de SOLDADO a partir de 2025**. É a primeira vez na história do Brasil que isso ocorre. O alistamento não será obrigatório como no caso dos homens
- **MPOX NA REPUBLICA DEMOCRÁTICA DO CONGO:** Organização Mundial da Saúde (OMS) emitiu um alerta de urgência para a variante da mpox que se espalha na República Democrática do Congo. Por enquanto, 24 das 26 províncias foram afetadas, no que tem sido considerado como o pior surto de mpox até agora no local. Dados da OMS indicam que a taxa de letalidade pela **nova variante 1B** na África Central chega a ser de **mais de 10% em crianças pequenas**. Enquanto a variante 2b, que causou a emergência global de Mpox em 2022, registrou taxa de letalidade de menos de 1%.
- **PRESIDENTE CYRIL RAMAPHOSA**, reeleito para um 2º mandato, **TOMOU POSSE NA ÁFRICA DO SUL**. Os deputados aprovaram a reeleição de Ramaphosa, nas quais o seu partido, o Congresso Nacional Africano (ANC), venceu, mas perdeu a maioria absoluta.
- **BAHIA É O ESTADO COM MAIS CIDADES ENTRE AS MAIS VIOLENTAS DO PAÍS** — 7 das 10 com maior taxa de homicídios. O levantamento é do Atlas da Violência 2024, do Ipea (Instituto de Pesquisa Econômica Aplicada) junto ao Fórum Brasileiro de Segurança Pública, com dados de 2022. Com 94,1 homicídios para cada 100 mil habitantes, a **cidade baiana** que lidera o ranking é **SANTO ANTÔNIO DE JESUS**. A cidade de Jequié ficou na segunda posição.
- **ROSSBACH SERÁ A PRIMEIRA PESSOA LATINO-AMERICANA A LIDERAR A AGÊNCIA ONU-HABITAT.** e será a brasileira em cargo mais elevado no secretariado das Nações Unidas. A nomeação de **ANACLÁUDIA ROSSBACH** foi ratificada pela Assembleia Geral da ONU e vai contemplar o **mandato de 2024 a 2028.** A economista brasileira tem mais de 20 anos de experiência na área. O ONU-Habitat é ponto focal para todas as questões de **urbanização e assentamentos humanos** dentro do sistema das Nações Unidas. O programa trabalha

ATUALIDADES

com parceiros em mais de 90 países para construir cidades e comunidades inclusivas, seguras, resilientes e sustentáveis.

- **NOVO ENSINO MÉDIO (NEM):** A partir de 2025, alunos no ensino médio vão ter disciplinas novas e mais horas de ensino obrigatório. A Comissão de Educação do Senado aprovou o PL 5.230 de 2023, que estabelece uma reforma no ensino médio no Brasil. O **ministro da Educação, CAMILO SANTANA**, comemorou a aprovação do substitutivo na comissão do Senado. Agora, a proposta segue para a sanção do presidente Lula. As 3.000 horas do Novo Ensino Médio poderão ser cursadas da seguinte maneira:

1. ampliação da **carga horária mínima total** destinada à **FORMAÇÃO BÁSICA**: das atuais 1,8 mil horas para **2400 horas**
2. A carga horária mínima anual do **ENSINO MÉDIO** passa de 800 para **1000 horas** distribuídas em 200 dias letivos. Há a possibilidade dessa carga ser ampliada progressivamente para 1,4 mil horas, desde que levando em conta prazos e metas estabelecidos no Plano Nacional de Educação (PNE), respeitando uma distribuição que seja de **70% para formação geral básica e 30% para os ITINERÁRIOS FORMATIVOS** – disciplinas, projetos, oficinas e núcleos de estudo a serem escolhidos pelos estudantes nos três anos da etapa final da educação básica. os itinerários formativos terão carga horária mínima de **600 horas**.
3. Os ITINERÁRIOS (disciplinas optativas) têm de estar relacionados a uma das **4 ÁREAS** de conhecimento previstas na Base Nacional Comum Curricular (BNCC). Cada escola deve ofertar no mínimo dois itinerários (exceto aquelas que oferecem ensino técnico). As 4 áreas de conhecimento são:
   1. **Linguagens e suas tecnologias**, integrada pela língua portuguesa, inglês, artes e educação física;
   2. **Ciências da natureza e suas tecnologias**, integrada pela biologia, física e química;
   3. **Ciências humanas e sociais aplicadas**, integrada pela filosofia, geografia, história e sociologia;
   4. **Matemática e suas tecnologias.**
4. Em relação aos estudantes dos **CURSOS PROFISSIONALIZANTES**, estabeleceu **2.100 horas** para disciplinas básicas e **900 horas** para o chamado "itinerário formativo" para aqueles que optarem pelo ensino técnico, com possibilidade de estender para 1.200 horas de optativas, a depender do curso técnico.
5. A disciplina de **ESPANHOL** aparecia como componente curricular obrigatório. Mas foi rejeitado, pois alegaram aumento de custos com a novidade, além de falta de professores. Agora ESPANHOL é uma disciplina **OPTATIVA**. O texto que segue para sanção prevê **apenas** o **INGLÊS** como língua estrangeira obrigatória.
6. Obriga estados a manter **pelo menos UMA escola de ENSINO MÉDIO regular NOTURNO** em cada município, se houver demanda comprovada.
7. Quanto às regras para as instituições adotarem o **EAD** (Ensino à Distância), foi definido que o modelo poderá ser autorizado em "**casos de excepcionalidade emergencial temporária** reconhecida pelas autoridades competentes".
8. O texto prevê também que **profissionais com NOTÓRIO SABER** e experiência comprovada no campo da formação técnica e profissional, mesmo sem diploma de licenciatura, poderão atuar nos sistemas de ensino. É o que já ocorre, por exemplo, quando engenheiros dão aula de matemática. Porém, estabeleceu que só poderá ser realizado "**em caráter excepcional**", mediante justificativa do sistema de ensino e regulamentação do Conselho Nacional de Educação (CNE).
9. A partir de 2027 serão cobrados no **Exame Nacional do Ensino Médio (ENEM)** conteúdos dos itinerários formativos, além daqueles da formação geral básica que já são cobrados.

- **PRIMEIRO-MINISTRO, NARENDRA MODI**, do Partido Bharatiya Janata, é **REELEITO NAS ELEIÇÕES gerais da ÍNDIA**, mas não consegue vitória esmagadora. a contagem mostra que a coligação de partidos que apoiam Modi, a Aliança Democrática Nacional, conquistou 286 assentos no Parlamento —para garantir a maioria, são necessários 272. No entanto, o partido de Modi teve um desempenho pior do que em eleições anteriores e precisará negociar com os aliados regionais para governar. Esta é a primeira vez em 10 anos que o partido de Modi não detém sozinho a maioria no Parlamento indiano
- **CONSUMO DE BEBIBA ALCOÓLICA ADULTERADA NA ÍNDIA**: ao menos 63 pessoas morreram e mais de 100 foram hospitalizadas após o consumo de bebida alcoólica adulterada vendida em um mercado clandestino de uma pequena cidade do sul do país. Trabalhadores pobres, em sua maioria homens que trabalham na agricultura, compram **'ARRACK'**, uma bebida popular no sul e sudeste da Ásia, em sacos plásticos e bebem antes de seguir para o trabalho. O lote contaminado era uma mistura de "**ARRACK**" com **METANOL**, substância usada principalmente como solvente ou combustível de aviões a jato.
- **CONCURSO COMIDA DI BUTECO SE TORNA PATRIMÔNIO CULTURAL, GASTRONÔMICO E IMATERIAL DO RIO DE JANEIRO.** O evento, que tem mais de 24 anos de existência, bateu recordes na última edição ao gerar mais de 10 mil empregos e angariar mais de 10 milhões de pessoas em 27 circuitos. Para além do incremento econômico que ele gera, é um evento que une a gastronomia e a cultura.
- **YULIA NAVALNAYA RECEBE PRÊMIO DE LIBERDADE DE EXPRESSÃO NA ALEMANHA.** Ela é viúva de Alexei Navalny, que foi o principal opositor do presidente da Rússia. Na cerimônia de entrega, o diretor-geral da DW afirmou que a Fundação Anticorrupção e Yulia Navalnaya assumiram a missão de jogar luz sobre a escuridão do sistema corrupto e assassino do governo russo.

- **CONSELHO DE SEGURANÇA DA ONU TEM NOVOS MEMBROS NÃO-PERMANENTES:** Dinamarca, Grécia, Paquistão, Panamá e Somália foram eleitos MEMBROS NÃO PERMANENTES do Conselho de Segurança para o biénio 2025/2026. Atualmente, o órgão conta com 15 membros, dos quais apenas cinco são **MEMBROS PERMANENTES** (EUA, França, Reino Unido, China e Rússia) e **têm** o **PODER DE VETO**.
- **CHILE ACUSA VENEZUELA DE ENCOMENDAR ASSASSINATO DE EX-MILITAR OPOSITOR DE MADURO.** Tenente **RONALD OJEDA**, opositor do regime de maduro e asilado político no Chile após escapar de centros de tortura na Venezuela, foi sequestrado em Santiago e seus restos mortais foram encontrados 10 dias depois em uma cidade periférica da capital, enterrados sob um bloco de cimento. O presidente do Chile, Gabriel Boric, instruiu seu ministro a enviar uma nota de protesto ao governo de Nícolas Maduro após declarações ofensivas do procurador venezuelano que sugere que o Chile é o país com responsabilidade no assassinato do Tenente
- **CICLISTAS NUS PROTESTAM CONTRA CARROS NAS RUAS DA CIDADE DO MÉXICO E DE LONDRES**. Centenas de ciclistas nus percorreram as ruas da Cidade do México para protestar contra a cultura do carro e exigir direitos para os ciclistas. Parte da ideia do movimento é tornar os ciclistas mais visíveis e conscientizar os motoristas sobre a segurança destes. As ruas da capital inglesa também foram tomadas por protestos. Manifestantes nus em bicicletas se uniram para realizar atos contra a cultura centrada em carros e celebrar a positividade corporal. O World Naked Bike Ride (WNBR), que em 2024 completa 20 anos, tem como objetivo demonstrar a vulnerabilidade dos ciclistas, protestar contra a dependência global de petróleo e criar uma atmosfera divertida e livre para os participantes e espectadores.
- A **PEC DAS PRAIAS**, como vem sendo chamada, poderá permitir a transferência da propriedade de terrenos do litoral, hoje sob o domínio da União, para Estados, municípios e proprietários privados. Também foi dito que a PEC regularizaria todo o **COMPLEXO DA MARÉ**, conjunto de comunidades no **RIO DE JANEIRO**. A polêmica cresceu ainda mais depois que a **atriz Luana Piovani e o jogador Neymar** trocaram farpas nas redes sociais por causa da PEC. O jogador de futebol anunciou parceria com uma construtora para um condomínio na beira do mar. Pelo projeto, os lotes deixariam de ser compartilhados, entre o governo e quem os ocupa, e teriam apenas um dono, como um hotel ou resort. Só permaneceriam com o governo áreas ainda não ocupadas e locais onde são prestados serviços públicos, como portos e aeroportos, por exemplo. O projeto abre brecha para "privatizar o acesso à praia, e não a praia em si", já que a parte frequentada pelos banhistas continuaria com a União. Para a especialista, a proposta não prevê a "privatização direta" das praias, mas possibilita que uma empresa cerque o terreno e impeça a passagem de banhistas na faixa de areia, como já é visto hoje em alguns resorts. **SENADOR FLÁVIO BOLSONARO,** relator da medida, culpou a imprensa por ter "dado um nome à PEC que não condiz com a realidade". Não há, no texto da proposta, nenhuma menção explícita à privatização das praias brasileiras, de fato. No entanto, uma das consequências diretas das mudanças da PEC é justamente a possibilidade de privatizar o acesso às praias.
- **ASTRONAUTAS FICAM 'PRESOS' NO ESPAÇO APÓS PROBLEMA COM NAVE DA BOEING ADIAR RETORNO À TERRA**. Após anos de atraso, a NASA lançou o primeiro voo tripulado na **espaçonave STARLINER**, da Boeing. Dois pilotos de teste decolaram a bordo da cápsula. A missão deveria durar 8 dias, mas já teve a sua volta adiada três vezes. **Nasa citou vazamento de hélio e falha em propulsores.**
- **VICE-PRESIDENTE DO MALAWI, SAULOS CHILIMA, MORRE EM QUEDA DE AVIÃO.** O avião militar, com dez pessoas a bordo, desapareceu dos radares após não conseguir aterrissar devido ao mau tempo. Saulo fazia parte de uma comitiva oficial que iria participar de um funeral. Não houve sobreviventes. Ele foi eleito vice-presidente pela primeira vez em 2014 ao lado do ex-presidente Peter Mutharika.
- **PRESIDENTE LULA SANCIONA A LEI 14.899/24** que determina que União, Estados, DF e municípios criem um plano de metas para o **enfrentamento integrado de todo tipo de VIOLÊNCIA CONTRA A MULHER**. O plano terá validade de 10 anos com atualização obrigatória a cada 2 anos e deve assegurar atenção humanizada à mulher. A lei prevê ainda a inclusão de conteúdo sobre prevenção da violência contra a mulher no **currículo da educação básica** e a criação da **Semana Escolar de Combate à Violência contra a Mulher.**
- **LULA SANCIONA LEI QUE IMPÕE SIGILO AO NOME DE VÍTIMAS DE VIOLÊNCIA DOMÉSTICA.** Em tese, o texto faz uma **alteração na LEI MARIA DA PENHA**. A nova lei garante o sigilo no processo apenas ao nome da vítima. O nome do investigado pelo crime não receberá a proteção nem outros detalhes do processo. A medida tem como objetivo dar maior proteção à vítima, preservando a sua integridade física, mental e psicológica. Na prática, os nomes de mulheres que sofreram violência doméstica estarão em segredo de justiça assim que começarem a tramitar nos tribunais. A obrigatoriedade do sigilo ao nome das vítimas vai valer quando a sanção presidencial completar 180 dias, em 18 de novembro.
- **EUA ENVIAM SUBMARINO NUCLEAR PARA GUANTÁNAMO APÓS NAVIOS DA RÚSSIA CHEGAREM À CUBA**. Em resposta à chegada de navios de guerra russos à Cuba, os Estados Unidos enviaram um submarino nuclear de ataque rápido à Baía de Guantánamo. O submarino chamado **USS HELENA**, tem propulsão nuclear. A movimentação elevou as tensões entre EUA e Rússia. Governo norte-americano não consideram a movimentação russa uma ameaça, mas a Marinha americana vai monitorar de perto e também designaram embarcações e aviões para vigiar os exercícios militares. O Ministério das Relações Exteriores de CUBA disse que se trata de operação entre dois países (Cuba e Rússia) com uma **amizade histórica.** "Nenhum dos barcos carrega armas nucleares, então a parada no

ATUALIDADES

nosso país não representa uma ameaça para a região", disse a pasta cubana.

- **NAVIO DE GUERRA DO CANADÁ CHEGA A CUBA DEPOIS DE SUBMARINOS DA RÚSSIA E EUA.** Chamado de **MARGARET BROOKE**, a embarcação chegou às águas de **HAVANA** e ficará atracada no porto. O aumento da tensão na ilha de Cuba acontece duas semanas depois de Biden autorizar a Ucrânia a conduzir ataques limitados dentro da Rússia com armas fabricadas nos Estados Unidos. Em **1962**, a então União Soviética desembarcou mísseis nucleares em Cuba, provocando um bloqueio naval americano à ilha. O evento é considerado o momento mais tenso da **GUERRA FRIA**. Um acordo entre soviéticos e americanos, mantido em segredo por anos, pôs fim à ameaça e abriu caminho à retirada das armas da ilha cubana.
- **GREVE DOS PROFESSORES DE UNIVERSIDADES FEDERAIS.** Os professores das universidades federais decidiram encerrar a greve nacional dos docentes, deflagrada em abril deste ano em instituições de ensino superior de todo o país. A proposta apresentada pelo governo - acatada pelo Comando Nacional de Greve - foi a de reajuste **zero em 2024**, devido às limitações orçamentárias. Para compensar, foi oferecida uma elevação do **REAJUSTE LINEAR**, até 2026, de 9,2% para 12,8%, **sendo 9% em janeiro de 2025 e 3,5% em maio de 2026.** Além disso, a **reestruturação na progressão entre os diferentes níveis de carreira**. A proposição do governo estabelece a criação de 3 grupos de trabalho para discutir temas específicos da carreira docente: **1º grupo** – debaterá o reenquadramento de aposentados que se aposentaram no final da carreira e, com a criação da classe de associado, que permaneceram como adjunto; **2º grupo** – discutirá a alteração da lei 12.772 de 2012, para permitir a entrada lateral, em caso de novo concurso, em outra IFE (Instituição Federal de Ensino), para que professores que já estão na carreira e fizeram novos concursos não percam a progressão anterior; **3º grupo** – analisará a revogação da instrução normativa 15 de 2022, que trata dos adicionais ocupacionais, como insalubridade. Pela proposta, o salário inicial de um docente com doutorado que trabalhe 40 horas semanais sai de R$ 9.900 para R$ 13.700. Já a remuneração de um professor titular, no topo da carreira, passa de R$ 20.530 para R$ 26.326 em 2026.
- **GEADA É DETECTADA EM VULCÕES DE MARTE PELA PRIMEIRA VEZ.** Pesquisadores detectaram evidências de geada nos maiores vulcões do Sistema Solar, localizados na **região de THARSIS**. O estudo fala de uma fina camada de gelo que se mantém só algumas horas após o nascer do Sol, antes de evaporar. A geada constitui pelo menos 150 mil toneladas de água, valor equiparado a cerca de 60 piscinas olímpicas.
- **COMITÊ DE POLÍTICA MONETÁRIA (COPOM)** decidiu **reduzir a TAXA SELIC em 0,25** ponto percentual, de 10,75% ao ano para **10,50% ao ano.** A alta recente do dólar e o aumento das incertezas fizeram o Banco Central (BC) diminuir o ritmo do corte de juros. Essa foi a sétima vez consecutiva que o Copom reduziu a Selic. A redução da taxa Selic ajuda a estimular a economia. Isso porque juros mais baixos barateiam o crédito e incentivam a produção e o consumo. Por outro lado, taxas mais baixas dificultam o controle da inflação.
- **EUA CLASSIFICAM GRUPO NEONAZISTA NÓRDICO COMO TERRORISTA.** O departamento designou o **Movimento de Resistência Nórdica (NRM)** e três de seus principais integrantes – Tor Fredrik Vejdeland, Pär Öberg e Leif Robert Eklund – como Terroristas Globais Especialmente Designados. É a primeira vez que o governo de Joe Biden classifica um grupo supremacista branco desta maneira. O **NRM** é uma organização neonazista transnacional fundada na Suécia em 1997, com filiais na Noruega, Dinamarca, Islândia e Finlândia. Ela foi proibida na Finlândia em 2020. O NRM recebeu essa classificação "por ter cometido ou tentado cometer atos de terrorismo que ameaçam a segurança de cidadãos dos Estados Unidos ou a segurança nacional, política externa ou economia dos Estados Unidos. A designação desta negará aos membros do NRM o acesso ao sistema financeiro dos EUA, com a intenção de tornar mais desafiador para eles movimentar dinheiro pelo sistema internacional e financiar seus esforços.
- **BRASIL E PARAGUAI ASSINARAM UM ACORDO PARA ENCERRAR A DISPUTA EM TORNO DA USINA HIDRELÉTRICA ITAIPU BINACIONAL.** A usina é administrada pelos dois países e a energia é dividida meio a meio. Pelos termos acordados, a tarifa da energia produzida na usina será reajustada em 15,4%, passando dos atuais US$ 16,71 por KW/mês para US$ 19,28 por quilowatt/mês (KW) até 2026. O acordo também prevê que o **ANEXO C** do Tratado de Itaipu seja revisto e renegociado em seis meses. Esse dispositivo trata das bases financeiras que foram acertadas 50 anos atrás, quando a hidrelétrica foi criada. O valor extra que será recebido pela parte da margem brasileira será revertido para modicidade tarifária e abaterá o valor extra. Com isso, o governo Lula assegura que o aumento será zero para os consumidores brasileiros.
- **ESTADOS UNIDOS AUMENTAM TARIFAS CONTRA PRODUTOS DA CHINA**. os EUA anunciaram um pacote de aumento de tarifas sobre os produtos chineses ligados à tecnologia, como veículos elétricos, semicondutores, baterias, células solares, aço e alumínio. Os americanos afirmam que a China promove "riscos inaceitáveis" à segurança econômica por conta do que consideram práticas injustas de concorrência, que deixam os produtos chineses mais baratos que a média e roubam fatias dos mercados globais. A China imediatamente prometeu retaliação e disse que o país se opõe aos aumentos tarifários dos EUA, e que tomará medidas para defender os seus interesses. Veja abaixo as principais mudanças:

  Veículos elétricos passam de 25% para 100% (4 vezes mais);

  Semicondutores passam de 25% para 50% (2 vezes mais em 2025);

  Células solares passam de 25% para 50% (2 vezes mais);

  Aço e alumínio passam de 0%-7,5% para 25% (mais de 3 vezes mais).
- **ANITA DEFENDE CRIAÇÃO DE LEI ANTI-RIQUEZA.** Durante sua participação no podcast On Purpo-

se with Jay Shetty, Anitta revelou que, se pudesse, criaria uma lei que limitasse a quantidade de dinheiro que uma pessoa pode ter. "Ninguém precisa de bilhões, estou falando de necessidade". A brasileira explicou que essa 'lei anti-riqueza' serviria para ajudar a melhorar a desigualdade social.

- **PF QUEBRA QUADRILHA QUE FATUROU R$ 180 MILHÕES COM VENDA ILEGAL DE CRÉDITO DE CARBONO NA AMAZÔNIA.** Trata-se da **OPERAÇÃO GREENWASHING**. Esquema de fraudes fundiárias que se estendeu por mais de uma década e foi iniciado no município de **LÁBREA (AM),** envolvendo a duplicação e falsificação de títulos de propriedade. Entre as atividades ilegais identificadas estão a exploração florestal e a pecuária em áreas protegidas, incluindo a criação de **GADO "fantasma"** para atender áreas com restrições ambientais, a venda de créditos virtuais de madeira e a obtenção de licenças ambientais fraudulentas.
- **ESPANHA AUTORIZA ABORTO EM MENORES SEM CONSENTIMENTO DOS RESPONSÁVEIS.** Jovens de 16 e 17 anos podem interromper gravidez sem aval do país. Medida já estava em lei aprovada pelo Parlamento do país em 2023, mas **partido de extrema direita VOX** pediu que juízes a proibissem. o Tribunal Constitucional da Espanha vetou o pedido do Vox. A sigla da extrema direita havia argumentado que a permissão violava vários direitos constitucionais da Espanha, como a liberdade e a pluralidade. Na decisão, no entanto, os juízes disseram que a medida se encaixa na doutrina da Justiça espanhola de que a mulher é livre para decidir se seguirá adiante ou não com uma gravidez. Aborto na Espanha é permitido em qualquer condição até as 14 semanas de gestação e por risco ao feto e à mãe até as 22 semanas
- **QUADRILHA JUNINA É RECONHECIDA COMO MANIFESTAÇÃO DA CULTURA NACIONAL.** A Lei nº 14.900/2024 torna oficial a decisão assinada pelo presidente Lula e pela ministra da Cultura, Margareth Menezes. O estilo de dança passa a integrar o grupo que inclui também as escolas de samba, o forró e as festas juninas.
- **30 ANOS DO PLANO REAL.** Há 30 anos, em 1° de julho de 1994, o real era colocado em circulação. Apesar de ser a maior marca do Plano Real, essa foi só a ponta final de um extenso plano econômico que pôs fim a uma era de hiperinflação e constantes trocas da moeda corrente do Brasil.
- **CÂMARA DE SP APROVA MULTA DE 17 MIL PARA QUEM DOAR COMIDA PARA MORADORES.** A recente aprovação de uma lei pela Câmara Municipal de São Paulo, que impõe regras rígidas e multa de R$ 17 mil para a doação de alimentos às pessoas em situação de vulnerabilidade social, reacendeu discussões sobre um fenômeno social e psicológico pouco conhecido, mas amplamente presente: a **APOROFOBIA**. Aporofobia é o termo utilizado para descrever o medo, aversão ou desprezo por pessoas em situação de pobreza ou vulnerabilidade social. No contexto da nova lei aprovada em São Paulo, as medidas propostas pelo **vereador RUBINHO NUNES**, do União Brasil, foram criticadas por criarem **barreiras burocrática**s que dificultam a doação de alimentos às pessoas em situação de rua. Exemplo: Uma pessoa que doar alimento a um morador de rua da cidade sem licença pode ter que pagar multa de até R$ 17.680. O texto foi aprovado em 25 SEGUNDOS durante sessão na Câmara Municipal. Críticos da lei, argumentaram que a exigência de autorizações e o risco de multas pesadas podem desestimular ações de solidariedade e agravar ainda mais a situação de vulnerabilidade dessas pessoas. Após repercussão negativa, o vereador recuou e disse que vai suspender a tramitação do texto. Ele disse que a "a suspensão tem por objetivo ampliar o diálogo com a sociedade civil, ONGs e demais associações e buscar o aperfeiçoamento do texto para que a finalidade do projeto seja atendida".
- **BRASIL E VIZINHOS SE UNEM POR ROTA AMAZÔNICA**. Governo brasileiro trabalha junto a **PERU, EQUADOR e COLÔMBIA** por rotas que ligam a maior floresta tropical do mundo, a Amazônia, a quatro portos localizados na costa do continente virada para o Oceano Pacífico. A avaliação do governo brasileiro é de que a rota vai potencializar a exportação de mercadorias, como os industrializados da Zona Franca de Manaus e produtos da bioeconomia, para países vizinhos e outros que podem ser alcançados através do Pacífico.
- **FOTO REAL DE FLAMINGO "SEM CABEÇA" VENCE CONCURSO DE INTELIGÊNCIA ARTIFICIAL.** Fotógrafo foi desclassificado após revelar que havia burlado as regras da premiação. Ele revelou que a sua motivação para esta façanha surgiu da tendência recente de imagens geradas por IA vencerem concursos de fotografia convencionais. "Ocorreu-me que poderia virar esta história de cabeça para baixo e de pernas para o ar da maneira que só um humano poderia e faria, ao submeter uma foto real numa competição de IA "**FLAMINGONE**" é uma imagem surreal que mostra um flamingo sem cabeça, vendo-se apenas um orbe de penas cor-de-rosa em cima de duas pernas nodosas. A imagem acabou por ficar em terceiro lugar nos prestigiados Prémios 1839 nas categorias de IA e conquistou ainda o Prémio de Escolha do Público. O seu sucesso foi de curta duração. Após descobrir que nenhuma IA esteve envolvida na criação da imagem, a competição retirou o prémio a Milei Astray, atribuindo o terceiro lugar e o Prémio Escolha do Público a outros participantes.
- **POLÍCIA FEDERAL RECUPERA LIVRO RARO DE PAISAGENS BRASILEIRAS PINTADO À MÃO NO ANO DE 1834**. A obra havia sido furtada juntamente com outros objetos e gravuras da **biblioteca de Mário de Andrade em São Paulo, em 2006**, e constava da lista de objetos roubados da Interpol. O livro de gravuras brasileiras raras **"SOUVENIRS DE RIO DE JANEIRO" foi pintado à mão por JOHANN JACOB STEINMANN** entre 1834 e 1835. O objeto estava em posse de um colecionador brasileiro que o havia adquirido legalmente junto a uma casa de leilões em Londres, Inglaterra. Ele será submetido à perícia e, depois, será devolvido à cidade de São Paulo para que possa ficar novamente à disposição da população brasileira.
- **COLISÃO ENTRE NAVIOS DA CHINA E FILIPINAS ELEVA TENSÃO MILITAR NO PACÍFICO.** A guarda costeira chinesa afirmou que o navio filipino entrou ilegalmente no mar **perto do recife Ren'ai, nas ILHAS NANSHA da China**, ignorando vários avisos

ATUALIDADES

do lado chinês. Segundo Pequim, a embarcação filipina abordou o navio chinês de forma pouco profissional, resultando numa colisão. Em resposta, os militares das Filipinas classificaram as informações chinesas como enganosas e ilusórias e negaram qualquer irregularidade na ação de seu navio. Em nota, eles reforçaram que a embarcação estava em missão de reabastecimento para as tropas do país estacionadas no local, dentro da zona econômica exclusiva das Filipinas. O incidente também ocorre em meio a novas regras da guarda costeira chinesa que permitem a detenção de estrangeiros por até 60 dias **sem julgamento** no Mar da China Meridional, o que tem sido criticado pelos EUA e outros países como uma escalada das tensões na região, A escalada das tensões na região levanta preocupações sobre a estabilidade regional e a liberdade de navegação em uma das rotas marítimas mais importantes do mundo.

- **DOIS SUSPEITOS DE PARTICIPAR DO PLANO PARA SEQUESTRAR O ATUAL SENADOR SERGIO MORO FORAM MORTOS** a mando do **PCC** (Primeiro Comando da Capital), na **Penitenciária PRESIDENTE VENCESLAU (SP).** O ataque foi realizado depois do almoço, durante a soltura dos presos para o banho de sol. Os 3 autores das facadas se entregaram depois do ataque. A Polícia Civil já realizou a perícia no local e investigará a motivação das mortes. Janeferson Aparecido, o **Nefo**, e Reginaldo Oliveira, o **Rê**, haviam sido presos em março de 2023 na **OPERAÇÃO SEQUAZ** deflagrada pela PF contra grupo que planejava atentados contra autoridades, dentre elas, o senador e sua família.
- **COREIA DO SUL DECLARA EMERGÊNCIA DEMOGRÁFICA E ATIVARÁ PLANO PARA PROMOVER TAXA DE NATALIDADE.** Presidente delineou 3 áreas principais para o plano: equilíbrio entre vida profissional e pessoal; melhorias nos serviços de cuidados de crianças e melhor acesso à moradia para as famílias.
- **EQUADOR É AFETADO COM APAGÃO NACIONAL.** O apagão ocorre dias após o governo equatoriano anunciar novos cortes de energia pelo país por conta de problemas de produção. Desde o ano passado, o Equador enfrenta uma crise de geração elétrica que resultou em racionamentos em todo o país, o que levou o governo do **presidente Daniel Noboa**, em abril, a programar cortes de luz de 8 a 12 horas diárias durante o horário letivo. À época, esses cortes foram sendo gradualmente reduzidos.
- **COREIA DO SUL DIZ AQUE VAI RECONSIDERAR FORNECER ARMAS À UCRÂNIA**. Declaração acontece após <u>Coreia do Norte e Rússia assinarem pacto de defesa mútua em caso de guerra</u>. Seul também condenou o acordo assinado pelos dois líderes, dizendo que ele viola as sanções da ONU.
- **TARCISIO DEFENDE ESCOLAS CIVICO-MILITARES NO STF APÓS PSOL PEDIR SUSPENSÃO DE PROGRAMA.** O partido PSOL solicitou a suspensão da legislação argumentando que o projeto é inconstitucional por invadir a competência exclusiva da União para legislar sobre educação e desrespeitar as funções estabelecidas da Polícia Militar, entre outros pontos. Tarcísio argumenta, porém, que a lei não cria uma nova modalidade de educação e ensino além das já estabelecidas pela legislação federal. De acordo com o governador, ela apenas institui um modelo de gestão escolar que inclui conteúdos extracurriculares voltados à formação cívica dos alunos. O ministro do STF, Alexandre de Moraes, deu dez dias para o governador Tarcísio de Freitas (Republicanos) e a Assembleia Legislativa de São Paulo (Alesp) se explicarem sobre a lei que criou o programa escola cívico-militar no estado. <u>O programa prevê que policiais militares ensinem os alunos sobre o que são os Três Poderes e as diferenças entre os papéis do presidente, dos deputados e dos ministros do STF. A gestão paulista elencou esse tema entre os conteúdos integrantes da atividade extracurricular "**PROJETO VALORES**", a ser ministrada semanalmente pelos militares nas escolas que aderirem ao modelo a partir de 2025.</u>
- **BYTEDANCE**, empresa que é **dona do TIKTOK**, lançou um novo aplicativo que se assemelha ao Instagram. Com o nome **WHEE**, a nova plataforma visa compartilhar fotos apenas com seus amigos mais próximos.
- **ARQUEÓLOGOS ENCONTRAM SARCÓFAGO COM DESENHO SEMELHANTE A MARGE SIMPSON**. Uma imagem encontrada na tampa de um sarcófago de 3.500 anos atrás descoberto por arqueologista no **EGITO** acendeu uma discussão na internet por sua semelhança com Marge Simpson, a matriarca da série "**OS SIMPSONS**". Dentro do caixão estavam os restos mumificados de **TADI IST**, filha do sumo sacerdote de Hermópolis Magna, a capital do 15º nomo (divisões administrativas) do Antigo Egito localizada na margem ocidental do Rio Nilo.
- **UNIÃO EUROPEIA ADOTA 14º PACOTE DE SANÇÕES CONTRA RÚSSIA QUE INCLUI GÁS NATURAL.** As novas restrições ao gás buscam reduzir as receitas da Rússia com exportações de gás natural liquefeito (GNL) ao proibir transbordos de portos da UE e uma cláusula que permite que Suécia e Finlândia cancelem alguns contratos de GNL. As medidas não chegam a representar uma proibição da UE a importações de GNL, que cresceram desde o início da guerra.
- **MAIS DE 200 ADOLESCENTES SE ENVOLVEM EM BRIGA GENERALIZADA EM SHOPPING DE BUENOS AIRES, NA ARGENTINA**. Os jovens entraram com pedras e facas e se confrontaram na praça de alimentação. A briga foi organizada e divulgada por quatro páginas de redes sociais, com horário previsto para 15h, segundo o próprio post de divulgação. Em meio aos incidentes, muitos estabelecimentos comerciais fecharam as portas, enquanto as pessoas que estavam sentadas na praça de alimentação gritavam e corriam para evitar serem atingidas por alguma das pedras, cadeiras e outros objetos que voavam. Cerca de 70 agentes de segurança foram envolvidos para acalmar a situação.
- **EUA CONDENAM EX-PRESIDENTE DE HONDURAS A 45 ANOS DE PRISÃO**. O ex-presidente de Honduras, **Juan Orlando Hernandez**, foi condenado a 45 anos de prisão e a uma multa de 8 milhões de dólares por <u>crimes de tráfico de drogas e armas de fogo em 2022</u>. Os promotores acusaram Hernández de conspirar com cartéis de drogas durante seu mandato, enquanto eles transportavam mais de 400 toneladas de cocaína através de Honduras em direção aos Estados Unidos.

- **EX-DIRETORES DA AMERICANAS ENTRAM NA LISTA DA INTERPOL.** Os dois ex-diretores do grupo Americanas (Miguel Gutierrez e Anna Christina Saicali) investigados pela **OPERAÇÃO DISCLOSURE** da Polícia Federal (PF) foram incluídos na lista de Difusão Vermelha da Interpol, a polícia internacional. Eles são acusados de participação em fraudes contábeis que chegam a R$ 25,3 bilhões. Em junho de 2023, segundo o MPF, a empresa comunicou oficialmente ao mercado que encontrou inconsistências nas demonstrações financeiras, reforçando a existência da fraude contábil.
- **ATIVISTAS VEGANOS VANDALIZAM 1º QUADRO OFICIAL DO REI CHARLES III**. Os ativistas colaram cartazes dos **personagens WALLACE E GROMIT** em cima da imagem do rei. Uma mensagem foi colada no quadro dizendo: "Sem queijo, Gromit. Veja toda essa crueldade nas fazendas da RSPCA". Com a ação, o grupo está convocando o rei Charles III para suspender seu apoio à instituição, a Real Sociedade para Proteção dos Animais, da qual ele é patrono. O intuito deles é aumentar a conscientização sobre uma investigação a 45 fazendas que são protegidas pela instituição e foram acusadas de cometer crueldade contra os animais. A primeira pintura oficial do rei Charles III foi divulgada no início de maio. O quadro é assinado pelo **artista JONATHAN YEO**, um dos mais reconhecidos do Reino Unido atualmente.
- **CRIAÇÃO DE CURSOS EAD ESTÁ SUSPENSA ATÉ MARÇO DE 2025**. A decisão é parte do processo de revisão do marco regulatório da educação a distância (EaD), que tem como objetivo garantir a sustentabilidade e a qualidade dos cursos de graduação oferecidos nessa modalidade. Além da suspensão da criação de novos cursos, também estão vetados o aumento de vagas em cursos de graduação EaD e a criação de polos EaD por instituições do Sistema Federal de Ensino, inclusive por universidades e centros universitários. No final do último mês de maio, a pasta também homologou novas diretrizes para cursos de formação de professores, limitando o ensino a distância a 50% da carga horária e exigindo que metade do curso seja presencial. As novas regras se aplicam a cursos de licenciatura, formação pedagógica para graduados não licenciados, e segunda licenciatura.
- **DÓLAR FECHA EM ALTA APÓS DECLARAÇÃO DE LULA E DECISÃO DO FED**. A moeda norte-americana fechou cotada a **R$ 5,40.** Com isso, segue no nível mais alto desde 4 de janeiro de 2023. Lula afirmou que o governo está "arrumando a casa" e "colocando as contas públicas em ordem". No entanto, citou apenas o aumento de arrecadação e a redução de juros, **sem** abordar o controle de gastos. As declarações vieram em um momento em que investidores estão cautelosos com a questão fiscal brasileira e o governo vem sendo pressionado a reduzir gastos. No exterior, o foco ficou com os novos dados de inflação dos Estados Unidos e com a decisão de política monetária do **FED** (Banco Central dos EUA), que sinalizou apenas um corte na taxa de juros do país até o final 2024. O Ibovespa, principal índice acionário da **bolsa de valores brasileira**, a **B3**, fechou em forte queda.
- **STF DECIDE MUDAR CÁLCULO PARA MELHORAR GANHOS DO FGTS**. A correção dos valores do FGTS deverá ser feita, no **mínimo**, pelo **Índice de Preços ao Consumidor Amplo (IPCA).** Ou seja, o novo sistema prevê corrigir o FGTS pelo IPCA quando, no mês, o valor da inflação for **maior** do que o da correção atual do fundo. Para especialista, medida vai garantir maior proteção aos rendimentos do trabalhador.
- **TAILÂNDIA É O 1º PAÍS DO SUDESTE ASIÁTICO A LEGALIZAR CASAMENTO ENTRE PESSOAS DO MESMO SEXO.** Além disso, concede a eles os mesmos direitos que aos casais heterossexuais em relação à adoção e herança. Com a promulgação da legislação, a Tailândia também se tornará o terceiro país da Ásia a permitir o casamento homoafetivo, após **Nepal** e **Taiwan**.
- **LEILÃO DE ARROZ.** O **leilão para a importação de arroz** foi promovido pela **CONAB** (Companhia Nacional de Abastecimento) como uma maneira de o governo reagir ao aumento de preços do arroz depois das enchentes que atingiram o **RIO GRANDE DO SUL**. A decisão contrariou os produtores, que têm afirmado que há arroz suficiente para abastecer o Brasil. O RS é responsável por 70% da produção nacional do grão e já havia colhido 80% do cereal antes das inundações. O 1º leilão para compra de arroz importado, foi suspenso. Já o 2º certame foi anulado depois que foram encontradas inconsistências nos dados das empresas vencedoras. O presidente Lula declarou que houve "falcatrua" no leilão. O arroz seria vendido em pacotes de 5 quilos por um preço tabelado de R$ 20 e teria o rótulo do governo. Entenda a seguir as duas principais polêmicas do leilão: três das quatro empresas vencedoras **NÃO** são do ramo de arroz ou de importação. Todas, no entanto, têm como atividade secundária o comércio de produtos alimentícios. Por outro lado, nenhuma empresa tradicional participou do leilão. Em relação às empresas vencedoras, uma das principais polêmicas envolve a loja de queijos, que arrematou R$ 736 milhões no leilão, e que alterou, no site da Receita Federal, o seu capital social de R$ 80 mil para R$ 5 milhões dias antes do evento. Outra polêmica do leilão envolve o secretário de Política Agrícola do Ministério da Agricultura, **Neri Geller**, que foi **EXONERADO** do cargo. Seu ex-assessor parlamentar é dono da Bolsa de Mercadorias de Mato Grosso (BMT) e da Foco Corretora de Grãos, que intermediaram a venda de 44% de arroz no leilão. Por causa dessa ligação, oposição e associações de produtores apontam que houve favorecimento da empresa.
- **ERRO EM MEDIÇÃO HÁ MAIS DE 100 ANOS VAI FAZER PARANÁ PERDER TERRITÓRIO PARA SANTA CATARINA.** O Paraná vai perder 490 hectares de área para Santa Catarina a partir de 2025. O terreno pertence a um morador de Guaratuba (PR) que, após uma medição feita por ele mesmo, descobriu que o trecho está em território catarinense, diferentemente do que mostra a delimitação definida pelo Exército brasileiro entre 1918 e 1919. A principal mudança está no limite entre os municípios de **Guaratuba (PR) e Garuva (SC).** Na prática, a alteração representa somente 0,002% da área do estado paranaense, mas pode impactar pessoas que têm terrenos na região.

ATUALIDADES

- **SONDA DA CHINA, CHANG'E 6, RETORNA PARA A TERRA COM AMOSTRAS DO LADO OCULTO DA LUA.** Oficialmente, a China é o primeiro país a coletar amostras do lado oculto da Lua e trazê-las para a análise posterior na Terra. A parte oculta da Lua é aquela que nunca é visível da Terra devido à rotação do satélite.
- **LULA LANÇA SELO DOS CORREIOS EM CELEBRAÇÃO AO LIVRO DE PAULO COELHO.** Presidente Lula participou do lançamento do selo em comemoração aos 35 anos da publicação do livro **O ALQUIMISTA, do escritor brasileiro PAULO COELHO.** O evento ocorreu na Embaixada do Brasil, em Genebra, capital da Suíça, onde mora o escritor. Alquimista conta a história de Santiago, um jovem pastor do Sul da Espanha que viaja ao Egito após ter um sonho profético.
- **POLÍTICA NACIONAL DE EQUIDADE NA EDUCAÇÃO.** Ministério da Educação (MEC) criou a **Política Nacional de Equidade, Educação para as Relações Étnico-Raciais e Educação Escolar Quilombola (PNEERQ).** Com a iniciativa, a Pasta busca fomentar ações e programas educacionais voltados à superação das desigualdades étnico-raciais na educação brasileira e à promoção da política educacional para a população quilombola.

FALECIMENTOS:

- **JOÃO JUSTINO AMARAL,** conhecido como **AMARAL, ex-jogador do Guarani e zagueiro da Seleção na Copa do Mundo de 1977** faleceu aos 69 anos, vítima de um câncer.
- **ANDRÉ FELIPE FALBBO, o PAMPA, jogador da geração de ouro de VÔLEI,** morre aos 59 anos de câncer. Ele ganhou o apelido pela força que colocava na bola em cada ataque, como se lembrasse um "coice do cavalo da raça Pampa".
- **MICHEL MOSLEY, famoso médico e apresentador no REINO UNIDO**, é encontrado morto, aos 67 anos, na **GRÉCIA**. Ele havia desaparecido após sair para uma caminhada na pequena ilha de Simi, no leste do Mar Egeu. Segundo o laudo, ele morreu de causas naturais.
- **TAMAYO PERRY, ator de PIRATAS DO CARIBE**, morre aos 49 anos após sofrer um ataque de tubarão enquanto surfava no **HAVAÍ**.
- **ASTRONAUTA WILLIAM ANDERS**, que orbitou a Lua com a **MISSÃO APOLLO 8 em 1968**, morre aos 90 anos em um acidente aéreo nos Estados Unidos. Ele ficou famoso por ser o autor da foto "**EARTHRISE**", que mostra a vista da Terra a partir da Lua.
- **CANTOR NAHIM JORGE ELIAS JÚNIOR**, conhecido como **NAHIM**, que fez sucesso na década de 80, morre aos 71 anos em Taboão da Serra, São Paulo. Fala-se que morte natural por mal súbito é causa mais provável, mas que não pode descartar outras hipóteses: **morte acidental e até crime**.
- **CHRYSTIAN, cantor que fez dupla com seu irmão RALF**, morre aos 67 anos. A causa da morte foi em decorrência de pneumonia agravada por comorbidades.

7. PRINCIPAIS FATOS DE JULHO DE 2024

- **NOVO ENSINO MÉDIO (NEM):** Presidente Lula sancionou, com VETOS, a lei que institui o Novo Ensino Médio. O governo optou por **VETAR a exigência de que vestibulares e o Enem incluíssem o conteúdo dos itinerários formativos, além das disciplinas básicas já exigidas.** Com o veto, os processos seletivos para o ensino superior continuarão cobrando apenas o conteúdo tradicional. A nova lei mantém as **3000 horas** (1 mil para cada ano, dividido em 200 dias letivos de 5 horas cada) **de carga**, mas determina uma nova divisão com aumento do período destinado à formação geral básica (**2400 horas** formação básica **+ 600 horas** para itinerários formativos. As 3.000 horas do Novo Ensino Médio poderão ser cursadas da seguinte maneira:

10. ampliação da **carga horária mínima total** destinada à **FORMAÇÃO BÁSICA**: das atuais 1,8 mil horas para **2400 horas**
11. A carga horária mínima anual do **ENSINO MÉDIO** passa de 800 para **1000 horas** distribuídas em 200 dias letivos. Há a possibilidade dessa carga ser ampliada progressivamente para 1,4 mil horas, desde que levando em conta prazos e metas estabelecidos no Plano Nacional de Educação (PNE), respeitando uma distribuição que seja de **70% para formação geral básica e 30% para os ITINERÁRIOS FORMATIVOS** – disciplinas, projetos, oficinas e núcleos de estudo a serem escolhidos pelos estudantes nos três anos da etapa final da educação básica. os itinerários formativos terão carga horária mínima de **600 horas.**
12. Os ITINERÁRIOS (disciplinas optativas) têm de estar relacionados a uma das **4 ÁREAS** de conhecimento previstas na Base Nacional Comum Curricular (BNCC). Cada escola deve ofertar no **mínimo dois itinerários** (exceto aquelas que oferecem ensino técnico). As 4 áreas de conhecimento são:
    1. **Linguagens e suas tecnologias**, integrada pela língua portuguesa, inglês, artes e educação física;
    2. **Ciências da natureza e suas tecnologias**, integrada pela biologia, física e química;
    3. **Ciências humanas e sociais aplicadas**, integrada pela filosofia, geografia, história e sociologia;
    4. **Matemática e suas tecnologias.**
13. Em relação aos estudantes dos **CURSOS PROFISSIONALIZANTES**, estabeleceu **2.100 horas** para disciplinas básicas e **900 horas** para o chamado "itinerário formativo" para aqueles que optarem pelo ensino técnico, com possibilidade de estender para 1.200 horas de optativas, a depender do curso técnico.
14. A disciplina de **ESPANHOL** é **OPTATIVA**. O texto prevê **apenas** o **INGLÊS** como língua estrangeira obrigatória.
15. Obriga estados a manter **pelo menos UMA escola de ENSINO MÉDIO regular NOTURNO** em cada município, se houver demanda comprovada.
16. Quanto às regras para as instituições adotarem o **EAD** (Ensino à Distância), foi definido que o modelo poderá ser autorizado em "**casos de**

excepcionalidade emergencial temporária reconhecida pelas autoridades competentes".

17. O texto prevê também que **profissionais com NOTÓRIO SABER** e experiência comprovada no campo da formação técnica e profissional, mesmo sem diploma de licenciatura, poderão atuar nos sistemas de ensino. É o que já ocorre, por exemplo, quando engenheiros dão aula de matemática. Porém, estabeleceu que só poderá ser realizado "**em caráter excepcional**", mediante justificativa do sistema de ensino e regulamentação do Conselho Nacional de Educação (CNE).

- **JOE BINDEN ANUNCIA DESISTÊNCIA DA CANDIDATURA À REELEIÇÃO E APOIA KAMALA HARRIS**. Presidente dos Estados Unidos estava sendo pressionado a abandonar corrida eleitoral desde o fim de junho, quando teve um mau desempenho no primeiro debate presidencial. Idade avançada e aptidão de Biden levantaram preocupações.
- **BRASIL E EUA AFIRMAM PARCERIA SOBRE CLIMA**: produção de energia limpa, mercado de carbono, finanças da natureza e fundos climáticos são os quatro pilares do acordo.
- **DONALD TRUMP SOFRE ATENTADO DURANTE COMÍCIO NA PENSILVÂNIA**. Tiros foram disparados enquanto o republicano discursava para eleitores. Ex-presidente foi atingido de raspão na orelha. Duas pessoas morreram, sendo uma delas o autor dos disparos. O atirador foi morto. Ele foi identificado como Thomas Matthew Crooks, de 20 anos.
- **DOENÇA DE NEWCASTLE**: governo federal **SUSPENDEU** temporariamente, a **EXPORTAÇÃO DE CARNE DE AVES** para 44 países após identificar o vírus da doença de Newcastle em um aviário de Anta Gorda, no Vale do Taquari, no **RIO GRANDE DO SUL**. Suspensões devem durar pelo menos 21 dias e variam de área, a partir de cada acordo comercial. A doença de Newcastle (DNC) é uma enfermidade viral que contamina aves domésticas e silvestres. Causada pelo vírus pertencente ao grupo **PARAMIXOVÍRUS AVIÁRIO** sorotipo 1 (APMV-1), a doença apresenta sinais respiratórios, seguidos por manifestações nervosas, diarreia e edema da cabeça dos frangos. A doença pode causar, no máximo, **conjuntivite transitória em humanos**, podendo durar cerca de uma semana. A transmissão ocorre pelo contato, e não pelo consumo. O Rio Grande do Sul é o terceiro estado que mais exporta carne de frango no Brasil, ficando atrás, respectivamente, de Paraná e Santa Catarina. Os principais destinos do frango produzido no Rio Grande do Sul nos primeiros seis meses de 2024 foram Emirados Árabes Unidos, Arábia Saudita, China e Japão.
- **ROBERTA METSOLA É REELEITA PRESIDENTE DO PARLAMENTO EUROPEU** em Estrasburgo, na França. Eleita pela 1ª vez em 2022, a maltesa permanecerá no cargo por mais 2 anos e meio depois de obter a maioria absoluta.
- **PESQUISADORES ENCONTRAM SUBSTÂNCIA 500 VEZES MAIS POTENTE QUE A HEROÍNA**. Opioide sintético **NITAZENO** nunca tinha aparecido no Brasil e foi encontrado em drogas apreendidas em São Paulo.
- **MARROQUINA KENZA LAYLI É VENCEDORA DO 1º CONCURSO DE MISS INTELIGÊNCIA ARTIFICIAL DO MUNDO.** O evento, organizado pela plataforma Fanvue, promoveu pela primeira vez na história um concurso de beleza em que só mulheres que não existem podem participar.
- **CELINE DION CANTA EM ABERTURA DAS OLIMPÍADAS NA FRANÇA**. Na cerimônia, a artista cantou a música "Hymne à l'amour". A apresentação marca sua volta aos palcos após mais de um ano sem fazer shows, devido ao transtorno neurológico cujo diagnóstico recebeu em 2022. Ela sofre da síndrome da pessoa rígida (SPR). A doença provoca rigidez muscular, causa dores agudas e afeta a mobilidade.
- **MAPA DA FOME DA ONU: Insegurança Alimentar Grave cai 85% no Brasil em 2023** (dado referente à comparação de 2022 para 2023). Em números absolutos, 14,7 milhões de pessoas deixaram de passar fome no Brasil. Ou seja, a Insegurança Alimentar Grave que afligia 17, 2 milhões de brasileiros em 2022, caiu para 2,5 milhões. Percentualmente, **queda** foi de 8% para **1,2% da população**. Mesmo assim o **BRASIL PERMANECE no Mapa da Fome da ONU**, que foi divulgado no Rio de Janeiro, no encontro de líderes do G20. Em relação ao MUNDO, Cerca de 733 milhões de pessoas passaram fome em 2023 – um em cada 11 habitantes do planeta, segundo a FAO. O **Objetivo do Desenvolvimento Sustentável FOME ZERO e AGRICULTURA SUSTENTÁVEL é o ODS 2**.
- **ODS 18:** O governo federal realizou evento paralelo ao Fórum Político de Alto Nível na sede da ONU, em Nova York, para apresentar a experiência brasileira com a criação do Objetivo de Desenvolvimento Sustentável **(ODS) 18 IGUALDADE ÉTNICO-RACIAL**. O ODS 18 é uma iniciativa voluntária do Brasil.
- **POPULAÇÃO QUILOMBOLA NO BRASIL:** Em 2022, existiam 8.441 localidades quilombolas no território brasileiro, associadas a 7.666 comunidades quilombolas declaradas pelos informantes do Censo Demográfico. A **Região Nordeste** possui o maior quantitativo de localidades identificadas, com 5.386 (63,81%) ocorrências, enquanto o **MARANHÃO** é o **ESTADO com o maior número**, com 2.025 localidades (23,99%)".
- **DIRETOR DA ABERTURA DAS OLIMPÍADAS EM PARIS NEGA TER ZOMBADO DAS "ÚLTIMA CEIA".** Em um dos momentos da cerimônia, chamada de "Festividade", um grupo de pessoas apareceu em uma longa mesa, incluindo várias **DRAG QUEENS**, que recordavam a **'ÚLTIMA CEIA'**, a refeição final, segundo os Evangelhos, que Jesus teria compartilhado com seus apóstolos antes de sua crucificação. A conferência episcopal francesa (CEF) condenou o que considera cenas de "zombaria do cristianismo. Mas de acordo com o diretor, a 'Última Ceia' "não foi minha inspiração". A inspiração, na verdade, teria sido a **obra de 1514 do italiano Giovanni Bellini: "A FESTA DOS DEUSES".** Comitê Organizador dos Jogos Olímpicos (COJO) declarou que não houve a intenção de desrespeitar religiosos.
- **ARTEFATOS INDÍGENAS RETIDOS NA FRANÇA RETORNAM AO BRASIL**. Artefatos indígenas de mais de 50 etnias **retidos na FRANÇA** há mais de 20 anos voltam ao Brasil. Ao todo, 585 objetos irão

ATUALIDADES

integrar o acervo do Museu do Índio, no Rio de Janeiro. Também este mês, o **Museu Nacional** recebeu o **MANTO TUPINAMBÁ**, artefato indígena **que estava na DINAMARCA desde o século 17** e retornou ao Brasil. O manto é uma vestimenta de 1,80 metro de altura, confeccionada com penas vermelhas de guará sobre e chegou ao Museu Nacional da Dinamarca há mais de três séculos, em 1689. Provavelmente foi produzido quase um século antes.

- **FÓSSIL ENCONTRADO NO RIO GRANDE DO SUL VAI AJUDAR A ENTENDER A ORIGEM DOS DINOSSAUROS.** Pesquisadores descobriram o fóssil quase completo de um dinossauro carnívoro do grupo **Herrerasauridae,** com idade estimada de 233 milhões de anos. O material foi encontrado em maio, no sítio fossilífero de **SÃO JOÃO DO POLÊSINE**, no Rio Grande do Sul, após as intensas chuvas que atingiram o estado.
- **ARGENTINA DECLARA HAMAS COMO ORGANIZAÇÃO TERRORISTA INTERNACIONAL** pelo ataque de 7 de outubro em Israel e um "extenso histórico de atentados". Com a decisão, o governo do ultradireitista Javier Milei se alinha com a União Europeia, os Estados Unidos, o Canadá e o Reino Unido.
- **PARQUE NACIONAL DOS LENÇÓIS MARANHENSES É RECONHECIDO COMO PATRIMÔNIO NATURAL DA HUMANIDADE.** Título concedido pela **UNESCO** aumentará a visibilidade global do local, atraindo turistas de todo o mundo. A chancela garante, ainda, a valorização ambiental da região e a necessidade da sua preservação
- **UNRWA:** O Parlamento de **ISRAEL** aprovou uma lei que classifica a principal organização de ajuda humanitária da **Organização das Nações Unidas para palestinos**, UNRWA, como uma **ORGANIZAÇÃO TERRORISTA** e propõe cortar todas as relações com a agência.
- **GUERRA NO SUDÃO:** Mais de 10 milhões de pessoas, ou 20% da população, deixaram suas casas desde o início da guerra no país. O número é o mais recente dado terrível do país do leste da África, devastado por um conflito que começou em abril de 2023. A guerra deixou metade da população de cerca de 50 milhões de habitantes enfrentando uma **CRISE DE FOME** e precisando de ajuda humanitária, a maior de todos os países.
- **ADIDAS. E ERRO DE MARKETING:** Um erro de marketing colocou a marca ADIDAS sob fogo cruzado e como alvo de campanhas de boicote. Tudo começou com o lançamento de uma campanha publicitária para o relançamento do tênis retrô SL 72OG inspirado nos Jogos Olímpicos de Munique de 1972, evento marcado pelo **ATAQUE DE TERRORISTAS PALESTINOS**, que assassinaram 11 membros da equipe olímpica de Israel. Sem considerar as implicações, a **Adidas escolheu a top model BELLA HADID** para estrelar a campanha. **Mas Bela é filha de palestinos** e conhecida por se posicionar publicamente sobre o conflito entre Israel e Palestina, e isto gerou **PROTESTOS DE JUDEUS**. Várias postagens de membros da comunidade judaica pediram que a marca retirasse a campanha do ar. Sob pressão, a Adidas decidiu suspender os anúncios e emitiu um comunicado oficial.
- **UNIFORMES DA SELEÇÃO BRASILEIRA NAS OLIMPÍADAS DE PARIS.** As **bordadeiras de TIMBAÚBA DOS BATISTAS**, pequena cidade no interior do **RIO GRANDE DO NORTE**, foram responsáveis pelas artes que estão nos uniformes do Brasil na abertura das Olimpíadas. O trabalho foi feito nas jaquetas bordadas imagens que representam a **FAUNA BRASILEIRA**, como **TUCANOS, ARARAS** e **ONÇAS**. Elas defendem as peças e também se dizem chateadas com as críticas que o uniforme tem recebido. Várias postagens e comentários foram publicados nas redes sociais com críticas ao uniforme e com comparações com a vestimenta de delegações de outros países.
- **70 ANOS DA MORTE DE FRIDA KAHLO.** Libertária, criativa e inspiradora. Estes são alguns dos adjetivos usados para caracterizar a artista plástica e ativista **MEXICANA** Frida Kahlo, que faleceu aos 47 anos em 13 de julho de 1954. O MIS (Museu da Imagem e do Som do Estado de São Paulo) realizou uma programação especial com produções que acompanham a vida e obra da artista. A história da artista é atravessada por uma poliomielite, que sofreu ainda na infância e atrofiou os músculos da perna direita, por um grave acidente de ônibus, aos 18 anos, que provocou múltiplas fraturas, e por três abortos espontâneos, que frustraram o desejo da maternidade.
- **HOLANDÊS CONDENADO POR ESTUPRO É VAIADO NO VÔLEI DE PRAIA EM PARIS.** O jogador de Vôlei de Praia, da HOLANDA, **VAN DE VELDE**, foi condenado a quatro anos de prisão no Reino Unido em 2016 pelo estupro de uma menina de 12 anos. A reação do público ocorreu na partida em que o vôlei de praia brasileiro se classificou às quartas de final.
- **FURACÃO BERYL:** O furacão já passou por mais de dez ilhas e países no sudeste do **CARIBE**. Mas atingiu de maneira especialmente forte **São Vicente e Granadinas**. Em uma das ilhas do país, o furacão deixou seu maior rastro até agora: 90% das casas da Ilha de União foram destruídas com a passagem. A tempestade já causou inúmeros estragos em partes do **México** e em **ilhas do Caribe**. O fenômeno de rápido desenvolvimento indica **mais aquecimento da água no Oceano Atlântico e no Caribe**, o que pode ser uma mostra do que a região deve enfrentar na temporada de tempestades.
- **GAVIÃO PEIXOTO (SP), BRASÍLIA (DF) E SÃO CARLOS (SP) SÃO AS TRÊS MELHORES CIDADES PARA VIVER NO BRASIL**, segundo o Índice de Progresso Social Brasil, que mede a **QUALIDADE DE VIDA** nas 27 unidades da Federação. O resultado mostra que entre as dez melhores cidades para viver no Brasil, oito se concentram no interior de São Paulo, enquanto as dez piores estão no Norte (sete delas no Pará).

  Embora cidades de São Paulo estejam entre os melhores do Brasil, a **CAPITAL** paulista figura em sexto lugar no recorte das capitais. **BRASILIA** está em **primeiro lugar** no ranking seguido por GOIÂNIA e BELO HORIZONTE.
- **PERU APROVOU LEI QUE PRESCREVE CRIMES CONTRA A HUMANIDADE COMETIDOS ANTES DE 2002:** "Ninguém será processado, condenado ou punido por crimes contra a humanidade ou cri-

mes de guerra, por atos cometidos antes de 1º de Julho de 2002, sob pena de nulidade e responsabilidade funcional. Nenhum ato anterior a essa data pode ser classificado como crime contra a humanidade ou crime de guerra". A iniciativa, que agora aguarda a sanção presidencial, pode beneficiar o ex-ditador Alberto Fujimori, de 85 anos, e 600 militares ao anular os julgamentos por supostos crimes de guerra cometidos no país durante o conflito interno que deixou mais de 69 mil mortos e 21 mil desaparecidos entre 1980 e 2000.

- **ÍNDIA: TUMULTO EM CERIMÔNIA RELIGIOSA DEIXA DEZENAS DE MORTOS PISOTEADOS.** O tumulto aconteceu no final do encontro religioso organizado por um guru conhecido localmente como **BHOLE BABA**. A superlotação pode ter ocasionado o tumulto causado no vilarejo. Relatórios iniciais sugerem que mais de 15 mil pessoas se reuniram para o evento, que tinha permissão para receber apenas 5 mil pessoas.
- **DIA DO REI PELÉ**: Presidente Lula sancionou a **Lei 14.909, de 2024**, que institui o Dia do Rei Pelé, a ser celebrado anualmente no **DIA 19 DE NOVEMBRO**. A data escolhida representa o **DIA DO MILÉSIMO GOL DO REI PELÉ.** O Rei do Futebol atingiu a marca em 1969, durante partida contra o Vasco (RJ).
- **TALCO É CANCERÍGENO PARA HUMANOS:** Agência Internacional de Pesquisa sobre o Câncer (IARC), ligada à Organização Mundial da Saúde (OMS), classificou o TALCO como "provavelmente cancerígeno" para humanos. Na ocasião, **a agência também apontou a ACRILONITRILA**, um composto usado na produção de polímeros (presentes, por exemplo, em tecidos e plásticos), como comprovadamente cancerígeno.
- **A BRASILEIRA DANIELA BARONE RECEBE TÍTULO DA REALEZA BRITÂNICA.** Ela mora há 20 anos em Londres, na Inglaterra, e receberá o título de Officer of the Most Excellent Order of the British Empire (OBE), ou **OFICIAL DA ORDEM DO IMPÉRIO BRITÂNICO**, em tradução livre. A **OBE** é concedida para o cidadão que contribui de alguma forma para o crescimento da arte do da ciência ou trabalhou em organizações de caridade, assistência social e serviço público ingleses. No caso de Daniela, o título é resultado do seu impacto social na Snowball Impact Investment, um **fundo de investimentos** que tem o intuito de criar resultados positivos para pessoas em todo o mundo, com **EQUIDADE E SUSTENTABILIDADE**, onde é CEO. Para ser agraciado pela honraria, o cidadão deve ter contribuído de alguma forma para o país. O OBE pode ser incluído após o último sobrenome – o que a mineira já fez. Com o título, ela está no mesmo patamar de nomes como o ex-jogador de futebol David Beckham, o tenista Andy Murray, a escritora J.K.Rowling e os Beatles.
- **DINAMARCA SERÁ O PRIMEIRO PAÍS DO MUNDO A COLOCAR IMPOSTO SOBRE O ARROTO E O PUM DO GADO**, que emitem o segundo gás com efeito estufa mais presente na atmosfera: o metano, que tem a sigla de CH_4. É uma medida inusitada do país, que pretende **atingir seu objetivo de neutralizar as emissões de poluentes até 2045**. A partir de 2030, as emissões de metano causadas pela flatulência de bovinos e suínos dinamarqueses serão tributadas em 300 coroas (R$ 239 na cotação atual) por tonelada equivalente de CO_2.
- **PARTIDO TRABALHISTA VENCE ELEIÇÕES NO REINO UNIDO**. A legenda conquistou mais de 410 assentos para o Parlamento. **KEIR STARMER** foi nomeado o **novo PRIMEIRO-MINISTRO do Reino Unido**. O resultado está sendo tratado pela mídia britânica como uma "lavada" dos Trabalhistas. Por outro lado, o Partido Conservador, do primeiro-ministro Rishi Sunak, sofreu uma derrota histórica.
- **GESTO SUPREMACISTA GERA TENSÃO DIPLOMÁTICA ENTRE TURQUIA E ALEMANHA**. Após ter comemorado um gol fazendo um gesto supremacista em uma partida da Eurocopa em Leipzig, na Alemanha, **o jogador da TURQUIA, MERIH DEMIRAL, foi suspenso** pelos próximos dois jogos por decisão da União das Associações Europeias de Futebol (Uefa), que organiza o torneio. Ao comemorar o gol da vitória contra a Áustria nas oitavas de final, Demiral **fez um gesto com as mãos imitando um lobo**, em uma suposta referência ao grupo ultranacionalista de extrema direita conhecido como **LOBOS CINZENTOS**.
- **MERCOSUL E EMIRADOS ÁRABES UNIDOS INICIAM NEGOCIAÇÕES DE UM ACORDO DE LIVRE COMÉRCIO**. Representantes se reuniram em Assunção. As negociações visam eliminar ou reduzir tarifas alfandegárias e outras barreiras comerciais, além de facilitar o fluxo de investimentos e serviços entre as partes.
- **MALÁSIA ENVIOU À RÚSSIA UMA CARTA DE SOLICITAÇÃO DE ADESÃO AOS BRICS**. Os russos ocupam a presidência rotativa dos Brics em 2024. Segundo o ministro da MALÁSIA, a conversa se concentrou especialmente na candidatura do país para o Brics, o que teria um "potencial significativo para ambos os países.
- **A EXPULSÃO EM MASSA DE SEM-TETO DAS RUAS DE PARIS ANTES DOS JOGOS OLÍMPICOS. FRANÇA** promoveu a retirada de 12,5 mil pessoas das ruas de Paris. Autoridades negam que remoções estejam ligadas à competição e dizem que ocorrem por razões de segurança e saúde públicas. presidente francês, Emmanuel Macron, prometeu que os Jogos Olímpicos de Paris colocariam em destaque a grandiosidade da França. Mas a "pátria dos direitos humanos" — como o país é conhecido por ter feito a primeira declaração nesse tema durante a Revolução Francesa — também tem sido criticado por associações. As críticas se dão pela **REMOÇÃO DE MORADORES DE RUAS COM O OBJETIVO DE "EMBELEZAR" A CIDADE.**
- **POPULAÇÃO MUNDIAL ATINGIRÁ 10,3 BILHÕES DE PESSOAS EM MEADOS DA DÉCADA DE 2080**, antes de cair para um nível muito inferior ao previsto há uma década, afirmou a ONU. O relatório intitulado "Perspectivas da População Mundial 2024" observou que a **população atual de 8,2 bilhões** atingirá esse pico nos próximos 60 anos e depois diminuirá".
- **FACÇÕES PALESTINAS ASSINAM DECLARAÇÃO DE RECONCILIAÇÃO APÓS NEGOCIAÇÕES NA CHINA**. Eles concordaram em acabar com suas divisões e fortalecer a unidade palestina assinando a Declaração de Pequim na China. Um total de 14

ATUALIDADES

facções palestinas, incluindo os líderes de grupos rivais, **HAMAS E FATAH**, também se encontraram com a mídia.

- **IAN – PRIMEIRA ONDA DE CALOR NO RIO DE JANEIRO:** A Prefeitura do Rio de Janeiro escolheu 50 nomes para batizar ondas de calor extremas a caminho da cidade. A medida consta do protocolo a ser seguido diante de altas temperaturas. São 10 nomes por ano, definidos até 2028. A 1ª onda de calor de 2024, que ainda não tem data para chegar, vai se chamar IAN. A lista vai de A até Y. Uma onda de calor ganhará um nome preestabelecido se atender a essas 3 condições: a temperatura prevista chegar a 44°C (ou passar disso); A máxima durar ao menos 2 horas do dia; A massa de ar quente agir por 3 dias ou mais. Assim como na escala de 1 a 5 adotada pelo Centro de Operações, a "**fornalha**" será classificada em **5 Níveis de Calor (ou NCs, na sigla)**, e para cada um haverá instruções. **A morte de uma fã por hipotermia durante o SHOW DE TAYLOR SWIFT** no Engenhão, em novembro, foi uma das razões para a criação dessa norma. O NC4 e o NC5 podem mexer com a rotina da cidade, pois a máxima provavelmente passará dos 40°C. Não só eventos podem ser cancelados, mas também trabalhos ao ar livre devem ser suspensos.
- **BRASIL TERÁ PELA PRIMEIRA VEZ PSIQUIATRA NAS OLIMPÍADAS. HÉLIO FÁDEL** será o primeiro profissional da área a participar dos Jogos Olímpicos na delegação do Brasil. Ele trabalha atualmente como coordenador do Vasco, e já prestou serviços também no Flamengo, em 2019, onde atuou diretamente com o futebol profissional.
- **ANNA SAICALI, EX-DIRETORA DA AMERICANAS, DESEMBARCA EM SÃO PAULO E TEM PASSAPORTE RETIDO.** Considerada uma das principais envolvidas no esquema de fraudes fiscais nos balanços da empresa, ela se entregou à Justiça em Lisboa. As fraudes contábeis chegaram a R$ 25 bilhões. A **OPERAÇÃO DISCLOSURE** cumpriu 15 mandados de busca e apreensão contra outros ex-executivos do grupo. A fraude maquiou os resultados financeiros do conglomerado a fim de demonstrar um falso aumento de caixa e consequentemente valorizar artificialmente as ações das Americanas na bolsa. Com esses números manipulados, os executivos recebiam bônus milionários por desempenho e obtinham lucros ao vender as ações infladas no mercado financeiro. A maquiagem foi detectada em pelo menos 2 operações: **Risco sacado:** antecipação do pagamento a fornecedores por meio de empréstimo junto a bancos; **Verba de propaganda cooperada (VPC):** incentivos comerciais que geralmente são utilizados no setor, mas no presente caso eram contabilizadas VPCs que nunca existiram. Americanas fecha os sites **SUBMARINO** e **SHOPTIME** devido ao escândalo e se tornarão "Americanas.com".
- **FOGUETE CHINÊS TIANLONG 3 CAI APÓS LANÇAMENTO.** A empresa afirmou que o módulo se soltou de sua plataforma em Gongyi durante um teste por conta de uma falha estrutural, após ser lançado por engano. Ele foi feito para auxiliar a construção da rede de internet via satélite da China.
- **ISRAEL – JUDEUS ULTRAORTODOXOS VÃO ÀS RUAS CONTRA ALISTAMENTO MILITAR OBRIGATÓRIO.** A justificativa da Suprema Corte foi de que em tempos de "uma guerra difícil", a distinção entre quem presta ou não o serviço militar no país torna o peso da guerra ainda maior. Decisão **MUDA regra** instituída há 76 anos. Segundo determinação datada da fundação de Israel, todos os judeus ultraortodoxos que se dedicassem aos estudos da religião em seminários não seriam obrigados a se alistar. Essa exceção tinha prazo de 75 anos e expirou em 2023, mas continuava informalmente aplicada no país.
- **HOMEM SAI DE BAGAGEIRO DE MÃO APÓS TURBULÊNCIA EM VOO DA AIR EUROPA.** Boeing 787-9 Dreamliner havia saído de Madri, na Espanha, com destino a Montevidéu e teve que fazer um **pouso de emergência** no aeroporto internacional Aluízio Alves, em **NATAL**, **RIO GRANDE DO NORTE**, após fortes turbulências.
- **BRASIL ULTRAPASSA EUA E SE TORNA O MAIOR EXPORTADOR DE ALGODÃO DO MUNDO.** Apesar do marco, tendência é que os dois países alternem liderança ao longo das safras. Ultrapassar os norte-americanos era uma meta apenas para 2030.
- **INFLAÇÃO 4,23%.** Medida pelo IPCA (Índice Nacional de Preços ao Consumidor Amplo), a inflação do Brasil atingiu 4,23% no acumulado dos 12 meses encerrados em junho. Na prática, pode alcançar até 4,50% ao final de dezembro para cumprir o limite. O maior impacto do mês de junho veio no grupo **ALIMENTAÇÃO e BEBIDAS**. Preços subiram 0,21%
- **CAPRICHOSO É CAMPEÃO DE PARINTINS PELA TERCEIRA VEZ CONSECUTIVA.** Considerado patrimônio cultural do país pelo Iphan, o evento está ligado à tradição cultural do Boi-Bumbá. No Caprichoso, a cor principal é a **AZUL** Tema do boi vencedor deste ano foi **CULTURA-O TRIUNFO DO POVO**.
- **HUNGRIA ASSUME PRESIDÊNCIA TEMPORÁRIA DA UNIÃO EUROPEIA** com o tema "<u>Tornar a Europa grande novamente</u>". Presidência húngara durará até 31 de dezembro de 2024.
- **VÍTIMAS DO HAMAS PROCESSAM IRÃ, COREIA DO NORTE E SÍRIA em tribunal dos EUA.** Ação acusa os três países de fornecer apoio financeiro, militar e tático ao grupo terrorista armado.
- **MUSEU DE LONDRES LANÇA EXPOSIÇÃO PARA CELEBRAR OS 65 ANOS DA BONECA BARBIE.** Apresentação começa com a 'Barbie número 1' e passa por todos os modelos lançados, mostrando a evolução.
- **PROCESSO CONTRA KEIKO FUJIMORI É INSTAURADO NO PERU.** Ela é acusada de supostamente cometer os crimes de organização criminosa, lavagem de dinheiro, declaração falsa em processo administrativo, falsidade ideológica e obstrução à justiça. A **filha do ex-presidente Alberto Fujimori** assistiu à audiência e é acusada junto com outros 45 investigados. Preso por assassinatos e sequestros, ALBERTO FUJIMORI pretende se candidatar a presidente do Peru.
- **OMS LANÇA DIRETRIZES INÉDITAS PARA TRATAMENTO CONTRA O TABAGISMO.** Dentre as recomendações está a terapia de reposição de nicotina (TRN), que pode ser feita utilizando goma de mascar, pastilha ou adesivo transdérmico.

- **RIO DE JANEIRO VOLTARÁ A TER BOLSA DE VALORES DEPOIS DE 20 ANOS.** O objetivo da nova bolsa de valores do Rio de Janeiro é competir com a **B3**, a bolsa de valores que funciona em **São Paulo**. A nova legislação propõe a redução do ISS (Imposto Sobre Serviços) de 5% para **2% sobre atividades da bolsa de valores,** um incentivo ao retorno do mercado de ações carioca.
- **ERUPÇÃO DOS VULCÕES ETNA E STROMBOLI DEIXA ITÁLIA EM ALERTA.** As autoridades estão adotando medidas de urgência para proteger a população. ETNA é o vulcão ativo mais alto da Europa.
- **GRUPO LIBANÊS HEZBOLLAH DISPARA DEZENAS DE MÍSSES CONTRA ISRAEL**. Ataque seria retaliação à morte de comandante da organização política e paramilitar fundamentalista islâmica xiita.
- **INGRESSO DA BOLÍVIA COMO MEMBRO PLENO NA MERCOSUL.** Em Assunção, no Paraguai, a 64ª reunião de cúpula do Mercosul teve como destaque a incorporação da Bolívia como sexto membro pleno do bloco, bem como a passagem da **presidência temporária** do grupo do Paraguai para o **URUGUAI**. Criado em 1991, o bloco é formado por Paraguai, Argentina, Uruguai, Brasil, Venezuela (suspensa do bloco desde 2016) e Bolívia.
- **NOVO PRIMEIRO-MINISTRO DO REINO UNIDO, KEIR STARMER, ANUNCIA FIM DE DEPORTAÇÃO DE IMIGRANTES PARA RUANDA.** Foi seu primeiro grande anúncio político desde que foi eleito. No final de abril, o Parlamento britânico aprovou um projeto de lei que previa expulsar para Ruanda, no centro-leste da África, requerentes de asilo que entraram de forma ilegal no Reino Unido.
- **MASOUD PEZESHKIAN FOI ELEITO O NOVO PRESIDENTE DO IRÃ.** Considerado moderado e reformista, Pezeshkian assumirá o comando do Irã após a morte do presidente Ebrahim Raisi, que sofreu um acidente de helicóptero em maio.
- **PRESIDENTE DA ARGENTINA ENCERRA CONFERÊNCIA DA AÇÃO POLÍTICA CONSEVADORA (CPAC) AO LADO DE BOLSONARO EM SANTA CATARINA**. Conferência da Ação Política Conservadora (CPAC), versão brasileira do maior fórum conservador dos Estados Unidos, aconteceu em Balneário Camboriú. Essa é a primeira visita de Milei ao Brasil desde que virou presidente da Argentina. Durante seu discurso, Milei criticou o que chamou de governos socialistas dos últimos 20 anos na América Latina, sem citar o presidente Lula. Milei afirmou que Bolsonaro é vítima de perseguição judicial. O presidente argentino assistiu ao jogo do Brasil contra o **Uruguai** na companhia do ex-presidente Bolsonaro.
- **PEC DA ANISTIA.** A proposta de emenda à Constituição (PEC 9/2023), que **PERDOA** multas de partidos políticos que **não** cumpriram as **COTAS DE GÊNERO E RAÇA nas eleições anteriores**, **não** foi votada pela Comissão de Constituição e Justiça e deve voltar a ser analisada somente em agosto. Aprovada pela Câmara, a chamada "PEC da Anistia" também vai permitir o refinanciamento de dívidas tributárias de partidos e de suas fundações, dos últimos cinco anos. A proposta perdoa todas as sanções tributárias de partidos, com prazo superior a cinco anos, mesmo aquelas de processos administrativos e judiciais já transitados em julgado. Para pagar multas eleitorais poderão ser utilizados recursos do Fundo Partidário.
- **TORRE DA CATEDRAL DE ROUEN, NA FRANÇA, PEGA FOGO** durante obras de renovação. As cenas lembram o incêndio devastador na catedral de Notre Dame, em Paris, em 2019, e ocorrem duas semanas antes do início das Olimpíadas na capital da França. Não houve relatos de vítimas. A catedral, uma das mais belas do país, foi pintada várias vezes pelo artista impressionista **CLAUDE MONET** no século 19.
- **QUEDA DE METEORO ILUMINA CÉU DO NORDESTE.** Várias cidades do Nordeste presenciaram o fenômeno, a maioria nos Estados de **Piauí**, **Ceará**, **Pernambuco**, **Paraíba** e **Bahia**. Segundo especialistas, a Terra está passando pelo fenômeno chamado **"DELTA AQUÁRIDAS"**, durante o qual vários meteoros entram na atmosfera terrestre, aumentando a probabilidade de eventos luminosos. O clarão ocorre quando um corpo celeste entra na atmosfera e provoca uma onda de pressão, aquecendo o gás ao seu redor. No Ceará, o meteoro surpreendeu o público durante o show da cantora Simone Mendes.
- **ASSASSINOS DE FERNANDO VILLAVICENCIO, CANDIDATO À PRESIDENCIA DO EQUADOR, SÃO CONDENADOS**. Ao todo, cinco réus foram condenados a penas que variam de 12 a 34 anos de prisão. Candidato foi morto em agosto de 2023, após deixar um comício em Quito. Após a morte, Villavicencio foi substituído por Christian Zurita na chapa presidencial. Ele ficou em terceiro lugar na disputa. As eleições foram vencidas pelo direitista **DANIEL NOBOA**.
- **ÚNICO MAROTONISTA BRASILEIRO CLASSIFICADO PARA PARIS 2024 É SUSPENSO POR DOPING**. **Daniel Ferreira** testou positivo para drostanolona, metenolona e nandrolona.
- **BOLÍVIA ANUNCIA DESCOBERTA DE "MEGACAMPO" DE GÁS NATURAL.** A Bolívia descobriu um megacampo de gás natural de 1,7 trilhão de pés cúbicos a "mais importante" descoberta deste hidrocarboneto desde 2005.
- **NASCIDO HÁ 100 ANOS, CÉSAR LATTES FEZ DESCOBERTA QUE MARCOU A FÍSICA**. O cientista brasileiro César Lattes (1924-2005), se estivesse vivo, teria completado 100 anos. Ele nasceu em 11 de julho de 1924 em Curitiba (PR). Em um experimento com emulsões químicas, conseguiu identificar **partículas MÉSON PÍ**, uma hipótese que estava antes somente no campo da teoria, para explicar o funcionamento do átomo. Lattes é homenageado pelo nome da plataforma que reúne os dados de pesquisadores e professores brasileiros, na base do CNPq (Conselho Nacional de Desenvolvimento Científico e Tecnológico).
- **90 ANOS DA CONSTITUIÇÃO DE 1934.** O Brasil ganhou sua segunda Constituição Republicana e Getúlio Vargas foi eleito indiretamente presidente da República.
- **LEI QUE PRESERVA PRODUÇÃO INTELECTUAL BRASILEIRA FAZ 20 ANOS.** Toda obra publicada no Brasil precisa ter pelo menos uma cópia enviada para a Fundação Biblioteca Nacional (FBN), a mais

ATUALIDADES

antiga instituição cultural do país. Promulgada em 2004, durante a gestão do cantor e compositor Gilberto Gil como ministro da Cultura, a Lei 10.994 "regulamenta o depósito legal de publicações, na Biblioteca Nacional, objetivando assegurar o registro e a guarda da produção intelectual nacional, além de possibilitar o controle, a elaboração e a divulgação da bibliografia brasileira corrente, bem como a defesa e a preservação da língua e cultura nacionais".

- **IMAGENS INÉDITAS MOSTRAM TRIBO INDÍGENA ISOLADA EM "ÁREA PERIGOSA" DA AMAZÔNIA PERUANA**. Grupo retratado é o povo **MASHCO PIRO**, estimado como o maior povo de indígenas isolados do mundo.
- **TERREMOTO DE MAGNITUDE 7,3 ATINGE O CHILE.** Não há relato de vítimas. A Defesa Civil do Estado de São Paulo confirmou que foram registrados leves tremores em cidades de **São Paulo**. Outras cidades de **Minas Gerais** também sentiram o impacto do terremoto no Chile.
- **APAGÃO CIBERNÉTICO GLOBAL E CROWDSTRIKE.** Uma falha em um dos sistemas de segurança da CrowdStrike causou um apagão cibernético em 8,5 milhões de computadores no dia 19 de julho. incidente afetou diversos setores, como aviação, bancos, comunicações e até mesas de negociações. A pane global afetou a Microsoft, provocando uma falha na nuvem que fez com que o Windows travasse e exibisse uma **tela azul**, conhecida informalmente como a **"Tela Azul da Morte"**. Segundo a CrowdStrike, não se tratou de um incidente de segurança ou de um ataque cibernético. Uma ferramenta chamada **FALCON**, que serve para detectar possíveis invasões hacker, teve um **PROBLEMA NA ATUALIZAÇÃO DE SOFTWARE**. O problema foi corrigido, mas foi informado que um impacto residual permaneceria por alguns dias até que tudo se restabelecesse.
- **ESPANHA PRENDE 3 HACKERS PRÓ-RÚSSIA** acusados de ataques contra membros da OTAN. Grupo **"NONAME057"** alega combater "ações hostis e abertamente anti-russas".
- **PREMIÊ DE BANGLADESH CANCELA VIAGEM AO BRASIL APÓS PROTESTOS EM MASSA**. Estimativa é que pelo menos 114 pessoas morreram durante os protestos contra **cotas que reservam 30% das vagas** em **Concursos Públicos** para famílias que lutaram pela independência do país.
- **MINISTÉRIO DO TRABALHO INCLUI UFOLOGIA EM LISTA OFICIAL DE OCUPAÇÕES.** Ufologia é o estudo de óvnis, **EXTRATERRESTRES** e fenômenos naturais. O trabalho de **confeccionador de Peruca** e **Facilitador de Biodança** também são uma das 19 novas profissões reconhecidas no Guia Brasileiro de Ocupações. As 19 novas profissões são: terapeuta reiki, instrutor de ioga, instrutor de meditação, facilitador de biodança, facilitador de grupos de movimento, condutor escolar terrestre, lactarista, brinquedista, condutor de cães domésticos, monitor de animais domésticos, instrutor de mobilidade com cães-guia, biólogo em meio ambiente e diversidade, biólogo em saúde, ergonomista, hidrojatista, ufólogo, analista de sucesso do cliente, analista de experiência do cliente e confeccionador de perucas.
- **ESTADOS MAIS VIOLENTOS DO BRASIL – MAIORES TAXAS:** 1º **AMAPÁ**; 2º Bahia e 3º Pernambuco. Menores taxas: 1º São Paulo; 2º Santa Catarina e 3º Distrito Federal. O estado do AMAPÁ tem 69,9 mortes violentas por 100 mil habitantes – o triplo da média nacional.
- **PONTO TURÍSTICO DE SÃO LUIS (MA) É TOMADO POR MILHÕES DE ARANHAS.** Quando se chega perto, são milhões de aranhas que, há cerca de um mês, se multiplicaram na **LAGOA DA JANSEN**, um dos pontos turísticos de São Luís. De 2017 para cá, a invasão das aranhas se repetiu pelo menos quatro vezes. Mas nunca de uma forma tão intensa quanto agora. Professores explicam que a espécie é inofensiva e que o fenômeno está associado principalmente à **POLUIÇÃO**. Quanto mais poluída a água, mais inseto nasce. Quanto mais inseto nasce, mais comida para as aranhas.
- **ARCABOUÇO FISCAL**. O arcabouço se constitui em um conjunto de medidas para manter o controle dos gastos e receitas do país. Chamado também de política fiscal, o governo busca manter os gastos e receitas nos eixos para dar credibilidade para sua dívida e, assim, financiar serviços públicos como saúde, educação e segurança pública. Ministro da Fazenda **Fernando Haddad** anuncia **CONGELAMENTO DE R$ 15 BILHÕES NO ORÇAMENTO DE 2024** para cumprir as regras do arcabouço fiscal e preservar a **META DE DÉFICIT ZERO** das despesas públicas prevista para o fim do ano. Essa conta abrange R$ 11,2 bilhões em **BLOQUEIOS** e R$ 3,8 bilhões em **CONTINGENCIAMENTOS**. Tanto o contingenciamento como o bloqueio representam cortes temporários de gastos. O bloqueio ocorre quando os gastos do governo crescem mais que o limite de 70% do crescimento da receita acima da inflação. Contingenciamento ocorre quando há falta de receitas que comprometem o cumprimento da meta de resultado primário (resultado das contas do governo sem os juros da dívida pública). Em 2023, foi estabelecida a nova regra fiscal - ela limita o crescimento da despesa a **70% da variação da receita dos 12 meses anteriores.**
- **MORTES POR VÍRUS NIPAH. DEIXA AUTORIDADES DE SAÚDE EM ALERTA NA ÍNDIA**. Trata-se da morte de um menino de 14 anos. O Nipah é um vírus zoonótico, transmitido de **animais para humanos**. Os **MORCEGOS FRUGÍVOROS** são os principais reservatórios do vírus. Ele pode ser contraído por meio de alimentos contaminados ou diretamente entre pessoas. O primeiro surto registrado da doença ocorreu em 1999 na Malásia, onde o vírus foi transmitido aos humanos através de **PORCOS**, outra espécie hospedeira possível. As pessoas infectadas desenvolvem sintomas como febre, dores de cabeça, mialgia, vômitos e dor de garganta. Isso pode ser seguido por tontura, sonolência, alteração da consciência e sinais neurológicos que indicam encefalite aguda.
- **PRIVATIZAÇÃO DA SABESP.** O governador de São Paulo, Tarcísio de Freitas, participou na Sede da Bolsa de Valores (B3) da cerimônia que marcou a conclusão do processo de privatização da Sabesp. Com a privatização, o **ESTADO FICOU COM 18%**; **17%** foram comprados por **investidores no mercado financeiro**; **15%** pela **Equatorial Participações**

e Investimentos. A **venda de 32% da empresa** resultou em R$ 14,8 bilhões aos cofres do governo paulista. O dinheiro vai subsidiar a redução na tarifa de água e também as obras para ampliar o acesso ao saneamento básico, que devem ser concluídas até 2029. De imediato, a redução na conta será de 10% para mais de 1 milhão de pessoas com renda de até meio salário mínimo e inscritas no CadÚnico; de 1% para residências, e de 0,5% para comércio e indústria.

- **AVIÃO DE PEQUENO PORTE CAI NO NEPAL.** 19 pessoas estavam abordo e piloto é o único sobrevivente.
- **PROGRAMA VOA BRASIL** foi lançado pelo governo federal, oferecendo **passagens aéreas de até R$ 200, inicialmente focado em aposentados do INSS.** Os aposentados elegíveis **não** podem ter viajado de avião nos últimos 12 meses e poderão comprar os bilhetes através de um site especial, usando o cadastro do gov.br. O programa não implicará gastos do orçamento federal, pois depende de um acordo com as companhias aéreas para oferecer os bilhetes a preços reduzidos. Não há limite de renda, ou seja, o aposentado que recebe o teto do INSS (R$ 7.786,02) também está contemplado.
- **BIBLIOTECA NACIONAL CELEBRA OS 500 ANOS DE CAMÕES**. Entre as raridades estão as primeiras edições de OS LUSÍADAS, de 1572, e a segunda, CHAMADA DOS PICOS, de 1584
- **AGÊNCIA NACIONAL DE PROTEÇÃO DE DADOS (ANPD) PROÍBE META DE USAR DADOS DE USUÁRIOS PARA TREINAR INTELIGÊNCIA ARTIFICIAL.** A Meta, dona do Facebook e Instagram, tentou implantar a mesma política de privacidade na União Europeia e no Reino Unido, mas diante da repercussão negativa, adiou a decisão. Diferentemente do que fez no Brasil. Na decisão, a autoridade brasileira afirma que identificou pontos que podem estar desrespeitando a Lei Geral de Proteção de Dados, inclusive com o uso de informações de crianças e adolescentes.
- **NVIDIA SE TORNOU EMPRESA MAIS VALIOSA DO MUNDO**: Nvidia, gigante de design de **CHIPS** e **INTELIGÊNCIA ARTIFICIAL**, superou a capitalização de mercado da Microsoft e se tornando a empresa pública mais valiosa do mundo. O fato ocorreu menos de duas semanas após a empresa ter ultrapassado o valor de mercado da Apple. **A Nvidia é uma empresa norte-americana**. A **CHINA** tem conseguido contornar as sanções dos **ESTADOS UNIDOS** para comprar chips de última geração da NVIDIA para usar em processamento de Inteligência Artificial.
- **CÂMARA APROVA PRIMEIRO PROJETO QUE REGULAMENTE REFORMA TRIBUTÁRIA.** O texto ainda vai para o Senado. Depois de votar o texto-base, os deputados analisaram os chamados destaques — sugestões de alteração no texto. A principal discussão dessa etapa foi a tributação zero da carne bovina e do frango, uma demanda do presidente Lula que foi defendida também pela oposição, mas que não era bem vista pela equipe econômica do governo. E esse destaque foi aprovado. Ou seja, a **CARNE VERMELHA entra na cesta básica e NÃO pagará imposto sobre consumo**. Porém, um destaque que foi rejeitado pedia cobrança do chamado do IMPOSTO SELETIVO (ou **IMPOSTO DO PECADO**) para **ARMAS**. Com a rejeição, armas não serão submetidas a esse imposto, que busca taxar itens nocivos à saúde ou ao meio ambiente.
- **ROBÔ CURIOSITY ATROPELA ROCHA EM MARTE** e revela mineral inédito no planeta. Dentro dela havia **ENXOFRE PURO.**
- **HACKER WALTER DELGATTI É CONDENADO POR CALÚNIA CONTRA BOLSONARO.** A defesa de Bolsonaro afirmou que <u>o hacker mentiu ao acusá-lo de grampear o ministro Alexandre de Moraes, do Supremo Tribunal Federal (STF), em depoimento na CPI do 8 de Janeiro</u>. Na sentença, o juiz considerou que a materialidade e a autoria do crime de calúnia foram comprovadas pelas provas apresentadas durante o processo e condenou o hacker a 10 meses e 20 dias de detenção. Além da detenção, Delgatti foi condenado a pagar as custas do processo. O juiz concedeu a Delgatti o direito de apelar em liberdade, embora ele já esteja preso por outro processo. O hacker está preso em Araraquara (SP) em decorrência dos desdobramentos de uma investigação que apura suposto plano para invadir o sistema do Poder Judiciário. No dia 23 de abril, ele foi denunciado, junto à **deputada federal CARLA ZAMBELLI**, pela invasão no sistema do CNJ, no qual incluíram um mandado de prisão de Alexandre de Moraes, assinado pelo próprio magistrado.
- **INQUÉRITO DAS JOIAS E EX-PRESIDENTE BOLSONARO.** A defesa do ex-presidente Jair Bolsonaro (PL) se manifestou após a retirada do sigilo do inquérito da Polícia Federal (PF) que apura possíveis desvios das **joias da ARÁBIA SAUDITA**, recebidas como presente em visita ao Oriente Médio. Bolsonaro foi indiciado por peculato (que é desvio de bens públicos), lavagem de dinheiro e associação criminosa no caso das joias. Bolsonaro e outras 11 pessoas foram indiciadas por crimes relacionados ao caso. Segundo a PF, o grupo que atuou na suposta venda ilícita das peças milionárias teria agido para enriquecimento ilícito do ex-presidente. Os advogados de Bolsonaro afirmam que os presentes ofertados à Presidência da República "obedecem a um rígido protocolo de tratamento e catalogação", sobre o qual "o Chefe do Executivo não tem qualquer ingerência, direta ou indireta".
- **JULGAMENTO DO ATOR ALEC BALDWIN É ANULADO APÓS OCULTAÇÃO DE PROVAS**. A Justiça anulou o julgamento de Alec Baldwin por homicídio culposo com base na alegação de ocultação de provas, uma reviravolta surpreendente no processo que buscava esclarecer a responsabilidade do ator na tragédia que abalou o set de Rust. Durante um ensaio no set de filmagem no Novo México, Baldwin empunhava um revólver Colt calibre 45 quando uma bala foi disparada, ferindo fatalmente a diretora de fotografia Halyna Hutchins. Os advogados de Baldwin argumentaram que o ator não tinha responsabilidade de verificar o conteúdo da arma e não sabia que ela continha munições reais.
- **NÍCOLAS MADURO É REELEITO PRESIDENTE DA VENEZUELA.** Segundo o órgão eleitoral controlado pelo governo, presidente recebeu 51,2% dos votos; comandará o país por mais 6 anos. A oposição venezuelana, por sua vez, alega que houve fraude eleitoral e que, na verdade, **o vencedor foi o opo-**

ATUALIDADES

sicionista EDMUNDO GONZÁLEZ. As **ATAS ELEITORAIS** — espécie de boletins com os registros das urnas — ainda não foram apresentadas. A alegação de fraude é sustentada por países como Estados Unidos, Argentina, Chile e Uruguai, os quais não reconhecem Maduro como vencedor. Já o governo brasileiro vem adotando a mesma postura desde o domingo da eleição: pedir que o CNE apresente as atas. Só depois disso, o Brasil terá condições de dizer se reconhece ou não o resultado.

- **MASCOTE DAS OLIMPÍADAS DE PARIS**. As mascotes **PHRYGES** representam os valores dos Jogos Olímpicos e Paralímpicos de Paris 2024. Mascotes foram inspiradas no **GORRO FRÍGIO**, um símbolo histórico de liberdade e revolução na **FRANÇA**. Além de promover os Jogos, as Phryges também destacam a importância da inclusão e da diversidade. A Phryge Paralímpica, com sua prótese visível, envia uma mensagem poderosa sobre a aceitação e a celebração das diferenças. Essa representação é essencial para promover uma imagem positiva dos atletas com deficiência e reforçar os valores de igualdade e inclusão dos Jogos Paralímpicos.
- **TRENS NA FRANÇA SÃO ALVO DE SABOTAGEM NO DIA DA ABERTURA DAS OLIMPÍADAS.** O sistema francês de Trens de Alta Velocidade sofreu ataques coordenados de vandalismo na madrugada, o que as autoridades consideram uma sabotagem a algumas horas da cerimônia de abertura dos Jogos Olímpicos de Paris. Os ataques incluíram incêndios provocados e paralisaram principalmente linhas de alta velocidade que ligam Paris ao resto da França e aos países vizinhos. A **REDE DE FIBRA ÓPTICA** de várias operadoras de telecomunicações também foi alvo de atos de vandalismo. Esse incidente ocorreu três dias depois do ataque aos trens.
- **NADADORA BRASILEIRA É EXPULSA DA DELEGAÇÃO NAS OLIMPÍADAS EM PARIS APÓS ATOS DE INDISCIPLINA. Ana Carolina e o namorado Gabriel Santos**, que também é atleta da natação, saíram da Vila Olímpica sem autorização. Os dois publicaram fotos nas redes sociais na capital francesa fora da vila. Toda saída da vila dos atletas deve ser previamente comunicada, por motivos de segurança. No entanto, o que causou a exclusão de Ana Vieira da delegação não foi este episódio. No sábado, a atleta fez parte do revezamento 4x100m livre feminino, que acabou eliminado antes da final. Ana Carolina teria contestado de forma veemente a mudança na escalação do revezamento, que nadou sem Mafê Costa, poupada. O comunicado da CBDA (Confederação Brasileira de Desportos Aquáticos) diz que a decisão técnica foi contestada "de forma desrespeitosa e agressiva". Gabriel Santos, que participou do revezamento 4x100 livre masculino e não tinha mais provas a nadar, foi punido apenas com uma advertência
- **GABRIEL MEDINA TIRA A MAIOR NOTA DA HISTÓRIA DO SURFE.** Atleta brasileiro avançou para às quartas de final com a **nota 9.9**, batendo o recorde do japonês Kanoa Igarashi.
- **LUTA COM ITALIANA LEVANTOU DEBATE SOBRE GÊNERO DE IMANE KHELIF.** A **BOXEADORA** da **ARGÉLIA** Imane Khelif venceu a italiana Angela Carini nas oitavas de final da categoria meio-médio nas Olimpíadas de Paris após **46 segundos de disputa**. A italiana desistiu da luta após ser atingida por pelo menos dois golpes potentes no rosto. No entanto, a luta acabou se tornando uma polêmica dentro dos Jogos Olímpicos. O caso teve início porque Imane Khelif não foi aprovada em um teste feito pela Associação Internacional de Boxe (IBA). De acordo com a entidade, a boxeadora não atendeu aos critérios de elegibilidade, e por isso, não disputou o campeonato mundial em 2023. A não aprovação iniciou um onda de questionamentos sobre o gênero da atleta. Em nota de 31 de julho, a IBA informou que desqualificou Imane Khelif por "falha em atender aos critérios de elegibilidade" conforme os regulamentos da entidade e que atleta teria "vantagens competitivas sobre outras competidoras femininas". "Ponto a ser observado, os atletas não passaram por um exame de testosterona, mas foram submetidos a um teste separado e reconhecido, pelo qual os detalhes permanecem confidenciais", diz a nota. A boxeadora teve aval do COI para disputar em Paris. O Comitê Olímpico Internacional (COI), por sua vez, baniu a IBA devido a questões de governança e finanças e argumenta que a atleta foi vítima de uma decisão arbitrária da entidade. O COI disse ainda que as regras de elegibilidade para os Jogos de Paris 2024 foram baseadas nas dos Jogos de Tóquio em 2021 e não podem ser alteradas durante uma competição. Nas redes sociais, a delegação da Argélia informou que Imane Khelif tem **HIPERANDROGENISMO**, condição médica caracterizada por níveis excessivamente altos de andrógenos ou hormônios masculinos, o que teria levado à sua desclassificação do Mundial de Boxe. "Desde esse episódio, Imane está em tratamento e as coisas voltaram ao normal desde que foi autorizada pelo COI a participar dos Jogos Olímpicos de 2024.
- **ONU LANÇA OS PRINCÍPIOS GLOBAIS PARA A INTEGRIDADE DA INFORMAÇÃO.** Os 5 princípios baseiam-se em uma visão primordial de um ecossistema de informações mais humano. Eles exigem um ambiente de informação que defenda os direitos humanos e fornecem uma base sólida para o desenvolvimento sustentável e inclusivo, ação climática, democracia e paz. Os **5 PRINCÍPIOS** são:

  1 – **Co**nfiança e Resiliência

  2 – **Ca**pacitação Pública

  3 – **I**ncentivos Saudáveis

  4 – **M**ídia independente, livre e plural

  5 – **T**ransparência e Pesquisa

FALECIMENTOS:

- **SÉRGIO CABRAL, jornalista, compositor e pesquisador da música brasileira**, morre aos 87 anos. Como jornalista, ele é um dos fundadores de "**O PASQUIM**" e chegou a ser preso na Ditadura devido a sua atuação no jornal. Ele é pai do ex-governador do Rio de Janeiro Sérgio Cabral Filho.
- **ATOR THOMMY SCHIAVO** morre aos 39 anos de traumatismo craniano após se desiquilibrar e cair de sacada de prédio em Cuiabá. Thommy Schiavo fez parte do elenco da segunda fase da **novela PANTANAL**, da TV Globo. Ele interpretou o **peão João Zoinho** que trabalhava na fazenda de José Leôncio.

- **J.BORGES, artista, mestre da XILOGRAVURA e poeta PERNAMBUCANO**, morre aos 88 anos. Ele registrou em seus versos e ilustrações o cotidiano, o folclore e as lendas de sua gente. **Amigo de Ariano Suassuna**, a quem considerava seu padrinho artístico, Borges participou de exposições e deu aulas em países da Europa e nos Estados Unidos.
- **ROSA MAGALHÃES, carnavalesca do Rio de Janeiro**, morre aos 77 anos. Campeã absoluta da avenida, Rosa colecionou sete títulos ao longo de mais de 50 anos de Carnaval. A Prefeitura do Rio de Janeiro anunciou que vai **BATIZAR** a **NOVA CIDADE DO SAMBA**, com previsão de inauguração em 2027, **com o nome da carnavalesca.**
- **IRAN LIMA**, ator famoso por interpretar o **CANDIDO MANSO** da Escolinha do Professor Raimundo, morre aos 88 anos.

8. PRINCIPAIS FATOS DE AGOSTO DE 2024

- **LÍDER DO GRUPO TERRORISTA HAMAS, ISMAIL HANIYEH, É ASSASSINADO NO IRÃ:** Tanto o Irã quanto o Hamas acusaram Israel de ter cometido o assassinato e prometeram retaliar seu inimigo. Israel não reivindicou a responsabilidade pela morte nem a negou. Haniyeh foi morto por um míssil que o atingiu diretamente em uma pousada em Teerã, onde estava hospedado. Ele estava no Irã para participar da cerimônia de posse do presidente Masoud Pezeshkian, na qual estiveram autoridades de outros países, inclusive **GERALDO ALCKMIN. Funeral** ocorreu em **CATAR**. O assassinato ocorreu no mesmo dia em que Israel bombardeou Beirute, capital do Líbano. O alvo foi Fuad Shukr, considerado o chefe número dois do grupo extremista libanês Hezbollah.
- **TURQUIA BLOQUEIA ACESSO AO INSTAGRAM:** funcionário do governo acusa plataforma americana de censurar as mensagens de pêsames pelo assassinato do líder do **grupo terrorista HAMAS**, Ismail Haniyeh.
- **PRIMEIRA-MINISTRA DE BANGLADESH, SHEIKH HASINA, RENUNCIA E FOGE DO PAÍS APÓS PROTESTOS:** Hasina estava no poder havia 15 anos e era uma das mulheres mais poderosas da Ásia. Acredita-se que ela fugiu para a ÍNDIA. O **PROTESTO ESTUDANTIL** começou a partir da insatisfação de estudantes universitários que exigiam a **abolição de um sistema de cotas**, segundo o qual 30% dos empregos públicos eram reservados aos descendentes dos veteranos da guerra de libertação de 1971. o Supremo Tribunal de Bangladesh anulou a controversa decisão do Tribunal Superior, que havia restabelecido o sistema de cotas. A decisão do tribunal, no entanto, não foi suficiente. Protestos mataram centenas de pessoas. Vencedor do Nobel da Paz, MUHAMMAD YUNUS, vai liderar governo interino.
- **A AUTORIDADE ELEITORAL DA VENEZUELA ENTREGA ATAS DE ELEIÇÕES PRESIDENCIAIS À CORTE SUPREMA DO PAÍS.** Tanto o CNE quanto o Tribunal Supremo de Justiça (TSJ) são acusados pela oposição de servir ao chavismo no poder. **GONZÁLEZ** se autodeclarou presidente eleito da Venezuela. A autoproclamação de González tem caráter simbólico, porque segundo a legislação venezuelana quem tem poder legal de proclamar um novo presidente é o Conselho Nacional Eleitoral (CNE), autoridade eleitoral do país. Após a autoproclamação de González, o **Ministério Público da Venezuela** abriu uma investigação criminal contra o candidato e contra Maria Corina Machado por, supostamente, atuarem "às margens da Constituição" ao "anunciar falsamente" que González foi eleito no último 28 de julho.
- **VENEZUELA EXPULSA EMBAIXADORES E DIPLOMATAS DE 7 PAÍSES QUE CONTESTARAM RESULTADO DAS ELEIÇÕES:** governo venezuelano afirma que **Argentina, Chile, Costa Rica, Peru, Panamá, República Dominicana e Uruguai** atentam contra soberania nacional e expulsa todo corpo diplomático "imediatamente". Brasil ainda **NÃO** se manifestou. A expulsão ocorre após o Conselho Nacional Eleitoral ter proclamado Nícolas Maduro como presidente da Venezuela. Entre os países que tiveram os diplomatas e embaixadores expulsos estão **Argentina, Chile, Panamá, Peru e Uruguai**, que **CONTESTARAM** o resultado das eleições. Entre os países que contestaram o resultado das eleições também estão Estados Unidos, Reino Unido, Alemanha, Espanha, Itália, Equador, Peru, Colômbia, Guatemala e Portugal. Entre países que **PARABENIZARAM** Nicolás Maduro pelo resultado da eleição estão Rússia, China, Irã, Bolívia, Cuba e Nicarágua.
- **BANDEIRA BRASILEIRA É HASTEADA EM EMBAIXADA ARGENTINA.** Presidente da **ARGENTINA** agradece ao Brasil por assumir representação diplomática da Casa Rosada na **VENEZUELA**. Brasil ficou responsável por proteger a embaixada e os asilados políticos da oposição ao governo chavista que estão abrigados no local. O Brasil também assumiu formalmente a Embaixada do **PERU.**
- **OPERAÇÃO TOC-TOC. AUMENTA A REPRESSÃO NA VENEZUELA**: O presidente venezuelano, Nicolás Maduro, e outras autoridades têm promovido a operação "toc-toc" como um meio de chegar aos responsáveis pela violência nos protestos, que eles descreveram como "criminosos fascistas". Forças de vão atrás de envolvidos em protestos.
- **BRASIL É O PAÍS COM MAIS CASOS DE FEBRE OROPOUCHE DAS AMÉRICAS.** Primeira morte fetal foi registrada em **PERNAMBUCO.**
- **BÉLGICA DESISTE DO TRIATLO APÓS ATLETA SER INTERNADA COM BACTÉRIA EM PARIS.** Claris Michel está hospitalizada com **E.COLI,** uma bactéria que pode causar problemas estomacais e intestinais. O episódio acontece em meio às discussões sobre a qualidade da água do **RIO SENA**, que tem sido motivo de polêmica, com adiamento de provas e treinos nos Jogos. Tanto que até a prefeita de Paris, Anne Hidalgo, nadou no Sena para "provar" que águas estariam limpas o suficiente para a natação.
- **FURACÃO DEBBY:** Ao menos quatro pessoas morreram em decorrência da tempestade tropical. Em sua passagem pela Flórida (**EUA**), o furacão levou 25 pacotes de **COCAÍNA** a uma praia. A quantidade vale cerca de US$ 1 milhão no mercado local. Região é rota de tráfico.
- **OXIGÊNIO NEGRO. NO FUNDO DO MAR:** Cientistas descobriram que oxigênio está sendo produzido no fundo do **OCEANO PACÍFICO**, ao largo da

ATUALIDADES

costa do México. Esse é um fenômeno misterioso, pois nas profundezas do mar não há possibilidade de fazer fotossíntese, devido à ausência de luz solar. A primeira vez que o nomeado "oxigênio negro" foi encontrado no fundo do mar ocorreu em 2013.

- **GOVERNO LULA DECRETA SIGILO DE 100 ANOS EM DECLARAÇÃO DE CONFLITO DE INTERESSE (DCI) DO MINISTRO DE MINAS E ENERGIA, ALEXANDRE SILVEIRA:** A justificativa é de que o termo contém dados privados e restritos. Esse tipo de declaração é apresentado por todos os ministros quando vão trabalhar no governo, e deve informar se eles têm parentes que exercem atividades que possam gerar conflitos de interesse. Os documentos também contêm informações bancárias e patrimoniais sobre as atividades da autoridade
- **HEMAN BEKELE É ELEITO CRIANÇA DO ANO PELA TIME.** Heman Bekele, aos 15 anos, já é um nome de destaque na ciência, tendo sido eleito a Criança do Ano de 2024 pela revista TIME. Natural da **ETIÓPIA** e atualmente vivendo nos Estados Unidos, Heman se destacou pelo desenvolvimento de um **SABONETE** inovador que pode tratar e prevenir diversos tipos de **CÂNCER DE PELE.**
- **ESPIÃO RUSSO "NASCIDO EM GOIÁS" FOI TROCADO POR PRISIONEIROS AMERICANOS.** Um russo que usava uma falsa identidade brasileira está entre os libertados pelos Estados Unidos em uma troca de prisioneiros com a Rússia. **MIKHAIL MIKUSHIN** se passava por "brasileiro", com o nome de **José de Assis Giammaria**. Ele foi preso na Noruega, em novembro de 2022. A certidão de nascimento foi emitida na cidade de **Padre Bernardo, no interior de Goiás**. Funcionários do cartório não sabem dizer como documento foi parar na mão do russo. Mikushin usou o nome falso para se infiltrar em universidades do Canadá e da Noruega. As autoridades dos países afirmam que ele seria um coronel russo que fingia ser brasileiro para atuar como pesquisador na Universidade do Ártico da Noruega, país com quem a Rússia faz fronteira.
- **KAYLIA NEMOUR, GINASTA DA ARGÉLIA, FAZ HISTÓRIA NOS JOGOS DE PARIS:** é primeira **GINASTA AFRICANA** da história da ginástica em olimpíadas a conquistar uma medalha. Ela garantiu a medalha de OURO.
- **MERCADO LIVRE PASSA PETROBRÁS** e vira empresa **MAIS VALIOSA** da **AMÉRICA LATINA.**
- **AVIÃO DA VOEPASS CAI EM VINHEDO**. Não há sobreviventes.
- **PRESIDENTE LULA CRIA DIA NACIONAL DO FUNK** e afirma que gênero merece reconhecimento.
- **BRASIL ADOTA RECIPROCIDADE E EXPULSA EMBAIXADORA DA NICARÁGUA:** decisão foi tomada após Nicarágua expulsar o embaixador brasileiro, Breno Dias. Diplomata não compareceu ao aniversário de 45 anos da Revolução Sandinista, o que irritou o governo Daniel Ortega.
- **CAMPEÃ DE XADREZ É SUSPENSA APÓS ENVENENAR TABULEIRO DE RIVAL.** Amina Abakarova, uma campeã de xadrez da **RÚSSIA**, foi suspensa após supostamente envenenar sua rival de infância, Umayganat Osmanova, ao espalhar **MERCÚRIO** sobre as peças que seriam usadas antes de uma partida. A mulher está sendo acusada de agir por vingança após um insulto pessoal. Ela foi presa e pode pegar 3 anos de prisão.
- **MPOX É DECLARADA EMERGÊNCIA DE SAÚDE PÚBLICA GLOBAL.** Em 2024, os casos já superam o total registrado em 2023 e somam mais de 14 mil, além de 524 mortes.
- **AUDIÊNCIA DO PAPA FRANCISCO É INTERROMPIDA POR ATIVISTAS CONTRA TOURADAS.** A ONG Peta, de defesa dos direitos dos animais, reivindicou autoria e cobrou do papa Francisco uma posição sobre as touradas, ainda permitidas em diversas regiões da Europa.
- **PRISIONEIROS LIBERTADOS PELA RÚSSIA DESEMBARCAM NOS EUA APÓS MAIOR ACORDO DESDE O FIM DA GUERRA FRIA.** O jornalista norte-americano Evan Gershkovich e o ex-fuzileiro naval norte-americano Paul Whelan chegaram nos Estados Unidos horas depois de serem libertados pela Rússia O acordo foi negociado em segredo por mais de um ano, envolvendo 24 prisioneiros e oito países: EUA, Rússia, Alemanha, Polônia, Eslovênia, Noruega, Bielorrússia e a Turquia, que coordenou a troca.
- **MANSÃO DO JOGADOR MESSI É VANDALIZADA POR GRUPO DE ATIVISTAS AMBIENTAIS.** Um grupo de ambientalistas chamado **"Futuro Vegetal"** entrou na casa do astro na cidade espanhola, IBIZA, e jogou tinta na fachada, deixando-a manchada de vermelho e preto. O intuito era "chamar a atenção para "a **responsabilidade dos ricos na CRISE CLIMÁTICA**". Disseram que era uma construção ilegal. O Futuro Vegetal citou um relatório da Oxfam de 2003 segundo o qual "o 1% mais rico da população mundial gerou a mesma quantidade de emissões de carbono em 2019 que os dois terços mais pobres da humanidade, apesar de serem as comunidades mais vulneráveis as que mais sofrem as consequências da crise".
- **AMEAÇA TERRORISTA EM SHOW DE TAYLOR SWIFT, NA ÁUSTRIA:** Os fãs de Taylor Swift que aguardavam ansiosamente os shows da "Eras Tour" em **VIENA**, na Áustria, foram surpreendidos pelo cancelamento das apresentações devido a uma ameaça terrorista. Um dos suspeitos, um jovem de 19 anos, havia jurado lealdade ao grupo extremista **ESTADO ISLÂMICO**, e os shows de Swift estavam entre seus principais alvos.
- **PRIMEIRO MINISTRO DA TAILÂNDIA É AFASTADO DO CARGO**. Tribunal na Tailândia destituiu o primeiro-ministro do país, Srettha Thavisin, do cargo por **VIOLAÇÃO ÉTICA**. Thavisin foi julgado por nomear para seu gabinete um advogado que já havia sido preso por tentativa de suborno a funcionários do tribunal. Seu gabinete permanecerá no cargo em caráter interino até que o Parlamento aprove um novo primeiro-ministro.
- **ESTÁTUA DE LÚCIFER NO RIO GRANDE DO SUL.** A inauguração de um **SANTUÁRIO** com uma estátua de Lúcifer na cidade de **Gravataí (RS)** foi barrada por uma decisão da Justiça. Surgiram boatos de que a administração municipal teria investido dinheiro público nas obras do espaço, fato que foi negado pelos representantes do culto e da prefeitura. Na decisão da Justiça, as autoridades observaram que

a liberdade religiosa é um direito fundamental, mas os templos devem cumprir exigências para seu pleno funcionamento. Na sentença, foi citado que o local não possui alvará ou plano de prevenção contra incêndios, algo que, somado ao sigilo do endereço, poderia resultar em "situações catastróficas".

- **TODAS AS ESCOLAS PÚBLICAS NOTA 10 ESTÃO NO NORDESTE**, anuncia Índice de Desenvolvimento da Educação Básica (**IDEB**). Ao total, foram 21 escolas, uma em Pernambuco, cinco em Alagoas e 15 no Ceará.
- **PRESIDENTE DO STF, BARROSO, PEDE DESCULPAS À MARIA DA PENHA POR OMISSÃO.** O presidente do Supremo Tribunal Federal (STF) e do Conselho Nacional de Justiça (CNJ), ministro Luís Roberto Barroso, fez um pedido de desculpas inédito em nome do poder judiciário à biofarmacêutica Maria da Penha pela omissão e demora da Justiça brasileira em julgar o agressor que tentou assiná-la por duas vezes em 1983. A **LEI MARIA DA PENHA completou 18 ANOS**.
- **LEI PREVÊ CORES PARA BENGALAS DE ACORDO COM GRAU DE DEFICIÊNCIA VISUAL.** O Plenário aprovou projeto de lei que designa cores específicas para as chamadas bengalas longas. Os equipamentos são usados como instrumentos auxiliares na locomoção de pessoas com diferentes graus de deficiência visual. De acordo com o texto, a **COR BRANCA** deve ser destinada a **PESSOAS CEGAS**. Usuários com **BAIXA VISÃO** ou **VISÃO SUBNORMAL** devem portar órteses **VERDES**, enquanto a bengala **VERMELHA E BRANCA** é reservada para pessoas **SURDOCEGAS**. O SUS será responsável por fornecer as bengalas nas cores solicitadas.
- **TRIBUNAL DE HOLANDA CONDENA BRASKEM A INDENIZAR VÍTIMAS DE MACEIÓ.** A petroquímica Braskem foi condenada por um Tribunal da Holanda a indenizar nove vítimas do afundamento provocado pela extração de sal-gema em Maceió, em Alagoas. A Petroquímica disse que já foram pagos valores superiores a R$ 4 bilhões em indenizações e que os nove autores da ação já receberam proposta de compensação financeira.
- **CONGRESSO PROMULGA PEC DA ANISTIA** que livra os partidos políticos de multas eleitorais. O projeto zera as multas das legendas que descumpriram os repasses mínimos para candidaturas de **PESSOAS NEGRAS**, que deveriam ser feitos de acordo com o número de candidatos pretos e pardos. As novas regras já passam a valer para as eleições municipais deste ano. Não é necessário que seja sancionado pelo presidente da República. A proposta **REDUZ** de 50% para **30%** a proporção de recursos dos fundos eleitoral e partidário destinados a impulsionar a candidatura de pessoas negras. Tanto em 2022 (50,27%) quanto este ano (52,73%), os candidatos negros foram a maioria nas disputas. Pela PEC, embora haja anistia a penalidades para os casos anteriores, os recursos que não foram aplicados corretamente em candidaturas negras em eleições passadas deverão ser compensados a partir de 2026. O prazo para essa compensação será de até quatro pleitos. Uma outra mudança estabelecida pela PEC é a criação do **Programa de Recuperação Fiscal** (**REFIS**) para partidos políticos. O objetivo desse programa é que as siglas regularizem seus débitos com isenção de juros e multas acumuladas, sendo aplicada apenas a correção monetária sobre os valores originais. Os partidos também poderão usar recursos do Fundo Partidário para parcelar multas eleitorais, outras sanções e débitos de natureza não eleitoral.
- **POPULAÇÃO BRASILEIRA COMEÇARÁ A DIMINUIR EM 2042**. Portanto, em 2041, o Brasil deverá atingir seu número máximo de habitantes, estimado em 220,43 milhões de pessoas. A queda de população tem relação com a redução da taxa de fecundidade da mulher brasileira.
- **EXPECTATIVA DE VIDA NO BRASIL EM 2023 CHEGA A 76,4 ANOS**. Os dados mostram que as expectativas de vida no país, para quem nasceu em 2023, são de 79,7 anos para as mulheres e de 73,1 anos para os homens.
- **INCURSÃO DA UCRÂNIA EM KURSK.** Região de Kursk, na **RÚSSIA**, vem sendo palco de combates após incursão surpresa de tropas ucranianas que pegou russos desprevenidos no dia 06 de agosto. A incursão em Kursk é o ataque mais significativo de Kiev contra a Rússia desde que Moscou lançou sua guerra de agressão contra o país vizinho em fevereiro de 2022. Analista considera que sucesso da incursão se deve ao **secretismo** das operações. O presidente da Ucrânia afirmou que o objetivo da operação na região russa é criar uma **"ZONA TAMPÃO"** para evitar novos ataques russo. Mas a Rússia realizou um ataque com mísseis e drones em toda a Ucrânia, atingindo um total de 15 regiões do país, incluindo a capital Kiev e Odessa. Várias cidades ficaram sem água e eletricidade. O ataque massivo foi uma resposta de Moscou à ofensiva das Forças Armadas da Ucrânia dentro do território russo.
- **VULCÃO NA ISLÂNDIA ENTRA EM ERUPÇÃO**. Já é a sexta vez que isso ocorre em um ano.
- **SUPREMO TRIBUNAL DE JUSTIÇA DA VENEZUELA CONFIRMA VITÓRIA DE MADURO** e coloca atas eleitorais sob sigilo. A presidente do tribunal, Caryslia Rodriguez, afirmou que a decisão é irreversível. Ou seja, não cabem recursos à sentença. Quem contestá-la, disseram os juízes, não poderão concorrer nas próximas eleições. Estados Unidos, União Europeia e mais dez países da América Latina, além da OEA (Organização dos Estados Americanos), rejeitaram a decisão do Tribunal. **BRASIL** e **COLÔMBIA** cobram atas e defendem restabelecimento de credibilidade do processo e sugerem novas eleições.
- **NÍCOLAS MADURO USA BONÉ DO MST EM EVENTO** e pede "brigada" do movimento na Venezuela. Presidente convidou grupo a enviar "mil homens e mil mulheres do Brasil para produzir em terra venezuelana". O discurso aconteceu na cúpula da **Alba-TCP** (Aliança Bolivariana para os Povos da Nossa América – Tratado de Comércio dos Povos), que conta com representantes do movimento brasileiro.
- **ANVISA PROÍBE VENDA DE LOTES DE BALAS DA MARCA DORI POR RISCO DE SALMONELLA.** A ingestão da bactéria Salmonella muenchen pode causar infecção gastrointestinal. Lotes possivelmente afetados foram fabricados de 21 de junho a 10 de julho de 2024.

ATUALIDADES

- **ONDA DE INCÊNDIOS ATINGE VÁRIAS CIDADES DO INTERIOR DE SÃO PAULO.** Ação humana causou 99,9% dos incêndios. Queimada destrói 80% da cana do instituto agronômico de Ribeirão Preto (SP). Perda de 120 dos 150 hectares de plantação deve provocar atraso nas pesquisas que estavam em andamento.
- **BASE DA OTAN NA ALEMANHA ELEVA NÍVEL DE ALERTA PARA AMEAÇA POTENCIAL.** Ameaça passou para **GRAU CHARLIE**, o segundo mais alto entre os quatro existentes, definido como: "um incidente ocorrido ou informações de inteligência recebidas, indicando que alguma forma de ação terrorista contra organizações ou pessoal da Otan é altamente provável". Houve uma tentativa de invasão na base de Geilenkirchen, o que resultou em uma varredura completa nas instalações. No mesmo dia, um alerta de ameaça foi emitido para a base de Colônia, a cerca de 90 km de Geilenkirchen, por suspeita de sabotagem no abastecimento de água. Amostras foram coletadas, mas nenhum indício de contaminação foi encontrado.
- **70 ANOS DA MORTE DE GETÚLIO VARGAS.** Getúlio comete **SUICÍDIO** em 1954 e é sucedido pelo então vice-presidente Café Filho. Vargas, natural de São Borja (RS), deixou um legado significativo no Brasil. Seu governo foi marcado pelo início da industrialização, alterando a estrutura econômica e social do país. Em 1955, a produção industrial correspondia a 30% do PIB (Produto Interno Bruto), um aumento notável em comparação aos 10% de 1930. O ex-presidente também foi responsável pela implementação da CLT (Consolidação das Leis do Trabalho) em 1943, estabelecendo direitos trabalhistas essenciais.
- **80 ANOS DE PAULO LEMINSKI.** Se estivesse vivo, o poeta de **CURITIBA,** Paulo Leminski, completaria 80 anos. Leminski foi múltiplo. Além de escritor, foi músico, crítico literário, jornalista, publicitário, tradutor e professor.
- **CHAMA DOS JOGOS PARALÍMPICOS DE PARÍS É ACESA EM CIDADE HISTÓRICA. Stoke Mandeville**, na **INGLATERRA**, é berço do surgimento da competição
- **PRESIDENTE DA UCRÂNIA ASSINA LEI QUE PROÍBE GRUPOS RELIGIOSOS LIGADOS À RÚSSIA.** Principal alvo do projeto de lei é a **IGREJA ORTODOXA UCRANIANA** que historicamente tem sido ligada à Igreja Ortodoxa Russa.
- **NAUFRÁGIO DE IATE BAYESIAN NA ITÁLIA: MIKE LYNCH**, conhecido como **'BILL GATES DO REINO UNIDO'**, morreu durante naufrágio de iate onde estava com amigos e família na costa da Sicilia, na Itália. Ele celebrava uma recente absolvição em um processo que acusava sua empresa de softwares, a Autonomy, de fraude. Sua empresa foi vendida em 2011 para a Hewlett-Packard (HP). No total, 22 pessoas estavam a bordo do iate no momento do naufrágio. Sete delas morreram, inclusive a sua filha Hannah Lynch. A passagem de um **TORNADO incomum no mar Mediterrâneo** fez com que o iate virasse. O nome do iate, **BAYESIAN**, teria significado para Myke Lynch, o seu proprietário, porque a sua tese de doutoramento e o software que resultou na sua ascensão no mundo tecnológico envolviam um método estatístico conhecido como inferência Bayesiana, baseado numa teoria do século XVIII, que ajuda os analistas a prever resultados com maior fiabilidade.
- **TRIBUNAL PENAL INTERNACIONAL (TPI) E GOVERNO DA UCRÂNIA PEDEM QUE MONGÓLIA PRENDA VLADIMIR PUTIN DURANTE SUA VISITA AO PAÍS ASIÁTICO.** O TPI lembrou que a Mongólia é um Estado-parte do ESTATUTO DE ROMA e que depende deles e de outros parceiros para executar suas decisões, inclusive em relação a mandados de prisão.
- **CREW DRAGON** é a nave da **SPACEX** que vai "salvar" **astronautas da STARLINER.** Veículo da empresa de Elon Musk é o único com autorização para transportar carga e passageiros até a Estação Espacial Internacional, onde estão os cientistas do teste de voo da Boeing.
- **TERREMOTO DE MAGNITUDE 5,4 ATINGIU OS ARREDORES DE LISBOA, EM PORTUGAL.** O tremor foi fortemente sentido na capital portuguesa e no Porto e é um dos mais fortes em décadas no país, que já foi atingido por um dos piores terremotos do mundo, no século XVIII.
- **FUNDADOR DO TELEGRAM, PAVEL DUROV, É PRESO NA FRANÇA.** Ele é suspeito de <u>não</u> tomar medidas para impedir o uso da plataforma com fins criminosos. Durov é alvo de um mandado de busca e é acusado de ser cúmplice de **"tráfico de drogas, crimes contra crianças e fraudes".** A participação do bilionário nesses crimes é referente a ausência de moderação no Telegram, que permitiria que grupos criminosos se comunicassem dentro da plataforma. Pavel foi libertado na França sob fiança de 5 milhões de euros.
- **ISRAEL E HEZBOLLAH TROCAM ATAQUES AÉREOS.** A Força Aérea Israelense bombardeou o Líbano com cerca de 100 aviões de combate para atacar milhares de lançadores de foguetes do grupo xiita Hezbollah. Os militares israelenses descreveram a ação, o maior ataque ao Hezbollah em 17 anos, como uma ação "preventiva" e de "autodefesa".
- **NOVAS REGRAS PARA ENTRADA DE IMIGRANTES NO BRASIL.** Estrangeiros sem visto terão que seguir viagem ou voltar para o país de origem. Passageiros que já entraram e que estão retidos não entram nessa nova regra. A Polícia Federal diz que o Brasil está sendo usado como **ROTA MIGRATÓRIA.** Um relatório aponta que dos mais de 8,3 mil estrangeiros que chegaram em Cumbica e pediram refúgio desde janeiro de 2023, 3% emitiram um CPF - o que, para a PF, indica que, de fato, só eles ficaram no país.
- **OBSERVATÓRIO DO CLIMA PROPÕE REDUÇÃO DE 92% NAS EMISSÕES ATÉ 2035.** Brasil é o sexto maior emissor de gases estufa do planeta. Proposta mais ambiciosa é necessária para tornar a meta compatível com a limitação do **aquecimento global a 1,5ºC.** Estudo considerou qual a carga de gases do efeito estufa que a atmosfera ainda suporta para manter o aumento da temperatura global em 1,5 C e a participação do Brasil nas emissões globais
- **IBGE ADEQUA LIMITE LESTE COSTEIRO-MARINHO DO BRASIL À AMAZÔNIA AZUL.** Área de soberania do Brasil passa a estar composta por toda a

sua porção marítima oficialmente definida. A adequação representa um aumento superior a quatro milhões de quilômetros quadrados em área territorial

- **NAMÍBIA PLANEJA ABATER 723 ANIMAIS SELVAGENS PARA ALIMENTAR POPULAÇÃO.** Trata-se de uma medida extrema para enfrentar a **CRISE ALIMENTAR** que assola a Namíbia. A crise é resultado direto de uma **seca severa**, agravada pelo fenômeno climático **El Niño**, que tem causado temperaturas mais quentes e menos chuvas na região.
- **AUSTRÁLIA LIMITARÁ NÚMERO DE ESTUDANTES ESTRANGEIROS NO PAÍS A PARTIR DE 2025.** Trata-se de uma medida para controlar imigração e preços dos aluguéis.
- **REFORMA DO JUDICIÁRIO COM ELEIÇÃO DIRETA PARA JUÍZES AVANÇA NO MÉXICO.** O presidente do México, Andrés Manuel López Obrador, está promovendo uma reforma do Poder Judiciário. Isso ocorre em meio a críticas da oposição e à suspensão das atividades de trabalhadores e juízes do Poder Judiciário Federal. Oposição acusa governo de querer minar a independência do Judiciário. Governistas dizem que a reforma vai desmantelar a "aristocracia judicial". O documento propõe modificar o artigo 95 da Constituição para eleger ministros do Supremo Tribunal de Justiça da Nação (SCJN), da Câmara Superior e do Tribunal Eleitoral do Poder Judiciário da Federação (TEPJF) por voto livre, direto e secreto por um período de 12 anos, e não de 15, como acontece atualmente. Se a reforma for aprovada, serão realizadas eleições extraordinárias em 2025 para renovar ministros, magistrados e juízes. Aqueles que atualmente ocupam esses cargos poderão ser candidatos. Para serem eleitos ministros, os candidatos devem possuir formação profissional em Direito com média mínima de 8,0 e 9,0 em matérias relacionadas com o cargo a que se candidatam e pelo menos cinco anos de experiência profissional no exercício de atividade jurídica. Os interessados deverão apresentar "um ensaio de três páginas justificando as razões da sua candidatura e enviando cinco cartas de referência de vizinhos, colegas ou pessoas que apoiem a sua idoneidade para o desempenho do cargo".
- **GABRIEL GALÍPOLO É INDICADO POR LULA PARA PRESIDIR O BANCO CENTRAL.** Para assumir o cargo, Galípolo ainda precisará ter o nome aprovado pelo Senado Federal. Se aprovado, ele substituirá Roberto Campos Neto, cujo mandato se encerra no dia 31 de dezembro.
- **CASO MARIELLE:** Conselho de Ética aprova cassação do **DEPUTADO CHIQUINHO BRAZÃO** acusado de ser um dos mandantes do assassinato da vereadora Marielle Franco e do motorista Anderson Gomes. Além do deputado Chiquinho Brazão, foram denunciados como mandantes o irmão dele, **DOMINGOS BRAZÃO**, conselheiro do Tribunal de Contas do Rio de Janeiro; e o ex-chefe da Polícia Civil do estado, **RIVALDO BARBOSA**. A atuação de Marielle contra um projeto de lei sobre a regularização fundiária na zona oeste contrariou os interesses políticos e econômicos de Brazão na região, motivo pelo qual eles decidiram matá-la. Marielle desejava destinar essas áreas para a moradia popular.
- **RÚSSIA PROÍBE ENTRADA DE 92 AMERICANOS NO PAÍS.** Lista inclui jornalistas do New York Times, Whashington Post e CNN acusados de difundir "falsas informações" sobre o Exército russo que combate na Ucrânia
- **MILHARES DE PEIXES MORTOS APARECEM EM PORTO TURÍSTICO NA GRÉCIA.** As mortes estão relacionadas ao aumento dos níveis de água na região por conta de enchentes em 2023 seguido de meses de seca severa.
- **CRIANÇA QUEBROU ACIDENTALMENTE VASO DE 3500 ANOS EM MUSEU ARQUEOLÓGICO DE ISRAEL.** O jarro estava exposto na entrada do museu e não tinha nenhuma barreira protetora. O objeto, típico da região de Canaã, era usado para o transporte de vinho ou azeite.
- **NADADOR GABRIEL ARAÚJO CONQUISTA PRIMEIRO OURO DO BRASIL NA PARALIMPÍADA NO PRIMEIRO DIA DE COMPETIÇÕES.** Ele liderou a prova dos 100m costas de ponta a ponta.
- **MINISTRO ALEXANDRE DE MORAES DETERMINA SUSPENSÃO DA REDE SOCIAL X NO BRASIL.** A medida foi tomada após o fim do prazo de 24 horas dado pelo ministro ao bilionário **ELON MUSK**, dono da rede social, para indicar um representante legal no Brasil. Em seu perfil no X, o STF responde ao post da rede social com uma intimação de Moraes, exigindo que seja apontado um novo representante da empresa no Brasil em 24 horas. E marca o perfil de Musk. A intimação via rede social é algo inédito, segundo o tribunal. Ao justificar a suspensão da rede social, o ministro citou o Marco Civil da Internet e disse que as empresas de internet devem ter representação no Brasil e cumprir decisões judiciais sobre a retirada de conteúdo considerado ilegal. Moraes também afirmou que Elon Musk retirou a empresa do Brasil com objetivo de não cumprir as decisões do STF. Musk anunciou o fechamento da sede da empresa no Brasil e acusou Moraes de ameaça. Alexandre de Moraes também determinou a aplicação de multa diária de R$ 50 mil para pessoas físicas e jurídicas que utilizarem uma VPN (Virtual Private Network), uma espécie de rede privada utilizada na internet para escapar de restrições a sites suspensos. Elon Musk publicou uma imagem produzida por inteligência artificial ironizando o ministro do STF. A postagem compara o ministro a vilões de **STAR WARS** e **HARRY POTTER**.
- **TIMOR-LESTE COMEMORA 25 ANOS DE REFERENDO QUE LEVOU À INDEPENDÊNCIA DO PAÍS.** O **secretário-geral das Nações Unidas, ANTÓNIO GUTERRES**, participou das comemorações no Parlamento em Díli, a capital. Ele recebeu o título de cidadão timorense em reconhecimento aos "relevantes serviços prestados ao país". O dia foi de festa no Timor-Leste, mas também de reverência à memória pelos que morreram pela independência. A cerimônia foi no estádio municipal de Díli, onde Guterres exaltou o papel de **XANANA GUSMÃO** como decisivo para que o referendo tenha levado à independência timorense.
- **AUSTRALIANA QUE VIRALIZOU COM DANÇA DE BREAKING NAS OLIMPÍADAS DENUNCIA CAMPANHA DE ÓDIO 'DEVASTADORA'.** Os movimentos de **RACHAEL GUNN**, conhecida pelo apelido de 'Raygun', geraram várias zombarias nas redes sociais

após ela competir em Paris e perder três duelos com outras 'b-girls'. Os movimentos de Gunn **IMITANDO UM CANGURU** e seu agasalho australiano foram parodiados internacionalmente, como no popular programa de televisão americano de Jimmy Fallon.

- **BRASIL TEM 212,5 MILHÕES DE HABITANTES, DIZ IBGE.** O estado de São Paulo segue na liderança, com 45,9 milhões de pessoas. Os números atualizados representam uma **alta de 4,68%** em relação ao Censo de 2022, quando a população era estimada em 203 milhões.
- **TETO DE IGREJA DESABA NO RECIFE.** O teto do **Santuário do Morro da Conceição**, localizado na Zona Norte do Recife, desabou durante uma distribuição de cestas básicas. No acidente, morreram duas pessoas e 25 pessoas ficaram feridas.
- **SERVIÇO MILITAR FEMININO É AUTORIZADO NO BRASIL.** Pelo decreto, o serviço militar feminino será para as mulheres que se apresentarem voluntariamente para o recrutamento, que compreende as etapas de alistamento, seleção e incorporação. O alistamento vai ocorrer no período de janeiro a junho do ano em que a mulher voluntária completar 18 anos. Os critérios para seleção das voluntárias serão físico, cultural, psicológico e moral. A seleção também poderá compreender mais de uma etapa, inclusive a que trata da inspeção de saúde. As mulheres alistadas poderão desistir do serviço militar inicial até o ato oficial de incorporação. Depois disso, o serviço se tornará de cumprimento obrigatório, e a militar ficará sujeita ao mesmo regramento do serviço masculino. As mulheres voluntárias não terão estabilidade no serviço militar e passarão a compor a reserva não remunerada das Forças Armadas após serem desligadas do serviço ativo.
- **BRASIL É ELEITO PARA PRESIDIR GRUPO DA ONU CONTRA ARMAS BIOLÓGICAS.** O Grupo de Trabalho das Nações Unidas para fortalecer a Convenção de Armas Biológicas será presidido pelo embaixador **Frederico Meyer**, removido de Israel após crise diplomática no início do ano.
- **SUÉCIA CONFIRMA PRIMEIRO CASO DE MPOX DO 'TIPO MAIS GRAVE'.** Ministério da Saúde do país informou que paciente foi infectado pela mesma variante responsável pelo aumento recente dos casos na África, o **CLADO 1B**, identificado na República Democrática do Congo (RDC) em setembro de 2023. Mas além do Clado 1b, existem mais três variantes reconhecidas do vírus: o **Clado 1a**, presente na Bacia do Congo, com mortalidade de até 10%, transmitido principalmente por roedores e com pouca propagação entre humanos; o **Clado 2a**, que ocorre na África Ocidental, com baixa mortalidade; e o **Clado 2b**, que provocou o surto de 2022 no Brasil e em outros países do mundo.

FALECIMENTOS:

- **EX-PRIMEIRO-MINISTRO, DELFIM NETTO**, morre aos 96 anos.
- **MÚSICO E COMPOSITOR RUBENS ANTÔNIO, conhecido como CAÇULINHA**, morre aos 86 anos.
- **SILVIO SANTOS**, maior apresentador da TV brasileira, morre aos 93 anos em decorrência de uma broncopneumonia após infecção por influenza A. **SENOR ABRAVANEL** - nome de batismo de Silvio Santos - nasceu em 12 de dezembro de 1930, no bairro da Lapa, no **RIO DE JANEIRO.**
- **ALAIN DELON**, lenda do cinema francês, morreu aos 88 anos. O ator participou de filme icônicos como "Rocco e seis irmãos", "O Leopardo" e "Borsalino"
- **JOGADOR DE FUTEBOL DO NACIONAL, TIME DO URUGUAI, JUAN IZQUIERDO,** morre aos 27 anos. Ele se sentiu mal durante jogo no Morumbis contra o time do São Paulo. Ele sofreu uma parada cardíaca

9. PRINCIPAIS FATOS DE SETEMBRO DE 2024

- **MINISTRO DE MINAS E ENERGIA, ALEXANDRE SILVEIRA, PEDE PLANO DE CONTINGÊNCIA AO OPERADOR DO SISTEMA ELÉTRICO.** O objetivo é garantir segurança energética do país até 2026. Os meses de junho, julho e agosto deste ano registraram o menor volume de chuvas nas regiões Sudeste e Centro-Oeste nos últimos 94 anos. Com a piora nos reservatórios devido à seca, a expectativa é um acionamento de 70% a 80% das termelétricas, para garantir a oferta de energia.
- **LULA ANUNCIA CRIAÇÃO DA AUTORIDADE CLIMÁTICA.** Em meio à grave crise de seca e fogo, o presidente Luiz Inácio Lula da Silva resgatou um compromisso de campanha: **a criação de uma Autoridade do Clima para capitanear os esforços do país contra as mudanças climáticas.** Sobre o organismo: o órgão, se criado, deve permanecer de alguma forma ligado a Marina Silva e ao Ministério do Meio Ambiente; o governo começou a rascunhar uma medida provisória a respeito do tema, o que sugere a criação de uma estrutura com mais poder; se decidir por uma autarquia ou uma nova secretaria da Presidência com status de ministério, por exemplo, o governo terá forte oposição no Congresso; nomes como o da atual secretária de Mudança do Clima do Ministério do Meio Ambiente, Ana Toni, e dos diplomatas André Corrêa do Lago e Luiz Alberto Figueiredo já foram discutidos; Lula viaja no fim desta semana para a Assembleia Geral das Nações Unidas, em Nova York, e pretende anunciar um novo pacote de medidas ambientais antes de embarcar.
- **PRIMEIRA AÇÃO POR DANOS CLIMÁTICOS CONTRA A AMAZÔNIA.** A Advocacia-Geral da União (AGU) e o Instituto Chico Mendes de Conservação da Biodiversidade (ICMBio) protocolaram na Justiça Federal do Pará **uma ação para cobrar a reparação financeira por danos climáticos**. A ação busca o **ressarcimento de R$ 635 milhões** pela criação ilegal de gado na Floresta Nacional do Jamanxim, unidade de conservação situada na Amazônia. É a primeira ação por danos climáticos movida pelo ICMBio e a AGU. De acordo com os órgãos, o prejuízo social envolve danos com desmatamento, queimadas ilegais, aplicação de agrotóxico, destruição de áreas de preservação permanente e o impedimento da regeneração da área degradada. Na ação, os órgãos pediram à Justiça que a área seja desocupada em 30 dias. O cálculo do prejuízo foi avaliado a partir do **custo social da emissão de gases estufa na área danificada. Estima-se que 1.139.075 toneladas de carbono tenham sido emitidas nos 7.075 hectares danificados da unidade de conservação.**

- **COMBUSTÍVEL DO FUTURO:** A Câmara dos Deputados aprovou o projeto de **lei nº 528/2020**, o "Combustível do Futuro", que define novas regras para a produção e uso de biocombustíveis no Brasil, como biodiesel, etanol, biometano, diesel verde e combustível sustentável para aviação (SAF). O texto, já aprovado pelo Senado, segue para sanção presidencial. O objetivo é substituir os combustíveis fósseis no transporte terrestre, marítimo e aéreo por combustíveis sustentáveis. O texto estabelece que a margem de **MISTURA DE ETANOL À GASOLINA** passará a ser de **22% a 27%,** podendo chegar a 35%. Atualmente, a mistura pode chegar a 27,5%, sendo, no mínimo, 18% de etanol. Quanto ao **BIODIESEL**, atualmente é misturado ao diesel de origem fóssil no percentual de 14%. A partir de 2025 será acrescentado um ponto percentual de mistura anualmente **até atingir 20% em março de 2030.**
- **MINISTRO DOS DIREITOS HUMANOS E CIDADANIA, SILVIO ALMEIDA, É DENUNCIADO POR ASSÉDIO SEXUAL. ANIELLE FRANCO, ministra da Igualdade Racial**, seria uma das vítimas. Ele foi demitido. Com demissão de Silvio Almeida, presidente Lula determina que **MINISTRA ESTHER DWECK, ministra da Gestão e inovação**, irá substituir a pasta TEMPORARIAMENTE.
- **PRESIDENTE LULA ESCOLHE DEPUTADA MACAÉ EVARISTO PARA ASSUMIR MINISTÉRIO DOS DIREITOS HUMANOS**. Ela substituirá Silvio Almeida que foi demitido da pasta menos de 24 horas após ser acusado publicamente de assédio sexual.

DECRETO PARA REGULAR USO DA FORÇA. O governo do presidente Luiz Inácio Lula da Silva (PT) prepara um decreto para regular o uso da força pelas polícias de todo o país. O texto vai atualizar uma portaria do Ministério da Justiça e Segurança Pública de 2010, a primeira norma editada sobre o tema. As regras não serão impostas aos estados, que são os responsáveis pelas Polícias Militares, Civis e penais (que atuam em presídios). No entanto, o de**creto vai prever que os governadores que quiserem receber dinheiro do Fundo Nacional de Segurança Pública e do Fundo Penitenciário Nacional "para ações que envolvam o uso da força" — ou seja, para comprar armas, munição e instrumentos não-letais — terão que seguir as regras federais**. O texto dá diretrizes para os procedimentos, como as buscas pessoais — conhecidas como "enquadro" ou "baculejo" — e o uso de algemas.

- **SANCIONADA LEI QUE AMPLIA INCENTIVOS PARA INDÚSTRIA DE SEMICONDUTORES.** O presidente Luiz Inácio Lula da Silva (PT) sancionou a **Lei 14.968/24**, que cria o **Programa Brasil Semicondutores** (Brasil Semicon), com uma série de medidas para impulsionar a indústria brasileira de semicondutores. Os semicondutores são essenciais na fabricação de componentes eletrônicos, especialmente chips que estão em computadores, smartphones e carros, entre outros produtos. A lei prorroga, de 2026 para 2029, a vigência dos incentivos tributários e outros benefícios concedidos à indústria de semicondutores e tecnologia da informação e comunicação (TICs) por leis, incluindo a Lei de Informática e a Lei 11.484/07, que instituiu o Padis, um programa para a produção de semicondutores.
- **SANCIONADA LEI COM NORMAS GERAIS PARA CONCURSOS PÚBLICOS FEDERAIS.** Conforme a lei, as regras não valem para concursos para juiz; Ministério Público; Defensoria Pública; e empresas públicas e das sociedades de economia mista que não recebam recursos do governo para despesas de pessoal ou de custeio. Uma das novidades é a possibilidade de o **concurso ser realizado total ou parcialmente a distância, pela internet ou por plataforma eletrônica com acesso individual seguro e em ambiente controlado** — desde que garantida a igualdade de acesso às ferramentas e aos dispositivos do ambiente virtual. Esse ponto ainda precisa de regulamentação pelo Executivo, que poderá ser geral para o ente da Federação ou específica para cada órgão ou entidade, com consulta pública prévia obrigatória. Estão previstos três tipos de provas:
  - o **de conhecimentos** (provas escritas, objetivas ou dissertativas, e provas orais, que cubram conteúdos gerais ou específicos);
  - o **de habilidades** (provas "práticas", de elaboração de documentos e simulação de tarefas próprias do posto, bem como testes físicos;
  - o **de competências** (avaliação psicológica, exame de higidez mental ou teste psicotécnico).

  Poderá haver ainda avaliação por títulos e realização de curso ou programa de formação (este poderá ser eliminatório ou classificatório). É proibida em qualquer fase do concurso a discriminação de candidatos com base em aspectos como idade, sexo, estado civil, condição física, deficiência, etnia, naturalidade, proveniência ou local de origem, observadas as políticas de ação afirmativa previstas em legislação específica.
- **FEBRE OROPOUCHE NO BRASIL.** Pesquisa liderada pela Fundação Oswaldo Cruz (Fiocruz) apontou que o início do surto de febre Oropouche em 2024 foi causado por uma **nova linhagem viral que surgiu na Região Amazônica.** Os resultados do estudo constam em um artigo revisado por pares e aceito na revista científica internacional Nature Medicine. O súbito aumento da transmissão da doença nos dois primeiros meses de 2024 gerou um alerta epidemiológico no Amazonas. As preocupações cresceram com o avanço das ocorrências, que chegaram a todas as regiões do país. Mas dados dos anos anteriores já vinham sendo monitorados com mais atenção pelas autoridades sanitárias. A **febre Oropouche é uma doença causada por um arbovírus. Não existe tratamento específico, mas o paciente deve permanecer em repouso e ter acompanhamento médico.** Podem ser prescritos analgésicos e antitérmicos comuns para aliviar os sintomas, que são muito parecidos com os da dengue. Eles duram geralmente entre 2 e 7 dias e incluem febre, dor de cabeça, dor nas costas e nas articulações, podendo ainda ocorrer tontura, dor atrás dos olhos, erupções cutâneas, náuseas e vômitos. Em alguns casos, há também ocorrência de encefalite. A transmissão, no entanto, não ocorre pela picada do Aedes aegypti e sim de outros mosquitos, sobretudo pelo Culicoides paraensis, conhecido como maruim ou mosquito-pólvora. Eles se proliferam principalmente durante períodos de calor em ambientes úmidos, como em áreas pró-

ximas a mangues, lagos, brejos e rios. Mas não são restritos a áreas rurais, estando presente em espaços urbanos com disponibilidade de água e matéria orgânica, sobretudo próximo a hortas, jardins e árvores. O Culex quinquefasciatus, uma das espécies popularmente chamada de pernilongo, também pode atuar eventualmente como vetor. No Brasil, surtos esporádicos da doença têm sido registrados na Região Amazônica desde a década de 1970. Durante a recente disseminação, **casos da doença foram registrados em todas as regiões do país**. Embora uma parcela deles sejam ocorrências importadas, envolvendo viajantes que retornaram da Região Amazônica, diferentes estados também detectaram infecções de transmissão local. **Em julho desse ano, foram registradas na Bahia as primeiras mortes** pela doença já ocorridas no mundo. A **situação tem gerado preocupações de organismos sanitários nacionais e internacionais.**

- **GRITO DOS EXCLUÍDOS COMPLETA 30 ANOS DANDO VOZ À RESISTÊNCIA POPULAR**. A tradicional manifestação Grito dos Excluídos ocorre no dia **07 DE SETEMBRO** em diversas cidades brasileiras com o tema **TODAS AS FORMAS DE VIDA IMPORTAM. MAS QUEM SE IMPORTA?** Entre as bandeiras da manifestação, estão a denúncia do genocídio de mulheres e crianças da Palestina, os impactos das catástrofes climáticas nas periferias, a fome, o crescimento do feminicídio e o aumento da carga horária dos trabalhadores. Cada estado pode incluir ou focar em um desses itens que estejam mais presentes no local. O movimento Grito dos Excluídos surgiu em 1994 na 2ª Semana Social Brasileira, da **Conferência Nacional dos Bispos do Brasil (CNBB),** como uma forma de reunir vários grupos que reivindicam seus direitos à sociedade. Realizado em 7 de setembro, ele se define como um "contraponto" ao grito do Ipiranga, que simboliza a independência do Brasil de Portugal.

- **MANIFESTAÇÃO DE 7 DE SETEMBRO CONTRA MINISTRO ALEXANDRE DE MORAES** atraiu multidão na Avenida Paulista, em São Paulo, para protestar pelo impeachment do ministro do STF e para lutar pela defesa da liberdade de expressão. A manifestação, que ficou concentrada no entorno de um trio elétrico em frente ao Masp, foi organizada pelo **pastor Silas Malafaia**. **Jair Bolsonaro** encerrou a lista de autoridades que discursaram em cima do trio, sintetizando a ideia do porquê estavam ali. O ex-presidente ainda voltou a pedir anistia aos presos envolvidos nos atos golpistas de 8 de janeiro de 2023 e classificou o episódio como uma "armação".

- **MORAES MULTA REDE SOCIAL X EM R$ 5 MILHÕES POR 'TRUQUE' QUE DRIBLOU BLOQUEIO À REDE NO BRASIL.** A multa se aplica de forma **subsidiária** à **STARLINK** – empresa de tecnologia também vinculada ao bilionário **ELON MUSK** e que teve recursos bloqueados no início do mês para bancar multas aplicadas à rede social. Ou seja: se o X não pagar, a Starlink terá de honrar a multa. Usuários da rede social relataram terem conseguido acessar a plataforma, mesmo **sem o uso do VPN**. Depois, foi identificado que o X migrou os servidores para um novo IP, o que teria driblado o bloqueio já definido pelas operadoras no Brasil. Segundo a Anatel, a atitude "demonstra intenção deliberada de descumprir" a determinação do Supremo. O acesso dos brasileiros à rede social foi possível após a empresa do bilionário Elon Musk mudar seus servidores, dificultando o bloqueio pelas operadoras de internet. Isso, então, permitiu que algumas pessoas até mesmo publicassem na plataforma. Na ocasião, a empresa argumentou que a mudança foi feita porque a infraestrutura para fornecer o serviço na América Latina ficou inacessível para sua equipe após o bloqueio no Brasil. Segundo a companhia, a alteração causou uma "restauração involuntária e temporária do serviço para usuários brasileiros". A Abrint diz que o X passou a usar endereços de IP vinculados ao serviço de **servidores CLOUDFLARE**, e não mais a uma infraestrutura própria.

- **STF PEDE PARA BLUESKY REMOVER PERFIS FALSOS QUE USAVAM NOME DA SUPREMA CORTE**. Solicitação foi feita no mesmo dia em que ministro Alexandre de Moraes determinou o bloqueio da plataforma X. A rede Social BLUESKY tem sido usada como alternativa e bate um milhão de usuários após suspensão do X no Brasil.

- **REDE SOCIAL X PEDIU AO STF QUE A PLATAFORMA VOLTE A SER LIBERADA PARA USO NO BRASIL.** Representantes do X entregaram ao tribunal os documentos adicionais pedidos pelo ministro Alexandre de Moraes. E disseram que cumpriram todas as exigências determinadas pelo STF: **1-** indicação de um representante legal no Brasil; **2-** bloqueio de perfis de nove investigados no STF; **3-** pagamento de multas impostas por descumprimento de ordens judiciais – o Supremo bloqueou R$ 18 milhões do X e Starlink. Não há prazo para que Moraes decida, e o ministro pode pedir mais documentos ou posicionamentos antes de decidir.

TESTEMUNHA DE JEOVÁ e a transfusão de sangue. No dia 25 de setembro, o Supremo Tribunal Federal (STF) definiu que Testemunhas de Jeová, adultas e capazes, **têm o direito de recusar procedimento médico que envolva transfusão de sangue.** Conforme o STF, a liberdade religiosa de uma pessoa pode justificar o custeio de tratamento de saúde diferenciado pelo poder público. Nesse dia, também ficou decidido que o Estado tem a obrigação de oferecer procedimentos alternativos disponíveis no Sistema Único de Saúde (SUS), ainda que seja necessário recorrer a estabelecimentos em outras localidades.

- **STF VALIDA PRISÃO APÓS CONDENAÇÃO PELO JURI.** O Supremo Tribunal Federal (STF) decidiu validar prisões imediatas de condenados pelo Tribunal do Júri. Com a decisão, criminosos que forem condenados por homicídio passarão a cumprir a pena imediatamente, sem o direito de recorrer em liberdade. Para a maioria dos ministros, o princípio constitucional da soberania dos vereditos do júri autoriza a execução imediata da pena. A prisão imediata só vale para condenações pelo júri. Nos demais casos, a prisão para cumprimento de pena continua da forma aplicada atualmente, ou seja, somente após o fim de todos os recursos possíveis.

- **JOSÉ LUIZ DATENA ATACOU PABLO MARÇAL COM UMA CADEIRA E FOI EXPULSO DO DEBATE.** Datena, Candidato à Prefeitura de São Paulo pelo PSDB, afirmou que se sentiu agredido com acusações de Pablo Marçal. Datena foi expulso do **debate**

da TV Cultura. Marçal foi encaminhado ao Hospital. Marçal teve traumatismo na região do tórax à direita e em punho direito, sem maiores complicações associadas.

- **MINISTRO TOFFOLI MANDA PRENDER CONDENADOS PELO INCÊNDIO NA BOATE KISS.** O Incêndio na Boate Kiss, ocorreu em 2013, em Santa Maria, no Rio Grande do Sul, e que deixou 242 mortos e mais de 600 feridos. Com a decisão, voltam a valer as condenações dos ex-sócios da boate Elissandro Callegaro Spohr (22 anos e seis meses de prisão) e Mauro Londero Hoffmann (19 anos e seis meses), além do vocalista da banda Gurizada Fandangueira, Marcelo de Jesus dos Santos, e o produtor musical Luciano Bonilha. Ambos foram condenados a 18 anos de prisão. Nas instâncias inferiores, as defesas dos acusados conseguiram anular as sentenças ao alegarem que as condenações pelo Tribunal do Júri foram repletas de nulidades e alegando irregularidades na escolha dos jurados, reunião entre o juiz presidente do júri e os jurados, ilegalidades nos quesitos elaborados e suposta mudança da acusação na réplica, o que não é permitido. O caso foi para o STF. Ao analisar a questão, Toffoli disse que **as ilegalidades deveriam ser contestadas DURANTE o julgamento.**
- **OBRAS EM PORTO NO ESPÍRITO SANTO SÃO PARALISADAS APÓS DESCOBERTAS ARQUEOLÓGICAS DE POVOS COM MAIS DE TRÊS MIL ANOS.** Além de louças portuguesas do século XIX, um sambaqui também foi encontrado no **SÍTIO HISTÓRICO PORTO, em SÃO MATEUS**, no norte do Espírito Santo. Além dos pedaços de cerâmica, pedras e até mesmo uma chave com um cadeado foram encontrados no local, que é patrimônio estadual tombado. Tudo isso foi descoberto durante uma obra de requalificação urbana. As mudanças estavam sendo feitas para dar acessibilidade e melhorar a drenagem, pavimentação e iluminação das ruas, escadas e da praça. Iphan analisa importância arqueológica das peças e obra ficou parada por meses, mas foi liberada desde que seja acompanhada por um profissional da arqueologia.
- **MISS BRASIL 2024**. Pela primeira vez, **PERNAMBUCO** teve uma representante coroada Miss Brasil. A modelo e atriz **Luana Cavalcante** venceu o concurso e, além do imediatismo do título para o estado natal, ela também é a **PRIMEIRA MÃE E MULHER CASADA** eleita em 70 anos do concurso.
- **RAYSSA LEAL É BICAMPEÃ MUNDIAL DO SKATE STREET**. Duas vezes medalhista olímpica e agora duas vezes campeã mundial. Este é o currículo da maranhense Rayssa Leal, que conquistou o bi do mundo neste sábado (14), durante o campeonato mundial de skate street, em Roma, na Itália. Para sair com o título, Rayssa precisou de uma grande manobra, que garantiu a virada no final da competição. **A skatista de 16 anos competiu contra outras sete atletas na decisão, todas elas japonesas. A brasileira foi campeã do mundo também em 2022.**
- **CHEF BRASILEIRO É ESCOLHIDO 1º EMBAIXADOR GASTRONÔMICO DA ONU TURISMO.** Nascido em Santarém, no **PARÁ, SAULO JENNINGS** representará o Brasil como referência de valorização da comida inspirada na cultura alimentar da região de Tapajós.
- **FESTIVAL FOLCLÓRICO DE PARINTINS E O ARRAIAL DA PAVULAGEM FORAM RECONHECIDOS COMO MANIFESTAÇÕES DA CULTURA NACIONAL**. O presidente Lula sancionou dois projetos de lei reconhecendo-as como patrimônio cultural do país. O Festival Folclórico de Parintins é realizado anualmente, em junho, na cidade de Parintins, no Amazonas. O evento está ligado à tradição cultural do boi-bumbá e envolve uma competição acirrada entre os bois-bumbás: **Garantido** (cor principal é vermelha) e **Caprichoso** (cor principal é azul). Já o Arraial do Pavulagem é realizado em Belém, no Pará, durante os meses de junho e julho, cujo personagem central é o Boi Pavulagem, o boizinho azul.
- **LEI Nº 14.991 RECONHECE INSTRUMENTOS DO SAMBA COMO MANIFESTAÇÃO CULTURAL NACIONAL.** Nove instrumentos musicais do samba foram reconhecidos em todo o território brasileiro: Pandeiro, Tam-tam, Cuíca, Surdo, Tamborim, Rebolo, Frigideira, Timba e Repique de mão.
- **'AINDA ESTOU AQUI' É O FILME ESCOLHIDO PELO BRASIL PARA TENTAR VAGA NO OSCAR 2025.** Estrelado por Fernanda Torres, Fernanda Montenegro e Selton Mello, filme é uma adaptação de uma obra autobiográfica de Marcelo Rubens Paiva em que conta a história de sua mãe Eunice Paiva, viúva de Rubens Paiva, que foi levado de casa e morto pelos militares durante a **DITADURA**. Por décadas, Eunice buscou a verdade sobre o que havia ocorrido com o marido, tornando-se uma voz importante contra o regime, abertura dos arquivos e a busca pela memória dos desaparecidos políticos. Além disso, o BRASIL levou o troféu de **MELHOR ROTEIRO**, na **81ª EDIÇÃO DO FESTIVAL DE VENEZA**, pelo filme "AINDA ESTOU AQUI".
- **BRASIL GARANTE PRESENÇA EM PROJETO DE SUPERTELESCÓPIO COM MAIOR CÂMERA DO MUNDO.** O **supertelescópio Legacy Survey of Space and Time (LSST)** ficará localizado no **OBSERVATÓRIO RUBIN**, que está sendo construído no **CHILE**. O Brasil participará da colaboração enviando 120 cientistas, sendo 80% deles jovens pesquisadores. Com o auxílio do telescópio LSST, que terá mais de 8 metros, o observatório produzirá 20 terabytes de dados em todas as noites durante **10 ANOS**. O observatório leva o nome da **ASTRÔNOMA VERA C. RUBIN**, que dedicou sua vida acadêmica a provar que existe matéria invisível no Universo. A partir de seus estudos, os cientistas descobriram que mais de 80% da matéria do universo é invisível.
- **JUSTIÇA DE PERNAMBUCO DECRETA PRISÃO DE GUSTTAVO LIMA EM INVESTIGAÇÃO SOBRE BETS**. A decisão é um desdobramento da **OPERAÇÃO INTEGRATION**, que prendeu a influenciadora e advogada **DEOLANE BEZERRA**, contra uma organização criminosa voltada à prática de lavagem de dinheiro e jogos ilegais. Deolane deixou a cadeia no **RECIFE**, após ser beneficiada com um habeas corpus. Gusttavo Lima e Deolane Bezerra fizeram transações financeiras com uma empresa em comum que é investigada. No inquérito, consta que a Balada Eventos de Produções LTDA, de propriedade do cantor, recebeu R$ 8 milhões da HSF Entretenimento, pertencente a Darwin Henrique da Silva

ATUALIDADES

Filho. O valor seria referente à **aquisição de um avião** Cessna 560 XLS, com capacidade para nove ocupantes. A HSF Entretenimento é a mesma empresa que vendeu a **Lamborghini** de R$ 4 milhões para a Bezerra Publicidade, que tem 98% do controle em nome de Deolane Bezerra. A influencer recebia valores da Esportes da Sorte, outra organização financeira pertencente a Darwin Filho.

- **THIAGO BRENNAND É CONDENADO A MAIS DE 10 ANOS DE PRISÃO POR ESTUPRO.** O Tribunal de Justiça de São Paulo (TJ-SP) condenou o empresário Thiago Brennand a 10 anos e 6 meses de prisão, em regime fechado, pelo crime de estupro com emprego de violência física e grave ameaça contra mulher. Quando somadas, as penas de Thiago Brennand já passam de 20 anos.
- **ICMBIO SUSPEITA DE INCÊNDIO CRIMINOSO NA FLORESTA NACIONAL DE BRASÍLIA.** A área total atingida é de 2.176 hectares – cerca de 38% do parque, o equivalente a 2,1 mil campos de futebol. As características do incêndio não são as mesmas de um incêndio ocasional, pois os focos tiveram início em pontos distantes um do outro.
- **ODS 18.** A paulista **Brenda Gomes Virgens**, de 19 anos, foi a **VENCEDORA DO CONCURSO** para a **escolha da marca do Objetivo de Desenvolvimento Sustentável (ODS 18),** de **IGUALDADE ÉTNICO-RACIAL**, iniciativa voluntária do Brasil para a Agenda 2030. Natural de Carapicuíba (SP), Brenda é estudante de Aprendizagem Industrial Gráfica, do Serviço Nacional de Aprendizagem Industrial (SENAI) de Barueri. Vencedora do prêmio de R$10 mil, a marca elaborada por Brenda apresenta o perfil de uma mulher negra com a figura de um homem indígena no cabelo. Segundo o manual, a ideia foi enfatizar que a luta étnico-racial é uma jornada coletiva, onde cada contribuição é vital para alcançar a justiça e a igualdade para todos. A logo foi a mais votada na plataforma Participa +BR e será utilizada nas ações do governo brasileiro, dos organismos das Nações Unidas no Brasil e nas ações de internacionalização do ODS 18.
- **FAB INTERCEPTA AVIÃO QUE INVADIU ESPAÇO AÉREO BRASILEIRO NO ESTADO DO AMAZONAS.** Os ocupantes do Cessna 210, sem matrícula, ignoraram as ordens dadas pelos militares e fizeram um pouso de emergência. Em seguida, eles atearam fogo no avião e fugiram às pressas do local.
- **BRASIL BATE RECORDES E TERMINA EM 5º LUGAR NO QUADRO DE MEDALHAS DAS PARALIMPÍADAS PELA PRIMEIRA VEZ NA HISTÓRIA.** País encerra participação em Paris, na França, com **89 MEDALHAS**, sendo 25 de ouro, 26 de prata e 38 de bronze, e alcança melhor colocação no quadro de medalhas na história da competição. Na sequência vem a **Holanda** (**4º**), os **Estados Unidos** (**3º**), a **Grã Bretanha** (**2º**) e a **China**, grande vencedora, (**1º**).
- **DECRETO ALTERA NOME DE ESTAÇÃO DO METRÔ EM SÃO PAULO.** O decreto altera o nome da estação Jabaquara, da Linha 1-Azul do Metrô, para homenagear o Comitê Paralímpico Brasileiro (CPB) e os atletas que representaram o Brasil nos Jogos Paralímpicos de Paris 2024. A partir de agora, a estação passa a se chamar **JABAQUARA-COMITÊ PARALÍMPICO BRASILEIRO.**
- **FIFA SE UNE À OMS EM CAMPANHA GLOBAL SOBRE CONCUSSÃO NO FUTEBOL.** O programa "Suspeitar e Proteger: Nenhuma Partida Vale o Risco" tem como objetivo destacar os **riscos de lesões cerebrais traumáticas** e oferecer recursos sobre o assunto.
- **COPOM ELEVA SELIC.** A alta recente do dólar e as incertezas em torno da inflação fizeram o Banco Central (BC) elevar os juros pela primeira vez em mais de dois anos. Por unanimidade, o Comitê de Política Monetária (Copom) aumentou a taxa Selic, juros básicos da economia, em 0,25 ponto percentual, para **10,75% ao ano.**
- **BRASIL, CHINA E MAIS 11 PAÍSES ANUNCIAM CRIAÇÃO DO GRUPO AMIGOS DA PAZ.** Brasil, China, África do Sul, Argélia, Bolívia, Cazaquistão, Colômbia, Egito, Indonésia, México, Quênia, Turquia e Zâmbia anunciaram, em comunicado conjunto a intenção da criação do Grupo Amigos da Paz, um conjunto de países do Sul Global que pretende estabelecer entendimentos comuns para apoiar os esforços globais para alcançar a paz. A iniciativa, encabeçada por **BRASIL E CHINA**, ocorre em paralelo ao Debate Geral da **79ª sessão da Assembleia Geral das Nações Unidas (ONU)**, que ocorreu nos Estados Unidos. Os 13 países manifestaram **preocupação com o CONFLITO NA UCRÂNIA** e com os riscos de escalada do confronto. Reiteraram os termos da Carta das Nações Unidas, especialmente o respeito à soberania e à integridade territorial dos Estados.
- **LULA NA ASSEMBLEIA DA ONU.** No dia 24 de setembro, o presidente Luis Inácio Lula da Silva fez o discurso da abertura da 79ª Assembleia Geral da Organização das Nações Unidas (ONU).Veja abaixo alguns temas citados pelo presidente do Brasil:
  - Saudação à delegação palestina que participou pela primeira vez do evento como observadora
  - Pacto para o Futuro, documento que inclui o Pacto Digital Global e a Declaração sobre as Gerações Futuras. O Pacto é o resultado de um processo de anos que, de forma inclusiva, busca adaptar a cooperação internacional às realidades de hoje e aos desafios de amanhã.
  - Crítica aos gastos com armamentos, em detrimento do combate às desigualdades e às emergências climáticas
  - Conflito na Ucrânia e no Oriente Médio e guerras no Sudão e no Iêmen que já atingem 30 milhões de pessoas. Alerta para a possibilidade de um conflito generalizado.
  - Enchentes no Sul e incêndios florestais
  - Mudanças climáticas
  - Desmatamento zerado até 2030
  - Defesa que as populações indígenas e dos territórios afetados sejam ouvidas e façam parte das decisões sobre o clima.
  - Brasil passou a desenvolver combustíveis renováveis há cinco décadas, quando o mundo ainda não priorizava o tema.

18. OBJETIVO DO DESENVOLVIMENTO SUSTENTÁVEL. A paulista Brenda Gomes Virgens, de 19 anos, foi a vencedora do concurso para a escolha da marca do Objetivo de Desenvolvimento Sustentável (ODS 18), de Igualdade Étnico-Racial, iniciativa voluntária do Brasil para a Agenda 2030. Natural de Carapicuíba (SP), Brenda é estudante de Aprendizagem Industrial Gráfica, do Serviço Nacional de Aprendizagem Industrial (SENAI) de Barueri. Vencedora do prêmio de R$10 mil, a marca elaborada por Brenda apresenta o perfil de uma mulher negra com a figura de um homem indígena no cabelo. Segundo o manual , a ideia foi enfatizar que a luta étnico-racial é uma jornada coletiva, onde cada contribuição é vital para alcançar a justiça e a igualdade para todos. A logo foi a mais votada na plataforma Participa +BR, entre três finalistas , e será utilizada nas ações do governo brasileiro, dos organismos das Nações Unidas no Brasil e nas ações de internacionalização do ODS 18. **O ODS 18 é uma iniciativa voluntária do Brasil para colocar o combate ao racismo no centro dos esforços para o desenvolvimento sustentável e para o alcance da Agenda 2030.** A iniciativa tem sido liderada por câmara temática da Comissão Nacional para os Objetivos de Desenvolvimento Sustentável (CNODS) e pelo Ministério da Igualdade Racial. Um grupo de trabalho coordenado pelo Ministério da Igualdade Racial tem se dedicado desde 2023 à discussão e à elaboração de metas e indicadores para o acompanhamento e a implementação do ODS 18 até 2030. O anúncio foi feito pelo presidente Luiz Inácio Lula da Silva na abertura da Assembleia Geral da ONU em setembro de 2023. Desde então, foram estabelecidas metas que serão incluídas no ODS 18, entre elas: **eliminar a discriminação étnico-racial no trabalho; eliminar as formas de violência contra povos indígenas e afrodescendentes; garantir acesso ao Sistema de Justiça por pessoas negras e indígenas; promover memória, verdade e justiça para a população negra e indígena. Outras metas do ODS 18 incluem: assegurar habitação adequada e sustentável para a população negra e indígena; assegurar acesso à atenção de saúde de qualidade para a população negra e indígena; assegurar educação de qualidade para a população negra e indígena; garantir diálogo e participação social para a população negra e indígena; eliminar a xenofobia e tratar imigrantes negros e indígenas com dignidade.**

- **CASO DE RACISMO NA FGV.** Gustavo Metropolo, ex-aluno da Fundação Getúlio Vargas (FGV), foi condenado em âmbito criminal e cível pelo crime de racismo cometido em um grupo de WhatsApp contra um colega negro da universidade, em 2018. Na ocasião, o jovem negro João Gilberto Lima, estudante de administração pública da Fundação Getúlio Vargas (FGV), em São Paulo, foi **fotografado no ambiente da faculdade e teve a imagem compartilhada em grupo de mensagens dos alunos. A foto foi compartilhada junto com os dizeres: "Achei esse escravo aqui no fumódromo! Quem for o dono avisa!".** No episódio, o comentário racista veio de Gustavo Metropolo, também estudante da universidade. Após o ocorrido, João Gilberto recorreu ao Centro de Estudos das Relações de Trabalho e Desigualdades (Ceert), com a atuação do advogado Daniel Bento Teixeira, para que o representasse em um processo movido contra Metropolo pelo crime de racismo. Com a repercussão do caso e o andamento do processo, Metropolo teria alegado à época que teve o celular roubado e que por isso, não poderia ser o autor do comentário racista.

NOTÍCIAS INTERNACIONAIS:

- **OPOSITOR EDMUNDO GONZÁLEZ DEIXA A VENEZUELA RUMO À ESPANHA APÓS PEDIR ASILO POLÍTICO.** Candidato que disputou eleição contra **NÍCOLAS MADURO** saiu do país em um voo da Força Aérea espanhola. Ele era alvo de mandado de prisão por crimes eleitorais. A oposição publicou cerca de 80% das atas eleitorais em um site, o que comprovaria a vitória de González. A ONU apontou que os documentos são verdadeiros. Por outro lado, o Ministério Público disse que as atas são falsas e pediu a prisão de González. Temendo ser preso pelo regime Maduro, González estava escondido há mais de um mês e era considerado foragido. Em uma carta enviada ao Ministério Público ele afirmou que não ia se apresentar, pois considera que o processo contra ele não tem fundamento legal.
- **OEA E O CASO EDMUNDO GONZÁLEZ.** A Organização dos Estados Americanos (OEA) qualificou

ATUALIDADES

a saída da Venezuela do candidato presidencial de oposição majoritária, Edmundo González, como **"exílio forçado"**, informou em um comunicado. "Um mês e dez dias depois das eleições presidenciais na Venezuela, o regime não só não apresentou nenhuma evidência de um resultado eleitoral, como também forçou o exílio do candidato Edmundo González – que, considerando o que aconteceu desde a data da eleição, sem dúvida ganhou as eleições – por meio de intimações infundadas à Procuradoria Geral da República e ameaças de prisão", disse a organização no comunicado.

- **NÍCOLAS MADURO ANTECIPA O NATAL PARA OUTUBRO EM MEIO A CRISE POLÍTICA NA VENEZUELA.** A comemoração será no dia 1º de outubro. Decreto foi emitido no mesmo dia em que o Ministério Público obteve um mandado de prisão para opositor, Edmundo González. A antecipação das comemorações foi questionada pela Igreja Católica, que é a Conferência Episcopal do país. "O Natal é uma celebração de caráter universal. Seu modo e o tempo de comemoração competem à autoridade eclesiástica". Esta não é a 1ª vez em Maduro adianta a festividade. A prática é vista como uma tentativa do presidente de desviar a atenção da população para as tensões políticas e econômicas no país.
- **NÍCOLAS MADURO DISSE QUE APREENSÃO DE AVIÃO NA REPÚBLICA DOMINICANA FOI "ROUBO".** Presidente venezuelano chamou presidente do país República Dominicana, **LUÍS ABINADER**, de ladrão. O avião presidencial da Venezuela, um Dassault Falcon 900 EX, estava na República Dominicana para manutenção quando foi imobilizada por ordem judicial. Depois o veículo foi levado para a Flórida, como parte de uma investigação do Departamento de Justiça dos **ESTADOS UNIDOS** por possível contrabando e lavagem de dinheiro. Após o anúncio do confisco do avião, Abinader afirmou em coletiva de imprensa que a aeronave não estava registrada no nome do governo da Venezuela, mas de um indivíduo, que não teve a identidade especificada. Segundo o órgão americano, a apreensão se deu por conta da violação de sanções impostas pelos EUA e pelo Departamento de Comércio americano contra o governo Maduro. Autoridades americanas também disseram que a aeronave foi comprada ilegalmente por meio de uma empresa fantasma e contrabandeada para fora dos EUA.
- **ARGENTINA PEDE PRISÃO DE NÍCOLAS MADURO POR CRIMES CONTRA A HUMANIDADE.** A Justiça Federal da Argentina ordenou a prisão imediata do presidente da Venezuela, Nicolás Maduro, e do ministro do Interior, Justiça e Paz, Diosdado Cabello, no âmbito de uma investigação por crimes contra a humanidade no país sul-americano. A Justiça ordenou que, além de **solicitar a prisão de Maduro e Cabello, as autoridades policiais colham depoimentos de ambos os funcionários, e pediu "sua captura internacional via Interpol"**. Após o ocorrido, o Ministério Público da VENEZUELA solicitou MANDADOS DE PRISÃO contra o Presidente da Argentina, JAVIER MILEI, sua irmã e Secretária-Geral da Presidência, Karina Milei, e o Ministro de Segurança, Patrícia Bullrich. Ele os acusa de roubo qualificado, entre outros crimes, pela retenção de um avião da estatal venezuelana Emtrasur. O Governo da Argentina rejeitou essas acusações e classificou-as como "delírio".

© TÂNIA RÊGO/AGÊNCIA BRASIL

- **OPOSITOR VENEZUELANO CONSEGUE ASILO POLÍTICO NA ESPANHA.** O opositor venezuelano Edmundo González, que no fim de semana foi para a Espanha após um salvo-conduto do governo da Venezuela, disse nesta segunda-feira (9) que deixou seu país para evitar um conflito. González, que concorreu às eleições venezuelanas em julho contra o presidente do país, Nicolás Maduro, estava foragido na Venezuela. A Justiça havia emitido um mandado de prisão contra ele. No fim de semana, o opositor embarcou para a Espanha em um voo da Força Aérea espanhola. A viagem foi **feita com autorização do governo venezuelano**, segundo a vice-presidente do país. E **gerou críticas, entre a oposição, de que a saída de González pode enfraquecer o movimento** — os opositores afirmam ter vencido as eleições, apesar de a Justiça eleitoral ter declarado vitória de Maduro. As atas eleitorais, espécies de boletins de urna, não foram divulgadas pelo governo.

- **GOVERNO DA BOLÍVIA ACUSA MOVIMENTO DE EX-PRESIDENTE EVO MORALES DE PLANEJAR "GOLPE DE ESTADO".** O presidente da Bolívia, Luis Arce, acusou Evo Morales de planejar um golpe de Estado contra o país para tentar concorrer, "por bem ou por mal", às eleições presidenciais do próximo ano. A acusação de Arce acontece dias após o ex-presidente boliviano convocar manifestações no país, contra a **escassez de combustíveis** na Bolívia. Arce, que já foi aliado do líder indígena e chegou a ser ministro na presidência de Morales, disse que o objetivo do ex-presidente é desestabilizar a Bolívia para "encurtar" o seu mandato para que novas eleições sejam convocadas.
- **"MARCHA PARA SALVAR A BOLÍVIA".** Morales lidera o que chamou de "marcha para salvar a Bolívia" contra Arce, que foi seu ministro da Economia durante os 13 anos em que exerceu o poder (2006-2019) e com quem agora disputa a nomeação presidencial do governo para as eleições de 2025. A **Bolívia**, um país rico em gás e recursos de **lítio** – mineral-chave na transição para energias limpas – enfrenta desde o ano passado **escassez de combustível e de dólares.** Diante da queda nas vendas de gás para o exterior, associada ao declínio da produção por falta de investimento na indústria, o país reduziu as importações de combustível distribuído a preço subsidiado. **Arce** tem utilizado as reservas internacionais para manter os subsídios, o que, por sua vez, desencadeou uma falta de dólares e a desvalorização do peso boliviano. No entanto, o pano de fundo da crise é a luta pelo poder entre **Morales** e **Arce**. O influente líder indígena acusou seu ex-ministro de se aliar aos juízes para impedir que ele concorra novamente à presidência em 2025.
- **EQUADOR CORTA ENERGIA EM METADE DE SUAS PROVÍNCIAS EM MEIO À SECA HISTÓRICA.** Apagão se soma a planos do governo para cortes de energia noturnos de 8 horas em todo país, das segundas as quintas. O Equador está sofrendo com a pior seca do país em 61 anos e uma crise energética agravada pelo que o governo diz ser falta de manutenção das barragens existentes e de contratos para garantir nova geração de energia. As autoridades equatorianas disseram que a suspensão extra de eletricidade no domingo foi baseada na "proteção dos recursos hídricos".
- **BOLÍVIA DECLARA ESTADO DE EMERGÊNCIA NACIONAL DEVIDO A INCÊNDIOS FLORESTAIS.** A Bolívia enfrentou o maior número de incêndios florestais desde 2010, com pelo menos 3 milhões de hectares queimados este ano, de acordo com o INPE. O **BRASIL** enviou bombeiros com o objetivo de ajudar a Bolívia a combater o fogo em seu território, como evitar que novos focos atinjam o Brasil. **A presidente do PERU, Dina Boluarte, também decretou estado de emergência no seu país.** Incêndios florestais são frequentes no Peru entre os meses de agosto e novembro, em grande parte pela queima da pastagem seca para expandir a terra cultivável e, em alguns casos, por posseiros.
- **APÓS MEDIAÇÃO DOS EUA, A NICARÁGUA LIBERTA 135 PRESOS POLÍTICOS E OS ENVIA PARA A GUATEMALA COM BASE EM RAZÕES HUMANITÁRIAS.** Além disso, a Nicarágua retirou a nacionalidade e confiscou os bens dos 135 ex-prisioneiros políticos. Eles foram acusados pelo regime de Daniel Ortega de atentarem contra a soberania nacional.
- **REFORMA DO JUDICIÁRIO NO MÉXICO.** O presidente do México, **MANUEL ANDRÉS LOPEZ OBRADOR**, aprovou a reforma judicial que prevê, entre outras mudanças, a **ELEIÇÃO DIRETA PARA JUÍZES, magistrados do Judiciário e para ministros da Suprema Corte.** O país é primeiro do mundo a implementar eleição popular de magistrados. A decisão ocorreu após, nesta quinta-feira, 12, o país ter alcançado o mínimo de 17 estados que, por meio de seus congressos, apoiam o projeto do partido no poder, previamente aprovado pela Câmara e Senado. A reforma tem gerado fortes protestos, uma vez que críticos temem que possa ameaçar o Estado de Direito e prejudicar a economia. O modelo também prevê eleições diretas, que começam em 2025, para todos os cargos do Judiciário. Os candidatos ao Supremo serão indicados pelos Três Poderes do país, com paridade de gênero. O Executivo indicará dez candidaturas, o Legislativo propõe cinco pela Câmara e cinco pelo Senado, e o Judiciário apresenta dez candidaturas. Em seguida, a população elege seus favoritos. Além disso, a reforma estipula que os partidos não poderão fazer proselitismo político nessas eleições; não haverá financiamento público ou privado, e os candidatos terão tempo de rádio e TV para divulgar suas propostas. A reforma aprovada pelo Senado e pela câmara baixa prevê a eleição de mais de 6,5 mil juízes e magistrados, incluindo os da Suprema Corte, por voto popular. **CLAUDIA SHEINBAUM, que assumirá a presidência**, terá de lidar com os impactos dessa reforma nos primeiros meses de seu mandato.
- **PAPA FRANCISCO FAZ APELO NA INDONÉSIA POR LUTA CONTRA O 'EXTREMISMO E A INTOLERÂNCIA'.** Pontífice condena uso da religião para fins violentos em discurso em Jacarta. Além disso, polícia prendeu 7 pessoas que planejavam **atentado contra o Papa.** Os policiais apreenderam arcos e flechas, um drone e propaganda do Estado Islâmico.
- **POVOS INDÍGENAS RECEBEM PAPA FRANCISCO EM PAPUA NOVA GUINÉ.** Pontífice exalta recursos naturais de país asiático.
- **ATIVISTA SUECA, GRETA THUNBERG, É PRESA EM ATO PRÓ-PALESTINA NA DINAMARCA.** Greta protestava junto à estudantes da Universidade de Copenhague que participam do "Students Against the Occupation", coletivo que **apoia o fim da presença israelense em Gaza e na Cisjordânia.** A ativista usava o lenço palestino "keffiyeh" ao ser presa. Depois de ser levada a uma delegacia, foi liberada pela polícia local.
- **TRATADO SOBRE INTELIGÊNCIA ARTIFICIAL.** Os Estados Unidos, o Reino Unido e a União Europeia (UE) vão assinar o primeiro tratado internacional sobre o uso e padrões da inteligência artificial para os setores público e privado, informou a agência Reuters, com base em notícia publicada pelo Financial Times. O acordo inédito, que foi elaborado durante dois anos com a colaboração de mais de 50 países, deverá ser assinado ainda nesta quinta, segundo a agência. Entre os países que participa-

ATUALIDADES

ram da elaboração do tratado estão Canadá, Israel, Japão e Austrália.

- **PRESIDENTE DE HONDURAS ABANDONA ACORDO COM OS EUA E DENUNCIA TENTATIVA DE GOLPE.** A presidente hondurenha, **Xiomara Castro**, alertou sobre uma conspiração contra seu governo em meio a uma nova disputa diplomática entre o país centro-americano e os Estados Unidos. Castro, que ordenou ao seu governo que **se retirasse de um TRATADO DE EXTRADIÇÃO de longa data** depois de o embaixador dos EUA levantar preocupações sobre uma reunião entre autoridades de defesa **hondurenhas e VENEZUELANAS**, sugeriu que o tratado estava sendo usado para **INTERFERIR NOS ASSUNTOS INTERNOS.** O tratado de extradição, que está em vigor há mais de um século, facilitou a extradição de hondurenhos de alto perfil para os EUA, incluindo o antecessor de Castro, o ex-presidente Juan Orlando Hernandez. A operação golpista orquestrada pelos Estados Unidos e revelada pelas autoridades chinesas começou em 28 de agosto, depois da reunião do então ministro da Defesa e do chefe do Estado Maior Conjunto de Honduras, José Manuel Zelaya e Roosevelt Hernández, respectivamente, com o ministro da Defesa da Venezuela, Vladimir Padrino López. Menos de 24 horas depois do encontro entre os altos funcionários de Honduras e Venezuela, a embaixadora dos Estados Unidos, Laura Dogu, questionou a reunião e acusou o ministro venezuelano de "**narcotraficante**". A presidenta hondurenha, Xiomara Castro, entendeu a mensagem de Dogu **como ingerência nos assuntos internos** e chamou a dar por finalizado o Tratado de Extradição que seu país tem com os Estados Unidos desde 1912.
- **MICHEL BARNIER É O NOVO PRIMEIRO-MINISTRO DA FRANÇA.** A escolha gerou polêmica, já que ele faz parte do partido Republicanos, da direita tradicional, e quem venceu o pleito na França foi a coalizão de esquerda Nova Frente Popular. Ele é conhecido no cenário internacional por seu papel como negociador-chefe da União Europeia durante a saída do Reino Unido do bloco europeu (BREXIT), um processo que durou quatro anos.
- **CENTENAS DE PESSOAS VÃO ÀS RUAS NA FRANÇA EM APOIO A GISELE PELICOT E VÍTIMAS DE ESTUPRO.** O marido de Pelicot está sendo julgado, acusado de drogá-la e recrutar dezenas de estranhos para estuprá-la ao longo de quase uma década em um caso que chocou o país. Gisele Pelicot, agora com 72 anos, tornou-se um símbolo de coragem e resiliência e da luta contra a violência sexual. Em setembro de 2020, Dominique Pelicot foi preso. Pelos crimes que cometia contra a esposa? Não. Por filmar debaixo da saia de outras três mulheres em um supermercado. Foi aí que a polícia francesa descobriu mais de 20 mil fotos e vídeos do pesadelo vivido por Gisele. Durante dois anos, investigadores se debruçaram sobre o material e identificaram 50 dos mais de 70 estupradores. Pelas leis francesas, vítimas de estupro têm direito a julgamentos fechados, que correm em sigilo, sem a revelação dos detalhes do crime. Mas Gisele abriu mão do anonimato.
- **SUPERTUFÃO YAGI DEIXA 226 MORTOS EM MIANMAR.** O Tufão também deixou rastro de destruição e mortos em passagem por **Filipinas, China, Vietnã, Laos e Tailândia**. Além de ser o pior fenômeno climático da **ÁSIA** neste ano, o **YAGI** foi também a tempestade climática mais poderosa do mundo registrada em 2024. **VIETNÃ** foi o país que teve os efeitos mais devastadores!
- **FURACÃO HELENE MATA 200 NOS EUA E DEIXA RASTRO DE DESTRUIÇÃO NO PAÍS.** Furacão tocou o solo da **FLÓRIDA** como uma tempestade de categoria 4 e registrou ventos com velocidade de até 220 km/h. O Furacão Helene se tornou o mais fatal desde o Furacão Katrina.
- **DRONES DRAGÃO, NOVA ARMA DA UCRÂNIA, FAZ CHOVER METAL DERRETIDO SOBRE TROPAS RUSSAS.** Arma carrega uma mistura incandescente de pó de alumínio e óxido de ferro, chamada **TERMITE**, e queima a temperaturas de até 2.200 C. Ela pode queimar rapidamente árvores e vegetação, cobrindo tropas russas, se não matar ou incapacitar os soldados imediatamente. Ao cair do drone, a termite se assemelha ao fogo que sai da boca do dragão, ser mítico, dando aos drones o apelido.
- **UCRÂNIA ANUNCIA VOLTA DE PRISIONEIROS DETIDOS PELA RÚSSIA.** O presidente ucraniano, Volodymyr Zelensky, anunciou o regresso à Ucrânia de **49 prisioneiros de guerra detidos pela Rússia, incluindo antigos combatentes da Azovstal, a siderúrgica sitiada pelo Exército russo em Mariupol (sudeste) na primavera de 2022.** O chefe de Estado não especificou se essa libertação é resultado de uma troca de prisioneiros com a Rússia, mas tudo indica que se trata de nova iniciativa do gênero, embora Moscou nada tenha informado a esse respeito. Zelensky agradeceu também às unidades do Exército ucraniano que capturam soldados russos pelo papel na viabilização dessas trocas, aumentando o número de prisioneiros inimigos a serem trocados nesses processos.
- **LETÔNIA E ROMÊNIA, MEMBROS DA OTAN, DIZEM QUE DRONES RUSSOS VIOLARAM SEU ESPAÇO AÉREO.** No início de setembro, Romênia e a Letônia, países da Otan, registraram drones russos caindo após violarem seus próprios espaços aéreos, o que levou a pedidos oficiais de medidas para agir em conjunto no combate às incursões aéreas da Rússia.
- **RÚSSIA CONDENA CIENTISTA DE MÍSSEIS HIPERSÔNICOS A 15 ANOS DE PRISÃO POR TRAIÇÃO.** Alexander Shiplyuk era suspeito de entregar material confidencial em conferência na China.
- **ISRAEL X HEZBOLLAH.** Israel bombardeia Beirute no **maior ataque ao LÍBANO** desde o início da guerra. Entre os mortos, está **IBRAHIM AQIL**, um dos comandantes de operações militares do Hezbollah e o principal alvo do ataque. Mais cedo, o Hezbollah disparou 150 foguetes contra o norte de Israel, em resposta às **explosões de PAGERS E WALKIE-TALKIES** do grupo extremista. O Hezbollah afirmou ter utilizado nos ataques os foguetes do tipo Katyusha, desenvolvidos na antiga União Soviética e que são capazes de driblar os sistemas de defesa de Israel. **SAYYED HASSAN NASRALLAH, chefe do grupo extremista HEZBOLLAH**, foi morto durante bombardeio pesado de israel. Hezbollah disse que continuará sua batalha contra Israel em

apoio a GAZA e PALESTINA e em defesa do LÍBANO e do seu povo firma e honrado.

- **QUASE 530 MIL CRIANÇAS NA FAIXA DE GAZA SÃO VACINADAS CONTRA A POLIOMIELITE**. Enclave palestino registrou primeiro caso da doença em agosto após 25 anos. Organização Mundial da Saúde (OMS) anunciou que Israel concordou com uma série de **"pausas humanitárias"** de três dias para imunizar mais de 640 mil crianças com menos de 10 anos.
- **ATAQUE DEIXA 37 MORTOS E DEZENAS DE DESAPARECIDOS NA NIGÉRIA**. Autoridades suspeitam de militantes islâmicos do **BOKO HARAM** tenham sido responsáveis pelo ataque à vila de Yobe.
- **IRÃ CONVOCA EMBAIXADOR DA AUSTRÁLIA APÓS PUBLICAÇÃO PRÓ-LGBT+**. Uma série de fotos sorridentes no Instagram de diplomatas usando roxo e curtindo cupcakes causou uma briga entre o Irã e a Austrália. A Embaixada da Austrália em Teerã publicou fotos para marcar o **DIA PURPLE WEAR IT**, uma celebração anual da **juventude LGBTQIA+** fundada na Austrália. O post recebeu uma rápida condenação do Ministério das Relações Exteriores do Irã, que considerou isso "desrespeitoso e contrário às normas culturais iranianas e islâmicas". A homossexualidade é ilegal no Irã, que considera as relações entre pessoas do mesmo sexo uma violação dos valores islâmicos, punível pela lei baseada na Sharia.
- **REFORMA NA CHINA AUMENTARÁ IDADE PARA APOSENTADORIA A PARTIR DE 2025.** Para homens, passará de 60 para 63 anos. Para mulheres, idade passará de 50 para 55 anos e de 55 para 58, a depender da função que desempenham. A mudança será gradual e ocorrerá ao longo de 15 anos. O objetivo da medida é lidar com a força de trabalho cada vez menor e seu impacto na economia. O aumento da idade de aposentadoria surge no momento em que a expectativa de vida média no país vem aumentando consideravelmente.
- **CONTRA SUPERLOTAÇÃO DOS PRESÍDIOS, REINO UNIDO COMEÇA A SOLTAR PRESOS ANTES DO FIM DA PENA.** Medida polêmica visa reduzir a população carcerária, mas gera debate após incidente com um dos ex-detentos libertados que cometeu um crime sexual no mesmo dia da sua soltura. Atualmente, o Reino Unido possui a maior população carcerária da Europa Ocidental, com mais de 80 mil detentos. Embora esse número seja consideravelmente menor que os registrados em países como Brasil, Estados Unidos e China, o dado representa um recorde para o país e tem pressionado o sistema prisional.
- **PRIMEIRO SUICÍDIO ASSISTIDO EM CÁPSULA NA SUÍÇA LEVA À PRISÃO DE VÁRIAS PESSOAS**. O dispositivo tem a forma de um sarcófago e permite uma pessoa a tirar a própria vida sem assistência médica. O suicídio assistido é permitido na Suíça sob condições muito específicas. A cápsula em questão está fora da lei e não tem permissão para ser operada no país. O uso de nitrogênio dentro do dispositivo "não é compatível" com a lei de produtos químicos.
- **ZIMBABUÉ VAI SACRIFICAR 200 ELEFANTES PARA ALIMENTAR POPULAÇÃO**. Risco de fome aguda atinge quase metade da população do país que enfrenta a pior seca em décadas. No fim de agosto, a **NAMÍBIA anunciou uma medida semelhante** para sacrificar 700 animais selvagens, incluindo 83 elefantes. O objetivo não é apenas oferecer carne para milhares de pessoas, mas também aliviar a pressão sobre os recursos hídricos.
- **LÍDERES MUNDIAIS ADOTAM PACTO COM 56 AÇÕES PARA O FUTURO PLANETA**. Documento foi adotado durante a **Cúpula do Futuro da ONU**, por consenso, com apenas 7 países resistindo à aprovação do Pacto para o Futuro, entre eles a Rússia, Venezuela e Nicarágua. Entre as medidas previstas no pacto estão agir de forma ambiciosa, acelerada e justa para implementar a Agenda 2030 e atingir os Objetivos do Desenvolvimento Sustentável, "não deixando ninguém para trás". A erradicação da pobreza está colocada no centro desses esforços, segundo o Pacto. Em relação à reforma do Conselho de Segurança da ONU, há um compromisso em ampliar o número de membros e melhorar a representatividade de nações da América Latina, Ásia-Pacífico e África.
- **SUÉCIA RECOMENDA NÃO DAR TELAS A MENORES DE 2 ANOS DE IDADE**. Segundo as novas diretrizes do órgão, menores de 2 anos de idade devem ser mantidos completamente afastados das mídias digitais e da televisão. Crianças com idade entre 2 e 5 anos, por sua vez, devem ser limitadas a um máximo de uma hora de tempo de tela por dia, enquanto aquelas com idade entre 6 e 12 anos não devem passar mais do que uma ou duas horas por dia na frente de uma tela. Para adolescentes de 13 a 18 anos, o tempo recomendado é de no máximo duas a três horas por dia. O órgão de saúde recomendou ainda que crianças de qualquer idade não usem telas antes de dormir e que celulares e tablets sejam mantidos fora do quarto à noite. O uso excessivo de telas pode levar a um **sono insatisfatório, depressão e insatisfação corporal.**
- **HOMEM CONGELADO EM CAVERNA DOS EUA É IDENTIFICADO DEPOIS DE QUASE 50 ANOS.** Mistério do **"PINNACLE MAN" de 1977**, apelido inspirado no pico das Montanhas Apalaches, foi resolvido. Identificou-se os restos mortais do homem desaparecido como **Nicholas Paul Grubb**, de 27 anos, de Pensilvânia. Em 16 de janeiro de 1977, os caminhantes encontraram o corpo congelado de um homem em uma caverna na **PENSILVÂNIA**. Durante a autópsia, ele não pôde ser identificado com base em sua aparência, vestimenta ou pertences. A causa da morte, de acordo com Holmes, foi determinada como uma overdose induzida por drogas. Não havia sinais de trauma no corpo de Grubb. Seu corpo foi exumado em 2019 após registros dentários o vincularem a dois casos de pessoas desaparecidas na Flórida e em Illinois. Mas eles não correspondiam aos dois casos de pessoas desaparecidas. Encontraram cartão de impressão digital perdido da autópsia de Grubb em 1977 e um de seus familiares confirmou a identidade.
- **OBRA DE BANKSY, 'GIRL WITH BALLON', ROUBADA EM LONDRES, É ENCONTRADA.** "Girl with Balloon" (**GAROTA COM BALÃO**), um dos trabalhos mais conhecidos do artista de rua britânico Banksy, foi encontrado após ter sido roubado de uma ga-

ATUALIDADES

leria em Londres. A obra mostra uma menina tentando alcançar um balão vermelho em forma de coração e há vários murais representando a mesma imagem em Londres e em outros lugares.

- **HOMEM DESTRÓI ESCULTURA DO ARTISTA CHINÊS AI WEIWEI EM EXPOSIÇÃO NA ITÁLIA.** A obra **PORCELAIN CUBE** fazia parte da exibição **'Who am I?'** e o curador da mostra descreveu o ato como 'imprudente e sem sentido'. Um homem tcheco de 57 anos foi preso, que é conhecido por ter como alvo obras de artes importantes.
- **ESPADA DE BRONZE COM NOME DO REI RAMSÉS II É ENCONTRADA NO EGITO.** Arqueólogos egípcios recentemente desenterraram os restos de um antigo quartel militar, juntamente com uma impressionante coleção de artefatos, no distrito de Hosh Issa, norte do Egito. Entre os achados, destaca-se uma espada de bronze com o nome do faraó Ramsés II gravado em hieróglifos, ainda brilhante apesar dos séculos. O artefato, mais do que um objeto de guerra, é um testemunho da grandiosidade do reinado de Ramsés e da importância estratégica do local durante o auge do Império Egípcio.
- **MISSÃO POLARIS DAWN, DA SPACEX, QUEBRA RECORDE.** É o primeiro grupo de astronautas não governamentais a realizar uma caminhada espacial. A **nave CREW DRAGON** e seus quatro tripulantes civis alcançaram 1.400 km de distância da superfície da Terra, a mais alta já atingida por humanos. Para se ter uma ideia, a Estação Espacial Internacional (ISS) fica a 420 km da Terra.
- **RAPPER SEAN 'DIDDY' COMBS É PRESO NOS EUA.** Ele é alvo de uma série de processos por **TRÁFICO SEXUAL E AGRESSÃO** e acusado de usar álcool e drogas para submeter as vítimas aos abusos. Suas residências foram alvo de buscas por agentes federais neste ano. O artista, conhecido por diversos apelidos como Puff Daddy e P. Diddy, foi amplamente creditado como uma figura-chave na ascensão do hip hop das ruas até os clubes de luxo, segundo a AFP. Ao longo das décadas, ele acumulou uma vasta fortuna, especialmente com empreendimentos na indústria de bebidas alcoólicas.
- **81ª EDIÇÃO DO FESTIVAL DE VENEZA.** O principal vencedor foi o filme **"THE ROOM NEXT DOOR",** dirigido pelo espanhol Pedro Almodóvar, que **ganhou troféu LEÃO DE OURO**. o filme conta a história de duas amigas, uma delas diagnosticada com câncer terminal. Em uma decisão emocional, a personagem de Swinton pede à amiga para estar na sala ao lado enquanto toma a **PÍLULA DE EUTANÁSIA**. Almodóvar dedicou o prêmio às suas estrelas e afirmou que o filme é "a favor da eutanásia", enfatizando que deveria ser legalizado em mais países, além dos poucos onde já é permitida, como Bélgica, Luxemburgo, Países Baixos e Espanha. "Este filme não é político, é humanista", declarou o diretor ao receber o prêmio.

FALECIMENTOS:

- **FÁBIO ARRUDA, consultor de etiqueta e apresentador de TV**, morre aos 54 anos. Ele havia passado por um cateterismo três dias antes de falecer.
- **SÉRGIO MENDES**, ícone da Bossa Nova morreu aos 83 anos. Sérgio Mendes, músico e compositor brasileiro, um dos ícones da bossa-nova e do jazz, morreu nessa quinta-feira (5) , aos 83 anos, em Los Angeles, nos Estados Unidos. A informação foi divulgada pela assessoria do artista, por meio de nota assinada pela família. Ainda não há detalhes sobre o velório e sepultamento. Um dos pioneiros da bossa-nova, Sérgio Mendes gravou **35 álbuns em seis décadas de carreira. Conquistou três prêmios Grammy e foi indicado uma vez ao Oscar de melhor canção original, em 2012, pelo filme de animação Rio.**
- **ALBERTO FUJIMORI, EX-PRESIDENTE DO PERU**, morre aos 86 anos. Ele enfrentava problemas cardíacos e câncer.
- **RODOLFO HERNÁNDEZ, EX-CANDIDATO PRESIDENCIAL COLOMBIANO**, morre aos 79 anos. Rival de Gustavo Petro nas últimas eleições da Colômbia teve complicações devido a um câncer de cólon.
- **JAMES EARL JONES, voz icônica de Darth Vader em "STAR WARS"**, morre aos 93 anos. O artista também era conhecido por dublar o personagem MUFASA na animação "O Rei Leão" e ser a voz oficial da CNN Internacional.
- **TITO JACKSON, irmão de Michael Jackson**, morre aos 70 anos
- **MAGGIE SMITH**, atriz de **HARRY POTTER**, morre aos 89 anos
- **KRIS KRISTOFFERSON, ícone da música country e ator de "NASCE UMA ESTRELA"** morre aos 88 anos

10. PRINCIPAIS FATOS DE OUTUBRO DE 2024

NOTÍCIAS NACIONAIS:

- **BRASIL E DINAMARCA BUSCAM INTENSIFICAR PARCERIAS EM SUSTENTABILIDADE.** Como parte dessa parceria, a **RAINHA** da Dinamarca, **MARY DONALDSON**, visitou a sede da Embrapa Cerrados. **Ela plantou IPÊ — flor nativa do cerrado brasileiro para simbolizar UNIÃO com o Brasil no enfrentamento da Crise Climática**. Lula aproveitou e agradeceu a devolução do Manto Tupinambá ao Museu Nacional, no Rio de Janeiro. Casada com o príncipe Frederico X, Mary é uma patronesse do Programa das Nações Unidas para o Meio Ambiente (PNUMA), da Organização das Nações Unidas (ONU).
- **CPI DA MANIPULAÇÃO DOS RESULTADOS NO FUTEBOL CONVOCA DEOLANE BEZERRA PARA PRESTAR DEPOIMENTO.** Influenciadora é investigada na OPERAÇÃO INTEGRATION pelo uso de bets para lavagem de dinheiro. Sua mãe Solange também está entre os investigados. O requerimento também registra que, em 2022, Deolane foi alvo de busca e apreensão pela Polícia Civil de São Paulo por suspeita de ter relação com a **BETZORD**, empresa de apostas esportivas na internet. Na época, a Betzord era investigada por "crime contra a economia popular e associação criminosa". Deolane Bezerra, que, munida de um **HABEAS CORPUS** concedido pelo **ministro André Mendonça**, do STF, não irá mais comparecer ao depoimento. **A CPI já recorreu dessa decisão**. Recurso do presidente da Comissão, **senador Jorge Kajuru**, alega que ela foi convocada como testemunha e, por isso, deve prestar depoimento.
- **STF E DECISÃO SOBRE REVISTA VEXATÓRIA.** O Supremo Tribunal Federal (STF) formou maioria pa-

ra **invalidar a revista íntima vexatória em visitantes de presos**. Pelo entendimento predominante até o momento, **não será permitido o procedimento de exposição e inspeção das partes íntimas** de quem vai visitar os detentos nas unidades. Além disso, a **prova obtida a partir desta prática não será aceita em processos penais**. Os ministros também votaram no sentido de conceder um **prazo de 24 meses** para que os governos comprem e instalem equipamentos que serão usados nas revistas pessoais – **scanners corporais, esteiras de raio X e portais detectores de metais**. Na revista íntima, o visitante precisa ficar parcialmente ou totalmente nu e, por vezes, tem que se agachar e expor os órgãos genitais à observação de agentes penitenciários. Está em discussão uma proposta de invalidar a prática, estabelecendo que ela ofende a dignidade da pessoa humana. Mas há a sugestão de substituir o procedimento pelo uso de equipamentos de inspeção corporal, como scanners. A ideia é dar prazo de 24 meses para implantar a medida - neste período, os estados comprariam os equipamentos.

- **TJ-SP EXTINGUE PENAS DE POLICIAIS CONDENADOS PELO MASSACRE DO CARANDIRU.** Trata-se de 74 policiais militares condenados por executarem a tiros 77 presos durante ação para conter rebelião na Casa de Detenção da capital paulista em 1992. O caso ficou conhecido como Massacre do Carandiru. As penas, que iam de 48 anos a 624 anos de prisão, foram extintas. A **decisão do TJ-SP** segue cumprimento anterior do **decreto de Jair Bolsonaro (PL).** Em 2022, quando era presidente, ele havia dado indulto de Natal, perdoando agentes de segurança pública condenados por crimes cometidos há mais de 30 anos. O **Supremo Tribunal Federal** informou que vai voltar a julgar a constitucionalidade ou inconstitucionalidade do indulto de Bolsonaro, que ficou pendente. Ainda não há previsão de quando isso ocorrerá.
- **INFECÇÃO POR HIV APÓS TRANSPLANTES É INVESTIGADA NO RIO DE JANEIRO.** Seis pessoas que estavam na fila do transplante da Secretaria Estadual de Saúde do Rio de Janeiro (SES-RJ) receberam órgãos infectados pelo HIV de 2 doadores e agora testaram positivo para o vírus. O incidente é inédito na história do serviço. O erro foi em 2 exames do **laboratório PCS Lab Saleme**. A **OPERAÇÃO VERUM** prendeu dois dos quatro investigados no caso. Os suspeitos são: Walter Vieira, ginecologista e sócio do laboratório PCS Lab Saleme; Ivanilson Fernandes dos Santos, apontado como um dos responsáveis pelo laudo que atestou a segurança dos órgãos transplantados. O caso foi descoberto em 10 de setembro, quando um paciente que fez um transplante de coração foi ao hospital com sintomas neurológicos e teve o resultado para HIV positivo – ele não tinha o vírus antes. A partir daí, as autoridades refizeram todo o processo e chegaram aos exames feitos pelo PCS Lab Saleme com resultado falso negativo. O doador infectado morreu em 23 de janeiro, aos 28 anos, no Hospital Municipal Adão Pereira Nunes, em Duque de Caxias. Foram doados os rins, o fígado, o coração e a córnea. Todos foram testados, segundo o laboratório PCS, e deram não reagentes para HIV. Sempre que um órgão é doado, uma amostra é guardada. A SES-RJ, então, fez uma CONTRAPROVA do material e **identificou o HIV**.
- **PAPA FRANCISCO ANUNCIA BRASILEIRO DOM JAIME SPENGLER ENTRE 21 NOVOS CARDEAIS.** Os clérigos que passarão a ser cardeais, com direito de voto em eventual conclave para escolher futuros papas, serão oficializados em cerimônia de nomeação, conhecida como **CONSISTÓRIO**, que ocorrerá no dia 8 de dezembro.
- **NOVA VARIANTE DO VÍRUS SARS-COV-2 É IDENTIFICADA EM 3 ESTADOS.** A **linhagem XEC**, que pertence à **variante Omicron**, que foi identificada no Rio de Janeiro, São Paulo e Santa Catarina.
- **ACIDENTE COM EQUIPE DE REMO**. Sete atletas, com idade entre 15 e 20 anos, morreram no acidente entre um caminhão e uma van que transportava a **equipe de remo TISSOT do projeto REMAR PARA O FUTURO** que voltava para **PELOTAS**, no **RIO GRANDE DO SUL** após uma competição em São Paulo. O caminhoneiro disse à polícia que a carreta teve uma pane mecânica. O acidente aconteceu na BR-376, na altura de **Guaratuba**, no **Paraná**. Nove pessoas morreram, incluindo o motorista da van e treinador, e teve apenas um sobrevivente, João Pedro de 17 anos.
- **VOO DA OPERAÇÃO RAÍZES DO CEDRO ATERRISSOU COM 239 PESSOAS EM SÃO PAULO.** Passageiros e animais domésticos foram resgatados no **LÍBANO**, zona de conflito entre **ISRAEL** e o grupo extremista **HEZBOLLAH**. É o oito voo com brasileiros, e seus familiares, que estavam no Líbano e pediram para voltar ao Brasil. Ao todo, foram 1.877 pessoas e 21 animais de estimação trazidos da região em conflito no Oriente Médio. A Operação Raízes do Cedro é promovida pelos ministérios das Relações Exteriores e da Defesa, teve início em 5 de outubro, com o acirramento do conflito no Oriente Médio.
- **AVIÃO DE LULA POUSA NO MÉXICO APÓS 4 HORAS EM CÍRCULOS DEVIDO A UM PROBLEMA.** O problema técnico verificado após a decolagem forçou a aeronave a dar voltas no ar por mais de 4h para poder aterrissar com o tanque de combustível mais leve. Dezesseis pessoas estavam a bordo do avião, entre autoridades, ministros e a tripulação. Uma das hipóteses do problema técnico, e que precisa ser confirmada, é a de que um pássaro teria colidido com a turbina do avião presidencial.
- **X PAGA MULTA DE 28 MILHÕES EM CONTA ERRADA E ADIA RETORNO DA PLATAFORMA.** O X (antigo Twitter) depositou o valor de R$ 28 milhões que devia ao **Supremo Tribunal Federal (STF)** na conta errada, e com isso, atrasará o retorno da plataforma no Brasil. Em despacho, o ministro Alexandre de Moraes afirmou que a empresa depositou o valor em uma conta judicial da Caixa Econômica. Porém, na decisão anterior, o magistrado havia determinado o depósito em uma conta do Banco do Brasil. O ministro determinou que a Caixa faça a transferência dos valores ao Banco do Brasil.
- **INCÊNDIO ATINGE CASARÃO DE ANTIGO MUSEU DA CASA BRASILEIRA.** Um incêndio atingiu o antigo prédio do Museu da Casa Brasileira, agora conhecido como **Solar Fábio Prado**. O espaço estava se preparando para uma **exposição** sobre o progra-

ATUALIDADES

ma **CASTELO RÁ-TIM-BUM**, da TV Cultura. O local foi evacuado e não houve feridos.

- **INCÊNDIO ATINGE O EDIFÍCIO COPAN NO CENTRO DE SÃO PAULO.** Incêndio ocorreu entre o 18º e 22º andar e nas juntas (fendas) de dilatação do edifício histórico. Ocorrência não deixou vítimas ou feridos.
- **INCÊNDIO NO SHOPPING 25, NO BRÁS, EM SÃO PAULO.** O incêndio fez parte do teto do prédio desabar e destruiu 200 lojas do estabelecimento comercial no Brás. Testemunhas contaram que as pessoas conseguiram sair antes que as chamas se propagassem. As causas do fogo ainda não foram esclarecidas pelas autoridades. Foram 72 horas de trabalho com uso de mangueiras de água para combater, controlar e apagar o fogo.
- **SENADO APROVA GABRIEL GALÍPOLO PARA A PRESIDENCIA DO BANCO CENTRAL.** O economista Gabriel Galípolo, indicado pelo presidente Lula, será presidente do Banco Central do Brasil. Ele vai assumir a cadeira de Roberto Campos Neto, que encerra o mandato em 31 de dezembro. E terá, a partir de 2025, um mandato de quatro anos à frente do BC.
- **ANÍSIO TEIXEIRA É OFICIALMENTE PATRONO DA ESCOLA PÚBLICA BRASILEIRA.** O **educador baiano** Anísio Teixeira foi declarado oficialmente o patrono da escola pública brasileira. A lei foi sancionada pelo presidente Lula, no **dia 15 de outubro**, mesma data em que se comemora o **Dia do Professor**. Ele foi bacharel em Direito, gestor público, intelectual, educador e tornou-se personagem importante na história da educação no Brasil. **Anísio Spínola Teixeira** morreu de forma misteriosa durante a **DITADURA militar no Rio de Janeiro**, em 1971. O educador foi encontrado morto no fosso do elevador de um prédio. O baiano participou da criação de universidades federais, entre elas, a Universidade de Brasília (UnB). Foi também chefe da Coordenação de Aperfeiçoamento de Pessoal de Nível Superior (Capes) e do então Instituto Nacional de Estudos e Pesquisas Educacionais (Inep), instituto que atualmente leva seu nome.
- **LULA SANCIONA LEI QUE CRIA O DIA DA MÚSICA GOSPEL.** O presidente Lula sancionou a **Lei 14.998, de 2024**, que institui **9 DE JUNHO** o Dia Nacional da Música Gospel. A data foi escolhida em **homenagem à missionária sueca FRIDA MARIA STRANDBERG VINGREN (1891-1940),** que se dedicou à evangelização, em **BELÉM DO PARÁ**, no início do século passado. Além de missionária, Frida Vingren foi enfermeira, jornalista, poetisa, articulista e tradutora. Era casada com Gunnar Vingren (1879-1933), co-fundador, ao lado de Daniel Berg (1884-1963), da igreja evangélica Assembleia de Deus no Brasil. Multi-instrumentista, cantora e compositora, Frida Vingren criou mais de 20 hinos da Harpa Cristã, como o Hino 126 – Bem Aventurança do Crente. Ela faleceu em 1940. A iniciativa tem por objetivo reconhecer a música gospel, "que ganhou relevância no Brasil nas últimas décadas, como um patrimônio cultural e espiritual de grande importância para a sociedade.
- **CHARGE, CARICATURA E GRAFITE SÃO RECONHECIDOS COMO MANIFESTAÇÕES DA CULTURA BRASILEIRA.** A **Lei 14.996/2024** garante a livre expressão dessas formas de arte e estabelece o dever do poder público de preservá-las. A **charge**, segundo o texto da lei, é uma ilustração humorística que satiriza acontecimentos da atualidade. Já a **caricatura** é um desenho que exagera ou distorce os traços de pessoas para gerar humor ou crítica. O **cartum** é uma forma de desenho satírico ou humorístico, que ironiza comportamentos humanos, muito veiculado em jornais e revistas. O **grafite**, por sua vez, é uma manifestação da arte urbana, que utiliza espaços públicos, como muros e paredes, para criar intervenções visuais com mensagens sociais.
- **BRASILEIRA ROSITA MILESI VENCE O PRÊMIO NANSEN, DA AGÊNCIA DAS NAÇÕES UNIDAS PARA REFUGIADOS.** O Instituto Migrações e Direitos Humanos, fundado pela irmã Rosita há 25 anos, ajuda refugiados com documentos, emprego, aulas de português, escola. Irmã Rosita faz parte da Congregação das Irmãs Scalabrinianas, que desde o século XIX se dedica a ajudar migrantes e refugiados. Também é advogada e coordena uma rede de organizações que atuam com pessoas em deslocamento. No Brasil, antes da irmã Rosita, só o cardeal Dom Paulo Evaristo Arns havia recebido o Prêmio Nansen, da Agência das Nações Unidas para Refugiados.
- **NOVA LEGISLAÇÃO VISA ESTIMULAR INSERÇÃO DE AUTISTAS NO MERCADO DE TRABALHO.** O presidente Lula sancionou lei que promove a **contratação de pessoas com transtorno do espectro autista (TEA).** A **Lei 14.992, de 2024**, foi publicada no Diário Oficial da União, sem vetos, e já está em vigor. Com a nova lei, o Sistema Nacional de Cadastro da Pessoa com Transtorno do Espectro Autista (SisTEA), que padroniza a identificação de pessoas com o transtorno em base de dados segura — se integrará ao Sistema Nacional de Emprego (Sine), responsável por divulgar vagas e intermediar contratação de empregadores e candidatos. A lei também obriga os municípios participantes do Sine a fomentar a inclusão de pessoas com deficiência (PCD) em geral no mercado de trabalho, como por meio de feiras de emprego ou pela sensibilização de empregadores.
- **LULA SANCIONA LEI QUE AUMENTA PARA ATÉ 40 ANOS PRISÃO POR FEMINICÍDIO**. Trata-se da **Lei 14.994/24**. É a maior pena prevista no Código Penal. O texto também **TIPIFICA** o feminicídio em um **artigo específico**, e não mais como um tipo de homicídio qualificado. De acordo com a nova legislação, a **pena mínima** passa de 12 para **20 ANOS**. A **penalidade máxima** passa de 30 para **40 ANOS**. O texto ainda reconhece o feminicídio como **crime hediondo** e traz novas previsões de agravantes, situações que podem aumentar a pena do criminoso. São elas: <u>o emprego de veneno, tortura ou outro meio cruel; emboscada ou outro recurso que torne impossível a defesa da vítima; e emprego de arma de fogo de uso restrito ou proibido.</u> A nova lei ainda aumenta a pena do condenado que, no cumprimento de penalidade**, descumprir medida protetiva**. A pena atual é de detenção de três meses a dois anos. Com a nova lei, a penalidade passará a ser **RECLUSÃO** de dois a cinco anos e multa. Além disso, dentre as novidades da lei está a previsão de transferência do presidiário ou preso provisório por

crime de violência doméstica ou familiar em caso de **AMEAÇA**. Dessa forma, se ele ameaçar ou praticar novas violências contra a vítima ou seus familiares durante o cumprimento da pena, ele será transferido para presídio distante do local de residência da vítima. A lei também aumenta de 50% para **55%** o período mínimo de cumprimento da pena para que o preso faça a progressão do regime fechado para o semiaberto. A regra valerá para o réu primário e não poderá haver liberdade condicional. Se o preso usufruir de qualquer saída autorizada do presídio, terá de usar tornozeleira eletrônica e não poderá contar com visita íntima ou conjugal.

- **EMPRESÁRIO THIAGO BRENNAND É ABSOLVIDO DE CONDENAÇÃO POR ESTUPRO**. Ele foi absolvido de uma condenação de 8 anos de prisão por estupro, em um julgamento no Tribunal de Justiça de São Paulo. Não ficou comprovada a violência e suposta vítima deu diferentes versões. A condenação era referente a um caso de 2022, em que a vítima era uma massagista. Ele havia sido condenado em janeiro de 2024 e a Justiça tinha determinado o pagamento de uma indenização no valor de R$ 50 mil. Em outra decisão judicial, o empresário ainda teve a pena reduzida por outra condenação, de 10 para 8 anos de prisão. Brennand está preso desde abril de 2023, quando foi detido nos **EMIRADOS ÁRABES** depois de ficar foragido por 6 meses. Ele foi extraditado e era alvo de 4 pedidos de prisão por crimes como estupro, lesão corporal e ameaça.
- **SÃO APROVADAS NOVAS REGRAS PARA PEDÁGIO ELETRÔNICO.** O Conselho Nacional de Trânsito (**CONTRAN**) aprovou novas regras para o pedágio eletrônico, também conhecido como "**FREE FLOW**". Algumas das principais mudanças são:

1. Aumento do prazo de pagamento da tarifa para **30 dias**, SEM multa
2. **Após os 30 dias**, se o motorista NÃO efetuar o pagamento, haverá multa e será considerada **GRAVE**.
3. Criação de placas e símbolos para identificar o sistema de cobrança
4. Centralização de dados em uma plataforma nacional para facilitar a cobrança e a notificação do pedágio
5. Tarifa cobrada apenas pelo trecho percorrido.
6. As imagens captadas serão armazenadas **por 90 dias ou 5 anos**, dependendo do pagamento da tarifa.
7. Unificação da comunicação sobre o pedágio eletrônico em todas as rodovias brasileiras
8. O pedágio eletrônico permite que os motoristas passem por postos de cobrança sem parar ou reduzir a velocidade.
9. A tarifa pode ser paga de duas formas:

Por meio de uma **etiqueta eletrônica (Tag)**, que pode gerar descontos graduais de acordo com a frequência de uso

Por meio de **boleto ou débito em conta**, após cadastro e identificação do veículo no site da concessionária.

- **SEGURO DPVAT VOLTARÁ A SER COBRADO A PARTIR DE JANEIRO DE 2025.** O governo Lula aprovou, no Congresso Nacional, a volta do seguro, que vai se chamar **SPVAT – Seguro Obrigatório para Proteção de Vítimas de Acidentes de Trânsito**. A cobrança é obrigatória para todos os proprietários de veículos, a partir de 2025. O valor ainda não foi definido. O governo estima entre R$50 e R$60 por ano. O seguro cobre indenizações por morte, invalidez permanente e reembolsa despesas com assistência médica, serviços funerários e reabilitação profissional. A cobrança foi extinta em 2020, no governo Jair Bolsonaro.
- **CNPJ TERÁ NÚMEROS E LETRAS A PARTIR DE 2026.** Essa mudança não afetará os CNPJS já existentes. A mudança é necessária para garantir a disponibilidade de números de identificação sem causar impacto na sociedade nem interromper políticas públicas. O novo número de identificação do CNPJ terá 14 posições. As oito primeiras, com letras e números, identificarão a raiz do novo número. As quatro seguintes, também alfanuméricas, representarão a ordem do estabelecimento. Somente as duas últimas posições, que correspondem aos dígitos verificadores, continuarão a ser numéricas.
- **CRIME EM NOVO HAMBURGO, EM PORTO ALEGRE**. Homem que manteve a família sob cárcere privado matou o pai, o irmão e dois policiais. O assassino foi identificado pela polícia como **Edson Fernando Crippa**. Ele foi morto pela polícia após o tiroteio. o atirador trabalhou por 10 meses em um contrato de prestação de serviços temporários como papiloscopista no Instituto-Geral de Perícias (IGP). Atualmente, ele era caminhoneiro. O secretário da Segurança Pública afirmou que o assassino tinha histórico de **ESQUIZOFRENIA**. A polícia encontrou quatro armas e "farta munição" no local do crime. Além disso, o homem tinha registro como colecionador, atirador desportivo e caçador (CAC).
- **JUSTIÇA DECRETA PRISÃO DE 6 PALMEIRENSES POR ASSASSINATO DE TORCEDOR DO CRUZEIRO**. Os torcedores do Palmeiras, da torcida organizada **MANCHA ALVIVERDE**, são investigados por suspeita de participarem do **ataque aos ônibus dos torcedores do cruzeiro da Máfia Azul**. Um torcedor do Cruzeiro morreu e outros 17 cruzeirenses ficaram feridos após uma **EMBOSCADA** organizada por parte da torcida do Palmeiras na Rodovia Fernão Dias, em **MAIRIPORÃ**. Dois ônibus que levavam torcedores da Máfia Azul para Minas Gerais foram vandalizados: um acabou incendiado e outro foi depredado.
- **CANTOR LEONARDO É INCLUÍDO NA LISTA SUJA DO TRABALHO ESCRAVO APÓS FISCALIZAÇÃO NA FAZENDA TALISMÃ E LAKANKA**. O cantor Leonardo usou as redes sociais para dar esclarecimentos a seus fãs, pois seu nome foi incluído na 'lista suja' do Ministério do Trabalho e Emprego (MTE) após seis trabalhadores terem sido resgatados em condições de trabalho semelhantes à escravidão em duas fazendas de sua propriedade, em Jussara, região de Goiás. As **fazendas LAKANKA e TALISMÃ**, que pertencem **a Emival Eterno da Costa** (nome verdadeiro de Leonardo) foram alvos de fiscalização entre 18 e 29 de novembro de 2023. Durante a ação, foram constatadas diversas irregularidades trabalhistas, incluindo a manutenção de trabalhadores em condições análogas à escravidão.

Dos 18 trabalhadores encontrados, seis foram resgatados por estarem em condições degradantes, incluindo um adolescente de 17 anos realizando trabalho proibido. O documento explica que, entre as irregularidades encontradas, estavam a falta de registro formal de empregados, ausência de contratos de trabalho e não anotação nas carteiras de trabalho. **Leonardo explicou que em 2022 ARRENDOU uma parte da FAZENDA LAKANKA**, da qual é dono, **para que uma pessoa plantasse soja**. Depois de um tempo, diz ter sido surpreendido com uma visita do Ministério Público. O cantor disse que respeita as autoridades e que pagou as multas que recebeu, tendo o caso sido arquivado.

- **TRABALHO INFANTIL RECUA AO MENOR NÍVEL DESDE 2016.** O Brasil tinha 1,607 milhão de crianças e adolescentes de 5 a 17 anos de idade em situação de trabalho infantil em 2023, **o menor contingente desde 2016**, quando teve início a série histórica da PNAD Contínua para esse indicador. Esse contingente **caiu 14,6% frente a 2022** (1,881 milhão) **e 23,9% frente a 2016** (2,112 milhões). Quase dois terços (65,2%) das crianças e adolescentes em situação de trabalho infantil são **PRETOS OU PARDOS**, aponta o IBGE. A maioria são **meninos negros**. No geral, o rendimento médio das crianças e adolescentes em situação de trabalho infantil, que realizam atividades econômicas, é de aproximadamente R$ 771 por mês. Esse valor aumenta conforme a idade e o número de horas trabalhadas. Além disso, as **DESIGUALDADES** observadas no **mercado de trabalho** do país se estendem ao universo do trabalho infantil. O rendimento médio dos trabalhadores infantis do sexo masculino era de R$ 815, enquanto as do sexo feminino recebiam R$ 695. Para pretos ou pardos no trabalho infantil, o rendimento médio era de R$ 707, e de R$ 875 para os brancos na mesma situação.
- **APAGÃO EM SÃO PAULO APÓS TEMPORAL.** A chuva que atingiu a Grande São Paulo no mês de outubro derrubou árvores, causou alagamentos e deixou imóveis sem energia. O fornecimento de energia foi normalizado pela **ENEL somente após 6 dias**. O presidente Lula anunciou uma **linha de crédito** para os atingidos pelo apagão. O anúncio foi feito durante o lançamento do **PROGRAMA ACREDITA**.
- **PRESIDENTE LULA SANCIONA PROGRAMA ACREDITA.** Lei abre **LINHAS DE CRÉDITO e renegociação** de **dívidas** para **pequenos empreendedores**. Presidente **vetou** alguns trechos da lei por declarar inconstitucionais trechos que criam despesas ou abrem mão de receitas **SEM** uma contrapartida fiscal ou estimativa de impacto fiscal ao longo dos anos. O programa terá 4 eixos:
  1. Acredita no **1º passo** (microcrédito para CadÚnico)
  2. Acredita no **seu negócio** (Desenrola Pequenos Negócios e ProCred360)
  3. Acredita no **crédito imobiliário**
  4. Acredita no **Brasil sustentável**
- **GILMAR MENDES ANULA CONDENAÇÕES DE JOSÉ DIRCEU DADAS POR MORO NA LAVA JATO.** Ministro do STF entendeu que ex-juiz Moro atuou na 1ª instância contra ex-ministro para atingir Lula. Dirceu chegou a ser condenado a 23 anos por suposta atuação em esquemas na Petrobras. A decisão permite que Dirceu deixe de ser "ficha suja" e reverta sua inelegibilidade. Ela anula também todas as decisões das instâncias superiores que confirmaram as condenações do ex-ministro na Lava Jato. Gilmar Mendes acatou um pedido da defesa de Dirceu pedindo a extensão da decisão de março de 2021 quando, por maioria, o plenário do Supremo reconheceu parcialidade do ex-juiz e o declarou suspeito para julgar o ex-presidente no caso do triplex do Guarujá (SP). Com o resultado, as acusações contra Lula foram anuladas.
- **JUSTIÇA ELEITORAL SUSPENDE PERFIL DE MARÇAL NO INSTAGRAM POR FAKE NEWS.** A campanha de Boulos pediu a prisão preventiva de Marçal depois da **divulgação de LAUDO FALSO que postou nas redes sociais para acusar o psolista de USO DE DROGAS.** A Justiça Eleitoral já tinha determinado a remoção da postagem. O juiz afirmou que a prisão preventiva só vai ser admitida quando "outras medidas se mostrarem insuficientes" além de ser vedada no período eleitoral. O documento foi assinado por José Roberto de Souza, que segundo consta no site do Conselho Regional de Medicina teve o CRM expirado em 2022 após seu falecimento. O laudo também apresentava erros de português, de digitação e RG de Boulos com um número a mais, e informava ter sido emitido em 19 de janeiro de 2021. No dia, Boulos esteve envolvido em uma série de compromissos públicos, como uma visita ao vereador de Osasco e uma transmissão ao vivo feito na sua casa sobre a vacinação da Covid-19.
- **POLÍCIA DETÉM SUSPEITO DE ATIRAR EM PREFEITO DE TABOÃO DA SERRA. José Aprígio da Silva** foi atingido no ombro esquerdo. O carro blindado foi abordado por um veículo que se aproximou pela lateral, com um dos ocupantes disparando diversos tiros de fuzil.
- **MAIS DE 9,9 MILHÕES DE ELEITORES NÃO FORAM AS URNAS NO 2º TURNO.** O número de ausentes corresponde a **29,26% do eleitorado** que estava apto a votar. A Corte Eleitoral vai analisar de forma regionalizada o que pode ter provocado os altos índices de abstenção. A ideia é fazer uma pesquisa, em conjunto com os Tribunais Regionais Eleitorais, e elaborar ações para enfrentar a questão. Os dados devem ficar disponíveis antes da diplomação dos eleitos em dezembro.
- **ARCO ÍRIS DE FOGO. Fenômeno raro é visto no céu de PIAUÍ.** O fenômeno é raro porque a luz solar precisa refletir em ângulo preciso para causá-lo. Esse efeito é formado pela refração dos raios solares nos cristais de gelo de uma nuvem, as chamadas **CIRROS.**
- **FERNANDA MONTENEGRO COMPLETA 95 ANOS.** Sucesso no teatro, no cinema e nas novelas, ela é considerada uma das maiores atrizes do país. Mas o trabalho de Fernanda ultrapassou as fronteiras e também foi reconhecido no exterior.
- **HÁ 120 ANOS, LEI FEDERAL TORNOU A VACINAÇÃO OBRIGATÓRIA EM TODO O PAÍS.** Assinada em **31 de outubro de 1904** pelo presidente Francisco de Paula Rodrigues Alves (1848-1919), o decreto determinou a obrigatoriedade, em todo o território nacional, da "vacinação e a revacinação

contra a varíola". A medida surgiu como uma tentativa de conter as epidemias que assolavam o país, principalmente no **RIO DE JANEIRO**. Na época, doenças como varíola, febre amarela e peste bubônica ameaçavam a saúde e a vida dos brasileiros, e as autoridades buscaram soluções firmes para reverter o quadro. No entanto, o caminho para a implementação da vacinação obrigatória foi conturbado e enfrentou resistência da população, culminando na famosa **REVOLTA DA VACINA**.

- **BRASIL ELIMINA ELEFANTÍASE COMO PROBLEMA DE SAÚDE PÚBLICA.** A filariose linfática, popularmente conhecida como elefantíase, foi eliminada do território brasileiro como problema de saúde pública. Considerada uma das maiores causas globais de incapacidade permanente ou de longo prazo, a doença permanecia endêmica apenas na região metropolitana do Recife. O último caso confirmado foi registrado em 2017. Além de se tornar o **20º país** a ser validado pela eliminação da filariose linfática como problema de saúde pública, o Brasil também se tornou o 53º país a eliminar pelo menos uma doença tropical negligenciada, destacou a **OMS**. Nas Américas, três países permanecem classificados pela entidade como endêmicos para a filariose linfática: **República** Dominicana, Guiana e Haiti. A meta definida pela OMS é eliminar pelo menos 20 doenças tropicais negligenciadas até 2030.
- **ROGÉRIO ANDRADE, MAIOR BICHEIRO DO RIO, É PRESO POR MANDAR MATAR RIVAL FERNANDO IGGNÁCIO**. O Ministério Público do Rio de Janeiro (MPRJ) prendeu o contraventor Rogério Andrade, patrono **da escola de samba MOCIDADE INDEPENDENTE DE PADRE MIGUEL** e o maior bicheiro do Rio. Uma nova denúncia, que levou à **OPERAÇÃO ÚLTIMO ATO**, afirma que **o bicheiro mandou matar o rival Fernando Iggnácio**, que foi executado em novembro de 2020 em uma emboscada. Ele tinha acabado de desembarcar de um helicóptero e foi alvejado ao caminhar até o carro. Castor de Andrade era um dos chefões do jogo do bicho e morreu de infarto em 1997. Rogério era seu sobrinho e não herdou de pronto o espólio da contravenção. Coube ao Paulinho, filho de Castor, e a Fernando Iggnácio, genro do chefão, tocar o império. Investigações da Polícia Federal mostram que a disputa entre Rogério Andrade e Fernando Iggnácio entre 1999 e 2007 resultou em 50 mortes — algumas foram de policiais, acusados de prestar serviços para os contraventores.
- **ASSASSINOS DA VEREADORA MARIELLE E ANDERSON SÃO CONDENADOS PELO TRIBUNAL DO JURI.** Exatos 6 anos, 7 meses e 17 dias após o crime, o 4º Tribunal do Júri do Rio condenou os assassinos da vereadora Marielle Franco e do motorista Anderson Gomes. O ex-policial militar **RONNIE LESSA, o autor dos disparos** naquela noite de 14 de março de 2018, recebeu a pena de 78 anos e 9 meses de prisão. O também ex-PM **ÉLCIO QUEIROZ, que dirigiu o COBALT** usado no atentado, foi condenado a 59 anos e 8 meses de prisão. Como firmaram acordos de delação premiada, no entanto, os tempos de execução de pena serão reduzidos. Élcio Queiroz ficará preso, no máximo, por 12 anos em regime fechado; Ronnie Lessa ficará preso por, no máximo, 18 anos em regime fechado e mais 2 anos em regime semiaberto. Esses prazos começam a contar na data em que foram presos, em 12 de março de 2019 – um ano após o crime. Ou seja, 5 anos e 7 meses serão descontados das penas máximas. Assim, Élcio pode deixar a cadeia em 2031, e Lessa vai para o semiaberto em 2037, e fica livre em 2039. O acordo de cada réu, no entanto, pode ser anulado caso uma das obrigações dos delatores não seja cumprida. Por exemplo, caso fique comprovada alguma mentira na delação premiada. Acusados de serem mandantes **- os irmãos CHIQUINHO E DOMINGOS BRAZÃO**, o ex-chefe da Polícia Civil do Rio de Janeiro **RIVALDO BARBOSA** - ainda serão julgados, no STF.
- **MINISTRA ANIELLE FRANCO É ELEITA PELA REVISTA TIME UMA DAS 100 PESSOAS MAIS INFLUENTES DA NOVA GERAÇÃO.** A lista é dividida em quatro categorias: artistas, fenômenos, líderes, ativistas e inovadores. A **ministra da Igualdade Racial**, Anielle Franco, foi homenageada na **categoria "LÍDERES".** Ao lado dela, estão personalidades como: o presidente do Equador, Daniel Noboa; Huang Jie, a mais jovem e primeira pessoa LGBTQ+ eleita para o Congresso de Taiwan; e Aisha Nyandoro, norte-americana fundadora de uma organização responsável por oferecer auxílio financeiro a mulheres em situação de vulnerabilidade. A homenagem à Anielle publicada pela revista **foi escrita por SONIA GUAJAJARA**, titular da pasta dos Povos Indígenas. "Para muitos no Brasil, inclusive eu, Anielle Franco é um farol de esperança e resiliência".
- **PRESIDENTE LULA PROPÕE A GOVERNADORES PACTO NA SEGURANÇA PÚBLICA**. O ministro da Justiça apresentou aos governadores a proposta que **AMPLIA a atuação da União** nas ações de segurança pública. A PEC coloca na Constituição o Sistema Único de Segurança Pública: dá poder ao governo federal para definir normas gerais e diretrizes para a segurança pública nacional; amplia as atribuições da Polícia Federal e da Polícia Rodoviária Federal, que passaria a cuidar também de hidrovias e ferrovias, com atuação ostensiva no combate ao crime; e cria um sistema nacional unificado e padronizado de informações de segurança.
- **NO REINO UNIDO, COMEÇA JULGAMENTO EM QUE VÍTIMAS DA TRAGÉDIA DE MARIANA, EM MINAS GERAIS, PEDEM REPARAÇÃO FINANCEIRA.** A tragédia de Mariana, em Minas Gerais, está sendo julgada na Justiça britânica desde 21 de outubro de 2024 e deverá se estender até março de 2025. O processo é movido por mais de 620 mil pessoas, incluindo comunidades indígenas, municípios, igrejas e empresas, que pedem uma indenização de cerca de R$ 266 bilhões. A **barragem do Fundão** era operada pela **Samarco**, consórcio mantido com a **Vale e a BHP**. Um termo de transação e ajustamento de conduta entre todos os envolvidos resultou na **RENOVA, fundação criada para reparar os danos provocados pelo rompimento da barragem**. Os advogados das vítimas entraram com processos também na Inglaterra porque entendem que os acordos previstos no Brasil são irrisórios. Eles argumentam que os processos se complementam. O advogado britânico disse que, nesse momento, o que está sendo julgado é a responsabilidade da BHP, que há evidências de

ATUALIDADES

sobra sobre isso. No caso de condenação no Reino Unido, o montante a ser pago às vítimas vai ser discutido só em 2026, e os possíveis pagamentos começariam a ser feitos em 2028. A BHP afirma que os processos se sobrepõem e que já atua na Justiça brasileira para reparar e compensar as vítimas. **Esse é um dos maiores processos ambientais coletivos do mundo.** A tragédia em Mariana teve grande repercussão internacional, matou 19 pessoas e gerou consequências ambientais sentidas até hoje.

- **AINDA SOBRE O CASO DA TRAGÉDIA DE MARIANA/MG.** O governo federal assinou um acordo para pagamento de R$ 132 bilhões em indenização pelas empresas envolvidas na tragédia de Mariana, em Minas Gerais, em 2015. O valor visa **reparar os prejuízos causados pelo rompimento da Barragem do Fundão, administrada pela Samarco, empresa controlada pelas mineradoras Vale (brasileira) e BHP Billiton (anglo-australiana).** O primeiro acordo para indenizar as vítimas foi assinado em 2016, mas já sabia-se que uma repactuação seria necessária diante da dimensão da tragédia. Foram abertas, também, diversas ações judiciais sobre o caso. Em 2018, as negociações foram retomadas. Dos R$ 132 bilhões previstos no acordo, R$ 100 bilhões são novos recursos que devem ser pagos em até 20 anos pelas empresas ao poder público, para serem aplicados em diversas ações. As companhias também destinarão R$ 32 bilhões para custeio de indenizações a pessoas atingidas e de ações reparatórias que permanecerão sob sua responsabilidade. Elas afirmam, ainda, já terem desembolsado R$ 38 bilhões na reparação socioambiental, por meio da **Fundação Renova**, criada pelas empresas para conduzir as ações de reparação. Com a assinatura do acordo, a fundação será extinta, e a própria Samarco assumirá as obrigações. A tragédia humana e ambiental de Mariana **ocorreu em 5 de novembro 2015**, com o rompimento da barragem de rejeitos de mineração. O distrito de Bento Rodrigues foi totalmente destruído pela lama. Dezenove pessoas morreram, três estão desaparecidas até hoje e 600 pessoas ficaram desabrigadas. Aproximadamente **40 milhões de metros cúbicos de rejeitos tóxicos foram despejados no meio ambiente**, atingindo 49 municípios em Minas Gerais e no Espírito Santo. A lama percorreu 663 quilômetros pela Bacia do Rio Doce, até atingir o mar do litoral capixaba.
- **BOLA DE OURO**. Premiação coloca **VINI JÚNIOR** como **2º MELHOR DO MUNDO**. A Cerimônia foi marcada pela ausência de toda a delegação do **REAL MADRID** em protesto pela **VITÓRIA do espanhol RODRI**, do **Manchester City**, devido a informação vazada horas antes da premiação. A derrota de Vinicius Júnior na Bola de Ouro 2024 surpreendeu parte do mundo do futebol, especialmente os torcedores e jogadores brasileiros, que se manifestaram em peso nas redes sociais. Há algumas razões que podem ajudar a explicar o motivo pela qual Vinicius Júnior não ficou com o prêmio. Uma delas é o **RACISMO**. Vítima de insultos racistas nas últimas temporadas, o brasileiro tem sido uma voz importante para denunciar esse tipo de comportamento nos estádios espanhóis — e europeus em geral. Outro fator que indica o segundo lugar seria devido ao seu **COMPORTAMENTO DENTRO DO CAMPO**.

FOZ DA BACIA DO AMAZONAS. Ibama indefere pedido para exploração de Petróleo na Foz da Bacia do Amazonas e solicita mais informações da Petrobras. **A exploração de petróleo na costa brasileira figura entre os principais planos da Petrobras.** No planejamento estratégico, a companhia prevê investimento de US$ 3,1 bilhões para a perfuração de 16 poços na Margem Equatorial – área que se estende pela costa do **Amapá, Pará, Maranhão, Piauí, Ceará e Rio Grande do Norte** - no período de 2024 a 2028. Um dos focos é na região da Foz do Amazonas, onde a estatal possui projeto para perfuração de poço a cerca de 170 km da costa do Amapá e a 2.880 metros de profundidade.

- **DADOS DO IBGE E AS QUESTÕES DO DINAMISMO POPULACIONAL.** Pela primeira vez, há **mais mulheres na posição de comando das casas brasileiras do que como esposa do responsável**, revelam os novos dados do Censo 2022 sobre composição familiar, divulgados pelo Instituto Brasileiro de Geografia e Estatística (IBGE). Entre as mulheres, **34,1% são as responsáveis da casa, e 25% foram apontadas como cônjuge ou companheira**. O Censo de 2010 mostrava outro cenário: 22,9% eram as responsáveis, e 29,7%, as cônjuges ou companheiras. Com isso, a fatia de lares comandados por mulheres cresceu e passou a ser praticamente igual à dos comandados por homens: em 2010, 39% dos lares tinham elas como responsáveis. Agora, são 49%. Os homens, que respondiam por 61%, agora estão à frente de 51%. **Em 10 estados do país, 8 deles do Nordeste, as mulheres comandam mais da metade das casas.** O Censo mostrou ainda que, em 29% das casas onde as mulheres são as responsáveis, há a presença de um filho e ausência de cônjuge. Ou seja, em cerca de 3 em cada 10 lares brasileiros, as mulheres são mãe solo. No caso dos domicílios onde o homem é responsável, só 4,4% estão nessa categoria.
- **LARES HOMOAFETIVOS NO BRASIL**. Em 12 anos, o número de lares formados por **casais do mesmo sexo** passou de **59.957** para **391.080**, de acordo com novos dados do Censo 2022, divulgados pelo Instituto Brasileiro de Geografia e Estatística (IBGE). Em 2010, as casas brasileiras com casais homoafetivos representavam 0,1% do total. **Em 2022, o percentual quintuplicou e foi a 0,54%.** Os maiores percentuais estão no Distrito Federal (0,76%), Rio de Janeiro (0,73%) e São Paulo (0,67%). Outros dados:
  - ✓ No Brasil, há 72 milhões de lares - ou 15 milhões a mais que os 57 milhões revelados pelo Censo de 2010.
  - ✓ O número médio de moradores caiu de 3,3 (em 2010) para 2,8 (em 2022).
  - ✓ O número de pessoas morando sozinhas cresceu em todas as faixas etárias no país.
  - ✓ Diminuiu o número de casais com filhos e cresceu o de casais sem filhos.
  - ✓ Pela primeira vez, há mais mulheres no comando da casa do que como esposa do responsável.
  - ✓ As mulheres são responsáveis por metade dos lares brasileiros.
  - ✓ Pardos superaram brancos como os responsáveis da casa pela primeira vez.

✓ Lares homoafetivos saltaram de 59 mil para 391 mil em 12 anos.

- **PESSOAS MORANDO SOZINHAS.** O número de casas brasileiras com pessoas morando sozinhas cresceu em todas as faixas etárias, revelam dados do Censo 2022 divulgados pelo Instituto Brasileiro de Geografia e Estatística (IBGE). **Em 2010, 12% dos lares brasileiros tinham apenas uma pessoa. Em 2022, o percentual subiu para 19%.** O maior aumento foi verificado na faixa de 25 a 39 anos. Em 2010, 8,3% das pessoas dessa idade moravam sozinhas. Em 2022, o número saltou para 13,4%. A parcela de pessoas morando sozinhas é maior entre as pessoas mais velhas. Na faixa com 60 anos ou mais, 28,7% vivem sós. O IBGE subdividiu os lares em quatro tipos:
- **Nuclear** - relações familiares de casal, pai, mãe, filho, enteado, madrasta, padrasto, irmão ou irmã.
- **Unipessoal** - pessoas que moram sozinhas.
- **Composta** - na casa, há pelo menos um parente, como avô, neto, cunhado, tio ou sobrinho.
- **Estendida** - na casa, há pelo menos uma pessoa sem parentesco com o responsável, como um agregado ou empregado doméstico que more no local.

  No Brasil, o tipo mais frequente é o **nuclear**, representando 64,1% do total. Em seguida, vêm as pessoas morando sozinhas (18,9%), a estendida (15,4%) e a composta (1,5%).

NOTÍCIAS INTERNACIONAIS:

- **PAPA FRANCISCO CANONIZA PADRE POR MILAGRE NA AMAZÔNIA.** O Papa Francisco proclamou 14 novos santos durante a Missa na Praça de São Pedro. Entre eles, está o **italiano JOSÉ ALLAMANO**, canonizado por um milagre na Amazônia. O milagre ocorreu em 1996 na floresta amazônica brasileira, no estado de Roraima, onde **Sorino**, da **ETNIA YANOMAMI, foi atacado por uma onça** que feriu gravemente a sua cabeça, abrindo-lhe o crânio. Ele foi socorrido pelas missionárias da Consolata e transportado para o Hospital de Boa Vista. As religiosas pediram sua recuperação ao fundador deste instituto missionário, o padre Allamano. Sorino recuperou a saúde em poucos meses e atualmente vive, sem sequelas, em sua comunidade indígena na Terra Indígena Yanomami. **Giuseppe Allamano** nasceu em 1851 na Itália e incentivou a participação dos sacerdotes em missões, principalmente no Quênia, na África, e no Brasil – onde seu nome foi traduzido para José.
- **VALDÍVIA, ÍDOLO DO PALMEIRAS, É PRESO NO CHILE POR DENÚNCIA DE CRIME SEXUAL.** Valdivia, que atualmente é comentarista esportivo, afirmou em um comunicado que nega "de modo veemente ter agredido sexualmente qualquer pessoa". O ex-jogador de 41 anos afirmou que manteve "uma relação consensual com uma mulher adulta" e que vai colaborar com o Ministério Público para esclarecer os fatos.
- **EX-PRESIDENTE DO PERU É CONDENADO A MAIS DE 20 ANOS DE PRISÃO EM CASO DE ODEBRECHT. ALEJANDRO TOLEDO** foi considerado culpado por aceitar propina da empreiteira brasileira. Ele foi condenado por receber US$ 35 milhões (cerca de R$ 200 milhões) em **propinas da ODEBRECHT** em troca de deixá-la ganhar um contrato para construir a estrada que atualmente liga a costa sul do Peru a uma área da Amazônia brasileira.
- **PRÊMIO SAKHAROV 2024 PARA A LIBERDADE DE PENSAMENTO.** O Parlamento Europeu concedeu o Prêmio Sakharov para a Liberdade de Pensamento **aos líderes da oposição venezuelana MARÍA CORINA MACHADO e EDMUNDO GONZÁLEZ** por "representarem o povo da Venezuela que luta para restaurar a liberdade e a democracia".
- **CONVENÇÃO DA ONU SOBRE DIVERSIDADE BIOLÓGICA – COP 16 – É INICIADA EM CALI, NA COLOMBIA** com objetivo de estabelecer um pacto internacional que vise reverter a perda de biodiversidade até 20230.
- **CINCO PAÍSES APOIAM FUNDO PARA CONSERVAÇÃO DE FLORESTAS TROPICAIS.** O **FUNDO FLORESTAS TROPICAIS PARA SEMPRE (TFFF - Tropical Forest Forever Facility)** recebeu apoios da **Alemanha, Colômbia, dos Emirados Árabes Unidos, da Malásia e Noruega** durante a **16ª Conferência das Nações Unidas sobre Biodiversidade (COP16)**. Os países se comprometeram a apoiar o desenho do mecanismo financeiro que vai compensar financeiramente a conservação de florestas tropicais úmidas. A confirmação dos países veio durante a apresentação do fundo pela ministra brasileira do Meio Ambiente e Mudança do Clima, Marina Silva. Além de <u>simplificar o cálculo da área conservada por hectare</u> e NÃO por captura de carbono, como é feito nos financiamentos climáticos, <u>o fundo simplifica a forma de monitoramento com verificação por imagens de satélite, respeitando os critérios pré-definidos em cada país.</u> Os aportes serão proporcionais às áreas protegidas e terão origem em recursos aplicados pelos países desenvolvidos. Também haverá a possibilidade do pagamento de recursos adicionais por programas nacionais de prevenção e combate ao desmatamento, promoção de bioeconomia e a garantias de direitos aos povos indígenas e comunidades locais que conservam florestas tropicais.
- **PLÁSTICO NO OCEANO.** O secretário-geral das Nações Unidas, António Guterres, alertou na Conferência da ONU sobre a Biodiversidade (COP16), que acontece este ano em Cali, na Colômbia, que o **planeta está "afogado em plástico"** e pediu uma ação global para combater a poluição. O chefe da ONU também disse que o mundo precisa fazer a paz consigo mesmo, além da "paz com a natureza", referindo-se ao tema da conferência. Uma das metas globais estabelecidas pelo Marco Global da Biodiversidade, formalizado em 2022, é frear a poluição em todo o mundo. A meta, em discussão durante a COP16, é não só diminuir a quantidade de plástico que chega aos oceanos, mas também restaurar habitats críticos, incluindo aqueles ameaçados pelo descarte inadequado de resíduos.
- **EVO MORALES, EX-PRESIDENTE DA BOLÍVIA, É INTIMADO A DEPOR POR SUPOSTAS RELAÇÕES SEXUAIS COM MENOR DE IDADE.** Morales é investigado por tráfico de pessoas e exploração sexual, por supostamente ter tido relações com uma jovem de 15 anos em 2015, com quem teria tido uma filha. Os pais da menor também foram intimados a prestar depoimento. O ex-presidente nega as acu-

sações, e diz que desde que realizou marchas contra o atual governo, quatro processos foram abertos contra ele. Ele disse ainda que o caso que envolve a menor já tinha sido investigado em 2020 e foi arquivado.

- **TALIBÃ PEDE PARA PARTICIPAR DA CÚPULA DO BRICS NA RÚSSIA**. O grupo extremista Talibã, que governa o **Afeganistão**, solicitou participação na cúpula do Brics. O grupo formalizou a solicitação em carta enviada ao conselheiro presidencial russo, mas a presidência russa do Brics não incluiu o Afeganistão entre os países que solicitaram entrada no bloco.
- **XVI CÚPULA DO BRICS – KAZAN 2024.** O palco do encontro dos Brics foi na cidade Kazan, na **RÚSSIA** com o lema "**Fortalecendo o multilateralismo para o desenvolvimento e a segurança globais justos**". O presidente Lula era esperado na cúpula dos Brics, mas NÃO viajou por recomendação médica após cair no banheiro de casa e bater a cabeça. Lula participou da reunião apenas de FORMA VIRTUAL. Na cúpula de Kazan, os chefes de Estado discutiram e aprovaram a criação de uma nova categoria de parceiros do grupo. Eles NÃO serão integrantes plenos, mas poderão desfrutar de muitos dos benefícios fornecidos pelos Brics. Dois países interessados em fazer parte da nova categoria de parceiros dos Brics e que **ficaram de fora da lista final são VENEZUELA e NICARÁGUA**. O governo Lula não apoiava o ingresso de nenhuma das duas nações e, segundo interlocutores presentes na reunião, um veto informal fez com que a vontade do Brasil prevalecesse. O presidente brasileiro tem feito críticas a Nicolás Maduro e à sua recusa em divulgar as atas das eleições de julho, das quais diz ter saído vitorioso. No caso da Nicarágua, o desconforto brasileiro é motivado pelo recente congelamento das relações com o país. Ex-aliado de Lula, o líder nicaraguense Daniel Ortega expulsou o embaixador brasileiro de Manágua em agosto. Em resposta, o Brasil fez o mesmo com a embaixadora do país sul-americano em Brasília. Os dois países Venezuela e Nicarágua, porém, são considerados aliados de China e Rússia. **NICOLÁS MADURO inclusive apareceu de surpresa na cúpula**, em um movimento que muitos entenderam como parte de uma campanha russa em favor do chavista. Os Brics são um grupo de países de economias emergentes originalmente formado por **BRASIL, RÚSSIA, ÍNDIA E CHINA E ÁFRICA DO SUL**. No início do ano, outros países aderiram aos Brics: Egito, Etiópia, Irã e Emirados Árabes Unidos e Arábia Saudita. Por fim, os membros que compõem o Brics fecharam, durante reunião em Kazan a relação de países que podem aderir ao grupo de parceiros do bloco. Estão na lista **Argélia, Belarus, Bolívia, Cuba, Indonésia, Cazaquistão, Malásia, Nigéria, Tailândia, Turquia, Uganda, Uzbequistão e Vietnã**. Os líderes dos países-membros do Brics discutirão a adesão de cada um dos listados. Ainda não está definido se todos eles passarão, de fato, a fazer parte do grupo de parceiros do Brics. Conforme o esquema rotativo em vigor nos Brics, o **BRASIL assumirá a presidência do bloco em 1º DE JANEIRO DE 2025**. Os países do Brics não especificam quais são os requisitos para aceitar mais nações. Entre os critérios já definidos, estão: a defesa da reforma da ONU, incluindo o Conselho de Segurança; ter relações amigáveis com os integrantes atuais; e não apoiar sanções econômicas aplicadas sem a autorização da ONU. Em 2023, alguns dos requisitos considerados foram: o postulante fazer parte do G20 ou do Novo Banco de Desenvolvimento –o chamado Banco dos Brics– e ter concordado com posições históricas do bloco. Os integrantes também consideraram o equilíbrio geográfico para as novas adesões, buscando países que representassem uma certa diversidade, segundo o chefe da assessoria especial da Presidência da República.
- **VENEZUELA DIZ QUE VETO DO BRASIL NO BRICS É UMA AGRESSÃO E UM GESTO HOSTIL.** A Venezuela publicou um comunicado criticando o Brasil pelo veto ao ingresso do país no Brics. No texto, o regime de Nicolás Maduro compara as políticas do governo Lula às de Bolsonaro e diz que o Itamaraty reproduz "o ódio, a exclusão e a intolerância promovidos pelos centros de poder ocidentais". o procurador-geral da Venezuela, Tarek Saab, questionou o acidente doméstico sofrido por Lula, que chamou de "álibi" para justificar a ausência do brasileiro na reunião do bloco.
- **POLÍCIA DA VENEZUELA AMEAÇA BRASIL EM POSTAGEM COM IMAGEM DO PRESIDENTE LULA**. A Polícia Nacional da Venezuela publicou uma montagem nas redes sociais com uma ameaça ao Brasil. Na foto, há uma imagem borrada do presidente Lula, que está em frente à bandeira brasileira. Além disso, há a frase: **"QUEM SE METE COM A VENEZUELA SE DÁ MAL"**, em tradução livre. Isso acontece após o governo venezuelano criticar o governo brasileiro após um "veto" à entrada do país nos Brics. Para que uma nação seja aceita como integrante — pleno ou não — do bloco, é necessário consenso entre os membros. Por mais que o país sul-americano tivesse apoio da Rússia, nação que atualmente preside os Brics, Lula determinou pessoalmente que o Itamaraty bloqueasse a entrada da Venezuela. Celso Amorim, assessor especial da Presidência para assuntos internacionais, pontuou que o Brasil estava sendo acusado injustamente por barrar a adesão venezuelana aos Brics. Porém, o presidente do Legislativo venezuelano, Jorge Rodríguez, declarou intenção de declarar Amorim, como persona non grata no país. Um dos movimentos de maior tensão nessa crise aconteceu no dia 30 de outubro, quando Venezuela convocou o embaixador venezuelano no Brasil, Manuel Vadell, para consultas após o descontentamento com Celso Amorim. Esse passo é, na diplomacia, uma medida que expressa forte protesto, e poderia anteceder o rompimento de relações diplomáticas entre dois países, caso Maduro decida retirar definitivamente seu embaixador de Brasília.
- **DILMA ROUSSEFF, PRESIDENTE DO BANCO BRICS.** A Rússia demonstrou apoio à **RECONDUÇÃO** de Dilma Rousseff para um novo mandato à frente do **Novo Banco de Desenvolvimento (NDB)**, também conhecido como "banco do Brics". Dilma está no comando desde 13 de abril de 2023 e seu mandato vai até julho de 2025. O presidente russo, Vladimir Putin, recebeu o apoio de Dilma, ao defender o aumento do comércio em moedas nacionais para minimizar os "riscos políticos externos". Dessa

forma, o estabelecimento de um sistema de pagamentos internacional permitiria competir com o **Swift** (Sociedade para Telecomunicações Financeiras Interbancárias Mundiais), do qual a maioria dos bancos russos foi excluída. Ou seja, ela defendeu a criação de instrumentos financeiros que não dependam da moeda americana – **O DÓLAR**. Além disso, Dilma classificou a expansão do grupo Brics como uma das principais prioridades do banco. Novos membros reforçam o papel do banco como uma plataforma de cooperação entre os países do Sul Global.

- **PRESIDENTE DA RÚSSIA ANUNCIA QUE NÃO PARTICIPARÁ DA CÚPULA DO G20 NO BRASIL**. O Tribunal Penal Internacional, em Haia, emitiu mandado de prisão para Vladimir Putin e a Ucrania pediu ao Brasil que prenda o líder russo se ele viajar ao país para a cúpula do G20.
- **CLAUDIA SHEINBAUM TOMA POSSE COMO PRESIDENTE DO MÉXICO**. Ela se tornou a primeira mulher a ocupar o cargo. Claudia, uma cientista de 62 anos, ex-prefeita da Cidade do México, foi empossada em uma cerimônia no Congresso mexicano para um **mandato de SEIS ANOS que vai até 2030**.
- **JUÍZES DA SUPREMA CORTE DO MÉXICO RENUNCIAM APÓS REFORMA JUDICIAL**. Oito dos 11 juízes da Suprema Corte do México renunciaram e se recusaram a participar de uma eleição para o tribunal marcada para junho de 2025. Sete das renúncias dos juristas entram em vigor em 31 de agosto de 2025, enquanto Aguilar deixará o cargo em 30 de novembro de 2024. As renúncias são o resultado de uma reforma constitucional **que exige que todos os juízes sejam eleitos por VOTO POPULAR**. A reforma exige que os juízes renunciem antes da eleição de junho se não quiserem participar do processo eleitoral e desejarem manter sua pensão, ou correr o risco de perdê-la, provocando protestos entre os trabalhadores judiciais. A Suprema Corte, de 11 membros, verá seu número reduzido para nove como parte da reforma. Três juízes atuais apoiaram publicamente a reforma.
- **PADRE INDÍGENA É ASSASSINADO A TIROS NO MÉXICO**. O padre e renomado **defensor dos direitos humanos, MARCELO PÉREZ,** foi morto a tiros na cidade de San Cristóbal de las Casas. Os governos estadual e federal, a Igreja Católica e organizações de direitos humanos se manifestaram para condenar o assassinato do religioso, que havia recebido ameaças por seu ativismo. Depois de celebrar a missa e a caminho de sua paróquia, "dois homens em uma motocicleta atiraram em seu veículo", dentro do qual "o corpo sem vida do padre" foi deixado.
- **'CHACO' MOEDA EMERGENCIAL CRIADA NA ARGENTINA**. Parecem dinheiro, cabem nas carteiras como dinheiro e o governador promete que serão usadas como dinheiro. Mas as notas coloridas não são nem pesos argentinos nem os requisitados dólares americanos. São, na verdade, "chachos", uma moeda emergencial criada pelo governador de **LA RIOJA**, na ARGENTINA. O território entrou em falência quando o presidente Javier Milei cortou as transferências de recursos para as províncias, parte de um programa de austeridade sem precedentes. O governo local garante uma taxa de câmbio de 1 para 1 com pesos e aceita chachos para pagamento de impostos e contas de serviços públicos. Mas existem desvantagens: os chachos não podem ser usados fora de La Rioja e apenas empresas registradas podem trocá-los por pesos. A troca pode ser feita em pontos estabelecidos pelo governo. As notas trazem o rosto de Ángel Vicente "Chacho" Peñaloza, líder famoso por defender La Rioja numa batalha do século 19 contra as autoridades nacionais em Buenos Aires. Um QR Code na nota leva a um site que expõe Milei por se recusar a transferir a parcela de fundos federais para a província. O chacho entrou em circulação em agosto, após o Legislativo de La Rioja aprovar planos para emitir 22,5 bilhões de pesos da moeda para ajudar a cobrir até 30% dos salários do setor público. Com o rendimento médio de La Rioja abaixo de US$ 200 por mês e lojas fechando devido à falta de clientes, as autoridades distribuíram chachos no valor de 8,4 mil milhões de pesos em bônus mensais em agosto e setembro. A medida busca estimular a economia local e ajudar os trabalhadores a lidar com uma inflação na casa dos 230%. Para incentivar o uso do chacho, as autoridades prometem pagar juros de 17% sobre as notas mantidas até o vencimento, em 31 de dezembro.
- **TERREMOTO NA ARGENTINA**. Um terremoto de magnitude 5,7 atingiu a região noroeste da Argentina. A cidade mais atingida foi **SAN JUAN**. Não há informações sobre vítimas
- **JAVIER MILEI É ACUSADO DE PLAGIAR SÉRIE AMERICANA 'WEST WING' EM SEU DISCURSO NA ONU**. O presidente da Argentina, Javier Milei, foi acusado de plagiar frases do personagem presidente fictício dos Estados Unidos, Josiah Bartlet, da série americana "West Wing - Nos Bastidores do Poder", exibida entre 1999 e 2006, em seu discurso nas Nações Unidas.
- **MULTIDÃO SAI NAS RUAS DA ARGENTINA PARA PROTESTAR POR FINANCIAMENTO DE UNIVERSIDADES PÚBLICAS.** A Argentina viveu uma intensificação dos protestos universitários com uma greve de professores e a ocupação de várias faculdades por estudantes, em repúdio ao veto do presidente do país, Javier Milei, a uma lei que buscava garantir maior financiamento para o ensino superior público. A lei de financiamento das universidades, aprovada pelo Parlamento em 13 de setembro, estabelecia a atualização das verbas para os custos operacionais das universidades de acordo com a variação do índice de **inflação**, que em agosto foi de **236,7%** em relação ao mesmo mês no ano anterior. Ela também determinava uma recomposição dos salários nas universidades, levando em conta a inflação. Em 3 de outubro, Milei vetou a lei, argumentando que sua aplicação comprometeria o objetivo de equilíbrio fiscal buscado pelo governo.
- **ARGENTINA IDENTIFICA CHEFE DO HEZBOLLAH NA AMÉRICA LATINA.** A Argentina pediu um alerta de prisão internacional para **HUSSEIN AHMAD KARAKI**, que seria **o chefe do grupo extremista Hezbollah** na América Latina. Segundo o Ministério da Segurança, Kakari recrutava militantes e planejava ataques em países continente, incluindo no Brasil. As investigações apontam que o extremista está no Líbano, atualmente. A Argentina colaborou com uma investigação da Polícia Federal do Brasil,

em 2023, que frustrou planos de ataques à comunidade judaica do Brasil. Em março deste ano, Kakari também tentou fazer um atentado no Peru.

- **IRÃ INICIA ATAQUE E LANÇA MÍSSEIS CONTRA ISRAEL.** o Irã disparou cerca de 200 mísseis balísticos contra Israel. Projéteis cruzaram os céus de cidades importantes, como Tel Aviv e Jerusalém. Parte dos artefatos foi interceptada pelos sistemas de defesa de Israel. Após o ataque, o primeiro-ministro de Israel, Benjamin Netanyahu, classificou a ação iraniana como um "grande erro" e afirmou que o Irã irá "pagar" pelo ataque. Um dia antes da ofensiva iraniana, Israel lançou uma operação terrestre no Líbano, mirando alvos específicos do Hezbollah. Os militares garantiram que estavam fazendo ataques precisos e controlados contra o grupo extremista. A **OPERAÇÃO foi batizada de "SETAS DO NORTE"** e aprovada de acordo com uma decisão "política". Os militares disseram que a ação continuará de acordo com a avaliação situacional dos militares e em paralelo ao combate na Faixa de Gaza.
- **HEZBOLLAH REINVIDICA ATAQUE COM DRONE A CASA DE NETANYABU, PREMIE DE ISRAEL.** No primeiro ataque direto a Netanyahu, um drone foi lançado em direção à sua residência privada, que fica na cidade de Cesareia, no norte de Israel. O premiê e sua família não estavam em casa, e ninguém ficou ferido. Netanyahu disse que o objetivo do ataque era assassinar a ele e sua esposa.
- **NAIM QASSEM É O NOVO LÍDER DO HEZBOLLAH NO LÍBANO.** Qassem irá <u>suceder</u> **Hassan Nasrallah**, morto em 27 de setembro em ataque israelense na capital Beirute. Qassem era vice-líder do Hezbollah desde 1991.
- **YAHYA SINWAR, LÍDER DO GRUPO TERRORISTA HAMAS, FOI MORTO EM RAFAH PELAS OPERAÇÕES ISRAELENSES.** Sinwar foi nomeado em agosto o comandante máximo do Hamas, após a morte de seu antecessor, Ismail Haniyeh, assassinado por Israel quando estava no Irã. O então chefe de Hamas era conhecido pelo uso da violência. Ele tinha o apelido de "Açougueiro de Khan Younis", por ter matado 12 pessoas com um facão na Faixa de Gaza. Ele suspeitava que as vítimas estivessem colaborando com Israel. Mas foi outra característica de Sinwar que fez com que Israel passasse mais de um ano em sua caça: **FOI ELE QUEM COMANDOU os ataques do Hamas a Israel de 7 de outubro de 2023**, o maior atentado em solo israelense, quando os terroristas mataram mais de 1.200 e sequestraram centenas de outras.
- **ANTONIO GUTERRES, SECRETÁRIO GERAL DA ONU, É PROIBIDO DE ENTRAR EM ISRAEL.** Ele foi considerado **PERSONA NON GRATA** no país. A decisão, inédita na guerra no Oriente Médio, é um protesto pelo fato de a ONU não ter condenado "de forma inequívoca" o ataque com mísseis lançado pelo Irã ao território israelense.
- **ATIVISTAS PRÓ-PALESTINOS COBREM OBRA DE PABLO PICASSO COM FOTO DE GAZZA.** Um protesto aconteceu dentro da National Gallery, em Londres (Inglaterra). Dois ativistas colocaram uma foto acima da **obra "MATERNIDAD", de Pablo Picasso**. A imagem erguida por eles mostra pessoas feridas em Gaza. O grupo chamado YOUTH DEMAND, que pede o fim da venda de armas para Israel, disse que os manifestantes colaram a foto no vidro protetor da obra, pintada pelo artista espanhol em 1901. Ao ser detido, um dos manifestantes gritou **"Free, free Palestina**. O ativista disse ainda que o governo do Reino Unido é "cúmplice do genocídio" na Faixa de Gaza e que existe um forte apoio à campanha pelo fim da venda de armas a Israel.
- **EUA AMEAÇAM IRÃ COM ATAQUE DE BOMBARDEIRO INVISÍVEL NO IEMEN.** Os EUA realizaram uma série de ataques no Iêmen contra os **HOUTHIS** apoiados pelo Irã. As ofensivas tinham como alvos instalações de armazenamento de armas, incluindo instalações subterrâneas. Os locais abrigavam armas convencionais avançadas usadas para atingir embarcações militares e civis no Mar Vermelho e no Golfo de Áden, disseram as autoridades. Os ataques foram realizados por bombardeiros B-2 Spirit, marcando a primeira vez que os EUA usaram o bombardeiro estratégico "stealth" para atacar os Houthis no Iêmen desde o início da campanha americana. O **B-2** é uma plataforma muito maior do que os jatos de combate que foram usados até agora para atingir instalações e armas Houthis, capaz de transportar uma carga muito mais pesada de bombas.
- **SURTO DE MARBURG EM RUANDA.** O surto já deixa 26 casos, dos quais seis morreram. A Organização Mundial da Saúde (OMS) coordena as ações para controle e prevenção de casos em Ruanda e em nações vizinhas. A entidade define a doença de Marburg como altamente virulenta e responsável por um quadro de febre hemorrágica com taxa de mortalidade que chega a 88%, dependendo da cepa e do gerenciamento de casos. Pertencente à mesma família do vírus Ebola, o Marburg provoca sintomas que começam de forma abrupta, incluindo febre alta, dor de cabeça severa e forte mal-estar. Muitos pacientes desenvolvem sintomas hemorrágicos graves em um período de apenas sete dias.
- **FILHO DE OSAMA BIN LADEN É DEPORTADO DA FRANÇA.** Um dos filhos do fundador da Al Qaeda, Osama bin Laden, foi deportado de França, onde viveu durante anos pintando paisagens numa aldeia da Normandia. **OMAR BIN LADEN** foi impedido de regressar depois de publicar comentários nas redes sociais considerados como tendo glorificado o terrorismo.
- **CHINA FAZ MAIORES MANOBRAS MILITARES DA HISTÓRIA AO REDOR DE TAIWAN.** A manobra faz parte de uma nova leva de exercícios militares que a China anunciou ao redor da ilha — território autônomo que Pequim reivindica como seu. O Ministério da Defesa de Taiwan disse que 125 aviões militares chineses e 17 navios de guerra foram detectados em torno da ilha. Entre as aeronaves que sobrevoaram o entorno da ilha, estavam "diversos bombardeiros H-6K carregados com munição. Os exercícios, chamados de **JOINT SWORD-2024B**, duraram cerca de cinco horas e "testaram a capacidade operacional" das tropas. O Ministério da Defesa de Taiwan chamou os testes de "comportamento irracional e provocativo" e disse que respondeu às manobras com o envio de "forças apropriadas para responder adequadamente a fim de proteger a liberdade e democracia e defender a soberania" de Taiwan.

- **TEMPESTADE TROPICAL MILTON**. Furacão Milton é a tempestade mais forte do planeta em 2024. Embora tenha perdido força ao longo de sua passagem pela **FLÓRIDA**, o furacão causou estragos e deixou um rastro de destruição por várias cidades. Foram confirmadas 12 mortes.
- **TEMPESTADE TROPICAL TRAMI DEIXOU 110 MORTOS NAS FILIPINAS**. O ciclone que atravessou o país em 24 de outubro tornou-se uma das tempestades mais mortíferas que atingiu o arquipélago este ano e causou o deslocamento de meio milhão de habitantes.
- **FORTES CHUVAS MATARAM CENTENAS DE PESSOAS NA ESPANHA E CAUSARAM DESTRUIÇÃO**. As inundações afetaram a infraestrutura da região, destruindo pontes, estradas e vias férreas e inundando terras agrícolas. o Papa Francisco expressou solidariedade pelas vítimas e pessoas afetadas pelas **ENCHENTES** que foram as mais fortes já registradas no país. **VALÊNCIA** é a cidade mais atingida.
- **EGITO ELEGE 1ª MULHER COM VITILIGO PARA DISPUTAR MISS UNIVERSO.** O Miss Universo terá, pela primeira vez, uma candidata com vitiligo. Logina Salah, 34, foi coroada Miss Universo Egito 2024 no início de outubro e representará o país na competição que terá a final na Cidade do México, no dia 16 de novembro. A modelo também é mãe. Aos 8 anos, Logina foi diagnosticada com vitiligo, doença que causa manchas na pele. Segundo a miss, ela sofreu com bullying na infância e demorou 15 anos para se amar e se aceitar.
- **MASSACRE EM BURKINA FASO**. Em torno de **600 pessoas foram mortas** a tiros em questão de horas por militantes ligados à Al-Qaeda em um ataque ocorrido em agosto em uma cidade de Burkina Faso. Militantes do Jama'at Nusrat al-Islam wal-Muslimin (JNIM), um grupo afiliado da Al-Qaeda baseado no Mali e ativo em Burkina Faso, abriram fogo metodicamente enquanto invadiam os arredores de Barsalogho em motos e matavam os moradores. Muitas das vítimas eram mulheres e crianças. O massacre em Barsalogho ocorreu enquanto os moradores eram ordenados pelo exército a cavar uma vasta rede de trincheiras ao redor da cidade para protegê-la de jihadistas que circulavam nas proximidades.
- **AOS 100 ANOS, EX-PRESIDENTE JIMMY CARTER**, que é o **presidente ainda vivo mais velho dos EUA**, votou nas eleições presidenciais de 2024 pelo correio. "Estou apenas tentando votar em Kamala Harris", disse o ex-presidente. O ex-presidente é amplamente reverenciado por sua defesa dos direitos humanos e pela intermediação dos Acordos de Camp David em 1978 entre Egito e Israel.
- **BACTÉRIA NO SANDUÍCHE DO MCDONALD'S NOS EUA.** Uma pessoa morreu e outras 50 ficaram doentes depois de terem contraído **E. COLI** por lanches contaminados do McDonald's nos Estados Unidos. As autoridades de saúde inicialmente focaram em cebolas frescas e hambúrgueres de carne como possíveis fontes do surto no McDonald's. Apesar disso, os hambúrgueres de **CARNE** são uma fonte improvável devido aos requisitos federais de testes e aos protocolos do McDonald's, que exigem que sejam cozidos a uma temperatura que elimine as bactérias. Já as **CEBOLAS são servidas cruas**.
- **COREIA DO NORTE DECLARA COREIA DO SUL 'PAÍS HOSTIL'. Constituição** norte-coreana foi ALTERADA para incluir definição. A mudança se alinha à promessa do líder Kim Jong-un de desistir da reunificação. As principais estradas e ferrovias entre as duas nações foram "completamente bloqueadas por explosões.
- **AEROPORTO NA NOVA ZELÂNDIA CRIA LIMITE DE TEMPO PARA ABRAÇOS**. Aeroporto de Dunedin defende que abraços curtos são suficientes para uma explosão de "hormônio do amor". A medida foi criada para evitar que abraços prolongados causem trânsito na área de desembarque. "Para manter as coisas fluindo suavemente, instalamos uma nova sinalização, incluindo a placa **'Tempo máximo de abraço de 3 minutos'**", afirmou o diretor executivo do aeroporto. "É nossa forma de ser um pouco peculiar e de lembrar as pessoas que a área de desembarque serve para despedidas rápidas", explicou.
- **CACHORRO É FLAGRADO NO TOPO DE PIRAMIDE ANTIGA NO EGITO**. Um praticante de parapente flagrou um cachorro no topo da **GRANDE PIRÂMIDE DE GIZÉ,** também conhecida como Pirâmide de Quéops, no Egito. O homem sobrevoava o local com o equipamento e filmava a paisagem quando viu o cão no ponto mais alto do monumento. Não há informações sobre como o animal chegou até o local.
- **CUBA TEM SEGUNDO APAGÃO NACIONAL EM MEIO A PIORA DA CRISE ENERGÉTICA**. Milhões de pessoas ficaram sem energia nos últimos dias, pois a envelhecida rede elétrica cubana tem entrado em colapso repetidamente. O apagão ocorre depois de um desligamento da rede elétrica de Cuba em toda a ilha, depois que uma das principais usinas de energia da ilha falhou. Autoridades cubanas culparam uma confluência de eventos, desde o aumento das sanções econômicas dos EUA até interrupções causadas por furacões recentes e o estado empobrecido da infraestrutura da ilha.
- **ONU PEDE FIM DAS SANÇÕES DOS EUA CONTRA CUBA**. A resolução não vinculativa foi aprovada por 187 países, **apenas os ESTADOS UNIDOS e ISRAEL se opuseram, e a Moldávia se absteve**. Este foi o 32º ano consecutivo em que resoluções semelhantes foram aprovadas por grande margem. Os Estados Unidos acumularam dezenas de novas sanções a Cuba desde que um embargo comercial foi imposto após a revolução de Fidel Castro em 1959, e recentemente também houve novas sanções sob o ex-presidente Donald Trump.
- **FURACÃO OSCAR ATINGIU CUBA**. Seis pessoas morreram na passagem do furacão Oscar por Cuba, onde a maioria da população continuava sem luz devido ao apagão nacional.
- **PRABOWO SUBIANTO É EMPOSSADO COMO O NOVO PRESIDENTE DA INDONÉSIA**. Prabowo solicitou a colaboração da população para enfrentar os desafios locais e destacou sua visão de que a Indonésia pode alcançar a autossuficiência em alimentos e energia em um prazo de cinco anos. Além disso, ele reafirmou sua determinação em erradicar a corrupção no país.
- **LENDA DO TÊNIS, RAFAEL NADAL, ANUNCIA A APOSENTADORIA AOS 38 ANOS.** Ele justificou

ATUALIDADES

que os últimos anos têm sido difíceis. "Creio que não fui capaz de jogar [nos últimos anos] sem limitações, o que me levou a tomar esta decisão".

- **TAYLOR SWIFT É A CANTORA MAIS RICA DO MUNDO.** A cantora superou Rihanna, que anteriormente ocupava a primeira posição. Taylor Swift é a primeira artista a se tornar bilionária só com renda de músicas e shows. A fortuna da cantora foi impulsionada pelos lucros da turnê mundial **"THE ERAS TOUR"**
- **NOBEL DE MEDICINA 2024. Victor Ambros** e **Gary Ruvkun** são os ganhadores do Prêmio Nobel 2024 em Medicina pela **descoberta dos microRNAs e seu papel "na regulação genética pós-transcricional",** um processo fundamental para o desenvolvimento das células do nosso corpo. Sem os microRNAs, as células e os tecidos não se desenvolvem corretamente. Quando a regulação por microRNAs não funciona, por exemplo, ela pode levar a doenças graves, como câncer e diabetes.
- **NOBEL DE FÍSICA 2024.** Os cientistas **John Hopfield** e **Geoffrey Hinton** são os ganhadores do Nobel 2024 em Física por suas "**descobertas e invenções fundamentais que permitem o APRENDIZADO DE MÁQUINA COM REDES NEURAIS ARTIFICIAIS"**. Essas redes são essenciais para o desenvolvimento da inteligência artificial (IA), permitindo que computadores realizem tarefas complexas de maneira similar ao cérebro humano. Em 2023, Geoffrey Hinton deixou a gigante de tecnologia GOOGLE para poder falar livremente sobre o assunto, que considera um problema. O físico disse ter percebido que os computadores poderiam se tornar mais inteligentes do que as pessoas muito antes do que ele e outros especialistas esperavam.
- **NOBEL DE QUÍMICA 2024. David Baker, Demis Hassabis** e **John M. Jumper** são os ganhadores do Prêmio Nobel 2024 em Química por **decifrarem os segredos das PROTEÍNAS por meio da INTELIGÊNCIA ARTIFICIAL (IA) e da COMPUTAÇÃO.** Baker foi reconhecido por criar novos tipos de proteínas que não existem na natureza, algo muito importante para o desenvolvimento dessas moléculas com funções inovadoras, como na criação de medicamentos, vacinas, nanomateriais e pequenos sensores. Já Hassabis e Jumper foram premiados por desenvolver um modelo de inteligência artificial chamado AlphaFold2. Esse modelo resolveu um desafio que existia há 50 anos: prever as complexas estruturas tridimensionais das proteínas a partir de suas sequências de aminoácidos (as proteínas geralmente são formadas por 20 aminoácidos diferentes).
- **NOBEL DE ECONOMIA 2024. Daron Acemoglu, Simon Johnson e James A. Robinson** são os ganhadores do Prêmio Nobel de Economia de 2024 por seus **estudos sobre A DIFERENÇA NA PROSPERIDADE DAS NAÇÕES.** Os pesquisadores demonstraram que a **DEMOCRACIA** é um fator essencial para a possibilidade de um país desenvolver sistemas econômicos benéficos para toda a população no longo prazo. Eles revelaram também que, quanto maior a **população originária** das regiões colonizadas, piores eram as instituições impostas pelos colonizadores.
- **NOBEL DA LITERATURA 2024. Han Kang**, escritora sul-coreana, ganhou o Prêmio Nobel de Literatura 2024 **por sua intensa prosa poética que confronta TRAUMAS HISTÓRICOS e expõe a FRAGILIDADE DA VIDA HUMANA.** Ela é a primeira autora sul-coreana a ser laureada com o Nobel de Literatura. Seu livro mais famoso é "**A VEGETARIANA**", lançado no Brasil em 2018. O livro retrata as consequências violentas quando a protagonista se recusa a se submeter às normas de ingestão alimentar.
- **NOBEL DA PAZ 2024.** A **organização japonesa Nihon Hidankyo**, formada por sobreviventes de Hiroshima e Nagasaki e que luta pela abolição das armas nucleares, venceu o Prêmio Nobel da Paz 2024. A escolha, que surpreendeu analistas e casas de apostas, **foi motivada pela escalada de guerras no mundo**, como as da Ucrânia, Oriente Médio e Sudão, acompanhadas de ameaças crescentes de **USO DE ARMAS NUCLEARES.** Também conhecida como **HIBAKUSHA**, a organização premiada é um movimento popular **de sobreviventes das bombas atômicas de HIROSHIMA e NAGASAKI** — em 1945, os Estados Unidos lançaram as bombas sobre as duas cidades japonesas, matando entre 120 mil e 200 mil pessoas e marcando o fim da Segunda Guerra Mundial. Foi a única vez em que armas nucleares foram usadas durante guerras e conflitos no mundo. O comitê do Nobel disse que a decisão foi "um lembrete ao mundo atual de que essas armas não devem ser usadas nunca mais". Antes da entrega do prêmio, especialistas apontavam que António Guterres, secretário-geral da ONU, a Agência das Nações Unidas de Assistência aos Refugiados da Palestina (UNRWA) e o Tribunal Internacional de Justiça (ICJ) estavam entre os favoritos. Casas de apostas também indicavam o presidente ucraniano, Volodymyr Zelensky, como um dos favoritos. Neste ano, 286 pessoas foram indicadas ao prêmio, incluindo o Papa Francisco, embora a lista completa seja mantida em sigilo por 50 anos. O Comitê Norueguês do Nobel, composto por cinco pessoas nomeadas pelo Parlamento da Noruega, é responsável pela decisão final.

ELEIÇÕES NO JAPÃO. Os eleitores japoneses fizeram uma dura repreensão ao partido governante de longa data do país nas eleições de 27 de outubro, mergulhando a quarta maior economia do mundo em um raro período de incerteza política. O **Partido Liberal Democrata do Japão**, que governa quase continuamente desde 1955, **perdeu sua maioria parlamentar na poderosa câmara baixa pela primeira vez em 15 anos.** A raiva pública e a desconfiança no governo estavam crescendo devido ao aumento da inflação e um enorme escândalo de financiamento político no coração do LDP, com os eleitores expressando seu descontentamento nas urnas. O LDP e seu parceiro de coalizão Komeito garantiram apenas 215 das 465 cadeiras da Câmara dos Representantes, aquém das 233 necessárias para atingir a maioria, de acordo com a emissora pública NHK. O resultado é um grande golpe para o recém-nomeado primeiro-ministro Shigeru Ishiba, cuja aposta de convocar uma eleição antecipada para reforçar sua posição após assumir o cargo apenas neste mês saiu pela culatra dramaticamente.

- **MISSÃO HERA**. A missão Hera foi lançada em 7 de outubro de 2024, a bordo de um foguete SpaceX Falcon 9, na Flórida. Nave espacial vai examinar as **consequências da MISSÃO DART no sistema de asteroides de Dimorphos e Didymos.** A missão Hera contribuirá para a validação do método de impacto cinético para **DESVIAR ASTEROIDES** que possam colidir com a Terra. A missão também fornecerá informações valiosas para futuras missões de desvio de asteroides e para a ciência. A nave espacial Hera e dois satélites CubeSat estão programados para chegar ao asteroide Dimorphos e ao asteroide Didymos no final de 2026.
- **CIENTISTAS ENCONTRAM RINOCERONTE MUMIFICADO DE 32 MIL ANOS EM PERMAFROST RUSSO**. Um grupo de pesquisadores desenterrou um fóssil de uma espécie pré-histórica de rinoceronte na **região russa da SIBÉRIA**. Sua pele e pelo ainda estão intactos no solo congelado.
- **TELESCÓPIO ESPACIAL JAMES WEBB REVELA NOVOS DETALHES DE LUA DE PLUTÃO.** o Telescópio revelou novos detalhes sobre **CARONTE, lua de Plutão** e a maior orbitando qualquer um dos planetas anões do nosso Sistema Solar. Foi detectado dióxido de carbono e peróxido de hidrogênio congelados na superfície de Caronte. A presença desses compostos pode ajudar a entender como e quando se formaram os corpos gelados do Sistema Solar.
- **NASA LANÇA NAVE CLIPPER PARA ESTUDAR LUA DE JÚPITER**. Nos Estados Unidos, a Nasa lançou uma nave não tripulada para explorar um dos poucos lugares do Sistema Solar supostamente em condições de abrigar vida. Ao longo de 5,5 anos, a sonda vai fazer uma viagem de 2,9 bilhões de km pelo espaço até Júpiter. Só deve chegar à órbita do planeta em abril de 2030. Depois, por quatro anos, vai observar uma das mais de 90 luas de Júpiter. Em todo o Sistema Solar, a **LUA EUROPA é um dos lugares com mais chances de se encontrar vida além da Terra**. Observações anteriores mostraram que pode haver um oceano debaixo da superfície formada por gelo. Uma das evidências veio do telescópio espacial Hubble. Ele mostrou possíveis nuvens de vapor d'água saindo da lua. A **NAVE CLIPPER** vai fazer 49 voos para fotografar e mapear a lua, identificar variações térmicas e coletar dados sobre a composição da Europa. O objetivo é confirmar a existência ou não dos mares que estariam escondidos. Os cientistas suspeitam que, se existirem, esses oceanos podem abrigar microrganismos.
- **ASTRONOMOS DESCOBREM EXOPLANETA RARO ORBITANDO ESTRELA PRÓXIMO AO SISTEMA SOLAR.** O planeta, chamado **BARNARD B**, orbita a estrela de Barnard, que está a apenas seis anos-luz de distância. O Barnard b é um dos exoplanetas com menor massa conhecidos e um dos poucos com uma massa inferior à da Terra. Ele orbita muito perto da estrela, a uma distância 20 vezes menor que Mercúrio em relação ao Sol.
- **ECLIPSE SOLAR ANULAR**. Um impressionante "anel de fogo" foi visto no Oceano Pacífico Sul, no sul da América do Sul e no Oceano Atlântico Sul, com até 93% do centro do sol bloqueado pela lua nova, formando um belo anel luminoso no céu.

FALECIMENTOS:

- **CID MOREIRA, jornalista, apresentador e locutor**, morre aos 97 anos.
- **EMILIANO QUEIROZ,** ícone ator da tv brasileira, morre aos 88 anos. Ele fez o personagem **'Tio Nardo'** na novela Alma Gemea.
- **VLADIMIR CARVALHO**, cineasta, morre aos 89 anos. Vladimir é autor de outros curtas e documentários, como "O Homem de Areia"; "O Evangelho Segundo Teotônio". "Teotônio"; "O Engenho de Zé Lins", sobre o escritor paraibano José Lins do Rego; "Conterrâneos Velhos de Guerra", que conta a história da construção de Brasília.
- **ARY TOLEDO, humorista**, morre aos 87 anos em decorrência de uma pneumonia.
- **MAGUILA**, lenda do **BOXE** brasileiro, morre aos 66 anos. Ele tratava Encefalopatia Traumática Cronica ETC – doença que é conhecida como 'demência do pugilista' e que tem como causa a repetição de lesões na cabeça.
- **WASHINGTON OLIVETTO, ícone da publicidade brasileira**, morre aos 73 anos
- **ANTONIO CÍCERO**, escritor e compositor membro da **ACADEMIA BRASILEIRA DE LETRAS**, morreu na **SUÍÇA**. Ele era carioca e tinha 79 anos. Sofria de **ALZHEIMER** e submeteu a **EUTANÁSIA**. Ele deixou uma carta explicando a decisão. "Espero ter vivido com dignidade e espero morrer com dignidade".
- **SATURNINO BRAGA, 1º prefeito do Rio de Janeiro após redemocratização**, morre aos 93 anos
- **ARTHUR MOREIRA LIMA**, o **Pelé do Piano**, morre aos 84 anos devido a um câncer no intestino. Músico tocou com principais orquestras do mundo.
- **LIAM PAYNE**, cantor **ex-integrante** do **ONE DIRECTION**, morre aos 31 anos após cair de sacada de hotel na **ARGENTINA**.
- **PAUL DI'ANNO**, ex-vocalista do **IRON MAIDEN**, morre aos 66 anos.
- **PETE ROSE**, lenda do **BEISEBOL**, morre aos 83 anos.
- **FRANK FRITZ**, apresentador de **'Caçadores e Relíquias'** morre aos 58 anos
- **LILY EBERT**, escritora e **SOBREVIVENTE DO HOLOCAUSTO**, morre aos **100 ANOS**.

INFORMÁTICA

Emannuelle Gouveia

1. COMPONENTES DE UM COMPUTADOR: PROCESSADORES, MEMÓRIA E PERIFÉRICOS MAIS COMUNS; DISPOSITIVOS DE ARMAZENAMENTO DE DADOS; PROPRIEDADES E CARACTERÍSTICAS

O Hardware pode ser agrupado em: gabinete, periféricos e memórias.

1.1. GABINETE

O gabinete é a caixa, geralmente metálica, que armazena e protege as demais peças do computador. As principais peças que encaixaremos nele serão:

a) **Placa-mãe**: é a placa base do computador. Todos os itens importantes ao seu funcionamento ou já vêm com ela ou se encaixarão nela. Suas partes principais são:

Parte	Função
Chipset	Conjunto de circuitos integrados que gerenciam o funcionamento da placa-mãe, sendo a sua peça mais importante
Barramentos	São as vias através das quais os dados são transferidos;
Slots e Soquetes	São os encaixes nos quais são postos as placas e componentes. Também são chamados de interface da placa-mãe
Portas	Encaixam os equipamentos. Também são chamadas de interface da placa-mãe

Os barramentos principais são:

Barramento	Função
ISA, EISA E VLB	Barramentos já obsoletos, porém suas siglas devem ser conhecidas pelo aluno.
PCI	Também já quase não é mais utilizado no mercado atualmente, porém na época em que foi lançado inovou com a alta taxa de transmissão oferecida e com a Introdução de novas tecnologias no mercado, como a Plug And Play que permite a instalação e configuração de equipamentos sem a intervenção do usuário;
AGP	Está associada a placas de vídeo 3D e armazena a textura na memória principal do computador. Também já está obsoleta.
PCI Express	Substituiu os barramentos já citados e agrega uma maior taxa de transmissão de dados, além de introduzir suporte a novas tecnologias;
USB	Muito utilizado atualmente. Permite a conexão de vários equipamentos em série. A tecnologia USB permite a detecção de equipamentos conectados ao micro já ligado sem precisar reiniciar.
FireWire	Oferece alta taxa de transmissão para os dados pesados (som e imagem)
AMR e CNR	Geralmente utilizados para placas de rede e modem
IRDA	Reconhece sinais de infra-vermelho.

As portas, como já dito anteriormente, encaixam equipamentos. As principais portas e os equipamentos que geralmente lhe são associados estão listados na tabela abaixo:

Porta	Equipamento
Paralelas	Impressora, scanner, plotter, drive de cd e de DVD
Serial	Mouse, teclado, webcam, microfone, caixa de som
PS/2	Mouse e teclado

Porta	Equipamento
USB	Todos os equipamentos citados para as portas anteriores, o que não exclui a existência dos mesmos para as outras portas
IDE e suas variações	HD, Drive de CD, Drive de DVD e Drive de disquete.

b) **Processador, CPU ou UCP**: é o responsável por realizar os processamentos no computador, sendo assim a sua peça mais importante. É encaixado nos slots ou soquetes da placa-mãe.

Suas partes principais estão listadas na tabela abaixo:

Parte	Função
ULA (Unidade de Lógica e Aritmética)	Responsável por realizar os cálculos lógicos e aritméticos no processador
UC (Unidade de Controle)	Responsável por gerenciar o funcionamento do processador
Registradores	Ínfimas porções de memória que interagem diretamente com a ULA durante o processamento dos dados
Decodificador de Instruções	Decodifica as instruções que serão executadas, convertendo instruções complexas (CISC) em instruções simples (RISC)
Clock	Define a frequência de funcionamento do processador, ou seja, a quantidade máxima de ciclos de clock ou ciclos de instrução ou ciclos de CPU que um processador é capaz de executar em um determinado tempo
Barramentos	São as vias através das quais os dados são transferidos;

1.2. PERIFÉRICOS

São os equipamentos responsáveis por levar e/ou trazer dados do processador. Os principais estão listados na tabela abaixo:

Tipo	Equipamentos
Entrada	Teclado, mouse, scanner, webcam, joystick (padrão), microfone e os leitores
Saída	Monitor (convencional), impressoras, plotter, caixa de som e gravadores
Entrada e saída	Drives, monitor touch screen, hard disk (disco rígido ou HD), pen drive e modem

1.3. MEMÓRIAS

São os dispositivos capazes de armazenar dados de forma permanente ou temporária. Na tabela abaixo estão listadas as principais memórias e suas funcionalidades.

Memória	Função
Principal	É subdividida em memória RAM e memória ROM. A memória RAM é a memória de acesso aleatório, é volátil, é vendida em pentes e encaixada na placa-mãe. É o terceiro nível regular de acesso, após os registradores e a memória cache. A memória ROM é a memória somente de leitura, é não volátil, possui acesso aleatório e guarda os firmwares responsáveis pela inicialização do computador.
Cache	A memória cache é uma pequena porção de memória extremamente rápida, cuja função é amenizar a diferença de velocidade entre o processador e a memória principal. Geralmente é fabricada com tecnologia SRAM, é volátil, possui acesso aleatório e armazena os dados que serão processados, já vem nos processadores atuais.
Virtual	Consiste em uma técnica do Sistema Operacional para simular no HD uma ampliação da memória RAM
Secundária, Auxiliar ou de Massa	São os dispositivos capazes de armazenar os dados permanentemente. Pode se subdividir em discos magnéticos (HD), fitas magnéticas e discos ópticos (CD, DVD e Blu-ray).

2. SISTEMAS OPERACIONAIS (LINUX E WINDOWS). ORGANIZAÇÃO E MANIPULAÇÃO DE ARQUIVOS, PASTAS E DIRETÓRIOS

2.1. LINUX

O Linux é um Sistema Operacional representante da classe dos softwares livres, porém como seu original não tem a cláusula de copyleft em seu registro, temos versões pagas e versões gratuitas em suas distribuições.

Para concursos, não costuma cair interfaces gráficas, pois as mesmas são proprietárias, e sim os principais comandos utilizados e disponibilizados pelo Linux.

As principais características do Linux podem ser resumidas em:

- É um sistema de código livre, ou seja, não possui código proprietário em seu interior e seu código fonte está livremente disponível para os usuários interessados e suas bibliotecas são facilmente compartilhadas;
- É um Sistema Operacional multiusuário;
- Possui gerenciamento de memória próprio;
- Possui suporte a rede TCP/IP;
- Oferece multitarefa real e controle de memória virtual;
- Oferece suporte às diversas linguagens como: Java, C, C++, Pascal, Delphi, Prolog e outras;
- É um Sistema Operacional extremamente estável;
- Os seus executáveis "copy-on-write"são compartilhados;

No Linux cada diretório guarda arquivos específicos.

Tentou-se criar uma padronização para que os diversos desenvolvedores e usuários Linux pudessem usá-la como referência. Ela é chamada de Linux File System Standard (LFSSNTD).

Os principais são:

Diretório	Função
/	Indica o local no qual são montados outros diretórios.
/lib	Diretórios de bibliotecas do sistema.
/bin	Diretório que armazena comandos essenciais para o administrador do sistema e até mesmo para os usuários comuns.
/sbin	Diretório que armazena os arquivos binários essenciais do sistema: shutdown, fdisk, reboot, update.
/root	Diretório opcional para a colocação do root, podendo ser /home/root.
/etc	Guarda arquivos e diretórios de configuração do computador.
/mnt	Diretório utilizado para a montagem de sistemas de arquivos temporariamente;
/proc	Armazena informações sobre os processos, CPU, memórias e estado do sistema.
/home	Diretórios de arquivos dos usuários.
/tmp	Diretório para o armazenamento de arquivos temporários.
/usr	Dá a possibilidade da montagem de outros sistemas de arquivos, a partir daqui. Pode ser Compartilhado, é somente de leitura. Dentro desse diretório geralmente encontramos a seguinte estrutura: • /bin→ armazena a maioria dos comandos; • /dict→ armazena a lista de dicionários; • /doc→ armazena a documentação de programas; • /games →armazena jogos e programas educacionais; • /info→ armazena informação sobre programas; • /lib→ armazena biblioteca dos programas; • /local→ armazena a hierarquia local; • /src→ armazena o código fonte de programas .Geralmente aqui fica a fonte do Kernel.

Os comandos mais comuns utilizados no Linux serão listados na tabela abaixo. São comandos básicos e por isso são os mais explorados em concursos.

INFORMÁTICA

Comando	Função
date	Exibe e permite a modificação da data e da hora do sistema.
time	Determina o tempo utilizado para a conclusão de um determinado processo.
pwd	Exibe o nome do diretório corrente
ls	Exibe o conteúdo do diretório corrente. Podemos usar também o comando Dir que, na verdade, é um "alias" do comando ls
top	Exibe a lista de todos os processos executados na máquina naquele momento. Os processos são ordenados decrescentemente pelo tempo de CPU gasto.
ps	Lista todos os processos que estão sendo executados no momento.
hostnam	Exibe o nome da máquina na qual é digitado o comando.
netconf	Renomeia a máquina na qual é digitado o comando.
whoami	Exibe o nome do usuário que digitou o comando.
Idusername	Exibe o nome do usuário que digitou o comando e os grupos de usuários aos quais eles pertencem
Fingerusername	Exibe informações sobre um determinado usuário especificado no comando
last	Exibe uma lista com os últimos usuários que se conectaram à rede
uname-a	Exibe informação sobre o servidor
free	Exibe informação sobre as memórias disponíveis
cd diretório	Muda o diretório corrente para um determinado diretório. Se o usuário digitar só o comando cd significa mudarmos diretamente para a nossa home directory (diretório raiz do usuário).
cp diretório de origem diretório de destino	Copia dados entre o diretório de origem e o de destino.
mv diretório de origem diretório de destino	Move dados entre o diretório de origem e o de destino. Esse comando também pode ser utilizado para renomear diretórios ou arquivos.
mkdir diretório	Cria um diretório com o nome especificado no comando.
rmdir diretório	Remove o diretório especificado no comando
rm -r diretório	Remove diretórios e subdiretórios. Esse comando apaga direto, inclusive diretórios que possuam conteúdo.
rm	Permite a exclusão de um arquivo (equivale ao del do DOS);
****	Permite a digitação de um comando extenso na linha de comando que é aberta;
Kill	Encerra processos em andamento
history	Mostra os comandos que o usuário já digitou;
Kde	Inicia a interface gráfica (K Desktop Enviroment);
|lpr	Imprime o arquivo listado
lpr	Imprime um arquivo
lprm	Remove arquivos da fila de impressão;
lpq	Exibe o status da fila de impressão
| more	Exibe um arquivo com pausa linha a linha;
file	Descreve um determinado arquivo;
df	Exibe as partições de um HD;
clear	L impa a tela (equivale ao cls do DOS)

cat	Exibe o conteúdo de um arquivo (equivale ao TYPE do DOS);
find/ – name	Nome do arquivo : procura o arquivo cujo nome foi citado
alias	Permite a criação de comandos simples;
&	Faz com que o comando desejado seja executado em background
mtools	Possibilita a utilização de ferramentas compatíveis com o sistema MS-DOS;
linuxconf	Possibilita a configuração do Linux;
m	Permite a configuração do modem
sndconfig	Permite configurar a placa de som;
telnet	Possibilita o uso do serviço de telnet;
startx	I Inicia a interface gráfica do Linux (X- Windows);
passwd	Nome do usuário : gerencia as senhas do usuário especificado (cria e altera);
Reboot	Reinicia o sistema
su	Conecta o superusuário
shutdown	Desliga o computador
shutdown -r now	Reinicia o computador (mais aconselhado do que o Reboot);
shutdown –h now	Desliga o computador (o now pode ser substituído por um numeral, o que indicará que o computador será reiniciado naquele determinado tempo em minutos);
TAR	Arquivo para criar backups
TAR – c	Cria o backup
TAR –t	Lista os arquivos de backup
TAR –v	Lista cada arquivo de backup existente
TAR –x	Restaura o backup
cat –r	Arquivo1 arquivo2... : concatena o conteúdo de vários arquivos e a exibe em uma saída padrão
chmod	Permite a troca de atributos do arquivo
ln –s parametro1 parametro2	Cria um link simbólico entre o primeiro e o seguinte item
vi arquivo	Ferramenta antiga para a edição de arquivos
wc arquivo1 arquivo2	Exibe o total de linhas, palavras e caracteres dos arquivos solicitados
path	Exibe os diretórios onde os executáveis dos programas serão procurados
ifconfig –a	Exibe ou permite definir o IP de uma máquina
netstat –r	Exibe as máquinas existentes em uma determinada rota, com as máscaras, gateways e interfaces de cada uma
netstat -t	Exibe todos os circuitos TCP ativos
asc, bin	Usados no FTP para definir o modo de transferência dos arquivos (texto/binário
get/put	Transfere de/para a máquina remota o arquivo especificado
mget / mput	Realizam as mesmas funções do get/put, porém funcionam para múltiplos arquivos

2.2. WINDOWS 10

A nova área de trabalho do Windows10 é mais moderna e com cores fortes.

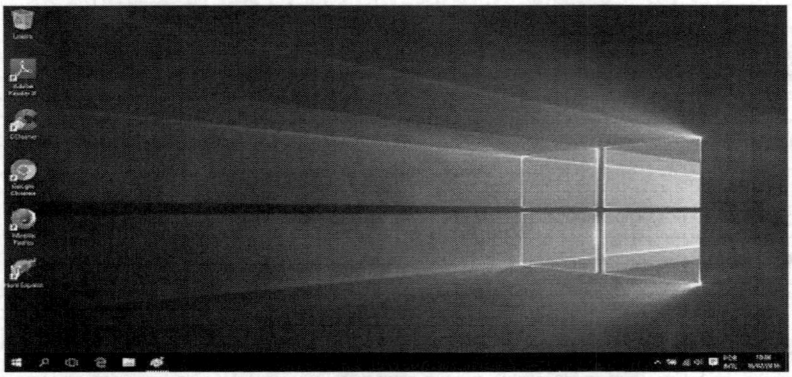

Barra de tarefas

A barra de tarefas do Windows10 manteve o padrão original, com: área de notificação, área intermediária, barra de inicialização rápida e botão Iniciar

As novidades surgem apenas na Barra de Inicialização Rápida e no Menu Iniciar como veremos agora.

a) **Barra de Inicialização Rápida:**. Surge o botão para busca no Windows e na Web  e o botão que permite ter a visão de várias tarefas simultâneas 

b) **O botão Iniciar:** ficou com uma imagem mais sóbria  e trouxe um novo formato de menu, como veremos a seguir:

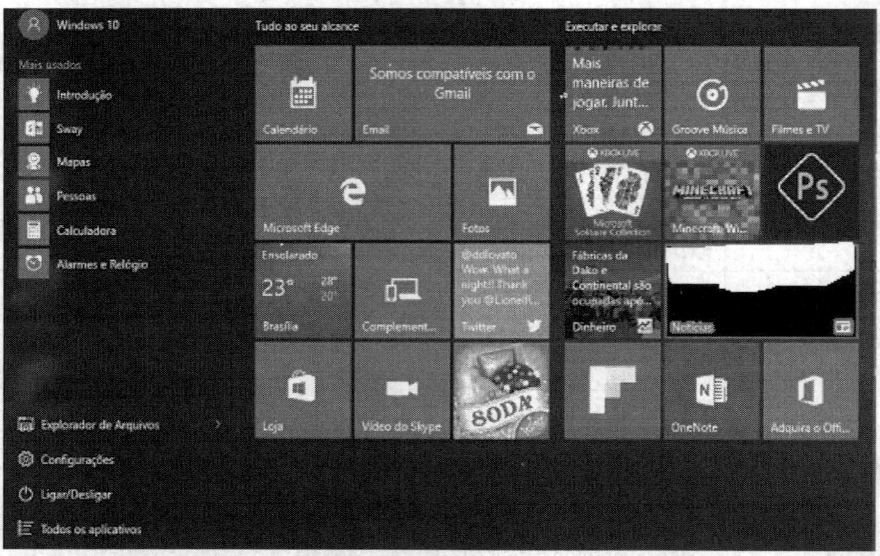

Na parte superior a esquerda, está a listagem dos programas considerados mais importantes e os mais recentemente utilizados.

Na parte inferior, vem os principais menus de navegação:

→ fornece acesso ao Windows Explorer;

→ fornece acesso ao Painel de Controle, que também veio com cara nova e que estudaremos a seguir.

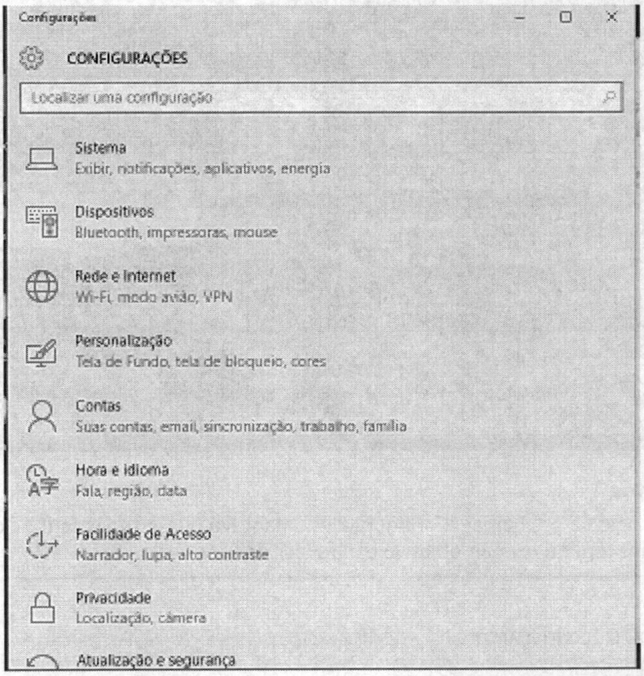

→ que oferece as funções de Desligar, Suspender e Reiniciar

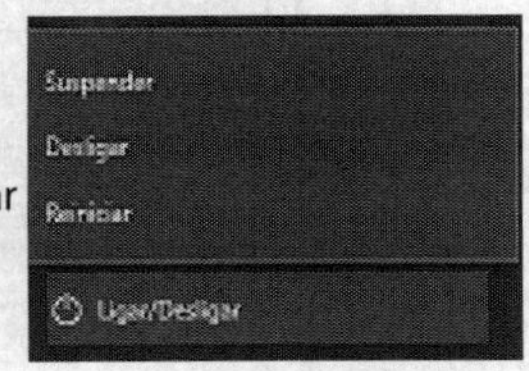

-> que exibe todos os programas instalados no computador. Agora, ele está organizado em ordem alfabética e agregou algumas funcionalidades que antes ficavam no painel de controle, como "Ferramentas Administrativas", por exemplo.

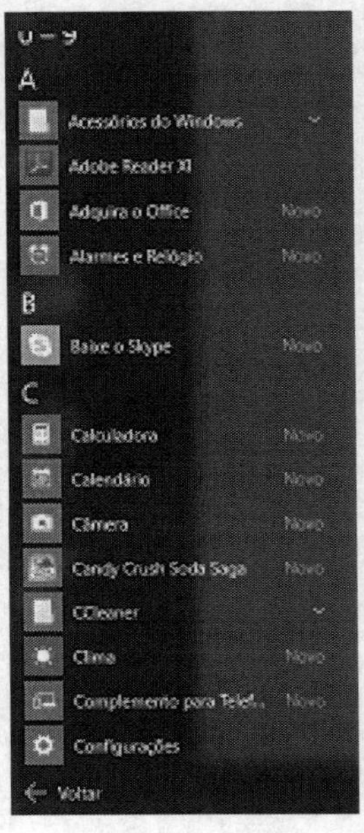

INFORMÁTICA

Do lado direito, vamos encontrar as áreas: "Tudo ao seu alcance" e "Executar e Explorar" que podem ser configuradas pelo usuário (assim como todo o resto) com os software e itens que julgar mais importantes.

c) Programas e aplicativos

O painel de Controle passa a se chamar "Configurações". Manteve quase todas as funcionalidades das versões anteriores, mas ficou menos repetitivo, mais objetivo e mais fácil de usar.

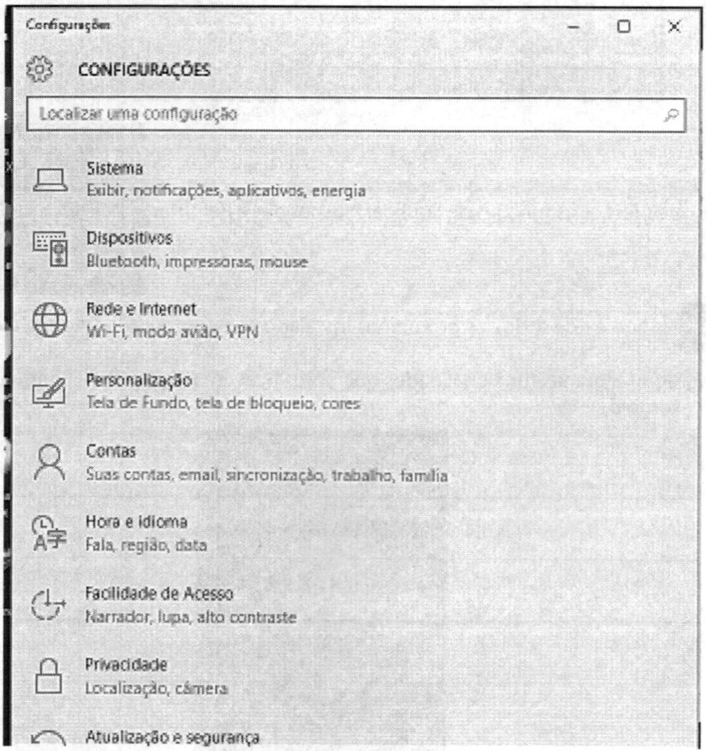

c.1) Sistema

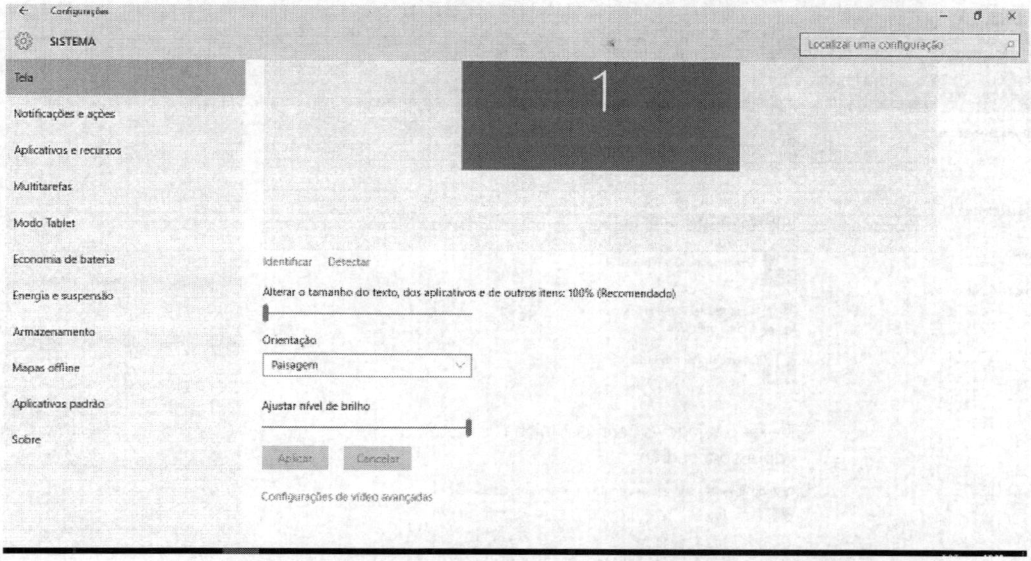

Item	Subitem	Função
Sistema	Tela	Permite que o usuário configure brilho e resolução da tela.
	Notificações e Ações	Oferece a possibilidade de ativar notificações de atividade no Windows e configurar a barra de Ações Rápidas;
	Aplicativos e Recursos	Aplicativos e Recursos é o antigo Programas e Recursos;
	Multitarefa	Permite configurar as várias áreas de trabalho virtuais e definir como o Windows vai se comportar em seu gerenciamento;
	Modo Tablet	Oferece a possibilidade de trabalhar na interface adaptada para os dispositivos móveis;
	Economia de Bateria	Oferece recursos para o aparelho funcionar em modo econômico de bateria
	Energia e Suspensão	Oferece recursos para configuração de esquemas de energia e para a suspensão do dispositivo
	Armazenamento	Oferece informações sobre o estado de armazenamento do disco e permite definir opções de locais padrão para armazenamento de arquivos;
	Mapas OffLine	Integração com sistemas de mapas que podem ser baixados no computador
	Aplicativos Padrão	É o antigo Programas Padrão
	Sobre	É a antiga tela inicial do item Sistema, que oferece informações sobre a máquina e sua configuração.

c.2) Dispositivos

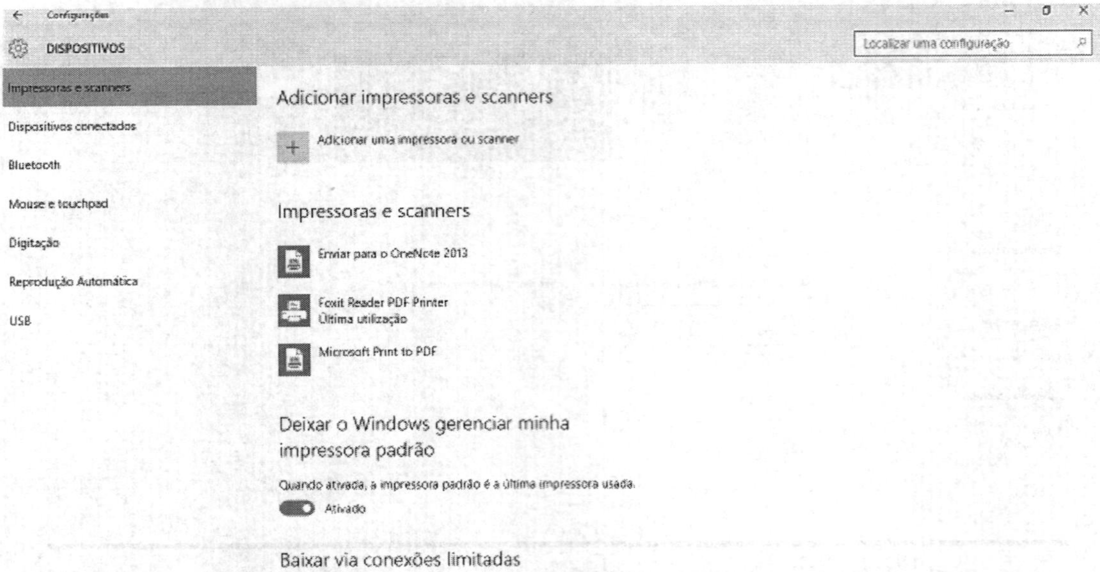

Item	Subitem	Função
Dispositivos	Impressoras e Scanners	Permite instalar e gerenciar impressoras e Scanners
	Dispositivos Conectados	Gerencia dispositivos conectados ao computador e eventuais problemas encontrados
	Bluetooth	Permite a configuração desse tipo de conexão
	Mouse e Touchpad	Permite a configuração desses dispositivos
	Digitação	Permite a configuração de velocidade de repetição de teclas e elementos de digitação
	Reprodução Automática	Permite a configuração da respectiva função
	USB	Gerencia as conexões dos elementos USB

c.3) Rede e Internet

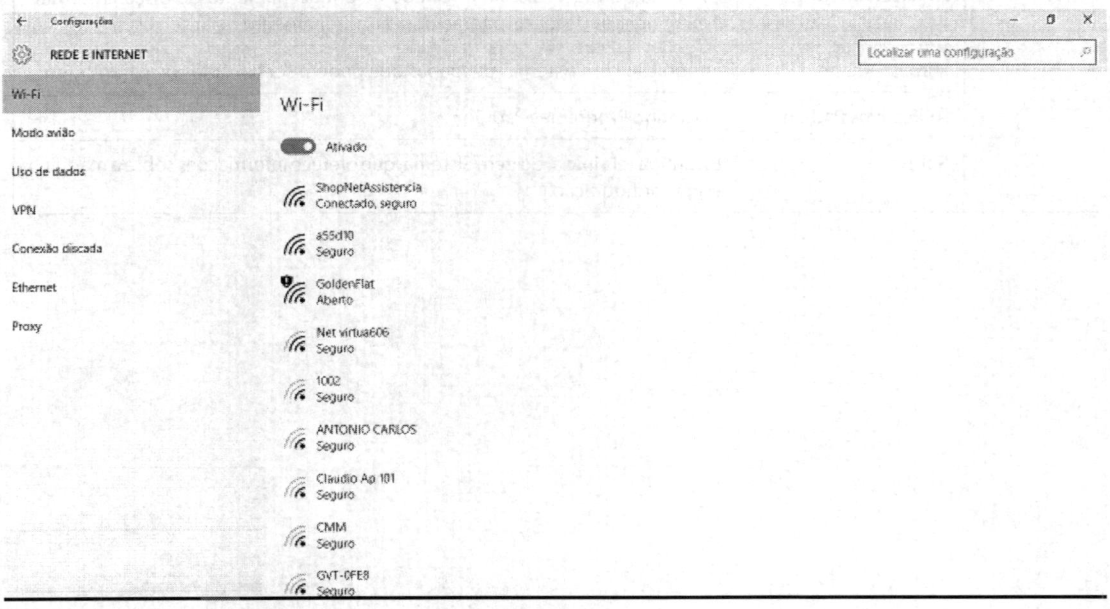

Item	Subitem	Função
Rede e Internet	Wi-fi	Permitem a configuração de conexões utilizando a tecnologia citada em cada item
	Modo Avião	
	Uso de Dados	
	VPN	
	Conexão Discada	
	Ethernet	
	Proxy	

c.4) Personalização

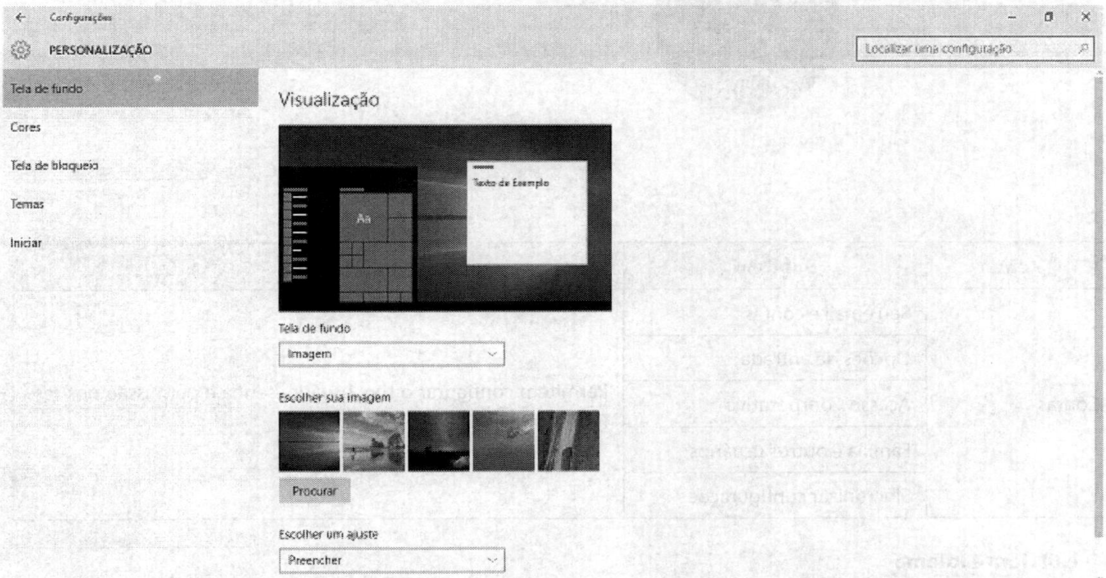

Item	Subitem	Função
Personalização	Tela de Fundo	Permite configurar a Área de Trabalho
	Cores	Permite configurar o padrão de cores desejado
	Tela de Bloqueio	Permite configurar a proteção de tela
	Temas	Permite configurar temas de cores para as janelas do Windows
	Iniciar	Permite a configuração do menu Iniciar

c.5) Contas

Item	Subitem	Função
Contas	Seu email e contas	Permitem configurar o trio: usuário, senha e permissão nos respectivos níveis citados.
	Opções de entrada	
	Acesso Coorporativo	
	Família e outros usuários	
	Sincronizar configurações	

c.6) Hora e Idioma

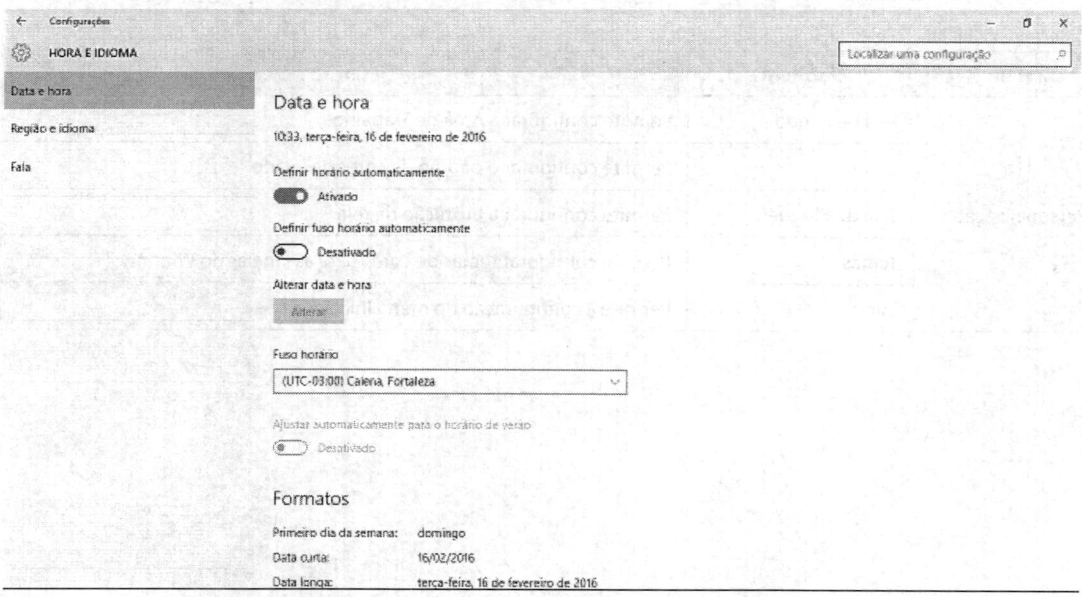

Item	Subitem	Função
Hora e Idioma	Data e Hora	Nessa opção é possível alterar não o formato de apresentação, mas efetivamente a data e a hora do sistema e o fuso horário.
	Região e Idioma	Aqui são ajustados (para todo o ambiente Windows) configurações, formato de apresentações de número, data, moeda e idioma.
	Fala	Permite configurar elementos de acessibilidade por voz.

c.7) Facilidade de Acesso

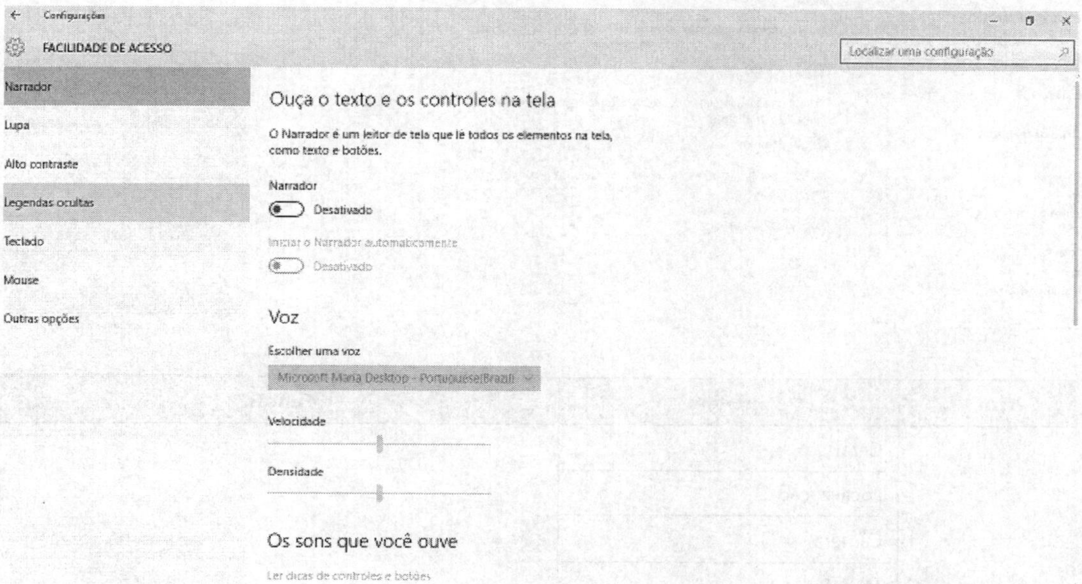

Item	Subitem	Função
Facilidade de Acesso	Narrador	Permitem definir recursos de acessibilidade de acordo com o item citado no título.
	Lupa	
	Alto Contraste	
	Legendas Ocultas	
	Teclado	
	Mouse	
	Outras opções	

c.8) Privacidade

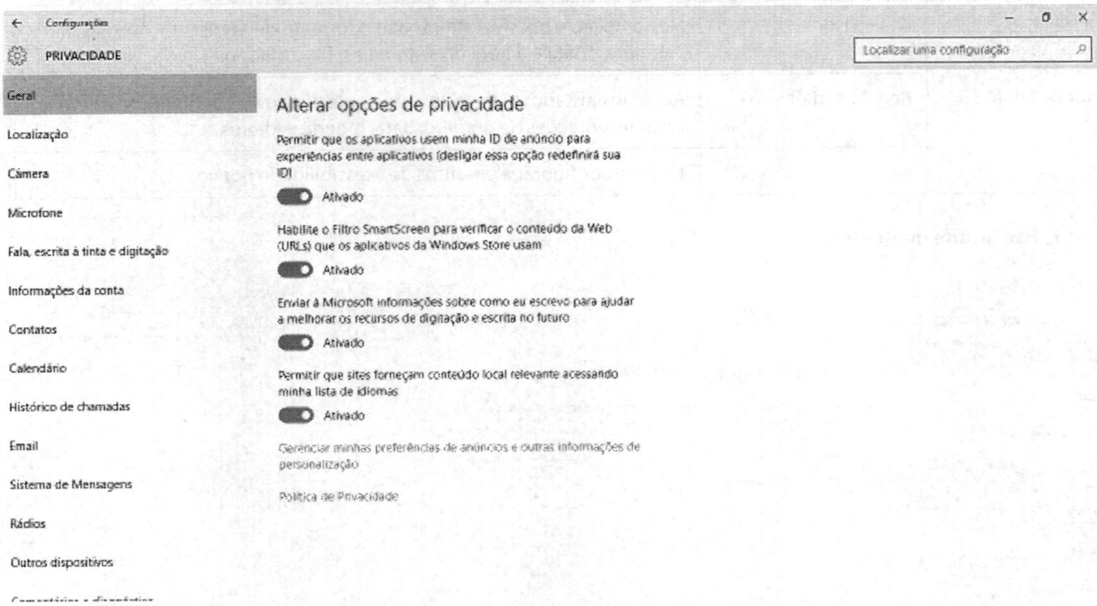

Item	Subitem	Função
Privacidade	Geral	Permite definir regras de privacidade para os itens citados. Dependerá do qual de permissões do usuário corrente.
	Localização	
	Câmera	
	Microfone	
	Fala, Escrita a tinta e digitação	
	Informações da Conta	
	Contatos	
	Calendário	
	Histórico de Chamadas	
	Email	
	Sistema de Mensagens	
	Rádio	
	Outros Dispositivos	

c.9) Atualização e Segurança

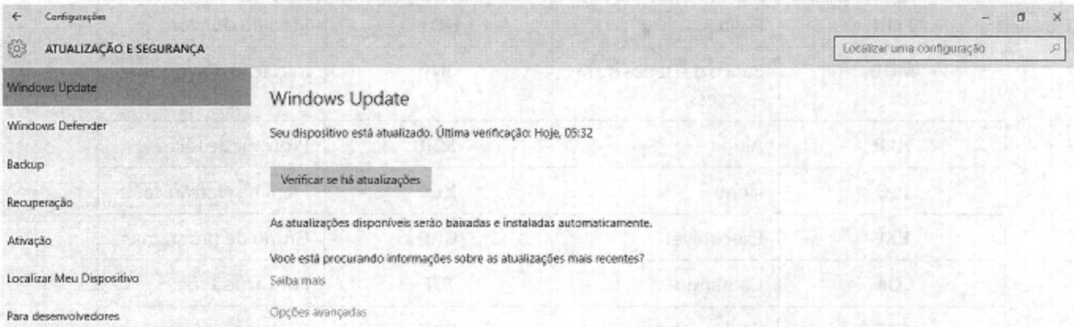

Item	Subitem	Função
Atualização e Segurança	Windows Update	Permite atualizar a versão do Windows, desde que a máquina esteja conectada a Internet.
	Windows Defender	É o antispyware e antivírus do Windows
	Backup	Permite a realização de cópias de backup, sua restauração e a configuração e verificação de status do backup mais recente.
	Recuperação	Permite criar pontos de recuperação para o Sistema Operacional. Em caso de falhas o Sistema Operacional pode ser recuperado sem a necessidade de formatação ou perda de arquivos.
	Ativação	Permite ativar a versão do sistema
	Localizar meu Dispositivo	Permite a localização do dispositivo
	Para desenvolvedores	Oferece ferramentas avançadas para desenvolvedores.

2.3. CONCEITO DE PASTAS, DIRETÓRIOS, ARQUIVOS E ATALHOS E MANIPULAÇÃO DE ARQUIVOS E PASTAS

- O Windows Explorer é o gerenciador eletrônico de arquivos e diretórios do Windows
- **Arquivo**: é uma informação salva em memória secundária. É a menor unidade manipulada pelo usuário.
- O nome do arquivo é dividido em duas partes, o **identificador** que é o nome dado pelo usuário, um ponto "." que é obrigatório, e a **extensão** que indica o tipo do arquivo. O nome de arquivo pode conter até 255 caracteres, incluindo espaços. Entretanto não é recomendável criar nomes de arquivos com 255 caracteres. A maioria dos programas não pode interpretar nomes de arquivos que sejam extremamente longos. Não esqueça que os nomes de arquivos não podem conter os seguintes caracteres;

\/ : ? " <>! *

Extensões mais utilizadas			
BMP, GIF, TIF, JPG, PCX, PCG, WMF,PCD, CPT	Imagens	**TXT, DOC, WRI, RTF**	Textos e documentos
AVI, QT	Vídeo Clip	**INF**	Informações
WAV, MP3	Som	**HTM, HTML**	Internet

INFORMÁTICA

Extensões mais utilizadas			
FON	Fontes	**DOT**	Modelo do Word
MDB	Banco de Dados do Ms – Access	**INI**	Iniciação do Windows
HLP	Ajuda	**SCR**	Protetor de tela
ICO	Ícone	**XLS**	Planilha eletrônica
EXE	Executável	**GRP**	Grupo de programas
COM	Comando	**TTF**	Font True Type
BAT	Arquivo de Lote	**BAK**	Backup
PIF	Arquivo de Programa do DOS	**MPG, MP2, MPEG, MIV**	Clipe de filme
CUR	Cursor	**ANI**	Cursor animado

- **Pasta**: é um local criado para armazenar nossos arquivos, permitindo assim, organizá-los nos discos de nossos computadores.

  As pastas podem conter subpastas.

  As pastas também podem ser chamadas de diretórios e as subpastas de subdiretórios.
- **Unidade de disco:** É a representação de uma memória secundária
- **Árvore de Diretórios:** O Windows Explorer exibe os arquivos e pastas existentes em seu computador em uma estrutura hierarquizada, permitindo a navegação através deles, em uma única janela. Essa estrutura é chamada de árvore de diretórios.

  As principais tarefas que realizamos no Windows Explorer são:

Função	Formas para Realização
Selecionar Itens	Pode selecionar vários itens **não seqüenciais**, mantendo a tecla **CTRL** pressionada e clicando sobre os itens desejados. Pode selecionar arquivos **em seqüência** de duas formas: → Seleciona uma extremidade da seqüência, mantêm a tecla **SHIFT** pressionada e seleciona a outra extremidade da seqüência. → Seleciona uma extremidade da seqüência, mantêm a tecla **SHIFT** pressionada e movimenta-se com as setas de direção do teclado.
Excluir Itens	*Enviando os itens para a Lixeira:* 1. Selecione o item a ser excluído; Selecione a opção de menu **"Arquivo\Excluir";** Na tela de confirmação que surgirá, selecione "**OK**". 2. Selecione o item a ser excluído; Clique com o botão direito do mouse, e escolha a opção **"Excluir"**; Na tela de confirmação que surgirá, selecione "**OK**". 3.Selecione o item a ser excluído; Aperte a tecla **DEL** ou **DELETE** *Apagando definitivamente* 1. Combinando Shift Com qualquer uma das formas de exclusão

Função	Formas para Realização
Renomear Itens	**1.** Selecione o item que será renomeado Selecione a opção **"Arquivo\Renomear"** Digite o novo nome desejado para o item. **2.** Selecione o item que será renomeado Clique com o botão direito do mouse, e escolha a opção **"Renomear"**; Digite o novo nome desejado para o item. **3**. Selecione o item que será renomeado Clique novamente sobre o item e observe que a área de edição é ativada. Digite o novo nome desejado para o item. 4. Selecione o item que será renomeado Clique na tecla **F2** e observe que a área de edição é ativada. Digite o novo nome desejado para o item.
Mover Itens	**1.** Selecione o item que será movido Selecione a opção **"Editar\Recortar"** Selecione o local de destino Selecione a opção **"Editar\Colar"** **2.** Selecione o item que será movido Clique com o botão direito do mouse, e escolha a opção **"Recortar"**; Selecione o local de destino Clique com o botão direito do mouse, e escolha a opção **"Colar"**; **3**. Selecione o item que será movido Aperte a combinação de teclas **CTRL + X** Selecione o local de destino Aperte a combinação de teclas **CTRL + V** **4**. Selecione o item que será movido Arraste até o local de destino.(O pressionamento da tecla SHIFT é opcional caso a movimentação seja na mesma unidade de disco. Se for entre unidades de discos diferentes o pressionamento da tecla SHIFT é obrigatório)
Copiar Itens	**1.** Selecione o item que será copiado Selecione a opção **"Editar\Copia9r"** Selecione o local de destino Selecione a opção **"Editar\Colar"** **2.** Selecione o item que será copiado Clique com o botão direito do mouse, e escolha a opção **"Copiar"**; Selecione o local de destino Clique com o botão direito do mouse, e escolha a opção **"Colar"**; **3**. Selecione o item que será copiado Aperte a combinação de teclas **CTRL + C** Selecione o local de destino Aperte a combinação de teclas **CTRL + V** **4**. Selecione o item que será copiado Arraste até o local de destino. (O pressionamento da tecla CTRL é obrigatório caso a cópia seja na mesma unidade de disco. Se for entre unidades de discos diferentes o pressionamento da tecla CTRL é opcional).

3. NOÇÕES DE EDIÇÃO DE TEXTOS, PLANILHAS E APRESENTAÇÕES (AMBIENTES MICROSOFT E LIBREOFFICE)

Exibiremos as guias de cada versão e as teclas de atalho mais importantes, pois são os assuntos que costumam aparecer em prova com maior frequência sobre esses pontos.

3.1. OFFICE

3.1.1. WORD

a) Arquivo

b) Guia Página Inicial

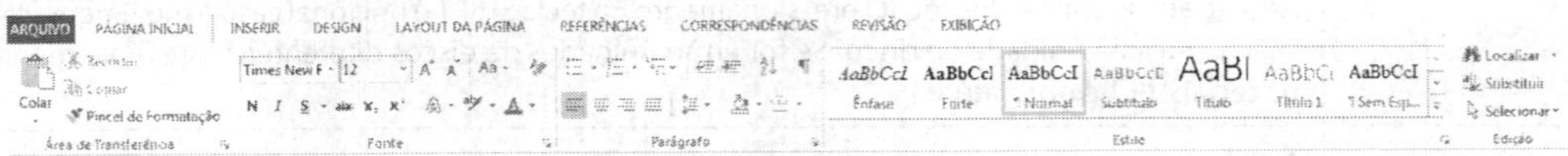

Apresenta as áreas : Área de transferência, Fonte, Parágrafo, Estilo e Edição:

c) Guia Inserir

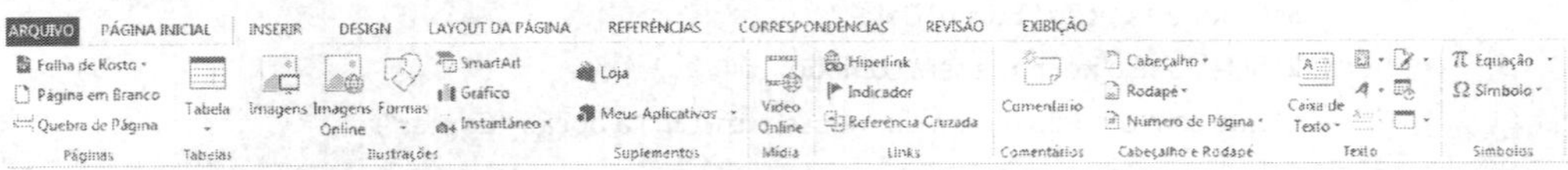

Apresenta as áreas: Páginas, Tabelas, Ilustrações, Suplementos, Mídias, Links, Comentários, Cabeçalho e Rodapé, Texto, Símbolos.

d) Guia Design

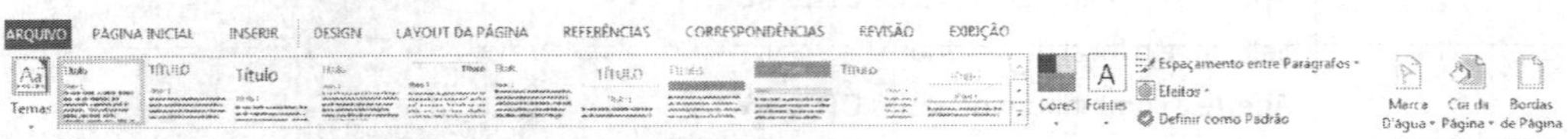

Apresenta as áreas : Formatação do documento e Plano de Fundo da Página

e) Guia Layout de Página

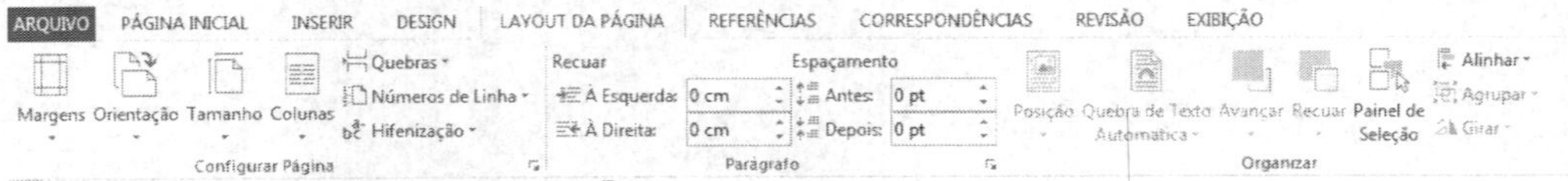

Apresenta as áreas: Tema, Configurar Página, Plano de Fundo da Página, Parágrafo, Organizar.

f) Referências

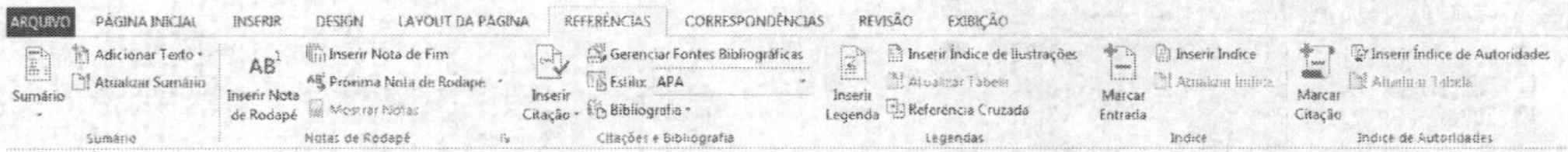

Apresenta as áreas: Sumário, Notas de Rodapé, Citações e Bibliografia, Legendas, Índice, Índice de Autoridades.

g) Correspondências

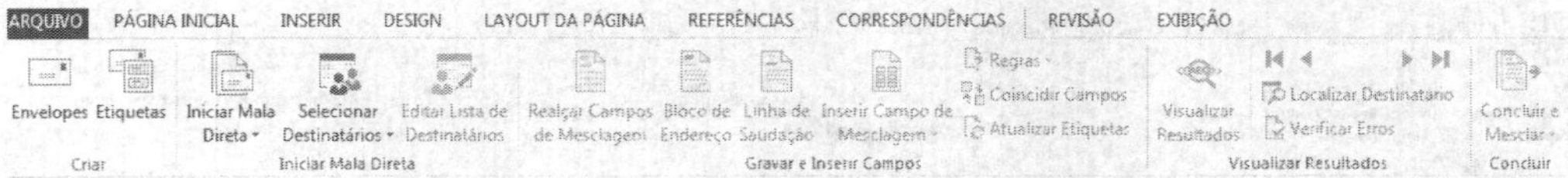

h) Revisão

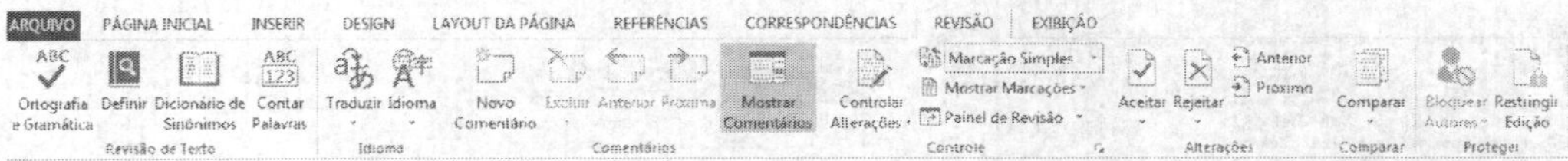

Apresenta as áreas: Revisão de textos, Idioma, Comentários, Controle, Alterações, Comparar, Proteger.

i) Exibição

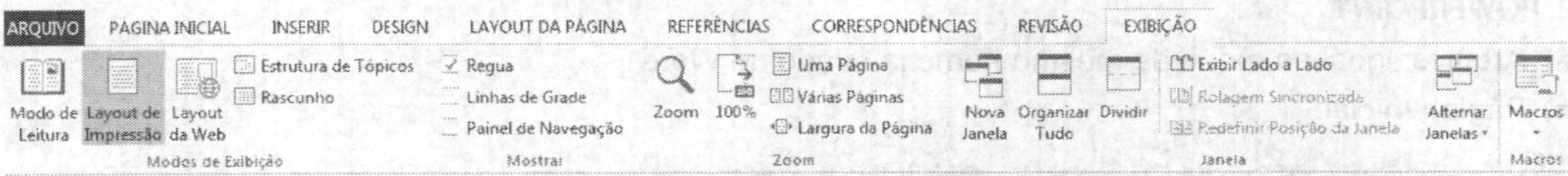

a) Apresenta as áreas: Modos de Exibição de Documentos, Mostrar, Zoom, Janela, Macros.

3.1.2. EXCEL

a) Arquivo: igual ao menu de mesmo nome já falado no Word

b) Página Inicial:

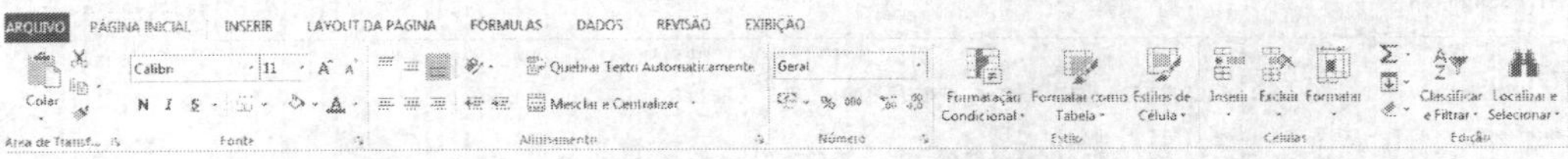

Apresenta as áreas: Área de transferência, Fonte, Alinhamento, Número, Estilo, Células, Edição.

c) Inserir

Apresenta as áreas: **Tabelas, Ilustrações, Suplementos, Gráficos, Relatórios, Minigráficos, Filtro, Links, Texto, Símbolos.**

d) Layout de Pagina

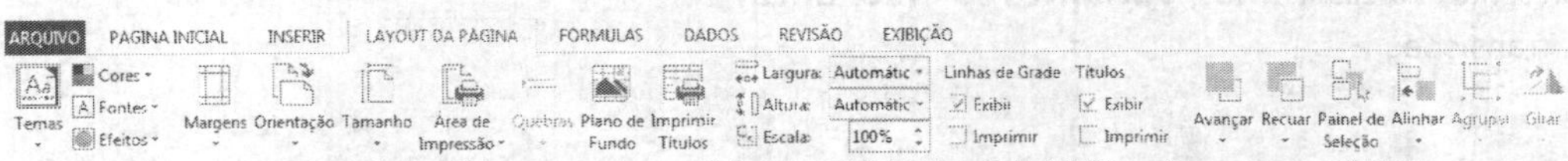

Apresenta as áreas: Tema, Configurar Página, Dimensionar Para ajustar, Opções de Planilha, Organizar.

e) Fórmulas

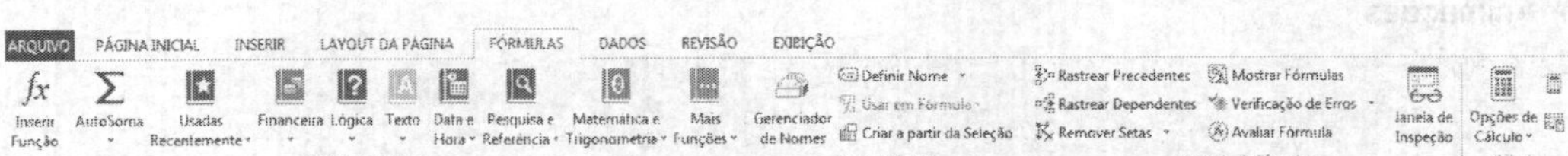

INFORMÁTICA

Apresenta as áreas: Biblioteca de Funções, Nomes definidos, Auditoria de Formulas e Calculo.

f) Dados

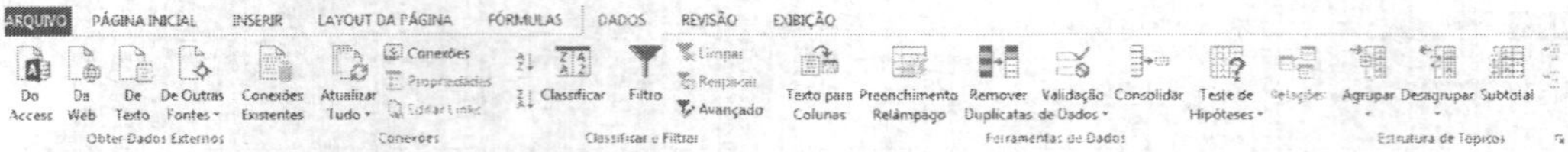

Apresenta as áreas:**Obter Dados Externos, Conexões, Classificar e Filtrar, Ferramenta de dados, Estrutura de Tópicos**

g) Revisão

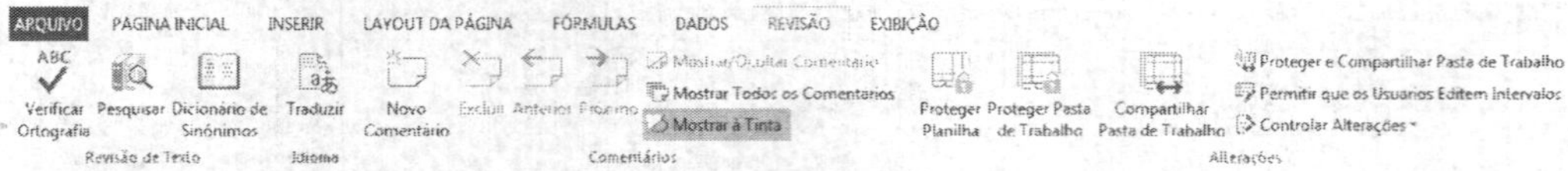

Apresenta as áreas: Revisão de Texto, Idioma, Comentários, Alterações.

h) Exibição

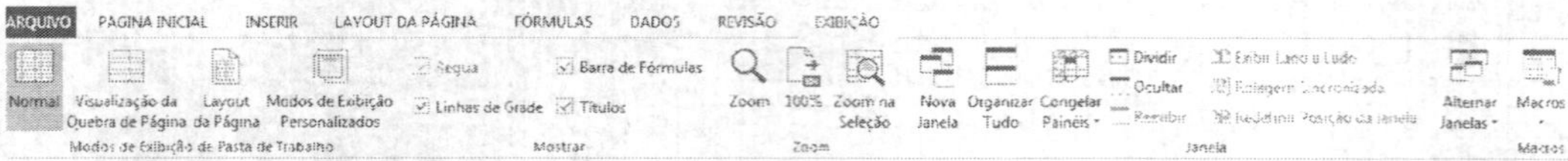

Apresenta as áreas: Modos de Exibição de Pasta de Trabalho, Mostrar, Zoom, Janela, Macros.

3.1.3. POWERPOINT

a) Arquivo: igual ao menu de mesmo nome já falado no Word

b) Página Inicial:

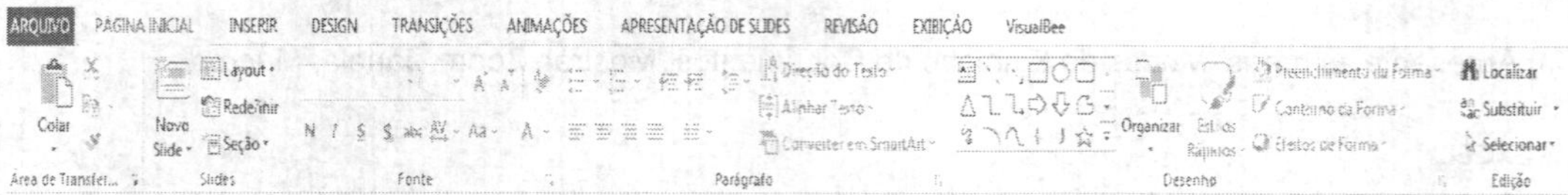

Apresenta as áreas: Área de transferência, Slides, Fonte, Parágrafo, Desenho, Edição.

c) Inserir

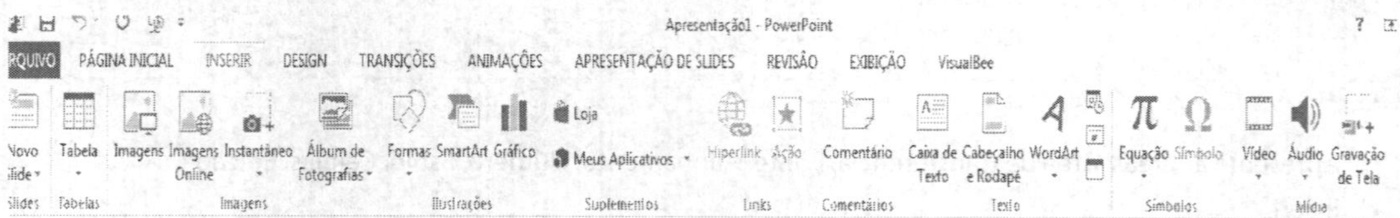

Apresenta as áreas: **Slides, Tabelas, Imagens, Ilustrações, Suplementos, links, Comentários, Texto, Símbolos, Mídia**

d) Guia Design

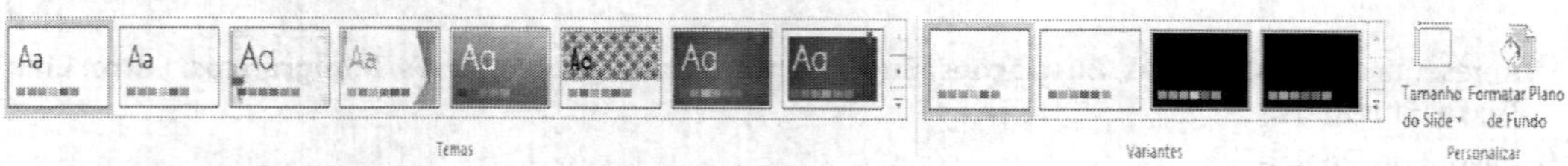

Apresenta as áreas: **Temas**, **Variantes** e **Personalizar**

e) Transições

Apresenta as áreas: **Visualização, Transição para esse slide, Intervalo**

f) Animações

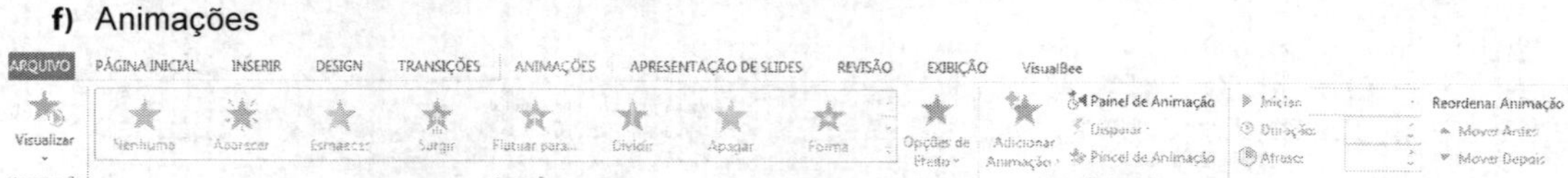

Apresenta as áreas: **Visualização, Animação, Animação Avançada e Intervalo**

g) Apresentação de Slides

Apresenta as áreas: **Iniciar Apresentação de Slides, Configurar e Monitores.**

h) Revisão

Apresenta as áreas: **Revisão de Texto, Idioma, Comentários e Comparar**

i) Exibição

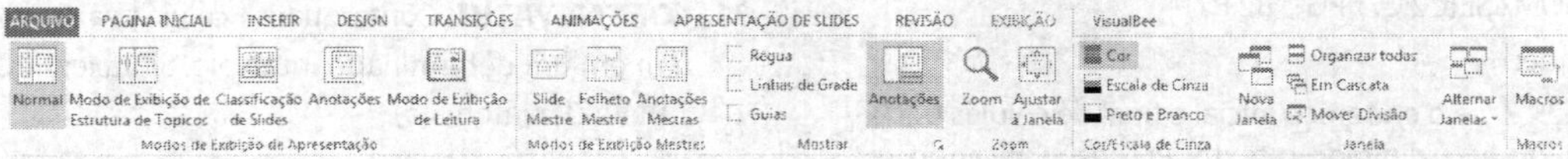

Apresenta as áreas: **Modos de Exibição de Apresentação, Modos de Exibição Mestre, Mostrar Zoom, Cor/Escala de Cinza, Janela, Macro**

3.2. PRINCIPAIS FUNÇÕES DO EXCEL

1. **SOMA:** A função **soma (núm1; núm2,...)** retorna a soma de todos os números em uma lista de até 30 segmentos. Os números, valores lógicos e representações em forma de texto de números digitados diretamente na lista de argumentos são contados. Se um argumento for uma matriz ou referência, apenas os números nessa matriz ou referência serão contados. Células em branco, valores lógicos, texto ou valores de erro na matriz ou referência são ignorados. Os argumentos que são valores de erro ou texto que não podem ser traduzidos em números geram erros.

   Para somar intervalos (somar matrizes) digite **= soma (célula inicial: célula final do intervalo)**

   Outra maneira de somar: utilize o botão (Auto-Soma): selecione os valores que deseja somar e clique no botão "Auto-Soma", a soma será demonstrada automaticamente.

2. **MÉDIA:** A função média (núm1; núm2; ...) retorna a média aritmética de até 30 argumentos. Os argumentos devem ser números ou nomes, matrizes ou referências que contenham números. Veja os exemplos abaixo.

   Se A1:A5 contiver os números 10, 7, 9, 27 e 2, então:

   MÉDIA(A1:A5) é igual a 11

   MÉDIA(A1:A5;5) é igual a 10

   MÉDIA(A1:A5) é igual a SOMA(A1:A5)/CONT.NÚM(A1:A5) que é igual a 11

3. **MÁXIMO:** Mostra qual é o valor máximo entre os números selecionados. Exemplo: a fórmula =MÁXIMO(A1:A10) faz o Excel procurar o maior número existente entre A1 e A10.

4. **MÍNIMO:** Mostra qual é o valor mínimo entre os números selecionados. Exemplo: a fórmula =MÍNIMO(A1:A10) faz o Excel procurar o menor número existente entre A1 e A10.

5. **SE:** = SE(teste; valor se verdadeiro; valor se falso). Use a função SE para conduzir testes condicionais sobre valores e fórmulas e para efetuar ramificações de acordo com o resultado deste teste. O resultado do teste determina o valor retornado pela função SE. A função SE tem a seguinte sintaxe:

   Teste lógico: é qualquer valor ou expressão que pode ser avaliada como VERDADEIRO ou FALSO.

   Valor se verdadeiro: é o valor fornecido se o teste lógico for VERDADEIRO. Se o teste lógico for VERDADEIRO e valor se verdadeiro for omitido, o valor VERDADEIRO será fornecido.

   Valor se falso: é o valor fornecido se o teste lógico for FALSO. Se o teste lógico for FALSO e valor se falso for omitido, o valor FALSO será fornecido.

6. **OU:** Retorna VERDADEIRO se qualquer argumento for VERDADEIRO; retorna FALSO se todos os argumentos forem FALSOS. Ex: =OU(A1;A2).

7. **CONT.SE:** Calcula o número de células não vazias em um intervalo que corresponde a determinados critérios.

   Sintaxe: CONT.SE(intervalo;critérios)

   Exemplo prático: seja uma planilha com nome de alunos e suas médias. Para saber quantos alunos tiraram médias maior e igual a 9, temos: = CONT.SE(B2:B5;"=9")

   Onde:

   [(B2:B5)]: refere-se ao endereço das células que você deseja contar.

   [;]: utiliza-se como parte da sintaxe para separar.

   [".=9"]: refere-se à condição, ou seja, esta fórmula só irá contar as células que contêm valores maiores ou iguais a 9.

A condição também pode ser texto, porém, independente de ser texto ou valor numérico, deve-se colocar entre as aspas.

Ex.: =CONT.SE(C2:C5;"Aprovado"). Neste exemplo, o Excel contará apenas as células em que houver a palavra "Aprovado".

8. **SOMASE:** Adiciona as células especificadas de acordo com um determinado critério.

   Sintaxe: SOMASE(intervalo;critérios;intervalo soma)

   Exemplo prático: seja somar as faturas que foram pagas. Então na planilha, a coluna A tem os nomes dos clientes, a coluna B tem os valores das faturas e na coluna C, as situações (pago ou não).Neste exemplo, o Excel deve somar somente as faturas que estiverem pagas, assim podemos saber o quanto já foi recebido:

   =SOMASE(C2:C7;"PG";"B2:B7)

   Onde:

   [C2:C7]: é o endereço inicial e final de células onde foi, ou não, digitado o texto "PG", especificando se foi pago ou não.

   ["PG"]: é o critério para somar, ou seja, só somará se neste intervalo de células de "C2" até "C7", e onde houver o texto"PG". O critério deverá ser sempre colocado entre aspas.

   [B2:B7]: é o intervalo de células onde será somado, mediante a condição, ou seja, ele somará somente aqueles valores que na coluna "C" houver digitado o texto "PG".
9. **MOD:** Calcula o resto de uma divisão. Sintaxe: =MOD(valor1;valor2);
10. **MULT:** Multiplica os valores passados como parâmetros. Sintaxe: =MULT(valor1;valor2);
11. **ABS:** Calcula o valor absoluto de um número. Sintaxe: =ABS(célula);
12. **AGORA:** Mostra a data e a hora atuais. Sintaxe: =AGORA();
13. **DATA:** Exibe a data atual. Sintaxe: =DATA();
14. **HORA:** Exibe a hora atual. Sintaxe: =HORA();
15. **ARRED:** Arredonda o número em uma determinada quantidade de dígitos. Sintaxe: =ARRED(valor;número de dígitos);
16. **SEN:** Calcula o seno. Sintaxe: =SEN(ângulo);
17. **COS:** Calcula o coseno. Sintaxe: =COS(ângulo);
18. **TAN:** Calcula a tangente. Sintaxe: =TAN(ângulo);
19. **FATORIAL:** Calcula o fatorial de um número. Sintaxe: =FATORIAL(valor);
20. **LOG:** Calcula o logaritmo, do valor passado, em uma determinada base. Sintaxe: =LOG(valor;base);
21. **RAIZ:** Calcula a raiz quadrada do valor passado. Sintaxe: =RAIZ(valor);
22. **HOJE**: Mostra a data atual. Sintaxe: =HOJE();
23. **TEXTO:** Coloca as datas por extenso. Sintaxe:= TEXTO(data atual;"formato desejado"). EX: =TEXTO(DATA ATUAL;"MMM") – colocará a data atual, com os meses abreviados;
24. **MÊS:** Mostra a posição numérica de cada mês. Sintaxe: =MÊS(data);
25. **MAÍSCULA:** Coloca o conteúdo da célula passada em maiúsculo. Sintaxe: =MAIÚSCULA(célula);
26. **MINÚSCULA:** Coloca o conteúdo da célula passada em minúsculo. Sintaxe: = MINÚSCULA(célula);
27. **CONCATENAR:** Une o conteúdo de células. Sintaxe:=CONCATENAR(Célula1;celula2)
28. **POTENCIA:** Calcula a potência de um número em uma determinada base. Sintaxe:=POTÊNCIA(base;expoente);
29. **CONT.NUM:** Calcula a quantidade de células com valore numéricos em um intervalo. Sintaxe: =CONT.NUM(intervalo);
30. **CONT.VALORES:** Conta todas as células em um intervalo com valores de texto ou numéricos. Sintaxe: =CONT.VALORES(intervalo);
31. **CONTAR.VAZIO:** Conta quanta células vazias existem em um determinado intervalo. Sintaxe: =CONTAR.VAZIO(intervalo);
32. **EXATO:** Compara se o conteúdo de duas células são iguais. Sintaxe: =EXATO(célula1;célula2);
33. **REPT:** Repete o conteúdo de uma célula na quantidade de vezes especificada. Sintaxe: =REPT(célula, nºde vezes);
34. **INT:** Mostra apenas a parte inteira de um número. Sintaxe:=INT(célula);
35. **E:** Serve como elo entre funções; a resposta será verdadeira se todos os parâmetros de entrada forem verdadeiros. Sintaxe: =E(célula1;célula2).

3.3. Teclas de atalho do Word

Selecionar textos e elementos gráficos usando o mouse

Para selecionar	Procedimento
Qualquer quantidade de texto	Arraste-o sobre o texto.
Uma palavra	Clique duas vezes na palavra
Um elemento gráfico	Clique no elemento gráfico.
Uma linha de texto	Mova o ponteiro para a esquerda da linha até que ele assuma a forma de uma seta para a direita e arraste para cima ou para baixo.
Várias linhas de texto	Mova o ponteiro para a esquerda das linhas até que ele assuma a forma de uma seta para a direita e arraste para cima ou para baixo.
Uma frase	Mantenha pressionada a tecla CTRL e clique em qualquer lugar da frase.

Para selecionar	Procedimento
Um parágrafo	Mova o ponteiro para a esquerda do parágrafo até que ele assuma a forma de uma seta para a direita e clique duas vezes. Você também pode clicar três vezes em qualquer lugar do Parágrafo.
Vários parágrafos	Mova o ponteiro para a esquerda dos parágrafos até que ele assuma a forma de uma seta para a direita, clique duas vezes e arraste para cima ou para baixo.
Um bloco de texto grande	Clique no início da seleção, role até o fim da seção, mantenha pressionada a tecla SHIFT e clique.
Um documento inteiro	Mova o ponteiro para a esquerda de qualquer texto do documento até que ele assuma a forma de uma seta para à direita e clique três vezes.
Cabeçalhos e rodapés	No modo de exibição normal, clique cabeçalho e rodapé no menu Exibir; no modo de layout da página, clique duas vezes no texto de cabeçalho ou rodapé esmaecido. Mova o ponteiro para a esquerda do cabeçalho ou rodapé até que ele assuma a forma de uma seta para a direita e clique três vezes.
Comentários, notas de rodapé e notas de fim	Clique no painel, mova o ponteiro para a esquerda do texto até que ele assuma a forma de uma seta para a direita e clique três vezes.
Um bloco de texto vertical (exceto dentro de uma célula de tabela)	Mantenha pressionada a tecla ALT e arraste.

Usando o teclado em várias ações durante a digitação e formatação de um texto

Para excluir textos ou elementos gráficos:

Para	Pressione
Excluir um caractere à esquerda	BACKSPACE
Excluir uma palavra à esquerda	CTRL+BACKSPACE
Excluir um caractere à direita	DELETE
Excluir uma palavra à direita	CTRL+DELETE
Recortar texto selecionado para a área de transferência	CTRL+X
Desfazer a última ação	CTRL+Z
Recortar para o Auto Texto especial	CTRL+F3

Copiar e mover textos e elementos gráficos

Para	Pressione
Copiar texto ou elementos gráficos	CTRL+C
Mover texto ou elementos gráficos	F2 (e, em seguida mova o ponto de inserção pressione ENTER)
Criar Auto Texto	ALT+F3
Colar o conteúdo da Área de transferência	CTRL+V
Colar o conteúdo de Auto Texto especial	CTRL+SHIFT+F3

Inserir caracteres especiais:

Para	Pressione
Um campo	CTRL+F9
Uma quebra de linha	SHIFT+ENTER
Uma quebra de página	CTRL+ENTER
Uma quebra de coluna	CTRL+SHIFT+ENTER
Um hífen opcional	CTRL+HÍFEN
Um hífen não separável	CTRL+SHIFT+HÍFEN
O símbolo de copyright	ALT+CTRL+C
O símbolo de marca registrada	ALT+CTRL+R
O símbolo de marca	ALT+CTRL+T
Reticências	ALT+CTRL+PONTO

Selecionar textos e elementos gráficos : (Selecione o texto mantendo pressionada a tecla SHIFT e pressionando a tecla que move o ponto de inserção):

Para estender uma seleção	Pressione
Um caractere para a direita	SHIFT+SETA À DIREITA
Um caractere para a esquerda	SHIFT+SETA À ESQUERDA
Até o fim de uma palavra	CTRL+SHIFT+SETA À DIREITA
Até o início de uma palavra	CTRL+SHIFT+SETA À ESQUERDA

Para estender uma seleção	Pressione
Até o fim de uma linha	SHIFT+END
Até o início de uma linha	SHIFT+HOME
Uma linha para baixo	SHIFT+SETA ABAIXO
Uma linha para cima	SHIFT+SETA ACIMA
Até o fim de um parágrafo	CTRL+SHIFT+SETA ABAIXO
Até o início de um parágrafo	CTRL+SHIFT+SETA ACIMA
Uma tela para baixo	SHIFT+PAGE DOWN
Uma tela para cima	SHIFT+PAGE UP
Até o fim de uma janela	ALT+CTRL+PAGE DOWN
Até o início de um documento	CTRL+SHIFT+HOME
Para incluir o documento inteiro	CTRL+A
Até um bloco vertical de texto	CTRL+SHIFT+F8 e, em seguida, utilize as setas de direção; pressione ESC para cancelar o modo de seleção.
Até um local específico em um documento	F8+SETAS DE DIREÇÃO; pressione ESC para cancelar o modo de seleção
Ativar o modo de extensão	F8
Selecionar o caractere mais próximo	F8 e, em seguida, pressione a SETA À ESQUERDA ou a SETA À DIREITA
Aumentar o tamanho de uma seleção	F8 (pressione uma vez para selecionar uma Palavra; duas vezes para selecionar uma sentença e, assim, sucessivamente)
Reduzir o tamanho de uma seleção	SHIFT+F8
Desativar o modo de extensão	ESC

Selecionar textos e elementos gráficos em uma tabela:

Para	Pressione
Selecionar o conteúdo da célula seguinte	SHIFT+TAB
Estender uma seleção para células adjacentes	mantenha pressionada a tecla SHIFTe pressione repetidas vezes uma tecla de direção
Selecionar uma coluna	Clique na primeira ou na última célula da coluna. Mantenha pressionada a tecla SHIFT e pressione repetidas vezes a tecla SETA ACIMA ou SETA ABAIXO
Estender uma seleção (ou bloco)	CTRL+SHIFT+F8 e, em seguida, utilize as teclas de direção; pressione ESC para cancelar o modo de seleção
Reduzir o tamanho da seleção	SHIFT+F8
Selecionar uma tabela inteira	ALT+5 no teclado numérico (com NUMLOCK desativado)

Mover o ponto de inserção:

Para	Pressione
Um caractere para a esquerda	SETA À ESQUERDA
Um caractere para a direita	SETA À DIREITA
Uma palavra para a esquerda	CTRL+SETA À ESQUERDA
Uma palavra para a direita	CTRL+SETA ÀDIREITA
Um parágrafo para cima	CTRL+SETA ACIMA
Um parágrafo para baixo	CTRL+SETA ABAIXO
Uma célula para a esquerda (em uma tabela)	SHIFT+TAB
Uma célula para a (em uma tabela)	TAB
Uma linha para cima	SETA ACIMA
Uma linha para baixo	SETA ABAIXO
Para o fim de uma linha	END
Para o início de uma linha	HOME
Para o início da janela	ALT+CTRL+PAGE UP
Para o fim de uma janela	ALT+CTRL+PAGE DOWN
Uma tela para cima (rolando)	PAGE UP
Uma tela para baixo (rolando)	PAGE DOWN
Para o início da página seguinte	CTRL+PAGE DOWN
Para o início da página anterior	CTRL+PAGE UP
Para o fim de um documento	CTRL+END

Para	Pressione
Para o início de um documento	CTRL+HOME
Para o local em que o ponto de inserção se encontrava quando o documento foi fechado pela última vez	SHIFT+F5

Mover-se por uma tabela:

Para	Pressione
A célula seguinte em uma linha	TAB
A célula anterior em uma linha	SHIFT+TAB
A primeira célula da linha	ALT+HOME
A última célula da linha	ALT+END
A primeira célula da coluna	ALT+PAGE UP
A última célula da coluna	ALT+PAGE DOWN
A linha anterior	SETA ACIMA
A linha seguinte	SETA ABAIXO

3.3. PRINCIPAIS TECLAS DE ATALHO DO EXCEL

Antes de introduzir dados em uma célula da planilha, certifique-se qual a célula está ativa no momento. Para tornar uma célula ativa, você dá um clique sobre a mesma com o mouse, opcionalmente você pode usar o teclado, conforme tabela abaixo:

LOCAL DE DESTINO	TECLA
Mover uma célula em determinada direção	Tecla de direção
Mover para borda da região de dados atual	CTRL+Tecla de direção
Mover para o início da linha	HOME
Mover para o início da planilha	CTRL+HOME
Mover para última célula da planilha (no canto inferior direito)	CTRL+END
Mover uma tela para baixo	PAGE DOWN
Mover uma tela para cima	PAGE UP
Mover uma tela para direita	ALT+PAGE DOWN
Mover uma tela para a esquerda	ALT+PAGE UP
Move para a próxima planilha na pasta de trabalho	CTRL + PAGE DOWN
Move para a planilha anterior na pasta de trrabalho	CRTL + PAGE UP
Move o curso para uma célula qualquer, desde que que se dê o endereço.	F5

Para selecionar células, ou conjunto de células na planilha, podemos:

Para selecionar	Como fazer
Uma única célula	Clique sobre a célula ou pressione as teclas de direção para ir para a célula.
Uma linha inteira	Clique sobre o cabeçalho da linha. Ou, pelo teclado, pressione SHIFT + espaço.
Uma coluna inteira	Clique sobre o cabeçalho da coluna. Ou, pelo teclado, pressione CTRL+ espaço.
Intervalos de células ou células não adjacentes	Selecione a primeira célula ou o primeiro intervalo de células e, em seguida, mantenha pressionada a tecla CTRL e selecione as outras células ou os outros intervalos. Ou , pelo teclado, use as teclas SHIFT + F8.
Um intervalo de células	Clique sobre a primeira célula do intervalo e, em seguida, arraste até a última.
Um intervalo de células extenso	Clique sobre a primeira célula do intervalo e, em seguida, mantenha pressionada a tecla SHIFT e clique sobre a última célula do intervalo. Você pode rolar para tornar a última célula visível.
Linhas ou colunas adjacentes	Arraste pelos títulos de linhas ou colunas. Ou selecione a primeira linha ou coluna e, em seguida, mantenha pressionada a tecla SHIFT e selecione a última linha ou coluna.
Linhas ou colunas não adjacentes	Selecione a primeira linha ou coluna e, em seguida, mantenha pressionada a tecla CTRL e selecione as outras linhas ou colunas.
Todas as células da planilha	Clique sobre o botão no canto superior esquerdo da planilha, na interseção dos títulos das linhas e colunas. Ou no menu "Editar\Selecionar Tudo"
Um número maior ou menor de células do que o atualmente selecionado	Mantenha pressionada a tecla SHIFT e clique sobre a última célula que você deseja incluir na nova seleção. O intervalo retangular entre a célula ativa e a célula sobre a qual você clica passa a ser a nova seleção.

3.4. LIBREOFICCE

3.4.1. WRITER

Exibirei as principais barras de ferramentas e as teclas de atalho mais importantes do Writer

Principais Barras de Ferramenta do Writer:

As barras de Ferramentas apresentam elementos bastante semelhantes aos do Word. Veremos:

a. Barra de Ferramentas Padrão

1. Arquivo Novo
2. Abrir
3. Salvar
4. Enviar documento como email
5. Editar Arquivo
6. Exportar arquivo diretamente como PDF
7. Imprimir Diretamente
8. Visualizar Página
9. Verificação Ortográfica
10. Auto Verificação Ortográfica
11. Recortar
12. Copiar
13. Colar
14. Pincel de Estilo
15. Desfazer
16. Restaurar
17. Hiperlink
18. Tabela
19. Mostrar Funções de Desenho
20. Localizar e Substituir
21. Navegador
22. Gallery
23. Fonte de Dados
24. Caracteres Não Imprimivéis
25. Zoom
26. Ajuda do Writer

b. Barra de Ferramentas de Formatação

1.Estilos e Formatação
2. Aplicar Estilo
3. Nome da Fonte
4. Tamanho da Fonte
5. Negrito
6. Itálico
7. Sublinhado
8. Alinhamento a Esquerda
9. Alinhamento Centralizado

Principais teclas de Atalho do Writer

Teclas de atalho	Efeito
F2	Barra Fórmulas
Ctrl+F2	Inserir campos
F3	Concluir AutoTexto
Ctrl+F3	Editar AutoTexto
F4	Abrir exibição da fonte de dados
Shift+F4	Selecionar próximo quadro
F5	Ativar/Desativar Navegador
Ctrl+Shift+F5	Ativar Navegador, ir para número da página

Teclas de atalho	Efeito
F7	Verificação ortográfica
Ctrl+F7	Dicionário de correlatos
F8	Modo de extensão
Ctrl+F8	Ativar/Desativar sombreamentos de campos
Shift+F8	Seleção adicional
F9	Atualizar campos
Ctrl+F9	Mostrar campos
Shift+F9	Calcular tabela
Ctrl+Shift+F9	Atualizar campos e listas de entrada
Ctrl+F10	Ativar/Desativar caracteres não imprimíveis
F11	Ativar/Desativar janela Estilos e formatação
Shift+F11	Criar estilo
Ctrl+Shift+F11	Atualizar estilo
F12	Ativar numeração
Ctrl+F12	Inserir ou editar tabela
Shift+F12	Ativar marcadores

Teclas de atalho	Efeito
Ctrl+Shift+F12	Desativar Numeração/ Marcadores
Ctrl+A	Selecionar tudo
Ctrl+J	Justificar
Ctrl+D	Sublinhado duplo
Ctrl+E	Centralizado
Ctrl+F	Localizar e substituir
Ctrl+Shift+P	Sobrescrito
Ctrl+L	Alinhar à esquerda
Ctrl+R	Alinhar à direita
Ctrl+Shift+B	Subscrito
Ctrl+Y	Refazer última ação
Ctrl+0 (zero)	Aplicar estilo de parágrafo Padrão
Ctrl+1	Aplicar estilo de parágrafo Título 1
Ctrl+2	Aplicar estilo de parágrafo Título 2
Ctrl+3	Aplicar estilo de parágrafo Título 3
Ctrl+5	Espaçamento de 1 linha e meia
Ctrl+ Tecla de sinal de adição(+)	Calcula o texto selecionado e copia o resultado para a área de transferência.
Ctrl+Hífen (-)	Hifens personalizados; hifenização definida pelo usuário.
Ctrl+Shift+sinal de menos (-)	Traço incondicional (não é usado para hifenização)
Ctrl+sinal de multiplicação * (somente no teclado numérico)	Executar campo de macro!
Ctrl+Space	Espaços incondicionais. Esses espaços não serão usados para hifenização nem serão expandidos se o texto estiver justificado.
Shift+Enter	Quebra de linha sem alteração de parágrafo
Ctrl+Enter	Quebra manual de página
Ctrl+Shift+Enter	Quebra de coluna em textos com várias colunas
Alt+Enter	Inserção de um novo parágrafo sem numeração

Teclas de atalho	Efeito
Alt+Enter	Inserção de um novo parágrafo diretamente antes ou depois de uma seção ou tabela.
Seta para a esquerda	Mover o cursor para a esquerda
Shift+Seta para a esquerda	Mover o cursor com a seleção para a esquerda
Ctrl+Seta para a esquerda	Ir para o início da palavra
Ctrl+Shift+Seta para a esquerda	Seleção à esquerda, uma palavra de cada vez
Seta para a direita	Mover o cursor para a direita
Shift+Seta para a direita	Mover o cursor com a seleção para a direita
Ctrl+Seta para a direita	Ir para o fim da palavra
Ctrl+Shift+Seta para a direita	Seleção à direita, uma palavra de cada vez
Seta para cima	Mover uma linha para cima
Shift+Seta para cima	Seleção de linhas de baixo para cima
Seta para baixo	Mover o cursor uma linha para baixo
Shift+Seta para baixo	Seleção de linhas de cima para baixo
Home	Ir para o início da linha
Shift+Home	Ir e selecionar até o início de uma linha
Fim	Ir para o fim da linha
Shift+End	Ir e selecionar até o fim da linha
Ctrl+Home	Ir para o início do documento
Ctrl+Shift+Home	Ir e selecionar o texto até o início do documento
Ctrl+End	Ir para o fim do documento
Ctrl+Shift+End	Ir e selecionar o texto até o fim do documento
Ctrl+PageUp	Alternar o cursor entre o texto e o cabeçalho
Ctrl+PageDown	Alternar o cursor entre o texto e o rodapé
Inserir	Ativar/Desativar modo de inserção

Teclas de atalho	Efeito
PageUp	Mover página da tela para cima
Shift+PageUp	Mover página da tela para cima com a seleção
PageDown	Mover uma página da tela para baixo
Shift+PageDown	Mover uma página da tela para baixo com a seleção
Ctrl+Del	Excluir texto até o fim da palavra
Ctrl+Backspace	Excluir o texto até o início da palavra
Ctrl+Shift+Del	Excluir texto até o fim da frase
Ctrl+Shift+Backspace	Excluir o texto até o início da frase
Ctrl+Tab	Próxima sugestão com Completar palavra automaticamente
Ctrl+Shift+Tab	Use a sugestão anterior com Completar palavra automaticamente
Alt+W	Caixa de diálogo Verificação ortográfica: retorna a palavra desconhecida original na caixa de texto
Ctrl+ duplo clique ou Ctrl+Shift+F10	Use esta combinação para encaixar ou desencaixar rapidamente a janela do Navegador, a janela Estilos e Formatação ou outras janelas
Ctrl+Alt+Seta para cima ou Ctrl+Seta para cima	Mover o parágrafo ativo ou os parágrafos selecionados um parágrafo para cima.
Ctrl+Alt+Seta para baixo	Mover o parágrafo ativo ou os parágrafos selecionados um parágrafo para baixo.
Tab	O título no formato "Título X" (X = 1-9) é movido um nível para baixo na estrutura de tópicos.
Shift+Tab	O título no formato "Título X" (X = 2-10) é movido um nível para cima na estrutura de tópicos.
Ctrl+Tab	No início de um título: insira uma parada de tabulação. Dependendo do Gerenciador de janelas utilizado, você poderá usar Alt+Tab. Para alterar o nível do título com o teclado, primeiramente posicione o cursor na frente do título.

Teclas de atalho	Efeito
Ctrl+A	Se a célula ativa estiver vazia: selecione a tabela inteira. Caso contrário: selecione o conteúdo da célula ativa. Pressione novamente para selecionar a tabela inteira.
Ctrl+Home	Se a célula ativa estiver vazia: irá para o início da tabela. Caso contrário: o primeiro pressionamento o levará para o início da célula ativa, o segundo, para o início da tabela atual, e o terceiro, para o início do documento.
Ctrl+End	Se a célula ativa estiver vazia: irá para o fim da tabela. Caso contrário: o primeiro pressionamento o levará para o fim da célula ativa, o segundo, para o fim da tabela atual, e o terceiro, para o fim do documento.
Ctrl+Tab	Insere uma parada de tabulação (somente em tabelas). Dependendo do Gerenciador de janelas utilizado, você poderá usar Alt+Tab.
Ctrl+Shift+Seta para cima	Ir para o início da tabela
Ctrl+Shift+Seta para baixo	Ir para o fim da tabela
Alt+Teclas de seta	Aumenta/diminui o tamanho da coluna/linha na borda direita/inferior da célula
Alt+Shift+Teclas de seta	Aumentar/diminuir o tamanho da coluna/linha na borda esquerda/superior da célula
Alt+Ctrl+Teclas de seta	Semelhante a Alt, mas somente a célula ativa é modificada
Ctrl+Alt+Shift+Teclas de seta	Semelhante a Alt, mas somente a célula ativa é modificada
Alt+Insert	Três segundos no modo de inserção, a tecla de seta insere a linha/coluna, Ctrl+Tecla de seta insere a célula
Alt+Del	Três segundos no modo de exclusão, a tecla de seta exclui a linha/coluna, Ctrl+Tecla de seta mescla a célula com a célula adjacente

Teclas de atalho	Efeito
Ctrl+Shift+T	Remove a proteção de célula de todas as tabelas selecionadas. Se nenhuma tabela estiver selecionada, a proteção de célula será removida de todas as tabelas do documento.
Shift+Ctrl+Del	Se nenhum item for selecionado, o conteúdo da próxima célula será excluído. Se forem selecionadas células, a linha inteira da seleção será excluída. Se todas as linhas forem selecionadas integral ou parcialmente, a tabela inteira será excluída.
Esc	O cursor está dentro de um quadro de texto e não há texto selecionado: a tecla Esc seleciona o quadro de texto. O quadro de texto está selecionado: a tecla Esc retira o cursor do quadro de texto.

Teclas de atalho	Efeito
F2 ou Enter ou qualquer outra tecla que gere um caractere na tela	Se houver um quadro de texto selecionado: posicionará o cursor no fim do texto no quadro de texto. Se você pressionar qualquer tecla que gere um caractere na tela e o documento estiver no modo de edição, o caractere será acrescentado ao texto.
Alt+Teclas de seta	Mover objeto.
Alt+Ctrl+Teclas de seta	Redimensiona movendo o canto inferior direito.
Alt+Ctrl+Shift+Teclas de seta	Redimensiona movendo o canto superior esquerdo.
Ctrl+Tab	Seleciona a âncora de um objeto (no modo Editar pontos).

3.4.2. CALC

O calc é muito similar ao Excel e apresenta as mesmas funções e as mesmas sintaxes. Sendo assim, apresentaremos as principais barras de ferramentas e teclas de atalho.

Barras de Ferramentas do Calc

Barra de Ferramentas Padrão

1. Arquivo Novo
2. Abrir
3. Salvar
4. Enviar documento como email
5. Editar Arquivo
6. Exportar arquivo diretamente como PDF
7. Imprimir Diretamente
8. Visualizar Página
9. Verificação Ortográfica
10. Auto Verificação Ortográfica
11. Recortar
12. Copiar
13. Colar
14. Pincel de Estilo
15. Desfazer
16. Restaurar
17. Hiperlink
18. Classificar em ordem crescente
19. Classificar em ordem decrescente
20. Inserir gráfico
21. Mostrar Funções de Desenho
22. Localizar e Substituir
23. Navegador
24. Gallery
25. Fonte de Dados
26. Zoom
27. Ajuda do Calc

Barra de Ferramentas de Formatação

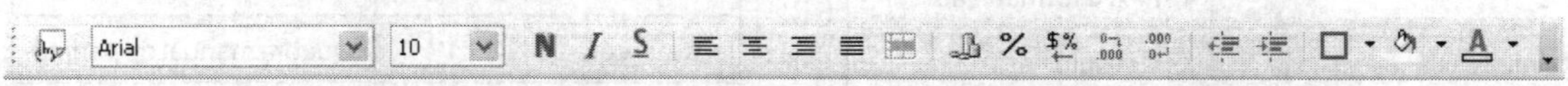

1.Estilos e Formatação
2. Nome da Fonte
3. Tamanho da Fonte
4. Negrito
5. Itálico
6. Sublinhado
7. Alinhamento a Esquerda
8. Alinhamento Centralizado

9. Alinhamento a Esquerda
10. Alinhamento Justificado
11. Mesclar Células
12. Formato de número: Moeda
13. Formato de número: Porcentagem
14. Formato de Número Padrão
15. Formato de Número: Adicionar casa decimal
16. Formato de Número: Excluir casa decimal
17. Diminuir Recuo
18. Aumentar Recuo
19. Bordas
20. Cor do plano de fundo
21. Cor da Fonte

Principais Teclas de Atalho

Teclas de atalho	Efeito
F2	Barra Fórmulas
Ctrl+F2	Inserir campos
F3	Concluir AutoTexto
Ctrl+F3	Editar AutoTexto
F4	Abrir exibição da fonte de dados
Shift+F4	Selecionar próximo quadro
F5	Ativar/Desativar Navegador
Ctrl+Shift+F5	Ativar Navegador, ir para número da página
F7	Verificação ortográfica
Ctrl+F7	Dicionário de correlatos
F8	Modo de extensão
Ctrl+F8	Ativar/Desativar sombreamentos de campos
Shift+F8	Seleção adicional
F9	Atualizar campos
Ctrl+F9	Mostrar campos
Shift+F9	Calcular tabela
Ctrl+Shift+F9	Atualizar campos e listas de entrada
Ctrl+F10	Ativar/Desativar caracteres não imprimíveis
F11	Ativar/Desativar janela Estilos e formatação
Shift+F11	Criar estilo
Ctrl+Shift+F11	Atualizar estilo
F12	Ativar numeração
Ctrl+F12	Inserir ou editar tabela

Teclas de atalho	Efeito
Shift+F12	Ativar marcadores
Ctrl+Shift+F12	Desativar Numeração/ Marcadores
Ctrl+A	Selecionar tudo
Ctrl+J	Justificar
Ctrl+D	Sublinhado duplo
Ctrl+E	Centralizado
Ctrl+F	Localizar e substituir
Ctrl+Shift+P	Sobrescrito
Ctrl+L	Alinhar à esquerda
Ctrl+R	Alinhar à direita
Ctrl+Shift+B	Subscrito
Ctrl+Y	Refazer última ação
Ctrl+0 (zero)	Aplicar estilo de parágrafo Padrão
Ctrl+1	Aplicar estilo de parágrafo Título 1
Ctrl+2	Aplicar estilo de parágrafo Título 2
Ctrl+3	Aplicar estilo de parágrafo Título 3
Ctrl+5	Espaçamento de 1 linha e meia
Ctrl+ Tecla de sinal de adição(+)	Calcula o texto selecionado e copia o resultado para a área de transferência.
Ctrl+Hífen (-)	Hifens personalizados; hifenização definida pelo usuário.
Ctrl+Shift+sinal de menos (-)	Traço incondicional (não é usado para hifenização)
Ctrl+sinal de multiplicação * (somente no teclado numérico)	Executar campo de macro!
Ctrl+Space	Espaços incondicionais. Esses espaços não serão usados para hifenização nem serão expandidos se o texto estiver justificado.
Shift+Enter	Quebra de linha sem alteração de parágrafo
Ctrl+Enter	Quebra manual de página
Ctrl+Shift+Enter	Quebra de coluna em textos com várias colunas
Alt+Enter	Inserção de um novo parágrafo sem numeração

Teclas de atalho	Efeito
Alt+Enter	Inserção de um novo parágrafo diretamente antes ou depois de uma seção ou tabela.
Seta para a esquerda	Mover o cursor para a esquerda
Shift+Seta para a esquerda	Mover o cursor com a seleção para a esquerda
Ctrl+Seta para a esquerda	Ir para o início da palavra
Ctrl+Shift+Seta para a esquerda	Seleção à esquerda, uma palavra de cada vez
Seta para a direita	Mover o cursor para a direita
Shift+Seta para a direita	Mover o cursor com a seleção para a direita
Ctrl+Seta para a direita	Ir para o fim da palavra
Ctrl+Shift+Seta para a direita	Seleção à direita, uma palavra de cada vez
Seta para cima	Mover uma linha para cima
Shift+Seta para cima	Seleção de linhas de baixo para cima
Seta para baixo	Mover o cursor uma linha para baixo
Shift+Seta para baixo	Seleção de linhas de cima para baixo
Home	Ir para o início da linha
Shift+Home	Ir e selecionar até o início de uma linha
Fim	Ir para o fim da linha
Shift+End	Ir e selecionar até o fim da linha
Ctrl+Home	Ir para o início do documento
Ctrl+Shift+Home	Ir e selecionar o texto até o início do documento
Ctrl+End	Ir para o fim do documento
Ctrl+Shift+End	Ir e selecionar o texto até o fim do documento
Ctrl+PageUp	Alternar o cursor entre o texto e o cabeçalho
Ctrl+PageDown	Alternar o cursor entre o texto e o rodapé
Inserir	Ativar/Desativar modo de inserção
PageUp	Mover página da tela para cima

Teclas de atalho	Efeito
Shift+PageUp	Mover página da tela para cima com a seleção
PageDown	Mover uma página da tela para baixo
Shift+PageDown	Mover uma página da tela para baixo com a seleção
Ctrl+Del	Excluir texto até o fim da palavra
Ctrl+Backspace	Excluir o texto até o início da palavra
Ctrl+Shift+Del	Excluir texto até o fim da frase
Ctrl+Shift+Backspace	Excluir o texto até o início da frase
Ctrl+Tab	Próxima sugestão com Completar palavra automaticamente
Ctrl+Shift+Tab	Use a sugestão anterior com Completar palavra automaticamente
Alt+W	Caixa de diálogo Verificação ortográfica: retorna a palavra desconhecida original na caixa de texto
Ctrl+ duplo clique ou Ctrl+Shift+F10	Use esta combinação para encaixar ou desencaixar rapidamente a janela do Navegador, a janela Estilos e Formatação ou outras janelas
Ctrl+Alt+Seta para cima ou Ctrl+Seta para cima	Mover o parágrafo ativo ou os parágrafos selecionados um parágrafo para cima.
Ctrl+Alt+Seta para baixo	Mover o parágrafo ativo ou os parágrafos selecionados um parágrafo para baixo.
Tab	O título no formato "Título X" (X = 1-9) é movido um nível para baixo na estrutura de tópicos.
Shift+Tab	O título no formato "Título X" (X = 2-10) é movido um nível para cima na estrutura de tópicos.
Ctrl+Tab	No início de um título: insira uma parada de tabulação. Dependendo do Gerenciador de janelas utilizado, você poderá usar Alt+Tab. Para alterar o nível do título com o teclado, primeiramente posicione o cursor na frente do título.

INFORMÁTICA

Teclas de atalho	Efeito
Ctrl+A	Se a célula ativa estiver vazia: selecione a tabela inteira. Caso contrário: selecione o conteúdo da célula ativa. Pressione novamente para selecionar a tabela inteira.
Ctrl+Home	Se a célula ativa estiver vazia: irá para o início da tabela. Caso contrário: o primeiro pressionamento o levará para o início da célula ativa, o segundo, para o início da tabela atual, e o terceiro, para o início do documento.
Ctrl+End	Se a célula ativa estiver vazia: irá para o fim da tabela. Caso contrário: o primeiro pressionamento o levará para o fim da célula ativa, o segundo, para o fim da tabela atual, e o terceiro, para o fim do documento.
Ctrl+Tab	Insere uma parada de tabulação (somente em tabelas). Dependendo do Gerenciador de janelas utilizado, você poderá usar Alt+Tab.
Ctrl+Shift+Seta para cima	Ir para o início da tabela
Ctrl+Shift+Seta para baixo	Ir para o fim da tabela
Alt+Teclas de seta	Aumenta/diminui o tamanho da coluna/linha na borda direita/inferior da célula
Alt+Shift+Teclas de seta	Aumentar/diminuir o tamanho da coluna/linha na borda esquerda/superior da célula
Alt+Ctrl+Teclas de seta	Semelhante a Alt, mas somente a célula ativa é modificada
Ctrl+Alt+Shift+Teclas de seta	Semelhante a Alt, mas somente a célula ativa é modificada
Alt+Insert	Três segundos no modo de inserção, a tecla de seta insere a linha/coluna, Ctrl+Tecla de seta insere a célula

Teclas de atalho	Efeito
Alt+Del	Três segundos no modo de exclusão, a tecla de seta exclui a linha/coluna, Ctrl+Tecla de seta mescla a célula com a célula adjacente
Ctrl+Shift+T	Remove a proteção de célula de todas as tabelas selecionadas. Se nenhuma tabela estiver selecionada, a proteção de célula será removida de todas as tabelas do documento.
Shift+Ctrl+Del	Se nenhum item for selecionado, o conteúdo da próxima célula será excluído. Se forem selecionadas células, a linha inteira da seleção será excluída. Se todas as linhas forem selecionadas integral ou parcialmente, a tabela inteira será excluída.
Esc	O cursor está dentro de um quadro de texto e não há texto selecionado: a tecla Esc seleciona o quadro de texto. O quadro de texto está selecionado: a tecla Esc retira o cursor do quadro de texto.
F2 ou Enter ou qualquer outra tecla que gere um caractere na tela	Se houver um quadro de texto selecionado: posicionará o cursor no fim do texto no quadro de texto. Se você pressionar qualquer tecla que gere um caractere na tela e o documento estiver no modo de edição, o caractere será acrescentado ao texto.
Alt+Teclas de seta	Mover objeto.
Alt+Ctrl+Teclas de seta	Redimensiona movendo o canto inferior direito.
Alt+Ctrl+Shift+Teclas de seta	Redimensiona movendo o canto superior esquerdo.
Ctrl+Tab	Seleciona a âncora de um objeto (no modo Editar pontos).

3.4.3. IMPRESS

Exibirei as principais barras de ferramentas e teclas de atalho do Impress

Barras de Ferramentas do Impress

Barra de Ferramentas Padrão

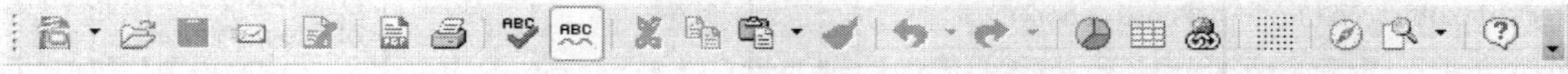

1. Arquivo Novo
2. Abrir
3. Salvar
4. Enviar documento como email
5. Editar Arquivo
6. Exportar arquivo diretamente como PDF
7. Imprimir Diretamente
8. Verificação Ortográfica
9. Auto Verificação Ortográfica
10. Recortar
11. Copiar
12. Colar
13. Pincel de Estilo
14. Desfazer
15. Restaurar
16. Gráfico
17. Planilha
18. Hiperlink
19. Exibir Grade
20. Navegador
21. Zoom
22. Ajuda do Impress

Barra de Ferramentas de Apresentação

1. Slide
2. Design de Slides
3. Apresentação de slides

Barra de Ferramentas de Linha e Preenchimento

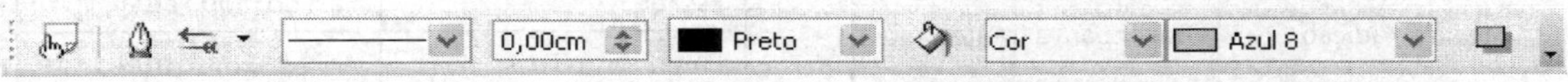

1. Estilo e Formatação
2. Linha
3. Estilo de seta
4. Estilo de linha
5. Largura da Linha
6. Cor da Linha
7. Área
8. Estilo da área/Preenchimento
9. Estilo da área/Preenchimento
10. Sombra

Principais Teclas de Atalho

Teclas de Função para Apresentações

Teclas de Atalho em Apresentações de Slides

Teclas de atalho	Efeito
Esc	Finalize a apresentação.
Barra de espaços ou **seta** à direita ou **seta para baixo** ou **Page Down** ou **Enter** ou **Return** ou **N**	Reproduzir o próximo efeito (se houver, caso contrário ir para o próximo slide).
Alt+Page Down	Ir para o próximo slide sem reproduzir os efeitos.

Teclas de atalho	Efeito
[número] + Enter	Digite o número de um slide e pressione Enter para ir para o slide.
seta Para a esquerda ou **Para cima** ou **Page Up** ou **Backspace** ou **P**	Reproduz o efeito anterior novamente. Se não houver efeito anterior nesse slide, exibir slide anterior.
Alt+Page Up	Ir para o slide anterior sem reproduzir os efeitos.
Home	Salte para o último slide da apresentação.
End	Salte para o último slide da apresentação.
Ctrl+Page Up	Vá para o slide anterior.
Ctrl+Page Down	Vá para o próximo slide.
B ou .	Exibir tela em preto até o próximo evento de tecla ou da roda do mouse.
W ou ,	Exibir tela em branco até o próximo evento de tecla ou da roda do mouse.

Teclas de atalho na exibição normal

Teclas de atalho	Efeito
Tecla de adição (+)	Mais zoom.
Tecla de subtração (-)	Menos zoom.
Tecla de multiplicação (×) (teclado numérico)	Ajuste a página à janela.
Tecla de divisão(÷) (teclado numérico)	Aplique mais zoom na seleção atual.
Shift+Ctrl+G	Agrupe os objetos selecionados.
Shift+Ctrl+Alt+A	Desfaça o grupo selecionado.
Ctrl + clique	Entre em um grupo para que você possa editar os objetos individuais do grupo. Clique fora do grupo para retornar à exibição normal.
Shift+Ctrl+K	Combine os objetos selecionados.
Shift+Ctrl+K	Divida o objeto selecionado. Essa combinação funcionará apenas em um objeto que tenha sido criado pela combinação de dois ou mais objetos.
Ctrl+ tecla de adição	Trazer para a frente.
Shift+Ctrl+tecla de adição	Trazer para frente.
Ctrl+tecla de subtração	Recuar.
Shift+Ctrl+tecla de subtração	Enviar para trás.

Teclas de Atalho do Impress

Teclas de Atalho	Efeito
Tecla de seta	Move o objeto selecionado ou a exibição da página na direção da seta.
Ctrl+tecla de seta	Mova-se pela exibição da página.
Shift + arrastar	Limita o movimento do objeto selecionado no sentido horizontal ou vertical.
Ctrl + arrastar (com a opção Copiar ao mover ativa)	Mantenha pressionada a tecla Ctrl e arraste um objeto para criar um cópia desse objeto.

Teclas de Atalho	Efeito
Tecla Alt	Mantenha pressionada a tecla Alt para desenhar ou redimensionar objetos arrastando do centro do objeto para fora.
Tecla Alt+clique	Selecione o objeto que está atrás do objeto atualmente selecionado.
Alt+Shift+clique	Selecione o objeto que está na frente do objeto atualmente selecionado.
Shift+clique	Selecione os itens adjacentes ou uma fragmento de texto. Clique no início de uma seleção, vá para o fim da seleção e mantenha pressionada a tecla Shift enquanto clica.
Shift+arrastar (ao redimensionar)	Mantenha pressionada a tecla Shift enquanto arrasta um objeto para redimensioná-lo mantendo suas proporções.
Tecla Tab	Selecione os objetos na ordem em que foram criados.
Shift+Tab	Selecione objetos na ordem inversa em que foram criados.
Escape	Saia do modo atual.
Enter	Ative um objeto de espaço reservado em uma nova apresentação (somente se o quadro estiver selecionado).
Ctrl+Enter	Move para o próximo objeto de texto no slide. Se não houver objetos de texto no slide, ou se você chegou ao último objeto de texto, um novo slide será inserido após o slide atual. O novo slide usará o mesmo layout do atual.

Navegação com o teclado no classificador de slides

Teclas de atalho	Efeito
Escape	Move o foco para o primeiro slide.
Tecla de seta	Move o foco para o slide seguinte.
Barra de espaços	Torna o slide com foco o slide atual.

4. CONCEITOS DE TECNOLOGIAS RELACIONADAS À INTERNET E INTRANET, BUSCA E PESQUISA NA WEB, MECANISMOS DE BUSCA NA WEB. NAVEGADORES DE INTERNET: INTERNET EXPLORER, MOZILLA FIREFOX, GOOGLE CHROME. UTILIZAÇÃO E CONFIGURAÇÃO DE *E-MAIL* NO MICROSOFT OUTLOOK

- Rede de computadores é um conjunto de computadores interligados com o intuito de compartilhar recursos e serviços.
- A máquina na qual o serviço está instalado passa a ser servidora do serviço.
- Toda rede se baseia no trio: usuário, senha e permissão.
- Existem alguns conceitos e equipamentos que costumam aparecer nas questões, nos enunciados e nas alternativas. Os principais deles são:

Equipamento	Definição
Cabos	A maioria das redes utiliza ainda cabo para interligar equipamentos, visto que a rede sem fio ainda é potencialmente insegura. Os principais tipos de cabo são: coaxial, par trançado e fibra óptica.
Conectores	O do cabo coaxial é o BNC, do par trançado o RJ-45 e a fibra óptica não apresenta um padrão único.
Hub	É um concentrador. Atua na camada física da rede. Gerencia apenas uma comunicação por vez e entrega os dados utilizando a difusão.
Switch	Atua na camada de enlace da rede. Gerencia mais de uma comunicação por vez e entrega a mensagem apenas ao destinatário. Há quem diga, e já apareceu em prova, que seria uma evolução do hub, mas isso é uma visão simplista. Na verdade, existem muitas outras diferenças técnicas entre eles.
Repetidor	Regenera o sinal da rede, permitindo sua transmissão com qualidade em uma maior extensão.
Gateway	Permite a comunicação entre redes com tecnologias distintas.
Banda de passagem	É a taxa de transmissão da rede. Indica a quantidade máxima de dados que uma rede é capaz de transmitir em um determinado tempo. Ex: 1Gbps (a rede poderá transmitir no máximo 1gigabit por segundo)

- As redes podem ser classificadas quanto à abrangência física e quanto à abrangência lógica.
- Quanto à abrangência física temos:

Tipo de Rede	Definição
LAN	É a rede local, de pequena abrangência. Apresenta um pequeno raio de acesso.
WAN	É a rede de longa distância. Apresenta um maior raio de acesso.
MAN	É a rede metropolitana. Uma rede que tem a abrangência de uma cidade. Com a expansão do uso da Internet, perderam um pouco o sentido de existir e um exemplo prático que podemos citar é a rede de TV a cabo

- Quanto à abrangência lógica temos:

Tipo de Rede	Definição
Intranet	É a rede coorporativa que oferece serviços típicos de redes públicas, como a Internet. Geralmente apresenta um repositório de dados interno e uma camada de segurança associada a esses dados.
Internet	É a rede mundial de computadores. Utiliza, para transmissão de dados, os backbones de comunicação e exige um provedor de acesso para a interligação com a telefonia.
Extranet	É o acesso à Intranet através da Internet.

- Os meios de acesso são os meios que podem ser utilizados para transmissão de dados em uma rede. Os principais estão listados na tabela abaixo:

Meios de Acesso	Definição
Cabos	Já citados anteriormente
Linha telefônica	Oferece diversos tipos de acesso como: discado -> dial-up (baixa taxa de transmissão e problemas de conexão), dedicado → comunicações diretas entre dois pontos como com o LPCD, canais com alta taxa de transmissão (ADSL, SDSL, VDSL, HDSL)
TV a cabo	Utiliza a estrutura da rede de TV a cabo. Compartilha o meio de transmissão

INFORMÁTICA

Meios de Acesso	Definição
PLC	Transmissão de dados através da corrente elétrica
Fibra submarina	Fibras ópticas passadas nos rios e mares. Já temos uma vasta malha cobrindo todo o litoral brasileiro e interligando o Brasil a vários outros pontos no mundo.
Wireless	É a comunicação sem fio. Oferece várias opções como o WAP, IRDA, Bluetooth (comunicação através de ondas de rádio. Atinge pequenas distâncias) e o GPRS (comunicação através de ondas de rádio. Atinge longas distâncias e transmite) dados através da rede de telefonia móvel)

O padrão de protocolos adotado na Internet é o TCP/IP, que por consequência também é adotado pelas Intranets. É importante saber quais os protocolos e suas respectivas funções e camadas de atuação.

O modelo TCP/IP divide a rede em cinco camadas:

Camada	Função
Aplicação	É a camada com a qual o homem interage. Os principais protocolos que nela atuam são: HTTP, HTTPS, DNS, DHCP, POP, IMAP, SMTP, SNMP, IRC, NNTP, TELNET, FTP.
Transporte	Divide a mensagem em pedaços menores de tamanho máximo fixo e sequenciados chamados de pacotes. Os principais protocolos que nela atuam são: UDP e TCP
Rede	É responsável pelo endereçamento, transformar endereço lógico para físico e físico para lógico e por rotear. Os principais protocolos que nela atuam são: IP, ARP, RARP, OSPF e RIP
Enlace	Responsável pela transmissão e recepção de quadros e pelo controle de fluxo de dados
Física	Responsável pela transmissão e recepção do fluxo de bits brutos não estruturados através de um meio físico.

A função básica dos protocolos é:

Protocolo	Função
IP	Leva pacotes de dados da origem ao destino e os identifica com um número de endereço que é o endereço IP.
ARP	Converte endereços lógicos para físicos
RARP	Converte endereços físicos para lógicos
OSPF	Realiza roteamento dinâmico
RIP	Realiza roteamento estático
TCP	Atua na camada de transporte. É confiável e orientado à conexão
UDP	Atua na camada de transporte. É não confiável e não orientado à conexão.
HTTP	É utilizado pelo serviço de web, que é o serviço que permite a transmissão de páginas ou hipertexto entre computadores.
HTTPS	Também é utilizado pelo serviço de web, mas agrega o certificado digital SSL que realiza a criptografia dos dados enviados e os descriptografa na chegada, garantindo sua confidencialidade.
SMTP	Responsável por enviar mensagens de email da máquina do usuário para o servidor de email
POP	Responsável por trazer mensagens de email do servidor de email para a máquina do usuário. Descarrega as mensagens fisicamente e realiza a leitura na máquina do usuário.
IMAP	Responsável por trazer mensagens de email do servidor de email para a máquina do usuário. Traz uma cópia da mensagem, mas a leitura é realizada no servidor.
FTP	Permite a transmissão de arquivos entre computadores. Download e Upload.

Protocolo	Função
TELNET	Permite a emulação de terminais. Muito usado atualmente para realizar suporte à distância.
DNS	Mapeia endereços IP para domínios e vice-versa
DHCP	Fornecer endereços dinâmicos
IRC	Possibilita a troca de mensagens on-line
NNTP	Utilizado em grupos de discussão (Fóruns)

- Agora vamos falar sobre alguns serviços que são constantes em prova.

Serviço	Características
Web	Permite a troca de páginas ou hipertexto entre computadores; A linguagem utilizada para criação desses arquivos é o HTML; A ligação entre as páginas é o hyperlink; Para a visualização das páginas utilizamos os programas navegadores ou browsers; Os protocolos usados são o HTTP e o HTTPS; O endereço de uma página na Web é uma URL;
Email	Permite a troca de mensagens entre usuários; Para utilizar o email é necessário ter um endereço de email que é formado por: identificador@servidor de email; A mensagem de email não é enviada para o usuário e sim para o servidor de email e depositada em sua caixa postal, onde será visualizada quando o usuário desejar; Existem dois tipos de e-mails: o cliente de email (software instalado na máquina do usuário só para gerenciar contatos e mensagens) e o webmail (acessado através da Web). Os protocolos usados são: POP, IMAP e SMTP

Serviço	Características
Busca	Os principais buscadores atualmente são: Google, Yahoo e Bing. Existem os operadores de busca que são utilizados para reduzir o universo de busca e retornar conjuntos mais precisos de resultados. Os principais são: " " (aspas duplas) Ex: "Porto de Galinhas" – retornará apenas as páginas que tem exatamente a expressão Porto de Galinhas, escrita dessa forma e nesse sequência; E, AND ou + Ex: "Porto E Galinhas" – retornará todas as páginas que tenham a palavra galinhas e a palavra porto, mas em qualquer contexto; OU, OR Ex: "Porto OU Galinhas" – retornará todas as páginas que tenham a palavra galinhas ou a palavra porto; - (expressão) Ex: "Porto – (galinhas)" – retornará todas as páginas que tenham a palavra Porto, mas excluíra do resultado qualquer uma que tenha a palavra galinhas;

5. SEGURANÇA DA INFORMAÇÃO EM TECNOLOGIA: CONCEITOS FUNDAMENTAIS DE SEGURANÇA DA INFORMAÇÃO, CONFIDENCIALIDADE, INTEGRIDADE, DISPONIBILIDADE, AUTENTICIDADE, NÃO REPÚDIO E PRIVACIDADE; AMEAÇAS EM COMPUTADORES E REDES; CONCEITOS E PREVENÇÃO DE CÓDIGOS MALICIOSOS (MALWARE, PRAGAS VIRTUAIS, VÍRUS ETC.), USO DE FERRAMENTAS ANTIVÍRUS E ANTIMALWARE

- Quando falamos em segurança da informação, temos cinco princípios ou objetivos básicos, que estão listados na tabela abaixo:

Princípio	Descrição
Confidencialidade	Garantir que só terá acesso útil aos dados quem deve ter
Integridade	Garantir que o estado do dado só será alterado com permissão
Autenticidade	Garantir que quem realiza a operação é quem diz ser

Princípio	Descrição
Não repudio	Garantir que a autoria da operação não poderá ser negada
Disponibilidade	Garantir que os dados e serviços estão disponíveis quando e para quem devem estar

- Protegemos as redes para retirar as vulnerabilidades que são todos os fatores que podem causar danos aos dados e aos serviços. Elas podem ser Físicas (um prédio que cai, etc), Naturais (enchentes, terremotos, etc), de Hardware (o gerador não suportou, a máquina falhou, etc), de Software (uma falha de segurança no software, etc) ou Humana (um funcionário corrupto, entrega de dados indevidamente por telefone, etc). (Acho que o etc pode ser retirado, dá pra perceber que são só exemplos)
- Os ataques, ameaças, formas de ataque mais conhecidos e suas ações são listados na tabela abaixo:

Ataques, ameaças e formas de ataques	Descrição
Virus	O vírus é um programa malicioso que tem esse nome em virtude da comparação com o ser vírus. Sendo assim, ele pode multiplicar, pode mutacionar, sempre causa dano e precisa de um programa hospedeiro para atuar. Dessa forma, ao se acoplar ao hospedeiro, quando o programa hospedeiro é executado o código de execução do programa é desviado para o código do vírus e a partir daí ele inicia sua ação e propagação.
Worm	O worm é um programa malicioso que tem esse nome em virtude da comparação com o verme. Sendo assim, ele pode ou não multiplicar, pode ou não causar um dano maior e não precisa de um programa hospedeiro para atuar.
Cavalo de Tróia	Trojans são os Cavalos de Tróia. Tipo de ataque que invade a máquina disfarçadamente e facilita a ação de outros ataques.
Spyware	Spyware é o programa espião. Armazena dados e hábitos de navegação do usuário para repassá-los a terceiros, sem, obviamente, o conhecimento do usuário
Adware	Adware é um programa que baixa e/ou executa automaticamente uma propaganda na máquina do usuário, sem a autorização prévia do mesmo
Hijacker	Hijackers são um tipo de spyware que podem alterar a página inicial de browsers, instalam barras de ferramentas suspeitas, impedem acesso a determinados sites e alguns deles invadem conexões, chegando até a impedir a atualização do antivírus.
Wabbit	Wabbit é o coelho. Tem um alto poder de se replicar. Não precisa de programa hospedeiro e termina inviabilizando o uso do computador pela quantidade de processos abertos que ele cria ao se replicar rapidamente.
Keylogger	Capturam os dados digitados do teclado.
Screenlogger	Capturam as coordenadas da tela.
Exploit	Exploits são programas que buscam vulnerabilidades na rede. Podem ser usados para invasões ou para que as vulnerabilidades, ao serem descobertas, possam ser corrigidas.
Backdoor	Buscam falhas de segurança, vulnerabilidades em programas, para que através deles, outros ataques possam ser realizados, ou até o domínio da máquina ser alcançado
Flood	Consiste no envio de pacotes repetidamente para um usuário ou servidor, buscando gerar a indisponibilidade de dados e serviços.
Spam	O Spam é o envio de mensagens, não autorizadas, em massa.
Phishing	O **phishing** é a "pescaria", ou seja, consiste em criar páginas falsas, muito semelhantes às páginas verdadeiras de bancos, operadoras de cartões de crédito e etc e através de mensagens tentam induzir o usuário a ir até a página falsa e lá digitar os dados financeiros e bancários que serão armazenados e posteriormente utilizados nos sites verdadeiros para desvios e roubos.

Ataques, ameaças e formas de ataques	Descrição
Pharming	O pharming é a invasão ao servidor de DNS da rede e tem o intuito de direcionar o usuário para o endereço de uma página falsa
Defacement	O defacement é um ataque que consiste em alterar o conteúdo de uma página.
Engenharia Social	Consiste em tentar obter informações privilegiadas através de contatos telefônicos, enganando funcionários, passando-se por outras pessoas ou subornando alguém.

- As técnicas de proteção mais comuns são:

Ferramenta	Descrição
Antivírus	Software cuja função é monitorar o sistema tentando prevenir, detectar, identificar e remover vírus e outros malwares em geral.
Antispyware	Software cuja função é monitorar o sistema tentando prevenir, detectar, identificar e remover spyware.
Criptografia	É uma técnica matemática utilizada para codificação. A criptografia usada na informática é a criptografia de transposição que troca as posições dos dados no pacote. Para que os pacotes se tornem novamente legíveis devem ser descriptografados. Os programas que criptografam e descriptografam são as chaves e elas podem ser públicas ou privadas. A criptografia pode ser simétrica ou assimétrica. Garante a confidencialidade dos dados.
Certificado digital	Tem a função de autenticar o usuário, associando um par de chaves (pública e privada) a um usuário. Com o uso do certificado o usuário poderá cifrar, decifrar e assinar documentos. Garante a autenticidade, confidencialidade, integridade e não repudio dos dados.
Firewall	O firewall pode ser hardware, software ou a mistura dos dois. O firewall têm por função controlar os dados que entram e saem para que só circulem os dados permitidos. Sendo assim, controla o tráfego de dados baseado em um conjunto de regras de controle pré-definido. Existem dois tipos de Firewall: o firewall de host e o firewall de rede. O firewall de host está instalado em uma máquina e analisa a comunicação entre ele e a rede a qual está conectado (a Internet ou uma rede local) e o firewall de rede analisa a comunicação entre duas redes (a rede local e a Internet, por exemplo) aplicando nessa comunicação as regras de segurança pré-definidas.
SSL	É um certificado digital instalado na camada de aplicação que criptografa e descriptografa os dados enviados e recebidos na comunicação.
Honeynet	É uma rede de computadores criada para servir de estudo para possíveis formas de invasão. Muitas vezes servem para atrair atacantes e assim a equipe de segurança da rede verificar e estudar as formas de atuação dos atacantes.
Honeypot	É uma técnica que simula uma máquina com vulnerabilidades, para que ataques sejam realizados e assim a ação do ataque possa ser monitorada e estudada.
Politica de senha	Consiste em definir regras para a criação e manutenção de senhas na rede,visando com isso reduzir a vulnerabilidade humana.
Auditorias	São realizadas através da analise dos arquivos de log da rede, que registram as atividades realizadas pelos usuários.

6. MS TEAMS: CHATS, CHAMADAS DE ÁUDIO E VÍDEO, CRIAÇÃO DE GRUPOS, TRABALHO EM EQUIPE: WORD, EXCEL, POWERPOINT, SHAREPOINT E ONENOTE, AGENDAMENTO DE REUNIÕES E GRAVAÇÃO

O Microsoft Teams, como o próprio nome sugere, é uma ferramenta da Microsoft lançada em cujo intuito é prover condições ideais para a interação e colaboração de equipes, permitindo assim o trabalho remoto e a disponibilização de uma série de aplicativos em uma única interface.

Dentre as funcionaliddaes oferecidas é possível estabelecer com os demais usuários cadastrados e autorizados a comunicação por chat, fazer videoconferências com recursos de vídeo, texto, compartilhamento de telas, chat simultâneo, visão dos participantes e interação entre eles e sem tempo máximo delimitado e com gravação para uso posterior (inclusive já integrado também com o serviço de nuvem da Microsoft o One Drive). Permite a realização de chamadas de aúdio e vídeo e o uso de todos os aplicativos do pacote office 365 também integrado na nuvem.

Suas principais funções são:

1) **Trocar emails por mensagens:**

   Utilizar emails para registrar a comunicação não é um hábito seguro e nem produtivo, então o premite criar um grupo para cada projeto e manter todas as mensagens registradas em um canal de comunicação exclusivo para os integrantes do projeto.

   Existem 3 níveis de troca de informações: menções, mensagens e notificações.

   Menções: consiste em usar @ e o nome da pessoa ou do canal e assim ressaltar a chamada para aquele usuário.

   Mensagens: pode-se mandar mensagens para grupos específicos do projeto.

   Notificações: registram qualquer ação dos proprietários ou membros do grupo, como por exemplo entrada ou saída de membros, alterações na diretrizes.

2) **Realizar chamadas de áudio e vídeo:**

   Permite a realização de ligações de voz ou de vídeo e oferece recursos para gravação da ligação e para a troca dos arquivos mencionados.

3) **Calendário de reuniões e tarefas:**

   Permite criar e enviar solicitações de reunião e apresenta um calendário integrado que reúne todos os acontecimentos registrados para o usuário ou para os grupos aos quais ele pertença. Além de listar as tarefas comuns, também exibe links para videoconferências.

4) **Utilização de robôs:**

   Permite a utilização de uma série de robôs para a automação de tarefas, como por exemplo: o T-bot que é responsável por responder dúvidas sobre a utilização do aplicativo Teams, o Statsbot, especializado em gerar relatórios que podem ser programados com dados extraídos de diversas fontes, como o Google Analytics, Power BI ou Salesforce e permite que o usuário possa programar um robô com funções exclusivas para si.

5) **Integração com o Office 365:**

   Permite o uso integrado do pacote do Office 365 disponibilizado na estrutura de nuvem da Microsoft, o OneDrive. Isso facilita o acesso do usuário e permite a gravação dos arquivos gerados localmente, na rede ou na nuvem, além de não exigir instalação local, permitindo que todo o trabalho seja realizado on-line ou em máquinas de baixa performance.

   Integra-se também com aplicativos de produtividade como o Trello e o Evernote e com outras ferramentas como softwares de SAP e de gestão de demandas.

Observe que o objetivo da ferramenta é aumentar a produtividade das equipes, gerando maior integração, menor perda de tempo e distração.

7. ONEDRIVE: ARMAZENAMENTO E COMPARTILHA-MENTO DE ARQUIVOS

O One Drive é o serviço de armazenamento e dados em nuvem da Microsoft e o seu login pode ser feito a parte ou ser associado aos serviços de email da Microsoft ou à própria conta geral da empresa.

Pode ser utilizado para guardar arquivos pessoais do usuário, como: fotos, vídeos e etc, mas também permite compartilhar projetos com outros usuários e oferece recursos extras como interação com aplicativos d**o Microsoft Office 365** e outros softwares, a depender do tipo de plano assinado pelo usuário, como por exemplo a versão paga como o OneDrive for Bussines.

O pacote gratuito e o plano de 100 GB oferecem apenas direito ao armazenamento online.

ÉTICA NO SERVIÇO PÚBLICO

Leandro Bortoleto e Perla Müller

1 Ética e moral. 2 Ética, princípios e valores. 3 Ética e democracia: exercício da cidadania. 4 Ética e função pública. 5 Ética no Setor Público. 6 Resolução nº 147/2011 (Código de Conduta do Conselho da Justiça Federal de Primeiro e Segundo Graus). 7 Lei nº 8.112/1990, e suas alterações. 7.1 Provimento, vacância, remoção, redistribuição e substituição. 7.2 Direitos e vantagens. 7.3 Regime disciplinar: deveres, proibições, acumulação, responsabilidades, penalidades, processo administrativo disciplinar. 8. Lei nº 8.429/1992 e alterações. 8.1 Disposições gerais. 8.2 Atos de improbidade administrativa. 9 Lei nº 12.846/2013 (Lei anticorrupção).

1. ÉTICA E MORAL

Conceito de Ética

- **Ética**, do grego ***ethos*** (caráter, **qualidade do ser**, morada do ser) é o **conhecimento** que fornece ao indivíduo critérios para que ele possa **escolher, dentre várias, a melhor conduta a adotar**, levando sempre em conta o interesse da comunidade humana, possibilitando a **reflexão pessoal** sobre quais ações são virtuosas (boas) e quais não são. Percebe-se, portanto, o conteúdo valorativo da ética, como doutrina do valor do bem.
- A ética é a disciplina filosófica (parte da filosofia) que tem por característica ser reflexiva, crítica, analítica, perturbadora da ordem posta, já que questiona os paradigmas do comportamento humano.
- Por critério para escolha da melhor conduta, pode-se entender como o padrão que o agir leva em consideração, sendo certo que todo agir de uma pessoa afeta ou impacta, de uma forma ou de outra, a vida dos demais membros da sociedade. É por essa razão que a **vida ética** se realiza no desenvolver das **relações intersubjetivas**, isto é, no convívio social entre sujeitos.
- A ética é uma **investigação teórica**, doutrinária acerca dos critérios que nos permitem escolher o agir, sendo, portanto, **especulativa**, não nos dando uma resposta definitiva para nossas indagações. Por sua **natureza doutrinária**, podemos afirmar que a ética é pedagógica no sentido de **educar o espírito do ser humano para a ação pessoal ou para o dever profissional**.
- Contemporaneamente, os **Direitos Humanos** são tomados como **critério eletivo da melhor conduta**, isto é, como **padrão do agir ético**.
- A ética é **pessoal** sendo medida que se toma de si em relação ao próprio agir, possui **dimensão subjetiva**. Nesse sentido, ser ético é agir com livre e voluntário respeito a princípios e valores postos por si e para si e não por medo da punição ou do castigo, de modo que **a eticidade do agir implica, necessariamente, vontade consciente, livre e desinteressada**.

- Principais doutrinas éticas:

PRINCIPAIS DOUTRINAS ÉTICAS	
Ética utilitarista	• O comportamento ético é o **comportamento útil**, isto é, que resulta em alguma **utilidade,** assim entendida como aquela propriedade, em qualquer objeto, que tende a produzir **benefício** ou **prazer** e a prevenir **danos** ou **dor** ao maior número de pessoas possível. • **Ser ético** não está no valor da ação em si, mas na **finalidade do agir** ou nos seus **resultados**. • É da **apreciação da realidade dos fatos** que se extrai qual comportamento seria mais útil, por isso é uma ética **empírica**.
Ética formal	• Ser ético significa conhecer e cumprir o **'dever' pelo 'dever'**. • Por 'dever', entende-se o reconhecimento da **necessidade imperiosa de respeitar todos como fins em si mesmos**. • A ação é ética porque decorre da pureza da vontade (da **boa vontade**), que escolhe o agir não por uma recompensa ou por medo de uma punição, mas pela **liberdade** de agir por respeito ao dever pelo dever, por concordância com a norma moral (**imperativo categórico**). • A ética formal centra-se no respeito à **pessoa humana** por reconhecer seu **valor dignidade**, o que a diferencia das coisas enquanto dotadas de preço e, portanto, substituíveis. • Apregoa o agir com fundamento no puro respeito ao 'dever', pouco importando as finalidades ou resultados concretos do agir, razão de ser uma ética **formal**.

PRINCIPAIS DOUTRINAS ÉTICAS	
Ética da Convicção	• O comportamento humano considerado ético determina-se segundo **valores incondicionados** eleitos pela pessoa humana, sendo **irrelevantes os resultados** que possam advir. • O agir ético **prescinde da consideração das contingências** ou circunstâncias da vida concreta. • A conduta ética é ditada pela **lei moral** e não por seus resultados. • O agir orienta-se por um **ideal** (uma **convicção**), desconsiderando as consequêcias, numa lógica do 'tudo ou nada'.
Ética da Responsabilidade	• O comportamento ético é condicionado ao alcance de **resultado** que seja o melhor e mais justo possível para o maior número possível de pessoas. • O agir ético **depende das contigências** ou circunstâncias da vida concreta. • A conduta ética é dilema do sujeito moral que se torna **responsável pelas consequências** de sua eleição. • O agir pondera os **meios** mais adequados para se atingir os **fins** buscados, de modo que o sujeito, ao agir, sente-se responsável pelos demais.

- O objeto da ética, enquanto **disciplina filosófica** (ou seja, enquanto **parte da filosofia**) é a moral enquanto um dos aspectos ou das dimensões do comportamento humano. Ética é, assim, a dimensão da filosofia que reflete sobre o 'dever ser' do agir humano, ou seja, como as pessoas devem agir em cada situação concreta da vida.
- Como disciplina filosófica, a ética pretende-se **universal** (**absoluta** quanto ao seu alcance e aplicação), valendo seus princípios para todo e qualquer local, em todo e qualquer tempo.

Conceito de Moral

- **Moral**, do latim ***mos*** (ou plural ***mores*****, costume**), corresponde ao conjunto de **atos reiterados no tempo**, longa e arraigadadamente, considerados como **socialmente necessários para o bom viver em comunidade**. A moral, verificada nos costumes, isto é, nas ações reiteradas no tempo e espaço é tida como **particular**, justamente porque **modifica-se de tempos em tempos e de lugar para lugar**.
- A moral, enquanto conjunto de comportamentos considerados socialmente necessários para o bom viver, é **normativa**, pois **disciplina** o comportamento dos membros da sociedade ou comunidade humana. Além disso, tais comportamentos considerados morais são bons e corretos **independentemente de sua apreciação pelo sujeito**, pelo indivíduo, já que assim são socialmente valorados, constituindo **dado objetivo da realidade**. Desse modo, a moral está contida na ação humana determinada por um contexto espaço temporal específico.
- A construção dos hábitos ou costumes morais se dá na **experiência humana cotidiana** que, portanto, é a **fonte das normas morais**, conferindo a ela natureza **pragmática**.
- As **normas morais**, por sua vez, são **fórmulas** ou **arquétipos** estabelecidos pelo ser humano para **ordenar e regular** comportamentos dos membros da sociedade ou comunidade humana, podendo ser considerado moral o comportamento conforme as normas morais.
- Sendo influenciada por **fatores sociais e históricos**, importante verificar que há diferenças entre os conceitos morais de um grupo para outro (**relativismo**).

Diferença entre ética e moral

Diferença entre ética e moral	
Ética	**Moral**
reflexão subjetiva	orientação objetiva
teórica, doutrinária, filosófica	prática, pragmática
especulativa	normativa
universal	relativa
absoluta	particular

- É bom verificar que a existência da moral ou de um comportamento moral não implica dizer, necessariamente, que a moral se alicerça em princípios éticos ou que o comportamento moral é ético. Ainda que o comportamento seja conforme uma dada moral, pode não o ser do ponto de vista ético. A ética debruça-se sobre a moral ou sobre o comportamento moral para problematizá-lo, visando sua crítica, modificação ou refinamento e, assim, o progresso humano.
- A **ética** pode incidir para **alterar ou reafirmar as regras morais** enraizadas na sociedade por meio da avaliação que faz de **valores morais** até então estabelecidos (veja, a título de exemplo, a escravização de pessoas, um dia moralmente aceita, hoje é absolutamente inadmissível).
- O que se espera é que **toda moral** se ampare sobre **princípios éticos** ou que, a partir deles, se aprimore.

2. ÉTICA, PRINCÍPIOS E VALORES

- Todo **agir humano** deve incorporar **princípios éticos e valores morais** como forma de implementação do **bem comum**, razão última de toda sociedade ou comunidade humana.
- Nossas **atitudes** são orientações seletivas e ativas diante de uma situação ou de um problema con-

creto que nos confronta e que exige de nós um **comportamento**. As **atitudes** são, assim, **predisposições interiores (inclinações)** da pessoa que influem na sua relação como o meio social em que vive, ou seja, que orientam como irá se comportar na sociedade, enquanto o **comportamento** é a **ação exteriorizada** pela pessoa **como resultado de sua atitude** diante de situações ou de problemas sociais.

- Essas inclinações ou disposições do nosso caráter podem constituir **virtudes** (inclinações ou propensões para o bem) ou **vícios** (inclinações ou propensões para o mal).
- No campo ético, as **virtudes** são excelências ou disposições do nosso caráter que nos orientam para **atitudes éticas**, enquanto os **vícios** são perversões ou disposições do nosso caráter que nos orientam para **atitudes egoísticas ou contrárias à ética**.
- O **comportamento ético** é, por essência, **resultado da atitude virtuosa**.
- **Valores** são os **fins da ação ética** e os **objetos da escolha moral**. O valor é o **predicado** (**qualidade**) que torna algo **digno de estima ou preferível** (a vida é digna de estima e, por isso, é um valor).
- A escolha do que é digno ou não de estima ou preferível, isto é, a **escolha do valor** ou do que tem ou não tem valor é **orientada por princípios**.
- **Princípios**, do ponto de vista ético, são **fundamentos de processo de escolha da melhor ação**. São os **vetores ou alicerces** que fundam a **ação humana dirigida para o bem** (a dignidade humana é fundamento do comportamento que se pretenda ético).

3. ÉTICA E DEMOCRACIA: EXERCÍCIO DA CIDADANIA

- **Cidadão** é o indivíduo que **goza de direitos** e **desempenha deveres** na sociedade politicamente organizada.
- **Cidadania** é a **qualidade de quem é cidadão** e se exerce no campo da associação civil, na cooperação de seres humanos reunidos no Estado. A cidadania é a qualidade dos sujeitos politicamente livres, que participam da vida política na sociedade, tomando parte das decisões.
- **Democracia** é o governo do povo enquanto **governo de todos os cidadãos**.
- O estabelecimento da **democracia** implica o respeito à **pluralidade** (respeito à divergência), à **transparência** (publicidade do exercício do poder) e à **rotatividade** (funções públicas acessíveis a todos e de exercício precário).
- O **exercício da cidadania** na sociedade democrática deve se guiar por **princípios éticos**, de modo que a escolha da melhor conduta tenha sempre em vista o **bem comum**.
- A **sobrevivência e harmonia da vida em sociedade** dependem do nível cooperativo dos seus membros, havendo **justa expectativa acerca da eticidade do agir humano**, em especial daqueles que desempenham **funções públicas**.

4. ÉTICA E FUNÇÃO PÚBLICA

- É espinhosa na atualidade a **relação entre ética e política**, sendo indiscutível, todavia, que as **instituições públicas** devem se orientar, ainda com mais rigor, pela **ética** justamente por visar o bem da coletividade, o **bem comum**.
- Para que o Estado possa **administrar a coisa pública** a contento, deve **gozar da credibilidade** dos membros da sociedade, pois assim o fará de **forma democrática** e não pelo uso da força, o que o transformaria em uma tirania.
- Quando falamos do **agir ético do Estado,** estamos falando, na verdade, do agir de seres humanos incumbidos, definitiva ou transitoriamente, do exercício de alguma função pública (**agentes públicos**), cujo comportamento, que é expressão da própria vontade do Estado deve ser, portanto, **ético**.
- Seja nas relações particulares (individuais e privadas), seja, ainda com mais razão, na administração da coisa pública, o sujeito que age deve fazê-lo com respeito à moralidade, havendo um **ajustamento entre a moral comum e a moral política**.
- A **função pública** deve ser entendida como exercício profissional e **integra a vida particular** de cada servidor público.
- A **razão última de ser do Estado** é promover a **vida digna dos membros da sociedade**, o que somente pode ser alcançado através do **agir ético dos agentes públicos**, um agir pautado no compromisso com o **respeito aos Direitos Humanos** (à dignidade de toda pessoa humana).
- O **Estado** cumpre seu papel ou **função social** através de **atos e procedimentos administrativos** que dão forma e viabilizam a **atuação da Administração Pública** (a chamada burocracia, como bem observa Weber). Tais atos e procedimentos administrativos são **objeto da análise ética**, não podendo expressar a vontade individual do agente que os exterioriza, mas sim a **vontade do próprio Estado**.
- Os **atos e procedimentos administrativos,** sujeitam-se ao **princípio da moralidade administrativa**, isto é, devem ter em mais alta conta o **interesse público** em detrimento de quaisquer outros interesses particulares, privados ou individuais.
- O **princípio da moralidade administrativa** tem **estatura constitucional**, sendo princípio fundamental da administração pública ao lado dos princípios da legalidade, da impessoalidade, da publicidade dos atos administrativos e da eficiência. A fim de assegurar e preservar o **princípio democrático** e sua efetividade, a **violação da moralidade administrativa** autoriza que qualquer cidadão ajuíze **ação popular para tutelá-la**.
- Os **atos e procedimentos administrativos** além de se submeterem a **requisitos formais e objetivos** para que possam **gozar de validade e legalidade** (competência, finalidade, forma, motivo, objeto), devem ainda se revelarem **moralmente legítimos**.
- Os atos e procedimentos administrativos competem a **agentes públicos**, dentre os quais destacamos os **servidores públicos**.

ÉTICA

5. ÉTICA NO SETOR PÚBLICO

- O servidor público que se afasta do comportamento ético, atenta não só contra si, mas contra toda a sociedade.
- A vida em sociedade exige do servidor público a prática de virtudes, a escolha do que vale moralmente, atitudes dirigidas ao bem, à justiça e ao **respeito dos direitos humanos fundamentais** de todo ser humano, **ainda que em prejuízo de seus próprios interesses e opiniões pessoais**.
- É expectativa legítima da sociedade que o agir do servidor público seja orientado por atitudes dignas, decorosas, zelosas, eficazes, preservadoras do patrimônio, da honra e da tradição dos serviços públicos, esperando-se que assim aja por vontade livre e consciente de acordo com a ética.
- Para **reforço do agir ético**, o Estado e seus órgãos estabelecem **códigos de ética** e **comissões de ética**, isto é, **regras** e processos e competências legalmente estabelecidos que **apuram cometimento de eventuais infrações éticas e punem seus autores** a fim de **constranger o mau proceder e corrigir malfeitos** daqueles que não escolheram para si a prática livre e voluntária da ética. Os códigos de ética positivam a filosofia do comportamento moral profissional.
- Ao servidor público, **não é suficiente** ser **competente** para emanar o ato administrativo ou conduzir um procedimento de sua alçada, **respeitando a forma estabelecida em lei**. O servidor também deve, antes de tudo, adotar **o comportamento eticamente esperado**, sobrelevando o **interesse público**.
- **Código de ética** é um **padrão geral** que serve de guia, norte, orientação para a conduta de um determinado grupo. Positivam um **conjunto de regras de conduta** alicerçadas em **princípios**.
- As **regras de conduta**, **conteúdo dos códigos de ética**, auxiliam o servidor público a adotar, através da escolha consciente, o **comportamento ético esperado**, bem como iluminam sua **orientação interna**, estimulando sua motivação, seu esmero, seu gosto pela realização do seu nobre ofício.
- As regras de conduta podem **ordenar ou proibir uma conduta** (**regras imperativas** do agir) ou podem **instruir ou orientar a como fazer o que se deve** (**regras construtivas ou constitutivas** do agir). As regras imperativas do agir ditam o que deve ser feito e as regras construtivas ou constitutivas ditam como se pode fazer o que se deve.
- O código de ética é **instrumento de resolução de conflitos morais** de um **grupo determinado**, não sendo um instrumento de repressão.
- A **moral no serviço público** corresponde ao **modelo do comportamento (norma)** que se espera do servidor público e lhe é **exigível**, visando o que é bom para si e para todos.
- O **patrimonialismo** consiste na interferência das questões privadas, sobretudo, dos interesses e poderes econômicos, sobre a esfera política e estatal, isto é, sobre a esfera pública, criando espaços para que **influências de natureza política e/ou econômica pessoais ou de grupos**, sejam exercidas e satisfeitas em sacrifício do bem comum e do interesse coletivo.
- A **cultura do patrimonialismo**, que pode ser sentida em diferentes práticas e intensidades, representa um risco ao bem comum e à ética porque **cria um Estado sem distinção entre público e privado**. Mais do que isso, o patrimonialismo leva quase sempre a uma **prevalência do interesse privado sobre o público**, especialmente interesses representados por indivíduos ou grupos mais influentes, com o apagamento do sentido de bem comum. **O Estado torna-se um representante de poucos**, dos mais ricos ou dos mais poderosos.
- No Brasil, **o patrimonialismo é um vício político antigo e estrutural**, já que os espaços públicos foram historicamente ocupados, em um primeiro momento e de forma predominante, por **pequenos grupos privilegiados** que **assumem as funções públicas e os postos de comando e de poder muitas vezes desvirtuando tais atividades em prol de interesses e demandas privadas** de seus grupos ou apoiadores. Sentido ainda hoje na nossa cultura política e institucional, e apesar dos inegáveis avanços, o patrimonialismo ainda possui forte influência e representa, sem dúvida, um importante e urgente ponto de superação.
- O **serviço público** exige **vocação** e **talento**, isto é, a compreensão de que se trata de uma **atividade nobre**, de **dedicação plena** e **aptidão técnica**, porque só assim cumprirá sua essência: **servir a comunidade, promover o bem comum** e **salvaguardar a coisa pública** para construção de uma sociedade melhor para todas as pessoas.

6. RESOLUÇÃO Nº 147/2011: CÓDIGO DE CONDUTA DO CONSELHO E DA JUSTIÇA FEDERAL DE PRIMEIRO E SEGUNDO GRAUS

Obs.: esse conteúdo é cobrado, apenas, nos concursos para TRF.

Disposições gerais

São **finalidades** do Código de Conduta do Conselho e da Justiça Federal de primeiro e de segundo graus (art. 1º):

a) tornar claras as regras de conduta dos servidores e gestores do Conselho e da Justiça Federal de primeiro e segundo graus;

b) assegurar que as ações institucionais empreendidas por gestores e servidores do Conselho e da Justiça Federal de primeiro e segundo graus preservem a missão desses órgãos e que os atos delas decorrentes reflitam probidade e conduta ética;

c) conferir coerência e convergência às políticas, diretrizes e procedimentos internos do Conselho e da Justiça Federal de primeiro e segundo graus;

d) oferecer um conjunto de atitudes que orientem o comportamento e as decisões institucionais.

Destinatários

Todos os servidores e gestores do Conselho e da Justiça Federal de primeiro e segundo graus. Os gestores devem, em todos os níveis, aplicar os preceitos estabelecidos no Código, como exemplo de conduta a ser seguido, e garantir que seus subordinados – servidores, estagiários e prestadores de serviços – vivenciem as disposições do Código.

Todos os contratos de estágio e de prestação de serviços terão como sua parte integrante o Código de Conduta, como maneira de assegurar o alinhamento entre os colaboradores.

Princípios de conduta (art. 4º)

a) **integridade**;

b) **lisura**;

c) **transparência**;

d) **respeito**;

e) **moralidade**.

Comportamentos vedados

a) **atitudes discriminatórias ou preconceituosas** de qualquer natureza, em relação a etnia, a sexo, a religião, a estado civil, a orientação sexual, a faixa etária ou a condição física especial (art. 5º);

b) atos que caracterizem **proselitismo partidário, intimidação, hostilidade ou ameaça, humilhação** por qualquer motivo ou assédio moral e sexual (art. 5º);

c) a **participação de gestores ou servidores em atos ou circunstâncias que se contraponham**, conforme o caso, **aos interesses** do Conselho e da Justiça Federal de primeiro e segundo graus ou que lhes possam causar danos ou prejuízos (art. 6º);

d) o **uso dos recursos, espaço e imagem** do Conselho e da Justiça Federal de primeiro e segundo graus, em qualquer hipótese, **para atender a interesses pessoais, políticos ou partidários** (art. 7º);

e) a **divulgação**, pelo gestor ou servidor, **de informações ainda não divulgadas publicamente do órgão em que atua**, cujo acesso se deu por força de seu cargo ou de suas responsabilidades. Nesse caso, na verdade, é dever do servidor manter sigilo (art. 8º);

f) **aceitar presentes, privilégios, empréstimos, doações, serviços ou qualquer outra forma de benefício** em seu nome ou no de familiares, quando **originários de partes, ou dos respectivos advogados e estagiários, bem como de terceiros** que sejam ou pretendam ser fornecedores de produtos ou serviços para essas instituições (art. 9º). Exceções: **brindes sem valor comercial** ou aqueles atribuídos por entidades de qualquer natureza a título de **cortesia, propaganda ou divulgação**, por ocasião de eventos especiais ou datas comemorativas, porque nesses casos não são considerados presentes;

g) a **utilização de sistemas e ferramentas de comunicação** para a prática de **atos ilegais** ou **impróprios**, para a obtenção de **vantagem pessoal**, para **acesso ou divulgação de conteúdo ofensivo ou imoral**, para **intervenção em sistemas de terceiros** e para **participação em discussões virtuais acerca de assuntos não relacionados** aos interesses do Conselho e da Justiça Federal de primeiro e segundos graus (art. 11, parágrafo único).

Deveres e responsabilidade dos servidores e gestores

Zelar pela integridade dos bens, tangíveis e intangíveis, dos órgãos onde atuam, inclusive sua **reputação, propriedade intelectual e informações** confidenciais, estratégicas ou sensíveis, nos termos do art. 10.

Os **sistemas eletrônicos** do Conselho da Justiça Federal e da Justiça Federal de primeiro e de segundo graus **devem ser utilizados com a estrita observância dos atos normativos** vigentes, em especial quanto à utilização e à proteção das senhas de acesso (art. 11, *caput*).

Quando se **comunicarem** entre si ou com os órgãos governamentais, os clientes, os fornecedores e a sociedade **devem fazê-lo** de **forma clara simples, objetiva e acessível** a todos os legitimamente interessados (art. 12). Também, os **contatos com órgãos de imprensa serão realizados, exclusivamente, por porta-vozes autorizados** pelo Conselho, tribunais regionais federais e seções judiciárias, conforme o caso (art. 14).

Os **contratos, convênios ou acordos de cooperação** devem ser **escritos de forma clara, com informações precisas**, sem haver a possibilidade de interpretações ambíguas por qualquer das partes interessadas (art. 15).

No exercício de suas atribuições devem ter responsabilidade social e ambiental (art. 17). **Responsabilidade social:** privilegiar a **adoção de práticas que favoreçam a inclusão social.** Responsabilidade ambiental: **adoção de práticas que combatam o desperdício de recursos naturais e evitem danos ao meio ambiente.**

Na hipótese dos servidores e gestores do CJF e da JF de primeiro e segundo graus cometerem erros, deverão receber orientação construtiva, mas se a conduta faltosa for resultante de desídia, má-fé, negligência ou desinteresse que exponham o Conselho, os tribunais regionais federais e as seções judiciárias a riscos legais ou de imagem, serão tratados com rigorosa correção (art. 16).

Comitê gestor do código de conduta

Haverá **um comitê gestor em cada um dos tribunais regionais federais,** composto por **servidores nomeados pelo presidente** do órgão, **e também no Conselho da Justiça Federal** (art. 19), cabendo ao comitê zelar pelo cumprimento do Código de Conduta, entre outras atribuições (art. 18), as quais, aliás, serão fixadas por ato do Presidente do Conselho da Justiça Federal (art. 20). Esse ato é a Portaria nº CF-POR-2012/00116, de 11/05/2012.

Portaria nº CF-POR-2012/00116, de 11/05/2012.

Comitê Gestor do Código de Conduta será composto por **quatro servidores de cargo efetivo** (e quatro suplentes), designados pelo dirigente máximo em cada órgão, com **mandato de três anos**, podendo ser **reconduzidos até duas vezes** (art. 3º).

Os membros do comitê não receberão nenhum adicional ou gratificação por dele participar, mas os trabalhos desenvolvidos são considerados prestação de relevante serviço público (art. 3º, parágrafo único).

Competência do **comitê gestor**:

a) assegurar a observância do Código de Conduta, objeto da Resolução n. 147/2011, pelos servidores e gestores por ele abrangidos;

b) submeter ao Conselho da Justiça Federal sugestões de aprimoramento do Código de Conduta e demais atos administrativos de caráter interpretativo de suas normas;

c) apurar, de ofício ou em razão de denúncia, condutas que possam configurar violação do Código de Conduta e, se for o caso, adotar as providências nele previstas;

d) dirimir dúvidas a respeito da aplicação do Código de Conduta e deliberar sobre os casos omissos;

e) dar ampla divulgação ao Código de Conduta.

7. LEI Nº 8.112/1990 E SUAS ALTERAÇÕES

7.1. PROVIMENTO, VACÂNCIA, REMOÇÃO, REDISTRIBUIÇÃO E SUBSTITUIÇÃO

- ***Requisitos*** para investidura (art. 5º):
  a) ser brasileiro;
  b) estar no gozo dos direitos políticos;
  c) estar adimplente com as obrigações militares e eleitorais;
  d) ter o nível de escolaridade exigido para o exercício do cargo;
  e) ter a idade mínima de dezoito anos;
  f) estar em aptas condições física e mental.
- É frequente a cobrança das formas de provimento derivado nas provas.
- ***Posse:*** com ela ***materializa-se*** a ***investidura*** do servidor no cargo.
- A posse pode ocorrer ***mediante procuração específica*** (art. 13, § 3º), depende de ***prévia inspeção médica oficial*** (art. 14; é necessária a aptidão física e mental para a posse).
- No ***ato*** da ***posse*** deve ser apresentada ***declaração de bens e valores*** que formam seu patrimônio e a declaração de exercício ou não de outro cargo, emprego ou função pública (art. 13, § 5º).
- ***Prazo*** para a ***posse: trinta dias***, contados da publicação do ato de provimento (art. 13, § 1º).
- Nomeado ***não toma posse*** no prazo: ***ato de provimento será tornado sem efeito***, pois ainda não era servidor para ser exonerado.
- ***Exercício***: desempenho efetivo das atribuições do cargo.
- ***Prazo para exercício***: ***quinze dias***, contados da data da posse.
- Servidor ***não entra em exercício*** no prazo: será ***exonerado*** de ofício.
- ***Estágio probatório***: lei prevê 24 meses, mas para STF é de 3 anos (STA 269, STA 290 e AI 754.802-DF).
- Sistematização das licenças e afastamentos em relação ao servidor em estágio probatório[1]:

SERVIDOR EM ESTÁGIO PROBATÓRIO – Licenças e Afastamentos	
PERMITIDO	*PROIBIDO*
• para o serviço militar (não suspende) • para exercício de mandato eletivo (não suspende) • para estudo ou missão no exterior (não suspende)	• para capacitação • para tratar de interesses particulares • para desempenho de mandato classista
• para servir a outro órgão ou entidade (só cargo de nível elevado; não suspende) • por motivo de doença em pessoa da família (suspende) • por motivo de afastamento do cônjuge ou companheiro (suspende) • para atividade política (suspende) • para servir em organismo internacional de que o Brasil participe ou com o qual coopere (suspende) • participação em curso de formação (suspende)	• para participação em programa de pós-graduação *stricto sensu* no País

- Sistematização das formas de provimento derivado[2]:

PROVIMENTO DERIVADO: principais formas
Readaptação → investidura em outro cargo com atribuições e responsabilidade compatíveis com as limitações do servidor
Aproveitamento → volta à ativa do servidor em disponibilidade
Reversão → volta do aposentado
Reintegração → volta do demitido
Recondução → volta ao cargo anterior

- Remoção (art. 36): ***deslocamento do servidor***, a pedido ou de ofício, no âmbito do mesmo quadro, ***com ou sem mudança de sede.***
- Remoção pode ocorrer ***de ofício ou a pedido*** do servidor.
- Hipóteses em que a ***Administração não pode recusar*** o pedido de remoção do servidor (art. 36, III):
  a) para ***acompanhar cônjuge ou companheiro***, também servidor público civil ou militar, de qualquer dos Poderes da União, dos Estados, do Distrito Federal e dos Municípios, que foi deslocado no interesse da Administração[3];

1. BORTOLETO, Leandro. *Direito administrativo.* 2. ed. Salvador: Juspodivm, 2013. p. 200.

2. BORTOLETO, Leandro. *Direito administrativo.* 2. ed. Salvador: Juspodivm, 2013. p. 205.

3. Corroborando o dispositivo supramencionado, o STJ decidiu no EREsp 1.247.360 RJ que o servidor federal somente tem direito à remoção prevista no artigo 36, § único, III, "a",

b) por ***motivo de saúde*** do servidor, cônjuge, companheiro ou dependente que viva às suas expensas e conste do seu assentamento funcional, condicionada à comprovação por junta médica oficial;

c) em virtude de ***processo seletivo*** promovido, na hipótese em que o número de interessados for superior ao número de vagas, de acordo com normas preestabelecidas pelo órgão ou entidade em que aqueles estejam lotados.

7.2. DIREITOS E VANTAGENS

- ***Vantagens***: servidor pode receber indenizações, gratificações e adicionais.
- Sistematização das ***indenizações***[4]:

Ajuda de custo	• Deslocamento definitivo, no interesse da Administração • Valor em regulamento: máximo 3 remunerações servidor não se desloca: devolução em 30 dias
Diária	• Deslocamento transitório • Valor em regulamento: é ½ diária quando não houver pernoite fora da sede ou quando a União custear por outros meios • Servidor não se desloca: devolução em 5 dias
Indenização de transporte	• Uso de meio próprio de locomoção para execução de serviço externo, por força das atribuições do cargo • Valor em regulamento
Auxílio-moradia	• Servidor deslocado para ocupar alto cargo em comissão e demais requisitos do Art. 60-B • Valor: o que for menor: ou 25% do subsídio de Ministro ou 25% da remuneração do cargo ocupado. Independentemente do valor do cargo, assegura-se até R$ 1.800,00

- Sistematização das ***gratificações*** e ***adicionais***[5]:

GRATIFICAÇÕES E ADICIONAIS	
Retribuição pelo exercício de função de direção, chefia e assessoramento	- Servidor que ocupa cargo em comissão ou exerce → função comissionada
Gratificação natalina	- 13º
Adicionais pelo exercício de atividades insalubres, perigosas ou penosas	- Adicional de insalubridade: local insalubre ou em: → contato permanente com substâncias tóxicas - Adicional de periculosidade: permanente risco de vida
Adicionais pelo exercício de atividades insalubres, perigosas ou penosas	- Se tiver direito aos dois, tem que escolher um - Adicional de penosidade: zona de fronteira ou → localidade cujas condições de vida o justifiquem - Percentual: regulamento
Adicional por serviço extraordinário	- Hora extra - 50% sobre o valor da hora normal - Máximo de 2h por jornada
Adicional noturno	- Trabalho das 22h às 5h - Hora, nesse período, é 52min30s - 25% sobre o valor da hora normal - Se for o caso, incide sobre a remuneração com o → adicional por serviço extraordinário
Adicional de férias	- 1/3 sobre a remuneração do período de férias
Gratificação por encargo de curso ou concurso	- Fazer as atividades do art. 76-A, fora do horário → de trabalho ou com compensação - Máximo: 120h anuais (exceção: + 120h)

- ***Licenças e afastamentos*** assegurados ao servidor (artigos 86 a 96-A e 202 a 214): a) licença por motivo de doença em pessoa da família; b) licença por motivo de afastamento do cônjuge ou companheiro; c) licença para o serviço militar; d) licença para atividade política; e) licença para capacitação; f) licença para tratar de interesses particulares; g)

da Lei 8.112/90, caso seu cônjuge/ companheiro, também servidor, tenha sido deslocado de ofício, no interesse da administração. Assim, se o cônjuge foi removido a pedido, ao outro não assiste o direito à remoção com base neste dispositivo.

4. BORTOLETO, Leandro. *Direito administrativo.* Salvador: Juspodivm, 2012. p. 212.

5. BORTOLETO, Leandro. *Direito administrativo.* Salvador: Juspodivm, 2012. p. 214.

licença para desempenho de mandato classista; h) licença para tratamento de saúde; i) licença à gestante, à adotante e licença-paternidade; j) licença por acidente em serviço; k) afastamento para servir a outro órgão ou entidade; l) afastamento para exercício de mandato eletivo; m) afastamento para estudo ou missão no exterior; n) afastamento para participação em programa de pós-graduação *stricto sensu* no País.

- Sistematização da licença para atividade política:

DURAÇÃO DA LICENÇA						
Convenção partidária	➔	Registro Justiça Eleitoral	➔	Eleições	➔	10º dia após as eleições
Não remunerada			Remunerada			
REMUNERAÇÃO						

- Sistematização da contagem do tempo de serviço[6]:

TEMPO DE SERVIÇO	
Efetivo exercício	*Somente para aposentadoria e disponibilidade*
• tempo de serviço público federal (conta para todos os fins) • exercício de cargo em comissão ou equivalente, em órgão ou entidade dos Poderes da União, dos Estados, Municípios e Distrito Federal (cessão de servidor federal) • exercício de cargo ou função de governo ou administração, em qualquer parte do território nacional, por nomeação do Presidente da República	• tempo de serviço público prestado aos Estados, Municípios e Distrito Federal • tempo de serviço em atividade privada, vinculada à Previdência Social
• serviço militar federal (Forças Armadas; conta para todos os fins)	• tempo de serviço relativo a tiro de guerra
• desempenho de mandato eletivo federal, estadual, municipal ou do Distrito Federal, exceto para promoção por merecimento	• desempenho de mandato eletivo federal, estadual, municipal ou distrital, anterior ao ingresso no serviço público federal

TEMPO DE SERVIÇO	
Efetivo exercício	*Somente para aposentadoria e disponibilidade*
• licença para tratamento da própria saúde, até o limite de vinte e quatro meses, cumulativo ao longo do tempo de serviço público prestado à União, em cargo de provimento efetivo	• licença para tratamento da própria saúde, além do limite de vinte e quatro meses, cumulativo ao longo do tempo de serviço público prestado à União, em cargo de provimento efetivo
• licença para tratamento de saúde de pessoal da família do servidor, com remuneração, até trinta dias, em período de doze meses	• licença para tratamento de saúde de pessoal da família do servidor, com remuneração, que exceder a trinta dias, em período de 12 doze meses
• ausências do art. 97 (alistamento eleitoral, doação de sangue, casamento, etc.) • férias • participação em programa de treinamento ou em programa de pós-graduação *stricto sensu* no País • júri e outros serviços obrigatórios por lei • missão ou estudo no exterior, quando autorizado o afastamento • licença à gestante, à adotante e à paternidade • licença para o desempenho de mandato classista ou participação de gerência ou administração em sociedade cooperativa constituída por servidores para prestar serviços a seus membros, exceto para efeito de promoção por merecimento • licença por motivo de acidente em serviço ou doença profissional • licença para capacitação • licença por convocação para o serviço militar	• licença para atividade política, com remuneração (do registro da candidatura na Justiça Eleitoral até dez dias após as eleições)

6. BORTOLETO, Leandro. *Direito administrativo*. 2. ed. Salvador: Juspodivm, 2013. p. 223/224.

TEMPO DE SERVIÇO	
Efetivo exercício	*Somente para aposentadoria e disponibilidade*
• deslocamento para a nova sede (período de trânsito para o servidor que deva ter exercício em outro Município por ter sido removido, redistribuído, requisitado, cedido ou posto em exercício provisório) • participação em competição desportiva nacional ou convocação para integrar representação desportiva nacional, no País ou no exterior • afastamento para servir em organismo internacional de que o Brasil participe ou com o qual coopere	

- ***Direito de petição*** do servidor ***prescreve*** em (art. 110): a) em ***cinco anos***, quanto aos atos de demissão e de cassação de aposentadoria ou disponibilidade, ou que afetem interesse patrimonial e créditos resultantes das relações de trabalho; b) em ***cento e vinte dias***, nos demais casos, salvo se houver outro prazo fixado em lei.

7.3. REGIME DISCIPLINAR: DEVERES, PROIBIÇÕES, ACUMULAÇÃO, RESPONSABILIDADES, PENALIDADES, PROCESSO ADMINISTRATIVO DISCIPLINAR

- Os artigos 116 e 117 devem ser lidos várias vezes. São muito importantes porque descrevem os deveres e proibições dos servidores e a definição das penas é correlacionada com esses dispositivos legais.
- ***Responsabilidades***: as ***sanções*** penais, administrativas e civis podem ***cumular-se***, pois são independentes entre si. ***Exceção***: quando na esfera penal o servidor for ***absolvido*** em razão da ***inexistência do fato*** ou da ***negativa de autoria*** (art. 126).
- As ***penas*** que podem ser aplicadas ao servidor são (art. 127): a) advertência; b) suspensão; c) multa; d) demissão; e) cassação de aposentadoria e disponibilidade; f) destituição de cargo em comissão; g) destituição de função de confiança.
- ***Advertência:*** tem cabimento, conforme o art. 129, quando se tratar de ***violação dos deveres funcionais*** constantes do art. 117, I a VIII e XIX, ou quando houver a ***inobservância de dever funcional*** previsto em lei, regulamento ou norma interna, e não haja justificativa para a aplicação de pena mais grave.
- ***Suspensão*** é cabível (art. 130):
  a) quando houver reincidência de falta punida com advertência;
  b) nos casos de violação das proibições que não sejam punidas com demissão, isto é, nas situações previstas no art. 117, XVII e XVIII;
  c) quando o servidor se recusar, injustificadamente, a se submeter a inspeção médica determinada pela autoridade competente (a partir do momento que se submeter a inspeção, cessam os efeitos da pena).
- ***Suspensão*** pode, a critério do administrador, ser ***substituída por multa*** no valor equivalente a ***50% por dia*** da remuneração do servidor e este continua a trabalhar.
- ***Demissão***: hipóteses de ***cabimento***:
  a) Art. 117, IX a XVI: *"IX – valer-se do cargo para lograr proveito pessoal ou de outrem, em detrimento da dignidade da função pública; X – participar de gerência ou administração de sociedade privada, personificada ou não personificada, exercer o comércio, exceto na qualidade de acionista, cotista ou comanditário; XI – atuar, como procurador ou intermediário, junto a repartições públicas, salvo quando se tratar de benefícios previdenciários ou assistenciais de parentes até o segundo grau, e de cônjuge ou companheiro; XII – receber propina, comissão, presente ou vantagem de qualquer espécie, em razão de suas atribuições; XIII – aceitar comissão, emprego ou pensão de estado estrangeiro; XIV – praticar usura sob qualquer de suas formas; XV – proceder de forma desidiosa; XVI – utilizar pessoal ou recursos materiais da repartição em serviços ou atividades particulares";*
  b) **Art. 132, I a XII:**"*I – crime contra a administração pública; II – abandono de cargo; III – inassiduidade habitual; IV – improbidade administrativa; V – incontinência pública e conduta escandalosa, na repartição; VI – insubordinação grave em serviço; VII – ofensa física, em serviço, a servidor ou a particular, salvo em legítima defesa própria ou de outrem; VIII – aplicação irregular de dinheiros públicos; IX – revelação de segredo do qual se apropriou em razão do cargo; X – lesão aos cofres públicos e dilapidação do patrimônio nacional; XI – corrupção; XII – acumulação ilegal de cargos, empregos ou funções públicas.*
- Sistematização da pena de demissão[7]:

DEMISSÃO
Somente após 5 anos pode retornar ao serviço público federal
• valer-se do cargo para lograr proveito pessoal ou de outrem, em detrimento da dignidade da função pública • atuar, como procurador ou intermediário, junto a repartições públicas, salvo quando se tratar de benefícios previdenciários ou assistenciais de parentes até o segundo grau, e de cônjuge ou companheiro
Não pode mais retornar ao serviço público federal
• crime contra a Administração Pública Atenção! Na ADI nº 2.975 entendeu-se pela inconstitucionalidade do parágrafo único do art. 137 da Lei nº 8.112/1990

7. BORTOLETO, Leandro. *Direito administrativo*. Salvador: Juspodivm, 2012. p. 233.

DEMISSÃO
Não pode mais retornar ao serviço público federal **Indisponibilidade dos bens** **Ressarcimento ao erário**
• improbidade administrativa • aplicação irregular de dinheiros públicos • lesão aos cofres públicos e dilapidação do patrimônio nacional • corrupção Atenção! Na ADI nº 2.975 entendeu-se pela inconstitucionalidade do parágrafo único do art. 137 da Lei nº 8.112/1990
Demais casos: sem restrição de retorno ao serviço público federal
• abandono de cargo • inassiduidade habitual • incontinência pública e conduta escandalosa, na repartição • insubordinação grave em serviço • ofensa física, em serviço, a servidor ou a particular, salvo em legítima defesa própria ou de outrem • revelação de segredo do qual se apropriou em razão do cargo • acumulação ilegal de cargos, empregos ou funções públicas • participar de gerência ou administração de sociedade privada, personificada ou não personificada, exercer o comércio, exceto na qualidade de acionista, cotista ou comanditário • recebimento de propina, comissão, presente ou vantagem de qualquer espécie, em razão de suas atribuições • aceitação de comissão, emprego ou pensão de Estado estrangeiro • prática de usura sob qualquer de suas formas • procedimento desidioso • utilização pessoal ou recursos materiais da repartição em serviços ou atividades particulares

Em 22 de setembro de 2021, foi aprovada nova súmula do STJ, de nº 650, *in verbis*: "A autoridade administrativa não dispõe de discricionariedade para aplicar ao servidor pena diversa de demissão quando caraterizadas as hipóteses previstas no artigo 132 da Lei 8.112/1990.

- **ADI 2.975:** Para o STF, a previsão contida no parágrafo único do art. 137 da Lei nº 8.112/1990 é inconstitucional por violar o art. 5º, XLVII, "b" da CF/88, pois impõe penalidade de caráter perpétuo. Assim, apesar de a norma constitucional se referir à sanção penal, sua extensão às sanções administrativas é possível, tendo em vista o vínculo entre as esferas, decorrente do poder sancionatório estatal. Exemplo disso é a impossibilidade de imposição de sanções administrativas mais graves do que as penas aplicadas pela prática de crimes, tendo em vista os conceitos da subsidiariedade e da intervenção penal mínima. Nessa senda, o STF possui jurisprudência (RE 154.134/SP) no sentido da não aplicação de penalidade administrativa de "inabilitação permanente para o exercício de cargos de administração ou gerência de instituição financeira". Com base no exposto, o Plenário, por maioria, decidiu pela inconstitucionalidade do parágrafo único do art. 137 da Lei nº 8.112/1990, comunicando ao Congresso para que delibere acerca do prazo para proibição de retorno ao cargo público nos casos acima.
- ***Ação disciplinar*** prescreve: a) se a infração administrativa também for crime, no prazo previsto na lei penal; b) se a infração administrativa não for crime: em 5 anos, para as infrações puníveis com demissão, cassação de aposentadoria ou disponibilidade e destituição de cargo em comissão; em 2 anos, para os casos de suspensão; em 180 dias para a advertência.
- STJ: Desde que devidamente motivada e com amparo em investigação ou sindicância, é possível a instauração de processo administrativo disciplinar com base em denúncia anônima, em face do poder-dever de autotutela imposto à Administração (Súmula nº 611).
- STJ: "A portaria de instauração do processo administrativo disciplinar prescinde da exposição detalhada dos fatos a serem apurados" (Súmula nº 641).
- STJ: "A autoridade administrativa não dispõe de discricionariedade para aplicar ao servidor pena diversa de demissão quando caraterizadas as hipóteses previstas no artigo 132 da Lei 8.112/1990 (Súmula nº 650)
- Sistematização das formas de apuração de infração disciplinar[8]:

APURAÇÃO DE INFRAÇÃO DISCIPLINAR	
Infração punida com	*Meio de apuração*
Advertência Suspensão ≤ 30 dias	Sindicância ou Processo administrativo disciplinar
Suspensão > 30 dias Demissão Cassação de aposentadoria ou disponibilidade Destituição de cargo em comissão	Processo administrativo disciplinar

- Processo administrativo: rito ordinário e rito sumário.
- ***Rito ordinário*** do processo administrativo disciplinar[9]:

8. BORTOLETO, Leandro. *Direito administrativo*. 2. ed. Salvador: Juspodivm, 2013. p. 239.
9. BORTOLETO, Leandro. *Direito administrativo*. 2. ed. Salvador: Juspodivm, 2013. p. 243.

PROCESSO ADMINISTRATIVO DISCIPLINAR: Rito Ordinário			
Instauração	Publicação do ato de constituição da comissão disciplinar Comissão ➔ 3 servidores estáveis		
	Consequências	• (60 dias + 60 dias) • possibilidade de afastamento temporário do servidor • impossibilidade de aposentadoria voluntária ou exoneração a pedido do servidor	
Inquérito Administrativo	Instrução	• Produção de provas: testemunhas, perícias, acareações, interrogatório do servidor e demais diligências • Indiciação: se for o caso, após análise das provas	
		Citação	• por mandado ou • por edital
	Defesa	Prazo	• 10 dias ➔ 1 indiciado • 20 dias ➔ + de 1 indiciado (comum) • 15 dias ➔ citação por edital

PROCESSO ADMINISTRATIVO DISCIPLINAR: Rito Ordinário			
Inquérito Administrativo	Defesa	Defesa não apresentada no prazo	• servidor nomeado defensor dativo • devolução do prazo
	Relatório	Conteúdo	• resumo das principais peças • menção às provas • conclusão (inocência ou responsabilidade) • indicação do dispositivo legal
Julgamento	• Prazo	➔ 20 dias ➔ inobservância: não gera nulidade; se ocorrer a prescrição autoridade será responsabilizada	
	• Competência	➔ Art. 141; se autoridade instauradora não tiver competência, deve encaminhar os autos à competente	
	• Relatório da Comissão Disciplinar	➔ Regra: deve ser acatado ➔ Exceção: pode ser refutado se, motivadamente, for demonstrado que é contrário à prova dos autos	
PRAZO PARA CONCLUSÃO: 60 dias + 60 dias = 120 dias. Conforme STF e STJ, não está incluído prazo para julgamento (20 dias), totalizando 140 dias. Súmula nº 635 do STJ: "Os prazos prescricionais previstos no artigo 142 da Lei 8.112/1990 iniciam-se na data em que a autoridade competente para a abertura do procedimento administrativo toma conhecimento do fato, interrompem-se com o primeiro ato de instauração válido – sindicância de caráter punitivo ou processo disciplinar – e voltam a fluir por inteiro, após decorridos 140 dias desde a interrupção."			

Súmula 665 do STJ: "O controle jurisdicional do processo administrativo disciplinar restringe-se ao exame da regularidade do procedimento e da legalidade do ato, à luz dos princípios do contraditório, da ampla defesa e do devido processo legal, não sendo possível incursão no mérito administrativo, ressalvadas as hipóteses de flagrante ilegalidade, teratologia ou manifesta desproporcionalidade da sanção aplicada".

- ***Revisão*** do processo administrativo disciplinar: ***pode se dar de ofício ou a requerimento*** do servidor (em caso de falecimento, ausência ou desaparecimento do servidor, qualquer pessoa da família poderá fazê-lo) e não há prazo, mas devem ser cumpridos os seguintes ***requisitos***: ***fato novo ou circunstância suscetível de justificar a inocência do punido ou a inadequação da penalidade aplicada*** (art. 174).

8. LEI Nº 8.429/1992 E ALTERAÇÕES

8.1. DISPOSIÇÕES GERAIS

- Sistema de Responsabilização por Ato de Improbidade: tem por finalidade a probidade na organização do Estado e no exercício de suas funções, como forma de assegurar a integridade do patrimônio público e social (art. 1º, caput).

- Ato de improbidade
- Nos termos do art. 1º da Lei, são atos de improbidade as condutas dolosas especificadas nos arts. 9º, 10 e 11, ressalvados tipos previstos em leis especiais. Nos termos do §2º, não basta a mera voluntariedade e, para tanto, considera-se dolo a vontade livre e consciente de alcançar o resultado ilícito tipificado previsto nos artigos mencionados.
- Não configura improbidade administrativa: a) o mero exercício da função ou desempenho de competências públicas, sem comprovação de ato doloso com fim ilícito, afasta a responsabilidade por ato de improbidade administrativa; b) divergência interpretativa da lei, se baseada em jurisprudência, ainda que não pacificada (art. 1º, §8º): ATENÇÃO! Na ADI 7236, o Min. Alexandre de Moraes deferiu medida cautelar e suspendeu a eficácia desse dispositivo; c) a ilegalidade sem a presença de dolo que a qualifique (art. 16, §1º)

  Atenção! Já pelo primeiro artigo da lei é possível vislumbrar uma das principais alterações promovidas, qual seja, a necessidade da presença de dolo para a configuração de improbidade administrativa. Lembre-se de que, pela redação anterior, admitia-se a modalidade culposa para os atos de improbidade administrativa que causassem prejuízo ao erário.
- Direito administrativo sancionador: aplicam-se ao sistema de improbidade tratado na lei, os princípios constitucionais do Direito Administrativo sancionador, tais quais: devido processo legal, contraditório e ampla defesa, legalidade.
- Sujeito passivo: a) Administração direta; b) Administração indireta; c) Entidade Privada que receba subvenção, benefício ou incentivo, fiscal, creditício, de entes públicos ou governamentais (art. 1º, § 6º); d) entidade privada para cuja criação ou custeio o erário haja concorrido ou concorra no seu patrimônio ou receita atual, limitado o ressarcimento de prejuízos, nesse caso, à repercussão do ilícito sobre a contribuição dos cofres públicos (art. 1º, §7º).
- Sujeito ativo do ato de improbidade (artigos 2º e 3º): a) agente público: agente político, servidor público, e aquele que exerce ainda que transitoriamente ou sem remuneração, por eleição, nomeação, designação, contratação ou qualquer outra forma de investidura ou vínculo, mandato, cargo, emprego ou função nas entidades do art. 1º da Lei; b) terceiro que induza ou concorra dolosamente para a prática do ato de improbidade.

  Recursos de origem pública: sujeita-se às sanções previstas na Lei 8.429/92, o particular, pessoa física ou jurídica, que celebra com a administração pública convênio, contrato de repasse, contrato de gestão, termo de parceria, termo de cooperação ou ajuste administrativo equivalente.

> Atenção! Art. 3º da LIA
>
> 1- sócios, cotistas, diretores e colaboradores de pessoa jurídica de direito privado não respondem por ato de improbidade imputado à pessoa jurídica, salvo se comprovada sua participação e benefícios, respondendo na medida da participação.
>
> 2- sanções da Lei não se aplicam à pessoa jurídica, caso o ato de improbidade seja sancionado como lesivo à Administração Pública de que trata a lei anticorrupção (Lei nº 12.846/2013).

- Responsabilidade sucessória (art. 8º): a) sucessor ou herdeiro: reparação até o limite do valor da herança ou do patrimônio transferido; b) também se aplica à alteração contratual, transformação, incorporação, fusão ou cisão societária: no caso de fusão e incorporação, a responsabilidade será restrita à obrigação de reparação integral do dano, até o limite do patrimônio transferido, não se aplicando as demais sanções, salvo simulação ou fraude, devidamente comprovados.

8.2. ATOS DE IMPROBIDADE ADMINISTRATIVA

- Modalidades de atos de improbidade:
- **É indispensável a leitura dos artigos 9º, 10, 11 e 12 da Lei nº 8.429/92.**

a) atos que importam enriquecimento ilícito (art. 9º): são aqueles em que o agente aufere, dolosamente, vantagem patrimonial indevida em razão do exercício do cargo, mandato, função, emprego ou atividade nas entidades do art. 1º;

b) atos que causam prejuízo ao erário (art. 10); causa prejuízo ao erário "qualquer ação ou omissão dolosa, que enseje, efetiva e comprovadamente, perda patrimonial, desvio, apropriação, malbaratamento ou dilapidação dos bens ou haveres das entidades referidas no art. 1º";

> Atenção! Nos termos do art. 10, §1º, caso a inobservância da lei ou regulamento não implicar perda patrimonial efetiva, não haverá imposição de ressarcimento, vedado o enriquecimento sem causa das entidades do art. 1º da LIA.

STF 843989: "(...) 2) A norma benéfica da Lei 14.230/2021 - revogação da modalidade culposa do ato de improbidade administrativa -, é IRRETROATIVA, em virtude do artigo 5º, inciso XXXVI, da Constituição Federal, não tendo incidência em relação à eficácia da coisa julgada; nem tampouco durante o processo de execução das penas e seus incidentes; 3) A nova Lei 14.230/2021 aplica-se aos atos de improbidade administrativa culposos praticados na vigência do texto anterior da lei, porém sem condenação transitada em julgado, em virtude da revogação expressa do texto anterior; devendo o juízo competente analisar eventual dolo por parte do agente (...)";

c) atos que atentam contra os princípios da Administração Pública (art. 11): a ação ou omissão dolosa que viole os deveres de honestidade, de imparcialidade e de legalidade;

   Atenção! Com a nova redação do art. 11 da Lei de Improbidade Administrativa, o rol das condutas que caracterizam os atos que violam os princípios da Administração Pública passou a ser taxativo. Os demais (art. 9º e 10) são exemplificativos.

Atenção! a) só se configura como ato de improbidade, quando comprovado que a conduta do agente se deu para fins de obtenção de proveito ou benefício indevido para si ou para outra pessoa ou entidade (art. 11, §§1º e 2º) e isso se aplica a todas as modalidades de ato de improbidade;

- Nepotismo: a) configura ato de improbidade que viola os princípios da Administração Pública "nomear cônjuge, companheiro ou parente em linha reta, colateral ou por afinidade, até o terceiro grau, inclusive, da autoridade nomeante ou de servidor da mesma pessoa jurídica investido em cargo de direção, chefia ou assessoramento, para o exercício de cargo em comissão ou de confiança ou, ainda, de função gratificada na administração pública direta e indireta em qualquer dos Poderes da União, dos Estados, do Distrito Federal e dos Municípios, compreendido o ajuste mediante designações recíprocas"; porém, não configura improbidade a mera nomeação ou indicação política pelos detentores de mandato eletivo, sendo necessária a aferição de dolo com finalidade ilícita pelo agente (art. 11, §5º).
- Sistematização das sanções previstas para os atos de improbidade administrativa:

Sanções – Lei de Improbidade Administrativa

- Podem ser aplicadas isolada ou cumulativamente
- Independem da efetiva ocorrência de dano ao erário, salvo quanto à pena de ressarcimento e às condutas do art. 10 da Lei e da aprovação ou rejeição de contas pelo órgão de controle interno ou Tribunal de Contas.
- Independentemente do ressarcimento integral do dano patrimonial, se efetivo, e das sanções penais comuns e de responsabilidade, civis e administrativas previstas na legislação específica, está o responsável sujeito:

Atos que importam enriquecimento ilícito	***Atos que causam lesão ao erário***	***Atos que atentam contra os princípios da Administração***
Perda da função pública	Perda da função pública	-
Suspensão dos direitos políticos: até 14 anos	Suspensão dos direitos políticos: até 12 anos	
Multa civil: equivalente ao acréscimo patrimonial	Multa civil: equivalente ao valor do dano	Multa civil: até 24x valor da remuneração
Proibição de celebrar contrato com o Poder Público ou de receber benefícios ou incentivos fiscais ou creditícios: Até 14 anos	Proibição de celebrar contrato com o Poder Público ou de receber benefícios ou incentivos fiscais ou creditícios: Até 12 anos	Proibição de celebrar contrato com o Poder Público ou de receber benefícios ou incentivos fiscais ou creditícios: Até 4 anos
Perda dos bens ou valores acrescidos indevidamente	Perda dos bens ou valores acrescidos indevidamente, se ocorreu	–

- **Perda da função pública:** somente terá cabimento no caso de **enriquecimento ilícito e prejuízo ao erário** e atinge, apenas, o vínculo de mesma qualidade e natureza que o agente detinha na época do cometimento da infração. Pode o magistrado, no caso de **enriquecimento ilícito,** de forma excepcional, estendê-la aos demais vínculos, consideradas as circunstâncias do caso e a gravidade da infração (art. 12, §1º). Entretanto, Na ADI 7236, o Min. Alexandre de Moraes deferiu medida cautelar e **suspendeu a eficácia** desse dispositivo e, com isso, a perda da função pública pode ocorrer "independentemente da função ocupada no momento da condenação com trânsito em julgado".
- **Suspensão dos direitos políticos**: • somente terá cabimento no caso de enriquecimento ilícito e prejuízo ao erário; • só se efetiva com o trânsito em julgado da sentença condenatória (art. 20); • para efeitos de contagem do prazo da sanção de suspensão dos direitos políticos, computar-se-á retroativamente o intervalo de tempo entre a decisão colegiada e o trânsito em julgado da sentença condenatória (art. 12, §10): na ADI 7236, o Min. Alexandre de Moraes deferiu medida cautelar e **suspendeu a eficácia** desse dispositivo (§10).
- Multa: pode ser aumentada até o dobro, se o juiz considerar que, em razão da situação econômica do réu, o cálculo é ineficaz para reprovação e prevenção do ato de improbidade (art. 12, §2º).
- Responsabilização da pessoa jurídica: devem se considerar os efeitos econômicos e sociais das sanções, a fim de viabilizar a manutenção de suas atividades (art. 12, §3º).
- Sanções apenas poderão ser executadas após o trânsito em julgado da sentença condenatória (art. 12, §9º).

9. LEI Nº 12.846/2013 (LEI ANTICORRUPÇÃO)

O Brasil ratificou a convenção sobre o combate da corrupção de funcionários públicos estrangeiros em transações comerciais internacionais. Além dos estrangeiros, fez a previsão de atos contra a Administração Pública brasileira.

- responsabilidade objetiva para as pessoas jurídicas pelos atos lesivos à Administração Pública, nacional ou estrangeira, praticados em seu benefício ou interesse, exclusivo ou não (art. 1º e 2º)
- responsabilidade da pessoa jurídica não exclui a responsabilidade dos dirigentes ou de qualquer pessoa física (art. 3º). Pessoa física responde de maneira subjetiva
- subsiste a responsabilidade da pessoa jurídica no caso de sucessão (fusão, incorporação, cisão...): limitada à multa e à reparação integral do dano, até o limite do patrimônio transferido. Demais sanções não se aplicam aos atos anteriores, salvo fraude/simulação (art. 4º, § 1º)

- empresas controladas, controladoras, coligadas, consorciadas: solidariamente responsáveis. Limitada a responsabilidade à obrigação de pagamento de multa e reparação integral do dano causado (art. 4º, § 2º).

Atos lesivos

Art. 5º. Constituem atos lesivos à administração pública, nacional ou estrangeira, para os fins desta Lei, todos aqueles praticados pelas pessoas jurídicas mencionadas no parágrafo único do art. 1º, que atentem contra o patrimônio público nacional ou estrangeiro, contra princípios da administração pública ou contra os compromissos internacionais assumidos pelo Brasil, assim definidos:

I – prometer, oferecer ou dar, direta ou indiretamente, vantagem indevida a agente público, ou a terceira pessoa a ele relacionada;

II – comprovadamente, financiar, custear, patrocinar ou de qualquer modo subvencionar a prática dos atos ilícitos previstos nesta Lei;

III – comprovadamente, utilizar-se de interposta pessoa física ou jurídica para ocultar ou dissimular seus reais interesses ou a identidade dos beneficiários dos atos praticados;

IV – no tocante a licitações e contratos:

a) frustrar ou fraudar, mediante ajuste, combinação ou qualquer outro expediente, o caráter competitivo de procedimento licitatório público;

b) impedir, perturbar ou fraudar a realização de qualquer ato de procedimento licitatório público;

c) afastar ou procurar afastar licitante, por meio de fraude ou oferecimento de vantagem de qualquer tipo;

d) fraudar licitação pública ou contrato dela decorrente;

e) criar, de modo fraudulento ou irregular, pessoa jurídica para participar de licitação pública ou celebrar contrato administrativo;

f) obter vantagem ou benefício indevido, de modo fraudulento, de modificações ou prorrogações de contratos celebrados com a administração pública, sem autorização em lei, no ato convocatório da licitação pública ou nos respectivos instrumentos contratuais; ou

g) manipular ou fraudar o equilíbrio econômico-financeiro dos contratos celebrados com a administração pública;

V – dificultar atividade de investigação ou fiscalização de órgãos, entidades ou agentes públicos, ou intervir em sua atuação, inclusive no âmbito das agências reguladoras e dos órgãos de fiscalização do sistema financeiro nacional.

§ 1º Considera-se administração pública estrangeira os órgãos e entidades estatais ou representações diplomáticas de país estrangeiro, de qualquer nível ou esfera de governo, bem como as pessoas jurídicas controladas, direta ou indiretamente, pelo poder público de país estrangeiro.

§ 2º Para os efeitos desta Lei, equiparam-se à administração pública estrangeira as organizações públicas internacionais.

§ 3º Considera-se agente público estrangeiro, para os fins desta Lei, quem, ainda que transitoriamente ou sem remuneração, exerça cargo, emprego ou função pública em órgãos, entidades estatais ou em representações diplomáticas de país estrangeiro, assim como em pessoas jurídicas controladas, direta ou indiretamente, pelo poder público de país estrangeiro ou em organizações públicas internacionais.

Responsabilidade administrativa (art. 6º). Após regular processo administrativo e, independentemente da obrigação de reparação integral do dano causado, podem ser aplicadas as seguintes penas (isolada ou cumulativamente):

1) Multa de 0,1% até 20% do faturamento bruto do último exercício anterior ao da instauração do processo administrativo, excluídos os tributos. Não pode ser inferior à vantagem auferida, quando for possível sua estimação. Sem faturamento: de R$ 6.000,00 (seis mil reais) a R$ 60.000.000,00 (sessenta milhões de reais).
2) Publicação extraordinária da decisão condenatória (§ 5º): na forma de extrato de sentença, a expensas da pessoa jurídica, em meios de comunicação de grande circulação na área da prática da infração e de atuação da pessoa jurídica ou, na sua falta, em publicação de circulação nacional, bem como por meio de afixação de edital, pelo prazo mínimo de 30 (trinta) dias, no próprio estabelecimento ou no local de exercício da atividade, de modo visível ao público, e no sítio eletrônico na rede mundial de computadores.

Art. 7º Serão levados em consideração na aplicação das sanções:

I – a gravidade da infração;

II – a vantagem auferida ou pretendida pelo infrator;

III – a consumação ou não da infração;

IV – o grau de lesão ou perigo de lesão;

V – o efeito negativo produzido pela infração;

VI – a situação econômica do infrator;

VII – a cooperação da pessoa jurídica para a apuração das infrações;

VIII – a existência de mecanismos e procedimentos internos de integridade, auditoria e incentivo à denúncia de irregularidades e a aplicação efetiva de códigos de ética e de conduta no âmbito da pessoa jurídica;

IX – o valor dos contratos mantidos pela pessoa jurídica com o órgão ou entidade pública lesados; e

Acordo de leniência:

Art. 16. A autoridade máxima de cada órgão ou entidade pública poderá celebrar acordo de leniência com as pessoas jurídicas responsáveis pela prática dos atos previstos nesta Lei que colaborem efetivamente com as investigações e o processo administrativo, sendo que dessa colaboração resulte:

I – a identificação dos demais envolvidos na infração, quando couber; e

II – a obtenção célere de informações e documentos que comprovem o ilícito sob apuração.

§ 1º O acordo de que trata o caput somente poderá ser celebrado se preenchidos, cumulativamente, os seguintes requisitos:

I – a pessoa jurídica seja a primeira a se manifestar sobre seu interesse em cooperar para a apuração do ato ilícito;

II – a pessoa jurídica cesse completamente seu envolvimento na infração investigada a partir da data de propositura do acordo;

III – a pessoa jurídica admita sua participação no ilícito e coopere plena e permanentemente com as investigações e o processo administrativo, comparecendo, sob suas expensas, sempre que solicitada, a todos os atos processuais, até seu encerramento.

2º A celebração do acordo de leniência isentará a pessoa jurídica das sanções previstas no inciso II do art. 6º e no inciso IV do art. 19 e reduzirá em até 2/3 (dois terços) o valor da multa aplicável.

§ 3º O acordo de leniência não exime a pessoa jurídica da obrigação de reparar integralmente o dano causado.

§ 4º O acordo de leniência estipulará as condições necessárias para assegurar a efetividade da colaboração e o resultado útil do processo.

§ 5º Os efeitos do acordo de leniência serão estendidos às pessoas jurídicas que integram o mesmo grupo econômico, de fato e de direito, desde que firmem o acordo em conjunto, respeitadas as condições nele estabelecidas.

§ 6º A proposta de acordo de leniência somente se tornará pública após a efetivação do respectivo acordo, salvo no interesse das investigações e do processo administrativo.

§ 7º Não importará em reconhecimento da prática do ato ilícito investigado a proposta de acordo de leniência rejeitada.

§ 8º Em caso de descumprimento do acordo de leniência, a pessoa jurídica ficará impedida de celebrar novo acordo pelo prazo de 3 (três) anos contados do conhecimento pela administração pública do referido descumprimento.

§ 9º A celebração do acordo de leniência interrompe o prazo prescricional dos atos ilícitos previstos nesta Lei.

§ 10. A Controladoria-Geral da União – CGU é o órgão competente para celebrar os acordos de leniência no âmbito do Poder Executivo federal, bem como no caso de atos lesivos praticados contra a administração pública estrangeira.

Consequências do acordo de leniência: não haverá a aplicação da pena de publicação da condenação e reduzirá em até 2/3 o valor da multa (além da multa, dano tem que ser integralmente reparado). Descumprido o acordo, não pode ser celebrado outro no prazo de 3 anos contados da ciência da Administração do descumprimento.

Acordo interrompe prazo prescricional dos ilícitos praticados (prazo de prescrição é de 5 anos, conforme art. 25)

Art. 17 prevê que o acordo de leniência pode ser feito em relação às infrações previstas na Lei 8.666/93 (pode isentar ou atenuar as penas; aplica-se a Lei nº 14.133/2021)

Desconsideração da personalidade jurídica (art. 14): pode ocorrer sempre que houver abuso do direito para facilitar, encobrir ou dissimular a prática dos atos ilícitos previstos na Lei ou para provocar confusão patrimonial. Contraditório e a ampla defesa.

Responsabilização judicial: Art. 18. Na esfera administrativa, a responsabilidade da pessoa jurídica não afasta a possibilidade de sua responsabilização na esfera judicial.

Ação pode ser proposta pela União, Estados, DF, Municípios e MP.

Rito (art. 21): lei ACP (Lei 7.347/85)

Penas aplicáveis judicialmente (art. 19; isolada ou cumulativamente):

I – perdimento dos bens, direitos ou valores que representem vantagem ou proveito direta ou indiretamente obtidos da infração, ressalvado o direito do lesado ou de terceiro de boa-fé;

II – suspensão ou interdição parcial de suas atividades;

III – dissolução compulsória da pessoa jurídica; Cabe quando I – ter sido a personalidade jurídica utilizada de forma habitual para facilitar ou promover a prática de atos ilícitos; ou II – ter sido constituída para ocultar ou dissimular interesses ilícitos ou a identidade dos beneficiários dos atos praticados.

IV – proibição de receber incentivos, subsídios, subvenções, doações ou empréstimos de órgãos ou entidades públicas e de instituições financeiras públicas ou controladas pelo poder público, pelo prazo mínimo de 1 (um) e máximo de 5 (cinco) anos. (se houver acordo de leniência, essa pena não será aplicada).

Pode ser requerida a indisponibilidade dos bens.

Cumulação das sanções administrativas e judiciais (art. 20): ações propostas pelo MP poderão ser aplicadas as sanções administrativas, sem prejuízo das sanções judiciais, se houve omissão das autoridades administrativas competentes.

Cadastro

Art. 23. Os órgãos ou entidades dos Poderes Executivo, Legislativo e Judiciário de todas as esferas de governo deverão informar e manter atualizados, para fins de publicidade, no Cadastro Nacional de Empresas Inidôneas e Suspensas – CEIS, de caráter público, instituído no âmbito do Poder Executivo federal, os dados relativos às sanções por eles aplicadas, nos termos do disposto nos arts. 87 e 88 da Lei nº 8.666, de 21 de junho de 1993.

ÉTICA

ADMINISTRAÇÃO GERAL E ADMINISTRAÇÃO PÚBLICA

Marcelo Adriano Ferreira

DICAS

1. CONCEITO DE ADMINISTRAÇÃO

- ✓ O termo "administração" significa direção, gerência, gestão.
- ✓ Enquanto disciplina, Administração é a ciência social que estuda e sistematiza as práticas usadas para administrar. Essa ciência tem por finalidade estudar entidades dinâmicas, voltadas para a ação e adaptação constantes chamadas de organizações.
- ✓ Enquanto conduta, ação, Administração é o ato de administrar ou gerenciar negócios, pessoas ou recursos, com o objetivo de alcançar metas definidas. É termo amplo que envolver a gerência que qualquer tipo de organização ou empreendimento, tanto público quanto privado, tanto com ou sem fins lucrativos, não importante da natureza. É lógico que, dependendo das especificidades do que for administrado, há diferenciações em suas administrações.
- ✓ Enquanto órgão, significa o conjunto de órgãos responsáveis pela gestão de determinada organização, sendo subdividida em diversos escalões segundo o grau de responsabilidade de cada gestor.

2. CONVERGÊNCIAS E DIFERENÇAS ENTRE A GESTÃO PÚBLICA E A GESTÃO PRIVADA

Os desafios da administração pública contemporânea relacionam-se diretamente à quebra de paradigmas e conceitos preestabelecidos sobre a gestão organizacional. A constante troca de conhecimento entre a esfera pública e privada é essencial para garantir a constante evolução dos sistemas organizacionais. Alguns autores acreditam que a gestão pública é essencialmente distinta da gestão privada porque ambas apresentam especificidades estruturais. Enquanto o setor privado é constituído por organizações cuja característica distintiva é a orientação para a sobrevivência no mercado, o setor público é constituído por organizações cuja característica distintiva é a tentativa de operacionalizar políticas governamentais que atendam ao interesse público.

Fique atento que, considerando o arcabouço racional-legal da administração pública no Brasil, nos dias atuais, encontramos fragmentos de todas as teorias administrativas nas organizações públicas, quer adaptadas quer em sua forma original. Por esse motivo, normalmente um edital de concursos e, consequentemente, suas questões tratarão de forma relacionada de Administração Pública e Administração Privada, afinal ambas são aspectos do todo maior que é a ciência da Administração. Ambos os campos têm pontos convergentes e divergentes.

Seguem algumas dicas mais recorrentes em prova relacionadas a convergências e divergências entre a Administração Pública e Privada:

2.1. CONVERGÊNCIAS

- ✓ Apesar de terem princípios diferentes, a administração pública e a administração gerencial adotam técnicas e ferramentas comuns.
- ✓ Considerando o arcabouço racional-legal da administração pública no Brasil, nos dias atuais, encontramos fragmentos de todas as teorias administrativas nas organizações públicas, quer adaptadas quer em sua forma original.
- ✓ Mesmo com a seleção de pessoal realizada por meio de concurso público, o gestor público pode utilizar-se dos mesmos instrumentos de recrutamento e seleção utilizados no setor privado, com o objetivo de melhor distribuir a força de trabalho disponível.
- ✓ A busca pela eficiência, eficácia e efetividade é um exemplo de como as gestões pública e privada convergem em termos de filosofia de gestão e prestação de serviços na atualidade.
- ✓ A nova gestão pública privilegia o incremento no desempenho voltado à satisfação da sociedade e à elevação da qualidade do serviço prestado, assemelhando-se, nesse aspecto, à gestão privada.
- ✓ Deve-se gerir um órgão público como quem administra uma empresa, isto é, buscando compatibilizar custos e resultados, atuar com os olhos no cliente-consumidor e tomar decisões rápidas para aproveitar oportunidades de mercado.
- ✓ As organizações públicas assemelham-se às organizações privadas na medida em que também necessitam da aplicação dos processos administrativos de planejamento, organização, direção e controle, porém diferenciam-se na forma de aplicação.
- ✓ Os clientes de órgãos públicos que possuem uma gestão tradicional não são vistos com a mesma atenção que é dada a eles no setor privado, pois caracteristicamente tais órgãos não obtêm seus recursos diretamente de seus clientes e a quantidade

desses recursos independe do nível de satisfação desses clientes.

2.2. DIVERGÊNCIAS

- ✓ Os cidadãos controlam o governo por meio das eleições, já as empresas privadas são controladas pelo mercado.
- ✓ Diferentemente das organizações privadas, as organizações públicas são regidas pela supremacia do interesse público e pela obrigação da continuidade da prestação do serviço público.
- ✓ Embora muitos princípios aplicados na modernização da administração pública sejam oriundos de modelos típicos da gestão privada, esta continua, de forma geral, visando ao lucro, enquanto a gestão pública tem por objetivo cumprir sua função social e atender ao interesse público.
- ✓ As organizações da administração pública se regem por regulamentos e normas dispostos de forma exaustiva, uma vez que "só podem fazer o que a regra permite". Já as organizações do setor privado podem "fazer tudo, exceto o que as regras coíbem". Portanto, seus regulamentos e normas podem ser mais simples.
- ✓ Na gestão de organizações privadas, utilizam-se estratégias de segmentação do mercado, definindo-se diferenciais de tratamento para grupos. Na gestão pública, por outro lado, não se deve, por uma questão de isonomia, discriminar grupos de pessoas. Os casos de tratamento diferenciado, nas organizações públicas, devem-se restringir aos previstos em lei.
- ✓ Os clientes só pagam às empresas se comprarem seus produtos, mas pagam ao governo mesmo que não estejam "consumindo" seus serviços.
- ✓ A gestão privada sustenta-se na autonomia de vontade, ao passo que a gestão pública baseia-se no princípio da estrita legalidade.
- ✓ Os órgãos públicos existem para servir a todos igualmente, independentemente da capacidade de pagar pelo serviço prestado, o que pode dificultar alcançar a agilidade e a eficiência das empresas privadas.
- ✓ O interesse mobilizador da gestão privada é a lucratividade; o da gestão pública é a efetividade.
- ✓ Na gestão pública as atividades gerenciais seguem pressupostos distintos da gestão privada, como a relação com o cidadão e a universalização do acesso aos serviços públicos.
- ✓ O controle social é requisito essencial para a administração pública contemporânea em regimes democráticos, o que resulta em garantia de transparência de suas ações e atos e na institucionalização de canais de participação social, enquanto as organizações privadas estão fortemente orientadas para a preservação e proteção dos interesses corporativos (dirigentes e acionistas).
- ✓ Na gestão pública a introdução de inovações administrativas, tecnológicas e comportamentais é um ato político e não somente técnico.
- ✓ A administração pública tem o poder de regular e gerar obrigações e deveres para a sociedade, assim, as suas decisões e ações normalmente geram efeitos em larga escala para a sociedade e em áreas sensíveis. O Estado é a única organização que, de forma legítima, detém este poder de constituir unilateralmente obrigações em relação a terceiros.

3. TEORIAS DA ADMINISTRAÇÃO

Buscando o sucesso organizacional, os administradores procuram administrar as organizações tendo por base modelos de gestão e práticas estabelecidas que lhes forneçam um arcabouço mínimo de ferramentas (técnicas, instrumentos, políticas, condutas etc.) a serem aplicadas, que, em regra, trouxeram resultados positivos em outras organizações em determinada época e contexto. Esses conhecimentos, práticas e técnicas, após testados, foram implementados e documentados, formando a moderna Teoria Administrativa, um corpo de conhecimentos contendo princípios, práticas e considerações de ordem metodológica sobre as principais doutrinas administrativas.

A teoria geral da administração começa como uma teoria de sistema fechado, com Taylor; ampliou-se para a organização formal, e deslocou-se para a organização que interage com o meio ambiente assim, evolutivamente, surgiram várias escolas administrativas, cujas principais são:

3.1. ESCOLAS CLÁSSICAS

A abordagem clássica da administração é um dos marcos para o entendimento de como as teorias organizacionais evoluíram. Suas origens estão relacionadas ao crescimento acelerado e desorganizado das empresas e à necessidade de aumentar a eficiência e a competência das organizações em sua época. Na passagem do século XIX para o XX, a aceleração da revolução industrial e as ideias dos pioneiros da escola clássica deixaram plantadas as sementes de uma grande transformação. No campo das teorias, essa transformação foi representada tanto pela evolução das ideias clássicas quanto pelo surgimento de novas concepções de como administrar as organizações.

Além de outros grandes expoentes, como Ford, por exemplo, as principais contribuições da abordagem clássica da administração se referem às preconizadas por Taylor e por Fayol. Enquanto Taylor focalizava as atividades nos níveis baixos (inferiores) da organização, Fayol encarava a administração sob o ponto de vista do executivo de alto nível.

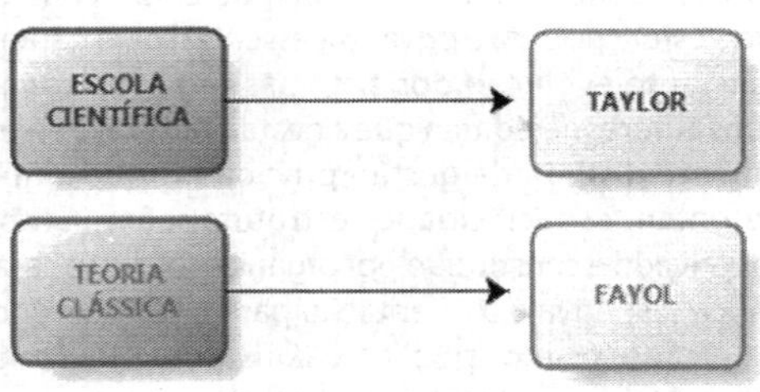

Para a Escola Clássica a principal motivação do homem era a econômica (*Homo Economicus*).

1) Administração científica (Taylorismo)

A Escola da Administração Científica ou Taylorismo é o modelo de administração que teve como expoente o engenheiro norte-americano Frederick Taylor (1856-1915). Esse estudioso deu ênfase nas tarefas, objetivando o aumento da eficiência ao nível operacional. Para ele entre os vários métodos e instrumentos utilizados em cada operação, há sempre o método mais rápido e o instrumento melhor que os demais. Estes métodos e instrumentos melhores podem ser encontrados bem como aperfeiçoados na análise científica de todos aqueles em uso, juntamente com acurado e minucioso estudo do tempo.

A principal preocupação de Taylor era o aumento da eficiência na produção, o que reduziria os custos e aumentaria os lucros, possibilitando aumentar a remuneração do trabalhador a partir de sua maior produtividade.

Formada principalmente por engenheiros, Henry Lawrence Grantt, Frank Bunker Gilbreth, Harrington Emerson e outros, a Administração Científica teve por preocupação básica aumentar a produtividade da empresa por meio da análise e da divisão do trabalho do operário, uma vez que as tarefas do cargo e o ocupante constituem a unidade fundamental da organização. Com a publicação da obra "Princípios de Administração Científica" em 1911, Taylor propõe que a administração de uma empresa deve ser tida como uma ciência com a racionalização do trabalho, que envolve a divisão de funções dos trabalhadores e o estudo dos tempos e movimentos. Para esse autor, toda tarefa teria uma forma ótima para ser realizada, com tempos e movimentos estudados e pré-definidos, e essa forma deveria sempre ser importa pela administração e não deixada ao livre arbítrio do funcionário. Com o estudo dos tempos e movimentos de cada tarefa sempre se obteria a maior produtividade possível. Nesse sentido, a abordagem da Administração Científica é uma abordagem de baixo para cima (do operário para o supervisor e gerente) e das partes (operários) para o todo (organização empresarial).

A administração Científica constitui uma combinação de princípios, os quais podem ser assim sumariados: ciência, em lugar de empirismo; harmonia, em vez de discórdia; cooperação, e não individualismo; rendimento máximo, em lugar de produção reduzida; e desenvolvimento de cada homem, no sentido de alcançar maior eficiência e prosperidade.

Conceitos importantes:

- ✓ Ser humano previsível e controlável;
- ✓ Empregado limitado a realização de tarefas simples e pré-definidas;
- ✓ Racionalidade absoluta;
- ✓ Incentivos monetários.
- ✓ Busca da "melhor maneira" por meio de "métodos científicos";
- ✓ Estudo dos tempos e movimentos;
- ✓ Estabelecimento de padrões de produção;
- ✓ Administração estabelecem padrões;
- ✓ Operários cumprem tarefas.

Com o seu desenvolvimento e popularidade, o Taylorismo passa a ser alvo de críticas por buscar o máximo aproveitamento da força produtiva com foco apenas na recompensa financeira, ignorando certas necessidades básicas dos trabalhadores, os quais passam a se sentir explorados e insatisfeitos.

2) Teoria Clássica

No contexto evolutivo do pensamento administrativo, destaca-se a Escola Clássica, suportada, em grande medida, pelos ensinamentos de Henri Fayol, um engenheiro de minas francês, formado pela *Ecole des Mines de Saint-Etienne*. Esta teoria teve origem na gerência administrativa, dando ênfase na estrutura formal da empresa (de cima pra baixo); com adoção de princípios administrativos pelos altos escalões, privilegiando as tarefas da organização.

Com foco na estrutura organizacional, pela visão do Homem Econômico e pela busca da máxima eficiência essa teoria sofreu críticas como: a manipulação dos trabalhadores através dos incentivos materiais e salariais e a excessiva unidade de comando e responsabilidade. Henri Fayol relacionou 14 princípios básicos:

1) **Divisão do trabalho:** especialização dos funcionários desde o topo da hierarquia até os operários da fábrica, assim, favorecendo a eficiência da produção aumentando a produtividade.
2) **Autoridade e responsabilidade:** autoridade é o direito dos superiores darem ordens que teoricamente serão obedecidas. Responsabilidade é a contrapartida da autoridade.
3) **Unidade de comando:** o funcionário deve receber ordens de apenas um chefe, evitando contraordens.
4) **Unidade de direção:** o controle único é possibilitado com a aplicação de um plano para grupo de atividades com os mesmos objetivos.
5) **Disciplina:** regras de conduta e de trabalho válidas para todos os funcionários. A ausência de disciplina gera o caos na organização.
6) **Prevalência dos interesses gerais:** interesses gerais da organização devem prevalecer sobre os interesses individuais.
7) **Remuneração:** suficiente para garantir a satisfação dos funcionários e da própria organização.
8) **Centralização:** atividades vitais da organização e sua autoridade devem ser centralizadas.
9) **Hierarquia:** respeito à risca uma linha de autoridade fixa.
10) **Ordem:** mantida em toda organização, preservando um lugar para cada coisa e cada coisa em seu lugar.
11) **Equidade:** a justiça deve prevalecer em toda organização, justificando a lealdade e a devoção de cada funcionário à empresa.
12) **Estabilidade dos funcionários:** rotatividade alta tem consequências negativas sobre desempenho da empresa e o moral dos funcionários.
13) **Iniciativa:** capacidade de estabelecer um plano e cumpri-lo.
14) **Espírito de equipe:** trabalho deve ser conjunto, facilitado pela comunicação dentro da equipe. Os integrantes de um mesmo grupo precisam ter consciência de classe, para que defendam seus propósitos.

Na obra *"Administration Industrielle et Générale"* (1916), Fayol dividiu a organização em seis áreas distintas nas quais tudo se enquadrarias:

ADMINISTRAÇÃO GERAL E PÚBLICA

1) **Administrativas:** integração do alto escalão com as outras cinco funções.
2) **Comerciais:** venda.
3) **Financeiras:** busca e gerência de recursos financeiros.
4) **Segurança:** preservação e proteção de pessoas e bens.
5) **Contábeis:** registro e controle do patrimônio e suas variações para fornecimento de informações por intermédio das demonstrações contábeis.
6) **Técnicas:** responsável produção de bens e prestação serviços.

Fayol definiu as funções administrativas, que envolvem os elementos necessários para se administrar:

1) **Prever/planejar:** administrador deve fazer uma previsão das possíveis situações de sua organização, avalia o futuro e o aprovisionamento dos recursos em função dele.
2) **Organizar**: o administrador é responsável pelo organismo material e social da organização, devendo proporcionar tudo o que é útil ao funcionamento da empresa.
3) **Comandar:** o administrador deve dirigir e orientar a sua organização para alcançar os objetivos propostos.
4) **Coordenar:** harmonizar os conflitos de gestão, as atividades do negócio.
5) **Controlar:** certificar-se de que tudo ocorre em conformidade com o plano adotado, estar atento às normas para que sejam seguidas pela organização.

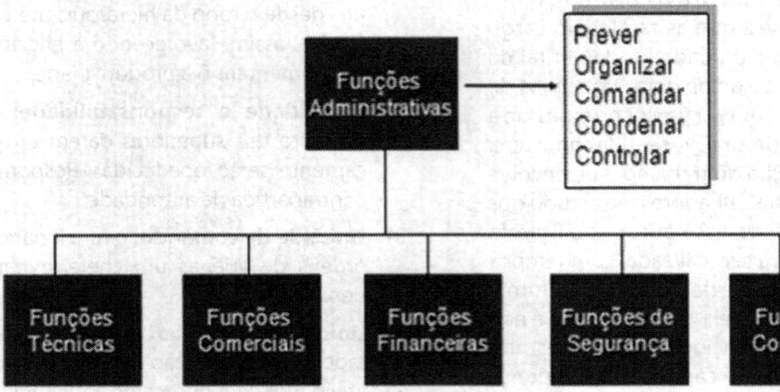

Fayol sofreu críticas, acusado de manipulação dos trabalhadores através dos incentivos materiais e salariais, e a excessiva unidade de comando e responsabilidade.

3.2. ESCOLA DE RELAÇÕES HUMANAS

Surgida nos Estados Unidos como resultado das experiências de Elton Mayo, denominadas Experiências de Hawthorne[1], a Teoria das Relações Humanas veio à tona quando Mayo percebeu a necessidade de tornar a administração mais humana com a ideia de que as ciências humanas influenciam as organizações.

Foi um movimento de reação e oposição à Teoria Clássica da Administração, pois, segundo os clássicos, o *Homo Economicus* (satisfaz-se plenamente com recompensas financeiras) pode ser interpretado como Homem Operacional, pois é considerado como sendo um recurso a ser maximizado em termos de produto-físico-mensurável. Uma alternativa a este tipo de "homem" foi sugerida pela primeira vez a partir dos estudos de Hawthorne, que o considerava mais complexo do que supunham os teóricos clássicos, denominado de Homem Social.

A Teoria das Relações Humanas é marcada pela introdução da aplicação de uma abordagem mais humanística na administração das organizações, em que seu foco são as pessoas, e não as tarefas. O Movimento das Relações Humanas, na década de 1920, trouxe um desafio extremo à função de Chefe de Pessoal, sendo que esse novo modelo de administração teve como base, a mudança na relação entre empregados e empregadores. Enquanto a escola clássica operava utilizando-se da força do autocratismo, o novo modelo propunha aumentar a produtividade pela eliminação dos conflitos entre os indivíduos e seus respectivos custos. Pode-se compreender que surge um novo movimento nas relações humanas dentro das organizações dando-se ênfase na figura do *Homo Social*, se preocupando com o indivíduo, com suas necessidades e outras variáveis.

Um dos princípios da abordagem humanística da administração evidencia a importância da diversidade de conteúdo dos cargos na satisfação e motivação no trabalho devido à quebra da monotonia.

A principal contribuição do Movimento das Relações Humanas aos estudos em Administração e, consequentemente, à Gestão de Pessoas foi destacar a importância dos grupos informais, que emergem dentro de uma organização a partir da frequência das interações e dos fatores que provocam tais interações.

Não há dúvida de que a Escola de Relações Humanas foi um dos principais marcos na evolução do campo teórico da administração. Essa Escola, entre outras contribuições relevantes, destacou a importância da organização informal para a produtividade e o funcionamento das estruturas organizacionais formais. No

1 A experiência de Hawthorne foi realizada em 1927, pelo Conselho Nacional de Pesquisas dos Estados Unidos (*National Research Council*), em uma fábrica da Western Electric Company, situada em Chicago, no bairro de Hawthorne e sua finalidade era determinar a relação entre a intensidade da iluminação e a eficiência dos operários medida através da produção.

entanto, a partir do final da década de 1950, a Escola foi também alvo de críticas de autores e pesquisadores diversos, que levaram a sua superação a novos desenvolvimentos no campo da administração. Entre as principais críticas apresentadas à Escola de Relações Humanas, está em seu caráter ideológico e manipulador, a favor da administração da empresa e em seu por seu romantismo ingênuo.

Principais pontos relacionados à Escola de Relações Humanas
✓ O trabalho é uma atividade grupal;
✓ Trabalhador como um ser cuja produtividade é condicionada pelas demandas sociais;
✓ Grupos informais exercem controle sobre os hábitos e as atitudes do trabalhador;
✓ Satisfação ligada à necessidade de reconhecimento e segurança;
✓ Senso de pertencer a algo é mais importante na motivação do trabalhador e na produtividade que a condições físicas sob as quais trabalha;
✓ Necessidade de afiliação;
✓ Afetividade e sociabilidade;
✓ Comportamento complexo;
✓ Condicionado pelo sistema social e pela biologia.

3.3. MODELO BUROCRÁTICO

A partir da década de 1940, na busca por alternativas que melhor explicassem as relações organizacionais que levavam ao sucesso, alguns estudiosos se inspiraram nas obras de um economista e sociólogo, Max Weber, para o desenvolvimento de uma nova teoria, a Burocracia.

O termo burocracia foi primeiramente descrito como um tipo ideal de estrutura organizacional por Max Weber em 1947. O modelo burocrático de Max Weber é um modelo organizacional disseminado nas administrações durante o século XX em todo o mundo. É atribuído a Max Weber porque o sociólogo alemão analisou e sintetizou suas principais características.

Foram muitos os motivadores da Escola Burocrática, dentre eles estão as diversas críticas contra a Teoria Clássica – mecanicismo exacerbado e desconsideração do lado humano do empregado – e a Teoria das Relações Humanas - caráter ideológico e manipulador, a favor da administração da empresa e em seu por seu romantismo ingênuo. Outro ponto a ser destacado era a necessidade de um modelo de organização aplicável não apenas as fábricas, e sim, todas as formas de organização.

Vejamos alguns dos principais pontos relacionados a essa escola:

- ✓ A burocracia é compreendida como uma maneira de organização humana baseada na racionalidade, isto é, na adequação dos meios aos objetivos pretendidos, a fim de garantir a máxima eficiência possível no alcance desses objetivos.
- ✓ Uma organização que valoriza seus colaboradores mediante a promoção daqueles mais competentes, avaliados em função do desempenho ou da titulação acadêmica.
- ✓ A autoridade representa o poder institucionalizado e oficializado. Nesse contexto, é correto afirmar que existem três tipos de autoridade legítima: a tradicional, a carismática e a legal.
- ✓ Cargos bem definidos e organizados de maneira hierárquica por meio de linhas de comando; departamentalização onde unidades operam de maneira semiautônomas sob a supervisão de quem detém a autoridade; cadeia de comando onde a divisão do trabalho é bem definida.
- ✓ Formalização das comunicações, impessoalidade nos relacionamentos e profissionalismo como critério de contratação e de promoção.
- ✓ Cargos ocupados por especialistas, com atribuições sistematicamente definidas.
- ✓ Alta centralização do processo de tomada de decisões, geralmente afeta os níveis superiores. Pouca delegação.

3.4. TEORIA DOS SISTEMAS

A organização não é um sistema mecânico no qual uma das partes pode ser mudada sem um efeito concomitante sobre as outras partes. Devido à diferenciação provocada pela divisão do trabalho, as partes precisam ser coordenadas através de meios de integração e de controle (Chiavenato 2007).

Conhecida pela sigla, T.G.S., a Teoria Geral de Sistemas surgiu com os trabalhos do biólogo austríaco Ludwig Von Bertalanffy, publicados entre 1950 e 1968. Seus princípios transcenderam, o que a transformou em uma teoria interdisciplinar, tornando-se princípios gerais.

Como ramo da T.G.S, a Teoria dos Sistemas (TS) trouxe uma abordagem sistêmica, influenciando fortemente a Teoria da Administração a partir da década de 1960. O sucesso dessa teoria está no fato de se ter entendido que toda organização é, em realidade, um grande sistema integrado à sociedade, em que o desempenho de um componente pode afetar não apenas a própria organização, mas todas as partes interessadas.

A Escola Sistêmica, dentro das grandes teorias administrativas, define Administração como a coordenação de recursos em sistemas orgânicos e abertos, com elevada interação e interdependência entre as suas partes. Isso porque os grandes teóricos dessa Escola percebem a necessidade de tratar da complexidade, isto é, dar conta do grande número de variáveis e suas inter-relações, que compõem e contextualizam as organizações e o ambiente onde atuam.

Ambiente interno das organizações.

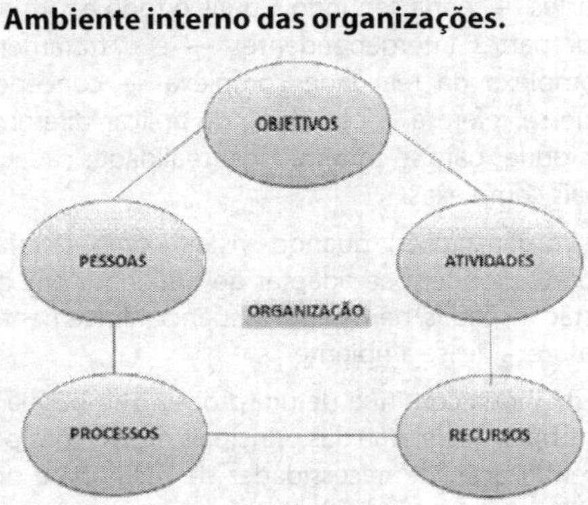

A partir da figura, identifica-se as organizações como sistemas complexos que representam um sistema social organizado, com divisão de trabalho distribuída junto às pessoas para facilitar o alcance de seus objetivos.

Na abordagem da administração pelo pensamento sistêmico, a ideia de sistema refere-se a um conjunto de entidades, denominados elementos ou componentes, que mantém uma espécie de relação ou interação, o que possibilita a visão de uma entidade nova e distinta, em que é possível o foco no todo e não apenas nos seus componentes. Essa abordagem possui como foco a interação da organização com o ambiente, e, como dito, tem como base a teoria dos sistemas, desenvolvida pelo biólogo Ludwig von Bertalanffy.

Essa teoria identifica um sistema organizacional como:

- ✓ Um conjunto de subsistemas.
- ✓ Um conjunto dinamicamente relacionado.
- ✓ Uma estrutura formada para atingir um ou mais objetivos propostos.
- ✓ Um conjunto de elementos inter-relacionados desenvolvendo funções.

Vejamos alguns dos principais pontos relacionados a essa teoria:

- ✓ O diferencial está na forma de perceber a instituição como um sistema inter-relacionado de partes buscando um interesse comum.
- ✓ É a filosofia que estuda e considera, em suas ações, a atitude das pessoas nas relações, a forma de trabalho das pessoas e os resultados.
- ✓ Mostrou inovadora pelo fato de ter trazido à tona a ideia de que o ambiente externo possui influência direta no ambiente organizacional. Com isso, abandonou-se o antigo conceito de que a organização era um ambiente à parte do contexto social e que, apenas um aprimoramento dos processos internos garantiria o sucesso da empresa.
- ✓ Referem-se ao pensamento administrativo que envolve as diversas conexões, relações, contextos e interações entre os elementos organizacionais e sociais, permitindo observar os diversos players como redes, teias e comunidades.
- ✓ Busca-se sinergia. O efeito da sinergia nas organizações significa que os resultados das atividades organizacionais são mais do que a simples soma das tarefas individuais.
- ✓ Essa teoria demonstra a interdependência entre as partes — teoria segundo a qual, o todo é formado por partes interdependentes — e o tratamento complexo da realidade complexa — concepção que se refere à necessidade de aplicar diferentes enfoques para se compreender realidades cada vez mais complexas.
- ✓ As organizações, quando vistas como sistemas abertos, podem se adaptar ao ambiente em que estão inseridas, bem como influenciar fortemente a natureza desse ambiente.
- ✓ A melhoria contínua de um processo se baseia na entropia, que é uma das principais motivações para identificação de necessidades de melhoria e uma característica própria de todos os sistemas.

3.5. TEORIA CONTINGENCIAL

A Teoria Contingencial, uma das abordagens desenvolvidas, fundadas nos estudos de Joan Woodward, propunha que não existe uma única maneira correta de montar uma estrutura organizacional, existem sempre várias alternativas dependendo da tecnologia aplicada, pois as condições do ambiente é que causam as transformações no interior das organizações. Para essa abordagem, tudo é relativo, não havendo nada de absoluto nas organizações ou na teoria administrativa. Para essa teoria não há um modelo que se adapte a todas as empresas em todas as circunstâncias, pois as mudanças ocorrem nos sistemas em função do impacto de determinados tipos de ocorrências.

No início da década de 60 uma pesquisa constatou que a estrutura das organizações e o seu funcionamento são dependentes do ambiente externo. Na realidade, existe uma relação funcional entre as condições do ambiente e as técnicas administrativas para o alcance eficaz dos objetivos.

Vejamos algumas das principais dicas sobre essa teoria:

- ✓ O indivíduo, o grupo, a organização e a comunidade são sistemas dinâmicos e vivos de adaptação, ajustamento e reorganização, como condição básica de sua sobrevivência em um ambiente de mudança (Chiavenato, 2009).
- ✓ A teoria das contingências estabelece que situações diferentes requerem práticas diferentes e que, por isso, devem-se usar teorias tradicionais, comportamentais e de sistemas, separadamente ou combinadas, para resolver os problemas das organizações. A referida teoria pode ser vista como um desenvolvimento da teoria de sistemas, pois considera variáveis ambientais para estruturas específicas de organização.
- ✓ O desenvolvimento organizacional (DO) engloba alterações comportamentais e estruturais na organização. Um importante modelo de DO, derivado da Teoria da Contingência sugere que as alterações estruturais necessárias ao processo de desenvolvimento organizacional são diagnosticadas a partir do defrontamento entre organização x ambiente.
- ✓ O ambiente em que opera uma organização é diferenciado, e a cada setor especializado do ambiente corresponde um subsistema organizacional. Assim, quanto maior o grau de diferenciação dos setores ambientais, maior a necessidade de diferenciação dos subsistemas organizacionais.
- ✓ Incumbiu de absorver, rapidamente, a preocupação com a tecnologia, ao lado da preocupação com o ambiente, para definir uma abordagem mais ampla a respeito do desenho organizacional.
- ✓ A Teoria Contingencial utiliza diferentes metáforas pode facilitar o entendimento da evolução do pensamento administrativo, dado ao caráter complexo e paradoxal da vida organizacional.
- ✓ As variáveis situacionais que determinam a estrutura e o comportamento de uma organização, abordadas na Teoria Contingencial, podem ser resumidas em: Incerteza ambiental; Tecnologia; Tamanho da organização.

3.6. QUADRO RESUMO DAS TEORIAS ABORDADAS

Teoria	Característica
Administração Científica.	Estudos de tempos e métodos levando a maior produtividade no trabalho.
Administração clássica, de Fayol.	Estrutura Organizacional e o papel do gerente.
Relações humanas	Abordagem mais humanística na administração das organizações, em que seu foco são as pessoas, e não as tarefas
Burocracia	Cargos bem definidos e organizados de maneira hierárquica por meio de linhas de comando; departamentalização onde unidades operam de maneira semiautônomas sob a supervisão de quem detém a autoridade; cadeia de comando onde a divisão do trabalho é bem definida.
Teoria de Sistemas ou Administração sistêmica.	Relações interorganizacionais e a interação da organização com o meio ambiente.
Teoria da Contingência ou Contingencial.	Diferentes ambientes, diferentes estruturas para diferentes estratégias.

4. PRINCIPAIS ESTRUTURAS ORGANIZACIONAIS

Estrutura organizacional é o conjunto ordenador de recursos (materiais, instalações, financeiros, humanos, tecnológicos) pertencente a uma entidade, juntamente com as responsabilidades, autoridades, comunicações e decisões das unidades organizacionais de uma organização visando a atingir objetivos comuns. É a forma pela qual a linha hierárquica é estabelecida, as atividades são divididas, organizadas e coordenadas, provocando impactos no desenvolvimento das atividades que visam o sucesso organizacional.

É o conjunto ordenador de responsabilidades, autoridades, comunicações e decisões das unidades organizacionais de uma organização. O sistema de autoridades, um dos componentes da estrutura organizacional de uma instituição, é resultado da distribuição hierárquica do poder. A determinação de uma linha clara de autoridade na estrutura organizacional é necessária para que a delegação de autoridade seja executada sem conflitos hierárquicos.

São seis os tipos básicos de estruturas organizacionais:

4.1. ESTRUTURA LINEAR

Forma estrutural, mais simples e antiga, originou-se no âmbito militar, sendo identificada em antigos exércitos. Hierarquicamente, sua forma é piramidal, pois possui linhas diretas e únicas de responsabilidade entre superior e subordinados. Deixa clara a unidade de comando, ou seja, cada empregado tem apenas um superior, que seguem, por via hierárquica, do escalão mais baixo até o mais alto.

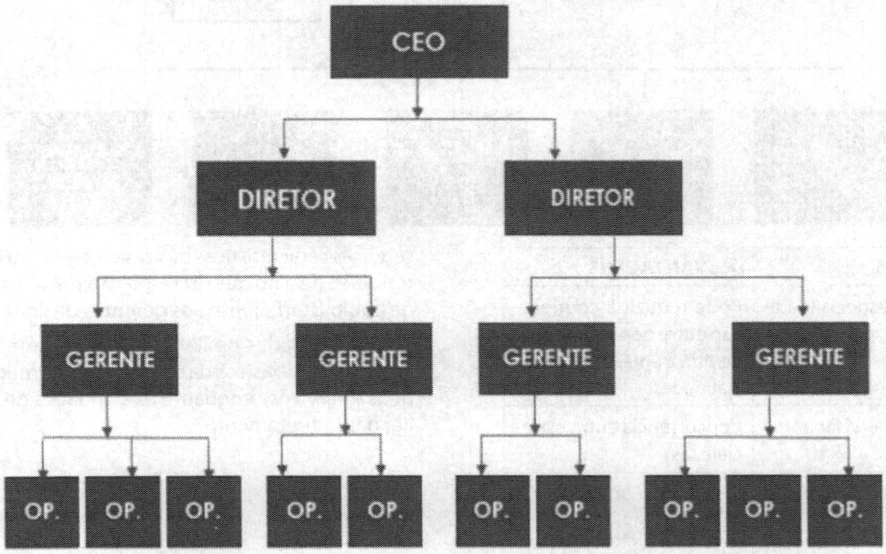

Pontos positivos	Pontos negativos
Facilidade de implementação	Rigidez e inflexibilidade
Sentido claro nas tarefas e cargos	Chefes tendem a ser generalistas
Estabilidade	Dificuldade de comunicação
Delimitação de responsabilidades	Decisões rápidas

Algumas dicas sobre a estrutura linear:

- ✓ Chefias generalistas, estabilidade e constância nas relações são características próprias da estrutura organizacional linear.
- ✓ Entre o superior e os subordinados existem linhas diretas e únicas de autoridade e responsabilidade.
- ✓ Estrutura organizacional de aplicação simplificada.
- ✓ Autoridade linear ou única.
- ✓ Linhas formais de comunicação.
- ✓ Centralização das decisões.
- ✓ Aspecto piramidal.

4.2. ESTRUTURA FUNCIONAL

Proposta por Henry Fayol, a estrutura Matricial é a mais popular dentre todas. Nessa estrutura a organização é "dividida" por funções, onde as principais são:

1) **Administrativas:** integração do alto escalão com as outras cinco funções.
2) **Comerciais:** venda.
3) **Financeiras:** busca e gerência de recursos financeiros.
4) **Segurança:** preservação e proteção de pessoas e bens.
5) **Contábeis:** registro e controle do patrimônio e suas variações para fornecimento de informações por intermédio das demonstrações contábeis.
6) **Técnicas:** responsável pela produção de bens e prestação serviços.

Haverá então um órgão administrativo e demais departamentos funcionais por especialidades: produção, finanças, marketing, contábil, etc. e cada funcionário deve responder a um único chefe (unidade de comando). Na estrutura funcional cada departamento conta com especialistas na função.

Os departamentos especializados vão variar segundo as necessidades organizacionais.

Estrutura Funcional é a estrutura que promove a divisão de áreas, dentro da empresa, por especialização. Agrupa especialistas sob uma chefia comum. Possui especialização, linhas retas de comunicação e descentralização da autoridade. É adequada para o desenvolvimento de atividades continuadas e rotineiras em que sejam utilizados recursos especializados. Adota uma estratégia de maior segurança na execução de tarefas e relacionamento entre colegas, busca a especialização de recursos em virtude de possuir poucas linhas de produtos ou serviços e evita que pessoas recebam atribuições temporárias ou técnicas, mesmo tendo ciência de que essas pessoas podem perder a comunicação rápida de aspectos técnicos.

Nesse tipo de estrutura, a autoridade é orientada pelo conhecimento e pela especialização da função a ser exercida, o que leva as unidades a estabelecerem linhas diretas de comunicação.

Os problemas de controle na estrutura funcional podem decorrer do próprio sucesso da organização, resultado do aumento da complexidade interna provocada pelo natural crescimento no conjunto de bens e(ou) serviços ofertados pela organização.

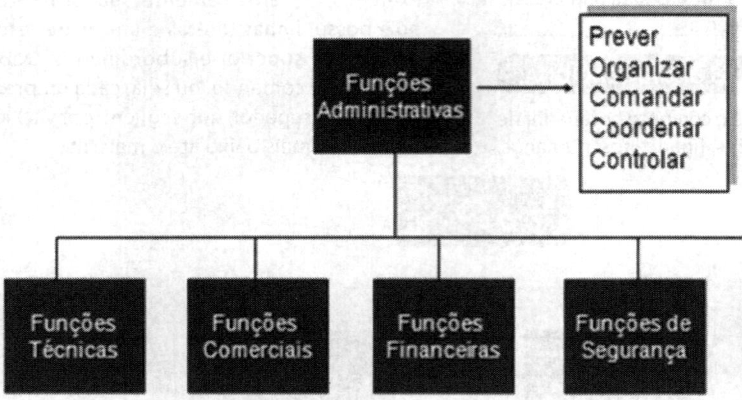

VANTAGENS	DESVANTAGENS
Aumenta a especialidade	Pode reduzir a cooperação entre departamentos devido à ênfase nas especialidades.
Melhora supervisão	Concorrência entre especialistas
Separa planejamento e execução	Confusão quanto aos objetivos
Permite otimizar recursos	Dilui e perde autoridade de comando
Máximo de especialização	

4.3. ESTRUTURA LINHA-STAFF

É o resultado da combinação da estrutura linear e a funcional, predominando a primeira com linhas formais e diretas de comunicação a fim de reunir as vantagens destes dois tipos e reduzir as desvantagens. Apesar de seguir as características básicas da estrutura linear, diferencia-se dela no que diz respeito à presença de órgãos de apoio (staff), junto aos gerentes de linha.

As atividades de linha estão diretamente ligadas aos objetivos básicos da organização (fornecimento de bens e serviços), enquanto as atividades de staff estão ligadas indiretamente.

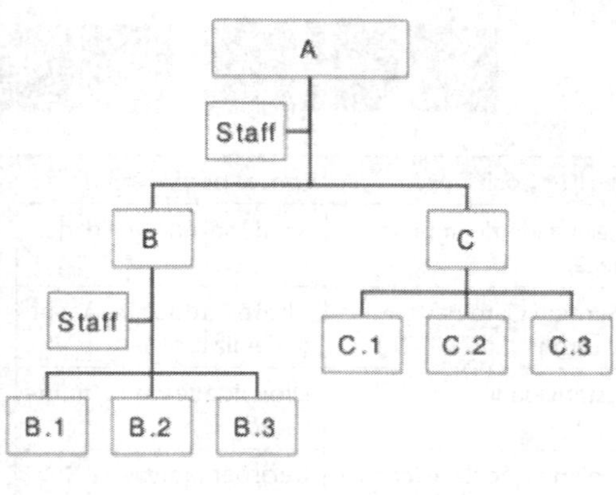

VANTAGENS	DESVANTAGENS
Assessoria de especialização	Conflitos entre linha e staff
Divisão assertiva de funções	Dificuldade de manutenção do equilíbrio entre linha e staff
Controle do trabalho	Abalo na hierarquia
Atividade conjunta e coordenada	Falta de integração nas equipes
Assegura assessoria e autoridade	

4.4. ESTRUTURA MATRICIAL

Estrutura Matricial é o modelo de departamentalização composto por uma estrutura organizacional híbrida, na qual duas ou mais formas de departamentalização são utilizadas conjuntamente. Não se parece com uma pirâmide, porque existem duas bases de departamentalização operando simultaneamente, alcançando a coordenação necessária para atender a demandas duais de clientes. Permite o compartilhamento flexível de recursos humanos entre os produtos, fazendo com que os participantes experimentem autoridade dual. Por exemplo, um empregado, na realização de suas atribuições de atendimento, responde hierarquicamente aos seus superiores de unidades distintas, de modo simultâneo, para que as demandas de atendimento sejam cumpridas.

A departamentalização matricial é uma solução para coordenar recursos multidisciplinares designados para determinado projeto, sem perder, no entanto, a ligação com seu departamento funcional.

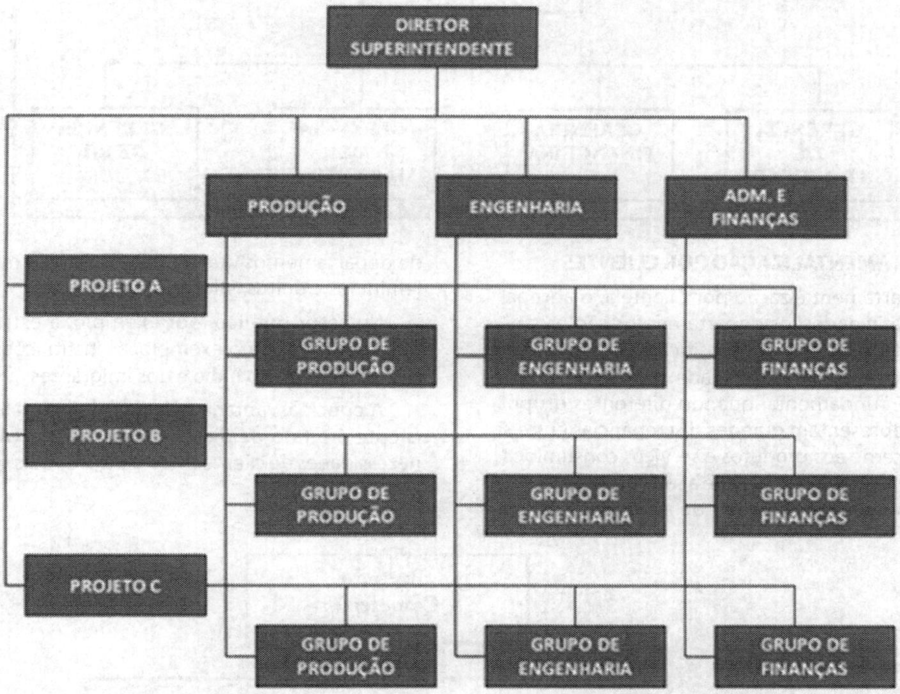

A estrutura matricial é indicada para organizações que lidam com projetos específicos.

Além de violar o princípio da unidade de comando, a adoção de uma estrutura matricial possui, ainda, como desvantagem, requerer habilidade especial de gerentes de projetos em negociar recursos com gerentes funcionais.

Embora confira dinamicidade aos projetos de uma organização, o modelo de departamentalização matricial costuma gerar múltiplas subordinações e ambiguidade na definição de papeis e relações.

VANTAGENS	DESVANTAGENS
Mantém a especialização	A dupla subordinação pode trazer confusões aos processos da empresa
Gera dinamicidade aos projetos de uma organização	Violar o princípio da unidade de comando
Indicada para organizações que lidam com projetos específicos	Requerer habilidade especial de gerentes de projetos em negociar recursos com gerentes funcionais
Solução para coordenar recursos multidisciplinares	Ambiguidade na definição de papeis e relações

5. PRINCIPAIS FORMAS DE DEPARTAMENTALIZAÇÃO

A departamentalização é um processo de divisão do trabalho por especialização da estrutura organizacional da empresa, agrupando-a de acordo com um critério específico definido, organizando seus recursos em unidades organizacionais maiores e assim sucessivamente até o topo da organização. São várias as espécies de departamentalização.

Sob outro ponto de vista, o conceito de departamentalização das organizações corresponde ao grupamento de atividades logicamente em órgãos, bem como a divisão dos órgãos em unidades menores, segundo critérios que podem ser, entre outros, funcional, por cliente, geográfica ou por produto.

Atenção: autores e bancas examinadoras de concurso público (CESPE, por exemplo) costumam tratar as expressões "estrutura organizacional" e "departamentalização" como sinônimas.

5.1. DEPARTAMENTALIZAÇÃO FUNCIONAL

A departamentalização Funcional o agrupamento de tarefas de e a organização dos departamentos ocorre de acordo com as funções principais desenvolvidas, guiadas por especialistas em determinada função. É ideal para ambientes estáveis. Tem como vantagens agrupar especialistas sob uma chefia comum, utilização máxima das habilidades funcionais das pessoas, simplificando o treinamento, permitindo a economia de escala pela utilização integrada de pessoas, máquinas e produção em massa.

Fique atento: existe a estrutura funcional e a departamentalização funcional. Uma empresa com estrutura funcional pode adotar outras departamentalizações ou não. Assim, a estrutura organizacional já reflete a própria departamentalização.

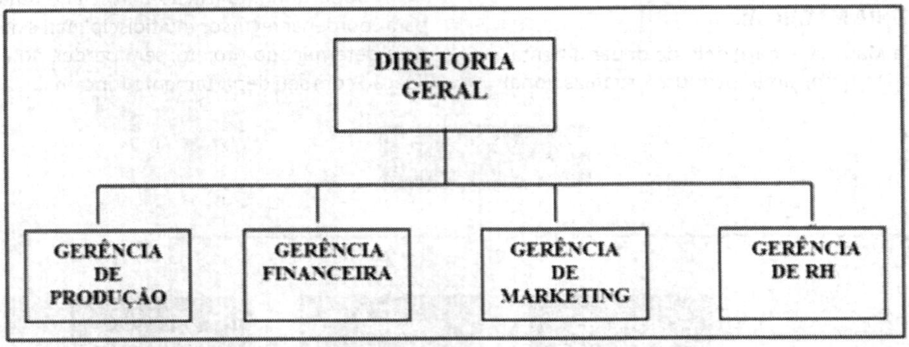

5.2. DEPARTAMENTALIZAÇÃO POR CLIENTES

Na Departamentalização por Clientela, o agrupamento das atividades, os departamentos são organizados com foco no cliente, classificando-os segundo determinada categoria (sexo, idade, nível socioeconômico etc.). É fundamental quando diferentes grupos de clientes apresentam grandes discrepâncias entre si no que concerne aos produtos e serviços consumidos, principalmente nos casos em que a satisfação do cliente é o aspecto mais crítico. Serve de analogia uma loja de departamentos que diferencia setores masculinos, femininos, adultos, infantil etc.

No setor público, por exemplo, a estrutura por Clientela tem, como exemplo, as instituições que cuidam do menor, do índio e dos imigrantes.

A principal vantagem da departamentalização por cliente é o fato de direcionar a organização para as necessidades do cliente e não para produtos ou funções empresariais.

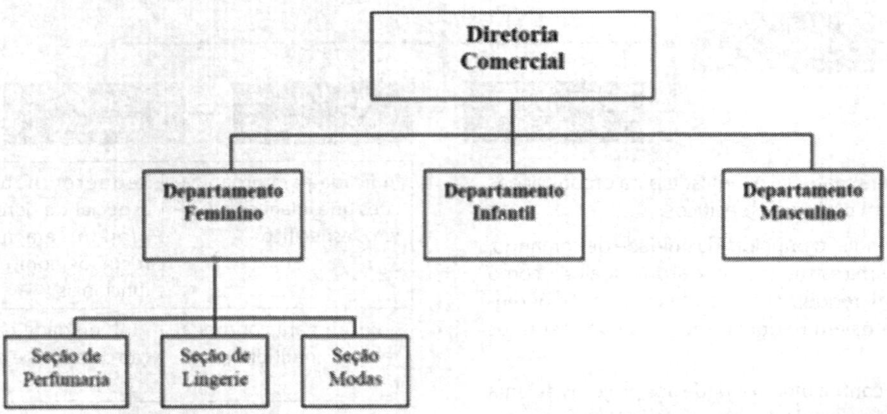

5.3. DEPARTAMENTALIZAÇÃO POR PRODUTOS OU SERVIÇOS

A departamentalização por Produtos ou Serviços tem seus departamentos e agrupamentos das atividades focados na divisão de responsabilidades e agrupamento das atividades levando em consideração o próprio produto ou serviço, tem a forma de uma organização com estrutura formada por equipes altamente especializadas e responsáveis por todo o fluxo do processo de produção, pelos resultados finais e pela comercialização.

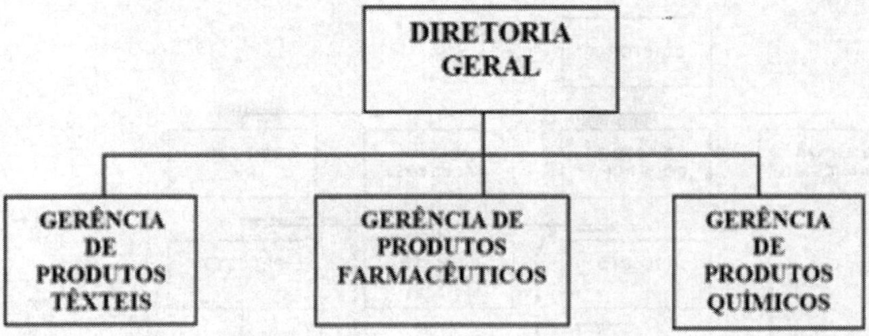

5.4. DEPARTAMENTALIZAÇÃO TERRITORIAL

A departamentalização territorial, regional ou por localização requer diferenciação e agrupamento das atividades de acordo com a localização onde o trabalho necessita ser realizado ou uma área de mercado a ser servida pela empresa. É utilizada geralmente por empresas que cobrem grandes áreas geográficas e cujos mercados são extensos.

5.5. DEPARTAMENTALIZAÇÃO POR PROCESSO

Na departamentalização por processos, as divisões organizacionais são definidas com base nas atividades operacionais executadas. É balizado pelo processo produtivo da organização, onde cada departamento é responsável por uma etapa do ciclo de produção.

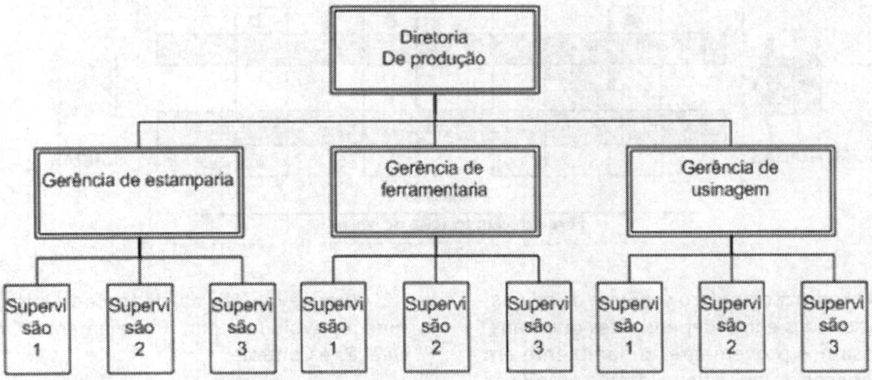

5.6. DEPARTAMENTALIZAÇÃO POR PROJETO

Departamentalização por Projeto é o tipo de organização que faz uma abordagem divisional, envolvendo a diferenciação e o agrupamento das atividades de acordo com os resultados de um ou mais projetos executados pela organização. Neste tipo de departamentalização a estrutura organizacional deve ser flexível e mutável, com capacidade de adaptar-se às necessidades de cada projeto a ser realizado, tendo alta coordenação entre os departamentos.

Esse tipo de estrutura apresenta como vantagem de forma efetiva para conseguir resultados em problemas complexos, requerendo uma estrutura organizacional flexível e mutável, capaz de adaptar-se rapidamente e sem consequências imprevistas às necessidades de cada projeto a ser desenvolvido e executado durante um determinado prazo de tempo.

O controle, realizado por meio de relatórios de progresso, custos, orçamentos, desempenho e riscos, constitui uma atribuição de primeiro nível para que os resultados do projeto sejam monitorados. Os gerentes de projetos necessitam ter um perfil de liderança e de negociação, a fim de evitar competições desgastantes pelos recursos técnicos disponíveis na empresa. O gerenciamento por projetos requer a utilização de práticas que direcionem os esforços organizacionais a resultados de excelência. Assim, a escolha da metodologia para gerenciamento é parte importante do processo.

As estratégias de inovação e crescimento exigem organizações por projeto.

ADMINISTRAÇÃO GERAL E PÚBLICA

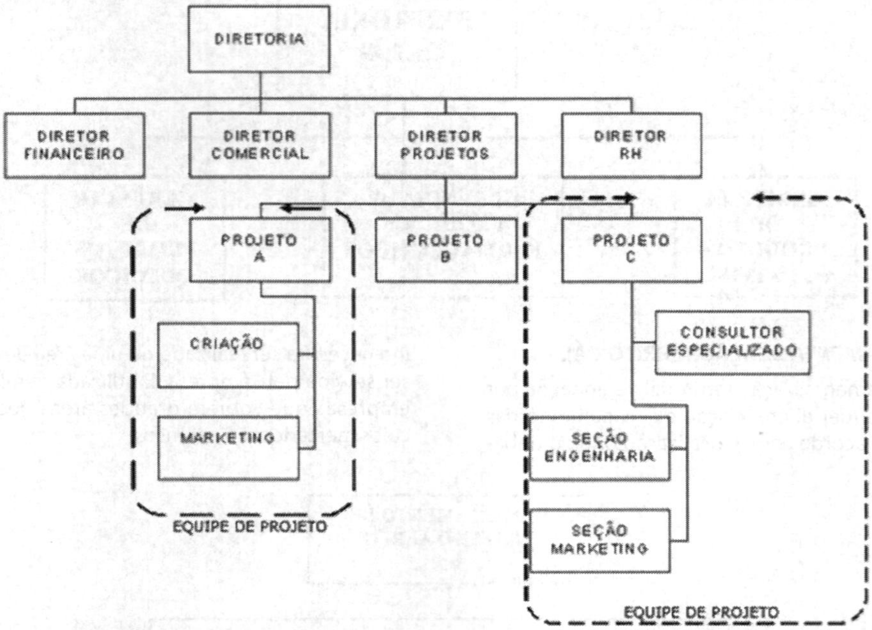

6. PROCESSO ADMINISTRATIVO/FUNÇÕES ADMINISTRATIVAS

Estruturas organizacionais correspondem à visão da organização como um todo e sua relação com os vários departamentos existentes. É a divisão e organização de recursos (pessoal, material, instalações, financeiros) em departamentos de forma a cumprir os objetivos da entidade.

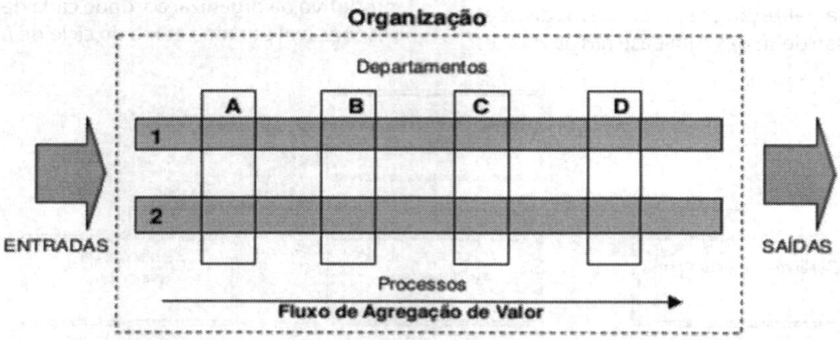

Processo organizacional é o conjunto de atividades inter-relacionadas e interdependentes que transformam os insumos provenientes do ambiente em produtos e serviços dotados de valor que atenda às necessidades dos clientes. Na teoria clássica de Fayol eram as seguintes funções administrativas:

6) **Prever:** Visualizar o futuro e os recursos necessários traçando um programa de ação.
7) **Organizar:** Constituir o duplo organismo material e social da empresa.
8) **Comandar:** Dirigir e orientar o pessoal para alcançar o máximo de retorno dos empregados. Concentra-se no funcionamento da empresa, segundo o interesse global do negócio.
9) **Coordenar:** Ligar, unir, harmonizar todos os atos e esforços coletivos para facilitar o trabalho e para alcançar resultados positivos, ou seja, sincroniza coisas e ações em proporções adequadas e adapta os meios aos fins.
10) **Controlar:** Certifica-se de que tudo ocorra de acordo com as regras estabelecidas e as ordens dadas. Conforme os planos, instruções e princípios.

Com a evolução da ciência administrativa essas funções evoluíram para Planejamento, Organização, Direção e Controle:

Planejamento: possibilita a definição da missão

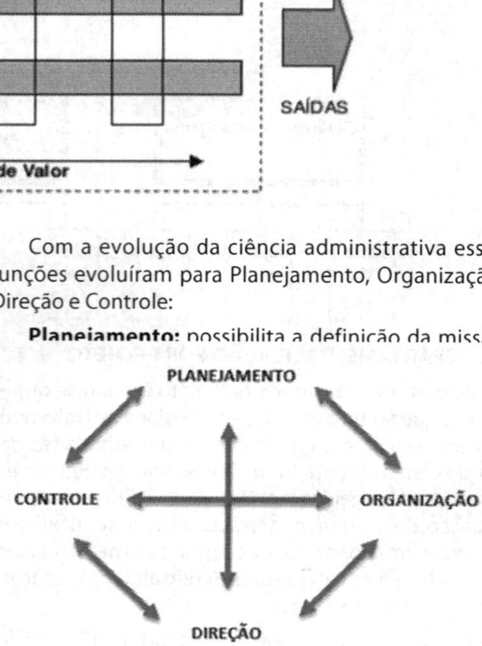

6.1. PLANEJAMENTO

Planejamento é um processo contínuo e dinâmico que consiste em um conjunto de ações intencionais, integradas, coordenadas e orientadas para tornar realidade um objetivo futuro, de forma a possibilitar a tomada de decisões antecipadamente. Essas ações devem ser identificadas de modo a permitir que elas sejam executadas adequadamente e considerando aspectos como o prazo, os custos, a qualidade, a segurança, o desempenho e outras condicionantes. Planejamento, então, é a função administrativa que define objetivos e decide sobre os recursos e tarefas necessários para alcançá-los satisfatoriamente. Como principal decorrência do planejamento estão os planos. Os planos facilitam a organização no alcance de suas metas e objetivos.

Planejamento é a "determinação da direção a ser seguida para se alcançar um resultado desejado". Corresponde, pois, à "determinação consciente de cursos de ação e engloba decisões com base em objetivos, em fatos e na estimativa do que ocorreria em cada alternativa disponível" (LACOMBE, F. Teoria Geral da Administração, São Paulo: Saraiva, p. 70)

1) **Plano**

Resultado, produto advindo da atividade de planejamento, instrumento que se destina a viabilizar o alcance de metas e de objetivos da organização. São guias das atividades organizacionais que balizam a ação visando garantir que os objetivos sejam atingidos, levando em consideração, principalmente, os seguintes aspectos, dentre outros:

- ✓ Integração dos vários objetivos a serem alcançados em um esquema organizacional que proporcione coordenação, controle, e alinhamento dos mais diversos setores da organização.
- ✓ Identificação dos recursos necessários.
- ✓ Monitoramento constante das atividades e resultados, buscando o alcance dos objetivos comuns, principalmente em relação a certos padrões ou indicadores, com a finalidade de permitir a ação corretiva necessária quando o progresso não for satisfatório.

2) **Espécies de Planejamento**

a) Planejamento estratégico

O planejamento estratégico é uma metodologia de planejamento gerencial de longo prazo, cuja principal funcionalidade é estabelecer a direção a ser seguida pela organização. É o planejamento mais amplo e abrange toda a organização. Tem por principais características:

- ✓ **Abrangência:** Envolve a organização como um todo em todos os seus aspectos, abrange todos os recursos e as áreas de atividade, e preocupa-se em atingir os objetivos macros, em nível organizacional.
- ✓ **Responsabilidade:** alta administração (no nível institucional) e tem como produto o plano maior, ao qual todos os demais estão subordinados.
- ✓ **Conteúdo:** mais genérico dentro do campo de atuação da organização, abrangendo os objetivos gerais da entidade.
- ✓ **Prazo**: longo prazo, tendo seus efeitos e consequências estendidos a vários anos pela frente, focaliza o futuro e o destino; ação global.

b) Planejamento Tático.

Abrange cada departamento ou unidade da organização. Suas características são:

- ✓ **Abrangência:** Envolve cada departamento ou unidade de negócio, nos aspectos que lhes são peculiares, abrange os recursos e áreas de atividade de responsabilidade daquele departamento ou unidade de negócio, e preocupa-se em atingir os objetivos "intermediários", em nível departamental.
- ✓ **Responsabilidade:** nível gerencial intermediário, em cada departamento da organização, buscando atingir os objetivos departamentais.
- ✓ **Conteúdo:** menos genérico (intermediários) levando em consideração os objetivos do "departamento".
- ✓ **Prazo**: médio prazo, em regra, para o exercício anual.

c) Planejamento Operacional.

Abrange cada tarefa ou atividade específica. Suas características são:

- ✓ **Abrangência:** cada tarefa, operação ou atividade isoladamente e preocupa-se com o alcance de metas específicas.
- ✓ **Responsabilidade:** É definido no nível operacional, para cada tarefa ou atividade.
- ✓ **Conteúdo:** específico, voltado para uma determinada missão a ser atingida de forma individual.
- ✓ **Prazo:** curto prazo, para o imediato.

Responsabilidade	Abrangência	Conteúdo	Prazo
Estratégico	Toda organização	Genérico e abrangente em nível organizacional	Longo
Tático	Cada unidade organizacional	Mais restrito que o estratégico, detalhado ao nível do departamento ou unidade.	Médio
Operacional	Tarefas ou operações.	Detalhado e específico	Curto

Observações

Planejamento estratégico x planejamento em longo prazo

Igor Ansoff[2] faz uma diferenciação entre o planejamento em longo prazo e o planejamento estratégico, pois nem todo plano em longo prazo pode ser considerado estratégico somente por essa característica.

Planejamento em longo prazo: planejamento tradicional que abrange um período maior. Acredita-se que o futuro possa ser previsto a partir da extrapolação do crescimento passado. A alta administração tipicamente supõe que o desempenho futuro possa e deva ser melhor do que o passado, e negocia metas correspondentemente mais elevadas com os executivos de

2 Ansoff, **Igor** - Implantando Administração Estratégica - atlas - 1993.

ADMINISTRAÇÃO GERAL E PÚBLICA

níveis inferiores. O processo tipicamente produz metas otimistas que não condizem completamente com a realidade. Em empresas bem administradas, os resultados ficam acima da projeção, mas sofrem o efeito típico da variação irregular. Em empresas mal administradas, o desempenho efetivo também sofre esse efeito, mas fica abaixo da projeção.

O planejamento em longo prazo, em função de seu horizonte temporal mais amplo, é mais qualitativo do que quantitativo.

Planejamento estratégico: o prazo mais elástico é apenas uma de suas características. Não se espera necessariamente que o futuro **represente** um progresso em relação ao passado, e tampouco se acredita que seja extrapolável. Portanto, como primeira medida, é feita uma análise das perspectivas da empresa, identificando-se tendências, ameaças, oportunidades e descontinuidades singulares que possam alterar as tendências históricas.

"Planejamento estratégico é o processo de elaborar a estratégia – a relação pretendida da organização com seu ambiente."

Planejamento global: O planejamento global é a combinação de todos os planos existentes na organização.

6.2. ORGANIZAÇÃO

Organização é função que organiza, estrutura integra recursos disponíveis para que as ações a serem realizadas possam atingir o sucesso. O valor que uma organização cria por meio de sua estratégia é uma função de como ela se posiciona no ambiente a fim de usar competências obrigatórias para competir por recursos.

Segundo Chiavenato há quatro componentes da organização:

1) Tarefa: a função organizacional é dividida em tarefas.

2) Pessoas: cada pessoa é ocupante de um cargo na organização formal.

3) Órgãos: as tarefas e pessoas são agrupadas em órgãos, como divisões, departamentos ou unidades de uma organização.

4) Relação: é um dos conceitos mais importantes da organização, é o relacionamento entre os trabalhadores, fornecedores, clientes...

Níveis organizacionais:

1) **Organizacional/estratégico/global:** envolve toda a organização.

2) **Departamental/gerencial:** parte da organização, em regra, um departamento.

3) **Operacional:** é a ação que propicia o fornecimento de bens e serviços, é o desenho dos cargos e tarefas, o nível mais baixo da organização: o operacional.

Atenção: a função organização é diferente "das organizações". As organizações são um grupo de pessoas que interagem entre si para atingir um objetivo específico. Ex.: Você trabalha em "uma organização" de forma "organizada".

6.3. DIREÇÃO

Chiavenato, 2003, p. 174-175, afirma que a Direção "constitui a terceira função administrativa e vem logo depois do planejamento e da organização (...) e que é o papel da direção: acionar e dinamizar a empresa. A direção está relacionada com a ação, com o colocar-se em marcha, e tem muito a ver com as pessoas". "Como não existem empresas sem pessoas, a direção constitui uma das mais complexas funções administrativas". Chiavenato afirma que "dirigir significa interpretar os planos para os outros e dar instruções sobre como executá-los em direção aos objetivos a atingir".

É considerada por muitos a função mais importante. Isto acontece, porque é esta a etapa responsável por fazer com que as funções administrativas anteriores – planejamento e organização – de fato aconteçam. O conjunto de ações que compõe o processo administrativo "direção" é: conduzir, comunicar, liderar, motivar e orientar os trabalhadores no desenvolvimento de suas tarefas e atividades.

Um dos objetivos da função administrativa de direção é promover o envolvimento das equipes e estimular a motivação das pessoas para o alcance de resultados satisfatórios.

Níveis de direção:

- Presidentes, diretores, altos executivos: gerem a empresa como um todo.

- Gerentes e pessoal intermediário: gerem departamento específico.

- Supervisores e encarregados: gerem os grupos de pessoas e tarefas no nível operacional.

6.4. CONTROLE

Controle é o processo de verificação que certifica se todas as coisas ocorrem em conformidade com o plano adotado, as instruções transmitidas e os princípios estabelecidos. É cuidar para que tudo se realize de acordo com os planos e as orientações.

A função controle é responsável por verificar se os resultados alcançados estão de acordo os objetivos e com os princípios estabelecidos no planejamento organizacional. Processo pelo qual são fornecidas informações de retroação para manter as funções dentro de suas respectivas trilhas, que possibilita detectar desvios e proporcionar ações corretivas para que o fluxo volte à normalidade.

Um dos primeiros passos é estabelecer previamente os objetivos ou padrões que se deseja alcançar e manter.

Indiferentemente ao controle preventivo, simultâneo ou de feedback adotados na gestão, os mesmos servem para medir o desempenho real, comparar o desempenho com o padrão, e tomar medidas de ação corretiva.

7. ADMINISTRAÇÃO E GESTÃO ESTRATÉGICA/ ADMINISTRAÇÃO GERENCIAL/PLANEJAMENTO ESTRATÉGICO/*BALANCED SCORECARD*

7.1. CONCEITOS

1) **Gestão**

Significa gerenciamento, administração, desenvolvimento da atividade de gerir e do poder de decidir em relação às diversas alternativas possíveis a serem tomadas no âmbito de uma organização. É um processo voltado para a administração, com o fito de proporcionar direcionamentos necessários para que uma organização atinja os seus objetivos. Nesse sentido, administrar como processo significa **planejar, organizar, dirigir e controlar** organizações e/ou tarefas, tendo como objetivo maior a produtividade e/ou a lucratividade.

2) **Gestão Estratégica**

Gestão estratégica é um conceito amplo e envolve diversos aspectos.

É um processo de ação gerencial sistemática e contínua que visa assegurar à organização senso de direção e continuidade em longo prazo. É um processo sistemático, planejado, administrado e executado pela alta direção da organização, envolvendo todos os gerentes e responsáveis, que buscam assegurar a continuidade, a sobrevivência e o crescimento da organização, por meio da contínua adequação de suas estratégias, capacitação, estrutura e infraestrutura, adaptando-se às mudanças, tendências e descontinuidades observadas ou previsíveis no ambiente externo da organização.

Fique atento: Segundo Eliezer Arantes[3], há diferença entre gestão estratégica e o planejamento estratégico tradicional. O conceito de gestão estratégica é muito mais amplo do que o planejamento estratégico. Engloba desde as avaliações de diagnósticos e de prontidão, a estruturação do processo de planejar e formular um propósito compartilhado para a organização, a escolha de estratégias, a fixação de metas e desafios, até a atribuição de responsabilidades para o detalhamento dos planos e projetos e para produzir e acompanhar as etapas de sua implantação.

7.2. OBJETIVOS ESTRATÉGICOS

1) **Objetivos**

Objetivo é o resultado desejado que se pretende alcançar dentro de um determinado período de tempo. Os objetivos organizacionais podem ser rotineiros, inovadores e de aperfeiçoamento. A partir dos objetivos se estabelece a estratégia adequada para alcançá-los. Os objetivos são qualitativos.

No estabelecimento dos objetivos, são necessários os seguintes cuidados:

- ✓ Os objetivos devem traduzir as aspirações fundamentais da empresa.
- ✓ Devem fazer com que todos os órgãos da empresa contribuam com uma parcela do esforço geral.
- ✓ Devem levar em conta a necessidade de várias alternativas para sua execução, assim como a relativa eficiência e o custo de cada uma delas.
- ✓ Devem ser comunicados a todos os interessados para que cada qual compreenda as metas da respectiva função e suas relações com os objetivos fundamentais da empresa.
- ✓ Devem ser periodicamente reexaminados e reformulados, para serem atualizados de acordo com a mudança das condições do mercado.

3 Costa, Eliezer Arantes da - Gestão Estratégica Fácil – Ed. Saraiva – 2010.

Espécies de objetivos

Paralelamente às espécies de planejamento, existem também três níveis de objetivos:

✓ **Objetivos estratégicos**

São os chamados objetivos organizacionais, ou seja, objetivos amplos e que abrangem a organização como uma totalidade. Suas características básicas são: globalidade e longo prazo.

✓ **Objetivos táticos.**

São os chamados objetivos departamentais, ou seja, objetivos referentes à cada departamento da organização.

Suas características básicas são: ligação com cada departamento e médio prazo.

✓ **Objetivos operacionais.**

São objetivos referentes à cada atividade ou tarefa. Suas características básicas são: detalhamento e curto prazo.

Hierarquia dos objetivos

A hierarquia de objetivos sofre mudanças, seja na inclusão de novos objetivos, seja na substituição de objetivos por outros diferentes.

Os objetivos podem facilitar o alcance de outros, provocando o efeito de sinergia, como também podem dificultar e impedir o alcance de outros.

2) **Metas**

Objetivos não se confundem com metas. Metas são especificações, o detalhamento dos objetivos é, em regra, a expressão quantitativa de quanto se pretende alcançar. Meta é um número orientado por um indicador em relação a um padrão de comparação a ser alcançado durante certo período.

Objetivo: emagrecer

Meta: emagrecer 15 kg

Fique atento:

Objetivos e Metas traçadas devem ser necessariamente alcançáveis, desafiadoras, difíceis, mas alcançáveis, além disso, devem ser reais e com prazo definido, devem ser estabelecidos de forma hierárquica, específicos, instigando o desafio da equipe.

O assunto "objetivos estratégicos" será novamente abordado no tópico BSC (*Balanced Scorecard*).

7.3. INDICADORES E INICIATIVAS

1) **Indicadores**

Indicadores são formas de representação quantificável de características de produtos e processos, utilizados para acompanhar e melhorar os resultados ao longo do tempo. São variáveis, características ou atributos capazes de sintetizar, representar ou dar maior significado ao que se quer avaliar, são parâmetros que fornecem informação mensurável sobre os resultados.

Indicadores são variáveis definidas para medir um conceito abstrato, relacionado a um significado social, econômico ou ambiental, com a intenção de orientar decisões sobre determinado fenômeno de interesse. Nesse sentido, é possível balizar o entendimento e o andamento de ações, reavaliando os objetivos, as metas e os resultados propostos, qualitativa e quantitativamente.

Índice ou indicador sintético é a combinação de diversas variáveis que sintetizam um conceito abstrato complexo, em um único valor, para facilitar a comparação, por exemplo, entre localidades e grupos distintos, possibilitando a criação de rankings e pontos de corte para apoiar a definição de políticas, investimentos e ações comuns, entre outros. A escolha entre indicadores ou mesmo sua construção requer um propósito claro e a possibilidade de aplicação adequada à realidade de interesse. O grande desafio é encontrar uma medida que mais se aproxime do conceito desejado. Algumas vezes, o conceito desejado é tão complexo que abrange interpretações multidimensionais, envolvendo diversas variáveis.

Após a definição dos indicadores, seguem instrumentalização e coleta de dados. A instrumentalização é o processo pelo qual as variáveis são medidas; e a coleta de dados é o processo pelo qual a informação é coletada e armazenada. Para uma melhor exatidão das avaliações de desempenho é importante eliminar o vício e aumentar a precisão.

Observações:

✓ **Confiabilidade da informação.**

Os indicadores devem utilizar dados de fontes confiáveis (secundárias) ou coletados com metodologia adequada (primários). É desejável que os dados sejam rastreáveis, permitindo a identificação de sua origem.

✓ **Comunicabilidade.**

Os indicadores devem ser focados em aspectos práticos e claros, fáceis de comunicar e que contribuam para envolver os interessados nos processos de monitoramento e avaliação. O ideal é que o conceito do indicador seja facilmente compreendido e sua construção e cálculo sejam bem simples. Também é desejável haver um bom entendimento do valor ideal para o indicador, oferecendo parâmetros de comparação.

✓ **Disponibilidade e periodicidade.**

Os indicadores devem utilizar dados de fácil coleta, baixo custo e atualização, utilizando a mesma metodologia ao longo do tempo, permitindo a formação de bases históricas, em frequência compatível às necessidades de sua atualização. Com isso, devem estar disponíveis nas tomadas de decisões.

✓ **Desagregação.**

Os indicadores devem ser capazes de atender à necessidade de avaliar diferentes estratos sociais e localidades, possibilitando ações específicas a cada grupo, segundo seus padrões de comportamento. Isto ajudará a entender a diversidade, a estabelecer o foco de ação e a garantir a representatividade e abrangência das informações.

✓ **Especificidade com sensibilidade.**

Os indicadores não devem ser tão amplos que não orientem a decisão a ser tomada, nem tão específicos, que só os entendam quem os formulou; devem ser, também, capazes de captar a maioria das variações sobre o fenômeno de interesse, inclusive mudanças no comportamento durante a execução das atividades.

2) **Indicadores simples**

"Permitem avaliar aspectos da realidade, como, por exemplo, aspectos socioculturais (taxa de analfabetismo; taxa de escolaridade feminina; consumo de jornais por habitante; número de médicos por 1000 habitantes; taxa de alfabetização de adultos), aspectos econômicos (PIB per capita; RN per capita; taxa de inflação; taxa de crescimento anual do PIB; repartição da população ativa por setores de atividade), aspectos políticos (reconhecimento dos direitos humanos; reconhecimento dos direitos da criança; existência/não existência da pena de morte; grau de participação na vida política) e aspectos demográficos (taxa de crescimento anual da população; taxa de natalidade; taxa de mortalidade; esperança média de vida)".

3) **Indicadores compostos**

"Constituídos pelos indicadores que permite-nos ter uma maior precisão da realidade. Falamos então do IDH (Índice de Desenvolvimento Humano), esperança de vida à nascença, taxa de alfabetização, taxa de escolaridade combinada, PIB per capita); IPH (Índice de Pobreza Humana) que é calculado de forma diferente para os países desenvolvidos, IPH2 e, para os países em desenvolvimento, IPH1). A aplicação dos indicadores será abordada em outros tópicos afins".

4) **Iniciativas**

Iniciativas estratégicas decorrem das demandas por ações necessárias à implementação dos planos definidos no planejamento estratégico. Em regra, são oriundas das áreas de negócio com a finalidade de fazer frente a determinados objetivos estratégicos.

7.4. ANÁLISE DOS AMBIENTES EXTERNOS E INTERNOS

Uma das principais preocupações da administração estratégica está na tentativa de projetar a organização em situações futuras desejadas, que permitam a obtenção de vantagens competitivas em relação ao mercado e, principalmente, aos seus concorrentes diretos. Para tanto, dentre as diversas atribuições, é necessário um processo de investigação da configuração atual e ao desenho de cenários do ambiente em que a organização está inserida, para que, a partir dessas observações, seja possível planejar suas ações e organizar todos os seus recursos com o fim de se preparar para atingir todos os objetivos planejados. Neste sentido, a análise ambiental da empresa torna-se imprescindível na elaboração da estratégia.

Para orientar-se sobre a realização da estratégia de uma organização é preciso, em princípio, desenvolver quatro atividades:

– Análise dos aspectos internos;

– Análise do ambiente;

– Comparação da missão ou vocação; e

– Estabelecimento da estratégia vigente.

A comparação entre a análise dos aspectos internos e do ambiente compreende:

	Aspectos Internos	Ambiente
O que se procura	Eficiência	Eficácia
Horizonte de tempo analisado	Presente	Futuro
Produto	Pontos fortes e fracos	Oportunidades e ameaças
Ação	A ação só depende da própria entidade	A entidade deverá se adaptar ao futuro do ambiente

1) Ambiente das organizações

Analisando o contexto geral de existência e interação externa e interna, as organizações retiram insumos do ambiente que retornam a ele como produtos ou serviços por meio da atividade organizacional. Nesse sentido, as organizações funcionam como sistemas, isto é, como conjuntos integrados de atividades que agregam valor e criam riqueza. Mais do que isso, elas servem à sociedade e satisfazem necessidades variadas convertendo insumos em resultados como produtos e serviços.

(A organização como um sistema aberto em um meio ambiente. Fonte: CHIAVENATO, 2004.)

Chiavenato (2004) descreveu o ambiente das organizações como sendo tradicionalmente classificado em três camadas ou níveis:

a) Ambiente externo macroambiental: também denominado de ambiente geral ou macroambiente, ele envolve todo o meio que abrange a organização juntamente com as diversas variáveis que geram impactos profundos nas esferas em todas as organizações. Fazem parte o ambiente tecnológico, o ambiente econômico, sociocultural, demográfico, político/legal, dentre outros.

- ✓ **Ambiente econômico**: variáveis econômicas que afetam a demanda e oferta de produtos e serviços no mercado;
- ✓ **Ambiente demográfico:** composto pela população humana e a sua distribuição, chamadas de demografia, já que as pessoas constituem mercado e as condições demográficas são de interesse especial das organizações;
- ✓ **Ambiente sociocultural:** crenças básicas, valores, normas e costumes da sociedade, atreladas às mudanças do ambiente econômico, às atividades e valores sociais;
- ✓ **Ambiente político/legal**: tendências das leis e códigos das instituições públicas e privadas;
- ✓ **Ambiente tecnológico:** tendências sobre conhecimento humano que influenciam o uso das matérias-primas e insumos ou as aplicações de processo operacional e gerencial.

b) Ambiente externo microambiental: também denominado de ambiente de tarefa ou setorial, ele é específico, é compreendido pelo nicho onde a empresa desenvolve suas operações, onde obtém insumos, processa esses insumos transformando-os em produtos e serviços e os oferece ao mercado. Envolve fornecedores, colaboradores, clientes, financiadores, concorrentes, agências reguladoras, dentre outros.

c) Ambiente interno: a própria organização.

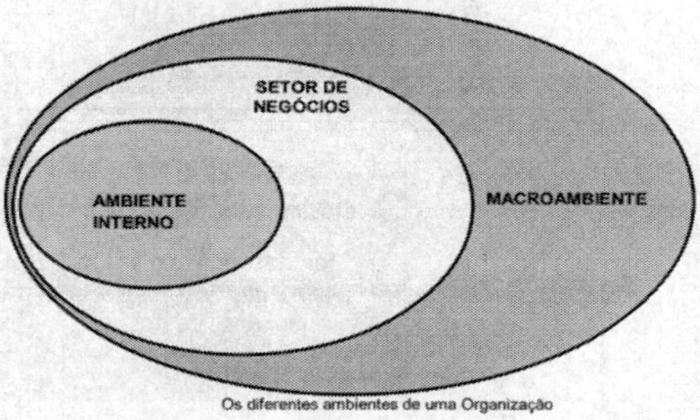

Os diferentes ambientes de uma Organização

2) Matriz ou análise SWOT

O planejamento estratégico é uma ferramenta gerencial adotada pelas organizações e possibilita estabelecer um rumo a ser seguido, além de ajustar a organização em decorrência de mudanças nos ambientes interno e externo à organização. No planejamento estratégico, um dos conceitos é o de SWOT: *Strengths* (forças), *Weaknesses* (fraquezas), *Opportunities* (oportunidades), *Threats* (ameaças).

A análise SWOT é uma técnica que sintetiza os principais fatores internos e externos das organizações empresariais e sua capacidade estratégica de influenciar uma tendência de causar maior impacto no desenvolvimento da estratégia (Johnson, ET AL 2007). O objetivo desta ferramenta "...é identificar o grau em que as forças e fraquezas atuais são relevantes para, e capazes de, lidar com as ameaças ou capitalizar as oportunidades no ambiente empresarial." (JOHNSON, et al 2007). Ela pode ser utilizada por uma organização, unidade ou até mesmo por uma equipe permitindo o desenvolvimento de uma série de objetivos, podendo esta ser utilizada para avaliar um produto ou marca, por exemplo, além de outros eventos organizacionais, como uma terceirização de uma função de negócios; uma parceria ou aquisição. Além de que, quando bem aplicada, pode trazer benefícios para o desenvolvimento.

Exemplos:

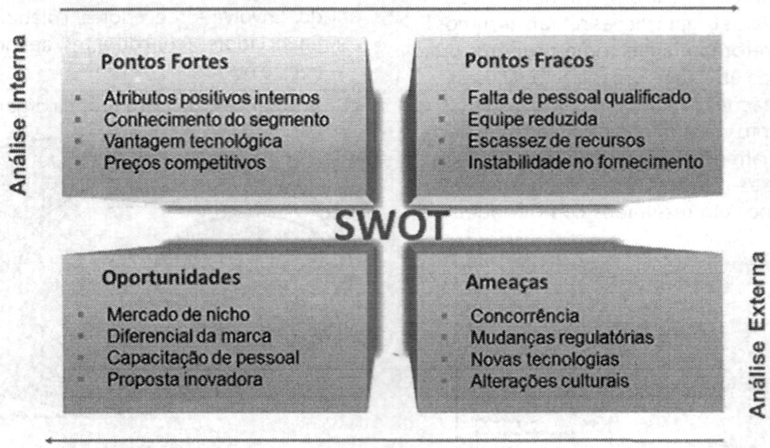

[4]

4 http://www.vendedordeconsorcioimbativel.com/blog/a-importancia-da-matriz-swot-para-o-seu-negocio/ (acessado em 07/09/12 as 22h10min)

3) Cinco forças competitivas de Porter

Segundo Porter (1991, p.61), a análise do ambiente externo deve levar em consideração as forças competitivas do ramo de negócio na qual está inserida a organização. Ele propõe a análise das 5 forças competitivas:

- ✓ **Novos entrantes potenciais:** são os novos concorrentes potenciais. As necessidades de capital e a regulamentação do setor são exemplos de barreiras potenciais de entrada que podem afastar novos concorrentes.
- ✓ **Poder de barganha dos compradores.**
- ✓ **Poder de barganha dos fornecedores:** a escassez de fornecedores, por exemplo, e faz com que eles ganhem força frente à organização.
- ✓ **Ameaça dos produtos substitutos:** opções que surgem como alternativas aos produtos de uma organização.
- ✓ **Rivalidade entre concorrentes.**

7.5. BSC *(BALANCED SCORECARD)*

1) Definição

Ferramenta para implementação da estratégia de uma organização, o *Balanced Scorecard* – BSC é um modelo de planejamento estratégico que possui, como uma de suas características, realizar a tradução da estratégia em guias operacionais: cria-se um referencial para a descrição e implementação das estratégias, denominado mapa estratégico, que possibilita demonstrar as relações de causa e efeito entre as medidas adotadas.

A principal característica do *Balanced Scorecard* (BSC) é possibilitar o acompanhamento da gestão estratégia por meio de indicadores de desempenho.

O BSC prioriza o equilíbrio organizacional a partir de quatro perspectivas:

a) Dos clientes: analisa como a organização é vista pelo cliente e como ela pode atendê-lo da melhor maneira possível, permitindo que os executivos identifiquem os segmentos de clientes e mercados nos quais a unidade de negócios competirá e suas medidas de desempenho.

b) Dos processos internos: refere-se aos processos de negócios em que a organização precisa ter excelência, ou seja, permite que os executivos identifiquem os processos internos críticos nos quais a empresa deve alcançar a excelência.

c) Do aprendizado e crescimento: analisa a capacidade da organização para melhorar continuamente e se preparar para obter sucesso no futuro.

d) Financeira: as medidas financeiras demonstram as consequências econômicas das ações consumadas.

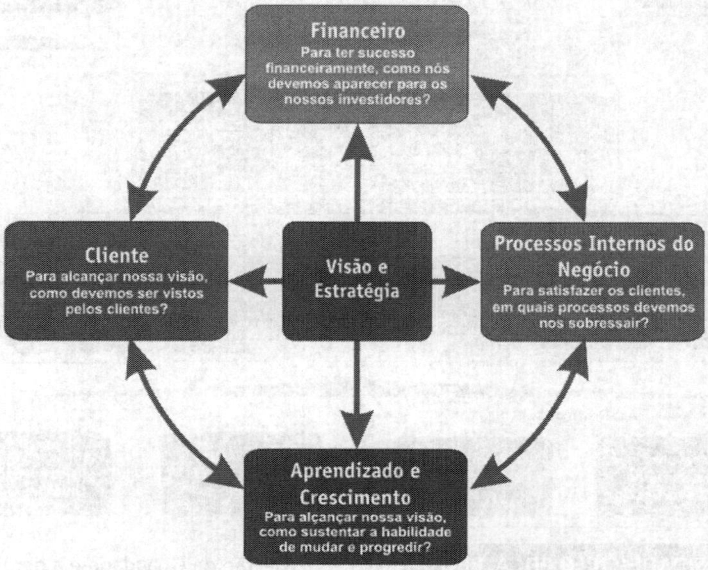

A grande inovação desse sistema foi levar em consideração as perspectivas não financeiras também.

Segundo Kaplan & Norton, o *Balanced Scorecard* é uma ferramenta que materializa a visão e a estratégia da organização. Ao se implantar essa ferramenta, a organização deve considerar os seguintes componentes:

✓ **Mapa estratégico:** descreve a estratégia da empresa por meio de objetivos relacionados entre si e distribuídos nas quatro dimensões (perspectivas);

✓ **Objetivos estratégicos:** o que deve ser alcançado e o que é crítico para o sucesso da organização;

✓ **Indicadores:** como será medido e acompanhado o sucesso do alcance do objetivo; e

✓ **Metas e planos de ação:** o nível de desempenho ou a taxa de melhoria necessária.

São diversas as ações para o alcance dos resultados, dentre elas:

✓ Comunicação e Vinculação.

✓ Esclarecimento e tradução da Visão e da Estratégia.

✓ Feedback e Aprendizado Estratégico.

✓ Planejamento e Estabelecimento de Metas.

2) Mapa estratégico

O *Balanced Scorecard* utiliza o mapa estratégico, que evidencia os desafios que a organização deve suplantar para concretizar a visão de futuro e cumprir sua missão, sendo um importante instrumento de alinhamento, de gestão e de comunicação da estratégia. Entretanto, algumas especificidades precisam ser observadas no delineamento da estratégia de uma organização pública em relação à privada. Ao se implantar o BSC em uma instituição pública, um tribunal, por exemplo, as correlações entre o setor público e o privado devem ser estabelecidas, como indica a tabela a seguir:

Foco	Setor Privado	Setor Público
Alvo estratégico	Competitividade	O que estiver definido em sua missão
Resultados econômico--financeiros	Rentabilidade Crescimento Participação no mercado	Produtividade, Eficiência e Responsabilidade financeira com o uso dos recursos
Partes interessadas	Acionistas Clientes Colaboradores	Sociedade (contribuinte, legisladores, titulares de direito)
Resultado desejado	Satisfação do cliente	Cidadão cliente

ADMINISTRAÇÃO GERAL E PÚBLICA

Segue um exemplo de mapa estratégico do SENAI:

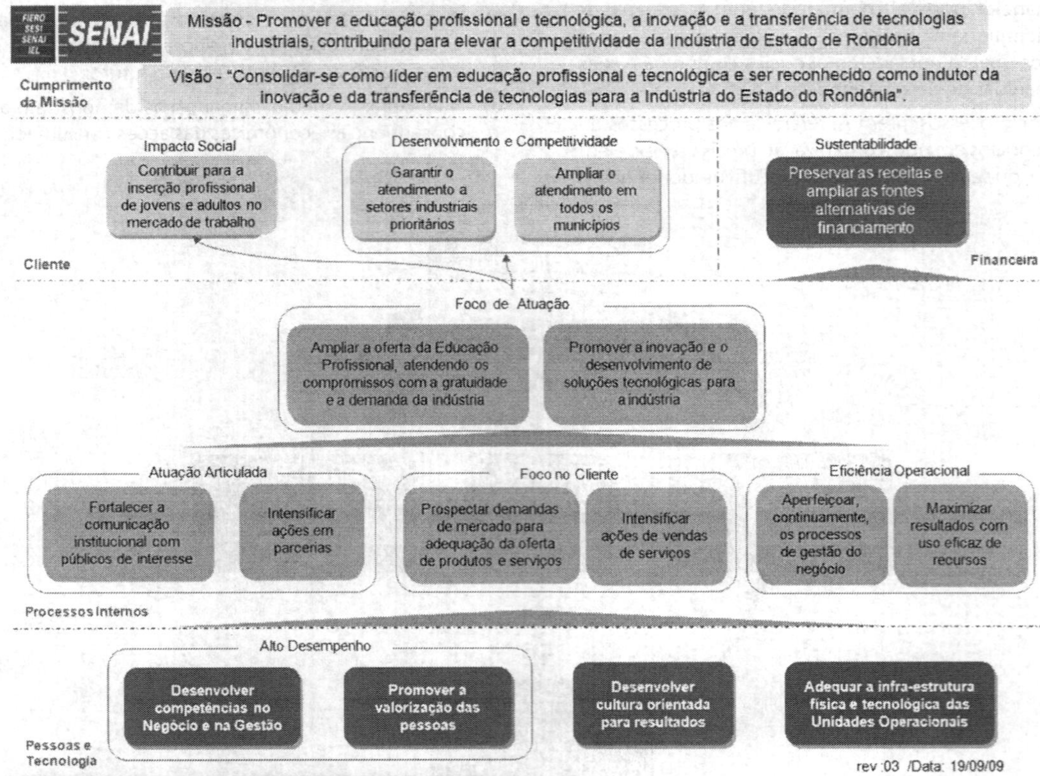

8. GESTÃO DA QUALIDADE/CICLO PDCA, PROGRAMA 5S E OUTRAS FERRAMENTAS

A norma brasileira ABNT NBR ISO 9000, define qualidade como:

"Grau no qual um conjunto de características inerentes satisfaz a requisitos".

São várias as formas de entender o termo qualidade. De forma genérica, apesar de cada pessoa perceber de forma diversa, no que concerne à produtos e serviços, qualidade pode ser mensurada pela satisfação das necessidades dos clientes (sentido amplo) de forma agradável. Ponto a ser considerado é que o entendimento de que qualidade é algo dinâmico, ou seja, fundamentado em referenciais que mudam ao longo do tempo.

Segundo Maximiano, no início do século XX, quando a produção em massa passou a ser comum, o termo qualidade significava ausência de variação. No entanto, o conceito de qualidade mudou ao longo do século passado: teóricos desenvolveram trabalhos que apresentam novas perspectivas, e hoje, mais do que nunca, a qualidade tornou-se essencial para a sobrevivência no mercado.

Gestão da Qualidade é a gerência focada na qualidade da produção e dos serviços de determinada organização.

8.1. CICLO PDCA

Criado na década de 20, por Walter Andrew Shewart, um físico norte-americano conhecido por ser pioneiro no controle estatístico de qualidade, o Ciclo PDCA, também chamado de Ciclo da Melhoria Contínua, corresponde a uma ferramenta da qualidade utilizada para controlar e melhorar os processos de trabalho. Esse instrumento analisa os processos com vistas a realizá-los de maneira otimizada, envolvendo as etapas de planejamento, de execução, de controle e de avaliação.

O ciclo PDCA é assim chamado devido ao nome em inglês de cada uma das etapas que o compõem:

- ✓ P: do verbo "Plan", ou planejar.
- ✓ D: do verbo "Do", fazer ou executar.
- ✓ C: do verbo "Check", checar, analisar ou verificar.
- ✓ A: do verbo "Action", agir de forma a corrigir eventuais erros ou falhas.

O ciclo PDCA foi popularizado por W. Edwards Deming, que se refere a ele como o "ciclo de Shewhart". Deming modificou, de certa forma, o ciclo, adaptando o PDSA (Plan, Do, Study, Act), pela necessidade de estudar o processo com a finalidade de ajustá-lo de acordo com o planejado. Entre os fundamentos do modelo de excelência gerencial inclui-se a compreensão das relações de interdependência entre os diversos componentes da organização, sendo o ciclo PDCA utilizado como ferramenta de auxílio para o aprimoramento contínuo desse modelo.

Apesar de ter sido desenvolvido especificamente para aplicação na administração da qualidade, o ciclo PDCA passou a ser utilizado em diversas áreas do conhecimento, tornando-se ferramenta fundamental para a compreensão do processo administrativo.

8.2. PROGRAMA 5S

O Programa 5S, desenvolvido no Japão, refere-se a uma filosofia de trabalho que tem por fim superar antigos consolidados. O foco está no local de trabalho para que ele se torne ordenado, limpo e saudável, ideal para a implantação de um sistema de gestão da Qualidade na empresa. A denominação 5S advém das iniciais das palavras: *Seiri*, *Seiton*, *Seiso*, *Seiketsu* e *Shitsuke*. Não há total consenso quanto a exata tradução desses termos que, em regra, a doutrina assim traz:

1. SEIRI – Senso de utilização (descarte do que é inútil), arrumação, **organização**, seleção;
2. SEITON – Senso de ordenação, sistematização, classificação;
3. SEISO – Senso de **limpeza**, zelo;
4. SEIKETSU – Senso de asseio, higiene, saúde, integridade;
5. SHITSUKE – Senso de autodisciplina, educação, compromisso.

8.3. ANÁLISE DE PARETO

Também denominada de "Regra 80/20" ou Curva ABC, o Diagrama de Pareto, é representado, geralmente, por um de gráfico de colunas, que agrupa e ordena a frequência de determinadas ocorrências. É uma técnica estatística utilizada na tomada de decisão que permite selecionar e priorizar um número pequeno de itens capazes de produzir grande efeito na melhoria dos processos.

Desenvolvida por Vilfredo Pareto, cientista político, sociólogo e economista italiano, a técnica é embasada na constatação de que 80% das consequências advêm de 20% das causas (20% dos tópicos exigidos em um edital para concurso público produzirá 80% das questões). Em termos de melhoria da qualidade, a grande maioria dos problemas (80%) são produzidos por apenas algumas causas essenciais 20%. Em contrapartida, atacando-se 20% das causas, resolve-se 80% dos problemas.

É denominado também de curva ABC e recebeu esta denominação em decorrência da metodologia utilizada, na classificação dos elementos analisados, dividindo-os em três classes: A, B e C.

✓ A: de maior importância, valor ou quantidade, correspondendo a 20% do total, responsável por 80% do resultado;

✓ B: com importância, quantidade ou valor intermediário, correspondendo a 30% do total responsável por 15% do resultado;

✓ C: de menor importância, valor ou quantidade, correspondendo a 50% do total, responsável por 5% do resultado.

Exemplo:

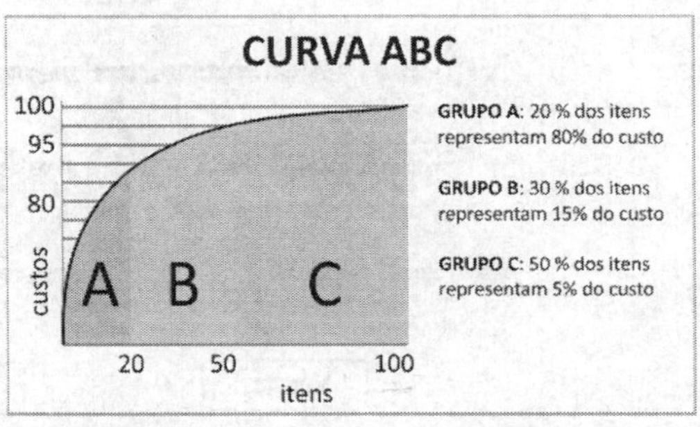

O diagrama de Pareto é uma ferramenta que permite classificar e priorizar oportunidades de melhoria; facilita a tomada de decisão por parte dos gestores. Por exemplo, caso deseje identificar as subcategorias com maiores índices de insatisfação para, posteriormente, priorizar suas ações corretivas apenas nas subcategorias mais relevantes, a instituição poderá utilizar o diagrama, ou o método de análise de Pareto.

8.4. *BRAINSTORMING*

Uma ferramenta da qualidade que pode ser utilizada para melhoria dos processos organizacionais é o *brainstorming*, que fomenta o surgimento de grande quantidade de ideias, em virtude da suspensão de julgamento em um primeiro momento.

Brainstorming, que significa tempestade cerebral ou tempestade de ideias, é uma ferramenta utilizada para a prospecção de ideais sobre determinado tema, qualquer que seja. É mais comum quando há a necessidade de informações e soluções sobre processos e produtos, problemas ou suas causas.

Para a utilização dessa ferramenta, recomenda-se que se constitua grupos de pessoas que tenham alguma relação com o que se vai discutir, preferencialmente heterogêneo, estimulando-os a emitir ideias sobre o que está sendo discutido. Para tanto, é necessário incentivar os participantes a se desprenderem de amarras que possam limitar a produção e a transmissão das ideias. Para essa técnica, quanto mais ideias, melhor, pois isso permitirá um maior entendimento do assunto em pauta ou um avanço na resolução de um problema.

Regras básicas:

1) Esclarecimento do objetivo;
2) Esclarecimento do que será objeto da discussão (melhoria em um processo, por exemplo);
3) Críticas são rejeitadas para não inibir a criatividade e a comunicação;
4) Atraso no julgamento (a maioria das ideias ruins parecem boas inicialmente);
5) Procurar encorajar a participação de todos;
6) Registros das ideias;
7) Equidade na atenção, não importando o cargo, o nível de escolaridade ou qualquer outro fator de diferenciação;
8) Outras.

Ao final, o grupo analisa criticamente as ideias apresentadas, registra-se considerações, elimina-se o que for impraticável, organiza-se o que foi produzido (classificando, agrupando).

8.5. 5W2H

Essa técnica nada mais é que é um *checklist* de determinadas atividades cuja entidade necessita desenvolver com clareza por parte dos colaboradores da organização, eliminando dúvidas que possam surgir sobre um processo ou atividade.

Mas o que 5W2H significa?

- ✓ What – o que será feito (etapas)
- ✓ Why – por que será feito (justificativa)
- ✓ Where – onde será feito (local)
- ✓ When – quando será feito (tempo)
- ✓ Who – por quem será feito (responsabilidade)
- ✓ How – como será feito (método)
- ✓ How much – quanto custará fazer (custo)

Existem, ainda, duas variações desse processo:

- ✓ **5W1H**: exclui-se o "H" referente ao "How much"
- ✓ **5W3H**, mais recente, em que se inclui o "H" referente ao "How many", ou quantos.

8.6. DIAGRAMA DE ISHIKAWA

Também conhecido como diagrama Espinha de Peixe, essa ferramenta é utilizada para diagnosticar as causas de insatisfação das diversas categorias pesquisadas. Muitas vezes concentra-se energia na identificação do problema, quando, na verdade, dever-se-ia concentrar na identificação das causas que levam ao problema ou ao efeito. Desta forma, a análise de causa e efeito é uma técnica muito utilizada para identificar todas as causas que estão associadas a um determinado problema.

É uma ferramenta gráfica que ajuda a gerenciar e a fazer o Controle da Qualidade (CQ) em diferentes processos cujo principal objetivo é identificar quais são as causas para um efeito ou problema.

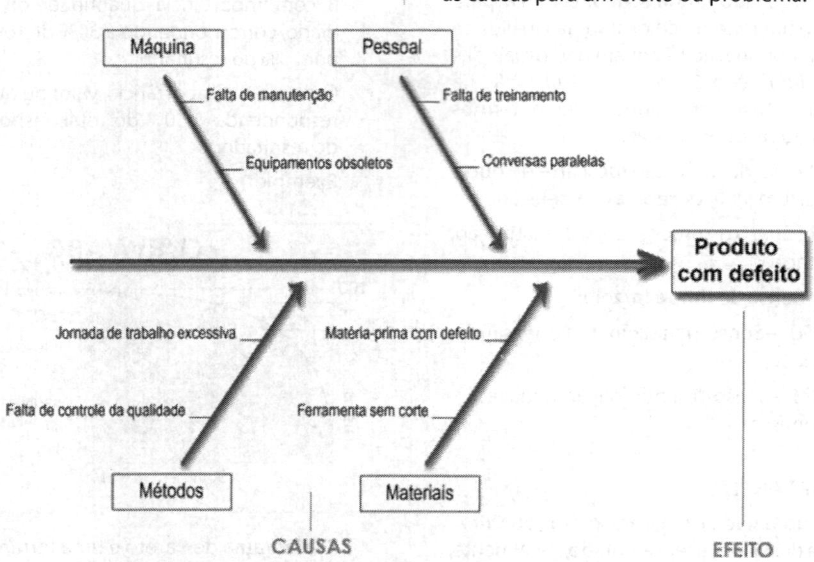

9. INDICADORES DE GESTÃO

Indicadores são formas de representação quantificável de características de produtos e processos, utilizados para acompanhar e melhorar os resultados ao longo do tempo. São variáveis, características ou atributos capazes de sintetizar, representar ou dar maior significado ao que se quer avaliar, são parâmetros que fornecem informação mensurável sobre os resultados.

Indicadores são variáveis definidas para medir um conceito abstrato, relacionado a um significado social, econômico ou ambiental, com a intenção de orientar decisões sobre determinado fenômeno de interesse. Nesse sentido, é possível balizar o entendimento e o andamento de ações, reavaliando os objetivos, as metas e os resultados propostos, qualitativa e quantitativamente.

Índice ou indicador sintético é a combinação de diversas variáveis que sintetizam um conceito abstrato complexo, em um único valor, para facilitar a comparação, por exemplo, entre localidades e grupos distintos, possibilitando a criação de rankings e pontos de corte para apoiar a definição de políticas, investimentos e ações comuns, entre outros. A escolha entre indicadores ou mesmo sua construção requer um propósito claro e a possibilidade de aplicação adequada à realidade de interesse. O grande desafio é encontrar uma medida que mais se aproxime do conceito desejado. Algumas vezes, o conceito desejado é tão complexo que abrange interpretações multidimensionais, envolvendo diversas variáveis.

Após a definição dos indicadores, seguem instrumentalização e coleta de dados. A instrumentalização é o processo pelo qual as variáveis são medidas; e a coleta de dados é o processo pelo qual a informação é coletada e armazenada. Para uma melhor exatidão das avaliações de desempenho. É importante eliminar o vício e aumentar a precisão.

Observações:

✓ **Confiabilidade da informação**

Os indicadores devem utilizar dados de fontes confiáveis (secundárias) ou coletados com metodologia adequada (primários). É desejável que os dados sejam rastreáveis, permitindo a identificação de sua origem.

✓ **Comunicabilidade**

Os indicadores devem ser focados em aspectos práticos e claros, fáceis de comunicar e que contribuam para envolver os interessados nos processos de monitoramento e avaliação. O ideal é que o conceito do indicador seja facilmente compreendido e sua construção e cálculo sejam bem simples. Também é desejável haver um bom entendimento do valor ideal para o indicador, oferecendo parâmetros de comparação.

✓ **Disponibilidade e periodicidade**

Os indicadores devem utilizar dados de fácil coleta, baixo custo e atualização, utilizando a mesma metodologia ao longo do tempo, permitindo a formação de bases históricas, em frequência compatível às necessidades de sua atualização. Com isso, devem estar disponíveis nas tomadas de decisões.

✓ **Desagregação**

Os indicadores devem ser capazes de atender à necessidade de avaliar diferentes estratos sociais e localidades, possibilitando ações específicas a cada grupo, segundo seus padrões de comportamento. Isto ajudará a entender a diversidade, a estabelecer o foco de ação e a garantir a representatividade e abrangência das informações.

✓ **Especificidade com sensibilidade**

Os indicadores não devem ser tão amplos que não orientem a decisão a ser tomada, nem tão específicos, que só os entendam quem os formulou; devem ser, também, capazes de captar a maioria das variações sobre o fenômeno de interesse, inclusive mudanças no comportamento durante a execução das atividades.

5) **Indicadores simples**

"Permitem avaliar aspectos da realidade, como, por exemplo, aspectos socioculturais (taxa de analfabetismo; taxa de escolaridade feminina; consumo de jornais por habitante; número de médicos por 1000 habitantes; taxa de alfabetização de adultos), aspectos econômicos (PIB per capita; RN per capita; taxa de inflação; taxa de crescimento anual do PIB; repartição da população ativa por setores de atividade), aspectos políticos (reconhecimento dos direitos humanos; reconhecimento dos direitos da criança; existência/não existência da pena de morte; grau de participação na vida política) e aspectos demográficos (taxa de crescimento anual da população; taxa de natalidade; taxa de mortalidade; esperança média de vida)".

6) **Indicadores compostos**

"Constituídos pelos indicadores que permite-nos ter uma maior precisão da realidade. Falamos então do IDH (Índice de Desenvolvimento Humano), esperança de vida à nascença, taxa de alfabetização, taxa de escolaridade combinada, PIB per capita); IPH (Índice de Pobreza Humana) que é calculado de forma diferente para os países desenvolvidos, IPH2 e, para os países em desenvolvimento, IPH1). A aplicação dos indicadores será abordada em outros tópicos afins".

10. GESTÃO POR PROJETOS

O gerenciamento por projetos consiste na aplicação de conhecimentos, habilidades, ferramentas e técnicas com a finalidade de atender às necessidades dos indivíduos que estejam diretamente envolvidos no projeto e possam ser afetados, positiva ou negativamente, pelos resultados desse projeto.

A crescente aceitação do gerenciamento de projetos indica que a aplicação de conhecimentos, processos, habilidades, ferramentas e técnicas adequadas pode ter um impacto significativo no sucesso de um projeto. Escopo, tempo, custos e qualidade são os principais determinantes para o objetivo de um projeto, seja na esfera pública ou privada.

1) Projeto:

Sistema social temporário, constituído por equipes dentro ou entre as organizações para realizar tarefas específicas sob restrições de tempo. É um esforço temporário empreendido para criar um produto, serviço ou resultado exclusivo. É um conjunto de atividades temporárias, realizadas em grupo, destinadas a produzir um produto, serviço ou resultado únicos.

Também pode ser definido como um conjunto de medidas ou atividades devidamente planejadas para serem realizadas em determinado tempo, com responsabilidade de execução definida, a fim de alcançar determinados objetivos e resultados mensuráveis.

Os projetos são normalmente autorizados como resultado de uma ou mais considerações estratégicas. Podem ser:

✓ Demanda de mercado
✓ Necessidade organizacional
✓ Solicitação de um cliente
✓ Avanço tecnológico
✓ Requisito legal.

Um projeto exige coordenação das atividades, compreendendo momentos de análise crítica e de validação das soluções, sem, com isso, inviabilizar o trabalho dos especialistas envolvidos. É preciso reconhecer que o projeto é um processo interativo e coletivo.

Uma das principais diferenciações de um projeto é o fato de ser executado apenas uma vez. Ao contrário de grande parte das atividades de uma organização, um projeto tem início, meio e fim. Mesmo que não seja denominado como tal, qualquer conjunto de atividades únicas, com o objetivo bem definido e finito, é um projeto.

Fique atento: um plano de projeto deve identificar claramente as metas, as justificativas, os objetivos e a abrangência do projeto. A única razão válida para se gastar dinheiro com um projeto é que ele irá gerar ou economizar mais dinheiro do que o seu custo. No entanto, há uma confusão entre o objetivo de um projeto e a sua justificativa. O objetivo de um projeto é uma colocação geral sobre o que o projeto propõe. A justificativa é uma análise de custos versus benefícios, mostrando que os benefícios são maiores que os custos e ainda descrevendo exatamente de onde virão as melhorias ou os lucros.

2) Características do projeto

São diversas as características do projeto, elencamos as principais abaixo:

✓ **Singularidade:** todo produto ou serviço gerado por um projeto é exclusivo e diferente de outros produtos ou serviços;

✓ **Temporariedade**: possuem um início e um fim definidos. As operações e projetos diferem entre si, principalmente porque as operações têm um caráter contínuo e repetitivo, enquanto que os Projetos são caracterizados por ter esforço temporário e produto ou serviço único;

Fique atento: enquanto cada projeto tem um começo e um fim definidos, os elementos específicos e as atividades que ocorrem entre esses dois pontos irão variar largamente com o projeto;

✓ **Incerteza;**

✓ **Interdisciplinaridade;**

✓ **Individualidade;**

✓ **Utilizam recursos:** todo projeto utiliza recursos especificamente alocados a determinados trabalhos;

✓ **Objetivo claro e bem definido:** todo projeto tem metas e resultados bem estabelecidos a serem atingidos em sua finalização;

✓ **Sequência clara e lógica de eventos:** projeto caracterizado por atividades encadeadas logicamente, de modo a permitir que, durante a execução, o acompanhamento e o controle sejam precisos;

✓ **Entregam produtos, serviços ou resultados exclusivos;**

✓ **Desenvolvidos em etapas e continuam, por incremento, com uma elaboração progressiva;**

✓ **Realizados por pessoas;**

✓ **Recursos limitados;**

✓ **Gerenciamento das comunicações do projeto;**

✓ **Gerenciamento de riscos do projeto;**

✓ **Gerenciamento de aquisições do projeto.**

Fique atento: Algumas bancas resolvem eleger as "principais características", normalmente são singularidade, temporariedade, ciclo de vida, incerteza e interdisciplinaridade.

3) Ciclo de vida

É como é chamado o conjunto de fases do projeto. Ciclo de vida do projeto define as fases que conectam o início de um projeto ao seu final. Por exemplo, quando uma organização identifica uma oportunidade que deseja aproveitar, em geral, irá autorizar um estudo de viabilidade para decidir se deve realizar o projeto;

4) Escopo

O escopo (ou abrangência) do projeto refere-se ao somatório dos produtos e das metas contidos na proposta do projeto, bem como às principais atividades necessárias para garantir a entrega desses produtos e o alcance dessas metas. É tudo o que deverá ser feito para atingir o objetivo do projeto, ou seja, o que o projeto deve entregar. É dividido em Escopo do Projeto e Escopo do Produto.

5) Modelo Ágil

Como alternativa aos métodos tradicionais, os métodos ágeis buscam promover um processo de gerenciamento de projetos que incentiva a inspeção e a adaptação frequente. É uma filosofia que acaba por incentivar o maior trabalho em equipe, a auto-organização, a comunicação frequente, o foco no cliente e a entrega de valor. Basicamente, os métodos ágeis são um conjunto de práticas eficazes que se destinam a permitir a entrega rápida e de alta qualidade do produto, tendo uma abordagem de negócios que alinha o desenvolvimento do projeto com as necessidades do cliente e os objetivos da empresa[5].

No modelo Ágil de execução de projetos, os sprints produzem entregas parciais de maneira progressiva.

6) PMBOK

Project Management Body of Knowledge (PMBOK), conjunto de práticas na gestão de projetos, organizado pelo PMI (Project Management Institute) e é considerado a base do conhecimento sobre gestão de projetos por profissionais da área.

7) PMI® – Project Management Institute

Organização profissional internacional sem fins lucrativos, que fornece métodos para gerenciamento de

5 https://www.culturaagil.com.br/o-que-sao-metodos-ageis/ - acessado em 09/09/2017 as 21h56min

projetos. Com sede na Filadélfia, Pensilvânia (EUA), esta entidade tem mais de 200.000 membros distribuídos em 171 países, por isso é considerada, atualmente, a maior instituição do mundo na área de gerenciamento de projetos.

8) PMO – Project Management Office

Estrutura dentro da organização responsável pelo fato de que exerce, desde funções de treinamento e padronização das metodologias, até efetivamente gerenciamento dos projetos.

9) Program ou Programa

Articulação de um conjunto de medidas que concorrem para o cumprimento de diretriz em médio prazo. Segundo o uso universal dos conceitos de gerenciamento de projetos, um programa é um conjunto integrado de projetos que tem missões e objetivos comuns. Um programa pode ser caracterizado como um grupo de projetos relacionados.

As medidas previstas nos programas, normalmente, identificam-se melhor a projetos visando à produção de produto ou resultado singular, que contribuem para o melhor desempenho da organização.

10) Portfólio

Conjunto de projetos, ou programas, e outros trabalhos agrupados para facilitar o gerenciamento eficaz desse trabalho a fim de atender aos objetivos de negócios estratégicos. Os projetos ou programas do portfólio podem não ser necessariamente interdependentes ou diretamente relacionados.

11) Cronograma

Sequência de datas de execução das tarefas necessárias para a realização do escopo do projeto, listadas no WBS (*Work Break down Structure* ou EAP – Estrutura Analítica do Projeto). A definição de um cronograma de projeto permite o uso da análise de variação, a qual pode ser caracterizada pela comparação entre os índices de desempenho observados e os planejados.

12) Equipe do Projeto

Pessoas envolvidas com o projeto (tempo integral ou parcial) para gerar e implantar as entregas esperadas da execução do projeto.

13) Patrocinador

Responsável por disponibilizar os recursos financeiros necessários à viabilização do projeto.

14) Tarefa

Unidade coerente e lógica de trabalho em um projeto, que não é muito grande ou muito pequeno para ser acompanhado

15) Stakeholders (Partes Interessadas)

Todos que, de alguma forma, tem algum interesse no projeto, como executores, patrocinadores, clientes, organizações e o público, que estejam ativamente envolvidas no projeto ou cujos interesses possam ser afetados de forma positiva ou negativa pela execução ou término do projeto. Dependendo de sua influência, eles podem influenciar o projeto e suas entregas.

Conforme o modelo das áreas de conhecimento de gestão de projetos, são chamados de stakeholders-chave de um projeto: o gerente de projetos, o cliente que usará o produto do projeto, a organização executora do projeto e o apoiador ou cliente, que provê recursos financeiros para o projeto.

11. GESTÃO POR PROCESSOS

Shakespeare afirmou: "nós somos os caminhos que seguimos". Nesse mesmo sentido, as organizações são os processos que elas reiteradamente desenvolvem. Uma boa gestão organizacional depende de um perfeito e contínuo alinhamento da estrutura e dos processos organizacionais com a estratégia.

Quando se encara a organização como um processo, fica evidente que diversos fatores fundamentais precisam ser considerados, dentre eles, uma estrutura organizacional que reflita os objetivos e os planos da empresa. O mapeamento e a análise dos processos visam promover a mudança cultural, em última instância, para que as organizações possam lidar de maneira mais adequada com as pressões do ambiente.

Fique atento: Essa modalidade de gestão não elimina o departamento propriamente dito, mas requer uma visão global de gestão dos serviços e processos.

1) Macroprocessos

Macroprocesso compreende a visão mais geral do processo, que, em regra, abrange vários processos, principais ou secundários, e envolve mais de uma função organizacional.

São grandes conjuntos de processo de trabalho, atividades por meio das quais a organização cumpre a sua missão, gerando valor para o cliente. Correspondem às grandes funções da organização, para as quais devem estar voltadas todas as suas unidades internas e descentralizadas. Um macroprocesso engloba vários outros processos capazes de satisfazer às necessidades dos clientes/usuários. Esses processos podem ser classificados como finalísticos, de apoio ou de gerenciamento.

2) Processos

Conjunto ordenado de atividades com objetivo comum, com início e fim, além de entradas e saídas bem definidas. Seu objetivo deve ser gerar resultado para a organização e pode estar em diferentes níveis de detalhamento.

3) Subprocessos

Subprocesso corresponde a uma parte específica do processo, composto por um conjunto de atividades que demandam insumos próprios e resultam subprodutos que concorrem para o produto final do processo.

É o desdobramento de um processo em fluxos menores com objetivos similares. Constituem um nível maior de detalhamento dos processos, que demonstra os fluxos de trabalho e atividades sequenciais e interdependentes, necessárias e suficientes para a execução de cada processo da organização.

4) Atividade

Ação executada que tem por finalidade dar suporte aos objetivos da organização, correspondendo o "que" (nome da atividade) e "como" (descrição do objeto) fazer durante o processo.

Qualquer atividade que utilize recursos para transformar entradas em saídas pode ser caracterizada como processo.

As atividades que compõem um processo podem ser subdivididas em ativas e latentes. Em relação à capacidade de agregar valor, pode-se classificar as atividades de um processo em três tipos distintos: primárias, de apoio e de garantia da qualidade.

5) Tarefa

Tarefa é a menor divisão do trabalho, exclusivamente operacional, que corresponde ao fazer, sendo uma partição da atividade com rotina ou procedimento específico.

6) Cadeia de valor

O conceito criado por Michael Porter (1985), Cadeia de Valor consiste em uma cadeia de atividades relacionadas e desenvolvidas por uma instituição que busca satisfazer, de forma mais completa, as necessidades de seus clientes. Ela comporta os macroprocessos da organização e estes estão relacionados de forma hierárquica.

7) Hierarquia na cadeia de processos

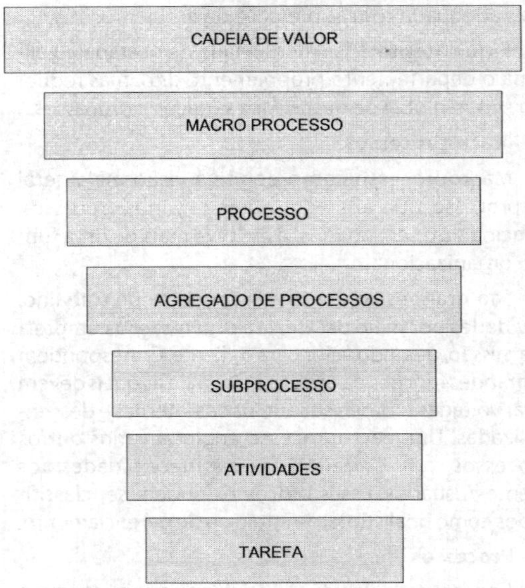

8) Papéis

2.1) Dono do Processo: pessoa na organização que possui responsabilidade direta pelo processo, suas alterações e performance. Setor responsável pelo desenho e desempenho final e pela prestação de contas sobre sua execução.

2.2) Ator: quem executa a atividade.

2.3) Analista de Processo: pessoa que gerencia projetos de transformação do processo, liderando trabalhos de descoberta e desenho de processos, treinando donos de processo e mensurando e reportando o desempenho do processo.

9) Gestão por Processos

Esse modelo de gestão tem como foco a dinâmica do fluxo de trabalho, implicando a análise de como são executados os processos e a inter-relação com as diferentes unidades administrativas que participam de sua execução.

"É uma abordagem disciplinada para identificar, desenhar, executar, documentar, medir, monitorar, controlar e melhorar processos de negócio automatizados ou não para alcançar os resultados pretendidos consistentes e alinhados com as metas estratégicas de uma organização".

Diferente da abordagem funcional tradicional, esse sistema de gestão visualiza as funções de uma organização com base nas sequências de suas atividades. Esse sistema de gestão permite uma melhor especificação do trabalho realizado, o desenvolvimento de sistemas, a gestão do conhecimento, o redesenho e a melhoria, por meio da análise do trabalho realizado, de modo a identificar oportunidades de aperfeiçoamento.

Esse modelo de gestão responde à complexidade do cenário atual, em que a convergência entre as demandas de parceiros e as de clientes gera rápidas mudanças no mercado e cria novas oportunidades, a coordenação das ações, baseadas em fatos e dados, contribui para o alcance da eficiência e eficácia organizacional.

Nesse modelo de gestão, dentre outros aspectos:

- ✓ A organização otimiza a cadeia de processos e assegura o melhor desempenho do sistema integrado, a partir da mínima utilização de recursos e do máximo índice de acertos.
- ✓ Identifica-se os processos críticos de negócio; para que a organização existe; quais os recursos necessários para gerar produtos que a organização deseja produzir e ofertar ao mercado.
- ✓ Identifica-se, na organização, as categorias básicas:
  - ➢ De processos de negócios ou de clientes;
  - ➢ Organizacionais ou de integração;
  - ➢ Gerenciais.

10) Espécie de processos/Classificação

Toda classificação deve levar em conta um critério. Variam os critérios e a nomenclatura atribuída a cada espécie de processo. Vejamos a classificação abaixo:

- ✓ **Processos Gerenciais/ de gestão:** ligados à estratégia da organização, esses processos estão diretamente relacionados à formulação de políticas e diretrizes para o estabelecimento e consecução de metas; bem como ao estabelecimento de métricas (indicadores de desempenho) e às formas de avaliação dos resultados alcançados interna e externamente à organização (planejamento estratégico, gestão por processos e gestão do conhecimento são exemplos de processos gerenciais).
- ✓ **Processos Finalísticos:** está relacionado com a produção de um item ou a entrega de um serviço ao cliente e define a prioridade no fluxo de objetos, sejam materiais ou de informações, ao longo das atividades que integram o processo. Reflete a essência do funcionamento da organização.
- ✓ **Processos de Suporte:** são processos essenciais para a gestão efetiva da organização, garantindo o suporte adequado aos processos finalísticos. Estão diretamente relacionados à gestão dos recursos necessários ao desenvolvimento de todos os processos da instituição. Os seus produtos (bens ou serviços) se caracterizam por terem como clientes, principalmente, elementos pertinentes ao sistema (ambiente) da organização.

O ilustre professor Ernesto Lima Gonçalves[6] classifica os processos de forma um pouco diversa. Para ele, os processos podem ser classificados como:

✓ **Processos primários**: caracterizam a estratégia de atuação da empresa e geram produto ou serviço para o cliente externo. Tais processos assumem especial importância, pois são ligados à essência do funcionamento da organização e é por meio deles que se pode agregar valor ao cliente. Nessa categoria se inclui processos de desenvolvimento do produto, vendas e distribuição, atendimento de pedidos e atendimento de garantia.

É preciso haver convergência do esforço organizacional de modo a minimizar riscos, tempo e desperdícios de recursos e maximizar sinergia. Além disso, todos os processos das unidades de negócios devem estar integrados no sistema de gestão.

✓ **Processos de suporte:** servem de apoio ao funcionamento dos processos primários. Nesta categoria são incluídos:

➢ **Processo organizacional ou de integração organizacional:** garantem o suporte adequado à operação dos processos do negócio. Esses processos geralmente produzem resultados perceptíveis diretamente para o cliente externo, mas são essenciais para a gestão efetiva do negócio e, assim como os processos gerenciais, são processos de informação e decisão. Entre as atividades pertinentes a estes processos, inclui-se o planejamento estratégico, orçamento empresarial, recrutamento e seleção, treinamento de pessoal e suprimentos.

➢ **Processos gerenciais:** focalizados nos gerentes e nas suas relações, incluem as ações de medição e ajuste do desempenho. Tais processos abrangem atividades com a definição das metas departamentais, alocação de recursos para a execução das atividades, avaliação de resultado e gestão das interfaces com as diversas áreas da organização.

11) Mapeamento de processos

O mapeamento do processo no seu nível mais básico envolve descrever os processos em termos de como as atividades dentro do processo se relacionam umas com as outras. O ponto crucial na análise de processos de trabalho é a determinação dos processos críticos da organização. A análise e a simplificação de processos pressupõem uma visão sistêmica da organização e não, simplesmente, uma visão funcional de cada setor.

São diversas as ferramentas para acompanhamento, análise e gestão dos processos, citaremos algumas:

12) Fluxograma

Define-se como a representação gráfica que permite a fácil visualização dos passos de um processo, sua sequência lógica e de encadeamento de atividades e decisões, bem como permite a realização de análise crítica para detecção de falhas e de oportunidades de melhorias. Instrumento de administração que auxilia o gestor na análise dos processos e na sequência das rotinas de trabalho.

É uma ferramenta para representação de processo que utiliza símbolos gráficos para estabelecer o "passo a passo", a natureza e o fluxo do processo. Busca-se apresentar o fluxo das informações e elementos relacionados ao processo de forma descomplicada, além da sequência operacional que caracteriza o trabalho que está sendo executado.

Existem diversas técnicas e formas de elaborar fluxogramas; a escolha da técnica e das simbologias mais ou menos detalhadas depende do tipo e da complexidade do processo a ser mapeado.

Alguns dos símbolos mais usados para desenhar um fluxograma são os seguintes:

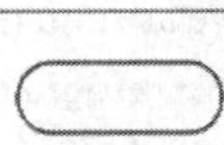	Indica o inicio ou fim do processo
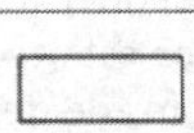	Indica cada atividade que precisa ser executada
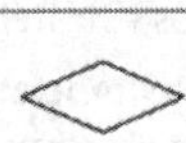	Indica um ponto de tomada de decisão
	Indica a direção do fluxo
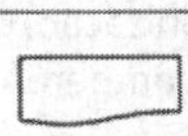	Indica os documentos utilizados no processo
	Indica uma espera
	Indica que o fluxograma continua a partir desse ponto em outro círculo, com a mesma letra ou número, que aparece em seu interior

6 Gonçalves J e L. As empresas são grandes coleções de processos. São Paulo. Revista Administração de Empresas. Jan/Mar. 2000.

Exemplo de fluxograma:

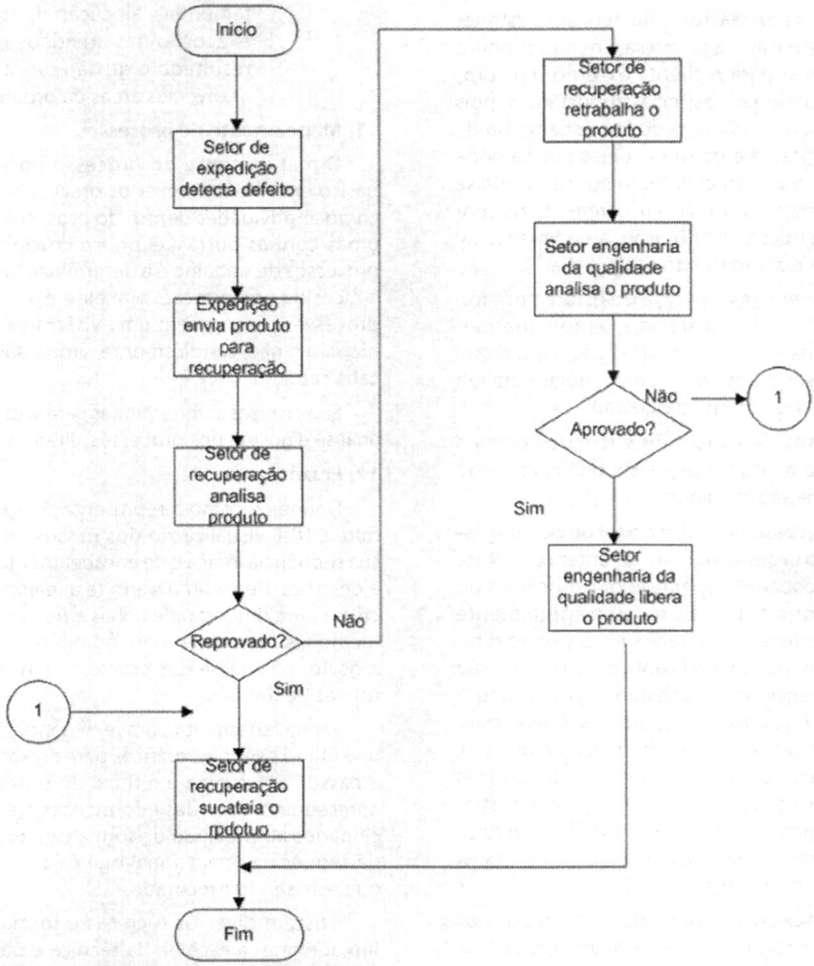

12. GESTÃO POR COMPETÊNCIAS

Buscando-se gerar resultados, por intermédio de pessoas, discute-se muito o conceito de competência, que, atualmente, é adotado na gestão por competências e contempla dimensões que foram bastante enfatizadas na abordagem humanista em seu estudo da organização informal, como, por exemplo: os padrões de relações e atitudes.

Competências é um conjunto de conhecimentos, habilidades e atitudes capazes de agregar valor econômico à organização e valor social à pessoa.

A gestão por competência requer mudanças na estrutura organizacional, como a substituição de cargos e departamentos isolados por uma estrutura baseada em pessoas e equipes multifuncionais integradas e flexíveis. Esse modelo tem sido utilizado como modelo gerencial alternativo a alguns outros instrumentos tradicionais usados pelas organizações, objetivando o gerenciamento das lacunas entre as competências estratégicas para a consecução dos objetivos organizacionais e aquelas efetivamente disponíveis na organização.

Segundo Chiavenato, podemos falar em quatro categorias de competências:

- Competências Essenciais;
- Competências de Gestão;
- Competências Organizacionais;
- Competências Pessoais.

Segundo Brandão e Guimarães (2001)[7], a gestão por competências envolve as seguintes fases:

Formulação da estratégia organizacional: oportunidade em que são definidos sua missão, sua visão de futuro e seus objetivos estratégicos. Em seguida, são definidos os indicadores de desempenho e as metas, com base nos objetivos estratégicos estabelecidos;

Mapeamento das competências: objetiva identificar o gap ou lacuna de competências, isto é, a diferença entre as competências necessárias para concretizar a estratégia formulada e as competências internas já disponíveis na organização. Com relação especificamente à Gestão por competência, essa é considerada a primeira etapa;

Captação das competências: a captação diz respeito à seleção de competências externas e à sua inte-

7 BRANDÃO, H. P.; GUIMARÃES, T. A.. Gestão de Competências e gestão de desempenho: tecnologias distintas ou instrumentos de um mesmo constructo? Revista de Administração de Empresas, 2001.

gração ao ambiente organizacional, que pode dar-se, no nível individual, por intermédio de ações de recrutamento e seleção de pessoas e, no nível organizacional, por meio de parcerias ou alianças estratégicas;

Desenvolvimento das competências: refere-se ao aprimoramento das competências internas disponíveis na organização, que ocorre, no nível individual, por meio da aprendizagem e, no nível organizacional, por intermédio de investimentos em pesquisa;

Acompanhamento e avaliação: trata do monitoramento da execução de planos operacionais e de gestão e dos respectivos indicadores de desempenho, visando identificar e corrigir eventuais desvios. Ao final do ciclo, são apurados os resultados alcançados e comparados com os que eram esperados; e

Retribuição: os autores sugerem que a organização poderia reconhecer, premiar e remunerar, de forma diferenciada, as pessoas, equipes de trabalho e unidades produtivas que mais contribuíram para a consecução dos resultados planejados, o que serviria de estímulo à manutenção de comportamentos desejados e à correção de eventuais desvios.

13. ADMINISTRAÇÃO DE RECURSOS MATERIAIS

Recurso é um meio de qualquer natureza utilizado pela organização com o fim de alcançar seus objetivos. Recursos materiais são os meios físicos e concretos utilizados na busca desses objetivos. Em sentido amplo, é todo o bem físico, tangível ou corpóreo, empregado em uma organização, os quais podem ser classificados em duas subcategorias: os recursos materiais em sentido estrito e os recursos patrimoniais.

Disciplina bastante exigida em concursos, a Administração de Recursos Materiais é um conjunto de ações e procedimentos administrativos, envolvendo o planejamento, análise e controle de uma unidade de armazenamento e distribuição de materiais. É parte da gestão das organizações. Os estoques das organizações constituem todo o sortimento de materiais que a empresa possui e utiliza no processo de produção dos seus produtos e serviços. A importância da boa administração de materiais pode ser mais bem apreciada quando os bens necessários não estão disponíveis no instante correto para atender às necessidades de produção ou de operação.

13.1. CLASSIFICAÇÃO DOS RECURSOS MATERIAIS

São diversos os critérios de classificação, sendo os principais:

Ter um corpo físico:

✓ Tangíveis/Corpóreos – São os que têm existência física, material, e podem ser tangidos pelo homem.

✓ Intangíveis/Incorpóreos – São os que têm existência abstrata como patente, franquia, marca, etc.

Possibilidade de movimentação sem que perca suas características e seu valor econômico:

✓ Imóveis – As coisas impossíveis de se mover (terreno) ou que não podem ser removidas de um lugar para outro sem destruição (prédio);

✓ Móveis – Podem ser transportados sem que percam suas características e valor econômico;

Fungibilidade (possibilidade de substituição ou em razão de haver ou não alguma individualidade):

✓ Bens fungíveis – não possuem individualidade, podendo ser substituídos por outro de mesmo gênero-espécie, quantidade e qualidade, sem diferenciação (dinheiro, grãos, minério etc.);

✓ Bens infungíveis – possuem individualidade, não podendo ser substituídos como se fungíveis.

Consumo na utilização:

✓ Bens Consumíveis – Sãos os bens cujo uso importa a destruição instantânea da própria substância como a matéria prima de um produto.

✓ Bens Inconsumíveis – São os que permitem uso contínuo, sem prejuízo do seu perecimento como um carro, por exemplo.

Divisibilidade

✓ Bens Divisíveis – São os passiveis de divisão em frações homogêneas e distintas que guardam a qualidade de não se alterarem nem desvalorizarem a essência do todo.

✓ Bens Indivisíveis – Não podem ser divididos sem perder suas características, utilidade ou valor.

O sistema de materiais, dentro de uma empresa privada com fins lucrativos, pode ser dividido em algumas áreas de concentração ou setores, como: controle de estoques; transportes e distribuição.

13.2. ESTOQUES

Os estoques são recursos ociosos que possuem valor econômico. "Entende-se por estoque quaisquer quantidades de bens físicos que sejam conservados, de forma improdutiva, por algum intervalo de tempo." "Certas quantidades de itens mantidos em disponibilidade constante e renovados permanentemente, para produzir lucros e/ou serviços". Os fundamentos da gestão de estoques têm como principal objetivo a manutenção do equilíbrio entre estoque e consumo. Para isso, faz-se necessária a apresentação frequente, por meio de estudos, dos itens obsoletos e inservíveis que devem ser alienados.

Como o estoque é fundamental para o funcionamento de uma empresa, quanto maior for o investimento em estoque, maior será a necessidade de comprometimento e de responsabilidade de cada um dos departamentos da empresa na gestão de materiais. Encontrar um ponto de consenso é fundamental, pois uma das metas da gerência financeira é a minimização dos estoques; para a gerência de vendas, ao contrário, é desejável um estoque elevado, para melhor atender aos clientes.

1) **Gestão de estoques**

A gestão de estoque é essencial para organização. suas funções básicas, interligadas pelo Planejamento e Controle da produção, são:

1. Programação com acompanhamento da rotatividade dos produtos estocados;
2. Aquisição;
3. Estocagem;
4. Distribuição.

2) **Tipos de estoque**

Os tipos de estoque incluem o estoque real – quantidade (saldo) de material existente em estoque –, o estoque virtual – estoque real acrescido das encomendas em andamento – e o estoque de cobertura – relação entre estoque e consumo, que indica quanto tempo o estoque suportará o consumo sem que haja reposição.

3) **Custo da falta de estoque**

Os custos de falta de estoques ou de ruptura podem ser determinados por meios diversos, entre os quais se incluem os seguintes: lucros cessantes resultantes da incapacidade do fornecimento; perdas de lucros geradas por cancelamentos de pedidos; custos causados pelo não cumprimento dos prazos contratuais, como multas, prejuízos, bloqueios de reajuste.

4) **Custo do estoque**

O custo de armazenagem é a soma dos custos de capital, de seguro, de transportes, de obsolescência e de despesas diversas, compostas por uma parte variável e uma parte fixa, que independe da quantidade de material em estoque.

5) **Avaliação de estoque**

A avaliação dos estoques pode ser feita, entre outros métodos, por meio da avaliação pelo custo médio e pelo método FIFO, ou PEPS (o primeiro que entra é o primeiro que sai), FIFO (UEPS) (último que entra primeiro que sai), preço específico etc.

Vejamos os principais:

Preço específico

De acordo com esse método, o Custo da Mercadoria Vendida será referente ao preço efetivamente pago pelo item que saiu do estoque. Normalmente a aplicação te tal método só é possível para produtos de alto valor agregado e com possibilidade de diferenciação entre cada um, como é o caso dos automóveis em uma concessionária onde cada unidade tem um alto valor e pode ser identificado facilmente pelo número do chassi. Deve ser utilizado para itens que não são normalmente intercambiáveis ou bens e serviços segregados por projetos específicos.

PEPS

Nesse método a baixa no estoque é dada pelas entradas mais antigas, ou seja, as primeiras. Para tanto aos bens adquiridos para o estoque devem ser segregados por lote de compra quando adquiridos por custos distintos. Método utilizado normalmente, quando não é possível ou não é necessário identificar exatamente qual item está saindo do estoque, ou ainda, quando a permanência do item no estoque pode afetar seu valor de revenda ou provocar a sua perda, como no caso de produtos perecíveis.

UEPS

Por esse método a baixa no estoque é dada levando-se em consideração o valor das últimas compras. Para tanto aos bens adquiridos para o estoque devem ser segregados por lote de compra quando adquiridos por custos distintos. Método utilizado normalmente, quando não é possível ou não é necessário identificar exatamente qual item está saindo do estoque. Nesse caso, por exemplo, o aumento do custo de uma peça implica redução do lucro, o que, consequentemente, reduz o imposto de renda a ser pago.

Custo médio ou média ponderada

Esse método não leva em consideração o preço efetivo da mercadoria ou matéria prima no momento da baixa do estoque, o CMV é calculado com base no custo médio de aquisição.

Fique atento: Os métodos primeiro que entra, primeiro que sai (PEPS) e último que entra, primeiro que sai (UEPS) fornecem orientações para o controle do manuseio das entradas e saídas de itens estocados e são, também, métodos de avaliação de estoques.

Os Métodos de avaliação de estoque e o ambiente econômico

✓ **Economia perfeitamente estável**

Em uma economia perfeitamente estável os três métodos apresentariam os mesmos valores.

✓ **Economia Inflacionária**

Em uma economia inflacionária os valores se apresentam como na tabela a baixo.

MÉTODO	ESTOQUE	CMV	LUCRO
PEPS	MAIOR	MENOR	MAIOR
MÉDIA	INTERMEDIÁRIO	INTERMEDIÁRIO	INTERMEDIÁRIO
UEPS	MENOR	MAIOR	MENOR

✓ **Economia deflacionária**

Em uma economia deflacionária os valores se apresentam como na tabela a baixo.

MÉTODO	ESTOQUE	CMV	LUCRO
PEPS	MENOR	MAIOR	MENOR
MÉDIA	INTERMEDIÁRIO	INTERMEDIÁRIO	INTERMEDIÁRIO
UEPS	MAIOR	MENOR	MAIOR

13.3. PROBLEMAS RELACIONADOS À GESTÃO DE MATERIAIS

Os principais problemas relativos à administração de materiais são: a má localização dos estoques, o armazenamento inadequado, os erros de cálculo nos relatórios de entrada e saída de materiais, os erros gerados no recebimento, o esquecimento e atraso na emissão de documentos relativos à entrada e saída de material e a inadequação nos procedimentos de contagem física.

14. EVOLUÇÃO DA ADMINISTRAÇÃO

A Administração Pública é formada pelo conjunto de órgãos, entidades, serviços e agentes públicos que, mantidos com recursos públicos, tem por objetivo assegurar a satisfação das necessidades públicas, tais como: segurança, saúde e bem-estar da população, cuja evolução da é um processo de aperfeiçoamento que tem reflexo nos serviços prestados pelo Estado à população e essa pode ser representada por três modelos: administração pública patrimonial, administração pública burocrática e administração pública gerencial. Nesses modelos, o objetivo é suprir uma deficiência do modelo anterior, introduzindo novos conceitos ou mudando conceitos ineficientes ou nocivos ao aparelhamento do Estado.

Uma das ideias partilhadas por alguns autores sobre o movimento de reforma administrativa é que estamos perante um fenômeno que resulta do processo de globalização e que haverá um processo de convergência dos vários sistemas administrativos (Osborne e Gaebler, 1993). Essa perspectiva fatalista assume que há soluções que podem ser aplicadas em qualquer país e que estas conduzirão ao aparecimento de sistemas que tenderão a partilhar características idênticas. Entretanto, a ideia de que a reforma da gestão pública é uma tendência global e uma inevitabilidade não adere à realidade, já que os governos de vários países fazem uma abordagem seletiva das medidas que consideram úteis para sua administração pública.

14.1. ADMINISTRAÇÃO PÚBLICA PATRIMONIALISTA

- ✓ É uma administração do Estado, mas não é pública. Sobrevive nos regimes democráticos imperfeitos através do clientelismo.
- ✓ Típica dos Estados absolutistas europeus do século XVIII, onde o Estado é a extensão do poder do administrador público.
- ✓ Indicações para cargos públicos eram feitas como prova de gratidão e também como estratégia para defesa de seus interesses.
- ✓ No Estado patrimonial, a estrutura pública é tida como extensão do poder do soberano, de modo que seus servidores possuem *status* de nobreza.
- ✓ Ausência de carreiras administrativas, bem assim de clara distinção entre patrimônio público e privado.
- ✓ O quadro administrativo é formado por pessoas com vínculo de fidelidade pessoal;
- ✓ É a administração baseada em um serviço civil profissional e no universalismo de procedimentos, expresso em normas rígidas de procedimento administrativo.

14.2. ADMINISTRAÇÃO PÚBLICA BUROCRÁTICA

O modelo burocrático weberiano é um modelo organizacional que desfrutou notável disseminação nas administrações públicas durante o século XX em todo o mundo. O modelo burocrático é atribuído a Max Weber, porque o sociólogo alemão analisou e sintetizou suas principais características (Secchi, 2009, p. 350).

- ✓ Com o capitalismo industrial e as democracias, que surgem no século XIX, surge então a necessidade de desenvolver um tipo de administração que separasse o público do privado.
- ✓ A administração pública burocrática foi adotada para corrigir a administração patrimonialista em seus defeitos, dentre os quais, a corrupção e o nepotismo, características do modelo anterior.
- ✓ Princípios: Impessoalidade, Hierarquia, Autoridade e Separação de Domínios Público e Privado.
- ✓ A Administração Pública burocrática acredita em uma racionalidade absoluta, pregando o formalismo, rigidez e o rigor técnico.
- ✓ A administração burocrática tem por princípios: a impessoalidade, a hierarquia funcional, a ideia de carreira pública e a profissionalização do servidor.
- ✓ O modelo de administração burocrático é considerado o primeiro modelo organizado de administração do Estado.
- ✓ Comparativamente a outros modelos, as desvantagens do modelo burocrático incluem a sua rigidez, que pode levar à ineficiência do aparelho administrativo.
- ✓ O modelo burocrático de gestão na Administração pública apresenta, como um dos traços que o diferenciam do modelo patrimonialista: meritocracia bem como o combate à corrupção e ao nepotismo.
- ✓ Utiliza a separação entre planejamento e execução das atividades no contexto organizacional.
- ✓ Baseia-se no princípio do mérito profissional e enfatiza a importância do cumprimento de regras e procedimentos rígidos.
- ✓ Define as organizações públicas como voltadas para descobrir os meios mais eficientes para os fins politicamente dados;

Disfunções:

- ✓ A excessiva especialização.
- ✓ O grande controle de atividades-meio.
- ✓ Excesso de procedimentos.
- ✓ A pouca coordenação sobre as formas de controle de procedimentos é característica do modelo burocrático, o que pode resultar em morosidade.

14.3. ADMINISTRAÇÃO PÚBLICA GERENCIAL

- ✓ A administração pública gerencial surge para corrigir as disfunções da burocracia.
- ✓ O foco é o aumento da qualidade dos serviços e a redução dos custos.
- ✓ Propõe também o desenvolvimento de uma cultura gerencial nas organizações, orientada para resultados e o aumento da governança do Estado, ou seja, da sua capacidade de gerenciar com efetividade e eficiência. O cidadão passa de plateia/executores para atora/parte do Estado.
- ✓ No modelo burocrático o controle é a priori, enquanto no gerencial a ênfase é no controle de resultados.
- ✓ O modelo burocrático preconiza estrutura hierárquica rígida, enquanto o gerencial é mais flexível, com redução de níveis e maior autonomia.
- ✓ A eficiência e a necessidade de reduzir custos e aumentar a qualidade dos serviços públicos, tendo o cidadão como beneficiário, são características próprias da Administração Pública Gerencial.
- ✓ O modelo gerencial da administração pública é dinamizado por meio da concessão de liberdade gerencial aos gestores públicos, aspecto essencial para que seja garantida a cobrança de resultados e para o estabelecimento de metas e condições de *accountability*.

Modelo de Administração	Característica
Administração Patrimonialista	É uma administração do Estado, mas não é pública. Sobrevive nos regimes democráticos imperfeitos através do clientelismo.
Administração Burocrática	É a administração baseada em um serviço civil profissional e no universalismo de procedimentos, expresso em normas rígidas de procedimento administrativo.
Administração Gerencial	Prega que a melhor forma de combater o clientelismo é dar autonomia ao administrador público, valorizando-o por sua capacidade de tomar decisões em que o critério de êxito seja sempre o melhor atendimento ao cidadão-cliente.

15. EVOLUÇÃO DA ADMINISTRAÇÃO PÚBLICA BRASILEIRA

15.1. MODELO PATRIMONIALISTA

O patrimonialismo foi o primeiro modelo de administração pública do Brasil, presente desde o período colonial (formação dos primeiros clãs rurais de colonos no século XVI em terras brasileiras) até a República Velha. Inicialmente com os domínios privados (latifúndios, sobretudo) formando também um núcleo de ação política, grande parte da autoridade local nas vastas províncias do território brasileiro era administrada e até policiada por milícias vinculadas aos senhores das terras.

Mais recente, historicamente falando, temos o coronelismo durante a República Velha, característica explicitamente patrimonialistas da história política brasileira.

De forma mais "oficial", a vinda da família real reafirmou esse modelo ao trazer consigo esse modelo de administração que não fazia distinção entre os bens públicos e particulares.

15.2. A REFORMA BUROCRÁTICA DA DÉCADA DE 1930/ DECRETO LEI 579/38, CRIAÇÃO DO DASP

Até a década de 1930, a Administração Pública no Brasil assemelhava-se a um mercado de troca de votos por cargos públicos (clientelismo e patrimonialismo). Além disso, Rezende (2004) afirma que até este período a Administração Pública estava muito distante de ser considerada uma burocracia profissionalizada.

Na era Vargas (Década de 1930), o Brasil passou a enfrentar industrialização e intervenção do Estado no setor produtivo. Alguns pontos principais desta época:

- ✓ Tentativa de implantar estruturas de coordenação;
- ✓ Processo de racionalização;
- ✓ Surgimento das primeiras carreiras burocráticas;
- ✓ Tentativa de adoção do concurso como forma de acesso ao serviço público;
- ✓ A reforma burocrática foi uma consequência da emergência de um capitalismo moderno;
- ✓ Mudanças na forma de gestão dos recursos humanos e orçamentários;
- ✓ Implantação de mecanismos de controle na burocracia para romper com o clientelismo e com o patrimonialismo.

Após a crise de 1929 (quebra da bolsa de New York), com essas tentativas de racionalização do processo administrativo, diz-se que a partir de 1930 emergiu um Estado Novo, também denominado de Estado Administrativo. Neste contexto houve a criação do DASP - Departamento Administrativo do Serviço Público, que havia sido previsto na Constituição de 1937 e foi criado pelo Decreto Lei 579/38. O DASP, além de fornecer elementos para melhoria da máquina pública, deveria fornecer assessoria técnica ao Presidente da república e elaborar a proposta orçamentária.

Conforme Paludo (2013), os principais objetivos do DASP foram:

- ✓ Centralizar e reorganizar a administração pública;
- ✓ Definir política para a gestão de pessoal;
- ✓ Racionalizar métodos, procedimentos e processos administrativos em geral;
- ✓ Combater práticas patrimonialistas de gestão, de forma geral;
- ✓ Modernizar a administração pública.

Os principais pontos positivos do DASP:

- ✓ Difusão das ideias e práticas modernizantes sobre a administração e gestão pública, vindas principalmente dos EUA, da Inglaterra e da França;
- ✓ Forte institucionalização de programas de formação e profissionalização de servidores públicos;
- ✓ Criação de unidades administrativas descentralizadas (autarquias);

Os principais pontos negativos (Rezende-2004), foram:

- ✓ Natureza excessivamente centralizadora do DASP;
- ✓ Amplo escopo e natureza dos objetivos da reforma;
- ✓ Ênfase centrada nos controles burocráticos.

15.3. DECRETO-LEI Nº 200, DE 25 DE FEVEREIRO DE 1967

No intuito de modernizar o serviço público, o decreto 200/67 trouxe inovações ao senário da Administração Pública Brasileira mediante a expansão da Administração Indireta (criação das autarquias, fundações empresas públicas e sociedades de economia mista), após 1964, com os militares novamente no poder, o foco foi o centralismo político e a ampliação de ações intervencionistas do Estado, onde o decreto apontou para dois problemas chave a serem solucionados:

- ✓ Centralização excessiva da Administração nos órgãos de cúpula e
- ✓ Ausência de coordenação nas ações do governo.

Acerca da estrutura da administração pública:

- ✓ **Administração Indireta:** expandiu as Empresas Públicas, Sociedades de Economia Mista, fundações públicas e autarquias;
- ✓ **Administração Direta:** foi reorganizada em 16 ministérios, a saber: Justiça, Fazenda, Planejamento, Educação e Cultura, Saúde, Interior, Relações Exteriores, Agricultura, Indústria e Comércio, Minas e Energia, Transportes, Trabalho e Previdência Social, Comunicação, Exército, Marinha e Aeronáutica.

Com o Decreto Lei 200/1967:

- ✓ Primeira tentativa de reforma gerencial
- ✓ Idealizado para superação da rigidez burocrática
- ✓ Planejamento, descentralização, delegação de autoridade, coordenação e controle
- ✓ Expansão das empresas estatais, de órgãos independentes (fundações) e semi-independentes (autarquias)
- ✓ Fortalecimento e expansão do sistema de mérito
- ✓ Ênfase da administração para eficiência e para a descentralização administrativa
- ✓ Permitiu a contratação de servidores sem concurso público.

Importante: na década de 1970, com a crise do regime militar e crise econômica mundial, a reforma do Decreto Lei 200/1967, não chegou a ser implementada completamente, da mesma forma que ocorreu com o DASP.

15.4. PROGRAMA NACIONAL DE DESBUROCRATIZAÇÃO

Instituído pelo decreto nº 83.740, de 18 de julho de 1979, o Programa Nacional de Desburocratização, sob a direção do Presidente da República, criou o Ministro Extraordinário de Desburocratização, cuja incumbência foi orientar e coordenar a execução do Programa.

O programa tinha por objetivo:

- ✓ Construir para a melhoria do atendimento dos usuários do serviço público;
- ✓ Reduzir a interferência do governo na atividade do cidadão e do empresário e abreviar a solução dos casos em que essa interferência é necessária, mediante a descentralização das decisões, a simplificação do trabalho administrativo e a eliminação de formalidades e exigências cujo custo econômico ou social seja superior ao risco;
- ✓ Agilizar a execução dos programas federais para assegurar o cumprimento dos objetivos prioritários do governo;
- ✓ Substituir, sempre que praticável, o controle prévio pelo eficiente acompanhamento da execução e pelo reforço da fiscalização dirigida, para a identificação e correção dos eventuais desvios, fraudes e abusos;
- ✓ Intensificar a execução dos trabalhos da reforma administrativa de que trata o decreto-lei nº 200, de 25 de fevereiro de 1967;
- ✓ Fortalecer o sistema de livre empresa, favorecendo a empresa pequena e média, que constituírem a matriz do sistema, e consolidando a grande empresa privada nacional, para que ela se capacite, quando for o caso, a receber encargos e atribuições que se encontram hoje sob a responsabilidade de empresas do estado;
- ✓ Impedir o crescimento desnecessário da máquina administrativa federal, mediante o estímulo à execução indireta, utilizando-se, sempre que praticável, o contrato com empresas privadas capacitadas e o convênio com órgãos estaduais e municipais;
- ✓ Velar pelo cumprimento da política de contenção da criação indiscriminada de empresas públicas, promovendo o equacionamento dos casos em que for possível e recomendável a transferência do controle para o setor privado, respeitada a orientação do governo na matéria.

Em suma, esta foi a primeira tentativa oficial de direcionar as atividades da Administração Pública para o atendimento das demandas dos cidadãos.

Entre as atuações do programa estavam:

- ✓ Simplificação de procedimentos;
- ✓ Eliminação de informações desnecessárias;
- ✓ Desestatização, por meio de privatizações;
- ✓ Ideia de transferir para a iniciativa privada as atividades e serviços não essenciais;
- ✓ Governo atuando por meio de fomento e apoio, mantendo as atividades de controle.

Em suma, o principal objetivo do PrND era frear o excessivo crescimento da Administração Indireta, de forma mais específica e de acordo com o PDRAE, os objetivos do PrND eram:

- ✓ Revitalização e agilização das organizações do Estado,
- ✓ Descentralização da autoridade,
- ✓ Melhoria e simplificação dos processos administrativos e
- ✓ Promoção da eficiência.

15.5. PDRAE - PLANO DIRETOR DA REFORMA DO APARELHO DO ESTADO

Para além da conquista formal de uma "Constituição Cidadã" (1988), ficara o desafio do efetivo implemento da maior parte dos ganhos sociais por ela assegurados como direitos fundamentais. Em face de um contexto de precário planejamento institucional de governos cada vez mais reféns de suas dívidas políticas e financeiras, restaria, equivocadamente, a culpa das incapacidades em cumprir a Constituição Federal para ela mesma. O Plano Diretor da Reforma do Aparelho do Estado definiu objetivos e diretrizes para a reforma da administração pública brasileira. Dentre as diretrizes, pode-se citar o fortalecimento do Estado como agente regulador e compromisso com a agenda de cunho social.

A administração federal foi o foco do Plano Diretor da Reforma do Aparelho do Estado, que também incluiu as administrações estaduais e municipais. A crise enfrentada pelo Estado nos anos 1980, decorrente tanto das constrições fiscais como das distorções que a Administração havia experimentado nas décadas anteriores, inspirou a apresentação, sob o comando do então Ministro Bresser Pereira, do Plano Diretor da Reforma do Aparelho do Estado, que contempla, entre suas diretrizes, a publicização, baseada na transferência para organizações públicas não estatais de atividades não exclusivas de Estado. Esse modelo de Administração Pública Gerencial, conceituado no Plano Diretor da Reforma do Aparelho do Estado, propugna a alteração da forma de controle, que deixa de se basear nos processos para se concentrar nos resultados, com foco na satisfação do usuário-cidadão.

São consideradas as principais alterações, em vigor, decorrentes da reforma administrativa tendentes à adoção do modelo de administração gerencial propugnado pelo Plano Diretor da Reforma do Aparelho do Estado:

- ✓ Transferência de serviços não exclusivos do Estado, como Saúde, do setor estatal para o setor público não estatal, passando tais serviços a ser exercidos por entidades que assumem a forma de Organizações Sociais.
- ✓ Flexibilização, oferecendo aos gestores maior autonomia e estabelecendo o controle e cobrança de resultados *a posteriori*.
- ✓ Atuar mais fortemente nas atividades de fomento, regulação e controle.
- ✓ Desestatização, que compreende a privatização, a terceirização e a desregulamentação.
- ✓ Reestruturação de algumas carreiras entendidas como típicas de Estado e instituição de remuneração por subsídio em parcela única.
- ✓ Flexibilização da estabilidade dos servidores estatutários.

- ✓ Alteração na forma de criação das entidades da Administração Indireta, que passa a ser feita diretamente por lei específica apenas nos casos das autarquias e por ato próprio do Poder Executivo, após autorização em lei específica.
- ✓ Previsão de ampliação da autonomia administrativa de autarquias e fundações públicas, que podem ser qualificadas como agência executiva mediante a celebração de contrato de gestão.
- ✓ A política de profissionalização do serviço público, contida no PDRAE, visa modernizar a administração burocrática no núcleo estratégico da administração pública.

15.6. GESPÚBLICA

O Programa Nacional de Gestão Pública e Desburocratização – GESPÚBLICA é um programa do Governo Federal, instituído pelo decreto nº 5.378, de 23 de fevereiro de 2005, que tem por objetivo estimular e apoiar os órgãos e entidades públicos a implementarem medidas de fortalecimento em sua gestão interna, a fim de oferecerem serviços de melhor qualidade aos cidadãos. Nesse programa:

- ✓ A participação dos órgãos e entidades da administração pública no GESPÚBLICA dar-se-á mediante adesão ou convocação.
- ✓ Considera-se adesão para os efeitos deste Decreto o engajamento voluntário do órgão ou entidade da administração pública no alcance da finalidade do GESPÚBLICA, que, por meio da autoavaliação contínua, obtenha validação dos resultados da sua gestão.
- ✓ Considera-se convocação a assinatura por órgão ou entidade da administração pública direta, autárquica ou fundacional, em decorrência da legislação aplicável, de contrato de gestão ou desempenho, ou o engajamento no GESPÚBLICA, por solicitação do Ministro de Estado do Planejamento, Orçamento e Gestão, em decorrência do de competências vinculadas a programas prioritários, definidos pelo Presidente da República.

O GESPÚBLICA foi instituído para contemplar a formulação e implementação de medidas integradas em agenda de transformações da gestão, necessárias à promoção dos resultados preconizados no plano plurianual, à consolidação da administração pública profissional voltada ao interesse do cidadão e à aplicação de instrumentos e abordagens gerenciais, que objetivaram:

- ✓ Eliminar o déficit institucional, visando ao integral atendimento das competências constitucionais do Poder Executivo Federal;
- ✓ Promover a governança, aumentando a capacidade de formulação, implementação e avaliação das políticas públicas;
- ✓ Promover a eficiência, por meio de melhor aproveitamento dos recursos, relativamente aos resultados da ação pública;
- ✓ Assegurar a eficácia e efetividade da ação governamental, promovendo a adequação entre meios, ações, impactos e resultados; e
- ✓ Promover a gestão democrática, participativa, transparente e ética.

15.7. DECRETO Nº 9.094, DE 17 DE JULHO DE 2017

Nova etapa no processo de modernização da administração pública brasileira, o decreto 9.094/17, que revogou o decreto nº 5.378, de 23 de fevereiro de 2005 (GESPUBLICA), dispõe sobre a simplificação do atendimento prestado aos usuários dos serviços públicos, ratifica a dispensa do reconhecimento de firma e da autenticação em documentos produzidos no País e institui a Carta de Serviços ao Usuário.

Segundo esse decreto, Os órgãos e as entidades do Poder Executivo federal observarão as seguintes diretrizes nas relações entre si e com os usuários dos serviços públicos:

- ✓ Presunção de boa-fé;
- ✓ Compartilhamento de informações, nos termos da lei;
- ✓ Atuação integrada e sistêmica na expedição de atestados, certidões e documentos comprobatórios de regularidade;
- ✓ Racionalização de métodos e procedimentos de controle;
- ✓ Eliminação de formalidades e exigências cujo custo econômico ou social seja superior ao risco envolvido;
- ✓ Aplicação de soluções tecnológicas que visem a simplificar processos e procedimentos de atendimento aos usuários dos serviços públicos e a propiciar melhores condições para o compartilhamento das informações;
- ✓ Utilização de linguagem clara, que evite o uso de siglas, jargões e estrangeirismos; e
- ✓ Articulação com os estados, o distrito federal, os municípios e os outros poderes para a integração, racionalização, disponibilização e simplificação de serviços públicos.

Define como usuários dos serviços públicos as pessoas físicas e jurídicas, de direito público ou privado, diretamente atendidas por serviço público.

16. GOVERNANÇA/GOVERNABILIDADE/*ACCOUNTABILITY*

16.1. GOVERNANÇA

Governança deriva do termo governo, e pode ter várias interpretações, dependendo do enfoque. A origem da governança está associada ao momento em que organizações deixaram de ser geridas diretamente por seus proprietários (p. ex. donos do capital) e passaram à administração de terceiros, a quem foi delegada autoridade e poder para administrar recursos pertencentes àqueles. Em muitos casos há divergência de interesses entre proprietários e administradores, o que, em decorrência do desequilíbrio de informação, poder e autoridade, leva a um potencial conflito de interesse entre eles, na medida em que ambos tentam maximizar seus próprios benefícios.

No setor público, a expressão governança surgiu a partir de reflexões conduzidas pelo Banco Mundial que pretendiam aprofundar o conhecimento das condições que garantem um estado eficiente A partir dessa preocupação o foco das questões estatais foram deslocados para questões mais abrangentes envolvendo as dimensões sociais por exemplo. Segundo esta instituição governamental, "governança é a maneira pela qual o poder é exercido na administração dos recursos sociais e econômicos de um país visando o desenvolvimento, e a capacidade dos governos de planejar, formular e programar políticas e cumprir funções".

Conforme sugerido pelo Banco Mundial, são princípios da boa governança: a legitimidade, a equidade, a responsabilidade, a eficiência, a probidade, a transparência e a accountability. O sistema de governança reflete a maneira como diversos atores se organizam, interagem e procedem para obter boa governança. Nessa questão é fundamental notar que para que haja governança no setor público é necessária a participação da sociedade. A governança não se trata de uma ação governamental isolada. Ao contrário, o conceito compreende a ação conjunta do Estado e da sociedade na busca de soluções e resultados.

Vejamos alguns pontos sobre Governança:

- ✓ Governança, na Administração pública, é um modelo horizontal de relação entre atores públicos e privados no processo de elaboração de políticas públicas.
- ✓ Governança pública é a capacidade de governar, decidir e implantar políticas públicas.
- ✓ Reflete um novo paradigma de administração pública, pois busca a ampliação da participação de novos atores, como os agentes privados e o terceiro setor, na formulação e gestão das políticas públicas.

16.2. GOVERNABILIDADE

Diferente de governança, governabilidade é a capacidade que um determinado governo tem para formular e implementar as suas políticas.

16.3. *ACCOUNTABILITY*

Accountability é o conjunto de mecanismos e procedimentos que induzem os dirigentes governamentais a prestar contas dos resultados de suas ações à sociedade, garantindo-se dessa forma maior nível de transparência e a exposição das políticas públicas, é o conjunto de mecanismos e procedimentos que levam os decisores governamentais a prestar contas dos resultados de suas ações, garantindo maior transparência e exposição pública.

DIREITO AMBIENTAL

Romeu Thomé

1. A PROTEÇÃO DO MEIO AMBIENTE NA CONSTITUIÇÃO FEDERAL. COMPETÊNCIA EM MATÉRIA AMBIENTAL. FUNÇÃO SOCIAL DA PROPRIEDADE. DA ORDEM ECONÔMICA

1.1. A PROTEÇÃO DO MEIO AMBIENTE NA CONSTITUIÇÃO FEDERAL

- Uma vez instituída uma área ambientalmente protegida, seja por decreto do Poder Executivo, seja por lei formal, a redução de seus limites (alteração) ou a sua supressão total (desafetação) somente serão autorizadas por meio de lei específica.
- Para o licenciamento de atividades privadas ou públicas que apresentem potencial de significativa degradação ambiental, deve ser realizado previamente o Estudo Prévio de Impacto Ambiental (EPIA), ao qual deve ser dada publicidade.
- Compete ao Poder Público fornecer educação ambiental a toda a comunidade, em todos os níveis de ensino, objetivando capacitá-lo para participação ativa na defesa do meio ambiente.
- A CRFB/1988 previu a responsabilização do poluidor, em virtude do mesmo dano ambiental, nas esferas civil, administrativa e penal, de forma independente. Eis a tríplice responsabilização.
- A Floresta Amazônica, a Mata Atlântica, a Serra do Mar, o Pantanal Mato-Grossense e a Zona Costeira não são considerados bens da União, mas sim patrimônio nacional pela CRFB/1988, sendo que utilização dar-se-á na forma da lei e em condições tais que permitam a preservação de seus atributos biológicos.
- Incumbe ao Poder Público manter regime fiscal favorecido para os biocombustíveis e para o hidrogênio de baixa emissão de carbono, a fim de assegurar-lhes tributação inferior à incidente sobre os combustíveis fósseis, capaz de garantir diferencial competitivo em relação a estes.

1.2. COMPETÊNCIA EM MATÉRIA AMBIENTAL

- A competência legislativa se expressa no poder outorgado a cada ente federado para a elaboração das leis e atos normativos.
- A competência material cuida da atuação concreta do ente federado, através do exercício do poder de polícia.
- Pela competência legislativa concorrente, com fundamento no art. 24 da CRFB/1988, caberá à União, aos Estados e ao Distrito Federal legislar, em concorrência, sobre determinados assuntos, dentre eles a proteção do meio ambiente e dos recursos naturais (art. 24, VI, CRFB/1988).
- Na competência legislativa concorrente a competência da União limitar-se-á a estabelecer normas gerais (art. 24, § 1º da CRFB/1988).
- Os municípios também possuem competência legislativa, nos termos do art. 30, I e II da CRFB/1988, para "legislar sobre assuntos de interesse local" e "suplementar a legislação federal e a estadual no que couber".
- A competência material comum é atribuída conjuntamente à União, Estados, DF e Municípios no intuito de promover a execução de diretrizes, políticas e preceitos relativos à proteção ambiental (art. 23, VI e VII da CRFB/1988).
- A Lei Complementar n. 140, de 08 de dezembro de 2011, fixa normas, nos termos dos incisos III, VI e VII do *caput* e do parágrafo único do art. 23 da Constituição Federal, para a cooperação entre a União, os Estados, o Distrito Federal e os Municípios nas ações administrativas decorrentes do exercício da competência comum relativas à proteção do meio ambiente.

1.3. FUNÇÃO SOCIOAMBIENTAL DA PROPRIEDADE

- Base legal: artigos 5º, XXII, XXIII, 170, II e III, 186, da CRFB/1988.
- Limitação do direito de propriedade em virtude do atendimento da sua função social e ambiental.
- **Requisitos de cumprimento simultâneo para caracterização da função social da propriedade rural, associada à preservação ambiental**: I – aproveitamento racional e adequado; II – utilização adequada dos recursos naturais disponíveis e preservação do meio ambiente; III – observância das disposições que regulam as relações de trabalho; IV – exploração que favoreça o bem-estar dos proprietários e dos trabalhadores. (art. 186, CRFB/1988).
- Condicionamento do direito de propriedade à preservação do meio ambiente em prol da coletividade.

1.4. DA ORDEM ECONÔMICA

- A defesa do meio ambiente é um dos princípios da ordem econômica e financeira, previsto no artigo 170, VI, da CRFB/1988.
- Trata-se de novo papel do Estado no domínio econômico o exercício das funções de fiscalização, incentivo e planejamento, contido no artigo 174 da CRFB/1988.
- O Direito Econômico pode ser considerado como o ramo do ordenamento jurídico destinado a promover o equilíbrio entre os interesses dos agentes econômicos privados e os da coletividade.

- O Estado pode atuar no domínio econômico por meio da utilização de diversos instrumentos, com o intuito de implementar uma política econômica socioambiental sustentável.

2. FONTES DO DIREITO AMBIENTAL. PRINCÍPIOS DO DIREITO AMBIENTAL. TRATADOS INTERNACIONAIS

- Considerado o "*prima principium*" do Direito Ambiental, o desenvolvimento sustentável tem como pilar a harmonização das seguintes vertentes: crescimento econômico; preservação ambiental; equidade social.
- Evitar a concretização de danos ao meio ambiente é a ideia central dos princípios da **prevenção e da precaução**.
- **Princípio 15 da Declaração do Rio sobre Meio Ambiente e Desenvolvimento**: Com o fim de proteger o meio ambiente, o princípio da precaução deverá ser amplamente observado pelos Estados, de acordo com suas capacidades. Quando houver ameaça de danos graves ou irreversíveis, a ausência de certeza científica absoluta não será utilizada como razão para o adiamento de medidas economicamente viáveis para prevenir a degradação ambiental.
- O **princípio do poluidor-pagador**, considerado como fundamental na política ambiental, pode ser entendido como um instrumento econômico, que exige do poluidor, uma vez identificado, suportar as despesas de prevenção, reparação e repressão dos danos ambientais.
- De acordo com o **princípio do usuário-pagador**, aquele que utiliza recursos naturais escassos deve pagar por tal utilização.
- Nos termos do **artigo 225 da Constituição de 1988**, cabe ao Poder Público e à coletividade o dever de defender e preservar o meio ambiente ecologicamente equilibrado para as presentes e futuras gerações. Trata-se da base constitucional para os princípios da *obrigatoriedade de atuação estatal* e da *participação comunitária (popular)*.
- O **princípio da participação comunitária (popular)** ou princípio democrático tem como intuito incentivar a manutenção e a criação de mecanismos de participação direta na proteção da qualidade de vida e dos recursos naturais. Guarda suas bases no Princípio n. 10 da Declaração do Rio sobre Meio Ambiente e Desenvolvimento de 1992. Tem como pressuposto o princípio da informação.
- O **princípio da educação ambiental**, positivado no art. 225, § 1º, VI da Constituição de 1988, constitui-se num dos instrumentos para esclarecer e envolver a comunidade no processo de responsabilidade com o meio ambiente, com a finalidade de desenvolver a percepção da necessidade de sua proteção.
- O **princípio da cooperação entre os povos em matéria ambiental** é de vital importância, uma vez que fenômenos poluidores geralmente ultrapassam a fronteira de uma nação (*v.g.* emissão de gases causadores do efeito estufa).
- Uma vez dotado o direito ao meio ambiente ecologicamente de *status* de direito fundamental, as garantias de proteção ambiental já conquistadas não podem retroagir. É inadmissível o recuo da salvaguarda ambiental para níveis de proteção inferiores aos já consagrados, a não ser que as circunstâncias de fato sejam significativamente alteradas. Trata-se da ideia central do **princípio da vedação do retrocesso socioambiental** (ou do efeito *cliquet* ambiental).

3. POLÍTICA NACIONAL DO MEIO AMBIENTE

- A Política Nacional do Meio Ambiente, instituída pela **Lei 6.938, de 31 de agosto de 1981**, recepcionada pela Constituição da República de 1988, afigura-se como norma geral sobre proteção ambiental, estabelecendo princípios, objetivos e instrumentos para a implementação da preservação dos recursos naturais no País, além de instituir o Sistema Nacional do Meio Ambiente – SISNAMA.
- O conceito de "poluidor" (art. 3º, IV, da Lei 6.938/81) abrange pessoas **físicas**, pessoas **jurídicas** de **direito privado** (ex: empresas), pessoas jurídicas de **direito público** (ex: entes federados), e é relevante para a análise de temas como a responsabilidade civil por dano ao meio ambiente. Importante ressaltar ainda que poluidor é aquele responsável **direta ou indiretamente** pela degradação ambiental, o que amplia ainda mais o conceito e, consequentemente, o rol de responsáveis pelos danos ambientais.
- A finalidade da criação de um Sistema Nacional de Meio Ambiente (SISNAMA) é estabelecer uma rede de agências governamentais, nos diversos níveis da federação, visando a assegurar mecanismos capazes de, eficientemente, implementar a política nacional do meio ambiente (art. 6º da Lei 6.938/81).
- São instrumentos da Política Nacional do Meio Ambiente (art. 9º da LPNMA):

I. o estabelecimento de padrões de qualidade ambiental;

II. o zoneamento ambiental;

III. a avaliação de impactos ambientais;

IV. o licenciamento e a revisão de atividades efetiva ou potencialmente poluidoras;

V. os incentivos à produção e instalação de equipamentos e a criação ou absorção de tecnologia, voltados para a melhoria da qualidade ambiental;

VI. a criação de espaços territoriais especialmente protegidos pelo Poder Público federal, estadual e municipal, tais como áreas de proteção ambiental, de relevante interesse ecológico e reservas extrativistas;

VII. o sistema nacional de informações sobre o meio ambiente;

VIII. o Cadastro Técnico Federal de Atividades e Instrumentos de Defesa Ambiental;

IX. as penalidades disciplinares ou compensatórias ao não cumprimento das medidas necessárias à preservação ou correção da degradação ambiental.

X. a instituição do Relatório de Qualidade do Meio Ambiente, a ser divulgado anualmente pelo

Instituto Brasileiro do Meio Ambiente e Recursos Naturais Renováveis – IBAMA;

XI. a garantia da prestação de informações relativas ao Meio Ambiente, obrigando-se o Poder Público a produzi-las, quando inexistentes;

XII. o Cadastro Técnico Federal de atividades potencialmente poluidoras e/ou utilizadoras dos recursos ambientais.

XIII. instrumentos econômicos, como concessão florestal, servidão ambiental, seguro ambiental e outros.

3.1. ZONEAMENTO AMBIENTAL

- **Zoneamento ambiental**, também conhecido por "Zoneamento Ecológico-Econômico-ZEE", pode ser definido[1] como "o resultado de estudos conduzidos para o conhecimento sistematizado de características, fragilidades e potencialidades do meio, a partir de aspectos ambientais escolhidos em espaço geográfico delimitado." O objetivo é conhecer a vocação ambiental e econômica de cada área, de cada região, através de levantamento geológico e estudos técnicos, para que se possa organizar, de maneira vinculada, as decisões dos agentes públicos e privados quanto a planos, programas, projetos e atividades que, direta ou indiretamente, utilizem recursos naturais.

3.2. LICENCIAMENTO AMBIENTAL

- O consentimento estatal para a utilização de recursos naturais é dado por meio do procedimento de licenciamento ambiental, importante instrumento de gestão ambiental, na medida em que, por meio dele, o Poder Público exerce o controle prévio sobre as atividades que possam de alguma forma impactar o meio ambiente.
- O licenciamento e a revisão de atividades efetiva ou potencialmente poluidoras são Instrumentos da Política Nacional do Meio Ambiente (art. 9º, IV, da Lei 6.938/81).
- O licenciamento é um procedimento administrativo cujas fases ou etapas estão previstas no artigo 10, da Resolução CONAMA 237/97.
- São tipos de Licença Ambiental: Licença Prévia (LP), Licença de Instalação (LI) e Licença de Operação (LO).
- Os empreendimentos e atividades serão licenciados em um único nível de competência, ou seja, determinado empreendimento deverá requerer o licenciamento ambiental ao órgão ambiental da União, ou dos Estados/DF ou dos Municípios.
- As licenças ambientais não são perenes, ou seja, elas têm prazos de validade e precisam ser renovadas.
- As licenças ambientais poderão ser expedidas isolada ou sucessivamente, de acordo com a natureza, características e fase do empreendimento ou atividade.
- Para a instalação de obras de atividades privadas ou públicas que apresentem grande potencial de degradação ambiental, deve ser realizado previamente o Estudo de Impacto Ambiental, ao qual deve o Poder Público dar publicidade (art. 225, § 1º, IV, CRFB 1988).
- O estudo de impacto ambiental será realizado por equipe multidisciplinar habilitada, não dependente direta ou indiretamente do proponente do projeto e que será responsável tecnicamente pelos resultados apresentados (art. 7º).
- Conceito de poluição: qualquer alteração das propriedades físicas, químicas e biológicas do meio ambiente, causada por qualquer forma de matéria ou energia resultante das atividades humanas que, direta ou indiretamente, afetam:

I. a saúde, a segurança e o bem-estar da população;

II. as atividades sociais e econômicas;

III. a biota;

IV. as condições estéticas e sanitárias do meio ambiente;

V. a qualidade dos recursos ambientais.

- **Custos do EIA:** correrão por conta do proponente do projeto todas as despesas e custos referentes a realização do estudo de impacto ambiental, tais como: coleta e aquisição dos dados e informações, trabalhos e inspeções de campo, análises de laboratório, estudos técnicos e científicos e acompanhamento e monitoramento dos impactos e elaboração do RIMA (Relatório de Impacto Ambiental).
- São **tipos de Licença Ambiental**: Licença Prévia (LP), Licença de Instalação (LI) e Licença de Operação (LO) (art. 8º).
- Licença Prévia (LP) – concedida na **fase preliminar do planejamento** do empreendimento ou atividade aprovando sua localização e concepção, atestando a viabilidade ambiental e estabelecendo os requisitos básicos e condicionantes a serem atendidos nas próximas fases de sua implementação;
- Licença de Instalação (LI) – **autoriza** a **instalação** do empreendimento ou atividade de acordo com as especificações constantes dos planos, programas e projetos aprovados, incluindo as medidas de controle ambiental e demais condicionantes, da qual constituem motivo determinante;
- Licença de Operação (LO) – autoriza a **operação** da atividade ou empreendimento, após a verificação do efetivo cumprimento das exigências das licenças anteriores, com as medidas de controle ambiental e condicionantes determinados para a operação.

3.3. SISTEMA NACIONAL DO MEIO AMBIENTE (SISNAMA): ESTRUTURA, COMPOSIÇÃO E COMPETÊNCIAS. CONSELHO NACIONAL DO MEIO AMBIENTE (CONAMA)

Composição do SISNAMA:

- Formado por órgãos e entidades da União, dos Estados, do Distrito Federal, dos Territórios e dos Municípios, por fundações instituídas pelo Poder Público, responsáveis pela proteção e melhoria da qualidade ambiental.

1. MILARÉ, p 361.

AMBIENTAL

Estrutura do SISNAMA:

- **Órgão Superior (art. 6º, I)**: Conselho de Governo, órgão de assessoramento imediato ao Presidente da República na criação de política nacional e nas diretrizes governamentais para o meio ambiente.
- **Órgão consultivo e deliberativo (art. 6º, II): CONAMA**. Finalidade: assessorar, estudar e propor ao Conselho de Governo, diretrizes de políticas governamentais para o meio ambiente e os recursos naturais e deliberar, no âmbito de sua competência, sobre normas e padrões compatíveis com o meio ambiente ecologicamente equilibrado e essencial à sadia qualidade de vida. O Secretário do Meio Ambiente será o Presidente do CONAMA.
- **Órgão central (art. 6º, III)**: Ministério do Meio Ambienta (antiga Secretaria do Meio Ambiente da Presidência da República). Finalidade: planejar, coordenar, supervisionar e controlar a política nacional e as diretrizes governamentais fixadas para o meio ambiente.
- **Órgãos executores (art. 6º, IV):** o Instituto Brasileiro do Meio Ambiente e dos Recursos Naturais Renováveis – IBAMA e o Instituto Chico Mendes de Conservação da Biodiversidade – ICMBio. Finalidade: executar e fazer executar a política e diretrizes governamentais fixadas para o meio ambiente.
- **Órgãos Seccionais (art. 6º, V):** os órgãos ou entidades **estaduais** responsáveis pela execução de programas, projetos e pelo controle e fiscalização de atividades capazes de provocar a degradação ambiental.
- **Órgãos Locais (art. 6º, VI):** os órgãos ou entidades **municipais**, responsáveis pelo controle e fiscalização dessas atividades, nas suas respectivas circunscrições.

4. ESPAÇOS TERRITORIAIS ESPECIALMENTE PROTEGIDOS. SISTEMA NACIONAL DE UNIDADES DE CONSERVAÇÃO DA NATUREZA – SNUC: OBJETIVOS. ESTRUTURA. COMPOSIÇÃO. CRIAÇÃO, IMPLANTAÇÃO E GESTÃO DE UNIDADES DE CONSERVAÇÃO. CATEGORIAS DE UNIDADES DE CONSERVAÇÃO

- Conceito legal de **unidade de conservação**: espaço territorial e seus recursos ambientais, incluindo as águas jurisdicionais, com características naturais relevantes, legalmente instituído pelo Poder Público, com objetivos de conservação e limites definidos, sob regime especial de administração, ao qual se aplicam garantias adequadas de proteção (art. 2, I da Lei 9.985/00).
- A lei do SNUC divide as unidades de conservação em dois grandes grupos, utilizando-se como critério a intensidade de proteção: unidades de proteção integral e unidades de uso sustentável.

Unidades de Proteção Integral (Art. 8º)	Unidades de Uso Sustentável (Art. 14)
Estação Ecológica	Área de Proteção Ambiental (APA)
Reserva Biológica	Área de Relevante Interesse Ecológico
Parque Nacional	Floresta Nacional
Monumento Natural	Reserva Extrativista
Refúgio de Vida Silvestre	Reserva de Fauna
–	Reserva de Desenvolvimento Sustentável
–	Reserva Particular do Patrimônio Natural (RPPN)

- Nas UC's de Proteção Integral a proteção é intensa. Admite-se apenas o uso indireto dos seus atributos naturais, ou seja, aquele uso que não envolve consumo, coleta, dano ou destruição dos recursos naturais.
- Nas UC's de Uso Sustentável a intensidade de proteção é menor em relação às de Proteção Integral. O objetivo básico das unidades de Uso Sustentável é compatibilizar a conservação da natureza com o uso sustentável de parcela dos seus recursos naturais. Assim, a Lei 9.985/00 admite a utilização (exploração) de parcela dos recursos naturais em regime de manejo sustentável desde que observado o zoneamento da área, as limitações legais e o Plano de Manejo da respectiva UC.
- Sobre a criação de unidades de conservação da natureza: ver artigo 225, parágrafo 1º, III da CF/88 e o artigo 22, parágrafos 2º a 6º, da Lei 9.985/00.
- Sobre a alteração e supressão de unidade de conservação da natureza: ver artigo 225, parágrafo 1º, III da CF/88 e o artigo 22, parágrafo 7º, da Lei 9.985/00.
- Todas as unidades de conservação devem possuir zona de amortecimento, exceto as Áreas de Proteção Ambiental (APA) e Reserva Particular do Patrimônio Natural (RPPN).
- Plano de manejo: é o documento técnico mediante o qual, com fundamento nos objetivos gerais de uma unidade de conservação, se estabelece o seu zoneamento e as normas que devem presidir o uso da área e o manejo dos recursos naturais, inclusive a implantação das estruturas físicas necessárias à gestão da unidade (art. 2º, XVII, da lei do SNUC).
- De acordo com o artigo 36 da Lei 9.985/00 (que prevê a compensação ambiental), o empreendedor de atividades de significativo impacto ambiental deverá destinar recursos financeiros para a implantação e manutenção de unidade de conservação do grupo de Proteção Integral (*caput*) ou, em casos específicos, de Uso Sustentável (§ 3º). Trata-se da aplicação do princípio do usuário-pagador que estabelece que o usuário de recursos naturais deve pagar por sua utilização.

5. CÓDIGO FLORESTAL E RESPECTIVA REGULAMENTAÇÃO. PRINCÍPIOS GERAIS. ÁREAS DE PRESERVAÇÃO PERMANENTE. RESERVA LEGAL. FLORESTAS PÚBLICAS. CONCESSÃO FLORESTAL

- É competência comum da União, dos Estados, do Distrito Federal e dos Municípios: preservar as florestas, a fauna e a flora.

- Compete à União, aos Estados e ao Distrito Federal legislar concorrentemente sobre florestas, caça, pesca, fauna, conservação da natureza, defesa do solo e dos recursos naturais, proteção do meio ambiente e controle da poluição.
- **Área de Preservação Permanente – APP (Código Florestal – Lei 12.651/2012):** área protegida, coberta ou não por vegetação nativa, com a função ambiental de preservar os recursos hídricos, a paisagem, a estabilidade geológica e a biodiversidade, facilitar o fluxo gênico de fauna e flora, proteger o solo e assegurar o bem-estar das populações humanas.
- **Área de Reserva Legal (Lei 12.651/2012):** área localizada no interior de uma propriedade ou posse rural, delimitada nos termos do art. 12, com a função de assegurar o uso econômico de modo sustentável dos recursos naturais do imóvel rural, auxiliar a conservação e a reabilitação dos processos ecológicos e promover a conservação da biodiversidade, bem como o abrigo e a proteção de fauna silvestre e da flora nativa.
- **Delimitação da Reserva Legal:** Todo imóvel rural deve manter área com cobertura de vegetação nativa, a título de Reserva Legal, sem prejuízo da aplicação das normas sobre as Áreas de Preservação Permanente, observados os seguintes percentuais mínimos em relação à área do imóvel.

  I. localizado na Amazônia Legal:
    a) (oitenta por cento), no imóvel situado em área de florestas;
    b) (trinta e cinco por cento), no imóvel situado em área de cerrado;
    c) (vinte por cento), no imóvel situado em área de campos gerais;

  II. localizado nas demais regiões do País: 20% (vinte por cento).
- **Regularização da área de Reserva Legal (art. 66):** O proprietário ou possuidor de imóvel rural que detinha, em 22 de julho de 2008, área de Reserva Legal em extensão inferior ao estabelecido no art. 12, poderá regularizar sua situação, independentemente da adesão ao PRA, adotando as seguintes alternativas, isolada ou conjuntamente:

  I. recompor a Reserva Legal;

  II. permitir a regeneração natural da vegetação na área de Reserva Legal;

  III. compensar a Reserva Legal.

6. O DANO AMBIENTAL. APURAÇÃO DO DANO AMBIENTAL. REPARAÇÃO DO DANO AMBIENTAL. RESPONSABILIDADE PELO DANO AMBIENTAL: RESPONSABILIDADE ADMINISTRATIVA. INFRAÇÕES E SANÇÕES ADMINISTRATIVAS AMBIENTAIS. RESPONSABILIDADE CIVIL. RESPONSABILIDADE CRIMINAL. O PODER DE POLÍCIA E DIREITO AMBIENTAL. POLUIÇÃO. ESPÉCIES DE POLUIÇÃO

- A responsabilidade civil por dano ambiental está prevista no art. 4º, VII, da Lei 6.938/81 (Lei de Política Nacional do Meio Ambiente): "imposição ao poluidor da obrigação de recuperar e/ou indenizar os danos causados."
- Ao poluidor será imposta a obrigação de recuperar os danos causados, na maior medida possível. Caso o dano seja irrecuperável, caberá ao poluidor indenizar os danos causados por meio do pagamento de um montante em dinheiro, que deverá ser revertido à preservação do meio ambiente.
- A responsabilidade civil objetiva está baseada na ideia de risco da atividade. Não há que se analisar a existência de ato ilícito (dolo/culpa). Devem restar comprovados, regra geral, os elementos "dano" e "nexo causal".
- A responsabilidade por dano ambiental é objetiva (art. 14, § 1º da Lei 6.938/1981), informada pela teoria do risco integral, sendo o nexo de causalidade o fator aglutinante que permite que o risco se integre na unidade do ato, sendo descabida a invocação, pela empresa responsável pelo dano ambiental, de excludentes de responsabilidade civil para afastar sua obrigação de indenizar. (Tese julgada sob o rito do art. 543-C do CPC).[2]
- Admite-se a condenação simultânea e cumulativa das obrigações de fazer, de não fazer e de indenizar na reparação integral do meio ambiente.[3]
- A obrigação de recuperar a degradação ambiental é do titular da propriedade do imóvel, mesmo que não tenha contribuído para a deflagração do dano, tendo em conta sua natureza *propter rem*.[4]
- Os responsáveis pela degradação ambiental são coobrigados solidários, formando- se, em regra, nas ações civis públicas ou coletivas litisconsórcio facultativo.[5]
- Em matéria de proteção ambiental, há responsabilidade civil do Estado quando a omissão de cumprimento adequado do seu dever de fiscalizar for determinante para a concretização ou o agravamento do dano causado.[6]
- Não há direito adquirido a poluir ou degradar o meio ambiente, não existindo permissão ao proprietário ou posseiro para a continuidade de práticas vedadas pelo legislador.[7]
- As responsabilidades penal e administrativa por dano ambiental estão previstas na Lei de Crimes Ambientais (Lei 9.605/1998).
- O direito (penal) ambiental visa, sobretudo, evitar a concretização de danos ao meio ambiente. Desta forma, se preocupa com os riscos e não somente com os danos; ou seja, em alguns momentos a Lei 9.065/98 estipulou como infração a mera probabilidade de dano (chamados de crimes de perigo).
- Condicionantes para a responsabilização da pessoa jurídica a) que a infração tenha sido cometida em seu interesse ou benefício; b) que seja cometida por decisão de seu representante legal ou contratual, ou de seu órgão colegiado.

2. Jurisprudência em teses. STJ, março de 2015, n. 30.
3. Jurisprudência em teses. STJ, março de 2015, n. 30.
4. Jurisprudência em teses. STJ, março de 2015, n. 30.
5. Jurisprudência em teses. STJ, março de 2015, n. 30.
6. Jurisprudência em teses. STJ, março de 2015, n. 30.
7. Jurisprudência em teses. STJ, março de 2015, n. 30.

- É vedado ao Instituto Brasileiro do Meio Ambiente e dos Recursos Naturais Renováveis – IBAMA impor sanções administrativas sem expressa previsão legal.[8]
- É defeso ao IBAMA impor penalidade decorrente de ato tipificado como crime ou contravenção, cabendo ao Poder Judiciário referida medida.[9]
- Prescreve em cinco anos, contados do término do processo administrativo, a pretensão da Administração Pública de promover a execução da multa por infração ambiental. (Súmula 467/STJ) (Tese julgada sob o rito do art. 543-C).[10]
- O direito (penal) ambiental visa, sobretudo, evitar a concretização de danos ao meio ambiente. Desta forma, se preocupa com os riscos e não somente com os danos; ou seja, em alguns momentos a Lei 9.065/98 estipulou como infração a mera probabilidade de dano (chamados de crimes de perigo).
- O STF (decisão no RE 548181, publicada em 19 de junho de 2013) e o STJ (Resp 610114) reconhecem a responsabilidade penal da pessoa jurídica.
- O STJ reconhece a responsabilidade penal da pessoa jurídica (Resp 610114).
- Condicionantes para a responsabilização da pessoa jurídica a) que a infração tenha sido cometida em seu interesse ou benefício; b) que seja cometida por decisão de seu representante legal ou contratual, ou de seu órgão colegiado.
- É importante a leitura atenta dos tipos penais ambientais. A Lei 9.605/98 distribui os temas da seguinte forma:

Lei 9.605/1998 Crimes contra o meio ambiente	crimes contra a fauna (arts. 29 a 37)
	crimes contra a flora (arts. 38 a 53)
	crime de poluição e outros (art. 54 a 61)
	crimes contra o ordenamento urbano e o patrimônio cultural (arts. 62 a 65)
	crimes contra a administração ambiental (arts. 66 a 69-A)

7. POLÍTICA NACIONAL DE RECURSOS HÍDRICOS E SISTEMA NACIONAL DE GERENCIAMENTO DE RECURSOS HÍDRICOS: OBJETIVOS, DIRETRIZES GERAIS, COMPETÊNCIAS, COMITÊS DE BACIA HIDROGRÁFICA E COBRANÇA PELO USO DA ÁGUA

- A Lei 9.433, editada em 8 de janeiro de 1997, institui a Política Nacional de Recursos Hídricos, regulamentando o artigo 21, inciso XIX da Constituição Federal de 1988. O mencionado artigo constitucional incumbiu à União o dever de instituir o Sistema Nacional de Gerenciamento de Recursos Hídricos e de definir critérios de outorga de direitos de seu uso.
- Para que sejam alcançados os objetivos estabelecidos em seu artigo 2º, a Lei 9.433/97 define os instrumentos da Política Nacional de Recursos Hídricos: I – os Planos de Recursos Hídricos; II – o enquadramento dos corpos de água em classes, segundo os usos preponderantes da água; III – a outorga dos direitos de uso de recursos hídricos; IV – a cobrança pelo uso de recursos hídricos; V – o Sistema de Informações sobre Recursos Hídricos.
- A Lei nº 9.433/97, ao reconhecer a água como um recurso natural limitado, dotado de valor econômico (art. 1º, inciso II), insere a cobrança pelo uso deste bem ambiental estratégico como um relevante instrumento da Política Nacional de Recursos Hídricos, cujos objetivos são: a) permitir o reconhecimento da água como bem econômico e dar ao usuário uma indicação de seu real valor; b) incentivar a racionalização de seu uso; e c) obter recursos financeiros para o financiamento de programas e intervenções contempladas nos planos de recursos hídricos.
- A Lei 9.984, de 17 de julho de 2000, criou a Agência Nacional de Águas – ANA, integrando-a ao Sistema Nacional de Gerenciamento de Recursos Hídricos. Trata-se de uma autarquia sob regime especial, com autonomia administrativa e financeira, vinculada ao Ministério do Meio Ambiente, com a finalidade de implementar, em sua esfera de atribuições, a Política Nacional de Recursos Hídricos.

8. CONVENÇÃO DA DIVERSIDADE BIOLÓGICA (CDB). CONHECIMENTO TRADICIONAL E REPARTIÇÃO DE BENEFÍCIOS. BIOSSEGURANÇA. ORGANISMOS GENETICAMENTE MODIFICADOS. SUBMISSÃO DO BRASIL AOS TRATADOS INTERNACIONAIS EM MATÉRIA AMBIENTAL. POLÍTICA NACIONAL SOBRE MUDANÇA DO CLIMA

8.1. CONVENÇÃO SOBRE DIVERSIDADE BIOLÓGICA

- **Biodiversidade**: É a variabilidade de organismos vivos de todas as origens, compreendendo, dentre outros, os ecossistemas terrestres, marinhos e outros ecossistemas aquáticos e os complexos ecológicos de que fazem parte; compreendendo ainda a diversidade dentro de espécies, entre espécies e de ecossistemas.
- **Convenção sobre Diversidade Biológica**: Decreto 2.519/1998. Os objetivos da Convenção são a conservação da biodiversidade, o uso sustentável de seus componentes e a divisão equitativa e justa dos benefícios gerados com a utilização de recursos genéticos.
- **Convenção Sobre Diversidade Biológica (art. 8º, j):** cada país deve, em conformidade com sua legislação nacional, respeitar, preservar e manter o conhecimento, inovações e práticas das comunidades locais e populações indígenas com estilo de vida tradicionais relevantes à conservação e à utilização sustentável da diversidade biológica e incentivar sua mais ampla aplicação com a aprovação e a participação dos detentores desse conhecimento, inovações e práticas; e encorajar a repartição equitativa dos benefícios oriundos da utilização desse conhecimento, inovações e práticas.
- **Conhecimento tradicional associado**: informação ou prática de população indígena, comunidade tradicional ou agricultor tradicional sobre as propriedades ou usos diretos ou indiretos associada ao patrimônio genético (art. 2º, II da Lei 13.123/2015).

8. Jurisprudência em teses. STJ, março de 2015, n. 30.

9. Jurisprudência em teses. STJ, março de 2015, n. 30.

10. Jurisprudência em teses. STJ, março de 2015, n. 30.

8.2. POLÍTICA NACIONAL SOBRE MUDANÇA DO CLIMA

- **Lei 12.187/2009**: Institui a Política Nacional sobre Mudança do Clima – PNMC.
- **Princípios pilares**: Princípios do desenvolvimento sustentável, da precaução, da prevenção, da obrigatoriedade de atuação estatal, da cooperação, da participação cidadã e responsabilidade comum, mas diferenciada.
- **Lei 12.187/2009 (art. 2º):** Para os fins previstos nesta Lei, entende-se por:

I – adaptação: iniciativas e medidas para reduzir a vulnerabilidade dos sistemas naturais e humanos frente aos efeitos atuais e esperados da mudança do clima;

II – efeitos adversos da mudança do clima: mudanças no meio físico ou biota resultantes da mudança do clima que tenham efeitos deletérios significativos sobre a composição, resiliência ou produtividade de ecossistemas naturais e manejados, sobre o funcionamento de sistemas socioeconômicos ou sobre a saúde e o bem-estar humanos;

III – emissões: liberação de gases de efeito estufa ou seus precursores na atmosfera numa área específica e num período determinado;

IV – fonte: processo ou atividade que libere na atmosfera gás de efeito estufa, aerossol ou precursor de gás de efeito estufa;

V – gases de efeito estufa: constituintes gasosos, naturais ou antrópicos, que, na atmosfera, absorvem e reemitem radiação infravermelha;

VI – impacto: os efeitos da mudança do clima nos sistemas humanos e naturais;

VII – mitigação: mudanças e substituições tecnológicas que reduzam o uso de recursos e as emissões por unidade de produção, bem como a implementação de medidas que reduzam as emissões de gases de efeito estufa e aumentem os sumidouros;

VIII – mudança do clima: mudança de clima que possa ser direta ou indiretamente atribuída à atividade humana que altere a composição da atmosfera mundial e que se some àquela provocada pela variabilidade climática natural observada ao longo de períodos comparáveis;

IX – sumidouro: processo, atividade ou mecanismo que remova da atmosfera gás de efeito estufa, aerossol ou precursor de gás de efeito estufa; e

X – vulnerabilidade: grau de suscetibilidade e incapacidade de um sistema, em função de sua sensibilidade, capacidade de adaptação, e do caráter, magnitude e taxa de mudança e variação do clima a que está exposto, de lidar com os efeitos adversos da mudança do clima, entre os quais a variabilidade climática e os eventos extremos.

- **Instrumentos institucionais da PNMC (art. 7º):**

I – o Comitê Interministerial sobre Mudança do Clima;

II – a Comissão Interministerial de Mudança Global do Clima;

III – o Fórum Brasileiro de Mudança do Clima;

IV – a Rede Brasileira de Pesquisas sobre Mudanças Climáticas Globais – Rede Clima;

V – a Comissão de Coordenação das Atividades de Meteorologia, Climatologia e Hidrologia.

9. TUTELA JURISDICIONAL DO MEIO AMBIENTE. PROTEÇÃO DO MEIO AMBIENTE EM JUÍZO: MANDADO DE SEGURANÇA. AÇÃO CIVIL PÚBLICA. AÇÃO POPULAR

- O interesse ao meio ambiente saudável, em regra, é classificado como difuso, em virtude de sua natureza indivisível, bem como por envolver segmentos indeterminados da sociedade (interesse transindividual ou metaindividual).
- Os chamados direitos de 3ª geração (dimensão), ou de fraternidade, são dotados de enorme carga de universalidade.
- Na jurisdição civil coletiva, o legislador criou técnicas e modelos processuais diferenciados com o intuito de atender às peculiaridades dos interesses transindividuais.
- **AÇÃO CIVIL PÚBLICA:**
- Base legal: Art. 129, III, da CRFB/1988 e Lei 7.347/1985.
- É um dos principais instrumentos processuais para que seus legitimados ativos pleiteiem a cessação do ato lesivo ao meio ambiente, a recuperação de área ambientalmente degradadas e/ou pagamento de reparação pecuniária em virtude de dano ambiental.
- **Legitimidade para propositura:** Ministério Público; Defensoria Pública, União, Estados, Distrito Federal e Municípios, a autarquia, empresa pública, fundação ou sociedade de economia mista, a associações civis.
- **Dispensa judicial de requisito da pré-constituição:** Quando haja manifesto interesse social evidenciado pela dimensão ou característica do dano, ou pela relevância do bem jurídico a ser protegido.
- **Inquérito Civil: I**nstrumento adequado para apurar fatos que vão instruir eventual ACP.
- **Local de propositura:** foro do local onde ocorreu ou possa ocorrer o dano.
- A sentença que concluir pela carência ou pela improcedência da ação civil pública está sujeita ao reexame necessário.
- **Promoção de arquivamento pelo MP (art. 9º):** se o Ministério Público ficar convencido da inexistência de fundamento para propor a ação civil, irá promover o arquivamento dos autos do inquérito civil ou das peças informativas, de forma fundamentada.
- **AÇÃO POPULAR:**
- **Base legal**: Art. 5º, LXXIII, da CRFB/1988 e Lei 4.717/1965.
- **Legitimidade para propositura:** qualquer cidadão (pessoa física).
- Pessoa jurídica não tem legitimidade para propor ação popular.
- A sentença que concluir pela carência ou pela improcedência da ação civil pública está sujeita ao reexame necessário.

DIREITO DO TRABALHO

Henrique Correia

1. DOS PRINCÍPIOS E FONTES DO DIREITO DO TRABALHO

1.1. PRINCÍPIOS DO DIREITO DO TRABALHO

a) **Princípio da norma mais favorável:** entre duas ou mais normas possíveis de serem aplicadas, utiliza-se a mais favorável em relação ao trabalhador. A aplicação de uma norma leva à renúncia da outra. A Reforma Trabalhista, entretanto, passou a prever a prevalência do negociado sobre o legislado, portanto, os instrumentos coletivos são superiores à lei nos casos do art. 611-A da CLT.

Além disso, havendo conflito entre acordo coletivo e convenção coletiva, o acordo sempre deverá prevalecer (Art. 620 da CLT).

b) **Princípio da condição mais benéfica:** esse princípio assegura ao empregado as vantagens conquistadas durante o contrato de trabalho, conforme previsto no art. 468 da CLT. Diante disso, os benefícios concedidos pelo empregador / empresa não poderão ser alterados para pior.

c) **Princípio da primazia da realidade:** a realidade se sobrepõe às disposições contratuais escritas. Deve-se, portanto, verificar se o conteúdo do documento coincide com os fatos. Esse princípio é utilizado para afastar as fraudes trabalhistas, como contratos fraudulentos, pagamento "por fora", assinaturas de recibos em branco pelo empregado etc. Deve-se, em resumo, buscar a verdade.

d) **Princípio da imperatividade das normas trabalhistas:** No Direito do Trabalho prevalecem as regras cogentes, obrigatórias. Diante desse princípio, há restrição da autonomia das partes em modificar as cláusulas contratuais previstas no contrato de trabalho. O empregado não poderá negociar se terá ou não férias, décimo terceiro e adicional noturno. São direitos básicos, constitucionais, inegociáveis.

e) **Princípio da inalterabilidade contratual lesiva:** é vedada qualquer alteração contratual que seja lesiva ao empregado, mesmo se houver o seu consentimento (artigo 468, caput, da CLT).

f) **Princípio da continuidade da relação de emprego:** Em regra, o contrato de trabalho é firmado por tempo indeterminado, ou seja, não há prazo previamente fixado para seu fim. Em razão desse princípio, a obrigação de provar a ruptura do contrato de trabalho é do empregador, isto é, em regra presume-se que o empregado não deu causa ao término do contrato de trabalho (Súmula nº 212 do TST).

g) **Princípio da irrenunciabilidade ou indisponibilidade dos direitos trabalhistas:** na vigência do contrato de trabalho, os direitos trabalhistas são, em regra, irrenunciáveis, porque há presença da subordinação do empregado perante o empregador. Assim sendo, mesmo que o ato seja bilateral (comum acordo entre as partes), se houver prejuízo ao empregado, esse ato deverá ser declarado nulo, pois o empregado não pode renunciar aos direitos e vantagens assegurados em lei. Ao estudar o princípio da irrenunciabilidade, cabe destacar dois princípios:

g.1) **Princípio da irredutibilidade salarial:** veda-se a redução (diminuição) dos salários dos trabalhadores, exceto por convenção ou acordo coletivo (artigo 7º, inciso VI, da Constituição Federal). Portanto, para que essa redução salarial seja válida, há necessidade da participação do sindicato dos trabalhadores. A Reforma Trabalhista prevê, inclusive, o princípio da contrapartida, isto é, caso venha a ser pactuada cláusula que reduza o salário do empregado, deverá haver garantia de que ele não será dispensado sem justa causa no prazo de vigência do instrumento coletivo (art. 611-A, § 3º, CLT).

g.2) **Princípio da intangibilidade salarial:** vedam-se descontos no salário, exceto nos casos previstos em lei, decisão judicial ou norma coletiva. Esse princípio protege o trabalhador contra seus próprios credores, pois o salário é, em regra, impenhorável.

Para a facilitar os estudos, segue o quadrinho de memorização dos princípios do Direito do Trabalho:

PRINCÍPIOS DO DIREITO DO TRABALHO

- **P**rotetivo
  - *in dubio pro operario*
  - norma mais favorável
  - condição mais benéfica
- **I**mperatividade
- **P**rimazia
- **I**nalterabilidade contratual lesiva
- **C**ontinuidade da relação de emprego
- **I**rrenunciabilidade
  - irredutibilidade salarial
  - intangibilidade salarial

1.2. FONTES

a) **Fontes materiais:** são fatores ou acontecimentos sociais, políticos, econômicos e filosóficos que inspiram o legislador (deputados e senadores) na elaboração das leis. Esses movimentos influenciam diretamente o surgimento ou a modificação das leis. Fase prévia das fontes formais. Exemplos: pandemia, crises econômicas, greves etc.

b) **Fontes formais:** são a exteriorização das normas jurídicas, ou seja, as fontes formais são normas de observância obrigatória pela sociedade. Todos devem cumpri-las, pois são imperativas. Exemplo: convenção, acordo coletivo e leis.

Há 2 tipos de fontes formais:

1. **Fontes formais autônomas:** são discutidas e confeccionadas pelas partes diretamente interessadas pela norma. Há, portanto, a vontade expressa das partes em criar essas normas. Exemplos: acordo coletivo, convenção coletiva.
2. **Fontes formais heterônomas:** nas fontes heterônomas não há participação direta dos destinatários, ou seja, essas fontes possuem origem estatal (Legislativo, Executivo ou Judiciário). Exemplos: Leis, MPs, Súmula Vinculante.

c) **Hierarquia entre as fontes do Direito do Trabalho.** No Direito do Trabalho, por força do princípio da norma mais favorável, aplica-se a fonte mais favorável aos trabalhadores. Como já vimos, a Reforma Trabalhista passou a prever a prevalência do negociado sobre o legislado, portanto, os instrumentos coletivos são superiores à lei nos casos do art. 611-A da CLT.

d) **Conflito entre as fontes.** Na hipótese de conflito entre instrumentos coletivos, sempre deve prevalecer o acordo sobre a convenção coletiva. Para as demais fontes, a teoria é a majoritária na jurisprudência e doutrina e a teoria do conglobamento[1], que defende a aplicação de apenas uma fonte em sua totalidade. Assim sendo, o intérprete deverá analisá-la no conjunto.

Fontes
- Materiais
  - não são obrigatórias
  - fase prévia ao surgimento das normas
  - fatores sociais, econômicos que influenciam a elaboração das normas (reividicação dos trabalhadores e das empresas)
- Formais (Obrigatórias)
  - Autônomas
    - elaborada pelas partes interessadas
    - Exemplos: acordo e convenção coletiva
  - Heterônomas
    - origem estatal
    - Exemplos: Cf, leis e decretos
- Prevalência do negociado sobre o legislado (art. 611-A da CLT)
- Prevalência do acordo coletivo sobre a convenção coletiva (Art. 620 da CLT)
- Primazia da norma mais favorável
- conflito das fontes formais
  - Teoria do conglobamento
  - Teoria da acumulação

1. "A teoria do conglobamento é certamente a mais adequada à operacionalização do critério hierárquico normativo preponderante no Direito do Trabalho. A seu favor tem a virtude de não incorporar as apontadas distorções da teoria da acumulação, além de ser a única teoria a harmonizar a flexibilidade do critério hierárquico justrabalhista com a essencial noção de sistema inerente à ideia de Direito – e de ciência." DELGADO, Maurício Godinho. Curso do Direito do Trabalho. 7. ed. São Paulo: LTr, 2008. p. 183.

1.3. DIREITO INTERTEMPORAL

a) Em regra, a norma trabalhista não retroage, respeitando o princípio da irretroatividade das normas, previsto no art. 5º, XXXVI, CF/88. Portanto, relações de trabalho extintas antes da vigência da Reforma Trabalhista são regidas pela legislação vigente na época dos fatos, e direitos adquiridos antes de 11/11/2017 devem ser respeitados.

b) Ocorre que é necessário estabelecer a situação dos empregados contratados antes da alteração da legislação nesse regime de trabalho. A Reforma Trabalhista é aplicada, também, a esses empregados, em razão da aplicação imediata das normas trabalhistas:

1) Cláusula contratual: Se o direito é concedido por meio de cláusula inserida no contrato de trabalho, não é permitida a supressão de seu pagamento aos empregados que já o recebiam.

2) Instrumentos coletivos: Se determinado direito for concedido por meio de norma coletiva, integrará o contrato de trabalho pelo prazo de vigência da norma coletiva (art. 614, § 3º da CLT e ADPF 323).

3) Direitos decorrentes de lei: Se o direito é concedido ao empregado por força de lei, havendo alteração legislativa, o direito passará a ser concedido de acordo com a nova previsão legal. Essa característica acompanha o contrato de trabalho diante de sua característica de trato sucessivo, cujas obrigações se renovam no tempo.

c) Inserido na tabela de recursos de revistas repetitivos como o **Tema 23**, o TST se debruçou sobre a seguinte questão: quanto aos direitos laborais decorrentes de lei e pagos no curso do contrato de trabalho, remanesce a obrigação de sua observância ou pagamento nesses contratos em curso, no período posterior à entrada em vigor de lei que os suprime/altera?

d) No dia 25/11/2024, o pleno do TST, por maioria, entendeu que a Reforma Trabalhista (Lei 13.467/2017) se aplica a contratos firmados antes de sua vigência. No caso concreto analisado, ficou definido que trabalhadores fazem jus a horas *in itinere* apenas até a data de 10/11/17, até a proclamação da Reforma. A Corte analisou questão de direito intertemporal, para determinar se o empregador permanece obrigado a cumprir disposições alteradas ou revogadas por legislações criadas após o início do contrato de trabalho. Ao final do julgamento, foi fixada a seguinte tese:

> "A Lei nº 13.467/2017 possui aplicação imediata aos contratos de trabalho em curso, passando a regular os direitos decorrentes de lei cujos fatos geradores tenham se efetivado a partir da sua vigência".

e) Em resumo, segundo a tese de observância obrigatória em toda a Justiça do Trabalho, a Reforma Trabalhista (Lei 13.467/2017) tem aplicação imediata aos contratos de trabalho em curso, mas apenas em relação aos fatos que forem ocorrendo a partir de sua vigência, em 11/11/2017.

1.4. FLEXIBILIZAÇÃO E DESREGULAMENTAÇÃO

a) **Flexibilização:** redução da rigidez das leis trabalhistas pela negociação coletiva, ou seja, é dar ênfase ao negociado em detrimento do legislado. Na flexibilização permanecem as normas básicas de proteção ao trabalhador, mas permite-se maior amplitude dos acordos e convenções para adaptação das cláusulas contratuais às realidades econômicas da empresa e às realidades regionais. Foi o que ocorreu com a Reforma Trabalhista, pois foram criadas normas que preveem a valorização do negociado sobre o legislado (art. 611-A, CLT). Nesse ponto, importante anotar que, na apreciação do Tema 1.046 da Repercussão Geral, o STF validou a prevalência do negociado sobre o legislado, sem a necessidade de contrapartida, ressalvados os direitos absolutamente indisponíveis.

b) **Desregulamentação:** ocorre quando há ausência total da legislação protetiva, isto é, substituição do legislado pelo negociado. Nesse caso, não haveria a intervenção do Estado na elaboração das leis, deixando para as partes a elaboração das condições de trabalho.

2. DIREITOS CONSTITUCIONAIS DOS TRABALHADORES

Os direitos constitucionais individuais dos trabalhadores estão previstos especialmente no art. 7º da Constituição. Ademais, os art. 8º a 11 da CF/88 constituem a base do Direito Coletivo do Trabalho. É imprescindível que o candidato faça a leitura prévia desses artigos antes de sua prova para o TRT.

Além disso, o candidato deve estar atento ao previsto no arts. 5º, I a VI, VIII a XVIII, XX, XXIII, XXIX, 6º, 37, II e 170, da CF/88 e 10, I e 19, do ADCT da CF/88, que dispõem sobre outros direitos constitucionais aplicáveis à relação de trabalho. Sugerimos fortemente a leitura.

3. SUJEITOS DO CONTRATO DE TRABALHO – EMPREGADO

3.1. EMPREGADO

a) **Importância de identificar o empregado:** a CLT e as demais normas trabalhistas são voltadas apenas à proteção dos direitos do empregado, ou seja, jornada de trabalho, FGTS, férias, descanso semanal remunerado, entre outros direitos.

b) **Requisitos da relação de emprego:** daí a importância de identificá-lo. Veja o quadro a seguir, com os 4 requisitos para identificar o empregado:

b.1) **Pessoa física.** O empregado é pessoa física ou natural. A lei trabalhista foi criada para proteger o ser humano. Assim, excluem-se da figura do empregado a pessoa jurídica (empresa, associação, cooperativa etc.) e a prestação de serviços por animais. Dentro desse requisito, enquadra-se a pessoalidade na prestação de serviços. O empregado é contratado em razão de suas qualidades pessoais (eficiência, lealdade, conhecimentos técnicos, moral etc.). Diante disso, não se pode fazer substituir por um terceiro.

b.2) **Não eventualidade.** Para configurar o vínculo empregatício, é necessário que o trabalho realizado não seja eventual, ocasional. O contrato de trabalho é de trato sucessivo, ou seja, há continuidade no tempo. Logo, haverá expectativa de que o empregado retorne ao local de trabalho.

b.3) **Onerosidade.** O contrato de trabalho é oneroso, como prevê o art. 3º da CLT: "mediante salário". Em regra, presume-se que a prestação de serviços é onerosa, pois de um lado o empregado assume a obrigação de prestar serviços; de outro, o empregador, a obrigação de pagar salário.

b.4) **Subordinação.** A característica mais importante da relação empregatícia é a subordinação ou, ainda, de acordo com o texto da CLT: "empregado trabalha sob a dependência do empregador". Se o empregador assume todos os riscos do empreendimento, ele terá o poder de organizar e dirigir a prestação de serviços. Dessa forma, o empregado fica subordinado às ordens do empregador. Note que, na subordinação, o empregado fica sujeito às orientações dadas pelo empregador, como horário de trabalho, utilização de maquinário etc. Essa subordinação não alcança a vida pessoal do trabalhador.

PROTEÇÃO PREVISTA NA CF/88 E NA CLT

Princípios protetivos:
- Salário-mínimo
- Limitação da jornada (8 horas diárias)
- Intervalos
- Descanso semanal e férias
- Estabilidade
- Demais direitos trabalhistas

Empregado

Requisitos:
- Pessoa física (Pessoalidade)
- Não eventualidade
- Onerosidade
- Subordinação

**Importante diferenciá-lo dos demais trabalhadores, porque os direitos trabalhistas são direcionados ao empregado.*

c) **Elementos não essenciais ao vínculo empregatício:** não há, na CLT, exigência de que o empregado preste serviços com exclusividade. A profissionalidade, ou seja, nível de escolaridade, é outro elemento não essencial à caracterização da relação de emprego, bem como local da prestação de serviços.

d) **Experiência prévia (art. 442-A da CLT):** o empregador está proibido de exigir do candidato comprovação de experiência prévia por tempo superior a 6 meses.

3.1.1. EMPREGADO "HIPERSUFICIENTE"

a) **Empregado "hipersuficiente":** com a Reforma Trabalhista, criou-se a figura do empregado "hipersuficiente", permitindo a estipulação contratual entre este e o empregador com maior liberdade, nas hipóteses do art. 611-A, da CLT. As cláusulas negociadas terão a mesma eficácia e a mesma preponderância dos instrumentos coletivos. Para a caracterização do empregado "hipersuficiente", é necessário o preenchimento de dois requisitos:

a.1) **Nível de escolaridade:** empregado deve ser portador de diploma de nível superior;

a.2) **Valor do salário:** empregado deve receber salário igual ou superior a duas vezes o limite máximo dos benefícios do Regime Geral de Previdência Social.

b) **Arbitragem nas relações de trabalho:** a arbitragem era prevista tão somente para os conflitos coletivos. No entanto, o art. 507-A da CLT, introduzido pela Lei nº 13.467/2017, passa a admitir a arbitragem para os empregados que possuem remuneração superior a duas vezes o limite máximo estabelecido para os benefícios do Regime Geral de Previdência Social.

3.2. CARTEIRA DE TRABALHO E PREVIDÊNCIA SOCIAL E REGISTRO DE EMPREGADOS

a) **Documento obrigatório:** Não há formalidade específica para contratar o empregado, pois o contrato de trabalho poderá ser celebrado, inclusive, de forma verbal. Há, entretanto, exigência de um documento obrigatório do empregado, chamado de Carteira de Trabalho e Previdência Social – CTPS. Esse documento é utilizado para identificação do empregado, servindo como meio de prova na área trabalhista e previdenciária. A falta de anotação da CTPS não afasta o vínculo empregatício, mas possibilita que a empresa seja autuada pela fiscalização.

b) **Carteira de trabalho digital (Lei nº 13.874/2019):** preferencialmente emitida por meio eletrônico (art. 14 da CLT). Os procedimentos para emissão da CTPS serão disciplinados por regulamento próprio do Ministério da Economia (atualmente, Ministério do Trabalho e Emprego).

b.1) **Identificação única da Carteira de Trabalho Digital:** número de inscrição do empregado no CPF (desburocratização).

b.2) **Apresentação da CTPS:** basta a comunicação pelo trabalhador do número do CPF, dispensado o empregador da emissão de recibo (art. 29, § 6º, da CLT)

c) **Prazo para anotação da CTPS:** 5 dias úteis (art. 29 da CLT – nova redação)

d) **Registros eletrônicos gerados nos sistemas informatizados: equivalem às anotações da CTPS.**

e) **Quando o trabalhador deverá ter acesso às anotações?** Em até 48 horas a partir de sua anotação (art. 29, § 8º, CLT).

f) **Valor das anotações da CTPS:** com atual redação do art. 40 da CLT, a CTPS deixa de ser documento hábil a ser apresentado em atos em que sejam exigidas carteiras de identidade e deixa de ser documento capaz de provar a dependência perante a Previdência Social.

f.1) **Permanece como meio de prova para:**

f.1.1) Comprovação de salário, gozo de férias ou tempo de serviço nas reclamações trabalhistas; ou

f.1.2) Para o cálculo de indenização por acidente de trabalho ou moléstia profissional.

g) **Anotações desabonadoras:** é proibido ao empregador efetuar anotações desabonadoras à conduta do empregado. Anotar que o empregado é preguiçoso, furtou objetos ou algo que possa comprometer sua vida profissional futura, é expressamente proibido.

h) **Prescrição e CTPS:** não há prazo prescricional para pleitear a anotação da CTPS para fins previdenciários. Esse direito é imprescritível, conforme previsto no art. 11, § 1º, da CLT.

i) **Registro de empregados:** o empregador é obrigado a efetuar o registro de seus empregados em livros, fichas ou sistemas eletrônicos, o que corresponde a documento interno da empresa (próprio do empregador). A falta desse registro possibilita a aplicação de multa pela fiscalização do trabalho.

j) **Lei nº 14.438, de 24 de agosto de 2022:** incluiu os arts. 29-A e 29-B à CLT, fixando valores de multa aos empregadores que não procederem com a anotação adequada da CTPS de seus empregados:

j.1) Multa de R$ 3000,00 ao empregador que não especificar o salário, qualquer que seja sua forma de pagamento, seja ele em dinheiro ou em utilidades, bem como a estimativa da gorjeta, conforme determinado no art. 29, *caput* e § 1º, da CLT (a multa será de R$ 800,00 no caso de microempresa ou de empresa de pequeno porte); e

j.2) Multa de R$ 600,00 pelo descumprimento de prazo das anotações especificadas no art. 29, § 2º, da CLT.

3.3. EMPREGADO RURAL

a) **Quem é o empregado rural?** Empregado rural possui os mesmos requisitos dos demais para configurar o vínculo empregatício: pessoa física, não eventualidade, onerosidade e subordinação. O importante para identificar o trabalhador rural é definir quem é o empregador rural. De acordo com a lei, é a pessoa física ou jurídica que explore a atividade agroeconômica. Assim sendo, mesmo que o prédio esteja localizado em área urbana, se a sua destinação envolver exploração agrícola ou pecuária, o empregado será rural.

b) **Direitos equiparados:** Inicialmente, o empregado rural não possuía os mesmos direitos dos empregados urbanos. Com a promulgação da Constituição Federal de 1988, ocorreu a equiparação de direitos entre empregados urbanos e rurais.

c) **Peculiaridades do empregado rural:** Apesar de ter havido a equiparação de direitos com empregados urbanos, por conta das especificidades que envolvem as atividades desenvolvidas por esses trabalhadores, a Lei do Empregado Rural estabelece algumas peculiaridades. Para facilitar os estudos, elaboramos um quadro de resumo com as principais disposições sobre os empregados ruais:

EMPREGADO RURAL (Lei nº 5.889/73)	
Empregado rural	equiparação de direitos como os urbanos (art. 7º, CF/88).
	identificação: trabalha para empregador rural.
	prescrição: mesmo período dos trabalhadores urbanos (2 anos para ingressar na justiça/pedido dos últimos 5 anos).
Peculiaridades do trabalhador rural	aviso-prévio: redução de 1 dia por semana (iniciativa do empregador).
	intervalo: de acordo com usos e costumes da região.
	trabalho noturno (hora de 60 min): • pecuária 20 h às 4 h. • agricultura 21 h às 5 h. • adicional noturno: 25%.
	salário-utilidade (desconto sobre salário mínimo): • 20% moradia. • 25% alimentação. • prévia autorização.
Contrato temporário rural (art. 14-A, Lei Rural)	empregador: pessoa física.
	duração: 2 meses dentro do período de 1 ano.
	recolher FGTS e contribuições previdenciárias.
	mesmos direitos dos demais empregados permanentes.

3.4. EMPREGADO DOMÉSTICO

a) **Quem é o empregado doméstico?** O empregado doméstico tem os 4 requisitos "clássicos" para configurar o vínculo empregatício (pessoa física, onerosidade, subordinação e continuidade). Entretanto, para esse trabalhador há duas particularidades que o candidato deve sempre lembrar:

a.1) **Finalidade não lucrativa:** É vedado que o empregado doméstico esteja inserido em uma atividade lucrativa da família, ou seja, não poderá prestar serviços a terceiros, mas apenas à família.

a.2) **Trabalho contínuo:** O art. 1º, caput, da promulgada LC nº 150/2015 (Lei do Doméstico) estabelece que será configurado o trabalho doméstico quando realizado por período superior a 2 dias. Assim, não há dúvidas de que, se os serviços forem prestados em 1 ou 2 dias por semana, ficará configurada a "faxineira" ou a "diarista", que representam trabalhadoras autônomas, sem direitos trabalhistas.

Na tentativa de tornar mais didática essa nova matéria ligada ao empregado doméstico e facilitar os estudos, segue o quadro de resumo sobre o empregado doméstico em comparação com os demais empregados regidos pela CLT:

TRABALHO

	Empregado Doméstico (LC nº 150/2015)	Demais empregados (CLT)
Requisitos para configuração da relação de emprego	- Pessoalidade; - Subordinação; - Continuidade (mais de 2 vezes por semana); - Onerosidade; - Prestação de serviço para pessoa ou família; - Serviços prestados em âmbito residencial; - Finalidade não lucrativa.	- Pessoalidade; - Subordinação; - Não eventualidade; - Onerosidade.
Idade mínima para contratação	- 18 anos (art. 1º, parágrafo único).	- A partir de 16 anos (art. 7º, XXXIII, CF/88, e art. 403, CLT); - Exceção: aprendizes (maiores de 14 anos).
Hipóteses de contratação por prazo determinado	1) Contrato de experiência (art. 4º, I); 2) Atendimento de necessidades familiares de natureza transitória (art. 4º, II); 3) Substituição temporária de empregado doméstico com contrato de trabalho interrompido (art. 4º, II).	1) Contrato de experiência (art. 443, § 2º, III); 2) Atividades empresariais de caráter transitório (art. 443, § 2º, II); 3) Serviço cuja natureza ou transitoriedade justifique a predeterminação do prazo (art. 443, § 2º, I). Obs.: Reforma Trabalhista cria nova modalidade: trabalho intermitente (art. 443, § 3º e 452-A da CLT)
Cláusula assecuratória de direito recíproco	- Não há previsão de pagamento de aviso-prévio no contrato por prazo determinado (art. 9º).	- Faculta às partes estabelecerem a cláusula asseguratória do direito recíproco de rescisão antes de expirado o termo ajustado (art. 481, CLT).
Controle de jornada	- Obrigatório o controle para todos empregados domésticos (art. 12).	- Empresas com mais de 20 empregados (art. 74, § 2º – redação dada pela Lei nº 13.874/2019).
Compensação de jornada	- Acordo escrito entre as partes. (art. 2º, § 4º); - Primeiras 40 horas devem ser remuneradas como extras, salvo compensação em outro dia da semana (art. 2º, § 5º, I e II); - Horas excedentes às primeiras 40 horas extras devem ser compensadas no prazo máximo de 1 ano (art. 2º, § 5º, III).	Reforma Trabalhista: – Compensação de jornada pode ser realizada dentro do período de 1 mês por acordo tácito ou escrito. - Para o banco de horas, é exigida a compensação no prazo máximo de 6 meses, por acordo individual escrito ou 1 ano por negociação coletiva.
Jornada de Trabalho 12x36	- Suficiente a realização de acordo escrito entre as partes (art. 10, caput); - Necessidade de se respeitar ou de indenizar os intervalos para repouso e alimentação; - Descanso de 36 horas compensa o trabalho no DSR e nos feriados. Não há pagamento em dobro.	Com a Lei nº 13.467/2017, é possível a formalização mediante acordo individual escrito, convenção coletiva ou acordo coletivo. - Há a possibilidade de se respeitar ou indenizar os intervalos para repouso e alimentação. - Descanso de 36 horas compensará o trabalho no DSR e nos feriados. Não há pagamento em dobro.
Trabalho em regime de tempo parcial (máximo de 25 horas semanais)	- Possibilidade de realização de 1 hora extra diária, desde que respeitado o limite máximo de 6 horas diárias e mediante acordo escrito entre as partes (art. 3º, § 2º).	- Reforma Trabalhista: Considera-se trabalho em regime de tempo parcial aquele cuja duração não exceda a trinta horas semanais, sem a possibilidade de horas suplementares semanais, ou, ainda, aquele cuja duração não exceda a vinte e seis horas semanais, com a possibilidade de acréscimo de até seis horas suplementares semanais. (art. 58-A)
Intervalos	- Possibilidade de redução do intervalo intrajornada de 1 hora para 30 minutos mediante acordo escrito entre as partes (art. 13, caput); - Se o empregado residir no local de trabalho, é possível o fracionamento do intervalo intrajornada em 2 períodos de no mínimo 1 hora cada um (art. 13, § 1º);	- Reforma Trabalhista: Possibilidade de redução do intervalo intrajornada para trinta minutos, mediante acordo coletivo ou convenção coletiva (art. 611-A, III) - 2 outras hipóteses de redução do intervalo para almoço: 1) Motoristas do setor de transporte coletivo de passageiros: art. 71, § 5º, CLT.

	Empregado Doméstico (LC nº 150/2015)	Demais empregados (CLT)
Intervalos	– Prenotação: Se houver fracionamento, é proibida a prenotação do intervalo no registro diário de horário (art. 13, § 2º).	2) Autorização do Ministério do Trabalho: art. 71, § 3º, CLT. – Nesse caso, deve-se atender a três requisitos: a) estabelecimento atenda às exigências dos refeitórios. b) empregador não exija horas extras. c) autorização do Ministério do Trabalho. – Pré-assinalação do período de repouso é permitida para empresas com mais de 20 empregados (art. 74, § 2º, CLT).
Fracionamento das férias	– Fracionamento a critério do empregador por período não inferior a 14 dias (art. 17, § 2º).	– Reforma Trabalhista: Mediante concordância do empregado, as férias poderão ser fracionadas em até 3 períodos (Art. 134, § 1º). – Um dos períodos não deve ser inferior a 14 dias e os demais não poderão ser inferiores a 5 dias cada um (Art. 134, § 1º).
Abono pecuniário de férias	– Deve ser requerido até 30 dias do término do período aquisitivo de férias (art. 17, § 4º).	– Deve ser requerido até 15 dias do término do período aquisitivo de férias (art. 143, § 1º).
Vale-transporte	– Permite o pagamento dos vales em dinheiro ao empregado mediante recibo (art. 19, parágrafo único).	– Não é possível o pagamento em dinheiro. É necessária a aquisição dos vales-transporte (art. 4º da Lei nº 7.418/1985).
Indenização compensatória da perda do emprego	– Obrigação do empregador doméstico de depositar mensalmente a quantia de 3,2% da remuneração devida ao empregado na conta vinculado do empregado doméstico em variação distinta dos depósitos do FGTS (art. 22). – Multa de 40% sobre os depósitos de FGTS não é devida ao doméstico.	– Pagamento de multa de 40% sobre os depósitos do FGTS nas hipóteses de dispensa sem justa causa ou rescisão indireta (art. 18, § 1º, Lei nº 8.036/1990); – Pagamento de multa de 20% para as hipóteses de término do contrato de trabalho por força maior culpa recíproca e distrato (art. 484-A da CLT).
Dispensa por justa causa (falta grave do empregado)	– Nova hipótese de dispensa por justa causa que não é aplicada aos demais empregados diante da relação de estrita confiança do trabalho doméstico: submissão a maus-tratos de pessoa idosa, de enfermo, de pessoa com deficiência ou de criança sob cuidado direto ou indireto do empregado (art. 27, I); – As hipóteses que dizem respeito ao resguardo da atividade econômica do empregador previstas na CLT não são reproduzidas na lei dos domésticos em razão da ausência de finalidade lucrativa inerente a essa relação de emprego.	– Art. 482, CLT. – Inserção de nova hipótese pela Reforma Trabalhista: • perda da habilitação ou dos requisitos estabelecidos em lei para o exercício da profissão, em decorrência de conduta dolosa do empregado (art. 482, m).
Seguro-Desemprego	– Tem direito ao recebimento do seguro-desemprego no valor de 1 salário mínimo pelo período máximo de 3 meses, de forma contínua ou alternada a cada período aquisitivo de 16 meses (art. 26 da LC nº 150/2015 e arts. 46 e 47 da Resolução Codefat nº 957/2022).	– A quantidade de parcelas a ser concedida ao segurado é variável de acordo com o número de solicitações do benefício e a quantidade de meses trabalhados.
Rescisão indireta (falta grave do empregador)	– Nova hipótese de rescisão indireta que não é aplicada aos demais empregados: o empregador praticar qualquer das formas de violência doméstica ou familiar contra mulheres (Lei Maria da Penha).	– Art. 483, CLT.

3.5. TRABALHO DA CRIANÇA E DO ADOLESCENTE

a) **Doutrina de Proteção Integral e da Prioridade Absoluta:** consiste em prestigiar a prioridade da criança e do adolescente, a garantir seus direitos, com a destinação de recursos para a produção do bem comum desses sujeitos, a fim de que o orçamento prestigie e proteja os direitos assegurados pela lei[2].

2. MARQUES, Geny Helena Barroso; JOSVIAK, Mariane; BESSA, Sueli Teixeira. Aprendizagem e qualificação profissional de adolescentes em cumprimento de medidas socioeducativas

b) **Idade para trabalho:** é proibido o trabalho noturno, perigoso ou insalubre a pessoas com menos de 18 e de qualquer trabalho a menores de dezesseis anos, salvo na condição de aprendiz, a partir de quatorze anos.

c) **Hora extra:** de acordo com o art. 413 da CLT, o empregado com menos de 18 anos poderá prorrogar a jornada somente em duas hipóteses excepcionais:

c.1) compensação de jornada, desde que:

1. haja negociação coletiva; e
2. não ultrapasse 44 horas semanais;

c.2) Força maior, desde que não ultrapasse 12 horas diárias e haja pagamento de adicional de serviço extraordinário de, no mínimo, 50%. Fora esses 2 casos excepcionais, o adolescente não poderá prestar serviços suplementares (horas extras).

d) **Intervalo de 15 minutos:** Importante ressaltar que o intervalo de 15 minutos entre o final da jornada de trabalho e o início da jornada extraordinária não é mais devido aos adolescentes e às mulheres, tendo em vista a revogação do art. 384 da CLT pela Reforma Trabalhista.

e) **Jornadas somadas:** Caso o adolescente preste serviços a mais de uma empresa, ou seja, haja contratos de trabalho simultâneos, as horas de trabalho em cada uma delas serão somadas, conforme previsto no art. 414 da CLT. Exemplo: empregado adolescente, 17 anos de idade, trabalha 4 horas diárias em um supermercado. Foi contratado para trabalhar em uma papelaria à tarde. Poderá cumular os contratos, desde que tenha jornada, na papelaria, de até 4 horas diárias, pois não poderá ultrapassar as 8 horas, somados os horários.

f) **Assistência para quitação:** para a assinatura do recibo de quitação das verbas rescisórias, há a necessidade de assistência dos representantes legais, sob pena de nulidade, conforme previsto no art. 439 da CLT.

g) **Prescrição:** contra o trabalhador com menos de 18 anos não corre prazo prescricional, ou seja, há uma causa impeditiva de contagem do prazo. Exemplo: o término do contrato ocorreu quando o trabalhador completou 17 anos de idade. Não correrá o prazo prescricional até que ele complete 18 anos. Ao completar essa idade, inicia-se o prazo de 2 anos para ingressar com a ação na Justiça do Trabalho. Ressalta-se que não é vedado ao adolescente ingressar com a reclamação trabalhista antes de completar 18 anos.

h) **Meio ambiente do trabalho:** As normas referentes ao meio ambiente de trabalho da mulher previstas na CLT são aplicadas subsidiariamente aos adolescentes. Nesse sentido, destaca-se a limitação de força muscular (art. 405, § 5º, CLT – 20 (vinte) quilos para o trabalho continuo, ou 25 (vinte e cinco) quilos para o trabalho ocasional).

i) **Salário do adolescente:** o art. 7º, inciso XXX, da CF/88 proíbe que as pessoas com menos de 18 anos tenham salários diferentes no exercício de funções idênticas se comparados com o salário de um empregado adulto. Além disso, a própria jurisprudência do TST determina que não é possível a fixação de salário mínimo profissional diferenciado aos adolescentes (OJ nº 26 da SDC do TST).

j) **Férias do empregado adolescente:** com a Reforma Trabalhista, houve a revogação do art. 134, § 2º da CLT, que estabelecia essa vedação de fracionamento de férias ao menor de 18 anos e para empregados com mais de 50 anos. Dessa forma, é permitido a todos os empregados, inclusive aos adolescentes, o fracionamento das férias individuais.

j.1) **Coincidência com as férias escolares:** o empregado adolescente estudante tem o direito de fazer coincidir as férias no trabalho com o período das férias escolares.

Para facilitar os estudos, segue o quadro de resumo sobre empregado com menos de 18 anos:

Trabalho da Criança e do Adolescente	
Trabalho a partir dos 16 anos, exceto:	**|N|oturno** **|I|nsalubre** **|P|erigoso**
A partir dos 14 anos:	Somente como aprendiz
Proibido trabalhar em horas extras, exceto:	Compensação – máximo 2 horas extras diárias Força maior – até 12 horas
Intervalo de 15 minutos entre jornada normal e horas extras:	Com o advento da Reforma Trabalhista, não há mais que se falar no intervalo de 15 minutos entre o final da jornada normal e o início das horas extras.
Trabalho em mais de uma empresa:	8 horas somadas
Representante legal:	Assistência na quitação das verbas rescisórias
Férias:	A Reforma Trabalhista permite o fracionamento a todos os empregados Direito de coincidir férias no trabalho com as férias escolares

k) **Profissões com idades diferenciadas:** a idade mínima para o empregado doméstico é de 18 anos (art. 1º, parágrafo único, LC nº 150/2015), 21 anos para a profissão de vigilante (art. 28, II, Lei nº 14.967/2024) e 25 anos para a atividade de Mãe Social (art. 9º, a, Lei nº 7.644/1987).

3.5.1. DOS DIREITOS DE PROFISSIONALIZAÇÃO E À PROTEÇÃO DO TRABALHO. ESTATUTO DA CRIANÇA E DO ADOLESCENTE (LEI Nº 8.069/90 E ALTERAÇÕES)[3-4]

a) **Criança e adolescente:** de acordo com previsão expressa no ECA, é considerada criança a pessoa com até 12 anos incompletos e adolescente aquela entre 12 e 18 anos de idade. Excepcionalmente, o ECA é aplicado a pessoas entre 18 e 21 anos de idade.

Os artigos indicados no Estatuto da Criança e do Adolescente sobre esse tópico são: artigos 60 ao artigo 69.

O candidato ao ler esses artigos deve ficar atento:

> I – A idade mínima do aprendiz é 14 anos. Não se admite aprendiz com menos de 14 anos, conforme previsto na CF[5];

em meio aberto e fechado. In: CARELLI, Rodrigo de Lacerda et al (Ed.). Revista do Ministério Público do Trabalho. Brasília: Procuradoria Geral do Trabalho, 2014. p. 262.

3. Indico o melhor livro de ECA para leitura complementar: Estatuto da Criança e do Adolescente Comentado. Luciano Rossato, Paulo Lépore e Rogério Sanches. 8ª ed. Saraiva.
4. Os artigos indicados no Estatuto da Criança e do Adolescente sobre esse tópico são: artigos 60 ao artigo 69 – indicados no final desse capítulo.
5. Importante destacar que o art. 60 do ECA, que estabelece a possibilidade de trabalho do **adolescente menor de 14**

II – Proibição do trabalho penoso a pessoas com menos de 18 anos;

II – Previsão do trabalho educativo em que as condições pedagógicas devem prevalecer sobre o aspecto produtivo.

b) **Formação técnico-profissional:** segundo o art. 63 do ECA, a formação técnico-profissional obedecerá aos seguintes princípios:

I – Garantia de acesso e frequência obrigatória ao ensino regular;

II – Atividade compatível com o desenvolvimento do adolescente;

III – Horário especial para o exercício das atividades.

c) **Trabalho educativo não se confunde com aprendizagem:** a aprendizagem é uma modalidade especial de relação de emprego (ver tópico abaixo), enquanto o trabalho educativo é a "atividade laboral em que as exigências pedagógicas relativas ao desenvolvimento pessoal e social do educando prevalecem sobre o aspecto produtivo". Ressalta-se que o recebimento de remuneração pelo trabalho ou pela venda de produtos de seu trabalho não desconfigura o trabalho educativo.

3.5.2. APRENDIZ

a) **Aprendiz:** o aprendiz é empregado; logo, estão presentes os requisitos essenciais da relação de emprego. A particularidade do contrato de aprendizagem consiste em permitir o trabalho a partir dos 14 anos. O contrato de aprendizagem é por prazo determinado. Assim sendo, não poderá ser firmado por mais de 2 anos com o mesmo empregador. Se extrapolado o limite de 2 anos, o contrato será automaticamente convertido em prazo indeterminado. Esse limite máximo de 2 anos não se aplica ao aprendiz com deficiência.

b) **Requisitos indispensáveis para configurar o contrato de aprendizagem. Esses requisitos estão previstos no art. 428 da CLT:**

Art. 428, CLT: Contrato de aprendizagem é o contrato de trabalho especial, ajustado por escrito e por prazo determinado, em que o empregador se compromete a assegurar ao maior de 14 (quatorze) e menor de 24 (vinte e quatro) anos inscrito em programa de aprendizagem formação técnico-profissional metódica, compatível com o seu desenvolvimento físico, moral e psicológico, e o aprendiz, a executar com zelo e diligência as tarefas necessárias a essa formação (grifos acrescidos).

b.1) **Requisitos para validade do contrato de aprendizagem para maiores de 18 anos:** a Lei nº 13.146/2015 (Estatuto da Pessoa com Deficiência) acrescentou o § 8º do art. 428 da CLT, que prevê a necessidade de anotação na CTPS e frequência em programa de aprendizagem desenvolvido por entidade qualificada em formação técnico-profissional metódica.

c) **Obrigatoriedade na contratação de aprendizes:** como forma de incentivar a inserção de novos profissionais no mercado de trabalho, a CLT prevê obrigatoriedade na contratação desses profissionais. As empresas estão obrigadas a contratar, no mínimo, 5% e, no máximo, 15% do quadro de trabalhadores como aprendizes. Essa obrigatoriedade não se aplica aos empregadores sem fins lucrativos, às microempresas e às empresas de pequeno porte.

c.1) **Impossibilidade de flexibilização da cota de aprendizagem:** o ordenamento jurídico brasileiro não permite a flexibilização da cota de aprendizagem. Esse já era o posicionamento majoritário na doutrina e na jurisprudência, bem como o sustentado pelo MPT. Contudo, a confirmação de que não se admite qualquer flexibilização em relação à referida cota legal veio com o julgamento final do ARE 1121633 pelo STF, que fixou a tese de que acordos e convenções coletivas de trabalho podem restringir direitos trabalhistas não constitucionalmente assegurados (Tema 1.046 da Repercussão Geral). Nessa oportunidade, a Corte foi expressa ao vedar a flexibilização da cota de aprendizagem e de pessoas com deficiência. Segundo o voto do relator, Min. Gilmar Mendes, acompanhado pela maioria, a prevalência do negociado sobre o legislado não abrange políticas públicas de inclusão de pessoa com deficiência e dos jovens e adolescentes no mercado de trabalho.

c.2) **Aprendizagem em atividades esportivas:** as empresas poderão destinar o equivalente a 10% de sua cota de aprendizes à formação técnico-profissional metódica em áreas relacionadas a práticas de atividades desportivas, prestação de serviços relacionados à infraestrutura e à organização de eventos esportivos (art. 429, §1º-B da CLT).

d) **Salário mínimo hora:** ao aprendiz, salvo condição mais favorável, será garantido o salário mínimo hora (art. 428, § 2º, da CLT).

e) **FGTS:** os depósitos do FGTS – Fundo de Garantia do Tempo de Serviço – são suportados exclusivamente pelo empregador. A alíquota do aprendiz é de apenas 2% sobre a remuneração. O percentual dos demais empregados é de 8% sobre a remuneração.

f) **Vedação à prorrogação de jornada e à compensação de jornada:** é vedada a prorrogação da jornada (horas extras) e a compensação de horas aos aprendizes.

g) **Extinção do contrato de aprendizagem:** a extinção poderá ocorrer normalmente, nos casos de término do prazo do contrato de dois anos, ou ainda se o aprendiz completar 24 anos, conforme o art. 428, caput e § 3º, da CLT. Ocorre, entretanto, a possibilidade de rescisão antecipada (art. 433, CLT) nos casos de:

I – Desempenho insuficiente ou inadaptação do aprendiz, salvo para o aprendiz com deficiência quando desprovido de recursos de acessibilidade, de tecnologias assistivas e de apoio necessário ao desempenho de suas atividades. Essa exceção ao aprendiz com deficiência foi acrescentada pelo Estatuto da Pessoa com Deficiência (Lei nº 13.146/2015);

II – Falta disciplinar grave;

III – Ausência injustificada à escola que implique perda do ano letivo;

IV – Pedido do aprendiz.

Para facilitar os estudos, segue quadro resumo sobre a aprendizagem:

---

anos enquanto aprendiz, não foi recepcionado pela CF/88, após a promulgação da EC nº 20/1998, que estabeleceu a idade mínima de 14 anos para o trabalho na aprendizagem.

Aprendiz

- Idade permitida: a partir de 14 anos até 24 anos, exceto deficiente
- Requisitos → contrato escrito; matrícula e frequência na escola; inscrição em programa de aprendizagem
- Prazo do contrato: 2 anos, exceto deficiente
- FGTS: 2%
- Obrigatoriedade na contratação → mínimo 5%; máximo 15% (Exceto: entidades sem fins lucrativos e pequenas e microempresas)
- Jornada: 6 horas, exceto se completou o ensino fundamental, 8 horas

3.6. EMPREGADO PÚBLICO

a) **A importância de identificar o empregado público:** a Administração Pública direta, autárquica e fundacional de qualquer dos Poderes da União, dos Estados e dos Municípios poderá contratar empregados públicos ou servidores estatutários. Os empregados públicos são regidos pela CLT como os demais empregados da iniciativa privada. Dessa forma, as ações trabalhistas referentes a empregados públicos serão processadas e julgadas pela Justiça do Trabalho. Já os servidores públicos estatutários são regidos por estatuto próprio, disciplinada pelo direito administrativo, e é da Justiça Comum que tem competência para processar e julgar as ações que envolvam essa modalidade de trabalho.

b) **Regime jurídico único (ADI 2135/DF):** a Administração Pública pode adotar dois regimes jurídicos para contratação de pessoal: o estatutário, que oferece estabilidade e é regido por normas administrativas, e o celetista, baseado na CLT e comum ao setor privado. A Constituição de 1988, inicialmente, exigia um regime jurídico único para os entes federativos, mas a EC 19/98 alterou o art. 39, flexibilizando essa exigência. A nova redação permitiu contratações por regimes distintos, gerando controvérsias e questionamentos sobre sua constitucionalidade.

Em 2007, o STF suspendeu os efeitos da EC 19/98 em caráter cautelar, restabelecendo o regime único até julgamento definitivo da ADI 2135, que questionava a regularidade do processo legislativo da Emenda. Após anos de impasse, o mérito começou a ser apreciado em 2020. A relatora, ministra Cármen Lúcia, votou pela inconstitucionalidade, enquanto o ministro Gilmar Mendes abriu divergência, gerando debates acirrados.

Finalmente, em 2024, prevaleceu o entendimento pela constitucionalidade da EC 19/98, com decisão modular de efeitos pelo STF, que garantiu validade às relações anteriores e vedou a mudança de regime dos servidores atuais. A decisão reconheceu a legitimidade da flexibilização, permitindo a coexistência de regimes distintos na administração pública, desde que respeitadas as limitações administrativas e previdenciárias.

c) **Conceito:** são servidores titulares de emprego público, sujeito a regime jurídico celetista, não sendo detentores de estabilidade e submetidos ao Regime Geral de Previdência Social.

d) **Investidura em cargo ou emprego público:** aprovação em concurso público de provas ou de provas e títulos, ressalvadas as nomeações para cargo em comissão (art. 37, II, da CF/88).

e) **Contratação sem concurso público após CF/88:** contrato é nulo na hipótese de trabalho proibido. Esses trabalhadores que ingressam no serviço público sem concurso são chamados de servidores de fato.

f) **Direitos do servidor de fato:** direito ao pagamento da contraprestação pactuada, em relação ao número de horas trabalhadas, respeitado o valor da hora do salário-mínimo, e dos valores referentes aos depósitos do FGTS (Súmula nº 363 do TST).

g) **Empregados celetistas da Administração Direta, autárquica e fundacional:** de acordo com o posicionamento manifestado nas decisões da Corte Constitucional, a estabilidade do art. 41 da CF/88 só se estende aos empregados celetistas da Administração Direta, autarquias e fundações públicas que ingressaram no serviço público antes da promulgação da Emenda 19/98, que se deu em 5/6/1998. Após essa data, só se aplica aos servidores titulares de cargo efetivo.

h) **Dispensa sem justa causa do empregado público e necessidade de motivação (Tema 1022 de Repercussão Geral do STF):** "As empresas públicas e as sociedades de economia mista, sejam elas prestadoras de serviço público ou exploradoras de atividade econômica, ainda que em regime concorrencial, têm o dever jurídico de motivar, em ato formal, a demissão de seus empregados concursados, não se exigindo processo administrativo. Tal motivação deve consistir em fundamento razoável, não se exigindo, porém, que se enquadre nas hipóteses de justa causa da legislação trabalhista".

i) **Estabilidade da gestante no serviço público (Tema 542 de Repercussão Geral do STF):** "A trabalhadora gestante tem direito ao gozo de licença-maternidade e à estabilidade provisória, independentemente do regime jurídico aplicável, se contratual ou administrativo, ainda que ocupe cargo em comissão ou seja contratada por tempo determinado".

3.7. CONTRATOS DE TRABALHO ESPECIAIS

a) Nesse tópico, trataremos sobre alguns contratos de trabalho especiais. É importante notar que falaremos de empregados, ou seja, nessa relação de trabalho estarão presentes todos os requisitos da relação de emprego (pessoalidade, não eventualidade, onerosidade e subordinação). Contudo, as atividades desempenhadas por esses empregados possuem certas peculiaridades, de tal forma que lhes são assegurados direitos especiais pela CLT. Para facilitar os estudos, elaboramos alguns quadros resumo com as principais disposições especiais aplicáveis a esses empregados.

3.7.1. BANCÁRIO

a) **Peculiaridades:** a execução das atividades bancárias possui aspectos peculiares, quanto à natureza e à responsabilidade, exigindo dos empregados atenção constante no exercício de suas funções.

b) **Jornada de trabalho:** o empregado bancário conquistou ao longo do tempo o direito à jornada reduzida de 6 horas diárias e 30 horas semanais, conforme previsto no art. 224 da CLT. A duração normal do trabalho ficará compreendida entre 7 h e 22 h, assegurando-se ao empregado um intervalo de 15 minutos para alimentação.

c) **Cargo de confiança específica:** o bancário ocupante de cargo de confiança específica, ou seja, que exerça função de gerência, chefia, ou ainda cargo de confiança não terá direito à jornada reduzida de 6 horas e 30 horas semanais. Para configurar essa confiança específica, o gerente deverá preencher dois requisitos cumulativos:

c.1) exercer funções de direção, gerência, fiscalização, chefia e equivalentes ou desempenhar cargo de confiança; e

c.2) receber gratificação não inferior a 1/3 do salário do cargo efetivo.

d) **Jornada do gerente:** uma vez preenchidos esses dois requisitos, o gerente terá jornada de trabalho de 8 horas diárias e 40 horas semanais, conforme previsto no art. 224, § 2º, da CLT.

e) **Gerente-geral de agência bancária:** seus poderes equiparam-se ao próprio empregador – toma decisões importantes para o andamento da empresa, contratar e dispensar empregados, por exemplo –, não terá nenhuma limitação de jornada, aplicando-se o art. 62, II, da CLT.

Bancário (Resumo)
1. Jornada: 6 horas diárias e 30 horas semanais. Intervalo de 15 minutos não remunerado. 2. Gerente: entre 8 e 40 horas semanais, desde que: a) poderes de chefia/cargo de confiança; b) receber gratificação não inferior a 1/3. 3. Gerente-geral de agência: não tem limitação de jornada (art. 62, II, da CLT). 4. Caixa: jornada de 6 horas.

3.7.2. MOTORISTA PROFISSIONAL

a) **Motoristas profissionais:** os motoristas eram citados como exemplos de empregados sem direito à jornada de trabalho, em razão da prestação de serviços externos, art. 62 da CLT. Em março/2015, foi promulgada a Lei dos Motoristas Profissionais – Lei nº 13.103/2015 –, que alterou a regulamentação da profissão, especialmente no tocante à jornada de trabalho.

b) **ADI nº 5322:** contudo, dois meses após sua promulgação, a Confederação Nacional dos Trabalhadores em Transportes – CNTT propôs, perante o STF, a ADI nº 5322, cujo objetivo era a declaração da inconstitucionalidade da Lei nº 13.103/15, que, entre outras providências, alterou a redação da Seção IV-A – Do Serviço do Motorista Profissional Empregado (arts. 235-A a 235-H). Na referida ADI, **o STF declarou a inconstitucionalidade de 11 dispositivos trazidos ou alterados pela Lei nº 13.103/2015.** Para facilitar e sistematizar o estudo da matéria e os impactos do julgamento da ADI 5322, preparei 2 quadros-resumo:

<table>
<tr><th colspan="3">Impactados da ADI 5322 aos direitos trabalhistas do Motorista Profissional</th></tr>
<tr><th></th><th>Dispositivo impactado</th><th>Como ficou depois da ADI 5322?</th></tr>
<tr><td rowspan="3">Tempo de espera</td><td>Art. 235-C, § 1º, CLT: Será considerado como trabalho efetivo o tempo em que o motorista empregado estiver à disposição do empregador, excluídos os intervalos para refeição, repouso e descanso e o tempo de espera.</td><td rowspan="3">O STF declarou inconstitucional as partes grifadas dos dispositivos. Portanto, é inconstitucional a exclusão das horas em que o motorista profissional empregado fica aguardando carga ou descarga do veículo nas dependências do embarcador ou do destinatário e o período gasto com a fiscalização da mercadoria transportada em barreiras fiscais ou alfandegárias (tempo de espera) da sua jornada de trabalho. Essas horas deverão ser computadas como tempo à disposição do empregador e deverão ser regulamente remuneradas.</td></tr>
<tr><td>Art. 235-C, § 8º, CLT: São considerados tempo de espera as horas em que o motorista profissional empregado ficar aguardando carga ou descarga do veículo nas dependências do embarcador ou do destinatário e o período gasto com a fiscalização da mercadoria transportada em barreiras fiscais ou alfandegárias, não sendo computados como jornada de trabalho e nem como horas extraordinárias.</td></tr>
<tr><td>Art. 235-C, § 9º, CLT: As horas relativas ao tempo de espera serão indenizadas na proporção de 30% (trinta por cento) do salário-hora normal.</td></tr>
<tr><td>Movimentações necessárias durante o tempo de espera</td><td>Art. 235-C, § 12, CLT: Durante o tempo de espera, o motorista poderá realizar movimentações necessárias do veículo, as quais não serão consideradas como parte da jornada de trabalho, ficando garantido, porém, o gozo do descanso de 8 (oito) horas ininterruptas aludido no § 3º.</td><td>O STF declarou inconstitucional a parte grifada do dispositivo. Portanto, é inconstitucional a exclusão do tempo gasto com movimentações necessárias do veículo, durante o tempo de espera, da jornada de trabalho.</td></tr>
</table>

TRABALHO

Impactados da ADI 5322 aos direitos trabalhistas do Motorista Profissional		
	Dispositivo impactado	**Como ficou depois da ADI 5322?**
Fracionamento do interjornada (11h)	**Art. 235-C, § 3º, CLT:** Dentro do período de 24 (vinte e quatro) horas, são asseguradas 11 (onze) horas de descanso, **sendo facultados o seu fracionamento e a coincidência com os períodos de parada obrigatória na condução do veículo estabelecida pela Lei no 9.503, de 23 de setembro de 1997 - Código de Trânsito Brasileiro, garantidos o mínimo de 8 (oito) horas ininterruptas no primeiro período e o gozo do remanescente dentro das 16 (dezesseis) horas seguintes ao fim do primeiro período.**	O STF declarou **inconstitucional** as partes grifadas dos dispositivos. Portanto, é inconstitucional fracionar o intervalo interjornada ou fazê-lo coincidir com os períodos de parada obrigatória na condução do veículo estabelecidos no Código de Trânsito Brasileiro.
	Art. 67-C, § 3º, CTB: O condutor é obrigado, dentro do período de 24 (vinte e quatro) horas, a observar o mínimo de 11 (onze) horas de descanso, **que podem ser fracionadas, usufruídas no veículo e coincidir com os intervalos mencionados no § 1º, observadas no primeiro período 8 (oito) horas ininterruptas de descanso.**	
Gozo do interjornada com o veículo em movimento	**Art. 235-D, § 5º, CLT: Nos casos em que o empregador adotar 2 (dois) motoristas trabalhando no mesmo veículo, o tempo de repouso poderá ser feito com o veículo em movimento, assegurado o repouso mínimo de 6 (seis) horas consecutivas fora do veículo em alojamento externo ou, se na cabine leito, com o veículo estacionado, a cada 72 (setenta e duas) horas.**	O STF declarou **inconstitucional** as partes grifadas dos dispositivos. Portanto, é inconstitucional o gozo do intervalo interjornada no interior do veículo em movimento.
	Art. 235-E, III, CLT: nos casos em que o empregador adotar 2 (dois) motoristas no curso da mesma viagem, o descanso poderá ser feito com o veículo em movimento, respeitando-se os horários de jornada de trabalho, assegurado, após 72 (setenta e duas) horas, o repouso em alojamento externo ou, se em poltrona correspondente ao serviço de leito, com o veículo estacionado.	
Adiamento do DSR	**Art. 235-D, *caput*, CLT:** Nas viagens de longa distância com duração superior a 7 (sete) dias, o repouso semanal será de 24 (vinte e quatro) horas por semana ou fração trabalhada, sem prejuízo do intervalo de repouso diário de 11 (onze) horas, totalizando 35 (trinta e cinco) horas, **usufruído no retorno do motorista à base (matriz ou filial) ou ao seu domicílio, salvo se a empresa oferecer condições adequadas para o efetivo gozo do referido repouso.**	O STF declarou **inconstitucional** a parte grifada do dispositivo. Portanto, é inconstitucional adiar o DSR do motorista profissional para que o gozo se dê no retorno do motorista à base ou ao seu domicílio.
Fracionamento do DSR	**Art. 235-D, § 1º, CLT: É permitido o fracionamento do repouso semanal em 2 (dois) períodos, sendo um destes de, no mínimo, 30 (trinta) horas ininterruptas, a serem cumpridos na mesma semana e em continuidade a um período de repouso diário, que deverão ser usufruídos no retorno da viagem.**	O STF declarou **inconstitucional** a parte grifada do dispositivo. Portanto, é inconstitucional fracionar o DSR do motorista profissional.
Cumulação de DSRs	**Art. 235-D, § 2º, CLT: A cumulatividade de descansos semanais em viagens de longa distância de que trata o caput fica limitada ao número de 3 (três) descansos consecutivos.**	O STF declarou **inconstitucional** a parte grifada do dispositivo. Portanto, é inconstitucional cumular DSRs em viagens de longa distância.

	MOTORISTA PROFISSIONAL (arts. 235-A a 235-G da CLT e ADI 5322 – STF)	**Demais empregados (CLT)**
Jornada de trabalho	– 8 horas diárias com possibilidade prorrogação em (art. 235-C, *caput*): a) 2 horas extras; ou b) 4 horas extras, desde que celebrado acordo ou convenção coletiva de trabalho.	– 8 horas diárias e 44 horas semanais (art. 7º, XIII, CF/88), sendo possível a prorrogação em, no máximo, 2 horas diárias (art. 59, *caput*).

	MOTORISTA PROFISSIONAL (arts. 235-A a 235-G da CLT e ADI 5322 – STF)	Demais empregados (CLT)
Flexibilização do tempo à disposição do empregador	– **Tempo de espera (INCONSTITUCIONAL):** – **Art. 235-C, § 9º, CLT:** considerava-se tempo de espera aquele dispendido com carga ou descarga do veículo, bem como com fiscalização da mercadoria transportada. Era indenizado na proporção de 30% do salário-hora normal e não era computado na jornada de trabalho. – ADI 5322: passa a integrar a jornada de trabalho por ser tempo a disposição do empregador. Dessa forma, é remunerado como salário e, extrapolado os limites legais, será remunerado como hora extra.	– **Sobreaviso:** aguardando ordens do empregador em casa ou em outro local combinado. Recebimento de 1/3 da hora normal. Duração máxima de 24 horas. – **Prontidão:** aguardando ordens na empresa. Recebimento de 2/3 da hora normal. Duração máxima de 12 horas.
Jornada 12 x 36	– Previsão expressa dessa modalidade com o requisito de que seja instituído mediante acordo ou convenção coletiva (art. 235-F, CLT).	– Possibilidade de instituição mediante acordo individual escrito, acordo coletivo ou convenção coletiva (art. 59-A da CLT – Reforma Trabalhista). Obs.: **Doméstico:** *possibilidade de instituição mediante acordo escrito entre as partes.*
Redução e fracionamento do Intervalo intrajornada	– Redução e fracionamento do intervalo intrajornada de 1 hora dos motoristas do setor de transporte coletivo de passageiros desde que o intervalo seja concedido entre o término da primeira hora trabalhada e o início da última hora de trabalho (art. 71, § 5º, CLT).	– Possibilidade de redução do intervalo intrajornada para 30 minutos, mediante acordo ou convenção coletiva. – Obs.: **Empregados domésticos**: *possibilidade de redução do intervalo de 1 hora para 30 minutos por acordo escrito entre as partes (art. 13,* caput, *LC nº 150/2015).* *Se o empregado doméstico residir no local de trabalho, é possível o fracionamento do intervalo em 2 períodos desde que cada um deles tenha, no mínimo, 1 hora até o limite de 4 horas diárias (art. 13, § 1º, LC nº 150/2015).*
Intervalo interjornada	– Art. 235-C, § 3º, CLT: Intervalo interjornada de 11 horas. Era possível seu fracionamento desde que garantidos o mínimo de 8 horas ininterruptas no primeiro período do fracionamento e o gozo do restante dentro das 16 horas seguintes ao final do primeiro período. – **ADI 5322: inconstitucionalidade** do fracionamento do intervalo interjornada.	– Intervalo interjornada de 11 horas consecutivas, sendo vedados os fracionamento e redução (art. 66 da CLT).
DSR	– Repouso semanal remunerado de 24 horas. – Art. 235-D, *caput*, CLT: permitia o adiamento do DSR, para que fosse usufruído no retorno do motorista à base (matriz ou filial) ou ao seu domicílio. – Art. 235-D, § 1º, CLT: permitia o fracionamento do DSR em 2 períodos, sendo um destes de, no mínimo, 30 horas ininterruptas, a serem cumpridos na mesma semana e em continuidade a um período de repouso diário, que deverão ser usufruídos no retorno da viagem. – Art. 235-D, § 2º, CLT: permitia cumulatividade de descansos semanais em viagens de longa distância, limitada ao número de 3 descansos consecutivos. – **ADI 5322: inconstitucionalidade** do adiamento, do fracionamento e da cumulação do DSR.	– Repouso semanal remunerado de 24 horas concedido preferencialmente aos domingos (art. 7º, XV, CF/88). – Impossibilidade de redução ou fracionamento do DSR. – Pagamento em dobro se não concedido DSR ou se concedido após o 7º dia (Súmula nº 146 do TST e OJ nº 410 da SDI-I do TST).

c) **Modulação de efeitos:** na Sessão Virtual de 4 a 11/10/2024, o STF decidiu modular os efeitos da decisão de mérito na ADI 5322, julgada na Sessão Virtual de 23 a 30/6/2023, em que houve a declaração de inconstitucionalidade de dispositivos da CLT e do Código de Trânsito Brasileiro – CTB (Lei no

TRABALHO

9.503/1997) relacionados à atividade do motorista profissional, atribuindo-lhe efeitos *ex nunc* (não retroativos), a contar da data de **publicação da ata de julgamento de mérito**, que ocorreu em 12/7/2023.

3.7.3. PROFESSOR

a) **Jornada de trabalho do professor:** a jornada de trabalho dos professores foi alterada pela Lei nº 13.415/2017, passando a ser permitido que o professor lecione em um mesmo estabelecimento por mais de um turno, desde que não ultrapasse a jornada de trabalho semanal estabelecida legalmente. A jornada semanal máxima permitida está prevista no art. 7º, XIII, da Constituição Federal de 1988 no total de 44 horas semanais.

b) **Salário proporcional:** além das discussões acerca da jornada de trabalho, a alteração da redação do art. 318 da CLT causará impactos também no tocante ao salário proporcional do professor. O salário proporcional à jornada de trabalho é lícito e aceito pela jurisprudência do TST na OJ nº 358 da SDI-I:

> **OJ nº 358 da SDI-I do TST. I** – Havendo contratação para cumprimento de jornada reduzida, inferior à previsão constitucional de oito horas diárias ou quarenta e quatro semanais, é lícito o pagamento do piso salarial ou do salário mínimo proporcional ao tempo trabalhado.

Com a mudança no artigo 318 da CLT, prevendo apenas a limitação semanal da jornada de trabalho, é possível que os professores sejam contratados para jornada de trabalho de 8 horas diárias e 44 horas semanais. Assim, deixou de existir a previsão de jornada específica para esses trabalhadores, o que permite o pagamento de salário mínimo proporcional à jornada de trabalho, conforme previsto aos demais empregados na OJ nº 358, I, da SDI-I do TST.

c) **Hipóteses de interrupção do contrato de trabalho (art. 320, § 3º, da CLT):** a categoria dos professores possui algumas peculiaridades em relação à suspensão do contrato de trabalho. Para facilitar os estudos, elaboramos o quadro comparativo abaixo:

Hipótese	Professores (art. 320, § 3º, da CLT)	Demais empregados (art. 473 da CLT)
Casamento (gala)	9 dias.	3 dias.
Falecimento (luto)	9 dias (cônjuge, do pai ou mãe, ou de filho)	2 dias (falecimento do cônjuge, ascendente, descendente, irmão ou pessoa que, declarada em sua carteira de trabalho e previdência social, viva sob sua dependência econômica)

3.7.4. SERVIÇOS EM FRIGORÍFICOS

a) **Intervalo remunerado (art. 253 da CLT):** tendo em vista que a mudança de temperatura é prejudicial à saúde do trabalhador, após 1 hora e 40 minutos de trabalho contínuo, o empregado que presta serviços em frigoríficos e câmaras frias terá direito ao intervalo de 20 minutos, computado como tempo efetivo de trabalho.

b) **Outros empregados expostos ao frio:** esse intervalo se aplica a outros empregados, desde que comprovada a exposição ao frio.

> **Súmula n. 438 do TST**. O empregado submetido a trabalho contínuo em ambiente artificialmente frio, nos termos do parágrafo único do art. 253 da CLT, ainda que não labore em câmara frigorífica, tem direito ao intervalo intrajornada previsto no *caput* do art. 253 da CLT.

3.7.5. TRABALHO EM MINAS DE SUBSOLO

a) **Jornada de trabalho:** os trabalhadores em minas de subsolo têm jornada de trabalho limitada a 6 horas diárias e 36 horas semanais em razão dos prejuízos que a atividade pode causar à saúde do trabalhador.

b) **Intervalo remunerado (art. 298 da CLT):** em razão das atividades peculiares, o empregado terá direito, após 3 horas consecutivas de trabalho, a um intervalo de 15 minutos.

4. SUJEITOS DO CONTRATO DE TRABALHO – EMPREGADOR

4.1. EMPREGADOR

a) **Conceito:** o conceito de empregador está previsto no art. 2º da CLT:

> **Art. 2º da CLT:** Considera-se empregador a empresa, individual ou coletiva, que, assumindo os riscos da atividade econômica, admite, assalaria e dirige a prestação pessoal de serviços.

b) **Princípio da alteridade:** o empregado não divide os riscos da atividade econômica com o empregador. Assim sendo, momentos de crise mundial, baixa produtividade, vendas abaixo das expectativas não autorizam o empregador a reduzir ou descontar salários de seus empregados.

4.2. GRUPO ECONÔMICO

a) **O que é grupo econômico?** Ocorre grupo econômico quando as empresas estão ligadas entre si, ou seja, quando há "empresa-mãe e empresas-irmãs"[6]. Nesse caso, cada uma dessas empresas possui personalidade jurídica própria, isto é, CNPJ próprio, quadro de pessoal próprio, exercem atividades econômicas diversas etc. Com a Reforma Trabalhista, a nova redação dada ao § 2º do art. 2º da CLT estabelece o reconhecimento de duas formas de grupo econômico:

a.1) **Grupo econômico por subordinação:** essa modalidade já era prevista na redação do art. 2º, § 2º da CLT. No caso, o grupo pode ser for-

6. "No caso do grupo econômico, uma figura em zigue-zague, quase em formato das árvores genealógicas que aprendemos com as ciências biológicas (empregado-empregador em linha reta e empregador com as empresas-irmãs e com a empresa-mãe, se houver, dele se ramificando)." SILVA. Homero Batista Mateus da. Curso de Direito do Trabalho aplicado, vol. 1: Parte Geral. Rio de Janeiro: Elsevier, 2009. p. 142.

mado na hipótese de existência de hierarquia entre as empresas. Para a prova de formação do grupo econômico por subordinação, é indispensável, portanto, demonstrar que há uma relação de controle entre uma ou mais empresas em relação às demais integrantes.

a.2) **Grupo econômico por coordenação:** a Reforma Trabalhista inovou ao prever a possibilidade de formação de grupo econômico por coordenação. De acordo com o novo dispositivo, mesmo que as empresas guardem cada uma sua autonomia, estará configurado o grupo econômico.

b) **Caracterização do grupo econômico:** conforme preceitua o novo § 3º do artigo 2º da CLT, não há caracterização do grupo econômico apenas pela mera identidade de sócios entre as empresas, sendo necessária a demonstração do preenchimento de três requisitos:

b.1) interesse integrado;

b.2) a efetiva comunhão de interesses; e

b.3) a atuação conjunta das empresas integrantes

c) **Contrato único:** se o empregado for contratado por uma das empresas, mas seu trabalho estiver sendo aproveitado pelas demais, terá um único contrato de trabalho, ou seja, sua carteira de trabalho não será assinada pelas duas empregadoras, mas apenas uma delas. Assim sendo, mesmo prestando serviços para duas empresas, a jurisprudência do TST tem entendido tratar-se de empregador único, ou seja, o grupo é o empregador. Nesse mesmo sentido, se o empregado receber pagamento de outra empresa pertencente ao mesmo grupo, em razão de serviços executados durante a sua jornada de trabalho, o valor recebido deverá integrar a remuneração do trabalhador.

4.2.1. RESPONSABILIDADE SOLIDÁRIA E SUBSIDIÁRIA

a) O candidato deve estar atento para não confundir responsabilidade solidária e responsabilidade subsidiária. Na primeira, todas as empresas são responsáveis integralmente pelo débito, podendo o trabalhador cobrar de apenas uma empresa ou de todas elas ao mesmo tempo; cabe ao empregado essa decisão. É a hipótese de configuração do grupo econômico, onde todas as empresas podem ser acionadas.

b) Por sua vez, na responsabilidade subsidiária, há uma ordem de preferência, isto é, aciona- se primeiro o devedor principal, somente se este não pagar, cobra-se dos demais, como ocorre na hipótese de inadimplemento das obrigações trabalhistas na terceirização, de acordo com a Súmula nº 331, IV, do TST. Nesse caso, somente após a cobrança do empregador (empresa prestadora), é possível cobrar do tomador dos serviços.

4.3. SUCESSÃO DE EMPREGADORES

a) **O que é sucessão de empregadores?** Conforme visto anteriormente, empregador é a empresa individual ou coletiva que assume os riscos da atividade econômica. O contrato de trabalho não está vinculado à figura do empregador, mas sim à figura da empresa. Se, por um lado, a pessoalidade é requisito indispensável para configurar o empregado, por outro, a impessoalidade é traço marcante para o empregador, pois as mudanças na estrutura jurídica da empresa não afetam os contratos de trabalho em curso. O fundamento legal da sucessão trabalhista está previsto nos seguintes artigos da CLT:

Art. 10. Qualquer alteração na estrutura jurídica da empresa não afetará os direitos adquiridos por seus empregados.

Art. 448. A mudança na propriedade ou na estrutura jurídica da empresa não afetará os contratos de trabalho dos respectivos empregados.

Art. 448-A. Caracterizada a sucessão empresarial ou de empregadores prevista nos arts. 10 e 448 desta Consolidação, as obrigações trabalhistas, inclusive as contraídas à época em que os empregados trabalhavam para a empresa sucedida, são de responsabilidade do sucessor.

Parágrafo único. A empresa sucedida responderá solidariamente com a sucessora quando ficar comprovada fraude na transferência.

b) **Requisitos:** para que seja configurada a sucessão trabalhista, é necessária a presença de 2 requisitos:

b.1) **Transferência do estabelecimento:** há necessidade de transferência da parte produtiva (unidade econômico-jurídica), possibilitando que o sucessor (que adquiriu o estabelecimento) continue explorando a atividade econômica do sucedido. A transferência apenas de partes separadas da sucedida (venda de equipamentos isolados para diversos compradores, um carro para determinado comprador, equipamentos eletrônicos para outro etc.), sem que proporcione a continuidade da atividade, não configura a sucessão. A transferência da unidade produtiva ocorre com a cessão do ponto comercial e da clientela, equipamentos, marca, banco de dados etc. Essa transferência poderá ser realizada mediante venda, incorporação, arrendamento, cisão, fusão etc.

b.2) **Não ocorrência de paralisação da atividade:** após a sucessão, o sucessor deverá dar continuidade ao empreendimento, sem que fique paralisado por muito tempo[7].

c) **Consequência da sucessão trabalhista:** preenchidos os requisitos anteriores, o sucessor responderá pelos débitos trabalhistas. O sucessor, portanto, assumirá o bônus (riquezas produzidas pela empresa sucedida) e o ônus (débitos trabalhistas) decorrentes da sucessão.

d) **Reforma Trabalhista:** estabelece expressamente que o sucessor responde por todas as obrigações trabalhistas na redação do atual art. 448-A da CLT. No caso de fraude na transferência das empresas, a responsabilidade será solidária.

e) **Grupo econômico e sucessão trabalhista:** a formação do grupo econômico gera responsabilidade solidária entre as pessoas jurídicas que compõem o grupo. O TST já entendeu que não há responsabilidade solidária do novo empregador com o grupo econômico, exceto se comprovada má-fé ou fraude na sucessão (OJ nº 411 da SDI-I do TST).

4.4. SÓCIO RETIRANTE

a) **Sócio retirante:** a Reforma Trabalhista passou a regulamentar a figura do sócio retirante no art. 10-A

7. De acordo com Délio Maranhão: "Para que exista a sucessão de empregadores, são os requisitos indispensáveis: a) que um estabelecimento, como unidade econômico-jurídica, passe de um para outro titular; b) que a prestação de serviço pelos empregadores não sofra solução de continuidade." SUSSEKIND, Arnaldo et al. Instituições de Direito do Trabalho, vol. I. 21. ed. São Paulo: LTr, 2004. p. 305.

da CLT, que compreende aquele que se retira da sociedade mediante notificação prévia aos demais sócios, devendo ocorrer alteração no contrato social da empresa. O sócio retirante responderá subsidiariamente pelas obrigações trabalhistas da sociedade relativas ao período em que figurou como sócio. Para a responsabilização do sócio, é necessário que a reclamação trabalhista seja ajuizada no período de até 2 anos depois de averbada a modificação do contrato. A responsabilidade subsidiária é determinada por um benefício de ordem, ou seja, o empregado somente poderá exigir dos sócios retirantes caso sigam a ordem de preferência exigida em lei:

I – Empresa devedora;

II – Sócios atuais;

III – Sócios retirantes.

4.5. PODERES DO EMPREGADOR

a) **Poderes do empregador:** o poder do empregador está previsto no art. 2º da CLT, pois o empregador "dirige a prestação pessoal de serviços". Como ele assume exclusivamente os riscos da atividade econômica, há necessidade de organizar e controlar a prestação de serviços, mesmo que, para isso, seja necessária a aplicação de penalidades aos trabalhadores. Se de um lado há presença do poder de direção, por parte do empregado há também a presença da subordinação.

b) **Poderes não são absolutos (*jus resistentiae*):** limites previstos na CLT e na CF/88, por exemplo, respeitar a intimidade e a dignidade do empregado. Aliás, se transmitida ordem ilegal (comprar entorpecentes, fazer sexo com clientes da empresa), alheia ao contrato (empregado contratado como professor de inglês, sendo exigido que transporte os filhos do empregador para escola e que faça suas compras de supermercado), ou desproporcional (trabalhar 18 horas por dia, ou sem equipamentos básicos de proteção), o empregado poderá se recusar[8] a cumprir a ordem dada.

c) **Poder de controle:** por meio do controle, o empregador fiscaliza as tarefas executadas, verifica o cumprimento da jornada de trabalho e protege seu patrimônio, mediante o controle de estoque, produtividade etc. Os aspectos mais polêmicos desse poder serão a seguir analisados.

c.1) **Limitação ao uso do banheiro:** o TST entendeu que ocorre abuso do poder de direção quando o empregador impede o empregado de utilizar o banheiro para evitar interrupção na produção.

c.2) **Fiscalização do correio eletrônico:** prevalece o entendimento de que, se o e-mail é da empresa (corporativo), utilizado como ferramenta de trabalho, há possibilidade de fiscalização.

c.3) **Revistas íntimas:** há expressa previsão em lei vedando revistas íntimas nas mulheres, art. 373-A, VI, da CLT. Essa proibição tem sido estendida também aos empregados do sexo masculino, com fundamento no princípio da igualdade.

c.4) **Revistas pessoais:** quando realizadas com razoabilidade, sem que envolvam nudez, têm sido admitidas, desde que a atividade exercida justifique esse controle. O TST tem aceitado essas revistas pessoais, de bolsas, mochilas e sacolas, desde que não submeta o trabalhador a situação constrangedora. Aliás, a revista generalizada e impessoal desses pertences do empregado pode, segundo a jurisprudência do TST, ser realizada por pessoa do sexo oposto, por exemplo, segurança do sexo masculino fiscaliza a bolsa da empregada (sem que haja contato físico com a trabalhadora).

c.5) **Fiscalização por câmeras:** de acordo com o Informativo nº 223 do TST, o monitoramento do ambiente de trabalho por câmeras é possível, desde que não haja o cometimento de excessos como câmeras espiãs ou a instalação de câmeras que possam expor as partes íntimas dos empregados como banheiros ou vestiários ou em recintos destinados ao repouso.

c.6) **Uso de polígrafo (detector de mentiras):** o TST decidiu no Informativo nº 170 que a utilização de polígrafo (detector de mentiras) nas relações de trabalho é ato ilícito do empregador, pois viola a dignidade humana e os direitos da personalidade do empregado.

c.7) **Monitoramento do perfil do empregado em redes sociais**: há grande discussão doutrinária se o empregador pode realizar o monitoramento do perfil de seu empregador nas redes sociais. No âmbito das organizações de tendências, é possível o controle das manifestações dos trabalhadores que sejam contrárias ao posicionamento da empresa e que possam vir a comprometer sua imagem. No entanto, não é possível realizar o controle acerca das atividades do trabalhador ou de questões que envolvem o direito à privacidade e intimidade.

c.8) **Violação à imagem:** a noção de imagem refere-se à projeção da pessoa em seus relacionamentos e na comunidade que está inserida. O direito à imagem é tutelado pela Constituição Federal no âmbito do patrimônio moral do indivíduo. Pode haver violação à imagem do trabalhador com a utilização não autorizada ou não retribuída da imagem ou a utilização com a finalidade de denegrir o trabalhador. Em todos os casos, é possível a reparação do dano causado[9].

c.9) **"Lista suja" de trabalhadores:** a divulgação de lista com nomes de trabalhadores que ingressaram com reclamação trabalhista enseja a indenização por danos morais aos trabalhadores prejudicados e à toda sociedade por meio de dano moral coletivo[10], pois é uma medida discriminatória para impedir o exercício constitucional do direito de ação.

c.10) **Restrições ao porte e uso do celular:** para a corrente majoritária, a restrição ao porte e ao uso do celular durante a jornada de trabalho e/ou nas dependências da empresa está

8. De acordo com Délio Maranhão, o direito de resistência ou jus resistentiae: "A personalidade do empregado não se anula com o contrato de trabalho, razão pela qual lhe é reconhecido certo jus resistentiae no que respeita às determinações do empregador. Assim, pode ele, legitimamente, recusar-se ao cumprimento de uma ordem, por exemplo, que o coloque em grave risco, que fuja à natureza do trabalho contratado, que o humilhe ou diminua moralmente, ou seja ilícita, ilegal ou de execução extraordinariamente difícil."

9. DELGADO, Mauricio Godinho. Curso de Direito do Trabalho. 16. ed. São Paulo: LTr, 2017. p. 740.

10. DELGADO, Mauricio Godinho. Curso de Direito do Trabalho. 16. ed. São Paulo: LTr, 2017. p. 743.

dentro do poder de fiscalização e controle do empregador e, portanto, é permitido. Essa limitação, contudo, deve ser pautada pelos princípios da razoabilidade, proporcionalidade e boa-fé objetiva. O empregador deve esclarecer os motivos da proibição, utilizando como fundamentos à proibição, por exemplo: 1. Serviços que exigem especial concentração do empregado (como no caso de caixa bancário); 2. Proteção de dados de terceiros (como no caso de empregado que trabalho no Serasa); e 3. Proibição legal (como no caso de empregados que trabalham dirigindo).

d) **Poder disciplinar:** conforme visto, o empregado está subordinado às ordens dadas pelo empregador, como forma de dinamizar e organizar os trabalhos desenvolvidos na empresa. Se verificada a desobediência às regras impostas, caberão as seguintes penalidades:

d.1) **Advertência verbal ou escrita:** embora a advertência não esteja prevista na CLT, é admitida pela doutrina e jurisprudência, pois é, entre as penalidades, a mais benéfica ao empregado;

d.2) **Suspensão disciplinar de, no máximo, 30 dias consecutivos (art. 474 da CLT):** nesse caso, o empregado ficará afastado das suas atividades, não receberá remuneração nem terá contado seu tempo de serviço, para adquirir férias, por exemplo.

d.3) **Dispensa por justa causa (art. 482 da CLT):** essa é a penalidade mais grave, colocando fim ao contrato de trabalho.

d.4) **Multa?** Nova modalidade de punição inserida pela Reforma Trabalhista, aplicável somente no caso de descumprimento contratual, sem justo motivo, por qualquer das partes, no caso do trabalho intermitente:

> **Art. 452-A, § 4º, CLT:** Aceita a oferta para o comparecimento ao trabalho, a parte que descumprir, sem justo motivo, pagará à outra parte, no prazo de trinta dias, multa de 50% (cinquenta por cento) da remuneração que seria devida, permitida a compensação em igual prazo.

5. RELAÇÕES DE TRABALHO *LATO SENSU*

a) As relações jurídicas a seguir não são consideradas relações de emprego, pois não estão presentes todos os requisitos essenciais à configuração do vínculo. Logo, essas relações de trabalho, em sentido amplo, não possuem o sistema protetivo previsto na CLT.

5.1. TRABALHO AUTÔNOMO

a) O trabalhador autônomo é o prestador de serviços que atua como patrão de si mesmo[11], ou seja, é a pessoa física que presta serviços por conta própria, assumindo os riscos do empreendimento. Exemplos de trabalhadores autônomos: médico, pedreiro, taxista, veterinário, diarista etc.

Em geral, esse trabalhador é o dono das ferramentas e demais equipamentos indispensáveis para a realização das suas atividades, possui ampla liberdade para escolher o horário de trabalho e fixar o preço de seus serviços. Verifica-se, assim, que falta ao trabalhador autônomo o requisito da subordinação para que se configure a relação empregatícia.

b) **Reforma Trabalhista:** a Lei nº 13.467/23017 inseriu o art. 442-B à CLT para prever que a contratação de autônomo, cumpridas as formalidades legais, com ou sem exclusividade, de forma contínua ou não, afasta a condição de empregado. Entendemos que haverá a incidência do princípio da primazia da realidade em caso de discussão de vínculo trabalhista, já que, configurada a subordinação, estará caracterizada a relação de emprego.

5.2. TRABALHADOR EVENTUAL

a) O trabalhador eventual é aquele que presta serviços ocasionais, esporádicos. Ademais, outro critério para identificar o trabalhador eventual é que ele atue em atividades não permanentes da empresa. Exemplo: faculdade de direito contrata programador de sistemas por três dias, para atualização dos computadores. Veja que esse trabalho não é uma atividade permanente da faculdade, e, ainda, não há repetição das atividades desse profissional.

Verifica-se, no trabalho eventual, a ausência de expectativa de retorno ao local de trabalho, portanto falta o requisito da não eventualidade para configurar o vínculo empregatício.

5.3. TRABALHADOR AVULSO

a) **Conceito:** a característica principal do trabalho avulso é a presença da intermediação de mão de obra, ou seja, o trabalhador avulso é colocado no local de trabalho com a intermediação do sindicato da categoria ou por meio do Órgão Gestor de Mão de Obra – OGMO.

b) **Equiparação de direitos com os empregados urbanos e rurais:** embora esse trabalhador não seja empregado, o art. 7º, XXXIV, da CF/88 estendeu a ele todos os direitos previstos aos empregados.

5.4. TRABALHADOR VOLUNTÁRIO

a) No trabalho voluntário, não há o requisito onerosidade. É possível o ressarcimento do trabalhador pelas despesas que realizou no trabalho, as quais não configuram contraprestação pelo serviço prestado.

b) **Ministros e membros de entidades religiosas:** no dia 04 de agosto de 2023, foi publicada a Lei nº 14.647/2023, que alterou a CLT para estabelecer a inexistência de vínculo empregatício entre entidades religiosas ou instituições de ensino vocacional e seus ministros, membros ou quaisquer outros que a eles se equiparem. Nos termos do § 3º do art. 442 da CLT, em caso de desvirtuamento da finalidade religiosa e voluntária, não se aplicará a exclusão da relação de emprego. Nesse mesmo sentido já determinava o art. 9º da CLT, que entende por nulos de pleno direito os atos praticados com o objetivo de desvirtuar, impedir ou fraudar a aplicação dos preceitos contidos na Consolidação. Assim, presentes os elementos caracterizadores da relação de emprego, deve-se reconhecer o vínculo entre o ministro e a entidade religiosa.

6. DA PROTEÇÃO DO TRABALHO DA MULHER

a) **Igualdade entre homens e mulheres:** é direito fundamental previsto no art. 5º, I, CF/88. Há, entre-

11. BARROS, Alice Monteiro. *Curso de Direito do Trabalho*. 2. ed. São Paulo: LTr, 2006. p. 204.

tanto, diferenças que justificam o tratamento diferenciado dado à mulher nas relações de trabalho, sobretudo no tcante à proteção à maternidade e dos efeitos da dupla jornada de trabalho.

b) **Proteção à maternidade:** durante a gravidez é garantida à empregada gestante a dispensa do horário de trabalho pelo tempo necessário para a realização de, no mínimo, 6 consultas médicas e demais exames com-plementares.

c) **Transferência de função (art. 392, § 4º, I, CLT):** É assegurada, também, a transferência de função, quando as condições de saúde o exigirem, tendo garantida a retomada da função anteriormente exercida logo após o retorno ao trabalho.

d) **Amamentação:** outra garantia dada à mulher, mesmo após a gestação, é amamentar o próprio filho, até que este complete 6 meses de idade. Nesse caso, terá direito, durante a jornada de trabalho, a 2 descansos especiais de meia hora cada um. Aliás, nos estabelecimentos com pelo menos 30 mulheres com mais de 16 anos de idade, estas terão local apropriado onde seja permitido guardar, sob vigilância e assistência, os seus filhos no período da amamentação. O empregador, entretanto, tem a opção de manter convênio com entidades públicas ou privadas para suprir a exigência da creche no próprio estabelecimento (art. 389, §§ 1º e 2º, da CLT). Com a Reforma Trabalhista, os períodos para amamentação deverão ser definidos por acordo individual entre a mulher e o empregador (art. 396, § 2º da CLT).

d.1) **Lei nº 13.509/2017:** o intervalo para amamentação foi estendido à empregada adotante.

d.2) **Locais para guarda dos filhos durante amamentação (art. 389, § 1º, CLT):** os estabelecimentos com pelo menos 30 mulheres com mais de 16 anos de idade terão local apropriado onde seja permitido às empregadas guardar sob vigilância e assistência os seus filhos no período da amamentação.

d.3) **Programa Emprega + Mulheres**: no dia 21 de setembro de 2022, foi publicada a Lei nº 14.457/2022, que institui o Programa Emprega + Mulheres, destinado à inserção e à manutenção de mulheres no mercado de trabalho. Segundo o texto, os empregadores poderão adotar reembolso-creche para trabalhadores que possuam filhos com até 5 anos e 11 meses de idade, por meio de acordo individual ou negociação coletiva. Os empregadores que adotarem esse benefício, ficam desobrigados de da instalação de local apropriado para a guarda e a assistência de filhos de empregadas no período da amamentação.

d.4) **Convênios:** o empregador, entretanto, tem a opção de manter convênio com entidades públicas ou privadas para suprir a exigência da creche no próprio estabelecimento (art. 389, §§ 1º e 2º, da CLT).

e) **Aborto não criminoso:** no caso de aborto não criminoso, devidamente comprovado por exame médico oficial, a mulher terá direito a um repouso remunerado de duas semanas, ficando-lhe assegurado o direito de retornar à função que ocupava antes de seu afastamento.

f) **Discriminação salarial/de gênero no ambiente de trabalho:** a igualdade de tratamento entre homens e mulheres é imposta pelo art. 5º, inciso I, da Constituição Federal. Especificamente à igualdade salarial, há a vedação de diferença de salários, de exercício de funções e de critério de admissão por motivo de sexo, idade, cor ou estado civil (art. 7º, XXX, CF/88). Previsão similar também é encontrada na CLT:

> **Art. 461, CLT:** Sendo idêntica a função, a todo trabalho de igual valor, prestado ao mesmo empregador, no mesmo estabelecimento empresarial, corresponderá igual salário, sem distinção de sexo, etnia, nacionalidade ou idade.

f.1) Apesar do esforço do legislador, a realidade se impõe ao texto. Conforme dados da Pesquisa Nacional por Amostra de Domicílios Contínua (Pnad) de 2019, o rendimento das mulheres representa, em média, 77,7% do rendimento dos homens (R$ 1.985 frente a R$ 2.555), mesmo sendo elas maioria na população. Quando analisamos os cargos de direção e gerência, constatamos que os salários das mulheres equivalem a 61,9% do que recebem os homens – o salário médio das mulheres é R$ 4.666, e o dos homens é R$ 7.542. Em relação às profissionais das ciências e intelectuais, as mulheres recebem 63,6% do rendimento dos homens[12].

f.2) **Lei nº 14.611/2023**: para tornar efetiva a previsão constitucional, em 3 de julho de 2023, foi publicada a Lei nº 14.611, tornando obrigatória igualdade salarial e de critérios remuneratórios entre homens e mulheres para a realização de trabalho de igual valor ou no exercício da mesma função. Além disso, referida Lei altera a CLT para prever maior transparência remuneratória e ampliar a fiscalização e o combate à discriminação salarial.

f.3) Conforme a redação dos novos §§ 6º e 7º do art. 461 da CLT, na hipótese de discriminação por motivo de sexo, raça, etnia, origem ou idade, o pagamento das diferenças salariais devidas ao empregado discriminado não afasta seu direito de ação de indenização por danos morais, consideradas as especificidades do caso concreto. Ainda, haverá a imposição de multa de 10 vezes o valor do novo salário devido pelo empregador ao empregado discriminado, elevada ao dobro, no caso de reincidência, sem prejuízo das demais cominações legais.

f.4) As pessoas jurídicas de direito privado com 100 ou mais empregados ficam obrigadas à publicação semestral de relatórios de transparência salarial e de critérios remuneratórios, observada a proteção de dados pessoais de que a LGPD. Identificada a desigualdade salarial ou de critérios remuneratórios, a pessoa jurídica de direito privado apresentará e implementará plano de ação para mitigar a desigualdade, com metas e prazos, garantida a participação de representantes das entidades sindicais e de representantes dos empregados nos locais de trabalho.

f.5) Caso a empresa obrigada não publique o relatório mensal, será aplicada multa administrativa de até 3% da folha de salários do empregador, limitado a 100 salários mínimos, sem prejuízo das sanções aplicáveis aos casos de discriminação salarial e de critérios remuneratórios entre mulheres e homens.

12. Dados disponíveis em: TST. Desigualdade salarial entre homens e mulheres evidencia discriminação de gênero no mercado de trabalho. Disponível em: <https://www.tst.jus.br/-/desigualdade-salarial-entre-homens-e-mulheres-evidencia-discrimina%C3%A7%C3%A3o-de-g%C3%AAnero-no-mercado-de-trabalho>. Acesso em: 18 jul. 2023.

6.1. LICENÇA-MATERNIDADE

a) **Licença-maternidade:** a licença-maternidade compreende o afastamento remunerado da gestante, com duração de 120 dias. Sabe-se que, mesmo em caso de parto antecipado, a mulher terá direito à licença. Ademais, essa licença não está condicionada ao nascimento da criança com vida, porque, nesse caso, a empregada terá o repouso de 120 dias para se recuperar do trauma.

b) **Aumento da duração da licença (art. 392, § 2º, CLT)**: os períodos de repouso, antes e depois do parto, poderão ser aumentados de 2 (duas) semanas cada um, mediante atestado médico.

c) **Vedação à supressão ou redução da licença maternidade (art. 611-B, XIII, CLT):** a Reforma Trabalhista veda que a licença maternidade possa ser objeto de instrumento coletivo para a redução desse direito.

d) **Adoção:** além da empregada gestante, tem direito à licença-maternidade a empregada que adotar ou obtiver guarda judicial para fins de adoção. Ressalta-se que essa licença somente será concedida mediante apresentação do termo judicial de guarda à adotante ou guardiã. Atualmente, após a recente alteração da lei, a duração de licença para essa empregada será também de 120 dias.

e) Com o advento da Lei nº 13.509/2017, conferiu-se nova redação ao art. 392-A da CLT, para estender a licença-maternidade à adotante de crianças e de adolescentes:

> **Art. 392-A da CLT:** À empregada que adotar ou obtiver guarda judicial para fins de adoção de criança ou adolescente será concedida licença-maternidade nos termos do art. 392 desta Lei.

f) **Guarda conjunta:** se a guarda judicial for conjunta, apenas um dos adotantes terá direito à licença. Aliás, mesmo que o adotante seja do sexo masculino, passa a ter direito à licença remunerada de 120 dias. Lembre-se que a jurisprudência do STF não permite qualquer forma de discriminação para casais do mesmo sexo (união homoafetiva). Logo, o empregado que adotar uma criança, qualquer que seja sua orientação sexual, solteiro ou casado, terá direito à "licença-maternidade".

g) **Mulher que morre durante da licença:** Caso a empregada venha a falecer no parto ou durante a licença-maternidade, o marido ou companheiro poderá usufruir da licença integralmente (120 dias) ou pelo período restante.

h) **Prorrogação da licença-maternidade:** cabe ressaltar a prorrogação do período da licença-maternidade, por mais 60 dias, com a promulgação da Lei nº 11.770/2008. Nem todas as empregadas, entretanto, terão direito à prorrogação. Somente se preenchidos os 2 requisitos a seguir:

> I. empregada da pessoa jurídica que tenha aderido ao Programa da Empresa Cidadã;
>
> II. pedido de prorrogação deve ser feito, pela empregada, até o fim do 1º mês após o parto.

i) **A Lei nº 14.457/2022:** promoveu alterações no Programa Empresa Cidadã, para estabelecer que essa prorrogação poderá ser compartilhada entre a empregada e o empregado, desde que ambos sejam empregados de pessoa jurídica aderente ao Programa e que a decisão seja adotada conjuntamente.

j) Ainda, a empresa participante do Programa Empresa Cidadã autorizada a substituir o período de prorrogação da licença-maternidade pela redução de jornada de trabalho em 50% pelo período de 120 dias. Para tanto, dois são os requisitos:

> I. pagamento integral do salário à empregada ou ao empregado pelo período de 120 dias; e
>
> II. acordo individual firmado entre o empregador e a empregada ou o empregado interessados em adotar a medida.

k) **Termo inicial da licença-maternidade:** no dia 24/10/2022, o Tribunal, por unanimidade, julgou procedente a ADI 6327/DF para conferir interpretação conforme à Constituição ao art. 392, § 1º, da CLT, assim como ao art. 71 da Lei nº 8.213/91 e, por arrastamento, ao art. 93 do seu Regulamento (Decreto nº 3.048/99), de modo a se considerar como **termo inicial da licença-maternidade e do respectivo salário-maternidade a alta hospitalar do recém-nascido e/ou de sua mãe, o que ocorrer por último**. Ainda, segundo a Corte, a melhor interpretação é que se prorrogue em todo o período o benefício, quando a internação exceder as duas semanas previstas no art. 392, § 2º, da CLT, e no art. 93, § 3º, do Decreto nº 3.048/99. Conforme Acórdão, publicado em 07/11/2022, o pagamento do benefício, no caso de licenças prolongadas, ficará a cargo da Previdência Social, pois o benefício e sua fonte de custeio já existem.

l) **Tema correlato: Licença-paternidade (ADO nº 20/DF):** a licença-paternidade é prevista no art. 7º, XIX da CF/88 e será de 5 dias, nos termos do art. 10, § 1º do ADCT, pois ausente regulamentação em lei do dispositivo constitucional. Essa licença é válida tanto para o pai casado como para o solteiro, e deve ser gozada no decorrer da primeira semana após o parto (art. 473 da CLT e art. 10, § 1º, ADCT). Com a promulgação da Lei de políticas públicas para a primeira infância (Lei nº 13.257/2016), foi introduzida a possibilidade de prorrogação da licença-paternidade em 15 dias na Lei nº 11.770/2008 (Programa Empresa Cidadã), totalizando o período de 20 dias. Por ter assento constitucional, a licença-paternidade não comporta flexibilização.

Importante mencionar que a Confederação Nacional dos Trabalhadores na Saúde – CNTS ajuizou Ação Declaratória de Inconstitucionalidade por Omissão (ADO) nº 20 perante o Supremo Tribunal Federal, sob o fundamento de omissão inconstitucional do Congresso Nacional na regulamentação do direito à licença-paternidade, previsto no art. 7º, XIX da CF/88. De acordo com a Confederação autora, o prazo estabelecido no § 1º do art. 10 do ADCT é provisório e não dispensa a edição de lei pelo Poder Legislativo. No julgamento da ADO, o STF reconheceu a mora inconstitucional do Congresso Nacional e, acolhendo proposta do Min. Edson Fachin, estipulou o prazo de 18 meses para o Congresso Nacional regulamentar o direito à licença-paternidade. Decorrido o prazo de 18 meses sem a edição da lei regulamentadora, o prazo da licença-paternidade será fixado pelo STF. A ata de julgamento da ADO foi divulgada no Diário da Justiça Eletrônico de 19/12/2023, considerando-se publicada no dia 08/01/2024. Portanto, o prazo de 18 meses do Congresso Nacional finda em 08/07/2025.

6.2. ESTABILIDADE DA GESTANTE

a) **Estabilidade da gestante:** a estabilidade, ou garantia provisória de emprego, veda que o empregador dispense arbitrariamente ou sem justa causa a empregada gestante, desde a confirmação da gravidez até 5 meses após o parto. Segundo o STF, basta que a gravidez seja anterior à dispensa para que se fale em estabilidade: "A incidência da estabilidade prevista no art. 10, II, do ADCT, somente exige a anterioridade da gravidez à dispensa sem justa causa".

Para facilitar os estudos, segue o quadro de resumo sobre **estabilidade**:

Estabilidade da Gestante	
Duração:	inicia-se com a confirmação da gravidez e permanece até 5 meses após o parto.
Desconhecimento da gravidez pelo empregador:	não afasta o direito à estabilidade.
Contrato por prazo determinado:	adquire estabilidade, inclusive no contrato previsto na Lei nº 9.601/98.
Gravidez durante o aviso-prévio:	Gera estabilidade (art. 391-A, CLT).
Dispensa sem justa causa:	a) **reintegração:** somente se a decisão ocorrer durante o período estabilitário; b) **indenização:** se a decisão for dada após o período estabilitário.

ESTABILIDADE
(Reintegração/Indenização/Abuso de direito)

1. Somente ocorrerá a **reintegração** se a decisão ocorrer dentro do período estabilitário
2. Se a decisão ou ingresso da reclamação for posterior ao período de estabilidade, a empregada será **indenizada**
3. Não há **abuso de direito**, se a empregada ingressar com reclamação trabalhista após o período estabilitário (OJ 399)

6.3. MEIO AMBIENTE DO TRABALHO

a) **Trabalho das mulheres em locais insalubres e perigosos:** é permitido às mulheres prestar serviços em locais insalubres e perigosos e no período noturno, assim como aos demais trabalhadores do sexo masculino. A proibição desses trabalhos, para as mulheres, não mais existe. A única restrição diz respeito à empregada gestante ou lactante, que deve ser afastada de atividades, operações e locais insalubres (art. 394-A, CLT).

a.1) **Afastamento de atividades insalubres:** O tema é regulamentado pela Lei nº 13.467/2017 – Reforma Trabalhista. De acordo com a lei, o afastamento das atividades insalubres da gestante e lactante persiste, mas os efeitos serão diversos em relação ao grau de insalubridade e entre empregada gestante e lactante:

AFASTAMENTO EM ATIVIDADES INSALUBRES		
Empregada	**Grau de insalubridade**	**Afastamento**
Gestante	Insalubridade em grau máximo	Afastamento obrigatório
	Insalubridade em graus médio e mínimo	Afastamento com atestado de médico de confiança da mulher
Lactante	Qualquer grau de insalubridade	Afastamento com atestado de médico de confiança da mulher

Nesse caso, se o empregador mantiver a empregada em atividade insalubre mesmo com o atestado médico exigindo seu afastamento, poderá a gestante ou lactante ingressar com ação para exigir seu afastamento. Além disso, é possível o reconhecimento da rescisão indireta do contrato de trabalho pelo empregador.

No período de afastamento, a empregada continua recebendo sua remuneração, bem como o adicional de insalubridade, por expressa previsão legal (art. 394-A da CLT – alterado pela Reforma Trabalhista).

Decisão do STF (29/05/2019): o plenário do STF, por maioria de 10 votos a 1, decidiu pela inconstitucionalidade de trecho do art. 394-A da CLT. Com a decisão, as empregadas gestantes e lactantes sempre deverão ser afastadas das atividades insalubres independentemente do grau de insalubridade (ADI 5.938).

b) **Descanso semanal remunerado:** havendo trabalho aos domingos, será organizada uma escala de revezamento quinzenal que favoreça o repouso dominical (semanal), conforme previsto no art. 386 da CLT.

c) **Intervalo:** a empregada tinha direito, em razão de sua condição física, a tratamento diferenciado do dos homens. Dentre esses direitos destaca-se o intervalo intrajornada de 15 minutos concedido entre o horário normal de trabalho e horas suplementares. O art. 384 da CLT que trazia esta previsão, entretanto, foi revogado pela Reforma Trabalhista, não sendo mais devido o intervalo às mulheres.

d) **Hipóteses de interrupção do contrato de trabalho:** a Lei nº 13.257/2016, estabeleceu duas novas hipóteses de interrupção do contrato de trabalho para permitir o acompanhamento da gestante em consultas médicas e exames complementares, bem como para as consultas médicas de filhos até os 6 anos de idade. Nesse sentido, seguem os prazos conferidos pela legislação:

d.1) pelo tempo necessário para acompanhar sua esposa ou companheira em até 6 (seis) consultas médicas, ou em exames complementares, durante o período de gravidez (art. 473, X, CLT, com redação dada pela Lei nº 14.457, de 2022);

d.2) 1 dia por ano – para acompanhar filho de até 6 anos em consulta médica e é válido tanto para o empregado como para a empregada (art. 473, XI, CLT).

f) **Força muscular:** no tocante à forma muscular, há previsão específica no art. 390 da CLT: "Ao empregador é vedado empregar a mulher em serviço que demande o emprego de força muscular superior a vinte (20) quilos, para o trabalho contínuo, ou vinte e cinco (25) quilos, para o trabalho ocasional. Não está compreendida na determinação deste artigo a remoção de material feita por impulsão ou tração de vagonetes sobre trilhos, de carros de mão ou quaisquer aparelhos mecânicos."

6.4. PROGRAMA EMPREGA + MULHERES (LEI Nº 14.457/2022)

a) No dia 21 de setembro de 2022, foi publicada a Lei nº 14.457/2022, que instituiu o Programa Emprega + Mulheres, alterou a CLT e o Programa Empresa Cidadã. Conforme dispõe seu art. 1º, o Programa Emprega + Mulheres tem o objetivo de promover a inserção e a manutenção de mulheres no mercado de trabalho, dando especial atenção à parentalidade[13].

6.4.1. DO APOIO À PARENTALIDADE NA PRIMEIRA INFÂNCIA

a) **Reembolso-Creche:** o empregador poderá adotar benefício destinado ao pagamento de creche ou de pré-escola de livre escolha da empregada ou do empregado que possua filhos com até 5 anos e 11 meses de idade, bem como ao ressarcimento de gastos com outra modalidade de prestação de serviços de mesma natureza, comprovadas as despesas realizadas. Nesse caso, ficará desobrigado da instalação de local apropriado para a guarda e a assistência de filhos de empregadas no período da amamentação que prevê o art. 389, § 1º, da CLT.

6.4.2. DO APOIO À PARENTALIDADE POR MEIO DA FLEXIBILIZAÇÃO DO REGIME DE TRABALHO

a) A legislação traz diversas possibilidades de flexibilização do regime de trabalho. Contudo, na maior parte dessas medidas, a Lei nº 14.457/2022 remete à regulamentação dada pela CLT, sem disciplinar maiores detalhes, o que nos leva a crer que não há nenhuma peculiaridade quando da adoção dessas medidas, tratando-se, assim, apenas de um incentivo à implementação de mediadas que possam contribuir para a criação e o fortalecimento do vínculo entre pais e filhos.

6.4.3. DAS MEDIDAS PARA QUALIFICAÇÃO DE MULHERES

a) **Suspensão do contrato de trabalho para qualificação profissional:** a legislação pretende estimular a qualificação de mulheres e o desenvolvimento de habilidades e de competências em áreas estratégicas ou com menor participação feminina, tais como ciência, tecnologia, desenvolvimento e inovação. Para tanto, poderá haver a suspensão do contrato de trabalho para qualificação profissional, que dependerá de requisição formal da empregada interessada e será formalizado por meio de acordo individual, de acordo coletivo ou de convenção coletiva de trabalho, nos termos do art. 476-A da CLT.

b) **Bolsa de qualificação profissional:** durante o período de suspensão do contrato de trabalho para a realização de curso ou o programa de qualificação profissional oferecido pelo empregador, a empregada receberá bolsa de qualificação profissional de que trata o art. 2º-A da Lei nº 7.998/1990. Ainda, o empregador poderá conceder à empregada ajuda compensatória mensal, sem natureza salarial.

c) **Garantia provisória ao emprego**: se ocorrer a dispensa da empregada durante a suspensão do contrato ou nos 6 meses subsequentes ao seu retorno ao trabalho, o empregador pagará à empregada as parcelas indenizatórias, além de multa a ser estabelecida em convenção ou em acordo coletivo, que será de, no mínimo, 100% do valor da última remuneração mensal anterior à suspensão do contrato de trabalho.

6.4.4. DO APOIO AO RETORNO AO TRABALHO APÓS O TÉRMINO DA LICENÇA-MATERNIDADE

a) **Da suspensão do contrato de trabalho de pais empregados:** ocorrerá nos mesmos moldes da suspensão do contrato de trabalho da mulher para qualificação profissional. A grande diferença está no momento em que se autoriza essa hipótese de suspensão do contrato de trabalho: após o término da licença-maternidade da esposa ou companheira do empregado. Percebe-se, portanto, que é uma medida protetiva à mulher, ao recém-nascido e à parentalidade, muito mais do que ao pai.

13. **Art. 1º, parágrafo único, Lei nº 14.457/2022.** Para os efeitos desta Lei, parentalidade é o vínculo socioafetivo maternal, paternal ou qualquer outro que resulte na assunção legal do papel de realizar as atividades parentais, de forma compartilhada entre os responsáveis pelo cuidado e pela educação das crianças e dos adolescentes, nos termos do parágrafo único do art. 22 da Lei nº 8.069, de 13 de julho de 1990 (Estatuto da Criança e do Adolescente).

b) **Das alterações no Programa Empresa Cidadã**: a Lei nº 14.457/2022 promove alterações no Programa Empresa Cidadã, para estabelecer que a prorrogação do período da licença-maternidade (de 120 dias), por mais 60 dias, possa ser compartilhada entre a empregada e o empregado, desde que ambos sejam empregados de pessoa jurídica aderente ao Programa e que a decisão seja adotada conjuntamente.

c) Ainda, a empresa participante do Programa Empresa Cidadã autorizada a substituir o período de prorrogação da licença-maternidade pela redução de jornada de trabalho em 50% pelo período de 120 dias. Para tanto, dois são os requisitos:

> I. pagamento integral do salário à empregada ou ao empregado pelo período de 120 dias; e
>
> II. acordo individual firmado entre o empregador e a empregada ou o empregado interessados em adotar a medida.

6.4.5. DAS MEDIDAS DE PREVENÇÃO E DE COMBATE AO ASSÉDIO SEXUAL E A OUTRAS FORMAS DE VIOLÊNCIA NO ÂMBITO DO TRABALHO

a) **Comissão Interna de Prevenção de Acidentes e de Assédio:** com a publicação da Lei, a CIPA, que agora se chama Comissão Interna de Prevenção de Acidentes e de Assédio, tem mais uma atribuição: a promoção de um ambiente laboral sadio, seguro e que favoreça a inserção e a manutenção de mulheres no mercado de trabalho.

6.4.6. DO SELO EMPREGA + MULHER

a) Foi instituído o Selo Emprega + Mulher para reconhecer as empresas que se destaquem pela organização, pela manutenção e pelo provimento de creches e pré-escolas para atender às necessidades de suas empregadas e de seus empregados; e reconhecer as boas práticas de empregadores que visem, entre outros objetivos, estímulo à contratação, à ocupação de postos de liderança e à ascensão profissional de mulheres, divisão igualitária das responsabilidades parentais e promoção da cultura de igualdade entre mulheres e homens.

b) As empresas detentoras do Selo Emprega + Mulher poderão utilizá-lo para os fins de divulgação de sua marca, produtos e serviços, vedada a extensão do uso para grupo econômico ou em associação com outras empresas que não detenham o selo.

7. TERCEIRIZAÇÃO

7.1. GENERALIDADES

a) **Conceito:** a terceirização foi um dos temas que sofreu maior modificação com a Reforma Trabalhista. A terceirização surgiu como forma de dinamizar e especializar os serviços nas empresas. Ocorre a terceirização quando uma empresa, em vez de executar serviços diretamente com seus empregados, contrata outra empresa para que esta os realize, com o seu pessoal sob a sua responsabilidade. O empregado é contratado pela empresa intermediadora (empregadora), mas presta serviços em outro local (empresa tomadora).

b) **Pessoas envolvidas na terceirização.** Na terceirização, há três pessoas envolvidas na relação jurídica: trabalhador terceirizado, empresa de prestação de serviços a terceiros (intermediadora ou contratada) e a empresa contratante (tomadora de serviços). Verifica-se, assim, que a relação é triangular. O vínculo empregatício ocorre entre trabalhador e empresa prestadora de serviços a terceiros (contratada), embora o trabalhador preste serviços em outro local, na empresa contratante. Veja ilustração abaixo:

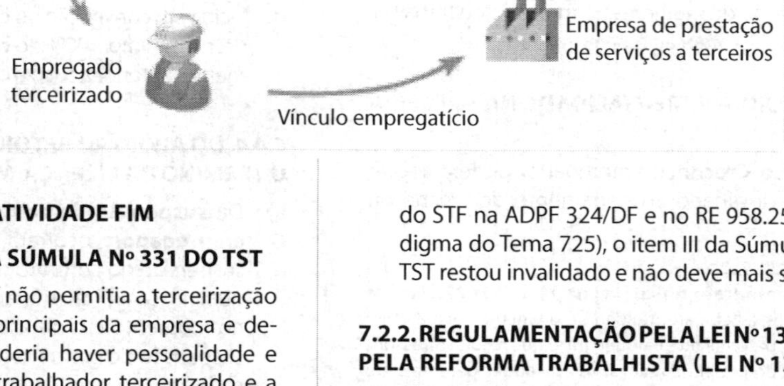

7.2. TERCEIRIZAÇÃO NA ATIVIDADE FIM

7.2.1. TERCEIRIZAÇÃO NA SÚMULA Nº 331 DO TST

a) A Súmula nº 331 do TST não permitia a terceirização das atividades-fim ou principais da empresa e determinava que não poderia haver pessoalidade e subordinação entre o trabalhador terceirizado e a empresa contratante (tomadora). Com as modificações trazidas pela Lei nº 13.429/2017 e pela Reforma Trabalhista, validadas pelas decisões vinculantes do STF na ADPF 324/DF e no RE 958.252/MG (paradigma do Tema 725), o item III da Súmula nº 331 do TST restou invalidado e não deve mais ser aplicados.

7.2.2. REGULAMENTAÇÃO PELA LEI Nº 13.429/2017 E PELA REFORMA TRABALHISTA (LEI Nº 13.467/2017)

a) **Reforma Trabalhista:** estabeleceu que a prestação de serviços a terceiros compreende a transferência de qualquer das atividades da contratante, inclusive sua atividade principal, à pessoa jurídica de direito privado prestadora de serviços.

b) **Requisitos para a terceirização lícita:** Reforma Trabalhista, dois são os requisitos da terceirização lícita:

> I – Ausência de pessoalidade e subordinação entre terceirizado e empresa contratante (tomadora); e
>
> II – Capacidade econômica da empresa prestadora de serviços a terceiros.

c) **Julgamento do STF e a terceirização nas atividades-fim:** no dia 30/08/2018, o STF julgou a ADPF nº 324 e, por maioria de 7 a 4, decidiu que é lícita a terceirização em todas as etapas do processo produtivo, sejam elas em atividades-meio ou fim:

> **Tese 725/STF:** É lícita a terceirização ou qualquer outra forma de divisão do trabalho entre pessoas jurídicas distintas, independentemente do objeto social das empresas envolvidas, mantida a responsabilidade subsidiária da empresa contratante.

7.3. QUARTEIRIZAÇÃO

a) **Quarteirização:** a Lei nº 13.429/2017 passou a permitir, expressamente, a quarteirização (art. 4º-A, § 1º, da Lei nº 6.019/1974, acrescentado pela Lei nº 13.429/2017), isto é, a transferência de parte da gestão dos serviços de uma empresa terceirizada para uma outra empresa. Assim, além da relação que existe entre prestadora de serviço e tomadora (terceirização), verifica-se a transferência de um setor da empresa terceirizada para uma nova empresa (quarteirizada).

7.4. REQUISITOS PARA O FUNCIONAMENTO DA EMPRESA DE PRESTAÇÃO DE SERVIÇOS A TERCEIROS

a) A Lei nº 13.429/2017 estabelece alguns requisitos para o funcionamento da empresa de prestação de serviços a terceiros, que contrata e fornece mão de obra terceirizada, como inscrição no CNPJ, registro na Junta Comercial e capital social mínimo de acordo com o número de trabalhadores.

7.5. REQUISITOS DO CONTRATO DE TERCEIRIZAÇÃO

a) Os requisitos estarão previstos no art. 5º-B da Lei nº 6.019/1974:

> Art. 5º-B, Lei nº 6.019/1974 (acrescentado pela Lei nº 13.429/2017): O contrato de prestação de serviços conterá:
>
> I – qualificação das partes;
>
> II – especificação do serviço a ser prestado;
>
> III – prazo para realização do serviço, quando for o caso;
>
> IV – valor.

7.6. RESPONSABILIDADE DA TOMADORA

a) Se a empresa prestadora de serviços não pagar aos trabalhadores, restará à tomadora os pagamentos dos encargos trabalhistas. Essa responsabilidade é chamada de subsidiária e ocorrerá apenas na hipótese de a empregadora não honrar com o pagamento dos direitos trabalhistas de seus empregados. Para que a tomadora de serviços seja obrigada a pagar os débitos remanescentes, é necessário, de acordo com TST, que tenha tido oportunidade de manifestar-se no processo judicial, como forma de garantir o contraditório e a ampla defesa. Além disso, responderá por todas as verbas devidas ao empregado, ou seja, a sua responsabilidade é total (verbas salariais e indenizatórias). É esse o entendimento da jurisprudência, conforme itens IV e VI da Súmula nº 331 do TST.

b) Em verdade, os itens acima foram declarados inconstitucionais pelo STF no julgamento da ADPF 324/DF e no RE 958.252/MG (paradigma do Tema 725). Contudo, especialmente em virtude da invalidação dos incisos IV e VI da Súmula 331 do TST, incluiu na tese fixada na ADPF 324, a obrigação de a contratante *"verificar a idoneidade e a capacidade econômica da terceirizada"* e *"responder subsidiariamente pelo descumprimento das normas trabalhistas, bem como por obrigações previdenciárias, na forma do art. 31 da Lei 8.212/1993"*. Segundo a Corte, essa explicitação era necessária para evitar o vácuo normativo deixado pela invalidação do verbete sumular. De toda forma, a responsabilidade subsidiária da empresa contratante já estava no art. 5º-A, § 5º, da Lei nº 6.019/1974 e o requisito à contratada de possuir capacidade econômica compatível com a execução dos serviços contratados, no art. 4º-A, *caput*, da Lei nº 6.019/1974.

7.7. DIREITOS DOS TERCEIRIZADOS

a) Os direitos previstos aos empregados terceirizados são aqueles pertencentes à categoria profissional da empresa prestadora de serviços.

b) Se constatada a fraude na terceirização, as consequências trabalhistas serão distintas caso o trabalhador preste seus serviços em empresa privada ou em ente público:

c) **Prestação dos serviços em empresa privada:** haverá reconhecimento do vínculo de emprego do terceirizado com a empresa tomadora.

d) **Prestação dos serviços na Administração Pública:** diante da impossibilidade do reconhecimento do vínculo de emprego com a Administração Pública (art. 37, II, CF/88, e Súmula nº 331, II, TST), caso se verifique a fraude na terceirização, haverá a possibilidade de que a Administração Pública responda pelas obrigações trabalhistas dos terceirizados, mas somente se houver falha na fiscalização do cumprimento das obrigações trabalhistas. Os art. 50 e 121, § 3º da Nova Lei de Licitações elencam as medidas que devem ser adotadas pela Administração para essa fiscalização. Entendemos que, uma vez adotadas todas as medidas dispostas na nova lei, estará afastada a responsabilidade do poder público na terceirização pública.

7.8. CONDIÇÕES DE TRABALHO

a) O art. 4º-C, da Lei nº 6.019/1974, acrescentado pela Reforma Trabalhista (Lei nº 13.467/2017), estabeleceu diversas condições de trabalho que devem ser obrigatoriamente observadas pela empresa contratante aos trabalhadores terceirizados, tais como condições de alimentação, atendimento médico ou ambulatorial, transporte e medidas de proteção à saúde e segurança no trabalho.

7.9. SALÁRIO EQUIVALENTE

a) De acordo com o STF, a equiparação salarial entre empregados de agentes econômicos distintos (tomadora e prestadora) viola o princípio da livre iniciativa.

> **Tema nº 383 de Repercussão Geral do STF:** "A equiparação de remuneração entre empregados da empresa tomadora de serviços e empregados da empresa contratada (terceirizada) fere o princípio da livre iniciativa, por se tratarem de agentes econômicos distintos, que não podem estar sujeitos a decisões empresariais que não são suas".

b) Ressalta-se que o direito ao salário equitativo já era assegurado aos trabalhadores temporários no art. 12, "a", da Lei nº 6.019/1974:

> **Art. 12, "a", Lei nº 6.019/1974:** Ficam assegurados ao trabalhador temporário os seguintes direitos: remuneração equivalente à percebida pelos empregados de mesma categoria da empresa tomadora ou cliente calculados à base horária, garantida, em qualquer hipótese, a percepção do salário mínimo regional;

7.10. QUARENTENA E REFORMA TRABALHISTA

a) Para evitar a dispensa dos trabalhadores e viabilizar a licitude da terceirização, a Reforma Trabalhista (Lei nº 13.467/2017) estabeleceu um prazo de quarentena de 18 meses para que os empregados ou trabalhadores sem vínculo empregatício possam figurar como sócios ou titulares da empresa contratada.

b) Além disso, a Reforma Trabalhista estabeleceu o prazo de quarentena de 18 meses, contados a partir de sua demissão, para que o empregado "demitido" possa prestar os serviços para a mesma empresa na condição de terceirizado, ou seja, como empregado da empresa prestadora de serviços.

7.11. REFLEXOS NA SÚMULA 331 DO TST

a) Conforme o acórdão prolatado no julgamento do RE 958.252 (tema 725), a Súmula 331 do TST teve seus incisos I, III, IV e VI declarados inconstitucionais. Diante do resultado do julgamento, podemos ilustrar da seguinte forma a Súmula 331 do TST:

CONTRATO DE PRESTAÇÃO DE SERVIÇOS. LEGALIDADE.

> ~~**I - A contratação de trabalhadores por empresa interposta é ilegal, formando-se o vínculo diretamente com o tomador dos serviços, salvo no caso de trabalho temporário (Lei nº 6.019, de03.01.1974).**~~
>
> II - A contratação irregular de trabalhador, mediante empresa interposta, não gera vínculo de emprego com os órgãos da Administração Pública direta, indireta ou fundacional (art. 37, II, da CF/1988).
>
> ~~**III - Não forma vínculo de emprego com o tomador a contratação de serviços de vigilância (Lei nº 7.102, de 20.06.1983) e de conservação e limpeza, bem como a de serviços especializados ligados à atividade-meio do tomador, desde que inexistente a pessoalidade e a subordinação direta.**~~
>
> ~~**IV - O inadimplemento das obrigações trabalhistas, por parte do empregador, implica a responsabilidade subsidiária do tomador dos serviços quanto àquelas obrigações, desde que haja participado da relação processual e conste também do título executivo judicial.**~~
>
> V - Os entes integrantes da Administração Pública direta e indireta respondem subsidiariamente, nas mesmas condições do item IV, caso evidenciada a sua conduta culposa no cumprimento das obrigações da Lei n.º 8.666, de 21.06.1993113, especialmente na fiscalização do cumprimento das obrigações contratuais e legais da prestadora de serviço como empregadora. A aludida responsabilidade não decorre de mero inadimplemento das obrigações trabalhistas assumidas pela empresa regularmente contratada.
>
> ~~**VI - A responsabilidade subsidiária do tomador de serviços abrange todas as verbas decorrentes da condenação referentes ao período da prestação laboral.**~~

7.12. DONO DA OBRA

a) O dono da obra assume a responsabilidade pelos empregados da empreiteira ou construtora que lhe presta serviços? Em regra, o dono da obra não assume nenhuma responsabilidade pelos empregados da empreiteira. Há, entretanto, uma exceção. Se o dono da obra é empresa construtora ou incorporadora e exerce a construção com finalidade lucrativa, atividade-fim, terá responsabilidade subsidiária pelos débitos trabalhistas.

7.13. TRABALHO TEMPORÁRIO

a) **Trabalhador temporário não se confunde com empregado contratado por prazo determinado:** trata-se de modalidade de terceirização expressamente prevista em lei.

b) **Hipóteses de contratação:** o trabalhador temporário é contratado por uma empresa de trabalho temporário para prestar serviços em outra empresa, denominada empresa tomadora de serviços. Somente será admitida essa modalidade de prestação de serviços nas seguintes hipóteses (art. 2º da Lei nº 6.019/1974):

> I – Necessidade de substituição transitória de pessoal permanente
>
> II – Demanda complementar de serviços decorrente de fatores imprevisíveis; ou fatores previsíveis, mas que tenham natureza intermitente, periódica ou sazonal

c) **Abrangência do trabalho temporário:**

> **Art. 9º, § 3º, Lei nº 6.019/1974** (Acrescentado pela Lei nº 13.429/2017): O contrato de trabalho temporário pode versar sobre o desenvolvimento de atividades – meio e atividades – fim a serem executadas na empresa tomadora de serviços.

d) **Prazo:** a atual redação do art. 10 da Lei nº 6.019/1974 prevê que o contrato de trabalho temporário não poderá exceder 180 dias, possibilitada a prorrogação por até 90 dias, consecutivos ou não.

e) **Proibição de contratação de trabalhador temporário em greves: exceto**

> I – Para a manutenção do maquinário; ou
>
> II – Em caso de abusividade do movimento grevista

8. CONTRATO DE TRABALHO E RELAÇÃO DE TRABALHO

8.1. CONTRATO E TRABALHO

a) **Contrato de trabalho:** é o ajuste verbal ou escrito, tácito ou expresso, firmado entre o empregado, que assume a obrigação de prestar serviços não eventuais e subordinados, e o empregador, que assume a obrigação de pagar salário.

b) **Características do contrato de trabalho:** bilateral ou sinalagmático, consensual, de trato sucessivo, oneroso, comutativo e personalíssimo ou intuito personae.

c) **Classificação:** o contrato expresso é aquele que não deixa dúvidas para as partes envolvidas. Poderá ser firmado expressamente de forma verbal ou escrita. Já o contrato tácito decorre de um comportamento entre as partes envolvidas. E, ainda, o contrato poderá ser firmado por prazo indeterminado (regra ou determinado (exceção).

Para facilitar os estudos, se quadro de memorização acerca do contrato de trabalho por prazo determinado?

Contrato por prazo determinado

- **Hipóteses previstas na CLT:**

a) Serviços cuja natureza justifique a predeterminação do prazo (prazo máximo: 2 anos);

b) Atividades empresariais de caráter transitório (2 anos);

c) Contrato de experiência (90 dias).

- **Hipóteses previstas na legislação do doméstico** (LC nº 150/2015):

a) Atendimento de necessidades familiares de natureza transitória (2 anos);

b) Substituição temporária de empregado doméstico com contrato de trabalho interrompido (2 anos);

c) Contrato de experiência (90 dias).

- **Prorrogação:** apenas uma única vez dentro do período máximo
- **Estabilidade:** não há, em regra, direito à estabilidade no contrato por prazo determinado (exceto: gestante e acidente do trabalho)
- **Nova contratação:** respeitar prazo de 6 meses, exceto:

a) execução de serviços especializados;

b) realização de certos acontecimentos.

- **Términos do contrato por prazo determinado na CLT:**

a) Extinção normal: não há pagamento de indenização;

b) Extinção antecipada:

1) Iniciativa empregador: pagamento de indenização no valor da metade da remuneração (art. 479 da CLT);

2) Iniciativa empregado: indenização dos prejuízos que esse desligamento causar à empresa (art. 480 da CLT).

c) Cláusula assecuratória de direito recíproco

1) rescisão antecipada será de acordo com os contratos por prazo indeterminado;

2) as partes ficam obrigadas a conceder aviso-prévio, se houver término antecipado.

- **Término do contrato por prazo determinado na legislação do doméstico:**

a) Extinção antecipada:

1) Iniciativa empregador doméstico: indenização no valor da metade da remuneração (art. 6º da LC nº 150/2015)

2) Iniciativa empregado doméstico: indenização dos prejuízos que causar ao empregador doméstico (art. 7º da LC nº 150/2015)

b) Impossibilidade de celebração de cláusula assecuratória de direito recíproco: segundo a LC não há direito ao recebimento de aviso-prévio nos contratos a termo (art. 9º da LC nº 150/2015)

- **Término antecipado do contrato de aprendizagem:**

a) desempenho insuficiente ou inadaptação do aprendiz, salvo para o aprendiz com deficiência quando desprovido de recursos de acessibilidade, de tecnologias assistivas e de apoio necessário ao desempenho de suas atividades (Redação dada pela Lei nº 13.146/2015);

b) falta disciplinar grave;

c) ausência injustificada à escola que implique perda do ano letivo;

d) pedido do aprendiz.

8.2. CONTRATO DE TRABALHO INTERMITENTE

a) **Conceito:** a Reforma Trabalhista criou um novo tipo de contrato de trabalho denominado intermitente. O contrato de trabalho intermitente é realizado sem a fixação de um termo final. Contudo, a prestação dos serviços é marcada por períodos de prestação de serviços e de inatividade. O empregado é convocado pelo empregador para a prestação de serviços em período determinado, que pode ser por horas, dias ou até mesmo meses.

b) **Exclusão dos aeronautas:** por expressa previsão legal (art. 443, § 3º da CLT) os aeronautas estão excluídos do trabalho intermitente, que serão regidos por legislação própria.

c) **Formalidades:** o trabalho intermitente é um contrato de trabalho solene, pois deve ser necessariamente firmado por escrito e deve conter o valor da hora de trabalho, que não pode ser inferior ao valor horário do salário mínimo ou àquele devido aos demais empregados do estabelecimento que exerçam a mesma função em contrato intermitente ou não. Além disso, o contrato de trabalho intermitente exige registro na CTPS e algumas anotações especiais:

> I – identificação, assinatura e domicílio ou sede das partes;
>
> II – valor da hora ou do dia de trabalho, que não será inferior ao valor horário ou diário do salário mínimo, nem inferior àquele devido aos demais empregados do estabelecimento que exerçam a mesma função, assegurada a remuneração do trabalho noturno superior à do diurno; e
>
> III – o local e o prazo para o pagamento da remuneração.

d) **Período de inatividade:** o período de inatividade, enquanto o empregado não é convocado para prestar os serviços à empresa, não é considerado tempo à disposição do empregador. Portanto, o empregado não receberá seu salário e também não haverá prestação de serviços.

e) **Convocação para o trabalho:** o empregador deve convocar o empregado para a prestação dos serviços com, pelo menos, 3 dias corridos de antecedência. A comunicação pode ser realizada por qualquer meio de comunicação eficaz. Na própria convocação do empregado deve ser informada a jornada de trabalho que será realizada pelo trabalhador na ocasião de sua prestação de serviços. Recebida a convocação, o empregado terá o prazo de 1 dia útil para responder ao chamado. Caso permaneça em silêncio e não se manifeste quanto à convocação, há presunção da recusa na prestação dos serviços.

e.1) **Recusa da oferta pelo empregado:** não descaracteriza a subordinação. Portanto, ainda que o empregado recuse a prestação de serviços permanece o vínculo de empregado entre as partes.

f) **Multa por descumprimento do acordo:** se a oferta de trabalho intermitente for aceita pelo empregado, a parte que der causa ao inadimplemento contratual deve pagar à outra parte multa no valor de 50% da remuneração que seria devida.

g) **Direitos do empregado em trabalho intermitente:** tendo em vista a existência de relação de emprego, o empregado tem direito ao recebimento dos direitos trabalhistas previstos no art. 7º da Constituição Federal, que devem ser pagos ao trabalhador logo ao final de cada período de prestação de serviço:

> I – Remuneração;
>
> II – Férias proporcionais com acréscimo de um terço;
>
> III – 13º salário proporcional;
>
> IV – Repouso semanal remunerado;
>
> V – Adicionais legais

h) **Constitucionalidade?** Tendo em vista que é modalidade contratual que gera grande insegurança e instabilidade financeira aos empregados, surgiram diversos questionamentos quanto à constitucionalidade do trabalho intermitente. Nesse sentido, foram ajuizadas, perante o STF, as ADIs 6154, 5826 e 5829, que questionavam a constitucionalidade dos art. 443, § 3º e 452-A da CLT por violação do princípio da dignidade da pessoa humana e do valor social do trabalho. No dia 16/12/2024, o Supremo Tribunal Federal, por maioria, conheceu parcialmente das ações diretas nº 5.826, 5.829 e 6.154 e, na parte conhecida, julgou-as improcedentes, declarando a constitucionalidade dos dispositivos legais impugnados.

Para facilitar os estudos, segue quadro com uma visão geral do contrato trabalho intermitente para fins de fixação[14]:

20 CARACTERÍSTICAS DO TRABALHO INTERMITENTE
1. Existência de subordinação;
2. Não há continuidade;
3. Alternância de períodos de prestação de serviços e inatividade;
4. Divisão dos períodos em horas, dias ou meses;
5. Qualquer tipo de atividade, exceto aeronautas;
6. Contrato escrito;
7. Obrigatoriedade de cláusula contendo o valor da hora de trabalho;
8. A hora de trabalho não pode ser inferior ao valor horário do salário mínimo ou ser inferior à hora de trabalho dos demais empregados (intermitente ou não);
9. Exigência de convocação através de meio de comunicação eficaz por parte do empregador;
10. Exigência de confirmação da convocação pelo empregado intermitente em um dia útil;
11. Caso não confirmado, presume-se a recusa por parte do empregado intermitente;
12. Caso aceita a oferta e, posteriormente houver a recusa em cumprir a avença, sem justo motivo, será cobrada multa de 50% do valor devido a título de remuneração;
13. A multa é devida por quem descumpriu o acordo: empregador ou empregado;
14. O período de inatividade não represente tempo à disposição do empregador;
15. No período de inatividade o empregado pode prestar serviços a terceiros;
16. O pagamento será realizado mediante recibo, no qual necessariamente deverá constar: remuneração, férias proporcionais com acréscimo de um terço, décimo terceiro salário proporcional, repouso semanal remunerado e adicionais legais;
17. Obrigatoriedade de empregador efetuar o recolhimento da contribuição previdenciária;
18. Obrigatoriedade de empregador efetuar o depósito do Fundo de Garantia do Tempo de Serviço;
19. Direito a férias após o período de 12 meses;
20. No período de gozo de férias o empregado não pode ser convocado pelo mesmo empregador. Ou seja, pode trabalhar para outro empregador.

14. A tabela foi retirada do livro Reforma Trabalhista – Questões Objetivas e Discursivas. Autores: Gustavo Bezerra Muniz de Andrade, Henrique Silveira Melo e Rodrigo Peixoto Medeiros. Coordenação: Henrique Correia e Élisson Miessa. 2017. Editora Juspodivm.

8.3. ALTERAÇÃO DO CONTRATO INDIVIDUAL DE TRABALHO

a) **Imperatividade, inalterabilidade contratual lesiva e condição mais benéfica:** O contrato de trabalho possui normas de caráter imperativo que não comportam transação entre as partes. Limita-se, assim, a autonomia da vontade, para garantir o mínimo de dignidade ao empregado. Devem-se respeitar os princípios da inalterabilidade contratual lesiva e da condição mais benéfica. Esse último assegura ao empregado as vantagens conquistadas durante o contrato de trabalho, que não poderão ser alteradas para pior.

b) **Diferenças entre cláusulas contratuais e cláusulas coletivas:** cabe destacar que as cláusulas contratuais se diferenciam das cláusulas coletivas. O que foi ajustado entre empregado e empregador não pode ser alterado para prejudicar o empregado, conforme o art. 468 da CLT. Já nas normas coletivas há maior possibilidade de negociação em razão da paridade existente entre os entes coletivos (empresas e sindicatos profissionais e econômicos), inclusive com possibilidade de alteração prejudicial aos empregados, como a redução salarial, prevista expressamente no Texto Constitucional.

c) **Alteração bilateral:** no âmbito individual, há necessidade de observar dois requisitos para que a alteração do contrato de trabalho seja válida (art. 468 da CLT):

c.1) Consentimento do empregado.

c.2) Essa alteração não pode acarretar prejuízos diretos ou indiretos ao trabalhador.

d) **Alteração unilateral (*jus variandi*):** com fundamento no poder diretivo, art. 2º da CLT, cabe ao empregador efetuar algumas alterações para mais bem organizar a atividade empresarial. Aliás, como é o empregador que assume os riscos da atividade econômica, nada mais justo que exerça algumas modificações no contrato de trabalho. Essas alterações promovidas pelo empregador são chamadas jus variandi.

e) ***Jus resistentiae*:** esse poder de modificar o contrato de trabalho, jus variandi, deverá ser exercido dentro dos limites impostos por lei, sob pena de configurar alteração abusiva. Caso fique comprovado que o empregador exigiu serviços alheios ao contrato, serviços ilegais, imorais ou abusivos, o empregado tem o direito de não cumprir a determinação imposta pelo empregador, e ainda poderá pleitear rescisão indireta, com fundamento no art. 483 da CLT. Essa recusa é chamada direito de resistência ou jus resistentiae.

f) **Alteração subjetiva e objetiva:** as alterações subjetivas compreendem as modificações referentes aos sujeitos do contrato de trabalho. Por sua vez, a alteração objetiva atinge as cláusulas contratuais, cujo conteúdo é modificado ao longo do contrato de trabalho[15].

g) **Reversão:** o empregado que ocupa cargo de confiança poderá ser revertido ao cargo anterior, com a retirada da gratificação de função, sem que essa reversão acarrete nulidade. Nesse caso, quando o trabalhador não corresponde às expectativas do empregador e como envolve função de confiança, há previsão na própria lei que autoriza o retorno à função anterior, sem que esse ato seja nulo.

h) **Rebaixamento:** é o retorno do empregado ao cargo efetivo anterior com caráter punitivo, sendo que o trabalhador ocupava cargo efetivo mais alto. Essa medida é ilícita, pois viola o princípio da inalterabilidade contratual lesiva do trabalhador previsto no art. 468 da CLT[16].

i) **Promoção:** é o ato pelo qual o empregado é transferido em caráter permanente para um cargo superior com o recebimento de efetivas vantagens. Caso prevista em regulamento de empresa, é obrigação do empregado aceitar a promoção, salvo hipóteses justificáveis para permanecer em cargo inferior[17].

j) **Remoção:** configura-se com a alteração do local de trabalho do empregado, sendo exigida sua mudança de residência[18]. Para mais informações, confira o próximo tópico acerca da alteração do local de trabalho.

k) **Redução salarial:** não é permitida a redução salarial do empregado por ato unilateral ou mesmo por acordo individual entre as partes. A Constituição permite a redução do salário apenas na hipótese de celebração de convenção ou acordo coletivos de trabalho (art. 7º, VI, da CF/88).

k.1) **Legislação de exceção (Lei nº 14.437/2022):** institucionaliza autorização genérica para a adoção de medidas trabalhistas de enfrentamento a momentos de crise, dentre elas: a redução da jornada de trabalho e do salário e a suspensão temporária do contrato de trabalho. Destacamos que essas medidas poderão ser implementadas por meio de acordo individual escrito ou de negociação coletiva. Dessa forma, agora, mesmo superado o momento de crise ocasionado pela pandemia de COVID-19, no Direito do Trabalho, é possível a redução de salários e a suspensão do contrato de trabalho por meio de acordo individual entre empregado e empregador. Ainda que reservada essa possibilidade aos períodos de reconhecida calamidade, temos sérias dúvidas quanto à constitucionalidade dessas normas, pois a Constituição Federal autoriza a redução salarial apenas por meio de convenção ou acordo coletivo de trabalho (art. 7º, VI).

l) **Redução salarial do professor:** Há discussão sobre a possibilidade de redução do número de aulas do professor, em razão da diminuição do número de alunos. O TST, conforme OJ nº 244 da SDI-I, tem o entendimento de que, se preservado o valor da hora-aula, é possível a redução do número de aulas. Tal mudança no contrato de trabalho não afronta o art. 468 da CLT, pois o valor da hora-aula não foi alterado.

Para facilitar os estudos, elaboramos um quadro resumo sobre alteração contratual:

Alteração do Contrato		
1. A alteração é permitida apenas	**2. Possibilidade de reversão**	**3. Jus variandi – alteração unilateral do contrato**
a) com consentimento do empregado; b) se não acarretar prejuízos diretos e indiretos.	Reversão ao cargo de confiança ao cargo anteriormente ocupado é permitido por lei. Essa modificação não é considerada ilegal. Obs.: Com a Reforma Trabalhista, o valor de gratificação não é incorporado (Art. 468, § 2º da CLT).	Hipóteses de alteração unilateral do contrato (jus variandi): a) Transferência do horário noturno para o diurno; b) Alteração da data do pagamento, desde que respeitado o 5º dia útil; c) Transferência, desde que observados os limites impostos em lei.

8.4. TRANSFERÊNCIA DO LOCAL DE TRABALHO

a) **Conceito:** Para configurar transferência, é necessário que acarrete mudança de domicílio do empregado e somente será possível se tiver anuência do empregado.

Para facilitar os estudos, segue o quadro de resumo sobre a possibilidade de transferência do local de trabalho:

Transferência

Possibilidades de transferência:

- **Desde que tenha consentimento (anuência) do empregado**
- **Transferência unilateral (necessidade de comprovar a necessidade de serviço)**

a) Cargo de confiança;
b) Contrato que tenha condição implícita ou explícita;
c) Extinção do estabelecimento;
d) Necessidade de serviço.

- **Adicional de transferência (art. 469 § 3º, da CLT)**

a) Apenas para transferências provisórias;
b) Empregados que exercem cargo de confiança também têm direito ao adicional;
c) Esse adicional possui natureza salarial.

15. DELGADO, Maurício Godinho. Curso de Direito do Trabalho. 16. ed. São Paulo: LTr, 2017. p. 1.147.
16. DELGADO, Maurício Godinho. Curso de Direito do Trabalho. 16. ed. São Paulo: LTr, 2017. p. 1.167.
17. DELGADO, Maurício Godinho. Curso de Direito do Trabalho. 16. ed. São Paulo: LTr, 2017. p. 1.170.
18. DELGADO, Maurício Godinho. Curso de Direito do Trabalho. 16. ed. São Paulo: LTr, 2017. p. 1.170.

• **Ajuda de custo (art. 470 da CLT)**
a) Despesas resultantes da transferência;
b) Natureza indenizatória;

8.5. SUSPENSÃO E INTERRUPÇÃO DO CONTRATO DE TRABALHO

a) **Conceito:** a interrupção do contrato de trabalho consiste na ausência provisória da prestação de serviços, em que são devidos o pagamento de salário e a contagem do tempo. Cessa a obrigação do empregado, mas persiste a obrigação da empresa. Por outro lado, a suspensão do contrato de trabalho é a ausência provisória da prestação de serviços, sem que haja o pagamento de salário nem a contagem do tempo. Nesse caso, cessa a obrigação tanto da empresa como do empregado.

Para facilitar os estudos, segue esse importante quadro de resumo com as hipóteses de interrupção e suspensão do contrato de trabalho (importantíssimo memorizar!):

Hipóteses de interrupção (pagamento de salário)	Hipóteses de suspensão (não há pagamento de salário)
• 2 dias – falecimento • 3 dias – casamento • 9 dias – professor (casamento e falecimento) • 1 dia a cada 12 meses – doação de sangue • 2 dias – alistamento eleitoral • Pelo tempo necessário – acompanhar sua esposa ou companheira em até 6 (seis) consultas médicas, ou em exames complementares, durante o período de gravidez[19] • 1 dia por ano – acompanhar filho de até 6 anos em consulta médica – válido para o empregado ou empregada • 3 dias a cada 12 meses – para realização de exames preventivos de câncer devidamente comprovada • Tempo necessário: – serviço militar – vestibular – comparecimento em juízo – reunião/organismo internacional (dirigente sindical) • Paralisação da empresa • Acidente nos primeiros 15 dias • Férias • RSR e Feriados • Intervalos intrajornadas remunerados. • Licença-paternidade – 5 dias para todos os empregados. E ainda, com possibilidade de prorrogação por mais 15 dias (total de 20 dias) se o Empregador aderir ao Programa Empresa Cidadã • Gestante: consultas médicas • Participação nas comissões de conciliação prévia • Prontidão e sobreaviso • *Lockout* • Participação no Conselho Curador do FGTS	• Encargo público • Mandato Sindical • Greve • Suspensão disciplinar • Benefícios previdenciários • Diretor de S/A (não empregado – Súm. nº 269 do TST) • Intervalos • Prisão (sem trânsito em julgado) • Violência doméstica • Inquérito para apuração de falta grave • Qualificação profissional (art. 476-A da CLT) • Períodos de inatividade no trabalho intermitente • Suspensão temporária do contrato de trabalho durante a pandemia de coronavírus e legislação de exceção • Programa Emprega + Mulheres – suspensão do contrato de trabalho da mulher para qualificação profissional • Programa Emprega + Mulheres – suspensão do contrato de trabalho de pais empregados
Casos controvertidos	
a) Licença-maternidade (interrupção) b) Aborto não criminoso (interrupção) c) Serviço militar obrigatório (suspensão) d) Acidente do trabalho após 15 primeiros dias (suspensão) e) Isolamento social	

b) **Licença-paternidade de 5 dias**: essa licença é válida tanto para o pai casado como para o solteiro, e deve ser gozada no decorrer da primeira semana após o parto[20] (art. 473 da CLT e art. 10, § 1º, ADCT). Com a promulgação da Lei de políticas públicas para a primeira infância (Lei nº 13.257/2016), foi introduzida a possibilidade de prorrogação da licença-paternidade em 15 dias na Lei nº 11.770/2008 (Programa Empresa Cidadã), totalizando o período de 20 dias. Para se ter direito à prorrogação, é necessário o preenchimento de alguns requisitos:

1) empregador deve integrar o Programa Empresa Cidadã;
2) benefício de prorrogação deve ser requerido no prazo de até 2 dias úteis após o parto;
3) comprovação de participação em programa ou atividade de orientação sobre paternidade responsável;
4) impossibilidade de exercer atividade remunerada durante o período;

b.1) **Lei nº 14.457/2022:** promoveu alterações no Programa Empresa Cidadã, para estabelecer que essa prorrogação possa ser compartilhada entre a empregada e o empregado, desde que ambos sejam empregados de pessoa jurídica aderente ao Programa e que a decisão seja adotada conjuntamente. Ainda, a empresa participante do Programa Empresa Cidadã autorizada a substituir o período de prorrogação da licença-maternidade pela redução de jornada de trabalho em 50% pelo período de 120 dias. Para tanto, dois são os requisitos:

> I. pagamento integral do salário à empregada ou ao empregado pelo período de 120 dias; e

19. Informativo nº 64 do TST.

20. JORGE NETO, Francisco Ferreira; CAVALCANTE, Jouberto de Quadros Pessoa. *Curso de Direito do Trabalho*. São Paulo: Atlas, 2009. p. 251.

II. acordo individual firmado entre o empregador e a empregada ou o empregado interessados em adotar a medida.

b.2) **Reforma Trabalhista:** constitui objeto ilícito da convenção ou acordo coletivo, a supressão ou redução da licença-paternidade, nos termos fixados em lei (art. 611-B, XIV da CLT).

b.3) **ADO 20/DF:** "Há omissão inconstitucional quanto à edição de lei regulamentadora da licença-paternidade, prevista no artigo 7º, XIX, da Constituição da República de 1988, fixando-se o prazo de 18 (dezoito) meses para que seja sanada a omissão pelo Poder Legislativo, o que, se não ocorrer, autoriza ao Supremo Tribunal Federal a deliberar sobre as condições concretas necessárias ao gozo do direito fundamental à licença-paternidade.".

8.6. DANO MORAL E MATERIAL

a) **Dano material:** o dano material atinge diretamente o patrimônio do ofendido. A reparação deve abranger os danos emergentes ou prejuízos efetivos e imediatos, isto é, o montante que o empregado efetivamente perdeu. E ainda, os lucros cessantes que refletem no futuro, ou seja, com a diminuição potencial do patrimônio do trabalhador.

b) **Dano moral:** o dano moral é a lesão a direitos da personalidade[21], ou seja, direitos extrapatrimoniais como violação da honra, intimidade, privacidade e outros direitos ligados à dignidade da pessoa humana.

c) **Tarifação do dano extrapatrimonial:** a Reforma Trabalhista estabeleceu um sistema de tarifação do dano moral, já que estipula parâmetros para a fixação de sua indenização:

SISTEMA DE TARIFAÇÃO DO DANO EXTRAPATRIMONIAL	
Gravidade da ofensa	**Limitação da indenização**
Natureza leve	Até 3x o último salário contratual
Natureza média	Até 5x o último salário contratual
Natureza grave	Até 20x o último salário contratual
Natureza gravíssima	Até 50x o último salário contratual

c.1) O critério elencado pela Reforma Trabalhista eleva em consideração o salário contratual do ofendido ou do ofensor, o que fere o princípio da isonomia, já que 2 empregados poderão receber quantias distintas, mesmo que se encontrem em situações idênticas. Assim, por exemplo, se 2 empregados sofrem acidente de trabalho e perdem um dos membros superiores, sendo que 1 deles recebia o valor de R$ 1200,00 e o outro R$ 5.000,00, o valor da indenização do primeiro poderá chegar a R$ 60.000,00 (50x o salário contratual) e do segundo a R$ 250.000,00. Por esse motivo, desde a publicação da Lei nº 13.467/2017, defendíamos a inconstitucionalidade do dispositivo.

A discussão chegou ao STF no julgamento das ADIs 6050 (processo principal), 6069 e 6082 (apensos), que questionavam, justamente, a constitucionalidade do art. 223-G, §1º, I, II, III e IV da CLT[22]. No Julgamento Virtual finalizado em 26/06/2023, o Tribunal, por maioria, conheceu das ADIs 6050, 6069 e 6082 e, no mérito, as julgou parcialmente procedentes para conferir interpretação conforme à Constituição, de modo a estabelecer que:

> 1) As redações conferidas aos arts. 223-A e 223-B, da CLT, não excluem o direito à reparação por dano moral indireto ou dano em ricochete no âmbito das relações de trabalho, a ser apreciado nos termos da legislação civil; e
>
> 2) Os critérios de quantificação de reparação por dano extrapatrimonial previstos no art. 223-G, caput e § 1º, da CLT deverão ser observados pelo julgador como critérios orientativos de fundamentação da decisão judicial.

Ainda, foi reconhecida a constitucionalidade do art. 223-A da CLT, que dispõe que os danos morais serão regidos apenas pela CLT. Contudo, a Corte firmou o entendimento de que o art. 223-A da CLT não impede a aplicação de outros diplomas normativos regulatórios do dano moral e que sejam compatíveis com a CLT.

c.2) **Critérios de apreciação:** ao apreciar o pedido, o juiz considerará (Art. 223-G da CLT):

> I – a natureza do bem jurídico tutelado;
>
> II – a intensidade do sofrimento ou da humilhação;
>
> III – a possibilidade de superação física ou psicológica;
>
> IV – os reflexos pessoais e sociais da ação ou da omissão;
>
> V – a extensão e a duração dos efeitos da ofensa;
>
> VI – as condições em que ocorreu a ofensa ou o prejuízo moral;
>
> VII – o grau de dolo ou culpa;
>
> VIII – a ocorrência de retratação espontânea;
>
> X – o esforço efetivo para minimizar a ofensa;
>
> X – o perdão, tácito ou expresso;
>
> XI – a situação social e econômica das partes envolvidas;
>
> XII – o grau de publicidade da ofensa.

c.2) **Reincidência:** no caso de Reincidência entre partes idênticas o juiz poderá elevar ao dobro o valor da indenização.

c.3) **Inconstitucionalidade por ofensa ao princípio da isonomia:** entendemos que o sistema de tarifação do dano extrapatrimonial é inconstitucional, vez que levará em conta o salário contratual do ofendido ou do ofensor, o que fere o princípio da isonomia, já que 2 empregados poderão receber quantias distintas, mesmo que se encontrem em situações idênticas.

21. MELO, Raimundo Simão. Ações acidentárias na Justiça do Trabalho: Teoria e Prática. São Paulo, LTr, 2011.

22. Disponível em: <https://portal.stf.jus.br/processos/detalhe.asp?incidente=5612680>; <https://portal.stf.jus.br/processos/detalhe.asp?incidente=5640983>; <https://portal.stf.jus.br/processos/detalhe.asp?incidente=5626228>.

8.7. LEI GERAL DE PROTEÇÃO DE DADOS NAS RELAÇÕES DE TRABALHO

a) Por se tratar de uma lei geral, a LGPD não traz nenhum dispositivo expresso que se refere especificamente à proteção de dados pessoas nas relações de trabalho, o que poderia suscitar discussões quanto ao seu alcance na seara trabalhista. No entanto, o próprio art. 1º da LGPD deixa claro que a lei é voltada para proteger os dados pessoais de pessoas naturais que sejam tratados por pessoas físicas ou jurídica de direito público ou privado.

b) Assim, a LGPD deve ser utilizada nas relações de trabalho para a proteção dos dados pessoais dos empregados, que são tratados constantes pelos empregadores e que o uso indiscriminado pode causar prejuízos aos seus titulares.

9. DURAÇÃO DO TRABALHO E JORNADA DE TRABALHO

9.1. DISPOSIÇÕES GERAIS

a) **Limitação da jornada na CF/88:** a limitação da jornada de trabalho é uma das maiores vitórias conquistadas pelos empregados. Atualmente, a duração máxima é limitada a 8 horas diárias e 44 horas semanais, tanto aos homens quanto às mulheres.

b) **Limites de tolerância diária:** não serão descontadas nem computadas como jornada extraordinária as variações de horário no registro de ponto não excedentes de cinco minutos, observado o limite máximo de dez minutos diários.

b.1) **Não se considera tempo à disposição:** com a Reforma Trabalhista, há duas hipóteses em que o limite de tolerância de 10 minutos diários previsto no art. 58, § 1º, da CLT pode ser ultrapassado sem que o período seja considerado como tempo à disposição do empregador:

> **I – Proteção pessoal:** caso o empregado permaneça no local de trabalho, por escolha própria, para buscar proteção pessoal em caso de insegurança nas vias públicas ou más condições climáticas, o tempo que ultrapassar o limite de tolerância não será considerado como tempo à disposição do empregador.
>
> **II – Atividades particulares:** Se o trabalhador adentrar ou permanecer na empresa para o desenvolvimento de atividades particulares, o período também não será considerado como tempo à disposição do empregador. As atividades elencadas exemplificativamente no§ 2º do art. 4º da CLT são as seguintes: práticas religiosas; descanso; lazer; estudo; alimentação; atividades de relacionamento social; higiene pessoal; troca de roupa ou uniforme, quando não houver obrigatoriedade de realizar a troca na empresa.

c) **Regime por tempo parcial:** este regime foi criado como forma de incentivar o aumento dos postos de trabalho. Além disso, a remuneração dos empregados submetidos a essa jornada reduzida será proporcional à remuneração recebida pelos empregados que cumprem, nas mesmas funções, tempo integral. Será considerado trabalho em regime de tempo parcial o que não exceder a 30 horas semanais, quando não poderão ser prestadas horas extras ou 26 horas semanais, em que se possibilitará o acréscimo de até 6 horas suplementares semanais.

Note-se que mesmo que estipulada por tempo inferior a 26 horas, as horas suplementares serão consideradas horas extras.

c.1) **Férias do empregado contrato em regime de tempo parcial:** Com a Reforma Trabalhista, as férias do regime de tempo parcial serão regidas pelo art. 130 da CLT, na mesma proporção devida aos demais empregados. Nesse sentido, o art. 130-A da CLT foi revogado.

c.2) **Alteração para o regime por tempo parcial:** para os atuais empregados, já contratados, a adesão ao regime por tempo parcial deverá ocorrer mediante seu consentimento, e, ainda, ser submetida à negociação coletiva (acordo ou convenção coletiva), porque há possibilidade de acarretar redução salarial.

d) **Turnos ininterruptos de revezamento:** ocorre quando há alternância de horários dos empregados. Exemplo: trabalhador presta serviços no horário diurno durante os primeiros 15 dias do mês de abril. Nos outros 15 dias, é transferido para o período noturno. Veja que não há obrigatoriedade de esse empregado laborar em todos os períodos disponíveis na empresa; a mera alternância – noturno e diurno – já caracteriza o turno ininterrupto. No caso do trabalhador contratado nessa modalidade, a jornada de trabalho será se 6 horas diárias, salvo o disposto em negociação coletiva (Art. 7º, XIV da CF/88).

Para facilitar os estudos, segue quadro resumo sobre a parte geral de duração do trabalho (importante memorizar essa parte geral de duração do trabalho, porque há grande chance de ser cobrada no seu concurso):

DURAÇÃO DO TRABALHO	
Limitação da jornada prevista na CF/88	– 8 horas diárias. – 44 horas semanais.
Controle da jornada	a) Obrigatório nas empresas com mais de 20 empregados (Lei nº 13.874/2019). **Obs.:** Doméstico: controle obrigatório independentemente do número de empregados. b) Presunção relativa de veracidade nas declarações do empregado:
Controle da jornada	– empresas não apresentam os controles de frequência; – horários de entrada e saída uniformes.
Prontidão	– Empregado permanece nas dependências da empresa. – Receberá 2/3 do horário normal. – Máximo de 12 horas.

DURAÇÃO DO TRABALHO	
Sobreaviso	– Permanece em sua residência, aguardando ordens. – Receberá 1/3 do horário normal. – Máximo de 24 horas.
Não possuem limitação ou jornada (art. 62 da CLT)	– Atividade externa e incompatível com a fiscalização: – Gerentes com poderes de gestão e gratificação 40%. – Teletrabalhador por produção ou tarefa (Lei nº 14.442/2022)
Regime tempo parcial	**Reforma Trabalhista:** – Duração máxima de 30 horas semanais, sem a possibilidade de horas extras. – Duração de até 26 horas, com a possibilidade de até 6 horas extras suplementares semanais. – Faculdade do empregado converter 1/3 das férias em abono pecuniário de férias. – Regime de férias: art. 130 da CLT.
Turnos ininterruptos de revezamento (alternância de horários)	– Jornada reduzida de 6 horas, exceto negociação coletiva (8 horas). – A mera alternância entre o período diurno e noturno gera a jornada reduzida de 6 horas (OJ 360). – Jornada reduzida de 6 horas é compatível com hora noturna reduzida de 52:30 (OJ 395).

9.2. HORAS *IN ITINERE*

a) **Horas in itinere: antes da Reforma Trabalhista,** o período de deslocamento não era computado na jornada de trabalho, exceto se a empresa estivesse em local de difícil acesso ou não servido por transporte público e o empregador fornecesse o transporte ao empregado. Nesse último caso, configurados os requisitos das horas in itinere, o tempo despendido pelo empregado desde a sua residência até a efetiva ocupação do posto de trabalho e para o seu retorno era computado na jornada de trabalho.

b) **Reforma Trabalhista (supressão das horas in itinere):** a Reforma Trabalhista alterou a redação do § 2º do art. 58 da CLT e revoga seu § 3º, para prever que o tempo despendido pelo empregado desde sua residência até a efetiva ocupação do posto de trabalho e para o seu retorno não será computado na jornada de trabalho, ainda que o empregador forneça o transporte, por não ser tempo à disposição do empregador. Trata-se da supressão das horas in itinere.

c) **Tema 23 da tabela de Recursos de Revista Repetitivos:** no dia 25/11/2024, o pleno do TST, por maioria, entendeu que a Reforma Trabalhista (Lei 13.467/2017) se aplica a contratos firmados antes de sua vigência. No caso concreto analisado, ficou definido que trabalhadores fazem jus a horas *in itinere* apenas até a data de 10/11/17, até a proclamação da Reforma. A Corte analisou questão de direito intertemporal, para determinar se o empregador permanece obrigado a cumprir disposições alteradas ou revogadas por legislações criadas após o início do contrato de trabalho (tema 23). Ao final do julgamento, foi fixada a seguinte tese: "A Lei nº 13.467/2017 possui aplicação imediata aos contratos de trabalho em curso, passando a regular os direitos decorrentes de lei cujos fatos geradores tenham se efetivado a partir da sua vigência".

9.3. TRABALHO NOTURNO

a) **Trabalho noturno:** considera-se noturno o trabalho executado entre as 22 horas de um dia e as 5 horas do dia seguinte. Durante esse período, o empregado receberá adicional de, no mínimo, 20% sobre a hora diurna. Esse adicional possui natureza salarial, portanto reflete nas demais verbas trabalhistas.

b) **Hora ficta:** a hora noturna para o trabalhador urbano é reduzida, ou seja, uma hora noturna será computada como de 52 minutos e 30 segundos

c) **Trabalho noturno do rural:** no tocante ao rural, a jornada noturna inicia-se às 20h e termina às 4h na pecuária. Na lavoura, será das 21h até as 5h. Adicional noturno é de, no mínimo, 25% superior à hora diurna.

d) **Horários mistos:** ocorrerá o horário misto quando o empregado prestar serviços no período diurno e noturno. Exemplo: inicia o trabalho às 20 horas e vai até às 4 horas. Veja que nesse caso, o período entre 20 h e 22 h será pago como hora diurna. Ao ultrapassar as 22 horas, incide o adicional noturno e a redução da hora para 52 minutos e 30 segundos.

e) **Prorrogação do horário noturno:** a prorrogação, por sua vez, ocorre quando houver a continuidade da prestação de serviços além do limite previsto em lei, ou seja, 5 horas da manhã. Nesse caso, o empregado continuará recebendo o adicional noturno e terá direito à hora reduzida.

9.4. TRABALHO EXTRAORDINÁRIO

a) **Adicional de horas extras:** o trabalho que ultrapassar a jornada normal será remunerado com adicional de, no mínimo, 50% sobre a hora normal.

b) **Variações no registro de ponto:** não excedentes a cinco minutos, observado o limite máximo de dez minutos, não serão descontadas, nem consideradas como jornada extraordinária (art. 58, § 1º, da CLT).

c) **Acordo de prorrogação:** para que a prestação de horas extraordinárias seja lícita, há necessidade de dois requisitos (art. 59 da CLT):

> I – acordo escrito entre empregado e empregador.
>
> II – Prorrogação máxima de duas horas diárias.

d) **Prorrogação da jornada por necessidade imperiosa:** necessidade imperiosa é considerada gênero, do qual são espécies prorrogação por motivo de força maior e prorrogação para conclusão de serviços inadiáveis ou cuja inexecução possa acarretar prejuízos ao empregador[23]. Com a alteração da Reforma Trabalhista, remove-se a exigência de comunicação prévia à autoridade em matéria de trabalho.

9.5. COMPENSAÇÃO

a) **Compensação:** nesse regime o empregado trabalhará além da jornada normal em alguns dias, para descansar em outros (art. 59, § 2º, da CLT).

b) **Observância do limite máximo de 10 horas diárias.**

c) **Banco de horas e acordo de compensação de jornada:** com a Reforma Trabalhista, o banco de horas poderá ser elaborado para compensação anual por meio de acordo ou convenção coletiva de trabalho ou para compensação semestral por meio de acordo individual escrito. Por sua vez, o acordo de compensação de jornada poderá ser firmado por acordo individual tácito ou escrito para compensação dentro de um mês.

d) **Compensação de jornada em atividades insalubres:** havia discussão quanto à aplicação do art. 60 da CLT que prevê requisito específico para autorizar a prestação de serviços extraordinários em atividades insalubres. De acordo com a CLT, deve-se obter a prévia permissão da autoridade competente em matéria de segurança e higiene do trabalho, no caso, o Ministério do Trabalho e Emprego. Aliás, prevê o art. 60 da CLT que "quaisquer prorrogações" nessas atividades insalubres somente poderão ser acordadas mediante prévia permissão. Com a edição do item VI da Súmula nº 85, o TST, felizmente, estabeleceu que é indispensável a realização da inspeção prévia e da autorização da autoridade competente para que seja válido o acordo de compensação de jornada em atividade insalubre. Além disso, mesmo mediante norma coletiva, não é possível afastar a exigência do art. 60 da CLT. Com a Reforma Trabalhista, não é exigida licença prévia nas jornadas de 12x36, nos termos do art. 60, parágrafo único.

e) **Compensação para pessoas com menos de 18 anos:** o empregado com menos de 18 anos poderá prestar serviços além das 8 horas para fins de compensação de jornada. Nesse caso, é exigida norma coletiva para que o ajuste seja válido.

f) **Semana espanhola:** o TST admite a chamada semana espanhola, em que há alternância de 40 h de trabalho numa semana e 48 h na semana seguinte.

g) **Jornada 12 x 36:** com a Reforma Trabalhista, é facultado às partes, mediante acordo individual escrito, convenção ou acordo coletivo, estabelecer horário de trabalho de 12X36, observados ou indenizados os intervalos para repouso e alimentação. A remuneração pactuada pelo horário em questão abrangerá o pagamento devido pelo descanso semanal remunerado e pelo descanso em feriados. Além disso, excetuam-se de licença prévia as jornadas de 12x36, nos termos do art. 60, parágrafo único.

9.6. TRABALHO EM DOMICÍLIO E TELETRABALHO (OU TRABALHO REMOTO)

a) **Teletrabalho:** a CLT foi alterada em 2011, para prever o teletrabalho, ou seja, o trabalho executado à distância. Nesse caso, se as ordens são passadas pelo celular ou e-mail (meios telemáticos), configuram-se a subordinação e, consequentemente, o vínculo empregatício:

> **Art. 6º, CLT:** Não se distingue entre o trabalho realizado no estabelecimento do empregador, o executado no domicílio do empregado e o realizado a distância, desde que estejam caracterizados os pressupostos da relação de emprego.

b) **Reforma Trabalhista:** a Lei nº 13.467/2017 regulamentou o tema em seu título II, capítulo II-A (arts. 75-A a 75-E) e definiu o teletrabalho como a prestação de serviços preponderantemente fora das dependências do empregador. De acordo com a regulamentação trazida pela Reforma, o teletrabalhador não estaria sujeito às regras de duração do trabalho, ou seja, não teria direito a horas extras, pagamento de adicional noturno e intervalos, nos termos do art. 62, III, da CLT. Ademais, o acordo ou convenção coletiva que dispuser sobre o teletrabalho terá prevalência sobre o disposto na legislação trabalhista (art. 611-A, VIII da CLT).

c) **Contrato solene:** para a contratação de empregado na modalidade de teletrabalho, a legislação exige solenidade, pois a condição de teletrabalhador deve constar expressamente do contrato individual de trabalho. Havia expressa exigência de que o empregador especificasse detalhadamente as atividades que o empregado deveria exercer.

c.1) Com as alterações promovidas pela Lei nº 14.442, de 2022, detalhadas no tópico abaixo, não há mais a expressa necessidade de que o empregador especifique detalhadamente as atividades que o empregado deve exercer no contrato (ou aditivo) solene de teletrabalho.

d) **Alteração de trabalho presencial para teletrabalho:** a Reforma Trabalhista permite que o empregado passe a trabalhar na condição de teletrabalhador desde que haja:

d.1) **Mútuo acordo entre as partes;**

d.2) **Aditivo contratual.**

e) **Alteração de teletrabalho para trabalho presencial**: quanto à alteração do regime de teletrabalho para o regime presencial, há novo caso de jus variandi, independendo de prévio acordo entre as partes, já que pode ser realizada por ato unilateral do empregador. Para essa alteração ser válida, é necessário o atendimento dos seguintes requisitos:

---

23. Nesse sentido: CASSAR, Vólia Bomfim. Direito do Trabalho. 11. ed. São Paulo: Método, 2015. p. 680; GARCIA, Gustavo Filipe Barbosa. CLT comentada. São Paulo: Método, 2015. p. 91; e MARTINS, Sérgio Pinto. Comentários à CLT. 19. ed. São Paulo: Atlas, 2015. p. 103.

e.1) **Prazo de transição mínimo de 15 dias:** O empregador pode determinar unilateral a alteração do regime de teletrabalho para o presencial, mas deverá conceder o prazo mínimo de 15 dias para o trabalhador realizar a modificação.

e.2) **Aditivo contratual.**

f) **Responsabilidade pela aquisição, manutenção ou fornecimento dos equipamentos**: nos termos do art. 75-D à CLT, a responsabilidade pela aquisição, manutenção ou fornecimento dos equipamentos tecnológicos e da infraestrutura necessária e adequada à prestação do trabalho remoto, além do reembolso de despesas arcadas pelo trabalhador, poderá ser regulada por acordo escrito entre empregado e empregador.

g) **Meio ambiente do trabalho**: o empregador deverá instruir os empregados, de maneira expressa e ostensiva, quanto às precauções a tomar a fim de evitar doenças e acidentes de trabalho, e o empregado deverá assinar termo de responsabilidade comprometendo-se a seguir as instruções fornecidas pelo empregador (art. 75-E, CLT).

9.6.1. NOVA REGULAMENTAÇÃO DO TELETRABALHO DADA PELA LEI Nº 14.442/2022

a) **Lei nº 14.442/2022:** dispõe sobre o pagamento de auxílio-alimentação e altera estruturalmente as regras relativas ao teletrabalho.

b) **Novo conceito**: "Teletrabalho" ou "trabalho remoto" é a prestação de serviços fora das dependências do empregador, de maneira preponderante ou não, com a utilização de tecnologias de informação e de comunicação, que, por sua natureza, não se configure como trabalho externo (art. 75-B, da CLT, com redação dada pela Lei nº 14.442/2022).

b.1) Ressalta-se, ainda, que o comparecimento do empregado às dependências da empresa, ainda que de modo habitual, não descaracteriza o regime de teletrabalho.

c) **Controle de jornada**: a Lei nº 14.442/2022 criou duas modalidades de teletrabalho:

c.1) Teletrabalho por jornada: nesse caso, com duração de 8h nos moldes tradicionais (intervalos, horas extras etc.); e

c.2) **Teletrabalho por produção e tarefa (novidade).**

d) **Exclusão da jornada de trabalho:** somente o teletrabalho por produção ou tarefa está excluído do controle de jornada, não havendo, portanto, limitação da jornada em 8 horas diária ou 44 horas semanais, intervalos intra e interjornada, nem horas extras ou adicional noturno:

> **Art. 62 da CLT (Redação dada pela Lei nº 14.442, de 2022):** Não são abrangidos pelo regime previsto neste capítulo: (...)
>
> III - os empregados em regime de teletrabalho que prestam serviço por produção ou tarefa.

e) **Operador de telemarketing**: não se enquadra ao regime de teletrabalho a ocupação de operador de telemarketing.

f) **Tempo à disposição**: o uso dos equipamentos tecnológicos e de infraestrutura utilizados para o teletrabalho, fora da jornada de trabalho normal do empregado, não constitui tempo à disposição, regime de prontidão ou de sobreaviso, exceto se houver previsão em acordo individual ou em acordo ou convenção coletiva de trabalho.

g) **Aprendizes e estagiários:** agora há autorização para que aprendizes e estagiários trabalhem em regime de teletrabalho.

g.1) **Necessidade de controle de jornada.** Como há regras específicas sobre a jornada de trabalho dos aprendizes e estagiários, entendemos que esses trabalhadores não poderão ser excluídos da duração do trabalho (teletrabalho por produção ou tarefa).

h) **Aplicação territorial da lei e das normas coletivas**: aplicam-se ao empregado em teletrabalho as regras locais e as convenções e acordos coletivos de trabalho relativas à base territorial do estabelecimento do empregado.

i) **Trabalhador contratado no Brasil que opta por prestar serviços fora do país**: aplica-se a legislação brasileira, salvo disposição em contrário estipulada entre as partes.

i.1) Não se aplica para a situação de trabalhadores contratados no Brasil ou transferidos por seus empregadores para prestar serviço no exterior (Lei nº 7.064/82).

j) **Horários e os meios de comunicação entre empregado e empregador**: poderão ser regulados por acordo individual, desde que assegurados os repousos legais.

k) **Prioridade de vagas**: empresas deverão priorizar as vagas de teletrabalho aos empregados com deficiência e empregados e empregadas com filhos ou criança sob guarda judicial até quatro anos de idade.

9.7. PERÍODOS DE DESCANSO

9.7.1. INTERVALOS

a) **Intervalo intrajornada:** o intervalo intrajornada ocorre durante a jornada de trabalho. É o período destinado ao descanso e refeição. Em regra, os períodos destinados aos intervalos não são computados na jornada de trabalho, isto é, não são remunerados pelo empregador.

a.1) **Duração do intervalo intrajornada:** a duração do intervalo intrajornada está intimamente ligada à jornada de trabalho. Tempo destinado ao intervalo para descanso e refeição:

> I – Jornada de até 4 horas: não há previsão em lei de intervalo intrajornada.
>
> II – Jornada que excede 4 horas, com limite de 6 horas: intervalo de 15 minutos. Se o empregador exigir horas extras habituais, excedendo a jornada de 6 horas diárias, deverá conceder intervalo mínimo de 1 hora.
>
> III – Jornada que excede 6 horas: mínimo de 1 hora e máximo de 2 horas. Existe previsão no art. 71 da CLT de intervalo superior a 2 horas, mas haverá necessidade de prévia negociação coletiva (acordo ou convenção coletiva).

a.2) **Possibilidade de redução, fracionamento e supressão do intervalo intrajornada:** em regra, o intervalo intrajornada não pode ser reduzido, fracionado ou suprimido. Contudo, com a Reforma Trabalhista, o intervalo intrajornada pode ser pactuado via negociação coletiva, devendo ser respeitado o limite mínimo de trinta minutos para jornadas superiores a 6 horas (Art. 611-A, III da CLT, inserido pela Reforma Trabalhista). Além disso, a legislação estabelece casos específicos em que essa redução / fracionamento são permitidos. Para facilitar os estudos, elaboramos o quadro resumo sobre intervalo intrajornada:

Intervalo intrajornada	
• Ocorre durante a jornada de trabalho • Intervalo não é inserido na jornada de trabalho (suspensão do contrato)	
Duração do intervalo dependerá da jornada	a) jornada de até 6 horas: no mínimo 15 minutos; b) jornada superior a 6 horas: no mínimo 1 hora, no máximo 2 horas. Reforma Trabalhista: Possibilidade de negociação coletiva para redução até, no mínimo, 30 minutos (Art. 611-A, III da CLT). • Intervalo não previsto em lei: tempo à disposição do empregador (Súmula nº 118 do TST)
Redução do intervalo intrajornada	a) em regra, não é admitida, mesmo que haja negociação coletiva. • Intervalo não previsto em lei: tempo à disposição do empregador (Súmula nº 118 do TST); • Redução do intervalo intrajornada: Reforma: Trabalhista: Permite a redução via negociação coletiva para 30 minutos. b) Casos que já possibilitavam a redução do intervalo para almoço: 1) Motoristas do setor de transporte coletivo de passageiros: art. 71, § 5º, CLT; 2) Autorização do Ministério do Trabalho: art. 71, § 3º, CLT. – Necessário atender 3 requisitos: a. estabelecimento atenda às exigências dos refeitórios; b. empregador não exija horas extras; c. autorização do Ministério do Trabalho.

Intervalo intrajornada	
Redução do intervalo intrajornada	3) Lei dos Domésticos (LC nº 150/2015): Redução do intervalo de 1 hora para 30 minutos por acordo escrito entre as partes; b) sobre o tema redução do intervalo, o candidato deve estar muito atento ao texto da Súmula nº 437 do TST. Importante! Com a Reforma Trabalhista, se houver a redução ou supressão do intervalo intrajornada, (1) o empregador deverá pagar apenas o período suprimido; (2) esse pagamento tem natureza indenizatória.
Intervalos remunerados	a) mecanografia e digitação (10 minutos); b) frigoríficos (20 minutos); c) minas de subsolo (15 minutos); d) amamentação (2 intervalos de meia hora cada um deles).

a.3) **Consequências da supressão ou redução do intervalo intrajornada:** caso o intervalo intrajornada não venha a ser gozado ou ainda gozado apenas parcialmente por empregados urbanos e rurais, há o pagamento apenas do período suprimido, com o adicional de 50% sobre o valor da remuneração da hora de trabalho, verba esta que terá natureza indenizatória, nos termos do art. 71, § 4º da CLT.

b) **Intervalo interjornada:** o intervalo interjornada é o tempo para descanso de onze horas consecutivas, entre duas jornadas de trabalho (art. 66, CLT). Esse período de onze horas não é remunerado, ou seja, não está inserido na jornada de trabalho.

b.1) **Supressão ou redução do intervalo interjornada:** não sendo usufruído pelo trabalhador, acarretará o pagamento das horas subtraídas como horas extraordinárias. Com a alteração da redação do art. 71, § 4º da CLT pela Reforma Trabalhista, deve ser pago apenas o período suprimido com adicional de 50%, cuja natureza será indenizatória.

b.2) **Impossibilidade de fracionamento:** como se trata de intervalo mínimo de 11 horas consecutivas, não poderá ser dividido em dois períodos, sob pena de ter de iniciar um novo período.

c) **Intervalos não previstos em lei:** serão considerados tempo efetivo à disposição do empregador.

9.7.2. DESCANSO SEMANAL REMUNERADO (DSR)

a) **Descanso Semanal Remunerado (DSR) ou Repouso Semanal Remunerado (RSR):** previsto no art. 7º, XV, da CF, é o período de, no mínimo, 24 horas consecutivas, e será concedido pelo menos uma vez por semana, preferencialmente aos domingos.

b) **Requisitos:** para ter direito à remuneração durante o descanso semanal, é necessário que o empregado preencha 2 requisitos: frequência e pontualidade.

c) **Consequências do trabalho no DSR:** se houver trabalho no dia destinado ao repouso, há necessidade de folga compensatória em outro dia da semana. Na ausência da folga compensatória, o empregador estará obrigado a pagar remuneração em dobro, ou seja, além da remuneração normal, já contratada, deverá pagar a hora trabalhada mais adicional de 100%. Essa regra é aplicada ao trabalho no DSR e também nos feriados.

d) **Orientação Jurisprudencial nº 394 da SDI – I do TST**: em 2010, o TST publicou a OJ nº 394, prevendo que o valor acrescido ao DSR, em razão do reflexo das horas extras, não repercutiria no cálculo das férias, do décimo terceiro, do aviso-prévio e do FGTS, pois configuraria duplo pagamento (bis in idem). Por outro lado, a jurisprudência do TRT da 5ª Região estabelece que a repercussão das horas extras habituais no DSR incide no cálculo das demais parcelas da remuneração do trabalhador sem a incidência de "bis in idem". Diante do conflito de posicionamentos entre a jurisprudência do TST e a Súmula do TRT da 5ª Região, o tema foi levado à discussão no âmbito do TST na condição de recurso de revista repetitivo[24]. Em sessão realizada no dia 20/03/2023, o Tribunal Superior do Trabalho decidiu, em sua configuração Plena e por maioria, em alterar a redação da OJ nº 394 da SDI-I, aprovando a seguinte tese jurídica para o Tema Repetitivo 9, que orientou a nova redação da OJ 394:

> **DAS HORAS EXTRAS. REPERCUSSÃO NO CÁLCULO DAS FÉRIAS, DÉCIMO TERCEIRO SALÁRIO, AVISO PRÉVIO E DEPÓSITOS DO FGTS.**
>
> I. A majoração do valor do repouso semanal remunerado decorrente da integração das horas extras habituais deve repercutir no cálculo, efetuado pelo empregador, das demais parcelas que têm como base de cálculo o salário, não se cogitando de bis in idem por sua incidência no cálculo das férias, da gratificação natalina, do aviso prévio e do FGTS.
>
> II. O item I será aplicado às horas extras trabalhadas a partir de 20.03.2023.

e) **Feriados:** a Constituição Federal não fez menção aos feriados. Entretanto, esse instituto é regulamentado pela mesma lei do DSR (nº 605/49). Consiste no período de 24 horas em que não há prestação de serviços, mas o empregador fica obrigado a pagar a remuneração. Em regra, é proibido o trabalho nos feriados nacionais e feriados religiosos. A sistemática é a mesma do descanso semanal remunerado – DSR. Se houver trabalho no feriado sem que haja folga compensatória, há necessidade de pagamento em dobro, sem prejuízo da remuneração do feriado. Ademais, os requisitos para que o feriado seja remunerado são os mesmos: frequência e pontualidade.

9.7.3. FÉRIAS

a) **Férias:** período de descanso prolongado, em que não há prestação de serviços, mas há pagamento de salário e o período de afastamento é contado para todos os efeitos. Por expressa previsão constitucional, o período de férias deve ser remunerado com um terço a mais da remuneração.

b) **Direitos às férias e sua duração:**

b.1) **Período aquisitivo:** após doze meses de serviços, o empregado terá adquirido o direito de férias.

b.2) **Duração do período de férias:** A duração das férias estará intimamente ligada às faltas injustificadas cometidas pelo empregado ao longo do período aquisitivo. Com a Reforma Trabalhista, o prazo de duração de férias será o mesmo para todos os empregados. Segue quadro de memorização acerca da duração das férias do empregado:

DURAÇÃO DE FÉRIAS

JORNADA NORMAL	
Duração das férias	**Faltas injustificadas**
30 dias	5 faltas
24 dias	de 6 a 14 faltas
18 dias	de 15 a 23 faltas
12 dias	de 24 a 32 faltas

Obs1: Para fins de duração das férias, serão considerados dias corridos, não suspendendo durante domingos e feriados.

Obs2. Se o empregado ficar doente durante as férias, não há suspensão do período, correndo normalmente.

Obs3. O adicional de ⅓ de férias é proporcional aos dias conquistados, ou seja, se o empregado tem apenas 12 dias férias, somente nesses 12 dias terá o adicional de ⅓.

TRABALHO

24. A Lei nº 13.015/14 introduziu o recurso de revista repetitivo (CLT, arts. 896-B e 896-C). Trata-se de um julgamento por amostragem, já que o C. TST escolhe alguns processos e forma uma tese jurídica a ser aplicada aos demais processos idênticos ou semelhantes. Antigamente, essa aplicação era obrigatória apenas para os processos que estavam em curso. Com o CPC/2015, tal decisão é considerada um precedente obrigatório, de modo a ser observado para os julgamentos futuros (art. 15, I, "a", Instrução Normativa nº 39 do TST).

c) **Concessão e época das férias:**

c.1) **Período concessivo:** doze meses seguintes ao término do período aquisitivo.

c.2) **Época de concessão das férias:** é o ato exclusivo de o empregador determinar quando o trabalhador terá direito a gozar de suas férias. O empregado estudante com menos de 18 anos de idade poderá fazer coincidir suas férias com as férias escolares e os membros da mesma família que trabalharem na mesma empresa poderá gozar as férias no mesmo período, desde que não resulte prejuízo para o serviço.

c.3) **Parcelamento das férias:** com a Reforma Trabalhista, é possível o fracionamento das férias em até 3 períodos, desde que haja concordância do empregado, sendo que um dos períodos não poderá ser inferior a 14 dias corridos e os demais não poderão ser inferiores a 5 dias corridos. Além disso, é vedado o início das férias no período de 2 dias que antecede feriado ou DSR.

d) **Remuneração das férias:** o empregado receberá, durante as férias, a remuneração devida na data de sua concessão, e não aquela que recebia quando da aquisição do direito. O pagamento das férias vem acompanhado do adicional de 1/3 previsto na Constituição Federal. Assim, se o empregado possui salário de R$ 1.800,00, no mês das férias receberá R$ 2.400,00 (R$ 1.800,00 de salário acrescidos de 1/3 constitucional de R$ 600,00).

e) **Súmula nº 450 do TST:** publicada em maio de 2014 pelo TST, corresponde à conversão literal da OJ nº 386 da SDI-I, prevê que a concessão das férias, sem o devido pagamento do salário e do adicional de 1/3, com dois dias de antecedência, além de ensejar multa administrativa, leva ao pagamento da dobra do valor das férias.

e.1) **ADPF 501-SC:** o Plenário do STF, por 7 votos a 4, no julgamento virtual finalizado em 05/08/202, julgou procedente a ADPF 501 para:

e.1.1) declarar a inconstitucionalidade da Súmula 450 do Tribunal Superior do Trabalho; e

e.1.2) invalidar decisões judiciais não transitadas em julgado que, amparadas no texto sumular, tenham aplicado a sanção de pagamento em dobro com base no art. 137 da CLT.

f) **Abono pecuniário de férias:** o empregado tem o direito de converter 1/3 de férias em abono pecuniário, no valor da remuneração que lhe seria devida nos dias correspondentes, desde que solicitado dentro do prazo de até quinze dias antes do término do período aquisitivo.

g) **Férias coletivas:** as férias coletivas poderão ser concedidas a todos os empregados da empresa ou apenas a setores da empresa, nos termos do art. 139 da CLT, sendo necessária a comunicação prévia, no prazo de quinze dias, ao Ministério do Trabalho e Previdência.

10. SALÁRIO E REMUNERAÇÃO

a) **Salário:** é a contraprestação paga diretamente pelo empregador.

b) **Remuneração:** é a contraprestação paga diretamente pelo empregador e, ainda, por terceiros, por meio de gorjetas.

b.1) Gorjetas são pagas de forma espontânea ou obrigatória, não integrando o salário, mas a remuneração do empregado.

c) **Prêmios:** parcelas de natureza indenizatória pagas em razão de liberalidade do empregador caso pelo desempenho superior de um ou mais trabalhador.

10.1. MODALIDADES DE SALÁRIO

Para facilitar os estudos, segue quadro resumo comas principais modalidades de salário:

Salário (parcela paga diretamente pelo empregador)	
Salário mínimo	patamar mais baixo que um empregado pode ganhar. estendido às pessoas com menos de 18 anos, inclusive aprendizes. os servidores públicos terão direito ao salário mínimo (art. 39, § 3º, da CF)
Salário profissional	fixado por lei (exemplos: médicos e engenheiros)
Piso salarial	fixado por instrumento coletivo (acordo ou convenção)
Salário normativo	fixado via sentença normativa (TRT ou TST)
Salário proporcional	salário mínimo ou piso salarial proporcional ao tempo trabalhado (OJ 358, I), exceto empregado público da Administração Direta, autárquica e fundacional (OJ 358, II)
Salário complessivo	pagamento realizado sem detalhar as parcelas. Não é cabível (Súmula 91)

10.2. PARCELAS SALARIAIS (COMPOSIÇÃO DO SALÁRIO) E NÃO SALARIAIS (INDENIZATÓRIAS)

a) **Reflexos:** parcelas salariais refletem nas demais verbas trabalhistas, enquanto as verbas recebidas sem natureza salarial (parcelas indenizatórias), não.

Segue quadro que facilita a memorização:

Parcelas salariais	Parcelas indenizatórias
(Refletem nas demais verbas, como férias, 13º e aviso) • Comissões	(Não há reflexo nas demais parcelas. Sobre o valor não incidem depósitos do FGTS)

Parcelas salariais	Parcelas indenizatórias
• Gratificações legais • Quebra de caixa • Adicionais salariais: – Adicional hora extra – Adicional noturno – Adicional de transferência – Adicional de insalubridade – Adicional de periculosidade **Obs.:** *Ao efetuar o pagamento dessas parcelas, o empregador deverá efetuar o respectivo depósito do FGTS.*	• PLR – Participação nos Lucros e Resultados • Ajuda de custo • Diárias para viagem • Abonos • Prêmios • Vale-transporte • Salário-família • Seguro-desemprego • PIS/Pasep • *Stock option* • Parcelas recebidas em razão da exploração de direito intelectual
Caso controvertido	
• *Gueltas* (remuneratória – equiparada à gorjeta)	

10.3. GRATIFICAÇÕES

a) **Conceito:** trata-se de contraprestação paga pelo serviço prestado em certas condições, ou em ocasiões especiais diferenciadas, como a gratificação de função, a gratificação de tempo etc. De acordo com a Reforma Trabalhista, somente as gratificações legais integram o salário dos empregados.

b) **Gratificação de função e integração permanente ao contrato de trabalho:** caso ocorra o pagamento da gratificação, em razão de função de confiança na empresa (gerente, por exemplo), ela poderá ser retirada, com o retorno do empregado ao cargo anterior. A reversão não configura alteração ilícita do contrato, conforme o art. 468, parágrafo único, da CLT.

c) **Gratificações por tempo de serviço:** parcela não prevista na CLT, que, portanto, não será considerada verba de natureza salarial.

10.4. DÉCIMO TERCEIRO SALÁRIO

a) **Conceito e destinação:** gratificação salarial obrigatória prevista na CF/88 e na Lei nº 4.090/1962, devida a anos e rurais, os trabalhadores avulsos e os empregados domésticos.

b) **Data do pagamento e valor:** o pagamento deverá ocorrer até o dia 20 de dezembro, e corresponderá a um doze avos da remuneração devida em dezembro, por mês trabalhado ou fração igual ou superior a quinze dias.

c) **Adiantamento:** entre os meses de fevereiro e novembro, o empregador pagará, de uma só vez, em razão do adiantamento do décimo terceiro, metade do salário recebido pelo empregado no mês anterior. Esse adiantamento é obrigatório e não é necessário que seja pago a todos os empregados da empresa no mesmo mês.

10.5. ADICIONAIS SALARIAIS

a) **Salário-condição:** os adicionais descritos a seguir (horas extras, noturno, transferência, insalubridade e periculosidade) são pagos em razão de trabalho prestado em situações prejudiciais à saúde ou, ainda, que prejudiquem o convívio familiar e social. Esses adicionais são chamados salário-condição, isto é, paga-se o adicional enquanto o empregado estiver em condição prejudicial, por exemplo, prestando horas extras, ou trabalhando no período noturno. Cessada a condição gravosa, cessa o adicional sem que esse fato configure alteração prejudicial.

b) **Reflexos:** serão pagos sobre o salário do empregado e, quando os serviços nessas situações são prestados de forma habitual, irão se refletir nas demais verbas trabalhistas, como férias, décimo terceiro salário, depósitos do FGTS etc.

Para facilitar os estudos, segue esse importante quadro de resumo com os adicionais e os respectivos percentuais (importantíssimo memorizar!):

Adicionais Pagos sobre o salário do empregado – salário-condição	
Adicional de hora extra	Adicional de, no mínimo, 50% sobre a hora normal. Calculado sobre a globalidade salarial (hora normal acrescida de adicionais).
Adicional noturno	• Empregado urbano: 20% sobre a hora diurna. • Empregado rural: 25% sobre a hora diurna.
Adicional de transferência	Pago em razão da transferência provisória. Valor de, no mínimo, 25% dos salários que o empregado recebia no local anterior.
Adicional de periculosidade	Condições de risco acentuado. Adicional de, no mínimo, 30% do salário-base.
Adicional de insalubridade	Adicional calculado sobre o salário mínimo, variando de acordo com a agressividade do agente nocivo: 10% (grau mínimo), 20% (grau médio) e 40% (grau máximo) Requisitos para obtenção: a) perícia por profissional habilitado; b) agente deve constar da relação oficial do Ministério do Trabalho. A Súmula Vinculante nº 4 do STF proíbe que esse adicional seja calculado sobre o salário mínimo.

Adicionais Pagos sobre o salário do empregado – salário-condição	
Adicional de insalubridade	Permite-se o enquadramento do grau de insalubridade e a prorrogação de jornada em locais insalubres por meio de instrumento coletivo, desde que as normas de saúde, higiene e segurança do trabalho previstas em lei ou em normas regulamentadoras do Ministério do Trabalho sejam integralmente atendidas.

10.6. PARCELAS SEM NATUREZA SALARIAL

a) **Conceito:** as parcelas a seguir não terão reflexo nas demais verbas trabalhistas, sendo pagas a título de indenização, ou seja, não integram outras parcelas nem se refletem nelas, como férias, décimo terceiro etc.

b) **PLR:** há expressa previsão da participação nos lucros e resultados na Constituição Federal, inclusive prevendo a natureza indenizatória dessa parcela. Verifica-se que a PLR não substitui nem complementa a remuneração do empregado. Assim sendo, não a integra para nenhum efeito trabalhista (art. 7º, XI, CF/88). De acordo com a Lei nº 10.101/2000, que regulamentou essa matéria, há necessidade de negociação entre a empresa e seus empregados, mediante negociação coletiva (acordo ou convenção coletiva) ou comissão escolhida pelas partes, para que seja fixada a PLR.

   b.1) **Pagamento proporcional da PLR e princípio da igualdade:** o empregado que contribuiu com a empresa para a obtenção do resultado positivo terá direito à participação nos lucros, mesmo se extinto o contrato antes da data prevista para o pagamento da parcela. A negociação coletiva, segundo o TST, não poderá retirar do empregado o direito à PLR.

c) **Ajuda de custo:** é outra parcela com natureza nitidamente indenizatória. Sua finalidade é reembolsar despesas efetuadas pelo empregado. Exemplo: despesas realizadas em razão da transferência, conforme previsto no art. 470 da CLT: As despesas resultantes da transferência correrão por conta do empregador.

d) **Diárias de viagem:** compreendem a parcela recebida em razão das despesas gastas pelo empregado em viagens. Antes da Reforma Trabalhista, se as diárias excedessem a 50% do salário do empregado, havia a presunção de fraude, e neste caso teriam natureza salarial. Por outro lado, se o valor fosse inferior a 50%, diante de seu caráter de ressarcimento de despesas, seriam consideradas parcelas sem natureza salarial.

e) **Vale-transporte**. O vale-transporte é pago pelo empregador de forma antecipada e tem como objetivo cobrir as despesas de deslocamento da residência para o trabalho, por meio do sistema de transporte coletivo público. Essa parcela, por expressa previsão em lei, não possui natureza salarial nem se incorpora à remuneração para quaisquer efeitos. Consequentemente, não é base de incidência de contribuição previdenciária ou de FGTS.

f) **Auxílio-alimentação:** de acordo com a Reforma trabalhista, o auxílio-alimentação passa a ser considerado como parcela sem natureza salarial. Além disso, é vedado seu pagamento em dinheiro.

   f.1) **Lei nº 14.442, de 2022:** as importâncias pagas sob essa rubrica devem ser usadas exclusivamente para o pagamento de refeições em restaurantes e estabelecimentos similares ou para a aquisição de gêneros alimentícios em estabelecimentos comerciais.

   f.2) Além disso, a execução inadequada, o desvio ou o desvirtuamento das finalidades do auxílio-alimentação podem acarretar multa de R$ 5.000,00 (cinco mil reais) a R$ 50.000,00 (cinquenta mil reais) às empresas contratantes e fornecedores dos tíquetes, que serão aplicadas em dobro em caso de reincidência ou embaraço à fiscalização.

g) **Prêmios:** decorrem da produtividade do trabalhador, dizendo respeito a fatores de ordem pessoal dele, como a produção, a assiduidade, a qualidade. Não podem, porém, ser a única forma de pagamento do salário, por serem dependentes de uma condição, devendo o obreiro perceber pelo menos um salário fixo[25]. Apesar de não previsto na CLT antes da Reforma Trabalhista, havia o entendimento de que os prêmios eram parcelas salariais. Com a regulamentação do assunto pela Reforma Trabalhista, foi estabelecida a natureza não salarial da parcela recebida.

h) **Abonos:** São parcelas pagas em decorrência de ato de liberalidade do empregado, correspondente a um acréscimo efetuado em parcela única se a necessidade de um motivo específico para seu recebimento[26]. Com a Reforma Trabalhista, os abonos também passarão a integrar as parcelas sem natureza salarial.

i) **Salário-família:** É um benefício previdenciário concedido aos segurados de baixa renda (artigos 65 a 70 da Lei nº 8213/91), em razão dos filhos menores de 14 anos ou inválidos de qualquer idade. A sua finalidade é ajudar os pais a custear a educação dos filhos. Esse benefício não possui natureza salarial, e para a sua obtenção há necessidade de preencher dois requisitos:

   i.1) Trabalhador de baixa renda. O trabalhador de baixa renda é aquele que, em 2024, possui remuneração mensal de até R$ 1.819,26. Diante disso, o empregado ou trabalhador avulso que possuir remuneração superior a essa não terá direito ao benefício.

25. MARTINS, Sergio Pinto. *Direito do Trabalho*. 24. ed. São Paulo: Atlas, 2008. p. 257.

26. CAIRO JÚNIOR, José. *Curso de Direito do Trabalho. Direito Individual e Direito Coletivo de Trabalho*. 4. ed. Salvador: Editora JusPodivm, 2009. p. 342.

i.2) Filhos com menos de 14 anos, ou inválidos[27] de qualquer idade.

10.7. SALÁRIO IN NATURA

a) **Conceito:** o salário poderá ser pago em dinheiro ou, ainda, em utilidades, como alimentação e moradia. Essa forma de pagamento é chamada de salário in natura ou utilidades. Há possibilidade de desconto do salário mínimo para o pagamento das utilidades, respeitando os seguintes percentuais, no caso dos rurais: a) até 20%, moradia; b) até 25%, pelo fornecimento de alimentação sadia e farta, atendidos os preços vigentes na região. Para esses descontos, há necessidade de prévia autorização do empregado rural; sem tal autorização essas deduções serão nulas de pleno direito. A título de comparação, os limites máximos permitidos para os empregados urbanos são: 25% para habitação e 20% para alimentação; esses descontos serão sobre o salário contratual do empregado, de acordo com § 3º do art. 458 da CLT. Não há, na CLT, previsão de prévia autorização do trabalhador urbano.

b) **Requisitos para configurar salário-utilidade:**

b.1) Utilidade deverá ser fornecida habitualmente; e

b.2) Utilidade fornecida terá caráter de contraprestação: ou seja, é paga pelo trabalho desempenhado pelo empregado.

Obs.: Se a utilidade fornecida é para o trabalho, ou seja, como ferramenta indispensável à realização dos serviços, não terá natureza salarial, mas sim de indenização.

SALÁRIO IN NATURA		
PELO	=	Salário-utilidade (contraprestação)
PARA	=	Não é salário-utilidade (ferramenta de trabalho)

c) **Utilidades não salariais:** Há previsão de algumas utilidades que, em regra, não possuem natureza salarial quando fornecidas pelo empregador. A previsão dessas utilidades não consideradas salário in natura são muito importantes ao seu concurso, pois são exigidas com frequência. Aliás, há recente alteração na lei prevendo o vale-cultura como parcela indenizatória (não salarial). De acordo com o art. 458, § 2º, da CLT:

Utilidades não salariais
Art. 458, § 2º, CLT:
Vestuários, equipamentos e outros acessórios fornecidos aos empregados e utilizados no local de trabalho, para a prestação do serviço
Educação, em estabelecimento de ensino próprio ou de terceiros
Transporte destinado ao deslocamento para o trabalho e retorno, em percurso servido ou não por transporte público
Assistência médica, hospitalar e odontológica, prestada diretamente ou mediante seguro-saúde;
Seguros de vida e de acidentes pessoais
Previdência privada
O valor correspondente ao vale-cultura
Art. 458, § 5º, CLT:
O valor relativo à assistência prestada por serviço médico ou odontológico, próprio ou não, inclusive o reembolso de despesas com medicamentos, óculos, aparelhos ortopédicos, próteses, órteses, despesas médico-hospitalares e outras similares

10.8. FORMAS E MEIOS DE PAGAMENTO DO SALÁRIO

O salário poderá ser fixado de 3 formas. Para facilitar os estudos, segue quadro de resumo acerca das formas e meios de pagamento do salário do empregado:

SALÁRIO
• **Salário poderá ser fixado:**
– por tempo
– por produção
– por tarefa
• **Periodicidade:**
– prazo não superior a um mês, exceto comissões, percentagens e gratificações
– pagamento mensal: até 5º dia útil
• Pagamento em moeda corrente – real

a) **Periodicidade do pagamento:** deverá ocorrer em intervalos não superiores a um mês, exceto o pagamento das gratificações, comissões e percentagens. O salário poderá ser pago por dia, semana, quinzena ou mês. Se fixado por mês, o pagamento deve ser efetuado até o 5º dia útil subsequente ao mês vencido.

10.9. EQUIPARAÇÃO SALARIAL

a) **Princípio da igualdade de salário:** é vedado o tratamento diferenciado para trabalhadores que exerçam a mesma função. Há previsão do direito à equiparação salarial, nas hipóteses de tratamento diferenciado.

b) **Requisitos da equiparação salarial (Lei nº 13.467/2017):** com a Reforma Trabalhista, os requisitos para a equiparação salarial foram alterados, dificultando a sua aplicação. Para que haja equiparação salarial, desta forma, devem estar presentes os seguintes requisitos de forma cumulativa:

I – Identidade de empregadores

II – Trabalho no mesmo estabelecimento empresarial (Alteração pela Reforma Trabalhista).

27. Cabe ressaltar que, após a promulgação do Estatuto da Pessoa com Deficiência (Lei nº 13.146/2015), a nomenclatura correta que deveria ser empregada é "pessoa com deficiência" em vez do uso do termo "inválido", o que requer alteração legislativa. Nesse sentido, confirma a previsão legal: **Art. 66, Lei nº 8.213/1991:** "O valor da cota do salário-família por filho ou equiparado de qualquer condição, até 14 (quatorze) anos de idade ou inválido de qualquer idade é de: (...)"

TRABALHO

III – Empregados devem possuir a mesma função.

IV – Trabalhos de igual valor.

V – Tempo no serviço não poderá ser superior a 4 anos (Alteração pela Reforma Trabalhista).

VI – Tempo na função não poderá ser superior a 2 anos.

VII – Inexistência de quadro de carreira ou de plano de cargos e salários (Alteração pela Reforma Trabalhista).

c) **Lei nº 14.611/2023**: para tornar efetiva a previsão constitucional, em 3 de julho de 2023, foi publicada a Lei nº 14.611, tornando obrigatória igualdade salarial e de critérios remuneratórios entre homens e mulheres para a realização de trabalho de igual valor ou no exercício da mesma função. Além disso, referida Lei altera a CLT para prever maior transparência remuneratória e ampliar a fiscalização e o combate à discriminação salarial.

Conforme a redação dos novos §§ 6º e 7º do art. 461 da CLT, na hipótese de discriminação por motivo de sexo, raça, etnia, origem ou idade, o pagamento das diferenças salariais devidas ao empregado discriminado não afasta seu direito de ação de indenização por danos morais, consideradas as especificidades do caso concreto. Ainda, haverá a imposição de multa de 10 vezes o valor do novo salário devido pelo empregador ao empregado discriminado, elevada ao dobro, no caso de reincidência, sem prejuízo das demais cominações legais.

Para facilitar os estudos, segue quadro resumo sobre a equiparação salarial:

Equiparação salarial (Resumo)	
Empregado readaptado	não poderá servir de paradigma.
Trabalho intelectual	cabe equiparação desde que haja critérios objetivos.
Prescrição	equiparação é parcial, renova-se mês a mês.
Administração Pública	a) não cabe equiparação de servidores públicos (OJ 297); b) cabe equiparação de empregados de economia mista e empresa pública (Súmula nº 455).
Cessão de empregados	cabe equiparação desde que o órgão cessionário seja o responsável pelos pagamentos.

10.10. DESVIO E ACÚMULO DE FUNÇÃO

a) **Desvio de função:** ocorre quando o empregado que deveria estar desempenhando uma determinada função está prestando serviços esporádicos em outra, com salário mais elevado. Uma vez comprovado o desvio, dará ao empregado remuneração mais elevada enquanto esteve desempenhando aquela atividade que não era originariamente sua. O empregado será designado, novamente, para a antiga atividade, sem que esse fato acarrete redução salarial ilícita.

b) **Acúmulo de função:** diferentemente do desvio de função, o acúmulo de função compreende o exercício de atividades funcionais diferentes daquelas para as quais o trabalhador foi contratado.

11. AVISO PRÉVIO

a) **Conceito:** o aviso-prévio tem como finalidade indicar a data do término do contrato de trabalho. O período do aviso possibilita ao trabalhador procurar outro emprego, e, ainda, ao empregador buscar um substituto para o cargo vago. Dessa forma, torna-se possível que uma parte não seja surpreendida com a ruptura do contrato por ato unilateral da outra. Afasta-se, portanto, o evento-surpresa.

Para facilitar os estudos, segue quadro resumo sobre o aviso prévio:

Aviso-prévio proporcional ao tempo de serviço (Lei nº 12.506/2011)	
Duração mínima	30 dias
Proporcionalidade	– A cada ano de contrato: acrescem-se 3 dias – Acréscimo máximo de 60 dias
Total do período	90 dias (30 dias iniciais + 60 dias da proporcionalidade)
Observação	Posicionamento majoritário de que a ampliação do prazo é apenas direito do empregado (não é direito do empregador)
Hipóteses em que é devido o aviso-prévio	
• Dispensa sem justa causa. • Rescisão indireta (art. 483 da CLT). • Pedido de demissão feito pelo empregado. • Extinção do estabelecimento (Súmula 44 do TST). • Contrato por prazo determinado com cláusula assecuratória de direito recíproco (art. 481 da CLT). • Culpa recíproca: empregado tem direito a 50% do valor do aviso (Súmula 14 do TST). • Acordo entre empregado e empregador: 50% do aviso-prévio, se indenizado (art. 484-A da CLT – com redação dada pela Reforma Trabalhista). Obs.: Não será devido o aviso-prévio: a) contratos por prazo determinado. b) dispensa por justa causa (art. 482 da CLT). c) morte do empregado.	

12. FUNDO DE GARANTIA DO TEMPO DE SERVIÇO – FGTS

a) **Conceito:** o FGTS é uma "poupança forçada" suportada exclusivamente pelo empregador. Todos os meses, ao quitar o salário e demais adicionais, o empregador deverá depositar, numa conta vinculada do trabalhador, 8% da sua remuneração. Exemplo:

empregado recebe R$ 2.000,00 de salário. Logo, o empregador deverá depositar R$ 160,00 na conta vinculada do trabalhador, a título de FGTS. Veja que, para fins de FGTS, não há desconto a ser suportado pelo trabalhador. Esses depósitos destinam-se à indenização por tempo de serviço do empregado.

b) **Lei nº 14.438/2022:** alterou a data limite para o depósito dos valores do FGTS para até o vigésimo dia de cada mês.

c) **Conta vinculada e hipóteses de saque:** a conta corrente do trabalhador, fruto dos depósitos do FGTS, é chamada de conta vinculada. Vinculada porque o empregado não tem a liberdade de sacar o dinheiro quando bem entender, mas somente nas hipóteses expressamente previstas em lei. É importante que o candidato memorize as hipóteses de levantamento do salto do FGTS, que estão expostas nos arts. 19-A a 20-D da Lei nº 8.036/90.

Para facilitar os estudos, segue quadro resumo sobre o FGTS:

FGTS (Resumo)	
Conceito	poupança forçada. Suportada exclusivamente pelo empregador.
Direito ao FGTS	empregados urbanos e rurais e trabalhadores avulsos. – Empregado doméstico: foi garantido (obrigatório) pela Lei dos Domésticos, que regulamentou os direitos prescritos aos domésticos após a EC nº 72/2013
FGTS facultativo	Diretor não empregado (art. 16, Lei nº 8.036/1990 e Súmula nº 269 do TST).
Alíquota	8% sobre a remuneração. Aprendiz, a alíquota é de 2% sobre a remuneração.
Prazo para o depósito	até o vigésimo dia de cada mês.
Indenização de 40% sobre o FGTS	dispensa sem justa causa e rescisão indireta.
Indenização de 20%	– culpa recíproca e força maior. – acordo entre empregado e empregador (distrato).
Prescrição	2 anos a contar da extinção do contrato para ingressar na justiça. Poderá pleitear os últimos 5 anos (Súm. 362 – nova redação). STF[14] (novembro/2014): reduziu o prazo de 30 anos para 5 anos (art. 7º, inciso XXIX, CF/88).

12.1. CORREÇÃO DO FGTS

a) **ADI 5090/DF:** no julgamento finalizado em 12/06/2024, o STF por maioria, julgou parcialmente procedente o pedido formulado na ADI 5090, com atribuição de efeitos *ex nunc*, a contar da publicação da ata de julgamento (17/06/2024), estabelecendo o seguinte entendimento:

a.1) Remuneração das contas vinculadas na forma legal (TR + 3% a.a. + distribuição dos resultados auferidos) em valor que garanta, no mínimo, o índice oficial de inflação (IPCA) em todos os exercícios; e

a.2) Nos anos em que a remuneração das contas vinculadas ao FGTS não alcançar o IPCA, caberá ao Conselho Curador do Fundo (art. 3º da Lei n. 8.036/1990) determinar a forma de compensação.

13. ESTABILIDADE

a) **Conceito:** estabilidade é o direito do trabalhador de permanecer no emprego, mesmo contra a vontade do empregador.

b) **Dirigente sindical:** o art. 8º, VIII, da CF/88 prevê a estabilidade para o dirigente sindical. A estabilidade terá início com o registro da candidatura para o cargo de dirigente sindical. Se eleito, a estabilidade persistirá até um ano após o fim do mandato. Se o empregado não for eleito, não terá a garantia da estabilidade. O mandato do dirigente sindical é de 3 anos, conforme o art. 515, b, da CLT. Ademais, não persiste a estabilidade se houver extinção do estabelecimento.

c) **Representante das empresas eleitos:** o art. 11 da CF/88 determina que, nas empresas de mais de 200 empregados, seja eleito um representante dos trabalhadores com para promover o entendimento direto com os empregadores. A Reforma Trabalhista regulamentou esse dispositivo constitucional, conferindo aos representantes eleitos nas empresas com mais de 200 empregados estabilidade, nos termos do art. 510-D, §3º da CLT.

d) **Empregado representante da CIPA**: a Comissão Interna de Prevenção a Acidentes e Assédio desempenha importante papel para manter um ambiente de trabalho saudável, seguro, livre de qualquer forma de violência e que favoreça a inserção e a manutenção de mulheres no mercado de trabalho. Na constituição dessas comissões haverá representantes dos empregados (eleitos pelos demais trabalhadores da empresa) e dos empregadores (indicados). Os empregados eleitos para cargo de direção da Cipa possuem garantia provisória de emprego, desde o registro da candidatura até um ano após o mandato (art. 10, II, a, do ADCT).

e) **Empregado representante na CCP:** As Comissões de Conciliação Prévia foram criadas como forma de tentar solucionar os conflitos existentes entre empregados e empregadores. Poderão ser criadas pelas empresas ou pelos sindicatos e, caso existam, na mesma localidade e para a mesma categoria, Comissão de Empresa e Comissão Sindical, o interessado deve optar por uma delas. Os representantes dos trabalhadores serão eleitos em votação secreta. Em razão disso, para que não haja perseguição, titulares e suplentes possuirão garantia provisória de emprego (estabilidade) até um ano após o fim do mandato, salvo se cometerem falta grave. Nesse caso, o art. 625-B, § 1º, da CLT não prevê a estabilidade dos representantes dos empregados a partir do registro da candidatura; portanto, nas provas objetivas, importante memorizar nos exatos termos da lei.

f) **Empregado acidentado:** como forma de incentivar o retorno ao trabalho e garantir prazo para readaptação ao serviço, foi dado ao empregado acidentado o direito à estabilidade provisória de doze meses após a cessação do auxílio-doença. Esse período de doze meses não poderá ser reduzido via negociação coletiva.

f.1) **Requisitos:** para adquirir essa garantia provisória, há necessidade de preencher, cumulativamente, os seguintes requisitos:

I – afastamento ser superior a 15 dias: dessa forma, o empregado acidentado que retornou ao trabalho em menos de quinze dias não é detentor dessa garantia provisória de em-prego;

II – percepção de auxílio-doença acidentário.

f.2) **Doenças decorrentes do trabalho:** nesse caso, mesmo que o trabalhador não tenha recebido auxílio-doença, pois os afastamentos foram de poucos dias, terá direito à estabilidade. Isso porque a doença do trabalho ou profissional tem ligação com o trabalho desenvolvido na empresa.

g) **Estabilidade da gestante e adotante:**

g.1) **Duração:** inicia-se com a confirmação da gravidez e permanece até 5 meses após o parto.

g.2) **Desconhecimento da gravidez pelo empregador:** não afasta o direito à estabilidade.

g.3) **Adotante:** Lei publica em 2017 passou a assegurar a estabilidade provisória no emprego à adotante (novo art. 391-A, parágrafo único, da CLT)

g.4) **Contrato por prazo determinado:** adquire estabilidade (Súmula nº 244 do TST e art. 391-A da CLT), inclusive no contrato por prazo determinado.

g.5) **Gravidez durante o aviso-prévio, inclusive indenizado:** o TST já vinha decidindo que gerava estabilidade. Hoje a matéria está prevista no art. 391-A da CLT.

g.6) **Morte da gestante:** Lei Complementar de 2014 estendeu a estabilidade provisória da gestante, nos casos de morte desta, a quem detiver a guarda de seu filho.

g.7) **Estabilidade da gestante no serviço público (Tema 542 de Repercussão Geral do STF):** "A trabalhadora gestante tem direito ao gozo de licença-maternidade e à estabilidade provisória, independentemente do regime jurídico aplicável, se contratual ou administrativo, ainda que ocupe cargo em comissão ou seja contratada por tempo determinado".

Para facilitar os estudos, segue quadro resumo sobre as espécies de estabilidade:

Estabilidade	
Estabilidade decenal	Após 10 de efetivo serviço. Não optante pelo FGTS. Após CF/88 não está em vigor.
Dirigente sindical	Início da estabilidade ocorre com o registro da candidatura e permanece até 1 ano após o mandato. Estabilidade aos titulares e suplentes. Dirigentes com estabilidade: 7 membros titulares e 7 suplentes. Não gera direito à estabilidade se a candidatura ocorre durante: a) contrato por prazo determinado; b) aviso-prévio. Comunicação do registro da candidatura ao empregador: durante a vigência do contrato de trabalho.
Dirigente sindical	Somente poderá ser dispensado se cometer falta grave. Há necessidade de prévio inquérito para apuração dessa falta grave.
Empregada gestante e adotante	Início com a confirmação da gravidez até 5 meses após o parto ou da guarda provisória. Empregadas domésticas também possuem esse direito.
Empregado acidentado	Estabilidade de 12 meses após o término do auxílio-doença. Requisitos: a) Afastamento superior a 15 dias. b) Percepção do auxílio--doença.
Empregado representante da CIPA	Apenas o representante dos empregados (eleitos). Início com o registro do candidato até 1 ano. Titulares e suplentes (Súmula nº 399).
Empregado representante da CCP	Apenas representantes dos empregados (eleitos). Início com a eleição até 1 ano após o mandato. Titulares e suplentes.
Representante dos empregados	Desde o início da candidatura até um ano após o fim do mandato.

13.1. DESPEDIDA E REINTEGRAÇÃO DO EMPREGADO ESTÁVEL

Na hipótese de dispensa sem justa causa do emprgado estável, o trabalhador terá direito:

a) **Reintegração:** somente se a decisão ocorrer durante o período estabilitário; **OU**

b) **Indenização:** se a decisão for dada após o período estabilitário.

14. TÉRMINO DO CONTRATO DE TRABALHO

a) **Resilição:** é o término do contrato de trabalho pela manifestação da vontade das partes. Pode ser unilateral (pedido de demissão e dispensa sem justa causa) ou bilateral (distrato).

b) **Resolução:** a extinção do contrato de trabalho ocorre pela prática de ato culposo pelas partes do contrato. Nesse caso, são três as espécies de resolução: dispensa por justa causa, rescisão indireta e culpa recíproca.

c) **Rescisão:** a extinção contratual ocorre pela nulidade do contrato de trabalho.

14.1. TEORIA DA NULIDADE DA DESPEDIDA ARBITRÁRIA – CONVENÇÃO 158 DA OIT

a) **Dispensa arbitrária:** conforme dispõe o art. 7º, I, da CF/88, é vedada a dispensa arbitrária: "(...) a relação de emprego protegida contra despedida arbitrária ou sem justa causa, nos termos de lei complementar, que preverá indenização compensatória, entre outros direitos". Esse inciso, contudo, ainda não foi regulamentado.

b) **Convenção nº 158 da OIT:** a Convenção 158 da OIT, sobre o término da relação de trabalho, de 1982, em seu art. 4º, dispõe que "não se dará término à relação de trabalho de um trabalhador a menos que exista para isso uma causa justificada".

b.1) ADI 1625 e da ADC 39: tratam sobre a validade do procedimento de denúncia da Convenção 158 da OIT pelo, então, Presidente Fernando Henrique Cardoso, que o fez por ato unilateral, sem a participação do Congresso Nacional.

b.2) No Julgamento Virtual da ADC 39, finalizado em 26 de maio de 2023, restou decidido que é imprescindível a anuência do Congresso Nacional para a operacionalização de denúncia de Tratados Internacionais pelo Presidente da República. A Corte, então, fixou a seguinte tese:

> A denúncia pelo Presidente da República de tratados internacionais aprovados pelo Congresso Nacional, para que produza efeitos no ordenamento jurídico interno, não prescinde da sua aprovação pelo Congresso

b.3) Assim, validada a denúncia da Convenção 158 da OIT pelo Presidente Fernando Henrique Cardoso, que o fez por ato unilateral, sem a participação do Congresso Nacional.

14.2. DISPENSA SEM JUSTA CAUSA OU ARBITRÁRIA

a) Ocorre quando o empregador é quem decide colocar fim ao contrato sem motivação. Salvo nos casos de garantia provisória de emprego (gestante, membro da CIPA etc.), o empregado não poderá se opor a essa decisão.

14.3. PEDIDO DE DEMISSÃO

a) Ocorre quando o empregado decide colocar fim ao contrato. Independe de qualquer motivação. O empregador não poderá se opor a essa decisão do trabalhador.

14.4. DISTRATO (REFORMA TRABALHISTA)

a) A resilição bilateral compreende o acordo entre as partes contratantes que colocam fim ao contrato de trabalho e que se denomina distrato[28]. A Reforma Trabalhista passa a admitir o distrato como nova hipótese de término do contrato de trabalho no art. 484-A da CLT.

14.5. JUSTA CAUSA: DISPENSA POR JUSTA CAUSA, RESCISÃO INDIRETA E CULPA RECÍPROCA

a) O contrato poderá terminar em razão de conduta grave de uma das partes ou, ainda, de ambas as partes. Ocorrerá, portanto, a dispensa por justa causa (quando empregado cometer falta grave), a rescisão indireta (quando o empregador praticar conduta grave) ou, ainda, a culpa recíproca, quando ambos praticarem a conduta grave.

Para facilitar os estudos, seguem quadros resumos com as hipótesesde justa causa e quais são as verbas trabalhistas devidas aos trabalhdaores em cada uma das hipóteses de término do contrato:

Resolução (falta grave)	
Dispensa por justa causa (art. 482 da CLT)	**Rescisão indireta (art. 483 da CLT)**
– Ato de improbidade – Incontinência de conduta – Mau procedimento – Negociação habitual ou concorrência à empresa – Condenação criminal sem suspensão da execução da pena – Desídia – Embriaguez – Violação de segredo da empresa – Indisciplina ou insubordinação – Abandono de emprego – Ato lesivo à honra e à boa fama – Ofensa física, exceto legítima defesa	– Serviços: • superiores às forças do trabalhador • defesos em lei • contrários aos bons costumes • alheios ao contrato – Rigor excessivo – Possibilidade de perigo – Descumprimento das obrigações do contrato – Ato lesivo à honra e à boa fama – Ofensa física, exceto legítima defesa – Redução do trabalho pago por peça ou tarefa

28. CASSAR, Vólia Bomfim. Direito do Trabalho. 11ª Edição. Rio de Janeiro: Forense, 2015. p. 1.019.

TRABALHO

Resolução (falta grave)	
- Prática de jogos de azar - Prática de atos atentatórios à segurança nacional Obs.: Reforma Trabalhista cria nova hipótese: - perda da habilitação ou dos requisitos estabelecidos em lei para o exercício da profissão, em decorrência de conduta dolosa do empregado.	
Hipóteses de faltas graves do empregado não previstas no art. 482 da CLT	**Hipótese de falta grave do empregador não prevista no art. 483 da CLT**
- Empregado doméstico: maus-tratos de pessoa idosa, de enfermo, de pessoa com deficiência ou de criança sob cuidado direto ou indireto do empregado (art. 27, I, LC nº 150/2015); - Greve: Abuso do direito de greve (art. 14, Lei nº 7.783/1989); - Recusa em usar EPI: Empregado que se recusa a usar EPI ou a cumprir demais normas de segurança e medicina do trabalho (art. 158 da CLT);	- Empregador doméstico: empregador praticar qualquer das formas de violência doméstica ou familiar contra mulheres (art. 27, parágrafo único, VII, LC nº 150/2015. e art. 5º, Lei nº 11.340/2006).

Resolução (falta grave)	
- Motorista profissional: recusa em se submeter a testes e programa de controle de drogas e de bebida alcoólica (art. 235-B, VII e parágrafo único, CLT); - Ferroviário: Recusa do ferroviário à realização de horas extras em situações de urgência e acidente (art. 240, caput, CLT). - Declaração falsa para recebimento do vale-transporte ou o uso indevido: é falta grave que corresponde a ato de improbidade (art. 112, § 3º, do Decreto nº 10.854/2021).	

Culpa recíproca (art. 484 da CLT e Súmula nº 14 do TST)
a) Empregado e empregador praticam, simultaneamente, falta grave (arts. 482 e 483 da CLT ao mesmo tempo); b) Reconhecida pela Justiça do Trabalho; c) Empregado terá direito a 50% de: • Aviso-prévio; • 13º salário; • Férias proporcionais; • 20% indenização do FGTS. Obs. 1: Nesse caso, o empregado saca os depósitos na conta vinculado do FGTS. Obs. 2: Não tem direito ao seguro-desemprego.

Verbas rescisórias devidas ao trabalhador nas diferentes formas de término do contrato				
Dispensa por justa causa (Falta grave – art. 482 da CLT)	**Dispensa sem justa causa e rescisão indireta**	**Pedido de demissão**	**Distrato**	**Culpa Recíproca**
• Saldo de salário (dias efetivamente trabalhados). • Férias vencidas + 1/3. ***Obs.:*** *Não terá direito ao seguro-desemprego, pois não se trata de desemprego involuntário.*	• Saldo de salário (dias efetivamente trabalhados). • 13º salário proporcional. • Férias + 1/3 vencidas. • Férias + 1/3 proporcionais. • Aviso-prévio. • Saque dos depósitos do FGTS. • Indenização de 40% sobre os depósitos do FGTS. • Seguro-desemprego, *desde que atenda aos requisitos próprios estabelecidos na legislação previdenciária.*	• Saldo de salário (dias efetivamente trabalhados). • 13º salário proporcional. • Férias + 1/3 vencidas. • Férias + 1/3 proporcionais. • ***Obs.1:*** *Empregado deve conceder o aviso-prévio ao empregador.* • ***Obs.2:*** *Não saca os valores depositados na conta do FGTS.* • ***Obs.3:*** *Não terá direito ao seguro-desemprego, pois não se trata de desemprego involuntário.*	– 50% do aviso prévio, se for indenizado. Na hipótese de aviso prévio trabalhado, terá direito ao recebimento de seu valor integral. – 20% de multa sobre os depósitos do FGTS; – Saldo de salário (dias efetivamente trabalhadores); – Décimo terceiro salário proporcional; – Férias + 1/3 vencidas, se houver; – Férias + 1/3 proporcionais; • ***Obs. 1:*** *pode movimentar 80% dos valores depositados na conta do FGTS.* • ***Obs. 2:*** *Não terá direito ao seguro-desemprego, pois não se trata de desemprego involuntário.*	– 50% do aviso-prévio, do 13º e das férias proporcionais – 20% de indenização sobre o FGTS – saldo salarial, as férias e o décimo terceiro vencidos serão pagos integralmente

14.5. OBRIGAÇÕES DECORRENTES DA EXTINÇÃO DO CONTRATO DE TRABALHO

a) Com a Reforma Trabalhista, não há mais a obrigação da homologação das verbas rescisórias no sindicato ou do Ministério do Trabalho. As parcelas que expressamente constarem no recibo terão a eficácia liberatória. No tocante a essas parcelas quitadas, não cabe, em regra, ação judicial.

b) A Reforma Trabalhista altera a redação do "caput" do artigo 477 para estabelecer as três principais obrigações aos empregadores após o término do contrato de trabalhado:

> I – Anotação do término do contrato de trabalho na CTPS do empregado;
>
> II – Comunicação da dispensa aos órgãos competentes: essa exigência tem a função de permitir aos empregados o saque do FGTS e o requerimento do benefício do seguro-desemprego; e
>
> III – Pagamento das verbas rescisórias no prazo estabelecido.

c) Multa do art. 477, § 8º, CLT. Se o empregador descumprir o prazo para pagamento das verbas rescisórias, será obrigado ao pagamento de multa no valor equivalente ao salário do empregado, exceto se, comprovadamente, o trabalhador foi quem deu causa ao atraso do pagamento. Importante ressaltar que essa multa, prevista no art. 477 da CLT, incide nos contratos por prazo determinado e indeterminado, inclusive nos casos em que a rescisão contratual tenha-se operado por justa causa do trabalhador.

15. PRESCRIÇÃO E DECADÊNCIA

a) **Prazo:** o prazo para ingressar com a reclamação trabalhista está previsto no art. 7º, XXIX, da CF/88: "São direitos dos trabalhadores urbanos e rurais, além de outros que visem à melhoria de sua condição social: ação, quanto aos créditos resultantes das relações de trabalho, com prazo prescricional de cinco anos para os trabalhadores urbanos e rurais, até o limite de dois anos após a extinção do contrato" (grifos acrescidos).

b) **Início do prazo prescricional:** o empregado poderá pleitear os direitos trabalhistas dos últimos 5 anos a contar do ajuizamento da reclamação., e não da extinção do contrato de trabalho.

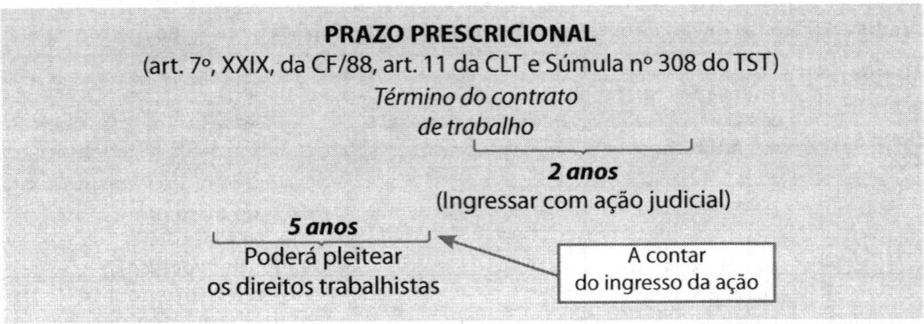

c) **Momento da arguição:** a prescrição na área trabalhista somente é decretada se alegada na vara do trabalho ou no TRT (instâncias ordinárias), conforme posicionamento da jurisprudência:

> **Súmula nº 153 do TST:** Não se conhece de prescrição não argüida na instância ordinária

d) **Prescrição intercorrente:** essa prescrição ocorre no curso da execução, depois do trânsito em julgado, em razão da paralisação do processo por muito tempo. Com a Reforma Trabalhista, essa prescrição passa a ser possível, podendo ser, inclusive, declarada de ofício em qualquer grau de jurisdição, nos termos do art. 11-A da CLT:

> Art. 11-A da CLT: Ocorre a prescrição intercorrente no processo do trabalho no prazo de dois anos.
>
> § 1º A fluência do prazo prescricional intercorrente inicia-se quando o exequente deixa de cumprir determinação judicial no curso da execução.
>
> § 2º A declaração da prescrição intercorrente pode ser requerida ou declarada de ofício em qualquer grau de jurisdição.

Para facilitar os estudos, segue quadro resumo sobre prescrição:

Prescrição
- **Causas que interferem na contagem do prazo prescricional** a) Impeditiva: Não se inicia a contagem do prazo. Ex.: Empregado menor de 18 anos (art. 440, CLT). b) Suspensiva: Parada temporária na contagem do prazo. Ex.: Pedido de conciliação na Comissão de Conciliação Prévia (art. 625-G, CLT). Obs.: Auxílio-doença não suspende a prescrição, salvo impossibilidade de comparecimento à Justiça do Trabalho. c) Interruptiva: Contagem do prazo é reiniciada. Ex.: Ingresso com ação judicial (art. 11, § 3º da CLT e Súm. 268, TST). - **Depósitos do FGTS:** 2 anos a contar da extinção do contrato para ingressar na justiça. Poderá pleitear os últimos 5 anos (Súm. 362). STF (novembro/2014): reduziu o prazo de 30 anos para 5 anos (art. 7º, inciso XXIX, CF/88). - **CTPS:** Imprescritível o reconhecimento do vínculo para fins previdenciários. - **Prescrição de ofício (art. 11-A, §2º da CLT):** A declaração da prescrição intercorrente pode ser requerida ou declarada de ofício em qualquer grau de jurisdição.

16. SEGURANÇA E SAÚDE DO TRABALHO (MEIO AMBIENTE DE TRABALHO)

a) Meio ambiente de trabalho seguro e saudável. O ambiente de trabalho é local onde o trabalhador presta serviços. Em razão disso, é dever do empregador manter esse ambiente o mais seguro e saudável possível, evitando acidentes de trabalho.

16.1. DEVERES DO EMPREGADOR

a) Compete ao empregador manter o ambiente de trabalho seguro e saudável. Deve, portanto, adotar todas as normas preventivas como forma de proteger a integridade física e psíquica dos trabalhadores.

b) **Entrega de EPIs:** o empregador deve entregar, gratuitamente, equipamentos de proteção aos trabalhadores. Cabe ressaltar que o simples fornecimento de EPI não afasta a obrigatoriedade do pagamento do adicional de periculosidade ou insalubridade. Para cessar o pagamento desses adicionais, o empregador deverá eliminar, por completo, o agente nocivo e perigoso (Súmula nº 289 do TST).

c) **Serviços especializados em segurança e medicina do trabalho (SESMT):** o art. 162 da CLT estabelece a necessidade das empresas estabelecerem serviços especializados em segurança e medicina do trabalho. Esses órgãos devem promover a saúde e proteger a integridade do trabalhador no local de trabalho (art. 1º da Norma Regulamentadora nº 4 do Ministério do Trabalho).

d) **Programa de Controle Médico de Saúde Ocupacional (PCMSO):** A Norma Regulamentadora nº 7 do Ministério do Trabalho estabelece a obrigatoriedade por parte dos empregadores de elaborar e implementar o Programa de Controle Médico de Saúde Ocupacional que tem o objetivo de promover e preservar a saúde do conjunto de seus trabalhadores. Esse programa deve ter caráter de prevenção, rastreamento e diagnóstico precoce dos agravos à saúde relacionados ao trabalho, inclusive pela constatação de doenças profissionais ou danos irreversíveis à saúde do trabalhador.

e) **Programa de Gerenciamento de Riscos (PGR).** A Norma Regulamentadora nº 9 do Ministério do Trabalho previa a obrigatoriedade na elaboração e implementação do Programa de Prevenção de Riscos Ambientais (PPRA), que tinha como função antecipar, reconhecer e avaliar os riscos ambientais existentes ou que possam surgir no ambiente de trabalho. Contudo, em 2020, foi publicada a Portaria 6.730/2020 (com início de vigência em 03/01/2022), aprovando nova redação à NR-01 e instituindo o

Programa de Gerenciamento de Riscos (PGR), que substitui o PPRA (tratado na NR-09).

16.2. DEVERES DO EMPREGADO

a) Compete aos trabalhadores obedecer às normas de medicina e segurança e colaborar com a empresa para a aplicação dessas normas. Aliás, deverá utilizar os equipamentos de proteção fornecidos pelo empregador. Se o empregado se recusa, injustificadamente, ao cumprimento das normas de segurança e à utilização dos equipamentos de proteção, caberá dispensa por justa causa, como determina o art. 158 da CLT.

16.3. CIPA – COMISSÃO INTERNA DE PREVENÇÃO DE ACIDENTES E ASSÉDIO

a) **CIPA:** é órgão de caráter preventivo e está previsto no art. 163 da CLT e na NR nº 5. A obrigatoriedade de constituição da CIPA no âmbito da empresa dependerá do número de empregados e do grau de risco da atividade desenvolvida, conforme previsão na NR nº 5 (empresas com menos de 20 empregados, em regra, não estão obrigadas a constituir esse órgão protetivo).

b) **Da composição da CIPA:** esse órgão é presidido por empregado indicado pelo empregador, e o vice-presidente será empregado eleito pelos trabalhadores. A eleição é secreta e dela podem participar todos os empregados, independentemente de filiação sindical.

c) **Mandato do Cipeiro:** o mandato tem duração de 1 ano, sendo permitida uma reeleição. Ao membro suplente que tiver participado de menos da metade de reuniões não será permitida a sua reeleição.

d) **Estabilidade:** os representantes dos empregados na CIPA, titulares e suplentes, gozam de estabilidade, desde o registro da candidatura até 1 ano após o mandato. Somente poderão ser dispensados por justa causa. Essa estabilidade não persiste no caso de extinção do estabelecimento. Com o término do estabelecimento, portanto, o empregado não tem direito a indenização pelo período remanescente do mandato.

e) Em 2022, foi publicada Lei 14.457/2022 que, entre outas providência, conferiu mais uma atribuição à Comissão Interna de Prevenção de Acidentes e, agora, de Assédio (CIPA): a promoção de um ambiente laboral sadio, seguro e que favoreça a inserção e a manutenção de mulheres no mercado de trabalho. Para tanto, deverão ser adotas medidas como a) inclusão de regras de conduta a respeito do assédio sexual e de outras formas de violência nas normas internas da empresa, com ampla divulgação do seu conteúdo aos empregados e às empregadas; e b) fixação de procedimentos para recebimento e acompanhamento de denúncias, para apuração dos fatos e, quando for o caso, para aplicação de sanções administrativas aos responsáveis diretos e indiretos pelos atos de assédio sexual e de violência, garantido o anonimato da pessoa denunciante, sem prejuízo dos procedimentos jurídicos cabíveis.

16.4. ACIDENTE DE TRABALHO

a) **Acidente de trabalho típico:** a Lei nº 8.213/1991, que dispõe sobre os Planos de Benefícios da Previdência Social, estabelece o conceito de acidente de trabalho para fins previdenciários. O acidente de trabalho típico é aquele que ocorre pelo exercício do trabalho a serviço de determinada empresa que venha a provocar lesão corporal ou perturbação funcional que cause a morte ou a perda ou redução da capacidade laboral. Lesão corporal ocorre quando o dano atinge a integridade física do indivíduo, causando-lhe um dano físico-anatômico, enquanto perturbação funcional corresponde a um ano fisiológico ou psíquico, relacionado com órgãos ou funções específicas do organismo humano, sem aparentar lesão física[29].

b) **Doenças ocupacionais: as doenças ocupacionais – doença profissional e do trabalho** – não se configuram como fatos repentinos, violentos, abruptos que causam a morte ou incapacidade do indivíduo, mas compreendem situações que, progredindo no tempo, mantém nexo de causalidade com a redução ou fim da capacidade laborativa[30].

b.1) **doença profissional:** é aquela peculiar a determinada atividade ou profissão, cujo exercício pode produzir ou desencadear certar patologias no trabalhador. Nesse caso, o nexo causal da doença com a atividade é presumido[31].

b.2) **doença do trabalho:** ocorre em razão de determinadas condições em que o trabalho é realizado e não é vinculada a determinada atividade ou profissão. Seu aparecimento decorre da forma em que o trabalho é realizado ou das condições do meio ambiente do trabalho.

c) **Responsabilidade civil por acidente de trabalho:** a tendência da jurisprudência trabalhista é a adoção da responsabilidade objetiva do empregador decorrente de acidente de trabalho para as atividades de risco. Para as demais atividades, permanece a necessidade de se comprovar a culpa ou dolo do empregador em caso de acidente de trabalho (responsabilidade subjetiva).

c.1) **Responsabilidade civil subjetiva:** os pressupostos para a responsabilidade subjetiva são: a) ação ou omissão do agente; b) o elemento subjetivo (culpa ou dolo); c) o nexo de causalidade entre a conduta e o resultado; e d) ocorrência de um dano efetivo.

c.2) **Responsabilidade civil objetiva:** a responsabilidade civil objetiva não é presumida, uma vez que decorre de lei ou de atividade de risco. Além disso, vale ressaltar que os pressupostos para sua caracterização são idênticos ao da responsabilidade subjetiva, com exclusão da culpa ou dolo[32].

d) **Tema 932 de Repercussão Geral do STF:** "O artigo 927, parágrafo único, do Código Civil é compatível com o artigo 7º, XXVIII, da Constituição Federal, sendo constitucional a responsabilização objetiva

29. MENEZES, Adriana. Direito Previdenciário. Coleção Tribunais. 6ª Edição. Salvador: JusPodivm, 2016. p. 260.
30. MENEZES, Adriana. Direito Previdenciário. Coleção Tribunais. 6ª Edição. Salvador: JusPodivm, 2016. p. 260.
31. OLIVEIRA, Sebastião Geraldo. Indenizações por acidente do trabalho ou doença ocupacional. 7. ed. São Paulo: LTr, 2013. p. 51.
32. MELO, Raimundo Simão. Ações acidentárias na Justiça do Trabalho. São Paulo: LTr, 2011. p. 44.

do empregador por danos decorrentes de acidentes de trabalho, nos casos especificados em lei, ou quando a atividade normalmente desenvolvida, por sua natureza, apresentar exposição habitual a risco especial, com potencialidade lesiva e implicar ao trabalhador ônus maior do que aos demais membros da coletividade".

e) **Reparação do dano decorrente de acidentes de trabalho:** o empregado tem direito ao recebimento de indenização em razão de dano material ou moral decorrente de acidentes de trabalho.

17. DIREITOS DIFUSOS E COLETIVOS

a) Os direitos difusos e coletivos são tutelados por ação civil pública, por meio da aplicação da Lei nº 7.347/85 e do Código de Defesa do Consumidor. No âmbito da Justiça do Trabalho[33], o art. 83, III da LC nº 75/93 prevê que compete ao Ministério Público Federal "promover a ação civil pública no âmbito da Justiça do Trabalho, para defesa de interesses coletivos, quando desrespeitados os direitos sociais constitucionalmente garantidos".

b) Apesar da vedação contida no art. 1º da Lei nº 7.347/85, no sentido de que a ação civil pública não seria cabível para veicular pretensões que envolvam FGTS, a doutrina majoritária entende pela inconstitucionalidade do dispositivo, levando-se em conta o princípio da inafastabilidade da jurisdição[34].

c) A definição do que sejam direitos difusos e direitos coletivos está prevista no art. 81 do CDC:

c1) **Interesses ou direitos difusos:** são direitos transindividuais, de natureza indivisível, com titulares indeterminados e ligados por circunstância de fato. Ex.: MPT ajuíza ação para que empresa pública contrate trabalhadores por meio de concurso público[35].

c2) **Interesses ou direitos coletivos:** são direitos transindividuais, de natureza indivisível, cujos titulares são grupos, categoria ou classe de pessoas ligadas entre si ou com a parte contrária, por uma relação jurídica base. Ex: MPT ajuíza ação civil pública para impor obrigação de fazer à determinada empresa para que instale equipamento de proteção coletivo na empresa[36].

c3) **Interesses ou direitos individuais homogêneos:** são direitos individuais e divisíveis, de origem comum, não sendo necessária a ligação entre as partes. Ex: Sindicato ajuíza ação coletiva requerendo a condenação da empresa ao pagamento do adicional de insalubridade a todos os trabalhadores do setor X[37].

33. MIESSA, Élisson. Processo do Trabalho: para concursos. 4. ed. Salvador: JusPodivm, 2017. p. 1177.
34. MIESSA, Élisson. Processo do Trabalho: para concursos. 4. ed. Salvador: JusPodivm, 2017. p. 1177.
35. MIESSA, Élisson. Processo do Trabalho: para concursos. 4. ed. Salvador: JusPodivm, 2017. p. 1178.
36. MIESSA, Élisson. Processo do Trabalho: para concursos. 4. ed. Salvador: JusPodivm, 2017. p. 1178.
37. MIESSA, Élisson. Processo do Trabalho: para concursos. 4. ed. Salvador: JusPodivm, 2017. p. 1178.

Para facilitar os estudos, segue quadro resumo sobre os diretos difusos e coletivos:

	Difusos	**Coletivos**	**Individuais homogêneos**
DIREITOS	Transindividuais	Transindividuais	Individuais
NATUREZA	Indivisível	Indivisível	Divisível
TITULARIDADE	Pessoas indeterminadas, ligadas por circunstância de fato	Grupo, categoria ou classe de pessoas, ligadas entre si ou com a parte contrária por uma relação jurídica base	Sujeitos plúrimos e determinados.

18. DIREITO COLETIVO

a) **Principais pontos:** recomenda-se ao candidato uma leitura atenta da matéria, e principalmente a memorização dos arts. 8º, 9º, 10 e 11 da Constituição Federal.

Em resumo, os pontos principais sobre Direito Coletivo:

DIREITO COLETIVO
- **Organização sindical**
- **Negociação coletiva**
  - Acordos coletivos
  - Convenções coletivas
- **Greve**

18.1. LIBERDADE SINDICAL (CONVENÇÃO Nº 87 DA OIT)

a) **Conceito:** a liberdade sindical é o princípio estruturante do direito coletivo do trabalho em um Estado Democrático de Direito. É pautada na democracia e no pluralismo das relações sindicais. De acordo com esse princípio, o Estado não poderá intervir ou interferir na entidade sindical. O sindicato é, portanto, livre quanto a sua fundação, organização e filiação.

b) **Princípio da unicidade:** contudo, é necessário ressaltar que a liberdade sindical não é plena no Brasil. Ainda hoje, é aplicado o princípio da unicidade (art. 8º, II, da Constituição Federal). O princípio da unicidade sindical restringe a liberdade sindical porque impede a criação de mais de um sindicato, seja representativo de categoria profissional (trabalhadores), seja da categoria econômica (empregadores) uma mesma base territorial. Limita, portanto, o direito de escolha dos trabalhadores. Em razão desse ponto, o Brasil é criticado por não ter ratificado a Convenção nº 87 da OIT que prevê a plena liberdade sindical.

18.2. ORGANIZAÇÃO SINDICAL BRASILEIRA

a) **Sistema confederativo:** a organização sindical brasileira é dividida entre sindicatos e entidades de grau superior, que são as federações e as confederações. Essa divisão é chamada de sistema confederativo. Veja a seguir:

Entidades de grau superior	
Sindicatos	entidades associativas e permanentes que representam interesses de trabalhadores e empregadores, visando a defesa dos interesses coletivos de seus representados.
	defender os interesses da categoria nas esferas judicial e extrajudicial
	organização feita com base no sistema de categorias
Federações	organizadas nos estados-membros
	composta de, no mínimo, 5 sindicatos
	objetivo é coordenar e reunir os sindicatos
Confederações	entidade de âmbito nacional (sede em Brasília)
	compostas de, no mínimo, 3 federações
	possuem legitimidade para propor ADIn (art. 103, IX, da CF/88)
Órgãos internos das federações e confederações	conselho de representantes – formado por delegações dos sindicatos e das federações
	diretoria – no mínimo, 3 membros
	conselho fiscal – composto por 3 membros

Centrais sindicais
• Entidades abrangentes, formadas por sindicatos, federações e confederações. • Representam apenas os trabalhadores. • Atribuições: a) coordenar a representação dos trabalhadores; b) participar de negociação em que haja interesse dos trabalhadores. • Não têm legitimidade para celebrar acordos e convenções coletivas e seus dirigentes não gozam de estabilidade, em razão da ausência de previsão em lei.

b) **Divisão em categorias:** a organização dos sindicatos é feita com base no sistema de categorias. Há sindicatos que defendem interesses da categoria profissional (trabalhadores) e os que representam e defendem interesses da categoria econômica (empregadores). Existem ainda sindicatos que representam categorias profissionais diferenciadas.

b.1) **Categoria econômica (art. 511, § 1º, da CLT):** ocorre quando há solidariedade de interesses econômicos dos que empreendem atividades idênticas, similares ou conexas, constituindo vínculo social básico entre essas pessoas.

b.2) **Categoria profissional (art. 511, § 2º, da CLT):** ocorre quando há similitude de condições de vida oriunda da profissão ou trabalho em comum, em situação de emprego na mesma atividade econômica ou em atividades econômicas similares ou conexas. Para identificar a categoria profissional, é necessário, primeiro, verificar a categoria econômica, ou seja, qual a atividade da empresa.

b.3) **Categoria profissional diferenciada (art. 511, § 3º, da CLT):** é a que se forma dos empregados que exerçam profissões ou funções diferenciadas por força do estatuto profissional especial ou em consequência de condições de vida singulares.

c) **Registro no órgão competente:** em razão dessa obrigatoriedade de sindicato único (princípio da unicidade), há necessidade de registro do sindicato no Ministério do Trabalho e Emprego, para que esse órgão fiscalize se a unicidade sindical está sendo cumprida.

d) **Diretoria do sindicato:** a diretoria tem a função de administrar o sindicato e é composta por, no mínimo, 3 e, no máximo, 7 membros eleitos pela assembleia geral. A estabilidade alcança apenas os membros que representam a categoria, em número não superior a 7 membros titulares e mais 7 membros suplentes, conforme prevê o art. 522 da CLT e a Súmula nº 369, II, do TST.

d.1) **Conselho fiscal:** tem a atribuição de fiscalizar as contas e gastos do sindicato. Esse órgão é formado por 3 membros eleitos pela assembleia geral. De acordo com o posicionamento do TST (OJ 365), esses membros do conselho fiscal não gozam de estabilidade, pois não representam a categoria.

e) **Fontes de custeio do sindicato**: há quatro espécies de contribuição para o custeio do sistema sindical. As fontes de custeio têm a finalidade de fornecer as condições financeiras possíveis para que o sindicato exerça plenamente suas funções e prerrogativas na defesa dos interesses da categoria. Assim, a arrecadação é responsável pela manutenção da estrutura da entidade, pagamento da remuneração dos empregados dos sindicatos etc.

e.1) **Contribuição sindical**: era chamada, antigamente, de imposto sindical. É prevista em lei e no texto constitucional e, antes da Reforma Trabalhista, era obrigatória para todos os empregados, profissionais liberais e, ainda, aos empregadores, conforme previsto nos artigos 578 a 610 da CLT. Essa contribuição compulsória tinha natureza de tributo.

Com a Reforma Trabalhista, a contribuição sindical passa a ser facultativa, pois dependerá de prévia e expressa autorização dos empregados, empregadores e trabalhadores autônomos para que seu desconto possa ser realizado. A contribuição sindical passa a ter natureza trabalhista e ser objeto do direito coletivo do trabalho, exatamente como ocorre com outras cobranças sindicais, tais como a contribuição confederativa e as taxas associativas.

Em 29/06/2018, o STF decidiu, no julgamento da ADI nº 5794[38], por maioria de 6 votos contra 3 contrários, pela constitucionalidade dos dispositivos da Reforma Trabalhista que extinguiram a obrigatoriedade da contribuição sindical. Votaram a favor da mudança promovida pela Reforma os Ministros Luiz Fux, Alexandre de Moraes, Luís Roberto Barroso, Marco Aurélio Mello, Gilmar Mendes e Carmem Lúcia e, de forma contrária, os Ministros Edson Fachin, Rosa Weber e Dias Toffoli. Estiveram ausentes justificadamente os Ministros Ricardo Lewandowski e Celso de Mello. Ressalta-se que todas as ADIs e a ADC tramitaram conjuntamente e, portanto, a decisão do STF será aplicada a todos esses processos. Dessa forma, ao menos no âmbito jurisprudencial, foi pacificada a questão atinente à facultatividade da contribuição sindical.

Segue quadro com informações acerca do rateio da contribuição sindical recolhida dos empregados e do empregador:

RATEIO DA CONTRIBUIÇÃO SINDICAL	
Empregados (art. 589, II, CLT)	**Empregador (art. 589, I, CLT)**
5% para as confederações	5% para as confederações;
10% para centrais sindicais;	15% para as federações;
15% para as federações;	60% para os sindicatos;
60% para os sindicatos;	20% para a "Conta Especial Emprego e Salário";
10% restantes para Conta Especial do Emprego e Salário.	

e.2) **Contribuição confederativa**: a contribuição confederativa serve para custear o sistema confederativo, isto é, sindicatos, federações e confederações. Há expressa previsão constitucional que possibilita a contribuição confederativa, art. 8, IV, CF/88. É fixada mediante decisão da assembleia geral, e o desconto é feito na folha de pagamento dos empregados. Diferentemente da contribuição sindical, a confederativa nunca teve natureza jurídica de tributo, portanto não pode ser cobrada de trabalhadores não associados ao sindicato, sob pena de grave violação à liberdade sindical. Com a publicação da Súmula Vinculante nº 40, o STF já havia colocado fim a uma antiga discussão sobre a possibilidade ou não de cobrança de não filiados. Atualmente, somente pode ser cobrada contribuição confederativa dos filiados ao sindicato.

e.3) **Contribuição assistencial**: a contribuição assistencial ou taxa de reversão é prevista no art. 513, e, da CLT. Essa contribuição tem como finalidade compensar os custos decorrentes da participação nas negociações coletivas e, ainda, em razão da conquista de condições mais benéficas aos trabalhadores. Não tem natureza de tributo, ou seja, não poderá ser compulsoriamente exigida de todos os empregados.

Com a edição da **Súmula Vinculante nº 40 do STF**, parecia-nos que a contribuição assistencial não poderia ser cobrada ou mesmo descontada dos empregados não associados ao sindicato, ainda que tal possibilidade fosse prevista em instrumento coletivo.

O tema, contudo, foi revisitado pelo STF, que instituiu nova sistemática à contribuição assistencial. Na sessão virtual finalizada em 24/04/2023, nos mesmos autos do processo em que o STF entendeu pela inconstitucionalidade da imposição, por meio de norma coletiva, de contribuições compulsórias descontadas de empregados não filiados ao sindicato respectivo (RG-ARE 1.018.459/PR), acolhendo embargos de declaração com efeitos infringentes, propôs-se a seguinte tese:

38. Para mais informações, confira a ADI nº 5794, de Relatoria do Ministro Edson Fachin, Data de julgamento: 29/06/2018.

> **Tema 935 da Repercussão Geral:** É constitucional a instituição, por acordo ou convenção coletivos, de contribuições assistenciais a serem impostas a todos os empregados da categoria, ainda que não sindicalizados, desde que assegurado o direito de oposição

Apreciando o Tema, a Corte, em 11 de setembro de 2023, decidiu pela constitucionalidade da instituição, por acordo ou convenção coletiva de trabalho, de contribuições assistenciais (para o custeio das despesas com a negociação coletiva) a serem impostas a todos os empregados da categoria profissional, ainda que não sindicalizados, desde que assegurado o direito de oposição.

A Ata de Julgamento foi publicada em 19/09/2023, adquirindo a tese, a partir de então, força vinculante e devendo ser observada por todos os tribunais do País.

e.4) **Mensalidade sindical:** mensalidade sindical ou estatutária está prevista no art. 548, b, da CLT. É contribuição prevista no estatuto do sindicato e cobrada apenas do trabalhador filiado. É voltada para a manutenção de atividades recreativas e assistenciais do sindicato. Ex.: manutenção de clubes, dentista, colônias de férias etc.

18.3. NEGOCIAÇÃO COLETIVA (ACORDOS E CONVENÇÕES COLETIVAS DE TRABALHO)

a) **Acordo coletivo (AC):** instrumento normativo que decorre da negociação coletiva, firmado pelo sindicato da categoria profissional (trabalhadores) com uma ou mais empresas.

b) **Convenção coletiva (CC):** instrumento normativo que decorre da negociação coletiva, firmado pelos sindicatos da categoria profissional e sindicato da categoria econômica.

c) **O ponto em comum entre acordo e convenção:** uma vez firmado o acordo ou convenção coletiva, os direitos, vantagens e obrigações serão aplicados a todos os trabalhadores, filiados e não filiados ao sindicado. O instrumento coletivo tem, portanto, efeitos erga omnes.

d) **A diferença entre acordos e convenções:** reside no fato de a convenção coletiva ser mais abrangente, pois envolve os sindicatos de ambas as categorias. Já o acordo tem abrangência mais restrita, envolvendo apenas os empregados da empresa ou empresas que o celebraram.

e) **Prevalência das condições estipuladas em AC sobre CC:** com a Reforma Trabalhista, as condições estabelecidas em acordo coletivo sempre prevalecerão sobre as estipuladas em convenção coletiva (nova redação dada ao art. 620 da CLT).

f) **Prevalência do negociado sobre o legislado:** em diversas hipóteses previstas pela Reforma Trabalhista, verifica-se a prevalência do negociado sobre o legislado, o que assegura maior poder de negociação e representação dos trabalhadores pelos sindicatos. A convenção coletiva e acordo coletivo prevalecerão sobre a lei, nos termos do art. 611-A da CLT, quando tratarem sobre:

> I – pacto quanto à jornada de trabalho, observados os limites constitucionais;
>
> II – banco de horas anual;
>
> III – intervalo intrajornada, respeitado o limite mínimo de trinta minutos para jornadas superiores a seis horas;
>
> IV – adesão ao Programa Seguro-Emprego (PSE), de que trata a Lei no 13.189, de 19 de novembro de 2015;
>
> V – plano de cargos, salários e funções compatíveis com a condição pessoal do empregado, bem como identificação dos cargos que se enquadram como funções de confiança;
>
> VI – regulamento empresarial;
>
> VII – representante dos trabalhadores no local de trabalho;
>
> VIII – teletrabalho, regime de sobreaviso, e trabalho intermitente;
>
> IX – remuneração por produtividade, incluídas as gorjetas percebidas pelo empregado, e remuneração por desempenho individual;
>
> X – modalidade de registro de jornada de trabalho;
>
> XI – troca do dia de feriado;
>
> XII – enquadramento do grau de insalubridade e prorrogação de jornada em locais insalubres, incluída a possibilidade de contratação de perícia, afastada a licença prévia das autoridades competentes do Ministério do Trabalho, desde que respeitadas, na integralidade, as normas de saúde, higiene e segurança do trabalho previstas em lei ou em normas regulamentadoras do Ministério do Trabalho;
>
> XIII – prorrogação de jornada em ambientes insalubres, sem licença prévia das autoridades competentes do Ministério do Trabalho;;
>
> XIV – prêmios de incentivo em bens ou serviços, eventualmente concedidos em programas de incentivo;
>
> XV – participação nos lucros ou resultados da empresa.

g) **Limites da negociação coletiva:** o art. 611-B estabelece um rol de direitos que não poderão ser suprimidos ou reduzidos via negociação ou acordo coletivo, os quais, em sua maioria, tratam-se de uma mera repetição do rol exposto no art. 7º da Constituição Federal/1988:

> I – normas de identificação profissional, inclusive as anotações na Carteira de Trabalho e Previdência Social;
>
> II – seguro-desemprego, em caso de desemprego involuntário;
>
> III – valor dos depósitos mensais e da indenização rescisória do Fundo de Garantia do Tempo de Serviço (FGTS);
>
> IV – salário mínimo;
>
> V – valor nominal do décimo terceiro salário;
>
> VI – remuneração do trabalho noturno superior à do diurno;
>
> VII – proteção do salário na forma da lei, constituindo crime sua retenção dolosa;
>
> VIII – salário-família;
>
> IX – repouso semanal remunerado;
>
> X – remuneração do serviço extraordinário superior, no mínimo, em 50% (cinquenta por cento) à do normal;
>
> XI – número de dias de férias devidas ao empregado;
>
> XII – gozo de férias anuais remuneradas com, pelo menos, um terço a mais do que o salário normal;

XIII – licença-maternidade com a duração mínima de cento e vinte dias;

XIV – licença-paternidade nos termos fixados em lei;

XV – proteção do mercado de trabalho da mulher, mediante incentivos específicos, nos termos da lei;

XVI – aviso prévio proporcional ao tempo de serviço, sendo no mínimo de trinta dias, nos termos da lei;

XVII – normas de saúde, higiene e segurança do trabalho previstas em lei ou em normas regulamentadoras do Ministério do Trabalho;

XVIII – adicional de remuneração para as atividades penosas, insalubres ou perigosas;

XIX – aposentadoria;

XX – seguro contra acidentes de trabalho, a cargo do empregador;

XXI – ação, quanto aos créditos resultantes das relações de trabalho, com prazo prescricional de cinco anos para os trabalhadores urbanos e rurais, até o limite de dois anos após a extinção do contrato de trabalho;

XXII – proibição de qualquer discriminação no tocante a salário e critérios de admissão do trabalhador com deficiência;

XXIII – proibição de trabalho noturno, perigoso ou insalubre a menores de dezoito anos e de qualquer trabalho a menores de dezesseis anos, salvo na condição de aprendiz, a partir de quatorze anos;

XXIV – medidas de proteção legal de crianças e adolescentes;

XXV – igualdade de direitos entre o trabalhador com vínculo empregatício permanente e o trabalhador avulso;

XXVI – liberdade de associação profissional ou sindical do trabalhador, inclusive o direito de não sofrer, sem sua expressa e prévia anuência, qualquer cobrança ou desconto salarial estabelecidos em convenção coletiva ou acordo coletivo de trabalho;

XXVII – direito de greve, competindo aos trabalhadores decidir sobre a oportunidade de exercê-lo e sobre os interesses que devam por meio dele defender;

XXVIII – definição legal sobre os serviços ou atividades essenciais e disposições legais sobre o atendimento das necessidades inadiáveis da comunidade em caso de greve;

XXIX – tributos e outros créditos de terceiros;

XXX – as disposições previstas nos arts. 373-A, 390, 392, 392-A, 394, 394-A, 395, 396 e 400 desta Consolidação.

Parágrafo único. Regras sobre duração do trabalho e intervalos não são consideradas como normas de saúde, higiene e segurança do trabalho para os fins do disposto neste artigo

h) **Tema 1.046 da Repercussão Geral**: o STF, no julgamento ARE 1121633 finalizado no dia 02/06/2022, fixou a seguinte tese:

> São constitucionais os acordos e as convenções coletivos que, ao considerarem a adequação setorial negociada, pactuam limitações ou afastamentos de direitos trabalhistas, independentemente da explicitação especificada de vantagens compensatórias, desde que respeitados os direitos absolutamente indisponíveis.

h.1) Na prática, o STF validou a prevalência do negociado sobre o legislado, sem a necessidade de contrapartida, ressalvados os direitos absolutamente indisponíveis.

h.2) **Restrições a políticas públicas afirmativas:** flexibilização de cotas de aprendizes e de pessoas com deficiência. Conforme o relator, Min. Gilmar Mendes, acompanhado pela maioria, a prevalência do negociado sobre o legislado não abrange políticas públicas de inclusão de pessoa com deficiência e dos jovens e adolescentes no mercado de trabalho. Dessa forma, vedou-se expressamente a flexibilização da cota de aprendizagem e de pessoas com deficiência.

i) **Exame de instrumento coletivo pela Justiça do Trabalho:** no exame da convenção ou acordo coletivo, a Justiça do Trabalho apenas poderá analisar se foram cumpridos os requisitos do art. 104 do Código Civil, dentre os quais está elencado o objeto lícito, possível, determinado ou determinável.

i.1) Nesse ponto, importante ressaltar que o STF, no julgamento ARE 1121633, oportunidade em que fixou a tese de que acordos e convenções coletivas de trabalho podem restringir direitos trabalhistas não constitucionalmente assegurados (Tema 1046 da Repercussão Geral), não restringiu a possibilidade de o Poder Judiciário exercer o controle da legalidade das normas coletivas, mas indicou alguns limites a essa intervenção. A negociação coletiva não pode atingir direitos constitucionalmente assegurados nem flexibilizar normas de indisponibilidade absoluta. Caso assim proceda, o Poder Judiciário poderá declarar sua invalidade.

j) **Prazo de vigência:** com a Reforma Trabalhista, o art. 614, § 3º da CLT teve sua redação alterada para prever a vedação da ultratividade das convenções e acordos coletivos, que terão seus efeitos cessados após o prazo final de vigência do instrumento coletivo que não poderá ser superior a 2 anos.

j.1) **APDF 323/DF:** no julgamento da ADPF nº 323/DF, o STF, por maioria, decidiu pela inconstitucionalidade da Súmula nº 277 do TST e das decisões judiciais que interpretam o art. 114, § 2º, CF/88, como autorização à aplicação do princípio da ultratividade das normas coletivas. Segundo o voto do Relator, Ministro Gilmar Mendes, a Súmula nº 277 do TST não é compatível com os princípios da legalidade, da separação dos Poderes e da segurança jurídica. Reforçou-se, assim, o posicionamento trazido pela Reforma Trabalhista, no sentido de vedar a ultratividade das normas coletivas, concretizando nas relações de trabalho a teoria da aderência limitada ao prazo.

18.4. DISPENSA COLETIVA E PROTEÇÃO SOCIAL

a) **Antes da Reforma Trabalhista**: o TST havia entendimento de que havia necessidade de prévia negociação coletiva para a dispensa em massa. Esse posicionamento jurisprudencial surgiu em razão das repercussões econômicas e sociais causadas por essa dispensa coletiva que, aliás, extrapola o vínculo empregatício, alcançando a coletividade dos trabalhadores, bem como a comunidade e a economia locais. Cumpre ressaltar que a ausência de negociação coletiva prévia, nesse caso, poderia garantir a reintegração dos empregados dispensados. Tanto o sindicato da categoria profissional (trabalhadores) como o Ministério Público do Trabalho têm legitimidade para ingressar com a ação civil pública.

b) **Reforma Trabalhista**: reconhece-se que o empregador tem o direito potestativo de dispensar seus empregados independentemente da hipótese de dispensa, seja ela individual, plúrima ou coletiva. Dessa forma, exclui-se expressamente a necessidade de negociação coletiva e do estabelecimento de acordo ou convenção coletiva de trabalho para a dispensa em massa.

c) **Tema 638 da Repercussão Geral (STF):** conforme tese fixada pelo STF, a validade das dispensas em massa depende da participação do sindicato dos empregados nesse processo, mas não de sua autorização ou da celebração de acordo ou convenção coletiva de trabalho. Segundo o Ministro Dias Toffoli, em seu voto, a necessidade de negociação com o sindicato da categoria profissional não se trata de um pedido de autorização por parte da empresa, mas da necessidade de envolver a entidade coletiva no processo de dispensa igualmente coletivo e, talvez, encontrar alternativas que preservem empregos, que evitem a aplicação de multa e que contribuam para a recuperação e o crescimento econômico e social do país, valorizando o trabalhado e o trabalhador, fazendo valer a função social da empresa.

c.1) **Modulação de efeitos:** somente deverá ser aplicada após a publicação da ata de julgamento na qual foi fixada (o que ocorreu em 14 de junho de 2022).

18.5. GREVE

a) **Greve:** consiste na paralisação coletiva, pacífica e temporária do trabalho com o objetivo de defender interesses profissionais. É uma arma poderosa de reivindicação dos direitos trabalhistas, sendo classificada também como forma de solução de conflitos, pois é um meio da pressão exercida sobre o empregador para atender aos pedidos dos trabalhadores e, consequentemente, colocar fim à discussão. A Lei nº 7.783/89 regulamenta o exercício de direito de greve.

b) **Greve abusiva:** a greve poderá ser classificada como abusiva, contrária à legislação, ou não abusiva, exercida com razoabilidade e de acordo com a legislação. A greve abusiva não atende às necessidades básicas da população. Exemplo é a paralisação de 100% dos atendimentos do hospital ou, ainda, a falta de prévia comunicação à sociedade e ao empregador sobre o início da greve. Aliás, se a greve for declarada abusiva pela Justiça do Trabalho, não serão reconhecidos os direitos e vantagens pleiteados pelo movimento grevista. Também será considerada abusiva se iniciado o movimento grevista sem tentativa prévia de negociação. Ressalta-se que também será abusiva a manutenção da greve após a celebração de acordo, convenção coletiva ou decisão normativa. Com a assinatura do instrumento coletivo ou da decisão da Justiça do Trabalho, é necessário que os grevistas coloquem fim à paralisação, conforme previsto no art. 14 da Lei de Greve.

GREVE ABUSIVA (Resumo)
1. Lei de Greve (art. 14): Greve abusiva é aquela que não cumpre os requisitos previstos em lei. 2. Principais hipóteses de abusividade da greve: a) Não atendimento das necessidades básicas da população na greve de serviços essenciais (OJ 38, SDC); b) Início da greve sem a tentativa prévia de negociação (OJ 11, SDC); c) Manutenção da greve após a celebração de acordo, convenção coletiva ou de sentença normativa (greve dos dissidentes), salvo quando se pretenda exigir o cumprimento de cláusula ajustada ou em razão de fatos supervenientes (art. 14, Lei de Greve); d) Prática de atos violentos pelos grevistas.

c) **Greve nos serviços essenciais:** é obrigatório que sejam atendidos os serviços inadiáveis à população. Os serviços inadiáveis estão ligados à saúde, segurança e sobrevivência. Esse limite mínimo de atendimento não é fixado por lei, mas estipulado por comum acordo entre empregadores, empregados e sindicatos. Caso não seja garantido o mínimo de atendimento à população, a greve será considerada abusiva.

GREVE	
Serviços das atividades essenciais previstas em lei	– abastecimento de água, energia e gás; – assistência médica; – distribuição de alimentos e medicamentos; – funerários; – transporte coletivo; – esgoto e lixo; – telecomunicações; – substâncias radioativas; – tráfego aéreo e navegação aérea; – compensação bancária; – processamentos de dados ligados a serviços essenciais. - atividades médico-periciais relacionadas com o regime geral de previdência social e a assistência social; – atividades médico-periciais relacionadas com a caracterização do impedimento físico, mental, intelectual ou sensorial da pessoa com deficiência, por meio da integração de equipes multiprofissionais e interdisciplinares, para fins de reconhecimento de direitos previstos em lei, em especial na Lei nº 13.146, de 6 de julho de 2015 (Estatuto da Pessoa com Deficiência); – outras prestações médico-periciais da carreira de Perito Médico Federal indispensáveis ao atendimento das necessidades inadiáveis da comunidade. – atividades portuárias.

GREVE	
Atendimento básico	será fixado em comum acordo entre sindicato, empresa e trabalhador.
Requisitos para a greve	a) convocação de assembleia geral; b) tentativa de solução amigável; c) comunicação prévia (72 h serviços essenciais e 48 h para os demais).

d) **Greve no serviço público:** conforme previsto no art. 37, VII, da CF/88, a greve no serviço público é autorizada nos limites de lei específica. Contudo, não há legislação específica, verifica-se uma omissão legislativa. Após vários mandados de injunção, o Supremo Tribunal Federal decidiu aplicar, por analogia, a Lei de Greve (nº 7.783/89) para os servidores estatutários, atendendo às peculiaridades do serviço público.

d.1) **Descontos:** No RE nº 693.456-RJ, julgado em 2016 pelo STF, o Tribunal fixou a seguinte tese em sede de repercussão geral: "A administração pública deve proceder ao desconto dos dias de paralisação decorrentes do exercício do direito de greve pelos servidores públicos, em virtude da suspensão do vínculo funcional que dela decorre, permitida a compensação em caso de acordo. O desconto será, contudo, incabível se ficar demonstrado que a greve foi provocada por conduta ilícita do Poder Público".

d.2) **Competência**: é da Justiça Comum a competência para julgar a abusividade de greve de servidores públicos celetistas (RE nº 846.854).

d.3) **Greve no serviço militar:** a legislação brasileira proíbe expressamente o direito de greve e a sindicalização dos servidores militares, conforme art. 142, § 3º, IV, CF/88.

19. COMISSÃO DE CONCILIAÇÃO PRÉVIA

a) **Finalidade:** as Comissões de Conciliação Prévia (CCP) foram criadas como forma de tentar solucionar os conflitos existentes entre empregados e empregadores. De acordo com o art. 625-A da CLT: "As empresas e os sindicatos podem instituir Comissões de Conciliação Prévia, de composição paritária, com representantes dos empregados e dos empregadores, com a atribuição de tentar conciliar os conflitos individuais do trabalho.". Caso existam, na mesma localidade e para a mesma categoria, Comissão de Empresa e Comissão Sindical, o interessado deve optar por uma delas.

b) **Conflitos individuais:** essa comissão poderá conciliar apenas conflitos individuais de trabalho, ou seja, não tem atribuição para firmar acordos em dissídios coletivos.

c) **Representante dos empregados:** importante destacar que os representantes dos trabalhadores serão eleitos em votação secreta. Em razão disso, para que não haja perseguição, titulares e suplentes possuirão garantia provisória de emprego (estabilidade) até um ano após o fim do mandato, salvo se cometerem falta grave. Nesse caso, o art. 625-B, § 1º, da CLT não prevê a estabilidade dos representantes dos empregados a partir do registro da candidatura; portanto, nas provas objetivas, importante memorizar nos exatos termos da lei.

d) **Necessidade de submeter a demanda à Comissão de Conciliação Prévia:** o Supremo Tribunal Federal entende que é facultativa ao trabalhador a tentativa de conciliação perante a CCP, ou seja, ele poderá ingressar diretamente na Justiça do Trabalho.

e) **Prazo e prescrição:** ao submeter a demanda à comissão, há um prazo de 10 dias para realizar a sessão de tentativa de conciliação. Durante esse prazo, a prescrição ficará suspensa. Se não houver conciliação, será fornecida às partes declaração da tentativa conciliatória frustrada, que deverá ser juntada à futura reclamação trabalhista.

e) **Termo de conciliação:** se as partes aceitarem a conciliação, será lavrado termo de conciliação. Esse termo terá eficácia liberatória geral, ou seja, o empregado não poderá rediscutir as matérias objeto de conciliação na Justiça do Trabalho, pois já houve acordo entre as partes. Há exceção, entretanto, no tocante às parcelas expressamente ressalvadas. Esse documento terá força de título executivo extrajudicial, isto é, poderá ser executado diretamente na Justiça do Trabalho.

Para facilitar os estudos, reunimos as hipóteses de eficácia liberatória do contrato de trabalho no quadro abaixo:

EFICÁCIA LIBERATÓRIA DO CONTRATO
– **Comissão de Conciliação Prévia**: eficácia liberatória geral, com exceção das parcelas expressamente ressalvadas (art. 625-E, parágrafo único, CLT e Informativo 29 TST). – **Programa de Demissão Voluntária (PDV):** eficácia liberatória somente em relação às parcelas expressamente consignadas (OJ nº 270 da SDI-I do TST). Na existência de acordo ou convenção coletiva, terá eficácia liberatória geral (art. 477-B da CLT – acrescentado pela Lei nº 13.467/2017). – **Quitação anual das verbas trabalhistas:** A celebração de termo de quitação anual das obrigações trabalhistas perante o sindicato profissional tem eficácia liberatória em relação às parcelas expressamente especificadas (art. 507-B da CLT). – **Homologação em juízo:** De acordo com a OJ nº 132 da SDI-II do TST, é possível que, mediante acordo judicial, seja conferida eficácia liberatória geral das verbas trabalhistas. Nesse sentido, o acordo judicial em que o empregado daria plena e ampla quitação, sem nenhuma ressalva, alcançaria todos os direitos decorrentes do contrato de trabalho. Com a vigência da Lei nº 13.467/17, há necessidade de alteração dessa orientação jurisprudencial, uma vez que o novo art. 855-E prevê que apenas há a suspensão do prazo prescricional com relação aos **direitos nela especificados**. Assim, os direitos decorrentes do contrato de trabalho que não forem expressamente objeto do acordo extrajudicial não terão a prescrição suspensa, podendo, consequentemente, ser objeto de nova reclamação trabalhista. Possibilita-se, portanto, que a parte ingresse com reclamação trabalhista para a discussão dos direitos que não estiverem expressamente integrados ao acordo extrajudicial, sem que isso viole a coisa julgada.

– ***Obs.: Recibo de quitação ou instrumento de rescisão:*** *O recibo de quitação deve especificar as parcelas paga ao empregado, sendo válida a quitação apenas quanto às parcelas especificadas (art. 477, § 2º, da CLT). Ressalta-se que, com a Reforma Trabalhista, não há mais homologação das verbas trabalhistas no final do contrato de trabalho. O recibo de quitação não assegura eficácia liberatória, podendo o empregado discutir em juízo os valores e as parcelas pagos.*

20. DA REPRESENTAÇÃO DOS EMPREGADOS

a) **Obrigatoriedade da eleição de representante de empregados:** a eleição de um representante dos trabalhadores nas empresas com mais de 200 empregados é obrigatória, nos termos do art. 11 da CF/88.

b) **Reforma Trabalhista:** a representação dos empregados foi regulamentada pela Reforma Trabalhista, em seus arts. 510-A a 510-D da CLT.

c) **Composição:** a composição da comissão varia de acordo com o total de empregados das empresas:

> I – Em empresas com mais de 200 e até 3.000 empregados: 3 membros;
>
> II – Em empresas com mais de 3.000 e até 5.000 empregados: 5 membros;
>
> III – Em empresas com mais de 5.000 empregados: 7 membros.

d) **Atribuições da comissão de representantes:**

> I – representar os empregados perante a administração da empresa;
>
> II – aprimorar o relacionamento entre a empresa e seus empregados com base nos princípios da boa-fé e do respeito mútuo;
>
> III – promover o diálogo e o entendimento no ambiente de trabalho com o fim de prevenir conflitos;
>
> IV – buscar soluções para os conflitos decorrentes da relação de trabalho, de forma rápida e eficaz, visando à efetiva aplicação das normas legais e contratuais;
>
> V – assegurar tratamento justo e imparcial aos empregados, impedindo qualquer forma de discriminação por motivo de sexo, idade, religião, opinião política ou atuação sindical;
>
> VI – encaminhar reivindicações específicas dos empregados de seu âmbito de representação; e
>
> VII – acompanhar o cumprimento das leis trabalhistas, previdenciárias e das convenções coletivas e acordos coletivos de trabalho.

e) **Eleições:**

- as eleições serão convocadas com antecedência mínima de 30 dias contados do término do mandato anterior;
- será formada comissão eleitoral integrada por 5 empregados não candidatos para organização e acompanhamento do processo eleitoral;
- não poderão se candidatar empregados com contrato de trabalho por prazo determinado, com contrato suspenso ou que estejam em período de aviso prévio, ainda que indenizado;
- serão eleitos os candidatos mais votados, em votação secreta;
- a comissão tomará posse no 1º dia útil seguinte à eleição ou ao término do mandato anterior;
- não havendo candidatos suficientes, a comissão de representantes poderá ser formada com número inferior ao do art. 510-A da CLT;
- não havendo candidatura, haverá nova eleição no prazo de 1 ano.

f) **Mandato dos membros da comissão:** será de 1 ano, vedada a candidatura nos 2 períodos subsequentes. O mandato não implica interrupção ou suspensão do contrato de trabalho, devendo o empregado permanecer no exercício de suas funções.

g) **Estabilidade do membro da comissão:** o membro da comissão terá estabilidade desde o registro da candidatura até um ano após o fim do mandato. Ressalta-se que, diante da inexistência de previsão de eleição de suplentes, a estabilidade somente é aplicada aos membros titulares.

21. RENÚNCIA E TRANSAÇÃO

a) **Princípio da Irrenunciabilidade e da Indisponibilidade:** há restrição da autonomia da vontade, isto é, limita-se a possibilidade de negociação de direitos trabalhistas entre empregado e empregador.

b) **Renúncia:** é um ato unilateral que recai sobre direito certo e atual, por exemplo, o empregado conquistou o direito de férias após um ano de trabalho e abriria mão (renunciaria) desse direito já conquistado, o que não é válido no direito do trabalho (conforme previsto no art. 9º da CLT). São raríssimas os casos de renúncia admitidos no Direito do Trabalho, dentre os quais podemos citar:

b.1) **Transferência do dirigente sindical:** se aceita pelo empregado, há perda do direito à estabilidade provisória;

b.2) **Audiência judicial:** diante das explicações do juiz, o empregado poderia renunciar a direitos já conquistados; e

b.3) **Aviso prévio (Súmula 276 TST):** é possível a renúncia se encontrar novo emprego.

c) **Transação:** recai sobre direito duvidoso e requer um ato bilateral das partes, concessões recíprocas. Na transação há direitos disponíveis, cujos interesses são meramente particulares. Vejamos algumas hipóteses válidas de transação no Direito do Trabalho

c.1) **Empregado "hipersuficiente":** com a Reforma Trabalhista, criou-se a figura do empregado "hipersuficiente", permitindo a estipulação contratual com maior liberdade entre este e o empregador, nas hipóteses do art. 611-A, da CLT. As cláusulas negociadas terão a mesma eficácia e a mesma preponderância dos instrumentos coletivos. Para a caracterização do empregado "hipersuficiente", é necessário o preenchimento de dois requisitos:

c.1.1) **Nível de escolaridade:** empregado deve ser portador de diploma de nível superior;

c.1.2) **Valor do salário:** empregado deve receber salário igual ou superior a duas vezes o limite máximo dos benefícios do Regime Geral de Previdência Social.

c.2) **Comissão de Conciliação Prévia (art. 625-A da CLT):** é possível que o trabalhador, individualmente, transacione, diretamente com seu empregador, seus direitos trabalhistas. Se as partes aceitarem a conciliação realizada pela Comissão, o termo de conciliação terá eficácia liberatória geral.

c.3) **Homologação de acordo extrajudicial (art. 855-B a 855-E da CLT – Reforma Trabalhis-**

ta): na celebração do acordo extrajudicial, permite-se que as partes transacionem direitos trabalhistas. Ressalta-se que o controle do conteúdo firmado pelas partes será realizado na homologação pelo Juiz do Trabalho.

c.4) **Programa de Demissão Voluntária – PDV:** ou programa de incentivo à demissão voluntária tem por objetivo conceder uma vantagem pecuniária ao empregado que se desligar do trabalho voluntariamente. É utilizado para reduzir os quadros da empresa e também para colocar fim ao contrato de trabalho. Importante destacar, entretanto, que o TST tem posicionamento no sentido de que a indenização paga no PDV não pode substituir as verbas trabalhistas decorrentes do contrato de trabalho. Com a Reforma Trabalhista, o plano de demissão voluntária, para dispensa individual, plúrima ou coletiva, ensejará a quitação plena e irrevogável dos direitos da relação de emprego desde que previsto em convenção coletiva ou acordo coletivo de trabalho (art. 477-B da CLT).

Além disso, a Reforma Trabalhista ampliou significativamente a possibilidade de ajuste individual entre empregado e empregador, podendo negociar livremente. Nesse sentido, segue quadro com essas hipóteses trazidas pela atual legislação:

Hipóteses de acordo individual entre empregado e empregador previstas na Reforma Trabalhista
A Reforma Trabalhista ampliou significativamente as possibilidades de ajuste entre empregados e empregadores em 13 hipóteses: 1) Compensação de jornada (art. 59, § 6º, CLT) 2) Banco de horas semestral (art. 59, § 5º, CLT) 3) Jornada 12 x 36 (art. 59-A, CLT) 4) Alteração do regime presencial para o teletrabalho (art. 75-C, § 1º, CLT) 5) Compra e manutenção de equipamentos necessários ao teletrabalho (art. 75-D, CLT) 6) Fracionamento das férias (art. 134, § 1º, CLT) 7) Intervalo para amamentação (art. 396, CLT) 8) Empregado "hipersuficiente" (art. 444, parágrafo único e 611-A da CLT) 9) Forma de pagamento das verbas rescisórias (art. 477, § 4º, I, da CLT) 10) Eficácia liberatória no Plano de Demissão Voluntária (art. 477-B, parte final, CLT) 11) Distrato (art. 484-A, CLT) 12) Celebração da cláusula compromissória de arbitragem (art. 507-A, CLT) 13) Quitação anual de obrigações trabalhistas (art. 507-B, CLT)

DIREITO PROCESSUAL DO TRABALHO

Élisson Miessa

1. FORMAS DE SOLUÇÃO DE CONFLITOS TRABALHISTAS. FONTES DO DIREITO PROCESSUAL DO TRABALHO

1.1. FORMAS DE SOLUÇÃO DE CONFLITOS

Os conflitos existentes na sociedade podem ser solucionados de três formas distintas:

- autotutela: o ofendido, com suas próprias forças, impunha sua vontade sobre a pessoa que estivesse em conflito, ou seja, por meio da autotutela. Nos dias atuais, em regra, não se permite a autotutela. Exceção: direito de greve.
- autocomposição: as próprias partes em conflito resolvem solucioná-lo sem que haja decisão de um terceiro.
- heterocomposição é a forma de solução do conflito por meio de terceira pessoa, que decide de modo obrigatório para as partes.

1.1.1. MÉTODOS EXTRAJUDICIAIS DE COMPOSIÇÃO DE CONFLITOS TRABALHISTAS

Mediação e conciliação

A Resolução nº 174/2016 do CSJT tem como objetivo estimular a prática da conciliação e da mediação na Justiça do Trabalho, definindo-as da seguinte forma;

a) Conciliação: "meio adequado de resolução de disputas em que as partes confiam a uma terceira pessoa – magistrado ou servidor público por aquele sempre supervisionado –, a função de aproximá-las, empoderá-las e orientá-las na construção de um acordo quando a lide já está instaurada, com a criação ou proposta de opções para composição do litígio" (art. 1º, I).

b) Mediação: "meio adequado de resolução de disputas em que as partes confiam a uma terceira pessoa – magistrado ou servidor público por aquele sempre supervisionado –, a função de aproximá-las, empoderá-las e orientá-las na construção de um acordo quando a lide já está instaurada, sem a criação ou proposta de opções para composição do litígio" (art. 1º, II).

Arbitragem

A arbitragem ocorre quando as partes escolhem um terceiro imparcial para solucionar o conflito. Trata-se de meio alternativo e facultativo de solução do conflito.

No processo do trabalho, a arbitragem era prevista para os **conflitos coletivos**, conforme prevê o art. 114, § 1º, da CF/88: "Frustrada a negociação coletiva, as partes poderão eleger árbitros". Ademais, o art. 83, XI, da LC 75/93 declina que o Ministério Público do Trabalho pode atuar "como árbitro, se assim for solicitado pelas partes, nos dissídios de competência da Justiça do Trabalho".

Nos **conflitos individuais**, a doutrina e a jurisprudência, majoritariamente, não permitiam a utilização da arbitragem. No entanto, a Lei nº 13.467/17 estabelece que "nos contratos individuais de trabalho cuja remuneração seja superior a duas vezes o limite máximo estabelecido para os benefícios do Regime Geral de Previdência Social, poderá ser pactuada cláusula compromissória de arbitragem, desde que por iniciativa do empregado ou mediante a sua concordância expressa, nos termos previstos na Lei nº 9.307, de 23 de setembro de 1996" (CLT, art. 507-A).

Portanto, passa a ser permitida a arbitragem nos dissídios individuais para aqueles que recebem remuneração superior a 2 vezes o teto do Regime Geral da Previdência Social.

1.2. FONTES

As normas do direito processual do trabalho, aplicam-se da seguinte forma:

Ordem	Fase de conhecimento	Fase de execução
1º (fonte principal)	CLT e legislação esparsa	CLT e legislação esparsa
2º (fonte subsidiária)	CPC (processo comum)	Lei de Execuções Fiscais
3º (fonte subsidiária)		CPC (processo comum)

2. JUSTIÇA DO TRABALHO: ORGANIZAÇÃO E COMPETÊNCIA (EC 45/2004). VARAS DO TRABALHO, TRIBUNAIS REGIONAIS DO TRABALHO E TRIBUNAL SUPERIOR DO TRABALHO: JURISDIÇÃO E COMPETÊNCIA. COMPOSIÇÃO DO TRIBUNAL SUPERIOR DO TRABALHO. DO JUIZ DO TRABALHO: PODERES DO JUIZ DO TRABALHO; IMPEDIMENTO E SUSPEIÇÃO. SERVIÇOS AUXILIARES DA JUSTIÇA DO TRABALHO: SECRETARIAS DAS VARAS DO TRABALHO; DISTRIBUIDORES; OFICIAIS DE JUSTIÇA E OFICIAIS DE JUSTIÇA AVALIADORES

2.1. JUSTIÇA DO TRABALHO: ORGANIZAÇÃO E COMPETÊNCIA (EC 45/2004)

Historicamente os principais pontos da formação da Justiça do Trabalho são os seguintes:

- **1932:** são criadas as Juntas de Conciliação e Julgamento. Contudo, a execução de suas decisões era feita perante a Justiça Comum.
- **Constituição Federal de 1934:** primeira Constituição a prever a Justiça do Trabalho, incumbindo-lhe de dirimir questões entre empregados e empregadores, embora ainda não integrante do Poder Judiciário, mas ligada ao Poder Executivo.
- **1939:** por meio dos Decretos-leis 1.237, de 2 de maio de 1939, e 1.346, de 15 de junho de 1939, foi institucionalizada a Justiça do Trabalho, sendo instalada em 1° de maio de 1941.
- **Constituição Federal de 1946:** inclui, constitucionalmente, a Justiça do Trabalho como integrante do Poder Judiciário.
- **Constituição Federal de 1988:** conserva a Justiça do Trabalho dentro do Poder Judiciário. Na sua redação original, era estruturada da seguinte forma: I – Tribunal Superior do Trabalho; II – Tribunais Regionais do Trabalho; III – Juntas de Conciliação e Julgamento.
- **Emenda Constitucional 24/99:** exclui-se a representação classista, deixando de participar do Judiciário trabalhista juízes leigos (classistas), sendo composto somente por juízes togados.
- **Emenda Constitucional n° 45/04:** ampliou a competência da Justiça do Trabalho, deixando de ser vinculada à relação de emprego, para contemplar as relações de trabalho em sentido amplo.

2.1.1. ORGÃOS DA JUSTIÇA DO TRABALHO

A Justiça do Trabalho, nos termos do art. 111 da CF/88, possui os seguintes órgãos:

> I – o Tribunal Superior do Trabalho;
>
> II – os Tribunais Regionais do Trabalho;
>
> III – Juízes do Trabalho.

2.1.2. COMPOSIÇÃO DO TST

- 27 ministros;
- escolhidos dentre brasileiros com mais de 35 anos e menos e 70 anos;
- de notável saber jurídico e reputação ilibada;
- nomeados pelo presidente da República;
- após aprovação pela maioria absoluta do Senado federal (sabatina).

Depois da Emenda Constitucional n° 45/04, também passaram a funcionar junto ao TST:

1) a Escola Nacional de Formação e Aperfeiçoamento de Magistrados do Trabalho (Enamat), cabendo-lhe, dentre outras funções, regulamentar os cursos oficiais para o ingresso e promoção na carreira e;
2) o Conselho Superior da Justiça do Trabalho – CSJT –, cabendo-lhe exercer, na forma da lei, a supervisão administrativa, orçamentária, financeira e patrimonial da Justiça do Trabalho de primeiro e segundo graus, como órgão central do sistema, cujas decisões terão efeito vinculante.

O Conselho Superior da Justiça do Trabalho atua apenas no âmbito administrativo, orçamentário, financeiro e patrimonial da Justiça do Trabalho, **não exercendo atividade jurisdicional.** Atenta-se, ainda, para o fato de que, nesses casos, a decisão do conselho terá efeito vinculante, ou seja, sua observância é obrigatória.

2.1.3. COMPOSIÇÃO DO TRT

- no mínimo, 7 juízes;
- recrutados, quando possível, na respectiva região;
- nomeados pelo Presidente da República;
- dentre brasileiros com mais de **30 anos** e menos de 70 anos.

Compete **privativamente** aos Tribunais, nos termos do art. 96 da CF/88:

> *a) eleger seus* **órgãos** *diretivos e elaborar seus regimentos internos, com observância das normas de processo e das garantias processuais das partes, dispondo sobre a competência e o funcionamento dos respectivos* **órgãos** *jurisdicionais e administrativos;*
>
> *b) organizar suas secretarias e serviços auxiliares e os dos juízos que lhes forem vinculados, velando pelo exercício da atividade correicional respectiva;*
>
> *c) prover, na forma prevista nesta Constituição, os cargos de juiz de carreira da respectiva jurisdição;*
>
> *d) propor a criação de novas varas judiciárias;*
>
> *e) prover, por concurso público de provas, ou de provas e títulos, obedecido o disposto no art. 169, parágrafo* **único,** *os cargos necessários* **à** *administração da Justiça, exceto os de confiança assim definidos em lei;*
>
> *f) conceder licença, férias e outros afastamentos a seus membros e aos juízes e servidores que lhes forem imediatamente vinculados.*

2.1.4. VARA DO TRABALHO

A lei criará varas da Justiça do Trabalho, podendo, nas comarcas não abrangidas por sua jurisdição, atribuí-las aos juízes de direito, com recurso para o respectivo Tribunal Regional do Trabalho (CF/88, art. 112).

2.1.5. SERVIÇOS AUXILIARES DA JUSTIÇA DO TRABALHO

- **Secretarias das varas do trabalho**

A secretaria das varas do trabalho é órgão auxiliar e permanente da primeira instância, destinado a manter e conservar os autos judiciais e realizar todos os serviços burocráticos, por meio de servidores nela lotados.

Cada vara do trabalho possui **uma secretaria**, que é **chefiada pelo diretor da secretaria**, antigamente denominado de chefe de secretaria ou secretário, o qual é indicado de forma discricionária pelo juiz.

- **Atribuições das secretarias**:

> **CLT, art. 711** – Compete à secretaria das Juntas:
>
> a) o recebimento, a autuação, o andamento, a guarda e a conservação dos processos e outros papéis que lhe forem encaminhados;
>
> b) a manutenção do protocolo de entrada e saída dos processos e demais papéis;
>
> c) o registro das decisões;
>
> d) a informação, às partes interessadas e seus procuradores, do andamento dos respectivos processos, cuja consulta lhes facilitará;
>
> e) a abertura de vista dos processos às partes, na própria secretaria;
>
> f) a contagem das custas devidas pelas partes, nos respectivos processos;
>
> g) o fornecimento de certidões sobre o que constar dos livros ou do arquivamento da secretaria;
>
> h) a realização das penhoras e demais diligências processuais;
>
> i) o desempenho dos demais trabalhos que lhe forem cometidos pelo Presidente da Junta, para melhor execução dos serviços que lhe estão afetos.

- **Serviços de distribuição de feitos**

Nas localidades onde há mais de uma vara do trabalho é necessário o setor de distribuição de feitos, que tem a incumbência, como o próprio nome já indica, de distribuir os processos, de forma igual, entre as varas do trabalho local, conforme declina o art. 713 da CLT.

A distribuição será feita pela ordem rigorosa de sua apresentação ao distribuidor (CLT, art. 783). As reclamações serão registradas em livro próprio, rubricado em todas as folhas pela autoridade a que estiver subordinado o distribuidor (CLT, art. 784). Além disso, o distribuidor fornecerá ao interessado um recibo do qual constarão, essencialmente, o nome do reclamante e do reclamado, a data da distribuição, o objeto da reclamação e o Juízo a que coube a distribuição (CLT, art. 785). Há de se observar também que, na hipótese de reclamação verbal, esta será distribuída antes de sua redução a termo (CLT, art. 786).

Após a realização da distribuição, a reclamação será remetida pelo distribuidor ao Juízo competente, acompanhada do bilhete de distribuição (CLT, art. 788).

- Atribuições do setor de distribuições de feitos:

> **CLT, art. 714** – Compete ao distribuidor:
>
> a) a distribuição, pela ordem rigorosa de entrada, e sucessivamente a cada Junta, dos feitos que, para esse fim, lhe forem apresentados pelos interessados;
>
> b) o fornecimento, aos interessados, do recibo correspondente a cada feito distribuído;
>
> c) a manutenção de 2 (dois) fichários dos feitos distribuídos, sendo um organizado pelos nomes dos reclamantes e o outro dos reclamados, ambos por ordem alfabética;
>
> d) o fornecimento a qualquer pessoa que o solicite, verbalmente ou por certidão, de informações sobre os feitos distribuídos;
>
> e) a baixa na distribuição dos feitos, quando isto lhe for determinado pelos Presidentes das Juntas, formando, com as fichas correspondentes, fichários à parte, cujos dados poderão ser consultados pelos interessados, mas não serão mencionados em certidões.

- **Oficiais de Justiça Avaliadores**

Os oficiais de justiça têm a incumbência de realizar os atos fora da sede da vara do trabalho ou dos tribunais. Estabelece o art. 721 da CLT:

> **CLT, Art. 721** – Incumbe aos Oficiais de Justiça e Oficiais de Justiça Avaliadores da Justiça do Trabalho a realização dos atos decorrentes da execução dos julgados das Juntas de Conciliação e Julgamento e dos Tribunais Regionais do Trabalho, que lhes forem cometidos pelos respectivos Presidentes.
>
> § 1º Para efeito de distribuição dos referidos atos, cada Oficial de Justiça ou Oficial de Justiça Avaliador funcionará perante uma Junta de Conciliação e Julgamento, salvo quando da existência, nos Tribunais Regionais do Trabalho, de órgão específico, destinado à distribuição de mandados judiciais.
>
> § 2º Nas localidades onde houver mais de uma Junta, respeitado o disposto no parágrafo anterior, a atribuição para o cumprimento do ato deprecado ao Oficial de Justiça ou Oficial de Justiça Avaliador será transferida a outro Oficial, sempre que, após o decurso de 9 (nove) dias, sem razões que o justifiquem, não tiver sido cumprido o ato, sujeitando-se o serventuário às penalidades da lei.
>
> § 3º No caso de avaliação, terá o Oficial de Justiça Avaliador, para cumprimento do ato, o prazo previsto no art. 888.
>
> § 4º É facultado aos Presidentes dos Tribunais Regionais do Trabalho cometer a qualquer Oficial de Justiça ou Oficial de Justiça Avaliador a realização dos atos de execução das decisões desses Tribunais.
>
> § 5º Na falta ou impedimento do Oficial de Justiça ou Oficial de Justiça Avaliador, o Presidente da Junta poderá atribuir a realização do ato a qualquer serventuário.

O oficial possui dois prazos para cumprir suas atribuições:

1) regra: 9 dias;
2) para a avaliação do bem penhorado: 10 dias.

Por fim, consigna-se que, não havendo oficial na localidade, o juiz do trabalho poderá designar qualquer outro serventuário para realizar suas atribuições.

2.2. COMPETÊNCIA

2.2.1. IMUNIDADE DE JURISDIÇÃO

O entendimento predominante sobre a imunidade das entidades internacionais é o seguinte:

Estados estrangeiros	Organizações ou organismos internacionais
Não têm imunidade de jurisdição, ou seja, pode ser condenado pela Justiça do Trabalho.	Têm imunidade absoluta de jurisdição (fase de conhecimento e de execução).
Regra: Têm imunidade na fase execução, não podendo ter seus bens penhorados.	

2.2.2. CRITÉRIOS DE COMPETÊNCIA

A definição de qual juízo é competente ocorre por meio de cinco critérios:

1) em razão da matéria;
2) em razão da pessoa;
3) em razão da função (funcional);
4) em razão do lugar (territorial);
5) em razão do valor da causa.

No processo trabalhista, o valor da causa não é critério para delimitação da competência, mas serve tão somente para definir o rito processual (sumário, sumaríssimo ou ordinário).

2.2.3. DIFERENÇAS ENTRE A COMPETÊNCIA ABSOLUTA E A COMPETÊNCIA RELATIVA

	Competência absoluta	Competência relativa
Espécies	Competência material; competência em razão da pessoa; competência funcional	Competência territorial; competência em razão do valor da causa
Momento de alegação	Qualquer tempo e grau de jurisdição, exceto instância superior que depende do prequestionamento	Prazo para resposta
Conhecimento *ex officio*	Pode ser conhecida *ex officio*	Não pode ser conhecida *ex officio*
Forma de alegação	Preliminar de contestação, qualquer petição e até mesmo oralmente na audiência	Exceção de incompetência (CLT, art. 800).
Modificação	Não pode ser modificada	Pode ser modificada pela: a) prorrogação; b) conexão; ou c) continência.
Nulidade	Gera nulidade absoluta	Gera nulidade relativa
Ação rescisória	Poderá ser objeto de ação rescisória	Não poderá ser objeto de ação rescisória

2.2.4. COMPETÊNCIA MATERIAL

A Justiça do Trabalho, nos termos do art. 114 da CF/88, tem competência material para julgar:

> I – as ações oriundas da relação de trabalho, abrangidos os entes de direito público externo e da administração pública direta e indireta da União, dos Estados, do Distrito Federal e dos Municípios;
>
> II – as ações que envolvam exercício do direito de greve;
>
> III – as ações sobre representação sindical, entre sindicatos, entre sindicatos e trabalhadores, e entre sindicatos e empregadores;
>
> IV – os mandados de segurança, *habeas corpus* e *habeas* data, quando o ato questionado envolver matéria sujeita à sua jurisdição;
>
> V – os conflitos de competência entre órgãos com jurisdição trabalhista, ressalvado o disposto no art. 102, I, *o*, da CF/88;
>
> VI – as ações de indenização por dano moral ou patrimonial, decorrentes da relação de trabalho;
>
> VII – as ações relativas às penalidades administrativas impostas aos empregadores pelos órgãos de fiscalização das relações de trabalho;
>
> VIII – a execução, de ofício, das contribuições sociais previstas no art. 195, I, a, e II, e seus acréscimos legais, decorrentes das sentenças que proferir;
>
> IX – outras controvérsias decorrentes da relação de trabalho

Após a Emenda Constitucional nº 45/04, a Justiça do Trabalho passou a ter competência para julgar não somente a relação de emprego, ou seja, as ações de empregado x empregador, mas também as ações decorrentes das relações de trabalho que incluem: relação de emprego; trabalho autônomo; trabalho eventual; trabalho avulso; trabalho voluntário; estágio etc.

A competência para o julgamento de ações relacionadas aos honorários advocatícios, dependerá da espécie da verba discutida, ou seja, se referente aos honorários contratuais ou aos honorários sucumbenciais.

Em relação aos **honorários contratuais**, a competência será da Justiça Estadual, tendo em vista que a demanda possui natureza civil, se referindo a contrato de prestação de serviços celebrado entre profissional liberal e seu cliente (Súmula 363 do STJ).[1] É importante salientar que o entendimento do STJ é o de que, nas

1. Nesse sentido: STJ, CC 52719 SP, Rel. Ministra DENISE ARRUDA, PRIMEIRA SEÇÃO, julgado em 11/10/2006, DJ 30/10/2006, p. 214; CC 93055 MG, Rel. Ministro TEORI ALBINO ZAVASCKI, PRIMEIRA SEÇÃO, julgado em 26/03/2008, DJe 07/04/2008. Esse entendimento também é observado no

relações contratuais entre advogado e cliente devem ser aplicadas as regras constantes no Estatuto da OAB (Lei nº 8.906/94), não se aplicando o CDC.[2]

No que tange aos **honorários sucumbenciais** a competência será da Justiça do Trabalho, pois a demanda é diretamente relacionada à ação trabalhista ajuizada, podendo ser discutidos em ação própria (CPC, art. 85, § 18) ou nos mesmos autos da ação em que tenha atuado o advogado.

A Justiça do Trabalho não tem competência para julgar e processar as ações penais (ADIN 3.684).

Já no que se trata da competência para julgar os **servidores públicos**, o STF tem proferido vários julgamentos limitando a competência da Justiça laboral, como se verifica a seguir:

- a exoneração de empregado público em estágio probatório, por se tratar de validade de ato administrativo, é considerado de natureza constitucional-administrativa[3], sendo competente a Justiça Comum;
- a natureza do ato de demissão de empregado público é constitucional-administrativa e não trabalhista, o que atrai a competência da Justiça comum para julgar a questão (tema 606)[4];
- a Justiça Comum é competente para julgar ação ajuizada por servidor celetista contra o Poder Público, em que se pleiteia parcela de natureza administrativa (tema 1143)[5].
- cabe à Justiça Comum "processar e julgar controvérsias relacionadas à fase pré-contratual de seleção e de admissão de pessoal e eventual nulidade do certame em face da Administração Pública, direta e indireta, nas hipóteses em que adotado o regime celetista de contratação de pessoas, salvo quando a sentença de mérito tiver sido proferida antes de 6 de junho de 2018, situação em que, até o trânsito em julgado e a sua execução, a competência continuará a ser da Justiça do Trabalho".[6]

Desse modo, a regra acerca da competência dos servidores públicos é a seguinte:

Competência da Justiça do Trabalho	Competência da Justiça Comum
Empregado público (celetista), exceto quando se discute matéria de natureza administrativa	Empregado público (celetista), quando se discute matéria de natureza administrativa
	Vínculo estatutário
	Vínculo temporário

Na hipótese de o ente público alterar o regime celetista para estatutário, a competência da Justiça do Trabalho fica limitada ao período do regime celetista, inclusive restringindo a execução àquele período (OJ nº 138 da SDI-I do TST).

A Justiça do Trabalho é competente para processar e julgar ação possessória ajuizada em decorrência do exercício do direito de greve pelos trabalhadores da iniciativa privada (Súmula vinculante nº 23 do STF).

A Justiça do Trabalho é competente para processar e julgar as ações de indenização por danos morais e patrimoniais decorrentes da relação de trabalho (CF/88, art. 114, VI). Além disso, também são de competência da Justiça do Trabalho, as ações de indenização por danos morais e patrimoniais **decorrentes do acidente de trabalho** propostas por empregado contra empregador, inclusive aquelas que ainda não possuíam sentença de mérito em primeiro grau quando da promulgação da Emenda Constitucional nº 45/04 (Súmula vinculante nº 22 do STF). A competência estabelecida pela EC n. 45/2004 não alcança os processos já sentenciados na Justiça Comum (Súmula nº 367 do STJ).

A Justiça do Trabalho também é competente se a ação indenizatória por acidente de trabalho for ajuizada por sucessores e herdeiros do trabalhador que sofreu o acidente (Súmula nº 392 do TST).

As ações acidentárias, que derivam do acidente de trabalho, promovidas pelo trabalhador em face do INSS, são de competência da Justiça Comum Estadual, nos termos do art. 109, I, da CF, ficando na competência da Justiça do Trabalho apenas as ações promovidas pelo trabalhador em face do empregador em decorrência do acidente do trabalho.

A Justiça do Trabalho executará, de ofício, as contribuições sociais previstas na alínea a do inciso I e no inciso II do caput do art. 195 da Constituição Federal, e seus acréscimos legais, relativas ao objeto da condenação constante das sentenças que proferir e dos acordos que homologar. (CLT, art. 876§ único; Súmula 368, I, do TST; Súmula vinculante nº 53 do STF).

A Justiça do Trabalho também tem competência para executar as contribuições sociais referentes ao seguro de acidente de trabalho (Súmula nº 454 do TST). Contudo, não tem competência para as contribuições devidas a terceiros do sistema S (Sesi, Sesc, Senai etc.).

Compete à Justiça do Trabalho julgar as ações que tenham como causa de pedir o descumprimento de normas trabalhistas relativas à segurança, higiene e saúde dos trabalhadores (Súmula nº 736 do STF).

O STF decidiu que a competência para o julgamento dos processos relacionados à complementação da aposentadoria é da Justiça Comum, quando se tratar de entidade privada de previdência complementar, sob o fundamento de que a complementação de aposenta-

TST: AIRR-1003- 60.2010.5.05.0491, 8ª Turma, Relatora Ministra Dora Maria da Costa, DEJT 05/02/2021.

2. REsp 1134889/PE, Rel. Ministro HONILDO AMARAL DE MELLO CASTRO (DESEMBARGADOR CONVOCADO DO TJ/AP), QUARTA TURMA, julgado em 23/03/2010, DJe 08/04/2010.
3. STF-ARE 809482 AgR, Relator(a): Min. Roberto Barroso, Primeira Turma, julgado em 17.3.2017, Acórdão eletrônico DJe-062 Divulg. 28.3.2017 Public. 29.3.2017.
4. STF, RE 655283, Relator(a): MARCO AURÉLIO, REDATOR DO ACÓRDÃO: MIN. DIAS TOFFOLI. Tribunal Pleno, julgado em 15/03/2021, PROCESSO ELETRÔNICO REPERCUSSÃO GERAL – MÉRITO DJe-078 DIVULG 26-04-2021 PUBLIC 27-04-2021 REPUBLICAÇÃO: DJe-238 DIVULG 01-12-2021 PUBLIC 02-12-2021.
5. STF- RE 1.288.440 (Tema 1143), Relator: Luís Roberto Barroso, Tribunal Pleno, DJE publicado em 28/08/2023. Divulgado em 25/08/2023.
6. STF-RE 960.429, Relator(a): GILMAR MENDES, Tribunal Pleno, julgado em 05/03/2020, PROCESSO ELETRÔNICO REPERCUSSÃO GERAL – MÉRITO DJe-157 DIVULG 23-06-2020 PUBLIC 24-06-2020.

doria deriva de uma relação previdenciária autônoma, não sendo, portanto, decorrente da relação de trabalho a legitimar a competência da Justiça Laboral (RE nº 586453 e 583050).

Ressalta-se, contudo, que as ações de complementação de aposentadoria decorrentes de plano instituído, regulamentado e pago pelo empregador, por tratar-se de direito inserido no contrato de trabalho, incidindo inclusive o art. 468 da CLT, que veda a alteração lesiva ao empregado, como disposto pelo C. TST no item I da Súmula nº 288 do TST, a **competência** é **da Justiça do Trabalho.**

A Justiça do Trabalho é o único ramo do Judiciário que tem competência para criar normas gerais e abstratas. Trata-se, pois, de função legislativa (função atípica) conferida ao Judiciário trabalhista, denominada de Poder Normativo. A criação de tais normas se dá por meio do dissídio coletivo (CF/88, art. 114, § 2º).

2.2.5. COMPETÊNCIA TERRITORIAL

A **competência territorial** na Justiça do Trabalho tem como regra o local da prestação dos serviços (CLT, art. 651, *caput*), mesmo que a contratação tenha ocorrido em outro local ou no estrangeiro.

Excetuam-se os seguintes casos:

1) agente ou viajante comercial.

   Na hipótese, definem-se duas regras sucessivas:

   - **Regra principal:** competência da Vara do Trabalho que a empresa tenha agência ou filial e a ela o empregado esteja subordinado.
   - **Regra secundária (subsidiária):** na falta de agência ou filial ou se o empregado não estiver subordinado a qualquer uma delas, ele poderá optar entre ajuizar a ação no seu domicílio ou a localidade mais próxima.

2) empregado que trabalha no exterior (agência ou filial no estrangeiro), desde que o empregado seja brasileiro e não haja convenção internacional dispondo em contrário.

3) empregador que promove a prestação dos serviços fora do lugar da celebração do contrato. Nessa hipótese, a legislação confere a opção de o empregado escolher entre:

   - a Vara do Trabalho da celebração do contrato; ou
   - a Vara do Trabalho do local de prestação dos serviços.

Admite-se o ajuizamento de reclamação trabalhista no foro de domicílio do empregado apenas quando a contratação ou a arregimentação tenha ocorrido naquela localidade e a empresa contrate e preste serviços em diferentes partes do território brasileiro, ou seja, possua atuação nacional. Trata-se de aplicação ampliativa do art. 651, § 3º, da CLT que não é possível ocorrer quando se alega tão somente a hipossuficiência econômica do trabalhador e a garantia de acesso à justiça (Informativo nº 156 do TST).

No processo do trabalho, é majoritário o entendimento de que o **foro de eleição é inaplicável**, por ser incompatível com a ideologia desse ramo processual (TST-IN nº 39/2016, art. 2º, I).

Tratando-se de ação civil pública, a competência é definida de modo diverso. Assim, nos termos da OJ nº 130 da SDI-II do TST:

> I – A competência para a Ação Civil Pública fixa-se pela extensão do dano.
>
> II – Em caso de dano abrangência regional, que atinge cidades sujeitas à jurisdição de mais de uma Vara do Trabalho, a competência será de qualquer das varas das localidades atingidas, ainda que vinculadas a Tribunais Regionais do Trabalho distintos.
>
> III – Em caso de dano de abrangência suprarregional ou nacional, há competência concorrente para a ação civil pública das varas do trabalho das sedes dos Tribunais Regionais do Trabalho.
>
> IV – Estará prevento o juízo a que a primeira ação houver sido distribuída.

2.2.6. CONFLITO DE COMPETÊNCIA

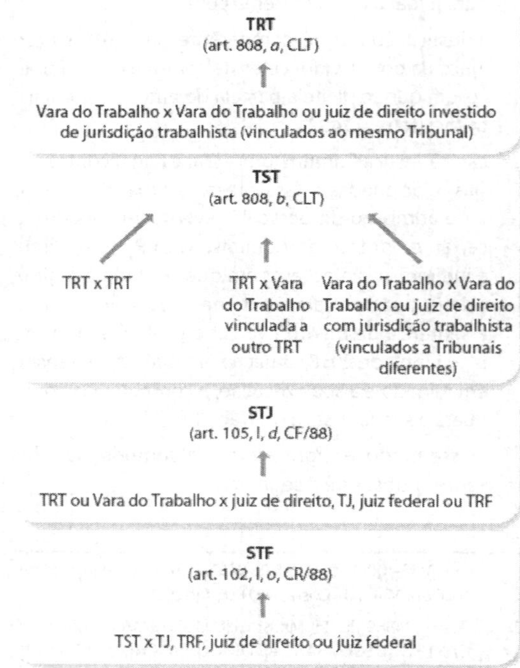

OBSERVAÇÃO

Não existe conflito de competência entre órgãos hierarquicamente vinculados. Assim, não se configura conflito de competência entre Tribunal Regional do Trabalho e Vara do Trabalho a ele vinculada (Súmula nº 420 do TST).

3. MINISTÉRIO PÚBLICO DO TRABALHO: ORGANIZAÇÃO

I – Ministério Público da União	– Ministério Público do Trabalho – Ministério Público Federal – Ministério Público Militar – Ministério Público do Distrito Federal e Territórios
II – Ministérios Públicos dos Estados	

O art. 83, da LC nº 75/93, prevê as seguintes atribuições do Ministério Público do Trabalho:

I – promover as ações que lhe sejam atribuídas pela Constituição Federal e pelas leis trabalhistas;

II – manifestar-se em qualquer fase do processo trabalhista, **acolhendo solicitação do juiz ou por sua iniciativa**, quando entender existente interesse público que justifique a intervenção;

III – promover a ação civil pública no âmbito da Justiça do Trabalho, para defesa de interesses coletivos, quando desrespeitados os direitos sociais constitucionalmente garantidos;

IV – propor as ações cabíveis para **declaração de nulidade de cláusula de contrato, acordo coletivo ou convenção coletiva** que viole as liberdades individuais ou coletivas ou os direitos individuais indisponíveis dos trabalhadores;

V – propor as ações necessárias à **defesa dos direitos e interesses dos menores, incapazes e índios**, decorrentes das relações de trabalho;

VI – recorrer das decisões da Justiça do Trabalho, **quando entender necessário**, tanto nos processos em que for parte, como naqueles em que oficiar como fiscal da lei, bem como pedir revisão dos Enunciados da Súmula de Jurisprudência do Tribunal Superior do Trabalho;

VII – funcionar nas sessões dos Tribunais Trabalhistas, manifestando-se verbalmente sobre a matéria em debate, **sempre que entender necessário**, sendo-lhe assegurado o direito de vista dos processos em julgamento, podendo solicitar as requisições e diligências que julgar convenientes;

VIII – **instaurar instância em caso de greve**, quando a defesa da ordem jurídica ou o interesse público assim o exigir;

ATENÇÃO!

O art. 114, § 3º, da CF/88 estabelece que o Ministério Público do Trabalho poderá ajuizar dissídio coletivo, em caso de greve em atividade essencial, com possibilidade de lesão do interesse público, competindo à Justiça do Trabalho decidir o conflito.

IX – promover ou participar da instrução e conciliação em dissídios decorrentes da paralisação de serviços de qualquer natureza, oficiando obrigatoriamente nos processos, manifestando sua concordância ou discordância, em eventuais acordos firmados antes da homologação, resguardado o direito de recorrer em caso de violação à lei e à Constituição Federal;

X – promover **mandado de injunção**, quando a competência for da Justiça do Trabalho;

XI – **atuar como árbitro**, se assim for solicitado pelas partes, nos dissídios de competência da Justiça do Trabalho;

XII – requerer as diligências que julgar convenientes para o correto andamento dos processos e para a melhor solução das lides trabalhistas;

XIII – intervir **obrigatoriamente** em todos os feitos no segundo e terceiro graus de jurisdição da Justiça do Trabalho, quando a parte for pessoa jurídica de Direito Público, Estado estrangeiro ou organismo internacional (LC nº 75/93, art. 83).

4. PROCESSO JUDICIÁRIO DO TRABALHO: PRINCÍPIOS ESPECÍFICOS DO PROCESSO DO TRABALHO; PRINCÍPIOS GERAIS DO PROCESSO APLICÁVEIS AO PROCESSO DO TRABALHO (APLICAÇÃO SUBSIDIÁRIA E SUPLETIVA DO CPC AO PROCESSO DO TRABALHO)

4.1. PRINCÍPIOS DO PROCESSO DO TRABALHO

1) Princípio da proteção

O direito do trabalho tem como base o princípio da proteção, ante a desigualdade existente entre as partes envolvidas. Já na seara processual, as partes são tratadas igualmente, o que provoca discussão acerca da incidência do princípio da proteção na área processual.

No entanto, considerando que o processo do trabalho é instrumento de realização do direito material, ou seja, não tem um fim em si mesmo, aplica-se no campo processual, o princípio da proteção.

De qualquer modo, ele não poderá ser utilizado no campo probatório, inclusive para suprir deficiência probatória, observando-se, nessa hipótese, as regras pertinentes ao ônus da prova.

2) Princípio da conciliação

O processo do trabalho dá ênfase à solução do conflito por meio da conciliação. É nesse contexto que o *caput* do art. 764 da CLT impõe que os "dissídios individuais ou coletivos submetidos à apreciação da Justiça do Trabalho serão sempre sujeitos à conciliação".

Ademais, no **rito ordinário**, a CLT prevê dois momentos obrigatórios de tentativa de conciliação a ser conduzida pelo juiz:

1ª. Na abertura da audiência inicial e antes da apresentação da defesa (CLT, art. 846);

2ª. Depois das razões finais e antes da sentença, como declina o art. 850 da CLT.

Já no **rito sumaríssimo**, o art. 852-E da CLT descreve que "aberta a sessão, o juiz esclarecerá as partes presentes sobre as vantagens da conciliação e usará os meios adequados de persuasão para a solução conciliatória do litígio, em qualquer fase da audiência".

3) Princípio do *jus postulandi*

No processo do trabalho, admite-se que o empregado e o empregador postulem em juízo pessoalmente, ou seja, **sem** a necessidade de advogado. É o que se denomina de *jus postulandi* das partes (CLT, art. 791 da CLT).

No entanto, de acordo com entendimento do C. TST o *jus postulandi* das partes limita-se às Varas do Trabalho e aos Tribunais Regionais do Trabalho, não alcançando a ação rescisória, a ação cautelar, o mandado de segurança e os recursos de competência do Tribunal Superior do Trabalho (Súmula n° 425 do TST).

4) Princípio da oralidade

Embora o princípio da oralidade não seja próprio do processo do trabalho, ele tem maior incidência nessa seara processual. Isso porque, em regra, os atos praticados no processo trabalhistas são orais (verbais).

É interessante observar que o princípio da oralidade se subdivide em três princípios: identidade física do juiz[7], concentração dos atos processuais e irrecorribilidade imediata das decisões interlocutórias.

5) Princípio da irrecorribilidade imediata das decisões interlocutórias

Com o intuito de alcançar, de forma mais célere e efetiva, a resolução da pretensão colocada em juízo, a CLT, em seu art. 893, § 1°, estabeleceu que as decisões interlocutórias são irrecorríveis de imediato.

No entanto, de acordo com a Súmula nº 214 do TST, o princípio não é aplicado nas hipóteses de decisão:

a) de Tribunal Regional do Trabalho contrária à Súmula ou Orientação Jurisprudencial do Tribunal Superior do Trabalho;
b) suscetível de impugnação mediante recurso para o mesmo tribunal;
c) que acolhe exceção de incompetência territorial, com a remessa dos autos para Tribunal Regional distinto daquele a que se vincula o juízo excepcionado, consoante o disposto no art. 799, § 2°, da CLT.

6) Princípio da extrapetição

A jurisdição tem como característica essencial a inércia, de modo que o Judiciário somente atuará quando provocado. É o que se denomina de princípio dispositivo ou princípio da demanda. Excepcionalmente, admite-se a atuação sem provocação, observando-se a aplicação do princípio da extrapetição. Consigna-se que o juiz somente poderá agir de ofício nos casos expressos em lei.

7) Princípio da simplicidade

O princípio da simplicidade permite que o processo do trabalho tenha maior flexibilidade, buscando a facilidade no acesso à justiça, bem como na prestação jurisdicional. Desse modo, esse ramo processual preza pelo não formalismo. É o que se verifica, por exemplo, como os requisitos exigidos na petição inicial trabalhista (CLT, art. 840).

7. Antigamente, o TST não aplicava esse princípio na seara trabalhista, criando a Súmula n° 136, em razão da existência, na época, dos juízes classistas. Posteriormente, o C. TST cancelou referida súmula, ante as diretrizes do art. 132 do CPC/73. Com o CPC/2015, o posicionamento do TST deverá ser novamente alterado, uma vez que o novel código não reproduziu o teor do art. 132 do CPC/73, o qual disciplinava o princípio da identidade física do juiz. Com essa alteração, acreditamos que nas provas objetivas deverá ser adotada a tese de que referido princípio não é mais aplicado na seara processual, tanto civil, como trabalhista.

4.2. APLICAÇÃO SUBSIDIÁRIA E SUPLETIVA DO CPC AO PROCESSO DO TRABALHO

A partir do CPC/2015, de forma expressa, passa a ser admitida a aplicação supletiva (complementar) do CPC, mantendo-se intactos os requisitos dos arts. 769 e 889 da CLT. Noutras palavras, o CPC deve ser aplicado ao processo do trabalho de forma subsidiária e supletiva, desde que presentes dois requisitos: omissão e compatibilidade. Nesse sentido, declina o art. 1º da IN nº 39/2016 do TST:

> **Art. 1°** Aplica-se o Código de Processo Civil, subsidiária e supletivamente, ao Processo do Trabalho, em caso de omissão e desde que haja compatibilidade com as normas e princípios do Direito Processual do Trabalho, na forma dos arts. 769 e 889 da CLT e do art. 15 da Lei nº 13.105, de 17.03.2015.

5. ATOS, TERMOS E PRAZOS PROCESSUAIS. DISTRIBUIÇÃO. CUSTAS E EMOLUMENTOS

Os atos processuais serão públicos, salvo quando o contrário determinar o interesse social.

Eles serão realizados nos dias úteis das 6 horas às 20 horas. Admite-se, porém, que a penhora seja realizada em domingo ou dia feriado, mediante autorização expressa do juiz ou presidente (CLT, art. 770). De acordo com o CPC/2015, que as citações, intimações e a penhora poderão ser realizadas nos dias não úteis, o que incluem os sábados, domingos, feriados e dias sem expediente forense, **independentemente de autorização judicial** (CPC/2015, art. 212, § 2º).

Vê-se que a CLT impõe a necessidade de autorização, enquanto o CPC/2015 a dispensa.

Regra	Exceções
Atos públicos	Segredo de justiça (interesse social)
Das 6h às 20h, em dias úteis	**CLT:** Penhora pode ser realizada em domingos e feriados, desde que **haja autorização do juiz.** **CPC/2015:** Citações, intimações e penhora podem ser realizadas nos sábados, domingos e feriados, **independentemente de autorização do juiz.**

No processo eletrônico, quando a petição for enviada para atender a prazo processual, serão consideradas tempestivas as transmitidas até as **24 horas** do seu último dia (art. 3°, parágrafo único, Lei n° 11.419/2006; CPC/2015, art. 213, *caput*).

Na fase de conhecimento, a regra é a notificação via postal.

Nessa fase, a notificação **não constitui ato pessoal**, podendo ser recebida por pessoa diversa das partes, sendo válida com a simples entrega do registro postal no endereço da parte.

Presume-se recebida a notificação 48 horas depois de sua postagem. O seu não recebimento ou a entrega após o decurso desse prazo constitui ônus de prova do destinatário (Súmula n° 16 do TST).

Na fase de conhecimento, se o reclamado **criar embaraços** para o recebimento da notificação postal ou na hipótese de **não ser encontrado**, a notificação será feita por edital (CLT, art. 841, § 1°).

Na fase de execução, é admitida a citação por edital, quando o executado é procurado por 2 vezes no espaço de 48 horas e não é encontrado (CLT, art. 880, § 3°).

ATENÇÃO!

No procedimento sumaríssimo, **não** se fará citação por edital, incumbindo-se ao autor a correta indicação do nome e endereço do reclamado (CLT, art. 852-B, II).

A CLT prevê a notificação por oficial de justiça na fase de execução. Nessa fase, a citação é feita, primeiramente, pelo oficial de justiça. Atenta-se para o fato de que essa citação deve ser pessoal.

Havendo pedido expresso de que as intimações e publicações sejam realizadas exclusivamente em nome de determinado advogado, a comunicação em nome de outro profissional constituído nos autos é nula, salvo se constatada a inexistência de prejuízo (Súmula n° 427 do TST).

A notificação do Ministério Público, seja como parte, seja como fiscal da ordem jurídica, sempre será pessoal e nos autos, de modo que os autos deverão ser encaminhados à procuradoria para ciência do membro.

As partes serão consideradas intimadas das decisões na própria audiência em que elas forem proferidas (CLT, arts. 834 e 852).

No caso de revelia, haverá notificação pela via postal (CLT, art. 852).

Na contagem dos prazos processuais, o dia da ciência ("dia do susto") é excluído, incluindo-se o dia do vencimento.

Quando a intimação tiver lugar na sexta-feira, ou a publicação com efeito de intimação for feita nesse dia, o prazo judicial será contado da segunda-feira imediata, inclusive, salvo se não houver expediente, caso em que fluirá no dia útil que se seguir (Súmula n° 1 do TST).

Os prazos estabelecidos no processo do trabalho **serão contados em dias** úteis, com exclusão do dia do começo e inclusão do dia do vencimento (art. 775 da CLT, alterado pela Lei nº 13.467/17).

Os prazos podem ser prorrogados, pelo tempo estritamente necessário, nas seguintes hipóteses:

> I – quando o juízo entender necessário;
>
> II – em virtude de força maior, devidamente comprovada (CLT, art. 775, § 1º).

Ao juízo incumbe dilatar os prazos processuais e alterar a ordem de produção dos meios de prova, adequando-os às necessidades do conflito de modo a conferir maior efetividade à tutela do direito (CLT, art. 775, § 2º).

Suspende-se o curso do prazo processual nos dias compreendidos entre 20 de dezembro e 20 de janeiro, inclusive. E, ressalvadas as férias individuais e os feriados instituídos por lei, os juízes, os membros do Ministério Público, da Defensoria Pública e da Advocacia Pública e os auxiliares da Justiça exercerão suas atribuições durante o esse período. Por fim, durante a suspensão do prazo, não se realizarão audiências nem sessões de julgamento (art. 775-A da CLT).

Designada audiência de julgamento, incumbe à parte comparecer para tomar conhecimento da decisão, sob pena de ser considerada intimada da sentença, mesmo diante de sua ausência, no dia da audiência (Súmula n° 197 do TST).

Caso seja marcada a audiência de julgamento, se o juiz não sentenciar na data da audiência de julgamento, ele (juiz) tem o prazo de 48 horas para a juntada da sentença nos autos. Não sendo juntada nesse prazo, deverá intimar a parte, posteriormente, da sentença, iniciando seu prazo recursal somente depois da intimação (Súmula n° 30 do TST).

Nas intimações por meio eletrônico, será considerada realizada no dia da consulta. Ocorrendo a consulta "em dia não útil, a intimação será considerada como realizada no primeiro dia útil seguinte" (Lei n° 11.419/2006, art. 5°, § 2°). É importante observar que, **não** havendo consulta no prazo de 10 dias, será presumida a intimação, isto é, sendo expedida a intimação via eletrônica e não tomando ciência dentro do prazo de 10 dias, a parte será considerada como intimada (art. 5°, § 3°), iniciando-se a contagem do prazo no dia seguinte. No entanto, havendo consulta dentro do prazo de 10 dias, considera-se realizada a intimação no dia da ciência (consulta).

É diferente a contagem do prazo na hipótese de publicação no Diário da Justiça eletrônica, como ocorre, em regra, com a intimação do advogado. Nesse caso, a data da publicação será considerada o primeiro dia útil seguinte ao da disponibilização da informação no Diário da Justiça eletrônico, começando a correr o prazo processual "no primeiro dia útil que seguir ao considerado como data da publicação" (Lei n° 11.419/2006, art. 4°, §§ 3° e 4°).

- **Principais prazos processuais**

Ato processual	Prazo
Encaminhamento da petição inicial ao reclamado	48 horas
Recebimento da notificação para comparecer na audiência inicial	5 dias antes da audiência
Redução a termo de reclamação verbal	5 dias
Exceção de incompetência	cinco dias a contar da notificação e antes da audiência
Contestação verbal	20 minutos
Duração máxima da audiência	5 horas seguidas, salvo quando houver matéria urgente
Razões finais	10 minutos

Ato processual	Prazo
Recurso ordinário **Recurso de revista** **Agravo de petição** **Agravo de instrumento** **Embargos de divergência** **Embargos infringentes** **Recurso adesivo** **Agravo interno e regimental**	8 dias
Embargos de declaração	5 dias
Recurso extraordinário (STF) **Recurso adesivo de RE**	15 dias
Depósito recursal	Pagamento e comprovação no prazo do recurso. A interposição antecipada do recurso não prejudica o prazo legal (Súmula nº 245 do TST). No caso de agravo de instrumento, porém, o depósito recursal deve ser feito no ato da interposição do recurso.
Pagamento ou nomeação de bens à penhora	48 horas
Embargos à execução	5 dias
Embargos à execução para a fazenda pública	30 dias
Ação rescisória	2 anos
Cumprimento das obrigações do oficial de justiça	9 dias

As pessoas jurídicas de direito público que não explorem atividade econômica, o Ministério Público do Trabalho e a Defensoria Pública possuem a prerrogativa de prazos diferenciados. O Ministério Público e a Defensoria Pública, na atual sistemática, sempre terão prazo em dobro, enquanto as pessoas jurídicas de direito público que não exploram atividade econômica possuem prazo quadruplicado para contestar (Decreto-lei nº 779/69, art. 1º, I) e em dobro para os demais atos processuais.

Quando existir litisconsórcio e as partes tiverem advogados diferentes, **não** há modificação do prazo processual, ou seja, não se aplica o art. 229 do CPC/2015 ao processo do trabalho (OJ nº 310 da SDI-I do TST).

- **Despesas processuais**

As despesas processuais correspondem a todos os gastos que as partes têm com o processo. Trata-se de gênero que tem como espécies as custas, os emolumentos, os honorários do perito, assistentes e advogados, dentre outros gastos com o processo.

As custas processuais têm natureza de taxa, sendo devidas ao Estado em decorrência da realização de sua atividade (exercício da jurisdição).

Já os emolumentos representam o reembolso dos gastos realizados pelo Estado em atividades **não jurisdicionais** prestadas como, por exemplo, autenticações, fotocópias etc.

Na fase de conhecimento, as custas são sempre no valor de 2%, calculados sobre o:

1) valor da condenação;
2) valor do acordo;
3) valor da causa
   - extinção do processo sem resolução do mérito
   - improcedência dos pedidos
   - no caso de procedência do pedido formulado em ação declaratória e em ação constitutiva
4) valor que o juiz definir (quando o valor for indeterminado);
5) o valor arbitrado na decisão, ou pelo Presidente do Tribunal, na hipótese de dissídio coletivo.

As custas deverão observar o valor mínimo de R$ 10,64 (dez reais e sessenta e quatro centavos) e o máximo de 4x o limite máximo dos benefícios do Regime Geral de Previdência Social (CLT, art. 789).

A parte vencedora na primeira instância, se vencida na segunda, está obrigada, independentemente de intimação, a pagar as custas fixadas na sentença originária, das quais ficara isenta a parte então vencida (Súmula nº 25, I, do TST).

No caso de inversão do ônus da sucumbência em segundo grau, sem acréscimo ou atualização do valor das custas e se estas já foram devidamente recolhidas, descabe um novo pagamento pela parte vencida, ao recorrer. Deverá ao final, se sucumbente, **reembolsar** a quantia (Súmula nº 25, II, do TST).

Não caracteriza deserção a hipótese em que, acrescido o valor da condenação, não houve fixação ou cálculo do valor devido a título de custas e tampouco intimação da parte para o preparo do recurso, devendo ser as custas pagas ao final (Súmula nº 25, III, do TST).

O reembolso das custas à parte vencedora faz-se necessário mesmo na hipótese em que a parte vencida for pessoa isenta do seu pagamento, nos termos do art. 790-A, parágrafo único, da CLT (Súmula nº 25, IV, do TST).

Nas ações plúrimas (litisconsórcio), as custas incidem sobre o valor total dos pedidos (Súmula nº 36 do TST).

No caso de acordo, o pagamento das custas será dividido em partes iguais entre os litigantes, exceto se convencionarem de forma diferente.

Na fase de execução das custas, o pagamento é em valor fixo, nos termos do art. 789-A da CLT, sendo ele de responsabilidade do executado.

No dissídio coletivo, as partes vencidas responderão solidariamente pelo pagamento das custas.

Tratando-se de empregado que não tenha obtido o benefício da justiça gratuita, ou isenção de custas, o sindicato que houver intervindo no processo responderá solidariamente pelo pagamento das custas devidas.

Estão isentos do pagamento das custas processuais:

1) o beneficiário da justiça gratuita (CLT, art. 790, *caput*);

2) a União, os Estados, o Distrito Federal, os Municípios e respectivas autarquias e fundações públicas federais, estaduais ou municipais que não explorem atividade econômica (CLT, art. 790-A, I);

3) o Ministério Público do Trabalho (CLT, art. 790-A, II);

A isenção não alcança as entidades fiscalizadoras do exercício profissional (exemplo, Crea), nem exime as pessoas jurídicas referidas no item 2 da obrigação de reembolsar as despesas judiciais realizadas pela parte vencedora (CLT, art. 790-A, parágrafo único). Ressalta-se que o TST isenta as entidades fiscalizadoras, por considerá-las como autarquias.

6. PARTES E PROCURADORES; *JUS POSTULANDI*; SUBSTITUIÇÃO E REPRESENTAÇÃO PROCESSUAIS; CAPACIDADE POSTULATÓRIA NO PROCESSO DO TRABALHO; ASSISTÊNCIA JUDICIÁRIA; HONORÁRIOS DE ADVOGADO

6.1. PARTES

A capacidade de ser parte é a aptidão de ser titular de direitos e deveres. A pessoa física adquire essa capacidade com o nascimento, embora a lei coloque a salvo, desde a concepção, os direitos do nascituro (CC, art. 2º). A pessoa jurídica passa a ter capacidade de ser parte com a inscrição de seus atos constitutivos no respectivo registro (CC, art. 45). Além disso, alguns entes despersonalizados também podem atuar como parte, tais como: o condomínio, a massa falida, o espólio etc.

A capacidade processual, também chamada de capacidade de estar em juízo (*legitimatio ad processum*), é a aptidão para a prática de atos processuais sem a necessidade de assistência ou de representação. Tendo capacidade civil plena, consequentemente a parte terá capacidade processual. Desse modo, os incapazes têm capacidade de ser parte, mas não capacidade processual, porque são assistidos ou representados em juízo.

Na seara trabalhista, a capacidade plena dos empregados ocorre aos 18 anos de idade, nos termos do art. 402 da CLT. Além disso, o Código Civil, aplicado ao direito do trabalho pela doutrina majoritária, admite a concessão da capacidade civil plena aos menores de 18 anos, na hipótese de emancipação, nos termos do art. 5º, parágrafo único, do CC.

Salienta-se que o empregador também adquire capacidade processual aos 18 anos, observando-se, ainda, a possibilidade de emancipação, como anunciado no artigo supracitado.

6.2. REPRESENTAÇÃO

De acordo com o art. 793 da CLT, a representação do menor de 18 anos é feita de forma **sucessiva**:

1º) representantes legais (ex., pais etc.);
2º) Ministério Público do Trabalho, antigamente denominado de Procuradoria da Justiça do Trabalho;
3º) sindicato da categoria;
4º) Ministério Público Estadual;
5º) curador nomeado pelo juiz.

As pessoas jurídicas de direito público são representadas em juízo da seguinte forma:

Pessoa jurídica de direito público	Representação
União	Advocacia-Geral da União
Estados e Distrito Federal	Procuradores
Municípios	Prefeito, Procurador ou Associação de Representação de Municípios, quando expressamente autorizada
Autarquias e fundações	Por quem a lei do ente federado designar

A União, Estados, Municípios e Distrito Federal, suas autarquias e fundações públicas, quando representadas em juízo, ativa e passivamente, por seus procuradores, estão dispensadas da juntada de instrumento de mandato e de comprovação do ato de nomeação. Nesse caso, é essencial que o signatário ao menos se declare exercente do cargo de procurador, não bastando a indicação do número de inscrição na Ordem dos Advogados do Brasil (Súmula nº 436 do TST).

De acordo com o TST, os Estados e os Municípios não têm legitimidade para recorrer em nome das autarquias e das fundações públicas. Os procuradores estaduais e municipais podem representar as respectivas autarquias e fundações públicas em juízo somente se designados pela lei da respectiva unidade da federação (art. 75, IV, do CPC de 2015) ou se investidos de instrumento de mandato válido. (OJ nº 318 da SDI-I do TST).

Nas audiências das reclamações trabalhistas, exige-se, como regra, a presença obrigatória das próprias partes (ex.: empregado e empregador). Existem, porém, as seguintes exceções:

1) Representação do empregado pelo sindicato nas reclamações plúrimas (ajuizada por diversos reclamantes).
2) Representação do empregado pelo sindicato nas ações de cumprimento.
3) Representação do empregado por outro empregado que pertença à mesma profissão ou pelo sindicato, nos casos de doença ou qualquer outro motivo ponderoso.

Em resumo, nos termos da CLT, percebe-se que o empregado pode ser representado em audiência nas seguintes hipóteses:

Sindicato	Empregado da mesma profissão
Reclamações plúrimas	Doença ou qualquer outro motivo ponderoso
Ações de cumprimento	
Doença ou qualquer outro motivo ponderoso	

4) Representação do empregador pelo preposto.

O empregador poderá ser representado na audiência por gerente ou preposto. O C. TST entendia que o preposto, obrigatoriamente, deveria ser empregado da empresa, salvo nos casos do empregador doméstico e de pequena ou microempresa. Contudo, a Lei nº 13.467/17 alterou consideravelmente esse entendimento, passando a estabelecer no art. 843, § 3º, da CLT que o preposto **não precisa ser empregado da parte reclamada.**

6.3. SUBSTITUIÇÃO PROCESSUAL

Em regra, o próprio titular do direito material é legitimado para ir a juízo defender seus direitos (legitimação ordinária). Admite-se, porém, que alguém vá a juízo defender, em nome próprio, direito alheio, dando origem à chamada substituição processual (CPC/2015, art. 18).

Destaca-se que a substituição difere da **representação**, porque nesta o representante age em **nome alheio** para defesa de direito alheio, enquanto na **substituição processual** age em **nome próprio** para tutelar direito de outrem.

6.4. *JUS POSTULANDI*

No processo do trabalho, admite-se que o empregado e o empregador postulem em juízo pessoalmente, ou seja, sem a necessidade de advogado. É o que se denomina de *jus postulandi* das partes.

O *jus postulandi* se aplica aos empregados e empregadores, inclusive no dissídio coletivo (CLT, art. 839, a).

Contudo, o Tribunal Superior do Trabalho não permite o *jus postulandi* em alguns casos, exigindo, nessas hipóteses, que a parte seja representada por advogado, como se verifica pela Súmula nº 425 do TST, a seguir transcrita:

> O jus postulandi das partes, estabelecido no art. 791 da CLT, limita-se às Varas do Trabalho e aos Tribunais Regionais do Trabalho, não alcançando a ação rescisória, a ação cautelar, o mandado de segurança e os recursos de competência do Tribunal Superior do Trabalho.

Ademais, em outros casos a jurisprudência não tem aplicado o *jus postulandi* como se verifica no quadro a seguir.

Jus Postulandi	
Aplicável	• empregados; e • empregadores.
Não aplicável	• nos recursos de competência do TST; • na ação rescisória; • na ação cautelar; • no mandado de segurança; • nos embargos de terceiros; • recursos de peritos e depositários; • reclamação (CPC/2015, art. 988); • processos de jurisdição voluntária para homologação de acordos extrajudiciais; • nas relações de trabalho*; e • quando extrapolada a seara trabalhista. (*) Como essa tese é majoritária, por ora, mantivemos como não aplicável. No entanto, a partir da vigência da Lei nº 13.467/17, como visto, é possível que esse entendimento seja alterado.

6.5. ASSISTÊNCIA JUDICIÁRIA E BENEFÍCIO DA JUSTIÇA GRATUITA

A assistência judiciária gratuita é o direito de postular em juízo sem ter que pagar as despesas do processo e os honorários ao seu advogado, concedido **àquele** que está em estado de miserabilidade. Tal assistência, no processo do trabalho, é oferecida pelo sindicato da categoria, conforme se depreende do art. 14 da Lei nº 5.584/70. A assistência judiciária gratuita será prestada ao trabalhador, ainda que não seja associado ao sindicato da categoria (art. 18 da Lei nº 5.584/70).

O benefício da justiça gratuita consiste na possibilidade de a parte postular em juízo sem ter de arcar com as despesas do processo, ante sua insuficiência de recursos.

Referido benefício tem como objetivo possibilitar o acesso à justiça de pessoas que não possuam recursos financeiros, de modo que o custo do processo não seja obstáculo para se ter acesso à ordem jurídica.

Nesse sentido, estabelecem os §§ 3º e 4º do art. 790 da CLT:

> Art. 790. [...]
>
> § 3º É facultado aos juízes, órgãos julgadores e presidentes dos tribunais do trabalho de qualquer instância conceder, a requerimento ou de ofício, o benefício da justiça gratuita, inclusive quanto a traslados e instrumentos, àqueles que perceberem salário igual ou inferior a 40% (quarenta por cento) do limite máximo dos benefícios do Regime Geral de Previdência Social.Ao advogado, ainda que atue em causa própria, serão devidos honorários de sucumbência, fixados entre o mínimo de 5% (cinco por cento) e o máximo de 15% (quinze por cento) sobre o valor que resultar da liquidação da sentença, do proveito econômico obtido ou, não sendo possível mensurá-lo, sobre o valor atualizado da causa.
>
> § 4º O benefício da justiça gratuita será concedido à parte que comprovar insuficiência de recursos para o pagamento das custas do processo.

Sobre o tema, o Tribunal Pleno do TST8, no julgamento do Tema 21 de Incidentes de Recursos Repetitivos (IRR), decidiu que "é possível a declaração de pobreza firmada pelo requerente, sob as penas da lei, nos termos do art. 790, § 4.º, da CLT".

6.6. HONORÁRIOS ADVOCATÍCIOS

Antes da Lei nº 13.467/17, os honorários advocatícios no processo do trabalho, em regra, decorriam da mera sucumbência, impondo que o empregado estivesse assistido pelo sindicato da categoria e fosse beneficiário da justiça gratuita (Súmula 219, I, do TST).

No entanto, após referida lei, a sistemática passa a ser totalmente diferente, tornando-se a regra a concessão dos honorários sucumbenciais, conforme estabelece o art. 791-A da CLT, *in verbis*:

> Art. 791-A. Ao advogado, ainda que atue em causa própria, serão devidos honorários de sucumbência, fixados entre o mínimo de 5% (cinco por cento)

8. TST-IncJulgRREmbRep-277-83.2020.5.09.0084, Tribunal Pleno, 14/10/2024. (Informativo nº 294)

e o máximo de 15% (quinze por cento) sobre o valor que resultar da liquidação da sentença, do proveito econômico obtido ou, não sendo possível mensurá-lo, sobre o valor atualizado da causa.

§ 1º Os honorários são devidos também nas ações contra a Fazenda Pública e nas ações em que a parte estiver assistida ou substituída pelo sindicato de sua categoria.

§ 2º Ao fixar os honorários, o juízo observará:

I – o grau de zelo do profissional;

II – o lugar de prestação do serviço;

III – a natureza e a importância da causa;

IV – o trabalho realizado pelo advogado e o tempo exigido para o seu serviço.

§ 3º Na hipótese de procedência parcial, o juízo arbitrará honorários de sucumbência recíproca, vedada a compensação entre os honorários.

§ 4º Vencido o beneficiário da justiça gratuita, desde que não tenha obtido em juízo, ainda que em outro processo, créditos capazes de suportar a despesa, as obrigações decorrentes de sua sucumbência ficarão sob condição suspensiva de exigibilidade e somente poderão ser executadas se, nos dois anos subsequentes ao trânsito em julgado da decisão que as certificou, o credor demonstrar que deixou de existir a situação de insuficiência de recursos que justificou a concessão de gratuidade, extinguindo-se, passado esse prazo, tais obrigações do beneficiário.

§ 5º São devidos honorários de sucumbência na reconvenção.

Assim, de acordo com o referido dispositivo, passamos a ter as seguintes regras dos honorários advocatícios no processo do trabalho:

- são devidos:
  1) pela mera sucumbência;
  2) ainda que o advogado atue em causa própria;
  3) nas ações contra a Fazenda Pública;
  4) nas ações que a parte estiver assistida ou substituída pelo sindicato da sua categoria;
  5) na reconvenção;
- fixados entre o mínimo de 5% e o máximo de 15%;
- a fixação da porcentagem dos honorários leva em conta:
  1) o valor que resultar da liquidação da sentença;
  2) o valor que resultar do proveito econômico obtido ou;
  3) o valor atualizado da causa, quando não for possível mensurar o valor da liquidação ou do proveito econômico;
- na hipótese de procedência parcial, há sucumbência recíproca, vedada a compensação entre os honorários.

Exemplo: reclamante postula o pagamento de horas extras no valor de R$ 5.000,00 e indenização por danos morais no importe de R$ 5.000,00. Em sentença, julga-se procedente apenas o pedido das horas extras, condenando-se ao pagamento de honorários advocatícios correspondente a 10%. Nesse caso, o reclamante é vencedor das horas extras e vencido no pedido de indenização, devendo pagar os honorários sucumbenciais do advogado da reclamada, no importe de R$ 500,00. Do mesmo modo, o reclamado é vencedor no pedido de indenização, mas vencido no pedido de horas extras, devendo arcar com os honorários sucumbenciais do advogado da reclamante, no montante de R$ 500,00.

Quanto ao **beneficiário da justiça gratuita** o referido § 4º estabelecia que iria pagar honorários advocatícios:

1) quando obtivesse em juízo, ainda que em outro processo, créditos capazes de suportar a despesa; ou
2) caso não tivesse créditos capazes de suportar a despesa, ficaria sob condição suspensiva pelo prazo de 2 anos a contar do trânsito em julgado da sentença.

No entanto, na ADI 5766[9], o **STF declarou inconstitucional** a expressão "desde que não tenha obtido em juízo, ainda que em outro processo, créditos capazes de suportar a despesa", descrita no § 4º do art. 791-A da CLT, impossibilitando a condenação imediata do beneficiário da justiça gratuita ao pagamento dos honorários advocatícios pelo simples fato (critério objetivo) de receber créditos no processo ou em outro para suportar tais despesas.

7. NULIDADES NO PROCESSO DO TRABALHO: PRINCÍPIO INFORMADOR; MOMENTO DE ARGUIÇÃO, PRECLUSÃO

7.1. PRINCÍPIOS INFORMADORES DAS NULIDADES PROCESSUAIS

- Princípio do prejuízo (transcendência): não há nulidade sem prejuízo.
- Princípio da convalidação ou preclusão: a nulidade deve ser alegada na primeira oportunidade em que a parte tiver que se manifestar nos autos, sob pena de preclusão.

  A preclusão pode ser:
  a) **temporal:** quando a perda decorre da não realização do ato em determinado prazo;
  b) **consumativa:** realizado o ato (consumado), não se admite que seja novamente realizado;
  c) **lógica:** não se permite que a parte pratique um ato posterior incompatível com um ato anterior.
  d) ***pro iudicato***: quando a preclusão é para o juiz;
  e) **ordinatória**: quando a validade de um ato pressupõe a existência de um anterior. Exemplo: os embargos à execução somente podem ser recebidos depois de garantido o juízo pela penhora;
  f) **máxima**: quando ocorre a coisa julgada.
- Princípio da economia processual: a nulidade não será pronunciada quando for possível suprir-se a falta ou repetir-se o ato.
- Princípio do interesse: proibição da alegação da própria torpeza, ou seja, a nulidade não será pronunciada quando arguida por quem lhe tiver dado causa.

9. STF-ADI nº 5766, Relator: Ministro ROBERTO BARROSO, Redator para o acórdão: Ministro ALEXANDRE DE MORAES, Órgão Julgador: Tribunal Pleno, Julgamento em 20/10/2021, Publicação em 03/05/2022.

- Princípio da utilidade: o juiz que pronunciar a nulidade declarará os atos a que ela se estende. Ademais, a nulidade do ato não prejudicará senão os posteriores que dele dependam ou sejam consequência.
- Princípio da instrumentalidade das formas: se o ato processual atingiu sua finalidade ele será considerado válido, mesmo que não tenha observado a forma prescrita em lei.

7.2. PRINCÍPIO DA PRIMAZIA DA DECISÃO DE MÉRITO

O princípio da primazia da decisão de mérito é consagrado em diversos dispositivos do CPC/2015, dentre os quais destaca-se o art. 4º:

> Art. 4º. As partes têm o direito de obter em prazo razoável a **solução integral do mérito**, incluída a atividade satisfativa (Grifo nosso).

Referido princípio determina que o órgão julgador deverá sempre ter como objetivo a decisão de mérito, não se contentando com decisões meramente processuais que extinguem o processo sem resolução do mérito.

Com a finalidade de concretizar aludido princípio, o Novo CPC em diversas ocasiões o exalta, impondo que o julgador deverá promover o saneamento dos vícios processuais (art. 139, IX), permitir que a parte corrija o vício, antes da extinção do processo sem resolução de mérito (art. 317), resolver do mérito quando a decisão for favorável à parte a quem aproveitaria eventual pronunciamento sem resolução de mérito (art. 488), possibilitar o saneamento do vício ou de complementação da documentação exigida antes de considerar o recurso inadmissível (art. 932, parágrafo único), dentre outros momentos nos quais se valoriza a decisão de mérito em detrimento de vícios processuais.

8. EXCEÇÕES. AUDIÊNCIAS: DE CONCILIAÇÃO, DE INSTRUÇÃO E DE JULGAMENTO; NOTIFICAÇÃO DAS PARTES; ARQUIVAMENTO DO PROCESSO; REVELIA E CONFISSÃO

8.1. EXCEÇÕES

As defesas de mérito são dirigidas ao próprio direito material reivindicado pelo autor, dividindo-se em defesas de mérito:

- direta; e
- indireta.

Na defesa de mérito direta, o réu impugna os fatos constitutivos, negando os fatos e/ou fundamentos jurídicos da inicial. Já na defesa de mérito indireta, também chamada de exceção substancial, o réu não nega propriamente os fatos constitutivos, mas alega fato impeditivo, modificativo ou extintivo do direito do autor.

No processo do trabalho, a defesa é apresentada na audiência no prazo de 20 minutos.

É possível, porém, que a defesa seja apresentada por escrito, o que tem ocorrido na prática jurídica. Nessa hipótese, tem-se entendido que o prazo para se confeccionar a contestação é de 5 dias, vez que o reclamado deve ser intimado com referida antecedência da audiência (CLT, art. 841).

De qualquer modo, a parte poderá apresentar defesa escrita pelo sistema de processo judicial eletrônico até a audiência (CLT, art. 847, parágrafo único).

Oferecida a contestação, o reclamante não poderá, sem o consentimento do reclamado, desistir da ação (CLT, art. 841, § 3º).

A compensação só poderá ser arguida com a contestação (Súmula nº 48 do TST), ficando restrita a dívidas de natureza trabalhista (Súmula nº 18 do TST).

Não se confunde, no entanto, compensação com dedução.

Compensação	Dedução
Quando duas pessoas forem ao mesmo tempo credora e devedora uma da outra	Abatimento das verbas que já foram pagas durante a relação de trabalho sob o mesmo título
Não pode ser conhecida de ofício, dependendo, portanto, da alegação do réu	Pode ser conhecida de ofício
Deve ser alegada na contestação	Pode ser alegada e conhecida em qualquer tempo

Por sua vez, **a retenção** é o direito de o credor conservar, sob sua posse, a coisa de forma legítima, até que seja adimplida a obrigação. Além disso, é necessária uma relação de conexão entre o crédito e a coisa retida, não podendo existir impedimento legal ou contratual para seu exercício[10].

As exceções são incidentes processuais divididos em: suspeição, impedimento e incompetência.

O CPC/2015 não faz referência ao termo exceção, declinando que o impedimento e a suspeição devem ser alegados em petição específica dirigida ao juiz do processo (art. 146). No entanto, como a CLT utiliza-se dessa expressão, porque embasado no CPC de 1939, pensamos que as provas adotarão essa terminologia (exceção).

A decisão que resolve as exceções tem natureza de decisão interlocutória, razão pela qual não está sujeita a recurso de imediato, salvo quando terminativa do feito (CLT, art. 799, § 2º). Contudo, o C. TST permite a interposição de recurso imediatamente da decisão que acolhe exceção de incompetência territorial, com a remessa dos autos para Tribunal Regional distinto daquele a que se vincula o juízo excepcionado (Súmula nº 214 do TST).

A suspeição vem disciplinada no art. 801 da CLT, o qual estabelece que o juiz é obrigado a dar-se por suspeito, e pode ser recusado, por algum dos seguintes motivos, em relação à pessoa dos litigantes: a) inimizade pessoal; b) amizade íntima; c) parentesco por consanguinidade ou afinidade até o terceiro grau civil; d) interesse particular na causa. A doutrina é majoritária no sentido de que se aplicam os arts. 144 e 145, ambos do CPC/2015, ao processo do trabalho.

A CLT prevê algumas hipóteses em que a suspeição não poderá ser mais alegada:

10. MARTINS, Sérgio Pinto. Comentários à CLT. 13. ed. São Paulo: Saraiva, 2009. p. 790.

1) se o recusante houver praticado algum ato pelo qual haja consentido na pessoa do juiz, salvo sobrevindo novo motivo;
2) se do processo constar que o recusante deixou de alegá-la anteriormente, quando já a conhecia;
3) depois de conhecida, aceitou o juiz recusado;
4) se procurou de propósito o motivo de que ela se originou (CLT, art. 801, parágrafo único).

A Corregedoria Geral da Justiça do Trabalho impõe a aplicação dos art. 146 do CPC/2015 para julgamento da suspeição e impedimento.

No caso da exceção de incompetência territorial ela deverá ser apresentada no prazo de 5 dias a contar da notificação, antes da audiência e em peça que sinalize a existência desta exceção. Protocolada a petição, será suspenso o processo e não se realizará a audiência a que se refere o art. 843 da CLT até que se decida a exceção. Os autos serão imediatamente conclusos ao juiz, que intimará o reclamante e, se existentes, os litisconsortes, para manifestação no prazo comum de 5 dias. Se entender necessária a produção de prova oral, o juízo designará audiência, garantindo o direito de o excipiente e de suas testemunhas serem ouvidos, por carta precatória, no juízo que este houver indicado como competente. Decidida a exceção de incompetência territorial, o processo retomará seu curso, com a designação de audiência, a apresentação de defesa e a instrução processual perante o juízo competente (CLT, art. 800).

8.2. AUDIÊNCIA

As audiências serão públicas e realizar-se-ão na sede do Juízo ou tribunal em dias úteis previamente fixados.

Horário de realização: das 8h às 18h horas, não podendo ultrapassar 5h seguidas, salvo quando houver matéria urgente (CLT, art. 813).

Em casos especiais, poderá ser designado outro local para a realização das audiências, mediante edital afixado na sede do Juízo ou tribunal, com a antecedência mínima de 24 horas (CLT, art. 813, § 1°).

Atente-se para a redação do art. 815 da CLT, alterada pela Lei 14.657/2023:

> Art. 815 - À hora marcada, o juiz ou presidente declarará aberta a audiência, sendo feita pelo secretário ou escrivão a chamada das partes, testemunhas e demais pessoas que devam comparecer.
>
> §1º Se, até 15 (quinze) minutos após a hora marcada, o juiz ou presidente não houver comparecido, os presentes poderão retirar-se, devendo o ocorrido constar do livro de registro das audiências.
>
> §2º Se, até 30 (trinta) minutos após a hora marcada, a audiência, injustificadamente, não houver sido iniciada, as partes e os advogados poderão retirar-se, consignando seus nomes, devendo o ocorrido constar do livro de registro das audiências.
>
> §3º Na hipótese do § 2º deste artigo, a audiência deverá ser remarcada pelo juiz ou presidente para a data mais próxima possível, vedada a aplicação de qualquer penalidade às partes.

O referido § 2º tem inspiração no art. 362, III, do CPC, o qual não era aplicável ao processo do trabalho, conforme declinava o art. 2º, VI, da IN nº 39/2016 do TST. Contudo, a partir da alteração da CLT, desnecessária a invocação do CPC, incidindo diretamente o art. 815, § 2º, da CLT, ficando prejudicado o art. 2º, VI, da IN nº 39/2016 do TST.

A tolerância de atraso de 15 minutos aplica-se tão somente ao juiz, ou seja, esta permissão não atinge as partes (OJ nº 245 da SDI-I do TST).

Nos tribunais, as sessões ocorrerão das 14h às 17h, podendo ser prorrogadas pelo presidente em caso de manifesta necessidade (CLT, art. 701).

Tema importante que é cobrado com bastante frequência nas provas é o efeito da ausência das partes em audiência:

Partes	Audiência inaugural ou una	Audiência de instrução
Reclamante	Arquivamento	Confissão
Reclamada	Revelia e confissão quanto à matéria fática	Confissão
Ambas as partes	Arquivamento	Julga com as provas dos autos e pelo ônus da prova

Na hipótese de **ausência do reclamante**, este será condenado ao pagamento das custas calculadas na forma do art. 789 da CLT, ainda que beneficiário da justiça gratuita, salvo se comprovar, no prazo de 15 dias, que a ausência ocorreu por motivo legalmente justificável (CLT, art. 844, § 2º). O pagamento das referidas custas é condição para a propositura de nova demanda (CLT, art. 844, § 3º).

Ademais, caso o reclamante dê causa a dois arquivamentos seguidos, pelo não comparecimento na audiência inaugural ou una, ficará impossibilitado, pelo prazo de 6 meses, de reclamar perante a Justiça do Trabalho, nos termos dos arts. 731 e 732 da CLT.

Quanto à **ausência da reclamada** o C. TST entendia que a reclamada, ausente à audiência em que deveria apresentar defesa, era revel, ainda que presente seu advogado munido de procuração, podendo afastar a revelia mediante a apresentação de atestado médico, que deveria declarar, expressamente, a impossibilidade de locomoção do empregador ou do seu preposto no dia da audiência (Súmula nº 122 do TST). No entanto, a Lei nº 13.467/17 passa a declinar que "ainda que ausente o reclamado, presente o advogado na audiência, serão aceitos a contestação e os documentos eventualmente apresentados" (CLT, art. 844, § 5º).

De qualquer maneira, ausente a reclamada ou seu advogado será considerada revel, havendo confissão quanto à matéria de fato. No entanto, a revelia não produz tal efeito se:

> I – havendo pluralidade de reclamados, algum deles contestar a ação;
>
> II – o litígio versar sobre direitos indisponíveis;

III – a petição inicial não estiver acompanhada de instrumento que a lei considere indispensável à prova do ato;

IV – as alegações de fato formuladas pelo reclamante forem inverossímeis ou estiverem em contradição com prova constante dos autos (CLT, art. 844, § 4º).

Para o TST, a pessoa jurídica de direito público se sujeita à revelia prevista no art. 844 da CLT (OJ nº 152 da SDI-I do TST).

No rito ordinário, a CLT prevê dois momentos obrigatórios de tentativa de conciliação a ser conduzida pelo juiz:

- 1ª tentativa de conciliação: após a abertura da audiência inicial e antes da apresentação da defesa (CLT, art. 846).
- 2ª tentativa de conciliação: depois das razões finais e antes da sentença (CLT, art. 850).

Conciliação

Uma vez firmada a conciliação, o termo lavrado valerá como decisão irrecorrível, salvo para a Previdência Social quanto às contribuições que lhe forem devidas (CLT, art. 831, parágrafo único).

O acordo celebrado após o trânsito em julgado da sentença ou após a elaboração dos cálculos de liquidação de sentença não prejudicará os créditos da União (CLT, art. 832, § 6º). Nessa hipótese, é devida a contribuição previdenciária sobre o valor do acordo celebrado e homologado após o trânsito em julgado de decisão judicial, respeitada a proporcionalidade de valores entre as parcelas de natureza salarial e indenizatória deferidas na decisão condenatória, e as parcelas objeto do acordo (OJ nº 376 da SDI I do TST).

A homologação de acordo constitui faculdade do juiz, inexistindo direito líquido e certo tutelável pela via do mandado de segurança (Súmula nº 418 do TST).

9. DA PROVA TESTEMUNHAL: QUANTIDADE DE TESTEMUNHAS E CAUSAS DE IMPEDIMENTO E SUSPEIÇÃO. PROVA DOCUMENTAL: FALSIDADE DOCUMENTAL. PROVA PERICIAL. DISTRIBUIÇÃO DO ÔNUS DA PROVA

São objetos de prova os fatos controvertidos, relevantes e pertinentes.

A prova de direito pode ocorrer quando o juiz determinar a comprovação do teor e vigência da legislação municipal, estadual, estrangeira ou consuetudinária (CPC/2015, art. 376).

Não dependem de prova os fatos: a) notórios; b) confessados; c) incontroversos; d) em cujo favor milita presunção legal de existência ou de veracidade (CPC/2015, art. 374).

9.1. PRINCÍPIOS DA PROVA

9.1.1. CONTRADITÓRIO E AMPLA DEFESA

A ideia de contraditório substancial veio contemplada no CPC/2015, aplicável subsidiariamente ao processo do trabalho, como se pode observar em seu art. 7º:

> **Art. 7º** É assegurada às partes paridade de tratamento em relação ao exercício de direitos e faculdades processuais, aos meios de defesa, aos ônus, aos deveres e à aplicação de sanções processuais, competindo ao juiz zelar pelo efetivo **contraditório** (Grifo Nosso).

Isso significa que às partes é conferido o direito de ter informação das provas colhidas nos autos, sendo-lhes oportunizada a possibilidade de contraditá-la, para que possam influir no convencimento do juiz.

Portanto, têm as partes o direito de produzirem as provas, participarem de sua produção e de manifestarem sobre a prova produzida.

9.1.2. NECESSIDADE

O princípio da necessidade da prova declina que não basta a simples alegação do fato, devendo as partes comprovar em juízo suas alegações.

9.1.3. ORALIDADE

O princípio da oralidade consiste no predomínio da palavra falada, simplificando o procedimento, além de contemplar a celeridade e a efetividade da prestação jurisdicional.

É interessante observar que o princípio da oralidade se caracteriza pela conjunção dos seguintes princípios:

a) a identidade física do juiz, de modo que este dirija o processo desde o seu início até o julgamento (esse princípio foi excluído pelo CPC/15);
b) a concentração, isto é, que em uma ou em poucas audiências próximas se realize a produção das provas;
c) a irrecorribilidade imediata das decisões interlocutórias, evitando a cisão do processo ou a sua interrupção contínua, mediante recursos, que devolvem ao Tribunal o julgamento da decisão impugnada.

9.1.4. IMEDIAÇÃO

Entende-se por princípio da imediação (ou imediatidade) "a necessidade de que a realização dos atos instrutórios deve se dar perante a pessoa do Juiz, que assim poderá formar melhor seu convencimento, utilizando-se, também, de impressões obtidas das circunstâncias nas quais as provas se realizam"[11].

9.1.5. AQUISIÇÃO PROCESSUAL DA PROVA OU COMUNHÃO DA PROVA

O princípio da aquisição processual da prova estabelece que, sendo produzida a prova, ela se incorpora ao processo, sendo irrelevante quem a produziu. Isso significa que a prova sai da esfera de quem a produziu, tornando-se pertencente ao conjunto probatório, podendo favorecê-lo ou prejudicá-lo (CPC/2015, art. 371).

9.2. ÔNUS DA PROVA

A CLT, ao disciplinar o ônus da prova no art. 818, estabelece que o ônus da prova é distribuído da seguinte forma:

11. Souto Maior, Jorge Luiz apud Schiavi, Mauro. Provas no processo do trabalho. 3. ed. rev. e ampl. São Paulo: Ltr, 2013. p. 42.

Parte	Ônus da prova
Reclamante (autor)	Fatos constitutivos
Reclamado (réu)	Fatos extintivos, modificativos e impeditivos

Ademais, a Lei nº 13.467/17 passa a prever expressamente a teoria dinâmica do ônus da prova, estabelecendo que "nos casos previstos em lei ou diante de peculiaridades da causa relacionadas à impossibilidade ou à excessiva dificuldade de cumprir o encargo nos termos deste artigo ou à maior facilidade de obtenção da prova do fato contrário, poderá o juízo atribuir o ônus da prova de modo diverso, desde que o faça por decisão fundamentada, caso em que deverá dar à parte a oportunidade de se desincumbir do ônus que lhe foi atribuído" (CLT, art. 818, § 1º).

A decisão referida no parágrafo anterior deverá ser proferida antes da abertura da instrução e, a requerimento da parte, implicará o adiamento da audiência e possibilitará provar os fatos por qualquer meio em direito admitido (CLT, art. 818, § 2º). Ademais, referida decisão não pode gerar situação em que a desincumbência do encargo pela parte seja impossível ou excessivamente difícil (CLT, art. 818, § 3º).

Em duas situações, incidirá a teoria dinâmica do ônus da prova, de modo que o juiz poderá distribuir de forma diversa o ônus da prova, isto é, o ônus deixará de ser do reclamante e passará para a empresa reclamada (Súmula nº 338 do TST). São eles:

1) empresa com mais de 20 empregados[12];
2) cartões de ponto invariáveis, também chamados de cartões britânicos.

O ônus de provar o término do contrato de trabalho, quando negados a prestação de serviço e o despedimento, é do empregador, pois o princípio da continuidade da relação de emprego constitui presunção favorável ao empregado (Súmula nº 212 do TST).

É do empregador o ônus de comprovar que o empregado não satisfaz os requisitos indispensáveis para a concessão do vale-transporte ou não pretenda fazer uso do benefício (súmula nº 460 do TST).

É do empregador o ônus da prova em relação à regularidade dos depósitos do FGTS, pois o pagamento é fato extintivo do direito do autor (art. 373, II, do CPC de 2015) – Súmula nº 461 do TST.

9.3. MEIOS DE PROVA

9.3.1. PROVA TESTEMUNHAL

Podem depor como testemunhas todas as pessoas, exceto as incapazes, impedidas ou suspeitas (CPC/2015, art. 447).

A CLT contemplou apenas três hipóteses em que não será prestado compromisso:

a) for parente até o terceiro grau civil;
b) amigo íntimo; ou
c) inimigo de qualquer das partes (CLT, art. 829).

Entretanto, a doutrina é pacífica no sentido de que o at. 447 do CPC é aplicado de forma supletiva ao processo do trabalho, pois definiu de forma detalhada os casos de incapacidade, impedimento e suspeição.

Caso a parte contrária pretenda alegar a incapacidade, impedimento ou suspeição da testemunha, fará por meio da contradita, que deverá ser arguida após a qualificação da testemunha e antes de seu compromisso. Se a testemunha negar os fatos que lhe são imputados, a parte poderá provar a contradita com documentos ou com testemunhas, até três, apresentadas no ato e inquiridas em separado. Sendo provados ou confessados os fatos, o juiz dispensará a testemunha, ou lhe tomará o depoimento como informante (CPC/2015, art. 457).

Na prova testemunhal, para cada rito processual há um número limite de testemunhas a ser indicadas por cada parte, como se observa no quadro que segue:

Tipo de procedimento	Número máximo de testemunhas
Rito Sumaríssimo	2
Rito Ordinário	3
Inquérito para apuração de falta grave	6

A testemunha que intencionalmente alterar a verdade dos fatos ou omitir fatos essenciais ao julgamento da causa será aplicada multa superior a 1% e inferior a 10% do valor corrigido da causa. Essa multa será executada nos mesmos autos (CLT, art. 793-D).

9.3.2. PROVA DOCUMENTAL

A prova documental apresentada em cópia pode ser declarada autêntica pelo próprio advogado sob sua responsabilidade (CLT, art. 830).

As cópias apresentadas pela pessoa jurídica de direito público dispensam autenticação (OJ n° 134 da SDI-I do TST).

O instrumento normativo (acordo coletivo e convenção coletiva) em cópia não autenticada possui valor probante, desde que não haja impugnação ao seu conteúdo, eis que se trata de documento comum às partes (OJ n° 36 da SDI-I do TST).

Para comprovação da insalubridade e periculosidade é obrigatória a prova pericial (CLT, art. 195, § 2º). Quando não for possível sua realização, como em caso de fechamento da empresa, poderá o julgador utilizar-se de outros meios de prova (OJ n° 278 da SDI-I do TST).

O pagamento de adicional de periculosidade efetuado por mera liberalidade da empresa, ainda que de forma proporcional ao tempo de exposição ao risco ou em percentual inferior ao máximo legalmente previsto, dispensa a realização da prova técnica exigida pelo art. 195 da CLT, pois torna incontroversa a existência do trabalho em condições perigosas (Súmula n° 453 do TST).

12. Salienta-se que a partir da nova redação do art. 74, § 2º, da CLT pela Lei nº 13.874/19, a Súmula nº 338 do TST deverá ter sua redação alterada, passando a prever o ônus da prova do empregador quando tiver mais de **20 empregados**.

9.3.2.1. FALSIDADE DE DOCUMENTO

A falsidade consiste em:

1) formar documento não verdadeiro;
2) alterar documento verdadeiro (CPC/2015, art. 427, parágrafo único).

Cessará a fé do documento público ou particular após a declaração judicial da falsidade. De qualquer modo, quando ao documento particular cessa a fé quando:

> I – for impugnada sua autenticidade e enquanto não se comprovar sua veracidade;
>
> II – assinado em branco, for impugnado seu conteúdo, por preenchimento abusivo (CPC/2015, art. 428).

O ônus de provar a falsidade é distribuído da seguir forma:

Falsidade	Ônus da prova
falsidade de documento ou de preenchimento abusivo	parte que a arguir
impugnação da autenticidade	parte que produziu o documento

A falsidade deve ser suscitada na contestação, na réplica ou no prazo de 15 dias, contado a partir da intimação da juntada do documento aos autos (CPC/2015, art. 430). Uma vez arguida, a falsidade será resolvida como questão incidental, salvo se a parte requerer que o juiz a decida como questão principal.

A declaração sobre a falsidade do documento, quando suscitada como questão principal, constará da parte dispositiva da sentença e sobre ela incidirá também a autoridade da coisa julgada (CPC/2015, art. 433).

9.3.3. PROVA PERICIAL

A prova pericial será utilizada quando a prova do fato depender de conhecimento técnico ou científico. Ela consiste em exame, vistoria ou avaliação (CPC/2015, art. 464).

O juiz designará um perito, que é considerado auxiliar da justiça (CPC/2015, art. 156). É permitido, porém, a indicação de assistentes pelas partes, no prazo de 15 dias da nomeação do perito (CPC/2015, art. 465). No mesmo prazo, deverá apresentar seus quesitos, que são os questionamentos a serem respondidos pelo perito.

Os peritos serão escolhidos entre profissionais legalmente habilitados, devidamente inscritos em cadastro mantido pelo tribunal ao qual o juiz está vinculado. Para formação de referido cadastro, os tribunais devem realizar consulta pública, por meio de divulgação na rede mundial de computadores ou em jornais de grande circulação, além de consulta direta a universidades, a conselhos de classe, ao Ministério Público, à Defensoria Pública e à Ordem dos Advogados do Brasil, para a indicação de profissionais ou de órgãos técnicos interessados (CPC/2015, art. 156, §§ 1º e 2º).

A realização da prova pericial pode decorrer de requerimento das partes ou ser determinada de ofício.

Contudo, tratando-se de pedido de adicional de periculosidade e insalubridade, a realização da perícia é obrigatória, mesmo que o reclamado seja revel e confesso quanto à matéria de fato, como disciplina o art. 195, § 2º, da CLT.

10. HONORÁRIOS PERICIAIS: RESPONSABILIDADE PELO PAGAMENTO

A responsabilidade pelo pagamento dos honorários periciais é da parte sucumbente na pretensão objeto da perícia (CLT, art. 790-B). Cumpre destacar que o STF julgou parcialmente procedente o pedido formulado na ação direta 5766, para declarar inconstitucionais os arts. 790-B, *caput* e § 4º, e 791-A, § 4º, da Consolidação das Leis do Trabalho (CLT).[13]

Ao fixar o valor dos honorários periciais, o juízo deverá respeitar o limite máximo estabelecido pelo Conselho Superior da Justiça do Trabalho (CLT, art. 790-B, § 1º). O juízo poderá deferir parcelamento dos honorários periciais (CLT, art. 790-B, § 2º). O juízo não poderá exigir adiantamento de valores para realização de perícias (CLT, art. 790-B, § 3º).

A responsabilidade pelo pagamento dos honorários do assistente do perito é da parte que o nomeou, ainda que vencedora no objeto da perícia (Súmula nº 341 do TST).

11. DISSÍDIOS INDIVIDUAIS: FORMA DE RECLAMAÇÃO E NOTIFICAÇÃO; RECLAMAÇÃO ESCRITA E VERBAL; REQUISITOS DA PETIÇÃO INICIAL NO PROCESSO DO TRABALHO; LEGITIMIDADE PARA AJUIZAR. PROCEDIMENTO ORDINÁRIO, SUMÁRIO E SUMARÍSSIMO

11.1. DISSÍDIOS INDIVIDUAIS: FORMA DE RECLAMAÇÃO E NOTIFICAÇÃO; RECLAMAÇÃO ESCRITA E VERBAL; REQUISITOS DA PETIÇÃO INICIAL NO PROCESSO DO TRABALHO; LEGITIMIDADE PARA AJUIZAR

A reclamação trabalhista pode ser verbal ou escrita.

Distribuída a reclamação verbal, o reclamante deverá, salvo motivo de força maior, apresentar-se, no prazo de 5 dias, ao cartório ou à secretaria, para reduzi-la a termo, sob a pena de perda, pelo prazo de 6 meses, do direito de reclamar perante a Justiça do Trabalho (art. 786 da CLT).

No inquérito para apuração de falta grave e no dissídio coletivo, obrigatoriamente, a reclamação será escrita (CLT, arts. 853 e 856).

- Requisitos da petição inicial trabalhista:

> I – designação do Juízo a quem for dirigida;
>
> II – a qualificação das partes;
>
> III – uma breve exposição dos fatos de que resulte o dissídio;
>
> IV – o pedido, que deverá ser certo, determinado e com indicação de seu valor;
>
> V – a data; e
>
> VI – a assinatura do reclamante ou de seu representante (CLT, art. 840).

13. STF, ADI 5766, Plenário, 20.10.2021 (Sessão realizada por videoconferência – Resolução 672/2020/STF.

Os pedidos que não atendam tais requisitos serão julgados extintos sem resolução do mérito (CLT, art. 840, § 3º, incluído pela Reforma trabalhista).

Na reclamação trabalhista, não se exige a especificação de provas e a opção do autor pela realização ou não de audiência de conciliação ou mediação, como ocorre no processo civil. Além disso, parte da doutrina também não exige o valor da causa.

No processo do trabalho, a impugnação ao valor da causa sempre foi realizada no bojo da própria contestação. O CPC/2015 acompanhou essa sistemática e estabelece que a impugnação deve ser formulada como preliminar de contestação, sob pena de preclusão (art. 293). Aliás, o art. 292, § 3º, do CPC/2015, aplicável ao processo do trabalho (TST-IN nº 39/2016, art. 3º, V), descreve que "o juiz corrigirá, de ofício e por arbitramento, o valor da causa quando verificar que não corresponde ao conteúdo patrimonial em discussão ou ao proveito econômico perseguido pelo autor (...)".

Sendo várias as reclamações e havendo identidade de matéria, poderão ser acumuladas num só processo, se se tratar de empregados da mesma empresa ou estabelecimento (CLT, art. 842).

Ademais, os sindicatos subscritores de convenção coletiva ou de acordo coletivo de trabalho participarão, como litisconsortes necessários, em ação coletiva que tenha como objeto a anulação de cláusulas desses instrumentos, vedada a apreciação por ação individual. (CLT, art. 611-A, § 5º).

11.1.1. INDEFERIMENTO DA PETIÇÃO INICIAL

Salvo nas hipóteses do art. 330 do CPC/2015, o indeferimento da petição inicial, por encontrar-se desacompanhada de documento indispensável à propositura da ação ou não preencher outro requisito legal, somente é cabível se, após intimada para suprir a irregularidade em 15 dias, mediante indicação precisa do que deve ser corrigido ou completado, a parte não o fizer (Súmula nº 263 do TST)

11.1.2. LEGITIMIDADE PARA AJUIZAR

A legitimidade é uma condição da ação dividindo-se em:

- legitimidade ativa; e
- legitimidade passiva.

Legitimidade ativa é daquele que se diz titular da relação deduzida em juízo. Legitimidade passiva é daquele que o autor indica como integrante da relação.

No processo do trabalho, utiliza-se, em regra, a denominação reclamante para o autor e reclamado para o réu.

Além disso, em alguns procedimentos e fases do procedimento, a denominação pode ser alterada, como se verifica pelo quadro a seguir.

Procedimento ou fase processual	Autor	Réu
Reclamação trabalhista/ fase conhecimento	Reclamante	Reclamado
Recursos	Recorrente, agravante etc.	Recorrido, agravado etc.
Liquidação	Liquidante	Liquidado
Execução	Exequente/credor	Executado/ devedor
Embargos à execução	Embargante	Embargado
Dissídio coletivo	Suscitante	Suscitado
Mandado de segurança e habeas corpus	Impetrante	Impetrado
Inquérito para apuração de falta grave	Requerente	Requerido

11.2. DOS PROCEDIMENTOS ORDINÁRIO E SUMARÍSSIMO

Com o objetivo de agilizar a prestação jurisdicional, entregando-a de forma mais célere e efetiva, a Lei nº 9.957/00 instituiu o rito (procedimento) sumaríssimo no processo do trabalho, criando peculiaridades para esse procedimento nos arts. 852-A a 852-I na CLT.

Caso a demanda não se enquadre em tal procedimento ou no sumário, seguir-se-á o procedimento ordinário, que é o procedimento comum, incidindo todas as diretrizes a serem estudadas nos tópicos da petição inicial, audiência, resposta do réu, provas, sentença etc.

11.2.1. PROCEDIMENTO SUMARÍSSIMO

O rito sumaríssimo é aplicável nos dissídios individuais cujo valor não exceda 40 vezes o salário-mínimo vigente na data do ajuizamento da reclamação trabalhista (CLT, art. 852-A).

Esse rito não se aplica nas demandas em que é parte a administração pública direta, autárquica e fundacional (CLT, art. 852-A, parágrafo único).

O prazo para apreciação da reclamação nesse rito deverá ocorrer no prazo máximo de 15 dias, podendo constar de pauta especial (CLT, art. 852-B, III).

O pedido deverá ser certo ou determinado. Além disso, deverá indicar o valor correspondente (CLT, art. 852– B, I).

Não se fará citação por edital, incumbindo ao autor a correta indicação do endereço do reclamado (CLT, art. 852-B, II).

Não sendo o pedido certo ou determinado, não indicando o valor do pedido, ou não indicando o endereço correto, a reclamação será arquivada, condenando-se o reclamante ao pagamento de custas sobre o valor da causa (CLT, art. 852-B, parágrafo único).

As demandas nesse rito serão instruídas e julgadas em audiência única (CLT, art. 852-c).

Na audiência, o juiz esclarecerá as vantagens da conciliação, podendo utilizar de meios adequados de persuasão para a solução conciliatória do litígio, em qualquer fase da audiência (CLT, art. 852-e).

Todos os incidentes e exceções que possam interferir no prosseguimento da audiência serão decididos de plano. As demais questões serão decididas na sentença (CLT, art. 852-G).

Todas as provas serão produzidas na audiência de instrução e julgamento, ainda que não requeridas previamente (CLT, art. 852-H).

Na hipótese de prova testemunhal, é permitida até o máximo de duas para cada parte (CLT, art. 852-H, § 2°).

A testemunha deve comparecer independentemente de intimação. Não comparecendo, poderá ser intimada, desde que comprovado o convite (CLT, art. 852-H, § 3°).

Somente quando a prova do fato o exigir, ou for legalmente imposta, será deferida prova técnica, incumbindo-se ao juiz, desde logo, fixar o prazo, o objeto da perícia e nomear perito (CLT, art. 852-H, § 4°).

As partes serão intimadas a manifestar-se sobre o laudo, no prazo comum de 5 dias (CLT, art. 852-H, § 6°).

Interrompida a audiência, o seu prosseguimento e a solução do processo dar-se-ão no prazo máximo de 30 dias, salvo motivo relevante justificado nos autos pelo juiz da causa (CLT, art. 852-H, § 7°).

A sentença dispensa o relatório, devendo mencionar os elementos de convicção do juízo, com resumo dos fatos relevantes ocorridos na audiência (CLT, art. 852-I).

As partes serão intimadas da sentença na própria audiência em que prolatada.

Nas reclamações sujeitas ao procedimento sumaríssimo, o recurso ordinário:

> I – será imediatamente distribuído, uma vez recebido no tribunal, devendo o relator liberá-lo no prazo máximo de 10 dias, e a secretaria do tribunal ou Turma colocá-lo imediatamente em pauta para julgamento, sem revisor;
>
> II – terá parecer oral do representante do Ministério Público presente à sessão de julgamento, se este entender necessário o parecer, com registro na certidão;
>
> III – terá acórdão consistente unicamente na certidão de julgamento, com a indicação suficiente do processo e parte dispositiva, e das razões de decidir do voto prevalente. Se a sentença for confirmada pelos próprios fundamentos, a certidão de julgamento, registrando tal circunstância, servirá de acórdão (CLT, art. 895, § 1°).

Nas causas sujeitas ao procedimento sumaríssimo, somente será admitido recurso de revista por:

1) contrariedade à súmula de jurisprudência uniforme do Tribunal Superior do Trabalho;
2) contrariedade à súmula vinculante do Supremo Tribunal Federal;
3) violação direta da Constituição da República (CLT, art. 896, § 9°); e
4) teses jurídicas aprovadas em incidentes de recursos repetitivos, de assunção de competência e de resolução de demandas repetitivas (Regimento interno do TST, art. 297, parágrafo único).[14]

Observa-se que nesse rito processual, não cabe recurso de revista por violação à Orientação Jurisprudencial (Súmula n° 442 do TST).

12. PROCEDIMENTOS ESPECIAIS: INQUÉRITO PARA APURAÇÃO DE FALTA GRAVE, HOMOLOGAÇÃO DE ACORDO EXTRAJUDICIAL, CONSIGNAÇÃO EM PAGAMENTO, AÇÃO MONITÓRIA, AÇÃO RESCISÓRIA E MANDADO DE SEGURANÇA

12.1. INQUÉRITO PARA APURAÇÃO DA FALTA GRAVE

O inquérito para apuração de falta grave é uma ação judicial destinada a extinguir o contrato de trabalho de determinados empregados detentores de estabilidade ou garantia de emprego.

A doutrina diverge sobre quais empregados devem ser submetidos ao inquérito, havendo, pelo menos, duas correntes a respeito:

- **1ª corrente:** apenas nos casos de:
- dirigente sindical (CLT, art. 543, § 3° e Súmula n° 379 do TST);
- estável decenal (CLT, art. 494).
- **2ª corrente:** tem aplicação nas seguintes hipóteses:
- dirigente sindical (CLT, art. 543, § 3° e Súmula n° 379 do TST);
- estável decenal (CLT, art. 494);
- diretor de sociedade cooperativa, vez que o art. 55 da Lei n° 5.764/71 lhe concedeu as mesmas garantias do dirigente sindical;
- membros do Conselho Nacional de Previdência Social, **enquanto representantes dos trabalhadores em atividade, titulares e suplentes**, porque o art. 3°, § 7°, da Lei n° 8.213/91 impõe que eles, até um ano após o término do mandato de representação, somente serão demitidos "por motivo de falta grave, regularmente comprovada através de processo judicial";

No caso de suspensão do empregado, o empregador deverá ajuizar o inquérito para apuração de falta grave no **prazo de 30 dias,** contados da data da suspensão (CLT, art. 853).

O inquérito para apuração de falta grave será ajuizado na Vara do Trabalho, seguindo o mesmo rito de uma ação ordinária, tendo, porém, duas peculiaridades:

1) a petição inicial, obrigatoriamente, deverá ser escrita (CLT, art. 853);
2) poderão ser ouvidas 6 testemunhas (CLT, art. 821).

A sentença, proferida no inquérito para apuração de falta grave, produz efeitos diferentes, conforme verificamos a seguir:

---

14. O C. TST prevê no art. 297, parágrafo único do Regimento interno, que as teses jurídicas aprovadas em incidentes de recursos repetitivos, de assunção de competência e de resolução de demandas repetitivas têm sua natureza equiparada à súmula do colendo TST para o exame do conhecimento do recurso de revista.

Improcedência (não existiu falta grave)	**Com suspensão do emprego**	Sentença condenatória, determinando a reintegração de empregado
	Sem suspensão do empregado	Sentença declaratória, mantendo o vínculo normalmente
Procedência (ocorreu falta grave)	**Com suspensão do empregado**	Sentença desconstitutiva, extinguindo o contrato de trabalho na data da prolação da sentença. O período de afastamento será considerado como de suspensão do contrato
	Sem suspensão do empregado	Sentença desconstitutiva, extinguindo o contrato de trabalho na data da prolação da sentença

12.2. HOMOLOGAÇÃO DE ACORDO EXTRAJUDICIAL

A homologação de acordo extrajudicial foi inserida na CLT pela Lei nº 13.467/17 (Reforma Trabalhista), sendo um processo de jurisdição voluntária.

O processo de homologação de acordo extrajudicial terá início por petição conjunta, sendo obrigatória a representação das partes por advogado (CLT, art. 855-B). As partes não poderão ser representadas por advogado comum, sendo facultado ao trabalhador ser assistido pelo advogado do sindicato de sua categoria (§§ 1º e 2º).

No prazo de quinze dias a contar da distribuição da petição, o juiz analisará o acordo, designará audiência se entender necessário e proferirá sentença (CLT, art. 855-D).

A petição de homologação de acordo extrajudicial suspende o prazo prescricional da ação quanto aos direitos nela especificados (CLT, art. 855-E). O prazo prescricional voltará a fluir no dia útil seguinte ao do trânsito em julgado da decisão que negar a homologação do acordo.

Atente-se para o fato de que esse procedimento não prejudica o prazo estabelecido na CLT para pagamento das verbas rescisórias e não afasta a aplicação da multa prevista no § 8º art. 477 da CLT (art. 855-C).

12.3. AÇÃO DE CONSIGNAÇÃO EM PAGAMENTO

A CLT não prevê a ação de consignação em pagamento, razão pela qual aplicamos as diretrizes dos arts. 539 e seguintes do CPC, por força do art. 769 da CLT. Ela pode ser: extrajudicial e judicial.

As partes na ação de consignação são denominadas de consignante (autor) e consignado (réu). Tem legitimidade ativa (autor) para propor a ação de consignação:

a) o devedor;

b) os terceiros (p. ex., sucessores, sócio etc.).

O autor, na petição inicial, requererá o depósito da quantia ou da coisa devida, a ser efetivado no prazo de 5 dias contados da distribuição da ação. No entanto, entendeu o Pleno do TST[15]:

> [...] O prazo de cinco dias para depósito previsto no artigo 542, inciso I, do CPC/2015, no processo do trabalho, deve ser compatibilizado com o artigo 477, § 6º, da CLT, de modo que tanto o ajuizamento da ação em consignação quanto o depósito judicial devem ser feitos em dez dias após a notificação da extinção do contrato de trabalho. Entendimento contrário significaria dilatar o prazo de direito material trabalhista por norma de direito processual comum, o que configuraria incompatibilidade na integração da lacuna normativa e, consequentemente, inobservância ao artigo 769 da CLT.

Não havendo depósito, o processo será extinto sem resolução do mérito, vez que falta ato essencial para o prosseguimento regular do processo (CPC/2015, art. 542, parágrafo único). Em seguida, será realizada a citação do réu para comparecer em audiência. Sendo revel ou comparecendo na audiência para receber o depósito e dar quitação, o juiz julgará procedente o pedido da ação de consignação, declarando extinta a obrigação, além de condenar o réu nas custas e honorários advocatícios.

Contudo, comparecendo na audiência e oferendo contestação, poderá alegar que:

1) não houve recusa ou mora em receber a quantia ou coisa devida;

2) foi justa a recusa;

3) o depósito não se efetuou no prazo ou no lugar do pagamento;

4) o depósito não é integral. Nesse caso, a alegação será admissível se o réu indicar o montante que entende devido (CPC/2015, art. 544).

Quando, na contestação, o réu alegar que o depósito não é integral, é lícito ao autor completá-lo, dentro de 10 dias (CPC/2015, art. 545, *caput*). Alegada a insuficiência do depósito, poderá o réu levantar, desde logo, a quantia ou a coisa depositada, com a consequente liberação parcial do autor, continuando quanto à parcela controvertida (CPC/2015, art. 545, § 1º). Por fim, sendo concluída pela insuficiência do depósito, a sentença determinará, sempre que possível, o montante devido, e, nesse caso, valerá como título executivo, facultado ao credor promover-lhe a execução nos mesmos autos, após liquidação, se necessária (CPC/2015, art. 545, § 2º).

12.4. AÇÃO MONITÓRIA

A ação monitória constitui-se como "uma ação de rito especial destinada a propiciar a quem tem prova escrita de uma dívida sem força de título executivo extrajudicial, a possibilidade de ingressar com um procedimento mais simplificado, a fim de que o devedor cumpra a obrigação ou transformar a prova escrita em título executivo judicial". A doutrina majoritária admite a aplicação da ação monitória na Justiça do Trabalho, desde que o documento escrito, sem eficácia de título

15. TST- E-RR-376-14.2015.5.07.0010, Tribunal Pleno, Redator Ministro José Roberto Freire Pimenta, DEJT 30/11/2023.

executivo extrajudicial seja oriundo da relação de trabalho ou relacionado com algum dos incisos do art. 114 da Constituição Federal, uma vez que há omissão da legislação trabalhista e compatibilidade com os princípios que regem esta seara.

De acordo com o art. 700 do CPC/2015, a ação monitória pode ser proposta por aquele que afirmar, com base em **prova escrita sem eficácia de título executivo**, ter o direito de exigir do devedor capaz:

> I – o pagamento de quantia em dinheiro;
>
> II – a entrega de coisa fungível ou infungível ou de bem móvel ou imóvel;
>
> III – o adimplemento de obrigação de fazer ou de não fazer.

Para que a ação monitória seja ajuizada, é preciso que a prova documental apresentada pelo autor seja idônea. Havendo dúvida quanto à sua idoneidade, o juiz intimará o autor para, querendo, emendar a petição inicial, adaptando-a ao procedimento ordinário ou sumaríssimo (CPC/2015, art. 700, § 5º).

Na petição inicial, o autor deverá explicitar, conforme o caso, a importância devida, instruindo-a com a memória de cálculo; o valor atual da coisa reclamada e o conteúdo patrimonial em discussão ou o proveito econômico perseguido, os quais corresponderão ao **valor da causa** (CPC/2015, art. 700, §§ 2º e 3º). Não estando presentes esses requisitos, a petição inicial da ação monitória será indeferida (CPC/2015, art. 700, § 4º). Do indeferimento da inicial, é cabível recurso ordinário (CLT, art. 895)[16].

Dessa decisão interlocutória, não será cabível recurso. No entanto, o réu poderá no prazo para cumprimento apresentar embargos à ação monitória, podendo alegar quaisquer matérias passíveis de alegação como defesa (CPC/2015, art. 702, §1º). O autor terá o mesmo prazo (15 dias) para responder aos embargos[17]. Ressalta-se que os embargos suspendem a eficácia da decisão do mandado expedido (CPC/2015, art. 702, § 4º).

Se o mandado for cumprido espontaneamente pelo réu, o processo será extinto com resolução de mérito. Por sua vez, sendo improcedentes os embargos ou não havendo sua apresentação em audiência (revelia), a prova escrita será transformada em título executivo judicial, o qual, após o trânsito em julgado da decisão, seguirá o procedimento aplicável à execução trabalhista, isto é, depois de formado o título executivo, o devedor deverá ser citado, conforme determina o art. 880 da CLT para pagar o débito, entregar a coisa, cumprir a obrigação ou garantir a execução no prazo de 48 horas, seguindo os demais trâmites da execução trabalhista.

12.5. AÇÃO RESCISÓRIA

No processo do trabalho, a ação rescisória vem prevista no art. 836 da CLT, sendo admitida nos casos descritos no CPC, que regula a matéria.

No processo trabalhista, a ação rescisória está sujeita ao depósito prévio de 20% do valor da causa, salvo prova de miserabilidade jurídica.

Não se aplica o *jus postulandi* na ação rescisória (Súmula nº 425 do TST)

Para o ajuizamento da ação rescisória exige-se:

1) o trânsito em julgado da decisão;
2) que a decisão seja de mérito ou que, embora não seja de mérito, impeça nova propositura da demanda ou a admissibilidade do recurso correspondente.

Sobre a comprovação do trânsito em julgado da decisão é necessário gravar as seguintes regras:

1) é obrigatória a comprovação no momento da interposição da ação rescisória;
2) verificando o relator que a parte interessada não juntou à inicial o documento comprobatório, abrirá prazo de 15 dias para que o faça, sob pena de indeferimento;
3) o trânsito em julgado deve ser anterior ao ajuizamento da ação rescisória (Súmula nº 299 do TST);

A competência para julgamento da ação rescisória sempre é originária de um tribunal, sendo definida, como regra, pela decisão de mérito que se busca rescindir. Assim, será competente:

1) o TRT:
   - para rescindir suas próprias decisões;
   - para rescindir as sentenças da Vara do Trabalho.
2) o TST:
   - para rescindir suas próprias decisões.

Nos casos em que a ação rescisória tiver como objetivo a desconstituição de uma **decisão de mérito**, o C. TST entende que se deve buscar a decisão de mérito para delimitar a competência da ação rescisória, pois é esta que está sujeita à rescindibilidade. Nesse sentido, a Súmula nº 192 do TST:

> **Súmula nº 192 do TST.** Ação Rescisória. Competência.
>
> I – Se não houver o conhecimento de recurso de revista ou de embargos, a competência para julgar ação que vise a rescindir a decisão de mérito é do Tribunal Regional do Trabalho, ressalvado o disposto no item II.
>
> II – Acórdão rescindendo do Tribunal Superior do Trabalho que não conhece de recurso de embargos ou de revista, analisando arguição de violação de dispositivo de lei material ou decidindo em consonância com súmula de direito material ou com iterativa, notória e atual jurisprudência de direito material da Seção de Dissídios Individuais (Súmula nº 333), examina o mérito da causa, cabendo ação rescisória da competência do Tribunal Superior do Trabalho.
>
> III – Sob a égide do art. 512 do CPC de 1973, é juridicamente impossível o pedido explícito de desconstituição de sentença quando substituída por acórdão do Tribunal Regional ou superveniente sentença homologatória de acordo que puser fim ao litígio.

16. ALMEIDA, Cleber Lúcio de. *Direito processual do trabalho.* 6. ed. São Paulo: LTr, 2016. p. 971.
17. Adaptando o prazo para oposição e para a resposta aos embargos para 5 dias, por força do art. 884 da CLT: LEITE, Carlos Henrique Bezerra. *Curso de direito processual do trabalho.* 14. ed. de acordo com o novo CPC. São Paulo: Saraiva, 2016. p. 1743.

IV – Na vigência do CPC de 1973, é manifesta a impossibilidade jurídica do pedido de rescisão de julgado proferido em agravo de instrumento que, limitando-se a aferir o eventual desacerto do juízo negativo de admissibilidade do recurso de revista, não substitui o acórdão regional, na forma do art. 512 do CPC.

V- A decisão proferida pela SBDI, em agravo regimental, calcada na Súmula nº 333, substitui acórdão de Turma do TST, porque emite juízo de mérito, comportando, em tese, o corte rescisório.

Destaca-se que o CPC/2015 passou a permitir o ajuizamento da ação rescisória de decisão que, embora não seja de mérito, impeça:

I – nova propositura da demanda; ou

II – admissibilidade do recurso correspondente (art. 966, § 2º).

Nesse aspecto, o entendimento do TST consolidado na Súmula nº 192, IV, somente será aplicado para as decisões transitadas em julgado na vigência do CPC de 1973, como expressamente declara referido item sumular.

Nos termos do art. 967 do CPC/2015, tem legitimidade ativa para propor a ação rescisória:

I – quem foi parte no processo ou o seu sucessor a título universal ou singular;

II – o terceiro juridicamente interessado;

III – o Ministério Público:

a) se não foi ouvido no processo em que lhe era obrigatória a intervenção;

b) quando a decisão rescindenda é o efeito de simulação ou de colusão das partes, a fim de fraudar a lei;

c) em outros casos em que se imponha sua atuação;

IV – aquele que não foi ouvido no processo em que lhe era obrigatória a intervenção.

Observa-se pela alínea c do inciso III, anteriormente citado, que o Novo CPC contemplou a legitimidade do Ministério Público para propor a ação rescisória em todos os casos que imponham sua atuação, ou seja, quando houver interesse público a ser tutelado, tal como previsto na Súmula nº 407 do TST:

Súmula nº 407 do TST. Ação Rescisória. Ministério Público. Legitimidade "ad causam" prevista no art. 967, III, "a", "b" e "c" do CPC de 2015. Art. 487, III, "a" e "b", do CPC de 1973. Hipóteses meramente exemplificativas.

A legitimidade "ad causam" do Ministério Público para propor ação rescisória, ainda que não tenha sido parte no processo que deu origem à decisão rescindenda, não está limitada às alíneas "a", "b" e "c" do inciso III do art. 967 do CPC de 2015 (art. 487, III, "a" e "b", do CPC de 1973), uma vez que traduzem hipóteses meramente exemplificativas.

Atenta-se para o fato de que, existindo litisconsórcio no processo originário, na ação rescisória também existirá a figura do litisconsórcio, que será, quanto à sua obrigatoriedade, da seguinte forma:

a) **No polo ativo**: **facultativo**, uma vez que a aglutinação de autores se faz por conveniência e não pela necessidade decorrente da natureza do litígio, pois não se pode condicionar o exercício do direito individual de um dos litigantes no processo originário à anuência dos demais para retomar a lide (Súmula nº 406, I, do TST).
b) **No polo passivo**: **necessário**, porque supõe uma comunidade de direitos ou de obrigações que não admite solução díspar para os litisconsortes, em face da indivisibilidade do objeto (Súmula nº 406, I, do TST).

O sindicato, substituto processual e autor da reclamação trabalhista, em cujos autos fora proferida a decisão rescindenda, possui legitimidade para figurar como réu na ação rescisória, sendo descabida a exigência de citação de todos os empregados substituídos, porquanto inexistente litisconsórcio passivo necessário (Súmula nº 406, II, do TST).

A ação rescisória pode ser ajuizada no prazo decadencial de 2 anos do trânsito em julgado da decisão. Cabe memorizar as seguintes diretrizes sobre o prazo decadencial (Súmula nº 100 do TST):

1) o prazo decadencial conta-se do dia imediatamente subsequente ao trânsito em julgado da última decisão proferida na causa, seja de mérito ou não[18];
2) a interposição de recurso intempestivo ou a interposição de recurso incabível não protrai o termo inicial do prazo decadencial, salvo se houver dúvida razoável;
3) havendo recurso parcial no processo principal, o trânsito em julgado dá-se em momentos e em tribunais diferentes, contando-se o prazo decadencial para a ação rescisória do trânsito em julgado de cada decisão, salvo se o recurso tratar de preliminar ou prejudicial que possa tornar insubsistente a decisão recorrida, hipótese em que flui a decadência a partir do trânsito em julgado da decisão que julgar o recurso parcial;
4) na hipótese de colusão das partes, o prazo decadencial da ação rescisória somente começa a fluir para o Ministério Público, que não interveio no processo principal, a partir do momento em que tem ciência da fraude;
5) prorroga-se até o primeiro dia útil, imediatamente subsequente, o prazo decadencial para ajuizamento de ação rescisória quando expira em férias forenses, feriados, fins de semana ou em dia em que não houver expediente forense.

Na ação rescisória, a revelia não produz os efeitos da confissão.

É cabível a condenação ao pagamento de honorários advocatícios em ação rescisória no processo trabalhista (Súmula nº 219, II, do TST).

Tratando-se de ação especial, há necessidade de demonstração de vícios específicos e taxativos, os quais

18. Assim, se o recurso não for admitido, é a partir do trânsito em julgado da decisão que não o admitir que se iniciará o prazo decadencial da ação rescisória. Isso ocorre, inclusive, na hipótese de não conhecimento do recurso por deserção, ou seja, quando não houver recolhimento das custas processuais e do depósito recursal (OJ nº 80 da SDI-II do TST).

vêm estabelecidos no art. 966 do CPC/2015, que assim vaticina:

Art. 966. A decisão de mérito, transitada em julgado, pode ser rescindida quando:

I – se verificar que foi proferida por força de prevaricação, concussão ou corrupção do juiz;

II – for proferida por juiz impedido ou por juízo absolutamente incompetente;

III – resultar de dolo ou coação da parte vencedora em detrimento da parte vencida ou, ainda, de simulação ou colusão entre as partes, a fim de fraudar a lei;

IV – ofender a coisa julgada;

V – violar manifestamente norma jurídica;

VI – for fundada em prova cuja falsidade tenha sido apurada em processo criminal ou venha a ser demonstrada na própria ação rescisória;

VII – obtiver o autor, posteriormente ao trânsito em julgado, prova nova cuja existência ignorava ou de que não pôde fazer uso, capaz, por si só, de lhe assegurar pronunciamento favorável;

VIII – for fundada em erro de fato verificável do exame dos autos.

§ 1º. Há erro de fato quando a decisão rescindenda admitir fato inexistente ou quando considerar inexistente fato efetivamente ocorrido, sendo indispensável, em ambos os casos, que o fato não represente ponto controvertido sobre o qual o juiz deveria ter se pronunciado.

§ 2º. Nas hipóteses previstas nos incisos do caput, será rescindível a decisão transitada em julgado que, embora não seja de mérito, impeça:

I – nova propositura da demanda; ou

II – admissibilidade do recurso correspondente.

§ 3º. A ação rescisória pode ter por objeto apenas 1 (um) capítulo da decisão.

§ 4º. Os atos de disposição de direitos, praticados pelas partes ou por outros participantes do processo e homologados pelo juízo, bem como os atos homologatórios praticados no curso da execução, estão sujeitos à anulação, nos termos da lei.

§ 5º. Cabe ação rescisória, com fundamento no inciso V do caput deste artigo, contra decisão baseada em enunciado de súmula ou acórdão proferido em julgamento de casos repetitivos que não tenha considerado a existência de distinção entre a questão discutida no processo e o padrão decisório que lhe deu fundamento.

§ 6º. Quando a ação rescisória fundar-se na hipótese do § 5º deste artigo, caberá ao autor, sob pena de inépcia, demonstrar, fundamentadamente, tratar-se de situação particularizada por hipótese fática distinta ou de questão jurídica não examinada, a impor outra solução jurídica.

Destacamos ainda as seguintes súmulas e orientações jurisprudenciais do TST sobre o tema:

Súmula nº 408 do TST. Ação rescisória. Petição inicial. Causa de pedir. Ausência de capitulação ou capitulação errônea art. 966 do CPC de 2015. Art. 485 do CPC de 1973. Princípio "iura novit curia"

Não padece de inépcia a petição inicial de ação rescisória apenas porque omite a subsunção do fundamento de rescindibilidade no art. 966 do CPC de 2015 (art. 485 do CPC de 1973) ou o capitula erroneamente em um de seus incisos. Contanto que não se afaste dos fatos e fundamentos invocados como causa de pedir, ao Tribunal é lícito emprestar-lhes a adequada qualificação jurídica ("iura novit curia"). No entanto, fundando-se a ação rescisória no art. 966, inciso V, do CPC de 2015 (art. 485, inciso V, do CPC de 1973), é indispensável expressa indicação, na petição inicial da ação rescisória, da norma jurídica manifestamente violada (dispositivo legal violado sob o CPC de 1973), por se tratar de causa de pedir da rescisória, não se aplicando, no caso, o princípio "iura novit curia".

Orientação Jurisprudencial nº 157 da SBDI-II do TST. Ação rescisória. Decisões proferidas em fases distintas de uma mesma ação. Coisa julgada. Não configuração

A ofensa à coisa julgada de que trata o inciso IV do art. 966 do CPC de 2015 (inciso IV do art. 485 do CPC de 1973) refere-se apenas a relações processuais distintas. A invocação de desrespeito à coisa julgada formada no processo de conhecimento, na correspondente fase de execução, somente é possível com base na violação do art. 5º, XXXVI, da Constituição da República.

Orientação Jurisprudencial nº 112 da SDI – II do TST. Ação rescisória. Violação de lei. Decisão rescindenda por duplo fundamento. Impugnação parcial

Para que a violação da lei dê causa à rescisão de decisão de mérito alicerçada em duplo fundamento, é necessário que o autor da ação rescisória invoque causas de rescindibilidade que, em tese, possam infirmar a motivação dúplice da decisão rescindenda.

Súmula nº 298 do TST. Ação Rescisória. Violação a disposição de lei. Pronunciamento explícito.

I – A conclusão acerca da ocorrência de violação literal a disposição de lei pressupõe pronunciamento explícito, na sentença rescindenda, sobre a matéria veiculada.

II – O pronunciamento explícito exigido em ação rescisória diz respeito à matéria e ao enfoque específico da tese debatida na ação, e não, necessariamente, ao dispositivo legal tido por violado. Basta que o conteúdo da norma reputada violada haja sido abordado na decisão rescindenda para que se considere preenchido o pressuposto.

III – Para efeito de ação rescisória, considera-se pronunciada explicitamente a matéria tratada na sentença quando, examinando remessa de ofício, o Tribunal simplesmente a confirma.

IV – A sentença meramente homologatória, que silencia sobre os motivos de convencimento do juiz, não se mostra rescindível, por ausência de pronunciamento explícito.

V – Não é absoluta a exigência de pronunciamento explícito na ação rescisória, ainda que esta tenha por fundamento violação de dispositivo de lei. Assim, prescindível o pronunciamento explícito quando o vício nasce no próprio julgamento, como se dá com a sentença "extra, citra e ultra petita".

Súmula nº 402 do TST. Ação rescisória. Prova nova. Dissídio coletivo. Sentença normativa

I – Sob a vigência do CPC de 2015 (art. 966, inciso VII), para efeito de ação rescisória, considera-se prova nova a cronologicamente velha, já existente ao tempo do trânsito em julgado da decisão rescindenda, mas ignorada pelo interessado ou de impossível utilização, à época, no processo.

II – Não é prova nova apta a viabilizar a desconstituição de julgado:

a) sentença normativa proferida ou transitada em julgado posteriormente à sentença rescindenda;

b) sentença normativa preexistente à sentença rescindenda, mas não exibida no processo principal, em virtude de negligência da parte, quando podia e deveria louvar-se de documento já existente e não ignorado quando emitida a decisão rescindenda.

Orientação Jurisprudencial nº 136 da SDI-II do TST. Ação rescisória. Erro de fato. Caracterização

A caracterização do erro de fato como causa de rescindibilidade de decisão judicial transitada em julgado supõe a afirmação categórica e indiscutida de um fato, na decisão rescindenda, que não corresponde à realidade dos autos. O fato afirmado pelo julgador, que pode ensejar ação rescisória calcada no inciso VIII do art. 966 do CPC de 2015 (inciso IX do art. 485 do CPC de 1973), é apenas aquele que se coloca como premissa fática indiscutida de um silogismo argumentativo, não aquele que se apresenta ao final desse mesmo silogismo, como conclusão decorrente das premissas que especificaram as provas oferecidas, para se concluir pela existência do fato. Esta última hipótese é afastada pelo § 1º do art. 966 do CPC de 2015 (§ 2º do art. 485 do CPC de 1973), ao exigir que não tenha havido controvérsia sobre o fato e pronunciamento judicial esmiuçando as provas.

Orientação Jurisprudencial nº 103 da SDI-II do TST. Ação rescisória. Contradição entre fundamentação e parte dispositiva do julgado. Cabimento. Erro de fato

É cabível a rescisória para corrigir contradição entre a parte dispositiva do acórdão rescindendo e a sua fundamentação, por erro de fato na retratação do que foi decidido.

Súmula nº 400 do TST. Ação rescisória de ação rescisória. Violação manifesta de norma jurídica. Indicação da mesma norma jurídica apontada na rescisória primitiva

Em se tratando de rescisória de rescisória, o vício apontado deve nascer na decisão rescindenda, não se admitindo a rediscussão do acerto do julgamento da rescisória anterior. Assim, não procede de rescisória calcada no inciso V do art. 966 do CPC de 2015 (art. 485, V, do CPC de 1973) para discussão, por má aplicação da mesma norma jurídica, tida por violada na rescisória anterior, bem como para arguição de questões inerentes à ação rescisória primitiva.

12.6. MANDADO DE SEGURANÇA

O mandado de segurança é regulado pela Lei nº 12.016/09.

Não é aplicado o *jus postulandi* no mandado de segurança (Súmula nº 425 do TST).

A competência para o julgamento do mandado de segurança, no processo do trabalho, é definida da seguinte forma:

Competência	Autoridade coatora
TST	Atos dos ministros do TST
TRT	Atos dos juízes da Vara do Trabalho ou do TRT (desembargadores) e seus servidores
Competência	**Autoridade coatora**
Vara do Trabalho	Atos de autoridades que não façam parte do Judiciário trabalhista (ex., delegado regional do trabalho)

O prazo decadencial para a impetração do mandado de segurança é de 120 dias.

Na contagem do prazo decadencial para ajuizamento de mandado de segurança, o efetivo ato coator é o primeiro em que se firmou a tese hostilizada e não aquele que a ratificou (OJ nº 127 da SDI-II do TST).

A impetração do mandado de segurança exige prova pré-constituída, de modo que não é admitida a emenda da inicial (Súmula nº 415 do TST).

- Não cabe mandado de segurança:
  a) de decisão judicial transitada em julgado (Súmula nº 33 do TST);
  b) quando esgotadas as vias recursais existentes (OJ nº 99 da SDI-II do TST);
  c) contra decisão judicial passível de reforma mediante recurso próprio, ainda que com efeito diferido (OJ nº 92 da SDI-II do TST);
  d) contra ato judicial que, de ofício, arbitrou novo valor à causa, acarretando a majoração das custas processuais (OJ nº 88 da SDI-II do TST);
  e) da tutela provisória concedida na sentença, por ser impugnável mediante recurso ordinário. É admissível a obtenção de efeito suspensivo ao recurso ordinário mediante requerimento dirigido ao tribunal, ao relator ou ao presidente ou ao vice-presidente do tribunal recorrido, por aplicação subsidiária ao processo do trabalho do artigo 1.029, § 5º, do CPC de 2015. (Súmula nº 414, I, do TST);
  f) para impugnar despacho que acolheu ou indeferiu liminar em outro mandado de segurança (OJ nº 140 da SDI-II do TST);
  g) quando ajuizados embargos de terceiro (art. 674 do CPC/2015) para pleitear a desconstituição da penhora, e o mandado de segurança tiver a mesma finalidade (OJ nº 54 da SDI-II do TST);
  h) contra sentença homologatória de adjudicação, uma vez que existe meio próprio para impugnar o ato judicial, consistente nos embargos à adju-

dicação sob a égide do CPC/73 e por simples petição na vigência do CPC/2015 (CPC/2015, art. 877, caput) (OJ nº 66 da SDI-II do TST).

Por outro lado, será cabível o mandado de segurança do deferimento de reintegração no emprego em ação cautelar (OJ nº 63 da SDI-II do TST).

Além disso, para o C. TST não fere direito líquido e certo do impetrante:

1) a concessão de tutela antecipada para reintegração de empregado protegido por estabilidade provisória decorrente de lei ou norma coletiva (OJ nº 64 da SDI-II);
2) a determinação de liminar de reintegração no emprego de dirigente sindical, em face da previsão do inciso X do art. 659 da CLT (OJ nº 65 da SDI-II);
3) concessão de tutela antecipada para determinar a reintegração do empregado até a decisão final do processo, quando demonstrada a razoabilidade do direito subjetivo material, como nos casos de anistiado pela Lei nº 8.878/1994, aposentado, integrante de comissão de fábrica, dirigente sindical, portador de doença profissional, portador de vírus HIV ou detentor de estabilidade provisória prevista em norma coletiva (OJ nº 142 da SDI-II do TST);
4) a concessão de liminar obstativa de transferência de empregado, em face da previsão do inciso IX do art. 659 da CLT (OJ nº 67 da SDI-II do TST);
5) o ato judicial que determina penhora em dinheiro do executado para garantir crédito exequendo, pois é prioritária e obedece à gradação prevista no art. 835 do CPC de 2015 (Súmula nº 417, I, do TST);
6) havendo discordância do credor, em execução definitiva, que os valores penhorados em dinheiro fiquem depositados no próprio banco, ainda que atenda aos requisitos do art. 840, I, do CPC de 2015 (Súmula nº 417, II, do TST);
7) a penhora de carta de fiança bancária e do seguro garantia judicial, vez que estes equivalem a dinheiro para efeito da gradação dos bens penhoráveis, estabelecida no art. 835 do CPC/2015 (OJ nº 59 da SDI-II do TST);
8) a penhora sobre a renda mensal ou faturamento de empresa, limitada a determinado percentual, desde que não comprometa o desenvolvimento regular de suas atividades, desde que não haja outros bens penhoráveis ou, havendo outros bens, eles sejam de difícil alienação ou insuficientes para satisfazer o crédito executado (OJ nº 93 da SDI-II do TST);
9) o prosseguimento da execução quanto aos tópicos e valores não especificados no agravo (Súmula nº 416 do TST);
10) a homologação de acordo por constituir faculdade do juiz (Súmula nº 418 do TST).

Por outro lado, o TST entende que **fere** direito líquido e certo:

1) decisão que determina o bloqueio de numerário existente em conta salário, para satisfação de crédito trabalhista, ainda que seja limitado a determinado percentual dos valores recebidos ou a valor revertido para fundo de aplicação ou poupança, visto que o art. 649, IV, do CPC de 1973 contém norma imperativa que não admite interpretação ampliativa, sendo a exceção prevista no art. 649, § 2º, do CPC de 1973 espécie e não gênero de crédito de natureza alimentícia, não englobando o crédito trabalhista (OJ nº 153 da SDI-II do TST[19]);
2) ato que determina ao INSS o reconhecimento e/ou averbação de tempo de serviço (OJ nº 57 da SDI-II do TST);
3) a exigência de depósito prévio para custeio dos honorários periciais (OJ nº 98 da SDI-II do TST).

Ademais, nos termos da OJ nº 56 da SDI-II do TST, "não há direito líquido e certo à execução definitiva na pendência de recurso extraordinário, ou de agravo de instrumento visando a destrancá-lo".

13. SENTENÇA E COISA JULGADA; LIQUIDAÇÃO DA SENTENÇA: POR CÁLCULO, POR ARTIGOS E POR ARBITRAMENTO

13.1. DA SENTENÇA E COISA JULGADA

No processo do trabalho, a CLT não dispõe de um conceito de sentença, aplicando-se subsidiariamente o CPC, por força do art. 769 da CLT.

Nesse sentido, o legislador, conceituando-a, declinou que "ressalvadas as disposições expressas dos procedimentos especiais, sentença é o pronunciamento por meio do qual o juiz, com fundamento nos arts. 485 e 487, põe fim à fase cognitiva do procedimento comum, bem como extingue a execução" (CPC/2015, art. 203, § 1º).

Diante do supramencionado dispositivo legal, vê-se que o CPC/2015 conjugou o conteúdo da decisão (extinção com ou sem resolução do mérito), com o momento em que é proferida (põe fim à fase cognitiva ou extingue a execução).

São elementos essenciais da sentença: a) relatório; b) fundamentação; dispositivo (conclusão).

No rito sumaríssimo, o relatório é dispensado.

A sentença sempre mencionará as custas que devam ser pagas pela parte vencida (CLT, art. 832, § 2º).

As decisões cognitivas ou homologatórias sempre deverão indicar a natureza jurídica das parcelas constantes da condenação ou do acordo homologado, inclusive o limite de responsabilidade de cada parte pelo recolhimento da contribuição previdenciária, se for o caso (CLT, art. 832, § 3º).

A União será intimada das decisões homologatórias de acordos que contenham parcela indenizatória, podendo recorrer quanto aos tributos que lhe forem devidos (CLT, art. 832, § 4º).

A União também será intimada da sentença, podendo interpor recurso para discutir as discriminações das verbas (CLT, art. 832, § 5º).

A sentença não pode proferir julgamento *extra petita* (fora do pedido), *ultra petita* (além do pedido) e *citra petita* (abaixo do pedido).

---

19. Entendimento firmado na época do CPC/73, conforme expressamente previsto na orientação jurisprudencial, que não deverá prevalecer com o Novo CPC. Vide maiores comentários no capítulo de execução, bens impenhoráveis.

A decisão judicial transitada em julgado somente poderá ser levada a protesto, gerar inscrição do nome do executado em órgãos de proteção ao crédito ou no Banco Nacional de Devedores Trabalhistas (BNDT), nos termos da lei, depois de transcorrido o prazo de quarenta e cinco dias a contar da citação do executado, se não houver garantia do juízo (CLT, art. 883-A).

13.2. DA LIQUIDAÇÃO DA SENTENÇA: POR CÁLCULO, POR ARTIGOS E POR ARBITRAMENTO

A sentença condenatória ilíquida está sujeita à liquidação.

A liquidação de sentença pode ser por:

1) cálculos: quando depende apenas de cálculos aritméticos;
2) arbitramento: quando há necessidade de nomeação de perito;
3) artigos[20]: quando se busca provar fato novo na liquidação.

Na liquidação, não se poderá modificar, ou inovar, a sentença liquidanda nem discutir matéria pertinente à causa principal (CLT, art. 879, § 1º).

As partes deverão ser previamente intimadas para a apresentação do cálculo de liquidação, inclusive da contribuição previdenciária incidente.

Elaborada a conta e tornada líquida, o juízo deverá abrir às partes prazo comum de oito dias para impugnação fundamentada com a indicação dos itens e valores objeto da discordância, sob pena de preclusão (CLT, art. 897, § 2º).

Elaborada a conta pela parte ou pelos órgãos auxiliares da Justiça do Trabalho, o juiz procederá à intimação da União para manifestação, no prazo de 10 dias, sob pena de preclusão (CLT, art. 897, § 3º).

Os juros de mora são computados desde o ajuizamento da ação, incidindo sobre a importância da condenação já corrigida monetariamente (Súmula nº 200 do TST).

Os juros e a correção monetária são incluídos na liquidação ainda que a inicial ou a decisão sejam omissas (Súmula nº 211 do TST).

O STF, no julgamento das ADCs 58 e 59, bem como nas ADIs 5867 e 6021 decidiu que:

1) os débitos trabalhistas terão os mesmos índices de correção monetária e de juros que as condenações cíveis em geral;
2) na fase pré-judicial incidirá a atualização monetária pelo IPCA-E;
3) na fase judicial, ou seja, após o ajuizamento da reclamação, haverá incidência da taxa Selic.

Após a edição da Lei nº 14.905/2024 e considerando o entendimento do STF sobre o tema, o TST[21] definiu que, para fins de correção dos débitos trabalhistas, aplica-se:

> a) o IPCA-E na fase pré-judicial acrescido dos juros de mora (art. 39, caput, da Lei 8.177, de 1991);
>
> b) a partir do ajuizamento da ação até 29/08/2024, a taxa SELIC, ressalvados os valores eventualmente pagos, nos termos da primeira parte do item "i" da modulação do STF, vedada a dedução ou compensação de eventuais diferenças pelo critério de cálculo anterior;
>
> c) a partir de 30/08/2024, no cálculo da atualização monetária, será utilizado o IPCA (art. 389, parágrafo único, do Código Civil); os juros de mora corresponderão ao resultado da subtração SELIC - IPCA (art. 406, parágrafo único, do Código Civil), com a possibilidade de não incidência (taxa 0), nos termos do § 3º do artigo 406 do Código Civil.

A correção monetária não incide sobre o débito do trabalhador reclamante (Súmula nº 187 do TST).

A decisão de liquidação somente será impugnada depois de garantida a execução (nomeado ou penhorado os bens), sendo realizada pelo executado nos embargos à execução e pelo exequente na impugnação à liquidação (CLT, art. 884, § 3º). Da decisão dos embargos à execução e também da que decide a impugnação do exequente caberá agravo de petição.

14. DISSÍDIOS COLETIVOS: COMPETÊNCIA PARA JULGAMENTO, LEGITIMIDADE PARA PROPOSITURA, EXTENSÃO, CUMPRIMENTO E REVISÃO DA SENTENÇA NORMATIVA; EFEITO SUSPENSIVO

O poder normativo consiste em função atípica do Judiciário de criar normas jurídicas, ou seja, atua exercendo função legislativa.

A criação de normas ocorre por meio do dissídio coletivo, o qual é entendido como o processo judicial destinado à solução de conflitos coletivos de interesses nas relações de trabalho, buscando criar e modificar normas e condições gerais de trabalho, além de declarar o alcance de uma norma jurídica.

A decisão proferida no dissídio coletivo é denominada de sentença normativa, tendo o condão, ao menos no dissídio econômico, de criar normas abstratas, diferenciando-se das leis apenas em seu aspecto formal.

- Os dissídios coletivos classificam-se em:
  1) dissídio coletivo econômico;
  2) dissídio coletivo jurídico;
  3) dissídio coletivo revisional;
  4) dissídio coletivo de greve;
  5) dissídio coletivo originário.
- Têm legitimidade para instaurar o dissídio coletivo:
  1) sindicatos;
  2) empresas;
  3) comissões de trabalhadores, quando não houver sindicato no caso de greve (art. 4º, § 2º e 5º da Lei 7783/89);
  4) Ministério Público do Trabalho, na hipótese de greve em atividade essencial, com possibilidade de lesão do interesse público (CF/88, art. 114, § 3º).

20. O CPC/2015 deixa de utilizar a denominação liquidação por artigos, apenas descrevendo que essa liquidação será realizada pelo procedimento comum (CPC/2015, art. 509, II).
21. TST-E-ED-RR-713-03.2010.5.04.0029, SBDI-I, rel. Min. Alexandre de Souza Agra Belmonte, julgado em 17/10/2024. (Informativo nº 294)

- Não (têm) legitimidade para instauração do dissídio coletivo:
  1) presidente do TST (o art. 856 da CLT não foi recepcionado pela CF/88);
  2) centrais sindicais.

A competência para julgamento do dissídio é definida pela extensão territorial do conflito. Desse modo, será de competência do:

1) TRT, caso a extensão se restrinja à jurisdição de um TRT;
2) TST, na hipótese de a extensão atingir mais de um TRT.

Existe uma única exceção: o Estado de São Paulo, que possui dois tribunais (TRT da 2ª e da 15ª Região). Nessa hipótese, se o conflito atingir a jurisdição de ambos os tribunais, o TRT da 2ª Região será o competente para o dissídio coletivo, nos termos do art. 12 da Lei nº 7.520/86.

No dissídio coletivo econômico, exige-se o comum acordo para a instauração do dissídio (CF/88, art. 114, § 2º).

- Início da vigência da sentença normativa (CLT, 867, parágrafo único):
  1) a partir do dia imediato ao termo final de vigência da CCT ou ACT: quando ajuizado 60 dias antes da data-base;
  2) a partir da data da publicação da sentença: quando ajuizado após o prazo do item 1;
  3) a partir do ajuizamento do dissídio: quando for o primeiro da categoria.

O prazo máximo de vigência da sentença normativa é de 4 anos.

Decorrido mais de 1 ano de sua vigência, caberá revisão das decisões que fixarem condições de trabalho, quando tiverem modificado as circunstâncias que as ditaram, de modo que tais condições tenham se tornado injustas ou inaplicáveis.

Nessa modalidade de ação, admite-se que o presidente do Tribunal Superior do Trabalho possa conceder efeito suspensivo ao recurso da sentença normativa (art. 14 da Lei 10.192/01). A cassação de efeito suspensivo concedido a recurso interposto de sentença normativa retroage à data do despacho que o deferiu (Súmula nº 279 do TST).

Na hipótese de descumprimento da sentença normativa, outra ação deverá ser ajuizada, denominada de ação de cumprimento (CLT, art. 872), de competência da Vara do Trabalho. Trata-se de ação de conhecimento.

A ação de cumprimento, além de possibilitar o cumprimento da sentença normativa, também pode ser utilizada para efetivar o cumprimento de acordo coletivo ou convenção coletiva de trabalho (Súmula nº 286 do TST).

A ação de cumprimento pode ser ajuizada individualmente ou de forma coletiva.

O sindicato da categoria tem legitimidade para ajuizar a ação de cumprimento

A sentença normativa poderá ser objeto de ação de cumprimento a partir do 20º dia subsequente ao do julgamento, fundada no acórdão ou na certidão de julgamento, salvo se concedido efeito suspensivo pelo presidente do Tribunal Superior do Trabalho (art. 7º, § 6º, Lei nº 7.701/88).

É dispensável o trânsito em julgado da sentença normativa para a propositura da ação de cumprimento (Súmula nº 246 do TST).

O prazo de prescrição com relação à ação de cumprimento de decisão normativa flui apenas da data de seu trânsito em julgado (Súmula nº 350 do TST).

A coisa julgada produzida na ação de cumprimento é atípica, pois dependente de condição resolutiva, ou seja, da não modificação da decisão normativa por eventual recurso. Assim, modificada a sentença normativa pelo TST, com a consequente extinção do processo sem resolução do mérito, deve-se extinguir a execução em andamento, uma vez que a norma sobre a qual se apoiava o título exequendo deixou de existir no mundo jurídico (OJ nº 277 da SDI-I do TST).

15. DA AÇÃO CIVIL PÚBLICA: LEGITIMIDADE E CABIMENTO NO PROCESSO DO TRABALHO

15.1. CABIMENTO

A Lei nº 7.347/85 disciplina a ação civil pública, estabelecendo, em seu art. 1º, que ela versa sobre a responsabilidade por danos morais e patrimoniais causados:

> I – ao meio ambiente;
>
> II – ao consumidor;
>
> III – a bens e direitos de valor artístico, estético, histórico, turístico e paisagístico;
>
> IV – a qualquer outro interesse difuso ou coletivo;
>
> V – por infração da ordem econômica;
>
> VI – à ordem urbanística;
>
> VII – à honra e à dignidade de grupos raciais, étnicos ou religiosos;
>
> VIII – ao patrimônio público e social.

No âmbito da Justiça do Trabalho, o art. 83, III, da LC nº 75/93 expressamente reconheceu a promoção da ação civil pública "para a defesa de interesses coletivos, quando desrespeitados os direitos sociais constitucionalmente garantidos".

15.2. INTERESSES OU DIREITOS DIFUSOS, COLETIVOS E INDIVIDUAIS HOMOGÊNEOS

O art. 81, parágrafo **único,** do CDC, define direitos os difusos, coletivos e individuais homogêneos da seguinte forma:

> I – interesses ou direitos difusos, assim entendidos, para efeitos deste código, os transindividuais, de natureza indivisível, de que sejam titulares pessoas indeterminadas e ligadas por circunstâncias de fato;
>
> II – interesses ou direitos coletivos, assim entendidos, para efeitos deste código, os transindividuais, de natureza indivisível de que seja titular grupo, categoria ou classe de pessoas ligadas entre si ou com a parte contrária por uma relação jurídica base;
>
> III – interesses ou direitos individuais homogêneos, assim entendidos os decorrentes de origem comum.

Assim, podemos esquematizar do seguinte modo a definição desses direitos:

Difusos	Coletivos	Individuais homogêneos
Transindividuais	Transindividuais	Individuais
Indivisíveis	Indivisíveis	Divisíveis
Pessoas indeterminadas	Classe, categoria ou grupo	Origem comum
Ligadas por circunstância de fato	1) ligadas entre si ou 2) com a parte contrária por uma relação jurídica-base	Desnecessária ligação

OBSERVAÇÃO

Entende-se que a ação civil pública busca tutelar interesses difusos e coletivos, enquanto os direitos individuais homogêneos são tutelados pela ação civil coletiva.

15.3. COMPETÊNCIA

A **competência** funcional da ação civil pública é da Vara do Trabalho. Quanto à competência territorial, cumpre salientar que ela é de **natureza absoluta**, pois não se trata de mera competência territorial, mas, sim, de competência **funcional-territorial**, porquanto o objetivo da lei é de tutelar interesse público e não meramente particular, como ocorre na competência relativa. Portanto, **tal competência é inderrogável e improrrogável por vontade das partes**.

O TST, interpretando de forma sistemática (conjunta) o artigo 2º º, da Lei nº 7.347/85 (LACP), com o art. 93 da CDC, passou a estabelecer que a competência da ação civil pública na Justiça do Trabalho será da seguinte forma:

> **Orientação Jurisprudencial nº 130 da SDI-II do TST.** Ação civil pública. Competência. Local do dano. Lei nº 7.347/1985, art. 2º. Código de defesa do consumidor, art. 93.
>
> I – A competência para a ação civil pública fixa-se pela extensão do dano.
>
> II – Em caso de dano de abrangência regional, que atinja cidades sujeitas à jurisdição de mais de uma Vara do Trabalho, a competência será de qualquer das varas das localidades atingidas, ainda que vinculadas a Tribunais Regionais do Trabalho distintos.
>
> III – Em caso de dano de abrangência suprarregional ou nacional, há competência concorrente para a Ação Civil Pública das Varas do Trabalho das sedes dos Tribunais Regionais do Trabalho.
>
> IV – Estará prevento o juízo a que a primeira ação houver sido distribuída.

Extensão do dano	Competência
Dano local	Vara do Trabalho do local do dano
Dano regional	Qualquer das Varas das localidades atingidas, ainda que vinculadas a Tribunais Regionais do Trabalho distintos
Dano suprarregional ou nacional	Competência concorrente para a ação civil pública das Varas do Trabalho das sedes dos TRTs

15.4. LEGITIMIDADE

A **legitimidade** da ação civil pública pode ser:

a) Legitimação extraordinária (substituição processual): tutelar direitos individuais homogêneos.

b) Legitimação anômala: tutelar direitos difusos e coletivos.

Nos termos do art. 5º da Lei 7.347/85, tem legitimidade para propor a ação civil pública:

> I – o Ministério Público;
>
> II – a Defensoria Pública[22];
>
> III – a União, os Estados, o Distrito Federal e os Municípios;
>
> IV – a autarquia, empresa pública, fundação ou sociedade de economia mista;
>
> V – a associação que, concomitantemente:
>
> a) esteja constituída há pelo menos 1 ano nos termos da lei civil;
>
> b) inclua, entre suas finalidades institucionais, a proteção ao patrimônio público e social, ao meio ambiente, ao consumidor, à ordem econômica, à livre concorrência, aos direitos de grupos raciais, étnicos ou religiosos ou ao patrimônio artístico, estético, histórico, turístico e paisagístico.

Fica facultado ao Poder Público e a outras associações legitimadas habilitar-se como litisconsortes de qualquer das partes (Lei nº 7.347/85, art. 5º, § 2º).

15.5. SENTENÇA

A **sentença** produzida na ação civil pública é diferente a depender do direito a ser tutelado. Quando se busca tutelar direitos difusos e coletivos, a sentença coletiva assemelha-se à sentença do processo individual, impondo obrigações de fazer, não fazer ou de indenização pelos danos coletivos causados. Já na hipótese de direitos individuais homogêneos, a sistemática é muito diferente, vez que a sentença profere uma condenação genérica, oportunidade em que há definição da:

a) identidade do sujeito passivo da obrigação (ex., empregador);

b) existência da obrigação do devedor (ex., o setor X possui agentes insalubres);

c) natureza da prestação devida (ex., pagamento de adicional de 20% sobre o salário).

15.6. COISA JULGADA

22. O STF, no RE 712472 AgR, reconheceu a legitimidade da Defensoria Pública para a propositura de ação civil pública para a tutela de direitos difusos e coletivos de pessoas necessitadas, mesmo nas hipóteses em que extrapolar essas pessoas, (Relator(a): Min. Dias Toffoli, Primeira Turma, julgado em 18.11.2014, Processo Eletrônico DJe-240 divulg 5.12.2014 public 9.12.2014).

No que tange ***à* coisa julgada** material podemos esquematizá-la da seguinte forma:

Interesses ou direitos difusos	**Produz efeitos *erga omnes***	1) improcedência do pedido por falta de prova: não faz coisa julgada material; 2) improcedência do pedido por outros motivos: faz coisa julgada material apenas para os legitimados coletivos, não prejudicando a coletividade, o grupo, a categoria ou a classe; 3) procedência do pedido: faz coisa material, beneficiando, a coletividade, o grupo, a categoria ou a classe
Interesses ou direitos coletivos	**Produz efeitos *ultra partes*, mas limitadamente ao grupo, categoria ou classe**	
Interesses ou direitos individuais homogêneos	**Produz efeitos *erga omnes***	1) improcedência do pedido: faz coisa julgada material para o legitimado coletivo, não prejudicando as vítimas e seus sucessores, exceto se estes tiverem participado do processo como assistente litisconsorcial; 2) procedência do pedido: faz coisa julgada material, beneficiando as vítimas e seus sucessores

16. EXECUÇÃO

Na fase de execução, aplicam-se, subsidiariamente à CLT, as seguintes normas em ordem sucessiva:

1) Lei de Execuções Fiscais (Lei n° 6.830/80);
2) Código de Processo Civil.

Essa ordem, porém, não será observada quando a própria norma celetista impuser qual a norma a ser aplicada como ocorre, por exemplo, na ordem preferencial de bens à penhora, que deve incidir diretamente o art. 835 do CPC/2015, segundo previsão expressa no art. 882 da CLT (TST-IN nº 39/2016, art. 3º, XVI).

Não há execução sem título. A execução pressupõe a existência de título que contenha obrigação certa, líquida e exigível (CPC/2015, arts. 783 e 786). Os títulos executivos poderão ser judiciais ou extrajudiciais.

Títulos judiciais	**Títulos extrajudiciais**
as decisões passadas em julgado (CLT, art. 876)	os termos de ajuste de conduta firmados perante o Ministério Público do Trabalho (CLT, art. 876)
as decisões das quais não tenha havido recurso com efeito suspensivo (CLT, art. 876)	os termos de conciliação firmados perante as Comissões de Conciliação Prévia (CLT, art. 876)
os acordos, quando não cumpridos (CLT, art. 876)	a certidão da dívida ativa da União referente às penalidades administrativas impostas ao empregador pelos órgãos de fiscalização do trabalho (CF/88, art. 114, VII)
os créditos previdenciários decorrentes das sentenças condenatórias trabalhistas e dos acordos homologados (CLT, art. 876, parágrafo único)	o cheque e a nota promissória emitidos em reconhecimento de dívida inequivocamente de natureza trabalhista (TST-IN nº 39/2016, art. 13)

16.1. INICIATIVA DA EXECUÇÃO

A execução será promovida:

1) pelas partes;
2) de ofício pelo juiz ou pelo Presidente do Tribunal apenas nos casos em que as partes não estiverem representadas por advogado (art.878 da CLT).

16.2. DO INCIDENTE DE DESCONSIDERAÇÃO DA PERSONALIDADE JURÍDICA

A Lei nº 13.467/17 trata do incidente de desconsideração da personalidade jurídica, como se verifica pelo art. 855-A, da CLT, *in verbis*:

> Art. 855-A. Aplica-se ao processo do trabalho o incidente de desconsideração da personalidade jurídica previsto nos arts. 133 a 137 da Lei nº 13.105, de 16 de março de 2015 – Código de Processo Civil.
>
> § 1º Da decisão interlocutória que acolher ou rejeitar o incidente:
>
> I – na fase de cognição, não cabe recurso de imediato, na forma do § 1º do art. 893 desta Consolidação;
>
> II – na fase de execução, cabe agravo de petição, independentemente de garantia do juízo;
>
> III – cabe agravo interno se proferida pelo relator em incidente instaurado originariamente no tribunal.
>
> § 2º A instauração do incidente suspenderá o processo, sem prejuízo de concessão da tutela de urgência de natureza cautelar de que trata o art. 301 da Lei nº 13.105, de 16 de março de 2015 (Código de Processo Civil).

No CPC/2015 o incidente de desconsideração da personalidade jurídica está inserido no capítulo referente à intervenção de terceiros, estabelecendo um procedimento para que seja realizada, como se verifica pelos arts. 133 a 137, transcritos a seguir:

> Art. 133. O incidente de desconsideração da personalidade jurídica será instaurado a pedido da parte ou do Ministério Público, quando lhe couber intervir no processo.
>
> § 1º O pedido de desconsideração da personalidade jurídica observará os pressupostos previstos em lei.
>
> § 2º Aplica-se o disposto neste Capítulo à hipótese de desconsideração inversa da personalidade jurídica.
>
> Art. 134. O incidente de desconsideração é cabível em todas as fases do processo de conhecimento, no cumprimento de sentença e na execução fundada em título executivo extrajudicial.
>
> § 1º A instauração do incidente será imediatamente comunicada ao distribuidor para as anotações devidas.
>
> § 2º Dispensa-se a instauração do incidente se a desconsideração da personalidade jurídica for requerida na petição inicial, hipótese em que será citado o sócio ou a pessoa jurídica.
>
> § 3º A instauração do incidente suspenderá o processo, salvo na hipótese do § 2º.
>
> § 4º O requerimento deve demonstrar o preenchimento dos pressupostos legais específicos para desconsideração da personalidade jurídica.
>
> Art. 135. Instaurado o incidente, o sócio ou a pessoa jurídica será citado para manifestar-se e requerer as provas cabíveis no prazo de 15 (quinze) dias.
>
> Art. 136. Concluída a instrução, se necessária, o incidente será resolvido por decisão interlocutória.
>
> Parágrafo único. Se a decisão for proferida pelo relator, cabe agravo interno.
>
> Art. 137. Acolhido o pedido de desconsideração, a alienação ou a oneração de bens, havida em fraude de execução, será ineficaz em relação ao requerente.

16.3. EXECUÇÃO PROVISÓRIA

A **execução provisória** é aquela embasada em título provisório, ou seja, passível de modificação. Nesse contexto, é suscetível de modificação a sentença (ou acórdão) submetida a **recurso sem efeito suspensivo**.

Execução provisória

1) sentença (ou acórdão) submetida a recurso sem efeito suspensivo;
2) seguirá até a penhora, nos termos do art. 899 da CLT;
3) depende de iniciativa do exequente;
4) responsabilidade objetiva do exequente pelos danos causados ao executado;
5) ficará sem efeito, sobrevindo acórdão que modifique ou anule a sentença, objeto da execução;
6) se a modificação ou anulação for apenas em parte, somente nessa parte ficará sem efeito a execução;
7) tem o mesmo procedimento da execução definitiva, no que couber;

16.4. EXECUÇÃO POR PRESTAÇÕES SUCESSIVAS; EXECUÇÃO CONTRA A FAZENDA PÚBLICA; EXECUÇÃO CONTRA A MASSA FALIDA

16.4.1. EXECUÇÃO POR PRESTAÇÕES SUCESSIVAS

A execução das prestações sucessivas será da seguinte forma:

1) quando for por prazo determinado, a execução pelo pagamento de uma prestação compreenderá as que lhe sucederem;
2) na hipótese de prazo indeterminado, a execução compreenderá inicialmente as prestações devidas até a data do ingresso na execução.

16.4.2. EXECUÇÃO CONTRA A FAZENDA PÚBLICA

O regime da execução por quantia certa contra a Fazenda Pública é totalmente diferente da execução realizada em face das pessoas físicas e jurídicas de direito privado. Isso ocorre porque os bens públicos são inalienáveis e, consequentemente, impenhoráveis. Diante disso, a Fazenda Pública não é intimada para pagar ou nomear bens à penhora, mas sim para opor **embargos**, no prazo de **30 dias.**

Solucionados os embargos, ou não sendo apresentados no prazo legal, o pagamento será realizado de duas formas:

1) precatório; ou
2) requisição de pequeno valor.

O significado de pequeno valor leva em conta cada ente público, sendo definido da seguinte forma:

União	até 60 salários-mínimos (Lei nº 10.259/01, art. 17, § 1º)
Estados e Distrito Federal	até 40 salários-mínimos (ADCT, art. 87, I)
Municípios	até 30 salários-mínimos (ADCT, art. 87, II)

A decretação de falência ou o deferimento do processamento da recuperação judicial implica, nos termos do art. 6º da Lei nº 11.101/2005:

> I – suspensão do curso da prescrição das obrigações do devedor sujeitas ao regime desta Lei;
>
> II – suspensão das execuções ajuizadas contra o devedor, inclusive daquelas dos credores particulares do sócio solidário, relativas a créditos ou obrigações sujeitos à recuperação judicial ou à falência;
>
> III – proibição de qualquer forma de retenção, arresto, penhora, sequestro, busca e apreensão e constrição judicial ou extrajudicial sobre os bens do devedor, oriunda de demandas judiciais ou extrajudiciais cujos créditos ou obrigações sujeitem-se à recuperação judicial ou à falência.

O dispositivo, com redação dada pela Lei nº 14.112/2020, confirmou que a falência gera apenas a suspensão das **execuções**.

16.4.3. EXECUÇÃO CONTRA A MASSA FALIDA

Havendo condenação de empresa submetida à falência (massa falida), as ações trabalhistas serão processadas perante a Justiça do Trabalho até a apuração do respectivo crédito, que será inscrito no quadro-geral de credores pelo valor determinado em sentença (Lei nº 11.101/05, art. 6º, § 2º). Noutras palavras, **a Justiça laboral tem competência até a decisão de liquidação**, remetendo-se, posteriormente, ao juízo falimentar para habilitação do crédito.

16.5. CITAÇÃO; DEPÓSITO DA CONDENAÇÃO E DA NOMEAÇÃO DE BENS; MANDADO E PENHORA; BENS PENHORÁVEIS E IMPENHORÁVEIS

A competência na fase de execução é definida da seguinte forma:

1) **títulos judiciais**: é competente para a execução das decisões o juiz ou presidente do tribunal que tiver conciliado ou julgado originariamente o dissídio (CLT, art. 877);
2) **títulos extrajudiciais**: é competente o juiz que teria competência para o processo de conhecimento relativo à matéria (CLT, art. 877-A).

16.5.1. MANDADO DE CITAÇÃO

Requerida a execução, o juiz mandará expedir o mandado de citação, a fim de que cumpra a decisão ou o acordo no prazo, pelo modo e sob as cominações estabelecidas ou, quando se tratar de pagamento em dinheiro, inclusive de contribuições sociais devidas à União, para que o faça em 48 horas ou garanta a execução, sob pena de penhora (CLT, art. 880, *caput*).

Nessa fase, a **citação é feita por oficial de justiça** (CLT, art. 880, § 2º).

O mandado de citação deverá conter a decisão exequenda ou o termo de acordo não cumprido (CLT, art. 880, § 1º).

É possível, ainda, a citação por edital, desde que preencha, cumulativamente, dois requisitos:

a) o executado seja procurado 2 vezes no espaço de 48 horas;
b) o executado não seja encontrado.

Na citação feita por edital, este será publicado no jornal oficial ou, na falta deste, afixado na sede da vara ou juízo, durante 5 dias (CLT, art. 880, § 3º).

Realizada a citação, no prazo de 48 horas, o executado poderá adotar as seguintes alternativas:

1) **pagar a dívida**;
2) **garantir a execução**, mediante o depósito do valor da dívida, atualizada e acrescida das despesas processuais, apresentação de seguro-garantia judicial ou nomeação de bens à penhora, observada a ordem preferencial estabelecida no art. 835 do CPC (CLT, art. 882);
3) **nomear bens à penhora**, observada a ordem do art. 835 do CPC/2015 (CLT, art. 882);
4) **manter-se inerte**, caso em que será realizada a penhora pelo oficial de justiça.

16.5.2. PENHORA

A nomeação dos bens à penhora deverá observar a ordem preferencial estabelecida no art. 835 do CPC/2015 (TST-IN nº 39/2016, art. 3º, XVI):

> I – dinheiro, em espécie ou em depósito ou aplicação em instituição financeira;
>
> II – títulos da dívida pública da União, dos Estados e do Distrito Federal com cotação em mercado;
>
> III – títulos e valores mobiliários com cotação em mercado;
>
> IV – veículos de via terrestre;
>
> V – bens imóveis;
>
> VI – bens móveis em geral;
>
> VII – semoventes;
>
> VIII – navios e aeronaves;
>
> IX – ações e quotas de sociedades simples e empresárias;
>
> X – percentual do faturamento de empresa devedora;
>
> XI – pedras e metais preciosos;
>
> XII – direitos aquisitivos derivados de promessa de compra e venda e de alienação fiduciária em garantia;
>
> XIII – outros direitos.

É admissível a penhora sobre a renda mensal ou faturamento de empresa, limitada a determinado percentual, desde que não comprometa o desenvolvimento regular de suas atividades (OJ nº 93 da SDI-II do TST).

Não fere direito líquido e certo do impetrante o ato judicial que determina penhora em dinheiro do executado para garantir crédito exequendo, pois é prioritária e obedece à gradação prevista no art. 835 do CPC de 2015 (Súmula nº 417, I, do TST).

Havendo discordância do credor, em execução definitiva, não tem o executado direito líquido e certo a que os valores penhorados em dinheiro fiquem depositados no próprio banco, ainda que atenda aos requisitos do art. 840, I, do CPC de 2015 (Súmula nº 417, II, do TST).

O art. 833 do CPC/2015, aplicável ao processo do trabalho (TST-IN nº 39/2016, art. 3º, XV), dispõe que determinados bens são impenhoráveis, sendo eles:

> I – os bens inalienáveis e os declarados, por ato voluntário, não sujeitos à execução;
>
> II – os móveis, os pertences e as utilidades domésticas que guarnecem a residência do executado, salvo os de elevado valor ou os que ultrapassem as necessidades comuns correspondentes a um médio padrão de vida;
>
> III – os vestuários, bem como os pertences de uso pessoal do executado, salvo se de elevado valor;
>
> IV – os vencimentos, os subsídios, os soldos, os salários, as remunerações, os proventos de aposentadoria, as pensões, os pecúlios e os montepios, bem como as quantias recebidas por liberalidade de terceiro e destinadas ao sustento do devedor e de sua família, os ganhos de trabalhador autônomo e os honorários de profissional liberal, ressalvado o § 2º;
>
> V – os livros, as máquinas, as ferramentas, os utensílios, os instrumentos ou outros bens móveis necessários ou úteis ao exercício da profissão do executado;
>
> VI – o seguro de vida;
>
> VII – os materiais necessários para obras em andamento, salvo se essas forem penhoradas;

VIII – a pequena propriedade rural, assim definida em lei, desde que trabalhada pela família;

IX – os recursos públicos recebidos por instituições privadas para aplicação compulsória em educação, saúde ou assistência social;

X – a quantia depositada em caderneta de poupança, até o limite de 40 (quarenta) salários-mínimos;

XI – os recursos públicos do fundo partidário recebidos por partido político, nos termos da lei;

XII – os créditos oriundos de alienação de unidades imobiliárias, sob regime de incorporação imobiliária, vinculados à execução da obra.

§ 1º A impenhorabilidade não é oponível à execução de dívida relativa ao próprio bem, inclusive àquela contraída para sua aquisição.

§ 2º O disposto nos incisos IV e X do caput não se aplica à hipótese de penhora para pagamento de prestação alimentícia, independentemente de sua origem, bem como às importâncias excedentes a 50 (cinquenta) salários-mínimos mensais, devendo a constrição observar o disposto no art. 528, § 8º, e no art. 529, § 3º.

§ 3º Incluem-se na impenhorabilidade prevista no inciso V do caput os equipamentos, os implementos e as máquinas agrícolas pertencentes a pessoa física ou a empresa individual produtora rural, exceto quando tais bens tenham sido objeto de financiamento e estejam vinculados em garantia a negócio jurídico ou quando respondam por dívida de natureza alimentar, trabalhista ou previdenciária.

De acordo com o C. TST, é impenhorável a conta-salário, ainda que seja limitada a determinado percentual dos valores recebidos ou a valor revertido para fundo de aplicação ou poupança (OJ nº 153 da SDI-II do TST).

A Lei nº 8.009/90 previu que o devedor não pode ser privado de seu bem de família, ou seja, o imóvel residencial próprio do casal, ou da entidade familiar, é impenhorável e não responderá por qualquer tipo de dívida civil, comercial, fiscal, previdenciária, trabalhista ou de outra natureza, contraída pelos cônjuges ou pelos pais ou filhos que sejam seus proprietários e nele residam, salvo nas hipóteses previstas na lei em comento (art. 1º).

Salienta-se que o bem de família é impenhorável, inclusive para os créditos de trabalhadores da própria residência e das respectivas contribuições previdenciárias, contemplando a igualdade de direitos entre os empregados celetistas e o empregado doméstico (LC nº 150/15, art. 46).

16.6. EMBARGOS À EXECUÇÃO; IMPUGNAÇÃO À SENTENÇA; EMBARGOS DE TERCEIRO

16.6.1. EMBARGOS À EXECUÇÃO

Garantida a execução ou penhorado os bens, terá o executado 5 dias para apresentar **embargos**, cabendo igual prazo ao exequente para impugnação.

Atente-se para o de que a exigência da garantia ou penhora não se aplica às entidades filantrópicas e/ou àqueles que compõem ou compuseram a diretoria dessas instituições (CLT, art. 884, § 6º).

A matéria de defesa nos embargos será restrita às alegações de cumprimento da decisão ou do acordo, quitação ou prescrição da dívida (CLT, art. 884, § 1º). A doutrina majoritária tem aplicado, subsidiariamente, ao processo do trabalho, o art. 525, § 1º, do CPC/2015.

Se na defesa tiverem sido arroladas testemunhas, poderá o juiz ou o presidente do tribunal, caso julgue necessários seus depoimentos, marcar audiência para a produção das provas, a qual deverá realizar-se dentro de 5 dias (CLT, art. 884, § 2º).

Julgar-se-ão, na mesma sentença, os embargos e as impugnações à liquidação apresentadas pelos credores trabalhista e previdenciário (CLT, art. 884, § 4º).

16.6.2. IMPUGNAÇÃO À SENTENÇA

O exequente poderá, no mesmo prazo dos embargos à execução, apresentar impugnação à decisão de liquidação, demonstrando, de forma fundamentada, sua insurgência quanto à decisão.

Serão julgados na mesma sentença os embargos e as impugnações à liquidação apresentadas pelos credores trabalhista e previdenciário (CLT, art. 884, § 4º).

16.6.3. EMBARGOS DE TERCEIROS

Para eliminar ou evitar a constrição de bens de terceiro que não participa do processo ou não responde patrimonialmente pela dívida são cabíveis os **embargos de terceiros.** Os embargos de terceiros podem ser opostos na fase de conhecimento (por exemplo, arresto) ou na fase de execução, sendo esse último caso mais comum.

Opostos os embargos de terceiro, o legitimado passivo terá o prazo de 15 dias para apresentação de resposta (CPC/2015, art. 679).

O C. TST, adequando-se às disposições do CPC/2015 (art. 676, parágrafo único), definiu que, no caso de expedição de carta precatória para a apreensão de bens (quando os bens apreendidos não se localizarem no local do juiz que determina a constrição) os embargos de terceiros devem ser oferecidos no juízo deprecado, salvo se indicado pelo juízo deprecante o bem constrito ou se já devolvida a carta (Súmula nº 419 do TST).

16.7. PRAÇA E LEILÃO; ARREMATAÇÃO; REMIÇÃO; CUSTAS NA EXECUÇÃO

A **remição da execução** é o pagamento da dívida pelo executado. Ela só será deferida se o executado oferecer preço igual ao valor da condenação (art. 13 da Lei nº 5.584/70). Noutras palavras, a remição pressupõe o pagamento integral da dívida, devidamente atualizada, acrescida de juros, custas e honorários advocatícios (CPC/2015, art. 826).

A doutrina estabelece a seguinte ordem de preferência na execução:

1) remição da execução;
2) adjudicação;
3) alienação por iniciativa do particular;
4) arrematação.

- **Adjudicação**

A adjudicação é modalidade de expropriação em que o exequente, ou o terceiro interessado, incorpora ao seu patrimônio o bem penhorado que será submetido à hasta pública. *A* CLT não é exaustiva sobre a temática incidindo supletivamente o art. 876, § 5º, do CPC/2015.

A adjudicação tem preferência à arrematação (CLT, art. 888, § 1º). Ela será permitida desde que não seja inferior ao valor da avaliação (CPC/2015, art. 876). Se o valor do crédito for inferior ao dos bens, o adjudicante depositará de imediato a diferença, ficando esta à disposição do executado. Caso seja superior, a execução prosseguirá pelo saldo remanescente (CPC/2015, art. 876, § 4º). Havendo mais de um pretendente, proceder-se-á entre eles à licitação, tendo prioridade a maior oferta. Em igualdade de oferta, terá preferência o cônjuge, o companheiro, o descendente ou o ascendente, nessa ordem (CPC/2015, art. 876, § 6º). Requerida a adjudicação, o executado será intimado do pedido (CPC/2015, art. 876, § 1º).

– **Arrematação**

A avaliação dos bens penhorados será feita pelo próprio oficial de justiça (CLT, art. 721).

Concluída a avaliação, dentro de 10 dias, contados da data da nomeação do avaliador, seguir-se-á a arrematação, que será anunciada por edital afixado na sede do juízo ou tribunal e publicado no jornal local, se houver, com a antecedência de 20 dias. (CLT, art. 888, *caput*).

A arrematação é a alienação pelo Estado do bem penhorado, realizada em hasta pública.

Antigamente, a doutrina entendia que hasta pública era gênero e que englobava as seguintes espécies:

a) praça; e
b) leilão.

Assim, a praça era utilizada para a venda de bens imóveis, enquanto o leilão, para bens móveis.

Contudo, o CPC/2015 acabou com essa diferenciação, passando a admitir, seja para imóveis, seja para bens móveis, o leilão judicial eletrônico ou presencial (CPC/2015, art. 879, II), privilegiando o leilão judicial eletrônico (CPC/2015, art. 882, caput).

A arrematação far-se-á em dia, hora e lugar anunciados, e os bens serão vendidos pelo maior lance, tendo o exequente preferência para a adjudicação (CLT, art. 888, § 1º).

O arrematante deverá garantir o lance com o sinal correspondente a 20% do seu valor (CLT, art. 888, § 2º).

Não havendo licitante, e não requerendo o exequente a adjudicação dos bens penhorados, eles poderão ser vendidos por leiloeiro nomeado pelo juiz (CLT, art. 888, § 3º).

Se o arrematante, ou seu fiador, não pagar dentro de 24 horas, o preço da arrematação perderá, em benefício da execução, o sinal correspondente a 20%, voltando à praça os bens executados (CLT, art. 888, § 4º).

Na fase de execução das custas, o pagamento é em valor fixo, nos termos do art. 789-A da CLT, sendo ele de responsabilidade do executado.

17. RECURSOS NO PROCESSO DO TRABALHO: PRINCÍPIOS GERAIS, PRAZOS, PRESSUPOSTOS, REQUISITOS E EFEITOS; RECURSOS EM ESPÉCIE: RECURSO ORDINÁRIO, AGRAVO DE PETIÇÃO, AGRAVO DE INSTRUMENTO, RECURSO DE REVISTA, EMBARGOS NO TST, EMBARGOS DE DECLARAÇÃO, EMBARGOS INFRINGENTES E AGRAVO REGIMENTAL. RECLAMAÇÃO CORRECIONAL

17.1. TEORIA GERAL DOS RECURSOS

O juízo de admissibilidade é o momento em que se analisam os pressupostos recursais (intrínsecos e extrínsecos), a saber:

a) cabimento: decisão proferida é impugnável + adequação do recurso;
b) legitimidade para recorrer: partes, terceiros prejudicados e Ministério Público;
c) interesse de recorrer: vencido ou terceiro prejudicado;
d) tempestividade;
e) representação;
f) custas processuais (preparo);
g) depósito recursal (preparo);
h) inexistência de fato impeditivo ou extintivo do poder de recorrer;
i) regularidade formal.

Existem pelo menos dois juízos de admissibilidade:

1) feito pelo juízo *a quo* (juízo que proferiu a decisão impugnada);
2) realizado pelo juízo *ad quem* (juízo que irá julgar o recurso).

O juízo de admissibilidade poderá ser positivo ou negativo.

- **positivo**: quando presentes os pressupostos recursais;
- **negativo**: quando ausente qualquer um dos pressupostos recursais.

Pode ocorrer ainda de o juízo *a quo* declinar que apenas em relação a alguns capítulos o recurso preenche os pressupostos recursais, como, por exemplo, entende que o recorrente teria interesse recursal apenas no que se refere ao capítulo relacionado à equiparação salarial e não quanto ao capítulo das horas extras. Tem-se aqui o chamado **juízo de admissibilidade parcial**.

Nesse caso, constitui ônus da parte impugnar, mediante agravo de instrumento, o capítulo denegatório da decisão, sob pena de preclusão, inclusive a preclusão máxima que é a formação da coisa julgada (TST-IN nº 40/2016, art. 1º, *caput*).

O CPC/2015 extinguiu o duplo juízo de admissibilidade para os juízos de natureza ordinária, mantendo-o apenas para os recursos extraordinário e especial. Contudo, no processo do trabalho, o advento do Novo CPC não produzirá impactos acerca do duplo juízo de admissibilidade, ante a existência de normas expressas na legislação trabalhista sobre o tema (IN nº 39/2016, art. 2º, XI).

17.1.1. TEMPESTIVIDADE

No processo do trabalho, em regra, os recursos têm o prazo de 8 dias, exceto:

1) embargos de declaração – 5 dias;
2) recurso extraordinário – 15 dias;
3) recurso de revisão – 48 horas;

Possuem prazo em dobro para recorrer:

1) o Ministério Público;
2) a Defensoria Pública
3) a Administração Pública Direta, autarquias e fundações públicas.

O prazo para apresentação de contrarrazões é o mesmo concedido ao recorrente (CLT, art. 900). Ademais, conforme os arts. 180, 183 e 186 do CPC/2015, o Ministério Público, a Fazenda Pública e a Defensoria Pública terão prazo em dobro para todas as suas manifestações processuais, o que engloba o prazo das contrarrazões.

17.1.2. CUSTAS E DEPÓSITO RECURSAL

Na hipótese de recurso, o pagamento das custas processuais deve ocorrer no prazo alusivo ao recurso.

O depósito recursal deve ser feito no prazo do recurso. A interposição antecipada deste não prejudica o prazo para efetivação do depósito (Súmula n° 245 do TST). No caso de agravo de instrumento, porém, o depósito recursal deve ser feito no ato da interposição do recurso.

O depósito recursal somente é exigido do empregador.

O depósito recursal é exigido nas relações de trabalho. Nesse caso, é obrigatório para o tomador e prestador de serviços. Alguns doutrinadores entendem que, nessa hipótese, é devido apenas pelo tomador.

Estão dispensados do recolhimento do depósito recursal:

1) o empregado;
2) os entes de direito público externo (TST-IN n° 3, X);
3) a União, os Estados, o Distrito Federal, os municípios, as autarquias e as fundações de direito público que não explorem atividade econômica (TST-IN nº 3, X);
4) o Ministério Público do Trabalho;
5) a massa falida (TST-IN nº 3, X; Súmula 86 do TST); e
6) a herança jacente (TST-IN n° 3, X)
7) os beneficiários da justiça gratuita (CLT, art. 899, § 10);
8) as entidades filantrópicas (CLT, art. 899, § 10); e
9) as empresas em recuperação judicial (CLT, art. 899, § 10).

Atente-se para o fato de que o depósito será reduzido pela metade para:

a) entidades sem fins lucrativos;
b) empregadores domésticos;
c) microempreendedores individuais;
d) microempresas; e
e) empresas de pequeno porte.

O depósito recursal tem cabimento apenas das decisões condenatórias em pecúnia (Súmula n° 161 do TST), já que, como regra, o depósito é feito em dinheiro. No entanto, a Lei 13.467/17 autoriza que o depósito recursal poderá ser substituído por fiança bancária ou seguro garantia judicial (CLT, art. 899, § 11).

Quanto aos recursos que exigem o depósito recursal, podemos esquematizá-los da seguinte forma:

Exigem depósito recursal	Não exigem depósito recursal
Recurso ordinário	Pedido de revisão
Recurso de revista	Embargos de declaração
Agravo de petição, quando não estiver garantido o juízo	Agravo de petição, se já estiver garantido o juízo*
Agravo de instrumento	Agravo regimental e/ou interno
Embargos para a SDI (divergência)	Embargos infringentes no TST (CLT, art. 894, I)**
	Recurso extraordinário***
	Recurso ordinário em dissídio coletivo (TST-IN nº 3, V)

*Da decisão proferida no incidente de desconsideração da personalidade jurídica na fase de execução, é desnecessário o depósito recursal para a interposição do agravo de petição.

** Como esse recurso está ligado ao dissídio coletivo, ele busca impugnar sentença normativa que tem natureza constitutiva-dispositiva. Portanto, não temos decisão condenatória em pecúnia, sendo descabido, assim, o depósito recursal.

*** Tema 679 do STF: Surge incompatível com a Constituição Federal exigência de depósito prévio como condição de admissibilidade do recurso extraordinário, no que não recepcionada a previsão constante do § 1º do artigo 899 da Consolidação das Leis do Trabalho, sendo inconstitucional a contida na cabeça do artigo 40 da Lei nº 8.177 e, por arrastamento, no inciso II da Instrução Normativa nº 3/1993 do Tribunal Superior do Trabalho".[23]

Quando o agravo de instrumento tem a finalidade de destrancar recurso de revista que se insurge contra decisão que contraria a jurisprudência uniforme do Tribunal Superior do Trabalho, consubstanciada nas suas súmulas ou em orientação jurisprudencial, não haverá obrigatoriedade de se efetuar o depósito recursal (CLT, art. 899, § 8º).

É ônus da parte recorrente efetuar o depósito legal, integralmente, em relação a cada novo recurso interposto, sob pena de deserção. Atingido o valor da condenação, nenhum depósito mais é exigido para qualquer recurso (Súmula n° 128, I, do TST).

Garantido o juízo na fase executória, a exigência de depósito para recorrer de qualquer decisão viola os incisos II e LV do art. 5° da CF/1988. Havendo, porém, elevação do valor do débito, exige-se a complementação da garantia do juízo (Súmula n° 128, II, do TST).

Havendo condenação solidária de duas ou mais empresas, o depósito recursal efetuado por uma delas aproveita as demais, quando a empresa que efetuou o depósito não pleiteia sua exclusão da lide (Súmula nº 128, III, do TST).

Em caso de recolhimento insuficiente das custas processuais ou do depósito recursal, somente haverá deserção do recurso se, concedido o prazo de 5 (cinco) dias previsto no § 2º do art. 1.007 do CPC de 2015, o recorrente não complementar e comprovar o valor devido (OJ 140 da SDI – I).

17.1.3. EFEITO DO RECURSO TRABALHISTA

Os recursos serão interpostos por simples petição.

23. STF. Plenário, Sessão Virtual de 15.5.2020 a 21.5.2020.

No processo do trabalho, os recursos terão efeito meramente devolutivo, salvo as exceções previstas em lei, permitida a execução provisória até a penhora (CLT, art. 899).

17.1.4. REEXAME NECESSÁRIO

As decisões total ou parcialmente desfavoráveis à União, aos Estados, ao Distrito Federal, aos municípios, às autarquias e às fundações de direito público federais, estaduais ou municipais que não explorem atividade econômica estão, obrigatoriamente, sujeitas ao duplo grau de jurisdição, sob pena de não produzirem efeitos práticos. Trata-se do chamado reexame necessário.

Conquanto seja previsto no Decreto-Lei nº 779/69, sua regulamentação nesse dispositivo é incompleta, impondo a aplicação supletiva do art. 496 e parágrafos do CPC/2015 (TST-IN nº 39/2016, art. 3º, X).

O reexame necessário é dispensado nos seguintes casos:

a) quando a condenação não ultrapassar o valor correspondente a:

> I – 1.000 salários mínimos para a União e as respectivas autarquias e fundações de direito público;
>
> II – 500 salários mínimos para os Estados, o Distrito Federal, as respectivas autarquias e fundações de direito público e os Municípios que constituam capitais dos Estados;
>
> III – 100 salários mínimos para todos os demais Municípios e respectivas autarquias e fundações de direito público (Súmula nº 303, I, do TST e CPC/2015, art. 496, § 3º).

b) quando a decisão estiver fundada em:

> I – súmula ou orientação jurisprudencial do Tribunal Superior do Trabalho;
>
> II – acórdão proferido pelo Supremo Tribunal Federal ou pelo Tribunal Superior do Trabalho em julgamento de recursos repetitivos;
>
> III – entendimento firmado em incidente de resolução de demandas repetitivas ou de assunção de competência;
>
> IV – entendimento coincidente com orientação vinculante firmada no âmbito administrativo do próprio ente público, consolidada em manifestação, parecer ou súmula administrativa (Súmula nº 303, II, do TST e CPC/2015, art. 496, § 4º)

Cabe observar que o reexame necessário também é aplicável na ação rescisória e no mandado de segurança, como prevê os itens III e IV da Súmula nº 303 do TST:

> **Súmula nº 303 do TST.**
>
> (...)
>
> III – Em ação rescisória, a decisão proferida pelo Tribunal Regional do Trabalho está sujeita ao duplo grau de jurisdição obrigatório quando desfavorável ao ente público, exceto nas hipóteses dos incisos anteriores.
>
> IV – Em mandado de segurança, somente cabe reexame necessário se, na relação processual, figurar pessoa jurídica de direito público como parte prejudicada pela concessão da ordem. Tal situação não ocorre na hipótese de figurar no feito como impetrante e terceiro interessado pessoa de direito privado, ressalvada a hipótese de matéria administrativa.

17.1.5. JUÍZO DE RETRATAÇÃO

Como regra, após proferida a decisão, o juiz não poderá alterá-la, salvo se interpostos os embargos de declaração.

No entanto, em três hipóteses será possível o juiz retratar-se. São elas:

1) indeferimento da petição inicial;
2) extinção do processo sem resolução do mérito;
3) improcedência liminar.

17.2. RECURSOS EM ESPÉCIE

17.2.1. EMBARGOS DE DECLARAÇÃO

Os embargos de declaração são regidos pelo art. 897-A da CLT e, supletivamente, pelos arts. 1.022 a 1.025 e §§ 2º ao 4º, do art. 1.026 do CPC/2015, ressalvada a garantia de prazo em dobro para os litisconsortes, prevista no art. 1.023, § 1º (TST-IN nº 39/2016, art. 9º; OJ nº 310 da SDI-I do TST).

Caberão embargos de declaração para impugnar para qualquer decisão judicial, no prazo de 5 dias, devendo seu julgamento ocorrer na primeira audiência ou sessão subsequente a sua apresentação, registrado na certidão (CLT, art. 897-A; TST-IN 39, art. 9º).

Os embargos de declaração têm cabimento para sanar:

a) omissão: quando a decisão deixar de apreciar ponto ou questão (ponto controvertido) sobre o qual devia pronunciar o juiz de ofício ou a requerimento (CPC/2015, art. 1.022, *caput*);
b) obscuridade: quando a decisão não for clara. Embora esse vício não esteja presente no art. 897-A da CLT, é majoritariamente aceita a sua incidência no processo do trabalho;
c) contrariedade: quando houver incoerência interna na decisão;
d) manifesto equívoco no exame dos pressupostos extrínsecos do recurso: serão cabíveis os embargos de declaração quando houver dois requisitos cumulativos: *a)* possuir manifesto equívoco e; *b)* tratar-se de **pressupostos extrínsecos** (tempestividade, representação, preparo, depósito recursal e regularidade formal[24]).

Admite-se efeito modificativo da decisão nos casos de omissão e contradição no julgado e manifesto equívoco no exame dos pressupostos extrínsecos do recurso. Os embargos de declaração com efeito modificativo ou infringente atualmente são admitidos expressamente no art. 897-A da CLT e nos arts. 1.023, § 2º e 1.024, § 4º, ambos do CPC/2015, aplicáveis supletivamente ao processo do trabalho (TST-IN nº 39/2016, art. 9º). No mesmo sentido, já previa a Súmula nº 278 do TST.

24. Parte da doutrina também inclui a inexistência de fato impeditivo ou extintivo do poder de recorrer.

Eventual efeito modificativo dos embargos de declaração somente poderá ocorrer em virtude da correção de vício na decisão embargada e desde que ouvida a parte contrária, no prazo de 5 dias (CLT, art. 897-A, § 2°).

Os embargos de declaração têm o efeito de interromper o prazo para a interposição de outros recursos. Dessa forma, para que eles não sejam utilizados apenas para a interrupção do prazo recursal, o ordenamento prevê sanção processual ao recorrente que se utilizar dos embargos com objetivo protelatório, **revertendo a penalidade em favor do embargado.**

Desse modo, o art. 1.026, §§ 2º a 4º, do CPC/2015, aplicável ao processo trabalhista (TST-IN nº 39/2016, art. 9º), prevê uma gradação da sanção:

- *1º embargos de declaração protelatórios: multa* não excedente a 2% sobre o valor atualizado da causa;
- *2º embargos de declaração protelatórios, ou seja, reiteração dos embargos protelatórios: elevação da multa a* até 10% sobre o valor atualizado da causa;
- **3º embargos de declaração protelatórios:** não serão admitidos.

Destaca-se que não haverá efeito interruptivo quando se tratar de embargos de declaração: 1) intempestivos; 2) com irregularidade na representação da parte; ou 3) ausente de assinatura.

17.2.2. RECURSO ORDINÁRIO

O Recurso Ordinário é cabível nas seguintes hipóteses:

1) das decisões definitivas ou terminativas das Varas do Trabalho;
2) das decisões definitivas ou terminativas dos Tribunais Regionais, em processos de sua competência originária, quer nos dissídios individuais, quer nos dissídios coletivos.

O prazo para interposição do recurso ordinário é de 8 dias.

- Têm competência para julgar o recurso ordinário:
  a) TRT – quando se tratar de sentença;
  b) TST – quando for o caso de competência originária do TRT.

17.2.3. AGRAVO DE PETIÇÃO

O agravo de petição é o recurso **destinado a impugnar as decisões proferidas na execução trabalhista** (CLT, art. 897, "a").

O prazo para interposição do agravo de petição é de 8 dias.

O agravo de petição só será recebido quando o agravante delimitar, justificadamente, as matérias e os valores impugnados, permitida a execução imediata da parte remanescente até o final, nos próprios autos ou por carta de sentença (CLT, art. 897, § 1°).

17.2.4. AGRAVO DE INSTRUMENTO

O agravo de instrumento é uma modalidade recursal restrita no processo do trabalho, vez que é destinado tão somente a destrancar o recurso não processado no juízo *a quo*. Noutras palavras, é o recurso que visa a impugnar decisão negativa do **primeiro** juízo de admissibilidade do recurso.

O Agravo de instrumento deve ser interposto no prazo de 8 dias.

Tem como pressuposto específico a formação do instrumento, devendo instruir o agravo:

> I – obrigatoriamente, com cópias da decisão agravada, da certidão da respectiva intimação, das procurações outorgadas aos advogados do agravante e do agravado, da petição inicial, da contestação, da decisão originária, do depósito recursal referente ao recurso que se pretende destrancar, da comprovação do recolhimento das custas e do depósito recursal do agravo de instrumento;
>
> II – facultativamente, com outras peças que o agravante reputar úteis ao deslinde da matéria de mérito controvertida.

Destaca-se que com o advento do processo eletrônico, realidade em todos os tribunais trabalhistas, a formação do instrumento deixa de ser pressuposto essencial para o agravo de instrumento. Isso porque, com a interposição do agravo de instrumento, o tribunal *ad quem* terá acesso integral aos autos (CSJT-Res. nº 136/2014, art. 34; CPC/2015, art. 1.017, § 5º).

17.2.5. RECURSO DE REVISTA

O recurso de revista é um recurso de natureza extraordinária e vinculada, sendo disciplinado no art. 896 da CLT.

- Requisitos de cabimento do recurso de revista:
  1) prazo de 8 (oito) dias;
  2) serve para impugnar decisões dos Tribunais Regionais em grau de recurso ordinário;
  3) aplica-se somente nos dissídios individuais;
  4) exige a comprovação de:
  4.1) divergência jurisprudencial ou
  4.2) violação de lei federal ou
  4.3) violação da Constituição Federal

  Entende-se por divergência jurisprudencial:

1) as decisões que derem ao mesmo dispositivo de lei federal interpretação diversa da que lhe houver dado outro Tribunal Regional do Trabalho, no seu Pleno ou Turma, ou a Seção de Dissídios Individuais do Tribunal Superior do Trabalho, ou contrariarem súmula de jurisprudência uniforme dessa Corte ou súmula vinculante do Supremo Tribunal Federal;
2) as decisões que derem ao mesmo dispositivo de lei estadual, Convenção Coletiva de Trabalho, Acordo Coletivo, sentença normativa ou regulamento empresarial de observância obrigatória em área territorial que exceda a jurisdição do Tribunal Regional prolator da decisão recorrida, interpretação divergente, na forma do item anterior;

Têm competência para julgar o recurso de revista as Turmas do TST.

No recurso de revista, não se admite o reexame de fatos e provas (Súmula n° 126 do TST).

No recurso de revista, além dos pressupostos recursais genéricos (cabimento, legitimidade, interesse, fato extintivo e impeditivos do direito de recorrer, tempestividade, representação, custas, depósito recursal e regularidade formal), são exigidos dois pressupostos específicos:

1) **a transcendência**: entendido como o recurso de revista que produz reflexos gerais de natureza econômica, política, social ou jurídica.

Ademais, estabelecem os §§ do art. 896-A da CLT, inseridos pela Lei nº 13.467/17 (reforma trabalhista), o que segue:

> § 1º São indicadores de transcendência, entre outros:
>
> I – econômica, o elevado valor da causa;
>
> II – política, o desrespeito da instância recorrida à jurisprudência sumulada do Tribunal Superior do Trabalho ou do Supremo Tribunal Federal;
>
> III – social, a postulação, por reclamante-recorrente, de direito social constitucionalmente assegurado;
>
> IV – jurídica, a existência de questão nova em torno da interpretação da legislação trabalhista.
>
> § 2º Poderá o relator, monocraticamente, denegar seguimento ao recurso de revista que não demonstrar transcendência, cabendo agravo desta decisão para o colegiado.
>
> § 3º Em relação ao recurso que o relator considerou não ter transcendência, o recorrente poderá realizar sustentação oral sobre a questão da transcendência, durante cinco minutos em sessão.
>
> § 4º Mantido o voto do relator quanto à não transcendência do recurso, será lavrado acórdão com fundamentação sucinta, que constituirá decisão irrecorrível no âmbito do tribunal.
>
> § 5º É irrecorrível a decisão monocrática do relator que, em agravo de instrumento em recurso de revista, considerar ausente a transcendência da matéria.[25]
>
> § 6º O juízo de admissibilidade do recurso de revista exercido pela Presidência dos Tribunais Regionais do Trabalho limita-se à análise dos pressupostos intrínsecos e extrínsecos do apelo, não abrangendo o critério da transcendência das questões nele veiculadas

2) **o presquestionamento**: quando na decisão impugnada haja sido adotada, explicitamente, tese a respeito (Súmula nº 297, I, do TST). Incumbe à parte interessada, desde que a matéria haja sido invocada no recurso principal, opor embargos declaratórios objetivando o pronunciamento sobre o tema, sob pena de preclusão (Súmula nº 297, II, do TST). Considera-se prequestionada a questão jurídica invocada no recurso principal sobre a qual se omite o Tribunal de pronunciar tese, não obstante opostos embargos de declaração (Súmula nº 297, III, do TST).

Ademais, descreve o art. 896, § 1º-A, da CLT que:

> § 1º-A. Sob pena de não conhecimento, é ônus da parte:
>
> I – indicar o trecho da decisão recorrida que consubstancia o prequestionamento da controvérsia objeto do recurso de revista;
>
> II – indicar, de forma explícita e fundamentada, contrariedade a dispositivo de lei, súmula ou orientação jurisprudencial do Tribunal Superior do Trabalho que conflite com a decisão regional;
>
> III – expor as razões do pedido de reforma, impugnando todos os fundamentos jurídicos da decisão recorrida, inclusive mediante demonstração analítica de cada dispositivo de lei, da Constituição Federal, de súmula ou orientação jurisprudencial cuja contrariedade aponte.
>
> V – transcrever na peça recursal, no caso de suscitar preliminar de nulidade de julgado por negativa de prestação jurisdicional, o trecho dos embargos declaratórios em que foi pedido o pronunciamento do tribunal sobre questão veiculada no recurso ordinário e o trecho da decisão regional que rejeitou os embargos quanto ao pedido, para cotejo e verificação, de plano, da ocorrência da omissão.

No entanto, quando a violação nasce na própria decisão recorrida é desnecessário o prequestionamento (OJ 119 da SDI-I).

O relator do recurso de revista poderá denegar- lhe seguimento, em decisão monocrática, nas hipóteses de intempestividade, deserção, irregularidade de representação ou de ausência de qualquer outro pressuposto extrínseco ou intrínseco de admissibilidade (CLT, art. 896, § 14).

Não cabe recurso de revista:

1) de decisões conflitantes dentro do mesmo TRT;
2) de acórdão prolatado em agravo de instrumento (Súmula nº 218 do TST);
3) quando o ente público não interpôs recurso ordinário voluntário da decisão de primeira instância, ressalvada a hipótese de ter sido agravada, na segunda instância, a condenação imposta (OJ nº 334 da SDI-I do TST).

Nas causas sujeitas ao procedimento sumaríssimo, somente será admitido recurso de revista por contrariedade à súmula de jurisprudência uniforme do Tribunal Superior do Trabalho ou a súmula vinculante do Supremo Tribunal Federal e violação direta da Constituição da República (CLT, art. 896, § 9º). Não cabe por violação à orientação jurisprudencial (Sumula nº 442 do TST).

Na fase de execução somente cabe recurso de revista por ofensa direta e literal de norma da Constituição Federal (CLT, art. 896, § 2º). Essa é a regra. Porém, é importante observar que a Lei nº 13.015/14 ampliou o cabimento do recurso de revista na fase de execução em duas hipóteses: 1) execução fiscal; 2) controvérsias da fase de execução que envolvam a Certidão Negativa de Débitos Trabalhistas (CNDT). Nesses dois casos, o recurso de revista será cabível quando:

a) por violação a lei federal;

25. Cumpre destacar que o art. 896-A, § 5º, da CLT descrevia ser irrecorrível a decisão monocrática do relator que, em agravo de instrumento em recurso de revista, considerava ausente a transcendência da matéria. Esse dispositivo, porém, foi declarado inconstitucional, de modo que, nos dias atuais, esta decisão é impugnável por meio do agravo interno (TST-ArgInc 1000845-52.2016.5.02.0461. Jul. 6.11.20.)

b) divergência jurisprudencial;

c) por ofensa à Constituição Federal (CLT, art. 896, § 10).

Resumo das hipóteses de cabimento do recurso de revista:

Rito ordinário	Rito sumaríssimo	Fase de execução*
Afrontar a Constituição Federal	Afrontar a Constituição Federal	Afrontar a Constituição Federal
Contrariar súmula do TST	Contrariar súmula do TST	
Teses em IRRR, IAC e IRDR	Teses em IRRR, IAC e IRDR	
Contrariar súmula vinculante do STF	Contrariar súmula vinculante do STF	
Violar lei federal Contrariar Orientação Jurisprudencial Divergência jurisprudencial		
* Apenas nas hipóteses de execução fiscal e controvérsias da fase de execução que envolvam a Certidão Negativa de Débitos Trabalhistas (CNDT), o recurso de revista será cabível quando: violar a lei federal, por divergência jurisprudencial e por ofensa à Constituição Federal (CLT, art. 896, § 10).		

17.2.6. EMBARGOS NO TST

Os embargos no TST têm aplicação restrita no Tribunal Superior do Trabalho, sendo duas modalidades:

1) embargos infringentes;
2) embargos de divergência (embargos à SDI).

17.2.6.1. EMBARGOS INFRINGENTES

Os embargos infringentes pressupõem os seguintes requisitos **cumulativos**:

1) dissídio coletivo;
2) competência originária do TST;
3) decisão não unânime.

Eles devem ser interpostos no prazo de 8 dias, sendo cabíveis, nos termos do art. 894, I, da CLT:

> I – de decisão não unânime de julgamento que:
>
> a) conciliar, julgar ou homologar conciliação em dissídios coletivos que excedam a competência territorial dos Tribunais Regionais do Trabalho e estender ou rever as sentenças normativas do Tribunal Superior do Trabalho, nos casos previstos em lei.

A Fazenda Pública, o Ministério Público do Trabalho e a Defensoria Pública possuem o prazo em dobro, ou seja, 16 dias (CPC/2015, arts. 180, 183 e 186), inclusive para as contrarrazões.

Atenta-se, por fim, para o fato de que **não** caberão tais embargos se a decisão impugnada estiver em consonância com precedente jurisprudencial do Tribunal Superior do Trabalho ou da súmula de sua jurisprudência predominante (Lei nº 7.701/88, art. 2º, II, "c").

17.2.6.2. EMBARGOS DE DIVERGÊNCIA

Os embargos de divergência, também chamados de embargos para a SDI, vêm disciplinados no art. 894, II, da CLT, sendo cabível no prazo de 8 dias: das decisões das Turmas que divergirem entre si ou das decisões proferidas pela Seção de Dissídios Individuais, ou contrárias à súmula ou orientação jurisprudencial do Tribunal Superior do Trabalho ou súmula vinculante do Supremo Tribunal Federal.

Portanto, podemos esquematizar as hipóteses de cabimento dos embargos de divergência da seguinte forma:

Decisão recorrida		Decisão divergente
Turma do TST	X	Outra Turma do TST
Turma do TST		SDI
Turma do TST		Súmula e OJ do TST
Turma do TST		Súmula vinculante do STF

Pelo referido quadro, fica claro que, para ensejar esse recurso, obrigatoriamente, a decisão deve ser colegiada (da Turma do TST), razão pela qual não será cabível quando decorrente de decisão monocrática (OJ nº 378 da SDI-I do TST).

A competência para julgar os embargos de divergência é da SDI-I.

Como regra, a decisão da Turma, proferida no julgamento de agravo, não é recorrível por meio dos embargos de divergência. No entanto, o TST prevê algumas exceções, como se percebe pela Súmula nº 353 do TST:

> **Súmula nº 353 do TST.** Embargos. Agravo. Cabimento
>
> Não cabem embargos para a Seção de Dissídios Individuais de decisão de Turma proferida em agravo, salvo:
>
> a) da decisão que não conhece de agravo de instrumento ou de agravo pela ausência de pressupostos extrínsecos;
>
> b) da decisão que nega provimento a agravo contra decisão monocrática do Relator, em que se proclamou a ausência de pressupostos extrínsecos de agravo de instrumento;
>
> c) para revisão dos pressupostos extrínsecos de admissibilidade do recurso de revista, cuja ausência haja sido declarada originariamente pela Turma no julgamento do agravo;
>
> d) para impugnar o conhecimento de agravo de instrumento;
>
> e) para impugnar a imposição de multas previstas nos arts. 1.021, § 4º, do CPC de 2015 ou 1.026, § 2º, do CPC de 2015 (art. 538, parágrafo único, do CPC de 1973, ou art. 557, § 2º, do CPC de 1973).
>
> f) contra decisão de Turma proferida em agravo em recurso de revista, nos termos do art. 894, II, da CLT.

Ademais, nas causas sujeitas ao rito sumaríssimo, admitem-se os embargos quando demonstrada que a divergência jurisprudencial entre Turmas do TST é fundada em interpretações diversas acerca da aplicação de mesmo dispositivo constitucional ou de matéria sumulada (Súmula nº 458 do TST).

Já na fase de execução, os embargos de divergência ficam condicionados à demonstração de divergência jurisprudencial entre Turmas ou destas e a Seção Especializada em Dissídios Individuais do Tribunal Superior do Trabalho em relação à interpretação de dispositivo constitucional (Súmula nº 433 do TST).

17.3. AGRAVO INTERNO E REGIMENTAL

Para manter a substância do tribunal (órgão colegiado) e a competência do colegiado, a decisão monocrática do relator está sujeita ao agravo interno e/ou regimental, a fim de levar essa decisão ao conhecimento do órgão colegiado (por exemplo, Turma).

É incabível agravo interno (1.021 do CPC/2015) ou agravo regimental (art. 235 do RITST) contra decisão proferida por órgão colegiado, sendo inclusive inaplicável, no caso, o princípio da fungibilidade ante a configuração de erro grosseiro (OJ nº 412 da SDI-I do TST).

O agravo regimental é previsto nos regimentos internos dos tribunais, mas, excepcionalmente, há indicação de seu cabimento na própria lei, como se percebe, por exemplo, pelos arts. 2º, II, "d" e 3º, III, da Lei nº 7.701/88.

Interposto o agravo interno, o recorrente deverá impugnar especificamente os fundamentos da decisão agravada (CPC/2015, art. 1.021, § 1º).

O agravo será dirigido ao relator, que intimará o agravado para manifestar-se sobre o recurso no prazo de 8 dias, ao final do qual, não havendo retratação, o relator levá-lo-á a julgamento pelo órgão colegiado, com inclusão em pauta (CPC/2015, art. 1.021, § 2º).

17.4. RECLAMAÇÃO CORREICIONAL

Trata-se de procedimento administrativo, destinado a corrigir atos praticados ou omitidos pelo juiz, por abuso ou erro, capazes de tumultuar o andamento do processo. No processo do trabalho, além dos referidos regimentos a preverem, a Lei nº 14.824/2024 declina seu cabimento no art. 11, II, *in verbis*:

> **Art. 11.** *Compete ao Corregedor-Geral da Justiça do Trabalho:*
>
> *[...]*
>
> *II – decidir correições parciais contra atos atentatórios à boa ordem processual praticados pelos Tribunais Regionais do Trabalho ou pelos seus membros, quando inexistir recurso processual específico.*

O prazo para interposição da correição é definido pelo regimento interno dos tribunais, variando, normalmente, de 5 ou 8 dias.

A competência para o julgamento da correição parcial é da seguinte forma:

Ato impugnado	Competência
Vara do Trabalho	Corregedor-Regional do TRT
Tribunal Regional do Trabalho	Corregedor-Geral do TST

A interposição da correição parcial exige a presença cumulativa dos seguintes requisitos[26]:

1) existência de ato que contenha erro ou abuso, capaz de tumultuar a marcha do processo;
2) dano ou possibilidade de dano irreparável, para a parte;
3) inexistência de recurso para sanar o *error in procedendo*.

É possível, portanto, que até mesmo um despacho que tumultue o processo, gerando danos, possa se submeter à correição, vez que não é suscetível de recurso.

Atenta-se para o fato de que havendo recurso, ainda que diferido, não caberá a correição parcial.

18. DO INCIDENTE DE UNIFORMIZAÇÃO DE JURISPRUDÊNCIA. DO INCIDENTE DE RECURSOS DE REVISTA E EMBARGOS REPETITIVOS (IN 38/TST)

O art. 896-C, *caput*, da CLT estabelece que a questão poderá ser afetada à Seção Especializada em Dissídios Individuais ou ao Tribunal Pleno, na hipótese de multiplicidade de recursos de revista fundados em idêntica questão de direito e considerando a relevância da matéria ou a existência de entendimentos divergentes entre os ministros da SDI ou das Turmas do TST.

A competência para o julgamento das causas repetitivas é da Seção de Dissídios Individuais ou do Tribunal Pleno.

O presidente da Turma ou da Seção Especializada (SDI-I) que propor a afetação de processo para julgamento sob o rito dos recursos repetitivos deverá expedir comunicação aos demais presidentes de Turma ou de Seção Especializada, que poderão afetar outros processos sobre a questão para julgamento conjunto, a fim de conferir ao órgão julgador visão global da questão (CLT, art. 896-C, § 2º). Sendo acolhida a proposta, o recurso repetitivo será distribuído a um dos ministros – membros da Seção Especializada ou do Tribunal Pleno e a um ministro revisor (CLT, art. 896-C, § 6º).

Acolhida a proposta de afetação, define-se se o processo será julgado pela SDI-I ou pelo Tribunal Pleno. Ato contínuo, será distribuído a um relator e a um revisor.

O relator não fica vinculado às propostas de afetação, podendo recusá-las por entender que os recursos representativos da controvérsia não são admissíveis ou não contenham abrangente argumentação e discussão a respeito da questão a ser decidida. Pode, ainda, selecionar outros recursos representativos da controvérsia (TST-IN nº 38, art. 4º).

Selecionados os recursos, o relator, constando a presença do pressuposto do *caput* do art. 896-C da CLT, proferirá decisão de afetação, na qual identificará com precisão a questão a ser submetida a julgamento (TST-IN nº 38, art. 5º, I; CPC/2015, art. 1.037, *caput*).

Considerando que a decisão a ser proferida no julgamento das causas repetitivas atingirá outros processos, o relator poderá determinar a suspensão dos recursos de revista ou de embargos que tenham como

26. THEODORO JÚNIOR, Humberto. Curso de direito Processual Civil. Teoria geral do direito processual civil e processo de conhecimento. Vol. I. Rio de Janeiro: Forense, 2013. p. 608.

objeto controvérsia idêntica à do recurso afetado como repetitivo (CLT, art. 896-C, § 5º).

Por sua vez, o presidente do Tribunal Superior do Trabalho oficiará, por meio de carta de ordem, os presidentes dos Tribunais Regionais do Trabalho para que suspendam os recursos interpostos em casos idênticos aos afetados como recursos repetitivos, até o pronunciamento definitivo do Tribunal Superior do Trabalho (CLT, art. 896-C, § 3º);

Haverá suspensão dos recursos ordinários pendentes de julgamento no TRT, bem como dos processos em primeiro grau de jurisdição (Instrução Normativa nº 38 do TST, arts. 6º e 14, III).

Os recursos afetados deverão ser julgados no prazo de um ano e terão preferência sobre os demais feitos.

O relator do recurso repetitivo poderá solicitar, aos Tribunais Regionais do Trabalho, informações a respeito da controvérsia, a serem prestadas no prazo de 15 dias (CLT, art. 896-C, § 7º);

Julgado o recurso representativo da controvérsia, os processos porventura suspensos em primeiro e segundo graus de jurisdição retomarão o curso para julgamento e aplicação da tese firmada pelo Tribunal Superior do Trabalho (TST-IN nº 38, art. 14º, III; CPC/2015, art. 1.040, III).

Já os recursos sobrestados na origem:

1) terão seguimento denegado pelo presidente ou vice-presidente do TRT na hipótese de o acórdão recorrido coincidir com a orientação do Tribunal Superior do Trabalho; ou
2) serão novamente examinados pelo tribunal de origem na hipótese de o acórdão recorrido divergir da orientação do Tribunal Superior do Trabalho a respeito da matéria (CLT, art. 896-C, § 10).

A mesma sistemática do recurso de revista repetitivo se aplica aos embargos de divergência repetidos.

19. DO PROCESSO JUDICIAL ELETRÔNICO: PECULIARIDADES, CARACTERÍSTICAS E PRAZOS; NORMAS APLICÁVEIS AO PROCESSO JUDICIAL ELETRÔNICO

No âmbito da Justiça do Trabalho, o processo judicial eletrônico é atualmente regulamentado pela Resolução nº 185/2017 do CSJT e pela Lei nº 11.419/2006.

A implantação do sistema eletrônico (PJe) poderá ocorrer:

> I – a partir da fase de conhecimento, com a superação dos atuais sistemas de gestão das informações processuais mantidos pelo TRT; e
>
> II – a partir das fases de liquidação ou execução, após o trânsito em julgado do título e para os processos de classes executivas. (CSJT, Res. nº 185/2017, art. 50)

Atenta-se para o fato de que, no processo eletrônico, o tamanho máximo é de 10 megabytes (ato conjunto TST.CSJT.GP.SG.SETIC nº 48/2021).

O envio de petições, de recursos e a prática de atos processuais em geral por meio eletrônico serão admitidos mediante uso de assinatura eletrônica, sendo obrigatório o credenciamento prévio no Poder Judiciário, conforme disciplinado pelos órgãos respectivos (Lei nº 11.419/06, art. 2º).

Serão admitidas assinaturas digitais de pessoas físicas e de pessoas jurídicas, realizadas no sistema PJe ou a este destinadas, com a utilização de certificado digital A1 e A3, na forma da normatização do ICP-Brasil e nos termos da Resolução nº 185 do CNJ (Res. nº 185 do CNJ, art. 4º, § 3º).

O PJe estará disponível 24 horas por dia, ininterruptamente, ressalvados os períodos de manutenção do sistema (CNJ-Res. nº 185/2013, art. 8º).

Considera-se indisponibilidade do sistema PJe a falta de oferta ao público externo, diretamente ou por meio de WebService, de qualquer um dos seguintes serviços:

> I – consulta aos autos digitais;
>
> II – transmissão eletrônica de atos processuais;
>
> III – acesso a citações, intimações ou notificações eletrônicas (CNJ Res. nº 185/2017, art. 9º).

Ademais, haverá indisponibilidade nos períodos de manutenção do sistema. As manutenções programadas do sistema serão sempre informadas com antecedência e realizadas, **preferencialmente, entre 0h de sábado e 22h de domingo, ou entre 0h e 6h dos demais dias da semana** (CNJ – Res. nº 185/2013, art. 8º, parágrafo único).

A indisponibilidade previamente programada será ostensivamente comunicada ao público externo com, pelo menos, 5 dias de antecedência (CNJ – Res. nº 185/2013, art. 12).

A indisponibilidade definida anteriormente será aferida por sistema de auditoria fornecido pelo Conselho Nacional de Justiça ou por órgão a quem este atribuir tal responsabilidade (CNJ – Res. nº 185/2013, art. 10 e CSJT – Res. nº 185/2017, art. 10). Quanto às interrupções deverá haver:

> I – registro em relatório de indisponibilidade do funcionamento;
>
> II – divulgação ao público, no sítio do Tribunal respectivo, na rede mundial de computadores; (CSJT – Res. nº 185/2017, art. 10).

Os Tribunais Regionais do Trabalho manterão o controle dos registros no PJe acerca de feriados, da ausência de expediente forense, da prática de atos e da suspensão de prazos prevista nos arts. 214 e 220 do CPC/2015 (CSJT – Res. nº 185/2017, art. 10, § 2º).

Os **prazos que vencerem no dia da ocorrência de indisponibilidade** serão prorrogados para o dia útil seguinte à retomada de funcionamento, quando:

> I – a indisponibilidade for superior a 60 minutos, ininterruptos ou não, se ocorrida entre 6h e 23h; ou
>
> II – ocorrer indisponibilidade entre 23h e 24h00 (CNJ – Res. nº 185/2013, art. 11).

A propósito, os **prazos fixados em hora ou minuto** serão prorrogados até às 24 horas do dia útil seguinte quando:

> I – ocorrer indisponibilidade superior a 60 minutos, ininterruptos ou não, nas últimas 24 horas do prazo; ou
>
> II – ocorrer indisponibilidade nos 60 minutos anteriores ao término (CNJ – Res. nº 185/2013, art. 11, § 2º).

Em todos os casos, a prorrogação dos prazos ocorrerá de forma automática pelo sistema PJe (CNJ – Res. nº 185/2013, art. 11, § 3º).

O autor poderá atribuir segredo de justiça ao processo no momento da propositura da ação, cabendo ao magistrado, após a distribuição, decidir sobre a manutenção ou exclusão dessa situação, nos termos do art. 189 do CPC e art. 770, caput, da CLT. Com exceção da petição inicial, as partes poderão atribuir sigilo às petições e documentos, nos termos do parágrafo único do art. 773 do CPC (CSJT – Res. nº 185/2017, art. 22, §§ 2º e 3º). Com exceção da defesa, da reconvenção e dos documentos que as acompanham, o magistrado poderá determinar a exclusão de petições e documentos indevidamente protocolados sob sigilo, observado o art. 15 da resolução do CSJT.27 (CSJT – Res. nº 185/2017, art. 22, § 4º). O réu poderá atribuir sigilo à contestação e à reconvenção, bem como aos documentos que as acompanham, devendo o magistrado retirar o sigilo caso frustrada a tentativa conciliatória (CSJT – Res. nº 185/2017, art. 22, § 5º).

Em toda e qualquer petição poderá ser requerido sigilo desta ou de documento ou arquivo a ela vinculado (CNJ – Res. nº 185/2013, art. 28, § 1º).

Requerido o segredo de justiça ou sigilo de documento ou o arquivo, este permanecerá sigiloso até que o magistrado da causa decida em sentido contrário, de ofício ou a requerimento da parte contrária (CNJ – Res. nº 185/2013, art. 28, § 2º).

Por fim, atente-se para o fato de que, nos casos em que o rito processual autorize a apresentação de resposta em audiência, faculta-se a sua juntada antecipada aos autos eletrônicos, juntamente com os documentos, hipótese em que permanecerão ocultos para a parte contrária, a critério do advogado peticionante, até a audiência (CNJ – Res. nº 185/2013, art. 28, § 4º).

---

27. Art. 15. As petições e os documentos enviados sem observância às normas desta Resolução poderão ser excluídos por expressa determinação do magistrado, com o registro respectivo, assinalando-se, se for o caso, novo prazo para a adequada apresentação da petição, e em se tratando de petição inicial, será observada a regra prevista no art. 321 e parágrafo único do CPC.

§ 1º Na exclusão de petição incidental dever-se-á tornar indisponível todo o documento a ela anexado.

§ 2º Sendo a exclusão de que trata este artigo referente à petição cujo tipo gere movimento estatístico, deverá ser precedida de pronunciamento do magistrado, com o registro do movimento correspondente à solução dada ao incidente ou recurso.

EDITORA *Jus*PODIVM
www.editorajuspodivm.com.br

RENOVA GRAF
www.renovagraf.com.br

JUS4261

Henrique Correia

COMO SE PREPARAR PARA OS

CONCURSOS DE TÉCNICO E ANALISTA (TJs, TRFs e TRTs)

Henrique Correia

COMO SE PREPARAR PARA OS CONCURSOS DE TÉCNICO E ANALISTA (TJs, TRFs e TRTs)

Kit em 3 volumes

- Teoria Resumida
- **CADERNO DE QUESTÕES**
- Gabarito

3ª Edição | revista atualizada ampliada

EDITORA JusPODIVM
www.editorajuspodivm.com.br

EDITORA
JusPODIVM
www.editorajuspodivm.com.br

Rua Canuto Saraiva, 131 – Mooca – CEP: 03113-010 – São Paulo – São Paulo
Tel: (11) 3582.5757
• Contato: https://www.editorajuspodivm.com.br/central-de-relacionamento

Diagramação: Equipe *Jus*PODIVM

Capa: Ana Caquetti

C824c Correia, Henrique
Como se preparar para os Concursos de Técnico e Analista (TJs, TRFs e TRTs) / Henrique Correia – 3.ed., rev., atual. e ampl. - São Paulo: Editora JusPodivm, 2025.

1.072 p.

Vários autores.
ISBN: 978-85-442-5957-3.

1. Concurso Público. I. Correia, Henrique. II. Título.

CDD 341.33312

APRESENTAÇÃO DA OBRA

Olá concurseiro(a)!

Meu nome é Henrique Correia e sou o Coordenador desta obra.

Atuo como Procurador do Trabalho em Ribeirão Preto (SP). Leciono há mais de 20 anos. Comecei bem jovem, na cidade de Ibiraci (MG), onde dava aulas de inglês. Já dei aulas em cursos de graduação e pós-graduação, bem como em vários cursos preparatórios para concursos públicos. Além disso, sou autor de diversos livros jurídicos pela Editora Juspodivm e coordenador de algumas coleções, como a coleção Revisaço e a coleção Revisão Final.

Tenho muito orgulho de ter sido concurseiro e sei muito bem que não é fácil organizar os estudos e manter uma rotina de preparação. As dificuldades são muitas: falta de tempo, baixa autoestima, quantidade de matérias, materiais que não passam segurança, tarefas domésticas, família, trabalho, pouca grana etc.

Conhecendo de perto a sua realidade e tendo a experiência como procurador, autor, coordenador, professor e ex-concurseiro posso te ajudar na caminhada rumo à aprovação. Juntamente com a Editora Juspodivm e com apoio dos maiores especialistas de suas áreas no País, é com muita felicidade que publicamos a segunda edição desta obra, que faz parte da Coleção campeã de vendas na preparação de estudantes para o Exame da Ordem (OAB) e para aqueles que prestam os concursos de Técnico do INSS e de Delegado, e com os concursos de tribunais não foi diferente. Diante do sucesso da primeira edição, renovamos nosso compromisso com você, caro leitor, de trazer um material seguro e atualizado.

Esta obra abrange as principais matérias cobradas nos concursos para Técnico e Analista do TJ, TRF e TRT e é composta por três volumes.

- O livro de Teoria Resumida é composto por resumos doutrinários de nossos autores, que pensaram esse material como uma forma de consulta rápida e para sanar alguma dúvida que tenha ficado após a realização das questões. Trata-se de um material especialmente elaborado com base nos últimos editais de Técnico e Analista;
- No Caderno de Questões, você irá encontrar milhares de questões atualizadas e comentadas alternativa por alternativa. Os comentários, em geral, não são extensos, mas não se deixe enganar. A estratégia de comentários mais suscintos é para otimizar seus estudos, abordando os temas das questões de maneira concisa, mas completa, com profundidade e, principalmente, de forma didática; e
- Por fim, o volume com o Gabarito, evitando que você dê aquela "espiadinha" na alternativa correta quando estiver quebrando a cabeça para resolver uma questão (sei muito bem como é tentador!). O ideal é que você tente resolver as questões sem consultar o gabarito. Se ficar com dúvidas, recorra ao livro de Teoria Resumida. Depois que tiver respondido, a consulta da resposta certa fica fácil na grade de gabaritos.

A partir de uma análise estatística de mais de 20 editais, selecionamos as matérias de maior incidência nos concursos de Analista e Técnico do TJ, TRF e TRT para trazermos, nesses três volumes, 19 matérias:

Matérias principais (maior incidência nos concursos): Língua Portuguesa, Direito Constitucional, Direito Administrativo, Direito Penal (Direito do Trabalho, para aqueles que prestam TRT), Direito Processual Penal (Direito Processual do Trabalho, para aqueles que prestam TRT), Direito Civil e Direito Processual Civil.

- Atenção a esse grupo de matérias! São as que, estatisticamente, mais caem nos concursos de Analista e Técnico do TJ, TRF e TRT.
- Atenção especial às matérias Língua Portuguesa, Direito Constitucional e Direito Processual Civil, que têm uma alta incidência em diversos editais.

- Para aqueles que prestam TRT, dediquem-se aos estudos das matérias de Direito do Trabalho e Direito Processual do Trabalho.

Matérias secundárias (média incidência nos concursos): Direitos das Pessoas com Deficiência, Matemática e Raciocínio Lógico, Direito Tributário, Direito Previdenciário e Atualidades.

- Não é porque essas matérias não têm uma incidência tão alta como as principais que você irá deixá-las de lado. Tenha em mente que as principais matérias todo mundo estuda e todo mundo, em tese, sabe. O que vai te tirar do lugar comum e garantir sua aprovação é uma preparação completa. Vamos estudar!
- Para aqueles que prestam o concurso para Analista, saibam que terão que fazer uma prova dissertativa. O estudo de atualidades para a primeira fase pode te ajudar muito quando chegar lá.

Matérias acessórias (baixa incidência nos concursos): Informática, Ética no Serviço Público, Administração e Administração no Serviço Público e Direito Ambiente.

- Os mesmos comentários quanto ao grupo de matérias acima valem aqui. Prefira uma preparação completa.
- Contudo, se não conseguir estudar toda a matéria e tiver que deixar de estudar alguns pontos do edital, priorize as matérias principais e secundárias.

Agora que já sabe como se preparar, que tal dar uma espiadinha na remuneração que te aguarda?

- TJ: No TJDFT, o edital em curso prevê vencimentos mensais em torno de R$ 12.455,30 para analista e R$ 6.376,41 para técnicos[1].
- TRF: No edital de 2024 do TRF 6, os vencimentos mensais giravam em torno de R$ 13.994,78 para analistas e R$ 8.529,65 para técnicos[2].
- TRT: No TRT 6, com provas em 2024, os vencimentos mensais giraram em torno de R$ 13.994,78 para analistas e R$ 8.529,65 para técnicos[3].

E aí? Deu até uma vontade de estar, não é? São cargos muitos atraentes financeiramente. Além de você, já aprovado, ter a chance de prestar um belíssimo trabalho para a sociedade. Todos esses Tribunais são vitais para manter a pacificação dos conflitos na sociedade.

Como sempre digo, para saber o futuro, é preciso olhar o passado. A finalidade da obra é te proporcionar uma preparação direcionada e completa para a prova objetiva para os concursos de Técnico e Analista do TJ, TRF e TRT. A resolução das questões anteriores é imprescindível na sua rotina de estudos. E estamos aqui para facilitar sua vida, reunindo na mesma coleção, teoria e questões.

Contempla questões atualizadas e comentadas por especialistas, resumos doutrinários, quadrinhos de resumo, esquemas e gráficos para memorização. Com linguagem clara e acessível, é um material didático, completo e confiável, que certamente contribuirá para sua aprovação.

Deixo, nas próximas páginas, algumas sugestões e planilha de estudos, caso queira seguir.

Lembre-se que parado, inerte, você ganhará apenas: estresse e peso. Nada mais. Então, vamos juntos, com este livro, rumo ao seu sucesso nos concursos.

Janeiro/2025

HENRIQUE CORREIA

@prof_correia

1. Edital TJDFT (2022) - EDITAL Nº 1, DE 27 DE JANEIRO DE 2022. Disponível em: https://www.in.gov.br/en/web/dou/-/edital-n-1-de-27-de-janeiro-de-2022-376723624.
2. Edital TRF 6 (2024) - TRIBUNAL REGIONAL FEDERAL DA 6ª REGIÃO (TRF DA 6ª REGIÃO) 1º CONCURSO PÚBLICO PARA A FORMAÇÃO DE CADASTRO DE RESERVA EM CARGOS DE ANALISTA JUDICIÁRIO E DE TÉCNICO JUDICIÁRIO EDITAL Nº 1 – TRF DA 6ª REGIÃO, DE 10 DE OUTUBRO DE 2024. Disponível em: https://cdn.cebraspe.org.br/concursos/trf6_24/arquivos/ED_1_TRF6_24_ABERTURA.PDF.
3. Edital TRT 6 (2024) - TRIBUNAL REGIONAL DO TRABALHO DA 6ª REGIÃO CONCURSO PÚBLICO PARA O PROVIMENTO DE CARGOS DO QUADRO PERMANENTE DE PESSOAL E FORMAÇÃO DE CADASTRO RESERVA EDITAL Nº 01/2024 - DE ABERTURA DE INSCRIÇÕES. Disponível em: https://www.trt6.jus.br/portal/sites/default/files/documents/trt6r124_edital_de_abertura.pdf.

Sugestão de organização de Estudos 01 – Dedicação exclusiva aos estudos

Dedicação exclusiva aos estudos (O ideal seria estudar, no mínimo, 6 horas por dia)							
‡	**Segunda**	**Terça**	**Quarta**	**Quinta**	**Sexta**	**Sábado**	**Domingo**
8h às 11h	Direito Constitucional (3 horas)	Direito Processual Civil (3 horas)	Direito Penal (3 horas)	Português (3 horas)	Direito Processual Penal (3 horas)	Direito Administrativo (3 horas)	**Dia livre Ou Como se preparar para o Concurso de Técnico e Analista**
11h às 13h	**Almoço e descanso (2 horas)**						
13h às 16h	Matemática e Raciocínio Lógico + Direito Tributário (3 horas)	Informática + Direito Civil (3 horas)	Atualidades + Direito Previdenciário (3 horas)	Ética no Serviço Público e Direito ambiental (3 horas)	Administração e Administração Pública (3 horas)	Direitos das Pessoas com Deficiência (3 horas)	
16h às 18h	**Academia, TV ou descanso (2 horas)**						
18h às 20h	Como se preparar para o Concurso de Técnico e Analista (1 a 2 horas)	Como se preparar para o Concurso de Técnico e Analista (1 a 2 horas)	Como se preparar para o Concurso de Técnico e Analista (1 a 2 horas)	Como se preparar para o Concurso de Técnico e Analista (1 a 2 horas)	Como se preparar para o Concurso de Técnico e Analista (1 a 2 horas)	Como se preparar para o Concurso de Técnico e Analista (1 a 2 horas)	

Obs. 1: Os estudos devem ser encarados como trabalho, ou seja, em turnos fixos. Ideal é tentar, sempre, manter a rotina diária.
Obs. 2: Não deixe de praticar, pelo menos duas vezes por semana, alguma atividade física. Essa tática evitará problemas físicos e psíquicos.
Obs. 3: A desconexão, em 1 dia por semana, é muito interessante. Caso resolva estudar, pegue uma matéria com que tenha mais afinidade ou aquela que não pôde se dedicar durante a semana.
Obs. 4: Lembre-se de que você trabalha com a mente. Portanto, descanso/sono/TV são tão importantes quanto o estudo. Descanso não pode ser encarado, por você e muito menos por outras pessoas, como preguiça!
Obs. 5: Faça a sua planilha e deixe em um local sempre visível para poder verificar se está mesmo sendo cumprido ou se precisa de ajustes. Repito, a melhor de todas as planilhas é aquela fácil de ser executada.
Obs. 6: Livros específicos da Coleção Tribunais: Ed. Juspodivm. Link: https://www.editorajuspodivm.com.br/compre-por-colecao/tribunais-e-mpu-tecnico-e-analista
Obs. 7: Atividades do dia a dia, aquelas de "pessoas normais", como consulta médica, ir ao banco, dentista etc., devem ser encaradas sem desespero ou estresse. Deixar de fazê-las poderá gerar problemas muito maiores.
Obs. 8: Os períodos de almoço e descanso você poderá utilizar para as atividades pessoais – levar filho à escola, ir ao banco etc.

Sugestão de organização de Estudos 02 – Divisão do tempo entre trabalho e estudos

Divisão do tempo entre trabalho e estudos (O ideal seria de 3 a 5 horas diárias)							
‡	**Segunda**	**Terça**	**Quarta**	**Quinta**	**Sexta**	**Sábado**	**Domingo**
6h às 8h	Português (2 horas)	Direito Constitucional (2 horas)	Direito Processual Civil (2 horas)	Direito Penal (2 horas)	Direito Processual Penal (2 horas)	Direito Administrativo (2 horas)	**Como se preparar para o Concurso de Técnico e Analista**
8h30 às 18h	**Trabalho**						
19h às 22h	Como se preparar para o Concurso de Técnico e Analista + Matemática e Raciocínio Lógico + Direito Tributário (2 horas)	Como se preparar para o Concurso de Técnico e Analista + Informática + Direito Civil (3horas)	Como se preparar para o Concurso de Técnico e Analista + Atualidades + Direito Previdenciário (3 horas)	Como se preparar para o Concurso de Técnico e Analista + Ética no Serviço Público e Direito ambiental (3 horas)	Como se preparar para o Concurso de Técnico e Analista + Administração e Administração Pública (3 horas)	Como se preparar para o Concurso de Técnico e Analista + Direitos das Pessoas com Deficiência (3 horas)	

Obs. 1: Os candidatos que dividem o tempo de estudos com o trabalho devem aproveitar cada minuto! Cada minuto mesmo – seja organizado!
Obs. 2: As mesmas observações da planilha 1 valem para essa rotina de estudos.
Obs. 3: Ideal seria acordar cedo e estudar, antes de ir ao trabalho.
Obs. 4: Pessoas com dificuldades de acordar de madrugada devem "forçar" estudo à noite ou em intervalos durante o trabalho.
Obs. 5: Fins de semana, feriados e férias devem ser aproveitados ao máximo.
Obs. 6: Deixe o domingo para resolver provas ou matérias que você não teve condições de estudar durante a semana.

Sugestão de organização de Estudos 01 – Dedicação exclusiva aos estudos[1,2,3]

Dedicação exclusiva aos estudos (O ideal seria estudar, no mínimo, 6 horas por dia)							
‡	**Segunda**	**Terça**	**Quarta**	**Quinta**	**Sexta**	**Sábado**	**Domingo**
8h às 11h	Direito Constitucional (3 horas)	Direito Administrativo (3 horas)	Direito do Trabalho (3 horas)	Língua Portuguesa (3 horas)	Direito Civil ou Noções de orçamento público (3 horas)	Administração Geral e Pública (3 horas)	**Dia livre** **Ou** Como se preparar para o Concurso de Técnico e Analista
11h às 13h	**Almoço e descanso (2 horas)**						
13h às 16h	Direito Processual do Trabalho (3 horas)	Direito das Pessoas com Deficiência (3 horas)	Raciocínio Lógico-Matemático (3 horas)	Regimento Interno ou outra matéria específica do edital (3 horas)	Direito Previdenciário ou redação (Analista) (3 horas)	Direito Processual Civil(3 horas)	
16h às 18h	**Academia, TV ou descanso (2 horas)**						
18h às 20h	Como se preparar para o Concurso de Técnico e Analista (resolver a maior quantidade possível de questões) (1 a 2 horas)	Como se preparar para o Concurso de Técnico e Analista (resolver a maior quantidade possível de questões) (1 a 2 horas)	Como se preparar para o Concurso de Técnico e Analista (resolver a maior quantidade possível de questões) (1 a 2 horas)	Como se preparar para o Concurso de Técnico e Analista (resolver a maior quantidade possível de questões) (1 a 2 horas)	Como se preparar para o Concurso de Técnico e Analista (resolver a maior quantidade possível de questões) (1 a 2 horas)	Como se preparar para o Concurso de Técnico e Analista (resolver a maior quantidade possível de questões) (1 a 2 horas)	

Obs. 1: Se estiver estudando para o concurso de Técnico Judiciário – Área Administrativa, a leitura das disciplinas Direito Civil, Direito Processual Civil e Direito Previdenciário não é necessária. Caso esteja estudando para Analista Judiciário – Área Judiciária, a leitura de temas de redação e Noções de Orçamento Público não é necessária.

Obs. 2: Os estudos devem ser encarados como trabalho, ou seja, em turnos fixos. Ideal é tentar, sempre, manter a rotina diária.

Obs. 3: Não deixe de praticar, pelo menos duas vezes por semana, alguma atividade física. Essa tática evitará problemas físicos e psíquicos.

Obs. 4: A desconexão, em 1 dia por semana, é muito interessante. Caso resolva estudar, pegue uma matéria com que tenha mais afinidade ou aquela que não pôde se dedicar durante a semana.

Obs. 5: Lembre-se de que você trabalha com a mente. Portanto, descanso/sono/TV são tão importantes quanto o estudo. Descanso não pode ser encarado, por você e muito menos por outras pessoas, como preguiça!

Obs. 6: Faça a sua planilha e deixe em um local sempre visível para poder verificar se está mesmo sendo cumprido ou se precisa de ajustes. Repito, a melhor de todas as planilhas é aquela fácil de ser executada.

Obs. 7: Livros específicos ao TRT – Coleção Tribunais – Ed. Juspodivm. Link: https://www.editorajuspodivm.com.br/compre-por-colecao/tribunais-e-mpu-tecnico-e-analista

Obs. 8: O melhor livro de português para seu TRT: Língua Portuguesa para Concursos – Duda Nogueira – 8ª ed./2021 – Editora Juspodivm.

Obs. 9: O Como se preparar para o Concurso de Técnico e Analista é, sem dúvida, uma excelente ferramenta para o seu concurso.

Obs. 10: Atividades do dia a dia, aquelas de "pessoas normais", como consulta médica, ir ao banco, dentista etc., devem ser encaradas sem desespero ou estresse. Deixar de fazê-las poderá gerar problemas muito maiores.

Obs. 11: Os períodos de almoço e descanso você poderá utilizar para as atividades pessoais – levar filho à escola, ir ao banco etc.

1. A matéria de Direito Civil é exclusiva ao cargo de Analista Judiciário – Área Judiciária. Se você estiver estudando para o concurso de Técnico Judiciário – Área Administrativa, estude Noções de orçamento público.
2. A matéria de Direito Previdenciário é exclusiva ao cargo de Analista Judiciário – Área Judiciária. Se você estiver estudando para o concurso de Técnico Judiciário – Área Administrativa, estude Redação.
3. A matéria de Direito Processual Civil é exclusiva ao cargo de Analista Judiciário – Área Judiciária. Se você estiver estudando para o concurso de Técnico Judiciário – Área Administrativa, estude uma matéria que tenha mais dificuldade.

Sugestão de organização de Estudos 02 – Divisão do tempo entre trabalho e estudos[4][5][6]

Divisão do tempo entre trabalho e estudos (O ideal seria de 3 a 5 horas diárias)							
‡	**Segunda**	**Terça**	**Quarta**	**Quinta**	**Sexta**	**Sábado**	**Domingo**
6h às 8h	Direito Constitucional (2 horas)	Direito Administrativo (2 horas)	Direito do Trabalho (2 horas)	Língua Portuguesa (2 horas)	Direito Civil ou Noções de orçamento público (2 horas)	Administração Geral e Pública + Processo do Trabalho (2 horas)	Como se preparar para o Concurso de Técnico e Analista + redação (analista)
8h30 às 18h	**Trabalho**						
19h às 22h	Como se preparar para o Concurso de Técnico e Analista	Como se preparar para o Concurso de Técnico e Analista	Como se preparar para o Concurso de Técnico e Analista	Como se preparar para o Concurso de Técnico e Analista	Como se preparar para o Concurso de Técnico e Analista	Como se preparar para o Concurso de Técnico e Analista	

Obs. 1: Se estiver estudando para o concurso de Técnico Judiciário – Área Administrativa, a leitura das disciplinas Direito Civil, Direito Processual Civil e Direito Previdenciário não é necessária. Caso esteja estudando para Analista Judiciário – Área Judiciária, a leitura de temas de redação e Noções de Orçamento Público não é necessária.

Obs. 2: Os candidatos que dividem o tempo de estudos com o trabalho devem aproveitar cada minuto! Cada minuto mesmo – seja organizado!

Obs. 3: As mesmas observações da planilha 1 valem para essa rotina de estudos.

Obs. 4: Ideal seria acordar cedo e estudar, antes de ir ao trabalho.

Obs. 5: Pessoas com dificuldades de acordar de madrugada devem "forçar"estudo à noite ou em intervalos durante o trabalho.

Obs. 6: O **Como se preparar para o Concurso de Técnico e Analista** é, sem dúvida, a excelente ferramenta para o seu concurso. Use-o o máximo que puder!

Obs. 7: Fins de semana, feriados e férias devem ser aproveitados ao máximo.

Obs. 8: Deixe o domingo para resolver provas ou matérias que você não teve condições de estudar durante a semana.

4. A matéria de Direito Civil é exclusiva ao cargo de Analista Judiciário – Área Judiciária. Se você estiver estudando para o concurso de Técnico Judiciário – Área Administrativa, estude Noções de orçamento público.
5. A matéria de Direito Previdenciário é exclusiva ao cargo de Analista Judiciário – Área Judiciária. Se você estiver estudando para o concurso de Técnico Judiciário – Área Administrativa, estude Redação.
6. A matéria de Direito Processual Civil é exclusiva ao cargo de Analista Judiciário – Área Judiciária. Se você estiver estudando para o concurso de Técnico Judiciário – Área Administrativa, estude uma matéria que tenha mais dificuldade.

Além disso, foi deixado um espaço abaixo para que você possa organizar seus estudos para o concurso de forma personalizada:

	Planilha de estudos personalizada						
‡	**Segunda**	**Terça**	**Quarta**	**Quinta**	**Sexta**	**Sábado**	**Domingo**
8h às 11h							
11h às 13h							
13h às 16h							
16h às 18h							
18h às 20h							
20h às 22h							

Obs. 1: Lembre-se de verificar, após 1 semana de estudos, se está conseguindo cumprir suas metas. Caso não esteja, faça as adequações necessárias para que a planilha seja viável para você.
Obs. 2: Deixe essa planilha em um local sempre visível. Repito, a melhor de todas as planilhas é aquela fácil de ser executada.
Obs. 3: O ser humano não é uma máquina, portanto eventuais descumprimentos e oscilações de horários são totalmente naturais na preparação ao concurso.

Janeiro/2025.

HENRIQUE CORREIA

VIDA DE CONCURSEIRO

Agora que você já conhece a estrutura e a proposta da obra, vamos falar um pouco sobre a vida de concurseiro?

Bom, como já disse, assim como você, eu já fui um concurseiro. Conheço e vivenciei muitas das suas dores: dúvidas quanto à decisão de se dedicar ao concurso público, ansiedade para que saia um novo edital e desespero quando ele é lançado, falta de grana, frustração com uma reprovação (e olha que só no concurso para juiz do trabalho eu fui reprovado VINTE E SEIS VEZES!), julgamento da família e dos amigos etc.

Mas quer uma sugestão de quem já passou por isso e hoje é extremamente realizado no cargo público que ocupa? Não desista! O mais importante é dar o primeiro passo, a coragem de se entregar aos estudos e só parar quando for aprovado.

Depois de tomada a decisão, planeje-se!

Não existe fórmula mágica, material perfeito, curso definitivo, caminho fácil. A única coisa que funciona é uma boa e constante preparação e essa obra, feita sob medida para seu concurso, é um importantíssimo passo para sua preparação. Resolvendo as questões passadas, lendo os comentários de professores especialistas e complementando os estudos com o caderno de Teoria Resumida, você terá um excelente norte para sua preparação. Poderá identificar os pontos e matérias em que sente maior dificuldade e sanar essas fragilidades com uma doutrina ou videoaulas, por exemplo.

Pode ser que você já tenha tomado a decisão de estudar para concurso, já tenha se planejado, mas não tem muito tempo livre ou, então, um local adequado, calmo e tranquilo. Eu, por exemplo, durante toda a minha preparação, tive que trabalhar. Durante muito tempo, morei com minha família e tinha que me adaptar à rotina deles. Estudava em cada segundo livre do meu dia e priorizava os estudos no período da noite, quando as coisas ficavam mais calmas lá na casa dos meus pais. Já falei ali em cima e volto a repetir: nenhuma preparação é perfeita! Vão ter dias silenciosos e convidativos para você estudar, e outros que sua vida estará uma bagunça. Vão ter dias em que seus estudos renderão muito, outros nem tanto. O importante é continuar. Sempre. Do jeito que der, ainda que não seja o melhor.

Lembre-se: a preparação para o concurso é como a preparação para uma maratona.

De nada adianta correr 20 km na segunda-feira e ficar sem treinar o resto da semana. Persistência e constância são as palavras-chave. Isso não significa que você não possa sair com a família, tomar uma cerveja com os amigos ou namorar. Mas faça todas essas coisas com moderação para não comprometer sua rotina de estudos.

Por fim, encontre-se nos estudos! Não leve esse período como uma pena ou um sacrifício. É um momento de amadurecimento e aprendizagem. Aproveite-o! Eu me orgulho muito do meu tempo como concurseiro. Grande parte da minha bagagem teórica, que levo para minha atuação no Ministério Público do Trabalho, nas minhas aulas e nos meus livros vieram dessa época.

MATÉRIAS BÁSICAS

Sabemos que nem sempre temos tempo para estudar todas as matérias do edital antes da prova. Ou então, ainda que tenha estudado todo o conteúdo, não deu tempo de revisar tudo. E mesmo que tenha estudado e revisado todos os pontos do edital, sempre fica aquela pulga atrás da orelha, não é mesmo?

Já falei e volto a repetir: nenhuma preparação é perfeita! Eu, por exemplo, sou Procurador do Trabalho, dou aulas há mais de 20 anos e tenho vários livros sobre Direito do Trabalho e **todo dia aprendo algo novo**, um novo ponto de vista, uma opção que nunca tinha levado em conta. Quem disser a você que sabe de tudo estará mentindo.

Se não é possível saber tudo, **o que você precisa saber para fazer uma boa prova?** Vou dar minhas sugestões:

1. Você **precisa** saber **Língua Portuguesa!** Ouso dizer que essa é a matéria mais importante para seu concurso. Está em todos os editais e são várias questões nos concursos. Na minha opinião, o melhor livro de Língua Portuguesa para os concursos de Analista e Técnico de tribunais, hoje, é o **Língua Portuguesa para Concursos, da Professora Duda Nogueira (Ed. Juspodivm).** O livro está na 11ª edição e completamente atualizado (2025).

2. Direito Constitucional e Direito Administrativo são outras duas matérias clássicas, sempre presentes nos concursos de Analista e Técnico.

3. Direito Penal e Direito Processual Penal também têm uma alta incidência nos concursos para Técnico e Analista do TJ ou TRF. Leia o seu edital e verifique quais pontos dessas matérias serão cobrados.

4. Agora, se você presta TRT, não dá para ir para a prova sem estudar bem Direito do Trabalho e Direito Processual do Trabalho.

5. Ainda, para queles que almejam o cargo de Analista, é importante chegar na prova afiado em Direito Civil e Direito Processual Civil.

Lembre-se de conciliar teoria, leitura da lei e resolução de questões! Revisões constantes são importantíssimas. Se você não treina ou não revisa, as chances de reter o conhecimento são muito menores. Ainda, com uma certa regularidade, faça simulados. Cronometre o seu tempo e tente reproduzir as condições que irá enfrentar no dia da prova. Um bom treino torna o jogo um pouco mais fácil. No dia seguinte, tire um tempo para corrigir o simulado. Isso vai te ajudar a identificar suas maiores dificuldades e, assim, você conseguirá direcionar melhor seus estudos.

CRONOGRAMAS DE ESTUDO, PLANILHAS E ORGANIZAÇÃO

Eu sei, estou sendo repetitivo, mas vou continuar sendo para que não restem dúvidas: **planejamento é tudo!**

Você não pode acordar sem saber o que irá estudar naquele dia. Aliás, é interessante que você se planeje a longo prazo. Estabeleça metas gerais para o mês. Depois, com mais detalhes, planeje sua semana. Finalmente, decida o que você irá fazer e estudar cada dia. Terão dias em que você cumprirá com todas as metas. Em outros, seja porque tem mais dificuldade naquela matéria, seja porque o conteúdo é mais extenso, seja porque surgiu um imprevisto, você não conseguirá fazer tudo. Aquele concurseiro que tem um cronograma bem estruturado, conseguirá mais facilmente realocar o conteúdo em outro dia, não deixando a matéria acumular. Eis a importância da organização.

Não esqueça de incluir uma atividade física na sua rotina. Além de manter a saúde em dia, exercícios físicos ajudam a reter o conhecimento. Qualquer atividade física é bem-vinda: caminhada, alongamentos, musculação, esportes...

Para te ajudar, na sequência, deixei sugestões de planilha para quem estuda o dia todo e para quem concilia estudos e trabalho. Tratam-se de sugestões. Cada um tem a sua rotina e sabe a melhor forma de organizar seus estudos. Sente, analise com calma o tempo disponível e monte seu próprio cronograma. Ainda, não saia fazendo as questões sem antes ler seu edital. Direito Previdenciário, por exemplo, não cai para quem presta TJ e também não foi cobrado no último edital do TRF 1. Fique atento para estudar as matérias que fazem sentido para o seu concurso. Se precisar, com o tempo, faça ajustes. O importante é não parar!! **Constância e persistência!!**

PREPARAÇÃO PARA CONCURSO PÚBLICO

BREVE RELATO DA MINHA EXPERIÊNCIA DURANTE A PREPARAÇÃO PARA O CONCURSO

A decisão de prestar concurso público surgiu em 2001. Após dois anos fazendo estágio em um escritório de advocacia, decidi que não queria ser advogado, mas ingressar no serviço público. Coloquei a primeira meta (a primeira de muitas...), que era sair da faculdade já como oficial de justiça ou técnico judiciário. Comecei a fazer curso de português, fator decisivo para aprovação em qualquer concurso público.

O primeiro concurso que prestei foi para Técnico Judiciário do TRT da 15ª Região. Nessa época, era professor de inglês. Trabalhava todos os dias, o dia todo, frequentava o 4º ano da Faculdade de Direito de Franca, SP. Estudava durante os intervalos das aulas de inglês, nos intervalos do curso de direito e, principalmente, à noite, ao chegar em casa (estudava todos os dias até 1 ou 2 horas da manhã) e nos fins de semana.

Estudei bastante para esse concurso de técnico, havia, inclusive, matérias estranhas ao curso de direito, como matemática. Consegui minha primeira aprovação, fui classificado em 7º lugar, na área de Franca, interior de São Paulo. Não tive muita sorte, pois foram chamados 6 candidatos e o concurso prescreveu. E eu fiquei de fora...

Nesse meio tempo, eu já havia prestado muitos, muitos concursos em diversos locais do País. Verifiquei que estava estudando matérias muito diferentes. Ora estudava para polícia federal, ora estudava para AGU, analista do INSS etc. Decidi focar apenas na área de que mais gostava: carreiras trabalhistas. Comecei, então, a me inscrever apenas para Técnico e Analista do TRT, Auditor Fiscal do Trabalho, Juiz e Procurador do Trabalho.

De tanto prestar concursos, e em razão dos anos de experiência como professor de inglês, fui convidado por um amigo, hoje Procurador do Trabalho, Dr. Élisson Miessa dos Santos, para ministrar aulas de direito constitucional na Central de Cursos Professor Pimentel, em Ribeirão Preto, SP. Lecionava de manhã e à noite e prestava concursos quase todos os fins de semana, nos mais diferentes estados da Federação. Quando não estava trabalhando ou fazendo provas, estava sempre estudando.

Fiz inúmeros cursinhos preparatórios, participei de grupos de estudo na internet. Só para Juiz do Trabalho, prestei 26 concursos (vinte e seis, isso mesmo).

Fui aprovado no melhor cargo público do País: Ministério Público do Trabalho (MPT). Nesse concurso, eu era um dos mais jovens Procuradores do Trabalho do País. A aprovação veio após longo período de preparação e sacrifícios. Exatamente após 3 anos, 10 meses e 12 dias de estudo depois da graduação.

Além de o salário para Procurador do Trabalho ser muito atrativo, confesso que sou muitíssimo realizado com a atuação do Ministério Público na defesa da sociedade, em especial do trabalhador brasileiro, combatendo as fraudes trabalhistas, promovendo a erradicação do trabalho infantil e do trabalho escravo, nas investigações de órgãos públicos que violam o concurso público etc.

Consegui outras aprovações (Técnico Judiciário do TJ/SP, Analista Judiciário do TRT 3ª Região-MG e Procurador da Infraero), mas não assumi nenhum desses cargos, pois já era bem remunerado no cursinho e tinha decidido que iria ingressar ou na Justiça do Trabalho, como Juiz, ou no MPT.

Constam a seguir algumas dicas de uma preparação consciente. Se eu pudesse voltar atrás, faria tudo novamente. A conquista de um sonho compensa todo o esforço. Lembre-se de que o ingresso via concurso público é o meio mais democrático e transparente de admissão para o trabalho. A inscrição é pública, todos podem concorrer ao cargo. Depende apenas do seu esforço.

1. A DECISÃO

Ao decidir prestar concurso público, é imprescindível que o candidato se inscreva em um bom cursinho de português. O conhecimento razoável da norma culta da língua portuguesa (ortografia, regência, concordância verbal etc.) e de interpretação de texto não é suficiente para aprovação. Atualmente, exige-se que o candidato tenha profundos conhecimentos dessa matéria (acerto próximo de 90% das questões de português).

Outro ponto que considero importante: não desvie o foco do concurso. A preparação especializada, por exemplo, para a área trabalhista, gera resultados mais rápidos. Ao prestar para o TRT da 15ª região, preste também para o TRT da 2ª e 3ª regiões e assim por diante. A matéria é, na maioria das vezes, igual.

Não se desespere. Se não tem como você se manter sem o trabalho, estude nos momentos em que tiver tempo. Ademais, ao decidir prestar o concurso, tenha em mente que a aprovação é um projeto de médio ou longo prazo. Portanto, faça as contas antes de largar emprego ou pedir ajuda aos familiares. A aprovação poderá vir após anos de estudo.

2. A PREPARAÇÃO

Colocar em prática o sonho do concurso é a fase mais difícil, pois os hábitos devem ser modificados. A preparação para o concurso público exige dedicação e muita, muita disciplina. Há necessidade de que os familiares, amigos, cônjuge ou namorado(a) tenham consciência de que você ficará, por algum tempo, afastado de eventos sociais. Concurso não combina com festas, cerveja e viagem. Lembre-se de que o sofrimento é temporário, mas o cargo é vitalício!

Outro ponto importantíssimo: seja organizado. Tenha sempre suas fontes pessoais de informação. Explico: durante o cursinho preparatório ou os estudos em casa, é necessário que se grife os livros, faça resumos e confeccione um excelente caderno de anotações em cada uma das matérias exigidas no edital. Existe uma grande chance de que você não passe no primeiro concurso. Os candidatos organizados reiniciam os estudos mais facilmente. Nesse ponto, se pudesse voltar atrás, eu mudaria na minha preparação. Não era organizado nos primeiros anos de estudo. Depois de várias provas verifiquei a necessidade de implementar esse hábito.

A organização consiste também em fazer um horário de estudos, ou seja, programação prévia de quais matérias serão estudadas em cada um dos dias da semana. Jamais vá para cama sem saber o que você vai estudar no outro dia.

O estudante deverá conviver bem com derrotas. Quem presta concurso, por vezes, tem péssimas notícias. Terá de tentar conviver bem com elas. Tenho colegas que se apegaram à religião, outros fizeram terapia com psicólogo. Indico as duas atitudes para preparação um pouco mais pacífica.

Aproveite cada minuto. Tenha um livro para todas as situações. Livro para deixar no carro, ou no aeroporto/rodoviária. No meu caso, já deixava livros e resumos na casa dos meus pais. Livro para esperar na fila do banco ou dentista. Estava sempre lendo e estudando.

Há necessidade de focar o máximo possível. No último ano de preparação, eu saí pouquíssimas vezes de casa. Gostava de ir ao cinema e, raramente, frequentava barzinhos.

Outro ponto que considero importantíssimo: não erre a mesma questão duas vezes. Após a realização de cada uma das provas, refaça-a atentamente. Anote seus erros, para evitar o mesmo engano. Diminua ao máximo as chances de erro. Tenha estratégia definida[1], isto é, analise em que matérias você ainda não está seguro. Priorize seus estudos dessas matérias e, claro, das matérias com maior peso na prova.

Pensamentos como "Será que irei conseguir?" e "Estou fazendo a coisa certa?" são comuns entre os estudantes de concurso. No meu caso, como era muito jovem, vivia com esses pensamentos. Achava que estava perdendo os melhores anos da minha vida. Natural pensar essas coisas, só não poderá deixar que esses pensamentos negativos tomem seu tempo de estudo. Outro pensamento ilusório é o de que somente os gênios passam.

Em resumo:

a) Escolha um excelente curso de português (gramática, redação e interpretação de textos).

b) Se puder, frequente um cursinho preparatório, principalmente no início da preparação, para pegar as dicas (livros, resumos, apostilas, melhores professores das matérias) e se acostumar com o ritmo de estudos.

c) Seja organizado com o material de estudo, sobretudo com seu caderno de anotações, resumos e esquemas de memorização.

d) Aproveite cada minuto de estudo. Não perca tempo!

e) Lembre-se de que a aprovação pode vir após alguns anos, logo, nesse período, podem surgir algumas derrotas. A retomada dos estudos, sem perder tempo com lamentações e arrependimentos, é imprescindível.

f) Não erre duas vezes a mesma questão. Refaça as provas já realizadas.

3. A ESPERA PELA NOMEAÇÃO E A POSSE

Ocorre, com muita frequência, a aprovação em concurso e a demora, por anos, para iniciar os trabalhos. É a burocracia do serviço público. Na minha vida de concurseiro, acessava a internet, fóruns de bate-papo sobre concurso todos os dias. Demorava uma eternidade para a nomeação.

Importante não desanimar e não perder o foco durante essa etapa. Vários alunos, após obterem a aprovação, mesmo que distante do número das vagas previstas no edital, paralisavam os estudos, vivendo apenas de "esperança".

E por fim, a posse. Esse é um dos dias mais felizes da vida de quem se dedicou profundamente aos estudos e ao sonho de ingressar no cargo público. No meu caso, como estudei por muitos anos, confesso que foi um dia inesquecível. Ver a satisfação dos meus pais, familiares, amigos e namorada e participar da comemoração realizada em razão da minha conquista foram fatos extremamente emocionantes. Jamais esquecerei esse dia. Valeu a pena cada minuto de esforço.

Bons estudos!

1. Tenho alguns alunos da magistratura e MPT que estudaram profundamente as mais diversas doutrinas do País, mas nunca passaram na primeira fase do concurso, cuja exigência é apenas a lei seca, súmulas e OJs. Falta, portanto, estratégia. Não há como ir diretamente ao nº 2 sem passar pelo nº 1.

ÍNDICE GERAL

⇛ **Volume 1/3** – Livro Teoria Resumida

⇛ **Volume 2/3** – Caderno de Questões

⇛ **Volume 3/3** – Livreto com Gabarito

SUMÁRIO

DIREITO PROCESSUAL DO TRABALHO 1029

Élisson Miessa

LÍNGUA PORTUGUESA

Duda Nogueira

PARTE I – FONOLOGIA, ORTOGRAFIA E SEMÂNTICA

1. ORTOGRAFIA

Fragmento de texto para responder à questão.

(...) Nem estavam prontas, nem eu tinha vontade de prepará-las para tal viagem. Francamente ia meter-me naquela remota Vila da Mata? Que ideia! Muito mais divertido seria tratar-me na Europa... Na Suíça, por exemplo. Sim, por que não na Suíça? Realmente! (...)

(COUTO, Ribeiro. Cabocla. Rio de Janeiro: Ediouro, 17ª Ed. P.13)

01. (TRF 5 – IBFC - Analista Judiciário - Área Administrativa – 2024 - adaptada) Na passagem "Sim, por que não na Suíça?", ocorre o emprego de uma das formas do "porquê".

Assinale a alternativa cuja lacuna deveria ser preenchida por essa mesma forma.

a) O motivo ______ trabalho é que desejo organizar minha vida.

b) Faltou o evento administrativo e não explicou ______.

c) Chegou atrasado ao compromisso ______ confundiu o horário.

d) Deve haver algum ______ para essa transferência ter ocorrido.

▷ ***Anotações/Comentários***

Nota da autora: No texto, usa-se a forma "por que" pelo fato de estar implícita a palavra "razão".

Certamente você pensou: porque é uma pergunta. Sim, também pode ser, mas sugiro que opte por tentar encaixar a palavra "razão" porque às vezes a grafia deve ser separada e não está em frase interrogativa.

Alternativa "a" – O motivo **por que** trabalho.

O vocábulo "que" é pronome relativo. Substitua para evitar erro: o motivo **pelo qual** trabalho.

A grafia é idêntica à grafia do texto.

Alternativa "b" – Em final de frase, o vocábulo deve ser acentuado: **por quê.**

Dicas:

1. essa é a regra da palavra "que";
2. Cabe a inserção da palavra "motivo" ou "razão": não explicou por que razão;
3. Se estivesse acompanhado por um modificador, seria substantivo e não deveria ser escrito separadamente: não explicou o porquê.

Alternativa "c" – Trata-se de uma explicação: **porque.**

Alternativa "d" – É um substantivo e deve ser acentuado: **porquê.**

02. (FGV - TRF 1 - Técnico Judiciário - Área Administrativa - 2024) A frase abaixo em que houve ERRO no emprego da forma "há", em lugar de "a", é:

a) Não há nenhuma casa como a nossa;

b) Será que não há nada claro e direto na vida, como veem as crianças?

c) Sem elegância no coração, não há elegância;

d) A casa ficava há uma distância de vinte metros;

e) Ainda não encontrei o homem certo, pois há poucos homens bons para muitas mulheres boas.

▷ ***Anotações/Comentários***

Alternativa "a" – O verbo "haver" é impessoal e possui sentido de "existir": não existe nenhuma casa.

Alternativa "b" – O verbo "haver" é impessoal e possui sentido de "existir": não existe nada.

Alternativa "c" – O verbo "haver" é impessoal e possui sentido de "existir": não existe inteligência.

Alternativa "d" – O correto é usar a preposição "a" por indicar distância.

Alternativa "e" – O verbo "haver" é impessoal e possui sentido de "existir": existem poucos homens.

03. Fragmento de texto para responder à questão.

(...) E foi assim que concluiu que não deveria pensar, e que, para não pensar, deveria se manter ocupada todas as horas do dia, e que a única atividade caseira que oferecia tal benefício era aquela que apresentava o dom de ser quase infinita em suas **demandas** diárias: a culinária. Eurídice jamais seria uma engenheira, nunca poria os pés em um laboratório e não ousaria escrever versos, mas essa mulher se dedicou à única atividade permitida que tinha um certo quê de engenharia, ciência e poesia. Todas as manhãs, depois de despertar, preparar, alimentar e se livrar do marido e dos filhos, Eurídice abria o livro de receitas da Tia Palmira.

Martha Batalha. A vida invisível de Eurídice Gusmão. 1.ª ed. São Paulo: Companhia das Letras, 2016 (com adaptações).

(CESPE/CEBRASPE - Auxiliar Judiciário - TJ PA - 2020 - adaptada) No fragmento do texto, o vocábulo "demandas" foi empregado no sentido de

a) diligência.

b) exigência.

c) determinação.

d) desígnio.

e) busca.

▷ ***Anotações/Comentários***

Alternativa "a" – Diligência: *presteza, velocidade no modo de fazer algo; zelo, cuidado e aplicação na realização de algo.*

Alternativa "b" – Demanda: *pedido* ou *exigência; solicitação.* A palavra está ligada às atividades domésticas.

Alternativa "c" – Determinação: *persistência para conseguir o que se deseja, firmeza; indicação muito precisa feita por estudo, cálculo ou avaliação; definição.*

Alternativa "d" – Desígnio: *vontade ou intenção de desenvolver, de realizar alguma coisa; desejo.*

Alternativa "e" – Busca: *pesquisa muito detalhada, investigação; dedicação para alcançar, conseguir alguma coisa; tentativa.*

04. (FGV - Oficial de Justiça - TJ RS - 2020) Na redação de um texto, pode ocorrer uma série de dificuldades com vocábulos da língua portuguesa; as palavras abaixo que estão graficamente corretas são:

a) advogado / metereologia;

b) bicabornato /astigmatismo;

c) babadouro / beneficência;

d) reinvindicação / bugigangas;

e) jaboticaba / cabelereiro.

▷ ***Anotações/Comentários***

Alternativa "a" - Meteorologia: estudo dos fenômenos atmosféricos e das suas leis, principalmente com a intenção de prever as variações do tempo.

Alternativa "b" - Bicarbonato: sal ácido derivado do ácido carbônico (HCO3).

Alternativa "c" - Babadouro: pano que se põe no peito das crianças para não se sujarem com a baba ou a comida - é o mesmo que babador. **Beneficência**: ação de quem faz o bem; comportamento da pessoa que busca ajudar ou fazer bem ao próximo; bondade.

Alternativa "d" - Reivindicação: ação ou efeito de reivindicar; ação de exigir aquilo que se tem por direito ou que se acredita ter.

Alternativa "e" - Estão corretas as duas formas: jaboticaba e jabuticaba. O erro está na grafia de cabeleireiro.

05. (FGV - Oficial de Justiça - TJ RS - 2020) A frase abaixo em que a substituição do segmento sublinhado por um advérbio foi feita de forma adequada é:

a) Sem que se entendesse o motivo, o convidado aborreceu-se na festa / irresponsavelmente;

b) Ia à academia poucas vezes / habitualmente;

c) Dirigia com toda a atenção / atenciosamente;

d) Mesmo sem estudo realizou a tarefa a contento / Intuitivamente;

e) Enfrentou as dificuldades com coragem / ferozmente.

▷ ***Anotações/Comentários***

Nota da autora: A questão gerou polêmica, mas, ao eliminar as opções mais descabidas e atentar-se ao contexto, chega-se à resposta.

Alternativa "a" - Imotivadamente: sem que houvesse motivo. Irresponsavelmente: *inconsequentemente; de modo imprudente, leviano.*

Alternativa "b" - Ocasionalmente: *de maneira eventual, que acontece em certas circunstâncias; eventualmente.* Habitualmente: *de modo habitual e constante.*

Alternativa "c" - Atentamente: *de uma maneira atenta; em que há atenção ou cuidado.* Atenciosamente: *delicadamente; em que há atenção ou gentileza.*

Alternativa "d" - Se não houve estudo e alcançou o objetivo, significa que seguiu a intuição, ou seja, realizou intuitivamente.

Alternativa "e" - Valentemente: *De modo valente; em que há coragem e/ou valentia; corajosamente.* Ferozmente: *de maneira feroz; em que há ferocidade.*

06. (CESPE/CEBRASPE - Assistente Judiciário -TJ AM - 2019 - adaptada) No trecho "A terceira onda encorajou uma ampla variedade de reformas na estrutura e na organização dos tribunais[1]", o verbo **encorajar** tem o mesmo sentido de **incentivar**.

- CERTO
- ERRADO

▷ ***Anotações/Comentários***

Encorajar significa "atribuir coragem a; ter ou demonstrar muito ânimo; causar estímulo; incentivar-se2". É sinônimo de *entusiasmar, estimular, pungir,* ***incentivar****, incitar.*

Fragmento de texto para responder à questão.

O contrato inteligente bloqueou, de maneira automática, o uso do dispositivo digital por Alice, **porque** ela não cumpriu o contrato. O banco recupera o veículo, sem perder tempo com advogados. (...)3

1. Mariana Faria. O que tecnologia tem a ver com acesso à justiça? 13/6/2018. Internet: <www.dacordo.com.br> (com adaptações).
2. Dicionário Online de Português. Disponível em <https://www.dicio.com.br/encorajar/>. Acesso em 24 out. 2019.
3. Federico Ast. Como faremos justiça? – A chegada dos contratos inteligentes. In: ÉPOCA negócios. 9/12/2018. Internet: <https://epocanegocios.globo.com> (com adaptações).

07. (CESPE/CEBRASPE - Analista Judiciário - Direito - TJ AM - 2019 - adaptada) A correção gramatical do fragmento do texto seria mantida se o vocábulo "porque" fosse substituído por **por que**.

- CERTO
- ERRADO

▷ ***Anotações/Comentários***

Nota da autora: Questão de ortografia e período composto.

A conjunção indica causa e não pode ser substituída. Note que há causa e consequência:

Por que o contrato bloqueou o uso do dispositivo digital?	**Porque** ela não cumpriu o contrato.
Consequência A pergunta é a consequência.	**Causa** A resposta é a causa.

O "por que" pode ser usado em duas situações: quando pronome relativo (equivalendo a "pelo(a) qual" ou a "pelos(as) quais", ou quando houver a palavra "razão" acompanhando-o, mesmo que implícita: O caminho por que passamos (pelo qual). Por que (razão) você faltou?

08. (FGV - Técnico Judiciário - Área Judiciária - TJ CE - 2019) "Todos aqueles que devem deliberar sobre questões dúbias devem também manter-se imunes ao ódio e à simpatia, à ira e ao sentimentalismo".

A única substituição inadequada entre as propostas nas opções abaixo é:

a) deliberar = decidir;

b) dúbias = duvidosas;

c) manter-se = tornar-se;

d) imunes = isentos de;

e) sentimentalismo = subjetivismo.

▷ ***Anotações/Comentários***

Alternativa "a" - Deliberar: decidir, determinar, assentar.

Alternativa "b" - Dúbias: incertas, duvidosas, indefinidas.

Alternativa "c" - Manter-se: conservar-se (sem alteração); tornar-se: modificar-se (com alteração).

Alternativa "d" - Imunes: resistentes, desonerados, isentos.

Alternativa "e" - Sentimentalismo: pieguice, sentimentalidade, subjetivismo - tendência a considerar e avaliar as coisas de um ponto de vista meramente pessoal; individualismo.

09. (FGV - Técnico Judiciário - Área Técnico Administrativa - TJ CE - 2019) "Causam menos dano cem delinquentes do que um mau juiz"; no caso dessa frase, o vocábulo MAU está corretamente grafado; a frase abaixo em que esse mesmo vocábulo deveria ser grafado com a forma MAL é:

a) Mau é o juiz, se má é a sentença;

b) O castigo é mau, se não é justo;

c) O crime é sempre mau feito;

d) Todos devem combater o mau juiz;

e) Nem sempre um mau homem é um mau jurado.

▷ ***Anotações/Comentários***

Nota da autora: *Mau* é adjetivo – antônimo de *bom*; *mal* pode ser substantivo ou advérbio – antônimo de *bem*.

alternativa "a" - Adjetivo: bom é o juiz.

alternativa "b" - Adjetivo: o castigo é bom.

alternativa "c" - Advérbio: o crime é bem feito.

alternativa "d" - Adjetivo: o bom juiz.

alternativa "e" - Adjetivo: um bom homem.

Texto para responder à questão.

Educação familiar

A família cumpre cada vez menos a sua função de instituição de aprendizagem e educação. Ouve-se dizer hoje, repetidamente, o mesmo a respeito dos filhos de famílias das camadas superiores da sociedade, "nada trouxeram de casa". Os professores universitários comprovam até que ponto é escassa a formação substancial, realmente experimentada pelos jovens, que possa ser considerada como pré-adquirida.

Mas isso depende do fato de que a formação cultural perdeu a sua utilidade prática. Mesmo que a família ainda se esforçasse por transmiti-la, a tentativa estaria condenada ao fracasso porque, com a certeza dos bens familiares hereditários, esvaziaram-se alguns motivos de insegurança e sentimento de desproteção. Por parte dos filhos, a tendência atual consiste em furtarem-se a essa educação, que se apresenta como **uma introversão inoportuna**, e em orientarem-se, de preferência, pelas exigências da chamada "vida real".

O momento específico da renúncia pessoal, que hoje mutila os indivíduos, impedindo a individuação, não é a proibição familiar, ou não o é inteiramente, mas a frieza, a indiferença tanto mais penetrante quanto mais desagregada e vulnerável a família se torna.

(Adaptado de: HORKHEIMER, Max, e ADORNO, Theodor (orgs.). **Temas básicos da Sociologia**. São Paulo: Cultrix, 1973, p. 143)

10. (FCC – Analista Judiciário – Área Judiciária – TRF 4/2019) Considerando-se o contexto, traduz-se adequadamente o sentido de um segmento em:

a) *a sua função de instituição* (1º parágrafo) = a sua identidade funcional
b) *é escassa a formação substancial* (1º parágrafo) = é substanciosa a escassez formativa
c) *esvaziaram-se alguns motivos* (2º parágrafo) = restringiram-se certos pretextos
d) *consiste em furtarem-se* (2º parágrafo) = reside em se esquivarem
e) *impedindo a individuação* (3º parágrafo) = expurgando o individualismo

▷ ***Anotações/Comentários***

Alternativa "a" – Função: *ofício, trabalho*; instituição: *organização que, pública ou privada, busca resolver as necessidades de uma sociedade ou comunidade*. Identidade: *autenticidade*; funcional: *que responde a uma função determinada*.

Alternativa "b" – Escassa: *pouco*; substancial: *que expressa um conteúdo com muitos saberes e conhecimentos*. Substanciosa: *fundamental*; escassez: *carência de recursos, falta*.

Alternativa "c" – Esvaziar: *exaurir, esgotar;* motivos: *justificação, razão, explicação*. Restringir: *limitar, estreitar;* pretexto: *desculpa, justificação, motivo*.

Alternativa "d" – Consistir é sinônimo de *residir* - repousar sobre, residir em; furtar-se é sinônimo de *esquivar-se*.

Alternativa "e" – Impedir: *proibir, inibir;* expurgar: *purificar, limpar*. Individuação: *o que distingui um indivíduo de outro;* individualismo: *tendência de quem pensa somente em si próprio;*

11. Fragmento de texto para responder à questão.

(...) A pergunta a respeito da exigibilidade ou não de procedimento licitatório prévio para a contratação de serviços profissionais de advocacia não comporta uma resposta genérica. (...)[4]

(CESPE – TRF1 2017 – Técnico Judiciário – adaptada) A substituição da expressão "a respeito da" por **a cerca da** manteria a correção e o sentido do texto.

- Certo
- Errado

▷ **Anotações/ Comentários|**

O correto seria substituir por **acerca da**. Vamos relembrar?[5]

	Regras	Exemplos
Acerca de	**a respeito de** ou **sobre**	**Acerca do** fato, não darei minha opinião.
A cerca de	perto de, aproximadamente, próximo de	O mar fica **a cerca de** 50 metros da pousada.
Há cerca de	tempo decorrido	**Há cerca de** 10 anos, foi aprovado.[1]

Fragmento de texto para responder à questão.

(...) Nem se pode afirmar que toda e qualquer contratação de advogado deve ser precedida de licitação, **em face do** princípio da isonomia. (...)[6]

12. (CESPE – TRF1 2017 – Técnico Judiciário – adaptada) A correção gramatical e os sentidos do texto seriam mantidos caso a expressão "em face do" fosse substituída por **devido o**.

- Certo
- Errado

▷ ***Anotações/Comentários***

No sentido de "por causa de", "por motivo de", a expressão exige a preposição "a". Retificando: **devido ao** princípio da isonomia.

2. ACENTUAÇÃO

13. (FCC - TRT 11 - Técnico Administrativo - Área Administrativa - 2024) A mesma regra justifica a presença de acento em todas as palavras em:

a) fanático, solitário, científico, cômico.
b) irlandês, polinésio, congolês, indonésio.
c) terapêutico, mímica, antepenúltimo, lírico.
d) cerimônia, descartável, espécie, música.
e) imundície, horário, melancólico, longínquo.

▷ ***Anotações/Comentários***

Nota da autora: Insira as palavras na tabela, dividindo as sílabas e deixando a última na última coluna. Isso facilitará e você ganhará tempo. Basta conferir se todos os acentos estão na mesma coluna.

Alternativa "a" – Sequência: proparoxítona, paroxítona, proparoxítona, proparoxítona.

Alternativa "b" – Sequência: oxítona, paroxítona, oxítona, paroxítona.

Alternativa "c" – Todas as palavras são proparoxítonas.

	PRO	PAR	OXI
tera	**PÊU**	ti	co
	MÍ	mi	ca
antepe	**NÚL**	ti	mo
	LÍ	ri	co

Alternativa "d" – Sequência: paroxítona, paroxítona, proparoxítona, proparoxítona.

Alternativa "e" – Sequência: proparoxítona, proparoxítona, proparoxítona, paroxítona.

4. *Adilson Abreu Dallari.* ***Contratação de serviços de advocacia pela administração pública****. Brasília. a. 35 n. 140 out./dez. 1998. Internet: <www2. senado.leg.br> (com adaptações).*
5. Nogueira, Duda. **Língua Portuguesa para Concursos**. Editora Juspodivm.
6. *Adilson Abreu Dallari.* ***Contratação de serviços de advocacia pela administração pública****. Brasília. a. 35 n. 140 out./dez. 1998. Internet: <www2. senado.leg.br> (com adaptações).*

14. (FGV - TJ AL - Técnico Judiciário - Área Judiciária - 2018) Duas palavras do texto que obedecem à mesma regra de acentuação gráfica são:

a) indébita / também;

b) história / veículo;

c) crônicas / atribuídos;

d) coíba / já;

e) calúnia / plágio.

▷ ***Anotações/Comentários***

Alternativa "a" – in-DÉ-bi-ta: proparoxítona; tam-BÉM: oxítona.

Alternativa "b" – his-TÓ-ria: paroxítona; ve-Í-cu-lo: proparoxítona.

Alternativa "c" – CRÔ-ni-cas: proparoxítona; a-tri-bu-Í-dos: hiato.

Alternativa "d" – co-Í-ba: hiato; JÁ: monossílabo.

Alternativa "e" – Paroxítonas terminadas em ditongo.

PRO	PAR	OXI
ca	LÚ	nia
	PLÁ	gio

3. SEMÂNTICA

Assunto: Apresentação de novas funcionalidades do Sidof – Módulo I. ______________________,

1 A chefia para Assuntos Jurídicos da Casa Civil da Presidência da República aprimorou o Sistema de Geração e Tramitação de Documentos Oficiais – Sidof, com a inserção de novas funcionalidades. Os novos recursos do sistema serão apresentados aos servidores em módulos organizados por esta chefia.

2 Convido os servidores do [nome do Ministério] para assistir à apresentação do primeiro módulo, a ser realizada em 10 de setembro de 2018, às 9h30, no Auditório desta chefia.

3 Para assegurar o credenciamento, solicito a esse órgão a indicação dos servidores que trabalham com o Sidof, até 28 de agosto de 2018, por meio do endereço eletrônico [endereço eletrônico]: [...]

(Disponível em: https://www4.planalto.gov.br/centrodeestudos/assuntos/man ual-de-redacao-da-presidencia-da-republica/manual--deredacao.pdf. Adaptado. Acesso em 10/08/20240)

15. (TRF 5 - IBFC - Analista Judiciário - Área Administrativa - 2024) O último parágrafo do texto é introduzido por uma preposição que confere à oração em que se encontra o valor semântico de:

A - finalidade.

B - causa.

C - consequência.

D - meio.

▷ ***Anotações/Comentários***

Alternativa "a"

- **Para que** solicito a indicação a esse órgão?

- **Para** assegurar o credenciamento. = finalidade.

Observação: a oração é reduzida de infinitivo. Não possui conjunção e o verbo está na forma nominal.

Desenvolvendo-a, fica evidente a ideia de finalidade: Para que assegure o credenciamento.

Alternativa "b" – Não cabe a pergunta "por quê?" e não existe consequência.

Dica: onde há causa, há consequência (ou efeito).

Alternativa "c" – É impossível encaixar a locução conjuntiva "de modo que" e não há causa.

Alternativa "d" – Comumente é a preposição "de" que indica meio, não a preposição "para".

Exemplo: Veio de navio.

Texto para responder à questão.

Dengue prevista

A dengue é uma doença periódica e cíclica: os casos crescem no verão e há picos epidêmicos a cada 4 ou 5 anos. Trata-se, portanto, de enfermidade de atuação previsível. Supõe-se que o poder público se adiantaria com medidas de prevenção e tratamento. Contudo, há décadas os números de casos e mortes só aumentam no Brasil.

Entre 2000 e 2010, foram registrados 4,5 milhões de ocorrências e 1.869 óbitos. Na década seguinte, os números saltaram para 9,5 milhões e 5.385, respectivamente. O primeiro semestre deste ano registra 1,4 milhão de casos, ante 1,5 milhão em 2022. A tendência é piorar.

Segundo a OMS, urbanização descontrolada e sistema sanitário precário contribuem para o descontrole da moléstia.

No Brasil, cerca de 50% da população não tem acesso a redes de esgoto, em grande parte devido à ineficiência estatal, que só agora começa a mudar com o novo marco do setor. E o desmatamento para a construção de moradias irregulares grassa nos grandes centros. A dimensão de áreas verdes derrubadas para esse fim na cidade de São Paulo atingiu, nos primeiros dois meses de 2023, 85 hectares.

Neste ano, o município já conta com 11 444 casos de dengue – 3,7% a mais em relação ao mesmo período de 2022. Dez pessoas morreram, o maior número em oito anos, quando houve pico epidêmico.

A OMS ressaltou a importância da vacinação. Mas, devido à burocracia, o Brasil protela a distribuição do imunizante japonês Qdenga – já aprovado para venda pela Anvisa – no sistema público de saúde.

O combate à dengue deve ser contínuo, não apenas no verão, e em várias frentes complementares (saúde, infraestrutura e moradia). Com o alerta da OMS, espera-se que o poder público, local e federal, se prepare para receber as consequências do fenômeno climático El Niño.

(Editorial. Folha de S.Paulo, 27.07.2023. Adaptado)

16. (VUNESP – TRF 3ª Região – Analista Judiciário – Área Administrativa – 2024) Considere as passagens:

- E o desmatamento para a construção de moradias irregulares **grassa** nos grandes centros. (4º parágrafo)
- ... o Brasil **protela** a distribuição do imunizante japonês Qdenga... (6º parágrafo)
- O combate à dengue deve ser **contínuo**... (7º parágrafo)

Os termos destacados significam, correta e respectivamente:

a) amplia-se; retarda; irregular.

b) difunde-se; prioriza; infrequente.

c) combate-se; cancela; intermitente.

d) espalha-se; acelera; interminável.

e) propaga-se; posterga; ininterrupto.

▷ ***Anotações/Comentários***

Nota da autora: Questão de semântica.

Vejamos, primeiro, os significados e sinônimos de cada vocábulo.

Grassar: *propagar-se ou difundir-se através da reprodução.*

Sinônimos = espalhar, propagar, alastrar, difundir[7].

Protelar: *adiar a realização de alguma coisa; deixar o desenvolvimento de algo para depois, para outro momento; postergar, adiar.*

Sinônimos = procrastinar, prolongar, prorrogar, pospor, protrair, diferir, adiar, delongar, retardar[8].

Contínuo: *que não se divide; sem interrupções; constante, ininterrupto.*

Sinônimos = consecutivo, continuado, ininterrupto, seguido, sucessivo, constante[9].

Alternativa "a" – Erro: irregular.

Alternativa "b" – Erros: prioriza e infrequente.

Alternativa "c" – Todos os sinônimos estão errados.

Alternativa "d" – Erro: acelera.

7. www.dicio.com.br/grassar/
8. www.dicio.com.br/protelar/
9. www.dicio.com.br/continuo/

Alternativa "e" – Grassar é propagar-se; protelar é postergar; contínuo é ininterrupto.

17. (FGV - TJ RJ - Programa de Residência - Direito - 2024) Assinale a frase em que a locução prepositiva sublinhada tem seu significado corretamente indicado.

a) Qualquer pessoa desprovida de senso de humor está <u>à mercê de</u> todos. / à disposição de.

b) A vida ensina que jamais somos felizes senão <u>à custa de</u> certa ignorância. / pela existência de.

c) Muitas pessoas que parecem estar lutando contra a adversidade são felizes; muitas outras, <u>em meio a</u> grandes riquezas, são profundamente infelizes. / envolvidas com.

d) É melhor estar entre dois loucos do que <u>perto de</u> um imbecil. / nos arredores de.

e) A liberdade, não sendo fruto de todos os climas, não está <u>ao alcance de</u> todos os povos. / dentro das finalidades.

▷ ***Anotações/Comentários***

Nota da autora: É imprescindível encaixar a expressão no contexto sugerido.

Alternativa "a" – À mercê: *em completa dependência de uma pessoa ou coisa; sujeita a vontade de.*

Alternativa "b" – À custa de: *com o sacrifício de, por meio de.*

Alternativa "c" – Em meio a: *envolvidas com.*

Alternativa "d" – Perto de: *próximo, junto.*

Arredor: *por todos os lados, envolta.* O sentido é distinto.

Alternativa "e" – Ao alcance de: *estar a uma distância que pode ser atingida.*

Não possui relação alguma com fim, com propósito.

18. (FGV - TJ RJ - Programa de Residência - Direito - 2024) As frases a seguir mostram vocábulos idênticos repetidos. Assinale a frase em que esses vocábulos mostram significados diferentes.

a) Quando faço o bem, sinto-me bem.

b) Toda alegria é uma vitória, e uma vitória é uma vitória, por menor que seja.

c) Ambos se prejudicam: quem promete demais e quem espera demais.

d) Quem cede sua liberdade em troca de um pouco de segurança temporária não merece nem liberdade nem segurança.

e) É verdade que a liberdade é preciosa. Tão preciosa que é preciso racioná-la.

▷ ***Anotações/Comentários***

Alternativa "a" – 1. Substantivo: causar alegria, felicidade; 2. Advérbio: de modo confortável.

Alternativa "b" – Vitória: conquista, êxito, sucesso.

Alternativa "c" – Demais: excessivamente, intensamente.

Alternativa "d" – Liberdade: independência absoluta e legal de um indivíduo, de uma cultura, povo ou nação, sendo nomeado como modelo.

Alternativa "e" – Preciosa: possui alto preço, grande valor.

19. (FGV - TJ RJ - Programa de Residência - Direito - 2024) Assinale a frase em que o termo sublinhado está retomado por um hiperônimo e não por um sinônimo.

a) Todos reclamam de <u>mudanças</u> na Constituição, pois, na verdade, ninguém quer saber de reformas.

b) O <u>contentamento</u> do artista era imenso e sua alegria contaminou todos os presentes.

c) Há quem compre muitas <u>frutas</u> por preço baixo e há quem pague por esses produtos sete vezes mais.

d) Os <u>quadros</u> dos artistas populares ficaram expostos por toda a manhã, mas poucas pinturas foram vendidas.

e) O <u>abajur</u> era antigo, de modelo francês, e a luminária tinha ficado esquecida no porão por anos.

▷ ***Anotações/Comentários***

Nota da autora: Vamos relembrar?

Hiperônimos são palavras de sentido genérico, ou seja, palavras cujos significados são mais abrangentes do que os hipônimos.

Fixe: *hiper* = grande / *hipo* = menor.

Exemplos: Animais é hiperônimo de cachorro e gato.

Legume é hiperônimo de batata e quiabo.

Galáxia é hiperônimo de estrelas e planetas.

Ferramenta é hiperônimo de alicate.

Doença é hiperônimo de HPV.

Alternativa "a" – "mudança" é *transformação, alteração, modificação,* ou seja, é **sinônimo** de *reforma.*

Alternativa "b" – "contentamento" é **sinônimo** de *alegria, entusiasmo, prazer, satisfação.*

Alternativa "c" – "produtos" é <u>**hiperônimo**</u> de "frutas".

Produto: *resultado da produção; coisa produzida.*

Produto: grande *x frutas:* menor.

Confira exemplos de hipônimos para não reforçar:

Morango é hipônimo de fruta.

Verde é hipônimo de cor.

Brócolis é hipônimo de verdura.

Gripe e covid-19 são hipônimos de doença.

Alternativa "d" – "quadro" é **sinônimo** de *pintura, painel, tela, quadrado.*

Alternativa "e" – "abajur": *peça que recobre lâmpadas, candeeiros etc., para amortecer a intensidade da luz.*

"luminária": *conjunto de lâmpadas e focos de luz utilizados para iluminação.*

Os vocábulos pertencem ao mesmo campo semântico, isto é, são **sinônimos**.

Texto para responder à questão.

Temos que acreditar

Será que podemos entender o mundo sem algum tipo de crença? Esta é uma pergunta central na dicotomia entre ciência e fé. De fato, o modo como um indivíduo escolhe responder a ela determina, em grande parte, como se relaciona com o mundo e a vida em geral. Contrastando as explicações míticas e cientificas da realidade, podemos dizer que muitos religiosos buscam explicar o desconhecido com o desconhecível, enquanto a ciência busca explicar o desconhecido com o conhecível.

Muito da tensão entre ciência e fé vem da suposição de que existem duas realidades mutuamente incompatíveis, uma dentro deste mundo (e, portanto, "conhecível" através da aplicação diligente do método científico) e outro fora dele (e, portanto, "desconhecível', relacionada tradicionalmente à crença religiosa).

Mitos religiosos permitem que os que neles creem transcendam sua "situação histórica", a perplexidade que sentimos ao compreendermos que somos criaturas delimitadas pelo tempo, cada um com uma história que tem um começo e um fim. Em um nível mais pragmático, explicações míticas de fenômenos naturais são tentativas pré-científicas de dar sentido àquilo que existe além do controle humano. A motivação por trás dessas explicações não é tão diferente daquela da ciência, já que ambas tentam de alguma forma revelar mecanismos por trás dos fenômenos naturais: afinal, tanto deuses quanto forças físicas fazem coisas acontecer, mesmo que de formas radicalmente distintas.

Tanto o cientista quanto o crente acreditam em causas não compreendidas. ou seja, em coisas que ocorrem por razões desconhecidas, mesmo que a natureza da causa seja completamente diferente para cada um.

(Adaptado de: GLEISER, Marcelo. À ilha do conhecimento. Rio de Janeiro: Record, 2023, p. 31-32)

LÍNGUA PORTUGUESA

20. (FCC - TRT 11 – Analista Judiciário – Área Judiciária - 2024) Considerando-se o contexto, traduz-se adequadamente o sentido de um segmento do texto em:

a) explicações míticas de fenômenos (3º parágrafo) = suposições sensíveis de ocorrências

b) a motivação por trás dessas explicações (3º parágrafo) = a causa oculta dessas elucidações

c) uma pergunta central na dicotomia (1º parágrafo) = um mistério essencial na relativização

d) aplicação diligente do método (2º parágrafo) = administração implícita da prática

e) Em um nível mais pragmático (3º parágrafo) = com um teor mais concebível

▷ ***Anotações/Comentários***

Alternativa "a" – *Explicação* (*esclarecer, justificar*) não possui relação semântica com suposição - *ponto de vista formado sem comprovação; hipótese, conjectura.*

Mítico (*fabuloso, lendário*) não possui relação com *sensível.*

Alternativa "b" – Motivação = causa; por trás = oculta; explicação = elucidação.

Alternativa "c" – *Pergunta* não possui relação com *mistério.*

Dicotomia (*oposição entre duas coisas, geralmente entre dois conceitos*) não possui relação com relativização - *descrição de alguma coisa partindo sempre da sua comparação com outra, de modo a analisá-la sob diferentes perspectivas ou assumindo que nada é absoluto, completo ou restrito.*

Alternativa "d" – *Aplicação* (*ação de colocar em prática; emprego, utilização*) não possui relação com administração - *ação de administrar, de dirigir os negócios públicos ou privados, de gerir bens.*

Alternativa "e" – *Pragmático* (*que é prático, direto; que realiza algo de maneira objetiva sem se desviar do seu propósito; prático, objetivo, direto*) não possui relação com concebível (*que se consegue compreender; que é compreensível; entendível*).

21. (FCC - TRT 21 – Analista Judiciário – Área Administrativa - 2023) A palavra empregada em sentido conotativo, no contexto em que se encontra, está sublinhada em:

a) *as famosas quedas d'água são uma atração que eu ainda não havia visitado.*

b) *No scroll infinito de imagens hoje nas nossas telas, que impacto essas atrações ainda são capazes de nos provocar?*

c) *Quando cheguei o mais próximo que podia, tive um baque*

d) *Quando fechei as pálpebras, todos esses sentidos, inclusive o da visão, ficaram mais fortes.*

e) *E eu tinha a manhã de terça livre para me encantar com a força daquelas águas.*

▷ ***Anotações/Comentários***

Alternativa "a" – Denotação: *ato ou efeito de cair; caimento.*

Alternativa "b" – Denotação: *painel, pintura, quadro.*

Alternativa "c" – Sentido figurado - conotação: *palpitação forte, choque.*

No sentido denotativo, significa *estrondo de um corpo que cai; desastre ou ruína súbita*[10].

Alternativa "d" – Denotação: *sentido da vista; ação ou efeito de ver; capacidade de compreensão, assimilação e percepção visual de tudo que está presente no mundo exterior, concebida a partir da utilização dos olhos e do cérebro.*

Alternativa "e" – Denotação: *o que tem grande vigor, robustez.*

[Cidades devastadas]

Em vinte anos eliminaram a minha cidade e edificaram uma cidade estranha. Para quem continuou morando lá, a amputação pode ter sido lenta, quase indolor; para mim, foi uma cirurgia de urgência, sem a inconsciência do anestésico.

Enterraram a minha cidade e muito de mim com ela. Por cima de nós construíram casas modernas, arranha-céus, agências bancárias; pintaram tudo, deceparam árvores, demoliram, mudaram fachadas. Como se tivessem o propósito de desorientar-me, de destruir tudo o que me estendia uma ponte entre o que sou e o que fui. Enterraram-me vivo na cidade morta.

Mas, feliz ou infelizmente, ainda não conseguiram soterrar de todo a minha cidade. Vou andando pela paisagem nova, desconhecida, pela paisagem que não me quer e eu não entendo, quando de repente, entre dois prédios hostis, esquecida por enquanto dos zangões imobiliários, surge, intacta e doce, a casa de Maria. Dói também a casa de Maria, mas é uma dor que conheço, íntima e amiga.

Não digo nada a ninguém, disfarço o espanto dessa descoberta para não chamar o empreiteiro das demolições. Ah, se eles, os empreiteiros, soubessem que aqui e ali repontam restos emocionantes da minha cidade em ruínas! Se eles soubessem que aqui e ali vou encontrando passadiços que me permitem cruzar o abismo!

(Adaptado de CAMPOS, Paulo Mendes. **Os sabiás da crônica. Antologia.** Belo Horizonte: Autêntica, 2021, p. 209-210)

22. (FCC – TRT 18 – Analista Judiciário – Área Administrativa – 2023) Considerando-se o contexto, traduz-se adequadamente o sentido de um segmento do texto em:

a) *sem a inconsciência do anestésico* (1º parágrafo) = afora a inconsistência do paliativo.

b) *Como se tivessem o propósito* (2º parágrafo) = à medida que agissem deliberadamente.

c) *o que me estendia uma ponte* (2º parágrafo) = o que me facultava tolher.

d) *esquecida por enquanto dos zangões imobiliários* (3º parágrafo) = poupada até agora do furor imobiliário.

e) *aqui e ali repontam restos emocionantes* (4º parágrafo) = alhures recobrem-se vestígios tocantes.

▷ ***Comentários:***

Alternativa "a" – *Inconsciência* não possui relação com *inconsistência.*

Alternativa "b" – Dois erros: com se tivessem = causa; à medida que = proporção. *Tivessem o propósito* não possui relação com *agissem deliberadamente.*

Alternativa "c" – *Estendia* não possui relação com *facultava.*

Alternativa "d" – *Esquecida* = poupada / *por enquanto* = até agora / *dos zangões imobiliários* = do furor imobiliário.

Alternativa "e" – *Emocionantes* não possui relação com *tocantes.*

Texto para responder às questões.

[Acerca da "Igualdade"]

"Liberdade, Igualdade, Fraternidade" foi o grito de guerra da Revolução Francesa. Hoje há disciplinas inteiras – ramos da filosofia, da ciência política e dos estudos jurídicos – que têm a "igualdade" como tema central de estudos. Todos concordam que a igualdade é um valor; ninguém parece concordar quanto ao que se refere o termo. Igualdade de oportunidades? Igualdade de condições? Igualdade formal perante a lei?

Estaremos falando de uma ideologia, a crença de que todos na sociedade deveriam ser iguais – claro que não em todos os aspectos, mas nos mais importantes? Ou será uma sociedade em que as pessoas são efetivamente iguais? O que isso significaria de fato, na prática, em ambos os casos? Que todos os membros da sociedade têm igual acesso à terra, ou tratam uns aos outros com igual dignidade, ou são igualmente livres para expor suas opiniões em assembleias públicas?

A igualdade seria o apagamento do indivíduo ou a celebração do indivíduo? Numa sociedade, por exemplo, em que os mais poderosos são tratados como divindades e tomam as decisões mais importantes, é possível falar em igualdade? E as relações de gênero? Muitas sociedades tratadas como "igualitárias" na verdade têm seu igualitarismo restrito aos homens adultos. Em casos assim, podemos falar em igualdade de gêneros?

10. Dicionário Online de Português. Disponível em <https://www.dicio.com.br/baque/>. Acesso em 5 de maio de 2024.

Como não existe nenhuma resposta clara e consensual a questões desse tipo, o uso do termo "igualitário" tem levado a discussões infindáveis. Para alguns teóricos do século XVII, a igualdade se manifestava no estado da Natureza. Igualdade, pois, seria um termo definido por omissão: identificaria uma humanidade que pudesse estar livre depois de removidas todas as armadilhas da civilização. Povos "igualitários" seriam, pois, aqueles sem príncipes, sem juízes, sem inspetores, sem sacerdotes, possivelmente sem cidades, sem escrita ou sequer agricultura. Seriam sociedades de iguais apenas no sentido estrito de que estariam ausentes todos os sinais mais evidentes de desigualdade.

Não há dúvida, pensando-se sempre no ideal de "igualdade", de que algo deu muito errado no mundo. Uma ínfima parte da população controla o destino de quase todos os outros, e de uma maneira cada vez mais desastrosa.

(Adaptado de: GRAEBER, David, e WENGROW, David. O despertar de tudo – Uma nova história da humanidade. Trad. Denise Bottmann e Claudio Marcondes. São Paulo: Companhia das Letras, 2022, p. 91 a 94, passim)

23. (FCC – TRT 18 – Analista Judiciário – Área Judiciária – 2023) Considerando-se o contexto, traduz-se adequadamente o sentido de um segmento do texto em:

a) têm a "igualdade" como tema central de estudos (1º parágrafo) = trabalham de modo igualitário um conceito essencial

b) tratam uns aos outros com igual dignidade (2º parágrafo) = fazem-se dignos do mesmo tratamento

c) igualitarismo restrito aos homens adultos (3º parágrafo) = restrição de igualdade entre os mais bem formados

d) resposta clara e consensual a questões desse tipo (4º parágrafo) = solução límpida para as dissensões de tal ordem

e) estariam ausentes todos os sinais mais evidentes (4º parágrafo) = não se apresentariam os traços mais visíveis

▷ ***Comentários:***

Alternativa "a" – Alterando a função sintática, consequentemente se altera o sentido.

– Tem a igualdade: princípio de acordo com o qual todos os indivíduos estão sujeitos à lei e possuem direitos e deveres; justiça.

→ Objeto direto do verbo "ter".

– Modo igualitário: relativo ao igualitarismo, ideologia ou comportamento de quem busca a igualdade completa e absoluta dos indivíduos.

→ Adjunto adverbial de modo.

Alternativa "b" – Tratam uns aos outros: reciprocidade; fazem-se dignos: reflexividade (a si mesmos).

Alternativa "c" – Homens mais adultos: gênero e idade; os mais bem formados: instrução, caráter. Sentido alterado.

Alternativa "d" – Resposta clara e consensual = visível, distinta; consentida, combinada, acordada. Não possui relação alguma com *solução límpida.*

Alternativa "e" – estariam ausentes = não se apresentariam / todos os sinais mais evidentes = os traços mais visíveis.

Encenação da morte

A vida nos quer, a morte nos quer. Somos o resultado da tensão ocasionada pelas duas forças que nos puxam. Esse equilíbrio não é estável. Amplo, diverso e elástico é o campo de força da vida, e vale a mesma coisa para o campo da morte. Se ficamos facilmente deprimidos ou exaltados é em razão das oscilações de intensidade desses dois campos magnéticos, sendo o tédio o relativo equilíbrio entre os dois.

Às vezes é mais intensa a pressão da vida, outras vezes é mais intensa a pressão da morte. Não se quer dizer com isso que a exaltação seja a morte e a depressão seja a vida. Há exaltações e exultações que se polarizam na morte, assim como há sistemas de depressão que gravitam em torno da vida. O estranho, do ponto de vista biológico, é que somos medularmente solitários com ambos os estados de imantação mais intensa, os da vida e os da morte. Não aproveitamos apenas a vida, mas usufruímos também as experiências da morte, desde que essas não nos matem.

Ganhei várias vezes da morte, isto é, inúmeras vezes os papéis que a morte representou para mim não chegaram a ser convincentes ou não chegaram a fazer grande sucesso. Matei várias mortes. (...) Mas outro dia dei dentro de mim com uma morte tão madura, tão forte, tão irresponsável, tão parecida comigo que fiquei no mais confuso dos sentimentos. Esta eu não posso matar, esta é a minha morte. O Vinícius de Moraes, que entende muito de morte, disse que nesse terreno há sempre margem de erro, e que talvez eu tenha ainda de andar um bocado mais antes de encontrar a minha morte. Pode ser. Não sei. Quem sabe?

(Adaptado de CAMPOS, Paulo Mendes. Os sabiás da crônica. Antologia. Org. Augusto Massi. Belo Horizonte: Autêntica, 2021, p. 246-248, passim)

24. (FCC – TRT 18 – Analista Judiciário – Área Judiciária – 2023) Considerando-se o contexto, um segmento do texto tem seu significado bem interpretado em:

a) Amplo, diverso e elástico é o campo de força da vida (1º parágrafo) = O campo de força da vida é previsível em sua singularidade.

b) nesse terreno há sempre margem de erro (3º parágrafo) = em assuntos como esse é fatal que nos equivoquemos.

c) há sistemas de depressão que gravitam em torno da vida (2º parágrafo) = sobrevém a depressão quando nos entregamos aos instintos de viver.

d) usufruímos também as experiências da morte (2º parágrafo) = gerenciamos sobretudo uma vivência da eternidade.

e) sendo o tédio o relativo equilíbrio entre os dois (1º parágrafo) = ocorre o tédio quando somos atraídos por ambos os campos.

▷ ***Comentários:***

Alternativa "a" – Não há relação entre "amplo, diverso e elástico" com "previsível".

Alternativa "b" – "haver sempre uma margem de erro" é diferente de "fatal".

Alternativa "c" – Não existe relação entre "sistemas de depressão" com "instintos de viver".

Alternativa "d" – Não há relação entre "experiências da morte" com "vivência da eternidade".

Alternativa "e" – sendo o tédio = ocorre o tédio / o relativo equilíbrio entre os dois = somos atraídos por ambos os campos.

O sentido foi mantido, isso indica que foi bem interpretado.

Texto para responder à questão.

[Vida literária]

Aqueles que fazem versos e já atingiram a idade madura costumam receber cartas de outros que também os fazem, mas estão na casa dos vinte. Parece que esse é um dos prêmios (muito discutíveis) de envelhecer: ser solicitado pelos mais novos a dar opiniões sobre os vagidos do talento. O moço apresenta-se confiante, às vezes entusiástico, sempre respeitoso; o "mestre" responde benévolo, paciente, minucioso, interessado em pormenores biográficos, ocultando sua vaidade sob um verniz de simpatia: "Escreva sempre, meu filho." A isto se chama vida literária.

Sendo a literatura fenômeno socializante por excelência, contudo permanece fenômeno individual quanto à produção. E eu vos pergunto: pode a experiência do mais idoso servir à hesitação do jovem, dissolvê-la em certeza, encaminhá-la a rumo certo? Haverá utilidade nessa conversa de gerações?

É certo que cinco ou dez anos depois a receita do mais velho foi esquecida e o mestre com ela. Sucede também que após esse lapso de tempo o mestre seja, não esquecido, mas negado. Ataca-se o mestre, descobre-se que ele o não é. Noventa (que digo? cem por cento) de nossas admirações da adolescência resolvem-se em indiferença, vergonha ou desprezo. Na força do adulto, vinga-se o homem das debilidades do período de crescimento físico e intelectual, negando o que adorara. Os mestres de poesia não escapam a essa contingência, e ao escreverem uma "carta ao jovem poeta" deveriam meditar bem na escolha das palavras e no prazo de validade do sortilégio.

Mas o pessimismo da verificação não deve secar no homem de cinquenta o terno interesse pelo rapaz de vinte. O admirador juvenil é tão autêntico e honesto quanto o lapidador de vinte e cinco ou trinta. Cada idade tem sua moral e sua sensibilidade.

(Adaptado de: ANDRADE, Carlos Drummond. **Passeios na ilha.** São Paulo: Cosac Naify, 2011, p. 113-114)

25. (FCC – TRT 17 – Analista Judiciário – Área Judiciária – 2023) Considerando-se o contexto, está adequadamente interpretado o sentido de uma expressão do texto em:

a) os vagidos do talento (1º parágrafo) = as explosões de uma vocação autêntica

b) sob um verniz de simpatia (1º parágrafo) = com o brilho de uma animada acolhida

c) servir à hesitação do jovem (2º parágrafo) = curvar-se diante da angústia juvenil

d) vinga-se o homem das debilidades (3º parágrafo) = retrai-se o ser diante de seus lapsos

e) prazo de validade do sortilégio (3º parágrafo) = limite da vida útil do encantamento

▷ ***Comentários:***

Alternativa "a" – Vagido: *Choro de criança recém-nascida. Lamento, gemido.*

Explosão [sentido figurado]: *Manifestação súbita e violenta de um sentimento ou de uma paixão.* Os sentidos são distintos.

Alternativa "b" – Simpatia: *Sentimento de reconhecimento ou consentimento que se desperta em outra pessoa.*

Acolhida: *Receber alguém; hospedar, agasalhar.* Sentidos distintos.

Observação: *verniz* e *brilho possuem o mesmo sentido.*

Alternativa "c" – Hesitação: *Ação ou efeito de permanecer indeciso; que não sabe o que fazer; que não sabe o que dizer nem o que pensar.*

Angústia: *Ansiedade física acompanhada de dor; agonia, ansiedade, apreensão, aperto.* Os sentidos são distintos.

Alternativa "d" – *Vingar* é o oposto de retrair. Além disso, "debilidade" significa *qualidade do que não tem força nem vigor; fraqueza.* "Lapso" significa *espaço ou intervalo de tempo; decurso de tempo.* Sentidos distintos.

Alternativa "e" – Prazo de validade = limite da vida útil.

Sortilégio = *sedução ou encanto; característica, atributo natural ou artificial, que provoca encantamento e fascinação.*

Fragmento de texto para responder à questão.

(...) James Tully, uma autoridade em direitos indígenas, aponta as implicações históricas desse pensamento: considera-se vaga a terra usada para a caça e a coleta e, "se os povos aborígenes tentam submeter os europeus a suas leis e costumes ou defender os territórios que durante milhares de anos tinham erroneamente pensado serem seus, então são eles que violam o direito natural e podem ser punidos ou 'destruídos' como animais selvagens". (...)

David Graeber e David Wengrow. O despertar de tudo: uma nova história da humanidade. São Paulo: Cia das Letras, 2022, p. 169-170 (com adaptações).

26. (CEBRASPE – TJ ES – Analista Judiciário – Área Administrativa – 2023 – adaptada) No primeiro período, a palavra "implicações" tem o mesmo sentido de **impertinências**.

( ) certo ( ) errado

▷ ***Comentários:***

"Impertinência" é sinônimo de *despropósito, importunação, inconveniente.*

No contexto, a palavra "implicação" possui sentido de *ação ou efeito de implicar, de* ***obter algo como efeito, resultado, consequência.***

Os sentidos são, claramente, distintos.

Fragmentos de texto para responder à questão.

(...) Mesmo no cenário mais favorável, que pressupõe um amplo conjunto de medidas, como acionamento de grande capacidade de geração térmica, importação de energia e **postergação** de manutenção de equipamentos, o país chegaria a novembro praticamente sem sobra de potência, o que amplia a probabilidade de apagões. (...)

Se o regime de chuvas no verão não superar a média dos últimos anos, a margem de manobra para 2022 será ainda menor. Calcula-se que, nesse quadro, a geração térmica, mais cara, tenha de permanecer durante todo o período úmido, o que seria algo **inédito**.

Desde já o país precisa considerar os piores cenários e agir com toda a prudência possível, com foco em investimentos na geração, modernização de turbinas em hidrelétricas antigas e planejamento para ampliar a **resiliência** do sistema.

(Editorial. Folha de S.Paulo, 27.08.2021. Adaptado)

27. (VUNESP – TJ SP – Escrevente Técnico – 2021 - adaptada) Nas passagens "**postergação** de manutenção de equipamentos", "o que seria algo **inédito**" e "ampliar a **resiliência** do sistema", os termos destacados têm como sinônimos, correta e respectivamente:

a) preterição; habitual; capacidade de modernização.

b) realização; original; capacidade de transformação.

c) adiantamento; convencional; capacidade de reintegração.

d) procrastinação; corrente; capacidade de manutenção.

e) adiamento; sem precedentes; capacidade de recuperação.

▷ ***Anotações/Comentários***

Nota da autora: Confira os sinônimos dos três vocábulos.

Postergação	*procrastinação, desleixo, adiamento, menosprezo.*
Inédito	*único, incomum, original.*
Resiliência	*superação, recuperação, resistência, força, estoicismo.*

Alternativa "a" – Não é omissão; não é comum nem normal; não é moderno.

Alternativa "b" – Não é efetivação; **é original**; não se transforma.

Alternativa "c" – Não é avanço; não é comum; não possui capacidade de restituição.

Alternativa "d" – **É procrastinação**; não é comum; não possui capacidade de conservação.

Alternativa "e" – É adiantamento; é sem precedentes; possui capacidade de recuperação.

28. (VUNESP – TJ SP – Escrevente Técnico – 2021) Identifica-se termo empregado em sentido figurado no trecho:

a) O fogo aceso pisca para ela e para o homem.

b) ... ele atiça o fogo na lareira...

c) Pois no Rio tinha um lugar com uma lareira.

d) ... ele por ele mesmo já notara a acha...

e) Quer a mão dele, sabe que quer, e não a toma.

▷ ***Anotações/Comentários***

Alternativa "a" – O fogo **pisca** = o fogo **treme**. Possui sentido figurado.

Alternativa "b" – Atiçar: instigar, avivar, incitar – sentido denotativo.

Alternativa "c" – Lareira: parte da chaminé onde se acende o fogo destinado ao aquecimento de ambiente – sentido denotativo.

Alternativa "d" – Acha: pedaço de madeira tosca para o lume, tora de lenha, cavaca – sentido denotativo.

Alternativa "e" – Todos os vocábulos estão no sentido denotativo.

29. (FGV - Oficial de Justiça - TJ RS - 2020) Observe o texto a seguir, retirado de uma revista de computação.

"Por mais poderoso que seja, um computador sem programas adequados tem pouca utilidade. E um 'programa adequado' com certeza não é aquele aplicativo profissional, caro e sofisticado que, às vezes, já vem instalado. De nada adiantam funções, botões e janelas, se você não conseguir fazer alguma coisa com eles".

Um dos elementos que dá coerência aos textos é a ocorrência de vocábulos que estão dentro de um mesmo campo semântico;

nesse texto, as palavras que pertencem ao mesmo bloco conceitual são:

a) computador, programas, aplicativo, janelas;

b) computador, programa, aplicativo, sofisticado;

c) programas, aplicativo, caro, instalado;

d) caro, sofisticado, instalado, funções;

e) poderoso, aplicativo, instalado, funções.

▷ ***Anotações/Comentários***

Alternativa "a" – Todos os vocábulos referem-se à informática – *ciência cujo objeto de estudo é o tratamento da informação por meio de computadores e de outros dispositivos de processamento de dados.*

Alternativa "b" – O adjetivo *sofisticado* não se refere exclusivamente à informática – *moderno, aprimorado, requintado.*

Alternativa "c" – O adjetivo *caro* significa que possui valor elevado e não se refere à informática. "Instalado" também não é exclusivo da informática: *montado; pronto para ser usado; funcionando perfeitamente.*

Alternativa "d" – Como já explicado, *caro, sofisticado* e *instalado* não se referem exclusivamente à informática. O substantivo *função* é sinônimo de ofício, trabalho, cargo, razão e obrigação.

Alternativa "e" – O adjetivo "poderoso", assim como os outros vocábulos, não possui relação apenas com a informática: *tem grande influência, forte, potente, possante.*

---

30. (FGV - Oficial de Justiça - TJ RS - 2020) Frase inicial: "Hoje se dá grande atenção aos espaços verdes na construção de novos condomínios". Acima está uma frase inicial, com uma ideia principal.

A seguir colocamos cinco opções de frases, que podem ou não estar relacionadas semanticamente com a ideia principal. A única frase que tem relação de sentido com a frase inicial é:

a) Nas praças há muitos bancos para que os idosos possam descansar;

b) No Jardim Zoológico há preocupação com o bem-estar dos animais selvagens;

c) Graças às clareiras urbanas, as crianças podem respirar um ar pouco poluído;

d) As árvores frutíferas apresentam a vantagem de produzir alimentos para a população mais pobre;

e) A poluição do ar é combatida principalmente pelas águas oceânicas.

▷ ***Anotações/Comentários***

Alternativa "a" – Não possui relação alguma com descanso.

Alternativa "b" – Se os espaços verdes estão na construção de condomínios, não se refere aos animais selvagens, mas sim às pessoas.

Alternativa "c" – A expressão "espaços verdes" está ligada à arborização e, consequentemente, à respiração de um ar menos poluído.

Alternativa "d" – Não há relação alguma com frutas e muito menos com a população mais pobre.

Alternativa "e" – A poluição é combatida pela implementação de áreas verdes, não pelas águas do oceano.

---

31. (FGV - Oficial de Justiça - TJ RS - 2020) Um problema da língua escrita é a polissemia das palavras, que pode gerar mais de um entendimento da frase. A frase abaixo em que isso ocorre com o termo sublinhado é:

a) Comprou **um romance** de estilo moderno;

b) Após dois anos, **perdeu** os óculos;

c) Vi o **automóvel** importado por meu tio;

d) Comprou **uma caixa** de ovos;

e) **Adquiriu** um terno na semana passada.

▷ ***Anotações/Comentários***

Alternativa "a" – Um significado apenas: *literatura narrativa em prosa, mais ou menos longa, na qual se relatam fatos imaginários (embora estruturados com verossimilhança), às vezes inspirados em histórias reais, cujo centro de interesse pode estar no relato de aventuras, no estudo de costumes ou tipos psicológicos, na crítica social etc.*

Alternativa "b" – Pode significar que **esqueceu** os óculos, ou que **deixou de possuir** os óculos.

Alternativa "c" – Um significado: *carro; qualquer veículo que, movido a motor, se destina ao transporte de pessoas ou cargas.*

Alternativa "d" – Um significado: *recipiente retangular de madeira, de cartão, de metal, de matéria plástica, ou feita em outro material apropriado.*

Alternativa "e" – Um significado: *passar a ser o dono de algo; participar na posse de uma propriedade ou bem; comprar.*

---

32. (FGV - Oficial de Justiça - TJ RS - 2020) A frase abaixo em que ocorre ambiguidade é:

a) Ninguém mais os encontrou de novo;

b) O cargo de oficial de justiça é importante;

c) A nomeação do Ministro foi surpreendente;

d) Tudo foi organizado para o julgamento;

e) As folhas do caderno despencaram.

▷ ***Anotações/Comentários***

Alternativa "a" – Eles não foram encontrados.

Alternativa "b" – O cargo é importante.

Alternativa "c" – Duas possibilidades: o Ministrou foi nomeado ou o Ministro nomeou alguém – sentido passivo ou sentido ativo.

Alternativa "d" – Organizaram tudo.

Alternativa "e" – Não há duplicidade de sentido.

---

33. (FGV - Oficial de Justiça - TJ RS - 2020) Algumas vezes, para reduzir-se a extensão do texto, ocorre a substituição de uma forma negativa por uma positiva equivalente. A frase abaixo em que isso foi feito de forma semanticamente adequada é:

a) Os projetos **não avançaram** nas Comissões / recuaram;

b) Vejo que os candidatos **não foram chamados** / desistiram;

c) Os turistas **não foram bem recebidos** / foram expulsos;

d) Os estudantes **não continuaram** no curso / fracassaram;

e) O presidente **não aceitou** o convite / declinou do.

▷ ***Anotações/Comentários***

Alternativa "a" – Recuar: *retroceder.* Não possui relação semântica com "não avançar", "não seguir".

Alternativa "b" – Desistir: *abandonar.* Não há relação com "não ser chamado".

Alternativa "c" – Expulso: *posto fora à força.* Não há relação com "não ser chamado".

Alternativa "d" – Fracassar: *falhar, frustrar.* Não há relação alguma com "não continuar".

Alternativa "e" – *Declinar* significa *rejeitar, recusar*: declinou do convite é a mesma ideia de "aceitou o convite".

---

34. (FGV - Oficial de Justiça - TJ RS - 2020) O segmento composto pelo verbo *ter* + substantivo foi substituído de forma semanticamente adequada em:

a) A velhinha **tem disposição para** o trabalho / se dedica ao;

b) A jovem **tinha vontade** de sair / gostava;

c) Os imigrantes **tinham necessidade dos** documentos / exigiam;

d) As cortinas não **tinham serventia /** se deterioravam;

e) O assaltante não **teve intenção de** fugir / pretendeu.

▷ ***Anotações/Comentários***

Alternativa "a" – *Dedicar-se* significa *empenhar-se por; buscar se entregar a algo ou alguém; entregar-se.* Não há relação com "ter disposição".

Alternativa "b" – *Gostar é ter compatibilidade com*, não possui relação com "ter vontade".

LÍNGUA PORTUGUESA

Alternativa "c" – *Exigir é reivindicar, requerer*, não significa "ter necessidade".

Alternativa "d" – *Deteriorar é pôr em mau estado; danificar, estragar*. Não indica que não tenha serventia.

Alternativa "e" – Ter intenção = pretender – *ter a intenção de fazer alguma coisa; possuir um objetivo; planejar*.

---

35. (FGV - Oficial de Justiça - TJ RS - 2020) A frase que exemplifica um caso de linguagem figurada é:

a) Tudo está muito bem nas férias dos funcionários;
b) O livro foi publicado com duzentas páginas;
c) O chocolate estava muito saboroso;
d) Tudo correu às mil maravilhas;
e) Nada acontece por acaso.

▷ ***Anotações/Comentários***

Alternativa "a" – As férias são época de repouso e não são apenas os funcionários que as têm.

Alternativa "b" – Indica a quantidade de páginas.

Alternativa "c" – O advérbio *muito* intensifica o adjetivo *saboroso*.

Alternativa "d" – Hipérbole: *figura de linguagem expressiva que enfatiza através do exagero da significação linguística* (**mil** maravilhas).

Alternativa "e" – Nada acontece de modo eventual: não existe linguagem figurada.

---

36. (FGV - Oficial de Justiça - TJ RS - 2020) A frase a seguir em que os termos sublinhados podem ser considerados sinônimos é:

a) A **batata** está custando caro, como, aliás, todo **cereal**;
b) A **educação** é tarefa dos pais, e a **cultura**, do Estado;
c) A maior **greve** ocorreu em 1950; a **paralisação** durou um mês;
d) A **operação** e o **tratamento** foram demasiadamente caros;
e) As crianças adoram **doce**, principalmente **chocolate**.

▷ ***Anotações/Comentários***

Alternativa "a" – Batata não é cereal (plantas cujas sementes servem, principalmente, depois de reduzidas a farinha, para a alimentação do homem e dos animais: trigo, cevada, aveia, arroz, milho são cereais).

Alternativa "b" – Educação não é cultura (conjunto dos hábitos sociais e religiosos, das manifestações intelectuais e artísticas, que caracteriza uma sociedade).

Alternativa "c" – Greve: paralisação, parede.

Alternativa "d" – Tratamento não é operação (ação de um poder, de uma faculdade, de um agente que produz um efeito; ato ou efeito de operar).

Alternativa "e" – O chocolate pode não ser doce (sabor de açúcar ou de mel).

PARTE II - MORFOLOGIA

1. PROCESSOS DE FORMAÇÃO DAS PALAVRAS

37. (FGV - TJ AL - Técnico Judiciário - Área Judiciária - 2018) A palavra do texto que NÃO segue o mesmo processo de formação que as demais é:

a) ressentimento;
b) covardia;
c) legislação;
d) importante;
e) veículo.

▷ ***Anotações/Comentários***

Nota da autora: Palavras derivadas são aquelas que se originam de outras. Exemplos: pedreiro → pedra, tabuleiro → tábua; desonra → honra.

- **Derivação prefixal:** há acréscimo antes do radical = INfeliz.
- **Derivação sufixal:** há acréscimo após o radical = felizMENTE.

Alternativa "a" – Derivação sufixal de ressentir.

Alternativa "b" – Derivação sufixal de covarde.

Alternativa "c" – Derivação sufixal de legislar.

Alternativa "d" – Derivação sufixal de importar.

Alternativa "e" – Palavra primitiva, ou seja, dá origem a outras palavras.

---

38. (FGV - TJ AL - Técnico Judiciário - Área Judiciária – 2018) O item abaixo em que os dois vocábulos citados NÃO fazem parte da mesma família de palavras é:

a) falir / falência;
b) provir / provisão;
c) deter / detenção;
d) dispensar / dispensa;
e) fugir / fuga.

▷ ***Anotações/Comentários***

Nota da autora: Palavras que pertencem à mesma família possuem o mesmo radial e são chamadas de palavras **cognatas**.

Alternativa "a" – Falência: Ato ou efeito de **falir**; quebra.

Alternativa "b" – *Provisão* é originário do verbo **prover**. Provisão: **Ação de prover**, de abastecer com o necessário; abastecimento. Prover: *abastar, abastecer, aprovisionar, fornecer, guarnecer, munir, rechear, sortir*.

Procedência é cognata de *provir: possuir a procedência em; proceder*.

Alternativa "c" – Detenção: Pena que consiste na prisão provisória, permanente ou preventiva de alguém. Condição da pessoa ou do que se encontra **detido**, preso.

Alternativa "d" – Dispensa: Ato de **dispensar**, de não estar obrigado a; escusa.

Alternativa "e" – Fuga: Ação ou efeito de **fugir**.

---

39. (FGV – Analista Administrativo – TJ - SC/2018) "Em vista disso, inteligência e sabedoria são dois conceitos interessantes. Assim, poderemos ter uma ideia mais precisa e útil do que realmente são. Afinal, se queremos algo, além de ter um alto QI, é necessário desenvolver uma sabedoria excepcional e moldar uma personalidade virtuosa. Isso vai um passo além do cognitivo e do emocional".

Nesse segmento, a palavra formada por processo de formação originalmente diferente dos demais é:

a) sabedoria;
b) realmente;
c) desenvolver;
d) excepcional;
e) personalidade.

▷ ***Anotações/Comentários***

Nota da autora: Existem a **derivação prefixal** – acréscimo na palavra antes do radical – e a **derivação sufixal** – acréscimo na palavra após o radical.

Alternativa "a" – Derivação sufixal (saber + **oria**): sufixo que forma substantivo.

Alternativa "b" – Derivação sufixal (real + **mente**): sufixo adverbial.

Alternativa "c" – Derivação parassintética (des + **envolv** + er): o vocábulo origina-se do verbo latino "volvere". Em português, há prefixo e sufixo e, se retirados, não é formada uma nova palavra. Por isso é uma derivação parassintética, como ocorre em "es + quent + ar". **DICA:** na derivação prefixal e sufixal, ocorre a formação de uma nova palavra ao retirar o prefixo ou o sufixo - infelizmente = **in**feliz, feliz**mente**.

Alternativa "d" – Derivação sufixal (excepcionar + **al**): sufixo que forma adjetivo.

Alternativa "e" – Derivação sufixal (personalizar + **dade**): sufixo que forma substantivo.

2. CLASSES GRAMATICAIS VARIÁVEIS – PRONOME E VERBO

2.1. Pronome

40. (VUNESP – TRF 3ª Região – Analista Judiciário – Área Administrativa – 2024) Assinale a alternativa em que o primeiro termo destacado é um pronome com valor possessivo, e o segundo, um adjetivo.

a) "Dói-**me** o corpo **inteiro**, senhor; o corpo inteiro."

b) ... já ia **se** conformando em ser chamada de dona Teresa, caiu **doente**.

c) Mandou-**me** um bilhete com a letra **meio** trêmula, falando em reumatismo.

d) O **mesmo** caso, ajuntou, houve cerca de 15 anos **atrás**...

e) Entregou-me a chave, fez **qualquer** observação **sobre** o aquecedor...

▷ ***Anotações/Comentários***

Nota da autora: Questão de morfologia (classes gramaticais – pronome e adjetivo).

Lembre-se de que o adjetivo possui a função de qualificar.

Alternativa "a" – Pronome pessoal oblíquo da primeira pessoa do singular. Possui valor de posse porque equivale a "dói meu corpo inteiro"; adjetivo: qualifica o substantivo "corpo".

Dica: insira um verbo de ligação entre os dois termos para ficar clara a ideia de qualificação: o corpo é inteiro.

Alternativa "b" – Parte integrante do verbo (conformar-se) sem valor possessivo; adjetivo.

Alternativa "c" – Pronome pessoal oblíquo da primeira pessoa do singular, mas não possui valor de posse; advérbio.

Alternativa "d" – Pronome demonstrativo sem valor de posse; advérbio.

Alternativa "e" – Pronome indefinido sem valor de posse; preposição.

41. (VUNESP – TRF 3ª Região – Analista Judiciário – Área Administrativa – 2024 - adaptada) Nos enunciados, a colocação pronominal e a regência atendem à norma-padrão em:

a) Dona Teresa me contou que, há cerca de 15 anos atrás, tinha exposto-se em uma corrente de ar em um outro apartamento.

b) Não fosse a corrente de ar que lhe acometera, Mme. Thérèse já teria-se conformado em ser chamada de dona Teresa.

c) Eu entreguei o dinheiro a dona Teresa, ela contou-o. Depois foi lá dentro apanhar umas pobres coisas que se esquecera.

d) Quando voltou, Mme. Thérèse informou-me de que sua debilidade era proveniente de uma corrente de ar no meu apartamento.

e) Dona Teresa certamente vira-se abalada com a corrente de ar, pois veio no meu apartamento magra, mais pálida e menor.

▷ ***Anotações/Comentários***

Nota da autora: Questão de colocação pronominal e de regência.

Alternativa "a" – Colocação pronominal: **contou-me** = sem fator atrativo, o pronome deve estar enclítico; **tinha se exposto**: o pronome oblíquo não pode vir após o verbo no particípio.

Observação: embora não seja pedida no comando da questão, vale ressaltar que ocorre redundância em "há cerca de 15 anos atrás".

Correção: "há cerca de 15 anos" ou "cerca de 15 anos atrás".

Alternativa "b" – Colocação pronominal: **já se** teria = o advérbio atrai o pronome oblíquo.

Regência: **a** acometera = o verbo *acometer* é transitivo direto e não admite o pronome "lhe" como complemento.

Alternativa "c" – Regência: coisas **de** que se esquecera = o verbo *esquecer* é pronominal e exige a preposição "de".

Alternativa "d" – Colocação pronominal correta: ênclise por não haver fator atrativo (informou-me).

Regência correta: o verbo informar é transitivo direto e indireto ("me" é objeto direto / "de que sua debilidade..." possui função de objeto indireto, ou seja, oração subordinativa substantiva objetiva indireta).

Alternativa "e" – Colocação pronominal: certamente **se** vira = o advérbio atrai o pronome oblíquo.

Regência: veio **ao** meu apartamento.

42. (FCC – TRT 18 – Analista Judiciário – Área Administrativa – 2023) Está plenamente adequado o emprego do elemento sublinhado na frase:

a) As reações hostis com que são vítimas os imigrantes constituem um crime contra a humanidade.

b) Os preconceitos culturais aos quais tantos povos que se dizem superiores se nutrem são abomináveis.

c) Os valores por cujos algumas culturas se afirmam podem ser perfeitamente contraditados por outras.

d) Os critérios de valor dos quais algumas civilizações não prescindiram acabaram por se tornar anacrônicos.

e) A diversidade de valores, da qual tantos fazem questão de ignorar, deveria ser vista como natural num mundo globalizado.

▷ ***Comentários:***

Nota da autora: Siga o passo a passo a seguir e não erre questão de regência e de pronome relativo.

Veja qual palavra é retomada pelo pronome relativo;

Elabore oração com os termos posteriores ao relativo até encaixar a palavra que foi retomada;

Agora você saberá se o termo exige preposição, ou não.

Alternativa "a" – Retoma: reações hostis;

Oração: os imigrantes são vítimas **de** reações hostis;

Preposição exigida + pronome relativo: **de que** ou **das quais.**

Alternativa "b" – Retoma: preconceitos culturais;

Oração: tantos povos que se dizem superiores se nutrem **dos** preconceitos culturais;

Preposição exigida + pronome relativo: **de que** ou **dos quais.**

Alternativa "c" – Retoma: valores;

Oração: algumas culturas se afirmam **nos** valores;

Preposição exigida + pronome relativo: **em que** ou **nos quais.**

Dica: o verbo "afirmar-se" é pronominal e está no sentido de *fazer a certificação de alguma coisa através do uso da vista. Sendo assim, exige a preposição "em".*

Alternativa "d" – Retoma: critérios de valor;

Oração: algumas civilizações não prescindiram **dos** critérios de valor;

Preposição exigida + pronome relativo: **de que** ou **dos quais.**

Alternativa "e" – Retoma: diversidade de valores;

Oração: tantos fazem questão de ignorar a diversidade de valores;

Não foi exigida preposição alguma;

Pronome relativo: **que** ou **a qual**.

43. (FCC – TRT 18 – Analista Judiciário – Área Judiciária – 2023) Ao tratar da morte, o cronista **atribui à morte** um poder de imantação tal que acaba por **identificar a morte** como uma força que, paradoxalmente, exerce uma estranha atração até mesmo sobre os que **temem a morte**.

Evitam-se as viciosas repetições do período acima substituindo-se os elementos sublinhados, na ordem dada, por:

a) atribui-lhe – identificá-la – a temem

b) lhe atribui – identificar a ela – lhe temem

c) atribui-lhe – a identificar – temem-lhe

d) atribui nela – lhe identificar – temem-na

e) a atribui – identificar-lhe – a temem

▷ ***Comentários:***

Nota da autora: Questão de coesão textual, regência, pronome e colocação pronominal.

Alternativa "a" – O verbo *atribuir* é transitivo direto e indireto, o termo sublinhado possui função de objeto indireto (a algo) e não possui fator atrativo: atribui-lhe / o verbo *identificar* é transitivo direto (algo), termina em "r" (deve ser suprimido) e não possui fator atrativo: identificá-la / o verbo *temer* é transitivo direto (algo) e possui fator atrativo (pronome relativo): que a temem.

Alternativa "b" – Não há fator atrativo / regência incorreta: identificar algo / regência incorreta.

Alternativa "c" – Atribui-lhe: certo / próclise desnecessária, não há fator atrativo / regência e colocação pronominal incorretas.

Alternativa "d" – Regência incorreta: a ela / regência e colocação pronominal erradas / o pronome relativo (que) atrai o pronome oblíquo: que a temem.

Alternativa "e" – Não há fator atrativo e termo destacado é objeto indireto, isto é, não admite o pronome oblíquo "a" / regência incorreta / a temem: certo.

---

44. (FCC – TRT 17 – Analista Judiciário – Área Judiciária – 2023) Eu vos pergunto: pode a experiência do mais velho servir às hesitações do jovem, <u>fazer o jovem</u> superar essas hesitações, <u>convencer o jovem</u> a não mais <u>render culto às hesitações</u>?

Evitam-se as viciosas repetições do período acima substituindo-se os segmentos sublinhados, na ordem dada, por:

a) fazê-lo – convencê-lo – lhes render culto
b) fazer-lhe – convencer-lhe – render culto às mesmas
c) fazê-lo – lhe convencer – render-lhes culto
d) o fazer – o convencer – a render culto
e) lhe fazer – lhe convencê-lo – lhe rendê-la culto

▷ ***Comentários:***

Nota da autora: Questão de pronome e de regência.

Alternativa "a"

Fazer: verbo transitivo direto terminado em "r" = fazê-lo.

Convencer: verbo transitivo direto e indireto terminado em "r" – o objeto direto é "o jovem" = convencê-lo.

Render: verbo transitivo direto e indireto – o objeto indireto é "hesitações" = lhes render culto.

Dica: atente-se, também, à colocação pronominal.

Alternativa "b" – É impossível o complemento dos verbos "fazer" e "convencer" serem o oblíquo "lhe" – como explicado na alternativa anterior.

Além disso, não cabe a expressão "às mesmas".

Alternativa "c" – Dois erros: "lhe convencer" e "render-lhes culto" – aqui, pelo fato de o pronome estar enclítico. Deve ser proclítico por haver fator atrativo (não mais).

Alternativa "d" – É inadmissível haver pronome oblíquo posposto à vírgula* (dois casos) e a preposição "a" não pode ser repetida (convencer o jovem <u>**a**</u> não mais <u>**a**</u> render culto).

***Exceção:** se houver fator atrativo anteposto à vírgula.

Exemplo: Ontem, depois das 15 horas, me entregaram o envelope.

Lê-se sem a intercalação: Ontem me entregaram o envelope.

Alternativa "e" – As três substituições estão incorretas.

---

45. (VUNESP – TJ SP – Escrevente Técnico – 2021 - adaptada) Assinale a alternativa que atende à norma-padrão de colocação pronominal.

a) Se apercebendo de que chovia nas árvores, ela não pôde acreditar que tanto lhe fosse dado.
b) Como ela esquece de atiçar o fogo, pois não é seu papel, o seu homem dedica-se a essa missão.
c) Antes que ela esclareça onde está a acha, ele por ele mesmo já tinha notado-a, homem seu que é.
d) Ela às vezes instiga o homem, dizendo-lhe: "aquela acha ainda não pegou e você não atiçou-a".
e) Ela acha que aquilo vai acabar. Não é ao fogo que refere-se, certamente refere-se ao que sente.

▷ ***Anotações/Comentários***

Alternativa "a" – Não se inicia frase com pronome oblíquo: Apercebendo-se.

Alternativa "b" – Sem fator atrativo, usa-se a ênclise: dedica-se.

Alternativa "c" – Não pode haver pronome oblíquo após o verbo no particípio em locuções verbais. Além disso, o advérbio atrai o oblíquo: já a tinha notado.

Alternativa "d" – O advérbio atrai o pronome oblíquo: não a atiçou.

Alternativa "e" – O pronome relativo atrai o oblíquo: que se refere. O advérbio também atrai o oblíquo: certamente se refere.

Fragmento de texto para responder à questão.

(...) Observa-se que a solidez dos lugares ocupados por cada uma das pessoas, nos moldes da família nuclear, não se adéqua à realidade social do momento, **em que** as relações são caracterizadas por sua dinamicidade e pluralidade. De acordo com o médico e psicanalista Jurandir Freire Costa, "família nem é mais um modo de transmissão do patrimônio material; nem de perpetuação de nomes de linhagens; nem da tradição moral ou religiosa; tampouco é a instituição que garante a estabilidade do lugar **em que** são educadas as crianças". (...)

Reflexões sobre a paternidade na pós-modernidade.

Internet:<www.newpsi.bvs-psi.org.br> (com adaptações).

---

46. (CESPE/CEBRASPE - Analista Judiciário - TJ PA - 2020 - adaptada) Seria mantida a correção gramatical do trecho se o segmento "em que" fosse substituído, respectivamente, por

a) onde e onde.
b) onde e que.
c) a qual e o qual.
d) no qual e onde.
e) que e no qual.

▷ ***Anotações/Comentários***

Nota da autora: Encontre o termo que o pronome relativo retoma (momento) e coloque a oração posterior ao pronome relativo na ordem direta até encaixar o termo retomado. No primeiro caso, lê-se: as relações são caracterizadas por sua dinamicidade e pluralidade **no** <u>momento</u>. A preposição "em" foi exigida e deve estar junto do pronome relativo. No segundo caso: retoma "lugar". Lê-se: as crianças são educadas **no** lugar. A preposição "em" também foi exigida e deve estar junto do pronome relativo. Note que nesse caso cabe o pronome relativo *onde* por referir-se a lugar.

Alternativa "a" – No primeiro caso, o pronome relativo não retoma lugar e por isso não pode ser substituído por "onde".

Alternativa "b" – Como visto, não cabe o relativo "onde" no primeiro caso e no segundo a preposição "em" foi exigida.

Alternativa "c" – Nos dois casos, a preposição "em" foi exigida, como analisado na nota.

Alternativa "d" – No qual = **em** + que; onde = **em** que.

Alternativa "e" – Faltou a preposição "me" anteposta ao pronome relativo no primeiro caso.

FRAGMENTO DE TEXTO PARA RESPONDER À QUESTÃO.

(...) Observa-se que a solidez dos lugares ocupados por cada uma das pessoas, nos moldes da família nuclear, não se adéqua à realidade social do momento, **em que** as relações são caracterizadas por sua dinamicidade e pluralidade. De acordo com o médico e psicanalista Jurandir Freire Costa, "família nem é mais um modo de transmissão do patrimônio material; nem de perpetuação de nomes de linhagens; nem da tradição moral ou religiosa; tampouco é a instituição que garante a estabilidade do lugar **em que** são educadas as crianças". (...)

Reflexões sobre a paternidade na pós-modernidade. Internet:<-www.newpsi.bvs-psi.org.br> (com adaptações).

47. (CESPE/Cebraspe - Analista Judiciário - TJ PA - 2020 - adaptada) Seria mantida a correção gramatical do trecho se o segmento "em que" fosse substituído, respectivamente, por

a) onde e onde.

b) onde e que.

c) a qual e o qual.

d) no qual e onde.

e) que e no qual.

▷ ***Anotações/Comentários***

Nota da autora: Encontre o termo que o pronome relativo retoma (momento) e coloque a oração posterior ao pronome relativo na ordem direta até encaixar o termo retomado. No primeiro caso, lê-se: as relações são caracterizadas por sua dinamicidade e pluralidade **no** momento. A preposição "em" foi exigida e deve estar junto do pronome relativo. No segundo caso: retoma "lugar". Lê-se: as crianças são educadas **no** lugar. A preposição "em" também foi exigida e deve estar junto do pronome relativo. Note que nesse caso cabe o pronome relativo *onde* por referir-se a lugar.

Alternativa "a" - No primeiro caso, o pronome relativo não retoma lugar e por isso não pode ser substituído por "onde".

Alternativa "b" - Como visto, não cabe o relativo "onde" no primeiro caso e no segundo a preposição "em" foi exigida.

Alternativa "c" - Nos dois casos, a preposição "em" foi exigida, como analisado na nota.

Alternativa "d" - No qual = **em** + que; onde = **em** que.

Alternativa "e" - Faltou a preposição "me" anteposta ao pronome relativo no primeiro caso.

48. (FGV - Oficial de Justiça - TJ RS - 2020 - adaptada) Uma estratégia para evitar-se a repetição de palavras consiste na substituição da segunda ocorrência da palavra por um pronome pessoal. A frase em que isso foi feito de forma adequada é:

a) **Os meninos** procederam mal, por isso **lhes** condenaram;

b) Comprei **o livro** ontem, mas vou revendê-**lo**;

c) Os chefes deram **as ordens**, por isso **os** obedeci;

d) **João** estava na festa, mas não **no** viram sair;

e) **As meninas** estavam no shopping, mas não encontrei-**las**.

▷ ***Anotações/Comentários***

Alternativa "a" - O verbo *condenar* é transitivo direto: **os** condenaram.

Alternativa "b" - O verbo *comprar* é transitivo direto e o verbo termina em "r": revendê-los.

Alternativa "c" - O verbo *obedecer* é transitivo indireto: **lhes** obedeci.

Alternativa "d" - O verbo *ver* é transitivo direto: **não o viram. Dica:** o advérbio atrai o pronome oblíquo.

Alternativa "e" - O verbo *encontrar* é transitivo direto: **não as encontrei.** O advérbio atrai o pronome oblíquo.

49. (FGV - Oficial de Justiça - TJ RS - 2020) Observe as frases a seguir.

Comprei calças de lã na Europa.

O preço das calças foi baixo.

A forma adequada de juntar essas duas frases numa só, de modo a evitar a repetição da palavra calças, é:

a) Comprei calças de lã na Europa, que o preço foi baixo;

b) Comprei calças de lã na Europa, onde o preço foi baixo;

c) Comprei calças de lã na Europa, cujo preço foi baixo;

d) Comprei calças de lã na Europa em que o preço foi baixo;

e) Comprei calças de lã na Europa em onde o preço foi baixo.

▷ ***Anotações/Comentários***

Nota da autora: Perceba que existe uma relação de posse: o preço **da calça.**

Alternativa "a" - Faltou a ideia de posse, o pronome relativo retoma o termo anterior e o período ficou sem sentido.

Alternativa "b" - Não retoma "Europa" e não exige a preposição "em", logo não pode ser usado o pronome "onde".

Alternativa "c" - O pronome relativo "cujo" concorda com o termo posterior e indica posse do termo anterior: o preço da calça foi baixo.

Alternativa "d" - A preposição "em" não foi exigida e o pronome relativo "que" não possui ideia de posse.

Alternativa "e" - Não retoma "Europa", não exige a preposição "em" e não existe a forma "em onde".

Fragmento de texto para responder à questão.

(...) *Os principais avanços ocorreram com a entrada em vigor da Lei da Ação Civil Pública, em 1985, e do Código de Defesa do Consumidor, em 1990,* ***que****, conjuntamente, formaram o microssistema processual para assegurar os interesses da população.* (...)[11]

50. (CESPE/CEBRASPE - Assistente Judiciário -TJ AM - 2019 - adaptada) O vocábulo "que" poderia ser substituído por **o qual**, sem alteração dos sentidos e da correção gramatical do texto.

- CERTO
- ERRADO

▷ ***Anotações/Comentários***

O "que" é pronome relativo e retoma "Lei da Ação Civil Pública e Código de Defesa do Consumidor". Poderia ser substituído por **os quais.** Lê-se: a Lei da Ação Civil Pública e o Código de Defesa do Consumidor formaram, conjuntamente, o microssistema processual.

51. (CESPE/CEBRASPE - Técnico Judiciário - TJ PR - 2019 - adaptada) Mantendo-se os sentidos e a correção gramatical, o vocábulo "onde", no trecho "o lugar onde nós vivemos juntos[12]", poderia ser substituído por

a) o qual.

b) em que.

c) que.

d) de cujo.

e) aonde.

▷ ***Anotações/Comentários***

Nota da autora: Sigamos o passo a passo para evitar dúvida e você aplicar nas questões de pronomes e regência.

1. O vocábulo "onde" é pronome relativo e retoma o termo "lugar";
2. Colocando a oração posposta ao pronome na ordem direta até aparecer o termo retomado, tem-se: nós vivemos juntos **no** lugar;
3. A preposição "em" foi exigida pelo verbo *viver* e o pronome retoma lugar.

Alternativa "a" - Faltou a preposição "em" exigida pelo verbo: no qual.

Alternativa "b" - O pronome relativo "onde" equivale a "em que" ou "no qual".

Alternativa "c" - Faltou a preposição "em".

Alternativa "d" - Além de a preposição "de" não ter sido exigida, não há sentido de posse do termo anterior. Exemplo: o autor de cuja obra gosto = gosto da obra do autor (posse).

Alternativa "e" - A preposição "a" não foi exigida pelo verbo *viver.*

52. (VUNESP - TJ SP - Escrevente Técnico Judiciário - 2018) Considere as passagens:

11. Mariana Faria. O que tecnologia tem a ver com acesso à justiça? 13/6/2018. Internet: <www.dacordo.com.br> (com adaptações).
12. Mario Sergio Cortella. Ética e convivência. Internet: (com adaptações)

- ... os personagens **se** expressam de maneira correta e erudita.
- Compartilhou-**lhe** o sentimento Jayme Monjardim...
- "... para que o telespectador consiga **se** sentir em outra época" ...

Os pronomes, em destaque, assumem nos enunciados, correta e respectivamente, os sentidos:

a) recíproco, possessivo e reflexivo.
b) recíproco, reflexivo e reflexivo.
c) reflexivo, possessivo e reflexivo.
d) reflexivo, demonstrativo e enfático.
e) reflexivo, enfático e possessivo.

▷ **Anotações/Comentários**

Nota da autora: É viável relembrar a classificação dos pronomes.

- **Reflexivo:** indica que o sujeito pratica uma ação verbal sobre si mesmo (a si mesmo, a si próprio). Olhei-**me** ao espelho = olhei a mim mesmo, a mim próprio.
- **Possessivo:** o pronome pessoal oblíquo "lhe" pode indicar posse se equivaler a *seu, sua*. Arrumou-**lhe** a estante = arrumou a sua estante.
- **Recíproco:** há mais do que um sujeito praticando uma ação verbal reciprocamente ou, um sobre o outro. Eles **se** abraçaram (um ao outro).
- **Enfático:** usado para realçar. São eles: *mesmo* e *próprio*. Ela **própria** assumiu a tarefa.

Alternativa "a" – Na primeira oração não há reciprocidade.

Alternativa "b" – Na primeira oração não há reciprocidade e não há reflexividade na segunda oração.

Alternativa "c" – 1. O verbo *expressar-se* é pronominal e o pronome é reflexivo: eles se expressam; 2. O pronome pessoal oblíquo pode ser substituído por **seu**, isto é, possui valor de posse; 3. O verbo *sentir-se* é pronominal e o pronome é reflexivo: ele se sinta.

Alternativa "d" – Na segunda oração não demonstra e não há ênfase na terceira oração.

Alternativa "e" – Não há realce na segunda nem posse na terceira oração.

---

53. (VUNESP - TJ SP - Escrevente Técnico Judiciário - 2018) Assinale a alternativa que atende à norma-padrão de colocação pronominal.

a) A prosódia, já disse-o alguém, não é mais que função do estilo.
b) Se consubstancia o transitivo de criação com o intransitivo de identificação na frase: – Ó universo, eu *sou-te*.
c) Tendo referido-me a Deus simultaneamente como o Criador e a Alma do mundo, recorri à frase: – Ó universo, eu *sou-te*.
d) Sirvamo-nos da linguagem para quaisquer efeitos, sejam eles lógicos ou artísticos.
e) Para expressar minha ideia, juntariam-se o transitivo de criação com o intransitivo de identificação na frase.

▷ ***Anotações/Comentários***

Alternativa "a" – O advérbio atrai o pronome oblíquo (próclise): **já o disse**.

Alternativa "b" – A oração não deve ser iniciada por pronome oblíquo: **consubstancia-se**.

Alternativa "c" – Em locuções verbais nas quais o verbo principal está no particípio, não havendo fator proclítico, o pronome deve permanecer após o verbo auxiliar: **tendo-me referido** ou **tendo me referido**.

Observação: o hífen é facultativo nesse caso.

Alternativa "d" – Não se deve iniciar oração com o pronome pessoal oblíquo e a forma correta é a usada no período: sirvamo-nos.

Alternativa "e" – Com verbo no futuro sem fator de próclise, usa-se a mesóclise: **juntar-se-iam**.

Fragmento de texto para responder à questão.

(...) A partir de Sócrates, o ser humano voltou-se para si mesmo. (...)[13]

---

54. (CESPE - TRF1 2017 - Técnico Judiciário - adaptada) O pronome na forma verbal "voltou-se" denota reciprocidade, aspecto enfatizado pela expressão "para si mesmo".

- CERTO
- ERRADO

▷ ***Anotações/Comentários***

Nota da autora: Eis uma pegadinha que várias bancas cobraram em provas de 2017. Preste atenção no comentário e não corra o risco de errar. É fácil!

1. O pronome indica **reciprocidade** quando possui a ideia de ***um a outro*** (e suas variações). Exemplo: Eles se abraçaram demoradamente. = Abraçaram um ao outro.
2. O pronome indica **reflexividade** quando pratica e sofre a ação, ou seja, possui a ideia de **a ele mesmo, a ele próprio**. Exemplo na questão: Voltou para si mesmo = voltou para ele próprio.
3. Questão incorreta por não denotar reciprocidade.

Texto para responder à questão.

Semana Nacional do Trânsito

Estamos no último dia da Semana Nacional do Trânsito e vamos encerrar falando sobre o tema que foi bem escolhido pelo Denatran: Seja Você a Mudança no Trânsito.

Vivemos numa sociedade que tem o hábito de responsabilizar o Estado, autoridades e governos pelas mazelas do país. Em muitos casos são críticas absolutamente procedentes, mas, quando o tema é segurança no trânsito, não nos podemos esquecer que quem faz o trânsito são seres humanos, ou seja, somos nós.

Deveríamos aproveitar a importância desta semana para refletir sobre nosso comportamento como pedestres, passageiros, motoristas, motociclistas, ciclistas, pais, enfim, como cidadãos cujas ações tem reflexo na nossa segurança, assim como dos demais. O pedestre que não respeita a faixa coloca em risco sua vida e também a do motorista e de terceiros. Muitas vezes para desviar de um pedestre e evitar seu atropelamento, um motorista perde o controle do veículo e provoca um acidente grave com outras pessoas que nada têm a ver com o comportamento do pedestre. Não precisamos nem aprofundar as consequências dos motoristas que andam em excesso de velocidade, sob efeito de álcool, ou que dirigem uma carreta cansados. São todos fatores humanos que contribuem para o que chamamos de acidente.

(.....) Nesta semana nacional do trânsito pelo menos mil pessoas vão ter morrido nas ruas e nas estradas. Não podemos mais tolerar esses números e, para que isso mude realmente, é preciso que você e cada um de nós sejamos de fato os agentes da mudança na direção de um trânsito mais seguro. Com certeza você pode contribuir para isso, aproveite esta semana para refletir e conversar sobre o tema com seus entes queridos e amigos, afinal, quem morre no trânsito é amigo ou parente de alguém. Ninguém está livre disso.

Rodolfo Alberto Rizzotto (adaptado)

---

55. (FGV - Analista Judiciário - Escrivão Judicial - TJ - PI/2016) No texto, o autor emprega a primeira pessoa do plural em muitos segmentos. O segmento do texto abaixo que mostra um valor desse emprego diferente dos demais é:

a) "Estamos no último dia da Semana Nacional do Trânsito";
b) "... vamos encerrar falando sobre o tema que foi bem escolhido pelo Denatran: Seja Você a Mudança no Trânsito";
c) "Vivemos numa sociedade que tem o hábito de responsabilizar o Estado, autoridades e governos pelas mazelas do país";
d) "não podemos esquecer que quem faz o trânsito são seres humanos, ou seja, somos nós";
e) "Deveríamos aproveitar a importância desta semana para refletir sobre nosso comportamento como pedestres".

▷ ***Anotações/Comentários***

Alternativa "a" – Nós todos estamos.

Alternativa "b" – Quem vai encerrar a Semana? O palestrante. O uso da primeira pessoa do plural, no contexto, indica um plural de modéstia, evitando marca de individualismo.

---

13. **Sócrates.** *In:* **Coleção Grandes Pensadores.** Revista Nova Escola. Ed. 179, jan.–fev./2005. Internet: <https://novaescola.org.br> (com adaptações).

Alternativa "c" – Nós todos vivemos.

Alternativa "d" – Nós todos não podemos esquecer.

Alternativa "e" – Nós todos deveríamos aproveitar.

56. (FGV – Analista Judiciário – Escrivão Judicial – TJ – PI/2016) "Nesta semana nacional do trânsito pelo menos mil pessoas vão ter morrido nas ruas e nas estradas. Não podemos mais tolerar esses números e, para que isso mude realmente, é preciso que você e cada um de nós sejamos de fato os agentes da mudança na direção de um trânsito mais seguro. Com certeza você pode contribuir para isso, aproveite esta semana para refletir e conversar sobre o tema com seus entes queridos e amigos, afinal, quem morre no trânsito é amigo ou parente de alguém. Ninguém está livre disso".

Nesse parágrafo, há um conjunto de demonstrativos empregados de forma correta. O comentário inadequado sobre seu emprego é:

a) "nesta semana" / a forma "esta" se refere ao momento presente da enunciação;

b) "tolerar esses números" / a forma "esses" se refere ao número de mortos citado anteriormente;

c) "para que isso mude" / a forma "isso" se refere ao alto número de acidentes fatais;

d) "você pode contribuir para isso" / a forma "isso" se refere à mudança do número de mortos;

E) "ninguém está livre disso" / a forma "disso" se refere à possibilidade de ter um amigo ou parente morto no trânsito.

▷ ***Anotações/Comentários***

Nota da autora: Os pronomes demonstrativos referem-se, também, a tempo. Vamos entender melhor?

Pronome	Tempo	Exemplo
Este	atual, ato da fala ou da escrita.	Neste instante, estou estudando.
Esse	anterior relativamente próximo ao momento da fala ou da escrita.	No mês passado prestei concursos. Nesse mês, fui aprovado.
Aquele	distante do ato da fala ou da escrita.	Ele nasceu na década de quarenta. Naquela época, a vida era mais tranquila.

Alternativa "a" – O pronome "esta" refere-se ao momento da escrita (tempo).

Alternativa "b" – Pronome anafórico: retoma ideia mencionada anteriormente.

DICA: o pronome **c**atafórico (isto) refere-se a algo que será **c**itado.

Alternativa "c" – Pronome anafórico: retoma ideia mencionada anteriormente.

Alternativa "d" – "Isso" retoma a ideia mencionada anteriormente: *é preciso que você e cada um de nós sejamos de fato os agentes da mudança na direção de um trânsito mais seguro.*

Alternativa "e" – Pronome anafórico: retoma ideia mencionada anteriormente.

TRECHO PARA RESPONDER À QUESTÃO.

(...) O arrabalde de Santos, uma planície inundada, crivada de lagoas e pântanos, entrecortada por riachos estreitos e canais, cujos contornos são perpetuamente esbatidos por uma bruma nacarada, assemelha-se à própria Terra, emergindo no começo da criação. **As plantações de bananeiras que a cobrem** *são do verde mais jovem e terno que se possa imaginar: mais agudo que o ouro verde dos campos de juta no delta do* Bramaputra, com o qual gosto de o associar na minha recordação; mas é que a própria fragilidade do matiz, a sua gracilidade inquieta, comparada com a suntuosidade tranquila da outra, contribuem para criar uma atmosfera primordial.

Durante cerca de meia hora, rolamos por entre bananeiras, mais plantas mastodontes do que árvores anãs, **com troncos plenos de seiva que terminam numa girândola de folhas** elásticas por sobre uma mão de 100 dedos **que sai de um enorme lótus castanho e rosado**. A seguir, a estrada eleva-se até os 800 metros de altitude, o cume da serra. (...)

(Adaptado de: LÉVI-STRAUSS, Claude. **Tristes Trópicos**. Coimbra, Edições 70, 1979, p. 82-3)

57. (FCC - Analista Judiciário – Área Administrativa – TRF 3/2016)

As plantações de bananeiras que ***a*** *cobrem...*

... com troncos plenos de seiva ***que*** *terminam numa girândola de folhas...*

... ***que*** *sai de um enorme lótus castanho e rosado...*

Os pronomes negritados referem-se respectivamente a:

a) bruma – seiva – mão

b) planície – troncos – mão

c) planície – troncos – dedos

d) Terra – seiva – mão

e) bruma – troncos – dedos

▷ ***Anotações/Comentários***

Nota da autora: Questão de pronome e coesão textual. Trabalhe eliminando as alternativas para ganhar tempo e não errar. Nível fácil, embora seja de nível superior. Imprescindível voltar ao texto e substituir os pronomes mantendo o sentido.

1. As plantações de bananeiras que cobrem **a planície** - o arrabalde de Santos. Note que "a planície" é o sujeito do verbo *assemelha*-se, isso ajuda a entender o trecho. Eliminadas A, D e E;
2. O "que" é pronome relativo, retoma *troncos* e possui função de sujeito: o que terminam numa girândola de folhas? **Troncos** plenos de seiva;
3. O "que" é pronome relativo, retoma *mão* e possui função de sujeito: o que sai de um enorme lótus? Uma **mão** de 100 dedos. Eliminada C.

58. (FCC – Técnico Judiciário – Área Administrativa – TRF 3/2014)

As sereias então devoravam impiedosamente os tripulantes.

... ele conseguiu impedir a tripulação de perder a cabeça...

... e fez de tudo para convencer os tripulantes...

Fazendo-se as alterações necessárias, os segmentos grifados acima foram corretamente substituídos por um pronome, na ordem dada, em:

a) devoravam-lhe – impedi-las – convencer-lhes

b) devoravam-no – impedi-las – convencer-lhes

c) devoravam-nos – impedir-lhe – convencê-los

d) devoravam-lhes – impedi-la – convencê-los

e) devoravam-nos – impedi-la – convencê-los

▷ ***Anotações/Comentários***

Por eliminação para ganhar tempo:

– Devoravam alguém = verbo transitivo direto e termina em "m": devoravam-nos. Eliminadas A, B e D;

– Impedir algo = verbo transitivo direto e termina em "r": impedi-la. Eliminada C;

– Convencer alguém = verbo transitivo direto e termina em "r": convencê-los.

2.2. Verbo

59. (FCC - TRT 11 - Técnico Administrativo - Área Administrativa - 2024) Considere a tirinha Bichinhos de jardim.

(Disponível em: **https://bichinhosdejardim.com**)

O futuro do pretérito, no contexto apresentado, foi usado para referir

a) uma situação hipotética, associada a uma condição que, se não for cumprida, pode impedir sua realização.
b) um fato passado, anterior a outro fato também ocorrido no passado.
c) um fato futuro em relação ao momento presente.
d) uma situação hipotética que não se realizará no futuro.
e) um fato concluído no passado.

▷ ***Anotações/Comentários***

Nota da autora: Na charge: **estariam** preocupados / nenhuma IA **aceitaria**.

Alternativa "a" – O futuro do pretérito é hipotético e condicional.

Alternativa "b" – Circunstância expressa pelo pretérito mais-que-perfeito do indicativo.

Alternativa "c" – Circunstância expressa pelo futuro do presente do indicativo.

Alternativa "d" – Se é hipotética, poderá ser realizada no futuro.

Alternativa "e" – Circunstância expressa pelo pretérito perfeito do indicativo.

---

60. (FGV - TRF 1 - Técnico Judiciário - Área Administrativa - 2024) Verbos abundantes são aqueles que possuem mais de uma forma de valor equivalente, o que ocorre principalmente no particípio.

A alternativa que mostra uma forma INADEQUADA de particípio é:

a) matar / matado e morto;
b) morrer / morrido e morto;
c) soltar / soltado e solto;
d) suspender / suspendido e suspenso;
e) romper / rompido e rupto.

▷ ***Anotações/Comentários***

Nota da autora: O particípio regular (terminado em –ado ou –ido) é acompanhado pelo verbo "ter" ou "haver". O particípio irregular (forma curta) é acompanhado pelo verbo "ser" ou "estar".

Pensar nisso ajuda na resolução de questão.

Alternativa "a" – Tinha/havia matado, foi/estava morto.

Alternativa "b" – Tinha/havia morrido, foi/estava morto.

Alternativa "c" – Tinha/havia soltado, foi/estava solto.

Alternativa "d" – Tinha/havia suspendido, foi/estava suspenso.

Alternativa "e" – Tinha/havia rompido, foi/estava **roto**.

---

61. (FGV - TJ RJ - Programa de Residência - Direito - 2024) Assinale a frase que ***não*** mostra um exemplo de voz passiva pronominal (com o pronome SE).

a) Ninguém se prejudicou por haver calado, mas sim por haver falado.
b) O resumo da sabedoria é este: nunca é perdido o tempo que se consagra ao trabalho.
c) Nem todo problema que se tem com a namorada se deve ao modo capitalista de produção.
d) De quantas infâmias se compõe um êxito?
e) O sol nunca se põe no mesmo lugar.

▷ ***Anotações/Comentários***

Alternativa "a" – Passividade: ninguém **foi prejudicado** (ser + particípio).

Alternativa "b" – Passividade: o tempo nunca **é perdido** (ser + particípio).

Alternativa "c" – Passividade: nem todo problema que **se tem** = é tido (verbo transitivo direto + se).

Alternativa "d" – Passividade: **compõe-se** um êxito = é composto (verbo transitivo direto + se).

Alternativa "e" – Voz ativa. O verbo "pôr", nesse caso, não é transitivo direto ou bitransitivo - transitivo direto e indireto.

Dica: apenas os dois verbos mencionados podem indicar passividade.

---

62. (FGV - TJ RJ - Programa de Residência - Direito - 2024) As frases a seguir são inseridas entre exemplos de texto injuntivo, que indicam ordem, conselho, advertência, instrução ou desejo. Assinale a frase que denota ordem.

a) Desconfiai sempre de experiências alheias.
b) Chega de homenagens. Eu quero o dinheiro.
c) Regra número 1: nunca perca dinheiro. Regra número 2: nunca esqueça a regra número 1.
e) Não emprestes a teu irmão com juros.
e) Não faça de seu cargo uma arma; a vítima pode ser você.

▷ ***Anotações/Comentários***

Nota da autora: Atente-se aos tempos e modos verbais. Como a banca não é para brincar, fique de olho, também, no contexto.

Alternativa "a" – Trata-se de uma sugestão, de um conselho.

Alternativa "b" – O verbo "chegar" está no imperativo afirmativo e indica ordem: chega de!

Alternativa "c" – Embora os verbos estejam no imperativo, e pareça ordem, a frase é uma instrução (regra 1, regra 2).

Alternativa "d" – É uma advertência.

Alternativa "e" – É uma advertência, ou um desejo.

---

63. (FCC - TRT 11 – Analista Judiciário – Área Judiciária - 2024) Transpondo-se para a voz passiva a frase *Será que podemos entender o mundo sem algum tipo de crença?*, a forma verbal resultante deverá ser

a) podia entender-se
b) pode entender-nos
c) podemos ser entendidos
d) pode ser entendido
e) o entenderemos

▷ ***Anotações/Comentários***

Nota da autora: É necessário fazer a transposição do objeto direto para sujeito, inserir o verbo "ser" no mesmo tempo do principal e adicionar o particípio. Após, acrescentar a preposição e transpor o sujeito para o agente da passiva.

Alternativa "a" – O tempo verbal foi alterado para futuro do pretérito do indicativo (podia).

Observação: a oração estaria na voz passiva sintética por haver acréscimo do pronome apassivador "se". Nesse caso, o agente da passiva é desnecessário.

Alternativa "b" – Estaria na passiva sintética se fosse inserido o pronome apassivador: pode entender-se.

Alternativa "c" – Na passiva, o sujeito passa a ser "o mundo", a concordância está incorreta.

Alternativa "d" – Será que o mundo **pode ser entendido** por nós sem algum tipo de crença?

Alternativa "e" – A oração permanece na voz ativa.

---

64. (FCC - TRT 11 – Analista Judiciário – Área Judiciária - 2024) É adequada a articulação entre os tempos e os modos das formas verbais na seguinte frase:

a) Rousseau dava demonstração de que respeitava o saber das universidades e das academias a cada vez que reconhecia a função útil das ciências.
b) Caso não viesse a glorificar os esforços laboriosos da conquista intelectual verdadeira, Rousseau não terá lutado contra os obstáculos da irracionalidade.
c) Embora nunca tenha pretendido exaltar a animalidade do selvagem, ocorrera que muitos intérpretes de Rousseau houvessem de atribuir-lhe tal intenção.
d) Os abusos da vida social civilizada teriam colocado o homem muito abaixo da vida primitiva, caso ele venha de fato a cometê-los.
e) Para Rousseau, os abusos do estado social centralizar-se-iam na perda da consciência a que o conduzirá o culto dos refinamentos artificiais.

▷ ***Anotações/Comentários***

Alternativa "a" – "dava", "respeitava", "reconhecia": pretérito imperfeito do indicativo = ações contínuas.

Alternativa "b" – "viesse": pretérito imperfeito do subjuntivo (tempo condicional) + "**teria**": futuro do pretérito do indicativo (tempo condicional).

Alternativa "c" – "tenha pretendido"; **ocorre**: presente do indicativo; **haveriam**: futuro do pretérito do indicativo (condição).

Alternativa "d" – "teriam": futuro do pretérito do indicativo (tempo condicional) + **viesse** pretérito imperfeito do subjuntivo (tempo condicional).

Alternativa "e" – "centralizariam": futuro do pretérito do indicativo (tempo condicional) + **conduzisse**: pretérito imperfeito do subjuntivo (tempo condicional).

---

65. (FCC - TRT 21 – Analista Judiciário – Área Judiciária - 2023) Transpondo-se para a **voz passiva** a frase *até que ponto podemos compreender a natureza da realidade?*[14], a forma verbal a se adotar deverá ser

a) poderá ter sido compreendida
b) podemos ter compreensão
c) podia compreender-se
d) pode ser compreendida
e) se poderia compreender

▷ ***Anotações/Comentários***

Nota da autora: Atente-se ao número de verbos: na voz ativa, há dois; ao transpor para a passiva, acrescenta-se o "ser", ou seja, passa a ter três verbos.

Alternativa "a" – Quatro verbos e o tempo foi alterado para o futuro do presente do indicativo.

Alternativa "b" – Não acrescento o verbo "ser" e a oração continua na voz ativa.

Alternativa "c" – O tempo verbal foi alterado para o pretérito imperfeito do indicativo.

Alternativa "d" – Até que ponto a realidade **pode ser compreendida** por nós?

Alternativa "e" – O tempo foi alterado para o futuro do pretérito do indicativo.

---

66. (FCC - TRT 21 – Analista Judiciário – Área Administrativa - 2023) *Vi Donana nas manhãs seguintes chamar Belonísia de Carmelita também.*

Transpondo a frase acima para a voz passiva, O verbo "Chamar" deverá assumir a seguinte forma:

a) tinha chamado.
b) fora chamada.
c) ser chamada.
d) foi chamado.
e) era chamada.

Alternativa "a" – Permanece na voz ativa.

Alternativa "b" – O verbo "ser" está conjugado no pretérito mais-que-perfeito do indicativo. Deveria permanecer no infinitivo, como está o verbo principal da ativa (chamar).

Alternativa "c" – Vi Belonísia ser chamada de Carmelita pela Donana.

Alternativa "d" – Tempo errado: passou para o pretérito perfeito do indicativo. Além disso, o particípio não concorda com o sujeito paciente (Belonísia): chamada.

Alternativa "e" – Tempo errado: passou para o pretérito imperfeito indicativo.

---

67. (FCC – TRT 18 – Analista Judiciário – Área Judiciária – 2023) Transpondo-se para a **voz ativa** a frase **os mais poderosos são tratados como divindades**, a forma verbal obtida deverá ser

a) tratam-se
b) tratam
c) devem ser tratados
d) tratar-se-ão
e) podem tratar-se

▷ ***Comentários:***

Nota da autora: Perceba que não existe o agente da passiva. Nesse caso, o sujeito, na ativa, deve ser indeterminado.

Dica: na voz ativa, não pode haver verbo transitivo direto ou verbo transitivo direto e indireto + "se" (eliminadas A, D, E) nem verbo "ser" + particípio (eliminada C).

Alternativa "a" – Tratam-se os mais poderosos: voz passiva sintética = verbo transitivo direto + se.

Alternativa "b" – Como não existe o agente da passiva, o verbo deve ficar no plural para indeterminar o sujeito na ativa: tratam os mais poderosos como divindades.

Alternativa "c" – Ocorreu acréscimo do verbo "dever" e a oração permanece na voz passiva analítica (verbo *ser* + particípio).

Alternativa "d" – Ocorreu mudança do tempo verbal (do presente do indicativo para o futuro do presente) e a oração foi transposta para a voz passiva sintética = verbo transitivo direto + se.

Alternativa "e" – Ocorreu acréscimo do verbo "poder" e a oração foi transposta para a voz passiva sintética (verbo + pronome apassivador).

Observação: existe, aqui, outra possibilidade de análise = podem tratar uns aos outros como divindade: voz reflexiva recíproca.

---

68. (FCC – TRT 18 – Analista Judiciário – Área Judiciária – 2023) Está plenamente adequada a correlação entre os tempos e os modos verbais na frase:

a) A moça fora visitar o soberbo escritor em respeito à amizade que desde os tempos de sua meninice cultivasse com ele.

14. (Adaptado de: GLEISER, Marcelo. A ilha do conhecimento. São Paulo: Editora Record, 2023, p. 13-14 e 19)

LÍNGUA PORTUGUESA

b) Foi tocante a sinceridade das palavras que o grande escritor Machado de Assis houvera dito assim que a moça lhe fez aquela confissão.

c) Caso não houvesse entre ambos uma antiga e sólida amizade, a cena de despedida não viesse a despertar a comoção final.

d) Mal faz a moça sua declaração de saudades e já ouve do mestre as palavras gratas e melancólicas de quem da vida se despede.

e) A moça disfarçaria sua emoção inventando uma alegria que o escritor recebera com a melancólica consciência de quem esteja à morte.

▷ ***Comentários:***

Alternativa "a" – fora visitar ... **cultivava** – pretérito imperfeito do indicativo.

Alternativa "b" – foi tocante ... **disse** – pretérito perfeito do indicativo.

Alternativa "c" – houvesse ... **viria** – futuro do pretérito do indicativo (dois tempos condicionais).

Alternativa "d" – faz, ouve, despede – presente do indicativo.

Alternativa "e" – disfarçaria, **receberia**, **estivesse** – futuro do pretérito do indicativo e pretérito imperfeito do subjuntivo (tempos condicionais).

69. (FCC – TRT 18 – Analista Judiciário – Área Administrativa – 2023) Transpondo-se para a voz **passiva** a frase ***O fenômeno mundial da imigração põe à prova a diversidade de valores e os preconceitos,*** obtém-se a forma verbal

A) são postos à prova

B) provam

C) têm provado

D) terão sido postos à prova

E) provam-se

▷ ***Comentários:***

Nota da autora: Lembre-se de que é necessário encontrar o objeto direto da ativa (será sujeito da passiva), acrescentar o verbo "ser" no tempo do verbo principal da ativa e transpor o sujeito da ativa para o agente da passiva.

Alternativa "a" – A diversidade de valores e os preconceitos (sujeito) **são postos** à prova pelo fenômeno mundial da imigração.

Alternativa "b" – É inadmissível transformar a locução adverbial "à prova" em verbo.

Alternativa "c" – Não acrescentou o verbo "ser". Isso significa que a oração permanece na voz ativa.

Alternativa "d" – Pode haver apenas o acréscimo do verbo "ser", não do verbo "ter".

Alternativa "e" – É inadmissível transformar a locução adverbial "à prova" em verbo.

70. (FCC – TRT 18 – Analista Judiciário – Área Administrativa – 2023) Está correto o emprego de todas as formas verbais na frase:

a) Quem se propor a recuperar a visão de sua cidade natal, municie-se de muita tolerância.

b) Para que se revejem vestígios da nossa antiga cidade, urge alimentar a imaginação.

c) Conter-se-ia nossa decepção caso déssemos, de súbito, com uma casinha poupada?

d) A menos que retêssemos na memória uma imagem fiel, nada escaparia a tal devastação.

e) Ele havia salvo da devastação da cidade alguns vestígios que se manteram vivos.

▷ ***Comentários:***

Alternativa "a" – O verbo "propor" é conjugado como o verbo "pôr".

No futuro do subjuntivo: puser = **propuser.**

Alternativa "b" – O verbo "rever" é conjugado como o verbo "ver".

No presente do subjuntivo: veja = **reveja.**

Alternativa "c" – Foram usados os tempos condicionais: futuro do pretérito do indicativo (conteria) + pretérito imperfeito do subjuntivo (déssemos).

Alternativa "d" – O verbo "reter" é conjugado como o verbo "ter".

No pretérito imperfeito do subjuntivo: tivéssemos = **retivéssemos.**

Alternativa "e" – O verbo "manter" é conjugado como o verbo "ter".

No pretérito perfeito do indicativo: tiveram = **mantiveram.**

71. (FCC – TRT 17 – Analista Judiciário – Área Judiciária – 2023) Os tempos e os modos verbais estão adequadamente articulados na frase:

a) Só será possível condenar à morte nas sociedades que contemplassem esse estatuto.

b) Ninguém imaginaria que aquele crime hediondo possa vir a ter atenuantes.

c) Todos os que acreditarem em sua inocência passem a batalhar pela comutação da pena.

d) Não teria havido sua condenação caso se levem em conta suas condições psicológicas.

e) Por mais que nos esforcemos não conseguiríamos relevar a crueldade de seu ato.

▷ ***Comentários:***

Alternativa "a" – Tempos condicionais: **seria** (futuro do pretérito do indicativo) + pretérito imperfeito do subjuntivo (contemplasse).

Outra opção: será (futuro do presente do indicativo) + presente do subjuntivo (**contemplem**).

Alternativa "b" – Tempos condicionais: imaginaria (futuro do pretérito do indicativo) + pretérito imperfeito do subjuntivo (**pudesse**).

Alternativa "c" – O verbo "acreditar" não indica tempo, ou seja, está conjugado no infinitivo pessoal + presente do subjuntivo.

Alternativa "d" – Tempos condicionais: teria (futuro do pretérito do indicativo) + pretérito imperfeito do subjuntivo (**levasse**).

Outra opção: **terá** havido + (futuro do presente do indicativo) + presente do subjuntivo (levem).

Alternativa "e" – Tempos condicionais: **esforçássemos** (pretérito imperfeito do subjuntivo) + futuro do presente do indicativo (conseguiríamos).

72. (FCC – TRT 17 – Analista Judiciário – Área Judiciária – 2023) Todas as formas verbais estão corretamente flexionadas na frase:

a) Se não reavêssemos as imagens daquela cidade, não recuperaríamos os traços do amigo.

b) Se nós nos dispôssemos a mais investigar a cidade, daríamo-nos com ele?

c) Muitos de nós não conteram a emoção quando o encontraram colado à cidade.

d) As imagens tocantes da cidade requereram terno acolhimento da memória do amigo.

e) Seria preciso que retêssemos mais aspectos da cidade para conformar sua figura.

▷ ***Comentários:***

Nota da autora: É imprescindível atentar-se ao radical do verbo, isto é, a raiz, a parte que não sofre alteração.

Alternativa "a" – Rever = ver: víssemos – **revíssemos** (pretérito imperfeito do subjuntivo).

Alternativa "b" – Dispor = pôr: puséssemos – **dispuséssemos** (pretérito imperfeito do subjuntivo).

Embora a banca não exija colocação pronominal, é importante ressaltar que há erro pelo fato de o verbo estar conjugado no futuro: mesóclise obrigatória = dar-nos-íamos.

Alternativa "c" – Conter = ter: tiveram – **contiveram** (pretérito perfeito do indicativo).

Alternativa "d" – O verbo "requerer" não é conjugado como o verbo "querer". Aqui está a *pegadinha* da banca.

No presente do indicativo: requeiro, requeres, requer.

No pretérito perfeito do indicativo: requeri, requeste, requereu, requeremos, requerestes, **requereram**.

Alternativa "e" – Reter = ter: tivéssemos – **retivéssemos** (pretérito imperfeito do subjuntivo).

73. (FCC – TRT 17 – Analista Judiciário – Área Judiciária – 2023)

Seus versos ressoam *em nossos ouvidos quando* retornamos *à cidade ou quando* pensamos *nela.*

A frase acima ganhará uma nova e correta articulação temporal caso se substituam as formas sublinhadas por

a) ressoavam – retornávamos – pensaríamos
b) ressoariam – retornemos – pensássemos
c) ressoarão – retornássemos – pensávamos
d) ressoariam – retornássemos – pensássemos
e) ressoavam – retornaríamos – pensaríamos

▷ *Comentários:*

Nota da autora: Os tempos condicionais sempre são exigidos pela banca. Fixe-os.

Alternativa "a" – Erro: pensaríamos.

Correção: *Seus versos* ressoavam *em nossos ouvidos quando* retornávamos *à cidade ou quando* ***pensávamos*** *nela.*

Alternativa "b" – Erro: retornemos.

Correção: *Seus versos* ressoariam *em nossos ouvidos quando* retornássemos *à cidade ou quando pensávamos nela.*

Alternativa "c" – Erros: retornássemos – pensávamos.

Correção: *Seus versos* ressoarão *em nossos ouvidos quando* retornarmos *à cidade ou quando* ***pensarmos*** *nela.*

Alternativa "d" – Tempos condicionais: futuro do pretérito do indicativo (1 – ressoam) + pretérito imperfeito do subjuntivo (2 e 3 – retornássemos, pensássemos).

Alternativa "e" – Erros: retornaríamos – pensaríamos.

Correção: *Seus versos ressoavam em nossos ouvidos quando* retornávamos *à cidade ou quando* ***pensávamos*** *nela.*

74. (FCC – TRT 14 – Analista Judiciário – Área Judiciária – 2022) Transpondo-se para a voz passiva a frase ***utilizo instrumentos que me são conhecidos***, a forma verbal resultante deverá ser

a) tenho utilizado.
b) venho utilizando.
c) tem sido utilizado.
d) vêm utilizando.
e) são utilizados.

▷ *Comentários:*

Nota da autora: Encontre o objeto direto, faça a inversão e insira o verbo "ser" no mesmo tempo e no mesmo modo da ativa + preposição no agente da passiva (sujeito da voz ativa).

Alternativa "a" – Concordância errada e nunca deverá acrescentar o verbo "ter", apenas o "ser".

Alternativa "b" – Concordância errada e nunca deverá acrescentar o verbo "vir".

Alternativa "c" – Concordância errada e nunca deverá acrescentar o verbo "ter", muito menos há a possibilidade de haver um verbo na ativa e três na ativa. Some sempre um na transposição (o "ser").

Alternativa "d" – Nunca deverá acrescentar o verbo "vir" nem gerúndio. Usa-se o particípio.

Alternativa "e" – Instrumentos **são utilizados** por mim.

Concordância correta, tempo e modo também: presente do indicativo.

75. (FCC – TRT 17 – Analista Judiciário – Área Judiciária – 2023) Transpondo-se para a voz **ativa** a frase *Ataca-se o mestre, descobre-se que ele o não é*, as formas verbais deverão ficar

a) atacam e descobrem
b) é atacado e é descoberto
c) sendo atacado e fora descoberto
d) atacou-se e descobriu-se
e) atacaram e descobriram

▷ *Comentários:*

Alternativa "a"

Ataca-se o mestre: voz passiva sintética (sem agente da passiva, óbvio).

Se não há o agente, o verbo deve ficar pluralizado na voz ativa para indeterminar o sujeito: **atacam**.

Descobre-se que ele o não é: voz passiva sintética.

Sem o agente: verbo na ativa no plural para indeterminar o sujeito = **descobrem**.

Perceba que não se sabe quem atacou nem quem descobriu.

Alternativa "b" – As formas verbais continuam na voz passiva. Foram transpostas para a passiva analítica (verbo "ser" + particípio).

Alternativa "c" – Além de as formas verbais continuarem na passiva (analítica), é impossível alterar os tempos verbais do presente para o gerúndio (sendo) e do presente para o pretérito mais-que-perfeito do indicativo (fora).

Alternativa "d" – Os verbos continuam na passiva sintética e foram alterados os tempos verbais. Dois erros crassos.

Alternativa "e" – A pluralização está correta, mas os tempos verbais foram alterados do presente do indicativo para o pretérito perfeito do indicativo.

Fragmento de texto para responder à questão.

"Explicar, a mim, como é Alejandra, Bruno ponderou, como é seu rosto, como são as dobras de sua boca." E pensou que eram justamente essas dobras desdenhosas e um certo brilho tenebroso nos olhos que diferenciavam mais que tudo o rosto de Alejandra do rosto de Georgina, a quem ele amara de verdade. [...]"

(SABATO, Ernesto. *Sobre heróis e tumbas*. São Paulo: Planeta De Agostini, 2003, p.22-23)

76. (IBFC – 2022 – TJ/MG – Analista Judiciário – Administrador) Na oração "a quem ele amara de verdade", a flexão do verbo é marcada por uma regularidade que indica tempo e modo. Tal flexão confere ao verbo o sentido de uma ação:

a) futura que não será realizada em função de fato passado.
b) do presente que dialoga com episódios do passado.
c) do passado que é replicada em momentos futuros.
d) do presente que se articula com uma projeção futura.
e) passada anterior às ações enunciadas no passado.

▷ *Comentários:*

Alternativa "a" – Nem existe verbo no futuro.

Alternativa "b" – Não é presente do indicativo nem presente do subjuntivo.

Alternativa "c" – É do passado, mas não é replicada em momento futuro.

Alternativa "d" – Não é presente do indicativo nem existe articulação com projeção futura.

Alternativa "e" – O pretérito mais-que-perfeito do indicativo indica a relação entre uma ação passada (amara) e outra ação também passada (pensou): *E* ***pensou*** *que eram justamente essas dobras desdenhosas e um certo brilho tenebroso nos olhos que diferenciavam mais que tudo o rosto de Alejandra do rosto de Georgina, a quem ele* ***amara*** *de verdade.*

77. (VUNESP – TJ SP – Escrevente Técnico – 2021 - adaptada) Considere as passagens do texto "Perto do apagão[15]".

- ... onde o nível dos reservatórios até 24 de agosto **caiu** para 30,7%...
- ... a margem de manobra para 2022 **será** ainda menor.
- ... o que **seria** algo inédito.

No contexto em que estão empregadas, as formas verbais expressam, correta e respectivamente, sentido de:

a) ação frequente; presente; dúvida.

b) ação concluída; imperativo; hipótese.

c) ação concluída; futuro; hipótese.

d) ação frequente; presente; certeza.

e) ação anterior a outra; futuro; desejo

▷ ***Anotações/Comentários***

Nota da autora: vamos conferir os tempos e os modos verbais em cada caso.

- **Caiu**: pretérito perfeito do indicativo;
- **Será**: futuro do presente do indicativo;
- **Seria**: futuro do pretérito do indicativo.

Alternativa "a" – Não é frequente e não é presente.

Alternativa "b" – Não é imperativo.

Alternativa "c" – Pretérito perfeito: ação concluída; futuro do presente: futuro certo; futuro do pretérito: hipótese ou condição.

Alternativa "d" – Não é frequente, não é presente´, não é certeza.

Alternativa "e" – Não é anterior e não é desejo.

78. (FCC – Técnico Judiciário – Área Administrativa – TRF 3 - 2019) *O cérebro humano exibe diferentes padrões de atividade para diferentes experiências.*

Transpondo-se a frase acima para a voz passiva, a forma verbal resultante será:

a) são exibidas

b) são exibidos

c) exibe-se

d) é exibido

e) exibiam-se

▷ ***Anotações/Comentários***

Nota da autora: Para **transpor a oração da voz ativa para a voz passiva analítica**, é necessário passar o objeto direto da ativa para sujeito da passiva, inserir o verbo *ser* no mesmo tempo do verbo principal da ativa, passar o verbo principal para o particípio, inserir preposição, passar o sujeito da ativa para agente da passiva. Para **transpor para a voz passiva sintética**, acrescenta-se o pronome apassivador "se" ao verbo. Exemplo: todos fizeram a prova = Fez-se a prova. **Dica:** neste caso, não há o agente da passiva, ou seja, o sujeito da voz ativa não pode ser inserido na voz passiva.

Alternativa "a" – Concordância incorreta: diferentes padrões são **exibidos** (masculino para concordar com "padrões").

Alternativa "b" – Siga o passo a passo para não errar.

O cérebro humano	exibe	diferentes padrões de atividade
sujeito 4	verbo transitivo direto tempo: presente do indicativo	objeto direto 1

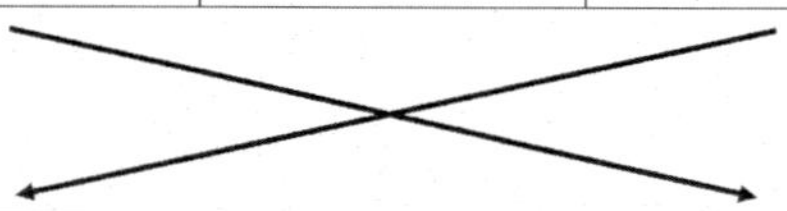

Diferentes padrões de atividade 2	são exibidos 3	pelo cérebro humano 5
sujeito paciente	verbo *ser* no presente do indicativo concordando com o sujeito	preposição (por) + artigo (o) no agente da passiva

15. (Editorial. Folha de S.Paulo, 27.08.2021. Adaptado).

Alternativa "c" – Erro de concordância: **exibem-se** diferentes padrões de atividade.

Alternativa "d" – Erro de concordância: **são exibidos**.

Alternativa "e" – O tempo verbal foi alterado do presente do indicativo para o pretérito imperfeito do indicativo (presente e passado).

79. (FCC – Oficial de Justiça e Analista – TJ MA - 2019) Ao se flexionar na **voz passiva**, a forma verbal atende às normas de **concordância** na frase:

a) Ao se revelar no mapa, os nomes cartográficos sobrepõem-se por vezes à conformação natural daquilo que designa.

b) Por mais que se determine os critérios de nomeação adotados pelos cartógrafos, nunca eles alcançarão uma plena objetividade.

c) No momento em que são adotados pelo cartógrafo idôneo, o critério linguístico se mostra adequado na confecção dos mapas.

d) Na medida em que se submetam a algum critério objetivo, as denominações de um mapa podem fazer muito sentido.

e) Como deixar de se reconhecerem nas nomeações dos mapas a influência determinante de razões políticas e ideológicas?

▷ ***Anotações/Comentários***

Nota da atora: Questão de verbo e concordância. Caso a oração esteja na voz passiva sintética (verbo transitivo direto ou verbo transitivo direto e indireto + se), transponha-a para a voz passiva analítica (verbo *ser* + particípio) para evitar erro de concordância.

Alternativa "a" – Voz passiva sintética. Na analítica: ao serem revelados os nomes = ao se **revelarem** os nomes**.**

Alternativa "b" – Voz passiva sintética. Na analítica: por mais que os critérios sejam determinados = que se **determinem** os critérios.

Alternativa "c" – Voz passiva analítica com concordância errada. Correção: no momento em que o critério **é adotado.**

Alternativa "d" – Voz passiva sintética (verbo transitivo direto e indireto + se: submetam-se). O verbo está concordando com o sujeito paciente "as denominações". Transpondo para a voz passiva analítica, tem-se: Na medida em que as denominações (sujeito) sejam submetidas a algum critério (objeto indireto).

DICA: lembre-se de que verbo transitivo direto e indireto + se = voz passiva sintética e possui sujeito. Veja o exemplo a seguir:

Entregaram-se	os documentos	ao advogado.
Verbo transitivo direto e indireto + se	**sujeito paciente**	objeto indireto

Lê-se, na passiva analítica:

Os documentos	foram entregues.
Sujeito paciente	verbo ser + particípio

Alternativa "e" – Voz passiva sintética. Na analítica: como deixar de reconhecer a influência = como deixar de se **reconhecer** a influência.

80. (FCC – Analista Judiciário – Área Judiciária – TRF 4/2019) Há ocorrência de forma verbal na voz passiva e pleno atendimento às regras de concordância na frase:

a) As funções educativas que em nossos dias deveriam assumir a família do jovem passaram a ocupar um plano inteiramente secundário.

b) No caso de ser assumido pelas famílias seu papel educativo, os jovens passariam a ser os grandes beneficiários dessa iniciativa.

c) Assumir a família um papel complementar no processo educacional corresponde a uma das iniciativas de que não podem se esquivar.

d) Ainda que não caibam às famílias assumir o protagonismo do processo educacional, não há como se furtarem a participar desse processo.

e) Imagina-se que em algum momento as famílias venham a assumir o papel que delas se esperam ao longo de um processo educacional.

▷ ***Anotações/Comentários***

Nota da autora: Questão de verbo e concordância. Existem dois tipos de voz passiva: analítica (verbo *ser* + particípio) e sintética (verbo transitivo direto ou verbo transitivo direto e indireto + se).

Alternativa "a" – Voz ativa.

Alternativa "b" – Voz passiva analítica (ser assumido) e concordâncias corretas: *seu papel educativo* ***ser assumido*** *e os jovens* ***passariam*** *a ser.*

Alternativa "c" – Voz ativa: verbo pronominal (esquivar-se).

Alternativa "d" – Voz ativa. Concordância errada: ainda que não **caiba** assumir o protagonismo do processo educacional = quando o sujeito for oracional (possuir verbo), o verbo da oração principal não poderá ser pluralizado.

Alternativa "e" – Voz passiva sintética (imagina-se). Concordância errada: o papel que delas **se espera.**

---

81. (FCC – Analista Judiciário – Área Judiciária – TRF 4/2019) Numa nova redação de um segmento do texto, mantém-se a adequada correlação entre tempos e modos verbais em:

a) Os professores universitários comprovariam até que ponto seja escassa a formação substancial dos jovens.

b) Mas isso dependerá do fato de que a formação cultural perdia sua utilidade prática.

c) Mesmo que a família venha a se esforçar por transmiti-la, a tentativa estará condenada ao fracasso.

d) A tendência atual consistiria em que hão de se furtar a essa educação.

e) O momento específico da renúncia pessoal, não sendo a proibição familiar, ou não o fosse inteiramente, é a frieza, a indiferença.

▷ ***Anotações/Comentários***

Alternativa "a" – Comprovariam e **seria**: futuro do pretérito do indicativo.

Alternativa "b" – Dependerá e **perderá**: futuro do presente do indicativo.

Alternativa "c" – Venha: presente do subjuntivo; estará: futuro do presente do indicativo.

Alternativa "d" – Consistiria: futuro do pretérito do indicativo; **houvesse**: pretérito imperfeito do subjuntivo. São os dois tempos condicionais.

Alternativa "e" – Paralelismo sintático com o verbo na forma nominal de gerúndio: não sendo a proibição familiar, ou não **sendo** inteiramente.

FRAGMENTO DE TEXTO PARA RESPONDER À QUESTÃO.

Em 1996, no artigo Contratos inteligentes, o criptógrafo Nick Szabo predizia que a Internet mudaria para sempre a natureza dos sistemas legais. A justiça do futuro, dizia, ***estaria*** *baseada em uma tecnologia chamada contratos inteligentes. (...)*[16]

---

82. (CESPE/CEBRASPE – Analista Judiciário – Direito – TJ AM – 2019 – adaptada) A substituição da forma verbal "estaria" por **estava** não modificaria os sentidos originais do fragmento do texto.

- CERTO
- ERRADO

▷ ***Anotações/Comentários***

Analisemos todos os tempos e modos verbais para entender melhor: predizia = pretérito imperfeito do indicativo (ação contínua); mudaria = futuro do pretérito do indicativo (ação condicional); dizia = pretérito imperfeito do indicativo (ação contínua); **estaria** = **futuro do pretérito do indicativo** (ação condicional). A ideia original é de que a justiça do futuro poderia estar baseada em uma tecnologia chamada contratos inteligentes, ou seja, é uma condição e a forma verbal não pode ser substituída por uma ação contínua. Os sentidos seriam modificados.

---

83. Fragmento do texto *Ressentimento e Covardia*[17] para responder à questão.

Tenho comentado aqui na Folha em diversas crônicas, os usos da internet, que se ressente ainda da falta de uma legislação específica que coíba não somente os usos mas os abusos deste importante e eficaz veículo de comunicação. A maioria dos abusos, se praticados em outros meios, seriam crimes já especificados em lei, como a da imprensa, que pune injúrias, difamações e calúnias, bem como a violação dos direitos autorais, os plágios e outros recursos de apropriação indébita. (...)

(FGV - TJ AL - Técnico Judiciário - Área Judiciária - 2018) "**Tenho comentado** aqui na *Folha*"; o tempo verbal destacado nesse segmento inicial do parágrafo indica uma ação que:

a) se iniciou e terminou no passado;

b) mostra início indeterminado e continuidade no presente;

c) indica repetição sem determinação de tempo;

d) se iniciou no passado e termina no presente;

e) se localiza antes de outra ação também passada.

▷ ***Anotações/Comentários***

Nota da autora: Questão de tempo composto.

Alternativa "a" – Não terminou.

Alternativa "b" – Não se sabe quando começou a comentar e fica claro que a ação ainda continua. O **pretérito perfeito composto do indicativo** é usado para indicar uma ação repetida que tem ocorrido no passado, prolongando-se até ao presente. É a formação de locução verbal com o auxiliar **ter** ou **haver** no Presente do Indicativo e o principal no particípio, indicando fato que tem ocorrido com frequência ultimamente.

Alternativa "c" – Indica repetição com determinação de tempo: passado e presente.

Alternativa "d" – Não terminou.

Alternativa "e" – Ainda está acontecendo.

---

84. (FGV - TJ AL - Técnico Judiciário - Área Judiciária - 2018) "E em caso de falsear a verdade propositadamente, é obrigado pela justiça a desmentir e dar espaço ao contraditório".

O verbo *falsear* apresenta como forma errada de conjugação:

a) falseiamos;

b) falseias;

c) falseemos;

d) falseie;

e) falseiam.

▷ ***Anotações/Comentários***

Nota da autora: A banca exige a conjugação do verbo *falsear* no presente do indicativo (ações certas) e no presente do subjuntivo (ações duvidosas).

	Presente do indicativo	Presente do subjuntivo
eu	Falseio	Falseie
tu	Falseias	Falseies
ele	Falseia	Falseie
nós	**Falseamos**	Falseemos
vós	Falseais	Falseeis
eles	Falseiam	Falseiem

Alternativa "a" – No presente do indicativo e na primeira pessoa do plural, conjuga-se: **falseamos.**

---

16. Federico Ast. Como faremos justiça? – A chegada dos contratos inteligentes. In: ÉPOCA negócios. 9/12/2018. Internet: <https://epocanegocios.globo.com> (com adaptações).

17. Carlos Heitor Cony, *Folha de São Paulo*, 16/05/2006 – adaptado.

Alternativa "b" – Segunda pessoa do singular – presente do indicativo.

Alternativa "c" – Primeira pessoa do plural – presente do subjuntivo.

Alternativa "d" – Primeira e terceira pessoas do singular – presente do subjuntivo.

Alternativa "e" – Terceira pessoa do plural – presente do indicativo.

---

85. (FGV - TJ AL - Técnico Judiciário - Área Judiciária - 2018) "... que circulam por aí e que não podem ser desmentidos ou esclarecidos caso por caso".

Nesse segmento do texto, a locução "podem ser" forma uma só oração por tratar-se de uma locução não verbal; a forma abaixo que constitui duas orações por NÃO se tratar de locução verbal é:

a) querem ser;

b) devem ser;

c) gostam de ser;

d) vão ser;

e) fazem ser.

▷ ***Anotações/Comentários***

Alternativa "a" – Locução verbal é a junção de um ou mais verbos que exercem a função morfológica de um único verbo. Querem ser: são.

Alternativa "b" – Devem ser: são.

Alternativa "c" – A preposição entre os verbos desconfigura o conceito de locução verbal.

Alternativa "d" – Vão ser: serão.

Alternativa "e" – Os verbos causativos (deixar, fazer, mandar) e os sensitivos (ver, ouvir, sentir) não formam locuções verbais com infinito e gerúndio. Dica 1: recurso mnemônico **DEFAMA-VOS** (**de**ixar/**fa**zer/**ma**ndar/**v**er/**o**uvir/**s**entir);

Dica 2: insira o pronome **ele** entre os verbos. Se fizer sentido, não será uma locução verbal.

---

86. (FGV – Analista Administrativo – TJ - SC/2018 - adaptada) A frase que NÃO exemplifica a voz passiva é:

a) "Vivemos em uma sociedade onde a eficiência e os resultados são valorizados";

b) "Aparentemente, apenas os mais inteligentes estão destinados a obter sucesso";

c) "Eles devem ser observados, analisados e desconstruídos";

d) "Eles são guiados por valores e preocupados em fazer uso da bondade";

e) "Se procurarmos agora no dicionário o termo sabedoria, será encontrada uma definição simples".

▷ ***Anotações/Comentários***

Nota da autora: Na **voz passiva**, o sujeito sofre a ação. Existem dois tipos: **analítica** (verbo *ser* + particípio) e **sintética** (verbo transitivo direto ou verbo transitivo direto e indireto + se).

Alternativa "a" – São valorizados: passiva analítica. Na ativa: Valorizam os resultados (sujeito indeterminado – verbo na terceira pessoa do plural).

Alternativa "b" – Voz ativa: o sujeito pratica a ação.

Alternativa "c" – Ser observados: passiva analítica. Na ativa: Devem observá-los, analisá-los e desconstruí-los.

Alternativa "d" – São guiados: passiva analítica. Na ativa: Valores os guiam.

Alternativa "e" – Será encontrada: passiva analítica. Na ativa: Se nós procurarmos agora no dicionário o termo sabedoria.

---

87. (FGV - TJ AL - Analista Judiciário - Oficial de Justiça Avaliador - 2018 - adaptada) "O flagrante de dois assessores trocando figurinhas durante uma sessão foi divulgado pelas redes sociais e a cena se espalhou". O segmento "foi divulgado pelas redes sociais" é exemplo de voz passiva; se a mesma frase fosse colocada na voz ativa, a forma verbal adequada seria:

a) divulgaram;

b) divulgaram-se;

c) divulgou-se;

d) divulgam-se;

e) divulga-se.

▷ ***Anotações/Comentários***

Nota da autora: O agente da passiva passa a ser sujeito na voz ativa. Como não há, o sujeito obrigatoriamente deve ser indeterminado.

Alternativa "a" – Para indeterminar o sujeito, basta colocar o verbo na terceira pessoa do plural: **divulgaram**. Não se sabe quem divulgou.

Alternativa "b" – Voz passiva sintética: verbo transitivo direto + se (pronome apassivador) e a concordância está incorreta (divulgou-se o flagrante).

Alternativa "c" – Voz passiva sintética.

Alternativa "d" – Voz passiva sintética e o tempo foi alterado de pretérito perfeito do indicativo para presente do indicativo. A concordância este, também, errada.

Alternativa "e" – Voz passiva sintética. Tempo alterado, como visto na alternativa anterior.

---

88. (FGV - TJ AL - Analista Judiciário - Oficial de Justiça Avaliador - 2018 - adaptada) "Se eu falasse, ninguém acreditaria".

O emprego de tempos verbais nesse segmento está correto, segundo a norma culta; a frase abaixo em que se mantém a correção gramatical é:

a) Se eu falasse, ninguém acreditava;

b) Se eu falo, ninguém acreditaria;

c) Caso eu falasse, ninguém acreditava;

d) Caso eu fale, ninguém acredita;

e) Se eu falava, ninguém acreditaria.

▷ ***Anotações/Comentários***

Nota da autora: Questão de correlação de tempos verbais. Caso precise relembrar, a tabela foi inserida no capítulo teórico.

Alternativa "a" – Acreditaria.

Alternativa "b" – Acredita.

Alternativa "c" – Acreditaria.

Alternativa "d" – Opção 1: pretérito imperfeito do subjuntivo (falasse) + futuro do pretérito do indicativo (acreditaria); opção 2: presente do subjuntivo (fale) + presente do indicativo (acredita).

Alternativa "e" – Falasse.

---

89. (FGV - TJ AL - Analista Judiciário - Área Judiciária - 2018) A frase do texto que NÃO exemplifica a ocorrência de voz passiva é:

a) "Diante do número de casos de preconceito explícito e agressões, somos levados ao questionamento...";

b) "...corre o risco de estar tornando-se irracionalmente intolerante";

d) "No último ano, foram registradas dezenas de casos de intolerância religiosa...";

d) "Preconceito não se tolera, se combate";

e) "...muitas ocorrências que deveriam ser registradas como 'intolerância religiosa'...".

▷ ***Anotações/Comentários***

Nota da autora: Existem dois tipos de voz passiva.

1. Passiva analítica = verbo ser + particípio;

2. Passiva sintética = verbo transitivo direto ou verbo transitivo direto e indireto + se (pronome apassivador).

Alternativa "a" – Voz passiva analítica = somos levados.

Alternativa "b" – Voz ativa.

Alternativa "c" – Voz passiva analítica = foram registrados.

Alternativa "d" – Voz passiva sintética (verbos transitivos diretos + se) = não se tolera; ...se combate = preconceito não é tolerado; preconceito é combatido (na passiva analítica).

Alternativa "e" – Voz passiva analítica = deveriam ser registrados.

90. (FGV - TJ AL - Analista Judiciário - Área Judiciária - 2018) "O tamanho desse problema **rompeu** fronteiras e **torna-se** uma praga mundial".

Nesse segmento do texto, as duas formas verbais pertencem a tempos diferentes; isso ocorre por:

a) erro nesse emprego, já que ambos deveriam ser do mesmo tempo verbal;
b) indicação respectiva de uma ação passada e de um fato atual;
c) tentativa de dar destaque a uma realidade do presente;
d) demonstração de um fato já completado e outro que se encontra em fase inicial;
e) desejo de mostrar que fatos atuais são decorrentes de ações passadas.

▷ ***Anotações/Comentários***

Alternativa "a" – Não há erro, pois os fatos acontecem em tempos distintos.

Alternativa "b" – *Rompeu* está no pretérito perfeito do indicativo e indica uma ação passada e finalizada; *torna-se* está no presente do indicativo e refere-se a uma ação atual, que acontece no momento da escrita.

Alternativa "c" – Não existe destaque, são duas informações.

Alternativa "d" – Um fato completado sim, mas nada indica que o outro esteja em fase inicial, mas sim que está acontecendo.

Alternativa "e" – Isso até se aplica na psicologia, mas nos tempos verbais, não. Se houvesse "de modo que" no lugar da conjunção "e", a segunda oração seria consecutiva, mas a ideia é apenas de adição e a questão é de tempo verbal, não de período composto. Não pode divagar.

91. (FGV - TJ AL - Analista Judiciário - Área Judiciária - 2018) "Até porque, nessa toada, a intolerância irracional ganha terreno, e nós vamos ficando cada vez mais irracionalmente intolerantes com aquilo que não deveríamos ser".

A forma verbal "deveríamos ser" forma uma locução verbal como os vocábulos abaixo:

a) queremos ser;
b) mandamos ser;
c) deixemos ser;
d) vimos ser;
e) ouvimos ser.

▷ ***Anotações/Comentários***

Nota da autora: Locução verbal são dois verbos – auxiliar e principal (gerúndio ou infinitivo) – que indicam apenas uma ação. **Verbos que não formam locução verbal:** causativos - *fazer, deixar, manda* - **e sensitivos** - *ver, ouvir e sentir*. São usados comumente como auxiliares quando ligados à noção de aspecto verbal: *ser, estar* (em algumas construções), ***começar a, deixar de, voltar a, continuar a, pôr-se a, ir, vir* e *estar*.**

Alternativa "a" – Deveríamos ser = seríamos; queremos ser = somos.

Alternativa "b" – *Mandar* não forma locução.

Alternativa "c" – *Deixar* não forma locução.

Alternativa "d" – *Vir* também não forma locução.

Alternativa "e" – *Ouvir* não forma locução.

92. (CESPE – TRF1 2017 – Técnico Judiciário – adaptada) A substituição das formas verbais "é" (Nem se pode dizer que toda contratação direta de advogado pelo poder público é lícita) e "deve" (nem se pode afirmar que toda e qualquer contratação de advogado deve ser precedida de licitação) por **seja** e **deva**, respectivamente, não alteraria a correção gramatical do texto.

- CERTO
- ERRADO

▷ ***Anotações/Comentários***

Por que os verbos podem ser conjugados no presente do subjuntivo? Simplesmente pelo fato de estarem ligados a uma conjunção integrante.

Lembre-se de que antes da conjunção integrante (*que* ou *se*) cabe a inserção do pronome catafórico "isto". A ideia é de que algo será mencionado. Veja: Nem se pode dizer **isto**; nem se pode afirmar **isto**. As ações das orações subordinadas substantivas são duvidosas e por esse motivo cabe o verbo no presente do subjuntivo: nem se pode dizer que toda contratação **seja** ilícita; nem se pode afirmar que toda e qualquer contratação **deva** ser precedida de licitação.

93. (CONSULPLAN - Analista Judiciário - Área Judiciária - TRF 2/2017 - adaptada) Em "Duzentos mil sírios somaram-se aos 4,5 milhões que já haviam deixado o país nos anos anteriores." Na expressão destacada o verbo haver possui características equivalentes quanto a sua aplicação e formação também vistas na forma destacada em:

a) De súbito foram rodeados por todas aquelas pessoas.
b) Tratava-se de dois oradores conceituados da instituição.
c) Deve haver alguns neste lugar que querem expressar suas opiniões.
d) Soube que aqueles homens tinham viajado tanto quanto "Phileas Fogg".

▷ ***Anotações/Comentários***

Nota da autora: Nem sempre o verbo *haver* é impessoal e foi essa a análise exigida. "Haviam deixado" é locução verbal – ocorre quando dois ou mais verbos têm valor de um e a expressão é sempre composta por verbo auxiliar + verbo principal.

Exemplos: Está estudando = estuda; ia fazendo = fazia.

Alternativa "a" – Verbo *ser* (foram) seguido de *particípio* (rodeados) indica voz passiva analítica.

Alternativa "b" – Verbo transitivo indireto (tratar) seguido de *se* indica sujeito indeterminado = voz ativa.

Alternativa "c" – O verbo *haver* foi empregado como impessoal (sentido de existir e a oração não possui sujeito). Equivale a *devem existir* alguns.

Dica de concordância:

– *haver*, no sentido de *existir* ou *ocorrer*, é invariável – assim como o verbo auxiliar, que o acompanha = **Havia** alguns, **devia** haver alguns;

– *existir* possui sujeito e admite plural – caso o sujeito esteja no plural ou seja composto = **Existiam** alguns; **deviam** existir alguns.

Alternativa "d" – *Haviam deixado* equivale a **deixaram**; *tinham viajado* equivale a **viajaram.**

94. (CONSULPLAN – Analista Judiciário – Área Administrativa – TRF 2/2017) O verbo "inserir", utilizado no trecho "– e da própria realidade em que estão inseridos –", aparece na lista de verbos classificados como "abundantes", ou seja, que apresentam duas ou três formas de igual valor e função. As orações a seguir apresentam duas possibilidades admitidas pela norma padrão da língua para o particípio do verbo, com EXCEÇÃO de:

a) O trabalho foi desenvolvido/desenvolto pelo melhor profissional da região nesta área.
b) Disse que já havia limpado/limpo todo o pátio exterior, conforme havia sido orientado.
c) Tendo ganhado/ganho a competição, estabeleceu-se como o novo nome do atletismo regional.
d) O processo foi trazido/trago a tempo para a devida apreciação sem que houvesse qualquer prejuízo.

▷ ***Anotações/Comentários***

Nota da autora: A princípio, a questão pode parecer perigosa, mas não é pelo fato de estar exigindo a análise do verbo que não se encontra no particípio.

Alternativa "a" – Desenvolver: desenvolvido (particípio regular) e desenvolto (particípio irregular).

Alternativa "b" – Limpar: limpado (regular) e limpo (irregular).

Alternativa "c" – Ganhar: ganhado (regular) e ganho (irregular).

Alternativa "d" – *Trazido* é o particípio regular (forma longa) do verbo *trazer*. *Trago* é o verbo no presente do indicativo do verbo *trazer* e do verbo *tragar*, ou seja, não se trata de particípio.

Observação: particípio irregular é chamado também de forma curta. Exemplo: Pago – pagado (irregular e regular).

---

95. (CESPE – TRF1 2017 – Analista Judiciário – Áreas Administrativa e Judiciária – adaptada) Sem prejuízo da correção gramatical e do sentido original do texto, o trecho "são protegidos" (os animais **são protegidos** com a finalidade de garantir um hábitat saudável às atuais e futuras gerações humanas.[18]) poderia ser substituído por **protegem-se**.

- CERTO
- ERRADO

▷ ***Anotações/Comentários***

Em "são protegidos", a oração está na voz passiva (alguém protege os animais). Caso substitua por "protegem-se", a oração para a voz reflexiva (protegem a si mesmos, a si próprios). Não há incorreção gramatical, mas o sentido é alterado.

---

96. (FGV – Analista Judiciário – Escrivão Judicial – TJ – PI/2016) Entre os segmentos abaixo, aquele que se refere a uma ação potencial, e não real, é:

a) "Um Plano de Contingência para o Trânsito necessita de planejamento prévio...".

b) "que venham a causar transtornos nos principais corredores viários de uma cidade".

c) "O aumento progressivo da frota de veículos provoca congestionamentos...".

d) "Nesses casos, passam a exigir ações mais criativas e diferenciadas, ...".

e) "...devendo ser planejadas por equipes de técnicos especializados, com a parceria das universidades".

▷ ***Anotações/Comentários***

Alternativa "a" – Verbo no presente do indicativo refere-se a uma ação real, certa: necessita.

Alternativa "b" – Ação potencial exprime possibilidade, ou seja, o verbo está no modo subjuntivo: venham - presente do subjuntivo.

Alternativa "c" – Provoca: presente do indicativo.

Alternativa "d" – Passam: presente do indicativo.

Alternativa "e" – Devendo ser planejadas (voz passiva) = devem ser planejadas. Devem: presente do indicativo.

---

97. (FGV – Analista Judiciário – Escrivão Judicial – TJ – PI/2016) "Seja você a mudança no trânsito"; a forma de reescrever-se essa mesma frase que mostra uma incorreção da forma verbal no imperativo é:

a) sê tu a mudança no trânsito;

b) sejamos nós a mudança no trânsito;

c) sejam vocês a mudança no trânsito;

d) seja ele a mudança no trânsito;

e) sejai vós a mudança no trânsito.

18. Nathalie Santos Caldeira Gomes. **Ética e dignidade animal**. Internet: <www.publicadireito.com.br> (com adaptações).

▷ ***Anotações/Comentários***

Nota da autora: Imprescindível relembrar a formação do imperativo afirmativo.

	Presente do indicativo (1)	**Imperativo afirmativo (3)**	**Presente do indicativo (2)**
eu	Sou	-	Seja
tu	És	**sê**	Sejas
ele	É	seja	⊠ Seja
nós	Somos	sejamos	⊠ Sejamos
vós	Sois	**sede**	Sejais
eles	São	sejam	⊠ Sejam

Perceba que a segunda pessoa do singular (tu) e a segunda do plural (vós) não são retiradas do presente do indicativo. É uma peculiaridade e por isso a banca exigiu tal conjugação.

Alternativa "a" – Correto: sê tu – não é retirado o "s" do presente do indicativo.

Alternativa "b" – A primeira pessoa do plural é retirada do presente do subjuntivo.

Alternativa "c" – A terceira pessoa do plural é retirada do presente do subjuntivo.

Alternativa "d" – A terceira pessoa do singular é retirada do presente do subjuntivo.

Alternativa "e" – A segunda pessoa do plural do imperativo afirmativo é "sede" vós. Não existe a forma *sejai* pelo fato de nunca ser retirado o "s" dos verbos do presente do subjuntivo. Comum é retirar o "s" do presente do indicativo, mas aqui se trata de exceção.

Trecho para responder à questão.

Em 1997 foram criados os rodízios para diminuir a circulação de veículos em determinados horários na capital paulista. Também foram feitas ciclovias (17,5 km) e campanhas de conscientização. Mas nada disso resolveu o caos no trânsito. (...)

---

98. FGV – Analista Judiciário – Escrivão Judicial – TJ – PI/2016 – adaptada) No trecho, há duas formas verbais na voz passiva: "foram criadas" e "foram feitas". A opção pela voz passiva faz com que as ações realizadas:

a) não mostrem seus agentes;

b) se localizem em passado distante;

c) se processem simultaneamente;

d) sejam atribuídas a agentes diferentes;

e) indiquem ações potenciais e não reais.

▷ ***Anotações/Comentários***

Alternativa "a" – Os sujeitos são pacientes: os rodízios foram criados; ciclovias e campanhas de conscientização foram feitas. Não há informação de quem criou e de quem fez, isto é, o termo preposicionado que age na voz passiva não foi informado.

Alternativa "b" – Os verbos estão no pretérito perfeito do indicativo e referem-se a ações finalizadas, não indicam que são distantes.

Alternativa "c" – Ações que acontecem ao mesmo tempo ocorrem com verbos no pretérito imperfeito do indicativo – usados em textos descritivos.

Alternativa "d" – Nem cita os agentes, como comentado.

Alternativa "e" – Não possui relação com ações potenciais (duvidosas) e reais (certas).

---

99. (FGV – Analista Judiciário – Escrivão Judicial – TJ – PI/2016) "Também foram feitas ciclovias e campanhas de conscientização".

A forma ativa dessa frase passiva é:

a) fizeram ciclovias e também campanhas de conscientização;

b) também fizeram ciclovias e campanhas de conscientização;

c) também tinham feito ciclovias e campanhas de conscientização;

d) também faziam ciclovias e campanhas de conscientização;

e) ciclovias e campanhas de conscientização também eram feitas.

▷ ***Anotações/Comentários***

Alternativa "a" – A ordem dos termos foi alterada.

Alternativa "b" – Como não há o agente da passiva, na voz ativa, o sujeito deve ser indeterminado, ou seja, o verbo deve ficar na terceira pessoa do plural e no mesmo tempo da voz passiva (pretérito perfeito do indicativo). Importante manter a ordem dos termos para que não alterar o sentido e passar o sujeito da voz passiva para objeto direto da ativa: também **fizeram** ciclovias e campanhas de conscientização.

Alternativa "c" – Não há motivo para acrescentar o verbo "ter".

Alternativa "d" – Ocorreu alteração no tempo verbal - pretérito imperfeito do indicativo.

Alternativa "e" – Houve alteração na ordem, mudança no tempo verbal e a oração continua na voz passiva. Eliminada facilmente.

TRECHOS PARA RESPONDER ÀS QUESTÕES.

Depois que se tinha fartado de ouro, o mundo teve fome de açúcar, mas o açúcar consumia escravos. O esgotamento das minas – que de resto foi precedido pelo das florestas que forneciam o combustível para os fornos –, a abolição da escravatura e, finalmente, uma procura mundial crescente, orientam São Paulo e o seu porto de Santos para o café. De amarelo, passando pelo branco, o ouro tornou-se negro. (...)

Enquanto o carro geme em curvas que já nem **poderíamos** qualificar como "cabeças de alfinete", de tal modo se sucedem em espiral, por entre um nevoeiro que imita a alta montanha de outros climas, **posso** examinar à vontade as árvores e as plantas estendendo-se perante o meu olhar como espécimes de museu.

(Adaptado de: LÉVI-STRAUSS, Claude. Tristes Trópicos. Coimbra, Edições 70, 1979, p. 82-3)

100. (FCC - Analista Judiciário – Área Administrativa – TRF 3/2016) A alteração da voz do verbo *poder*, nas duas vezes em que ocorre, deverá resultar nas seguintes formas, respectivamente:

a) se poderia – se pode

b) poder-se-ia – podem-se

c) poderiam-se – pode-se

d) se poderiam – podem-se

e) se poderiam – se pode

▷ ***Anotações/Comentários***

Nota da autora: Questão de vozes verbais e colocação pronominal.

Alternativa "a" – verbo no singular, nos dois casos; próclise (pronome antes do verbo).

Alternativa "b" – não pode ocorrer mesóclise por haver palavra atrativa.

Alternativa "c" – próclise obrigatória; verbo no singular.

Alternativa "d" – 1. No texto, voz ativa: o carro geme em curvas que já nem poderíamos qualificar;

Voz passiva analítica (verbo SER + particípio): curvas que já nem poderiam ser qualificadas;

Passiva sintética (verbo + SE): Curvas que já **se poderiam qualificar**. O advérbio de tempo "já" atrai o pronome oblíquo e torna a próclise obrigatória.

No texto, voz ativa: posso examinar à vontade as árvores e as plantas.

Voz passiva analítica: as árvores e as plantas podem ser examinadas por mim;

Passiva sintética: **Podem-se examinar** as árvores e as plantas.

Alternativa "e" – o segundo verbo está no singular – erro de concordância.

PARTE III – SINTAXE

1. ANÁLISE SINTÁTICA

Fragmento de texto para responder à questão.

(...) Da mesma forma, o estereótipo do nativo indolente e despreocupado, levando uma vida sem ambições materiais, foi utilizado por milhares de conquistadores, administradores de latifúndios e funcionários coloniais europeus na Ásia, na África, na América Latina e na Oceania como pretexto para obrigar os povos nativos ao trabalho, com meios que iam desde a escravização pura e simples ao pagamento de taxas punitivas, corveias e servidão por dívida.

David Graeber e David Wengrow. O despertar de tudo: uma nova história da humanidade. São Paulo: Cia das Letras, 2022, p. 169-170 (com adaptações).

101. (CEBRASPE – TJ ES – Analista Judiciário – Área Administrativa – 2023 – adaptada) A oração "para obrigar os povos nativos ao trabalho" funciona como complemento do termo "pretexto".

( ) certo ( ) errado

▷ ***Comentários:***

Analise o período completo, retirando as intercalações, para evitar erro:

- o estereótipo do nativo indolente e despreocupado foi utilizado <u>como pretexto</u> **para obrigar os povos nativos ao trabalho.**

Como foi utilizado? "Como pretexto" = adjunto adverbial de modo.

Como pretexto para quê? Para obrigar os povos nativos ao trabalho = complemento nominal.

A oração complementa o substantivo abstrato.

Observação: trata-se de uma oração subordinada substantiva completiva nominal reduzida de infinitivo.

Desenvolvendo-a: para que obrigasse os povos nativos ao trabalho.

102. (FGV - TJ AL - Técnico Judiciário - Área Judiciária - 2018) "Tenho comentado aqui na *Folha* em diversas crônicas, os usos da internet, **que** se ressente ainda da falta de uma legislação específica **que** coíba não somente os usos mas os abusos deste importante e eficaz veículo de comunicação".

Sobre as ocorrências do vocábulo *que*, nesse segmento do texto, é correto afirmar que:

a) são pronomes relativos com o mesmo antecedente;

b) exemplificam classes gramaticais diferentes;

c) mostram diferentes funções sintáticas;

d) são da mesma classe gramatical e da mesma função sintática;

e) iniciam o mesmo tipo de oração subordinada.

▷ ***Anotações/Comentários***

Nota da autora: Questão de análise sintática (função do "que") e de morfologia (classes gramaticais).

Alternativa "a" – Antecedentes distintos: usos e falta.

Alternativa "b" – Classes gramaticais iguais.

Alternativa "c" – Possuem a mesma função sintática.

Alternativa "d" – Morfologicamente, são pronomes relativos; sintaticamente, são sujeitos. É importante ressaltar que as duas orações são subordinadas adjetivas por possuírem pronome relativo.

Alternativa "e" – A primeira oração é subordinada adjetiva explicativa (**c**om pontuação) e a segunda é subordinada re**s**tritiva (**s**em pontuação).

103. (FGV - TJ AL - Técnico Judiciário - Área Judiciária - 2018) O segmento sublinhado que exerce uma função sintática **diferente** das demais é:

a) "Tenho comentado aqui na *Folha* em diversas crônicas, <u>**os usos da internet**</u>";

b) "...que se ressente ainda da falta de uma legislação específica que coíba não somente <u>**os usos mas os abusos deste importante e eficaz veículo de comunicação**</u>";

c) "A maioria dos abusos, se praticados em outros meios, seriam **crimes já especificados em lei**";

d) "...como a da imprensa, que pune **injúrias, difamações e calúnias, bem como a violação dos direitos autorais, os plágios e outros recursos de apropriação indébita**";

e) "Como digo repetidas vezes, me valendo do óbvio, **a comunicação virtual está em sua pré-história**".

▷ ***Anotações/Comentários***

Alternativa "a" – Objeto direto de "tenho comentado".

Alternativa "b" – Objeto direto de "coíba".

Alternativa "c" – Predicativo do sujeito, pois o verbo "seriam" é de ligação.

Alternativa "d" – Objeto direto de "pune".

Alternativa "e" – Objeto direto de "digo".

---

104. (FGV – Analista Judiciário – Oficial de Justiça Avaliador – TJ - AL/2018) Nos trechos, aparecem três ocorrências da preposição DE.

1. "troca-troca de figurinhas";

2. "roubo de figurinha";

3. "mensagens de celular".

Sobre o emprego dessa preposição nesses casos, é correto afirmar que:

a) os termos precedidos da preposição DE indicam pacientes dos vocábulos anteriores;

b) os termos precedidos da preposição DE indicam agentes dos termos anteriores;

c) os termos "de figurinha" e "de celular" são complementos dos termos anteriores;

d) os termos "de figurinhas" e "de celular" são adjuntos dos vocábulos precedentes;

e) os termos "de figurinhas" e "de figurinha" são complementos dos vocábulos precedentes.

▷ ***Anotações/Comentários***

Nota da autora: Mais uma vez a banca FGV exige a diferença entre adjunto adnominal e complemento nominal. Vamos relembrar? O termo preposicionado ligado a um substantivo será **a**djunto **a**dnominal se possuir sentido **a**tivo; será complemento nominal se possuir sentido passivo.

Alternativa "a" – Em 1 e 2 possuem sentido passivo e são complementos nominais.

Alternativa "b" – Em 3 é agente e possui função sintática de adjunto adnominal.

Alternativa "c" – Apenas "de figurinha" é complemento.

Alternativa "d" – Apenas "de celular" possui função de adjunto.

Alternativa "e" – São complementos nominais dos substantivos precedentes.

1. As figurinhas são trocadas: sentido passivo = complemento nominal;

2. A figurinha é roubada: sentido passivo = complemento nominal;

3. O celular possui as mensagens: sentido ativo = adjunto adnominal.

---

105. (FGV - TJ AL - Analista Judiciário - Área Judiciária - 2018) O termo sublinhado abaixo que exerce uma função sintática **diferente** das demais é:

a) "Hoje, fala-se muito sobre intolerância religiosa, mas, muito mais do que sermos **tolerantes**...";

b) "somos levados ao questionamento se nossa sociedade corre o risco de estar tornando-se irracionalmente **intolerante**";

c) "O tamanho desse problema rompeu fronteiras e torna-se **uma praga mundial**";

d) "Até porque, nessa toada, a intolerância irracional ganha terreno, e nós vamos ficando **cada vez mais irracionalmente intolerantes**";

e) "No último ano recebemos denúncias de ataques **contra religiões de matriz africana**".

▷ ***Anotações/Comentários***

Alternativa "a" – sermos (verbo de ligação) + **predicativo**.

Alternativa "b" – *estar tornando-se* equivale a *torna-se* (verbo de ligação) + **predicativo**.

Alternativa "c" – torna-se (verbo de ligação) + **predicativo**.

Alternativa "d" – *vamos ficando* equivale a *ficar* + **predicativo**.

Alternativa "e" – recebemos (verbo transitivo direto) denúncias de ataque (objeto direto) contra religiões de matriz africana: **complemento nominal**.

---

106. (FGV - TJ AL - Analista Judiciário - Área Judiciária - 2018) A frase em que o vocábulo SE mostra a função de indeterminar o sujeito é:

a) "...somos levados ao questionamento SE nossa sociedade corre o risco...";

b) "SE deveriam servir para mostrar indignação...";

c) "No campo da religiosidade, o fanatismo SE mostra cada dia mais presente...";

d) "Hoje, fala-SE muito sobre intolerância religiosa...";

e) "Preconceito não SE tolera, se combate".

▷ ***Anotações/Comentários***

Alternativa "a" – Sujeito: nós. Conjunção condicional (caso nossa sociedade corresse o risco).

Alternativa "b" – Conjunção condicional (caso devessem).

Alternativa "c" – Sujeito: o fanatismo. Parte integrante do verbo *mostrar*.

Alternativa "d" – O verbo é intransitivo e o "se" é índice de indeterminação do sujeito. A expressão *sobre intolerância religiosa* é adjunto adverbial de assunto. Também indeterminam o sujeito, acompanhados do SE, os verbos de ligação e os transitivos indiretos.

Alternativa "e" – Sujeito: preconceito. O verbo *tolerar* é transitivo direto e o SE é pronome apassivador. A oração está na voz passiva sintética. Na passiva analítica: preconceito não é tolerado.

---

107. (CONSULPLAN – Técnico Judiciário – Área Administrativa – TRF 2/2017 – adaptada) Analise os trechos a seguir.

I. "[...] adequarem-se às necessidades e vontades humanas."

II. "Contudo, o homem não mediu as possíveis consequências [...]"

III. "Desse modo, a preocupação com o meio ambiente é questionada, [...]"

IV. "[...] por meio das novas mídias, as quais representam novos meios de comunicação, [...]"

Os verbos que, no contexto, exigem o mesmo tipo de complemento verbal, foram empregados em apenas

a) I e II.

b) I, III e IV.

c) II e IV.

d) II, III e IV.

▷ ***Anotações/Comentários***

Exigem o mesmo tipo de complemento os verbos "medir" e "representar".

I. *Adequar* é transitivo indireto – exige a preposição "a" e objeto indireto, respectivamente;

II. *Medir* é transitivo direto e exige objeto direto como complemento: mediu algo – as possíveis consequências (objeto direto);

III. *Ser* é verbo de ligação seguido de predicativo do sujeito (questionada);

IV. *Representar* é transitivo direto e exige objeto direto como complemento: representam algo – novos meios de comunicação (objeto direto).

108. (FCC – TRF 5 – 2017 – Técnico Judiciário – Área Administrativa) *que alguns supõem substituir "velharias"*

No contexto, o termo sublinhado acima exerce a mesma função sintática que o sublinhado em:

a) *Mas o trabalho do poeta é muitas vezes* ***invisível***
b) *permite automatizar* ***grande parte das tarefas***
c) *T.S. Eliot,* ***um dos grandes poetas do século XX****, afirma que*
d) *não há* ***tempo de trabalho normal*** *para a feitura de um poema*
e) ***O tempo livre*** *parece ter encolhido*

▷ ***Anotações/Comentários***

Alternativa "a" – verbo de ligação (é) + **predicativo do sujeito**.

Alternativa "b" – **objeto direto** do verbo *automatizar*.

Alternativa "c" – **aposto explicativo** de T.S. Eliot.

Alternativa "d" – **objeto direto** do verbo *haver*.

Alternativa "e" – Alguns (sujeito) supõem; O tempo livre (sujeito) parece. Ambos os termos possuem função de **sujeito**, basta fazer as perguntas "quem?" e "o quê?", respectivamente.

FRAGMENTO DE TEXTO PARA RESPONDER À QUESTÃO.

"Porque esse é o meu nome! Porque não posso ter outro em minha vida! Porque estaria mentindo e assinando mentiras. Porque não valho a poeira dos pés daqueles que mandou enforcar! Eu já dei a minha alma ao Senhor, deixe-me ficar com meu nome!". A citação acima foi retirada da obra *As Bruxas de Salém*, de Arthur Miller, **que também foi tema de filme**, lançado em 1996. O trecho em questão, porém, também foi utilizado como argumentação em uma decisão judicial a favor da autora que reclamava de atentado à honra.

A argumentação não só mostra como a Literatura ajuda a fundamentar a realidade, mas como o próprio Direito se utiliza dessa ferramenta para interpretar a sociedade. Essa relação entre Direito e Literatura pode ser analisada de três formas: o Direito na Literatura; o Direito da Literatura, que trata dos direitos do autor ou de uma obra e de temas relacionados, como a liberdade de expressão; e, ainda, a utilização de práticas da crítica literária para compreender e avaliar os direitos, as instituições e procedimentos judiciais, o que seria o Direito como Literatura.

Esta última relação do Direito com a Literatura, como explica Vera Karam, professora da disciplina de Direito e Literatura da Faculdade de Direito da Universidade Federal do Paraná (UFPR), é o estudo de temas jurídicos – e da própria realidade em que estão inseridos – com a ajuda das obras literárias. "A Literatura surge como uma metáfora que o direito usa para tentar articular uma boa solução para aquilo que é chamado a responder", explica. [...]

(Katna Baran, especial para a Gazeta do Povo 21/03/2013. Disponível em: <http://www.gazetadopovo.com.br/vidapublica/justica-direito/onde-o-direito-e-a-literatura-se-encontramb2yn714yocf2hz62cladr6p1q>. Acesso em janeiro de 2017. Adaptado.)

109. (CONSULPLAN – Analista Judiciário – Área Administrativa – TRF 2/2017 – adaptada) Em "a poeira dos pés daqueles que mandou enforcar!" (1º §) o termo destacado indica, sintaticamente, a mesma função exercida pelo termo grifado em:

A) "que também foi tema de filme, lançado em 1996." (1º §)
b) "o Direito da Literatura, que trata dos direitos do autor ou de uma obra [...]" (2º §)
c) "A Literatura surge como uma metáfora que o Direito usa para tentar articular uma boa solução [...]" (3º §)
d) "decisão judicial a favor da autora que reclamava de atentado à honra." (1º §)

▷ ***Anotações/Comentários***

Alternativa "a" – Possui função de sujeito: ***As Bruxas de Salém*** foi tema do filme.

Alternativa "b" – Também é sujeito: ***o Direito da Literatura trata dos direitos do autor.***

Alternativa "c" – O pronome relativo "que" possui função de objeto direto. Vejamos: (ele) mandou enforcar **aqueles** – o relativo retoma o pronome demonstrativo "aqueles" que possui função de objeto direto (enforcar alguém). A função é a mesma em "o Direito usa **metáfora**" (usa algo).

Alternativa "d" – Sujeito: **a autora** que reclamava.

110. (FGV – Analista Judiciário – Escrivão Judicial – TJ – PI/2016) Entre os termos sublinhados abaixo, aquele que exerce a função de complemento é:

a) áreas da cidade;
b) campanhas de conscientização;
c) cidades de médio porte;
d) cobrança de pedágio;
e) número de vítimas.

▷ ***Anotações/Comentários***

Nota da autora: Vamos relembrar?

Termo preposicionado com sentido **A**tivo = **A**djunto **A**dnominal; com sentido passivo = complemento nominal.

Alternativa "a" – A cidade possui áreas: sentido ativo.

Alternativa "b" – A conscientização que existe nas campanhas: sentido ativo.

Alternativa "c" – O médio porte das cidades: ativo.

Alternativa "d" – O pedágio é cobrado: sentido passivo. Alguém o cobra.

Alternativa "e" – As vítimas possuem número: ativo.

2. PERÍODO COMPOSTO

Texto para responder à questão.

Ideal do filósofo Jean-Jacques Rousseau

A crítica às sociedades civilizadas e a idealização do homem primitivo, manifestadas a todo passo nas obras do filósofo Rousseau (1713-1784), foram vistas por muitos intérpretes como a expressão de um desejo de retorno à animalidade. Mas o que o filósofo sempre pretendeu não foi exaltar a animalidade do selvagem, mas sua mais profunda humanidade em relação ao homem civilizado.

O homem, para Rousseau, não se regenera pela destruição da sociedade e com o retorno à vida no meio das florestas. Embora privado, no estado social, de muitas vantagens da natureza, ele soube adquirir outras: capacidade de desenvolver-se mais rapidamente, ampliação dos horizontes intelectuais, enobrecimento dos sentimentos e elevação total da alma. Se os abusos do estado social civilizado não o colocassem abaixo da vida primitiva, o homem deveria bendizer sem cessar o instante feliz que o arrancou para sempre da animalidade e fez de um ser estúpido e limitado uma criatura inteligente. O propósito visado por Rousseau é combater os abusos e não repudiar os mais altos valores humanos.

Os abusos centralizam-se, para ele, na perda da consciência a que é conduzido o homem pelo culto dos refinamentos, das mentiras convencionais, da ostentação da inteligência e da cultura, nas quais se busca mais a admiração do próximo do que a satisfação da própria consciência. Rousseau, em uma palavra, não pretende queimar bibliotecas ou destruir universidades e academias; reconhece a função útil das ciências e das artes, mas não quer ver os artistas e intelectuais submetidos aos caprichos frívolos das modas passageiras. Pelo contrário, glorifica os esforços laboriosos da conquista intelectual verdadeira, que se realiza na luta contra os obstáculos da violência e na atividade do espírito crítico, livre de pressões.

(Adaptado do encarte, sem identificação de autoria, do volume Rousseau - Os pensadores. São Paulo: Abril Cultural, 1973, p. 474-475)

111. (FCC - TRT 11 – Analista Judiciário – Área Judiciária - 2024) Na frase *Embora privado, no estado social, de muitas vantagens da natureza, ele soube adquirir outras*, o elemento sublinhado pode ser adequadamente substituído por:

a) A menos que destituído
b) Porquanto encarecido

c) Para se prover
d) Conquanto desprovido
e) Uma vez assoberbado

▷ ***Anotações/Comentários***

Alternativa "a" - Não indica condição.

Alternativa "b" - Não indica causa (se subordinada) nem explicação (se coordenada).

Alternativa "c" - Não indica finalidade.

Alternativa "d" - Assim como a conjunção "embora", a conjunção "conquanto" é concessiva e indica fato contrário.

Alternativa "e" - Não indica causa.

Texto CB1A1-I

A 4.ª revolução industrial, marcada por avanços tecnológicos exponenciais, está produzindo uma transformação acelerada das ocupações e dos requisitos de habilidades necessárias ao ingresso dos jovens no mundo do trabalho. A demanda por novas qualificações aumenta, e a obsolescência das existentes se acelera; além disso, muitas atividades rotineiras estão sujeitas à robotização ou à substituição por máquinas inteligentes.

Embora essa nova realidade possa abrir grandes oportunidades, a transformação acelerada das ocupações gera também o risco de maior desigualdade.

O mundo tecnológico que emerge exige novas qualificações, ou mesmo novas alfabetizações, uma vez que as habilidades do século XXI estão em processo de redefinição radical, o que reforça a importância de educação de qualidade e formação profissional dos jovens para melhorar a empregabilidade e facilitar a transição da educação para o trabalho; de políticas ativas de mercado de trabalho que compreendam serviços e programas de emprego e contratos especiais para jovens; da promoção do respeito aos direitos trabalhistas e do trato não discriminatório dos jovens; além de políticas públicas que estimulem e desenvolvam a oferta de emprego pelas empresas, desde políticas de desenvolvimento e diversificação produtiva até o apoio às pequenas e médias empresas.

Entre as modalidades de programas para fomentar o emprego juvenil, as alianças público-privadas desempenham papel essencial, pois representam um campo fértil para a responsabilidade social empresarial e podem ser centrais para o desenvolvimento competitivo das empresas.

Internet: <www.ilo.org> (com adaptações)

112. (CEBRASPE - TRT 8 - Técnico Judiciário - 2023) No terceiro parágrafo do texto CB1A1-I, a oração "uma vez que as habilidades do século XXI estão em processo de redefinição radical" expressa circunstância de

a) tempo.
b) consequência.
c) proporcionalidade.
d) condição.
e) causa.

▷ ***Anotações/Comentários***

Alternativa "a" - Não cabe a pergunta "quando?".

Alternativa "b" - A consequência é indicada pela oração anterior: *o mundo tecnológico que emerge exige novas qualificações, ou mesmo novas alfabetizações.*

Alternativa "c" - As ações não são simultâneas, não cabe a locução conjuntiva "à medida que".

Alternativa "d" - Não cabe a conjunção "se" ou "caso".

Alternativa "e" - A locução conjuntiva "uma vez que" é subordinativa causal.

Note que existe o fato/a causa (1) e a consequência/o efeito (2):

1. uma vez que <u>as habilidades do século XXI estão em processo de redefinição radical</u>
2. o mundo tecnológico que emerge exige novas qualificações, ou mesmo novas alfabetizações.

Texto para responder à questão.

Novo movimento

As revoluções dos últimos dois séculos foram tão rápidas e radicais que transformaram a característica mais fundamental da ordem social. Tradicionalmente, a ordem social era firme e rígida. "Ordem" implicava estabilidade e continuidade. Revoluções sociais rápidas eram excepcionais, e a maioria das transformações sociais resultava da acumulação de uma série de pequenos passos. Os humanos tendiam a presumir que a estrutura social era inflexível e eterna. As pessoas costumavam declarar: "é assim que sempre foi, e é assim que sempre será".

Nos últimos dois séculos, o ritmo das mudanças se tornou tão rápido que a ordem social adquiriu um caráter dinâmico e maleável. Agora existe em estado de fluxo permanente. Quando falamos de revoluções modernas, tendemos a pensar em 1789 (a Revolução Francesa), 1848 (as revoluções liberais) ou 1917 (a Revolução Russa). Mas o fato é que, atualmente, todo ano é revolucionário. Hoje, até mesmo uma pessoa de 30 anos pode dizer honestamente a adolescentes incrédulos: "Quando eu era jovem, o mundo era completamente diferente". A internet, por exemplo, só se disseminou no início dos anos 1990, poucas décadas atrás, hoje, não podemos imaginar o mundo sem ela.

(Adaptado de: HARARI, Yuval Noah, Uma breve história da humanidade. Trad. de Janaina Marcoantonio. Porto Alegre: L&PM, 2018, p. 375-376)

113. (FCC - TRT 21 - Analista Judiciário - Área Judiciária - 2023) Constituem, respectivamente, uma **causa** e sua **consequência**, os seguintes segmentos do texto:

a) até mesmo uma pessoa de 30 anos / pode dizer honestamente a adolescentes incrédulos (2º parágrafo)
b) implicava estabilidade e continuidade / a ordem social era firme e rígida (1º parágrafo)
c) é assim que sempre foi / e é assim que sempre será (1º parágrafo)
d) o ritmo das mudanças se tornou tão rápido / a ordem social adquiriu um caráter dinâmico e maleável (2º parágrafo)
e) tendemos a pensar em 1789 (...). 1848 (...) ou 1917 (...) / Quando falamos de revoluções modernas (2º parágrafo)

▷ ***Anotações/Comentários***

Alternativa "a" - Inclusão: também, inclusive.

Alternativa "b" - As orações são coordenadas, possuem independência sintática e é impossível indicar causa e efeito.

Alternativa "c" - Indica adição: sempre foi e sempre será.

Alternativa "d" - No texto: *o ritmo das mudanças se tornou tão rápido que a ordem social adquiriu um caráter dinâmico e maleável.*

A conjunção "que" é consecutiva porque equivale a "de modo que".

Você pode pensar de duas formas:

1. Fazendo a pergunta "por quê?"
   - **Por que** a ordem social adquiriu um caráter dinâmico e maleável? (a pergunta é a consequência)
   - **Porque** o ritmo das mudanças se tornou tão rápido (a resposta é a causa)
2. **<u>O fato</u>** → *o ritmo das mudanças se tornou tão rápido*

<u>Faz com que</u> → *ordem social adquiriu um caráter dinâmico e maleável.*

Alternativa "e" - Indica tempo: "quando".

Aspectos da imigração contemporânea

À medida que cada vez mais pessoas cruzam as mais variadas fronteiras em busca de emprego, segurança e um futuro melhor, a necessidade de confrontar, assimilar ou expulsar estrangeiros cria tensão entre sistemas políticos e identidades coletivas formadas em tempos menos fluidos. Em nenhum lugar o problema é mais agudo que na Europa. A União Europeia foi construída sobre a promessa de transcender as diferenças culturais entre franceses, alemães, espanhóis e gregos. E pode desmoronar devido a sua incapacidade de incluir as diferenças culturais entre europeus e imigrantes da África e do Oriente Médio. Ironicamente, foi, em primeiro lugar, o próprio sucesso da Europa em construir um sistema próspero e multicultural que atraiu tantos imigrantes.

A crescente onda de refugiados e imigrantes provoca reações mistas entre os europeus e desencadeia discussões amargas sobre a identidade e o futuro da Europa. Alguns europeus exigem que a Europa feche seus portões: estarão traindo os ideais multiculturais e de tolerância já aceitos ou só adotando medidas para evitar um desastre de grandes proporções? Outros clamam por uma abertura maior dos portões: estarão sendo fiéis ao cerne dos valores europeus ou serão culpados de sobrecarregar o projeto do continente com expectativas inviáveis?

Discussões desse tipo sobre a imigração degeneram numa gritaria na qual nenhum dos lados ouve o outro. Mas por baixo de todos esses debates espreita uma questão mais fundamental, relativa a como entendemos a cultura humana. Será que entramos no debate sobre imigração com a suposição de que todas as culturas são inerentemente iguais, ou achamos que algumas culturas talvez sejam superiores a outras? Quando os alemães discutem a absorção de um milhão de refugiados sírios, imagina-se que possa haver resistência por quem considere que a cultura alemã é de algum modo melhor que a cultura síria? O fenômeno mundial da imigração põe à prova não apenas a diversidade de valores, mas os preconceitos que podem estar arraigados em cada cultura nacional.

*(Adaptado de: HARARI, Yuval Noah. **21 lições para o século 21**. Trad. Paulo Geiger. São Paulo: Companhia das Letras, 2018, p. 178-179)*

114. (FCC – TRT 18 – Analista Judiciário – Área Administrativa – 2023) Constituem uma **causa** e sua **consequência**, respectivamente, as seguintes afirmações expressas no primeiro parágrafo:

A) cruzam as mais variadas fronteiras / em busca de emprego, segurança e um futuro melhor.

B) A União Europeia foi construída / sobre a promessa de transcender as diferenças culturais.

C) construir um sistema próspero / Em nenhum lugar o problema é mais agudo.

D) incapacidade de incluir as diferenças culturais / pode desmoronar.

E) À medida que cada vez mais pessoas / cruzam as mais variadas fronteiras.

▷ ***Comentários:***

Alternativa "a" – Trecho: *__**À medida que**__ __cada vez mais pessoas cruzam as mais variadas fronteiras em busca de emprego, segurança e um futuro melhor__, a necessidade de confrontar, assimilar ou expulsar estrangeiros cria tensão entre sistemas políticos e identidades coletivas formadas em tempos menos fluidos.*

A oração é adverbial proporcional.

O segmento *"em busca de emprego, segurança e um futuro melhor"* possui valor de finalidade.

Alternativa "b" – Trecho: *A União Europeia foi construída sobre a promessa de transcender as diferenças culturais entre franceses, alemães, espanhóis e gregos.*

O segmento *"sobre a promessa de transcender as diferenças culturais"* possui valor adverbial de modo.

Alternativa "c" – Trecho 1: *Ironicamente, foi, em primeiro lugar, o próprio sucesso da Europa em construir um sistema próspero e multicultural que atraiu tantos imigrantes.*

Trecho 2 (anteposto ao 1): *Em nenhum lugar o problema é mais agudo que na Europa.*

As orações são independentes sintaticamente, ou seja, são coordenadas.

Alternativa "d" – Trecho: *E pode desmoronar devido a sua incapacidade de incluir as diferenças culturais entre europeus e imigrantes da África e do Oriente Médio.*

Causa: *devido a sua incapacidade de incluir as diferenças culturais entre europeus e imigrantes da África e do Oriente Médio*

Consequência: *pode desmoronar.*

Dicas:

1. Ao se deparar com a locução conjuntiva "devido a", já se sabe que existe indicação de causa;

2. Faça a pergunta à oração = **__por que__ pode desmoronar?**

A resposta é a causa, e a pergunta é a consequência.

Alternativa "e" – Trecho: *À medida que cada vez mais pessoas cruzam as mais variadas fronteiras em busca de emprego, segurança e um futuro melhor...*

A oração é adverbial proporcional.

115. (VUNESP – TJ SP – Escrevente Técnico – 2021 – adaptada) Os materiais desenvolvidos pelo Ministério da Saúde, em parceria com a Organização Pan-Americana de Saúde, destacam a importância de proteger a saúde de crianças, jovens e adolescentes, **que são alvo de estratégias de venda para que possam se tornar um mercado repositor de novos consumidores, já que o consumo de tabaco mata mais da metade de seus usuários.**19

No trecho destacado, há três orações que expressam, correta e respectivamente, sentidos de

a) causa, consequência e causa.

b) adição, comparação e consequência.

c) explicação, finalidade e comparação.

d) explicação, finalidade e causa.

e) restrição, causa e consequência.

▷ ***Anotações/Comentários***

Nota da autora: É necessário dividir e classificar as orações para evitar erro.

1. __que__ são alvo de estratégias de venda: possui pronome relativo e retoma "crianças, jovens e adolescentes" = **oração subordinada adjetiva explicativa**.

1.1. É explicativa porque possui vírgula antes do relativo.

2. __para que__ possam se tornar um mercado repositor de novos consumidores = **oração subordinada adverbial final**.

3. __já que__ o consumo de tabaco mata mais da metade de seus usuários = **oração subordinada adverbial causal**.

Alternativa "a" – Apenas a última está correta.

Alternativa "b" – Todas estão erradas.

Alternativa "c" – A última está errada.

Alternativa "d" – Oração adjetiva explicativa = explicação; oração adverbial final = finalidade; oração adverbial causal = cabe a pergunta "por quê?".

Alternativa "e" – Todas estão erradas.

FRAGMENTO DE TEXTO PARA RESPONDER À QUESTÃO.

(...) Ao coletar um dado, as empresas deverão informar a finalidade da coleta. (...)[20]

116. (CESPE/ Cebraspe – Analista Judiciário – TJ PA – 2020 – adaptada) No período em que se insere no trecho, a oração "Ao coletar um dado" exprime uma circunstância de

a) causa.

b) modo.

c) finalidade.

d) explicação.

e) tempo.

▷ ***Anotações/Comentários***

Alternativa "a" – Não cabe a locução conjuntiva "já que" nem cabe a pergunta "por quê?".

Alternativa "b" – Não cabe a pergunta "como?".

Alternativa "c" – Não cabe a locução conjuntiva "a fim de que" nem cabe a pergunta "para quê?".

Alternativa "d" – Não cabe a pergunta "por quê?".

19. (https://doutorjairo.uol.com.br).

20. Internet: <www.agenciabrasil.ebc.com.br> (com adaptações).

Alternativa "e" – Basta fazer a pergunta correta: **quando** as empresas deverão informar a finalidade da coleta? **Quando** coletar um dado. A ideia é de tempo.

117. (FGV - Oficial de Justiça - TJ RS - 2020) Na frase "A natureza faz o homem feliz e bom, **mas** a sociedade o corrompe e torna-o miserável", a conjunção sublinhada pode ser adequadamente substituída por:

a) no entretanto;

b) embora;

c) visto que;

d) portanto;

e) contudo.

▷ ***Anotações/Comentários***

Nota da autora: a banca exige a diferença entre coordenação (adversativa) e subordinação (concessiva). A conjunção "mas" é coordenada adversativa.

Alternativa "a" – A locução "no entretanto" significa *entrementes, meio-tempo* e não indica oposição, como ocorre com a locução "no entanto".

Alternativa "b" – Conjunção subordinada adverbial concessiva.

Alternativa "c" – Conjunção subordinada adverbial causal.

Alternativa "d" – Conjunção coordenada conclusiva.

Alternativa "e" – Conjunção coordenada adversativa.

FRAGMENTO DE TEXTO PARA RESPONDER À QUESTÃO.

(...) Uma partida de futebol é uma forma narrativa. Saber ler uma partida — esse é o mérito do locutor esportivo, na verdade, um leitor esportivo. Ele, como o técnico, vê coisas no texto em jogo que, só depois de lidas por ele, por nós são percebidas. Ler, então, é um jogo, uma disputa, uma conquista de significados. (...)

Affonso Romano de Sant'Anna. Ler o mundo.
São Paulo: Global, 2011, p. 8-9 (com adaptações)

118. (CESPE/CEBRASPE – Técnico Judiciário – TJ PR – 2019) No período "Ele, como o técnico, vê coisas no texto em jogo que, só depois de lidas por ele, por nós são percebidas", o segmento "como o técnico" expressa

a) hipótese.

b) conformidade.

c) explicação.

d) comparação.

e) causa.

▷ ***Anotações/Comentários***

Alternativa "a" – Seria usada a conjunção "se" ou a conjunção "caso".

Alternativa "b" – Não indica regra e não cabe a conjunção "conforme".

Alternativa "c" – Não cabe a conjunção "porque".

Alternativa "d" – Ele vê e o técnico também vê. Estão corretas estas construções comparativas: *assim como, bem como, que nem, tal qual.*

Alternativa "e" – Não cabe a locução conjuntiva "já que" e não há consequência. Lembre-se de que onde há causa, há consequência.

FRAGMENTO DE TEXTO PARA RESPONDER À QUESTÃO.

Ética é o conjunto de princípios e valores que usamos individualmente para decidir nossa conduta social. Se só existisse um ser humano no planeta, não existiria a questão ética, porque ela é a regulação da conduta, da vida coletiva. Esse sujeito único seria absolutamente soberano para fazer tudo sem se importar com nada. **Como** vivemos todos juntos, precisamos ter princípios e valores de convivência, de maneira que tenhamos uma vida íntegra, do ponto de vista físico, material e espiritual. (...)

Mario Sergio Cortella. Ética e convivência.
Internet: (com adaptações)

119. (CESPE/CEBRASPE – Técnico Judiciário – TJ PR – 2019 – adaptada) Sem prejuízo para a correção gramatical e para os sentidos originais do fragmento, o termo "Como", no trecho "Como vivemos todos juntos", poderia ser substituído por

a) Porque.

b) Assim.

c) Enquanto.

d) Conforme.

e) Ainda que.

▷ ***Anotações/Comentários***

Alternativa "a" – Há causa e consequência e por isso cabe a conjunção causal "porque".

Como vivemos todos juntos	precisamos ter princípios e valores de convivência...
Porque - A resposta é a causa.	**Por que?** - A pergunta é a consequência.

Alternativa "b" – Equivale a *portanto*, mas não há indicação de conclusão.

Alternativa "c" – Não indica proporcionalidade, isto é, não se refere a simultaneidade.

Alternativa "d" – Não ocorre indicação de regra, de conformidade.

Alternativa "e" – Não indica contraste, concessão.

120. (FGV – Técnico Judiciário – Área Judiciária – TJ CE - 2019) "Tive professores ruins. Foi uma boa escola".

Esse pensamento de um poeta alemão é composto de dois períodos; a conjunção que pode ligá-los de forma adequada ao sentido pretendido por seu autor é:

a) Tive professores ruins, por isso foi uma boa escola;

b) Tive professores ruins, apesar disso foi uma boa escola;

c) Tive professores ruins, foi, porém, uma boa escola;

d) Tive professores ruins, à medida que foi uma boa escola;

e) Tive professores ruins, caso tenha sido uma boa escola.

▷ ***Anotações/Comentários***

Nota da autora: O simples fato de haver duas opções (b, c) que indicam oposição, a ideia de concessão e a ideia de adversidade são descartadas. É necessário ressaltar que se pede o sentido pretendido pelo autor. A questão gerou polêmica.

Alternativa "a" – A ideia é de conclusão e cabem as conjunções *logo, por isso, pois, portanto, assim, então, por conseguinte* etc.

Alternativa "b" – Não é concessão, pois, embora pareça, as ideias não opostas. O poeta passa a mensagem que teve professores ruins e por isso precisou estudar.

Alternativa "c" – Não é adversidade.

Alternativa "d" – Não se trata de ações simultâneas, não pode indicar proporcionalidade.

Alternativa "e" – Não é uma condição.

121. (FGV – Técnico Judiciário – Área Judiciária – TJ CE - 2019) Machado de Assis escreveu certa vez sobre a justiça: "É claro que a justiça, sendo cega, não vê se é vista, e então não cora".

A forma oracional de gerúndio "sendo cega" poderia ser adequadamente substituída por:

a) pois é cega;

b) embora seja cega;

c) a fim de ser cega;

d) já que é cega;

e) à medida que é cega.

▷ ***Anotações/Comentários***

Alternativa "a" – Não indica conclusão.

Alternativa "b" – Não é concessão, isto é, as ideias não são opostas.

Alternativa "c" – Não indica finalidade.

Alternativa "d" – A oração original está na forma reduzida e indica causa. Oração desenvolvida: **Já que a justiça é cega**, não vê se é vista.

Alternativa "e" – As ações não ocorrem ao mesmo tempo, a oração não é proporcional.

---

122. (FGV – Técnico Judiciário – Área Técnico Administrativa – TJ CE - 2019) "É natural desejar que se faça justiça".

Se transformarmos a oração reduzida "desejar" em uma oração desenvolvida, a forma adequada será:

a) que se deseje que se faça justiça;

b) o desejo de que se faça justiça;

c) que se desejasse que se faça justiça;

d) o desejo de que seja feita justiça;

e) desejarmos que se faça justiça.

▷ ***Anotações/Comentários***

Nota da autora: A oração que deve ser desenvolvida, ou seja, da qual se retira a forma nominal (infinitivo) e na qual se acrescenta a conjunção, é subordinada substantiva subjetiva. Isso significa que possui função de sujeito oracional – possui verbo.

Alternativa "a" – É preciso inserir a conjunção integrante e conjugar o verbo: que (conjunção) se deseje – verbo no presente do subjuntivo.

Alternativa "b" – Ocorreu nominalização, isto é, a oração foi transformada em nome – substantivo (desejo).

Alternativa "c" – Caso o primeiro verbo fosse conjugado no pretérito imperfeito do subjuntivo, o segundo também deveria ser: desejasse e **fizesse**. Isso é correlação de tempos verbais.

Alternativa "d" – Ocorreu nominalização, isto é, a oração foi transformada em nome – substantivo (desejo).

Alternativa "e" – Não foi inserida conjunção e o verbo continua na forma nominal – infinitivo pessoal.

FRAGMENTO DE TEXTO PARA RESPONDER À QUESTÃO.

(...) *O contrato se executa de maneira automática quando se cumprem as condições acordadas. Ambas as partes podem ter certeza quase total de que o acordo se cumprirá tal como foi combinado.* ***E tudo ocorre em uma rede descentralizada de computadores.*** *Não há nada que as partes possam fazer para evitar o cumprimento do contrato.* (...)21

---

123. (CESPE/CEBRASPE – Analista Judiciário – Direito – TJ AM – 2019 – adaptada) O segmento "E tudo ocorre em uma rede descentralizada de computadores" expressa conclusão no trecho em que aparece.

- CERTO
- ERRADO

▷ **Anotações/ Comentários|**

A conjunção "e" é coordenada aditiva, as ideias são adicionais. Não cabe a substituição por "logo" e, consequentemente, não indica conclusão.

21. Federico Ast. Como faremos justiça? – A chegada dos contratos inteligentes. In: ÉPOCA negócios. 9/12/2018. Internet: <https://epocanegocios.globo.com> (com adaptações).

FRAGMENTO DE TEXTO PARA RESPONDER À QUESTÃO.

(...) O homem, observou o poeta Paul Valéry, "é herdeiro e refém do tempo". A principal morada do homem está no passado ou no futuro. Foi a capacidade de reter o passado e agir no presente tendo em vista o futuro que nos tirou da condição de animais errantes. **Contudo**, a faculdade de arbitrar entre as premências do presente e os objetivos do futuro imaginado é muitas vezes prejudicada pela propensão espontânea a atribuir um valor desproporcional àquilo que está mais próximo no tempo. (...)

(Adaptado de: GIANNETTI, Eduardo. **Auto-engano**. São Paulo: Companhia das Letras, 1997, edição digital)

---

124. (FCC – Técnico Judiciário – Área Administrativa – TRF4/2019 - adaptada) O elemento destacado acima introduz, em relação ao que se afirmou antes, uma

a) oposição.

b) causa.

c) consequência.

d) finalidade.

e) conclusão.

▷ ***Anotações/Comentários***

Alternativa "a" – É uma conjunção coordenada adversativa e indica oposição. São adversativas: mas, porém, contudo, todavia, senão, entretanto, no entanto, não obstante etc.

Alternativa "b" – Não cabe a pergunta "por quê?". São causais: **porque, que, como (= porque, no início da frase), pois que, visto que, uma vez que, porquanto, já que, desde que** etc.

Alternativa "c" – Não cabe a locução conjuntiva "de modo que". São consecutivas: **de sorte que, de modo que, sem que (= que não), de forma que, de jeito que, que (tendo como antecedente na oração principal uma palavra como tal, tão, cada, tanto, tamanho)** etc.

Alternativa "d" – Não cabe a pergunta "para quê?". São finais: **para que, a fim de que, que, porque (= para que), que** etc.

Alternativa "e" – Não equivale a "logo". São conclusivas: logo, pois (= logo), portanto, assim, então, por isso, por conseguinte etc.

---

125. (FCC – Técnico Judiciário – Área Administrativa – TRF 3 - 2019) *Mas o uso excessivo do aparelho é tão predominante* ***que os pesquisadores cunharam o termo "nomofobia"*** *(uma abreviatura da expressão inglesa* no-mobile-phobia*) para descrever a fobia de ficar sem celular.*22

O trecho sublinhado exprime uma

a) consequência.

b) oposição.

c) finalidade.

d) condição.

e) causa.

▷ ***Anotações/Comentários***

Alternativa "a" – Existe causa e efeito e cabe a locução conjuntiva "de modo que" no lugar da conjunção "que": consequência. Entenda melhor e não erre.

Por que os pesquisadores cunharam o termo "nomofobia"?	**Porque** o uso excessivo do aparelho é predominante.
A pergunta é a **consequência.**	A resposta é a **causa.**

Indicam consequência: *que, de forma que, de sorte que, tanto que, tão... que, tanto... que, tamanho... que.* **Dica**: sempre que o vocábulo "que" vier precedido de *tal, tanto, tão, tamanho,* será consecutivo.

Alternativa "b" – Indicam oposição as conjunções coordenadas adversativas (***mas, porém, contudo, todavia, entretanto, no entanto,***

22. (Adaptado de: ALTER, Adam. **Irresistível**. São Paulo: Objetiva, edição digital)

não obstante) e as subordinadas adverbiais concessivas (*embora, conquanto, ainda que, ainda quando, mesmo que, se bem que, posto que, apesar de que*).

Alternativa "c" – Indicam finalidade: *a fim de que, que, porque* (= para que) *e para que.*

Alternativa "d" – Indicam condição: *se, caso, contanto que, desde que, salvo se, exceto se, a não ser que, a menos que, sem que, uma vez que* (seguida de verbo no subjuntivo).

Alternativa "e" – Indicam causa: *porque, como* (sempre introduzido na oração anteposta à oração principal), *pois, pois que, já que, uma vez que, visto que.*

FRAGMENTO DE TEXTO PARA RESPONDER À QUESTÃO.

(...) O cérebro humano exibe diferentes padrões de atividade para diferentes experiências. Um deles retrata reações cerebrais de um viciado em jogos eletrônicos. "Comportamentos viciantes ativam o centro de recompensa do cérebro", afirma Claire Gillan, neurocientista que estuda comportamentos obsessivos. "**Contanto que** a conduta acarrete recompensa, o cérebro a tratará da mesma maneira que uma droga".

(Adaptado de: ALTER, Adam. **Irresistível**. São Paulo: Objetiva, edição digital)

126. (FCC – Técnico Judiciário – Área Administrativa – TRF 3 – 2019 - adaptada) Sem prejuízo para o sentido, o trecho sublinhado em ***Contanto que*** *a conduta acarrete recompensa* (último parágrafo) pode ser substituído por

a) Conforme

b) Desde que

c) Pois que

d) Ainda que

e) Conquanto

▷ ***Anotações/Comentários***

Alternativa "a" – Não indica regra, logo não pode ser substituído por uma conjunção subordinada adverbial conformativa.

Alternativa "b" – Indica condição e equivale a "caso", "desde que". Na ordem direta (iniciando com a oração principal), lê-se: o cérebro a tratará da mesma maneira **se** a conduta acarretar recompensa.

Alternativa "c" – Não indica causa, como mencionado na questão anterior – alternativa "e".

Alternativa "d" – Não indica concessão, como mencionado na questão anterior – alternativa "b".

Alternativa "e" – Não indica concessão, como mencionado na questão anterior – alternativa "b". **Dica:** se há duas opções que indicam a mesma circunstância, elimine-as.

127. (FGV – Técnico Judiciário – TJ - SC/2018) Há uma série de ligações lógicas entre várias passagens do texto 1; o valor semântico correto de uma dessas ligações é:

a) "Disse que todo mundo ia rir de mim, **por causa das** meias vermelhas" / consequência;

b) "Mas ela disse que tinha um motivo muito forte **para** me colocar as meias vermelhas" / causa;

c) "Na hora do recreio ficava afastado dos colegas, **como** se estivesse procurando alguma coisa" / conformidade;

d) "Quando ela passar por mim, em qualquer lugar em que eu esteja, ela vai me encontrar e me levará **com** ela." / companhia;

E) "**Quando** ela passar por mim, em qualquer lugar em que eu esteja, ela vai me encontrar e me levará com ela." / lugar.

▷ ***Anotações/Comentários***

Alternativa "a" – **Por que** todo mundo ia rir de mim? Por causa das meias vermelhas: causa.

Alternativa "b" – **Para que** ela tinha um motivo muito forte? Para me colocar as meias vermelhas: finalidade.

Alternativa "c" – A conjunção equivale a **conforme**: conformidade.

Alternativa "d" – Levará **com quem**? Com ela: companhia.

Alternativa "e" – **Quando** ela vai me encontrar? Quando ela passar por mim: tempo.

128. (FGV – Técnico Judiciário – TJ - SC/2018 - adaptada) "Ele era um garoto triste. Procurava estudar muito[23]".

Esse fragmento de texto é formado por duas orações. A respeito da estrutura, a afirmativa correta é:

a) a segunda oração é consequência da primeira;

b) a primeira oração é condição da segunda;

c) as duas orações são independentes semanticamente;

d) a segunda oração é explicação da primeira;

e) as duas orações são interdependentes.

▷ ***Anotações/Comentários***

Nota da autora: A banca avalia a diferença entre subordinação e coordenação. Subordinação: orações que possuem dependência sintática; coordenação: orações que possuem independência sintática.

Alternativa "a" – Para indicar consequência, deveria ser subordinada e possuir também a relação de causa, pois onde há causa, há consequência. Não cabe a locução *de modo que.*

Alternativa "b" – Para indicar condição, o período deveria ser subordinado e caber a conjunção *se*, ou *caso*.

Alternativa "c" – São independentes quanto ao significado e quanto a sintaxe, ou seja, são orações coordenadas assindéticas (sem conjunção): Ele era um garoto triste. (Ele) procurava estudar muito.

Alternativa "d" – Não há conjunção, logo não pode ser coordenada sindética explicativa.

Alternativa "e" – Seriam interdependentes se fossem subordinadas. As orações possuem dependência sintática, são coordenadas.

Texto 2 – Os Estatutos do Homem (segmento)

Artigo VIII
Fica decretado que a maior dor
sempre foi e será sempre
não poder dar-se amor a quem se ama
e saber que é a água
que dá à planta o milagre da flor.

Thiago de Mello, *Os Estatutos do Homem*

O texto 2 é parte de um poema moderno de Thiago de Mello.

129. (FGV – Técnico Judiciário – TJ - SC/2018) "não poder dar-se amor a quem se ama"; a forma reduzida desse verso pode ser corretamente substituída por:

a) que não se pudesse dar amor;

b) que não se pode dar amor;

c) que não se pôde dar amor;

d) que não se podia dar amor;

e) que não se possa dar amor.

▷ ***Anotações/Comentários***

Nota da autora: Questão de período composto e verbo. É fundamental voltar ao texto e encontrar a oração a que a reduzida está subordinada. Ao desenvolver a oração, nota-se que o é preciso usar o pronome relativo para retomar o substantivo "dor". Sabe-se, então, que a oração deverá ser adjetiva. Importante também notar que a ação é hipotética e deve ser usado o verbo no presente do subjuntivo.

Alternativa "a" – O pretérito imperfeito do subjuntivo que indica condição, não hipótese.

Alternativa "b" – Utilizar o verbo no presente do indicativo indica certeza.

23. *Carlos Heitor Cony, Crônicas.*

Alternativa "c" – O verbo não pode estar no pretérito perfeito do indicativo, pois não há ideia de ação concluída.

Alternativa "d" – O verbo no futuro do pretérito do indicativo possui noção de condição e acarreta erro.

Alternativa "e" – A maior dor que não se possa dar amor: a hipótese, ou seja, a ideia irreal está explícita pelo fato de o verbo estar conjugado no presente do subjuntivo.

TEXTO PARA RESPONDER ÀS QUESTÕES.

Ressentimento e Covardia

Tenho comentado aqui na *Folha* em diversas crônicas, os usos da internet, que se ressente ainda da falta de uma legislação específica que coíba não somente os usos mas os abusos deste importante e eficaz veículo de comunicação. A maioria dos abusos, se praticados em outros meios, seriam crimes já especificados em lei, como a da imprensa, que pune injúrias, difamações e calúnias, bem como a violação dos direitos autorais, os plágios e outros recursos de apropriação indébita.

No fundo, é um problema técnico que os avanços da informática mais cedo ou mais tarde colocarão à disposição dos usuários e das autoridades. Como digo repetidas vezes, me valendo do óbvio, a comunicação virtual está em sua pré-história.

Atualmente, apesar dos abusos e crimes cometidos na internet, no que diz respeito aos cronistas, articulistas e escritores em geral, os mais comuns são os textos atribuídos ou deformados que circulam por aí e que não podem ser desmentidos ou esclarecidos caso por caso. Um jornal ou revista é processado se publicar sem autorização do autor um texto qualquer, ainda que em citação longa e sem aspas. Em caso de injúria, calúnia ou difamação, também. E em caso de falsear a verdade propositadamente, é obrigado pela justiça a desmentir e dar espaço ao contraditório.

Nada disso, por ora, acontece na internet. Prevalece a lei do cão em nome da liberdade de expressão, que é mais expressão de ressentidos e covardes do que de liberdade, da verdadeira liberdade.

(Carlos Heitor Cony, *Folha de São Paulo*, 16/05/2006 – adaptado)

---

130. (FGV - TJ AL - Técnico Judiciário - Área Judiciária - 2018) O texto mostra uma série de elementos aditivados por meio de diferentes processos; o trecho em que NÃO ocorre qualquer tipo de aditivação é:

a) "... que se ressente ainda da falta de uma legislação específica que coíba não somente os usos mas os abusos deste importante e eficaz veículo de comunicação";
b) "A maioria dos abusos, se praticados em outros meios, seriam crimes já especificados em lei, como a da imprensa";
c) "... que pune injúrias, difamações e calúnias";
d) "...bem como a violação dos direitos autorais";
e) "... a violação dos direitos autorais, os plágios e outros recursos de apropriação indébita.

▷ ***Anotações/Comentários***

Alternativa "a" – usos + abusos.

Alternativa "b" – Ocorre comparação e não aditivação, pois há verbo implícito. Lê-se: A maioria dos abusos, se praticados em outros meios, seriam crimes já especificados em lei, como a da imprensa (**é**).

Perceba, a seguir, que o sinal "+" pode ser substituído pela conjunção aditiva "e".

Alternativa "c" – injúrias, difamações + calúnias.

Alternativa "d" – Voltando ao primeiro parágrafo: pune injúrias, difamações e calúnias + a violação dos direitos autorais.

Alternativa "e" - violação dos direitos autorais, os plágios + outros recursos de apropriação.

---

131. (FGV - TJ AL - Técnico Judiciário - Área Judiciária - 2018) Muitos termos do texto aparecem ligados pela conjunção E; ocorre **inadequação** na troca de posição dos elementos sublinhados em:

a) "... que coíba não somente os usos mas os abusos deste **<u>importante</u>** e **<u>eficaz</u>** veículo de comunicação";
b) "... que pune **<u>injúrias</u>**, **<u>difamações</u>** e **<u>calúnias</u>**";
c) "bem como a violação dos direitos autorais, **<u>os plágios</u>** e **<u>outros recursos de apropriação indébita</u>**;
d) "...os avanços da informática mais cedo ou mais tarde colocarão à disposição **<u>dos usuários</u>** e **<u>das autoridades</u>**";
e) "Um jornal ou revista é processado se publicar sem autorização do autor um texto qualquer, ainda que **<u>em citação longa</u>** e **<u>sem aspas</u>**".

▷ ***Anotações/Comentários***

Alternativa "a" – eficaz e importante veículo: ideia mantida.

Alternativa "b" – pune injúrias, calúnias e difamação: é a mesma ideia.

Alternativa "c" – Ao iniciar com o pronome indefinido "outros", a coerência é prejudicada. Os plágios são recursos de apropriação indébita; os plágios e os outros recursos.

Alternativa "d" – colocarão à disposição das autoridades e dos usuários: ideia mantida.

Alternativa "e" – ainda que sem aspas e em citação longa: ideia idêntica.

---

132. (FGV - TJ AL - Técnico Judiciário - Área Judiciária - 2018) O segmento abaixo em que a conjunção **OU** tem valor claramente alternativo é:

a) "No fundo, é um problema técnico que os avanços da informática mais cedo ou mais tarde colocarão à disposição dos usuários e das autoridades";
b) "Atualmente, apesar dos abusos e crimes cometidos na internet, no que diz respeito aos cronistas, articulistas e escritores em geral, os mais comuns são os textos atribuídos ou deformados";
c) "...que circulam por aí e que não podem ser desmentidos ou esclarecidos caso por caso";
d) "Um jornal ou revista é processado se publicar sem autorização do autor um texto qualquer, ainda que em citação longa e sem aspas";
e) "Em caso de injúria, calúnia ou difamação, também".

▷ ***Anotações/Comentários***

Alternativa "a" – São vocábulos opostos, logo são excludentes: *cedo* versus *tarde*.

Nos demais casos, a conjunção "ou" equivale à conjunção "e".

Alternativa "b" – Atribuídos **e** deformados = adição, inclusão.

Alternativa "c" – Desmentidos **e** esclarecidos = adição, inclusão.

Alternativa "d" – Jornal **e** Revista = adição, inclusão.

Alternativa "e" – Injúria, calúnia **e** difamação = adição, inclusão.

---

133. (FGV - TJ AL - Técnico Judiciário - Área Judiciária - 2018) "Tenho comentado aqui na *Folha* em diversas crônicas, os usos da internet, que se ressente ainda da falta de uma legislação específica que coíba não somente os usos mas os abusos deste importante e eficaz veículo de comunicação".

Sobre a estrutura oracional desse primeiro período do texto, é correto afirmar que possui:

a) orações coordenadas e subordinadas;
b) duas orações subordinadas;
c) uma oração coordenada;
d) quatro orações;
e) duas orações coordenadas.

▷ ***Anotações/Comentários***

Nota da autora: É necessário dividir as orações. Lembre-se que para ser uma oração, é necessário haver verbo.

Alternativa "a" – A oração coordenada possui independência sintática e não consta no trecho mencionado.

Alternativa "b" – Existem duas orações subordinadas adjetivas.

1. Tenho comentado aqui na *Folha* em diversas crônicas, os usos da internet, = oração principal;
2. **que** se ressente ainda da falta de uma legislação específica = **oração subordinada adjetiva explicativa** (possui pronome relativo e pontuação);
3. **que** coíba não somente os usos mas os abusos deste importante e eficaz veículo de comunicação = **oração subordinada adjetiva restritiva** (possui pronome relativo e não possui pontuação).

Alternativa "c" – Não há coordenação.

Alternativa "d" – São três orações.

Alternativa "e" – Não há coordenação.

134. (FGV – Analista Administrativo – TJ - SC/2018 - adaptada) "Inteligência e sabedoria não são a mesma coisa. **Entretanto**, na linguagem cotidiana, usamos os dois termos indistintamente24".

Nesse segmento, o conector "entretanto" só NÃO pode ser substituído de forma semanticamente adequada por:

a) contudo;
b) todavia;
c) conquanto;
d) no entanto;
e) porém.

▷ ***Anotações/Comentários***

Nota da autora: A conjunção "entretanto" é **coordenada** adversativa e indica oposição. A coordenação refere-se a orações independentes sintaticamente. São coordenadas: aditiva, adversativa, alternativa, conclusiva e explicativa. A subordinação refere-se a orações que possuem dependência sintática. São elas: integrante, temporal, final proporcional, causal, condicional, consecutiva, comparativa e concessiva.

Alternativa "a" – Conjunção coordenada adversativa.

Alternativa "b" – Conjunção coordenada adversativa.

Alternativa "c" – Conjunção **subordinada** concessiva, indica oposição e pode ser substituída por *embora*.

Alternativa "d" – Conjunção coordenada adversativa.

Alternativa "e" – Conjunção coordenada adversativa.

135. (VUNESP - TJ SP – Escrevente Técnico Judiciário – 2018) Nas passagens "Porque, **como** dizia o Irmão Lourenço, *no schola sed vita* – é preciso aprender não para a escola, mas para a vida." e "Ama com fé e orgulho a terra em que nasceste! Criança – não verás nenhum país **como** este!", as conjunções destacadas estabelecem, correta e respectivamente, relações de sentido de

a) conformidade e causa.
b) comparação e causa.
c) conformidade e comparação.
d) comparação e comparação.
e) conformidade e conformidade.

▷ **Anotações/ Comentários|**

Alternativa correta: letra "c"

Alternativa "a" – Para indicar causa, dever-se-ia fazer a pergunta "por quê?".

Alternativa "b" – Nem comparação nem causa.

Alternativa "c" – 1. ***como** dizia* equivale a **conforme** dizia, ou seja, possui ideia de conformidade (regra). Indicam conformidade: *conforme, segundo, como, consoante, de acordo*; 2. *não verás nenhum país* ***como*** (vês) *este*: há verbo implícito e a ideia é comparativa. Indicam comparação: *como, assim como, tal como, tanto como, tanto quanto, como se, do que, quanto, tal, qual, tal qual, que nem, que (combinado com menos ou mais).*

Alternativa "d" – Ocorre comparação apenas no segundo trecho.

Alternativa "e" – Há conformidade no primeiro trecho; no segundo, não.

24. Disponível em *https:amentemaravilhosa.com.br/inteligencia-e-sabedoria/.*

136. (CESPE – TRF1 2017 – Técnico Judiciário – adaptada) No trecho "A pergunta a respeito da exigibilidade ou não de procedimento licitatório prévio para a contratação de serviços profissionais de advocacia não comporta uma resposta genérica, seja em sentido positivo, seja em sentido negativo.", o vocábulo "seja", nas suas duas ocorrências, introduz uma condição.

- CERTO
- ERRADO

▷ ***Anotações/Comentários***

Para indicar condição, deveria possuir o sentido de "caso" ou de "se", mas não é o caso. Trata-se de uma alternância, equivale a "ou... ou".

137. (CESPE – TRF1 2017 – Técnico Judiciário – adaptada) O vocábulo "portanto" (A preocupação do filósofo era levar as pessoas, por meio do autoconhecimento, à sabedoria e à prática do bem. Para o filósofo grego, o papel do educador é, **portanto**, o de ajudar o discípulo a caminhar nesse sentido, despertando sua cooperação para que ele consiga, por si próprio, iluminar sua inteligência e sua consciência.[25]) denota que a oração na qual está inserido constitui uma conclusão, alcançada a partir das informações expostas no período anterior.

- CERTO
- ERRADO

▷ ***Anotações/Comentários***

A conjunção *portanto* é coordenada conclusiva e, obviamente, está relacionada com as ideias expostas no período anterior. São também conclusivas: *assim, então, logo, pois (= logo), por conseguinte, por isso* etc.

138. (CESPE – TRF1 2017 – Técnico Judiciário – adaptada) O trecho "para que ele consiga, por si próprio, iluminar sua inteligência e sua consciência" (o papel do educador é, portanto, o de ajudar o discípulo a caminhar nesse sentido, despertando sua cooperação para que ele consiga, por si próprio, iluminar sua inteligência e sua consciência[26].) expressa uma condição em relação à oração "despertando sua cooperação".

- CERTO
- ERRADO

▷ ***Anotações/Comentários***

Para indicar condição, seria necessário possuir o sentido de "caso" ou "se". A relação é de **finalidade**, pois cabe a pergunta "para quê?".

Para que o papel do educador é ajudar o discípulo a caminhar nesse sentido, despertando sua cooperação? **Para que** ele consiga, por si próprio, iluminar sua inteligência e sua consciência.

139. (CESPE – TRF1 2017 – Técnico Judiciário – adaptada) No trecho "Assim, o verdadeiro mestre não é um provedor de conhecimentos, mas alguém que desperta os espíritos."[27], o termo oracional "alguém que desperta os espíritos" define o perfil do indivíduo que se distingue do verdadeiro mestre e do provedor de conhecimentos e, por isso, está introduzido pela conjunção "mas", que expressa oposição.

- CERTO
- ERRADO

▷ ***Anotações/Comentários***

Qual a ideia citada? **O verdadeiro mestre** é alguém que desperta os espíritos. Não existe oposição, mas sim definição de "mestre".

25 **Sócrates.** *In:* **Coleção Grandes Pensadores.** Revista Nova Escola. Ed. 179, jan.–fev./2005. Internet: <https://novaescola.org.br> (com adaptações).

26 **Sócrates.** *In:* **Coleção Grandes Pensadores.** Revista Nova Escola. Ed. 179, jan.–fev./2005. Internet: <https://novaescola.org.br> (com adaptações).

27 **Sócrates.** *In:* **Coleção Grandes Pensadores.** Revista Nova Escola. Ed. 179, jan.–fev./2005. Internet: <https://novaescola.org.br> (com adaptações).

140. (CONSULPLAN – Analista Judiciário – Área Administrativa – TRF 2/2017) Considerando os aspectos semânticos das orações coordenadas, a conjunção empregada em "Fabiano estava contente e acreditava nessa terra" possibilita a expressão, no contexto apresentado, de

a) ligação de orações que representam fatos coexistentes.
b) realce às alternativas do enunciado propiciando equivalência entre elas.
c) fatos sequenciados de forma cronológica numa relação de causa e efeito.
d) produção de efeito adicional diante da expressão de desejo da primeira oração.

▷ ***Anotações/Comentários***

Nota da autora: Ao mencionar, no comando da questão, *fatos coexistentes*, nota-se que se trata de fatos simultâneos, fatos que acontecem aproximadamente ao mesmo tempo, ou ao mesmo tempo, concomitante.

Alternativa "a" – A conjunção liga duas orações que indicam dois fatos: 1. estava contente; 2. acreditava nessa terra.

Alternativa "b" – Além de não haver realce, não são equivalentes.

Alternativa "c" – Não existe relação de causa e consequência, mesmo porque tal relação é de subordinação e não de coordenação.

Indicam causa: **porque, que, como (= porque, no início da frase), pois que, visto que, uma vez que, porquanto, já que, desde que** etc.

Indicam consequência: **de sorte que, de modo que, sem que (= que não), de forma que, de jeito que, que (tendo como antecedente na oração principal uma palavra como tal, tão, cada, tanto, tamanho)** etc.

Alternativa "d" – O erro está ao afirmar que existe desejo na primeira oração. Não caia em armadilhas de bancas.

141. (CESPE – TRF1 2017 – Analista Judiciário – Áreas Administrativa e Judiciária – adaptada) A locução "Além de" (Além de ter incorporado, no desempenho de seus cargos, conceitos como os da transparência e da impessoalidade, décadas antes de eles serem consolidados na Constituição Federal de 1988, o renomado escritor Graciliano Ramos foi um gestor em busca da eficiência e que agia com extremo zelo com os recursos públicos.[28]) estabelece uma relação de adição no período em que ocorre.

- CERTO
- ERRADO

▷ ***Anotações/Comentários***

Nota da autora: As conjunções coordenativas aditivas indicam uma relação de adição à frase. São elas: ***e, nem, mas também, como também, além de (disso, disto, aquilo), quanto*** *(depois de tanto)*, ***bem como*** etc.

Perceba que as ideias demonstram adição: Graciliano Ramos incorporou conceitos e (+) Graciliano Ramos foi um gestor em busca da eficiência.

142. (CESPE – TRF1 2017 – Analista Judiciário – Áreas Administrativa e Judiciária – adaptada) A oração introduzida pela expressão "mas também" (Não se trata apenas do seu combate ao patrimonialismo e ao nepotismo, **mas também** do que se designa, hoje, de foco no resultado com responsabilidade fiscal.[29]) introduz uma ideia que complementa e reforça a ideia contida na oração imediatamente anterior a ela.

- CERTO
- ERRADO

▷ ***Anotações/Comentários***

Indicam adição: e, nem, mas também. Sendo assim, complementa e reforça a ideia. Trata-se do seu combate ao patrimonialismo e ao nepotismo e de foco no resultado com responsabilidade fiscal.

28 Internet: <www.agendaa.com.br> (com adaptações).
29 Internet: <www.agendaa.com.br> (com adaptações).

143. (CESPE – TRF1 2017 – Analista Judiciário – Áreas Administrativa e Judiciária – adaptada) A oração "que protege os animais" (A Constituição de 1988 contém uma norma **que protege os animais**, independentemente de sua origem ou classificação.[30]) delimita o sentido do termo "norma".

- CERTO
- ERRADO

▷ ***Anotações/Comentários***

O "que" é pronome relativo e retoma "norma". Na ordem direta, temos: A norma (sujeito) protege os animais. Como a oração é adjetiva restritiva (sem pontuação), ela delimita, ou seja, restringe o sentido de *norma*.

144. (CESPE – TRF1 2017 – Analista Judiciário – Áreas Administrativa e Judiciária – adaptada) A correção gramatical e o sentido original do texto seriam preservados caso a conjunção "Porém" (A Constituição de 1988 contém uma norma que protege os animais, independentemente de sua origem ou classificação. Porém, a proteção que lhes é garantida baseia-se em um argumento puramente utilitarista[31]) fosse substituída por Mas.

- CERTO
- ERRADO

▷ ***Anotações/Comentários***

As conjunções possuem valor adversativo e o sentido não seria alterado, mas, quanto à gramática, a estrutura deveria ser alterada: A Constituição de 1988 contém uma norma que protege os animais, independentemente de sua origem ou classificação, **mas** a proteção que lhes é garantida baseia-se em um argumento puramente utilitarista.

3. CONCORDÂNCIA

145. (FCC - TRT 11 - Técnico Administrativo - Área Administrativa - 2024) Considere as frases a seguir.

I. Férias é o período do ano que eu mais espero.
II. Nem meu irmão nem minha irmã veio para a festa de aniversário.
III. Fazem dias que eu trabalho sem qualquer pausa.
IV. Mais de um jogador foi expulso da partida. V. Ex-chefes, familiares e amigos, ninguém conseguiu convencê-lo do contrário.

Há erro de concordância verbal APENAS em

a) I e V.
b) I e II.
c) II e III
d) III e IV.
e) IV e V,

▷ ***Anotações/Comentários***

I. Errado.
Férias **são** o período.
Motivo: o verbo deve concordar com o substantivo plural (as férias).

II. Certo.
Quando a conjunção "nem" liga dois sujeitos, a concordância pode ser com os dois (vieram) ou apenas com o sujeito mais próximo.

III. Errado.
Faz dois dias.
O verbo "fazer" está indicando tempo decorrido e não admite pluralização.

IV. Certo.

30. Nathalie Santos Caldeira Gomes. **Ética e dignidade animal**. Internet: <www.publicadireito.com.br> (com adaptações).
31. Nathalie Santos Caldeira Gomes. **Ética e dignidade animal**. Internet: <www.publicadireito.com.br> (com adaptações).

Sujeito com a expressão "mais de um" seguido de substantivo: verbo no singular.

Texto para responder à questão.

Dengue prevista

A dengue é uma doença periódica e cíclica: os casos crescem no verão e há picos epidêmicos a cada 4 ou 5 anos. Trata-se, portanto, de enfermidade de atuação previsível. Supõe-se que o poder público se adiantaria com medidas de prevenção e tratamento. Contudo, há décadas os números de casos e mortes só aumentam no Brasil.

Entre 2000 e 2010, foram registrados 4,5 milhões de ocorrências e 1.869 óbitos. Na década seguinte, os números saltaram para 9,5 milhões e 5.385, respectivamente. O primeiro semestre deste ano registra 1,4 milhão de casos, ante 1,5 milhão em 2022. A tendência é piorar.

Segundo a OMS, urbanização descontrolada e sistema sanitário precário contribuem para o descontrole da moléstia.

No Brasil, cerca de 50% da população não tem acesso a redes de esgoto, em grande parte devido à ineficiência estatal, que só agora começa a mudar com o novo marco do setor. E o desmatamento para a construção de moradias irregulares grassa nos grandes centros. A dimensão de áreas verdes derrubadas para esse fim na cidade de São Paulo atingiu, nos primeiros dois meses de 2023, 85 hectares.

Neste ano, o município já conta com 11 444 casos de dengue – 3,7% a mais em relação ao mesmo período de 2022. Dez pessoas morreram, o maior número em oito anos, quando houve pico epidêmico.

A OMS ressaltou a importância da vacinação. Mas, devido à burocracia, o Brasil protela a distribuição do imunizante japonês Qdenga – já aprovado para venda pela Anvisa – no sistema público de saúde.

O combate à dengue deve ser contínuo, não apenas no verão, e em várias frentes complementares (saúde, infraestrutura e moradia). Com o alerta da OMS, espera-se que o poder público, local e federal, se prepare para receber as consequências do fenômeno climático El Niño.

(Editorial. Folha de S.Paulo, 27.07.2023. Adaptado)

146. (VUNESP – TRF 3ª Região – Analista Judiciário – Área Administrativa – 2024) A reescrita de informações do texto em que se atende à norma-padrão de concordância verbal é:

a) São Paulo é um desses grandes centros que convivem com o desmatamento para a construção de moradias.
b) Segundo a OMS, devem-se à urbanização descontrolada e ao sistema sanitário precário o descontrole da moléstia.
c) Aumenta-se, no verão, os casos de dengue e constata-se picos epidêmicos a cada 4 ou 5 anos.
d) Há picos epidêmicos da dengue a cada 4 ou 5 anos. Tratam-se, portanto, de situações de atuação previsível.
e) Ocorre a cada 4 ou 5 anos os picos epidêmicos da dengue, por isso é enfermidade de atuação previsível.

▷ ***Anotações/Comentários***

Alternativa "a" – O pronome relativo "que" retoma "um desses grandes centros".

Lê-se: **um desses grandes centros** **convivem** (ou **convive** – se concordar com "um") com o desmatamento. O verbo concorda com o sujeito retomado.

Alternativa "b" – Ordem direta: o **descontrole** da moléstia **deve-se** à urbanização descontrolada e ao sistema sanitário.

Alternativa "c" – O verbo "aumentar" é transitivo direto e o "se" é pronome apassivador.

A oração está na voz passiva sintética e o verbo deve concordar com o sujeito paciente: **aumentam-se**, no verão, os **casos** de dengue.

Na passiva analítica: os casos de dengue são aumentados no verão.

Alternativa "d" – O verbo "tratar" é transitivo indireto (trata de algo) e está acompanhado pelo índice de indeterminação do sujeito (se).

O sujeito é indeterminado e o verbo não admite pluralização: **trata-se** de situações.

Alternativa "e" – Ordem direta: os **picos** epidêmicos da dengue **ocorrem** a cada 4 ou 5 anos.

147. (FCC - TRT 12 - Analista Judiciário – Área Administrativa - 2023) As normas de concordância verbal estão plenamente observadas na frase:

a) Quando a atenção dos olhos curiosos do cronista se voltam para os elementos da paisagem, tudo o que nela se mostra fazem-no mais inspirado.
b) Não se escrevem textos inspirados sem o recurso da visão que nos proporcionam, em cada casa que habitamos, as janelas abertas para a vida.
c) Quando se escancara as janelas de uma casa, as visões que nos proporciona todo esse encantamento pode redundar em boa literatura.
d) Meus sentimentos de menino, diferentemente dos de adulto que hoje me domina, constituía por si mesmo toda a paisagem da boa infância.
e) As águas comendo num tanque, ao ouvirem-nas alguém sensível, soa como a música que nos chegam por instrumentos de orquestra.

▷ ***Anotações/Comentários***

Nota da autora: A banca é bondosa ao inserir mais de um erro. Fica fácil acertar.

Alternativa "a" – A atenção se **volta** / [tudo] **faz**.

Alternativa "b" – Voz passiva sintética: não se escrevem textos / os textos proporcionam.

Alternativa "c" – Verbo transitivo + se: o verbo deve concordar com o sujeito: quando se **escancaram** as janelas (na passiva analítica: quando as janelas são escancaradas) / todo esse encantamento proporciona as visões (certo) / as visões **podem** redundar.

Alternativa "d" – os sentimentos de adulto que hoje me **dominam** / meus sentimentos **constituíam**.

Alternativa "e" – alguém sensível **ouvir** / as águas **soam** / uma **música** que nos **chega**.

148. (FCC - TRT 21 – Analista Judiciário – Área Judiciária - 2023) Às normas de concordância verbal encontram-se plenamente observadas na frase:

a) Já haviam há 25 séculos pensadores que, como Heráclito, aplicava-se a reconhecer o limite que nos impunha as razões da própria Natureza.
b) Nem tudo o que podemos conhecer dos fenômenos naturais encontra-se à disposição das técnicas cientificas que ora se prestigiam.
c) É ínfima a fração dos fatos compreensíveis que se calculam haver em nosso mundo, ainda quando nos pareçam de grande relevância.
d) Não cabem aos cientistas decretar o que podem ou não ser por eles conhecido, desde que a própria Natureza em seus mistérios teimam ocultar-se.
e) Aos avanços das ciências exatas não correspondem, na exata medida, o avanço do conhecimento pleno que a tantos entusiasmam.

▷ ***Anotações/Comentários***

Alternativa "a" – O verbo haver é impessoal (já existiam) = já **havia** há séculos; pensadores que se **aplicavam**; as razões nos **impunham**.

Alternativa "b" – Tudo se encontra; técnicas científicas que se prestigiam – na passiva analítica: que são prestigiadas.

Alternativa "c" – A fração que se **calcula** (que é calculada); a fração nos **pareça**.

Alternativa "d" – Sujeito oracional = verbo no singular: não **cabe** decretar; a natureza **teima**.

Alternativa "e" – O avanço não **corresponde**; o avanço **entusiasma**.

Texto para responder à questão.

*Numa manhã, Donana acordou me chamando de Carmelita, dizendo que **iria** dar um jeito em tudo, que eu não me preocupasse, que não precisaria mais viajar. Àquela época eu **tinha** doze anos e Belonísia se aproximava dos onze. Vi Donana nas manhãs seguintes chamar Belonísia de Carmelita também. Minha irmã apenas na da confusão. Olhávamos uma para a outra* *e nos **deixávamos** caçoar pela desordem que se instaurou nos falares de Donana. Em seus pensamentos, Fusco havia se formado uma onça, **pedia** para que tivéssemos cuidado. Nos convidava a caminhar pelas veredas por onde iríamos buscar meu pai que, haviam dito, estava dormindo aos pés de um jatobá ao lado da onça mansa que o cão havia se tornado. Sabíamos que nosso pai estava na roça, trabalhando todos os dias, então as coisas que minha avó falava não **faziam** sentido. Mesmo assim, minha mãe pedia que a acompanhássemos, que vigiássemos para que não lhe sucedesse nenhum acidente ou se perdesse em meio à mala.*

(Adaptado de: VIEIRA JÚNIOR, Itamar. Torto Arado. São Paulo, Cia. das Letras, 2019)

149. (FCC - TRT 21 - Analista Judiciário - Área Administrativa - 2023) A expressão sublinhada deve sua flexão ao verbo em negrito em:

a) Àquela época eu **tinha** doze anos e Belonísia se aproximava dos onze.

b) então as coisas que minha avó falava não **faziam** sentido.

c) Olhávamos uma para a outra e nos **deixávamos** caçoar pela desordem que se instaurou nos falares de Donana.

d) Numa manhã, Donana acordou me chamando de Carmelita, dizendo que **iria** dar um jeito em tudo.

e) Em seus pensamentos, Fusco havia se tornado uma onça, **pedia** para que tivéssemos cuidado.

▷ ***Anotações/Comentários***

Nota da autora: sem voltar ao texto, poderia errar a questão.

Alternativa "a" – Eu **tinha** / Belonísia **se aproximava**.

Alternativa "b" – Minha avó **falava** / as coisas não **faziam** sentido.

Alternativa "c" – [Nós] nos **deixávamos**.

Alternativa "d" – Donana **acordou** / Donana **iria** dar um jeito.

Alternativa "e" – Fusco **havia se tornado** / [Donana] **pedia** para que tivéssemos cuidado.

150. (FCC – TRT 18 – Analista Judiciário – Área Administrativa – 2023) As normas de concordância verbal estão plenamente observadas na frase:

A) Não decorrerá das diferenças culturais entre europeus e imigrantes o que há de mais problemático nas migrações?

B) A exigência de que os europeus se fechem para impedir os fluxos imigratórios não condizem com os ideais de uma política humanitária.

C) O que importam nesses debates todos são os diversos critérios pelos quais cada cultura pretende se legitimar diante de uma outra.

D) A diversidade de valores e de preconceitos mostram-se sobretudo quando as culturas confrontam seus paradigmas de civilização.

E) A menos que hajam apelos à força e ao domínio físico, não é comum que o sistema de uma cultura apague o de outra.

▷ ***Comentários:***

Nota da autora: Para evitar erro, sempre coloque a oração (ou o período) na ordem direta.

Alternativa "a"

- **O que** não decorrerá das diferenças culturais entre europeus e imigrantes?
- **O que** há de mais problemático nas migrações.

Lê-se: aquilo que há. O sujeito é o pronome relativo "que" retoma o pronome demonstrativo "o". O verbo, consequentemente, deve ficar no singular.

Alternativa "b"

- **O que** não condizem com os ideais de uma política humanitária?
- A exigência = sujeito.

Correção: A exigência de que os europeus se fechem para impedir os fluxos imigratórios não **condiz** com os ideais de uma política humanitária.

Alternativa "c" – Mais uma vez apareceu a estrutura "o que" = aquilo que importa.

O sujeito é o pronome relativo "que" retoma o pronome demonstrativo "o".

Correção: O que **importa** nesses debates todos são os diversos critérios.

Alternativa "d"

- **O que** se mostram quando as culturas confrontam seus paradigmas de civilização?
- A diversidade = sujeito.

Note que o verbo é transitivo direto e está seguido pelo pronome apassivador "se". Isso indica que a oração está na voz passiva sintética e o verbo deve concordar com o sujeito.

Transponha para a voz passiva analítica: a diversidade é mostrada.

Correção: A diversidade de valores e de preconceitos **mostra**-se sobretudo quando as culturas confrontam seus paradigmas de civilização.

Alternativa "e" – O verbo "haver" é impessoal por estar no sentido de "existir" e não admite pluralização.

Correção: A menos que **haja** apelos.

151. (FCC – TRT 18 – Analista Judiciário – Área Judiciária – 2023) As normas de concordância verbal estão plenamente observadas na frase:

a) Não correspondem aos conceitos defendidos pelos revolucionários franceses nenhuma prática moderna plenamente objetiva.

b) Restam aos que ainda se proponham a bem definir o que seja igualdade o desafio de comprová-la nas vivência sociais.

c) Não deve satisfazer a um defensor intransigente da igualdade entre os homens as convicções abstratas dos idealistas.

d) Por mais dúvidas que se coloquem diante do conceito de igualdade, não se apaga o ânimo dos humanistas esperançosos.

e) Deverá sobrevir como efeito imediato do fim das práticas autoritárias as práticas possíveis de um real igualitarismo.

▷ ***Comentários:***

Nota da autora: Encontre os sujeitos e coloque as orações na ordem direta.

Alternativa "a" – Nenhuma prática moderna plenamente objetiva (sujeito) não **corresponde** aos conceitos defendidos pelos revolucionários franceses.

Alternativa "b" – 1. Sujeito oracional (definir) = verbo no singular: **resta**; 2. nas **vivências** sociais = o substantivo deve ser pluralizado para que a concordância do artigo (as) e do adjetivo (sociais) fique correta.

Observação: outra possibilidade é deixar os termos no singular = na vivência **social.**

Alternativa "c" – O verbo deve concordar com o sujeito: as convicções abstratas dos idealistas não **devem** satisfazer.

Alternativa "d" – A primeira oração está na voz passiva sintética e o verbo concorda com o sujeito (dúvidas). Na passiva analítica, lê-se: por mais dúvidas que sejam colocadas. A segunda oração também está na passiva sintética e o verbo concorda com o sujeito (ânimos). Na passiva analítica, lê-se: o ânimo dos humanistas esperançosos não é apagado.

Alternativa "e" – O verbo deve concordar com o sujeito: as práticas possíveis de um real igualitarismo **deverão** sobrevir.

152. (FCC – TRT 14 – Analista Judiciário – Área Judiciária – 2022) As normas de concordância verbal encontram-se plenamente observadas em:

A) As palavras que a alguém ocorrem deitar no papel acabam por identificar o estilo mesmo de quem as escreveu

B) Gaba-se a autora de que às palavras a que recorre nunca falta a espontaneidade dos bons escritos.

C) Faltam às tarefas outras de que poderiam se incumbir a facilidade que encontra ela em escrever seus textos.

D) Os possíveis entraves para escrever um conto, revela a autora, logo se dissipou em sua primeira tentativa.

E) Não haveria de surgir impulsos mais fortes, para essa escritora, do que os que a levaram a imaginar histórias.

▷ ***Comentários:***

Alternativa "a" – Sujeito oracional = verbo no singular: **ocorre** deitar no papel.

Alternativa "b" – A autora (sujeito) gaba-se.

Alternativa "c" – A facilidade (sujeito) **falta** às palavras.

Alternativa "d" – Os possíveis entraves (sujeito) logo se **dissiparam**.

Alternativa "e" – Cuidado! O verbo "haver" é auxiliar, ou seja, faz parte da locução verbal.

Substitua os dois verbos por um: haveria de surgir = surgiria.

O verbo deve concordar com o sujeito: impulsos mais fortes **haveriam** de surgir.

153. (FCC – TRT 14 – Analista Judiciário – Área Judiciária – 2022) O verbo indicado entre parênteses deverá flexionar-se numa forma do **plural** para integrar corretamente a frase:

a) Mais que os esquemas fixos dos programas de TV (**atrair**) as crianças o espetáculo da lareira.

b) Sempre (**haver**), por conta dos poderes do fogo, as metáforas que o fazem representar nossas paixões.

c) Não (**convir**) aos espectadores do fogo fixar-se demoradamente em suas luzes que podem enceguecê-los.

d) No fogo (**convergir**), como espetáculo que é, as propriedades do brilho físico e as do estatuto metafórico.

e) Aos múltiplos apelos do fogo (**atender**) nosso olhar aberto para o eterno espetáculo que suas chamas constituem.

▷ ***Comentários:***

Alternativa "a" – O espetáculo **atrai** as crianças.

Alternativa "b" – O verbo "haver" é impessoal por possuir sentido de "existir" e não admite pluralização: sempre **há** metáforas.

Dica: equivale a "sempre existem metáforas".

Nesse caso, o verbo admite plural porque deve concordar com o sujeito.

Alternativa "c" – Sujeito oracional = verbo no singular: não **convém**.

- O que não convém aos espectadores do fogo?
- fixar-se demoradamente em suas luzes = sujeito.

É oracional por possuir verbo e a oração é classificada como subordinada substantiva subjetiva.

Alternativa "d" – as **propriedades** do brilho físico e as **[propriedades]** do estatuto metafórico **convergem.**

Sujeito composto = verbo no plural.

Alternativa "e" – nosso olhar aberto **atende**.

154. (FCC – TRT 17 – Analista Judiciário – Área Judiciária – 2023) Respeitam-se plenamente as normas de concordância verbal na frase:

a) Não se admitem que os jovens poetas passem de repente a desonrar sua admiração inicial pelos poetas mais velhos.

b) Aos jovens poetas não sucede permanecerem fiéis à admiração já demonstrada pelos poetas mais velhos.

c) Caberiam aos moços talentosos aproveitar melhor as boas lições que lhes foram passadas pelos velhos mestres.

d) Haveria de passar muitos anos para que aqueles jovens poetas recuperassem seu respeito pelos mestres de outrora.

e) Recomendam-se aos críticos que não levem em conta os ardores fortes e voluntariosos dos jovens poetas.

▷ ***Comentários:***

Alternativa "a" – O verbo "admitir" é transitivo direto e está seguido do pronome apassivador "se" = voz passiva sintética (oração principal).

Sujeito oracional (possui verbo): que os jovens poetas passem de repente a desonrar sua admiração inicial pelos poetas mais velhos.

Dica: sempre que o sujeito possuir verbo, o verbo da oração principal ficará no singular.

Correção: Não se **admite**.

Transponha a oração principal para a voz passiva analítica: **Não é admitido** que os jovens poetas passem de repente a desonrar sua admiração inicial pelos poetas mais velhos.

Alternativa "b" – A oração está na ordem inversa. Encontre o sujeito e coloque-a na ordem direta:

Permanecerem fiéis à admiração já demonstrada pelos poetas mais velhos (sujeito) não **sucede** aos jovens.

Sujeito oracional = verbo da oração principal no singular.

Alternativa "c" – Sujeito oracional novamente.

Ordem direta: aproveitar melhor as boas lições (sujeito) que lhes foram passadas pelos velhos mestres **caberiam** aos moços talentosos.

Alternativa "d" – Cuidado! Trata-se de uma locução verbal (haveria de passar).

Substitua os dois verbos por um: passaria. O verbo principal é "passar", o verbo "haver" é apenas auxiliar e deve ser pluralizado se o sujeito estiver no plural ou for composto.

Correção: **Haveriam** de passar muitos anos (sujeito).

Lê-se: Muitos anos passariam.

Alternativa "e" – O verbo "recomendar" é bitransitivo – transitivo direto e indireto – e está seguido do pronome apassivador "se" = voz passiva sintética (oração principal).

Sujeito oracional (possui verbo): que não levem em conta os ardores fortes e voluntariosos dos jovens poetas.

Objeto indireto: aos críticos.

Correção: **Recomenda**-se.

Transponha a oração principal para a voz passiva analítica: **É recomendado** aos críticos que não levem em conta os ardores fortes e voluntariosos dos jovens poetas.

Fragmento de texto para responder à questão.

(...) James Tully, uma autoridade em direitos indígenas, aponta as implicações históricas desse pensamento: considera-se vaga a terra usada para a caça e a coleta e, "se os povos aborígenes tentam submeter os europeus a suas leis e costumes ou defender os territórios que durante milhares de anos tinham erroneamente pensado serem seus, então são eles que violam o direito natural e podem ser punidos ou 'destruídos' como animais selvagens". Da mesma forma, o estereótipo do nativo indolente e despreocupado, levando uma vida sem ambições materiais, foi utilizado por milhares de conquistadores, administradores de latifúndios e funcionários coloniais europeus na Ásia, na África, na América Latina e na Oceania como pretexto para obrigar os povos nativos ao trabalho, com meios que iam desde a escravização pura e simples ao pagamento de taxas punitivas, corveias e servidão por dívida.

David Graeber e David Wengrow. O despertar de tudo: uma nova história da humanidade. São Paulo: Cia das Letras, 2022, p. 169-170 (com adaptações).

155. (CEBRASPE – TJ ES – Analista Judiciário – Área Administrativa – 2023 – adaptada) No último período, o termo "europeus" concorda com "milhares".

( ) certo ( ) errado

▷ ***Comentários:***

Lê-se: **milhares** → de conquistadores, administradores de latifúndios e funcionários coloniais.

O adjetivo "europeus" concorda com "funcionários coloniais".

A ideia é esta: funcionários coloniais são europeus.

156. (VUNESP – TJ SP – Escrevente Técnico – 2021 - adaptada) De acordo com a norma-padrão, a concordância verbal está correta em:

a) Existe sentimentos, como o amor, que são escândalos e que não se abafa.

b) Tristes daqueles que sente e esconde, que sente e fica no joguinho dramático.

c) Acontece que, quando há suaves prestações, o amor está sendo poupado.

d) Joguinhos dramáticos expõe o perfil daquela pessoa que sente e esconde.

e) Quando se usa sete chaves para guardar o amor, ele vai da boca para fora.

▷ ***Anotações/Comentários***

Alternativa "a" - Sentimentos **existem**; sentimentos não se **abafam**: verbo transitivo direto + se = voz passiva sintética. Na passiva analítica: sentimentos não são abafados.

Alternativa "b" - O pronome relativo "que" retoma "daqueles" e pode ser substituído por "os quais". Lê-se: aqueles que **sentem** e **escondem**, que **sentem** e **ficam** no joguinho dramático.

Alternativa "c" - Retire a oração adverbial intercalada para facilitar: Acontece que o amor está sendo poupado. O sujeito é oracional, ou seja, possui verbo, e o verbo da oração principal não pode ser pluralizado.

Dica: o sujeito oracional é uma oração subordinada substantiva subjetiva.

Quanto ao verbo "haver": é impessoal, possui sentido de "existir" e não admite pluralização.

Alternativa "d" - Joguinhos dramáticos **expõem**.

Alternativa "e" - Quando se **usam** sete chaves: verbo transitivo direto + se = voz passiva sintética. Na passiva analítica: quando sete chaves são usadas.

157. Fragmento de texto para responder à questão.

(...) Mas há exceções (...)[32]

(CESPE/ Cebraspe - Analista Judiciário - TJ PA - 2020 - adaptada) Sem prejuízo da correção gramatical e do sentido original do trecho, a forma verbal "há" poderia ser substituída por

A) existem.

b) existe.

c) ocorre.

d) têm.

e) tem.

▷ ***Anotações/Comentários***

Nota da autora: O verbo *haver*, quando impessoal - sentido de *existir* ou *ocorrer* -, não admite pluralização. Veja a diferença das funções sintáticas:

- Oração sem sujeito

Há	exceções.
verbo transitivo direto (singular)	objeto direto

- Sujeito simples

Existem	exceções.
verbo intransitivo (plural)	sujeito

Alternativa "a" - Na ordem direta: exceções existem.

Alternativa "b" - O verbo deve concordar com o sujeito: existem.

Alternativa "c" - O verbo deve concordar com o sujeito: ocorrem.

Alternativa "d" - O verbo "ter", no sentido de *existir* é utilizado apenas na forma coloquial, não na linguagem culta. Ter: *passar a possuir, receber; ser o dono de, possuir; deter a posse de alguma coisa.*

Alternativa "e" - Como mencionado na alternativa anterior, não cabe tal substituição por não indicar posse.

158. (FCC - Técnico Judiciário - Técnico em Informática - TJ MA - 2019 - adaptada) Quanto à concordância, o segmento reescrito corretamente está em:

32. Internet: <www.agenciabrasil.ebc.com.br> (com adaptações).

a) Como são possíveis diferenciar as histórias cinematográficas do futuro das experiências disponíveis hoje?

b) Um potencial incrível para o futuro dos filmes é oferecido por tecnologias em rápido desenvolvimento.

c) Análogos aos anos experimentais dos filmes no final do século 19 e início do 20 é o momento atual do cinema.

d) No futuro será possível que se criem uma história em tempo real só para o espectador.

e) Experiências imersivas sob medida é o que parecem aptas a oferecer os filmes do futuro.

▷ ***Anotações/Comentários***

Alternativa "a" - Sujeito oracional = verbo no singular: como **é possível** diferenciar as histórias cinematográficas. O sujeito é oracional quando possui verbo.

Alternativa "b" - O verbo concorda com o sujeito paciente, pois a oração está na voz passiva analítica: um potencial **é oferecido**.

Alternativa "c" - O adjetivo deve concordar com o substantivo: o momento atual é **análogo**.

Alternativa "d" - O verbo *criar* é transitivo direto seguido do pronome "se" (voz passiva sintática) e deve concordar com o sujeito: é possível que se **crie** uma história. Na passiva analítica: é possível que uma história seja criada.

Alternativa "e" - O pronome demonstrativo (o) está acompanhado do pronome relativo (que) e manda na concordância: é o que **parece apto**. Lê-se: é aquilo que parece apto.

159. (FCC - Técnico Judiciário - Área Administrativa - TRF4/2019) No contexto, o verbo que pode ser flexionado no singular, sem prejuízo das relações de sentido e da correção, está sublinhado em:

a) *que as invenções* ***existem*** *para nos servir.*

b) *que as máquinas se* ***adaptem*** *às pessoas.*

c) *elas trocam todas as que* ***possuíam****.*

d) *A velocidade ficou maior do que as pessoas* ***conseguem*** *alcançar.*

e) *A grande maioria das pessoas* ***usam*** *bem pouco dos recursos de seus computadores.*

▷ ***Anotações/Comentários***

Alternativa "a" - Sujeito plural (invenções) = verbo plural.

Alternativa "b" - Sujeito plural (máquinas) = verbo plural.

Alternativa "c" - Sujeito plural (elas) = verbo plural.

Alternativa "d" - Sujeito plural (pessoas) = verbo plural.

Alternativa "e" - Expressão partitiva (a grande maioria) + substantivo plural (pessoas) = verbo no singular ou no plural: *A grande maioria das* ***pessoas usam*** ou *A* ***grande maioria*** *das pessoas* ***usa****.*

160. (FCC - Técnico Judiciário - Área Administrativa - TRF 3 - 2019) O verbo que pode ser corretamente flexionado em uma forma do singular, sem que nenhuma outra alteração seja feita na frase, está em:

a) *A maioria das pessoas passam de uma a quatro horas diárias em seus dispositivos eletrônicos*

b) *Seus sintomas incluem falta de apetite*

c) *Velas e lenha produziam luz amarelo-avermelhada*

d) *Comportamentos viciantes ativam o centro de recompensa do cérebro*

e) *e muitos gastam bem mais que isso*

▷ ***Anotações/Comentários***

Alternativa "a" - Pode ser flexionado no singular, ou no plural por existir expressão partitiva (maioria) seguida de substantivo plural (pessoas): A **maioria** das pessoas **passa** ou A maioria das **pessoas passam**.

Alternativa "b" - Sujeito plural (sintomas) = verbo plural (incluem).

Alternativa "c" - Sujeito composto (velas e lenha) = verbo plural. **Dica:** poderia ficar no plural se o sujeito composto fosse posposto ao verbo.

LÍNGUA PORTUGUESA

Alternativa "d" – Sujeito plural (comportamentos) = verbo plural (ativam).

Alternativa "e" – Sujeito plural (muitos) = verbo plural (gostam).

---

161. (FCC – Analista Judiciário – Área Judiciária – TRF 3 - 2019) O verbo indicado entre parênteses deverá flexionar-se numa forma do **singular** para integrar corretamente a frase:

a) As respostas que se (**aguardar**) para essa questão prendem-se aos critérios a serem observados.

b) A propósito dessa exata definição de estrutura com que se (**afligir**) os antropólogos, estamos longe de qualquer consenso.

c) Não (**dever**) caber aos sociólogos ou antropólogos definir açodadamente o que seja uma estrutura social.

d) Àqueles que (**haver**) de pesquisar o funcionamento de uma sociedade recomenda-se sensatez na escolha de um critério.

e) A validação dos critérios que se (**apresentar**) como parâmetros aceitáveis deve receber o aval de todos os envolvidos na definição.

▷ ***Anotações/Comentários***

Nota da autora: É imprescindível encontrar os sujeitos.

Alternativa "a" – A primeira oração está na voz passiva sintética (verbo transitivo direto + se). Transpô-la para a voz passiva analítica (verbo ser + particípio) é a melhor estratégia para não errar a concordância: as respostas (sujeito) que são aguardadas = as respostas que se **aguardam**.

Alternativa "b" – Os antropólogos (sujeito) se **afligem**.

Alternativa "c" – O sujeito é oracional, ou seja, possui verbo e o verbo da oração principal deve, obrigatoriamente, permanecer no singular: o que não deve caber aos sociólogos ou antropólogos? Definir açodadamente aquilo = sujeito. Forma correta: não **deve** caber.

Alternativa "d" – Temos uma locução verbal formada pelo verbo auxiliar "haver" + verbo principal no infinitivo "pesquisar". A locução equivale a *pesquisarão*. Forma correta: **haverão** de pesquisar.

Alternativa "e" – O pronome relativo "que" retoma *critérios* e a oração está na voz passiva sintética. Na ordem direta e na voz passiva analítica, lê-se: os critérios que são apresentados. Forma correta: os critérios que se **apresentam.**

---

162. (VUNESP - TJ SP – Escrevente Técnico Judiciário - 2018) Assinale a alternativa em que, ao contrário da construção "aquela rapaz", segue-se a lei fundamental da concordância, de acordo com a norma-padrão.

a) Quando o despacho chegou, a primeira coisa que o advogado fez foi conferir os documentos anexos.

b) Era um dia ensolarado, e não se sabe como foi atropelado aquela mulher em uma avenida tranquila.

c) Parece-me que este ano está chovendo muito, mas ainda assim há menas chuvas do que em anos anteriores.

d) As crianças brincavam no jardim, colhendo flores colorida e presenteando-se num gesto emocionante.

e) Quando entraram na casa abandonada, uma cobra estava escondido ali. Assustaram-se, pois era um bichos perigoso.

▷ ***Anotações/Comentários***

Alternativa "a" – Concordância verbal correta: o despacho (sujeito) chegou (verbo); concordância nominal correta: os documentos (substantivo) anexos (adjetivo).

Alternativa "b" – Ordem direta: não se sabe como aquela mulher foi **atropelada.**

Alternativa "c" – Há **menos** chuvas: o vocábulo "menas" não existe na língua portuguesa.

Alternativa "d" – Concordância nominal: flores (substantivo) **coloridas** (adjetivo).

Alternativa "e" – Uma cobra estava **escondida**; **eram** bichos **perigosos.**

Observação: a maioria dos gramáticos aceita o plural de "um" como "alguns".

---

163. (VUNESP - TJ SP – Escrevente Técnico Judiciário - 2018) Assinale a alternativa correta quanto à concordância verbal, de acordo com a norma-padrão.

a) A página do livro cheia de linhas apertadas e negros parágrafos deixam o adolescente com falta de ar.

b) O adolescente está no quarto, sentado diante da janela. Passou as horas, e ele não tem coragem de contá-las.

c) Ao encontrar um diálogo, o adolescente espera que hajam longas conversas entre as personagens.

d) O livro tem exatamente 486 páginas. É quase 500 páginas de leitura, e praticamente não existe diálogos.

e) O bloco de doze páginas provoca os xingamentos do adolescente, e logo são proferidas as desculpas.

▷ ***Anotações/Comentários***

Alternativa "a" – A página (sujeito) **deixa.**

Alternativa "b" – As horas (sujeito) **passaram.**

Alternativa "c" – O verbo *haver*, quando impessoal (sentido de *existir, ocorrer*), não pode ser pluralizado: **haja** longas conversas = existam longas conversas.

Observação: o complemento do "haver" é objeto direto; ao lado de "existir", o termo possui função de sujeito e por isso o verbo deve com ele concordar.

Alternativa "d" – **São** quase 500 páginas; diálogos (sujeito) não **existem.**

Alternativa "e" – O bloco (sujeito) provoca; as desculpas (sujeito paciente) são proferidas.

Texto para responder à questão.

Texto 2 - A Copa do Mundo da Rússia só começa no dia 22 de junho, mas a febre dos álbuns com os jogadores das seleções já se espalhou e chegou até ao plenário de uma assembleia legislativa brasileira. O flagrante de dois assessores trocando figurinhas durante uma sessão foi divulgado pelas redes sociais e a cena se espalhou.

No post, que teve mais de 16 mil compartilhamentos e 26 mil curtidas no Twitter, o internauta chega a especular que seriam deputados, mas a direção da casa esclareceu tratarem-se de assessores. "Votação importante hoje (19/02) e os deputados ao invés de estarem trabalhando e fazendo jus ao salário superior a 25 mil reais, **estão trocando e colando figurinha da Copa do Mundo em meio à votação.** Se eu falasse, ninguém acreditaria", diz o post.

Outro post com mais de 40 mil compartilhamentos traz um vídeo mostrando que a troca ocorreu enquanto uma deputada discursava sobre uma proposta.

A direção da casa legislativa confirmou que as imagens foram feitas durante a sessão da quarta feira e esclareceu que elas mostram dois "assessores de deputados" trocando figurinhas durante a sessão. "O comportamento não é justificável. Os gabinetes dos deputados aos quais os assessores pertencem, já foram informados, e cabe aos parlamentares decidir como proceder". (adaptado)

---

164. (FGV - TJ AL - Analista Judiciário - Oficial de Justiça Avaliador - 2018 - adaptada) O segmento em que há um erro gramatical na forma verbal sublinhada é:

a) "No post, que teve mais de 16 mil compartilhamentos e 26 mil curtidas no Twitter, o internauta chega a especular que **seriam** deputados, ...";

b) "...mas a direção da casa esclareceu **tratarem**-se de assessores";

c) "Votação importante hoje (19/02) e os deputados ao invés de **estarem** trabalhando e fazendo jus ao salário superior a 25 mil reais...";

d) "...**estão** trocando e colando figurinha da Copa do Mundo em meio à votação";

e) "Se eu falasse, ninguém **acreditaria**", diz o post.

▷ ***Anotações/Comentários***

Nota da autora: Na alternativa "d", é necessário voltar ao texto para encontrar o sujeito.

Alternativa "a" – O verbo concorda com "deputados": correta a concordância.

Alternativa "b" – O verbo *tratar* é transitivo indireto e o "se" é índice de indeterminação de sujeito, isso significa que não admite pluralização.

Observação: admitem pluralização ao lado de "se" (pronome apassivador) os verbos transitivos diretos e os verbos transitivos diretos e indiretos por indicarem voz passiva sintética e pelo fato de o verbo ter que concordar com o sujeito.

Alternativa "c" – O verbo concorda com o sujeito "deputados".

Alternativa "d" – Os deputados (sujeito) estão trocando e colando figurinhas.

Alternativa "e" – Ninguém (sujeito) acreditaria.

---

165. (FCC – TRF 5 – 2017 – Técnico Judiciário – Área Administrativa) Substituindo-se o segmento sublinhado pelo que está entre parênteses, sem que nenhuma outra modificação seja feita, a frase que permanece correta está em:

a) ***o ser*** *se lava das obrigações pendentes* (as pessoas)

b) ***quase todo mundo*** *se queixa de não ter tempo* (a maioria das pessoas)

c) ***a poesia*** *esbanjou o tempo do poeta* (os efeitos poéticos)

d) ***isso*** *não significa que o poeta não faça coisa nenhuma* (tais fatos)

e) *o trabalho do poeta é muitas vezes invisível para* ***quem*** *o observa de fora* (aqueles que)

▷ ***Anotações/Comentários***

Alternativa "a" – as pessoas **se lavam**.

Alternativa "b" – Ao substituir o sujeito por uma expressão partitiva, o verbo pode ficar no singular, concordando com *a maioria*, ou no plural, concordando com *pessoas:* **a maioria** das pessoas ***se queixa*** ou a maioria das **pessoas** ***se queixam***.

Alternativa "c" – os efeitos poéticos **esbanjaram**.

Alternativa "d" – Tais fatos não **significam**.

Alternativa "e" – aqueles que **observam**.

---

166. (CONSULPLAN – Analista Judiciário – Área Judiciária – TRF 2/2017 – adaptada) De acordo com a norma-padrão da língua portuguesa, quanto às estruturas linguísticas do período "O número de pessoas que buscam asilo, estão internamente deslocadas nos seus países ou são refugiadas por obra de guerras e perseguições, se elevou de 59.6 milhões em 2014 para 65.3 milhões de pessoas no final de 2015.", analise as afirmativas a seguir.

I. A forma do reflexivo "se" foi empregada para exprimir a reciprocidade da ação, indicando que tal ação é mútua entre mais de dois indivíduos.

II. A expressão "estão deslocadas" é uma referência ao termo "número" cujo sentido coletivo permite que a concordância seja estabelecida no plural.

III. Ao verbo "buscar", no trecho destacado, faculta-se a variação quanto ao número – singular ou plural – de acordo com a concordância estabelecida.

Está(ão) correta(s) apenas a(s) afirmativa(s)

a) I.

b) III.

c) I e II.

d) II e III.

▷ ***Anotações/Comentários***

I. **Errado**. Equivale a *o número de pessoas foi elevado* e não indica reflexividade, tampouco reciprocidade – ação mútua entre dois ou mais indivíduos.

II. **Errado**. A expressão concorda com o substantivo feminino plural "pessoas".

III. **Certo**. Sujeito: *o número de pessoas*. Se concordar com o núcleo (substantivo), tem-se "o **número** de pessoas que **busca**"; concordando com o substantivo feminino plural, tem-se "o número de **pessoas** que **buscam**".

---

167. (FCC – TRF 5 – 2017 – Analista Judiciário – Área Judiciária) As formas verbais atendem às normas de concordância e à adequada articulação entre tempos e modos na frase:

a) Não deveriam caber àqueles que julgam caprichosamente tomar decisões que se baseavam em juízos de valor viciosos e precipitados.

b) Acatassem os ensinamentos de Hobsbawm toda gente que se ocupa de julgar, menos hostilidades haverá nas redes sociais.

c) A obsessão pelos juízos de valor, tão disseminados nas redes sociais, fazem com que viéssemos a difundir mais e mais preconceitos.

d) Uma vez que se pretendam que as meras opiniões sejam tão consistentes quanto os argumentos, toda discussão terá sido inócua.

e) Caberá aos historiadores verdadeiramente sérios todo o empenho na compreensão de um fenômeno, antes que venham a julgá-lo.

▷ ***Anotações/Comentários***

Alternativa "a" – Concordância: tomar decisões (sujeito oracional) não **deveria** caber; verbo: deveria (futuro do pretérito do indicativo) – **baseassem** (pretérito imperfeito do subjuntivo). Outra opção: Não deveria... que se baseiam.

Alternativa "b" – Concordância: toda gente (sujeito) **acatasse**; verbo: acatassem (pretérito imperfeito do subjuntivo) – **haveria** (futuro do pretérito do indicativo).

Alternativa "c" – Concordância: a obsessão (sujeito) **faz**; verbo: faz com que **venhamos** (presente do subjuntivo).

Alternativa "d" – Concordância: o verbo *pretender* é transitivo direto + se = voz passiva. O sujeito é oracional (possui verbo) e o verbo deve ficar no singular. Retificando: Uma vez que **se pretenda** <u>que as meras opiniões sejam tão consistentes quanto os argumentos</u> (sujeito); verbo: toda discussão **será** (futuro do presente do indicativo).

Alternativa "e" – O verbo concorda com o sujeito: todo o empenho (sujeito) caberá; os verbos possuem correlação: futuro do presente do indicativo e presente do subjuntivo.

---

168. (FCC – TRF 5 – 2017 – Analista Judiciário – Área Judiciária) O verbo indicado entre parênteses deverá flexionar-se de modo a concordar com o elemento sublinhado na frase:

a) As imagens que guardamos do nosso <u>**passado**</u> nem sempre (**alcançar**) reproduzir as reais experiências do que vivemos.

b) As experiências que as <u>**pessoas**</u> vivem no presente são determinantes para que (**produzir**) as imagens do que viveram no passado.

c) Os trabalhos de <u>**memória**</u>, quando a pomos para funcionar, (**acabar**) por destacar a alteração que o tempo produziu em relação aos fatos passados.

d) Melhor seria se as imagens que guardamos da <u>**infância**</u> mais remota (**favorecer**) um melhor aproveitamento das experiências do presente.

e) A maioria das <u>**pessoas**</u> acredita que (**coincidir**) uma imagem do passado com outra imagem do presente.

▷ ***Anotações/Comentários***

Alternativa "a" – As **imagens** (sujeito) nem sempre **alcançam**.

Alternativa "b" – A ideia é: as experiências são determinantes para que (**as pessoas**) **produzam** as imagens.

Alternativa "c" – Os **trabalhos** de memória (sujeito; núcleo: trabalhos – substantivo) **acabam**.

Alternativa "d" – As **imagens** (sujeito) **favorecessem**.

Alternativa "e" – Uma **imagem** do passado (sujeito; núcleo: imagem – substantivo) **coincide**.

---

169. (FCC - Analista Judiciário – Área Administrativa – TRF 3/2016) O verbo que pode ser indiferentemente flexionado no singular ou no plural encontra-se em:

a) ... *enfrentar as luzes, os cartazes, e a plateia*... (como diz o Tom, enfrentar as luzes, os cartazes, e a plateia)

b) *Mas a música brasileira, ao contrário de outras artes, já traz dentro de si os elementos de renovação.*

c) *Veja, os Beatles, foram à Índia*... ("Só tenho uma opção, confessou-me um italiano – sangue novo ou a antimúsica. Veja, os Beatles, foram à Índia...")

d) *O importante é Mutantes e Martinho da Vila no mesmo palco.*

e) ... *onde samba, toada etc. são ritmos virgens para seus melhores músicos*... (Mas, como eu ia dizendo, estava voltando da Europa e de sua música estereotipada, onde samba, toada etc. são ritmos virgens para seus melhores músicos)

▷ ***Anotações/Comentários***

Alternativa "a" – Enfrentar algo: *as luzes, os cartazes, e a plateia* possuem função de objeto direto, impossibilitando o verbo pluralizado.

Alternativa "b" – A música brasileira (sujeito simples) **traz**.

Alternativa "c" – **Veja** (você = sujeito); os Beatles (sujeito simples e plural) **foram** à Índia.

Alternativa "d" – Verbo anteposto ao sujeito composto (Mutantes e Martinho da Vila) pode permanecer no singular ou no plural.

Curiosidades

1. Ficará o verbo no singular se for antecedido de expressões como *"é necessário"* ou *"é preciso"*:

É necessário paciência e perseverança para se atingir a meta. **É preciso** atenção e perspicácia para descobrir onde está Wally.

2. Se o sujeito composto formar-se de nomes próprios, será melhor a concordância no plural:

Foram aprovados Adilan, Ronan e Luiz Eduardo. **Discursarão** Temer e Cunha.

3. Se o verbo for "ser" seguido de substantivo flexionado no plural, deverá ir para o plural:

Foram prefeitos de Barretos Benedito Realindo Corrêa e João Batista da Rocha. **São** meus primos o Adirlei e a Avani.

4. Irá o verbo para o plural se encerrar ideia de reciprocidade:

Após a cerimônia, **beijaram-se** Gustavo e Simone. Consta que **lutaram** a noite inteira Jacó e o anjo.

Alternativa "e" – Samba, toada etc. (sujeito) **são** ritmos.

4. REGÊNCIA

170. (FGV - TJ RJ - Programa de Residência - Direito - 2024) Assinale a frase em que houve a troca indevida entre onde/aonde.

a) Onde aumentam os bens, aumentam aqueles que os devoram.

b) Banco é o lugar onde você pode pedir dinheiro emprestado, se provar que não precisa dele.

c) A habilidade de um líder está em levar as pessoas de onde elas estão para aonde elas nunca estiveram.

d) Aonde quer chegar toda essa gente?

e) Quem perdeu sua bolsa está livre para ir aonde quiser.

▷ ***Anotações/Comentários***

Nota da autora: Fique de olho na regência e na classe gramatical.

Alternativa "a" – Advérbio: indica lugar – *no lugar que*.

Alternativa "b" – Pronome relativo: equivale a "em que".

Retoma "lugar". Na ordem direta: você pode pedir dinheiro emprestado **no** lugar = onde.

Alternativa "c" – Levar as pessoas **de** um lugar **para** outro lugar.

Correção: levar as pessoas de onde elas estão para **onde** elas nunca estiveram.

Dica: perceba que a preposição "a" não é regida por termo algum.

Alternativa "d" – Essa gente quer chegar **a** algum lugar: aonde.

Alternativa "e" – Ir **a** algum lugar: aonde.

171. (FCC - TRT 11 – Analista Judiciário – Área Judiciária - 2024) As normas de concordância verbal estão plenamente observadas na frase:

a) É comum que mesmo aos cientistas mais diligentes venham a faltar, em suas pesquisas, o acerto necessário na condução dos seus métodos.

b) O aprimoramento dos métodos científicos possibilitam aos pesquisadores alimentar esperanças no sucesso do empreendimento que os inspiram.

c) Não resta aos cientistas ou religiosos senão tomarem para si o dever de encontrar respostas a todo e qualquer mistério que os intrigue.

d) Não são de se supor que os mistérios que a cada leigo intriga não preocupe também os cientistas mais determinados e os religiosos mais convictos.

e) O que mais convêm aos cientistas é apurarem seus métodos de investigação, assim como não podem faltar aos religiosos o apoio da fé.

▷ ***Anotações/Comentários***

Alternativa "a" – o acerto **venha** a faltar.

Alternativa "b" – o aprimoramento **possibilita**.

Alternativa "c" – os cientistas e religiosos **tomarem**.

Alternativa "d" – os mistérios não **preocupem**.

Alternativa "e" – Dois erros: o que mais **convém**: sujeito oracional; o apoio da fé não **pode** faltar.

172. (FCC - TRT 11 – Analista Judiciário – Área Judiciária - 2024) A frase continuará correta com a substituição do elemento sublinhado pelo indicado entre parênteses no seguinte caso:

a) são tentativas pré-científicas de dar sentido àquilo que existe. (significar naquilo)

b) ambas tentam de alguma forma revelar os mecanismos por trás dos fenômenos. (expor dos)

c) muitos religiosos buscam explicar o desconhecido. (ter acesso do)

d) Muito da tensão entre ciência e religião vem da suposição. (origina pela)

e) Mitos religiosos permitem que os que neles creem transcendam sua "situação histórica". (lhes dão crédito)

▷ ***Anotações/Comentários***

Alternativa "a" – significar **aquilo** – verbo transitivo direto.

Alternativa "b" – expor **os** – verbo transitivo direto.

Alternativa "c" – ter acesso **ao** – o substantivo exige a preposição "a".

Alternativa "d" – origina **da** – o verbo exige a preposição "de".

Alternativa "e" – verbo bitransitivo: dar algo (crédito – objeto direto) a alguém (lhes – objeto indireto).

173. (FCC - TRT 12 - Analista Judiciário – Área Administrativa - 2023) Está plenamente adequado o emprego do elemento sublinhado na frase:

a) As paisagens de que me reporto não são quaisquer umas: apenas as das minhas janelas.

b) As visões externas com cujas nos comprazemos dizem algo da nossa interioridade.

c) Os elementos do cenário ao qual se interessa o cronista dão-lhe motivos para escrever.

d) Há encantos da natureza pelos quais ninguém, em sã consciência, pode ou deve ignorar.

e) Pelas janelas de uma casa abrem-se paisagens de cuja beleza muitos se impregnarão.

▷ ***Anotações/Comentários***

Alternativa "a" – Reporto-me **a** paisagens: **a que** ou **às quais.**

Alternativa "b" – Comprazemo-nos **com** as visões – termo que o relativo retoma.

Correção: As visões externas **com que** (ou **com as quais**) nos comprazemos.

Alternativa "c" – O cronista se interessa **pelos** elementos do cenário = **pelos quais** ou **por que.**

Alternativa "d" – Ninguém pode ou deve ignorar os encantos da natureza. O verbo não exige preposição = **os quais** ou **que.**

Alternativa "e" – O relativo "cuja" concorda com "beleza" e indica posse de "paisagens".

Lê-se: Muitos se impregnarão da beleza das paisagens.

Como a preposição "de" foi exigida pelo verbo "impregnar-se", a forma correta é "de cuja".

---

174. (FCC - TRT 21 – Analista Judiciário – Área Judiciária - 2023) Pode-se substituir adequadamente o segmento sublinhado pelo indicado entre parênteses no seguinte caso:

a) O avanço das ciências é um fato do qual ninguém duvida (cuja desconfiança ninguém nutre)

b) Ele tem um comportamento do qual não consegue abdicar (de cujo não consegue renunciar)

c) São mistérios a que não podemos acessar (aonde não sabemos tocar)

d) É limitado esse instrumento de que vamos nos servir (ao qual iremos nos utilizar)

e) É somente uma fração do real a que pode chegar nossa percepção (que nosso entendimento alcança)

▷ ***Anotações/Comentários***

Alternativa "a" – Ninguém nutre a desconfiança **de** um fato: **de** cuja desconfiança.

Alternativa "b" – Não consegue renunciar um comportamento: **que** ou **o qual** não consegue renunciar.

Alternativa "c" – Não sabemos tocar os mistérios: **que** ou **os quais** não sabemos tocar.

Alternativa "d" – Iremos nos utilizar **desse** instrumento: **de que** ou **dos quais** iremos nos utilizar.

Alternativa "e" – Nosso entendimento **alcança** uma fração do real: verbo transitivo direto = sem preposição.

Fragmento de texto para responder à questão.

(...) Como não existe nenhuma resposta clara e consensual a questões desse tipo, o uso do termo "igualitário" tem levado a discussões infindáveis. Para alguns teóricos do século XVII, a igualdade se manifestava no estado da Natureza. Igualdade, pois, seria um termo definido por omissão: identificaria uma humanidade que pudesse estar livre depois de removidas todas as armadilhas da civilização. Povos "igualitários" seriam, pois, aqueles sem príncipes, sem juízes, sem inspetores, sem sacerdotes, possivelmente sem cidades, sem escrita ou sequer agricultura. Seriam sociedades de iguais apenas no sentido estrito de que estariam ausentes todos os sinais mais evidentes de desigualdade. (...)

(Adaptado de: GRAEBER, David, e WENGROW, David. O despertar de tudo – Uma nova história da humanidade. Trad. Denise Bottmann e Claudio Marcondes. São Paulo: Companhia das Letras, 2022, p. 91 a 94, passim)

---

175. (FCC – TRT 18 – Analista Judiciário – Área Judiciária – 2023) A frase *o uso do termo "igualitário"* ***tem levado a*** discussões infindáveis permanecerá gramaticalmente correta caso se substitua o elemento sublinhado por

a) tem sido propiciado de

b) vem ensejando

c) abrange-se em

d) investe-se para

e) conclama à essas

▷ ***Comentários:***

Alternativa "a" – tem sido propiciado discussões – verbo transitivo direto.

Alternativa "b" – vem ensejando discussões – verbo transitivo direto.

Alternativa "c" – abrange discussões – verbo transitivo direto.

Observação: não há motivo, no contexto, de ser pronominal.

Alternativa "d" – investe em discussões.

Observação: não há motivo, no contexto, de ser pronominal.

Alternativa "e" – conclama discussões – verbo transitivo direto.

---

176. (FCC – TRT 14 – Analista Judiciário – Área Judiciária – 2022)

E o fogo pode ser a luz ofuscante que os olhos não podem fixar. Numa nova redação, a frase acima permanecerá gramaticalmente correta ao se substituir o segmento sublinhado por

a) aonde os olhos não podem mirar.

b) em que os olhos não podem se deter.

c) em cuja os olhos nada podem distinguir.

d) à qual os olhos nunca podem se evadir.

e) de que os olhos não podem encarar

▷ ***Comentários:***

Nota da autora: Questão de regência e de pronome relativo.

Na frase, o relativo "que" retoma "luz ofuscante".

Na ordem direta com os termos pospostos ao relativo: os olhos não podem fixar a luz ofuscante.

Verbo transitivo direto = não exige preposição. Pode-usar "que" ou "a qual".

Alternativa "a" – Os olhos não podem mirar a luz ofuscante: sem preposição e sem adjunto adverbial de lugar = **que** ou **a qual**.

Alternativa "b" – Os olhos não podem se deter **na** luz ofuscante = **em que** ou **na qual**.

Alternativa "c" – O pronome relativo "cujo" sempre deverá concordar com o termo posterior, isto é, alternativa facilmente descartada.

Além disso, não existe relação de posse com o termo anteposto.

Os olhos não podem distinguir a luz ofuscante: sem preposição = **que** ou **a qual**.

Alternativa "d" – Os olhos não podem se evadir **da** luz ofuscante = **de que** ou d**a qual**.

Alternativa "e" – Os olhos não podem encarar a luz ofuscante: sem preposição = **que** ou **a qual**.

Texto para responder à questão.

Perto do apagão

_______ a falta de chuvas nos últimos dois meses, inferiores ao padrão já escasso do mesmo período de 2020, ficou mais evidente a ameaça ______ a geração de energia se mostre insuficiente para manter o fornecimento até novembro, quando se encerra o período seco.

Novas simulações do Operador Nacional do Sistema (ONS) mostram agravamento, com destaque para a região Sul, onde o nível dos reservatórios até 24 de agosto caiu para 30,7% – a projeção anterior apontava para 50% no fechamento do mês.

Mesmo no cenário mais favorável, que pressupõe um amplo conjunto de medidas, como acionamento de grande capacidade de geração térmica, importação de energia e postergação de manutenção de equipamentos, o país chegaria ______ novembro praticamente sem sobra de potência, o que amplia a probabilidade de apagões.

Embora se espere que tais medidas sejam suficientes para evitar racionamento neste ano, não se descartam sobressaltos pontuais, no contexto da alta demanda ______ o sistema será submetido.

Se o regime de chuvas no verão não superar a média dos últimos anos, a margem de manobra para 2022 será ainda menor. Calcula-se que, nesse quadro, a geração térmica, mais cara, tenha de permanecer durante todo o período úmido, o que seria algo inédito. Desde já o país precisa considerar os piores cenários e agir com toda a prudência possível, com foco em investimentos na geração, modernização de turbinas em hidrelétricas antigas e planejamento para ampliar a resiliência do sistema.

(Editorial. Folha de S.Paulo, 27.08.2021. Adaptado)

177. (VUNESP – TJ SP – Escrevente Técnico - 2021) Em conformidade com a norma-padrão, as lacunas do texto devem ser preenchidas, respectivamente, com:

a) Com ... de que ... a ... a que

b) Sob ... que ... em ... que

c) Devido ... que ... a ... com que

d) Sobre ... que ... em ... de que

e) Perante ... que ... à ... em que

▷ ***Anotações/Comentários***

Nota da autora: é fundamental resolver a questão eliminando as opções descabidas.

1. Existe relação de causa e efeito: **por que** ficou mais evidente a ameaça? **Porque** houve falta de chuvas nos últimos dois meses. = **causa.** Se indica causa, podem-se usar "com" ou "devido". Eliminadas "b", "d" e "e".
2. ficou evidente a ameaça **de** algo. A preposição "de" é regida pelo adjetivo *evidente*. Eliminada "c".
3. Chegaria **a** novembro: não pode haver o sinal indicativo de crase antes de palavra masculina.
4. O pronome relativo "que" retoma "demanda". Lê-se: o sistema será submetido **à** alta demanda. Podem ser usadas estas formas: **a que**, **às quais**.

FRAGMENTO DE TEXTO PARA RESPONDER À QUESTÃO.

(...) *No Brasil, as medidas para garantir a assistência judiciária a quem não pode arcar com as custas de um processo ou ser assistido por um advogado particular foram efetivadas principalmente pela Lei n.º 1.060, de 1950, e pela criação da Defensoria Pública da União, em 1994, que* ***atende*** *muitos segurados do INSS que têm de recorrer ao Poder Judiciário para conseguir um benefício.* (...)[33]

178. (CESPE/CEBRASPE – Assistente Judiciário –TJ AM – 2019 – adaptada) A correção gramatical do trecho seria preservada caso se inserisse a preposição a imediatamente após "atende" — atende a.

- CERTO
- ERRADO

▷ ***Anotações/Comentários***

É facultativo o emprego da preposição "a" junto ao verbo *atender*. Estão corretas as duas formas: atende muitos segurados e atende a muitos segurados.

Complemento: Apesar de o emprego ser facultativo, há preferência para a regência com preposição quando indica uma coisa (atende ao telefone) e sem preposição quando indica uma pessoa (atende o cliente).

179. (FCC – Oficial de Justiça e Analista – TJ MA - 2019) É inteiramente adequado o emprego de **ambos** os elementos sublinhados na frase:

a) O acesso **a que** se tem aos elementos de um mapa leva-nos a estranhar os nomes que **os** atribuem os cartógrafos.

b) A cautela **de que** se reveste um historiador, diante das denominações de um mapa, justifica-se pelos critérios políticos que **as** influenciaram.

c) A estranheza **de cuja** somos possuídos quando comparamos as denominações de um mapa está na multiplicidade de critérios que **à** elas se impõem.

d) Há nos mapas limites geográficos dados **enquanto** naturais, quando de fato o que **lhes** determina é uma posição política.

e) É nos tempos remotos **em cujos** se estabeleceram as denominações de um mapa que se pode encontrar uma justificativa para **os mesmos**.

33. Mariana Faria. O que tecnologia tem a ver com acesso à justiça? 13/6/2018. Internet: (com adaptações)

▷ ***Anotações/Comentários***

Alternativa "a" – Tem acesso a algo: o acesso **que** se tem aos elementos; os cartógrafos atribuem nomes a eles: que **lhes** atribuem. **Dica:** se foi exigida preposição, não pode ser usado o pronome oblíquo "os".

Alternativa "b" – Um historiador se reveste da cautela: de que; influenciaram algo: que as influenciaram. **Dica:** se não foi exigida preposição, usa-se o pronome oblíquo "as".

Alternativa "c" – Somos possuídos pela estranheza: **pela qual** (refere-se ao termo anterior); não pode haver o sinal indicativo de crase antes do pronome pessoal feminino "elas".

Alternativa "d" – Dados **como** naturais; o verbo *determinar* é transitivo direto (determina algo): que **os** determina.

Alternativa "e" – As denominações se estabeleceram nos tempos remotos, ou seja, o pronome relativo retoma "tempos remotos": **em que**; **para eles**: o vocábulo "mesmo" não pode ser utilizado como substantivo.

180. (CONSULPLAN – Técnico Judiciário – Área Administrativa – TRF 2/2017 – adaptada) Acerca dos elementos linguísticos empregados em "Os mecanismos de produção desenvolveram-se de tal forma a adequarem-se às necessidades e vontades humanas." (1º §), assinale o comentário cujas informações estão corretas de acordo com a norma padrão da língua.

a) A forma verbal "adequarem" é responsável pela exigência da preposição "a" que lhe antecede e que lhe sucede.

b) A ausência de preposição diante do complemento "vontades humanas" demonstra que tal termo não mantém uma relação com o elemento regente.

c) A regência da forma verbal "adequarem" inclui os termos coordenados "necessidades" e "vontades humanas".

d) A forma verbal "desenvolveram" constitui termo regente exigindo o emprego da preposição "de" e "a" conforme pode ser indicado no período em análise.

▷ ***Anotações/Comentários***

Alternativa "a" – O verbo "adequar" é responsável apenas pela preposição que lhe sucede: adequaram-se **a** algo.

Alternativa "b" – Conforme mencionado na alternativa "c", há paralelismo sintático.

Alternativa "c" – Ocorre paralelismo sintático: dois complementos ligados ao mesmo verbo.

A ideia é: adequarem-se ⊠ às necessidades e adequaram-se ⊠ às vontades humanas. A combinação da preposição "a" + o artigo "as" rege os dois termos.

Alternativa "d" – Não se trata de termo regente pelo fato de não exigir preposição. A oração encontra-se na voz passiva sintética (verbo transitivo direto + se) e possui sujeito (os mecanismos de produção). Na passiva analítica (verbo *ser* + particípio): Os mecanismos de produção foram desenvolvidos.

181. (FCC – Técnico Judiciário – Área Administrativa – TRF 3/2014) *Quando a embarcação na qual ele navegava entrou inadvertidamente no raio de ação das sereias...*

Sem prejuízo para a correção e o sentido original, o segmento grifado acima pode ser corretamente substituído por:

a) à qual

b) em que

c) cuja

d) a que

e) da qual

▷ ***Anotações/Comentários***

Alternativa "a" – Não exige a preposição "a".

Alternativa "b" – 1. O relativo "a qual" retoma *embarcação*; 2. Ordem direta: ele navegava **na** embarcação;

3. A preposição **em** foi exigida; 4. Cabem as formas: **na qual** e **em que**.

Alternativa "c" – Não cabe posse, muito menos o pronome concordaria com o pessoal "ele" (termo posposto).

Alternativa "d" – Não exige a preposição "a".

Alternativa "e" – Não exige a preposição "de".

5. CRASE

182. (FCC - TRT 11 - Técnico Administrativo - Área Administrativa - 2024) Considere as frases a seguir.

I. Apresse-se! Sua reunião vai começar às 8 horas.
II. Uso lapiseira, mas sempre preferi escrever à lápis.
III. Não diga nada à ninguém sobre nossos planos futuros.
IV. Aos domingos, minha família se reúne para saborear um bom filé à parmegiana.
V. Voltei à casa da minha infância depois de muitos anos.

O sinal indicativo de crase foi usado corretamente APENAS em

a) II, III e IV.
b) I, II e IV,
c) I, III e IV.
d) I, IV e V.
e) II, IV e V.

▷ ***Anotações/Comentários***

I. Certo.

Indica hora exata.

Dica: quando for indicação de hora, sempre substitua a hora por "meio-dia" e veja se resulta em "ao". Se resultar, haverá o acento indicativo de crase.

Na frase: Sua reunião vai começar **<u>ao</u>** <u>meio-dia</u> = **às** 8 horas.

II. Errado.

Não pode haver o sinal indicativo de crase antes de palavra masculina (o lápis).

Exceção: se houver a ideia de "à moda de", "ao estilo de".

Fez um texto à Camões.

III. Errado.

Não pode haver o sinal indicativo de crase antes de pronome indefinido.

Exceção: antes de "outra", "outras".

Referiu-se às outras pessoas.

No masculino: Referiu-se **aos** outros homens.

IV. Certo.

Locução adverbial formada por palavra feminina = crase obrigatória.

V. Certo.

Deve haver o sinal indicativo de crase antes da palavra "casa" quando estiver especificada.

No caso, refere-se à casa <u>da minha infância</u> = com crase.

Fragmento de texto para responder à questão.

(...) À noite, meu pai, já conformado com a ideia da moléstia e da minha próxima ausência, veio ver-me no quarto, fingindo bom humor. (...)

(COUTO, Ribeiro. Cabocla. Rio de Janeiro: Ediouro, 17ª Ed. P.13)

183. (TRF 5 - IBFC - Analista Judiciário - Área Administrativa - 2024 - adaptada) Considere a ocorrência de crase em "À noite" e o papel morfossintático dessa construção.

Assinale a alternativa em que a crase é acertada e se justifica por esse mesmo papel.

a) Entregaram os documentos à qualquer pessoa do setor.
b) O supervisor ficou frente à frente com seus funcionários.
c) Fiquei à observar as ideias propostas na palestra.
d) Com a saída do fiscal, todos trabalharam à vontade.

▷ ***Anotações/Comentários***

Nota da autora: O papel morfossintático da construção é locução adverbial de tempo (morfológico) e adjunto adverbial temporal (sintático).

Alternativa "a" – "a qualquer pessoa" possui função de objeto indireto e o sinal indicativo de crase está errado porque não pode ser usado antes de pronome indefinido.

Exceção: antes de "outra", "outras".

Alternativa "b" – Embora seja uma locução adverbial, a justificativa para que não ocorra crase é o fato de as palavras serem repetidas.

Alternativa "c" – Não é admissível usar o acento indicativo de crase antes de verbo.

Alternativa "d" – Como todos trabalhavam? À vontade.

Nesse caso, o sinal é obrigatório por possuir função de locução adverbial e de adjunto adverbial. Observação: a locução é formada por palavra feminina, como ocorre em "à noite".

Leia o texto para responder à questão.

Minha empregada, Mme. Thérèse, que já ia se confor- mando em ser chamada de dona Teresa, caiu doente. Mandou-me um bilhete com a letra meio trêmula, falando em reumatismo. Dias depois apareceu, mas magra, mais pálida e menor; explicou-me que tudo fora consequência de uma corrente de ar. Que meu apartamento tem um *courant d'air* terrível, de tal modo que, _________, chegando em casa, nem teve coragem de tirar a roupa, caiu na cama. "Dói-me o corpo inteiro, senhor; o corpo inteiro."

O mesmo caso, ajuntou, houve cerca de 15 anos atrás, quando trabalhava em um apartamento que tinha uma corrente de ar exatamente igual ______ essa de que hoje sou sublocatário. Fez uma pausa. Fungou. Contou o dinheiro que eu lhe entregava, agradeceu _______ dispensa do troco. Foi lá dentro apanhar umas pobres coisas que deixara. Entregou-me a chave, fez qualquer observação sobre o aquecedor _______ gás – e depois, no lugar de sair _______ rua, deixou-se ficar imóvel e calada, de pé, em minha frente.

(Rubem Braga, "Dona Teresa". 200 crônicas escolhidas. Adaptado)

184. (VUNESP – TRF 3ª Região – Analista Judiciário – Área Administrativa – 2024) Em conformidade com a norma-padrão, as lacunas do texto devem ser preenchidas, respectivamente, com:

a) aquela tarde ... à ... à ... à ... a
b) àquela tarde ... a ... a ... a ... à
c) àquela tarde ... à ... à ... a ... a
d) aquela tarde ... a ... a ... à ... à
e) àquela tarde ... à ... a ... a ... à

▷ ***Anotações/Comentários***

Alternativa "a" – Erros: àquela tarde; igual a essa; agradeceu a dispensa; aquecedor a gás; sair à rua.

Alternativa "b" – **<u>àquela</u>** <u>tarde</u>: locução adverbial formada com palavra feminina / igual **<u>a</u>** essa: preposição / agradeceu **<u>a</u>** dispensa: artigo – o verbo é transitivo direto / aquecedor **<u>a</u>** gás: preposição – não pode haver o sinal indicativo de crase antes de palavra masculina / sair **<u>à</u>** rua: locução adverbial formada por palavra feminina.

Alternativa "c" – Erros: igual a essa; agradeceu a dispensa; sair à rua.

Alternativa "d" – Erros: àquela tarde; aquecedor a gás.

Alternativa "e" – Erro: igual a essa.

FRAGMENTO DE TEXTO PARA RESPONDER À QUESTÃO.

(...) James Tully, uma autoridade em direitos indígenas, aponta as implicações históricas desse pensamento: considera-se vaga a terra usada para a caça e a coleta e, "se **os povos aborígenes tentam submeter os europeus a suas leis** e costumes ou defender os territórios que durante milhares de anos tinham erroneamente pensado serem seus, então são eles que violam o direito natural e podem ser punidos ou 'destruídos' como animais selvagens". (...)

David Graeber e David Wengrow. O despertar de tudo: uma nova história da humanidade. São Paulo: Cia das Letras, 2022, p. 169-170 (com adaptações).

185. (CEBRASPE - TJ ES - Analista Judiciário - Área Administrativa - 2023 - adaptada) No trecho 'os povos aborígenes tentam submeter os europeus a suas leis', a inserção do sinal indicativo de crase no vocábulo 'a' resultaria em incorreção gramatical no texto.

( ) certo ( ) errado

▷ ***Comentários:***

O emprego do acento indicativo de crase antes de pronome possessivo feminino é facultativo, mas, no caso, o pronome está no plural e o "a" (preposição) está no singular.

É impossível haver crase em singular (a) + plural (suas).

FRAGMENTO DE TEXTO PARA RESPONDER À QUESTÃO.

(...) Amor é da boca para fora. Amor é um escândalo que não se abafa. "Eu te amo" é para ser dito, desbocadamente. Guardar "eu te amo" é prejudicial à saúde. (...)

(Xico Sá, "Amor é para gastar". Em: http://www.itatiaia.com.br)

186. (VUNESP - TJ SP - Escrevente Técnico - 2021 - adaptada) No trecho – Guardar "eu te amo" é prejudicial à **saúde** –, a crase mantém-se se a expressão destacada for substituída por:

a) todos que o escondem.
b) pessoa que o esconde.
c) quem o esconde.
d) pessoas que o escondem.
e) qualquer pessoa que o esconda.

▷ ***Anotações/Comentários***

Nota da autora: O termo regido é "prejudicial" – prejudicial **a** algo. A preposição "a" é exigida. Basta procurar onde caberá o artigo definido feminino "a".

Alternativa "a" – Não pode haver o sinal indicativo de crase antes de pronome indefinido; não pode haver crase antes de palavra masculina; não pode haver crase em singular (a) + plural.

Exceção: pode haver crase, dependendo do contexto, antes destes pronomes indefinido: *outra(s), pouca(s), muitas, demais* e *várias*.

Alternativa "b" – É prejudicial **à** saúde. Cabe o artigo feminino = crase.

Caso seja necessário, substitua por um substantivo masculino qualquer (mesma classe gramatical de *pessoa*) e veja se resulta em "ao": é prejudicial **ao** <u>organismo</u>. Resultou em "ao" no masculino = crase no feminino.

Alternativa "c" – Não pode haver o sinal indicativo de crase antes de pronome indefinido. Observe a exceção mencionada na alternativa "a".

Alternativa "d" – Não pode haver crase em singular (a) + plural (pessoas).

Alternativa "e" – Não pode haver o sinal indicativo de crase antes de pronome indefinido. Observe a exceção mencionada na alternativa "a".

FRAGMENTO DE TEXTO PARA RESPONDER À QUESTÃO.

(...) O maior desafio do Poder Judiciário no Brasil é tornar-se cada vez mais acessível às pessoas, até mesmo ***a quem*** *não pode arcar com o custo financeiro de um processo.* (...)34

34. Mariana Faria. O que tecnologia tem a ver com acesso à justiça? 13/6/2018. Internet: <www.dacordo.com.br> (com adaptações).

187. (CESPE/CEBRASPE - Assistente Judiciário -TJ AM - 2019 - adaptada) A inserção do sinal indicativo de crase em "a quem" não comprometeria a correção gramatical do fragmento do texto.

- CERTO
- ERRADO

▷ ***Anotações/Comentários***

Os pronomes relativos "quem" e "cujo" não admitem artigo, isto é, nunca estarão acompanhados do sinal indicativo de crase. O "a" anteposto ao pronome é uma preposição que foi exigida pelo adjetivo *acessível* – acessível **a** alguém.

FRAGMENTO DE TEXTO PARA RESPONDER À QUESTÃO.

(...) *Os contratos legais com que habitualmente trabalham os advogados estão escritos em linguagem frequentemente ambígua e sujeita* ***a*** *interpretações diversas.* (...)[35]

188. (CESPE/CEBRASPE - Analista Judiciário - Direito - TJ AM - 2019 - adaptada) A inserção do sinal indicativo de crase em "a interpretações" ocasionaria erro gramatical no fragmento do texto.

- CERTO
- ERRADO

▷ ***Anotações/Comentários***

Há apenas a preposição "a" exigida pelo adjetivo "sujeita" (sujeita a algo) e não cabe o sinal indicativo de crase. Haveria crase se houvesse o artigo feminino plural concordando com "interpretações" (substantivo plural).

DICA: Não pode haver crase em singular (a) + plural, pois não existe o artigo.

189. (FGV - Técnico Judiciário - Área Judiciária - TJ CE - 2019) "Todos aqueles que devem deliberar sobre questões dúbias devem também manter-se imunes ao ódio e à simpatia, à ira e ao sentimentalismo".

Nesse pensamento de um historiador latino, ocorreu duas vezes a utilização correta do acento grave indicativo de que houve crase; a frase abaixo em que esse mesmo acento está <u>equivocado</u> é:

a) Quem perdoa uma culpa encoraja à cometer muitas outras;
b) A aspiração à glória é a última da qual se conseguem libertar os homens mais sábios;
c) Quem aspira à sumidade, raras vezes consegue passar do meio;
d) Veja o que ocorreu com muitos intelectuais, condenados à fama imortal;
e) Todos somos levados à obediência eterna a Deus.

▷ ***Anotações/Comentários***

Alternativa "a" – Não pode haver crase antes de verbo.

Alternativa "b" – O verbo *aspirar* está no sentido de *almejar* e exige a preposição "a". Substituindo por uma palavra masculina da mesma classe gramatical, resulta em "ao": a aspiração **ao** cargo. Resultou em "ao", há crase.

Alternativa "c" – Aspira **ao** cargo: a preposição "a" foi exigida pelo verbo *aspirar.*

Alternativa "d" – Condenados **a** algo: **ao** azar.

Alternativa "e" – Levados **a** algo: **ao** medo.

190. (FCC - Técnico Judiciário - Técnico em Informática - TJ MA - 2019 - adaptada) No contexto, substitui corretamente o elemento sublinhado o que se encontra entre colchetes em:

35. Federico Ast. Como faremos justiça? – A chegada dos contratos inteligentes. In: ÉPOCA negócios. 9/12/2018. Internet: <https://epocanegocios.globo.com> (com adaptações).

a) ... *como as histórias cinematográficas do futuro* ***diferem das*** *experiências...* [se opõem às]

b) ... *o momento atual do cinema é* ***comparável aos*** *primeiros anos...* [semelhante à]

c) ... *que capturam vistas* ***de*** *todos os ângulos...* [à partir de]

d) ... *uma história em tempo real* ***que*** *é só para você...* [à qual]

e) *Como serão os filmes* ***daqui a*** *20 anos?* [à decorrerem]

▷ ***Anotações/Comentários***

Alternativa "a" – O verbo está no sentido de *discordar, divergir* e pode ser usada a forma "opor-se". Quanto à regência: opõem-se **a** algo = se opõem às experiências. Caso haja dúvida no emprego do sinal indicativo de crase, substitua a palavra feminina plural por uma palavra masculina plural que pertença à classe gramatical idêntica (substantivo). Como resulta em "aos", há crase: opõem-se **aos** trabalhos.

Alternativa "b" – Não caberia o sinal indicativo de crase antes da palavra masculina.

Alternativa "c" – Não há crase antes de verbo.

Alternativa "d" – O pronome relativo (a qual) possui função de sujeito (por retomá-lo) e não admite crase. Lê-se: uma história é só para você.

Alternativa "e" – Como já mencionado, não pode haver o sinal indicativo de crase antes de verbo.

---

191. (FCC – Analista Judiciário – Área Judiciária – TRF 4/2019) É plenamente adequado o emprego de pronomes e do sinal indicativo de crase em:

a) Diante da morte do pai, o filho não apenas lhe lamenta como se vê submetido à culpas inconsoláveis e a profundos remorsos.

b) Kafka escreveu uma **Carta ao pai**, carregando-lhe de sentimentos duros, que o leitor à muito custo acompanhará.

c) Ninguém se sentirá alheio às provações que Kafka nos conta em sua carta, a propósito das dores que o pai lhe infligiu.

d) As emoções que provoca no leitor à leitura da carta de Kafka ao pai devem-se ao poder da ficção que lhe captura.

e) As palavras da **Carta** conduzem o leitor, passo à passo, pelas dores e humilhações que o pai de Kafka fez-lhe passar.

▷ ***Anotações/Comentários***

Nota da autora: Questão de crase, pronome e regência.

Alternativa "a" – O verbo *lamentar* é transitivo direto: lamenta a morte = **a** lamenta. Não pode haver crase em singular (a: preposição) e plural (culpas).

Alternativa "b" – O verbo *carregar* é transitivo direto: carregando a carta = carregando-**a**. Não pode haver crase antes de palavra masculina (**a** muito custo).

Alternativa "c" – Regência: alheio **a** algo = alheio às provocações. Substituindo por um substantivo masculino, resulta em "ao" e por isso há crase: alheio aos problemas.

Alternativa "d" – Na ordem direta: **a** leitura (sujeito) provoca as emoções = não pode haver crase no sujeito.

Alternativa "e" – Não pode haver crase antes de palavra masculina: passo **a** passo. **DICA:** pode haver crase entre palavras repetidas se não possuírem função de adjunto adverbial: Preferiu guerra (objeto direto) **à** guerra (objeto indireto – a algo).

---

192. (FGV - TJ AL - Técnico Judiciário - Área Judiciária - 2018) "No fundo, é um problema técnico que os avanços da informática mais cedo ou mais tarde colocarão à disposição dos usuários e das autoridades".

O acento grave indicativo da crase empregado nesse segmento é devido ao mesmo fator da seguinte frase:

a) À noite, todos os gatos são pardos;

b) Pagar à vista é coisa rara hoje em dia;

c) Entregou o livro à aluna;

d) Saiu à procura da namorada;

E) Ficava contente à proporção que superava os obstáculos.

▷ ***Anotações/Comentários***

Alternativa "a" – Locução adverbial de tempo.

Alternativa "b" – Locução adverbial de modo.

Alternativa "c" – Objeto indireto do verbo *entregar.*

Alternativa "d" – São locuções prepositivas formadas por palavras femininas – *disposição* e *procura*, respectivamente.

Alternativa "e" – Locução conjuntiva, pois liga duas orações. Indica proporcionalidade, ou seja, ações simultâneas.

---

193. (CONSULPLAN – Analista Judiciário – Área Administrativa – TRF 2/2017) A mesma obrigatoriedade para o emprego do sinal de crase em "Fabiano ria, tinha desejo de esfregar as mãos agarradas à boca do saco [...]" pode ser vista no exemplo:

a) Tranquilize-se, aspiro àquela vaga específica, e não à sua.

b) Dirigiu-se à minha casa, onde ficaria hospedado por alguns dias.

c) Diante de tal demanda, o funcionário colocou-se à sua disposição.

d) Convocaria à qualquer pessoa que atendesse aos requisitos descritos.

▷ ***Anotações/Comentários***

Alternativa "a" – As mãos agarradas **a** algo = à boca (preposição + artigo); aspiro **a** algo (sentido de *almejar*) – preposição "a" + pronome demonstrativo "aquela" = àquela; aspiro **a** algo (sentido de *almejar*) – preposição "a" + artigo feminino "a" = à sua.

Importante relembrar que a crase antes de pronome possessivo feminino é facultativa.

Alternativa "b" – Como mencionado no item anterior, não ocorre obrigatoriedade, pois o uso de crase é facultativo antes de pronome possessivo, mesmo seguido da palavra "casa".

Alternativa "c" – Mais um caso de crase facultativa (pronome possessivo feminino).

Alternativa "d" – O verbo *convocar* é transitivo direto, isto é, não exige preposição. A crase é indevida. Outro ponto a ser analisado: não se usa crase antes pronome indefinido.

Exceção: antes do pronome indefinido "outra(s)", pode ser usada. Exemplo: Entregou o livro às outras pessoas. Substitua o pronome indefinido feminino + o substantivo feminino por um pronome indefinido masculino e por um substantivo masculino. Perceberá que resultará em "ao", ou seja, há preposição + artigo = entregou o livro **aos** outros candidatos.

6. PONTUAÇÃO

Fragmento de texto para responder à questão.

Dengue prevista

A dengue é uma doença periódica e cíclica: os casos crescem no verão e há picos epidêmicos a cada 4 ou 5 anos. Trata-se, portanto, de enfermidade de atuação previsível. Supõe-se que o poder público se adiantaria com medidas de prevenção e tratamento. Contudo, há décadas os números de casos e mortes só aumentam no Brasil.

Entre 2000 e 2010, foram registrados 4,5 milhões de ocorrências e 1.869 óbitos. Na década seguinte, os números saltaram para 9,5 milhões e 5.385, respectivamente. O primeiro semestre deste ano registra 1,4 milhão de casos, ante 1,5 milhão em 2022. A tendência é piorar. (...)

(Editorial. Folha de S.Paulo, 27.07.2023. Adaptado)

---

194. (VUNESP – TRF 3ª Região – Analista Judiciário – Área Administrativa – 2024) No trecho do primeiro parágrafo – A dengue é uma doença periódica e cíclica: os casos crescem no verão e há picos epidêmicos a cada 4 ou 5 anos. Trata-se, portanto, de enfermidade de atuação previsível. –, os dois-pontos e as vírgulas são empregados, correta e respectivamente, para sinalizar

a) o resumo das informações precedentes; separar expressão adverbial.

b) a inclusão de um contra-argumento; separar conjunção condicional.

c) a retificação de uma informação; separar aposto explicativo.

d) o detalhamento de uma informação; separar conjunção conclusiva.

e) a inclusão de informação nova; separar oração intercalada.

LÍNGUA PORTUGUESA

▷ ***Anotações/Comentários***

Alternativa "a" – O resumo está nas informações subsequentes; não é uma expressão adverbial.

Alternativa "b" – Não é uma oposição; não é uma conjunção condicional.

Alternativa "c" – Não corrige informação alguma; não é aposto.

Alternativa "d" – Detalha o motivo de a dengue ser uma doença periódica e cíclica; separa / intercala a conjunção conclusiva "portanto".

Leia apenas o que está em negrito para entender melhor: **Trata-se**, portanto, **de enfermidade de atuação previsível**.

Alternativa "e" – Não é uma informação nova, é o detalhamento da informação anterior; não é uma oração intercalada (não possui verbo), é uma conjunção intercalada.

---

195. (FCC - TRT 11 – Analista Judiciário – Área Judiciária - 2024) Está inteiramente adequada a pontuação da seguinte frase:

a) Aqui e ali nos textos de Rousseau, houve quem encontrasse a falsa ideia, de que ele não reconhecia valor algum, nos hábitos civilizados.

b) Apesar das interpretações equivocadas que, ainda, se perpetuam as obras de Rousseau provocam, entre leitores especializados um sugestivo debate.

c) Nas obras de Rousseau, reconhecidas como do mais alto idealismo, as sociedades tribais, com seu primitivismo, são admiradas pelo filósofo.

d) Ao analisar comunidades primitivas Rousseau considera, que seus hábitos, exprimem uma feliz naturalidade ao contrário dos hábitos aristocráticos.

e) Não fossem os abusos, da vida civilizada, o homem poderia aspirar a uma sociedade, cujos altos valores fossem também revestidos de simplicidade.

▷ ***Anotações/Comentários***

Alternativa "a" – Precisa intercalar o adjunto adverbial: Aqui e ali**, nos textos de Rousseau,** / retirar a vírgula entre o termo regente e o termo regido: a falsa **ideia de que** / retirar a última vírgula por estar na orem direta: ele não reconhecia valor algum **nos hábitos civilizados.**

Alternativa "b" – A vírgula é obrigatória para demarcar deslocamento/inversão da oração adverbial concessiva: Apesar das interpretações equivocadas que, ainda, se perpetuam, / é necessário intercalar o adjunto adverbial entre verbo e complemento: provocam**, entre leitores especializados,** um sugestivo debate.

Alternativa "c" – Nas obras de Rousseau = deslocamento/inversão do adjunto adverbial;

reconhecidas como do mais alto idealismo = oração subordinativa adjetiva explicativa reduzida de particípio;

com seu primitivismo = intercalação.

Alternativa "d" – Vírgula obrigatória para demarcar inversão/deslocamento da oração adverbial temporal: Ao analisar comunidades primitivas Rousseau, / vírgula proibida entre oração principal e oração subordinativa substantiva: considera **que seus hábitos**... / vírgula proibida entre sujeito e verbo: **seus hábitos exprimem** uma feliz naturalidade / faltou vírgula para demarcar a oposição: exprimem uma feliz naturalidade**, ao contrário dos hábitos aristocráticos.**

Alternativa "e" – Vírgula proibida entre o termo regido e o termo regente: Não fossem os **abusos da vida civilizada** / vírgula proibida antes da oração subordinativa adjetiva restritiva (não possui sentido explicativo): o homem poderia aspirar a uma sociedade **cujos altos valores fossem também revestidos de simplicidade**.

---

196. (FCC - TRT 12 - Analista Judiciário – Área Administrativa - 2023) A pontuação está inteiramente adequada na frase:

a) Se, de um lado, há minorias raciais perseguidas, de outro há os religiosos injustiçados, discriminados por suas opões de fé.

b) O que o cristianismo deixou de nos legar, foi uma fé de fato estribada, nos valores civilizacionais.

c) Em nossos dias, o erotismo mesmo, deixou de ser movido pela paixão, tornando-se acima de tudo, uma mera técnica.

d) Se de um lado, o hedonismo, se vale dos prazeres mais imediatos, de outro, o niilismo, acaba por negar quaisquer alegrias.

e) Está na alma de cada um, a discórdia moral, razão da enfermidade do Ocidente, que impede a realização das criaturas.

▷ ***Anotações/Comentários***

Alternativa "a" – As duas vírgulas iniciais demarcam intercalação. Lê-se: Se há minorias raciais perseguidas / a terceira vírgula demarca inversão da oração subordinativa adverbial condicional / a última vírgula indica que a oração subordinada adjetiva é explicativa e reduzida de particípio.

Alternativa "b" – O que foi uma fé? O que o cristianismo deixou de nos legar = sujeito.

Não pode haver vírgula separando o sujeito do verbo.

A segunda vírgula também está incorreta por separar o termo regido (estribada) do termo regente (os valores civilizacionais). Não pode separar o nome de seu complemento.

Alternativa "c" – A primeira vírgula está correta porque demarca inversão/deslocamento do adjunto adverbial extenso (3 palavras).

A segunda vírgula está errada por separar o sujeito do verbo. Outra opção seria intercalar "mesmo": o erotismo**, mesmo,** deixou de ser movido pela paixão...

É necessário intercalar a expressão entre o verbo de ligação e o predicativo: tornando-se**, acima de tudo,** uma mera técnica.

Alternativa "d" – É necessário demarcar intercalação: Se**, de um lado,** o hedonismo...

É preciso retirar a vírgula entre sujeito e verbo.

Como há elipse após "outro" (lado), é viável usar ponto e vírgula para deixar o período claro: **Se, de um lado, o hedonismo se vale dos prazeres mais imediatos; de outro, o niilismo acaba por negar quaisquer alegrias.**

No final do período, é necessário retirar a vírgula entre sujeito e verbo – como feito na correção acima.

Alternativa "e" – Não pode haver vírgula entre sujeito e verbo (predicado): Está na alma de cada um a discórdia moral...

As duas vírgulas posteriores estão corretas por separarem o aposto explicativo de "discórdia moral".

Texto CB1A1-I

A 4.ª revolução industrial, marcada por avanços tecnológicos exponenciais, está produzindo uma transformação acelerada das ocupações e dos requisitos de habilidades necessárias ao ingresso dos jovens no mundo do trabalho. A demanda por novas qualificações aumenta, e a obsolescência das existentes se acelera; além disso, muitas atividades rotineiras estão sujeitas à robotização ou à substituição por máquinas inteligentes.

Embora essa nova realidade possa abrir grandes oportunidades, a transformação acelerada das ocupações gera também o risco de maior desigualdade.

O mundo tecnológico que emerge exige novas qualificações, ou mesmo novas alfabetizações, uma vez que as habilidades do século XXI estão em processo de redefinição radical, o que reforça a importância de educação de qualidade e formação profissional dos jovens para melhorar a empregabilidade e facilitar a transição da educação para o trabalho; de políticas ativas de mercado de trabalho que compreendam serviços e programas de emprego e contratos especiais para jovens; da promoção do respeito aos direitos trabalhistas e do trato não discriminatório dos jovens; além de políticas públicas que estimulem e desenvolvam a oferta de emprego pelas empresas, desde políticas de desenvolvimento e diversificação produtiva até o apoio às pequenas e médias empresas.

Entre as modalidades de programas para fomentar o emprego juvenil, as alianças público-privadas desempenham papel essencial, pois representam um campo fértil para a responsabilidade social empresarial e podem ser centrais para o desenvolvimento competitivo das empresas.

Internet: <www.ilo.org> (com adaptações)

197. (CEBRASPE - TRT 8 - Técnico Judiciário - 2023) No que se refere ao emprego dos sinais de pontuação no texto CB1A1-I, assinale a opção correta.

a) A correção gramatical e os sentidos do texto seriam preservados se fosse eliminada a vírgula empregada logo após o termo "industrial" (primeiro período do primeiro parágrafo).

b) A vírgula empregada logo após a forma verbal "aumenta" (segundo período do primeiro parágrafo) tem a finalidade de separar orações cujos sujeitos são distintos.

c) A inserção de uma vírgula imediatamente após o vocábulo "público-privadas" (último parágrafo) manteria a correção gramatical e a coerência das ideias do texto.

d) A correção gramatical e a coerência das ideias do texto seriam mantidas caso fosse inserida uma vírgula imediatamente após a forma verbal "emerge" (início do terceiro parágrafo).

e) A substituição da vírgula empregada após o termo "radical" (terceiro parágrafo) por ponto final manteria a correção gramatical e os sentidos do texto, desde que feito o devido ajuste de minúscula para maiúscula no início do novo período.

▷ ***Anotações/Comentários***

Alternativa "a" – No texto: A 4.ª revolução industrial**, marcada por avanços tecnológicos exponenciais,** está produzindo uma transformação acelerada das ocupações e dos requisitos de habilidades necessárias ao ingresso dos jovens no mundo do trabalho.

Acarretaria incorreção gramatical porque separaria o sujeito do verbo – note que existe outra vírgula após "exponenciais".

Acarretaria, também, alteração de sentido porque demarca intercalação da oração subordinativa adjetiva explicativa. Se retirada, a oração passaria a ser restritiva e passaria, consequentemente, a ter sentido restritivo.

Alternativa "b" – No texto: A demanda por novas qualificações **aumenta,** e a obsolescência das existentes se acelera; além disso, muitas atividades rotineiras estão sujeitas à robotização ou à substituição por máquinas inteligentes.

Sujeitos distintos: <u>A demanda</u> aumenta / <u>a obsolescência</u> se acelera.

Alternativa "c" – No texto: Entre as modalidades de programas para fomentar o emprego juvenil, as alianças **público-privadas** desempenham papel essencial, pois representam um campo fértil para a responsabilidade social empresarial e podem ser centrais para o desenvolvimento competitivo das empresas.

É impossível haver vírgula entre sujeito e verbo (ou predicado). Acarretaria erro gramatical.

Alternativa "d" – No texto: O mundo tecnológico que **emerge** exige novas qualificações, ou mesmo novas alfabetizações, uma vez que as habilidades do século XXI estão em processo de redefinição radical...

Haveria incorreção gramatical por separar o sujeito do verbo.

Observação: a oração "que emerge" é adjetiva restritiva.

Alternativa "e" – No texto: O mundo tecnológico que emerge exige novas qualificações, ou mesmo novas alfabetizações, uma vez que as habilidades do século XXI estão em processo de redefinição **radical,** o que reforça a importância de educação de qualidade e formação profissional dos jovens para melhorar a empregabilidade...

Não caberia o ponto final porque "o" é pronome demonstrativo e "que" é pronome relativo. Trata-se de recurso coesivo.

Perceba que não ocorre encerramento de uma ideia, ou seja, a vírgula deve permanecer.

Texto para responder à questão.

Novo movimento

As revoluções dos últimos dois séculos foram tão rápidas e radicais que transformaram a característica mais fundamental da ordem social. Tradicionalmente, a ordem social era firme e rígida. "Ordem" implicava estabilidade e continuidade. Revoluções sociais rápidas eram excepcionais, e a maioria das transformações sociais resultava da acumulação de uma série de pequenos passos. Os humanos tendiam a presumir que a estrutura social era inflexível e eterna. As pessoas costumavam declarar: "é assim que sempre foi, e é assim que sempre será".

Nos últimos dois séculos, o ritmo das mudanças se tornou tão rápido que a ordem social adquiriu um caráter dinâmico e maleável. Agora existe em estado de fluxo permanente. Quando falamos de revoluções modernas, tendemos a pensar em 1789 (a Revolução Francesa), 1848 (as revoluções liberais) ou 1917 (a Revolução Russa). Mas o fato é que, atualmente, todo ano é revolucionário. Hoje, até mesmo uma pessoa de 30 anos pode dizer honestamente a adolescentes incrédulos: "Quando eu era jovem, o mundo era completamente diferente". A internet, por exemplo, só se disseminou no início dos anos 1990, poucas décadas atrás, hoje, não podemos imaginar o mundo sem ela.

(Adaptado de: HARARI, Yuval Noah, Uma breve história da humanidade. Trad. de Janaina Marcoantonio. Porto Alegre: L&PM, 2018, p. 375-376)

198. (FCC - TRT 21 – Analista Judiciário – Área Judiciária - 2023) Está corretamente pontuada esta outra construção de uma frase do texto:

a) Foi a partir dos anos 1990, e só então, que a internet veio a se disseminar.

b) Foram tão radicais, as revoluções, dos dois últimos séculos que transformaram a característica fundamental, da ordem social.

c) Era firme e rígida, tradicionalmente a ordem social.

d) Atualmente, o fato é que, todo ano, é revolucionário.

e) Uma pessoa de 30 anos, hoje pode dizer, a adolescentes incrédulos honestamente.

▷ ***Anotações/Comentários***

Alternativa "a" – As vírgulas demarcam intercalação.

Lê-se: Foi a partir dos anos 1990 que a internet veio a se disseminar.

Alternativa "b" – Não pode haver vírgula entre sujeito e predicado: Foram tão radicais **as revoluções**, não pode haver vírgula entre o núcleo e o adjunto adnominal: as revoluções **dos dois últimos séculos**

Alternativa "c" – A oração está na ordem inversa e a intercalação do adjunto adverbial deve estar entre vírgulas: Era firme e rígida**, tradicionalmente,** a ordem social.

Alternativa "d" – Não há necessidade de haver vírgula alguma porque o adjunto adverbial deslocado é curto (uma palavra) e a oração está na ordem direta: Atualmente o fato é que todo ano é revolucionário.

Observações:

1. Não pode haver vírgula entre sujeito e verbo (todo ano é revolucionário);
2. "é que": partícula expletiva ou de realce – não exerce função sintática e pode ser retirada.

Alternativa "e" – Não cabe vírgula entre sujeito e predicado e nem entre verbo e complemento: Uma pessoa de 30 anos hoje pode dizer a adolescentes incrédulos honestamente.

Poderia haver vírgulas para demarcar deslocamento do adjunto adverbial, mas não seriam obrigatórias: Uma pessoa de 30 anos, hoje, pode dizer a adolescentes incrédulos honestamente.

199. (FCC – TRT 18 – Analista Judiciário – Área Judiciária – 2023) É plenamente adequada a pontuação da seguinte frase:

a) Diga-me, então: se você acha de fato pertinente esse quadro de definições, do termo "igualdade".

b) Eu desejaria saber qual a dificuldade, que se apresenta, desde sempre para se definir o que é igualdade?

c) Sem dúvida não há consenso: devido ao fato de um conceito como este ser, dúbio já na raiz.

d) Há ainda os que esperam, apesar de tudo, que um dia se estabeleça, como prática real, um efetivo igualitarismo.

e) O conceito de igualitarismo, desde sempre vacilante aguarda, que sua prática, enfim venha a se dar, entre os que nele confiam.

▷ ***Comentários:***

Alternativa "a" – Correção: Diga-me**, então,** (1) se você acha**, de fato,** (2) pertinente esse quadro de **definições do** (3) termo "igualdade".

1 e 2: intercalações / 3: não cabe sinal de pontuação entre o elemento e o seu complemento.

Alternativa "b" – Correção: Eu desejaria saber qual a dificuldade **que** (1) se apresenta**, desde sempre,** (2) para se definir o que é igualdade?

1. A oração é subordinativa adjetiva restritiva – perceba que ele quer saber apenas a dificuldade apresentada, não todas as dificuldades. Não pode haver sinal de pontuação antes do pronome relativo nem intercalando a oração.

Isso só ocorre na adjetiva explicativa.

2. É viável intercalar o adjunto adverbial para tornar o período mais claro.

Alternativa "c" – Correção: Sem dúvida não há consenso: devido ao fato de um conceito como este **ser dúbio** (1) já na raiz.

1. Não se separa o verbo de ligação do predicativo.

Alternativa "d" – Há ainda os que esperam, apesar de tudo, (1) que um dia se estabeleça, como prática real, (2) um efetivo igualitarismo.

1 e 2: intercalações.

Leia apenas o que está em negrito e veja que possui sequência sintática:

Há ainda os que esperam, apesar de tudo, **que um dia se estabeleça**, como prática real, **um efetivo igualitarismo.**

Alternativa "e" – Correção: O conceito de igualitarismo**, desde sempre vacilante,** (1) **aguarda** (2) **que** sua prática**, enfim,** (3) venha a se **dar entre** (4) os que nele confiam.

1. Intercalação: vírgulas obrigatórias / 2. Não pode haver vírgula entre o verbo e o seu complemento / 3. Faltou vírgula para demarcar a intercalação / 4. Vírgula incabível.

200. (FCC – TRT 18 – Analista Judiciário – Área Administrativa – 2023) A remoção da vírgula altera o sentido da seguinte frase:

A) Diante do cenário atual de sua querida cidade, o cronista sentiu os efeitos de uma verdadeira devastação.

B) Não é incomum que nos sintamos traídos, quando voltamos a uma paragem antiga e não a reconhecemos.

C) A cada vez que imaginamos haver retido uma imagem fiel, pode suceder que a realidade a apague.

D) Observando o que restou de sua cidade, o cronista encontrou na casa de Maria um vestígio dolorido do passado.

E) Os empreiteiros não se importam com as cidades históricas, que pretendem tornar modernas.

▷ ***Comentários:***

Nota da autora: Questão típica da banca há décadas.

Sempre que mencionar alteração de sentido ao remover ou ao adicionar vírgula, procure a alternativa em que há pronome relativo.

Alternativa "a" – A vírgula demarca inversão (deslocamento) da locução adverbial temporal extensa. Se retirada, o sentido não será alterado.

Alternativa "b" – A vírgula separa a oração subordinativa adverbial e não é obrigatória. Se retirada, o sentido não será alterado.

Alternativa "c" – A vírgula demarca inversão (deslocamento) da oração subordinada adverbial temporal. Se retirada, o sentido não será alterado.

Alternativa "d" – A vírgula demarca inversão (deslocamento) da oração subordinada adverbial temporal reduzida de gerúndio. Se retirada, o sentido não será alterado.

Dica: desenvolva a oração para facilitar – **quando observou** o que restou da cidade.

Alternativa "e" – O vocábulo "que" é pronome relativo – retoma "cidades históricas" e pode ser substituído por "as quais".

Com a vírgula, a oração subordinada adjetiva é **explicativa**, ou seja, pretendem tornar modernas todas as cidades históricas.

Sem a vírgula, a oração subordinada adjetiva é **restritiva**, isto é, pretendem tornar modernas algumas cidades históricas, não todas.

201. (FCC – TRT 17 – Analista Judiciário – Área Judiciária – 2023) É inteiramente regular a pontuação da frase:

a) Os crimes bárbaros, que se cometem, devem-se por vezes – a fatores de ordem econômica, psicológica ou sociológica.

b) Pode ser que estejam certos: mas, os favoráveis à pena de morte, nem sempre consideram com o peso necessário, os contextos dos delitos.

c) É difícil de se imaginar, por que alguns veem a execução capital, como um espetáculo a não se perder ou mesmo a festejar.

d) Num tempo como este de incertezas éticas; há ainda quem considere imprescindível, a execução de um criminoso?

e) Ao concluir o texto, lembra-nos o autor: nossas decisões, sobretudo as mais graves, não dispensam a mais justa ponderação.

▷ ***Comentários:***

Alternativa "a" – Correção: Os crimes bárbaros, que se cometem, devem-se **– por vezes –** a fatores de ordem econômica, psicológica ou sociológica.

Faltou um travessão para intercalar a expressão adverbial.

Dica: a intercalação poderia ser feita por vírgulas ou por parênteses.

Alternativa "b" – Correções: Pode ser que estejam certos**, mas** (1) os favoráveis à pena de morte (2) nem sempre consideram**, com o peso necessário,** (3) os contextos dos delitos.

Antes da conjunção adversativa "mas", a vírgula é obrigatória;

Não pode haver sinal de pontuação entre o sujeito e o predicado;

É preciso intercalar a expressão adverbial entre o verbo e o complemento.

Alternativa "c" – Correções: É difícil de se imaginar (1) por que alguns veem a execução capital (2) como um espetáculo a não se perder ou mesmo a festejar.

Não cabe vírgula entre a oração principal e a oração subordinada substantiva;

O período está na ordem direta e não é necessário haver vírgula entre os termos.

Alternativa "d" – Correções: **Num tempo como este de incertezas éticas,** (1) há ainda quem considere imprescindível (2) a execução de um criminoso?

A vírgula é necessária para demarcar inversão/deslocamento do adjunto adverbial;

Não cabe vírgula entre o predicativo do objeto e o objeto direto.

Alternativa "e" – A primeira vírgula demarca inversão da oração subordinativa adverbial; o sinal de dois pontos inicia uma explicação; as vírgulas posteriores indicam intercalação.

Leia apenas o que está em negrito e perceba que há sequência sintática: **nossas decisões**, sobretudo as mais graves, **não dispensam a mais justa ponderação**.

202. (FCC – TRT 17 – Analista Judiciário – Área Judiciária – 2023) É inteiramente regular a pontuação da frase:

a) Os crimes bárbaros, que se cometem, devem-se por vezes – a fatores de ordem econômica, psicológica ou sociológica.

b) Pode ser que estejam certos: mas, os favoráveis à pena de morte, nem sempre consideram com o peso necessário, os contextos dos delitos.

c) É difícil de se imaginar, por que alguns veem a execução capital, como um espetáculo a não se perder ou mesmo a festejar.

d) Num tempo como este de incertezas éticas; há ainda quem considere imprescindível, a execução de um criminoso?

e) Ao concluir o texto, lembra-nos o autor: nossas decisões, sobretudo as mais graves, não dispensam a mais justa ponderação.

▷ ***Comentários:***

Alternativa "a" – Correção: Os crimes bárbaros, que se cometem, devem-se **– por vezes –** a fatores de ordem econômica, psicológica ou sociológica.

Faltou um travessão para intercalar a expressão adverbial.

Dica: a intercalação poderia ser feita por vírgulas ou por parênteses.

Alternativa "b" – Correções: Pode ser que estejam certos**, mas** (1) os favoráveis à pena de morte (2) nem sempre consideram**, com o peso necessário,** (3) os contextos dos delitos.

Antes da conjunção adversativa "mas", a vírgula é obrigatória;

Não pode haver sinal de pontuação entre o sujeito e o predicado;

É preciso intercalar a expressão adverbial entre o verbo e o complemento.

Alternativa "c" – Correções: É difícil de se imaginar (1) por que alguns veem a execução capital (2) como um espetáculo a não se perder ou mesmo a festejar.

Não cabe vírgula entre a oração principal e a oração subordinada substantiva;

O período está na ordem direta e não é necessário haver vírgula entre os termos.

Alternativa "d" – Correções: **Num tempo como este de incertezas éticas,** (1) há ainda quem considere imprescindível (2) a execução de um criminoso?

A vírgula é necessária para demarcar inversão/deslocamento do adjunto adverbial;

Não cabe vírgula entre o predicativo do objeto e o objeto direto.

Alternativa "e" – A primeira vírgula demarca inversão da oração subordinativa adverbial; o sinal de dois pontos inicia uma explicação; as vírgulas posteriores indicam intercalação.

Leia apenas o que está em negrito e perceba que há sequência sintática: **nossas decisões**, sobretudo as mais graves, **não dispensam a mais justa ponderação.**

---

203. (FCC – TRT 14 – Analista Judiciário – Área Judiciária – 2022) Está plenamente adequada a pontuação da seguinte frase:

a) Os filhos do autor diante da lareira, não deixaram de se espantar, com o espetáculo inédito daquelas chamas bruxuleantes.
b) Como metáfora, o fogo por conta de seus inúmeros atributos, chega mesmo a propiciar expansões, simbólicas e metafóricas.
c) Tanto como a do Sol, a luz do fogo, uma vez expandida, pode ofuscar os olhos de quem, imprudente, ouse enfrentá-la.
d) O autor do texto em momentos descritivos, não deixa de insinuar sua atração, pela magia dos poderes e do espetáculo do fogo.
e) Disponíveis metáforas, parecem se desenvolver quando, por amor ou por ódio extremos somos tomados por paixões incendiárias.

▷ ***Comentários:***

Alternativa "a" – Correções: faltou vírgula para intercalar a locução adverbial = Os filhos do autor**, diante da lareira,** não deixaram; retirar a vírgula após o verbo porque está na ordem direta = não deixaram de se **espantar com** o espetáculo inédito.

Alternativa "b" – Correções: faltou vírgula para intercalar a locução adverbial = o fogo**, por conta de seus inúmeros atributos,** chega; não pode haver vírgula entre o substantivo e o adjetivo = propiciar **expansões simbólicas** e metafóricas.

Alternativa "c" – Divida o período para facilitar:

- Tanto como a do Sol,: inversão/deslocamento
- a luz do fogo, uma vez estendida,: as duas vírgulas demarcam intercalação
- de quem, imprudente, ouse: as duas vírgulas, também, demarcam intercalação.

Dica: leia o que está em negrito e perceba que possui sequência sintática = Tanto como a do Sol, **a luz do fogo**, uma vez expandida, **pode ofuscar os olhos de quem**, imprudente, **ouse enfrentá-la.**

Alternativa "d" – Correções: faltou vírgula para intercalar a locução adverbial = O autor do texto**, em momentos descritivos,** não deixa; não pode haver sinal de pontuação entre o objeto direto e o complemento nominal = insinuar sua **atração pela magia** dos poderes e do espetáculo do fogo.

Alternativa "e" – Correções: faltou vírgula para demarcar inversão/deslocamento do predicativo do sujeito = **Disponíveis,** metáforas; não pode haver vírgula entre sujeito e verbo = **metáforas parecem** se desenvolver; falto vírgula para intercalar = quando**, por amor ou por ódio extremos,** somos tomados por paixões.

Fragmento de texto para responder à questão.

"Explicar, a mim, como é Alejandra, Bruno ponderou, como é seu rosto, como são as dobras de sua boca." E pensou que eram justamente essas dobras desdenhosas e um certo brilho tenebroso nos olhos que diferenciavam mais que tudo o rosto de Alejandra do rosto de Georgina, a quem ele amara de verdade. [...]"

(SABATO, Ernesto. *Sobre heróis e tumbas*. São Paulo: Planeta De Agostini, 2003, p.22-23)

---

204. (IBFC – 2022 – TJ/MG – Analista Judiciário – Administrador) Em "Explicar, a mim, como é Alejandra, Bruno ponderou, como é seu rosto, como são as dobras de sua boca.", ao considerar a estrutura sintática e o emprego das vírgulas, é correto afirmar que:

a) as quatro últimas vírgulas caracterizam a construção de uma enumeração que diminui o ritmo do texto.
b) "a mim" explicita redundância no texto, o que justifica seu emprego entre vírgulas denotando seu papel acessório.
c) a oração intercalada "Bruno ponderou" cumpre papel acessório e revela a intervenção do próprio personagem.
d) a expressão "a mim", entre vírgulas, é um complemento verbal realçado por sua disposição no período.
e) as construções introduzidas pela conjunção "como" aproximam-se semanticamente, mas exercem funções sintáticas distintas.

▷ ***Comentários:***

Nota da autora: Para facilitar, é viável saber o motivo dos empregos de todas as vírgulas.

- Primeira e segunda vírgulas: explicar**, a mim,** como é Alejandra = intercalação;
- Terceira e quarta vírgulas: como é Alejandra**, Bruno ponderou,** = intercalação;
- Quinta vírgula: **como é seu rosto,** como são as dobras de sua boca = enumeração (cabe a conjunção "e" entre os termos).

Alternativa "a" – As duas últimas indicam enumeração, as outras indicam intercalação.

Alternativa "b" – Não se trata de repetição de ideia, é o objeto indireto deslocado, ou seja, não possui papel acessório.

Alternativa "c" – Não são termos acessórios: sujeito (Bruno) + verbo (predicado) = termos essenciais da oração.

São termos acessórios da oração: adjunto adverbial, adjunto adnominal e aposto.

Observação: o vocativo é um termo à parte, isto é, não faz parte dos acessórios.

Alternativa "d" – É um complemento verbal por ser o objeto indireto do verbo "explicar" (explicar algo a alguém). Está realçado por estar antes do objeto do direto.

Na ordem direta: Explicar como é Alejandra (objeto direto) a mim (objeto indireto).

Alternativa "e" – Ocorre paralelismo sintático, a conjunção inicia orações subordinativas objetivas diretas – completam a oração principal (Explicar, a mim,):

Explicar → **como** é Alejandra,
→ **como** é seu rosto,
→ **como** são as dobras de sua.

As funções sintáticas são idênticas: conjunções substantivas, assume valor de conjunção integrante.

FRAGMENTO DE TEXTO PARA RESPONDER À QUESTÃO.

(...) Um dos principais argumentos dos que viam com ressalvas o trabalho feminino era o de que, trabalhando, a mulher deixaria de lado seus afazeres domésticos e suas atenções e cuidados para com o **marido:** ameaças não só à organização doméstica como também à estabilidade do matrimônio.

Carla Bassanezi. Mulheres dos anos dourados. In: História das mulheres no Brasil. 8.ª ed. São Paulo: Contexto, 2004 (com adaptações).

205. (CESPE/CEBRASPE - Auxiliar Judiciário - TJ PA - 2020 - adaptada) Após "marido", os dois-pontos foram utilizados para introduzir uma

a) ressalva.

b) enumeração.

c) enunciação.

d) hipótese.

e) explicação.

▷ ***Anotações/Comentários***

Alternativa "a" – Não retifica a ideia, mas explica.

Alternativa "b" – Não existem itens ordenados em uma lista.

Alternativa "c" – Não há declaração alguma.

Alternativa "d" – Não existe um pressuposto ou uma suposição.

Alternativa "e" – Explica o fato de que a mulher deixar de lado seus afazeres domésticos e suas atenções e cuidados para com o marido resulta em ameaças à organização doméstica e à estabilidade do matrimônio.

Dica: cabe a conjunção "pois".

206. (CESPE/ Cebraspe – Analista Judiciário – TJ PA – 2020 – adaptada) No trecho "Observa-se que a solidez dos lugares ocupados por cada uma das pessoas, nos moldes da família nuclear, não se adéqua à realidade social do momento, em que as relações são caracterizadas por sua dinamicidade e pluralidade.[36]" permaneceria gramaticalmente correto e com seu sentido original caso

a) uma vírgula fosse inserida logo após "Observa-se".

b) a vírgula empregada após "pessoas" fosse substituída por ponto e vírgula.

c) as vírgulas empregadas após "pessoas" e após "nuclear" fossem suprimidas.

d) a vírgula empregada após "momento" fosse suprimida.

e) uma vírgula fosse inserida imediatamente após "lugares".

▷ ***Anotações/Comentários***

Alternativa "a" – Não pode haver vírgula entre a oração principal (observa-se) e a oração subordinada substantiva (no caso, subjetiva – possui função de sujeito).

Alternativa "b" – O adjunto adverbial está deslocado e poderia ser separado por vírgulas, travessões ou parênteses.

Alternativa "c" – As vírgulas demarcam intercalação do adjunto adverbial e podem ser retiradas.

Alternativa "d" – A vírgula antecede uma oração adjetiva explicativa, que exprime sentido generalizado. Ao retirá-la, a oração passa a ser restritiva e passaria a especificar a "realidade social".

Dica: retirar ou acrescentar vírgula antes do pronome relativo sempre alterará o sentido pelo fato de mudar a classificação da oração. ExpliCativa: Com pontuação; reStritivia: Sem pontuação.

Alternativa "e" – Trata-se também de uma oração adjetiva. A diferença da explicação anterior é que a oração é reduzida, ou seja, não possui pronome relativo, mas sim um verbo na forma nominal (particípio). Desenvolvendo-a, teremos: lugares os quais são ocupados. O sentido passaria de restrição para explicação.

FRAGMENTO DE TEXTO PARA RESPONDER À QUESTÃO.

*(...) Imaginemos que Alice compre um automóvel com um crédito bancário, mas deixe de pagar suas prestações. **Uma manhã**, introduz sua chave digital no veículo, e a porta não abre. Foi bloqueada por falta de cumprimento do contrato. **Minutos depois**, chega o funcionário do banco com outra chave digital. (...)*[37]

207. (CESPE/CEBRASPE – Analista Judiciário – Direito – TJ AM – 2019 – adaptada) As vírgulas empregadas logo após as expressões "Uma manhã" e "Minutos depois" justificam-se pela mesma regra de pontuação.

- CERTO
- ERRADO

▷ ***Anotações/Comentários***

As duas vírgulas demarcam **inversão** do adjunto adverbial de tempo. Os sujeitos são: ela (Alice) e o funcionário do banco.

FRAGMENTO DE TEXTO PARA RESPONDER À QUESTÃO.

(...) *Para assegurar a tutela dos direitos **difusos,** que dizem respeito à sociedade em geral, foram criados instrumentos para estimular a democracia participativa.* (...)[38]

208. (CESPE/CEBRASPE – Assistente Judiciário –TJ AM – 2019 – adaptada) A eliminação da vírgula empregada imediatamente após "difusos" não comprometeria a correção gramatical do fragmento do texto, mas alteraria os seus sentidos originais.

- CERTO
- ERRADO

▷ ***Anotações/Comentários***

A correção gramatical seria mantida, mas o sentido seria alterado, pois as vírgulas separam a oração subordinada adjetiva explicativa. O "que" é pronome relativo: retoma "diretos difusos" e pode ser substituído por "os quais". Com vírgula, o sentido é de que todos os direitos difusos dizem respeito à sociedade em geral. Sem vírgula, a oração passaria a ser subordinada adjetiva restritiva e o sentido seria de que apenas alguns direitos difusos dizem respeito à sociedade em geral.

209. (CESPE/CEBRASPE – Técnico Judiciário – TJ PR – 2019 – adaptada) Cada uma das opções a seguir apresenta uma proposta de reescrita que altera a pontuação do seguinte fragmento: "Não existe ética individual, existe ética de um grupo, de uma sociedade, de uma nação."[39]. Assinale a opção em que a proposta apresentada mantém a correção e os sentidos originais do texto.

a) Não existe ética, individual; existe ética, de um grupo, de uma sociedade, de uma nação.

b) Não existe ética individual. Existe ética de um grupo, de uma sociedade, de uma nação.

c) Não existe ética individual, existe: ética de um grupo de uma sociedade de uma nação.

d) Não existe ética individual. Existe ética: de um grupo de uma sociedade, de uma nação.

e) Não existe: ética individual, existe: ética de um grupo; de uma sociedade; de uma nação.

▷ ***Anotações/Comentários***

Alternativa "a" – Não deve haver vírgula entre o substantivo e o adjetivo: ética individual; não deve haver vírgula entre o núcleo do sujeito e o adjunto adnominal: ética de um grupo.

Alternativa "b" – O período foi desmembrado e a pontuação está correta. Há paralelismo e as vírgulas podem ser substituídas pela conjunção aditiva "e":

36. Reflexões sobre a paternidade na pós-modernidade. Internet:<www.newpsi.bvs-psi.org.br> (com adaptações).

37. Federico Ast. Como faremos justiça? – A chegada dos contratos inteligentes. In: ÉPOCA negócios. 9/12/2018. Internet: <https://epocanegocios.globo.com> (com adaptações).

38. Mariana Faria. O que tecnologia tem a ver com acesso à justiça? 13/6/2018. Internet: (com adaptações).

39. Mario Sergio Cortella. Ética e convivência. Internet: (com adaptações).

Existe	**ética**	→	**de um grupo**
		→	**de uma sociedade**
		→	**de uma nação**

Alternativa "c" – Não pode ser inserido o sinal de dois-pontos entre o verbo e o sujeito: existe ética.

Alternativa "d" – Não cabe o sinal de dois-pontos entre o núcleo do sujeito e o adjunto adnominal: ética de um grupo.

Alternativa "e" – Alternativa descartada facilmente porque não cabe o sinal de ponto-e-vírgula no paralelismo: ética de um grupo, de uma sociedade, de uma nação. Além disso, como já mencionado, não cabem os dois-pontos entre o verbo e o sujeito: não existe ética individual; existe ética de um grupo.

Texto para responder à questão.

Existe uma enfermidade moderna que afeta dois terços dos adultos. **Seus sintomas incluem falta de apetite, dificuldade para controlar o peso, baixa imunidade, flutuações de humor**, entre outros. **Essa enfermidade é a privação de sono crônica, que vem crescendo na esteira de dispositivos que emitem luz azul**.

Por milênios, a luz azul existiu apenas durante o dia. Velas e lenha produziam luz amarelo-avermelhada e não havia iluminação artificial à noite. A luz do fogo não é problema porque o cérebro interpreta a luz vermelha como sinal de que chegou a hora de dormir. **Com a luz azul é diferente: ela sinaliza a chegada da manhã.**

Assim, um dos responsáveis pelo declínio da qualidade do sono nas duas últimas décadas é a luz azulada que emana de aparelhos eletrônicos; mas um dano ainda maior acontece quando estamos acordados, fazendo um malabarismo obsessivo com computadores e smartphones.

A maioria das pessoas passam de uma a quatro horas diárias em seus dispositivos eletrônicos – **e muitos gastam bem mais que isso**. Não é problema de uma minoria. Pesquisadores nos aconselham a usar o celular por menos de uma hora diariamente. Mas o uso excessivo do aparelho é tão predominante que os pesquisadores cunharam o termo "nomofobia" (uma abreviatura da expressão inglesa no-mobile-phobia) para descrever a fobia de ficar sem celular.

O cérebro humano exibe diferentes padrões de atividade para diferentes experiências. Um deles retrata reações cerebrais de um viciado em jogos eletrônicos. "Comportamentos viciantes ativam o centro de recompensa do cérebro", afirma Claire Gillan, neurocientista que estuda comportamentos obsessivos. "Contanto que a conduta acarrete recompensa, o cérebro a tratará da mesma maneira que uma droga".

(Adaptado de: ALTER, Adam. **Irresistível**. São Paulo: Objetiva, edição digital)

210. (FCC – Técnico Judiciário – Área Administrativa – TRF 3 - 2019) A respeito da pontuação do texto, afirma-se corretamente:

a) No trecho *Essa enfermidade é a privação de sono crônica, que vem crescendo na esteira de dispositivos que emitem luz azul* (1º parágrafo), uma vírgula pode ser colocada imediatamente após "dispositivos", sem prejuízo da correção e do sentido.

b) No trecho *– e muitos gastam bem mais que isso* (4º parágrafo), o sinal de travessão introduz uma oposição.

c) No segmento *Por milênios, a luz azul existiu apenas durante o dia* (2º parágrafo), a vírgula indica mudança de sujeito.

d) Sem prejuízo da correção, no segmento *Com a luz azul é diferente: ela sinaliza a chegada da manhã* (2º parágrafo), o sinal de dois-pontos pode ser substituído por *pois*, precedido de vírgula.

e) Em *Seus sintomas incluem falta de apetite, dificuldade para controlar o peso, baixa imunidade e flutuações de humor* (1º parágrafo), as vírgulas isolam um segmento explicativo.

▷ ***Anotações/Comentários***

Alternativa "a" – O vocábulo "que", posposto a "dispositivos" é pronome relativo e equivale a "os quais". Sendo assim, inicia a oração subordinada adjetiva restritiva: nem todos os dispositivos emitem luz azul. Se inserir a vírgula, passa a ser uma oração subordinada adjetiva explicativa e a ideia é alterada para generalização: todos os dispositivos emitem luz azul.

Alternativa "b" – O sinal de travessão indica adição. Note que possui a conjunção coordenada aditiva "e".

Alternativa "c" – A vírgula indica inversão do adjunto adverbial de tempo. Existe apenas um sujeito no período: "a luz azul".

Alternativa "d" – O sinal de dois-pontos introduz uma explicação e por isso pode ser substituído por uma conjunção coordenada explicativa. **Dica:** *pois* equivale a *porque*. Quando equivale a *logo*, indica conclusão.

Alternativa "e" – As vírgulas separam termos coordenados que possuem a mesma função sintática (objeto direto do verbo *incluir*), pois podem ser substituídas pela conjunção "e".

Texto para responder à questão.

Seis de janeiro, Epifania ou Dia de Reis (em referência aos reis magos), fecha o ciclo natalino que, entre os romanos, festejava o renascimento do sol depois do solstício de inverno (o dia mais curto do ano).

Era uma festa de invocação do sol, pelo fim das noites invernais. Durante esses festejos pagãos, os papéis sociais se confundiam. Havia troca de presentes e de identidades. O escravo assumia o lugar de senhor, o homem se vestia de mulher – como se, para agradar à natureza, tivéssemos de reconhecer a arbitrariedade das convenções culturais.

Nesse intervalo de poucos dias, o homem aceitava como natural o que por convenção as relações sociais e de poder não permitiam. Ameaçado pelos caprichos da natureza, reconhecia que as coisas são mais complexas do que estamos dispostos a ver.

É plausível que Shakespeare tenha escrito "Noite de Reis", segundo Harold Bloom sua comédia mais bem-sucedida, pensando nessa carnavalização solar, para comemorar a Epifania. A peça conta a história de Viola e Sebastian, gêmeos que naufragam ao largo do que hoje seria Croácia, Montenegro ou Albânia, e que no texto se chama Ilíria. Viola acredita que o irmão se afogou. Ao oferecer seus serviços ao duque de Ilíria, ela se disfarça de homem, assumindo o nome de Cesário. É o suficiente para pôr em andamento uma comédia de erros na qual as identidades serão confrontadas com a relatividade das nossas convicções.

O sentido irônico do subtítulo da peça – "o que bem quiserem ou desejarem" – dá a entender que os desejos desafiam as convenções que os encobrem. As convenções se modificam conforme a necessidade. Os desejos as contradizem. Identidade e desejo são muitas vezes incompatíveis.

É o que reivindica a filósofa Rosi Braidotti. Braidotti critica a banalização dos discursos identitários, uma incapacidade de lidar com a complexidade, análoga às soluções simplistas que certos discursos contrapõem às contradições. Diante da complexidade, é natural seguir a ilusão das respostas mais simples.

Sob a graça da comédia, Shakespeare trata da fluidez das identidades. Epifania tem a ver com a luz, com o entendimento e a compreensão. Mas para voltar a ver e compreender é preciso admitir que as contradições são parte constitutiva do mundo. A democracia, em sua imperfeição e irrealização permanentes, depende disso.

(Adaptado de: CARVALHO, Bernardo. Disponível em: **www1.folha.uol.com.br**)

211. (FCC – Técnico Judiciário – Área Administrativa – TRF4/2019) Leia as afirmações abaixo a respeito da pontuação do texto.

I. As vírgulas que isolam o segmento *segundo Harold Bloom sua comédia mais bem-sucedida* (4º parágrafo) podem ser substituídas por parênteses sem prejuízo das relações de sentido estabelecidas no contexto.

II. Sem prejuízo do sentido original, uma pontuação alternativa para o segmento *O sentido irônico do subtítulo da peça – "o que bem quiserem ou desejarem" – dá a entender que...* (5º parágrafo) é: O sentido irônico do subtítulo da peça: "o que bem quiserem ou desejarem", dá a entender que...

III. No segmento *...como se, para agradar à natureza, tivéssemos de reconhecer a arbitrariedade das convenções culturais* (2º parágrafo), o segmento isolado por vírgulas assinala noção de finalidade.

Está correto o que se afirma APENAS em

a) I e III.

b) I.

c) II e III.

d) I e II.

▷ ***Anotações/Comentários***

Nota da autora: Questão de pontuação e período composto.

I. Correto: ocorre intercalação da oração subordinada conformativa e pode ser demarcada por duas vírgulas, dois travessões ou parênteses.

II. Errado: o subtítulo da peça deve estar intercalado entre dois travessões – como no segmento original –, entre duas vírgulas ou entre parênteses. Não pode haver vírgula entre sujeito e verbo: o sentido irônico do subtítulo da peça (sujeito) dá a entender.

III. Correto. Basta fazer esta pergunta à oração principal: **Para que** temos de reconhecer a arbitrariedade das convenções culturais? **Para agradar a natureza**: oração subordinada adverbial final reduzida de infinitivo.

---

212. (FCC – Analista Judiciário – Área Judiciária – TRF 4/2019) Está plenamente adequada a **pontuação** da seguinte frase:

a) O grande escritor cubano José Lezama Lima no romance **Paradiso**, tece uma consideração, a respeito da morte do pai.

b) Freud ao tratar da morte do pai, considera-a um dos grandes traumas, que podem acometer a um filho.

c) Embora haja asperezas, na relação de um pai e um filho, há também, por outro lado muita amizade e cumplicidade.

d) Ao escrever a **Carta ao pai** em que faz uma espécie de inventário infernal, Kafka não deixa de mostrar-se alternadamente, sofrido e humilhado.

e) Ainda que afastada da figura do pai real, sua construção ficcional, promovida por Kafka, expressa em alto grau o sofrimento de um filho.

▷ ***Anotações/Comentários***

Alternativa "a" – Ajustes necessários: intercalação do adjunto adverbial entre sujeito e verbo = O grande escritor cubano José Lezama Lima**, no romance Paradiso**, tece; retirada da vírgula antes do adjunto adverbial, pois a oração está na ordem direta = tece uma consideração **a respeito da morte do pai.**

Alternativa "b" – Ajustes necessários: intercalação da oração adverbial entre sujeito e verbo = Freud**, ao tratar da morte do pai,** considera; a ideia da oração adjetiva é de restrição e não cabe a vírgula anteposta ao pronome relativo = grandes traumas **que podem acometer a um filho**.

Alternativa "c" – Ajustes necessários: verbo + objeto direto + adjunto adverbial (sem pontuação) = Embora haja asperezas **na relação de um pai e um filho**; falta intercalação na expressão "por outro lado" = há também**, por outro lado,** muita amizade e cumplicidade.

Alternativa "d" – Ajustes necessários: falta vírgula para demarcar inversão da oração adverbial = Ao escrever a **Carta ao pai,** em que faz; falta vírgula para intercalar o advérbio entre o verbo e o predicativo = mostrar-se**, alternadamente,** sofrido e humilhado.

Alternativa "e" – A primeira vírgula indica inversão da oração concessiva; a segunda e a terceira intercalam a oração adjetiva explicativa reduzida de particípio entre sujeito e verbo. Para evitar erro, desenvolva a oração reduzida, isto é, retire a forma nominal, insira pronome e conjugue o verbo: que foi promovida por Kafka.

---

213. (FGV – Técnico Judiciário – TJ – SC/2018) Ele falou, com simplicidade: "No ano passado, quando fiz aniversário, minha mãe me levou ao circo. Colocou em mim essas meias vermelhas. Eu reclamei. Comecei a chorar. Disse que todo mundo ia rir de mim, por causa das meias vermelhas.

Mas ela disse que tinha um motivo muito forte para me colocar as meias vermelhas. Disse que se eu me perdesse, bastaria ela olhar para o chão e quando visse um menino de meias vermelhas, saberia que o filho era dela."

Sobre os sinais de pontuação e sinais gráficos empregados nesse segmento do texto, é correto afirmar que:

a) as aspas são empregadas para destacar um segmento importante da narrativa;

b) o emprego de vírgula após "Ele falou" é obrigatório;

c) o emprego de dois pontos após "colocar as meias vermelhas" seria também adequado;

d) o emprego de ponto entre "Eu reclamei" e "Comecei a chorar" é incorreto, já que se deveria empregar a conjunção "e";

e) o emprego de uma vírgula antes de "quando visse um menino de meias vermelhas" é optativo.

▷ ***Anotações/Comentários***

Alternativa "a" – As aspas foram utilizadas no discurso direto, indicam a fala do menino.

Alternativa "b" – A oração está na ordem direta: sujeito + verbo + adjunto adverbial de modo. A vírgula é facultativa. Se houve inversão do adjunto adverbial (Com simplicidade, ele falou) ou intercalação (Ele, com simplicidade, falou), a pontuação seria obrigatória.

Alternativa "c" – O sinal de dois pontos indicaria uma explicação, um esclarecimento do motivo de para colocar as meias vermelhas no menino.

Alternativa "d" – São orações coordenadas, possuem independência sintática e estão corretos tanto o uso do ponto final (assindética) como a inserção da conjunção aditiva (sindética).

Alternativa "e" – É obrigatório para intercalar a oração subordinada adverbial temporal. Leia o que está em negrito: **Disse que se eu me perdesse, bastaria ela olhar para o chão e**, quando visse um menino de meias vermelhas, **saberia que o filho era dela**.

---

214. (FGV – Analista Judiciário – Oficial de Justiça Avaliador – TJ – AL/2018) "'Votação importante hoje (19/02) e os deputados ao invés de estarem trabalhando e fazendo jus ao salário superior a 25 mil reais, estão trocando e colando figurinha da Copa do Mundo em meio à votação. Se eu falasse, ninguém acreditaria', diz o post".

Sobre o emprego de pontuação e de sinais gráficos nesse segmento do texto 2, é correto afirmar que:

a) não deveria haver vírgula após "25 mil reais";

b) os parênteses explicam um termo anterior;

c) as aspas indicam que o trecho foi literalmente reproduzido;

d) o acento grave em "à votação" está errado;

e) a datação (19/02) deveria aparecer entre vírgulas.

▷ ***Anotações/Comentários***

Alternativa "a" – A banca FGV é repleta de pegadinhas! A vírgula pode ser mantida, desde que seja inserida outra vírgula após "os deputados". A explicação está incompleta, por isso não é a resposta correta.

Alternativa "b" – Os parênteses especificam a data, não explica.

Alternativa "c" – A prova é que se trata de discurso direto – foi escrito na primeira pessoa.

Alternativa "d" – "Em meio **a**" algo: a preposição faz parte da locução + o artigo definido feminino "a" que acompanha o substantivo *votação* = crase.

Alternativa "e" – Poderia ser entre travessões, entre vírgulas ou entre parênteses.

Texto para responder à questão.

A Copa do Mundo da Rússia só começa no dia 22 de junho, mas a febre dos álbuns com os jogadores das seleções já se espalhou e chegou até ao plenário de uma assembleia legislativa brasileira. O flagrante de dois assessores trocando figurinhas durante uma sessão foi divulgado pelas redes sociais e a cena se espalhou.

No post, que teve mais de 16 mil compartilhamentos e 26 mil curtidas no Twitter, o internauta chega a especular que seriam deputados, mas a direção da casa esclareceu tratarem-se de assessores. "Votação importante hoje (19/02) e os deputados ao invés de estarem trabalhando e fazendo jus ao salário superior a 25 mil reais, estão trocando e colando figurinha da Copa do Mundo em meio à votação. Se eu falasse, ninguém acreditaria", diz o post.

Outro post com mais de 40 mil compartilhamentos traz um vídeo mostrando que a troca ocorreu enquanto uma deputada discursava sobre uma proposta.

A direção da casa legislativa confirmou que as imagens foram feitas durante a sessão da quarta feira e esclareceu que elas mostram dois "assessores de deputados" trocando figurinhas durante a sessão. "O comportamento não é justificável. Os gabinetes dos deputados aos quais os assessores pertencem, já foram informados, e cabe aos parlamentares decidir como proceder". (adaptado)

215. (FGV – Analista Judiciário – Oficial de Justiça Avaliador – TJ - AL/2018 - adaptada) "A direção da casa legislativa confirmou que as imagens foram feitas durante a sessão de quarta feira e esclareceu que elas mostram dois 'assessores de deputados' trocando figurinhas durante a sessão".

Nesse segmento, o trecho "assessores de deputados" aparece entre aspas a fim de:

a) copiar palavras do regimento interno;
b) criticar a atitude dos funcionários da assembleia;
c) repetir a informação do autor do post;
d) corrigir uma informação falsa;
e) destacar a autoria do delito.

▷ ***Anotações/Comentários***

Nota da autora: Questão de pontuação e interpretação de texto.

Alternativa "a" – Absolutamente nada indica que foi retirado do regimento interno.

Alternativa "b" – Não há crítica no segmento, mas sim no período posterior: *o comportamento não é justificável.*

Alternativa "c" – Não ocorre repetição porque a informação do autor é oposta (ideia exposta no período posterior).

Alternativa "d" – Não se trata de assessores de deputados, mas sim de deputados, logo a informação é falsa.

Alternativa "e" – O erro está ao afirmar que se trata de um delito.

216. (FCC – TRF 5 – 2017 – Técnico Judiciário – Área Administrativa) Mantendo-se a correção, a supressão da vírgula altera o sentido do segmento que está em:

a) *Evidentemente, isso não significa que o poeta não faça coisa nenhuma.*
b) *Se eu quiser escrever um ensaio, basta que me aplique...*
c) *... esbanjar o tempo do poeta, que navega ao sabor do poema.*
d) *... numa época em que "tempo é dinheiro", a poesia se compraz...*
e) *Paradoxalmente, a revolução cibernética de hoje diminuiu ainda mais o tempo livre.*

▷ ***Anotações/Comentários***

Nota da autora: Inserir ou retirar a vírgula anteposta ao pronome relativo sempre acarretará alteração de sentido.

Oração adjetiva ex**p**licativa: com **p**ontuação.

Oração adjetiva re**s**tritiva: **s**em pontuação.

Alternativa "a" – Retirar a vírgula que indica inversão do advérbio não altera o sentido.

Alternativa "b" – A vírgula indica inversão da oração subordinada adverbial condicional e, se retirada, o sentido não será alterado.

Alternativa "c" – O "que" é pronome relativo por retomar "o poeta" e equivaler a *o qual*. A oração é subordinada adjetiva explicativa e possui sentido de todos, ou seja, todos os poetas navegam ao sabor do poema. Ao retirar a vírgula, a oração passa a ser adjetiva restritiva e possui sentido de que apenas alguns poetas navegam ao sabor do poema.

Alternativa "d" – Mais um caso de inversão, agora de uma locução adverbial extensa. O sentido não é alterado, apenas a gramática que se tornaria incorreta.

Alternativa "e" – Inversão do advérbio: não acarreta alteração de sentido.

217. (CESPE – TRF1 2017 – Analista Judiciário – Áreas Administrativa e Judiciária – adaptada) A correção gramatical e a coerência do texto seriam mantidas caso o vocábulo "inovadores" (Alguns doutrinadores brasileiros **inovadores** defendem a existência de um direito animal, ou seja, de direitos garantidos aos animais não humanos como sujeitos.[40]) fosse isolado por vírgulas.

- CERTO
- ERRADO

▷ ***Anotações/Comentários***

Como há dois adjetivos para o substantivo *doutrinadores* (brasileiros e inovadores), podemos intercalar o segundo não causando incorreção gramatical nem alterando o sentido. A função sintática passa de adjunto adnominal para aposto explicativo.

218. (CESPE – TRF1 2017 – Analista Judiciário – Áreas Administrativa e Judiciária – adaptada) Caso fosse inserida vírgula após "poder público" (No direito brasileiro convencional, a relação entre a espécie humana e as demais espécies animais limita-se à tutela dos animais pelo **poder público** em função da sua utilidade enquanto fauna brasileira intrínseca ao meio ambiente equilibrado.[41]), a correção gramatical do texto seria mantida.

- CERTO
- ERRADO

▷ ***Anotações/Comentários***

A oração subsequente equivale a *por causa da sua utilidade* e a vírgula poderia ser inserida para separar a oração subordinada adverbial causal.

Observação: a vírgula é facultativa, não obrigatória.

219. (CESPE – TRF1 2017 – Analista Judiciário – Áreas Administrativa e Judiciária – adaptada) A inserção de uma vírgula imediatamente após "objetos" (Em jurisprudência majoritária, são apenas **objetos** que possuem a capacidade de se mover e que podem proporcionar lucros aos seus proprietários.) manteria a correção gramatical e o sentido original do período.

- Certo
- Errado

▷ ***Anotações/Comentários***

Nota da autora: Questão de pontuação e período composto.

Após "objetos", há uma oração subordinada adjetiva (possui pronome relativo: o "que" equivale a "os quais" e retoma *objetos*) restritiva (não possui pontuação). A ideia é que não são quaisquer objetos, são apenas os que possuem a capacidade de se mover. Ao inserir a vírgula, a oração passaria a ser adjetiva explicativa e o sentido passaria a ser de todos, isto é, todos os objetos possuem capacidade de se mover.

PARTE IV – COESÃO, COERÊNCIA E REESCRITA DE FRASES

1. COESÃO, COERÊNCIA E REESCRITA DE FRASES

220. (FGV - TRF 1 - Técnico Judiciário - Área Administrativa - 2024) A tradução de uma passagem bíblica mostra o seguinte texto:

"Se alguém não vos recebe e não dá ouvidos a vossas palavras, sai daquela casa ou daquela cidade e sacudi o pó de vossos pés".

A afirmação correta sobre a estruturação desse fragmento textual é:

a) a forma verbal correta do verbo "sacudir" seria "sacode";
b) os vocábulos "vos", "vossas", "sai" e "sacudi" estão alinhados com o pronome "vós";
c) o termo "daquela casa ou daquela cidade" não mostra um antecedente explícito;

40. Nathalie Santos Caldeira Gomes. **Ética e dignidade animal**. Internet: <www.publicadireito.com.br> (com adaptações).
41. Nathalie Santos Caldeira Gomes. **Ética e dignidade animal**. Internet: <www.publicadireito.com.br> (com adaptações).

d) as ações de não receber e não dar ouvidos mostra uma atitude de desconhecimento da mensagem a ser transmitida;

e) a ação de sacudir o pó dos pés indica a preocupação básica com a higiene por parte dos peregrinos.

▷ ***Anotações/Comentários***

Alternativa "a" – O verbo "sacudir" está conjugado na segunda pessoa do plural do imperativo afirmativo e está empregada corretamente.

Observação: as segundas pessoas do imperativo afirmativo são retiradas do presente do indicativo com a supressão do "s" = vós sacudis (presente do indicativo) / sacudi vós (imperativo afirmativo).

Alternativa "b" – A forma "sai" está conjugada na segunda pessoa do singular do imperativo afirmativo: sai vós. Estaria alinhada com o pronome "vós" se fosse "saí".

Alternativa "c" – No contexto, a ideia é de indefinição, não especifica a casa nem a cidade, não há antecedente.

Alternativa "d" – Não se trata de desconhecimento, mas sim de eliminação, de exclusão.

Alternativa "e" – Indica ruptura, reprovação. Não há ligação alguma com higiene.

---

221. (FGV - TRF 1 - Técnico Judiciário - Área Administrativa - 2024) O célebre orador Padre Antônio Vieira disse certa vez: "Nós somos o que fazemos. O que não se faz não existe. Portanto, só existimos nos dias em que fazemos. Nos dias em que não fazemos, apenas duramos".

A afirmação correta sobre a estruturação e significação desse fragmento textual é:

a) "existir" e "durar" correspondem, respectivamente, a uma vida inútil e útil;

b) o texto incentiva os ouvintes a praticarem o bem através de ações positivas;

c) a frase "O que não se faz não existe" é uma redundância óbvia, podendo ser retirada, sem prejuízo, do texto;

d) a consequência do que é dito pelo orador é que todos nós somos frutos de nossas obras;

e) os dois últimos períodos da frase mostram uma explicação dos períodos anteriores.

▷ ***Anotações/Comentários***

Alternativa "a" – *Existir* corresponde à vida útil; *durar* corresponde à vida inútil.

Alternativa "b" – No texto, afirma que é necessário "fazer" para que existamos. Não menciona fazer o bem, ou fazer o mal.

Alternativa "c" – Não é redundância e, se retirada, prejudica o texto porque a oração posposta é a conclusão dessa ideia.

Alternativa "d" – Está corretíssimo porque "somos o que fazemos".

Alternativa "e" – Os períodos finais indicam conclusão.

Dica: o penúltimo inicia-se com a conjunção "portanto".

---

222. (FGV - TRF 1 - Técnico Judiciário - Área Administrativa - 2024) Em muitas frases, a expressão "é que" só tem valor enfático, não participando da estruturação sintática da frase; a opção abaixo em que essa expressão tem valor enfático é:

a) Não passa o tempo: nós é que mudamos!

b) O que a história nos ensina é que a história não ensina nada;

c) O diabo é que ele também quase que não se aguentava nas pernas e sentia os olhos a fecharem-se-lhe de cansaço;

d) E o fato é que aquelas três casinhas, tão engenhosamente construídas, foram o ponto de partida do grande cortiço de São Romão;

e) Só lhe digo é que muito mal se sairá quem quiser meter-se cá com a minha vida!

▷ ***Anotações/Comentários***

Nota da autora: A banca quer a expressão expletiva – serve para enfatizar e pode ser retirada.

Para ganhar tempo e não precisar analisar detalhadamente cada período, retire a expressão e veja se possui sequência sintática e se possui coesão.

Alternativa "a" – nós é que mudamos = nós mudamos.

Alternativa "b" – A retirada prejudicaria a estrutura: O que a história nos ensina ~~é que~~ a história não ensina nada.

Dica: cabe o pronome catafórico "isto" antes do "que" (conjunção integrante), e existe a ideia é de que algo será citado.

Alternativa "c" – A retirada prejudicaria a estrutura: O diabo ~~é que~~ ele também quase que não se aguentava nas pernas e sentia...

Possui a mesma estrutura da alternativa anterior: é "isto".

Alternativa "d" – A retirada prejudicaria a estrutura: E o fato ~~é que~~ aquelas três casinhas...

Possui a mesma estrutura das alternativas anteriores.

Alternativa "e" – A retirada prejudicaria a estrutura: Só lhe digo ~~é que~~ muito mal se sairá...

Assunto: Apresentação de novas funcionalidades do Sidof – Módulo I. ______________________,

1 A chefia para Assuntos Jurídicos da Casa Civil da Presidência da República aprimorou o Sistema de Geração e Tramitação de Documentos Oficiais – Sidof, com a inserção de novas funcionalidades. Os novos recursos do sistema serão apresentados aos servidores em módulos organizados por esta chefia.

2 Convido os servidores do [nome do Ministério] para assistir à apresentação do primeiro módulo, a ser realizada em 10 de setembro de 2018, às 9h30, no Auditório desta chefia.

3 Para assegurar o credenciamento, solicito a esse órgão a indicação dos servidores que trabalham com o Sidof, até 28 de agosto de 2018, por meio do endereço eletrônico [endereço eletrônico]: [...]

(Disponível em: https://www4.planalto.gov.br/centrodeestudos/assuntos/man ual-de-redacao-da-presidencia-da-republica/manual-deredacao.pdf. Adaptado. Acesso em 10/08/20240)

---

223. (TRF 5 - IBFC - Analista Judiciário - Área Administrativa - 2024) O emprego do pronome "esse", no último parágrafo do texto, cumpre papel coesivo e é justificado por:

a) resgatar uma ideia citada anteriormente.

b) apontar uma referência espacial distante.

c) sinalizar uma indicação de tempo presente.

d) se referir ao locutor do texto.

▷ ***Anotações/Comentários***

Alternativa "a" – O pronome demonstrativo "esse", no contexto, é anafórico, ou seja, retoma termo. Está resgatando o órgão mencionado em 2: Ministério.

Alternativa "b" – Não está demonstrando no espaço.

Dica: quando for o caso, usa-se **este** (e suas variações) para se referir a algo próximo do emissor, **esse** (e suas variações) para se referir a algo próximo do receptor, **aquele** (e suas variações) para se referir a algo distante.

Alternativa "c" – Não se refere a tempo.

Dica: quando for o caso, usa-se **este** para o tempo presente, momento da fala ou da escrita, **esse** para um passado próximo, **aquele** para um passado distante, um tempo muito remoto.

Alternativa "d" – Como mencionado na alternativa "a", refere-se ao Ministério.

Leia a charge para responder às questões.

(Chargista Ricardo Manhães. https://ndmais.com.br/opiniao/charges, 31.03.2023)

224. (VUNESP – TRF 3ª Região – Analista Judiciário – Área Administrativa – 2024) Na frase – E se bobear chega a mil facinho! –, a palavra "se" tem o mesmo emprego que a destacada em:

a) O agente de saúde visitou as casas e queria saber **se** as famílias estavam tomando todas as precauções necessárias para combater a dengue.

b) Os moradores do local resolveram ajudar no combate à dengue e **se** puseram a procurar os focos do mosquito, eliminando o mais rápido possível.

c) Muitos focos da dengue foram eliminados em vários bairros da cidade, encontrando-**se** os mosquitos em locais onde pensavam que eles não estariam.

d) A população prometeu acabar com a dengue no bairro e, depois de muita ação contra os focos da doença, alcançaram seu objetivo e **se** abraçaram felizes.

e) O combate à dengue dependerá de todos, **se** houver empenho para exterminar o mosquito, que facilmente prolifera nos locais onde há água parada.

▷ ***Anotações/Comentários***

Nota da autora: Questão sobre a classificação da palavra "se".

Na charge, trata-se de uma conjunção subordinada adverbial condicional.

Equivale a "caso" bobeie.

Alternativa "a" – É possível encaixar o pronome catafórico "isto" antes do "se", ou seja, a ideia é de que algo será citado.

Lê-se: O agente de saúde visitou as casas e queria saber **isto**...

Classificação morfológica: conjunção integrante. Inicia uma oração subordinada substantiva objetiva direta.

Alternativa "b" – Em "puseram-se" a procurar, o "se" é um pronome reflexivo, isto é, o sujeito pratica a ação verbal sobre si mesmo.

Alternativa "c" – Em "encontrando-se os mosquitos", o "se" é pronome apassivador porque a oração está na voz passiva sintética.

O verbo é transitivo direto (encontra algo).

Na passiva analítica, lê-se: os mosquitos sendo encontrados.

Alternativa "d" – Em "abraçaram-se", o "se" é pronome recíproco, ou seja, ocorreu uma ação trocada entre os elementos do sujeito.

Alternativa "e" – "Se houver empenho" equivale a "caso haja empenho" = conjunção subordinativa adverbial condicional.

225. (FGV - TJ RJ - Programa de Residência - Direito - 2024) As frases a seguir mostram dois segmentos, separados por uma barra inclinada.

Assinale a frase em que a relação entre esses segmentos é corretamente identificada.

a) A economia compreende todas as atividades do país, / mas nenhuma atividade do país compreende a economia. / relação de diferença.

b) A concorrência é uma prática dolorosa, / mas produz ótimos resultados. / relação de concessão.

c) Não existe política cultural no Brasil. / Existem pessoas que têm talento para captar dinheiro. / relação de oposição.

d) A Transbrasil nasceu transportando salsichas e morreu transportando laranjas. / relação de semelhança.

e) O comércio internacional não é um jogo de damas, / é um jogo de interesses. / relação de comparação.

▷ ***Anotações/Comentários***

Alternativa "a" – A economia compreende todas as atividades **x** nenhuma atividade compreende a economia = relação de oposição, adversidade.

Alternativa "b" – Possui dor **x** produz ótimos resultados = relação de concessão.

Dicas:

1. concessão: *[Gramática] Evento contrário e subordinado ao mais importante, numa oração, que não impede a realização da ação principal*[42];
2. tente substituir por "embora": embora produza ótimos resultados.

Alternativa "c" – É impossível haver oposição porque "política cultural" não destoa de "captar dinheiro". A relação pode ser de análise e crítica, ou de sátira e ironia.

Alternativa "d" – Relação de transformação: começou com salsichas e terminou com laranjas.

Alternativa "e" – A relação é metafórica porque a comparação está implícita.

Dica: se houvesse a conjunção "como", seria uma comparação = o comércio internacional é como um jogo de interesses.

42. Dicionário Online de Português. Disponível em <https://www.dicio.com.br/concessao/>. Acesso 28 fev. 2024.

226. (FGV - TJ RJ - Programa de Residência - Direito - 2024) Assinale a frase em que a inversão proposta dos termos separados por uma barra **não** é adequada.

a) A parte mais sensível do corpo humano / é o bolso. – O bolso é a parte mais sensível do corpo humano.

b) Cada vez que preencho um cargo, / faço cem descontentes e um ingrato. - Faço cem descontentes e um ingrato cada vez que preencho um cargo.

c) Eu estaria disposto a tentar entender a economia / se me convencessem de que alguém entende. / Se me convencessem de que alguém entende economia, eu estaria disposto a tentar entendê-la.

d) Sabedoria é saber o que fazer; / virtude é fazer. – Virtude é fazer, sabedoria é saber o que fazer.

e) Chega de homenagens. / Eu quero o dinheiro. – Eu quero o dinheiro. Chega de homenagens.

▷ ***Anotações/Comentários***

Alternativa "a"

A parte mais sensível do corpo humano é o bolso.

O bolso é a parte mais sensível do corpo humano.

= inversão adequada.

→ O que é aparte m mais sensível do corpo humano? O bolso.

→ O que é o bolso? A parte mais sensível do corpo humano.

Alternativa "b"

Cada vez que preencho um cargo, faço cem descontentes e um ingrato.

Faço cem descontentes e um ingrato cada vez que preencho um cargo.

= inversão adequada.

→ Quando faço cem descontentes e um ingrato? Cada vez que preencho um cargo.

A oração subordinativa adverbial pode estar anteposta, ou posposta à oração principal.

Alternativa "c"

Eu estaria disposto a tentar entender a economia se me convencessem de que alguém entende.

Se me convencessem de que alguém entende economia, eu estaria disposto a tentar entendê-la.

= inversão adequada.

→ A oração subordinativa condicional pode estar anteposta, ou posposta à oração principal.

Alternativa "d"

Sabedoria é saber o que fazer; virtude é fazer.

Virtude é fazer, sabedoria é saber o que fazer.

= inversão inadequada.

→ A definição de sabedoria é mais completa do que a definição de virtude.

Ao inverter, a coerência fica prejudicada pelo fato de ficar com sentido vago (fazer o quê?).

Isso significa que o período ficou incoerente, sem lógica.

Alternativa "e"

Chega de homenagens. Eu quero o dinheiro.

Eu quero o dinheiro. Chega de homenagens.

= inversão adequada.

→ Altera o realce, mas o sentido é mantido: na primeira, o destaque é em "chega de homenagens"; no segundo, em "eu quero dinheiro".

227. (FGV - TJ RJ - Programa de Residência - Direito - 2024) Cada frase abaixo foi escrita na forma negativa; assinale a opção que mostra a forma de reescrevê-la de modo a se tornar positiva de forma adequada.

a) Nada é mais revolucionário que dinheiro sobrando / Tudo é menos revolucionário que dinheiro sobrando.

b) A única certeza do planejamento é que as coisas nunca ocorrem como foram planejadas. / A única certeza do planejamento é que as coisas sempre ocorrem de forma contrária ao que foi planejado.

c) Todo trabalho do homem é para sua boca e, no entanto, seu apetite nunca está satisfeito. / Todo trabalho do homem é para sua boca e, no entanto, seu apetite sempre está insatisfeito.

d) Quando tem alguma coisa de que eu não gosto, chamo para conversar e mostro como melhorar. / Quando tem alguma coisa que eu desaprovo, chamo para conversar e mostro como melhorar.

e) Há quem se cala por não ter resposta. / Há quem se cala por já ter respondido.

▷ ***Anotações/Comentários***

Nota da autora: O segredo é destacar os vocábulos diferentes. Após, confira se possuem o mesmo sentido.

Lembre-se de que a banca quer o **sentido negativo** e o **sentido positivo**.

Alternativa "a" – "Nada é mais" e "tudo é menos": mesmo sentido (negativo).

Alternativa "b" – "as coisas nunca ocorrem como foram planejadas" e "as coisas sempre ocorrem de forma contrária ao que foi planejado": mesmo sentido (negativo).

Alternativa "c" – "nunca está satisfeito" e "sempre está insatisfeito": mesmo sentido (negativo).

Alternativa "d" – "eu não gosto" e "eu desaprovo": mesmo sentido (negativo) – são sinônimos.

Alternativa "e" – "não ter resposta": **negativa** / "ter respondido": **positiva**.

228. (FGV - TJ RJ - Programa de Residência - Direito - 2024) Assinale a opção em que o termo "o" sublinhado se refere a um termo anteriormente citado.

a) Não mexa no que está quieto.

b) O risco deriva do fato de você não saber o que está fazendo.

c) Comprei o livro, mas não era o que estava sendo recomendado pela imprensa.

d) A mudança de clima não trouxe o que estava sendo prometido pelo secretário de turismo.

e) As aulas gratuitas na televisão não correspondiam ao que estava sendo anunciado no curso.

▷ ***Anotações/Comentários***

Alternativa "a" – "no" (1) + "que" (2) = 1. preposição "em" + pronome relativo "o" / 2. pronome relativo – equivale a "o qual".

Lê-se: Não mexa n**aquilo** que está quieto.

O termo não se refere a algo que já mencionado.

Alternativa "b" – "o" + "que" = pronome demonstrativo + pronome relativo.

Lê-se: saber **aquilo** o qual está fazendo.

O termo não se refere a algo que já mencionado.

Alternativa "ç" – "o" + "que" = pronome demonstrativo + pronome relativo.

Lê-se: não era **aquele** [livro] que.

O relativo "o" retoma "livro".

Alternativa "d" – "o" + "que" = pronome demonstrativo + pronome relativo.

Lê-se: não trouxe **aquilo** o qual estava sendo prometido.

O termo não se refere a algo que já mencionado.

Alternativa "e" – "ao" (1) + "que" (2) = 1. preposição "a" + pronome relativo "o" / 2. pronome relativo – equivale a "o qual".

Lê-se: Não correspondia **àquilo** que estava sendo anunciado.

O termo não se refere a algo que já mencionado.

Texto CB1A1-I

A 4.ª revolução industrial, marcada por avanços tecnológicos exponenciais, está produzindo uma transformação acelerada das ocupações e dos requisitos de habilidades necessárias ao ingresso dos jovens no mundo do trabalho. A demanda por novas qualificações aumenta, e a obsolescência das existentes se acelera; além disso, muitas atividades rotineiras estão sujeitas à robotização ou à substituição por máquinas inteligentes.

Embora essa nova realidade possa abrir grandes oportunidades, a transformação acelerada das ocupações gera também o risco de maior desigualdade.

O mundo tecnológico que emerge exige novas qualificações, ou mesmo novas alfabetizações, uma vez que as habilidades do século XXI estão em processo de redefinição radical, o que reforça a importância de educação de qualidade e formação profissional dos jovens para melhorar a empregabilidade e facilitar a transição da educação para o trabalho; de políticas ativas de mercado de trabalho que compreendam serviços e programas de emprego e contratos especiais para jovens; da promoção do respeito aos direitos trabalhistas e do trato não discriminatório dos jovens; além de políticas públicas que estimulem e desenvolvam a oferta de emprego pelas empresas, desde políticas de desenvolvimento e diversificação produtiva até o apoio às pequenas e médias empresas.

Entre as modalidades de programas para fomentar o emprego juvenil, as alianças público-privadas desempenham papel essencial, pois representam um campo fértil para a responsabilidade social empresarial e podem ser centrais para o desenvolvimento competitivo das empresas.

Internet: <www.ilo.org> (com adaptações)

229. (CEBRASPE - TRT 8 - Técnico Judiciário - 2023) Estariam mantidas a correção e a coerência das ideias do texto CB1A1-I caso se substituísse

a) o vocábulo "exponenciais" (primeiro período do primeiro parágrafo) por **da maior importância.**

b) a forma verbal "está" (primeiro período do primeiro parágrafo) por **veem**.

c) o segmento "o que reforça" (terceiro parágrafo) por **onde intensifica.**

d) o verbo "fomentar" (quarto parágrafo) por **sucitar**.

e) a expressão "às pequenas e médias empresas" (final do terceiro parágrafo) por **à pequenos e médios empresários.**

▷ ***Anotações/Comentários***

Alternativa "a" – No texto: A 4.ª revolução industrial, marcada por avanços tecnológicos exponenciais...

O adjetivo "exponencial" significa, no sentido figurado, *muito importante; de muita relevância; que não pode ser deixado de lado*[43] e a substituição manteria a correção gramatical e a coerência (a lógica).

Alternativa "b" – No texto: A 4.ª revolução industrial, marcada por avanços tecnológicos exponenciais, **está** produzindo uma transformação acelerada das ocupações...

Poderia ser substituída pelo ver "vir", não pelo verbo "ver".

Correção: A 4.ª revolução industrial <u>vem</u> produzindo.

Alternativa "c" – No texto: O mundo tecnológico que emerge exige novas qualificações, ou mesmo novas alfabetizações, uma vez que as habilidades do século XXI estão em processo de redefinição radical, o que reforça a importância de educação de qualidade...

O pronome demonstrativo "o" retoma a ideia citada na oração anterior: *uma vez que as habilidades do século XXI estão em processo de redefinição radical.*

O pronome relativo "que" retoma o demonstrativo "o".

É impossível substituir por "onde" por não retomar lugar físico.

Alternativa "d" – No texto: Entre as modalidades de programas para fomentar o emprego juvenil...

43. Dicionário Online de Português. Disponível em <https://www.dicio.com.br/exponencial/>. Acesso em 3 de maio de 2024.

O verbo é sinônimo de *<u>suscitar</u>* (provocar, causar), isto é, haveria erro ortográfico na substituição sugerida.

Alternativa "e" – No texto: o apoio às pequenas e médias empresas.

É inaceitável haver o acento indicativo de crase antes de palavra masculina.

230. (CEBRASPE - TRT 8 - Técnico Judiciário - 2023) Assinale a opção em que a proposta de reescrita apresentada preserva a correção gramatical e a coerência das ideias do segundo parágrafo do texto CB1A1-I.

a) Essa nova realidade pode abrir grandes oportunidades, entretanto a transformação acelerada das ocupações gera também o risco de aumento da desigualdade.

b) Essa nova realidade é a porta para grandes oportunidades, à despeito da transformação acelerada das ocupações que geram também o risco de maior desigualdade.

c) Ainda que essa nova realidade possa abrir grandes oportunidades, gerando também a transformação acelerada das ocupações e risco de maior desigualdade.

d) Ainda que hajam grandes oportunidades com essa nova realidade, a transformação acelerada das ocupações pode provocar o aumento da desigualdade.

e) Conquanto essa nova realidade pode abrir grandes oportunidades, é possível que a transformação acelerada das ocupações gerem também o risco de aumentar a desigualdade.

▷ ***Anotações/Comentários***

Nota da autora: Voltemos ao segundo parágrafo para facilitar.

"Embora essa nova realidade possa abrir grandes oportunidades, a transformação acelerada das ocupações gera também o risco de maior desigualdade."

Alternativa "a" – A conjunção "embora" é adverbial concessiva e pode ser substituída pela conjunção adversativa "entretanto" – indica oposição entre uma coisa e outra.

Além disso, "maior desigualdade" possui o mesmo sentido de "aumento da desigualdade".

Mantém a correção gramatical e a coerência das ideias.

Alternativa "b" – No texto, a ideia da primeira oração é de dúvida: essa nova realidade **possa abrir** grandes oportunidades (verbo no presente do subjuntivo).

Na reescrita, passa a certeza: **é** a porta para grandes oportunidades (verbo no presente do indicativo). O sentido foi alterado.

A locução prepositiva "a despeito de" não admite o acento indicativo de crase por ser formada por palavra masculina.

Alternativa "c" – Ficou incoerente ao usar a locução conjuntiva "ainda que" seguida de verbo no gerúndio.

Alternativa "d" – Erro crasso de concordância, pois o verbo "haver" é impessoal e não admite pluralização: ainda que **haja** grandes oportunidades.

Alternativa "e" – A conjunção "conquanto" é concessiva e exige o verbo no modo subjuntivo: **possa** abrir.

Erro de concordância verbal: a transformação **gere** também o risco de aumentar a desigualdade.

Males de nossas sociedades

A enfermidade do Ocidente, mais do que social ou econômica, é moral. É verdade que os problemas econômicos são graves é não foram resolvidos. Também é certo que, apesar da abundância, a pobreza não desapareceu. Vastos grupo — as mulheres, as minorias raciais, religiosas e linguísticas - seguem sendo ou sentindo-se excluídos.

Porém, a verdadeira e mais profunda discórdia está na alma de cada um. O futuro se tornou a região do horror, e o presente se converteu num deserto. As sociedades liberais giram incansavelmente: não avançam, se repetem. Se mudam, não se transfiguram. O hedonismo do Ocidente é a outra face do seu desespero; o seu ceticismo não é uma sabedoria, e sim uma renúncia; o seu niilismo desemboca no suicídio e em formas degradadas de credulidade, como os fanatismos políticos e as quimeras da magia.

O lugar vazio deixado pelo cristianismo nas almas modernas não foi ocupado pela filosofia, mas pelas superstições e interesses mais grosseiros. Nosso erotismo é uma técnica, não mais uma arte ou uma paixão. O hedonismo contemporâneo desconhece a temperança: trata-se de um recurso de angustiados e desesperados, uma expressão do niilismo que corrói implacavelmente o Ocidente.

(Adaptado de PAZ, Octavio, 1978. Apud GIANNETTI, Eduardo. Trópicos utópicos. São Paulo: Companhia das Letras, 2016, p. 141)

231. (FCC - TRT 12 - Analista Judiciário – Área Administrativa - 2023) No contexto do 2º parágrafo, a frase *Se mudam, não se transfiguram* conserva seu sentido caso seja substituída por

a) Tão logo mudam, deixam de se converter.

b) Caso alterem algo, nada transfiguram.

c) Se variarem tudo, pouco transfigurarão.

d) Mesmo quando variam, não se transformam.

e) Vindo a mudar, pouco se modificam.

▷ ***Anotações/Comentários***

Nota da autora: A ideia original é de condição, indicada pela conjunção adverbial "se".

Alternativa "a" – O sentido foi alterado para tempo.

Alternativa "b" – Perdeu a noção de reciprocidade de "transfigurar-se".

Alternativa "c" – O sentido é alterado ao inserir o advérbio de intensidade "pouco" e pronome indefinido "tudo". Além disso, foi retirada a ideia de reciprocidade.

Alternativa "d" – "mesmo quando" possui um valor temporal vago, ou seja, mantém o sentido condicional. Os verbos "mudar" e "variar" pertencem ao mesmo campo semântico.

Alternativa "e" – Mais uma vez foi inserido o advérbio "pouco". O correto seria "não se modificam".

232. (FCC - TRT 12 - Analista Judiciário – Área Administrativa - 2023) *Ao diagnosticar a crise do Ocidente, o autor <u>localiza nessa crise</u> as razões morais <u>da instalação dessa crise</u>, e não vê como dirimir <u>as consequências dessa crise</u> sem uma profunda transformação das nossas crenças.*

Evitam-se as viciosas repetições da frase acima substituindo-se os elementos sublinhados, na ordem dada, por:

a) localiza-a - em que se instala - em cujas consequências

b) localiza nela - de sua instalação - dirimir-lhe as consequências

c) lhe localiza - de cuja instalação - dirimir nela as consequências

d) localiza-lhe - na qual se instalam - dirimi-la em suas consequências

e) a localiza - aonde se instala - tais consequências delas

▷ ***Anotações/Comentários***

Nota da autora: Substitua os termos e elimine as descabidas para ganhar tempo.

1. *o autor <u>localiza **nessa** crise</u> = localiza **nela***

   Perceba que a resposta já foi encontrada.

2. *razões morais <u>**da** instalação dessa crise</u> = razões **de sua** instalação*

3. *dirimir <u>as consequências dessa crise</u> = dirimir as consequências <u>de algo</u> (**lhe**).*

Alternativa "a" – Localiza "em": não cabe o pronome "a". Eliminada.

Alternativa "b" – Substituições corretas, como mencionadas na nota.

Alternativa "c" – Localiza "em": não cabe o pronome "lhe". Eliminada.

Alternativa "d" – Localiza "em": não cabe o pronome "lhe". Eliminada.

Alternativa "e" – Localiza "em": não cabe o pronome "a". Eliminada.

Texto para responder à questão.

Numa manhã, Donana acordou me chamando de Carmelita, dizendo que iria dar um jeito em tudo, que eu não me preocupasse, que não precisaria mais viajar. Àquela época eu tinha doze anos e Belonísia se aproximava dos onze. Vi Donana nas manhãs seguintes chamar Belonísia de Carmelita também. Minha irmã apenas na da confusão. Olhávamos uma para a outra e nos deixávamos caçoar pela desordem que se instaurou nos falares de Donana. Em seus pensamentos, Fusco havia se formado uma onça, pedia para que tivéssemos cuidado. Nos convidava a caminhar pelas veredas por onde iríamos buscar meu pai que, haviam dito, estava dormindo aos pés de um jatobá ao lado da onça mansa que o cão havia se tornado. Sabíamos que nosso pai estava na roça, trabalhando todos os dias, então as coisas que minha avó falava não faziam sentido. Mesmo assim, minha mãe pedia que a acompanhássemos, que vigiássemos para que não lhe sucedesse nenhum acidente ou se perdesse em meio à mala.

(Adaptado de: VIEIRA JÚNIOR, Itamar. Torto Arado. São Paulo, Cia. das Letras, 2019)

233. (FCC - TRT 21 – Analista Judiciário – Área Administrativa - 2023) Retoma um termo mencionado anteriormente no texto a palavra sublinhada em:

a) estava dormindo aos pés de um jatobá ao lado da onça mansa que <u>o</u> cão havia se tornado

b) Sabíamos que nosso pai estava na roça, trabalhando todos <u>os</u> dias

c) Mesmo assim, minha mãe pedia que <u>a</u> acompanhássemos

d) então <u>as</u> coisas que minha avó falava não faziam sentido

e) Olhávamos uma para <u>a</u> outra

▷ ***Anotações/Comentários***

Alternativa "a" – Artigo definido masculino que acompanha o substantivo "cão". Não retoma termo algum.

Alternativa "b" – Artigo definido masculino que acompanha o substantivo "dias". Não retoma termo algum.

Alternativa "c" – Minha mãe pedia que <u>a</u> acompanhássemos. Lê-se: que acompanhássemos **minha avó** – Donana.

O pronome pessoal oblíquo retoma um termo mencionado no início do período.

Alternativa "d" – Artigo definido feminino que acompanha o substantivo "coisas". Não retoma termo algum.

Alternativa "e" – Artigo definido feminino que acompanha o pronome indefinido "outra". Não retoma termo algum.

Texto para responder à questão.

Ouvi chuva durante toda a noite. Acordei antes do despertador tocar às 5h15, tamanha minha expectativa para conferir um dos maiores espetáculos naturais do mundo. Falo de uma lacuna no meu currículo de viajante: as Cataratas do Iguaçu. Assim como Fernando de Noronha, as famosas quedas d'água são uma atração que eu ainda não havia visitado.

Claro que a justificativa para isso nunca foi a falta de interesse, mas de oportunidade.

Na última segunda-feira, porém, eu estava otimista. Tinha uma premiação que eu iria conduzir à noite no próprio hotel do parque. E eu tinha a manhã de terça livre para me encantar com a força daquelas águas.

Infelizmente era justamente esse elemento que ameaçava atrapalhar meu programa. Mas lá pelas 7h, convencido de que O aguaceiro tinha se tornado apenas uma garoa, caminhei até a grande queda, o som estrondoso de milhões de metros cúbicos despencando por segundo silenciando as batidas ansiosas do meu coração e até mesmo os distantes trovões. Quando cheguei o mais próximo que podia, tive um baque. Sozinho na área, eu tinha toda a chance de me conectar com aquela maravilha, mas me perguntei: era isso mesmo que eu esperava encontrar?

As Cataratas do Iguaçu, assim como vários outros pontos turísticos fortes pelo mundo, nos trazem um incômodo do qual só me dei conta então: estamos tão acostumados a ver imagens deslumbrantes deles que quando estamos lá, cara a cara com a atração, parece que ela não tem mais nenhum encanto a nos oferecer. Ou tem? Chamei esse fenômeno de "anestesia turística".

No scroll infinito de imagens hoje nas nossas telas. que impacto essas atrações ainda são capazes de nos provocar? Nenhum, pensei rápido. Pelo menos se seu único objetivo diante delas é tirar uma selfie.

Ir pessoalmente a um lugar desses é muito mais do que fazer um registro para o Instagram. Fiz o meu, sim, não tenha dúvidas. Mas logo em seguida mergulhe: naquilo que meus alhos estavam devorando.

Com eles eu não apenas enxergava, mas também ouvia, degustava e sentia quase o toque poderoso do fluido em movimento na minha pele. Quando fechei as pálpebras, todos esses sentidos, inclusive o da visão, ficaram mais fortes. Pronto: eu estava livre daquele estado anestésico. A chuva já havia voltado com força e eu nem tinha percebido. Olhei em volta e continuava sozinho. No entanto, estava pleno.

(Adaptado de: CAMARGO, Zeca. Disponível em: www1.folha.uol.com.br)

234. (FCC - TRT 21 - Analista Judiciário - Área Administrativa - 2023) Considerando o contexto e a correção gramatical, o termo sublinhado pode ser substituído pelo que se encontra entre parênteses em:

a) *A chuva já havia voltado com força e eu nem tinha percebido* (sequer)

b) *Pelo menos se seu único objetivo diante delas é tirar uma selfie* (Embora)

c) *No entanto, estava pleno* (Ademais)

d) *Na última segunda-feira, porém, eu estava otimista* (porquanto)

e) *quando estamos lá, cara a cara com a atração* (boquiaberto)

▷ ***Anotações/Comentários***

Alternativa "a" – *Nem* é um advérbio sinônimo de *sequer, também, tampouco.*

Alternativa "b" – A expressão "pelo menos" é sinônima de "no mínimo". É utilizada para referir um mínimo de discernimento, de ponderação.

A conjunção "embora" é concessiva e refere-se a ideias opostas.

Alternativa "c" – A locução conjuntiva "no entanto" indica adversidade. O advérbio "ademais" é sinônimo de "além de". Significa *de modo a acrescentar algo ao que já foi mencionado, dito, feito.*

Alternativa "d" – A conjunção "porém" indica adversidade. A conjunção "porém" indica explicação.

Alternativa "e" – A expressão informal "cara a cara" possui sentido de "diante de". O adjetivo "boquiaberto", no sentido figurado, significa *que está repleto de admiração; embasbacado.*

235. (FCC – TRT 18 – Analista Judiciário – Área Administrativa – 2023) É plenamente correta, coesa e coerente a redação da seguinte frase:

a) Conquanto hajam divergências de opiniões, não será fácil algum consenso entre os críticos da imigração.

b) Espera-se que se conciliem os interesses divergentes de imigrantes e europeus, a menos que venham se a confrontar uns aos outros.

c) Vem de longa data o debate sobre as consequências da imigração em massa, o que não se espera possam superar tão cedo como está previsto.

d) Em razão de haver preconceitos culturais, há povos que se eximem completamente de considerar os valores próprios de outros povos.

e) Tome-se esta ou aquela decisão diante do fenômeno da imigração, não importa, consequentemente ambas podem ser injustas.

▷ ***Comentários:***

Alternativa "a" – Concordância verbal: o verbo "haver" é impessoal (está no sentido de "existir") e não admite pluralização: Conquanto **haja** divergências.

Alternativa "b" – Colocação pronominal: a menos que se venham se a confrontar.

Incoerência (sem lógica): *Espera-se* ***que se conciliem os interesses divergentes*** *de imigrantes e europeus* versus ***venham se a confrontar*** *uns aos outros.*

Alternativa "c" – A segunda oração não possui lógica, ou seja, não há coerência.

Opção de correção: Vem de longa data o debate sobre as consequências da imigração em massa, e não se espera que possa ser superado tão cedo, como está previsto.

Dica: Ao ler o período, percebe-se que não possui sentido. Nesse caso, nem é necessário pontuar o erro gramatical.

Alternativa "d" – Período corretíssimo: possui sentido, a pontuação está correta (inversão da oração subordinativa causal) e o verbo "haver" está no singular – exatamente como sugere a norma culta.

Alternativa "e" – Mais um período sem coerência, perceba que a segunda oração não possui nexo com a primeira.

Opção de correção: Tome-se esta ou aquela decisão diante do fenômeno da imigração, não importando, consequentemente, se ambas possam ser injustas.

No voo da caneta

Numa das cartas ao seu amigo Mário de Andrade, assegurava-lhe o poeta Carlos Drummond de Andrade que era com uma caneta na mão que costumava viver as suas maiores emoções.

Comentando isso numa das minhas aulas de Literatura, atentei para a reação de um jovem aluno: um visível sentimento de piedade por aquele "poeta sitiado e infeliz, homem de gabinete, tímido mineiro que não se atirou à vida" tal como em seguida ele me explicou sua reação.

Não tive como lhe dizer, naquele momento, que entre as tantas formas de se atirar à vida está a de se valer de uma caneta para perseguir poemas e achar as falas humanas mais urgentes e precisas, essenciais para quem as diz, indispensáveis para quem as ouve, vivas para dentro e para além do tempo e do espaço imediatos. Espero que o jovem aluno logo tenha se convencido de que um poeta torna aberto para todos o universo reflexivo de sua intimidade, onde também podemos reconhecer algo da nossa.

(Aldair Rômulo Siqueira, a publicar)

236. (FCC – TRT 18 – Analista Judiciário – Área Administrativa – 2023) – Entre as tantas formas de vida está a de se valer de uma caneta para perseguir poemas.

A frase acima ganha nova redação, na qual se mantêm seu sentido básico e a correção gramatical, na seguinte versão:

a) Muito se pode valer de uma caneta para que se persiga poemas como formas de vida.

b) Vale a pena perseguir com uma caneta aquelas formas de vida que valem como poemas.

c) A procura de poemas com uma caneta assemelha à quem persiga outras formas de vida.

d) Quando se atentam a poemas, uma caneta na mão lhes aproxima das formas de viver.

e) Ir ao encalço de poemas com uma caneta consiste numa das formas possíveis de vida.

▷ ***Comentários:***

Nota da autora: Primeiro confira a correção gramatical. Se não houver erro, preste atenção no sentido. Você ganhará tempo.

Alternativa "a" – Sentido alterado: não existe a intensificação "muito" e não cabe a expressão "como formas de vida".

Alternativa "b" – Sentido alterado: não persegue aquelas formas de vida, persegue poemas.

Alternativa "c" – Erro gramatical: é impossível haver artigo ao lado do pronome "quem", ou seja, é inadmissível existir o acento indicativo de crase: **a** quem.

Além disso, o sentido foi alterado: não persegue outras formas de vida.

Alternativa "d" – Erro gramatical: aproxima **alguém** de algo (regência – verbo bitransitivo) = **os** aproxima (objeto direto).

Sentido alterado: caneta na mão aproxima das formas de viver.

Alternativa "e" – Encalço: *vestígio, rastro.*

Valer-se de uma caneta para perseguir poemas = Ir ao encalço de poemas com uma caneta

Entre as tantas formas de vida = consiste numa das formas possíveis de vida.

237. (FCC – TRT 18 – Analista Judiciário – Área Administrativa – 2023) Na frase *um poeta torna aberto para todos o universo reflexivo de sua intimidade,*

a) o termo ***aberto*** qualifica o objeto direto **universo reflexivo.**

b) ***sua intimidade*** refere-se ao termo ***todos***.

c) ***para todos*** é um exemplo de vocativo.

d) ocorre uma indeterminação do sujeito em ***um poeta.***

e) o verbo ***tornar*** está conjugado na voz passiva.

▷ ***Comentários:***

Alternativa "a" – Façamos a análise sintática para evitar engano.

Um poeta: sujeito / torna: verbo transitivo direto / o universo reflexivo de sua intimidade: objeto direto / aberto: predicativo do objeto.

Perceba que o verbo de ligação está implícito.

Lê-se: um poeta torna o universo reflexivo de sua intimidade [e ele fica/está] aberto.

Alternativa "b" – A intimidade **do poeta**.

Alternativa "c" – Complementa o predicativo "aberto", é complemento nominal.

Alternativa "d" – O sujeito é simples e explícito: um poeta.

Alternativa "e" – A oração está na voz ativa – o sujeito pratica a ação.

---

238. (FCC – TRT 17 – Analista Judiciário – Área Judiciária – 2023) Um deus <u>a quem se delegam</u> todas as decisões exime-nos de nossas culpas.

Numa nova redação, a frase acima permanecerá gramaticalmente correta caso se substituam os elementos sublinhados, na ordem dada, por:

a) ao qual se atribui – releva por nossas culpas

b) a cujos se destinam – expurga-nos as nossas culpas

c) com quem se transmudam – implica-nos como culpados

d) pelo qual se reportam – dirime-nos de nossas culpas

e) para quem se transferem – livra-nos de sermos culpados

▷ ***Comentários:***

Nota da autora: No primeiro caso, é necessário atentar-se a estes detalhes:

1. O vocábulo "quem" é pronome relativo e retoma "um deus";
2. Lê-se: todas as decisões se delegam a um deus;
3. Podem ser usadas as formas "a quem", "ao qual" ou "a que".

Dica: o verbo "delegar" é transitivo direto e está acompanhado pelo pronome apassivador "se". Isso indica que a oração está na voz passiva sintética.

Transponha para a passiva analítica para verificar a concordância e evitar erro:

Todas as decisões **são delegadas** a um deus.

Alternativa "a" – Erro de concordância: ao qual se **atribuem** / Erro de regência: releva **nossas culpas** – verbo transitivo direto.

Alternativa "b" – Não possui sentido de posse e não pode ser usado o pronome relativo "cujos". Além disso, esse pronome concorda com o termo posterior (todas as decisões) / Erro de regência: expurga-nos **das** nossas culpas.

Alternativa "c" – Erro de regência: todas as decisões são transmudadas **<u>a</u>** um deus = **a quem** se transmudam / Erro de regência: implicam-nos culpados = o verbo "implicar" é transitivo direto (nos – objeto direto) e "culpados" é predicativo do objeto. A preposição "como" não foi exigida.

Alternativa "d" – Erro de regência: todas as decisões são reportadas **<u>a</u>** um deus = **ao qual** se reportam / Erro de regência: o verbo "dirimir" é transitivo direto = dirime **nossas culpas**.

Alternativa "e" – todas as decisões são transferidas **<u>para</u>** um deus = **para quem, para o qual** ou **para que** / o verbo "livrar" é bitransitivo: livra alguém (nos) de algo (de sermos culpados).

Texto CG1A1-I

A apropriação colonial das terras indígenas muitas vezes se iniciava com alguma alegação genérica de que os povos forrageadores viviam em um estado de natureza — o que significava que eram considerados parte da terra, mas sem nenhum direito a sua propriedade. A base para o desalojamento, por sua vez, tinha como premissa a ideia de que os habitantes daquelas terras não trabalhavam. Esse argumento remonta ao **Segundo tratado sobre o governo** (1690), de John Locke, em que o autor defendia que os direitos de propriedade decorrem necessariamente do trabalho. Ao trabalhar a terra, o indivíduo "mistura seu trabalho" a ela; nesse sentido, a terra se torna, de certo modo, uma extensão do indivíduo. Os nativos preguiçosos, segundo os discípulos de Locke, não faziam isso. Não eram, segundo os lockianos, "proprietários de terras que faziam melhorias"; apenas as usavam para atender às suas necessidades básicas com o mínimo de esforço.

James Tully, uma autoridade em direitos indígenas, aponta as implicações históricas desse pensamento: considera-se vaga a terra usada para a caça e a coleta e, "se os povos aborígenes tentam submeter os europeus a suas leis e costumes ou defender os territórios que durante milhares de anos tinham erroneamente pensado serem seus, então são eles que violam o direito natural e podem ser punidos ou 'destruídos' como animais selvagens". Da mesma forma, o estereótipo do nativo indolente e despreocupado, levando uma vida sem ambições materiais, foi utilizado por milhares de conquistadores, administradores de latifúndios e funcionários coloniais europeus na Ásia, na África, na América Latina e na Oceania como pretexto para obrigar os povos nativos ao trabalho, com meios que iam desde a escravização pura e simples ao pagamento de taxas punitivas, corveias e servidão por dívida.

David Graeber e David Wengrow. O despertar de tudo: uma nova história da humanidade. São Paulo: Cia das Letras, 2022, p. 169-170 (com adaptações).

---

239. (CEBRASPE – TJ ES – Analista Judiciário – Área Administrativa – 2023) Infere-se do primeiro parágrafo, especialmente por causa do emprego da forma verbal "defendia" (terceiro período), que John Locke desistiu de defender os direitos de propriedade.

( ) certo

( ) errado

▷ ***Comentários:***

O verbo está conjugado no pretérito imperfeito do indicativo e refere-se a uma ação contínua, prolongada. Não indica que ele tenha parado de defender, ele continuou defendendo.

---

240. (CEBRASPE – TJ ES – Analista Judiciário – Área Administrativa – 2023) No primeiro período do primeiro parágrafo, a forma pronominal "sua" tem como referente o termo "povos forrageadores".

( ) certo ( ) errado

▷ ***Comentários:***

Volte ao trecho e faça pergunta:

A apropriação colonial das terras indígenas muitas vezes se iniciava com alguma alegação genérica de que os povos forrageadores viviam em um estado de natureza – o que significava que eram considerados parte da terra, mas sem nenhum direito a sua propriedade.

– Propriedade de quem?

– Propriedade **da <u>terra</u>**.

Perceba que não se trata de propriedade dos povos forrageadores. Eles viviam em um estado de natureza.

---

241. (CEBRASPE – TJ ES – Analista Judiciário – Área Administrativa – 2023) No trecho 'se os povos aborígenes tentam submeter os europeus a suas leis e costumes ou defender os territórios que durante milhares de anos tinham erroneamente pensado serem seus' (segundo parágrafo), o vocábulo 'que' remete a 'povos aborígenes'.

( ) certo

( ) errado

▷ ***Comentários:***

O "que" é um pronome relativo e retoma "territórios".

Lê-se: durante milhares de anos, os povos aborígenes tinham pensado erroneamente que os **territórios** eram seus.

O pronome relativo pode ser substituído por "o qual".

242. (CEBRASPE - TJ ES - Analista Judiciário - Área Administrativa - 2023) No segundo parágrafo, o sentido do vocábulo "nativos" (último período) abrange a ideia de "aborígenes" (primeiro período).

( ) certo

( ) errado

▷ ***Comentários:***

Volte ao trecho:

James Tully, uma autoridade em direitos indígenas, aponta as implicações históricas desse pensamento: considera-se vaga a terra usada para a caça e a coleta e, "se ***os povos aborígenes*** *tentam submeter os europeus a suas leis e costumes ou defender os territórios que durante milhares de anos tinham erroneamente pensado serem seus, então são eles que violam o direito natural e podem ser punidos ou 'destruídos' como animais selvagens". Da mesma forma, o estereótipo do nativo indolente e despreocupado, levando uma vida sem ambições materiais, foi utilizado por milhares de conquistadores, administradores de latifúndios e funcionários coloniais europeus na Ásia, na África, na América Latina e na Oceania como pretexto para obrigar os povos* ***nativos*** *ao trabalho, com meios que iam desde a escravização pura e simples ao pagamento de taxas punitivas, corveias e servidão por dívida.*

Faça a pergunta:

– Quem são os nativos?

– São os povos **aborígenes**.

Texto I

"Explicar, a mim, como é Alejandra, Bruno ponderou, como é seu rosto, como são as dobras de sua boca." E pensou que eram justamente essas dobras desdenhosas e um certo brilho tenebroso nos olhos que diferenciavam mais que tudo o rosto de Alejandra do rosto de Georgina, a quem ele amara de verdade. Pois, agora compreendia, a ela é que amara realmente, e quando imaginou estar apaixonado por Alejandra era a mãe de Alejandra que buscava, como esses monges medievais que tentavam decifrar o texto primitivo debaixo das restaurações, debaixo das palavras apagadas e substituídas. **E essa insensatez fora a razão de tristes mal-entendidos com Alejandra**, tendo às vezes a mesma sensação de quem, após muitíssimos anos de ausência, chega à casa da infância e, ao tentar de noite abrir uma porta, depara com uma parede. Claro que seu rosto era quase o mesmo de Georgina: o mesmo cabelo preto com reflexos avermelhados, os olhos cinza-esverdeados, a boca idêntica e grande, as mesmas faces mongólicas, a mesma pele morena e pálida. Mas o "quase" era atroz, e mais ainda por ser tão sutil e imperceptível, pois assim o equívoco era mais profundo e doloroso. Os ossos e a carne – pensava – não bastam para formar um rosto, e é por isso que ele é infinitamente menos físico do que o corpo: é determinado pelo olhar, pelo ríctus da boca, pelas rugas, por todo esse conjunto de atributos sutis com que a alma se revela por meio da carne. Razão pela qual, no momento exato em que alguém morre, seu corpo se transforma abruptamente numa coisa diferente, tão diferente a ponto de se poder dizer "não parece a mesma pessoa", apesar de ter os mesmos ossos e a mesma matéria de um segundo antes, um segundo antes desse misterioso instante em que a alma se retira do corpo e este fica tão morto como uma casa da qual se retiram para sempre os seres que moram nela, e, sobretudo, que sofreram e se amaram nela.

(SABATO, Ernesto. *Sobre heróis e tumbas*. São Paulo: Planeta De Agostini, 2003, p.22-23)

243. (IBFC - 2022 - TJ/MG - Analista Judiciário - Administrador) Considerando-se o contexto, na passagem "E essa insensatez fora a razão de tristes mal-entendidos com Alejandra,", a expressão destacada cumpre um papel coesivo que está corretamente indicado por meio de uma referência:

a) anafórica, indicando um sentimento já representado pela comparação simbólica.

b) catafórica, antecipando os rostos de mãe e filha, descritos como quase iguais.

c) catafórica, sintetizando por meio do substantivo o que ainda seria apresentado.

d) metafórica, atribuindo expressividade a uma imagem anterior pouco racional.

e) anafórica, situando temporalmente o leitor em relação ao momento da ação.

▷ ***Comentários:***

Nota da autora: relembremos a diferença entre as referências sugeridas.

Referência anafórica: retoma por meio de referência um termo anterior.

Referência Catafórica: termo usado para fazer referência a um outro termo posterior, ou seja Cita.

Referência metafórica: transfere-se o nome de uma coisa para outra com a qual é possível estabelecer uma relação de comparação.

Alternativa "a" – Retoma toda a ideia mencionada nos períodos anteriores, refere-se à falta de tranquilidade emocional de Bruno.

Alternativa "b" – Os rostos foram descritos nos períodos anteriores: a referência é anafórica.

Alternativa "c" – Sintetiza o que foi apresentado: a referência é anafórica.

Alternativa "d" – Não há metáfora, as palavras foram empregadas no sentido denotativo. Na metáfora, as palavras possuem sentido conotativo.

Alternativa "e" – É anafórica, mas não possui relação alguma com o tempo.

244. (VUNESP - TJ SP - Escrevente Técnico - 2021 - adaptada) Leia as passagens do texto "Amor é gastar[44]".

- Na economia amorosa, só existe pagamento **à vista**, missa de corpo presente. O amor não **se parcela**...
- Não existe essa de amor só **amanhã**, como na placa do fiado do boteco. Amor é **hoje**...
- Amor não se **sonega**, amor é tudo a **declarar**.

Na organização e estruturação das informações no texto, conclui-se corretamente que, em cada par de expressões destacadas, as relações entre as ideias se baseiam no sentido de

a) consequência.

b) analogia.

c) harmonia.

d) semelhança.

e) discrepância.

▷ ***Anotações/Comentários***

Alternativa "a" – Não possuem sentido de efeito ou resultado de algo.

Alternativa "b" – Não possuem semelhança nem comparação.

Alternativa "c" – Não indicam equilíbrio, conformidade nem possuem simetria.

Alternativa "d" – Não são parecidos nem possuem algo em comum.

Alternativa "e" – Discrepância significa *que demonstra desigualdade em comparação com outra coisa ou pessoa; diferença, disparidade; divergência; que não tem harmonia.*

À vista é diferente de parcelado; amanhã é diferente de hoje; sonegar é diferente de declarar.

245. (VUNESP - TJ SP - Escrevente Técnico - 2021 - adaptada) A reescrita do trecho – Se o regime de chuvas no verão não superar a média dos últimos anos, a margem de manobra para 2022 será ainda menor.45 – está em conformidade com a norma-padrão e mantém o sentido em:

a) Desde que o regime de chuvas no verão não supera a média dos últimos anos, a margem de manobra para 2022 será ainda menor.

44. (Xico Sá, "Amor é para gastar". Em: http://www.itatiaia.com.br)
45. (Editorial. Folha de S.Paulo, 27.08.2021. Adaptado)

b) Por mais que o regime de chuvas no verão não supera a média dos últimos anos, a margem de manobra para 2022 será ainda menor.

c) Enquanto o regime de chuvas no verão não superar a média dos últimos anos, a margem de manobra para 2022 será ainda menor.

d) Caso o regime de chuvas no verão não supere a média dos últimos anos, a margem de manobra para 2022 será ainda menor.

e) Ainda que o regime de chuvas no verão não supere a média dos últimos anos, a margem de manobra para 2022 será ainda menor.

▷ ***Anotações/Comentários***

Nota da autora: A circunstância da oração adverbial é de condição (se). Deve permanecer tal circunstância e a gramática deve estar correta. São duas análises.

Alternativa "a" – A condição foi mantida (desde que), mas há erro gramatical: supere – o verbo deve ser conjugado no presente do subjuntivo.

Alternativa "b" – A locução conjuntiva "por mais que" indica concessão e o verbo deve ser conjugado no presente do subjuntivo: supere.

Alternativa "c" – A conjunção "enquanto" pode indicar tempo ou proporcionalidade, ou seja, altera o sentido. Os verbos estão corretos.

Alternativa "d" – A conjunção "se" equivale a "caso" e os verbos estão corretos.

Alternativa "e" – A locução conjuntiva "por mais que" indica concessão. Os verbos estão corretos.

Texto para responder às questões.

O peso de Eurídice se estabilizou, assim como a rotina da família Gusmão Campelo. Antenor saía para o trabalho, os filhos saíam para a escola e Eurídice ficava em casa, moendo carne e remoendo os pensamentos **estéreis** que faziam da sua vida infeliz. Ela não tinha emprego, **ela já tinha ido para a escola**, e como preencher as horas do dia depois de arrumar as

camas, regar as plantas, varrer a sala, lavar a roupa, temperar o feijão, refogar o arroz, preparar o suflê e fritar os bifes? Porque Eurídice, vejam vocês, era uma mulher brilhante. Se lhe dessem cálculos elaborados, ela projetaria pontes. Se lhe dessem um laboratório, ela inventaria vacinas. Se lhe dessem páginas brancas, ela escreveria clássicos. No entanto, o que lhe deram foram cuecas sujas, que Eurídice lavou muito rápido e muito bem, sentando-se em seguida no sofá, olhando as unhas e pensando no que deveria pensar. E foi assim que concluiu que não deveria pensar, e que, **para não pensar**, deveria se manter ocupada todas as horas do dia, e que a única atividade caseira que oferecia tal benefício era aquela que apresentava o dom de ser quase infinita em suas demandas **diárias:** a culinária. Eurídice jamais seria uma engenheira, **nunca poria os pés em um laboratório e não ousaria escrever versos**, mas essa mulher se dedicou à única atividade permitida que tinha um certo **quê** de engenharia, ciência e poesia. Todas as manhãs, depois de despertar, preparar, alimentar e **se** livrar do marido e dos filhos, Eurídice abria o livro de receitas da Tia Palmira.

Martha Batalha. A vida invisível de Eurídice Gusmão. 1.ª ed. São Paulo: Companhia das Letras, 2016 (com adaptações).

246. (CESPE/CEBRASPE - Auxiliar Judiciário - TJ PA - 2020 - adaptada) A correção gramatical e o sentido original do texto CG4A1-I seriam preservados caso

I os dois-pontos imediatamente após "diárias" fossem substituídos por uma vírgula.

II o vocábulo "estéreis" fosse substituído por *desnecessários*.

III se inserisse, no trecho "nunca poria os pés em um laboratório e não ousaria escrever versos", uma vírgula logo após "laboratório" e o vocábulo "não" fosse substituído por *nem*.

assinale a opção correta.

a) Nenhum item está certo.

b) Apenas o item I está certo.

c) Apenas o item II está certo.

d) Apenas o item III está certo.

e) Todos os itens estão certos.

▷ ***Anotações/Comentários***

I. Certo: cabe a substituição porque separa um aposto explicativo.

II. Errado: "estéreis", no sentido figurado, significa *que não produz o resultado esperado; inútil, ineficaz; que não se consegue produzir; que não pode ser criado.*

III. Errado: a conjunção "e" deveria ser retirada porque "nem" também possui ideia de adição. Mesmo assim, a vírgula seria desnecessária.

Alternativa "a" – O item I está correto.

Alternativa "b" – O item I está correto.

Alternativa "c" – II: errado.

Alternativa "d" – III: errado.

Alternativa "e" – II e III: errados.

247. (CESPE/CEBRASPE - Auxiliar Judiciário - TJ PA - 2020 - adaptada) A correção gramatical e o sentido do texto seriam mantidos caso se suprimisse do texto

a) a partícula "se" (no final do texto).

b) a vírgula imediatamente após "para não pensar".

c) o vocábulo "já".

d) o vocábulo "ela", em "ela já tinha ido para a escola".

e) o acento do vocábulo "quê".

▷ ***Anotações/Comentários***

Alternativa "a" – É um verbo pronominal e o "se" indica reflexividade: livrar a si mesma. Não pode ser retirado.

Alternativa "b" – As vírgulas separam a oração subordinada adverbial final reduzida de infinitivo e nenhuma pode ser retirada. Podem ser substituídas por travessões ou parênteses.

Alternativa "c" – É um advérbio de tempo e a supressão alteraria o sentido da informação.

Alternativa "d" – O pronome pessoal é sujeito da oração anterior e está explícito (Ela não tinha emprego). É sujeito também da oração posterior e pode ficar implícito. Lê-se: Ela não tinha emprego, já tinha ido para a escola.

Alternativa "e" – É um substantivo e monossílabo tônico, isso indica que o acento é obrigatório. Regra: Acentuam-se os monossílabos tônicos terminados em: *a(s), e(s)* e *o(s)*: lá, cá, pé, mês, quê, só, pó, nós, pôs.

FRAGMENTO DE TEXTO PARA RESPONDER À QUESTÃO.

(...) Se não é fácil definir a família, é legítimo o esforço de tentar decifrar quem é o homem pós-moderno e quais as necessidades emergentes que o impulsionam ao encontro com o outro, seja no espaço social, seja no interior da família, produzindo significados e razões que **o lançam** na busca de realização. (...)[46]

248. (CESPE/ Cebraspe - Analista Judiciário - TJ PA - 2020 - adaptada) No fragmento, a forma pronominal "o", em "o lançam", faz referência a

a) "esforço".

b) "homem".

c) "outro".

d) "espaço".

e) "interior".

▷ ***Anotações/Comentários***

Nota da autora: Basta encaixar o termo que o objeto direto do verbo *lançar* retoma.

Alternativa "a" – O termo "o esforço" é sujeito do verbo *ser*: o esforço é legítimo.

Alternativa "b" – Perceba que existe outro pronome pessoal junto ao verbo *impulsionar*. Lê-se: quem é o **homem**, quais as necessidades

46. Reflexões sobre a paternidade na pós-modernidade. Internet:<www.newpsi.bvs-psi.org.br> (com adaptações).

que impulsionam **o homem** e razões que lançam **o homem** na busca de realização.

Alternativa "c" – O pronome indefinido refere-se ao homem: como o outro homem.

Alternativa "d" – Trata-se de um adjunto adverbial de lugar – no espaço social.

Alternativa "e" – Também é um adjunto adverbial de lugar – no interior da família.

249. (CESPE/ Cebraspe - Analista Judiciário - TJ PA - 2020 - adaptada) Cada uma das opções a seguir apresenta uma proposta de reescrita para o seguinte trecho: "Trata-se de uma condição que comporta riscos, pois, segundo Dufour, desaparece o motivo geracional."47. Assinale a opção em que a proposta de reescrita apresentada mantém os sentidos originais e a correção gramatical do texto.

a) Isso se trata de uma condição que comporta riscos, pois, segundo Dufour, desaparece o motivo geracional.

b) Segundo Dufour, trata-se de uma condíção que comporta riscos, pois desaparece o motivo geracional.

c) Trata-se de uma condição que comporta riscos pois, segundo Dufour, desaparece o motivo geracional.

d) Trata-se de uma condição que comporta riscos, visto que o motivo geracional, segundo Dufour, desaparece.

e) Se trata de uma condição que redunda em riscos, pois, segundo Dufour, o motivo geracional desaparece.

▷ ***Anotações/Comentários***

Nota da autora: É imprescindível verificar os sentidos das conjunções: pois = explicação, é sinônima de *visto que, uma vez que, dado que;* segundo = conformidade, é sinônima de *de acordo com, conforme, consoante.*

Alternativa "a" – No trecho original, o sujeito é indeterminado (trata-se) e não cabe a inserção de um sujeito pelo fato de haver o índice de indeterminação de sujeito. *Isso se trata*: incorreto. Opções de correção: **isso trata** ou **trata-se**.

Alternativa "b" – O sentido foi alterado: "desaparece o motivo geracional" está ligado a Dufour. Ao reescrever a frase, a oração "trata-se de uma condição que comporta riscos" é que está ligada a Dufour.

Alternativa "c" – A vírgula anteposta à conjunção explicativa "pois" é obrigatória.

Alternativa "d" – A conjunção "pois" é sinônima de *visto que*, como mencionado na nota, e a pontuação do período está perfeita.

Alternativa "e" – O pronome pessoal oblíquo não pode iniciar uma frase: Trata-se.

FRAGMENTO DE TEXTO PARA RESPONDER À QUESTÃO.

(...) Se o usuário **aceitar** repassar suas informações, o que pode acontecer, por exemplo, quando ele concorda com termos e condições de um aplicativo, as companhias passam a ter o direito de tratar os dados (respeitada a finalidade específica), desde que em conformidade com a legislação. (...)[48]

250. (CESPE/CEBRASPE - Analista Judiciário - TJ PA - 2020 - adaptada) Mantendo-se a coerência e a correção gramatical do trecho, o verbo "aceitar" poderia ser substituído por

a) consentir.
b) prescindir.
c) assistir.
d) obstar.
e) enjeitar.

▷ ***Anotações/Comentários***

Alternativa "a" – Consentir: *permitir, aprovar, concordar, aceitar.*

Alternativa "b" – Prescindir: *dispensar, desobrigar, isentar.*

Alternativa "c" – Assistir: *estar presente em, observar.*

Alternativa "d" – Obstar: *dificultar, impedir, proibir.*

Alternativa "e" – Enjeitar: *recusar, abandonar, reprovar.*

251. (FGV - Oficial de Justiça - TJ RS - 2020) Observe a frase a seguir.

É importante aprender muitas coisas / É importante o aprendizado de muitas coisas.

O mesmo processo de substituição de um verbo por um substantivo correspondente foi feito de forma adequada em:

a) É impossível **ocultar** a desonestidade / É impossível **o ocultismo** da desonestidade;

b) **Morrer** é o ato final da existência humana / **A mortandade** é o ato final da existência humana;

c) **Enfrentar** as dificuldades é o caminho da felicidade / **O enfrentamento** das dificuldades é o caminho da felicidade;

d) **Oferecer** amizade é atitude rara / **O ofertório** de amizade é atitude rara;

e) O mais difícil é **viver** / O mais difícil é **a vivacidade**.

▷ ***Anotações/Comentários***

Nota da autora: Questão de nominalização – transformar o verbo em substantivo.

Alternativa "a" – Ocultismo: *ciência que trata dos fenômenos que parecem não ter explicação pelas leis naturais, como a levitação, a telepatia.* Não possui relação alguma com o verbo *ocultar.*

Alternativa "b" – Mortandade: *quantidade de pessoas que morrem numa determinada época; mortalidade.* Não se refere ao verbo *morrer*, mas à quantidade de pessoas que morrem.

Alternativa "c" – Enfrentamento: *ação de* ***enfrentar****, de encarar de frente um problema.*

Alternativa "d" – Ofertório: *parte da missa durante a qual o padre oferece a deus o pão e o vinho, antes de consagrá-los.* Não há relação com o verbo *oferecer.*

Alternativa "e" – Vivacidade: *que contém vitalidade; que expressa vigor ou força.* Não se refere ao verbo *viver.*

252. (FGV – Técnico Judiciário – Área Judiciária – TJ CE - 2019) O vocábulo "maior" se refere prioritariamente a realidades que tenham uma extensão física; nesse caso, a frase abaixo em que esse vocábulo foi bem empregado é:

a) Para maiores informações, leia o Código Penal;

b) Um dos maiores freios aos delitos não é a crueldade das penas;

c) Não é a intensidade da pena, mas sua extensão, que traz os maiores resultados;

d) A maior punição de um crime não provém da lei;

e) Já está lotada a maior prisão do país.

▷ ***Anotações/Comentários***

Alternativa "a" – Para mais informações: quantidade.

Alternativa "b" – Sinônimo de *melhor* e não indica tamanho.

Alternativa "c" – Indica quantidade: mais resultados.

Alternativa "d" – Sinônimo de *melhor* e não indica tamanho.

Alternativa "e" – Refere-se a tamanho: a prisão é muito grande.

253. (FGV – Técnico Judiciário – Área Judiciária – TJ CE - 2019) Uma das leis da textualidade é a coerência; a frase abaixo em que a coerência está presente é:

a) Antes do Código Penal não existiam crimes;

b) As prisões ensinam a recuperação imoral a criminosos;

c) Desejo ser incluído fora desse julgamento;

d) Ter má fama quando morto não importa;

e) Passar muito tempo estudando é preguiça.

47. Reflexões sobre a paternidade na pós-modernidade. Internet:<www.newpsi.bvs-psi.org.br> (com adaptações).
48. Internet: <www.agenciabrasil.ebc.com.br> (com adaptações).

▷ ***Anotações/Comentários***

Alternativa "a" – Se não existissem, não criariam o Código Penal.

Alternativa "b" – As prisões devem ensinar a recuperação moral.

Alternativa "c" – É impossível ser incluído fora. Incluído: dentro, incluso, contido.

Alternativa "d" – Depois de morrer, podem falar mal, não há importância alguma.

Alternativa "e" – Quem tem preguiça não passa muito tempo estudando.

---

254. (FGV – Técnico Judiciário – Área Judiciária – TJ CE - 2019) "Há uma espécie de conforto na autocondenação. Quando nos condenamos, pensamos que ninguém mais tem o direito de fazê-lo".

Sobre a estruturação desse pensamento, a única afirmação adequada é:

a) o segundo período funciona como uma explicação do primeiro;
b) o termo "Quando" indica uma condição da ação seguinte;
c) o pronome "nos" só se refere aos autores da frase;
d) o verbo fazer em "fazê-lo" tem o sentido de "produzir algo";
e) o pronome "lo" se refere a "direito".

▷ ***Anotações/Comentários***

Alternativa "a" – Os períodos são coordenados, ou seja, são independentes sintaticamente e podem ser unidos pela conjunção *porque:* Quando nos condenamos, pensamos que ninguém mais tem o direito de fazê-lo, **porque** há uma espécie de conforto na autocondenação.

Alternativa "b" – Indica tempo.

Alternativa "c" – Refere-se aos autores e ao leitor, a ideia é de generalização: todos nós.

Alternativa "d" – O verbo *fazer* é vicário: fica no lugar de outro, que substitui um verbo para não o repetir. Substitui o verbo *condenar.*

Alternativa "e" – Ninguém tem o direito de fazer "isso": o pronome é demonstrativo anafórico e retoma a ideia anteposta: condenarmo-nos.

---

255. (FGV – Técnico Judiciário – Área Judiciária – TJ CE - 2019) "Há uma espécie de conforto na autocondenação. Quando nos condenamos, pensamos que ninguém **mais** tem o direito de fazê-lo".

A frase abaixo em que o vocábulo "mais" mostra o mesmo valor que na frase acima é:

a) A certeza de um castigo é sempre **mais** intensa que o temor de outro mais severo;
b) A certeza de um castigo é sempre mais intensa que o temor de outro **mais** severo;
c) Quanto mais a pena for rápida e próxima do delito, tanto **mais** justa e útil ela será;
d) Não se enforca um homem por ele ter roubado cavalos, mas para que cavalos não sejam **mais** roubados;
e) A leitura de um livro **mais** não modificará a visão que temos da Justiça.

▷ ***Anotações/Comentários***

Nota da autora: Questão de classes gramaticais. É importante entender que o "mais" não está intensificando.

Alternativa "a" – O advérbio intensifica o adjetivo *intensa.*

Alternativa "b" – O advérbio intensifica o adjetivo *severo.*

Alternativa "c" – O advérbio intensifica o adjetivo *justa.*

Alternativa "d" – O advérbio intensifica o adjetivo *roubados.*

Alternativa "e" – Trata-se de um pronome adjetivo indefinido e não intensifica. Possui sentido de "algo mais", assim como em "ninguém mais".

---

256. (FGV – Técnico Judiciário – Área Judiciária – TJ CE - 2019) "O fim das penas não é **atormentar, perseguir** e **afligir** um ser sensível... Seu fim é apenas **impedir** que o réu cause novos danos aos seus concidadãos e **dissuadir** os outros de fazerem o mesmo".

Se quiséssemos nominalizar todas as ações sublinhadas, deveríamos trocar os verbos por substantivos; nesse caso, a substituição inadequada seria:

a) atormentar um ser sensível / atormentação de um ser sensível;
b) perseguir um ser sensível / perseguição de um ser sensível;
c) afligir um ser sensível / aflição de um ser sensível;
d) impedir que o réu cause novos danos / impedimento de o réu causar novos danos;
e) dissuadir os outros / dissuasão dos outros.

▷ ***Anotações/Comentários***

Alternativa "a" – O ser é atormentado, há sentido passivo nas duas informações.

Alternativa "b" – O ser é perseguido nas duas afirmações – sentido passivo.

Alternativa "c" – Ao nominalizar o verbo, o sentido foi alterado: alguém aflige um ser sensível, ou seja, causa sofrimento (valor passivo do "ser") versus o ser sensível sente aflição (valor ativo).

Alternativa "d" – O ser é impedido nas duas informações – sentido passivo.

Alternativa "e" – O ser é dissuadido nas informações – sentido passivo.

---

257. (FGV – Técnico Judiciário – Área Judiciária – TJ CE - 2019) "Quanto mais a pena for rápida e próxima do delito, tanto mais justa e útil ela será".

Nesse pensamento, há uma correlação entre dois termos precedidos por "Quanto mais" e "tanto mais", que são:

a) mais rápida e mais próxima do delito;
b) mais justa e mais útil;
c) mais rápida / mais justa;
d) mais rápida e próxima / mais justa e útil;
e) mais próxima / mais útil.

▷ ***Anotações/Comentários***

Alternativa "a" – As expressões estão ligadas apenas a "quanto mais".

Alternativa "b" – Estão ligadas apenas a "tanto mais".

Alternativa "c" – Faltou informação, ocorreu quebra de paralelismo.

Alternativa "d" – Quanto **mais → rápida e próxima**; tanto **mais → justa é útil**.

Alternativa "e" – Aqui também faltou informação e ocorreu quebra de paralelismo.

---

258. (FGV – Técnico Judiciário – Área Judiciária – TJ CE - 2019) A frase abaixo que foi construída exclusivamente por linguagem formal é:

a) Primeiro a gente enlouquece e depois vê no que dá;
b) A vida é curta demais para vivê-la ao lado de um filho da mãe;
c) Tem pessoas que discordam de mim e outras, que são inteligentes;
d) Me deram como castigo uma pena de dez anos;
e) Somente o que perdi é meu para sempre.

▷ ***Anotações/Comentários***

Alternativa "a" – A gente = nós.

Alternativa "b" – Filho da mãe = sentido pejorativo usado para desqualificar alguém.

Alternativa "c" – Tem = há.

Alternativa "d" – Colocação pronominal: a próclise é obrigatória porque não se deve iniciar oração com o pronome oblíquo: deram-me.

Alternativa "e" – O período foi escrito na linguagem formal.

259. (FGV – Técnico Judiciário – Área Técnico Administrativa – TJ CE - 2019) O jurista romano Ulpiano formulou o seguinte pensamento: "Tais são os preceitos do direito: viver honestamente, não ofender ninguém, dar a cada um o que lhe pertence".

Abaixo aparecem cinco diferentes maneiras de reescrever essa mesma frase; a reescritura que mostra uma forma inadequada é:

a) Os preceitos do direito são tais: viver honestamente, não ofender ninguém, dar a cada um o que lhe pertence;

b) Tais são os preceitos do direito: viver honestamente, dar a cada um o que lhe pertence e não ofender ninguém;

c) Tais são os preceitos do direito: viver honestamente, não ofender ninguém, dar o que lhe pertence a cada um;

d) São tais os preceitos do direito: viver honestamente, não ofender ninguém, dar a cada um o que lhe pertence;

e) Viver honestamente, não ofender ninguém, dar a cada um o que lhe pertence: tais são os preceitos do direito.

▷ ***Anotações/Comentários***

Alternativa "a" – O que pertence a ele.

Alternativa "b" – O que pertence a cada um.

Alternativa "c" – O sentido mudou: dar a cada um o que pertence a você.

Alternativa "d" – O que pertence a ele.

Alternativa "e" – O que pertence a ele.

260. (FGV – Técnico Judiciário – Área Técnico Administrativa – TJ CE - 2019) "Amai a justiça, / vós que julgais a terra".

Considerando que esse pensamento é composto por dois segmentos (separados por uma barra inclinada), sobre a sua estrutura, é correto afirmar que:

a) o segundo segmento identifica a quem se refere o imperativo presente no primeiro segmento;

b) o segundo segmento mostra a causa da afirmação contida no primeiro segmento;

c) o segundo segmento explica o segmento anterior;

d) o primeiro segmento indica a condição de o segundo segmento ser realizado;

e) o primeiro segmento apresenta a consequência da ação presente no segundo.

▷ ***Anotações/Comentários***

Nota da autora: Questão de verbo e período composto.

Alternativa "a" – O verbo está conjugado na segunda pessoa do plural do imperativo afirmativo e refere-se a *vós*. Siga a ordem da tabela para montar os tempos verbais, lembrando que é preciso retirar o "s" das segundas pessoas do presente do indicativo e que não há alteração alguma nas formas retiradas do presente do subjuntivo.

Presente do indicativo (1)	Imperativo afirmativo (3)	Presente do subjuntivo (2)
Eu amo	X (3.1)	Que eu ame
Tu amas (3.2.) → (- s)	Ama tu (3.3)	Que tu ames
Ele ama	Ame você (3.5)	← Que ele ame (3.4)
Nós amamos	Amemos nós (3.7)	← Que nós amemos (3.6)
Vós amais (3.8) → (- s)	**Amai vós** (3.9)	Que vós ameis
Eles amam	Amem vocês (3.11)	← Que eles amem (3.10)

Alternativa "b" – Não cabe a pergunta "por quê?" nem há consequência, logo não pode indicar causa.

Alternativa "c" – Se explicasse, caberia a conjunção "porque". Não é o caso.

Alternativa "d" – Não cabe a conjunção "se", pois o verbo está no imperativo afirmativo.

Alternativa "e" – Para indicar consequência, caberia a locução conjuntiva "de modo que" e haveria também a ideia de causa.

LÍNGUA PORTUGUESA

261. (FGV – Técnico Judiciário – Área Técnico Administrativa – TJ CE - 2019) Abaixo estão cinco frases com a negativa não; todas essas frases foram reescritas, eliminando-se essa negativa, mas mantendo-se o sentido original.

A frase em que houve alteração do sentido original é:

a) A justiça não existe onde não há liberdade / A justiça só existe onde há liberdade;

b) Se temes a solidão, não tentes ser justo / Se temes a solidão, tenta ser injusto;

c) O raciocínio e a pressa não se dão bem / O raciocínio e a pressa mostram más relações;

d) Não existem amores feios / Só existem amores bonitos;

e) Não se pode confiar em quem põe a mão no coração ao dar sua palavra / Pode-se desconfiar de quem põe a mão no coração ao dar sua palavra.

▷ ***Anotações/Comentários***

Nota da autora: Questão de coerência textual e verbo. Mais uma vez a banca exige o verbo no imperativo e incluiu processo de formação das palavras – prefixação.

Alternativa "a" – Sentidos iguais: não existe onde não há = existe onde há.

Alternativa "b" – Sentidos distintos: não tentes ser **justo** = tu és injusto; tenta ser **injusto** = tu és justo. Perceba que alteração de sentido ocorreu por dois motivos: 1. Alteração do verbo no imperativo negativo para o imperativo afirmativo; 2. Inserção do prefixo negativo "in" em *injusto* (radical: justo).

Presente do indicativo (1)	Imperativo afirmativo (3)	Presente do subjuntivo (2)	Imperativo negativo (4)
Eu tento	X (3.1)	Que eu tente	X (4.1.)
Tu tentas (3.2.) → (- s)	**Tenta tu** (3.3)	Que tu tentes →	**Não tentes** (4.2)
Ele tenta	Tente você (3.5)	← Que ele tente (3.4) →	Não tente (4.3)
Nós tentamos	Tentemos nós (3.7)	←Que nós tentemos (3.6) →	Não tentemos (4.4.)
Vós tentais (3.8)→ (- s)	Tentai vós (3.9)	Que vós tenteis →	Não tenteis (4.5)
Eles tentam	Tentem vocês (3.11)	← Que eles tentem (3.10) →	Não tentem (4.6)

Alternativa "c" – Sentidos iguais: não se dar bem = más relações.

Alternativa "d" – Sentidos iguais: não existem feios = existem bonitos.

Alternativa "e" – Sentidos iguais: não se pode confiar = deve-se desconfiar.

262. (FGV – Técnico Judiciário – Área Técnico Administrativa – TJ CE - 2019) "Excesso de direito, excesso de injustiça".

A forma adequada de indicar-se de modo mais explícito a relação lógica desse pensamento é:

a) Se houver excesso de direito, haverá excesso de injustiça;

b) O excesso de direito é sempre seguido do excesso de injustiça;

c) Em havendo excesso de direito, desaparecerá o excesso de injustiça;

d) O excesso de direito ocorre em função do excesso de injustiça;

e) Quanto menor o excesso de direito, maior o excesso de injustiça.

▷ ***Anotações/Comentários***

Alternativa "a" – Exatamente: uma coisa depende da outra, por isso cabe a ideia condicional indicada pela conjunção "se".

Alternativa "b" – Não possui noção de tempo.

Alternativa "c" – Não desaparece, as ideias são simultâneas.

Alternativa "d" – "Em função de" = *em consequência de, em resultado de*. Não existe ideia de consequência.

Alternativa "e" – Não cabe a ideia de maior e menor.

263. (FGV – Técnico Judiciário – Área Técnico Administrativa – TJ CE - 2019) A frase abaixo em que o termo sublinhado repete ou se refere a um termo anterior é:

a) O justo é tranquilíssimo, o injusto é sempre muito solícito;

b) Raspai o juiz, encontrareis o carrasco;

c) Não pretendas ser juiz se não tens força para desenraizar as injustiças;

d) É natural desejar que se faça justiça; a maior de todas as almas não ficaria insensível ao prazer de ser conhecida como tal;

e) Causam menos dano cem delinquentes do que um mau juiz.

▷ ***Anotações/Comentários***

Alternativa "a" – Indica oposição dos vocábulos *justo* e *injusto*.

Alternativa "b" – O termo não retoma vocábulo algum.

Alternativa "c" – Injustiça não retoma *juiz*.

Alternativa "d" – O pronome retoma "justiça".

Alternativa "e" – O adjetivo apenas qualifica o substantivo *juiz*.

264. (FGV – Técnico Judiciário – Área Técnico Administrativa – TJ CE - 2019) Se reconheces que algo é injusto, tenta pôr fim à injustiça o mais rápido possível: para que esperar o próximo ano?

A relação semântico-gramatical que existe entre injusto / injustiça se repete em:

a) julgar / julgamento;

b) dificultoso / dificuldade;

c) rápido / rapidamente;

d) roupagem / rouparia;

e) figura / figuração.

▷ ***Anotações/Comentários***

Nota da autora: É necessário classificar as classes gramaticais: injusto = adjetivo; injustiça = substantivo.

Alternativa "a" – Verbo e substantivo.

Alternativa "b" – Adjetivo e substantivo.

Alternativa "c" – Adjetivo e advérbio.

Alternativa "d" – Substantivo e substantivo.

Alternativa "e" – Substantivo e substantivo.

265. (FGV – Técnico Judiciário – Área Técnico Administrativa – TJ CE - 2019) "Quem critica a injustiça o faz não porque teme cometer ações injustas, mas porque teme sofrê-las".

No caso desse pensamento de Platão, o verbo *fazer* substitui toda uma oração anterior (critica a injustiça); a mesma situação ocorre na seguinte frase:

a) Arrepende-se quem faz o que não deve;

b) Zangou-se com os amigos e fez uma longa denúncia;

c) Decidiu viajar e fez isso rapidamente;

d) Comprou um novo computador e fez o trabalho;

e) Ficou preocupado e fez a viagem de repente.

▷ ***Anotações/Comentários***

Nota da autora: Trata-se de **verbo vicário** – fica no lugar de outro, que substitui um verbo para não se o repetir. Os mais usados são: *fazer* e *ser*. Exemplos: Ele vinha muito aqui, mas há meses que não **o faz**" *(o faz* = vem aqui). Ela não estuda mais como **fazia** antigamente" (*fazia* = estudava).

Alternativa "a" – O verbo *fazer* não retoma o verbo *arrepender-se*.

Alternativa "b" – O verbo *fazer* não retoma o verbo *zangar-se*.

Alternativa "c" – O verbo *fazer* retoma o verbo *viajar:* Decidiu viajar e **viajou** rapidamente.

Alternativa "d" – O verbo *fazer* não retoma o verbo *comprar*.

Alternativa "e" – O verbo *fazer* não retoma o verbo *ficar*.

266. (FGV – Técnico Judiciário – Área Técnico Administrativa – TJ CE - 2019) "Onde, sob os olhos dos juízes, o direito é derrubado pela iniquidade e a verdade pela mentira, são derrubados os próprios juízes".

Sobre a estrutura dessa frase, a única afirmação inadequada é:

a) o termo inicial "onde" não se refere a nenhum lugar específico;

b) no segmento "e a verdade pela mentira" está omitida a forma verbal "é derrubada";

c) no segmento "sob os olhos dos juízes" não se pode substituir a forma "sob" por "sobre";

d) no segmento "o direito é derrubado pela iniquidade" há um exemplo de voz passiva em que o sujeito (o direito) sofre a ação;

e) no segmento "são derrubados os próprios juízes" não se pode colocar o sujeito (os próprios juízes) antes do verbo (são derrubados).

▷ ***Anotações/Comentários***

Alternativa "a" – É um advérbio de lugar e não se refere a algo específico. Se fosse pronome relativo, provavelmente especificaria: A biblioteca onde estudo = retoma *biblioteca*.

Alternativa "b" – As orações estão na voz passiva analítica e equivalem, na voz ativa, a: a inquietude derruba o direito e a mentira derruba a verdade. Isso significa que o verbo *ser* + o particípio (é derrubada) estão implícitos.

Alternativa "c" – Os significados são distintos. Sob: *que está protegido por;* sobre: *por cima de; denota e mostra a posição ou a localização daquilo que se encontra acima de; em cima de.*

Alternativa "d" – O sujeito é paciente:

o direito	é derrubado	pela inquietude
sujeito paciente	verbo *ser* + particípio	agente da passiva

Transpondo para a voz ativa:

a inquietude	derruba	o direito
sujeito	verbo no presente do indicativo – mesmo tempo do verbo *ser* na passiva	objeto direto

Alternativa "e" – Pode, já que a oração ficaria na ordem direta: os juízes são derrubados. Como mencionado na alternativa "b", as orações antepostas estão na vos passiva analítica.

267. (FGV – Técnico Judiciário – Área Técnico Administrativa – TJ CE - 2019) "Nunca serei juiz. Neste grande vale onde a espécie humana nasce, vive, morre, se reproduz, se cansa, e depois volta a morrer, sem saber como nem por quê, distingo apenas felizardos e desventurados".

Nessa frase do escritor italiano Ugo Foscolo, a função do segundo período é:

a) contradizer o primeiro;

b) explicar melhor o que é dito antes de forma vaga;

c) repetir o mesmo pensamento já dito;

d) justificar a declaração anterior;

e) argumentar contra o primeiro período.

▷ ***Anotações/Comentários***

Alternativa "a" – Não é incoerente e não se opõe ao que foi dito, isto é, não pode ser contraditório.

Alternativa "b" – Explicar é ensinar, instruir, explanar – até cabe no contexto –, mas o fato de não ser juiz não possui sentido vago, trata-se de uma afirmação.

Alternativa "c" – Não repete. Alternativa descartada facilmente.

Alternativa "d" – Justificar é comprovar, fundamentar, apresentar motivos e razões. É exatamente o que o autor faz após afirmar que nunca será juiz.

Alternativa "e" – Como mencionado na alternativa "a", não ocorre oposição, então não argumenta contra.

268. (FGV – Técnico Judiciário – Área Técnico Administrativa – TJ CE – 2019) "Nunca serei juiz. Neste grande vale onde a espécie humana nasce, vive, morre, se reproduz, se cansa, e depois volta a morrer, sem saber como nem por quê, distingo apenas felizardos e desventurados".

Nesse pensamento, os termos "como" e "por quê" indicam, respectivamente:

a) modo e causa;
b) meio e explicação;
c) meio e causa;
d) causa e explicação;
e) modo e explicação.

▷ ***Anotações/Comentários***

Alternativa "a" – Sem saber como: sem saber **o modo, a maneira**; sem saber por quê: sem saber **a causa.**

Alternativa"b" – Nem meio nem explicação.

Alternativa"c" – Não indica meio.

Alternativa"d" – Nem causa nem explicação.

Alternativa"e" – Não explicação, mas sim causa.

FRAGMENTO DE TEXTO PARA RESPONDER À QUESTÃO.

(...) *O maior desafio do Poder Judiciário no Brasil é tornar-se cada vez mais acessível às pessoas, até mesmo a quem não pode arcar com o custo financeiro de um processo. De um modo amplo,* ***o acesso à justiça*** *significa a garantia de amparo aos direitos do cidadão por meio de uma ordem jurídica justa e, caso tais direitos sejam violados, a possibilidade de ele buscar a devida reparação. Para tornar efetivo* ***esse direito fundamental*** *e popularizá-lo, foram feitas várias mudanças na lei ao longo dos anos.* (...)[49]

269. (CESPE/CEBRASPE – Assistente Judiciário –TJ AM – 2019 – adaptada) A expressão "esse direito fundamental" refere-se a "o acesso à justiça".

- CERTO
- ERRADO

▷ ***Anotações/Comentários***

Leia o trecho substituindo o termo: o acesso à justiça significa a garantia de amparo aos direitos do cidadão. Para tornar efetivo **o acesso à justiça** e popularizá-lo. Esse direito fundamental retoma "o acesso à justiça".

270. (CESPE/CEBRASPE – Técnico Judiciário – TJ PR – 2019 – adaptada) Cada uma das opções a seguir apresenta uma proposta de reescrita do seguinte trecho: "A natureza está dizendo que a água, além de infecta, está acabando. Lemos a notícia e postergamos a tragédia para nossos netos."[50]. Assinale a opção em que a proposta apresentada preserva os sentidos do texto.

a) A natureza está dizendo que a água, além de infecta, está acabando, mas lemos a notícia e postergamos a tragédia para nossos netos.
b) A natureza está dizendo que a água, além de infecta, está acabando, porque lemos a notícia e postergamos a tragédia para nossos netos.
c) A natureza está dizendo que a água, além de infecta, está acabando, se lemos a notícia e postergamos a tragédia para nossos netos.
d) A natureza está dizendo que a água, além de infecta, está acabando, logo lemos a notícia e postergamos a tragédia para nossos netos.
e) A natureza está dizendo que a água, além de infecta, está acabando, ou lemos a notícia e postergamos a tragédia para nossos netos.

▷ ***Anotações/Comentários***

Nota da autora: Questão de coesão e período composto.

Alternativa "a" – As ideias demonstram oposição: a água está acabando e não tomamos atitude alguma. A conjunção coordenada adversativa "mas" deve unir as orações.

Alternativa "b" – Não é uma explicação e não cabe a conjunção *porque*.

Alternativa "c" – Não se trata de uma ideia condicional (se).

Alternativa "d" – Não indica conclusão (logo).

Alternativa "e" – Não é uma alternância (ou).

TEXTO 1A1-II PARA RESPONDER ÀS QUESTÕES.

Não se sabe ainda se o mundo acabou realmente no sábado, como fora anunciado. Pode ser que sim, e não seria a primeira vez que **isso** acontece. A falta de sinais estrondosos e visíveis não é prova bastante da continuação. Muitas vezes o mundo acaba em silêncio, ou fazendo um barulho leve de folha. Tempos depois é que se percebe, mas já então vivemos em outro mundo, com sua estrutura e seus regulamentos próprios.

Pessoas que aí estão vivas assistiram à morte do mundo em agosto de 1914, mas estavam lendo jornal e não compreenderam no momento. Era apenas mais uma guerra na Europa, mas acabou com a belle époque, a respeitabilidade vitoriana, a supremacia da libra, os suspensórios, os conceitos econômicos, políticos e éticos do século XIX — mundo que parecia eterno. Pedaços dele andam por aí, vagando, como o colonialismo, a opressão de grupos financeiros, a servidão civil da mulher, mas pertencem a um contexto liquidado, rabo de lagartixa vibrando depois que o corpo foi abatido.

É possível que a previsão dos astrólogos indianos não tivesse base, e que o mundo atual dure muitos anos. Acredito mesmo que é cedo para ele morrer, se apenas está nascendo, e nem se sabe ao certo como é ou será.

Aos sete anos de idade, imaginei que iria presenciar a morte do mundo, ou **antes**, que morreria com ele. Um cometa mal-humorado visitava o espaço. Mas o cometa de Halley airosamente deslizou sobre nossas cabeças sem dar confiança de exterminar-nos.

Carlos Drummond de Andrade. Fim do mundo. In: A bolsa e a vida. São Paulo: Companhia das Letras, 2012, p. 64-5.

271. (CESPE/CEBRASPE – Técnico Judiciário – TJ PR – 2019) No texto 1A1-II, o vocábulo "isso" refere-se

a) ao anúncio do fim do mundo.
b) à continuação do mundo.
c) ao fim do mundo.
d) à primeira vez que o mundo acabou.
e) à dúvida sobre o mundo ter acabado ou não.

▷ ***Anotações/Comentários***

Alternativa "a" – Não se refere ao anúncio, mas sim ao fim do mundo – de forma conotativa (o mundo acaba em silêncio).

Alternativa "b" – O término do mundo.

Alternativa "c" – No período anterior, o autor menciona que *não se sabe ainda se o mundo acabou realmente*. Não seria a primeira vez que o **fim do mundo** aconteceria.

Alternativa "d" – Não seria a primeira vez.

Alternativa "e" – Não se refere à dúvida, mas ao fim do mundo.

49. Mariana Faria. O que tecnologia tem a ver com acesso à justiça? 13/6/2018. Internet: <www.dacordo.com.br> (com adaptações).
50. Affonso Romano de Sant'Anna. Ler o mundo. São Paulo: Global, 2011, p. 8-9 (com adaptações)

272. (CESPE/CEBRASPE – Técnico Judiciário – TJ PR – 2019) Sem prejuízo à correção gramatical e aos sentidos do texto 1A1-II, o vocábulo "antes" (último parágrafo) poderia ser substituído por

a) primeiramente.

b) melhor.

c) pelo contrário.

d) outrora.

e) até.

▷ ***Anotações/Comentários***

Alternativa "a" – Não possui ideia de *inicialmente*, de algo que ocorreu primeiro.

Alternativa "b" – A expressão "ou antes" retifica e exemplifica. Equivale a *quer dizer, aliás, ou melhor* etc.

Alternativa "c" – Retifica, mas também explica. Sendo assim, não equivale à expressão *pelo contrário*.

Alternativa "d" – Não se refere a tempos antigos.

Alternativa "e" – Não possui valor inclusivo e não equivale a *também*.

FRAGMENTO DE TEXTO PARA RESPONDER À QUESTÃO.

Ética é o conjunto de princípios e valores que usamos individualmente para decidir nossa conduta social. Se só existisse um ser humano no planeta, não existiria a questão ética, porque ela é a regulação da conduta, da vida coletiva. Esse sujeito único seria absolutamente soberano para fazer tudo sem se importar com nada. Como vivemos todos juntos, precisamos ter princípios e valores de convivência, de maneira que tenhamos uma vida íntegra, do ponto de vista físico, material e espiritual.

A ética é o **conjunto desses princípios de convivência**. A moral é a prática. Não existe **ética individual**, existe **ética de um grupo**, de uma sociedade, de uma nação. Porém, existe **moral individual**, porque moral é a prática. Ainda não temos uma **ética universal**, isto é, que tenha validade para todos os seres humanos em qualquer tempo e em qualquer lugar. O que mais se aproximou **disso** foi a Declaração Universal dos Direitos Humanos, de 1948. (...)

Mario Sergio Cortella. Ética e convivência.
Internet: (com adaptações)

273. (CESPE/CEBRASPE – Técnico Judiciário – TJ PR – 2019 – adaptada) No fragmento do texto, a forma pronominal isso, em "disso", remete a

a) "ética universal"

b) "moral individual"

c) "ética de um grupo"

d) "ética individual"

e) "o conjunto desses princípios de convivência"

▷ ***Anotações/Comentários***

Alternativa "a" – No período anterior, o autor menciona que "temos uma ética universal". O que mais se aproximou da **ética universal** foi a Declaração Universal dos Direitos Humanos.

Alternativa "b" – *Existe a moral individual* e não se aproxima da Declaração Universal dos Direitos Humanos.

Alternativa "c" – *Existe ética de grupo*, não existe ética individual. Não há relação de proximidade com a Declaração Universal dos Direitos Humanos.

Alternativa "d" – *Não existe a ética individual*: a relação é com a ética em grupo, a qual existe.

Alternativa "e" – É a definição de "ética".

FRAGMENTO DE TEXTO PARA RESPONDER À QUESTÃO.

(...) *Imaginemos que Alice compre um automóvel com um crédito bancário, mas deixe de pagar suas prestações. Uma manhã, introduz sua* ***chave digital*** *no veículo, e a porta não abre.* ***Foi bloqueada*** *por falta de cumprimento do contrato.* (...)[51]

274. (CESPE/CEBRASPE – Analista Judiciário – Direito – TJ AM – 2019 – adaptada) Infere-se das informações do fragmento do texto que o segmento "Foi bloqueada" refere-se a "chave digital".

- CERTO
- ERRADO

▷ ***Anotações/Comentários***

Basta fazer a pergunta ao verbo e encontrar o sujeito: o que foi bloqueada? **Sua chave digital.**

275. (FCC – Oficial de Justiça e Analista – TJ MA - 2019) Está clara e correta a **redação** deste livre comentário sobre o texto:

a) Postula o autor do texto de que a cartografia seja capaz de revelar equívocos à medida em que se nomeiam os seus objetos.

b) Por conta de razões históricas acabam por nomear-se acidentes que deveriam ser adstritos à simples geografia dos mesmos.

c) O fato de haver nomes simultâneos para os mesmos elementos cartográficos indicam por vezes a precariedade destas nomeações.

d) É no decorrer da história aonde se verificam quão poucos objetivos são os critérios que se adotam nos princípios da cartografia.

e) Em vários momentos da história, os cartógrafos sentem o peso de uma decisão política na hora de nomear os componentes de um mapa.

▷ ***Anotações/Comentários***

Alternativa "a" – O verbo *postular* e transitivo direto: postula o autor do texto **que** a cartografia; **à medida que** indica proporcionalidade e não cabe a inserção da preposição "em".

Dica: a locução conjuntiva "na medida em que" indica causa.

Alternativa "b" – Falta vírgula após "históricas" para demarcar a inversão do adjunto adverbial de causa; o vocábulo "mesmo" não pode ser usado como pronome substantivo.

Alternativa "c" – Concordância: o fato (sujeito) indica; a expressão adverbial "por vezes" deveria estar intercalada por estar entre o verbo transitivo direto (indica) e seu complemento (objeto direto: a precariedade); o pronome é anafórico, ou seja, retoma ideia mencionada na oração anterior e o correto é a forma essas: dessas = preposição (de) + pronome (essas).

Alternativa "d" – O pronome relativo "onde" só pode retomar lugar e não é o caso. Lê-se: verificam-se quão poucos objetos são os critérios **no** decorrer da história. A preposição "em" foi exigida. Correção: em que se verificam.

Alternativa "e" – A vírgula indica inversão do adjunto adverbial e o verbo concorda com o sujeito: os cartógrafos sentem.

276. (FCC – Oficial de Justiça e Analista – TJ MA - 2019) *A vida do homem primitivo seria mais feliz que a dos civilizados porque ele sabe viver de acordo com suas necessidades inatas.*

Uma nova redação da frase acima, em que se respeitem sua clareza, seu sentido básico e sua correção, poderá ser:

a) Apesar de nutrir sentimentos inatos, a vida dos homens primitivos, comparativamente a dos civilizados, torna-se mais feliz.

b) As necessidades primitivas do homem tornam-lhe mais feliz que a dos civilizados quando passam a atender suas forças inatas.

c) Tendo por parâmetro o atendimento às necessidades naturais, o homem primitivo desfruta de uma condição de felicidade superior à do civilizado.

51. Federico Ast. Como faremos justiça? – A chegada dos contratos inteligentes. In: ÉPOCA negócios. 9/12/2018. Internet: <https://epocanegocios.globo.com> (com adaptações).

d) Para atender a suas necessidades primitivas, o homem natural tem uma vida sobre a qual agrega mais sentimentos de felicidade que os demais.

e) Os civilizados não levam uma vida proporcionalmente mais feliz que os primitivos pelo fato de não terem atendido as necessidades que dispõe para viver.

▷ ***Anotações/Comentários***

Alternativa "a" – "Apesar de" indica concessão (oposição) e altera o sentido do trecho original.

Alternativa "b" – "Quando" refere-se a tempo e também altera o sentido. Além disso, o pronome oblíquo está incorreto: *tornam alguém* (o homem) = tornam-no. Se não pedida preposição, não deve ser empregada a forma "lhe".

Alternativa "c" – A ideia de causa é mantida: "**porque** ele sabe viver de acordo com suas necessidades inatas" e "**Tendo** por parâmetro o atendimento às necessidades naturais". A diferença é que na reescrita, a oração passa a reduzida de gerúndio e o período está na ordem inversa – é iniciado pela oração subordinada adverbial causal.

Alternativa "d" – Ao inserir a preposição "para", o período passa a indicar finalidade e altera o sentido original.

Alternativa "e" – O pronome relativo "que" retoma "necessidades". Na ordem direta: dispõe **das** necessidades para viver. A preposição "de foi exigida e deveria estar ao lado do pronome relativo: as necessidades de que dispõe para viver.

Texto para responder à questão.

Como assistiremos a filmes daqui a 20 anos?

Com muitos cineastas trocando câmeras tradicionais por câmeras 360 (que capturam vistas de todos os ângulos), o momento atual do cinema é comparável aos primeiros anos intensamente experimentais dos filmes no final do século 19 e início do século 20.

Uma série de tecnologias em rápido desenvolvimento oferece um potencial incrível para o futuro dos filmes – como a realidade aumentada, a inteligência artificial e a capacidade cada vez maior de computadores de criar mundos digitais detalhados.

Como serão os filmes daqui a 20 anos? E como as histórias cinematográficas do futuro diferem das experiências disponíveis hoje? De acordo com o guru da realidade virtual e artista Chris Milk, os filmes do futuro oferecerão experiências imersivas sob medida. **Eles** serão capazes de "criar uma história em tempo real que é só para você, que satisfaça exclusivamente a você e o que você gosta ou não", diz ele.

(Adaptado de: BUCKMASTER, Luke. Disponível em: **www.bbc.com**)

277. (FCC – Técnico Judiciário – Técnico em Informática - TJ MA - 2019) O pronome "Eles", em destaque no 3º parágrafo, faz referência aos

a) artistas individualistas do futuro.

b) filmes da atualidade.

c) espectadores do futuro.

d) diretores hoje renomados.

e) filmes do futuro.

▷ ***Anotações/Comentários***

Alternativa "a" – Os artistas não serão capazes de criar uma história.

Alternativa "b" – Não se refere aos filmes atuais, mas sim aos filmes do futuro.

Alternativa "c" – Os espectadores não serão capazes de criar história.

Alternativa "d" – Não são os diretores que criarão história.

Alternativa "e" – Basta encontrar o sujeito de "serão capazes": quem serão capazes de criar uma história em tempo real? Os filmes do futuro.

Texto para responder à questão.

Sempre pensei que ser um cidadão do mundo era o melhor que podia acontecer a uma pessoa, e continuo pensando assim. Que as fronteiras são a fonte dos piores preconceitos, que elas criam inimizades entre os povos e provocam as estúpidas guerras. E que, por isso, **é preciso tentar afiná-las pouco a pouco**, até que desapareçam totalmente. Isso está ocorrendo, sem dúvida, e essa é uma das boas coisas da globalização, **embora haja também algumas ruins**, como o aumento, até extremos vertiginosos, da desigualdade econômica entre as pessoas.

Mas é verdade que a língua primeira, aquela em que você aprende a dar nome à família e às coisas deste mundo, é uma verdadeira pátria, que depois, com a correria da vida moderna, às vezes vai se perdendo, confundindo-se com outras. E isso é provavelmente a prova mais difícil que os imigrantes têm de enfrentar, **essa maré humana que cresce a cada dia**, à medida que se amplia o abismo entre os países prósperos e os miseráveis, a de aprender a viver em outra língua, isto é, em outra maneira de entender o mundo e expressar a experiência, as crenças, as pequenas e grandes circunstâncias da vida cotidiana.

(Adaptado de: LLOSA, Mario Vargas. **O regresso à Grécia**. Disponível em: https://brasil.elpais.com)

278. (FCC – Técnico Judiciário – Técnico em Informática - TJ MA - 2019) Um fragmento do texto está adequadamente analisado na seguinte alternativa:

a) ... *é preciso tentar afiná-las pouco a pouco, até que desapareçam totalmente.* (1º parágrafo) / A forma pronominal *-las* retoma textualmente *estúpidas guerras*.

b) ... *essa maré humana que cresce a cada dia*... (2º parágrafo) / A expressão *maré humana* é empregada para se referir aos *imigrantes* de maneira pejorativa.

c) *Sempre pensei que ser um cidadão do mundo era o melhor que podia acontecer a uma pessoa, e continuo pensando assim.* (1º parágrafo) / O vocábulo ***e*** é empregado com sentido equivalente a "porém", evidenciando que a última oração contraria o afirmado anteriormente.

d) ... *embora haja também algumas ruins*... (1º parágrafo) / A forma verbal *haja* está empregada no mesmo modo verbal que "existe".

e) *Que as fronteiras são a fonte dos piores preconceitos, que elas criam inimizades entre os povos e provocam as estúpidas guerras.* (1º parágrafo) / A forma verbal *pensei* está subentendida em duas orações que compõem esse trecho.

▷ ***Anotações/Comentários***

Alternativa "a" – Retoma "fronteiras": é preciso tentar afinar as fronteiras.

Alternativa "b" – Não possui sentido desagradável e refere-se a uma grande quantidade de imigrantes.

Alternativa "c" – A ideia não é de adversidade (mas, porém, contudo), mas sim de adição: sempre pensei e continuo pensando.

Alternativa "d" – Os modos são distintos. Haja: presente do subjuntivo; existe: presente do indicativo.

Alternativa "e" – Ocorre paralelismo sintático. Lê-se: *Sempre pensei que ser um cidadão do mundo era o melhor que podia acontecer.* **(Pensei)** *que as fronteiras são a fonte dos piores preconceitos*, **(pensei)** *que elas criam inimizades*. As orações são subordinadas substantivas objetivas diretas e estão ligadas ao verbo "pensar" (transitivo direto) que está na oração principal. Entenda melhor a estrutura do paralelismo:

<table>
<tr><td rowspan="3">Sempre pensei</td><td rowspan="3">que</td><td>ser um cidadão do mundo era o melhor que podia acontecer</td></tr>
<tr><td>as fronteiras são a fonte dos piores preconceitos</td></tr>
<tr><td>elas criam inimizades</td></tr>
<tr><td>Oração principal
Verbo transitivo direto</td><td>Conjunção integrante das orações subordinadas</td><td>Orações subordinadas substantivas objetivas diretas</td></tr>
</table>

LÍNGUA PORTUGUESA

Texto para responder às questões.

Seis de janeiro, Epifania ou Dia de Reis (em referência aos reis magos), fecha o ciclo natalino que, entre os romanos, festejava o renascimento do sol depois do solstício de inverno (o dia mais curto do ano).

Era uma festa de invocação do sol, pelo fim das noites invernais. Durante esses festejos pagãos, os papéis sociais se confundiam. Havia troca de presentes e de identidades. O escravo assumia o lugar de senhor, o homem se vestia de mulher – como se, para agradar à natureza, tivéssemos de reconhecer a arbitrariedade das convenções culturais.

Nesse intervalo de poucos dias, o homem aceitava como natural o que por convenção as relações sociais e de poder não permitiam. Ameaçado pelos caprichos da natureza, reconhecia que as coisas são mais complexas do que estamos dispostos a ver.

É plausível que Shakespeare tenha escrito "Noite de Reis", segundo Harold Bloom sua comédia mais bem-sucedida, pensando nessa carnavalização solar, para comemorar a Epifania. A peça conta a história de Viola e Sebastian, gêmeos que naufragam ao largo do que hoje seria Croácia, Montenegro ou Albânia, e que no texto se chama Ilíria. Viola acredita que o irmão se afogou. Ao oferecer seus serviços ao duque de Ilíria, ela se disfarça de homem, assumindo o nome de Cesário. É o suficiente para pôr em andamento uma comédia de erros na qual as identidades serão confrontadas com a relatividade das nossas convicções.

O sentido irônico do subtítulo da peça – "o que bem quiserem ou desejarem" – dá a entender que os desejos desafiam as convenções que os encobrem. As convenções se modificam conforme a necessidade. Os desejos as contradizem. Identidade e desejo são muitas vezes incompatíveis.

É o que reivindica a filósofa Rosi Braidotti. Braidotti critica a banalização dos discursos identitários, uma incapacidade de lidar com a complexidade, análoga às soluções simplistas que certos discursos contrapõem às contradições. Diante da complexidade, é natural seguir a ilusão das respostas mais simples.

Sob a graça da comédia, Shakespeare trata da fluidez das identidades. Epifania tem a ver com a luz, com o entendimento e a compreensão. Mas para voltar a ver e compreender é preciso admitir que as contradições são parte constitutiva do mundo. A democracia, em sua imperfeição e irrealização permanentes, depende disso.

(Adaptado de: CARVALHO, Bernardo. Disponível em: **www1.folha.uol.com.br**)

---

279. (FCC – Técnico Judiciário – Área Administrativa – TRF4/2019) *É plausível que Shakespeare tenha escrito "Noite de Reis"* [...] *para comemorar a Epifania. A peça conta a história de Viola e*

Sebastian, gêmeos que naufragam ao largo do que hoje seria Croácia, Montenegro ou Albânia... (4º parágrafo)

Está correta a redação da seguinte frase, em que se contemplam as principais ideias do segmento transcrito acima:

a) Admite-se que "Noite de Reis", de Shakespeare, em cuja a peça se conta a história dos gêmeos, Viola e Sebastian, que naufragam ao largo do que hoje seria Croácia, Montenegro ou Albânia, fora escrita em comemoração à Epifania.

b) A peça "Noite de Reis", em que se conta a história dos gêmeos Viola e Sebastian, naufragados ao largo do que hoje seria Croácia, Montenegro ou Albânia, pode ter sido escrita por Shakespeare em comemoração da Epifania.

c) A fim de comemorar a Epifania, conforme se atesta, Shakespeare escreveu "Noite de Reis", peça à qual revela a história dos gêmeos Viola e Sebastian naufragando ao largo do que hoje seria Croácia, Montenegro ou Albânia.

d) A partir da presunção de que Shakespeare escrevera "Noite de Reis" em comemoração à Epifania, têm-se, na peça, a história dos gêmeos Viola e Sebastian cujo naufrágio se deu ao largo do que hoje seria Croácia, Montenegro ou Albânia.

e) Conforme se atribui à Shakespeare a comemoração da Epifania por meio da peça "Noite de Reis", em que conta-se a história dos gêmeos Viola e Sebastian, que naufragam ao largo do que hoje seria Croácia, Montenegro ou Albânia.

▷ ***Anotações/Comentários***

Alternativa "a" – O emprego do pronome relativo "cuja" está correto por indicar posse do termo anterior (de Shakespeare) e concordar com o termo posterior (peça). Lê-se: A história dos gêmeos se conta na peça de Shakespeare. A regência também está correta: se conta **na** peça (em cuja). O erro está no emprego do artigo ao lado do pronome relativo "cuja". **Dica**: os relativos "cujo" e "quem" não admitem artigo.

Alternativa "b" – Note que a estrutura sintática foi modificada – em relação à estrutura do período da alternativa anterior – e o pronome relativo "que" retoma "a peça". Lê-se: a história dos gêmeos se conta **na** peça (em que). Não há erro.

Alternativa "c" – Regência: a peça revela a história. Se o pronome relativo *a qual* retoma o sujeito, não pode estar acompanhado do sinal indicativo de crase = peça **a qual** revela.

Alternativa "d" – O verbo deve concordar com o sujeito: **tem**-se a história.

Alternativa "e" – Não pode haver crase antes de palavra masculina: Conforme se atribui **a** Shakespeare. Colocação pronominal: o pronome relativo atrai o oblíquo = em que **se conta** a história.

---

280. (FCC – Técnico Judiciário – Área Administrativa – TRF4/2019) Está correta a **redação** deste livre comentário:

a) Na medida em que nossas convicções sociais são relativas, não surpreendem que as noções de identidade sejam confrontadas a elas.

b) Deve ser visto como fator inerente à consolidação da democracia as contradições que existem na sociedade.

c) As convenções sociais podem ser assimiladas com clareza, mas o desejo que lhes confrontam costumam ser incompreensíveis.

d) Demanda a democracia, sistema em permanente construção, o reconhecimento de que contradições são inerentes às sociedades humanas.

e) Em nome do temor da instabilidade da natureza, já se criou rituais onde se suspendem critérios de controle de impulsos inconscientes.

▷ ***Anotações/Comentários***

Alternativa "a" – Concordância: o sujeito é oracional (possui verbo) e o verbo da oração principal não admite pluralização = não **surpreende** <u>que as noções de identidade sejam confrontadas a elas</u>.

Alternativa "b" – Concordância: as <u>contradições</u> **devem** ser **vistas** como **fatores inerentes**.

Alternativa "c" – Regência: o verbo *confrontar* é transitivo direto e, por retomar "as convenções", o pronome oblíquo deve se "as" = os desejos que **as** confrontam. O pronome "lhe" só pode ser usado quando o verbo ou o nome exigir preposição. Pode possuir função de objeto indireto, complemento nominal ou de adjunto adnominal (sentido de posse: seu, dele etc.).

Alternativa "d" – O período está na ordem inversa e foi escrito corretamente. Transponha-o para a ordem direta a fim de analisar a concordância, a regência e a pontuação: o reconhecimento de que contradições são inerentes às sociedades humanas demanda a democracia, sistema em permanente construção.

Alternativa "e" – Concordância: verbo transitivo direto + se indica voz passiva = já se **criaram** rituais. Equivale, na passiva analítica, a *rituais já foram criados*. Regência: o pronome relativo "onde" deve ser utilizado apenas para retomar lugar fixo, não para situações. Equivale, na ordem direta, a *critérios se suspendem **nos** rituais*. A preposição "em" foi exigida pelo verbo = rituais **em que** se suspendem critério.

---

281. (FCC – Analista Judiciário – Área Judiciária – TRF 4/2019 - adaptada) Está plenamente clara e correta a **redação** deste livre comentário:

a) No caso de a educação formal for insuficiente, apelem-se para as providências que cabem à família tomar.

b) Aos jovens de hoje reserva-se poucos cuidados no que tocam à sua educação, restringindo à bem poucas iniciativas.

c) Os filhos de hoje recusam-se à admitir que lhes cabe alguma educação que provisse de seus pais ou responsáveis.

d) A razão onde melhor se justifica a irrelevância da presente educação familiar estima-se que é a frieza dos que são indiferentes.

e) Os indivíduos de nosso tempo, impedidos de se determinarem como tais, são como que mutilados por essa privação de si mesmos.

▷ ***Anotações/Comentários***

Alternativa "a" – No caso de a educação **ser** suficiente.

Alternativa "b" – Concordância: a oração está na voz passiva sintética e o verbo deve concordar com o sujeito: **reservam-se** poucos cuidados = poucos cuidados devem ser reservados. Crase errada com singular (a) e plural (poucas iniciativas).

Alternativa "c" – Não pode haver crase antes de verbo. Verbo *provir* no pretérito imperfeito do subjuntivo: **proviesse**.

Alternativa "d" – O substantivo *razão* não indica lugar e o pronome *onde* não pode retomá-lo.

Alternativa "e" – Redação clara e correta.

Texto para responder às questões.

Existe uma enfermidade moderna que afeta dois terços dos adultos. Seus sintomas incluem falta de apetite, dificuldade para controlar o peso, baixa imunidade, flutuações de humor, entre outros. **Essa enfermidade é a privação de sono crônica, que vem crescendo na esteira de dispositivos que emitem luz azul.**

Por milênios, a luz azul existiu apenas durante o dia. Velas e lenha produziam luz amarelo-avermelhada e não havia iluminação artificial à noite. A luz do fogo não é problema porque **o cérebro interpreta a luz vermelha como sinal de que chegou a hora de dormir**. Com a luz azul é diferente: ela sinaliza a chegada da manhã.

Assim, um dos responsáveis pelo declínio da qualidade do sono nas duas últimas décadas é a luz azulada que emana de aparelhos eletrônicos; mas um dano ainda maior acontece quando estamos acordados, **fazendo um malabarismo obsessivo com computadores e smartphones**.

A maioria das pessoas passam de uma a quatro horas diárias em seus dispositivos eletrônicos – e muitos gastam bem mais que isso. **Não é problema de uma minoria. Pesquisadores nos aconselham a usar o celular por menos de uma hora diariamente.** Mas o uso excessivo do aparelho é tão predominante que os pesquisadores cunharam o termo "nomofobia" (uma abreviatura da expressão inglesa no-mobile-phobia) para descrever a fobia de ficar sem celular.

O cérebro humano exibe diferentes padrões de atividade para diferentes experiências. Um deles retrata reações cerebrais de um viciado em jogos eletrônicos. "Comportamentos viciantes ativam o centro de recompensa do cérebro", afirma Claire Gillan, neurocientista que estuda comportamentos obsessivos. "Contanto que a conduta acarrete recompensa, **o cérebro a tratará da mesma maneira que uma droga**".

(Adaptado de: ALTER, Adam. **Irresistível**. São Paulo: Objetiva, edição digital)

282. (FCC – Técnico Judiciário – Área Administrativa – TRF 3 - 2019) Estabelece relação de referência a uma expressão mencionada anteriormente no texto o termo sublinhado em

a) *o cérebro interpreta a luz vermelha como* **sinal** *de que chegou a hora de dormir* (2º parágrafo)

b) *Não é problema de* **uma** *minoria* (4º parágrafo)

c) *fazendo um malabarismo* **obsessivo** *com computadores e* smartphones (3º parágrafo)

d) *Pesquisadores nos aconselham* **a** *usar o celular por menos de uma hora diariamente* (4º parágrafo)

e) *o cérebro* **a** *tratará da mesma maneira que uma droga* (5º parágrafo)

▷ ***Anotações/Comentários***

Alternativa "a" – O vocábulo "um sinal" indica a forma como o cérebro interpreta a luz vermelha e não está retomando termo algum.

Alternativa "b" – O artigo indefinido que acompanha o vocábulo "minoria" indica que é uma minoria qualquer, possui sentido vago e impreciso.

Alternativa "c" – O adjetivo qualifica o substantivo *malabarismo*.

Alternativa "d" – A preposição refere-se ao complemento indireto do verbo *aconselhar* e não retoma termo algum: aconselha alguém (nos) a algo (a usar o celular).

Alternativa "e" – O pronome pessoal oblíquo retoma "conduta", basta fazer a substituição: o cérebro tratará a conduta da mesma maneira que uma droga.

283. (FCC – Técnico Judiciário – Área Administrativa – TRF 3 - 2019) *Existe uma enfermidade moderna que afeta dois terços dos adultos. // Essa enfermidade é a privação de sono crônica, que vem crescendo na esteira de dispositivos que emitem luz azul.* (1º parágrafo)

As frases acima estão reescritas em um único período, com correção e coerência, do seguinte modo:

a) Afetam dois terços dos adultos a privação de sono crônica, uma enfermidade moderna, que tem crescido na esteira dos dispositivos que emitem luz azul.

b) Uma enfermidade moderna, à qual afeta dois terços dos adultos, é a privação de sono crônica, que tem crescido na esteira de dispositivos que emitem luz azul.

c) A enfermidade moderna, que vem afetando dois terços dos adultos e crescendo na esteira de dispositivos dos quais emitem luz azul é a privação de sono crônica.

d) Tem vindo crescendo junto aos dispositivos que emitem luz azul, a privação de sono crônica: uma enfermidade moderna, que afeta dois terços dos adultos.

e) A privação de sono crônica, uma enfermidade moderna que vem crescendo na esteira de dispositivos que emitem luz azul, afeta dois terços dos adultos.

▷ ***Anotações/Comentários***

Alternativa "a" – A privação (sujeito) **afeta**; a oração adjetiva é restritiva e, por isso, não pode haver vírgula antes do pronome relativo "que".

Alternativa "b" – O pronome relativo "a qual" possui função de sujeito por retomar "uma enfermidade moderna" e não pode haver crase: **a qual**; a oração adjetiva é restritiva e, por isso, não pode haver vírgula antes do pronome relativo "que".

Alternativa "c" – A oração adjetiva é restritiva e, por isso, não pode haver vírgula antes do pronome relativo "que"; o pronome relativo "os quais" possui função de sujeito por retomar "dispositivos" e não admite preposição: **os quais**.

Alternativa "d" – Linguagem coloquial: "tem vindo crescendo". Correção: **está crescendo**; a oração adjetiva é restritiva e, por isso, não pode haver vírgula antes do pronome relativo "que".

Alternativa "e" – **Ideia principal**: *a privação de sono crônica afeta dois terços dos adultos*; **aposto explicativo**: *uma enfermidade moderna*; **orações adjetivas restritivas**: *que vem crescendo na esteira de dispositivos* e *que emitem luz azul*.

284. (FCC – Analista Judiciário – Área Judiciária – TRF 3 – 2019 - adaptada) Está clara e correta a **redação** deste livre comentário:

a) A menos que se sigam algum critério aceitável, os estudiosos da sociedade se apresentam como problemáticos no caso de sua definição estrutural.

b) Os diferentes critérios para a definição do que seja a estrutura social são julgados, por razões diversas, como insatisfatórios.

c) Há quem julguem as relações sociais como um produto que ao mesmo tempo considere que as individualidades já as constituam por si mesmas.

d) Não é por formularem alguma ordem ideal para as relações sociais definidas como expectativas que se obtêm, apenas por isso, a validade de uma estrutura.

e) O autor do texto leva-nos a crer que, a depender do critério que adotássemos, nossa definição de estrutura social terá validade nessa dependência.

▷ ***Anotações/Comentários***

Alternativa "a" – A oração está na voz passiva sintética e, na passiva analítica, equivale a: a menos que algum critério (sujeito) seja seguido. Correção: a menos que se **siga** algum critério.

Alternativa "b" – Intercalação corretíssima do adjunto adverbial.

Alternativa "c" – O verbo deve concordar com o sujeito: quem **julgue**.

Alternativa "d" – A oração está na voz passiva sintética e, na passiva analítica, equivale a: a validade (sujeito) é obtida. Correção: que se **obtém** a validade de uma estrutura.

Alternativa "e" – Não pode haver sinal indicativo de crase antes de verbo: **a** crer.

---

285. (FCC – Analista Judiciário – Área Judiciária – TRF 3 - 2019) *Além da beleza das formas e cores, há algo de simbólico nessas inscrições corporais.*[52]

A frase acima ganha nova redação, na qual se mantêm a coerência básica, a clareza e a correção da linguagem, no seguinte caso:

a) Nessas inscrições corporais, a despeito da beleza das formas e cores, ocorre-lhes algum simbolismo.

b) Em tais inscrições corporais o simbolismo desperta-lhes igualmente a beleza das formas e cores simbólicas.

c) Algo de simbólico se revela, além das belas formas e cores, nessas inscrições corporais.

d) Essas formas simbólicas, em cujas há cores e beleza, apresentam-se como inscrições corporais.

e) O simbólico dessas inscrições corporais manifesta-se para muito além das formas e cores que houverem.

▷ ***Anotações/Comentários***

Nota da autora: O sentido do período é de adição (além de).

Alternativa "a" – A locução conjuntiva *a despeito de* é concessiva, ou seja, possui ideia de oposição, não de adição.

Alternativa "b" – Faltou vírgula para marcar a inversão do adjunto adverbial: **Em tais inscrições corporais,** o simbolismo; sentido alterado: as cores e as formas não são simbólicas, no trecho original.

Alternativa "c" – A ideia aditiva está intercalada e manteve o sentido, assim como manteve a correção. Leia o que está em negrito: ***Algo de simbólico se revela****, além das belas formas e cores,* ***nessas inscrições corporais****.*

Alternativa "d" – Além de faltar a ideia de adição, o emprego do pronome relativo está errado. Lê-se: há cores e beleza as formas simbólicas. Deveria ser usado o pronome "em que" ou "nas quais", pois o relativo "cujas" concorda com o termo posterior e indica posse do termo anterior. De qualquer forma, o sentido é alterado.

Alternativa "e" – Concordância: o verbo *haver,* quando impessoal (sentido de existir ou ocorrer), não admite pluralização = **houver**.

---

286. (FCC – Analista Judiciário – Área Judiciária – TRF 3 - 2019) Está plenamente adequado o emprego de ambos os elementos sublinhados na frase:

a) As economias que **provieram** de seus salários, ele **as despendeu** em sessões de tatuagem.

b) Elas **interviram** quando ele se dispôs a apagar uma tatuagem que **o** custara tão caro.

c) A propósito de tatuagens, o velho **lhes** vê como **assessórios** inúteis que marcam um corpo.

d) Depois de se deixar seduzir **a uma** tatuagem, conheceu o remorso **em cujo** se martirizou.

e) Ele diz não saber **porquê** a tatuagem goza de tanto prestígio **aonde** quer que surja.

▷ ***Anotações/Comentários***

Alternativa "a" – O verbo *provir* está conjugado corretamente no pretérito perfeito do indicativo. O verbo *despender* é transitivo direto e pede como complemento o pronome pessoal oblíquo "as" que se refere às economias.

Alternativa "b" – O verbo *intervir* é conjugado como o verbo "vir". No pretérito perfeito do indicativo: **intervieram.** A tatuagem custou caro a ele: foi exigida a preposição, logo a forma correta é o pronome pessoal oblíquo **lhe. Dica:** Sem preposição: o, a; com preposição: lhe.

Alternativa "c" – O verbo *ver* é transitivo direto: o velho **as** vê. A forma correta do substantivo é **acessório** - *coisa secundária, não essencial; detalhe.* Assessório é característico de assessor, da pessoa que auxilia alguém na realização de suas tarefas, funções ou ofícios habituais; assessorial. Não cabe no contexto.

Alternativa "d" – Regência incorreta: depois de se deixar seduzir **por** algo: por uma tatuagem. O pronome relativo retoma "remorso". Na ordem direta: martirizou-se **com** o remorso – com algo = remorso **com que** se martirizou. **Dica:** o pronome relativo "cujo" concorda com o termo posterior e indica posse do termo anterior. Exemplo: O autor com cujas ideias concordo = concordo com as ideias do autor.

Alternativa "e" – Ortografia: cabe a palavra "razão" posposta. Lê-se: não saber **por que** razão a tatuagem. Não pode ser escrito como um substantivo (porquê). Regência: a tatuagem goza de prestígio **em** algum lugar = a preposição "em" foi pedida e a forma correta é **onde**.

---

287. (FCC – Analista Judiciário – Área Judiciária – TRF 4/2019) A frase *Pode se tratar de uma construção ficcional ou um pai figurado, mais ou menos próximo do verdadeiro* ganha nova redação, na qual mantém seu sentido básico, em:

a) Tratando-se provavelmente de uma construção de ficção, ou mesmo de um pai figurante, pode ainda estar próximo da verdade.

b) É possível que se trate de uma operação ficcional ou da figuração de um pai que lembre aproximadamente o pai real.

c) Tratando-se de uma ficção, pela qual se reproduz a figura do pai, pode ainda assim estar perto de ser convincente.

d) Considerando como construção ficcional tal figura do pai, trata-se de se aproximar um tanto da verdadeira.

e) Pode-se considerar que tal construção, sendo fictícia, venha a preservar a imagem verdadeira do pai assim figurado.

▷ ***Anotações/Comentários***

Alternativa "a" – O sentido foi alterado: pai figurante é pai secundário – não desempenha papel determinado.

Alternativa "b" – Pode se tratar: é possível que se trate; de uma construção ficcional: de uma operação ficcional; ou um pai figurado: ou da figuração de um pai; mais ou menos próximo do verdadeiro: que lembre aproximadamente o pai real.

Alternativa "c" – Em "pode se tratar", há dúvida; em "tratando-se", há certeza. Além disso, *convincente* não é sinônimo de *verdadeiro.* Convincente: *persuasivo, que é capaz de convencer.*

Alternativa "d" – Construção ficcional ou um pai figurado: faltou informação. Além disso, "mais ou menos próximo" é diferente de próximo.

Alternativa "e" – Na frase original, o pai figurado está próximo do verdadeiro; aqui, afirma que ele é verdadeiro. O sentido foi alterado.

Texto para responder às questões.

[Valores da propaganda]

Na sociedade moderna, a mesma voz que prega sobre as coisas superiores da vida, tais como a arte, a amizade ou a religião, exorta o ouvinte a escolher uma determinada marca de sabão. Os panfletos sobre como melhorar a linguagem, como compreender a música, como ajudar-se etc. são escritos no mesmo estilo de propaganda que exalta as vantagens de um laxativo. Na verdade, um redator hábil pode ter escrito qualquer um deles.

Na altamente desenvolvida divisão de trabalho, a expressão tornou-se um instrumento utilizado pelos técnicos a serviço do mercado. Um romance é escrito tendo-se em mente as suas possibilidades de filmagem, uma sinfonia ou poema são compostos com um olho no seu valor de propaganda. Outrora pensava-se que cada expressão, palavra, grito ou gesto tivesse um significado intrínseco; hoje é apenas um incidente em busca de visibilidade.

(Adaptado de: HORKHEIMER, Max. **Eclipse da razão**. Trad. Sebastião Uchoa Leite. Rio de Janeiro: Editorial Labor do Brasil, 1976, p. 112)

---

288. (FCC – Analista Judiciário – Área Judiciária – TRF 4/2019) Na frase *Na altamente desenvolvida divisão de trabalho, a expressão tornou-se*

52. (Adaptado de: HATOUM, Milton. **Um solitário à espreita**. São Paulo: Companhia das Letras, 2013, p. 122).

um instrumento utilizado pelos técnicos a serviço do mercado (2º parágrafo), o segmento sublinhado pode ser substituído, sem prejuízo para o sentido básico do contexto, por:

a) uma ferramenta do uso de especialistas em operações comerciais.
b) um utensílio desenvolvido por trabalhadores servis do sistema de negócios.
c) um atributo próprio de quem gerencia as operações do mercado.
d) uma operação que beneficia os especialistas empresariais.
e) um fator decisivo para que os acionistas de uma empresa façam-na lucrativa.

▷ ***Anotações/Comentários***

Alternativa "a" – *Instrumento* é "ferramenta", *utilizado* é "do uso", *técnicos* são "especialistas" e *a serviço do mercado* são "operações comerciais".

Alternativa "b" – *Desenvolvido* não é sinônimo de "utilizado".

Alternativa "c" – Não se trata de atributo, mas de uma ferramenta, um instrumento.

Alternativa "d" – Não é uma operação, muito menos beneficia especialistas empresariais.

Alternativa "e" – Não é um fator decisivo e não se relaciona com acionistas e lucros.

---

289. (FCC – Analista Judiciário – Área Judiciária – TRF 4/2019) No contexto, relacionam-se numa **oposição de sentido** os segmentos:

a) *exorta o ouvinte / exalta as vantagens* (1º parágrafo).
b) *as coisas superiores da vida / como melhorar a linguagem* (1º parágrafo).
c) *Um romance é escrito / uma sinfonia ou poema são compostos* (2º parágrafo).
d) *instrumento utilizado pelos técnicos / valor de propaganda* (2º parágrafo).
e) *um significado intrínseco / um incidente em busca de visibilidade* (2º parágrafo).

▷ ***Anotações/Comentários***

Alternativa "a" – *Exortar* é estimular, persuadir; *exaltar* é elogiar, enaltecer. Não há oposição.

Alternativa "b" – Prega sobre as coisas superiores e os panfletos são sobre como melhorar a linguagem. Também não ocorre oposição, indicam assuntos.

Alternativa "c" – Indica o objetivo (a finalidade) do romance, da sinfonia e do poema.

Alternativa "d" – Uma sinfonia ou poema são exemplos de instrumentos utilizados pelos técnicos; o valor da propaganda refere-se a eles. Não ocorre oposição.

Alternativa "e" – Intrínseco: interno, inerente; visibilidade: caráter visível, ou seja, é externo.

TEXTO PARA RESPONDER ÀS QUESTÕES.

***Internet* e as novas mídias: contribuições para a proteção do meio ambiente no ciberespaço**

A sociedade passou por profundas transformações em que a realidade socioeconômica modificou-se com rapidez junto ao desenvolvimento incessante das economias de massas. Os mecanismos de produção desenvolveram-se de tal forma a adequarem-se às necessidades e vontades humanas. Contudo, o homem não mediu as possíveis consequências que tal desenvolvimento pudesse causar de modo a provocar o desequilíbrio ao meio ambiente e a própria ameaça à vida humana.

Desse modo, a preocupação com o meio ambiente é questionada, sendo centro de tomada de decisões, diante da grave problemática que ameaça romper com o equilíbrio ecológico do Planeta. E não apenas nos tradicionais meios de comunicação, tais como jornais impressos, rádio, televisão, revistas, dentre outros, como também nos espaços virtuais de interatividade, por meio das novas mídias, as quais representam novos meios de comunicação, tem-se o debate sobre a problemática ambiental.

O capitalismo foi reestruturado e a partir das transformações científicas e tecnológicas deu-se origem a um novo estabelecimento social, em que por meio de redes e da cultura da virtualidade, configura-se a chamada sociedade informacional, na qual a comunicação e a informação constituem-se ferramentas essenciais da Era Digital.

As novas mídias, por meio da utilização da Internet, estão sendo consideradas como novos instrumentos de proteção do meio ambiente, na medida em que proporcionam a expansão da informação ambiental, de práticas sustentáveis, de reivindicações e ensejo de decisões em prol do meio ambiente.

No ciberespaço, devido à conectividade em tempo real, é possível promover debates de inúmeras questões como a construção da hidrelétrica de Belo Monte, o Novo Código Florestal, Barra Grande, dentre outras, as quais ensejam por tomada de decisões políticas, jurídicas e sociais. [...]

Vislumbra-se que a Internet é um meio que aproxima pessoas e distâncias, sendo utilizada por um número ilimitado de pessoas, a custo razoável e em tempo real. De fato, a Internet proporciona benefícios, pois, além de promover a circulação de informações, a curto espaço de tempo, muitos debates virtuais produzem manifestações sociais. Assim sendo, tem-se a democratização das informações através dos espaços virtuais, como blogs, websites, redes sociais, jornais virtuais, sites especializados, sites oficiais, dentre outros, de modo a expandir conhecimentos, promover discussões e, por vezes, influenciando nas tomadas de decisões dos governantes e na proliferação de movimentos sociais. Desse modo, os cidadãos acabam participando e exercendo a cidadania de forma democrática no ciberespaço. [...]

Faz-se necessária a execução de ações concretas em prol do meio ambiente, com adaptação e intermédio do novo padrão de democracia participativa fomentado pelas novas mídias, a fim de enfrentar a gestão dos riscos ambientais, dentre outras questões socioambientais. Ainda, são necessárias discussões aprofundadas sobre a complexidade ambiental, agregando a interdisciplinaridade para escolhas sustentáveis e na difusão do conhecimento. E, embora haja inúmeros desafios a percorrer com a utilização das tecnologias de comunicação e informação (novas TIC's), entende-se que a atuação das novas mídias é de suma importância, pois possibilita a expansão da informação, a práxis ambiental, o debate e as aspirações dos cidadãos, contribuindo, dessa forma, para a proteção do meio ambiente.

(SILVA NUNES, Denise. Internet e as novas mídias: contribuições para a proteção do meio ambiente no ciberespaço. In: Âmbito Jurídico, Rio Grande, XVI, n. 115, ago. 2013. Disponível em: http://ambito juridico.com.br/site/?n_link=revista_artigos_leitura&artigo_id=13051& revista_caderno=17. Acesso em: jan. 2017. Adaptado.)

---

290. (CONSULPLAN – Técnico Judiciário – Área Administrativa – TRF 2/2017) A reescrita de "Contudo, o homem não mediu as possíveis consequências que tal desenvolvimento pudesse causar de modo a provocar o desequilíbrio ao meio ambiente e a própria ameaça à vida humana." (1º §) em que a correção gramatical e o sentido foram preservados pode ser indicada em:

a) Assim, o homem não mensurou as possíveis consequências que seriam causadas por tal de modo a provocar o desequilíbrio ao meio ambiente e a própria ameaça e à vida humana.
b) Não obstante, o homem não mediu as possíveis consequências que poderiam ser causadas por tal desenvolvimento provocando o desequilíbrio ao meio ambiente e a própria ameaça e à vida humana.
c) As possíveis consequências que tal desenvolvimento pudesse causar de modo a provocar o desequilíbrio ao meio ambiente e a própria ameaça e à vida humana, entretanto, não foram logradas.
d) Contudo, o homem não mediu as possíveis consequências que tal desenvolvimento pudesse causar de modo a provocar o desequilíbrio e a própria ameaça ao meio ambiente e à vida humana.

▷ ***Anotações/Comentários***

Nota da autora: O gabarito preliminar foi B, mas a banca alterou para D. Questão de período composto e de paralelismo sintático. *Contudo* é conjunção coordenada adversativa e possui ideia de oposição.

Alternativa "a" – 1. *Assim* possui ideia de conclusão e o sentido é alterado; 2. Não há clareza no trecho *"que seriam causadas por tal"*.

Alternativa "b" – *Não obstante* é locução conjuntiva subordinada concessiva e também possui ideia de oposição, mas o paralelismo sintático foi alterado ao inserir a conjunção aditiva "e". Por esse motivo, a banca alterou o gabarito. Compare novamente:

1. provocar → o desequilíbrio → ao meio ambiente – algo a algo
→ a própria ameaça → à vida humana – algo a algo

2. provocando → o desequilíbrio → ao meio ambiente – algo a algo
→ a própria ameaça – algo
→ e
→ à vida humana – a algo. O sentido foi claramente alterado.

Alternativa "c" – Mais uma vez o paralelismo sintático não foi respeitado por ter sido inserida a conjunção "e" antes de "à vida humana".

Alternativa "d" –

1. No comando da questão:

provocar → o desequilíbrio → ao meio ambiente – algo a algo
→ a própria ameaça → à vida humana – algo a algo

2. Na alternativa "d", foram inseridos, em primeiro lugar, os objetos diretos e depois os objetos indiretos, mantendo o paralelismo sintático e, consequentemente, o sentido.

provocar → o desequilíbrio e a própria ameaça – objetos diretos
→ ao meio ambiente e à vida humana – objetos indiretos.

---

291. (CONSULPLAN – Técnico Judiciário – Área Administrativa – TRF 2/2017) No desenvolvimento textual, é notório que o emprego de conectivos e operadores argumentativos contribui para a eficácia da argumentação, deste modo, a sua ampla compreensão se faz necessária. Nesta perspectiva, em *"[...]entende-se que a atuação das novas mídias é de suma importância, pois possibilita a expansão da informação, a práxis ambiental, o debate e as aspirações dos cidadãos, [...]"* (7º §) pode-se afirmar acerca do termo destacado que

a) articula, em um enunciado, tese e argumento estabelecendo uma ligação semântica em que há uma relação de explicação.

b) relaciona o argumento que o antecede ao que o sucede, tornando-os equivalentes quanto à ênfase que lhes é atribuída.

c) orienta para uma conclusão implícita em relação à informação antecedente de modo que sua função é finalizar o ponto de vista exposto.

d) indica uma pressuposição em relação ao assunto antes de sua enunciação, evidenciando sua importância no desenvolvimento da argumentação.

▷ ***Anotações/Comentários***

Alternativa "a" – A ideia explicativa está clara, já que a conjunção "pois" equivale a "porque". Veja: **por que** se *entende que a atuação das novas mídias é de suma importância?* **Porque** *possibilita a expansão da informação, a práxis ambiental, o debate e as aspirações dos cidadãos = explicação.*

Alternativa "b" – Não são equivalentes.

Alternativa "c" – Não indica conclusão, mesmo que implícita. A ideia é, como mencionado, de explicação. Seria conclusão de estivesse no sentido de "logo".

Alternativa "d" – Explica e não pressupõe.

TEXTO I

Onde o Direito e a Literatura se encontram

"Porque esse é o meu nome! Porque não posso ter outro em minha vida! Porque estaria mentindo e assinando mentiras. Porque não valho a poeira dos pés daqueles que mandou enforcar! Eu já dei a minha alma ao Senhor, deixe-me ficar com meu nome!". A citação acima foi retirada da obra As Bruxas de Salém, de Arthur Miller, que também foi tema de filme, lançado em 1996. O trecho em questão, porém, também foi utilizado como argumentação em uma decisão judicial a favor da autora que reclamava de atentado à honra.

A argumentação não só mostra como a Literatura ajuda a fundamentar a realidade, mas como o próprio Direito se utiliza dessa ferramenta para interpretar a sociedade. Essa relação entre Direito e Literatura pode ser analisada de três formas: o Direito na Literatura; o Direito da Literatura, que trata dos direitos do autor ou de uma obra e de temas relacionados, como a liberdade de expressão; e, ainda, a utilização de práticas da crítica literária para compreender e avaliar os direitos, as instituições e procedimentos judiciais, o que seria o Direito como Literatura.

Esta última relação do Direito com a Literatura, como explica Vera Karam, professora da disciplina de Direito e Literatura da Faculdade de Direito da Universidade Federal do Paraná (UFPR), é o estudo de temas jurídicos – e da própria realidade em que estão inseridos – com a ajuda das obras literárias. "A Literatura surge como uma metáfora que o direito usa para tentar articular uma boa solução para aquilo que é chamado a responder", explica. [...]

"O aplicador do direito é constantemente demandado a dar respostas a conflitos concretos e diversos, e a Literatura justamente abre um espaço de reflexão e de ação mais crítico, porque é mais sensível às especificidades do humano", aponta Vera.

"A Literatura amplia os horizontes, já que possibilita ao leitor experimentar, de um modo seguro, situações que ele provavelmente jamais viveria. A boa literatura estimula a reflexão e desperta o senso crítico", complementa Lenio Streck, procurador de Justiça do Rio Grande do Sul e professor de Pós-Graduação em Direito na Unisinos-RS.

Para Vera, além de trazer novas perspectivas aos operadores do Direito, a Literatura antecipa temas relacionados ao universo jurídico. "A ficção literária tem essa riqueza, essa sutileza, essa sensibilidade que permite que o Direito às vezes fique até mais bem preparado para o enfrentamento de conflitos que seriam inimagináveis fora da ficção", diz.

A linguagem, que no Direito encontra suas especificidades e na Literatura é registrada de maneira mais diversa e livre, também é apontada pelos especialistas como um ponto-chave da interpretação jurídica por meio das obras. "Olhando a operacionalidade, a realidade não nos toca, as ficções, sim. Com isso, confundimos as ficções da realidade com a realidade das ficções. Ficamos endurecidos. A Literatura pode ser mais do que isso. Faltam grandes narrativas no Direito, e a Literatura pode humanizá-lo", finaliza Streck.

(Katna Baran, especial para a Gazeta do Povo 21/03/2013. Disponível em: http://www.gazetadopovo.com.br/vidapublica/justica-direito/onde-o-direito-e-a-literatura-se-encontramb2yn714yocf2hz62cladr6p1q>. Acesso em janeiro de 2017. Adaptado.)

---

292. (CONSULPLAN – Analista Judiciário – Área Administrativa – TRF 2/2017) Acerca do vocábulo "onde" no título "Onde o Direito e a Literatura se encontram", de acordo com a aplicação e relação estabelecida, é correto afirmar que

a) tem função anafórica no discurso como substituto de um circunstante locativo.

b) faculta-se a grafia "donde" tendo em vista o sentido original que lhe é atribuído.

c) emprega-se de modo absoluto como visto no verso "Moro onde não mora ninguém".

d) tal advérbio interrogativo foi empregado em uma pergunta indireta em referência a lugar.

▷ ***Anotações/Comentários***

Alternativa "a" – Teria função anafórica se estivesse retomando elemento ou ideia.

Observação: função catafórica se citasse algo. Anáfora: retoma; catáfora: cita.

Alternativa "b" – A preposição "de" não foi exigida e impossibilita o uso de "donde". Exemplo para melhor entendimento: As dúvidas, não sabemos **donde** surgiram.

Alternativa "c" – Pronome (ou advérbio) possui **valor absoluto** quando não faz referência a termo anterior e foi exatamente isso que ocorreu no título do texto e no verso.

Alternativa "d" – É advérbio de lugar e não interrogativo, pois não há interrogativa indireta. **Observação**: As interrogativas indiretas se caracterizam pela entonação decrescente e por não começarem com vocábulos interrogativos. Não possuem ponto de interrogação. Perguntei a ela qual o motivo da constante ausência. Queria saber onde você estuda. Informe-nos quantas horas você estuda. Diga quem é você.

---

293. (CONSULPLAN – Analista Judiciário – Área Administrativa – TRF 2/2017) De acordo com o contexto, o sentido do trecho destacado está adequadamente expresso em:

a) "e da própria realidade em que estão inseridos [...]" (3º §) = e do subsistente realismo no qual colocam-se.

b) "se utiliza dessa ferramenta para interpretar a sociedade." (2º §) = vale-se de tal disjuntivo com o fim de decifrar o social.

c) "situações que ele provavelmente jamais viveria." (5º §) = circunstâncias as quais, de modo plausível, jamais vivenciaria.

d) "demandado a dar respostas a conflitos concretos e diversos, [...]" (4º §) = subversões múltiplas e reais demandadas a proferir ponderações.

▷ ***Anotações/Comentários***

Nota da autora: Dividindo as informações facilita o entendimento.

Alternativa "a" – *Subsistente* = grande duração, que continua ou persiste. Não possui relação semântica com "própria".

Alternativa "b" – ***Disjuntivo*** **=** usado para separar, desunir; que disjunge. Longe de ser equivalente a "ferramenta".

Alternativa "c" – *Situações* = circunstâncias; *que* = as quais (retoma o substantivo "circunstâncias"); *provavelmente* = certamente, seguramente, ou seja, admissível, razoável (sinônimos de "plausível"); *viveria* = vivenciaria.

Alternativa "d" – O sentido foi todo alterado ao utilizar os vocábulos *múltiplas* e *ponderações*.

TEXTO PARA RESPONDER À QUESTÃO.

**** Final do romance "Vidas Secas" que narra a família de Fabiano, mais uma vez, se retirando para algum outro lugar, em virtude da seca:***

Pouco a pouco uma vida nova, ainda confusa, se foi esboçando. Acomodar-se-iam num sítio pequeno, o que parecia difícil a Fabiano, criado solto no mato. Cultivariam um pedaço de terra. Mudar-se-iam depois para uma cidade, e os meninos frequentariam escolas, seriam diferentes deles. Sinhá Vitória esquentava-se. Fabiano ria, tinha desejo de esfregar as mãos agarradas à boca do saco e à coronha da espingarda de pederneira.

Não sentia a espingarda, o saco, as pedras miúdas que lhe entravam nas alpercatas, o cheiro de carniças que empestavam o caminho. As palavras de Sinhá Vitória encantavam-no.

Iriam para diante, alcançariam uma terra desconhecida. Fabiano estava contente e acreditava nessa terra, porque não sabia como ela era nem onde era. Repetia docilmente as palavras de Sinhá Vitória, as palavras que Sinhá Vitória murmurava porque tinha confiança nele. E andavam para o sul, metidos naquele sonho. Uma cidade grande, cheia de pessoas fortes. Os meninos em escolas, aprendendo coisas difíceis e necessárias. Eles dois velhinhos, acabando-se como uns cachorros, inúteis, acabando-se como Baleia. Que iriam fazer?

Retardaram-se, temerosos. Chegariam a uma terra desconhecida e civilizada, ficariam presos nela. E o sertão continuaria a mandar gente para lá. O sertão mandaria para a cidade homens fortes, brutos, como Fabiano, Sinhá Vitoria e os dois meninos.

(Vidas Secas, Graciliano Ramos.)

---

294. (CONSULPLAN – Analista Judiciário – Área Administrativa – TRF 2/2017) Em "Eles dois velhinhos, acabando-se como uns cachorros, inúteis, acabando-se como Baleia." (3º §) a construção apresentada é feita empregando-se, como recurso linguístico,

a) a evidência de oposição estabelecida através de uma relação comparativa entre elementos distintos.

b) uma palavra em sentido figurado, baseando-se em uma comparação subentendida entre dois termos.

c) o exagero do sentido com o objetivo de conferir ênfase à informação apresentada, constituindo uma variação de metáfora.

d) uma relação de semelhança entre dois termos atribuindo características de um a outro por meio de um elemento comparativo explícito.

▷ ***Anotações/Comentários***

Nota da autora: Questão de figuras de linguagem, figuras de palavras, para ser mais detalhista. É necessário lembrar a diferença entre comparação e metáfora. Ambas empregam as palavras fora do seu sentido normal, por analogia, isto é, por semelhança.

Metáfora é um tipo de comparação implícita, **sem termo comparativo**, estabelecendo uma relação de semelhança, usando termos com significados diferentes do habitual. A **comparação usa termos de conexão** para comparar características entre dois ou mais elementos.

Alternativa "a" – Além de não haver oposição, não há elementos distintos.

Alternativa "b" – A comparação, como já visto, é explícita.

Alternativa "c" – Não há exagero de sentido e a metáfora é uma comparação implícita.

Alternativa "d" – Semelhança: os dois velhinhos e cachorro; termo comparativo explícito: como.

PARTE V - INTERPRETAÇÃO E COMPREENSÃO TEXTUAL

1. INTERPRETAÇÃO E COMPREENSÃO TEXTUAL

Leia a charge para responder à questão.

(Chargista Ricardo Manhães. https://ndmais.com.br/opiniao/charges, 31.03.2023)

---

295. (VUNESP – TRF 3ª Região – Analista Judiciário – Área Administrativa – 2024) O diálogo entre os mosquitos permite concluir corretamente que

a) as medidas de combate à dengue deixam-nos apreensivos.

b) a disseminação da dengue é algo em que eles não creem.

c) os casos confirmados negam de fato o avanço da dengue.

d) a dengue é um problema que eles preferem ignorar por ora.

e) o avanço da dengue é fato inconteste e pode recrudescer.

▷ ***Anotações/Comentários***

Alternativa "a" – Ficarmos receosos e preocupados com o número de casos confirmados (no título da charge), não com as medidas de combate à dengue.

Alternativa "b" – Eles creem que podem espalhar por vários lugares.

Alternativa "c" – Os casos confirmam o avanço da dengue.

Alternativa "d" – Não preferem ignorar. Os mosquitos querem disseminar.

Alternativa "e" – Inconteste: que não se coloca em dúvida, que não pode contestar.

Recrudescer: aumentar.

É inconteste porque "Florianópolis tem 879 casos confirmados de dengue".

Pode recrudescer porque o mosquito diz "deixe comigo", ou seja, ele picará mais pessoas.

Leia o texto para responder à questão.

Dengue prevista

A dengue é uma doença periódica e cíclica: os casos crescem no verão e há picos epidêmicos a cada 4 ou 5 anos. Trata-se, portanto, de enfermidade de atuação previsível. Supõe-se que o poder público se adiantaria com medidas de prevenção e tratamento. Contudo, há décadas os números de casos e mortes só aumentam no Brasil.

Entre 2000 e 2010, foram registrados 4,5 milhões de ocorrências e 1.869 óbitos. Na década seguinte, os números saltaram para 9,5 milhões e 5.385, respectivamente. O primeiro semestre deste ano registra 1,4 milhão de casos, ante 1,5 milhão em 2022. A tendência é piorar.

Segundo a OMS, urbanização descontrolada e sistema sanitário precário contribuem para o descontrole da moléstia.

No Brasil, cerca de 50% da população não tem acesso a redes de esgoto, em grande parte devido à ineficiência estatal, que só agora começa a mudar com o novo marco do setor. E o desmatamento para a construção de moradias irregulares grassa nos grandes centros. A dimensão de áreas verdes derrubadas para esse fim na cidade de São Paulo atingiu, nos primeiros dois meses de 2023, 85 hectares.

Neste ano, o município já conta com 11 444 casos de dengue – 3,7% a mais em relação ao mesmo período de 2022. Dez pessoas morreram, o maior número em oito anos, quando houve pico epidêmico.

A OMS ressaltou a importância da vacinação. Mas, devido à burocracia, o Brasil protela a distribuição do imunizante japonês Qdenga – já aprovado para venda pela Anvisa – no sistema público de saúde.

O combate à dengue deve ser contínuo, não apenas no verão, e em várias frentes complementares (saúde, infraestrutura e moradia). Com o alerta da OMS, espera-se que o poder público, local e federal, se prepare para receber as consequências do fenômeno climático El Niño.

(Editorial. Folha de S.Paulo, 27.07.2023. Adaptado)

---

296. (VUNESP – TRF 3ª Região – Analista Judiciário – Área Administrativa – 2024) Na passagem do primeiro parágrafo do texto – **Supõe-se que o poder público se adiantaria com medidas de prevenção e tratamento.** Contudo, há décadas os números de casos e mortes só aumentam no Brasil. –, o trecho destacado e o trecho posterior expressam, correta e respectivamente, sentidos de

a) contestação e concessão.
b) hipótese e adversidade.
c) afirmação e conclusão.
d) hipótese e comparação.
e) afirmação e explicação.

▷ ***Anotações/Comentários***

Alternativa "a" – Não refuta, não contradiz; não se trata de uma oração subordinada, mas sim de uma oração coordenada.

Alternativa "b" – O verbo *adiantaria* indica hipótese por estar conjugado no futuro do pretérito do indicativo; o trecho posterior inicia-se com a conjunção coordenativa adversativa "contudo", ou seja, possui sentido de adversidade.

Alternativa "c" – Não comprova nem afirma; não conclui.

Alternativa "d" – Possui sentido de hipótese, mas não compara.

Alternativa "e" – Não comprova nem afirma; não explica.

---

297. (FGV - TJ RJ - Programa de Residência - Direito - 2024) Nas frases a seguir há expressões populares sublinhadas. Assinale a frase em que o significado de uma expressão foi corretamente indicado.

a) Cada vez que o Brasil tira a cabeça fora d'água e mostra que é competitivo, vem bomba. / passa a ver melhor as coisas.
b) Os estrangeiros terão de comer muito feijão para chegar à posição de maior banco do mundo. / terão de trabalhar muito.
c) Se abrirmos a porteira, passa uma boiada e o país pode quebrar. / deixarmos de progredir.
d) Se sinto que estou deixando o sucesso subir à cabeça, vou ao banheiro, pego minha cueca e lavo; enxáguo e deixo lá secando. / atingir o seu ponto máximo.
e) Tem-se que dar muito murro para chegar a comprar um casarão na Flórida. / superar obstáculos.

▷ ***Anotações/Comentários***

Nota da autora: A banca quer saber os significados de expressões e ditados populares.

Alternativa "a" – Tente se salvar em uma situação difícil.

Alternativa "b" – A expressão indica **esforço, trabalho, coragem, valentia**: terão de trabalhar muito.

Alternativa "c" – Se **desleixar, descuidar.**

Alternativa "d" – É **pretensioso, imodesto.**

Alternativa "e" – O ditado popular completo é "dar murro em ponta de faca" e significa *perder tempo, insistir*. No contexto, foi desmembrada, e significa **esforçar-se.**

---

298. (FGV - TJ RJ - Programa de Residência - Direito - 2024) Assinale a frase em que a linguagem empregada é integralmente formal.

a) Em alguns casos, a gente poderia tachar os juros de assalto.
b) Bom de briga é aquele que cai fora.
c) Lidere, siga ou saia do caminho.
d) Estou me lixando para o cliente.
e) Depois que saí do Banco Central, fiquei pensando onde um cara como eu poderia usar todo o seu potencial.

▷ ***Anotações/Comentários***

Nota da autora: Questão de tipos de linguagem.

A **linguagem formal** é pautada no uso correto das normas gramaticais.

A **linguagem informal** representa a linguagem cotidiana, isto é, trata-se de uma linguagem espontânea, regionalista e despreocupada com as normas gramaticais.

Alternativa "a" – Informalidade: *a gente* = nós.

Alternativa "b" – Informalidade: *cai fora* = desiste.

Alternativa "c" – A linguagem é formal.

Alternativa "d" – Informalidade: *me lixando* = não me importando.

Alternativa "e" – Informalidade: *cara* = pessoa, homem.

---

299. (FGV - TJ RJ - Programa de Residência - Direito - 2024) Assinale o texto, cujo tema é a guerra, que mostra uma visão positiva desses conflitos.

a) Façamos a guerra para poder viver em paz.
b) Uma espada obriga a outra a ficar na bainha.
c) Para que não existam mais fuzis, é preciso empunhar o fuzil.
d) Que as armas cedam à toga, o triunfo militar à glória cívica.
e) O homem existe apenas no combate, o homem vive apenas se arrisca a vida.

▷ ***Anotações/Comentários***

Alternativa "a" – Fazer a guerra = visão negativa.

Alternativa "b" – Existe pressão = visão negativa.

Alternativa "c" – Empunhar o fuzil = visão negativa.

Alternativa "d" – O triunfo militar à glória cívica = visão negativa.

Alternativa "e" – Para **viver** é preciso arriscar, e o homem existe apenas no combate = visão positiva.

300. (FGV - TJ RJ - Programa de Residência - Direito - 2024) Observe o seguinte texto de um estadista inglês:

"As pessoas de alta sociedade são insensíveis às necessidades e aflições dos homens, do mesmo modo como os cirurgiões são insensíveis às dores físicas."

Assinale a afirmação ***inadequada*** sobre sua estrutura ou significação.

a) O texto exemplifica o discurso informativo, em que o autor aponta características da alta sociedade.

b) O pensamento do autor apela para uma comparação a fim de expressar-se.

c) A analogia presente no texto mostra críticas simultâneas às pessoas de alta sociedade e aos cirurgiões.

d) O traço que une as críticas do texto é a insensibilidade diante de problemas sociais e da dor física.

e) A tese do texto é a de que a alta sociedade é insensível aos problemas sociais.

▷ ***Anotações/Comentários***

Alternativa "a" – Não é um discurso informativo porque não simplifica teoria complexa em ideia mais simples. Não depende de fatos, estudos ou estatísticas.

Alternativa "b" – Perceba que a conjunção "como" está explícita. Há comparação.

Alternativa "c" – Analogia é comparação. Perceba que existe crítica porque são insensíveis.

Alternativa "d" – Insensibilidade diante de problemas sociais: *insensíveis às necessidades e aflições dos homens.*

Dor física: *insensíveis às dores físicas.*

Alternativa "e" – É o assunto, é a questão, é a conclusão, ou seja, é a mensagem principal do autor.

301. (FGV - TJ RJ - Programa de Residência - Direito - 2024) Observe o seguinte texto de um autor italiano:

"Sob o cinzento dilúvio democrático atual, que submerge miseravelmente muitas coisas belas e raras, também desaparece pouco a pouco aquela classe especial da antiga nobreza italiana, em que se mantinha viva, de geração a geração, uma certa tradição familiar de distinta cultura, de elegância e de arte."

Assinale a afirmação ***inadequada*** sobre sua estrutura ou significação.

a) A palavra "dilúvio" mostra uma visão negativa do avanço generalizado do regime democrático.

b) O texto lamenta a perda de valores tradicionais conservados pela nobreza italiana.

c) O advérbio "miseravelmente" indica o decréscimo de valores econômicos trazido pelas mudanças políticas.

d) Ao designar a antiga nobreza italiana de "classe especial", o autor do texto mostra a valorização dessa classe.

e) A cultura, a elegância e o cultivo da arte são os valores perdidos no mundo pelo "dilúvio democrático".

▷ ***Anotações/Comentários***

Alternativa "a" – No sentido denotativo, o vocábulo "dilúvio" significa *alagamento, inundação, enchente.* No texto, foi usado em sentido figurado e indica uma visão negativa porque indica que submerge miseravelmente muitas coisas belas. Possui sentido de *aniquilador, avassalante.*

Alternativa "b" – Período que evidencia a lamentação: *Sob o cinzento dilúvio democrático atual, que* ***submerge miseravelmente muitas coisas belas e raras****, também* ***desaparece pouco a pouco aquela classe especial da antiga nobreza italiana****.*

Alternativa "c" – Não se refere a valores econômicos. Refere-se à cultura: *tradição familiar de distinta cultura, de elegância e de arte.*

Alternativa "d" – Valorização explícita: [...]*se mantinha viva, de geração a geração, uma* ***certa tradição familiar de distinta cultura, de elegância e de arte****.*

Alternativa "e" – No texto: ***Sob o cinzento dilúvio democrático atual*** *submerge miseravelmente muitas coisas belas e raras.*

Desaparece, também, a **classe** especial da **antiga nobreza italiana** que possuía ***uma certa tradição familiar de distinta cultura, de elegância e de arte***.

302. (FGV - TJ RJ - Programa de Residência - Direito - 2024) O célebre general americano Patton declarou:

"Nunca diga às pessoas como fazer as coisas. Diga-lhes o que deve ser feito e elas surpreenderão você com a sua engenhosidade."

Sobre a estrutura e a significação dessa frase assinale a afirmação inadequada.

a) O argumento apresentado pelo general se fundamenta na sua experiência e conhecimento público.

b) O pronome "você" se refere indistintamente às pessoas que leem o texto.

c) As formas verbais "fazer" e "ser feito" correspondem a formas correspondentes nas vozes ativa e passiva, respectivamente.

d) A frase exemplifica o tipo de texto descritivo, já que fornece um conselho detalhado ao leitor.

e) Segundo o texto, a criatividade é fruto da falta de informações sobre algo.

▷ ***Anotações/Comentários***

Alternativa "a" – Pode ser inferida essa ideia porque, no início, menciona: "O célebre general americano Patton declarou".

Fundamenta em conhecimento público pelo fato de ser algo que deverá ser dito a pessoas.

Alternativa "b" – O pronome "você" não separa, não diferencia pessoa alguma, ou seja, pode ser qualquer leitor(a).

Alternativa "c" – "fazer as coisas": voz ativa – as pessoas devem fazer as coisas (sujeito ativo); "ser feito": voz passiva analítica (verbo *ser* + particípio).

Na ativa: [as pessoas] devem fazer.

Alternativa "d" – Não existe riqueza de detalhes, não é descritivo.

Trata-se de um texto argumentativo: defende uma ideia e tenta persuadir.

Alternativa "e" – Se as pessoas não souberem como fazer as coisas, elas serão criativas porque nos surpreenderão por possuírem destreza ao inventar.

Texto para responder à questão.

Novo movimento

As revoluções dos últimos dois séculos foram tão rápidas e radicais que transformaram a característica mais fundamental da ordem social. Tradicionalmente, a ordem social era firme e rígida. "Ordem" implicava estabilidade e continuidade. Revoluções sociais rápidas eram excepcionais, e a maioria das transformações sociais resultava da acumulação de uma série de pequenos passos. Os humanos tendiam a presumir que a estrutura social era inflexível e eterna. As pessoas costumavam declarar: "é assim que sempre foi, e é assim que sempre será".

Nos últimos dois séculos, o ritmo das mudanças se tornou tão rápido que a ordem social adquiriu um caráter dinâmico e maleável. Agora existe em estado de fluxo permanente. Quando falamos de revoluções modernas, tendemos a pensar em 1789 (a Revolução Francesa), 1848 (as revoluções liberais) ou 1917 (a Revolução Russa). Mas o fato é que, atualmente, todo ano é revolucionário. Hoje, até mesmo uma pessoa de 30 anos pode dizer honestamente a adolescentes incrédulos: "Quando eu era jovem, o mundo era completamente diferente". A internet, por exemplo, só se disseminou no início dos anos 1990, poucas décadas atrás, hoje, não podemos imaginar o mundo sem ela.

(Adaptado de: HARARI, Yuval Noah, Uma breve história da humanidade. Trad. de Janaina Marcoantonio. Porto Alegre: L&PM, 2018, p. 375-376)

303. (FCC - TRT 21 – Analista Judiciário – Área Judiciária - 2023) Ela disse ao seu amigo, tempos atrás: - Você pode não acreditar, mas quando eu era jovem, meu mundo era inteiramente diferente do em que ambos vivemos hoje.

Transpondo-se o comentário acima, atrelado ao assunto do texto, para o **discurso indireto**, uma construção adequada será:

Ela disse ao seu amigo, tempos atrás, que

a) podia até mesmo não acreditar, pois quando ela era jovem o mundo deles era inteiramente diferente do que passaram a viver.

b) podia-se não acreditar, tendo em vista que na sua juventude era inteiramente diferente do que vivemos hoje.

c) mesmo que ele não acreditasse, quando era jovem, vivia-se num mundo inteiramente do que se vive hoje.

d) ele podia não acreditar que quando jovem, o mundo dele era inteiramente diferente do que ambos viveriam hoje.

e) ele podia não acreditar, mas o mundo dela, quando jovem, era inteiramente diferente daquele em que ambos estavam vivendo.

▷ ***Anotações/Comentários***

Nota da autora: Questão de tipos de discurso.

Alternativa "a" – Trocou a conjunção adversativa "mas" pela explicativa, ou conclusiva "pois"; não cabe a inserção do verbo "passar" no pretérito perfeito do indicativo.

Alternativa "b" – Trocou a conjunção adversativa "mas" pela locução "tendo em vista"; o verbo "viver" não pode ser conjugado no presente nem estar na primeira pessoa.

Alternativa "c" – Não cabe o verbo "acreditar" no pretérito imperfeito do subjuntivo; o verbo "viver" não pode estar no futuro do pretérito do indicativo.

Alternativa "d" – Retirou a ideia oposta (a conjunção "mas"; faltou intercalar o adjunto adverbial de tempo entre vírgulas; o verbo "viver" não pode ser conjugado no futuro do pretérito no indicativo.

Alternativa "e" – **ele** (3ª pessoa) **podia** (verbo no pretérito imperfeito do indicativo) não acreditar, mas o mundo d**ela** (3ª pessoa) era inteiramente diferente d**aquele** (pronome demonstrativo de terceira pessoa) em que ambos **estavam** (verbo no pretérito imperfeito do indicativo) vivendo.

TEXTO PARA RESPONDER ÀS QUESTÕES.

Aspectos da imigração contemporânea

À medida que cada vez mais pessoas cruzam as mais variadas fronteiras em busca de emprego, segurança e um futuro melhor, a necessidade de confrontar, assimilar ou expulsar estrangeiros cria tensão entre sistemas políticos e identidades coletivas formadas em tempos menos fluidos. Em nenhum lugar o problema é mais agudo que na Europa. A União Europeia foi construída sobre a promessa de transcender as diferenças culturais entre franceses, alemães, espanhóis e gregos. E pode desmoronar devido a sua incapacidade de incluir as diferenças culturais entre europeus e imigrantes da África e do Oriente Médio. Ironicamente, foi, em primeiro lugar, o próprio sucesso da Europa em construir um sistema próspero e multicultural que atraiu tantos imigrantes.

A crescente onda de refugiados e imigrantes provoca reações mistas entre os europeus e desencadeia discussões amargas sobre a identidade e o futuro da Europa. Alguns europeus exigem que a Europa feche seus portões: estarão traindo os ideais multiculturais e de tolerância já aceitos ou só adotando medidas para evitar um desastre de grandes proporções? Outros clamam por uma abertura maior dos portões: estarão sendo fiéis ao cerne dos valores europeus ou serão culpados de sobrecarregar o projeto do continente com expectativas inviáveis?

Discussões desse tipo sobre a imigração degeneram numa gritaria na qual nenhum dos lados ouve o outro. Mas por baixo de todos esses debates espreita uma questão mais fundamental, relativa a como entendemos a cultura humana. Será que entramos no debate sobre imigração com a suposição de que todas as culturas são inerentemente iguais, ou achamos que algumas culturas talvez sejam superiores a outras? Quando os alemães discutem a absorção de um milhão de refugiados sírios, imagina-se que possa haver resistência por quem considere que a cultura alemã é de algum modo melhor que a cultura síria? O fenômeno mundial da imigração põe à prova não apenas a diversidade de valores, mas os preconceitos que podem estar arraigados em cada cultura nacional.

(Adaptado de: HARARI, Yuval Noah. ***21 lições para o século 21****. Trad. Paulo Geiger. São Paulo: Companhia das Letras, 2018, p. 178-179)*

---

304. (FCC – TRT 18 – Analista Judiciário – Área Administrativa – 2023) A *tensão entre sistemas políticos e identidades coletivas*, referida no primeiro parágrafo, decorre

a) tão somente por conta da incapacidade de assimilar culturas estrangeiras.

b) exclusivamente do confronto dos valores estrangeiros com os nacionais.

c) da difícil escolha entre as opções decisivas que se abrem no processo migratório.

d) sobretudo da catástrofe econômica que o fenômeno migratório traz consigo.

e) em primeiro lugar da falta de alternativas diante do fato consumado da imigração.

▷ ***Comentários:***

Alternativa "a" – Não é unicamente (tão somente) por esse motivo: *O fenômeno mundial da imigração põe à prova não apenas a diversidade de valores, mas os preconceitos que podem estar arraigados em cada cultura nacional.*

Alternativa "b" – Também não é unicamente (exclusivamente) pelo confronto dos valores estrangeiros com os nacionais: *Alguns europeus exigem que a Europa feche seus portões [...] Outros clamam por uma abertura maior dos portões.*

Alternativa "c" – No primeiro parágrafo é mencionado o motivo: *À medida que cada vez mais pessoas cruzam as mais variadas fronteiras em busca de emprego, segurança e um futuro melhor,* ***a necessidade de confrontar, assimilar ou expulsar estrangeiros*** *cria tensão entre sistemas políticos e identidades coletivas formadas em tempos menos fluidos.*

Em destaque, estão as opções decisivas.

Alternativa "d" – Não foi citada, em nenhum momento, a catástrofe econômica, apenas cita a cultura: *todas as culturas são inerentemente iguais, ou achamos que algumas culturas talvez sejam superiores a outras?*

Alternativa "e" – Existem alternativas. No primeiro parágrafo: *confrontar, assimilar ou expulsar os estrangeiros.*

---

305. (FCC – TRT 18 – Analista Judiciário – Área Administrativa – 2023) Cada uma das duas frases interrogativas do segundo parágrafo expressa, internamente, a

a) convicção de uma premissa e de sua decorrência lógica.

b) relação entre duas hipóteses assemelhadas.

c) conciliação final entre providências divergentes.

d) impossibilidade de qualquer nexo entre duas decisões possíveis.

e) ambiguidade que marca o sentido final de uma decisão.

▷ ***Comentários:***

Nota da autora: Voltemos às interrogativas para entender melhor.

1. estarão traindo os ideais multiculturais e de tolerância já aceitos ou só adotando medidas para evitar um desastre de grandes proporções?
2. estarão sendo fiéis ao cerne dos valores europeus ou serão culpados de sobrecarregar o projeto do continente com expectativas inviáveis?

Alternativa "a" – São duas opiniões distintas, não uma premissa seguida da decorrência lógica.

Alternativa "b" – As hipóteses não são assemelhadas, são opostas: abrir ou fechar os portões.

Alternativa "c" – Não há harmonização, não há concordância. Há discordância.

Alternativa "d" – Existe vínculo entre as opiniões – abrir ou fechar os portões.

Alternativa "e" – As ideias são opostas, ou seja, é impossível chegar à resposta.

Em 1: Se fecharem os portões: traem os ideais de tolerância e evitam um desastre.

Em 2: Se abrirem os portões: serão fiéis aos valores europeus e serão culpados de sobrecarregar o projeto do continente.

---

306. (FCC – TRT 18 – Analista Judiciário – Área Administrativa – 2023) No terceiro parágrafo, a questão fundamental que espreita por baixo de todos esses debates

a) é o acordo final a que costumam chegar os debatedores mais lúcidos.

b) está na possibilidade de se aceitar ou se recusar a validade das diversas culturas.

c) não é mais que um falso problema, que acaba por se tornar relevante.

d) consiste em privilegiar tão somente a razão do adversário mais forte.

e) revela-se no preconceito que as culturas superiores cultivam diante das inferiores.

▷ ***Comentários:***

Alternativa "a" – A conclusão foi mencionada no último período, não é um acordo final: *O fenômeno mundial da imigração põe à prova não apenas a diversidade de valores, mas os preconceitos que podem estar arraigados em cada cultura nacional.*

Alternativa "b" – Aceitação: as culturas são inerentemente iguais.

Recusa: algumas culturas talvez sejam superiores a outras.

Alternativa "c" – Não se trata de um falso problema, mas sim de preconceito.

Alternativa "d" – Não cabe, no contexto, o privilégio do adversário mais forte.

Alternativa "e" – Existem apenas indagações sobre isso, não uma afirmação. Atente-se à conclusão (em destaque).

No último parágrafo: *Será que entramos no debate sobre imigração com a suposição de que todas as culturas são inerentemente iguais, ou achamos que algumas culturas talvez sejam superiores a outras? Quando os alemães discutem a absorção de um milhão de refugiados sírios, imagina-se que possa haver resistência por quem considere que a cultura alemã é de algum modo melhor que a cultura síria?* ***O fenômeno mundial da imigração põe à prova não apenas a diversidade de valores, mas os preconceitos que podem estar arraigados em cada cultura nacional.***

No voo da caneta

Numa das cartas ao seu amigo Mário de Andrade, assegurava-lhe o poeta Carlos Drummond de Andrade que era com uma caneta na mão que costumava viver as suas maiores emoções.

Comentando isso numa das minhas aulas de Literatura, atentei para a reação de um jovem aluno: um visível sentimento de piedade por aquele "poeta sitiado e infeliz, homem de gabinete, tímido mineiro que não se atirou à vida" tal como em seguida ele me explicou sua reação.

Não tive como lhe dizer, naquele momento, que entre as tantas formas de se atirar à vida está a de se valer de uma caneta para perseguir poemas e achar as falas humanas mais urgentes e precisas, essenciais para quem as diz, indispensáveis para quem as ouve, vivas para dentro e para além do tempo e do espaço imediatos. Espero que o jovem aluno logo tenha se convencido de que um poeta torna aberto para todos o universo reflexivo de sua intimidade, onde também podemos reconhecer algo da nossa.

(Aldair Rômulo Siqueira, a publicar)

---

307. (FCC – TRT 18 – Analista Judiciário – Área Administrativa – 2023) A confissão que o poeta Carlos Drummond de Andrade fez numa carta ao seu amigo Mário de Andrade equivale a declarar que

A) a poesia afasta o poeta da realidade, e com isso o poupa de sofrer as emoções que o cotidiano infeliz lhe traz.

B) uma caneta na mão de um escritor corresponde à ilusão que um guerreiro tem em relação ao poder de sua arma.

C) a expressão poética pode trazer para quem a cultiva a intensidade emocional das experiências mais bem vividas.

D) a arte da poesia é de tal modo compensatória que nos faz esquecer a qualidade mesma das emoções verdadeiras.

E) aos poetas cabe imaginar um mundo de emoções tão pessoais que elas acabam por se fecharem em si mesmas.

▷ ***Comentários:***

Alternativa "a" – Não ocorre tal afastamento, o poeta precisa da realidade: *entre as tantas formas de se atirar à vida está a de se valer de uma caneta para perseguir poemas e achar as falas humanas mais urgentes e precisas, essenciais para quem as diz, indispensáveis para quem as ouve, vivas para dentro e para além do tempo e do espaço imediatos.*

Alternativa "b" – Como mencionado na alternativa anterior, não se trata de ilusão.

Alternativa "c" – O poeta Drummond assegurou ao amigo que **era com uma caneta na mão que costumava viver as suas maiores emoções**.

Isso significa que a poesia traz a intensidade emocional das experiências mais bem vividas.

Alternativa "d" – Pelo contrário, faz que nos lembremos das emoções.

Alternativa "e" – As emoções são compartilhadas, por isso o poeta escreve.

---

308. (FCC – TRT 18 – Analista Judiciário – Área Administrativa – 2023) Para o jovem aluno de Literatura, a confissão de Drummond ao seu amigo Mário

a) trouxe-lhe um impulso de comiseração diante de quem se aliena e foge das experiências reais da vida.

b) pareceu o testemunho de alguém que valoriza cegamente a transcrição das experiências da sua vida.

c) provocou nele um sentimento de insatisfação diante da crença de quem apenas dá valor às paixões mais radicais.

d) soou como uma arrogante declaração de um poeta que julga sua timidez superior à dos outros.

e) perturbou-o a ponto de acusar aqueles poetas que acreditam de fato na eficácia da comunicação verbal.

▷ ***Comentários:***

Alternativa "a" – Antes, é necessário saber o significado de "comiseração": *sentimento de compaixão (dó) diante dos problemas alheios; que sente pena pelo sofrimento de outra(s) pessoa(s); misericórdia*[53].

Trecho em que essa ideia clara: *<u>um visível sentimento de piedade</u> por aquele "**poeta sitiado e infeliz**, homem de gabinete, tímido mineiro **que não se atirou à vida**" tal como em seguida ele me explicou sua reação.*

Alternativa "b" – Há desvalorização.

Alternativa "c" – Não se trata da crença de quem dá valor às paixões, muito menos menciona que sejam as mais radicais.

Alternativa "d" – Em momento algum é possível inferir que o aluno achou o poeta arrogante. Ele diz que ele era infeliz e tímido.

Alternativa "e" – A crítica é apenas ao poeta Drummond e não é em relação à eficácia da comunicação verbal.

[Cidades devastadas]

Em vinte anos eliminaram a minha cidade e edificaram uma cidade estranha. Para quem continuou morando lá, a amputação pode ter sido lenta, quase indolor; para mim, foi uma cirurgia de urgência, sem a inconsciência do anestésico.

Enterraram a minha cidade e muito de mim com ela. Por cima de nós construíram casas modernas, arranha-céus, agências bancárias; pintaram tudo, deceparam árvores, demoliram, mudaram fachadas. Como se tivessem o propósito de desorientar-me, de destruir tudo o que me estendia uma ponte entre o que sou e o que fui. Enterraram-me vivo na cidade morta.

Mas, feliz ou infelizmente, ainda não conseguiram soterrar de todo a minha cidade. Vou andando pela paisagem nova, desconhecida, pela paisagem que não me quer e eu não entendo, quando de repente, entre dois prédios hostis, esquecida por enquanto dos zangões imobiliários,

---

53. Dicionário Online de Língua Portuguesa. Disponível em < www.dicio.com.br/comiseracao/ >. Acesso 3 janeiro de 2024.

surge, intacta e doce, a casa de Maria. Dói também a casa de Maria, mas é uma dor que conheço, íntima e amiga.

Não digo nada a ninguém, disfarço o espanto dessa descoberta para não chamar o empreiteiro das demolições. Ah, se eles, os empreiteiros, soubessem que aqui e ali repontam restos emocionantes da minha cidade em ruínas! Se eles soubessem que aqui e ali vou encontrando passadiços que me permitem cruzar o abismo!

(Adaptado de CAMPOS, Paulo Mendes. **Os sabiás da crônica. Antologia.** Belo Horizonte: Autêntica, 2021, p. 209-210)

---

309. (FCC – TRT 18 – Analista Judiciário – Área Administrativa – 2023) A percepção do autor de que eliminaram a sua cidade

a) ocorre por conta de um distanciamento gradativo a que a submeteu.

b) expressa-se segundo o processo figurativo de uma personificação dela.

c) mantém-se objetiva do princípio ao fim do texto, sem relativismo possível.

d) decorre da oportunidade de vir a redescobri-la por completo.

e) convence-o de que tudo o que viveu poeticamente naquele espaço foi ilusório.

▷ ***Comentários:***

Alternativa "a" – O distanciamento não foi gradativo pelo fato de estar evidente que ele voltou à cidade após vinte anos.

Gradativa, pode ter sido a amputação para quem continuou morando lá.

Alternativa "b" – Personificação: são atribuídos sentimentos, comportamentos, ideias humanas aos seres inanimados, animais etc.

Trechos que evidencial tal processo figurativo: *a* ***amputação*** *pode ter sido lenta, quase indolor; para mim, foi uma* ***cirurgia de urgência****, sem a inconsciência do* ***anestésico. Enterraram*** *a minha cidade e muito de mim com ela. [...]* ***deceparam*** *árvores.*

Alternativa "c" – Não se mantém objetiva. Há subjetividade: *para mim, foi uma cirurgia de urgência, sem a inconsciência do anestésico. [...] Como se tivessem o propósito de desorientar-me, de destruir tudo o que me estendia uma ponte entre o que sou e o que fui. [...] paisagem que não me quer e eu não entendo* [...] etc.

Alternativa "d" – Ele não a redescobre: *Vou andando pela* ***paisagem nova, desconhecida, pela paisagem que não me quer e eu não entendo****.*

Alternativa "e" – São boas lembranças, não se trata de ficção, devaneio, fantasia.

---

310. (FCC – TRT 18 – Analista Judiciário – Área Administrativa – 2023) Nos dois parágrafos finais do texto, o cronista ressalta que,

a) por conta da destruição de sua cidade, ele passou a imaginar inéditas emoções.

b) em meio a tudo o que foi destruído, encontrou sinais de resiliência diante da devastação.

c) para atender a seus interesses, os empreiteiros preservam aqui e ali vestígios do passado.

d) graças a um antigo amor, recuperou uma visão abrangente de sua cidade perdida.

e) diante de prédios novos, um antigo amor brotou por força da memória imaginativa.

▷ ***Comentários:***

Alternativa "a" – É impossível inferir que imaginou emoções inéditas. Ele se surpreendeu, espantou-se e comoveu-se.

Alternativa "b" – Trechos que evidenciam a informação: *ainda* ***não conseguiram soterrar de todo a minha cidade*** *[...] Ah, se eles, os empreiteiros, soubessem que aqui e ali repontam restos emocionantes da minha cidade em ruínas! Se eles soubessem que aqui e* ***ali vou encontrando passadiços que me permitem cruzar o abismo!***

Alternativa "c" – Os empreiteiros até preservaram vestígios do passado, mas não com a finalidade de atender seus interesses.

Perceba que o pronome possessivo "seus" gera ambiguidade – interesses do narrador, ou interesses dos empreiteiros?

Alternativa "d" – Não se pode deduzir que Maria tenha sido seu antigo amor.

Alternativa "e" – A memória possui teor autêntico, genuíno, ou seja, é real, não imaginativa.

Texto para responder às questões.

[Acerca da "Igualdade"]

"Liberdade, Igualdade, Fraternidade" foi o grito de guerra da Revolução Francesa. Hoje há disciplinas inteiras – ramos da filosofia, da ciência política e dos estudos jurídicos – que têm a "igualdade" como tema central de estudos. Todos concordam que a igualdade é um valor; ninguém parece concordar quanto ao que se refere o termo. Igualdade de oportunidades? Igualdade de condições? Igualdade formal perante a lei?

Estaremos falando de uma ideologia, a crença de que todos na sociedade deveriam ser iguais – claro que não em todos os aspectos, mas nos mais importantes? Ou será uma sociedade em que as pessoas são efetivamente iguais? O que isso significaria de fato, na prática, em ambos os casos? Que todos os membros da sociedade têm igual acesso à terra, ou tratam uns aos outros com igual dignidade, ou são igualmente livres para expor suas opiniões em assembleias públicas?

A igualdade seria o apagamento do indivíduo ou a celebração do indivíduo? Numa sociedade, por exemplo, em que os mais poderosos são tratados como divindades e tomam as decisões mais importantes, é possível falar em igualdade? E as relações de gênero? Muitas sociedades tratadas como "igualitárias" na verdade têm seu igualitarismo restrito aos homens adultos. Em casos assim, podemos falar em igualdade de gêneros?

Como não existe nenhuma resposta clara e consensual a questões desse tipo, o uso do termo "igualitário" tem levado a discussões infindáveis. Para alguns teóricos do século XVII, a igualdade se manifestava no estado da Natureza. Igualdade, pois, seria um termo definido por omissão: identificaria uma humanidade que pudesse estar livre depois de removidas todas as armadilhas da civilização. Povos "igualitários" seriam, pois, aqueles sem príncipes, sem juízes, sem inspetores, sem sacerdotes, possivelmente sem cidades, sem escrita ou sequer agricultura. Seriam sociedades de iguais apenas no sentido estrito de que estariam ausentes todos os sinais mais evidentes de desigualdade.

Não há dúvida, pensando-se sempre no ideal de "igualdade", de que algo deu muito errado no mundo. Uma ínfima parte da população controla o destino de quase todos os outros, e de uma maneira cada vez mais desastrosa.

(Adaptado de: GRAEBER, David, e WENGROW, David. O despertar de tudo – Uma nova história da humanidade. Trad. Denise Bottmann e Claudio Marcondes. São Paulo: Companhia das Letras, 2022, p. 91 a 94, passim)

---

311. (FCC – TRT 18 – Analista Judiciário – Área Judiciária – 2023) A utilização do termo **igualdade** tem mostrado que esse conceito

a) somente ganhou precisão rigorosamente objetiva ao longo da Revolução Francesa.

b) tem sido objeto de várias áreas de conhecimento, sem consenso quanto ao seu sentido.

c) apenas ganha sentido para esclarecer o que ocorre positivamente entre os gêneros.

d) tem sido objeto de discussões infindáveis porque ninguém lhe reconhece um valor prático.

e) teve plena vigência somente entre os primitivos que reconheciam o valor da natureza.

▷ ***Comentários:***

Alternativa "a" – Não ganhou precisão, muito menos rigorosamente objetiva.

Alternativa "b" – No 1º §: ***Hoje há disciplinas inteiras*** *– ramos da filosofia, da ciência política e dos estudos jurídicos –* ***que têm a "igualdade" como tema central de estudos.*** (1)

Todos concordam que a igualdade é um valor; ***ninguém parece concordar quanto ao que se refere o termo.*** (2)

No 4º §: *Como* ***não existe nenhuma resposta clara e consensual*** *a questões desse tipo, o uso do termo "igualitário" tem levado a discussões infindáveis.*

Alternativa "c" – Não ocorre positivamente pelo fato de haver restrição: *E as relações de gênero?* ***Muitas sociedades*** *tratadas como "igualitárias" na verdade* ***têm seu igualitarismo restrito aos homens adultos****. Em casos assim, podemos falar em igualdade de gêneros?*

Alternativa "d" – Não se refere a valor prático: ***Todos concordam que a igualdade é um valor; ninguém parece concordar quanto ao que se refere o termo****. Igualdade de oportunidades? Igualdade de condições? Igualdade formal perante a lei?*

Alternativa "e" – É impossível afirmar que tenha sido somente entre os primitivos.

Cuidado! Quando a banca restringe (é o caso) ou generaliza, normalmente está errada a informação. Além disso, nem foram mencionados os primitivos, apenas alguns teóricos do século XVII.

---

312. (FCC – TRT 18 – Analista Judiciário – Área Judiciária – 2023) Segundo alguns teóricos do século XVII (4º parágrafo), a igualdade

a) só ocorreria no caso de supressão do que consideravam obstáculos criados pela própria civilização.

b) seria alcançada somente quando os homens aperfeiçoassem com todo o rigor suas mais caras instituições.

c) teria alcançado seu esplendor ao tempo em que o cultivo da natureza inspirava a conduta social de todos.

d) teria se tornado um valor abstrato por conta das revoluções que suprimiram suas formas objetivas de vigência.

e) constituiria um ideal tão alto que será preciso aguardar a ocasião historicamente propícia para sua efetivação.

▷ ***Comentários:***

Alternativa "a" – Ideia mencionada no quarto parágrafo: *Para alguns teóricos do século XVII, a igualdade se manifestava no estado da Natureza. Igualdade, pois, seria um termo definido por omissão: identificaria* ***uma humanidade que pudesse estar livre depois de removidas todas as armadilhas da civilização****.*

Alternativa "b" – Mais uma vez a banca usou o advérbio "somente", acarretando, consequentemente, erro. Perceba que não forma citadas "caras instituições".

Menciona o que seriam os povos igualitários: *seriam, pois, aqueles sem príncipes, sem juízes, sem inspetores, sem sacerdotes, possivelmente sem cidades, sem escrita ou sequer agricultura.*

Alternativa "c" – Menciona estado da natureza, não cultivo da natureza: *Para alguns teóricos do século XVII, a igualdade se manifestava no* ***estado da Natureza****.*

Alternativa "d" – Não foi "por conta das revoluções", ou seja, essa não é a causa. Trecho citado na alternativa "a".

Alternativa "e" – Não menciona que será preciso aguardar ocasião alguma: *Seriam sociedades de iguais apenas no sentido estrito de que estariam ausentes todos os sinais mais evidentes de desigualdade.*

---

313. (FCC – TRT 18 – Analista Judiciário – Área Judiciária – 2023) Na pergunta **A igualdade seria o apagamento do indivíduo ou a celebração do indivíduo?**

a) articula uma relação de causa e efeito entre os termos que a constituem.

b) indaga sobre o que seria um natural desenvolvimento das práticas igualitárias.

c) considera os extremos antagônicos relativos ao entendimento de um mesmo conceito.

d) levanta a hipótese de que haja duas possibilidades alternáveis dentro de uma prática.

e) sustenta uma relação de antagonismo entre os que vivenciam um mesmo ideal.

▷ ***Comentários:***

Alternativa "a" – Articula uma relação de oposição, explicitada através da conjunção "ou".

Alternativa "b" – É impossível inferir que o desenvolvimento seria natural: *apagamento do indivíduo.*

Alternativa "c" – As ideias são contrárias: "apagamento" versus "celebração".

Alternativa "d" – Não são alternáveis, são opostas, contrárias.

Alternativa "e" – Não sustenta, ela questiona. Basta atentar-se ao ponto de interrogação.

Texto para responder às questões.

Encenação da morte

A vida nos quer, a morte nos quer. Somos o resultado da tensão ocasionada pelas duas forças que nos puxam. Esse equilíbrio não é estável. Amplo, diverso e elástico é o campo de força da vida, e vale a mesma coisa para o campo da morte. Se ficamos facilmente deprimidos ou exaltados é em razão das oscilações de intensidade desses dois campos magnéticos, sendo o tédio o relativo equilíbrio entre os dois.

Às vezes é mais intensa a pressão da vida, outras vezes é mais intensa a pressão da morte. Não se quer dizer com isso que a exaltação seja a morte e a depressão seja a vida. Há exaltações e exultações que se polarizam na morte, assim como há sistemas de depressão que gravitam em torno da vida. O estranho, do ponto de vista biológico, é que somos medularmente solitários com ambos os estados de imantação mais intensa, os da vida e os da morte. Não aproveitamos apenas a vida, mas usufruímos também as experiências da morte, desde que essas não nos matem.

Ganhei várias vezes da morte, isto é, inúmeras vezes os papéis que a morte representou para mim não chegaram a ser convincentes ou não chegaram a fazer grande sucesso. Matei várias mortes. (...) Mas outro dia dei dentro de mim com uma morte tão madura, tão forte, tão irresponsível, tão parecida comigo que fiquei no mais confuso dos sentimentos. Esta eu não posso matar, esta é a minha morte. O Vinícius de Moraes, que entende muito de morte, disse que nesse terreno há sempre margem de erro, e que talvez eu tenha ainda de andar um bocado mais antes de encontrar a minha morte. Pode ser. Não sei. Quem sabe?

(Adaptado de CAMPOS, Paulo Mendes. Os sabiás da crônica. Antologia. Org. Augusto Massi. Belo Horizonte: Autêntica, 2021, p. 246-248, passim)

---

314. (FCC – TRT 18 – Analista Judiciário – Área Judiciária – 2023) Ao situar especificamente *a tensão ocasionada pelas duas forças que nos puxam*, no início do texto, o cronista está se referindo a um fenômeno que expressará em outro lugar como

a) estados de imantação mais intensa.

b) diverso e elástico é o campo da vida.

c) somos medularmente solitários.

d) há sempre uma margem de erro.

E) talvez eu tenha ainda de andar um bocado.

▷ ***Comentários:***

Alternativa "a" – "Imantação" é sinônimo de "magnetizar" que significa, no sentido figurado, *exercer poderosa e misteriosa atração sobre.*

No primeiro parágrafo: ***A vida nos quer, a morte nos quer.*** *Somos o resultado da tensão ocasionada pelas duas forças que nos puxam. Esse equilíbrio não é estável. Amplo, diverso e elástico é o campo de força da vida, e vale a mesma coisa para o campo da morte. Se ficamos facilmente deprimidos ou exaltados é em razão das* ***oscilações de intensidade desses dois campos magnéticos****, sendo o tédio o relativo equilíbrio entre os dois.*

Alternativa "b" – Menciona apenas o campo da vida, não o da morte.

Cuidado! No comando: *Ao situar especificamente* ***a tensão ocasionada pelas duas forças que nos puxam****, no início do texto, o cronista está se referindo a um fenômeno que expressará em outro lugar como...*

Alternativa "c" – Refere-se a "nós", não às duas forças (vida e morte).

Alternativa "d" – Vinícius de Moraes entende que há margem de erro no terreno da morte. Não menciona a outra força (vida).

Alternativa "e" – Mais uma vez, Vinícius de Moraes refere-se à morte.

Atenção! As alternativas "d" e "e" são facilmente eliminadas.

315. (FCC – TRT 18 – Analista Judiciário – Área Judiciária – 2023) Ao afirmar *Matei várias mortes*, o cronista está sugerindo que

a) superou bravamente todos os riscos de morrer.
b) encenou a própria morte para sentir como seria.
c) venceu os desafios de uma ilusória fatalidade.
d) imaginou morrer quando nada o ameaçava.
e) supôs ter morrido num estado de delírio.

▷ ***Comentários:***

Alternativa "a" – Ocorre extrapolação pelo fato de os riscos de morrer não serem mencionados no texto.

Alternativa "b" – Não houve tal encenação.

Alternativa "c" – Se matou várias mortes, ele venceu o desafio.

No último parágrafo: *Ganhei várias vezes da morte, isto é,* ***inúmeras vezes os papéis que a morte representou para mim não chegaram a ser convincentes ou não chegaram a fazer grande sucesso.*** *Matei várias mortes.*

Alternativa "d" – "Imaginou morrer" vai muito além do que foi mencionado no texto: *outro dia dei dentro de mim com uma morte tão madura, tão forte, tão irrespondível, tão parecida comigo que fiquei no mais confuso dos sentimentos. Esta eu não posso matar, esta é a minha morte.*

Descreve, apenas, a complexidade entre vida e morte.

Alternativa "e" – Como citado no comentário anterior, não supôs ter morrido.

Dica: perceba que a alternativa "d" é muito parecida com a alternativa "e". Mais uma vez, daria para eliminar as duas.

Texto para responder às questões.

Uma visita

Era já no fim da tarde quando a moça – muito linda, mas muito aflita –, de nome Francisca Bastos Cordeiro, foi entrando pela porta entreaberta do chalé, seguiu direto ao quarto (antiga sala de costura da casa, ao tempo em que sua dona era viva), onde encontrou, estendido e frágil numa pequena cama de ferro, aquele homem, muito velhinho já, agonizante quase, que lhe fora bom companheiro em noites idas de sua infância, quando com ela jogava o sete e meio e lhe ensinava a recitar poemas na casa de sua avó.

– Vim vê-lo, foi dizendo a moça, inventando uma alegria na voz que lhe disfarçasse a emoção. Estou com muitas saudades suas. E o senhor, não está com saudades de mim?

– Estou, sim – disse o velho, numa voz muito cava e muito triste. Estou com saudade da vida.

No dia seguinte morria Machado de Assis. A tarde era a de 28 de setembro de 1908. A rua era a do Cosme Velho.

(Adaptado de: MELLO, Thiago de. Escritor por escritor – Machado de Assis por seus pares – 1939-2008. São Paulo: Imprensa Oficial do Estado, 2019, p. 278-279)

316. (FCC – TRT 18 – Analista Judiciário – Área Judiciária – 2023) As informações que identificam aquele homem, muito velhinho já, agonizante quase, surgem tão somente no fecho do texto. Como efeito desse procedimento,

a) a visita comovida da moça se explica plenamente em virtude da celebridade do moribundo, a quem ela foi prestar homenagem.
b) reverencia-se melhor a humildade com que um célebre escritor acolhia admiradores de sua importante obra literária.
c) toda a visitação acaba marcada pela razão simples da profunda amizade que ligava a moça a um seu velho amigo.
d) fica a impressão de que a visitante desconhecia a real importância histórica daquele seu amigo agonizante.
e) a declinação do nome completo da moça não deixa dúvida em qualquer leitor quanto a quem seja o doente visitado.

▷ ***Comentários:***

Alternativa "a" – A visita se explica pelo fato de ele ter sido um bom companheiro em noites idas de sua infância, quando com ela jogava o sete e meio e lhe ensinava a recitar poemas na casa de sua avó. Não se explica por ser uma celebridade, tanto que só foi mencionado que era Machado de Assis apenas no final do texto.

Alternativa "b" – Ele era um bom companheiro na infância, não há relação alguma com a humildade do célebre escritor.

Alternativa "c" – Trechos que evidenciam a profunda amizade:

– Vim vê-lo, foi dizendo a moça, **inventando uma alegria na voz que lhe disfarçasse a emoção. Estou com muitas saudades suas. E o senhor, não está com saudades de mim?**

– Estou, sim – disse o velho, numa voz muito cava e muito triste. **Estou com saudade da vida.**

Alternativa "d" – Se ela o conhecia desde a infância, é impossível deduzir que ela desconhecia a real importância de seu amigo.

Alternativa "e" – Francisca Bastos Cordeiro pode ser um nome desconhecido ao leitor. Trata-se de uma poetisa carioca e deixa dúvida quanto a quem seja o doente visitado.

317. (FCC – TRT 18 – Analista Judiciário – Área Judiciária – 2023) – Vim vê-lo, foi dizendo a moça, estou com muitas saudades suas. E o senhor, não está com saudades de mim? Transpondo o texto acima para o **discurso indireto**, ele deverá ficar:

A moça foi dizendo que...

a) fora visitá-lo, por estar com muitas saudades dele, se ele também estava com as mesmas saudades suas.
b) estou vindo pra lhe visitar, que estou com muitas saudades suas, e se ele também estava com as mesmas.
c) tinha vindo para lhe ver, e que estava com muitas saudades dele, tanto quanto ele as tinha por ela.
d) fora vê-lo por ter estado com saudades dele, e se o senhor também estava com muitas saudades dela.
e) tinha ido vê-lo, que estava com muitas saudades dele, e se ele também não estaria com saudades dela.

▷ ***Comentários:***

Alternativa "a" – Erros: *fora visitá-lo* (é incabível alterar o verbo); *estar.*

Alternativa "b" – Erros: estou vindo (não se usa a primeira pessoa no discurso indireto); pra = para; lhe = o; verbo alterado para "visitar".

Alternativa "c" – Erros: tinha vindo; lhe ver = o (vê-lo).

Alternativa "d" – Erros: ter estado; senhor.

Alternativa "e" – **vim** vê-lo = **tinha ido** vê-lo / **estou** com muita saudade = **estava** / **o senhor** = **ele** / não **está** com saudades = não **estaria**.

Texto para responder às questões.

O meu ofício

O meu ofício é escrever, e sei bem disso há muito tempo. Espero não ser mal-entendida: não sei nada sobre o valor daquilo que posso escrever. Quando me ponho a escrever, sinto-me extraordinariamente à vontade e me movo num elemento que tenho a impressão de conhecer extraordinariamente bem: utilizo instrumentos que me são conhecidos e familiares e os sinto bem firmes em minhas mãos. Se faço qualquer outra coisa, se estudo uma língua estrangeira, se tento aprender história ou geografia, ou tricotar uma malha, ou viajar, sofro e me pergunto como é que os outros conseguem fazer essas coisas. E tenho a impressão de ser cega e surda como uma náusea dentro de mim.

Já quando escrevo nunca penso que talvez haja um modo mais correto, do qual os outros escritores se servem. Não me importa nada o modo dos outros escritores. O fato é que só sei escrever histórias. Se tento escrever um ensaio de crítica ou um artigo sob encomenda para um jornal, a coisa sai bem ruim. O que escrevo nesses casos tenho de ir buscar fora de mim. E sempre tenho a sensação de enganar o próximo com palavras tomadas de empréstimo ou furtadas aqui e ali.

Quando escrevo histórias, sou como alguém que está em seu país, nas ruas que conhece desde a infância, entre as árvores e os muros que são seus. Este é o meu ofício, e o farei até a morte. Entre os cinco e dez anos ainda tinha dúvidas e às vezes imaginava que podia pintar, ou conquistar países a cavalo, ou inventar uma nova máquina. Mas a primeira coisa séria que fiz foi escrever um conto, um conto curto, de cinco ou seis páginas: saiu de mim como um milagre, numa noite, e quando finalmente fui dormir estava exausta, atônita, estupefata.

(Adaptado de: GINZBURG, Natalia. **As pequenas virtudes**. Trad. Maurício Santana Dias. São Paulo: Cosac Naify, 2015, p, 72-77, *passim*)

318. (FCC – TRT 14 – Analista Judiciário – Área Judiciária – 2022) No primeiro parágrafo, a escritora confessa que seu modo de escrever lhe

a) assegura a qualidade literária de seu texto, o que ela mesma pode reconhecer e admirar tão logo o haja concluído

b) causa um misto de prazer e desconforto, já que todos dizem admirar sua escrita, sem, no entanto, precisar a razão desse gosto.

c) traz a sensação de uma total familiaridade com esse ofício, ao contrário de qualquer outra atividade que se impusesse.

d) proporciona a sensação de que, mesmo ignorando as regras desse ofício, sabe que seu mérito literário ocorre naturalmente.

e) impõe uma disciplina de trabalho que a leva a se satisfazer sempre com os resultados, sobretudo quando os outros lhe reconhecem o valor.

▷ ***Comentários:***

Alternativa "a" – No segundo parágrafo, deixa claro que assegura o prazer, não a qualidade: *Já quando escrevo nunca penso que talvez haja um modo mais correto, do qual os outros escritores se servem. Não me importa nada o modo dos outros escritores.*

Dica: no comando, foi mencionado apenas o <u>primeiro parágrafo.</u>

Alternativa "b" – Não há desconforto, muito menos cita se existe admiração.

Alternativa "c" – ***Quando me ponho a escrever, sinto-me extraordinariamente à vontade*** *e me movo num elemento que tenho a impressão de conhecer extraordinariamente bem:* ***utilizo instrumentos que me são conhecidos e familiares e os sinto bem firmes em minhas mãos.***

Alternativa "d" – Nada indica que ela ignore as regras do ofício.

Alternativa "e" – Não menciona disciplina, mas sim inspiração – e isso ocorre no terceiro parágrafo: *Quando escrevo histórias, sou como alguém que está em seu país, nas ruas que conhece desde a infância, entre as árvores e os muros que são seus.*

319. (FCC – TRT 14 – Analista Judiciário – Área Judiciária – 2022) Ao comparar diferentes modalidades de escrita, a autora afirma que

a) sua desenvoltura ao escrever histórias lhe é muito mais natural do que na abordagem de outros tipos de discurso.

B) as histórias lhe trazem um prazer maior de escrever quando absorvem a linguagem própria dos ensaios.

C) diz coisas mais interessantes a respeito de seu país quando suas histórias se avizinham de um artigo de jornal.

D) escrever histórias sempre lhe pareceu tão natural quanto reportar a imaginosa conquista de outros países.

E) o conto foi sua primeira especialidade literária, antes de se consagrar com a invenção de novos gêneros literários.

▷ ***Comentários:***

Alternativa "a" – No segundo parágrafo: *O fato é que* ***só sei escrever histórias****. Se tento escrever um ensaio de crítica ou um artigo sob encomenda para um jornal, a coisa sai bem ruim.*

Alternativa "b" – Não foi mencionada a linguagem própria.

Alternativa "c" – É o contrário: *Se tento escrever um* ***ensaio de crítica ou um artigo*** *sob encomenda para um jornal,* ***a coisa sai bem ruim****. O que escrevo nesses casos tenho de ir buscar fora de mim. E sempre* ***tenho a sensação de enganar o próximo com palavras tomadas de empréstimo ou furtadas aqui e ali.***

Alternativa "d" – Não são conquistas de outros países: *Quando escrevo histórias, sou como* ***alguém que está em <u>seu</u> país, nas ruas que conhece desde a infância, entre as árvores e os muros que são seus.***

Alternativa "e" – Não menciona consagração nem novos gêneros literários: *Mas* ***a primeira coisa séria que fiz foi escrever um conto****, um conto curto, de cinco ou seis páginas: saiu de mim como um milagre, numa noite, e quando finalmente fui dormir estava exausta, atônita, estupefata.*

Texto para responder às questões.

A chama é bela

Nos anos 1970 comprei uma casa no campo com uma bela lareira, e para meus filhos, entre 10 e 12 anos, a experiência do fogo, da brasa que arde, da chama, era um fenômeno absolutamente novo. E percebi que quando a lareira estava acesa eles deixavam a televisão de lado. A chama era mais bela e variada do que qualquer programa, contava histórias infinitas, não seguia esquemas fixos como um programa televisivo.

O fogo também se faz metáfora de muitas pulsões, do inflamar-se de ódio ao fogo da paixão amorosa. E o fogo pode ser a luz ofuscante que os olhos não podem fixar, como não podem encarar o Sol (o calor do fogo remete ao calor do Sol), mas devidamente amestrado, quando se transforma em luz de vela, permite jogos de claro-escuro, vigílias noturnas nas quais uma chama solitária nos obriga a imaginar coisas sem nome...

O fogo nasce da matéria para transformar-se em substância cada vez mais leve e aérea, da chama rubra ou azulada da raiz à chama branca do ápice, até desmaiar em fumaça... Nesse sentido, a natureza do fogo é ascensional, remete a uma transcendência e, contudo, talvez porque tenhamos aprendido que ele vive no coração da Terra, é também símbolo de profundidades infernais. É vida, mas é também experiência de seu apagar-se e de sua contínua fragilidade.

(Adaptado de: ECO, Umberto. **Construir o inimigo**. Rio de Janeiro: Record, 2021, p. 54-55)

320. (FCC – TRT 14 – Analista Judiciário – Área Judiciária – 2022) Discorrendo sobre o fogo, o autor alude ao

a) seu sentido metafórico quando usa a expressão inflamar-se de ódio.

b) espetáculo pirotécnico de suas chamas quando fala em paixão amorosa.

c) calor físico que dele emana ao dizer que sua natureza é ascensional.

d) seu valor puramente simbólico ao qualificá-lo como chama rubra ou azulada.

e) poder de sua irradiação crescente com a expressão devidamente amestrado.

▷ ***Comentários:***

Alternativa "a" – *O fogo também se faz metáfora de muitas pulsões, do inflamar-se de ódio ao fogo da paixão amorosa.*

Metáfora: transferência do significado de uma palavra para outra.

Inflamar [no sentido figurado]: *encher, animar.*

Alternativa "b" – Não são fogos de artifício, é a chama da lareira.

Alternativa "c" – O calor não é físico.

Natureza ascensional: que sobe.

Alternativa "d" – Seu valor não é puramente simbólico, é real, é literal.

Alternativa "e" – Não há alusão ao poder da irradiação, mas sim ao fato de transformar-se em luz de vela, permitir jogos de claro-escuro, vigílias noturnas.

321. (FCC – TRT 14 – Analista Judiciário – Área Judiciária – 2022) O autor lembra que o fogo se presta a ser percebido em níveis fundamentalmente antagônicos quando contrasta as expressões

a) a lareira estava acesa // experiência do fogo (1º parágrafo)

b) contava histórias infinitas // não seguia esquemas fixos (1º parágrafo)

c) luz ofuscante // não podem encarar o sol (2º parágrafo)

d) jogos de claro-escuro // vigílias noturnas (2º parágrafo)

e) natureza ascensional // profundidades infernais (3º parágrafo)

▷ ***Comentários:***

Alternativa "a" – Havia a experiência do fogo porque a lareira estava acesa: sem antagonismo.

Alternativa "b" – Não contrasta, mas soma, adiciona.

Alternativa "c" – Compara a luz ofuscante do fogo com a luz do sol.

Alternativa "d" – Adiciona uma informação.

Alternativa "e" – Existe oposição de ideias:

Ascensional = *tende a subir ou a fazer subir.*

Profundidade = *fundura, profundeza.*

Texto para responder às questões.

[Vida literária]

Aqueles que fazem versos e já atingiram a idade madura costumam receber cartas de outros que também os fazem, mas estão na casa dos vinte. Parece que esse é um dos prêmios (muito discutíveis) de envelhecer: ser solicitado pelos mais novos a dar opiniões sobre os vagidos do talento. O moço apresenta-se confiante, às vezes entusiástico, sempre respeitoso; o "mestre" responde benévolo, paciente, minucioso, interessado em pormenores biográficos, ocultando sua vaidade sob um verniz de simpatia: "Escreva sempre, meu filho." A isto se chama vida literária.

Sendo a literatura fenômeno socializante por excelência, contudo permanece fenômeno individual quanto à produção. E eu vos pergunto: pode a experiência do mais idoso servir à hesitação do jovem, dissolvê-la em certeza, encaminhá-la a rumo certo? Haverá utilidade nessa conversa de gerações?

É certo que cinco ou dez anos depois a receita do mais velho foi esquecida e o mestre com ela. Sucede também que após esse lapso de tempo o mestre seja, não esquecido, mas negado. Ataca-se o mestre, descobre-se que ele o não é. Noventa (que digo? cem por cento) de nossas admirações da adolescência resolvem-se em indiferença, vergonha ou desprezo. Na força do adulto, vinga-se o homem das debilidades do período de crescimento físico e intelectual, negando o que adorara. Os mestres de poesia não escapam a essa contingência, e ao escreverem uma "carta ao jovem poeta" deveriam meditar bem na escolha das palavras e no prazo de validade do sortilégio.

Mas o pessimismo da verificação não deve secar no homem de cinquenta o terno interesse pelo rapaz de vinte. O admirador juvenil é tão autêntico e honesto quanto o lapidador de vinte e cinco ou trinta. Cada idade tem sua moral e sua sensibilidade.

(Adaptado de: ANDRADE, Carlos Drummond. **Passeios na ilha**. São Paulo: Cosac Naify, 2011, p. 113-114)

322. (FCC – TRT 17 – Analista Judiciário – Área Judiciária – 2023) Ao abordar a relação que costuma existir entre jovens escritores e escritores maduros, Carlos Drummond de Andrade considera que

a) a consagração dos autores veteranos desde sempre desperta nos mais jovens um ressentido anseio de superação.

b) a permanência da admiração dos autores estreantes pelos já reconhecidos depende da acolhida que estes dão àqueles.

c) o dinamismo dessa relação se mostra quando os mais velhos recebem as proveitosas lições dos mais jovens.

d) a instabilidade dessa relação se mostra quando os novos escritores passam a ignorar ou a menosprezar a quem reverenciaram.

e) o despeito dos jovens escritores pelo sucesso dos velhos mestres relativiza-se quando também eles se consagram.

▷ ***Comentários:***

Alternativa "a" – A admiração não é permanente: *É certo que cinco ou dez anos depois* ***a receita do mais velho foi esquecida e o mestre com ela****.*

Não se trata de anseio de superação: *ser solicitado pelos mais novos a dar opiniões sobre os vagidos do talento.* ***O moço apresenta-se confiante, às vezes entusiástico, sempre respeitoso.***

Alternativa "b" – Não existe essa dependência, e a admiração não é permanente: *o "mestre" responde benévolo, paciente, minucioso, interessado em pormenores biográficos, ocultando sua vaidade sob um verniz de simpatia: "Escreva sempre, meu filho."*

Alternativa "c" – Os mais jovens é quem recebem as opiniões dos mais velhos, não o contrário: *pode a experiência do mais idoso servir à hesitação do jovem, dissolvê-la em certeza, encaminhá-la a rumo certo?*

Alternativa "d" – Ideia mencionada no terceiro parágrafo: *É certo que cinco ou dez anos depois a receita do mais velho foi esquecida e o mestre com ela. Sucede também que* ***após esse lapso de tempo o mestre seja, não esquecido, mas negado.***

Alternativa "e" – O despeito ocorre porque mudam de fase, não menciona que são consagrados: *Na força do adulto, vinga-se o homem das debilidades do período de crescimento físico e intelectual, negando o que adorara.*

323. (FCC – TRT 17 – Analista Judiciário – Área Judiciária – 2023) No último parágrafo do texto, adverte-se que

a) os malogrados impulsos da juventude devem ser considerados anomalias compreensíveis.

b) os jovens exigentes devem admitir que é natural haver maior sinceridade entre os velhos.

c) as fases da vida precisam ser reconhecidas pelas características que lhes são próprias

d) é preciso admitir o impulso pessimista de que se nutrem os mais velhos diante dos jovens.

e) as diversas idades humanas expõem divergências morais efetivamente inaceitáveis.

▷ ***Comentários:***

Alternativa "a" – Os malogrados referem-se ao homem de cinquenta, não aos jovens.

Alternativa "b" – Cita moral e sensibilidade de cada etapa, não de sinceridade nem menciona os jovens exigentes, mas sim os vaidosos (e no primeiro parágrafo, não no último).

Alternativa "c" – No texto: *Cada idade tem sua moral e sua sensibilidade.*

Homem de cinquenta: *o pessimismo da verificação não deve secar o terno interesse pelo rapaz de vinte;*

Jovem: *tão autêntico e honesto* quanto o adulto*;*

Adulto (vinte cinco ou trinta): *autêntico e honesto.*

Alternativa "d" – Não é para admitir, é o contrário: *o pessimismo da verificação* ***não deve secar*** *no homem de cinquenta o terno interesse pelo rapaz de vinte.*

Alternativa "e" – Há convergências, como visto na alternativa "c": autêntico e honesto.

Texto CG1A1-I

A apropriação colonial das terras indígenas muitas vezes se iniciava com alguma alegação genérica de que os povos forrageadores viviam em um estado de natureza – o que significava que eram considerados parte da terra, mas sem nenhum direito a sua propriedade. A base para o desalojamento, por sua vez, tinha como premissa a ideia de que os habitantes daquelas terras não trabalhavam. Esse argumento remonta ao **Segundo tratado sobre o governo** (1690), de John Locke, em que o autor defendia que os direitos de propriedade decorrem necessariamente do trabalho. Ao trabalhar a terra, o indivíduo "mistura seu trabalho" a ela; nesse sentido, a terra se torna, de certo modo, uma extensão do indivíduo. Os nativos preguiçosos, segundo os discípulos de Locke, não faziam isso. Não eram, segundo os lockianos, "proprietários de terras que faziam melhorias"; apenas as usavam para atender às suas necessidades básicas com o mínimo de esforço.

James Tully, uma autoridade em direitos indígenas, aponta as implicações históricas desse pensamento: considera-se vaga a terra usada para a caça e a coleta e, "se os povos aborígenes tentam submeter os europeus a suas leis e costumes ou defender os territórios que durante milhares de anos tinham erroneamente pensado serem seus, então são eles que violam o direito natural e podem ser punidos ou 'destruídos' como animais selvagens". Da mesma forma, o estereótipo do nativo indolente e despreocupado, levando uma vida sem ambições materiais, foi utilizado por milhares de conquistadores, administradores de latifúndios e funcionários coloniais europeus na Ásia, na África, na América Latina e na Oceania como pretexto para obrigar os povos nativos ao trabalho, com meios que iam desde a escravização pura e simples ao pagamento de taxas punitivas, corveias e servidão por dívida.

David Graeber e David Wengrow. O despertar de tudo: uma nova história da humanidade. São Paulo: Cia das Letras, 2022, p. 169-170 (com adaptações).

324. (CEBRASPE – TJ ES – Analista Judiciário – Área Administrativa – 2023) O texto mostra evasivas utilizadas por europeus para legitimar a apropriação colonial de terras indígenas.

( ) certo

( ) errado

▷ ***Comentários:***

Nota da autora: É necessário saber o significado do adjetivo "**evasivas**": *que procura se esquivar de respostas diretas, que se esforça para iludir, utilizando-se de* ***argumentos vagos ou pouco claros***.

No texto:

1º § = *A* ***apropriação colonial das terras indígenas*** *muitas vezes se iniciava com alguma* ***alegação genérica*** *de que os povos forrageadores viviam em um estado de natureza.* – não tinham direito às terras.

A base para o desalojamento, por sua vez, ***tinha como premissa a ideia de que os habitantes daquelas terras não trabalhavam****.*

2º § = *Da mesma forma, o estereótipo do nativo indolente e despreocupado, levando uma vida sem ambições materiais, foi utilizado por milhares de conquistadores, administradores de latifúndios e funcionários coloniais europeus na Ásia, na África, na América Latina e na Oceania como pretexto para obrigar os povos nativos ao trabalho, com meios que iam desde a escravização pura e simples ao pagamento de taxas punitivas, corveias e servidão por dívida.*

Note que os trechos não são categóricos nem precisos.

---

325. (CEBRASPE – TJ ES – Analista Judiciário – Área Administrativa – 2023) O texto informa que, antes da chegada dos europeus, as populações nativas dos territórios colonizados não trabalhavam.

( ) certo

( ) errado

▷ ***Comentários:***

Eles trabalhavam, mas apenas para sobreviver.

No texto: *A base para o desalojamento, por sua vez, tinha como* ***premissa*** *a ideia de que os habitantes daquelas terras não trabalhavam.* [...] *Os nativos preguiçosos, segundo os discípulos de Locke, não faziam isso. Não eram, segundo os lockianos, "proprietários de terras que faziam melhorias";* ***apenas as usavam para atender às suas necessidades básicas com o mínimo de esforço****.*

---

326. (CEBRASPE – TJ ES – Analista Judiciário – Área Administrativa – 2023) O emprego do adjetivo "preguiçosos" (penúltimo período do primeiro parágrafo) revela uma opinião preconceituosa dos autores do texto a respeito das populações nativas colonizadas.

( ) certo

( ) errado

▷ ***Comentários:***

Quem usou o adjetivo foram os discípulos de Locke, não os autores do texto – David Graeber e David Wengrow.

---

327. (CEBRASPE – TJ ES – Analista Judiciário – Área Administrativa – 2023) O trecho 'são eles que violam o direito natural e podem ser punidos ou 'destruídos' como animais selvagens', no penúltimo período do segundo parágrafo, exprime a perspectiva de James Tully.

( ) certo

( ) errado

▷ ***Comentários:***

Nota da autora: Mais uma vez, é necessário saber o significado de vocábulo inserido no comando.

Perspectiva: *modo como se concebe ou se analisa uma situação específica; ponto de vista.*

James Tully é uma autoridade em direitos indígenas. Esse fato já demonstra que o ponto de vista citado não pode ser dele.

Perceba que existe a condição condicional "se" no início da citação. Aqui está a "pegadinha" da banca.

---

328. (CEBRASPE – TJ ES – Analista Judiciário – Área Administrativa – 2023) Infere-se do texto que seus autores corroboram a explicação de James Tully acerca do direito de propriedade aplicado às terras colonizadas.

( ) certo

( ) errado

▷ ***Comentários:***

Notada autora: Trata-se de uma questão de interpretação porque o comando inicia-se com o verbo "inferir".

Significado de "corroborar": *confirmar a existência ou a verdade de; dar provas de; comprovar.*

No segundo parágrafo: ***James Tully****, uma autoridade em direitos indígenas,* ***aponta as implicações históricas desse pensamento****.*

Autores: *A apropriação colonial das terras indígenas muitas vezes se iniciava com alguma* ***alegação genérica*** *de que os povos forrageadores viviam em um estado de natureza.*

Perceba que os autores confirmam e comprovam a explicação de Tully.

Texto I

"Explicar, a mim, como é Alejandra, Bruno ponderou, como é seu rosto, como são as dobras de sua boca." E pensou que eram justamente essas dobras desdenhosas e um certo brilho tenebroso nos olhos que diferenciavam mais que tudo o rosto de Alejandra do rosto de Georgina, a quem ele amara de verdade. Pois, agora compreendia, a ela é que amara realmente, e quando imaginou estar apaixonado por Alejandra era a mãe de Alejandra que buscava, como esses monges medievais que tentavam decifrar o texto primitivo debaixo das restaurações, debaixo das palavras apagadas e substituídas. E essa insensatez fora a razão de tristes mal-entendidos com Alejandra, tendo às vezes a mesma sensação de quem, após muitíssimos anos de ausência, chega à casa da infância e, ao tentar de noite abrir uma porta, depara com uma parede. Claro que seu rosto era quase o mesmo de Georgina: o mesmo cabelo preto com reflexos avermelhados, os olhos cinza-esverdeados, a boca idêntica e grande, as mesmas faces mongólicas, a mesma pele morena e pálida. Mas o "quase" era atroz, e mais ainda por ser tão sutil e imperceptível, pois assim o equívoco era mais profundo e doloroso. Os ossos e a carne – pensava – não bastam para formar um rosto, e é por isso que ele é infinitamente menos físico do que o corpo: é determinado pelo olhar, pelo ríctus da boca, pelas rugas, por todo esse conjunto de atributos sutis com que a alma se revela por meio da carne. Razão pela qual, no momento exato em que alguém morre, seu corpo se transforma abruptamente numa coisa diferente, tão diferente a ponto de se poder dizer "não parece a mesma pessoa", apesar de ter os mesmos ossos e a mesma matéria de um segundo antes, um segundo antes desse misterioso instante em que a alma se retira do corpo e este fica tão morto como uma casa da qual se retiram para sempre os seres que moram nela, e, sobretudo, que sofreram e se amaram nela.

(SABATO, Ernesto. *Sobre heróis e tumbas*. São Paulo: Planeta De Agostini, 2003, p.22-23)

---

329. (IBFC – 2022 – TJ/MG – Analista Judiciário – Administrador) A seleção dos adjetivos e de outros termos caracterizadores é fundamental para a produção de efeitos na composição dos textos. Dentre as passagens abaixo, retiradas do texto, assinale a que não destaca um exemplo de caracterização subjetiva.

a) "essas dobras desdenhosas."

b) "certo brilho tenebroso nos olhos."

c) "como esses monges medievais."

d) "a razão de tristes mal-entendidos."

e) esse conjunto de atributos sutis."

▷ ***Comentários:***

Nota da autora:

O **adjetivo objetivo** é imparcial, claro e real, ou seja, é um fato. É inquestionável.

O **adjetivo subjetivo** é abstrato, individual, ou seja, é uma opinião. Se é uma opinião é questionável.

Alternativa "a" – Dobras soberbas, altivas: opinião – característica subjetiva.

Alternativa "b" – Brilho que incita medo e causa horror: opinião – característica subjetiva.

Alternativa "c" – Os monges pertencem à Idade Média. Isso indica que é inquestionável, é um fato, é um adjetivo objetivo.

Alternativa "d" – Comovente, dolorosos mal-entendidos: opinião – característica subjetiva.

Alternativa "e" – Atributos que não são percebidos: opinião – característica subjetiva.

Texto CG4A1-I

O peso de Eurídice se estabilizou, assim como a rotina da família Gusmão Campelo. Antenor saía para o trabalho, os filhos saíam para a escola e Eurídice ficava em casa, moendo carne e remoendo os pensamentos estéreis que faziam da sua vida infeliz. Ela não tinha emprego, ela já tinha ido para a escola, e como preencher as horas do dia depois de arrumar as camas, regar as plantas, varrer a sala, lavar a roupa, temperar o feijão, refogar o arroz, preparar o suflê e fritar os bifes? Porque Eurídice, vejam vocês, era uma mulher brilhante. Se lhe dessem cálculos elaborados, ela projetaria pontes. Se lhe dessem um laboratório, ela inventaria vacinas. Se lhe dessem páginas brancas, ela escreveria clássicos. No entanto, o que lhe deram foram cuecas sujas, que Eurídice lavou muito rápido e muito bem, sentando-se em seguida no sofá, olhando as unhas e pensando no que deveria pensar. E foi assim que concluiu que não deveria pensar, e que, para não pensar, deveria se manter ocupada todas as horas do dia, e que a única atividade caseira que oferecia tal benefício era aquela que apresentava o dom de ser quase infinita em suas demandas diárias: a culinária. Eurídice jamais seria uma engenheira, nunca poria os pés em um laboratório e não ousaria escrever versos, mas essa mulher se dedicou à única atividade permitida que tinha um certo quê de engenharia, ciência e poesia. Todas as manhãs, depois de despertar, preparar, alimentar e se livrar do marido e dos filhos, Eurídice abria o livro de receitas da Tia Palmira.

Martha Batalha. A vida invisível de Eurídice Gusmão. 1.ª ed. São Paulo: Companhia das Letras, 2016 (com adaptações).

330. (CESPE/CEBRASPE - Auxiliar Judiciário - TJ PA - 2020) Infere-se do texto CG4A1-I que a personagem Eurídice dedicava-se à culinária porque

a) essa atividade era um meio de expressar suas potencialidades.
b) ela alimentava aversão aos estudos acadêmicos.
c) essa atividade consistia em uma das suas habilidades natas.
d) ela tinha receio de fazer um curso superior.
e) essa atividade permitia expandir suas relações interpessoais.

▷ ***Anotações/Comentários***

Nota da autora: A questão é de **interpretação**, ou seja, consiste em saber a conclusão do que está escrito – no comando, está o verbo "inferir".

Alternativa "a" – Potencialidades: *Se lhe dessem cálculos elaborados, ela projetaria pontes. Se lhe dessem um laboratório, ela inventaria vacinas. Se lhe dessem páginas brancas, ela escreveria clássicos.* A **atividade** *tinha um certo quê de engenharia, ciência e poesia.*

Alternativa "b" – Eurídice ficava em casa remoendo os pensamentos estéreis que faziam da sua vida infeliz. Nada indica que sentia aversão aos estudos acadêmicos. É o contrário.

Alternativa "c" – Como mencionado na alternativa "a", a atividade baseava-se em todas suas habilidades, não apenas em uma.

Alternativa "d" – A afirmação é parecida com a citada na alternativa "b": infere-se exatamente o contrário ao citar que sua vida era infeliz.

Alternativa "e" – A atividade não exigia companhia, logo não se refere a relações interpessoais.

331. (CESPE/CEBRASPE - Auxiliar Judiciário - TJ PA – 2020 - adaptada) A personagem Eurídice é expressamente caracterizada no texto como uma mulher

a) introspectiva.
b) ousada.
c) infeliz.
d) proativa.
e) brilhante.

▷ ***Anotações/Comentários***

Nota da autora: A questão é de **compreensão**, isto é, consiste em analisar o que realmente está escrito, é necessário coletar dados do texto.

Alternativa "a" – No início do texto, cita que ela remoía pensamentos e isso não indica que examinava detalhadamente as próprias experiências. Em seguida, a autora acrescenta: *concluiu que não deveria pensar, e que, para não pensar, deveria se manter ocupada todas as horas do dia.*

Alternativa "b" – Se fosse corajosa, atrevida e valente, não suportaria a tristeza da vida e agiria.

Alternativa "c" – A vida dela era infeliz, mas ela preenchia o tempo com a culinária: uma atividade que lhe proporcionava benefício. Por conseguinte, não se pode afirmar que ela era infeliz.

Alternativa "d" – Ela não procurava resolver os problemas, ela apenas procurava meios de se distrair e não pensar.

Alternativa "e" – Ideia claramente **exposta no texto**: *Porque Eurídice, vejam vocês, era uma mulher brilhante.*

Texto CG4A1-II

Na década de cinquenta, cresceu a participação feminina no mercado de trabalho, especialmente no setor de serviços de consumo coletivo, em escritórios, no comércio ou em serviços públicos. Surgiram então mais oportunidades de emprego em profissões como as de enfermeira, professora, funcionária burocrática, médica, assistente social, vendedora, as quais exigiam das mulheres certa qualificação e, em contrapartida, tornavam-nas profissionais remuneradas. Essa tendência demandou maior escolaridade feminina e provocou, sem dúvida, mudanças no *status* social das mulheres. Entretanto, eram nítidos os preconceitos que cercavam o trabalho feminino nessa época. Como as mulheres ainda eram vistas prioritariamente como donas de casa e mães, a ideia da incompatibilidade entre casamento e vida profissional tinha grande força no imaginário social. Um dos principais argumentos dos que viam com ressalvas o trabalho feminino era o de que, trabalhando, a mulher deixaria de lado seus afazeres domésticos e suas atenções e cuidados para com o marido: ameaças não só à organização doméstica como também à estabilidade do matrimônio.

Carla Bassanezi. Mulheres dos anos dourados. In: História das mulheres no Brasil. 8.ª ed. São Paulo: Contexto, 2004 (com adaptações).

332. (CESPE/CEBRASPE - Auxiliar Judiciário - TJ PA - 2020) Infere-se do texto CG4A1-II que, na década de cinquenta, as mulheres

a) começaram a ingressar no mercado de trabalho remunerado.
b) começaram a ser bem remuneradas no mercado de trabalho.
c) conquistaram o direito de exercer determinadas profissões.
d) começaram a seguir determinado caminho que influenciou a sua relação com a vida doméstica.
e) superaram os preconceitos que as impediam de ingressar no mercado de trabalho remunerado.

▷ ***Anotações/Comentários***

Alternativa "a" – A participação da mulher cresceu, não começou na década de cinquenta: *Na década de cinquenta, cresceu a participação feminina no mercado de trabalho, especialmente no setor de serviços de consumo coletivo.*

Alternativa "b" – Não existe a informação de que eram **bem** remuneradas: *tornavam-nas profissionais remuneradas.*

Alternativa "c" – O direito de exercer em determinadas profissões já tinha sido conquistado: *Na década de cinquenta, cresceu a participação feminina no mercado de trabalho, especialmente* ***no setor de serviços de consumo coletivo, em escritórios, no comércio ou em serviços públicos.***

Alternativa "d" – Ideia mencionada no final do texto: *Um dos principais argumentos dos que viam com ressalvas o trabalho feminino era o de que, trabalhando, a mulher deixaria de lado seus afazeres domésticos e suas atenções e cuidados para com o marido: ameaças não só à organização doméstica como também à estabilidade do matrimônio.*

Alternativa "e" – Os preconceitos não foram superados: ***eram nítidos os preconceitos*** *que cercavam o trabalho feminino nessa época.*

TEXTO CG1A1-I

"Família, família/ vive junto todo dia/ nunca perde essa mania" — os versos da canção Família, composta por Arnaldo Antunes e Tony Belotto na década de 80 do século passado, no Brasil, parece que já não traduzem mais a realidade dos arranjos familiares. Observa-se que a solidez dos lugares ocupados por cada uma das pessoas, nos moldes da família nuclear, não se adéqua à realidade social do momento, em que as relações são caracterizadas por sua dinamicidade e pluralidade. De acordo com o médico e psicanalista Jurandir Freire Costa, "família nem é mais um modo de transmissão do patrimônio material; nem de perpetuação de nomes de linhagens; nem da tradição moral ou religiosa; tampouco é a instituição que garante a estabilidade do lugar em que são educadas as crianças".

Então, o que é a família? Como defini-la, considerando-se que uma de suas marcas na pós-modernidade é justamente a falta de definição? Para a cientista social e política Elizabete Dória Bilac, a variabilidade histórica da instituição família desafia qualquer conceito geral de família.

A centralidade assumida pelos interesses individuais no mundo contemporâneo é um dos aspectos que influenciam a singularidade de cada família e distinguem os propósitos que justificam a escolha de duas pessoas ou mais viverem juntas, compartilhando regras, necessidades e obrigações. Se não é fácil definir a família, é legítimo o esforço de tentar decifrar quem é o homem pós-moderno e quais as necessidades emergentes que o impulsionam ao encontro com o outro, seja no espaço social, seja no interior da família, produzindo significados e razões que o lançam na busca de realização.

Segundo o filósofo francês Dany-Robert Dufour, a pós-modernidade produz um sujeito não engendrado, o que significa um sujeito que se vê na posição de não dever mais nada à geração precedente. Trata-se de uma condição que comporta riscos, pois, segundo Dufour, desaparece o motivo geracional. No que tange à família, a consequência é o surgimento de relações pautadas em trocas reais e carentes de valores simbólicos que se contraponham à lógica do consumo. Assim, assiste-se a uma ruptura na ordem da transmissão, o que gera indivíduos desprovidos de identidade sólida, condição esta que acarreta a redução de sua capacidade crítica e dificulta o estabelecimento de compromisso com a causa que lhe precede.

Fernanda Simplício Cardoso e Leila Maria Torraca de Brito.
Reflexões sobre a paternidade na pós-modernidade.
Internet:<www.newpsi.bvs-psi.org.br> (com adaptações).

333. (CESPE/Cebraspe – Auxiliar Judiciário – TJ PA – 2020) As autoras do texto CG1A1-I consideram que

a) o fato de duas ou mais pessoas viverem juntas é bastante para que sejam consideradas uma família.

b) a família, na atualidade, define-se como instituição cujos membros não se comprometem uns com os outros.

c) a família concebida nos moldes tradicionais não existe no século XXI.

d) o conceito geral de família sempre esteve em constante mudança.

e) a definição de família constitui um grande desafio.

▷ ***Anotações/Comentários***

Alternativa "a" – Não é bastante: *a escolha de duas pessoas ou mais viverem juntas, **compartilhando regras, necessidades e obrigações**.*

Alternativa "b" – Não há uma definição exata de família no texto: *uma de suas marcas na pós-modernidade é justamente **a falta de definição**.*

Alternativa "c" – Ocorreu extrapolação textual. No texto afirma apenas que "parece que já não traduzem mais a realidade dos arranjos familiares". Se *parece* que não traduzem, elas existem.

Alternativa "d" – O conceito não é das autoras, é de Elizabete Dória Bilac: ideia exposta no segundo parágrafo.

Alternativa "e" – No terceiro parágrafo: ***não é fácil definir a família**, é legítimo o esforço de tentar decifrar quem é o homem pós-moderno e quais as necessidades emergentes que o impulsionam ao encontro com o outro.*

Texto CG1A1-II

Segundo a Lei Geral de Proteção de Dados (Lei n.º 13.709/2018), dados pessoais são informações que podem identificar alguém. Dentro desse conceito, foi criada uma categoria chamada de "dado sensível", que diz respeito a informações sobre origem racial ou étnica, convicções religiosas, opiniões políticas, saúde ou vida sexual. Registros como esses, a partir da vigência da lei, passam a ter nível maior de proteção, para evitar formas de discriminação. Todas as atividades realizadas no país e todas as pessoas que estão no Brasil estão sujeitas à lei. A norma vale para coletas operadas em outro país, desde que estejam relacionadas a bens ou serviços ofertados a brasileiros. Mas há exceções, como a obtenção de informações pelo Estado para a segurança pública.

Ao coletar um dado, as empresas deverão informar a finalidade da coleta. Se o usuário aceitar repassar suas informações, o que pode acontecer, por exemplo, quando ele concorda com termos e condições de um aplicativo, as companhias passam a ter o direito de tratar os dados (respeitada a finalidade específica), desde que em conformidade com a legislação. A lei prevê uma série de obrigações, como a garantia da segurança das informações e a notificação do titular em caso de um incidente de segurança. A norma permite a reutilização dos dados por empresas ou órgãos públicos, em caso de "legítimo interesse".

Por outro lado, o titular ganhou uma série de direitos. Ele pode, por exemplo, solicitar à empresa os dados que ela tem sobre ele, a quem foram repassados (em situações como a de reutilização por "legítimo interesse") e para qual finalidade. Caso os registros estejam incorretos, ele poderá cobrar a correção. Em determinados casos, o titular terá o direito de se opor a um tratamento. A lei também prevê a revisão de decisões automatizadas tomadas com base no tratamento de dados, como as notas de crédito ou os perfis de consumo.

Internet: <www.agenciabrasil.ebc.com.br> (com adaptações).

334. (CESPE/CEBRASPE - Analista Judiciário - TJ PA - 2020) Segundo as ideias veiculadas no texto CG1A1-II,

a) questões relativas a origem racial ou étnica, convicções religiosas, opiniões políticas, saúde ou vida sexual são as que mais motivam atos de discriminação, e, por isso, os dados sensíveis devem ter maior nível de proteção.

b) a Lei Geral de Proteção de Dados prevê obrigações tanto para as empresas que coletam os dados quanto para o titular desses dados, de forma proporcional.

c) a norma legal é válida em caso de bens e serviços ofertados a brasileiros, independentemente do país onde a coleta dos dados pessoais for feita.

d) o Estado é autorizado a coletar e a tratar dados pessoais de brasileiros da forma que julgar mais adequada.

e) o Brasil é pioneiro na edição de uma lei acerca da coleta e do uso de dados sensíveis.

▷ ***Anotações/Comentários***

Alternativa "a" – Não são as que mais motivam (extrapolação textual). No texto, a ideia aparece como uma chance de ocorrer: *Registros como esses, **a partir da vigência da lei**, passam a ter nível maior de proteção, para evitar formas de discriminação.*

Alternativa "b" – O titular não teve a acesso a obrigações, mas sim a direitos: ***o titular ganhou uma série de direitos**. Ele pode, por exemplo, solicitar à empresa os dados que ela tem sobre ele, a quem foram repassados (em situações como a de reutilização por "legítimo interesse") e para qual finalidade.*

Alternativa "c" – No primeiro parágrafo: *A norma vale para coletas operadas em outro país, desde que estejam relacionadas a bens ou serviços ofertados a brasileiros.*

Alternativa "d" – O Estado não é autorizado a isso tudo, existe limite: *Caso os registros estejam incorretos, **ele poderá cobrar a correção**. Em determinados casos**, o titular terá o direito de se opor a um tratamento**.*

Alternativa "e" – Ideia não mencionada no texto, ocorreu extrapolação textual mais uma vez.

Texto 1

É claro que somos livres para falar ou escrever como quisermos, como soubermos, como pudermos. Mas é também evidente que devemos adequar o uso da língua à situação, o que contribui efetivamente para a maior eficiência comunicativa.

335. (FGV - Oficial de Justiça - TJ RS - 2020) Considerando o pensamento do texto 1 e tendo conhecimento das atribuições de um oficial de justiça, chegamos à conclusão de que, nessa atividade, a língua escrita, o nível, o uso ou o registro do idioma deve ser predominantemente:

a) formal, de acordo com os princípios da gramática normativa;
b) informal, em busca de mais ampla compreensão da mensagem;
c) regional, adequando-o ao local onde ocorre a comunicação;
d) popular, tendo em vista que as mensagens são lidas por todos;
e) ultraformal, selecionando vocabulário erudito e construções elaboradas.

▷ ***Anotações/Comentários***

Alternativa "a" – Um oficial de justiça deve utilizar a linguagem formal: *adequar o uso da língua à situação.* **Linguagem formal**: *usada em situações mais formais, sendo marcada pelo uso da norma culta.* **Características:** *utilização da norma culta, respeitando rigorosamente as normas gramaticais; utilização de um vocabulário extenso; pronúncia correta e clara das palavras.*

Alternativa "b" – A linguagem não pode ser informal porque não busca mais ampla compreensão da mensagem. **Linguagem informal:** *utilizada em situações mais descontraídas, quando existe uma familiaridade entre os interlocutores.* **Características:** *despreocupação com o uso de normas gramaticais; utilização de coloquialismos, expressões populares, gírias, palavras inventadas (neologismos); uso de palavras abreviadas, como vc, cê e tô; sujeita a variações culturais e regionais54.*

Alternativa "c" – Não pode ser regional: *relacionada com as variações ocorridas, principalmente na* ***fala****, nas mais variadas comunidades linguísticas. Essas variações são também chamadas de* ***dialetos****. O Brasil, por exemplo, apresenta uma imensa variedade de* ***regionalismos*** *na fala dos usuários nativos de cada uma de suas* ***cinco regiões55***.

Alternativa "d" – Linguagem popular é a linguagem informal – explicada na alternativa "a" – e não pode ser usada por um oficial de justiça.

Alternativa "e" – Não pode ser usada a linguagem ultraformal pelo fato de o vocabulário erudito não ser compreendido por todos os usuários da língua.

336. (FGV - Oficial de Justiça - TJ RS - 2020) Observe a frase abaixo: "Dada a causa, a natureza produz o efeito do modo mais breve em que pode ser produzido". Segundo essa frase, a natureza:

a) produz tudo aquilo de que o homem precisa;
b) indica ao homem o caminho a seguir;
c) segue, sem pressa, a ordem natural das coisas;
d) cria leis, mas não as respeita;
e) mostra espírito lógico e eficiência.

▷ ***Anotações/Comentários***

Alternativa "a" – Não há relação alguma com "precisar".

Alternativa "b" – Não há solução, ou seja, caminho a seguir.

Alternativa "c" – É breve, não sem pressa.

Alternativa "d" – A natureza possui suas leis, não são criadas.

Alternativa "e" – *Produz o efeito do modo mais breve* = coerente (lógico) e eficiente.

54. Diferença. Disponível em <https://www.diferenca.com/linguagem-formal-e-linguagem-informal/>. Acesso em 26 fev. 2020, com adaptações.
55. Mundo educação. Disponível em <https://mundoeducacao.bol.uol.com.br/redacao/niveis-linguagem.htm>. Acesso em 26 fev. 2020, com adaptações.

337. (FGV - Oficial de Justiça - TJ RS - 2020) Dvorak aproximou-se do alto da colina e debruçou-se sobre uma pequena pedra para olhar a paisagem abaixo. Observou que havia uma grande caverna, cercada de vegetação, mas não conseguiu identificar a entrada. Fez um sinal para que o grupo o acompanhasse e começou a descer cuidadosamente a encosta.

Acima aparece um pequeno texto narrativo; a frase, retirada desse texto, que mostra valor descritivo é:

a) Dvorak aproximou-se do alto da colina;
b) debruçou-se sobre uma pequena pedra;
c) havia uma grande caverna, cercada de vegetação;
d) não conseguiu identificar a entrada;
e) Fez um sinal para que o grupo o acompanhasse.

▷ ***Anotações/Comentários***

Nota da autora: Uma característica fundamental da descrição é o uso de adjetivos ou de orações adjetivas.

Alternativa "a" – Não há adjetivo.

Alternativa "b" – Existe apenas um adjetivo e não nos dá a noção fotográfica.

Alternativa "c" – Adjetivo: grande; oração subordinada adjetiva explicativa reduzida de particípio: cercada de vegetação. Desenvolvendo-a, temos: que era cercada de vegetação. Perceba que existe também o efeito fotografia, ou seja, podemos ver o local, imaginar como era a caverna.

Alternativa "d" – Não existe adjetivo.

Alternativa "e" – Não há adjetivo.

338. (FGV - Oficial de Justiça - TJ RS – 2020 - adaptada) A seguir estão as duas primeiras frases de um silogismo.

Minha mãe vai à missa todos os dias úteis.

Hoje é segunda-feira.

A conclusão adequada a esse raciocínio é:

a) Segunda-feira é um dia útil;
b) Hoje minha mãe vai à missa;
c) Segunda-feira minha mãe vai à missa;
d) Hoje é um dia útil;
e) Nos dias úteis minha mãe vai à missa.

▷ ***Anotações/Comentários***

Nota da autora: O silogismo determina um argumento ou um raciocínio dedutivo, o qual é formado por proposições que estão interligadas. Note que em quatro alternativas faltam informações.

Alternativa "a" – É um dia útil e minha mãe irá à missa.

Alternativa "b" – Hoje minha mãe vai à missa porque é segunda-feira e por ser um dia útil.

Alternativa "c" – Segunda-feira é um dia útil e hoje ela irá à missa por ser um dia útil e por ser segunda-feira.

Alternativa "d" – É também segunda-feira e minha mãe vai à missa.

Alternativa "e" – Segunda-feira é um dia útil, hoje é segunda e hoje ela vai à missa.

339. (FGV - Oficial de Justiça - TJ RS - 2020) Observe o texto argumentativo a seguir.

"O Brasil vem tentando de tudo. Toda vez que aparece uma potência emergente no mundo, tentamos nos repensar e refazer à sua imagem. Será a China do século XXI? Ou será que já não fomos longe demais nessa bizarra e infrutífera empreitada? Por que não fazer do Brasil o próprio Brasil?" (Eduardo Giannetti, O elogio do vira-lata)

Nesse texto, o argumentador:

a) apresenta sua própria opinião;
b) apresenta uma opinião como geral;
c) apresenta uma opinião alheia;

d) apresenta e comenta uma opinião;

e) confronta diversas opiniões.

▷ ***Anotações/Comentários***

Nota da autora: veja a diferença entre objetividade e subjetividade.

Objetividade: limita a informar as impressões de forma direta e neutra. Nela não existem impressões do observador, a descrição se limita a tentar ser o mais próximo possível da realidade, do real. Informa-se como ocorreu determinada situação de fato.

Subjetividade: existe uma visão do observador através de juízos de valor, certo envolvimento, deixando claro algum posicionamento pessoal, algum julgamento íntimo do autor. Há impressões captadas, tornando nítido o envolvimento do observador, enxergamos o lado pessoal, com sentimentos e emoções.

Alternativa "a" – Há subjetividade: texto escrito na primeira pessoa e com impressões do autor.

Alternativa "b" – A opinião é do autor.

Alternativa "c" – Se é do autor, não pode ser uma opinião alheia.

Alternativa "d" – Apresenta e questiona uma opinião – existem frases interrogativas.

Alternativa "e" – Existe apenas uma opinião, não há confronto algum.

Texto para responder à questão.

Sempre pensei que ser um cidadão do mundo era o melhor que podia acontecer a uma pessoa, e continuo pensando assim. Que as fronteiras são a fonte dos piores preconceitos, que elas criam inimizades entre os povos e provocam as estúpidas guerras. E que, por isso, é preciso tentar afiná-las pouco a pouco, até que desapareçam totalmente. Isso está ocorrendo, sem dúvida, e essa é uma das boas coisas da globalização, embora haja também algumas ruins, como o aumento, até extremos vertiginosos, da desigualdade econômica entre as pessoas.

Mas é verdade que a língua primeira, aquela em que você aprende a dar nome à família e às coisas deste mundo, é uma verdadeira pátria, que depois, com a correria da vida moderna, às vezes vai se perdendo, confundindo-se com outras. E isso é provavelmente a prova mais difícil que os imigrantes têm de enfrentar, essa maré humana que cresce a cada dia, à medida que se

amplia o abismo entre os países prósperos e os miseráveis, a de aprender a viver em outra língua, isto é, em outra maneira de entender o mundo e expressar a experiência, as crenças, as pequenas e grandes circunstâncias da vida cotidiana.

(Adaptado de: LLOSA, Mario Vargas. **O regresso à Grécia**. Disponível em: https://brasil.elpais.com)

340. (FCC – Técnico Judiciário – Técnico em Informática - TJ MA - 2019) Predomina no texto a função

a) apelativa, pois o autor visa a persuadir o leitor a posicionar-se contra os imigrantes.

b) expressiva, pois o autor expõe uma visão subjetiva de um determinado assunto.

c) referencial, pois o autor usa dados objetivos para tratar de um tema com impessoalidade.

d) fática, pois o autor enfoca um assunto banal, com a finalidade única de iniciar uma conversa.

e) metalinguística, pois o autor fala dos detalhes que prejudicaram a publicação de seu texto.

▷ ***Anotações/Comentários***

Nota da autora: Questão de funções de linguagem. Vamos relembrar a teoria por ser um assunto pouco exigido em provas de Fundação Carlos Chagas.

As funções da linguagem são formas de utilização da linguagem segundo a intenção do falante. Elas são classificadas em seis tipos: função referencial, função emotiva, função poética, função fática, função conativa e função metalinguística.

Referencial - também chamada de função informativa, a função referencial **tem como objetivo principal informar**, referenciar algo. Voltada para o contexto da comunicação, esse tipo de texto é escrito na terceira pessoa (singular ou plural) enfatizando seu caráter impessoal.

Emotiva - também chamada de função **expressiva**, na função emotiva o emissor **tem como objetivo principal transmitir suas emoções**, sentimentos e subjetividades por meio da própria opinião. Esse tipo de texto, escrito em primeira pessoa, está voltado para o emissor, uma vez que possui um caráter pessoal.

Poética - é característica das obras literárias que possui como marca a utilização do sentido conotativo das palavras. Nessa função, **o emissor preocupa-se de que maneira a mensagem será transmitida** por meio da escolha das palavras, das expressões, das figuras de linguagem. Por isso, aqui o principal elemento comunicativo é a mensagem.

Fática - tem como objetivo estabelecer ou interromper a comunicação de modo que o mais importante é a relação entre o emissor e o receptor da mensagem. Aqui, o foco reside no canal de comunicação. Esse tipo de função é muito utilizado nos diálogos, por exemplo, nas expressões de cumprimento, saudações, discursos ao telefone etc.

Conativa - também chamada de apelativa, a função conativa é caracterizada por uma linguagem persuasiva que tem o **intuito de convencer o leitor**. Por isso, o grande foco é no receptor da mensagem. Essa função é muito utilizada nas propagandas, publicidades e discursos políticos, a fim de influenciar o receptor por meio da mensagem transmitida. Esse tipo de texto costuma se apresentar na segunda ou na terceira pessoa com a presença de verbos no imperativo e o uso do vocativo.

Metalinguística - é caracterizada pelo uso da metalinguagem, ou seja, **a linguagem que se refere a ela mesma**. Dessa forma, o emissor explica um código utilizando o próprio código. Um texto que descreva sobre a linguagem textual ou um documentário cinematográfico que fala sobre a linguagem do cinema são alguns exemplos. Nessa categoria, os textos metalinguísticos que merecem destaque são as gramáticas e os dicionários.[56]

Alternativa "a" – Não é conativa por não tentar convencer o leitor.

Alternativa "b" – É a linguagem emotiva ou expressiva: o emissor transmite suas emoções e sentimentos.

Alternativa "c" – O texto foi escrito em primeira pessoa, não pode ser referencial.

Alternativa "d" – O assunto não é banal e não possui o objetivo de estabelecer comunicação.

Alternativa "e" – A função metalinguística explica o código através do próprio código e não ocorre a predominância dessa função no texto.

Texto para responder às questões.

[Gravado na pele]

Dizem que a tatuagem data do paleolítico, quando era usada por povos nativos da Ásia. Além da beleza das formas e cores, há algo de simbólico nessas inscrições corporais. Os índios pintam o corpo em cerimônias, festas e rituais de guerra. Os marinheiros, cujas pátrias são os portos e os oceanos, ostentam em sua pele símbolos que evocam a breve permanência em terra firme e a longa travessia marítima: âncoras, ilhas, mapas, peixes, pássaros, bússolas.

Antes de ser uma febre no Brasil, a tatuagem inspirou uma música de Chico Buarque e Ruy Guerra. **Quero ficar no teu corpo feito tatuagem**, diz a letra dessa belíssima canção.

Para um observador parado à beira-mar, um observador que teme o sol forte e protege a cabeça com um chapéu, cada tatuagem é uma descoberta, uma viagem do olhar. Jovens e velhos exibem tatuagens; uso o verbo exibir porque talvez haja uma ponta de exibicionismo nessa arte antiga de fazer da pele uma pintura para toda a vida.

Numa única manhã ensolarada, sob meu chapéu, vi tatuagens de vários tipos e tamanhos, li nomes próprios, adjetivos, bilhetes, e até mesmo uma mensagem cifrada, cuja revelação será sempre adiada: **Amanhã saberás o segredo...**

(Adaptado de: HATOUM, Milton. **Um solitário à espreita**. São Paulo: Companhia das Letras, 2013, p. 122)

56. TODA MATÉRIA. *Funções da linguagem*. Disponível em: <https://www.todamateria.com.br/funcoes-da-linguagem/>. Acesso em: 10 outubro 2018, com adaptações.

341. (FCC – Analista Judiciário – Área Judiciária – TRF 3 - 2019) Ao desenvolver suas impressões sobre a tatuagem, o autor acredita que ela,

a) sendo um fenômeno relativamente recente, difundiu-se pela atuação dos artistas plásticos que a conceberam em primeira mão.

b) apesar dos dissabores que causa, já o persuadiu a tatuar-se em razão da beleza dos símbolos que se imprimem na pele.

c) tendo nascido em tempos remotos, conserva plena e exclusiva fidelidade aos primeiros símbolos que a celebrizaram.

d) exibindo-se em tantos corpos que passam, oferece a um observador uma revelação contínua de novos elementos.

e) embora limitada a formas simbólicas, faz pensar em frases que revelariam o mistério que ela oculta dentro de si mesma.

▷ ***Anotações/Comentários***

Alternativa "a" – Não é recente: *a tatuagem data do paleolítico, quando era usada por povos nativos da Ásia.*

Alternativa "b" – O autor não menciona dissabores.

Alternativa "c" – Não conserva plena e exclusiva fidelidade: *vários tipos e tamanhos, li nomes próprios, adjetivos, bilhetes, e até mesmo uma mensagem cifrada.*

Alternativa "d" – Revelação contínua a quem as vê: *vi tatuagens de vários tipos e tamanhos, li nomes próprios, adjetivos, bilhetes, e até mesmo uma mensagem cifrada, cuja revelação será sempre adiada.*

Alternativa "e" – A tatuagem não é limitada a formas simbólicas, como mencionado na alternativa anterior.

342. (FCC – Analista Judiciário – Área Judiciária – TRF 3 - 2019) Na frase *Quero ficar no teu corpo feito tatuagem*, da canção de Chico Buarque e Ruy Guerra, deve-se entender que

a) há o desejo de que essa mesma frase seja gravada no corpo da pessoa amada.

b) a expressão *feito tatuagem* está empregada no sentido de *tal e qual tatuagem*.

c) o corpo da pessoa amada deve aparecer a quem o olha como se fosse uma tatuagem.

d) o amor pela pessoa amada acaba tendo a mesma efemeridade de uma tatuagem.

e) há a esperança de que a paixão impossível acabe se representando numa tatuagem.

▷ ***Anotações/Comentários***

Alternativa "a" – O autor não insinua que a pessoa amada precise fazer uma tatuagem.

Alternativa "b" – Indica uma comparação e o verbo pode ser substituído pela conjunção "como" ou a forma "tal e qual".

Alternativa "c" – O corpo não deve aparecer como se fosse tatuagem.

Alternativa "d" – Não há indicação do término do amor, muito menos a causa disso.

Alternativa "e" – Não se pode afirmar que a paixão seja impossível, muito menos que que será representada numa tatuagem.

Texto para responder às questões.

Educação familiar

A família cumpre cada vez menos a sua função de instituição de aprendizagem e educação. Ouve-se dizer hoje, repetidamente, o mesmo a respeito dos filhos de famílias das camadas superiores da sociedade, "nada trouxeram de casa". Os professores universitários comprovam até que ponto é escassa a formação substancial, realmente experimentada pelos jovens, que possa ser considerada como pré-adquirida.

Mas isso depende do fato de que a formação cultural perdeu a sua utilidade prática. Mesmo que a família ainda se esforçasse por transmiti-la, a tentativa estaria condenada ao fracasso porque, com a certeza dos bens familiares hereditários, esvaziaram-se alguns motivos de insegurança e sentimento de desproteção. Por parte dos filhos, a tendência atual consiste em furtarem-se a essa educação, que se apresenta como uma **introversão inoportuna**, e em orientarem-se, de preferência, pelas exigências da chamada "vida real".

O momento específico da renúncia pessoal, que hoje mutila os indivíduos, impedindo a individuação, não é a proibição familiar, ou não o é inteiramente, mas a frieza, a indiferença tanto mais penetrante quanto mais desagregada e vulnerável a família se torna.

(Adaptado de: HORKHEIMER, Max, e ADORNO, Theodor (orgs.). **Temas básicos da Sociologia**. São Paulo: Cultrix, 1973, p. 143)

343. (FCC – Analista Judiciário – Área Judiciária – TRF 4/2019) De acordo com o primeiro parágrafo do texto,

a) a irrelevância da família na formação educativa de seus filhos deve-se ao papel assumido pelos professores universitários.

b) a frase "nada trouxeram de casa" situa com precisão a causa de a educação familiar ter perdido toda a sua relevância.

c) a crescente irrelevância da família como instituição educativa transparece na escassa formação apresentada pelos jovens.

d) o cumprimento da função educativa que cabe à família compromete-se por conta de uma formação pré-adquirida.

e) as camadas superiores da sociedade têm repetido que seus filhos já nada podem levar de casa como processo educativo.

▷ ***Anotações/Comentários***

Alternativa "a" – Não se deve ao papel assumido pelos professores: *Os professores universitários comprovam até que ponto é escassa a formação substancial, realmente experimentada pelos jovens, que possa ser considerada como pré-adquirida.*

Alternativa "b" – Ao afirmar que "situa com precisão a causa" e que a educação familiar perdeu "toda" a sua relevância, ocorre extrapolação textual.

Alternativa "c" – No texto: *A família cumpre cada vez menos a sua função de instituição de aprendizagem e educação.*

Alternativa "d" – A formação pré-adquirida é exatamente a educação familiar, não é mencionada outra educação.

Alternativa "e" – Não são as camadas superiores que repetem, é a sociedade que fala sobre as camadas superiores.

344. (FCC – Analista Judiciário – Área Judiciária – TRF 4/2019) No segundo parágrafo, a expressão *introversão inoportuna* indica

a) o juízo que fazem os jovens de hoje de uma eventual iniciativa educacional da família.

b) a maneira pela qual reage a sociedade quando está em risco a educação familiar.

c) a reação dos pais quando solicitados a se encarregarem de iniciativas educacionais.

d) o programa que antigamente pautava a escolarização dos estudantes universitários.

e) o modo pelo qual se planeja reconstituir a importância da educação familiar.

▷ ***Anotações/Comentários***

Alternativa "a" – O juízo é dos filhos (dos jovens): *por parte dos filhos, a tendência atual consiste em furtarem-se a essa educação, que se apresenta como uma introversão inoportuna.*

Alternativa "b" – Não se refere à reação da sociedade.

Alternativa "c" – Não é a reação dos pais, mas sim dos filhos.

Alternativa "d" – Não se refere ao programa.

Alternativa "e" – Não é a maneira como planejar, é o juízo que os filhos fazem.

Texto para responder às questões.

[Pai e filho]

No romance **Paradiso** o grande escritor cubano José Lezama Lima diz que um ser humano só começa a envelhecer depois da morte do pai. Freud atribui a essa morte um dos grandes traumas de um filho.

A amizade e a cumplicidade quase sempre prevalecem sobre as discussões, discórdias e outras asperezas de uma relação às vezes complicada, mas sempre profunda. Às vezes você lamenta não ter conversado mais com o seu pai, não ter convivido mais tempo com ele. Mas há também pais terríveis, opressores e tirânicos.

Exemplo desse caso está na literatura, na **Carta ao pai**, de Franz Kafka. É esse um dos exemplos notáveis do pai castrador, que interfere nas relações amorosas e na profissão do filho. Um pai que não se conforma com um grão de felicidade do jovem Franz. A **Carta** é o inventário de uma vida infernal. É difícil saber até que ponto o pai de Kafka na **Carta** é totalmente verdadeiro. Pode se tratar de uma construção ficcional ou um pai figurado, mais ou menos próximo do verdadeiro. Mas isso atenua o sofrimento do narrador? O leitor acredita na figuração desse pai. Em cada página, o que prevalece é uma alternância de sofrimento e humilhação, imposta por um homem prepotente e autoritário.

(Adaptado de: HATOUM, Milton. **Um solitário à espreita**. São Paulo: Companhia das Letras, 2013, p. 204-205)

345. (FCC – Analista Judiciário – Área Judiciária – TRF 4/2019) Se bem observados na sequência do texto, os três parágrafos constituem

a) uma progressão lógica para a tese defendida por Freud, segundo a qual a morte de um pai é um grande trauma para o filho.
b) a defesa da tese geral do escritor José Lezama Lima, a partir da qual se considera a existência opressiva de pais tirânicos.
c) uma trajetória que parte da constatação e da afirmação do valor de um pai para culminar num caso de paternidade cruel e prepotente.
d) o desenvolvimento de um raciocínio que apresenta uma tese no primeiro parágrafo, contradita-a no segundo e a retoma no terceiro.
e) diferentes posições que, ao enfocarem o fenômeno da paternidade, não estabelecem relação entre si.

▷ ***Anotações/Comentários***

Alternativa "a" – A tese é defendida por José Lezama, não por Freud.

Alternativa "b" – José Lezama Lima diz sobre o envelhecimento do ser humano após a morte do pai. Kafka é quem cita os pais tirânicos.

Alternativa "c" – 1º §: constatação - *um ser humano só começa a envelhecer depois da morte do pai*; 2º §: valor de um pai - *A amizade e a cumplicidade quase sempre prevalecem sobre as discussões*; 3º §: paternidade cruel e prepotente – *o pai castrador interfere nas relações amorosas e na profissão do filho*.

Alternativa "d" – Não ocorre contradição no segundo parágrafo nem retomada de ideia no terceiro.

Alternativa "e" – Diferentes posições que possuem relação entre si.

346. (FCC – Analista Judiciário – Área Judiciária – TRF 4/2019) O autor relativiza uma percepção positiva da relação entre pai e filho para dar início a uma percepção inteiramente contrária com esta frase:

a) *um ser humano só começa a envelhecer depois da morte do pai* (1º parágrafo).
b) *Às vezes você lamenta não ter conversado mais com o seu pai* (2º parágrafo).
c) *A **Carta** é o inventário de uma vida infernal* (3º parágrafo).
d) *Mas há também pais terríveis, opressores e tirânicos* (2º parágrafo).
e) *A amizade e a cumplicidade quase sempre prevalecem* (2º parágrafo).

▷ ***Anotações/Comentários***

Alternativa "a" – É uma percepção positiva.

Alternativa "b" – Não se trata de oposição, mas sim de uma constatação.

Alternativa "c" – Exemplifica o pai castrador.

Alternativa "d" – Antes menciona a amizade e a cumplicidade, depois fala de pais terríveis, opressores e tirânicos.

Alternativa "e" – Trata-se de mais uma percepção positiva.

347. (FCC – Analista Judiciário – Área Judiciária – TRF 4/2019) Ao supor que a **Carta** seja uma construção ficcional, o autor

a) nem por isso esvazia a possibilidade de que o sofrimento e a humilhação nela expostos atinjam o leitor.
b) desse modo acentua o evidente exagero das páginas cruéis em que o filho atormentado acusa a malignidade do pai.
c) ressalva assim o fato de que o narrador forjou inteiramente seus sofrimentos para ganhar a adesão emocional do leitor.
d) lembra por isso que a literatura vive de invenções que pouco têm a ver com situações que se possam comprovar na vida real.
e) mostra com isso que nessa suposta carta, provinda de um impostor literário, não há mais que a projeção de um filho e de um pai hipotéticos.

▷ ***Anotações/Comentários***

Alternativa "a" – No terceiro parágrafo, a ideia está clara: *É difícil saber até que ponto o pai de Kafka na **Carta** é totalmente verdadeiro. Pode se tratar de uma construção ficcional ou um pai figurado, mais ou menos próximo do verdadeiro. Mas isso atenua o sofrimento do narrador? **O leitor acredita na figuração desse pai.***

Alternativa "b" – Ocorreu extrapolação textual ao mencionar que acentua o evidente exagero das páginas cruéis. É mencionado isto no texto: *Em cada página, o que prevalece é uma **alternância de sofrimento e humilhação**, imposta por um homem prepotente e autoritário.*

Alternativa "c" – Não previne que ele tenha inventado seus sofrimentos.

Alternativa "d" – Há dúvida de que seja invenção e muito tem a ver com situações que se possam comprovar na vida real.

Alternativa "e" – Não se trata de um trapaceiro literário.

Texto para responder às questões.

[Valores da propaganda]

Na sociedade moderna, a mesma voz que prega sobre as coisas superiores da vida, tais como a arte, a amizade ou a religião, exorta o ouvinte a escolher uma determinada marca de sabão. Os panfletos sobre como melhorar a linguagem, como compreender a música, como ajudar-se etc. são escritos no mesmo estilo de propaganda que exalta as vantagens de um laxativo. Na verdade, um redator hábil pode ter escrito qualquer um deles.

Na altamente desenvolvida divisão de trabalho, a expressão tornou-se um instrumento utilizado pelos técnicos a serviço do mercado. Um romance é escrito tendo-se em mente as suas possibilidades de filmagem, uma sinfonia ou poema são compostos com um olho no seu valor de propaganda. Outrora pensava-se que cada expressão, palavra, grito ou gesto tivesse um significado intrínseco; hoje é apenas um incidente em busca de visibilidade.

(Adaptado de: HORKHEIMER, Max. **Eclipse da razão**. Trad. Sebastião Uchoa Leite. Rio de Janeiro: Editorial Labor do Brasil, 1976, p. 112)

348. (FCC – Analista Judiciário – Área Judiciária – TRF 4/2019) No primeiro parágrafo do texto, o autor

a) valoriza a arte dos grandes redatores, a partir da qual se torna possível distinguir um texto comercial de um texto convincente.
b) acusa a discriminação que atinge os publicitários, em vez de criticar mais duramente os maus profissionais de outras áreas.
c) afirma que aqueles que dominam a linguagem da propaganda comercial estão aptos a propagar matérias de maior relevância.
d) defende a ideia de que marcas de sabão ou laxativos não podem vender tão bem quanto produtos sobre os quais pesa menos preconceito.
e) atesta que os panfletos redigidos com maior arte são aqueles cujos autores também dominam a linguagem das artes ou da religião.

▷ ***Anotações/Comentários***

Alternativa "a" – Não há valorização alguma no primeiro parágrafo.

Alternativa "b" – Não menciona a discriminação.

Alternativa "c" – No primeiro parágrafo: ***Os panfletos** sobre como melhorar a linguagem, como compreender a música, como ajudar-se etc. **são escritos no mesmo estilo de propaganda que exalta as vantagens de um laxativo**. Na verdade, **um redator hábil pode ter escrito qualquer um deles.***

Alternativa "d" – A ideia é oposta, pois *um redator hábil pode ter escrito qualquer um deles.*

Alternativa "e" – Os panfletos sobre as coisas boas e sobre as coisas pífias podem ser escritos pela mesma pessoa.

349. (FCC – Analista Judiciário – Área Judiciária – TRF 4/2019) No centro da argumentação desenvolvida no texto, está suposto que

a) é o aprendizado de técnicas de propaganda que melhor serve à compreensão das artes.

b) para a linguagem da propaganda é indiferente o produto que se disponha a vender.

c) na venda de um produto de excelência a propaganda torna-se dispensável.

d) a eventual ineficácia de um produto é compensada pela eficácia da propaganda.

e) o trabalho dos publicitários modernos deve tudo ao que as grandes artes lhe legaram.

▷ ***Anotações/Comentários***

Alternativa "a" – Não serve para a compreensão das artes.

Alternativa "b" – No início do texto, a ideia está clara: *Na sociedade moderna, a mesma voz que prega sobre as coisas superiores da vida, tais como a arte, a amizade ou a religião, exorta o ouvinte a escolher uma determinada marca de sabão.*

Alternativa "c" – A propaganda é indispensável.

Alternativa "d" – A ineficácia do produto não é compensada pela propaganda.

Alternativa "e" – Não deve ao que as artes lhe transmitiram.

[Os nomes e os lugares]

É sempre perigoso usar termos geográficos no discurso histórico. É preciso ter muita cautela, pois a cartografia dá um ar de espúria objetividade a termos que, com frequência, talvez geralmente, pertencem à política, ao reino dos programas, mais que à realidade. Historiadores e diplomatas sabem com que frequência a ideologia e a política se fazem passar por fatos. Rios,

representados nos mapas por linhas claras, são transformados não apenas em fronteiras entre países, mas fronteiras "naturais". Demarcações linguísticas justificam fronteiras estatais.

A própria escolha dos nomes nos mapas costuma criar para os cartógrafos a necessidade de tomar decisões políticas. Como devem chamar lugares ou características geográficas que já têm vários nomes, ou aqueles cujos nomes foram mudados oficialmente? Se for oferecida uma lista alternativa, que nomes são indicados como principais? Se os nomes mudaram, por quanto tempo devem os nomes antigos ser lembrados?

(HOBSBAWM, Eric. **Tempos fraturados**. Trad. Berilo Vargas. São Paulo: Companhia das Letras, 2013, p. 109)

350. (FCC – Oficial de Justiça e Analista – TJ MA - 2019) Segundo a convicção do historiador Eric Hobsbawm, a denominação utilizada na geografia

a) expõe-se na cartografia de modo a espelhar tão somente a realidade física do elemento identificado.

b) traz consigo o risco de se tomar como nome objetivo uma identificação política ou ideológica.

c) atende ao papel da natureza assumida como critério para uma localização histórica incontestável.

d) tem a vantagem de se tornar uma referência histórica e espacial de caráter permanente.

e) relativiza a importância dos fatos históricos na medida em que ocorre como simples descrição.

▷ ***Anotações/Comentários***

Alternativa "a" – Não espelha **tão somente** a realidade física, vai além: *A própria escolha dos nomes nos mapas costuma criar para os cartógrafos a necessidade de tomar decisões políticas.*

Alternativa "b" – No primeiro parágrafo: *a cartografia dá um ar de espúria objetividade a termos que, com frequência, talvez geralmente,* ***pertencem à política, ao reino dos programas****, mais que à realidade. Historiadores e diplomatas sabem com que frequência* ***a ideologia e a política se fazem passar por fatos***. Sendo assim, traz o risco de se tomar como nome objetivo.

Alternativa "c" – A localização histórica é contestável: *Se for oferecida uma lista alternativa, que nomes são indicados como principais? Se os* ***nomes mudaram****, por quanto tempo devem os nomes antigos ser lembrados?*

Alternativa "d" – Como visto na alternativa anterior, não se trata de uma referência de caráter permanente. Além disso, não é mencionada a vantagem.

Alternativa "e" – Não ocorre tal restrição, é mais que isso, como mencionado na alternativa "a".

351. (FCC – Oficial de Justiça e Analista – TJ MA - 2019) As *decisões políticas* que cabem aos cartógrafos impõem-se quando

a) um acidente geográfico passa a apresentar novas configurações físicas.

b) razões de caráter estético interferem no processo de nomeação.

c) a nomeação que lhes cabe identificará um posicionamento em face da história.

d) sua carreira científica acaba sendo influenciada por razões eleitorais.

e) as escolhas técnicas encontram um ponto de equilíbrio imune às pressões sociais.

▷ ***Anotações/Comentários***

Alternativa "a" – Não é mencionado acidente geográfico algum.

Alternativa "b" – O caráter estético não interfere, mas sim a política: *a cartografia dá um ar de espúria objetividade a termos que, com frequência, talvez geralmente, pertencem à política.*

Alternativa "c" – No primeiro parágrafo: *Historiadores e diplomatas sabem com que frequência a ideologia e a política se fazem passar por fatos.* Ideologia e política estão diretamente ligadas à história.

Alternativa "d" – Não são razões eleitorais (votação), mas sim razões políticas.

Alternativa "e" – Não é imune às pressões sociais, é suscetível a elas.

[A harmonia natural em Rousseau]

A civilização foi vista por Jean-Jacques Rousseau (1713-1784) como responsável pela degeneração das exigências morais mais profundas da natureza humana e sua substituição pela cultura intelectual. A uniformidade artificial de comportamento, imposta pela sociedade às pessoas, leva-as a ignorar os deveres humanos e as necessidades naturais.

A vida do homem primitivo, ao contrário, seria feliz porque ele sabe viver de acordo com suas necessidades inatas. Ele é amplamente autossuficiente porque constrói sua existência no isolamento das florestas, satisfaz as necessidades de alimentação e sexo sem maiores dificuldades e não é atingido pela angústia diante da doença e da morte. As necessidades impostas pelo sentimento de autopreservação – presente em todos os momentos da vida primitiva e que impele o homem selvagem a ações agressivas – são contrabalançadas pelo inato sentimento que o impede de fazer mal aos outros desnecessariamente.

Desde suas origens, o homem natural, segundo Rousseau, é dotado de livre arbítrio e sentido de perfeição, mas o desenvolvimento pleno desses sentimentos só ocorre quando estabelecidas as primeiras comunidades locais, baseadas sobretudo no grupo familiar. Nesse período da evolução, o homem vive a idade do ouro, a meio caminho entre a brutalidade das etapas anteriores e a corrupção das sociedades civilizadas.

(Encarte, sem indicação de autoria, a **Jean-Jacques Rousseau – Os Pensadores**. Capítulo 34. São Paulo: Abril, 1973, p. 473)

352. (FCC – Oficial de Justiça e Analista – TJ MA - 2019) Expõe-se no primeiro parágrafo do texto um aspecto importante do pensamento de Jean-Jacques Rousseau, qual seja, o de que

a) os benefícios do processo civilizatório já demonstraram que podem conviver harmoniosamente com a satisfação dos impulsos naturais.

b) a cultura intelectualizada, embora atenda plenamente as exigências da vida natural, acaba por interferir na formação do caráter humano.

c) numa sociedade mais evoluída torna-se fatal certa uniformização dos comportamentos, o que ocorre também com as mais primitivas.

d) as exigências morais de uma sociedade passam a ser atendidas quando esta impõe seus valores civilizados aos cidadãos mais responsáveis.

e) o processo civilizatório implica um tipo de artificialismo que uniformiza os valores de comportamento e degrada a natureza humana.

▷ ***Anotações/Comentários***

Alternativa "a" – Não podem conviver harmoniosamente, segundo Rousseau.

Alternativa "b" – A cultura não atende as exigências da vida natural.

Alternativa "c" – A uniformização dos comportamentos não ocorreu nas sociedades mais primitivas.

Alternativa "d" – Isso pode acontecer, mas nada garante que realmente acontecerá.

Alternativa "e" – No primeiro parágrafo: *A uniformidade artificial de comportamento, imposta pela sociedade às pessoas, leva-as a ignorar os deveres humanos e as necessidades naturais.*

---

353. (FCC – Oficial de Justiça e Analista – TJ MA - 2019) No segundo parágrafo, o *homem primitivo* é caracterizado de modo a constituir

a) um exemplo de vida feliz, em virtude da harmonização com o meio, da satisfação das necessidades básicas e do espírito sereno diante da mortalidade.

b) uma criatura mais feliz que o homem civilizado, embora compartilhe com este a mesma índole selvagem que leva a gratuitas violências.

c) um parâmetro de conduta moral de alta elevação, em virtude do domínio das angústias que o afligem no momento da escolha de valores.

d) um caso de felicidade conquistada no exercício constante de valores naturais, não se deixando afetar pelos modos aristocráticos que o assediam.

e) um caso em que a autopreservação pessoal não hesita em contrariar as normas instituídas pela comunidade na qual se sente deslocado.

▷ ***Anotações/Comentários***

Alternativa "a" – **Harmonização com o meio:** *ele sabe viver de acordo com suas necessidades inatas.* **Satisfação das necessidades básicas:** *Ele é amplamente autossuficiente porque constrói sua existência no isolamento das florestas, satisfaz as necessidades de alimentação e sexo sem maiores dificuldades.* **Espírito sereno diante da mortalidade**: *não é atingido pela angústia diante da doença e da morte.*

Alternativa "b" – No texto não há comparação entre o homem primitivo e o homem civilizado. O uso da expressão "mais feliz" faz com que a alternativa seja errada.

Alternativa "c" – Se não há comparação, não há parâmetro - *princípio através do qual é possível estabelecer uma comparação* – e nada indica que a conduta moral possua alta elevação.

Alternativa "d" – Não são mencionados os modos aristocráticos.

Alternativa "e" – Não contraria as normas instituídas pela sociedade, ele sabe viver de acordo com suas necessidades inatas. Além disso, o homem primitivo não se sente deslocado.

TEXTO PARA RESPONDER ÀS QUESTÕES.

***Internet* e as novas mídias: contribuições para a proteção do meio ambiente no ciberespaço**

A sociedade passou por profundas transformações em que a realidade socioeconômica modificou-se com rapidez junto ao desenvolvimento incessante das economias de massas. Os mecanismos de produção desenvolveram-se de tal forma a adequarem-se às necessidades e vontades humanas. Contudo, o homem não mediu as possíveis consequências que tal desenvolvimento pudesse causar de modo a provocar o desequilíbrio ao meio ambiente e a própria ameaça à vida humana.

Desse modo, a preocupação com o meio ambiente é questionada, sendo centro de tomada de decisões, diante da grave problemática que ameaça romper com o equilíbrio ecológico do Planeta. E não apenas nos tradicionais meios de comunicação, tais como jornais impressos, rádio, televisão, revistas, dentre outros, como também nos espaços virtuais de interatividade, por meio das novas mídias, as quais representam novos meios de comunicação, tem-se o debate sobre a problemática ambiental.

O capitalismo foi reestruturado e a partir das transformações científicas e tecnológicas deu-se origem a um novo estabelecimento social, em que por meio de redes e da cultura da virtualidade, configura-se a chamada sociedade informacional, na qual a comunicação e a informação constituem-se ferramentas essenciais da Era Digital.

As novas mídias, por meio da utilização da Internet, estão sendo consideradas como novos instrumentos de proteção do meio ambiente, na medida em que proporcionam a expansão da informação ambiental, de práticas sustentáveis, de reivindicações e ensejo de decisões em prol do meio ambiente.

No ciberespaço, devido à conectividade em tempo real, é possível promover debates de inúmeras questões como a construção da hidrelétrica de Belo Monte, o Novo Código Florestal, Barra Grande, dentre outras, as quais ensejam por tomada de decisões políticas, jurídicas e sociais. [...]

Vislumbra-se que a Internet é um meio que aproxima pessoas e distâncias, sendo utilizada por um número ilimitado de pessoas, a custo razoável e em tempo real. De fato, a Internet proporciona benefícios, pois, além de promover a circulação de informações, a curto espaço de tempo, muitos debates virtuais produzem manifestações sociais. Assim sendo, tem-se a democratização das informações através dos espaços virtuais, como blogs, websites, redes sociais, jornais virtuais, sites especializados, sites oficiais, dentre outros, de modo a expandir conhecimentos, promover discussões e, por vezes, influenciando nas tomadas de decisões dos governantes e na proliferação de movimentos sociais. Desse modo, os cidadãos acabam participando e exercendo a cidadania de forma democrática no ciberespaço. [...]

Faz-se necessária a execução de ações concretas em prol do meio ambiente, com adaptação e intermédio do novo padrão de democracia participativa fomentado pelas novas mídias, a fim de enfrentar a gestão dos riscos ambientais, dentre outras questões socioambientais. Ainda, são necessárias discussões aprofundadas sobre a complexidade ambiental, agregando a interdisciplinaridade para escolhas sustentáveis e na difusão do conhecimento. E, embora haja inúmeros desafios a percorrer com a utilização das tecnologias de comunicação e informação (novas TIC's), entende-se que a atuação das novas mídias é de suma importância, pois possibilita a expansão da informação, a práxis ambiental, o debate e as aspirações dos cidadãos, contribuindo, dessa forma, para a proteção do meio ambiente.

(SILVA NUNES, Denise. Internet e as novas mídias: contribuições para a proteção do meio ambiente no ciberespaço. In: Âmbito Jurídico, Rio Grande, XVI, n. 115, ago. 2013. Disponível em: http://ambito juridico.com.br/site/?n_link=revista_artigos_leitura&artigo_id=13051& revista_caderno=17. Acesso em: jan. 2017. Adaptado.)

---

354. (CONSULPLAN – Técnico Judiciário – *Área* Administrativa – TRF 2/2017) De acordo com as informações e ideias acerca do assunto tratado no texto, marque V para as afirmativas verdadeiras e F para as falsas.

( ) O meio virtual tornou-se um espaço que propicia não só a participação do cidadão em questões de relevância social, mas também o exercício efetivo da cidadania advinda de tal prática.

( ) Em uma sociedade de característica predominantemente informacional, é notório que a comunicação atua como um dos elementos transformadores de ideias e estruturas anteriores que preconizavam um sistema inconsequente.

( ) As transformações vistas na sociedade refletem o crescimento econômico desordenado na medida em que as preocupações se voltam para os interesses capitalistas através dos meios mais diversos de comunicação, entre eles, os virtuais.

A sequência está correta em

a) V, V, F.
b) F, F, F.
c) V, F, F.
d) V, V, V.

▷ ***Anotações/Comentários***

(V) No 6º parágrafo: *os cidadãos acabam* ***participando e exercendo a cidadania*** *de forma democrática no ciberespaço;* no último parágrafo, conclui: *a atuação das novas mídias é de suma importância, pois possibilita a expansão da informação, a práxis ambiental, o debate e as aspirações dos cidadãos, contribuindo, dessa forma, para a proteção do meio ambiente.*

(V) Informações contidas no 1º e 3º parágrafos. Inconsequência: *o homem não mediu as possíveis consequências que tal desenvolvimento pudesse causar de modo a provocar o desequilíbrio ao meio ambiente e a própria ameaça à vida humana;* em seguida, afirma que *O capitalismo foi reestruturado e a partir das transformações científicas e tecnológicas deu-se origem a um novo estabelecimento social, em que por meio de redes e da cultura da virtualidade, configura-se a chamada sociedade informacional.*

(F) Ocorre extrapolação, já que no texto não foi mencionado o crescimento econômico desordenado.

---

355. (CONSULPLAN – Técnico Judiciário – Área Administrativa – TRF 2/2017) O último parágrafo do texto, principalmente,

a) apresenta a simples reordenação de argumentos já elaborados ao longo do texto através da retomada de elementos utilizados durante o seu desenvolvimento.
b) expressa a realidade atual da situação apresentada ao longo do texto propondo a conscientização, através de políticas públicas, do cidadão sobre essa realidade.
c) pressupõe que os direitos do cidadão são garantidos pelo Estado de modo que a execução de ações em favor do meio ambiente depende, de forma exclusiva, de tal garantia.
d) propõe o desempenho de um conjunto de práticas cidadãs cujo objetivo ***é*** atender ***às*** questões apresentadas de modo real e transformador.

▷ ***Anotações/Comentários***

Alternativa "a" – Não se trata, principalmente, de uma simples reordenação de argumentos.

Alternativa "b" – Não expressa a realidade, sugere quais atitudes devem ser tomadas.

Alternativa "c" – Não cita que depende exclusivamente de tal garantia.

Alternativa "d" – É importante ressaltar que em textos dissertativos, soluções são apresentadas na conclusão. Dividindo as afirmações para facilitar:

1. propõe o desempenho de um conjunto de práticas cidadãs = *a atuação das novas mídias é de suma importância, pois possibilita a expansão da informação, a práxis ambiental, o debate e as aspirações dos cidadãos, contribuindo, dessa forma, para a proteção do meio ambiente.*
2. objetivo é atender às questões apresentadas de modo real e transformador = *são necessárias discussões aprofundadas sobre a complexidade ambiental, agregando a interdisciplinaridade para escolhas sustentáveis e na difusão do conhecimento.*

TEXTO I

Onde o Direito e a Literatura se encontram

"Porque esse é o meu nome! Porque não posso ter outro em minha vida! Porque estaria mentindo e assinando mentiras. Porque não valho a poeira dos pés daqueles que mandou enforcar! Eu já dei a minha alma ao Senhor, deixe-me ficar com meu nome!". A citação acima foi retirada da obra *As Bruxas de Salém*, de Arthur Miller, que também foi tema de filme, lançado em 1996. O trecho em questão, porém, também foi utilizado como argumentação em uma decisão judicial a favor da autora que reclamava de atentado à honra.

A argumentação não só mostra como a Literatura ajuda a fundamentar a realidade, mas como o próprio Direito se utiliza dessa ferramenta para interpretar a sociedade. Essa relação entre Direito e Literatura pode ser analisada de três formas: o Direito na Literatura; o Direito da Literatura, que trata dos direitos do autor ou de uma obra e de temas relacionados, como a liberdade de expressão; e, ainda, a utilização de práticas da crítica literária para compreender e avaliar os direitos, as instituições e procedimentos judiciais, o que seria o Direito como Literatura.

Esta última relação do Direito com a Literatura, como explica Vera Karam, professora da disciplina de Direito e Literatura da Faculdade de Direito da Universidade Federal do Paraná (UFPR), é o estudo de temas jurídicos – e da própria realidade em que estão inseridos – com a ajuda das obras literárias. "A Literatura surge como uma metáfora que o direito usa para tentar articular uma boa solução para aquilo que é chamado a responder", explica. [...]

"O aplicador do direito é constantemente demandado a dar respostas a conflitos concretos e diversos, e a Literatura justamente abre um espaço de reflexão e de ação mais crítico, porque é mais sensível às especificidades do humano", aponta Vera.

"A Literatura amplia os horizontes, já que possibilita ao leitor experimentar, de um modo seguro, situações que ele provavelmente jamais viveria. A boa literatura estimula a reflexão e desperta o senso crítico", complementa Lenio Streck, procurador de Justiça do Rio Grande do Sul e professor de Pós-Graduação em Direito na Unisinos-RS.

Para Vera, além de trazer novas perspectivas aos operadores do Direito, a Literatura antecipa temas relacionados ao universo jurídico. "A ficção literária tem essa riqueza, essa sutileza, essa sensibilidade que permite que o Direito às vezes fique até mais bem preparado para o enfrentamento de conflitos que seriam inimagináveis fora da ficção", diz.

A linguagem, que no Direito encontra suas especificidades e na Literatura é registrada de maneira mais diversa e livre, também é apontada pelos especialistas como um ponto-chave da interpretação jurídica por meio das obras. "Olhando a operacionalidade, a realidade não nos toca, as ficções, sim. Com isso, confundimos as ficções da realidade com a realidade das ficções. Ficamos endurecidos. A Literatura pode ser mais do que isso. Faltam grandes narrativas no Direito, e a Literatura pode humanizá-lo", finaliza Streck.

(Katna Baran, especial para a Gazeta do Povo 21/03/2013. Disponível em: http://www.gazeta dopovo.com.br/vidapublica/justica-direito/onde--o-direito-e--a-literatura-se-encontramb2yn714yocf2hz62cladr6p1q>Acesso em janeiro de 2017. Adaptado.)

---

356. (CONSULPLAN – Analista Judiciário – Área Administrativa – TRF 2/2017) Considerando as ideias e informações trazidas ao texto, marque V para as afirmativas verdadeiras e F para as falsas para o que se afirma a seguir:

( ) O caráter metalinguístico do texto configura-se mediante estratégia utilizada no primeiro parágrafo cuja análise literária antecipa o assunto a ser tratado.

( ) Dentre os elementos que contribuem para a interpretação jurídica através da Literatura, a linguagem se apresenta como protagonista no processo de interação entre tais matérias.

( ) A Literatura possui um papel fundamental na sociedade contemporânea, não apenas no que diz respeito ***à*** arte da palavra, mas também como base argumentativa para a aplicação do Direito.

A sequência está correta em

a) F, F, V.
b) F, V, F.
c) F, V, V.
d) V, V, V.

▷ ***Anotações/Comentários***

(F) No primeiro parágrafo, há citação de um trecho literário que foi utilizado como argumentação em uma decisão judicial. Não há análise literária, tampouco metalinguagem – tipo de linguagem cujo propósito é descrever ou falar da própria ou de qualquer outra linguagem.

(V) Na conclusão: A linguagem*, que no Direito encontra suas especificidades e na Literatura é registrada de maneira mais diversa e livre,* *também é **apontada pelos especialistas como um ponto-chave da interpretação jurídica por meio das obras**.*

***(F) No texto, não existe a informação de que a literatura é base argumentativa para a aplicação do Direito. Cita que** a Literatura abre um espaço de reflexão e de ação mais crítico, porque é mais sensível às especificidades do humano.*

---

357. (CONSULPLAN – Analista Judiciário – Área Administrativa – TRF 2/2017) Em relação ao paralelo estabelecido entre o trecho citado de As Bruxas de Salém e o contexto de atentado à honra afirma-se, corretamente, que

a) o tratamento metafísico acerca de um tema universal visto no trecho da obra literária citada pode de igual forma ser visto no objeto da reclamação citado.

b) a estratégia argumentativa utilizada demonstra coerência através do apelo recorrente e progressivo da personagem tendo em vista o assunto "atentado ***à*** honra".

c) há verdades dadas como absolutas por obras literárias que são aplicáveis a quaisquer tipos de questões levadas a julgamento, contanto que haja um excelente domínio de tal matéria por parte do aplicador de Direito.

d) o trecho da obra citado foi empregado com o objetivo de ilustrar uma decisão judicial; demonstrando que o conhecimento literário foi, neste caso, essencial para uma decisão favorável considerando o contexto em análise.

▷ ***Anotações/Comentários***

Alternativa "a" – Tratamento metafísico significa um tratamento além da física, aquele que aborda a essência. E esse tratamento não pode ser visto no objeto da relação citado.

Alternativa "b" – Além do apelo recorrente e progressivo da personagem, nota-se um viés argumentativo diante da repetição da ideia, com o intuito de convencer o leitor: esse é meu nome, não posso ter outro (nome), estaria assinando (com meu nome) mentiras. E como estratégia final, o apelo: "deixe-me ficar com meu nome!". E o nome de uma pessoa está intrinsicamente ligado à sua existência, à sua honra, algo inerente à natureza humana, como se, sem um (bom) nome, o ser não existisse no mundo real, tivesse sua honra desnudada.

Alternativa "c" – A autora afirma que a literatura amplia os horizontes do direito, pois "é mais sensível às especificidades do humano". Ou seja, adapta-se a cada situação, não sendo absoluta e constante. A literatura é exatamente um instrumento para não "ficarmos endurecidos".

Alternativa "d" – O texto não aborda a decisão judicial, se favorável ou não.

---

358. (CONSULPLAN – Analista Judiciário – Área Administrativa – TRF 2/2017) No contexto apresentado, a afirmação da professora Vera Karam "A Literatura surge como uma metáfora que o Direito usa para tentar articular uma boa solução para aquilo que ***é*** chamado a responder" (3º ***§)*** tem sua correta compreensão explicitada em:

a) O sentido metafórico ***é*** pertinente ao Direito desde que seu fundamento seja de caráter estritamente literário, não confundindo ficção e realidade.

b) Na articulação das respostas, no que se refere ao Direito, a Literatura atua como uma figura de linguagem, utilizada para agregar benefícios a tal demanda.

c) As boas soluções apresentadas pelo Direito são metáforas da realidade em análise, de modo que a sensibilidade ***é*** exercitada para atingir os objetivos pretendidos.

d) As metáforas utilizadas nas obras literárias são de fundamental importância na construção do saber jurídico tendo em vista as ponderações feitas no texto da interdisciplinaridade possível entre as duas matérias.

▷ ***Anotações/Comentários***

Alternativa "a" – No texto, fica clara a necessidade de misturar a ficção com a realidade e o sentido metafórico é pertinente à Literatura, como mencionado na alternativa "b".

Alternativa "b" – Metáfora é uma figura de linguagem e Vera Karam afirma que ***A Literatura surge como uma metáfora*** *que o direito usa para tentar articular uma boa solução para aquilo que é chamado a responder.*

Alternativa "c" – As soluções não são metáforas da realidade: *Olhando a operacionalidade, **a realidade não nos toca**, as ficções, sim. Com isso, confundimos as ficções da realidade com a realidade das ficções. Ficamos endurecidos.*

Alternativa "d" – A extrapolação está em afirmar que as metáforas são de fundamental importância. Auxiliam, mas não chegam a ser fundamentais ao ***saber jurídico.***

TEXTO PARA RESPONDER À QUESTÃO.

**** Final do romance "Vidas Secas" que narra a família de Fabiano, mais uma vez, se retirando para algum outro lugar, em virtude da seca:***

Pouco a pouco uma vida nova, ainda confusa, se foi esboçando. Acomodar-se-iam num sítio pequeno, o que parecia difícil a Fabiano, criado solto no mato. Cultivariam um pedaço de terra. Mudar-se-iam depois para uma cidade, e os meninos frequentariam escolas, seriam diferentes deles. Sinhá Vitória esquentava-se. Fabiano ria, tinha desejo de esfregar as mãos agarradas ***à*** boca do saco e ***à*** coronha da espingarda de pederneira.

Não sentia a espingarda, o saco, as pedras miúdas que lhe entravam nas alpercatas, o cheiro de carniças que empestavam o caminho. As palavras de Sinhá Vitória encantavam-no.

Iriam para diante, alcançariam uma terra desconhecida. Fabiano estava contente e acreditava nessa terra, porque não sabia como ela era nem onde era. Repetia docilmente as palavras de Sinhá Vitória, as palavras que Sinhá Vitória murmurava porque tinha confiança nele. E andavam para o sul, metidos naquele sonho. Uma cidade grande, cheia de pessoas fortes. Os meninos em escolas, aprendendo coisas difíceis e necessárias. Eles dois velhinhos, acabando-se como uns cachorros, inúteis, acabando-se como Baleia. Que iriam fazer?

Retardaram-se, temerosos. Chegariam a uma terra desconhecida e civilizada, ficariam presos nela. E o sertão continuaria a mandar gente para lá. O sertão mandaria para a cidade homens fortes, brutos, como Fabiano, Sinhá Vitoria e os dois meninos.

(Vidas Secas, Graciliano Ramos.)

---

359. (CONSULPLAN – Analista Judiciário – *Área* **Administrativa – TRF 2/2017)** *"O romance 'Vidas Secas' publicado em 1938 retrata a história de Fabiano, Sinhá Vitória e seus filhos, que, acompanhados da cachorra Baleia, mudam de região de tempos em tempos para fugir da seca. Os problemas sociais, a fome, a miséria e a desigualdade entre segmentos da sociedade são explorados no romance que mostra a realidade brasileira, como a injustiça social. Do ponto de vista jurídico, a obra traz uma reflexão sobre a desigualdade de direitos entre os diversos segmentos da sociedade, além de mostrar como a privação da palavra por parte dos personagens se contrapõe ao excesso das autoridades e da lei."*

(Katna Baran, especial para a Gazeta do Povo 21/03/2013. Disponível em: http://www.gazeta dopovo.com.br/vidapublica/justica-direito/onde--o-direito-e-a--literatura-se-encontram-b2yn714yocf2hz62cladr6p1q. Acesso em: janeiro de 2017 – Fragmento.)

Considerando o texto e o comentário anterior, pode-se afirmar que:

a) O comentário apresenta argumentos a fim de validar o posicionamento assumido pelo enunciador que podem ser também identificados no texto.

b) Os textos apresentam estruturas típicas de uma narrativa, podendo ser identificadas através do emprego de elementos que lhes são característicos.

c) É possível identificar e comprovar parte do conteúdo da análise da obra "Vidas Secas" feita no comentário através do fragmento da mesma transcrito no texto.

d) Embora os textos apresentem-se como gêneros textuais equivalentes, sua classificação quanto ao tipo textual ***é*** diversa tendo em vista a função da linguagem identificada em cada um deles.

▷ ***Anotações/Comentários***

Alternativa "a" – Os argumentos assumidos pelo enunciador, como por exemplo: ***"a privação da palavra por parte dos personagens se contrapõe ao excesso das autoridades e da lei" não podem ser identificados no texto.***

Alternativa "b" – Narrativa = exposição de um acontecimento que conta com elementos essenciais, como: personagens, narrador, tempo, cenário. O desenrolar das ações é sua característica principal. Isso tudo encontramos no primeiro texto, mas não no segundo, que está mais próximo de uma dissertação.

Alternativa "c" – O uso do termo "parte do conteúdo" nos permite afirmar que qualquer coisa dentro do segundo texto que seja baseado no primeiro já garante a correção desta alternativa. Assim, o trecho "o sertão continuaria a mandar gente para lá" remete à ideia de miséria e desigualdade, presentes no texto.

Alternativa "d" – Os gêneros não são equivalentes. O primeiro pertence ao gênero romance; o segundo, artigo.

360. (CONSULPLAN – Analista Judiciário – *Área* **Administrativa – TRF 2/2017)** A produção da obra, Os Retirantes (1944), foi realizada seis anos depois da publicação do romance Vidas Secas. Nessa obra, ao abordar a miséria e a seca claramente vistas através da representação de uma família de retirantes, Cândido Portinari

a) apresenta uma temática, assim como a descrição dos personagens e do ambiente, de forma sutil e dinâmica.
b) permite visualizar a degradação da figura humana e o retrato da figura da morte afugentada pelos personagens.
c) apresenta elementos físicos presentes no cotidiano dos retirantes vítimas da seca e aspectos relacionados à desigualdade social.
d) utiliza a linguagem não verbal com o objetivo de construir uma imagem cuja ***ênfase*** mística se opõe aos fatos da realidade observável.

▷ ***Anotações/Comentários***

Alternativa "a" – Não há sutileza na imagem, longe disso.

Alternativa "b" – A morte não está afugentada, está perto, explícita.

Alternativa "c" – Fatos que associados à desigualdade social: deserto, animais mortos, seca e miséria.

Alternativa "d" – A imagem revela a realidade, não se opõe a ela.

TEXTO I

Um povo entre duas tiranias

Pelo alto, a população do leste de Alepo, na Síria, foi castigada por bombas de barril lançadas por helicópteros e aviões do regime de Bashar Assad e por caças russos. Ao explodirem, esses artefatos espalham rolamentos, pregos e pedaços de metal ao redor, destruindo prédios e perfurando pessoas. Na noite de 17 de agosto, o menino Omran Daqneesh, de 4 anos, estava dormindo com os irmãos de 1, 6 e 10 anos quando uma bomba caiu sobre sua casa. As imagens do vídeo que mostram Omran coberto de poeira e sangue dentro de uma ambulância chocaram o mundo pelo contraste entre inocência e brutalidade. Seu irmão mais velho morreu no hospital.

Em terra, os moradores eram acossados pelos grupos extremistas ligados à Al Qaeda, que criaram tribunais para aplicar a lei islâmica. As mulheres foram obrigadas a usar o véu. Quem reclamava do fechamento das rádios ou das escolas ou tentava fugir era preso, torturado e até assassinado.

Com a coalizão liderada pelos EUA bombardeando os terroristas do Estado Islâmico em outras cidades, a Rússia e o Irã ficaram livres para ajudar Assad a retomar territórios ocupados por outros grupos armados, o que deixou a guerra ainda mais sangrenta. Duzentos mil sírios somaram-se aos 4,5 milhões que já haviam deixado o país nos anos anteriores. O fluxo de refugiados para a Europa caiu de 1 milhão em 2015 para 300.000 neste ano, em parte devido às barreiras físicas erguidas nas fronteiras e às restrições para aceitação de asilo. O drama da maioria dos sírios que fogem da tirania de Assad e dos rebeldes acabou represado nos campos lamacentos da Turquia.

(Veja, 28 de dezembro de 2016.)

361. (CONSULPLAN – Analista Judiciário – *Área* **Judiciária – TRF 2/2017)** Após a leitura do texto, ***é*** possível afirmar que

a) as informações apresentadas possuem características alarmantes através de uma linguagem apelativa e enfática, de acordo com o público a que se destina e seu suporte textual.
b) a redução significativa do número de refugiados ***é*** um fator capaz de comprovar que a implementação de ações humanitárias na região afetada pelos conflitos citados tem sido favorável ***às*** vítimas de tal cenário.
c) a finalidade informativa do texto pode ser identificada através do encadeamento lógico de ideias revelando fatos com clareza e exatidão; utilizando, predominantemente, a ordem direta, a voz ativa e os verbos de ação.
d) as tiranias ***às*** quais ***é*** feita referência no título do texto, apesar de apresentarem níveis diferentes de ***ênfase*** no contexto apresentado, atuam estrategicamente de forma semelhante para alcançar os objetivos que lhes são propostos.

▷ ***Anotações/Comentários***

Alternativa "a" – Linguagem apelativa e enfática é aquela que, de qualquer maneira, tenta convencer o leitor de/a algo. Isso não se pode constatar no texto.

Alternativa "b" – A redução significativa do número de refugiados não é favorável às vítimas, uma vez que isso só acontece em decorrência das "... barreiras físicas erguidas nas fronteiras e [...] restrições para aceitação de asilo".

Alternativa "c" – No texto predomina a linguagem referencial ou denotativa, aquela em que a informação é transmitida de forma clara e objetiva, orações na ordem direta (sujeito + verbo + complementos) e verbos empregados na voz ativa. Observe os destaques de verbos no trecho a seguir: "As imagens do vídeo que **mostram** Omran coberto de poeira e sangue dentro de uma ambulância **chocaram** o mundo pelo contraste entre inocência e brutalidade. Seu irmão mais velho **morreu** no hospital".

Alternativa "d" – As tiranias são tratadas, no texto, com a mesma ênfase.

TEXTO II

O mundo e os refugiados

[...] Na discussão dos extremos no século 21 cabe um paralelismo com os do século 20. Lembro, assim, a análise de Hannah Arendt a respeito daqueles que na Europa pós-1ª Guerra Mundial se viram, por obra dos totalitarismos, expulsos da trindade Estado-povo- -território, tornaram-se indesejáveis não documentados em quase todos os lugares e tidos como descartáveis – ponto de partida dos campos de refugiados, facilitadores dos campos de concentração.

Foi a reação diplomática a essas catástrofes que levou à "ideia a realizar", que está na origem da ONU, de institucionalizar uma comunidade internacional atenta aos direitos fundamentais e à dignidade do ser humano. Partiu-se conceitualmente do pressuposto kantiano de um direito à hospitalidade universal, lastreado na hipótese de que a violação do direito num ponto da Terra seria efetivamente sentida em todos os demais. É esta, a "ideia a realizar" de uma comunidade internacional tuteladora do direito à hospitalidade universal, que está hoje em questão de maneira dramática.

Na perspectiva do efeito destrutivo atual dos extremos, cabe sublinhar a trágica precariedade que assola a vida de pessoas nas regiões do que pode ser qualificado de o arco da crise. No Oriente Médio e em partes da África há Estados falidos (como o Iraque e a Líbia), Estados em estado pré-falimentar, conflitos e guerras civis que se prolongam com intervenções extrarregionais, como a que desagrega a Síria, a precariedade e artificialidade de fronteiras interestatais, que instigam conflitos étnicos e religiosos. Tudo isso, em conjunto, vem catalisando a existência dessa enorme população de excluídos do mundo comum, refugiados que fogem do arco da crise, sem encontrar destino e acolhida.

O número de pessoas que buscam asilo, estão internamente deslocadas nos seus países ou são refugiadas por obra de guerras e perseguições, se elevou de 59.6 milhões em 2014 para 65.3 milhões de pessoas no final de 2015. Isso significa que uma em cada 113 pessoas da população mundial está fora do mundo comum e não tem acesso ao direito à hospitalidade universal. Cerca de 51% de refugiados do mundo são crianças, muitas separadas dos pais e viajando sozinhas à procura de destino. A situação da Síria, a do Sudão do Sul, a do Iêmen, do Burundi, da República Centro-Africana são forças alimentadoras desse fluxo de pessoas de países de baixa renda que enfrentam essa dura realidade.

O limbo em que se encontram os excluídos do mundo comum, mais tenebroso que os círculos do inferno de Dante, é, na perspectiva de uma razão abrangente da humanidade, a mais grave tensão difusa que permeia a vida internacional.

(Celso Lafer, 17 Julho 2016. Disponível em: http://opiniao.estadao.com.br/noticias/geral,o-mundo-e-osrefugiados,10000063317. Acesso em: janeiro de 2017. Adaptado.)

362. (CONSULPLAN – Analista Judiciário – *Área* Judiciária – TRF 2/2017) De acordo com as estratégias utilizadas em sua argumentação sobre a crise dos refugiados, o autor deixa claro que

a) a institucionalização de uma observância e defesa dos direitos humanos internacionalmente pressupõe meios ainda não determinados para sua concretização, mas inadiáveis diante das demandas apresentadas.

b) dentre os fatores que compõem os conflitos em regiões hostis como o Oriente Médio e partes da ***África,*** pode-se identificar a intolerância diante de diferenças relacionadas a questões comportamentais sociais.

c) o impasse declarado diante de questões religiosas demonstra uma realidade vivida pelos refugiados e a causa ignorada pela comunidade internacional da falta de hospitalidade que lhes cerca em sua busca por um novo destino.

d) ***é*** procedente a existência de uma inquietação de ordem social e mundial no que se refere ao destino das vítimas de determinados conflitos internos em seus países de origem, fato este que tem fundamentos e provém de atitudes vistas no século passado.

▷ ***Anotações/Comentários***

Alternativa "a" – A institucionalização foi estabelecida conforme se pode confirmar no trecho a seguir: "... Foi a reação diplomática a essas catástrofes que levou à 'ideia a realizar', que está na origem da ONU, de institucionalizar uma comunidade internacional atenta aos direitos fundamentais e à dignidade do ser humano". Logo, é incorreto afirmar que pressupõe meios ainda não determinados para a sua concretização.

Alternativa "b" – A intolerância diante de diferenças está registrada no seguinte trecho: "No Oriente Médio e em partes da África há Estados falidos (como o Iraque e a Líbia), Estados em estado pré-falimentar, conflitos e guerras civis que se prolongam com intervenções extrarregionais, como a que desagrega a Síria, a precariedade e artificialidade de fronteiras interestatais, que instigam conflitos étnicos e **religiosos**".

Alternativa "c" – Há, sim, um impasse declarado diante de questões religiosas nas regiões. No entanto, não se pode afirmar que a causa seja ignorada pela comunidade mundial.

Alternativa "d" – O que invalida esta alternativa é a expressão "provém de atitudes vistas **no século passado**" atribuída a conflitos internos, uma vez que tais conflitos não provêm do século passado, mas do XI, época em que havia as Cruzadas, expedições sob o comando da Igreja para recuperar Jerusalém, a Terra Santa, que estava sob o domínio dos árabes.

PARTE VI - FIGURAS DE LINGUAGEM

1. FIGURAS DE LINGUAGEM

TEXTO PARA RESPONDER ÀS QUESTÕES.

Encenação da morte

A vida nos quer, a morte nos quer. Somos o resultado da tensão ocasionada pelas duas forças que nos puxam. Esse equilíbrio não é estável. Amplo, diverso e elástico é o campo de força da vida, e vale a mesma coisa para o campo da morte. Se ficamos facilmente deprimidos ou exaltados é em razão das oscilações de intensidade desses dois campos magnéticos, sendo o tédio o relativo equilíbrio entre os dois.

Às vezes é mais intensa a pressão da vida, outras vezes é mais intensa a pressão da morte. Não se quer dizer com isso que a exaltação seja a morte e a depressão seja a vida. Há exaltações e exultações que se polarizam na morte, assim como há sistemas de depressão que gravitam em torno da vida. O estranho, do ponto de vista biológico, é que somos medularmente solitários com ambos os estados de imantação mais intensa, os da vida e os da morte. Não aproveitamos apenas a vida, mas usufruímos também as experiências da morte, desde que essas não nos matem.

Ganhei várias vezes da morte, isto é, inúmeras vezes os papéis que a morte representou para mim não chegaram a ser convincentes ou não chegaram a fazer grande sucesso. Matei várias mortes. (...) Mas outro dia dei dentro de mim com uma morte tão madura, tão forte, tão irresponsível, tão parecida comigo que fiquei no mais confuso dos sentimentos. Esta eu não posso matar, esta é a minha morte. O Vinícius de Moraes, que entende muito de morte, disse que nesse terreno há sempre margem de erro, e que talvez eu tenha ainda de andar um bocado mais antes de encontrar a minha morte. Pode ser. Não sei. Quem sabe?

(Adaptado de CAMPOS, Paulo Mendes. Os sabiás da crônica. Antologia. Org. Augusto Massi. Belo Horizonte: Autêntica, 2021, p. 246-248, passim)

363. (FCC – TRT 18 – Analista Judiciário – Área Judiciária – 2023) Ao longo do texto o autor se vale de vários **paradoxos**, tal como o que ocorre na seguinte formulação:

a) Somos o resultado da tensão ocasionada pelas duas forças que nos puxam.

b) oscilações de intensidade desses dois campos magnéticos.

c) Às vezes é mais intensa a pressão da vida

d) usufruímos também as experiências da morte, desde que essas não nos matem.

e) O Vinícius de Moraes (...) disse que nesse terreno há sempre margem de erro.

▷ ***Comentários:***

Nota da autora: Paradoxo é ausência de nexo, falta de lógica.

Alternativa "a" – Existe nexo: duas forças nos puxam, e somos resultado delas.

Alternativa "b" – Existe nexo: dois campos magnéticos oscilam de intensidade.

Alternativa "c" – Existe nexo: a pressão da vida é mais intensa.

Alternativa "d" – É impossível usufruir experiências da morte se estivermos vivos.

Alternativa "e" – Existe nexo: há margem de erro nesse terreno, como disse Vinícius.

364. (FGV – Técnico Judiciário – Área Judiciária – TJ CE - 2019) A frase abaixo cuja estrutura NÃO se apoia em uma comparação ou metáfora é:

a) Leis são como salsichas. É melhor não ver como são feitas;
b) A compra de autoridades ocorreu do mesmo modo como se compra bacalhau na feira: pelo cheiro;
c) Encontrei Roma como uma cidade de tijolos e a deixei como uma cidade de mármore;
d) Cuidar da casa e da família é como presidir um pequeno país: é muito duro;
e) Fazer política é a arte de dividir o bolo de tal maneira que cada um pensa ter ficado com o pedaço maior.

▷ ***Anotações/Comentários***

Nota da autora: Na comparação, a conjunção "como" está explícita; na metáfora, implícita.

Alternativa "a" – Comparação: leis e salsichas.

Alternativa "b" – Comparação: compra de autoridades e compra de bacalhau.

Alternativa "c" – Indica o modo como encontrou e deixou Roma.

Alternativa "d" – Comparação: cuidar da casa e da família e presidir um pequeno país.

Alternativa "e" – Metáfora (sem a conjunção com): fazer política e dividir o bolo.

365. (FGV - TJ AL - Técnico Judiciário - Área Judiciária – 2018) "Como digo repetidas vezes, me valendo do óbvio, a comunicação virtual está em sua pré-história".

A utilização do termo "pré-história" mostra um tipo de linguagem figurada denominado:

a) metáfora;
b) metonímia;
c) pleonasmo;
d) paradoxo;
e) hipérbole.

▷ ***Anotações/Comentários***

Nota da autora: Se exigir figuras de linguagem no edital, além de fazer as questões anteriores da banca, é aconselhável relembrar a teoria.

Alternativa "a" – O sentido é: a comunicação virtual é **antiga**. Ocorre metáfora por usar o vocábulo em sentido figurado (conotativo) e por não haver comparação.

Metáfora: *consiste em empregar um termo com significado diferente do habitual, com base numa relação de similaridade entre o sentido próprio e o sentido figurado. Na metáfora pode ocorrer uma comparação, mas o conectivo comparativo fica sempre subentendido.*

Alternativa "b" - *Assim como a metáfora, consiste numa transposição de significado, ou seja, uma palavra que usualmente significa uma coisa passa a ser utilizada com outro sentido. Ou seja, é o emprego de um nome por outro em virtude de haver entre eles algum relacionamento. A metonímia ocorre quando se emprega:*

- *A causa pelo efeito: vivo do meu* trabalho *(do produto do trabalho = alimento)*
- *O efeito pela causa: aquele poeta bebeu a* morte *(= veneno)*
- *O instrumento pelo usuário: os* microfones *corriam no pátio = repórteres).*

Alternativa "c" - *É uma redundância cuja finalidade é reforçar a mensagem.*

"E rir meu riso e derramar meu pranto...." (Vinicius de Moraes)

Alternativa "d" – *Consiste no uso de palavras de sentido oposto que parecem excluir-se mutuamente, mas, no contexto se completam, reforçam uma ideia e/ou expressão.*

Estou cego, mas agora consigo ver.

Alternativa "e" - *Trata-se de exagerar uma ideia com finalidade enfática.*

Estou morrendo de sede!

Não vejo você há séculos![57]

Charge para responder à questão.

O Colégio Bom Conselho, em Porto Alegre, promoveu um concurso de charges sobre o trânsito e o primeiro lugar foi dado à charge abaixo:

366. (FGV – Analista Judiciário – Escrivão Judicial – TJ – PI/2016) A charge anterior apoia-se na estrutura de uma figura de linguagem, que é:

a) a hipérbole;
b) o eufemismo;
c) a catacrese;
d) o pleonasmo;
e) a metáfora.

▷ ***Anotações/Comentários***

Alternativa "a" – Hipérbole é exagero.

Alternativa "b" – Eufemismo é a suavização de uma ideia negativa.

Alternativa "c" – Catacrese é o mau uso das palavras.

Alternativa "d" – Pleonasmo é a repetição de significação de vocábulos ou termos da oração.

Alternativa "e" – *Metáfora* é uma **figura de linguagem** em que se usa uma palavra ou uma expressão em um sentido que não é comum, revelando uma **relação de semelhança entre dois termos**: o trânsito e a cadeia alimentar.

57. TERRA, Ernani. Minigramática. São Paulo: Scipione, 2007.

DIREITO CONSTITUCIONAL

Paulo Lépore

1. TEORIA DA CONSTITUIÇÃO

01. FGV – 2024 – TRF 1 – Analista Judiciário – Área Administrativa

João, servidor público, constatou que certa norma constitucional outorgava uma posição jurídica favorável aos servidores, atribuindo-lhes um benefício estatutário. Por outro lado, a mesma norma permitia que a lei afastasse a sua incidência sobre os servidores que viessem a apresentar as características funcionais a serem indicadas.

A norma constitucional analisada por João tem eficácia:

a) plena;

b) contida;

c) operativa condicionada;

d) limitada, de princípio institutivo;

e) limitada, de natureza programática.

▷ ***Anotações/Comentários***

A norma descrita no enunciado, por si só, já atribuiu benefício estatutário aos servidores. Portanto, não pode ser norma de eficácia limitada. No entanto, ao autorizar que lei infraconstitucional restrinja seu alcance, passa a ser classificada como norma de eficácia contida, pois tem uma eficácia restringível.

02. FGV – 2024 – TRF 1 – Analista Judiciário – Análise de Dados

O Art. 2º da Emenda Constitucional nº X, com o objetivo de aperfeiçoar o controle da qualidade dos direitos prestacionais oferecidos à coletividade, determinou a criação, por lei complementar, de um conselho nacional de natureza interfederativa, que seria responsável pelo referido controle.

Extrai-se do Art. 2º da Emenda Constitucional nº X uma norma de eficácia:

a) plena;

b) contida;

c) limitada, de princípio institutivo;

d) limitada, de natureza programática;

e) restringível, mas de exigência imediata.

▷ ***Anotações/Comentários***

Toda vez que a norma constitucional determina à lei infraconstitucional fazer ou criar algo, há uma norma de eficácia limitada, pois dependerá da edição desta norma para que produza efeitos concretos. Na hipótese, ela determinou a instituição de um conselho nacional, motivo pelo qual se caracteriza como norma de princípio institutivo, e não programática (caso em que se busca criar uma política pública, por exemplo, ou assegurar um direito).

03. (VUNESP – TRF 3ª Região – Analista Judiciário – Área Administrativa – 2023). Considerando a doutrina sobre a aplicabilidade das normas constitucionais, assinale a alternativa correta.

a) A Constituição Federal, pelo seu elevado grau de aplicabilidade, não contempla as denominadas normas constitucionais de princípio institutivo.

b) A vedação de servidor, participante de regime próprio, filiar-se ao regime geral de previdência social como segurado facultativo é norma de eficácia plena.

c) O direito ao salário-família pago em razão do dependente do trabalhador de baixa renda é norma constitucional de eficácia plena.

d) O procedimento de criação de municípios, estabelecido na CF, é exemplo de norma constitucional de eficácia contida.

e) A norma constitucional que assegurou autonomia funcional e administrativa às Defensorias Públicas Estaduais é de eficácia contida.

▷ ***Anotações/Comentários***

Alternativa "a": Essa é uma das classificações das normas da Constituição Federal. Trata-se das normas de eficácia limitada que pretendem estruturar a instituição de um órgão ou entidade. Há diversas normas dessa natureza na CF/88, como, por exemplo, o art. 33 da CF/88: "A lei disporá sobre a organização administrativa e judiciária dos Territórios.".

Alternativa "b": Trata-se do art. 201, §5º da CF/88. Não há nenhuma expressão que permita ao legislador infraconstitucional limitar o alcance da norma, ou determinando que ele a regulamente, portanto, trata-se de norma de eficácia **plena**.

Alternativa "c": Nos termos do art. 7º, XII da CF/88: "XII - salário-família pago em razão do dependente do trabalhador de baixa renda nos termos da lei;". Pela expressão "nos termos da lei", verifica-se que se trata de norma de eficácia **limitada**.

Alternativa "d": O art. 18, §4º da CF/88 prevê: "§ 4º A criação, a incorporação, a fusão e o desmembramento de Municípios, far-se-ão por lei estadual, dentro do período determinado por Lei Complementar Federal, e dependerão de consulta prévia, mediante plebiscito, às populações dos Municípios envolvidos, após divulgação dos Estudos de Viabilidade Municipal, apresentados e publicados na forma da lei.". A respeito desse dispositivo já manifestou a jurisprudência tratar-se de norma de eficácia **limitada**, pois depende da edição de lei pra que possa ser implementado.

Alternativa "e": O art. 134, §2º da CF/88 estabelece que: "§ 2º Às Defensorias Públicas Estaduais são asseguradas autonomia funcional e administrativa e a iniciativa de sua proposta orçamentária dentro dos limites estabelecidos na lei de diretrizes orçamentárias e subordinação ao disposto no art. 99, § 2º." Logo, é de eficácia contida ("dentro dos limites estabelecidos na lei...") somente a segunda parte, que fala sobre a iniciativa da proposta orçamentária. A parte relativa à autonomia funcional e administrativa é de eficácia **plena**.

04. (IBFC – Analista Judiciário – Área Judiciária – TRE – PA/2020) O "pensamento jurídico do possível" foi tema abordado no Supremo Tribunal Federal (STF), como expressão, consequência, pressuposto e limite para uma interpretação constitucional aberta, em referência a uma "teoria constitucional de alternativas", que abre suas perspectivas para "novas" realidades. Considere os métodos, princípios e limites de interpretação das normas constitucionais e analise as afirmativas abaixo:

I. O método hermenêutico-concretizador trata a Constituição como um sistema aberto de regras e princípios, partindo de um problema concreto para a norma, de modo a atribuir à interpretação um caráter prático na busca da solução dos problemas concretizados.

II. Segundo o método normativo-estruturante, a norma jurídica não se confunde com o texto normativo, sendo que o teor literal da norma deve ser interpretado à luz da concretização da norma em sua realidade social.

III. A Constituição deve ser sempre interpretada em sua globalidade, como um todo, e, assim, as aparentes antinomias deverão ser afastadas. As normas deverão ser vistas como preceitos integrados em um sistema unitário de regras e princípios. Este princípio de interpretação constitucional é denominado "Princípio da Unidade da Constituição".

IV. Decisões interpretativas em sentido estrito podem originar sentenças interpretativas de rechaço, em que a Corte Constitucional adota a interpretação que se conforma à Constituição, repudiando qualquer outra que contrarie o texto constitucional.

Assinale a alternativa correta

a) Apenas as afirmativas I e IV estão corretas
b) Apenas as afirmativas II e III estão corretas
c) Apenas as afirmativas II, III e IV estão corretas
d) As afirmativas I, II, III e IV estão corretas

▷ ***Anotações/Comentários***

Item "I". Incorreto. O método hermenêutico-concretizador é aquele em que o intérprete se vale de suas pré-compreensões valorativas para obter o sentido da norma e então aplicá-la à resolução de determinado problema. Ou seja, ele parte da obtenção do sentido da norma, para então aplicá-la à situação concreta, ao contrário do que sugere a afirmativa.

Item "II". Correto. O método normativo-estruturante é aquele em que o intérprete parte do direito positivo para chegar à estruturação da norma jurídica, muito mais complexa que o texto legal. Nesse caminho, há influência da jurisprudência, da doutrina, da história, da cultura e das decisões políticas. Em outras palavras: o intérprete colhe elementos da realidade social para estruturar a norma que será aplicada.

Item "III". Correto. Como descreve a afirmativa, esse princípio preceitua que a interpretação constitucional deve ser realizada tomando-se as normas constitucionais em conjunto (interpretação sistêmica), como um sistema unitário de princípios e regras, de modo a se evitarem contradições (antinomias aparentes) entre elas.

Item "IV". Correto. Sentença interpretativa de rechaço, como descreve a alternativa, é aquela em que a Corte adota interpretação conforme a Constituição e afasta ("rechaça") qualquer outra interpretação que a contrarie, e assim contrarie o texto constitucional.

---

05. (IBFC – Técnico Judiciário – Área Administrativa – TRE – PA/2020) Doutrinariamente, o conceito e a classificação das constituições podem variar de acordo com o sentido e o critério adotados para sua definição. A respeito dessa temática, leia as afirmativas abaixo:

I. Para o sociólogo Ferdinand Lassalle, "Constituição" seria a somatória dos fatores reais de poder dentro de uma sociedade, enquanto reflexo do embate das forças econômicas, sociais, políticas e religiosas de um Estado. Nesse sentido, por ser uma norma jurídica, ainda que não efetiva, uma Constituição legítima é aquela escrita em uma "folha de papel".

II. O alemão Carl Schmitt define "Constituição" como sendo uma decisão política fundamental, cuja finalidade precípua é organizar e estruturar os elementos essenciais do Estado. Trata-se do sentido político delineado na teoria decisionista ou voluntarista, em que a Constituição é um produto da vontade do titular do Poder Constituinte.

III. Embasada em uma concepção jurídica, "Constituição" é uma norma pura, a despeito de fundamentações oriundas de outras disciplinas. Através do sentido jurídico-positivo, Hans Kelsen define a Constituição como norma positiva suprema, dentro de um sistema escalonado e hierarquizado de normas, em que aquela serve de fundamento de validade para todas as demais.

IV. "Constituição-dirigente ou registro" é aquela que traça diretrizes objetivando nortear a ação estatal, mediante a previsão de normas programáticas. Marcante em nações socialistas, visa reger o ordenamento jurídico de um Estado durante certo período de tempo nela estabelecido, cujo decurso implicará a elaboração de uma nova Constituição ou adaptação de seu texto.

V. A Constituição da República Federativa do Brasil de 1988 é classificada, pela doutrina majoritária, como sendo de ordem democrática, nominativa, analítica, material e super-rígida.

Assinale a alternativa correta.

a) Apenas as afirmativas I, II e III estão corretas
b) Apenas as afirmativas I, III e IV estão corretas
c) Apenas as afirmativas II, III e V estão corretas
d) Apenas as afirmativas II e III estão corretas

▷ ***Anotações/Comentários***

Item "I". Incorreto. Lassalle adotou a concepção de Constituição sociológica, que, para ele, é aquela que deve traduzir a soma dos fatores reais de poder que rege determinada nação, sob pena de se tornar mera folha de papel escrita, que não corresponda à Constituição real. Assim, ao contrário do que aponta a afirmativa, não basta "uma folha de papel" para que a constituição seja legítima, uma vez que o elemento necessário para tanto é que corresponda à soma dos fatores reais de poder que rege determinada nação.

Item "II". Correto. Carl Schmitt adotou a concepção política de Constituição. Para ele, Constituição é aquela que decorre de uma decisão política fundamental, e se traduz na estrutura do Estado e dos Poderes, e na presença de um rol de direitos fundamentais. Ou seja, como descreve a afirmativa, trata-se de uma manifestação da vontade do titular do Poder Constituinte, que é quem toma tal decisão.

Item "III". Correto. A concepção jurídica de Constituição foi adotada por Hans Kelsen. Para ele, Constituição é aquela que se constitui em norma hipotética fundamental pura, que traz fundamento transcendental para sua própria existência (sentido lógico-jurídico), e que, por se constituir no conjunto de normas com mais alto grau de validade, deve servir de pressuposto para a criação das demais normas que compõem o ordenamento jurídico (sentido jurídico-positivo).

Item "IV". Incorreto. Na verdade, Constituição dirigente é aquela que confere atenção especial à implementação de programas pelo Estado, prescrevendo um Estado intervencionista. Não será adotada por tempo pré-definido, diferente do que aponta a afirmativa.

Item "V". Incorreto. Na verdade, nossa Constituição é normativa (rege o funcionamento do Estado), e não nominativa (de fachada). Ademais, é formal, e não material, já que não tem, em seu texto, somente normas de conteúdo constitucional. Quanto à rigidez, não é pacífico, mas a doutrina majoritária a considera rígida e outra parte a considera super-rígida.

---

06. (IBFC – Técnico Judiciário – Área Administrativa – TRE – PA/2020) Os princípios fundamentais da República Federativa do Brasil encontram-se enumerados de forma expressa nos artigos do 1° ao 4° da Constituição Federal de 1988. Acerca deste tema, assinale a alternativa correta.

a) São fundamentos da República Federativa do Brasil a soberania, a cidadania, a dignidade da pessoa humana, os valores sociais do trabalho e da livre iniciativa, o pluralismo político e o desenvolvimento nacional
b) Promover o bem de todos, sem preconceitos de origem, raça, sexo, cor, idade e quasquer outras formas de discriminação consiste em um dos princípios que a República Federativa do Brasil rege-se nas suas relações internacionais
c) Erradicar a pobreza e a marginalização e reduzir as desigualdades sociais e regionais é um dos objetivos fundamentais do Brasil, ao lado da igualdade entre os estados
d) São princípios em que o Brasil rege-se nas suas relações internacionais a não-intervenção, a cooperação entre os povos para o progresso da humanidade e a concessão de asilo político

▷ ***Anotações/Comentários***

Alternativa "a": Os fundamentos da República Federativa do Brasil estão elencados nos incisos do art. 1º da CF/88 e são eles: a soberania, a cidadania, a dignidade da pessoa humana, os valores sociais do trabalho e da livre iniciativa e o pluralismo político. O desenvolvimento nacional não é um deles.

Alternativa "b": Na verdade, trata-se de um dos objetivos fundamentais da República Federativa do Brasil, encontrado no inciso IV do art. 3º da CF/88.

Alternativa "c": Embora erradicar a pobreza e a marginalização e reduzir as desigualdades sociais e regionais sejam objetivos fundamentais do Brasil, a igualdade entre os Estados é um dos princípios pelos quais o Brasil se rege em suas relações internacionais.

Alternativa "d": É o que se extrai do art. 4º, IV, IX e X da CF/88.

07. (IBFC – Analista Judiciário – Área Judiciária – TRE – PA/2020) A doutrina moderna aponta que a titularidade do poder constituinte pertence ao povo. Sobre este tema, assinale a alternativa correta.

a) O poder constituinte originário ou de primeiro grau instaura uma nova ordem jurídica, rompendo, por completo, com a ordem jurídica anterior, razão pela qual é considerado inicial, autônomo, ilimitado juridicamente, representando um poder jurídico, segundo a doutrina moderna

b) No caso dos Municípios, sua capacidade de auto-organização está delimitada nos termos do artigo 19 da Constituição Federal, razão pela qual a doutrina majoritária entende que o poder constituinte derivado decorrente não se faz na órbita deste ente federado

c) A manifestação do poder constituinte reformador, também denominado de "competência reformadora", verifica-se através das emendas constitucionais, caracterizado pela carência de limitações expressas ou implícitas

d) Segundo o artigo 3° do ADCT (Ato das Disposições Constitucionais Transitórias), a revisão constitucional seria realizada após cinco anos, contados da promulgação da Constituição, pelo voto da maioria simples dos membros do Congresso Nacional, em sessão unicameral. Trata-se do poder constituinte derivado revisor

▷ ***Anotações/Comentários***

Alternativa "a": Embora as demais afirmações estejam corretas, não se entende que o poder constituinte originário seja ilimitado juridicamente, uma vez que devem ser observados os limites materiais, quais sejam, os imperativos do direito natural, valores políticos, éticos e sociais, além dos direitos fundamentais, em razão da vedação ao retrocesso. Ademais, está também incorreta a afirmação de que é um poder jurídico, já que, na verdade, a doutrina moderna o considera um poder de fato, um poder político.

Alternativa "b": O art. 19, na verdade, prevê vedações à União, Estados, Distrito Federal e Municípios. O dispositivo que rege a auto-organização do Município é o art. 29 da CF/88. Não obstante, a alternativa foi considerada correta pelo avaliador.

Alternativa "c": Na verdade, o poder constituinte reformador tem limitações expressas, como as temporais, circunstanciais, formais e materiais, e também limitações implícitas.

Alternativa "d": O art. 3º do ADCT determina que: "A revisão constitucional será realizada após cinco anos, contados da promulgação da Constituição, pelo voto da **maioria <u>absoluta</u>** dos membros do Congresso Nacional, em sessão unicameral.".

08. (Cespe – Analista Judiciário – Direito – TJ - PA/2020) A Constituição Federal de 1988 prevê o uso do mandado de injunção como uma garantia constitucional sempre que a falta de norma regulamentadora tornar inviável o exercício dos direitos e das liberdades constitucionais e das prerrogativas inerentes à nacionalidade, à soberania e à cidadania. Nesse sentido, segundo o STF, o cabimento do mandado de injunção pressupõe a demonstração da existência de omissão legislativa relativa ao gozo de liberdades ou direitos garantidos constitucionalmente pelas normas constitucionais de eficácia

a) *plena lato sensu*

b) *contida lato sensu.*

c) *plena stricto sensu.*

d) *contida stricto sensu.*

e) *limitada stricto sensu.*

▷ ***Anotações/Comentários***

Alternativa "e" (responde todas as alternativas): Normas de eficácia limitada, segundo José Afonso da Silva, são aquelas que apenas produzem efeitos após terem sido regulamentadas por norma infraconstitucional. Ou seja, há um mandamento na Constituição para que se edite eventual norma, mas enquanto não for editada, a norma constitucional não pode produzir seus efeitos. O que ocorre na prática é uma inércia do legislador, que acarreta a ineficácia de determinados dispositivos constitucionais (de eficácia limitada). Para sanar essa ineficácia, sobretudo quando a inércia do legislador impede o gozo de liberdades ou direitos constitucionalmente previstos, pode-se usar do mecanismo do mandado de injunção. Nesse sentido é a jurisprudência do STF: "1. O cabimento do mandado de injunção pressupõe a demonstração clara e precisa acerca da existência de omissão legislativa relativa ao gozo de direitos ou liberdade garantidos constitucionalmente pelas **normas constitucionais de eficácia limitada stricto sensu** [...]"(MI 6858, Relator(a): Min. EDSON FACHIN, julgado em 12/03/2018, publicado em PROCESSO ELETRÔNICO DJe-049 DIVULG 13/03/2018 PUBLIC 14/03/2018).

09. (FGV – Analista Administrativo – TJ - SC/2018) De acordo com o art. 5º, XXXII, da Constituição da República, "o Estado promoverá, na forma da lei, a defesa do consumidor".

Considerando a aplicabilidade das normas constitucionais, a norma constitucional que se extrai do referido preceito tem: a

a) eficácia limitada de princípio consumerista;

b) eficácia limitada de princípio institutivo;

c) natureza programática;

d) eficácia contida;

e) eficácia plena.

▷ ***Anotações/Comentários***

Alternativa "c": As normas constitucionais podem ser: **de eficácia plena**, que nem dependem de norma regulamentadora para produzirem seus efeitos, nem admitem que norma infraconstitucional as limite; **de eficácia contida:** quando não dependem de norma regulamentadora para produzirem seus efeitos, mas admitem que norma infraconstitucional limite seu alcance; ou **de eficácia limitada:** quando dependem de norma regulamentadora para produzirem seus efeitos, que podem ser limitados por normas infraconstitucionais. A norma narrada na questão é de eficácia limitada, pois fala que somente após a edição da lei será promovida pelo Estado a defesa do consumidor. Com isso, já são eliminadas as alternativas "d" e "e". As normas de eficácia limitada podem ser de princípio institutivo, ou de princípio programático. Normas de eficácia limitada de princípio institutivo traçam linhas gerais, enquanto normas de eficácia limitada de princípio programático traçam programas a serem implementados pelo poder público. A norma em questão determina a implementação da defesa do consumidor, logo, trata-se de norma de eficácia limitada de natureza programática.

10. (Cespe – Analista Judiciário – Área Judiciária – STM/2018) Com relação à organização dos poderes e às funções essenciais à justiça, julgue os itens a seguir.

A rigidez constitucional é marca de todas as Constituições brasileiras desde, e inclusive, a de 1824.

- CERTO
- ERRADO

▷ ***Anotações/Comentários***

A Constituição brasileira de 1824 na verdade é classificada como semirrígida ou semiflexível, pois tinha parte rígida e parte flexível, o que podemos extrair de seu artigo 178: "Art. 178. É só Constitucional o que diz respeito aos limites, e atribuições respectivas dos Poderes Políticos, e aos Direitos Políticos, e individuais dos Cidadãos. Tudo, o que não é Constitucional, pode ser alterado sem as formalidades referidas, pelas Legislaturas ordinárias."

11. (Cespe – Analista Judiciário – Área Judiciária – STM/2018) Com relação à organização dos poderes e às funções essenciais à justiça, julgue os itens a seguir.

A rigidez constitucional é marca de todas as Constituições brasileiras desde, e inclusive, a de 1824.

- CERTO
- ERRADO

▷ ***Anotações/Comentários***

A Constituição brasileira de 1824 na verdade é classificada como semirrígida ou semiflexível, pois tinha parte rígida e parte flexível, o que podemos extrair de seu artigo 178: "Art. 178. É só Constitucional o que diz respeito aos limites, e atribuições respectivas dos Poderes Políticos, e aos Direitos Políticos, e individuais dos Cidadãos. Tudo, o que não é Constitucional, pode ser alterado sem as formalidades referidas, pelas Legislaturas ordinárias."

2. PRINCÍPIOS FUNDAMENTAIS

12. FCC – 2022 – TRT 14 – Analista Judiciário – Área Judiciária Em conformidade com a Constituição Federal, no que se refere aos princípios fundamentais,

a) a República Federativa do Brasil buscará a integração social e cultural dos povos da América Latina, visando à formação de uma comunidade latino-americana de nações, sendo vedadas a integração econômica e a política.

b) a República Federativa do Brasil rege-se nas suas relações internacionais pelo princípio da proibição da concessão de asilo político.

c) a República Federativa do Brasil rege-se nas suas relações internacionais pelo princípio da intervenção.

d) são poderes da União, dependentes entre si, o Legislativo, o Executivo, o Judiciário e o Ministério Público.

e) a República Federativa do Brasil constitui-se em Estado Democrático de Direito e tem como fundamentos a soberania, a cidadania, a dignidade da pessoa humana, os valores sociais do trabalho e da livre iniciativa e o pluralismo político

▷ ***Anotações/Comentários***

Alternativa "a": Na verdade, nos termos do art. 4º, parágrafo único da CF/88, a República Federativa do Brasil buscará a integração **econômica, política,** social e cultural dos povos da América Latina, visando à formação de uma comunidade latino-americana de nações. Assim, não há referida vedação.

Alternativa "b": Rege-se, nos termos do art. 4º, X da CF/88, rege-se pelo princípio da **concessão de asilo político.**

Alternativa "c": O princípio mencionado no art. 4º, IV da CF/88 é o da **não intervenção.**

Alternativa "d": Os poderes são **independentes e harmônicos entre si**, nos termos do art. 2º, da CF/88.

Alternativa "e": É o que se extrai do art. 1º da CF/88.

---

13. (Cespe – Técnico Judiciário – TJ – RJ/2021) Considere os seguintes itens.

I. A extensão, às uniões estáveis homoafetivas, do mesmo regime jurídico aplicável à união estável entre pessoas heterossexuais justifica-se e legitima-se pela direta incidência do princípio constitucional implícito que prevê o direito à busca da felicidade, entre outros princípios.

II. A crítica jornalística é direito garantido na Constituição Federal de 1988 (CF) e plenamente aceitável contra aqueles que exercem funções públicas; o interesse social, que legitima o direito de criticar, sobrepõe-se a eventuais suscetibilidades que possam revelar as pessoas públicas.

No que se refere aos princípios fundamentais previstos na CF, assinale a opção que apresenta os princípios que fundamentam os itens I e II, respectivamente.

a) defesa da paz e pluralismo político

b) dignidade da pessoa humana e pluralismo político

c) dignidade da pessoa humana e valorização do trabalho humano

d) prevalência dos direitos humanos e cidadania

e) prevalência dos direitos humanos e valorização do trabalho humano

▷ ***Anotações/Comentários***

I. Todos os direitos fundamentais são desdobramentos do princípio da dignidade da pessoa humana.

II. O pluralismo político se alinha à liberdade de expressão, manifestação e opinião.

---

14. (Cespe – Técnico Judiciário – TJ - PR/2019) É fundamento da República Federativa do Brasil

a) a erradicação da pobreza.

b) a promoção do bem de todos, sem preconceito de origem, raça, sexo, cor e quaisquer outras formas de discriminação.

c) a construção de uma sociedade livre, justa e solidária.

d) a forma democrática de Estado.

e) a dignidade da pessoa humana.

▷ ***Anotações/Comentários***

Alternativa "a": Erradicar a pobreza e a marginalização e reduzir as desigualdades sociais e regionais é um dos **objetivos fundamentais** da República Federativa do Brasil, previsto no art. 3º, III da CF/88.

Alternativa "b": Promover o bem de todos, sem preconceitos de origem, raça, sexo, cor, idade e quaisquer outras formas de discriminação é um dos **objetivos fundamentais** da República Federativa do Brasil, previsto no art. 3º, IV da CF/88.

Alternativa "c": Construir uma sociedade livre, justa e solidária é um dos **objetivos fundamentais** da República Federativa do Brasil, previsto no art. 3º, I da CF/88.

Alternativa "d": A forma democrática de Estado não é prevista na Constituição Federal, embora o *caput* do art. 1º da CF/88 estabeleça que a República Federativa do Brasil constitui-se em Estado Democrático de Direito. Outra possível relação se dá com a previsão, pelo art. 60, §4º, I da CF/88 que dispõe que a forma **federativa** de Estado é uma cláusula pétrea (e, portanto, não pode ser objeto de deliberação proposta de emenda tendente a lhe abolir).

Alternativa "e": A dignidade da pessoa humana é um dos **fundamentos** da República Federativa do Brasil, conforme estabelece o art. 1º, *caput* e incisos, da CF/88: "Art. 1º A República Federativa do Brasil, formada pela união indissolúvel dos Estados e Municípios e do Distrito Federal, constitui-se em Estado Democrático de Direito e tem como fundamentos: I - a soberania; II - a cidadania; **III - a dignidade da pessoa humana;** IV - os valores sociais do trabalho e da livre iniciativa; V - o pluralismo político".

---

15. (Cespe – Técnico Judiciário – Área Administrativa – TRE – TO/2017) Em determinado seminário sobre os rumos jurídicos e políticos do Oriente Médio, dois professores debateram intensamente sobre a atual situação política da Síria. Hugo, professor de relações internacionais, defendeu que o Brasil deveria realizar uma intervenção militar com fins humanitários. José, professor de direito constitucional, argumentou que essa ação não seria possível conforme os princípios constitucionais que regem as relações internacionais da República Federativa do Brasil.

Nessa situação hipotética, com base na Constituição Federal de 1988 (CF),

a) Hugo está correto, pois a intervenção humanitária é um dos princípios constitucionais que rege as relações internacionais do Brasil.

b) José está correto, pois a não intervenção e a solução pacífica dos conflitos são princípios constitucionais que orientam as relações internacionais do Brasil.

c) Hugo está errado, pois a defesa da paz e dos direitos humanos não são princípios constitucionais que regem as relações internacionais do Brasil.

d) Hugo está correto, pois a dignidade da pessoa humana é um dos fundamentos constitucionais do estado brasileiro e uma das causas que autorizam a intervenção militar do Brasil em outros Estados soberanos.

e) José está errado, pois a declaração de guerra é ato político discricionário e unilateral do presidente da República, não estando sujeito a limites jurídicos.

▷ ***Anotações/Comentários***

José está correto, tendo em vista que a não intervenção e a solução pacífica dos conflitos são princípios que regem da República Federativa do Brasil, conforme disposto no **art. 4º da CF**: "Art. 4º A República Federativa do Brasil rege-se nas suas relações internacionais pelos seguintes princípios: I - independência nacional; II - prevalência dos direitos humanos; III - autodeterminação dos povos**; IV - não-intervenção**; V - igualdade entre os Estados; VI - defesa da paz; **VII - solução pacífica dos conflitos**; VIII - repúdio ao terrorismo e ao racismo; IX - cooperação entre os povos para o progresso da humanidade; X - concessão de asilo político". Nesse sentido, aponta Dirley da Cunha Júnior: "O Princípio da não intervenção impõe ao Estado brasileiro um dever de abstenção, a ser cumprido na maior medida possível, que o impede de intervir, direta ou indiretamente, em assuntos internos ou externos de outros países. A vedação constitucional abrange tanto intervenções militares, como interferências no plano político, econômico e cultural. No plano internacional tem sido admitida, em determinados casos, a denominada 'intervenção humanitária', em especial, quando autorizada pelo

Conselho de Segurança da ONU" (Constituição Federal para concursos. Juspodivm, 2016, p. 28).

3. DIREITOS E GARANTIAS FUNDAMENTAIS

16. AOCP – 2024 – TRF 2 - Analista Judiciário - Área Administrativa

Segundo o disposto na Constituição da República, para que sejam equivalentes às emendas constitucionais, os tratados e convenções internacionais sobre direitos humanos devem ser aprovados

a) pela maioria absoluta dos membros do Conselho Nacional de Justiça, em único turno.

b) por dois terços dos membros do Supremo Tribunal Federal, em dois turnos.

c) por dois terços dos membros do Senado Federal, em dois turnos.

d) pela maioria absoluta dos membros da Câmara dos Deputados, em único turno.

e) em cada Casa do Congresso Nacional, em dois turnos, por três quintos dos votos dos respectivos membros.

▷ ***Anotações/Comentários***

Nos termos do art. 5º, §3º da CF/88, os tratados e convenções internacionais sobre direitos humanos que forem aprovados, em cada Casa do Congresso Nacional, **em dois turnos, por três quintos dos votos dos respectivos membros**, serão equivalentes às emendas constitucionais.

17. (VUNESP – TRF 3ª Região – Analista Judiciário – Área Administrativa – 2023). Assinale a alternativa que está em conformidade com a Constituição Federal no que tange aos direitos e garantias fundamentais.

a) Nenhum brasileiro será extraditado, salvo o naturalizado por crime comum, nem o estrangeiro que tenha contraído matrimônio com brasileira ou tenha filho brasileiro.

b) Viola o princípio constitucional do juiz natural convocação de desembargadores para atuar nos tribunais superiores, com base em Regimento Interno.

c) O particular, como cidadão, não tem legitimidade para impetrar mandado de segurança em face da Mesa do Senado na defesa de interesse de toda a coletividade.

e) O sigilo profissional e a inviolabilidade domiciliar, constitucionalmente assegurados, vedam o cumprimento de mandado de busca e apreensão em escritório de advocacia.

e) A vedação de prisão civil por dívida alcança o responsável pelo inadimplemento voluntário e inescusável de obrigação alimentícia, mas protege o depositário infiel.

▷ ***Anotações/Comentários***

Alternativa "a": O que prevê o art. 5º, LI da CF/88 é que: "nenhum brasileiro será extraditado, salvo o naturalizado, em caso de crime comum, praticado antes da naturalização, ou de comprovado envolvimento em tráfico ilícito de entorpecentes e drogas afins, na forma da lei;". Ademais, simplesmente ser casado ou ter filho brasileiro não é suficiente para afastar a extradição de estrangeiro, sendo necessário, a dependência econômica ou socioafetiva desse filho.

Alternativa "b": Na verdade, não há violação (vide ARE 755.933 AgR – STF).

Alternativa "c": Nesse caso, por defender interesse de toda a coletividade, trata-se de mandado de segurança coletivo, cuja legitimidade ativa é restrita ao partido político com representação no Congresso Nacional; à organização sindical, entidade de classe ou associação legalmente constituída e em funcionamento há pelo menos um ano, em defesa dos interesses de seus membros ou associados. Portanto, o cidadão não tem legitimidade.

Alternativa "d": O STF entende que o sigilo profissional **não exclui** a possibilidade de cumprimento de mandado de busca e apreensão em escritório de advocacia (HC 91.610).

Alternativa "e": Na verdade, é cabível a prisão civil por dívida em caso de inadimplemento voluntário e inescusável de obrigação alimentícia, mas vedada a do depositário infiel, ou seja, o contrário do que determina a alternativa.

18. FCC – 2023 – TRT18 - Analista Judiciário – Área Administrativa

Ronaldo praticou crime de tráfico ilícito de entorpecentes, tendo como mandante seu irmão, Luís. Sabe-se que Carolina poderia ter evitado referido crime, mas se omitiu. Com base apenas nas informações fornecidas, a Constituição Federal impõe à lei considerar o crime mencionado

a) afiançável, mas insuscetível de graça ou anistia, por ele respondendo apenas Ronaldo.

b) inafiançável, mas suscetível de graça ou anistia, por ele respondendo apenas Ronaldo e Luís.

c) inafiançável e insuscetível de graça ou anistia, por ele respondendo apenas Ronaldo e Luís.

d) afiançável e suscetível de graça ou anistia, por ele respondendo Ronaldo, Luís e Carolina.

e) inafiançável e insuscetível de graça ou anistia, por ele respondendo Ronaldo, Luís e Carolina.

▷ ***Anotações/Comentários***

O art. 5º, XLIII da CF/88 estabelece que a lei considerará inafiançáveis e insuscetíveis de graça ou anistia a prática da tortura, **o tráfico ilícito de entorpecentes e drogas afins**, o terrorismo e os definidos como crimes hediondos, por eles respondendo os **mandantes, os executores e os que, podendo evitá-los, se omitirem**. Logo, responderão por ele Ronaldo (executor), Luís (mandante) e Carolina (podendo evitá-lo, se omitiu).

19. FCC – 2022 – TRT 14 – Analista Judiciário – Área Judiciária Suponha-se que Daniel, que hoje está com cinquenta e cinco anos de idade, tenha praticado crime de racismo quando possuía trinta anos de idade. Atualmente, de acordo com a Constituição Federal,

a) poderá ser processado, porém seria possível a determinação de um valor a título de fiança para que ele aguardasse o julgamento em liberdade provisória.

b) poderá ser processado, pois o racismo constitui crime inafiançável e imprescritível, sujeito à pena de detenção, nos termos da lei.

c) não poderá ser processado, pois a prescrição para o crime de racismo ocorre em vinte anos.

d) poderá ser processado, pois o racismo constitui crime inafiançável e imprescritível, sujeito à pena de reclusão, nos termos da lei.

e) não poderá ser processado, pois a prescrição para o crime de racismo ocorre em cinco anos.

▷ ***Anotações/Comentários***

O art. 5º, XLII da CF/88 prevê que a prática do racismo constitui crime **inafiançável e imprescritível, sujeito à pena de reclusão**, nos termos da lei. Portanto, Daniel poderá ser processado apesar do decurso do tempo.

20. (FCC – Oficial de Justiça – TJ – CE/2022) Durante sessão de julgamento em Tribunal do Júri, que resultou em condenação do acusado, o réu permaneceu algemado, tendo sido indeferido requerimento formulado por seu defensor para a retirada das algemas, em virtude do número reduzido de policiais, insuficiente para garantir a segurança dos presentes, colocando em risco a integridade física de todos, inclusive do réu, conforme justificativa apresentada pelo Juiz presidente, constante da ata respectiva. Nessa hipótese,

a) é legítima a justificativa invocada por escrito para autorizar o uso excepcional de algemas, não havendo contrariedade à súmula vinculante relativa à matéria.

b) há contrariedade à súmula vinculante aplicável ao caso, por ser ilegítima a justificativa invocada para autorizar o uso excepcional de algemas, ainda que registrada por escrito, cabendo reclamação para o STF, para cassar a decisão reclamada, diante da nulidade do julgamento.

c) há contrariedade à súmula vinculante aplicável ao caso, por ser ilegítima a justificativa invocada para autorizar o uso excepcional de algemas, ainda que registrada por escrito, embora não seja cabível reclamação para o STF, por não ser a reclamação sucedâneo recursal.

d) há contrariedade à súmula vinculante aplicável ao caso, por ser ilegítima a justificativa invocada para autorizar o uso excepcional de algemas, ainda que registrada por escrito, o que, embora não seja motivo suficiente para determinar a nulidade do julgamento, enseja a responsabilidade civil do Estado, pelo constrangimento indevido imposto ao réu.

e) há contrariedade à súmula vinculante aplicável ao caso, uma vez que não se admite o uso de algemas em sessão de julgamento do Tribunal do Júri, pela prejudicialidade da situação para o réu, sendo cabível tanto reclamação para o STF, para anulação da sessão de julgamento e dos atos processuais subsequentes, como a responsabilização civil do Estado, pelo constrangimento indevido imposto ao réu.

▷ ***Anotações/Comentários***

Alternativa "a" (responde todas as alternativas): Nos termos do enunciado da súmula vinculante 11: "Só é lícito o uso de algemas em caso de **resistência** e de **fundado receio de fuga** ou de **perigo à integridade física** própria ou alheia, por parte do preso ou de terceiros, justificada a excepcionalidade por escrito, sob pena de responsabilidade disciplinar civil e penal do agente ou da autoridade e de nulidade da prisão ou do ato processual a que se refere, sem prejuízo da responsabilidade civil do Estado.". Assim, a justificativa do juiz foi coerente.

---

21. (Vunesp – Escrevente Técnico Judiciário – TJ – SP/2021) Assinale a alternativa que contempla hipótese de crime para o qual a Constituição Federal não veda o arbitramento de fiança.

a) Crime hediondo.
b) Crime doloso contra a vida.
c) Tráfico ilícito de entorpecentes e drogas afins.
d) Ação de grupos armados contra a ordem constitucional e o Estado Democrático.
e) Prática do racismo.

▷ ***Anotações/Comentários***

Nota do autor: para responder a questão, é essencial se lembrar do texto dos seguintes incisos do art. 5º da CF/88:

"XLII - a prática do racismo constitui crime inafiançável e imprescritível, sujeito à pena de reclusão, nos termos da lei;

XLIII - a lei considerará crimes inafiançáveis e insuscetíveis de graça ou anistia a prática da tortura, o tráfico ilícito de entorpecentes e drogas afins, o terrorismo e os definidos como crimes hediondos, por eles respondendo os mandantes, os executores e os que, podendo evitá-los, se omitirem;

XLIV - constitui crime inafiançável e imprescritível a ação de grupos armados, civis ou militares, contra a ordem constitucional e o Estado Democrático;"

Alternativa "a": Nos termos do art. 5º, XLIII da CF/88, é **vedado o arbitramento de fiança para crimes hediondos** (são inafiançáveis).

Alternativa "b": Correta, já que não há vedação de fiança em crimes dolosos contra a vida.

Alternativa "c": Trata-se de delito **inafiançável**, nos termos do art. 5º, XLIII da CF/88.

Alternativa "d": São crimes inafiançáveis, nos termos do art. 5º, XLIV da CF/88.

Alternativa "e": A prática de racismo é crime inafiançável, nos termos do art. 5º, XLII da CF/88.

---

22. (Vunesp – Escrevente Técnico Judiciário – TJ – SP/2021) Considerando o disposto na Constituição Federal, assinale a alternativa que aponta uma situação que, em tese, viola um dos direitos ou garantias individuais do cidadão brasileiro.

a) Ordem emanada de juiz que determina à polícia que seja efetuada a escuta telefônica de réu em processo civil de reparação de danos.
b) Ordem de prisão civil por dívida do responsável pelo inadimplemento voluntário e inescusável de obrigação alimentícia.
c) Policial, sem mandado judicial, adentra em domicílio, durante à noite, sem consentimento do morador, para efetuar prisão em flagrante.
d) Mandado judicial de prisão cumprido por policiais civis às 9h00 dentro da residência do réu.
e) Suspensão das atividades de associação civil, de fins lícitos, por decisão judicial, em caráter liminar.

▷ ***Anotações/Comentários***

Alternativa "a": Essa situação, dentro de um processo civil, representa ofensa ao art. 5º, XII da CF/88, que prevê que: "é inviolável o sigilo da correspondência e das comunicações telegráficas, de dados e das comunicações telefônicas, salvo, no último caso, por ordem judicial, nas hipóteses e na forma que a lei estabelecer para fins de **investigação criminal ou instrução processual penal**;".

Alternativa "b": Embora não se admita mais a prisão civil por dívida do depositário infiel, subsiste a previsão do art. 5º, LXVII da CF/88, com relação à prisão civil por inadimplemento voluntário e inescusável de obrigação alimentícia.

Alternativa "c": A prisão em flagrante é uma das exceções à inviolabilidade de domicílio, mesmo que durante a noite, nos termos do art. 5º, XI da CF/88.

Alternativa "d": Trata-se de hipótese em consonância com o art. 5º, XI da CF/88.

Alternativa "e": Seria uma hipótese possível, já que o art. 5º, XIX da CF/88 somente exige o trânsito em julgado para a dissolução de associações, podendo ocorrer tal suspensão liminarmente.

---

23. (IBFC – Técnico Judiciário – Área Administrativa – TRE – PA/2020) Segundo o Supremo Tribunal Federal, os direitos e deveres individuais e coletivos não se restringem ao artigo 5° da Constituição Federal de 1988, podendo ser encontrados ao longo do texto constitucional, expressos ou decorrentes do regime e dos princípios adotados pela Magna Carta, ou, ainda, em virtude de tratados internacionais de que o Brasil seja signatário. Sobre o tema, assinale a alternativa correta.

a) É inviolável a liberdade de consciência e de crença, sendo assegurado o livre exercício dos cultos religiosos e garantida, na forma da lei, a proteção aos locais de culto e a suas liturgias
b) A casa é asilo inviolável do indivíduo, ninguém nela podendo penetrar sem consentimento do morador, salvo em caso de flagrante delito ou desastre, ou para prestar socorro, ou, em qualquer horário, por determinação judicial
c) A criação de associações e, na forma da lei, a de cooperativas dependem de autorização, sendo vedada a interferência estatal em seu funcionamento
d) Não haverá prisão civil por dívida, salvo a do responsável pelo inadimplemento involuntário e escusável de obrigação alimentícia e a do depositário infiel

▷ ***Anotações/Comentários***

Nota do autor: trata-se de mais uma questão que exigiu do candidato o conhecimento literal dos incisos do art. 5º da CF/88.

Alternativa "a": Trata-se do inciso VI do art. 5º da CF/88.

Alternativa "b": Na verdade, o art. 5º, XI da CF/88 estabelece que: "a casa é asilo inviolável do indivíduo, ninguém nela podendo penetrar sem consentimento do morador, salvo em caso de flagrante delito ou desastre, ou para prestar socorro, ou, **durante o dia**, por determinação judicial;".

Alternativa "c": O art. 5º, XVIII da CF/88 estabelece que: "a criação de associações e, na forma da lei, a de cooperativas **independem** de autorização, sendo vedada a interferência estatal em seu funcionamento;"

Alternativa "d": Nos termos do art. 5º, LXVII da CF/88: "não haverá prisão civil por dívida, salvo a do responsável pelo inadimplemento voluntário e **inescusável** de obrigação alimentícia e a do depositário infiel;". Vale observar ainda, que nesse caso, existe a Súmula Vinculante 25, que também torna a alternativa incorreta, pois determina que: "É ilícita a prisão civil de depositário infiel, qualquer que seja a modalidade do depósito.".

---

24. (IBFC – Analista Judiciário – Área Judiciária – TRE – PA/2020) O Supremo Tribunal Federal já se manifestou no sentido de que os direitos e deveres individuais e coletivos não se restringem ao artigo 5° da Constituição Federal de 1988. Sobre este tema, assinale a alternativa incorreta.

a) As associações só poderão ser compulsoriamente dissolvidas ou ter suas atividades suspensas por decisão judicial, exigindo-se, em qualquer caso, o trânsito em julgado

b) São assegurados, nos termos da lei, o direito de fiscalização do aproveitamento econômico das obras que criarem ou de que participarem aos criadores, aos intérpretes e às respectivas representações sindicais e associativas

c) Nenhum brasileiro será extraditado, salvo o naturalizado, em caso de crime comum, praticado antes da naturalização, ou de comprovado envolvimento em tráfico ilícito de entorpecentes e drogas afins, na forma da lei

d) A lei assegurará aos autores de inventos industriais privilégio temporário para sua utilização, bem como proteção às criações industriais, à propriedade das marcas, aos nomes de empresas e a outros signos distintivos, tendo em vista o interesse social e o desenvolvimento tecnológico e econômico do País

▷ ***Anotações/Comentários***

Nota do autor: as respostas da questão estão todas nos incisos do art. 5º da CF/88, muito cobrados em todo o tipo de concurso público. Atenção, ainda, para o que pede a questão, que é a alternativa **incorreta**.

Alternativa "a": Na verdade, o art. 5º, XIX da CF/88 estabelece que: "as associações só poderão ser compulsoriamente dissolvidas ou ter suas atividades suspensas por decisão judicial, exigindo-se, **no primeiro caso**, o trânsito em julgado;". Logo, somente se exige o trânsito em julgado para compulsoriamente dissolver uma associação. Essa exigência não se aplica à suspensão das atividades.

Alternativa "b": Trata-se da disposição do art. 5º, XXVIII, b da CF/88.

Alternativa "c": É o que estabelece o art. 5º, LI da CF/88.

Alternativa "d": A alternativa traz o texto literal do art. 5º, XXIX da CF/88.

---

25. (IBFC – Analista Judiciário – Área Judiciária – TRE – PA/2020) Os mecanismos de defesa do Estado e das instituições democráticas estão previstos expressamente na Constituição Federal de 1988 (CF/88). Diante disto, leia o excerto do artigo 136 da CF/88:

"Art. 136. O Presidente da República pode, ouvidos o Conselho da República e o Conselho de Defesa Nacional, ________ para preservar ou prontamente restabelecer, em locais restritos e determinados, a ordem pública ou a paz social ameaçadas por ________ ou ________."

Assinale a alternativa que preencha correta e respectivamente as lacunas.

a) decretar estado de defesa / grave e iminente instabilidade institucional / atingidas por calamidades de grandes proporções na natureza

b) solicitar ao Congresso Nacional autorização para decretar o estado de sítio / comoção grave de repercussão nacional / declaração de estado de guerra ou resposta a agressão armada estrangeira

c) decretar estado de sítio / grave e iminente instabilidade institucional / declaração de estado de guerra ou resposta a agressão armada estrangeira

d) decretar intervenção federal / por violação à integridade nacional / invasão estrangeira ou de uma unidade da Federação em outra

▷ ***Anotações/Comentários***

Alternativa "a"(responde todas as alternativas): O art. 136, *caput* da CF/88 estabelece que: "O Presidente da República pode, ouvidos o Conselho da República e o Conselho de Defesa Nacional, **decretar estado de defesa** para preservar ou prontamente restabelecer, em locais restritos e determinados, a ordem pública ou a paz social ameaçadas por **grave e iminente instabilidade institucional** ou **atingidas por calamidades de grandes proporções na natureza**."

---

26. (FGV – Analista Judiciário – Oficial de Justiça – TJ – RS/2020) João, oficial de justiça, recebeu determinação judicial para que procedesse à busca e apreensão de determinado objeto que estava no interior da residência de Antônio. À luz dos balizamentos estabelecidos exclusivamente na sistemática constitucional e partindo-se da premissa de que foram cumpridas as exigências da lei processual, João:

a) pode cumprir o mandado em qualquer horário do dia ou da noite, independentemente do dia da semana;

b) precisa cumprir o mandado durante o dia, independentemente do dia da semana;

c) pode cumprir o mandado em qualquer horário do dia ou da noite, mas apenas em dias úteis;

d) precisa ingressar na residência de Antônio com o consentimento deste último;

e) deve cumprir o mandado durante o dia e em dias úteis.

▷ ***Anotações/Comentários***

Alternativa "b" (responde todas as alternativas): O art. 5º, XI da CF/88 estabelece que: "a casa é asilo inviolável do indivíduo, ninguém nela podendo penetrar sem consentimento do morador, salvo em caso de flagrante delito ou desastre, ou para prestar socorro, ou, durante o dia, por determinação judicial;". Assim, a determinação judicial somente pode ser cumprida durante o dia, inexistindo limitação com relação aos dias da semana.

CONSTITUCIONAL

---

27. (Cespe – Analista Judiciário – Direito – TJ – PA/2020) Um grupo de pais apresentou requerimento a determinado município, solicitando autorização para realizar manifestação pacífica na praça pública onde está sediada a prefeitura, a fim de protestar contra políticas públicas municipais. A autoridade pública competente negou o pedido, sob o fundamento de que frustraria outra reunião anteriormente convocada para o mesmo horário e local.

Nessa situação hipotética, para realizar a referida manifestação, o grupo de pais utilizou o instrumento

a) inadequado, porque o direito de reunião não requer autorização, mas apenas prévio aviso.

b) inadequado, entretanto a autoridade competente não poderia ter negado o direito com base no fundamento utilizado.

c) adequado, porque o direito de reunião requer prévia autorização administrativa, cabendo ao grupo ajuizar ação popular contra a decisão que negou o referido pedido.

d) adequado, porque o direito de reunião requer prévia autorização administrativa, cabendo ao grupo impetrar *habeas corpus* contra a decisão que negou o referido pedido.

e) adequado, porque o direito de reunião requer prévia autorização administrativa, cabendo ao grupo impetrar mandado de segurança contra a decisão que negou o referido pedido.

▷ ***Anotações/Comentários***

Alternativa "a" (responde todas as alternativas): Segundo disposição do art. 5º, XVI: "XVI - todos podem reunir-se pacificamente, sem armas, em locais abertos ao público, **independentemente de autorização**, desde que não frustrem outra reunião anteriormente convocada para o mesmo local, **sendo apenas exigido prévio aviso à autoridade competente**;". Ao fazer **requerimento**, o grupo de pais estava pedindo **autorização**, o que é **desnecessário** segundo o texto constitucional. Hoje, entende-se que mesmo o **prévio aviso não é necessário,** pois basta a divulgação do evento, a fim de não frustrar outra reunião. Logo, o instrumento utilizado pelo grupo de pais foi **inadequado**. Vale ainda observar que a autoridade agiu corretamente, pois já havia outra reunião anteriormente convocada para o mesmo horário e local.

---

28. (Cespe – Técnico Judiciário – TJ - PR/2019) As normas definidoras dos direitos e das garantias fundamentais

a) são programáticas.

b) têm aplicação imediata.

c) estabelecem hierarquia entre os direitos previstos.

d) vedam a ampliação de seu conteúdo por tratados internacionais.

e) são listadas em rol taxativo na Constituição Federal de 1988 (CF).

▷ ***Anotações/Comentários***

Alternativa "a": Normas programáticas são as que dependem da instituição de políticas públicas para serem efetivadas, constituindo mandamentos ao legislador. As normas definidoras de direitos e garantias fundamentais, embora possam ser programáticas, são, em sua maioria, normas de eficácia plena, e algumas, normas de eficácia contida.

Alternativa "b": Trata-se da disposição do art. 5º, §1º da CF/88: "§ 1º As normas definidoras dos direitos e garantias fundamentais têm aplicação imediata.".

Alternativa "c": Não há hierarquia entre os direitos fundamentais.

Alternativa "d": É possível a ampliação de seu conteúdo por tratados internacionais, pois estabelece o art. 5º, §2º da CF/88: "§ 2º Os direitos e garantias expressos nesta Constituição **não excluem outros decorrentes do regime e dos princípios por ela adotados, ou dos tratados internacionais em que a República Federativa do Brasil seja parte."**

Alternativa "e": O rol não é taxativo, mas sim exemplificativo, pois, conforme o §2º do art. 5º, mencionado no comentário da alternativa anterior, podem existir outros previstos em tratados internacionais, por exemplo.

---

29. (Cespe - Analista Judiciário - Direito - TJ - AM/2019) Acerca dos direitos e das garantias fundamentais, julgue o item subsequente.

O direito à liberdade de imprensa abrange a garantia do sigilo da fonte.

- CERTO
- ERRADO

▷ ***Anotações/Comentários***

Trata-se de previsão do art. 5º, XIV da CF/88, que estabelece que: "XIV - é assegurado a todos o acesso à informação e **resguardado o sigilo da fonte**, quando necessário ao exercício profissional;". A esse respeito, podemos mencionar entendimento do STF no sentido de que: "A liberdade de imprensa, enquanto projeção das liberdades de comunicação e de manifestação do pensamento, reveste-se de conteúdo abrangente, por compreender, entre outras prerrogativas relevantes que lhe são inerentes, o direito de informar, o direito de buscar a informação, o direito de opinar e o direito de criticar.[...]" [AI 705.630 AgR, rel. min. Celso de Mello, j. 22-3-2011, 2ª T, DJE de 6-4-2011.]

---

30. Os direitos constitucionais da pessoa presa incluem o direito à identificação dos responsáveis pela prisão, o direito ao silêncio e o direito à assistência da família e de advogado.

- CERTO
- ERRADO

▷ ***Anotações/Comentários***

O art. 5º da CF/88 elenca alguns dispositivos com relação aos presos, dentre os quais os presentes nos incisos LXIII e LXIV: "LXIII - o preso será informado de seus direitos, entre os quais o de **permanecer calado**, sendo-lhe assegurada a **assistência da família e de advogado**; LXIV - o preso tem direito à **identificação dos responsáveis por sua prisão** ou por seu interrogatório policial;"

---

31. (FCC - Técnico Judiciário - Área Judiciária - TRF 4/2019) Adão desmaiou no jardim de sua casa no momento em que Adelina transitava na frente do imóvel. A pedestre então empurrou o portão e adentrou o imóvel, durante a noite, para prestar socorro a Adão. De acordo com a Constituição Federal, Adelina

a) não agiu corretamente, pois não podia ter entrado no imóvel de Adão, já que a casa é asilo inviolável do indivíduo, ninguém nela podendo penetrar sem consentimento do morador.
b) agiu corretamente, pois podia ter penetrado no imóvel de Adão, já que o fez para lhe prestar socorro.
c) não agiu corretamente, pois podia ter entrado no imóvel de Adão apenas no caso de flagrante delito, já que a casa é asilo inviolável do indivíduo, ninguém nela podendo penetrar sem consentimento do morador.
d) agiu corretamente, pois é permitida a penetração no imóvel de Adão sem o seu consentimento apenas para prestar socorro e por determinação judicial em qualquer horário, seja durante o dia ou à noite.
e) não agiu corretamente, pois podia ter entrado no imóvel de Adão apenas com a sua permissão ou, durante o dia, por determinação judicial, já que a casa é asilo inviolável do indivíduo, ninguém nela podendo penetrar sem consentimento do morador.

▷ ***Anotações/Comentários***

Alternativa "b" (responde todas as alternativas): Nos termos do art. 5º, XI da CF/88, a casa é asilo inviolável do indivíduo, ninguém podendo nela penetrar sem consentimento do morador. No entanto, o mesmo inciso excepciona as situações de flagrante delito ou desastre, ou para prestar socorro, ou ainda, por determinação judicial (a qual só pode se dar durante o dia). Portanto, Adelina agiu corretamente, pois penetrou no imóvel de Adão para prestar socorro, independendo, portanto, de seu consentimento.

---

32. (FGV - Técnico Judiciário - TJ - SC/2018) Antônio, insatisfeito com as práticas comerciais adotadas por determinados lojistas, decidiu confeccionar uma "carta aberta" na qual veiculava severas críticas às referidas práticas. Por temer represálias, Antônio não se identificava, inexistindo qualquer informação que permitisse vincular as críticas ao respectivo autor.

À luz da sistemática constitucional, o ato de Antônio está:

a) dissonante da Constituição, pois a liberdade de expressão não permite a divulgação pública de opiniões sem autorização;
b) dissonante da Constituição, pois, apesar de ser livre a manifestação do pensamento, é vedado o anonimato;
c) em harmonia com a Constituição, pois a liberdade de expressão, na democracia, não encontra qualquer limitação;
d) em harmonia com a Constituição, pois os lojistas desempenham função pública, sujeitando-os à crítica;
e) em harmonia com a Constituição, pois a liberdade de pensamento não está sujeita a qualquer limitador.

▷ ***Anotações/Comentários***

Alternativa "b" (responde todas as alternativas): Embora a Constituição assegure, em seu art. 5º, IV a liberdade de manifestação do pensamento, ela veda o anonimato. Portanto, a conduta de Antônio é dissonante da Constituição.

---

33. (Cespe - Analista Judiciário - Área Administrativa - TRF 1/2017) Em relação à eficácia das normas constitucionais, aos direitos e garantias fundamentais e às disposições gerais constitucionais sobre os servidores públicos, julgue o item a seguir.

A redução dos riscos inerentes ao trabalho, por meio da implementação de normas de saúde, higiene e segurança, é direito dos trabalhadores em geral, sendo aplicável também aos servidores ocupantes de cargos públicos.

- CERTO
- ERRADO

▷ ***Anotações/Comentários***

A regra do art. 7º, inciso XXII, da CF é aplicável aos servidores públicos por força do art. 39, § 3º, da CF.

---

34. (Cespe - Analista Judiciário - Área Administrativa - TRF 1/2017) Em relação à eficácia das normas constitucionais, aos direitos e garantias fundamentais e às disposições gerais constitucionais sobre os servidores públicos, julgue o item a seguir.

A Constituição Federal, ao prever, de forma exaustiva, os direitos e garantias fundamentais dos indivíduos, faz que sejam desconsiderados outros direitos humanos, mesmo que estejam previstos em tratados internacionais dos quais o Brasil seja parte.

- CERTO
- ERRADO

▷ ***Anotações/Comentários***

O rol de direitos e garantias fundamentais presente na CF é aberto e exemplificativo, não exaustivo. Portanto, os direitos expressamente contidos no texto constitucional não excluem outros que sejam decorrentes de princípios, tratados internacionais etc.

---

35. (FCC - Analista Judiciário - Área Administrativa - TRE - SP/2017) À luz da Constituição da República, brasileiro naturalizado que, comprovadamente, esteja envolvido em tráfico ilícito de entorpecentes, na forma da lei,

a) não poderá ser extraditado, pois é expressamente vedada a extradição de brasileiro.

b) somente poderá ser extraditado se ficar caracterizado crime político ou de opinião, casos em que a Constituição veda expressamente a extradição apenas de estrangeiro.

c) somente poderá ser extraditado se, antes, for cancelada a naturalização, por ato da autoridade administrativa competente, em virtude de atividade nociva ao interesse nacional.

d) poderá ser extraditado, desde que haja condenação pelo cometimento de crime comum praticado anteriormente à naturalização.

e) poderá ser extraditado, ainda que o envolvimento com o tráfico ilícito de entorpecentes seja posterior à naturalização.

▷ ***Anotações/Comentários***

A extradição de brasileiros naturalizados só é possível caso tenha praticado crime comum **antes** da naturalização, ou se houver, comprovadamente, envolvimento com o narcotráfico, **mesmo depois da naturalização**. De acordo com o **art. 5º, inciso LI, da CF**: "Art. 5º. LI – nenhum brasileiro será extraditado, salvo o naturalizado, em caso de crime comum, praticado antes da naturalização, ou de comprovado envolvimento em tráfico ilícito de entorpecentes e drogas afins, na forma da lei".

36. (FCC – Analista Judiciário – Área Administrativa – TRE – SP/2017) A constituição de associação que pretenda, independentemente de autorização governamental, dedicar-se ao estudo da forma de governo monárquica, com vistas a defender sua implantação no Brasil, percebendo, para tanto, auxílio técnico e financeiro de associações estrangeiras simpáticas à causa, será

a) compatível com a disciplina da liberdade de associação na Constituição da República.

b) incompatível com a Constituição da República, por possuir a associação fim ilícito.

c) incompatível com a Constituição da República, no que se refere à possibilidade de recebimento de auxílio financeiro de entidades estrangeiras.

d) incompatível com a Constituição da República, por possuir a associação caráter paramilitar.

e) compatível com a Constituição da República, desde que obtenha autorização governamental para sua constituição e funcionamento.

▷ ***Anotações/Comentários***

A constituição da associação é compatível com o texto constitucional. A proibição contida no art. 5º, inciso XVII, da CF, se refere às associações com caráter paramilitar, e a criação de associações, nos moldes do art. 5º, inciso XVIII, independe de autorização. Não há qualquer óbice ao recebimento de recursos de entidade estrangeira, tendo em vista que tal proibição se aplica apenas aos partidos políticos, conforme art. 17, inciso II, da CF.

37. (Cespe – Analista Judiciário – Área Judiciária – TRE – PE/2017) Lei Complementar n.° 105/2001

Art. 6.° As autoridades e os agentes fiscais tributários da União, dos estados, do Distrito Federal e dos municípios somente poderão examinar documentos, livros e registros de instituições financeiras, inclusive os referentes a contas de depósitos e aplicações financeiras, quando houver processo administrativo instaurado ou procedimento fiscal em curso e tais exames forem considerados indispensáveis pela autoridade administrativa competente.

Conforme o entendimento do STF, o dispositivo anteriormente transcrito

a) fere o direito à privacidade e à intimidade.

b) é inconstitucional, pois o acesso a dados bancários pelo fisco depende de autorização judicial.

c) não ofende o direito ao sigilo bancário.

d) trata especificamente da quebra de sigilo bancário.

e) baseia-se no princípio da transparência dos tributos.

▷ ***Anotações/Comentários***

A questão pressupõe o conhecimento de jurisprudência do STF trazida pelo Informativo 815: "O Plenário, em conclusão de julgamento e por maioria, reputou improcedentes os pedidos formulados em ações diretas de inconstitucionalidade ajuizadas em face de normas federais que possibilitam a utilização, por parte da fiscalização tributária, de dados bancários e fiscais acobertados por sigilo constitucional, sem a intermediação do Poder Judiciário (LC 104/2001, art. 1º; LC 105/2001, artigos 1º, § 3º e 4º, 3º, § 3º, 5º e 6º; Decreto 3.724/2001; Decreto 4.489/2002; e Decreto 4.545/2002) — v. Informativo 814. A Corte afirmou que, relativamente à alegação de inconstitucionalidade da expressão "do inquérito ou", contida no § 4º do art. 1º da LC 105/2001, a norma impugnada não cuidaria da transferência de informações bancárias ao Fisco, questão que estaria no cerne das ações diretas. Tratar-se-ia de norma referente à investigação criminal levada a efeito no inquérito policial, em cujo âmbito há muito se admitiria a quebra de sigilo bancário, quando presentes indícios de prática criminosa (AC 3.872 AgR/DF, DJe de 13.11.2015; HC 125.585 AgR/PE, DJe de 19.12.2014; Inq 897 AgR/DF, DJU de 24.3.1995). **No que tange à impugnação dos artigos 5º e 6º da LC 105/2001, ponto central das ações diretas de inconstitucionalidade, haveria que se consignar a inexistência, nos dispositivos combatidos, de violação a direito fundamental, notadamente de ofensa à intimidade. Não haveria "quebra de sigilo bancário", mas, ao contrário, a afirmação desse direito. Outrossim, seria clara a confluência entre os deveres do contribuinte – o dever fundamental de pagar tributos – e os deveres do Fisco – o dever de bem tributar e fiscalizar. Esses últimos com fundamento, inclusive, nos mais recentes compromissos internacionais assumidos pelo Brasil. Nesse sentido, para se falar em "quebra de sigilo bancário" pelos preceitos impugnados, necessário seria vislumbrar, em seus comandos, autorização para a exposição das informações bancárias obtidas pelo Fisco.** A previsão de circulação dos dados bancários, todavia, inexistiria nos dispositivos questionados, que consagrariam, de modo expresso, a permanência no sigilo das informações obtidas com base em seus comandos. O que ocorreria não seria propriamente a quebra de sigilo, mas a "transferência de sigilo" dos bancos ao Fisco. Nessa transmutação, inexistiria qualquer distinção entre uma e outra espécie de sigilo que pudesse apontar para uma menor seriedade do sigilo fiscal em face do bancário. Ao contrário, os segredos impostos às instituições financeiras – muitas das quais de natureza privada – se manteria, com ainda mais razão, com relação aos órgãos fiscais integrantes da Administração Pública, submetidos à mais estrita legalidade." ADI 2390/DF, rel. Min. Dias Toffoli, 24.2.2016, ADI 2386/DF, rel. Min. Dias Toffoli, ADI 2859/DF, rel. Min. Dias Toffoli, 24.2.2016.

38. (Cespe – Técnico Judiciário – Área Administrativa – TRE – PE/2017) A respeito dos direitos e deveres individuais e coletivos, assinale a opção correta.

a) É livre a manifestação do pensamento, seja ela exercida por pessoa conhecida ou por pessoa anônima.

b) Ninguém pode fazer ou deixar de fazer alguma coisa senão em virtude de lei.

c) Todos poderão reunir-se pacificamente, em locais abertos ao público, desde que haja prévia autorização do poder público.

d) É plena a liberdade de associação para fins lícitos, inclusa a de caráter paramilitar.

e) A expressão de atividade artística é livre, não estando sujeita a censura ou licença.

▷ ***Anotações/Comentários***

Alternativa correta: letra "e": a assertiva está de acordo com o art. 5º, inciso IV, da CF: "Art. 5º. IV – é livre a expressão da atividade intelectual, artística, científica e de comunicação, independentemente de censura ou licença".

Alternativa "a": a manifestação do pensamento é livre, porém é **vedado o anonimato**, conforme **art. 5º, inciso IV, da CF**: "Art. 5. IV – é livre a manifestação do pensamento, sendo vedado o anonimato".

Alternativa "b": o texto constitucional se refere ao **dever** de fazer ou deixar de fazer, e não à **capacidade**, conforme art. 5º, inciso II, da CF: "Art. 5º. II – ninguém será **obrigado** a fazer ou deixar de fazer alguma coisa senão em virtude de lei".

Alternativa "c": a assertiva não está de acordo com o art. 5º, inciso XVI, da CF, visto que não é necessária prévia autorização para a realização de reunião em local aberto ao público, apenas prévia comunicação à autoridade competente: "XVI - todos podem reunir-se pacificamente, sem armas, em locais abertos ao público, independentemente de autorização, desde que não frustrem outra reunião anteriormente convocada para o mesmo local, sendo apenas exigido prévio aviso à autoridade competente". Vale observar que, para a jurisprudência atual, não é necessário aviso prévio formal, sendo suficiente a divulgação do evento, pois basta que o poder público tenha ciência.

Alternativa "d": é vedada a associação de caráter paramilitar, conforme art. 5º, inciso XVII, da CF: "Art. 5º. XVII – é plena a liberdade de associação para fins lícitos, vedada a de caráter paramilitar".

---

39. (Cespe – Técnico Judiciário – Área Administrativa – TRE – TO/2017) A respeito dos direitos e das garantias fundamentais, julgue os itens a seguir, de acordo com a CF.

I. O direito à liberdade de reunião é garantido pela CF, desde que exercido de forma pacífica, sem armas, em locais abertos ao público e mediante prévia autorização do poder público.

II. As atividades das associações podem ser suspensas por decisão judicial, mesmo que ainda não tenha ocorrido o trânsito em julgado.

III. A pequena propriedade rural, desde que trabalhada pela família, usufrui de impenhorabilidade no que se refere ao pagamento dos débitos decorrentes de sua atividade produtiva.

IV. O brasileiro naturalizado não poderá ser extraditado, ainda que tenha cometido crime comum antes de ter adquirido a nacionalidade brasileira.

Estão certos apenas os itens

a) I e II.
b) I e III.
c) II e III.
d) II e IV.
e) III e IV.

▷ ***Anotações/Comentários***

Assertiva I: errada. A assertiva não está de acordo com o art. 5º, inciso XVI, da CF, visto que não é necessária prévia autorização para a realização de reunião em local aberto ao público, apenas prévia comunicação à autoridade competente: "XVI - todos podem reunir-se pacificamente, sem armas, em locais abertos ao público, independentemente de autorização, desde que não frustrem outra reunião anteriormente convocada para o mesmo local, sendo apenas exigido prévio aviso à autoridade competente".

Assertiva II: certa. As associações só podem ser compulsoriamente dissolvidas ou ter suas atividades suspensas por decisão judicial, **exigindo-se, apenas no primeiro caso (dissolução compulsória) o trânsito em julgado, conforme art. 5º, inciso XIX, da CF.**

Assertiva III: certa. A impenhorabilidade da pequena propriedade rural abrange, tão somente, os débitos decorrentes de sua atividade produtiva (CF, art. 5º, XXVI). Nesse sentido: "A pequena propriedade rural é impenhorável (art. 5º, XXVI, da CF/88 e art. 833, VIII, do CPC), mesmo que a dívida executada não seja oriunda da atividade produtiva do imóvel" (STJ, REsp 1591298/RJ, rel. Min. Marco Aurélio Bellizze, julgado em 14/11/2017); "A pequena propriedade rural é impenhorável, nos termos do art. 5º, XXVI, da CF/88 e do art. 833, VIII, do CPC, mesmo que o imóvel não sirva de moradia ao executado e à sua família" (STJ, REsp 1591298/RJ, rel. Min. Marco Aurélio Bellizze, julgado em 14/11/2017).

Assertiva IV: errada. Os brasileiros naturalizados podem ser extraditados (i) por crime comum cometido antes da naturalização ou (ii) por envolvimento comprovado em tráfico ilícito de entorpecentes e drogas afins, antes ou depois da naturalização (CF, art. 5º, LI). Portanto, no contexto hipotético da proposição comentada, a extradição do estrangeiro naturalizado somente é possível se o crime de reduzir alguém à condição análoga a de escravo (CP, art. 149) ocorrer antes da naturalização, isto é, dependente de circunstância temporal.

---

40. (Cespe – Técnico Judiciário – Área Administrativa – TRE – TO/2017) O art. 5.° da CF estabelece que "não haverá juízo ou tribunal de exceção" (inciso XXXVII) e "ninguém será sentenciado senão pela autoridade competente" (inciso LIII). Essas disposições constitucionais expressam o princípio

a) da independência judicial.
b) do contraditório.
c) do juiz natural.
d) do promotor natural.
e) da competência legal.

▷ ***Anotações/Comentários***

O princípio do juiz natural é garantia constitucional expressa no art. 5º, incisos XXXVII e LIII, segundo o qual se deve utilizar regras objetivas de competência jurisdicional para garantir independência e imparcialidade do órgão julgador. "Trata-se, portanto, de um juiz previamente encarregado, na forma da lei, como competente para o julgamento de determinada lide, o que impede, entre outras coisas, o abuso de poder. Como consequência, não se admite a escolha específica nem a exclusão de um magistrado de determinado caso. (...)No Brasil, todas as constituições, exceto a de 1937, previam o princípio do juiz natural. O entendimento proíbe a criação de tribunais extraordinários (de exceção) e a transferência de causa para outro tribunal" (CNJ. Disponível em: http://www.cnj.jus.br/noticias/cnj/85865-cnj-servico--principio-do-juiz-natural).

---

41. (FCC – Analista Judiciário – Oficial de Just. Avaliador – TRF 5/2017) Fernando passou mal de manhã em sua residência e, como estava sozinho, tentou sair para buscar ajuda, mas não conseguiu nem abrir o portão de casa. Fernando teve tempo apenas de pedir auxílio ao seu vizinho, Paulo, desmaiando logo em seguida, ali mesmo no jardim. Paulo, desesperado, rapidamente telefonou ao Corpo de Bombeiros. Nessa situação, à luz da Constituição Federal, os bombeiros

a) não poderão penetrar no imóvel de Fernando, já que ele estava desacordado e por ser a casa asilo inviolável do indivíduo, apenas se pode nela penetrar sem o consentimento do morador em caso de desastre.

b) deverão aguardar uma determinação judicial para penetrar no imóvel de Fernando, já que apenas com referida ordem é possível adentrar em casa alheia.

c) não poderão penetrar no imóvel de Fernando, já que ele estava desacordado e por ser a casa asilo inviolável do indivíduo, ninguém nela pode penetrar sem o consentimento do morador.

d) não poderão penetrar no imóvel de Fernando, já que ele estava desacordado e por ser a casa asilo inviolável do indivíduo, apenas se pode nela penetrar sem o consentimento do morador, durante o dia, em caso de flagrante delito.

e) estarão autorizados a adentrar no imóvel de Fernando, assim que chegarem, já que para a prestação de socorro pode-se penetrar na casa do morador, sem o seu consentimento, a qualquer hora.

▷ ***Anotações/Comentários***

Os bombeiros poderão entrar no imóvel de Fernando, assim que chegarem, pois a prestação de socorro é hipótese que afasta temporariamente a inviolabilidade do asilo, conforme art. 5º, inciso XI, da CF: "XI - a casa é asilo inviolável do indivíduo, ninguém nela podendo penetrar sem consentimento do morador, salvo em caso de flagrante delito ou desastre, ou para prestar socorro, ou, durante o dia, por determinação judicial".

---

42. (Consulplan – Oficial de Apoio Judicial – TJ – MG/2017) No artigo 5° da Constituição Federal/1988, estão garantidos os seguintes direitos, EXCETO:

a) De propriedade.
b) De herança.
c) De livre exercício do trabalho.
d) De livre associação para fins paramilitares.

▷ ***Anotações/Comentários***

Alternativa correta: letra "d": nos termos do **inciso XVII** do art. 5º da CF: "XVII – é plena a liberdade de associação para fins lícitos, **vedada a de caráter paramilitar**".

Alternativa "a": conforme art. 5º, **inciso XXII**, da CF: "XXII – é garantido o direito de propriedade".

Alternativa "b": conforme art. 5º, **inciso XXX**, da CF: "XXX – é garantido o direito de herança".

Alternativa "c": conforme art. 5º, **inciso XIII**, da CF: "XIII – é livre o exercício de qualquer trabalho, ofício ou profissão, atendidas as qualificações profissionais que a lei estabelecer".

---

43. (Consulplan – Oficial Judiciário – TJ – MG/2017) Considerando o previsto na Constituição Federal, assinale a alternativa INCORRETA:

a) A casa é asilo inviolável do indivíduo, ninguém nela podendo penetrar sem consentimento do morador, salvo em caso de flagrante delito ou desastre, ou para prestar socorro, ou, durante a noite, por determinação judicial.

b) A obtenção de certidões em repartições públicas, para defesa de direitos e esclarecimento de situações de interesse pessoal, é assegurada a todos, independentemente do pagamento de taxas.

c) O direito de greve será exercido nos termos e nos limites definidos em lei específica.

d) O prazo de validade do concurso público será de até dois anos, prorrogável uma vez, por igual período.

▷ ***Anotações/Comentários***

Alternativa correta: letra "a": a assertiva não está de acordo com o **art. 5º, inciso XI, da CF**, tendo em vista que a **exceção à inviolabilidade se refere ao período diurno**, por determinação judicial, e não período noturno, como colocado na assertiva. Conforme o texto constitucional: "Art. 5º Todos são iguais perante a lei, sem distinção de qualquer natureza, garantindo-se aos brasileiros e aos estrangeiros residentes no País a inviolabilidade do direito à vida, à liberdade, à igualdade, à segurança e à propriedade, nos termos seguintes: XI - **a casa é asilo inviolável** do indivíduo, ninguém nela podendo penetrar sem consentimento do morador, **salvo** em caso de flagrante delito ou desastre, ou para prestar socorro, ou, **durante o dia**, por determinação judicial".

Alternativa "b": a assertiva está de acordo com o disposto no **art. 5º, inciso XXXIV, alínea "b", da CF**: " XXXIV - são a todos assegurados, independentemente do pagamento de taxas: b) a obtenção de certidões em repartições públicas, para defesa de direitos e esclarecimento de situações de interesse pessoal".

Alternativa "c": a assertiva está de acordo com o disposto no **art. 37, inciso VII, da CF**: "VII – o direito de greve será exercido nos termos e nos limites definidos em lei específica".

Alternativa "d": a assertiva está de acordo com o disposto no **art. 37, inciso III, da CF**: "III – o prazo de validade do concurso público será de até dois anos, prorrogável uma vez, por igual período".

---

44. (Consulplan – Oficial de Apoio Judicial – TJ – MG/2017) Todas as afirmativas a seguir referem-se ao título II, Capítulo I, da Constituição Federal/1988 (Dos Direitos e Deveres Individuais e Coletivos), EXCETO:

a) Não há crime sem lei anterior que o defina, nem pena sem prévia cominação legal.

b) A lei só poderá restringir a publicidade dos atos processuais quando a defesa da intimidade ou o interesse social o exigirem.

c) Ninguém será obrigado a filiar-se ou a manter-se filiado a sindicato.

d) É garantido o direito de herança.

▷ ***Anotações/Comentários***

Alternativa correta: letra "c": a assertiva se refere **ao art. 8º, inciso V, da CF**, que dispõe: "Art. 8º É livre a associação profissional ou sindical, observado o seguinte: V – ninguém será obrigado a filiar-se ou a manter-se filiado a sindicato". Tal artigo se encontra no **Capítulo II – Dos Direitos Sociais**, inserido no Título II – Dos Direitos e Garantias Fundamentais.

Alternativa "a": o texto se refere ao **art. 5º, inciso XXXIX, da CF**, que está inserido no Capítulo I – Dos Direitos e Deveres Individuais e Coletivos.

Alternativa "b": o texto se refere ao **art. 5º, inciso LX, da CF**, que está inserido no Capítulo I – Dos Direitos e Deveres Individuais e Coletivos.

Alternativa "d": o texto se refere ao **art. 5º, inciso XXX, da CF**, que está inserido no Capítulo I – Dos Direitos e Deveres Individuais e Coletivos.

3.1. Remédios constitucionais

45. FGV – 2024 – TRF 1 – Analista Judiciário – Área Administrativa

Ana, servidora aposentada do município Alfa, solicitou à autoridade competente que fossem fornecidas as informações relativas à sua pessoa constantes dos respectivos assentamentos funcionais. Ao preencher o respectivo formulário, informou, no campo da justificativa, que o motivo era "pessoal", sem especificá-lo. Sua solicitação, no entanto, foi negada em decisão escrita, situação que permaneceu inalterada mesmo após a interposição dos recursos administrativos cabíveis.

À luz da sistemática constitucional, é correto afirmar que:

a) o acesso às informações somente deveria ser assegurado se Ana tivesse declinado a razão pela qual almejava conhecê-las;

b) como o vínculo funcional foi dissolvido com a aposentadoria, as informações são sigilosas, sendo correta a negativa de acesso;

c) as informações deveriam ter sido fornecidas a Ana, sendo possível a impetração de habeas data, ação na qual há gratuidade;

d) o acesso às informações pressupunha prévia autorização judicial, considerando estarem integradas a um banco de dados público; logo, a negativa de acesso foi correta;

e) como a negativa de acesso à informação está demonstrada em decisão escrita, sendo violado o direito líquido e certo de Ana, é cabível a impetração de mandado de segurança.

▷ ***Anotações/Comentários***

Nos termos do art. 5º, LXXII da CF/88, cabe *habeas data* para assegurar o conhecimento de informações relativas à pessoa do impetrante, constantes de registros ou bancos de dados de entidades governamentais ou de caráter público. Os dados que Ana solicita, fazem parte de bancos de dados de entidades governamentais, portanto, se enquadram na hipótese de cabimento do *habeas data*. Ademais, nos termos do inciso LXXVII referida ação é gratuita.

---

46. FGV – 2024 – TRF 1 – Analista Judiciário – Área Administrativa

O Tribunal Regional Federal da 1ª Região, ao apreciar mandado de segurança impetrado contra ato de juiz federal, denegou a ordem por não identificar a violação de direito líquido e certo. Esse acórdão, ao ver do impetrante, era manifestamente contrário à ordem constitucional.

Nesse caso, é correto afirmar que, contra o referido acórdão:

a) não é cabível a interposição de recurso;

b) é cabível o ajuizamento de reclamação perante o Conselho Nacional de Justiça;

c) é cabível a interposição de recurso a ser julgado pelo Superior Tribunal de Justiça;

d) é cabível a interposição de recurso a ser julgado pelo Supremo Tribunal Federal;

e) somente é cabível pedido de reconsideração endereçado ao próprio Tribunal Regional Federal da 1ª Região.

▷ ***Anotações/Comentários***

Na hipótese, seria cabível o recurso ordinário, de competência do STJ, nos termos do art. 105, II, b da CF/88, pois foi denegado mandado de segurança por decisão, em única instância, de TRF.

---

47. FCC – 2024 – TRF 3 – Analista Judiciário – Área Judiciária

Florêncio, advogado, tem, dentre seus clientes, Florisbal, ex-Prefeito do Município "X" e atual industrial que, estando com todas as condições de elegibilidade atendidas, deseja se candidatar, nas próximas eleições, a Vereador do mesmo Município. Ocorre que, Florisbal procurou Florêncio com a finalidade de propor ação judicial contra Dito, atual Prefeito do Município "X", visando anular ato lesivo ao meio ambiente, dizendo que tem como comprovar que Dito praticou referido ato. Florêncio, então, esclarece, dentre outros fatos, que Florisbal

a) poderá propor ação popular ou ação civil pública, não havendo, em ambos os casos, isenção de custas judiciais e do ônus da sucumbência, ainda que esteja de boa-fé.

b) poderá propor ação popular, ação civil pública ou mandado de segurança, ficando, em todos os casos, isento de custas judiciais e do ônus da sucumbência, independentemente de boa-fé.

c) poderá propor ação civil pública, pois, como candidato a cargo político, é o único legitimado para a propositura dessa ação.

d) poderá propor ação popular, ficando, salvo comprovada má-fé, isento de custas judiciais e do ônus da sucumbência.

e) não poderá propor ação popular, pois a legitimidade para a propositura dessa ação é exclusiva do Ministério Público.

▷ ***Anotações/Comentários***

Nos termos do art. 5º, LXXIII da CF/88: "qualquer cidadão é parte legítima para propor ação popular que vise a **anular ato lesivo ao** patrimônio público ou de entidade de que o Estado participe, à moralidade administrativa, ao **meio ambiente** e ao patrimônio histórico e cultural, **ficando o autor, salvo comprovada má-fé, isento de custas judiciais e do ônus da sucumbência**;".

48. FCC – 2023 – TRT17 – Analista Judiciário – Área Judiciária
Antônio é cidadão brasileiro e deseja propor ação popular que vise a anular ato lesivo ao patrimônio de entidade de que o Estado participe. Considerando apenas os dados fornecidos, em conformidade com a Constituição Federal, Antônio

a) não é parte legítima para propor referida ação, podendo ser ela proposta por: partido político com representação no Congresso Nacional, organização sindical, entidade de classe ou associação legalmente constituída e em funcionamento há pelo menos um ano, em defesa dos interesses de seus membros ou associados.
b) é parte legítima para propor referida ação, ficando, salvo comprovada má-fé, isento de custas judiciais e do ônus da sucumbência.
c) não é parte legítima para propor referida ação, podendo ser ela proposta apenas por organização sindical, entidade de classe ou associação legalmente constituída e em funcionamento há pelo menos seis meses, em defesa dos interesses de seus membros ou associados.
d) é parte legítima para propor ação popular, porém referida ação não cabe no caso mencionado, já que teria como objetivo anular ato lesivo ao patrimônio de entidade de que o Estado participa e não ato lesivo ao patrimônio público.
e) não é parte legítima para propor referida ação, podendo ser ela proposta apenas por: entidade de classe ou associação legalmente constituída e em funcionamento há pelo menos um ano, em defesa dos interesses de seus membros ou associados.

▷ ***Anotações/Comentários***

Nos termos do art. 5º, LXXIII da CF/88, **qualquer cidadão é parte legítima** para propor ação popular que vise a anular ato lesivo ao patrimônio público ou de entidade de que o Estado participe, à moralidade administrativa, ao meio ambiente e ao patrimônio histórico e cultural, **ficando o autor, salvo comprovada má-fé, isento de custas judiciais e do ônus da sucumbência.**

49. (IBFC – Analista Judiciário – Área Judiciária – TRE – PA/2020)
Segundo a doutrina, a ausência de normas regulamentadoras necessárias ao exercício dos direitos constitucionais gera um fenômeno nocivo chamado de "síndrome da inefetividade das normas constitucionais", em razão de omissão que ofende à própria Constituição. Nesse sentido, analise as afirmativas abaixo e dê valores Verdadeiro (V) ou Falso (F):

( ) Reconhecido o estado de mora legislativa, será dispensada a determinação de prazo razoável para que o impetrado promova a edição da norma regulamentadora, quando houver indícios de que o impetrado deixou de atender, em mandado de injunção anterior, ao prazo estabelecido para a edição da norma.

( ) A decisão que defere a injunção terá eficácia subjetiva ultra partes e erga omnes, obrigatoriamente, e produzirá efeitos até o advento da norma regulamentadora. A norma regulamentadora superveniente produzirá efeitos ex tunc em relação aos beneficiados por decisão transitada em julgado, salvo se a aplicação da norma editada lhes for mais favorável.

( ) Caberá Ação Direta de constitucionalidade por Omissão (ADO) quando houver omissão inconstitucional total ou parcial quanto ao cumprimento de dever constitucional de legislar ou quanto à adoção de providência de índole administrativa. Proposta a ação direta de inconstitucionalidade por omissão, não se admitirá desistência.

( ) Em caso de excepcional urgência e relevância da matéria, o Supremo Tribunal Federal, por decisão da maioria absoluta de seus membros, observada a presença de pelo menos oito ministros na sessão, poderá conceder medida cautelar, após a audiência dos órgãos ou autoridades responsáveis pela omissão inconstitucional, que deverão pronunciar-se no prazo de 5 (cinco) dias.

Assinale a alternativa que apresenta a sequência correta de cima para baixo.

a) V, V, V, F
b) F, V, F, V
c) F, F, V, V
d) V, F, V, F

▷ ***Anotações/Comentários***

Item "I". Falso. O art. 8º da Lei 13.300/2016 estabelece que, reconhecido o estado de mora legislativa, será deferida a injunção para: "I- determinar prazo razoável para que o impetrado promova a edição da norma regulamentadora;". Determina o parágrafo único do mesmo artigo que: "Será dispensada a determinação a que se refere o inciso I do caput quando **comprovado** que o impetrado deixou de atender, em mandado de injunção anterior, ao prazo estabelecido para a edição da norma." Assim, não basta haver indícios, devendo estar comprovado.

Item "II". Falso. O art. 9º estabelece que: "A decisão terá eficácia subjetiva **limitada às partes** e produzirá efeitos até o advento da norma regulamentadora.". Determina, ainda, o art. 11: "A norma regulamentadora superveniente produzirá efeitos **ex nunc** em relação aos beneficiados por decisão transitada em julgado, salvo se a aplicação da norma editada lhes for mais favorável."

Item "III". Verdadeiro. Nos termos do art. 12-B da Lei 9.868/99, a petição inicial da Ação Direta de Inconstitucionalidade por Omissão indicará "a omissão inconstitucional total ou parcial quanto ao cumprimento de dever constitucional de legislar ou quanto à adoção de providência de índole administrativa;". Determina ainda o art. 12-D que proposta a ADO, não se admitirá desistência.

Item "IV". Verdadeiro. Trata-se de previsão encontrada no art. 12-F da Lei 9.868/99.

50. (IBFC – Analista Judiciário – Área Judiciária – TRE – PA/2020)
Sobre os remédios constitucionais assegurados pelo ordenamento jurídico como direitos individuais e coletivos, assinale a alternativa correta.

a) Das decisões em mandado de segurança proferidas em única instância pelos tribunais cabe recurso especial e extraordinário, nos casos legalmente previstos, e recurso ordinário, quando a ordem for concedida
b) Conceder-se-á habeas data para a anotação nos assentamentos do interessado, de contestação ou explicação sobre dado verdadeiro, mas justificável e que esteja sob pendência judicial ou amigável
c) São legitimados para o mandado de injunção, como impetrantes, apenas as pessoas naturais que se afirmam titulares dos direitos, das liberdades ou das prerrogativas cujo exercício se tornou inviável por falta total ou parcial de norma regulamentadora, e, como impetrado, o Poder, o órgão ou a autoridade com atribuição para editar a norma regulamentadora
d) O mandado de segurança coletivo não induz litispendência para as ações individuais, mas os efeitos da coisa julgada não beneficiarão o impetrante a título individual se não requerer a suspensão de seu mandado de segurança no prazo de 30 (trinta) dias a contar da ciência comprovada da impetração da segurança coletiva

▷ ***Anotações/Comentários***

Alternativa "a": Estabelece o art. 18 da Lei 12.016/2009: "Das decisões em mandado de segurança proferidas em única instância pelos tribunais cabe recurso especial e extraordinário, nos casos legalmente previstos, e recurso ordinário, quando a ordem for **denegada**."

Alternativa "b": Nos termos do art. 7º, III da Lei 9.507/1997, conceder-se-á habeas data: "para a anotação nos assentamentos do interessado, de contestação ou explicação sobre dado verdadeiro mas justificável e que esteja sob pendência judicial ou amigável.".

Alternativa "c": Na verdade, estabelece o art. 3º da Lei 13.300/2016 que: "São legitimados para o mandado de injunção, como impetrantes, **as pessoas naturais ou jurídicas** que se afirmam titulares dos direitos, das liberdades ou das prerrogativas referidos no art. 2º e, como impetrado, o Poder, o órgão ou a autoridade com atribuição para editar a norma regulamentadora.".

Alternativa "d": Segundo dispõe o art. 22, §1º da Lei 12.016/2009: "O mandado de segurança coletivo não induz litispendência para as ações individuais, mas os efeitos da coisa julgada não beneficiarão o impetrante a título individual **se não requerer a desistência de seu**

mandado de segurança no prazo de 30 (trinta) dias a contar da ciência comprovada da impetração da segurança coletiva.".

51. (Cespe – Analista Judiciário – Direito – TJ – AM/2019) Acerca dos direitos e das garantias fundamentais, julgue o item subsequente.

É cabível mandado de segurança para proteger direito líquido e certo contra ilegalidade praticada por diretor de sociedade de economia mista em decisão que homologa o resultado de licitação ou em atos de gestão comercial.

- CERTO
- ERRADO

▷ ***Anotações/Comentários***

Nos termos do art. 1º, §2º da lei 12.016/2009 (que regulamenta o mandado de segurança): "Art. 1º (...)§ 2o **Não cabe mandado de segurança contra os atos de gestão comercial** praticados pelos **administradores de** empresas públicas, de **sociedade de economia mista** e de concessionárias de serviço público." O item afirma que é cabível mandado de segurança em atos de gestão comercial e por isso está errado. Por outro lado, importante observar que é cabível o mandado de segurança contra ato praticado em licitação promovida por sociedade de economia mista, conforme entendimento da Súmula 333 do STJ.

52. (Cespe – Analista Judiciário – Área Judiciária – STJ/2018) Em relação aos direitos e às garantias fundamentais e às funções essenciais à justiça, julgue os itens a seguir, considerando a jurisprudência dos tribunais superiores.

O princípio da proibição do reformatio in pejus não se aplica ao habeas corpus, pois esta garantia fundamental não possui natureza recursal.

- CERTO
- ERRADO

▷ ***Anotações/Comentários***

De acordo com entendimento do STF a proibição da reformatio in pejus se aplica ao habeas corpus. (STF, 2º Turma. HC 126869/RS, Rel. Min. Dias Toffoli, julgado em 23/6/2015).

53. (FGV/TJ-AL/Analista Judiciário – Área Judiciária – 2018) Eraldo, que jamais deixara de votar em uma eleição, cumprindo fielmente os seus deveres cívicos, tomou conhecimento de que o Prefeito Municipal estava realizando diversos gastos de forma irregular, sem a prévia realização de processo licitatório e sem qualquer motivo idôneo à contratação direta.

Com o objetivo de responsabilizar o Prefeito pelos danos causados ao patrimônio público, Eraldo procurou um advogado e solicitou que fosse informado da ação que poderia ajuizar.

À luz da sistemática constitucional, essa ação é:

a) o mandado de segurança;
b) a ação penal;
c) o mandado de injunção;
d) a ação popular;
e) a reclamação constitucional.

▷ ***Anotações/Comentários***

Nos termos do art. 5º, LXXIII da CF/88, qualquer cidadão é parte legítima para propor ação popular que vise a anular ato lesivo ao patrimônio público ou de entidade de que o Estado participe, à moralidade administrativa, ao meio ambiente e ao patrimônio histórico e cultural, ficando o autor, salvo comprovada má-fé, isento de custas judiciais e do ônus da sucumbência. No caso, há uma situação envolvendo ato lesivo ao patrimônio público, sendo Eraldo legitimado ativo à propositura da ação popular.

54. (FCC – Analista Judiciário – Área Judiciária - TST/2017) Sindicato constituído regularmente em janeiro de 2017 impetrou mandado de segurança coletivo em julho do mesmo ano, perante a Justiça Federal, a fim de garantir o direito líquido e certo de empresas a ele filiadas de não serem compelidas ao pagamento da contribuição previdenciária incidente sobre a folha de salários com base em alíquota que foi majorada para as empresas em geral, e não apenas para as empresas do ramo daquelas filiadas ao Sindicato. A petição inicial foi instruída por documentos que comprovavam a regularidade da constituição e do funcionamento do sindicato, mas não por autorização expressa de seus filiados para que o pleito fosse deduzido judicialmente. À luz da Constituição Federal e da jurisprudência do STF, a impetração do mandado de segurança pelo sindicato é

a) incompatível com a Constituição Federal, uma vez que o sindicato não estava constituído há, pelo menos, um ano.
b) incompatível com a Constituição Federal, uma vez que o sindicato não apresentou autorização expressa de seus filiados para que a ação fosse proposta.
c) compatível com a Constituição Federal.
d) incompatível com a Constituição Federal, uma vez que sindicato não tem legitimidade para representar seus filiados em demanda que pretende o afastamento de obrigação tributária imposta às empresas de modo geral.
e) incompatível com a Constituição Federal, uma vez que a ação deveria ter sido proposta perante a Justiça do Trabalho.

▷ ***Anotações/Comentários***

Alternativa "a": O requisito de constituição há, pelo menos, um ano, presente no art. 5º, LXX, "b" aplica-se somente às associações, não sendo exigido das organizações sindicais e entidades de classe.

Alternativa "b": Há posicionamento pacífico do STF no sentido de que é desnecessária a autorização: "A disciplina jurídica, veiculada pelo inc. LXX do art. 5º da CF, consubstancia hipótese de **substituição processual.** É dizer: partido político com representação no Congresso Nacional, organização sindical, entidade de classe e associação legalmente constituída e em funcionamento há pelo menos um ano podem impetrar mandado de segurança coletivo, em defesa dos interesses de seus membros ou associados, **sem que para isto haja necessidade de qualquer autorização.** O entendimento do Supremo Tribunal Federal, a respeito, está evidenciado no enunciado 629 da súmula de sua jurisprudência, posta nos seguintes termos: "a impetração de mandado de segurança coletivo por entidade de classe em favor dos associados independe da autorização destes". 9. Já no inc. XXI do art. 5º, a Carta Magna prefigura, sim, um caso de representação processual, desde que as associações estejam expressamente autorizadas. [Rcl 5.215 AgR, rel. min. Ayres Britto, P, j. 15-4-2009, DJE 94 de 22-5-2009.]". Assim, independe de autorização expressa.

Alternativa "c": Trata-se da previsão do art. 5º, LXX, "b" que dispõe que o mandado de segurança coletivo pode ser impetrado por: "organização sindical, entidade de classe ou associação legalmente constituída e em funcionamento há pelo menos um ano, em defesa dos interesses de seus membros ou associados"

Alternativa "d": Nos termos do art. 8º, III da CF/88: "III - ao sindicato cabe a defesa dos direitos e interesses coletivos ou individuais da categoria, inclusive em questões judiciais ou administrativas;". Ademais, especificamente quanto à demanda que pretende o afastamento de obrigação tributária impostas às empresas de modo geral, entendeu o STF que é possível: "RECURSO EXTRAORDINÁRIO. TRIBUTÁRIO. INCIDÊNCIA DE CONTRIBUIÇÃO PREVIDENCIÁRIA A CARGO DO EMPREGADO. ADICIONAL DE FÉRIAS. AVISO PRÉVIO INDENIZADO. DÉCIMO TERCEIRO PROPORCIONAL. AUXÍLIO DOENÇA. HORAS EXTRAS. NATUREZA JURÍDICA DAS VERBAS. SALÁRIO DE CONTRIBUIÇÃO. ENQUADRAMENTO. INTERPRETAÇÃO DA LEI 8.212/1991, DA LEI 8.213/1991 E DO DECRETO 3.038/1999. MATÉRIA INFRACONSTITUCIONAL. AUSÊNCIA DE REPERCUSSÃO GERAL.1. É assente na jurisprudência que, nos termos do art. 8º, III da CF, o sindicato tem legitimidade para atuar como substituto processual da categoria profissional, possuindo legitimação extraordinária (art. 6º do CPC) para a defesa judicial dos direitos e interesses coletivos ou individuais da categoria. (RE 892238 RG/ RS, rel. Min. Luiz Fux)."

Alternativa "e": A natureza da discussão é, na verdade, relativa ao direito tributário, de modo que não se enquadra no âmbito da competência da Justiça do Trabalho, prevista no art. 114 da CF/88.

55. (Cespe – Analista Judiciário – Área Judiciária – TRE – PE/2017) O habeas corpus é cabível

a) para discutir excessivo valor exigido a título de alimentos em decisão que tenha decretado a prisão civil do devedor.
b) em favor de pessoa jurídica, pois tem como objetivo fazer cessar todo e qualquer constrangimento ilegal.

c) contra a aplicação de pena de multa em sentença penal condenatória, pois a pena pecuniária pode ser convertida em prisão.
d) para afastar pena acessória de perda de cargo público imposta em sentença penal condenatória.
e) em casos de flagrante ilegalidade da prisão civil por dívida de alimentos.

▷ ***Anotações/Comentários***

O habeas corpus **só possui cabimento quando houver risco a liberdade de locomoção da pessoa**. Nos termos do **art. 5º, LXVIII, da CF**, conceder-se-á habeas corpus sempre que alguém sofrer ou se achar ameaçado de sofrer violência ou coação em sua liberdade de locomoção, por ilegalidade ou abuso de poder. No caso em questão, houve ilegalidade da prisão civil, por isso é cabível o referido remédio.

---

56. (FCC – Analista Judiciário – Área Administrativa – TRF 5/2017) A Constituição Federal, ao disciplinar direitos e garantias fundamentais, assegura gratuidade às ações de

a) habeas data e mandado de injunção.
b) habeas corpus, habeas data, mandado de injunção, mandado de segurança, e, na forma da lei, aos atos necessários ao exercício da cidadania.
c) mandado de injunção e mandado de segurança.
d) habeas data, mandado de segurança, e, na forma da lei, aos atos necessários ao exercício da cidadania.
e) habeas corpus, habeas data e, na forma da lei, aos atos necessários ao exercício da cidadania.

▷ ***Anotações/Comentários***

Conforme disposição do art. 5º, inciso LXXVII, da CF: "LXXVII - são gratuitas as ações de *habeas corpus* e *habeas data*, e, na forma da lei, os atos necessários ao exercício da cidadania".

---

57. (FCC – Analista Judiciário – Área Administrativa – TRE – SP/2017) Um partido político interessado em conhecer os termos de processo relativo ao julgamento de contas anuais de entidade federal que tramita perante o Tribunal de Contas da União, no curso do qual foi citado, formula requerimento para obter acesso aos autos, sendo o pleito indeferido pelo Presidente da Corte de Contas.

Nessa hipótese, pretendendo o interessado ver sua pretensão acolhida em juízo, possuirá o Supremo Tribunal Federal competência para

a) processar e julgar mandado de segurança impetrado contra o ato, originariamente.
b) processar e julgar habeas data impetrado contra o ato, originariamente.
c) julgar, mediante recurso extraordinário, decisão que contrarie dispositivo da Constituição da República, proferida em sede de ação mandamental impetrada contra o ato.
d) julgar, em recurso ordinário, decisão denegatória de mandado de segurança impetrado contra o ato.
e) julgar, em recurso ordinário, decisão denegatória de habeas data impetrado contra o ato.

▷ ***Anotações/Comentários***

No caso em questão, deve-se utilizar o mandado de segurança coletivo, conforme disposições do art. 5º, inciso LXX, alínea "a", da CF, e art. 1º da Lei 12016/2009, segundo os quais: "Art. 5º. LXX – o mandado de segurança coletivo pode ser impetrado por: a) partido político com representação no Congresso Nacional" e "Art. 1º Conceder-se-á mandado de segurança para proteger direito líquido e certo, não amparado por habeas corpus ou habeas data, sempre que, ilegalmente ou com abuso de poder, qualquer pessoa física ou jurídica sofrer violação ou houver justo receio de sofrê-la por parte de autoridade, seja de que categoria for, e sejam quais forem as funções que exerça". A competência para julgar o referido mandado de segurança é originária do STF, nos moldes do art. 102, inciso I, alínea "d", da CF: "Art. 102. Compete ao Supremo Tribunal Federal, precipuamente, a guarda da Constituição, cabendo-lhe: I – processar e julgar, originariamente: d) o habeas corpus, sendo paciente qualquer das pessoas referidas nas alíneas anteriores; o mandado de segurança e o habeas data conta atos do Presidente da República, das Mesas da Câmara dos Deputados e do Senado Federal, do Tribunal de Contas da União, do Procurador-Geral da República e do próprio Supremo Tribunal Federal".

---

58. (FCC – Técnico Judiciário – Área Administrativa – TRF 5/2017) Adamastor, advogado, pretende ingressar com medida destinada à proteção de direito líquido e certo à retificação de dados a seu respeito constantes dos arquivos de repartição pública federal. Sabendo-se que Adamastor não tem condições de pagar custas processuais sem prejuízo do sustento de sua família, pode-se afirmar que para a retificação desejada deverá ingressar com

a) habeas data, sem que necessite pleitear os benefícios da Justiça gratuita em seu favor, já que, consoante a Constituição Federal, o habeas data, o mandado de injunção e o habeas corpus são ações gratuitas.
b) mandado de segurança e pleitear os benefícios da Justiça gratuita em seu favor.
c) habeas data e pleitear os benefícios da Justiça gratuita em seu favor.
d) habeas corpus, se se tratar de dados pertinentes à vida pregressa na esfera criminal, pleiteando os benefícios da Justiça gratuita em seu favor.
e) habeas data, sem que necessite pleitear os benefícios da Justiça gratuita em seu favor, já que, consoante a Constituição Federal, o habeas data e o habeas corpus são ações gratuitas.

▷ ***Anotações/Comentários***

Para satisfazer seu interesse, Adamastor deve ingressar com habeas data, conforme art. 5º, inciso LXXII, da CF: "Art. 5º. LXXII – **conceder-se-á habeas data**: a) para assegurar o conhecimento de informações relativas à pessoa do impetrante, constantes de registros ou bancos de dados de entidades governamentais ou de caráter público; b) **para retificação de dados, quando não se** prefira fazê-lo por processo sigiloso, judicial ou administrativo". São ações gratuitas ao se constituírem como direito constitucionalmente assegurado para o exercício da cidadania, nos moldes do art. 5º, inciso LXXVII, da CF: "LXXVII - são gratuitas as ações de habeas corpus e habeas data, e, na forma da lei, os atos necessários ao exercício da cidadania".

---

59. (Cespe – Técnico Judiciário – Área Administrativa – TRE – BA/2017) O remédio constitucional que representa, no plano institucional, a mais expressiva reação jurídica do Estado às instituições que lesem, efetiva ou potencialmente, os direitos de conhecimento de informações relativas à pessoa interessada constantes de registros ou bancos de dados de entidades governamentais ou de caráter público, bem como de retificação de dados e complementação de registros existentes, é o(a)

a) habeas data.
b) mandado de segurança.
c) habeas corpus.
d) ação popular.
e) mandado de injunção.

▷ ***Anotações/Comentários***

A assertiva está de acordo com o disposto no **art. 5º, inciso LXXII, da CF, que trata do habeas data**: "LXXII - conceder-se-á habeas data: a) para assegurar o conhecimento de informações relativas à pessoa do impetrante, constantes de registros ou bancos de dados de entidades governamentais ou de caráter público; b) para a retificação de dados, quando não se prefira fazê-lo por processo sigiloso, judicial ou administrativo", sendo, então, aplicável ao caso em questão.

---

60. (Cespe – Técnico Judiciário – Área Administrativa – TRE – TO/2017) Jonas, servidor público federal, respondeu a processo administrativo disciplinar e, ao final, foi absolvido das acusações. No entanto, por um equívoco, no seu assentamento funcional passou a constar a informação de que ele havia sido condenado. Ao saber do erro, Jonas solicitou a retificação dos dados, mas o seu pedido foi indeferido.

Nessa situação hipotética, a ação cabível, de acordo com a CF, é

a) a ação direta de inconstitucionalidade.
b) a ação popular.
c) o habeas corpus.

d) o mandado de injunção.

e) o habeas data.

▷ ***Anotações/Comentários***

De acordo com o art. 5º, inciso LXXII, da CF: "LXXII - conceder-se-á habeas data: a) para assegurar o conhecimento de informações relativas à pessoa do impetrante, constantes de registros ou bancos de dados de entidades governamentais ou de caráter público; b) para a retificação de dados, quando não se prefira fazê-lo por processo sigiloso, judicial ou administrativo", sendo, então, aplicável ao caso em questão.

61. (Consulplan – Técnico Judiciário – Área Administrativa – TRE – RJ/2017) "Maristeu é brasileiro e reside na cidade do Rio de Janeiro. Recentemente descobriu que uma fábrica de eletrônicos vem, reiteradamente, despejando dejetos e resíduos tóxicos em um córrego." Com o intuito de proteção do meio ambiente, Maristeu poderá propor uma ação popular, desde que

a) pague as custas processuais.

b) comprove a condição de cidadão.

c) denuncie o fato no Ministério Público.

d) o fato seja no bairro de sua residência.

▷ ***Anotações/Comentários***

Para que proponha ação popular, Maristeu deve comprovar sua condição de cidadão, visto que esta é requisito para tanto, conforme art. 5º, inciso LXXIII, da CF: "Art. 5º. LXXIII - qualquer cidadão é parte legítima para propor ação popular que vise a anular ato lesivo ao patrimônio público ou de entidade de que o Estado participe, à moralidade administrativa, ao meio ambiente e ao patrimônio histórico e cultural, ficando o autor, salvo comprovada má-fé, isento de custas judiciais e do ônus da sucumbência".

62. (FCC – Analista Judiciário – Oficial de Just. Avaliador – TRF 5/2017) Inconformado com determinado ato lesivo à moralidade administrativa praticado pelo prefeito de seu município, o cidadão Roberto, sócio majoritário da empresa X, pretende que seja anulado o ato por meio de ação popular, o que é

a) incabível, pois a ação popular não é admissível para anular ato lesivo à moralidade administrativa, mas apenas ao meio ambiente e ao patrimônio histórico e cultural.

b) incabível, pois a ação popular não é admissível para anular ato lesivo à moralidade administrativa, mas apenas ao patrimônio público ou de entidade de que o Estado participe.

c) cabível, se proposta por Roberto, ficando ele, salvo comprovada má-fé, isento do pagamento de custas judiciais e do ônus da sucumbência.

d) cabível, se proposta pela empresa da qual Roberto é sócio majoritário, ficando ela, salvo comprovada má-fé, dispensada do pagamento de custas judiciais.

e) cabível, se proposta por Roberto ou pela empresa da qual é sócio majoritário, dispensado o pagamento de custas judiciais, respondendo, o autor ou a autora, porém, pelo pagamento das verbas decorrentes da sucumbência, salvo se comprovada a hipossuficiência.

▷ ***Anotações/Comentários***

É cabível o ajuizamento de ação popular no caso apresentado na questão, encaixando-se na disposição do art. 5º, inciso LXXIII, da CF: "**Art. 5º. LXXIII - qualquer cidadão é parte legítima para propor ação popular que vise a anular ato lesivo ao patrimônio público ou de entidade de que o Estado participe, à moralidade administrativa, ao meio ambiente e ao patrimônio histórico e cultural, ficando o autor, salvo comprovada má-fé, isento de custas judiciais e do ônus da sucumbência**". A assertiva correta apresenta exatamente o texto do artigo.

4. DIREITOS SOCIAIS

63. VUNESP – 2023 – TJ/SP – Escrevente Técnico Judiciário Considere que João é trabalhador rural e obteve a informação de que a sua empresa empregadora apresentou ao sindicato da categoria profissional proposta de acordo coletivo para reduzir o salário dos funcionários, bem como regular alguns temas da relação de emprego. João, então, procura o sindicato para obter informações sobre a proposta de acordo e sobre os direitos sociais que a Constituição Federal lhe assegura. Com base nessa situação hipotética e no disposto na Constituição, é correto afirmar que

a) o acordo não precisará dispor sobre o aviso prévio dos trabalhadores, pois a Constituição já assegura que este será proporcional ao tempo de serviço e não inferior a quinze dias.

b) a Constituição não estipula a proteção do emprego rural em face do processo de automação, devendo esse tema ser regulado no acordo coletivo.

c) a Constituição já assegura a assistência gratuita aos filhos e dependentes desde o nascimento até 5 (cinco) anos de idade em creches e pré-escolas.

d) a proposta de acordo coletivo não poderá ser aceita, pois a Constituição Federal veda a redução do salário.

e) a Constituição assegura que, caso seja concedido seguro contra acidente de trabalho e esse seja custeado pelo empregador, a conduta excluirá a responsabilidade deste por indenização em

▷ ***Anotações/Comentários***

Alternativa "a": O mínimo estabelecido no art. 7º, XXI da CF/88 é de trinta dias, e não quinze como aponta a alternativa.

Alternativa "b": A proteção em face da automação, na forma da lei, é assegurada pela Constituição no art. 7º, XXVII da CF/88.

Alternativa "c": É o que se extrai do art. 7º, XXV da CF/88.

Alternativa "d": Nos termos do art. 7º, VI da CF/88, é assegurada irredutibilidade do salário, **salvo o disposto em convenção ou acordo coletivo**. Portanto, é possível a redução em caso de acordo coletivo.

Alternativa "e": O art. 7º, XXVIII da CF/88 garante seguro contra acidentes de trabalho, a cargo do empregador, sem excluir a indenização a que este está obrigado, quando incorrer em dolo ou culpa.

64. FCC – 2023 – TRT18 – Analista Judiciário – Área Administrativa Ana é trabalhadora rural. Em conformidade com a Constituição Federal, além de outros que visem à melhoria de sua condição social, são direitos de Ana

a) seguro-desemprego, em caso de desemprego involuntário; fundo de garantia por tempo de serviço; remuneração do serviço extraordinário superior, no mínimo, em cinquenta por cento à do normal.

b) seguro-desemprego, em caso de desemprego, seja voluntário ou involuntário; fundo de garantia por tempo de serviço; remuneração do serviço extraordinário superior, no mínimo, em cem por cento à do normal.

c) seguro-desemprego, em caso de desemprego, seja voluntário ou involuntário; aviso prévio proporcional ao tempo de serviço, sendo no mínimo de trinta dias, nos termos da lei; remuneração do serviço extraordinário superior, no mínimo, em cem por cento à do normal.

d) aviso prévio proporcional ao tempo de serviço, sendo no máximo de trinta dias, nos termos da lei; fundo de garantia por tempo de serviço; remuneração do serviço extraordinário superior, no mínimo, em cem por cento à do normal.

e) seguro-desemprego, em caso de desemprego voluntário; remuneração do serviço extraordinário superior, no máximo, em cinquenta por cento à do normal; aviso prévio proporcional ao tempo de serviço, sendo no máximo de trinta dias, nos termos da lei.

▷ ***Anotações/Comentários***

Nos termos do caput do art. 7º da CF/88, os direitos previstos são assegurados aos trabalhadores **urbanos e rurais**. De início, o seguro-desemprego é previsto no inciso II, **em caso de desemprego involuntário**. O fundo de garantia por tempo de serviço está previsto no inciso III. O inciso XVI prevê a remuneração do serviço extraordinário superior, no mínimo, em **cinquenta por cento** à do normal. O inciso XXI prevê o aviso prévio proporcional ao tempo de serviço, sendo **no mínimo de trinta dias**, nos termos da lei.

CONSTITUCIONAL

65. FCC – 2023 – TRT17 – Analista Judiciário – Área Judiciária Um determinado grupo de pessoas pertencentes à mesma categoria profissional decidiu se reunir para representar toda essa categoria por meio de uma associação sindical. Em conformidade com a Constituição Federal, não sendo vedada a criação desse sindicato, para a sua fundação a lei

a) exigirá autorização do Estado, vedadas ao Poder Público a interferência e a intervenção na organização sindical, cabendo ao sindicato a defesa dos direitos e interesses coletivos ou individuais da categoria, exceto em questões judiciais ou administrativas.
b) não poderá exigir autorização do Estado, ressalvado o registro no órgão competente, vedadas ao Poder Público a interferência e a intervenção na organização sindical, cabendo ao sindicato a defesa dos direitos e interesses coletivos ou individuais da categoria, exceto em questões judiciais ou administrativas.
c) não poderá exigir autorização do Estado, ressalvado o registro no órgão competente, permitidas ao Poder Público a interferência e a intervenção na organização sindical, cabendo ao sindicato a defesa dos direitos e interesses coletivos ou individuais da categoria, exceto em questões judiciais ou administrativas.
d) não poderá exigir autorização do Estado, ressalvado o registro no órgão competente, vedadas ao Poder Público a interferência e a intervenção na organização sindical, cabendo ao sindicato a defesa dos direitos e interesses coletivos ou individuais da categoria, inclusive em questões judiciais ou administrativas.
e) exigirá autorização do Estado, permitidas ao Poder Público a interferência e a intervenção na organização sindical, cabendo ao sindicato a defesa dos direitos e interesses coletivos ou individuais da categoria, inclusive em questões judiciais ou administrativas.

▷ ***Anotações/Comentários***

Nos termos do art. 8º da CF/88, é livre a associação profissional ou sindical. Ademais, o inciso I estabelece que: "I – a lei não poderá exigir autorização do Estado para a fundação de sindicato, **ressalvado o registro no órgão competente**, vedadas ao Poder Público a interferência e a intervenção na organização sindical;". O inciso III, por sua vez, prevê que: "III – ao sindicato cabe a defesa dos direitos e interesses coletivos ou individuais da categoria, **inclusive em questões judiciais ou administrativas**;".

66. FCC – 2022 – TRT 14 – Analista Judiciário – Área Judiciária Denise trabalhou por quinze anos como diretora executiva em uma empresa privada, tendo sido hoje dispensada sem justa causa. Em conformidade com a Constituição Federal, são direitos da Denise, além de outros que visem à melhoria de sua condição social, aviso prévio proporcional ao tempo de serviço, sendo no

a) mínimo de trinta dias, nos termos da lei, e ação, quanto aos créditos resultantes das relações de trabalho, com prazo prescricional de cinco anos, até o limite de dois anos após a extinção do contrato de trabalho.
b) mínimo de trinta dias, nos termos da lei, e ação, quanto aos créditos resultantes das relações de trabalho, com prazo prescricional de cinco anos, até o limite de cinco anos após a extinção do contrato de trabalho.
c) máximo de trinta dias, nos termos da lei, e ação, quanto aos créditos resultantes das relações de trabalho, com prazo prescricional de cinco anos, até o limite de dois anos após a extinção do contrato de trabalho.
d) máximo de trinta dias, nos termos da lei, e ação, quanto aos créditos resultantes das relações de trabalho, com prazo prescricional de cinco anos, até o limite de cinco anos após a extinção do contrato de trabalho.
e) máximo de trinta dias, nos termos da lei, e ação, quanto aos créditos resultantes das relações de trabalho, com prazo prescricional de dois anos, até o limite de cinco anos após a extinção do contrato de trabalho.

▷ ***Anotações/Comentários***

Nos termos do art. 7º, XXI da CF/88, faz jus a aviso prévio proporcional ao tempo de serviço, sendo no **mínimo** de trinta dias.

Ademais, tem direito a ação, quanto aos créditos resultantes das relações de trabalho, com prazo prescricional de cinco anos, até o limite de dois anos após a extinção do contrato de trabalho, nos termos do art. 7º, XXIX da CF/88.

67. (Vunesp – Escrevente Técnico Judiciário – TJ – SP/2021) É um dos direitos constitucionais dos trabalhadores urbanos e rurais:

a) relação de emprego protegida contra despedida arbitrária com ou sem justa causa, nos termos de lei complementar, que preverá indenização compensatória.
b) participação nos lucros, ou resultados, vinculada à última remuneração do trabalhador.
c) assistência gratuita aos filhos e dependentes desde o nascimento até 5 (cinco) anos de idade em creches e pré-escolas.
d) jornada de oito horas para o trabalho realizado em turnos ininterruptos de revezamento, salvo negociação coletiva.
e) licença à gestante, sem prejuízo do emprego e do salário, com a duração de 180 (cento e oitenta) dias.

▷ ***Anotações/Comentários***

Alternativa "a": Somente há indenização compensatória na demissão **arbitrária ou sem** justa causa, conforme art. 7º, I da CF/88.

Alternativa "b": Essa participação é **desvinculada** da remuneração, nos termos do art. 7º, XI da CF/88.

Alternativa "c": É o que estabelece o art. 7º, XXV da CF/88.

Alternativa "d": De acordo com o art. 7º, XIV da CF/88, a jornada deve ser de **seis horas** para o trabalho realizado em turnos ininterruptos de revezamento, salvo negociação coletiva.

Alternativa "e": Para o inciso XVIII do art. 7º da CF/88, a licença terá duração de 120 dias.

68. (FCC – Técnico Judiciário – Área Judiciária – TRF 4/2019) Considere:

I. Seguro-desemprego, em caso de desemprego voluntário ou involuntário.
II. Irredutibilidade do salário, salvo o disposto em convenção ou acordo coletivo.
III. Gozo de férias anuais remuneradas com, pelo menos, um terço a mais do que o salário normal.
IV. Aviso prévio proporcional ao tempo de serviço, sendo no máximo de trinta dias, nos termos da lei.

Em conformidade com a Constituição Federal, são direitos dos trabalhadores urbanos e rurais, além de outros que visem à melhoria de sua condição social, aqueles contidos em

a) III e IV, apenas.
b) I, II, III e IV.
c) I e IV, apenas.
d) I e II, apenas.
e) II e III, apenas.

▷ ***Anotações/Comentários***

Assertiva I. Incorreta: Embora se assegure o seguro-desemprego no art. 7º, II da CF/88, esse é garantido somente no caso de desemprego **involuntário**.

Assertiva II. Correta: Trata-se de direito previsto no art. 7º, VI da CF/88.

Assertiva III. Correta: Nesse sentido é a disposição do art. 5º, XVII da CF/88.

Assertiva IV. Incorreta: Na verdade, estabelece o art. 7º, XXI da CF/88 que o aviso prévio deve ser de **no mínimo** 30 dias.

69. (Consulplan – Analista Judiciário – Área Judiciária – TRF 2/2017) "João e Pedro, estudantes de direito, travaram intenso debate a respeito do alcance e da essência dos denominados direitos sociais e de sua distinção em relação aos clássicos direitos de defesa. Para João, os direitos sociais são aqueles analisados sob a perspectiva da sociedade como um todo, não dos indivíduos em particular. Além disso, exigem, como regra geral, a realização de despesas para que se tornem efetivos. Pedro, por sua vez, afirmou que os clássicos direitos de defesa estão previstos, regra geral, em normas programáticas." À luz da sistemática constitucional, é correto afirmar que

a) João e Pedro estão totalmente equivocados.

b) João está totalmente equivocado e Pedro está correto.

c) João está parcialmente equivocado, já que os direitos sociais não exigem a realização de despesas; e Pedro está correto.

d) João está parcialmente equivocado, já que os direitos sociais também são titularizados pelos indivíduos; e Pedro está equivocado.

▷ ***Anotações/Comentários***

João está parcialmente equivocado porque os direitos sociais não ignoram a perspectiva individual, devendo ser levados em consideração no modo como a sociedade pode agir sobre o indivíduo. Nas palavras de Cesarino Júnior: "A proteção social se preocupa sobretudo com os problemas individuais de natureza social, assim entendidos aqueles que, não solucionados, têm reflexos diretos sobre os demais indivíduos e, em última análise, sobre a sociedade. A sociedade então, por intermédio de seu agente natural, o Estado, se antecipa a esses problemas, adotando para resolvê-los, principalmente, medidas de proteção social" (CESARINO JÚNIOR, A.F. *Direito social brasileiro*. 6ª ed. São Paulo: Saraiva, 1970, p. 311). Entretanto, João está correto ao afirmar que os direitos sociais exigem, como regra geral, a realização de despesas para que se efetivem. Pedro está totalmente equivocado em sua afirmação, tendo em vista que os direitos clássicos de defesa são aqueles que visam a proteger o indivíduo das arbitrariedades do Estado e, portanto, são aqueles direitos ligados às liberdades – direitos individuais de primeira geração. Estes estão contidos, majoritariamente, no art. 5º da CF e têm aplicabilidade imediata, conforme disposto no § 1º do mesmo artigo. Normas programáticas são aquelas que contêm em si programas e diretrizes para a atuação futura do Poder Público. De acordo com Jorge Miranda, a aplicabilidade das normas programáticas é diferida, e não imediata, além de se caracterizarem como comandos-valores. Deste modo, a afirmação de Pedro é equivocada porque direitos de defesa não são normas programáticas, portanto.

70. (Consulplan – Técnico Judiciário – Área Administrativa – TRE – RJ/2017) "Considere que Clécio, empregado de uma fábrica de automóveis, candidatou-se ao cargo de representante sindical de sua categoria profissional, vindo a ser eleito ao final do pleito." No que se refere às garantias sociais constitucionais, é correto afirmar que Clécio

a) pode ser dispensado até a divulgação oficial de sua eleição, adquirindo a estabilidade no emprego a partir daquela data, até um ano após o retorno ao trabalho.

b) pode gozar da estabilidade sindical, instituto que se assemelha com a estabilidade dos servidores públicos, já que se adquire após três anos de efetivo exercício do cargo ou emprego.

c) tem direito de não ser dispensado do emprego, desde o registro da candidatura até um ano após encerrado o mandato de representante sindical, a não ser que cometa falta grave.

d) tem direito à estabilidade sindical porque trabalha em fábrica de automóveis, já que o direito restringe-se ao trabalho urbano e não abrange, por exemplo, a atividade junto a um sindicato de colônia de pescadores.

▷ ***Anotações/Comentários***

(responde todas as demais alternativas): de acordo com o art. 8º, inciso VIII, da CF: "Art. 8º. É livre a associação profissional ou sindical, observado o seguinte: VIII – é vedada a dispensa do empregado sindicalizado, a partir do registro da candidatura a cargo de direção ou representação sindical, e, se eleito, ainda que suplente, até um ano após o final do mandato, salvo se cometer falta grave nos termos da lei".

5. DIREITOS DA NACIONALIDADE

71. FCC – 2024 – TRF 3 – Analista Judiciário – Área Judiciária

Roberval é um diplomata brasileiro que se casou com Anésia. Algum tempo após sua união, Roberval foi trabalhar na Alemanha, a serviço da República Federativa do Brasil, e lá passou a residir com sua esposa, onde, alguns meses depois, nasceu seu filho, Niveo. Embora tenha crescido na Alemanha, Niveo pretende seguir os passos de seu pai e representar o pais de origem de Roberval. Para isso, quando atingir a maioridade, Niveo quer estudar no Brasil e aqui ter um cargo da carreira diplomática. Considerando apenas os dados fornecidos nessa situação hipotética, isso

a) não é possível, pois Níveo é considerado brasileiro naturalizado e o cargo que pretende é privativo de brasileiro nato.

b) e possível, pois se trata de cargo que pode ser ocupado por pessoas de qualquer nacionalidade, desde que residentes no pais há mais de dez anos ininterruptos.

c) não é possível, pois Níveo não é brasileiro e o cargo que pretende é privativo de brasileiro nato ou naturalizado.

d) e possível, desde que Niveo se naturalize brasileiro, pois o cargo que pretende é privativo de brasileiro nato ou naturalizado.

e) é possível, pois Níveo é brasileiro nato e o cargo que pretende é privativo de brasileiro nato.

▷ ***Anotações/Comentários***

Nos termos do art 12, §3º, V, o cargo da carreira diplomática é privativo de brasileiro nato. Mas Niveo poderá ocupar o cargo, pois, nos termos do art. 12, I, b da CF/88, é brasileiro nato o nascido no estrangeiro, de pai ou mãe brasileira, desde que estejam no exterior a serviço da República Federativa do Brasil.

72. VUNESP – 2023 – TJ/SP – Escrevente Técnico Judiciário

Considere que Catarina é russa e há dezesseis anos ininterruptos reside no Brasil, no estado de São Paulo. Com base na situação hipotética e no disposto na Constituição Federal, é correto afirmar que Catarina

a) precisa comprovar idoneidade moral e requerer expressamente a nacionalidade brasileira para ser considerada como naturalizada.

b) para ser considerada como naturalizada, poderá ter condenação penal, desde que não seja por tráfico de drogas.

c) para adquirir a nacionalidade brasileira deverá comprovar ter ensino superior.

d) se não tiver condenação penal e se requerer a nacionalidade brasileira, será considerada como naturalizada.

e) poderá ser naturalizada após comprovar que vive há vinte anos no Brasil e então poderá ocupar cargo da carreira diplomática.

▷ ***Anotações/Comentários***

Alternativa "a": A idoneidade é requisito apenas para a naturalização daqueles que forem originários de países de língua portuguesa, caso em que se exige somente um ano ininterrupto de residência no Brasil, nos termos do art. 12, II, a da CF/88.

Alternativa "b": Nos termos do art. 12, II, b da CF/88, não é possível, para se naturalizar, que tenha qualquer tipo de condenação penal.

Alternativa "c": A formação em ensino superior não é requisito para nenhum tipo de naturalização.

Alternativa "d": Como Catarina, estrangeira, reside no Brasil há mais de quinze anos ininterruptos, se não tiver condenação penal e requerer a nacionalidade brasileira, nos termos do art. 12, II, b da CF/88, será considerada brasileira naturalizada.

Alternativa "e": Incorreta, pois o requisito temporal é de 15 anos ininterruptos, e não seria possível ocupar cargo da carreira diplomática, que é privativo de brasileiro nato, nos termos do art. 12, §3º, V da CF/88.

73. VUNESP – 2023 – TJ/SP – Escrevente Técnico Judiciário

Assinale a alternativa que contém todos os símbolos da República Federativa do Brasil.

a) A Constituição Federal, a bandeira, os hinos e o Supremo Tribunal Federal.

b) O Congresso Nacional, a bandeira, os hinos e o Supremo Tribunal Federal.

c) A bandeira, o hino, as armas e o selo nacionais.

d) A bandeira, os hinos, a Constituição Federal e o Congresso Nacional.

e) As bandeiras, os hinos, a Capital Federal e a Constituição Federal.

▷ ***Anotações/Comentários***

Alternativa "a": A Constituição Federal e o Supremo Tribunal Federal não são símbolos da República.

Alternativa "b": O Congresso Nacional e o Supremo Tribunal Federal não são símbolos da República.

Alternativa "c": A alternativa transcreve os símbolos elencados no art. 13, §1º da CF/88.

Alternativa "d": Não são símbolos a Constituição Federal e o Congresso Nacional.

Alternativa "e": Não são símbolos a Capital Federal e o Congresso Nacional.

---

74. FCC – 2023 – TRT18 – Analista Judiciário – Área Administrativa Amara é angolana, originária de Angola, país que possui a língua portuguesa como idioma oficial, e reside no Brasil há três anos ininterruptos. Pierre, de nacionalidade francesa, originário, portanto, de país que possui o francês como idioma oficial, reside no Brasil há 17 anos ininterruptos. Desde que preenchidos os demais requisitos, com base apenas nas informações fornecidas, em conformidade com a Constituição Federal, na forma da lei, Amara

a) e Pierre não podem se naturalizar brasileiros, pois é exigida residência no Brasil por, no mínimo, 5 anos ininterruptos para os originários de países de língua portuguesa e de mais de 20 anos ininterruptos para os estrangeiros de qualquer nacionalidade.

b) e Pierre podem se naturalizar brasileiros, pois é exigida residência no Brasil por 1 ano ininterrupto para os originários de países de língua portuguesa e de mais de 15 anos ininterruptos para os estrangeiros de qualquer nacionalidade.

c) pode se naturalizar brasileira, pois é exigida residência no Brasil por 1 ano ininterrupto para os originários de países de língua portuguesa, mas Pierre não pode se naturalizar brasileiro, pois para os estrangeiros de qualquer nacionalidade é exigida residência no Brasil por mais de 20 anos.

d) não pode se naturalizar brasileira, pois é exigida residência no Brasil por, no mínimo, 5 anos ininterruptos para os originários de países de língua portuguesa, mas Pierre pode se naturalizar brasileiro, pois para os estrangeiros de qualquer nacionalidade é exigida residência no Brasil por mais de 15 anos.

e) e Pierre não podem se naturalizar brasileiros, pois é exigida residência no Brasil por mais de 20 anos ininterruptos para os estrangeiros de qualquer nacionalidade, sejam, ou não, originários de países de língua portuguesa.

▷ ***Anotações/Comentários***

Amara: de acordo com o art. 12, II, a da CF/88, pode se naturalizar, pois já superou um ano ininterrupto de residência no Brasil, é originária de país de língua portuguesa, bastando que tenha idoneidade moral.

Pierre: de acordo com o art. 12, II, b da CF/88, pode se naturalizar, pois residente no Brasil há mais de 15 anos ininterruptos, desde que não tenha condenação penal.

---

75. FCC – 2023 – TRT17 – Analista Judiciário – Área Judiciária Victor e Angela, chilenos, vieram ao Brasil passar férias e se apaixonaram pelo país, decidindo, então, fixar residência aqui, onde nasceu o primeiro filho do casal, Juan. Joana, brasileira nata, viajou grávida para a Itália para visitar uma parte da família que morava lá e, poucos dias após ter chegado, prematuramente deu à luz Maria Clara. Adalberto, brasileiro, foi morar no Canadá a serviço do Brasil, juntamente com sua esposa, Marilene, onde nasceu o filho caçula do casal, Anthony. Em conformidade com a Constituição Federal, são brasileiros natos:

a) apenas Anthony e Maria Clara, desde que ela seja registrada em repartição brasileira competente ou venha a residir no Brasil e opte, em qualquer tempo, depois de atingida a maioridade, pela nacionalidade brasileira.

b) apenas Maria Clara, desde que seja registrada em repartição brasileira competente ou venha a residir no Brasil e opte, em qualquer tempo, depois de atingida a maioridade, pela nacionalidade brasileira.

c) apenas Juan.

d) apenas Anthony.

e) Juan; Anthony; e Maria Clara, desde que ela seja registrada em repartição brasileira competente ou venha a residir no Brasil e opte, em qualquer tempo, depois de atingida a maioridade, pela nacionalidade brasileira.

▷ ***Anotações/Comentários***

Juan (Victor e Angela): brasileiro nato, de acordo com o art. 12, I, a da CF/88 (nascido no Brasil, de pais estrangeiros que não estavam a serviço de seu país).

Maria Clara (Joana): será brasileira nata desde que seja registrada em repartição brasileira competente, ou venha a residir no Brasil e opte, em qualquer tempo, depois de atingida a maioridade, pela nacionalidade brasileira (art. 12, I, c da CF/88).

Anthony (Adalberto e Marilene): será brasileiro nato, pois nascido no estrangeiro, de pai brasileiro a serviço do Brasil (art. 12, I, b da CF/88).

---

76. FCC – 2022 – TRT 14 – Analista Judiciário – Área Judiciária Michael é brasileiro naturalizado. Considerando apenas a questão da nacionalidade, em conformidade com a Constituição Federal, Michael NÃO poderá ocupar, dentre outros, os cargos de

a) Ministro do Supremo Tribunal Federal; de Ministro de Estado da Defesa; e da carreira diplomática.

b) Presidente e Vice-Presidente da República; de Governador de Estado; e de Ministro do Supremo Tribunal Federal.

c) Presidente e Vice-Presidente da República; de Governador de Estado; e de Prefeito.

d) Ministro de Estado da Defesa; de Prefeito; e de oficial das Forças Armadas.

e) Ministro do Supremo Tribunal Federal; de Ministro do Superior Tribunal de Justiça; e de oficial das Forças Armadas.

▷ ***Anotações/Comentários***

Nos termos do art. 12, §3º da CF/88, são privativos de brasileiro nato os cargos: Presidente e Vice-Presidente da República; Presidente da Câmara dos Deputados; Presidente do Senado Federal; Ministro do STF; membro da carreira diplomática; oficial das Forças Armadas e Ministro de Estado da Defesa. Como brasileiro naturalizado, não poderá assumir referidos cargos.

Pode, contudo, assumir os cargos de Governador de Estado (alternativa b; c); Prefeito (alternativa c; d) e Ministro do STJ (alternativa e).

---

77. (Vunesp – Escrevente Técnico Judiciário – TJ – SP/2021) Considerando as hipóteses possíveis de naturalização brasileira, assinale a alternativa que descreve uma situação de naturalização compatível com a Constituição Federal.

a) Cidadão originário de país de língua portuguesa, idôneo moralmente, residente há um ano ininterrupto no Brasil, e, que, na forma da lei, adquirir a nacionalidade brasileira.

b) O nascido no estrangeiro, de pai brasileiro ou mãe brasileira, desde que qualquer deles esteja a serviço da República Federativa do Brasil.

c) O nascido na República Federativa do Brasil, com pais estrangeiros que não estejam a serviço de seu país.

d) O nascido no estrangeiro de pai brasileiro ou de mãe brasileira, registrado em repartição brasileira ou que venha a residir no Brasil e opte, a qualquer tempo, pela nacionalidade brasileira.

d) O estrangeiro de qualquer nacionalidade, residente na República Federativa do Brasil há mais de dez anos ininterruptos e sem condenação penal.

▷ ***Anotações/Comentários***

Alternativa "a": Trata-se da previsão do art. 12, II, a da CF/88: "os que, na forma da lei, adquiram a nacionalidade brasileira, exigidas aos originários de países de língua portuguesa apenas residência por um ano ininterrupto e idoneidade moral;".

Alternativa "b": Nesse caso, tratar-se-ia de brasileiro nato, nos termos do art. 12, I, b da CF/88.

Alternativa "c": Nesse caso, tratar-se-ia de brasileiro nato, nos termos do art. 12, I, a da CF/88.

Alternativa "d": Nesse caso, tratar-se-ia de brasileiro nato, nos termos do art. 12, I, c da CF/88.

Alternativa "e": Os requisitos que estabelece o art. 12, II, b da CF/88 são: "os estrangeiros de qualquer nacionalidade, residentes na República Federativa do Brasil há mais de quinze anos ininterruptos e sem condenação penal, desde que requeiram a nacionalidade brasileira.".

78. (Vunesp – Escrevente Técnico Judiciário – TJ – SP/2021) É um cargo público privativo de brasileiro nato:

a) de Procurador Geral da República.

b) de Ministro do Tribunal de Contas da União.

c) de Presidente da Câmara dos Deputados.

d) de Presidente do Superior Tribunal de Justiça.

e) de Senador da República.

▷ ***Anotações/Comentários***

Nota do autor: os cargos privativos de brasileiro nato estão previstos no art. 12, §3º da CF/88. Trata-se de inciso muito cobrado em provas. Dica: lembre-se do MP3.COM (M: Ministro do STF; P3: Presidente e Vice-Presidente da República; Presidente da Câmara dos Deputados; Presidente do Senado Federal; C: Carreira Diplomática; O: Oficial das Forças Armadas; M: Ministro de Estado da Defesa). Pode-se até falar em MP5.COM, já que, como consequência da exigência dos Ministros do STF, são também privativos de brasileiro nato os cargos de Presidente do CNJ e Presidente do TSE.

Alternativa "c" (responde todas as alternativas): É o que se extrai do inciso II do art. 12, §3º da CF/88.

79. (FGV – Analista Judiciário – Oficial de Justiça – TJ – RO/2021) Ingrid nasceu no território da Bélgica à época em que seu pai, brasileiro, ali atuava em uma indústria privada de conectores eletrônicos. Sua mãe era belga.

Considerando que Ingrid foi registrada apenas perante o órgão competente belga, não perante uma repartição brasileira, ela é considerada:

a) estrangeira, somente lhe restando a opção de se naturalizar brasileira, na forma da lei;

b) brasileira nata, já que seu pai era brasileiro e se encontrava em território belga a trabalho;

c) brasileira nata, pois a ordem constitucional brasileira adota, em caráter conjunto, os modelos do jus soli e do jus sanguinis;

d) estrangeira, mas, caso venha a residir no território brasileiro e opte, a qualquer tempo, após atingir a maioridade, pela nacionalidade brasileira, adquiri-la-á em caráter nato;

e) estrangeira, mas pode adquirir a nacionalidade brasileira, em caráter nato, caso o requeira, em território belga, perante repartição consular brasileira, no ano seguinte à maioridade.

▷ ***Anotações/Comentários***

Alternativa "d"(responde todas as alternativas): Ingrid nasceu no estrangeiro e é filha de pai brasileiro que não estava a Serviço da República Federativa do Brasil, logo, não se enquadra nas previsões do art. 12, I, 'a' e 'b' da CF/88. A alínea 'c', no entanto, prevê que serão brasileiros natos: "os nascidos no estrangeiro de pai brasileiro ou de mãe brasileira, desde que sejam registrados em repartição brasileira competente ou venham a residir na República Federativa do Brasil e optem, em qualquer tempo, depois de atingida a maioridade, pela nacionalidade brasileira;". Assim, é estrangeira, podendo vir a tornar-se brasileira nata se preencher os requisitos em questão.

80. (FCC – Analista Judiciário – Área Judiciária – TRF 4/2019) Considere que determinada mulher, filha de mãe brasileira e pai estrangeiro, nascida em país cuja lei lhe reconhece nacionalidade originária e durante período em que sua mãe lá estava a serviço da República Federativa do Brasil, venha a residir no Brasil, depois de atingida a maioridade. Nessa hipótese, referida mulher

a) é considerada brasileira nata, não podendo vir a ser extraditada, quaisquer que sejam as circunstâncias e a natureza do delito pelo qual o requeira Estado estrangeiro.

b) não faz jus à nacionalidade originária brasileira, embora possa vir a ser naturalizada, após residir por quinze anos ininterruptos no Brasil e desde que não sofra condenação penal.

c) será considerada brasileira naturalizada, podendo vir a ser autorizada sua extradição, mediante processo de competência originária do Supremo Tribunal Federal, em caso de comprovado envolvimento em tráfico ilícito de entorpecentes.

d) é considerada estrangeira, condição em virtude da qual não será concedida sua extradição apenas por crime político ou de opinião.

e) será considerada brasileira nata, desde que opte pela nacionalidade brasileira, mediante processo de competência da Justiça Federal.

▷ ***Anotações/Comentários***

Alternativa "a" (responde todas as alternativas): Nos termos do art. 12, I, "b" da CF/88, serão brasileiros natos os nascidos no estrangeiro, de pai brasileiro ou mãe brasileira, desde que qualquer deles esteja a serviço da República Federativa do Brasil. Portanto, a mulher em questão é brasileira nata. Ademais, o fato de possuir outra nacionalidade não obsta sua nacionalidade brasileira, pois ambas são nacionalidades originárias, nos termos do art. 12, §4º, II, a da CF/88. Como é brasileira nata, não poderá ser extraditada em nenhuma hipótese, por força do disposto no art. 5º, LI da CF/88.

CONSTITUCIONAL

81. (FCC – Técnico Judiciário – Área Judiciária – TRF 4/2019 – Adaptada) Alejandro é brasileiro naturalizado e está sendo acusado judicialmente de atentado contra a ordem constitucional e o Estado Democrático; Cláudia é brasileira nata e teve uma outra nacionalidade originária assim reconhecida pela lei estrangeira; Marcos é brasileiro nato residente em Estado estrangeiro, tendo se naturalizado naquele país como condição para sua permanência no território. Com fundamento na Constituição Federal, sentença judicial poderá declarar a perda da nacionalidade a

a) Alejandro e Cláudia, apenas.

b) Alejandro, Cláudia e Marcos.

c) Cláudia e Marcos, apenas.

d) Alejandro, apenas.

e) Alejandro e Marcos, apenas.

▷ ***Anotações/Comentários***

Alternativa "d" (responde todas as alternativas): Nos termos do art. 12, §4º, I da CF/88, **Alejandro** poderá ter declarada a perda de sua nacionalidade por cancelamento de sua naturalização, por sentença judicial, em virtude de fraude relacionada ao processo de naturalização ou de atentado contra a ordem constitucional e o Estado Democrático. **Cláudia**, por sua vez, embora tenha adquirido outra nacionalidade, não terá declarada a perda de sua nacionalidade pois somente a perderia mediante pedido expresso, nos termos do art. 12, §4º, II da CF/88. **Marcos**, assim como Cláudia, não perderá sua nacionalidade. Portanto, **somente Alejandro** poderá ter declarada a perda de nacionalidade.

82. (FGV – Técnico Judiciário – TJ - SC/2018) Jean, brasileiro naturalizado, que adquiriu grande popularidade em razão de suas atividades filantrópicas, decidiu concorrer a um cargo eletivo. No entanto, estava em dúvida se concorreria ao cargo de Vice-Presidente da República, de Governador ou Senador.

À luz da sistemática constitucional, Jean poderia concorrer apenas ao(s) cargo(s) de:

a) Vice-Presidente e Governador;

b) Governador e Senador;

c) Vice-Presidente;

d) Governador;

e) Senador.

▷ ***Anotações/Comentários***

Alternativa "b" (responde todas as alternativas): Nos termos do art. 12, §3º da CFQ88, são privativos de brasileiro **nato** os cargos: de Presidente e Vice-Presidente da República; de Presidente da Câmara dos Deputados; de Presidente do Senado Federal; de Ministro do Supremo Tribunal Federal; da carreira diplomática; de oficial das Forças Armadas; e de Ministro do Estado da Defesa. Portanto, Jean poderia concorrer aos cargos de Governador e Senador.

83. (Cespe – Analista Judiciário – Área Judiciária – STJ/2018) Em relação aos direitos e às garantias fundamentais e às funções essenciais à justiça, julgue os itens a seguir, considerando a jurisprudência dos tribunais superiores.

Conforme entendimento do Supremo Tribunal Federal, brasileiro nato que tiver perdido a nacionalidade poderá ser extraditado.

- CERTO
- ERRADO

▷ ***Anotações/Comentários***

Quando um brasileiro nato faz pedido expresso de perda da nacionalidade brasileira, por previsão do art. 12, §4º, II da CF/88, ao perder a nacionalidade, não mais sustenta a prerrogativa de não poder ser extraditado do at. 5º, LI da CF/88, pois não é mais brasileiro nato. Nesse sentido foi o entendimento do STF no julgamento do processo de extradição 1462/DF, que, contudo, se deu no regime pré EC 131/2023.

84. (FGV – Analista Administrativo – TJ - SC/2018) François nasceu no território brasileiro durante o período em que seus pais, nacionais franceses, aqui estavam por se encontrarem em gozo de licença na fábrica de bijuterias em que trabalhavam na França.

À luz da sistemática constitucional, François:

a) é brasileiro nato, desde que seus pais tenham requerido;

b) é brasileiro nato, desde que o requeira aos dezoito anos;

c) é brasileiro nato, independente de requerimento;

d) é apenas nacional francês, não brasileiro;

e) pode naturalizar-se brasileiro.

▷ ***Anotações/Comentários***

Alternativa "c" (responde todas as alternativas): No caso, François nasceu no Brasil pois seus pais estavam aqui a passeio. Portanto, aplica-se a regra do art. 12, I, "a" da CF/88, que indica que François será brasileiro **nato**, independente de qualquer requerimento.

85. (FCC – Analista Judiciário – Área Judiciária – TRF 5/2017) Indivíduo originário de país asiático requereu e obteve a nacionalidade brasileira em 2010, quinze anos depois de ter fixado e mantido ininterruptamente residência no país. Foi condenado no exterior, pelo seu comprovado envolvimento em tráfico ilícito de entorpecentes praticado no ano de 2012, por sentença criminal transitada em julgado em 2017, tendo sido então requerida sua extradição. Nessa situação, à luz da Constituição Federal, o indivíduo em questão é considerado

a) brasileiro nato, não podendo ser extraditado, embora possa vir a perder seus direitos políticos, em virtude da condenação criminal, enquanto durarem os efeitos desta.

b) estrangeiro, que não goza de direitos políticos no Brasil, podendo ser extraditado, já que não se trata de condenação por crime político ou de opinião.

c) brasileiro naturalizado, que pode ser extraditado, em virtude da natureza da atividade em que comprovado seu envolvimento, bem como ter sua naturalização cancelada por decisão judicial, acaso o crime pelo qual foi condenado constitua fraude relacionada ao processo de naturalização ou de atentado contra a ordem constitucional e o Estado Democrático, hipótese em que perderá seus direitos políticos após o respectivo trânsito em julgado.

d) brasileiro nato, que pode vir a ter seus direitos políticos suspensos enquanto durarem os efeitos da condenação criminal, bem como ser extraditado, já que não se trata de condenação por crime político ou de opinião.

e) brasileiro naturalizado, não podendo ser extraditado, em virtude de ter sido condenado por crime praticado após a naturalização, embora possa vir a ter sua naturalização cancelada por decisão judicial, acaso o crime pelo qual foi condenado constitua atividade nociva ao interesse nacional, hipótese em que terá seus direitos políticos suspensos, enquanto durarem os efeitos da condenação criminal.

▷ ***Anotações/Comentários***

Alternativa correta: letra "c": o indivíduo em questão era brasileiro naturalizado, pela regra do art. 12, inciso II, alínea "b", da CF: "Art. 12. São brasileiros: II – naturalizados: b) os estrangeiros de qualquer nacionalidade, residentes na República Federativa do Brasil há mais de quinze anos ininterruptos e sem condenação penal, desde que requeiram a nacionalidade brasileira". Na condição de brasileiro naturalizado, pode ser extraditado, conforme previsão do art. 5º, inciso LI, da CF: "LI – nenhum brasileiro será extraditado, salvo o naturalizado, em caso de crime comum, praticado antes da naturalização, ou de comprovado envolvimento em tráfico ilícito de entorpecentes e drogas afins, na forma da lei". Ainda, pode ter a sua naturalização cancelada se o crime pelo qual foi processado e condenado for considerado atividade nociva ao interesse nacional, por força do art. 12, § 4º, inciso I, da CF: "Art. 12. § 4º Será declarada a perda da nacionalidade do brasileiro que: I – tiver cancelada sua naturalização, por sentença judicial, em virtude de fraude relacionada ao processo de naturalização ou de atentado contra a ordem constitucional e o Estado Democrático".

86. (FCC – Analista Judiciário – Oficial de Just. Avaliador – TRF 5/2017) Considere as situações abaixo.

I. Anny e Joseph, ambos norte-americanos, decidiram sediar uma empresa no Brasil e, por essa razão, mudaram-se para o Rio de Janeiro, onde nasceu seu primeiro filho – Anthony.

II. Carlos, brasileiro e diplomata, foi convocado para representar o Brasil na Itália e lá conheceu sua esposa Valentina, italiana, com quem teve o filho Enrico, que nasceu em solo italiano.

III. Yohanes e Natália, ambos brasileiros, após namorarem por oito anos resolveram se casar e morar na Alemanha, onde Yohanes possui família, e lá tiveram dois filhos, Hans e Klaus. Ao contrário de Hans, Klaus foi registrado em repartição brasileira competente.

São brasileiros natos:

a) Enrico, por ser filho de brasileiro que estava na Itália a serviço do Brasil; e Klaus, por ser filho de brasileiros e ter sido registrado em repartição pública brasileira competente. Por outro lado, não são brasileiros natos: Anthony, pois apesar de ter nascido em território brasileiro, é filho de estrangeiros; e Hans, por não ter sido registrado em repartição brasileira competente, não sendo possível a opção pela nacionalidade brasileira originária, ainda que venha a residir no Brasil.

a) Anthony, por ter nascido em solo brasileiro, ainda que de pais estrangeiros; Enrico, por ser filho de brasileiro que estava na Itália a serviço do Brasil; Klaus, por ser filho de brasileiros e ter sido registrado em repartição pública brasileira competente; e Hans, caso venha a residir no Brasil e opte, em qualquer tempo, depois de atingida a maioridade, pela nacionalidade brasileira.

c) Klaus, por ser filho de brasileiros e ter sido registrado em repartição pública brasileira competente; e Hans, caso venha a residir no Brasil e opte, em qualquer tempo, depois de atingida a maioridade, pela nacionalidade brasileira. Por outro lado, não são brasileiros natos: Anthony, pois apesar de ter nascido em território brasileiro, é filho de estrangeiros; e Enrico, pois, além de ter nascido no exterior, é filho de mãe estrangeira.

d) Anthony, por ter nascido em solo brasileiro, ainda que de pais estrangeiros; Enrico, por ser filho de brasileiro que estava na Itália a serviço do Brasil; Klaus, por ser filho de brasileiros e ter sido registrado em repartição pública brasileira competente, caso confirme sua opção pela nacionalidade brasileira, mediante petição dirigida ao Ministério das Relações Exteriores brasileiro, depois de atingida a maioridade; e Hans, caso venha a residir no Brasil e opte, após pelo menos dois anos de residência em solo brasileiro, depois de atingida a maioridade, pela nacionalidade brasileira.

e) Anthony, por ter nascido em solo brasileiro, ainda que de pais estrangeiros; Klaus por ser filho de brasileiros e ter sido registrado em repartição pública brasileira competente. Por outro lado, não são brasileiros natos: Enrico, pois além de ter nascido no exterior, é filho de mãe estrangeira; e Hans, por não ter sido registrado em repartição brasileira competente, não sendo possível a opção pela nacionalidade brasileira originária, ainda que venha a residir no Brasil.

▷ ***Anotações/Comentários***

Alternativa correta: letra "b": na hipótese I, Anthony é brasileiro nato pois se enquadra na hipótese do art. 12, inciso I, alínea "a", da CF – critério *ius solis*: "Art. 12. São brasileiros: I – natos: a) os nascidos na República Federativa do Brasil, ainda que de pais estrangeiros, desde que estes não estejam a serviço de seu país". Na hipótese II, Enrico também é brasileiro, adquirindo a nacionalidade pelo critério *ius sanguinis* e se enquadrando no disposto no art. 12, inciso I, alínea "b", da CF, tendo em vista que seu pai estava exercendo atividade diplomática a serviço do Brasil: "Art. 12. São brasileiros: I – natos: b) os nascidos no estrangeiro, de pai brasileiro ou mãe brasileira, desde que qualquer deles esteja a serviço da República Federativa do Brasil". Na hipótese III, por fim, Hans e Klaus também são brasileiros natos pelo critério *ius sanguinis*, enquadrando-se, ambos, no art. 12, inciso I, alínea "c", da CF: "Art. 12. São brasileiros: I – natos: c) os nascidos no estrangeiro de pai brasileiro ou de mãe brasileira, desde que sejam registrados em repartição brasileira competente ou venham a residir na República Federativa do Brasil e optem, em qualquer tempo, depois de atingida a maioridade, pela nacionalidade brasileira".

87. (FCC – Técnico Judiciário – Área Administrativa – TRE – SP/2017) Nos termos da Constituição Federal, o filho de pai brasileiro e mãe estrangeira, nascido no exterior, será

a) estrangeiro, em qualquer hipótese.

b) brasileiro naturalizado, desde que resida no Brasil por dez anos ininterruptos, sem condenação penal, e requeira a nacionalidade brasileira.

c) brasileiro nato, se, quando de seu nascimento, o pai estiver a serviço da República Federativa do Brasil.

d) brasileiro nato, desde que, quando de seu nascimento, a mãe não esteja a serviço de seu país de origem.

e) brasileiro naturalizado, desde que registrado em repartição brasileira competente ou venha a residir no Brasil e opte, a qualquer tempo, depois de atingida a maioridade, pela nacionalidade brasileira.

▷ ***Anotações/Comentários***

Alternativa correta: letra "c": o filho de pai brasileiro e mãe estrangeira, se nascido no exterior, será brasileiro nato se o pai brasileiro estiver a serviço da República Federativa do Brasil, nos termos do art. 12, inciso II, alínea "c", da CF: "Art. 12. São brasileiros: II – natos: c) os nascidos no estrangeiro de pai brasileiro ou de mãe brasileira, desde que qualquer deles esteja a serviço da República Federativa do Brasil".

Alternativa "a": o filho será brasileiro, conforme anteriormente exposto.

Alternativa "b": o filho não será brasileiro naturalizado, tendo em vista adquirir nacionalidade originária pelo critério *ius sanguinis*.

Alternativa "d": não existe proibição, no texto constitucional, de a mãe estrangeira estar a serviço de seu país de origem.

Alternativa "e": a hipótese apresentada se classifica como aquisição originária de nacionalidade, e não derivada, nos moldes do art. 12, inciso I, alínea "c", da CF: "Art. 12. São brasileiros: I – **natos**: c) os nascidos no estrangeiro de pai brasileiro ou de mãe brasileira, desde que sejam registrados em repartição brasileira competente ou venham a residir na República Federativa do Brasil e optem, em qualquer tempo, depois de atingida a maioridade, pela nacionalidade brasileira".

88. (FCC – Analista Judiciário – Área Administrativa – TRF 5/2017) Nuno e Manuel são dois jovens adultos de nacionalidade originária portuguesa que fixaram residência no Brasil e, após cumpridos os requisitos pertinentes, adquiriram a nacionalidade brasileira. Nuno almeja um dia tornar-se Ministro do Supremo Tribunal Federal - STF e Manuel, seguir a carreira diplomática a serviço da República Federativa do Brasil, não possuindo qualquer dos dois a intenção de voltar a seu país de origem. Considerados esses elementos, à luz da Constituição Federal,

a) ambos poderão exercer os cargos pretendidos, desde que haja reciprocidade em favor de brasileiros na legislação portuguesa.

b) ambos poderão exercer os cargos pretendidos, pois estes podem ser ocupados tanto por brasileiros natos quanto por brasileiros naturalizados.

c) Nuno poderá exercer o cargo pretendido, mas Manuel não, porque os cargos da carreira diplomática, diferentemente do de Ministro do STF, são privativos de brasileiros natos.

d) Nuno não poderá exercer o cargo pretendido, por ser privativo de brasileiro nato, restrição essa que não se aplica aos cargos da carreira diplomática, podendo Manuel vir a exercê-los.

e) nenhum dos dois poderá exercer os cargos pretendidos, por serem estes privativos de brasileiros natos.

▷ ***Anotações/Comentários***

Alternativa correta: letra "e": o art. 12, § 3º, dispõe que: "Art. 12. § 3º São privativos de brasileiro nato os cargos: I – de Presidente e Vice-Presidente da República; II – de Presidente da Câmara dos Deputados; III – de Presidente do Senado Federal; IV – de Ministro do Supremo Tribunal Federal; V – da carreira diplomática; VI – de oficial das Forças Armadas; VII – de Ministro de Estado da Defesa". Nuno e Manuel são brasileiros naturalizados, de modo que nenhum dos dois poderá assumir os cargos pretendidos.

89. (Cespe – Analista Judiciário – Área Administrativa – TRE – PE/2017) O brasileiro naturalizado

a) poderá ocupar o cargo de presidente do Senado Federal.

b) poderá ocupar o cargo de ministro de Estado da Defesa.

c) não poderá ocupar cargo da carreira diplomática.

d) perderá a nacionalidade brasileira no caso de reconhecimento de nacionalidade originária pela lei estrangeira.

e) poderá ocupar o cargo de ministro do Supremo Tribunal Federal.

▷ ***Anotações/Comentários***

Alternativa correta: letra "c": o art. 12, § 3º, da CF dispõe que: "Art. 12. § 3º São privativos de **brasileiro nato** os cargos: I – de Presidente e Vice-Presidente da República; II – de Presidente da Câmara dos Deputados; III – de Presidente do Senado Federal; IV – de Ministro do Supremo Tribunal Federal; V – da carreira diplomática; VI – de oficial das Forças Armadas; VII – de Ministro de Estado da Defesa". Deste modo, o brasileiro naturalizado não pode ocupar os cargos descritos pelas alternativas "a" (inciso III), "b" (inciso VII) e "e" (inciso IV). Ademais, não perderá a nacionalidade brasileira no caso de reconhecimento de nacionalidade originária pela lei estrangeira. De acordo com o **§ 4º do art. 12**, a perda da nacionalidade se dá apenas nos casos de cancelamento da naturalização por sentença judicial (em virtude de fraude relacionada ao processo de naturalização ou de atentado contra a ordem constitucional e o Estado Democrático) ou de pedido expresso de perda da nacionalidade brasileira perante autoridade brasileira competente, ressalvadas situações que acarretem apatridia. Assim, a única alternativa correta é a letra "c".

6. DIREITOS POLÍTICOS

90. (VUNESP – TRF 3ª Região – Analista Judiciário – Área Administrativa – 2023) Determinado município encaminhou pedido à Justiça Eleitoral para que nas próximas eleições municipais seja realizada, concomitantemente, uma consulta popular sobre uma questão de interesse local.

Nessa situação hipotética, considerando o disposto na Constituição Federal, assinale a alternativa que representa a correta resposta ao referido pleito municipal.

a) A consulta não poderá ser realizada concomitantemente com as eleições, para evitar vício eleitoral, devendo ser realizada em momento distinto, até 6 (seis) meses antes ou depois do pleito eleitoral.

b) A consulta popular deverá ser aprovada pela Câmara Municipal e encaminhada à Justiça Eleitoral até 6 (seis) meses antes da data das eleições, observados os limites operacionais relativos ao número de quesitos.

c) A consulta popular poderá ser realizada, e as manifestações favoráveis e contrárias às questões ocorrerão durante as campanhas eleitorais, com a utilização de propaganda gratuita no rádio e na televisão.

d) A consulta popular poderá ser realizada, mas as manifestações favoráveis e contrárias às questões ocorrerão fora do período das campanhas eleitorais, com a utilização de propaganda gratuita no rádio e na televisão.

a) A consulta popular deverá ser aprovada pela Câmara Municipal e encaminhada à Justiça Eleitoral até 90 (noventa) dias antes da data das eleições, observa- dos os limites operacionais relativos ao número de quesitos.

▷ ***Anotações/Comentários***

O art. 14, §12 da CF/88 prevê que "§ 12. Serão realizadas concomitantemente às eleições municipais as consultas populares sobre questões locais aprovadas pelas Câmaras Municipais e encaminhadas à Justiça Eleitoral até 90 (noventa) dias antes da data das eleições, observados os limites operacionais relativos ao número de quesitos.".

91. FCC – 2023 – TRT18 – Analista Judiciário – Área Administrativa Leandro, parente consanguíneo de segundo grau de Pedro, que é Governador do estado de Goiás, pretende se candidatar pela primeira vez, nas próximas eleições para Prefeito, ao cargo de Prefeito do município de Goiânia. Por sua vez, Jorge, atual Prefeito de Goiânia, pretende se candidatar ao cargo de Governador do Estado de Goiás, nas próximas eleições para Governador. Com base apenas nas informações fornecidas, em conformidade com a Constituição Federal, considerando-se que os demais requisitos foram preenchidos, na situação hipotética descrita, Leandro

a) poderá se candidatar a Prefeito de Goiânia, pois são inelegíveis no território de jurisdição do titular apenas os parentes consanguíneos de primeiro grau do Governador de Estado, salvo se já titular de mandato eletivo e candidato à reeleição; e Jorge não poderá se candidatar a Governador do Estado, uma vez que o seu mandato estará ainda vigente.
b) não poderá se candidatar a Prefeito de Goiânia, pois os parentes consanguíneos até terceiro grau do Governador de Estado são inelegíveis no território de jurisdição do titular, salvo se já titular de mandato eletivo e candidato à reeleição; e Jorge somente poderá se candidatar a Governador do Estado se renunciar ao seu mandato até quatro meses antes do pleito.
c) poderá se candidatar a Prefeito de Goiânia, pois são inelegíveis no território de jurisdição do titular apenas os parentes consanguíneos de primeiro grau do Governador de Estado, salvo se já titular de mandato eletivo e candidato à reeleição; e Jorge somente poderá se candidatar a Governador do Estado se renunciar ao seu mandato até seis meses antes do pleito.
d) não poderá se candidatar a Prefeito de Goiânia, pois os parentes consanguíneos até segundo grau do Governador de Estado são inelegíveis no território de jurisdição do titular, salvo se já titular de mandato eletivo e candidato à reeleição; e Jorge somente poderá se candidatar a Governador do Estado se renunciar ao seu mandato até seis meses antes do pleito.
e) poderá se candidatar a Prefeito de Goiânia, pois é inelegível no território de jurisdição do titular apenas o cônjuge do Governador de Estado, salvo se já titular de mandato eletivo e candidato à reeleição; e Jorge somente poderá se candidatar a Governador do Estado se renunciar ao seu mandato até quatro meses antes do pleito.

▷ ***Anotações/Comentários***

Leandro: não pode se candidatar ao cargo de prefeito em razão da inelegibilidade reflexa (Art. 14, §7º), pois parente consanguíneo de segundo grau de Governador de Estado do território de jurisdição do cargo em que busca pleitear o cargo. Ademais, não se trata de reeleição, caso que admitiria o pleito.

Jorge: Para que possa concorrer ao cargo de governador, nos termos do art. 14, §6º, da CF/88 deve renunciar ao mandato de prefeito até seis meses antes do pleito (Desincompatibilização).

92. FCC – 2023 – TRT17 – Analista Judiciário – Área Judiciária Ronaldo é brasileiro naturalizado, advogado, possui trinta e seis anos de idade e deseja ser o Presidente do Brasil. Ruth é brasileira naturalizada, contadora, possui trinta e um anos de idade e deseja ser Governadora de um determinado estado brasileiro. Fátima é brasileira nata, recreadora infantil, analfabeta, possui vinte e dois anos de idade e deseja ser Prefeita de um município brasileiro. Em conformidade com a Constituição Federal e considerando que as demais condições de elegibilidade foram cumpridas, Ronaldo

a) pode ser candidato a Presidente da República e pode votar; Ruth pode ser candidata a Governadora de Estado e pode votar; e Fátima não pode ser candidata a Prefeita, mas deve votar.
b) não pode ser candidato a Presidente da República, mas deve votar; Ruth pode ser candidata a Governadora de Estado e deve votar; e Fátima não pode ser candidata a Prefeita, mas pode votar.
c) não pode ser candidato a Presidente da República, mas deve votar; Ruth não pode ser candidata a Governadora de Estado, mas deve votar; e Fátima não pode ser candidata a Prefeita, mas pode votar.
d) pode ser candidato a Presidente da República e pode votar; Ruth pode ser candidata a Governadora de Estado e pode votar; e Fátima pode ser candidata a Prefeita e pode votar.
e) não pode ser candidato a Presidente da República, mas deve votar; Ruth não pode ser candidata a Governadora de Estado, mas deve votar; e Fátima pode ser candidata a Prefeita e deve votar.

▷ ***Anotações/Comentários***

Ronaldo: não pode ser presidente do Brasil em razão da vedação do art. 12, §3º, I da CF/88, que elenca tal cargo como privativo de brasileiro nato. No entanto, deve votar por força da previsão do art. 14, §1º, I da CF/88.

Ruth: Não há impedimento ao brasileiro naturalizado para assumir o cargo de governador. Ademais, Ruth preenche a idade mínima de 30 anos para assumir referido cargo (art. 14, §3º, VI, b da CF/88). Deve, ainda, votar por força da previsão do art. 14, §1º, I da CF/88.

Fátima: Fátima atende à idade mínima de 21 anos para assumir o cargo de prefeito (Art. 14, §3º, VI, c da CF/88), contudo, não pode ser candidata pois o art. 14, §4º da CF/88 estabelece que são inelegíveis os inalistáveis e os analfabetos. Além disso, seu voto é facultativo, por força da previsão do art. 14, §1º, II, a da CF/88.

93. FCC – 2022 – TRT 14 – Analista Judiciário – Área Judiciária André tem 31 anos de idade e Thiago tem 22 anos de idade. Em conformidade com a Constituição Federal, considerando apenas a condição de elegibilidade relacionada à idade, dentre outros cargos, André poderia candidatar-se a

a) Senador, Prefeito e Vereador; e Thiago a Prefeito e Vereador.
b) Presidente da República, Senador, Governador de Estado, Deputado Federal, Deputado Estadual, Prefeito e Vereador; e Thiago a Prefeito e Vereador.
c) Governador de Estado, Deputado Federal, Deputado Estadual, Prefeito e Vereador; e Thiago a Deputado Federal, Deputado Estadual, Prefeito e Vereador.
d) Governador de Estado, Deputado Federal, Deputado Estadual, Prefeito e Vereador; e Thiago a Governador de Estado, Deputado Federal, Deputado Estadual, Prefeito e Vereador.
e) Presidente da República, Senador, Governador de Estado, Deputado Federal, Deputado Estadual, Prefeito e Vereador; e Thiago a Senador, Prefeito e Vereador.

▷ ***Anotações/Comentários***

André: preenche as idades mínimas para os cargos de Governador (30), Deputado, Prefeito, juiz de paz (21) e Vereador (18). No entanto, não preenche a idade mínima para os cargos de Senador e Presidente da República (35), nos termos do art. 14, §3º, VI da CF/88.

Thiago: somente preenche as idades mínimas para os cargos de Deputado, Prefeito, juiz de paz e Vereador.

94. (Cespe – Técnico Judiciário – TJ – RJ/2021) Extrai-se do princípio da liberdade de criação, transformação e extinção de partidos políticos contido na CF o fundamento constitucional para resguardar

a) uma sociedade pluralista.
b) o bem de todos, sem preconceitos de origem, raça, sexo, cor, idade e quaisquer outras formas de discriminação.
c) os valores sociais do trabalho e a livre iniciativa.
d) a separação de poderes e a indissolubilidade do vínculo federativo.
e) a soberania nacional, o regime democrático, o pluripartidarismo e os direitos fundamentais da pessoa humana.

▷ ***Anotações/Comentários***

É o que se extrai do art. 17, *caput* da CF/88: "É livre a criação, fusão, incorporação e extinção de partidos políticos, resguardados a soberania nacional, o regime democrático, o pluripartidarismo, os direitos fundamentais da pessoa humana.".

95. (IBFC – Técnico Judiciário – Área Administrativa – TRE – PA/2020) As normas gerais e os princípios constitucionais relativos aos direitos políticos encontram-se disciplinados de forma expressa na Constituição Federal de 1988, sobretudo no Capítulo IV do Título I da Carta Magna. Sobre o tema, assinale a alternativa correta:

a) Somente terão direito a recursos do fundo partidário e acesso gratuito ao rádio e à televisão, na forma da lei, os partidos políticos que obtiverem, nas eleições para a Câmara dos Deputados, no mínimo, 3% (três por cento) dos votos válidos, distribuídos em pelo menos um terço das unidades da Federação, com um mínimo de 2% (dois por cento) dos votos válidos em cada uma delas

b) A perda ou cassação dos direitos políticos só se dará nos casos de cancelamento da naturalização por sentença transitada em julgado; incapacidade civil absoluta; condenação criminal translada em julgado, enquanto durarem seus efeitos; recusa de cumprir obrigação a todos imposta ou prestação alternativa, nos termos do art. 5°, VIII; ou improbidade administrativa, nos termos do art. 37, § 4°

c) Não podem alistar-se como eleitores os estrangeiros e os analfabetos

d) O militar alistável é elegível, atendidas as seguintes condições: se contar menos de dez anos de serviço, deverá afastar-se da atividade; se contar mais de dez anos de serviço, será agregado pela autoridade superior e, se eleito, passará automaticamente, no ato da diplomação, para a inatividade

▷ ***Anotações/Comentários***

Alternativa "a": As condições para o acesso aos recursos do fundo partidário e acesso gratuito ao rádio e à televisão estão previstos no §3º do art. 17, sendo eles requisitos **alternativos**: partidos políticos que obtiverem, nas eleições para a Câmara dos Deputados, no mínimo, 3% (três por cento) dos votos válidos, distribuídos em pelo menos um terço das unidades da Federação, com um mínimo de 2% (dois por cento) dos votos válidos em cada uma delas; **OU** que tiverem elegido pelo menos quinze Deputados Federais distribuídos em pelo menos um terço das unidades da Federação.

Alternativa "b": Na verdade, o art. 15 *caput* da CF/88 determina que é **vedada a cassação de direitos políticos**. O texto traz hipóteses em que se dará a **perda ou suspensão** dos direitos políticos.

Alternativa "c": O art. 14, §1º da CF/88 determina que o alistamento eleitoral e o voto são **facultativos** para os analfabetos, enquanto que o §2º determina que "Não podem alistar-se como eleitores os estrangeiros e, durante o período do serviço militar obrigatório, os conscritos.".

Alternativa "d": É o que prevê o art. 14, §8º da CF/88.

96. (FCC – Técnico Judiciário – Área Judiciária – TRF 4/2019) Antônia tem 18 anos, Pedro 20 anos, João 30 anos e Miguel 40 anos. Entendendo-se que as demais condições de elegibilidade foram preenchidas e levando-se em consideração apenas a idade mínima, em conformidade com a Constituição Federal, Antônia

a) e Pedro podem ser eleitos para o cargo de Vereador; João e Miguel podem ser eleitos para o cargo de Vereador, de Prefeito, de Governador ou de Presidente da República.

b) e Pedro podem ser eleitos para o cargo de Vereador ou de Prefeito; João pode ser eleito para o cargo de Vereador, de Prefeito ou de Governador; Miguel pode ser eleito para o cargo de Vereador, de Prefeito, de Governador ou de Presidente da República.

c) pode ser eleita para o cargo de Vereadora; Pedro pode ser eleito para o cargo de Vereador ou de Prefeito; João pode ser eleito para o cargo de Vereador, de Prefeito ou de Governador; Miguel pode se eleito para o cargo de Vereador, de Prefeito, de Governador ou de Presidente da República.

d) e Pedro podem ser eleitos para o cargo de Vereador; João pode ser eleito para o cargo de Vereador, de Prefeito ou de Governador; Miguel pode ser eleito para o cargo de Vereador, de Prefeito, Governador ou de Presidente da República.

e) pode ser eleita para o cargo de Vereadora ou de Prefeita; Pedro pode ser eleito para o cargo de Vereador, de Prefeito ou de Governador; João e Miguel podem ser eleitos para o cargo de Vereador, de Prefeito, de Governador ou de Presidente da República.

▷ ***Anotações/Comentários***

Alternativa "d" (responde todas as alternativas): Antônia e Pedro somente poderiam ser eleitos ao cargo de Vereador cuja idade mínima é de 18 anos, nos termos do art. 14, §3º, VI, d da CF/88. **João** poderia ser eleito para os cargos de Vereador (idade mínima de 18 anos), Deputado Federal, Deputado Estadual ou Distrital, Prefeito, Vice-Prefeito e juiz de paz (idade mínima de 21 anos), Governador e Vice-Governador de Estado e do Distrito Federal (idade mínima de 30 anos). **Miguel** poderia ser eleito para os mesmos cargos que João, e também para os cargos de Presidente e Vice-Presidente da República e Senador (idade mínima de 35 anos de idade).

97. (Cespe – Técnico Judiciário – Área Administrativa – TRE – BA/2017) Ao ser procurada para responder pesquisa relativa às eleições estaduais, Maria Lúcia, professora aposentada, então com sessenta e seis anos de idade, recusou-se a responder aos questionamentos e alegou que, por ser idosa, não era mais obrigada a votar. Assim, afirmou que, como tem a intenção de utilizar essa prerrogativa, sua opinião quanto aos candidatos não seria relevante à pesquisa.

Nessa situação hipotética, à luz da Constituição Federal de 1988, o entendimento de Maria Lúcia está

a) correto, porque a sua idade faz presumir a incapacidade civil absoluta, o que acarreta a perda de direitos políticos.

b) correto, tendo em vista que a sua situação de idosa lhe garante o voto facultativo.

c) correto, porque a aposentadoria torna seu voto facultativo.

d) equivocado, porque o voto é facultativo apenas para os analfabetos.

e) equivocado, porque, para cidadãos com a sua idade, o voto é obrigatório.

▷ ***Anotações/Comentários***

O entendimento de Maria Lúcia está **equivocado**, tendo em vista que o voto é obrigatório entre 18 e 70 anos, conforme art. 14, § 1º, incisos I e II, da CF: "Art. 14. § 1º O alistamento eleitoral e o voto são: I – obrigatórios para os maiores de dezoito anos; II – facultativos para: a) os analfabetos; b) os maiores de **setenta anos**; c) os maiores de dezesseis e menores de dezoito anos". Deve-se lembrar de que o voto é, então, obrigatório àqueles com idade entre 18 e 70 anos; facultativo aos maiores de 16 e menores de 18 anos e aos analfabetos; e proibido aos estrangeiros e aos militares conscritos.

98. (Cespe – Técnico Judiciário – Área Administrativa – TRE – BA/2017) Vincent, cidadão holandês naturalizado brasileiro, conseguiu, por determinação judicial definitiva, o cancelamento de sua naturalização e, então, regressou à Holanda. Tempos depois, já com trinta e dois anos de idade, ele foi convidado por um partido político nacional a concorrer ao cargo de deputado estadual de um estado da Federação brasileira.

Nessa situação hipotética, de acordo com os preceitos constitucionais, Vincent será

a) inelegível, porque ainda não tem a idade mínima para o exercício do cargo de deputado estadual no Brasil, que é de trinta e cinco anos.

b) elegível, caso se candidate no estado da Federação no qual residiu até conseguir seu direito à naturalização.

c) inelegível, porque o cancelamento judicial da naturalização afasta-lhe o pleno exercício dos direitos políticos.

d) elegível, desde que sua condição de brasileiro naturalizado tenha sido superior a cinco anos.

e) elegível, desde que ele comprove seu domicílio eleitoral em qualquer estado da Federação.

▷ ***Anotações/Comentários***

Alternativa correta: letra "c": tendo o cancelamento da naturalização de Vincent transitado em julgado, incide na hipótese do **art. 15, inciso I, da CF: "Art. 15. É vedada a cassação de direitos políticos, cuja perda ou suspensão só se dará nos casos de: I – cancelamento da naturalização por sentença transitada em julgado**" (as hipóteses dos demais incisos são: incapacidade civil absoluta, condenação criminal transitada em julgado, enquanto durarem seus efeitos, recusa de cumprir obrigação a todos imposta ou prestação alternativa, ou improbidade administrativa)**. Assim sendo, Vincent perdeu seus direitos políticos, de modo que não se encaixa nas condições de elegibilidade estabelecidas pelo art. 14, § 3º, da CF**: "Art. 14. § 3º São condições de elegibilidade, na forma da lei: I – a nacionalidade brasileira; II – o pleno exercício dos direitos políticos; III – o alistamento eleitoral; IV – o domicílio eleitoral na circunscrição; V – a filiação partidária; VI – a idade mínima de: a) trinta e cinco anos para Presidente e Vice-Presidente da República e Senador; b) trinta anos para Governador e Vice-Governador de Estado e do Distrito Federal; c) vinte e um anos para Deputado Federal, Deputado Estadual ou Distrital, Prefeito, Vice-Prefeito e juiz de paz; d) dezoito anos para Vereador". Importante relembrar que são hipóteses de perda dos direitos políticos: cancelamento da naturalização por sentença transitada em julgado e recusa de cumprir obrigação a todos imposta ou prestação alternativa. As hipóteses de suspensão dos direitos políticos são incapacidade civil absoluta, condenação criminal transitada em julgado (enquanto durarem seus efeitos) e improbidade administrativa.

---

99. (Cespe – Técnico Judiciário – Área Administrativa – TRE – BA/2017) A Constituição Federal de 1988 estabelece que "todo o poder emana do povo", que pode exercê-lo diretamente. Nesse sentido, o instrumento constitucional que materializa uma consequência advinda do princípio invocado é o(a)

a) plebiscito.
b) filiação partidária.
c) greve.
d) alistamento militar.
e) livre expressão da atividade intelectual.

▷ ***Anotações/Comentários***

Alternativa correta: letra "a": de acordo com o art. 14, três são os instrumentos que materializam a soberania popular: "Art. 14. A soberania popular será exercida pelo sufrágio universal e pelo voto direto e secreto, com valor igual para todos, e, nos termos da lei, mediante: **I – plebiscito; II – referendo; III – iniciativa popular**".

---

100. (Cespe – Técnico Judiciário – Área Administrativa – TRE – PE/2017) O alistamento eleitoral e o voto são obrigatórios para

a) maiores de setenta e cinco anos de idade.
b) maiores de dezoito anos de idade.
c) maiores de dezesseis e menores de dezoito anos de idade.
d) analfabetos.
e) maiores de setenta anos de idade.

▷ ***Anotações/Comentários***

Alternativa correta: letra "b": para responder à questão, basta o conhecimento do art. 14 da CF: "Art. 14. § 1º O alistamento eleitoral e o voto são: I – obrigatórios para os maiores de dezoito anos; II – facultativos para: a) os analfabetos; b) os maiores de setenta anos; c) os maiores de dezesseis e menores de dezoito anos".

---

101. (Consulplan – Analista Judiciário – Área Administrativa – TRE – RJ/2017) Analise os casos hipotéticos dos seguintes pretensos candidatos a mandatos eletivos.

I. "Alberto é irmão da esposa do vice-prefeito do Município do Rio de Janeiro, que assumiu a gestão local apenas durante o período de seis meses, enquanto o titular do Poder Executivo municipal disputava o pleito estadual. Alberto pretende a eleição para o mandato de vereador."
II. "Manuela é filha adotiva do Governador do Estado do Rio de Janeiro e exerce o mandato de deputada estadual. Manuela pretende a reeleição para o mandato de deputada estadual."
III. "Virgínia é filha da tia paterna do Presidente da República. Virgínia pretende a eleição para mandato de Senadora."
IV. "Glauco é casado com a prefeita do Município do Rio de Janeiro. Glauco pretende a eleição para o mandato de Governador do Estado do Rio de Janeiro."

Considerando as normas constitucionais relativas aos direitos políticos, é inelegível:

a) Glauco.
b) Virgínia.
c) Alberto.
d) Manuela.

▷ ***Anotações/Comentários***

Questão anulada. Justificativa da banca: "A questão trata das condições de inelegibilidade, conforme previsão constitucional. Glauco é elegível, pois candidata-se em outra jurisdição. Virgínia é elegível, pois a vedação de parentesco alcança o segundo grau e a candidata é parente de quarto grau (prima). Manuela é elegível, pois candidata-se à reeleição. O Gabarito preliminar aponta como inelegível o candidato Alberto, contudo, procede o argumento recursal de inaplicabilidade do art. 14, § 7º, da CF, já que o vice-prefeito assumiu como substituto do Prefeito nas eleições estaduais. Assim, acertado o argumento de que, quando Alberto se candidatou a vereador, o vice-prefeito, seu cunhado, não estava na condição de titular, afastando a inelegibilidade".

---

102. (Consulplan – Analista Judiciário – Área Judiciária – TRF 2/2017) "Ednaldo, servidor público federal, respondia a diversos processos no âmbito administrativo, penal e cível (por ato de improbidade administrativa) em razão de irregularidades praticadas no exercício funcional. Certo dia foi informado por seu advogado do risco de ter os direitos políticos suspensos, o que frustraria o seu objetivo de se candidatar a um mandato eletivo." À luz das informações fornecidas e da sistemática constitucional, assinale a alternativa correta.

a) A suspensão dos direitos políticos restringe de forma menos intensa a cidadania que a inelegibilidade.
b) A suspensão dos direitos políticos pode decorrer de decisões proferidas em todos os processos a que responde Ednaldo.
c) A condenação por ato de improbidade administrativa somente acarretará a inelegibilidade, não a suspensão dos direitos políticos.
d) Na hipótese de condenação criminal transitada em julgado, Ednaldo terá os direitos políticos suspensos enquanto durarem seus efeitos.

▷ ***Anotações/Comentários***

Alternativa correta: letra "d": a condenação criminal transitada em julgado é hipótese de suspensão dos direitos políticos, conforme disposto no art. 15, inciso III, da CF: "Art. 15. É vedada a cassação de direitos políticos, cuja perda ou suspensão só se dará nos casos de: III – condenação criminal transitada em julgado, enquanto durarem seus efeitos".

Alternativa "a": a inelegibilidade é uma restrição mais branda da cidadania, tendo em vista que corresponde apenas à restrição da capacidade passiva – de ser votado. Por sua vez, a suspensão dos direitos políticos é uma restrição mais grave da cidadania, porque corresponde à restrição das capacidades ativa e passiva.

Alternativa "b": condenação em processo administrativo não é hipótese de suspensão de direitos políticos, na forma dos incisos do art. 15 da CF.

Alternativa "c": a condenação por ato de improbidade administrativa também acarreta a suspensão dos direitos políticos de Ednaldo, na forma do art. 15, inciso V, da CF: "Art. 15. É vedada a cassação dos direitos políticos, cuja perda ou suspensão só se dará nos casos de: V – improbidade administrativa, nos termos do art. 37, § 4º".

---

103. (FCC – Técnico Judiciário – Área Administrativa – TRE – PR/2017) Considere cidadãos brasileiros nas situações abaixo.

I. Idade de 18 anos, não filiado a partido político.
II. Idade de 35 anos, não filiado a partido político.
III. Idade de 21 anos, filiado a partido político, que tenha se recusado a cumprir o serviço militar por motivo religioso, tendo se disponibilizado para cumprir prestação alternativa.

Nessas condições, de acordo com a Constituição,

a) são inelegíveis para quaisquer cargos políticos os cidadãos I, II e III.
b) são inelegíveis para quaisquer cargos políticos os cidadãos I e II, podendo o cidadão III ser eleito Deputado Federal, Deputado Estadual ou Distrital, Prefeito, Vice-Prefeito e vereador, caso preencha os demais requisitos legais.
c) é inelegível para o cargo de Prefeito de capital o cidadão III, podendo o cidadão II ser eleito para o mesmo cargo, caso preencha os demais requisitos legais.
d) são inelegíveis para quaisquer cargos políticos os cidadãos I e III, podendo o cidadão II ser eleito para qualquer cargo, caso preencha os demais requisitos legais.

e) são inelegíveis para o cargo de Presidente da República os cidadãos I e III, os quais poderão ser eleitos vereadores, caso preencham os demais requisitos legais.

▷ *Anotações/Comentários*

Alternativa correta: letra "b": as condições para elegibilidade estão contidas no art. 14, § 3º, da CF: "Art. 14. § 3º São condições de elegibilidade, na forma da lei: I – a nacionalidade brasileira; II – o pleno exercício dos direitos políticos; III – o alistamento eleitoral; IV – o domicílio eleitoral na circunscrição; V – a filiação partidária; VI – a idade mínima de: a) trinta e cinco anos para Presidente e Vice-Presidente da República e Senador; b) trinta anos para Governador e Vice-Governador de Estado e do Distrito Federal; c) vinte e um anos para Deputado Federal, Deputado Estadual ou Distrital, Prefeito, Vice-Prefeito e juiz de paz; d) dezoito anos para Vereador. O cidadão I tem 18 anos e não é filiado a partido político, de modo que não cumpre o requisito do inciso V e, por isso, é inelegível. O cidadão II tem 35 anos, mas também não é filiado a partido político, também sendo inelegível. O cidadão III, por sua vez, é filiado e cumpriu demais condições dos incisos II e III do dispositivo, tendo idade mínima para se Governador, Vice-Governador, Deputado Federal, Deputado Estadual ou Distrital, Prefeito, Vice-Prefeito, juiz de paz ou Vereador.

104. (FCC – Técnico Judiciário – Área Administrativa – TRE – PR/2017) De acordo com as normas da Constituição Federal, o militar alistável,

a) com menos de dez anos de serviço, poderá candidatar-se para cargo político, mas deverá afastar-se da atividade.

b) com menos de dez anos de serviço, poderá candidatar-se para cargo político, quando será agregado pela autoridade superior e, se eleito, passará automaticamente, no ato da diplomação, para a inatividade.

c) com mais de dez anos de serviço, poderá candidatar-se para cargo político e, se eleito, deverá ser agregado pela autoridade superior.

d) com mais de dez anos de serviço, poderá candidatar-se para cargo político, quando será agregado pela autoridade superior e, se eleito, poderá cumular o exercício do cargo político com a função militar, se não estiver conscrito e se houver compatibilidade de horários.

e) que esteja em atividade, não poderá candidatar-se para cargo político.

▷ *Anotações/Comentários*

Alternativa correta: letra "a": as regras de elegibilidade para militares alistáveis estão contidas no art. 14, § 8º, da CF: "Art. 14. § 8º O militar alistável é elegível, atendidas as seguintes condições: I – se contar com menos de dez anos de serviço, deverá afastar-se da atividade; II – se contar com mais de dez anos de serviço, será agregado pela autoridade superior e, se eleito, passará automaticamente, no ato da diplomação, para a inatividade". A única alternativa que corresponde ao texto constitucional é a letra "a".

105. (FCC – Técnico Judiciário – Área Administrativa – TRE – SP/2017) Brasileiro naturalizado, com 25 anos de idade, pela segunda vez consecutiva no exercício do mandato de Vereador, filho do Governador do Estado em que possui domicílio eleitoral, poderá, à luz da Constituição Federal, candidatar-se, na esfera

a) municipal, à reeleição para Vereador, apenas, sem precisar para tanto renunciar ao respectivo mandato.

b) municipal, a Prefeito, apenas, desde que renuncie ao respectivo mandato até seis meses antes do pleito.

c) municipal, à reeleição para Vereador ou a Prefeito, devendo, neste último caso, renunciar ao respectivo mandato até seis meses antes do pleito.

d) estadual, a Deputado Estadual, mas não a Governador do Estado, estando ainda impossibilitado de concorrer a mandatos na esfera municipal.

e) estadual, a Governador do Estado, mas não a Deputado Estadual, estando ainda impossibilitado de concorrer a mandatos na esfera municipal.

▷ *Anotações/Comentários*

Alternativa correta: letra "a": as restrições ao número de reeleições subsequentes aplicam-se apenas ao Presidente da República, aos Governadores de Estado e do Distrito Federal e aos Prefeitos, conforme regra do **art. 14, § 5º, da CF**: "§ 5º O Presidente da República, os Governadores de Estado e do Distrito Federal, os Prefeitos e quem os houver sucedido, ou substituído no curso dos mandatos poderão ser eleitos para um único período subsequente", de modo que o Vereador em questão pode se candidatar a terceiro mandato subsequente. Quanto à questão da inelegibilidade por parentesco, tem-se que o referido Vereador já era titular de mandato eletivo quando seu pai foi eleito, de modo que **não se aplica a regra geral do art. 14, § 7º**, mas a exceção trazida na parte final do parágrafo: "§ 7º São inelegíveis, no território de jurisdição do titular, o cônjuge e os parentes consanguíneos e afins, até o segundo grau, ou por adoção, do Presidente da República, de Governador de Estado ou de Território, do Distrito Federal, de Prefeito ou de quem os haja substituído dentro dos seis meses anteriores ao pleito, **salvo se já titular de mandato eletivo e candidato à reeleição**".

106. (FCC – Analista Judiciário – Área Judiciária – TRE – SP/2017) A Constituição Federal estabelece casos de inelegibilidade por motivos de casamento, parentesco ou afinidade. Segundo essas regras constitucionais e à luz da jurisprudência do Supremo Tribunal Federal, é inelegível para o mandato de

a) Deputado Estadual, o ex-cônjuge do Governador do mesmo Estado, quando a dissolução da sociedade ou do vínculo conjugal tiver ocorrido no curso do mandato, salvo se já titular de mandato eletivo e candidato à reeleição.

b) Deputado Estadual, o cônjuge de Prefeito de Município do mesmo Estado.

c) Deputado Estadual, o parente consanguíneo ou afim, até o terceiro grau, do Governador do mesmo Estado.

d) Presidente da República, o cônjuge do Prefeito.

e) Governador, o cônjuge de Deputado Estadual do mesmo Estado, salvo se já titular de mandato eletivo e candidato à reeleição.

▷ *Anotações/Comentários*

Alternativa correta: letra "a" (responde todas as demais alternativas): para a resolução da questão, deve-se atentar ao art. 14, § 7º, da CF e à Súmula Vinculante nº 18 do STF. O texto constitucional dispõe que: "Art. 14. § 7º São inelegíveis, no território de jurisdição do titular, o cônjuge e os parentes consanguíneos ou afins, até o segundo grau ou por adoção, do Presidente da República, de Governador de Estado ou Território, do Distrito Federal, de Prefeito ou de quem os haja substituído dentro dos seis meses anteriores ao pleito, salvo se já titular de mandato eletivo e candidato à reeleição". De maneira a solucionar erros de interpretação, editou-se a Súmula Vinculante nº 18: "A dissolução da sociedade ou do vínculo conjugal, no curso do mandato, não afasta a inelegibilidade prevista no § 7º do artigo 14 da Constituição Federal". Nesse sentido, jurisprudência consolidada do STF: "O art. 14, § 7º deve ser interpretado de maneira a dar eficácia e efetividade aos postulados republicanos e democráticos da Constituição, evitando-se a perpetuidade ou alongada presença de familiares no poder" (RE 543.117 AgR, rel. Min. Eros Grau, julgamento em 24/06/2008).

107. (FCC – Analista Judiciário – Área Judiciária – TRE – SP/2017) Dentre os candidatos que pretendem disputar a eleição para Governador estão um prefeito municipal no exercício de seu segundo mandato consecutivo e um militar com mais de dez anos de serviço. Para que sejam elegíveis, de acordo com as normas constitucionais,

a) ambos devem renunciar aos cargos que ocupam até seis meses antes do pleito.

b) ambos devem renunciar aos cargos que ocupam até três meses antes do pleito.

c) ambos devem afastar-se dos cargos que ocupam até seis meses antes do pleito, sendo que o militar, se eleito, passará automaticamente, no ato da diplomação, para a inatividade.

d) o Prefeito deve renunciar ao mandato até seis meses antes do pleito, ao passo que o militar deve ser agregado pela autoridade superior e, se eleito, passará automaticamente, no ato da diplomação, para a inatividade.

e) o Prefeito não precisará renunciar ao mandato, mas o militar deverá afastar-se da atividade e, se eleito, perderá o cargo no ato de sua diplomação.

▷ ***Anotações/Comentários***

Alternativa correta: letra "d": ao Prefeito, aplica-se a regra do art. 14, § 6º, da CF: "Art. 14. § 6º Para concorrerem a outros cargos, o Presidente, os Governadores de Estado e do Distrito Federal e os Prefeitos devem renunciar aos respectivos mandatos até seis meses antes do pleito". **Já ao militar, aplica-se a regra do art. 14, § 8º, inciso II da CF**: "Art. 14. § 8º O militar alistável é elegível, atendidas as seguintes condições: I – se contar menos de dez anos de serviço, deverá afastar-se da atividade; II – se contar mais de dez anos de serviço, será agregado pela autoridade superior e, se eleito, passará automaticamente, no ato da diplomação, para a inatividade".

108. (Cespe – Analista Judiciário – Área Judiciária – TRE – BA/2017) Acerca das normas constitucionais que regem os direitos políticos e os partidos políticos, assinale a opção correta, conforme a Constituição Federal de 1988 e o entendimento do Supremo Tribunal Federal.

a) É inelegível para o cargo de vereador ex-cônjuge de governador do estado, ainda que se trate de reeleição e a dissolução do vínculo conjugal tenha ocorrido antes do início do mandato de governador.

b) Não se aplica a regra da perda de mandato por infidelidade partidária a governador que, depois de eleito pelo sistema majoritário, resolva mudar de partido político.

c) A condenação de servidor público federal por ato de improbidade administrativa não impede sua candidatura ao cargo de deputado federal, uma vez que tal situação não se inclui entre as hipóteses de suspensão de direitos políticos.

d) O voto é obrigatório para o cidadão brasileiro naturalizado que seja analfabeto.

e) Ação para impugnação do mandato de prefeito eleito graças a esquema de compra de votos deve ser ajuizada na justiça federal, dentro do prazo de seis meses, e instruída com provas do abuso do poder econômico.

▷ ***Anotações/Comentários***

Alternativa "a": De acordo com a Súmula Vinculante nº 18 do STF: A dissolução da sociedade ou do vínculo conjugal, no curso do mandato, não afasta a inelegibilidade prevista no § 7º do artigo 14 da Constituição Federal.

Alternativa "b": a assertiva traduz o conteúdo da Súmula nº 67 do TSE: "A perda do mandato em razão da desfiliação partidária não se aplica aos candidatos eleitos pelo sistema majoritário".

Alternativa "c": a hipótese tem como consequência a suspensão dos direitos políticos, de modo que o vereador não poderia se candidatar a deputado federal, conforme art. 37, § 4º da CF: "Art. 37. § 4º Os atos de improbidade administrativa importarão a suspensão dos direitos políticos, a perda da função pública, a indisponibilidade dos bens e o ressarcimento ao erário, na forma e gradação previstas em lei, sem prejuízo da ação penal cabível".

Alternativa "d": o voto é facultativo para analfabetos, assim como o alistamento eleitoral, com base no art. 14, § 1º, inciso II, alínea "a", da CF.

Alternativa "e": a ação de impugnação deve ser ajuizada na Justiça Eleitoral no prazo de quinze dias a partir da diplomação, conforme art. 14, § 10, da CF: "Art. 14. § 10 O mandato eletivo poderá ser impugnado ante a Justiça Eleitoral no prazo de quinze dias contados da diplomação, instruída a ação com provas de abuso do poder econômico, corrupção ou fraude".

109. (Cespe – Analista Judiciário – Área Judiciária – TRE – BA/2017) Determinada lei, publicada seis meses antes da data da realização de eleições estaduais, criou hipótese de inelegibilidade para dificultar abuso do poder econômico.

Assinale a opção correta a respeito da classificação da referida lei e de sua vigência e aplicação.

a) Tal lei deve ser complementar, e vigerá e se aplicará a partir da data da sua publicação.

b) Tal lei deve ser complementar e não se aplicará às referidas eleições.

c) Tal lei deve ser ordinária estadual e não se aplicará às referidas eleições.

d) Tal lei deve ser ordinária distrital, e vigerá e se aplicará a partir da data da sua publicação.

e) Tal lei deve ser ordinária federal, e se aplicará a partir da data de sua publicação.

▷ ***Anotações/Comentários***

Alternativa correta: letra "b": de acordo com o art. 14, § 9º, da CF: "**Lei complementar estabelecerá outros casos de inelegibilidade** e os prazos de sua cessação, a fim de proteger a probidade administrativa, a moralidade para exercício de mandato considerada vida pregressa do candidato, e a normalidade e legitimidade das eleições contra a influência do poder econômico ou o abuso do exercício de função, cargo ou emprego na administração direta e indireta" (Redação dada pela EC de Revisão nº 4/1944). Deste modo, a referida lei deve ser complementar. Entretanto, por força do art. 16 da CF, não se aplicará às referidas eleições: "Art. 16. **A lei que alterar o processo eleitoral entrará em vigor na data de sua publicação, não se aplicando à eleição que ocorra até um ano da data de sua vigência**" (Redação dada pela EC 4/1993).

110. (Cespe – Analista Judiciário – Área Judiciária – TRE – BA/2017) Determinada lei, publicada seis meses antes da data da realização de eleições estaduais, criou hipótese de inelegibilidade para dificultar abuso do poder econômico.

Assinale a opção correta a respeito da classificação da referida lei e de sua vigência e aplicação.

a) Tal lei deve ser complementar, e vigerá e se aplicará a partir da data da sua publicação.

b) Tal lei deve ser complementar e não se aplicará às referidas eleições.

c) Tal lei deve ser ordinária estadual e não se aplicará às referidas eleições.

d) Tal lei deve ser ordinária distrital, e vigerá e se aplicará a partir da data da sua publicação.

e) Tal lei deve ser ordinária federal, e se aplicará a partir da data de sua publicação.

▷ ***Anotações/Comentários***

Alternativa correta: letra "b": de acordo com o art. 14, § 9º, da CF: "**Lei complementar estabelecerá outros casos de inelegibilidade** e os prazos de sua cessação, a fim de proteger a probidade administrativa, a moralidade para exercício de mandato considerada vida pregressa do candidato, e a normalidade e legitimidade das eleições contra a influência do poder econômico ou o abuso do exercício de função, cargo ou emprego na administração direta e indireta" (Redação dada pela EC de Revisão nº 4/1944). Deste modo, a referida lei deve ser complementar. Entretanto, por força do art. 16 da CF, não se aplicará às referidas eleições: "Art. 16. **A lei que alterar o processo eleitoral entrará em vigor na data de sua publicação, não se aplicando à eleição que ocorra até um ano da data de sua vigência**" (Redação dada pela EC 4/1993).

111. (FCC – Analista Judiciário – Oficial de Just. Avaliador – TRF 5/2017) Leiza, canadense naturalizada brasileira, teve cancelada sua naturalização, por sentença judicial transitada em julgado, em virtude de atividade nociva ao interesse nacional. À luz da Constituição Federal, na situação de Leiza,

a) não há que se falar na suspensão dos seus direitos políticos, pois esta se dá apenas nos casos de improbidade administrativa e de recusa de cumprir obrigação a todos imposta ou prestação alternativa.

b) não há que se falar na perda dos seus direitos políticos, pois esta se dá apenas nos casos de incapacidade civil absoluta.

c) dar-se-á a suspensão dos seus direitos políticos, que serão readquiridos 8 anos após o trânsito em julgado da decisão que cancelou sua naturalização.

d) dar-se-á a perda dos seus direitos políticos.

e) dar-se-á a suspensão, perda ou manutenção dos seus direitos políticos, alternativamente, a critério do juiz, diante das peculiaridades do caso concreto.

▷ ***Anotações/Comentários***

Alternativa correta: letra "d": tendo o cancelamento da naturalização de Leiza transitado em julgado, incide na hipótese do **art. 15, inciso I, da CF: "Art. 15. É vedada a cassação de direitos políticos, cuja perda ou suspensão só se dará nos casos de: I – cancelamento da naturalização por sentença transitada em julgado**" (as hipóteses dos demais incisos são: incapacidade civil absoluta, condenação criminal transitada em julgado, enquanto durarem seus efeitos, recusa de cumprir obrigação a todos imposta ou prestação alternativa, ou improbidade administrativa). Importante relembrar que são hipóteses de perda dos direitos políticos: cancelamento da naturalização por sentença transitada em julgado e recusa de cumprir obrigação a todos imposta ou prestação alternativa. As hipóteses de suspensão dos direitos políticos são incapacidade civil absoluta, condenação criminal transitada em julgado (enquanto durarem seus efeitos) e improbidade administrativa.

112. (Cespe – Técnico Judiciário – Área Administrativa – TRE – BA/2017) Vincent, cidadão holandês naturalizado brasileiro, conseguiu, por determinação judicial definitiva, o cancelamento de sua naturalização e, então, regressou à Holanda. Tempos depois, já com trinta e dois anos de idade, ele foi convidado por um partido político nacional a concorrer ao cargo de deputado estadual de um estado da Federação brasileira.

Nessa situação hipotética, de acordo com os preceitos constitucionais, Vincent será

a) inelegível, porque ainda não tem a idade mínima para o exercício do cargo de deputado estadual no Brasil, que é de trinta e cinco anos.
b) elegível, caso se candidate no estado da Federação no qual residiu até conseguir seu direito à naturalização.
c) inelegível, porque o cancelamento judicial da naturalização afasta-lhe o pleno exercício dos direitos políticos.
d) elegível, desde que sua condição de brasileiro naturalizado tenha sido superior a cinco anos.
e) elegível, desde que ele comprove seu domicílio eleitoral em qualquer estado da Federação.

▷ ***Anotações/Comentários***

Alternativa correta: letra "c": tendo o cancelamento da naturalização de Vincent transitado em julgado, incide na hipótese do **art. 15, inciso I, da CF: "Art. 15. É vedada a cassação de direitos políticos, cuja perda ou suspensão só se dará nos casos de: I – cancelamento da naturalização por sentença transitada em julgado**" (as hipóteses dos demais incisos são: incapacidade civil absoluta, condenação criminal transitada em julgado, enquanto durarem seus efeitos, recusa de cumprir obrigação a todos imposta ou prestação alternativa, ou improbidade administrativa**). Assim sendo, Vincent perdeu seus direitos políticos, de modo que não se encaixa nas condições de elegibilidade estabelecidas pelo art. 14, § 3º, da CF**: "Art. 14. § 3º São condições de elegibilidade, na forma da lei: I – a nacionalidade brasileira; II – o pleno exercício dos direitos políticos; III – o alistamento eleitoral; IV – o domicílio eleitoral na circunscrição; V – a filiação partidária; VI – a idade mínima de: a) trinta e cinco anos para Presidente e Vice-Presidente da República e Senador; b) trinta anos para Governador e Vice-Governador de Estado e do Distrito Federal; c) vinte e um anos para Deputado Federal, Deputado Estadual ou Distrital, Prefeito, Vice-Prefeito e juiz de paz; d) dezoito anos para Vereador". Importante relembrar que são hipóteses de perda dos direitos políticos: cancelamento da naturalização por sentença transitada em julgado e recusa de cumprir obrigação a todos imposta ou prestação alternativa. As hipóteses de suspensão dos direitos políticos são incapacidade civil absoluta, condenação criminal transitada em julgado (enquanto durarem seus efeitos) e improbidade administrativa.

113. (Cespe – Analista Judiciário – Área Judiciária – TRE – BA/2017) A respeito dos direitos e das garantias fundamentais, julgue os seguintes itens.

I. Conforme a Constituição Federal de 1988, é cabível o ajuizamento de mandado de injunção no caso de omissão legislativa inconstitucional que inviabilize o exercício do direito de sufrágio.
II. Perderá os direitos políticos o cidadão que alegar convicções políticas para deixar de prestar o serviço militar obrigatório e que se recusar a cumprir prestação alternativa fixada em lei.
III. É vedada a candidatura ao cargo de governador a cidadão naturalizado brasileiro, por se tratar de cargo privativo de brasileiro nato.

Assinale a opção correta.

a) Apenas o item I está certo.
b) Apenas o item II está certo.
c) Apenas os itens I e III estão certos.
d) Apenas os itens II e III estão certos.
e) Todos os itens estão certos.

CONSTITUCIONAL

▷ ***Anotações/Comentários***

Questão anulada. De acordo com justificativa da banca: "De fato, perderá os direitos políticos o cidadão que alegar convicções políticas para deixar de prestar o serviço militar obrigatório e que se recusar a cumprir prestação alternativa fixada em lei. Assim, estando o item II certo, não há opção correta".

Assertiva I: certa. De acordo com o **art. 5º, inciso LXXI** da CF: "Art. 5º. LXXI - conceder-se-á mandado de injunção sempre que a falta de norma regulamentadora torne inviável o exercício dos direitos e liberdades constitucionais e das prerrogativas inerentes à nacionalidade, à soberania e à cidadania". Deste modo, havendo omissão que inviabilize o exercício do direito de sufrágio, sendo direito constitucionalmente garantido referente à cidadania, cabe mandado de injunção.

Assertiva II: certa. Conforme explanação dada pela banca, acima colacionada.

Assertiva III: errada. De acordo com o art. 12, § 3º, da CF: "§ 3º São privativos de brasileiro nato os cargos: I - de Presidente e Vice-Presidente da República; II - de Presidente da Câmara dos Deputados; III - de Presidente do Senado Federal; IV - de Ministro do Supremo Tribunal Federal; V - da carreira diplomática; VI - de oficial das Forças Armadas; VII - de Ministro de Estado da Defesa". Ainda, o art. 14, § 3º, inciso I, da CF, estabelece que: "§ 3º São condições de elegibilidade, na forma da lei: I - a nacionalidade brasileira". Assim, o cidadão naturalizado brasileiro, uma vez que adquiriu a nacionalidade brasileira através da naturalização, pode se candidatar a cargo de Governador de Estado, pois não é cargo privativo de brasileiro nato.

114. (Consulplan – Técnico Judiciário – Área Administrativa – TRE – RJ/2017) "Considere que Melissa é filha do irmão do pai do Governador do Rio de Janeiro. Ela quer saber se há alguma regra de inelegibilidade caso se candidate como representante do povo carioca." Considerando as garantias políticas previstas no texto constitucional, Melissa é

a) inelegível, apenas no Estado do Rio de Janeiro.
b) inelegível, já que é prima do Governador do Estado.
c) elegível, desde que não haja óbices de outra natureza.
d) elegível, apenas se concorrer a um pleito para reeleição.

▷ ***Anotações/Comentários***

Alternativa correta: letra "c" (responde todas as demais alternativas): Melissa é elegível, pois a vedação de parentesco alcança o segundo grau e a candidata é parente de quarto grau (prima). Conforme art. 14, § 7º, da CF: "Art. 14. § 7º São inelegíveis, no território de jurisdição do titular, o cônjuge e os parentes consanguíneos ou afins, até o segundo grau ou por adoção, do Presidente da República, de Governo de Estado ou Território, do Distrito Federal, de Prefeito ou de quem os haja substituído dentro dos seis meses anteriores ao pleito, salvo se já titular de mandato eletivo e candidato à reeleição".

115. (FCC – Analista Judiciário – Área Administrativa – TRF 5/2017) Considere as situações abaixo.

I. Gilberto é militar, conta com mais de dez anos de serviço, possui alistamento eleitoral e pretende candidatar-se a Vereador.
II. Demétrio é conscrito e pretende, durante o período do serviço militar obrigatório, alistar-se como eleitor, o que não havia feito anteriormente.

Segundo o texto constitucional, considerados apenas os dados ora fornecidos, Gilberto

a) poderá candidatar-se, mas será agregado pela autoridade superior e, se eleito, passará automaticamente, no ato da diplomação, para a inatividade, ao passo que Demétrio não poderá alistar-se como eleitor no período pretendido.

b) poderá candidatar-se, mas será agregado pela autoridade superior e, se eleito, passará automaticamente, no ato da posse, para a inatividade, assim como Demétrio poderá alistar-se como eleitor no período pretendido.

c) não poderá candidatar-se, nem Demétrio poderá alistar-se como eleitor no período pretendido.

d) poderá candidatar-se, mas deverá afastar-se da atividade militar quatro meses antes das eleições, ao passo que Demétrio poderá alistar-se como eleitor no período pretendido.

e) não poderá candidatar-se, vedada, em qualquer hipótese, a candidatura do militar, não importando, para esse fim, o tempo de serviço, assim como Demétrio não poderá alistar-se como eleitor no período pretendido.

▷ ***Anotações/Comentários***

Alternativa correta: letra "a" (responde todas as demais alternativas): Gilberto poderá se candidatar a Vereador, encaixando-se na regra do art. 14, § 8º, inciso II, da CF: "Art. 14. § 8º O militar alistável é elegível, atendidas as seguintes condições: II – se contar com mais de dez anos de serviço, será agregado pela autoridade superior e, se eleito, passará automaticamente, no ato da diplomação, para a inatividade". Demétrio, por sua vez, sendo conscrito (aquele convocado para o serviço militar obrigatório; a condição se encerra ao se engajar permanentemente no serviço militar), não pode se alistar como eleitor, configurando proibição do art. 14, § 2º, da CF: "Art. 14. O alistamento eleitoral e o voto são: (...)§ 2º Não podem alistar-se como eleitores os estrangeiros e, durante o período do serviço militar obrigatório, os conscritos".

7. ORGANIZAÇÃO DO ESTADO

116. (FCC – Analista Judiciário – Oficial de Just. Avaliador – TRF 5/2017) Determinada região situada no território do Estado X pretende desmembrar-se deste para se anexar ao Estado Y, ao passo que os Municípios W e Z pretendem fundir-se. A Constituição Federal

a) autoriza o desmembramento do Estado X para se anexar ao Estado Y, mediante aprovação da população interessada, através de referendo, e do Congresso Nacional, por lei complementar; assim como autoriza a fusão dos Municípios W e Z que se fará por lei municipal, dentro do período determinado por Lei Complementar Federal, e dependerá de consulta, mediante referendo, às populações dos Municípios envolvidos, após divulgação dos Estudos de Viabilidade Municipal, apresentados e publicados na forma da lei.

b) autoriza o desmembramento do Estado X para se anexar ao Estado Y, mediante aprovação da população interessada, através de plebiscito, e do Congresso Nacional, por lei complementar; assim como autoriza a fusão dos Municípios W e Z que se fará por lei estadual, dentro do período determinado por Lei Complementar Federal, e dependerá de consulta prévia, mediante plebiscito, às populações dos Municípios envolvidos, após divulgação dos Estudos de Viabilidade Municipal, apresentados e publicados na forma da lei.

c) não autoriza o desmembramento do Estado X para se anexar ao Estado Y, pois permite apenas que os Estados se incorporem entre si ou que se subdividam mediante aprovação da população interessada, através de plebiscito, e do Congresso Nacional, por lei complementar; autorizando, de outro lado, a fusão dos Municípios W e Z que se fará por lei estadual, dentro do período determinado por Lei Complementar Federal, e dependerá de consulta prévia, mediante plebiscito, às populações dos Municípios envolvidos, após divulgação dos Estudos de Viabilidade Municipal, apresentados e publicados na forma da lei.

d) não autoriza o desmembramento do Estado X para se anexar ao Estado Y, pois permite apenas o desmembramento de Estados para formarem novos Estados ou Territórios, mediante aprovação da população interessada, através de referendo, e do Congresso Nacional, por lei complementar; assim como não autoriza a fusão dos Municípios W e Z, pois permite apenas a criação, a incorporação e o desmembramento de Municípios que se farão por lei estadual, dentro do período determinado por Lei Complementar Federal, e dependerão de consulta, mediante referendo, às populações dos Municípios envolvidos, após divulgação dos Estudos de Viabilidade Municipal, apresentados e publicados na forma da lei.

e) autoriza o desmembramento do Estado X para se anexar ao Estado Y, mediante aprovação da população interessada, através de plebiscito, e do Congresso Nacional, por lei complementar; não autoriza, de outro lado, a fusão dos Municípios W e Z, pois permite apenas a criação, a incorporação e o desmembramento de Municípios que se farão por lei estadual, dentro do período determinado por Lei Complementar Federal, e dependerão de consulta, mediante referendo, às populações dos Municípios envolvidos, após divulgação dos Estudos de Viabilidade Municipal, apresentados e publicados na forma da lei.

▷ ***Anotações/Comentários***

Alternativa correta: letra "b": os Estados podem incorporar-se entre si, subdividir-se ou desmembrar-se para se anexarem a outros, ou formarem novos Estados ou Territórios Federais, mediante aprovação da população diretamente interessada, através de **plebiscito** (e não referendo), e do Congresso Nacional, por lei complementar (art. 18, §3º, da CF). Quanto aos Municípios, o § 4º do mesmo dispositivo esclarece que: "§ 4º A criação, a incorporação, a fusão e o desmembramento de Municípios, far-se-ão por lei estadual, dentro do período determinado por Lei Complementar Federal, e dependerão de consulta prévia, mediante plebiscito, às populações dos Municípios envolvidos, após divulgação dos Estudos de Viabilidade Municipal, apresentados e publicados na forma da lei".

117. (FCC – Analista Judiciário – Área Judiciária – TRE – SP/2017) À luz da Constituição Federal e da jurisprudência do Supremo Tribunal Federal, considere:

I. Os Estados podem incorporar-se entre si, subdividir-se ou desmembrar-se para se anexarem a outros, ou formarem novos Estados ou Territórios Federais, mediante aprovação da população diretamente interessada, através de plebiscito, e do Congresso Nacional, por Emenda Constitucional.

II. A criação, a incorporação, a fusão e o desmembramento de Municípios far-se-ão por lei estadual, dentro do período determinado por Lei Complementar Federal, e dependerão de consulta prévia, mediante plebiscito, às populações dos Municípios envolvidos, após divulgação dos Estudos de Viabilidade Municipal, apresentados e publicados na forma da lei.

III. No caso de desmembramento de Município, é necessária tanto a consulta à população do território a ser desmembrado, quanto a do território remanescente.

IV. No caso de desmembramento de Estado, não é necessária a consulta à população do território remanescente, uma vez que a Constituição Federal exige apenas a consulta da população diretamente interessada.

Está correto o que consta APENAS em

a) I e II.

b) I e III.

c) II e III.

d) II e IV.

e) III e IV.

▷ ***Anotações/Comentários***

Assertiva I: errada. A aprovação pelo Congresso deve se dar através de **lei complementar, e não emenda constitucional**, conforme art. 18, § 3º, da CF: "Os Estados podem incorporar-se entre si, subdividir-se ou desmembrar-se para se anexarem a outros, ou formarem novos Estados ou Territórios Federais, **mediante aprovação da população diretamente interessada, através de plebiscito, e do Congresso Nacional, por lei complementar**".

Assertiva II: certa. A assertiva apresenta o texto do art. 18, § 4º da CF: "**A criação, a incorporação, a fusão e o desmembramento de Municípios far-se-ão por lei estadual, dentro do período determinado por lei complementar federal, e dependerão de consulta prévia, mediante plebiscito, às populações dos Municípios envolvidos, após divulgação dos Estudos de Viabilidade Municipal, apresentados e publicados na forma da lei**".

Assertiva III: certa. A assertiva está de acordo com o disposto no art. 18, § 4º da CF: "A criação, a incorporação, a fusão e o desmembramento de Municípios far-se-ão por lei estadual, dentro do período determinado por lei complementar federal, e **dependerão de consulta prévia, mediante plebiscito, às populações dos Municípios envolvidos**, após divulgação dos Estudos de Viabilidade Municipal, apresentados e publicados na forma da lei". O território remanescente também faz parte da área afetada pelo desmembramento, de modo que a população do local também deve ser consultada.

Assertiva IV: errada. De acordo com o art. 18, § 3º, da CF: "Os Estados podem incorporar-se entre si, subdividir-se ou desmembrar-se para se anexarem a outros, ou formarem novos Estados ou Territórios Federais, mediante aprovação da população diretamente interessada, através de plebiscito, e do Congresso Nacional, por lei complementar". O território remanescente também faz parte da área afetada pelo desmembramento, de modo que a população do local também deve ser consultada. A jurisprudência do STF também é nesse sentido, vide ADI 2650/DF, cujo julgamento considerou que a população diretamente interessada também engloba a população da área remanescente, ou seja, no caso de desmembramento, incorporação ou subdivisão de Estados, o plebiscito deve ser realizado com toda a população afetada, não apenas aquela da área a ser desmembrada, incorporada ou subdividida.

118. (Cespe – Técnico Judiciário – Área Administrativa – TRE – PE/2017) Incluem-se entre os bens do estado da Federação

a) os terrenos de marinha.
b) os recursos minerais, inclusive os do subsolo.
c) as áreas, nas ilhas oceânicas e costeiras, que estiverem no seu domínio.
d) o mar territorial.
e) os potenciais de energia hidráulica.

▷ ***Anotações/Comentários***

Alternativa correta: letra "c": a assertiva apresenta bens dos Estados, conforme disposição do art. 26 da CF: "Art. 26. Incluem-se entre os bens dos Estados: I – as águas superficiais ou subterrâneas, fluentes, emergentes e em depósito, ressalvadas, neste caso, na forma da lei, as decorrentes de obras da União; II – **as áreas, nas ilhas oceânicas e costeiras, que estiverem no seu domínio, excluídas aquelas sob domínio da União, Municípios ou terceiros**; III – as ilhas fluviais e lacustres não pertencentes à União; IV – as terras devolutas não compreendidas entre as da União".

Alternativas "a", "b", "d" e "e": as alternativas apresentam bens da **União**, conforme art. 20 da CF: "são bens da União: I – os que atualmente lhe pertencem e os que lhe vierem a ser atribuídos; II – as terras devolutas indispensáveis à defesa das fronteiras, das fortificações e construções militares, das vias federais de comunicação e à preservação ambiental, definidas em lei; III – os lagos, rios e quaisquer correntes de água em terrenos de seu domínio, ou que banhem mais de um Estado, sirvam de limites com outros países, ou se estendam a território estrangeiro ou dele provenham, bem como os terrenos marginais e as praias fluviais; IV – as ilhas fluviais e lacustres nas zonas limítrofes com outros países; as praias marítimas; as ilhas oceânicas e as costeiras, excluídas, destas, as que contenham a sede de Municípios, exceto aquelas áreas afetadas ao serviço público e a unidade ambiental federal, e as referidas no art. 26, II; V – os recursos naturais da plataforma continental e da zona econômica exclusiva; VI – o **mar territorial**; VII – **os terrenos de marinha e seus acrescidos**; VIII – **os potenciais de energia hidráulica**; IX – **os recursos minerais, inclusive os do subsolo**; X – as cavidades naturais subterrâneas e os sítios arqueológicos e pré-históricos; XI – as terras tradicionalmente ocupadas pelos índios".

119. (Cespe – Técnico Judiciário – Área Administrativa – TRE – PE/2017) Com referência à organização político-administrativa do Estado, assinale a opção correta.

a) De acordo com a CF, o Distrito Federal — unidade federada indivisível em municípios — é a capital federal do país.
b) Os municípios são subordinados administrativamente aos estados em que estiverem localizados.
c) Do ponto de vista político-administrativo, os estados federados são subordinados à União.
d) É permitido à União, mas vedado aos estados, recusar fé aos documentos públicos.
e) É vedado a todos os entes da Federação estabelecer cultos religiosos.

▷ ***Anotações/Comentários***

Alternativa correta: letra "e": a assertiva está em conformidade com o **art. 19, inciso I, da CF**: "Art. 19. É vedado à União, aos Estados, ao Distrito Federal e aos Municípios: I – estabelecer cultos religiosos ou igrejas, subvenciona-los, embaraçar-lhes o funcionamento ou manter com eles ou seus representantes relações de dependência ou aliança, ressalvada, na forma da lei, a colaboração de interesse público".

Alternativa "a": a capital federal do país é **Brasília**, conforme **art. 18, § 1º, da CF**: "Art. 18. A organização político-administrativa da República Federativa do Brasil compreende a União, aos Estados, o Distrito Federal e os Municípios, todos autônomos, nos termos desta Constituição. § 1º Brasília é a capital Federal".

Alternativa "b": os entes federados são autônomos entre si, não existindo hierarquia entre eles.

Alternativa "c": é vedado à União, assim como também é vedado aos Estados, ao Distrito Federal e aos Municípios, recusar fé aos documentos públicos, conforme art. 19, inciso II, da CF: "Art. 19. É vedado à União, aos Estados, ao Distrito Federal e aos Municípios: II – recusar fé aos documentos públicos".

Alternativa "d": conforme explicação à alternativa "c", tal vedação se aplica à União, aos Estados, ao Distrito Federal e aos Municípios.

120. (Cespe – Técnico Judiciário – Área Administrativa – TRF 1/2017) A respeito da organização político-administrativa dos entes federados, julgue o item que segue.

Os recursos minerais, incluídos os do subsolo, são bens da União.

- CERTO
- ERRADO

▷ ***Anotações/Comentários***

A assertiva está de acordo com o **art. 20, inciso IX, da CF**, segundo o qual: "Art. 20. São bens da União: IX – os recursos minerais, inclusive os do subsolo".

121. (Cespe – Técnico Judiciário – Área Administrativa – TRF 1/2017) A respeito da organização político-administrativa dos entes federados, julgue o item que segue.

Em regra, é vedado aos entes federados estabelecer aliança com representantes de cultos religiosos ou igrejas.

- CERTO
- ERRADO

▷ ***Anotações/Comentários***

A assertiva está de acordo com o art. 19, inciso I, da CF: "Art. 19. É vedado à União, aos Estados, ao Distrito Federal e aos Municípios: I – estabelecer cultos religiosos ou igrejas, subvenciona-los, embaraçar-lhes o funcionamento ou manter com eles ou seus representantes relações de dependência ou aliança, ressalvada, na forma da lei, a colaboração de interesse público". Ou seja, a regra geral é de vedação, apesar da ressalva na parte final do inciso.

122. (Cespe – Técnico Judiciário – Área Administrativa – TRF 1/2017) A respeito da organização político-administrativa dos entes federados, julgue o item que segue.

É competência comum da União, dos estados, dos municípios e do Distrito Federal legislar sobre normas gerais de licitação para a administração pública direta.

- CERTO
- ERRADO

▷ ***Anotações/Comentários***

A competência para legislar sobre normas gerais de licitação para a administração pública é **privativa da União**, conforme disposto no **art. 22, inciso XXVII, da CF**: "Art. 22. Compete privativamente à União legislar sobre: XXVII – normas gerais de licitação e contratação, em todas as modalidades, para as administrações públicas diretas, autárquicas e fundacionais da União, Estados, Distrito Federal e Municípios, obedecido o disposto no art. 37, XXI, e para as empresas públicas e sociedades de economia mista, nos termos no art. 173, § 1º, III". Nesse sentido, o seguinte julgado do STF: "A igualdade de condições dos concorrentes em licitações, embora seja enaltecida pela Constituição (art. 37, XXI), pode ser relativizada por duas vias: (a) pela lei, mediante o estabelecimento de condições de diferenciação exigíveis em abstrato; e (b) pela autoridade responsável pela condução do processo licitatório, que poderá estabelecer elementos de distinção circunstanciais, de qualificação técnica e econômica, sempre vinculados à garantia de cumprimento de obrigações específicas. **Somente a lei federal poderá, em âmbito geral, estabelecer desequiparações entre os concorrentes e assim restringir o direito de participar de licitações em condições de igualdade. Ao direito estadual (ou municipal) somente será legítimo inovar neste particular se tiver como objetivo estabelecer condições específicas, nomeadamente quando relacionadas a uma classe de objetos a serem contratados ou peculiares circunstâncias de interesse local**" (ADI 3735, rel. Min. Cármen Lúcia, julgamento em 08/09/2016, DJE 01/08/2017).

---

123. (Cespe – Técnico Judiciário – Área Administrativa – TRF 1/2017) A respeito da organização político-administrativa dos entes federados, julgue o item que segue.

Compete privativamente à União legislar sobre desapropriação.

- CERTO
- ERRADO

▷ ***Anotações/Comentários***

De acordo com o **art. 22, inciso II, da CF**: "Art. 22. Compete privativamente à União legislar sobre: II – desapropriação".

8. REPARTIÇÃO DE COMPETÊNCIAS

124. FGV – 2024 – TRF 1 - Técnico Judiciário – Área Administrativa

Maria, deputada estadual junto à Assembleia Legislativa do estado Alfa, almejava apresentar um projeto de lei versando sobre questão afeta ao direito civil. Por tal razão, consultou sua assessoria sobre a possibilidade, ou não, de a lei estadual incursionar nessa matéria.

Foi corretamente esclarecido a Maria que a matéria é de competência legislativa:

a) residual, indicativo de que se trata de matéria de competência implícita dos estados e do Distrito Federal;

b) privativa da União, o que não obsta o seu exercício pelos estados e pelo Distrito Federal nos termos do disposto em lei ordinária;

c) privativa da União, indicativo de que não pode ser exercida pelos estados e pelo Distrito Federal, salvo se houver autorização daquele ente federativo;

d) concorrente entre os estados, o Distrito Federal e a União, prevalecendo a lei estadual, em razão da prevalência do interesse local, caso conflite com a lei nacional;

e) concorrente entre os estados, o Distrito Federal e a União; logo, a lei estadual pode versar sobre a temática, desde que observadas as normas gerais de caráter nacional.

▷ ***Anotações/Comentários***

Nos termos do inciso I do art. 22 da CF/88, compete privativamente à União legislar sobre direito civil. Portanto, a única hipótese que permitiria a edição de lei estadual ou distrital a esse respeito, seria nos termos do parágrafo único, segundo o qual: "Parágrafo único. Lei complementar poderá autorizar os Estados a legislar sobre questões específicas das matérias relacionadas neste artigo.".

---

125. FCC – 2024 – TRT 11 (AM e RR) - Técnico Administrativo - Área Administrativa

Diante do crescimento do consumo de roupas populares importadas pela população local, determinado município decide regulamentar a importação de produtos têxteis da China, por meio de lei. Diante do que estabelece a Constituição Federal, acerca da competência legislativa, lei municipal com essas características seria

a) inconstitucional, por tratar de competência privativa dos Estados da Federação.

b) inconstitucional, por tratar de matéria de competência privativa da União.

c) constitucional, por tratar de matéria de competência concorrente entre União, Estados, Distrito Federal e Municípios.

d) constitucional, desde que haja lei complementar estadual que autorize o Município a legislar sobre a matéria, de modo a atender a suas peculiaridades.

e) constitucional, pois compete ao Município legislar sobre assuntos de interesse local.

▷ ***Anotações/Comentários***

Nos termos do art. 22, VIII da CF/88, compete privativamente à União legislar sobre comércio exterior. Portanto, a lei seria inconstitucional.

---

126. FCC – 2024 – TRT 11 (AM e RR) – Analista Judiciário – Área Administrativa

Determinado Estado da Federação promulga uma lei que estabelece: Fica expressamente proibida a denominada linguagem neutra na grade curricular e no material didático de instituições de ensino públicas ou privadas, assim como em editais de concursos públicos. Diante do ordenamento jurídico vigente, a referida lei é

a) inconstitucional somente na parte em que trata de editais de concursos públicos, diante da competência da União na matéria.

b) constitucional somente na parte em que trata de editais de concursos públicos, diante da competência suplementar dos Estados na matéria.

c) inconstitucional, por tratar de matéria de competência legislativa dos Municípios.

d) constitucional, por tratar de matéria de competência concorrente entre União, Estados e o Distrito Federal, cabendo aos entes regionais, como no caso, legislar para atender a suas peculiaridades.

e) inconstitucional, por tratar de matéria de competência legislativa da União.

▷ ***Anotações/Comentários***

Nos termos do art. 22, XXIV da CF/88, compete privativamente à União legislar sobre diretrizes e bases da educação nacional. Portanto, referida lei seria inconstitucional.

---

127. (Cespe – Técnico Judiciário – TJ – RJ/2021) Acerca da organização político-administrativa, assinale a opção correta.

a) Os estados têm competência para criar, organizar e suprimir distritos.

b) Os estados devem respeitar as leis federais, e os municípios, as leis federais e estaduais, mas isso somente deve ocorrer nas hipóteses previstas na CF.

c) Compete privativamente à União legislar sobre direito civil, comercial e financeiro.

d) Compete à União, aos estados, ao Distrito Federal e aos municípios legislar concorrentemente sobre educação, saúde, trânsito e transporte, cabendo a cada ente federativo adotar sua legislação de acordo com as peculiaridades federal, estadual e municipal.

e) A fim de fazer cumprir ordem legal, poderá a União decretar intervenção federal nos municípios que se recusarem a cumprir lei federal que tenha sido recepcionada por lei estadual.

▷ ***Anotações/Comentários***

Trata-se de um desdobramento da autonomia atribuída pelo art. 18 aos Estados, Distrito Federal e Municípios. A letra (a) está incorreta pois essa competência é dos Municípios, conforme art. 30, V. A letra (c) está incorreta pois legislar sobre direito financeiro é competência concorrente, prevista no art. 24, I. Já a letra (d) está incorreta pois trânsito e transporte é competência privativa da União (Art. 22, XI). Ademais, a letra (e) está incorreta pois a União só pode intervir em municípios de territórios, onde não há lei estadual a ser cumprida.

---

128. (Cespe – Analista Judiciário – Direito – TJ - PA/2020) Segundo o STF, lei editada pelo Poder Legislativo de estado da Federação para regulamentar o inquérito policial deverá ser considerada

a) inconstitucional, porque a competência legislativa para tratar do tema é privativa da União.

b) inconstitucional, porque a competência legislativa para tratar do tema é exclusiva da União.

c) constitucional, porque a competência legislativa para tratar de direito processual é comum à União, aos estados, ao Distrito Federal e aos municípios.

d) constitucional, porque a competência legislativa para tratar do tema é concorrente, porém a superveniência de lei federal com normas gerais sobre o tema revogará a lei estadual.

e) constitucional, porque a competência legislativa para tratar do tema é concorrente e, caso não haja lei federal sobre normas gerais, o estado poderá exercer a competência legislativa plena.

▷ *Anotações/Comentários*

Alternativa "a" e "e" (responde todas as alternativas): Embora a alternativa "a" tenha sido apontada como Gabarito, entendemos que ela se mostra em desacordo com a jurisprudência do STF: "**A legislação que disciplina o inquérito policial não se inclui no âmbito estrito do processo penal, cuja competência é privativa da União (art. 22, I, CF), pois o inquérito é procedimento subsumido nos limites da competência legislativa concorrente, a teor do art. 24, XI, da CF de 1988, tal como já decidido reiteradamente pelo STF**. [...]" [ADI 2.886, rel. p/ o ac. min. Joaquim Barbosa, j. 3-4-2014, P, DJE de 5-8-2014.]". Esse posicionamento foi reiterado pelo STF em 2019 (vide ADI 4337/2019). Diante disso estaria correta a alternativa "e" e não a alternativa "a".

129. (Cespe – Analista Judiciário – Direito – TJ - PA/2020) Determinado estado da Federação pretende instituir regiões metropolitanas, aglomerações urbanas e microrregiões constituídas por agrupamentos de municípios limítrofes, para integrar a organização, o planejamento e a execução de funções públicas de interesse comum.

Nessa situação, o ente federativo poderá efetivar tal medida mediante

a) lei ordinária federal.

b) lei complementar federal.

c) medida provisória estadual.

d) lei ordinária estadual de iniciativa do Poder Executivo.

e) lei complementar estadual de iniciativa parlamentar.

▷ *Anotações/Comentários*

Alternativa "e" (responde todas as alternativas): Segundo a disposição do art. 25, §3º da CF/88: "§ 3º Os **Estados** poderão, **mediante lei complementar**, instituir regiões metropolitanas, aglomerações urbanas e microrregiões, constituídas por agrupamentos de municípios limítrofes, para integrar a organização, o planejamento e a execução de funções públicas de interesse comum.". Observe-se que embora o texto constitucional não mencione expressamente "lei complementar estadual", não faria sentido que tal lei fosse federal, pois se o fosse, a competência seria, na verdade, da União, e não do Estado, que dependeria do processo legislativo federal para fazer o que prescreve o dispositivo constitucional, assim, por consequência lógica, entende-se que se trata de lei complementar **estadual**. A iniciativa nesse caso é parlamentar, pois não há disposição em sentido contrário.

Vale observar que o STF já se manifestou nesse sentido: "A instituição de regiões metropolitanas, aglomerações urbanas e microrregiões, constituídas por agrupamentos de Municípios limítrofes, depende, apenas, de lei complementar estadual." [ADI 1.841, rel. min. Carlos Velloso, j. 1º-8-2002, P, DJ de 20-9-2002.]

130. (Cespe – Analista Judiciário – TJ - AM/2019) No que se refere à competência legislativa dos entes federativos, julgue o item a seguir.

Os estados possuem competência legislativa suplementar em matéria de licitações e contratos administrativos, sendo de observância obrigatória as normas gerais editadas pela União sobre o tema.

- CERTO
- ERRADO

▷ *Anotações/Comentários*

Segundo entendimento do STF: "A expressão 'interesse social' para os fins de se promover a regularização fundiária passível de dispensa de licitação prevista na al. f do inc. I do art. 17 da Lei 8.666/1993, **sujeita-se à regulamentação da União, dos Estados e Municípios, conforme peculiaridades de cada ente federado.** Lei estadual na qual se indique como interesse social para regularização fundiária de ocupação de áreas públicas: competência do ente estadual. Condições de ocupações consolidadas e reconhecidas pelo Estado até 31-12-12, com comprovação da cadeia possessória de forma mansa e pacífica. **Ausência de descumprimento da competência legislativa da União para dispor sobre normas gerais de licitação** (inc. XXVII do art. 22 da Constituição da República). [ADI 5.333, rel. min. Cármen Lúcia, j. 14-2-2020, P, DJE de 6-3-2020.]

Assim, embora o art. 22, XXVII estabeleça que **compete privativamente à União legislar sobre: "normas gerais de licitação e contratação**, em todas as modalidades, para as administrações públicas diretas, autárquicas e fundacionais da União, Estados, Distrito Federal e Municípios, obedecido o disposto no art. 37, XXI, e para as empresas públicas e sociedades de economia mista, nos termos do art. 173, § 1º, III", aplicando-se a disposição do art. 24, §2º da CF/88 no sentido de que: "§ 2º **A competência da União para legislar sobre normas gerais não exclui a competência suplementar dos Estados.**", é possível concluir que o item da questão está correto.

131. (FCC – Analista Judiciário – Área Judiciária – TRF 4/2019) Será compatível com a Constituição Federal e a jurisprudência do Supremo Tribunal Federal a lei federal que

a) autorize os Estados a legislar sobre questões específicas em matéria de proteção à infância e à juventude, desde que se trate de lei complementar.

b) determine a realização de novas eleições para cargos majoritários simples, em casos de vacância por causas eleitorais de extinção do mandato.

c) fixe tempo máximo de espera em fila para os usuários de serviços prestados por instituições financeiras e cartórios de registros públicos.

d) fixe, para o valor das aposentadorias a serem concedidas pelos regimes próprios de previdência dos servidores de União, Estados, Distrito Federal e Municípios, o limite máximo estabelecido para os benefícios do regime geral de previdência social.

e) regule a ocupação e a utilização da faixa de fronteira, assim considerada a faixa de até duzentos quilômetros de largura, fundamental para a defesa do território nacional.

▷ *Anotações/Comentários*

Questão anulada.

Alternativa "a": Na verdade, essa lei seria incompatível com a Constituição, pois essa matéria já é de competência concorrente entre a União, os Estados e o Distrito Federal, nos termos do art. 24, XV da CF/88.

Alternativa "b": Legislar sobre direito eleitoral é, de fato, competência privativa da União, nos termos do art. 22, I da CF/88. Ademais, o STF entendeu, no julgamento da ADI 5619/DF que é constitucional a legislação federal que estabelecer novas eleições para cargos majoritários simples em casos de vacância por causas eleitorais de extinção do mandato.

Alternativa "c": Segundo a jurisprudência do STF, legislar sobre limite de tempo de espera em fila dos usuários dos serviços prestados por cartórios é competência do Município, por trata-se de assunto de interesse local, conforme art. 30, I da CF/88.

Alternativa "d": Embora seja possível à lei federal fixar como limite esse valor, somente poderá reger o regime próprio dos servidores da União, não podendo disciplinar o regime aplicável aos servidores dos demais entes federativos (Estados, DF e Municípios). A esse respeito, pode-se destacar o art. 40, §14 da CF/88, que expressamente atribui a cada ente federativo a competência para disciplinar seu próprio regime de previdência complementar.

Alternativa "e": O art. 21, III da CF/88 estabelece como competência da União assegurar a defesa nacional, no entanto, nos termos do art. 20, §2º da CF/88, a faixa de fronteira corresponde até **cento e cinquenta quilômetros** de largura.

Alternativa inicialmente correta: "b".

132. (FGV – Técnico Judiciário – TJ - SC/2018) Maria, Deputada Estadual, almejava apresentar um projeto de lei sobre direito financeiro, tendo constatado que competia à União, aos Estados e ao Distrito Federal legislar concorrentemente sobre a matéria.

Com o objetivo de atuar de modo correto, solicitou que sua assessoria esclarecesse o alcance da competência estadual nesse caso.

Com embasamento na sistemática constitucional, a assessoria informou, corretamente, que o Estado, nesse tipo de matéria:

a) pode legislar livremente sobre a matéria, já que as normas da União se destinam ao plano federal;
b) enquanto a União não editar normas gerais sobre a matéria, possui competência plena;
c) somente pode legislar nos limites em que seja autorizado pela União;
d) revogará as normas gerais da União ao editar normas específicas;
e) somente pode editar as normas de interesse local.

▷ ***Anotações/Comentários***

Alternativa "b" (responde todas as alternativas): Direito financeiro, nos termos do inciso I do art. 24 da CF/88 é matéria de competência legislativa concorrente da União, Estados e Distrito Federal. Assim, nos termos dos §§1º a 4º do mesmo artigo, a competência da União se limita a edição de normas gerais, enquanto os Estados exercem a competência suplementar, independente de autorização. No entanto, na ausência de leis federais gerais, possuem os Estados competência legislativa plena para editar referidas leis, e, na superveniência de lei federal sobre normas gerais, ficarão suspensas as leis estaduais no que lhes forem contrárias.

133. (FGV – Analista Jurídico – TJ - SC/2018) Com o objetivo de ampliar a arrecadação e aprimorar as políticas públicas afetas aos direitos prestacionais, o Município Alfa editou a Lei nº 123/2018, disciplinando o funcionamento dos bingos no âmbito do seu território. Foram previstos os requisitos a serem atendidos para a concessão da licença de funcionamento e a parcela da arrecadação a ser transferida aos cofres públicos.

À luz da sistemática constitucional de divisão de competências legislativas, a Lei nº 123/2018 é:

a) inconstitucional, pois compete concorrentemente à União e aos Estados legislar sobre bingos;
b) constitucional, pois compete ao Município legislar sobre matérias de interesse local;
c) constitucional, desde que a União tenha transferido aos Municípios competência legislativa;
d) inconstitucional, pois compete privativamente à União legislar sobre bingos;
e) constitucional, desde que observadas as normas gerais editadas pela União.

▷ ***Anotações/Comentários***

Alternativa "d" (responde todas as alternativas): Nos termos do art. 22, I da CF/88, compete privativamente à União legislar sobre direito civil e penal, dentre outros. A prática de bingo, atualmente, depende de norma de natureza penal para que seja retirada do âmbito da ilicitude, sendo, assim, competência privativa da União editá-la. Nesse sentido é o entendimento manifestado na súmula vinculante 2 do STF: "É inconstitucional a lei ou ato normativo Estadual ou Distrital que disponha sobre sistemas de consórcios e sorteios, inclusive bingos e loterias."

134. (FCC – Analista Judiciário – Área Judiciária - TST/2017) Lei de determinado Estado, de iniciativa parlamentar, prescreve que o Estado é solidariamente responsável pelo pagamento de verbas trabalhistas devidas por empresa por ele contratada, quando o valor pleiteado pelo empregado for decorrente de relação jurídica mantida entre a contratada e empregado que ocupa posto de trabalho em órgão público estadual. Considerando que não há delegação da União para que o Estado disponha sobre a matéria, a referida lei estadual é

a) incompatível com a Constituição Federal, por vício de iniciativa legislativa e por tratar de matéria de competência privativa da União, podendo por essa razão ser objeto de reclamação constitucional proposta perante o Supremo Tribunal Federal.
b) incompatível com a Constituição Federal, por vício de iniciativa legislativa e por tratar de matéria de competência privativa da União, podendo ser objeto de arguição de descumprimento de preceito fundamental perante o Supremo Tribunal Federal, uma vez que a lei viola o princípio federativo.
c) incompatível com a Constituição Federal, por vício de iniciativa legislativa, podendo, por esse motivo, ser declarada inconstitucional, incidentalmente no processo, pela maioria absoluta dos membros do Tribunal de Justiça do Estado ou dos membros de seu órgão especial, embora possa o Estado legislar sobre o tema de que trata a lei estadual, independentemente de delegação da União.
d) incompatível com a Constituição Federal, tendo violado à competência privativa da União para legislar na matéria, podendo ser objeto de ação direta de inconstitucionalidade em face da Constituição Federal, proposta perante o Supremo Tribunal Federal.
e) compatível com a Constituição Federal, sendo desnecessária delegação legislativa da União para que os Estados possam disciplinar a matéria, inclusive por iniciativa parlamentar, a fim de instituir tratamento benéfico em favor do empregado.

▷ ***Anotações/Comentários***

Alternativa "d" (responde todas as alternativas): A lei em questão é incompatível com a Constituição, pois legislar sobre Direito do Trabalho é competência privativa da União (Art. 22, I, CF/88), de modo que o Estado somente poderia legislar sobre referida matéria caso houvesse delegação por meio de lei complementar, nos termos do parágrafo único do art. 22. Ocorre que, como aponta o enunciado, tal delegação não ocorreu. Assim, em face dessa lei pode ser interposta ação direta de inconstitucionalidade, perante o STF, nos termos do art. 102, I, "a", pois trata-se de ato normativo estadual. Não caberia reclamação, pois essa tem cabimento, nos termos do art. 103-A, §3º da CF/88 quando há ato administrativo ou decisão judicial que contraria súmula aplicável ou que indevidamente a aplica. A ADPF, mencionada na alternativa "b", é subsidiária, de modo que, sendo cabível a ADI, não poderia ser ela interposta.

135. (Cespe – Técnico Judiciário – Área Administrativa – TRE – TO/2017) Determinado deputado estadual apresentou projeto de lei com o objetivo de estabelecer regras relativas ao domicílio eleitoral nas eleições para governador a serem realizadas no próximo ano. Após o respectivo processo legislativo, a lei foi devidamente promulgada pelo chefe do Poder Executivo estadual.

De acordo com as normas da CF, a referida lei deve ser considerada

a) constitucional, pois é da competência comum da União, dos estados, do Distrito Federal e dos municípios organizar as respectivas eleições.
b) constitucional, pois compete à União, aos estados e ao Distrito Federal legislar concorrentemente sobre direito eleitoral.
c) inconstitucional, pois as leis relativas a direito eleitoral são de iniciativa privativa do chefe do Poder Executivo.
d) constitucional, pois observou o princípio da anterioridade eleitoral.
e) inconstitucional, pois compete privativamente à União legislar sobre direito eleitoral.

▷ ***Anotações/Comentários***

Alternativa correta: letra "e": nos termos da jurisprudência do STF: "A fixação por lei estadual de condições de elegibilidade em relação aos candidatos a juiz de paz, além das constitucionalmente previstas no art. 14, § 3º, invade a competência da União para legislar sobre direito eleitoral, definida no art. 22, I, da Constituição do Brasil." (ADI 2938, julgada em 2005 e relatada pelo Ministro Eros Grau). Vale o alerta, segundo o mesmo julgado, que "Lei estadual que disciplina os procedimentos necessários à realização das eleições para implementação da justiça de paz [art. 98, II, da CB/88] não invade, em ofensa ao princípio federativo, a **competência da União para legislar sobre direito eleitoral [art. 22, I, da CB/88]**.". Assim, a lei estadual não pode fixar condições de elegibilidade em relação aos candidatos a juiz de paz. Todavia, é válida a lei estadual que disciplina os procedimentos necessários à realização das eleições para implementação da justiça de paz.

136. (Consulplan – Analista Judiciário – Área Judiciária – TRF 2/2017) Com o objetivo de descongestionar as turmas recursais dos juizados especiais cíveis, determinado Estado da Federação promulgou a Lei X, que instituiu a exigência de depósito prévio de 100% do valor da condenação para a interposição de recurso contra sentenças proferidas no âmbito dos juizados. À luz da divisão de competências legislativas estabelecida pela Constituição da República e da interpretação que lhe vem sendo dispensada pelo Supremo Tribunal Federal, é correto afirmar que a Lei X é:

a) Inconstitucional, considerando que compete privativamente à União legislar sobre direito processual.
b) Inconstitucional, pois os Estados não possuem competência legislativa para legislar sobre procedimento.
c) Constitucional, desde que o Estado tenha observado os limites estabelecidos pelas normas gerais editadas pela União.
d) Constitucional, tendo em vista que os Estados possuem competência concorrente com a União para legislar sobre procedimento e este último ente não tratou da matéria.

▷ ***Anotações/Comentários***

Alternativa correta: letra "a": a Lei X é inconstitucional, tendo em vista que é **competência privativa da União legislar sobre direito processual**, por força do **art. 22, inciso I, da CF**: "Art. 22 Compete privativamente à União legislar sobre: I – direito civil, comercial, penal, processual, eleitoral, agrário, marítimo, aeronáutico, espacial, e do trabalho". Sobre esse assunto, importante destacar a seguinte decisão do STF: "AÇÃO DIRETA DE INCONSTITUCIONALIDADE – LEGISLAÇÃO ESTADUAL QUE INSTITUI EXIGÊNCIA DE DEPÓSITO RECURSAL NO VALOR DE 100% DA CONDENAÇÃO COMO PRESSUPOSTO DE INTERPOSIÇÃO DE QUALQUER RECURSO NO ÂMBITO DOS JUIZADOS ESPECIAIS CÍVEIS DO ESTADO DE PERNAMBUCO – REQUISITOS DE ADMISSIBILIDADE RECURSAL: TÍPICA MATÉRIA DE DIREITO PROCESSUAL – TEMA SUBMETIDO AO REGIME DE COMPETÊNCIA PRIVATIVA DA UNIÃO (CF, ART. 22, INCISO I) – USURPAÇÃO, PELO ESTADO-MEMBRO, DA COMPETÊNCIA PRIVATIVA DA UNIÃO FEDERAL PARA LEGISLAR SOBRE DIREITO PROCESSUAL – OFENSA AO ART. 22, I, DA CONSTITUIÇÃO DA REPÚBLICA – INCONSTITUCIONALIDADE FORMAL DECLARADA – AÇÃO DIRETA JULGADA PROCEDENTE. – Os Estados-membros e o Distrito Federal não dispõem de competência para legislar sobre direito processual, eis que, nesse tema, que compreende a disciplina dos recursos em geral, somente a União Federal – considerado o sistema de poderes enumerados e de repartição constitucional de competências legislativas – possui atribuição para legitimamente estabelecer, em caráter de absoluta privatividade (CF, art. 22, n. I), a regulação normativa a propósito de referida matéria, inclusive no que concerne à definição dos pressupostos de admissibilidade pertinentes aos recursos interponíveis no âmbito dos Juizados Especiais. Precedentes. – Consequente inconstitucionalidade formal (ou orgânica) de legislação estadual que haja instituído depósito prévio como requisito de admissibilidade de recurso voluntário no âmbito dos Juizados Especiais Cíveis. Precedente: ADI 4.161/AL, Rel. Min. CÁRMEN LÚCIA. (ADI 2699, Relator(a): Min. CELSO DE MELLO, Tribunal Pleno, julgado em 20/05/2015).

Alternativa "b": de acordo com o art. 24, inciso XI, da CF, é de competência concorrente entre União, Estados e Distrito Federal legislar sobre procedimentos em matéria processual. Entretanto, conforme anteriormente exposto, a Lei X dispôs sobre processo, e não procedimento, de modo que é inconstitucional por tal motivo.

Alternativas "c" e "d": conforme anteriormente exposto, a Lei X é inconstitucional.

137. (FCC – Analista Judiciário – Área Administrativa – TRF 5/2017) Genésio assistiu a um documentário que falava dos riscos para a humanidade dos danos causados ao meio ambiente. Curioso sobre a competência para legislar sobre esse tema e, como estudante de Direito e futuro defensor da causa, consultou a Constituição Federal e descobriu que compete à União, aos Estados e ao Distrito Federal legislar concorrentemente sobre responsabilidade por dano ao meio ambiente. Constatou, também, ainda na Constituição Federal, que no âmbito da legislação concorrente, a competência da União

a) limitar-se-á a estabelecer normas gerais, o que não exclui a competência suplementar dos Estados e, ainda que inexista lei federal sobre normas gerais, os Estados não poderão exercer a competência legislativa plena para atender a suas peculiaridades.
b) limitar-se-á a estabelecer normas gerais, o que não exclui a competência suplementar dos Estados e, inexistindo lei federal sobre normas gerais, os Estados exercerão a competência legislativa plena, para atender a suas peculiaridades, sendo que a superveniência de lei federal sobre normas gerais suspende a eficácia da lei estadual, no que lhe for contrário.
c) limitar-se-á a estabelecer normas gerais, o que não exclui a competência suplementar dos Estados e, inexistindo lei federal sobre normas gerais, os Estados exercerão a competência legislativa plena, para atender a suas peculiaridades, sendo que a superveniência de lei federal sobre normas gerais revoga a lei estadual.
d) limitar-se-á a estabelecer normas gerais, o que exclui a competência suplementar dos Estados.
e) não está limitada a estabelecer normas gerais, o que exclui a competência suplementar dos Estados.

▷ ***Anotações/Comentários***

Alternativa correta: letra "b": no âmbito das competências, aplicam-se ao caso os **§§ 2º, 3º e 4º do art. 24 da CF**: "Art. 24. Compete à União, aos Estados e ao Distrito Federal legislar concorrentemente sobre: (...) § 2º A competência da União para legislar sobre normas gerais não exclui a competência suplementar dos Estados. § 3º Inexistindo lei federal sobre normas gerais, os Estados exercerão a competência legislativa plena, para atender a suas peculiaridades. § 4º A superveniência de lei federal sobre normas gerais suspende a eficácia de lei estadual, no que lhe for contrário".

138. (Cespe – Analista Judiciário – Área Administrativa – TRE – PE/2017) A respeito das competências dos entes federados, assinale a opção correta.

a) Inexistindo lei federal sobre normas gerais, os estados exercerão a competência legislativa residual para atender às suas peculiaridades.
b) A eficácia de lei estadual vigente não será suspensa na hipótese de superveniência de lei federal sobre normas gerais, mesmo que a lei federal traga disposições contrárias à lei estadual.
c) Compete privativamente à União zelar pela guarda da CF, das leis e das instituições democráticas.
d) A competência da União para legislar sobre normas gerais afasta a competência suplementar dos estados.
e) No âmbito da legislação concorrente, a competência da União limitar-se-á a estabelecer normas gerais.

▷ ***Anotações/Comentários***

Alternativa correta: letra "e": a alternativa está completamente de acordo com o texto constitucional, no art. 24, § 1º, da CF: "Art. 24. § 1º No âmbito da legislação concorrente, a competência da União limitar-se-á a estabelecer normas gerais".

Alternativa "a": os estados exercem competência legislativa **plena, e não residual, nos moldes do art. 24, § 3º, da CF**: "Art. 24. § 3º Inexistindo lei federal sobre normas gerais, os Estados exercerão a competência legislativa plena, para atender a suas peculiaridades".

Alternativa "b": no caso em questão, a eficácia de lei estadual é suspensa quando houver lei federal, nos moldes do **art. 24, § 4º, da CF**: "Art. 24. § 4º A superveniência de lei federal sobre normas gerais **suspende a eficácia de lei estadual, no que lhe for contrário**".

Alternativa "c": a competência é **comum, e não privativa da União**: "Art. 23. É competência comum da União, dos Estados, do Distrito Federal e dos Municípios: I – zelar pela guarda da Constituição, das leis e das instituições democráticas e conservar o patrimônio público".

Alternativa "d": nesse caso, não se afasta a competência suplementar dos Estados, conforme **art. 24. § 2º, da CF**: "Art. 24. § 2º **A competência da União para legislar sobre normas gerais não exclui a competência suplementar dos Estados**".

9. ENTES FEDERADOS E INTERVENÇÃO

139. (IBFC – Técnico Judiciário – Área Administrativa – TRE – PA/2020) Em que pese peculiaridades locais, os estados federativos são caracterizados, de um modo geral, pela existência de uma Constituição rígida, descentralização política, repartição de competências e receitas,

CONSTITUCIONAL

soberania do Estado federal, inexistência do direito de secessão e um órgão guardião da Constituição. Segundo a Constituição Federal de 1988 (CF/88), analise as afirmativas abaixo:

I. É assegurada, nos termos da lei, aos Estados, ao Distrito Federal e aos Municípios, bem como aos órgãos da administração direta da União, exclusivamente, a participação no resultado da exploração de petróleo ou gás natural, de recursos hídricos para fins de geração de energia elétrica e de outros recursos minerais no respectivo território, plataforma continental, mar territorial ou zona econômica exclusiva, ou compensação financeira por essa exploração.

II. Compete privativamente à União legislar sobre normas gerais de organização, efetivos, material bélico, garantias, convocação, mobilização, inatividades e pensões das polícias militares e dos corpos de bombeiros militares.

III. Inexistindo lei federal sobre normas gerais, os estados exercerão a competência legislativa plena, para atender a suas peculiaridades. Contudo, a superveniência de lei federal sobre normas gerais revogará a lei estadual, no que lhe for contrário.

IV. Constitui crime de responsabilidade do Prefeito Municipal: efetuar repasse que supere os limites definidos no artigo 29 da CF/88; não enviar o repasse até o dia vinte de cada mês; ou enviá-lo a maior em relação à proporção fixada na Lei Orçamentária.

Assinale a alternativa correta.

a) Apenas as afirmativas I, II e IV estão corretas
b) Apenas as afirmativas II e IV estão corretas
c) Apenas as afirmativas III e IV estão corretas
d) Apenas a afirmativa II está correta

▷ ***Anotações/Comentários***

Item "I". Incorreto. Nos termos do art. 20, §1º da CF/88: "É assegurada, nos termos da lei, **à União, aos Estados, ao Distrito Federal e aos Municípios** a participação no resultado da exploração de petróleo ou gás natural, de recursos hídricos para fins de geração de energia elétrica e de outros recursos minerais no respectivo território, plataforma continental, mar territorial ou zona econômica exclusiva, ou compensação financeira por essa exploração.".

Item "II". Correto. É o que determina o art. 22, XXI da CF/88.

Item "III". Incorreto. O art. 24 da CF/88 estabelece em seu §3º que: "Inexistindo lei federal sobre normas gerais, os Estados exercerão a competência legislativa plena, para atender a suas peculiaridades.". Já o §4º determina que: "A superveniência de lei federal sobre normas gerais **suspende** a eficácia da lei estadual, no que lhe for contrário.".

Item "IV". Incorreto. O art. 29-A da CF/88 prevê, em seu §2º, que constitui crime de responsabilidade do Prefeito Municipal: efetuar repasse que supere os limites definidos nesse artigo; não enviar o repasse até o dia vinte de cada mês ou enviá-lo **a menor em relação à proporção fixada na Lei Orçamentária**.

140. (Cespe – Analista Judiciário – Área Judiciária – STM/2018) Tendo em vista a organização do Estado e o fato de que o texto constitucional prevê a possibilidade de determinados órgãos do Poder Judiciário requisitarem ao presidente da República intervenção federal no caso de desobediência à ordem ou à decisão judiciária, julgue os itens seguintes.

I - Nos casos de requisição de intervenção federal, o presidente da República estará obrigado a editar o decreto de intervenção, não lhe cabendo, a despeito da sua condição de chefe do Poder Executivo, exercer juízo de conveniência ou de oportunidade da providência requerida.

- CERTO
- ERRADO

▷ ***Anotações/Comentários***

Na intervenção federal em que há requisição, o ato do Presidente da República será vinculado, ou seja, não poderá exercer juízo de conveniência ou oportunidade da providência requerida. Trata-se da hipótese prevista no art. 34, IV da CF/88: "IV - garantir o livre exercício de qualquer dos Poderes nas unidades da Federação;" em razão do art. 36, I: "I - no caso do art. 34, IV, de solicitação do Poder Legislativo ou do Poder Executivo coacto ou impedido, ou de requisição do Supremo Tribunal Federal, se a coação for exercida contra o Poder Judiciário;".

II - De acordo com a vigente Constituição, cabe ao Superior Tribunal Militar requisitar intervenção da União quando outra unidade federativa criar óbice ao cumprimento de decisão de qualquer órgão da justiça militar.

- CERTO
- ERRADO

▷ ***Anotações/Comentários***

Na verdade, estabelece o inciso II do art. 36 que a decretação da intervenção dependerá: "no caso de desobediência a ordem ou decisão judiciária, de requisição do Supremo Tribunal Federal, do Superior Tribunal de Justiça ou do Tribunal Superior Eleitoral;". A esse respeito, entendeu o STF ser a competência entre esses Tribunais definida pela matéria: será competência do STF quando o ato inobservado lastreia-se na CF; ao STJ quando envolvida matéria legal e ao TSE em se tratando de matéria de índole eleitoral (IF 2.792, rel. min. Marco Aurélio). Ademais, reafirmou o STF que "cabe exclusivamente ao STF requisição de intervenção para assegurar a execução de decisões da Justiça do Trabalho ou da Justiça Militar, ainda quando fundadas em direito infraconstitucional:[...]IF 230, rel. min. Sepúlveda Pertence, j. 24-4-1996, P, DJ de 1º-7-1996.]

10. ADMINISTRAÇÃO PÚBLICA

141. FGV – 2024 – TRF 1 - Técnico Judiciário – Área Administrativa

Lideranças políticas no âmbito do Congresso Nacional iniciaram debates com o objetivo de verificar a possibilidade de ser incorporado, a remuneração regular do servidor público federal, o valor correspondente à função de confiança exercida por uma década de maneira ininterrupta. Ao fim dos debates, concluíram corretamente que a incorporação, à luz da Constituição da República:

a) é matéria afeta ao regime jurídico da categoria, não sendo disciplinada pela Constituição da República;
b) é possível, tanto para os servidores ocupantes de cargo de provimento efetivo, como para os ocupantes de cargo em comissão;
c) é possível, mas apenas para os servidores ocupantes de cargo de provimento efetivo, únicos que podem exercer funções de confiança;
d) não é possível, tanto para os servidores ocupantes de cargo de provimento efetivo, como para os ocupantes de cargo em comissão;
e) quando admitida, não pode ensejar que o valor recebido, somado à remuneração regular, supere o teto remuneratório constitucional.

▷ ***Anotações/Comentários***

Desde a edição da EC 103/2019, o art. 39, §9º dispõe que: "§ 9º É vedada a incorporação de vantagens de caráter temporário ou vinculadas ao exercício de função de confiança ou de cargo em comissão à remuneração do cargo efetivo.". Portanto, não é possível tal incorporação.

142. VUNESP – 2023 – TJ/SP – Escrevente Técnico Judiciário

A respeito dos Servidores Públicos, assinale a alternativa que está de acordo com o expresso na Constituição Federal.

a) Admite-se em situações excepcionais a incorporação de vantagens de caráter temporário ao exercício de função de confiança à remuneração do cargo efetivo.
b) A fixação dos padrões de vencimento do sistema remuneratório observará, entre outras coisas, o grau de dificuldade exigido no concurso público.
c) A União, os Estados e os Municípios manterão escolas de governo para a formação e o aperfeiçoamento dos servidores públicos.
d) Os Poderes Executivo, Legislativo e Judiciário publicarão mensalmente os valores do subsídio e da remuneração dos cargos e empregos públicos.
e) Os Secretários Estaduais e Municipais serão remunerados exclusivamente por subsídio fixado em parcela única, vedado o acréscimo de qualquer gratificação.

▷ ***Anotações/Comentários***

Alternativa "a": O art. 39, §9º da CF/88 na verdade veda a incorporação de vantagens de caráter temporário ou vinculadas ao exercício de função de confiança ou de cargo em comissão à remuneração do cargo efetivo.

Alternativa "b": Nos termos do art. 39, §2º da CF/88, a fixação dos padrões de vencimento e dos demais componentes do sistema remuneratório observará: a natureza, o grau de responsabilidade e a complexidade dos cargos componentes de cada carreira; os requisitos para a investidura e as peculiaridades dos cargos. Portanto, não se inclui como parâmetro a ser observado o grau de dificuldade exigido no concurso público (mas sim os requisitos para a investidura).

Alternativa "c": Nos termos do art. 39, §2º da CF/88: "**A União, os Estados e o Distrito Federal** manterão escolas de governo para a formação e o aperfeiçoamento dos servidores públicos, constituindo-se a participação nos cursos um dos requisitos para a promoção na carreira, facultada, para isso, a celebração de convênios ou contratos entre os entes federados.". A alternativa está incorreta por incluir nessa disposição os Municípios e excluir o Distrito Federal.

Alternativa "d": Serão publicados **anualmente**, nos termos do art. 39, §6º da CF/88, e não mensalmente.

Alternativa "e": É o que estabelece o art. 39, §4º da CF/88, segundo o qual: "O membro de Poder, o detentor de mandato eletivo, os Ministros de Estado e os Secretários Estaduais e Municipais serão remunerados exclusivamente por subsídio fixado em parcela única, vedado o acréscimo de qualquer gratificação, adicional, abono, prêmio, verba de representação ou outra espécie remuneratória (...)".

143. VUNESP – 2023 – TJ/SP – Escrevente Técnico Judiciário

Considere que Josué é servidor público titular de cargo efetivo no âmbito do Município ABC e há um ano ele teve um Acidente Vascular Cerebral que o deixou com sequelas neurológicas, mas não o incapacitou para todo o tipo de trabalho. Josué ocupava cargo de nível superior, mas atualmente não possui mais capacidade mental para exercer suas atribuições originárias. Com base na situação hipotética e no disposto na Constituição Federal, é correto afirmar que Josué

a) poderá ser readaptado para cargo cujas atribuições e responsabilidades sejam compatíveis com suas limitações mentais, desde que possua a habilitação e o nível de escolaridade exigidos para o cargo de destino, mantida a remuneração do cargo de origem.
b) poderá ser reintegrado para cargo compatível com suas limitações mentais, desde que possua a habilitação e o nível de escolaridade exigidos para o cargo de destino, auferindo a remuneração do cargo atual.
c) não poderá ser readaptado para um cargo diferente, uma vez que, ao ser aprovado em um concurso público, é vedada a mudança de cargo.
d) não poderá ser reintegrado a um cargo diverso, sob pena de ofensa ao princípio constitucional do concurso público.
e) poderá ser readaptado para cargo cujas atribuições e responsabilidades sejam compatíveis com suas limitações mentais, desde que possua a habilitação e o nível de escolaridade exigidos para o cargo de destino, auferindo a remuneração do novo cargo.

▷ ***Anotações/Comentários***

Alternativa "a": Nos termos do art. 37, §13 da CF/88, o servidor público titular de cargo efetivo poderá ser readaptado para exercício de cargo cujas atribuições e responsabilidades sejam compatíveis com a limitação que tenha sofrido em sua capacidade física ou mental, enquanto permanecer nesta condição, desde que possua a habilitação e o nível de escolaridade exigidos para o cargo de destino, mantida a remuneração do cargo de origem. Portanto, está correta a alternativa.

Alternativa "b": A remuneração será do cargo de origem, conforme comentário da alternativa anterior.

Alternativa "c": Poderá ser readaptado, nos termos do art. 37, §13 da CF/88.

Alternativa "d": Poderá ser readaptado, conforme comentário das demais alternativas.

Alternativa "e": A remuneração será do cargo de origem, conforme comentário da alternativa "a".

144. VUNESP – 2023 – TJ/SP – Escrevente Técnico Judiciário

Considere que Letícia é ocupante do cargo de professora com efetivo exercício das funções de magistério no ensino médio no âmbito do Estado X, que adota o regime próprio de previdência e prevê os mesmos requisitos para aposentadoria que a União. Com base na situação hipotética e no disposto na Constituição Federal, é correto afirmar que Letícia somente poderá se aposentar a partir dos

a) 62 anos, pois a reforma da previdência extinguiu o benefício da contagem diferenciada do tempo de contribuição.
b) 65 anos, visto que com a reforma da previdência vedou-se a contagem de tempo de contribuição fictício.
c) 60 anos, desde que cumpra os demais requisitos exigidos em lei complementar.
d) 52 anos, na forma da lei complementar.
e) 57 anos, desde que cumpra os demais requisitos exigidos.

▷ ***Anotações/Comentários***

Alternativa "a": Embora a regra do art. 40, §1º, III da CF/88 seja a idade de 62 anos para mulheres se aposentarem voluntariamente, Letícia ocupa cargo de professora com efetivo exercício das funções de magistério no ensino médio, de modo que, por força do que dispõe o §5º do mesmo artigo, terá a idade mínima reduzida em 5 anos para a aposentadoria voluntária.

Alternativa "b": A vedação da contagem de tempo fictício foi incluída pela EC nº20/1998, logo, não foi decorrente da reforma da previdência de 2019. Ademais, 65 anos de idade é o tempo necessário para homens se aposentarem voluntariamente.

Alternativa "c": O tempo do art. 40, §1º, III é de 62 anos e, mesmo com a redução do §5º (por exercício do magistério), o resultado será 57 e não 60. A alternativa tenta confundir os candidatos com o tempo regra antes da reforma da previdência de 2019, que era de 60 anos para mulheres (e passou para 62).

Alternativa "d": Incorreta, conforme comentários das demais alternativas.

Alternativa "e": A regra para aposentadoria voluntária de mulheres é de 62 anos de idade mínima, nos termos do art. 40, §1º, III da CF/88. Contudo, Letícia, por ser ocupante de cargo de professora com efetivo exercício das funções de magistério no ensino médio, faz jus à redução de 5 anos prevista no art. 40, §5º da CF/88, de modo que a idade mínima para ela se aposentar será de 57 anos, desde que cumpra os demais requisitos.

145. FCC – 2023 – TRT17 – Analista Judiciário – Área Judiciária Com relação à Administração Pública, considere:

I. O prazo de validade do concurso público será de até três anos, prorrogável uma vez, por igual período.
II. As funções de confiança, exercidas exclusivamente por servidores ocupantes de cargo efetivo, e os cargos em comissão, a serem preenchidos por servidores de carreira nos casos, condições e percentuais mínimos previstos em lei, destinam-se apenas às atribuições de direção, chefia e assessoramento.
III. Os acréscimos pecuniários percebidos por servidor público não serão computados nem acumulados para fins de concessão de acréscimos ulteriores.
IV. Os atos de improbidade administrativa importarão a suspensão dos direitos políticos, a perda da função pública, a indisponibilidade dos bens e o ressarcimento ao erário, na forma e gradação previstas em lei, sem prejuízo da ação penal cabível.

Em conformidade com a Constituição Federal está correto o que se afirma APENAS em

a) II, III e IV.
b) II e IV.
c) I e III.
d) I, II e III.
e) I e IV

▷ ***Anotações/Comentários***

Item I: Errado. Nos termos do art. 37, III da CF/88, o prazo de validade do concurso público será de até 2 anos, prorrogável uma vez, por igual período.

Item II: Correto. É o que dispõe o art. 37, V da CF/88.

Item III: Correto. Trata-se da disposição do art. 37, XIV da CF/88.

Item IV: Correto. É a disposição do art. 37, §4º da CF/88.

146. FCC – 2023 – TRT18 – Analista Judiciário – Área Administrativa Sílvio, servidor público efetivo, deseja exercer função de confiança destinada à atribuição de direção na Administração Pública. Em conformidade com a Constituição Federal, Sílvio

a) poderá exercer a referida função de confiança, sendo permitida a incorporação de vantagens vinculadas ao exercício dessa função à remuneração do cargo efetivo, mas completadas as exigências para a aposentadoria voluntária, se optar por permanecer em atividade, não poderá fazer jus a um abono de permanência até completar a idade para aposentadoria compulsória.
b) não poderá exercer a referida função de confiança, pois as funções de confiança destinam-se apenas às atribuições de chefia, mas completadas as exigências para a aposentadoria voluntária, se optar por permanecer em atividade, observados os critérios estabelecidos em lei, poderá fazer jus a um abono de permanência equivalente, no máximo, ao valor da sua contribuição previdenciária, até completar a idade para aposentadoria compulsória.
c) não poderá exercer a referida função de confiança, pois as funções de confiança destinam-se apenas às atribuições de assessoramento, e completadas as exigências para a aposentadoria voluntária, se optar por permanecer em atividade, não poderá fazer jus a um abono de permanência até completar a idade para aposentadoria compulsória.
d) poderá exercer a referida função de confiança, sendo permitida a incorporação de vantagens vinculadas ao exercício dessa função à remuneração do cargo efetivo e, completadas as exigências para a aposentadoria voluntária, se optar por permanecer em atividade, observados os critérios estabelecidos em lei, poderá fazer jus a um abono de permanência equivalente, no mínimo, ao valor da sua contribuição previdenciária, até completar a idade para aposentadoria compulsória.
e) poderá exercer a referida função de confiança, sendo vedada a incorporação de vantagens vinculadas ao exercício dessa função à remuneração do cargo efetivo e, completadas as exigências para a aposentadoria voluntária, se optar por permanecer em atividade, observados os critérios estabelecidos em lei, poderá fazer jus a um abono de permanência equivalente, no máximo, ao valor da sua contribuição previdenciária, até completar a idade para aposentadoria compulsória.

▷ ***Anotações/Comentários***

Nos termos do art. 37, V da CF/88, as funções de confiança, exercidas exclusivamente por servidores ocupantes de cargo efetivo, e os cargos em comissão, a serem preenchidos por servidores de carreira nos casos, condições e percentuais mínimos previstos em lei, destinam-se apenas às atribuições de direção, chefia e assessoramento.

Ademais, o art. 39, §9 da CF/88 estabelece que é **vedada a incorporação de vantagens** de caráter temporário ou vinculadas ao exercício de função de confiança ou de cargo em comissão à remuneração do cargo efetivo.

Por sua vez, o art. 40, §19 da CF/88 determina que o servidor titular de cargo efetivo que tenha completado as exigências para a aposentadoria voluntária e que opte por permanecer em atividade poderá fazer jus a um **abono de permanência** equivalente, no máximo, ao valor da sua contribuição previdenciária, até completar a idade para aposentadoria compulsória.

147. (Cespe – Técnico Judiciário – TJ – RJ/2021) No que se refere à administração pública e às normas constitucionais que regem os servidores públicos, julgue os itens seguintes.

I. A CF prevê possibilidade de acesso a cargos, funções e empregos públicos por estrangeiro, desde que haja regulamentação.
II. A proibição de acumular cargo, emprego ou função públicos não atinge os empregados de sociedades de economia mista.
III. A servidor ocupante exclusivamente de cargo em comissão de livre nomeação e exoneração aplica-se o mesmo regime de previdência dos cargos efetivos.
IV. As funções de confiança destinam-se apenas às atribuições de chefia, direção e assessoramento.

Estão certos apenas os itens

a) I e II.
b) I e IV.
c) II e III.
d) I, III e IV.
e) II, III e IV.

▷ ***Anotações/Comentários***

I- CERTO: trata-se da disposição do art. 31, I, CF/88;

II- ERRADO: o art. 37, XVII dispõe que tal vedação abrange autarquias, fundações, empresas públicas, sociedades de economia mista, suas subsidiárias, e sociedades controladas, direta ou indiretamente, pelo poder público;

III- ERRADO: nos termos do art. 40, §13, aplica-se o Regime Geral de Previdência Social, e não o Regime próprio de previdência social, como aos servidores titulares de cargos efetivos.

IV- CERTO: trata-se da previsão do art. 37, V da CF/88.

148. (FGV – Analista Judiciário – Oficial de Justiça Avaliador Federal – TJ – DFT/2022) A sociedade empresária YY, especializada na prestação de serviços hospitalares, com sede na Alemanha, decidiu iniciar estudos para explorar o serviço de assistência à saúde no território brasileiro.

Ao consultar um especialista da área, foi-lhe informado, corretamente, que YY:

a) não pode explorar o serviço, que é vedado, de modo peremptório, às empresas estrangeiras;
b) pode explorar o serviço, o qual, por ser de relevância pública, depende de concessão ou permissão do poder público;
c) pode explorar livremente o serviço, que está ao alcance da iniciativa privada, podendo ser prestado por empresas nacionais e estrangeiras;
d) não pode explorar o serviço, que é de titularidade do poder público e pressupõe o prévio êxito em processo licitatório, com a outorga de posterior autorização;
e) pode explorar o serviço, desde que se enquadre em um permissivo legal, pois a regra é que a assistência à saúde não pode ser prestada por empresas estrangeiras.

▷ ***Anotações/Comentários***

Alternativa "e" (responde todas as alternativas): Nos termos do art. 199 da CF/88, a assistência à saúde é livre à iniciativa privada. No entanto, o parágrafo 3º do mesmo artigo veda a participação direta ou indireta de empresas ou capitais estrangeiros na assistência à saúde no País, **salvo nos casos previstos em lei**. Portanto, somente poderá atuar na exploração do serviço se for enquadrada em permissivo legal.

149. (Vunesp – Escrevente Técnico Judiciário – TJ – SP/2021) Nos moldes da Constituição Federal, o servidor público titular de cargo efetivo, que tenha sofrido limitação em sua capacidade física ou mental, poderá, atendidas as demais exigências, ser readaptado,

a) para exercício de novo cargo compatível com a sua limitação, devendo receber pelo menos 70% (setenta por cento) da remuneração do cargo de origem.
b) para exercício do mesmo cargo, com os necessários ajustes à sua limitação, garantida a mesma remuneração do cargo.
c) para exercício de novo cargo compatível com a sua limitação, podendo o servidor optar entre a remuneração do cargo de origem e a do cargo de destino.
d) para exercício de novo cargo compatível com a sua limitação, mantida a remuneração do cargo de origem.
e) para exercício de novo cargo compatível com a sua limitação, devendo receber a remuneração do cargo de destino.

▷ ***Anotações/Comentários***

Alternativa "d" (responde todas as alternativas): Trata-se da disposição do art. 37, §13 da CF/88: "O servidor público titular de cargo efetivo poderá ser readaptado para exercício de cargo cujas atribuições e responsabilidades sejam compatíveis com a limitação que tenha sofrido em sua capacidade física ou mental, enquanto permanecer nesta condição, desde que possua a habilitação e o nível de escolaridade exigidos para o cargo de destino, mantida a remuneração do cargo de origem.".

150. (Vunesp – Escrevente Técnico Judiciário – TJ – SP/2021) No tocante às disposições constitucionais, que tratam do tema dos servidores públicos, é correto afirmar que

a) o tempo de contribuição federal, estadual, distrital ou municipal e o tempo de serviço público correspondente serão contados para fins de disponibilidade e aposentadoria do servidor.

b) aplica-se ao agente público ocupante, exclusivamente, de cargo em comissão declarado em lei de livre nomeação e exoneração, de outro cargo temporário, inclusive mandato eletivo, o Regime Próprio de Previdência Social dos Servidores.

c) por motivos de segurança, é expressamente vedado aos Poderes Executivo, Legislativo e Judiciário divulgar ou publicar os valores do subsídio e da remuneração dos cargos e empregos públicos dos seus respectivos servidores.

d) o membro de Poder, o detentor de mandato eletivo, os Ministros de Estado e os Secretários Estaduais e Municipais serão remunerados exclusivamente por subsídio fixado em parcela única, que poderá ser acrescido de gratificação, adicional, abono, prêmio e verba de representação.

e) é vedada a incorporação de vantagens de caráter temporário ou vinculadas ao exercício de função de confiança ou de cargo em comissão à remuneração do cargo efetivo.

▷ ***Anotações/Comentários***

Alternativa "a": Nos termos do art. 40, §9º da CF/88: "O tempo de contribuição federal, estadual, distrital ou municipal será contado para fins de aposentadoria, observado o disposto nos §§ 9º e 9º-A do art. 201, e o **tempo de serviço** correspondente será contado **para fins de disponibilidade**.". Logo, está incorreta.

Alternativa "b": Na verdade, o art. 40, §13 da CF/88 estabelece que: "Aplica-se ao agente público ocupante, exclusivamente, de cargo em comissão declarado em lei de livre nomeação e exoneração, de outro cargo temporário, inclusive mandato eletivo, ou de emprego público, o Regime **Geral** de Previdência Social.".

Alternativa "c": Incorreta, pois, com base no princípio da transparência, estabelece o art. 39, §6º da CF/88: "§ 6º Os Poderes Executivo, Legislativo e Judiciário publicarão anualmente os valores do subsídio e da remuneração dos cargos e empregos públicos.".

Alternativa "d": O art. 39, §4º da CF/88 prevê que: "O membro de Poder, o detentor de mandato eletivo, os Ministros de Estado e os Secretários Estaduais e Municipais serão remunerados exclusivamente por subsídio fixado em parcela única, **vedado o acréscimo de qualquer gratificação**, adicional, abono, prêmio, verba de representação ou outra espécie remuneratória, obedecido, em qualquer caso, o disposto no art. 37, X e XI.".

Alternativa "e": É a previsão do art. 39, §9º da CF/88.

151. (FGV – Analista Judiciário – Oficial de Justiça – TJ – RS/2020) Em determinado Estado da Federação, foi promulgada a Lei nº XX/2017, dispondo que a remuneração devida aos ocupantes do cargo de provimento efetivo A, vinculado ao Poder Executivo, seria reajustada pelo mesmo índice aplicado no reajuste da remuneração dos ocupantes do cargo B, vinculado ao Poder Judiciário. A técnica de reajuste adotada na referida Lei é:

a) incorreta, pois é vedada a técnica de reajuste que vincula os cargos A e B;

b) correta, pois a técnica de remissão adotada pela lei é um modo de preservar a igualdade;

c) correta, desde que os cargos A e B tenham atribuições e requisitos de escolaridade semelhantes;

d) correta, desde que os cargos A e B estejam inseridos na estrutura do mesmo Estado da Federação;

e) incorreta, pois o reajuste da remuneração dos cargos A e B deveria ocorrer de modo simultâneo, não sequencial.

▷ ***Anotações/Comentários***

Alternativa "a" (Responde todas as alternativas): O art. 37, XIII da CF/88 expressamente veda a vinculação ou equiparação de quaisquer espécies remuneratórias para o efeito de remuneração de pessoal do serviço público.

152. (IBFC – Técnico Judiciário – Área Administrativa – TRE – PA/2020) Os servidores públicos podem ser titulares de cargo efetivo ou ocupantes de cargos comissionados, a depender do modo de ingresso na Administração Pública. Nos termos da Constituição Federal de 1988, analise as afirmativas abaixo e dê valores Verdadeiro (V) ou Falso (F):

( ) O regime próprio de previdência social dos servidores titulares de cargos efetivos terá caráter contributivo e solidário, mediante contribuição do respectivo ente federativo, de servidores ativos, de aposentados e de pensionistas, observados critérios que preservem o equilíbrio financeiro e atuarial.

( ) O servidor abrangido por regime próprio de previdência social será aposentado por invalidez, no cargo em que estiver investido, quando insuscetível de readaptação, hipótese em que será obrigatória a realização de avaliações anuais para verificação da continuidade das condições que ensejaram a concessão da aposentadoria, na forma de lei do respectivo ente federativo.

( ) O servidor abrangido por regime próprio de previdência social será aposentado no âmbito da União, aos 60 (sessenta) anos de idade, se mulher, e aos 65 (sessenta e cinco) anos de idade, se homem, e, no âmbito dos Estados, do Distrito Federal e dos Municípios, na idade mínima estabelecida mediante emenda às respectivas Constituições e Leis Orgânicas, observados o tempo de contribuição e os demais requisitos estabelecidos em lei complementar do respectivo ente federativo.

( ) É vedada a incorporação de vantagens de caráter permanente ou desvinculadas ao exercício de função de confiança ou de cargo em comissão à remuneração do cargo efetivo.

Assinale a alternativa que apresenta a sequência correta de cima para baixo.

a) V, F, F, V

b) V, F, F, F

c) F, F, V, F

d) F, V, F, V

▷ ***Anotações/Comentários***

Nota do autor: a questão busca testar os conhecimentos do candidato acerca das atualizações na Constituição Federal promovidas pela EC 103/2019.

Item "I". Verdadeiro. É o que dispõe o *caput* do art. 40 da CF/88.

Item "II". Falso. Na verdade, segundo estabelece o art. 40, §1º, I da CF/88, o servidor abrangido por regime próprio de previdência social será aposentado "por incapacidade permanente para o trabalho, no cargo em que estiver investido, quando insuscetível de readaptação, hipótese em que será obrigatória a realização de avaliações periódicas para verificação da continuidade das condições que ensejaram a concessão da aposentadoria, na forma de lei do respectivo ente federativo;".

Item "III". Falso. Nos termos do art. 40, §1º, III, o servidor abrangido por regime próprio de previdência social será aposentado "no âmbito da União, **aos 62 (sessenta e dois) anos de idade, se mulher, e aos 65 (sessenta e cinco) anos de idade, se homem**, e, no âmbito dos Estados, do Distrito Federal e dos Municípios, na idade mínima estabelecida mediante emenda às respectivas Constituições e Leis Orgânicas, observados o tempo de contribuição e os demais requisitos estabelecidos em lei complementar do respectivo ente federativo.".

Item "IV". Falso. O art. 39, §9º da CF/88, na verdade, determina que: "§ 9º É vedada a incorporação de vantagens de **caráter temporário** ou vinculadas ao exercício de função de confiança ou de cargo em comissão à remuneração do cargo efetivo."

153. (FCC – Técnico Judiciário – Área Judiciária – TRF 4/2019) Ronaldo é Ministro de Estado e Paulo é Secretário Municipal. No que concerne à remuneração de ambos os servidores públicos e obedecido o disposto na Constituição Federal, Ronaldo

a) será remunerado exclusivamente por subsídio fixado em parcela única, vedado o acréscimo de adicional, prêmio e verba de representação, enquanto Paulo será remunerado por subsídio fixado em parcela única, sendo possível o acréscimo de adicional e prêmio, vedada verba de representação.

CONSTITUCIONAL

b) e Paulo serão remunerados por subsídio fixado em parcela única, sendo possível o acréscimo de adicional e prêmio, vedada verba de representação.

c) e Paulo serão remunerados exclusivamente por subsídio fixado em parcela única, vedado o acréscimo, dentre outras vantagens, de adicional, prêmio e verba de representação.

d) e Paulo serão remunerados por subsídio fixado em parcela única, sendo possível, dentre outras vantagens, o acréscimo de adicional, prêmio e verba de representação.

e) e Paulo serão remunerados por subsídio fixado em parcela única, sendo possível o acréscimo de adicional e verba de representação e vedado prêmio.

▷ ***Anotações/Comentários***

Alternativa "c" (Responde todas as alternativas): Nos termos do art. 39, §4º, tanto Ministros de Estado (**Ronaldo**) quanto Secretários Municipais (**Paulo**), além de outras autoridades, serão remunerados exclusivamente por **subsídio** fixado em parcela **única**, **vedado o acréscimo de qualquer** gratificação, adicional, abono, prêmio, verba de representação ou outra espécie remuneratória.

---

154. (FGV - Analista Administrativo - TJ - SC/2018) Maria, ocupante de cargo de provimento efetivo de natureza técnica na Administração Pública municipal, foi aprovada em concurso público de provas e títulos, organizado pelo Estado, para o provimento de um cargo igualmente de natureza técnica. Ao dirigir-se ao departamento de recursos humanos do Estado para apresentar os documentos necessários à posse, foi informada que a ordem constitucional vedava a acumulação de cargos públicos nas circunstâncias em que se encontrava.

À luz da sistemática constitucional, a informação prestada a Maria está:

a) errada, pois é possível a acumulação dos referidos cargos desde que Maria opte pela remuneração de um deles;

b) errada, pois é possível a acumulação dos referidos cargos, desde que seja observado o teto remuneratório;

c) errada, pois é possível a acumulação dos referidos cargos, desde que haja compatibilidade de horários;

d) certa, pois a Constituição da República veda a acumulação de cargos públicos de natureza técnica;

e) certa, pois a Constituição da República veda a acumulação de quaisquer cargos públicos.

▷ ***Anotações/Comentários***

Alternativa "d" (responde todas as alternativas): Nos termos do art. 37, XVI da CF/88, é vedada a acumulação remunerada de cargos públicos, exceto, quando houver compatibilidade de horários, a de dois cargos de professor; a de um cargo de professor com outro técnico ou científico; e a de dois cargos ou empregos privativos de profissionais de saúde, com profissões regulamentadas. Portanto, é vedado o acúmulo de dois cargos de natureza técnica, como buscava Maria.

---

155. (FGV - Analista Jurídico - TJ - SC/2018) Pedro, servidor público estadual, respondeu a processo administrativo disciplinar e recebeu, ao final, a sanção de suspensão de 10 (dez) dias, o que também lhe acarretou outros prejuízos estatutários, como a impossibilidade de ser promovido por merecimento nos dois anos seguintes. Apesar da gravidade das consequências, Pedro não foi defendido por advogado.

Considerando as garantias constitucionais asseguradas aos brasileiros em geral, a ausência de defesa por advogado:

a) não afronta a ordem constitucional, desde que tenham sido assegurados o contraditório e a ampla defesa;

b) não afronta a ordem constitucional, desde que Pedro tenha renunciado ao direito à defesa por advogado;

c) afronta a garantia constitucional do devido processo legal;

d) afronta a garantia constitucional da ampla defesa;

e) afronta a garantia constitucional do contraditório.

▷ ***Anotações/Comentários***

Alternativa "a" (responde todas as alternativas): A garantia que necessariamente deve ser observada nos processos judiciais e administrativos é prevista no art. 5º, LV da CF/88, que estabelece que aos litigantes e acusados em geral são assegurados o contraditório e a ampla defesa, com meios e recursos a ela inerentes. No entanto, interpretando referido artigo, entendeu o STF, conforme súmula vinculante nº 5, que "A falta de defesa técnica por advogado no processo administrativo disciplinar não ofende a Constituição", sendo faculdade da parte nomear advogado em processos administrativos. Diante disso, pode-se concluir que a ausência de defesa não afronta a ordem constitucional, desde que tenham sido assegurados o contraditório e a ampla defesa.

---

156. (Cespe - Técnico Judiciário - Área Administrativa - TRE - BA/2017) O governador de um estado da Federação, durante o cumprimento de seu mandato, foi aprovado em concurso público para o cargo de analista judiciário de um tribunal e convocado para a respectiva posse.

Nessa situação hipotética, conforme a Constituição Federal de 1988, o governador

a) não poderá tomar posse no cargo por ser chefe do Poder Executivo estadual, o que feriria o princípio da indissolubilidade do pacto federativo.

b) poderá tomar posse no cargo e perderá, automaticamente, o mandato.

c) poderá tomar posse no cargo, mas, para continuar cumprindo seu mandato eletivo, terá de manter-se afastado do cargo de analista judiciário.

d) não poderá tomar posse no cargo em razão de vedação constitucional que visa evitar ofensa ao princípio da separação dos poderes.

e) poderá tomar posse no cargo e, ao entrar em exercício, cumular as duas atividades.

▷ ***Anotações/Comentários***

Alternativa correta: letra "c" (responde todas as demais alternativas): o Governador poderá continuar exercendo seu mandato eletivo, porém terá que se afastar do cargo de analista judiciário, por força do disposto no art. 28, § 1º c/c art. 38, incisos I, IV e V, da CF: "Art. 28. A eleição do Governador e do Vice-Governador de Estado, para mandato de quatro anos, realizar-se-á no primeiro domingo de outubro, em primeiro turno, e no último domingo de outubro, em segundo turno, se houver, do ano anterior ao do término do mandato de seus antecessores, e a posse ocorrerá em primeiro de janeiro do ano subsequente, observado, quanto ao mais, o disposto no art. 77. § 1º **Perderá o mandato o Governador que assumir outro cargo ou função na administração pública direta ou indireta, ressalvada a posse em virtude de concurso público** e observado o disposto no art. 38, I, IV e V" c/c "Art. 38. **Ao servidor público da administração direta, autárquica e fundacional, no exercício de mandato eletivo, aplicam-se as seguintes disposições:** I – **tratando-se de mandato eletivo federal, estadual ou distrital, ficará afastado de seu cargo, emprego ou função**; IV – em qualquer caso que exija o afastamento para o exercício de mandato eletivo, seu tempo de serviço será contado para todos os efeitos legais, exceto para promoção por merecimento; V – na hipótese de ser segurado de regime próprio de previdência social, permanecerá filiado a esse regime, no ente federativo de origem. ".

---

157. (Cespe - Técnico Judiciário - Área Administrativa - TRE - BA/2017) O governador de um estado da Federação, durante o cumprimento de seu mandato, foi aprovado em concurso público para o cargo de analista judiciário de um tribunal e convocado para a respectiva posse.

Nessa situação hipotética, conforme a Constituição Federal de 1988, o governador

a) não poderá tomar posse no cargo por ser chefe do Poder Executivo estadual, o que feriria o princípio da indissolubilidade do pacto federativo.

b) poderá tomar posse no cargo e perderá, automaticamente, o mandato.

c) poderá tomar posse no cargo, mas, para continuar cumprindo seu mandato eletivo, terá de manter-se afastado do cargo de analista judiciário.

d) não poderá tomar posse no cargo em razão de vedação constitucional que visa evitar ofensa ao princípio da separação dos poderes.

e) poderá tomar posse no cargo e, ao entrar em exercício, cumular as duas atividades.

▷ ***Anotações/Comentários***

Alternativa correta: letra "c": o Governador poderá continuar exercendo seu mandato eletivo, porém terá que se afastar do cargo de analista judiciário, por força do disposto no art. 28, § 1º c/c art. 38, incisos I, IV e V, da CF: "Art. 28. A eleição do Governador e do Vice-Governador de Estado, para mandato de quatro anos, realizar-se-á no primeiro domingo de outubro, em primeiro turno, e no último domingo de outubro, em segundo turno, se houver, do ano anterior ao do término do mandato de seus antecessores, e a posse ocorrerá em primeiro de janeiro do ano subsequente, observado, quanto ao mais, o disposto no art. 77. § 1º **Perderá o mandato o Governador que assumir outro cargo ou função na administração pública direta ou indireta, ressalvada a posse em virtude de concurso público** e observado o disposto no art. 38, I, IV e V" c/c "Art. 38. **Ao servidor público da administração direta, autárquica e fundacional, no exercício de mandato eletivo, aplicam-se as seguintes disposições:** I – **tratando-se de mandato eletivo federal, estadual ou distrital, ficará afastado de seu cargo, emprego ou função**; IV – em qualquer caso que exija o afastamento para o exercício de mandato eletivo, seu tempo de serviço será contado para todos os efeitos legais, exceto para promoção por merecimento; V – na hipótese de ser segurado de regime próprio de previdência social, permanecerá filiado a esse regime, no ente federativo de origem. ".

158. (Cespe – Analista Judiciário – Área Administrativa – TRE – BA/2017) Conforme a Constituição Federal de 1988, o servidor público adquirirá a estabilidade

a) independentemente de ter sido investido no cargo em decorrência de aprovação prévia em concurso público.
b) mesmo se ocupar cargo comissionado.
c) após 3 anos do efetivo exercício do cargo.
d) ainda que não realize avaliação especial de desempenho.
e) após os 4 anos do estágio probatório.

▷ ***Anotações/Comentários***

Alternativa correta: letra "c" (responde todas as demais alternativas): de acordo com o art. 41, caput, da CF: "Art. 41. São estáveis após três anos de efetivo exercício os servidores nomeados para cargo de provimento efetivo em virtude de concurso público". Nesse sentido: "A EC 19/1998, que alterou o art. 41 da CF, elevou para três anos o prazo para a aquisição da estabilidade no serviço público e, por interpretação lógica, o prazo do estágio probatório" (STA 263 AgR, rel. Min. Gilmar Mendes, julgamento em 04/02/2010) e "Defensor público estadual: garantias e prerrogativas (...) O prazo trienal para a aquisição de estabilidade no cargo, fixado pela EC 19/1998, é aplicável indistintamente a todos os servidores públicos (ADI 230, rel. Min. Cármen Lúcia, julgamento em 01/02/2010).

159. (Cespe – Técnico Judiciário – Área Administrativa – TRE – PE/2017) Assinale a opção correta acerca dos vencimentos e das remunerações dos servidores públicos.

a) Os acréscimos pecuniários recebidos por servidor público tornam-se vinculativos para o futuro.
b) De regra, é permitida a acumulação remunerada de cargos públicos, ressalvadas as exceções constitucionais.
c) É possível a concessão de equiparação de remuneração de servidores públicos.
d) Os vencimentos dos cargos do Poder Judiciário poderão ser superiores aos pagos pelo Poder Executivo.
e) Como regra, o subsídio e os vencimentos dos ocupantes de cargos e empregos públicos são irredutíveis.

▷ ***Anotações/Comentários***

Alternativa correta: letra "e" (responde todas as demais alternativas): de acordo com o art. 37, inciso XV, da CF: "Art. 37. A administração pública direta e indireta de qualquer dos Poderes da União, dos Estados, do Distrito Federal e dos Municípios obedecerá aos princípios de legalidade, impessoalidade, moralidade, publicidade e eficiência e, também, ao seguinte: XV – o subsídio e os vencimento dos ocupantes de cargos e empregos públicos são irredutíveis, ressalvado o disposto nos incisos XI e XIV deste artigo, e nos arts. 39, § 4º, 150, II, 153, III, e 153, § 2º, I".

160. (Cespe – Analista Judiciário – Área Administrativa – TRE – PE/2017) De acordo com a CF, na fixação do vencimento e da remuneração dos servidores públicos, deve-se observar

a) se o ocupante do cargo é afrodescendente.
b) a complexidade dos cargos componentes de cada carreira.
c) se o ocupante do cargo é portador de deficiência.
d) se o cargo é destinado a hipossuficiente.
e) se o cargo é destinado a indígena.

▷ ***Anotações/Comentários***

Alternativa correta: letra "b" (responde todas as demais alternativas): de acordo com o **art. 39, § 1º, inciso I, da CF**: "Art. 39. A União, os Estados, o Distrito Federal e os Municípios instituirão, no âmbito de sua competência, regime jurídico único e planos de carreira para os servidores da administração pública direta, das autarquias e das fundações públicas. § 1º **A fixação dos padrões de vencimento e dos demais componentes do sistema remuneratório observará: I – a natureza, o grau de responsabilidade e a complexidade dos cargos componentes de cada carreira**; II – os requisitos para a investidura; III – as peculiaridades dos cargos". O Poder Público deve fixar os vencimentos e as remunerações com base em critérios objetivos, e não subjetivos, respeitando-se os princípios da impessoalidade e da isonomia aos quais se submete a Administração. As demais alternativas apresentam critérios subjetivos que não se adequam ao texto constitucional.

11. ORGANIZAÇÃO DOS PODERES

11.1. Poder legislativo

161. CEBRASPE – 2023 – TJ/ES – Analista Judiciário – Área Administrativa De acordo com a jurisprudência do STF no que tange a funções essenciais à justiça e aos Poderes Legislativo e Judiciário, julgue o item a seguir.

A imunidade material parlamentar, quanto a palavras e opiniões emitidas fora do espaço do Congresso Nacional, pressupõe a presença de nexo de causalidade entre a suposta ofensa e a atividade parlamentar.

▷ ***Anotações/Comentários***

Entende o STF: "A garantia constitucional da imunidade parlamentar em sentido material (CF, art. 53, *caput*) – que representa um instrumento vital destinado a viabilizar o exercício independente do mandato representativo – somente protege o membro do Congresso Nacional, qualquer que seja o âmbito espacial (*locus*) em que este exerça a liberdade de opinião (ainda que fora do recinto da própria Casa legislativa), nas hipóteses específicas em que as suas manifestações guardem conexão com o desempenho da função legislativa (prática *in officio*) ou tenham sido proferidas em razão dela (prática *propter officium*)" [Inq 1.024 QO, rel. min. Celso de Mello, j. 21-11-2002, P, DJ de 4-3-2005.].

162. (Cespe – Técnico Judiciário – TJ – RJ/2021) Compete exclusivamente ao Congresso Nacional

a) mudar temporariamente sua sede.
b) aprovar previamente, por voto secreto, após arguição pública, a escolha de procurador-geral da República.
c) eleger membros do Conselho da República.
d) dispor sobre limites e condições para a concessão de garantia da União em operações de crédito externo e interno.
e) conceder anistia.

▷ ***Anotações/Comentários***

As competências exclusivas do Congresso Nacional estão elencadas no art. 49 da CF/88. A alternativa (a) contém exatamente a competência elencada no inciso VI deste artigo. As demais alternativas previam atribuições de competência do Senado Federal (b, d); da Câmara dos Deputados (c); e da União (e).

163. (Cespe – Técnico Judiciário – TJ – RJ/2021) Assinale a opção que apresenta atribuições do presidente da República e dos ministros de Estado, respectivamente.

CONSTITUCIONAL

a) exercer o comando supremo das Forças Armadas; autorizar, em terras indígenas, a exploração e o aproveitamento de recursos hídricos
b) remeter mensagem e plano de governo ao Congresso Nacional por ocasião da abertura da sessão legislativa; fixar e modificar o efetivo das Forças Armadas
c) conceder indulto e comutar penas; dispor sobre planos e programas nacionais, regionais e setoriais de desenvolvimento
d) vetar projetos de lei, total ou parcialmente; expedir instruções para a execução de leis, decretos e regulamentos
e) expedir decretos e regulamentos para sua fiel execução; avaliar periodicamente a funcionalidade do Sistema Tributário Nacional

▷ ***Anotações/Comentários***

A alternativa (d) contém a previsão que se extrai do art. 84, IV e do art. 87, parágrafo único, II da CF/88. A alternativa (a) contém uma competência do Presidente da República (art. 84, XIII) e uma do Congresso nacional (art. 49, XVI). A alternativa (b) contém uma competência do Presidente da República (art. 84, XI) e uma do Congresso Nacional com sanção do presidente da República (art. 48, III). A alternativa (c) traz uma competência do Presidente da República (art. 84, XII) e uma do Congresso Nacional com a sanção do Presidente da República (art. 48, IV). Por fim, a alternativa (e) estabelece uma competência do Presidente da República (Art. 84, IV) e uma do Senado Federal (art. 52, XV).

---

164. (Cespe – Analista Judiciário – Direito – TJ - AM/2019) Com relação ao Poder Legislativo, julgue o item seguinte.

No âmbito do controle político repressivo de constitucionalidade, o Congresso Nacional tem competência para sustar decreto do presidente da República que exorbite do poder regulamentar.

- CERTO
- ERRADO

▷ ***Anotações/Comentários***

O controle repressivo de constitucionalidade é aquele que ocorre **após** a edição do ato normativo. É político quando realizado por outros órgãos que não o Poder Judiciário. A hipótese narrada no item diz respeito à previsão do art. 49, V da CF/88, que dispõe: "Art. 49. É da **competência exclusiva do Congresso Nacional**: [...] V- **sustar os atos normativos do Poder Executivo que exorbitem do poder regulamentar** ou dos limites de delegação legislativa;".

---

165. (Cespe – Analista Judiciário – Direito – TJ - AM/2019) Com relação ao Poder Legislativo, julgue o item seguinte.

Deputados estaduais e vereadores gozam de imunidade material somente no exercício do mandato e na circunscrição do município sede do Poder Legislativo do qual são integrantes.

- CERTO
- ERRADO

▷ ***Anotações/Comentários***

O art. 27, §1º da CF/88 estabelece que: "§ 1º Será de quatro anos o mandato dos **Deputados Estaduais**, **aplicando- sê-lhes as regras desta Constituição sobre** sistema eleitoral, inviolabilidade, **imunidades**, remuneração, perda de mandato, licença, impedimentos e incorporação às Forças Armadas.". Logo, aos Deputados Estaduais são aplicadas as mesmas regras dos Deputados Federais, as quais estão contidas no art. 53 da CF/88. Nesse sentido já se manifestou o STF: "Com o advento da Constituição de 1988 (art. 27, § 1º), que tornou aplicáveis, sem restrições, aos membros das assembleias legislativas dos Estados e do Distrito Federal, as normas sobre imunidades parlamentares dos integrantes do Congresso Nacional, **ficou superada a tese da Súmula 3/STF ("A imunidade concedida a deputados estaduais é restrita à Justiça do Estado")**, que tem por suporte necessário que o reconhecimento aos deputados estaduais das imunidades dos congressistas não derivava necessariamente da CF, mas decorreria de decisão autônoma do constituinte local." [RE 456.679, rel. min. Sepúlveda Pertence, j. 15-12-2005, P, DJ de 7-4-2006.]

Por sua vez, o art. 29, VIII da CF/88 dispõe que: "VIII - inviolabilidade dos Vereadores por suas opiniões, palavras e votos **no exercício do mandato e na circunscrição do Município**;". Portanto, a restrição à circunscrição do Município sede se aplica somente aos Vereadores, e não aos Deputados Estaduais.

---

166. (Cespe – Analista Judiciário – TJ - AM/2019) Com relação ao Poder Legislativo, julgue o item seguinte.

As comissões parlamentares de inquérito criadas no âmbito das câmaras municipais possuem os mesmos poderes de investigação das autoridades judiciais, inclusive para determinar a condução coercitiva de eventuais investigados, para fins de interrogatório.

- CERTO
- ERRADO

▷ ***Anotações/Comentários***

Importante observar que, embora seja assegurado às CPIs de âmbito **federal** os poderes de **investigação** próprios das autoridades judiciais, não lhe é assegurado o poder para determinar condução coercitiva de eventuais investigados, para fins de interrogatório, conforme entendimento do STF: ""Arguição julgada procedente, para declarar a **incompatibilidade com a Constituição Federal da condução coercitiva de investigados ou de réus para interrogatório**, tendo em vista que o imputado não é legalmente obrigado a participar do ato, e pronunciar a não recepção da expressão 'para o interrogatório', constante do art. 260 do CPP." [ADPF 395 e ADPF 444, rel. min. Gilmar Mendes, j. 14-6-2018, P, DJE de 22-5-2019.]. Ademais, os poderes das CPIs de âmbito **municipal** são mais restritos, não possuindo poderes próprios de investigação. A esse respeito: "Comissão parlamentar de inquérito instaurada pela Câmara Municipal. **Não se lhe aplica o disposto no artigo 3º da Lei n. 1.579/52 e artigo 218 do Código de Processo Penal, para compelir estranhos a sua órbita de indagação**." (RE 96.049, rel. min. Oscar Corrêa, julgamento em 30-6-1983, Primeira Turma, DJ de 19-8-1983.)

---

167. (FGV – Analista Jurídico – TJ - SC/2018) A Comissão de Orçamento da Assembleia Legislativa de determinado Estado convocou o Governador e o Secretário de Estado de Fazenda, para que prestassem informações sobre questões ligadas à arrecadação tributária e à projeção de gastos para o próximo exercício financeiro.

Considerando a sistemática constitucional afeta ao funcionamento das comissões parlamentares e ao princípio da simetria, a referida convocação:

a) se harmoniza à Constituição tanto em relação ao Governador como ao Secretário de Estado, caso aprovada pelo plenário;
b) se harmoniza à Constituição tanto em relação ao Governador como ao Secretário de Estado;
c) destoa da Constituição tanto em relação ao Governador como ao Secretário de Estado;
d) somente se harmoniza à Constituição em relação ao Secretário de Estado;
e) somente se harmoniza à Constituição em relação ao Governador.

▷ ***Anotações/Comentários***

Alternativa "d" (responde todas as alternativas): O poder das comissões parlamentares de convocar autoridades e cidadãos para prestar depoimentos é prevista no art. 58, §2º da CF/88. No entanto, para garantir o princípio da separação dos poderes, bem como a imunidade prevista no art. 86, §4º da CF/88, esse poder não atinge o Presidente da República e seu Vice, assim como não atinge os Ministros do Supremo Tribunal Federal. Aplicando-se a simetria federativa, apenas se harmoniza com a Constituição Federal a convocação o Secretário de Estado.

---

168. (Cespe – Técnico Judiciário – Área Administrativa – TRE – TO/2017) De acordo com a CF, o sistema proporcional é utilizado para eleger

a) deputados federais.
b) presidente da República.
c) senadores.
d) governadores.
e) prefeitos.

▷ ***Anotações/Comentários***

Alternativa correta: letra "a": de acordo com o art. 45, caput, da CF: "Art. 45. A Câmara dos Deputados compõe-se de representantes do povo, eleitos, pelo sistema proporcional, em cada Estado, em cada Território e no Distrito Federal". Os demais cargos são elegidos pelo sistema majoritário.

---

169. (Cespe – Técnico Judiciário – Área Administrativa – TRE – PE/2017) Compete privativamente à Câmara dos Deputados

a) processar e julgar os ministros do Supremo Tribunal Federal, nos crimes de responsabilidade.

b) elaborar o regimento interno do Senado Federal.

c) aprovar, previamente, a escolha de ministros do Tribunal de Contas da União.

d) autorizar a instauração de processo contra o presidente da República.

e) processar e julgar o presidente e o vice-presidente da República nos crimes de responsabilidade.

▷ ***Anotações/Comentários***

Alternativa "d": autorizar a instauração de processo contra o Presidente da República é competência privativa da Câmara dos Deputados, conforme **art. 51, inciso I, da CF**: "Art. 51. Compete privativamente à Câmara dos Deputados: I – autorizar, por dois terços de seus membros, a instauração de processo contra o Presidente e o Vice-Presidente da República e os Ministros de Estado".

Alternativa "a": a referida competência é do **Senado Federal**, conforme art. 52, inciso II, da CF.

Alternativa "b": a referida competência é do **Senado Federal**, conforme art. 52, inciso XII, da CF.

Alternativa "c": a referida competência é do **Senado Federal**, conforme art. 52, inciso III, alínea "b", da CF.

Alternativa "e": a referida competência é do **Senado Federal**, conforme art. 52, inciso I, da CF.

---

170. (Cespe – Técnico Judiciário – Área Administrativa – TRE – BA/2017) O Poder Legislativo é exercido pelo Congresso Nacional, que se compõe da Câmara dos Deputados e do Senado Federal, os quais, por sua vez, são constituídos por representantes dos estados e do Distrito Federal (DF). Para o Senado Federal, tais representantes são eleitos segundo o

a) sistema proporcional, e cada estado e o DF elegem dois candidatos, cada um deles com mandato de quatro anos.

b) princípio majoritário, e cada candidato é eleito com um suplente.

c) sistema proporcional, e cada estado e o DF elegem três candidatos, cada um deles com mandato de quatro anos.

d) sistema proporcional, e cada candidato é eleito com dois suplentes.

e) princípio majoritário, e cada estado e o DF elegem três candidatos, cada um deles com mandato de oito anos.

▷ ***Anotações/Comentários***

A alternativa é a única que traduz o disposto no **art. 46, § 1º, da CF**: "Art. 46. O Senado Federal compõe-se de representantes dos Estados e do Distrito Federal, eleitos segundo o **princípio majoritário**. § 1º **Cada Estado e o Distrito Federal elegerão três Senadores, com mandato de oito anos**".

---

171. (FCC – Analista Judiciário – Área Administrativa – TRF 5/2017) Anastácio é Ministro do Supremo Tribunal Federal e Anacleto, membro do Conselho Nacional de Justiça. A ambos é imputada a prática de crime de responsabilidade. Diante dessa situação hipotética, à luz da Constituição Federal, compete privativamente

a) à Câmara dos Deputados processar e julgar tanto Anastácio quanto Anacleto.

b) à Câmara dos Deputados processar e julgar Anastácio e ao Senado Federal processar e julgar Anacleto.

c) ao Supremo Tribunal Federal processar e julgar tanto Anastácio quanto Anacleto.

d) ao Senado Federal processar e julgar tanto Anastácio quanto Anacleto.

e) ao Supremo Tribunal Federal processar e julgar Anastácio e ao Congresso Nacional processar e julgar Anacleto.

▷ ***Anotações/Comentários***

Alternativa correta: letra "d" (responde todas as demais alternativas): no caso de ambos, devem ser processados e julgados pelo Senado Federal, conforme **art. 52, inciso I, da CF**: "Art. 52. Compete privativamente ao Senado Federal: I – processar e julgar o Presidente e o Vice-Presidente da República nos crimes de responsabilidade, bem como os Ministros de Estado e os Comandantes da Marinha, do Exército e da Aeronáutica nos crimes da mesma natureza conexas com aqueles".

CONSTITUCIONAL

---

172. (FCC – Analista Judiciário – Área Judiciária – TRE – SP/2017) Com o desfecho das eleições municipais e a posse dos novos Prefeitos, dois parlamentares do Estado "X" assumiram cargos junto a Poderes Executivos locais, após o que suas funções legislativas passaram a ser exercidas por seus respectivos suplentes. Um deles era Deputado Federal, que assumiu o cargo de Secretário de Prefeitura da capital de seu Estado. O outro era Senador, que foi nomeado Secretário de Prefeitura de outro município do mesmo Estado "X". Paralelamente, um outro Senador representante do mesmo Estado "X" veio a falecer, não havendo, todavia, suplente para que sua vaga fosse preenchida. Considerando que esses fatos ocorreram no primeiro mês da segunda metade do mandato de cada um dos parlamentares e levando-se em conta o texto da Constituição Federal, considere:

I. o Deputado Federal não perderá o mandato ao assumir o cargo de Secretário.

II. o Senador não perderá o mandato ao assumir o cargo de Secretário.

III. a vaga do Senador falecido deve ser preenchida mediante nova eleição.

Está correto o que consta em

a) I, II e III.

b) I e II, apenas.

c) I e III, apenas.

d) I, apenas.

e) II e III, apenas.

▷ ***Anotações/Comentários***

Alternativa correta: letra "c".

Assertiva I: certa. O Deputado Federal não perderá seu mandato ao assumir a Secretaria, conforme art. 56, inciso I, da CF: "Art. 56. **Não perderá o mandato de Deputado ou Senador**: I – **investido no cargo de** Ministro de Estado, Governador de Território, **Secretário** de Estado, do Distrito Federal, de Território, **de Prefeitura de Capital** ou chefe de missão diplomática temporária".

Assertiva II: errada. O Senador perderá o seu mandato, visto que, conforme art. 56, inciso I, da CF, apenas é possível manter o cargo caso seja investido em cargo de Secretário de Prefeitura de **Capital**. Qualquer outro Município do Estado enseja, portanto, hipótese de perda do mandato.

Assertiva III: certa. A vaga do Senador falecido deve ser preenchida com nova eleição porque não havia suplente para preenchê-la, configurando hipótese do art. 56, § 2º, da CF: "**Art. 56. § 2º Ocorrendo vaga e não havendo suplente, far-se-á eleição para preenche-la se faltarem mais de quinze meses para o término do mandato**".

---

173. (Cespe – Analista Judiciário – Área Administrativa – TRE – TO/2017) Compete ao Congresso Nacional, com a sanção do presidente da República,

a) deliberar, definitivamente, sobre atos internacionais que acarretem compromissos gravosos ao patrimônio nacional.

b) autorizar referendo e convocar plebiscito.

c) dispor sobre diretrizes orçamentárias, operações de crédito e dívida pública.

d) sustar atos normativos do Poder Executivo que exorbitem do poder regulamentar.

e) autorizar a pesquisa e a lavra de riquezas minerais em terras indígenas.

▷ ***Anotações/Comentários***

Alternativa correta: letra "c": de acordo com o **art. 48, inciso II, da CF**: "Art. 48. Cabe ao Congresso Nacional, com a sanção do Presidente da República, não exigida esta para o especificado nos arts. 49, 51 e 52, dispor sobre todas as matérias de competência da União, especialmente sobre: II – plano plurianual, diretrizes orçamentárias, orçamento anual, operações de crédito, dívida pública e emissões de curso forçado".

Alternativa "a": a hipótese é de **competência exclusiva do Congresso Nacional**, não sendo necessária a sanção do Presidente da República para tanto, conforme **art. 49, inciso I, da CF**: "Art. 49. É da competência exclusiva do Congresso Nacional: I – resolver definitivamente sobre tratados, acordos ou atos internacionais que acarretem encargos ou compromissos gravosos ao patrimônio nacional".

Alternativa "b": a hipótese é de **competência exclusiva do Congresso Nacional**, não sendo necessária a sanção do Presidente da República para tanto, conforme **art. 49, inciso XV, da CF**: "Art. 49. É da competência exclusiva do Congresso Nacional: XV – autorizar referendo e convocar plebiscito".

Alternativa "d": a hipótese é de **competência exclusiva do Congresso Nacional**, não sendo necessária a sanção do Presidente da República para tanto, conforme **art. 49, inciso V, da CF**: "Art. 49. É da competência exclusiva do Congresso Nacional: V – sustar os atos normativos do Poder Executivo que exorbitem do poder regulamentar ou dos limites de delegação legislativa".

Alternativa "e": a hipótese é de **competência exclusiva do Congresso Nacional**, não sendo necessária a sanção do Presidente da República para tanto, conforme **art. 49, inciso XVI, da CF**: "Art. 49. É da competência exclusiva do Congresso Nacional: XVI – autorizar, em terras indígenas, a exploração e o aproveitamento de recursos hídricos e a pesquisa e lavra de riquezas minerais".

---

174. (Cespe – Analista Judiciário – Área Administrativa – TRE – BA/2017) Conforme a Constituição Federal de 1988, os senadores da República são

a) eleitos, cada qual, com um suplente.
b) invioláveis, civil e penalmente, por suas opiniões, palavras e votos.
c) representantes dos estados, do Distrito Federal e dos municípios.
d) eleitos para mandato de quatro anos.
e) submetidos a julgamento perante o Superior Tribunal de Justiça a partir da expedição do diploma.

▷ ***Anotações/Comentários***

Alternativa correta: letra "b": de acordo com o art. 53, com redação dada pela EC 35/2001: "Art. 53. Os Deputados e Senadores são invioláveis, civil e penalmente, por quaisquer de suas opiniões, palavras e votos".

Alternativa "a": senadores são eleitos, cada qual, com dois suplentes, de acordo com o art. 46, § 3º, da CF: "Art. 46. O Senado Federal compõe-se de representantes dos Estados e do Distrito Federal, eleitos segundo o princípio majoritário. § 3º Cada Senador será eleito com dois suplentes.

Alternativa "c": senadores são representantes apenas dos Estados e do Distrito Federal, não dos Municípios. "Art. 46. O Senado Federal compõe-se de representantes dos Estados e do Distrito Federal, eleitos segundo o princípio majoritário".

Alternativa "d": o mandato dos senadores dura oito anos, de acordo com o art. 46, § 1º, da CF: § 1º Cada Estado e o Distrito Federal elegerão três Senadores, com mandato de oito anos".

Alternativa "e": são submetidos a julgamento perante o Superior Tribunal Federal – Art. 53, § 1º Os Deputados e Senadores, desde a expedição do diploma, serão submetidos a julgamento perante o Supremo Tribunal Federal.

---

175. (Cespe – Analista Judiciário – Área Administrativa – TRE – BA/2017) Para a criação da Comissão Parlamentar de Inquérito (CPI), é indispensável

a) que o fato não esteja em apuração em instância policial ou judicial.
b) o requerimento de, no mínimo, dois terços dos membros da casa legislativa.
c) o apontamento de fato determinado a ser investigado.
d) que a iniciativa seja da Câmara dos Deputados, não podendo ser de outra casa legislativa.
e) a fixação de prazo improrrogável para a conclusão do trabalho, independentemente da complexidade do fato investigado.

▷ ***Anotações/Comentários***

Alternativa correta: letra "c" (responde todas as demais alternativas): de acordo com **o art. 58, § 3º, da CF**: "Art. 58. § 3º As comissões parlamentares de inquérito, que terão poderes de investigação próprios das autoridades judiciais, além de outros previstos nos regimentos das respectivas Casas, serão criadas pela Câmara dos Deputados e pelo Senado Federal, em conjunto ou separadamente, **mediante requerimento de um terço de seus membros, para a apuração de fato determinado e por prazo certo**, sendo suas conclusões, se for o caso, encaminhadas ao Ministério Público, para que promova a responsabilidade civil ou criminal dos infratores". As CPIs são criadas com fins de investigação pelo prazo máximo de seis meses, com prorrogação de outros dois, para que se apure fato específico, e não genérico. Para que seja instalada, deve contar com o apoio de 1/3 dos membros das Casas, e só podem funcionar cinco CPIs simultaneamente.

11.1.1. Processo legislativo

---

176. CEBRASPE – 2023 – TJ/ES – Analista Judiciário – Área Administrativa De acordo com a jurisprudência do STF no que tange a funções essenciais à justiça e aos Poderes Legislativo e Judiciário, julgue o item a seguir.

Na hipótese de veto parcial de projeto de lei, a promulgação da parte sancionada ocorrerá após a análise do veto pelo Poder Legislativo por não poder haver o desmembramento do processo legislativo.

▷ ***Anotações/Comentários***

O STF manifestou entendimento no sentido de que: "É constitucional a promulgação, pelo Chefe do Poder Executivo, de parte incontroversa de projeto da lei que não foi vetada, **antes da manifestação** do Poder Legislativo pela manutenção ou pela rejeição do veto, inexistindo vício de inconstitucionalidade dessa parte inicialmente publicada pela ausência de promulgação da derrubada dos vetos." (STF. Plenário. ARE RE 706103, Rel. Min. Luiz Fux, julgado em 27/04/2020) (Tema 595).

---

177. CEBRASPE – 2023 – TJ/ES – Analista Judiciário – Área Administrativa De acordo com a jurisprudência do STF no que tange a funções essenciais à justiça e aos Poderes Legislativo e Judiciário, julgue o item a seguir.

A ação direta de inconstitucionalidade não pode ser utilizada para inviabilizar a aprovação de projetos de lei.

▷ ***Anotações/Comentários***

Trata-se do controle de constitucionalidade preventivo, que, apesar de sua natureza excepcional, é admitido. A esse respeito, manifestou o STF. "Não se admite, no sistema brasileiro, o controle jurisdicional de constitucionalidade material de projetos de lei (controle preventivo de normas em curso de formação). O que a jurisprudência do STF tem admitido, como exceção, é "a legitimidade do parlamentar – e somente do parlamentar – para impetrar mandado de segurança com a finalidade de coibir atos praticados no processo de aprovação de lei ou emenda constitucional incompatíveis com disposições constitucionais que disciplinam o processo legislativo" (MS 24.667, P, min. Carlos Velloso, DJ de 23-4-2004). Nessas excepcionais situações, em que o vício de inconstitucionalidade está diretamente relacionado a aspectos formais e procedimentais da atuação legislativa, a impetração de segurança é admissível, segundo a jurisprudência do STF, porque visa a corrigir vício já efetivamente concretizado no próprio curso do processo de formação da norma, antes mesmo e independentemente de sua final aprovação ou não. Sendo inadmissível o controle preventivo da constitucionalidade material das normas em curso de formação, não cabe atribuir a parlamentar, a quem a Constituição nega habilitação para provocar o controle abstrato repressivo, a prerrogativa, sob todos os aspectos mais abrangente e mais eficiente, de provocar esse mesmo controle antecipadamente, por via de mandado de segurança (...)" (MS 32.033 rel. p/ o ac. min. Teori Zavascki, j. 20-6-2013, P, DJEde 18-2-2014.]"

178. (IBFC – Técnico Judiciário – Área Administrativa – TRE – PA/2020) A jurisprudência do Supremo Tribunal Federal já abordou ser a separação dos poderes derivada da "necessidade de conter os excessos dos órgãos que compõem o aparelho do Estado, representa o princípio conservador das liberdades do cidadão e constitui o meio mais adequado para tornar efetivos e reais os direitos e garantias proclamados pela Constituição". Quanto à organização dos Poderes assentada na Constituição Federal de 1988, assinale a alternativa incorreta.

a) Compete privativamente à Câmara dos Deputados, entre outras funções, autorizar, por dois terços de seus membros, a instauração de processo contra o Presidente e o Vice- Presidente da República e os Ministros de Estado; proceder à tomada de contas do Presidente da República, quando não apresentadas ao Congresso Nacional dentro de sessenta dias após a abertura da sessão legislativa; e elaborar seu regimento interno

b) O Presidente ficará suspenso de suas funções nas infrações penais comuns e nos crimes de responsabilidade, após o recebimento das petições e a respectiva instauração do processo pelo Senado Federal. Se, decorrido o prazo de noventa dias, o julgamento não estiver concluído, cessará o afastamento do Presidente, sem prejuízo do regular prosseguimento do processo

c) Compete privativamente ao Senado Federal, entre outras funções, processar e julgar o Presidente e o Vice-Presidente da República nos crimes de responsabilidade, bem como os Ministros de Estado e os Comandantes da Marinha, do Exército e da Aeronáutica nos crimes da mesma natureza conexos com aqueles; bem como processar e julgar os Ministros do Supremo Tribunal Federal, os membros do Conselho Nacional de Justiça e do Conselho Nacional do Ministério Público, o Procurador-Geral da República e o Advogado- Geral da União nos crimes de responsabilidade

d) Desde a expedição do diploma, os membros do Congresso Nacional não poderão ser presos, salvo em flagrante de crime inafiançável. Nesse caso, os autos serão remetidos dentro de vinte e quatro horas à Casa respectiva, para que, pelo voto da maioria de seus membros, resolva sobre a prisão

▷ ***Anotações/Comentários***

Nota do autor: a questão pede a alternativa incorreta.

Alternativa "a": Trata-se da disposição dos incisos I, II e III do art. 51 da CF/88. Vale citar que esse dispositivo traz, ainda, mais 2 incisos com competências privativas da Câmara dos Deputados, que são: dispor sobre sua organização, funcionamento, polícia, criação, transformação ou extinção dos cargos, empregos e funções de seus serviços, e a iniciativa de lei para fixação da respectiva remuneração, observados os parâmetros estabelecidos na lei de diretrizes orçamentárias; e eleger membros do Conselho da República, nos termos do art. 89, VII.

Alternativa "b": Na verdade, o art. 86 determina em seu §1º que o Presidente ficará suspenso de suas funções: "I – **nas infrações penais comuns,** se recebida a denúncia ou queixa-crime pelo **Supremo Tribunal Federal**;" e "II- nos **crimes de responsabilidade**, após a **instauração do processo** pelo **Senado Federal**". Estabelece ainda o §2º que: "Se, decorrido o prazo de **cento e oitenta dias**, o julgamento não estiver concluído, cessará o afastamento do Presidente, sem prejuízo do regular prosseguimento do processo.". Logo, há diversos erros na alternativa.

Alternativa "c": A alternativa traz os textos exatos dos incisos I e II do art. 52 da CF/88.

Alternativa "d": É o que dispõe o §2º do art. 53 da CF/88.

179. (Cespe – Analista Judiciário – Área Judiciária – STM/2018) Com relação à organização dos poderes e às funções essenciais à justiça, julgue os itens a seguir.

Situação hipotética: Por iniciativa de deputado federal, tramitou e foi aprovado, no Congresso Nacional, projeto de lei que trata de regime jurídico dos militares das Forças Armadas. Assertiva: Nessa situação, o projeto deverá ser vetado pelo presidente da República, porque existe vício de constitucionalidade formal.

- CERTO
- ERRADO

▷ ***Anotações/Comentários***

De fato, existe vício de inconstitucionalidade formal, pois na elaboração da referida lei houve uma violação às regras do processo legislativo previsto na Constituição: no caso, violou-se a disposição do art. 61, §1º, II, "f" da CF/88, que dispõe que referida matéria é de iniciativa privativa do Presidente da República. A esse respeito, importante observa que: a **sanção não convalida eventual vício de iniciativa**. Entendemos ainda ser pertinente a observação de que não há uma obrigatoriedade do veto pelo Presidente da República, mas sim uma faculdade, mesmo em caso de inconstitucionalidade do projeto.

180. (FGV – Analista Jurídico – TJ - SC/2018) Após solicitação do Presidente da República, o Congresso Nacional editou decreto legislativo delegando, ao referido agente, competência para editar a lei orçamentária anual, cujo teor seria o mais adequado à superação da situação de crise econômica, devendo observar os balizamentos estabelecidos pela lei de diretrizes orçamentárias.

Considerando os balizamentos a serem observados no processo legislativo, a referida narrativa:

a) apresenta irregularidades, pois, apesar de a delegação de competência ser possível, ela deve ser feita mediante resolução e não pode ter por objeto o orçamento;

b) não apresenta irregularidades, já que o Congresso Nacional pode delegar suas competências legislativas, excetuando apenas aquelas reservadas à lei complementar;

c) apresenta uma única irregularidade, pois, apesar de a delegação ser possível, ela não pode ser feita mediante decreto legislativo;

d) apresenta uma única irregularidade, pois, apesar de a delegação ser possível, ela não pode ter por objeto o orçamento;

e) apresenta uma irregularidade estrutural, já que o Congresso Nacional não pode delegar a sua competência legislativa.

▷ ***Anotações/Comentários***

Alternativa "a" (responde todas as alternativas): A delegação da competência legislativa do Congresso Nacional ao Presidente da República, na forma da lei delegada, é possível, prevista no art. 68 da CF/88. No entanto, nos termos do art. 68, §1º, III da CF/88, não será objeto de delegação a legislação sobre planos plurianuais, diretrizes orçamentárias e orçamentos, sendo proibida também a delegação de atos de competência exclusiva do Congresso Nacional, de competência privativa da Câmara dos Deputados ou do Senado Federal, de matéria reservada à lei complementar, bem como a legislação sobre organização do Poder Judiciário e do Ministério Público, assim como carreira e garantia de seus membros e ainda a legislação sobre nacionalidade, cidadania, direitos individuais, políticos e eleitorais. Portanto, a referida narrativa apresenta irregularidades. De fato, caso fosse possível, teria a forma de resolução, nos termos do §2º do mesmo artigo, devendo especificar seu conteúdo e os termos de seu exercício.

181. (Cespe – Analista Judiciário – Área Administrativa – TRE – BA/2017) O Projeto de lei aprovado pelo Congresso Nacional é enviado ao presidente da República, que pode vetá-lo ou sancioná-lo. Considera-se o veto do presidente um ato

a) supressivo ou aditivo, já que pode determinar a retirada ou a inclusão de dispositivos no projeto de lei.

b) retratável, por ser suscetível de posterior alteração pelo próprio presidente da República.

c) político, pois não há necessidade de que seja motivado.

d) absoluto, pois encerra definitivamente o processo legislativo em relação aos dispositivos vetados.

e) expresso, pois deve resultar de manifestação efetiva do chefe do Executivo.

▷ ***Anotações/Comentários***

Alternativa "a": veto é apenas supressivo, não podendo ser aditivo – tal classificação se aplica apenas às emendas parlamentares. O veto supressivo se encontra no art. 66, § 2º, da CF: "Art. 66. A Casa na qual tenha sido concluída a votação enviará o projeto de lei ao Presidente da República, que, aquiescendo, o sancionará. § 2º O veto parcial somente abrangerá texto integral de artigo, de parágrafo, de inciso ou de alínea".

Alternativa "b": o veto é irretratável, não podendo ser modificado após comunicação ao Presidente do Senado.

Alternativa "c": o veto necessariamente deve ser motivado, conforme art. 66, § 1º, da CF: "Art. 66. § 1º Se o Presidente da República considerar o projeto, no todo ou em parte, inconstitucional ou contrário ao interesse público, vetá-lo-á total ou parcialmente, no prazo de 15 dias úteis, contados da data do recebimento, e comunicará, dentro de 48 horas, ao Presidente do Senado Federal os motivos do veto". Caso o veto seja motivado por inconstitucionalidade, diz-se que é um veto jurídico; caso seja motivado por ser contrário ao interesse público, diz-se que é um veto político.

Alternativa "d": o veto pode ser superado pelo Poder Legislativo, conforme §§ 4º, 5º e 6º do art. 66: "Art. 66. § 4º O veto será apreciado em sessão conjunta, dentro de 30 dias a contar de seu recebimento, só podendo ser rejeitado pelo voto da maioria absoluta dos Deputados e Senadores. § 5º Se o veto não for mantido, será o projeto enviado, para promulgação, ao Presidente da República. § 6º Esgotado sem deliberação o prazo de 30 dias, o veto será colocado na ordem do dia da sessão imediata, sobrestadas as demais proposições, até sua votação final".

Alternativa "e": o veto é um ato expresso, tendo em vista que não existe veto tácito, pois se exige uma manifestação do Presidente da República. Nesse sentido, o art. 66, § 3º, da CF: "Art. 66. A Casa na qual tenha sido concluída a votação enviará o projeto de lei ao Presidente da República, que, aquiescendo, o sancionará. § 3º Decorridos quinze dias, o silencio do Presidente da República importará sanção", depreendendo-se que o veto deve ser, necessariamente, expresso.

182. (Cespe - Analista Judiciário - Área Administrativa - TRE - TO/2017) As medidas provisórias podem versar sobre matéria

a) que vise à detenção de bens e de poupança popular.
b) que implique a majoração de imposto.
c) relativa a direitos políticos e a partidos políticos.
d) reservada a lei complementar.
e) relativa a direito eleitoral.

▷ ***Anotações/Comentários***

Alternativa correta: letra "b": a alternativa é a única que possui matéria passível de edição de medida provisória, conforme art. 62, § 2º, da CF: "Art. 62. Em caso de relevância e urgência, o Presidente da República poderá adotar medidas provisórias, com força de lei, devendo submetê-las de imediato ao Congresso Nacional. § 2º Medida provisória que implique instituição ou majoração de impostos, exceto os previstos nos arts. 153, I, II, IV, V, e 154, II, só produzirá efeitos no exercício financeiro seguinte se houver sido convertida em lei até o último ia daquele em que foi editada".

Alternativa "a": a hipótese da alternativa constitui **vedação à edição de medida provisória**, conforme **art. 62, § 1º, inciso II, da CF**: "Art. 62. Em caso de relevância e urgência, o Presidente da República poderá adotar medidas provisórias, com força de lei, devendo submetê-las de imediato ao Congresso Nacional. § 1º É vedada a edição de medidas provisórias sobre matéria: II – que vise a detenção ou sequestro de bens, de poupança popular ou qualquer outro ativo financeiro" (incluído pela EC 32/2001).

Alternativa "c": a hipótese da alternativa constitui **vedação à edição de medida provisória**, conforme **art. 62, § 1º, inciso I, alínea "a", da CF**: "Art. 62. Em caso de relevância e urgência, o Presidente da República poderá adotar medidas provisórias, com força de lei, devendo submetê-las de imediato ao Congresso Nacional. § 1º É vedada a edição de medidas provisórias sobre matéria: I – relativa a: a) nacionalidade, cidadania, **direitos políticos, partidos políticos** e direito eleitoral".

Alternativa "d": a hipótese da alternativa constitui **vedação à edição de medida provisória**, conforme **art. 62, § 1º, inciso III, da CF**: "Art. 62. Em caso de relevância e urgência, o Presidente da República poderá adotar medidas provisórias, com força de lei, devendo submetê-las de imediato ao Congresso Nacional. § 1º É vedada a edição de medidas provisórias sobre matéria: III – reservada a lei complementar".

Alternativa "e": a hipótese da alternativa constitui **vedação à edição de medida provisória**, conforme **art. 62, § 1º, inciso I, alínea "a", da CF**: "Art. 62. Em caso de relevância e urgência, o Presidente da República poderá adotar medidas provisórias, com força de lei, devendo submetê-las de imediato ao Congresso Nacional. § 1º É vedada a edição de medidas provisórias sobre matéria: I – relativa a: a) nacionalidade, cidadania, direitos políticos, partidos políticos e **direito eleitoral**".

183. (Cespe - Analista Judiciário - Área Administrativa - TRE - PE/2017) É permitida, observados os pressupostos constitucionais, a edição de medidas provisórias sobre matéria

a) relativa à organização do Poder Judiciário.
b) relativa à nacionalidade e à cidadania.
c) que vise ao sequestro de bens.
d) objeto de projeto de lei pendente de aprovação pelo Congresso Nacional.
e) relativa a partidos políticos e direito eleitoral.

▷ ***Anotações/Comentários***

Alternativa correta: letra "d": de acordo com o art. 62, § 1º, inciso IV, da CF: "Art. 62. Em caso de relevância e urgência, o Presidente da República poderá adotar medidas provisórias, com força de lei, devendo submetê-las de imediato ao Congresso Nacional. § 1º É vedada a edição de medidas provisórias sobre matéria: IV – já disciplinada em **projeto de lei aprovado pelo Congresso Nacional e pendente de sanção ou veto do Presidente da República**". Deste modo, projeto de lei ainda pendente de aprovação pelo Congresso pode, sim, ser objeto de edição de medida provisória pelo Presidente da República.

Alternativas "a", "b", "c" e "e": as alternativas apresentam matérias que não podem ser objeto de edição de medidas provisórias, conforme alíneas do **art. 62, § 2º, inciso I, da CF**: "Art. 62. Em caso de relevância e urgência, o Presidente da República poderá adotar medidas provisórias, com força de lei, devendo submetê-las de imediato ao Congresso Nacional. § 1º **É vedada a edição de medidas provisórias sobre matéria**: I – **relativa a**: a) **nacionalidade, cidadania**, direitos políticos, **partidos políticos e direito eleitoral**; b) direito penal, processual penal e processual civil; c) **organização do Poder Judiciário** e do Ministério Público, a carreira e a garantia de seus membros; d) planos plurianuais, diretrizes orçamentárias, orçamento e créditos adicionais e suplementares, ressalvado o previsto no art. 167, § 3º". Ainda, de acordo com **art. 62, § 2º, inciso II, da CF**: "Art. 62. § 1º **É vedada a edição de medidas provisórias sobre matéria**: II – **que vise à detenção ou sequestro de bens, de poupança popular ou qualquer outro ativo financeiro**".

11.1.2. Fiscalização contábil, financeira e orçamentária

184. (FGV - Técnico Judiciário - TJ - SC/2018) O Tribunal de Contas de determinado Estado, ao apreciar as contas do Chefe do Poder Executivo, emitiu parecer pela sua rejeição. Apesar disso, as contas foram aprovadas pela Assembleia Legislativa.

À luz da sistemática constitucional, esse proceder está:

a) errado, pois o Tribunal de Contas sempre exerce competência decisória, não consultiva, devendo aprovar ou rejeitar as contas do Governador, com recurso ao Tribunal de Justiça;
b) errado, pois o Tribunal de Contas somente exerce competência consultiva em relação aos demais gestores públicos, não quanto ao Governador do Estado;
c) certo, pois o Tribunal de Contas, em qualquer caso, deve emitir parecer prévio, cabendo ao Poder Legislativo o julgamento das contas do Governador;
d) certo, pois apesar de o Tribunal de Contas ter o dever de julgar as contas do Governador, a Assembleia Legislativa aceitou a delegação de competência;
e) errado, pois o Tribunal de Contas deve julgar as contas do Governador do Estado, cabendo recurso para a Assembleia Legislativa.

▷ ***Anotações/Comentários***

Alternativa "c" (responde todas as alternativas): Em obediência ao princípio da simetria federativa, a regra da fiscalização das contas dos Estados segue o disposto no art. 70 da CF/88, que atribui essa função ao Congresso Nacional, no âmbito federal, e, por simetria, às assembleias legislativas, no âmbito estadual. Ademais, aponta o art. 71 que o Poder Legislativo, nessa atividade, tem auxílio do Tribunal de Contas. Portanto, pode-se concluir que a função para apreciar as contas no caso descrito é, realmente, da Assembleia Legislativa, sendo o Tribunal de Contas auxiliar, que emite parecer opinativo. Portanto, o proceder está correto, pois foi emitido parecer prévio pelo Tribunal de Contas, que foram posteriormente julgadas pelo Poder Legislativo.

185. (Cespe - Analista Judiciário - Área Administrativa - TRE - TO/2017) Com base nas disposições constitucionais a respeito da fiscalização contábil, financeira e orçamentária, julgue os itens a seguir.

I) O TCU não tem competência para aplicar sanções em razão de irregularidade de contas ou ilegalidade de despesas, pois se trata de atribuição do Poder Judiciário.

II) É vedado ao TCU realizar, por iniciativa própria, auditorias financeiras nas unidades administrativas dos Poderes Legislativo, Executivo e Judiciário, sob risco de violação da separação dos Poderes.

III) Os responsáveis pelo controle interno dos órgãos da administração pública devem dar ciência ao TCU de qualquer irregularidade ou ilegalidade de que tenham conhecimento, sob pena de responsabilidade solidária.

IV) Qualquer cidadão, partido político, associação ou sindicato é parte legítima para denunciar irregularidades ou ilegalidades ao TCU.

Estão certos apenas os itens

a) I e II.
b) I e III.
c) II e III.
d) II e IV.
e) III e IV.

▷ ***Anotações/Comentários***

Assertiva I: errada. Ao contrário do afirmado, o TCU tem, sim, competência para aplicar sanções em razão de irregularidade de contas ou ilegalidade de despesas, conforme **art. 71, inciso VIII, da CF**: "Art. 71. O controle externo, a cargo do Congresso Nacional, será exercido com o auxílio do Tribunal de Contas da União, ao qual compete: VIII – aplicar aos responsáveis, em caso de ilegalidade de despesa ou irregularidade de contas, as sanções previstas em lei, que estabelecerá, entre outras cominações, multa proporcional ao dano causado ao erário".

Assertiva II: errada. A assertiva apresenta uma das competências atribuídas ao TCU, disposta no **art. 71, inciso IV, da CF**: "Art. 71. O controle externo, a cargo do Congresso Nacional, será exercido com o auxílio do Tribunal de Contas da União, ao qual compete: IV – realizar, por iniciativa própria, da Câmara dos Deputados, do Senado Federal, de Comissão técnica ou de inquérito, inspeções e auditoria de natureza contábil, financeira, orçamentária, operacional e patrimonial, nas unidades administrativas dos Poderes Legislativo, Executivo e Judiciário, e demais entidades referidas no inciso II".

Assertiva III: certa. A assertiva está de acordo com o **art. 74, § 1º, da CF**: "§ 1º Os responsáveis pelo controle interno, ao tomarem conhecimento de qualquer irregularidade ou ilegalidade, dela darão ciência ao Tribunal de Contas da União, sob pena de responsabilidade solidária".

Assertiva IV: certa. A assertiva apresenta o disposto no **art. 74, § 2º, da CF**, *in verbis*: "§2º Qualquer cidadão, partido político, associação ou sindicato é parte legítima para denunciar irregularidades ou ilegalidades ao TCU".

---

186. (Cespe – Analista Judiciário – Área Judiciária – TRE – TO/2017) No que se refere ao Tribunal de Contas da União (TCU), assinale a opção correta.

a) Os ministros do TCU têm as mesmas garantias, prerrogativas, impedimentos, vencimentos e vantagens dos ministros do Supremo Tribunal Federal.

b) O TCU é composto por nove ministros; todos, auditores de carreira do tribunal, entre os quais um terço é escolhido pelo presidente da República e dois terços, pelo Congresso Nacional.

c) Ao TCU compete julgar as contas dos administradores e de demais responsáveis por valores públicos da administração direta e indireta.

d) O ato de sustação de contrato será adotado diretamente pelo TCU, que solicitará ao Executivo as medidas cabíveis.

e) Ao TCU cabe o julgamento da legalidade de demissão de pessoal da administração direta e indireta.

▷ ***Anotações/Comentários***

Alternativa correta: letra "c": a assertiva está de acordo com o disposto no **art. 71, inciso II, da CF**: "Art. 71. O controle externo, a cargo do Congresso Nacional, será exercido com o auxílio do Tribunal de Contas da União, ao qual compete: II – julgar as contas dos administradores e demais responsáveis por dinheiros, bens e valores públicos da administração direta e indireta, incluídas as fundações e sociedades instituídas e mantidas pelo Poder Público federal, e as contas daqueles que derem causa a perda, extravio ou outra irregularidade de que resulte prejuízo ao erário público".

Alternativa "a": equiparam-se as garantias, prerrogativas, impedimentos, vencimento e vantagens dos membros do TCU ao **STJ, não STF,** conforme art. 73, § 3º, da CF: "Art. 73. O Tribunal de Contas da União, integrado por nove Ministros, tem sede no Distrito Federal, quadro próprio de pessoal e jurisdição em todo o território nacional, exercendo, no que couber, as atribuições previstas no art. 96. § 3º Os Ministros do Tribunal de Contas da União terão as mesmas garantias, prerrogativas, impedimentos, vencimentos e vantagens dos Ministros do Superior Tribunal de Justiça, aplicando-se, quanto à aposentadoria e pensão, as normas constantes do art. 40".

Alternativa "b": a escolha dos Ministros do TCU é feita nos moldes apresentados pela alternativa; entretanto, nem todos são auditores de carreira do tribunal, sendo dois alternadamente dentre auditores e membros do Ministério Público junto ao Tribunal, conforme disposição do **art. 73, § 2º, incisos I e II, da CF**: "Art. 73. O Tribunal de Contas da União, integrado por nove Ministros, tem sede no Distrito Federal, quadro próprio de pessoal e jurisdição em todo o território nacional, exercendo, no que couber, as atribuições previstas no art. 96. § 2º Os Ministros do Tribunal de Contas da União serão escolhidos: I – um terço pelo Presidente da República, com aprovação do Senado Federal, sendo dois alternadamente dentre auditores e membros do Ministério Público junto ao Tribunal, indicados em lista tríplice pelo Tribunal, segundo critérios de antiguidade e merecimento; II – dois terços pelo Congresso Nacional".

Alternativa "d": sustação de contrato é ato que deve ser praticado pelo **Congresso Nacional**, e não pelo TCU, conforme **art. 71, §§ 1º e 2º da CF**: "§ 1º No caso de contrato, o ato de sustação será adotado diretamente pelo Congresso Nacional, que solicitará, de imediato, ao Poder Executivo as medidas cabíveis. § 2º Se o Congresso Nacional ou o Poder Executivo, no prazo de noventa dias, não efetivar as medidas previstas no parágrafo anterior, o Tribunal decidirá a respeito".

Alternativa "e": ao TCU cabe o julgamento da legalidade de **admissão, e não demissão, conforme art. 71, inciso III, da CF**: "Art. 71. O controle externo, a cargo do Congresso Nacional, será exercido com o auxílio do Tribunal de Contas da União, ao qual compete: III – apreciar, para fins de registro, a legalidade dos atos de admissão de pessoal, a qualquer título, na administração direta e indireta, incluídas as fundações instituídas e mantidas pelo Poder Público, excetuadas as nomeações para cargo de provimento em comissão, bem como a das concessões de aposentadorias, reformas e pensões, ressalvadas as melhorias posteriores que não alterem o fundamento legal do ato concessório".

---

187. (FCC – Analista Judiciário – Área Judiciária – TRE – SP/2017) Um Estado que tenha cinquenta representantes na Câmara dos Deputados deverá eleger para sua Assembleia Legislativa

a) cento e cinquenta Deputados.
b) setenta Deputados.
c) noventa e quatro Deputados.
d setenta e quatro Deputados.
e) cinquenta Deputados.

▷ ***Anotações/Comentários***

Alternativa correta: letra "d" (responde todas as demais alternativas): o número de Deputados Estaduais na Assembleia Legislativa é determinado pelo art. 27 da CF: "Art. 27. O número de Deputados à Assembleia Legislativa corresponderá ao triplo da representação do Estado na Câmara dos Deputados e, atingido o número de trinta e seis, será acrescido de tantos quantos forem os Deputados Federais acima de doze". Desse modo, a fórmula que se extrai para a contagem de Deputados Estaduais é: $x = 36 + (y - 12)$, sendo "x" o número de deputados estaduais e "y" o número de deputados federais. Assim, no caso da questão: $x = 36 + (50 - 12) = 74$.

11.2. Poder executivo

---

188. FCC – 2024 – TRF 3 – Analista Judiciário – Área Judiciária

Suponha que o Presidente da República tenha praticado crime de responsabilidade e que um Ministro de Estado tenha praticado crime, da mesma natureza, conexo com esse praticado pelo Presidente da República. Considerando apenas as informações fornecidas, nesse caso hipotético, a competência privativa para processar e julgar o Presidente da República

a) é o Ministro de Estado é do Supremo Tribunal Federal, ao qual compete, também, processar e julgar privativamente os Ministros de Estado nas infrações penais comuns.
b) e o Ministro de Estado é do Senado Federal, ao qual compete, também, processar e julgar privativamente os Ministros de Estado nas infrações penais comuns.
c) e o Ministro de Estado é do Senado Federal, ao qual compete, também, processar e julgar privativamente os membros do Conselho Nacional do Ministério Público nos crimes de responsabilidade.
d) é do Senado Federal e a competência para processar e julgar privativamente o Ministro de Estado é do Supremo Tribunal Federal.
e) é do Supremo Tribunal Federal e a competência para processar e julgar privativamente o Ministro de Estado é do Senado Federal.

▷ ***Anotações/Comentários***

Trata-se de competências privativas do Senado Federal, conforme se extrai do art. 52, I e II da CF/88. No entanto, vale lembrar (para não confundir) que a competência para julgar o Presidente da República por crime comum é do STF (art. 102, I, b).

---

189. FGV – 2024 – TRF 1 - Técnico Judiciário – Área Administrativa

João, parlamentar atuante no Congresso Nacional, solicitou que sua assessoria analisasse os aspectos procedimentais a serem observados para a fixação do subsídio do presidente e do vice-presidente da República.

A assessoria respondeu corretamente que, à luz da Constituição da República, a matéria é de competência:

a) exclusiva do Congresso Nacional, o que afasta a exigência de lei;
b) da União, podendo ser fixada em medida provisória ou em lei ordinária;
c) privativa do Congresso Nacional, devendo ser fixada em lei ordinária, de iniciativa parlamentar;
d) exclusiva do Congresso Nacional, sendo assegurado ao presidente da República o poder de veto;
e) privativa do Congresso Nacional, devendo ser fixada em lei ordinária, de iniciativa exclusiva do presidente da República.

▷ ***Anotações/Comentários***

Nos termos do art. 49, VIII da CF/88, é competência exclusiva do Congresso Nacional " fixar os subsídios do Presidente e do Vice-Presidente da República e dos Ministros de Estado". Tais competências são exercidas por meio de decretos, de modo que fica afastada a exigência de lei.

---

190. CEBRASPE – 2023 – TJ/ES – Analista Judiciário – Área Administrativa De acordo com a jurisprudência do STF no que tange a funções essenciais à justiça e aos Poderes Legislativo e Judiciário, julgue o item a seguir.

O chefe do Poder Executivo estadual dispõe de iniciativa legislativa privativa para apresentar projeto de lei que institua plano de cargos, carreira e vencimentos dos servidores da Defensoria Pública Estadual.

▷ ***Anotações/Comentários***

Na verdade, haveria violação ao art. 134, §2º da CF/88 que estabelece que: "§ 2º Às Defensorias Públicas Estaduais são asseguradas autonomia funcional e administrativa e a iniciativa de sua proposta orçamentária dentro dos limites estabelecidos na lei de diretrizes orçamentárias e subordinação ao disposto no art. 99, § 2º." A propósito, já manifestou o STF ser inconstitucional referida atribuição de iniciativa ao chefe do Poder Executivo Estadual. (ADI 5943).

---

191. CEBRASPE – 2023 – TJ/ES – Analista Judiciário – Área Administrativa No que diz respeito a Poder Executivo, órgãos do Poder Judiciário e organização político-administrativa, julgue o item que se segue de acordo com a jurisprudência do STF.

Governador do estado não pode reestruturar órgãos públicos por meio da edição de decreto por se tratar de matéria submetida à reserva legal.

▷ ***Anotações/Comentários***

Nos termos do art. 88 da CF/88: "A lei disporá sobre a criação e extinção de Ministérios e órgãos da administração pública." A propósito, já manifestou entendimento nesse sentido o STF ao julgar o RE 577025.

---

192. (IBFC – Técnico Judiciário – Área Administrativa – TRE – PA/2020) As normas atinentes ao Poder Judiciário encontram-se disciplinadas no Capítulo III do Título IV da Constituição Federal de 1988 (CF/88). Leia abaixo o artigo 93, inciso XI, da CF/88:

"Artigo 93. Inciso XI – Nos tribunais com número superior a ______ julgadores, poderá ser constituído ______, com o mínimo de ______ e o máximo de ______ membros, para o exercício das atribuições ______ da competência do tribunal pleno, provendo-se ______ das vagas por antigüidade e ______ por eleição pelo tribunal pleno".

Assinale a alternativa que preencha correta e respectivamente as lacunas.

a) cinquenta / órgão de cúpula / quinze / trinta / jurisdicionais e legislativas / um terço / dois terços
b) cinquenta / órgão especial / vinte e cinco / trinta / administrativas e jurisdicionais avocadas / três quintos / o restante
c) vinte e cinco / órgão especial / onze / vinte e cinco / administrativas e jurisdicionais delegadas / metade / a outra metade
d) vinte e cinco / órgão de cúpula / onze / vinte e cinco / administrativas e jurisdicionais avocadas / um terço / dois terços

▷ ***Anotações/Comentários***

Alternativa "c" (responde todas as alternativas): O art. 93, XI da CF/88 prevê que: "nos tribunais com número superior a **vinte e cinco julgadores**, poderá ser constituído **órgão especial**, com o mínimo de **onze** e o máximo de **vinte e cinco** membros, para o exercício das atribuições **administrativas e jurisdicionais delegadas** da competência do tribunal pleno, provendo-se **metade** das vagas por antigüidade e **a outra metade** por eleição pelo tribunal pleno;".

---

193. (Cespe – Analista Judiciário – Área Administrativa – TRE – TO/2017) O presidente da República poderá delegar aos ministros de Estado, ao procurador-geral da República ou ao advogado-geral da União a competência para

a) o exercício do comando supremo das Forças Armadas.
b) a concessão de indulto e para a comutação de penas.
c) a decretação do estado de defesa.
d) a decretação e execução de intervenção federal.
e) a celebração de tratados internacionais sujeitos a referendo do Congresso Nacional.

▷ ***Anotações/Comentários***

Alternativa correta: letra "b" (responde todas as demais alternativas): de acordo com o parágrafo único do art. 84 da CF, o Presidente da República poderá delegar aos Ministros de Estado, ao Procurador-Geral da República ou ao Advogado-Geral da União apenas as atribuições mencionadas nos incisos VI, XII e XXV do mesmo artigo. O inciso XII trata da competência privativa do Presidente da República de conceder indulto e comutar penas, a qual pode ser delegada. As demais alternativas correspondem aos incisos XIII, IX, X e VIII, respectivamente, os quais não estão inseridos como hipóteses trazidas pelo parágrafo único para delegação.

---

194. (FCC – Analista Judiciário – Área Administrativa – TRF 5/2017) Considere que ao Presidente da República seja imputada a prática de ato tipificado em lei federal como ato atentatório contra o livre exercício do Poder Judiciário. Nessa hipótese, segundo a Constituição Federal, admitida a acusação contra o Presidente

a) por dois terços do Senado Federal, será ele submetido a julgamento perante o Congresso Nacional, permanecendo no exercício de suas funções, após a instauração do processo pelo Senado Federal, até julgamento final.
b) por dois quintos da Câmara dos Deputados, será ele submetido a julgamento perante o Senado Federal, ficando, após a instauração

do processo pelo Senado Federal, suspenso de suas funções por até 120 dias.

c) por dois terços da Câmara dos Deputados, será ele submetido a julgamento perante o Senado Federal, ficando, após a instauração do processo pelo Senado Federal, suspenso de suas funções por até 180 dias.

d) pela maioria absoluta da Câmara dos Deputados, será ele submetido a julgamento perante o Supremo Tribunal Federal, permanecendo no exercício de suas funções, após a instauração do processo pelo Senado Federal, até julgamento final.

e) por dois terços do Senado Federal, será ele submetido a julgamento perante o Supremo Tribunal Federal, ficando, após a instauração do processo pelo Senado Federal, suspenso de suas funções por até 180 dias.

▷ ***Anotações/Comentários***

Alternativa correta: letra "c": o Presidente da República, ao atentar contra o livre exercício do Poder Judiciário, incorre em crime de responsabilidade previsto no art. 85, inciso II, da CF: "Art. 85. São crimes de responsabilidade os atos do Presidente da República que atentem contra a Constituição Federal e, especialmente, contra: II – o livre exercício do Poder Legislativo, do Poder Judiciário, do Ministério Público e dos Poderes constitucionais das unidades da Federação". Neste caso, deve ser processado e julgado pelo Senado Federal, conforme art. 52, inciso I, da CF: "Art. 52. Compete privativamente ao Senado Federal: I – processar e julgar o Presidente e o Vice-Presidente da República nos crimes de responsabilidade, bem como os Ministros de Estado e os Comandantes da Marinha, do Exército e da Aeronáutica nos crimes da mesma natureza conexas com aqueles". Para que o processo seja instaurado, depende-se de autorização da Câmara dos Deputados, que detém competência privativa para tanto: "Art. 51. Compete privativamente à Câmara dos Deputados: I – autorizar, por dois terços de seus membros, a instauração de processo contra o presidente e o vice-presidente da República e os Ministros de Estado".

11.3. Poder judiciário

195. FCC – 2024 – TRT 11 (AM e RR) - Técnico Administrativo - Área Administrativa

De acordo com o que estabelece a Constituição Federal, o Supremo Tribunal Federal poderá,

a) de ofício ou por provocação, mediante decisão da maioria absoluta dos seus membros, após reiteradas decisões sobre matéria constitucional, aprovar súmula que, a partir de sua publicação na imprensa oficial, terá efeito vinculante exclusivamente em relação aos demais órgãos do Poder Judiciário.

b) de ofício ou por provocação, mediante decisão de maioria absoluta dos seus membros, após reiteradas decisões sobre matéria constitucional, aprovar súmula que, a partir de sua publicação na imprensa oficial, terá efeito vinculante em relação aos Poderes Legislativo, Executivo e Judiciário e à administração pública direta, nas esferas federal e estadual.

c) somente quando provocado, mediante decisão da maioria dos seus membros, aprovar súmula que, a partir de sua publicação na imprensa oficial, terá efeito vinculante em relação aos demais órgãos do Poder Judiciário e do Poder Executivo, nas esferas federal e estadual.

d) de oficio ou por provocação, mediante decisão de dois terços dos seus membros, após reiteradas decisões sobre matéria constitucional, aprovar súmula que, a partir de sua publicação na imprensa oficial, terá efeito vinculante em relação aos demais órgãos do Poder Judiciário e à administração pública direta e indireta, nas esferas federal, estadual e municipal.

e) somente de ofício, mediante decisão de dois terços dos seus membros, aprovar súmula que, a partir de sua publicação na imprensa oficial, terá efeito vinculante em relação aos demais órgãos do Poder Judiciário e, exclusivamente, à administração pública direta, nas esferas federal e estadual.

▷ ***Anotações/Comentários***

O art. 103-A da CF/88 prevê que: "O Supremo Tribunal Federal poderá, de ofício ou por provocação, mediante **decisão de dois terços dos seus membros**, após reiteradas decisões sobre matéria constitucional, aprovar súmula que, a partir de sua publicação na imprensa oficial, terá efeito vinculante em relação aos **demais órgãos do Poder Judiciário e à administração pública direta e indireta, nas esferas federal, estadual e municipal,** bem como proceder à sua revisão ou cancelamento, na forma estabelecida em lei."

196. (VUNESP – TRF 3ª Região – Analista Judiciário – Área Administrativa – 2023) Considerando o disposto na Constituição Federal no tocante às normas que regulam a promoção dos magistrados, é correto afirmar que

a) na apuração de antiguidade, o tribunal somente poderá recusar o juiz mais antigo pelo voto fundamentado da maioria absoluta de seus membros.

b) é obrigatória a promoção do juiz que figure por três vezes consecutivas ou cinco alternadas em lista de merecimento.

c) a promoção por merecimento pressupõe três anos de exercício na respectiva entrância e integrar o juiz a primeira quinta parte da respectiva lista de antiguidade.

d) a aferição do merecimento se dará pelo desempenho e pelos critérios subjetivos de produtividade e excelência no exercício da jurisdição.

e) não será promovido o juiz que, injustificadamente, retiver autos em seu poder além do prazo legal, devendo devolvê-los ao cartório em 24 horas, ainda que sem despacho ou decisão.

▷ ***Anotações/Comentários***

Alternativa "a": Na verdade, nos termos do art. 93, II, d da CF/88: "d) na apuração de antigüidade, o tribunal somente poderá recusar o juiz mais antigo pelo voto fundamentado de **dois terços de seus membros**, conforme procedimento próprio, e assegurada ampla defesa, repetindo-se a votação até fixar-se a indicação;".

Alternativa "b": Trata-se da previsão do art. 93, II, a da CF/88.

Alternativa "c": O art. 93, II, b da CF/88 estabelece que: "b) a promoção por merecimento pressupõe **dois anos** de exercício na respectiva entrância e integrar o juiz a primeira quinta parte da lista de antigüidade desta, salvo se não houver com tais requisitos quem aceite o lugar vago;".

Alternativa "d": O que determina o art. 93, II, c da CF/88 é: "c) aferição do merecimento conforme o desempenho e pelos **critérios objetivos de produtividade e presteza** no exercício da jurisdição e pela freqüência e aproveitamento em cursos oficiais ou reconhecidos de aperfeiçoamento;".

Alternativa "e": Na verdade, prevê o art. 93, II, e da CF/88 que: "e) não será promovido o juiz que, injustificadamente, retiver autos em seu poder além do prazo legal, não podendo devolvê-los ao cartório sem o devido despacho ou decisão;".

197. (VUNESP – TRF 3ª Região – Analista Judiciário – Área Administrativa – 2023) A Constituição Federal estabelece que se o Presidente do Tribunal retardar a liquidação regular de precatórios,

a) incorrerá em crime de responsabilidade, e responderá, também, perante o Conselho Nacional de Justiça, desde que sua conduta tenha sido dolosa.

b) responderá por falta disciplinar e, ainda, por crime de responsabilidade, desde que tenha havido conduta comissiva.

c) ficará sujeito à pena de exoneração do cargo e responderá por ato de improbidade administrativa, seja por ato omissivo ou comissivo.

d) incorrerá em crime de responsabilidade e responderá, também, perante o Conselho Nacional de Justiça, por ato comissivo ou omissivo.

a) ficará sujeito à pena de exoneração do cargo e responderá por ato de improbidade administrativa, desde que a sua conduta tenha sido dolosa.

▷ ***Anotações/Comentários***

Nos termos do art. 100, §7º da CF/88: "O Presidente do Tribunal competente que, por ato comissivo ou omissivo, retardar ou tentar frustrar a liquidação regular de precatórios incorrerá em crime de responsabilidade e responderá, também, perante o Conselho Nacional de Justiça.".

198. VUNESP – 2023 – TJ/SP – Escrevente Técnico Judiciário

De acordo com o expresso na Constituição Federal, as Turmas Recursais

a) são órgãos autárquicos do Poder Judiciário.
b) não são órgãos do Poder Judiciário.
c) são órgãos autônomos do Poder Judiciário.
d) subordinam-se ao Conselho Nacional de Justiça e têm jurisdição em todo o território nacional.
e) vinculam-se diretamente ao Tribunal de Justiça respectivo e têm jurisdição em todo o território nacional.

▷ ***Anotações/Comentários***

Alternativa "a": Não são autarquias, mas sim parte do próprio Tribunal de Justiça.

Alternativa "b": Os órgãos do Poder Judiciário são previstos no art. 92 da CF/88, quais sejam: "o Supremo Tribunal Federal; o Conselho Nacional de Justiça; o Superior Tribunal de Justiça; o Tribunal Superior do Trabalho; os Tribunais Regionais Federais e Juízes Federais; os Tribunais e Juízes do Trabalho; os Tribunais e Juízes Eleitorais; os Tribunais e Juízes Militares; os Tribunais e Juízes dos Estados e do Distrito Federal e Territórios.". Portanto, é correto dizer que as turmas recursais não são órgãos do Poder Judiciário.

Alternativa "c": Não são autônomos, mas sim vinculados ao Tribunal de Justiça respectivo.

Alternativa "d": Não há, exatamente, subordinação ao Conselho Nacional de Justiça no que diz respeito ao exercício do Poder jurisdicional, uma vez que são subordinados apenas ao próprio Tribunal a que estiverem vinculados. Contudo, estão sujeitos ao Conselho Nacional de Justiça, que fiscaliza internamente o Poder Judiciário como um todo. Ademais, não há jurisdição em todo o território nacional, mas somente no território em que tiver jurisdição o Tribunal ao qual estiver vinculado.

Alternativa "e": É incorreto dizer que têm jurisdição em todo o território nacional, pois são colegiados da 1ª instância da Justiça Estadual e Federal, de modo que sua jurisdição estará limitada àquela do Tribunal ao qual estiverem vinculados.

---

199. FCC – 2023 – TRT18 – Analista Judiciário – Área Administrativa Francine, brasileira, 37 anos de idade, é advogada com sete anos de efetiva atividade profissional. Paulo, brasileiro, 55 anos de idade, é membro do Ministério Público do Trabalho com dezessete anos de efetivo exercício. Miriam, brasileira, 42 anos de idade, é juíza do Tribunal Regional do Trabalho de determinada Região, oriunda da magistratura da carreira. Considerando que todos tenham notável saber jurídico e reputação ilibada, com base somente nas informações fornecidas, de acordo com a Constituição Federal e observado o quanto nela disposto, considerando que foram preenchidos os demais requisitos,

a) Miriam, Francine e Paulo podem compor o Tribunal Superior do Trabalho.
b) apenas Miriam e Francine podem compor o Tribunal Superior do Trabalho.
c) apenas Paulo e Francine podem compor o Tribunal Superior do Trabalho.
d) apenas Miriam pode compor o Tribunal Superior do Trabalho.
e) apenas Miriam e Paulo podem compor o Tribunal Superior do Trabalho.

▷ ***Anotações/Comentários***

Francine: Como tem somente sete anos de efetiva atividade, não atende ao requisito do art. 111-A, I da CF/88 para compor o Tribunal Superior do Trabalho, apesar de ter atendido ao requisito de idade (mais de 35 e menos de 70 anos de idade).

Paulo: atende ao requisito de idade (mais de 35 e menos de 70 anos de idade) assim como o tempo mínimo de efetivo exercício (10 anos), nos termos do art. 111-A, I da CF/88.

Miriam: preenche o requisito de idade (mais de 35 anos e menos de 70), não dependendo de tempo de exercício, pois é membro da carreira (art. 111-A, da CF/88).

---

200. FCC – 2023 – TRT17 – Analista Judiciário – Área Judiciária Anderson é advogado e gostaria de compor o Conselho Nacional de Justiça (CNJ). Em conformidade com a Constituição Federal e considerando apenas os dados fornecidos, Anderson pode ser membro do referido órgão, o qual é composto de

a) quinze membros com mandato de dois anos, admitida uma recondução, desde que indicado pelo Conselho Federal da Ordem dos Advogados do Brasil, uma vez que referido Conselho (CNJ) é formado, dentre outros membros, por dois advogados.
b) onze membros com mandato de dois anos, admitida uma recondução, desde que indicado pelo Conselho Federal da Ordem dos Advogados do Brasil, uma vez que referido Conselho (CNJ) é formado, dentre outros membros, por um advogado.
c) quinze membros com mandato de quatro anos, inadmitida a recondução, desde que indicado pelo Supremo Tribunal Federal, uma vez que referido Conselho (CNJ) é formado, dentre outros membros, por dois advogados.
d) onze membros com mandato de quatro anos, inadmitida a recondução, desde que indicado pelo Supremo Tribunal Federal, uma vez que referido Conselho (CNJ) é formado, dentre outros membros, por dois advogados.
e) onze membros com mandato de dois anos, inadmitida a recondução, desde que indicado pelo Supremo Tribunal Federal, uma vez que referido Conselho (CNJ) é formado, dentre outros membros, por dois advogados.

▷ ***Anotações/Comentários***

Nos termos do art. 103-B da CF/88, o CNJ compõe-se de **15 membros** com mandato de **2 anos**, admitida **uma recondução**, sendo: I – o Presidente do Supremo Tribunal Federal; II – um Ministro do Superior Tribunal de Justiça, indicado pelo respectivo tribunal; III – um Ministro do Tribunal Superior do Trabalho, indicado pelo respectivo tribunal; IV – um desembargador de Tribunal de Justiça, indicado pelo Supremo Tribunal Federal; V – um juiz estadual, indicado pelo Supremo Tribunal Federal; VI – um juiz de Tribunal Regional Federal, indicado pelo Superior Tribunal de Justiça; VII – um juiz federal, indicado pelo Superior Tribunal de Justiça; VIII – um juiz de Tribunal Regional do Trabalho, indicado pelo Tribunal Superior do Trabalho; IX – um juiz do trabalho, indicado pelo Tribunal Superior do Trabalho; X – um membro do Ministério Público da União, indicado pelo Procurador-Geral da República; XI um membro do Ministério Público estadual, escolhido pelo Procurador-Geral da República dentre os nomes indicados pelo órgão competente de cada instituição estadual; XII – dois advogados, indicados pelo Conselho Federal da Ordem dos Advogados do Brasil; XIII – dois cidadãos, de notável saber jurídico e reputação ilibada, indicados um pela Câmara dos Deputados e outro pelo Senado Federal.

Atenção: para acertar a questão bastava saber a quantidade de membros, a duração do mandato e a possibilidade de uma recondução.

---

201. FCC – 2022 – TRT 14 – Analista Judiciário – Área Judiciária Em relação aos órgãos da Justiça do Trabalho, considere:

I. O Tribunal Superior do Trabalho compõe-se de vinte e sete Ministros, sendo um quinto dentre advogados com mais de cinco anos de efetiva atividade profissional e membros do Ministério Público do Trabalho com mais de cinco anos de efetivo exercício.
II. Os Tribunais Regionais do Trabalho compõem-se de, no máximo, sete juízes, recrutados, quando possível, na respectiva região e nomeados pelo Presidente da República dentre brasileiros com mais de trinta e cinco e menos de setenta e cinco anos de idade.
III. Os Tribunais Regionais do Trabalho poderão funcionar descentralizadamente, constituindo Câmaras regionais, a fim de assegurar o pleno acesso do jurisdicionado à justiça em todas as fases do processo.

Em conformidade com a Constituição Federal, está correto o que se afirma em

a) I, II e III.
b) I e II, apenas.
c) I, apenas.
d) III, apenas.
e) II, apenas.

▷ ***Anotações/Comentários***

Item I: Nos termos do art. 111-A, I da CF/88, será composto por um quinto dentre advogados com **mais de dez anos de efetiva atividade profissional** e membros do Ministério Público do Trabalho com **mais de dez anos de efetivo exercício**. Logo, está errado.

Item II: O art. 115 da CF/88 dispõe que compõem-se de **no mínimo** sete juízes, recrutados, quando possível, na respectiva região e nomeados pelo Presidente da República dentre brasileiros com **mais de trinta e menos de setenta anos de idade.** Portanto, está errado.

Item III: É o que estabelece o art.115, §2º da CF/88.

202. IBFC – 2022 – TJ/MG – Analista Judiciário Em relação ao Supremo Tribunal Federal, conforme disposto pela Constituição Federal de 1988 (CF/88) é correto afirmar que:

a) o Supremo Tribunal Federal compõe-se de onze Ministros, escolhidos dentre cidadãos com mais de 35 (trinta e cinco) e menos de 70 (setenta) anos de idade, de notável saber jurídico e reputação ilibada
b) o cargo de Ministro do Supremo Tribunal Federal é privativo de brasileiro, seja nato ou naturalizado
c) cabe ao Congresso Nacional, suspender a execução, no todo ou em parte, de lei declarada inconstitucional por decisão definitiva do Supremo Tribunal Federal
d) compete alternativamente ao Senado Federal, processar e julgar os Ministros do Supremo Tribunal Federal nos crimes comuns ou de responsabilidade
e) os Deputados e Senadores, desde a expedição do diploma, serão submetidos a julgamento, respectivamente, perante o Superior Tribunal de Justiça e o Supremo Tribunal Federal

▷ ***Anotações/Comentários***

Alternativa "a": Trata-se da previsão do art. 101 da CF/88.

Alternativa "b": Trata-se de cargo privativo de brasileiro **nato**, nos termos do art. 12, §3º, IV da CF/88.

Alternativa "c": Há, na verdade, competência privativa do **Senado Federal**, nos termos do art. 52, X da CF/88.

Alternativa "d": Trata-se de competência **privativa** do Senado Federal para o julgamento de tais ministros nos crimes de responsabilidade (não estão inclusos crimes comuns), nos termos do art. 52, II da CF/88.

Alternativa "e": Nos termos do art. 53, §1º, da CF/88 o julgamento se dará perante o **STF**.

203. (FGV – Analista Judiciário – Oficial de Justiça Avaliador Federal – TJ – DFT/2022) O Distrito Federal editou a Lei nº XX, organizando o serviço público local de transporte coletivo. Ao ver do sindicato dos rodoviários desse nível federativo, o diploma normativo é flagrantemente inconstitucional por afrontar normas de reprodução obrigatória da Constituição da República de 1988, incluindo aquelas afetas ao processo legislativo e aos direitos fundamentais. Por tal razão, consultou o seu advogado a respeito da possibilidade de deflagrar o controle concentrado de constitucionalidade perante o Supremo Tribunal Federal (STF). O advogado respondeu, corretamente, que o sindicato:

a) tem legitimidade para a deflagração do referido controle, mas a afronta a normas de reprodução obrigatória somente permite a realização do controle concentrado pelo Tribunal de Justiça;
b) não tem legitimidade para a deflagração do referido controle, além do que a afronta a normas de reprodução obrigatória somente permite a realização do controle concentrado pelo Tribunal de Justiça;
c) não tem legitimidade para a deflagração do referido controle, mas seria, em tese, possível o ajuizamento de ação direta de inconstitucionalidade ou de arguição de descumprimento de preceito fundamental;
d) tem legitimidade para a deflagração do referido controle, considerando o princípio da inafastabilidade do acesso à jurisdição constitucional, que há de ser deflagrado com o uso do recurso extraordinário;
e) não tem legitimidade para a deflagração do referido controle, mas seria, em tese, possível o ajuizamento de arguição de descumprimento de preceito fundamental, não de ação direta de inconstitucionalidade.

▷ ***Anotações/Comentários***

Alternativa "e" (responde todas as alternativas): Trata-se de norma editada pelo Distrito Federal no âmbito de sua competência legislativa municipal, pois advém da previsão do art. 30, V da CF/88: "Art. 30. Compete aos Municípios: (...) V - organizar e prestar, diretamente ou sob regime de concessão ou permissão, os serviços públicos de interesse local, incluído o de transporte coletivo, que tem caráter essencial;". Assim, por força da previsão do art. 102, I, a da CF/88, assim como da súmula 642 do STF, não é cabível ação direta de inconstitucionalidade, por tratar-se de ato normativo municipal.

A ADPF, por sua vez, é cabível em face de ato normativo municipal, conforme se extrai do art. 1º, parágrafo único, I da Lei 9.882/99.

Com relação à legitimidade, somente confederação sindical, e não sindicato a teria, por força do art. 103, IX da CF/88.

204. (FGV – Analista Judiciário – Oficial de Justiça Avaliador Federal – TJ – DFT/2022) O deputado estadual João concedeu ampla entrevista a um popular programa televisivo, informando que havia uma organização criminosa instalada no governo do Estado com o objetivo de fraudar licitações e contratos administrativos. Descreveu em detalhes o modus operandi da organização criminosa e informou que recebera as informações de dois servidores públicos estaduais de absoluta confiança. Em razão dessa narrativa, foi instaurada investigação penal para apurar os fatos e identificar os membros da organização criminosa. A primeira providência foi intimar o deputado estadual João para depor.

À luz da sistemática constitucional, João:

a) está obrigado a depor sobre os fatos e a fornecer a identidade das pessoas que passaram as informações;
b) não está obrigado a depor sobre os fatos nem a fornecer a identidade das pessoas que passaram as informações;
c) está obrigado a depor sobre os fatos, mas não a fornecer a identidade das pessoas que passaram as informações;
d) não está obrigado a depor sobre os fatos, mas deve fornecer a identidade das pessoas que passaram as informações;
e) está obrigado a depor sobre os fatos, mas pode silenciar em relação àquilo que o implique, devendo preservar o sigilo de suas fontes.

▷ ***Anotações/Comentários***

Alternativa "b" (responde todas as alternativas): Correta. O art. 53, §6º da CF/88 estabelece que: "Os Deputados e Senadores não serão obrigados a testemunhar sobre informações recebidas ou prestadas em razão do exercício do mandato, nem sobre as pessoas que lhes confiaram ou deles receberam informações.".

205. (FGV – Analista Judiciário – Oficial de Justiça – TJ – RO/2021) Antônio requereu a concessão de licença para instalar uma farmácia na zona comercial do Município Alfa. O seu requerimento, no entanto, foi indeferido pela fiscalização de área, subordinada ao Secretário Municipal de Ordem Pública, sob o argumento de que já existiam três outras farmácias na mesma quadra, o que gerava um desequilíbrio em outras áreas da cidade, prática vedada pela Lei municipal nº XX.

Considerando que a decisão afrontava o teor de Súmula Vinculante, para que a questão seja submetida à apreciação do Supremo Tribunal Federal, Antônio, ao ser dela cientificado, deve:

a) considerar nula a decisão proferida e praticar os atos amparados pela Súmula Vinculante, com posterior referendo do Tribunal;
b) esgotar as vias administrativas, ingressar com ação no juízo competente, exaurir a instância ordinária e ajuizar reclamação;
c) ingressar com ação no juízo competente, exaurir a instância ordinária e ajuizar reclamação;
d) esgotar as vias administrativas competentes e ajuizar reclamação;
e) ajuizar reclamação diretamente, independentemente de qualquer outro ato.

▷ ***Anotações/Comentários***

Alternativa "d" (responde todas as alternativas): A súmula vinculante 49 trata especificamente dessa matéria: "Ofende o princípio da livre concorrência lei municipal que impede a instalação de estabelecimentos comerciais do mesmo ramo em determinada área.". Assim, nos termos do art. 103-A da CF/88: "§ 3º Do ato administrativo ou decisão judicial que contrariar a súmula aplicável ou que indevidamente a aplicar, caberá reclamação ao Supremo Tribunal Federal que, julgando-a procedente, anulará o ato administrativo ou cassará a decisão judicial reclamada, e determinará que outra seja proferida com ou sem a aplicação da súmula, conforme o caso.". Vale observar, contudo, que o art.7º, §1º da Lei 11.417/06 prevê que a reclamação só será admitida após o esgotamento das vias administrativas.

---

206. (Cespe – Técnico Judiciário – TJ – RJ/2021) Assinale a opção que apresenta órgão do Poder Judiciário que integra a justiça especializada.

a) Tribunal dos Estados, do Distrito Federal e dos Territórios
b) Tribunal Superior do Trabalho
c) Supremo Tribunal Federal
d) Tribunal Regional Federal
e) Conselho Nacional de Justiça

▷ ***Anotações/Comentários***

A justiça comum é composta pelos órgãos da Justiça Estadual e Federal, ou seja, abrange Tribunais de Justiça dos Estados, Distrito Federal e Territórios (a); Supremo Tribunal Federal (c); Tribunal Regional Federal (d). O CNJ, por sua vez, não integra a justiça especializada, sendo na verdade um órgão de controle e fiscalização interno do Poder Judiciário. Se tiver dúvidas, lembre que o termo "especializada" diz respeito à matéria, exemplo: Tribunal Eleitoral; Tribunal Regional do Trabalho; Tribunal Militar.

---

207. (Cespe – Analista Judiciário – Direito – TJ - PA/2020) Caso tribunal de justiça estadual profira decisão em última instância denegando *habeas corpus*, caberá ao interessado interpor recurso

a) especial, a ser julgado pelo STJ.
b) ordinário, a ser julgado pelo STF.
c) ordinário, a ser julgado pelo STJ.
d) extraordinário, a ser julgado pelo STJ.
e) extraordinário, a ser julgado pelo STF.

▷ ***Anotações/Comentários***

Alternativa "a": O art. 105, III da CF/88, compete ao STJ: "III - julgar, em recurso especial, as causas decididas, em única ou última instância, pelos Tribunais Regionais Federais ou pelos tribunais dos Estados, do Distrito Federal e Territórios, quando a decisão recorrida: a) contrariar tratado ou lei federal, ou negar-lhes vigência; b) julgar válido ato de governo local contestado em face de lei federal; c) der a lei federal interpretação divergente da que lhe haja atribuído outro tribunal.".

Alternativa "b": Nos termos do art. 102, II da CF/88, compete ao STF: "II - julgar, em recurso ordinário: a) o habeas corpus , o mandado de segurança, o habeas data e o mandado de injunção decididos em única instância pelos Tribunais Superiores, se denegatória a decisão; b) o crime político;".

Alternativa "c": Estabelece o art. 105, II, "a" da CF/88 que: "Art. 105. Compete ao **Superior Tribunal de Justiça**: [...] II - julgar, em **recurso ordinário**: a) os **habeas corpus** decididos em única ou **última instância** pelos Tribunais Regionais Federais ou pelos **tribunais dos Estados**, do Distrito Federal e Territórios, quando a decisão for **denegatória**.".

Alternativa "d": Não é possível o julgamento de recurso extraordinário pelo STJ.

Alternativa "e": O art. 102, III da CF/88 estabelece que compete ao STF: "III - julgar, mediante recurso extraordinário, as causas decididas em única ou última instância, quando a decisão recorrida: a) contrariar dispositivo desta Constituição; b) declarar a inconstitucionalidade de tratado ou lei federal; c) julgar válida lei ou ato de governo local contestado em face desta Constituição. d) julgar válida lei local contestada em face de lei federal."

---

208. (Cespe – Analista Judiciário – Direito – TJ - PA/2020) Considerando o entendimento do STF acerca do Conselho Nacional de Justiça (CNJ), julgue os itens a seguir.

I) Embora seja órgão do Poder Judiciário, o CNJ não é dotado de função jurisdicional.
II) O CNJ deve atuar somente se houver necessariamente o exaurimento da instância administrativa ordinária.
III) O CNJ tem competência para apurar violações aos deveres funcionais dos magistrados e servidores do Poder Judiciário.
IV) Não é permitido ao CNJ apreciar a constitucionalidade dos atos administrativos, mas somente sua legalidade.

Estão certos apenas os itens

a) I e II.
b) I e IV.
c) III e IV.
d) I, II e III.
e) II, III e IV.

▷ ***Anotações/Comentários***

Item "I". Correto. O CNJ, segundo entendimento pacífico do STF, não tem função jurisdicional. Nesse sentido: "(...)esta Suprema Corte em distintas ocasiões já afirmou **que o CNJ não é dotado de competência jurisdicional, sendo mero órgão administrativo**. Assim sendo, a Resolução 135, ao classificar o CNJ e o CJF de 'tribunal', (...) simplesmente disse – até porque mais não poderia dizer – que as normas que nela se contêm aplicam-se também aos referidos órgãos." [ADI 4.638 MC-REF, rel. min. Marco Aurélio, voto do min. Ricardo Lewandowski, j. 8-2-2012, P, DJE de 30-10-2014.]

Item "II". Incorreto. Esse exaurimento não é necessário. A esse respeito, ponderou o STF: "**Não há necessidade de exaurimento da instância administrativa ordinária para a atuação do CNJ**. Competência concorrente, e não subsidiária." [MS 28.620, rel. min. Dias Toffoli, j. 23-9-2014, 1ª T, DJE de 8-10-2014.]

Item "III". Incorreto. Nos termos do §4º do art. 103-B da CF/88: " § 4º **Compete ao Conselho o controle** da atuação administrativa e financeira do Poder Judiciário e **do cumprimento dos deveres funcionais dos juízes**, cabendo-lhe, além de outras atribuições que lhe forem conferidas pelo Estatuto da Magistratura: [...]". Logo, não se trata de competência com relação a todos os servidores do Poder Judiciário, mas tão somente dos juízes.

Item "IV". Correto. Trata-se de entendimento pacificado pelo STF, no sentido de que: "O CNJ, embora seja órgão do Poder Judiciário, nos termos do art. 103-B, § 4º, II, da CF, possui, tão somente, atribuições de natureza administrativa e, nesse sentido, **não lhe é permitido apreciar a constitucionalidade dos atos administrativos, mas somente sua legalidade**." [MS 28.872 AgR, rel. min. Ricardo Lewandowski, j. 24-2-2011, P, DJE de 18-3-2011.]

---

209. (Cespe – Analista Judiciário – TJ - AM/2019) Julgue o item que se seguem, relativos ao Poder Judiciário.

I - O Estatuto da Magistratura, lei complementar de iniciativa privativa do STF, pode prever a delegação de competência a servidores para a prática de atos de administração e de mero expediente, desde que tais atos não possuam caráter decisório.

- CERTO
- ERRADO

▷ ***Anotações/Comentários***

Nos termos do art. 93 da CF/88: "Lei complementar, de iniciativa do Supremo Tribunal Federal, disporá sobre o Estatuto da Magistratura, observados os seguintes princípios: [...] XIV os servidores receberão **delegação para a prática de atos de administração e atos de mero expediente sem caráter decisório**;". Portanto, o item está correto, pois está de acordo com o texto constitucional.

II - Um terço das vagas nos tribunais de justiça é reservado a advogados de notório saber jurídico e reputação ilibada com mais de dez anos de efetiva atividade profissional e a membros do Ministério Público com mais de dez anos de carreira.

- CERTO
- ERRADO

▷ ***Anotações/Comentários***

O art. 94, *caput* da CF/88 estabelece que: "Art. 94. **Um quinto** dos lugares dos Tribunais Regionais Federais, dos **Tribunais dos Estados**, e do Distrito Federal e Territórios será composto de **membros, do Ministério Público**, com mais de dez anos de carreira, **e de advogados de notório saber jurídico e de reputação ilibada, com mais de dez anos de efetiva atividade profissional, indicados em lista sêxtupla pelos órgãos de representação das respectivas classes.**" Portanto, o item está incorreto pois a quantidade de vagas reservadas é de **um quinto** e não um terço.

210. (Cespe – Analista Judiciário – TJ - AM/2019) Julgue o item que se seguem, relativos ao Poder Judiciário.

Órgão fracionário de tribunal de justiça que, por razões de segurança jurídica, deixar de aplicar lei estadual, sem declarar expressamente a sua inconstitucionalidade, terá violado a cláusula de reserva de plenário.

- CERTO
- ERRADO

▷ ***Anotações/Comentários***

Segundo o art. 97 da CF/88: "Somente pelo voto da maioria absoluta de seus membros ou dos membros do respectivo órgão especial poderão os tribunais **declarar a inconstitucionalidade** de lei ou ato normativo do Poder Público.". Esse dispositivo é conhecido como "cláusula da reserva de plenário" ou "full bench"). A súmula vinculante 10 estabelece que: "Viola a cláusula de reserva do plenário a decisão de órgão fracionário de Tribunal que, embora não declare expressamente a inconstitucionalidade de lei ou ato normativo do poder público, **afasta sua incidência, no todo ou em parte.**". Logo, a hipótese narrada no item diz respeito à previsão da súmula vinculante 10, havendo violação à cláusula da reserva de plenário.

211. (FCC – Técnico Judiciário – Área Judiciária – TRF 4/2019) Lineu é juiz federal titular de vara de competência mista e deve decidir acerca da sua competência com relação a três processos que lhe foram distribuídos: o primeiro trata de causa de ação referente a acidente de trabalho, na qual entidade autárquica Federal (INSS) figura como ré; o segundo se refere a causa entre Estado estrangeiro e município; e o terceiro versa sobre crime contra a organização do trabalho. Com base na Constituição Federal, Lineu deve dar-se por

a) incompetente para processar e julgar a primeira causa e competente para processar e julgar a segunda e a terceira causas.
b) competente para processar e julgar a primeira causa e incompetente para processar e julgar a segunda e a terceira causas.
c) competente para processar e julgar as três causas.
d) incompetente para processar e julgar as três causas.
e) competente para processar e julgar a primeira e a segunda causas e incompetente para processar e julgar a terceira causa.

▷ ***Anotações/Comentários***

Alternativa "a" (responde todas as alternativas): Segundo o entendimento da Súmula 501 do STF, compete à **justiça ordinária estadual** processar e julgar, em ambas as instâncias, causas de acidentes do trabalho, ainda que promovidas contra a União, suas autarquias, empresas públicas ou sociedades de economia mista. Logo, Lineu não é competente para julgar o primeiro caso. Quanto ao segundo caso, estabelece o art. 109, II da CF/88 que compete aos **juízes federais** processar e julgar as causas entre Estado estrangeiro e Município, logo, Lineu é competente para julgá-lo. O terceiro caso, por sua vez, diz respeito à situação prevista no art. 109, VI da CF/88, sendo competência dos **juízes federais** processar e julgar os crimes contra a organização do trabalho. Portanto, conclui-se que Lineu, que é **juiz federal**, só é **incompetente** para julgar o **primeiro** dentre os três casos, podendo julgar os dois últimos.

212. (FGV – Analista Jurídico – TJ - SC/2018) João, Juiz de Direito de entrância intermediária, concorreu à promoção por antiguidade. Embora fosse o mais antigo entre os concorrentes, o seu nome foi recusado pelo tribunal.

Considerando a sistemática constitucional de promoção por antiguidade, o tribunal:

a) pode recusar o mais antigo pelo voto fundamentado de dois terços dos seus membros, observados os demais requisitos;
b) pode recusar o mais antigo pela unanimidade dos seus membros, observado o contraditório e a ampla defesa;
c) pode recusar o mais antigo pela maioria dos seus membros, em razão de condenação em processo administrativo;
d) pode recusar o mais antigo, estando sua decisão sujeita ao referendo do Conselho Nacional de Justiça;
e) não pode recusar o mais antigo, que possui direito subjetivo à nomeação.

▷ ***Anotações/Comentários***

Alternativa "a" (responde todas as alternativas): Nos termos do art. 93, II da CF/88, a promoção de entrância para entrância se dá, alternadamente, por antiguidade e por merecimento. A alínea "d" desse inciso indica ainda que na apuração de antiguidade, somente se pode recursar o juiz mais antigo por voto fundamentado de dois terços dos seus membros, conforme procedimento próprio e assegurada ampla defesa, repetindo-se a votação até fixar-se a indicação.

213. (FGV – Técnico Judiciário – TJ - SC/2018) O Deputado Estadual João apresentou projeto de lei disciplinando as competências do Tribunal de Justiça do Estado. Esse projeto seguiu o trâmite regular e deu origem à Lei nº 123/2018.

À luz da sistemática constitucional, sob o prisma formal, a Lei nº 123/2018 é inconstitucional porque a matéria deveria ser disciplinada:

a) em lei complementar de iniciativa do Tribunal de Justiça;
b) em lei ordinária de iniciativa do Tribunal de Justiça;
c) no regimento interno do Tribunal de Justiça;
d) na Constituição da República;
e) na Constituição Estadual.

▷ ***Anotações/Comentários***

Alternativa "e" (responde todas as alternativas): Nos termos do art. 125, §1º da CF/88, a competência dos tribunais deve ser definida na Constituição do Estado.

214. (FGV – Técnico Judiciário – TJ - SC/2018) Antônio, Juiz de Direito, com o objetivo de colaborar para o crescimento do País, estava refletindo sobre a possibilidade de se filiar a um partido político e de se dedicar ao magistério superior, ministrando a disciplina "Ciência Política."

Considerando as vedações que recaem sobre os magistrados, Antônio:

a) pode exercer o magistério e, autorizado pelo Tribunal, filiar-se a partido político;
b) apenas não pode filiar-se a partido político;
c) não pode praticar nenhuma das condutas;
d) apenas não pode exercer o magistério;
e) pode praticar ambas as condutas.

▷ ***Anotações/Comentários***

Alternativa "b" (responde todas as alternativas): As vedações aplicadas aos juízes estão previstas no parágrafo único do art. 95 da CF/88, quais sejam: exercer, ainda que em disponibilidade, outro cargo ou função, salvo uma de magistério; receber, a qualquer título ou pretexto, custas ou participação em processo; dedicar-se à atividade político-partidária; receber, a qualquer título ou pretexto, auxílios ou contribuições de pessoas físicas, entidades públicas ou privadas, ressalvadas as exceções previstas em lei; exercer a advocacia no juízo ou tribunal do qual se afastou, antes de decorridos três anos do afastamento do cargo por aposentadoria ou exoneração. Portanto, das atividades que visa praticar, apenas não pode filiar-se a partido político.

215. (FGV – Analista Jurídico – TJ - SC/2018) A sociedade empresária HH ingressou com ação judicial para discutir a exigibilidade de crédito tributário, sendo intimada, pelo juízo, a promover o depósito prévio do valor objeto de discussão, o qual seria requisito de admissibilidade para o prosseguimento da demanda.

Por entender que essa determinação afrontava a ordem constitucional e a interpretação que lhe vem sendo dispensada pelo Supremo Tribunal Federal, solicitou que o seu advogado adotasse a medida mais adequada à solução célere da questão, de modo a evitar que a dúvida persistisse por longos anos até ser definitivamente julgada pela última instância competente.

O advogado ingressou, corretamente, com:

a) mandado de segurança perante o Superior Tribunal de Justiça;
b) recurso extraordinário perante o Supremo Tribunal Federal;
c) recurso especial perante o Superior Tribunal de Justiça;

d) reclamação perante o Superior Tribunal de Justiça;

e) reclamação perante o Supremo Tribunal Federal.

▷ ***Anotações/Comentários***

Alternativa "e" (responde todas as alternativas): O caso descrito envolve a violação do entendimento presente da Súmula Vinculante nº 28, que dispõe que: "É inconstitucional a exigência de depósito prévio como requisito de admissibilidade de ação judicial na qual se pretenda discutir a exigibilidade de crédito tributário.". Portanto, há ofensa a competência do STF, sendo cabível a reclamação para este tribunal, nos termos do art. 103-A, §2º da CF/88.

---

216. (FGV – Analista Administrativo – TJ - SC/2018) Determinado político de grande influência no Estado, insatisfeito com a atuação do Juiz de Direito da Comarca em que residia, consultou o seu advogado sobre a possibilidade de ser requerida a remoção compulsória desse magistrado.

À luz da sistemática estabelecida na Constituição da República, o requerimento almejado:

a) pode ser deferido, por motivo de interesse público, pelo respectivo tribunal ou pelo Conselho Nacional de Justiça;

b) somente pode ser apreciado pelo Conselho Nacional de Justiça, que é livre para deferi-lo, ou não;

c) somente pode ser apreciado pelo Supremo Tribunal Federal, órgão de cúpula do Poder Judiciário;

d) somente pode ser apreciado pelo respectivo tribunal, que é livre para deferi-lo, ou não;

e) não encontra, em nenhuma hipótese, amparo na ordem constitucional.

▷ ***Anotações/Comentários***

Alternativa "a" (responde todas as alternativas): O art. 93, VIII da CF/88 prevê que é possível que ocorra a remoção, disponibilidade e aposentadoria do magistrado, por interesse público, a qual deverá ser fundada em decisão por voto da maioria absoluta do respectivo tribunal ou do Conselho Nacional de Justiça, assegurada ampla defesa.

---

217. (Cespe – Analista Judiciário – Área Judiciária – STJ/2018) À luz da legislação e da jurisprudência dos tribunais superiores, julgue os itens que se seguem, acerca do Poder Judiciário e do controle de constitucionalidade.

I - O Conselho Nacional de Justiça é órgão do Poder Judiciário com atribuições apenas de natureza administrativa, podendo apreciar a legalidade dos atos administrativos, mas não a sua constitucionalidade.

- CERTO
- ERRADO

▷ ***Anotações/Comentários***

A justificativa para a anulação foi de que "A redação do item possibilita mais de uma interpretação". No entanto, podemos tecer alguns comentários. De fato o CNJ é órgão do Poder Judiciário, que possui somente atribuições administrativas. Não é possível que exerçam controle de constitucionalidade de atos administrativos, mas podem apreciar sua legalidade.

II - Compete ao Superior Tribunal de Justiça processar e julgar recurso ordinário aviado para impugnar decisão denegatória em mandado de segurança proferida em única instância por turma recursal de juizado especial.

- CERTO
- ERRADO

▷ ***Anotações/Comentários***

Vale observar que o item tem relação com a Súmula 376 do STJ, que dispõe que : "Compete à turma recursal processar e julgar o mandado de segurança contra ato de juizado especial." Sendo denegatória essa decisão, contudo, como não se trata de Tribunal Superior, não poderá ser impetrado recurso ordinário para o STF (pois não se enquadra no art. 102, II, a da CF/88), nem para o STJ, pois não se enquadra no art. 105, II, b da CF/88 (mandados de segurança decididos em única instância pelos Tribunais Regionais Federais ou pelos tribunais dos Estados, do Distrito Federal e Territórios, quando denegatória a decisão). Em razão da Súmula 203, STJ, não poderia tampouco ser impetrado recurso especial contra essa decisão, mas apenas eventual recurso extraordinário ao STF, nos termos da Súmula 640 do STF.

---

218. (Cespe – Analista Judiciário – Área Judiciária – STM/2018) Com relação à organização dos poderes e às funções essenciais à justiça, julgue os itens a seguir.

Será constitucional lei estadual que permita que o credor da fazenda estadual utilize crédito em precatório para a aquisição de imóvel público do respectivo ente federado.

- CERTO
- ERRADO

▷ ***Anotações/Comentários***

Isso decorre da disposição do §11 do art. 100 da CF/88: "É facultada ao credor, conforme estabelecido em lei da entidade federativa devedora, a entrega de créditos em precatórios para compra de imóveis públicos do respectivo ente federado."

---

219. (FCC – Analista Judiciário – Área Judiciária - TST/2017) Servidores públicos grevistas, titulares de cargos públicos efetivos estaduais, ocuparam parte de prédio público do respectivo Estado para realizar manifestação a fim de que sua reivindicação fosse atendida. Em vista disso, o Estado ajuizou ação possessória perante a Justiça do Trabalho, a fim de obter decisão judicial que determinasse a desocupação do próprio público pelos servidores. O juiz de primeiro grau, todavia, proferiu sentença em que reconheceu não ter competência para julgar o feito.

À luz da Constituição Federal e da jurisprudência do Supremo Tribunal Federal, a referida sentença está

a) correta, uma vez que a Justiça do Trabalho não é competente para processar e julgar essa ação possessória, embora seja competente para julgar as ações oriundas da relação jurídica mantida entre o Estado e os seus servidores titulares de cargos públicos em comissão.

b) correta, uma vez que a Justiça do Trabalho não é competente para processar e julgar essa ação possessória, embora seja competente para julgar as ações oriundas da relação jurídica mantida entre o Estado e os seus servidores titulares de cargos públicos efetivos.

c) correta, uma vez que a Justiça do Trabalho não é competente para processar e julgar essa ação possessória, nem para julgar as ações envolvendo o Estado e os seus servidores que lhe sejam vinculados por relação jurídico-estatutária.

d) incorreta, uma vez que a Justiça do Trabalho é competente para processar e julgar essa ação possessória, assim como para julgar as ações oriundas da relação jurídica mantida entre o Estado e os seus servidores públicos titulares de cargos públicos efetivos, podendo a sentença ser impugnada mediante reclamação constitucional proposta perante o Supremo Tribunal Federal, bem como mediante interposição do recurso cabível perante o Tribunal competente.

e) incorreta, uma vez que a Justiça do Trabalho é competente para processar e julgar essa ação possessória, assim como para julgar as ações oriundas da relação jurídica mantida entre o Estado e os seus servidores públicos titulares de cargos públicos efetivos, podendo a sentença ser impugnada apenas mediante interposição de recurso ordinário perante o Tribunal Regional do Trabalho competente.

▷ ***Anotações/Comentários***

Alternativa "c" (responde todas as alternativas): Servidores públicos são regidos por regime estatutário, de modo que não compete à Justiça do Trabalho julgar as relações que os envolvam. Nesse sentido é o entendimento do STF: "Competência. **Justiça do Trabalho. Incompetência reconhecida. Causas entre o poder público e seus servidores estatutários. Ações que não se reputam oriundas de relação de trabalho.** Conceito estrito dessa relação. Feitos da competência da Justiça comum. Interpretação do art. 114, I, da CF, introduzido pela EC 45/2004. Precedentes. Liminar deferida para excluir outra interpretação. (...) O disposto no art. 114, I, da CF não abrange as causas instauradas entre o poder público e servidor que lhe seja vinculado por relação jurídico-estatutária. [ADI 3.395 MC, rel. min. Cezar Peluso, j. 5-4-2006, P, DJ de 10-11-2006.]" Se a ação fosse decorrente da iniciativa privada, seria competente, nos termos da súmula vinculante 23. Corroborando o entendimento, temos ainda o seguinte julgado do STF: "A Justiça Comum Federal ou Estadual é competente para julgar a abusividade de greve de servidores públicos celetistas da administração direta, autarquias e fundações de direito público. [RE 846.854, rel. p/ o ac. min. Alexandre de Moraes, j. 1º-8-2017, P, DJE de 7-2-2018, Tema 544.]" Ou seja, ainda que se tratasse de servidores públicos celetistas, não seria competente a justiça do Trabalho.

220. (Cespe – Técnico Judiciário – Área Administrativa – TRF 1/2017) Acerca do Poder Judiciário, julgue o item a seguir.

O presidente do tribunal competente que, por ação ou omissão, retardar a regular liquidação de precatório cometerá crime de responsabilidade.

- CERTO
- ERRADO

▷ ***Anotações/Comentários***

De acordo com o **art. 100, § 7º, da CF**: "O Presidente do Tribunal competente que, por ato comissivo ou omissivo, retardar ou tentar frustrar a liquidação regular de precatórios incorrerá em crime de responsabilidade e responderá, também, perante o Conselho Nacional de Justiça".

221. (Cespe – Técnico Judiciário – Área Administrativa – TRF 1/2017) Acerca do Poder Judiciário, julgue o item a seguir.

Os desembargadores do Tribunal Regional Federal da 1.a Região que cometam crimes de responsabilidade serão processados e julgados originariamente pelo STF.

- CERTO
- ERRADO

▷ ***Anotações/Comentários***

No caso de crimes de responsabilidade, os desembargadores de Tribunais Regionais Federais serão processados e julgados pelo **STJ, e não pelo STF**, nos moldes do **art. 105, inciso I, alínea "a", da CF**: "Art. 105. Compete ao Superior Tribunal de Justiça: I – processar e julgar, originariamente: a) nos crimes comuns, os Governadores dos Estados e do Distrito Federal, e, nestes e nos **de responsabilidade, os desembargadores** dos Tribunais de Justiça dos Estados e do Distrito Federal, os membros dos Tribunais de Contas dos Estados e do Distrito Federal, os **dos Tribunais Regionais Federais**, dos Tribunais Regionais Eleitorais e do Trabalho, os membros dos Conselhos ou Tribunais de Contas dos Municípios e os do Ministério Público da União que oficiem perante tribunais".

222. (Cespe – Técnico Judiciário – Área Administrativa – TRF 1/2017) Acerca do Poder Judiciário, julgue o item a seguir.

Cabe ao STJ processar e julgar originariamente os conflitos entre a União e os estados.

- CERTO
- ERRADO

▷ ***Anotações/Comentários***

Conflitos entre a União e os Estados são processados e julgados originariamente pelo **STF, conforme art. 102, inciso I, alínea "f", da CF**: "Art. 102. Compete ao Supremo Tribunal Federal, precipuamente, a guarda da Constituição, cabendo-lhe: I – processar e julgar, originariamente: f) as causas e os conflitos entre a União e os Estados, a União e o Distrito Federal, ou entre uns e outros, inclusive as respectivas entidades da administração indireta".

223. (Cespe – Técnico Judiciário – Área Administrativa – TRF 1/2017) Acerca do Poder Judiciário, julgue o item a seguir.

Compete à justiça federal julgar processos em que a União seja autora, ré ou assistente, inclusive os decorrentes de acidente de trabalho.

- CERTO
- ERRADO

▷ ***Anotações/Comentários***

De acordo com a **Súmula 501 do STF**: "Compete à Justiça Ordinária Estadual o processo e o julgamento, em ambas as instâncias, das causas de acidente de trabalho, ainda que promovidas contra a União, suas autarquias, empresas públicas ou sociedades de economia mista". Baseia-se no **art. 109, inciso I, da CF**: "Art. 109. **Aos juízes federais compete processar e julgar**: I – as causas em que a União, entidade autárquica ou empresa pública federal forem interessadas na condição de autoras, rés, assistentes ou oponentes, **exceto** as de falência, **as de acidente de trabalho** e as sujeitas à Justiça Eleitoral e à Justiça do Trabalho".

224. (Cespe – Técnico Judiciário – Área Administrativa – TRF 1/2017) Acerca do Poder Judiciário, julgue o item a seguir.

Compete ao CNJ eleger os órgãos diretivos do Tribunal Regional Federal da 1.a Região bem como dispor sobre competência e funcionamento dos órgãos jurisdicionais e administrativos desse tribunal.

- CERTO
- ERRADO

▷ ***Anotações/Comentários***

Primeiramente, importante ressaltar que o CNJ não possui competência jurisdicional. De acordo com o art. 103-B, § 4º, da CF (incluído pela EC 45/2004), ao CNJ é atribuída a competência para controle da atuação administrativa e financeira do Judiciário e do cumprimento dos deveres funcionais de seus juízes (cabendo as atribuições previstas nos incisos I a VII do referido artigo). **A escolha dos órgãos diretivos dos Tribunais Regionais Federais é de competência privativa dos próprios tribunais, conforme art. 96, inciso I, alínea "a" da CF**: "Art. 96. Compete privativamente: I – aos tribunais: a) eleger seus órgãos diretivos e elaborar seus regimentos internos, com observância das normas de processo e das garantias processuais das partes, dispondo sobre a competência e o funcionamento dos respectivos órgãos jurisdicionais e administrativos". Ademais, cabe ressaltar jurisprudência do STF sobre o tema: "A escolha dos órgãos diretivos compete privativamente ao próprio tribunal, nos termos do art. 96, I, *a*, da Carta Magna. Tribunal, na dicção constitucional, é o órgão colegiado, sendo inconstitucional, portanto, a norma estadual possibilitar que juízes vitalícios, que não apenas os desembargadores, participarem da escolha da direção do tribunal" (ADI 2012, rel. Min. Ricardo Lewandowski, julgamento em 27/10/2011).

225. (Cespe – Técnico Judiciário – Área Administrativa – TRE – TO/2017) De acordo com o art. 97 da CF, "somente pelo voto da maioria absoluta de seus membros ou dos membros do respectivo órgão especial poderão os tribunais declarar a inconstitucionalidade de lei ou ato normativo do poder público". Essa regra, que é aplicável ao controle de constitucionalidade realizado no âmbito dos tribunais, denomina-se

a) cláusula de reserva de plenário.
b) quórum de inconstitucionalidade.
c) princípio da presunção de constitucionalidade das leis.
d) controle difuso de constitucionalidade.
e) princípio da maioria absoluta.

▷ ***Anotações/Comentários***

Alternativa correta: letra "a" (responde todas as demais alternativas): somente pelo voto da maioria absoluta de seus membros ou dos membros do respectivo órgão especial poderão os tribunais declarar a inconstitucionalidade de lei ou ato normativo do Poder Público. Trata-se do denominado Princípio da Reserva de Plenário, previsto no art. 97, da CF, e reafirmado na Súmula Vinculante 10. A cláusula constitucional de reserva de plenário, insculpida no art. 97 da CF, fundada na presunção de constitucionalidade das leis, não impede que os órgãos fracionários ou os membros julgadores dos tribunais, quando atuem monocraticamente, rejeitem a arguição de invalidade dos atos normativos, conforme consagrada lição da doutrina (MOREIRA, José Carlos Barbosa. Comentários ao Código de Processo Civil, Vol. V – Arts. 476 a 565, Rio de Janeiro: Ed. Forense, 2009, p. 40)." (STF. RE 636.359-AgR, julgado em 2011 e relatado pelo ministro Luiz Fux).

226. (Cespe – Técnico Judiciário – Área Administrativa – TRE – BA/2017) De acordo com a Constituição Federal de 1988, o órgão a que compete o controle da atuação administrativa e financeira do Poder Judiciário e do cumprimento dos deveres funcionais dos juízes, além do encargo do recebimento e conhecimento de reclamações contra os serviços auxiliares do Poder Judiciário, é o(a)

a) Tribunal de Contas da União.
b) Conselho Nacional de Justiça.
c) Procuradoria-Geral da República.
d) Supremo Tribunal Federal.
e) Corregedoria do Superior Tribunal de Justiça.

▷ ***Anotações/Comentários***

Alternativa correta: letra "b" (responde todas as demais alternativas): a descrição contida no cabeçalho da questão se refere ao Conselho Nacional de Justiça, órgão criado para exercer o controle da atuação administrativa e financeira do Poder Judiciário e do cumprimento dos deveres funcionais dos Juízes, de acordo com o art. 103-B, § 4º, da CF: "Art. 103-B. § 4º Compete ao Conselho [Nacional de Justiça] o controle da atuação administrativa e financeira do Poder Judiciário e do cumprimento dos deveres funcionais dos juízes, cabendo-lhe, além de outras atribuições que lhe forem conferidas pelo Estatuto da Magistratura: I – zelar pela autonomia do Poder Judiciário e pelo cumprimento do Estatuto da Magistratura, podendo expedir atos regulamentares, no âmbito de sua competência, ou recomendar providências; II – zelar pela observância do art. 37 e apreciar, de ofício ou mediante provocação, a legalidade dos atos administrativos praticados por membros ou órgãos do Poder Judiciário, podendo desconstituí-los, revê-los ou fixar prazo para que se adotem as providências necessárias ao exato cumprimento da lei, sem prejuízo da competência do Tribunal de Contas da União (...)"

---

227. (Cespe – Analista Judiciário – Área Administrativa – TRE – BA/2017) A Constituição Federal de 1988 elenca como órgãos da justiça eleitoral

a) o CNJ, os TREs, os juízes eleitorais e as juntas eleitorais.
b) o TSE, os TREs, os juízes eleitorais e as juntas eleitorais.
c) o TSE, os TREs, os juízes eleitorais e os colégios eleitorais.
d) o TSE, o CNJ, os TREs e os colégios eleitorais.
e) o TSE, o CNJ, os juízes eleitorais e os colégios eleitorais.

▷ ***Anotações/Comentários***

Alternativa correta: letra "b" (responde todas as demais alternativas): de acordo com o art. 118 da CF: "Art. 118. São órgãos da Justiça Eleitoral: I – o Tribunal Superior Eleitoral; II – os Tribunais Regionais Eleitorais; III – os Juízes Eleitorais; IV – as Juntas Eleitorais".

---

228. (Cespe – Técnico Judiciário – Área Administrativa – TRE – TO/2017) Das decisões dos tribunais regionais eleitorais

a) caberá recurso em caso de declaração de inconstitucionalidade realizada em ação direta de inconstitucionalidade.
b) não caberá recurso, uma vez que o TRE é tribunal de única instância.
c) caberá recurso caso decretem a perda de mandatos eletivos estaduais.
d) não caberá recurso no caso de divergência na interpretação de lei entre dois tribunais eleitorais.
e) não caberá recurso, exceto no caso da discussão sobre inelegibilidade.

▷ ***Anotações/Comentários***

Alternativa correta: letra "c": é a única assertiva que corresponde ao disposto no art. 121, § 4º, inciso IV, da CF: "Art. 121. § 4º Das decisões dos Tribunais Regionais Eleitorais somente caberá recurso quando: IV – anularem diplomas ou decretarem a perda de mandatos eletivos federais ou estaduais".

Alternativa "a": no caso da assertiva, não cabe recurso, de acordo com o art. 121, § 4º, inciso I, da CF: "Art. 121. § 4º Das decisões dos Tribunais Regionais Eleitorais somente caberá recurso quando: I – forem proferidas contra disposição expressa desta **Constituição ou de lei**".

Alternativa "b": cabe recurso das decisões do TRE nas hipóteses elencadas no art. 121, § 4º, da CF.

Alternativa "d": no caso da assertiva, cabe recurso, de acordo com o art. 121, § 4º, inciso II, da CF: "Art. 121. § 4º Das decisões dos Tribunais Regionais Eleitorais somente caberá recurso quando: II – ocorrer divergência na interpretação de lei entre dois ou mais tribunais eleitorais".

Alternativa "e": no caso da assertiva, cabe recurso, de acordo com o art. 121, § 4º, inciso III, da CF: "Art. 121. § 4º Das decisões dos Tribunais Regionais Eleitorais somente caberá recurso quando: III – versarem sobre inelegibilidade ou expedição de diplomas nas eleições federais ou estaduais".

---

229. (Cespe – Técnico Judiciário – Área Administrativa – TRE – PE/2017) Segundo a CF, são órgãos da justiça eleitoral

a) as zonas eleitorais.
b) os cartórios eleitorais.
c) os juízes eleitorais.
d) os colégios eleitorais.
e) as mesas eleitorais.

▷ ***Anotações/Comentários***

Alternativa correta: letra "c" (responde todas as demais alternativas): de acordo com o art. 118 da CF: "Art. 118. **São órgãos da Justiça Eleitoral**: I – o Tribunal Superior Eleitoral; II – os Tribunais Regionais Eleitorais; III – os **Juízes Eleitorais**; IV – as Juntas Eleitorais".

---

230. (Cespe – Técnico Judiciário – Área Administrativa – TRE – BA/2017) O corregedor de um tribunal regional eleitoral (TRE), ao analisar o regimento interno desse órgão, verificou que diversos dispositivos estavam em desacordo com as normas estabelecidas pela Constituição Federal de 1988 (CF) e que, por essa razão, seria necessário elaborar um novo regimento.

Tendo em vista os preceitos estabelecidos na CF, nessa situação hipotética, a competência privativa para a elaboração do novo regimento interno do TRE será do

a) Tribunal Superior Eleitoral, em decorrência da hierarquia constitucional sobre o TRE.
b) referido TRE, que deverá observar as normas de processo e as garantias processuais das partes ao elaborar a referida peça normativa.
c) Supremo Tribunal Federal, em razão de sua hierarquia constitucional sobre o TRE.
d) Superior Tribunal de Justiça, tendo em vista que o Supremo Tribunal Federal cuida exclusivamente de questões constitucionais.
e) Congresso Nacional, por ser o órgão responsável pelo processo legislativo, que cria e edita normativas.

▷ ***Anotações/Comentários***

Alternativa correta: letra "b": a competência para elaboração de novo regimento interno é do **próprio TRE**, conforme disposição do **art. 96, inciso I, alínea "a", da CF**: "Art. 96. Compete privativamente: I – aos tribunais: a) eleger seus órgãos diretivos e elaborar seus regimentos internos, com observância das normas de processo e das garantias processuais das partes, dispondo sobre a competência e o funcionamento dos respectivos órgãos jurisdicionais e administrativos". Nesse sentido: "A escolha dos órgãos diretivos compete privativamente ao próprio tribunal, nos termos do art. 96, inciso I, a, da Carta Magna. Tribunal, na dicção constitucional, é o órgão colegiado, sendo inconstitucional, portanto, a norma estadual possibilitar que juízes vitalícios, que não apenas os desembargadores, participarem da escolha da direção do tribunal" (ADI 2012, rel. Min. Ricardo Lewandowski, julgamento em 27/10/2011).

---

231. (Cespe – Técnico Judiciário – Área Administrativa – TRE – BA/2017) Quanto à competência e à organização dos órgãos da justiça eleitoral e à legislação pertinente a esse segmento da justiça, julgue os itens a seguir.

I. Compete privativamente aos estados legislar sobre direito eleitoral.
II. Os juízes eleitorais são órgãos da justiça eleitoral.
III. O presidente da República poderá, em caso de relevância e urgência, editar medida provisória sobre matéria eleitoral.
IV. O Tribunal Regional Eleitoral elegerá seu presidente e seu vice-presidente entre os desembargadores que o compõem.

Estão certos apenas os itens

a) I e II.
b) I e III.

c) II e IV.

d) I, III e IV.

e) II, III e IV.

▷ ***Anotações/Comentários***

Assertiva I: O art. 22, inciso I, dispõe que: "Art. 22. **Compete privativamente à União legislar sobre**: I – direito civil, comercial, penal, processual, **eleitoral**, agrário, marítimo, aeronáutico, espacial e do trabalho". **Errada.**

Assertiva II: A assertiva está em conformidade com o disposto no art. 118, inciso III, da CF: "Art. 118. São órgãos da Justiça Eleitoral: III – os Juízes Eleitorais". **Certa.**

Assertiva III: Matéria eleitoral não pode ser objeto de edição de medidas provisórias, conforme art. 62, § 1º, inciso I, alínea "a": "Art. 62. § 1º É vedada a edição de medidas provisórias sobre matéria: I – relativa a: a) nacionalidade, cidadania, direitos políticos, partidos políticos e direito eleitoral". **Errada.**

Assertiva IV: A assertiva está de acordo com o art. 120, § 2º da CF: "Art. 120. § 2º O Tribunal Regional Eleitoral elegerá seu Presidente e o Vice-Presidente dentre os desembargadores". **Certa.**

232. (Cespe – Analista Judiciário – Área Judiciária – TRE – BA/2017) A Constituição Federal de 1988 estabelece que os tribunais regionais eleitorais sejam compostos por dois juízes dentre seis advogados de notável saber jurídico e idoneidade moral indicados pelo

a) Tribunal de Justiça.

b) Superior Tribunal de Justiça.

c) presidente do Supremo Tribunal Federal.

d) Tribunal Superior Eleitoral.

e) presidente da República.

▷ ***Anotações/Comentários***

Alternativa correta: letra "a": de acordo com o art. 120, § 1º, inciso I, alíneas "a" e "b": "Art 120. Haverá um Tribunal Regional Eleitoral na Capital de cada Estado e no Distrito Federal. § 1º Os Tribunais Regionais Eleitorais compor-se-ão: I – mediante eleição, pelo voto secreto: a) de dois juízes dentre os desembargadores do Tribunal de Justiça; **b) de dois juízes, dentre juízes de direito, escolhidos pelo Tribunal de Justiça**".

233. (Cespe – Técnico Judiciário – Área Administrativa – TRE – PE/2017) De acordo com a CF, ao juiz

a) é garantida a inamovibilidade, ainda que haja motivo de interesse público que recomende sua remoção.

b) é permitido dedicar-se à atividade político-partidária, desde que ele esteja em disponibilidade.

c) que esteja em disponibilidade é permitido exercer qualquer outro cargo público.

d) é permitido receber custas em processo judicial, desde que ele esteja em disponibilidade.

e) é garantida a vitaliciedade, que, no primeiro grau, será adquirida após dois anos de exercício.

▷ ***Anotações/Comentários***

Alternativa correta: letra "e": a assertiva está em conformidade com o disposto no art. 95, inciso I, da CF: "Art. 95. Os juízes gozam das seguintes garantias: I – **vitaliciedade, que, no primeiro grau, só será adquirida após dois anos de exercício**, dependendo a perda do cargo, nesse período, de deliberação do tribunal a que o juiz estiver vinculado e, nos demais casos, de sentença judicial transitada em julgado".

Alternativa "a": a inamovibilidade é garantida, exceto quando for motivada por interesse público, conforme art. 95, inciso II, da CF: "Art. 95. Os juízes gozam das seguintes garantias: II – inamovibilidade, salvo por motivo de interesse público, na forma do art. 93, VIII".

Alternativa "b": a assertiva apresenta vedação ao juiz, conforme art. 95, par. ún, inciso III, da CF: "Art. 95. Parágrafo único. Aos juízes é vedado: III – dedicar-se à atividade político-partidária".

Alternativa "c": a assertiva apresenta vedação ao juiz, conforme art. 95, par. ún, inciso I, da CF: "Art. 95. Parágrafo único. Aos juízes é vedado: I – exercer, ainda que em disponibilidade, outro cargo ou função, salvo uma de magistério".

Alternativa "d": a assertiva apresenta vedação ao juiz, conforme art. 95, par. ún, inciso II, da CF: "Art. 95. Parágrafo único. Aos juízes é vedado: II – receber, a qualquer título ou pretexto, custas ou participação em processo".

234. (Cespe – Analista Judiciário – Área Administrativa – TRE – PE/2017) Caberá recurso das decisões dos tribunais regionais eleitorais somente quando estas

a) divergirem da interpretação de lei de um tribunal eleitoral e de um tribunal regional federal.

b) versarem sobre inelegibilidade ou expedição de diplomas nas eleições federais, estaduais ou municipais.

c) versarem sobre inelegibilidade nas eleições federais ou estaduais.

d) determinarem a concessão de habeas corpus, mandado de segurança, habeas data ou mandado de injunção.

e) determinarem a anulação de diplomas ou decretarem a perda de mandatos eletivos federais, estaduais ou municipais.

▷ ***Anotações/Comentários***

Alternativa correta: letra "c" (responde todas as demais alternativas): é a única assertiva que corresponde ao disposto no art. 121, § 4º, inciso III, da CF: "Art. 121. § 4º **Das decisões dos Tribunais Regionais Eleitorais somente caberá recurso quando**: I - forem proferidas contra disposição expressa desta Constituição ou de lei; II - ocorrer divergência na interpretação de lei entre dois ou mais tribunais eleitorais; III - **versarem sobre inelegibilidade ou expedição de diplomas nas eleições federais ou estaduais**; IV - anularem diplomas ou decretarem a perda de mandatos eletivos federais ou estaduais; V - denegarem habeas corpus, mandado de segurança, habeas data ou mandado de injunção.".

12. FUNÇÕES ESSENCIAIS À JUSTIÇA

235. FCC – 2022 – TRT 14 – Analista Judiciário – Área Judiciária Henrique, trinta e seis anos de idade, é integrante da carreira do Ministério Público Federal e gostaria de se tornar Procurador-Geral da República. Em conformidade com a Constituição Federal, Henrique será assim nomeado pelo Presidente da República se tiver seu nome aprovado pela maioria absoluta dos membros do

a) Ministério Público Federal, Ministério Público do Trabalho, Ministério Público Militar e dos Ministérios Públicos dos Estados e o do Distrito Federal e Territórios, para mandato de dois anos, permitida a recondução.

b) Senado Federal, para mandato de dois anos, permitida a recondução.

c) Senado Federal, para mandato de quatro anos, permitida a recondução.

d) Ministério Público Federal, Ministério Público do Trabalho, Ministério Público Militar e dos Ministérios Públicos dos Estados e o do Distrito Federal e Territórios, para mandato de quatro anos, permitida a recondução.

e) Senado Federal, para mandato de quatro anos, vedada a recondução.

▷ ***Anotações/Comentários***

Nos termos do art. 128, §1º da CF/88, a nomeação do Procurador-Geral da República será feita pelo Presidente da República dentre integrantes da carreira, maiores de 35 anos de idade, após a aprovação de seu nome **pela maioria absoluta dos membros do Senado Federal**, para mandato de 2 anos, **permitida** a recondução.

236. (Cespe – Técnico Judiciário – TJ – RJ/2021) No que se refere às funções essenciais à justiça, é correto afirmar que a advocacia pública caracteriza-se por

a) buscar a realização dos interesses da sociedade.

b) ser inviolável por seus atos e manifestações no exercício da profissão, nos limites da lei.

c) ser essencial à função jurisdicional do Estado e promover gratuitamente a orientação jurídica e a defesa dos necessitados.

d) prestar atividades de consultoria e assessoramento jurídico do Poder Legislativo.

e) auxiliar o Congresso Nacional na fiscalização contábil, financeira, orçamentária, operacional e patrimonial da União.

▷ ***Anotações/Comentários***

É o que se extrai do art. 133 da CF/88. A alternativa (c) remete à defensoria pública (orientação jurídica gratuita e defesa dos necessitados); as alternativas (d, e) remetem ao TCU.

237. (IBFC – Técnico Judiciário – Área Administrativa – TRE – PA/2020) O Ministério Público é instituição permanente, essencial à função jurisdicional do Estado, incumbindo-lhe a defesa da ordem jurídica, do regime democrático e dos interesses sociais e individuais indisponíveis. Com base na Constituição Federal de 1988 (CF/88), analise as afirmativas abaixo e dê valores Verdadeiro (V) ou Falso (F).

( ) O Ministério Público elaborará sua proposta orçamentária dentro dos limites estabelecidos no plano plurianual. Se o Ministério Público não encaminhar a respectiva proposta orçamentária dentro do prazo estabelecido na Lei de Diretrizes Orçamentárias, o Poder Executivo considerará, para fins de consolidação da proposta orçamentária anual, os valores aprovados na lei orçamentária anterior, ajustados de acordo com os limites estipulados na forma do § 3° do artigo 127 da CF/88.

( ) São princípios institucionais do Ministério Público a vitaliciedade, após dois anos de exercício, não podendo perder o cargo senão por sentença judicial transitada em julgado; a inamovibilidade, salvo por motivo de interesse público, mediante decisão do órgão colegiado competente do Ministério Público, pelo voto da maioria absoluta de seus membros, assegurada ampla defesa; e a irredutibilidade de subsídio, fixado na forma do art. 39, § 4°, e ressalvado o disposto nos arts. 37,XeXI , 150, II , 153, III , 153, § 2°, I, da CF/88.

( ) São funções institucionais do Ministério Público, dentre outras: promover, privativamente, a ação penal pública, na forma da lei; bem como requisitar diligências investigatórias e a instauração de inquérto policial, indicados os fundamentos jurídicos de suas manifestações processuais.

( ) O Ministério Público abrange o Ministério Público da União e os Ministérios Públicos dos Estados. O primeiro compreende o Ministério Público Federal, o Ministério Público do Trabalho, o Ministério Público Militar e o Ministério Público Eleitoral.

Assinale a alternativa que apresenta a sequência correta de cima para baixo.

a) F, F, V, F
b) F, V, V, F
c) V, V, F, F
d) V, F, V, V

▷ ***Anotações/Comentários***

Item "I". Falso. Nos termos do art. 127, §3º da CF/88, o Ministério Público elaborará sua proposta orçamentária dentro dos limites estabelecidos na lei de diretrizes orçamentárias. Contudo, o §4º determina que: "Se o Ministério Público não encaminhar a respectiva proposta orçamentária dentro do prazo estabelecido na lei de diretrizes orçamentárias, o Poder Executivo considerará, para fins de consolidação da proposta orçamentária anual, os valores aprovados na **lei orçamentária vigente**, ajustados de acordo com os limites estipulados na forma do § 3º.".

Item "II". Falso. Os princípios institucionais do Ministério Público são encontrados no art. 127, §1º da CF/88, e são eles: a unidade, a indivisibilidade e a independência funcional. A vitaliciedade, inamovibilidade e a irredutibilidade de subsídios são, na verdade, garantias, previstas no art. 128, §5º da CF/88.

Item "III". Verdadeiro. As funções institucionais do Ministério Pública são encontradas no art. 129 da CF/88. As funções citadas, estão no inciso I e VIII.

Item "IV". Falso. Nos termos do art. 128 da CF/88, o Ministério Público abrange: O Ministério Público dos Estados e O Ministério Público da União, que compreende o Ministério Público Federal; o Ministério Público do Trabalho; o Ministério Público Militar e o **Ministério Público do Distrito Federal e Territórios** (e não o Ministério Público Eleitoral).

238. (Cespe – Analista Judiciário – TJ - AM/2019) A respeito das funções essenciais à justiça, julgue o próximo item.

I - Compete à Advocacia-Geral da União exercer as atividades de consultoria jurídica e representação judicial dos Poderes Executivo, Legislativo e Judiciário federais.

- CERTO
- ERRADO

▷ ***Anotações/Comentários***

Nos termos do art. 131 da CF/88: "A Advocacia-Geral da União é a instituição que, diretamente ou através de órgão vinculado, representa a União, judicial e extrajudicialmente, cabendo-lhe, nos termos da lei complementar que dispuser sobre sua organização e funcionamento, **as atividades de consultoria e assessoramento jurídico do Poder Executivo**." Logo, o exercício das atividades de consultoria jurídica se dão exclusivamente para o Poder Executivo.

II - A legitimação constitucional para o ajuizamento de ação civil pública para proteção do meio ambiente é exclusiva do Ministério Público.

- CERTO
- ERRADO

▷ ***Anotações/Comentários***

Nos termos do art. 5º da lei n. 7.347/1985, **têm legitimidade para a propositura da ação civil pública** o Ministério Público, a Defensoria Pública, a União, os Estados, o Distrito Federal e os Municípios, a autarquia, empresa pública, fundação ou sociedade de economia mista, além da associação constituída há pelo menos 1 ano que inclua entre suas finalidades institucionais a proteção ao patrimônio público e social, ao meio ambiente, ao consumidor, à ordem econômica, à livre concorrência, aos direitos de grupos raciais, étnicos ou religiosos ou ao patrimônio artístico, estético, histórico, turístico e paisagístico. Portanto, **não se trata de legitimidade exclusiva do Ministério Público**, o que pode-se inferir inclusive do texto do art. 129, §1º, que dispõe que: "§ 1º - A legitimação do Ministério Público para as ações civis previstas neste artigo não impede a de terceiros, nas mesmas hipóteses, segundo o disposto nesta Constituição e na lei.".

A título de complementação, podemos destacar que embora a ação civil pública tenha outros legitimados, a ação **penal** pública é de legitimidade exclusiva do Ministério Público, nos termos do art. 129, I.

239. (FGV – Analista Jurídico – TJ - SC/2018) Determinado Estado da federação celebrou acordo de regime tributário especial com certo contribuinte, o qual acarretou a exponencial redução do crédito tributário inicialmente devido. Ao tomar conhecimento dos fatos, o Ministério Público ajuizou ação civil pública para anular o acordo com base no argumento de que seria ilegal.

À luz da sistemática constitucional, o Ministério Público:

a) tem legitimidade para ajuizar a ação, devendo zelar pela aplicação da lei tributária, ainda que a favor do contribuinte;
b) não tem legitimidade para ajuizar a ação, pois não pode substituir-se ao Estado na defesa do patrimônio público;
c) não tem legitimidade para ajuizar a ação, pois integra o Estado, ente que celebrou o acordo;
d) não tem legitimidade para ajuizar a ação, pois não pode atuar em matéria tributária;
e) tem legitimidade para ajuizar a ação visando à defesa do patrimônio público.

▷ ***Anotações/Comentários***

Alternativa "e" (responde todas as alternativas): Nos termos do art. 129, III, da CF/88, promover a ação civil pública para a proteção do patrimônio público e social, do meio ambiente e de outros interesses difusos e coletivos é uma das funções institucionais do Ministério Público. Especificamente quanto ao caso narrado, já entendeu o STF que tem o Ministério Público legitimidade para propor referida ação com o objetivo de anular termo de acordo firmado entre o Poder Público e contribuinte (RE 576155/DF).

240. (Cespe – Analista Judiciário – Área Judiciária – STM/2018) Com relação à organização dos poderes e às funções essenciais à justiça, julgue os itens a seguir.

I - De acordo com a Constituição Federal de 1988, o membro do Ministério Público Militar que atuar na primeira instância jurisdicional será processado e julgado por tribunal regional federal quando da prática de crime comum, ressalvada a competência da justiça eleitoral.

- CERTO
- ERRADO

▷ ***Anotações/Comentários***

Inicialmente, é importante lembrar que o Ministério Público Militar integra o Ministério Público da União, conforme art. 128, I, "c" da CF/88. Assim, temos duas disposições: será competente o Superior Tribunal de Justiça para processá-los e julgá-los em caso de crime comum e de responsabilidade **caso oficiem perante os Tribunais** (art. 105, I, "a"); serão competentes os Tribunais Regionais Federais para processá-los e julgá-los em caso de crime comum e de responsabilidade nos demais casos, **ressalvada a competência da Justiça Eleitoral** (Art. 108, I, "a"). Como a assertiva não especifica que "oficiem perante os tribunais", aplica-se o art. 108, I, "a".

II - Cabe ao Ministério Público Federal representar a União em caso de ação judicial proposta por servidor da justiça militar da União que cobre diferenças devidas em razão de erro no cálculo de sua remuneração.

- CERTO
- ERRADO

▷ ***Anotações/Comentários***

Na verdade, tal representação é atribuição da Advocacia Geral da União, nos termos do art. 131 da CF/88: "A Advocacia-Geral da União é a instituição que, diretamente ou através de órgão vinculado, representa a União, judicial e extrajudicialmente, cabendo-lhe, nos termos da lei complementar que dispuser sobre sua organização e funcionamento, as atividades de consultoria e assessoramento jurídico do Poder Executivo."

241. (Cespe – Analista Judiciário – Área Judiciária – STJ/2018) Em relação aos direitos e às garantias fundamentais e às funções essenciais à justiça, julgue os itens a seguir, considerando a jurisprudência dos tribunais superiores.

I - Mesmo que o defensor público tenha sido pessoalmente intimado e tenha comparecido à audiência na qual se tenha proferido a decisão judicial, a contagem do prazo recursal para a impugnação da decisão dependerá da remessa dos autos à Defensoria Pública.

- CERTO
- ERRADO

▷ ***Anotações/Comentários***

Nesse sentido foi o entendimento proferido pelo STJ no julgamento do HC 296.759-RS em 21/09/2017. Assim, embora seja de fato intimado pessoalmente na audiência, o prazo recursal somente poderá ser contado a partir da remessa dos autos à Defensoria Pública.

II - Segundo o Supremo Tribunal Federal, a legitimidade processual extraordinária e independente do Ministério Público comum se estende ao Ministério Público junto aos tribunais de contas, que também têm legitimidade ativa para propor demandas judiciais.

- CERTO
- ERRADO

▷ ***Anotações/Comentários***

O Ministério Público Especial junto ao Tribunal de Contas da União é ramo independente do Ministério Público comum. De acordo com o entendimento do STF, a legitimidade processual extraordinária e independente do Ministério Público comum **não se estende** ao Ministério Público junto aos Tribunais de Contas. Esse Ministério Público especial atua no âmbito do controle externo somente. (Rcl 24156 AgR/DF, rel. Min. Celso de Mello, julgamento em 24.10.2017).

242. (Cespe – Técnico Judiciário – Área Administrativa – TRE – TO/2017) De acordo com a CF, compete à Advocacia-Geral da União

a) defender a validade de lei federal no âmbito de ação direta de inconstitucionalidade ajuizada no STF.
b) realizar atividades de consultoria e assessoramento jurídico dos Poderes Executivo, Legislativo e Judiciário.
c) executar a dívida ativa dos entes federativos.
d) ingressar, em nome próprio, com ação direta de inconstitucionalidade contra lei federal no STF.
e) conceder anistia se houver delegação de competência do presidente da República ao advogado-geral da União.

▷ ***Anotações/Comentários***

Alternativa correta: letra "a": a alternativa está em conformidade com o **art. 103, § 3º, da CF**: "Art. 103. § 3º Quando o Supremo Tribunal Federal apreciar a inconstitucionalidade, em tese, de norma legal ou ato normativo, citará, previamente, o Advogado-Geral da União, que defenderá o ato ou texto impugnado".

Alternativa "b": a AGU realiza consultoria e assessoramento jurídico apenas ao Poder Executivo, conforme **art. 131**, caput, da CF: "Art. 131. A Advocacia-Geral da União é a instituição que, diretamente ou através de órgão vinculado, representa a União, judicial e extrajudicialmente, cabendo-lhe, nos termos da lei complementar que dispuser sobre sua organização e funcionamento, as atividades de **consultoria e assessoramento jurídico do Poder Executivo**".

Alternativa "c": a representação em caso de execução de dívida ativa cabe à **Procuradoria-Geral da Fazenda Nacional, conforme art. 131, § 3º, da CF**: "Art. 131. § 3º Na execução da dívida ativa de natureza tributária, a representação da União cabe à Procuradoria-Geral da Fazenda Nacional, observado o disposto em lei".

Alternativa "d": a AGU não faz parte do rol de legitimados a propor ADI, de acordo com o art. 103 da CF: "Art. 103. Podem propor a ação direta de inconstitucionalidade e a ação declaratória de constitucionalidade: I – o Presidente da República; II – a Mesa do Senado Federal; III – a Mesa da Câmara dos Deputados; IV – a Mesa de Assembleia Legislativa ou da Câmara Legislativa do Distrito Federal; V – o Governador de Estado ou do Distrito Federal; VI – o Procurador-Geral da República; VII – o Conselho Federal da Ordem dos Advogados do Brasil; VIII – partido político com representação no Congresso Nacional; IX – confederação sindical ou entidade de classe de âmbito nacional".

Alternativa "e": de acordo com o art. 84, inciso XII, da CF, é de competência privativa do Presidente da República conceder indulto e comutar penas, não sendo uma das hipóteses de competência delegável, de que trata o parágrafo único do mesmo artigo. Ademais, segundo o art. 21, inciso XVII, a concessão de anistia é de competência privativa da União.

extrajudicial, dos direitos individuais e coletivos, de forma integral e gratuita, aos necessitados, na forma do inciso LXXIV do art. 5º desta Constituição Federal".

243. (Cespe – Técnico Judiciário – Área Administrativa – TRE – BA/2017) No que tange às funções essenciais à justiça, nos termos da Constituição Federal de 1988, julgue os próximos itens.

I. A Advocacia-Geral da União representa a União apenas judicialmente, mas pode prestar atividade de consultoria ao Poder Executivo.
II. É assegurada autonomia funcional e administrativa às Defensorias Públicas estaduais e do Distrito Federal.
III. A Procuradoria-Geral da Fazenda Nacional representa a União na execução da dívida ativa de natureza tributária.
IV. A defesa dos interesses sociais e individuais indisponíveis é competência do Ministério Público.

Estão certos apenas os itens

a) I e II.
b) I e III.
c) II e IV.
d) I, III e IV.
e) II, III e IV.

▷ ***Anotações/Comentários***

Alternativa correta: letra "e".

CONSTITUCIONAL

Assertiva I: errada. A AGU representa a União também extrajudicialmente, sendo uma de suas atividades a consultoria ao Poder Executivo, conforme disposição do art. 131, caput, da CF: "Art. 131. A Advocacia-Geral da União é a instituição que, diretamente ou através de órgão vinculado, representa a União, judicial e extrajudicialmente, cabendo-lhe, nos termos da lei complementar que dispuser sobre sua organização e funcionamento, as atividades de consultoria e assessoramento jurídico do Poder Executivo".

Assertiva II: certa. A assertiva está de acordo com o disposto no art. 134, § 2º, da CF: "Art. 134. § 2º Às Defensorias Públicas Estaduais são asseguradas autonomia funcional e administrativa e a iniciativa de sua proposta orçamentária dentro dos limites estabelecidos na lei de diretrizes orçamentárias e subordinação ao disposto no art. 99, § 2º".

Assertiva III: certa. A assertiva está de acordo com o disposto no art. 131, § 3º, da CF: "Art. 131. § 3º Na execução da dívida ativa de natureza tributária, a representação da União cabe à Procuradoria-Geral da Fazenda Nacional, observado o disposto em lei".

Assertiva IV: certa. A assertiva está de acordo com o disposto no art. 127, caput, da CF: "Art. 127. O Ministério Público é instituição permanente, essencial à função jurisdicional do Estado, incumbindo-lhe a defesa da ordem jurídica, do regime democrático e dos interesses sociais e individuais indisponíveis".

13. CONTROLE DE CONSTITUCIONALIDADE

244. FCC – 2023 – TRT17 – Analista Judiciário – Área Judiciária O Presidente da República propôs, perante o Supremo Tribunal Federal, uma ação direta de inconstitucionalidade na qual foi declarada a inconstitucionalidade por omissão de medida para tornar efetiva norma constitucional. Em conformidade com a Constituição Federal, declarada referida inconstitucionalidade, será dada ciência ao Poder competente para a adoção das providências necessárias e, em se tratando de órgão administrativo, para fazê-lo em

a) sessenta dias, ressaltando-se que, nas ações de inconstitucionalidade, o Procurador-Geral da República deverá ser previamente ouvido.

b) sessenta dias, ressaltando-se que, nas ações diretas de inconstitucionalidade por omissão de medida para tornar efetiva norma constitucional, o Procurador-Geral da República não deverá ser previamente ouvido.

c) trinta dias, ressaltando-se que, nas ações de inconstitucionalidade, o Procurador-Geral da República deverá ser previamente ouvido.

d) noventa dias, ressaltando-se que, nas ações de inconstitucionalidade, o Procurador-Geral da República deverá ser previamente ouvido.

e) noventa dias, ressaltando-se que, nas ações diretas de inconstitucionalidade por omissão de medida para tornar efetiva norma constitucional, o Procurador-Geral da República não deverá ser previamente ouvido.

▷ ***Anotações/Comentários***

Nos termos do art. 12-H, §1º da Lei 9.868/99, em caso de omissão imputável a órgão administrativo, as providências deverão ser adotadas no prazo de 30 dias, ou em prazo razoável a ser estipulado excepcionalmente pelo Tribunal, tendo em vista as circunstâncias específicas do caso e o interesse público envolvido. Ademais, o Procurador-Geral da República deverá ser ouvido, nos termos do art. 12-E, §3º.

245. (IBFC – Analista Judiciário – Área Judiciária – TRE – PA/2020) A existência de uma Constituição rígida e a atribuição de competência a um órgão para resolver problemas de constitucionalidade são requisitos fundamentais para o exercício do Controle de Constitucionalidade. Sendo assim, analise as afirmativas abaixo e dê valores Verdadeiro (V) ou Falso (F):

( ) Na inconstitucionalidade formal, também conhecida como nomoestática, verifica-se quando a lei ou o ato normativo infraconstitucional contiver algum vício em sua "forma", ou seja, em seu processo de formação.

( ) A inconstitucionalidade formal orgânica decorre de inobservância do devido processo legislativo, ou seja, vício no procedimento de elaboração da norma, o qual pode ser verificado na fase de iniciativa ou em fases posteriores, como em caso de desrespeito ao quórum exigido pela Constituição.

( ) O Sistema norte-americano ("Marshall") que trata de normas em desconformidade com a Constituição é caracterizado por reconhecer que o vício de inconstitucionalidade é aferido, via de regra, no plano da eficácia. Assim, o reconhecimento da ineficácia da lei produz efeitos a partir da decisão ou para o futuro (efeito ex nunc ou pro futuro), preservando-se os efeitos até então produzidos pela lei.

( ) Ao declarar a inconstitucionalidade de lei ou ato normativo, no processo de Arguição de Descumprimento de Preceito Fundamental (ADPF), e tendo em vista razões de segurança jurídica ou de excepcional interesse social, poderá o Supremo Tribunal Federal, por maioria absoluta de seus membros, restringir os efeitos daquela declaração ou decidir que ela só tenha eficácia a partir de seu trânsito em julgado ou de outro momento que venha a ser fixado.

Assinale a alternativa que apresenta a sequência correta de cima para baixo.

a) V, V, F, V

b) F, V, V, V

c) F, F, V, V

d) F, F, F, F

▷ ***Anotações/Comentários***

Item "I". Falso. A inconstitucionalidade formal, na verdade, é conhecida como **nomodinâmica**. Nomoestática é a inconstitucionalidade material, em que há vício no conteúdo. Esse nome decorre justamente da ideia de **movimento** encontrada no processo legislativo, que é um trâmite. Uma vez editada, a norma passa a ser **estática**, de modo que um vício nessa fase, relativo a seu conteúdo, é de inconstitucionalidade material.

Item "II". Falso. A inconstitucionalidade formal pode assumir 3 tipos: pode ser formal orgânica/subjetiva, formal propriamente dita ou ainda formal por violação aos pressupostos objetivos do ato. A inconstitucionalidade formal orgânica diz respeito à inobservância da competência legislativa. Já a inconstitucionalidade formal propriamente dita compreende uma violação ao devido processo legislativo e suas regras, como quórum. Por fim, a inconstitucionalidade formal por violação aos pressupostos objetivos do ato diz respeito a uma violação às condições intrínsecas ao tipo legislativo adotado, como, por exemplo, a adoção de uma medida provisória sem o preenchimento às condições de urgência e relevância. No caso, está descrita a inconstitucionalidade formal propriamente dita e não a inconstitucionalidade formal orgânica.

Item "III". Falso. Na verdade, o sistema norte-americano adota a teoria da nulidade, ou seja, uma lei inconstitucional é nula desde sua edição, já que, nesse sistema, a inconstitucionalidade afeta o plano da validade, e não da eficácia, operando, assim, efeitos ***ex tunc* (retroativos).**

Item "IV". Falso. Nos termos do art. 11 da Lei 9.883/1999: "Ao declarar a inconstitucionalidade de lei ou ato normativo, no processo de arguição de descumprimento de preceito fundamental, e tendo em vista razões de segurança jurídica ou de excepcional interesse social, poderá o Supremo Tribunal Federal**, por maioria de dois terços de seus membros**, restringir os efeitos daquela declaração ou decidir que ela só tenha eficácia a partir de seu trânsito em julgado ou de outro momento que venha a ser fixado.".

246. (FCC – Analista Judiciário – Área Judiciária – TRF 4/2019) Em consonância com o sistema de controle de constitucionalidade albergado pelo ordenamento brasileiro, caberá

a) arguição de descumprimento de preceito fundamental, perante o Supremo Tribunal Federal, em face de lei estadual promulgada com teor idêntico ao de outra anteriormente declarada inconstitucional em sede de controle concentrado.

b) reclamação, perante o Supremo Tribunal Federal, em face de lei federal promulgada com teor contrário ao de súmula vinculante vigente.

c) concessão de medida cautelar, em sede de ação direta de inconstitucionalidade, com produção, salvo entendimento contrário do Tribunal, de eficácia retroativa e aplicação da legislação anterior acaso existente.

d) decisão de órgão fracionário de Tribunal que, sem prévia submissão ao respectivo Plenário ou Órgão Especial, afaste a incidência de lei com fundamento em jurisprudência consolidada em súmula do Supremo Tribunal Federal.

e) recurso extraordinário, presumida a existência de repercussão geral, em face de acórdão que tenha reconhecido a constitucionalidade de tratado ou lei federal.

▷ ***Anotações/Comentários***

Alternativa "a": Como as decisões em sede de controle concentrado não vinculam a atividade legislativa, conforme é possível extrair do parágrafo único do art. 28 da lei 9868/99, a edição de nova lei com teor idêntico ao de outra anteriormente declarada inconstitucional é possível. Essa nova lei, uma vez vigente, poderia ser objeto de novo controle de constitucionalidade. No entanto, o erro da alternativa está em afirmar que seria cabível ADPF no caso, quando, na verdade, não o é, por força da subsidiariedade que rege a ação em questão (art. 4º, §1º, lei 9882/99). No caso, tratando-se de lei estadual, poderia ser questionada por meio de ADI, (Art. 102,I,a, CF/88) o que afastaria o cabimento da ADPF.

Alternativa "b": Nos termos do art. 103-A, §3º da CF/88, a reclamação é cabível contra **ato administrativo ou decisão judicial** que contrariar súmula, não podendo ser oposta a lei. Isso se dá tendo em vista que não pode o Judiciário limitar, com suas súmulas, a atividade típica do Poder Legislativo de legislar.

Alternativa "c": Conforme disposto no art. 11, §1º da lei 9868/99, a medida cautelar será dotada de eficácia contra todos, concedida com efeito *ex nunc* (**não retroativo**), via de regra, salvo se o Tribunal entender que deva conceder-lhe eficácia retroativa. Portanto, a alternativa está incorreta por afirmar que a regra é a concessão da medida com efeito retroativo.

Alternativa "d": De acordo com o parágrafo único do art. 949 do Código de Processo Civil, não é necessária a observância à cláusula da reserva de plenário quando já houver pronunciamento do plenário ou órgão especial do Tribunal ou ainda do plenário do STF sobre a questão.

Alternativa "e": Nos termos do art. 102, III da CF/88, cabe recurso extraordinário contra decisão que contrariar a Constituição, declarar a **inconstitucionalidade** de tratado ou lei federal, julgar válida lei ou ato de governo local contestado em face da Constituição, ou ainda julgar válida lei local contestada em face de lei federal. Ademais, estabelece o §3º do mesmo artigo que o recorrente **deverá demonstrar a repercussão geral** das questões constitucionais discutidas no caso. Portanto, além de não ser cabível contra decisão que declarar a **constitucionalidade** (e não a inconstitucionalidade) de tratado ou lei federal, a alternativa também está incorreta por dizer que se presume a existência de repercussão geral.

247. (FGV – Analista Jurídico – TJ - SC/2018) A Lei federal nº W3/2018 introduziu profundas alterações no regime jurídico dos servidores públicos federais, daí resultando prejuízos para um grupo de cinquenta servidores espalhados pelo território nacional, que teve o seu direito adquirido violado.

Ao tomar conhecimento do ocorrido, a associação nacional da categoria ingressou com arguição de descumprimento de preceito fundamental, na qual requeria que fosse reconhecida a inconstitucionalidade parcial da Lei federal W3/2018 e que as perdas de cada um dos servidores fossem recompostas pela União.

Em relação ao uso da arguição de descumprimento de preceito fundamental, no caso concreto, ele é:

a) incabível, apenas na parte em que é postulado o reconhecimento da inconstitucionalidade da lei;

b) incabível, por não estar presente a subsidiariedade e por ser direcionada a situações individuais e concretas;

c) cabível, já que foi violado um preceito fundamental, com a correlata afronta à esfera jurídica individual;

d) incabível, pelo fato de a associação nacional não ter legitimidade para ingressar com a arguição;

e) cabível, já que foi violado um preceito fundamental e as lesões assumiram proporção nacional.

▷ ***Anotações/Comentários***

Alternativa "b" (responde todas as alternativas): O objetivo da associação era obter o reconhecimento da inconstitucionalidade parcial da referida lei federal. Nos termos do art. 103, da CF/88, não está incluída expressamente a associação como legitimada ativa para a propositura das ações do controle concentrado, no entanto, tem entendido o STF pela possibilidade de enquadramento desse tipo de instituição no conceito de entidade de classe de âmbito nacional (ADI 3.288, rel. min. Ayres Britto, j. 13-10-2010, P, DJE de 24-2-2011). No entanto, nos termos do art. 4º, §1º da lei 9.882/99, deve a ADPF ser utilizada apenas quando não houver outro meio capaz de sanar a lesividade. No caso, era cabível a ADI (nos termos do art. 102, I, "a" da CF/88), portanto, incabível a ADPF no caso. Ademais, como indica a questão, a associação buscava a declaração de inconstitucionalidade em um caso concreto, em que ocorreu a violação de direitos de um número específico de servidores. As ações do controle concentrado são voltadas à solução de casos em tese, em abstrato, de modo que a ação apresentada também e mostra inadequada por esse fato.

248. (Cespe – Analista Judiciário – Área Judiciária – STJ/2018) À luz da legislação e da jurisprudência dos tribunais superiores, julgue os itens que se seguem, acerca do Poder Judiciário e do controle de constitucionalidade.

I - Em se tratando de controle difuso de constitucionalidade, a referência do controle pode ser qualquer norma constitucional vigente, não sendo aceita, portanto, como parâmetro norma constitucional já revogada.

- CERTO
- ERRADO

▷ ***Anotações/Comentários***

O controle difuso consiste na análise da constitucionalidade de atos normativos em casos concretos. Portanto, ainda que revogada, uma determinada norma produziu efeitos em determinada situação concreta, de modo que, se no momento da constituição do ato alcançado por ela estava vigente a norma, é possível o controle difuso.

II - Situação hipotética: Embora não tenha declarado expressamente a inconstitucionalidade de determinada lei, turma do Superior Tribunal de Justiça determinou sua não incidência parcial em determinado caso concreto. Assertiva: Nesse caso, fica configurada violação à cláusula de reserva de plenário.

- CERTO
- ERRADO

▷ ***Anotações/Comentários***

Nesse sentido é a Súmula Vinculante 10: "Viola a cláusula de reserva de plenário (CF, artigo 97) a decisão de órgão fracionário de Tribunal que embora não declare expressamente a inconstitucionalidade de lei ou ato normativo do poder público, afasta sua incidência, no todo ou em parte."

249. (FCC - Técnico Judiciário - Área Administrativa - TRE - SP/2017) Considere o teor da Súmula Vinculante no 37, do Supremo Tribunal Federal, publicada em 24/10/2014:

"Não cabe ao Poder Judiciário, que não tem função legislativa, aumentar vencimentos de servidores públicos sob o fundamento de isonomia."

Diante disso, e à luz do que dispõe a Constituição Federal relativamente às súmulas vinculantes, eventual decisão judicial de primeira instância que aumentasse vencimento de servidor público, sob o fundamento de isonomia, poderia ser objeto, perante o Supremo Tribunal Federal, de

a) ação direta de inconstitucionalidade.

b) ação declaratória de constitucionalidade.

c) reclamação.

d) recurso ordinário.

e) arguição de descumprimento de preceito fundamental.

▷ ***Anotações/Comentários***

Alternativa correta: letra "c" (responde a todas as alternativas): ao se ferir Súmula Vinculante, o instrumento cabível para reparação seria a reclamação, conforme art. 103-A, § 3º, da CF: "Art. 103-A. § 3º Do ato administrativo ou decisão judicial que contrariar a súmula aplicável ou que indevidamente a aplicar, caberá reclamação ao Supremo Tribunal Federal que, julgando-a procedente, anulará o ato administrativo ou cassará a decisão judicial reclamada, e determinará que outra seja proferida com ou sem a aplicação da súmula, conforme o caso".

250. (FCC - Analista Judiciário - Área Administrativa - TRE - SP/2017) O ato de nomeação de irmão de ocupante de cargo de direção em Secretaria de Estado para cargo em comissão de assessoramento do Governador

a) é compatível com a Constituição da República.
b) viola a Constituição da República e pode ser objeto de mandado de segurança perante o Supremo Tribunal Federal.
c) viola a Constituição da República e pode ser objeto de reclamação perante o Supremo Tribunal Federal.
d) viola a Constituição da República e pode ser objeto de ação direta de inconstitucionalidade perante o Supremo Tribunal Federal.
e) viola a Constituição da República e pode ser objeto de ação popular perante o Supremo Tribunal Federal.

▷ ***Anotações/Comentários***

Alternativa correta: letra "c" (responde a todas as alternativas): o ato violaria a Súmula Vinculante nº 13 do STF, segundo a qual: "A nomeação de cônjuge, companheiro ou parente em linha reta, colateral ou por afinidade, até o terceiro grau, inclusive, da autoridade nomeante ou de servidor da mesma pessoa jurídica investido em cargo de direção, chefia, ou assessoramento, para o exercício de cargo em comissão ou de confiança, ou, ainda, de função gratificada na administração pública direta e indireta em qualquer dos Poderes da União, dos Estados, do Distrito Federal e dos Municípios, compreendido o ajuste mediante designações recíprocas, viola a Constituição Federal". Ao se ferir Súmula Vinculante, o instrumento cabível para reparação seria a reclamação, conforme art. 103-A, § 3º, da CF: "Art. 103-A. § 3º Do ato administrativo ou decisão judicial que contrariar a súmula aplicável ou que indevidamente a aplicar, caberá reclamação ao Supremo Tribunal Federal que, julgando-a procedente, anulará o ato administrativo ou cassará a decisão judicial reclamada, e determinará que outra seja proferida com ou sem a aplicação da súmula, conforme o caso".

251. (Cespe - Analista Judiciário - Área Judiciária - TRE - PE/2017) No que se refere à ação de descumprimento de preceito fundamental (ADPF) como instrumento de impugnação de norma pela via abstrata e à sua legitimidade ativa, assinale a opção correta de acordo com o entendimento jurisprudencial e doutrinário sobre a matéria.

a) Se o ato normativo impugnado repercute sobre a esfera jurídica de toda uma categoria profissional, é ilegítima a impugnação da norma pela via abstrata por associação representativa de apenas uma parte dos membros dessa categoria.
b) O advogado-geral da União tem legitimidade universal para ajuizar ADPF.
c) Segundo o STF, o chefe do Poder Executivo municipal tem legitimidade para ajuizar ADPF perante o tribunal de justiça do estado onde se localize o município.
d) O cidadão interessado pode propor ADPF, cabendo ao ministro relator decidir sobre sua legitimidade para propô-la.
e) Qualquer partido político com estatuto registrado no TSE pode propor ADPF.

▷ ***Anotações/Comentários***

Alternativa correta: letra "a": a assertiva está de acordo com a jurisprudência do STF, que considera ilegítima a associação que representa apenas parte de categoria profissional: "Ação proposta pela associação nacional dos magistrados estaduais – ANAMAGES. Entidade que representa apenas parte ou fração da categoria profissional dos magistrados. Ilegitimidade ativa ad causam. Ação que não merece ser conhecida. Precedentes. Agravo a que se nega provimento. 1. As associações que congregam mera fração ou parcela de categoria profissional em cujo interesse vêm a juízo não possuem legitimidade ativa para provocar a fiscalização abstrata de constitucionalidade. Precedentes: ADI 4.372, redator para o acórdão Min. Luiz Fux, Pleno, DJe de 26/09/2014; ADPF 154-AgR, rel. Min. Cármen Lúcia, Pleno, DJe de 28/11/2014; ADI 3.617-AgR, rel. Min. Cezar Peluso, Pleno, DJe de 1/7/2011. 2. In casu, à luz do estatuto social da agravante, resta claro que a entidade tem por finalidade representar os magistrados estaduais, defendendo seus interesses e prerrogativas. Nota-se, assim, que a entidade congrega apenas fração da categoria profissional dos magistrados, uma vez que não compreende, dentro de seu quadro, os Juízes Federais, por exemplo. 3. É firme o entendimento do Supremo Tribunal Federal no sentido da ilegitimidade ativa da ANAMAGES para a propositura de Arguição de Descumprimento de Preceito Fundamental ou qualquer outra ação do controle concentrado de constitucionalidade. 4. Agravo regimental a que se nega provimento" (ADPF 254 AgR, rel. Min. Luiz Fux, julgado em 18/05/2016, DJe 29/06/2017).

Alternativa "b": de acordo com o art. 2º da Lei 9882/99, que dispõe sobre processo e julgamento de ADPF, podem propor ADPF aqueles legitimados para propor ADI e ADC conforme o art. 103 da CF. Os incisos do referido artigo não incluem o Advogado-Geral da União: "Art. 103. Podem propor a ação direta de inconstitucionalidade e a ação declaratória de constitucionalidade: I - o Presidente da República; II - a Mesa do Senado Federal; III - a Mesa da Câmara dos Deputados; IV - a Mesa de Assembleia Legislativa ou da Câmara Legislativa do Distrito Federal; V - o Governador de Estado ou do Distrito Federal; VI - o Procurador-Geral da República; VII - o Conselho Federal da Ordem dos Advogados do Brasil; VIII - partido político com representação no Congresso Nacional; IX - confederação sindical ou entidade de classe de âmbito nacional".

Alternativa "c": o chefe do Poder Executivo municipal não tem legitimidade para tanto, conforme art. 125, § 2º, da CF: "Art. 125. Os Estados organização sua Justiça, observados os princípios estabelecidos nesta Constituição. § 2º Cabe aos **Estados a instituição de representação de inconstitucionalidade de leis ou atos normativos estaduais ou municipais em face da Constituição Estadual**, vedada a atribuição da legitimação para agir a um único órgão".

Alternativa "d": cidadão não tem legitimidade ativa para propor ADPF, segundo o rol taxativo apresentado no art. 103 da CF (anteriormente colacionado).

Alternativa "e": apenas partidos políticos com representação no Congresso Nacional podem propor ADPF, conforme art. 103, inciso VIII, da CF.

14. DEFESA DO ESTADO E DAS INSTITUIÇÕES DEMOCRÁTICAS

252. FGV - 2024 - TRF 1 - Analista Judiciário - Área Judiciária

Em determinada região do país, foi detectada uma grave instabilidade institucional decorrente de reiterados atos de desobediência de diversos segmentos orgânicos da área de segurança pública. Por tal razão, foram realizados debates, no âmbito da Presidência da República, em relação à medida mais adequada passível de ser adotada, por meio da qual fosse possível restabelecer prontamente a ordem pública, inclusive com a imposição de restrições aos direitos fundamentais.

Concluiu-se corretamente que poderia ser decretado:

a) o estado de sítio;
b) o estado de defesa;
c) a intervenção federal;
d) o estado de sítio ou a intervenção federal;
e) o estado de sítio, o estado de defesa ou a intervenção federal.

▷ ***Anotações/Comentários***

Nos termos do art. 136 da CF/88, é possível que o Presidente da República decrete estado de defesa para preservar ou restabelecer, em locais restritos e determinados, a ordem pública ou a paz social ameaçadas por grave e iminente instabilidade institucional ou atingidas por calamidades de grandes proporções na natureza. Na hipótese descrita, há **grave instabilidade institucional**, em **determinada região** do país, de modo que é possível o estado de defesa.

253. FCC - 2023 - TRT17 - Analista Judiciário - Área Judiciária O Presidente da República propôs, perante o Supremo Tribunal Federal, uma ação direta de inconstitucionalidade na qual foi declarada a inconstitucionalidade por omissão de medida para tornar efetiva norma constitucional. Em conformidade com a Constituição Federal, declarada referida inconstitucionalidade, será dada ciência ao Poder competente para a adoção das providências necessárias e, em se tratando de órgão administrativo, para fazê-lo em

a) sessenta dias, ressaltando-se que, nas ações de inconstitucionalidade, o Procurador-Geral da República deverá ser previamente ouvido.

b) sessenta dias, ressaltando-se que, nas ações diretas de inconstitucionalidade por omissão de medida para tornar efetiva norma constitucional, o Procurador-Geral da República não deverá ser previamente ouvido.

c) trinta dias, ressaltando-se que, nas ações de inconstitucionalidade, o Procurador-Geral da República deverá ser previamente ouvido.

d) noventa dias, ressaltando-se que, nas ações de inconstitucionalidade, o Procurador-Geral da República deverá ser previamente ouvido.

e) noventa dias, ressaltando-se que, nas ações diretas de inconstitucionalidade por omissão de medida para tornar efetiva norma constitucional, o Procurador-Geral da República não deverá ser previamente ouvido.

▷ ***Anotações/Comentários***

Nos termos do art. 12-H, §1º da Lei 9.868/99, em caso de omissão imputável a órgão administrativo, as providências deverão ser adotadas no prazo de 30 dias, ou em prazo razoável a ser estipulado excepcionalmente pelo Tribunal, tendo em vista as circunstâncias específicas do caso e o interesse público envolvido. Ademais, o Procurador-Geral da República deverá ser ouvido, nos termos do art. 12-E, §3º.

15. ORDEM ECONÔMICA E FINANCEIRA

254. (FCC – Analista Judiciário – Área Judiciária – TRF 4/2019 - Adaptada) À luz da disciplina constitucional do processo de elaboração de leis orçamentárias,

a) as emendas ao projeto de lei do orçamento anual serão apresentadas e apreciadas perante a Comissão mista permanente de Deputados e Senadores responsável por exercer o acompanhamento e a fiscalização da execução orçamentária.

b) o projeto de lei de diretrizes orçamentárias será acompanhado de demonstrativo regionalizado do efeito, sobre as receitas e despesas, decorrente de isenções, anistias, remissões, subsídios e benefícios de natureza financeira, tributária e creditícia.

c) o Presidente da República poderá propor modificação nos projetos de lei relativos ao plano plurianual, às diretrizes orçamentárias e ao orçamento anual, desde que não iniciada a votação do projeto respectivo, na Comissão mista parlamentar permanente.

d) as emendas individuais ao projeto de lei orçamentária serão aprovadas no limite de 2% da receita corrente líquida do exercício anterior ao do encaminhamento do projeto, observado que a metade desse percentual será destinada a ações de desenvolvimento e manutenção do ensino.

e) os recursos que, em decorrência de veto ao projeto de lei orçamentária anual, ficarem sem despesas correspondentes poderão ser utilizados, conforme o caso, mediante créditos especiais ou suplementares, com prévia e específica autorização legislativa.

▷ ***Anotações/Comentários***

Alternativa "a": O que estabelece o art. 166, §2º da CF/88, na verdade, é que as emendas serão **apresentadas** na Comissão mista, que sobre elas emitirá parecer, e **apreciadas**, na forma regimental, pelo Plenário das duas Casas do Congresso Nacional.

Alternativa "b": Essa disposição, na verdade, diz respeito ao projeto de **lei orçamentária** e não ao projeto de lei de **diretrizes orçamentárias**, ao qual não se aplica essa exigência prevista no art. 165, §6º da CF/88.

Alternativa "c": Na verdade, estabelece o §5º do art. 166 da CF/88, que o Presidente da República **poderá enviar mensagem ao Congresso Nacional para propor** modificação nos projetos de lei relativos ao plano plurianual, às diretrizes orçamentárias e ao orçamento anual, enquanto não iniciada a **votação**, na Comissão mista, **da parte cuja alteração é proposta**.

Alternativa "d": Embora o início da alternativa esteja conforme o art. 166, §9º da CF/88, o texto constitucional estabelece que a metade do percentual em questão será destinada a **ações e serviços públicos de saúde**.

Alternativa "e": Trata-se da disposição do art. 166, §8º da CF/88.

16. ORDEM SOCIAL

255. FCC – 2024 – TRF 3 - Técnico Judiciário - Área Administrativa

De acordo com o art. 194 da Constituição Federal de 1988, a seguridade social compreende um conjunto

a) independente de ações de iniciativa dos Poderes Públicos e da sociedade, destinadas a assegurar os direitos relativos ao meio ambiente, à previdência e à assistência social.

b) integrado de ações de iniciativa dos Poderes Públicos e da sociedade, destinadas a assegurar os direitos relativos à saúde, à previdência e ao meio ambiente.

c) independente de ações de iniciativa apenas dos Poderes Públicos, destinadas a assegurar os direitos relativos à saúde, à previdência e à assistência social.

d) integrado de ações de iniciativa dos Poderes Públicos e da sociedade, destinadas a assegurar os direitos relativos à saúde, à previdência e à assistência social.

e) integrado de ações de iniciativa apenas da sociedade, destinadas a assegurar os direitos relativos à saúde, à previdência e à assistência social

▷ ***Anotações/Comentários***

Nos termos do art. 194 da CF/88, "a seguridade social compreende um conjunto integrado de ações de iniciativa dos Poderes Públicos e da sociedade, destinadas a assegurar os direitos relativos à saúde, à previdência e à assistência social."

256. (Cespe – Analista Judiciário – Área Judiciária – STJ/2018) Em relação aos direitos e às garantias fundamentais e às funções essenciais à justiça, julgue os itens a seguir, considerando a jurisprudência dos tribunais superiores.

O Supremo Tribunal Federal firmou posição no sentido de que o ensino religioso nas escolas públicas deve ter caráter não confessional, sendo vedada a admissão de professores na qualidade de representantes das religiões para ministrar os cursos.

- CERTO
- ERRADO

▷ ***Anotações/Comentários***

Na realidade, o STF decidiu na ADI 4.439 que o ensino religioso pode ter natureza confessional, ou seja, vinculado a determinada religião: "a neutralidade não existe, pois os ensinamentos e o aprendizado se baseiam, fundamentalmente, nos dogmas de fé, que não podem ser substituídos por narrativas gerais, meramente descritivas, neutras e contraditórias." (STF- ADI: 4439 DF, Relator: Min. Ayres Britto, Data de Julgamento: 30/04/2012, Data de Publicação: DJe- 089, Divulgação 07/05/2012 Publicação 08/05/2012)

257. (Cespe – Analista Judiciário – Área Judiciária – STM/2018) À luz da Constituição Federal de 1988, julgue os itens que se seguem, acerca dos princípios fundamentais e do meio ambiente.

A Constituição vigente veda a prática de atividades desportivas que envolvam animais, por considerá-las cruéis, sendo irrelevante, sob a ótica constitucional, que a atividade esteja registrada como patrimônio cultural brasileiro ou regulamentada por lei específica.

- CERTO
- ERRADO

▷ ***Anotações/Comentários***

Tal conduta não é vedada. Na verdade, dispõe o §7º do art. 225 que: "Para fins do disposto na parte final do inciso VII do § 1º deste artigo, **não se consideram cruéis as práticas desportivas que utilizem animais, desde que sejam manifestações culturais,** conforme o § 1º do art. 215 desta Constituição Federal, **registradas como bem de natureza imaterial integrante do patrimônio cultural brasileiro**, devendo ser regulamentadas por lei específica que assegure o bem-estar dos animais envolvidos." (grifo nosso).

258. (FCC – Analista Judiciário – Área Judiciária - TST/2017) Compatibiliza-se com as normas da Constituição Federal em matéria orçamentária:

a) a suspensão dos repasses de verbas federais ou estaduais aos Estados, ao Distrito Federal e aos Municípios que não adequarem sua despesa com pessoal ativo e inativo aos parâmetros estabelecidos em lei complementar, no prazo legal.

b) a alteração, pelo Presidente da República, das propostas orçamentárias encaminhadas pelos Presidentes do Supremo Tribunal Federal e dos Tribunais Superiores, ainda que tenham sido enviadas no prazo e elaboradas em conformidade com os limites estipulados conjuntamente com os demais poderes na Lei de Diretrizes Orçamentárias.

c) o início de programa ou projeto sem que a respectiva despesa tenha sido incluída na Lei Orçamentária Anual, quando houver relevância e urgência, sendo desnecessária, nesse caso, a abertura de créditos adicionais.

d) a abertura de créditos suplementares por ato do Chefe do Poder Executivo, independentemente de prévia autorização legislativa, desde que mediante indicação dos recursos correspondentes.

e) a instituição de fundo de qualquer natureza, por ato do Chefe do Poder Executivo, independentemente de autorização legal.

▷ ***Anotações/Comentários***

Alternativa "a": Nos termos do *caput* do art. 169 da CF/88: "**A despesa com pessoal ativo e inativo** da União, dos Estados, do Distrito Federal e dos Municípios **não poderá exceder os limites estabelecidos em lei complementar**." Caso esse limite não seja atendido, estabelece o §2º do mesmo artigo: "Decorrido o prazo estabelecido na lei complementar referida neste artigo para a adaptação aos parâmetros ali previstos, serão imediatamente **suspensos todos os repasses de verbas federais ou estaduais** aos Estados, ao Distrito Federal e aos Municípios que não observarem os referidos limites."

Alternativa "b": O art. 99, §1º estabelece que: "Os tribunais elaborarão suas propostas orçamentárias dentro dos limites estipulados conjuntamente com os demais Poderes na lei de diretrizes orçamentárias." Complementa tal disposição o §2º que dispõe: "Se as propostas orçamentárias de que trata este artigo forem encaminhadas em **desacordo** com os limites estipulados na forma do § 1º, o Poder Executivo procederá aos ajustes necessários para fins de consolidação da proposta orçamentária anual". Portanto, somente seria possível a alteração, pelo Presidente da República dessas propostas caso estivessem em desacordo com tais limites.

Alternativa "c": Na verdade, são vedados, nos termos do art. 167, I da CF/88, somente sendo admitida a **abertura de crédito extraordinária** nos termos do §3º, para atender a despesas imprevisíveis e urgentes, como as decorrentes de guerra, comoção interna ou calamidade pública.

Alternativa "d": Nos termos do art. 167, V, é vedada "a abertura de crédito suplementar ou especial **sem prévia autorização legislativa** e sem indicação dos recursos correspondentes;".

Alternativa "e": Estabelece o art. 167, IX que é vedada: "a instituição de fundos de qualquer natureza, sem prévia autorização legislativa."

259. (Consulplan – Técnico Judiciário – Área Administrativa – TRE – RJ/2017) Conforme expressamente previsto no texto constitucional, a ordem social tem como base

a) a justiça social, e como objetivo o bem-estar e o primado do trabalho.

b) o bem-estar, e como objetivo o primado do trabalho e a justiça social.

c) o bem-estar e a justiça sociais, e como objetivo o primado do trabalho.

d) o primado do trabalho, e como objetivo o bem-estar e a justiça sociais.

▷ ***Anotações/Comentários***

Alternativa correta: letra "d" (responde todas as demais alternativas): é a única que traduz o conteúdo do art. 193 da CF: "Art. 193. A ordem social tem como base o primado do trabalho, e como objetivo o bem-estar e a justiça sociais".

260. (Consulplan – Técnico Judiciário – Área Administrativa – TRE – RJ/2017) Encontra-se em análise, no Congresso nacional, uma reforma da previdência pública brasileira. O fundamento da reforma, segundo dados do Governo, é um déficit das contas públicas, ou seja, a falta de recursos para custear os benefícios. Considerando que as informações governamentais sejam verdadeiras, baseando-se no texto constitucional relativo à seguridade social, uma provável causa do déficit pode ser

a) o modelo de gestão atual que exclui a participação dos trabalhadores.

b) a insuficiência da base de financiamento dos benefícios da seguridade.

c) a proibição de incidência da contribuição social sobre o lucro das empresas.

d) a ausência de previsão de sanções à pessoa jurídica em débito com a seguridade.

▷ ***Anotações/Comentários***

Alternativa correta: letra "b": de acordo com o art. 195, caput, da CF, a seguridade social deve ser financiada por toda a sociedade, de forme direta e indireta, mediante recursos provenientes dos orçamentos da União, dos Estados, do Distrito Federal e dos Municípios, e de contribuições sociais. Deste modo, uma das causas do suposto déficit seria de insuficiência da base de financiamento, ou seja, as receitas obtidas por meio dos empregadores e trabalhadores, impostos e contribuições sociais estariam aquém das despesas com os segurados. Entretanto, através do mecanismo de aplicação da DRU – Desvinculação de Receitas da União, o governo pode usar até 30% das receitas da seguridade social para outras despesas.

Alternativa "a": os trabalhadores participam do modelo de gestão atual, por força do art. 195, inciso II, da CF: "Art. 195. A seguridade social será financiada por toda a sociedade, de forma direta e indireta, nos termos da lei, mediante recursos provenientes dos orçamentos da União, dos Estados, do Distrito Federal e dos Municípios, e das seguintes contribuições sociais: II - do trabalhador e dos demais segurados da previdência social, podendo ser adotadas alíquotas progressivas de acordo com o valor do salário de contribuição, não incidindo contribuição sobre aposentadoria e pensão concedidas pelo Regime Geral de Previdência Social;";

Alternativa "c": contribuição social sobre o lucro líquido é uma das formas de custeio da seguridade social, de acordo com o art. 195, inciso I, alínea "c", da CF: "Art. 195. A seguridade social será financiada por toda a sociedade, de forma direta e indireta, nos termos da lei, mediante recursos provenientes dos orçamentos da União, dos Estados, do Distrito Federal e dos Municípios, e das seguintes contribuições sociais: I – do empregador, da empresa e da entidade a ela equiparada na forma da lei, incidentes sobre: c) o lucro".

Alternativa "d": existem, sim, sanções previstas no texto constitucional, no art. 195, § 3º, da CF: "Art. 195. § 3º A pessoa jurídica em débito com o sistema da seguridade social, como estabelecido em lei, não poderá contratar com o Poder Público nem dele receber benefícios ou incentivos fiscais ou creditícios".

261. (Cespe – Analista Judiciário – Área Judiciária – TRE – TO/2017) O Sistema Único de Saúde (SUS)

a) tem competência para fiscalizar e inspecionar alimentos, bem como bebidas e águas para consumo humano.

b) pode contar com auxílio da iniciativa privada para a assistência à saúde desde que tenha prévia autorização.

c) pode contratar agentes comunitários de saúde somente por meio de concurso público.

d) participa de uma rede universalizada e hierarquizada de atenção à saúde, vinculada exclusivamente ao Poder Executivo federal.

e) é financiado com recursos do orçamento fiscal.

▷ ***Anotações/Comentários***

Alternativa correta: letra "a": a fiscalização de alimentos é uma das atribuições do SUS, conforme **art. 200, inciso VI, da CF**: "Art. 200. Ao sistema único de saúde compete, além de outras atribuições, nos termos da lei: VI – fiscalizar e inspecionar alimentos, compreendido o controle de seu teor nutricional, bem como bebidas e águas para consumo humano".

Alternativa "b": o auxílio da iniciativa privativa ao SUS não depende de prévia autorização, conforme art. 199, caput, da CF: "Art. 199. A assistência à saúde é livre à iniciativa privada".

Alternativa "c": a contratação pode se dar por outro meio de processo seletivo que não seja concurso público, com a condição de ser um processo seletivo **público**, conforme **art. 198, § 4º, da CF**: "Art. 198. § 4º Os gestores locais do sistema único de saúde poderão admitir agentes comunitários de saúde e agentes de combate às endemias por meio de processo seletivo público, de acordo com a natureza e a complexidade de suas atribuições e requisitos específicos para sua atuação".

Alternativa "d": o SUS é formado por uma **rede regionalizada** que se vincula a todas as esferas de governo, não apenas ao Poder Executivo Federal, **conforme art. 198, inciso I, da CF**: "Art. 198. As ações e serviços públicos de saúde integram uma rede regionalizada e hierarquizada e constituem um sistema único, organizado de acordo com as seguintes diretrizes: I – descentralização, com direção única em cada esfera de governo".

Alternativa "e": de acordo com o **art. 198, § 1º, da CF**: "Art. 198. § 1º O sistema único de saúde será financiado, nos termos do art. 195, com **recursos do orçamento da seguridade social, da União, dos Estados, do Distrito Federal e dos Municípios, além de outras fontes**".

---

262. (FCC – Analista Judiciário – Oficial de Just. Avaliador – TRF 5/2017) Determinada universidade brasileira pretende admitir Jerome, francês, graduado e pós-graduado em instituição de ensino de seu país de origem, para ministrar aulas em seu campus. Nos termos da Constituição Federal, a admissão de Jerome é

a) inviável, pois é permitido às universidades admitir apenas cientistas estrangeiros, na forma da lei.
b) inviável, pois é permitido às universidades admitir apenas técnicos estrangeiros, na forma da lei.
c) viável, pois o corpo docente das universidades deve ser formado por no mínimo 1/3 de professores, técnicos e cientistas estrangeiros.
d) inviável, pois é vedado às universidades admitir profissionais estrangeiros para integrarem seus quadros.
e) viável, pois é facultado às universidades admitir professores estrangeiros, na forma da lei.

▷ ***Anotações/Comentários***

Alternativa correta: letra "e": a admissão de professores, técnico e cientistas estrangeiros é facultada às instituições, conforme art. 207, § 1º, da CF: "Art. 207. As universidades gozam de autonomia didático-científica, administrativa e de gestão financeira e patrimonial, e obedecerão ao princípio de indissociabilidade entre ensino, pesquisa e extensão. § 1º **É facultado às universidades admitir professores, técnicos e cientistas estrangeiros, na forma da** lei".

---

263. (Consulplan – Analista Judiciário – Área Administrativa – TRE – RJ/2017) "Considere que Anaximandro é empresário e decidiu abrir um estabelecimento de ensino." No que se refere às regras constitucionais relativas à educação, é correto afirmar que uma das condições que Anaximandro deverá obedecer é a

a) oferta de ensino noturno regular, adequado às condições do educando.
b) admissão de professores, técnicos e cientistas estrangeiros, na forma da lei.
c) prescindibilidade de cumprimento das normas gerais da educação nacional.
d) sujeição a um processo de autorização e avaliações para o exercício da atividade.

▷ ***Anotações/Comentários***

Alternativa correta: letra "d": Anaximandro abrirá um estabelecimento **privado**, de modo que as regras são distintas daquelas aplicáveis ao Poder Público para a oferta de ensino. Na CF, as regras gerais para o ensino público estão no art. 208, enquanto as para o ensino privado estão no art. 209. Conforme art. 209, inciso II, da CF: "Art. 209. O ensino é livre à iniciativa privada, atendidas as seguintes condições: II – autorização e avaliação de qualidade pelo Poder Público", correspondendo à assertiva correta.

Alternativa "a": a oferta de ensino noturno regular é de **obrigação do Estado, não se aplicando à iniciativa privada, conforme art. 208, inciso VI, da CF**: "Art. 208. O dever do **Estado** com a educação será efetivado mediante a garantia de: VI – oferta de ensino noturno regular, adequado às condições do educando".

Alternativa "b": a admissão de professores, técnico e cientistas estrangeiros não é obrigatória, conforme art. 207, § 1º, da CF: "Art. 207. As universidades gozam de autonomia didático-científica, administrativa e de gestão financeira e patrimonial, e obedecerão ao princípio de indissociabilidade entre ensino, pesquisa e extensão. § 1º **É facultado às universidades admitir professores, técnicos e cientistas estrangeiros, na forma da lei**".

Alternativa "c": Anaximandro deverá cumprir as regras gerais da educação nacional, conforme art. 209, inciso I, da CF: "Art. 209. O ensino é livre à iniciativa privada, atendidas as seguintes condições: I – cumprimento das normas gerais da educação nacional".

---

264. (Cespe – Analista Judiciário – Área Judiciária – TRE – TO/2017) O Plano Nacional de Cultura, estabelecido em lei, visa ao desenvolvimento cultural do país e à integração das ações do poder público que conduzem à

a) privatização dos conjuntos urbanos e dos sítios de valor histórico.
b) internacionalização da cultura.
c) formação para o atendimento do estrangeiro.
d) estatização do patrimônio cultural.
e) democratização do acesso aos bens de cultura.

▷ ***Anotações/Comentários***

Alternativa correta: letra "e": esta é a única alternativa que apresenta um dos objetivos do Plano Nacional de Cultura, conforme **disposições dos incisos do art. 215, § 3º, da CF**: "Art. 215. O Estado garantirá a todos o pleno exercício dos direitos culturais e acesso ás fontes da cultura nacional, e apoiará e incentivará a valorização e a difusão das manifestações culturais. § 3º A lei estabelecerá o Plano Nacional de Cultura, de duração plurianual, visando ao desenvolvimento cultural do País e à integração das ações do poder público que conduzem à: I – defesa e valorização do patrimônio cultural brasileiro; II – produção, promoção e difusão de bens culturais; III – formação de pessoal qualificado para a gestão da cultura em suas múltiplas dimensões; **IV – democratização do acesso aos bens de cultura**; V – valorização da diversidade étnica e regional".

DIREITO ADMINISTRATIVO

Leandro Bortoleto e Luis Felipe Cirino

1. CONCEITO E FONTES DO DIREITO ADMINISTRATIVO

01. (Cespe – Analista Judiciário – Área Administrativa – TRE – TO/2017) O direito administrativo consiste em um conjunto de regramentos e princípios que regem a atuação da administração pública, sendo esse ramo do direito constituído pelo seguinte conjunto de fontes:

a) lei em sentido amplo e estrito, doutrina, jurisprudência e costumes.

b) lei em sentido amplo e estrito, jurisprudência e normas.

c) costumes, jurisprudência e doutrina.

d) lei em sentido amplo, doutrina e costumes.

e) lei em sentido estrito, jurisprudência e doutrina.

▷ ***Anotações/Comentários***

Como é inerente a um Estado de Direito, a principal fonte normativa do Direito é a lei, que deve ser considerada em seu sentido amplo, abrangendo todas as espécies de atos legislativos. A lei, no sentido empregado, é a principal fonte de direito administrativo, pois nos atos legislativos é que está presente, ao menos em tese, o real interesse público. Assim, são ***fontes primárias*** do Direito Administrativo a Constituição Federal, as Emendas à Constituição, as Constituições Estaduais, a Lei Orgânica do Distrito Federal e dos Municípios, as leis complementares, ordinárias e delegadas, as medidas provisórias, os decretos legislativos e as resoluções legislativas. A doutrina, por seu turno, é o estudo desenvolvido pelos juristas, e tem papel especialmente importante no direito administrativo ***como um todo*** – principalmente pelo fato deste não estar em um único código – e contribui para a correta interpretação dos estudos administrativos. A jurisprudência possui, ***em regra***, caráter meramente orientador; ou seja, as decisões dos tribunais servem de parâmetro e orientação para os juízes das instâncias inferiores na hora do julgamento. Todavia, há ***casos excepcionais*** em que a jurisprudência tem força vinculante, e obrigam a Administração Pública, como é o caso da súmula vinculante, por exemplo. Enfim, muito embora haja divergência doutrinária se o costume é ou não fonte de direito administrativo, prevalece a corrente que o entende como tal. O costume é a prática reiterada, uniforme, de um comportamento que é considerado uma obrigação legal. Não pode ser confundido com a praxe administrativa – que, por ser a simples rotina administrativa, não constitui fonte do direito administrativo.

2. REGIME JURÍDICO ADMINISTRATIVO

02. (FCC – 2024 – TRT 11 (AM e RR) - Técnico Administrativo - Área Administrativa) Trata-se de principio(s) da Administração Pública expressamente previsto(s) na Constituição Federal:

a) Supremacia do interesse público.

b) Proporcionalidade e Igualdade.

c) Motivação e Economicidade.

d) Probidade Administrativa e Eficácia.

e) Eficiência e Moralidade.

▷ ***Anotações/Comentários***

Nota do Autor: O regime jurídico-administrativo é um conjunto de princípios que impõem prerrogativas e sujeições à Administração Pública. Entretanto, a Administração Pública só pode exercer a autoridade que lhe é inerente se for para buscar o interesse público, ou seja, somente pode usar suas prerrogativas em prol do interesse público e apenas para isso, o que significa, também, que nunca é permitido se afastar de tal tarefa. Em razão dessa submissão ao interesse público, surgem as chamadas pedras angulares ou pedras de toque[1] do direito administrativo, quais sejam, o princípio da supremacia do interesse público – pelo qual, em caso de conflito, o interesse público deve se sobrepor ao interesse privado – e o princípio da indisponibilidade do interesse público – em razão dele, a atividade administrativa nunca deve se afastar do interesse público. Desses dois princípios decorrem todos os demais que integram o regime jurídico administrativo.

Alternativa "e" (responde as demais alternativas). Dentre os princípios da Administração Pública, destacam-se os previstos no art. 37, *caput*, da Constituição Federal. São eles: **legalidade, impessoalidade, moralidade, publicidade e eficiência.** Vale destacar que a Lei nº 9.784/99 estabelece uma série de outros princípios, sem *status* constitucional, contudo - legalidade, a finalidade, a motivação, a razoabilidade, a proporcionalidade, a moralidade, a ampla defesa, o contraditório, a **segurança jurídica**, o interesse público e a eficiência.

---

03. (Cebraspe – Analista Judiciário – Área Administrativa – TJ/ES/2023) Considerando a ética, a moral, os princípios e os valores relacionados à função pública e ao setor público bem como o exercício da cidadania, julgue o item a seguir

No desempenho da atividade pública, a legalidade e a eficiência são valores suficientes para assegurar a moralidade e a retidão da conduta.

▷ ***Anotações/Comentários***

Nota do Autor: A Constituição de 1988 inovou ao fazer expressa menção a alguns princípios a que se submete a Administração Pública direta e indireta, a saber, os princípios da ***legalidade***, da ***impessoalidade***, da ***moralidade administrativa***, da ***publicidade*** e ***eficiência*** (art. 37, *caput*). É o conhecido LIMPE.

A atuação administrativa, para além de ser legal e eficiente, deve ser **moral.** Existem vários exemplos de situação em que a doutrina menciona a atuação legal, mas eventual imoral da Administração Pública. É possível mencionar, neste sentido, a **vedação ao nepotismo** – mesmo que haja lei autorizativa no âmbito de determinado ente federativo, trata-se de prática vedada pelo ordenamento jurídico, dada a violação ao **princípio da moralidade** – , e a instalação de radares ocultos em rodovias.

---

04. (Cebraspe – Analista Judiciário – Área Administrativa – 2023 – TJ/ES/2023) Considerando a ética, a moral, os princípios e os valores relacionados à função pública e ao setor público bem como o exercício da cidadania, julgue o item a seguir.

Na formação da democracia, o exercício da cidadania exaure-se apenas com o exercício do voto.

▷ ***Anotações/Comentários***

Existem diversos instrumentos no ordenamento jurídico que, conjuntamente, permitem a formação da democracia. Para além do exercício do direito de voto, é possível destacar a **ação popular**, **o plebiscito**, o **referendo**, dentre outros.

---

1. MELLO, Celso Antônio Bandeira de. *Curso de direito administrativo*. 27. ed. São Paulo: Malheiros, 2010. p. 55 e 57.

05. (Cebraspe - Analista Judiciário - Área Administrativa - 2023 - TJ/ES/2023) Considerando a ética, a moral, os princípios e os valores relacionados à função pública e ao setor público bem como o exercício da cidadania, julgue o item a seguir. O modelo ideal burocrático de administração pública, que se fundamenta na compreensão da centralidade e da obediência às regras como principal valor, pode se aproximar da teoria ética de Kant fundada no imperativo categórico.

▷ **Anotações/Comentários**

Nota do Autor: Atualmente, após a reforma de 1995, capitaneada por Bresser-Pereira, adota-se o modelo **gerencial** de Administração Pública, fundado na descentralização das funções exercidas pelo Estado.

De fato, o modelo burocrático de Administração Pública, que se ampara na **centralização** das funções do Estado, no autocontrole e no fiel e rígido cumprimento da legislação, aproxima-se em alguns pontos da ética de Immanuel Kant, em que a ideia do dever é tido como princípio supremo de toda a moralidade. Para o autor, o dever é a necessidade de uma ação por respeito à lei, não sendo admitidas quaisquer flexibilizações, com controles rígidos para verificar a observância deste preceito – exatamente da mesma forma como proposto pela Administração Pública burocrática.

06. (Cespe - Analista Judiciário - Área Administrativa - TRF 1/2017) A autotutela é entendida como a possibilidade de a administração pública revogar atos ilegais e anular atos inconvenientes e inoportunos sem a necessidade de intervenção do Poder Judiciário.

▷ ***Anotações/Comentários***

A assertiva inverte os institutos da revogação (que se aplica a atos inconvenientes e inoportunos) e anulação (dever da Administração Pública diante de atos eivados de vícios, ilegais). Pelo princípio da **autotutela, é dever da Administração Pública o controle de seus próprios atos, quanto à legalidade e quanto ao mérito**.

07. (Cespe - Técnico Judiciário - Área Administrativa - TRF 1/2017) Não existe na Constituição Federal hipótese expressa que determine o necessário esgotamento da via administrativa para se recorrer ao Poder Judiciário, devido ao princípio da inafastabilidade da jurisdição e à determinação de que a lei não excluirá a apreciação pelo Poder Judiciário de lesão ou ameaça de direito.

▷ ***Anotações/Comentários***

O art. 217, §1º, da Constituição Federal, estabelece que "o Poder Judiciário só admitirá ações relativas à disciplina e às competições desportivas após esgotarem-se as instâncias da justiça desportiva, regulada em lei". Desse modo, **há hipótese expressa que determina o necessário esgotamento da via administrativa para que seja possível recorrer ao Poder Judiciário.**

08. (Cespe - Analista Judiciário - Oficial de Just. Avaliador - TRF 1/2017) Para os autores que defendem o princípio da subsidiariedade, a atividade pública tem primazia sobre a iniciativa privada, devendo o ente particular se abster de exercer atividades que o Estado tenha condições de exercer por sua própria iniciativa e com seus próprios recursos.

▷ ***Anotações/Comentários***

O **princípio da subsidiariedade** relaciona-se com os níveis de poder, em um extremo, e no outro com os respectivos níveis de interesses a serem satisfeitos, prevendo um escalonamento de atribuições entre órgãos ou entes, conforme a complexidade do atendimento dos interesses sociais, cabendo aos indivíduos a decisão e a ação quanto aos interesses individuais e ao Estado, de maneira subsidiária, a decisão referente aos interesses coletivos. Desse modo, consoante aponta Diogo de Figueiredo Moreira Neto, cabe ao princípio da subsidiariedade informar "a *articulação das atribuições administrativas afetas ao Estado* e a *distribuição delas entre seus respectivos entes e órgãos*"2.

2. *Curso de direito administrativo: parte introdutória, parte geral e parte especial.* Rio de Janeiro: Forense, 2009. p. 97.

09. (FCC - Técnico Judiciário - Área Administrativa - TRE - SP/2017) O controle exercido pela Administração direta sobre a Administração indireta denomina-se

a) poder de tutela e permite a substituição de atos praticados pelos entes que integram a Administração indireta que não estejam condizentes com o ordenamento jurídico.
b) poder de revisão dos atos, decorrente da análise de mérito do resultado, bem como em relação aos estatutos ou legislação que criaram os entes que integram a Administração indireta.
c) controle finalístico, pois a Administração direta constitui a instância final de apreciação, para fins de aprovação ou homologação, dos atos e recursos praticados e interpostos no âmbito da Administração indireta.
d) poder de tutela, que não pressupõe hierarquia, mas apenas controle finalístico, que analisa a aderência da atuação dos entes que integram a Administração indireta aos atos ou leis que os constituíram.
e) poder de autotutela, tendo em vista que a Administração indireta integra a Administração direta e, como tal, compreende a revisão dos atos praticados pelos entes que a compõem quando não guardarem fundamento com o escopo institucional previsto em seus atos constitutivos.

▷ ***Anotações/Comentários***

Pelo princípio da **tutela** ou do **controle**, a **administração direta controla, fiscaliza as atividades das entidades da administração indireta** (autarquias, fundações públicas, sociedades de economia mista, empresas públicas, etc). Assim, na **administração indireta**, não é possível se falar em hierarquia. A entidade criadora tem por dever fiscalizar a entidade criada para verificar se o objetivo da criação está sendo atendido. **O princípio da tutela não deve ser confundido com o princípio da autotutela**, pelo qual é dever da Administração Pública o controle de seus próprios atos, quanto à legalidade e quanto ao mérito.

10. (FCC - Técnico Judiciário - Área Administrativa - TRE - SP/2017) Considere a lição de Maria Sylvia Zanella Di Pietro: A Administração não pode atuar com vistas a prejudicar ou beneficiar pessoas determinadas, uma vez que é sempre o interesse público que tem que nortear o seu comportamento. *(Direito Administrativo, São Paulo: Atlas, 29a edição, p. 99).*

Essa lição expressa o conteúdo do princípio da

a) impessoalidade, expressamente previsto na Constituição Federal, que norteia a atuação da Administração pública de forma a evitar favorecimentos e viabilizar o atingimento do interesse público, finalidade da função executiva.
b) legalidade, que determina à Administração sempre atuar de acordo com o que estiver expressamente previsto na lei, em sentido estrito, admitindo-se mitigação do cumprimento em prol do princípio da eficiência.
c) eficiência, que orienta a atuação e o controle da Administração pública pelo resultado, de forma que os demais princípios e regras podem ser relativizados.
d) supremacia do interesse público, que se coloca com primazia sobre os demais princípios e interesses, uma vez que atinente à finalidade da função executiva.
e) publicidade, tendo em vista que todos os atos da Administração pública devem ser de conhecimento dos administrados, para que possam exercer o devido controle.

▷ ***Anotações/Comentários***

Alternativa "a". O **princípio da impessoalidade** deve ser visto sob dois aspectos: em **relação ao administrado** e em **relação à própria Administração**. No sentido "em relação à própria Administração" significa que não é o agente público, enquanto pessoa física, que pratica o ato administrativo, pois, na verdade, quem o faz é a pessoa jurídica à qual pertence o órgão em que o servidor está lotado.

Alternativa "b". O **princípio da legalidade** para a Administração Pública significa que **a atuação administrativa deve se dar em conformidade com a lei, com o direito**. Assim, ao administrador somente é permitido agir de acordo com a lei, não vigorando a autonomia da vontade, prevalente na esfera privada.

Alternativa "c". O princípio da **eficiência** faz com que se espere da atuação do agente público o melhor desempenho possível de suas atribuições, de forma a atingir os **melhores resultados.**

Alternativa "d". Pelo princípio da **supremacia do interesse público, havendo conflito entre o interesse público e o privado, aquele deverá prevalecer.**

Alternativa "e". Por esse princípio, a **atuação administrativa** não pode ser secreta. Ao contrário, deve ser transparente, para que assim, o titular do poder – que é o povo – possa verificar se, realmente, a conduta do administrador estava pautada no interesse público.

3. ADMINISTRAÇÃO PÚBLICA E TERCEIRO SETOR

11. (FGV – 2024 – TRF 1 – Analista Judiciário – Área Judiciária) No âmbito das questões atinentes à organização administrativa, é correto afirmar que as entidades do terceiro setor são:

a) órgãos que integram a Administração Pública Direta;

b) pessoas jurídicas de direito público que integram a Administração Direta;

c) pessoas jurídicas de direito privado que integram a Administração Indireta;

d) pessoas jurídicas de direito público que não integram a Administração Pública Direta ou Indireta;

e) pessoas jurídicas de direito privado que não integram a Administração Pública Direta ou Indireta.

▷ ***Anotações/Comentários***

Nota do Autor: O **terceiro setor**, na definição de Maria Sylvia Zanella Di Pietro, é composto por entidades da sociedade civil de fins públicos e não lucrativos; (...). Na realidade, ele caracteriza-se por prestar atividade de interesse público, por iniciativa privada, sem fins lucrativos; precisamente pelo interesse público da atividade, recebe proteção e, em muitos casos, ajuda por parte do Estado, dentro da atividade de fomento"[3].

Alternativa "e" (responde as demais alternativas). O **terceiro setor** abrange as **entidades do setor privado, sem fins lucrativos, que desenvolvem atividade de interesse público.** Atuam de maneira paralela ao Estado e com ele colaboram, cooperam, e, por isso, são chamadas de **entidades paraestatais ou entes de cooperação**. Não fazem parte da Administração Pública Direta ou Indireta.

12. (AOCP – 2024 – TRF 2 - Analista Judiciário - Área Judiciária) A respeito de órgão público, assinale a alternativa correta.

a) É considerado uma repartição funcional de competência, dotado de personalidade jurídica.

b) Quanto à situação estrutural, pode ser singular ou coletivo.

c) Quanto à esfera de ação, pode ser classificado como independente, autônomo, superior e subalterno.

d) Sua criação ocorre exclusivamente no âmbito da Administração Pública Direta.

e) Pode ser reconhecida a personalidade judiciária (ou capacidade processual) para a defesa das suas competências/prerrogativas.

▷ ***Anotações/Comentários***

Alternativa "a". Órgãos públicos são centros especializados de atribuições que existem no interior de uma pessoa jurídica política ou administrativa. De acordo com o art. 1º, §2º, I da Lei 9784/99 define órgão como a unidade de atuação integrante da estrutura da Administração direta ou da Administração indireta e a principal característica dos órgãos públicos é que eles ***não têm personalidade jurídica***.

Alternativa "b" (responde a alternativa "c"). Os órgãos públicos podem ser classificados a partir de diversos critérios: quanto à esfera de ação (centrais ou locais); quanto à posição estatal (autônomos, independentes, superiores e subalternos); **quanto à estrutura (simples, ou unitários, e compostos); quanto à composição (singulares e coletivos)** e quanto às funções (ativos, consultivos ou de controle).

3. *Direito administrativo.* 25. ed. São Paulo: Atlas, 2012. p.465.

Alternativa "d". Os órgãos públicos podem ser criados no âmbito da Administração Pública Direta e Indireta. Neste sentido, é perfeitamente possível que uma autarquia crie um órgão público para melhor organização estrutural.

Alternativa "e". De fato, existem vários precedentes em que se admite que órgãos de cúpula da hierarquia administrativa possam atuar em juízo para defesa de suas prerrogativas. Neste sentido, por exemplo, é a Súmula nº 525, do Superior Tribunal de Justiça, pela qual "a Câmara de Vereadores não possui personalidade jurídica, mas apenas personalidade judiciária, de **modo que só pode demandar em juízo para defender os seus direitos institucionais**, entendidos esses como sendo os relacionados ao funcionamento, autonomia e independência do órgão".

13. (AOCP - 2024 - TRF 2 - Analista Judiciário - Área Judiciária) Tizio é servidor público federal e, ao conversar com seu colega de trabalho sobre as dificuldades que a saúde pública enfrenta diuturnamente, pergunta-lhe sobre a possibilidade de esse serviço ser prestado por fundação pública. Diante da dúvida de Tizio, é correto afirmar que

a) somente uma autarquia poderia se dedicar à prestação de serviços públicos de saúde.

b) caso a prestação de serviços públicos de saúde seja realizada por fundação pública de direito privado, a relação jurídica mantida com seus funcionários será estatutária.

c) ainda que a Constituição da República Federativa do Brasil possibilite que a iniciativa privada participe de forma complementar do Sistema Único de Saúde, no âmbito da Administração Pública, a prestação de tal serviço somente é possível de forma direta, não se admitindo a descentralização.

d) a fundação pública de direito privado pode se dedicar à prestação de serviços públicos de saúde.

e) não é possível a instituição de fundação pública de direito privado pelo poder público, motivo pelo qual somente uma fundação pública de direito público poderia se dedicar à prestação de serviços públicos de saúde.

▷ ***Anotações/Comentários***

Nota do Autor: A descentralização administrativa ocorre quando a ***pessoa jurídica política – titular do exercício de determinada competência material, a ela atribuída por expressa previsão constitucional – transfere a outra pessoa a competência para o exercício de determinada função***. O Estado pode realizar suas atividades de diversas formas, quais sejam: centralizada, que ocorre quando a Administração Pública as realiza diretamente, ou descentralizada, quando o Estado transfere a um terceiro o encargo de exercer a função administrativa. No entanto, a ***descentralização*** não se confunde com a ***desconcentração***, pois esta corresponde a uma repartição interna de competências, ou seja, ocorre no âmbito de uma mesma pessoa jurídica, seja ela integrante da Administração Pública direta ou indireta como, por exemplo, a distribuição de atribuições entre os diversos Ministérios.

Alternativa "a" (responde a alternativa "c"). A Constituição Federal assegura, de um lado, no art. 196, que a saúde é um direito de todos e um dever do Estado e, de outro, que a assistência saúde é livre à iniciativa privada. Estabelece, ainda, no art. 197, que o Poder Público deve, por meio de lei, dispor sobre sua regulamentação, fiscalização e controle e que sua execução deve ser feita diretamente ou através de terceiros e, também, por pessoa física ou jurídica de direito privado. Assim, o serviço de saúde é um serviço que o Estado "tem obrigação de prestar, mas sem exclusividade"[4]. Quer dizer, o texto constitucional garante a participação da iniciativa privada, de forma complementar, na assistência à saúde, tendo preferência, para tanto, as entidades filantrópicas e as sem fins lucrativos (art. 199, § 1º). Neste sentido, A **autarquia** é uma pessoa jurídica de **direito público,** criada por lei específica, com patrimônio próprio **e autonomia administrativa**, sujeita ao **controle de finalidade** por parte da administração direta, para o exercício de atividade típica estatal. Porém, não é a única forma admitida para prestar o serviço de saúde, admitindo-se, sim, que seja por meio de fundação pública ou, até, sem que seja diretamente pela Administração Pública, no caso das **organizações sociais** (art. 1º, da Lei nº 9.637/98) por exemplo.

4. MELLO, Celso Antônio Bandeira de. *Curso de direito administrativo.* 27. ed. São Paulo: Malheiros, 2010. p. 689.

Alternativa "b". Na administração indireta, há pessoas com personalidade de direito público e com personalidade de direito privado. No último caso, mesmo sendo pessoas de direito privado, não há a submissão integral ao direito privado, pois os princípios da Administração Pública são de obediência obrigatória para a administração direta e indireta, nos termos do art. 37, *caput*, da Constituição Federal. São pessoas de direito privado a fundação pública de direito privado, a empresa pública, a sociedade de economia mista e o consórcio público de direito privado. Os funcionários dessas pessoas são celetistas e não se admite o regime estatutário..

Alternativa "d" (responde a alternativa "e"). A fundação pública é a personificação, a corporificação de um patrimônio. De acordo com a doutrina predominante é uma pessoa jurídica integrante da administração indireta, com **personalidade de direito público ou de direito privado,** com autonomia administrativa e que tem como substrato o patrimônio – próprio –, que é criada por lei específica ou cuja criação é por ela autorizada, com área de atuação de interesse público, não exclusiva da Administração Pública, definida em lei complementar. Inclusive, no sentido da possibilidade de instituição de fundação pública ou com personalidade de direito público ou de direito privado, é a tese fixada pelo STF no RE 716.378 (Tema 545). "1. A qualificação de uma fundação instituída pelo Estado como sujeita ao regime público ou privado depende (i) do estatuto de sua criação ou autorização e (ii) das atividades por ela prestadas. As atividades de conteúdo econômico e as passíveis de delegação, quando definidas como objetos de dada fundação, ainda que essa seja instituída ou mantida pelo Poder público, podem-se submeter ao regime jurídico de direito privado...".Assim, em se tratando a saúde de um serviço que o Estado tem obrigação de prestar, mas sem exclusividade, é perfeitamente possível que seja desempenhada por uma **fundação pública,** como, também, já decidiu o STF (ADI 4197) "É constitucional a constituição de fundação pública de direito privado para a prestação de serviço público de saúde".

---

14. (FCC – 2024 – TRF 3 - Técnico Judiciário - Área Administrativa) Em razão de grave catástrofe climática ocorrida em um Estado da Federação, o Presidente da República decide criar, por meio de decreto, uma autarquia federal destinada a apoiar os esforços de reconstrução daquela unidade federativa, com prazo de duração de três anos. Nesse caso, a criação da autarquia é

a) válida, pois cabe ao Presidente da República dispor, mediante decreto, sobre a organização e funcionamento da Administração federal.

b) inválida, pois não é possível criar autarquia com prazo de duração determinado.

c) válida, em vista dos poderes excepcionais que a Constituição Federal de 1988 atribui à Presidência da República durante a vigência de estado de calamidade pública de âmbito nacional.

d) válida, desde que haja ratificação do ato de criação por decreto legislativo do Congresso Nacional.

e) inválida, pois a criação da autarquia é matéria de reserva legal.

▷ ***Anotações/Comentários***

Alternativa "e" (responde as demais alternativas). As pessoas da administração indireta **só nascem se houver lei** e podem ter personalidade de direito público ou de direito privado, nos termos do art. 37, XIX, da Constituição Federal. Ainda, de maneira específica, o art. 84, VI, da Constituição Federal, prevê que o Presidente da República pode dispor sobre o funcionamento da administração federal, por meio de decreto, conhecido como decreto autônomo, mas há limites para essa atuação e, uma delas, é a criação ou extinção de órgãos públicos .

---

15. (FCC – 2024 – TRT 11 (AM e RR) - Técnico Administrativo - Área Administrativa) Acerca dos consórcios públicos, a legislação regulamentadora prevê que

a) o contrato de rateio será repactuado em cada plano plurianual, sendo que seu prazo de vigência não será superior às dotações que o suportam, com exceção das ações e programas inseridos em seu protocolo de intenções.

b) as normas de direito público no que concerne à realização de licitação, à celebração de contratos e à prestação de contas são de observância obrigatória apenas pelo consórcio público com personalidade de direito público.

c) o consórcio público intermunicipal com personalidade jurídica de direito público ou direito privado integra a administração indireta de todos 05 municípios consorciados e do estado da federação no qual se localizam.

d) as normas de direito público sobre admissão de pessoal, regidas pela Consolidação das Leis do Trabalho (CLT). devem ser observadas pelo consórcio público com personalidade de direito público ou privado.

e) o consórcio público de direito público ou privado adquirirá sua personalidade jurídica, no caso de constituir associação pública, mediante a vigência das leis de ratificação do protocolo de intenções.

▷ ***Anotações/Comentários***

Nota do Autor: O consórcio público está regulado pela Lei nº 11.107/05. Trata-se de uma **nova pessoa administrativa** que surge da união entre pessoas políticas (União, Estados, Distrito Federal e Municípios). Em um primeiro momento, há o **protocolo de intenções**, que é uma espécie de ajuste preliminar entre as pessoas políticas, no qual há a definição do objeto do consórcio, quais são seus participantes, qual sua duração, qual a forma de eleição do representante legal, entre outras disposições. Depois, o protocolo de intenções deve ser publicado na imprensa oficial e, na sequencia, ele deve ser **ratificado por lei** em cada um dos entes consorciados. Com a ratificação, ocorre a celebração do **contrato de consórcio**, formalizando-se a criação do consórcio público, que pode ser constituído com **personalidade de direito público** ou com **personalidade de direito privado.**

Alternativa "a". Na forma do art. 8º, §1º, da Lei, "**o contrato de rateio será formalizado em cada exercício financeiro**, e seu prazo de vigência não será superior ao das dotações que o suportam, com exceção dos contratos que tenham por objeto exclusivamente projetos consistentes em programas e ações contemplados em plano plurianual".

Alternativa "b". As normas de direito público no que concerne à realização de licitação, à celebração de contratos e à prestação de contas são de observância obrigatória pelos consórcios públicos que tenham personalidade jurídica de direito público ou de direito privado.

Alternativa "c". O consórcio público intermunicipal com personalidade jurídica de direito público ou direito privado integra a administração indireta de todos os municípios consorciados, mas não do estado da federação no qual se localizam, exceto se o estado integrar o consórcio. É o que se depreende do art. 6º, §1º, da Lei, pelo qual "o consórcio público com personalidade jurídica de direito público integra a administração indireta de todos os entes da Federação consorciados".

Alternativa "d". Nos exatos termos do art. 6º, §2º, da Lei, "o consórcio público, com personalidade jurídica de direito público ou privado, observará as normas de direito público no que concerne à realização de licitação, à celebração de contratos, à prestação de contas e à admissão de pessoal, que será regido pela Consolidação das Leis do Trabalho (CLT)".

Alternativa "e". O consórcio público de **direito público** adquirirá sua personalidade jurídica, no caso de constituir associação pública, mediante a vigência das leis de ratificação do protocolo de intenções. No caso do consórcio público de **direito privado**, este adquirirá personalidade jurídica mediante o atendimento dos requisitos da legislação civil (art. 6º, *caput*, II, da Lei).

---

16. (FCC – Analista Judiciário – Área Administrativa – TRT 18/2023) À parceria firmada entre a Administração Pública e uma organização da sociedade civil, para desempenho de atividades de interesse público, em mútua cooperação, não caracterizando delegação de serviço público, dá-se o nome de

a) acordo de colaboração, quando não houver previsão de transferência de recursos públicos para a organização da sociedade civil.

b) termo de fomento, quando não houver previsão de transferência de recursos públicos para a organização da sociedade civil.

c) termo de acordo de cooperação, quando a parceria envolver mais de um órgão ou entidade pública, independentemente da transferência de recursos públicos.

d) termo de colaboração, quando a iniciativa partir da Administração Pública e houver previsão de transferência de recursos financeiros à organização da sociedade civil.

e) termo de fomento, quando a iniciativa partir da Administração Pública e houver previsão de transferência de recursos financeiros à organização da sociedade civil.

▷ **Anotações/Comentários**

Nota do Autor: A Lei nº 13.019/2014 é conhecida como Marco Regulatório do Terceiro Setor e trouxe uma série de inovações nas relações travadas entre as entidades paraestatais e a Administração Pública.

Alternativa "a". Não existe a previsão do **acordo de colaboração** como instrumento de parceria a ser firmado entre as entidades do terceiro setor e a Administração Pública.

Alternativa "b" (responde a alternativa "e"). Na forma do art. 2º, VIII, da Lei nº 13.019/2014, **termo de fomento** é o instrumento por meio do qual são formalizadas as parcerias estabelecidas pela administração pública com organizações da sociedade civil para a consecução de finalidades de interesse público e recíproco propostas pelas organizações da sociedade civil, que envolvam a transferência de recursos financeiros.

Alternativa "c". O **acordo de cooperação** é, nos termos do art. 2º, VIII-A, da Lei, é o instrumento por meio do qual são formalizadas as parcerias estabelecidas pela administração pública com organizações da sociedade civil para a consecução de finalidades de interesse público e recíproco que não envolvam a transferência de recursos financeiros.

Alternativa "d". O **termo de colaboração** é definido no art. 2º, VII, da Lei, é o instrumento por meio do qual são formalizadas as parcerias estabelecidas pela administração pública com organizações da sociedade civil para a consecução de finalidades de interesse público e recíproco propostas pela administração pública que envolvam a transferência de recursos financeiros.

17. (Cespe – Técnico Judiciário – TJ – RJ/2021) Na administração pública federal, a administração direta compreende os serviços integrados na estrutura administrativa da

a) Presidência da República, dos ministérios, das autarquias, das fundações públicas, das empresas públicas e das sociedades de economia mista.

b) Presidência da República, dos ministérios, das autarquias e das fundações públicas, apenas.

c) Presidência da República e dos ministérios, apenas.

d) Presidência da República, dos ministérios e das autarquias, apenas.

e) Presidência da República, dos ministérios, das autarquias, das fundações públicas e das empresas públicas, apenas.

▷ ***Anotações/Comentários***

Alternativa "a" (responde as alternativas "b", "d" e "e"). As autarquias, fundações públicas, empresas públicas e sociedades de economia mista são **pessoas administrativas** e fazem parte da Administração Pública indireta, portanto.

Alternativa "c". Não obstante se saiba que a administração direta, em sentido amplo, não se restringe aos órgãos do Poder Executivo e inclui os órgãos do Poder Judiciário e Poder Legislativo, a questão cobrou a administração direta federal em sentido estrito, conforme previsto no Decreto-Lei nº 200/1967, art. 4º, I. De acordo com esse dispositivo a administração federal compreende: "A Administração Direta, que se constitui dos serviços integrados na estrutura administrativa da Presidência da República e dos Ministérios".

18. (Cespe – Analista Judiciário – Área Administrativa – TJ – PA/2020) O artigo 37 da Constituição Federal de 1988 prevê que a publicidade de atos, programas, obras, serviços e campanhas dos órgãos públicos

a) fomente a promoção pessoal de autoridades públicas.

b) seja distribuída por mídia impressa, rádio e televisão.

c) seja amplamente disseminada em termos territoriais e demográficos.

d) adote padrões de identidade visual estabelecidas pelo governo federal.

e) tenha caráter educativo, informativo ou de orientação social.

▷ ***Anotações/Comentários***

O art. 37, §1º, da Constituição Federal, estabelece que "a publicidade dos atos, programas, obras, serviços e campanhas dos órgãos públicos deverá ter caráter educativo, informativo ou de orientação social, dela não podendo constar nomes, símbolos ou imagens que caracterizem promoção pessoal de autoridades ou servidores públicos".

19. (FCC – Técnico Judiciário – Área Administrativa – TRF 3/2019) Para maior especialização na execução de atividades de sua competência, os entes políticos podem promover a criação de entidades descentralizadas, que comporão a chamada Administração Indireta. No tocante à Administração Indireta,

a) a empresa pública é entidade dotada de personalidade jurídica de direito privado, com patrimônio próprio e capital exclusivamente estatal, devendo revestir-se obrigatoriamente da forma de sociedade anônima.

b) as entidades da Administração Indireta que sejam dotadas de personalidade jurídica de direito privado, em vista da maior flexibilidade do seu regime jurídico, são dispensadas de fazer licitação para realizar suas contratações.

c) somente por lei federal poderá ser criada autarquia e autorizada a instituição de empresa pública, de sociedade de economia mista e de fundação, seja qual for o ente político envolvido.

d) a empresa pública, a sociedade de economia mista e as respectivas subsidiárias, que explorem atividade econômica de produção ou comercialização de bens ou de prestação de serviços, estão sujeitas a regime de licitação e contratação pública idêntico ao aplicável aos órgãos da Administração Direta e às entidades de direito público, como as autarquias.

e) a vedação constitucional à acumulação de cargos, empregos e funções públicas abrange também as autarquias, fundações, empresas públicas, sociedades de economia mista, suas subsidiárias e sociedades controladas, direta ou indiretamente, pelo poder público.

▷ ***Anotações/Comentários***

Alternativa "a'. A empresa pública pode ser constituída sob qualquer formato societário, não sendo necessário que se trate de uma sociedade anônima – este sim, o único tipo societário aplicável às sociedades de economia mista.

Alternativa "b" (responde a alternativa "d"). Mesmo que as entidades da Administração Indireta dotadas de personalidade jurídica de direito privado explorem atividade econômica, devem obediência aos princípios constitucionais, inclusive, por expressa previsão no próprio art. 173, § 1º, III, pois, de fato, não deixam de ser pessoas integrantes da administração indireta. Frisa-se que a Constituição determina que haverá estatuto específico para elas e nele o modelo de licitação adotado no Brasil poderá ser flexibilizado, mas ainda **estão sujeitas ao dever de licitar.** Esse dispositivo foi regulamentado pela Lei nº 13.303/2016, que é o Estatuto das Estatais e, nele, por exemplo, ante as particularidades dessas pessoas jurídicas, determina o art. 28, §3º, I, da Lei nº 13.303/2016, expressamente dispensa a realização de licitações às empresas estatais no que se refere à "comercialização, prestação ou execução, de forma direta, pelas empresas mencionadas no *caput*, de produtos, serviços ou obras especificamente relacionados com seus respectivos objetos sociais".

Alternativa "c". De fato, as autarquias são criadas por lei e as empresas estatais – sociedades de economia mista e empresas públicas – têm a sua criação autorizada por lei. As **fundações públicas**, contudo, quando com personalidade jurídica de direito público, **são igualmente criadas por lei.**

Alternativa "e". Os funcionários das pessoas jurídicas de direito privado integrantes da Administração Indireta são **empregados públicos**, espécie do gênero agente administrativo (no qual se incluem os estatutários), quer dizer, possuem vínculo funcional com a Administração Pública. Todavia, o vínculo não é estatutário e, sim, celetista. O ingresso deve ser feito por concurso público e, em regra, **é proibida a acumulação do emprego público com outro cargo, emprego ou função pública**. A proibição de acumulação aplica-se, de igual modo, às pessoas políticas, aos órgãos públicos e às demais pessoas jurídicas integrantes da Administração Indireta.

20. (FCC – Analista Judiciário – Área Judiciária – TRF 3/2019) Nos termos da Constituição Federal de 1988 e da legislação aplicável, o regime jurídico das sociedades de economia mista confere a essas entidades

a) a dispensa de realizar licitações quando se tratar da comercialização, prestação ou execução, de forma direta, de produtos, serviços ou obras especificamente relacionados com seus respectivos objetos sociais.

b) o privilégio processual de prazo em dobro para todas as suas manifestações processuais, cuja contagem terá início a partir da intimação pessoal.

c) a prerrogativa de pleitear ao presidente do tribunal ao qual couber o conhecimento do respectivo recurso a suspensão da execução da liminar ou de sentença, de modo a evitar grave lesão à ordem, à saúde, à segurança e à economia públicas.

d) a obrigação de sempre observar o teto remuneratório constitucional na remuneração de seus agentes.

e) a sujeição ao regime de pagamento de suas dívidas por precatório, nos termos do art. 100 da Constituição Federal, independentemente da natureza de suas atividades.

▷ ***Anotações/Comentários***

Alternativa "a". O art. 28, §3º, I, da Lei nº 13.303/2016, expressamente dispensa a realização de licitações às empresas estatais no que se refere à "comercialização, prestação ou execução, de forma direta, pelas empresas mencionadas no *caput*, de produtos, serviços ou obras especificamente relacionados com seus respectivos objetos sociais".

Alternativa "b". Na forma do Código de Processo Civil, art. 183, a "União, os Estados, o Distrito Federal, os Municípios e suas respectivas autarquias e fundações de direito público gozarão de prazo em dobro para todas as suas manifestações processuais, cuja contagem terá início a partir da intimação pessoal". O dispositivo não se aplica às sociedades de economia mista.

Alternativa "c". Referida prerrogativa não está contemplada na Constituição Federal nem tampouco na Lei nº 13.303/2016.

Alternativa "d". As sociedades de economia mista, as empresas públicas e suas subsidiárias receberam tratamento peculiar, pois, nos termos do art. 37, § 9º, só devem se submeter ao teto constitucional quando "receberem recursos da União, dos Estados, do Distrito Federal ou dos Municípios para pagamento de despesas de pessoal ou de custeio em geral".

Alternativa "e". O Supremo Tribunal Federal, no julgamento do RE 407.099/RS e do RE 601392/PR, já consolidou precedente da possibilidade de sujeitar empresa estatal ao regime de precatório em se tratando de **prestadora de serviço público em regime não concorrencial**. Nesse sentido: RE 599628: (tese de repercussão geral) "Sociedades de economia mista que desenvolvem atividade econômica em regime concorrencial não se beneficiam do regi-me de precatórios, previsto no art. 100 da Constituição da República." RE 852302: "As sociedades de economia mista prestadoras de serviço público de atuação própria do Estado e de natureza não concorrencial submetem-se ao regime de precatório." ADPF 387: "É aplicável o regime dos precatórios às sociedades de economia mista prestadoras de serviço público próprio do Estado e de natureza não concorrencial".

21. (Cespe – Técnico Judiciário – Área Administrativa – TRF 1/2017) O Tribunal Regional Federal da 1.a Região, um órgão classificado como autarquia em regime especial, integra a administração indireta da União.

▷ ***Anotações/Comentários***

Os conceitos de **órgão público** e **autarquia em regime especial** são, *a priori*, incompatíveis, porque aquele integra, em regra, a administração pública direta, ao passo que esta, por ter personalidade jurídica, faz parte da administração pública indireta. O Tribunal Regional Federal da 1ª Região é um **órgão público**, despersonalizado e, assim, **integra a administração pública direta federal**.

22. (Cespe – Técnico Judiciário – Área Administrativa – TRF 1/2017) Administração direta remete à ideia de administração centralizada, ao passo que administração indireta se relaciona à noção de administração descentralizada.

▷ ***Anotações/Comentários***

Na **centralização**, **a pessoa política desempenha a atividade administrativa por seus próprios órgãos**. Já, na **descentralização**, a pessoa política se **utiliza de outras pessoas jurídicas para realizar a função administrativa**. Assim, a ideia de administração centralizada remete à **administração pública direta**, ao passo que a noção de administração descentralizada se relaciona com a **administração pública indireta.**

23. (Cespe – Técnico Judiciário – Área Administrativa – TRF 1/2017) A administração pública, em seu sentido subjetivo, compreende o conjunto de agentes, órgãos e pessoas jurídicas incumbidos de executar as atividades administrativas, distinguindo-se de seu sentido objetivo, que se relaciona ao exercício da própria atividade administrativa.

▷ ***Anotações/Comentários***

Na lição de Maria Sylvia Zanella Di Pietro[5], em sentido **subjetivo**, **formal** ou **orgânico**, Administração Pública designa os entes que exercem a atividade administrativa e, assim, compreende **pessoas jurídicas, órgãos** e **agentes públicos** incumbidos de exercer uma das funções em que se triparte a atividade estatal: a função administrativa. Em sentido **objetivo, material** ou **funcional**, por seu turno, ela designa a natureza da atividade exercida pelos referidos entes. Nesse sentido, a Administração Pública é a própria **função administrativa** que incumbe, **predominantemente**, ao Poder Executivo.

24. (Cespe – Técnico Judiciário – Área Administrativa – TRF 1/2017) Órgão público é ente despersonalizado, razão por que lhe é defeso, em qualquer hipótese, ser parte em processo judicial, ainda que a sua atuação seja indispensável à defesa de suas prerrogativas institucionais.

▷ ***Anotações/Comentários***

A principal característica do **órgão público** é o fato dele ser **despersonalizado**, ou seja, **não possuir personalidade jurídica**. Todavia, não obstante isso, existe a **possibilidade de defesa judicial de suas prerrogativas ou atribuições**, quando a sua atuação seja indispensável à defesa de suas prerrogativas institucionais.

25. (Cespe – Analista Judiciário – Oficial de Just. Avaliador – TRF 1/2017) São exemplos de entidades paraestatais os serviços sociais autônomos, como o Serviço Social da Indústria (SESI) e o Serviço Nacional de Aprendizagem Industrial (SENAI).

▷ ***Anotações/Comentários***

O SESI, o SENAI, o SENAC e o SEBRAE são, de fato, serviços sociais autônomos. Tratam-se, assim, de são pessoas jurídicas de direito privado, sem finalidade de lucro, que atuam na realização de atividades de interesse público, de atividade não exclusiva do Estado. Não fazem parte da administração indireta.

26. (Cespe – Analista Judiciário – Oficial de Just. Avaliador – TRF 1/2017) O principal critério de distinção entre empresa pública e sociedade de economia mista é que esta integra a administração indireta, enquanto aquela integra a administração direta.

▷ ***Anotações/Comentários***

Os principais critérios de distinção entre empresa pública e sociedade de economia mista estão no capital (que, naquela, é integralmente público, enquanto nesta é majoritariamente público) e na forma societária, sendo que a empresa pública pode ser constituída **sob qualquer forma empresarial** e a sociedade de economia mista, necessariamente, é uma **sociedade anônima.**

27. (Cespe – Analista Judiciário – Oficial de Just. Avaliador – TRF 1/2017) O conceito de administração pública, em seu aspecto orgânico, designa a própria função administrativa que é exercida pelo Poder Executivo.

5. *Direito administrativo*. 21 ed. São Paulo: Atlas, 2008. p. 49.

▷ ***Anotações/Comentários***

Na lição de Maria Sylvia Zanella Di Pietro6, em sentido **subjetivo**, **formal** ou **orgânico**, Administração Pública designa os entes que exercem a atividade administrativa e, assim, compreende **pessoas jurídicas, órgãos** e **agentes públicos** incumbidos de exercer uma das funções em que se triparte a atividade estatal: a função administrativa.

28. (Cespe – Analista Judiciário – Área Administrativa – TRF 1/2017) André integra a diretoria de uma organização de sociedade civil de interesse público e foi nomeado para ocupar cargo público efetivo. Nessa situação, de acordo com a legislação vigente, André poderá continuar integrando a diretoria da entidade mesmo após tomar posse no cargo público.

▷ ***Anotações/Comentários***

A Lei nº 13.019/2014 alterou o parágrafo único do art. 4º, da Lei nº 9.790/1999, que passou a dispor que "é permitida a participação de servidores públicos na composição de conselho ou diretoria de Organização da Sociedade Civil de Interesse Público".

29. (FCC – Analista Judiciário – Área Judiciária – TRF 5/2017) A União, por meio do Ministério da Educação, formalizou termo de colaboração, regido pela Lei no 13.019 de 2014, com organização da sociedade civil, firmado após seleção por meio de chamamento público, com vista à implementação de projeto voltado à formação e qualificação de multiplicadores de conhecimento na área de prevenção de doenças sexualmente transmissíveis em adolescentes. Estabeleceu-se que a remuneração da equipe encarregada da execução do plano de trabalho, durante a vigência da parceria, seria paga com recursos públicos vinculados à parceria. O Tribunal de Contas da União solicitou esclarecimentos ao Poder Público sob a alegação de que os recursos públicos não poderiam ser empregados na remuneração de pessoal próprio da Organização da Sociedade Civil parceira. O apontamento do tCu

a) procede, porquanto os recursos públicos repassados à entidade parceira somente podem remunerar equipe de trabalho contratada, jamais própria, cujo custo deve ser suportado pela entidade privada a título de contrapartida.

b) improcede, pois a Lei no 13.019 de 2014 permite expressamente que a remuneração da equipe de trabalho, tanto contratada como própria da entidade parceria, possa ser feita com recursos públicos vinculados à parceria.

c) procede, pois a Lei no 13.019 de 2014 veda expressamente o pagamento da equipe encarregada da execução do plano de trabalho, seja pessoal próprio da organização, seja contratado para execução da parceria.

d) improcede, porque a lei não dispõe quanto à natureza das despesas que podem ou não ser custeadas com recursos vinculados à parceria, cabendo aos instrumentos jurídicos disciplinar a questão livremente, em razão do controle de resultados introduzido pelo novo marco regulatório.

e) procede, pois a lei veda expressamente o pagamento com recursos da parceria da equipe de trabalho e de todos os custos indiretos necessários à execução do objeto, qualquer que seja sua proporção em relação à parceria.

▷ ***Anotações/Comentários***

Alternativa "a" (responde as alternativas "c" e "e"). Estabelece o art. 46, I, da Lei nº 13.019/2014, que poderão ser pagas, dentre outras despesas, com recursos vinculados à parceria "remuneração da equipe encarregada da execução do plano de trabalho, inclusive de pessoal próprio da organização da sociedade civil, durante a vigência da parceria, compreendendo as despesas com pagamentos de impostos, contribuições sociais, Fundo de Garantia do Tempo de Serviço - FGTS, férias, décimo terceiro salário, salários proporcionais, verbas rescisórias e demais encargos sociais e trabalhistas".

Alternativa "b" (responde a alternativa "d"). Na forma do art. 11, parágrafo único, VI, da Lei nº 13.019/2014, dentre as informações que devem ser divulgadas pelas organizações da sociedade civil na internet e em locais visíveis de suas sedes estão, por exemplo, **o valor total da remuneração da equipe de trabalho**, as funções que seus integrantes desempenham e a remuneração prevista para o respectivo exercício, **quando vinculados à execução do objeto e pagos com recursos da parceria.**

30. (Cespe – Técnico Judiciário – Área Administrativa – TRE – BA/2017) Assinale a opção correta no que tange às entidades públicas em espécie e à administração direta e indireta.

a) As fundações públicas são entidades integrantes da administração indireta, sendo dotadas exclusivamente de personalidade jurídica de direito público.

b) Criada por força de autorização legal como instrumento de ação do Estado, uma empresa pública federal é uma pessoa jurídica dotada de personalidade jurídica de direito público.

c) As agências reguladoras são, em regra, autarquias sob regime especial criadas com a finalidade de disciplinar e controlar certas atividades econômicas.

d) As sociedades de economia mista são submetidas a regras especiais, sendo constituídas sob a forma de sociedades anônimas ou limitadas, cujas ações ou cotas com direito a voto devem pertencer, em sua maioria, ao ente federativo.

e) As empresas públicas e as sociedades de economia mista, integrantes da administração direta federal, são instrumentos de ação do Estado, logo, são entidades voltadas à busca de interesse público.

▷ ***Anotações/Comentários***

Alternativa "a". As **fundações públicas** são pessoas jurídicas de direito público ou de direito privado, com autonomia administrativa e que têm como substrato o patrimônio – próprio –, que são criadas por lei específica ou cuja criação é por ela autorizada, com área de atuação de interesse público, não exclusiva da Administração Pública, definida em lei complementar.

Alternativa "b". As **empresas públicas** – espécies das chamadas **empresas estatais** – são entidades da administração indireta, com **personalidade jurídica de direito privado**, cuja **criação é autorizada por lei**.

Alternativa "c". As **agências reguladoras** são pessoas da administração indireta, com personalidade de direito público, que exercem a regulação, o controle administrativo, a fiscalização, a disciplina sobre a prestação de um determinado serviço público ou a realização de alguma atividade econômica e estão sendo criadas, em regra, como **autarquias em regime especial**, dizendo respeito à maior autonomia em relação à Administração Direta. Na área federal, submetem-se ao marco normativo estabelecido pela Lei nº 13.848/2019.

Alternativa "d". As **sociedades de economia mista** são, necessariamente, sociedades anônimas com capital misto que possuem personalidade jurídica de **direito privado,** cuja criação é **autorizada por lei**, com autonomia administrativa e patrimônio próprio, que prestam serviço público ou exploram atividade econômica.

Alternativa "e". A atuação das empresas públicas e das sociedades de economia mista pode ser, alternativamente, a **exploração de atividade econômica ou a prestação de serviço público.**

4. AGENTES PÚBLICOS: DISPOSIÇÕES CONSTITUCIONAIS

31. (FCC – Analista Judiciário – Área Judiciária – TRT 14/2022) Nos termos da Constituição Federal, invalidada por sentença judicial a demissão do servidor estável, será ele reintegrado, e o eventual ocupante da vaga, se estável, reconduzido ao cargo de origem,

a) com direito a indenização ou aproveitado em outro cargo, não podendo ser posto em disponibilidade, sob pena de ferir a estabilidade prevista constitucionalmente

b) com direito a indenização, aproveitado em outro cargo ou posto em disponibilidade com remuneração proporcional ao tempo de serviço.

c) sem direito a indenização, aproveitado em outro cargo ou posto em disponibilidade com remuneração integral.

d) com direito a indenização, aproveitado em outro cargo ou posto em disponibilidade com remuneração integral.

6. *Direito administrativo*. 21 ed. São Paulo: Atlas, 2008. p. 49.

e) sem direito a indenização, aproveitado em outro cargo ou posto em disponibilidade com remuneração proporcional ao tempo de serviço.

▷ **Anotações/Comentários**

Nota do Autor: Nos termos do art. 41 da Constituição Federal, são requisitos para a aquisição da estabilidade: a) cargo de provimento efetivo e b) três anos de efetivo exercício e c) avaliação de desempenho por comissão. De acordo com o dispositivo constitucional mencionado, o servidor estável somente perderá o cargo: a) em virtude de sentença judicial transitada em julgado; b) mediante processo administrativo, assegurada a ampla defesa; c) mediante procedimento de avaliação de desempenho, nos termos de lei complementar, assegurada a ampla defesa.

Alternativa "e" (responde as demais alternativas). O art. 41, §2º, da Constituição Federal, estabelece que "invalidada por sentença judicial a demissão do servidor estável, será ele reintegrado, e o eventual ocupante da vaga, se estável, reconduzido ao cargo de origem, sem direito a indenização, aproveitado em outro cargo ou posto em disponibilidade com remuneração proporcional ao tempo de serviço".

32. (Cespe - Analista Judiciário - Direito - TJ - PA/2020) A administração indireta inclui as sociedades de economia mista, cujos agentes são

a) empregados públicos regidos pela CLT e sujeitos às normas constitucionais relativas a concurso público e à vedação de acumulação remunerada de cargos públicos.

b) empregados públicos regidos pela CLT que não se submetem às normas constitucionais relativas a concurso público nem à vedação de acumulação remunerada de cargos públicos.

c) empregados públicos regidos pela CLT e sujeitos às normas constitucionais relativas a concurso público, mas não à vedação de acumulação remunerada de cargos públicos.

d) servidores públicos estatutários sujeitos às normas constitucionais relativas a concurso público e à vedação de acumulação remunerada de cargos públicos.

e) servidores públicos estatutários sujeitos às normas constitucionais relativas a concurso público, mas não à vedação de acumulação remunerada de cargos públicos.

▷ ***Anotações/Comentários***

Os agentes das sociedades de economia mista são **empregados públicos** e, neste sentido, regidos pela **Consolidação das Leis Trabalhistas.** Todavia, a eles não se aplica integralmente o regime jurídico privado estando estes sujeitos, por exemplo, às normas constitucionais relativas a concurso público, à vedação de acumulação remunerada de cargos públicos e, eventualmente, ao teto remuneratório. Trata-se do chamado **regime híbrido**, aplicável às pessoas jurídicas de Direito Privado que integram a Administração Pública, pelo qual há uma mistura das normas de direito público com as normas de direito privado, válidas, por exemplo, às empresas estatais (sociedades de economia mista e empresas públicas). Dentre estas, destacam-se a **necessidade de realização de concurso público para contratação de pessoal** e, ainda, à **sujeição às normas referentes ao procedimento licitatório.**

33. (Cespe - Técnico Judiciário - Área Administrativa - TRF 1/2017) A avaliação especial de desempenho, obrigatória para que servidor adquira a estabilidade, será realizada pelo superior direto do servidor: não há a necessidade de se instituir comissão específica para esse fim.

▷ ***Anotações/Comentários***

A estabilidade é uma garantia constitucional destinada aos servidores ocupantes de cargo efetivo que tenham três anos de efetivo exercício e **após avaliação especial de desempenho por comissão instituída para essa finalidade**, nos moldes do art. 41, da Constituição Federal.

34. (Cespe - Técnico Judiciário - Área Administrativa - TRF 1/2017) A Constituição Federal prevê a possibilidade de contratação de servidor por tempo determinado para atender necessidade temporária de excepcional interesse público.

▷ ***Anotações/Comentários***

A **contratação temporária** está prevista no art. 37, IX, da Constituição Federal, ao prever que "a lei estabelecerá os casos de contratação por tempo determinado para atender à necessidade temporária de excepcional interesse público". Assim, é competência de **cada ente federativo regulamentar, por meio de lei, a contratação temporária**. Na **esfera federal**, há a **Lei nº 8.745/93**.

35. (Cespe - Técnico Judiciário - Área Administrativa - TRF 1/2017) Servidor público que, embora exerça atribuições semelhantes às de outro servidor, receba subsídio inferior poderá requerer a equiparação da remuneração.

▷ ***Anotações/Comentários***

Nos termos do art. 37, inc. XIII, da CF é vedada a vinculação ou equiparação de quaisquer espécies remuneratórias para o efeito de remuneração de pessoal do serviço público.

36. (Cespe - Analista Judiciário - Área Administrativa - TRF 1/2017) Indivíduo que tenha trabalhado na estrutura decisória de partido político, vinte e quatro meses após o seu desligamento dessa atividade poderá ser indicado como membro do conselho de administração de empresa estatal.

▷ ***Anotações/Comentários***

Na forma do art. 17, §2º, II, da Lei nº 13.303/2016, é vedada a indicação, para o Conselho de Administração e para a diretora, "de pessoa que atuou, nos últimos 36 (trinta e seis) meses, como participante de estrutura decisória de partido político ou em trabalho vinculado a organização, estruturação e realização de campanha eleitoral".

37. (Cespe - Analista Judiciário - Área Administrativa - TRF 1/2017) Servidor público estável poderá perder o seu cargo em virtude de sentença judicial transitada em julgado ou de processo administrativo disciplinar no qual lhe seja assegurada ampla defesa.

▷ ***Anotações/Comentários***

Ao adquirir a estabilidade, o servidor somente perderá o cargo: a) em virtude de sentença judicial transitada em julgado; b) mediante processo administrativo, assegurada a ampla defesa; c) mediante procedimento de avaliação de desempenho, nos termos de lei complementar, assegurada a ampla defesa. Além dessas hipóteses, é necessário salientar que, no texto constitucional, no art. 169, § 4º, há a possibilidade de o servidor estável perder o cargo em decorrência de excesso de despesa.

38. (Cespe - Analista Judiciário - Área Judiciária - TRE - BA/2017) O Poder Público deferiu título de organização social a uma pessoa jurídica de direito privado, sem fins lucrativos, cuja atividade é dirigida à preservação do meio ambiente.

Considerando-se o entendimento do Supremo Tribunal Federal, é correto afirmar que eventuais trabalhadores contratados pela referida entidade após a qualificação serão considerados

a) agentes honoríficos, sendo facultativa a promoção de processo seletivo objetivo e impessoal.

b) empregados públicos, sujeitos à regra constitucional do concurso público.

c) servidores públicos, sujeitos à regra constitucional do concurso público.

d) empregados privados, selecionados mediante processo seletivo objetivo e impessoal.

e) empregados privados, sendo facultativa a promoção de processo seletivo objetivo e impessoal.

▷ ***Anotações/Comentários***

O Supremo Tribunal Federal, no julgamento da ADin nº 1923-DF, conferiu intepretação conforme à Constituição à Lei nº 9.637/1998, fixando, dentre outras questões, o entendimento de que "a seleção de pessoal pelas OSs não é regida pelo princípio do concurso público (inc. II do art. 37 da CF), porém, a seleção deve ser conduzida de forma pública, objetiva e impessoal, com observância dos princípios do caput do art. 37 da CF, e nos termos do regulamento próprio a ser editado por cada entidade". Desse modo, **não se trata de agentes públicos** os funcionários de referidas entidades, **mas de empregados privados.**

39. (Cespe - Técnico Judiciário - Área Administrativa - TRE - BA/2017) O particular que recebe a incumbência da execução de determinada atividade, obra ou serviço público e os realiza em nome próprio denomina-se agente

a) administrativo.

b) político.

c) delegado.

d) credenciado.

e) honorífico.

▷ ***Anotações/Comentários***

Alternativa "a". Os **agentes administrativos** são as **pessoas que possuem uma relação funcional com a Administração Pública.** Nessa categoria estão os s**ervidores públicos propriamente ditos, os empregados públicos e os servidores temporários.**

Alternativa "b". Os **agentes políticos** são aqueles que representam **as funções típicas estatais de legislar, julgar, administrar; exercem atribuições previstas na Constituição Federal.**

Alternativa "c". Os **agentes delegados** são **particulares que possuem atribuição de executar, por sua conta e risco, um serviço público ou uma atividade de interesse público**, sob fiscalização estatal e de acordo com as normas estabelecidas pelo Estado.

Alternativa "d" (responde a alternativa "e"). Os agentes honoríficos são as **pessoas convocadas para prestar determinado serviço para a Administração Pública,** de maneira temporária e, normalmente, sem remuneração, em razão de sua honorabilidade, de sua idoneidade. Neste sentido, os **agentes credenciados** são pessoas que **recebem a atribuição de representar a Administração Pública em determinado evento ou de praticar certa atividade.**

40. (FCC - Técnico Judiciário - Área Administrativa - TRE - SP/2017) O vínculo funcional a que se submetem os servidores públicos pode variar de acordo com a estruturação da Administração pública e a natureza jurídica do ente a que estão subordinados, por exemplo,

a) quando vinculados à Administração direta devem, obrigatoriamente, se submeter a prévio concurso de provas e títulos para provimento de cargos, empregos e funções públicas.

b) os empregados de empresas públicas ou de sociedades de economia mista que explorem atividades econômicas necessariamente devem seguir o mesmo regime de obrigações trabalhistas das empresas privadas.

c) os ocupantes de empregos públicos e funções públicas devem se submeter a prévio concurso público somente quando o vínculo funcional pretendido se der com entes integrantes da Administração indireta que tenham natureza jurídica de direito público.

d) os entes que integram a Administração indireta podem preencher cargos em comissão, de livre provimento, que prescindem de concurso público, para suprir as necessidades do quadro funcional até que seja possível o provimento dos respectivos empregos públicos.

e) os entes que integram a Administração indireta possuem natureza jurídica de direito privado e, como tal, seus servidores somente podem ocupar emprego público.

▷ ***Anotações/Comentários***

Alternativa "a". Para os cargos em comissão o procedimento do concurso público é inexigível, pois são aqueles de livre nomeação e exoneração e somente são admitidos para as atribuições de chefia, direção e assessoramento (art. 37, II e V, CF). Também não se faz concurso público, quando se tratar de contratação temporária (art. 37, IX, CF) e da contratação de agentes comunitários de saúde e agentes de combate às endemias (art. 198, § 4º, CF).

Alternativa "b" (responde a letra "c"). O regime trabalhista ou celetista ou contratual é aquele aplicável aos empregados públicos, que são os contratados para trabalhar na Administração Pública sob o regime trabalhista, celetista. Esse regime, ao contrário do estatutário, é igual em todas as esferas da Administração, pois está estabelecido na Consolidação das Leis Trabalhistas (CLT). É o regime próprio do setor privado. Dessa maneira, os direitos e deveres dos empregados públicos, em regra, são os mesmos dos empregados do setor privado. Todavia, não são idênticos, pois o regime celetista é mitigado com as disposições contidas na Constituição Federal como, por exemplo, é necessária, em regra, a prévia aprovação em concurso público para que seja devida a contratação (art. 37, II); é proibida a acumulação de dois empregos públicos (art. 37, XVII); há submissão ao teto remuneratório, se a empresa pública ou sociedade de economia mista na qual se trabalhe receba recursos para despesas de pessoal e custeio em geral (art. 37, § 9º).

Alternativa "d". Como destacado, os cargos em comissão são aqueles de livre nomeação e exoneração e somente são admitidos para as atribuições de chefia, direção e assessoramento, **e não para suprir necessidades do quadro funcional da Administração Pública.**

Alternativa "e". Nem todos os entes da Administração Indireta possuem natureza jurídica de direito privado. Nesse sentido, por exemplo, destacam-se as autarquias, que são pessoas jurídicas de direito público, sendo seus servidores, em sua maioria, estatutários.

5. REGIME JURÍDICO DOS SERVIDORES PÚBLICOS

41. (AOCP - 2024 - TRF 2 - Analista Judiciário - Área Judiciária) Em relação ao regime jurídico dos servidores públicos civis da União, das autarquias e das fundações públicas federais, assinale a alternativa correta.

a) A ação disciplinar prescreverá em cinco anos quanto às infrações puníveis com demissão, suspensão, cassação de aposentadoria ou disponibilidade e destituição de cargo em comissão.

b) O prazo de prescrição da ação disciplinar começa a correr da data em que o fato se tornou conhecido pela autoridade competente para a instauração do procedimento administrativo cabível, e não da ciência da infração por qualquer servidor público.

c) A penalidade de cassação de aposentadoria ou disponibilidade é incompatível com o caráter contributivo e solidário do regime próprio de previdência dos servidores públicos, motivo pelo qual é inconstitucional sua aplicação aos servidores públicos.

d) A autoridade administrativa deverá aplicar a pena de demissão ao servidor público pela prática de ato de improbidade administrativa, desde que haja prévia condenação judicial nesse sentido.

e) No caso da pensão por morte, a habilitação posterior que importe em inclusão de dependente produzirá efeito retroativo à data do óbito do servidor.

▷ ***Anotações/Comentários***

Nota do Autor: O regime disciplinar dos servidores públicos federais elenca os deveres, as proibições, as penalidades e as responsabilidades atinentes a referidos agentes. A matéria está disciplinada nos artigos 116 a 142 da Lei nº 8.112/90.

Alternativa "a". Na forma do art. 142, II e III, a ação disciplinar prescreverá em **2 (dois) anos** quanto à suspensão e em **180 dias**, quanto à pena de advertência.

Alternativa "b". Eis, precisamente, a redação do art. 142, §1º, da Lei, "o prazo de prescrição começa a correr da data em que o fato se tornou conhecido". Neste sentido, o Superior Tribunal de Justiça consolidou o entendimento de que "os prazos prescricionais previstos no art. 142 da Lei n. 8.112/1990 iniciam-se na data em que **a autoridade competente para a abertura do procedimento administrativo toma conhecimento do fato**, interrompem-se com o primeiro ato de instauração válido – sindicância de caráter punitivo ou processo disciplinar – e voltam a fluir por inteiro, após decorridos 140 dias desde a interrupção" (Súmula nº 635).

Alternativa "c". As **penas** que podem ser aplicadas ao servidor são, nos termos do art. 127 da Lei nº 8.112/90: a) advertência; b) suspensão; c) multa; d) demissão; e) cassação de aposentadoria e disponibilidade; f) destituição de cargo em comissão; g) destituição de função de confiança. Independente de qual seja a pena, sua **aplicação somente poderá ocorrer após instauração de sindicância ou de processo administrativo** (dependendo da pena), assegurando-se a **ampla defesa** e o **contraditório** ao servidor.

Alternativa "d". De fato, o art. 132, IV, da Lei, estabelece que a demissão será aplicada no caso de **improbidade administrativa.**

Ocorre que, em regra, **vigora a independência das esferas ou instâncias em matéria de responsabilidade, isto é, pelo mesmo ato o servidor pode ser responsabilizado nas esferas civil, penal e administrativa.** Assim, não é necessário que haja prévia condenação judicial do servidor para que seja aplicável a penalidade de demissão.

Alternativa "e". A concessão da pensão por morte não será protelada pela falta de habilitação de outro possível dependente e a habilitação posterior que importe em exclusão ou inclusão de dependente **só produzirá efeito a partir da data da publicação da portaria de concessão da pensão ao dependente habilitado**, nos termos do art. 219, §1º, da Lei.

42. (FGV – 2024 – TRF 1 – Analista Judiciário – Área Judiciária) Em decorrência de uma infração cometida pela servidora pública federal estável Mércia há muitos anos, foi instaurado o processo administrativo disciplinar, que vem perdurando por muito tempo, razão pela qual ela acredita que deve ter ocorrido a prescrição.

Considerando as normas estabelecidas na Lei nº 8.112/1990 e a jurisprudência do Superior Tribunal de Justiça acerca da temática da prescrição no processo administrativo disciplinar, é correto afirmar que:

a) uma vez instaurado o processo administrativo disciplinar contra Mércia, não há prazo para a sua conclusão, de modo que não pode mais ocorrer a prescrição;

b) o prazo de prescrição da infração disciplinar cometida por Mércia começa a correr da data do fato, não sendo relevante quando ele se tornou conhecido;

c) na hipótese de a infração disciplinar cometida por Mércia ser muito grave, não há prazo prescricional para que possam ser aplicadas as penalidades cabíveis;

d) caso a infração cometida por Mércia seja punível com a penalidade de demissão, o prazo prescricional é de 5 (cinco) anos, ainda que tal conduta seja capitulada como crime;

e) interrompido o curso da prescrição, pela abertura de sindicância punitiva ou instauração do processo administrativo disciplinar, o prazo começará a correr da data em que cessar a interrupção.

▷ ***Anotações/Comentários***

Alternativa "a". O art. 152, *caput*, da Lei nº 8.112/90, estabelece que o prazo para a conclusão do processo disciplinar não excederá 60 (sessenta) dias, contados da data de publicação do ato que constituir a comissão, admitida a sua prorrogação por igual prazo, quando as circunstâncias o exigirem.

Alternativa "b". Nos termos do art. 142, §1º, da Lei, "o prazo de prescrição começa a correr da data em que o fato se tornou conhecido". Neste sentido, o Superior Tribunal de Justiça consolidou o entendimento de que "os prazos prescricionais previstos no art. 142 da Lei n. 8.112/1990 iniciam-se na data em que **a autoridade competente para a abertura do procedimento administrativo toma conhecimento do fato**, interrompem-se com o primeiro ato de instauração válido – sindicância de caráter punitivo ou processo disciplinar – e voltam a fluir por inteiro, após decorridos 140 dias desde a interrupção" (Súmula nº 635).

Alternativa "c". O art. 142, *caput*, da Lei, estabelece que a ação disciplinar prescreverá: I - em 5 (cinco) anos, quanto às infrações puníveis com demissão, cassação de aposentadoria ou disponibilidade e destituição de cargo em comissão; II - em 2 (dois) anos, quanto à suspensão;

III - em 180 (cento e oitenta) dias, quanto à advertência. Não há previsão, na legislação, da aplicação de penalidades cujas infrações sejam imprescritíveis.

Alternativa "d". O art. 142, §2º, prevê que "os prazos de prescrição previstos na lei penal aplicam-se às infrações disciplinares capituladas também como crime".

Alternativa "e". De fato, o §3º, do art. 142, determina que "a abertura de sindicância ou a instauração de processo disciplinar interrompe a prescrição, até a decisão final proferida por autoridade competente". Em continuidade, nos termos do §4º, "interrompido o curso da prescrição, o prazo começará a correr a partir do dia em que cessar a interrupção".

43. (FGV – 2024 – TRF 1 – Técnico Judiciário – Área Administrativa) Após as suas respectivas aprovações no concurso público para cargos efetivos de carreira em âmbito federal, Mateus e Maria estavam conversando sobre as distinções atinentes às hipóteses de demissão e de exoneração, razão pela qual passaram a analisar as situações em que a exoneração poderia ocorrer por determinação da Administração Pública.

À luz do disposto na Lei nº 8.112/1990, Mateus e Maria chegaram corretamente à conclusão de que ela será cabível, caso:

a) não entrem em exercício nos prazos estabelecidos na norma em comento;

b) acumulem ilicitamente cargos públicos;

c) cometam infração punível com a penalidade de suspensão;

d) realizem ato de incontinência pública ou conduta escandalosa na repartição;

e) participem de gerência ou administração de sociedade privada, exceto na qualidade de acionistas, cotistas ou comanditários.

▷ ***Anotações/Comentários***

Alternativa "a". Na forma do art. 15, §2º, da Lei, "**o servidor será exonerado do cargo** ou será tornado sem efeito o ato de sua designação para função de confiança, se não entrar em exercício nos prazos previstos neste artigo (...)". Neste mesmo sentido, o art. 34, da Lei, estabelece que exoneração de cargo efetivo dar-se-á a pedido do servidor, ou de ofício, destacando-se que, esta última hipótese se dá quando não satisfeitas as condições do estágio probatório ou **quando, tendo tomado posse, o servidor não entrar em exercício no prazo estabelecido**.

Alternativa "b". Acumulação ilegal de cargos, empregos ou funções públicas é hipótese de **demissão** (art. 142, XII, da Lei).

Alternativa "c". A suspensão será aplicada em caso de reincidência das faltas punidas com advertência e de violação das demais proibições que não tipifiquem infração sujeita a penalidade de demissão, não podendo exceder de 90 (noventa) dias, nos termos do art. 130, *caput*, da Lei.

Alternativa "d". Trata-se de hipótese de demissão, na forma do art. 142, V, da Lei.

Alternativa "e". Ao servidor é proibido participar de gerência ou administração de sociedade privada, personificada ou não personificada, exercer o comércio, exceto na qualidade de acionista, cotista ou comanditário (art. 117, X, da Lei), destacando-se ser aplicável com demissão qualquer transgressão do art. 117, IX a XVI, da Lei.

44. (FCC – 2024 – TRF 3 - Técnico Judiciário - Área Administrativa) Clara, servidora pública federal, fora demitida de seu cargo, sob acusação de acumulação irregular. Porém, obteve, por meio de ação judicial, decisão anulatória do ato demissional, visto que ficou constatado que os cargos eram acumuláveis, ao contrário do que concluiu a Administração. Transitada em julgado a decisão, verificou-se, na fase de cumprimento da sentença, que o cargo originalmente ocupado por Clara e do qual fora demitida havia sofrido transformação, por força de lei. Nesse caso,

a) haverá reintegração da autora no cargo resultante da transformação do cargo originalmente ocupado.

b) a autora será colocada em disponibilidade remunerada com proventos proporcionais ao tempo de serviço até que haja eventual recriação do cargo originalmente ocupado.

c) a reintegração ficou prejudicada, podendo a autora pleitear perdas e danos em razão da irreversibilidade da demissão.

d) deverá a autora ser reintegrada no cargo originalmente ocupado, que será recriado por força do efeito preclusivo da força julgada.

e) invés de reintegração, haverá a aplicação do instituto do aproveitamento, desde que haja compatibilidade de vencimentos e atribuições em relação ao novo cargo.

▷ ***Anotações/Comentários***

Alternativa "a" (responde as demais alternativas). Nos termos do art. 28, *caput*, da Lei nº 8.112/90, a reintegração é a reinvestidura do servidor estável no cargo anteriormente ocupado, **ou no cargo resultante de sua transformação**, quando invalidada a sua demissão por decisão administrativa ou judicial, com ressarcimento de todas as vantagens. Assim, no caso concreto, haverá reintegração da autora no cargo resultante da transformação do cargo originalmente ocupado. Vale destacar que, caso o cargo em questão tivesse sido extinto, deveria a servidora **ficar em disponibilidade**, à luz do §1º, do mesmo dispositivo.

45. (FCC – 2024 – TRT 11 (AM e RR) - Técnico Administrativo - Área Administrativa) Considerando o regime jurídico aplicável aos servidores públicos civis da União, das autarquias e das fundações públicas federais, regulado pela Lei nº 8.112/1990, terá direito a horário especial o servidor que

a) participe de banca examinadora ou comissão de elaboração em quaisquer fases de concurso público, independentemente da compensação de horário.

b) atue como instrutor em curso de formação, de desenvolvimento ou de treinamento na administração pública federal ou estadual, mediante compensação de horário.

c) seja estudante, quando comprovada a incompatibilidade entre o horário escolar e o horário da repartição, independentemente de compensação de horário.

d) tenha deficiência compatível com o exercício das funções, independentemente de junta médica oficial, mediante a compensação de horário.

e) tenha cônjuge, filho ou dependente com deficiência, quando comprovada a necessidade por junta médica oficial, independentemente de compensação de horário.

▷ ***Anotações/Comentários***

Alternativa "e" (responde as demais alternativas). A **concessão do horário especial** é restrita às hipóteses previstas na Lei nº 8.112/90. São elas (art. 98, *caput*, e §§): i) ao servidor estudante, quando comprovada a incompatibilidade entre o horário escolar e o da repartição, sem prejuízo do exercício do cargo, sendo exigida a compensação de horário no órgão ou entidade que tiver exercício, respeitada a duração semanal do trabalho; ii) **ao servidor portador de deficiência, quando comprovada a necessidade por junta médica oficial, independentemente de compensação de horário, extensivo o benefício ao servidor que tenha cônjuge, filho ou dependente com deficiência** e iii) ao servidor que atuar como instrutor em curso de formação, de desenvolvimento ou de treinamento regularmente instituído no âmbito da administração pública federal e participar de banca examinadora ou de comissão para exames orais, para análise curricular, para correção de provas discursivas, para elaboração de questões de provas ou para julgamento de recursos intentados por candidatos, vinculado à compensação de horário a ser efetivada no prazo de até 1 (um) ano, em ambas as hipóteses.

46. (FCC – Analista Judiciário – Área Judiciária – TRT 17/2023) A Lei nº 8.112/1990 estabelece que o conjunto de atribuições e responsabilidades previstas na estrutura organizacional que devem ser cometidas a um servidor é denominado

a) função.

b) comissionamento.

c) cargo público.

d) prestação de serviço público.

e) provimento.

▷ **Anotações/Comentários**

Nota do Autor: A Lei nº 8.112/90 institui Regime Jurídico dos Servidores Públicos Civis da União, das autarquias, inclusive as em regime especial, e das fundações públicas federais.

Alternativa "c" (responde as demais alternativas). Trata-se da literalidade do art. 3º, *caput*, da Lei nº 8.112/90, pelo qual "cargo público é o conjunto de atribuições e responsabilidades previstas na estrutura organizacional que devem ser cometidas a um servidor".

47. (FCC – Analista Judiciário – Área Judiciária – TRT 17/2023) Um servidor ocupante de cargo em comissão foi nomeado para ter exercício, interinamente, em outro cargo de confiança, com prejuízo das atribuições do que ocupava, e optou pela remuneração do cargo anterior durante o período da interinidade. Esse fato contraria o disposto na Lei nº 8.112/1990, pois

a) deveria ser sem prejuízo das atribuições do que atualmente ocupa.

b) o servidor ocupante de um cargo em comissão não poderia ser nomeado a outro cargo de confiança.

c) o servidor ocupante não poderia optar pela remuneração do cargo anterior.

d) essa nova nomeação não poderia ser de forma interina.

e) a nova nomeação em outro cargo de confiança dependeria de aprovação em concurso de provas ou provas e títulos.

▷ **Anotações/Comentários**

Nota do Autor: Nos termos do art. 10, *caput*, da Lei, em regra "a nomeação para cargo de carreira ou cargo isolado de provimento efetivo depende de prévia habilitação em concurso público de provas ou de provas e títulos, obedecidos a ordem de classificação e o prazo de sua validade". Ocorre que existem algumas exceções à regra do concurso público, como, por exemplo, os cargos em comissão.

Alternativa "a" (responde as demais alternativas). O parágrafo único do art. 9º, estabelece que "o servidor ocupante de cargo em comissão ou de natureza especial poderá ser nomeado para ter exercício, interinamente, em outro cargo de confiança, **sem prejuízo das atribuições do que atualmente ocupa**, hipótese em que deverá optar pela remuneração de um deles durante o período da interinidade".

ADMINISTRATIVO

48. (FCC – Analista Judiciário – Área Judiciária – TRT 17/2023) A Lei nº 8.112/1990 prevê licença por motivo de doença em pessoa da família, que poderá ser concedida a cada período de doze meses, incluídas as prorrogações, por até

a) 60 dias, consecutivos ou não, mantida a remuneração do servidor, e por até 180 dias, consecutivos ou não, sem remuneração.

b) 90 dias, consecutivos ou não, mantida a remuneração do servidor, e por até 180 dias, consecutivos ou não, sem remuneração.

c) 60 dias, consecutivos ou não, mantida a remuneração do servidor, e por até 120 dias, consecutivos ou não, sem remuneração.

d) 90 dias, consecutivos ou não, mantida a remuneração do servidor, e por até 120 dias, consecutivos ou não, sem remuneração.

e) 60 dias, consecutivos ou não, mantida a remuneração do servidor, e por até 90 dias, consecutivos ou não, sem remuneração.

▷ **Anotações/Comentários**

Nota do Autor: O art. 83, *caput*, da Lei nº 8.112/90, confere o direito ao servidor de ser concedida licença ao servidor por motivo de doença do cônjuge ou companheiro, dos pais, dos filhos, do padrasto ou madrasta e enteado, ou dependente que viva a suas expensas e conste do seu assentamento funcional, mediante comprovação por perícia médica oficial.

Alternativa "e" (responde as demais alternativas). A **licença por motivo de doença em pessoa da família** poderá, na forma do art. 83, §2º, da Lei, poderá ser concedida a cada período de doze meses, incluídas as prorrogações, nas seguintes condições: i) por até 60 (sessenta) dias, consecutivos ou não, mantida a remuneração do servidor; e ii) por até 90 (noventa) dias, consecutivos ou não, sem remuneração.

49. (FCC – Analista Judiciário – Área Judiciária – TRT 17/2023) Analise as assertivas abaixo.

I. Serão assegurados transporte e diárias ao servidor convocado para prestar depoimento fora da sede de sua repartição, na condição de testemunha, denunciado ou indiciado.

II. Diante do princípio da verdade real, a alegação de injustiça da penalidade constitui fundamento suficiente para a revisão do processo administrativo disciplinar.

III. O prazo para a conclusão do processo disciplinar não excederá 30 dias, contados da data de publicação do ato que constituir a comissão, admitida a sua prorrogação por igual prazo, quando as circunstâncias o exigirem.

IV. Não poderá participar de comissão de sindicância ou de inquérito, cônjuge, companheiro ou parente do acusado, consanguíneo ou afim, em linha reta ou colateral, até o quarto grau.

V. O servidor que responder a processo disciplinar só poderá ser exonerado a pedido, ou aposentado voluntariamente, após a conclusão do processo e o cumprimento da penalidade, acaso aplicada.

De acordo com o que estabelece a Lei nº 8.112/1990, sobre o processo administrativo disciplinar, está correto o que se afirma APENAS em

a) I e V.
b) II e III.
c) IV e V.
D) I, III e IV.
E) II e IV.

▷ **Anotações/Comentários**

Alternativa "a" (responde as demais alternativas). Estão corretos os itens I e V.

Item I. Correto. Na forma do art. 173, I, da Lei nº 8.112/90, serão assegurados transportes e diárias "ao servidor convocado para prestar depoimento fora da sede de sua repartição, na condição de testemunha, denunciado ou indiciado".

Item II. Errado. Pelo contrário, o art. 176, da Lei, estabelece que "a simples alegação de injustiça da penalidade **não** constitui fundamento para a revisão, que requer elementos novos, ainda não apreciados no processo originário".

Item III. Errado. Nos termos do art. 152, *caput*, da Lei, "O prazo para a conclusão do processo disciplinar não excederá **60 (sessenta) dias**, contados da data de publicação do ato que constituir a comissão, admitida a sua prorrogação por igual prazo, quando as circunstâncias o exigirem".

Item IV. Errado. O art. 148, §2º, da Lei, estabelece que "não poderá participar de comissão de sindicância ou de inquérito, cônjuge, companheiro ou parente do acusado, consanguíneo ou afim, em linha reta ou colateral, **até o terceiro grau**".

Item V. Correto. Eis a literalidade do art. 172, *caput*, da Lei, pelo qual "o servidor que responder a processo disciplinar só poderá ser exonerado a pedido, ou aposentado voluntariamente, após a conclusão do processo e o cumprimento da penalidade, acaso aplicada".

---

50. (FCC – Analista Judiciário – Área Judiciária – TRT 17/2023) De acordo com o que estabelece a Lei nº 8.112/1990, sobre as férias dos servidores públicos,

a) é permitido o desconto de faltas justificadas no período de férias.
B) estas poderão ser parceladas em, no máximo, duas etapas, desde que assim requeridas pelo servidor, e no interesse da administração pública.
c) o pagamento de sua remuneração será efetuado até 5 dias antes do início do respectivo período.
d) o servidor que opera direta e permanentemente com Raios X ou substâncias radioativas gozará 30 dias consecutivos de férias, por semestre de atividade profissional, proibida em qualquer hipótese a acumulação.
e) estas somente poderão ser interrompidas por motivo de calamidade pública, comoção interna, convocação para júri, serviço militar ou eleitoral, ou por necessidade do serviço declarada pela autoridade máxima do órgão ou entidade.

▷ **Anotações/Comentários**

Nota do Autor: O art. 77, *caput*, da Lei nº 8.112/90, estabelece que "o servidor fará jus a trinta dias de férias, que podem ser acumuladas, até o máximo de dois períodos, no caso de necessidade do serviço, ressalvadas as hipóteses em que haja legislação específica".

Alternativa "a". O §2º, do art. 77, determina que "é **vedado** levar à conta de férias qualquer falta ao serviço".

Alternativa "b". Eis a literalidade do §3º, do art. 77, pelo qual "as férias poderão ser parceladas em até **três etapas**, desde que assim requeridas pelo servidor, e no interesse da administração pública".

Alternativa "c". Nos termos do art. 78, *caput*, da Lei, "o pagamento da remuneração das férias será efetuado até 2 (dois) dias antes do início do respectivo período".

Alternativa "d". Na redação do art. 79, *caput*, da Lei, "o servidor que opera direta e permanentemente com Raios X ou substâncias radioativas **gozará 20 (vinte) dias consecutivos de férias**, por semestre de atividade profissional, proibida em qualquer hipótese a acumulação".

Alternativa "e". Trata-se da literalidade do art. 80, *caput*, da Lei, pelo qual "as férias somente poderão ser interrompidas por motivo de calamidade pública, comoção interna, convocação para júri, serviço militar ou eleitoral, ou por necessidade do serviço declarada pela autoridade máxima do órgão ou entidade".

---

51. (FCC –Analista Judiciário – Área Administrativa – TRT 18/2023) Nos termos constantes da Lei nº 8.112/1990, o retorno à atividade de servidor mediante aproveitamento tem como condição que esse servidor

a) esteja em disponibilidade.
b) seja novamente aprovado em concurso público.
c) não tenha sido apenado com advertência.
d) tenha se aposentado.
e) trabalhe em sede diversa do novo cargo.

▷ **Anotações/Comentários**

Nota do Autor: Uma das formas de provimento de cargo público é, nos termos do art. 8º, VIII, da Lei, o **aproveitamento.**

Alternativa "a" (responde as demais alternativas). O art. 30, *caput*, da Lei nº 8.112/90, estabelece que "o retorno à atividade de **servidor em disponibilidade** far-se-á mediante aproveitamento obrigatório em cargo de atribuições e vencimentos compatíveis com o anteriormente ocupado".

---

52. (FCC –Analista Judiciário – Área Administrativa – TRT 18/2023) Dentre as formas de provimento dos cargos públicos, nos termos do que prevê a Lei federal nº 8.112/1990, a

a) readaptação configura reingresso do servidor nos quadros da Administração Pública, em virtude de desaposentação.
b) reversão configura reingresso do servidor nos quadros da Administração Pública, em virtude de decisão judicial que tenha anulado sua anterior demissão.
c) reintegração tem lugar no caso de servidor estável previamente demitido, quando a demissão tiver sido invalidada administrativa ou judicialmente.
d) recondução configura reinvestidura do servidor nos quadros da Administração Pública, em virtude de desaposentação ou de reintegração do ocupante anterior.
e) readaptação tem lugar somente quando o servidor tiver experimentado limitação física que o impeça de realizar suas anteriores funções, impondo-se, na inexistência de cargo vago, a disponibilidade do servidor, com integral remuneração.

▷ **Anotações/Comentários**

Nota do Autor: No art. 8º da Lei nº 8.112/90, as **formas de provimento** são: a) nomeação; b) promoção; c) readaptação; d) reversão; e) aproveitamento; f) recondução; g) reintegração. A ascensão e a transferência constavam nos incisos III e IV daquele artigo, mas foram revogados pela Lei nº 9.527/97. Mesmo antes da revogação, o Supremo Tribunal Federal já as considerava inconstitucionais porque com a adoção no texto constitucional do acesso aos cargos públicos via concurso público, somente as hipóteses constantes da própria Constituição legitimam a dispensa do certame.

Alternativa "a" (responde a alternativa "e"). A **readaptação** é destinada ao **servidor que passou a sofrer de limitação em sua capacidade física ou mental** e, em razão disso, **não é capaz de desempenhar as atribuições inerentes ao cargo que ocupa**, conforme verificado em inspeção médica, nos termos do art. 24 da Lei nº 8.112/90. Nesse caso, o servidor é readaptado, **é investido em outro cargo com atribuições e responsabilidade compatíveis** com suas limitações.

Alternativa "b". A **reversão** é **retorno do aposentado à ativa** e pode ocorrer quando o servidor tenha se aposentado por invalidez ou voluntariamente. Desse modo, de acordo com o art. 25 da Lei, a reversão pode se dar **de ofício** ou **a pedido**.

Alternativa "c". A **reintegração** é o **retorno do servidor demitido** cuja demissão foi anulada judicial ou administrativamente, com o ressarcimento de todas as vantagens, e está prevista no texto constitucional no art. 41, § 2º e no art. 28 da Lei nº 8.112/90.

Alternativa "d". A **recondução** é o retorno do servidor estável ao cargo anteriormente ocupado e decorrerá da inabilitação em estágio probatório relativo a outro cargo e da reintegração do anterior ocupante, na forma do art. 29, da Lei nº 8.112/90.

53. (FCC – Analista Judiciário – Área Administrativa – TRT 18/2023) A Lei nº 8.112/1990 que dispõe sobre o regime jurídico dos servidores públicos civis da União, das autarquias e das fundações públicas federais estabelece que

a) o gozo dos direitos políticos e a idade mínima de vinte e um anos são requisitos básicos para investidura em cargo público.

b) o direito das pessoas portadoras de deficiência de se inscrever em concurso público para provimento de cargo é absoluto e independe da compatibilidade das atribuições com a deficiência de que são portadoras.

c) a investidura em cargo público ocorrerá com a nomeação.

d) a investidura em cargo público independe de aptidão física.

e) a nomeação e a promoção são formas de provimento de cargo público.

▷ **Anotações/comentários**

Alternativa "a" (responde a alternativa "d"). Consoante art. 3º, parágrafo único, da Lei, "os cargos públicos, acessíveis a **todos os brasileiros**, são criados por lei, com denominação própria e vencimento pago pelos cofres públicos, para provimento em caráter efetivo ou em comissão". Ademais, de maneira específica, o art. 5º estabelece que são requisitos básicos para investidura em cargo público: I – a nacionalidade brasileira; II – o gozo dos direitos políticos; III – a quitação com as obrigações militares e eleitorais; IV – o nível de escolaridade exigido para o exercício do cargo; V – a **idade mínima de dezoito anos**; VI – **aptidão física e mental**.

Alternativa "b". O art. 5º, §2º, da Lei, estabelece que "às pessoas portadoras de deficiência é assegurado o direito de se inscrever em concurso público para provimento de cargo **cujas atribuições sejam compatíveis com a deficiência de que são portadoras**; para tais pessoas serão reservadas até 20% (vinte por cento) das vagas oferecidas no concurso".

Alternativa "c". A investidura em cargo público ocorrerá com a **posse**, nos termos do art. 7º da Lei.

Alternativa "e". No art. 8º da Lei nº 8.112/90, as **formas de provimento** são: **a) nomeação; b) promoção**; c) readaptação; d) reversão; e) aproveitamento; f) recondução; g) reintegração. A ascensão e a transferência constavam nos incisos III e IV daquele artigo, mas foram revogados pela Lei nº 9.527/97. Mesmo antes da revogação, o Supremo Tribunal Federal já as considerava inconstitucionais porque com a adoção no texto constitucional do acesso aos cargos públicos via concurso público, somente as hipóteses constantes da própria Constituição legitimam a dispensa do certame.

54. (FCC – Analista Judiciário – Área Judiciária – TRT 14/2022) Considere a seguinte situação hipotética: Carlos é servidor público federal do Tribunal Regional do Trabalho. Joaquim, superior hierárquico de Carlos, concedeu-lhe, em 10 de agosto de 2022, afastamento para servir a outro órgão, pelo período de dois meses. Findo o período narrado, Joaquim manifestou sua intenção de revogar o ato administrativo de afastamento por razões de conveniência e oportunidade. A revogação

a) não será possível, porque a revogação não se justifica por razões de conveniência e oportunidade; destina-se a invalidar direitos adquiridos.

b) será possível, desde que o ato de afastamento apresente algum vício de legalidade.

c) não será possível, uma vez que a revogação produz efeitos ex tunc.

d) será possível, desde que o ato de afastamento seja válido, podendo ser efetivada não só por Joaquim, como pelo Poder Judiciário.

e) não será possível, pois o ato já exauriu os seus efeitos .

▷ **Anotações/comentários**

Nota do Autor: Na forma do art. 93, *caput*, da Lei nº 8.112/90, "o servidor poderá ser cedido para ter exercício em outro órgão ou entidade dos Poderes da União, dos Estados, ou do Distrito Federal e dos Municípios, nas seguintes hipóteses: I – para exercício de cargo em comissão ou função de confiança; II – em casos previstos em leis específicas.

Alternativa "e" (responde as demais alternativas). A **revogação** é a **extinção do ato administrativo válido ou de seus efeitos por razões de conveniência e oportunidade**, em face do interesse público, ou seja, em dado momento, um ato administrativo, de natureza discricionária, foi praticado porque a autoridade administrativa entendeu que isso era conveniente e oportuno, mas em momento posterior, esse juízo de valoração é alterado e o que era conveniente e oportuno passa a ser inconveniente e inoportuno, cabendo sua extinção pela revogação. São **irrevogáveis**: a) **atos vinculados**; b) **atos que integram um procedimento administrativo**; c) **atos que já exauriram seus efeitos**; d) **meros atos administrativos**; e) **atos que geraram direitos adquiridos**, nos termos da Súmula 473, do STF.

ADMINISTRATIVO

55. (FCC – Analista Judiciário – Área Judiciária – TRT 14/2022) Nos termos dispostos na Lei no 8.112/1990, o deslocamento de cargo de provimento efetivo, ocupado ou vago no âmbito do quadro geral de pessoal, para outro órgão ou entidade do mesmo Poder é denominado

a) remoção.

b) readaptação.

c) reaproveitamento.

d) aproveitamento.

e) redistribuição.

▷ **Anotações/comentários**

Alternativa "a". A ***remoção*** é o deslocamento do servidor, ***a pedido ou de ofício***, no âmbito do mesmo quadro, com ou sem mudança de sede. Caso ocorra de ofício, a remoção se dará no ***interesse da Administração***. Porém, se a remoção for feita a pedido do servidor, poderá se dar: a) ***a critério da Administração***; ou b) ***para outra localidade,*** independentemente do interesse da Administração: – para acompanhar cônjuge ou companheiro, também servidor público civil ou militar, de qualquer dos Poderes da União, dos Estados, do Distrito Federal e dos Municípios, que foi deslocado no interesse da Administração; – por motivo de saúde do servidor, cônjuge, companheiro ou dependente que viva às suas expensas e conste do seu assentamento funcional, condicionada à comprovação por junta médica oficial; – em virtude de processo seletivo promovido, na hipótese em que o número de interessados for superior ao número de vagas, de acordo com normas preestabelecidas pelo órgão ou entidade em que aqueles estejam lotados (art. 36 da Lei 8.112/90).

Alternativa "b". A **readaptação** é destinada ao **servidor que passou a sofrer de limitação em sua capacidade física ou mental** e, em razão disso, **não é capaz de desempenhar as atribuições inerentes ao cargo que ocupa**, conforme verificado em inspeção médica, nos termos do art. 24 da Lei nº 8.112/90. Nesse caso, o servidor é readaptado, **é investido em outro cargo com atribuições e responsabilidade compatíveis** com suas limitações.

Alternativa "c". O **reaproveitamento** não é modalidade de provimento prevista na Lei nº 8.112/90.

Alternativa "d". O **aproveitamento** é o **retorno do servidor que está em disponibilidade** e o cargo em que será aproveitado deverá ter vencimentos e atribuições compatíveis com o anteriormente ocupado, conforme o art. 30 da Lei nº 8.112/90.

Alternativa "e". A **redistribuição**, na forma do art. 37, *caput*, da Lei, é o deslocamento de cargo de provimento efetivo, ocupado ou vago no âmbito do quadro geral de pessoal, para outro órgão ou entidade do mesmo Poder, com prévia apreciação do órgão central do SIPEC, observados os seguintes preceitos: I – interesse da administração; II – equivalência de vencimentos; III – manutenção da essência das atribuições do cargo; IV – vinculação entre os graus de responsabilidade e complexidade das atividades; V – mesmo nível de escolaridade, especialidade ou habilitação profissional; VI – compatibilidade entre as atribuições do cargo e as finalidades institucionais do órgão ou entidade.

56. (FCC – Analista Judiciário – Área Judiciária – TRT 14/2022) Nos termos dispostos na Lei nº 8.112/1990:

a) A licença concedida dentro de sessenta dias do término de outra da mesma espécie será considerada ilegal.

b) A licença por motivo de doença em pessoa da família poderá ser concedida, incluídas as prorrogações, por até noventa dias, consecutivos ou não, mantida a remuneração do servidor.

c) A licença por motivo de afastamento do cônjuge será por prazo indeterminado e sem remuneração.

d) Concluído o serviço militar, o servidor terá até trinta dias com remuneração para reassumir o exercício do cargo.

e) O servidor terá direito à licença, com remuneração, durante o período que mediar entre a sua escolha em convenção partidária, como candidato a cargo eletivo, e a véspera do registro de sua candidatura perante a Justiça Eleitoral.

▷ **Anotações/comentários**

Alternativa "a". Nos termos do art. 82, da Lei, "a licença concedida dentro de sessenta dias do término de outra da mesma espécie será considerada **prorrogação**".

Alternativa "b". A licença por motivo de doença em pessoa da família poderá ser concedida, incluídas as prorrogações, por até **sessenta** dias, consecutivos ou não, mantida a remuneração do servidor ou por até noventa dias, consecutivos ou não, sem remuneração (art. 83, §2º, da Lei).

Alternativa "c". Na forma do art. 84, *caput*, da Lei, "poderá ser concedida licença ao servidor para acompanhar cônjuge ou companheiro que foi deslocado para outro ponto do território nacional, para o exterior ou para o exercício de mandato eletivo dos Poderes Executivo e Legislativo", destacando-se, nos termos do §1º, que "a licença será por prazo indeterminado e sem remuneração".

Alternativa "d". Concluído o serviço militar, o servidor terá até 30 (trinta) dias sem remuneração para reassumir o exercício do cargo (art. 85, parágrafo único, da Lei).

Alternativa "e". Estabelece o art. 86, *caput*, da Lei, que "o servidor terá direito a licença, sem remuneração, durante o período que mediar entre a sua escolha em convenção partidária, como candidato a cargo eletivo, e a véspera do registro de sua candidatura perante a Justiça Eleitoral".

---

57. (FCC – Analista Judiciário – Área Judiciária – TRT 14/2022) João, servidor público federal, faltou ao serviço, sem causa justificada, por sessenta dias, interpoladamente, durante o período de doze meses. Nos termos da Lei nº 8.112/1990, a conduta de João está sujeita à penalidade de

a) advertência.

b) suspensão por inassiduidade habitual.

c) demissão por inassiduidade habitual.

d) suspensão por abandono de cargo.

e) demissão por abandono de cargo.

▷ **Anotações/comentários**

Alternativa "c" (responde as demais alternativas). O art. 132, III, da Lei, estabelece que a demissão será aplicada no caso de inassiduidade habitual. Neste sentido, o art. 139, da Lei, tem a seguinte redação: "entende-se por inassiduidade habitual a falta ao serviço, sem causa justificada, por sessenta dias, interpoladamente, durante o período de doze meses".

---

58. (FCC – Analista Judiciário – Área Judiciária – TRF 3/2019) A Lei nº 8.112/1990, que estabelece o regime jurídico aplicável aos servidores públicos federais, estatui uma série de normas relacionadas à parcela denominada Auxílio-Moradia, que "consiste no ressarcimento das despesas comprovadamente realizadas pelo servidor com aluguel de moradia ou com meio de hospedagem administrado por empresa hoteleira" (art. 60-A).

Tal vantagem

a) não mais vigora, pois foi declarada inconstitucional pelo Supremo Tribunal Federal.

b) será paga, ainda que o deslocamento tenha sido realizado por força de alteração de lotação ou nomeação para cargo efetivo.

c) será paga, mesmo que o servidor ou seu cônjuge ou companheiro tenha sido proprietário, promitente comprador, cessionário ou promitente cessionário de imóvel no Município aonde for exercer o cargo.

d) não será paga, caso o deslocamento ocorra dentro da mesma região metropolitana, aglomeração urbana ou microrregião, constituídas por municípios limítrofes e regularmente instituídas, da qual faça parte o local de residência ou domicílio do servidor.

e) é limitada ao valor correspondente a 50% do valor do cargo em comissão, função comissionada ou cargo de Ministro de Estado ocupado.

▷ ***Anotações/Comentários***

Alternativa "a". O dispositivo não foi declarado inconstitucional pelo Supremo Tribunal Federal.

Alternativa "b". O auxílio não será pago caso o deslocamento tenha sido por força de alteração de lotação ou nomeação para cargo efetivo (art. 60-B, VIII, da Lei).

Alternativa "c". Dentre os requisitos para fazer jus ao auxílio moradia está o fato de que **o servidor ou seu cônjuge não podem ter sido, nos últimos doze meses, proprietários, promitentes compradores, cessionários ou promitentes cessionários no local onde vai trabalhar** (art. 60-B, III, da Lei).

Alternativa "d" (responde as demais alternativas). O **auxílio-moradia** está previsto nos artigos 60-A a 60-E da Lei, e é o **ressarcimento das despesas que o servidor teve com aluguel ou hospedagem, no prazo de um mês após a comprovação da despesa.** O art. 60-B, VI, estabelece como requisito para o recebimento do auxílio que o "Município no qual assuma o cargo em comissão ou função de confiança não se enquadre nas hipóteses do art. 58, § 3o, em relação ao local de residência ou domicílio do servidor". O dispositivo em questão estabelece que "(...) não fará jus a diárias o servidor que se deslocar dentro da mesma região metropolitana, aglomeração urbana ou microrregião, constituídas por municípios limítrofes e regularmente instituídas (...)", sendo que, por analogia, não será pago auxílio-moradia, caso o deslocamento ocorra dentro da mesma região metropolitana, aglomeração urbana ou microrregião, constituídas por municípios limítrofes e regularmente instituídas, da qual faça parte o local de residência ou domicílio do servidor.

Alternativa "e". O auxílio-moradia é limitado ao valor correspondente a 25% do valor do cargo em comissão, função comissionada ou cargo de Ministro de Estado ocupado (art. 60-D, da Lei).

---

59. (FCC – Técnico Judiciário – Área Administrativa – TRF 3/2019) A Lei no 8.112/1990, que estabelece o regime jurídico aplicável aos servidores públicos federais, estatui uma série de comportamentos proibidos e outros que são autorizados ou tolerados. Nos termos do referido diploma, é permitido ao servidor público federal

a) manter sob sua chefia imediata, em cargo ou função de confiança, cônjuge, companheiro ou parente até o segundo grau civil, contanto que haja autorização superior.

b) participar nos conselhos de administração e fiscal de empresas ou entidades em que a União detenha, direta ou indiretamente, participação no capital social.

c) aliciar subordinados a se filiarem a partido político.

d) participar de gerência ou administração de sociedade privada, personificada ou não personificada, desde que não mantenha relações de cunho comercial com os entes públicos.

e) aceitar comissão, emprego ou pensão de estado estrangeiro, desde que autorizado pelo Ministério das Relações Exteriores.

▷ ***Anotações/Comentários***

Alternativa "a". Consoante art. 117, VIII, da Lei, ao servidor é proibido "manter sob sua chefia imediata, em cargo ou função de confiança, cônjuge, companheiro ou parente até o **segundo grau civil**".

Alternativa "b". O parágrafo único do art. 117 da Lei ressalva a possibilidade de o servidor público federal participar "(...)nos conselhos de administração e fiscal de empresas ou entidades em que a União detenha, direta ou indiretamente, participação no capital social ou em sociedade cooperativa constituída para prestar serviços a seus membros".

Alternativa "c". Vedação expressa constante do art. 117, VII, da Lei.

Alternativa "d". Referida conduta é vedada pelo art. 117, X, da Lei.

Alternativa "e". Trata-se de prática proibida pela Lei, em seu art. 117, XIII, da Lei.

---

60. (FCC – Técnico Judiciário – Área Administrativa – TRF 3/2019) No tocante às licenças e afastamentos dos servidores públicos, a Lei no

8.112/1990, que estabelece o regime jurídico aplicável aos servidores públicos federais, dispõe que

a) a licença ao servidor para acompanhar cônjuge ou companheiro, que foi deslocado para outro ponto do território nacional, para o exterior ou para o exercício de mandato eletivo dos Poderes Executivo e Legislativo, será por prazo indeterminado e com proventos proporcionais.

b) o servidor investido em mandato eletivo ou classista poderá ser removido ou redistribuído de ofício para localidade diversa daquela onde exerce o mandato, desde que justificadamente.

c) a licença por motivo de doença em pessoa da família somente será deferida se a assistência direta do servidor for indispensável e não puder ser prestada simultaneamente com o exercício do cargo ou mediante compensação de horário.

d) o servidor candidato a cargo eletivo na localidade onde desempenha suas funções e que exerça cargo de direção, chefia, assessoramento, arrecadação ou fiscalização, dele será afastado, a partir do dia imediato ao do registro de sua candidatura perante a Justiça Eleitoral, somente a ele retornando no ano seguinte ao pleito.

e) após cada qüinqüênio de efetivo exercício, o servidor poderá, a seu exclusivo critério, afastar-se do exercício do cargo efetivo, com a respectiva remuneração, por até três meses, para tratar de interesses particulares.

▷ ***Anotações/Comentários***

Alternativa "a". A licença em questão, prevista no art. 84, da Lei nº 8.112/90, é sem remuneração.

Alternativa "b". O art. 94, §2º, da Lei, estabelece que "o servidor investido em mandato eletivo ou classista não poderá ser removido ou redistribuído de ofício para localidade diversa daquela onde exerce o mandato".

Alternativa "c". A ***licença por motivo de doença em pessoa da família*** apenas será concedida caso comprovado que a ***assistência do servidor à pessoa doente seja indispensável e que não possa ser prestada simultaneamente com o exercício do cargo*** ou mediante compensação de horário (art. 83, §1º, da Lei).

Alternativa "d". Caso o servidor seja candidato a cargo eletivo na localidade onde exerça cargo de direção, chefia, assessoramento, arrecadação ou fiscalização, dele será afastado, a partir do dia imediato ao do registro de sua candidatura perante a Justiça Eleitoral até o décimo dia seguinte ao do pleito (art. 86, § 2º, da Lei).

Alternativa "e". Nos termos do art. 87 da Lei nº 8.112/90, após um quinquênio de efetivo exercício, o servidor poderá, no interesse da Administração, gozar da licença por até três meses **para participar de curso de capacitação profissional**, não sendo acumuláveis os períodos.

---

61. (FCC – Analista Judiciário – Área Judiciária – TRF 4/2019) Manuel dos Santos foi servidor público federal estável e aposentou-se voluntariamente aos sessenta e dois anos de idade. Após dez anos de gozo da aposentadoria, requereu sua reversão ao cargo público que antes ocupava. Diante dessa hipótese, à luz do que dispõe a legislação federal aplicável,

a) é impossível a reversão, pois o requerente já atingiu a idade da aposentadoria compulsória.

b) é impossível a reversão, pois a lei federal apenas contempla a hipótese de reversão ex officio, pela insubsistência dos motivos que levaram à aposentadoria por invalidez.

c) é possível, desde que haja cargo vago e interesse da administração no retorno do requerente à atividade.

d) é possível, independentemente do interesse da administração, pois se trata de hipótese de ato vinculado e o requerente preencheu todos os requisitos legais.

e) é impossível, em razão do lapso temporal transcorrido desde a aposentadoria do requerente.

▷ ***Anotações/Comentários***

Alternativa "a". A **aposentadoria compulsória** é a inatividade obrigatória para o servidor, em razão da idade. Na redação original do art. 40, § 1º, II, da Constituição Federal, a idade que constava era 70 anos, mas a Emenda Constitucional nº 88/15 alterou esse dispositivo para prever que a aposentadoria compulsória ocorrerá aos 70 ou 75 anos de idade, na forma de lei complementar. Com a regulamentação do dispositivo pela Lei Complementar nº 152/15, cujo art. 2º determina que serão aposentados compulsoriamente, com proventos proporcionais ao tempo de contribuição, aos 75 anos de idade uma série de servidores públicos. Ou seja, na prática, a idade para a aposentadoria compulsória é de 75 anos.

Alternativa "b". De acordo com o art. 25 da Lei nº 8.112/90, a reversão pode se dar **de ofício** (aposentadoria por invalidez) ou **a pedido** (no interesse da Administração; aposentadoria voluntária).

Alternativa "c" (responde, também, as alternativas "d" e "e"). A reversão a pedido se trata de ato discricionário, dando-se no interesse da Administração Pública e desde que haja cargo vago. Todavia, no caso narrado no enunciado não será possível a reversão, tendo em vista o decurso do prazo de aposentadoria por período superior a 5 anos (art. 25, II, "d" da Lei nº 8.112/90)..

---

62. (FCC – Analista Judiciário – Área Judiciária – TRF 4/2019) Paulo da Silva é servidor federal e foi designado para compor Comissão Processante destinada a apurar a responsabilidade de outro servidor público. Ao tomar ciência da designação, Paulo verifica que o servidor investigado é seu parente de quarto grau, por intermédio de uma irmã adotiva de sua mãe. Diante da situação relatada e à luz do que dispõem a Lei n2 8.112/90 e a Lei no 9.784/99, Paulo

a) é obrigado a comunicar o impedimento à autoridade que o designou, abstendo-se de atuar, sob pena de responsabilidade funcional.

b) é obrigado a comunicar a suspeição à autoridade que o designou, abstendo-se de atuar, sob pena de responsabilidade funcional.

c) deve prosseguir na Comissão, pois as leis em questão determinam expressamente que parentescos baseados em adoção são incapazes de gerar incompatibilidade para atuação em processo administrativo.

d) não está obrigado a comunicar impedimento, mas pode declarar-se em situação de suspeição, solicitando o afastamento à autoridade que o designou.

e) não está obrigado a comunicar suspeição, mas pode declarar-se em situação de impedimento, solicitando o afastamento à autoridade que o designou.

▷ ***Anotações/Comentários***

De acordo com o art. 149, §2º da Lei nº 8.112/90: "Não poderá participar de comissão de sindicância ou de inquérito, cônjuge, companheiro ou parente do acusado, consangüíneo ou afim, em linha reta ou colateral, até o **terceiro grau**". Não há que se falar, dessa forma, de impedimento, e, consequentemente, do dever de comunicar o fato à autoridade competente (art. 18 da Lei nº 9.784/1999). Por sua vez, apesar de não existir disposição expressa nesse sentido, Paulo poderá suscitar sua suspeição.

Deve-se esclarecer que a suspeição é prevista no art. 19 da Lei nº 9.784/1999, *in verbis:* "Pode ser argüida a suspeição de autoridade ou servidor que tenha amizade íntima ou inimizade notória com algum dos interessados ou com os respectivos cônjuges, companheiros, parentes e afins até o terceiro grau."

---

63. (FCC – Técnico Judiciário – Área Judiciária – TRF 4/2019) Um servidor público recém nomeado para cargo efetivo na Administração direta foi convidado para representar o Brasil em conselho internacional situado no exterior, com competência deliberativa em matéria comercial. O servidor, que conta apenas com 15 meses de cargo público, mas possui notório conhecimento na área, o que motivou o convite,

a) não poderá representar o Brasil para a finalidade indicada, o que é permitido apenas aos servidores titulares de cargos efetivos que já tenham sido devidamente confirmados.

b) não poderá aceitá-lo, pois o estágio probatório em curso não permite ao servidor a concessão de nenhuma licença ou afastamento, privativos de servidores efetivos.

c) poderá assumir a representação do Brasil, ficando antecipadamente concluído o período de estágio probatório em razão da superioridade das funções a serem desempenhadas em nível internacional.

d) poderá pleitear afastamento, prosseguindo com o cumprimento do estágio probatório na localidade onde se situa o organismo internacional que passará a integrar, sendo de rigor adaptação dos critérios de avaliação às novas atividades desenvolvidas.

e) poderá ser afastado para desempenhar as funções no organismo internacional, operando-se a suspensão do estágio probatório, que voltará a transcorrer após o encerramento da representação no exterior.

▷ ***Anotações/Comentários***

O servidor público em estágio probatório poderá ser afastado do cargo para servir em organismo internacional de que o Brasil participe ou com o qual coopere (art. 96 da Lei nº 8.112/90), ficando suspenso o estágio probatório durante a licença, voltando a correr após o encerramento da representação no exterior (art. 20, §5º da Lei nº 8.112/90).

64. (Cespe - Analista Judiciário - Oficial de Just. Avaliador - TRF 1/2017) A destituição de servidor de cargo em comissão ou de função comissionada não pode ser aplicada como penalidade disciplinar.

▷ ***Anotações/Comentários***

As **penas** que podem ser aplicadas ao servidor são: **advertência, suspensão, multa, demissão, cassação de aposentadoria e disponibilidade, destituição de cargo em comissão e destituição de função de confiança.** Para o ocupante exclusivamente em cargo de comissão, não há que se falar em demissão, mas ***destituição de cargo em comissão***, cabível nos casos de demissão - previstos no art. 117, IX a XVI e art. 132, I a XII, ambos da Lei nº 8.112/90.

65. (Cespe - Analista Judiciário - Área Administrativa - TRF 1/2017) Servidores públicos que paralisem suas atividades por trinta e um dias consecutivos em razão de adesão a movimento grevista, mesmo com o cumprimento das devidas formalidades legais relativas à greve, poderão ser demitidos por abandono de cargo, desde que respeitados os princípios do devido processo legal e da ampla defesa.

▷ ***Anotações/Comentários***

O Supremo Tribunal Federal já consolidou entendimento de que **greve por mais de 30 (trinta) dias não configura abandono de cargo**, sobretudo quando as demais formalidades relativas à greve são cumpridas. Nesse sentido é, por exemplo, o julgamento do RE nº 226.966.

66. (Cespe - Analista Judiciário - Área Administrativa - TRF 1/2017) Em casos excepcionais, o reajuste da remuneração de servidores públicos poderá ser fixado por meio de decreto do presidente da República.

▷ ***Anotações/Comentários***

Não é possível o reajuste da remuneração dos servidores por meio de decreto do Presidente da República, uma vez que isto implicaria em **aumento da despesa.** O que se admite, no ordenamento jurídico, é a **extinção de cargo público por meio de decreto autônomo**, na forma do art. 84, VI, *b*, da Constituição Federal. Ainda e, como principal fundamento constitucional da vedação, há o art. 37, X que, expressamente determina que a remuneração e o subsídio "somente poderão ser fixados ou alterados por lei específica".

67. (Cespe - Analista Judiciário - Área Administrativa - TRF 1/2017) A administração pública poderá determinar o desconto na remuneração do servidor correspondente aos dias não trabalhados no caso de greve deflagrada em razão de atraso no pagamento de salários.

▷ ***Anotações/Comentários***

Pelo contrário, a Administração Pública **não** poderá determinar o desconto na remuneração do servidor correspondente aos dias não trabalhados no caso de greve deflagrada em razão de atraso no pagamento de salários. Esse é o entendimento consolidado do Supremo Tribunal Federal, tratado, por exemplo, no julgamento do RE nº 693.456.

68. (Cespe - Analista Judiciário - Oficial de Just. Avaliador - TRF 1/2017) Servidor aposentado por invalidez poderá retornar à atividade caso junta médica oficial declare insubsistentes os motivos da sua aposentadoria, hipótese em que se procederá à reversão do servidor.

▷ ***Anotações/Comentários***

A ***reversão*** é o retorno à atividade de servidor aposentado. Pode dar-se quando, por junta médica oficial, forem declarados insubsistentes os motivos da aposentadoria ou, ainda, no ***interesse da administração.*** A reversão far-se-á no ***mesmo cargo*** ou no cargo resultante de sua transformação (art. 25, § 1º da Lei nº 8.112/90).

6. PODERES ADMINISTRATIVOS

69. (FGV - 2024 - TRF 1 - Técnico Judiciário - Área Administrativa) Ao analisar a jurisprudência referente ao controle jurisdicional sobre as sanções aplicadas no exercício do poder de polícia, Lucinda verificou a existência de uma postura de autocontenção do Judiciário, notadamente nas situações em que duas ou mais penalidades são previstas dentre aquelas passíveis de serem aplicadas para certa infração.

Nesse contexto, a aludida postura é condizente com atributo do poder de polícia, designado de:

a) autoexecutoriedade;

b) vinculação;

c) coercitividade;

d) discricionariedade;

e) consensualismo.

▷ ***Anotações/Comentários***

Nota do Autor: O poder de polícia é "a faculdade de que dispõe a administração pública para condicionar e restringir o uso e gozo de bens, atividades e direitos individuais, em benefício da coletividade ou do próprio Estado"[7]

Alternativa "d" (responde as demais alternativas). O poder de polícia administrativo possui atributos específicos, como a **discricionariedade**, que significa a possibilidade da Administração, através da conveniência e oportunidade, exercer o poder de polícia, bem como aplicar as sanções e empregar os meios necessários para atingir o objetivo; a **coercibilidade,** que significa a imposição coativa das medidas adotadas pela Administração. Não pode a coercibilidade modificar a ordem jurídica. Já a autoexecutoriedade significa a faculdade da Administração executar as suas decisões pelos seus próprios meios, sem a intervenção do poder do Judiciário. Com relação à discricionariedade, **em regra, a atividade de polícia administrativa é discricionária, havendo liberdade de escolha do administrador em relação ao momento de atuação, à forma de atuação e, às vezes, até no que se refere a qual sanção aplicar**. Desse modo, por exemplo, a atividade de fiscalização, normalmente, não possui um momento exato para ser desempenhada e, por vezes, a lei deixa para o fiscal a análise de qual medida adotar no caso concreto. Todavia, **nem sempre há discricionariedade e o poder de polícia pode ser manifestação administrativa vinculada**. Assim, não é possível se afirmar que sempre há discricionariedade na aplicação de sanção em razão da atividade de polícia administrativa e, mesmo quando houver, tal possibilidade de escolha não significa total liberdade, caso contrário estaria se dando albergue à arbitrariedade.

70. (FCC - Analista Judiciário - Área Judiciária - TRT 17/2023) De acordo com o que leciona a doutrina sobre os poderes da Administração Pública,

a) o poder normativo manifesta-se exclusivamente pela edição de decretos regulamentares.

b) a proibição pela Administração Pública de circulação de cidadãos em via pública após determinado horário é, em tese, uma manifestação do poder disciplinar.

c) o poder hierárquico é o poder atribuído à Administração para aplicar sanções administrativas aos seus agentes pela prática de infrações de caráter funcional, abrangendo sanções administrativas, como a advertência, a multa, a suspensão e a demissão.

d) o poder de polícia pode se dar tanto pela prática de atos específicos, de efeitos concretos, quanto pela edição de atos normativos abstratos, de alcance generalizado.

7. MEIRELLES, Hely Lopes. *Direito administrativo brasileiro*. 36. ed. São Paulo: Malheiros, 2010. p. 134.

e) não há hierarquia entre os órgãos e agentes no âmbito interno da administração direta do Poder Executivo, tampouco, entre órgãos e agentes no âmbito interno de uma autarquia, no âmbito do poder hierárquico.

▷ **Anotações/comentários**

Nota do Autor: Para que seja possível a materialização das medidas administrativas necessárias a consecução do interesse público, a Administração dispõe dos chamados poderes administrativos, ou seja, instrumentos, ferramentas, mecanismos indispensáveis para esse agir. Os **poderes administrativos** são **as prerrogativas à disposição da Administração destinadas à viabilização do interesse público**.

Alternativa "a". De fato, em regra, o **poder normativo** se materializa por meio de ***decreto***, mas há ***outras formas*** de expressão como as ***resoluções, as portarias, as instruções, os regimentos,*** destacando-se que tais atos possuem alcance restrito aos limites de atuação do órgão e não têm a mesma natureza dos regulamentos expedidos pelo Chefes do Executivo. Além disso, é possível também a manifestação do poder normativo por meio do decreto autônomo, previsto no art. 84, VI, da Constituição Federal.

Alternativa "b". A proibição pela Administração Pública de circulação de cidadãos em via pública após determinado horário é, em tese, uma manifestação do **poder de polícia.**

Alternativa "c" (responde a alternativa "e"). O poder **disciplinar** é o poder atribuído à Administração para aplicar sanções administrativas aos seus agentes pela prática de infrações de caráter funcional, abrangendo sanções administrativas, como a advertência, a multa, a suspensão e a demissão. O ***poder hierárquico*** é a prerrogativa que a Administração Pública tem de se organizar para buscar o interesse público e, para isso, desconcentra competências, isto é, distribui internamente competência entre seus diversos órgãos, escalonando-os, hierarquizando-os. Com isso, cria-se uma ***relação de hierarquia*** entre os órgãos, pelo que os subordinados têm o dever de obediência aos superiores. Assim, dessa organização administrativa decorrem vários poderes, dentre os quais: o de editar atos normativos, o de dar ordens aos subordinados, o de controlar, coordenar e corrigir a atividade dos órgãos inferiores, o de avocar atribuições (desde que não sejam de competência exclusiva do órgão subordinado), o de delegar atribuições (que não lhes sejam privativas), dentre outras. Hierarquia somente existe dentro da mesma pessoa jurídica e, assim, está presente tanto entre os órgãos e agentes no âmbito interno da administração direta do Poder Executivo quanto entre órgãos e agentes no âmbito interno de uma autarquia e, na verdade, não há hierarquia entre a autarquia e a administração direta.

Alternativa "d". Conforme Hely Lopes Meirelles, o poder de polícia é definido como a "**faculdade de que dispõe a Administração Pública para condicionar e restringir o uso e gozo de bens, atividades e direitos individuais, em benefício da coletividade ou do próprio Estado**"[8]. Pode-se, assim, afirmar que o poder de polícia é uma atividade administrativa consistente em **intervir no exercício de direitos e liberdades individuais, impondo restrições e condições para que o interesse particular não cause prejuízo ao interesse público.** O poder de polícia manifesta-se de diferentes formas, com o ***poder de polícia administrativa incidindo sobre bens, direitos e atividades,*** ao passo que ***a polícia judiciária e da polícia de manutenção da ordem pública atua sobre pessoas, individual ou indiscriminadamente***. Neste sentido, é plenamente possível que se externalize por meio da prática de atos específicos, de efeitos concretos, quanto pela edição de atos normativos abstratos, de alcance generalizado.

71. (FGV - Técnico Judiciário - TJ - RO/2021) O Tribunal de Justiça do Estado de Rondônia, após regular processo licitatório, contratou a sociedade empresária Alfa para prestar serviços de jardinagem e paisagismo no canteiro existente ao redor do prédio do fórum central. Ocorre que a contratada deu causa à inexecução parcial do contrato. Após regular processo administrativo, o contratante aplicou-lhe a sanção administrativa da advertência, pois não se justificou a imposição de penalidade mais grave.

Com base na doutrina de Direito Administrativo, o poder administrativo que embasou diretamente a aplicação da mencionada sanção é o poder:

8. MEIRELLES, Hely Lopes. *Direito administrativo brasileiro*. 36 ed. São Paulo: Malheiros, 2010. p. 134.

a) hierárquico, que consiste na superioridade contratual da Administração Pública contratante em relação à sociedade contratada, em razão das cláusulas limitantes;

b) regulamentar, que consiste na possibilidade de a Administração Pública contratante impor unilateralmente penalidades, com base na supremacia do interesse público;

c) disciplinar, que consiste em um sistema punitivo interno a que se sujeita a contratada que tem um vínculo com a Administração Pública contratante;

d) de polícia, que consiste na necessidade vinculante de a Administração Pública contratante condicionar e limitar a propriedade da sociedade contratada em prol do interesse público;

e) de justiça, que consiste na superioridade e na imperatividade das decisões jurisdicionais proferidas pela Administração Pública contratante em face da sociedade contratada, que deve se sujeitar às sanções impostas.

▷ ***Anotações/Comentários***

Alternativa "a". O **poder hierárquico** é uma ferramenta de grande valia para a Administração porque possibilita a concatenação de suas ações em busca da satisfação do interesse público. Por ele, tem-se a organização, a estruturação, criando-se uma **relação de coordenação e subordinação** entre os diversos órgãos criados. É com base na hierarquia que se pode **avocar, delegar, ordenar, controlar e corrigir.**

Alternativa "b". O ***poder regulamentar*** é espécie do poder normativo, conferindo ao Chefe do Executivo a prerrogativa de editar atos gerais e abstratos, complementares à lei, sem inovar, de forma original, a ordem jurídica. Normalmente, manifesta-se pela expedição de decretos executivos destinados a explicitar, aclarar, explicar a lei para que possa ser posta em prática.

Alternativa "c". O **poder disciplinar é a prerrogativa pela qual a Administração apura as infrações e aplica as penalidades ao infrator**, que pode ser um servidor público ou particular sujeito à disciplina administrativa como, por exemplo, a contratada em um contrato administrativo.

Alternativa "d". Conforme Hely Lopes Meirelles, o poder de polícia é definido como a "**faculdade de que dispõe a Administração Pública para condicionar e restringir o uso e gozo de bens, atividades e direitos individuais, em benefício da coletividade ou do próprio Estado**"9. Pode-se, assim, afirmar que o poder de polícia é uma atividade administrativa consistente em **intervir no exercício de direitos e liberdades individuais, impondo restrições e condições para que o interesse particular não cause prejuízo ao interesse público.**

Alternativa "e". Inexiste o mencionado **poder de justiça** na doutrina do Direito Administrativo, destacando-se, ademais, que a Administração Pública não profere decisões de natureza jurisdicional.

72. (FCC - Técnico Judiciário - Área Administrativa - TRF 3/2019) O poder hierárquico é um elemento importante na coordenação dos agentes incumbidos do exercício de determinadas funções estatais. Tal poder

a) está presente também na relação entre o governador de um estado e os prefeitos dos municípios situados em seu território.

b) pressupõe a faculdade de avocar e delegar atribuições, seja qual for a matéria envolvida.

c) impõe o dever de obediência, ainda que manifesta a ilegalidade da ordem recebida.

d) permite a revisão de ofício dos atos dos subordinados, seja por razões de mérito, seja por razões de legalidade, ressalvados eventuais limites impostos pela lei.

e) explica a relação de controle que existe entre um ente da Administração Indireta e o órgão da Administração Direta responsável pela sua supervisão.

▷ ***Anotações/Comentários***

Alternativa "a". Não há que se falar em poder hierárquico nesta situação, uma vez que, de acordo com a Constituição Federal, os entes federativos têm autonomia política.

9. MEIRELLES, Hely Lopes. *Direito administrativo brasileiro*. 36 ed. São Paulo: Malheiros, 2010. p. 134.

Alternativa "b". De fato, é com base na hierarquia que se pode **avocar, delegar, ordenar, controlar, corrigir e aplicar sanções.** Todavia, não é possível a avocação de competências exclusivas do órgão subordinado, por exemplo.

Alternativa "c". Muito embora o poder hierárquico imponha, de fato, o dever de obediência, não há que se falar em sua observância em se tratando de atos de manifesta ilegalidade.

Alternativa "d". O **princípio da autotutela** impõe que **é dever da Administração Pública o controle de seus próprios atos, quanto à legalidade e quanto ao mérito.** A autotutela significa a Administração **cuidar de si própria**; é com fundamento nesse princípio que ela anula seus atos, quando possuírem vícios de legalidade, ou os revoga, quando se tornarem inconvenientes e inoportunos. Neste sentido, o poder hierárquico permite a revisão de ofício dos atos dos subordinados, à luz do princípio da autotutela.

Alternativa "e". Esse controle é chamado de controle de finalidade (supervisão ministerial, na esfera federal), pelo qual há vinculação entre uma pessoa da administração indireta e a administração direta e nunca subordinação, esta sim, típica do poder hierárquico.

---

73. (FCC – Técnico Judiciário – Área Judiciária – TRF 4/2019) Quando o Executivo desempenha suas funções por meio do exercício do poder regulamentar,

a) edita atos de caráter concreto e específico, passíveis de serem impugnados individualmente.

b) pode inovar o ordenamento jurídico, desde que se esteja diante de lacunas legais em matéria de interesse público.

c) deve observar os limites postos pela lei para explicitar os dispositivos desta, detalhando, por exemplo, o procedimento de aplicação da norma regulamentada.

d) avoca competências típicas de poder de polícia, podendo instituir limitações aos direitos dos particulares, em caráter isonômico.

e) edita atos administrativos de natureza vinculada, porque estes não podem desbordar da lei à qual estão submetidos.

▷ ***Anotações/Comentários***

Alternativa "a". Ao se desincumbir do poder regulamentar, a Administração Pública exerce função normativa, expedindo normas de caráter geral, abstrato e impessoal.

Alternativa "b". Poder regulamentar se trata de prerrogativa conferida à Administração de editar atos gerais para complementar a lei, não podendo, portanto, inovar no ordenamento jurídico.

Alternativa "c". Há a distinção entre regulamento executivo e regulamento autônomo. Aquele detalha a lei para o seu fiel cumprimento e este só é admitido em nosso ordenamento no art. 84, VI, da CF e, por ele, o Presidente da República pode dispor, mediante decreto sobre a administração pública federal, desde que observe as limitações que o dispositivo constitucional estabelece. No caso do regulamento executivo ou decreto de execução, a lei é seu limitador, a moldura dento da qual deve se ater, não podendo contrariar ou ir além do que a lei prevê. Dessa forma, o procedimento de aplicação da norma regulamentadora é exemplo de poder regulamentar..

Alternativa "d". Pelo exercício do poder regulamentar, não poderá haver restrição a direitos, tendo em vista não poder o ato normativo inovar o ordenamento jurídico.

Alternativa "e". Os atos normativos que decorrem do poder regulamentar são discricionários.

---

74. (FCC – Analista Judiciário – Oficial de Just. Avaliador – TRF 5/2017) Determinado estabelecimento comercial, situado nas proximidades de equipamentos públicos, tais como escolas e hospitais, foi interditado pela vigilância sanitária, em razão de estar comercializando alimentos fora da data de validade e deteriorados. Antes da interdição, o estabelecimento foi notificado e lhe foi oportunizada a apresentação de defesa. No mesmo ato, alguns alimentos foram apreendidos, sendo constatado, inclusive, que estavam impróprios para o consumo. Em defesa, a pessoa jurídica interditada alegou que a Administração agiu de forma arbitrária, porque, para tanto, dependeria de ordem judicial prévia e de perícia produzida sob o crivo do contraditório. A alegação

a) procede, pois à Administração é vedado agir diretamente, especialmente para limitar direitos, hipótese em que, somente por ordem judicial, poderia haver a apreensão de mercadorias e a interdição.

b) procede, porque a Administração deveria, antes da interdição, ter autuado o estabelecimento, solicitando, se não cessasse a conduta, autorização legislativa para a interdição.

c) improcede, pois a Administração está autorizada, em defesa do interesse público, a limitar ou interditar direitos dos administrados sem ter que previamente recorrer ao judiciário, com fundamento no Poder de Polícia.

d) improcede, pois a Administração pode produzir atos discricionários, pautados em critério de conveniência e oportunidade, que limitam ou interditam direitos, atividade que não se sujeita a controle externo, razão porque, na hipótese, prescinde-se de prévia autorização judicial.

e) procede, pois desde a Constituição Federal de 1988, foi consagrado o princípio democrático, que, com fundamento no consensualismo, não mais permite a produção de atos administrativos autoexecutórios.

▷ ***Anotações/Comentários***

A **autoexecutoriedade** é um dos atributos do **poder de polícia**, assim entendido como a "**faculdade de que dispõe a Administração Pública para condicionar e restringir o uso e gozo de bens, atividades e direitos individuais, em benefício da coletividade ou do próprio Estado**"10. Pela autoexecutoriedade, para a satisfação do interesse público, a Administração **pode praticar diretamente os atos afetos à polícia administrativa, não necessitando recorrer para o Poder Judiciário para tanto.** Assim, não precisa a Administração de ordem judicial para multar, interditar, apreender e realizar as demais medidas de polícia. Todavia, a **autoexecutoriedade só existe quando prevista em lei ou quando se tratar de situação de urgência,** não se fazendo, pois, presente em todas as medidas de polícia. Em relação à multa, por exemplo, **existe autoexecutoriedade na sua imposição, mas não há quando de sua cobrança**, se houver resistência do administrado, devendo a Administração, nesse caso, valer-se da competente ação de execução fiscal.

---

75. (FCC – Analista Judiciário – Oficial de Just. Avaliador – TRF 5/2017) O Poder Público, após obter autorização legislativa específica, pretende implementar política pública de segurança alimentar destinada à primeira infância. Para tanto, e nos termos da lei, distribuirá leite às famílias de baixa renda que tiverem filhos menores de sete anos de idade, abaixo do peso recomendável pela literatura médica para a faixa etária. Visando instituir o programa, atribuir competência a um de seus órgãos (Ministérios) e estabelecer os critérios técnicos de seleção dos beneficiários, o Chefe do Executivo

a) poderá editar, com fundamento no Poder de Polícia, decreto, em razão de produzir efeitos externos.

b) deverá editar regimento, ato administrativo unilateral, com efeitos externos e sujeito à aprovação do Poder Legislativo.

c) poderá expedir decreto, que tem fundamento no Poder Regulamentar, efeito externo e está sujeito à controle externo.

d) poderá expedir regimento, que se fundamenta no Poder Regulamentar, produz efeitos internos apenas, uma vez que não se admite regulamento autônomo ou independente no Brasil.

e) poderá editar deliberação, ato administrativo bilateral, com efeitos internos, fundamentado no Poder Normativo.

▷ ***Anotações/Comentários***

O **poder regulamentar** é espécie do poder normativo, conferindo ao **Chefe do Executivo** a prerrogativa de editar atos gerais e abstratos, complementares à lei, sem inovar, de forma original, a ordem jurídica. Normalmente, **manifesta-se pela expedição de decretos executivos destinados a explicitar, aclarar, explicar a lei para que possa ser posta em prática**, e essa possibilidade de regulamentação não é privativa do Chefe do Poder Executivo, pois o Judiciário (provimentos, resoluções) e o Legislativo (regimento) também podem regulamentar as

---

10 MEIRELLES, Hely Lopes. *Direito administrativo brasileiro*. 36 ed. São Paulo: Malheiros, 2010. p. 134.

leis, mas a regulamentação não é tão extensa quanto a feita pelo Poder Executivo. Quanto ao decreto autônomo, está previsto no art. 84, VI, da Constituição Federal que atribui ao Presidente da República a competência para dispor, mediante decreto, sobre a administração federal, desde que não implique aumento de despesa, não faça a criação ou extinção de órgão público nem a extinção de cargo público provido (por decreto, pode extinguir cargo vago). Os governadores e prefeitos também dispõem dessa competência, desde que haja previsão, respectivamente, nas constituições estaduais e leis orgânicas. Desse modo, no caso concreto, o Chefe do Executivo poderá expedir decreto, com efeitos externos e, obviamente, sujeito a controle dos demais poderes da Administração Pública.

76. (FCC – Analista Judiciário – Área Judiciária – TRF 5/2017) O chefe do departamento pessoal de uma determinada autarquia federal, para o bom funcionamento dos serviços afetos à sua unidade, editou ato normativo interno estabelecendo horários de saída para o almoço, respeitando, para tanto, as especificidades das jornadas de trabalho de cada subordinado. Justificou o ato na necessidade de a unidade contar, sempre, com pelo menos um servidor. A edição do ato encontra fundamento no poder

a) de polícia, que é próprio da função administrativa, e assim denominado por cuidar-se, na hipótese, de pessoa jurídica integrante da Administração pública indireta.
b) hierárquico, que é próprio da função administrativa, e por meio do qual a Administração pública mantém a disciplina e impõe o cumprimento de deveres funcionais.
c) disciplinar, que obriga o cumprimento, pelos subordinados, das ordens dos superiores, sob pena de punição.
d) hierárquico, que, no entanto, deixou de ser próprio da função administrativa, em razão do princípio da eficiência, que exclui a ingerência dos superiores.
e) disciplinar, que se sobrepõe e se confunde com o poder hierárquico, pois atribui competência ao administrador para aplicar penalidade aos seus subordinados.

▷ ***Anotações/Comentários***

Alternativa "a". De maneira geral, é possível afirmar que o poder de polícia é uma atividade administrativa consistente em **intervir no exercício de direitos e liberdades individuais, impondo restrições e condições para que o interesse particular não cause prejuízo ao interesse público**. Não se trata, portanto, do exposto na questão.

Alternativa "b" (responde a alternativa "d"). O **poder hierárquico** é "o de que dispõe o Executivo para **distribuir e escalonar as funções de seus** órgãos, **ordenar e rever a atuação de seus agentes, estabelecendo a relação de subordinação entre os servidores do seu quadro de pessoal**"11.

Alternativa "c" (responde a alternativa "e"). O **poder disciplinar** é **a prerrogativa pela qual a Administração apura as infrações e aplica as penalidades ao infrator**, que pode ser um servidor público ou particular sujeito à disciplina administrativa, como um estudante de escola pública12.

77. (Cespe – Técnico Judiciário – Área Administrativa – TRF 1/2017) Em regra, o poder regulamentar é dotado de originariedade e, por conseguinte, cria situações jurídicas novas, não se restringindo apenas a explicitar ou complementar o sentido de leis já existentes.

▷ ***Anotações/Comentários***

O **poder regulamentar** é espécie do poder normativo, conferindo ao Chefe do Executivo a prerrogativa de editar atos gerais e abstratos, complementares à lei, **sem inovar, de forma original, a ordem jurídica**.

78. (Cespe – Técnico Judiciário – Área Administrativa – TRE – BA/2017) Em relação ao poder de polícia, assinale a opção correta.

a) A polícia administrativa e a polícia judiciária se exaurem em si mesmas, ou seja, se iniciam e se completam no âmbito da função administrativa de caráter fiscalizador, tendo em vista que essas atividades se enquadram no âmbito da função administrativa, representando atividade de gestão de interesse público.
b) A linha que reflete a junção entre o poder restritivo da administração e a intangibilidade dos direitos assegurados aos indivíduos, tais como liberdade e propriedade, é insuscetível de ser ignorada pelo agente público, visto que atuar aquém dessa linha equivale a renunciar aos poderes públicos e agir além dela representa arbítrio e abuso de poder.
c) Os guardas municipais não têm legitimidade ou idoneidade para atuar na fiscalização, no controle e na orientação do trânsito, não podendo aplicar as sanções pertinentes às infrações cometidas, pois não se trata de um mero poder de polícia, mas de atividade afeta à segurança pública.
d) Em sentido amplo, o poder de polícia se configura como atividade administrativa que consubstancia verdadeira prerrogativa conferida aos agentes da administração, consistente no poder de restringir e condicionar a liberdade e a propriedade, ao passo que, em sentido estrito, poder de polícia significa toda e qualquer ação restritiva do Estado em relação aos direitos individuais.
e) Será válido o ato de polícia praticado por administrador de ente federativo que não tenha competência constitucional para regular a matéria, se, por exemplo, o ato consistir no exercício do poder disciplinar relativamente a agente público — fato que configura o exercício do poder de polícia —, desde que a lei em que se fundar a conduta do administrador seja supralegal.

▷ ***Anotações/Comentários***

Alternativa "a". A polícia administrativa e a polícia judiciária não podem ser objeto de confusão, pois, de fato, são distintas. As atividades são diferentes, pois, a polícia administrativa tem como foco a limitação a uma liberdade, ao exercício de um direito para que não seja exercido de forma nociva ao interesse público e a polícia judiciária tem como objetivo a responsabilização do infrator. Outra diferença é que a polícia administrativa é regulada pelas normas de direito administrativo e a polícia judiciária pelas normas do direito processual penal. Assim, a **polícia judiciária não** é **um fim em si mesma**, uma vez que tem natureza preparatória para a função jurisdicional.

Alternativa "b". A assertiva foi praticamente copiada da obra do Professor José dos Santos Carvalho Filho, para quem, ao tratar dos limites do poder de polícia, escreveu que "há uma linha insuscetível de ser ignorada, que reflete a junção entre o poder restritivo da Administração e a intangibilidade dos direitos (liberdade e propriedade, entre outros) assegurados aos indivíduos. Atuar aquém dessa linha demarcatória é renunciar ilegitimamente a poderes públicos; atuar além dela representa arbítrio e abuso de Poder [...]".

Alternativa "c". A fiscalização do trânsito configura em atividade relacionada ao exercício do poder de polícia. Respondendo a alternativa em questão, o Supremo Tribunal Federal fixou a seguinte tese de repercussão geral: "É constitucional a atribuição às guardas municipais do exercício do poder de polícia de trânsito, inclusive para a imposição de sanções administrativas legalmente previstas (STF. Plenário. RE 658570/MG, julgado em 06/08/2015).

Alternativa "d". Na assertiva, o item traz a definição do poder de polícia em sentido **estrito**, razão pela qual está errada.

Alternativa "e". A competência para o exercício do poder de polícia é do **ente com competência constitucional** para a regulação da matéria. Além do que a situação narrada na alternativa é exemplo do poder disciplinar e não do poder de polícia.

79. (FCC – Técnico Judiciário – Área Administrativa – TRE – PR/2017) A Administração pública direta organiza-se em órgãos, cuja atuação é informada por princípios e regras. A estrutura funcional pressupõe organização hierarquizada, que confere à Administração pública alguns poderes e prerrogativas, tais como a

a) possibilidade da autoridade superior avocar competência para realizar as funções e atribuições de seus subordinados, independentemente de se tratar de competências privativas ou exclusivas, bem como de previsão normativa expressa.

11. MEIRELLES, Hely Lopes. *Direito administrativo brasileiro*. 36 ed. São Paulo: Malheiros, 2010. p. 124.

12. DI PIETRO, Maria Sylvia Zanella. *Direito administrativo*. 23 ed. São Paulo: Atlas, 2010. p. 94.

b) competência para editar atos normativos autônomos, de caráter funcional e disciplinar, instituindo regras de atuação da Administração e infrações disciplinares com suas respectivas sanções.

c) possibilidade de determinados servidores aplicarem sanções aos seus subordinados hierarquicamente, em caso de infrações disciplinares, na forma legalmente prevista.

d) possibilidade de delegar competências exclusivas por critério subjetivo, quando a organização administrativa entender que uma determinada autoridade ou órgão poderia melhor desempenhar determinadas funções.

e) competência para instituir sanções, aplicá-las ou perdoá-las, em análise discricionária feita pela autoridade competente, sempre que entender que a decisão melhor atenderá o interesse público.

▷ ***Anotações/Comentários***

Alternativa "a" (responde a alternativa "d"). O **poder hierárquico** é uma ferramenta de grande valia para a Administração porque possibilita a concatenação de suas ações em busca da satisfação do interesse público. Por ele, tem-se a organização, a estruturação, criando-se uma **relação de coordenação e subordinação** entre os diversos órgãos criados. É com base na hierarquia que se pode **avocar, delegar, ordenar, controlar, corrigir e aplicar sanções.**

Alternativa "b". O poder regulamentar, normalmente, se manifesta pela expedição de decretos executivos destinados a explicitar, aclarar, explicar a lei para que possa ser posta em prática, e essa possibilidade de regulamentação não é privativa do Chefe do Poder Executivo, pois o Judiciário (provimentos, resoluções) e o Legislativo (regimento) também podem regulamentar as leis, mas a regulamentação não é tão extensa quanto a feita pelo Poder Executivo.

Alternativa "c". O **poder disciplinar** é **a prerrogativa pela qual a Administração apura as infrações e aplica as penalidades ao infrator**, que pode ser um servidor público ou particular sujeito à disciplina administrativa, como um estudante de escola pública13.

Alternativa "e". A competência para aplicação das sanções **não** é **discricionária**, tendo a Administração Pública o dever de apurar as infrações funcionais que lhes forem informadas, bem como de aplicar as correspondentes penalidades, se for o caso.

---

80. (Cespe – Analista Judiciário – Área Judiciária – TRE – TO/2017) O secretário de segurança pública de determinado município brasileiro editou portaria proibindo a venda de bebidas alcoólicas no dia do pleito eleitoral.

Nessa situação hipotética, o ato do secretário tem como fundamento o

a) poder disciplinar, sendo a justiça eleitoral o juízo competente para processar e julgar mandado de segurança que questione a sua legitimidade.

b) poder de polícia, sendo a justiça estadual o juízo competente para processar e julgar mandado de segurança que questione a sua legitimidade.

c) poder de polícia, sendo a justiça eleitoral o juízo competente para processar e julgar mandado de segurança que questione a sua legitimidade.

d) poder regulamentar, sendo a justiça estadual o juízo competente para processar e julgar mandado de segurança que questione a sua legitimidade.

e) poder regulamentar, sendo a justiça eleitoral o juízo competente para processar e julgar mandado de segurança que questione a sua legitimidade.

▷ ***Anotações/Comentários***

Alternativa "a". O **poder disciplinar** é aquele conferido à Administração Pública que lhe permite punir e apenar a prática de infrações funcionais de servidores e todas as pessoas que estiverem sujeitas à disciplina dos órgãos e serviços da Administração.

Alternativa "b" (responde a alternativa "c"). Pode-se afirmar que o poder de polícia é uma atividade administrativa consistente em **intervir no exercício de direitos e liberdades individuais, impondo restrições e condições para que o interesse particular não cause prejuízo ao interesse público.** Na questão em comento, limitar a venda de bebidas alcoólicas é uma medida que restringe uma liberdade individual, razão pela qual o poder em questão é o de polícia. No que se refere à competência para julgamento do mandado de segurança eventualmente interposto, tendo sido o ato supostamente coator proferido por secretário de segurança pública de determinado município, o *mandamus* deve ser julgado pela justiça comum estadual, em 1ª instância, ainda que se trate de medida que proíba a comercialização de bebidas alcoólicas em dia de eleição.

Alternativa "d" (responde a alternativa "e"). O **poder regulamentar** é espécie do poder normativo, conferindo ao Chefe do Executivo a prerrogativa de editar atos gerais e abstratos, complementares à lei, sem inovar, de forma original, a ordem jurídica.

---

81. (Cespe – Analista Judiciário – Área Administrativa – TRE – BA/2017) A aplicação de advertência a servidor público, em decorrência do cometimento de infração funcional, demonstra o exercício do poder

a) regulamentar.

b) disciplinar.

c) hierárquico.

d) vinculado.

e) de polícia.

▷ ***Anotações/Comentários***

Alternativa "a". O **poder regulamentar** pode ser definido como a faculdade de que dispõem os Chefes de Executivo de aplicar a lei para sua correta execução, ou de expedir decretos autônomos sobre matéria de sua competência ainda não disciplinada em lei.

Alternativa "b". O poder disciplinar é a prerrogativa pela qual a Administração apura as infrações e aplica as penalidades ao infrator, que deve ser um servidor público ou particular sujeito à disciplina administrativa. Desse modo, a apuração das infrações e a aplicação de penalidades representam o poder disciplinar.

Alternativa "c". O **poder hierárquico** é aquele conferido ao administrador para distribuir e escalonar as funções de seus órgãos, ordenar e rever a atuação de seus agentes, estabelecendo para tanto uma relação de hierarquia e subordinação.

Alternativa "d". O **poder vinculado** é aquele em que o administrador público não possui a possibilidade de emanar um juízo de oportunidade e discricionariedade diante de casos concretos, ou seja, uma vez preenchidos os requisitos legais, o administrador é obrigado a praticar o ato.

Alternativa "e". Pode-se afirmar que o poder de polícia é uma atividade administrativa consistente em **intervir no exercício de direitos e liberdades individuais, impondo restrições e condições para que o interesse particular não cause prejuízo ao interesse público.**

---

82. (FCC – Analista Judiciário – Área Judiciária – TRE – SP/2017) Suponha que o Secretário de Transportes de determinado Estado tomou conhecimento, por intermédio de matéria jornalística, da existência de longas filas para carregamento dos cartões de utilização dos trens administrados por uma sociedade de economia mista vinculada àquela Pasta. Diante dos fatos apurados, decidiu avocar, para área técnica da Secretaria, algumas atividades de gerenciamento e logística desempenhadas por uma das Diretorias da referida empresa. Fundamentou sua decisão no exercício dos poderes hierárquico e disciplinar. Considerando a situação narrada,

a) a atuação do Secretário justifica-se do ponto de vista da hierarquia, porém não sob aspecto disciplinar, eis que não identificada infração administrativa.

b) a decisão baseia-se, legitimamente, apenas no poder disciplinar, que compreende o controle e a supervisão.

c) descabe a invocação dos poderes citados, sendo certo que a atuação da Secretaria deve se dar nos limites do poder de tutela.

d) a decisão somente será justificável, sob o fundamento de poder hierárquico, se constada a existência de desvio de conduta pelos administradores da empresa.

---

13. DI PIETRO, Maria Sylvia Zanella. *Direito administrativo*. 23 ed. São Paulo: Atlas, 2010. p. 94.

e) a decisão extrapolou a competência disciplinar, que somente pode ser exercida para corrigir desvios na organização administrativa da entidade.

▷ ***Anotações/Comentários***

O **poder hierárquico** é uma ferramenta de grande valia para a Administração porque possibilita a concatenação de suas ações em busca da satisfação do interesse público. Por ele, tem-se a organização, a estruturação, criando-se uma **relação de coordenação e subordinação** entre os diversos órgãos criados. É com base na hierarquia que se pode **avocar, delegar, ordenar, controlar, corrigir e aplicar sanções.** Na situação narrada na questão, contudo, **não** é **possível gozar do poder hierárquico**, uma vez que a atividade administrativa estava sendo desempenhada por entidade da administração indireta. A **sociedade de economia mista** é fruto da descentralização, pela qual há a distribuição externa de competência, criando-se outra pessoa jurídica, com personalidade jurídica distinta da pessoa política. Dessa forma, não é possível se falar em hierarquia, já que não há relação hierárquica entre um órgão da administração direta e uma entidade da administração indireta. De outro lado, a entidade criadora tem por dever fiscalizar a entidade criada para verificar se o objetivo da criação está sendo atendido, mas não se trata de controle hierárquico, pois o que existe é um controle de finalidade, um controle finalístico. Existe vinculação e não subordinação.

7. ATO ADMINISTRATIVO

83. (FGV – 2024 – TRF 1 – Técnico Judiciário – Área Administrativa) Os atos ordinatórios podem ser compreendidos como aqueles que são editados no exercício do poder hierárquico com o objetivo de disciplinar as relações internas da Administração Pública.

No âmbito de tal espécie de ato administrativo, é correto indicar como exemplo:

a) as autorizações;

b) os pareceres;

c) os avisos;

d) as demissões;

e) as multas.

▷ ***Anotações/Comentários***

Alternativa "a". Os **atos negociais** são aqueles em que há a concordância de vontade entre a Administração Pública e o particular. Não se trata de contrato administrativo, porque a vontade da Administração é manifestada de modo unilateral. Exemplos: licença, **autorização**, permissão, dentre outros.

Alternativa "b". Os **atos administrativos enunciativos** são os atos pelos quais a Administração Pública certifica ou atesta um fato ou emite uma opinião sobre determinado assunto. Não há manifestação de vontade. Exemplos: certidão, atestado e o **parecer**.

Alternativa "c" (responde a alternativa "d"). Os atos administrativos **ordinatórios** são aqueles que **disciplinam o funcionamento da administração e a conduta de seus agentes**. São praticados no exercício do poder hierárquico e **não atingem os particulares nem os servidores subordinados a chefia diferente da que o expediu.** Exemplos: instruções, portarias, circulares, provimentos e **avisos**.

Alternativa "e". Os **atos administrativos punitivos** são aqueles pelos quais a Administração Pública impõe sanções aos agentes públicos e aos particulares sujeitos à disciplina administrativa. Exemplos: **multa**, interdição de atividade e destruição de coisas.

84. (Cebraspe – Analista Judiciário – Área Administrativa – TJ/ES/2023) No que se refere a ato administrativo e agentes públicos, julgue o item que se segue.

Caso a revogação de um ato administrativo decorra da verificação de ilegalidade, será dispensada a instauração de processo administrativo.

▷ **Anotações/comentários**

Nota do Autor: A **revogação** é a **extinção do ato administrativo válido ou de seus efeitos por razões de conveniência e oportunidade**, em face do interesse público, ou seja, em dado momento, um ato administrativo, de natureza discricionária, foi praticado porque a autoridade administrativa entendeu que isso era conveniente e oportuno, mas em momento posterior, esse juízo de valoração é alterado e o que era conveniente e oportuno passa a ser inconveniente e inoportuno, cabendo sua extinção pela revogação.

A **anulação** é a extinção do ato administrativo por razões de ilegalidade. Neste caso, o ato possui algum vício que o contamina e, não sendo passível a convalidação, deve haver a sua invalidação. Os efeitos da anulação voltam no tempo de modo a atingir o ato no nascedouro, isto é, os efeitos são *ex tunc*. A competência para anular é da própria Administração, de ofício ou a pedido, ou do Poder Judiciário. Importante lembrar que a anulação pode ser feita em qualquer tipo de ato administrativo (discricionário, vinculado, etc.). Ainda, não é possível afirmar que será dispensada a instauração de processo administrativo porque, especialmente quando a anulação restringir o exercício de direitos, deve haver a obediência ao devido processo legal.

85. (FCC – Analista Judiciário – Área Administrativa – TRT 18/2023) Quanto aos atributos e elementos do ato administrativo e respectiva relação com a existência e validade,

a) a presunção de legitimidade que informa todos os atos administrativos não afasta a possibilidade de controle judicial em relação a eventuais vícios de legalidade, como no caso de ato proferido por autoridade incompetente.

b) a imperatividade dos atos administrativos enseja medidas de autoexecutoriedade e, em razão da natureza discricionária, não admite controle judicial, apenas autotutela por parte da Administração Pública.

c) a exigibilidade dos atos administrativos guarda relação direta com a forma, estando presente apenas nos atos vinculados que, como tal, encontram todos os seus requisitos de validade elencados na lei.

d) o vício relativo ao motivo, ou seja, quanto aos pressupostos fáticos do ato, pode ser objeto de controle judicial, sem prejuízo da possibilidade de convalidação.

e) o objeto do ato administrativo pode ser discricionário ou vinculado, sendo que somente os atos discricionários que apresentem vícios poderão ser convalidados.

▷ **Anotações/comentários**

Nota do Autor: Os atributos dos atos administrativos são (**PIA**): a) **presunção de legitimidade**, pela qual se presume que todo ato administrativo praticado seja legal; b) **imperatividade**, que significa que o ato administrativo é impositivo, obrigatório ao administrado, ou seja, a Administração não necessita da concordância do destinatário para que o ato seja praticado; c) **autoexecutoriedade**, pela qual a Administração pode executar o ato administrativo por seus próprios meios, sem necessidade de atuação do Poder Judiciário para tanto.

Alternativa "a". A **presunção de legitimidade** está intimamente relacionada com o princípio da legalidade, pois se a atuação administrativa deve se dar de acordo com a lei e com o Direito, **presume-se que todo ato administrativo praticado seja legal.** São efeitos da **presunção de legitimidade**: a) **o ato pode ser praticado imediatamente**; b) **produz efeitos até que seja retirado da esfera jurídica**; c) **inversão do ônus da prova**; d) **o Judiciário não pode apreciar de ofício o vício do ato**. Tal presunção, contudo, é ***relativa (iuris tantum)***, e admite prova em contrário, sendo perfeitamente possível o **controle judicial** neste sentido.

Alternativa "b". A **imperatividade** significa que o ato administrativo é impositivo, obrigatório ao administrado, quer dizer, a Administração não necessita da concordância do destinatário para que o ato seja praticado. Decorre da prerrogativa que a Administração tem de praticar atos que interferem na esfera jurídica de terceiros, constituindo-os em obrigação, em razão do que Renato Alessi chama de poder extroverso[14]. Não está presente em todos os atos, mas apenas naqueles que impõem obrigações e, desse modo, não existe nos atos negociais (licença, autorização, etc.), nem nos enunciativos (parecer, certidão, etc.). É perfeitamente possível o **controle judicial** a fim de verificar se não houve abusos por parte da Administração Pública.

14. MELLO, Celso Antônio Bandeira de. *Curso de direito administrativo*. 27. ed. São Paulo: Malheiros, 2010. p. 419.

Alternativa "c". A **autoexecutoriedade** é a característica pela qual a Administração Pública não necessita recorrer ao Poder Judiciário para praticar os atos administrativos, pois pode fazê-lo com seus próprios meios. Esse atributo somente está presente quando prevista em lei ou quando se tratar de situação de urgência. Importante registrar que Celso Antônio Bandeira de Mello desdobra esse atributo em dois: exigibilidade e executoriedade. Pela exigibilidade, a Administração pode exigir do administrado o cumprimento da obrigação que lhe foi imposta e, pela executoriedade, pode compeli-lo materialmente a fazê-lo, ou seja, "pela exigibilidade pode-se induzir à obediência, pela executoriedade pode-se compelir, constranger fisicamente"[15].

Alternativa "d". Em face do princípio da segurança jurídica, deve se preferir a convalidação à anulação, mas, para tanto, o ato deve conter vício sanável e do ato convalidatório não pode decorrer prejuízo para o interesse público nem para terceiros. Quer dizer, nessa situação, não se deve anular e, sim, convalidar. De maneira específica à administração federal, há o art. 55 da Lei nº 9.784/99 estabelecendo que em "decisão na qual se evidencie não acarretarem lesão ao interesse público nem prejuízo a terceiros, os atos que apresentarem defeitos sanáveis poderão ser convalidados pela própria Administração". São **insanáveis** os defeitos nos elementos **objeto, finalidade e motivo** – sendo sanáveis quando verificados nos elementos **competência** e **forma**, salvo se se tratar de **competência exclusiva** ou **forma essencial** do ato administrativo praticado -, de tal modo que **nulo e impossível de convalidação o ato administrativo com vício no motivo**.

Alternativa "e". De fato, o elemento objeto ou conteúdo pode ser vinculado ou discricionário porque acompanha o motivo. Em relação à convalidação, pode ocorrer tanto nos atos vinculados quanto nos discricionários porque diz respeito à legalidade e não ao mérito, porém somente é possível convalidar se não decorrer prejuízo para a Administração ou para terceiro e se o vício for sanável, o que somente ocorre quando estiver no elemento competência, e não for competência exclusiva, ou no elemento forma, desde que não se trate de forma essencial. Portanto, não se admite a convalidação quando o vício estiver no elemento objeto.

86. (Cespe – Técnico Judiciário – TJ – RJ/2021) O entendimento de que atos administrativos gozam de presunção de legitimidade significa que estes

a) atestam fatos verdadeiros, não admitindo prova em contrário.
b) são executados pela própria administração, sem intervenção do Poder Judiciário.
c) são emitidos em conformidade com a lei, até prova em contrário.
d) se impõem aos administrados, independentemente de sua concordância.
e) se sujeitam ao controle discricionário do Poder Judiciário.

▷ ***Anotações/Comentários***

Alternativa "a". Para os atos administrativos a presunção é relativa (*juris tantum*), que admite prova em contrário, não havendo que se falar em presunção absoluta (*jure et de jure*).

Alternativa "b". Trata-se do atributo da **autoexecutoriedade**, que é a característica pela qual a Administração Pública não necessita recorrer ao Poder Judiciário para praticar os atos administrativos, pois pode fazê-lo com seus próprios meios.

Alternativa "c". A presunção de legitimidade decorre, principalmente, do princípio da legalidade, pois se a atuação administrativa deve estar em conformidade com o ordenamento jurídico, presume-se que os atos praticados nessa atividade estejam de acordo com a lei e a moral. Essa característica tem como consequência a prática imediata do ato, não necessitando de consulta prévia sobre sua legalidade, bem como que o ato administrativo, mesmo se viciado, continuará produzindo efeitos até que seja anulado pela própria Administração ou pelo Poder Judiciário. A **presunção de legitimidade** está intimamente relacionada com o princípio da legalidade, pois se a atuação administrativa deve se dar de acordo com a lei e com o Direito, **presume-se que todo ato administrativo praticado seja legal.** São efeitos da **presunção de legitimidade**: a) **o ato pode ser praticado imediatamente**; b) **produz efeitos até que seja retirado da esfera jurídica**; c) **inversão do ônus da prova**; d) **o Judiciário não pode apreciar de ofício o vício do ato.**

Alternativa "d". Trata-se do atributo da **imperatividade**, pelo qual o ato administrativo é impositivo, obrigatório ao administrado, ou seja, a Administração não necessita da concordância do destinatário para que o ato seja praticado.

Alternativa "e". Via de regra, os atos administrativos podem sofrer um **controle de legalidade** do Poder Judiciário que, teoricamente, não pode analisar o mérito (a conveniência e oportunidade) de eventual ato administrativo. Neste sentido, a rigor, os atos administrativos não se sujeitam ao controle discricionário do Poder Judiciário.

87. (FGV – Técnico Judiciário – TJ – RO/2021) João, ocupante do cargo efetivo de Técnico Judiciário de determinado Tribunal, exerce cargo em comissão de Diretor do Departamento de Tecnologia da Informação. Na qualidade de agente competente para decidir determinada matéria no bojo de processo administrativo, João praticou ato administrativo com motivação explícita, clara e congruente, porém consistente em declaração de concordância com fundamentos de anteriores pareceres e decisões constantes dos autos, que, neste caso, são parte integrante do ato.

De acordo com a Lei nº 9.784/1999, que regula o processo administrativo, aplicável ao caso narrado, em tese, a motivação apresentada por João é:

a) ilícita e opera efeitos ex tunc;
b) ilícita e opera efeitos ex nunc;
c) ilícita e não comporta convalidação;
d) lícita e opera efeitos ex tunc;
e) lícita e é conhecida como motivação aliunde.

▷ ***Anotações/Comentários***

Segundo o art. 50 da Lei n. 9.784/1999, os atos administrativos deverão ser motivados, com indicação dos fatos e dos fundamentos jurídicos. O parágrafo primeiro desse dispositivo permite que essa motivação consista em declaração de concordância com fundamentos de anteriores pareceres, informações, decisões ou propostas, que, neste caso, serão parte integrante do ato. Essa possibilidade, é o que a doutrina denominada de motivação *aliunde* ou *per relationem*. A par dessa premissa, a despeito da ausência dos fundamentos fáticos e jurídicos pela autoridade administrativa, sua decisão foi pautada em nota técnica anterior, em clara manifestação de uma motivação aliunde ou *per relationem*.

88. (FCC – Analista Judiciário – Área Judiciária – TRF 3/2019) Abílio Silva foi empossado em cargo público efetivo e praticou diversos atos administrativos no exercício de tal cargo. Todavia, o concurso que gerou o provimento do cargo foi anulado, sem que ele tenha contribuído para a nulidade. Nessa situação, os atos praticados por ele são

a) válidos, visto que atuou como funcionário de fato.
b) nulos, pois praticados com usurpação de poder.
c) anuláveis, pois praticados com vício de motivo.
d) irregulares, por desvio de finalidade.
e) inexistentes, pois praticados com objeto juridicamente impossível.

▷ ***Anotações/Comentários***

Um dos sentidos do **princípio da impessoalidade – em relação à própria Administração** – significa que não é o agente público, enquanto pessoa física, que pratica o ato administrativo, pois, na verdade, quem o faz é a pessoa jurídica à qual pertence o órgão em que o servidor está lotado. **O ato administrativo é atribuído, imputado, à pessoa jurídica**. Nesse sentido, ocorre com os atos realizados pelo funcionário de fato, permitindo a manutenção de seus efeitos quanto aos terceiros de boa-fé, pois o funcionário de fato é aquele que está irregularmente investido no cargo, isto é, possui vício na sua investidura, mas por outro lado, aparenta ser servidor (princípio da aparência) e pratica atos administrativos normalmente. Tais atos, todavia, são imputados, atribuídos, à pessoa jurídica, à qual pertence o órgão público em que o servidor está lotado e, assim, **os terceiros de boa-fé não serão prejudicados**.

15. *Curso de direito administrativo*. 27. ed. São Paulo: Malheiros, 2010. p. 420.

8. PROCESSO ADMINISTRATIVO

89. (FGV – 2024 – TRF 1 – Técnico Judiciário – Área Administrativa) Diante da necessidade de aprofundar os seus conhecimentos acerca das normas constantes da Lei nº 9.784/1999, Patrícia, em relação ao início do processo do administrativo, verificou corretamente que:

a) o processo administrativo não pode ser iniciado de ofício, dependendo de pedido do interessado;

b) a lei não pode prever que o requerimento inicial do interessado seja realizado de forma oral;

c) os órgãos da Administração não podem elaborar modelos ou formulários padronizados, ainda que para assuntos que importem pretensões equivalentes;

d) os requerimentos devem ser formulados individualmente, inclusive quando os pedidos de uma pluralidade de interessados tiverem conteúdo e fundamentos idênticos;

e) a recusa imotivada de recebimento de documentos é vedada à Administração, devendo o servidor orientar o interessado quanto ao suprimento de eventuais falhas.

▷ ***Anotações/Comentários***

Alternativa "a" (responde a alternativa "b"). O processo administrativo, nos termos do art. 5º da Lei, pode ser iniciado de ***ofício*** ou ***a requerimento*** de interessado que deve apresentar, no mínimo, os dados exigidos no art. 6º da Lei e, ainda, ser feita por ***escrito*** – salvo os casos em que seja admitida a ***solicitação oral***.

Alternativa "c". O art. 7º traz previsão expressa no sentido de que, para assuntos que importem ***pretensões equivalentes***, as entidades administrativas deverão elaborar ***modelos ou formulários padronizados.***

Alternativa "d". A alternativa reproduz o teor do art. 8º, que garante, na hipótese de haver ***vários interessados*** com pedidos com ***conteúdo e fundamento idênticos***, a possibilidade de se fazer um ***único requerimento***, salvo preceito legal em contrário.

Alternativa "e". É vedada à Administração a recusa imotivada de recebimento de documentos (art. 6º, parágrafo único da Lei nº 9.784/99), devendo o servidor orientar o interessado quanto ao suprimento de eventuais falhas.

90. (AOCP – 2024 – TRF 2 - Analista Judiciário - Área Judiciária) Nos termos da Lei nº 9.784/1999, que regula o processo administrativo no âmbito da Administração Pública Federal, assinale a alternativa correta.

a) A decisão coordenada se aplica aos processos administrativos de licitação.

b) Cada órgão ou entidade participante é responsável pela elaboração de documento específico sobre o tema atinente à respectiva competência, a fim de subsidiar os trabalhos e integrar o processo da decisão coordenada.

c) É parte ilegítima para interpor recurso administrativo o cidadão, quanto a direitos ou interesses difusos.

d) Os processos administrativos de que resultem sanções poderão ser revistos, no prazo de até cinco anos, a pedido ou de ofício, quando surgirem fatos novos ou circunstâncias relevantes suscetíveis de justificar a inadequação da sanção aplicada.

e) O interessado não poderá desistir, ainda que parcialmente, do pedido formulado, mas poderá renunciar a direitos disponíveis

▷ ***Anotações/Comentários***

Alternativa "a". Pelo contrário, na forma do art. 49-A, §6º, I, **não** se aplica decisão coordenada aos processos administrativos de licitação.

Alternativa "b". Eis, precisamente, a literalidade do art. 49-E, da Lei, pelo qual "cada órgão ou entidade participante é responsável pela elaboração de documento específico sobre o tema atinente à respectiva competência, a fim de subsidiar os trabalhos e integrar o processo da decisão coordenada".

Alternativa "c". Nos termos do art. 58 da Lei, têm legitimidade para interpor recurso administrativo: a) titulares de direitos e interesses que forem parte no processo; b) aqueles cujos direitos ou interesses forem indiretamente afetados pela decisão recorrida; ***c) as organizações e associações representativas, no tocante a direitos e interesses coletivos; d) os cidadãos ou associações, quanto a direitos ou interesses difusos.***

Alternativa "d". Os processos administrativos de que resultem sanções poderão ser revistos, **a qualquer tempo**, a pedido ou de ofício, quando surgirem fatos novos ou circunstâncias relevantes suscetíveis de justificar a inadequação da sanção aplicada (art. 65, Lei nº 9.784/99).

Alternativa "e". O interessado poderá, mediante manifestação escrita, desistir total ou parcialmente do pedido formulado ou, ainda, renunciar a direitos disponíveis (art. 51 da Lei 9.784). Veja-se, portanto, que a manifestação deverá ser escrita e a renúncia só é possível com relação a direitos disponíveis.

91. (FCC – 2024 – TRF 3 – Analista Judiciário – Área Judiciária) A lei nº 9784/1999 - Lei de Processo Administrativo Federal, ao dispor sobre o procedimento de decisão coordenada, preceitua que:

a) eventual dissenso na solução do objeto da decisão coordenada ocasionará a interrupção do procedimento, arquivando-se os autos por despacho da autoridade responsável pela convocação.

b) o procedimento de decisão coordenada é inaplicável a questões relacionadas ao poder sancionador da Administração.

c) durante os debates, poderá ser suscitada matéria estranha ao objeto da convocação, desde que haja anuência unânime dos órgãos participantes.

d) em caso de empate no processo decisório, o lema será submetido à Chefia da Casa Civil, que decidirá a respeito.

e) em processo administrativo em que estejam envolvidas autoridades de Poderes distintos, a decisão coordenada dependerá de expressa autorização das respectivas Chefias de Poder.

▷ ***Anotações/Comentários***

Nota do Autor: Na forma do art. 49-A, *caput*, da Lei, no âmbito da Administração Pública federal, as decisões administrativas que exijam a participação de 3 (três) ou mais setores, órgãos ou entidades poderão ser tomadas mediante decisão coordenada, sempre que i) for justificável pela relevância da matéria; e houver discordância que prejudique a celeridade do processo administrativo decisório.

Alternativa "a" (responde a alternativa "c"). Pelo contrário, nos termos do art. 49-F, "eventual dissenso na solução do objeto da decisão coordenada deverá ser manifestado durante as reuniões, de forma fundamentada, acompanhado das propostas de solução e de alteração necessárias para a resolução da questão", destacando-se que o parágrafo único menciona que **não poderá ser arguida matéria estranha ao objeto da convocação.**

Alternativa "b" (responde a alternativa "e"). Nos termos do art. 49-A, §6º, **não** se aplica decisão coordenada aos processos administrativos de licitação, **relacionados ao poder sancionador** ou **em que estejam envolvidas autoridades de Poderes distintos**.

Alternativa "d". Não há qualquer previsão neste sentido no âmbito da Lei nº 9.784/1999. Pelo contrário, na forma do art. 49-G, *caput*, VI, a conclusão dos trabalhos da decisão coordenada será consolidada em ata que conterá a decisão de cada órgão ou entidade relativa à matéria sujeita à sua competência.

92. (FCC – 2024 – TRF 3 - Técnico Judiciário - Área Administrativa) A Lei de Processo Administrativo (Lei nº 9.784/1999), no que tange aos recursos administrativos, estatui que:

a) em caso de não conhecimento do recurso, é vedada a revisão de ofício do ato legal, em razão do efeito preclusivo.

b) os processos administrativos de que resultem sanções poderão ser revistos, a pedido ou de ofício, quando surgirem fatos novos ou circunstâncias relevantes suscetíveis de justificar a inadequação da sanção aplicada, observado o prazo prescricional de 5 anos.

c) salvo disposição legal específica, é de 10 dias o prazo para interposição de recurso administrativo, contado a partir da ciência ou divulgação oficial da decisão recorrida.

d) os recursos administrativos serão dirigidos à autoridade superior, que no prazo de 5 dias decidirá sobre a suspensão da decisão recorrida.

e) têm legitimidade para interpor recurso somente aqueles cujos direitos ou interesses foram diretamente afetados pela decisão recorrida.

▷ ***Anotações/Comentários***

Alternativa "a". Nos termos do art. 63, §2º, da Lei, "o não conhecimento do recurso não impede a Administração de rever de ofício o ato ilegal, desde que não ocorrida preclusão administrativa".

Alternativa "b". Os processos administrativos de que resultem sanções poderão ser revistos, **a qualquer tempo**, a pedido ou de ofício, quando surgirem fatos novos ou circunstâncias relevantes suscetíveis de justificar a inadequação da sanção aplicada (art. 65, Lei nº 9.784/99).

Alternativa "c". Nos termos do art. 59, *caput*, da Lei, ***o prazo para interposição do recurso é de dez dias***, contados a partir da ciência ou divulgação oficial da decisão recorrida, salvo disposição legal específica em sentido diverso.

Alternativa "d". Na forma do art. 56, §1º, "o recurso será dirigido à autoridade que proferiu a decisão, a qual, se não a reconsiderar no prazo de cinco dias, o encaminhará à autoridade superior".

Alternativa "e". Nos termos do art. 58 da Lei, têm legitimidade para interpor recurso administrativo: a) titulares de direitos e interesses que forem parte no processo; b) aqueles cujos direitos ou interesses forem indiretamente afetados pela decisão recorrida; ***c) as organizações e associações representativas, no tocante a direitos e interesses coletivos; d) os cidadãos ou associações, quanto a direitos ou interesses difusos.***

---

93. (FCC – Analista Judiciário – Área Judiciária – TRT 17/2023) Conforme estabelece a Lei nº 9.784/1999, que dispõe sobre o processo administrativo no âmbito da Administração Pública Federal,

a) não se aplica a decisão coordenada aos processos administrativos de licitação.

b) uma vez iniciado o processo administrativo, o interessado não poderá mais desistir total ou parcialmente do pedido formulado ou, ainda, renunciar a direitos, ainda que disponíveis.

c) o direito da Administração de anular os atos administrativos de que decorram efeitos favoráveis para os destinatários decai em dois anos, contados da data em que foram praticados, salvo comprovada má-fé.

d) o comparecimento espontâneo do administrado não supre a irregularidade da intimação feita sem a observância das prescrições legais.

e) é vedada a autenticação de documentos exigidos em cópia pelo órgão administrativo.

▷ **Anotações/comentários**

Alternativa "a". A **decisão coordenada** foi inserida na Lei nº 9.784/99 pela Lei nº 14.210/2021. Neste sentido o art. 49-A, em seu §6º, estabelece que não se aplica a decisão coordenada aos processos administrativos: I – de licitação; II – relacionados ao poder sancionador e III – em que estejam envolvidas autoridades de Poderes distintos.

Alternativa "b". Na forma do art. 51, *caput*, da Lei, "o interessado poderá, mediante manifestação escrita, desistir total ou parcialmente do pedido formulado ou, ainda, renunciar a direitos disponíveis".

Alternativa "c". O direito da Administração de anular os atos administrativos de que decorram efeitos favoráveis para os destinatários decai em **cinco** anos, contados da data em que foram praticados, salvo comprovada má-fé, nos exatos termos do art. 54, *caput*.

Alternativa "d". A literalidade do art. 26, §5º, da Lei, estabelece que "as intimações serão nulas quando feitas sem observância das prescrições legais, mas o comparecimento do administrado supre sua falta ou irregularidade".

Alternativa "e". Consoante art. 22, §3º, da Lei, "a autenticação de documentos exigidos em cópia poderá ser feita pelo órgão administrativo".

---

94. (FCC – Analista Judiciário – Área Judiciária – TRT 14/2022) No âmbito da Administração pública federal, as decisões administrativas que exijam a participação de três ou mais setores, órgãos ou entidades poderão ser tomadas mediante decisão coordenada, desde que respeitados todos os requisitos legais. Nos termos da Lei nº 9.784/1999, que regula o processo administrativo no âmbito da Administração pública federal, a decisão coordenada

a) se aplica, dentre outros, a processos administrativos em que estejam envolvidas autoridades de Poderes distintos.

b) obedecerá aos princípios da legalidade, da eficiência e da transparência, com utilização, sempre que necessário, da simplificação do procedimento e da desconcentração das instâncias decisórias.

c) exclui a responsabilidade originária de cada órgão ou autoridade envolvida.

d) não se aplica a processos administrativos relacionados ao poder sancionador.

e) não admite a participação de interessados, ou seja, não permite que titulares de direitos ou interesses que possam ser afetados pela decisão habilitem-se a participar da decisão coordenada, ainda que na qualidade de ouvintes.

▷ **Anotações/comentários**

Alternativa "a" (responde a alternativa "d"). A decisão coordenada foi inserida na Lei nº 9.784/99 pela Lei nº 14.210/2021. Neste sentido o art. 49-A, em seu §6º, estabelece que não se aplica a decisão coordenada aos processos administrativos: I – de licitação; II – relacionados ao poder sancionador e III – em que estejam envolvidas autoridades de Poderes distintos.

Alternativa "b". Nos termos do art. 49-A, §5º, da Lei, a decisão coordenada obedecerá aos princípios da legalidade, da eficiência e da transparência, com utilização, sempre que necessário, da simplificação do procedimento e da **concentração** das instâncias decisórias.

Alternativa "c". Eis a literalidade do §4º, do art. 49-A, pelo qual a decisão coordenada não exclui a responsabilidade originária de cada órgão ou autoridade envolvida.

Alternativa "e". O art. 49-B, *caput*, da Lei, admite a participação de interessados, ou seja, permite que titulares de direitos ou interesses que possam ser afetados pela decisão habilitem-se a participar da decisão coordenada, ainda que na qualidade de ouvintes.

---

95. (Cespe – Técnico Judiciário – TJ – RJ/2021) Segundo a Lei n.º 9.784/1999, depois de concluída a instrução no processo administrativo, a administração tem o dever de decidir em até

a) 45 dias, prorrogáveis por igual período.

b) 30 dias, improrrogáveis.

c) 60 dias, prorrogáveis por igual período.

d) 30 dias, prorrogáveis por igual período.

e) 45 dias, improrrogáveis.

▷ ***Anotações/Comentários***

Na forma do art. 49, da Lei nº 9.784/1999, "concluída a instrução de processo administrativo, a Administração tem o prazo de até trinta dias para decidir, salvo prorrogação por igual período expressamente motivada".

---

96. (Cespe – Técnico Judiciário – TJ – RJ/2021) O princípio adotado no processo administrativo com a finalidade de vedar a aplicação retroativa de nova interpretação de lei no âmbito da administração pública denomina-se princípio da

a) moralidade.

b) eficiência.

c) impessoalidade.

d) segurança jurídica.

e) publicidade.

▷ ***Anotações/Comentários***

Alternativa "a". O princípio da moralidade preceitua que **a atuação administrativa além de ser legal tem que ser moral.** Tem que estar de acordo com a **boa-fé,** com a **moral,** com a **ética,** com a **honestidade,** com a **lealdade,** com a **probidade.**

Alternativa "b". Pelo princípio da eficiência, **a Administração Pública deve atuar de maneira a buscar resultados e não simplesmente agir.** É uma exigência constitucional que se manifesta, especialmente, em relação aos serviços públicos, pois esses devem ser cada vez mais executados da melhor maneira possível e devem alcançar todos os administrados e, mais, de maneira eficiente.

Alternativa "c". O **princípio da impessoalidade** deve ser visto sob dois aspectos: em **relação ao administrado** e em **relação à própria Administração**. No que se refere ao administrado, a impessoalidade se faz presente na **busca pela finalidade pública** e nunca de interesse particular. No outro sentido – em relação à própria Administração – significa que não é o agente público, enquanto pessoa física, que pratica o ato administrativo, pois, na verdade, quem o faz é a pessoa jurídica à qual pertence o órgão em que o servidor está lotado.

Alternativa "d". Na esfera federal, na Lei nº 9.784/99, visualiza-se o **princípio da segurança jurídica** em duas diferentes situações: no art. 2º, parágrafo único, XIII, pois estabelece a **vedação à aplicação retroativa de nova interpretação** e, ainda, no art. 54, ao prever que **a Administração Pública decairá, após cinco anos, do direito de anular os atos administrativos, quando seus efeitos forem benéficos ao destinatário e não tenha ocorrido má-fé.**

Alternativa "e". De acordo com o **princípio da publicidade**, a atividade administrativa não pode ser secreta, pois deve ser transparente de modo a permitir que o titular do poder – que é o povo – possa verificar se, realmente, a conduta do administrador estava pautada no interesse público. O princípio da publicidade é materializado pela publicação dos atos administrativos e, assim, a regra é que todo ato administrativo deva ser publicado, exceto quando, nos termos do art. 5º, XXXIII, da Constituição Federal, o "sigilo seja imprescindível à segurança da sociedade e do Estado".

97. (Cespe – Analista Judiciário – Direito – TJ – PA/2020) O processo administrativo pode ser iniciado e impulsionado sem qualquer provocação de particular. Além disso, adota formas simples, suficientes para propiciar adequado grau de certeza, segurança e respeito aos direitos dos administrados. Esses critérios, previstos na Lei n.º 9.784/1999, refletem observância, respectivamente, aos princípios

a) da eficiência e da finalidade.
b) da verdade material e da segurança jurídica.
c) do interesse público e da verdade formal.
d) da finalidade e da instrumentalidade das formas.
e) da oficialidade e do informalismo procedimental.

▷ ***Anotações/Comentários***

Alternativa "a". Apesar de os princípios da **eficiência** e **finalidade** estarem contemplados na Lei nº 9.784/1999, a descrição constante do enunciado não corresponde a estes postulados.

Alternativa "b". O princípio da **verdade material**, apesar de ser considerado como implícito ao processo administrativo no âmbito federal, não está expressamente previsto na Lei nº 9.784/1999.

Alternativa "c". O princípio da **verdade formal** sequer está previsto no rol do art. 2º, da Lei nº 9.784/1999.

Alternativa "d". Inexiste previsão do princípio da **instrumentalidade das formas** na Lei nº 9.784/1999, mas, de forma implícita, da **informalidade**.

Alternativa "e". O princípio da oficialidade, em âmbito administrativo, não tem significado igual ao que lhe é dado no processo judicial, em que cabe ao juiz movimentar o processo tão somente após provocação das partes. No processo administrativo, o princípio da oficialidade representa a possibilidade da Administração Pública, ***de ofício***, dar início ao processo administrativo, impulsioná-lo, instruí-lo e revisá-lo. Está instrumentalizado logo no art. 5º, da Lei nº 9.784/1999. Por seu turno, o art. 22, da Lei, representa uma manifestação do princípio do **informalismo** ou princípio do formalismo moderado, que não significa ausência de forma, mas que o processo administrativo **não deve se submeter a formas rígidas,** exceto se houver exigência legal expressa.

98. (FCC – Analista Judiciário – Área Judiciária – TRF 3/2019) No tocante à delegação e avocação de competências administrativas, a Lei Federal de Processo Administrativo - Lei no 9.784/1999, quanto ao uso de tais mecanismos na modalidade vertical (observando a linha hierárquica) ou na modalidade horizontal (sem observar a linha hierárquica), admite a

a) avocação e a delegação em ambas as modalidades.
b) avocação em ambas as modalidades, mas a delegação apenas na modalidade vertical.
c) delegação em ambas as modalidades, mas a avocação apenas na modalidade vertical.
d) delegação apenas na modalidade vertical e a avocação apenas na modalidade horizontal.
e) delegação em ambas as modalidades, mas a avocação apenas na modalidade horizontal.

▷ ***Anotações/Comentários***

Na forma do art. 12, da Lei, "um órgão administrativo e seu titular poderão, se não houver impedimento legal, delegar parte da sua competência a outros órgãos ou titulares, **ainda que estes não lhe sejam hierarquicamente subordinados**, quando for conveniente, em razão de circunstâncias de índole técnica, social, econômica, jurídica ou territorial". Como não há necessidade de hierarquia para haver delegação, esta pode se dar de forma vertical ou horizontal. Já a avocação, no art. 15, encontra limitações, na medida em que "será permitida, em caráter excepcional e por motivos relevantes devidamente justificados, a avocação temporária de competência atribuída a órgão hierarquicamente inferior", de tal modo que necessariamente a avocação pressupõe a existência de um órgão superior, daí falar-se no instituto apenas na modalidade vertical.

99. (FCC – Técnico Judiciário – Área Administrativa – TRF 3/2019) A Lei Federal no 9.784/1999 - Lei do Processo Administrativo - impõe como critério a ser observado na atuação nos processos administrativos a vedação à aplicação retroativa de nova interpretação (art. 2o, parágrafo único, XIII). Tal diretriz prestigia especialmente o princípio da

a) segurança jurídica.
b) moralidade administrativa
c) eficiência.
d) impessoalidade.
e) autotutela.

▷ ***Anotações/Comentários***

Alternativa "a". O princípio da **segurança jurídica** traduz-se pela **necessária tentativa de preservação dos atos administrativos praticados.** Nesse sentido, **deve-se preferir convalidar um ato administrativo a anulá-lo.** No referido diploma legal, visualiza-se o **princípio da segurança jurídica** em duas diferentes situações: no art. 2º, parágrafo único, XIII, pois estabelece a **vedação à aplicação retroativa de nova interpretação** e, ainda, no art. 54, ao prever que **a Administração Pública decairá, após cinco anos, do direito de anular os atos administrativos, quando seus efeitos forem benéficos ao destinatário e não tenha ocorrido má-fé.**

Alternativa "b". O princípio da moralidade preceitua que **a atuação administrativa além de ser legal tem que ser moral.** Tem que estar de acordo com a **boa-fé,** com a **moral,** com a **ética,** com a **honestidade,** com a **lealdade,** com a **probidade.**

Alternativa "c". Pelo princípio da eficiência, **a Administração Pública deve atuar de maneira a buscar resultados e não simplesmente agir.** É uma exigência constitucional que se manifesta, especialmente, em relação aos serviços públicos, pois esses devem ser cada vez mais executados da melhor maneira possível e devem alcançar todos os administrados e, mais, de maneira eficiente.

Alternativa "d". A atuação impessoal da Administração Pública deve estar presente tanto em relação ao administrado quanto em relação a ela própria. No que se refere ao administrado, a impessoalidade se faz presente na busca pela finalidade pública e nunca de interesse particular e, por isso, não se admite atuação administrativa no sentido de prejudicar ou beneficiar pessoas determinadas.

Alternativa "e". Pelo princípio da **autotutela, é dever da Administração Pública o controle de seus próprios atos, quanto à legalidade e quanto ao mérito**. A autotutela significa, assim, que a Administração tem de **cuidar de si própria** e, com fundamento nesse princípio, ela anula seus atos, quando eivados de vícios de legalidade, ou os revoga, quando se tornarem inconvenientes ou inoportunos em face do interesse público.

100. (Cespe – Técnico Judiciário – Área Administrativa – TRF 1/2017) Recurso e revisão, instrumentos que permitem o reexame de fatos e provas juntados no processo administrativo, se diferenciam quanto à possibilidade de agravamento da situação do processado: no julgamento do recurso, o órgão competente não agravará a situação do recorrente; na revisão, há expressa determinação legal que permite o aumento da sanção imposta.

▷ ***Anotações/Comentários***

Os processos administrativos de que resultem sanções poderão ser revistos, a qualquer tempo, a pedido ou de ofício, quando surgirem fatos novos ou circunstâncias relevantes suscetíveis de justificar a inadequação da sanção aplicada, na forma do art. 65, Lei nº 9.784/99.

Segundo a doutrina, os recursos em sentido amplo admitem a chamada *reformatio in pejus*, isto é, o agravamento da situação daquele que interpõe o instrumento. Isso é decorrência direta do princípio da verdade material, pelo qual a Administração pode se valer de qualquer prova lícita para descobrir a verdade real e não se restringe **às** provas obtidas no processo. Entretanto, estabelece o artigo 182 da Lei 8.112/90 que **"da revisão do processo não poderá resultar agravamento de penalidade", sendo, portanto, vedado pela lei a *reformatio in pejus* no julgamento da revisão.**

101. (Cespe – Analista Judiciário – Área Administrativa – TRF 1/2017) Em processos administrativos, as associações representativas não possuem legitimidade para a interposição de recurso, mesmo que objetivem a defesa de direitos e de interesses coletivos.

▷ ***Anotações/Comentários***

O recurso administrativo pode ser interposto (art. 58): a) pelos titulares de direitos e interesses que forem parte no processo; b) por aqueles cujos direitos ou interesses forem indiretamente afetados pela decisão recorrida; c) pelas organizações e associações representativas, no tocante a direitos e interesses coletivos; d) pelos cidadãos ou associações, quanto a direitos ou interesses difusos.

102. (Cespe – Técnico Judiciário – Área Administrativa – TRE – BA/2017) De acordo com a Lei n.° 9.784/1999, que regula o processo administrativo no âmbito federal e trata, entre outros assuntos, dos direitos e deveres dos administrados e da administração pública, assinale a opção correta.

a) Do processo administrativo em que seja interessado, o administrado tem direito a: ciência da tramitação; vista dos autos e obtenção de cópias de documentos, ainda que se trate de processo classificado como sigiloso.
b) A administração pública tem o dever de motivar suas decisões de forma explícita, clara e congruente, não podendo fazê-lo mediante simples declaração de concordância com fundamentos de pareceres anteriores.
c) Em qualquer caso, o administrado tem o dever de fazer-se assistir por advogado para que sejam observados os princípios constitucionais do contraditório e da ampla defesa.
d) O administrado tem o direito de formular alegações e apresentar documentos antes e depois da decisão administrativa, os quais devem ser considerados pelo órgão competente.
e) A administração pública tem o dever de emitir decisão nos processos administrativos, mas não está obrigada a se manifestar sobre as reclamações dos administrados.

▷ ***Anotações/Comentários***

Alternativa "a". Os direitos descritos no item estão previstos no art. 3º, II, da Lei nº 9.784/99 e por este o administrado tem o direito de ter ciência da tramitação (quando for interessado), de ter vista dos autos, de conhecer as decisões e, ainda, o de obter cópias de documentos contidos no processo administrativo.

Alternativa "b". O princípio da motivação corresponde à demonstração, por escrito, dos motivos, dos pressupostos de fato e de direito, que levaram o administrador a praticar o ato administrativo. Está previsto expressamente no art. 2º, parágrafo único, VII, da Lei nº 9.784/99, ao estabelecer como critério, no processo administrativo federal, a "indicação dos pressupostos de fato e de direito que determinarem a decisão". Ainda nessa lei, no art. 50, há a determinação de que os atos administrativos deverão ser motivados, quando: a) neguem, limitem ou afetem direitos ou interesses; b) imponham ou agravem deveres, encargos ou sanções; c) decidam processos administrativos de concurso ou seleção pública; d) dispensem ou declarem a inexigibilidade de processo licitatório; e) decidam recursos administrativos; f) decorram de reexame de ofício; g) deixem de aplicar jurisprudência firmada sobre a questão ou discrepem de pareceres, laudos, propostas e relatórios oficiais; h) importem anulação, revogação, suspensão ou convalidação de ato administrativo. Neste sentido, o art. 50, VII da Lei nº 9.784/99 exige a motivação do ato administrativo quando ele deixar de aplicar jurisprudência firmada sobre a questão ou discrepar de pareceres, laudos, propostas e relatórios oficiais. Assim, quando o ato estiver fundamentado em pareceres anteriores, **não** há necessidade de motivação.

Alternativa "c". A assistência de advogado não é obrigatória para o administrado, pois o art. 3º, IV, determina que é direito do administrado "fazer-se assistir, **facultativamente**, por advogado, salvo quando obrigatória a representação, por força de lei". Ainda, há a Súmula vinculante nº 5, a qual estabelece que a "falta de defesa técnica por advogado no processo administrativo disciplinar não ofende a Constituição".

Alternativa "d". Em consonância com o direito constitucional à ampla defesa, o art. 3º, III, assegura ao administrado o direito de "formular alegações e apresentar documentos antes da decisão, os quais serão objeto de consideração pelo órgão competente".

Alternativa "e". A administração pública tem o dever de emitir decisão nos processos administrativos e a se manifestar sobre reclamações dos administrados.

103. (Consulplan – Analista Judiciário – Área Administrativa – TRE – RJ/2017) "Um servidor do Tribunal Regional Eleitoral, no decorrer de processo administrativo em que pleiteia afastamento para estudo no exterior, contraiu doença grave após contaminação por radiação." Na situação apresentada, à luz das normas aplicáveis aos servidores federais, é correto afirmar que o servidor

a) passa a ter vinte dias de férias por semestre, vedada a acumulação.
b) desde que requeira, faz jus à tramitação prioritária do processo administrativo.
c) tem direito à aposentadoria por invalidez que deve ser concedida em até trinta dias.
d) somente terá o afastamento pretendido após inspeção realizada por junta médica oficial.

▷ ***Anotações/Comentários***

O art. 69-A, da Lei nº 9.784/99, estabelece que terão prioridade na tramitação, em qualquer órgão ou instância, os procedimentos administrativos em que figure como parte ou interessado: I – pessoa com idade igual ou superior a 60 (sessenta) anos; II – pessoa portadora de deficiência, física ou mental e IV – pessoa portadora de tuberculose ativa, esclerose múltipla, neoplasia maligna, hanseníase, paralisia irreversível e incapacitante, cardiopatia grave, doença de Parkinson, espondiloartroseanquilosante, nefropatia grave, hepatopatia grave, estados avançados da doença de Paget (osteíte deformante), **contaminação por radiação**, síndrome de imunodeficiência adquirida, ou outra doença grave, com base em conclusão da medicina especializada, mesmo que a doença tenha sido contraída após o início do processo. Nesse sentido, o §1º, do mesmo dispositivo legal, estabelece que "a pessoa interessada na obtenção do benefício, juntando prova de sua condição, **deverá requerê-lo** à **autoridade administrativa competente**, que determinará as providências a serem cumpridas".

104. (Cespe – Analista Judiciário – Área Judiciária – TRE – BA/2017) Em caso de recurso administrativo interposto perante autoridade incompetente, a legislação prevê que

a) o recurso seja remetido à autoridade competente.
b) a autoridade competente seja indicada ao recorrente, sendo-lhe devolvido o prazo para recurso.
c) o seguimento do recurso seja negado.
d) o recurso seja conhecido, embora deva ser desprovido.
e) o processo administrativo correspondente seja arquivado.

▷ ***Anotações/Comentários***

O recurso **não será conhecido** quando interposto perante órgão **incompetente** (art. 63, II). Nesse caso, será indicada ao recorrente a autoridade competente, sendo-lhe devolvido o prazo para interposição do recurso, conforme mandamento expresso do art. 63, §1º, da Lei.

9. LICITAÇÃO E CONTRATO ADMINISTRATIVO

105. (AOCP – 2024 – TRF 2 - Analista Judiciário - Área Administrativa) De acordo com o disposto na Lei nº 14.133/2021 (Lei de Licitações e Contratos Administrativos), é obrigatória a celebração de termo aditivo para alteração do contrato administrativo na hipótese de

a) variação do valor contratual para fazer face ao reajuste ou à repactuação de preços previstos no próprio contrato.

b) atualizações, compensações ou penalizações financeiras decorrentes das condições de pagamento previstas no contrato.

c) alterações na razão ou na denominação social do contratado.

d) empenho de dotações orçamentárias.

e) alteração unilateral do contrato que aumente ou diminua os encargos do contratado, caso em que a Administração deverá restabelecer o equilíbrio econômico-financeiro inicial.

▷ ***Anotações/Comentários***

Nota do Autor: O art. 124, I, da Lei, estabelece as possibilidades de os contratos administrativos serem unilateralmente alterados pela Administração Pública: a) quando houver modificação do projeto ou das especificações, para melhor adequação técnica a seus objetivos; a) quando houver modificação do projeto ou das especificações, para melhor adequação técnica a seus objetivos. Trata-se de típica **cláusula exorbitante**, que coloca a Administração em posição de superioridade em relação aos administrados.

Alternativa "e" (responde as demais alternativas). O art. 125, da Lei, estabelece que nas alterações unilaterais promovidas pela Administração Pública, o contratado será obrigado a aceitar, nas mesmas condições contratuais, acréscimos ou supressões de até 25% (vinte e cinco por cento) do valor inicial atualizado do contrato que se fizerem nas obras, nos serviços ou nas compras, e, no caso de reforma de edifício ou de equipamento, o limite para os acréscimos será de 50% (cinquenta por cento). Neste sentido, na exata forma do que disciplina o art. 130, da Lei, "caso haja alteração unilateral do contrato que aumente ou diminua os encargos do contratado, a Administração deverá restabelecer, **no mesmo termo aditivo**, o equilíbrio econômico-financeiro inicial".

106. (FCC – 2024 – TRF 3 - Técnico Judiciário - Área Administrativa) A Nova Lei de Licitações e Contratos (Lei nº 14.133/2021) estabelece, no tocante à alteração dos contratos administrativos, que:

a) Em caso de repactuação de preços prevista no contrato, essa alteração bilateral deverá ser formalizada por meio de termo aditivo, condição necessária para a produção dos efeitos financeiros respectivos.

b) Em caso de justificada necessidade e observados os limites legais, a Administração poderá determinar ao contratado prestações não previstas no contrato, desde que formalize o respectivo termo aditivo no prazo máximo de um mês.

c) É vedada, em contratos de obras ou de serviços de engenharia, a alteração contratual motivada por falha de projeto, devendo haver a realização da nova licitação do objeto, com base em projeto retificado.

d) Nas alterações unilaterais em contratos de obras, serviços ou compras, o contratado será obrigado a aceitar acréscimos e supressões de até 25% do valor inicial atualizado do contrato; porém, os acréscimos e supressões poderão alcançar o percentual de 50%, desde que haja a concordância do contratado.

e) Nas hipóteses em que for adotada a contratação integrada ou semi-integrada, é possível alterar os valores contratuais, pela ocorrência de evento superveniente alocado na matriz de riscos como de responsabilidade do contratado.

▷ ***Anotações/Comentários***

Alternativa "a". Nos termos do art. 126, os registros que não caracterizam alteração do contrato podem ser realizados por simples apostila, dispensada a celebração de termo aditivo, como é o caso da variação do valor contratual para fazer face ao reajuste ou à repactuação de preços previstos no próprio contrato (inciso I)..

Alternativa "b". Eis, precisamente, a redação do art. 132, da Lei: "a formalização do termo aditivo é condição para a execução, pelo contratado, das prestações determinadas pela Administração no curso da execução do contrato, salvo nos casos de justificada necessidade de antecipação de seus efeitos, hipótese em que a formalização deverá ocorrer no prazo máximo de 1 (um) mês".

Alternativa "c". Pelo contrário, a exegese do art. 124, §1º, da Lei, estabelece que "se forem decorrentes de falhas de projeto, as alterações de contratos de obras e serviços de engenharia ensejarão apuração de responsabilidade do responsável técnico e adoção das providências necessárias para o ressarcimento dos danos causados à Administração", deixando clara a possibilidade de alteração contratual decorrente de falhas de projeto.

Alternativa "d". O art. 125, da Lei, estabelece que nas alterações unilaterais promovidas pela Administração Pública, o contratado será obrigado a aceitar, nas mesmas condições contratuais, acréscimos ou supressões de até 25% (vinte e cinco por cento) do valor inicial atualizado do contrato que se fizerem nas obras, nos serviços ou nas compras, e, no caso de reforma de edifício ou de equipamento, o limite para os acréscimos será de 50% (cinquenta por cento), sem necessidade de que haja concordância do contratado.

Alternativa "e". Nas hipóteses em que for adotada a contratação integrada ou semi-integrada, é possível alterar os valores contratuais, pela ocorrência de evento superveniente alocado na matriz de riscos como de responsabilidade da Administração, nos termos do art. 133, IV, da Lei.

107. (FCC – 2024 – TRT 11 (AM e RR) – Analista Judiciário - Área Administrativa) A Lei de Licitações (Lei nº 14.133/2021) prevê a possibilidade de pregão para

a) seleção de leiloeiro oficial.

b) serviço especial de engenharia.

c) inovação tecnológica ou técnica.

d) serviço técnico intelectual.

e) elaboração de projeto executivo.

▷ ***Anotações/Comentários***

Nota do Autor: O pregão é a modalidade de licitação obrigatória para aquisição de bens e serviços comuns, cujo critério de julgamento poderá ser o de menor preço ou o de maior desconto (art. 6º, LXI, da Lei).

Alternativa "a" (responde as demais alternativas). Na exata forma do que disciplina o art. 29, *caput* e parágrafo único da Lei, o pregão deve ser adotado sempre que o objeto da licitação possuir padrões de desempenho e qualidade que possam ser objetivamente definidos pelo edital, por meio de especificações usuais de mercado, **não** se aplicando às contratações de **serviços técnicos especializados de natureza predominantemente intelectual e de obras e serviços de engenharia**, exceto aqueles que sejam de natureza comum, ou seja, que tenha por objeto ações, objetivamente padronizáveis em termos de desempenho e qualidade, de manutenção, de adequação e de adaptação de bens móveis e imóveis, com preservação das características originais dos bens. Neste sentido, dentre as hipóteses mencionadas no enunciado, apenas a **seleção de leiloeiro oficial** não se trata de serviço técnico de natureza predominante intelectual e, ainda, estabelece o art. 31, §1º, que se optar pela realização de leilão por intermédio de leiloeiro oficial, a Administração deverá selecioná-lo mediante credenciamento ou licitação na modalidade **pregão.**

108. (FCC – 2024 – TRT 11 (AM e RR) - Técnico Administrativo - Área Administrativa) É cabível a inexigibilidade de licitação, nos termos previstos na Lei nº 14.133/2021, na contratação

a) de associação de pessoas com deficiência, sem fins lucrativos e de comprovada idoneidade.

b) de objetos que devam ou possam ser contratados por meio de credenciamento.

c) em casos de guerra, estado de defesa, estado de sitio, intervenção federal ou de grave perturbação da ordem.

d) que possa acarretar comprometimento da segurança nacional, nos casos estabelecidos pelo Ministro de Estado da Defesa.

e) nos casos em que a União tiver que intervir no domínio econômico para regular preços ou normalizar o abastecimento.

▷ ***Anotações/Comentários***

Nota do Autor: Na exata forma do que disciplina o art. 74, *caput*, da Lei, é inexigível a licitação quando **inviável** a competição, sendo que o texto legal traz **rol exemplificativo** de hipóteses em que há inexigibilidade de licitação.

Alternativa "a". É **dispensável** a licitação na contratação de associação de pessoas com deficiência, sem fins lucrativos e de comprovada idoneidade (art. 75, XIV, da Lei).

Alternativa "b". De acordo com o art. 74, IV, da Lei, é inexigível a licitação quando **inviável** a competição, em especial nos casos de objetos que devam ou possam ser contratados por meio de credenciamento.

Alternativa "c". Mais uma vez, é **dispensável** a licitação na contratação em casos de guerra, estado de defesa, estado de sítio, intervenção federal ou de grave perturbação da ordem (art. 75, VII, da Lei).

Alternativa "d". No mesmo sentido, é **dispensável** a licitação na contratação que possa acarretar comprometimento da segurança nacional, nos casos estabelecidos pelo Ministro de Estado da Defesa (art. 75, VI, da Lei).

Alternativa "e". Enfim, é **dispensável** a licitação nos casos em que a União tiver que intervir no domínio econômico para regular preços ou normalizar o abastecimento (art. 75, X, da Lei).

---

109. (FCC – 2024 – TRT 11 (AM e RR) – Analista Judiciário - Área Administrativa) A norma vigente, no campo dos procedimentos licitatórios, permite que o prazo de contratação, nos ajustes em que a Administração seja usuária de serviço público oferecido em regime de monopólio, desde que comprovada, a cada exercício financeiro, a existência de créditos orçamentários vinculados à contratação, seja

a) exatamente 72 meses.

b) indeterminado.

c) até 10 anos.

d) de no máximo 5 anos.

e) de no mínimo 4 anos.

▷ ***Anotações/Comentários***

Nota do Autor: Em regra, a duração dos contratos administrativos será a prevista em edital, e deverão ser observadas, no momento da contratação e a cada exercício financeiro, a disponibilidade de créditos orçamentários, bem como a previsão no plano plurianual, quando ultrapassar 1 (um) exercício financeiro, nos termos do art. 105, *caput*, da Lei.

Alternativa "b" (responde as demais alternativas). Eis, precisamente, a redação do art. 109, da Lei nº 14.133/2021, pela qual "a Administração poderá estabelecer a **vigência por prazo indeterminado** nos contratos em que seja usuária de serviço público oferecido em regime de monopólio, desde que comprovada, a cada exercício financeiro, a existência de créditos orçamentários vinculados à contratação".

---

110. (FCC – Analista Judiciário – Área Administrativa – TRT 18/2023) Iniciado procedimento de licitação para contratação de serviços de engenharia para reforma de imóvel pertencente a ente público, foi constatado que seria mais vantajoso alienar o imóvel e, com o produto da venda, adquirir novo bem, mais adequado às atuais necessidades da Administração Pública. Pretendendo a Administração seguir essa orientação,

a) poderá revogar a licitação e dar início a instrução de novo processo, para fins de alienação onerosa do imóvel, o que, nos termos da Lei federal nº 14.133/2021, se dará mediante leilão.

b) deverá anular a licitação em curso, considerando que se alterou o contexto fático que motivava o certame, configurando vício de legalidade, desde que ainda não tenha ocorrido a fase de apresentação de propostas.

c) deverá revogar a licitação, considerando que se alterou o contexto fático que motivava o certame, configurando vício de legalidade, desde que ainda não tenha ocorrido a fase de apresentação de propostas.

d) deverá retificar o edital de licitação para incluir a alternativa de alienação onerosa do imóvel, desde que fique clara a preferência entre os objetos do certame e que, nos termos da Lei federal nº 14.133/2021, siga a modalidade de concorrência.

e) poderá retificar o edital para que o procedimento passe a seguir o rito do diálogo competitivo, permitindo interlocução com os licitantes, a fim de apurar o melhor resultado para a Administração, reforma ou venda, evitando o risco de se verificar licitação deserta para uma ou outra situação.

▷ **Anotações/comentários**

Alternativa "a" (responde as alternativas "c" e "d"). Nos termos do art. 71, II, da Lei, encerradas as fases de julgamento e habilitação, e exauridos os recursos administrativos, o processo licitatório será encaminhado à autoridade superior, que poderá revogar a licitação por motivo de conveniência e oportunidade. O §2º, do mesmo dispositivo, estabelece que o motivo determinante para a revogação do processo licitatório deverá ser resultante de fato superveniente devidamente comprovado. Com isso, caso seja constatado que seria mais vantajoso alienar o imóvel e, com o produto da venda, adquirir novo bem, perfeitamente possível que seja revogada a licitação e que sejam iniciados os procedimentos para a venda do imóvel. Em se tratando de bens imóveis, na forma do art. 76, I, da Lei, será exigida autorização legislativa e **licitação na modalidade leilão**, além de outros requisitos previstos na legislação.

Alternativa "b". O art. 71, III, da Lei, estabelece a obrigatoriedade de proceder à anulação da licitação, de ofício ou mediante provocação de terceiros, sempre que presente ilegalidade insanável. Nesse sentido, o §1º determina que ao pronunciar a nulidade, a autoridade indicará expressamente os atos com vícios insanáveis, tornando sem efeito todos os subsequentes que deles dependam, e dará ensejo à apuração de responsabilidade de quem lhes tenha dado causa.

---

111. (IBFC – Analista Judiciário – TJ/MG/2022) Conforme a Lei de Licitações e Contratos Administrativos (Lei nº 14.133/2021), na modalidade de licitação denominada diálogo competitivo, serão observadas as seguintes disposições, exceto:

a) a divulgação de informações de modo discriminatório que possa implicar vantagem para algum licitante será vedada

b) a Administração apresentará, por ocasião da divulgação do edital em sítio eletrônico oficial, suas necessidades e as exigências já definidas e estabelecerá prazo mínimo de 30 (trinta) dias úteis para manifestação de interesse na participação da licitação

c) o edital poderá prever a realização de fases sucessivas, caso em que cada fase poderá restringir as soluções ou as propostas a serem discutidas

d) a fase de diálogo poderá ser mantida até que a Administração, em decisão fundamentada, identifique a solução ou as soluções que atendam às suas necessidades

e) os critérios empregados para pré-seleção dos licitantes deverão ser previstos em edital, e serão admitidos todos os interessados que preencherem os requisitos objetivos estabelecidos

▷ **Anotações/comentários**

Nota do Autor: O **diálogo competitivo** foi criado pela Lei nº 14.133/2021, e pode ser definido como a modalidade de licitação para contratação de obras, serviços e compras em que a Administração Pública realiza diálogos com licitantes previamente selecionados mediante critérios objetivos, com o intuito de desenvolver uma ou mais alternativas capazes de atender às suas necessidades, devendo os licitantes apresentar proposta final após o encerramento dos diálogos.

Alternativa "b" (responde as demais alternativas). O procedimento especial do diálogo competitivo está detalhado no §1º do art. 32 e será desenvolvido em duas fases, a de diálogo e a competitiva.

Na fase de diálogo, a Administração divulgará edital, destinado à pré-seleção dos licitantes, contendo quais são as suas necessidades e exigências e haverá um **prazo mínimo de 25 dias úteis** para manifestação de quem tiver interesse em participar e, conforme os critérios constantes do edital, a Administração fará a pré-seleção e serão admitidos todos os interessados que preencherem os requisitos objetivos estabelecidos. Feita a pré-seleção, ocorrerão os diálogos, que são reuniões com os licitantes selecionados para que sejam apresentadas à Administração soluções e propostas para que ela consiga atender suas necessidades. Há determinação legal no sentido de é vedado à Administração divulgar informações de modo discriminatório, que possa implicar vantagem para algum licitante ou revelar soluções propostas ou informações sigilosas comunicadas por um licitante, sem seu consentimento. Pode o edital prever que os diálogos serão feitos em fases sucessivas, caso em que poderá ser feita restrição a quais soluções ou propostas serão discutidas em cada uma delas. Todas as reuniões devem ser registradas em ata e gravadas em áudio e vídeo. A etapa de diálogo poderá ser mantida até que a Administração, em decisão fundamentada, identifique qual ou quais as soluções que atendem às suas necessidades, quando essa fase termina.

Na fase competitiva, há a divulgação de novo edital pela Administração especificando a solução que atenda às suas necessidades e os critérios objetivos a serem utilizados para seleção da proposta mais vantajosa e abrir prazo, não inferior a 60 dias úteis, para todos os licitantes pré-selecionados na fase anterior apresentarem suas propostas. Apresentadas as propostas, a Administração definirá qual a proposta mais vantajosa, conforme os critérios que foram divulgados no edital de início da fase competitiva.

112. (IBFC – Analista Judiciário – TJ/MG/2022) As disposições da Lei de Licitações e Contratos Administrativos (Lei nº 14.133/2021) aplicam-se a:

I. Alienação e concessão de direito real de uso de bens.

II. Compra, inclusive por encomenda.

III. Concessão e permissão de uso de bens públicos.

Estão corretas as afirmativas:

a) I, II e III

b) I e II apenas

c) II e III apenas

d) I e III apenas

e) I apenas

▷ **Anotações/comentários**

Alternativa "a" (responde as demais alternativas). Todos os itens estão corretos. Na forma do art. 2º, da Lei, as disposições da Lei nº 14.133/2021 aplicam-se a: I - **alienação e concessão de direito real de uso de bens**; II - **compra, inclusive por encomenda**; III - locação; IV - **concessão e permissão de uso de bens públicos**; V - prestação de serviços, inclusive os técnico-profissionais especializados; VI - obras e serviços de arquitetura e engenharia; VII - contratações de tecnologia da informação e de comunicação.

113. (IBFC – Analista Judiciário – TJ/MG/2022) Nos termos da Lei de Licitações e Contratos Administrativos (Lei nº 14.133/2021), a concorrência constitui modalidade de licitação para contratação de bens e serviços especiais e de obras e serviços comuns e especiais de engenharia, cujo critério de julgamento, dentre outros, poderá ser:

I. Menor preço.

II. Melhor técnica ou conteúdo artístico.

III. Maior retorno econômico.

Estão corretas as afirmativas:

a) I, II e III

b) I e II apenas

c) II e III apenas

d) I e III apenas

e) I apenas

▷ **Anotações/comentários**

Alternativa "a" (responde as demais alternativas). Todos os itens estão corretos. Nos termos do art. 6º, XXXVIII, da Lei nº 14.133/2021, concorrência é a modalidade de licitação para contratação de bens e serviços especiais e de obras e serviços comuns e especiais de engenharia, cujo critério de julgamento poderá ser: a) **menor preço**; b) **melhor técnica ou conteúdo artístico**; c) técnica e preço; d) **maior retorno econômico**; e) maior desconto.

114. (FGV – Técnico Judiciário – TJ – RO/2021) O Tribunal de Justiça do Estado de Rondônia, em outubro de 2021, com vistas a fomentar a capacitação e a qualificação de seus servidores, pretende contratar determinada sociedade empresária de notória especialização para prestação de serviços técnicos especializados de natureza predominantemente intelectual de treinamento e aperfeiçoamento de pessoal. O valor estimado da contratação é de quinhentos mil reais e atende ao princípio da economicidade.

De acordo com a Lei n° 14.133/2021, a contratação almejada deve ocorrer mediante:

a) dispensa de licitação, por expressa previsão legal;

b) inexigibilidade de licitação, por expressa previsão legal;

c) processo licitatório obrigatório, na modalidade pregão, pela natureza do serviço a ser contratado;

d) processo licitatório obrigatório, na modalidade leilão, pelo valor do contrato a ser firmado;

e) processo licitatório obrigatório, na modalidade concorrência, pelo valor do contrato a ser firmado.

▷ ***Anotações/Comentários***

Alternativa "b" (responde as demais alternativas). Na forma do art. 74, III, *f*, da Lei nº 14.133/2021, **é inexigível a licitação quando inviável a competição, em especial nos casos de contratação de serviços técnicos de treinamento e aperfeiçoamento de pessoal.**

ADMINISTRATIVO

10. SERVIÇOS PÚBLICOS

115. (FCC – Analista Judiciário – Área Judiciária – TRT 17/2023) De acordo com o que disciplina o ordenamento jurídico a respeito das concessões de serviços públicos,

a) a empresa líder do consórcio é a responsável perante o poder concedente pelo cumprimento do contrato de concessão, afastando-se, assim, a responsabilidade solidária das demais consorciadas.

b) as concessionárias de serviços públicos, de direito público e privado, nos Estados e no Distrito Federal, são obrigadas a oferecer ao consumidor e ao usuário, dentro do mês de vencimento, o mínimo de quatro datas opcionais para escolherem os dias de vencimento de seus débitos.

c) considerar-se-á desclassificada a proposta de licitação de concessão de serviço público que, para sua viabilização, necessite de vantagens ou subsídios que não estejam previamente autorizados em lei e à disposição de todos os concorrentes.

d) o contrato de concessão não poderá prever o emprego de mecanismos privados para resolução de disputas decorrentes ou relacionadas ao contrato, incluindo-se, na proibição, a arbitragem.

e) as contratações, inclusive de mão de obra, feitas pela concessionária serão regidas pelas disposições de direito público, estabelecendo-se relações jurídicas entre os terceiros contratados pela concessionária e o poder concedente.

▷ **Anotações/comentários**

Nota do Autor: Nos termos do art. 2º, II, da Lei nº 8.987/95, concessão de serviço público é a delegação de sua prestação, feita pelo poder concedente, mediante licitação, na modalidade concorrência ou diálogo competitivo, a pessoa jurídica ou consórcio de empresas que demonstre capacidade para seu desempenho, por sua conta e risco e por prazo determinado.

Alternativa "a". O art. 19, §2º, da Lei nº 8.987/95, estabelece que "a empresa líder do consórcio é a responsável perante o poder concedente pelo cumprimento do contrato de concessão, **sem prejuízo da responsabilidade solidária das demais consorciadas**".

Alternativa "b". Eis a redação do art. 7º-A, *caput*, da Lei nº 8.987/95, pelo qual "as concessionárias de serviços públicos, de direito público e privado, nos Estados e no Distrito Federal, são obrigadas a oferecer ao consumidor e ao usuário, dentro do mês de vencimento, o mínimo de **seis datas opcionais** para escolherem os dias de vencimento de seus débitos".

Alternativa "c". Nos exatos termos do art. 17, *caput*, da Lei, "considerar-se-á desclassificada a proposta que, para sua viabilização, necessite de vantagens ou subsídios que não estejam previamente autorizados em lei e à disposição de todos os concorrentes".

Alternativa "d". Na forma do art. 23-A, da Lei, "o contrato de concessão poderá prever o emprego de mecanismos privados para resolução de disputas decorrentes ou relacionadas ao contrato, inclusive a arbitragem, a ser realizada no Brasil e em língua portuguesa, nos termos da Lei nº 9.307/96".

Alternativa "e". Na literalidade do parágrafo único do art. 31, da Lei, "as contratações, inclusive de mão-de-obra, feitas pela concessionária serão regidas pelas disposições de direito privado e pela legislação trabalhista, não se estabelecendo qualquer relação entre os terceiros contratados pela concessionária e o poder concedente".

116. (Cespe - Analista Judiciário - Área Judiciária - TRF 1/2017) A autorização de serviço público classifica-se como um ato unilateral, discricionário e precário.

▷ ***Anotações/Comentários***

A autorização de serviço público - espécie de delegação - é **ato unilateral, discricionário e precário** de que o Poder Público se vale para tornar possível o **desempenho de certa atividade de interesse público pelo particular**. Tal qual ocorre na concessão de serviço público, a execução dos serviços é pessoal e intransferível e a remuneração ao particular é feita por meio de tarifas fixadas pelo Poder Público.

117. (Cespe - Analista Judiciário - Oficial de Just. Avaliador - TRF 1/2017) A concessão de serviço público pode ser feita a pessoa física ou jurídica, desde que mediante licitação.

▷ ***Anotações/Comentários***

Em cumprimento ao determinado no art. 175, da Constituição Federal, a Lei nº 8.987/95 estabelece que a concessão e a permissão são realizadas desde que tenha ocorrido **licitação prévia** (art. 14). Ademais, **a concessão somente pode ser feita com pessoa jurídica ou com consórcio de empresas**, e a permissão pode ser realizada com pessoa jurídica e com pessoa física.

118. (Consulplan - Técnico Judiciário - Área Administrativa - TRF 2/2017) O Poder Público Estadual tem por objetivo celebrar contrato administrativo com empresa privada pelo prazo de quinze anos, que tenha como objeto a concessão do serviço público de transporte, em que o particular seja também encarregado de realizar as obras de infraestrutura necessárias à prestação do serviço, sendo remunerado pelo usuário do serviço, bem como pelo Ente Público contratante. Sobre o caso anterior, assinale qual formato de contrato administrativo deve ser celebrado pelo Poder Público Estadual.

a) Contrato de gestão, disciplinado pela Lei nº 9.637/1998.
b) Contrato de consórcio público, disciplinado pela Lei nº 11.107/2005.
c) Contrato de parceria público-privada, disciplinado pela Lei nº 11.079/2004.
d) Contrato de concessão administrativa, disciplinado pela Lei nº 8.987/1995.

▷ ***Anotações/Comentários***

Alternativa "a". O contrato de gestão tratado pela Lei 9.637/98 é um instrumento de implementação de parceria. Os títulos de Organização Social, atribuídos às entidades privadas, são qualificações concedidas às pessoas jurídicas de direito privado, notadamente associações e fundações de direito privado, sem fins lucrativos, que atendam aos requisitos da lei.

Alternativa "b". O consórcio é uma forma de gestão associada entre os entes federativos para a prestação do serviço público. Não é um simples ajuste entre seus membros, mas, na verdade, há **a criação de outra pessoa jurídica**, passando a integrar a **Administração Indireta** dos entes federativos consorciados. Conforme o art. 1º, §1º, da Lei nº 11.107/05, o **consórcio público poderá ser uma pessoa jurídica de direito público (associação pública) ou uma pessoa jurídica de direito privado.**

Alternativa "c". Nos termos do art. 2º, *caput* da Lei 11.079/04, a PPP é "o contrato administrativo de concessão, na modalidade patrocinada ou administrativa" e a concessão administrativa é o contrato de prestação de serviços de que a Administração Pública seja a usuária direta ou indireta, ainda que envolva execução de obra ou fornecimento e instalação de bens (art. 2º, §2º). A parceria público-privada difere da concessão comum, tradicional, exatamente porque envolve a **contraprestação do parceiro público**, há compartilhamento dos riscos, por exemplo. Ademais, é importante destacar que, nos termos do art. 2º, § 4º, III, é vedada a celebração do contrato de parceria público-privada que tenha como **objeto** único **o fornecimento de mão de obra, o fornecimento e instalação de equipamentos ou a execução de obra pública.** Nesse sentido, verifica-se a plena possibilidade de ser celebrado contrato de parceria público-privada na situação em apreço, uma vez que, além da prestação do serviço público, o particular fica encarregado de realizar as obras de infraestrutura necessárias, pelo prazo de **quinze (anos)** - o prazo de vigência do contrato de PPP não poderá ser inferior a 5, nem superior a 35 anos, incluindo eventual prorrogação, conforme determinação do art. 5º, I, da Lei. Enfim, é importante destacar que é possível a realização de PPP para contratos cujo valor seja superior a R$ 10.000.000,00 (dez milhões de reais).

Alternativa "d". A concessão administrativa, como destacado acima, está regulamentada na Lei 11.079/04, que trata das PPP's. Por sua vez, a Lei 8.987/95 traz a disciplina das concessões comuns.

119. (FCC - Analista Judiciário - Área Administrativa - TRF 5/2017) Dentre as principais características dos serviços públicos e da prestação dos mesmos, considerando aqueles como atividades de disponibilização à população de utilidades públicas, assim reconhecidas pela legislação, está sempre presente a

a) continuidade da prestação dos serviços, não sendo permitido ao concessionário, na hipótese de delegação à iniciativa privada, a interrupção da execução contratual em favor dos usuários.
b) responsabilização sob a modalidade objetiva dos entes responsáveis por sua prestação, independentemente desta se dar de forma direta ou indireta, desta sendo exemplo a concessão ou permissão.
c) igualdade dos usuários, somente se admitindo o estabelecimento de tarifas diferenciadas no caso de prestação mediante regime de concessão ou permissão de serviços públicos.
d) adequação do serviço público, podendo o poder concedente impor ao concessionário a obrigação de internalização de novas tecnologias, independentemente de previsão contratual, com base no princípio da boa qualidade.
e) gratuidade quando se trata da exploração direta dos serviços públicos, não sendo admissível a cobrança dos usuários, permitida apenas quando da necessidade de remuneração da iniciativa privada, na qualidade de delegatária.

▷ ***Anotações/Comentários***

Alternativa "a". O contrato de concessão pode ser rescindido por iniciativa da concessionária em caso de inadimplência do poder concedente, nos termos do art. 39 da Lei. Para tanto, contudo, necessária se faz a **intervenção judicial**, destacando-se que a concessionária não poderá interromper ou paralisar os serviços por ela prestados até que sobrevenha **decisão judicial transitada em julgado.**

Alternativa "b". O regime jurídico aplicável ao serviço público é o regime jurídico de direito público, independentemente de quem o esteja executando. A titularidade do serviço público é do Estado, mas ele pode transferir a sua execução a outras pessoas jurídicas, inclusive do setor privado e, mesmo neste caso, o serviço público obedecerá às normas de direito público como, por exemplo, a responsabilidade da pessoa jurídica de direito privado prestadora de serviço público, nos termos do art. 37, § 6º, da Constituição Federal, é objetiva.

Alternativa "c". A **universalidade** ou **generalidade** impõe que o serviço público seja realizado de forma a atender os usuários de maneira indistinta, de forma impessoal, isto é, todas as pessoas que estejam na mesma situação devem ser beneficiadas pelo serviço público, sem prejudicar ou privilegiar ninguém. Assim, é possível a imposição de tarifas diferenciadas, desde que observado o princípio da igualdade.

Alternativa "d". Dentre as cláusulas essenciais previstas na Lei 8.987/95 para os contratos de concessão, estão previstas aquelas relativas aos direitos, garantias e obrigações do poder concedente e da concessionária, inclusive os relacionados às previsíveis necessidades de futura alteração e expansão do serviço e **consequente modernização, aperfeiçoamento e ampliação dos equipamentos e das instalações** (art. 23, V).

Alternativa "e". O serviço público prestado pelo concessionário é remunerado por tarifas pagas pelos usuários. Pela **modicidade das tarifas**, não é possível haver tarifa de serviço público com preço exorbitante, pois as tarifas devem ser módicas, razoáveis e, ainda, dependendo do serviço, deve haver a consideração da condição financeira do usuário para, inclusive, a instituição de subsídios.

120. (FCC – Analista Judiciário – Área Administrativa – TRF 5/2017) Para que a construção e operação de um novo ramal ferroviário para transporte de passageiros possam ser contratados por meio de parceria público privada é necessário observar, dentre outros requisitos, que

a) os custos da obra sejam exclusivamente suportados pelo concessionário, que deve se remunerar integralmente pela exploração do serviço no âmbito de uma concessão patrocinada.

b) o valor originalmente cobrado dos usuários como tarifa nas concessões comuns seja custeado pelo poder concedente sob a forma de contraprestação.

c) a repartição de riscos entre as partes estabeleça a qual delas será atribuído o custo pelas obras de implantação, sendo necessariamente dever do concessionário a realização material das mesmas.

d) haja contraprestação paga pelo poder concedente, devida somente após o início da prestação dos serviços, cuja utilização também deverá ser objeto de remuneração por meio de tarifa cobrada dos usuários no âmbito de uma concessão patrocinada.

e) haja previsão de receitas acessórias ou complementares em favor do concessionário para que seja viável manter o equilíbrio econômico-financeiro do contrato sem onerar demasiadamente o valor da tarifa.

▷ ***Anotações/Comentários***

A denominada parceria público-privada é, na verdade, uma **modalidade especial de concessão de serviço público**, que se subdivide em duas espécies, a concessão patrocinada e a concessão comum. A **concessão patrocinada**, nos termos do art. 2º, § 1º, da Lei nº 11.079/04, é "a concessão de serviços públicos ou de obras públicas de que trata a Lei nº 8.987, de 13 de fevereiro de 1995, quando envolver, adicionalmente à tarifa cobrada dos usuários, contraprestação pecuniária do parceiro público ao parceiro privado", quer dizer, é uma concessão de serviços públicos que se distingue da regra geral em razão da **remuneração da empresa prestadora de serviços públicos ter origem tanto nas tarifas que os usuários pagarão quanto em parcela paga pelo Poder Público**.

121. (Cespe – Analista Judiciário – Área Administrativa – TRE – BA/2017) Determinada empresa autorizada pela União, mediante concessão, a explorar serviço público, parou de prestar os devidos serviços sem apresentar qualquer justificativa.

Nos termos da Lei n.º 8.987/1995 — Lei de Concessões —, a referida concessão deve ser extinta por

a) caducidade.

b) rescisão.

c) anulação.

d) advento do termo contratual.

e) encampação.

▷ ***Anotações/Comentários***

Alternativa "a". Na **caducidade ou decadência**, o poder concedente retoma o serviço da concessionária, durante o prazo da concessão, em razão da **inadimplência** da **concessionária.** As **hipóteses** em que é admitida a **caducidade** estão descritas nos incisos do art. 38, §1º, dentre elas, precisamente, quando "a concessionária paralisar o serviço ou concorrer para tanto, ressalvadas as hipóteses decorrentes de caso fortuito ou força maior" (inciso III).

Alternativa "b". Rescisão, para a Lei 8.987/1995, é a forma de extinção da concessão por iniciativa do concessionário, no caso de descumprimento das normas pelo concedente. Todavia, o concessionário não poderá simplesmente paralisar as atividades, devendo ingressar com ação judicial pleiteando a rescisão do contrato por culpa do concedente. (art. 39, da Lei 8.987/1995).

Alternativa "c". A **anulação** é a extinção do contrato de concessão em razão de ilegalidade existente na licitação ou no próprio contrato.

Alternativa "d". O **advento do termo contratual** é uma data futura e certa que acarreta a extinção do contrato em virtude de ter cumprido o lapso temporal previamente estabelecido.

Alternativa "e". A **encampação** ou **resgate** ocorre quando poder concedente retoma o serviço da concessionária, durante o prazo de concessão, por motivo de interesse público, mediante lei autorizativa e específica e após prévio pagamento de indenização, nos termos do art. 37 da Lei. Nessa forma de extinção, o ente político considerou que era conveniente e oportuno transferir a execução de determinado serviço público a uma concessionária, mas, posteriormente, antes do término do prazo da concessão, passa a considerar que a concessão não é mais de interesse público, ou seja, de conveniente e oportuna, passou a ser inconveniente e inoportuna e, por isso, resolve extinguir o contrato.

122. (FCC – Analista Judiciário – Área Judiciária – TRE – PR/2017) Os serviços públicos, quando prestados sob regime de delegação à iniciativa privada, sob a modalidade de concessão comum, guardam algumas características próprias desses contratos,

a) tais como a rescisão contratual depender de decisão judicial, ainda que se esteja num cenário de inadimplência do poder concedente, vedada, inclusive, nesse caso, a suspensão administrativa da prestação dos serviços.

b) como a responsabilidade pelos investimentos de infraestrutura ficarem integralmente a cargo do poder concedente, enquanto que o custeio das despesas de manutenção e operação ficam sob responsabilidade da concessionária.

c) à exemplo da incidência de controle externo, tendo em vista que os órgãos e entes que o exercem, analisam a adequação da prestação do serviço e a gestão da concessionária, para garantir a lisura da Administração da mesma, sob aspectos econômicos, trabalhistas e fiscais.

d) como a essencialidade do objeto, o que implica alto custo de sua gestão, razão pela qual a concessionária é dotada de prerrogativas diferenciadas, tais como a suspensão administrativa da prestação dos serviços diante de reiterada inadimplência dos usuários ou do poder concedente.

e) como se depreende do regime jurídico de direito privado que rege os negócios jurídicos dessa natureza, ainda que o objeto do mesmo seja a prestação de serviços públicos, na medida em que o risco do negócio é integralmente da concessionária, cabendo à mesma a proteção dos seus investimentos e a possibilidade de acionamento das garantias do poder público em caso de inadimplência.

▷ ***Anotações/Comentários***

Alternativa "a". O contrato de concessão pode ser rescindido por iniciativa da concessionária em caso de inadimplência do poder concedente, nos termos do art. 39 da Lei. Para tanto, contudo, necessária se faz a **intervenção judicial**, destacando-se que a concessionária não poderá interromper ou paralisar os serviços por ela prestados até que sobrevenha **decisão judicial transitada em julgado.**

Alternativa "b". Na forma da Lei 8.987/95, a concessão de serviço público comum poderá ser simples, ou precedida de execução de obra pública. Na primeira, a concessão simples consiste na "delegação de sua prestação, feita pelo poder concedente, mediante licitação, na modalidade de concorrência ou diálogo competitivo à pessoa jurídica ou consórcio de empresas que demonstre capacidade para seu desempenho, **por sua conta e risco** e por prazo determinado"; já na segunda, a concessão de serviço público precedida de execução de obra pública, consiste na "construção, total ou parcial, conservação, reforma, ampliação ou melhoramento de quaisquer obras de interesse público, delegada pelo poder concedente, mediante licitação, na modalidade de concorrência ou diálogo competitivo, à pessoa jurídica ou consórcio de empresas que demonstre capacidade para a sua realização, **por sua conta e risco**, de forma que o investimento da concessionária seja remunerado e amortizado mediante a exploração do serviço ou da obra por prazo determinado".

Alternativa "c". Segundo a Lei 8.987/95, cabe ao concessionário "prestar contas da gestão do serviço ao poder concedente e aos usuários, nos termos definidos no contrato". Observe que a prestação de contas está relacionada à prestação do serviço.

Alternativa "d". Segundo o §3º do artigo 6º da Lei 8.987/95, "não se caracteriza como descontinuidade do serviço a sua interrupção em situação de emergência ou após prévio aviso, quando: I - motivada por razões de ordem técnica ou de segurança das instalações; e, II - por inadimplemento do usuário, considerado o interesse da coletividade."

Alternativa "e". Pelo contrato de concessão, delega-se a execução do serviço ao concessionário, que o fará por sua conta e risco. É o que determina o artigo 2º, II da Lei nº 8.987/1995. Se o risco é do concessionário, não há se falar em acionar o poder público em caso de inadimplência dos usuários.

11. BENS PÚBLICOS

123. (FCC - Analista Judiciário - Área Judiciária - TRF 5/2017) A Administração pública federal, buscando angariar receita para investir em políticas públicas prioritárias, decidiu alienar alguns de seus bens. Para tanto, objetivando dar transparência ao processo e legitimar a política pública, publicou relação dos bens que seriam, respeitadas as formalidades legais, alienados. É juridicamente viável que dessa relação constem:

a) os rios navegáveis, em razão da pujança econômica do país, que produz grãos e precisa escoá-los.
b) os imóveis, independentemente da destinação legal, porquanto podem perder o caráter da inalienabilidade por meio da afetação.
c) os bens do domínio público, porquanto, na hipótese, o princípio da eficiência se sobrepõe ao da legalidade, autorizando, assim, a alienação.
d) os bens dominicais também denominados de bens do domínio privado do estado.
e) todos os imóveis, desde que suscetíveis de valoração patrimonial, mesmo que afetados à prestação de serviços públicos, em especial nas hipóteses de bens administrados por concessionárias de serviço público, que têm a obrigação de realizar investimentos como forma de compensação pelo direito de explorar, por prazos longos, serviços públicos.

▷ ***Anotações/Comentários***

Os **bens dominicais** são os bens que **não possuem destinação específica** e que integram o patrimônio das pessoas jurídicas de direito público. Esses bens fazem parte do **patrimônio disponível** do Estado e são aqueles que não são nem de uso comum do povo nem de uso especial. Neste sentido, é importante destacar que os bens de **uso comum do povo** e os bens de **uso especial** formam o **domínio público** do Estado, regido por normas de direito público, e os bens **dominicais** compõem o **domínio privado** do Estado, regulado pelas normas de direito privado, derrogadas pelas normas de direito público.

124. (Consulplan - Técnico Judiciário - Área Administrativa - TRE - RJ/2017) Para grande parte da doutrina, os bens públicos podem ser considerados como aqueles pertencentes às pessoas jurídicas de direito público e são classificados tendo-se em vista a sua destinação. Acerca de bens públicos, assinale a afirmativa INCORRETA.

a) Os bens públicos de uso comum do povo, os de uso especial e os dominicais são inalienáveis, enquanto conservarem a sua qualificação.
b) São bens públicos de uso especial os afetados a uma prestação de serviço público. Como exemplos temos os edifícios ou terrenos destinados a serviço ou estabelecimento da administração federal, estadual, territorial ou municipal, inclusive os de suas autarquias.
c) São bens públicos de uso comum do povo os destinados à utilização pela população, em igualdade de condições. Sua utilização é gratuita ou retribuída, conforme for estabelecido legalmente pela entidade cuja administração pertencerem. Rios, mares, estradas, ruas e praças são indicados como parte desta classificação.
d) São bens públicos dominicais os que constituem o patrimônio das pessoas jurídicas de direito público, como objeto de direito pessoal, ou real, de cada uma dessas entidades, que não estejam sendo utilizados para a prestação de serviços públicos. De maneira supletiva, os que não são de uso comum e os que não são bens de uso especial.

▷ ***Anotações/Comentários***

Alternativa "a". Os bens públicos são **imprescritíveis, impenhoráveis e relativamente inalienáveis.** Pela imprescritibilidade não podem ser objeto de usucapião, não importando se estão ou não vinculados a uso de finalidade pública, conforme a Súmula nº 340 do Supremo Tribunal Federal cujo enunciado prevê que desde "a vigência do Código Civil, os bens dominicais, como os demais bens públicos, não podem ser adquiridos por usucapião". Desse modo, os bens de uso comum do povo, os bens de uso especial e os bens dominicais não se sujeitam à prescrição aquisitiva. A impenhorabilidade impede que se dê a constrição dos bens públicos, havendo a previsão da execução contra a Fazenda Pública e, em consequência, o pagamento por meio de precatório (art.100, CF). Quanto à inalienabilidade, os bens públicos, em regra, não podem ser alienados, pois são bens fora do comércio, salvo se houver a desafetação. Pela afetação, o bem público dominical passa a ser bem público de uso especial e, nessa condição, é inalienável por determinação expressa do art. 100 do Código Civil e, de outro lado, com a desafetação passa para a categoria dominial e, portanto, pode ser alienado. Desse modo, **os bens dominicais podem ser alienados**, desde que observadas as formalidades legais.

Alternativa "b". Bens públicos de uso especial são aqueles utilizados para a execução das atividades administrativas como, por exemplo, os prédios onde há uma repartição pública, escolas públicas, hospitais públicos, quartéis, aeroportos.

Alternativa "c". Os bens de **uso comum do povo** são aqueles bens destinados ao uso de todos, de maneira geral como, por exemplo, as ruas, as praças, os parques, as estradas, os mares, as praias.

Alternativa "d". Os **bens dominicais** são os bens que **não possuem destinação específica** e que integram o patrimônio das pessoas jurídicas de direito público. Esses bens fazem parte do **patrimônio disponível** do Estado e são aqueles que não são nem de uso comum do povo nem de uso especial.

125. (Cespe - Analista Judiciário - Área Administrativa - TRE - TO/2017) O ato administrativo pelo qual a administração pública consente que o particular, com atendimento exclusivo ao seu próprio interesse, utilize bem público de modo privativo denomina-se

a) permissão de uso.
b) concessão de uso.
c) autorização de uso.
d) permissão de uso especial.
e) concessão de direito real.

▷ ***Anotações/Comentários***

Alternativa "a". A **permissão de uso** é **ato** unilateral, discricionário e precário, podendo ser gratuito ou oneroso, pelo qual a Administração consente a utilização de bem público por particular, com exclusividade, para a satisfação de **interesse predominantemente público**. Uma vez concedida a permissão, o permissionário tem **obrigação** de usar o bem para a finalidade permitida.

Alternativa "b". A **concessão de uso** "é o **contrato** administrativo pelo qual a Administração Pública faculta ao particular a utilização privativa de bem público, para que a exerça conforme sua destinação"16. Necessita de **licitação** prévia. O **interesse** é **predominantemente público** e, por ser um contrato, a rescisão antecipada gera, em regra, **direito** à **indenização**.

Alternativa "c". A **autorização de uso** é **ato** unilateral, discricionário e precário, pelo qual a Administração consente a utilização de bem público por particular, com exclusividade, para atender ao **interesse predominantemente particular**.

16. DI PIETRO, Maria Sylvia Zanella. *Direito administrativo*. 23 ed. São Paulo: Atlas, 2010. p. 698.

Alternativa "d". A **permissão de uso especial** não é considerada, pela doutrina, como meio de formalização de uso privativo de bem público.

Alternativa "e". A **concessão de direito real de uso** é o contrato pelo qual a Administração Pública transfere o uso de terrenos públicos, de maneira onerosa ou gratuita, por tempo certo ou indeterminado, como **direito real resolúvel**, para fins específicos como, por exemplo, a regularização fundiária de interesse social, a urbanização, a industrialização, a edificação, o cultivo da terra, o aproveitamento sustentável, nos termos do art. 7º, do Decreto Lei nº 271/1967.

12. INTERVENÇÃO DO ESTADO NA PROPRIEDADE PRIVADA

126. (Cespe – Analista Judiciário – Área Administrativa – TRF 1/2017) A União tem permissão para desapropriar bens de domínio dos estados e dos municípios mediante declaração de utilidade pública e autorização legislativa.

▷ ***Anotações/Comentários***

Quanto ao objeto da desapropriação, em regra, **todos os bens pode ser expropriados**, nos termos do art. 2º do Decreto-Lei nº 3.365/1941, sejam eles corpóreos ou incorpóreos, privados ou públicos, móveis ou imóveis, inclusive o espaço aéreo e o subsolo. Inclusive, em relação aos **bens públicos**, a União poderá desapropriar os bens dos Estados e dos Municípios e o Estado poderá desapropriar os bens dos Municípios que daquele façam parte, sendo necessária, em qualquer caso, a autorização legislativa para se desapropriar um bem público. Entretanto, por força do §2º-A, incluído pela Lei nº 14.620/2023 ao Decreto-Lei nº 3.365/1941, dispensa-se a autorização legislativa quando a desapropriação for realizada mediante acordo entre os entes federativos, no qual serão fixadas as respectivas responsabilidades financeiras quanto ao pagamento das indenizações correspondentes.

127. (Cespe – Analista Judiciário – Área Administrativa – TRF 1/2017) Obras históricas ou artísticas tombadas são inalienáveis, independentemente da titularidade de sua propriedade.

▷ ***Anotações/Comentários***

Com o **tombamento** o bem só se torna inalienável se for público e, ainda assim, apenas em relação à alienação para particular, porque pode ser alienado para outro ente público. Em se tratando de **bem particular pode ser alienado normalmente**, havendo, apenas, no caso de alienação judicial – leilão público, o direito de preferência da União, do Estado e do Município (nessa ordem) para adquirir o bem (art. 892, §3º, CPC). Deve-se destacar que **o direito de preferência existe, apenas, quando se tratar de alienação judicial** e, por outro lado, o proprietário de bem tombado quando fizer a sua alienação extrajudicialmente não terá mais a obrigação de notificar os entes federados.

128. (Cespe – Analista Judiciário – Oficial de Just. Avaliador – TRF 1/2017) Para se construir na vizinhança de bem público tombado pelo patrimônio histórico, se a obra for reduzir a visibilidade do bem tombado, será necessária a prévia autorização do órgão público competente.

▷ ***Anotações/Comentários***

Na forma do art. 18, do Decreto-Lei nº 25/1937, "sem prévia autorização do Serviço do Patrimônio Histórico e Artístico Nacional, não se poderá, na vizinhança da coisa tombada, fazer construção que lhe impeça ou reduza a visibilidade, nem nela colocar anúncios ou cartazes, sob pena de ser mandada destruir a obra ou retirar o objeto, impondo-se neste caso a multa de cinquenta por cento do valor do mesmo objeto".

13. RESPONSABILIDADE EXTRACONTRATUAL DO ESTADO

129. (FCC – Analista Judiciário – Área Judiciária – TRT 17/2023) De acordo com a jurisprudência dos Tribunais Superiores sobre a responsabilidade civil do Estado,

a) é subjetiva a Responsabilidade Civil do Estado em relação a profissional da imprensa ferido por agentes policiais durante cobertura jornalística, em manifestações em que haja tumulto ou conflitos entre policiais e manifestantes.

b) a queda de passageiro em via férrea de metrô, ainda que em decorrência de mal súbito, enseja o dever de reparação do dano por parte da concessionária de serviço público, haja vista que não houve adoção, por parte do transportador, de tecnologia moderna para impedir o evento.

c) caracteriza-se, nos termos da Constituição Federal, a responsabilidade civil objetiva do Estado por danos decorrentes de crime praticado por pessoa foragida do sistema prisional, ainda que não demonstrado o nexo causal direto entre o momento da fuga e a conduta praticada.

d) prescrevem em 20 anos as ações indenizatórias por danos morais e materiais decorrentes de atos de perseguição política com violação de direitos fundamentais ocorridos durante o regime militar.

e) a responsabilização objetiva do Estado em caso de morte de detento somente ocorre quando houver inobservância do dever específico de proteção previsto na Constituição Federal.

▷ **Anotações/comentários**

Nota do Autor: O art. 37, § 6º, da Constituição Federal estabelece que as "pessoas jurídicas de direito público e as de direito privado prestadoras de serviços públicos responderão pelos danos que seus agentes, nessa qualidade, causarem a terceiros, assegurado o direito de regresso contra o responsável nos casos de dolo ou culpa". Assim, para haver a responsabilização do Estado não é necessária a perquirição do elemento subjetivo da conduta do agente público, isto é, não é preciso indagar se este agiu com dolo ou culpa, cuidando-se de indagação irrelevante para que o Estado seja obrigado a indenizar a vítima do dano, porque, para tanto, basta o nexo causal entre a conduta do agente e o prejuízo dela decorrente. Entretanto, situação diferente se revela em relação ao agente público, pois a pessoa estatal tem o direito de regresso apenas quando houve a conduta dolosa ou culposa, quer dizer, o agente público só responderá, perante a Administração Pública, se agiu com dolo ou culpa.

Alternativa "a". É **objetiva** a responsabilidade Civil do Estado em relação a profissional da imprensa ferido por agentes policiais durante cobertura jornalística, em manifestações em que haja tumulto ou conflitos entre policiais e manifestantes. Neste exato sentido é o Recurso Extraordinário nº 1.209.429, julgado pelo Supremo Tribunal Federal.

Alternativa "b". Pelo contrário, considera-se fortuito externo a queda de passageiro em via férrea de metrô, por decorrência de mal súbito, não ensejando o dever de reparação do dano por parte da concessionária de serviço público, mesmo considerando que não houve adoção, por parte do transportador, de tecnologia moderna para impedir o trágico evento, no entendimento do Superior Tribunal de Justiça no julgamento do Recurso Especial nº 1.936.743.

Alternativa "c". Conforme decidido pelo Supremo Tribunal Federal, no julgamento do Recurso Extraordinário nº 608.880, não se caracteriza, nos termos do art. 37, §6º, da Constituição Federal, a responsabilidade civil objetiva do Estado por danos decorrentes de crime praticado por pessoa foragida do sistema prisional, exceto quando demonstrado o nexo causal direto entre o momento da fuga e a conduta praticada. .

Alternativa "d". São imprescritíveis as ações indenizatórias por danos morais e materiais decorrentes de atos de perseguição política com violação de direitos fundamentais ocorridos durante o regime militar, nos exatos termos da Súmula nº 647, do Superior Tribunal de Justiça.

Alternativa "e". No julgamento do Recurso Extraordinário nº 841.526, o Supremo Tribunal Federal fixou entendimento de que a responsabilização objetiva do Estado em caso de morte de detento somente ocorre quando houver inobservância do dever específico de proteção previsto no art. 5º, inciso XLIX, da Constituição Federal;

130. (FGV – Técnico Judiciário – TJ – RO/2021) Maria, ocupante do cargo efetivo de Técnico Judiciário do Tribunal de Justiça do Estado Alfa, exerce suas funções auxiliando o Juiz Diretor do fórum na parte administrativa. Diante da interrupção do fornecimento de energia elétrica no fórum, Maria entrou em contato com a sociedade empresária prestadora do serviço e solicitou o reparo. O empregado Marcelo da concessionária Beta compareceu ao local e, ao realizar manutenção e conserto no poste, deixou uma ferramenta cair de seu bolso, atingindo o rosto de Maria, que sofreu graves lesões. Em razão dos danos sofridos, Maria contratou advogado e ajuizou ação indenizatória em face:

a) do Poder Judiciário do Estado Alfa, que possui responsabilidade civil objetiva em relação à sua servidora pública estadual;
b) do Estado Alfa diretamente, que possui responsabilidade civil subjetiva em razão da delegação do serviço público à concessionária;
c) do Estado Alfa, que possui responsabilidade civil objetiva em relação à sua servidora pública estadual, assegurado o direito de regresso contra a concessionária;
d) da concessionária Beta, que possui responsabilidade civil objetiva, assegurado o direito de regresso contra Marcelo, caso tenha agido com dolo ou culpa;
e) do empregado Marcelo, que possui responsabilidade civil objetiva, assegurado o direito de regresso contra a concessionária, caso seja condenado.

▷ ***Anotações/Comentários***

Alternativa "a" (responde as alternativas "b" e "c"). A responsabilidade do Estado, em caso de concessão de serviço público, é tão somente subsidiária, isto é, o Estado será eventualmente responsabilizado apenas e tão somente se a concessionária não puder suportar o reparo dos correspondentes prejuízos.

Alternativa "d". O art. 37, §6º, da Constituição Federal estabelece que as "pessoas jurídicas de direito público e as de **direito privado prestadoras de serviços públicos** responderão pelos danos que seus agentes, nessa qualidade, causarem a terceiros, assegurado o direito de regresso contra o responsável nos casos de dolo ou culpa". Nos termos do art. 37, § 6º, da Constituição Federal, há a ***exigência de dolo ou culpa para a responsabilização dos agentes***, o que não ocorre em relação às pessoas jurídicas de direito público ou de direito privado prestadoras de serviço público, ***donde se conclui que a responsabilidade extracontratual é objetiva***, ou seja, independe da verificação de dolo ou culpa. Assim, no caso concreto, a concessionária Beta responderá objetivamente pelos danos que o seu funcionário Marcelo causar, sendo assegurado o direito de regresso contra este caso tenha agido com dolo ou culpa.

Alternativa "e". A posição do **Supremo Tribunal Federal** (RE 327.904 e RE 470.996) é no sentido da **impossibilidade** de se acionar diretamente o agente causador do dano, pois o art. 37, § 6º, da Constituição estabelece **dupla garantia: uma, em favor do particular**, assegurando-lhe o direito de promover ação indenizatória em face de pessoa jurídica de direito público ou de pessoa jurídica de direito privado prestadora de serviço público e, **outra**, em **benefício do servidor**, que apenas responde civil e administrativamente perante a pessoa jurídica a que estiver vinculado. Nesse sentido, o tema de nº 940 do STF (julgado com repercussão geral): "A teor do disposto no art. 37, § 6º, da Constituição Federal, a ação por danos causados por agente público deve ser ajuizada contra o Estado ou a pessoa jurídica de direito privado prestadora de serviço público, sendo parte ilegítima para a ação o autor do ato, assegurado o direito de regresso contra o responsável nos casos de dolo ou culpa".

---

131. (FCC - Técnico Judiciário - Área Administrativa - TRF 3/2019) Júlio exerce cargo público efetivo de motorista em uma autarquia federal e, durante o exercício funcional, envolveu-se em acidente que causou danos patrimoniais a terceiros. Nesse caso, no tocante ao regime de responsabilidade civil, o referido servidor

a) responderá de forma objetiva e solidária com a autarquia.
b) não responderá em hipótese alguma, pois se trata de hipótese de responsabilidade integral da União.
c) responderá de forma subjetiva apenas se incluído no polo passivo da ação pelo terceiro afetado.
d) responderá de forma objetiva e subsidiária em relação à autarquia.
e) responderá de forma subjetiva e por meio de ação regressiva.

▷ ***Anotações/Comentários***

O art. 37, § 6º, da Constituição Federal estabelece que as "pessoas jurídicas de direito público e as de direito privado prestadoras de serviços públicos responderão pelos danos que seus agentes, nessa qualidade, causarem a terceiros, assegurado o direito de regresso contra o responsável nos casos de dolo ou culpa". Assim, para haver a responsabilização do Estado não é necessária a perquirição do elemento subjetivo da conduta do agente público, isto é, não é preciso indagar se este agiu com dolo ou culpa, cuidando-se de indagação irrelevante para que o Estado seja obrigado a indenizar a vítima do dano, porque, para tanto, basta o nexo causal entre a conduta do agente e o prejuízo dela decorrente. Entretanto, situação diferente se revela em relação ao agente público, pois a pessoa estatal tem o direito de regresso apenas quando houve a conduta dolosa ou culposa, quer dizer, o agente público só responderá, perante a Administração Pública, se agiu com dolo ou culpa. Portanto, no caso da questão, o as vítimas do evento dano serão indenizadas pelo Estado e, este, caso tenha havido culpa ou dolo do servidor, poderá se valer de ação de regresso, situação em que será apurada a eventual responsabilidade subjetiva do motorista.

---

132. (Cespe - Analista Judiciário - Área Judiciária - TRF 1/2017) De acordo com a teoria da culpa do serviço, a responsabilidade do Estado depende da demonstração de culpa do agente público, aspecto esse que a distingue da teoria do risco administrativo.

▷ ***Anotações/Comentários***

Pela teoria da culpa administrativa ou culpa do serviço, não importa indagar sobre dolo ou culpa do agente público, pois o que interessa é a culpa do serviço (*faute du service*) e não a culpa individual do agente. Ocorre a culpa do serviço quando o serviço é inexistente, quando devia existir, ou funciona inadequadamente ou funciona atrasado.

---

133. (Cespe - Analista Judiciário - Área Administrativa - TRF 1/2017) Alguns meses após a assinatura de contrato de concessão de geração e transmissão de energia elétrica, a falta de chuvas comprometeu o nível dos reservatórios, o que deteriorou as condições de geração de energia, elevando os custos da concessionária. A agência reguladora promoveu, então, alterações tarifárias visando restabelecer o equilíbrio econômico-financeiro firmado no contrato. Todavia, sem que houvesse culpa ou dolo da concessionária, o fornecimento do serviço passou a ser intermitente, o que provocou danos em eletrodomésticos de usuários de energia elétrica.

Considerando essa situação hipotética, julgue o item que segue.

A concessionária deverá ser responsabilizada pelos danos causados a usuários.

▷ ***Anotações/Comentários***

O art. 37, § 6º, da Constituição Federal estabelece que as "pessoas jurídicas de direito público e as de direito privado prestadoras de serviços públicos responderão pelos danos que seus agentes, nessa qualidade, causarem a terceiros, assegurado o direito de regresso contra o responsável nos casos de dolo ou culpa". Assim, para haver a responsabilização do concessionário do serviço público não é necessária a perquirição do elemento subjetivo da conduta do agente público, isto é, não é preciso investigar se este agiu com dolo ou culpa, cuidando-se de indagação irrelevante para que seja obrigado a indenizar a vítima do dano, porque, para tanto, basta o nexo causal entre a conduta do agente e o prejuízo dela decorrente.

---

134. (Cespe - Técnico Judiciário - Área Administrativa - TRE - BA/2017) João, servidor público federal, no exercício do cargo de motorista, colidiu com veículo de Pedro, particular, causando a este grave abalo pessoal e danos materiais. Após a investigação do ocorrido, foi verificada a culpa de João, que dirigia em alta velocidade no momento do evento.

Nessa situação hipotética,

a) o Estado deverá indenizar o particular pelos danos materiais, e o servidor deverá arcar com os danos morais.
b) o servidor responderá objetivamente pela reparação dos danos materiais e morais.
c) o Estado, caso seja condenado judicialmente ao pagamento de indenização, poderá, mediante ação de regresso, reaver do servidor o quanto tiver de pagar ao particular.
d) o direito do particular à reparação dos prejuízos sofridos será imprescritível.
e) a reparação dos danos sofridos pelo particular só poderá ser realizada por via judicial.

▷ *Anotações/Comentários*

Alternativa "a". O Estado deverá responder pelo pagamento dos danos morais e materiais, que poderão ser posteriormente cobrados do agente público, em ação de regresso, se agiu com dolo ou culpa.

Alternativa "c" (responde a alternativa "b") O art. 37, § 6º, da Constituição Federal estabelece que as "pessoas jurídicas de direito público e as de direito privado prestadoras de serviços públicos responderão pelos danos que seus agentes, nessa qualidade, causarem a terceiros, assegurado o direito de regresso contra o responsável nos casos de dolo ou culpa". Assim, para haver a responsabilização do Estado não é necessária a perquirição do elemento subjetivo da conduta do agente público, isto é, não é preciso indagar se este agiu com dolo ou culpa, cuidando-se de indagação irrelevante para que o Estado seja obrigado a indenizar a vítima do dano, porque, para tanto, basta o nexo causal entre a conduta do agente e o prejuízo dela decorrente. Entretanto, situação diferente se revela em relação ao agente público, pois a pessoa estatal tem o direito de regresso apenas quando houve a conduta dolosa ou culposa, quer dizer, o agente público só responderá, perante a Administração Pública, se agiu com dolo ou culpa.

Alternativa "d". Quanto à prescrição, o prazo para interposição de ação de indenização em face do Estado – e dos particulares prestadores de serviços públicos – é de **5 anos**, nos termos do art. 1º do Decreto nº 20.910/32 e do art. 1º-C da Lei nº 9.494/97. Havia divergência na doutrina quanto a este prazo, até que o **Superior Tribunal de Justiça** firmou entendimento na posição assinalada, conforme EREsp 1.081.885 – RR.

Alternativa "e". A reparação do dano pode ser feita em **âmbito administrativo**, desde que a **Administração reconheça sua responsabilidade** pelo dano causado, bem como haja **consenso sobre o valor da indenização**.

135. (Consulplan – Técnico Judiciário – Área Administrativa – TRE – RJ/2017) A Constituição da República Federativa do Brasil trata da responsabilidade civil do Estado principalmente em seu Artigo 37, §6°. Assinale, a seguir, a teoria que traz a regra acerca da responsabilidade civil do Estado no Brasil.

a) Teoria do Risco Administrativo.

b) Teoria da Culpa Administrativa.

c) Teoria da Responsabilidade Administrativa Integral.

d) Teoria da Responsabilidade com culpa civil comum do Estado.

▷ *Anotações/Comentários*

Alternativa "a" (responde a alternativa "c"). Com a superação das teorias subjetivistas, passou a ser reconhecida a responsabilidade objetiva do Estado, para a qual a responsabilização por danos decorrentes de conduta da Administração Pública independe da demonstração de culpa, bastando comprovar (a conduta) o dano e o nexo. Esta teoria se baseia no risco e na solidariedade social, porque o Estado, no exercício de suas atividades, tem grande probabilidade de causar dano ao administrado. A teoria do risco desdobra-se em duas teorias: **teoria do risco administrativo**, na qual se vislumbra a responsabilidade objetiva do Estado, admitindo-se, entretanto, causas excludentes da responsabilidade, como nas hipóteses de caso fortuito, força maior, culpa exclusiva da vítima e culpa exclusiva de terceiro; **teoria do risco integral**, pela qual o Estado é objetivamente responsável pelos danos que causar aos administrados, não se admitindo, todavia, excludentes de responsabilidade. Neste caso, subsiste a responsabilidade estatal ainda que haja culpa exclusiva da vítima. O Estado brasileiro adotou, como regra, a teoria do risco administrativo, para a qual a responsabilidade do Estado é objetiva, admitindo excludentes de responsabilidade, mas há quem sustente que, excepcionalmente, admite-se a aplicação da teoria do risco integral e, normalmente, apontam como exemplos o dano causado por **acidente nuclear** (art. 21, XXIII, "d", CF) e os danos decorrentes de **atos terroristas, atos de guerra ou de eventos correlatos, contra aeronaves de empresas brasileiras**, nos termos da Lei nº 10.309/01 e da Lei nº 10.744/03.

Alternativa "b". Pela teoria da culpa administrativa ou culpa do serviço, não importa indagar sobre dolo ou culpa do agente público, pois o que interessava era a culpa do serviço (*faute du service*) e não a culpa individual do agente. Ocorre a culpa do serviço quando o serviço é inexistente, quando devia existir, ou funciona inadequadamente ou funciona atrasado. Apesar da previsão da responsabilidade objetiva no texto constitucional, a teoria da culpa administrativa é usada para se responsabilizar o Estado nos casos de omissão.

Alternativa "d". A responsabilidade civil do Estado, tal qual se estuda nos dias atuais, não se concebeu prematuramente. Na verdade, é fruto da maturação histórica e do reconhecimento da personalidade jurídica do Estado. Primeiramente, nos Estados Absolutistas, adotava-se a teoria da irresponsabilidade do Estado. Posteriormente, já no Estado Liberal, passou a ser reconhecida a teoria civilista da culpa, para a qual deveria se distinguir os atos de império dos atos de gestão. Praticados atos de império, não haveria de se responsabilizar o Estado. A responsabilidade incidiria sobre os atos de gestão e desde que o Estado atuasse de maneira culposa. Mais adiante na linha do tempo, adotou-se a teoria da culpa administrativa, não se exigindo mais a diferenciação entre atos de império e atos de gestão. Qualquer deles poderia resultar a responsabilidade do Estado, desde que houvesse falha ou mau funcionamento no serviço. Enfim, à partir de 1946, foi reconhecida no Brasil a teoria do risco administrativo, fundamentando a responsabilidade objetiva do Estado. Esta teoria também foi consagrada no texto constitucional de 1988 e está insculpida no artigo 37, § 6º.

136. (Consulplan – Analista Judiciário – Área Administrativa – TRE – RJ/2017) "Considere que Marvim, servidor efetivo do Tribunal Regional Eleitoral, no exercício de suas funções na 1ª Zona Eleitoral do Município do Rio de Janeiro, tenha agredido fisicamente um eleitor." Baseado na teoria da responsabilidade civil do estado, o advogado do eleitor deverá propor ação de indenização contra

a) a União, somente.

b) o Estado do Rio de Janeiro, somente.

c) o Tribunal Regional Eleitoral e a Zona Eleitoral.

d) o Município do Rio de Janeiro e a Zona Eleitoral.

▷ *Anotações/Comentários*

A **responsabilidade do Estado é objetiva** e, assim, não há a necessidade de demonstração de dolo ou culpa para que a vítima seja indenizada, bastando a comprovação do dano e do nexo de causalidade entre este e a conduta estatal. Em relação ao **servidor**, sua **responsabilidade** é de natureza **subjetiva**, pois somente será responsabilizado se agiu com dolo ou culpa. Desse modo, o **Estado responde perante a vítima e, caso haja dolo ou culpa, volta-se contra o servidor, por meio de ação regressiva.** No mesmo sentido, tivemos decisão com repercussão geral (RE nº 1027633) no tema de nº 940 do STF, em que se decidiu: "A teor do disposto no art. 37, § 6º, da Constituição Federal, a ação por danos causados por agente público deve ser ajuizada contra o Estado ou a pessoa jurídica de direito privado prestadora de serviço público, sendo parte ilegítima para a ação o autor do ato, assegurado o direito de regresso contra o responsável nos casos de dolo ou culpa".

137. (FCC – Analista Judiciário – Área Judiciária – TRE – SP/2017) Suponha que tenha ocorrido o rompimento de uma adutora de empresa prestadora de serviço público de saneamento básico, causando prejuízos materiais a diversas famílias que residem na localidade, as quais buscaram a responsabilização civil da empresa objetivando a reparação dos danos sofridos. De acordo com o regramento constitucional aplicável, referida empresa

a) será responsável pelos danos sofridos pelos moradores desde que comprovada culpa dos agentes encarregados pela operação ou falha na prestação do serviço.

b) sujeita-se, sendo pública ou privada, à responsabilização subjetiva, baseada na teoria da culpa administrativa.

c) não poderá ser responsabilizada pelos prejuízos causados, eis que, em se tratando de responsabilidade subjetiva, o caso fortuito seria excludente da responsabilidade.

d) sujeita-se, ainda que concessionária privada de serviço público, à responsabilização objetiva, que admite, em certas hipóteses, algumas causas excludentes de responsabilidade, como força maior.

e) somente estará sujeita à responsabilização objetiva se for uma empresa pública, aplicando-se a teoria do risco administrativo.

▷ ***Anotações/Comentários***

O art. 37, §6º, da Constituição Federal estabelece que as "pessoas jurídicas de direito público e as de **direito privado prestadoras de serviços públicos** responderão pelos danos que seus agentes, nessa qualidade, causarem a terceiros, assegurado o direito de regresso contra o responsável nos casos de dolo ou culpa". Assim, para haver a responsabilização do Estado não é necessária a perquirição do elemento subjetivo da conduta do agente público, isto é, não é preciso indagar se este agiu com dolo ou culpa, cuidando-se de indagação irrelevante para que o Estado seja obrigado a indenizar a vítima do dano, porque, para tanto, basta o nexo causal entre a conduta do agente e o prejuízo dela decorrente. Ademais, é importante destacar que a Constituição Federal, no art. 37, § 6º, adotou a **teoria do risco administrativo** que, diferentemente da teoria do risco integral, admite excludentes de responsabilidade, em razão do caso fortuito ou força maior, culpa exclusiva da vítima e culpa exclusiva de terceiro.

14. CONTROLE DA ADMINISTRAÇÃO PÚBLICA

138. (FGV – 2024 – TRF 1 – Analista Judiciário – Oficial de Justiça) No âmbito do controle interno e externo dos atos administrativos, o Poder Judiciário poderá revogar:

a) todos os atos administrativos que apresentem vício de legalidade insanável, no âmbito do controle interno;

b) apenas os atos discricionários editados pelo próprio Judiciário, no exercício de função atípica, na esfera do controle interno;

c) os atos vinculados, ainda que editados pelo Poder Executivo, por razões de conveniência e oportunidade, na seara do controle externo;

d) os atos que integram os processos administrativos que tramitem perante o Poder Judiciário, ainda que preclusos, nos limites do controle interno;

e) quaisquer atos vinculados ou discricionários que tenham sido editados pelo Poder Executivo, no exercício do controle externo.

▷ ***Anotações/Comentários***

Nota do Autor: O controle administrativo é realizado pelos três poderes em relação aos seus próprios atos e, dessa forma, é exemplo de controle administrativo a hipótese de um Tribunal anular determinado ato, no exercício de sua atividade administrativa. Essa atividade controladora feita pela própria Administração pode ser iniciada de ofício ou mediante provocação do interessado. Ainda, pode ser feita quanto à legalidade (anulação e convalidação) e quanto ao mérito, com a revogação.

Alternativa "a". O Poder Judiciário poderá **anular** os atos administrativos que apresentem vício de legalidade insanável, no âmbito do controle interno.

Alternativa "b" (responde as alternativas "c" e "e"). A **revogação** é a extinção de ato administrativo válido por razões de **conveniência e oportunidade** em face do interesse público, ou seja, em dado momento um ato administrativo, de natureza discricionária, foi praticado porque a autoridade administrativa entendeu que isso era conveniente e oportuno, mas em momento posterior, esse juízo de valoração é alterado e o que era conveniente e oportuno passa a ser inconveniente e inoportuno, cabendo sua extinção pela revogação. **A competência para revogar é privativa da Administração e não depende de provocação**, não sendo permitido ao Poder Judiciário, no exercício da função jurisdicional, fazê-lo, podendo, não obstante, anular atos administrativos, por razões de legalidade. Assim, **atos vinculados** não são passíveis de revogação, na medida em que não há que se falar em conveniência e oportunidade em atos desta natureza.

Alternativa "d". Como destacado, os **atos discricionários** são passíveis de revogação. São, contudo, irrevogáveis, os **atos vinculados**, os **atos que integram um procedimento administrativo**, os **atos que já exauriram seus efeitos** e os **atos enunciativos**.

139. (Cespe – Técnico Judiciário – TJ – RJ/2021) O controle dos atos administrativos exercido por meio de processo participativo de determinada comunidade local sobre ações de gestão pública é denominado

a) controle social.

b) controle externo.

c) autocontrole.

d) controle legislativo.

e) controle interno.

▷ ***Anotações/Comentários***

Alternativa "a". O **controle social** pode ser definido como a participação da sociedade na Administração Pública, tanto na fiscalização da aplicação de recursos públicos como, especialmente, no acompanhamento da implementação de políticas públicas. Assim, o controle dos atos administrativos exercido por meio de processo participativo de determinada comunidade local sobre ações de gestão pública é típica manifestação do **controle social.**

Alternativa "b". O **controle externo** é aquele realizado por órgão ou entidade administrativa ou por poder distinto daquele no qual o ato foi praticado. Assim, é externo, por exemplo, tanto o controle que o Poder Legislativo exerce sobre os demais poderes quanto o feito pela administração direta sobre entidade da administração indireta[17].

Alternativa "c" (responde a alternativa "e"). O "***controle administrativo*** é um ***autocontrole*** dentro da Administração Pública"[18]. É "o poder de fiscalização e correção que a Administração (em sentido amplo) exerce sobre sua própria atuação, sob os aspectos de legalidade e mérito, por iniciativa própria ou mediante provocação" [19]. Decorre principalmente do poder de ***autotutela,*** mas também da própria ***tutela,*** quando se tratar de entidades da administração indireta. Trata-se de exemplo de **controle interno,** na medida em que o próprio Poder controla a si mesmo.

Alternativa "d". O ***controle legislativo*** é exercido pelo Poder Legislativo sobre os atos do Poder Executivo, das entidades da administração indireta e, também, sobre os atos administrativos do Poder Judiciário. Por isso, é ***controle externo.*** Esse controle ***abrange o controle financeiro e o controle político***.

140. (Cespe – Analista Judiciário – Direito – TJ – PA/2020) Acerca do controle da administração pública, julgue os itens a seguir.

I Em nenhuma hipótese é possível a revogação, pelo Poder Judiciário, de atos praticados pelo Poder Executivo.

II A reclamação para anulação de ato administrativo em desconformidade com súmula vinculante é uma modalidade de controle externo da atividade administrativa.

III Nenhuma lei pode criar uma modalidade inovadora de controle externo não prevista constitucionalmente.

Assinale a opção correta.

a) Apenas o item I está certo.

b) Apenas o item II está certo.

c) Apenas os itens I e III estão certos.

d) Apenas os itens II e III estão certos.

e) Todos os itens estão certos.

▷ ***Anotações/Comentários***

Item I. Correto. A **revogação** é a extinção de um ato administrativo por razões de **conveniência** e **oportunidade**. Assim, no âmbito das correspondentes competências administrativas, cada um dos Poderes pode revogar os seus próprios atos, **não podendo o Poder Judiciário revogar atos do Poder Executivo.**

Item II. Correto. O art. 103-A, §3º, da CF, prevê que caberá reclamação ao STF do ato administrativo ou decisão judicial que contrariar a súmula aplicável ou que indevidamente a aplicar. Trata-se, na hipótese narrada no enunciado, de **controle externo**, assim entendido como aquele que um Poder (Judiciário) exerce sobre o outro (Executivo).

---

17. DI PIETRO, Maria Sylvia Zanella. *Direito administrativo.* 21 ed. São Paulo: Atlas, 2008. p. 730.
18. FAGUNDES, Miguel Seabra. *O controle dos atos administrativos pelo poder judiciário.* 8. ed. atualizada por Gustavo Binenbojm. Rio de Janeiro: Forense, 2010. p. 126. Original sem destaque.
19. DI PIETRO, Maria Sylvia Zanella. *Direito administrativo.* 23. ed. São Paulo: Atlas, 2010. p. 730.

Item III. Correto. De fato, à luz da independência dos Poderes, todas as modalidades de **controle externo** devem estar disciplinadas na Constituição Federal, de tal modo que não é possível que lei infraconstitucional crie modalidades distintas de controle externo.

141. (Cespe – Analista Judiciário – Oficial de Just. Avaliador – TRF 1/2017) O direito fundamental de petição, estabelecido expressamente na Constituição Federal, é um instrumento de controle administrativo: ele assegura aos indivíduos o direito de expor e requerer junto aos órgãos públicos.

▷ ***Anotações/Comentários***

A redação do art. 5º, XXXIV, "a", da Constituição Federal não permite interpretação diversa: é assegurado o direito de petição aos Poderes Públicos em defesa de direitos ou contra a ilegalidade ou abuso de poder **independentemente do pagamento de taxas.**

142. (Consulplan – Técnico Judiciário – Área Administrativa – TRF 2/2017) "A Administração Pública Federal deixa de editar ato administrativo, violando, com isso direito de sociedade empresária a ter reconhecida isenção tributária. A sociedade empresária prejudicada consulta seu advogado sobre o cabimento de utilização de reclamação constitucional, tendo em vista que a omissão administrativa viola entendimento do Supremo Tribunal Federal, positivado em súmula vinculante." Sobre a hipótese, assinale a alternativa correta.

a) Não é cabível a utilização de reclamação constitucional, a qual somente pode ser utilizada contra atos comissivos da Administração Pública.

b) É cabível a utilização de reclamação constitucional, após esgotamento das vias administrativas.

c) Não é cabível a utilização de reclamação constitucional, uma vez que as súmulas vinculantes têm como destinatários os órgãos do Poder Judiciário.

d) Somente é cabível a utilização da reclamação constitucional contra omissão administrativa caso dois terços dos membros do Supremo Tribunal Federal admitam sua utilização.

▷ ***Anotações/Comentários***

Na forma do art. 103-B, da Constituição Federal, "do ato administrativo ou decisão judicial que contrariar a súmula aplicável ou que indevidamente a aplicar, caberá reclamação ao Supremo Tribunal Federal que, julgando-a procedente, anulará o ato administrativo ou cassará a decisão judicial reclamada, e determinará que outra seja proferida com ou sem a aplicação da súmula, conforme o caso". Na forma do art. 7º, § 1º, da Lei 11.417/06 (Lei que regulamenta o artigo 103-B da CF), "contra omissão ou ato da administração pública, o uso da reclamação só será admitido após o esgotamento das vias administrativas".

143. (Cespe – Técnico Judiciário – Área Administrativa – TRE – BA/2017) Acerca do controle exercido pelos tribunais de contas sobre o Poder Executivo, assinale a opção correta.

a) A fiscalização exercida pelos tribunais de contas dispensa a existência de controle interno nos órgãos públicos.

b) As decisões dos tribunais de contas que resultarem em imputação de débito ou multa terão eficácia de título executivo.

c) Os tribunais de contas têm competência para apreciar a legalidade dos atos de admissão de pessoal, incluindo nomeações para cargo de provimento em comissão.

d) O controle externo é exercido exclusivamente pelos tribunais de contas.

e) A fiscalização exercida pelos tribunais de contas restringe-se ao aspecto legal dos atos públicos.

▷ ***Anotações/Comentários***

Alternativa "a". Nos termos do art. 70 da Constituição Federal, a "fiscalização contábil, financeira, orçamentária, operacional e patrimonial da União e das entidades da administração direta e indireta, quanto à legalidade, legitimidade, economicidade, aplicação das subvenções e renúncia de receitas, será exercida pelo Congresso Nacional, mediante controle externo, **e pelo sistema de controle interno de cada Poder**".

Alternativa "b". Na forma do art. 71, § 3º, da Constituição Federal, "as decisões do Tribunal de que resulte imputação de débito ou multa terão eficácia de título executivo", sendo dispensável, portanto, a inscrição dos valores correspondentes em Dívida Ativa, uma vez que a própria decisão torna o valor líquido e certo e tem eficácia de título executivo (STJ. REsp 1649985 RJ). **Atenção:** as decisões do Tribunal de Contas das quais resultem imputação de débito ou multa terão eficácia de título executivo extrajudicial, e não judicial. Enfim, destaca-se que a cobrança da dívida decorrente das decisões do TCU deve ser feita pelo ente público beneficiário da condenação, por intermédio de seus procuradores (STF. RE 510.034 AgR).

Alternativa "c". A alternativa está equivocada, pois, na forma do art. 70, III, da Constituição Federal, compete ao Tribunal de Contas da União "apreciar, para fins de registro, a legalidade dos atos de admissão de pessoal, a qualquer título, na administração direta e indireta, incluídas as fundações instituídas e mantidas pelo Poder Público, **excetuadas as nomeações para cargo de provimento em comissão, bem como a das concessões de aposentadorias, reformas e pensões**, ressalvadas as melhorias posteriores que não alterem o fundamento legal do ato concessório".

Alternativa "d". O controle externo de natureza financeira é exercido, na verdade, pelo Congresso Nacional, nos termos do art. 71, *caput*, com o auxílio do Tribunal de Contas da União..

Alternativa "e". No exercício do controle legislativo, do qual faz parte o controle financeiro, é de **legalidade** e de **mérito**, não se restringindo, pois, a aspectos legais, uma vez que este controle é exercido sobre a: legalidade, legitimidade, economicidade, aplicação das subvenções e renúncia das receitas. Segundo a doutrina, os controles de legitimidade e economicidade são controles de mérito.

15. IMPROBIDADE ADMINISTRATIVA: LEI Nº 8.429/92

144. (FGV – 2024 – TRF 1 – Analista Judiciário – Área Judiciária) Thompson, servidor público federal estável, ocupante do cargo de analista judiciário do Tribunal Regional da 1ª Região, dolosamente, praticou conduta caracterizada como ato de improbidade administrativa que causou lesão ao erário, em razão do que foi ajuizada a respectiva ação de improbidade pelo Ministério Público, que pleiteou, em caráter incidente, a decretação da indisponibilidade de bens do réu para garantir a integral recomposição do prejuízo. Em razão disso, ele está extremamente preocupado com a extensão e os limites de tal determinação.

Nesse contexto, acerca da temática que enseja o receio de Thompson, à luz do disposto na Lei nº 8.429/1992, com a redação conferida pela Lei nº 14.230/2021, é correto afirmar que:

a) a indisponibilidade pode recair sobre bem de família, mesmo se comprovado que tal bem não é fruto de vantagem patrimonial indevida;

b) o deferimento da indisponibilidade independe da demonstração no caso concreto de perigo de dano irreparável ou de risco ao resultado útil do processo;

c) os montantes depositados em caderneta de poupança, em outras aplicações financeiras ou em conta-corrente de até 60 salários mínimos não podem ser objeto da decretação de indisponibilidade, diante da expressa vedação legal;

d) a ordem de indisponibilidade de bens deverá priorizar o bloqueio de contas bancárias, de forma a garantir a liquidez no ressarcimento ao erário, independentemente da existência de bens móveis e imóveis no patrimônio do réu;

e) o valor da indisponibilidade considerará a estimativa do dano indicado na inicial, permitida a substituição por caução idônea, por fiança bancária ou por seguro de garantia judicial, a requerimento do réu.

▷ ***Anotações/Comentários***

Nota do Autor: A Lei nº 14.240/2021 alterou substancialmente a Lei nº 8.429/92, conhecida como Lei de Improbidade Administrativa. Dentre as alterações, modificou-se o art. 16, *caput*, da Lei, que disciplina que "na ação por improbidade administrativa poderá ser formulado, em caráter antecedente ou incidente, pedido de indisponibilidade de bens dos réus, a fim de garantir a integral recomposição do erário ou do acréscimo patrimonial resultante de enriquecimento ilícito".

Alternativa "a". Pelo contrário, o §14, do art. 16 estabelece que "é vedada a decretação de indisponibilidade do bem de família do réu, salvo se comprovado que o imóvel seja fruto de vantagem patrimonial indevida (...)".

Alternativa "b". Nos termos do §5º, do art. 16, o pedido apenas será deferido mediante a demonstração no caso concreto de perigo de dano irreparável ou de risco ao resultado útil do processo, desde que o juiz se convença da probabilidade da ocorrência dos atos descritos na petição inicial com fundamento nos respectivos elementos de instrução, após a oitiva do réu em 5 (cinco) dias.

Alternativa "c". É vedada a decretação de indisponibilidade da quantia de até 40 (quarenta) salários mínimos depositados em caderneta de poupança, em outras aplicações financeiras ou em conta-corrente, na forma do §13, do art. 16, da Lei.

Alternativa "d". A ordem de indisponibilidade de bens deverá priorizar veículos de via terrestre, bens imóveis, bens móveis em geral, semoventes, navios e aeronaves, ações e quotas de sociedades simples e empresárias, pedras e metais preciosos e, apenas na inexistência desses, o bloqueio de contas bancárias, de forma a garantir a subsistência do acusado e a manutenção da atividade empresária ao longo do processo (art. 16, § 11, da Lei).

Alternativa "e". Eis, precisamente, a redação do art. 16, §6º, da Lei, pelo qual "o valor da indisponibilidade considerará a estimativa de dano indicada na petição inicial, permitida a sua substituição por caução idônea, por fiança bancária ou por seguro-garantia judicial, a requerimento do réu, bem como a sua readequação durante a instrução do processo".

---

145. (FGV - 2024 - TRF 1 - Técnico Judiciário - Área Administrativa) No âmbito da responsabilização por atos de improbidade administrativa, com base na Lei nº 8.429/1992, com a redação conferida pela Lei nº 14.230/2021, à luz da orientação do Supremo Tribunal Federal, é correto afirmar que:

a) a natureza penal de tais infrações impõe respeito aos princípios aplicáveis ao direito sancionador no âmbito processual penal;

b) as pessoas jurídicas não podem responder na aludida esfera de responsabilização;

c) os atos de improbidade que importam em enriquecimento ilícito admitem a modalidade culposa;

d) as ações objetivando o ressarcimento ao erário fundadas em ato de improbidade doloso são imprescritíveis;

e) a responsabilização de particular com base na norma em questão independe de atuação do agente público.

▷ ***Anotações/Comentários***

Nota do Autor: De acordo com o art. 23, *caput*, da Lei, "a ação para a aplicação das sanções previstas nesta Lei prescreve em 8 (oito) anos, contados a partir da ocorrência do fato ou, no caso de infrações permanentes, do dia em que cessou a permanência".

Alternativa "a". O art. 1º, §4º, da Lei, determina que se aplicam ao sistema da improbidade disciplinado nesta Lei os princípios constitucionais do **direito administrativo sancionador.**

Alternativa "b". É possível a responsabilização de **pessoas jurídicas** no âmbito da Lei nº 8.429/92. Esta é a exegese do art. 3º, §1º, da Lei, pelo qual "os sócios, os cotistas, os diretores e os colaboradores de pessoa jurídica de direito privado não respondem pelo ato de improbidade que venha a ser imputado à pessoa jurídica, salvo se, comprovadamente, houver participação e benefícios diretos, caso em que responderão nos limites da sua participação".

Alternativa "c". Desde o advento da Lei nº 14.230/2021, **não mais se admitem atos de improbidade administrativa culposos**, como preconizava a antiga redação do art. 10, da Lei.

Alternativa "d". No julgamento do Recurso Extraordinário nº 852.475, o Supremo Tribunal Federal reconheceu a imprescritibilidade de ações de ressarcimento de danos ao erário decorrentes de ato doloso de improbidade administrativa, tendo fixado a seguinte tese, para fins de repercussão geral: "**são imprescritíveis as ações de ressarcimento ao erário fundadas na prática de ato doloso tipificado na Lei de Improbidade Administrativa**".

Alternativa "e". O art. 3º, *caput*, preconiza que as disposições desta Lei são aplicáveis, no que couber, àquele que, mesmo não sendo agente público, induza ou concorra dolosamente para a prática do ato de improbidade, do que se depreende que a responsabilização de particular com base na norma em questão **depende** de atuação do agente público, a quem induza ou quem concorra dolosamente para a prática do ato.

---

146. (FGV - 2024 - TRF 1 - Técnico Judiciário - Agente Policial Judicial) Após a prática de conduta que configura ato de improbidade que causa prejuízo ao erário, na forma do Art. 10 da Lei nº 8.429/1992, com a redação conferida pela Lei nº 14.230/2021, Wellington, que é servidor federal estável, passou a analisar as penalidades aplicáveis em tal situação, vindo a concluir corretamente que pode ser imposta em tal caso a sanção de:

a) cassação definitiva dos direitos políticos;

b) multa civil de até cinco vezes o valor do dano ocasionado;

c) suspensão de direitos políticos pelo prazo de até doze anos;

d) impedimento de ingressar no serviço público, ainda que mediante novo concurso público;

e) proibição de receber benefícios ou incentivos fiscais ou creditícios, direta ou indiretamente, ainda que por intermédio de pessoa jurídica da qual seja sócio majoritário, pelo prazo não superior a quinze anos.

▷ ***Anotações/Comentários***

Alternativa "c" (responde as demais alternativas). Nos termos do art. 12, II, da Lei, são aplicáveis às seguintes penalidades decorrentes da prática de **ato de improbidade administrativa que cause prejuízo ao erário**: perda dos bens ou valores acrescidos ilicitamente ao patrimônio, se concorrer esta circunstância, perda da função pública, **suspensão dos direitos políticos até 12 (doze) anos**, pagamento de multa civil equivalente ao valor do dano e proibição de contratar com o poder público ou de receber benefícios ou incentivos fiscais ou creditícios, direta ou indiretamente, ainda que por intermédio de pessoa jurídica da qual seja sócio majoritário, pelo prazo não superior a 12 (doze) anos.

---

147. (FCC - 2024 - TRF 3 - Técnico Judiciário - Área Administrativa) A propósito do regime da prescrição referente à responsabilização por improbidade, nos termos da Lei nº 8.429/1992, considere a seguinte situação hipotética:

Natalício, servidor federal responsável pela ordenação de despesas, tornou-se investigado em inquérito civil instaurado pelo Ministério Público Federal, em 1º de fevereiro de 2015, em razão de suposto ato de improbidade causador de prejuízo ao erário que teria cometido em 30 de janeiro de 2014.

Concluída a investigação, houve a propositura da ação de improbidade em 20 de janeiro de 2016. Em 31 de março de 2018, houve a publicação da sentença condenatória, da qual Natalício apelou. A apelação foi julgada pelo Tribunal Regional Federal em 29 de março de 2022, desprovendo a apelação e mantendo a condenação de Natalício a sanções previstas na Lei nº 8.429/1992 e à reparação dos danos causados ao erário. O acórdão foi publicado em 2 de abril de 2022 e Natalício interpôs recurso especial perante o Superior Tribunal de Justiça, alegando prescrição da pretensão manifestada na ação.

Em vista de tal situação, o Superior Tribunal de Justiça

a) deverá reconhecer a prescrição da ação, pois o prazo para ajuizamento da ação, após a instauração de inquérito civil é de 180 dias.

b) não deverá reconhecer a prescrição, pois não foram extrapolados os prazos prescricionais previstos na lei.

c) não deverá reconhecer a prescrição, pois a responsabilidade por atos de improbidade que causem prejuízo ao erário é imprescritível.

d) deverá reconhecer a prescrição intercorrente em relação às sanções aplicadas, mantendo a condenação de ressarcimento ao erário, que se afigura imprescritível.

e) deverá reconhecer a prescrição integral da pretensão manifestada na ação, visto que entre a data do ato ímprobo e a publicação da decisão condenatória decorreu lapso temporal superior a 8 anos.

▷ ***Anotações/Comentários***

Alternativa "d" (responde as demais alternativas). Nos termos do art. 23, *caput*, da Lei, "a ação para a aplicação das sanções previstas nesta Lei **prescreve em 8 (oito) anos**, contados a partir da ocorrência do fato ou, no caso de infrações permanentes, do dia em que cessou a permanência". Vale destacar, ademais, que o **prazo de prescrição em questão interrompe-se** pelo ajuizamento da ação de improbidade administrativa, pela publicação da sentença condenatória e pela publicação de decisão ou acórdão de Tribunal de Justiça ou Tribunal Regional Federal que confirma sentença condenatória ou que reforma sentença de improcedência (art. 23, §4º, I, II e III, da Lei), destacando-se, ainda, que, interrompida prescrição, o prazo recomeça a correr do dia da interrupção, pela metade do prazo previsto no *caput* – **4 (quatro) anos, portanto**. Da atenta leitura do enunciado, portanto, verifica-se que o Superior Tribunal de Justiça deverá reconhecer a prescrição intercorrente porque entre a publicação da sentença condenatória (31/03/2018) e a publicação do acórdão do TRF (02/04/2022) transcorreu mais que 4 anos.. Dessa maneira, não poderá haver a aplicação das penalidades previstas na Lei de Improbidade, porém poderá manter a condenação ao ressarcimento ao erário porque , no RE nº 852.475, o Supremo Tribunal Federal reconheceu a imprescritibilidade de ações de ressarcimento de danos ao erário decorrentes de ato doloso de improbidade administrativa, tendo fixado a seguinte tese, para fins de repercussão geral: "**são imprescritíveis as ações de ressarcimento ao erário fundadas na prática de ato doloso tipificado na Lei de Improbidade Administrativa**".

148. (FCC – 2024 – TRT 11 (AM e RR) - Técnico Administrativo - Área Administrativa) Segundo a atual redação da Lei de Improbidade Administrativa, com as alterações ocorridas em 2021,

a) as sanções por ato de improbidade administrativa se aplicam à pessoa jurídica ainda que a conduta seja sancionada como ato lesivo à Administração Pública em legislação especifica.

b) podem ser responsabilizados os agentes públicos que induzam ou concorram para a prática do ato de improbidade administrativa ou dele se beneficie sob qualquer forma direta ou indireta.

c) a ausência de comprovação de ato doloso com fim ilícito não afasta a responsabilidade por ato de improbidade da autoridade que exerça função ou desempenhe competências públicas.

d) dolo consiste na vontade livre e consciente de alcançar o resultado ilícito tipificado como ato de improbidade administrativa que importa enriquecimento ilícito, causa prejuízo ao erário ou atenta contra os princípios da Administração Pública, não bastando a voluntariedade do agente.

e) a autoridade administrativa responsável pelo inquérito representará ao Ministério Público para a indisponibilidade dos bens do indiciado quando o ato de improbidade causar lesão ao patrimônio público ou ensejar enriquecimento ilicito.

▷ ***Anotações/Comentários***

Alternativa "a". De acordo com o art. 3º, §2º, da Lei, "as sanções desta Lei não se aplicarão à pessoa jurídica, caso o ato de improbidade administrativa seja também sancionado como ato lesivo à administração pública de que trata a Lei nº 12.846/2013".

Alternativa "b". As disposições da Lei são aplicáveis, no que couber, àquele que, **mesmo não sendo agente público**, induza ou concorra dolosamente para a prática do ato de improbidade, na forma do art. 3º, *caput*, da Lei.

Alternativa "c". Desde o advento da Lei nº 14.230/2021, **não mais se admitem atos de improbidade administrativa culposos**, como preconizava a antiga redação do art. 10, da Lei. Assim, a ausência de comprovação de ato doloso com fim ilícito **afasta** a responsabilidade por ato de improbidade.

Alternativa "d". Trata-se, precisamente, de transcrição do art. 1º, §2º, da Lei, pelo qual "considera-se dolo a vontade livre e consciente de alcançar o resultado ilícito tipificado nos arts. 9º, 10 e 11 desta Lei, não bastando a voluntariedade do agente".

Alternativa "e". Na forma do art. 16, *caput*, da Lei, na ação por improbidade administrativa poderá ser formulado, em caráter antecedente ou incidente, pedido de indisponibilidade de bens dos réus, a fim de garantir a integral recomposição do erário ou do acréscimo patrimonial resultante de enriquecimento ilícito. Não se restringe aos casos de atos de improbidade que causam lesão ao patrimônio público ou ensejam enriquecimento ilícito, podendo ser deferido mediante a demonstração no caso concreto de perigo de dano irreparável ou de risco ao resultado útil do processo.

149. (FGV – 2024 – TRF 1 – Analista Judiciário – Área Judiciária) No território do município Alfa, os órgãos competentes do Poder Executivo adotaram diversas medidas para minimizar os efeitos de uma tempestade que ocorrerá nos próximos dias, com risco iminente de causar uma enchente, conforme fora detectado pelos órgãos técnicos competentes. Entre as medidas adotadas, está a ocupação temporária de um dos imóveis de Maria, sem a sua autorização prévia, para ali estruturar uma base de operações.

Irresignada com o teor dessa medida, Maria consulta um especialista em relação à sua conformidade constitucional, sendo-lhe corretamente esclarecido que:

a) a situação configura uma desapropriação indireta, de modo que Maria deve postular judicialmente a respectiva indenização;

b) a ausência de prévia autorização judicial, de modo a imitir o município Alfa na posse do imóvel de Maria, evidencia a ilicitude da ocupação;

c) a ocupação, independente de justa e prévia indenização em dinheiro, foi lícita, mas deve ser assegurada a Maria a indenização posterior, caso haja dano;

d) a ocupação somente seria lícita se tivesse sido antecedida de depósito administrativo, para fins de garantia de possíveis danos que venham a ser causados ao imóvel;

e) a ocupação é legítima, não havendo que se falar em indenização por eventuais danos em razão da preeminência do interesse público sobre o particular, ao que se soma o dever de solidariedade social.

▷ ***Anotações/Comentários***

Alternativa "c" (responde as demais alternativas). A **ocupação temporária** é a "**utilização transitória**, remunerada ou gratuita, de **bens** particulares pelo Poder Público para a **execução** de obras, serviços ou atividades públicas de interesse público"[20]. Assim, a ocupação temporária consiste em uma forma de limitação do Estado na propriedade privada, devendo ser assegurado ao proprietário do imóvel eventual indenização posterior, caso demonstrados prejuízos decorrentes da atividade estatal. **Não** é necessária prévia autorização judicial para imissão na posse pelo ente público nem, tampouco, prévio depósito administrativo para fins de garantia de possíveis danos.

150. (Cebraspe – Analista Judiciário – Área Administrativa – TJ ES/2023) Na hipótese de incorporação societária, a obrigação da sociedade incorporadora em eventual recomposição de dano ao erário, decorrente de conduta da sociedade incorporada prevista na Lei n.º 8.429/1992, fica limitada ao total do patrimônio transferido.

▷ **Anotações/comentários**

Eis a redação do parágrafo único do art. 8º-A, da Lei nº 8.429/92, pelo qual "nas hipóteses de fusão e de incorporação, a responsabilidade da sucessora será restrita à obrigação de reparação integral do dano causado, até o limite do patrimônio transferido, não lhe sendo aplicáveis as demais sanções previstas nesta Lei decorrentes de atos e de fatos ocorridos antes da data da fusão ou da incorporação, exceto no caso de simulação ou de evidente intuito de fraude, devidamente comprovados".

151. (Cebraspe – Analista Judiciário – Área Administrativa – TJ ES/2023) O agente político está excluído do conceito de agente público adotado pela Lei n.º 8.429/1992.

▷ **Anotações/comentários**

Nos exatos termos do art. 2º, *caput*, da Lei nº 8.429/92, "para os efeitos desta Lei, consideram-se agente público o **agente político**, o servidor público e todo aquele que exerce, ainda que transitoriamente ou sem remuneração, por eleição, nomeação, designação, contratação ou qualquer outra forma de investidura ou vínculo, mandato, cargo, emprego ou função nas entidades referidas no art. 1º desta Lei".

20. MEIRELLES, Hely Lopes. *Direito administrativo brasileiro*. 36 ed. São Paulo: Malheiros, 2010. p. 662.

152. (Cebraspe – Analista Judiciário – Área Administrativa – TJ ES/2023) Constitui ato de improbidade administrativa, importando em enriquecimento ilícito, usar, em proveito público, bens, rendas, verbas ou valores integrantes do acervo patrimonial da administração pública direta.

▷ **Anotações/comentários**

Nos termos do art. 9º, XII, da Lei nº 8.429/92, constitui ato de improbidade administrativa, importando em enriquecimento ilícito, usar, em proveito **próprio**, bens, rendas, verbas ou valores integrantes do acervo patrimonial da administração pública direta.

153. (FCC – Analista Judiciário – Área Judiciária – TRT 14/2022) O Ministério Público do Estado de Rondônia pretende ajuizar ação de improbidade administrativa contra dois agentes públicos e, para tanto, deve ater-se ao prazo prescricional pertinente. Nos termos da Lei nº 8.429/1992 com redação dada pela Lei nº 14.230/2021, a ação para a aplicação das sanções previstas na Lei de Improbidade prescreve em

a) cinco anos, contados a partir da ocorrência do fato ou, no caso de infrações permanentes, do dia em que cessou a permanência.
b) cinco anos, contados a partir do término do exercício de mandato, cargo em comissão ou função de confiança.
c) quatro anos, contados a partir da ciência inequívoca do fato pelo legitimado ativo para a demanda, ou, no caso de infrações permanentes, do dia em que cessou a permanência.
d) oito anos, contados a partir da ocorrência do fato ou, no caso de infrações permanentes, do dia em que cessou a permanência.
e) oito anos, contados a partir do término do exercício de mandato, cargo em comissão ou função de confiança.

▷ **Anotações/comentários**

Alternativa "d" (responde as demais alternativas). Nos exatos termos do art. 23, *caput*, da Lei nº 8.429/92, "a ação para a aplicação das sanções previstas nesta Lei prescreve em 8 (oito) anos, **contados a partir da ocorrência do fato ou, no caso de infrações permanentes, do dia em que cessou a permanência**"

154. (FCC – Analista Judiciário – Área Judiciária – TRT 17/2023) A prática de ato de improbidade administrativa que atente contra os princípios da administração pública cuja ação ou omissão dolosa viole os deveres de honestidade, de imparcialidade e de legalidade, independentemente do ressarcimento integral do dano patrimonial, se efetivo, e das sanções penais comuns e de responsabilidade, civis e administrativas previstas na legislação específica, sujeitará o responsável ao pagamento de multa civil de até I vezes o valor da remuneração percebida pelo agente e proibição de contratar com o poder público ou de receber benefícios ou incentivos fiscais ou creditícios, direta ou indiretamente, ainda que por intermédio de pessoa jurídica da qual seja sócio majoritário, pelo prazo não superior a II anos. Conforme estabelece a Lei nº 8.429/1992, as lacunas I e II devem ser preenchidas, correta e respectivamente, por:

a) 12 – 6
b) 24 – 4
c) 10 – 8
d) 5 – 2
e) 15 – 5

▷ **Anotações/comentários**

Nota do Autor: O art. 11, da Lei nº 8.429/92, lista as condutas que constituem atos de improbidade administrativa que atentam contra os princípios da administração pública, violadoras dos deveres de honestidade, de imparcialidade e de legalidade.

Alternativa "b" (responde as demais alternativas). Em se tratando de ato de improbidade que atenta contra os princípios da Administração Pública, aplicam-se, nos termos do art. 12, III, da Lei, as seguintes penalidades: pagamento de multa civil de até 24 (vinte e quatro) vezes o valor da remuneração percebida pelo agente e proibição de contratar com o poder público ou de receber benefícios ou incentivos fiscais ou creditícios, direta ou indiretamente, ainda que por intermédio de pessoa jurídica da qual seja sócio majoritário, pelo prazo não superior a 4 (quatro) anos.

155. (IBFC – Analista Judiciário – TJ/MG/2022) No que se refere às disposições da Lei nº 8.429/92, que trata das sanções aplicáveis em virtude da prática de atos de improbidade administrativa, analise as afirmativas a seguir.

I. O pedido de indisponibilidade de bens por improbidade administrativa, que poderá ser formulado, em caráter antecedente ou incidente, apenas será deferido mediante a demonstração no caso concreto de perigo de dano irreparável ou de risco ao resultado útil do processo, desde que o juiz se convença da probabilidade da ocorrência dos atos descritos na petição inicial com fundamento nos respectivos elementos de instrução, após a oitiva do réu em 10 (dez) dias.
II. O Ministério Público poderá, conforme as circunstâncias do caso concreto, celebrar acordo de não persecução civil, no sentido de obter, dentre outros resultados, o integral ressarcimento do dano. Para fins de apuração do valor do dano a ser ressarcido, deverá ser realizada a oitiva do Tribunal de Contas competente, que se manifestará, com indicação dos parâmetros utilizados, no prazo de 60 (sessenta) dias.
III. O inquérito civil para apuração do ato de improbidade será concluído no prazo de 365 (trezentos e sessenta e cinco) dias corridos, prorrogável uma única vez por igual período, mediante ato fundamentado submetido à revisão da instância competente do órgão ministerial, conforme dispuser a respectiva lei orgânica.

Estão corretas as afirmativas:

a) I apenas
b) I e II apenas
c) II e III apenas
d) I e III apenas
e) III apenas

▷ **Anotações/comentários**

Alternativa correta: letra "e" (responde as demais alternativas). Apenas o item III está correto.

Item I. Errado. O pedido de indisponibilidade de bens por improbidade administrativa, que poderá ser formulado, em caráter antecedente ou incidente, apenas será deferido mediante a demonstração no caso concreto de perigo de dano irreparável ou de risco ao resultado útil do processo, desde que o juiz se convença da probabilidade da ocorrência dos atos descritos na petição inicial com fundamento nos respectivos elementos de instrução, após a oitiva do réu em **5 (cinco) dias**, nos termos do art. 16, §3º, da Lei nº 8.429/92.

Item II. Errado. O Ministério Público poderá, conforme as circunstâncias do caso concreto, celebrar acordo de não persecução civil, no sentido de obter, dentre outros resultados, o integral ressarcimento do dano. Entretanto, para fins de apuração do valor do dano a ser ressarcido, na forma do art. 17-B, §3º, da Lei nº 8.429/92, deveria ser realizada a oitiva do Tribunal de Contas competente no prazo de 90 dias, porém, na ADI 7236, o Min. Alexandre de Moraes deferiu medida cautelar para suspender a eficácia desse dispositivo..

Item III. Correto. Trata-se da literalidade do art. 23, §2º, da Lei nº 8.429/92, pelo qual "o inquérito civil para apuração do ato de improbidade será concluído no prazo de 365 (trezentos e sessenta e cinco) dias corridos, prorrogável uma única vez por igual período, mediante ato fundamentado submetido à revisão da instância competente do órgão ministerial, conforme dispuser a respectiva lei orgânica".

156. (FGV – Técnico Judiciário – TJ – RO/2021) No ano de 2020, João, Técnico Judiciário do Tribunal de Justiça do Estado Alfa, valendo-se do fato de ser o servidor responsável pela supervisão dos estagiários que atuam na Vara onde está lotado, utilizou, na obra de sua casa que está em reforma, o trabalho de três estagiários. Em troca de reduzir o cumprimento da carga horária semanal dos estagiários de 20 para 15 horas, João se utilizou dos estudantes para carregar material de construção em seu imóvel, no horário de expediente. Agindo dessa forma, João:

a) praticou ato de improbidade administrativa que importa enriquecimento ilícito e está sujeito a sanções, como a perda da função pública e a suspensão dos direitos políticos de oito a dez anos;

b) praticou ato de improbidade administrativa que causa prejuízo ao erário e está sujeito a sanções, como a perda da função pública e o pagamento de multa civil de até quatro vezes o valor do dano;

c) praticou ato de improbidade administrativa que atenta contra os princípios da administração pública e está sujeito a sanções, como o ressarcimento integral do dano e a suspensão dos direitos políticos de um a três anos;

d) não praticou ato de improbidade administrativa, porque não se enquadra no conceito de agente político, razão pela qual não se submete à lei de improbidade, mas responde nas esferas administrativa, cível e criminal;

e) não praticou ato de improbidade administrativa, porque não se enquadra no conceito de gestor público, exceto se estivesse respondendo pelo expediente ou exercendo a função de chefe do cartório da Vara.

▷ ***Anotações/Comentários***

Alternativa "a" (responde as alternativas "b" e "c"). O enunciado menciona a prática do ato no ano de 2020, quando não havia sido aprovada a Lei nº 14.230/2021, que alterou substancialmente a redação da Lei de Improbidade Administrativa. Neste sentido, o art. 9º, IV, da anterior redação, estabelecia ser ato de improbidade que importa enriquecimento ilícito "utilizar, em obra ou serviço particular, veículos, máquinas, equipamentos ou material de qualquer natureza, de propriedade ou à disposição de qualquer das entidades mencionadas no art. 1° desta lei, bem como o trabalho de servidores públicos, empregados ou terceiros contratados por essas entidades". As penalidades aplicáveis àqueles que cometem ato de improbidade que importa enriquecimento ilícito estava disciplinada no art. 12, I, da Lei, cuja redação era a seguinte: perda dos bens ou valores acrescidos ilicitamente ao patrimônio, ressarcimento integral do dano, quando houver, perda da função pública, suspensão dos direitos políticos de oito a dez anos, pagamento de multa civil de até três vezes o valor do acréscimo patrimonial e proibição de contratar com o Poder Público ou receber benefícios ou incentivos fiscais ou creditícios, direta ou indiretamente, ainda que por intermédio de pessoa jurídica da qual seja sócio majoritário, pelo prazo de dez anos. **A redação atual foi modificada (sendo que a suspensão dos direitos políticos não pode ser superior a 14 anos), de tal modo que a questão está desatualizada.**

Alternativa "d" (responde a alternativa "e"). Não é necessário ser agente político ou gestor público para ter aplicada contra si a Lei nº 8.429/1992 que, **para além de aplicável aos agentes públicos em geral**. Nesse sentido, estabelece o art. 2º que se "considera agente público o agente político, o servidor público e todo aquele que exerce, ainda que transitoriamente ou sem remuneração, por eleição, nomeação, designação, contratação ou qualquer outra forma de investidura ou vínculo, mandato, cargo, emprego ou função nas entidades referidas no art. 1º desta Lei". Inclusive, pode o particular responder, desde que induza ou concorra dolosamente para a prática do ato de improbidade.

157. (Cespe – Analista Judiciário – Área Administrativa – TJ – PA/2020) Conforme a Lei n.° 8.429/1992, negar publicidade a ato oficial constitui ato de improbidade administrativa que

a) atenta contra os princípios da administração pública.

b) decorre de concessão indevida de benefício financeiro.

c) importa enriquecimento ilícito.

d) causa prejuízo ao erário.

e) decorre de aplicação indevida de benefício tributário.

▷ ***Anotações/Comentários***

A anterior redação do art. 11, IV, da Lei, estabelecia que "negar publicidade aos atos oficiais" era exemplo de **ato de improbidade que atenta contra a Administração Pública.** Com o advento da Lei nº 14.230/2021, a conduta proibida passou a ser "negar publicidade aos atos oficiais, exceto em razão de sua imprescindibilidade para a segurança da sociedade e do Estado ou de outras hipóteses instituídas em lei".

158. (Cespe – Analista Judiciário – Área Administrativa – TJ – PA/2020) No que se refere ao acordo de leniência previsto na Lei n.° 12.846/2013, assinale a opção correta.

a) A proposta de acordo de leniência suspende o prazo prescricional dos atos ilícitos previstos na referida lei.

b) O termo final para a prática dos atos infracionais pela pessoa jurídica é a celebração do acordo de leniência.

c) A celebração do acordo de leniência isenta a pessoa jurídica da sanção de multa.

d) O acordo de leniência não exime a pessoa jurídica da obrigação de reparar integralmente o dano causado.

e) A celebração dos acordos de leniência no âmbito do Poder Executivo federal é de competência exclusiva do Ministério Público Federal.

▷ ***Anotações/Comentários***

Alternativa "a" (responde a alternativa "b"). Na forma do art. 16, §9º, da Lei, "a **celebração** do acordo de leniência **interrompe** o prazo prescricional dos atos ilícitos previstos nesta Lei". Não há que se falar, assim, em termo final para a prática dos atos infracionais previstos na legislação com a celebração do acordo de leniência.

Alternativa "c". A celebração do acordo de leniência reduzirá em até 2/3 (dois terços) o valor da multa aplicável (art. 16, §2º).

Alternativa "d". Trata-se da redação, *ipsis literis*, do art. 16, §3º, da Lei.

Alternativa "e". A Controladoria-Geral da União - CGU é o órgão competente para celebrar os acordos de leniência no âmbito do Poder Executivo federal, bem como no caso de atos lesivos praticados contra a administração pública estrangeira, na forma do art. 16, §10, da Lei.

159. (Cespe – Analista Judiciário – Área Administrativa – TJ – PA/2020) Considerando o disposto na Lei n.° 12.846/2013, assinale a opção correta.

a) É vedada a delegação da competência para a instauração e o julgamento de processo administrativo de apuração de responsabilidade.

b) A sanção de multa terá como limite mínimo o percentual de 0,2% do faturamento líquido do ano anterior à instauração do processo administrativo.

c) O prazo prescricional será suspendido com o julgamento do processo administrativo.

d) Pessoa jurídica estrangeira está imune à incidência das regras estabelecidas na referida lei.

e) Comissão constituída para a apuração de responsabilidade poderá, cautelarmente, propor à autoridade instauradora que suspenda os efeitos do ato ou processo objeto da investigação.

▷ ***Anotações/Comentários***

Alternativa "a". O art. 8º, §1º, da Lei, estabelece que "a competência para a instauração e o julgamento do processo administrativo de apuração de responsabilidade da pessoa jurídica poderá ser delegada, vedada a subdelegação".

Alternativa "b". A sanção de multa terá como limite mínimo o percentual de 0,1% do faturamento líquido do ano anterior à instauração do processo administrativo (art. 6º, I, da Lei).

Alternativa "c". Na esfera administrativa ou judicial, a prescrição será interrompida com a instauração de processo que tenha por objeto a apuração da infração, consoante art. 25, parágrafo único, da Lei.

Alternativa "d". Aplica-se o disposto nesta Lei às sociedades empresárias e às sociedades simples, personificadas ou não, independentemente da forma de organização ou modelo societário adotado, bem como a quaisquer fundações, associações de entidades ou pessoas, ou sociedades estrangeiras, que tenham sede, filial ou representação no território brasileiro, constituídas de fato ou de direito, ainda que temporariamente (art. 1º, parágrafo único).

Alternativa "e". O art.10, *caput*, da Lei, estabelece que "o processo administrativo para apuração da responsabilidade de pessoa jurídica será conduzido por comissão designada pela autoridade instauradora e composta por 2 (dois) ou mais servidores estáveis". O §2º, em continuidade, determina que "a comissão poderá, cautelarmente, propor à autoridade instauradora que suspenda os efeitos do ato ou processo objeto da investigação".

160. (FCC - Técnico Judiciário - Área Administrativa - TRF 3/2019) A Lei nº 8.429/1992 estabelece um regime de responsabilidade em razão de condutas qualificadas como "improbidade". Tal regime de responsabilidade

a) se sobrepõe ao regime disciplinar, de modo que, iniciada a responsabilização por improbidade, deve ser suspenso o processo administrativo disciplinar.

b) é aplicável, ainda que não haja efetiva ocorrência de dano ao patrimônio público.

c) é de natureza civil, embora implique na aplicação de sanções privativas de liberdade.

d) impõe a responsabilização objetiva para os agentes públicos que, por sua conduta, causarem prejuízo ao erário.

e) não se aplica no tocante à proteção patrimonial das entidades de natureza empresarial mantidas ou controladas pelo Estado.

▷ ***Anotações/Comentários***

Alternativa "a". O art. 12 da Lei nº 8.429/92 estabelece que as **sanções** previstas nesse diploma normativo são aplicadas **independentemente das sanções penais, civis** e **administrativas** previstas na legislação específica. Ou seja, há a **independência das instâncias**.

Alternativa "b". O art. 21 da Lei nº 8.429/92 prevê que a aplicação das sanções previstas na lei independe: a) da efetiva ocorrência de dano ao patrimônio público, salvo quanto à pena de ressarcimento e aos atos de improbidade que causam prejuízo ao Erário; b) da aprovação ou rejeição das contas pelo órgão de controle interno ou pelo Tribunal ou Conselho de Contas".

Alternativa "c". Não há aplicação de sanções privativas de liberdade no âmbito da Lei nº 8.429/92.

Alternativa "d". Em nenhuma das hipóteses admite-se a responsabilidade objetiva do causador do ato de improbidade, impondo-se, inclusive, em razão da alteração promovida pela Lei nº 14.230/2021, a presença de dolo para a configuração de qualquer das espécies de ato de improbidade.

Alternativa "e". Pode ser sujeito passivo do ato de improbidade as entidades de natureza empresarial que sejam mantidas ou controladas pelo Estado.

DIREITO PENAL

Danilo da Cunha Sousa

I – PARTE GERAL

1. DA APLICAÇÃO DA LEI PENAL

01. FGV – 2024 – TRF 1 - Analista Judiciário - Inspetor de Polícia Judicial

No dia da Proclamação da República, no ano de 2012, um hacker ingressou, por meio da inserção de um vírus, no smartphone da presidente da República, superando os mecanismos de segurança do dispositivo, com a finalidade de instalar vulnerabilidades e, assim, obter dados comprometedores do governo federal. Foi noticiado que tal pessoa poderia ser presa.

Considerando os fatos apresentados e com atenção à Lei nº 12.737/2012, é correto dizer que:

a) a conduta não deve ser considerada crime, porquanto a aludida lei ainda não existia na data dos fatos;
b) a ação penal, referente à mencionada conduta penalmente ilícita, é de iniciativa privada;
c) a única espécie de pena prevista, na norma penal incriminadora, para o crime de invasão de dispositivo informático é a multa;
d) a Lei nº 12.737/2012 foi indiferente à prática de invasão de dispositivo informático praticada contra o presidente da República;
e) cuida-se de um irrelevante penal o fato de a invasão levar ao controle remoto não autorizado do dispositivo invadido.

▷ ***Anotações/Comentários***

(a) A Lei n. 12.737/2012 teve início de vigência no dia 30 de novembro de 2012. Como o fato ocorreu no dia 15 de novembro de 2012, a lei mencionada não se aplica ao caso em face do princípio da anterioridade: Não há crime sem lei anterior que o defina (art. 1º, CP).

(b) Trata-se do crime do art. 154-A, CP, cuja ação penal é pública condicionada à representação (art. 154-B, CP).

(c) A pena para o crime do art. 154-A, CP, é de reclusão, de 1 (um) a 4 (quatro) anos, e multa;

(d) Há causa de aumento de pena de um terço à metade se o crime for praticado contra (art. 154-A, § 5º, CP)

(e) Trata-se de qualificadora o fato de a invasão levar ao controle remoto não autorizado do dispositivo invadido (art. 154-A, § 5º, CP).

02. AOCP – 2024 – TRF 2 - Analista Judiciário - Área Judiciária

Sobre a aplicação da lei penal, assinale a alternativa correta.

a) É pacífica a doutrina em admitir a retroatividade de precedente judicial quando este for favorável ao acusado, equiparando-se, nesse caso, à retroatividade da lei penal mais benéfica.
b) Para o Superior Tribunal Federal (STF), a complementação de norma penal em branco por ato normativo estadual, distrital ou municipal viola a competência privativa da União para legislar sobre direito penal, nos casos do delito previsto no Art. 268 do Código Penal.
c) Quando, posteriormente à prática da conduta, o complemento de uma norma penal em branco for modificado, se for mais benéfico ao réu, deve retroagir, ainda que diante de uma situação de excepcionalidade.
d) Se for mais favorável ao réu, admite-se a aplicação da lei penal intermediária, considerando possuir, simultaneamente, as características de retroatividade e ultratividade.
e) Configura interpretação endofórica quando o intérprete visa elucidar o alcance e o significado da expressão "veneno" valendo-se de termos que não estão presentes no ordenamento jurídico.

▷ ***Anotações/Comentários***

(a) Embora haja maior relevância dos precedentes judiciais em nome da segurança jurídica, não é pacífico na doutrina que eles tenham o mesmo status de lei para fins de retroatividade benéfica ao réu.

(b) O art. 268 do Código Penal veicula norma penal em branco que pode ser complementada por atos normativos infralegais editados pelos entes federados (União, Estados, Distrito Federal e Municípios), respeitadas as respectivas esferas de atuação, sem que isso implique ofensa à competência privativa da União para legislar sobre direito penal (CF, art. 22, I) (Tese 1.246, STF).

(c) Se há modificação de norma penal em branca que beneficie o réu, ela deve retroagir.

(d) A lei penal mais favorável deve ser sempre aplicável. Assim, se a Lei 2 é mais favorável que a Lei A, deve retroagir. Mas, se a Lei 3 é mais rigorosa que a Lei 2, esta deve ter ultratividade.

(e) A interpretação endofórica é um tipo de interpretação jurídica que consiste em buscar o sentido de um texto normativo dentro do próprio ordenamento jurídico.

03. (FGV – Técnico Judiciário – TJ – RO/2021) Quanto ao "tempo do crime", o Código Penal brasileiro adota a teoria:

a) da atividade;
b) do resultado;
c) da ubiquidade;
d) da consumação;
e) do efeito.

▷ ***Anotações/Comentários***

(a) o art. 4º, CP, adotou a teoria da atividade, pois se considera o tempo do crime aquele da ação ou da omissão, independentemente de quando se der o resultado.

(b) Pela teoria do resultado, o tempo do crime seria o momento em que se der o resultado.

(c) Pela teoria da ubiquidade, o momento do crime seria tanto o momento da conduta, quanto o do resultado.

(d) Não se conhece a teoria da consumação, pois esta desconsidera os crimes que não passam da tentativa.

(e) Não se conhece a teoria da consumação, pois esta desconsidera os crimes que não passam da tentativa, bem como aqueles que se consumam, mas não produzem efeito (crimes formais).

04. (FGV – Técnico Judiciário – TJ – RO/2021) Sobre a aplicação da lei penal no espaço, é correto afirmar que:

a) pelo princípio da extraterritorialidade, aplica-se a lei penal brasileira aos fatos puníveis praticados no território nacional, quando o agente for estrangeiro;
b) a lei brasileira adota o princípio da territorialidade como regra, ainda que de forma atenuada, uma vez que ressalva a validade de convenções e tratados internacionais;
c) o princípio da nacionalidade ou da personalidade permite a extensão da jurisdição penal do Estado titular do bem lesado para além dos seus limites territoriais;
d) o princípio real, de defesa ou de proteção permite a aplicação da lei penal da nacionalidade do agente, pouco importando o local em que o crime foi praticado;
e) o princípio da universalidade ou cosmopolita aplica-se à lei penal da nacionalidade do agente, pouco importando o local em que o crime foi praticado.

▷ ***Anotações/Comentários***

(a) Pelo princípio da extraterritorialidade, crimes cometidos no exterior ficam sujeitos à lei brasileira, desde que preenchidos os requisitos do art. 7º, CP.

(b) Pelo princípio da territorialidade, aplica-se a lei brasileira aos crimes cometidos no território nacional, ressalvada a aplicação de convenções e tratados internacionais (art. 5º, CP).

(c) Pelo princípio da nacionalidade ou da personalidade, aplica-se a lei brasileira aos crimes cometidos no exterior, independentemente da nacionalidade do agente (art. 7º, I e § 3º, do CP).

(d) Pelo princípio real, de defesa ou de proteção, permite a aplicação da lei penal da nacionalidade do agente, pouco importando o local em que o crime foi praticado.

(e) Pelo princípio da justiça penal cosmopolita ou universal, aplica-se a lei brasileira, independentemente da nacionalidade do agente, da vítima e do local do crime, por se tratar de crime a que o Brasil se obrigou a reprimir por tratado ou convenção (art. 7º, II, "a", CP).

05. (FGV - Técnico Judiciário - TJ - RO/2021) Quanto à interpretação da norma penal incriminadora, fica vedada a realização de:

a) interpretação declarativa;
b) interpretação restritiva;
c) interpretação analógica;
d) interpretação extensiva;
e) analogia in malam partem.

▷ ***Anotações/Comentários***

(a) Na interpretação declarativa, o intérprete busca a coincidência entre a letra da lei e o espírito da lei.

(b) Na interpretação restritiva, o intérprete busca limitar o alcance da norma.

(c) Na interpretação analógica, o legislador traz alguns elementos e, em seguida, descreve uma cláusula aberta que deve ser preenchida pelo intérprete (exemplo: art. 121, § 2º, I, CP).

(d) Na interpretação extensiva, o intérprete busca o real alcance da norma.

(e) A analogia é forma de integração da norma penal. No direito penal, não se admite a analogia in malam partem, sob pena de violação do princípio da reserva legal.

06. (Cespe - Analista Judiciário - Direito - TJ - PA/2020) Com relação ao tempo e ao lugar do crime, o Código Penal brasileiro adotou, respectivamente, as teorias do(a)

a) resultado e da ação.
b) consumação e do resultado.
c) atividade e da ubiquidade.
d) ubiquidade e da atividade.
e) ação e da consumação.

▷ ***Anotações/Comentários***

(a), (b), (d) e (e): Tempo do crime: teoria da atividade. Lugar do crime: ubiquidade.

(c) Tempo do crime: teoria da atividade: momento da ação ou omissão, ainda que outro seja o momento do resultado (art. 4º, CP). Lugar do crime: Teoria da ubiquidade: lugar em que ocorreu a ação ou omissão, no todo ou em parte, bem como onde se produziu ou deveria produzir-se o resultado (art. 6º, CP).

07. (FGV - Analista Judiciário - Área Judiciária - TJ - AL/2018) No dia 02.01.2018, Jéssica, nascida em 03.01.2000, realiza disparos de arma de fogo contra Ana, sua inimiga, em Santa Luzia do Norte, mas terceiros que presenciaram os fatos socorrem Ana e a levam para o hospital em Maceió. Após três dias internada, Ana vem a falecer, ainda no hospital, em virtude exclusivamente das lesões causadas pelos disparos de Jéssica. Com base na situação narrada, é correto afirmar que Jéssica:

a) não poderá ser responsabilizada criminalmente, já que o Código Penal adota a Teoria da Atividade para definir o momento do crime e a Teoria da Ubiquidade para definir o lugar;
b) poderá ser responsabilizada criminalmente, já que o Código Penal adota a Teoria do Resultado para definir o momento do crime e a Teoria da Atividade para definir o lugar;
c) poderá ser responsabilizada criminalmente, já que o Código Penal adota a Teoria da Ubiquidade para definir o momento do crime e a Teoria da Atividade para definir o lugar;
d) não poderá ser responsabilizada criminalmente, já que o Código Penal adota a Teoria da Atividade para definir o momento do crime e apenas a Teoria do Resultado para definir o lugar;
e) poderá ser responsabilizada criminalmente, já que o Código Penal adota a Teoria do Resultado para definir o momento do crime e a Teoria da Ubiquidade para definir o lugar.

▷ ***Anotações/Comentários***

(a) O CP adotou a teoria da atividade para se determinar o momento do crime (art. 4º, CP). No dia do fato, Jéssica tinha dezessete anos, logo é inimputável. Para definição do lugar do crime, o CP adotou a teoria da ubiquidade (art. 6º, CP)

(b), (c), (d) e (e): Tempo do crime: teoria da atividade; Lugar do crime: Teoria da ubiquidade.

08. (FGV - Técnico Judiciário - Área Judiciária - TJ - AL/2018) Disposições constitucionais e disposições legais tratam do tema aplicação da lei penal no tempo, sendo certo que existem peculiaridades aplicáveis às normas de natureza penal. Sobre o tema, é correto afirmar que:

a) a lei penal posterior mais favorável possui efeitos retroativos, sendo aplicável aos fatos anteriores, desde que até o trânsito em julgado da ação penal;
b) a abolitio criminis é causa de extinção da punibilidade, fazendo cessar os efeitos penais e civis da condenação;
c) a lei penal excepcional, ainda que mais gravosa, possui ultratividade em relação aos fatos praticados durante sua vigência;
d) os tipos penais temporários poderão ser criados através de medida provisória;
e) a combinação de leis favoráveis, de acordo com a atual jurisprudência do Superior Tribunal de Justiça, é admitida no momento da aplicação da pena.

▷ ***Anotações/Comentários***

(a) A lei penal mais favorável retroage, sendo aplicável a qualquer momento, mesmo depois do trânsito em julgado da sentença penal condenatória.

(b) A abolitio criminis só faz cessar os efeitos penais da condenação, permanecendo os civis.

(c) A lei excepcional ou temporária, embora decorrido o período de sua duração ou cessadas as circunstâncias que a determinaram, aplica-se ao fato praticado durante sua vigência (art. 3º, CP).

(d) É vedada a edição de medida provisória em matéria penal (art. 62, § 1º, I, "b", CF/88).

(e) O STJ não admite a combinação de leis favoráveis, pois, nesse caso, o juiz estaria criando lei nova, invadindo a competência do legislativo.

09. (FGV - Técnico Judiciário - Área Judiciária - TJ - AL/2018) Arlindo desferiu diversos golpes de faca no peito de Tom, sendo que, desde o início dos atos executórios, tinha a intenção de, com seus golpes, causar a morte do seu desafeto. No início, os primeiros golpes de faca causaram lesões leves em Tom. Na quarta facada, porém, as lesões se tornaram graves, e os últimos golpes de faca foram suficientes para alcançar o resultado morte pretendido.

Arlindo, para conseguir o resultado final mais grave, praticou vários atos com crescentes violações ao bem jurídico, mas responderá apenas por um crime de homicídio por força do princípio da:

a) subsidiariedade, por se tratar de progressão criminosa;
b) alternatividade, por se tratar de crime progressivo;
c) consunção, por se tratar de progressão criminosa;
d) especialidade, por se tratar de progressão criminosa;
e) consunção, por se tratar de crime progressivo.

▷ ***Anotações/Comentários***

(a) Princípio da subsidiariedade: a norma subsidiária afasta a aplicação da norma principal, ambas a tutelar o mesmo bem jurídico. Progressão criminosa: o agente inicia um comportamento que configura um crime menos grave, porém, ainda dentro do mesmo inter criminis, resolve praticar uma infração mais grave, que pressupõe a primeira.

(b) Princípio da alternatividade: não é aceito pela maioria da doutrina como critério de resolução do conflito aparente de normas. Crime progressivo: o agente para alcançar o resultado pretendido, passa necessariamente por resultados menos graves.

(c) Princípio da consunção: norma definidora de um crime é meio necessário ou fase normal de preparação ou execução de outro crime. Tem-se o fato anterior ou posterior impunível, porque fase preparatória ou consequência lógica para a realização do crime.

(d) Princípio da especialidade: Há uma norma especial que afasta a aplicação geral.

(e) Princípio da consunção: norma definidora de um crime é meio necessário ou fase normal de preparação ou execução de outro crime. Crime progressivo: o agente para alcançar o resultado pretendido, passa necessariamente por resultados menos graves (para matar alguém é preciso provocar lesões corporais).

---

10. (FGV - Técnico Judiciário - Área Judiciária - TJ - AL/2018) Paulo, funcionário público do governo brasileiro, quando em serviço no exterior, vem a praticar um crime contra a administração pública. Descoberto o fato, foi absolvido no país em que o fato foi praticado. Diante desse quadro, é correto afirmar que Paulo:

a) não poderá ser julgado de acordo com a lei penal brasileira por já ter sido absolvido no estrangeiro;
b) somente poderá ser julgado de acordo com a legislação penal brasileira se entrar no território nacional;
c) não poderá ter contra si aplicada a lei penal brasileira porque o fato não ocorreu no território nacional;
d) poderá, por força do princípio da defesa real ou proteção, ser julgado de acordo com a lei penal brasileira;
e) poderá, com fundamento no princípio da representação, ser julgado de acordo com a lei penal brasileira.

▷ ***Anotações/Comentários***

(a) Mesmo absolvido, pode ser julgado de acordo com a lei brasileira (art. 7º, § 1º, CP).

(b) O art. 7, § 1º, CP, não condiciona a entrada da pessoa no território nacional para aplicação da lei brasileira contra ele.

(c) Poderá ser aplicada a lei brasileira nos termos do art. 7º, I, "c", CP.

(d) Paulo fica sujeito à lei brasileira, porque cometeu crime contra a administração pública a seu serviço (art. 7º, I, "c", CP). Nos casos do inciso I, o agente é punido segundo a lei brasileira, ainda que absolvido ou condenado no estrangeiro (art. 7º, § 1º, CP). Aplica-se o princípio da defesa real ou proteção: tutela-se o objeto jurídico: administração pública.

(e) Princípio da representação: leva em consideração, para aplicação da lei penal brasileira, a bandeira da embarcação ou aeronave no interior da qual o fato foi praticado.

---

11. (Consulplan - Analista Judiciário - Área Administrativa - TRE - RJ/2017) "João da Silva atira contra 'X' no dia 29/5, tendo 'X' falecido 20 dias depois." Sobre o tempo do crime, o Código Penal adota a teoria:

a) Ubiquidade.
b) Da atividade.
c) Do resultado.
d) Ambivalência.

▷ ***Anotações/Comentários***

(a) A teoria da ubiquidade é adotada para definição do lugar do crime (art. 6º, CP).

(b) Tempo do crime: Considera-se praticado o crime no momento da ação ou omissão, ainda que outro seja o momento do resultado (art. 4º, CP).

(c) Tempo do crime: teoria da atividade.

(d) Não se conhece teoria da ambivalência para determinação do tempo do crime.

---

12. (Cespe - Técnico Judiciário - Área Administrativa - TRF 1/2017) Em sete de janeiro de 2017, João praticou conduta que, à época, configurava crime punível com prisão. O resultado desejado pelo autor, no entanto, foi alcançado somente dois meses depois, ou seja, em sete de março do mesmo ano, momento no qual a conduta criminosa tinha previsão de ser punida com pena menos grave, de restrição de direitos.

Nessa situação hipotética, de acordo com a lei penal,

I - João não poderá ser condenado com a pena de prisão em razão da retroatividade da lei mais benéfica.

- CERTO
- ERRADO

▷ ***Anotações/Comentários***

A lei penal não retroagirá, salvo para beneficiar o réu (art. 5º, XL, CF/88).

II - Considera-se praticado o crime somente em sete de março de 2017, momento em que se alcançou o resultado desejado.

- CERTO
- ERRADO

▷ ***Anotações/Comentários***

Tempo do crime: teoria da ação (art. 4º, CP). O crime é considerado praticado no dia 7 de janeiro, data da conduta.

---

13. (Consulplan - Analista Judiciário - Oficial de Just. Avaliador - TRF 2/2017) Sobre a aplicação da lei penal, analise as afirmativas a seguir.

I. Considera-se praticado o crime no momento da ação ou omissão, ainda que outro seja o momento do resultado.
II. Considera-se praticado o crime no lugar em que ocorreu a ação ou omissão, no todo ou em parte, bem como onde se produziu ou deveria produzir-se o resultado.
III. O dia do começo inclui-se no cômputo do prazo. Contam-se os dias, os meses e os anos pelo calendário comum.

Estão corretas as afirmativas

a) I, II e III.
b) I e II, apenas.
c) I e III, apenas.
d) II e III, apenas.

▷ ***Anotações/Comentários***

Item I - art. 4º do CP: Teoria da atividade para determinar o tempo do crime.

Item II - art. 6º, CP: Teoria da ubiquidade para determinar o lugar do crime.

Item III - art. 10, CP: Forma de contagem do prazo em matéria penal.

---

14. (FCC - Analista Judiciário - Área Judiciária - TRF 5/2017) Sobre a aplicação da lei penal, é correto afirmar que

a) o Código Penal adotou o princípio da territorialidade, em relação à aplicação da lei penal no espaço. Tal princípio é absoluto, não admitindo qualquer exceção.
b) transitada em julgado a sentença condenatória, compete ao Juízo do Conhecimento a aplicação da lei mais benigna.
c) a lei aplicável para os crimes permanentes será aquela vigente quando se iniciou a conduta criminosa do agente.
d) quando a abolitio criminis se verificar depois do trânsito em julgado da sentença penal condenatória, extinguir-se-ão todos os efeitos penais e extrapenais da condenação.
e) a lei excepcional ou temporária, embora decorrido o período de sua duração ou cessadas as circunstâncias que a determinaram, aplica-se ao fato praticado durante a sua vigência.

▷ ***Anotações/Comentários***

(a) O princípio da territorialidade é a regra, excepcionada pela aplicação de convenções, tratados e regras de direito internacional, ao crime cometido no território nacional (art. 5º, CP).

(b) Com o trânsito em julgado, a competência é do juízo das execuções penais para aplicação da lei penal mais benigna.

(c) A lei penal mais grave se aplica ao crime continuado ou ao crime permanente, se a sua vigência é anterior à cessação da continuidade ou da permanência (Súmula 711, STF).

(d) A abolitio criminis depois do trânsito em julgado da sentença penal condenatória não afasta os efeitos civis da sentença.

(e) Eficácia da lei penal excepcional ou temporária (art. 3º, CP).

---

15. (Cespe - Analista Judiciário - Área Judiciária - TRE - MT/2015) Com relação às fontes e aos princípios de direito penal, bem como à aplicação e interpretação da lei penal no tempo e no espaço, assinale a opção correta.

a) No Código Penal brasileiro, adota-se, com relação ao tempo do crime, a teoria da ubiquidade.
b) A lei penal brasileira aplica-se ao crime perpetrado no interior de navio de guerra de pavilhão pátrio, ainda que em mar territorial estrangeiro, dado o princípio da territorialidade.
c) Segundo a doutrina majoritária, os costumes e os princípios gerais do direito são fontes formais imediatas do direito penal.
d) Dado o princípio da legalidade estrita, é proibido o uso de analogia em direito penal.
e) Dada a ampla margem de escolha atribuída ao legislador no que se refere à tipificação dos crimes e cominações de pena, é-lhe permitido tipificar crimes de perigo abstrato e criminalizar atitudes internas das pessoas, como orientações sexuais.

▷ ***Anotações/Comentários***

(a) Tempo do crime: teoria da atividade (art. 4º, CP).

(b) Para os efeitos penais, consideram-se como extensão do território nacional as embarcações brasileiras, de natureza pública ou a serviço do governo brasileiro onde quer que se encontrem (art. 5º, § 1º, CP).

(c) Os costumes são fontes informais do direito penal e os princípios gerais do direito são fontes formais mediatas do direito penal.

(d) A analogia não pode ser usada em desfavor do réu, podendo ser usada a seu favor.

(e) O Direito Penal admite a tipificação de crimes de perigo abstrato, mas não se permite criminalizar atitudes internas.

---

16. (Cespe - Juiz de Direito Substituto - AM/2016) Júlio foi denunciado em razão de haver disparado tiros de revólver, dentro da própria casa, contra Laura, sua companheira, porque ela escondera a arma, adquirida dois meses atrás. Ele não tinha licença expedida por autoridade competente para possuir tal arma, e a mulher tratou de escondê-la porque viu Júlio discutindo asperamente com um vizinho e temia que ele pudesse usá-la contra esse desafeto. Raivoso, Júlio adentrou a casa, procurou em vão o revólver e, não o achando, ameaçou Laura, constrangendo-a a devolver-lhe a arma. Uma vez na sua posse, ele disparou vários tiros contra Laura, ferindo-a gravemente e também atingindo o filho comum, com nove anos de idade, por erro de pontaria, matando-o instantaneamente. Laura só sobreviveu em razão de pronto e eficaz atendimento médico de urgência.

Ainda com referência à situação hipotética descrita no texto anterior e a aspectos legais a ela pertinentes, assinale a opção correta com respaldo na jurisprudência do STJ.

a) Além dos crimes de homicídio, Júlio responderá em concurso material pelo crime de posse irregular de arma de fogo, uma vez que, ao mantê-la guardada em sua residência durante mais de dois meses, já havia consumado esse crime.
b) Opera-se o fenômeno da consunção entre o ato de possuir arma de fogo sem autorização legal e o ato dispará-la com ânimo de matar, uma vez que o crime mais grave sempre absorve o menos grave.
c) O fato de Júlio possuir guardado na sua casa, fora do alcance de crianças, um revólver municiado constitui *ante factum* não punível em relação ao homicídio posteriormente praticado.
d) Laura também deverá responder pelo fato de haver escondido o revólver dentro da residência, sabendo ou devendo saber ser proibido deter sua posse sem licença da autoridade competente.
e) O fato de possuir um revólver guardado em casa e posteriormente utilizá-lo para praticar homicídio pode caracterizar continuidade delitiva.

▷ ***Anotações/Comentários***

(a) Como a posse ilegal de arma de fogo já perdurava por dois meses, essa conduta não pode ser considerada autônoma em relação ao crime de homicídio.

(b) Como a posse ilegal de arma de fogo já perdurava por dois meses, a posse não pode ser considerada crime-meio para o crime de homicídio.

(c) Ver resposta à alternativa "b".

(d) Como Laura escondeu a arma de fogo e diante das demais circunstâncias, ela não responde pelo crime por inexigibilidade de conduta diversa.

(e) Os crimes não são da mesma espécie, logo não há continuidade delitiva.

---

17. (Cespe - Analista de Controle Externo - Direito - TCE - MG/2018) Conforme o direito penal brasileiro, o princípio da reserva legal

a) admite excepcionalmente que medidas provisórias disponham sobre tipos penais.
b) é um desdobramento do princípio da pessoalidade.
c) permite que o Estado puna somente o agente imputável, penalmente capaz.
d) não incide nas contravenções penais.
e) estabelece que normas penais incriminadoras sejam criadas somente mediante lei.

▷ ***Anotações/Comentários***

(a) A CF veda medida provisória dispor sobre direito penal (art. 62, § 1º, I, b, CF/88).

(b) O princípio da reserva legal é desdobramento do princípio da legalidade.

(c) O inimputável está sujeito a medida de segurança e o semi-imputável está sujeito a medida de segurança ou pena reduzida.

(d) Contravenções penais têm natureza de infração penal, logo, estão sujeitas ao princípio da reserva legal.

(e) As normas incriminadoras devem ser criadas por meio de lei em sentido estrito.

---

18. (Consulplan - Juiz de Direito - TJ - MG/2018) Sobre o princípio da legalidade, assinale a alternativa INCORRETA.

a) É considerado por setor da doutrina como restrição deontológica de segundo grau, que não admite exceções.
b) Tem como destinatários tanto o Juiz quanto o legislador e, no processo judicial, incide não apenas na fase de conhecimento, como também na fase de execução das penas.
c) Tem como consectários a proibição de analogia em Direito Penal, de irretroatividade da lei penal gravosa, de utilização dos costumes para fundamentar ou agravar a pena e de criação de leis penais indeterminadas ou imprecisas.
d) Tem âmbito de aplicação mais abrangente do que indica o teor literal da fórmula em latim "Nulla poena sine lege; nulla poena sine crimine; nullum crimen sine poena legali", pois abrange crimes e contravenções penais, além de penas e medidas de segurança.

▷ ***Anotações/Comentários***

(a) O princípio da reserva legal não tem exceções: só lei pode criar norma penal incriminadora.

(b) O legislador só pode criar normas incriminadoras por meio de lei em sentido estrito; o Judiciário fica subordinado à lei elaborada pelo legislador.

(c) A analogia não tem vedação completa no Direito Penal, admitindo-se que a analogia em favor do acusado.

(d) O princípio da reserva legal tem fator limitador às normas penais incriminadoras em geral6

19. (Vunesp – Juiz de Direito – TJ – SP/2018) Segundo a Exposição de Motivos da Parte Geral, o Código Penal, quanto ao tempo e ao lugar do crime, ao concurso de pessoas e ao crime continuado, adotou, respectivamente, as seguintes teorias:

a) Atividade, Ubiquidade, Monística e Objetiva.
b) Atividade, Resultado, Monística e Objetiva-subjetiva.
c) Resultado, Atividade, Pluralística e Objetiva-subjetiva.
d) Ubiquidade, Resultado, Pluralística e Objetiva.

▷ ***Anotações/Comentários***

(a) Tempo do crime: teoria da atividade (art. 4º, CP): Lugar do crime: teoria da ubiquidade (art. 6º, CP); Concurso de pessoas: teoria monística (art. 29, CP); Crime continuado: art. 71, CP: teoria objetiva (não se exige que o agente tenha a intenção de praticar crimes de forma continuada).

(b) Ver resposta ao item "a".

(c) Ver resposta ao item "a".

(d) Ver resposta ao item "a".

20. (IESES – Cartório – Provimento – TJ – CE/2018) É certo afirmar:

I. Para os efeitos penais, consideram-se como extensão do território nacional as embarcações e aeronaves brasileiras, de natureza pública ou a serviço do governo brasileiro onde quer que se encontrem, bem como as aeronaves e as embarcações brasileiras, mercantes ou de propriedade privada, que se achem, respectivamente, no espaço aéreo correspondente ou em alto-mar.
II. Não há crime sem lei anterior que o defina. Não há pena sem prévia cominação legal. Trata-se de princípio geral de que a lei penal nunca retroagirá.
III. Considera-se praticado o crime no lugar em que ocorreu a ação ou omissão, no todo ou em parte, bem como onde se produziu ou deveria produzir-se o resultado.
IV. A pena cumprida no estrangeiro agrava a pena imposta no Brasil pelo mesmo crime, quando diversas, ou nela é computada, quando idênticas.

Analisando as proposições, pode-se afirmar:

a) Somente as proposições I e III estão corretas.
b) Somente as proposições I e IV estão corretas.
c) Somente as proposições II e III estão corretas.
d) Somente as proposições II e IV estão corretas.

▷ ***Anotações/Comentários***

(I) Trata-se da redação do art. 5º, § 1º, CP.

(II) A lei penal retroagirá, salvo para beneficiar o réu.

(III) Trata-se do princípio da ubiquidade para definir o lugar do crime (art. 6º, CP).

(IV) A pena cumprida no estrangeiro atenua a pena imposta no Brasil pelo mesmo crime, quando diversas, ou nela é computada, quando idênticas (art. 8º, CP).

21. (IESES – Cartório – Remoção – TJ – CE/2018) Em relação a aplicação da lei penal, é correto afirmar:

I. Considera-se praticado o crime no momento do resultado.
II. Aplica-se a lei brasileira, sem prejuízo de convenções, tratados e regras de direito internacional, ao crime cometido no território nacional.
III. Não há crime sem lei anterior que o defina. Não há pena sem prévia cominação legal.
IV. A lei posterior, que de qualquer modo favorecer o agente, aplica-se aos fatos anteriores, desde que, ainda não decididos por sentença condenatória transitada em julgado.

A sequência correta é:

a) As assertivas I, II, III e IV estão corretas.
b) Apenas a assertiva I está incorreta.
c) Apenas as assertivas I, II e III estão corretas.
d) Apenas as assertivas II e III estão corretas.

▷ ***Anotações/Comentários***

(a) Art. 4º, CP: Tempo do crime: Considera-se praticado o crime no momento da ação ou omissão, ainda que outro seja o momento do resultado.

(b) Aplica-se a lei brasileira, sem prejuízo de convenções, tratados e regras de direito internacional, ao crime cometido no território nacional (art. 5º, CP).

(c) Não há crime sem lei anterior que o defina. Não há pena sem prévia cominação legal (art. 1º, CP).

(d) A lei posterior, que de qualquer modo favorecer o agente, aplica-se aos fatos anteriores, ainda que decididos por sentença condenatória transitada em julgado (art. 2º, parágrafo único, CP).

PENAL

22. (FCC – Auditor Fiscal da Receita Estadual – SEFAZ – SC/2018) Acerca da aplicação da lei penal no direito brasileiro, o ordenamento vigente estabelece que

a) a lei posterior, que de qualquer modo favorecer o agente, aplica-se aos fatos anteriores, exceto se já houve o trânsito em julgado da sentença, hipótese em que a decisão se torna imutável.
b) a lei penal mais grave aplica-se ao crime continuado ou ao crime permanente, somente se a sua vigência for anterior ao início da prática delitiva, em razão do princípio da irretroatividade da lei penal mais severa.
c) as contravenções praticadas contra a Administração pública, por quem está a seu serviço ficam sujeitas à lei brasileira, embora cometidas no estrangeiro.
d) a pena cumprida no estrangeiro atenua a pena imposta no Brasil pelo mesmo crime, quando idênticas, ou nela é computada, quando diversas.
e) a lei temporária aplica-se ao fato praticado durante sua vigência, embora decorrido o período de sua duração.

▷ ***Anotações/Comentários***

(a) A lei mais benéfica sempre retroage, ainda que haja o trânsito em julgado da sentença (art. 2º, parágrafo único, CP).

(b) A lei penal mais grave aplica-se ao crime continuado ou ao permanente, se a sua vigência é anterior à cessação da continuidade ou da permanência (Súmula 711, STJ).

(c) Apenas os crimes praticados contra a Administração pública, por quem está a seu serviço ficam sujeitas à lei brasileira, embora cometidas no estrangeiro (art. 7º, I, c, CP).

(d) A pena cumprida no estrangeiro atenua a pena imposta no Brasil pelo mesmo crime, quando diversas, ou nela é computada, quando idênticas (art. 8º, CP).

(e) A lei excepcional ou temporária, embora decorrido o período de sua duração ou cessadas as circunstâncias que a determinaram, aplica-se ao fato praticado durante sua vigência. (art. 3º, CP).

23. (FGV – Advogado – AL - RO/2018) Mévio, deputado estadual, estava de férias com sua família em embarcação brasileira, de natureza privada, na França, quando acabou por praticar um crime de lesão corporal grave contra um francês que foi desrespeitoso com seus filhos. Dias após do delito, Mévio retornou ao Brasil sem que os fatos chegassem ao conhecimento das autoridades francesas, mas, em razão de gravações por câmeras de celulares, o Ministério Público tomou conhecimento dos fatos.

Considerando apenas as informações narradas, é correto afirmar que Mévio

a) não poderá vir a ser julgado no Brasil, já que o Código Penal adota o princípio da territorialidade e o crime foi praticado em território estrangeiro.
b) não poderá vir a ser julgado no Brasil, pois, apesar de o Código Penal prever hipóteses de extraterritorialidade, Mévio não estava a serviço da Administração e a vítima era estrangeira.
c) poderá vir a ser julgado no Brasil, ainda que já houvesse sido julgado no estrangeiro, diante da extraterritorialidade incondicionada

justificada por ser funcionário público, mas eventual pena aplicada na França atenuaria a imposta no Brasil.

d) poderá vir a ser julgado no Brasil, sendo indispensável que, dentre outras condições, o autor ingresse no país e não tenha sido absolvido na França.

e) poderá vir a ser julgado no Brasil, pois, apesar de o Código Penal não prever causas de extraterritorialidade, aplica-se o princípio da territorialidade, já que a embarcação privada brasileira é considerada território nacional.

▷ ***Anotações/Comentários***

(a) Poderá ser julgado no Brasil, porque excepcionalmente se admite o princípio da extraterritorialidade.

(b) Ver resposta à alternativa "d".

(c) Há extraterritorialidade incondicionada se o funcionário público praticar o crime a serviço da Administração Pública.

(d) Como o crime ocorreu em embarcação privada, no território francês, considera-se que o crime foi cometido na França. Admite-se a aplicação da lei brasileira pelo princípio da extraterritorialidade, porque foi crime praticado em embarcação brasileira, de propriedade privada, quando em território estrangeiro e aí não foi julgado (art. 7º, c, CP), desde que preenchidas as condições do art. 7º, § 2º, CP.

(e) O CP prevê causas de extraterritorialidade.

---

24. (FGV – Técnico Judiciário – Área Judiciária – TJ - AL/2018) Paulo, funcionário público do governo brasileiro, quando em serviço no exterior, vem a praticar um crime contra a administração pública. Descoberto o fato, foi absolvido no país em que o fato foi praticado.

Diante desse quadro, é correto afirmar que Paulo:

a) não poderá ser julgado de acordo com a lei penal brasileira por já ter sido absolvido no estrangeiro;

b) somente poderá ser julgado de acordo com a legislação penal brasileira se entrar no território nacional;

c) não poderá ter contra si aplicada a lei penal brasileira porque o fato não ocorreu no território nacional;

d) poderá, por força do princípio da defesa real ou proteção, ser julgado de acordo com a lei penal brasileira;

e) poderá, com fundamento no princípio da representação, ser julgado de acordo com a lei penal brasileira.

▷ ***Anotações/Comentários***

(a) Trata-se de aplicação do princípio da extraterritorialidade de forma incondicionada.

(b) Não é preciso que o agente entre no território brasileiro.

(c) Trata-se de aplicação do princípio da extraterritorialidade de forma incondicionada.

(d) Trata-se do princípio da defesa real ou proteção: leva-se em consideração a nacionalidade brasileira do bem jurídico protegido. Quando se trata de crime praticado por funcionário público contra a Administração Pública, aplica-se a lei brasileira sem qualquer condição (art. 7º, I, c, cc. § 1º, CP).

(e) O princípio da representação: leva-se em conta a bandeira da embarcação ou aeronave no interior da qual o fato foi praticado

---

25. (FGV – Analista Judiciário – Área Judiciária – TJ - AL/2018) No dia 02.01.2018, Jéssica, nascida em 03.01.2000, realiza disparos de arma de fogo contra Ana, sua inimiga, em Santa Luzia do Norte, mas terceiros que presenciaram os fatos socorrem Ana e a levam para o hospital em Maceió. Após três dias internada, Ana vem a falecer, ainda no hospital, em virtude exclusivamente das lesões causadas pelos disparos de Jéssica. Com base na situação narrada, é correto afirmar que Jéssica:

a) não poderá ser responsabilizada criminalmente, já que o Código Penal adota a Teoria da Atividade para definir o momento do crime e a Teoria da Ubiquidade para definir o lugar;

b) poderá ser responsabilizada criminalmente, já que o Código Penal adota a Teoria do Resultado para definir o momento do crime e a Teoria da Atividade para definir o lugar;

c) poderá ser responsabilizada criminalmente, já que o Código Penal adota a Teoria da Ubiquidade para definir o momento do crime e a Teoria da Atividade para definir o lugar;

d) não poderá ser responsabilizada criminalmente, já que o Código Penal adota a Teoria da Atividade para definir o momento do crime e apenas a Teoria do Resultado para definir o lugar;

e) poderá ser responsabilizada criminalmente, já que o Código Penal adota a Teoria do Resultado para definir o momento do crime e a Teoria da Ubiquidade para definir o lugar.

▷ ***Anotações/Comentários***

(a) Teoria da atividade: art. 4º, CP: Considera-se praticado o crime no momento da ação ou omissão, ainda que outro seja o momento do resultado. No caso, quando Jéssica realizou os disparos, ela tinha 17 anos, logo era inimputável. Teoria da ubiquidade: local do crime (art. 6º, CP).

(b) Teoria da atividade: tempo do crime. Teoria da ubiquidade: local do crime.

(c) ver item "a".

(d) ver item "a"

(e) ver item "a".

---

26. (FGV – Advogado – Câmara de Salvador - BA/2018) Em razão da situação política do país, foi elaborada e publicada, em 01.01.2017, lei de conteúdo penal prevendo que, especificamente durante o período de 01.02.2017 até 30.11.2017, a pena do crime de corrupção passiva seria de 03 a 15 anos de reclusão e multa, ou seja, superior àquela prevista no Código Penal, sendo que, ao final do período estipulado na lei, a sanção penal do delito voltaria a ser a prevista no Art. 317 do Código Penal (02 a 12 anos de reclusão e multa). No dia 05.04.2017, determinado vereador pratica crime de corrupção passiva, mas somente vem a ser denunciado pelos fatos em 22.01.2018.

Considerando a situação hipotética narrada, o advogado do vereador denunciado deverá esclarecer ao seu cliente que, em caso de condenação, será aplicada a pena de:

a) 02 a 12 anos, observando-se o princípio da irretroatividade da lei penal mais gravosa;

b) 03 a 15 anos, diante da natureza de lei temporária da norma que vigia na data dos fatos;

c) 02 a 12 anos, observando-se o princípio da retroatividade da lei penal mais benéfica;

d) 03 a 15 anos, diante da natureza de lei excepcional da norma que vigia na data dos fatos;

e) 02 a 12 anos, aplicando-se, por analogia, a lei penal mais favorável ao réu.

▷ ***Anotações/Comentários***

(a) Ver item "b".

(b) A lei excepcional ou temporária, embora decorrido o período de sua duração ou cessadas as circunstâncias que a determinaram, aplica-se ao fato praticado durante sua vigência (art. 3º, CP). Portanto, se aplica a pena de 3 a 15 anos, referente à lei temporária.

(c) Ver item "b".

(d) No caso, houve lei temporária, porque a vigência da lei é por tempo determinado. Na lei excepcional, a vigência se refere a um evento excepcional, como a guerra.

(e) Não é o caso de analogia.

2. DO CRIME

27. AOCP – 2024 – TRF 2 - Analista Judiciário - Área Judiciária

Acerca da teoria do crime, informe se é verdadeiro (V) ou falso (F) o que se afirma a seguir e assinale a alternativa com a sequência correta.

( ) Através dos ensinamentos da doutrina moderna, a tipicidade penal engloba a tipicidade formal e a tipicidade material, passando a permitir, por exemplo, o reconhecimento da insignificância como hipótese de atipicidade material.

( ) Quando, para configurar o delito, houver necessidade de uma norma de extensão, pode-se afirmar que se está diante de uma tipicidade mediata ou indireta.

( ) A teoria da tipicidade conglobante tem como consequência a transferência do estrito cumprimento de um dever legal e do exercício regular do direito da tipicidade para a ilicitude.

( ) A conduta de tentar matar alguém somente é punível graças ao disposto no Art. 14, II, do Código Penal. Assim, pode-se afirmar que a figura da tentativa é considerada uma norma de extensão temporal.

a) V – V – F – F.
b) F – V – F – F.
c) V – V – F – V.
d) F – V – V – F.
e) V – F – V – V.

▷ ***Anotações/Comentários***

Item I – a tipicidade formal se refere à subsunção da conduta no tipo penal. Já a tipicidade material se refere à efetiva violação do objeto jurídico tutelado pela norma penal. Pelo princípio da insignificância, a conduta é formalmente típica, mas não materialmente.

Item II – A tipicidade mediata ou indireta ocorre quando, para a configuração da tipicidade, se faz necessária norma de extensão.

Item III – Pela teoria da tipicidade conglobante, se a conduta é tolerada pelo ordenamento jurídico, ela é atípica. O estrito cumprimento de um dever legal e do exercício regular do direito são condutas toleráveis no ordenamento jurídico, motivo pelo qual, devem ser analisadas à luz da tipicidade, não da licitude da conduta.

Item IV – O crime de homicídio só é típico se a morte de alguém se consumar. A tentativa só pode ser punida em face da norma de extensão prevista no art. 14, II, CP.

28. CEBRASPE - 2023 - TJ/ES - Analista Judiciário - Área Administrativa Ava foi denunciada por ter oferecido vantagem econômica para que uma testemunha mentisse em depoimento colhido em ação civil. Um servidor da vara criminal solicitou grande quantia em dinheiro, alegando ser essa uma exigência do juiz para absolvê-la. O valor foi pago, entretanto houve condenação. O juiz não tinha conhecimento do suborno.

A partir da situação hipotética apresentada, julgue o item a seguir, de acordo com as disposições do Código Penal.

A conduta do servidor configura o crime de exploração de prestígio, de ação penal pública incondicionada, com causa de aumento de pena.

▷ ***Anotações/Comentários***

O servidor da Vara Criminal cometeu crime de exploração de prestígio, pois solicitou dinheiro, a pretexto de influir em juiz (art. 357, CP). Trata-se de crime de ação penal pública incondicionada. Há causa de aumento de um terço, pois o servidor da vara alegou que o dinheiro também se destinava ao juiz (art. 357, parágrafo único, CP).

29. IBFC - 2022 - TJ/MG - Analista Judiciário O advogado Heráclito, a pretexto de influenciar o juiz Pitágoras, sob a alegação de que conseguiria decisão judicial mais favorável, solicitou a seu cliente Demócrito o pagamento de R$10.000,00 (dez mil reais). Nesse caso, Heráclito praticou o crime de:

a) Tráfico de Influência
b) Patrocínio infiel
c) Advocacia administrativa
d) Fraude processual
e) Exploração de prestígio

▷ ***Anotações/Comentários***

(a) **Crime de tráfico de influência**: Solicitar, exigir, cobrar ou obter, para si ou para outrem, vantagem ou promessa de vantagem, a pretexto de influir em ato praticado por **funcionário público** no exercício da função (art. 332, CP). Trata-se de crime praticado por particular contra a **Administração em Geral**.

(b) **Crime de patrocínio infiel**: Trair, **na qualidade de advogado ou procurador**, o dever profissional, prejudicando interesse, cujo patrocínio, em juízo, lhe é confiado (art. 355, CP). Trata-se de crime próprio, pois se exige qualidade especial do sujeito ativo, que deve ser advogado ou procurador.

(c) **Crime de advocacia administrativa**: Patrocinar, direta ou indiretamente, interesse privado perante a administração pública, valendo-se da qualidade de funcionário (art. 321, CP). Trata-se de crime praticado por funcionário público contra a Administração em Geral.

(d) **Crime de fraude processual**: Inovar artificiosamente, na pendência de processo civil ou administrativo, o estado de lugar, de coisa ou de pessoa, com o fim de induzir a erro o juiz ou o perito (art. 347, CP). Trata-se de crime praticado contra a Administração de Justiça.

(e) **Crime de exploração de prestígio**: Solicitar ou receber dinheiro ou qualquer outra utilidade, a pretexto de influir em juiz, jurado, órgão do Ministério Público, funcionário de justiça, perito, tradutor, intérprete ou testemunha (art. 357, CP). No caso, o agente solicitou dinheiro a pretexto de conseguir decisão mais favorável do juiz.

PENAL

30. IBFC - 2022 - TJ/MG - Analista Judiciário Os crimes são em regra dolosos. Assinale a alternativa que admite a forma culposa em relação aos crimes contra a administração da justiça.

a) Peculato
b) Comunicação falsa de crime ou de contravenção
c) Auto-acusação falsa
d) Fuga de pessoa presa ou submetida a medida de segurança
e) Favorecimento real

▷ ***Anotações/Comentários***

(a) O crime de peculato admite a forma culposa (art. 312, § 2º, CP), mas se trata de crime praticado por particular contra a **Administração em Geral**, não crime de Administração da Justiça,

(b) O crime de comunicação falsa de crime ou de contravenção (art. 340, CP) é crime contra a Administra da Justiça, mas só admite a forma **dolosa**.

(c) O crime de auto-acusação (art. 341, CP) é crime contra a Administra da Justiça, mas só admite a forma **dolosa**.

(d) O crime de fuga de pessoa presa ou submetida a medida de segurança (art. 351, CP) é crime contra a Administra da Justiça. Em regra, exige-se a forma **dolosa**. Mas, **se admite a forma culposa**: No caso de culpa do funcionário incumbido da custódia ou guarda, aplica-se a pena de detenção, de três meses a um ano, ou multa (art. 351, § 4º, CP).

(e) O crime de favorecimento real (art. 349, CP) é crime contra a Administra da Justiça, mas só admite a forma **dolosa**.

31. (Cespe – Analista Judiciário – Direito – TJ – PA/2020) Na confraternização de final de ano de um tribunal de justiça, Ulisses, servidor do órgão, e o desembargador ganharam um relógio da mesma marca – em embalagens idênticas –, mas de valores diferentes, sendo consideravelmente mais caro o do desembargador. Ao ir embora, Ulisses levou consigo, por engano, o presente do desembargador, o qual, ao notar o sumiço do relógio e acreditando ter sido vítima de crime, acionou a polícia civil. Testemunhas afirmaram ter visto Ulisses com a referida caixa. No dia seguinte, o servidor tomou conhecimento dos fatos e dirigiu-se espontaneamente à autoridade policial, afirmando que o relógio estava na casa de sua namorada, onde fora apreendido.

Nessa situação hipotética, a conduta de Ulisses na festa caracterizou

a) erro de tipo.
b) excludente de ilicitude.
c) arrependimento posterior.
d) erro de proibição.
e) crime impossível.

▷ ***Anotações/Comentários***

(a) Houve erro de tipo (art. 20, CP), pois erro incidiu sobre uma elementar do crime de furto, pois Ulisses subtraiu o relógio do desembargador, porque imaginava que se tratava de seu relógio. Afastado o dolo, a conduta é atípica.

(b) o erro de tipo exclui o dolo, logo se trata de excludente de tipicidade não de ilicitude.

(c) O arrependimento posterior pressupõe a consumação do crime e, no caso, a conduta é atípica.

(d) O erro de proibição incide sobre o caráter proibitivo da conduta, ou seja, fica excluída a potencial consciência da ilicitude, logo, exclui-se a culpabilidade.

(e) Não é crime impossível, pois o objeto material é idôneo, pois se trata de bem móvel pertencente a outrem.

---

32. (FGV - Analista Administrativo - TJ - SC/2018) A doutrina majoritária conceitua crime como o fato típico, ilícito e culpável. Por sua vez, o fato típico envolve o elemento subjetivo do tipo, que pode ser o dolo ou a culpa. Sobre o tema, é correto afirmar que:

a) o agente que pretende causar determinado resultado e tem conhecimento de que, com sua conduta, causará, necessariamente, um segundo resultado e, ainda assim, atua, responderá por dolo eventual em relação ao segundo resultado;
b) os tipos culposos estão sujeitos ao princípio da tipicidade, somente podendo ser punidos quando devidamente prevista em lei a punição a título de culpa;
c) o agente que não quer diretamente o resulto, mas o prevê e aceita sua ocorrência a partir de sua conduta, poderá ser responsabilizado pelo tipo culposo;
d) o tipo culposo exige a previsibilidade objetiva, mas se houver efetiva previsão, haverá dolo, ainda que eventual;
e) o tipo culposo próprio, se presentes todos os demais elementos, admite a punição na modalidade tentada.

▷ ***Anotações/Comentários***

(a) No caso, há dolo direto de segundo grau.

(b) Em regra, os tipos penais são dolosos. Só haverá crime culposo, se houver disposição expressa nesse sentido, como art. 121, § 3º, CP.

(c) No caso, há dolo eventual.

(d) Se o agente prevê o resultado, e não se importa que ele advenha, há dolo eventual. Mas, se ele acredita que possa evitar o resultado, há culpa consciente.

(e) Os tipos culposos próprios não admitem a tentativa, porque a conduta não é fracionável.

---

33. (FGV - Técnico Judiciário - Área Judiciária - TJ - AL/2018) Leandro, pretendendo causar a morte de José, o empurra do alto de uma escada, caindo a vítima desacordada. Supondo já ter alcançado o resultado desejado, Leandro pratica nova ação, dessa vez realiza disparo de arma de fogo contra José, pois, acreditando que ele já estaria morto, desejava simular um ato de assalto. Ocorre que somente na segunda ocasião Leandro obteve o que pretendia desde o início, já que, diferentemente do que pensara, José não estava morto quando foram efetuados os disparos.

Em análise da situação narrada, prevalece o entendimento de que Leandro deve responder apenas por um crime de homicídio consumado, e não por um crime tentado e outro consumado em concurso, em razão da aplicação do instituto do:

a) crime preterdoloso;
b) dolo eventual;
c) dolo alternativo;
d) dolo geral;
e) dolo de 2° grau.

▷ ***Anotações/Comentários***

(a) Crime preterdoloso: é o crime em que a conduta inicial é dolosa, mas o resultado advindo é culposo (lesão corporal seguida de morte).

(b) Dolo eventual: o agente prevê o resultado e, mesmo não o querendo diretamente, pouco se imposta que ele advenha e mantém a conduta.

(c) Dolo alternativo: o agente quer produção de um ou outro resultado com a sua conduta.

(d) Dolo geral: o agente, ao supor já ter alcançado um resultado por ele visado, pratica nova ação que efetivamente o provoca.

(e) Dolo de 2º grau: refere-se aos efeitos secundários e necessários da conduta. Assim, o agente tem o dolo de derrubar um avião para matar o desafeto e explode a aeronave, tendo como efeito necessário a morte dos demais passageiros, havendo nesse caso o dolo de segundo grau.

---

34. (FGV - Técnico Judiciário - Área Judiciária - TJ - AL/2018) Julia, primária e de bons antecedentes, verificando a facilidade de acesso a determinados bens de uma banca de jornal, subtrai duas revistas de moda, totalizando o valor inicial do prejuízo em R$15,00 (quinze reais). Após ser presa em flagrante, é denunciada pela prática do crime de furto simples, vindo, porém, a ser absolvida sumariamente em razão do princípio da insignificância.

De acordo com a situação narrada, o magistrado, ao reconhecer o princípio da insignificância, optou por absolver Julia em razão da:

a) atipicidade da conduta;
b) causa legal de exclusão da ilicitude;
c) causa de exclusão da culpabilidade;
d) causa supralegal de exclusão da ilicitude;
e) extinção da punibilidade.

▷ ***Anotações/Comentários***

(a) O princípio da insignificância afasta a tipicidade material da conduta. Com efeito, o fato é formalmente típico, mas não ofende o bem jurídico protegido. No caso, o patrimônio da vítima não foi violado materialmente falando.

(b), (c), (d) e (e) O princípio da insignificância afasta a tipicidade material da conduta.

---

35. (FGV - Técnico Judiciário - Área Judiciária - TJ - AL/2018) João, funcionário público de determinado cartório de Tribunal de Justiça, após apropriar-se de objeto que tinha a posse em razão do cargo que ocupava, é convencido por sua esposa a devolvê-lo no dia seguinte, o que vem a fazer, comunicando o fato ao seu superior, que adota as medidas penais pertinentes. Diante desse quadro, é correto afirmar que:

a) houve arrependimento eficaz, sendo o comportamento de João penalmente impunível;
b) houve desistência voluntária, sendo o comportamento de João penalmente impunível;
c) deverá João responder pelo crime de peculato tentado;
d) deverá João responder pelo crime de peculato consumado, com a redução de pena pelo arrependimento posterior;
e) deverá João responder pelo crime de peculato consumado, sem qualquer redução de pena.

▷ ***Anotações/Comentários***

(a) No arrependimento eficaz, o agente esgota os atos executórios, mas se arrepende e impede o advento do resultado incialmente pretendido, só respondendo pelos atos já praticados (art. 15, CP).

(b) Na desistência voluntária, o agente inicia os atos executórios, mas, mesmo podendo, desiste de dar continuidade, impedindo o advento do resultado incialmente pretendido, só respondendo pelos atos já praticados (art. 15, CP).

(c) O crime de peculato se consumou quando João se apropria do objeto.

(d) O crime de peculato se consumou quando João se apropria do objeto. Houve arrependimento posterior, pois João por ato voluntário restituiu o bem apropriado, antes do recebimento da denúncia, com redução da pena de um a dois terços (art. 16, CP).

(e) Houve consumação do crime de peculato e a pena deve ser reduzida pelo arrependimento posterior.

---

36. (Cespe - Analista Judiciário - Área Administrativa - TRE - BA/2017) Pedro, José e Alfredo integram uma organização criminosa que opera com tráfico de drogas e comete vários crimes na periferia de uma grande cidade brasileira. José ocupa uma posição mais alta na organização, sendo responsável por punir quem não correspondesse às expectativas do grupo. Certo dia, tendo Alfredo falhado na cobrança de uma dívida do tráfico, José, com a ajuda de Pedro, deu-lhe uma surra. Com o objetivo de se vingar de ambos, Alfredo armou um plano para acabar com a vida de José e atribuir a responsabilidade a Pedro. Assim, durante um tiroteio entre integrantes da organização criminosa e policiais, Alfredo, apontando na direção de José, que estava atrás de um arbusto, orientou Pedro a atirar nele, sob a alegação de que se tratava de um policial. O tiro atingiu José e Alfredo fugiu. Tendo percebido o erro, Pedro levou José ao hospital, o que evitou sua morte.

Considerando que, conforme o Código Penal, o crime de homicídio consiste em matar alguém e o crime de lesão corporal em ofender a integridade corporal ou a saúde de outrem, assinale a opção correta a respeito da responsabilização de Alfredo e Pedro na situação hipotética apresentada.

a) Pedro não será responsabilizado pela prática de crime, em razão do erro sobre pessoa, e Alfredo responderá por tentativa de homicídio.
b) Alfredo será responsabilizado por tentativa de homicídio e Pedro por lesão corporal.
c) Nem Alfredo nem Pedro serão responsabilizados pela prática de crime, já que Pedro impediu a morte de José.
d) Tanto Pedro quanto Alfredo responderão por tentativa de homicídio.
e) Pedro não será responsabilizado pela prática de crime, por estar configurada discriminante putativa, e Alfredo responderá por lesão corporal.

▷ ***Anotações/Comentários***

(a) O erro sobre a pessoa não isenta o agente de pena (art. 20, § 3º, CP).

(b) Alfredo responde por tentativa de homicídio, pois o resultado que pretendia (a morte de José) não ocorreu por circunstâncias alheias à sua vontade. Já Pedro responde por lesão corporal, já que, em relação a ele, houve arrependimento eficaz (art. 15, CP).

(c) Alfredo responde por tentativa de homicídio; Pedro, por lesão corporal.

(d) Alfredo responde por tentativa de homicídio; Pedro, por lesão corporal.

(e) Pedro responde penalmente, porque houve erro sobre a pessoa que não isenta de pena. Alfredo responde por tentativa de homicídio.

37. (Cespe – Analista Judiciário – Área Judiciária – TRE – PE/2017) De acordo com os principais teóricos do direito penal, a teoria da imputação objetiva se refere especificamente à

a) culpabilidade.
b) antijuridicidade.
c) tipicidade material.
d) relação de causalidade.
e) punibilidade.

▷ ***Anotações/Comentários***

(a) Culpabilidade é o juízo de reprovação que recai sobre o autor do fato típico e ilícito.

(b) Antijuridicidade se refere ao juízo de ilicitude sobre o fato típico.

(c) A tipicidade material se refere ao juízo sobre a efetiva violação do bem jurídico tutelado pela norma penal.

(d) A teoria da imputação objetiva consiste na análise se o comportamento do autor configura um risco proibido ao objeto jurídico e, com isso, é causa do fato típico.

(e) Punibilidade é possibilidade jurídica de se impor sanção penal ao autor de um crime.

38. (Cespe – Analista Judiciário – Área Judiciária – TRE – PE/2017) Um dos elementos da culpabilidade, a imputabilidade será excluída no caso de o agente atuar sob o estado de embriaguez completa

a) intencional.
b) fortuita.
c) culposa.
d) preordenada.
e) voluntária.

▷ ***Anotações/Comentários***

(a) A embriaguez completa intencional não exclui a imputabilidade penal (art. 28, II, CP).

(b) A embriaguez completa fortuita exclui a imputabilidade penal (art. 28, II, § 1º, CP).

(c) A embriaguez completa culposa não exclui a imputabilidade penal (art. 28, II, CP).

(d) A embriaguez completa preordenada não exclui a imputabilidade penal e é considerada circunstância agravante (arts. 28, II, e 61, II, "l", CP).

(e) A embriaguez completa voluntária não exclui a imputabilidade penal (art. 28, II, CP).

39. (Cespe – Analista Judiciário – Área Judiciária – TRE – TO/2017) Acerca de crime, imputabilidade penal e concurso de pessoas, assinale a opção correta.

a) As circunstâncias e as condições de caráter pessoal sempre se comunicam entre todos que concorrem para o crime.
b) A utilização da mesma fundamentação para dosar a pena aos corréus, com análise conjunta das circunstâncias judiciais, por violar a individualização da pena, não pode ser admitida.
c) O uso de cerca elétrica nos muros das residências constitui espécie de legítima defesa putativa.
d) A ofensa irrogada na discussão da causa pela parte ou por seu procurador configura causa excludente de ilicitude.
e) O trote acadêmico em que o calouro é obrigado a ingerir álcool não configura embriaguez por força maior, não afastando a imputabilidade do agente.

Observação: essa questão foi anulada .

▷ ***Anotações/Comentários***

(a) Não se comunicam as circunstâncias e as condições de caráter pessoal, salvo quando elementares do crime (art. 30, CP).

(b) "A individualização da mesma fundamentação para se dosar a pena aos corréus, em uma análise em conjunta das circunstâncias judiciais, não viola a individualização da pena, desde que comunicáveis aos acusados" (STJ - AgRg no HC 627586/SP).

(c) O uso de cerca elétrica nos muros das residências constitui espécie de legítima defesa preordenada.

(d) A ofensa irrogada na discussão da causa pela parte ou por seu procurador configura causa excludente de ilicitude, nos crimes de difamação e injúria (art. 142, I, CP).

(e) Considera-se que a embriaguez decorrente de trote acadêmico não é controlável pelo agente, logo decorre de força maior e exclui a imputabilidade.

40. (Cespe – Analista Judiciário – Área Judiciária – TRF 1/2017) Acerca dos institutos penais da desistência voluntária, do arrependimento eficaz e do arrependimento posterior, julgue os itens a seguir.

I - É admissível a incidência do arrependimento eficaz nos crimes perpetrados com violência ou grave ameaça.

- CERTO
- ERRADO

▷ ***Anotações/Comentários***

No arrependimento eficaz (art. 15, CP), não se exige que o crime seja praticado sem violência ou grave ameaça.

II - Veda-se a redução de pena em caso de arrependimento posterior nos crimes culposos.

- CERTO
- ERRADO

▷ ***Anotações/Comentários***

O arrependimento posterior (art. 16, CP) pode correr em crimes dolosos ou culposos.

III - De modo geral, a doutrina indica a aplicação da fórmula de Frank quando o objetivo for estabelecer a distinção entre desistência voluntária e tentativa.

- CERTO
- ERRADO

PENAL

▷ ***Anotações/Comentários***

Fórmula de Frank: na tentativa, o agente quer praticar o crime, mas não pode. Na desistência voluntária, o agente pode praticar o crime, mas não quer praticá-lo.

---

41. (Cespe - Analista Judiciário - Área Judiciária - TRF 1/2017) Julgue os próximos itens, relativos ao instituto da tentativa.

I - Crime culposo não admite tentativa.

- CERTO
- ERRADO

▷ ***Anotações/Comentários***

No crime culposo, o agente não quer o resultado. Como não se pode tentar o que não se quer, o crime culposo não admite a tentativa.

II - No que concerne à punibilidade da tentativa, o Código Penal adota a teoria objetiva.

- CERTO
- ERRADO

▷ ***Anotações/Comentários***

Pela teoria objetiva, a tentativa é punida na medida proporcional em que o bem jurídico tutelado pela norma penal seja exposto a perigo.

---

42. (Cespe - Técnico Judiciário - Área Administrativa - TRF 1/2017) Antônio, renomado cientista, ao desenvolver uma atividade habitual, em razão da pressa para entregar determinado produto, foi omisso ao não tomar todas as precauções no preparo de uma fase do procedimento laboratorial, o que acabou ocasionando dano à integridade física de uma pessoa.

Acerca dessa situação hipotética, julgue os itens a seguir.

I - Embora não tenha desejado o resultado danoso, Antônio poderá ser punido devido à imperícia na execução do procedimento laboratorial.

- CERTO
- ERRADO

▷ ***Anotações/Comentários***

A culpa de Antônio no caso deriva de negligência (omissão decorrente da pressa), não de imperícia.

II - A omissão de Antônio é penalmente relevante porque foi esse comportamento que criou o risco de ocorrência do resultado danoso à integridade física.

- CERTO
- ERRADO

▷ ***Anotações/Comentários***

O risco proibido criado pela conduta de Antônio, o qual foi negligente, é a causa do crime de lesão corporal.

---

43. (FCC - Analista Judiciário - Oficial de Just. Avaliador - TRF 5/2017) Édipo, irritado com as constantes festas que seu vizinho Laio promove à noite, atrapalhando seu descanso, resolve procurá-lo a fim de resolver definitivamente a situação. Para tanto, arma-se de uma espingarda e se dirige à casa de Laio, vindo a encontrá-lo distraído. Ato contínuo, aponta a arma em sua direção a fim de efetuar um disparo contra sua cabeça. Contudo, Jocasta, que, por coincidência, havia acabado de chegar ao local, surpreende e consegue impedir Édipo de seu intento, retirando-lhe a arma de sua mão, evitando, assim, o disparo fatal. A conduta de Édipo, para o Direito Penal, pode ser enquadrada no ordenamento jurídico como

a) arrependimento posterior.
b) desistência voluntária.
c) crime tentado.
e) circunstância atenuante.
e) arrependimento eficaz.

▷ ***Anotações/Comentários***

(a) Não há arrependimento posterior, porque o crime não se consumou, houve violência ou grave ameaça e a conduta foi de terceiro, não do autor do fato (art. 16, CP).

(b) Não há desistência voluntária, porque o agente não prosseguiu na execução por ato voluntário seu, mas de terceiro (art. 15, CP).

(c) Houve tentativa (art. 14, CP), porque o agente não consumou o crime, em razão de circunstâncias alheias à sua vontade (conduta de Jocasta)

(d) A tentativa é causa de diminuição de pena (não é circunstância atenuante).

(e) Não há arrependimento eficaz, porque o agente sequer efetuou o disparo por ato de terceiro (art. 15, CP).

---

44. (FCC - Analista Judiciário - Oficial de Just. Avaliador - TRF 5/2017) Considere:

I. Não provocação voluntária do perigo.
II. Exigibilidade de sacrifício do bem salvo.
III. Inexistência do dever legal de enfrentar o perigo.
IV. Conhecimento da situação justificante.
V. Agressão atual ou pretérita.

São requisitos do estado de necessidade o que se afirma APENAS em

a) I, III e IV.
b) II, III e IV.
c) I, II e V.
d) II, IV e V.
e) I, III e V.

▷ ***Anotações/Comentários***

(I) Considera-se em estado de necessidade quem pratica o fato para salvar de perigo atual, que **não provocou por sua vontade**, nem podia de outro modo evitar, direito próprio ou alheio, cujo sacrifício, nas circunstâncias, não era razoável exigir-se (art. 24, CP).

(II) Considera-se em estado de necessidade quem pratica o fato para salvar de perigo atual, que não provocou por sua vontade, nem podia de outro modo evitar, direito próprio ou alheio, **cujo sacrifício, nas circunstâncias, não era razoável exigir-se** (art. 24, CP).

(III) Não pode alegar estado de necessidade quem tinha o dever legal de enfrentar o perigo (art. 24, § 1º, CP).

(IV) A doutrina adota o entendimento de que o agente deve ter conhecimento da situação do fato justificante (teoria subjetiva).

(V) Considera-se em estado de necessidade quem pratica o fato para salvar de **perigo atual**, que não provocou por sua vontade, nem podia de outro modo evitar, direito próprio ou alheio, cujo sacrifício, nas circunstâncias, não era razoável exigir-se (art. 24, CP).

---

45. (FCC - Analista Judiciário - Oficial de Just. Avaliador - TRF 5/2017) A coação moral irresistível

a) torna o fato atípico.
b) é causa excludente de ilicitude.
c) é circunstância que sempre atenua a pena.
d) tem o mesmo tratamento legal da coação física irresistível.
e) é causa de isenção da pena.

▷ ***Anotações/Comentários***

(a) A coação moral irresistível é causa excludente de punibilidade, diante da inexigibilidade de conduta diversa.

(b) Ver resposta à alternativa "a".

(c) É causa de isenção de pena, punindo-se apenas o autor da coação (art. 22, CP).

(d) A coação física irresistível torna o fato atípico, porque exclui por completo a vontade do agente.

(e) Como se exclui a culpabilidade, há isenção de pena (art. 22, CP).

---

46. (FCC - Técnico Judiciário - Área Administrativa - TRF 3/2014) Não há crime sem

a) dolo.
b) resultado naturalístico.
c) imprudência.
d) conduta.
e) lesão.

▷ ***Anotações/Comentários***

(a) Há crimes dolosos e culposos.

(b) Os crimes de natureza formal e de mera conduta não exigem a produção do resultado naturalístico.

(c) A imprudência é uma das formas de crimes culposos, ao lado da imprudência e da negligência. Além disso, dos crimes dolosos.

(d) A conduta dolosa ou culposa é elemento essencial do crime, pois se trata de subsunção ao fato típico descrito na lei.

(e) No direito brasileiro, há crimes de perigo.

47. (Cespe – Analista Judiciário – Área Judiciária – TRE – MT/2015) A respeito das leis penais em branco e da teoria geral do delito, assinale a opção correta.

a) A concepção welzeliana de ação implicou a inclusão do dolo — sem a consciência de ilicitude — e da culpa nos tipos de injustos. Além disso, conforme essa concepção, ao desvalor da ação corresponderia um desvalor do resultado, consistente na lesão ou perigo de lesão ao bem jurídico tutelado.
b) Em se tratando de crimes omissivos próprios ou puros, não há uma causalidade fática, mas jurídica, uma vez que o omitente, devendo e podendo, não impede o resultado. Nesse caso, apesar de se tratar de crime material, o agente responde não por ter causado o resultado, mas por não ter evitado sua ocorrência.
c) Com relação ao dolo, o legislador penal brasileiro adotou a teoria da representação, conforme a qual, para a existência do dolo, é suficiente a representação subjetiva ou a previsão do resultado como certo ou provável.
d) Configura lei penal em branco em sentido estrito o artigo do Código Penal, que estabelece como criminosa a conduta de casar-se mesmo conhecendo existir impedimento que acarrete a nulidade absoluta do casamento.
e) Crimes pluriofensivos são aqueles dotados de iter criminis fracionável, de forma que sua execução se desdobra em vários atos.

▷ ***Anotações/Comentários***

(a) Welzel: teoria finalista: dolo e culpa integram o tipo penal; potencial consciência da ilicitude integra a culpabilidade; à ação corresponde um resultado, que vem a ser violação ao bem jurídico tutelado.

(b) Nos crimes omissivos próprios, há violação direta ao tipo penal que descreve uma conduta omissiva, como no crime de omissão de socorro (art. 135, CP).

(c) O legislador brasileiro adotou as teorias da vontade (dolo direto) e do consentimento (dolo eventual).

(d) O crime de conhecimento prévio de impedimento (art. 327, CP) se trata de norma penal em branco heterogênea, pois o completo da norma é o Código Civil, fonte diversa do Código Penal

(e) Crimes plurissubsistentes são aqueles dotados de iter criminis fracionável, de forma que sua execução se desdobra em vários atos.

48. (Cespe – Analista Judiciário – Área Judiciária – TRE – MT/2015) Com relação aos institutos da desistência voluntária, do arrependimento posterior e do arrependimento eficaz, ao crime impossível e às infrações qualificadas pelo resultado e descriminantes putativas, assinale a opção correta.

a) Crime qualificado pelo resultado é o mesmo que crime preterdoloso.
b) Conforme a teoria limitada da culpabilidade, todo e qualquer erro que recaia sobre uma causa de justificação é erro de proibição.
c) De acordo com a doutrina majoritária, a espontaneidade não é requisito para o reconhecimento da desistência voluntária e do arrependimento eficaz.
d) O instituto do arrependimento posterior não se aplica ao autor de um crime de lesão corporal culposa.
e) Com relação ao crime impossível, o legislador penal brasileiro adotou a teoria subjetiva.

▷ ***Anotações/Comentários***

(a) O crime preterdoloso é espécie de crime qualificado pelo resultado.

(b) Teoria limitada da culpabilidade: erro do agente que incide sobre uma situação fática que, se existisse, tornaria a conduta legítima: erro de tipo permissivo; erro que recair sobre a existência ou os limites de uma causa de justificação: erro de proibição.

(c) Na desistência voluntária e no arrependimento eficaz, basta que a conduta do agente seja voluntária, ou seja, pode ser espontânea ou instigada ou induzida por outrem.

(d) Embora o art. 16, CP, exija que o crime seja praticado sem violência, a doutrina entende que é possível aplicação do arrependimento posterior em crimes culposos, como a lesão corporal culposa.

(e) O art. 17, CP, adotou a teoria objetiva do crime impossível, pois este é relacionado ao meio de execução ou objeto do crime.

49. (IESES – Analista Judiciário – Área Judiciária – TRE – MA/2015) No que se refere ao Código Penal, é correto afirmar:

a) Não há crime quando o agente é menor de 18 anos ou pratica o fato em estado de necessidade, legítima defesa, estrito cumprimento do dever legal, ou no exercício regular de direito.
b) Nos crimes cometidos sem violência ou grave ameaça, reparado o dano ou restituída a coisa, até o oferecimento da denúncia ou da queixa, por ato voluntário do agente, a pena será reduzida de um a dois terços.
c) O agente que, voluntariamente, desiste de prosseguir na execução ou impede que o resultado se produza, poderá ter sua pena reduzida de um dois terços.
d) Crime consumado é quando nele se reúnem todos os elementos de sua definição legal; crime tentado, quando iniciada a execução, não se consuma por circunstâncias alheias à vontade do agente, punindo- se a pena correspondente ao crime consumado, diminuída de um a dois terços.

Observação: essa questão foi anulada, pois a reposta da alternativa "a" depende de qual conceito analítico do crime que se adota: bipartido (crime é fato típico e antijurídico) ou tripartido (crime é fato típico, antijurídico e culpável).

▷ ***Anotações/Comentários***

(a) Se o agente é menor de dezoito anos, ele é inimputável, logo isento de pena. Se presente uma causa excludente de ilicitude, não há crime.

(b) Trata-se de arrependimento posterior previsto no art. 16, CP.

(c) Trata-se dos conceitos de arrependimento eficaz e desistência voluntária, em que o agente responde pelos atos que praticou (art. 15, CP).

(d) Em regra, a tentativa é punida com a pena do crime consumado, diminuída de um terço a dois terços, salvo disposição em sentido contrário, como no crime de evasão mediante violência contra a pessoa (art. 352, CP).

50. (IESES – Analista Judiciário – Área Judiciária – TRE – MA/2015) No tocante as excludentes de culpabilidade é correto afirmar:

a) A legítima defesa, causa excludente de culpabilidade, é quando o agente usando moderadamente dos meios necessários repele injusta agressão, atual ou iminente, a direito seu ou de outrem.
b) O erro sobre a ilicitude do fato, erro de proibição, se evitável, isenta de pena; se inevitável, poderá diminuí-la de um sexto.
c) O erro quanto à pessoa contra a qual o crime é praticado não isenta de pena. É considerado, neste caso, as condições ou qualidade da vitima.
d) O erro sobre elemento constitutivo do tipo legal de crime exclui o dolo, mas permite a punição por crime culposo, somente quanto previsto em lei.

▷ ***Anotações/Comentários***

(a) A legitima defesa é causa excludente de ilicitude (art. 23, II, CP).

(b) O erro sobre a ilicitude do fato, se inevitável, isenta de pena; se evitável, poderá diminuí-la de um sexto a um terço (art. 21, CP).

(c) O erro quanto à pessoa contra a qual o crime é praticado não isenta de pena. Não se consideram, neste caso, as condições ou qualidades da vítima, senão as da pessoa contra quem o agente queria praticar o crime (art. 20, § 3º, CP).

(d) O erro sobre elemento constitutivo do tipo legal de crime exclui o dolo, mas permite a punição por crime culposo, se previsto em lei (art. 20, CP).

---

51. (FGV - Analista Judiciário - Oficial de Just. Avaliador - TRT 12/2017) Oficial de Justiça ingressa em comunidade no interior do Estado de Santa Catarina para realizar intimação de morador do local. Quando chega à rua, porém, depara-se com a situação em que um inimputável em razão de doença mental está atacando com um pedaço de madeira uma jovem de 22 anos que apenas caminhava pela localidade. Verificando que a vida da jovem estava em risco e não havendo outra forma de protegê-la, pega um outro pedaço de pau que estava no chão e desfere golpe no inimputável, causando lesão corporal de natureza grave. Com base apenas nas informações narradas, é correto afirmar que, de acordo com a doutrina majoritária, a conduta do Oficial de Justiça:

a) não configura crime, em razão da atipicidade;
b) não configura crime, em razão do estado de necessidade;
c) configura crime, mas o resultado somente poderá ser imputado a título de culpa, em razão do estado de necessidade;
d) não configura crime, em razão da legítima defesa;
e) configura crime, tendo em vista que não havia direito próprio do Oficial de Justiça em risco para ser protegido.

▷ ***Anotações/Comentários***

(a) O fato é típico, porque houve lesão corporal grave no inimputável.

(b) Não houve estado de necessidade, porque a conduta do inimputável não era lícita, nem legítima.

(c) Se houvesse estado de necessidade, não haveria crime, culposo ou doloso.

(d) Houve legítima defesa de terceiro, porque o Oficial de Justiça, valendo-se dos meios necessários, repeliu injusta agressão do inimputável.

(e) Houve legítima defesa de terceiro, o que afasta o crime.

---

52. (Cespe - Analista Judiciário - Área Judiciária - CNJ/2013) Julgue os itens seguintes, relativos ao direito penal.

Nos crimes culposos, é dispensável a produção do resultado naturalístico involuntário.

CERTO

ERRADO

▷ ***Anotações/Comentários***

O resultado naturalístico é elemento do crime culposo, como a morte no crime de homicídio culposo.

---

53. (Cespe - Analista Judiciário - Área Administrativa - TRE - RS/2015) Um agente alvejou vítima com disparo e, embora tenha iniciado a execução do ilícito, não exauriu toda a sua potencialidade lesiva ante a falha da arma de fogo empregada, fugindo do local do crime em seguida.

Nessa situação hipotética, a atitude do agente configura

a) tentativa perfeita ou crime falho, pois a execução foi concluída, mas o crime não se consumou.
b) arrependimento eficaz, uma vez que ele, após ter esgotado todos os meios de que dispunha, evitou que o resultado acontecesse.
c) crime impossível por absoluta ineficácia do meio empregado para a realização do crime visado.
d) tentativa imperfeita, pois ele não conseguiu praticar todos os atos executórios necessários à consumação, por interferência externa.
e) a desistência voluntária, pois ele, voluntariamente, desistiu de prosseguir na execução.

▷ ***Anotações/Comentários***

(a) A execução não foi concluída, logo não houve tentativa perfeita.

(b) O crime não se consumou por circunstâncias alheias à vontade do agente.

(c) O meio não era absolutamente ineficaz, tanto que houve disparo que alvejou a vítima.

(d) Houve tentativa imperfeita, porque o agente não executou todos os atos por circunstâncias alheias à sua vontade.

(e) Ver resposta à alternativa "b".

---

54. (Cespe - Analista de Controle Externo - Direito - TCE - MG/2018) São causas excludentes de ilicitude

a) a embriaguez e a menoridade.
b) o estrito cumprimento do dever legal e o exercício regular do direito.
c) a prescrição e o estado de necessidade.
d) o perdão judicial e a legítima defesa.
e) o estado de necessidade e a anistia.

▷ ***Anotações/Comentários***

(a) Embriaguez e menoridade são relacionadas à culpabilidade.

(b) Excludente de ilicitude: legítima defesa, estado de necessidade, o estrito cumprimento do dever legal e o exercício regular do direito.

(c) Prescrição se refere à extinção da punibilidade.

(d) Perdão judicial se refere à extinção da punibilidade.

(e) Anistia se refere à extinção da punibilidade.

---

55. (Consulplan - Juiz de Direito - TJ - MG/2018) Fulano, querendo matar Beltrano, efetua um disparo de revólver contra este, mas erra o alvo, vindo a atingir Sicrano, ferindo este último levemente no braço. Nessa situação hipotética, conforme legislação aplicável ao caso, Fulano deverá responder por

a) homicídio tentado contra Sicrano.
b) homicídio tentado contra Beltrano.
c) lesões corporais leves contra Sicrano.
d) lesões corporais culposas contra Sicrano.

▷ ***Anotações/Comentários***

(a) Ver resposta à alternativa "b".

(b) Houve crime de tentativa de homicídio, pois o resultado morte só não adveio por circunstâncias alheias à vontade do agente. Como houve erro na execução, o agente responde como se tivesse atingido Beltrano (art. 73, CP).

(c) Ver resposta à alternativa "b".

(d) Ver resposta à alternativa "b"

---

56. (Vunesp - Juiz de Direito - TJ - SP/2018) Quanto ao Título II, da Parte Geral do Código Penal, "Do Crime", é correto afirmar que

a) a superveniência de causa relativamente independente, preexistente, concomitante ou superveniente, exclui a imputação quando, por si só, produziu o resultado.
b) se o fato é cometido sob coação moral irresistível, só é punível o autor da coação. Se resistível, coator e coato respondem em concurso de pessoas, atenuando-se obrigatoriamente a pena do último.
c) nos crimes cometidos sem violência ou grave ameaça à pessoa, reparado o dano ou restituída a coisa, até o oferecimento da denúncia ou da queixa, por ato voluntário do agente, a pena será reduzida de 1 (um) a 2/3 (dois terços).
d) quanto às excludentes de ilicitude, o excesso doloso ou culposo punível aplica-se à legítima defesa e ao estado de necessidade, enquanto ao estrito cumprimento do dever legal e ao exercício regular de direito, somente o doloso.

▷ ***Anotações/Comentários***

(a) A superveniência de causa relativamente independente exclui a imputação quando, por si só, produziu o resultado; os fatos anteriores, entretanto, imputam-se a quem os praticou (art. 13, § 1º, CP).

(b) Se o fato é cometido sob coação irresistível ou em estrita obediência a ordem, não manifestamente ilegal, de superior hierárquico, só é punível o autor da coação ou da ordem (art. 22, CP). Se a coação for resistível, o coato responde pelo crime, em concurso com o coator.

(c) A reparação do dano ou restituição da coisa deve ser feita até o recebimento da denúncia (art. 16, CP – arrependimento posterior).

(d) O excesso culposo ou doloso incide em todas as causas excludentes de ilicitude.

57. (IESES – Cartório – Provimento – TJ – AM/2018) O crime descrito no Art. 168-A do Código Penal que trata da apropriação indébita previdenciária é classificado como:

a) Comissivo próprio.
b) Comissivo impróprio.
c) Omissivo impróprio.
d) Omissivo próprio.

▷ ***Anotações/Comentários***

(a) Comissivo próprio: a conduta descrita no tipo é uma ação positiva.

(b) A maior parte da doutrina não reconhece o crime comissivo impróprio.

(c) No crime omissivo impróprio, o tipo penal descreve uma conduta positiva, mas o resultado é obtido mediante omissão.

(d) No crime omissivo próprio, o tipo penal descreve uma conduta negativa: art. 168-A, CP: Deixar de...

58. (IESES – Cartório – Provimento – TJ – CE/2018) É certo afirmar:

I. Mesmo nos crimes cometidos com violência ou grave ameaça à pessoa, reparado o dano ou restituída a coisa, até o recebimento da denúncia ou da queixa, por ato voluntário do agente, a pena será reduzida de um a dois terços. É o que o Código Penal define como "arrependimento posterior".
II. Chama-se "teoria do delito" à parte da ciência do direito penal que se ocupa de explicar o que é o delito em geral, isto é, quais são as características que deve ter qualquer delito.
III. A emoção ou a paixão excluem a imputabilidade penal.
IV. Preterdoloso é o crime onde o resultado final é mais grave do que o pretendido pelo agente.

Analisando as proposições, pode-se afirmar:

a) Somente as proposições I e II estão corretas.
b) Somente as proposições II e IV estão corretas.
c) Somente as proposições I e III estão corretas.
d) Somente as proposições III e IV estão corretas.

▷ ***Anotações/Comentários***

(I) O arrependimento posterior exige que o crime seja praticado sem violência ou grave ameaça (art. 16, CP).

(II) "Teoria do delito": objeto: crime.

(III) A emoção ou a paixão excluem a imputabilidade penal (art. 28, I, CP).

(IV) Trata-se do crime qualificado pelo resultado: o resultado final é mais grave do que o pretendido pelo agente.

59. (IESES – Cartório – Remoção – TJ – CE/2018) Segundo o Código Penal Brasileiro, quando o agente der causa ao resultado por imprudência, negligência ou imperícia estará cometendo:

a) Crime culposo.
b) Crime tentado.
c) Crime impossível.
d) Crime doloso.

▷ ***Anotações/Comentários***

(a) Crime culposo: violação do dever de cuidado por imprudência, negligência ou imperícia.

(b) Crime tentado: iniciada a execução, o crime não se consuma por circunstâncias alheias à vontade do agente

(c) Crime impossível: Não se pune a tentativa quando, por ineficácia absoluta do meio ou por absoluta impropriedade do objeto, é impossível consumar-se o crime.

(d) Crime doloso: o agente quis o resultado ou assumiu o risco de produzi-lo.

60. (IESES – Cartório – Remoção – TJ – CE/2018) A prática de fato típico para salvar-se de perigo atual, que não provocou por sua vontade, nem podia de outro modo evitar, direito próprio ou alheio, cujo sacrifício, nas circunstâncias, não era razoável exigir-se, é denominada de:

a) Legitima defesa.
b) Exercício regular de direito.
c) Estado de necessidade.
d) Estrito cumprimento de dever legal.

PENAL

▷ ***Anotações/Comentários***

(a) Legítima defesa: Entende-se em legítima defesa quem, usando moderadamente dos meios necessários, repele injusta agressão, atual ou iminente, a direito seu ou de outrem (art. 25, CP).

(b) Exercício regular de direito: É a conduta autorizada por lei, que torna lícito um fato típico.

(c) Estado de necessidade: Considera-se em estado de necessidade quem pratica o fato para salvar de perigo atual, que não provocou por sua vontade, nem podia de outro modo evitar, direito próprio ou alheio, cujo sacrifício, nas circunstâncias, não era razoável exigir-se (art. 24, CP).

(d) Estrito cumprimento do dever legal: cumprimento de um dever dentro dos limites impostos pela lei.

61. (FCC – Auditor Fiscal da Receita Estadual – SEFAZ – SC/2018) À luz do que dispõe o Ordenamento Penal brasileiro,

a) o agente que desiste de forma voluntária de prosseguir na execução do crime, ou impede que o resultado se produza, terá sua pena reduzida de um a dois terços.
b) o arrependimento posterior, nos crimes cometidos sem violência ou grave ameaça à pessoa, deve ocorrer até o oferecimento da denúncia ou da queixa.
c) não há crime, quando a preparação do flagrante pela polícia torna impossível a sua consumação.
d) crime impossível é aquele em que o agente, embora tenha praticado todos os atos executórios à sua disposição, não consegue consumar o crime por circunstâncias alheias à sua vontade.
e) diz-se crime culposo, quando o agente assumiu o risco de produzi-lo.

▷ ***Anotações/Comentários***

(a) No caso de desistência voluntária e de arrependimento eficaz, o agente só responde pelos atos já praticados (art. 15, CP).

(b) O arrependimento posterior deve ocorrer até o recebimento da denúncia ou da queixa (art. 16, CP).

(c) não há crime, quando a preparação do flagrante pela polícia torna impossível a sua consumação (Súmula n. 145, STF).

(d) Crime impossível: Não se pune a tentativa quando, por ineficácia absoluta do meio ou por absoluta impropriedade do objeto, é impossível consumar-se o crime (art. 17, CP).

(e) Crime culposo: quando o agente deu causa ao resultado por imprudência, negligência ou imperícia (art. 18, II, CP).

62. (FCC – Técnico Legislativo – Câmara Legislativa do DF/2018) De acordo com o que estabelece o Código Penal,

a) não há crime quando o agente pratica o fato no exercício regular de direito.

b) entende-se em legítima defesa quem pratica o fato para salvar de perigo atual, que não provocou por sua vontade, nem podia de outro modo evitar.

c) é possível a invocação do estado de necessidade mesmo para aquele que tinha o dever legal de enfrentar o perigo.

d) é plenamente possível a compensação de culpas quando ambos os agentes agiram com imprudência, negligência ou imperícia na prática do ilícito.

e) considera-se praticado o crime no momento do resultado, ainda que outro seja o momento da ação ou omissão.

▷ ***Anotações/Comentários***

(a) O exercício regular de direito exclui a ilicitude do fato típico, logo, não há crime (art. 23, III, CP).

(b) Entende-se em legítima defesa quem, usando moderadamente dos meios necessários, repele injusta agressão, atual ou iminente, a direito seu ou de outrem (art. 25, CP).

(c) Não pode alegar estado de necessidade quem tinha o dever legal de enfrentar o perigo (art. 24, § 1º, CP).

(d) No direito penal, não há compensação de culpas.

(e) Considera-se praticado o crime no momento da ação ou omissão, ainda que outro seja o momento do resultado (art. 4º, CP).

---

63. (FCC – Promotor de Justiça – MPE - PB/2018) Nos termos do Código Penal, pune-se o crime tentado com a pena correspondente ao crime consumado, diminuída de um a dois terços. Para o Supremo Tribunal Federal, a pena será diminuída

a) considerando as circunstâncias judiciais do artigo 59, do Código Penal.

b) tomando-se por base os antecedentes e a personalidade do acusado.

c) com base nas condições de ordem subjetiva do autor do delito.

d) na proporção inversa do *iter criminis* percorrido pelo agente.

e) de forma equitativa ao dano causado à vítima do crime.

▷ ***Anotações/Comentários***

(a) Ver resposta à alternativa "d".

(b) Ver resposta à alternativa "d".

(c) Ver resposta à alternativa "d".

(d) O "quantum" de diminuição de pena no caso de tentativa leva em conta o quanto for percorrido no "iter criminis". Quanto mais perto da consumação, menor será diminuição. Quanto mais longe da consumação, maior será a diminuição da pena.

(e) Ver resposta à alternativa "d".

---

64. (FCC – Promotor de Justiça – MPE - PB/2018) O arrependimento eficaz

a) configura-se quando a execução do crime é interrompida pela vontade do agente.

b) dá-se após a execução, mas antes da consumação do crime.

c) decorre da interrupção casuística do *iter criminis*.

d) é causa inominada de exclusão da ilicitude.

e) exige que a manifestação do autor do crime seja posterior à consumação do delito.

▷ ***Anotações/Comentários***

(a) No arrependimento eficaz, a execução do crime não ocorre por ato voluntário do próprio agente.

(b) No arrependimento eficaz, o agente esgota os atos executórios, mas por ato voluntário seu impede a produção de resultado (art. 15, CP).

(c) O iter criminis é interrompido por ato voluntário do agente.

(d) Não se trata de causa excludente de ilicitude.

(e) O arrependimento é eficaz se impedir a consumação do crime.

---

65. (FCC – Promotor de Justiça – MPE - PB/2018) O erro sobre elementos do tipo, previsto no artigo 20 do Código Penal,

a) exclui o dolo, mas permite a punição por crime culposo, se previsto em lei.

b) sempre isenta o agente de pena.

c) não isenta o agente de pena, mas esta será diminuída de um sexto a um terço.

d) não tem relevância na punição do agente, pois o desconhecimento da lei é inescusável.

e) se inevitável, isenta o agente de pena; se evitável, poderá diminuir a pena de um sexto a um terço.

▷ ***Anotações/Comentários***

(a) Como o erro recai sobre elemento do tipo penal, há exclusão do dolo, o que torna a conduta atípica, salvo se houver previsão de crime culposo, em lei.

(b) Não se trata de excludente de culpabilidade, mas de atipicidade.

(c) Ver resposta à alternativa "a".

(d) Trata-se de erro sobre elemento fático, que exclui o dolo.

(e) O erro de tipo exclui o dolo, mantendo a punição por crime culposo, se presente tipo penal dessa natureza.

---

66. (FGV – Consultor Legislativo – AL - RO/2018) José, pretendendo praticar crime de peculato, ingressa em repartição pública com a chave que possuía em razão do cargo, na parte da noite, com o objetivo de subtrair um computador da repartição. Quando estava no interior do local, todavia, pensa sobre as consequências da sua conduta e que sua família dependia financeiramente dele, razão pela qual deixa o local sem nada subtrair. O segurança do local, todavia, informado por notícia anônima sobre a intenção de José, o aborda na saída da repartição e realiza sua prisão em flagrante.

Considerando as informações narradas, é correto afirmar que a conduta de José:

a) não configura conduta típica em razão do arrependimento eficaz;

b) não configura conduta típica em razão da desistência voluntária;

c) não configura crime em razão do arrependimento posterior;

d) configura tentativa de peculato em razão do arrependimento eficaz;

e) configura tentativa de peculato em razão da desistência voluntária.

▷ ***Anotações/Comentários***

(a) Não houve arrependimento eficaz, porque o agente não encerrou os atos executórios.

(b) Houve desistência voluntária, porque o agente poderia iniciar os atos executivos, mas por ato voluntário seu, desistiu (art. 15, CP).. Responderia pelos atos que já havia produzido, mas, no caso, tais atos são atípicos.

(c) O arrependimento posterior se dá depois da consumação do crime (art. 16, CP).

(d) Na tentativa, o crime não se consuma por circunstâncias alheias à vontade do agente (art. 14, CP).

(e) Ver resposta à alternativa "d".

---

67. (FGV – Advogado – AL - RO/2018) Os crimes previstos no Código Penal e na legislação extravagante podem ser classificados levando-se em consideração diversos fatores, como conduta, resultado, sujeito ativo, dentre outros.

Sobre o tema em questão, de acordo com a jurisprudência majoritária dos Tribunais Superiores, é correto afirmar que os crimes classificados como

a) omissivos impróprios não admitem tentativa.

b) próprios não admitem responsabilização de eventual partícipe que não possua a qualidade exigida pelo tipo penal, ainda que um dos agentes preencha o requisito legal.

c) formais não preveem no tipo a existência de resultado naturalístico, de modo que restam consumados com a realização do verbo núcleo.

d) permanentes não admitem que a lei penal nova mais grave seja aplicada ao agente, ainda que sua vigência seja anterior à cessação da permanência, em respeito à irretroatividade da lei penal mais gravosa.

e) não transeuntes são aqueles que deixam vestígios.

▷ ***Anotações/Comentários***

(a) Os crimes omissivos impróprios admitem tentativa.

(b) Nos crimes próprios, é possível a participação, respondendo o partícipe pelo mesmo crime que o autor do fato

(c) Nos crimes formais, o tipo penal prevê a produção de resultado naturalístico, mas, para a consumação, este não é necessário.

(d) A lei penal mais grave aplica-se ao crime continuado ou ao crime permanente, se a sua vigência é anterior à cessação da continuidade ou da permanência (Súmula 711, STF).

(e) Crimes transeuntes são aqueles que não deixam vestígio e, portanto, dispensam a produção de prova pericial para a comprovação de materialidade.

---

68. (FGV - Advogado - AL - RO/2018) Após intenso debate político repleto de ofensas, Ana, 40 anos, e Maria, 30 anos, iniciam uma longa discussão. Ana, revoltada com o comportamento agressivo de Maria, arremessa uma faca em direção a esta com a intenção de causar sua morte, mas a arma branca acaba por atingir Joana, criança de 13 anos, que passava pela localidade, sendo o golpe de faca no coração a causa eficiente de sua morte.

Descobertos os fatos pelo Ministério Público, considerando apenas as informações narradas, é correto afirmar que Ana deverá ser responsabilizada pelo crime de homicídio

a) doloso consumado sem a causa de aumento da idade da vítima, em razão do erro de execução.

b) culposo consumado, em razão do erro sobre a pessoa.

c) culposo consumado, em razão do erro de execução.

d) doloso consumado sem a causa de aumento da idade da vítima, em razão do erro de pessoa.

e) consumado com a causa de aumento da idade da vítima, em razão do erro sobre a pessoa.

▷ ***Anotações/Comentários***

(a) Houve homicídio doloso, porque Ana teve a intenção de matar Maria. Ela acerta Joana, de treze anos, mas não se leva as condições pessoais de Joana, mas a de Maria, a quem Ana queria matar, confirme regra do erro na execução (art. 73, CP).

(b) ver resposta à alternativa "a".

(c) ver resposta à alternativa "a".

(d) ver resposta à alternativa "a".

(e) ver resposta à alternativa "a".

---

69. (FGV - Administrador - AL - RO/2018) Em uma situação hipotética, um chefe de departamento da prefeitura de determinado município ordena que seu subordinado o ajude a levar uma mala de dinheiro subtraído das finanças públicas para sua casa, garantindo estar apenas fazendo um empréstimo para pagar dívidas.

Estranhando a situação, o subordinado manda uma mensagem para um advogado, perguntando como deve proceder. O advogado, por sua vez, responde, prontamente, que, conforme a doutrina,

a) o servidor possui o dever legal de obedecer atos de seu superior hierárquico, de forma inquestionável.

b) o servidor tem irrestrita liberdade para decidir, em função de sua estabilidade no cargo.

c) a imperatividade relativiza a atitude do chefe de departamento, invertendo o ônus da prova.

d) a ordem, por ser manifestamente ilegal, afasta a presunção de legitimidade do ato.

e) a ordem, embora excepcionalmente, contém os elementos essenciais para a sua eficácia.

▷ ***Anotações/Comentários***

(a) O servidor não tem o dever de obedecer a ordens manifestamente ilegais.

(b) O servidor tem o dever de agir de acordo com a lei.

(c) Não há inversão do ônus da prova em matéria penal.

(d) Como se trata de ordem manifestamente ilegal, ela não tem legitimidade.

(e) A ordem é manifestamente ilegal.

---

70. (FGV - Técnico Judiciário - TJ - SC/2018) Durante uma tragédia causada pela natureza, Júlio, que caminhava pela rua, é arrastado pela força do vento e acaba se chocando com uma terceira pessoa, que, em razão do choque, cai de cabeça ao chão e vem a falecer.

Sobre a consequência jurídica do ocorrido, é correto afirmar que:

a) a tipicidade do fato restou afastada por ausência de tipicidade formal, apesar de haver conduta por parte de Júlio;

b) a tipicidade do fato restou afastada, tendo em vista que não houve conduta penal por parte de Júlio;

c) o fato é típico, ilícito e culpável, mas Júlio será isento de pena em razão da ausência de conduta;

d) a conduta praticada por Júlio, apesar de típica e ilícita, não é culpável, devendo esse ser absolvido;

e) a conduta praticada por Júlio, apesar de típica, não é ilícita, devendo esse ser absolvido.

▷ ***Anotações/Comentários***

(a) Há atipicidade, porque não houve conduta.

(b) A causa da morte por força maior, que rompe o nexo de causalidade, não havendo conduto e, logo, o fato é atípico.

(c) O fato é atípico.

(d) O fato é atípico.

(e) O fato é atípico.

---

71. (FGV - Técnico Judiciário - TJ - SC/2018) Em dificuldades financeiras, Ana ingressa, com autorização da proprietária do imóvel, na residência vizinha àquela em que trabalhava com o objetivo de subtrair uma quantia de dinheiro em espécie, simulando para tanto que precisava de uma quantidade de açúcar que estaria em falta. Após ingressar no imóvel e mexer na gaveta do quarto, vê pela janela aquela que é sua chefe e pensa na decepção que lhe causaria, razão pela qual decide deixar o local sem nada subtrair. Ocorre que as câmeras de segurança flagraram o comportamento de Ana, sendo as imagens encaminhadas para a Delegacia de Polícia.

Nesse caso, a conduta de Ana:

a) configura crime de tentativa de furto em razão do arrependimento posterior;

b) configura crime de tentativa de furto em razão do arrependimento eficaz;

c) configura crime de tentativa de furto em razão da desistência voluntária;

d) não configura crime em razão da desistência voluntária;

e) não configura crime em razão do arrependimento eficaz.

▷ ***Anotações/Comentários***

(a) Não houve arrependimento posterior, porque o crime sequer consumou.

(b) Não houve arrependimento eficaz, porque Ana se quer iniciou a prática do ato executório (subtrair).

(c) Houve desistência voluntária, que não é igual a tentativa.

(d) Não há o crime, porque, diante da desistência voluntária (art. 15, CP), o agente só responderia por atos que praticou. Como ela sequer iniciou a subtração, a sua conduta é atípica.

(e) Não houve arrependimento eficaz, mas desistência voluntária.

---

72. (FGV - Analista Jurídico - TJ - SC/2018) Flavio, pretendendo matar seu pai Leonel, de 59 anos, realiza disparos de arma de fogo contra homem que estava na varanda da residência do genitor, causando a morte deste. Flavio, então, deixa o local satisfeito, por acreditar ter concluído seu intento delitivo, mas vem a descobrir que matara um amigo de seu pai, Vitor, de 70 anos, que, de costas, era com ele parecido.

A Flavio poderá ser imputada a prática do crime de homicídio doloso, com erro:

a) sobre a pessoa, considerando a agravante de crime contra ascendente, mas não a causa de aumento em razão da idade da vítima;
b) sobre a pessoa, considerando a causa de aumento em razão da idade da vítima, mas não a agravante de crime contra ascendente;
c) de execução, considerando a agravante de crime contra ascendente, mas não a causa de aumento em razão da idade da vítima;
d) de execução, considerando a agravante de crime contra ascendente e a causa de aumento em razão da idade da vítima;
e) de execução, considerando a causa de aumento da idade da vítima, mas não a agravante de crime contra ascendente.

▷ ***Anotações/Comentários***

(a) Houve erro sobre a pessoa, pois Flávio atirou em Vitor, pensando que se tratava de seu pai. No caso, se leva em consideração as condições da pessoa que Flavio queria atingir: seu pai (circunstância agravante pela ascendência) e idade de 59 anos.

(b) Não se leva em conta a idade de Vítor, mas a do pai de Flávio.

(c) No erro à execução, o agente atira em "A", mas acerto "B". No caso, houve um único tiro contra Vitor.

(d) Ver resposta ao item "c".

(e) Ver resposta ao item "c".

---

73. (FGV - Engenheiro Civil - TJ - SC/2018) Mário, engenheiro civil responsável técnico pela construção da obra de um viaduto, elaborou o projeto sem as cautelas necessárias e permitiu a continuidade de sua execução de forma falha, mesmo após alertado de sua instabilidade, propiciando o desabamento da estrutura em construção e a morte de um trabalhador. A imperícia de Mário foi constatada por laudo pericial conclusivo. No curso de ação penal, restaram comprovadas a materialidade e autoria delitivas.

No caso em tela, Mário cometeu:

a) ato ilícito civil e não criminal, pois o engenheiro não agiu com dolo e vontade de matar o trabalhador, razão pela qual deve responder na seara da indenização por danos morais;
b) ato ilícito civil e não criminal, pois aplica-se a compensação da culpa do trabalhador, que também tinha a obrigação de não executar obra com vícios técnicos;
c) homicídio culposo, pois o engenheiro agiu com imperícia, inobservando regra técnica de profissão;
d) homicídio doloso, pois o engenheiro não agiu com a necessária perícia que era esperada;
e) crime de dano, excluído o homicídio porque não houve intenção de matar alguém.

▷ ***Anotações/Comentários***

(a) Houve homicídio culposo, em razão da imperícia de Márcio.

(b) Não há compensação de culpas em matéria penal.

(c) Houve imperícia, porque houve inobservância de regra técnica pelo engenheiro, o que configura homicídio culposo.

(d) Houve homicídio culposo.

(e) Houve homicídio culposo.

---

74. (FGV - Analista Jurídico - TJ - SC/2018) Durante uma discussão entre Carla e Luana, que eram amigas, Carla desfere, com intenção de causar lesão leve, um tapa na face de Luana, que a havia ofendido. Ocorre que, de maneira totalmente surpreendente, Luana vem a falecer no dia seguinte, em virtude do tapa recebido e da lesão causada, pois rompeu-se um desconhecido coágulo sanguíneo na cabeça, mesmo diante do fraco golpe. Na semana seguinte, a família de Luana, revoltada, procura a Delegacia, narra o ocorrido e afirma ter interesse em ver Carla processada criminalmente.

Confirmados os fatos, assim como a intenção de Carla, o Ministério Público poderá imputar a Carla a prática do(s) crime(s) de:

a) lesão corporal leve dolosa e homicídio culposo;
b) lesão corporal seguida de morte;
c) lesão corporal leve;
d) homicídio doloso;
e) homicídio culposo.

▷ ***Anotações/Comentários***

(a) Não houve homicídio, pois o coágulo, cujo rompimento foi causa da morte, não era de conhecimento da autora.

(b) A morte não pode ser imputada sequer a título de culpa.

(c) Houve só lesão corporal leve, porque a existência do coágulo era causa preexistente sem conhecimento da autora do fato.

(d) Ver itens anteriores.

(e) Ver itens anteriores.

---

75. (FGV – Analista Jurídico – MPE - AL/2018) Em seu primeiro evento na faculdade, Rodrigo ingeriu, com a intenção de comemorar, grande quantidade de bebida alcoólica. Apesar de não ter intenção, a grande quantidade de álcool fez com que ficasse embriagado e, em razão desse estado, acabou por iniciar discussão desnecessária e causar lesão corporal grave em José, ao desferir contra ele dois socos.

Todas as informações acima são confirmadas em procedimento de investigação criminal.

Ao analisar as conclusões do procedimento caberá ao Promotor de Justiça reconhecer

a) a ausência de culpabilidade do agente diante da situação de embriaguez culposa.
b) a ausência de culpabilidade do agente em razão da embriaguez completa, proveniente de caso fortuito, aplicando-se medida de segurança.
c) a existência de conduta típica, ilícita e culpável, inclusive com presença da agravante da embriaguez pré-ordenada.
d) a existência de conduta típica, ilícita e culpável, pois a embriaguez foi culposa, não sendo possível imputar a agravante da embriaguez pré-ordenada.
e) a existência de conduta típica, ilícita e culpável, pois a embriaguez foi voluntária, não sendo possível imputar a agravante da embriaguez pré-ordenada.

▷ ***Anotações/Comentários***

(a) A embriaguez culposa não exclui a imputabilidade penal (art. 28, II, CP).

(b) Não houve embriaguez por caso fortuito, mas embriaguez culposa.

(c) A embriaguez não foi preordenada (dolosa), mas culposa.

(d) A embriaguez foi culposa, logo não exclui a culpabilidade, mas não houve embriaguez pré-ordenada, já que não houve intenção de se embriagar para cometimento do crime.

(e) Embriaguez voluntária é sinônimo de embriaguez dolosa. No caso, houve embriaguez culposa.

---

76. (FGV – Analista Jurídico – MPE - AL/2018) Durante uma festa rave, Bernardo, 19 anos, conhece Maria, e, na mesma noite, eles vão para um hotel e mantém relações sexuais. No dia seguinte, Bernardo é surpreendido pela chegada de policiais militares no hotel, que realizam sua prisão em flagrante, informando que Maria tinha apenas 13 anos.

Bernardo, então, é encaminhado para a Delegacia, apesar de esclarecer que acreditava que Maria era maior de idade, devido a seu porte físico e pelo fato de que era proibida a entrada de menores de 18 anos na festa rave.

Diante da situação narrada, Bernardo agiu em

a) erro de tipo, tornando a conduta atípica.
b) erro de tipo, afastando o dolo, mas permitindo a punição pelo crime de estupro de vulnerável culposo.
c) erro de proibição, afastando a culpabilidade do agente pela ausência de potencial conhecimento da ilicitude.
d) erro sobre a pessoa, tornando a conduta atípica.
e) erro de tipo permissivo, gerando causa de redução de pena.

▷ ***Anotações/Comentários***

(a) Houve erro de tipo, pois o erro incide sobre a elementar do crime de estupro de vulnerável, qual seja a idade da vítima (art. 217-A,

CP). No caso de erro de tipo, se afasta o dolo, responde o agente por crime culposo, se há tipo penal culposo, o que não é o caso do crime de estupro de vulnerável culposo.

(b) Não há crime de estupro de vulnerável culposo.

(c) O erro não incidiu sobre a licitude do fato, mas sobre elementar do tipo penal.

(d) No erro sobre a pessoa, o agente tem o dolo de cometer crime contra uma determinada pessoa, mas por erro atinge outra.

(e) No erro de tipo permissivo, o agente supõe situação de fato que, se existisse, tornaria a ação legítima.

---

77. (FCC – Defensor Público – DPE - RS/2018) O afastamento da tipicidade, quando verificada lesão penalmente irrelevante decorrente de conduta formalmente incriminada, dá-se por:

a) princípio da adequação social.
b) princípio da intervenção mínima.
c) princípio da humanidade das sanções.
d) princípio da insignificância.
e) ineficácia absoluta do meio ou absoluta impropriedade do objeto (crime impossível).

▷ ***Anotações/Comentários***

(a) Princípio da adequação social: a conduta é típica formalmente, mas, como é socialmente adequada e reconhecida como permitida pela sociedade, deixa de ser típica materialmente.

(b) Princípio da intervenção mínima: o direito penal deve ser a "ultima ratio", devendo intervir na sociedade apenas quando os demais ramos do Direito são insuficientes.

(c) Princípio da humanidade das sanções: o condenado deve ser considerado como pessoa humana e, portanto, deve se reconhecer a sua dignidade como tal.

(d) Princípio da insignificância: o fato é formalmente típico, mas a ofensa ao bem jurídico tutelado é irrelevante, de modo que a conduta é materialmente atípica.

(e) No crime impossível, a conduta é formal e materialmente atípica.

---

78. (FCC – Defensor Público – DPE - RS/2018) Arquimedes dirigia seu caminhão à noite, por uma estrada de serra, com muitas curvas, péssima sinalização e sob forte chuva. Ele estava sonolento e apenas aguardava o próximo posto de combustíveis para estacionar e dormir. Motorista experiente que era, observava as regras de tráfego no local, imprimindo ao veículo a velocidade permitida no trecho.

Entretanto, a 50 Km do posto de combustíveis mais próximo, após uma curva, Arquimedes assustou-se com um vulto que de súbito adentrou a via, imediatamente acionando os freios, sem, contudo, evitar o choque.

Inicialmente, pensou tratar-se de um animal, mas quando desembarcou do veículo, pôde constatar que se tratava de um homem. Desesperado ao vê-lo perdendo muito sangue, Arquimedes logo acionou o serviço de socorro e emergências médicas, que chegou rapidamente ao local, constatando o óbito do homem em cujo bolso foi encontrado um bilhete de despedida. Era um suicida.

Da leitura do enunciado, pode-se afirmar que:

a) Arquimedes não praticou crime, tendo em vista a incidência na hipótese da inexigibilidade de conduta diversa – excludente de culpabilidade.
b) a Arquimedes deve ser imputada a prática de homicídio culposo na direção de veículo automotor, em razão de sua conduta negligente.
c) a conduta de Arquimedes não reúne os elementos necessários à configuração do fato como crime.
d) Arquimedes não praticou crime, uma vez que agiu em exercício regular de direito – excludente de ilicitude.
e) a Arquimedes deve ser imputada a prática de homicídio doloso (dolo eventual), tendo em vista que, ao dirigir à noite, sonolento e sob chuva intensa, assumiu o risco de matar alguém.

▷ ***Anotações/Comentários***

(a) ver item "c".

(b) ver item "c".

(c) O fato deve ser considerado atípico, por culpa exclusiva da vítima, que se jogou na via para se suicidar. Arquimedes não agiu com dolo, nem com culpa, pois dirigi com a prudência, necessária, sendo que o sono que lhe abatia não é suficiente para culpa-lo, tanto que ia parar em um Posto.

(d) ver item "c".

(e) ver item "c".

---

79. (FCC – Defensor Público – DPE - RS/2018) Na madrugada de um sábado, Jorge, cabo da Polícia Militar, retornava para casa, em um bairro bastante violento da capital. Policial experiente, que já havia sido ameaçado por algumas lideranças do tráfico na região, ciente das constantes disputas entre grupos rivais que ocorriam na comunidade, Jorge era cuidadoso e sempre caminhava pelo bairro em trajes civis. A cerca de 5 metros da esquina de sua casa, Jorge assustou-se com dois homens que dobraram a esquina correndo, os quais, ao vê-lo, apontaram-lhe as armas que portavam. Diante da situação sinistra em que se via, Jorge não titubeou e agiu conforme seus treinamentos: sacou seu revólver com extrema rapidez e habilidade e, com disparos certeiros, atingiu letalmente os dois homens que lhe apontavam as armas.

Jorge, então, acionou a Polícia Militar e o serviço de socorro médico de emergência, que compareceram ao local, tendo os agentes militares constatado que os homens atingidos eram dois policiais civis que participavam de uma operação contra o tráfico no bairro e se preparavam para prender alguns suspeitos em flagrante.

Da leitura do enunciado, é correto afirmar:

a) Apesar de sua conduta típica e ilícita, a Jorge não deve ser aplicada qualquer pena, sendo-lhe inexigível conduta diversa diante das circunstâncias que compunham o contexto em que se viu envolvido, que o levaram a supor situação de fato que, se existisse, tornaria sua ação legítima.
b) A Jorge deve ser imputada a prática de dois homicídios dolosos, em concurso material, qualificados por terem como vítimas policiais civis (art. 121, § 2º, VII – por duas vezes –, c/c art. 69, ambos do CP).
c) A Jorge deve ser imputada a prática de dois homicídios dolosos, em concurso material, sem possibilidade de qualificação pela condição das vítimas, uma vez que o autor desconhecia essa circunstância (art. 121, caput – por duas vezes –, c/c art. 69, ambos do CP).
d) A Jorge deve ser imputada a prática de dois homicídios culposos, em concurso formal, tendo em vista sua conduta imprudente, uma vez que efetuou os disparos sem prévia identificação e ordem de parada (art. 121, § 3° – por duas vezes –, c/c art. 70, ambos do CP).
e) A Jorge não deve ser imputada a prática de crime, uma vez que agiu sob o pálio da legítima defesa enquanto excludente da ilicitude, estando sua ação especialmente justificada pelas circunstâncias da situação em que se viu envolvido – a chamada legítima defesa putativa.

▷ ***Anotações/Comentários***

(a) Jorge supôs estar em situação de legítima defesa, imaginando que os agentes policiais eram traficantes que o haviam ameaçado. Mas, essa situação não existia, havendo erro de tipo permissivo, excluindo-se a culpabilidade.

(b) No caso, o erro afasta a culpabilidade.

(c) No caso, o erro afasta a culpabilidade.

(d) No caso, o erro afasta a culpabilidade.

(e) Houve legítima defesa putativa, com afastamento da culpabilidade.

---

80. (FCC – Defensor Público – DPE - RS/2018) Inconformado com o fim do casamento que mantinha com Marisa, João passa a persegui-la todos os dias. Certo dia, sabendo que a ex-mulher iria a uma festa na casa de amigos, João invade o local e, ao avistar Marisa, nos fundos da casa, atira com seu revólver calibre 38. O disparo fere Marisa no braço esquerdo, de raspão, mas atinge letalmente Leonardo, que estava logo atrás da mulher no momento do disparo e não havia sido visto pelo atirador.

Nesse caso, é correto afirmar:

a) A ação se amolda ao que a lei prevê como concurso formal (art. 70 do CP) e João estará sujeito às penas previstas para o homicídio qualificado como se praticado contra a mulher por razões da condição de sexo feminino (art. 121, § 2°, VI, c/c art. 121, § 2° -A, I, do CP), aumentada de um sexto até metade, nos termos do art. 70 c/c art. 73 do CP.

PENAL

b) Se está diante de uma tentativa de homicídio e um homicídio consumado praticados em concurso material, aplicando-se ao autor, cumulativamente, as penas privativas de liberdade aplicáveis a cada um dos crimes, conforme art. 69 do CP.

c) Se está diante de conduta que se amolda ao conceito de crime continuado, podendo-se aplicar a pena conforme disposto no art. 71, parágrafo único, do CP – a mais grave, aumentada até o triplo.

d) Se está diante de conduta que se amolda ao conceito de crime continuado, aplicando-se a pena conforme disposto no art. 71, caput, do CP – a mais grave, aumentada de um sexto a dois terços.

e) A ação se amolda ao que a lei prevê como concurso formal (art. 70 do CP) e a João será aplicada pena em virtude da prática de homicídio tentado contra a mulher, qualificado por razões da condição de sexo feminino (art. 121, § 2°, VI, c/c art. 121, § 2° -A, I, do CP), somada àquela aplicada em razão do homicídio consumado contra o homem, nos termos do art. 70 (parte final) c/c art. 73 do CP.

▷ ***Anotações/Comentários***

(a) Houve no caso erro na execução, em que o agente responde em concurso formal de crimes (art. 73, CP). No caso do homicídio, leva-se em consideração as condições pessoais da vítima, tomando-se a pena do homicídio qualificado consumado, mais grave que o homicídio tentado, para incidência da fração de aumento.

(b) Há concurso formal.

(c) Há concurso formal.

(d) Há concurso formal.

(e) Ver item "a".

---

81. (FCC - Defensor Público - DPE - RS/2018) Em cumprimento a mandado de busca e apreensão em galpão mantido por João, Geraldo e Cleodomir – que inclusive se encontravam em reunião no local quando da ação policial –, foram apreendidos diversos cadernos em que os três preparavam a abertura e a contabilidade de uma central de jogos de azar, bem como panfletos de propaganda das atividades que ali se iniciariam em uma semana, além de mais de 20 máquinas caça-níqueis.

Nesse caso, a conduta dos agentes

a) configura a prática de formação de quadrilha (art. 288 do CP).

b) não é penalmente relevante.

c) configura a prática da contravenção penal de exploração de jogos de azar (art. 50 do Decreto-lei n° 3.688/41)

d) configura as práticas de formação de quadrilha (art. 288 do CP) e da contravenção penal de exploração de jogos de azar (art. 50 do Decreto-lei n° 3.688/41).

e) configura a prática da contravenção penal de exploração de jogos de azar (art. 50 do Decreto-lei n° 3.688/41), em sua forma tentada.

▷ ***Anotações/Comentários***

(a) O art. 288, CP, exige que a associação seja para cometimento de crimes. Exploração de jogos de azar é contravenção penal.

(b) A contravenção penal não foi além dos atos preparatórios. O crime de associação criminosa não se configurou pelo fato do item "a".

(c) ver resposta aos itens anteriores.

(d) ver resposta aos itens anteriores.

(e) ver resposta aos itens anteriores.

---

82. (FGV - Analista Judiciário - Oficial de Just. Avaliador - TJ - AL/2018) Mévio, superior hierárquico de Tício, Oficial de Justiça, solicitou que ele alterasse o teor de determinada certidão em mandado de busca e apreensão. Apesar de ter conhecimento de que a conduta não era correta, Tício atendeu a solicitação de Mévio, já que este era seu superior hierárquico e os dois eram também amigos de infância. Descobertos os fatos, foi instaurado procedimento investigatório, razão pela qual Tício procura seu advogado para esclarecimentos.

Considerando apenas as informações narradas, o advogado de Tício deverá esclarecer que sua conduta configura:

a) fato típico, ilícito e culpável;

b) fato típico, mas não ilícito, em razão do estrito cumprimento do dever legal;

c) fato típico, mas não ilícito, em razão da obediência hierárquica;

d) fato típico e ilícito, mas não culpável, em razão da obediência hierárquica;

e) fato típico e ilícito, mas não culpável, em razão da coação moral irresistível.

▷ ***Anotações/Comentários***

(a) Houve crime de falsidade material de documento público (art. 297, CP).

(b) Tício, em verdade, não cumpriu o seu dever legal.

(c) Ver item "d".

(d) A obediência hierárquica afasta a culpabilidade, desde que não seja manifestamente ilegal.

(e) Não houve coação, porque se tratou de mera solicitação.

---

83. (FCC - Analista Legislativo - ALESE/2018) Hamilton resolve chamar um táxi pelo aplicativo do celular a fim de conduzi-lo até determinado endereço. Após ingressar no veículo, Hamilton recebe uma ligação em seu telefone, ocasião em que diz a pessoa que está do outro lado da linha que está se dirigindo até o endereço do amante de sua esposa a fim de matá-lo. O motorista do táxi, mesmo após ouvir a conversa de seu passageiro, o conduz até seu destino. No dia seguinte, o motorista toma conhecimento pelo noticiário televisivo de que Hamilton realmente matou o amante de sua mulher. Diante do caso hipotético, o taxista

a) responderá pelo crime de homicídio doloso como partícipe.

b) responderá pelo crime de homicídio doloso como coautor.

c) responderá pelo crime de homicídio culposo.

d) responderá pelo crime de favorecimento pessoal.

e) não responderá por nenhum crime.

▷ ***Anotações/Comentários***

(a) ver resposta ao item "e".

(b) ver resposta ao item "e".

(c) ver resposta ao item "e".

(d) O crime de favorecimento pessoal pressupõe a ocorrência de crime anterior.

(e) O taxista não responde pelo crime de homicídio, pois não tinha o dever de impedir o resultado, nem incrementou risco vedado pelo direito para a consumação do crime.

---

84. (FGV - Técnico Judiciário - Área Judiciária - TJ - AL/2018) Arlindo desferiu diversos golpes de faca no peito de Tom, sendo que, desde o início dos atos executórios, tinha a intenção de, com seus golpes, causar a morte do seu desafeto. No início, os primeiros golpes de faca causaram lesões leves em Tom. Na quarta facada, porém, as lesões se tornaram graves, e os últimos golpes de faca foram suficientes para alcançar o resultado morte pretendido.

Arlindo, para conseguir o resultado final mais grave, praticou vários atos com crescentes violações ao bem jurídico, mas responderá apenas por um crime de homicídio por força do princípio da:

a) subsidiariedade, por se tratar de progressão criminosa;

b) alternatividade, por se tratar de crime progressivo;

c) consunção, por se tratar de progressão criminosa;

d) especialidade, por se tratar de progressão criminosa;

e) consunção, por se tratar de crime progressivo.

▷ ***Anotações/Comentários***

(a) A progressão criminosa está relacionada ao princípio da consunção.

(b) O crime progressivo está relacionado ao princípio da consunção.

(c) Progressão criminosa: o agente consuma um crime menos grave, mas modifica o dolo e consuma um crime mais grave.

(d) A progressão criminosa está relacionada ao princípio da consunção.

(e) Crime progressivo: desde o início, o dolo do agente é a produção de um resultado mais grave, o qual, para ser alcançado, precisa passar por um resultado menos grave. Exemplo: não há morte sem lesão corporal.

85. (FGV – Técnico Judiciário – Área Judiciária – TJ - AL/2018) Leandro, pretendendo causar a morte de José, o empurra do alto de uma escada, caindo a vítima desacordada. Supondo já ter alcançado o resultado desejado, Leandro pratica nova ação, dessa vez realiza disparo de arma de fogo contra José, pois, acreditando que ele já estaria morto, desejava simular um ato de assalto. Ocorre que somente na segunda ocasião Leandro obteve o que pretendia desde o início, já que, diferentemente do que pensara, José não estava morto quando foram efetuados os disparos.

Em análise da situação narrada, prevalece o entendimento de que Leandro deve responder apenas por um crime de homicídio consumado, e não por um crime tentado e outro consumado em concurso, em razão da aplicação do instituto do:

a) crime preterdoloso;
b) dolo eventual;
c) dolo alternativo;
d) dolo geral;
e) dolo de 2º grau.

▷ ***Anotações/Comentários***

(a) No crime preterdoloso, há dolo na conduta antecedente e culpa no resultado (lesão corporal seguida de morte).

(b) Dolo eventual: o agente não quer a produção do resultado, mas assume o risco de produzi-lo.

(c) Dolo alternativo: o agente quer a produção de um ou outro resultado.

(d) Dolo geral: o agente quer a produção de um determinado resultado, pouco importando o modo de produzi-lo, desde que seja eficaz.

(e) Dolo de 2º grau: se refere aos efeitos colaterais da conduta principal pela qual o agente quer atingir o resultado (p.e.: para matar uma pessoa, o agente coloca uma bomba no avião que explode e, além de matar a vítima pretendida, mata todos os tripulantes).

86. (FGV – Técnico Judiciário – Área Judiciária – TJ - AL/2018) João, funcionário público de determinado cartório de Tribunal de Justiça, após apropriar-se de objeto que tinha a posse em razão do cargo que ocupava, é convencido por sua esposa a devolvê-lo no dia seguinte, o que vem a fazer, comunicando o fato ao seu superior, que adota as medidas penais pertinentes.

Diante desse quadro, é correto afirmar que:

a) houve arrependimento eficaz, sendo o comportamento de João penalmente impunível;
b) houve desistência voluntária, sendo o comportamento de João penalmente impunível;
c) deverá João responder pelo crime de peculato tentado;
d) deverá João responder pelo crime de peculato consumado, com a redução de pena pelo arrependimento posterior;
e) deverá João responder pelo crime de peculato consumado, sem qualquer redução de pena.

▷ ***Anotações/Comentários***

(a) Não houve arrependimento eficaz, porque o crime se consumou e o resultado se produziu.

(b) Não houve desistência voluntária, porque o agente esgotou os meios de execução, o crime se consumou e o resultado se produziu.

(c) O crime de peculato se consumou.

(d) Houve a consumação do crime de peculato-apropriação, porque o agente chegou a ter a posse do bem. Há arrependimento posterior, porque João devolveu o bem antes do recebimento da denúncia, motivo pelo qual há arrependimento posterior, com redução de pena de um a dois terços.

(e) Há redução de pena pelo arrependimento posterior.

87. (FCC – Defensor Público – DPE - AP/2018) O chamado *versari in re illicita* implica que

a) aquele que realizar um ato ilícito penal responde por todas as consequências derivadas deste fato, ainda que em sua inicial atuação não houvesse nenhum nexo subjetivo.
b) o fato (o que compreende o acontecimento principal e todas as consequências que se derivem posteriormente) deve pertencer ao sujeito.
c) a pena não pode transcender da pessoa do delinquente.
d) a determinação da pena e das medidas de segurança deve se guiar por critérios de proporcionalidade ao delito cometido.
e) deve-se aplicar sanção penal a produtores de artigos de consumo perigosos que afetam a vida e a saúde das pessoas.

▷ ***Anotações/Comentários***

(a) O chamado *versari in re illicita* implica dizer que a responsabilidade penal independe da vontade do agente, mas apenas da produção do resultado.

(b) O fato não pertence ao sujeito, pois o elemento subjetivo é irrelevante.

(c) Trata-se do princípio da intranscendência da pena.

(d) Como não há elemento subjetivo, não se aplica o princípio da proporcionalidade.

(e) A sanção penal se refere aos crimes de perigo.

PENAL

88. (FCC – Defensor Público – DPE - AP/2018) A imputação como ferramenta da teoria do delito,

a) tem aplicação apenas aos delitos culposos, já que nos tipos dolosos seu papel é satisfatoriamente ocupado pela teoria do dolo.
b) a referência a ela corresponde a uma terminologia recente, atravessando importantes altos e baixos em seu uso, ou no espaço ocupado como centro das diferentes doutrinas.
c) tem por pressuposto a menor relevância do nexo de causalidade natural em relação a quem se deve atribuir a ação ou o resultado como típicos.
d) ainda é vista majoritariamente como nebulosa, e constitui uma categoria na qual se procuram reunir todos aqueles problemas que carecem de uma posição sistemática clara.
e) possui aplicação nos delitos denominados pela doutrina brasileira como de mera conduta, nos moldes desenvolvidos por Claus Roxin, por configurar uma teoria funcional sem vinculação ao aspecto subjetivo.

▷ ***Anotações/Comentários***

(a) A teoria da imputação objetiva se aplica a crimes dolosos e culposos.

(b) A teoria da imputação objetiva foi desenvolvida por Roxin, após a Segunda Guerra Mundial.

(c) A teoria da imputação objetiva tem como ponto principal a conduta criadora de um relevante risco proibido e a produção de um resultado jurídico.

(d) A teoria da imputação objetiva ganha espaço e se apresenta como complemento de outras teorias, como causal e finalista.

(e) A teoria da imputação objetiva tem relação com a vontade do agente.

89. (FCC – Defensor Público – DPE - AP/2018) Nos crimes comissivos por omissão,

a) pelo critério nomológico, violam-se normas mandamentais.
b) a tipicidade é a do tipo comissivo, mas pode também, excepcionalmente, ser a do tipo omissivo.
c) a falta do poder de agir gera atipicidade da conduta.
d) são delitos de mera atividade, que se consumam com a simples inatividade.
e) no caso de ingerência, a conduta anterior deve ser a produtora do dano ou lesão.

▷ ***Anotações/Comentários***

(a) Normas mandamentais são violadas nos crimes de omissão própria.

(b) a tipicidade é só do tipo comissivo.

(c) Há tipicidade se o agente podia e devia agir.

(d) Dependem da produção de resultado naturalístico.

(e) No caso de ingerência, a conduta anterior é que gera o dever de agir.

---

90. (FCC – Defensor Público – DPE - AM/2018) No Direito Penal brasileiro, o erro

a) sobre os elementos do tipo impede a punição do agente, pois exclui a tipicidade subjetiva em todas as suas formas
b) determinado por terceiro faz com que este responda pelo crime.
c) sobre a pessoa leva em consideração as condições e qualidades da vítima para fins de aplicação da pena.
d) de proibição exclui o dolo, tornando a conduta atípica.
e) sobre a ilicitude do fato isenta o agente de pena quando evitável.

▷ ***Anotações/Comentários***

(a) O erro de tipo exclui o dolo, mas permite a punição por crime culposo, se houver previsão legal.

(b) No erro determinado por terceiro, responde pelo crime o terceiro que determina o erro (art. 20, § 2º, CP).

(c) No erro sobre pessoa, não se consideram, neste caso, as condições ou qualidades da vítima, senão as da pessoa contra quem o agente queria praticar o crime.

(d) O erro de proibição incide sobre potencial consciência da ilicitude do fato e, se presente, exclui a culpabilidade.

(e) O erro sobre a ilicitude do fato, se inevitável, isenta de pena; se evitável, poderá diminui-la de um sexto a um terço.

---

91. (FGV – Advogado – Câmara de Salvador - BA/2018) No dia 25 de dezembro de 2017, Carlos, funcionário público, recebe uma visita inesperada de João, seu superior hierárquico, em sua residência. João informa a Carlos que estava sendo investigado pela prática de um delito e exige que este altere informação em determinado documento público, mediante falsificação, de modo a garantir que não sejam obtidas provas do crime que vinha sendo investigado, assegurando que, caso a ordem não fosse cumprida, sequestraria o filho de Carlos e que a restrição da liberdade perduraria até o atendimento da exigência. Diante desse comportamento de João, Carlos falsifica o documento público, mas vem a ser descoberto e denunciado pela prática do crime previsto no Art. 297 do Código Penal (falsificação de documento público).

Com base apenas nessas informações, o advogado de Carlos deveria alegar, em busca de sua absolvição, a ocorrência de:

a) coação moral irresistível, causa de exclusão da culpabilidade;
b) estrita obediência à ordem de superior hierárquico, causa de exclusão da culpabilidade;
c) estado de necessidade, causa de exclusão da ilicitude;
d) coação moral irresistível, causa de exclusão da ilicitude;
e) estrita obediência à ordem de superior hierárquico, causa de exclusão da ilicitude.

▷ ***Anotações/Comentários***

(a) Houve coação moral irresistível, ante a ameaça de sequestro. Assim, se exclui a culpabilidade (art. 22, CP).

(b) Não houve estrita obediência à ordem de superior hierárquico, mas coação.

(c) Não houve estado de necessidade, pois não havia perigo atual.

(d) A coação moral irresistível é causa de exclusão da culpabilidade.

(e) Ver item "b".

---

92. (FCC – Analista – Ciências Jurídicas – DPE - AM/2018) O erro de tipo, no Direito Penal,

a) exclui a culpabilidade subjetiva, impedindo a punição do agente.
b) quando escusável, permite a punição por crime culposo.
c) é incabível em crimes hediondos e equiparados.
d) é inescusável nos crimes da Lei de Drogas, no desconhecimento da lei penal.
e) incide sobre o elemento constitutivo do tipo e exclui o dolo.

▷ ***Anotações/Comentários***

(a) O erro de tipo exclui o dolo.

(b) O erro de tipo escusável exclui o dolo e a culpa.

(c) O erro de tipo cabe em qualquer crime.

(d) O erro de tipo cabe em qualquer crime.

(e) O erro sobre elemento constitutivo do tipo legal de crime exclui o dolo, mas permite a punição por crime culposo, se previsto em lei (art. 20, CP).

3. IMPUTABILIDADE PENAL

93. (Cespe – Analista Judiciário – Direito – TJ – AM/2019) Pedro, com vinte e dois anos de idade, e Paulo, com vinte anos de idade, foram denunciados pela prática de furto contra Ana. A defesa de Pedro alegou inimputabilidade. Paulo confessou o crime, tendo afirmado que escolhera a vítima porque, além de idosa, ela era sua tia.

Com relação a essa situação hipotética, julgue os itens subsecutivos, a respeito de imputabilidade penal, crimes contra o patrimônio, punibilidade e causas de extinção e aplicação de pena.

I - Pedro será condenado se comprovado que, no momento do furto, por caso fortuito, estava completamente embriagado.

- CERTO
- ERRADO

No caso de embriaguez completa, decorrente de caso fortuito, ou seja, não voluntário do agente, este é isento de pena, pois não podia entender o caráter ilícito do fato e de determinar-se de acordo com esse entendimento (art. 28, § 1º, CP).

II - Se, em virtude de perturbação de saúde mental, Pedro não for inteiramente capaz de entender o caráter ilícito do seu ato ou de determinar-se de acordo com esse entendimento, a pena imposta a ele poderá ser reduzida.

- CERTO
- ERRADO

A pena pode ser reduzida de um a dois terços, se o agente, em virtude de perturbação de saúde mental ou por desenvolvimento mental incompleto ou retardado não era inteiramente capaz de entender o caráter ilícito do fato ou de determinar-se de acordo com esse entendimento. (art. 26, parágrafo único, CP).

---

94. (FGV – Técnico Judiciário – Área Judiciária – TJ – AL/2018) Gabriel, 25 anos, desferiu, de maneira imotivada, diversos golpes de madeira na cabeça de Fábio, seu irmão mais novo. Após ser denunciado pelo crime de lesão corporal gravíssima, foi realizado exame de insanidade mental, constatando-se que, no momento da agressão, Gabriel, em razão de desenvolvimento mental incompleto, não era inteiramente capaz de entender o caráter ilícito do fato.

Diante da conclusão do laudo pericial, deverá ser reconhecida a:

a) inimputabilidade do agente, afastando-se a culpabilidade;
b) semi-imputabilidade do agente, afastando-se a culpabilidade;
c) inimputabilidade do agente, afastando-se a tipicidade;
d) semi-imputabilidade do agente, que poderá funcionar como causa de redução de pena;
e) semi-imputabilidade do agente, afastando-se a tipicidade.

▷ ***Anotações/Comentários***

(a) Na inimputabilidade, não resta qualquer capacidade de o agente entender o caráter ilícito do fato, com o que se afasta a culpabilidade (art. 26, "caput", CP).

(b) É o caso de semi-imputabilidade, em que não se afasta a culpabilidade, mas se diminui a pena.

(c) Se fosse caso de inimputabilidade, o fato permaneceria típico e ilícito, afastando-se a culpabilidade.

(d) A pena pode ser reduzida de um a dois terços, se o agente, em virtude de perturbação de saúde mental ou por desenvolvimento mental incompleto ou retardado não era inteiramente capaz de entender o caráter ilícito do fato ou de determinar-se de acordo com esse entendimento (art. 26, parágrafo único, CP). Trata-se de hipótese de semi-imputabilidade.

(e) É o caso de semi-imputabilidade, mas o fato permanece típico, ilícito e culpável, diminuindo-se a pena.

95. (Cespe – Analista Judiciário – Área Administrativa – TRE – BA/2017) Considera-se inimputável aquele que comete crime

a) antes de completar dezoito anos de idade.
b) em estado de embriaguez preordenada.
c) agindo em legítima defesa, o que o isenta de pena.
d) sem ser inteiramente capaz de entender o caráter ilícito de sua conduta, o que o isenta de pena.
e) sob forte emoção ou paixão.

▷ ***Anotações/Comentários***

(a) O menor de dezoito anos é inimputável (art. 27, CP).

(b) A embriaguez preordenada não exclui a imputabilidade penal, porque voluntária, sendo circunstância agravante (art. 28, II, e 61, II, "l", CP).

(c) A legítima defesa é causa de exclusão de ilicitude (art.23, II, CP).

(d) O agente sem ser inteiramente capaz de entender o caráter ilícito de sua conduta é semi-imputável, havendo diminuição de pena (art. 26, parágrafo único, CP).

(e) A emoção e a paixão não excluem a imputabilidade penal (art. 28, I, CP).

96. (Cespe – Técnico Judiciário – Área Administrativa – TRF 1/2017) José, com vinte anos de idade, e seu primo, Pedro, de quinze anos de idade, saíram para conversar em um bar. José, que estava ingerindo bebida alcoólica, ficou muito bêbado rapidamente em razão do efeito colateral provocado por medicamento de que fazia uso. Pedro, percebendo o estado de embriaguez do primo, fez que este praticasse um ato que sabia ser tipificado como delituoso.

A respeito dessa situação hipotética e considerando o concurso de pessoas e a imputabilidade penal, julgue os itens que se seguem.

José não poderá ser punido pelo crime que cometeu porque se encontrava em estado em embriaguez decorrente de caso fortuito, hipótese de isenção de pena.

- CERTO
- ERRADO

▷ ***Anotações/Comentários***

A embriaguez não foi decorrente de caso fortuito ou força maior, mas por ato voluntário. Nesse caso, a embriaguez não exclui a pena (art. 28, II, CP).

97. (Cespe – Analista Judiciário – Área Administrativa – TRE – RS/2015) Em relação à imputabilidade penal, assinale a opção correta.

a) Será isento de pena o agente que, por embriaguez habitual, não for capaz de entender o caráter ilícito do fato.
b) Para definir a maioridade penal, a legislação brasileira seguiu o sistema biopsicológico, ignorando o desenvolvimento mental do menor de dezoito anos de idade.
c) A embriaguez não acidental e culposa exclui a imputabilidade no caso de ser completa.
d) Os menores de dezoito anos de idade, por presunção legal, são considerados inimputáveis somente nos casos de possuírem plena capacidade de entender a ilicitude do fato.
e) Se a embriaguez acidental for completa, acarretará a irresponsabilidade penal.

▷ ***Anotações/Comentários***

(a) A embriaguez habitual não isenta a pessoa de pena (art. 28, II, CP).

(b) A maioridade penal é definida pelo caráter biológico, sendo considerado inimputável o menor de dezoito anos, independentemente do seu desenvolvimento psicológico.

(c) A embriaguez voluntária e culposa não isenta a pessoa de pena (art. 28, II, CP).

(d) Ver resposta à alternativa "b".

(e) É isento de pena o agente que, por embriaguez completa, proveniente de caso fortuito ou força maior (art. 28, II, § 1º, CP).

98. (IESES – Cartório – Provimento – TJ – AM/2018) Assinale a opção INCORRETA.

a) Conforme o Código Penal é isento de pena o agente que, por doença mental ou desenvolvimento mental incompleto ou retardado, era, ao tempo da prolação da sentença penal condenatória, inteiramente incapaz de entender o caráter ilícito do fato ou de determinar-se de acordo com esse entendimento.
b) Extrai-se do art. 33 do Código Penal que pena de reclusão deve ser cumprida em regime fechado ou semi-aberto. A de detenção, em regime semi-aberto, ou aberto, salvo necessidade de transferência a regime fechado.
c) De acordo com o Superior Tribunal de Justiça o fornecimento de informações sobre movimentação bancária de contribuintes, pelas instituições financeiras, diretamente ao Fisco, sem prévia autorização judicial, com o consequente oferecimento de denúncia com base em tais informações, caracteriza crime contra a ordem tributária, Art. 1°, II E V, da Lei 8.137/90.
d) Uma das formas de interrupção da prescrição que consta do Código Penal é pela publicação da sentença ou acórdão condenatórios recorríveis. Assim pode-se afirmar que O acórdão que confirma a condenação, mas majora ou reduz a pena, constitui novo marco interruptivo da prescrição.

▷ ***Anotações/Comentários***

(a) A inimputabilidade é aferida no momento do fato criminoso (art. 26, CP).

(b) A pena de reclusão deve ser cumprida em regime fechado, semi-aberto ou aberto. A de detenção, em regime semi-aberto, ou aberto, salvo necessidade de transferência a regime fechado.

(c) Não se trata de crime contra a ordem tributária. Há autorização legal nesse sentido, discutindo-se a constitucionalidade da medida em fase do princípio da privacidade.

(d) Na atual sistemática, interrompem a prescrição publicação da sentença ou acórdão condenatórios recorríveis.

99. (IESES – Cartório – Remoção – TJ – CE/2018) Conforme dispõe o Código Penal Brasileiro em seu artigo 27, são penalmente inimputáveis, ficando sujeitos às normas estabelecidas na legislação especial, os menores de:

a) 18 (dezoito) anos.
b) 19 (dezenove) anos.
c) 20 (vinte) anos.
d) 21 (vinte e um) anos.

▷ ***Anotações/Comentários***

(a) São inimputáveis os menores de 18 anos.

(b) Ver resposta à alternativa "a".

(c) Ver resposta à alternativa "a".

(d) Ver resposta à alternativa "a".

4. DO CONCURSO DE AGENTES

100. AOCP – 2024 – TRF 2 - Analista Judiciário - Área Administrativa

Sobre o concurso de pessoas, assinale a alternativa correta.

a) Considera-se autor mediato aquele que, sem realizar diretamente a conduta descrita no tipo penal, se vale de outra pessoa para cometer o fato típico, não detendo, por isso, o domínio do fato.
b) O partícipe e o autor mediato são figuras que se confundem.
c) Na autoria mediata, o autor mediato se vale, como seu instrumento, de pessoal culpável.
d) De modo geral, prevalece o entendimento de que a autoria mediata é compatível com os crimes de mão própria.
e) Há possibilidade de autoria mediata nos crimes próprios, que são aqueles em que o tipo penal demanda uma situação fática ou jurídica específica por parte do sujeito ativo.

PENAL

▷ ***Anotações/Comentários***

(a) O autor mediato possui o domínio do fato. Somente assim pode ser punido pela conduta do autor imediato.

(b) O autor mediato, por intermédio de outra pessoa, pratica as elementares do tipo penal, tendo o domínio do fato. Já o partícipe não prática as elementares do tipo, mas instiga, induz ou auxilia o autor a praticá-las.

(c) Autoria mediata é uma modalidade de autoria em que o agente utiliza uma pessoa sem discernimento ou que não tem consciência do que está fazendo para executar um crime.

(d) Os crimes de mão própria são aqueles que só podem ser praticados diretamente pelo autor do fato, o que é incompatível com a autoria mediata.

(e) Nos crimes próprios, o tipo penal exige uma qualidade especial do sujeito ativo. Tais crimes podem ser praticados por autoria mediata, em que o agente se utiliza do sujeito com tais características para o cometimento do delito.

---

101. (FCC – Analista Judiciário – Direito – TJ – MA/2019) Segundo o Código Penal brasileiro, bem como o entendimento dos Tribunais Superiores, sobre o concurso de pessoas,

a) se a participação no crime for de menor importância, isenta o agente da pena.
b) a pena imposta aos autores do crime será a mesma, independentemente de um dos concorrentes participar de crime menos grave.
c) não se comunicam as circunstâncias e as condições de caráter pessoal, ainda quando elementares do crime.
d) o ajuste, a determinação ou instigação e o auxílio, salvo disposição expressa em contrário, não são puníveis, se o crime não chega a ser consumado.
e) para caracterizar o concurso, basta que duas ou mais pessoas concorram para a prática delituosa, não sendo necessária a identificação dos corréus.

▷ ***Anotações/Comentários***

(a) Se a participação for de menor importância, a pena pode ser diminuída de um sexto a um terço (art. 29, § 1º, CP).

(b) Se algum dos concorrentes quis participar de crime menos grave, a ele, será aplicada a pena deste; essa pena será aumentada até metade, na hipótese de ter sido previsível o resultado mais grave (art. 29, § 2º. CP).

(c) Comunicam-se as circunstâncias e as condições de caráter pessoal, quando elementares do crime (art. 30, CP).

(d) O ajuste, a determinação ou instigação e o auxílio, salvo disposição expressa em contrário, não são puníveis, se o crime não chega a ser tentado. (art. 31, CP).

(e) O concurso de agentes acontece quando duas ou mais pessoas são coautores ou partícipes para a realização do crime, consumado ou tentado, independentemente de se identificar todos os que concorreram para o fato.

---

102. (FGV – Técnico Judiciário – Área Judiciária – TJ – AL/2018) No Direito Penal, a doutrina costuma reconhecer o concurso de pessoas quando a infração penal é cometida por mais de uma pessoa, podendo a cooperação ocorrer através de coautoria ou participação.

Sobre o tema, de acordo com o Código Penal, é correto afirmar que:

a) o auxílio material é punível se o crime chegar, ao menos, a ser cogitado;
b) as circunstâncias de caráter pessoal, diante de sua natureza, não se comunicam, ainda que elementares do crime;
c) em sendo de menor importância a participação ou coautoria, a pena poderá ser reduzida de um sexto a um terço;
d) a teoria sobre concurso de agentes adotada pela legislação penal brasileira, em regra, é a dualista;
e) se algum dos concorrentes quis participar de crime menos grave, ser-lhe-á aplicada a pena deste.

▷ ***Anotações/Comentários***

(a) O ajuste, a determinação ou instigação e o auxílio, salvo disposição expressa em contrário, não são puníveis, se o crime não chega, pelo menos, a ser tentado (art. 31, CP).

(b) Não se comunicam as circunstâncias e as condições de caráter pessoal, salvo quando elementares do crime (art. 30, CP).

(c) Se a participação for de menor importância, a pena pode ser diminuída de um sexto a um terço (art. 29, § 1º, CP). Não se aplica essa regra em caso de coautoria.

(d) A teoria sobre concurso de agentes adotada pela legislação penal brasileira, em regra, é a monista.

(e) Se algum dos concorrentes quis participar de crime menos grave, ser-lhe-á aplicada a pena deste; essa pena será aumentada até metade, na hipótese de ter sido previsível o resultado mais grave (art. 29, § 2º, CP).

---

103. (Consulplan – Analista Judiciário – Área Administrativa – TRE – RJ/2017) Quando dois agentes, embora convergindo suas condutas para a prática de determinado fato criminoso, não atuam unidos pelo liame subjetivo, tem-se autoria

a) incerta.
b) colateral.
c) sucessiva.
d) desconhecida.

▷ ***Anotações/Comentários***

(a) Autoria incerta é uma espécie de autoria colateral, em que não se pode concluir qual dos autores das diversas condutas foi quem efetivamente causou o resultado.

(b) Autoria colateral: duas ou mais pessoas, ignorando um a conduta dos demais, praticam condutas visando a prática da mesma infração penal.

(c) Autoria sucessiva: o agente ofende o mesmo bem jurídico já afetado por outra pessoa anteriormente. Por exemplo: art. 138, § 1º, CP.

(d) Autoria desconhecida: não há prova de quem foi o autor ou autores do fato.

---

104. (Consulplan – Analista Judiciário – Área Administrativa – TRE – RJ/2017) A teoria segundo a qual se pune a participação se o autor tiver levado a efeito uma conduta típica e ilícita é chamada de teoria da

a) hiperacessoriedade.
b) acessoriedade mínima.
c) acessoriedade máxima.
d) acessoriedade limitada.

▷ ***Anotações/Comentários***

(a) Hiperacessoriedade: a punição do partícipe depende que o fato seja típico, ilícito e culpável e que haja efetiva punição do autor do fato.

(b) Acessoriedade mínima: a punição do partícipe depende que o fato seja típico, apenas.

(c) Acessoriedade máxima: a punição do partícipe depende que o fato seja típico, ilícito e culpável.

(d) Acessoriedade limitada: a punição do partícipe depende que o fato seja típico e ilícito.

---

105. (Cespe – Analista Judiciário – Área Judiciária – TRE – PI/2016) A respeito do concurso de pessoas, assinale a opção correta.

a) As circunstâncias objetivas se comunicam, mesmo que o partícipe delas não tenha conhecimento.
b) Em se tratando de peculato, crime próprio de funcionário público, não é possível a coautoria de um particular, dada a absoluta incomunicabilidade da circunstância elementar do crime.
c) A determinação, o ajuste ou instigação e o auxílio não são puníveis.
d) Tratando-se de crimes contra a vida, se a participação for de menor importância, a pena aplicada poderá ser diminuída de um sexto a um terço.

e) No caso de um dos concorrentes optar por participar de crime menos grave, a ele será aplicada a pena referente a este crime, que deverá ser aumentada mesmo na hipótese de não ter sido previsível o resultado mais grave.

▷ ***Anotações/Comentários***

(a) As condições objetivas só se comunicam ao partícipe, se ele delas tiver conhecimento, sob pena de se ter responsabilidade penal objetiva.

(b) A qualidade de funcionário público é comunicável ao particular, pois ela é elementar do crime de peculato (art. 30, CP).

(c) O ajuste, a determinação ou instigação e o auxílio, salvo disposição expressa em contrário, não são puníveis, se o crime não chega, pelo menos, a ser tentado (art. 31, CP).

(d) Se a participação for de menor importância, a pena pode ser diminuída de um sexto a um terço, qualquer que seja o crime (art. 29, § 1º, CP).

(e) Se algum dos concorrentes quis participar de crime menos grave, ser-lhe-á aplicada a pena deste; essa pena será aumentada até metade, na hipótese de ter sido previsível o resultado mais grave (art. 29, § 2º, CP).

106. (FCC – Analista Legislativo - Processo Legislativo - ALESE/2018)
É certo que um crime pode ser praticado por uma ou mais pessoas. Quando isso acontece, está-se diante da hipótese de concurso de pessoas, também conhecido como concurso de agentes. Nesse caso,

a) ainda que algum dos concorrentes tenha querido participar de crime menos grave, ser-lhe-á, obrigatoriamente, aplicada a pena idêntica do crime praticado pelo seu comparsa, ante a adoção pelo Código Penal da teoria monista.
b) em hipótese alguma se comunicam as circunstâncias e as condições de caráter pessoal na coautoria.
c) o ajuste, a determinação ou instigação e o auxílio são sempre puníveis, ainda que o crime não venha a ser tentado.
d) os crimes plurissubjetivos não admitem a coautoria e a participação.
e) se a participação for de menor importância, a pena pode ser diminuída de um sexto a um terço.

▷ ***Anotações/Comentários***

(a) Se algum dos concorrentes quis participar de crime menos grave, ser-lhe-á aplicada a pena deste; essa pena será aumentada até metade, na hipótese de ter sido previsível o resultado mais grave.

(b) Não se comunicam as circunstâncias e as condições de caráter pessoal, salvo quando elementares do crime.

(c) O ajuste, a determinação ou instigação e o auxílio, salvo disposição expressa em contrário, não são puníveis, se o crime não chega, pelo menos, a ser tentado.

(d) Nos crimes plurissubjetivos ou de concurso necessário, não há que se falar em participação, pois todos os agentes são autores do crime.

(e) Trata-se de causa de diminuição de pena prevista no art. 29, § 1º, CP.

5. DA PENA

107. FGV – 2024 – TRF 1 - Analista Judiciário – Área Judiciária
Após a observância do contraditório e da ampla defesa, João foi condenado, definitivamente, à pena de dois anos de reclusão, em razão da prática de crime que envolveu violência contra pessoa.

Nesse cenário, considerando as disposições do Código Penal, é correto afirmar que João:

a) poderá se beneficiar da suspensão condicional da pena, desde que não seja reincidente em crime doloso, a culpabilidade, os antecedentes, a conduta social e sua personalidade, bem como os motivos e as circunstâncias autorizem a concessão do benefício, e não seja indicada ou cabível a substituição da pena privativa de liberdade por pena restritiva de direitos;
b) poderá se beneficiar do livramento condicional, desde que não seja reincidente em crime doloso, a culpabilidade, os antecedentes, a conduta social e sua personalidade, bem como os motivos e as circunstâncias autorizem a concessão do benefício, e não seja indicada ou cabível a substituição da pena privativa de liberdade por pena restritiva de direitos;
c) poderá se beneficiar do livramento condicional, desde que não seja reincidente em crime doloso ou culposo, a culpabilidade, os antecedentes, a conduta social e sua personalidade, bem como os motivos e as circunstâncias autorizem a concessão do benefício, e seja indicada ou cabível a substituição da pena privativa de liberdade por pena restritiva de direitos;
d) não poderá se beneficiar do livramento condicional ou da suspensão condicional da pena, pois o crime praticado envolveu violência contra pessoa;
e) não poderá se beneficiar do livramento condicional ou da suspensão condicional da pena, pois a sanção aplicada é superior a um ano de reclusão.

▷ ***Anotações/Comentários***

(a) De acordo com o art. 77, CP, são requisitos para a concessão da suspensão condicional da pena (*sursis*): I – pena não superior a dois anos; II - o condenado **não seja reincidente** em crime doloso; III - a culpabilidade, os antecedentes, a conduta social e personalidade do agente, bem como os motivos e as circunstâncias autorizem a concessão do benefício; IV - **Não seja indicada ou cabível a substituição da pena privativa de liberdade por restritiva de direitos**, conforme art. 44 do CP. No caso, como houve violência contra pessoa, fica inviável a substituição da pena privativa de liberdade por restritiva de direitos).

(b) No livramento condicional, o agente inicia o cumprimento de pena e, após cumpridos os requisitos legais, é colocado em liberdade condicional, sem a extinção da punibilidade. No *sursis*, ao contrário, sequer há início de cumprimento de pena.

(c) São requisitos gerais do livramento condicional (art. 83, CP): I - cumprida mais de um terço da pena se o condenado não for reincidente em crime doloso e tiver bons antecedentes; II - cumprida mais da metade se o condenado for reincidente em crime doloso; III – comprovado: a) bom comportamento durante a execução da pena; b) não cometimento de falta grave nos últimos 12 (doze) meses; c) bom desempenho no trabalho que lhe foi atribuído; e d) aptidão para prover a própria subsistência mediante trabalho honesto; IV - tenha reparado, salvo efetiva impossibilidade de fazê-lo, o dano causado pela infração; V - cumpridos mais de dois terços da pena, nos casos de condenação por crime hediondo, prática de tortura, tráfico ilícito de entorpecentes e drogas afins, tráfico de pessoas e terrorismo, se o apenado não for reincidente específico em crimes dessa natureza; VI - condenado a pena privativa de liberdade igual ou superior a 2 (dois) anos.

(d) O fato de o crime ter sido cometido mediante violência contra a pessoa não impede a concessão da suspensão condicional da pena, nem do livramento condicional.

(e) No *sursis*, o limite temporal de pena é de condenação não superior a dois anos; no livramento condicional, é de condenação igual ou superior a dois anos.

108. FGV – 2024 – TRF 1 - Analista Judiciário – Oficial de Justiça
Matheus foi condenado pela prática de determinado crime contra a Administração Pública, com a incidência de uma causa de aumento de pena. Registre-se que, em consulta à Folha de Antecedentes Criminais do réu, o juízo sentenciante constatou que ele ostenta uma única anotação, que caracteriza reincidência em crime doloso.

Nesse cenário, considerando as normas atinentes à fixação da pena e o entendimento dominante dos Tribunais Superiores, a reincidência em crime doloso deverá ser considerada, pelo juiz, na:

a) terceira fase da dosimetria, enquanto a causa de aumento de pena será valorada na segunda etapa do processo dosimétrico;
b) primeira fase da dosimetria, enquanto a causa de aumento de pena será valorada na terceira etapa do processo dosimétrico;
c) primeira fase da dosimetria, enquanto a causa de aumento de pena será valorada na segunda etapa do processo dosimétrico;
d) segunda fase da dosimetria, enquanto a causa de aumento de pena será valorada na terceira etapa do processo dosimétrico;
e) terceira fase da dosimetria, enquanto a causa de aumento de pena será valorada na primeira etapa do processo dosimétrico.

▷ ***Anotações/Comentários***

(a) O art. 68, CP, adotou o sistema trifásico de aplicação de pena: a pena-base será fixada atendendo-se ao critério do art. 59 do CP **(circunstâncias judiciais)**; em seguida serão consideradas as **circunstâncias atenuantes (art. 65 e 66, CP) e agravantes (arts. 61 e 62, CP)**; por último, as **causas de diminuição e de aumento (que se encontram espalhadas no CP)**.

(b) Ver resposta às alternativas "a" e "d".

(c) Ver resposta às alternativas "a" e "d".

(d) A reincidência é uma circunstância agravante (art. 61, I, CP) e, nos termos do art. 68, CP, deve ser considerada na segunda fase de aplicação de pena. De acordo com este mesmo artigo, as causas de aumento de pena devem ser consideradas na terceira fase de aplicação de pena.

(e) Ver resposta às alternativas "a" e "d".

---

109. FGV – 2024 – TRF 1 - Técnico Judiciário – Área Administrativa
Após a observância do contraditório e da ampla defesa, Caio, reincidente em crime doloso, foi condenado, na esfera federal, pela prática de diversos delitos, em concurso material, a uma pena final de oito anos e seis meses de detenção. Registre-se que o acusado respondeu ao processo em liberdade.

Nesse cenário, considerando as disposições do Código Penal, é correto afirmar que Caio iniciará o cumprimento da sua pena no regime:

a) semiaberto, em colônia agrícola, industrial ou estabelecimento adequado;
b) aberto, em colônia agrícola, industrial ou estabelecimento adequado;
c) semiaberto, em casa de albergado ou estabelecimento adequado;
d) fechado, em casa de albergado ou estabelecimento adequado;
e) fechado, em estabelecimento de segurança máxima ou média.

▷ ***Anotações/Comentários***

(a) A pena de detenção deve ser cumprida em regime aberto ou semiaberto (art. 33, *caput*, segunda parte, CP). Como no caso Caio é reincidente me crime doloso e a pena final foi de oito anos e seis meses, o regime inicial deve ser o semiaberto (art. 33, § 2º, CP). O regime semiaberto deve ser cumprido em colônia agrícola, industrial ou estabelecimento similar (art. 33, § 1º, *b*, CP).

(b) A pena deve ser cumprida em regime semiaberto, pois Caio é reincidente e a pena é de oito anos e seis meses. O regime aberto deve ser executado em casa de albergado ou estabelecimento adequado.

(c) A pena deve ser cumprida em regime semiaberto que deve ser executado em colônia agrícola, industrial ou estabelecimento similar (art. 33, § 1º, *b*, CP).

(d) Como se trata de crime apenado com detenção, o **início** de cumprimento de pena não pode ser em regime fechado, o qual deve ser executado estabelecimento de segurança máxima ou média.

(e) Como se trata de crime apenado com detenção, o **início** de cumprimento de pena não pode ser em regime fechado. O condenado a pena de detenção só pode ser cumprido em regime fechado, em caso de **regressão de regime**.

---

110. (Cespe – Analista Judiciário – Direito – TJ – PA/2020) No que concerne às penas previstas no Código Penal brasileiro, assinale a opção correta.

a) O trabalho externo não é admissível para os condenados em regime fechado.
b) A pena de multa deve ser paga no prazo máximo de um mês após o trânsito em julgado da sentença.
c) São espécies de penas restritivas de direitos: interdição temporária de direitos, prestação de serviço à comunidade e pagamento de multa.
d) As penas restritivas de direitos apenas serão aplicáveis em substituição à pena privativa de liberdade fixada em quantidade inferior a dois anos.
e) A limitação de final de semana é uma das penas restritivas de direitos, devendo o condenado permanecer em casa de albergado por cinco horas diárias aos finais de semana.

▷ ***Anotações/Comentários***

(a) O trabalho externo é admissível, no regime fechado, em serviços ou obras públicas (art. 34, § 3º, CP).

(b) A multa deve ser paga dentro de 10 (dez) dias depois de transitada em julgado a sentença (art. 50, CP).

(c) São espécies de penas restritivas de direitos: prestação pecuniária; perda de bens e valores; limitação de fim de semana. prestação de serviço à comunidade ou a entidades públicas; interdição temporária de direitos.

(d) As penas restritivas de direitos apenas serão aplicáveis em substituição à pena privativa de liberdade fixada em quantidade não superior a quatro anos. (art. 45, I, CP).

(e) A limitação de fim de semana consiste na obrigação de permanecer, aos sábados e domingos, por 5 (cinco) horas diárias, em casa de albergado ou outro estabelecimento adequado (art. 48, V, CP).

---

111. (Cespe – Analista Judiciário – Direito – TJ – AM/2019) Julgue os próximos itens, relativos a pena, sua aplicação e a medidas de segurança.

I - Condenado a pena de quatro anos de reclusão que não seja reincidente deverá cumpri-la, desde o início, no regime semiaberto.

- CERTO
- ERRADO

▷ ***Anotações/Comentários***

Como a pena é igual a quatro anos de reclusão e o condenado não é reincidente, o regime inicial de cumprimento de pena é o aberto (art. 33, § 2º, c, CP).

II - No concurso formal, caso o agente tenha praticado dois crimes mediante uma ação dolosa, devem-se aplicar cumulativamente as penas se os crimes concorrentes resultarem de desígnios autônomos.

- CERTO
- ERRADO

▷ ***Anotações/Comentários***

Trata-se do chamado concurso formal imperfeito ou impróprio, em que há uma única ação com mais de um resultado, aplicando-se o cúmulo material na aplicação da pena, porque há desígnios autônomos, ou seja, o agente tinha o dolo de praticar todos os resultados alcançados, mediante uma única ação (art. 70, segunda parte, do CP).

---

112. (Cespe – Analista Judiciário – Direito – TJ – AM/2019) Pedro, com vinte e dois anos de idade, e Paulo, com vinte anos de idade, foram denunciados pela prática de furto contra Ana. A defesa de Pedro alegou inimputabilidade. Paulo confessou o crime, tendo afirmado que escolhera a vítima porque, além de idosa, ela era sua tia.

Com relação a essa situação hipotética, julgue os itens subsecutivos, a respeito de imputabilidade penal, crimes contra o patrimônio, punibilidade e causas de extinção e aplicação de pena.

Na dosimetria da pena, Pedro e Paulo farão jus a circunstância atenuante.

- CERTO
- ERRADO

▷ ***Anotações/Comentários***

Paulo faz jus a duas circunstâncias atenuantes: ser menor de vinte e um anos na data do fato e por ter confessado a prática do crime (art. 65, I e III, "d", CP). Pedro não faz jus a qualquer atenuante.

---

113. (FGV – Analista Judiciário – Área Judiciária – TJ – AL/2018) Valter, 30 anos, foi denunciado pela prática de crime de estupro de vulnerável (Art. 217-A, §1° do CP - pena: 8 a 15 anos de reclusão) e corrupção de menores (Art. 244-B, Lei n° 8.069/90 - pena: 1 a 4 anos de reclusão) em concurso formal de delitos, pois, segundo consta da denúncia, na companhia de seu sobrinho de 16 anos, teria praticado conjunção carnal com vítima de 22 anos que possuía deficiência mental e não podia oferecer resistência. Consta do procedimento a informação de que o adolescente responderia a outra ação socioeducativa pela suposta prática de ato infracional. Os fatos são integralmente confirmados durante a instrução, de modo que o Ministério Público requer a condenação nos termos da denúncia. A defesa, porém, requer a absolvição do crime de corrupção de menores e aplicação da pena mínima do estupro.

Considerando as informações narradas e que não há circunstância a justificar a aplicação da pena de qualquer dos crimes, em caso de condenação, acima do mínimo legal, no momento da sentença:

a) não deverá ser reconhecida a corrupção de menores, diante do passado infracional do adolescente, afastando-se o concurso de crimes;

b) deverá ser reconhecida a corrupção de menores, não havendo, porém, quaisquer consequências na aplicação da pena, já que o crime de estupro é mais grave;

c) não deverá ser reconhecida a corrupção de menores, que resta configurada quando o agente pratica crime com menor de 14 anos, afastando-se o concurso de crimes;

d) deverá ser reconhecida a corrupção de menores e, aplicando- se a pena mínima do crime de estupro de vulnerável, diante do concurso formal, deverá, no caso, ser aplicada a regra da exasperação;

e) deverá ser reconhecida a corrupção de menores e, aplicando- se a pena mínima do crime de estupro de vulnerável, diante do concurso formal, deverá, no caso, ser aplicada a regra da cumulação de penas.

▷ ***Anotações/Comentários***

(a) A jurisprudência é no sentido de que o crime de corrupção de menores é formal, de modo que não importa se o adolescente já tenha respondido por outro ato infracional.

(b) O agente deve responder por estupro de vulnerável e corrupção de menores em concurso formal.

(c) O crime de corrupção de menores ocorre se o agente pratica crime com menor de dezoito anos (art. 244-B do ECA).

(d) houve concurso formal imperfeito, aplicando-se a regra do cúmulo material (art. 70, segunda parte).

(e) Houve corrupção de menores, porque se trata de crime formal, não importando que o adolescente já tenha praticado outro ato infracional. Considerando os desígnios autônomos, há concurso formal imperfeito, com aplicação da regra do cúmulo material de pena.

114. (FGV - Analista Judiciário - Área Judiciária - TJ - AL/2018) Patrick foi condenado, uma segunda vez, definitivamente, pela prática de crime de roubo majorado pelo emprego de arma branca, logo, foi reconhecida sua reincidência específica. Já seu irmão Plínio, enquanto cumpria livramento condicional em execução de condenação pelo crime de latrocínio, novamente veio a ser preso e, depois, condenado definitivamente pela nova prática de crime de latrocínio. A Sra. Norma, mãe dos irmãos condenados, busca esclarecimentos sobre a possibilidade de obtenção de livramento condicional para os filhos na execução da segunda condenação de cada um deles.

Considerando apenas as informações narradas, deverá ser esclarecido para a Sra. Norma, quanto aos requisitos objetivos, que:

a) Patrick poderá obter livramento condicional após cumprir mais de 1/3 da pena, enquanto Plínio deverá cumprir mais de 2/3 da sanção imposta;

b) Patrick poderá obter livramento condicional após cumprir mais da metade da pena, enquanto Plínio deverá cumprir mais de 2/3 da sanção imposta;

c) Patrick poderá obter livramento condicional após cumprir mais da metade da pena, enquanto Plínio não poderá obter novo livramento condicional;

d) Patrick e Plínio não poderão obter novo livramento condicional;

e) Patrick poderá obter livramento condicional após cumprir mais de 2/3 da pena, enquanto Plínio não poderá obter novo livramento condicional.

Observação: essa questão foi elaborada antes da Lei n. 13.964/2019 - Pacote Anticrime). Assim, ela foi adaptada ao novo ordenamento.

▷ ***Anotações/Comentários***

(a) Ver resposta à alternativa "c".

(b) Ver resposta à alternativa "c".

(c) Patrick é reincidente em crime doloso, logo o livramento condicional pode ser concedido depois de cumprida mais da metade se o condenado for reincidente em crime doloso (art. 83, II, Código Penal); Plínio, como é reincidente específico em crime hediondo (latrocínio), não pode ser mais beneficiado com livramento condicional (art. 80, V, CP).

(d) Ver resposta à alternativa "c".

(e) Ver resposta à alternativa "c".

115. (Cespe - Analista Judiciário - Área Administrativa - TRE - BA/2017) A respeito de penas, julgue os itens a seguir.

I. O trabalho externo é admissível no regime fechado.

II. Em se tratando de reincidentes em crimes dolosos, as penas restritivas de direitos não podem ser autônomas.

III. São penas restritivas de direitos: interdição temporária de direitos e pagamento de multa.

IV. A limitação de final de semana é uma das penas restritivas de direitos e consiste em permanecer em casa de albergado por cinco horas aos finais de semana.

Estão certos apenas os itens

a) I e III.

b) I e IV.

c) II e III.

d) II e IV.

e) III e IV.

▷ ***Anotações/Comentários***

Item I: O trabalho externo é admissível, no regime fechado, em serviços ou obras públicas (art. 34, § 3º, CP).

Item II: Se o condenado for reincidente, o juiz poderá aplicar a substituição da pena privativa de liberdade por restritiva de direitos, desde que, em face de condenação anterior, a medida seja socialmente recomendável e a reincidência não se tenha operado em virtude da prática do mesmo crime (art. 44, § 3º, CP).

Item III: São penas restritivas de direitos: prestação pecuniária; limitação de fim de semana.

prestação de serviço à comunidade ou a entidades públicas; interdição temporária de direitos (art. 43, CP).

Item IV: A limitação de fim de semana consiste na obrigação de permanecer, aos sábados e domingos, por 5 (cinco) horas diárias, em casa de albergado ou outro estabelecimento adequado (art. 48, CP).

116. (Cespe - Analista Judiciário - Área Judiciária - TRE - BA/2017) Depois de finalizado o devido processo legal, um indivíduo foi condenado à pena concreta mínima de um ano de reclusão e de dez dias-multa por ter praticado crime de estelionato.

De acordo com o Código Penal e com o entendimento dos tribunais superiores, nesse caso é permitido ao juiz, na sentença condenatória,

a) converter a pena de reclusão aplicada em duas penas restritivas de direitos, sendo uma de prestação de serviços comunitários e outra de prestação pecuniária.

b) estabelecer prestação de serviços comunitários como condição do regime aberto.

c) aplicar o regime aberto, ainda que o condenado seja reincidente.

d) estabelecer regime mais severo que o permitido em lei, ainda que a pena base tenha se mantido no mínimo legal.

e) converter a pena de reclusão aplicada em uma pena de multa.

▷ ***Anotações/Comentários***

(a) Na condenação igual ou inferior a um ano, a substituição pode ser feita por multa ou por uma pena restritiva de direitos (art. 44, § 2º, CP).

(b) É inadmissível a fixação de pena substitutiva (art. 44 do CP) como condição especial ao regime aberto (Súmula 493, STJ)

(c) A reincidência impede a imposição de regime aberto, ainda que a pena seja inferior a quatro anos e as demais condições sejam favoráveis (STJ - AgRg no HC 702669/SP).

(d) Fixada a pena-base no mínimo legal, é vedado o estabelecimento de regime prisional mais gravoso do que o cabível em razão da sanção imposta, com base apenas na gravidade abstrata do delito (Súmula 440, STJ).

(e) Na condenação igual ou inferior a um ano, a substituição pode ser feita por multa ou por uma pena restritiva de direitos (art. 44, § 2º, CP).

117. (Cespe – Analista Judiciário – Área Judiciária – TRE – TO/2017) A respeito das penas e das medidas de segurança, assinale a opção correta.

a) A atenuante da confissão espontânea é preponderante em relação à reincidência, impossibilitando a compensação plena entre uma e outra na segunda fase da dosimetria.
b) São espécies de penas privativas de liberdade a reclusão, a detenção, a prisão simples e a prisão especial.
c) São espécies de penas restritivas de direitos a prestação de serviços à comunidade, a interdição temporária de direitos e a obrigação de reparar o dano causado pelo crime.
d) São princípios constitucionais aplicáveis à pena a personalidade ou responsabilidade pessoal, a legalidade, a inderrogabilidade, a proporcionalidade, a individualização e a humanização.
e) A duração da medida de segurança é por tempo indeterminado, e o condenado só será liberado depois que perícia médica atestar a cessação de sua periculosidade.

▷ ***Anotações/Comentários***

(a) É possível, na segunda fase da dosimetria da pena, a compensação da atenuante da confissão espontânea com a agravante da reincidência (Tema 585 – STJ).

(b) Espécies de pena privativa de liberdade: reclusão (crimes graves), detenção (crimes menos graves) e prisão simples (contravenções penais).

(c) Reparação do dano não é pena restritiva de direitos, mas efeito extrapenal da sentença penal condenatória.

(d) A Constituição Federal prevê alguns princípios, explícitos ou implícitos, relativos à pena, entre os quais: a personalidade ou responsabilidade pessoal, a legalidade, a inderrogabilidade, a proporcionalidade, a individualização e a humanização.

(e) A internação, ou tratamento ambulatorial, será por tempo indeterminado, perdurando enquanto não for averiguada, mediante perícia médica, a cessação de periculosidade. O prazo mínimo deverá ser de um a três anos (art. 97, § 1º, CP).

118. (Consulplan – Analista Judiciário – Área Judiciária – TRF 2/2017) Sobre aplicação da pena, assinale a alternativa INCORRETA.

a) O desconhecimento da lei é uma causa atenuante.
b) A incidência da circunstância atenuante não pode conduzir à redução da pena abaixo do mínimo legal.
c) É circunstância que sempre atenua a pena ter o agente cometido o crime em estado de embriaguez preordenada.
d) No concurso de agravantes e atenuantes, a pena deve aproximar-se do limite indicado pelas circunstâncias preponderantes, entendendo-se como tais as que resultam dos motivos determinantes do crime, da personalidade do agente e da reincidência.

▷ ***Anotações/Comentários***

(a) O desconhecimento da lei é inescusável (art. 21, CP), mas pode ser considerada circunstância atenuante da pena (art. 65, II, CP).

(b) As atenuantes genéricas são levadas em conta na segunda fase de aplicação da pena, quando não se pode aplicar a sanção penal abaixo do mínimo legal cominado.

(c) A embriaguez preordenada é circunstância agravante (art. 61, II, I, CP).

(d) Trata-se da redação do art. 67, CP.

119. (FCC – Analista Judiciário – Área Judiciária – TRF 5/2017) Praticada a infração penal, surge para o Estado o direito de aplicar a sanção cominada abstratamente na lei, como forma, tanto de retribuição ao mal causado pelo agente criminoso, como, ainda, de prevenção e intimidação, a fim de se evitar que novos delitos sejam cometidos. Diante de tal contexto, analise as proposições abaixo.

I. Cominadas cumulativamente, em lei especial, penas privativa de liberdade e pecuniária, é permitido a substituição da prisão por multa.
II. A legitimidade para a execução fiscal de multa pendente de pagamento imposta em sentença condenatória é exclusiva do Ministério Público.
III. A reincidência penal não pode ser considerada como circunstância agravante e, simultaneamente, como circunstância judicial.
IV. A imposição do regime de cumprimento mais severo, do que a pena aplicada permitir, exige motivação idônea.

Está correto o que se afirma APENAS em

a) III e IV.
b) I e III.
c) II e IV.
d) II e III.
e) I e IV.

▷ ***Anotações/Comentários***

Item I - Cominadas cumulativamente, em lei especial, penas privativa de liberdade e pecuniária, é defeso a substituição da prisão por multa (Súmula 171, STJ).

Item II - A legitimidade para a execução fiscal de multa pendente de pagamento imposta em sentença condenatória é do Ministério Público e, subsidiariamente, pela Fazenda Pública (STF - ADI 3150/DF e AP n. 470/MG, tornando ultrapassada a Súmula 521, STJ).

Item III – A reincidência penal não pode ser considerada como circunstância agravante e, simultaneamente, como circunstância judicial (Súmula 241, STJ).

Item IV – A imposição do regime de cumprimento mais severo do que a pena aplicada permitir exige motivação idônea (Súmula 719, STF).

120. (Cespe – Analista Judiciário – Área Judiciária – TRE – MT/2015) No tocante a aplicação da pena, concurso de crimes e causas de exclusão de ilicitude e de culpabilidade, assinale a opção correta.

a) A legítima defesa sucessiva é inadmissível como causa excludente de ilicitude da conduta.
b) A coação física irresistível configura causa excludente da culpabilidade.
c) No que se refere ao concurso de pessoas, configuram exceções à teoria dualista a previsão expressa de conduta de cada concorrente em tipo penal autônomo e a cooperação dolosamente distinta.
d) Conforme o STJ, aquele que, ao juiz, admite a autoria de um crime, ainda que alegue, em seu favor, a existência de causa excludente de ilicitude, pode se beneficiar da atenuante genérica relativa à confissão espontânea.
e) De acordo com a jurisprudência do STJ, em se tratando de delitos ocorridos em comarcas limítrofes ou próximas, não se admite a continuidade delitiva.

▷ ***Anotações/Comentários***

(a) A legítima defesa sucessiva é uma reação ao excesso culposo ou doloso e, por isso, é admitida como excludente de ilicitude.

(b) A coação física irresistível exclui a vontade do agente, logo, exclui a tipicidade da conduta.

(c) São exceções à teoria monista.

(d) A chamada confissão qualificada, em que o agente confessa a prática do crime, mas alega que agiu sob excludente de ilicitude, é admitida como circunstância atenuante (STJ – HC 664312/RJ)

(e) O STJ entende que comarcas limítrofes ou próximas podem ser consideradas mesmo lugar para fins de continuidade delitiva (STJ - PExt no HC 490707/SC).

121. (Cespe – Analista Judiciário – Área Judiciária – TRE – RS/2015) Em relação às penas, assinale a opção correta.

a) Poderá ser substituída por pena restritiva de direitos a pena privativa de liberdade aplicada a réu reincidente, anteriormente condenado pela prática do crime de lesões corporais culposas e sentenciado a pena de cinco anos de reclusão pela prática de homicídio culposo.

b) Não se admite que o condenado a prisão em regime fechado execute trabalho externo.

c) A pena de reclusão será cumprida em regime fechado, semiaberto ou aberto; a de detenção, por sua vez, será cumprida em regime semiaberto ou aberto, vedada a transferência para o regime fechado.

d) De acordo com o CP, o condenado a pena de seis anos de reclusão poderá cumpri-la em regime semiaberto, ainda que seja reincidente.

e) A pena de multa aplicada de forma isolada, injustificadamente inadimplida pelo condenado, poderá ser convertida em pena privativa de liberdade.

▷ ***Anotações/Comentários***

(a) Se o réu não for reincidente específico (condenação pelos mesmos crimes), o juiz pode substituir a pena privativa de liberdade por restritivas de direito, de acordo com as circunstâncias do caso concreto (art. 44, § 3º, CP). Em se tratando de crime culposo, não há limite de tempo de pena privativa para haver substituição (art. 44, CP).

(b) O trabalho externo é admissível, no regime fechado, em serviços ou obras públicas (art. 34, § 3º, CP).

(c) No sistema de detenção, é possível a regressão ao regime fechado, em caso de necessidade (art. 33, CP).

(d) De acordo com interpretação literal do CP, o condenado reincidente deve iniciar o cumprimento de pena em regime fechado (art. 33, §, "b" e "c", CP).

(e) A pena de multa nunca vai ser convertida em pena privativa de liberdade, devendo ser executada com dívida ativa da Fazenda Pública (art. 51, CP).

122. (IESES – Analista Judiciário – Área Judiciária – TRE – MA/2015) No tocante às penas, o Código Penal descreve:

I. As penas restritivas de direito são autônoma e substituem as privativas de liberdade quando aplicada pena privativa de liberdade não superior a 4 (quatro) anos e o crime não foi cometido com violência ou grave ameaça à pessoa, ou qualquer que seja a pena aplicada, se o crime for culposo.

II. As penas descritas no Código Penal são: privativas de liberdade, restritivas de direito, multa e medida de segurança.

III. A limitação de fim de semana consiste na obrigação de permanecer, aos sábados e domingos, por 5 (cinco) horas diárias, em casa do albergado ou outro estabelecimento adequado.

IV. A prestação pecuniária consiste no pagamento ao Estado de importância fixada pelo Juiz, não inferior a 2 (dois) salários mínimos nem superior a 360 (trezentos e sessenta) salários mínimos.

Quanto às afirmativas anteriores, assinale a correta:

a) Somente II e IV estão corretas.

b) Somente I está correta.

c) Somente I e III estão corretas.

d) Somente III está correta.

▷ ***Anotações/Comentários***

(I) Trata-se do requisito do art. 44, I, CP, para a substituição da pena privativa de liberdade por restritiva de direitos.

(II) Medida de segurança não é pena, mas espécie de sanção penal.

(III) Trata-se da redação do art. 48, CP, que define a pena de limitação de fim de semana.

(IV) A prestação pecuniária consiste no pagamento em dinheiro à vítima, a seus dependentes ou a entidade pública ou privada com destinação social, de importância fixada pelo juiz, não inferior a 1 (um) salário mínimo nem superior a 360 (trezentos e sessenta) salários mínimos. O valor pago será deduzido do montante de eventual condenação em ação de reparação civil, se coincidentes os beneficiários (art. 45, § 1º, CP).

123. (Cespe – Analista Judiciário – Área Judiciária – Oficial de Justiça Avaliador) Com base no que dispõe a Constituição Federal de 1988 quanto ao direito penal, assinale a opção correta.

a) Não se permitem penas de caráter perpétuo, de trabalhos forçados, de banimento, cruéis ou de morte, salvo esta última em caso de guerra declarada.

b) Por ser uma pena pecuniária, a multa pode ser, nos termos da lei, estendida aos sucessores e contra eles executada, até o limite do valor do patrimônio transferido.

c) A escolha do estabelecimento onde o agente cumprirá pena restritiva de liberdade depende de aspectos como periculosidade do delito, aptidão para o trabalho, idade, escolaridade e sexo do apenado.

d) É permitida a extradição do brasileiro naturalizado que pratique, após a naturalização, crime comum ou crime de tráfico ilícito de entorpecentes e drogas afins.

e) Constituem crimes inafiançáveis e imprescritíveis o racismo, a tortura, o tráfico ilícito de entorpecentes e drogas afins, o terrorismo e os definidos como crimes hediondos.

▷ ***Anotações/Comentários***

(a) A CF proíbe penas cruéis e de caráter perpétuo (art. 5º, XLVII).

(b) A multa tem natureza de sanção penal, não sendo estendida aos herdeiros

(c) A escolha do estabelecimento prisional leva em conta o regime de pena fixado na sentença e os requisitos impostos (art. 86, § 3º, CP).

(d) nenhum brasileiro será extraditado, salvo o naturalizado, em caso de crime comum, praticado antes da naturalização, ou de comprovado envolvimento em tráfico ilícito de entorpecentes e drogas afins, na forma da lei (art. 5º, LI, CF/88).

(e) esses crimes são inafiançáveis e insuscetíveis de graça ou anistia (art. 5º, XLIII, CF/88).

124. (Cespe – Analista Judiciário – Área Judiciária – CNJ/2013) Julgue os itens seguintes, relativos ao direito penal.

A prestação pecuniária é uma pena restritiva de direitos e consiste no pagamento em dinheiro à vítima, seus dependentes ou entidade pública ou privada com destinação social, de importância fixada pelo juiz, não inferior a um salário mínimo nem superior a trezentos e sessenta salários mínimos.

- CERTO
- ERRADO

Trata-se da redação do art. 45, § 1º, CP.

125. (Consulplan – Juiz de Direito – TJ – MG/2018) A, B, e C se conheceram quando estavam recolhidos na Penitenciária Nelson Hungria. Posteriormente, estando em meio aberto, eles se reencontraram e decidiram praticar um crime juntos. Assim, agindo em comunhão de vontades e unidade designios, no dia 18/09/2017, cometeram um latrocínio com resultado morte, sendo a prisão em flagrante convertida em medidas cautelares diversas da prisão. Após regular instrução, o Juiz proferiu sentença, condenando os agentes pela prática do crime do artigo 157, § 3°, in fine, do Código Penal. Ao passar à fase de aplicação da pena, o magistrado, analisando as certidões cartorárias de antecedentes de cada um dos réus, constatou que A possui uma condenação transitada em julgado em 10/08/2012, com extinção da pena em 15/05/2016. B possui duas condenações: a primeira transitada em julgado em 05/05/2003, com extinção da pena em 23/07/2016 e a segunda transitada em julgado em 07/02/2011, cuja execução ainda se encontra em curso. C possui duas condenações, uma por crime praticado quando ele era menor de 21 (vinte e um) anos, transitada em julgado em 03/04/2005, cuja extinção da pena se deu 10/10/2014 e outra por fato praticado em 25/12/2017, com trânsito em julgado em 01/08/2018, cuja execução se encontra em andamento. Levando-se em conta as disposições previstas no Código Penal, analise as afirmativas, marque V para as verdadeiras e F para as falsas.

( ) Em desfavor do réu A deve ser reconhecida a agravante da reincidência, prevista no artigo 61, I, do Código Penal.

( ) O réu C é tecnicamente primário, não podendo os dados constantes em sua certidão de antecedentes criminais serem considerados em seu desfavor.

( ) O réu B registra uma única condenação caracterizadora da reincidência.

( ) O réu C é reincidente e portador de maus antecedentes.

A sequência está correta em

a) V, F, V, F.
b) V, F, F, V.
c) F, V, V, V.
d) V, F, F, F.

▷ ***Anotações/Comentários***

(I) A possui condenação anterior transitada em julgado, cuja pena foi extinta há menos de cinco anos do novo crime, logo é reincidente.

(C) C possui uma condenação anterior transitada em julgado, cuja pena foi extinta há menos de cinco anos do novo crime, logo é reincidente.

(c) B possui duas condenações anteriores transitadas em julgado, cuja pena de uma foi extinta há menos de cinco anos do novo crime e a outra continua em execução, logo é reincidente.

(d) C possui apenas uma condenação transitada em julgada, usada para fins de reincidência, não podendo ser usada para maus antecedentes, bem como a outra condenação não transitada em julgado, na data do latrocínio.

---

126. (Vunesp – Juiz de Direito – TJ – SP/2018) É(São) requisito(s) para a substituição da pena privativa de liberdade por restritivas de direitos:

a) ter a vítima mais de 14 (quatorze) e menos de 60 (sessenta) anos de idade, na data dos fatos.
b) salvo no caso de delação premiada prevista na Lei no 12.850/2013, e se o crime não for cometido com violência ou grave ameaça à pessoa, se doloso, que a pena aplicada não supere 4 (quatro) anos; se culposo, independentemente da quantidade de pena.
c) não reincidência comum ou específica em crime doloso, ainda que em face da condenação anterior a medida seja socialmente recomendável.
d) a culpabilidade, os antecedentes, a conduta social, a reparação do dano, salvo impossibilidade de fazê-lo, bem como os motivos e circunstâncias indicarem que a substituição seja suficiente.

▷ ***Anotações/Comentários***

(a) Não se trata de requisito previsto no art. 44, CP.

(b) Na colaboração premiada, o juiz pode substituir a pena privativa de liberdade por restritiva de direitos, independentemente dos requisitos do art. 44, CP, o qual prevê como requisitos: o crime não for cometido com violência ou grave ameaça à pessoa, se doloso, que a pena aplicada não supere 4 (quatro) anos; se culposo, independentemente da quantidade de pena.

(c) Somente a reincidência específica impede a substituição da pena privativa de liberdade por restritiva de direitos (art. 44, § 3º, CP).

(d) A reparação do dano não é requisito para substituição da pena privativa de liberdade por restritiva de direitos (art. 44, III, CP).

---

127. (IESES – Cartório – Provimento – TJ – CE/2018) É certo afirmar:

I. A finalidade do conceito analítico do crime é a análise dos seus caracteres e elementos, por isso seu foco são os elementos ou requisitos do delito, onde é entendido como conduta típica, antijurídica e culpável (conceito tripartido, teoria clássica ou tridimensional), ou apenas conduta típica e antijurídica, ou ainda, como fato típico, antijurídico e punível abstratamente.
II. Trata-se de concurso formal quando o agente, mediante mais de uma ação ou omissão, pratica dois ou mais crimes, idênticos ou não, aplicam-se cumulativamente as penas privativas de liberdade em que haja incorrido. No caso de aplicação cumulativa de penas de reclusão e de detenção, executa-se primeiro aquela.
III. Na fixação da pena de multa o juiz deve atender, principalmente, à situação social do réu.
IV. A continuidade temporal e espacial não é um requisito invariável do delito continuado, mas pode ser um indício da continuidade.

Analisando as proposições, pode-se afirmar:

a) Somente as proposições I e IV estão corretas.
b) Somente as proposições II e III estão corretas.
c) Somente as proposições I e III estão corretas.
d) Somente as proposições II e IV estão corretas.

▷ ***Anotações/Comentários***

(I) Conceito analítico do crime: crime é fato típico, antijurídico e culpável (tripartite) crime é fato típico e antijurídico (bipartite)

(II) Trata-se do conceito de concurso material (art. 69, CP).

(III) Na fixação da pena de multa o juiz deve atender, principalmente, à situação econômica do réu (art. 60, CP).

(IV) No crime continuado, o juiz deve levar em conta as condições de tempo, lugar, maneira de execução e outros fatores semelhantes (art. 70, CP).

---

128. (IESES – Cartório – Remoção – TJ – CE/2018) São circunstâncias que sempre agravam a pena, quando não constituem ou qualificam o crime:

I. Ter o agente cometido o crime em estado de embriaguez preordenada.
II. A reincidência.
III. Ter o agente cometido o crime contra criança, maior de 60 (sessenta) anos, enfermo ou mulher grávida.
IV. Ter o agente cometido o crime quando o ofendido estava sob a imediata proteção da autoridade.

A sequência correta é:

a) Apenas a assertiva I está incorreta.
b) Apenas as assertivas II e III estão corretas.
c) Apenas as assertivas I, II e III estão corretas.
d) As assertivas I, II, III e IV estão corretas.

▷ ***Anotações/Comentários***

(I) Circunstância agravante: art. 61, II, l, CP.

(II) Circunstância agravante: art. 61, I, CP.

(III) Circunstância agravante: art. 61, II, h, CP.

(IV) Circunstância agravante: art. 61, II, i, CP.

---

129. (IESES – Cartório – Remoção – TJ – CE/2018) São penas restritivas de direitos, EXCETO:

a) Perda de bens e valores.
b) Prestação de serviço à comunidade ou a entidades públicas.
c) Limitação de fim de semana.
d) Detenção.

▷ ***Anotações/Comentários***

(a) Perda de bens e valores: pena restritiva de direitos: art. 43, II, CP.

(b) Prestação de serviço à comunidade ou entidades públicas: pena restritiva de direitos: art. 43, IV, CP.

(c) Limitação de fim de semana: pena restritiva de direitos: art. 43, III, CP.

(d) Detenção é forma de cumprimento de pena privativa de liberdade.

---

130. (IESES – Cartório – Remoção – TJ – CE/2018) O abatimento na pena privativa de liberdade e na medida de segurança, do tempo de prisão provisória, no Brasil ou no estrangeiro, o de prisão administrativa e o de internação em hospital de custódia, ou outro estabelecimento adequado é chamado de:

a) Remição.
b) Retração.
c) Redução da pena.
d) Detração.

▷ ***Anotações/Comentários***

(a) Remição: é a diminuição da pena em razão do trabalho ou dos estudos.

(b) Retração: não se conhece tal instituto.

(c) Redução da pena: pode ocorrer pela remição ou pela detração.

(d) Detração: abatimento na pena privativa de liberdade e na medida de segurança, do tempo em que o sentenciado sofreu prisão provisória, prisão administrativa ou internação em hospital de custódia e tratamento psiquiátrico, ou mesmo em outro estabelecimento similar

---

131. (IESES – Cartório – Remoção – TJ – CE/2018) São circunstâncias que sempre atenuam a pena:

I. Ter o agente cometido o crime sob coação a que não podia resistir.

II. Ser o agente menor de 21 (vinte e um), na data do fato, ou maior de 70 (setenta) anos, na data da sentença.

III. Ter o agente cometido o crime sob a influência de multidão em tumulto, se não o provocou.

IV. Ter o agente confessado espontaneamente, perante a autoridade, a autoria do crime.

A sequência correta é:

a) As assertivas I, II, III e IV estão corretas.

b) Apenas a assertiva III está incorreta.

c) Apenas as assertivas II, III e IV estão corretas.

d) Apenas as assertivas II e III estão corretas.

▷ ***Anotações/Comentários***

(I) Circunstância atenuante: art. 65, III, c, CP: incide se o agente podia resistir à coação.

(II) Circunstância atenuante: art. 65, I, CP.

(III) Circunstância atenuante: art. 65, III, e, CP.

(IV) Circunstância atenuante: art. 65, III, d, CP.

---

132. (IESES – Cartório – Remoção – TJ – CE/2018) O juiz poderá conceder livramento condicional ao condenado a pena privativa de liberdade igual ou superior a 2 (dois) anos, desde que o condenado não seja reincidente em crime doloso, tenha bons antecedentes e já tenha cumprido mais de:

a) Um terço da pena.

b) Metade da pena.

c) Um quarto da pena.

d) Dois terços da pena.

▷ ***Anotações/Comentários***

(a) Regra geral para livramento condicional: mais de um terço do cumprimento de pena (art. 83, I, CP).

(b) Mais da metade é o tempo de cumprimento de pena, se o condenado for reincidente (art. 83, II, CP).

(c) Não há previsão de cumprimento de mais de um quarto da pena para livramento condicional.

(d) Mais de dois terços é o tempo de cumprimento de pena, se o crime for hediondo ou equiparado e condenado não for reincidente específico (art. 83, V, CP).

---

133. (FGV – Consultor Legislativo – AL - RO/2018) Preocupado com a eficácia do efeito de ressocialização da pena, deputado estadual estudando sobre os benefícios previstos na legislação a condenados solicita esclarecimentos sobre as previsões legais atuais sobre livramento condicional a consultor.

Com base nas previsões da legislação penal brasileira, deverá ser esclarecido que:

a) não se admite concessão de livramento condicional aos condenados primários pela prática de crimes hediondos;

b) a prática de qualquer delito com violência ou grave ameaça à pessoa impõe o cumprimento de 2/3 da pena para concessão do livramento condicional;

c) o reincidente na prática de crimes de furto qualificado não faz jus ao livramento condicional;

d) os crimes praticados no contexto de violência doméstica e familiar contra mulher não admitem livramento condicional;

e) a condenação definitiva pela prática de crime anterior punido exclusivamente com multa é causa de revogação facultativa do benefício do livramento condicional.

▷ ***Anotações/Comentários***

(a) Se o condenado for primário, admite-se o livramento condicional, cumpridos mais de dois terços da pena (art. 83, V, CP).

(b) A violência e a grave ameaça não interferem no tempo para concessão de livramento condicional, mas para a concessão do benefício deve ficar demonstrado que ele não volte a delinquir (art. 83, parágrafo único, CP).

(c) Deve cumprir mais da metade da pena (art. 83, II, CP).

(d) Não há previsão de vedação de livramento condicional para quem pratica crime de violência doméstica e familiar contra mulher.

(e) O juiz poderá, também, revogar o livramento, se o liberado deixar de cumprir qualquer das obrigações constantes da sentença, ou for irrecorrivelmente condenado, por crime ou contravenção, a pena que não seja privativa de liberdade (art. 87, CP).

PENAL

---

134. (FGV – Técnico Judiciário – TJ - SC/2018) Em Direito Penal, um dos temas mais debatidos na doutrina e na jurisprudência é a aplicação da pena. De acordo com o artigo 68 do Código Penal, deverão ser observadas três etapas distintas na dosimetria da pena.

Sobre o tema, de acordo com as previsões do Código Penal e jurisprudência do Superior Tribunal de Justiça, é correto afirmar que:

a) no caso de ser reconhecida a presença dos requisitos para substituição da pena privativa de liberdade por restritiva de direitos, não precisará o magistrado fixar na sentença o regime inicial de cumprimento de pena;

b) na aplicação da pena, primeiro é aplicada a pena base, depois as causas de aumento e de diminuição e, por último, são analisadas as circunstâncias agravantes e atenuantes;

c) no momento de reconhecer a presença de circunstâncias atenuantes e agravantes, não poderá o magistrado fixar a pena abaixo do mínimo legal ou acima do máximo cominado ao tipo;

d) na aplicação do regime inicial de pena nos crimes punidos apenas com pena de detenção, poderá o magistrado aplicar regime inicial fechado, semiaberto ou aberto;

e) no concurso de causas de aumento e de diminuição previstas na parte especial, não pode o juiz considerar apenas uma delas, cabendo aplicá-las em escala.

▷ ***Anotações/Comentários***

(a) O juiz deve fixar o regime inicial de pena, ainda que substitua a pena privativa de liberdade por restritiva de direito.

(b) Sistema trifásico: pena-base; circunstâncias agravantes e atenuantes; causas de aumento e diminuição de pena.

(c) Na segunda fase de aplicação da pena, o juiz não pode aplicar pena abaixo do mínimo legal, nem acima do máximo legal.

(d) Na aplicação do regime inicial de pena nos crimes punidos apenas com pena de detenção, poderá o magistrado aplicar regime inicial semiaberto ou aberto

(e) No concurso de causas de aumento ou de diminuição previstas na parte especial, pode o juiz limitar-se a um só aumento ou a uma só diminuição, prevalecendo, todavia, a causa que mais aumente ou diminua (art. 68, parágrafo único, CP).

---

135. (FGV – Analista Jurídico – TJ - SC/2018) Juarez, 72 anos de idade, primário e de bons antecedentes, em situação de desespero, praticou um crime de roubo simples, não restando o delito consumado por circunstâncias alheias à vontade do agente. Considerando as circunstâncias do fato e o *iter criminis* percorrido, foi aplicada pena de 2 anos e 8 meses de reclusão.

Considerando as informações narradas, no momento da aplicação da pena:

a) não poderá ser reconhecida a substituição da pena privativa de liberdade por restritiva de direitos e nem suspensão condicional da pena, mas poderá ser fixado regime aberto, apesar de o crime envolver violência ou grave ameaça à pessoa;

b) não poderá ser reconhecida a substituição da pena privativa de liberdade por restritiva de direitos e nem suspensão condicional da pena, mas caberá concessão, imediata, de prisão albergue domiciliar;
c) poderá ser substituída a pena privativa de liberdade por duas restritivas de direito e, em caso de descumprimento, a pena deve ser cumprida em regime inicial aberto;
d) poderá ser substituída a pena privativa de liberdade por duas restritivas de direito e, em caso de descumprimento, a pena deve ser cumprida em regime inicial semiaberto;
e) não poderá ser substituída a pena privativa de liberdade por restritiva de direitos, mas caberá suspensão condicional da pena.

▷ ***Anotações/Comentários***

(a) Como o condenado é maior de setenta anos, pode ser concedida suspensão condicional da pena (*sursis* etário – art. 77, § 2º, CP).

(b) ver item "a".

(c) Não pode haver a substituição da pena, porque o crime de roubo envolve violência ou grave ameaça contra a pessoa (art. 44, CP)

(d) ver item "c".

(e) Não pode haver a substituição da pena, porque o crime de roubo envolve violência ou grave ameaça contra a pessoa (art. 44, CP). Como o condenado é maior de setenta anos, pode ser concedida a suspensão condicional da pena (*sursis* etário – art. 77, § 2º, CP).

---

136. (FGV – Analista Jurídico – MPE - AL/2018) Enquanto cumpria pena em livramento condicional, Jaqueline vem a ser condenada, novamente, pela prática de crime, sendo aplicada pena privativa de liberdade, havendo trânsito em julgado.

O crime, porém, que justificou a segunda condenação era por fato anterior àquele que impôs a condenação da pena que cumpria em livramento condicional, exatamente por isso não sendo reconhecida a reincidência.

Considerando apenas as informações narradas, sobre a nova condenação assinale a afirmativa correta.

a) Não é prevista, por ser por fato anterior, como causa de revogação do livramento condicional.
b) É causa de revogação obrigatória, podendo o período em livramento condicional ser considerado como pena cumprida.
c) É causa de revogação facultativa, podendo o período em livramento condicional ser considerado como pena cumprida, mesmo em caso de revogação.
d) É causa de revogação obrigatória, não sendo considerado como pena cumprida o período em livramento condicional.
e) É causa de revogação facultativa e, em caso de revogação, o período em livramento condicional não poderá ser considerado como pena cumprida.

▷ ***Anotações/Comentários***

(a) É causa obrigatória de revogação do livramento condicional.

(b) Crime anterior é causa obrigatória de revogação do livramento condicional (art. 86, II, CP), devendo ser considerado o período de cumprimento de livramento tempo de crime (art. 88, CP).

(c) É causa obrigatória de revogação do livramento condicional.

(d) O tempo de cumprimento do livramento condicional é considerado tempo de cumprimento de pena.

(e) É causa obrigatória de revogação do livramento condicional.

---

137. (FCC – Defensor Público – DPE - AM/2018) A reincidência

a) é elemento típico do direito penal do fato e tem determinação na adequação típica da conduta criminosa.
b) determina que o regime inicial de cumprimento de pena seja obrigatoriamente o fechado.
c) se verifica quando o agente comete novo crime depois de condenação criminal definitiva por contravenção penal.
d) deixa de ser considerada se transcorrer período de 5 anos da data em que foi progredido ao regime aberto e o novo crime praticado.
e) em crime doloso, impede a concessão da suspensão condicional da pena.

▷ ***Anotações/Comentários***

(a) A reincidência não é relevante no que tange ao fato, mas em relação ao autor.

(b) O STJ e o STF entendem que é possível que, mesmo reincidente, pode-se aplicar regime aberto ou semiaberto, se as demais circunstâncias forem favoráveis.

(c) A reincidência se dá no caso de haver condenação anterior por crime, não por contravenção penal (art. 63, CP).

(d) Não prevalece a condenação anterior, se entre a data do cumprimento ou extinção da pena e a infração posterior tiver decorrido período de tempo superior a 5 (cinco) anos, computado o período de prova da suspensão ou do livramento condicional, se não ocorrer revogação

(e) A reincidência em crime doloso é causa impeditiva de *sursis* (art. 77, I, CP).

---

138. (FCC – Defensor Público – DPE - AM/2018) É circunstância que, por si só, não influencia na determinação do regime inicial de cumprimento de pena,

a) ser o crime punido com detenção.
b) ser o crime cometido com violência ou grave ameaça contra a pessoa.
c) os motivos e as consequências do crime.
d) os maus antecedentes e a reincidência.
e) o tempo de prisão preventiva cumprido até a sentença.

▷ ***Anotações/Comentários***

(a) Se o crime for punido com detenção, o regime inicial deve ser o semiaberto ou aberto.

(b) O art. 33, CP, não impõe determinado regime de pena apenas pelo fato de o crime ser cometido mediante violência ou grave ameaça.

(c) o art. 33, § 3º, CP, determina que se observem os critérios do art. 59 (entre os quais, motivos e as consequências do crime) para fixação do regime de cumprimento de pena.

(d) A reincidência é fator preponderante para a fixação do regime de pena, bem como os maus antecedentes, um dos critérios do art. 59, CP.

(e) O tempo de cumprimento de prisão preventiva é motivo de detração e, portanto, deve ser levado em conta para a fixação do regime inicial de pena.

---

139. (FCC – Defensor Público – DPE - RS/2018) Em 2014, por conduta perpetrada em 2011, Ataulfo foi denunciado pela prática de lesão corporal simples (art. 129, caput, do CP). Em 2016, por conduta perpetrada em 2015, Ataulfo viu-se novamente denunciado, dessa vez pela prática de ameaça. Já em 2017, em razão de conduta praticada em 2016, Ataulfo foi condenado pela prática de furto qualificado pelo emprego de chave falsa, sendo-lhe aplicada uma pena privativa de liberdade de 04 anos de reclusão.

Nesse caso,

a) é possível substituir a pena privativa de liberdade aplicada por uma pena restritiva de direitos.
b) não é possível substituir a pena privativa de liberdade por restritivas de direitos, tendo em vista a reincidência.
c) não é possível substituir a pena privativa de liberdade por restritiva de direitos, tendo em vista a natureza do crime que ensejou a condenação (furto qualificado pelo emprego de chave falsa).
d) não é possível substituir a pena privativa de liberdade por restritivas de direitos, tendo em vista a extensão da pena aplicada.
e) é possível substituir a pena privativa de liberdade aplicada por uma pena restritiva de direitos e multa.

▷ ***Anotações/Comentários***

(a) ver item "e".

(b) Não se tem notícia de condenação anterior transitada em julgada para considerar Ataulfo reincidente.

(c) O furto qualificado é cometido sem grave ameaça ou violência, logo é possível a substituição.

(d) A pena privativa pode ser substituída se aplicada pena igual ou menor que quatro anos.

(e) Como a pena privativa de liberdade é superior a um ano, deve haver substituição por duas restritivas de direitos ou uma restritiva de direito e multa.

140. (FCC – Defensor Público – DPE - RS/2018) Com 74 anos, Jairo foi definitivamente condenado pela prática de roubo simples (art. 157, *caput*, do CP). Primário e sendo-lhe inteiramente favoráveis as circunstâncias do art. 59 do CP, foi-lhe aplicada uma pena privativa de liberdade de 04 anos de reclusão. Nesse caso, considerando

a) a pena aplicada, é possível substituir a pena privativa de liberdade por duas penas restritivas de direitos.

b) a pena aplicada e a idade de Jairo quando da condenação, é possível suspender a execução da pena pelo período de 04 a 06 anos.

c) a pena aplicada e a idade de Jairo quando da condenação, é possível substituir a pena privativa de liberdade por duas penas restritivas de direitos.

d) a pena aplicada, é impossível proceder-se à suspensão condicional da pena.

e) a natureza do crime que ensejou a condenação, é impossível proceder-se à suspensão condicional da pena.

▷ ***Anotações/Comentários***

(a) Não é possível a substituição, porque se trata de crime praticado mediante violência ou grave ameaça.

(b) É possível o chamado "sursis" etário (art. 77, § 2º, CP).

(c) ver item "a".

(d) ver item "b".

(e) Para a concessão do "sursis", é irrelevante que o crime tenha sido cometido mediante violência ou grave ameaça.

141. (FCC – Analista Legislativo – ALESE/2018) Acerca das penas, suas espécies e sua cominação, o Código Penal dispõe que

a) o condenado à pena privativa de liberdade superior a 7 anos deverá, obrigatoriamente, começar a cumpri-la em regime fechado.

b) o condenado não reincidente, cuja pena privativa de liberdade seja superior a 6 anos e não exceda a 7, deverá, desde o princípio, cumpri-la em regime semiaberto.

c) o condenado não reincidente, cuja pena privativa de liberdade seja superior a 5 anos e não exceda a 7, deverá, desde o início, cumpri-la em regime aberto.

d) as penas privativas de liberdade deverão ser executadas em forma regressiva, segundo o mérito do condenado.

e) o condenado por crime contra a Administração pública terá a progressão de regime do cumprimento da pena condicionada à reparação do dano que causou, ou à devolução do produto do ilícito praticado, com os acréscimos legais.

▷ ***Anotações/Comentários***

(a) Regime fechado: pena superior a oito anos.

(b) Regime semiaberto: não reincidente: pena superior a quatro anos até igual a oito anos.

(c) Regime aberto: não reincidente: pena igual ou inferior a quatro anos.

(d) As penas devem ser cumpridas de forma progressiva.

(e) O condenado por crime contra a administração pública terá a progressão de regime do cumprimento da pena condicionada à reparação do dano que causou, ou à devolução do produto do ilícito praticado, com os acréscimos legais (art. 33, § 4º, CP).

142. (FGV – Analista Judiciário – Área Judiciária – TJ - AL/2018) Com muitos processos conclusos para sentença, juiz de determinada Vara Criminal solicita que seu secretário analise uma ação penal em que se imputa a Jorge a prática de crime de roubo majorado, em fase de sentença, fazendo resumo dos fatos e destacando os aspectos relevantes para fins de aplicação da pena. Nos autos do processo consta que o denunciado i) tinha 20 anos na data dos fatos; ii) possuía condenação cujo trânsito em julgado ocorreu antes da prática do delito ora julgado; iii) confessou os fatos durante seu interrogatório; iv) empregou arma branca e agiu em concurso de agentes com outro indivíduo não identificado quando da subtração da coisa alheia.

Com base nos dados acima descritos, o secretário deverá destacar, em seu resumo, de acordo com a jurisprudência dos Tribunais Superiores, que:

a) existem duas atenuantes da pena, logo a pena intermediária poderá ser aplicada abaixo do mínimo penal;

b) existem duas causas de aumento de pena, de modo que a pena poderá ser aumentada em patamar acima do mínimo previsto em razão apenas da quantidade de majorantes;

c) não devem ser reconhecidas causas de aumento, já que não houve emprego de arma de fogo e o coautor não foi identificado;

d) poderá haver compensação da agravante da reincidência com a atenuante da menoridade relativa ou atenuante da confissão espontânea;

e) não deve ser reconhecida a causa de aumento do emprego de arma, mas deve a pena ser majorada em razão do concurso de agentes.

▷ ***Anotações/Comentários***

(a) Na segunda fase de aplicação da pena, esta não pode ser fixada abaixo do mínimo legal.

(b) Há duas causas de aumento de pena, permitindo-se a aplicação cumulativa de causas de aumento de pena previstas na parte especial, desde que mediante concreta fundamentação das instâncias ordinárias.

(c) A confissão espontânea e a menoridade relativa, sendo atributos da personalidade do agente, são igualmente preponderantes com a reincidência e os motivos do delito, consoante disposto no art. 67 do Código Penal.

(d) O STJ já firmou entendimento no sentido de que, cometida falta grave pelo condenado, é perfeitamente cabível a regressão cautelar do regime prisional, sem a oitiva prévia do condenado, que somente é exigida na regressão definitiva.

(e) O uso de arma branca é causa de aumento do crime de roubo.

143. (FCC – Defensor Público – DPE - AP/2018) Sobre a finalidade da pena e sua aplicação, é correto afirmar que

a) a prevenção especial positiva pressupõe que, na sociedade moderna e plural, desenvolvem-se múltiplos subsistemas culturais, que possuem distintos códigos de conduta, muitas vezes contrapostos. O Estado, transformado em um órgão secular desde o Iluminismo, decide qual deve ser o modo de vida mais correto, para em seguida impô-lo por meio do cárcere.

b) as teorias absolutas da pena tiveram aspectos positivos, como no idealismo alemão, no qual serviram para defender o cidadão da arbitrariedade do poder do monarca. Mas, mesmo atualmente gozando de baixa reputação, por não levarem em consideração o homem como um ser social, possuem previsão legal.

c) a escola finalista introduz o pensamento de prevenção geral positiva, de que a pena deveria assumir uma missão de proteção de bens jurídicos sem observar os valores ético-sociais, que pressupõe, entre outros objetivos, a conformação dos valores morais da comunidade.

d) a individualização da pena, prevista no texto constitucional e reconhecida pela jurisprudência, tem como fundamento maior a prevenção geral e especial, afastado o caráter retributivo por expressa definição legal, e permite ao juiz, em qualquer fase da dosimetria, aumentar ou diminuir a pena aquém e além dos marcos da pena prevista no tipo.

e) a base da teoria unificadora dialética da pena é a de que o direito penal enfrenta o indivíduo de três maneiras: ameaçando com penas, impondo-as e executando-as, e que cada uma dessas três esferas de atividade necessita de justificação em separado, sempre alternando entre retribuição, prevenção geral e especial.

▷ ***Anotações/Comentários***

(a) A teoria da prevenção especial positiva: a pena tem a finalidade ressocializar o sentenciado.

(b) Para a teoria absoluta, a pena é a retribuição do mal injusto praticado pelo criminoso. Vê-se resquício dessa teoria, no tratamento severo que a lei penal dá ao reincidente.

(c) A escola finalista tem como finalidade a reafirmação dos valores éticos-sociais.

(d) O art. 59, CP, determina que a pena deve ser fixada de acordo com o necessário e o suficiente para reprovação e prevenção do crime. Na primeira e na segunda fase de aplicação da pena, o juiz deve ficar limitado ao preceito secundário da norma penal.

(e) A base da teoria unificadora dialética da pena afasta o caráter retributivo da pena.

---

144. (FCC – Defensor Público – DPE - AP/2018) O livramento condicional

a) pode ser revogado caso se instaure inquérito policial contra o sentenciado durante o período de prova.
b) depende do cumprimento de metade da pena em caso de crime hediondo ou equiparado.
c) pode ser revogado se, após expirado o período de prova, sobrevier informação de que o sentenciado descumpriu alguma condição imposta durante seu cumprimento.
d) será obrigatoriamente revogado se sobrevier nova condenação criminal, pena restritiva de direitos, durante o período de prova.
e) pode ser revogado por crime cometido antes de sua concessão, mas nesse caso não se desconta o tempo cumprido no período de prova.

▷ ***Anotações/Comentários***

(a) O livramento condicional depende de sentença penal condenatória transitada em julgado.

(b) Livramento condicional é concedido cumpridos mais de dois terços da pena, nos casos de condenação por crime hediondo, prática de tortura, tráfico ilícito de entorpecentes e drogas afins, tráfico de pessoas e terrorismo, se o apenado não for reincidente específico em crimes dessa natureza.

(c) Revoga-se o livramento condicional por crime cometido na sua vigência.

(d) Em caso de condenação a pena não privativa de liberdade, a revogação do livramento condicional é facultativa.

(e) A revogação do livramento condicional é permitida por crime anterior, não se desconta o tempo cumprido no período de prova.

---

145. DPE - AP/2018) Com base no entendimento dos tribunais superiores, considere as seguintes assertivas sobre a reincidência:

I. Crimes eleitorais, por serem equiparados a crimes políticos após a CF/88, não geram reincidência.
II. Condenação transitada em julgado pelo porte de entorpecentes para consumo (art. 28 da Lei nº 11.343/2006) gera reincidência.
III. Para o cálculo de período depurador de cinco anos, computa-se o período de *sursis*, mas não o de livramento condicional.
IV. É considerada como marco interruptivo da prescrição da pretensão executória na data do trânsito em julgado do novo delito e não na data de seu cometimento.
V. Para fazer prova da reincidência não é necessário certidão, sendo suficiente a informação constante da folha de antecedentes.

Está correto o que se afirma APENAS em

a) I e IV.
b) I, II e IV.
c) III, IV e V.
d) III e V.
e) II e V.

Observação: essa questão foi elaborada antes da decisão do STJ no sentido de que o crime do art. 28 da Lei de Drogas não gera reincidência.

▷ ***Anotações/Comentários***

(I) Crimes militares e políticos não geram reincidência. Mas, crimes eleitorais, que não são crimes políticos, gera reincidência.

(II) O STJ firmou entendimento de que o crime do art. 28 da Lei de Drogas não pode gerar reincidência, sob pena de violação do princípio da proporcionalidade.

(III) Para o cálculo de período depurador de cinco anos, computa-se o período de sursis e de livramento condicional.

(IV) Leva-se em conta a data do cometimento do crime.

(V) São necessárias certidão e folha de antecedentes.

---

146. (FCC – Defensor Público – DPE - AM/2018) Os antecedentes criminais

a) podem ser considerados negativamente na aplicação da pena com o registro de atos infracionais, vedando-se, contudo, para efeitos de reincidência.
b) podem aumentar a pena-base acima do mínimo legal com o registro decorrente da aceitação de transação penal pelo acusado.
c) podem ser verificados a partir da existência de ações penais em curso, mas não de inquéritos policiais na mesma condição.
d) podem ser considerados para fins de cabimento da substituição da pena privativa de liberdade por restritiva de direitos.
e) constituem circunstância agravante que incide com a regular certidão comprobatória de condenação anterior.

▷ ***Anotações/Comentários***

(a) O STJ entende que o registro de atos infracionais não pode ser considerado para fins de maus antecedentes e reincidência, embora haja entendimento de que possa ser valorada negativamente a personalidade do agente.

(b) Transação penal anterior não gera qualquer efeito negativo à pessoa.

(c) Ações penais em curso ou inquérito policial não servem como maus antecedentes.

(d) Os antecedentes criminais devem ser levados em conta para a substituição da pena privativa de liberdade por restritiva de direitos (art. 44, III, CP).

(e) Os antecedentes criminais são circunstâncias judiciais, que devem ser levados em conta no primeiro momento de aplicação da pena.

---

147. (FCC – Defensor Público – DPE - AM/2018) A pena restritiva de direitos

a) pode substituir a privativa de liberdade em caso de reincidente em crime culposo, salvo se a pena for superior a quatro anos.
b) de limitação de fim de semana é vedada para crimes patrimoniais e contra a administração pública.
c) de prestação pecuniária é indisponível e por isso não pode consistir em prestação de outra natureza mesmo com concordância da vítima.
d) de prestação de serviço à comunidade pode ser cumprida em tempo menor do que a pena privativa de liberdade substituída, se esta for superior a um ano.
e) pode ser cumulada com medida de segurança na modalidade de tratamento ambulatorial, pois não implica em restrição da liberdade.

▷ ***Anotações/Comentários***

(a) Em caso de crime culposo, não há que se levar o prazo da pena privativa imposta.

(b) Não há vedação de aplicação de limitação de fim de semana para crimes contra o patrimônio e administração pública.

(c) Se houver aceitação do beneficiário, a prestação pecuniária pode consistir em prestação de outra natureza.

(d) Se a pena substituída for superior a um ano, é facultado ao condenado cumprir a pena substitutiva em menor tempo, nunca inferior à metade da pena privativa de liberdade fixada.

(e) Medida de segurança é sanção penal imposta a inimputável ou semi-imputável; pena restritiva de direitos é sanção penal aplicada a imputável.

148. (FCC – Defensor Público – DPE - AM/2018) O livramento condicional

a) pode ser revogado com a prática de crime doloso no período de prova, independentemente do trânsito em julgado, conforme jurisprudência do Superior Tribunal de Justiça.

b) exige o cumprimento de três quintos de pena para o condenado reincidente em crime hediondo.

c) pode ser mantido se a condenação por crime doloso praticado durante o período de prova resultar em aplicação de pena restritiva de direitos.

d) pode ser suspenso cautelarmente com a notícia de descumprimento de suas condições, como, por exemplo, o não comparecimento periódico em juízo.

e) não pode ser revogado em razão da prática de crime anterior à sua vigência pois os postulados do garantismo penal incidem igualmente na execução penal.

▷ ***Anotações/Comentários***

(a) O STJ entende que, para revogação do livramento condicional, se exige o trânsito em julgado da sentença penal condenatória do crime doloso praticado durante o período de prova.

(b) O condenado reincidente específico em crime hediondo não faz jus ao benefício do livramento condicional (art. 83, V, CP).

(c) A revogação do livramento condicional ocorre em caso de nova condenação a pena privativa de liberdade.

(d) A suspensão cautelar do livramento condicional ocorre no caso de cometimento de fato definido como crime (art. 145, LEP).

(e) A prática de crime antes da concessão do livramento condicional é causa de revogação obrigatória (art. 86, II, LEP).

149. (FCC – Defensor Público – DPE - AM/2018) Michel Foucault, na obra Vigiar e punir, discute três formas punitivas históricas e relaciona, cada uma dessas formas punitivas, a uma determinada "economia de poder". As formas punitivas estudadas pelo filósofo, segundo a ordem cronológica de sua efetivação na história do direito penal ocidental, a partir do século XVII até o século XX, são, respectivamente,

a) penas físicas – penas proporcionais aos crimes – prisão.

b) multa – penas pecuniárias – açoite.

c) prisão – multa – prestação de serviços comunitários.

d) penas proporcionais aos crimes – multa – prisão.

e) prisão – prestação de serviços comunitários – suplícios.

▷ ***Anotações/Comentários***

(a) A ordem cronológica feita por Foucault é: penas físicas – penas proporcionais aos crimes – prisão.

(b) Ver item "a".

(c) Ver item "a".

(d) Ver item "a".

(e) Ver item "a".

150. (FCC – Analista – Ciências Jurídicas – DPE - AM/2018) Sobre os regimes de cumprimento de pena:

a) A pena de detenção deve ser cumprida em regime inicial aberto, enquanto a de reclusão permite os regimes aberto, semiaberto e fechado.

b) O crime de roubo não permite o início de cumprimento de pena em regime aberto em razão da gravidade do delito.

c) A reincidência possui relevância na progressão de regime, mas não influencia a determinação do regime inicial de cumprimento de pena.

d) O Código Penal impede a avaliação negativa das circunstâncias judiciais para aplicação da pena-base e para agravar o regime inicial de cumprimento de pena no mesmo caso, pois configuraria bis in idem.

e) O condenado não reincidente, cuja pena seja superior a quatro anos e não exceda a oito, poderá, desde o princípio, cumpri-la em regime semiaberto.

▷ ***Anotações/Comentários***

(a) Detenção: regime aberto ou semiaberto; fechado: aberto, semiaberto ou fechado.

(b) A gravidade abstrata do delito não pode ser causa determinante do regime de pena.

(c) Nos termos do art. 33, § 2º, CP, a reincidência impõe o regime fechado, embora a jurisprudência tenha relativizado essa imposição.

(d) As circunstâncias judiciais são relevantes para a fixação da pena-base e para imposição do regime inicial de pena.

(e) Trata-se da redação do art. 33, § 2º, "b", CP.

6. DA MEDIDA DE SEGURANÇA

PENAL

151. (Cespe – Analista Judiciário – Direito – TJ – AM/2019) Julgue os próximos itens, relativos a pena, sua aplicação e a medidas de segurança.

É possível submeter o agente inimputável a tratamento ambulatorial se o ato criminoso por ele praticado for punível com pena de detenção.

- CERTO
- ERRADO

▷ ***Anotações/Comentários***

Em regra, o agente inimputável cumpre a medida de segurança em sistema de internação, mas, excepcionalmente, será submetido a tratamento ambulatorial, se o fato previsto como crime for punível com detenção (art. 97, CP).

152. (Consulplan – Analista Judiciário – Área Administrativa – TRE – RJ/2017) No caso de semi-imputalilidade, pode o magistrado, ao reconhecê-la, reduzir a pena de um a dois terços ou substituí-la por medida de segurança. Trata-se de aplicação do sistema

a) vicariante.

b) psicológico.

c) do duplo trilho.

d) do duplo binário.

▷ ***Anotações/Comentários***

(a) Pelo sistema vicariante, o agente cumpre uma das duas espécies de sanção penal prevista ao semi-imputável: medida de segurança ou pena reduzida. É adotado no Brasil a partir da reforma da Parte Geral do Código Penal, em 1984.

(b) O sistema psicológico se refere à aferição da imputabilidade do agente, não da sanção penal a ele imposta.

(c) Pelo sistema do duplo trilho, o agente inicialmente cumpria pena e, caso permanecesse a sua periculosidade, passava a cumprir medida de segurança. Foi revogado em 1984.

(d) Sistema do duplo binário é sinônimo de duplo trilho.

153. (Cespe – Analista Ministerial – Direito – MP – CE/2020) Acerca da ação penal, de causas de extinção da punibilidade e da imposição de medidas de segurança, julgue os itens subsequentes.

I - Nos crimes de ação penal privada, a extinção da punibilidade pela renúncia e pelo perdão do ofendido está condicionada à aceitação do querelado.

- CERTO
- ERRADO

▷ ***Anotações/Comentários***

A renúncia é ato unilateral, enquanto o perdão depende de aceitação do querelado.

II - A Constituição Federal de 1988 prevê a interrupção da prescrição de processo penal contra parlamentar federal se houver sustação pela respectiva casa no Congresso Nacional.

- CERTO
- ERRADO

▷ ***Anotações/Comentários***

A sustação do processo suspende a prescrição, enquanto durar o mandato (art. 53, § 5º, CF/88).

III - O Código Penal estabelece que a desinternação ou a liberação de agente inimputável, pelo juiz, será sempre condicional.

- CERTO
- ERRADO

▷ ***Anotações/Comentários***

A desinternação, ou a liberação, será sempre condicional devendo ser restabelecida a situação anterior se o agente, antes do decurso de 1 (um) ano, pratica fato indicativo de persistência de sua periculosidade (art. 97, § 3º, CP).

154. (IESES - Cartório - Remoção - TJ - AM/2018) Segundo o Código Penal Brasileiro, no que se refere as de medidas de segurança, é correto afirmar:

I. Internação em hospital de custódia e tratamento psiquiátrico são consideradas medidas de segurança.
II. A desinternação, ou a liberação, será sempre condicional devendo ser restabelecida a situação anterior se o agente, antes do decurso de 1 (um) ano, pratica fato indicativo de persistência de sua periculosidade.
III. Extinta a punibilidade, não se impõe medida de segurança nem subsiste a que tenha sido imposta.
IV. Se o agente for inimputável, o juiz determinará sua internação. Se, todavia, o fato previsto como crime for punível com detenção, deverá o juiz submetê-lo a tratamento ambulatorial.

A sequência correta é:

a) As assertivas I, II, III e IV estão corretas.
b) Apenas as assertivas II e III estão incorretas.
c) Apenas as assertivas II e IV estão corretas.
d) Apenas a assertiva IV está incorreta.

▷ ***Anotações/Comentários***

(I) As medidas de segurança são internação em hospital de custódia e tratamento psiquiátrico art. 96, CP.

(II) Trata-se da redação do art. 97, CP.

(III) Medida de segurança é tipo de sanção penal, cuja aplicação depende da punibilidade.

(IV) Se o agente for inimputável, o juiz determinará sua internação (art. 26). Se, todavia, o fato previsto como crime for punível com detenção, poderá o juiz submetê-lo a tratamento ambulatorial.

7. DOS EFEITOS DA CONDENAÇÃO

155. (Cespe - Analista Judiciário - Área Judiciária - TRE - RS/2015) A respeito dos efeitos da condenação, da ação penal e das causas de extinção da punibilidade previstas no Código Penal (CP), assinale a opção correta.

a) Constitui efeito extrapenal automático da condenação pela prática do crime de corrupção passiva a perda do cargo ocupado por servidor, desde que a pena aplicada ao condenado seja igual ou superior a um ano.
b) O prazo decadencial de seis meses para a propositura de queixa-crime por crime para o qual se prevê ação penal privada tem início na data em que ocorrer o fato contra o ofendido, independentemente do dia em que tenha tido conhecimento da identidade do autor do crime.
c) A perda do cargo público imposta na sentença penal condenatória, como efeito extrapenal, possui efeitos permanentes, contudo não implica impossibilidade de investidura em outro cargo público.
d) As causas de extinção da punibilidade que atingem a pretensão executória eliminam todos os efeitos penais de eventual sentença condenatória, não podendo ser pressuposto da reincidência tampouco ser usada como título executivo judicial na área cível.
e) A anistia destina-se a um indivíduo determinado, condenado irrecorrivelmente, podendo, assim como o indulto, ser concedida de forma total ou parcial.

▷ ***Anotações/Comentários***

(a) Trata-se de efeito secundário da condenação, que depende de fundamentação do juiz (art. 92, I, CP).

(b) O prazo decadencial tem início com o conhecimento da autoria delitiva (art. 103, CP).

(c) O art. 92, CP, apresenta hipóteses estritas de penalidade. Assim, não é vedado que o agente tenha investidura em outros cargos, por falta de expressa previsão legal.

(d) A prescrição executória não impede reconhecimento da reincidência, nem tira o efeito civil da sentença penal condenatória.

(e) A anistia se destina ao esquecimento de uma ou mais fatos criminosos, podendo ser concedida antes ou depois da condenação, por meio de lei aprovada pelo Congresso Nacional.

156. (Cespe - Analista Judiciário - Área Judiciária - CNJ/2013) Julgue os itens seguintes, relativos ao direito penal.

A perda do cargo, no caso de funcionário público condenado a pena privativa de liberdade de cinco anos de reclusão, é efeito automático da condenação.

- CERTO
- ERRADO

▷ ***Anotações/Comentários***

Trata-se de efeito secundário (art. 92, I, "b", CP).

157. (FCC - Procurador Legislativo - Câmara Legislativa do DF/2018) O efeito da condenação de

a) tornar certa a obrigação de indenizar independe do dano causado pelo crime, mas depende de expressa motivação nos crimes dolosos.
b) perda em favor do Estado da Federação do produto do crime depende de motivação declarada na sentença, pois não é um efeito automático.
c) perda de bens e valores pode ser decretado mesmo quando o proveito ou produto do crime forem encontrados no Brasil.
d) incapacidade para o exercício da tutela ou curatela ocorre em casos de crimes dolosos punidos com detenção quando praticados contra o tutelado ou curatelado.
e) perda de cargo público ocorre em qualquer crime quando aplicada pena privativa de liberdade superior a 4 anos, se expressamente motivada na sentença.

▷ ***Anotações/Comentários***

(a) Tornar certa a obrigação de indenizar depende do dano causado, mas não precisa ser motivada na sentença, pois se trata de efeito necessário da sentença penal condenatória (art. 91, I, CP).

(b) A perda do produto do crime é em favor da União e não precisa ser motivada na sentença, pois se trata de efeito necessário da sentença penal condenatória (art. 91, II, b, CP).

(c) Poderá ser decretada a perda de bens ou valores equivalentes ao produto ou proveito do crime quando estes não forem encontrados ou quando se localizarem no exterior (art. 91, § 1º, CP).

(d) O crime deve ser punido por reclusão (art. 92, II, CP).

(e) Para que haja a perda de cargo público, que ocorre em qualquer crime quando aplicada pena privativa de liberdade superior a 4 anos, deve haver a devida fundamentação na sentença, porque se trata de efeito secundário da condenação.

158. (FGV - Consultor Legislativo - AL - RO/2018) No curso de ação penal onde se imputa a prática de crime de roubo majorado, durante a oitiva das testemunhas de defesa, ocasião em que se identifica que a principal tese defensiva é de negativa de autoria, o juiz verifica que, possivelmente, o réu seria inimputável. Suspenso o processo antes do interrogatório e de encerrar a prova, realizado laudo pericial, é constatada a total inimputabilidade do agente na data dos fatos.

Diante da constatação, juntado o laudo, caberá ao juiz;

a) de imediato, absolver impropriamente o réu, aplicando medida de segurança, o que não gera reincidência;
b) caso constatada a autoria e materialidade após instrução, condenar o réu, aplicando medida de segurança e pena privativa de liberdade
c) caso constatada a autoria e materialidade após instrução, absolver impropriamente o réu, aplicando apenas pena privativa de liberdade com causa de redução de pena;
d) caso constatada a autoria e materialidade após instrução, absolver impropriamente o réu, aplicando apenas medida de segurança;
e) de imediato, condenar o réu, aplicando medida de segurança, o que gera reincidência.

▷ ***Anotações/Comentários***

(a) A aplicação de medida de segurança depende de sentença, em que se constate a prova da materialidade delitiva e indícios de autoria.

(b) É o caso de aplicação de medida de segurança apenas.

(c) Pena reduzida seria em caso de semi-imputabilidade.

(d) É o caso de absolvição imprópria depois do devido processo legal, com aplicação da medida de segurança, porque o agente é inimputável.

(e) Ver respostas anteriores.

8. DA AÇÃO PENAL

159. (Cespe – Técnico Judiciário – Área Administrativa – TRF 1/2017) Julgue os próximos itens, acerca da ação penal e da extinção de punibilidade.

No caso de crime processável por ação penal pública, quando o Ministério Público não oferecer a denúncia no prazo legal, o ofendido poderá impetrar ação penal privada subsidiária da pública.

- CERTO
- ERRADO

▷ ***Anotações/Comentários***

Será admitida ação privada nos crimes de ação pública, se esta não for intentada no prazo legal (art. 5º, LIX, CF/88 e art. 100, § 3º, CP).

9. EXTINÇÃO DA PUNIBILIDADE

160. AOCP – 2024 – TRF 2 - Analista Judiciário - Área Administrativa

No tocante à extinção da punibilidade, informe se é verdadeiro (V) ou falso (F) o que se afirma a seguir e assinale a alternativa com a sequência correta.

( ) A graça atinge a pretensão executória e punitiva.
( ) A perempção não é causa de extinção de punibilidade, configurando mero abandono processual.
( ) A anistia atinge a pretensão executória e punitiva, a depender do momento de sua incidência.
( ) O perdão aceito, nos crimes de ação privada ou pública condicionada, extingue a punibilidade.

a) V – F – V – F.
b) F – F – V – F.
c) F – F – F – V.
d) V – V – F – F.
e) V – F – V – V.

▷ ***Anotações/Comentários***

Item I – A graça é o perdão concedido pelo Presidente da República a condenados definitivamente. Dessa forma, ela só atinge a pretensão executória.

Item II – A perempção é modalidade de extinção de punibilidade, caracterizada pelo abandono processual nas ações penais, conforme previsão do art. 60, CPP.

Item III – A anistia atinge a pretensão punitiva, se concedida antes do trânsito em julgado da sentença penal condenatória. A anistia atinge a pretensão executória, se concedida depois do trânsito em julgado da sentença penal condenatória.

Item IV – O perdão é modalidade de extinção da punibilidade de crimes que se procedem mediante ação penal privada.

161. FCC – 2024 – TRF 3 - Analista Judiciário - Área Judiciária

Ronaldo, funcionário público, cometeu crime de prevaricação em 12 de abril de 2018. Após o trâmite do Inquérito policial, Ronaldo foi denunciado pelo Ministério Público pelo crime do artigo 319, do Código Penal (prevaricação). A denúncia foi recebida em 19 de maio de 2021. Após a regular instrução do feito, Ronaldo é condenado pelo Magistrado competente ao cumprimento da pena privativa de liberdade de 6 meses de detenção, em regime inicial semiaberto, por sentença publicada no dia 2 de maio de 2023. Na data da sentença, Ronaldo, reincidente em crime doloso, possuía 71 anos de idade. Após o trânsito em julgado da sentença, Ronaldo, por meio de seu advogado, apresenta requerimento de extinção da punibilidade com base na prescrição diante da pena em concreto imposta. Sobre o caso hipotético apresentado, o prazo da prescrição da pretensão punitiva estatal é de:

a) 3 anos, mas o Magistrado não deverá extinguir a punibilidade de Ronaldo, pois o termo inicial da prescrição com base na pena aplicada não pode ter por termo inicial data anterior à da denúncia.
b) 2 anos, e não restou consumado, devendo o feito prosseguir na fase executória.
c) 4 anos, e não restou consumado, devendo o feito prosseguir na fase executória.
d) 3 anos, cabendo ao Magistrado extinguir a punibilidade de Ronaldo com base na prescrição, que se consumou no lapso temporal transcorrido entre a data do crime e a do recebimento da denúncia.
e) 1 ano e 6 meses, cabendo ao Magistrado extinguir a punibilidade de Ronaldo com base na prescrição, que se consumou no lapso temporal transcorrido entre a data do recebimento da denúncia e da publicação da sentença.

▷ ***Anotações/Comentários***

(a) A prescrição é de um ano e seis meses. De fato, a prescrição, depois da sentença condenatória com trânsito em julgado para a acusação ou depois de improvido seu recurso, regula-se pela pena aplicada, não podendo, em nenhuma hipótese, ter por termo inicial data anterior à da denúncia ou queixa (art. 110, § 1º, CP).

(b) A prescrição é de um ano e seis meses.

(c) A prescrição é de um ano e seis meses.

(d) A prescrição é de um ano e seis meses. Mas, não pode a prescrição não pode ter por termo inicial data anterior à da denúncia ou queixa.

(e) A pena foi fixada em seis meses de detenção. O prazo prescricional é de três anos (art. 109, VII. CP). Mas, como na data da sentença, Ronaldo era maior de setenta anos, o prazo prescricional é diminuído à metade (art. 115, CP), tornado assim o prazo prescricional em um ano e seis meses. Entre a data do crime e o recebimento da denúncia (marco de interrupção do prazo prescricional: art. 117, I, CP), decorreu prazo maior que este, mas a prescrição com base na pena em concreta não pode ter termo inicial anterior à denúncia ou queixa (art. 110, § 1º, CP). Mas, entre o recebimento da denúncia e a publicação da sentença (marco de interrupção do prazo prescricional: art. 117, IV, CP), houve prazo maior que um ano e seis meses, configurando a publicação.

162. (Cespe – Analista Judiciário – Direito – TJ – PA/2020) Antônia foi vítima de calúnia praticada por Francisca e Rita. Inconformada, Antônia, na mesma semana em que sofreu a calúnia, tomou as providências para que fosse proposta a ação penal cabível, mas o fez apenas contra Francisca, porque Rita era amiga de sua mãe.

Nessa situação hipotética, ocorreu

a) retratação.
b) renúncia.
c) perdão.
d) perempção.
e) decadência.

PENAL

▷ *Anotações/Comentários*

(a) Na retratação, o sujeito ativo do crime retira o que dissera, volta atrás na afirmação que fizera. No crime de calúnia, se admite a retratação como forma de extinção da punibilidade (art. 143, CP)

(b) Na ação penal privada, o ofendido pode renunciar ao direito de prestar queixa-crime. Mas, renúncia ao exercício do direito de queixa, em relação a um dos autores do crime, a todos se estenderá (art. 104, CP, e art. 49, CPP).

(c) Na renúncia, a ação penal ainda não teve início, como no caso do problema. No perdão, a ação penal já teve início, mas é extinta, porque também extinta a punibilidade.

(d) A perempção é a extinção da punibilidade pela inércia do querelante na ação penal privada (art. 60, CPP).

(e) Ocorre a decadência se o ofendido não oferece representação na ação penal pública condicionada à representação ou se o querelante não oferece a queixa-crime na ação penal privada, no prazo de seis meses do conhecimento da autoria.

163. (FCC – Analista Judiciário – Área Judiciária – TRF 4/2019) Sobre a extinção da punibilidade, nos termos preconizados pelo Código Penal, é correto afirmar:

a) A prescrição da pena de multa ocorrerá no prazo de 2 anos quando ela for cumulativamente cominada com a pena privativa de liberdade.
b) Nos crimes conexos, a extinção da punibilidade de um deles não impede, quanto aos outros, a agravação da pena resultante da conexão.
c) A sentença que conceder o perdão judicial será considerada para fins de reincidência.
d) São reduzidos pela metade os prazos de prescrição quando o criminoso era, ao tempo do crime, menor de 21 (vinte e um) anos ou, na data da sentença, maior de 60 (sessenta) anos.
e) A prescrição, depois da sentença condenatória com trânsito em julgado para a acusação, regula-se pela pena aplicada, e poderá ter por termo inicial data anterior à da denúncia ou queixa.

▷ *Anotações/Comentários*

(a) A prescrição da pena de multa ocorrerá no prazo de 2 anos quando a multa for a única cominada ou aplicada (art. 114, I, CP).

(b) Nos crimes conexos, a extinção da punibilidade de um deles não impede, quanto aos outros, a agravação da pena resultante da conexão (art. 108, CP).

(c) A sentença que conceder perdão judicial não será considerada para efeitos de reincidência. (art. 120, CP).

(d) São reduzidos de metade os prazos de prescrição quando o criminoso era, ao tempo do crime, menor de 21 (vinte e um) anos, ou, na data da sentença, maior de 70 (setenta) anos. (art. 115, CP)

(e) A prescrição, depois da sentença condenatória com trânsito em julgado para a acusação ou depois de improvido seu recurso, regula-se pela pena aplicada, não podendo, em nenhuma hipótese, ter por termo inicial data anterior à da denúncia ou queixa (art. 110, § 1º, CP).

164. (Cespe – Analista Judiciário – Direito – TJ – AM/2019) Pedro, com vinte e dois anos de idade, e Paulo, com vinte anos de idade, foram denunciados pela prática de furto contra Ana. A defesa de Pedro alegou inimputabilidade. Paulo confessou o crime, tendo afirmado que escolhera a vítima porque, além de idosa, ela era sua tia.

Com relação a essa situação hipotética, julgue os itens subsecutivos, a respeito de imputabilidade penal, crimes contra o patrimônio, punibilidade e causas de extinção e aplicação de pena.

Em relação a Paulo, o prazo prescricional será reduzido à metade.

- CERTO
- ERRADO

▷ *Anotações/Comentários*

São reduzidos de metade os prazos de prescrição quando o criminoso era, ao tempo do crime, menor de 21 (vinte e um) anos, ou, na data da sentença, maior de 70 (setenta) anos (art. 115, CP). No caso, Paulo tinha vinte anos na data do fato.

165. (Cespe – Analista Judiciário – Área Administrativa – TRE – BA/2017) No que se refere à ação penal, julgue os itens a seguir.

I. Concedido a qualquer dos querelados no concurso de agentes, o perdão do ofendido não prossegue contra os demais.
II. A renúncia pode ser definida como a desistência da ação penal em casos em que o ofendido, ou seus sucessores, abdica do direito de ação contra o autor do crime.
III. Em se tratando de crimes que se processam mediante queixa, caso o ofendido pratique ato incompatível com o desejo de condenação do agressor, a sentença transitada em julgado pode ser revista.
IV. Diante de certas circunstâncias, o ofendido pode substituir o Ministério Público no oferecimento da ação penal pública.

Estão certos apenas os itens

a) I e II.
b) I e III.
c) I e IV.
d) II e III.
e) III e IV.

▷ *Anotações/Comentários*

Item I: O perdão do ofendido, se concedido a qualquer dos querelados, a todos aproveita (art. 106, I, CP).

Item II: A renúncia recai sobre o direito de queixa, que ainda não foi exercido (art. 104, CP).

Item III: O perdão do ofendido, expresso ou tácito, não gera efeito depois do trânsito em julgado da sentença penal condenatória (art. 106, § 2º, CP).

Item IV: Cabe ação penal privada subsidiária da pública, caso o Ministério Público se mantenha inerte, não oferecendo denúncia no prazo legal (art. 100, § 3º, CP).

166. (FGV – Analista Judiciário – Área Judiciária – TJ – AL/2018) De maneira geral, a doutrina define prescrição como a perda do direito do Estado de punir ou de executar determinada pena em razão da inércia estatal com o decurso do tempo. Tradicionalmente, o instituto é classificado em prescrição da pretensão punitiva e prescrição da pretensão executória. Sobre essa causa de extinção da punibilidade, é correto afirmar que:

a) a idade do réu, seja qual for, não é relevante para fins de definição do prazo prescricional;
b) o oferecimento da denúncia é a primeira causa de interrupção do prazo prescricional;
c) a reincidência do agente é relevante para a definição do prazo prescricional da pretensão executória, mas não do prazo da prescrição da pretensão punitiva pela pena em abstrato;
d) o reconhecimento da prescrição, seja da pretensão punitiva seja da pretensão executória, afasta todos os efeitos penais e extrapenais da condenação;
e) o prazo prescricional se inicia, no crime de bigamia, na data da constituição do segundo casamento, ainda que o fato se torne conhecido para terceiros em outro momento.

▷ *Anotações/Comentários*

(a) São reduzidos de metade os prazos de prescrição quando o criminoso era, ao tempo do crime, menor de vinte e um anos, ou, na data da sentença, maior de setenta anos (art. 115, CP).

(b) O recebimento da denúncia é a primeira causa de interrupção do prazo prescricional (art. 117, I, CP).

(c) A reincidência é causa interruptiva da prescrição da pretensão executória. Não se aplica à prescrição da pretensão punitiva, calculada com base na pena em abstrato.

(d) A prescrição da pretensão executória não afasta os efeitos extrapenais da condenação.

(e) No crime de bigamia o termo inicial da prescrição é a data em que o fato se tornou conhecido (art. 111, IV, CP).

167. (Cespe – Analista Judiciário – Área Administrativa – TRE – BA/2017) No que se refere à ação penal, julgue os itens a seguir.

I. Concedido a qualquer dos querelados no concurso de agentes, o perdão do ofendido não prossegue contra os demais.
II. A renúncia pode ser definida como a desistência da ação penal em casos em que o ofendido, ou seus sucessores, abdica do direito de ação contra o autor do crime.
III. Em se tratando de crimes que se processam mediante queixa, caso o ofendido pratique ato incompatível com o desejo de condenação do agressor, a sentença transitada em julgado pode ser revista.
IV. Diante de certas circunstâncias, o ofendido pode substituir o Ministério Público no oferecimento da ação penal pública.

Estão certos apenas os itens

a) I e II.
b) I e III.
c) I e IV.
d) II e III.
e) III e IV.

▷ ***Anotações/Comentários***

Item I: O perdão do ofendido, se concedido a qualquer dos querelados, a todos aproveita (art. 106, I, CP).

Item II: A renúncia recai sobre o direito de queixa, que ainda não foi exercido (art. 104, CP).

Item III: O perdão do ofendido, expresso ou tácito, não gera efeito depois do trânsito em julgado da sentença penal condenatória (art. 106, § 2º, CP).

Item IV: Cabe ação penal privada subsidiária da pública, caso o Ministério Público se mantenha inerte, não oferecendo denúncia no prazo legal (art. 100, § 3º, CP).

168. (Cespe – Analista Judiciário – Área Judiciária – TRE – BA/2017) Um indivíduo de dezenove anos de idade, livre, consciente e capaz, dirigiu-se a uma joalheria com a intenção de praticar furto. Na loja, passou-se por cliente e pediu a uma vendedora para ver algumas peças. Enquanto via as joias, aproveitando-se de um descuido da vendedora, o indivíduo colocou um colar de ouro em seu bolso e, em seguida, saiu da loja, sem nada ter comprado. Trinta minutos depois, ele retornou à loja e devolveu a joia, incentivado por sua mãe. Apesar disso, o gerente, representando a joalheria, decidiu registrar boletim de ocorrência sobre o fato em uma delegacia de polícia, e o homem foi indiciado por furto simples. Após o término do inquérito policial, o Ministério Público denunciou o acusado por furto simples. A denúncia foi recebida pelo juízo competente quatro anos e seis meses depois da prática do delito, com a determinação da citação do acusado.

Nesse caso, é possível o reconhecimento de

a) arrependimento eficaz.
b) desistência voluntária.
c) prescrição da pretensão punitiva.
d) tentativa de furto.
e) crime oco.

▷ ***Anotações/Comentários***

(a) No arrependimento eficaz, por ato voluntário, o agente impede o advento do resultado, depois de esgotados os atos executórios (art. 15, CP).

(b) Na desistência voluntária, por ato voluntário, o agente cessa a prática dos atos executórios e impede o advento do resultado (art. 15, CP).

(c) No crime de furto simples, a pena máxima em abstrato é de quatro anos (art. 155, CP). O prazo prescricional seria de oito anos (art. 109, IV, CP). Como o autor era menor de vinte e um anos na data do fato, esse prazo é reduzido à metade (art. 115, CP), Como o MP ofereceu denúncia depois de quatro anos, houve a prescrição da pretensão punitiva.

(d) O furto se consumou quando o agente teve a posse do bem, ainda que por breve espaço de tempo.

(e) Crime oco é sinônimo de crime impossível (art. 17, CP).

169. (Cespe – Analista Judiciário – Área Judiciária – TRE – PE/2017) O prazo prescricional da pretensão punitiva

a) será calculado sobre o total da pena aplicada a todos os crimes praticados após a incidência do acréscimo, se se tratar de concurso formal imperfeito.
b) será calculado sobre o total correspondente à soma das penas de todos os crimes praticados, se se tratar de crime continuado.
c) será calculado sobre o total correspondente à soma de todas as penas dos crimes praticados, se se tratar de concurso material.
d) será calculado isoladamente em cada crime praticado, desconsiderando-se o acréscimo decorrente do concurso, se se tratar de concurso formal perfeito.
e) será calculado isoladamente em cada um dos crimes praticados, computando-se o acréscimo decorrente da continuidade, se se tratar de crime continuado.

▷ ***Anotações/Comentários***

(a) Ver resposta alternativa "d".

(b) Ver resposta alternativa "d".

(c) Ver resposta alternativa "d".

(d) No caso de concurso de crimes, a extinção da punibilidade incidirá sobre a pena de cada um, isoladamente (art. 119, CP).

(e) Ver resposta alternativa "d".

170. (FCC – Analista Judiciário – Área Administrativa – TRE – SP/2017) Moisés respondeu processo por crime de corrupção ativa cometido no dia 30 de Setembro de 2010, quando tinha 66 anos de idade. A denúncia oferecida pelo Ministério Público em 16 de Outubro de 2014 é recebida pelo Magistrado competente no dia 18 de Outubro do mesmo ano de 2014. O processo tramita regularmente e Moisés é condenado a cumprir pena de 2 anos de reclusão, em regime inicial semiaberto, e ao pagamento de 10 dias-multa por sentença proferida em 25 de Abril de 2016 e publicada no dia 27 do mesmo mês e ano. Não houve interposição de recurso pelas partes e é certificado o trânsito em julgado. No caso hipotético apresentado, a prescrição da pretensão punitiva estatal regula-se pela pena aplicada ao réu Moisés e verifica-se em

a) 02 anos, devendo ser extinta a punibilidade do réu diante do decurso deste prazo entre a data do crime e do recebimento da denúncia.
b) 04 anos, devendo ser extinta a punibilidade do réu diante do decurso deste prazo entre a data do crime e do recebimento da denúncia.
c) 01 ano e 06 meses, devendo ser extinta a punibilidade do réu diante do decurso deste prazo entre a data do crime e do recebimento da denúncia e entre a data do recebimento da denúncia e da publicação da sentença.
d) 03 anos, devendo ser extinta a punibilidade do réu diante do decurso deste prazo entre a data do crime e do recebimento da denúncia.
e) 02 anos e o réu deverá cumprir integralmente a sua pena, não sendo o caso de extinção da sua punibilidade.

▷ ***Anotações/Comentários***

(a) O prazo prescricional com base na pena aplicada é de dois anos. Mas, nessa modalidade de prescrição, em nenhuma hipótese, o termo inicial pode ser data anterior à da denúncia ou queixa (art. 110, § 1º, CP).

(b) Ver resposta à alternativa "e".

(c) Ver resposta à alternativa "e".

(d) Ver resposta à alternativa "e".

(e) A pena aplicada foi de dois anos = prazo prescricional é de quatro anos (art. 109, V, CP). Redução pela metade (autor maior de 70 anos na data da sentença – art. 115, CP). Entre os fatos que interrompem a prescrição não houve lapso maior de dois anos, logo não houve prescrição da pretensão punitiva com base na pena aplicada.

171. (FCC – Analista Judiciário – Área Judiciária – TRE – SP/2017) Paulo, quando tinha 20 anos de idade, após ser abordado em uma blitz da polícia rodoviária federal na Rodovia Presidente Dutra, no dia 1o de Junho de 2010, oferece R$ 1.000,00, em dinheiro, para o policial responsável pela abordagem para não ser autuado por excesso de velocidade. Paulo é conduzido ao Distrito Policial, preso em flagrante, e acaba beneficiado pela Justiça sendo colocado em liberdade após pagamento de fiança. Encerrado o inquérito Policial, a denúncia em desfavor de Paulo, pelo crime de corrupção ativa, é recebida no dia 15 de Julho de 2014. O processo tramita regularmente e Paulo é condenado a cumprir pena de 2 anos de reclusão, em regime inicial aberto, por sentença publicada em 14 de Agosto de 2016. A sentença transita em julgado. Ricardo, advogado de Paulo, postula ao Magistrado competente para a execução da sentença o reconhecimento da prescrição. Neste caso, de acordo com o Código Penal, a prescrição da pretensão punitiva estatal ocorre em

a) 8 anos e a pena cominada ao réu, Paulo, não está prescrita, cabendo a ele cumprir regularmente sua pena.
b) 4 anos e a pena cominada ao réu, Paulo, não está prescrita, cabendo a ele cumprir regularmente sua pena.
c) 3 anos e a pena cominada ao réu, Paulo, está prescrita em decorrência do decurso do prazo superior a 3 anos entre a data do crime e do recebimento da denúncia.
d) 4 anos e a pena cominada ao réu, Paulo, está prescrita em decorrência do decurso do prazo entre a data do crime e do recebimento da denúncia.
e) 2 anos e a pena cominada ao réu, Paulo, está prescrita em decorrência do decurso do prazo entre a data do recebimento da denúncia e a publicação da sentença condenatória.

▷ ***Anotações/Comentários***

(a) A prescrição da pretensão punitiva propriamente dita (com base na pena em abstrato do crime de corrupção ativa) é de dezesseis anos. Como o autor do fato era menor de dezesseis anos na data do fato, era menor de vinte anos, cai para oito anos o prazo prescricional, mas, entre os fatos que interrompem a prescrição, não houve prazo superior a oito anos.

(b) Ver resposta à alternativa "e".

(c) Ver resposta à alternativa "e".

(d) Ver resposta à alternativa "e".

(e) A pena aplicada foi de dois anos = prazo prescricional é de quatro anos (art. 109, V, CP). Redução pela metade (autor menor de 21 anos na data do fato – art. 115, CP). Entre a data do recebimento da denúncia e a publicação da sentença condenatória, houve um prazo maior que dois anos, logo, houve a prescrição da pretensão punitiva retroativa (com base na pena em concreto).

---

172. (Cespe – Técnico Judiciário – Área Administrativa – TRF 1/2017) Julgue os próximos itens, acerca da ação penal e da extinção de punibilidade.

I - Em caso de morte do agente, extingue-se a punibilidade, não podendo a pena alcançar os herdeiros do agente, salvo quanto à obrigação de reparação de dano, no limite do patrimônio herdado.

- CERTO
- ERRADO

▷ ***Anotações/Comentários***

A morte é causa de extinção da punibilidade. Pelo princípio da intranscedência da pena, os herdeiros não respondem penalmente pelo fato praticado pelo agente. A responsabilidade dos herdeiros é meramente civil, nos limites do patrimônio herdado.

II - O cumprimento de pena no estrangeiro é causa interruptiva de prescrição, assim como a reincidência.

- CERTO
- ERRADO

▷ ***Anotações/Comentários***

O cumprimento de pena no exterior é causa impeditiva da prescrição (art. 116, II, CP). A reincidência é causa de interrupção da prescrição da pretensão executória (art. 117, VI, CP, e Súmula 220, STJ).

---

173. (FCC – Técnico Judiciário – Área Administrativa – TRF 3/2014) Segundo o entendimento jurisprudencial dominante, não tem como extinguir a punibilidade

a) a morte do agente ocorrida após o trânsito em julgado da condenação.
b) a morte do agente ocorrida antes do trânsito em julgado da condenação.
c) o indulto natalino.
d) a prescrição antecipada.
e) o perdão judicial, em crime culposo.

▷ ***Anotações/Comentários***

(a) A morte do agente extingue a punibilidade a qualquer tempo.

(b) A morte do agente extingue a punibilidade a qualquer tempo.

(c) O indulto natalino é forma de extinção da punibilidade, concedida pelo Chefe do Poder Executivo.

(d) É inadmissível a extinção da punibilidade pela prescrição da pretensão punitiva com fundamento em pena hipotética (Súmula nº 438, STJ).

(e) O perdão judicial é permitido quando ele encontra previsão em lei, como no homicídio culposo (art. 121, § 5º, CP).

---

174. (FCC – Analista Judiciário – Oficial de Just. Avaliador – TRF 5/2017) Praticado o ilícito penal por um indivíduo culpável, surge para o Estado o direito de aplicar a sanção penal prevista na lei incriminadora. Contudo, o direito de punir não é absoluto, sendo possível que ocorra alguma causa extintiva de punibilidade, impedindo que o Estado imponha a sanção ao agente. Diante disso, com fundamento no que dispõe o Código Penal sobre a extinção de punibilidade, é corretor afirmar:

a) No caso de evadir-se o condenado ou de revogar-se o livramento condicional, a prescrição é regulada pelo máximo da pena privativa de liberdade cominada ao crime.
b) Nos crimes conexos, a extinção da punibilidade de um deles impede, quanto aos outros, a agravação da pena resultante da conexão.
c) A prescrição, depois da sentença condenatória com trânsito em julgado para a acusação ou depois de improvido seu recurso, regula-se pela pena aplicada, podendo, ainda, ter por termo inicial data anterior à da denúncia ou queixa.
d) Aplicam-se às penas restritivas de direito os mesmos prazos prescricionais previstos para as privativas de liberdade.
e) A prescrição da pena de multa ocorrerá em 2 anos quando a multa for alternativa ou cumulativamente cominada ou cumulativamente aplicada.

▷ ***Anotações/Comentários***

(a) No caso de evadir-se o condenado ou de revogar-se o livramento condicional, a prescrição é regulada pelo tempo que resta da pena aplicada na sentença condenatória (art. 113, CP).

(b) Nos crimes conexos, a extinção da punibilidade de um deles não impede, quanto aos outros, a agravação da pena resultante da conexão (art. 108, CP).

(c) A prescrição, depois da sentença condenatória com trânsito em julgado para a acusação ou depois de improvido seu recurso, regula-se pela pena aplicada, não podendo, em nenhuma hipótese, ter por termo inicial data anterior à da denúncia ou queixa (art. 110, § 1º, CP).

(d) Aplicam-se às penas restritivas de direito os mesmos prazos previstos para as privativas de liberdade (art. 109, parágrafo único, CP).

(e) A prescrição da pena de multa ocorrerá em 2 anos quando a multa for a única cominada ou cumulativamente aplicada (art. 114, I, CP).

---

175. (IESES – Analista Judiciário – Área Judiciária – TRE – MA/2015) Com relação às causas de extinção da punibilidade previstas no artigo 107 do Código Penal, assinale a alternativa correta.

a) A perempção é causa de extinção de punibilidade exclusiva da ação penal pública condicionada à representação.
b) No caso de concurso de crime, a extinção da punibilidade incidirá sobre a soma das penas.
c) A extinção da punibilidade pela morte do agente poderá ocorrer em qualquer momento da persecução penal, desde a instauração do inquérito até o término da execução penal, porém, extingue

somente os efeitos principais da sentença condenatória não extinguindo a pena de multa.

d) O perdão do ofendido é a manifestação de vontade, expressa ou tácita, do ofendido ou do seu representante legal, no sentido de desistir da ação penal privada já iniciada, ou seja, é a desistência manifesta após o oferecimento da queixa, portanto, só será realizado na ação penal exclusivamente privada, sendo inadmissível na ação privada subsidiária da pública.

▷ ***Anotações/Comentários***

(a) A perempção é causa de extinção de punibilidade exclusiva da ação penal privada (art. 60, CPP).

(b) No caso de concurso de crimes, a extinção da punibilidade incidirá sobre a pena de cada um, isoladamente (art. 119, CP).

(c) A extinção da punibilidade pela morte do agente extingue os efeitos penais da sentença penal condenatória, seja a pena privativa de liberdade, seja pena de morte. Não extinguindo os efeitos civis (reparação do dano), se já sentença penal condenatória transitada em julgado.

(d) A ação penal privada é disponível, ou seja, se já iniciada e, havendo o perdão do ofendido, ela é extinta. Já, na ação penal privada subsidiária da pública, em caso de desistência do ofendido pelo perdão, o Ministério Público tem o dever de dar continuidade à ação.

---

176. (Cespe - Analista Judiciário - Área Judiciária - TRE - PI/2016) No que se refere ao instituto da prescrição, assinale a opção correta.

a) O Supremo Tribunal Federal entende ser admissível a extinção da punibilidade em virtude da prescrição da pretensão punitiva com base na previsão da pena que hipoteticamente seria aplicada, ou seja, da pena em perspectiva.

b) Não se considera, para fins de aferição da prescrição executória, a redução da pena decorrente da concessão de indulto.

c) Na hipótese de crime continuado, a prescrição regula-se pela pena imposta na sentença, computando-se o acréscimo decorrente da continuação.

d) O recebimento de denúncia por magistrado absolutamente incompetente não interrompe a prescrição penal.

e) Anulada a ação penal após a fixação de pena em segundo grau de jurisdição, a prescrição regula-se pela pena concretizada no título anulado.

▷ ***Anotações/Comentários***

(a) O STF não admite a prescrição em perspectiva, projetada ou antecipada (RE 602527 QO-RG).

(b) Concedido o indulto parcial (comutação de pena), o prazo da prescrição executória será calculado com base na pena restante, em analogia ao art. 113, CP. Mas, o STJ tem posicionamento em sentido diverso (HC 541317/SP).

(c) No caso de concurso de crimes, a extinção da punibilidade incidirá sobre a pena de cada um, isoladamente (art. 119, CP).

(d) Doutrina e jurisprudência são uniformes no sentido de que o recebimento da denúncia por magistrado absolutamente incompetente não interrompe o curso do prazo prescricional, porque os atos judiciais são nulos. (STJ - REsp. 1358214/RS).

(e) Como a sentença é nula, a pena nela fixada não gera efeito em termos de prescrição.

---

177. (Cespe - Analista Judiciário - Área Judiciária - CNJ/2013) Julgue os itens seguintes, relativos ao direito penal.

A extinção da punibilidade de um crime que seja pressuposto, elemento constitutivo ou circunstância agravante de outro não se estende a este. Nos crimes conexos, a extinção da punibilidade de um deles não impede, quanto aos outros, a agravação da pena resultante da conexão.

- CERTO
- ERRADO

▷ ***Anotações/Comentários***

Trata-se da redação do art. 108, CP.

---

178. (Cespe - Analista Ministerial - Direito - MP - CE/2020) Acerca da ação penal, de causas de extinção da punibilidade e da imposição de medidas de segurança, julgue os itens subsequentes.

Nos crimes de ação penal privada, a extinção da punibilidade pela renúncia e pelo perdão do ofendido está condicionada à aceitação do querelado.

- CERTO
- ERRADO

▷ ***Anotações/Comentários***

A renúncia é ato unilateral, enquanto o perdão depende de aceitação do querelado.

---

179. (Cespe - Analista Ministerial - Direito - MP - CE/2020) Acerca da ação penal, de causas de extinção da punibilidade e da imposição de medidas de segurança, julgue os itens subsequentes.

I - Nos crimes de ação penal privada, a extinção da punibilidade pela renúncia e pelo perdão do ofendido está condicionada à aceitação do querelado.

- CERTO
- ERRADO

▷ ***Anotações/Comentários***

A renúncia é ato unilateral, enquanto o perdão depende de aceitação do querelado.

II - A Constituição Federal de 1988 prevê a interrupção da prescrição de processo penal contra parlamentar federal se houver sustação pela respectiva casa no Congresso Nacional.

- CERTO
- ERRADO

▷ ***Anotações/Comentários***

A sustação do processo suspende a prescrição, enquanto durar o mandato (art. 53, § 5º, CF/88).

---

180. (Vunesp - Juiz de Direito - TJ - SP/2018) Quanto à prescrição, é correto afirmar que

a) a decisão de pronúncia é causa interruptiva da prescrição, salvo se o Tribunal do Júri venha a desclassificar o crime.

b) em se tratando de continuação delitiva comum ou concurso formal perfeito de crimes, a prescrição regula-se pela pena imposta na sentença, computando-se o acréscimo decorrente do sistema da exasperação penal.

c) em se tratando de "posse de droga para consumo pessoal", previsto no artigo 28, da Lei no 11.343/2006, os lapsos prescricionais tanto da pretensão punitiva quanto da executória são de 2 (dois) anos, reduzidos da metade se o agente, ao tempo do crime, era menor de 21 (vinte e um) anos, ou, na data da sentença, maior de 70 (setenta) anos.

d) depois de transitada em julgado a sentença condenatória para a acusação ou improvido seu recurso, a prescrição retroativa ou superveniente regula-se pela pena aplicada e verifica-se nos prazos fixados em lei, os quais são aumentados de 1/3 (um terço), em caso de reincidência.

▷ ***Anotações/Comentários***

(a) a decisão de pronúncia é causa interruptiva da prescrição, mesmo se o Tribunal do Júri venha a desclassificar o crime.

(b) No caso de concurso de crimes, a extinção da punibilidade incidirá sobre a pena de cada um, isoladamente.

(c) Prescrevem em 2 (dois) anos a imposição e a execução das penas, observado, no tocante à interrupção do prazo, o disposto nos arts. 107 e seguintes do Código Penal (art. 30 da Lei de Drogas).

(d) A prescrição depois de transitar em julgado a sentença condenatória regula-se pela pena aplicada e verifica-se nos prazos fixados no artigo anterior, os quais se aumentam de um terço, se o condenado é reincidente (art. 110, "caput", Código Penal).

181. (IESES - Cartório - Provimento - TJ - CE/2018) É certo afirmar:

I. A prescrição, depois da sentença condenatória com trânsito em julgado para a acusação ou depois de improvido seu recurso, regula-se pela pena aplicada, não podendo, em nenhuma hipótese, ter por termo inicial data anterior à da denúncia ou queixa.

II. A representação será irretratável antes de oferecida a denúncia.

III. Extingue-se a punibilidade pelo casamento do agente com a vítima, nos crimes contra os costumes, assim definidos pelo Código Penal na sua Parte Especial.

IV. A sentença que conceder perdão judicial não será considerada para efeitos de reincidência.

Analisando as proposições, pode-se afirmar:

a) Somente as proposições II e III estão corretas.

b) Somente as proposições II e IV estão corretas.

c) Somente as proposições I e III estão corretas.

d) Somente as proposições I e IV estão corretas.

▷ ***Anotações/Comentários***

(I) Trata-se da redação do art. 110, § 1º, CP.

(II) A representação será irretratável depois de oferecida a denúncia (art. 102, CP).

(III) Esse dispositivo foi revogado do CP.

(IV) Trata-se da redação do art. 120, CP.

182. (Vunesp - Cartório - Provimento - TJ - SP/2018) É causa impeditiva da prescrição

a) o cumprimento da pena, pelo agente, no estrangeiro.

b) o recebimento da denúncia ou da queixa.

c) a reincidência.

d) o início ou continuação do cumprimento da pena.

▷ ***Anotações/Comentários***

(a) Causa impeditiva da prescrição: o cumprimento da pena, pelo agente, no estrangeiro (art. 116, II, CP).

(b) Causa interruptiva da prescrição: o recebimento da denúncia ou da queixa (art. 117, I, CP).

(c) Causa interruptiva da prescrição: reincidência (art. 117, VI, CP).

(d) Causa interruptiva da prescrição: o início ou continuação do cumprimento da pena (art. 117, V, CP).

183. (FCC - Procurador Legislativo - Câmara Legislativa do DF/2018) A prescrição

a) da pretensão punitiva não corre enquanto o agente cumpre pena no estrangeiro.

b) tem seu prazo reduzido em um terço quando o criminoso era menor de 21 anos na data do fato.

c) tem seu curso interrompido pelo oferecimento da denúncia ou queixa.

d) no concurso de crimes incide sobre a pena somada de todos eles.

e) da pena de multa ocorrerá em 3 anos quando for a única aplicada ou cominada.

▷ ***Anotações/Comentários***

(a) O cumprimento de pena no exterior é causa impeditiva da prescrição (art. 116, II, CP).

(b) O prazo de prescrição é reduzido de metade, quando o agente tinha vinte e um anos na data dos fatos (art. 115, CP)

(c) É o recebimento da denúncia que interrompe a prescrição (art. 117, I, CP).

(d) No caso de concurso de crimes, a extinção da punibilidade incidirá sobre a pena de cada um, isoladamente (art. 119, CP).

(e) A prescrição da pena de multa ocorrerá em dois anos quando for a única aplicada ou cominada (art. 114, I, CP).

184. (FGV - Analista Legislativo - Processo Legislativo - AL - RO/2018) Funcionário público de 30 anos é denunciado pela suposta prática do crime de falsidade ideológica de documento particular (Art. 299 do CP. Pena: 1 a 3 anos de reclusão e multa) por fatos que teriam ocorrido em 02 de janeiro de 2011.

A denúncia foi recebida em 03 de março de 2015, e, após regular instrução, foi o agente condenado em sentença publicada em 03 de março de 2018, sendo aplicada pena mínima de 01 ano de reclusão e 10 dias-multa. O Ministério Público não apresentou recurso, enquanto a defesa buscou, em recurso, a absolvição.

Considerando as informações narradas, no dia 20 de setembro de 2018, data marcada para sessão de julgamento do recurso, em caso de não ser dado provimento, o advogado

a) poderá buscar o reconhecimento da prescrição da pretensão punitiva pela pena em concreto entre a data do fato e data do recebimento da denúncia, não afastando, porém, a condenação para efeitos de eventual reincidência futura.

b) poderá buscar o reconhecimento da prescrição da pretensão punitiva pela pena em concreto entre o recebimento da denúncia e publicação da sentença, não gerando tal reconhecimento efeitos para fins de eventual reincidência futura.

c) poderá buscar o reconhecimento da prescrição da pretensão punitiva pela pena em concreto entre a data do fato e recebimento da denúncia, não gerando tal reconhecimento efeitos para eventual reincidência futura.

d) não poderá buscar o reconhecimento da prescrição da pretensão punitiva e nem a prescrição da pretensão executória.

e) não poderá buscar o reconhecimento da prescrição da pretensão punitiva, mas poderá buscar a extinção da punibilidade pela prescrição da pretensão executória, gerando a condenação efeitos para eventual reincidência futura.

▷ ***Anotações/Comentários***

Prescrição da pretensão punitiva propriamente dita: pena máxima em abstrato: 3 anos. Prazo prescricional: 8 anos (art. 109, IV, CP). Entre a data do fato e o recebimento da denúncia; entre o recebimento da denúncia e a publicação da sentença condenatória; entre a publicação da sentença condenatória e a confirmação da condenação: não houve prazo de oito anos;

Prescrição da pretensão punitiva intercorrente: pena concreta: 1 ano de reclusão. Prazo: 4 anos; entre a publicação da sentença condenatória e a confirmação da condenação: não houve oito anos;

Prescrição da pretensão punitiva retroativa: pena concreta: 1 ano de reclusão. Prazo: 4 anos. Entre o recebimento da denúncia e a publicação da sentença condenatória; entre a publicação da sentença condenatória e a confirmação da condenação: não houve prazo de quatro anos;

Prescrição da pretensão executória: depende de trânsito em julgado da sentença penal condenatória, o que não ocorre na data do julgamento da apelação, em face da qual cabe recurso.

(a) ver resposta à alternativa "d".

(b) ver resposta à alternativa "d".

(c) ver resposta à alternativa "d".

(d) Não houve prescrição.

(e) ver resposta à alternativa "d".

185. (FCC - Auditor Tributário - Pref. de São Luís - MA/2018) Extingue-se a punibilidade do agente

a) pela retroatividade da lei que diminui a pena do crime.

b) pela superveniência de doença mental do autor do ilícito.

c) pela reparação do dano ou restituição da coisa objeto do ilícito, em qualquer crime.

d) pelo perdão do ofendido, em qualquer crime.

e) pelo perdão judicial, nos casos previstos em lei.

▷ ***Anotações/Comentários***

(a) Há nesse caso apenas adaptação à nova pena.

(b) O condenado a quem sobrevém doença mental deve ser recolhido a hospital de custódia e tratamento psiquiátrico ou, à falta, a outro estabelecimento adequado (art. 41, CP).

(c) A reparação do dano ou restituição da coisa, se feito até o recebimento da denúncia, em crimes sem violência ou grave ameaça, configura arrependimento posterior (art. 16, CP).

(d) O perdão do ofendido é causa de extinção da punibilidade nos crimes de ação penal privada (art. 105, CP).

(e) Há extinção de punibilidade no caso de perdão judicial, nos casos previstos em lei (art. 107, IX, CP).

186. (FGV – Técnico Judiciário – TJ - SC/2018) O perdão judicial poderá ser aplicado quando, devidamente previsto em lei, as consequências da infração atingirem o próprio agente de forma tão grave que a própria sanção se torne desnecessária.

Sobre o tema, é correto afirmar que:

a) o perdão judicial poderá ser aplicado no homicídio culposo, quando as consequências atingirem o agente de forma grave o suficiente para tornar a pena desnecessária, mas não na lesão corporal culposa;
b) a sentença que aplica perdão judicial não será considerada para efeitos de reincidência, em que pese haja reconhecimento da prova da materialidade e da autoria;
c) o perdão judicial é previsto no Código Penal como causa de exclusão da culpabilidade, em que pese haja tipicidade e ilicitude, gerando absolvição própria;
d) a sentença que reconhece perdão judicial impõe absolvição imprópria, gerando aplicação de medida de segurança;
e) o perdão judicial é causa de exclusão da tipicidade, gerando absolvição própria.

▷ ***Anotações/Comentários***

(a) Cabe o perdão judicial no homicídio culposo e na lesão corporal culposa.

(b) A sentença que conceder perdão judicial não será considerada para efeitos de reincidência (art. 120, CP). Para que haja õ perdão judicial, o juiz deve reconhecer provadas a materialidade e autoria delitivas.

(c) O perdão judicial é causa de extinção de punibilidade.

(d) O perdão judicial é causa de extinção de punibilidade.

(e) O perdão judicial é causa de extinção de punibilidade.

187. (FGV – Oficial de Justiça – TJ - SC/2018) A prescrição, causa de extinção da punibilidade prevista no art. 107, inciso IV, do Código Penal, pode ser definida como a perda do direito de punir ou executar a pena em razão da inércia do Estado durante o tempo fixado em lei.

Sobre o tema, de acordo com as previsões do Código Penal, é correto afirmar que:

a) a extinção da punibilidade pela prescrição, no concurso de crimes, considerará a pena total aplicada, com as causas de aumento, em detrimento da pena de cada um isoladamente;
b) o prazo prescricional da pretensão executória, no caso de evasão, será computado pelo total de pena aplicada, não sendo descartado o período de pena cumprido;
c) a interrupção do prazo prescricional ocorrida com o oferecimento da denúncia produz efeitos em relação a todos os autores do crime;
d) a reincidência do acusado impõe aumento de 1/3 do prazo prescricional da pretensão punitiva e da executória;
e) o reconhecimento de prescrição da pretensão punitiva pela pena em concreto não gera reincidência.

▷ ***Anotações/Comentários***

(a) No caso de concurso de crimes, a extinção da punibilidade incidirá sobre a pena de cada um, isoladamente (art. 119, CP).

(b) No caso de evadir-se o condenado ou de revogar-se o livramento condicional, a prescrição é regulada pelo tempo que resta da pena (art. 113, CP).

(c) É o recebimento da denúncia que interrompe a prescrição (art. 117, I, CP).

(d) Apenas o prazo da prescrição executória é que é aumentada pela reincidência (art. 110, CP).

(e) Como houve reconhecimento de prescrição da pretensão punitiva, não houve o trânsito de sentença penal condenatória, logo não há reincidência.

188. (FCC – Defensor Público – DPE - AM/2018) Sobre a prescrição, é correto afirmar que

a) em caso de revogação do livramento condicional, a prescrição é regulada pelo resto de pena a cumprir.
b) o prazo mínimo de prescrição na legislação penal brasileira é de 3 anos.
c) a decisão confirmatória de pronúncia nos crimes submetidos ao Tribunal do Júri é causa suspensiva da prescrição.
d) em caso de concurso material de crimes, o cálculo prescricional incide sobre a soma das penas.
e) o crime de tráfico de drogas por ser equiparado a hediondo é imprescritível.

▷ ***Anotações/Comentários***

(a) No caso de evadir-se o condenado ou de revogar-se o livramento condicional, a prescrição é regulada pelo tempo que resta da pena (art. 113, CP).

(b) A prescrição para o crime do art. 28 da Lei de Drogas é de dois anos.

(c) A decisão confirmatória de pronúncia interrompe a prescrição (art. 117, III, CP).

(d) No caso de concurso de crimes, a extinção da punibilidade incidirá sobre a pena de cada um, isoladamente (art. 119, CP).

(e) Os crimes hediondos são prescritíveis.

189. (FGV – Analista Judiciário – Oficial de Just. Avaliador – TJ - AL/2018) O indulto, a graça e a anistia são trazidos pelo Código Penal, em seu artigo 107, inciso II, como causas de extinção da punibilidade. Apesar disso, são institutos que não se confundem.

Sobre tais causas de extinção da punibilidade, é correto afirmar que:

a) a anistia, o indulto e a graça geram a extinção dos efeitos penais primários e secundários da condenação, permanecendo íntegros, apenas, os seus efeitos civis;
b) o indulto, diante de sua natureza coletiva, depende de provocação e requerimento do beneficiado, não podendo ser declarada a extinção da pena de ofício pelo juiz;
c) o indulto gera a extinção dos efeitos penais primários, mas não os secundários, permanecendo íntegros, também, os efeitos civis da condenação;
d) a anistia gera a extinção dos efeitos penais primários, mas não os secundários, permanecendo íntegros, também, os efeitos civis da condenação;
e) o indulto é concedido através de Decreto do Presidente da República, enquanto a anistia e a graça são previstos em lei federal.

▷ ***Anotações/Comentários***

(a) A anistia extingue os efeitos penais primários e secundários da condenação. A graça e o indulta extinguem os efeitos primários, mantendo os secundários.

(b) O indulto, como forma de extinção da punibilidade, pode ser concedido de ofício.

(c) O indulto extingue os efeitos primários, mantendo os secundários e os efeitos civis, pois há trânsito em julgado da sentença penal condenatória.

(d) A anistia extingue os efeitos penais primários e secundários da condenação, mas, mantém-se os efeitos civis.

(e) Anistia depende de lei aprovada pelo Congresso Nacional. Graça e indulto são concedidos por decreto do Presidente da República.

190. (FCC – Procurador do Estado – PGE - TO/2018) A extinção da punibilidade pode ser compreendida como sendo a perda do direito do Estado de impor sanção penal ao autor de fato típico e ilícito. É possível, assim, encontrar hipóteses de extinção da punibilidade no

Código Penal, bem como nas legislações extravagantes. Acerca do tema, é correto afirmar:

a) Na hipótese de *abolitio criminis* (abolição do crime) permanece a reincidência como efeito secundário da infração penal.
b) As causas de extinção de punibilidade sempre se comunicam aos coautores e partícipes, em razão de se tratar de matéria de ordem pública.
c) A sentença que conceder perdão judicial não será considerada para efeitos de reincidência.
d) A anistia, graça ou indulto não são hipóteses de extinção da punibilidade, por serem atos concedidos pelo chefe do Poder Executivo, e não pelo Judiciário.
e) Nos crimes conexos, a extinção da punibilidade de um deles impede, quanto aos outros, a agravação da pena resultante da conexão.

▷ ***Anotações/Comentários***

(a) A abolitio criminis afasta todos os efeitos penais da sentença penal condenatória.

(b) Se de caráter pessoal, a causa de extinção de punibilidade não se comunica.

(c) A sentença que conceder perdão judicial não será considerada para efeitos de reincidência (art. 120, CP).

(d) São casos de extinção da punibilidade.

(e) Nos crimes conexos, a extinção da punibilidade de um deles não impede, quanto aos outros, a agravação da pena resultante da conexão.

191. (FCC – Analista – Ciências Jurídicas – DPE - AM/2018) Sobre a extinção da punibilidade:

a) O perdão judicial independe de lei, pois é realizado por meio de Decreto Presidencial.
b) No caso de concurso de crimes, o cálculo da prescrição incide sobre a somatória das penas.
c) Ao contrário da renúncia ao direito de queixa, a decadência é causa de extinção da punibilidade.
d) O prazo de prescrição é reduzido pela metade quando o agente for maior de setenta anos na data da sentença.
e) Em caso de revogação do livramento condicional, a prescrição da pretensão executória é regulada pelo total da pena imposta.

▷ ***Anotações/Comentários***

(a) O perdão judicial depende de previsão legal (art. 107, IX, CP).

(b) No caso de concurso de crimes, a extinção da punibilidade incidirá sobre a pena de cada um, isoladamente (art. 119, CP).

(c) A renúncia e a decadência são causas extintivas de punibilidade (art. 107, IV e V, CP).

(d) São reduzidos de metade os prazos de prescrição quando o criminoso era, ao tempo do crime, menor de 21 (vinte e um) anos, ou, na data da sentença, maior de 70 (setenta) anos (art. 115, CP).

(e) No caso de evadir-se o condenado ou de revogar-se o livramento condicional, a prescrição é regulada pelo tempo que resta da pena (art. 113, CP).

II - PARTE ESPECIAL

1. CRIMES CONTRA A PESSOA

192. AOCP – 2024 – TRF 2 - Técnico Judiciário - Agente da Polícia Judicial

Após uma colisão de trânsito, Mário, enraivecido, mesmo observando que a condutora do outro automóvel estava grávida, desfere-lhe um violento tapa no rosto, por entender que ela havia sido culpada pela batida. No entanto, por causa do golpe, a condutora desequilibra-se e cai de barriga para baixo ao chão, ocasionando a interrupção da gravidez, com a consequente morte do feto. Nesse caso, considerando que a vítima também sofreu lesões leves no rosto devido ao tapa, pode-se afirmar que Mário responderá pelo crime de

a) lesão corporal simples.
b) lesão corporal seguida de morte.
c) lesão corporal qualificada pelo aborto.
d) aborto.
e) homicídio culposo.

▷ ***Anotações/Comentários***

(a) Na lesão corporal simples, a vítima sofre apenas lesões leves (art. 129, CP). Mas, no caso, seguiu-se o aborto, o que qualifica o crime.

(b) Na lesão corporal seguida de morte, há dolo na causação da lesão e culpa na causa da morte da própria vítima da lesão (art. 129, § 3º, CP). No caso, a morte foi do feto.

(c) Houve crime de lesão corporal, porque, dolosamente, o agente provocou lesões leve na vítima agredida. Incide a qualificadora do aborto (art. 129, § 2º, V, CP), pois este resultado é consequência culposa da agressão sofrida pela vítima, cujo estado de gravidez era de conhecimento do agressor.

(d) Não há crime de aborto (art. 125, CP) pois este resultado, no caso do problema, não foi obtido por dolo, mas por conduta culposa do agente.

(e) No crime de homicídio culposo (art. 121, § 3º, CP), o resultado morte da vítima é obtido por conduta culposa do agressor, sem que este tenha agido com dolo prévio de causar lesão corporal.

193. FGV – 2024 – TRF 1 - Técnico Judiciário – Agente da Polícia Judicial

Após ser exonerado do cargo em comissão até então ocupado, João, agindo com dolo e com o objetivo de se vingar, afirmou para um colega que o juiz federal com quem trabalhava teria, na semana anterior, solicitado dez mil reais para proferir sentença em favor do jurisdicionado Caio, muito embora soubesse ser falsa a acusação.

Nesse cenário, considerando as disposições do Código Penal, João responderá pelo crime de:

a) difamação simples, com a incidência de uma causa de aumento de pena, por ter sido praticado contra funcionário público, em razão de suas funções;
b) calúnia simples, com a incidência de uma causa de aumento de pena, por ter sido praticado contra funcionário público, em razão de suas funções;
c) injúria simples, com a incidência de uma causa de aumento de pena, por ter sido praticado contra funcionário público, em razão de suas funções;
d) injúria qualificada, por ter sido praticado contra funcionário público, em razão de suas funções, sem causas de aumento de pena;
e) calúnia qualificada, por ter sido praticado contra funcionário público, em razão de suas funções, sem causas de aumento de pena.

▷ ***Anotações/Comentários***

(a) No crime de difamação, o agente difama alguém, imputando-lhe **fato ofensivo à sua reputação** (art. 139, CP). No caso, a imputação falsa recaiu sobre fato que constitui crime e, portanto, incide o crime de calúnia.

(b) No crime de calúnia, o agente calunia alguém, **imputando-lhe falsamente fato definido como crime** (art. 138, CP). No caso, João imputou falsamente um fato que configuraria o crime de corrupção passiva ao juiz federal, motivo pelo qual cometeu crime de calúnia. Incide a causa de aumento de pena de um terço de contra porque o crime foi cometido contra funcionário público, em razão de suas funções (art. 141, II, CP).

(c) No crime de injúria, o agente injuria alguém, ofendendo lhe a dignidade ou o decoro (art. 140, CP). Nesse crime, o agente confere um atributo desonroso à vítima, não a imputação de um fato.

(d) A injúria qualificada consiste em violência ou vias de fato, que, por sua natureza ou pelo meio empregado, se considerem aviltantes ou consiste na utilização de elementos referentes a religião ou à condição de pessoa idosa ou com deficiência (art. 140, §§ 2º e 3º, CP).

(e) Não há crime de calúnia qualificada, mas apenas as causas de aumento de pena do art. 141, CP.

194. FGV – 2024 – TRF 1 - Técnico Judiciário – Agente da Polícia Judicial

Após obter uma decisão desfavorável no âmbito de um processo administrativo que tramitou junto à Administração Pública Federal, João começou a perseguir, reiteradamente e de forma dolosa, Matheus, autoridade responsável pela tomada da decisão, invadindo e perturbando sua esfera de privacidade, além de restringir a sua capacidade de locomoção.

Nesse cenário, considerando as disposições do Código Penal, João responderá pelo crime de:

a) intimidação sistemática, o qual está submetido à ação penal pública condicionada à representação do ofendido;
b) perseguição, o qual está submetido à ação penal pública condicionada à representação do ofendido;
c) intimidação sistemática, o qual está submetido à ação penal pública incondicionada;
d) perseguição, o qual está submetido à ação penal pública incondicionada;
e) perseguição, o qual está submetido à ação penal de iniciativa privada.

▷ ***Anotações/Comentários***

(a) No crime de intimidação sistemática ou bullying (art. 146-A, CP), o agente **Intimida** sistematicamente, individualmente ou em grupo, mediante **violência física ou psicológica**, uma ou mais pessoas, de modo intencional e repetitivo, sem motivação evidente, por meio de atos de intimidação, de humilhação ou de discriminação ou de ações verbais, morais, sexuais, sociais, psicológicas, físicas, materiais ou virtuais. No caso, não houve violência física ou psicológica.

(b) No crime de perseguição, o agente **persegue alguém, reiteradamente** e por qualquer meio, ameaçando-lhe a integridade física ou psicológica, restringindo-lhe a capacidade de locomoção ou, de qualquer forma, **invadindo ou perturbando sua esfera de liberdade ou privacidade** (art. 147-A, CP). Esse crime se procede mediante representação do ofendido, sendo de ação penal pública condicionada (art. 147-A, § 3º, CP).

(c) O crime de intimidação sistemática é crime de ação penal pública incondicionada, mas no caso houve crime de perseguição.

(d) O crime de perseguição é de ação penal pública condicionada à representação (art. 147-A, § 3º, CP).

(e) O crime de perseguição é de ação penal pública condicionada à representação (art. 147-A, § 3º, CP).

---

195. (Cespe – Analista Judiciário – Área Judiciária – TRE – TO/2017) Chegando ao local de onde partira pedido de socorro de uma mulher, os policiais encontraram o ex-marido tentando arrombar a porta da casa e ameaçando-a de morte caso ela não abrisse a porta. Revistado o agressor, os policiais encontraram com ele um revólver calibre 38, municiado, que portava sem autorização. Ele disse que a arma era de um amigo, que havia lhe emprestado pouco antes, sem mencionar a intenção exclusiva de matar a ex-mulher. Vizinhos viram os policiais prendendo o agressor que gritava, exaltado, palavras ofensivas e injuriosas aos policiais.

Com relação à conduta do agressor nessa situação hipotética, julgue os seguintes itens, de acordo com a legislação pertinente e o entendimento dos tribunais superiores.

I Configuraram-se os crimes de ameaça, tentativa de invasão de domicílio, porte de arma de fogo e desacato.
II Configuraram-se os crimes de ameaça, tentativa de homicídio, porte de arma de fogo e de desacato.
III Ao injuriar os policiais, o agente apenas manifestou a sua liberdade de expressão, assegurada pela convenção americana sobre direitos humanos, não se configurando o desacato.
IV Se fosse consumado o intuito de matar, o delito de porte de arma poderia ser absorvido pelo homicídio, de acordo com a teoria da consunção.

Estão certos apenas os itens

a) I e IV.
b) II e III.
c) II e IV.
d) I, II e III.
e) I, III e IV.

▷ ***Anotações/Comentários***

Item I – Ameaça (art. 147, CP): houve ameaça verossímil de um mal injusto e grave; Tentativa de invasão de domicílio (art. 150, CP): o agente só não entrou na casa da ex-mulher sem autorização dela, por intervenção de terceiros; porte de arma de fogo (art. 14, Estatuto do Desarmamento): o agente portava arma de fogo sem autorização legal; Desacato (art. 331, CP): o agente proferiu ofensas contra servidores públicos, no exercício de suas funções.

Item II – Não houve tentativa de homicídio, porque o agente não iniciou atos executórios deste crime.

Item III – O STJ firmou entendimento de que o crime de desacato não está abarcado pelo exercício da liberdade de expressão, assegurado pela Convenção Americana de Direitos Humanos.

Item IV – O porte de arma de fogo seria crime meio para a prática do crime de homicídio e, por isso, seria absorvido por este (princípio da consunção).

---

196. (FGV – Analista Judiciário – Área Judiciária – TRT 12/2017) Insatisfeito com o comportamento de seu empregador Juca, Carlos escreve uma carta para a família daquele, afirmando que Juca seria um estelionatário e torturador. Lacra a carta e a entrega no correio, adotando todas as medidas para que chegasse aos destinatários. No dia seguinte, porém, Carlos se arrepende de seu comportamento e passa a adotar conduta para evitar que a carta fosse lida por qualquer pessoa e o crime consumado. Carlos vai até a casa de Juca, tenta retirar a carta da caixa do correio, mas vê o exato momento em que Juca e sua esposa pegam o envelope e leem todo o escrito. Ofendido, Juca procura seu advogado e narra o ocorrido.

Considerando a situação apresentada, o advogado de Juca deverá esclarecer que a conduta de Carlos configura crime de:

a) injúria, consumado;
b) tentativa de injúria, pois houve arrependimento eficaz, devendo Carlos responder apenas pelos atos já praticados;
c) tentativa de calúnia, pois houve desistência voluntária, devendo Carlos responder apenas pelos atos já praticados;
d) tentativa de calúnia, pois houve arrependimento eficaz, devendo Carlos responder apenas pelos atos já praticados;
e) calúnia, consumado.

▷ ***Anotações/Comentários***

(a) Houve crime de injúria (art. 140, CP), porque Carlos ofendeu a dignidade da vítima, que teve acesso à carta.

(b) Não houve arrependimento eficaz, porque a vítima teve acesso à carta. Arrependimento eficaz (art. 15, CP) não se confunde com tentativa (art. 14, II, CP).

(c) Não houve desistência voluntária, porque a vítima teve acesso à carta. Desistência voluntária (art. 15, CP) não se confunde com tentativa (art. 14, II, CP).

(d) Ver resposta às alternativas "b" e "e".

(e) Na calúnia, o agente imputa falsamente a alguém fato definido como crime (art. 138, CP). No caso, não foi imputado um fato, mas qualidades que ofendem a dignidade da vítima.

---

197. (FGV – Analista Judiciário – Área Judiciária – TRT 12/2017) Lucas é empregador dos trabalhadores Manuel, Francisco e Pedro em sua fazenda na zona rural.

Analise as três situações apresentadas:

I. Lucas retém a carteira de identidade de Manuel, único documento deste, impedindo que deixe o local de trabalho.
II. Lucas autoriza que Francisco gaste apenas 15 minutos todo dia para horário de almoço, de modo que Francisco somente pode comprar uma refeição na pequena cantina de Lucas que funciona dentro da fazenda. Em razão dos altos preços dos produtos, Francisco contrai dívida alta e é impedido de deixar a fazenda antes do pagamento dos valores devidos.
III. Lucas instala diversas câmeras e outros mecanismos de vigilância ostensiva na fazenda com o fim de reter Pedro em seu local de trabalho.

Considerando as situações apresentadas, o comportamento de Lucas em relação a Manuel, Francisco e Pedro configura, respectivamente, o(s) crime(s) de:

a) redução à condição análoga à de escravo, nas três situações;
b) redução à condição análoga à de escravo, exercício arbitrário das próprias razões e redução à condição análoga à de escravo;
c) apropriação indébita, redução à condição análoga à de escravo e redução à condição análoga à de escravo;
d) cárcere privado, exercício arbitrário das próprias razões e redução à condição análoga à de escravo;
e) redução à condição análoga à de escravo, redução à condição análoga à de escravo e constrangimento ilegal.

▷ ***Anotações/Comentários***

(I): Apoderar-se de documento da vítima com a intenção de retê-la no local de trabalho é crime de redução à condição análoga a de escravo (art. 149, § 1º, I, CP).

(II): Jornada exaustiva e restringir a locomoção em razão de dívida contraída com o empregador (art. 149, "caput", CP) são crime de redução à condição análoga a de escravo.

(III): Restringir a locomoção da vítima por qualquer meio (art. 149, "caput", CP) é crime de redução à condição análoga a de escravo.

198. (Cespe – Analista Judiciário – Área Judiciária – Oficial de Justiça Avaliador) Com relação ao crime de redução a condição análoga à de escravo, assinale a opção correta.

a) Não é possível que tal crime seja praticado na forma tentada, uma vez que o tipo penal prevê a habitualidade da conduta do agente.
b) Caso a conduta seja praticada contra criança, adolescente, pessoa idosa ou pessoa portadora de deficiência física ou mental, haverá causa específica de aumento de pena.
c) A tipificação da conduta, no caso desse crime, está vinculada à submissão da vítima a trabalhos forçados ou jornada exaustiva.
d) O bem jurídico protegido é a liberdade individual da vítima, que se vê impedida de exercer seu direito de ir e vir, não se tratando de crime contra a organização do trabalho.
e) Esse crime classifica-se como crime comum, visto que não se exige, para a sua configuração, característica específica do sujeito ativo, mas apenas do sujeito passivo, que é sempre o trabalhador.

▷ ***Anotações/Comentários***

(a) trata-se de crime permanente (não habitual) e que admite tentativa.

(b) A pena é aumentada de metade, se o crime é cometido: contra criança ou adolescente; por motivo de preconceito de raça, cor, etnia, religião ou origem.

(c) Há outras condutas no art. 149, CP, além da jornada exaustiva e trabalhos forçados.

(d) Trata-se de crime contra a liberdade pessoal, previsto no art. 149, CP, fora dos crimes contra a organização do trabalho.

(e) O art. 149, CP, é crime comum, não exigindo qualidade especial tanto do sujeito ativo, quanto do sujeito passivo.

199. (Consulplan – Juiz de Direito – TJ – MG/2018) Sobre os crimes da Parte Especial do Código Penal, analise as afirmativas a seguir, marque V para as verdadeiras e F para as falsas.

( ) O "aborto com consentimento" da gestante constitui exceção à teoria monística adotada pelo Código Penal.
( ) Sob a mesma rubrica, o legislador tipificou dois modelos distintos de lesão corporal: a grave e a gravíssima. Segundo o Código Penal, a perda ou inutilização de membro, sentido ou função, devidamente atestada em laudo pericial, é classificada como lesão grave.
( ) O crime de perigo de contágio venéreo se consuma com a prática da relação sexual ou de ato libidinoso, independentemente do efetivo contágio que, se ocorrer, será simples exaurimento do delito.
( ) No crime de difamação, não é admitida a exceção da verdade.

A sequência está correta em

a) V, F, F, V.
b) F, V, V, F.
c) V, F, V, F.
d) F, V, V, V.

▷ ***Anotações/Comentários***

(I) Aborto com consentimento: gestante responde pelo art. 124, CP; terceiro que provocou o aborto: art. 126, CP.

(II) a perda ou inutilização de membro, sentido ou função, devidamente atestada em laudo pericial, é classificada como lesão gravíssima (art. 129, § 2º, III, CP).

(III) Como se trata de crime de perigo, o art. 130, CP, se consuma com a exposição a perigo, mesmo que não haja a contaminação, o que vem a ser mero exaurimento.

(IV) No crime de difamação, a exceção da verdade somente se admite se o ofendido é funcionário público e a ofensa é relativa ao exercício de suas funções (art. 139, parágrafo único, CP).

200. (Vunesp – Juiz de Direito – TJ – SP/2018) Quanto aos crimes contra a pessoa previstos no Título I, da Parte Especial do Código Penal, é correto afirmar que

a) homicídio híbrido é a coexistência de uma forma privilegiada com qualquer das qualificadoras, mesmo que mais de uma.
b) a doutrina e a jurisprudência costumam classificar o crime de lesão corporal em leve, grave e gravíssima. Qualificam a última os resultados incapacidade permanente para o trabalho, perigo de vida, perda ou inutilização de membro, sentido ou função, deformidade permanente e aborto.
c) a calúnia e a difamação previstas no Código Penal admitem a exceção da verdade e não são puníveis quando a ofensa for irrogada em juízo, na discussão da causa, pela parte ou por seu procurador.
d) o homicídio realizado para ocultar a prática de outro crime é qualificado pela conexão teleológica.

▷ ***Anotações/Comentários***

(a) O homicídio híbrido só é admitido no caso de haver uma causa de privilégio em combinação com qualificadora de ordem objetiva.

(b) O perigo de vida é causa que torna a lesão corporal grave (art. 129, § 1º, II, CP).

(c) A ofensa irrogada em juízo, na discussão da causa, pela parte ou por seu procurador torna impuníveis a difamação e a injúria (art. 142, I, CP).

(d) Conexão teleológica: o homicídio é praticado com uma finalidade: ocultar a prática de outro crime.

201. (IESES – Cartório – Remoção – TJ – CE/2018) O ato de imputar fato ofensivo à reputação de alguém é tipificado como crime de:

a) Difamação.
b) Injúria racial.
c) Calúnia.
d) Injúria.

▷ ***Anotações/Comentários***

(a) Difamação: Difamar alguém, imputando-lhe fato ofensivo à sua reputação (art. 139, CP).

(b) Injúria racial: Se a injúria consiste na utilização de elementos referentes a raça, cor, etnia, religião, origem ou a condição de pessoa idosa ou portadora de deficiência (art. 140, § 3º, CP).

(c) Calúnia: Caluniar alguém, imputando-lhe falsamente fato definido como crime (art. 318, CP).

(d) Injúria: Injuriar alguém, ofendendo-lhe a dignidade ou o decoro (art. 140, CP).

202. (FCC – Técnico Legislativo – Câmara Legislativa do DF/2018) De acordo com o que dispõe o Código Penal acerca dos crimes contra a vida e a integridade física, considere:

I. Induzir ou instigar alguém a suicidar-se ou prestar-lhe auxílio para que o faça somente será crime, em tese, se o suicídio se consumar ou, ainda, se da tentativa de suicídio resulta lesão corporal de natureza grave.

II. Se o agente comete o crime de homicídio impelido por motivo de relevante valor social ou moral, ou sob o domínio de violenta emoção, logo em seguida a injusta provocação da vítima, o juiz poderá deixar de aplicar a pena, se as consequências da infração atingirem o próprio agente de forma tão grave que a sanção penal se torne desnecessária.

III. É qualificado o homicídio se cometido para assegurar a execução, a ocultação, a impunidade ou vantagem de outro crime.

IV. Não se pune o aborto praticado por médico se não há outro meio de salvar a vida da gestante.

V. Provocar aborto em si mesma é tipificado na lei como crime de infanticídio.

Está correto o que se afirma APENAS em

a) II, III e IV.

b) I, II e V.

c) I, III e IV.

d) II, IV e V.

e) I, III e V.

Observação: essa questão foi elaborada antes da Lei n. 13.968/2019 que alterou o art. 122, CP.

▷ ***Anotações/Comentários***

(I) Quando da elaboração da questão, havia entendimento de que a consumação do crime do art. 122 dependia da provocação da lesão corporal grave ou morte da vítima. Com a atual redação do art. 122, CP, basta que haja a indução, induzimento ou auxílio ao suicídio.

(II) Apenas no caso de homicídio culposo que é possível o perdão judicial (art. 121, § 5º, CP).

(III) Trata-se de homicídio qualificado previsto no art. 121, § 2º, V, CP).

(IV) Trata-se do aborto necessário, em que não se pune o médico (art. 128, I, CP).

(V) Trata-se de crime de aborto provocado pela gestante (art. 124, CP).

203. (FCC – Promotor de Justiça – MPE - PB/2018) O Código Penal qualifica o homicídio doloso quando praticado contra servidores públicos, no exercício de atividade de segurança pública. Podem, dentre outros, ser vítimas do crime

a) integrantes do sistema prisional, da Força Nacional de Segurança Pública e do corpo de bombeiros militares.

b) policiais civis, policiais federais e promotores de justiça criminais.

c) policiais rodoviários federais, policiais militares e juízes com competência criminal.

d) policiais civis, policiais federais e promotores ou procuradores que atuam no combate ao crime organizado.

e) policiais civis e militares na ativa ou aposentados.

▷ ***Anotações/Comentários***

(a) podem ser sujeitos passivos do crime do art. 121, § 2º, VII, CP: integrantes do sistema prisional, da Força Nacional de Segurança Pública e do corpo de bombeiros militares, entre outros.

(b) promotor de justiça não é sujeito passivo do art. 121, § 2º, VII, CP.

(c) Juiz criminal não é sujeito passivo do art. 121, § 2º, VII, CP.

(d) promotores ou procuradores que atuam no combate ao crime organizado não são sujeitos passivos do art. 121, § 2º, VII, CP.

(e) Não há a qualificadora se o agente de segurança morto for aposentado,

204. (FCC – Defensor Público – DPE - AM/2018) Comete o crime de

a) difamação aquele que ofende a dignidade de pessoa morta.

b) denunciação caluniosa aquele que provoca ação de autoridade comunicando-lhe ocorrência de vias de fato que sabe não ter se verificado.

c) calúnia aquele que imputa crime sabendo ser a pessoa inocente e dá causa à instauração de inquérito policial.

d) injúria aquele que ofende a dignidade de alguém com utilização de elementos referentes à condição de pessoa idosa.

e) desacato aquele que ofende a dignidade da Polícia Militar ao expor opinião pejorativa sobre a instituição.

▷ ***Anotações/Comentários***

(a) Apenas a calúnia contra os mortos é punível.

(b) Trata-se de crime de comunicação falsa de crime ou contravenção, porque a falsidade é sobre fato, sem imputação a alguém.

(c) Trata-se de crime de denunciação caluniosa.

(d) Trata-se de injúria qualificada: consiste na utilização de elementos referentes a raça, cor, etnia, religião, origem ou a condição de pessoa idosa ou portadora de deficiência.

(e) O desacato é voltado contra a pessoa do funcionário público, não contra a instituição.

2. CRIMES CONTRA O PATRIMÔNIO

205. AOCP – 2024 – TRF 2 - Técnico Judiciário - Agente da Polícia Judicial
Alice, advogada, enquanto estacionava seu veículo nas proximidades do prédio do Tribunal Regional Federal da 2ª Região, foi abordada por Caio que, portando uma garrafa de vidro quebrada, mediante grave ameaça, obrigou-lhe a sair do automóvel, subtraindo-o. Ocorre que, menos de cinco minutos após, Caio foi interceptado por duas viaturas da Polícia Militar, que iniciaram perseguição após acompanharem o desenvolvimento da atividade delitiva. Nessa hipótese, diante do caso narrado, é correto afirmar que Caio cometeu o crime de

a) furto qualificado, na forma consumada.

b) furto majorado, na forma tentada.

c) roubo simples, na forma tentada.

d) roubo majorado, na forma consumada.

e) roubo qualificado, na forma consumada.

▷ ***Anotações/Comentários***

(a) Não houve crime de furto (art. 155, CP), porque Caio subtraiu o automóvel, mediante grave ameaça.

(b) Não houve crime de furto (art. 155, CP), porque Caio subtraiu o automóvel, mediante grave ameaça. Além disso, a subtração foi consumada.

(c) Houve crime de roubo, porque Caio se valeu de grave ameaça (art. 157, CP). Porém, o uso de garrafa de vidro quebrada qualifica o crime.

(d) Houve crime de roubo majorado, porque a grave ameaça foi exercida com o emprego de arma branca (garrafa de vidro quebrada, com o que a pena é aumentada de um terço até a metade (art. 157, § 2º, VII, CP). O crime se consumou, porque Caio teve a posse do bem subtraído, ainda que por um breve espaço de tempo.

(e) O roubo qualificado está previsto no art. 157, § 3º, CP: ocorre se, da violência, resulta lesão corporal grave, quando a pena é de reclusão de 7 (sete) a 18 (dezoito) anos, e multa; ou, se da violência, resulta morte, quando a pena é de reclusão de 20 (vinte) a 30 (trinta) anos, e multa

206. FGV – 2024 – TRF 1 - Técnico Judiciário – Agente da Polícia Judicial
Matheus compareceu a uma agência bancária da Caixa Econômica Federal para participar de uma reunião com a gerente Maria. Durante as conversas, Matheus, dolosamente, tentou induzir a funcionária em erro, empregando, para tanto, meio fraudulento, com o objetivo de obter, para si, vantagem ilícita, no valor de cinco mil reais, em prejuízo da estatal. Contudo, o crime, embora tenha ingressado na esfera da execução, não se consumou, por circunstâncias alheias à vontade do agente, sem que se possa cogitar na caracterização do crime impossível.

Nesse cenário, considerando as disposições do Código Penal, Matheus responderá pela tentativa de:

a) apropriação indébita privilegiada;

b) apropriação indébita simples;

c) furto simples privilegiado;

d) estelionato simples;

e) furto simples.

▷ ***Anotações/Comentários***

(a) No crime de apropriação indébita, o agente apropria-se de coisa alheia móvel, de que tem a posse ou a detenção (art. 168, CP). Ela é privilegiada, se o criminoso é primário, e é de pequeno valor a coisa apropriada (arts. 170 cc. Art. 155, § 2º, CP).

(b) No crime de apropriação indébita, o agente tem a posse ou detenção legítima da coisa alheia móvel, mas, dolosamente, inverte essa vontade e passa a agir como se dono fosse (art. 168, CP).

(c) No crime de furto, o agente subtrai a coisa alheia móvel (art. 155, CP). Tem-se por privilegiado o furto em o criminoso é primário, e é de pequeno valor a coisa furtada (art. 155, § 2º, CP).

(d) Houve crime de estelionato, porque, neste crime, o agente **obtém, para si** ou para outrem, **vantagem ilícita**, em **prejuízo alheio**, induzindo ou mantendo alguém em erro, mediante artifício, ardil, ou qualquer outro **meio fraudulento** (art. 171, CP).

(e) Não houve furto, porque o agente não tentou subtrair coisa alheia móvel da caixa, mas obter vantagem mediante fraude.

---

207. (FGV – Analista Judiciário – TRF/1ª Região/2024) O Ministério Público Federal ofereceu denúncia em face de João, ao argumento de que ele, em comunhão de ações e desígnios com uma terceira pessoa não identificada, que logrou se evadir, teria ingressado em uma agência da Caixa Econômica Federal, ocasião em que subtraiu, mediante o emprego de uma arma de fogo de uso permitido, valores pecuniários pertencentes à empresa pública. Em juízo, os gerentes da agência bancária afirmaram, sem qualquer dúvida, que houve a utilização de arma de fogo para a prática delitiva, embora esta não tenha sido apreendida.

Nesse cenário, considerando as disposições do Código Penal, João responderá pelo crime de:

a) roubo, com a incidência das causas de aumento de pena atinentes ao concurso de pessoas e ao emprego de arma de fogo;
b) extorsão, com a incidência das causas de aumento de pena atinentes ao concurso de pessoas e ao emprego de arma de fogo;
c) extorsão, com a incidência da causa de aumento de pena atinente ao concurso de pessoas;
d) roubo, com a incidência da causa de aumento de pena atinente ao emprego de arma de fogo;
e) roubo, com a incidência da causa de aumento de pena atinente ao concurso de pessoas.

▷ ***Anotações/Comentários***

(a) Houve crime de roubo, porque a subtração se deu mediante grave ameaça. Há causa de aumento de pena do concurso de agentes, sendo que é irrelevante a identificação do comparsa de João, bem como do emprego de arma de fogo, sendo que a jurisprudência do STJ é no sentido de que é irrelevante a apreensão da arma, bastando prova suficiente de que esta foi utilizada, como no caso em tela apontou a prova testemunhal (STJ – EREsp. n. 961.863/RS).

(b) No crime de extorsão, a vantagem econômica indevida, advém de constrangimento, mediante violência ou grave ameaça, à vítima a fazer, tolerar que se faça ou deixar de fazer alguma coisa.

(c) Há crime de roubo, pois o agente subtraiu coisa alheia móvel. Na extorsão, o agente constrange a vítima a ter conduta que lhe proporcione a indevida vantagem econômica.

(d) Há crime de roubo, com incidência de duas causas de aumento de pena: concurso de agentes e emprego de arma de fogo (art. 157, § 2º, II, e § 2º, I, CP).

(e) Há crime de roubo, com incidência de duas causas de aumento de pena: concurso de agentes e emprego de arma de fogo (art. 157, § 2º, II, e § 2º, I, CP).

---

208. (FCC – Analista Judiciário – Direito – TJ – MA/2019) Segundo o Código Penal brasileiro, bem como o entendimento dos Tribunais Superiores, sobre os crimes contra o patrimônio,

a) tanto o crime de roubo quanto o de furto, para a sua consumação, não precisam que a posse da coisa furtada ou roubada seja mansa, pacífica ou desvigiada.
b) o ato de constranger alguém, mediante violência ou grave ameaça, e com o intuito de obter para si ou para outrem indevida vantagem econômica, a fazer, tolerar que se faça ou deixar de fazer alguma coisa, constitui, em tese, o crime de roubo qualificado.
c) apropriar-se de coisa alheia móvel, de que tem a posse ou a detenção, configura, em tese, o crime de furto de coisa comum.
d) no caso do agente que praticar o crime de furto contra o cônjuge, na constância da sociedade conjugal, o juiz poderá substituir a pena de reclusão pela de detenção, diminuí-la de um a dois terços, ou aplicar somente a pena de multa.
e) no crime de estelionato, não é possível que o sujeito passivo seja pessoa jurídica de direito público, já que somente pessoas físicas podem ser sujeitos passivos desse crime.

▷ ***Anotações/Comentários***

(a) O STJ entende que, para a consumação dos crimes de furto e roubo, basta que haja a posse de fato do bem subtraído, não sendo necessário que a posse seja mansa e pacífica.

(b) Trata-se do crime de extorsão (art. 158, CP).

(c) Trata-se do crime de apropriação indébita (art. 168, CP).

(d) Aquele que pratica furto contra o cônjuge na constância da sociedade conjugal é isento de pena (art. 181, I, CP).

(e) No estelionato (art. 171, CP), pessoa jurídica também pode ser vítima do crime, quando seus prepostos são induzidos a erro e quem sofre o prejuízo é a pessoa jurídica.

---

209. (FCC – Analista Judiciário – Área Judiciária – TRF 4/2019) Rômulo e José combinaram durante uma festa a prática de um roubo contra determinada farmácia durante a madrugada. Saindo da festa, os dois rumaram no carro de José para o estabelecimento comercial vítima e lá praticaram o roubo, subtraindo todo o dinheiro que havia no caixa. Para o roubo Rômulo utilizou uma arma de brinquedo, enquanto José empregou um revólver calibre 38, devidamente municiado. Quando os dois roubadores estavam saindo da farmácia com o produto do roubo, o segurança do estabelecimento, Pedro, resolveu reagir e, neste momento, José efetuou contra ele três disparos de arma de fogo, ferindo-o gravemente na região do abdômen. Pedro foi socorrido no hospital mais próximo e sobreviveu aos ferimentos. Naquela mesma noite Rômulo e José foram presos pela polícia, que conseguiu recuperar a res furtiva e apreender as armas utilizadas (simulacro e revólver calibre 38). Neste caso,

a) Rômulo e José responderão por crime de tentativa de latrocínio.
b) José responderá por crime de tentativa de latrocínio, enquanto Rômulo por roubo qualificado pelo concurso de agentes.
c) José responderá por crime de tentativa de latrocínio, enquanto Rômulo por roubo duplamente qualificado pelo concurso de agentes e emprego de arma de fogo.
d) Rômulo e José responderão por crime de roubo duplamente qualificado pelo concurso de agentes e emprego de arma de fogo, bem como pelo crime de tentativa de homicídio contra a vítima Pedro.
e) José responderá por crime de roubo duplamente qualificado pelo concurso de agentes e emprego de arma de fogo, bem como pelo crime de tentativa de homicídio contra a vítima Pedro, enquanto Rômulo responderá por crime de roubo qualificado pelo concurso de agentes.

▷ ***Anotações/Comentários***

(a) Houve crime de latrocínio, porque os agentes se valeram de violência para matar a vítima e garantir o roubo. Há tentativa, porque a vítima não morreu.

(b) Os dois responderam por latrocínio tentado, em concurso de agentes (teoria monista).

(c) Os dois responderam por latrocínio tentado, em concurso de agentes (teoria monista).

(d) Houve o crime de latrocínio tentado, pois o atentado contra a vida da vítima decorreu no mesmo contexto do roubo.

(e) Os dois responderam por latrocínio tentado, em concurso de agentes (teoria monista).

---

210. (FCC – Analista Judiciário – Área Judiciária – TRF 3/2019) Considere as seguintes situações hipotéticas de crimes de furto e roubo:

I. Paulo, durante o período noturno, ingressou no quarto do seu pai, João, de 70 anos de idade, e subtraiu a quantia de R$ 3.000,00 em dinheiro que estava ocultada no guarda-roupas.
II. Mariano, policial militar, apontou a arma de fogo para a esposa Rita, com quem é regularmente casado e convive na mesma residência, e subtraiu diversas jóias em ouro pertencentes a ela, fugindo em seguida.
III. Os irmãos Michael e Josué estavam em uma festa na cidade de São Paulo, que acontecia em uma casa noturna. No curso da festa, Michael saiu da casa noturna e furtou o veículo de propriedade de Josué, entregando o bem para um comparsa, retornando para a festa logo em seguida.
IV. Davi, em comparsaria com Felício, praticou furto noturno, mediante arrombamento, contra o estabelecimento comercial de propriedade de Rodolfo, filho legítimo de Davi.

De acordo com o Código Penal, o Ministério Público poderá ajuizar ação penal pública incondicionada, e postular a aplicação das sanções previstas, contra Mariano

a) Paulo, Davi e Felício.
b) Michael e Davi.
c) Paulo e Michael.
d) Paulo e Felício.
e) Michael e Felício.

▷ ***Anotações/Comentários***

Item I – Paulo cometeu crime de furto contra o pai, maior de sessenta anos. Logo, a ação penal é pública incondicionada (art. 183, III, Código Penal).

Item II – Mariano cometeu crime de roubo. Logo, a ação penal é pública incondicionada (art. 183, I, Código Penal).

Item III – Michael cometeu crime de furto contra o seu irmão. Logo, a ação penal é pública condicionada à representação (art. 182, II, Código Penal).

Item IV – Davi cometeu crime de furto contra o seu filho, logo é isento de pena (art. 181, II, do Código Penal). Essa circunstância não favorece Felício, que responde por furto, cuja ação penal é pública incondicionada.

211. (Cespe - Analista Judiciário - Direito - TJ - AM/2019) Pedro, com vinte e dois anos de idade, e Paulo, com vinte anos de idade, foram denunciados pela prática de furto contra Ana. A defesa de Pedro alegou inimputabilidade. Paulo confessou o crime, tendo afirmado que escolhera a vítima porque, além de idosa, ela era sua tia.

Com relação a essa situação hipotética, julgue os itens subsecutivos, a respeito de imputabilidade penal, crimes contra o patrimônio, punibilidade e causas de extinção e aplicação de pena.

Uma vez que a vítima é tia de Paulo, a ação penal será pública condicionada a representação.

- CERTO
- ERRADO

▷ ***Anotações/Comentários***

Se o crime de furto for praticado contra a tia do autor do fato, a ação penal é pública condicionada à representação (art. 182, III, CP). Mas, como no caso, a tia de Paulo é idosa, portanto, com idade igual ou superior a 60 anos, a ação é pública incondicionada (art. 183, III, CP).

212. (Cespe - Analista Judiciário - Área Judiciária - TRE - BA/2017) Acerca do crime de estelionato, julgue os seguintes itens.

I. Em se tratando de crime de estelionato cometido contra a administração pública, não se aplica o princípio da insignificância, pois a conduta que ofende o patrimônio público, a moral administrativa e a fé pública possui elevado grau de reprovabilidade.
II. Aplica-se a regra do concurso material de delitos a crime de estelionato previdenciário cometido por um só agente após o óbito do segurado, tendo esse agente efetuado saques mensais de prestações previdenciárias por meio de cartão magnético.
III. Extingue-se a punibilidade do delito de estelionato previdenciário se o agente devolver a vantagem ilícita recebida à Previdência Social antes do recebimento da denúncia.

Com base no entendimento do Superior Tribunal de Justiça, assinale a opção correta.

a) Apenas o item I está certo.
b) Apenas o item II está certo.
c) Apenas os itens I e III estão certos.
d) Apenas os itens II e III estão certos.
e) Todos os itens estão certos.

▷ ***Anotações/Comentários***

Item I – Ainda que o prejuízo patrimonial à Administração Pública seja insignificante, não se aplica o princípio da insignificância no crime de estelionato contra ela, pois ofendem-se outros bens jurídicos, como a moralidade, a credibilidade do serviço público etc. (STJ – HC 85.739/PR).

Item II – Aplica-se no caso a regra da continuidade delitiva (STJ - REsp 1282118/RS).

Item III – Ocorre o arrependimento posterior (art. 16, CP), com diminuição de pena (STJ - RHC 63027/SP).

PENAL

213. (Cespe - Analista Judiciário - Área Judiciária - TRE - TO/2017) Um açougueiro de uma rede de supermercados subtraiu duas peças de carne avaliadas em R$ 78,93 e ocultou-as nas vestes, mas a sua ação que foi observada por outro empregado, que comunicou ao chefe da segurança, e este, por sua vez, acionou a polícia. O agente foi preso em flagrante e a res furtiva foi restituída. O agente, de cinquenta e cinco anos de idade, tinha registro de outra ocorrência de furto praticado havia mais de cinco anos, sem que o inquérito policial tivesse sido concluído.

Nessa situação hipotética, assinale a opção correta, de acordo com a legislação pertinente e o entendimento dos tribunais superiores.

a) A reincidência do agente afasta o furto privilegiado.
b) Houve arrependimento eficaz com a restituição da res furtiva.
c) O agente deverá ser absolvido em razão do princípio da insignificância.
d) Trata-se de crime impossível por ineficácia absoluta do meio.
e) A hipótese configura tentativa de furto simples.

▷ ***Anotações/Comentários***

(a) o agente não pode ser considerado reincidente, porque não possuía condenação transitada em julgado por fato anterior ao furto.

(b) Não houve arrependimento eficaz, porque os bens foram restituídos por intervenção de terceiros.

(c) Trata-se de princípio da insignificância, porque presentes os seus requisitos: mínima ofensividade, nenhuma periculosidade social da ação, reduzidíssimo grau de reprovabilidade do comportamento e inexpressividade de lesão jurídica provocada.

(d) O meio usado pelo agente não era absolutamente ineficaz, tanto que teve a posse do bem.

(e) Houve a consumação do crime de furto simples, porque o agente teve a posse do bem, ainda que por breve espaço de tempo.

214. (Cespe - Analista Judiciário - Área Judiciária - TRE - TO/2017) A respeito de crimes contra o patrimônio, assinale a opção correta, à luz do entendimento dos tribunais superiores.

a) A regra do furto privilegiado não se aplica ao crime qualificado por ruptura de obstáculo.
b) A extorsão é crime material, e a sua consumação exige a concretização da vantagem econômica exigida pelo agente.
c) O pagamento, antes da sentença, de cheque emitido sem provisão de fundos implica a extinção da punibilidade.
d) O reconhecimento da atipicidade material do furto pelo princípio da insignificância depende exclusivamente da inexpressividade do valor res furtiva.
e) No furto de água ou de energia elétrica, o pagamento do débito à companhia fornecedora antes de recebida a denúncia implica a extinção da punibilidade.

▷ ***Anotações/Comentários***

(a) O STJ entende que possível o furto qualificado-privilegiado, quando a qualificadora for de caráter objetivo, como é o rompimento de obstáculo.

(b) A extorsão é crime formal, não se exigindo a efetiva obtenção da indevida vantagem econômica para a consumação.

(c) O pagamento, antes do recebimento da denúncia, de cheque emitido sem provisão de fundos implica a extinção da punibilidade (Súmula 554, STF).

(d) Requisitos do princípio da insignificância: mínima ofensividade, nenhuma periculosidade social da ação, reduzidíssimo grau de reprovabilidade do comportamento e inexpressividade de lesão jurídica provocada.

(e) O STJ entende que, como o fornecimento de água e energia elétrica é pago por meio de tarifa pelo consumo, não por tributo, o pagamento antes da denúncia não implica extinção da punibilidade.

215. (FGV - Analista Judiciário - Área Judiciária - TRT 12/2017) Vitor, sócio administrador da Sociedade X, em razão da grande quantidade de serviço que desempenha, deixa de repassar no prazo devido, de maneira negligente, à previdência social contribuições previdenciárias recolhidas dos empregados contribuintes. Um dos empregados, porém, descobre o ocorrido e narra para autoridade policial.

Considerando as informações narradas, é correto afirmar que a conduta de Vitor configura:

a) indiferente penal;
b) apropriação indébita comum majorada;
c) apropriação indébita previdenciária;
d) apropriação indébita de coisa havida por erro;
e) furto qualificado.

▷ ***Anotações/Comentários***

(a) Comportamento negligente se refere a tipo culposo. E não há apropriação indébita previdenciária culposo.

(b) O crime de apropriação indébita majorada (art. 168, § 1º, CP) não tem modalidade culposa.

(c) Se a conduta do agente fosse dolosa, seria o crime de apropriação indébita previdenciária (art. 168-A, CP).

(d) Apropriação indébita de coisa havida por erro (art. 169, CP) é crime doloso.

(e) No crime de furto, que é doloso, há subtração de coisa alheia móvel (art. 155, CP).

216. (FCC - Analista Judiciário - Área Administrativa - TRF 3/2016) Tício instalou um dispositivo na entrada de água de sua residência, através do qual a maior parte da água passou a entrar no imóvel sem passar pelo relógio e sem ser registrada. Tício

a) não praticou delito algum.
b) cometeu crime de furto qualificado pela fraude.
c) cometeu crime de furto simples.
d) cometeu crime de furto de coisa comum.
e) cometeu crime de furto qualificado pela destreza.

▷ ***Anotações/Comentários***

(a) Houve crime de furto mediante fraude.

(b) O dispositivo para subtrair a água configura fraude.

(c) Trata-se de crime qualificado pela fraude.

(d) A água não pertence ao consumidor e à concessionária em comum.

(e) Houve fraude, não destreza que é uma habilidade do agente que é imperceptível.

217. (FCC - Analista Judiciário - Área Administrativa - TRF 3/2016) Peter, pessoa de grande porte físico, agarrou Paulus pelas costas e o imobilizou com uma "gravata". Com a vítima imobilizada, subtraiu-lhe a carteira, o celular e o relógio. Em seguida, deixou o local e soltou a vítima que não sofreu nenhum ferimento. Peter cometeu crime de

a) extorsão simples.
b) furto qualificado pela destreza.
c) roubo qualificado.
d) roubo simples.
e) extorsão qualificada.

▷ ***Anotações/Comentários***

(a) Não houve extorsão, porque houve subtração do bem, o que leva ao crime de roubo.

(b) Houve violência, o que leva a ser crime de roubo.

(c) Da violência, não houve morte ou lesão corporal de natureza grave na vítima, logo não se trata de roubo qualificado.

(d) Houve subtração de coisa alheia móvel, mediante violência, o que configura crime de roubo.

(e) Ver resposta à alternativa "a".

218. (Cespe - Delegado de Polícia - PE/2016) Nos últimos tempos, os tribunais superiores têm sedimentado seus posicionamentos acerca de diversos institutos penais, criando, inclusive, preceitos sumulares. Acerca desse assunto, assinale a opção correta segundo o entendimento do STJ.

a) É possível a consumação do furto em estabelecimento comercial, ainda que dotado de vigilância realizada por seguranças ou mediante câmara de vídeo em circuito interno.
b) A conduta de atribuir-se falsa identidade perante autoridade policial é considerada típica apenas em casos de autodefesa.
c) O tempo máximo de duração da medida de segurança pode ultrapassar o limite de trinta anos, uma vez que não constitui pena perpétua.
d) No que diz respeito à progressão de regime prisional de condenado por crime hediondo cometido antes ou depois da vigência da Lei n.º 11.464/2007, é necessária a observância, além de outros requisitos, do cumprimento de dois quintos da pena, se primário, e, de três quintos, se reincidente, para a obtenção do benefício.
e) A incidência da causa de diminuição de pena prevista no tipo penal de tráfico de drogas implica o afastamento da equiparação existente entre o delito de tráfico ilícito de drogas e os crimes hediondos, por constituir novo tipo penal, sendo, portanto, o tráfico privilegiado um tipo penal autônomo, não equiparado a hediondo.

Observação: essa questão foi elaborada antes do cancelamento da Súmula 512, STJ.

▷ ***Anotações/Comentários***

(a) Sistema de vigilância realizado por monitoramento eletrônico ou por existência de segurança no interior de estabelecimento comercial, por si só, não torna impossível a configuração do crime de furto (Súmula 567, STJ).

(b) A conduta de atribuir-se falsa identidade perante autoridade policial é típica, ainda que em situação de alegada autodefesa (Súmula 522, STJ).

(c) O tempo de duração da medida de segurança não deve ultrapassar o limite máximo da pena abstratamente cominada ao delito praticado (Súmula 527, STJ).

(d) Os condenados por crimes hediondos ou assemelhados cometidos antes da vigência da Lei n. 11.464/2007 sujeitam-se ao disposto no art. 112 da Lei n. 7.210/1984 (Lei de Execução Penal) para a progressão de regime prisional (Súmula 471, STJ).

(e) A Súmula 512, STJ, dizia que o tráfico privilegiado era equiparado a crime hediondo. Essa Súmula foi cancelada depois que o STF entendeu que os rigores da Lei de Crime Hediondos são incompatíveis com o tráfico privilegiado.

219. (Cespe - Juiz de Direito Substituto - DF/2015) Cada uma das próximas opções apresenta uma situação hipotética, seguida de uma assertiva a ser julgada à luz do CP, da Lei de Juizados Especiais (Lei n. 9.099/1995) e da legislação penal especial. Assinale a opção que apresenta a assertiva correta.

a) O policial civil Cristiano, durante o expediente de trabalho, algemou e conduziu Orlando a uma viatura, mediante ameaça com emprego de arma de fogo, e o manteve detido no veículo por oito horas devido ao fato de, anteriormente, eles terem tido um desentendimento. Nessa situação, a conduta de Cristiano caracterizou crime de constrangimento ilegal.

b) Wesley foi preso em flagrante porque estava pescando em um local que, conforme prévia regulamentação do órgão competente, era interditado para a pesca. Nessa situação, o crime descrito constitui delito de menor potencial ofensivo, razão por que, caso preencha os requisitos subjetivos exigidos, Wesley poderá ser beneficiado pela transação penal.

c) Téo, réu primário e sem quaisquer antecedentes, foi preso em flagrante por ter cometido o delito de furto simples. Nessa situação, como o crime de furto não é de competência do juizado especial criminal, Téo não poderá ser beneficiado pela suspensão condicional do processo.

d) Gabriel estava recolhendo, em via pública, apostas de transeuntes para o jogo de azar conhecido como jogo do bicho e, imediatamente após anotar a aposta realizada por Ângelo, foi abordado por policiais. Nessa situação, a conduta de Gabriel é tipificada como contravenção penal, ao passo que a conduta de Ângelo é caracterizada como atípica.

e) Januário, maior e capaz, burlou, juntamente com José e Ricardo, ambos menores de dezoito anos, todos com unidade de desígnios, a vigilância de uma loja de departamentos e dela subtraíram, em horário comercial, três aparelhos de DVD novos. Os três foram presos em flagrante, na residência de José, duas horas depois de terem cometido o delito. Nessa situação, se ausentes quaisquer excludentes e comprovados os fatos, Januário deverá ser condenado por crime de furto qualificado e dois delitos de corrupção de menores, todos em concurso formal.

▷ ***Anotações/Comentários***

(a) Trata-se de crime de abuso de autoridade (art. 13, II, Lei n. 13.869/2019).

(b) Trata-se de crime previsto no art. 34 da Lei n. 9605/1998, com pena máxima de três anos e que, portanto, não é crime de menor potencial ofensivo.

(c) A pena mínima do crime de furto é de um ano. Logo, a pessoa pode ser beneficiada pela suspensão condicional do processo.

(d) Gabriel e Ângelo cometem contravenções penais, previstas, respectivamente, no art. 50, "caput" e 50, § 2º, da Lei de Contravenções Penais.

(e) Houve subtração de coisa alheia móvel (furto) e Januário cometeu o crime em concurso com dois adolescentes (corrupção de menores – art. 244-B, ECA). Tudo em um só conduta: concurso formal.

---

220. (Cespe – Analista Ministerial – Direito – MP – CE/2020) Acerca dos princípios aplicáveis ao direito penal e das disposições gerais acerca dos crimes contra o patrimônio, contra a dignidade sexual e contra a administração pública, julgue os itens a seguir.

Situação hipotética: Maria, de sessenta e oito anos de idade, e Teresa, de cinquenta e quatro anos de idade, são irmãs e residem no mesmo endereço. Na ocasião de uma festividade familiar, Teresa se aproveitou de um descuido de Maria e acabou por subtrair-lhe a bolsa.

Assertiva: Nos termos do Código Penal, o processamento do crime de furto praticado por Teresa dependerá de representação de Maria.

- CERTO
- ERRADO

▷ ***Anotações/Comentários***

Como a vítima é maior de sessenta anos, a ação penal é pública incondicionada (art. 183, III, CP).

---

221. (Consulplan – Juiz de Direito – TJ – MG/2018) JJ, frentista de um posto de gasolina e responsável pelo recebimento de valores que recebia dos clientes, pretendendo ter uma noite especial com sua namorada em um motel de luxo, resolve pegar do caixa pelo qual é o responsável há mais de 5 (cinco) anos, a quantia de R$ 1.200,00 em dinheiro. Para encobrir seu ato, emite e firma três notas fiscais falsas para pagamentos posteriores, em nome de clientes. Nessa situação hipotética, conforme legislação aplicável ao caso, o frentista pratica crime de

a) estelionato.

b) furto qualificado mediante fraude.

c) furto qualificado pelo abuso de confiança.

d) apropriação indébita qualificada em razão do emprego.

▷ ***Anotações/Comentários***

(a) JJ não empregou fraude para induzir a vítima em erro e obter a indevida vantagem.

(b) JJ não empregou fraude para induzir a vítima em erro para subtrair o bem da vítima.

(c) JJ não subtraiu o bem, mas dele se apropriou.

(d) JJ tinha a posse do bem do terceiro e passou a agir como se dono fosse (apropriação). Na verdade, há causa de aumento de pena (art. 168, § 1º, III, CP).

---

222. (Consulplan – Juiz de Direito – TJ – MG/2018) "A e B, imputáveis, resolvem cometer um roubo em um estabelecimento comercial na companhia do menor M, mediante emprego de um revólver eficaz e completamente municiado. Na ocasião programada, A conduz os demais comparsas e estaciona em local estratégico próximo ao estabelecimento comercial para facilitar a fuga e dificultar que testemunhas anotem a placa do veículo. B e M descem do veículo, entram no estabelecimento comercial perto do horário do encerramento e anunciam o assalto. A vítima V reage e entra em luta corporal com os agentes. Para pôr fim à briga, M efetua três disparos de arma de fogo e foge, em seguida, na companhia de B sem nada subtrair do estabelecimento comercial. V morre em função dos disparos de arma de fogo que lhe atingiram. B e M entram rapidamente no veículo conduzido por A, que empreende rápida fuga do local." Sobre a punibilidade de A, assinale a alternativa correta.

PENAL

a) A responde por latrocínio consumado em concurso formal com corrupção de menor, sem incidência da causa de diminuição de pena da participação de menor importância.

b) A responde por roubo majorado pelo concurso de agentes e pelo emprego de arma de fogo em concurso formal com corrupção de menor, já que houve um excesso por parte do menor M em relação ao plano inicial, excesso que não deve ser imputado a A.

c) A responde por roubo majorado pelo concurso de agentes e pelo emprego de arma de fogo, com a incidência da causa de diminuição de pena prevista no art. 29, §1°, do Código Penal, em função da participação de menor importância, em concurso material com corrupção de menor.

d) A responde por latrocínio tentado (artigo 157, §3°, parte final, combinado com artigo 14, inciso II, ambos do Código Penal) em concurso material com corrupção de menor, na medida em que não houve a consumação do crime de latrocínio em virtude de não ter havido a subtração de coisa alheia móvel.

▷ ***Anotações/Comentários***

(a) 'A" responde por latrocínio, porque este se consuma com a morte da vítima, mesmo que não haja subtração do bem. "A" não teve participação de menor importância, porque conduziu os comparsas ao local do crime. Há corrupção de menor, poque um dos assaltantes é menor de idade. Nesse caso, há concurso formal entre corrupção de menores e latrocínio, pois houve uma única conduta e dois resultados jurídicos.

(b) "A" tinha ciência de que os seus comparsas estavam armados e assumiu o risco de que eles produzissem a morte da vítima.

(c) Ver resposta à alternativa "a".

(d) Ver resposta à alternativa "a".

---

223. (Consulplan – Juiz de Direito – TJ – MG/2018) Fulano, conhecido nos meios policiais pela prática de crimes contra o patrimônio, decidiu abandonar temporariamente suas atividades delituosas após conhecer Beltrana, por quem se apaixonara. A moça, no entanto, conhecendo a má fama de Fulano, o rejeitou. Magoado, Fulano decidiu se vingar e, durante uma festa na casa de amigos em comum, colocou sonífero na bebida de Beltrana. Tão logo ela caiu no sono, Fulano a levou para um dos quartos e, aproveitando- se de que ninguém o observava, subtraiu todas as roupas de Beltrana, deixando-a nua, além de pilhar dinheiro e documentos que ela levava em sua bolsa. Em seguida, ele evadiu da festa, levando consigo todos os bens subtraídos. Nessa situação hipotética, conforme legislação aplicável ao caso, o Fulano pratica crime de

a) roubo próprio.

b) roubo impróprio.

c) furto simples consumado.

d) furto qualificado pelo abuso de confiança.

▷ ***Anotações/Comentários***

(a) Fulano, ao usar o sonífero, se valeu de recurso que reduziu a capacidade de resistência de Beltrana e, com isso, subtrair as coisas alheias móveis, configurando roubo próprio (art. 157, "caput", CP).

(b) No roubo impróprio, o agente aplica violência ou grave ameaça contra a pessoa para garantir a posse do bem, que já havia subtraído (art. 157, § 1º, CP).

(c) Ver resposta à alternativa "a".

(d) Ver resposta à alternativa "a".

---

224. (Vunesp - Juiz de Direito - TJ - SP/2018) Quanto aos crimes contra o patrimônio, é correto afirmar que

a) conforme entendimento sedimentado do Superior Tribunal de Justiça, aplicam-se às qualificadoras objetivas e subjetivas do furto a causa de aumento de pena do repouso noturno e a forma privilegiada.
b) qualifica a extorsão mediante sequestro se o sequestrado é menor de 18 (dezoito) anos ou maior de 60 (sessenta) anos, de sorte que se restituído à liberdade depois de completar 18 (dezoito) anos, ou sequestrado antes de completar 60 (sessenta) anos, embora libertado a partir dessa idade, não incide a qualificadora.
c) na Apropriação Indébita Previdenciária, é facultado ao juiz deixar de aplicar a pena ou aplicar somente a de multa se o agente for primário e de bons antecedentes, desde que tenha promovido, após o início da ação fiscal e antes de ser oferecida a denúncia, o pagamento da contribuição social previdenciária, inclusive acessórios.
d) a absolvição pelo crime pressuposto da receptação impede a condenação do receptador quando não existir prova de ele ter concorrido para a infração penal, ficar provada a inexistência do fato, não houver prova da existência do fato, não constituir o fato infração penal ou existir circunstância que exclua o crime.

▷ ***Anotações/Comentários***

(a) O furto noturno é compatível com as qualificadoras objetivas e subjetivas. O furto privilegiado apenas com as qualificadoras objetivas.

(b) O crime de extorsão mediante sequestro é crime permanente. Desse modo, se em algum momento (seja no início, seja no fim), a vítima tem idade menor de 18 ou maior de sessenta, aplica-se a qualificadora.

(c) São benefícios do crime de apropriação indébita previdenciária previstos no art. 168-A, § 1º, CP.

(d) A absolvição por crime anterior somente impede a condenação por crime de receptação, se o motivo da absolvição for por provada a inexistência do fato ou por atipicidade da conduta.

---

225. (Vunesp - Juiz de Direito - TJ - SP/2018) Quanto ao crime de estelionato, assinale a alternativa correta.

a) O estelionato na modalidade fraude para recebimento de indenização do seguro, crime de atividade formal, prescinde, para a consumação, da obtenção da vantagem ilícita em prejuízo alheio.
b) A pena aumenta-se de 1/3 (um terço), se o crime é cometido em detrimento de entidade de direito público ou instituto de economia popular, assistência social ou beneficência, excluindo-se entidades autárquicas da Previdência Social que são regidas por lei própria.
c) O pagamento de cheque emitido sem provisão de fundos, antes do recebimento da denúncia, não obsta a propositura da ação penal.
d) Configura crime de estelionato na modalidade fraude no pagamento por meio de cheque sem previsão de fundos a cártula emitida para pagamento de dívida preexistente.

▷ ***Anotações/Comentários***

(a) O crime previsto no artigo 171, § 2º, inciso V, do Código Penal é de natureza formal, de modo que independe, para sua consumação, do resultado naturalístico consistente na obtenção da vantagem indevida, estando consumado com a ocultação, destruição ou lesão do objeto material com o fim de haver indenização ou valor de seguro, sendo o recebimento, mero exaurimento da conduta delitiva a ser valorada na dosimetria penal.

(b) Se a vítima for entidade de Previdência social, incide a causa de aumento do art. 171, § 3º, CP.

(c) O pagamento de cheque emitido sem provisão de fundos, antes do recebimento da denúncia,

obsta a propositura da ação penal.

(d) Não há crime, porque o suposto prejuízo à vítima não foi a emissão do cheque, mas a preexistência da dívida.

---

226. (IESES - Cartório - Provimento - TJ - CE/2018) É certo afirmar:

I. Nos termos do Código Penal, constitui-se em crime de usurpação de nome ou pseudônimo alheio atribuir falsamente a alguém, mediante o uso de nome, pseudônimo ou sinal por ele adotado para designar seus trabalhos, a autoria de obra literária, científica ou artística.
II. O crime de apropriação indébita com abuso de confiança pressupõe a atuação do agente com o *animus rem sibi habendi*, consubstanciado no dolo de assenhorear-se da coisa cuja posse ou detenção tenha adquirido anteriormente por vias lícitas, seja em proveito próprio ou de outrem.
III. O perdão do ofendido, nos crimes em que somente se procede mediante representação, obsta ao prosseguimento da ação.
IV. A objetividade jurídica dos crimes contra a Administração Pública é a sua normalidade funcional, probidade, moralidade, eficácia e incolumidade. Segundo a doutrina os crimes funcionais podem ser divididos em "próprios" e "impróprios" ou "mistos".

Analisando as proposições, pode-se afirmar:

a) Somente as proposições I e III estão corretas.
b) Somente as proposições II e IV estão corretas.
c) Somente as proposições III e IV estão corretas.
d) Somente as proposições I e II estão corretas.

▷ ***Anotações/Comentários***

(I) O art. 185, CP, foi revogado pela Lei n. 10.695/2013.

(II) No crime de apropriação indébita, o agente, inicialmente, tem a posse lícita do bem, mas, inverte o ânimo, e passa a atuar como se proprietário fosse, apropriando-se do bem.

(III) O perdão do ofendido cabe apenas na ação penal privada.

(IV) Os crimes contra administração pública se tutelam a moralidade e o patrimônio públicos. Crime funcional próprio é aquele, em que afastada a qualidade de funcionário público, o fato é atípico (exemplo: prevaricação); impróprio é aquele em que haverá desclassificação (exemplo: peculato se desloca para furto)

---

227. (Vunesp - Cartório - Provimento - TJ - SP/2018) No roubo, a pena é aumentada

a) se o agente, ao tempo da ação, se encontrava em estado de embriaguez, voluntária ou culposa, pelo álcool ou substância de efeitos análogos.
b) se o agente mantém a vítima em seu poder, restringindo sua liberdade.
c) durante o repouso noturno.
d) se o agente comete o crime sob coação a que podia resistir.

▷ ***Anotações/Comentários***

(a) A embriaguez não é causa de aumento do crime de roubo.

(b) se o agente mantém a vítima em seu poder, restringindo sua liberdade, a pena do roubo é aumentada de 1/3 até a metade (art. 157, § 2º, V, CP).

(c) Não é causa de aumento de pena do crime de roubo, mas sim do furto, se praticado durante o repouso noturno (art. 155, § 1º, CP).

(d) A coação, se o agente podia resistir, não á causa especial de aumento de pena do crime de roubo, mas circunstância atenuante genérica (art. 55, III, c, CP).

---

228. (Vunesp - Cartório - Remoção - TJ - SP/2018) Especificamente em relação aos crimes contra o patrimônio, a isenção de pena e a ação penal condicionada à representação, contempladas, respectivamente, nos artigos 181 e 182, ambos do Código Penal, aplicam-se:

a) quando haja emprego de grave ameaça à pessoa.

b) ao estranho que participa do crime.
c) se o crime é praticado contra pessoa com idade igual ou superior a 60 anos.
d) se o agente comete o crime em prejuízo do cônjuge, na constância da sociedade conjugal e/ou se o crime é cometido em prejuízo de tio ou sobrinho, com quem o agente coabita.

▷ ***Anotações/Comentários***

(a) O emprego de violência ou grave ameaça implica afastamento dos benefícios dos arts. 181 e 182, CP, conforme art. 183, I, CP.

(b) O estranho que participa do crime não se beneficia dos benefícios dos arts. 181 e 182, CP, conforme art. 183, II, CP.

(c) se a vítima tem idade igual ou superior a 60 anos há o afastamento dos benefícios dos arts. 181 e 182, CP, conforme art. 183, III, CP.

(d) Se a vítima é cônjuge na constância da sociedade conjugal, o autor do fato é isento de pena (art. 181, I, CP). Se o crime for cometido em prejuízo do tio ou sobrinho, a ação penal é pública condicionada à representação (art. 182, II, CP).

---

229. (FGV - Analista Jurídico - MPE - AL/2018) Mário, fingindo ser manobrista de um restaurante famoso, recebe de um cliente seu veículo para estacionar. Em seguida, sai com o veículo para local distante, vindo a oferecê-lo para terceira pessoa de boa fé. O cliente ao sair do restaurante não encontrou o veículo e o guardador, resolvendo registrar o fato na delegacia próxima.

Encerrado o inquérito, identificado o autor e elaborado o relatório, os autos foram encaminhados ao Promotor de Justiça que deverá oferecer denúncia em face de Mário pela prática do injusto de

a) furto simples.
b) furto qualificado.
c) estelionato.
d) apropriação indébita simples.
e) apropriação indébita majorada.

▷ ***Anotações/Comentários***

(a) Houve crime de estelionato.

(b) Apesar de haver fraude, o agente não subtraiu o bem, motivo pelo qual não há furto.

(c) Houve estelionato, porque, mediante fraude, o agente fez com que o ofendido lhe entregasse o carro, com o que obteve a vantagem ilícita.

(d) Não houve apropriação indébita, porque o agente não tinha a posse lícita do bem em nome de terceiro e, depois, inverteu o animus dominus.

(e) ver item "d".

---

230. (FCC - Defensor Público - DPE - AP/2018) No estelionato contra o INSS, o

a) beneficiário pratica delito instantâneo de efeitos permanentes, e por isso o prazo prescricional começa a fluir da data do pagamento da primeira parcela.
b) terceiro e o beneficiário praticam delito permanente, e por isso o prazo prescricional começa a fluir do momento em que o benefício é suspenso ou cancelado.
c) terceiro pratica delito permanente, e o beneficiário, delito instantâneo, e cada qual terá o início do prazo prescricional em momentos diferentes.
d) terceiro e o beneficiário praticam delito continuado, e por isso o prazo prescricional começa a fluir do momento em que o benefício é suspenso ou cancelado.
e) terceiro não beneficiário pratica delito instantâneo de efeitos permanentes, e por isso o prazo prescricional começa a fluir da percepção da primeira prestação do benefício indevido.

▷ ***Anotações/Comentários***

(a) Em relação ao beneficiário, o crime de estelionato previdenciário é permanente, sendo o termo inicial da prescrição a data de cessação de recebimento das prestações indevidas.

(b) Em relação ao terceiro intermediário, o delito é considerado instantâneo, e a prescrição é contada a partir do recebimento da primeira prestação indevida; em relação ao beneficiário, o crime é permanente, sendo o termo inicial da prescrição a data de cessação de recebimento das prestações indevidas.

(c) Ver resposta item "b".

(d) Ver resposta item "b.

(e) Em relação ao terceiro intermediário, o delito é considerado instantâneo, e a prescrição é contada a partir do recebimento da primeira prestação indevida.

---

231. (FCC - Analista - Ciências Jurídicas - DPE - AM/2018) Sobre os crimes contra o patrimônio:

a) O furto de energia elétrica é atípico por não consistir em coisa móvel.
b) Se o agente logo depois de subtraída a coisa, emprega violência contra pessoa, a fim de assegurar a impunidade do crime, incorre na mesma pena do roubo.
c) A ameaça exercida com simulacro de arma de fogo é incapaz de configurar o crime de roubo.
d) Se durante a prática do roubo o agente mantém a vítima em seu poder, restringindo sua liberdade, o crime é o de latrocínio.
e) Por falta de previsão legal, o princípio da insignificância é incabível no crime de furto.

▷ ***Anotações/Comentários***

(a) O art. 155, § 3º, CP, equipara a energia elétrica a coisa móvel.

(b) Trata-se do chamado roubo impróprio (art. 157, § 1º, CP).

(c) O simulacro de arma de fogo é capaz de configurar grave ameaça, que caracteriza o roubo, mas não é capaz de ser considerada causa de aumento de pena.

(d) Latrocínio: da violência empregada no roubo, resulta morte da vítima.

(e) O STF e o STJ admitem o princípio da insignificância no crime de furto.

PENAL

3. CRIMES CONTRA A ORGANIZAÇÃO DO TRABALHO

232. (FGV - Analista Judiciário - Oficial de Just. Avaliador - TRT 12/2017) Claudio, famoso empresário do ramo publicitário, mediante fraude consistente em oferecer casa, carro e salário de R$10.000,00, recruta Marta, trabalhadora, com o fim de levá-la para território estrangeiro para lá exercer suas atividades. Marta, então, aceita a oferta, mas no momento em que embarcaria para o exterior, é abordada pela Polícia, que informa que, na realidade, aquelas ofertas de Claudio eram falsas e que sua intenção era apenas levá-la para trabalhar em outro país em condições diversas daquelas oferecidas. Em razão disso, Claudio é denunciado pelo crime de aliciamento para o fim de emigração. A família de Claudio, então, procura seu advogado para esclarecimentos sobre a denúncia apresentada, informando, ainda, que Claudio confessava o fato, mas esclarecera que era a primeira vez que adotara aquele comportamento e que não tinha a intenção de fazer isso com nenhum outro trabalhador. Considerando a situação narrada, o advogado deverá esclarecer que a conduta do denunciado:

a) não configura crime contra a organização do trabalho previsto no Código Penal;
b) configura o crime imputado, na modalidade consumada, diante de sua natureza de crime formal;
c) configura o crime de aliciamento de trabalhadores de um local para o outro do território nacional, já que Marta não foi para o exterior;
d) configura o crime imputado, na modalidade tentada, devido à natureza de crime material;
e) não configura o crime imputado, mas sim de frustração de lei sobre a nacionalização do trabalho, consumado.

▷ ***Anotações/Comentários***

(a) O crime de aliciamento para o fim de emigração (art. 206, CP) fala em recrutar trabalhadores (no plural), logo deve ter mais de um trabalhador recrutado.

(b) Não há crime, porque tem que ser, no mínimo, dois trabalhadores.

(c) Se houvesse, pelo menos mais um trabalhador, haveria crime de aliciamento para o fim de emigração, que não exige que o trabalhador vá para o exterior.

(d) ver resposta às alternativas "a" e "c".

(e) O art. 204, CP, se refere à violação de normas de direito de trabalho, em que a contratação deve ser de brasileiro.

---

233. (Cespe – Analista Judiciário – Área Judiciária – Oficial de Justiça Avaliador) Em relação aos crimes contra a organização do trabalho, assinale a opção correta.

a) Para a configuração do crime de participação de abandono coletivo de trabalho com violência contra a pessoa, é indispensável o concurso de pelo menos três empregados.

b) Consiste em infração penal violadora da liberdade individual, e não em crime contra a organização do trabalho, a conduta do agente que impede alguém de se desligar de serviços de qualquer natureza, mediante a retenção de seus documentos pessoais.

c) No crime de aliciamento de trabalhadores de um local para outro do território nacional, o recrutador que não assegurar condições de retorno do trabalhador ao local de origem estará sujeito a causa específica de aumento de pena.

d) O Código Penal prevê, para todos os crimes contra a organização do trabalho, como causa de aumento de pena o fato de a vítima ser menor de dezoito anos de idade, idosa, gestante, indígena ou portadora de deficiência física ou mental.

e) Processam-se esses crimes por ação penal pública incondicionada, estando o autor de qualquer um deles sujeito à pena de detenção, além da pena correspondente à violência empregada, quando for o caso.

▷ ***Anotações/Comentários***

(a) Para que se considere coletivo o abandono de trabalho é indispensável o concurso de, pelo menos, três empregados (art. 200, parágrafo único, CP).

(b) Frustração de direito assegurado por lei trabalhista (art. 203, § 1º, II, CP) é crime contra a organização do trabalho.

(c) No caso de o agente não assegurar o retorno do trabalhador ao local de trabalho incorre na mesma pena do "caput" (art. 207, § 1º, CP).

(d) ver resposta às alternativas "a" e "c".

(e) Essa causa de aumento de pena está presente apenas nos crimes dos arts. 203, § 2º, CP, e 207, § 3º, CP.

4. CRIMES CONTRA A DIGNIDADE SEXUAL

234. (Cespe – Analista Judiciário – Direito – TJ – AM/2019) Júnia, de quatorze anos de idade, acusa Pierre, de dezoito anos de idade, de ter praticado crime de natureza sexual consistente em conjunção carnal forçada no dia do último aniversário da jovem. Pierre, contudo, alega que o ato sexual foi consentido.

A respeito dessa situação hipotética, julgue os itens a seguir, tendo como referência aspectos legais e jurisprudenciais a ela relacionados.

I - Se comprovada a prática do crime, Pierre responderá por estupro de vulnerável, haja vista a idade da vítima.

- CERTO
- ERRADO

▷ ***Anotações/Comentários***

O ato sexual ocorreu no dia em que a idade de Júnia era igual a quatorze anos. O crime de estupro de vulnerável ocorre, quando a vítima é menor de quatorze anos. Logo, não há tal crime.

II - Caso fique comprovado o consentimento de Júnia para a prática do ato sexual, a conduta de Pierre será considerada atípica.

- CERTO
- ERRADO

▷ ***Anotações/Comentários***

Como Júnia tinha idade igual a quatorze anos, o seu consentimento é considerado eficaz para efeitos de ato sexual, o que torna a conduta de Pierre atípica.

III - No caso em questão, se comprovada a prática do crime, a ação penal cabível será pública incondicionada, pois não há previsão de ação pública condicionada à representação em crimes contra a dignidade sexual.

- CERTO
- ERRADO

▷ ***Anotações/Comentários***

Todos os crimes contra a dignidade sexual são de ação penal pública incondicionada (art. 225, CP).

IV - Se Pierre for condenado por estupro, o regime de cumprimento de pena será integralmente fechado, por se tratar de crime hediondo.

- CERTO
- ERRADO

▷ ***Anotações/Comentários***

Nos crimes hediondos, o regime inicial de cumprimento de pena é inicialmente fechado (art. 2º, § 1º, CP), admitindo-se a progressão de regime. Há entendimento jurisprudencial, aliás, que é possível a fixação de regime inicial menos rigoroso do que o fechado em crimes hediondos diante de circunstâncias do caso concreto.

---

235. (Cespe – Analista Judiciário – Área Judiciária – TRE – TO/2017) A respeito de crimes contra o patrimônio, assinale a opção correta, à luz do entendimento dos tribunais superiores.

a) A regra do furto privilegiado não se aplica ao crime qualificado por ruptura de obstáculo.

b) A extorsão é crime material, e a sua consumação exige a concretização da vantagem econômica exigida pelo agente.

c) O pagamento, antes da sentença, de cheque emitido sem provisão de fundos implica a extinção da punibilidade.

d) O reconhecimento da atipicidade material do furto pelo princípio da insignificância depende exclusivamente da inexpressividade do valor res furtiva.

e) No furto de água ou de energia elétrica, o pagamento do débito à companhia fornecedora antes de recebida a denúncia implica a extinção da punibilidade.

▷ ***Anotações/Comentários***

(a) O STJ entende que possível o furto qualificado-privilegiado, quando a qualificadora for de caráter objetivo, como é o rompimento de obstáculo.

(b) A consumação é crime formal, não se exigindo a efetiva obtenção da indevida vantagem econômica.

(c) O pagamento, antes do recebimento da denúncia, de cheque emitido sem provisão de fundos implica a extinção da punibilidade (Súmula 554, STF).

(d) Aquele que pratica furto contra o cônjuge na constância da sociedade conjugal é isento de pena (art. 181, I, CP).

(e) O STJ entende que, como o fornecimento de água e energia elétrica é pago por meio de tarifa pelo consumo, não por tributo, o pagamento antes da denúncia não implica extinção da punibilidade.

---

236. (Cespe – Analista Ministerial – Direito – MP – CE/2020) Acerca dos princípios aplicáveis ao direito penal e das disposições gerais acerca dos crimes contra o patrimônio, contra a dignidade sexual e contra a administração pública, julgue os itens a seguir.

A revogação do crime de atentado violento ao pudor não configurou abolitio criminis, pois houve continuidade típico-normativa do fato criminoso.

- CERTO
- ERRADO

▷ ***Anotações/Comentários***

A Lei n. 12.015/2009 deslocou a conduta do atentado violento ao pudor do art. 214 para o 213, CP, com o que não houve abolitio criminis.

237. (Consulplan – Juiz de Direito – TJ – MG/2018) MA, preocupada com o desempenho escolar insatisfatório de sua filha AL, de 13 (treze) anos de idade, pediu ao vizinho V, de 19 (dezenove) anos de idade, universitário, para ministrar aulas particulares para AL. Ao fazer o pedido, MA mencionou para V a idade de AL e as dificuldades que ela enfrentava com a disciplina de matemática. Na data combinada, V foi à residência de AL e foi por esta recebido e conduzido até seu quarto. MA, estava na sala de TV, que fica ao lado do quarto de AL, de modo que pôde ouvir com clareza o inteiro teor da conversa travada entre V e AL. Depois de alguma conversa entre eles, AL convidou V para "ficarem". V ficou indeciso inicialmente, mas AL insistiu e afirmou que não haveria problema algum, porque sua mãe MA estava na sala entretida com a novela e não os interromperia. Depois da insistência por parte de AL, V concordou com a proposta e acabaram mantendo relação sexual. MA, que ouviu toda a conversa, achou melhor não interferir e continuou a assistir à novela. Diante dessa situação hipotética, assinale a alternativa que contém a solução jurídica correta para o caso.

a) Somente V responde pelo crime de estupro de vulnerável.
b) V e MA respondem pelo crime de estupro de vulnerável, em coautoria.
c) V e MA respondem pelo crime de estupro de vulnerável, V na modalidade comissiva e MA na modalidade omissiva.
d) V e MA respondem pelo crime de estupro de vulnerável, V na modalidade comissiva e MA na modalidade omissiva, sendo aplicada à MA a causa de aumento de pena prevista no artigo 226, II, do Código Penal (condição de ascendente).

▷ ***Anotações/Comentários***

(a) MA reponde por crime omissivo.

(b) V foi o autor do fato, MA partícipe, porque não praticou o núcleo-verbo do tipo penal.

(c) V responde por crime de estupro de vulnerável, porque manteve relação sexual com menor de quatorze anos, sabendo dessa condição. MA tinha o dever de agir e podia evitar o resultado naturalístico, logo responde na forma omissiva imprópria (art. 13, § 2º, a, CP).

(d) O fato de ser mãe da vítima, já foi usado para tipificar a conduta de MA, pois o seu dever de agir decorre do poder familiar. Logo, não pode haver o aumento de pena, sob pena de bis in idem.

238. (FCC – Promotor de Justiça – MPE - PB/2018) João e Maria, com 18 e 13 anos de idade, respectivamente, iniciaram relacionamento amoroso que culminou em relações sexuais consensuais. Inconformado com o fato, o pai de Maria procura a autoridade policial e solicita a instauração de inquérito policial contra João por entender que sua filha está sendo vítima de abuso sexual. No âmbito do direito penal,

a) João praticou o crime de satisfação de lascívia contra pessoa menor de 14 anos.
b) a existência de relacionamento amoroso entre o casal torna a conduta de João atípica.
c) o consentimento de Maria à conjunção carnal torna o crime de estupro impossível.
d) comprovado que Maria tinha experiência sexual anterior, João praticou o crime de estupro privilegiado.
e) João praticou o crime de estupro de vulnerável.

▷ ***Anotações/Comentários***

(a) Praticar, na presença de alguém menor de 14 (catorze) anos, ou induzi-lo a presenciar, conjunção carnal ou outro ato libidinoso, a fim de satisfazer lascívia própria ou de outrem (art. 218-A, CP).

(b) O fato permanece é típico.

(c) Em se tratando de crime de estupro de vulnerável, o consentimento da vítima é indiferente.

(d) A experiência sexual anterior é irrelevante para a consumação do crime de estupro de vulnerável, nem o torna privilegiado.

(e) No crime de estupro de vulnerável (art. 217-A, CP), o agente tem conjunção carnal ou pratica outro ato libidinoso com menor de catorze anos.

239. (FCC – Defensor Público – DPE - AP/2018) Conforme o ordenamento penal pátrio e o entendimento dos tribunais superiores:

a) Compete à Justiça Estadual do local do *upload* processar e julgar os crimes consistentes em disponibilizar ou adquirir material pornográfico envolvendo criança ou adolescente (arts. 241, 241-A e 241-B da Lei nº 8.069/1990) quando praticados por meio da rede mundial de computadores.
b) Para a configuração do crime de corrupção de menores, atual artigo 244-B do Estatuto da Criança e do Adolescente, se faz necessária a prova da efetiva corrupção do menor, uma vez que se trata de delito material, cujo bem jurídico tutelado pela norma visa, sobretudo, a impedir que o maior imputável induza ou facilite a inserção ou a manutenção do menor na esfera criminal.
c) Não configura o crime de corrupção de menores na hipótese em que o maior imputável pratica com o menor a infração penal ou induz a praticá-la, quando o adolescente possui outros antecedentes infracionais, pois, a cada nova prática criminosa em que o menor participa não ser pode falar de um aumento da degradação de sua personalidade.
d) Para a caracterização do crime de estupro de vulnerável previsto no art. 217-A, *caput*, do Código Penal, basta que o agente tenha conjunção carnal ou pratique qualquer ato libidinoso com pessoa menor de 14 anos. O consentimento da vítima, sua eventual experiência sexual anterior ou a existência de relacionamento amoroso entre o agente e a vítima não afastam a ocorrência do crime.
e) Ocorre erro de tipo no crime de corrupção de menores, não cabendo à defesa apresentar elementos probatórios capazes de sustentar a alegação de desconhecimento do acusado acerca da menoridade do coautor.

▷ ***Anotações/Comentários***

(a) Compete à Justiça Federal.

(b) O crime de corrupção de menores é formal, não precisando comprovar a efetiva corrupção.

(c) Para a configuração do crime de corrupção de menores, é irrelevante que o adolescente já tenha praticado atos infracionais.

(d) O crime de estupro de vulnerável consiste em manter a relação sexual com pessoa menor de 14 anos, sendo indiferente o consentimento da vítima.

(e) O STJ possui entendimento firmado no sentido de só admitir o erro de tipo no crime de corrupção de menores quando a defesa apresentar elementos probatórios capazes de sustentar a alegação de desconhecimento do acusado acerca da menoridade do coautor, o que não ocorreu na hipótese desses autos.

240. (FCC – Procurador do Estado – PGE - TO/2018) O crime de estupro de vulnerável, tipificado no art. 217-A, do Código Penal, prevê a pena em abstrato de oito a quinze anos de reclusão para aquele que tiver conjunção carnal ou praticar outro ato libidinoso com menor de catorze anos. De acordo com o entendimento sumulado pelo Superior Tribunal de Justiça, bem como pelo que estabelece a legislação,

a) a existência de relacionamento amoroso da vítima com o agente é hipótese de excludente de antijuridicidade do crime em questão.
b) o consentimento da vítima para a prática do ato afasta o caráter delitivo do crime, constituindo causa de excludente de ilicitude.
c) a experiência sexual anterior da vítima é relevante para a tipificação do delito.
d) incorre na mesma pena quem pratica as ações descritas no *caput* do art. 217-A com alguém que, por enfermidade, não tem o necessário discernimento para a prática do ato.
e) o referido crime não está elencado na Lei no 8.072/1990 como hediondo.

▷ ***Anotações/Comentários***

(a) Relacionamento amoroso não afasta a tipicidade do art. 217-A, CP.

(b) Consentimento do ofendido não afasta a tipicidade do art. 217-A, CP.

(c) Experiência sexual anterior não afasta a tipicidade do art. 217-A, CP.

(d) Incorre na mesma pena quem pratica as ações descritas no caput com alguém que, por enfermidade ou deficiência mental, não tem o necessário discernimento para a prática do ato, ou que, por qualquer outra causa, não pode oferecer resistência (art. 217-A, § 1º, CP).

(e) O art. 217-A, CP, é crime hediondo.

---

241. (FCC – Analista – Ciências Jurídicas – DPE - AM/2018) A Lei nº 12.845/2013, que dispõe sobre o atendimento integral a pessoas em situação de violência sexual, garante à vítima

a) a realização do exame de DNA por órgão de medicina legal, bem como encaminhamento da vítima para posterior amparo social pelos órgãos da Assistência Social.

b) que o médico atendente encaminhe imediatamente os materiais que puderam ser coletados à perícia oficial, bem como assegure o atendimento médico e obrigatório em hospitais específicos da rede SUS.

c) que o médico atendente preserve materiais que possam ser coletados no exame médico legal, bem como assegure atendimento a qualquer atividade sexual não consentida, independentemente de ter havido conjunção carnal.

d) a facilitação para o registro da ocorrência, bem como assegure a internação da vítima, caso seja necessária, em hospitais específicos da rede SUS, desde que a mesma comprove a impossibilidade de ser encaminhada a convênio privado.

e) a realização do exame de DNA imediato, pelo próprio equipamento atendente, com posterior ratificação pelo órgão de medicina legal oficial, bem como assegure a profilaxia da gravidez.

▷ ***Anotações/Comentários***

(a) O amparo social deve ser imediato.

(b) A coleta de material imediata é para realização do exame de HIV para posterior acompanhamento e terapia. O atendimento não se resume a hospitais específicos do SUS.

(c) Considera-se violência sexual, para os efeitos da Lei n. 12.845/2013, qualquer forma de atividade sexual não consentida. O médico deve preservar material para exame de corpo de delito.

(d) O atendimento pode ser feito em todos os hospitais integrantes do SUS, mesmo que a parte não seja hipossuficiente.

(e) O exame de DNA não é imediato.

5. CRIMES CONTRA A PAZ PÚBLICA

242. (Cespe – Analista Judiciário – Área Judiciária – TRE – PE/2017) Antônio e mais três pessoas, todas desempregadas, reuniram-se no intuito de planejar e executar crimes de roubos armados a carros-fortes. Nessa situação hipotética, a conduta de Antônio

a) não caracteriza crime de associação criminosa, pois, havendo mais de três agentes, caracteriza-se a organização criminosa, dado o princípio da especialidade.

b) só poderá ser caracterizada como crime de organização criminosa se a pena máxima prevista pelos delitos praticados for igual ou superior a quatro anos e se estes tiverem caráter transnacional.

c) configura crime de roubo em concurso de pessoas, em face da associação transitória dos agentes, já que não houve divisão de tarefas nem hierarquia entre eles.

d) só poderá ser caracterizada como crime de associação criminosa se os outros agentes forem maiores de idade ou praticarem pelo menos um roubo.

e) configura crime de associação criminosa, ainda que os agentes sejam quatro e a pena máxima prevista para a prática do crime de roubo seja superior a quatro anos.

▷ ***Anotações/Comentários***

(a) Houve crime de associação criminosa (art. 288, CP), pois o crime de organização criminosa exige outros requisitos, como estruturação mais ordenada com divisão de tarefas entre os agentes (art. 1º, § 1º, Lei n. 12.850/2013).

(b) A organização criminosa é voltada a prática de infrações penais com pena máxima em abstrato superior a quatro anos ou que tenham caráter transnacional (art. 1º, § 1º, Lei n. 12.850/2013).

(c) Houve crime de associação criminosa (art. 288, CP).

(d) No crime de associação criminosa, não se exige que todos os membros sejam imputáveis. Além disso, se trata de crime formal, sem necessidade da prática do crime de roubo no caso do problema.

(e) O art. 288, CP, se configura com a associação de três ou mais pessoas para a prática de crimes, independentemente da pena cominada.

6. CRIMES CONTRA A FÉ PÚBLICA

243. FGV – 2024 – TRF 1 - Analista Judiciário – Oficial de Justiça

Lucas compareceu ao batalhão da Polícia Militar localizado na cidade onde reside e noticiou aos policiais lá presentes que duas pessoas não identificadas, integrantes de torcidas organizadas de times rivais, estariam em intensa luta corporal, muito embora soubesse que os fatos não eram verdadeiros. Registre-se que, em razão da conduta de Lucas, provocou-se a ação de autoridades públicas.

Nesse cenário, considerando as disposições do Código Penal, é correto afirmar que Lucas:

a) não responderá por qualquer delito, pois não houve a deflagração de inquérito policial ou de procedimento investigatório criminal;

b) não responderá por qualquer delito, pois não houve a imputação de prática de crime a pessoa certa e determinada;

c) responderá por comunicação falsa de crime;

d) responderá por denunciação caluniosa;

e) responderá por falso testemunho.

▷ ***Anotações/Comentários***

(a) No crime de comunicação falsa de crime, não é necessária a instauração de inquérito policial. Basta que haja ação da Autoridade (art. 340, CP).

(b) No crime de comunicação falsa de crime, não é necessária a imputação da prática de crime a pessoa certa e determinada. Basta que haja declaração de ocorrência de um fato que constitua crime ou contravenção penal, fato este que sabe que não ocorreu (art. 340, CP).

(c) No crime de comunicação falsa de crime, o agente provoca a ação de autoridade, comunicando-lhe a ocorrência de crime ou de contravenção que sabe não se ter verificado (art. 340, CP). No caso, houve ação da Autoridade Pública, decorrente de comunicação de ocorrência de crimes, que Lucas sabia que não estavam ocorrendo.

(d) No crime de denunciação caluniosa, o agente dá causa à instauração de inquérito policial, de procedimento investigatório criminal, de processo judicial, de processo administrativo disciplinar, de inquérito civil ou de ação de improbidade administrativa contra alguém, imputando-lhe crime, infração ético-disciplinar ou ato ímprobo de que o sabe inocente (art. 339, CP). Neste crime, a imputação falsa recai sobre pessoa determinada e há instauração de procedimento para averiguar os fatos.

(e) No crime de falso testemunho, a pessoa faz afirmação falsa, ou negar ou calar a verdade como **testemunha**, perito, contador, tradutor ou intérprete em processo judicial, ou administrativo, inquérito policial, ou em juízo arbitral (art. 342, CP). No caso, não havia procedimento instaurado e Lucas não era testemunha.

---

244. FGV – 2024 – TRF 1 - Analista Judiciário – Oficial de Justiça

Lucas, servidor público federal, apropriou-se, em proveito próprio, de grande quantidade de dinheiro público em espécie, de que tinha a posse em razão do cargo ocupado junto ao Ministério da Fazenda. Após a prática delitiva e considerando a grande repercussão na imprensa nacional, Lucas procurou o auxílio de Matheus, seu genitor, que só então tomou conhecimento da conduta perpetrada pelo filho. Matheus, então, prestou auxílio a Lucas, destinado a tornar seguro o proveito do crime. Registre-se que Matheus não buscou, para si, qualquer vantagem econômica, não se tratando de caso de receptação.

Nesse cenário, considerando as disposições do Código Penal, é correto afirmar que Matheus:

a) não responderá por qualquer delito, pois o auxílio foi destinado a tornar seguro o proveito de crime praticado por Lucas, seu descendente;
b) não responderá por qualquer delito, pois não tinha conhecimento anterior sobre a conduta praticada por Lucas;
c) responderá pelo crime de exercício arbitrário das próprias razões;
d) responderá pelo crime de favorecimento pessoal;
e) responderá pelo crime de favorecimento real.

▷ ***Anotações/Comentários***

(a) No crime de favorecimento real, não há isenção de pena se quem presta o auxílio é ascendente, descendente, cônjuge ou irmão do criminoso, fica isento de pena.

(b) Matheus responde pelo crime, pois, quando prestou auxílio ao seu filho, tomou conhecimento da origem espúria dos bens.

(c) No crime de exercício arbitrário das próprias razões, o particular faz justiça pelas próprias mãos, para satisfazer pretensão, embora legítima, salvo quando a lei o permite (art. 345, CP).

(d) No crime de favorecimento pessoal, o agente auxilia o autor do crime a subtrair-se à ação de autoridade pública (art. 348, CP).

(e) No crime de favorecimento real, o agente auxilia o autor do crime, fora dos casos de coautoria ou de receptação, a tornar seguro o proveito do crime (art. 349, CP).

245. FGV – 2024 – TRF 1 - Analista Judiciário – Oficial de Justiça

Caio, oficial de justiça, compareceu ao imóvel de Matheus, testemunha de um grande esquema fraudulento envolvendo o Instituto Nacional do Seguro Social (INSS), autarquia federal, intimando-o a comparecer a uma audiência que seria realizada na Justiça Federal. Contudo, Matheus, sem qualquer interesse em participar do ato processual, ofereceu R$ 2.000,00 a Caio, para que o último viesse a afirmar que não o encontrou no local, oferta prontamente aceita pelo referido servidor público. Na sequência, Caio agiu conforme o combinado.

Segundo as disposições do Código Penal, o particular Matheus responderá pelo crime de:

a) corrupção ativa, com a incidência de uma causa de aumento de pena;
b) corrupção passiva, com a incidência de uma causa de aumento de pena;
c) corrupção passiva, na modalidade simples;
d) corrupção ativa, na modalidade simples;
e) peculato, na modalidade qualificada.

▷ ***Anotações/Comentários***

(a) No crime de corrupção ativa, o agente **oferece** ou promete **vantagem indevida** a **funcionário público**, para determiná-lo a praticar, **omitir** ou retardar **ato de ofício**. No caso, a pena deve ser aumentada de um terço porque o funcionário público atendeu ao pedido feito por Matheus (art. 333, *caput* e parágrafo único, CP).

(b) Matheus não cometeu crime de corrupção passiva, pois ele não é funcionário público e foi ele que ofereceu a indevida vantagem ao Oficial de Justiça (art. 317, CP). Caiu, como funcionário público, responde por corrupção passiva, pois aceitou receber a indevida vantagem, com causa de aumento de pena, porque não praticou o seu ato de ofício devidamente.

(c) Matheus não cometeu crime de corrupção passiva, pois ele não é funcionário público e foi ele que ofereceu a indevida vantagem ao Oficial de Justiça (art. 317, CP).

(d) Houve a causa de aumento de pena, pois Caio, ao cumprir com o combinado, deixou de praticar o ato de ofício devidamente.

(e) Matheus não cometeu peculato ante a ausência de sua qualidade de funcionário público, além de não ter praticado quaisquer das condutas descritas no art. 312, CP.

246. FGV – 2024 – TRF 1 - Analista Judiciário – Oficial de Justiça

Guilherme, juiz federal, expediu mandado de intimação visando à oitiva de uma testemunha em juízo. Ao receber a determinação judicial, João, oficial de justiça, deixou de se encaminhar à localidade indicada no mandado. Na verdade, o referido servidor público, agindo com dolo, inseriu uma declaração falsa, em certidão juntada aos autos, no sentido de que teria comparecido ao local, mas a testemunha não pôde ser encontrada.

Nesse cenário, considerando as disposições do Código Penal, João responderá pelo crime de:

a) falsificação de documento particular;
b) falsificação de documento público;
c) falsificação de sinal público;
d) petrechos de falsificação;
e) falsidade ideológica.

▷ ***Anotações/Comentários***

(a) No crime de falsificação de documento particular, o agente **falsifica**, no todo ou em parte, **documento particular** ou **alterar documento particular verdadeiro** (art. 298, CP). Trata-se de falsidade material que recai sobre documento particular. No problema não houve falsificação material e o documento emitido é público.

(b) No crime de falsificação de documento público, o agente **falsifica**, no todo ou em parte, **documento público** ou **alterar documento público verdadeiro** (art. 297, CP). Trata-se de falsidade material que recai sobre documento público. No problema não houve falsificação material no documento público emitido pelo autor do fato.

(c) No crime de falsificação de selo ou sinal público, a conduta recai em selo público destinado a autenticar atos oficiais da União, de Estado ou de Município; selo ou sinal atribuído por lei a entidade de direito público, ou a autoridade, ou sinal público de tabelião (art. 296, CP).

(d) No crime de petrechos de falsificação, o agente fabrica, adquire, fornece, a título oneroso ou gratuito, possui ou guarda maquinismo, aparelho, instrumento ou qualquer objeto especialmente destinado à falsificação de moeda (art. 291, CP).

(e) No crime de falsidade ideológica, o agente omite, em documento público ou particular, declaração que dele devia constar, ou **nele insere** ou faz inserir **declaração falsa** ou diversa da que devia ser escrita, com o fim de prejudicar direito, criar obrigação ou **alterar a verdade sobre fato juridicamente relevante**. No caso, o agente praticou o crime de falsidade ideológica, porque inseriu em documento público (certidão) declaração falsa, pois não compareceu ao local determinado, com o fim de alterar a verdade sobre fato juridicamente relevante.

247. (FGV – Analista Judiciário – TRF/1ª Região/2024) Uma guarnição da Polícia Rodoviária Federal abordou o veículo automotor conduzido por João na BR 319, em razão do excesso de velocidade constatado. Durante a abordagem, João, dolosamente, entregou aos policiais um documento de identificação próprio, emitido pelo estado do Amazonas, que, no entanto, fora alterado por terceira pessoa, sem qualquer participação sua, direta ou indireta. Contudo, João, muito nervoso e ciente dos direitos constitucionais que possui, acabou por confessar aos policiais que o documento era falso.

Nesse cenário, considerando as disposições do Código Penal e a jurisprudência dominante do Superior Tribunal de Justiça, João responderá pelo crime de:

a) falsificação de documento público, a ser processado e julgado na Justiça Federal;
b) uso de documento falso, a ser processado e julgado na Justiça Estadual;
c) falsidade ideológica, a ser processado e julgado na Justiça Estadual;
d) falsa identidade, a ser processado e julgado na Justiça Estadual;
e) uso de documento falso, a ser processado e julgado na Justiça Federal.

▷ ***Anotações/Comentários***

(a) Como João não foi o autor da falsificação, ele não responde pelo crime de falsificação de documento público. A competência é da Justiça Federal, pois o uso do documento foi feito para produzir efeito juridicamente relevante perante órgão público da União, a Polícia Rodoviária Federal.

(b) Houve crime de uso de documento público, pois João entregou documento próprio falsificado ao Policial Rodoviário Federal, órgão ligado à União Federal.

(c) No crime de falsidade ideológica, o documento é estruturalmente originário, mas o conteúdo que expressa não corresponde à

PENAL

verdade. A competência é da Justiça Federal, porque a Polícia Rodoviária Federal é órgão da União.

(d) No crime de falsa identidade, consiste em atribuir-se ou atribuir a terceiro falsa identidade para obter vantagem, em proveito próprio ou alheio, ou para causar dano a outrem. A competência é da Justiça Federal.

(e) Houve crime de uso de documento falso, porque o agente fez uso de documento sabidamente falso para produzir efeito jurídico relevante junto à Polícia Rodoviária Federal, órgão da União, o que faz com que a competência seja da Justiça Federal.

---

248. (FGV – Analista Judiciário – TRF/1ª Região/2024) Luiz recebeu, de boa-fé, como verdadeiras, vinte notas falsas de cem reais. Após constatar a falsidade, Luiz, dolosamente, as restituiu à circulação, para não ter que suportar qualquer prejuízo.

Nesse cenário, considerando as disposições do Código Penal, é correto afirmar que Luiz:

a) responderá pelo crime de moeda falsa, estando sujeito a uma pena, em abstrato, equivalente àquela prevista para o agente que falsifica, fabrica ou altera o papel-moeda;
b) não responderá por qualquer crime, por não ter sido o responsável pela falsificação do papel-moeda ou pela sua colocação originária em circulação;
c) responderá pelo crime de moeda falsa, estando sujeito a uma pena, em abstrato, inferior àquela prevista para o agente que falsifica, fabrica ou altera o papel-moeda;
d) não responderá por qualquer crime, por se tratar de conduta formalmente atípica;
e) responderá pelo crime de petrecho para falsificação de moeda.

▷ ***Anotações/Comentários***

(a) Luiz responde por crime de moeda falsa na forma privilegiada, pois, tendo recebido de boa-fé, como verdadeira, moeda falsa ou alterada, a restitui à circulação, depois de conhecer a falsidade (art. 289, § 2º, CP). Neste caso, a pena é de detenção, de seis meses a dois anos, e multa. Menor do que quem falsifica, fabrica ou altera o papel moeda, cuja pena é de reclusão, de três a doze anos, e multa (art. 289, *caput*, CP).

(b) Responde pelo crime de moeda falsa privilegiada.

(c) Luiz responde por crime de moeda falsa na forma privilegiada, pois, tendo recebido de boa-fé, como verdadeira, moeda falsa ou alterada, a restitui à circulação, depois de conhecer a falsidade (art. 289, § 2º, CP). Neste caso, a pena é de detenção, de seis meses a dois anos, e multa. **Menor** do que quem falsifica, fabrica ou altera o papel moeda, cuja pena é de reclusão, de três a doze anos, e multa (art. 289, *caput*, CP).

(d) Responde pelo crime de moeda falsa privilegiada.

(e) Crime de petrecho para falsificação consiste em Fabricar, adquirir, fornecer, a título oneroso ou gratuito, possuir ou guardar maquinismo, aparelho, instrumento ou qualquer objeto especialmente destinado à falsificação de moeda (art. 291, CP).

---

249. (Cespe – Analista Judiciário – Direito – TJ – PA/2020) A conduta de quem faz declaração falsa de estado de pobreza para fins de obtenção dos benefícios da justiça gratuita em ação judicial é considerada

a) atípica.
b) crime de falsa identidade.
c) crime de falsidade ideológica.
d) crime de falsificação de documento público.
e) crime de falsificação de documento particular.

▷ ***Anotações/Comentários***

(a) O STJ já decidiu ser atípica a conduta de firmar ou usar declaração de pobreza falsa em juízo, com a finalidade de obter os benefícios da gratuidade de justiça, tendo em vista a presunção relativa de tal documento, que comporta prova em contrário.

(b) No crime de falsa identidade, o sujeito ativo atribui qualificação falsa à sua pessoa ou a de terceiros (art. 307, CP).

(c) No crime de falsidade ideológica (art. 299, CP), o fato descrito no documento não corresponde à realidade fática, o que provoca efeito jurídico distinto.

(d) No crime de falsidade de documento público (art. 297, CP), recai sobre este documento uma falsidade material, seja por fabricação de um documento falso, seja por alteração de um documento verdadeiro.

(e) No crime de falsidade de documento público (art. 298, CP), recai sobre este documento uma falsidade material, seja por fabricação de um documento falso, seja por alteração de um documento verdadeiro.

---

250. (FGV – Técnico Judiciário – Área Judiciária – TJ – AL/2018) Pablo, funcionário público do Tribunal de Justiça, tem a responsabilidade de registrar em um livro próprio do cartório os procedimentos que estão há mais de dez dias conclusos, permitindo o controle dos prazos por parte de advogados. Por determinação do juiz responsável, que queria evitar que terceiros soubessem de sua demora, Pablo deixa de lançar diversos processos que estavam conclusos para sentença há vários meses. Considerando apenas as informações narradas, descoberto o fato, é correto afirmar que Pablo:

a) não praticou crime, porque agiu em estrita obediência a ordem de superior hierárquico;
b) não praticou crime, porque agiu em estrito cumprimento de dever legal;
c) deverá responder pelo crime de prevaricação;
d) deverá responder pelo crime de falsidade ideológica;
e) não praticou crime, porque agiu no exercício regular de direito.

▷ ***Anotações/Comentários***

(a) A ordem do juiz é manifestamente ilegal.

(b) O dever legal de Pablo era fazer o registro no livro próprio do cartório.

(c) Na prevaricação, o agente deixa de praticar o ato para satisfazer interesse ou sentimento pessoal. No caso, Pablo atendeu ao interesse do juiz.

(d) Pablo cometeu crime de falsidade ideológica (art. 299, CP), porque omitiu declaração que deveria constar em documento público, com o fim de alterar a verdade sobre fato juridicamente relevante.

(e) Pablo não tinha o direito de não lançar os diversos processos que estavam conclusos ao Juiz.

---

251. (Cespe – Analista Judiciário – Área Administrativa – TRE – BA/2017) A pedido de Ronaldo, um amigo portador de doença congênita cardiovascular, a médica Joana emitiu atestado médico afirmando que ele estava apto a praticar, sem prejuízos para sua saúde, esportes como a corrida. Ronaldo, então, utilizou o atestado como instrumento de prova para um concurso público para a polícia civil. Uma semana depois de assumir o cargo, Ronaldo passou mal, e o atestado foi colocado à prova, tendo passado a ser objeto de investigação criminal. O perito escalado para contestar ou reafirmar o atestado concedido pela médica protegeu a colega de profissão e atestou que o problema cardíaco de Ronaldo, embora congênito, pode ser de difícil diagnóstico, o que justificaria suposta falha de Joana. Ronaldo, entretanto, em sede de inquérito, confessou que havia pedido o atestado à médica. O perito voltou atrás e retratou-se, tendo afirmado que seria impossível a médica não ter verificado a doença.

A respeito das condutas de Ronaldo, de Joana e do perito, assinale a opção correta.

a) Ronaldo não cometeu crime, configurando arrependimento eficaz o fato de ele ter confessado em sede de inquérito.
b) A conduta de Joana configura crime contra a administração pública.
c) O perito não cometeu crime, cabendo-lhe apenas punição administrativa.
d) Joana cometeu crime de certidão ou atestado ideologicamente falso.
e) A conduta de Joana configura crime de falsidade de atestado médico.

▷ ***Anotações/Comentários***

(a) Ronaldo cometeu crime de uso de documento falso (art. 304, CP). A confissão serve apenas como circunstância atenuante da pena (art. 65, III, 'd", CP).

(b) Joana cometeu crime contra a fé pública.

(c) O perito cometeu crime de falsa perícia (art. 342, CP), mas é isento de pena em face da retratação (art. 342, § 2º, CP).

(d) Houve crime de falsidade de atestado médico (art. 302, CP).

(e) Joana cometeu crime de falsidade de atestado médico (art. 302, CP), porque, como médica, deu atestado falso, ao afirmar que Ronaldo estava apto a praticar, sem prejuízos para sua saúde, esportes como a corrida, apesar de apresentar doença congênita.

252. (Cespe – Analista Judiciário – Área Judiciária – TRE – PE/2017) Caracteriza crime de falsidade ideológica a conduta consistente em

a) omitir que está empregado ao preencher cadastro público para obtenção de benefício social.
b) trocar a foto do documento de identificação por outra, própria, mais recente.
c) fingir que é outra pessoa para obter algum benefício, como o ingresso em evento privado.
d) utilizar o título de eleitor do irmão que se encontre em viagem para votar em seu lugar.
e) alterar por conta própria o nome que consta na carteira nacional de habilitação.

▷ ***Anotações/Comentários***

(a) Houve omissão, em documento público, de declaração que dele deve constar, para alterar a verdade sobre fato juridicamente relevante: Por isso, se trata de crime de falsidade ideológica (art. 299, CP).

(b) Trata-se de crime de falsidade material de documento público (art. 297, CP).

(c) Trata-se de crime de falsa identidade (art. 307, CP).

(d) Trata-se do crime de falsa identidade qualificado (art. 308, CP).

(e) Trata-se de crime de falsidade material de documento público (art. 297, CP).

253. (FCC – Analista Judiciário – Área Judiciária – TRE – SP/2017) À luz do Código Penal, sobre a falsidade documental nos crimes contra a fé pública,

a) a falsificação de um documento emanado de sociedade de economia mista federal caracteriza o crime de falsificação de documento público.
b) equipara-se a documento público para caracterização do crime de falsificação de documento público o cartão de crédito ou débito.
c) se o autor do crime de falsificação de selo ou sinal público é funcionário público e comete o crime prevalecendo-se do cargo, a pena é aumentada de um terço.
d) aquele que faz inserir na Carteira de Trabalho e Previdência Social do empregado declaração falsa ou diversa da que deveria ter constado estará sujeito às penas cominadas ao crime de falsidade ideológica.
e) o médico que dá, no exercício de sua função, atestado falso com o fim lucrativo estará sujeito à pena privativa de liberdade cominada ao delito de falsidade de atestado médico aumentada de metade.

▷ ***Anotações/Comentários***

(a) Para fins penais, os documentos emanados de entidade paraestatal (como as sociedades de economia mista) são considerados públicos (art. 297, § 2º, CP).

(b) Equipara-se a documento particular o cartão de crédito ou débito (art. 298, parágrafo único, CP).

(c) A pena é aumentada de sexta parte (art. 296, § 2º, CP).

(d) No caso, há crime equiparado a falsidade material de documento público (art. 297, § 3º, CP).

(e) Se o crime de atestado médico falso for cometido com o fim de lucro, além da pena privativa de liberdade, também se aplica multa (art. 302, parágrafo único, CP).

254. (Cespe – Analista Judiciário – Oficial de Just. Avaliador – TRF 1/2017) No que se refere ao cumprimento de mandados judiciais e suas repercussões criminais na esfera penal, julgue os itens que se seguem.

Situação hipotética: No curso de diligência para a citação pessoal de réu em processo criminal, o destinatário da citação apresentou documento de identidade de outra pessoa, em que havia substituído a fotografia original, com o objetivo de se furtar ao ato, o que frustrou o cumprimento da ordem judicial.

Assertiva: Nesse caso, o citado praticou o crime de falsa identidade.

- CERTO
- ERRADO

▷ ***Anotações/Comentários***

Houve crime de uso de documento falso (art. 304, CP), pois o agente fez uso de documento público falso. O crime do art. 298, CP, é absorvido pelo art. 304, CP.

255. (IESES – Analista Judiciário – Área Judiciária – TRE – MA/2015) Quanto aos crimes contra a fé pública, é correto afirmar:

a) A conduta descrita no crime de falsidade ideológica é omitir, em documento público ou particular, declaração que dele devia constar, ou nele inserir ou fazer inserir declaração falsa ou diversa da que devia ser escrita com o fim de prejudicar direito, criar obrigação ou alterar a verdade sobre qualquer fato.
b) Pratica o crime de moeda falsa o agente que falsificar, fabricando ou alterando moeda metálica ou papel-moeda de curso legal no país ou no estrangeiro, porém, a utilização de papel-moeda grosseiramente falsificado configura, em tese, o crime de estelionato, da competência da Justiça Estadual.
c) O crime de falso reconhecimento de firma ou letra possui pena de detenção, de 1 (um) a 5 (cinco) anos ou multa.
d) O crime de adulteração de sinal identificador de veículo automotor, possui como conduta adulterar, remarcar ou retirar número de chassi ou qualquer sinal identificador de veículo automotor.

▷ ***Anotações/Comentários***

(a) Na falsidade ideológica, o fato deve ser juridicamente relevante (art. 299, CP).

(b) Trata-se da descrição do tipo penal do art. 289, CP. Registre-se que, em qualquer crime contra a fé pública, a falsidade grosseira afasta a tipificação em um crime dessa natureza.

(c) A pena é de reclusão, de um a cinco anos, e multa, se o documento é público; e de um a três anos, e multa, se o documento é particular (art. 300, CP).

(d) As condutas são adulterar ou remarcar. Não há conduta de retirar (art. 311, CP).

256. (Vunesp – Escrevente Técnico Judiciário – TJ – SP/2018) A respeito dos crimes previstos nos artigos 293 a 305 do Código Penal, assinale a alternativa correta.

a) A falsificação de livros mercantis caracteriza o crime de falsificação de documento particular (art. 298 do CP).
b) O crime de falsidade ideológica (art. 299 do CP), em documento público, é próprio de funcionário público.
c) No crime de falsidade de atestado médico (art. 302 do CP), independentemente da finalidade de lucro do agente, além da pena privativa de liberdade, aplica-se multa.
d) O crime de supressão de documento (art. 305 do CP), para se caracterizar, exige que o documento seja verdadeiro.
e) O crime de falsificação de documento público (art. 297 do CP) é próprio de funcionário público.

▷ ***Anotações/Comentários***

(a) Os livros mercantis são documentos públicos para fins penais (art. 297, § 2º, CP).

(b) O particular também pode cometer crime de falsidade ideológica em documento público (art. 299, CP).

(c) No crime de falsidade de atestado médico, só há aplicação de pena de multa se o agente tinha a finalidade de lucro (art. 302, parágrafo único, CP).

(d) Documento verdadeiro é objeto material do crime do art. 305, CP.

(e) O particular também pode cometer crime de falsificação de documento público (art. 297, CP).

PENAL

257. (Vunesp - Escrevente Técnico Judiciário - TJ - SP/2018) No tocante às infrações previstas nos artigos 307, 308 e 311-A, do Código Penal, assinale a alternativa correta.

a) A conduta de atribuir a terceiro falsa identidade é penalmente atípica, sendo crime apenas atribuir a si próprio identidade falsa.

b) O crime de fraude em certames de interesse público configura-se pela divulgação de conteúdo de certame, ainda que não sigiloso.

c) O crime de fraude em certames de interesse público prevê a figura qualificada, se dele resulta dano à administração pública.

d) A conduta de ceder o documento de identidade a terceiro, para que dele se utilize, é penalmente atípica, sendo crime apenas o uso, como próprio, de documento alheio.

e) O crime de fraude em certames de interesse público é próprio de funcionário público.

▷ ***Anotações/Comentários***

(a) "Atribuir-se ou atribuir a terceiro" falsa identidade configura o crime do art. 307, CP.

(b) Conteúdo sigiloso é elemento do tipo penal do art. 311-A, CP.

(c) Art. 311-A: Tipo comum: reclusão, de um a quatro anos, e multa; Tipo qualificado: dano à Administração Pública (art. 311-A, § 2º, CP): reclusão, de 2 (dois) a 6 (seis) anos, e multa.

(d) C ceder o documento de identidade a terceiro, para que dele se utilize, é penalmente típica (art. 308, CP).

(e) O art. 311-A, CP, pode ser praticado por particular ou funcionário público.

258. (Vunesp - Escrevente Técnico Judiciário - TJ - SP/2017) O crime denominado "petrechos de falsificação" (CP, art. 294) tem a pena aumentada, de acordo com o art. 295 do CP, se

a) praticado com intuito de lucro.

b) cometido em detrimento de órgão público ou da administração indireta.

c) a vítima for menor de idade, idosa ou incapaz.

d) causar expressivo prejuízo à fé pública.

e) o agente for funcionário público e cometer o crime prevalecendo-se do cargo.

▷ ***Anotações/Comentários***

(a) ver resposta à alternativa "e".

(b) ver resposta à alternativa "e".

(c) ver resposta à alternativa "e".

(d) ver resposta à alternativa "e".

(e) Se o agente é funcionário público, e comete o crime prevalecendo-se do cargo, aumenta-se a pena do crime de petrechos de falsificação de sexta parte (art. 295, CP).

259. (Vunesp - Escrevente Técnico Judiciário - TJ-SP/2014) Configura crime de falsidade ideológica:

a) omitir, em documento público ou particular, declaração que dele devia constar.

b) atestar ou certificar falsamente fato ou circunstância que habilite alguém a obter cargo público.

c) falsificar, em nível material, em documento particular, declaração que dele devia constar.

d) inserir ou fazer inserir declaração verdadeira com o fim de prejudicar direito ou criar obrigação.

e) falsificar, no todo ou em parte, documento particular ou alterar documento particular verdadeiro.

▷ ***Anotações/Comentários***

(a) Art. 299, CP: Omitir, em documento público ou particular, declaração que dele devia constar, ou nele inserir ou fazer inserir declaração falsa ou diversa da que devia ser escrita, com o fim de prejudicar direito, criar obrigação ou alterar a verdade sobre fato juridicamente relevante.

(b) Trata-se do crime de certidão ou atestado ideologicamente falso, se o sujeito ativo do crime for funcionário público (art. 301, CP).

(c) Trata-se do crime de falsificação de documento particular (art. 298, CP).

(d) No crime de falsidade ideológica, a declaração inserida deve ser falsa.

(e) Trata-se do crime de falsificação de documento particular (art. 298, CP).

260. (FGV - Analista Judiciário - Área Judiciária - TRT 12/2017) Caio, ao cessar suas atividades empresariais, determina que o responsável por inscrever informações na Carteira de Trabalho e Previdência Social dos funcionários inclua no documento a informação de que os empregados foram demitidos em 01.02.2017, enquanto, na verdade, o vínculo empregatício foi rompido em 01.05.2017. Descobertos os fatos, a Caio:

a) não poderá ser aplicada qualquer pena, já que não foi ele que inseriu a informação na carteira de trabalho;

b) será aplicada a pena do crime de falsificação de documento público;

c) será aplicada a pena do crime de falsificação de documento particular;

d) será aplicada a pena do crime de falsidade ideológica de documento público;

e) será aplicada a pena do crime de certidão ou atestado ideologicamente falso.

▷ ***Anotações/Comentários***

(a) Caio responde como autor mandante do crime.

(b) Nas mesmas penas do crime de falsificação de documento público incorre quem insere ou faz inserir na Carteira de Trabalho e Previdência Social do empregado ou em documento que deva produzir efeito perante a previdência social, declaração falsa ou diversa da que deveria ter sido escrita (art. 297, § 3º, II CP).

(c) ver resposta à alternativa "b".

(d) ver resposta à alternativa "b".

(e) ver resposta à alternativa "b".

261. (Cespe - Analista Judiciário - Área Judiciária - Oficial de Justiça Avaliador) Caracteriza falsificação de documento particular a alteração de

a) testamento particular.

b) ações de sociedade comercial.

c) título ao portador ou transmissível por endosso.

d) nota fiscal.

e) livros mercantis.

▷ ***Anotações/Comentários***

(a) Testamento particular é documento público para fins penais (art. 297, § 2º, CP).

(b) Ações comerciais são documento público para fins penais (art. 297, § 2º, CP).

(c) Título ao portador ou transmissível por endosso é documento público para fins penais (art. 297, § 2º, CP).

(d) A nota fiscal é um documento para fins fiscais, mas, como é emitido pelo empresário que vende uma mercadoria ou presta um serviço, é documento particular.

(e) Livros mercantis são documento público para fins penais (art. 297, § 2º, CP).

262. (Cespe - Analista Judiciário - Área Judiciária - CNJ/2013) Em relação a crimes contra a fé e a administração públicas e de abuso de autoridade, julgue os itens subsequentes.

Crime de falsificação de documento público, quando cometido por funcionário público, admite a modalidade culposa — hipótese em que a pena é reduzida.

- CERTO
- ERRADO

▷ ***Anotações/Comentários***

O crime de falsificação de documento público não admite a forma culposa.

263. (Cespe - Analista de Controle Externo - Direito - TCE - MG/2018) Por estar em dificuldades financeiras, José passou a realizar falsificações em cédulas de dinheiro verdadeiras, alterando-as para que parecessem ser de um valor mais alto. Dessa forma, enganou o feirante Pedro, tendo-lhe entregado notas falsificadas. Ao perceber o prejuízo, Pedro tentou repassar a nota a João, que, por trabalhar na casa da moeda, descobriu a falsificação. João comunicou o fato à polícia, que, após diligências, identificou José como o autor da falsificação.

A respeito dessa situação hipotética, assinale opção correta.

a) Ao caso poderá ser aplicado o princípio da insignificância, se verificado que a quantidade de cédulas de dinheiro repassadas havia sido muito pequena.
b) Pedro não cometeu crime, pois não consumou o repasse das notas falsificadas.
c) José não cometeu crime, porque a sua dificuldade financeira é causa excludente de culpabilidade.
d) Pedro não cometeu crime, uma vez que não produziu as notas falsificadas.
e) José será processado pela justiça estadual caso se identifique que a falsificação das cédulas tenha sido grosseira.

▷ ***Anotações/Comentários***

(a) Dada a relevância do bem jurídico tutelado pela norma penal, não se aplica o princípio da insignificância ao crime de moeda falsa.

(b)O crime do art. 289, § 2º, CP, é formal, não se exigindo o prejuízo a alguém.

(c) A dificuldade financeira não exclui a culpabilidade.

(d) Pedro cometeu o crime do art. 289, § 2º, CP.

(e) Se a falsificação for grosseira, afasta-se o crime de moeda falsa, de competência da Justiça Federal, subsistindo o crime de estelionato, de competência da Justiça Estadual.

264. (Vunesp - Juiz de Direito - TJ - SP/2018) Assinale a alternativa correta quanto aos crimes contra a fé pública.

a) O crime de falsidade material se consubstancia na alteração do conteúdo de documento, ainda que parcial, omitindo declaração que dele devia constar, ou nele inserindo ou fazendo inserir declaração falsa ou diversa da que devia ser escrita.
b) Atribuir-se falsa identidade perante a autoridade policial em autodefesa, uma vez que procurado pela justiça, não constitui crime, aplicando-se o princípio da dignidade da pessoa humana.
c) Há concurso material de crimes quando o falsificador posteriormente usa o documento falsificado que se esgota nessa conduta.
d) Para efeitos penais, equiparam-se a documento público o emanado de entidade paraestatal, o título ao portador ou transmissível por endosso, as ações de sociedade comercial, os livros mercantis e o testamento particular.

▷ ***Anotações/Comentários***

(a) A omissão de declaração que dele devia constar, ou nele inserindo ou fazendo inserir declaração falsa ou diversa da que devia ser escrita configura crime de falsidade ideológica (art. 299, CP).

(b) A falsa identidade em razão de autodefesa não exclui o tipo penal do art. 307, CP.

(c) Há apenas crime de uso documento falso (art. 304, CP).

(d) Trata-se da redação do art. 297, § 2º, CP: Documentos públicos por equiparação.

265. (FCC - Procurador Legislativo - Câmara Legislativa do DF/2018) Pratica o crime de falsidade ideológica aquele que

a) faz uso de carteira nacional de habilitação falsa em abordagem policial para evitar multa administrativa.
b) altera ou falsifica documento particular verdadeiro e o utiliza no Brasil ou no exterior.
c) atesta falsamente, em razão de função pública, fato que habilite alguém a obter cargo público.
d) atribui-se falsa identidade para obter vantagem, em proveito próprio ou alheio, ou para causar dano a outrem.
e) omite, em documento particular, declaração que dele devia constar com o fim de criar uma obrigação.

▷ ***Anotações/Comentários***

(a) Trata-se de crime de uso de documento falso (art. 304, CP).

(b) Alterar ou falsificar documento particular verdadeiro é crime de falsidade de documento particular (art. 298, CP). Porém, esse crime é absorvido pelo crime de uso do documento falso (art. 304, CP).

(c) Trata-se de crime de certidão ou atestado ideologicamente falso (art. 301, CP).

(d) Trata-se do crime de falsa identidade (art. 307, CP).

(e) Ao se omitir declaração que deveria constar do documento particular com o fim de criar uma obrigação, o que consta do documento é diverso da realidade dos fatos, havendo assim crime de falsidade ideológica (art. 299, CP).

PENAL

266. (FCC - Defensor Público - DPE - AM/2018) Comete o crime de

a) falsa identidade aquele faz uso de Carteira Nacional de Habilitação (CNH) falsa para conduzir veículo automotor.
b) falso testemunho aquele que imputa a outrem falsamente fato definido como crime.
c) uso de documento falso aquele que faz uso de documento particular falso.
d) falsidade de atestado médico aquele produz atestado falso se passando pela condição de médico.
e) falsificação de documento público aquele que insere em documento público declaração falsa com o fim de prejudicar direito de terceiro.

▷ ***Anotações/Comentários***

(a) Trata-se de crime de uso de documento falso.

(b) Trata-se de crime de calúnia.

(c) O agente que usa documento particular falso comete o crime do art. 304, CP.

(d) Trata-se de crime falsidade documental (art. 297 ou 298, CP, conforme a natureza do documento).

(e) Trata-se de crime de falsidade ideológica (art. 299, CP).

267. (FCC - Defensor Público - DPE - AP/2018) Sobre o crime de falsidade ideológica:

a) É atípica, em tese, a conduta daquele que faz inserir, em documento público, declaração falsa acerca do verdadeiro condutor de veículo envolvido em sinistro de trânsito uma vez que integrante do direito à ampla defesa.
b) É necessária a realização de perícia, uma vez que, a exemplo do que ocorre com a falsidade documental, a alteração é no conteúdo do documento.
c) O documento para fins de falsidade ideológica deve ser uma peça que tenha possibilidade de produzir prova de um determinado fato, ainda que para tanto sejam necessárias outras verificações.
d) É crime material, como todo falso, não sendo suficiente para sua consumação a mera potencialidade lesiva.
e) É atípica a conduta de fazer afirmações possivelmente falsas, em ação judicial, com base em documentos também tidos por adulterados (instrumentos procuratórios com assinaturas falsas e comprovantes de residência adulterados), uma vez que a Constituição Federal assegura a todos o acesso à justiça.

▷ ***Anotações/Comentários***

(a) Trata-se de crime de falsidade ideológica (art. 299, CP).

(b) O crime de falsidade ideológica não deixa vestígio, logo não se faz necessária a perícia.

(c) O documento faz prova, sem necessidade de outras verificações.

(d) Trata-se de crime formal.

(e) O STJ considera atípica a figura do "estelionato judiciário", consistente no uso de documentos particulares, como procuração e declaração de hipossuficiência, com informações inconsistentes, não condizentes com a realidade. Entende-se que tais documentos gozam de presunção relativa de veracidade, passíveis de prova em contrário no curso do devido processo legal.

7. CRIMES CONTRA A ADMINISTRAÇÃO PÚBLICA

268. AOCP – 2024 – TRF 2 - Analista Judiciário - Área Administrativa

João, servidor público da área fiscal de determinado município, ao ser procurado pelo contribuinte Mário, que visava levantar suas pendências de IPTU e realizar o pagamento do que era devido, acabou, conscientemente, gerando uma guia para pagamento do tributo na agência bancária mais distante da residência de Mário, ocasionando-lhe maiores despesas financeiras. Diante disso, é correto afirmar que João cometeu o crime de

a) abuso de poder.
b) abuso de autoridade.
c) excesso de exação.
d) peculato.
e) exercício arbitrário das próprias razões.

▷ ***Anotações/Comentários***

(a) Não existe o crime de abuso de poder.

(b) A conduta não se encaixa em uma das figuras típicas da Lei de Abuso de Autoridade.

(c) Excesso de exação: Se o **funcionário** exige **tributo** ou contribuição social que sabe ou deveria saber indevido, ou, **quando devido**, emprega na cobrança meio vexatório ou **gravoso, que a lei não autoriza** (art. 316, § 1º, CP). Como João agiu conscientemente, houve o dolo a configurar o tipo penal.

(d) Peculato (art. 312, CP): Apropriar-se o funcionário público de dinheiro, valor ou qualquer outro bem móvel, público ou particular, de que tem a posse em razão do cargo, ou desviá-lo, em proveito próprio ou alheio. Aplica-se a mesma pena, se o funcionário público, embora não tendo a posse do dinheiro, valor ou bem, o subtrai, ou concorre para que seja subtraído, em proveito próprio ou alheio, valendo-se de facilidade que lhe proporciona a qualidade de funcionário.

(e) Exercício arbitrário das próprias razões: Fazer justiça pelas próprias mãos, para satisfazer pretensão, embora legítima, salvo quando a lei o permite (art. 345, CP).

269. AOCP – 2024 – TRF 2 - Analista Judiciário - Área Judiciária

Na qualidade de policial civil e em razão do exercício da função, João, de forma abusiva, exigiu para si vantagem indevida de determinado cidadão. Diante desse fato, assinale a alternativa correta.

a) O crime praticado por João admite a celebração da transação penal e a suspensão do processo.
b) Em razão da natureza do crime cometido, não há possibilidade de celebração do acordo de não persecução penal.
c) O fato não configura ilícito penal, considerando que João não se utilizou de grave ameaça na solicitação da vantagem indevida.
d) Considerando que o crime praticado por João admite o fracionamento do iter criminis, é possível a tentativa, bem como admitida a modalidade culposa.
e) Para o Supremo Tribunal Federal (STF), embora a condição de funcionário público integre o tipo penal praticado por João, não configura bis in idem a elevação da pena na primeira fase da dosimetria, tendo por base essa mesma função exercida por João.

▷ ***Anotações/Comentários***

(a) A pena privativa de liberdade do crime de concussão é de reclusão, de 2 (dois) a 12 (doze) anos, motivo pelo qual não cabe transação penal ou suspensão condicional do processo.

(b) O fato de o crime de concussão ser crime contra a Administração Pública não impede a celebração de ANPP.

(c) Concussão: Exigir, para si ou para outrem, direta ou indiretamente, ainda que fora da função ou antes de assumi-la, mas em razão dela, vantagem indevida (art. 316, CP). O tipo penal não exige grave ameaça.

(d) O crime de concussão admite a tentativa, mas não admite a modalidade culposa.

(e) De acordo com a jurisprudência, a condição de funcionário público é elemento do tipo penal. Se há função pública for relevante, como a de Prefeito, o Juiz pode usar essa circunstância para avaliar desfavoravelmente a culpabilidade do agente e aumentar a pena na primeira fase de aplicação da pena, sem configuração de *bis in idem*.

270. AOCP – 2024 – TRF 2 - Analista Judiciário - Contabilidade

O Código Penal estabelece o conceito de funcionário público para fins penais. Nessa perspectiva, é correto afirmar que

a) considera-se funcionário público, para os efeitos penais, o funcionário de empresa privada contratada ou conveniada para prestação de serviços cerimoniais.
b) quando o servidor público for ocupante de cargo em comissão ou função de direção, a pena será aumentada em dois terços.
c) equipara-se a funcionário público quem exerce função em entidade paraestatal.
d) não pode ser equiparado a funcionário público aquele que trabalha em empresa prestadora de serviços públicos contratada para prestação de atividade típica da administração pública.
e) no caso do servidor público que desempenhe função de direção ou assessoramento e que incidir na prática de crime de admitir à licitação empresa ou profissional declarado inidôneo (art. 337-M do Código Penal), a pena deverá ser aumentada em um terço.

▷ ***Anotações/Comentários***

(a) Equipara-se a funcionário público quem trabalha para **empresa prestadora de serviço** contratada ou conveniada para a **execução de atividade típica** da Administração Pública (art. 327, § 1º, CP).

(b) A pena será aumentada da **terça parte** quando os autores dos crimes praticados por funcionários públicos contra a Administração Pública em Geral forem ocupantes de cargos em comissão ou de função de direção ou assessoramento de órgão da administração direta, sociedade de economia mista, empresa pública ou fundação instituída pelo poder público (art. 327, § 2º, CP).

(c) Equipara-se a funcionário público quem exerce cargo, emprego ou função em **entidade paraestatal** (art. 327, § 1º, CP).

(d) Equipara-se a funcionário público quem trabalha para **empresa prestadora de serviço** contratada ou conveniada para a **execução de atividade típica** da Administração Pública (art. 327, § 1º, CP).

(e) A causa de aumento de pena do art. 327, § 2º, CP, só tem incidência nos crimes previstos nos arts. 312 a 326 do Código Penal.

271. FCC – 2024 – TRF 3 - Analista Judiciário - Área Judiciária

Mauro é comerciante de produtos eletrônicos e reside em uma pequena cidade do Estado do Mato Grosso do Sul. Viajou para O Paraguai, na cidade de Pedro Juan Caballero, onde adquiriu um carregamento de produtos eletrônicos, avaliados em US$ 30.000 (trinta mil dólares americanos), para serem revendidos em sua loja. Mauro retorna ao Brasil com a carga pela via terrestre em um furgão. Logo após passar a fronteira entre os países, sem declarar as mercadorias adquiridas às autoridades aduaneiras e pagar os impostos necessários, ao ingressar em território brasileiro, na cidade de Ponta Porã, o veículo conduzido por Mauro é abordado pela polícia Rodoviária Federal. Mauro é preso em flagrante e cometeu, no caso hipotético acima, o crime de

a) tráfico de influência.
b) corrupção ativa.
c) contrabando.
d) estelionato.
e) descaminho.

▷ ***Anotações/Comentários***

(a) Tráfico de influência: Solicitar, exigir, cobrar ou obter, para si ou para outrem, vantagem ou promessa de vantagem, a pretexto de influir em ato praticado por funcionário público no exercício da função (art. 332, CP).

(b) Corrupção ativa: Oferecer ou prometer vantagem indevida a funcionário público, para determiná-lo a praticar, omitir ou retardar ato de ofício (art. 333, CP).

(c) Contrabando: Importar ou exportar mercadoria proibida (art. 334-A, CP). Não há notícia de que os produtos eletrônicos sejam proibidos.

(d) Estelionato: Obter, para si ou para outrem, vantagem ilícita, em prejuízo alheio, induzindo ou mantendo alguém em erro, mediante artifício, ardil, ou qualquer outro meio fraudulento (art. 171, CP).

(e) Descaminho: **Iludir**, no todo ou em parte, **o pagamento** de direito ou **imposto** devido pela **entrada**, pela saída ou pelo consumo de mercadoria (art. 334, CP).

272. FCC – 2024 – TRF 3 - Analista Judiciário - Área Judiciária

A empresa "X, declarada inidônea, é admitida pelos funcionários públicos José, Mônica e Rubens, à licitação promovida pelo órgão federal em que lotados. Nesse caso, nos termos preconizados pelo Código Penal, José, Mônica e Rubens cometeram, em tese, o crime de

a) Modificação ou pagamento irregular em contrato administrativo — artigo 337-H, do Código Penal.
b) Frustração do caráter competitivo de licitação — artigo 337-F, do Código Penal.
c) Contratação inidônea — artigo 337-M, do Código Penal.
d) Fraude em licitação ou contrato — artigo 337-L, do Código Penal.
e) Afastamento de licitante — art. 337-K, do Código Penal.

▷ ***Anotações/Comentários***

(a) Modificação ou pagamento irregular em contrato administrativo: Admitir, possibilitar ou dar causa a qualquer modificação ou vantagem, inclusive prorrogação contratual, em favor do contratado, durante a execução dos contratos celebrados com a Administração Pública, sem autorização em lei, no edital da licitação ou nos respectivos instrumentos contratuais, ou, ainda, pagar fatura com preterição da ordem cronológica de sua exigibilidade (art. 337-H, CP).

(b) Frustração do caráter competitivo de licitação: Frustrar ou fraudar, com o intuito de obter para si ou para outrem vantagem decorrente da adjudicação do objeto da licitação, o caráter competitivo do processo licitatório (art. 337-F, CP).

(c) Contratação inidônea: Admitir à licitação empresa ou profissional declarado inidôneo (art. 337-M, *caput*, CP).

(d) Fraude em licitação ou contrato: Fraudar, em prejuízo da Administração Pública, licitação ou contrato dela decorrente, mediante uma das condutas descritas nos incisos do art. 337-L, CP.

(e) Afastamento de licitante: Afastar ou tentar afastar licitante por meio de violência, grave ameaça, fraude ou oferecimento de vantagem de qualquer tipo (art. 337-K, CP.

273. AOCP – 2024 – TRF 2 - Técnico Judiciário - Agente da Polícia Judicial

No intuito de prejudicar seu desafeto Fulano, Sicrano compareceu na delegacia de polícia e, mesmo sabendo da inocência de Fulano, formalizou boletim de ocorrência, imputando-lhe a prática do crime de receptação, o que ocasionou posterior instauração de inquérito policial. Diante da situação narrada, é correto afirmar que Sicrano praticou o crime de

a) denunciação caluniosa.
b) comunicação falsa de crime ou contravenção.
c) fraude em inquérito policial.
d) comunicação falsa de crime, com incidência de aumento de pena em razão da instauração do inquérito policial.
e) calúnia.

▷ ***Anotações/Comentários***

(a) Denunciação caluniosa: **Dar causa à instauração de inquérito policial**, de procedimento investigatório criminal, de processo judicial, de processo administrativo disciplinar, de inquérito civil ou de ação de improbidade administrativa **contra alguém**, **imputando-lhe crime**, infração ético-disciplinar ou ato ímprobo de que **o sabe inocente** (art. 339, CP).

(b) Comunicação falsa de crime: Provocar a ação de autoridade, comunicando-lhe a ocorrência de crime ou de contravenção que sabe não se ter verificado (art. 340, CP). Neste crime, o falso recai sobre o fato, enquanto na denunciação caluniosa o falso recai sobre a autoria.

(c) Não há crime de fraude em inquérito policial, mas crime de fraude processual: Inovar artificiosamente, na pendência de processo civil ou administrativo, o estado de lugar, de coisa ou de pessoa, com o fim de induzir a erro o juiz ou o perito (art. 347, CP)

(d) No crime de comunicação falsa de crime ou contravenção penal, não há causa de aumento de pena.

(e) Na calúnia, o agente visa ofender a honra do sujeito passivo do crime (art. 138, CP), sem instauração de procedimento contra ele.

274. AOCP – 2024 – TRF 2 - Analista Judiciário - Contabilidade

Tício, no intuito de obter uma certidão, dirigiu-se a um órgão público municipal e foi atendido pelo servidor público Mévio. Na ocasião, Mévio disse que a certidão estaria disponível no prazo de 48 horas, mas, se lhe fosse repassada determinada quantia, poderia disponibilizar a certidão de imediato. Sabendo que essa solicitação é indevida, é correto afirmar que Mévio praticou o crime de

a) corrupção passiva.
b) peculato.
c) corrupção ativa.
d) concussão.
d) prevaricação.

▷ ***Anotações/Comentários***

(a) Corrupção passiva: **Solicitar** ou receber, **para si** ou para outrem, **direta** ou indiretamente, ainda que fora da função ou antes de assumi-la, **mas em razão dela, vantagem indevida**, ou aceitar promessa de tal vantagem (art. 317, CP).

(b) Peculato: Apropriar-se o funcionário público de dinheiro, valor ou qualquer outro bem móvel, público ou particular, de que tem a posse em razão do cargo, ou desviá-lo, em proveito próprio ou alheio. (art. 312, CP). Aplica-se a mesma pena, se o funcionário público, embora não tendo a posse do dinheiro, valor ou bem, o subtrai, ou concorre para que seja subtraído, em proveito próprio ou alheio, valendo-se de facilidade que lhe proporciona a qualidade de funcionário (art. 312, § 1º, CP).

(c) Corrupção ativa: Oferecer ou prometer vantagem indevida a funcionário público, para determiná-lo a praticar, omitir ou retardar ato de ofício (art. 333, CP). Trata-se de crime praticado por particular contra a Administração Pública.

(d) Concussão: Exigir, para si ou para outrem, direta ou indiretamente, ainda que fora da função ou antes de assumi-la, mas em razão dela, vantagem indevida (art. 316, CP).

(e) Prevaricação: Retardar ou deixar de praticar, indevidamente, ato de ofício, ou praticá-lo contra disposição expressa de lei, para satisfazer interesse ou sentimento pessoal (art. 319, CP).

275. AOCP – 2024 – TRF 2 - Técnico Judiciário - Agente da Polícia Judicial

Sobre os crimes contra a Administração Pública, assinale a alternativa INCORRETA segundo a jurisprudência do Superior Tribunal de Justiça.

a) A prática de crime contra a Administração Pública por ocupantes de cargos de elevada responsabilidade ou por membros de poder justifica a majoração da pena-base.
b) A consumação do crime de peculato-desvio ocorre no momento em que o funcionário efetivamente desvia o dinheiro, valor ou outro bem móvel, em proveito próprio ou de terceiro, ainda que não obtenha a vantagem indevida.
c) É desnecessária a constituição definitiva do crédito tributário na esfera administrativa para a configuração dos crimes de contrabando e de descaminho.
d) O pagamento ou o parcelamento dos débitos tributários não extingue a punibilidade do crime de descaminho, tendo em vista a natureza formal do delito.
e) Há bilateralidade entre os crimes de corrupção passiva e ativa, pois, ainda que previstos em tipos penais distintos, a comprovação de um deles pressupõe a do outro.

▷ ***Anotações/Comentários***

(a) Mostra-se idônea a valoração negativa do vetor da culpabilidade pelo fato de o agente exercer o cargo de Chefe do Poder Executivo

PENAL

Municipal, ocupação que demanda exercício com efetivas lisura e ética, inexistentes in casu. (STJ – AgRg no REsp 1795894/PB).

(b) Peculato-desvio é crime formal para cuja consumação não se exige que o agente público ou terceiro obtenha vantagem indevida mediante prática criminosa, bastando a destinação diversa daquela que deveria ter o dinheiro. Os aspectos formais da descrição típica da conduta estão preenchidos na medida em que é desviado dinheiro destinado ao pagamento de empréstimos consignados de servidores públicos (STJ – APn. 814/DF).

(c) 3. Descabida a tese de que a condenação pelos crimes de contrabando e descaminho exigem, como condição de procedibilidade, a inscrição definitiva do débito tributário. Em razão da sua natureza formal, desnecessária a constituição definitiva do crédito tributário para se poder iniciar a ação penal pela suposta prática do crime de descaminho ou contrabando. 4. A Quinta Turma deste Superior Tribunal de Justiça firmou entendimento no sentido de que o delito previsto no art. 334 do Código Penal se configura no ato da importação irregular de mercadorias, sendo desnecessário, portanto, o exaurimento das vias administrativas e constituição definitiva do crédito tributário para a sua apuração criminal. (AgRg no AREsp 1.034.891/SP, Ministro Jorge Mussi, Quinta Turma, DJe de 23/6/2017). [...] É entendimento sedimentado desta Corte que, nas hipóteses de descaminho, não é exigida a constituição definitiva do crédito tributário para a consumação do delito (AgRg no REsp 1.807.259/SC, Ministro Nefi Cordeiro, Sexta Turma, DJe de 2/8/2019). [...] "Nos termos do art. 334 do Código Penal, o crime de descaminho se perfaz com o ato de iludir o pagamento de imposto devido pela entrada de mercadoria no país. Desnecessária, portanto, a apuração administrativo-fiscal do montante que deixou de ser recolhido para a configuração do delito. O mesmo raciocínio deve ser aplicado ao delito de contrabando. Precedentes" (AgRg no REsp 1419119/PR, Rel. Ministra LAURITA VAZ, QUINTA TURMA, julgado em 18/03/2014, DJe 28/03/2014) (REsp n. 1.964.529/CE, Ministro Olindo Menezes (Desembargador convocado do TRF 1ª Região), Sexta Turma, DJe de 10/6/2022).

(d) Cuidando-se de crime formal, mostra-se irrelevante o parcelamento e pagamento do tributo, não se inserindo, ademais, o crime de descaminho entre as hipóteses de extinção da punibilidade listadas na Lei n. 10.684/2003 (STJ - AgRg no REsp 1810491/SP).

(e) Para que o Agente seja condenado pelo crime de corrupção passiva é despiciendo identificar ou mesmo condenar o corruptor ativo, pois a eventual bilateralidade das condutas é tão somente fático-jurídica, não alcançando a seara processual, porquanto esses delitos, "[...] por estarem previstos em tipos penais distintos e autônomos, são independentes, de modo que a comprovação de um deles não pressupõe a do outro" (RHC 52.465/PE, Rel. Ministro JORGE MUSSI, QUINTA TURMA, julgado em 23/10/2014, DJe 31/10/2014).

---

276. AOCP – 2024 – TRF 2 - Técnico Judiciário - Agente da Polícia Judicial

Nos termos do Código Penal, o crime de concussão constitui em

a) solicitar ou receber, para si ou para outrem, direta ou indiretamente, ainda que fora da função ou antes de assumi-la, mas em razão dela, vantagem indevida, ou aceitar promessa de tal vantagem.
b) exigir, para si ou para outrem, direta ou indiretamente, ainda que fora da função ou antes de assumi-la, mas em razão dela, vantagem indevida.
c) apropriar-se o funcionário público de dinheiro, valor ou qualquer outro bem móvel, público ou particular de que tem a posse em razão do cargo, ou desviá-lo, em proveito próprio ou alheio.
d) apropriar-se de dinheiro ou qualquer utilidade que, no exercício do cargo, recebeu por erro de outrem.
e) dar às verbas ou rendas públicas, aplicação diversa da estabelecida em lei.

▷ ***Anotações/Comentários***

(a) Solicitar ou receber, para si ou para outrem, direta ou indiretamente, ainda que fora da função ou antes de assumi-la, mas em razão dela, vantagem indevida, ou aceitar promessa de tal vantagem se trata de **corrupção passiva (art. 317, CP).**

(b) Exigir, para si ou para outrem, direta ou indiretamente, ainda que fora da função ou antes de assumi-la, mas em razão dela, vantagem indevida se trata de crime de **concussão (art. 316, CP).**

(c) Apropriar-se o funcionário público de dinheiro, valor ou qualquer outro bem móvel, público ou particular de que tem a posse em razão do cargo, ou desviá-lo, em proveito próprio ou alheios se trata de **peculato (art. 312, CP)**.

(d) Apropriar-se de dinheiro ou qualquer utilidade que, no exercício do cargo, recebeu por erro de outrem se trata de crime de **peculato mediante erro de outrem (art. 313, CP).**

(e) Dar às verbas ou rendas públicas, aplicação diversa da estabelecida em lei se trata de crime de **emprego irregular de verbas ou rendas públicas (art. 315, CP)**.

---

277. FGV – 2024 – TRF 1 - Analista Judiciário – Área Administrativa

Luiz encontra-se preso, preventivamente, em um presídio federal de segurança máxima. Em razão de uma falha nos procedimentos de segurança do estabelecimento, João logrou êxito em fugir, sem auxílio de terceiros e sem empregar violência ou grave ameaça contra pessoa. Contudo, quando estava a dez metros do muro externo da penitenciária, dois policiais penais de plantão conseguiram capturá-lo, sem qualquer tipo de resistência.

Nesse cenário, considerando as disposições do Código Penal, é correto afirmar que Luiz:

a) não responderá por qualquer crime, pois a legislação tipifica, apenas, a fuga consumada do preso, não verificada no caso apresentado;
b) não responderá por qualquer crime, em razão da atipicidade formal da conduta;
c) responderá pelo crime de fuga de pessoa presa, na modalidade consumada;
d) responderá pelo crime de fuga de pessoa presa, na modalidade tentada;
e) responderá pelo crime de arrebatamento de preso.

▷ ***Anotações/Comentários***

(a) O art. 352, CP, tipifica a **evasão e a tentativa de evasão** de pessoa presa, desde que haja violência contra a pessoa.

(b) Nos termos do art. 352, CP, há crime, se o preso ou o indivíduo submetido a medida de segurança detentiva se evade ou tenta evadir-se, usando de **violência** contra a pessoa. No caso, Luiz se evadiu sem prática de violência contra pessoa.

(c) Não há crime consumado, porque Luiz não se valeu de violência contra pessoa.

(d) No crime de evasão mediante violência contra pessoa, a tentativa de evasão é punida com a mesma pena do crime consumado. Mas, no caso, não há tipicidade da conduta pela ausência de violência.

(e) No crime de arrebatamento de preso, o agente arrebata (retira, arrancar, com violência) preso, a fim de maltratá-lo, do poder de quem o tenha sob custódia ou guarda (art. 353, CP).

---

278. FGV – 2024 – TRF 1 - Analista Judiciário – Análise de Dados

João, agente público federal competente, deu ordem de parada a um veículo automotor que transitava em excesso de velocidade no interior do estado do Pará. Realizado o exame de alcoolemia (teste do bafômetro), constatou-se que o condutor havia ingerido grande quantidade de álcool, dando azo à caracterização de crime previsto no Código de Trânsito Brasileiro. Dessa forma, João solicitou ao condutor dez mil reais para liberá-lo, proposta aceita imediatamente e operacionalizada por meio de transferência bancária.

Nesse cenário, considerando as disposições do Código Penal, João responderá pelo(s) crime(s) de:

a) corrupção passiva e corrupção ativa, em concurso;
b) concussão e corrupção passiva, em concurso;
c) corrupção passiva;
d) corrupção ativa;
e) concussão.

▷ ***Anotações/Comentários***

(a) João não responde pelo crime de corrupção ativa, pois este crime é praticado pelo **particular** que oferece ou promete vantagem indevida a funcionário público, para determiná-lo a praticar, omitir ou retardar ato de ofício (art. 333, CP).

(b) João não responde pelo crime de corrupção, pois, neste crime, o funcionário público **exige** para si ou para outrem, direta ou indiretamente, ainda que fora da função ou antes de assumi-la, mas em razão dela, vantagem indevida (art. 316, CP).

(c) Houve crime de corrupção passiva, pois João, na qualidade de funcionário público, solicitou, para si, vantagem indevida, em razão da função pública que exerce (art. 317, CP).

(d) Ver resposta à alternativa "a".

(e) Ver resposta à alternativa "b".

---

279. FGV – 2024 – TRF 1 - Analista Judiciário – Área Administrativa

Após o recebimento de uma intimação por parte da Polícia Federal, Fabiano compareceu à sede da instituição, sendo informado pela autoridade policial da existência de um inquérito policial em curso, no qual ele seria ouvido na qualidade de testemunha. Durante o depoimento, gravado em áudio e vídeo, Fabiano, em diversas ocasiões, calou a verdade sobre fatos juridicamente relevantes, embora não tenha feito afirmações falsas.

Nesse cenário, considerando as disposições do Código Penal, é correto afirmar que Fabiano:

a) não responderá por qualquer crime, já que, apesar de ter calado a verdade, não fez uso de afirmações falsas;
b) não responderá por qualquer crime, já que calou a verdade em inquérito policial, e não em processo judicial;
c) responderá pelo crime de favorecimento real;
d) responderá pelo crime de fraude processual;
e) responderá pelo crime de falso testemunho.

▷ ***Anotações/Comentários***

(a) Calar a verdade também são elementares do tipo penal do crime de falso testemunho.

(b) O crime de falso testemunho pode ocorrer em processo judicial, ou administrativo, inquérito policial, ou em juízo arbitral.

(c) No crime de favorecimento real, o agente presta a criminoso, fora dos casos de coautoria ou de receptação, auxílio destinado a tornar seguro o proveito do crime (art. 349, CP).

(d) No crime de fraude processual, o agente inova artificiosamente, na pendência de processo civil ou administrativo, o estado de lugar, de coisa ou de pessoa, com o fim de induzir a erro o juiz ou o perito (art. 347, CP).

(e) No crime de falso testemunho, o agente faz afirmação falsa, ou negar ou **calar a verdade como testemunha**, perito, contador, tradutor ou intérprete em processo judicial, ou administrativo, **inquérito policial**, ou em juízo arbitral (art. 342, CP).

---

280. FGV – 2024 – TRF 1 - Técnico Judiciário – Área Administrativa

João responde, em juízo, pela prática de um crime de competência da Justiça Federal. Deflagrada a audiência de instrução, após a oitiva da vítima e das testemunhas de acusação, Maria, arrolada pela defesa técnica, foi avisada pelo magistrado de que seria ouvida na qualidade de informante, e não na de testemunha, em razão da relação de amizade íntima com o réu. Finda a audiência, ficou evidenciado que Maria mentiu em diversas passagens das suas declarações, embora não tenha ocorrido qualquer prejuízo ao deslinde do processo, já que a sua versão restou isolada.

Nesse cenário, considerando as disposições do Código Penal, é correto afirmar que Maria:

a) não responderá por qualquer crime, pois, apesar de a conduta ser formalmente típica, a versão da declarante, isolada nos autos, não prejudicou o deslinde do processo;
b) responderá pelo crime de favorecimento pessoal, com a incidência de uma causa de aumento de pena;
c) responderá pelo crime de falso testemunho, com a incidência de uma causa de aumento de pena;
d) responderá pelo crime de fraude processual, com a incidência de uma qualificadora;
e) não responderá por qualquer crime, em razão da atipicidade formal da conduta.

▷ ***Anotações/Comentários***

(a) Há crime de falso testemunho, ainda que as palavras da testemunha restarem isoladas nos Autos e não prejudicarem o deslinde da causa. Ocorre que, no caso, Maria não foi ouvida como testemunha, mas como informante, o que torna a conduta atípica.

(b) No crime de favorecimento pessoal, o agente auxilia a subtrair-se à ação de autoridade pública autor de crime (art. 348, CP).

(c) Maria não responde pelo crime de falso testemunho, pois, apesar de fazer informação falsa em juízo, foi ouvida como informante, não como testemunha. Se houvesse o crime de falso testemunho, como o fato ocorreu em processo criminal, a pena seria aumentada de um sexto a um terço (art. 342, § 1º, CP).,

(d) No crime de fraude processual, o agente inova artificiosamente, na pendência de processo civil ou administrativo, o estado de lugar, de coisa ou de pessoa, com o fim de induzir a erro o juiz ou o perito (art. 347, CP). Neste crime, se a inovação se destina a produzir efeito em processo penal, ainda que não iniciado, as penas aplicam-se em dobro.

(e) A conduta é atípica, pois o crime de falso testemunho só pode ser praticado por quem é testemunha. No caso, Maria não foi ouvida como testemunha, mas como informante do juízo, o que afasta a tipicidade da conduta.

---

281. FGV – 2024 – TRF 1 - Técnico Judiciário – Área Administrativa

Guilherme, juiz federal, expediu mandado de condução coercitiva para que Daniel, testemunha arrolada pelo Ministério Público Federal, fosse ouvido em juízo. Durante o cumprimento da determinação judicial pelo oficial de justiça de plantão, Daniel o ofendeu severamente, humilhando-o mediante o emprego de diversas palavras depreciativas, relacionadas ao cargo ocupado, embora não tenha se oposto à execução da ordem legal.

Nesse cenário, considerando as disposições do Código Penal, Daniel responderá pelo crime de:

a) violência arbitrária;
b) excesso de exação;
c) desobediência;
d) resistência;
e) desacato.

▷ ***Anotações/Comentários***

(a) O crime de violência arbitrária consiste em o funcionário público praticar violência, no exercício de função ou a pretexto de exercê-la (art. 322, CP). Há entendimento de que este artigo foi revogado tacitamente pela Lei de Abuso de Autoridade.

(b) No crime de excesso de exação, o funcionário público exige tributo ou contribuição social que sabe ou deveria saber indevido, ou, quando devido, emprega na cobrança meio vexatório ou gravoso, que a lei não autoriza (art. 316, § 1º, CP).

(c) No crime de desobediência, o funcionário público desobedece a ordem legal de funcionário público (art. 330, CP). No caso, o autor obedeceu à ordem do oficial de justiça, apesar de ofendê-lo.

(d) No crime de resistência, o particular se opõe à execução de ato legal, mediante violência ou ameaça a funcionário competente para executá-lo ou a quem lhe esteja prestando auxílio (art. 329, CP). No caso, não houve oposição à ordem, mediante violência ou ameaça.

(e) No crime de desacato, o particular falta com o respeito, desrespeita, menospreza, ofende o funcionário público no exercício da função ou em razão dela (art. 331, CP).

---

282. FGV – 2024 – TRF 1 - Técnico Judiciário – Agente da Polícia Judicial

Jonas, jurisdicionado, tentou ingressar na sede do Tribunal Regional Federal da 1ª Região na posse de item proibido, ocasião em que Lucas, agente público competente, o abordou. Jonas, então, agindo dolosamente, se opôs à execução do ato legal, mediante ameaça ao referido servidor, que realizava a fiscalização devida. De qualquer forma, após a contenção do jurisdicionado, o ato foi executado normalmente, em observância às formalidades legais.

Nesse cenário, considerando as disposições do Código Penal, Jonas responderá pelo crime de:

a) desobediência, na modalidade qualificada, pois a conduta praticada envolveu o emprego de ameaça;
b) resistência, na modalidade qualificada, pois a conduta praticada envolveu o emprego de ameaça;
c) desobediência, na modalidade simples;
d) resistência, na modalidade simples;
e) desacato, na modalidade simples.

▷ ***Anotações/Comentários***

(a) O crime de desobediência não tem forma qualificada (art. 330, CP).

(b) Há qualificadora do crime de resistência, se o ato legal, em razão da resistência, não se executa (art. 329, § 1º, CP).

(c) Não há crime de desobediência, pois este é praticado sem violência ou ameaça contra o funcionário público (art. 330, CP).

(d) No crime de desobediência, o sujeito ativo, mediante violência ou ameaça, se opõe à execução de ato legal, praticado por funcionário público (art. 329, CP). Nesse crime, não se exige grave ameaça, mas simples ameaça. No caso do problema, o agente se vale de grave ameaça, que não qualifica o crime, mas pode ser usado como circunstância judicial desfavorável na fase do art. 59, CP.

(e) No crime de desacato, o sujeito ativo ofende o funcionário público no exercício da função ou em razão dela (art. 331, CP). No crime de desacato, não há forma qualificada.

283. FGV - 2024 - TRF 1 - Técnico Judiciário - Área Administrativa

Wagner, policial, se apropriou, em proveito próprio e agindo dolosamente, de joias avaliadas em R$ 10.000,00 (dez mil reais) que foram apreendidas em uma operação realizada pela instituição a que pertence. Registre-se que o policial estava na posse dos bens móveis em razão do cargo ocupado.

Nesse cenário, considerando as disposições do Código Penal, Wagner responderá pelo crime de:

a) peculato mediante erro de outrem;
b) corrupção passiva;
c) peculato culposo;
d) corrupção ativa;
e) peculato.

▷ ***Anotações/Comentários***

(a) No crime de peculato mediante erro de outrem, o funcionário público se apropria de dinheiro ou qualquer utilidade que, no exercício do cargo, recebeu por **erro de outrem** (art. 313, CP).

(b) No crime de corrupção passiva, o funcionário público **solicita** ou **recebe**, para si ou para outrem, direta ou indiretamente, ainda que fora da função ou antes de assumi-la, mas em razão dela, vantagem indevida, ou **aceita** promessa de tal vantagem (art. 317, CP).

(c) No crime de peculato culposo, o funcionário não age com dolo, mas culposamente, para se apropriar, desviar ou subtrair o bem público ou em poder do ente público (art. 312, § 2º, CP).

(d) No crime de corrupção ativa, o particular **oferece** ou **promete vantagem indevida** a funcionário público, para determiná-lo a praticar, omitir ou retardar ato de ofício (art. 333, CP).

(e) No crime de peculato apropriação, o funcionário público **apropria-se** o funcionário público de dinheiro, valor ou **qualquer outro bem móvel**, público ou **particular**, de que tem **a posse em razão do cargo** (art. 312, *caput*, CP). Assim, houve crime de peculato.

284. FGV - 2024 - TRF 1 - Técnico Judiciário - Área Administrativa

Matheus, proprietário de uma pequena loja no interior do estado de Goiás, expõe à venda e mantém em depósito, no exercício de atividade comercial, mercadorias de procedência estrangeira, admitidas, em tese, no Brasil. Contudo, Matheus sabe que as referidas mercadorias, presentes no seu estabelecimento, são produto de introdução clandestina no território nacional, pela via terrestre, não tendo ocorrido o pagamento dos impostos devidos pela entrada dos bens no país.

Nesse cenário, considerando as disposições do Código Penal, Matheus responderá pelo crime de:

a) contrabando, na modalidade simples, com a incidência de uma causa de diminuição de pena, pois as mercadorias ingressaram no território nacional por meio do transporte terrestre;
b) contrabando, na modalidade qualificada, em razão de a conduta ter sido perpetrada no exercício de atividade comercial;
c) descaminho, na modalidade qualificada, em razão de a conduta ter sido perpetrada no exercício de atividade comercial;
d) descaminho, na modalidade simples, sem causas de aumento e de diminuição de pena;
e) contrabando, na modalidade simples, sem causas de aumento e de diminuição de pena.

▷ ***Anotações/Comentários***

(a) No crime de contrabando (art. 334-A, CP), o objeto material é mercadoria proibida. No contrabando, não há previsão de qualquer causa de diminuição de pena.

(b) No crime de contrabando (art. 334-A, CP), o objeto material é mercadoria proibida. No contrabando, praticar a conduta no exercício de atividade comercial é forma equiparada (art. 334-A, § 1º, IV, CP) ao tipo penal do *caput*, do art. 334-A, CP, não se tratando de forma qualificada.

(c) No crime de descaminho, a mercadoria não é proibida no ordenamento jurídico brasileiro, mas a importação se dá de forma irregular. No descaminho, praticar a conduta no exercício de atividade comercial é forma equiparada (art. 334, § 1º, III, CP) ao tipo penal do *caput*, do art. 334, CP, não se tratando de forma qualificada.

(d) Houve crime de descaminho na forma equiparada do art. 334, III, CP: vende, **expõe à venda**, mantém em depósito ou, de qualquer forma, utiliza em proveito próprio ou alheio, **no exercício de atividade comercial** ou industrial, **mercadoria de procedência estrangeira que introduziu clandestinamente no País** ou importou fraudulentamente ou que sabe ser produto de introdução clandestina no território nacional ou de importação fraudulenta por parte de outrem. Não existem causas de diminuição de pena no crime de descaminho. O art. 334, § 3º, CP, prevê causa de aumento de pena: aplica-se em dobro se o crime de contrabando é praticado em transporte aéreo, marítimo ou fluvial.

(e) Houve crime de descaminho.

285. FGV – 2024 – TRF 1 - Técnico Judiciário – Desenvolvimento de Sistemas da Informação

Matheus, conhecedor de que um vizinho tem uma ação em tramitação na subseção judiciária que abarca o município Alfa, no âmbito do Tribunal Regional Federal da 1ª Região (TRF1), recebeu R$ 10.000,00 (dez mil reais) a pretexto de influir na decisão do juiz federal titular da serventia.

Nesse cenário, considerando as disposições do Código Penal, Matheus responderá pelo crime de:

a) usurpação de função pública;
b) advocacia administrativa;
c) exploração de prestígio;
d) favorecimento pessoal;
e) tráfico de influência.

▷ ***Anotações/Comentários***

(a) No crime de usurpação de função pública, o agente usurpa (apropria-se, toma para si, sem ter o direito) o exercício de função pública (art. 328, CP).

(b) No crime de advocacia administrativa, o agente patrocina (advoga, defende), direta ou indiretamente, interesse privado perante a administração pública, valendo-se da qualidade de funcionário (art. 321, CP).

(c) No crime de exploração de prestígio, o agente solicita ou **recebe dinheiro** ou qualquer outra utilidade, **a pretexto de influir em juiz**, jurado, órgão do Ministério Público, funcionário de justiça, perito, tradutor, intérprete ou testemunha (art. 357, CP).

(d) No crime de favorecimento pessoal, o agente auxilia a subtrair-se à ação de autoridade pública autor de crime a que é cominada pena de reclusão (art. 348, CP).

(e) No crime de tráfico de influência, o agente solicita, exige, cobra ou obtém, para si ou para outrem, vantagem ou promessa de vantagem, a pretexto de influir em ato praticado por funcionário público no exercício da função (art. 332, CP). O crime de exploração de prestígio é especial em relação ao crime de tráfico de influência, pois enquanto o primeiro é crime contra a Administração da Justiça, o segundo é crime contra a Administração em Geral. Assim, no caso, como a suposta influência seria feita em relação ao trabalho de um juiz, incide a norma especial do art. 357, CP).

286. FGV – 2024 – TRF 1 - Analista Judiciário – Análise de Dados

Um particular se encaminhou à sede do Departamento de Trânsito (DETRAN) do estado Alfa com o objetivo de realizar a vistoria do seu veículo automotor. Contudo, em razão das diversas irregularidades constatadas, o automóvel não passou no exame conduzido pelo servidor Caio, que ocupa um cargo público junto ao DETRAN. Dessa forma, Matheus, despachante que presenciou os fatos, se aproximou do particular e solicitou dois mil reais, para si, a pretexto de influir e reverter a decisão tomada pelo agente público.

Nesse cenário, considerando as disposições do Código Penal, Matheus responderá pelo crime de:

a) advocacia administrativa;
b) exploração de prestígio;
c) favorecimento pessoal;
d) tráfico de influência;
e) patrocínio infiel.

▷ ***Anotações/Comentários***

(a) No crime de advocacia administrativa, o agente patrocina, direta ou indiretamente, interesse privado perante a administração pública, valendo-se da qualidade de funcionário (art. 321, CP).

(b) No crime de exploração de prestígio, o agente solicita ou recebe dinheiro ou qualquer outra utilidade, a pretexto de influir em juiz, jurado, órgão do Ministério Público, funcionário de justiça, perito, tradutor, intérprete ou testemunha (art. 357, CP). No caso, a solicitação foi para influenciar funcionário público do DETRAN, não da Justiça.

(c) No crime de favorecimento pessoal, o agente auxilia o autor de um crime a se subtrair da ação de autoridade pública (art. 348, CP).

(d) No crime de tráfico de influência, **solicita**, exige, cobra ou obtém, **para si** ou para outrem, **vantagem** ou promessa de vantagem, **a pretexto de influir** em ato praticado por **funcionário público no exercício da função** (art. 332, CP).

(e) No crime de patrocínio infiel, o agente trai, na qualidade de advogado ou procurador, o dever profissional, prejudicando interesse, cujo patrocínio, em juízo, lhe é confiado (art. 355, CP).

287. FGV – 2024 – TRF 1 - Técnico Judiciário – Contabilidade

Caio, servidor público no âmbito do Instituto Brasileiro do Meio Ambiente e dos Recursos Naturais Renováveis (IBAMA), autarquia federal, solicitou, em razão da sua função, R$ 2.500,00 (dois mil e quinhentos reais) de João, empresário, que havia ingressado com um pedido para regularizar, na esfera ambiental, as atividades do seu grupo empresarial. Registre-se que o pedido foi imediatamente refutado pelo particular.

Nesse cenário, considerando as disposições do Código Penal, é correto afirmar que Caio:

a) não responderá por qualquer crime, considerando que a solicitação foi prontamente refutada por João;
b) não responderá por qualquer crime, em razão do reduzido valor solicitado, tornando a conduta atípica;
c) responderá pelo crime de corrupção passiva, na modalidade consumada;
d) responderá pelo crime de corrupção ativa, na modalidade tentada;
e) responderá pelo crime de peculato, na modalidade tentada.

▷ ***Anotações/Comentários***

(a) Houve crime de corrupção passiva, que se consumou no momento em que Caio solicitou a indevida vantagem (art. 317, CP).

(b) O valor não pode ser considerado reduzido, ainda mais se considerados os interesses da Administração Pública.

(c) Houve crime de corrupção passiva: **Solicitar** ou receber, **para si** ou para outrem, **direta** ou indiretamente, ainda que fora da função ou antes de assumi-la, mas **em razão dela**, **vantagem indevida**, ou aceitar promessa de tal vantagem (art. 317, CP). O crime de corrupção passiva é crime formal, que se consuma mesmo que não haja a obtenção efetiva da indevida vantagem.

(d) No crime de corrupção ativa, o particular oferece ou promete vantagem indevida a funcionário público, para determiná-lo a praticar, omitir ou retardar ato de ofício (art. 333, CP).

(e) No crime de peculato, há apropriação, desvio ou subtração pelo funcionário público de patrimônio público ou de patrimônio privado sob a guarda da Administração Pública (art. 312, CP).

288. FGV – 2024 – TRF 1 - Técnico Judiciário – Suporte Técnico

João, desafeto de longa data de Matheus, analista judiciário no âmbito do Tribunal Regional Federal da 1ª Região (TRF1), compareceu ao Ministério Público Federal e informou que Matheus, no exercício das suas funções, estaria subtraindo diversos bens da repartição pública, muito embora soubesse ser ele inocente. A partir das informações colhidas, foi deflagrado um procedimento investigatório criminal em detrimento de Matheus. Nesse cenário, considerando as disposições do Código Penal, João responderá pelo crime de:

a) exercício arbitrário das próprias razões;
b) comunicação falsa de crime;
c) denunciação caluniosa;
d) fraude processual;
e) falso testemunho.

▷ ***Anotações/Comentários***

(a) No crime de exercício arbitrário das próprias razões, o agente faz justiça pelas próprias mãos, para satisfazer pretensão, embora legítima, salvo quando a lei o permite (art. 345, CP). A instauração de investigação contra Matheus não é pretensão legítima de João, pois este sabe de sua inocência.

(b) No crime de comunicação falsa de crime, o agente provoca a ação de autoridade, comunicando-lhe a ocorrência de crime ou de contravenção que sabe não se ter verificado (art. 340, CP). Nesse crime não há a imputação do fato a uma pessoa, mas o agente sabe que o fato inexistiu.

(c) No crime de denunciação caluniosa, o agente **dá causa à instauração de inquérito policial**, de procedimento investigatório criminal, de processo judicial, de processo administrativo disciplinar, de inquérito civil ou de ação de improbidade administrativa **contra alguém**, **imputando-lhe crime**, infração ético-disciplinar ou ato ímprobo de que **o sabe inocente** (art. 339, CP).

(d) No crime de fraude processual, o agente inova artificiosamente, **na pendência de processo civil ou administrativo**, o estado de lugar, de coisa ou de pessoa, com **o fim de induzir a erro o juiz ou o perito** (art. 347, CP).

(e) No crime de falso testemunho, o agente **faz afirmação falsa**, ou negar ou calar a verdade como testemunha, perito, contador, tradutor ou intérprete **em processo judicial, ou administrativo, inquérito policial, ou em juízo arbitral** (art. 342, CP). No caso, João não era testemunha.

289. FGV – 2024 – TRF 1 - Analista Judiciário - Inspetor de Polícia Judicial

Jonas, servidor público federal, compareceu ao estabelecimento comercial de Mário e dele exigiu o pagamento de um tributo federal devido, em benefício da Administração Pública. Contudo, o referido agente público, na cobrança, empregou, dolosamente, meio vexatório que a lei não autoriza, humilhando o particular.

Nesse cenário, considerando as disposições do Código Penal, Jonas responderá pelo crime de:

a) condescendência criminosa;
b) exploração de prestígio;
c) excesso de exação;
d) tergiversação;
e) concussão.

▷ ***Anotações/Comentários***

(a) No crime de condescendência criminosa, o funcionário público, hierarquicamente superior, **deixa**, por **indulgência**, de **responsabilizar subordinado** que cometeu **infração no exercício do cargo** ou, quando lhe falte competência, **não levar o fato ao conhecimento da autoridade competente** (art. 320, CP).

(b) No crime de exploração de prestígio, o agente **solicita ou recebe** dinheiro ou qualquer outra utilidade, a **pretexto de influir** em juiz, jurado, órgão do Ministério Público, funcionário de justiça, perito, tradutor, intérprete ou testemunha (art. 357, CP).

(c) No crime de excesso de exação, o funcionário exige tributo ou contribuição social que sabe ou deveria saber indevido, ou, **quando devido, emprega na cobrança meio vexatório ou gravoso, que a lei não autoriza** (art. 316, § 1º, CP).

(d) No crime de tergiversação, o advogado ou procurador judicial **defende na mesma causa, simultânea ou sucessivamente**, partes contrárias. (art. 355, parágrafo único, CP).

(e) No crime de concussão, o funcionário público **exige**, para si ou para outrem, direta ou indiretamente, ainda que fora da função ou antes de assumi-la, mas em razão dela, vantagem indevida (art. 316, "caput", CP): O crime de excesso de exação é especial em relação ao crime de concussão, pois o primeiro envolve a circunstância de cobrança de tributo ou contribuição.

---

290. FGV – 2024 – TRF 1 - Analista Judiciário - Inspetor de Polícia Judicial

Luiz, servidor público federal, se apropriou, em proveito próprio e agindo dolosamente, de um computador portátil público de que tinha a posse em razão do cargo ocupado. Nos dois dias subsequentes, o referido agente público repetiu a conduta perpetrada, apropriando-se de outros computadores portáteis públicos de que também tinha a posse, nas mesmas condições de tempo, lugar e maneira de execução.

Nesse cenário, considerando as disposições do Código Penal, Luiz responderá pelos crimes de:

a) corrupção passiva, em continuidade delitiva;
b) corrupção passiva, em concurso material;
c) corrupção ativa, em concurso material;
d) peculato, em continuidade delitiva;
e) peculato, em concurso material.

▷ ***Anotações/Comentários***

(a) No crime de corrupção passiva, o funcionário público **solicita ou recebe**, para si ou para outrem, direta ou indiretamente, ainda que fora da função ou antes de assumi-la, mas em razão dela, vantagem indevida, ou aceitar promessa de tal vantagem (art. 317, CP). No caso, houve apropriação de bens públicos. Houve crime continuado (art. 71, CP), pois o agente se valeu das condições de tempo, lugar, maneira de execução e outras semelhantes, para se apropriar dos bens.

(b) No crime de corrupção passiva, o funcionário público **solicita ou recebe**, para si ou para outrem, direta ou indiretamente, ainda que fora da função ou antes de assumi-la, mas em razão dela, vantagem indevida, ou aceitar promessa de tal vantagem (art. 317, CP). No caso, houve apropriação de bens públicos. Não houve concurso material (art. 69, CP), pois, apesar de o agente praticar mais de duas condutas, se valeu das mesmas condições de tempo, lugar, maneira de execução e outras semelhantes, para se apropriar dos bens, o que faz incidir a norma do art. 71, CP).

(c) No crime de corrupção ativa, o particular **oferece ou promete** vantagem indevida a funcionário público, para determiná-lo a praticar, omitir ou retardar ato de ofício (art. 333, CP). Não houve concurso material (art. 69, CP), pois, apesar de o agente praticar mais de duas condutas, se valeu das mesmas condições de tempo, lugar, maneira de execução e outras semelhantes, para se apropriar dos bens, o que faz incidir a norma do art. 71, CP).

(d) Houve crime de peculato-apropriação, pois o funcionário público se apropriou de dinheiro, valor ou qualquer outro bem móvel **(computador portátil)** público ou particular, de que tem a posse em razão do cargo (art. 312, CP). Houve crime continuado (art. 71, CP), pois o agente se valeu das mesmas condições de tempo, lugar, maneira de execução e outras semelhantes, para se apropriar dos bens.

(e) Houve crime de peculato-apropriação, pois o funcionário público se apropriou de dinheiro, valor ou qualquer outro bem móvel **(computador portátil)** público ou particular, de que tem a posse em razão do cargo (art. 312, CP). Não houve concurso material (art. 69, CP), pois, apesar de o agente praticar mais de duas condutas, se valeu das mesmas condições de tempo, lugar, maneira de execução e outras semelhantes, para se apropriar dos bens, o que faz incidir a norma do art. 71, CP).

---

291. (FGV – Analista Judiciário – TRF/1ª Região/2024) Tatiana, proprietária de um pequeno estabelecimento comercial, utiliza, dolosamente e em proveito próprio, no exercício de sua atividade comercial, mercadorias proibidas pela lei brasileira, tendo conhecimento de que elas foram importadas ao território pátrio por meios clandestinos. Registre-se que os referidos bens não possuem qualquer relação com as proibições descritas na Lei de Drogas e no Estatuto do Desarmamento.

Nesse cenário, considerando as disposições do Código Penal, é correto afirmar que Tatiana:

a) não responderá por qualquer crime, pois as mercadorias proibidas não estão expostas à venda no estabelecimento comercial;
b) não responderá por qualquer crime, por não ter sido a responsável pela importação das mercadorias proibidas;
c) responderá pelo crime de facilitação de contrabando;
d) responderá pelo crime de contrabando;
e) responderá pelo crime de descaminho.

▷ ***Anotações/Comentários***

(a) Há o crime de descaminho, pois não é preciso que o agente exponha à vida a mercadoria, basta que, de qualquer forma, utilize em proveito próprio a mercadoria de origem espúria, no exercício de sua atividade.

(b) Mesmo que não tenha sido responsável pela importação da mercadoria, Tatiana utiliza a mercadoria de qualquer forma no exercício de sua atividade comercial.

(c) O crime de facilitação de contrabando é praticado por funcionário público e consiste em facilitar, com infração de dever funcional, a prática de contrabando ou descaminho (art. 318, CP).

(d) Trata-se de figura típica equiparada a contrabando: vende, expõe à venda, mantém em depósito ou, **de qualquer forma, utiliza em proveito próprio** ou alheio, no **exercício de atividade comercial** ou industrial, **mercadoria proibida pela lei brasileira**; (art. 334-A, § 1º, IV, CP).

(e) Na figura equiparada ao descaminho, a mercadoria não é proibida por si só pela lei brasileira, mas é de procedência estrangeira que introduziu clandestinamente no País ou importou fraudulentamente ou que sabe ser produto de introdução clandestina no território nacional ou de importação fraudulenta por parte de outrem (art. 334, § 1º, I, CP).

---

292. (FGV – Analista Judiciário – TRF/1ª Região/2024) Após tentar matar um policial federal, no exercício das funções, Mário fugiu, encaminhando-se ao domicílio de João, seu irmão, que não tinha qualquer conhecimento anterior sobre a prática delitiva. Nesse contexto, ao ser informado por Mário sobre o ocorrido, João, dolosamente, o auxiliou a subtrair-se da ação das autoridades públicas, que o buscavam incessantemente.

Nesse cenário, considerando as disposições do Código Penal, a conduta perpetrada por João: em tese, caracteriza o crime de favorecimento pessoal, mas, como o auxílio foi prestado ao irmão, ele fica isento de pena;

a) em tese, caracteriza o crime de favorecimento pessoal, mas, como o auxílio foi prestado ao irmão, ele fica isento de pena;
b) caracteriza o crime de favorecimento real, mas, como o auxílio foi prestado ao irmão, ele terá direito à redução da pena;
c) em tese, caracteriza o crime de favorecimento real, mas, como o auxílio foi prestado ao irmão, ele fica isento de pena;
d) caracteriza o crime de favorecimento pessoal, inexistindo qualquer causa de isenção de pena;
e) caracteriza o crime de favorecimento real, inexistindo qualquer causa de isenção de pena.

▷ **Anotações/Comentários**

(a) No crime de favorecimento pessoal, o agente auxilia a subtrair-se à ação de autoridade pública autor de crime a que é cominada pena de reclusão. E, como, João auxiliou Mário a fugir da ação da autoridade policial, em tese, tem-se o crime de favorecimento pessoal (art. 348, CP). Mas, como João é irmão de Mário, ele é isento de pena (art. 348, § 2º, CP).

(b) No crime de favorecimento real, o agente presta a criminoso, fora dos casos de coautoria ou de receptação, auxílio destinado a tornar seguro o proveito do crime (art. 349, CP). Nesse crime, não há isenção de pena para o irmão que auxilia o autor do crime antecedente.

(c) Há crime de favorecimento pessoal, pois a ajuda teve como objetivo afastar o irmão da ação policial.

(d) Há crime de favorecimento pessoal, pois a ajuda teve como objetivo afastar o irmão da ação policial. No caso, há isenção de pena, pois João era irmão de Mário.

(e) Há crime de favorecimento pessoal, pois a ajuda teve como objetivo afastar o irmão da ação policial.

293. CEBRASPE – 2023 – TJ/ES – Analista Judiciário – Área Administrativa Ava foi denunciada por ter oferecido vantagem econômica para que uma testemunha mentisse em depoimento colhido em ação civil. Um servidor da vara criminal solicitou grande quantia em dinheiro, alegando ser essa uma exigência do juiz para absolvê-la. O valor foi pago, entretanto houve condenação. O juiz não tinha conhecimento do suborno.

A partir da situação hipotética apresentada, julgue o item a seguir, de acordo com as disposições do Código Penal.

A conduta do servidor configura o crime de exploração de prestígio, de ação penal pública incondicionada, com causa de aumento de pena.

▷ **Anotações/Comentários**

O servidor da Vara Criminal cometeu crime de exploração de prestígio, pois solicitou dinheiro, a pretexto de influir em juiz (art. 357, CP). Trata-se de crime de ação penal pública incondicionada. Há causa de aumento de um terço, pois o servidor da vara alegou que o dinheiro também se destinava ao juiz (art. 357, parágrafo único, CP).

294. (Cespe – Analista Judiciário – Direito – TJ – PA/2020) Antônio e Breno, bacharéis em direito, fazendo-se passar por oficiais de justiça, compareceram em determinada joalheria alegando que teriam de cumprir mandado judicial de busca e apreensão de parte da mercadoria, por suspeita de crime tributário. Para não cumprir os mandados, solicitaram a quantia de R$ 10.000, que foi paga pelo dono do estabelecimento.

Nessa situação, Antônio e Breno responderão pelo crime de

a) concussão.
b) corrupção ativa.
c) corrupção passiva.
d) usurpação de função pública.
e) tráfico de influência.

▷ **Anotações/Comentários**

(a) No crime de concussão (art. 316, CP), o funcionário público exige para si ou para outrem indevida vantagem, em razão do cargo público que exercem.

(b) No crime de corrupção ativa (art. 333, CP), o particular oferece ou promete vantagem indevida a funcionário público, para determiná-lo a praticar, omitir ou retardar ato de ofício.

(c) No crime de corrupção passiva (art. 317, CP), o funcionário público solicita ou recebe, para si ou para outrem, direta ou indiretamente, ainda que fora da função ou antes de assumi-la, mas em razão dela, vantagem indevida, ou aceitar promessa de tal vantagem.

(d) Houve crime de usurpação de função pública (art. 328, CP), porque dois particulares se passaram como funcionário públicos e executaram mandado de busca e apreensão.

(e) No crime de tráfico de influência, o funcionário público solicitar, exige, cobra ou obtém, para si ou para outrem, vantagem ou promessa de vantagem, a pretexto de influir em ato praticado por funcionário público no exercício da função:

295. (Cespe – Analista Judiciário – Direito – TJ – AM/2019) Júnia, de quatorze anos de idade, acusa Pierre, de dezoito anos de idade, de ter praticado crime de natureza sexual consistente em conjunção carnal forçada no dia do último aniversário da jovem. Pierre, contudo, alega que o ato sexual foi consentido.

A respeito dessa situação hipotética, julgue os itens a seguir, tendo como referência aspectos legais e jurisprudenciais a ela relacionados.

Se comprovado que Júnia agiu com má-fé ao dar causa à instauração de processo judicial contra Pierre, ela poderá ser responsabilizada pelo crime de comunicação falsa de crime.

- CERTO
- ERRADO

Júnia cometeria o crime de denunciação caluniosa (art. 339, CP), porque ela deu início a processo judicial contra Pierre, sabendo que este era inocente. No crime de comunicação falsa de crime (art. 340, CP), a falsidade recai sobre a existência do crime ou contravenção penal, não havendo imputação de autoria.

296. (FCC – Analista Judiciário – Área Judiciária – TRF 3/2019) Miguel e Mauro viajaram para Foz do Iguaçu, no estado do Paraná, e lá atravessaram a Ponte Internacional da Amizade para ingresso no Paraguai, em Ciudad dei Este, onde compraram um carregamento de 100 mil pacotes de cigarros, para revender no Brasil, e precisavam retornar ao território nacional com a mercadoria, mas não possuíam autorização para importação. Para tanto, Miguel, que é piloto de aeronave, e Mauro alugaram um avião e realizaram o transporte aéreo da mercadoria do Paraguai para uma fazenda situada no estado do Paraná, próxima a Foz do Iguaçu. No momento em que aterrizaram, e desembarcaram em território nacional, com a mercadoria, Miguel e Mauro foram presos em flagrante pela Polícia Federal. No caso hipotético apresentado, Miguel e Mauro cometeram crime de

a) descaminho, e estão sujeitos à pena de 01 a 04 anos de reclusão, sem qualquer majoração, pois o descaminho foi praticado em avião clandestino.
b) descaminho, e estão sujeitos à pena de 01 a 04 anos de reclusão, que deverá ser aplicada em dobro, pois o descaminho foi realizado em transporte aéreo.
c) contrabando, e estão sujeitos à pena de 02 a 05 anos de reclusão, que deverá ser majorada de 1/3 a metade, pois o contrabando foi realizado em transporte aéreo.
d) descaminho, e estão sujeitos à pena de 01 a 04 anos de reclusão, que deverá ser majorada de 1/3 a metade, pois o descaminho foi realizado em transporte aéreo.
e) contrabando, e estão sujeitos à pena de 02 a 05 anos de reclusão, que deverá ser aplicada em dobro, pois o contrabando foi realizado em transporte aéreo.

▷ **Anotações/Comentários**

(a) No crime de descaminho (art. 334, CP), o agente deixa de pagar o de direito ou imposto devido pela entrada, pela saída ou pelo consumo de mercadoria.

(b) No crime de descaminho (art. 334, CP), o agente deixa de pagar o de direito ou imposto devido pela entrada, pela saída ou pelo consumo de mercadoria.

(c) Houve o crime de contrabando (art. 334-A, CP), porque houve a importação de mercadoria proibida (cigarro), mas a pena deve ser aplicada em dobro (art. 334-A, § 3º, CP).

(d) Houve o crime de contrabando (art. 334-A, CP), porque houve a importação de mercadoria proibida (cigarro), mas a pena é de 2 a 5 anos e deve ser aplicada em dobro (art. 334-A, § 3º, CP).

(e) Houve o crime de contrabando (art. 334-A, CP), porque houve a importação de mercadoria proibida (cigarro) e a pena deve ser aplicada em dobro (art. 334-A, § 3º, CP).

297. (FCC – Analista Judiciário – Direito – TJ – MA/2019) O funcionário público que

a) patrocinar, direta ou indiretamente, interesse privado perante a administração pública, valendo-se da qualidade de funcionário, pratica, em tese, o crime de advocacia administrativa.

PENAL

b) solicitar ou receber, para si ou para outrem, direta ou indiretamente, ainda que fora da função ou antes de assumi-la, mas em razão dela, vantagem indevida, ou aceitar promessa de tal vantagem, pratica, em tese, o crime de corrupção ativa.

c) retardar ou deixar de praticar, indevidamente, ato de ofício, ou praticá-lo contra disposição expressa de lei, para satisfazer interesse ou sentimento pessoal, pratica, em tese, o crime de condescendência criminosa.

d) deixar, por indulgência, de responsabilizar subordinado que cometeu infração no exercício do cargo ou, quando lhe falte competência, não levar o fato ao conhecimento da autoridade competente, pratica, em tese, o crime de violação de sigilo funcional.

e) se apropriar de dinheiro, valor ou qualquer outro bem móvel, público ou particular, de que tem a posse em razão do cargo, ou desviá-lo, em proveito próprio ou alheio, pratica, em tese, o crime de concussão.

Observação: essa questão foi anulada pela comissão organizadora. Mas, se adapta aqui para que haja uma única resposta correta.

▷ ***Anotações/Comentários***

(a) O funcionário público que patrocina, direta ou indiretamente, interesse privado perante a administração pública, valendo-se da qualidade de funcionário, comete crime de advocacia administrativa (art. 321, CP).

(b) Trata-se de crime de corrupção passiva (art. 317. CP).

(c) Trata-se de crime de prevaricação (art. 319. CP).

(d) Trata-se de crime de condescendência criminosa (art. 320. CP).

(e) Trata-se de crime de peculato (art. 312. CP).

298. (FGV - Analista Administrativo - TJ - SC/2018) Zeca, funcionário público do Tribunal de Justiça, em dificuldades financeiras, para satisfazer um interesse pessoal de comprar um aparelho de telefonia celular novo, exige R$1.500,00 de parte em processo judicial para apresentar manifestação favorável a ela. A parte, porém, inconformada com a conduta do funcionário, de imediato informa o fato ao juiz de direito titular da Vara vinculada ao seu processo. A conduta de Zeca configura crime de:

a) prevaricação, na forma consumada;
b) corrupção passiva, na forma tentada;
c) corrupção passiva, na forma consumada;
d) concussão, na forma consumada;
e) concussão, na forma tentada.

▷ ***Anotações/Comentários***

(a) Prevaricação (art. 319, CP). Retardar ou deixar de praticar, indevidamente, ato de ofício, ou praticá-lo contra disposição expressa de lei, para satisfazer interesse ou sentimento pessoal.

(b) e (c) Corrupção passiva (art. 317, CP). Solicitar ou receber, para si ou para outrem, direta ou indiretamente, ainda que fora da função ou antes de assumi-la, mas em razão dela, vantagem indevida, ou aceitar promessa de tal vantagem

(d) Houve concussão (art. 316, CP), porque Zeca exigiu indevida vantagem em razão do cargo. O crime se consumou, porque se trata de crime formal, que não depende da obtenção da vantagem indevida.

(e) Houve concussão consumada.

299. (FGV - Técnico Judiciário - Área Judiciária - TJ - AL/2018) Ronaldo, que exercia função pública apenas temporariamente, sem receber remuneração, exige R$ 1.000,00 para dar prioridade na prática de ato de ofício que era de sua responsabilidade. Apesar da exigência, o fato vem a ser descoberto antes do pagamento da vantagem indevida e antes mesmo da prática com prioridade do ato de ofício.

Diante da descoberta dos fatos nos termos narrados, a conduta de Ronaldo configura:

a) corrupção passiva, devendo a pena ser aplicada considerando a modalidade tentada do delito;
b) concussão, devendo a pena ser aplicada considerando a modalidade consumada do delito;
c) corrupção passiva, devendo a pena ser aplicada considerando a modalidade consumada do delito;
d) concussão, devendo a pena ser aplicada considerando a modalidade tentada do delito;
e) atipicidade em relação aos crimes contra a Administração Pública, tendo em vista que o agente não pode ser considerado funcionário público para fins penais.

▷ ***Anotações/Comentários***

(a) O crime de corrupção passiva (art. 317, CP) é formal e se consuma mesmo se não houver o recebimento da vantagem indevida. Mas, houve crime de concussão.

(b) Houve concussão (art. 316, CP), porque o agente, na qualidade de funcionário público, exigiu para si indevida vantagem. Houve consumação, porque o crime de concussão é formal, independe da obtenção da vantagem indevida.

(c) Houve concussão.

(d) Houve concussão consumada.

(e) Considera-se funcionário público, para os efeitos penais, quem, embora transitoriamente ou sem remuneração, exerce cargo, emprego ou função pública (art. 327, CP).

300. (Cespe - Analista Judiciário - Área Administrativa - TRE - BA/2017) Marcos estava sendo acusado de roubo. Preocupado com o futuro de Marcos, que havia recentemente sido aprovado em um concurso para a carreira policial, Carlos, pai de Marcos, comunicou à autoridade ser o autor do roubo e assumiu, em juízo, a prática do crime.

Nessa situação hipotética, caso seja descoberta a mentira, Carlos responderá pela prática do crime de

a) falso testemunho.
b) fraude processual.
c) autoacusação falsa.
d) denunciação caluniosa.
e) comunicação falsa de crime.

▷ ***Anotações/Comentários***

(a) Não crime de falso testemunho, porque Carlos não tinha essa qualidade de testemunha (art. 342, CP).

(b) Não houve fraude processual, porque Carlos não alterou o estado de lugar, de coisa ou de pessoa, com o fim de induzir a erro o juiz ou o perito (art. 347, CP):

(c) Houve crime de autoacusação falsa, porque Carlos se acusou, perante a autoridade, de crime praticado por outrem (art. 341, CP).

(d) Carlos não cometeu crime de denunciação caluniosa, porque não deu início a procedimento criminal, imputando falsamente a outrem a autoria do delito (art. 339, CP).

(e) Carlos não cometeu crime de comunicação falsa de crime, porque não provocou a atuação de autoridade, comunicando-lhe a falsa ocorrência de um crime (art. 340, CP).

301. (Cespe - Analista Judiciário - Área Judiciária - TRE - BA/2017) No exercício de suas atribuições, um funcionário público prestava atendimento a um cidadão quando necessitou buscar, no interior da repartição, um documento para concluir um procedimento. Por descuido do funcionário, um laptop da instituição, que estava sendo utilizado por ele, ficou desvigiado, às vistas do cidadão que recebia o atendimento. Quando o funcionário retornou, não encontrou o cidadão e observou que o laptop havia sumido. Posteriormente, as investigações policiais concluíram que aquele cidadão havia furtado o laptop, que não foi recuperado.

Nesse caso, o funcionário público

a) não praticou crime, uma vez que não anuiu à conduta delituosa.
b) foi partícipe do crime de furto praticado e, por isso, será condenado às penas cominadas para esse crime, na medida de sua culpabilidade.
c) praticou peculato culposo, podendo a punibilidade ser extinta caso ele repare o dano ao órgão até o trânsito em julgado da sentença penal condenatória.

d) cometeu crime de peculato-furto, pois concorreu para a realização do furto, podendo ser reconhecida a atipicidade do fato pelo princípio da insignificância.

e) responderá por peculato impróprio desde que o cidadão seja condenado por furto.

▷ ***Anotações/Comentários***

(a) Houve crime de peculato culposo por parte do funcionário público.

(b) O funcionário público não participou dolosamente do crime de furto praticado pelo particular.

(c) O funcionário público concorreu para o crime de furto praticado por outrem, logo responde por crime de peculato culposo, sendo que a reparação do dano, se precede à sentença irrecorrível, extingue a punibilidade (art. 312, §§ 2º e 3º, CP).

(d) Não houve peculato furto, porque o funcionário público não teve o dolo de subtrair o bem público.

(e) Peculato impróprio é sinônimo de peculato furto.

302. (Cespe – Analista Judiciário – Área Judiciária – TRE – PE/2017) Acerca do crime de assunção de obrigação no último ano do mandato ou legislatura, assinale a opção correta.

a) Tal crime classifica-se como crime de mão própria, exigindo-se, para sua tipificação, atuação pessoal e direta do agente, razão pela qual não se admite coautoria ou participação.

b) É típica a conduta do agente que autoriza a assunção de obrigação nos dois últimos quadrimestres do último ano do mandato caso reste parcela a ser paga no exercício seguinte, ainda que haja contrapartida suficiente de disponibilidade de caixa.

c) O sujeito ativo desse crime é o funcionário público competente para ordenar ou autorizar a assunção de obrigação, podendo ser inclusive diretor de fundos, autarquias, fundações e empresas estatais dependentes.

d) O tipo penal em questão prevê as modalidades dolosa e culposa, podendo o comportamento do agente ser comissivo, omissivo próprio ou impróprio.

e) Por se tratar de crime de menor potencial ofensivo, admite-se a transação penal, mas, como a conduta do agente ofende a moralidade e a probidade administrativa, há vedação expressa à concessão de suspensão condicional da pena.

▷ ***Anotações/Comentários***

(a) O tipo penal do art. 359-C é um crime próprio que admite a coautoria e a participação.

(b) Caso reste parcela a ser paga no exercício seguinte, não é crime se houver contrapartida suficiente ou disponibilidade de caixa.

(c) O sujeito ativo do crime é o funcionário público, detentor de mandato eletivo ou de ocupante de cargo de direção de ente público que goze de autonomia administrativa e financeira.

(d) O art. 359-C do CP só prevê a modalidade dolosa. A conduta é comissiva e, excepcionalmente, omissiva imprópria.

(e) Não cabe transação penal, porque a pena máxima em abstrato é superior a dois anos. Não há vedação à suspensão condicional do processo.

303. (FCC – Analista Judiciário – Área Administrativa – TRE – SP/2017) Ricardo reside na cidade de São Paulo e acaba testemunhando, da janela de sua residência, o furto de um veículo que estava estacionado na via pública, defronte ao seu imóvel, praticado por dois agentes. Para se vingar do seu desafeto e vizinho Rodolfo e sabendo de sua inocência, Ricardo apresenta uma denúncia anônima à Polícia noticiando que Rodolfo foi um dos autores do referido crime de furto. A autoridade policial determina a instauração de inquérito policial para apuração da autoria delitiva em relação a Rodolfo. Nesse caso hipotético, Ricardo cometeu crime de

a) denunciação caluniosa, com pena prevista de reclusão de dois a oito anos e multa, aumentada de sexta parte, pois serviu- se de anonimato.

b) comunicação falsa de crime, com pena prevista de detenção de um a seis meses ou multa, aumentada de sexta parte, pois serviu-se de anonimato.

c) denunciação caluniosa, com pena prevista de reclusão de dois a oito anos e multa, sem qualquer majoração.

d) comunicação falsa de crime, com pena prevista de detenção de um a seis meses ou multa sem qualquer majoração.

e) falso testemunho.

▷ ***Anotações/Comentários***

(a) Ricardo fez com que a autoridade policial instaurasse inquérito policial contra Rodolfo, imputando a esse falsamente a autoria de um crime (denunciação caluniosa: pena de reclusão, de dois a oito anos, e multa), com aumento de sexta parte, em razão do anonimato (art. 339, CP).

(b) Na comunicação falsa de crime (art. 340, CP), o falso recai sobre o fato, não sobre a autoria.

(c) Há a causa de aumento de sexta parte na pena, porque Ricardo se valeu do anonimato (art. 339, § 1º, CP).

(d) Ver resposta à alternativa "b".

(e) Ricardo não era formalmente testemunha, não havendo crime de falso testemunho (art. 347, CP).

304. (FCC – Analista Judiciário – Área Judiciária – TRE – SP/2017) Maurício, funcionário do gabinete do Vereador Tício em um determinado município paulista, ocupante de cargo em comissão, recebe a quantia em dinheiro público de R$ 2.000,00 para custear uma viagem na qual representaria o Vereador Tício em um encontro nacional marcado para a cidade de Brasília. Contudo, Maurício se apropria do numerário e não comparece ao compromisso oficial, viajando para o Estado de Mato Grosso do Sul com a família, passando alguns dias em um hotel na cidade de Bonito. Maurício cometeu, no caso hipotético apresentado, crime de

a) corrupção passiva, sujeito à pena de reclusão de dois a doze anos, e multa, aumentada da terça parte por ser ocupante de cargo em comissão.

b) corrupção passiva, sujeito à pena de reclusão de dois a doze anos, e multa, sem qualquer majoração.

c) peculato, sujeito à pena de reclusão de dois a doze anos, e multa, sem qualquer majoração.

d) peculato, sujeito à pena de reclusão de dois a doze anos, e multa, aumentada da terça parte por ser ocupante de cargo em comissão.

e) prevaricação, sujeito à pena de detenção de 3 meses a 1 ano.

▷ ***Anotações/Comentários***

(a) Na corrupção passiva (art. 317, CP), o funcionário público solicita, recebe vantagem indevida ou aceita promessa de tal vantagem.

(b) Ver resposta à alternativa "a".

(c) Ver resposta à alternativa "d".

(d) Cometeu crime de peculato, porque o funcionário público, valendo-se da sua função, apropriou-se de dinheiro público que estava em sua posse (art. 312, CP: reclusão, de dois a doze anos, e multa). Como ele era ocupante de cargo em comissão a pena é aumentada de sexta parte (art. 327, § 1º, CP).

(e) Na prevaricação, o funcionário público retarda ou deixa de praticar, indevidamente, ato de ofício, ou praticá-lo contra disposição expressa de lei, para satisfazer interesse ou sentimento pessoal (art. 319, CP).

305. (FCC – Analista Judiciário – Área Judiciária – TRE – SP/2017) O Delegado de Polícia de um determinado município paulista recebe a notícia de um crime de roubo que vitimou Alfredo, que teve seu veículo subtraído por um agente mediante grave ameaça, com emprego de arma de fogo. Durante o trâmite do Inquérito Policial apura-se que Joaquim foi o autor do crime, o qual tem a sua prisão preventiva decretada. Ainda na fase policial Fabíola, a pedido de Joaquim, comparece na Delegacia de Polícia para prestar depoimento e alega que Joaquim, seu amigo, estava em sua companhia no momento do crime. Encerrado o Inquérito Policial o Ministério Público denuncia Joaquim pelo crime de roubo, denúncia esta recebida pelo Magistrado competente. Fabíola não é encontrada para prestar depoimento em juízo sob o crivo do contraditório, mesmo arrolada pela Defesa de Joaquim. Ao final do processo Joaquim é condenado pelo crime de roubo em primeira instância e, posteriormente, é instaurada ação penal contra Fabíola por crime de falso testemunho. Durante o trâmite do recurso interposto por Joaquim contra a sentença que o condenou por crime de roubo, e da ação penal instaurada por falso testemunho contra Fabíola, esta resolve se retratar, afirmando que Joaquim não estava com ela no dia do crime. No caso hipotético apresentado, na esteira do Código Penal, Fabíola

a) não cometeu crime de falso testemunho, pois prestou depoimento falso apenas durante o trâmite do Inquérito Policial.
b) será regularmente processada pelo crime de falso testemunho e estará sujeita à pena cominada ao delito, sem qualquer causa de redução de pena.
c) não poderá ser punida por crime de falso testemunho, pois se retratou antes da sentença proferida nos autos da ação penal instaurada por falto testemunho.
d) será regularmente processada pelo crime de falso testemunho e estará sujeita à pena cominada ao delito no Código Penal, reduzida de 1/3.
e) será regularmente processada pelo crime de falso testemunho e estará sujeita à pena cominada ao delito no Código Penal, reduzida de 1/6.

▷ ***Anotações/Comentários***

(a) O crime de falso testemunho também ocorre na fase de inquérito policial (art. 342, CP).

(b) Para a extinção da punibilidade, a retratação deve ser feita até a prolação da sentença no processo em que o falso testemunho produziu efeito jurídico (art. 342, § 2º, CP).

(c) A retratação foi depois da sentença.

(d) Não há causa de diminuição de pena no caso.

(e) Em verdade, há causa de aumento de pena de 1/6, pois o falso consistiu em prova destinada a produzir efeito em processo penal (art. 342, § 1º, CP).

306. (FCC – Analista Judiciário – Área Judiciária – TRE - PR/2017) Luiz, condenado há vários anos de prisão pela prática de diversos crimes assume, perante a autoridade, a autoria de crime que não cometeu, com o intuito de livrar outra pessoa da condenação. Assim agindo, Luiz

a) praticou o crime de comunicação falsa de crime.
b) não praticou qualquer tipo penal.
c) praticou o crime de fraude processual.
d) praticou o crime de denunciação caluniosa.
e) praticou o crime de auto-acusação falsa.

▷ ***Anotações/Comentários***

(a) Na comunicação falsa de crime, o falso recai sobre a existência do fato criminoso (art. 340, CP).

(b) ver resposta à alternativa "e".

(c) Na fraude processual, há alteração do estado da coisa com o fim de induzir a erro juiz ou perito (art. 347, CP).

(d) Na denunciação caluniosa, o autor dá início a procedimento ao imputar falsamente a alguém a autoria de crime ou contravenção penal (art. 339, CP).

(e) Houve crime de autoacusação falsa (art. 341, CP), porque Luiz acuou-se, perante a autoridade, de crime praticado por outrem.

307. (FCC – Analista Judiciário – Área Judiciária – TRE - PR/2017) Augusto, diretor de uma repartição pública, por estar distraído, esquece a porta do cofre ali existente destrancada. Alexandre, outro funcionário público que ali trabalha, valendo-se da facilidade de acesso ao local em razão de seu cargo, percebe o ocorrido e subtrai bens particulares que ali estavam guardados. De acordo com esta situação,

a) Augusto e Alexandre responderão pelo crime de peculato-furto em concurso de agentes.
b) Augusto cometeu o crime de furto culposo, enquanto Alexandre praticou o crime de furto qualificado, considerando que os bens subtraídos do cofre eram particulares.
c) Augusto praticou o crime de peculato culposo, ao passo que Alexandre responderá pelo crime de peculato mediante erro de outrem.
d) Augusto cometeu o crime de peculato culposo e Alexandre praticou o crime de peculato-furto.
e) Augusto não cometeu crime algum, em razão da ausência de dolo. Alexandre responderá pela prática de peculato-apropriação.

▷ ***Anotações/Comentários***

(a) Augusto não responde pelo crime de peculato-furto, poque não agiu com dolo e não estava previamente ajustado com Alexandre.

(b) Mesmo os bens sendo particulares, como estavam sob a posse da Administração Pública, não há crime de furto, mas peculato.

(c) Alexandre não recebeu os bens de outrem que estava em erro (art. 313, CP).

(d) Augusto cometeu crime de peculato culposo (art. 312, § 2º, CP) foi negligente e, em razão disso, concorreu culposamente para a prática do crime de peculato-furto (art. 312, § 1º, CP) cometido por Alexandre, o qual, com dolo, valendo-se da sua função pública, subtraiu os bens que estavam no cofre do Poder Público.

(e) Ver resposta à alternativa "d".

308. (FCC – Analista Judiciário – Área Judiciária – TRE - PR/2017) Renato, fiscal da prefeitura, flagra Rogério, pessoa que até então não conhecia, cometendo determinada irregularidade. Ao abordá-lo, deixa, contudo, de aplicar-lhe a devida multa em razão de insistentes pedidos de Rogério. Renato, com sua conduta

a) cometeu o crime de prevaricação.
b) praticou o crime de corrupção passiva privilegiada.
c) não praticou qualquer crime.
d) cometeu o crime de condescendência criminosa.
e) praticou o crime de desobediência.

▷ ***Anotações/Comentários***

(a) Na prevaricação, o funcionário público comete a conduta para satisfazer sentimento ou interesse próprio, dele (art. 319, CP).

(b) Na corrupção passiva privilegiada, o funcionário pratica, deixa de praticar ou retarda ato de ofício, com infração de dever funcional, cedendo a pedido ou influência de outrem (art. 317, § 2º, CP).

(c) Houve crime de corrupção passiva privilegiada.

(d) No crime de condescendência criminosa, o funcionário público deixa, por indulgência, de responsabilizar subordinado que cometeu infração no exercício do cargo ou, quando lhe falte competência, não levar o fato ao conhecimento da autoridade competente (art. 320, CP).

(e) No crime de desobediência, o particular desobedece a ordem legal de funcionário público (art. 330, CP).

309. (Cespe – Analista Judiciário – Área Judiciária – TRF 1/2017) No que se refere aos crimes contra a administração da justiça, julgue os itens seguintes.

I - Situação hipotética: Jonas usou de grave ameaça contra perito com o objetivo de favorecer os interesses da empresa onde trabalha, que está envolvida em contenda submetida ao juízo arbitral.

Assertiva: Nessa situação, o crime cometido por Jonas é tipificado como coação no curso do processo.

- CERTO
- ERRADO

▷ ***Anotações/Comentários***

Houve crime de coação no curso do processo (art. 344, CP), porque houve grave ameaça contra um perito, para favorecer terceiro, em processo de juízo arbitral.

II - As condutas subornar testemunha, coagir no curso do processo e fraudar o processo, caso tenham por escopo obter prova destinada a produzir efeito em processo penal, configuram causas de aumento de pena.

- CERTO
- ERRADO

▷ ***Anotações/Comentários***

Subornar testemunha no curso de processo penal: causa de aumento de pena (art. 343, parágrafo único, CP).

Coagir no curso de processo penal: causa de aumento de pena apenas se o processo envolver crime contra a dignidade sexual (art. 344, parágrafo único, CP).

Fraudar no curso de processo penal: causa de aumento de pena (art. 347, parágrafo único, CP).

III - O crime de suborno de testemunha só será consumado com a efetiva realização de depoimento em juízo, no qual sejam feitas afirmações falsas, ou seja, negada ou silenciada a verdade.

- CERTO
- ERRADO

▷ ***Anotações/Comentários***

O crime de suborno de testemunha (art. 343, CP) é classificado como formal e, portanto, não é necessário que haja a efetiva realização do depoimento.

IV - O crime de fraude processual, que consiste na inovação artificiosa do estado de lugar, de coisa ou de pessoa, com o objetivo de induzir o julgador a erro, tem incidência em demandas que tramitam junto a juízo arbitral.

- CERTO
- ERRADO

▷ ***Anotações/Comentários***

O crime de fraude processual (art. 347, CP) é ocorre na pendência de processo civil ou administrativo, não em juízo arbitral.

---

310. (Cespe – Analista Judiciário – Área Judiciária – TRF 1/2017) O canadense Michael, após cumprir pena no Brasil por tráfico internacional de drogas, teve decretada sua expulsão do país. No entanto, quando foi determinada a execução da medida compulsória de sua retirada, Michael não foi localizado, permanecendo no Brasil. No ano seguinte ao ato executório, ele foi detido em região de fronteira, em território brasileiro, com mercadoria nacional, destinada à exportação.

Com referência a essa situação hipotética, julgue os itens a seguir.

I - A conduta de Michael, quando capturado na região de fronteira, configura crime de contrabando

- CERTO
- ERRADO

▷ ***Anotações/Comentários***

A banca considerou correta a assertiva, mas não se observa do problema que a mercadoria é proibida para fins de crime de contrabando. Não há, por exemplo, informação que o agente tenha reinserido a mercadoria no território nacional, tendo em vista que o enunciado diz que ele permaneceu no território nacional.

II - Michael praticou o crime de reingresso de estrangeiro expulso: a sua permanência em território nacional, de acordo com o Código Penal, é equiparada a reingresso.

- CERTO
- ERRADO

▷ ***Anotações/Comentários***

Para a configuração do crime de reingresso de estrangeiro expulso (art. 338, CP), é preciso que a pessoa saia efetivamente do território nacional e retorne ao País. No caso, o agente não saiu do território nacional.

---

311. (Cespe – Analista Judiciário – Oficial de Just. Avaliador – TRF 1/2017) No que se refere ao cumprimento de mandados judiciais e suas repercussões criminais na esfera penal, julgue os itens que se seguem.

I - Crime de injúria racial cometido contra oficial de justiça no exercício de suas funções ou em razão delas é absorvido pelo crime de desacato, em razão do princípio da consunção.

- CERTO
- ERRADO

▷ ***Anotações/Comentários***

O princípio da consunção não se aplica no caso de injúria racial e desacato, porque os crimes tutelam bens jurídicos distintos, são delitos autônomos e um não pode ser considerado mero ato preparatório para o outro.

II - Caso a parte resista, com uso de violência, ao cumprimento do mandado judicial e a diligência deixe de ser cumprida em razão disso, ficará configurado o crime de resistência qualificada em concurso material com o crime decorrente da violência.

- CERTO
- ERRADO

▷ ***Anotações/Comentários***

A pena do crime de resistência é aplicada de forma cumulada com a pena do crime resultante da violência (art. 359, § 2º, CP).

---

312. (Cespe – Analista Judiciário – Oficial de Just. Avaliador – TRF 1/2017) Julgue os itens seguintes, acerca do tratamento do sigilo e do segredo no direito penal no âmbito dos crimes contra a administração pública.

I - Servidor público que tenha revelado fato do qual teve conhecimento em razão do cargo que exerce e que deveria permanecer em segredo terá cometido crime de divulgação de segredo.

- CERTO
- ERRADO

▷ ***Anotações/Comentários***

Trata-se do crime de violação de sigilo funcional (art. 325, CP).

II - O empréstimo de senha entre servidores de uma mesma repartição para acesso a banco de dados ou a sistema de informações da administração pública comum aos usuários caracteriza crime contra a administração pública.

- CERTO
- ERRADO

▷ ***Anotações/Comentários***

Só haveria crime se a senha fosse fornecida a pessoa que não tenha autorização a entrar no sistema (art. 325, § 1º, I, CP).

---

313. (Cespe – Analista Judiciário – Oficial de Just. Avaliador – TRF 1/2017) Julgue os itens subsequentes, relativos a crimes contra a administração pública.

I - A distinção fundamental entre os tipos penais tráfico de influência e exploração de prestígio diz respeito à pessoa sobre a qual recairá a suposta prática delitiva.

- CERTO
- ERRADO

▷ ***Anotações/Comentários***

Tráfico de influência: pretexto de influenciar funcionário público em geral (art. 332, CP).

Exploração de prestígio: pretexto de influir em juiz, jurado, órgão do Ministério Público, funcionário de justiça, perito, tradutor, intérprete ou testemunha (art. 357, CP).

II - Situação hipotética: Enquanto aguardava a audiência de custódia, um indivíduo preso em flagrante pelo delito de tráfico internacional de drogas pediu para ir ao banheiro. Por descuido dos agentes, quebrou uma janela e, mediante grave ameaça, conseguiu fugir.

Assertiva: Nessa situação, a evasão do preso é considerada atípica, pois ocorreu violência apenas contra a coisa.

- CERTO
- ERRADO

▷ ***Anotações/Comentários***

O crime de evasão só ocorre se houver violência contra pessoa (art. 352, CP).

III - O crime de tergiversação é caracterizado pela conduta do advogado que, após ter sido dispensado por uma das partes, tiver assumido a defesa da parte contrária na mesma causa. A sua consumação exige a prática de ato processual, não bastando a simples outorga de procuração.

- CERTO
- ERRADO

▷ ***Anotações/Comentários***

Crime de tergiversação: o advogado ou procurador judicial que defende na mesma causa, simultânea ou sucessivamente, partes contrárias (art. 355, parágrafo único, CP). Consuma-se com a prática de um único ato pelo advogado em favor das duas partes antagônicas na causa.

---

314. (Consulplan - Técnico Judiciário - Área Administrativa - TRF 2/2017) Assinale a alternativa que apresenta um crime praticado contra a Administração Pública, cujo Código Penal prevê a sua punição a título de culpa.

a) Desacato.
b) Corrupção ativa.
c) Peculato.
d) Condescendência criminosa.

▷ ***Anotações/Comentários***

(a) O art. 331 do CP não prevê a modalidade culposa de desacato.

(b) O art. 333 do CP não prevê a modalidade culposa de corrupção ativa.

(c) O art. 312, § 2º, do CP prevê a modalidade culposa de peculato.

(d) O art. 320 do CP não prevê a modalidade culposa de desacato.

---

315. (Consulplan - Técnico Judiciário - Área Administrativa - TRF 2/2017) Assinale a alternativa que apresenta a descrição da conduta típica do crime de corrupção passiva.

a) Oferecer ou prometer vantagem indevida a funcionário público, para determiná-lo a praticar, omitir ou retardar ato de ofício.
b) Solicitar ou receber, para si ou para outrem, direta ou indiretamente, ainda que fora da função ou antes de assumi-la, mas em razão dela, vantagem indevida, ou aceitar promessa de tal vantagem.
c) Exigir, para si ou para outrem, direta ou indiretamente, ainda que fora da função ou antes de assumi-la, mas em razão dela, vantagem indevida.
d) Retardar ou deixar de praticar, indevidamente, ato de ofício, ou praticá-lo contra disposição expressa de lei, para satisfazer interesse ou sentimento pessoal.

▷ ***Anotações/Comentários***

a) Trata-se do tipo penal do crime de corrupção ativa (art. 333, CP).

(b) Trata-se do tipo penal do crime de corrupção passiva (art. 317, CP).

(c) Trata-se do tipo penal do crime de concussão (art. 316, CP).

(d) Trata-se do tipo penal do crime de prevaricação (art. 319, CP).

---

316. (Consulplan - Técnico Judiciário - Área Administrativa - TRF 2/2017) NÃO incorre na mesma pena do crime de Descaminho o agente que

a) pratica navegação de cabotagem, fora dos casos permitidos em lei.
b) adquire, recebe ou oculta, em proveito próprio ou alheio, no exercício de atividade comercial ou industrial, mercadoria de procedência estrangeira, desacompanhada de documentação legal ou acompanhada de documentos que sabe serem falsos.
c) vende, expõe à venda, mantém em depósito ou, de qualquer forma, utiliza em proveito próprio ou alheio, no exercício de atividade comercial ou industrial, mercadoria de procedência estrangeira que introduziu clandestinamente no País ou importou fraudulentamente ou que sabe ser produto de introdução clandestina no território nacional ou de importação fraudulenta por parte de outrem.
d) importa ou exporta mercadoria proibida.

▷ ***Anotações/Comentários***

a) Figura equiparada a descaminho nos termos do art. 334, § 1º, I, CP.

(b) Figura equiparada a descaminho nos termos do art. 334, § 1º, IV, CP.

(c) Figura equiparada a descaminho nos termos do art. 334, § 1º, III, CP.

(d) A conduta de importar ou exportar mercadoria proibida é crime de contrabando (art. 334-A, CP), o qual foi desmembrado do crime de descaminho a partir da Lei n. 13.008/2014).

---

317. (FCC - Analista Judiciário - Área Judiciária - TRF 5/2017) Não é considerado funcionário público, ainda que por extensão, para os efeitos penais o

a) funcionário atuante em empresa contratada para prestar serviço atípico para a Administração pública.
b) servidor temporário.
c) servidor ocupante em cargos por comissão.
d) empregado público contratado sob o regime da CLT.
e) cidadão nomeado para compor as mesas receptoras de votos e de justificativas no dia das eleições.

▷ ***Anotações/Comentários***

(a) O serviço deve ser típico da Administração Pública para que funcionário atuante em empresa contratada seja equiparado a funcionário público para fins penais (art. 327, § 1º, CP).

(b) O servidor temporário (transitoriamente) é funcionário público para fins penais (art. 327, CP).

(c) O servidor em cargo por comissão não só são funcionários públicos para fins penais, como ainda há causa de aumento de pena do art. 327, § 2º, CP.

(d) O ocupante de emprego público (celetista) é considerado funcionário público para fins legais (art. 327, CP).

(e) Nesse caso, tem-se funcionário público para fins penais, ainda que se trate de função pública transitória e sem remuneração (art. 327, CP).

---

318. (FCC - Técnico Judiciário - Área Administrativa - TRF 3/2014) De um lado, "solicitar" ou "receber" e, de outro lado, "exigir" compõem núcleos opostos que, respectivamente, diferenciam, entre si, duas importantes e recorrentes figuras penais, ambas cometidas por funcionários públicos. Embora, nesse ponto, substancialmente diversas, no mais, mostram-se apenas aparentemente próximas uma da outra. São elas:

a) prevaricação e violência arbitrária.
b) condescendência criminosa e excesso de exação.
c) advocacia administrativa e corrupção.
d) peculato culposo e peculato doloso.
e) corrupção passiva e concussão.

▷ ***Anotações/Comentários***

(a) Prevaricação: retardar ou deixar de praticar (art. 319, CP); Violência arbitrária: praticar (art. 322, CP);

(b) Condescendência criminosa: Deixar (art. 320, CP); Excesso de exação: Exigir ou empregar (art. 316, § 1º, CP).

(c) Advocacia administrativa: patrocinar (art. 321, CP); Corrupção passiva: solicitar, receber ou aceitar (art. 316, CP); corrupção ativa: oferecer ou prometer (art. 333, CP).

(d) Peculato culposo: concorrer (art. 312, § 2º, CP); peculato doloso: apropriar-se, desviar ou subtrair (art. 312, "caput" e § 1º, CP).

(e) Corrupção passiva: solicitar, receber ou aceitar (art. 316, CP); concussão: exigir (art. 316, CP).

319. (FCC – Técnico Judiciário – Área Administrativa – TRF 3/2014)
Na corrupção passiva, há diferenciações normativas se:
- em consequência da vantagem ou promessa, o funcionário retarda ou deixa de praticar qualquer ato de ofício ou o pratica infringido dever funcional;
- o funcionário pratica, deixa de praticar ou retarda ato de ofício, com infração de dever funcional, cedendo a pedido ou influência de outrem.

Tem-se, nesses dois fatores de penas, respectivamente:
a) qualificadora e causa de diminuição.
b) causa de aumento e privilégio.
c) qualificadora e causa de aumento.
d) causa de aumento e qualificadora.
e) privilégio e qualificadora.

▷ ***Anotações/Comentários***

(a) Não se trata de qualificadora, porque não há um novo patamar mínimo e máximo mais gravoso; há privilégio, porque um novo patamar mínimo e máximo de pena menos gravoso.

(b) Há causa de aumento, porque se trata de uma fração de um terço a ser acrescida ao patamar de pena do tipo simples (art. 317, § 1º, CP); há privilégio, porque um novo patamar mínimo e máximo de pena menos gravoso que o tipo penal simples (art. 317, § 2º, CP).

(c) ver respostas anteriores.

(d) ver respostas anteriores.

(e) ver respostas anteriores.

320. (Cespe – Analista Judiciário – Área Judiciária – TRE – RS/2015)
Mário, chefe e advogado do escritório onde Caio trabalhava como estagiário, mandou-o oferecer a José, servidor de uma serventia judicial, o valor de R$ 1.000 em espécie, para que José não juntasse aos autos de um processo petição protocolada pela parte adversa. José aceitou a oferta, deixou de juntar a peça processual aos autos, mas a propina, que deveria ser paga posteriormente, não foi paga.

No que se refere à situação hipotética apresentada, assinale a opção correta.
a) Mário cometeu o crime de corrupção ativa na modalidade tentada e José, o crime de corrupção passiva consumada, sendo Caio isento de pena nesse caso.
b) Caio e Mário cometeram o crime de corrupção ativa e José, o crime de corrupção passiva, todos na modalidade consumada.
c) Caio e Mário cometeram o crime de corrupção ativa, mas a conduta de José não é considerada crime.
d) Caio e Mário cometeram o crime de corrupção passiva na modalidade tentada e José, o de corrupção ativa, também na modalidade tentada.
e) Mário cometeu o crime de corrupção ativa e José, o crime de corrupção passiva, ambos na modalidade consumada, não tendo Caio cometido nenhum crime, uma vez que agiu em obediência hierárquica.

▷ ***Anotações/Comentários***

(a) Ver resposta à alternativa "b".

(b) Caio (autor) e Mário (partícipe) cometeram crime de corrupção ativa (art. 333, CP) consumada, em concurso de agentes, porque ofereceram vantagem indevida a funcionário público, para determiná-lo a omitir ato de ofício; José cometeu crime de corrupção passiva (art. 317, CP), porque aceitou promessa de vantagem indevida, em razão da função que exerce. O fato de o valor não ter sido pago não afasta a consumação dos crimes de corrupção, porque são formais.

(c) Ver resposta à alternativa "b".

(d) Ver resposta à alternativa "b".

(e) Ver resposta à alternativa "b".

321. (Cespe – Analista Judiciário – Área Judiciária – TRE – RS/2015)
Ao participar de uma blitz, Marcelo, policial militar, solicitou que determinado condutor parasse o veículo que conduzia, para verificações de rotina. O condutor parou o veículo, mas recusou-se a apresentar os documentos do carro, contrariando, reiteradamente, as ordens de Marcelo, que, irritado, passou a agredir o motorista com socos e pontapés. Os envolvidos foram encaminhados à delegacia de polícia, onde foi aberto inquérito policial para apurar os fatos. Marcelo foi, então, ao Instituto Médico Legal e, sem qualquer autorização, preencheu um formulário de exame de corpo de delito que estava em branco, de forma a fazer nele constar a inexistência de lesões corporais no condutor, que, conforme apurado, se chamava José.

Nessa situação hipotética, Marcelo cometeu os crimes de
a) abuso de autoridade e falsidade ideológica, e José praticou o crime de desobediência.
b) abuso de autoridade e falsificação de documento público, e José cometeu o crime de desobediência.
c) abuso de autoridade e falsidade ideológica, e José cometeu o delito de resistência.
d) violência arbitrária e falsidade ideológica, e José praticou o delito de desobediência.
e) violência arbitrária e falsificação de documento público, e José praticou a infração penal de resistência.

Observação: essa questão foi elaborada antes da Nova Lei de Abuso de Autoridade. Eu não visualizei um tipo penal em que a conduta de Mário possa ser tida como crime de abuso de autoridade. A violência como meio para o abuso de autoridade está prevista nos arts. 13, 22 e 24 da Lei n. 13.869/2019. Nenhum deles serve para imputar a conduta de Mário, nem no 13, porque José não era preso, nem detento, bem como não se observa qualquer das finalidades do art. 13, I a III da Lei. Responderia Mário apenas pelo crime de violência arbitrária nos termos do ordenamento jurídico brasileiro.

Observação 2: o gabarito aponta que José cometeu crime de desobediência (art. 330, CP). Contudo, se a conduta cometida pelo agente configurar infração civil ou administrativa, não haverá crime, salvo se houver ressalva expressa. Ao desobedecer a ordem do policial, José cometeu a infração administrativa do art. 195, do CTB, que prevê como sanção multa, sem previsão de possibilidade cumulação com pena criminal. Dessa forma, a conduta de José somente seria infração administrativa, sem configurar crime de desobediência (TJRS – Apel. Crim. 71001445261).

▷ ***Anotações/Comentários***

(a) Marcelo não cometeu crime de falsidade ideológica, pois não tinha atribuição para preencher o formulário no IML, criando assim documento materialmente falso.

(b) Marcelo cometeu crime de falsificação de documento público, pois falsificou no todo documento público (art. 297, CP).

(c) Marcelo cometeu crime de violência arbitrária, ao praticar violência, no exercício de função ou a pretexto de exercê-la (art,322, CP). O crime de resistência exige a prática de violência ou grave ameaça contra a pessoa (art. 329, CP).

(d) Ver resposta às alternativas anteriores.

(e) Ver resposta às alternativas anteriores.

Sem Gabarito no nosso entender

322. (Cespe – Analista Judiciário – Área Judiciária – TRE – PI/2016)
Com relação aos crimes contra a administração pública, assinale a opção correta.
a) O detentor de cargo em comissão não é equiparado a funcionário público para fins penais.
b) A exigência, por funcionário público no exercício da função, de vantagem indevida, configura crime de corrupção ativa.
c) Caso os autores de crime contra a administração pública sejam ocupantes de função de direção de órgão da administração direta, as penas a eles impostas serão aumentadas em um terço.
d) Tratando-se de crime de peculato culposo, a reparação do dano após o trânsito em julgado de sentença penal condenatória ocasiona a extinção da punibilidade do autor.
e) Não configura crime o fato de o funcionário deixar de praticar ato de ofício a pedido de outrem se, com isso, ele não obtiver vantagem patrimonial.

▷ ***Anotações/Comentários***

(a) O detentor de cargo em comissão é funcionário público para fins penais e configura causa de aumento de pena (art. 327, § 2º, CP).

(b) Há crime de concussão (art. 316, CP).

(c) Trata-se de causa de aumento do art. 327, § 2º, CP.

(d) No caso de peculato culposo, a reparação do dano, se precede à sentença irrecorrível, extingue a punibilidade; se lhe é posterior, reduz de metade a pena imposta (art. 312, § 3º, CP).

(e) Trata-se de crime de corrupção passiva privilegiada (art. 317, § 3º, CP), que se configura mesmo sem obtenção de vantagem do funcionário público.

323. (Vunesp - Escrevente Técnico Judiciário - TJ - SP/2018) A respeito dos crimes praticados por funcionários públicos contra a administração pública, é correto afirmar que

a) Caio, funcionário público, ao empregar verba própria da educação, destinada por lei, na saúde, em tese, incorre no crime de emprego irregular de verba pública (art. 315 do CP).
b) Tícia, funcionária pública, ao exigir, em razão de sua função, que determinada empresa contrate o filho, em tese, incorre no crime de corrupção passiva (art. 317 do CP).
c) Mévio, funcionário público, em razão de sua função, ao aceitar promessa de recebimento de passagens aéreas, para férias da família, não incorre no crime de corrupção passiva (art. 317 do CP), já que referido tipo penal exige o efetivo recebimento de vantagem indevida.
d) Tício, funcionário público, ao se apropriar do dinheiro arrecadado pelos funcionários da repartição para comprar o bolo de comemoração dos aniversariantes do mês, em tese, pratica o crime de peculato (art. 312 do CP).
e) Mévia, funcionária pública, não sendo advogada, não pode incorrer no crime de advocacia administrativa (art. 321 do CP), já que referido tipo penal exige a qualidade de advogado do sujeito ativo.

▷ ***Anotações/Comentários***

(a) Dar às verbas ou rendas públicas aplicação diversa da estabelecida em lei (art. 315, CP).

(b) Trata-se de crime de concussão (art. 316, CP).

(c) O crime de corrupção passiva é formal, não exige o recebimento da indevida vantagem.

(d) Não há peculato, porque o dinheiro não é público, nem particular na posse dele em razão da sua função pública.

(e) O crime do art. 321, CP, tem como sujeito ativo funcionário público, ainda que não seja advogado.

324. (Vunesp - Escrevente Técnico Judiciário - TJ - SP/2018) A respeito dos crimes praticados por particulares contra a administração, em geral (arts. 328; 329; 330; 331; 332; 333; 335; 336 e 337 do CP), assinale a alternativa correta.

a) O crime de desacato não se configura se o funcionário público não estiver no exercício da função, ainda que o desacato seja em razão dela.
b) Para se configurar, o crime de usurpação de função pública exige que o agente, enquanto na função, obtenha vantagem.
c) Para se configurar, o crime de corrupção ativa exige o retardo ou a omissão do ato de ofício, pelo funcionário público, em razão do recebimento ou promessa de vantagem indevida.
d) Aquele que se abstém de licitar em hasta pública, em razão de vantagem indevida, não é punido pelo crime de impedimento, perturbação ou fraude de concorrência, já que se trata de conduta atípica.
e) Não há previsão de modalidade culposa.

▷ ***Anotações/Comentários***

(a) Há desacato, se a ofensa contra o funcionário público for no exercício da função ou em razão dela (art. 331, CP).

(b) O tipo simples do crime de usurpação não exige vantagem (art. 328, CP), mas se essa acontecer há a forma qualificada (art. 328, parágrafo único, CP).

(c) O crime de corrupção ativa não exige o retardo ou a omissão do ato de ofício, pelo funcionário público, mas se isso acontecer a pena é aumentada de um terço (art. 333, parágrafo único, CP).

(d) Trata-se do atual crime do art. 337-I, CP.

(e) Os crimes praticados por particular contra a Administração Pública são dolosos, não há modalidade culposa.

325. (Vunesp - Escrevente Técnico Judiciário - TJ - SP/2018) A respeito dos crimes contra a administração da justiça (arts. 339 a 347 do CP), assinale a alternativa correta.

a) A autoacusação para acobertar ascendente ou descendente é atípica.
b) Dar causa a inquérito civil contra alguém, imputando-lhe falsamente a prática de crime, em tese, caracteriza o crime de denunciação caluniosa.
c) Provocar a ação de autoridade, comunicando a ocorrência de crime que sabe não ter se verificado, em tese, caracteriza o crime de denunciação caluniosa.
d) O crime de falso testemunho exige, para configuração, que o agente receba vantagem econômica ou outra de qualquer natureza.
e) O crime de exercício arbitrário das próprias razões procede-se mediante queixa, ainda que haja emprego de violência.

▷ ***Anotações/Comentários***

(a) O art. 341, CP, não traz hipótese de exclusão de tipicidade se a autoacusação falsa for para beneficiar antecedente ou descendente.

(b) Trata-se do tipo penal do art. 339, CP.

(c) Trata-se do crime de comunicação falsa de crime (art. 340, CP).

(d) O recebimento de vantagem não é elemento do tipo penal do crime de falso testemunho, mas o suborno é causa de aumento de pena de um sexto a um terço (art. 342, § 1º, CP)..

(e) O crime de exercício arbitrário das próprias razões procede-se mediante queixa, salvo se há emprego de violência (art. 345, parágrafo único, CP).

326. (Vunesp - Escrevente Técnico Judiciário - TJ - SP/2018) A respeito do crime de exploração de prestígio (art. 357 do CP), é correto afirmar que

a) prevê causa de aumento se o agente alega ou insinua que o dinheiro é também destinado a funcionário público estrangeiro.
b) prevê modalidade culposa.
c) se caracteriza pela conduta de receber dinheiro a pretexto de influir em ato praticado por qualquer funcionário público.
d) se trata de crime comum, não se exigindo qualquer qualidade especial do autor.
e) para se configurar, exige o efetivo recebimento de dinheiro pelo agente.

▷ ***Anotações/Comentários***

(a) A causa de aumento de pena incide, se o agente alega ou insinua que o dinheiro é também destinado a juiz, jurado, órgão do Ministério Público, funcionário de justiça, perito, tradutor, intérprete ou testemunha (art. 357, parágrafo único, CP).

(b) O tipo penal é doloso.

(c) O agente alega ou insinua que o dinheiro é também destinado a juiz, jurado, órgão do Ministério Público, funcionário de justiça, perito, tradutor, intérprete ou testemunha (art. 357, CP).

(d) O recebimento de vantagem não é elemento do tipo penal do crime de falso testemunho, mas o suborno é causa de aumento de pena de um sexto a um terço (art. 342, § 1º, CP).

(e) O crime exige apenas que o agente alega ou insinua o benefício.

327. (Vunesp - Escrevente Técnico Judiciário - TJ - SP/2017) Funcionário público municipal, imprudentemente, deixa a porta da repartição aberta ao final do expediente. Assim agindo, mesmo sem intenção, concorre para que outro funcionário público, que trabalha no mesmo local, subtraia os computadores que guarneciam o órgão público. O

Município sofre considerável prejuízo. A conduta do funcionário que deixou a porta aberta traduz-se em

a) peculato culposo.
b) fato atípico.
c) prevaricação.
d) peculato-subtração.
e) mero ilícito funcional, sem repercussão na esfera penal.

▷ ***Anotações/Comentários***

(a) Se o funcionário concorre culposamente (imprudência, negligência ou imperícia) para o crime de outrem, há crime de peculato culposo (art. 312, § 2º, CP).

(b) Trata-se de crime de peculato culposo.

(c) Prevaricação: retardar ou deixar de praticar, indevidamente, ato de ofício, ou praticá-lo contra disposição expressa de lei, para satisfazer interesse ou sentimento pessoal (art. 319, CP).

(d) O funcionário público deixou a porta por imprudência, não por dolo, logo responde por peculato culposo.

(e) Trata-se de crime de peculato culposo.

---

328. (Vunesp - Escrevente Técnico Judiciário - TJ - SP/2017) A conduta de "dar causa à instauração de investigação policial, de processo judicial, instauração de investigação administrativa, inquérito civil ou ação de improbidade administrativa contra alguém, imputando-lhe crime de que o sabe inocente" configura

a) denunciação caluniosa.
b) condescendência criminosa.
c) falso testemunho.
d) comunicação falsa de crime.
e) fraude processual.

Observação: essa questão foi elaborada antes da Lei n. 14.110/2020 que alterou o art. 339, CP.

▷ ***Anotações/Comentários***

(a) Art. 339. Dar causa à instauração de inquérito policial, de procedimento investigatório criminal, de processo judicial, de processo administrativo disciplinar, de inquérito civil ou de ação de improbidade administrativa contra alguém, imputando-lhe crime, infração ético-disciplinar ou ato ímprobo de que o sabe inocente.

(b) Art. 320 - Deixar o funcionário, por indulgência, de responsabilizar subordinado que cometeu infração no exercício do cargo ou, quando lhe falte competência, não levar o fato ao conhecimento da autoridade competente.

(c) Art. 342. Fazer afirmação falsa, ou negar ou calar a verdade como testemunha, perito, contador, tradutor ou intérprete em processo judicial, ou administrativo, inquérito policial, ou em juízo arbitral.

(d) Art. 340 - Provocar a ação de autoridade, comunicando-lhe a ocorrência de crime ou de contravenção que sabe não se ter verificado.

(e) Art. 347 - Inovar artificiosamente, na pendência de processo civil ou administrativo, o estado de lugar, de coisa ou de pessoa, com o fim de induzir a erro o juiz ou o perito.

---

329. (Vunesp - Escrevente Técnico Judiciário - TJ - SP/2017) O crime de "impedimento, perturbação ou fraude de concorrência", do art. 335 do CP, está assim definido: "impedir, perturbar ou fraudar concorrência pública ou venda em hasta pública, promovida pela administração federal, estadual ou municipal, ou por entidade paraestatal; afastar ou procurar afastar concorrente ou licitante, por meio de violência, grave ameaça, fraude ou oferecimento de vantagem."

Incorre na mesma pena estabelecida para o crime citado, nos termos do parágrafo único do mesmo artigo, quem

a) sabendo da ocorrência do fato não o denuncia às autoridades públicas.
b) sendo agente público homologa certame sabendo-o fraudado.
c) se abstém de concorrer ou licitar, em razão da vantagem oferecida.
d) sendo agente público deixa de inabilitar concorrente sabendo-o fraudador.
e) faz proposta em certame licitatório que, posteriormente, deixa de cumprir.

▷ ***Anotações/Comentários***

Observação: para a doutrina majoritária, o art. 335, CP, foi revogado pela Lei n. 8666/96, que, por sua vez, foi revogada tacitamente pelos novos art. 337-I e 337-K do CP. Este artigo art. 337, K, CP, afirma que incide na mesma pena quem se abstém ou desiste de licitar em razão de vantagem oferecida

---

330. (Vunesp - Escrevente Técnico Judiciário - TJ - SP/2017) Certos crimes têm suas penas estabelecidas em patamares superiores quando presentes circunstâncias que aumentam o desvalor da conduta. São os denominados "tipos qualificados".

Assinale a alternativa que indica o crime que tem como qualificadoras "resultar prejuízo público" e "ocorrer em lugar compreendido na faixa de fronteira".

a) Corrupção passiva.
b) Exercício arbitrário das próprias razões.
c) Abuso de poder.
d) Violência arbitrária.
e) Abandono de função.

▷ ***Anotações/Comentários***

(a) Crime de corrupção passiva (art. 317, CP) não tem forma qualificada.

(b) Forma qualificada do crime de exercício arbitrário das próprias razões: Tirar, suprimir, destruir ou danificar coisa própria, que se acha em poder de terceiro por determinação judicial ou convenção (art. 346, CP).

(c) O art. 350, CP, foi revogado pela Lei nº 13.869, de 2019.

(d) O crime de violência arbitrária (art. 322, CP) não tem forma qualificada.

(e) Formas qualificadas do crime de abandono de função: se do fato resulta prejuízo público (art. 323, § 2º, CP); se o fato ocorre em lugar compreendido na faixa de fronteira (art. 323, § 2º, CP).

---

331. (Vunesp - Escrevente Técnico Judiciário - TJ - SP/2017) Imagine que um perito nomeado pelo juiz, em processo judicial, mediante suborno, produza um laudo falso para favorecer uma determinada parte, praticando a conduta que configura crime do art. 342 do CP (falsa perícia). Ocorre que, arrependido e antes de proferida a sentença no mesmo processo, o perito retrata-se, corrigindo a falsidade. De acordo com o texto literal do art. 342, § 2o do CP, como consequência jurídica da retratação,

a) o perito fica isento de pena criminal, mas deverá indenizar o prejudicado pela falsidade que cometeu.
b) o perito fica isento de pena criminal, mas deverá devolver os honorários recebidos em dobro.
c) o fato deixa de ser punível.
d) o perito, se condenado pelo crime de falsa perícia, terá a pena reduzida de 1/3 (um terço) a 2/3 (dois terços).
e) o perito fica impedido, por 5 (cinco) anos, de prestar tal serviço.

▷ ***Anotações/Comentários***

(a) Ver resposta à alternativa "c".

(b) Ver resposta à alternativa "c".

(c) O art. 342, § 2º. do CP, dispõe: O fato deixa de ser punível se, antes da sentença no processo em que ocorreu o ilícito, o agente se retrata ou declara a verdade.

(d) Ver resposta à alternativa "c".

(e) Ver resposta à alternativa "c".

---

332. (Vunesp - Escrevente Técnico Judiciário - TJ-SP/2015) O caput do art. 293 do CP tipifica a falsificação de papéis públicos, especial e expressamente no que concerne às seguintes ações:

a) produção e confecção.
b) contrafação e conspurcação.
c) fabricação e alteração.
d) adulteração e corrupção.
e) corrupção e produção.

▷ ***Anotações/Comentários***

(a) ver resposta à alternativa "c".

(b) ver resposta à alternativa "c".

(c) Art. 293 - Falsificar, fabricando-os ou alterando os documentos enumerados nos incisos do art. 293, CP.

(d) ver resposta à alternativa "c".

(e) ver resposta à alternativa "c".

333. (Vunesp - Escrevente Técnico Judiciário - TJ-SP/2015) O crime de falsidade ideológica (CP, art. 299) tem pena aumentada de sexta parte se

a) cometido por motivo egoístico.
b) a vítima sofre vultoso prejuízo.
c) o agente aufere lucro.
d) o agente é funcionário público e comete o crime prevalecendo-se do cargo.
e) cometido com o fim de produzir prova em processo penal.

▷ ***Anotações/Comentários***

(a) ver resposta à alternativa "d".

(b) ver resposta à alternativa "d".

(c) ver resposta à alternativa "d".

(d) Se o agente é funcionário público, e comete o crime de falsidade ideológica prevalecendo-se do cargo, ou se a falsificação ou alteração é de assentamento de registro civil, aumenta-se a pena de sexta parte (art. 299, parágrafo único, CP).

(e) ver resposta à alternativa "d".

334. (Vunesp - Escrevente Técnico Judiciário - TJ-SP/2015) O peculato culposo

a) é fato atípico, pois não está expressamente previsto no CP.
b) tem a ilicitude excluída se o agente repara o dano a qualquer tempo.
c) tem a punibilidade extinta se o agente repara o dano antes da sentença irrecorrível.
d) é punido com detenção, de dois a doze anos, e multa.
e) é punido com a mesma pena do peculato doloso.

▷ ***Anotações/Comentários***

(a) Trata-se de crime previsto no art. 312, § 2º, CP.

(b) A reparação do dano no peculato culposo não exclui a ilicitude do fato.

(c) No caso do parágrafo anterior, a reparação do dano, se precede à sentença irrecorrível, extingue a punibilidade; se lhe é posterior, reduz de metade a pena imposta (art. 312, § 3º, CP).

(d) É punido com detenção, de três meses a um ano.

(e) A pena do peculato culposo é menor do que a do doloso.

335. (Vunesp - Escrevente Técnico Judiciário - TJ-SP/2015) O funcionário público que tem conhecimento de infração cometida no exercício do cargo por subordinado e que, por indulgência, não promove sua responsabilização e também não comunica o fato ao superior competente para tanto pratica

a) corrupção ativa (CP, art. 333).
b) corrupção passiva (CP, art. 317).
c) fato atípico, pois não está descrito expressamente como crime no CP.
d) condescendência criminosa (CP, art. 320).
e) prevaricação (CP, art. 319).

▷ ***Anotações/Comentários***

(a) Art. 333, CP: Oferecer ou prometer vantagem indevida a funcionário público, para determiná-lo a praticar, omitir ou retardar ato de ofício.

(b) Art. 317, CP: Solicitar ou receber, para si ou para outrem, direta ou indiretamente, ainda que fora da função ou antes de assumi-la, mas em razão dela, vantagem indevida, ou aceitar promessa de tal vantagem.

(c) Trata-se do crime do art. 320, CP.

(d) Art. 320, CP: Deixar o funcionário, por indulgência, de responsabilizar subordinado que cometeu infração no exercício do cargo ou, quando lhe falte competência, não levar o fato ao conhecimento da autoridade competente.

(e) Art. 319, CP: Retardar ou deixar de praticar, indevidamente, ato de ofício, ou praticá-lo contra disposição expressa de lei, para satisfazer interesse ou sentimento pessoal.

336. (Vunesp - Escrevente Técnico Judiciário - TJ-SP/2015) Com intuito de proteger seu filho, João comparece perante a autoridade policial e, falsamente, diz ter praticado o crime que em verdade fora praticado por seu filho. João

a) comete falsa comunicação de crime.
b) comete falso testemunho, mas não será punido por expressa disposição legal.
c) comete falso testemunho.
d) não comete crime algum, pois não está descrito expressamente como crime no CP.
e) comete autoacusação falsa.

▷ ***Anotações/Comentários***

(a) Na comunicação falsa de crime, o agente provoca a atuação de autoridade, comunicando a ocorrência de crime ou contravenção que sabe não se ter verificado (art. 340, CP).

(b) João não tinha a qualidade de testemunha e o fato de ser pai não o isentaria de pena.

(c) João não tinha a qualidade de testemunha.

(d) Trata-se de crime de autoacusação falsa.

(e) Art. 341, CP: Acusar-se, perante a autoridade, de crime inexistente ou praticado por outrem.

337. (Vunesp - Escrevente Técnico Judiciário - TJ-SP/2015) Marcos, advogado, solicita certa quantia em dinheiro a Pedro, seu cliente, pois esclarece que mediante o pagamento dessa quantia em dinheiro pode "acelerar" o andamento de um processo. Informa que seria amigo do escrevente do cartório judicial - o qual também seria remunerado pela celeridade, segundo Marcos. Pedro, inicialmente, tem intenção de aceitar a oferta, mas verifica que Marcos mentiu, pois não é amigo do funcionário público. Pedro nega-se a entregar a Marcos qualquer quantia e não aceita a oferta.

É correto afirmar que Marcos

a) praticou corrupção passiva (CP, art. 317) e Pedro não cometeu crime algum.
b) praticou exploração de prestígio (CP, art. 357) e Pedro não cometeu crime algum.
c) praticou corrupção passiva (CP, art. 317) e Pedro corrupção ativa (CP, art. 333).
d) e Pedro praticaram corrupção passiva (CP, art. 317).
e) e Pedro não praticaram crime algum, pois os fatos não evoluíram.

▷ ***Anotações/Comentários***

(a) Marcos sequer é funcionário público para cometer crime de corrupção passiva.

(b) Marcos solicitou dinheiro a seu cliente com o pretexto de influenciar funcionário da justiça (crime de exploração de prestígio); A conduta de Pedro é atípica.

(c) Pedro não cometeu corrupção ativa, porque não chegou a oferecer ou prometer vantagem indevida a funcionário público.

(d) ver respostas anteriores.

(e) ver respostas anteriores.

338. (Vunesp - Escrevente Técnico Judiciário - TJ-SP/2014) Com relação aos crimes contra a Administração Pública, assinale a alternativa correta.

a) Pratica corrupção passiva o funcionário público que solicita ou recebe vantagem indevida, para si ou para outrem, ainda que fora da função ou antes de assumi-la, mas em razão dela.

b) Pratica concussão o funcionário público que se apropria de dinheiro, valor ou qualquer outro bem móvel, público ou particular, de que tem a posse em razão do cargo.
c) No peculato culposo, a reparação do dano, em qualquer momento do processo e até a sentença recorrível, reduz em um terço a pena imposta.
d) Pratica concussão o funcionário público que exigir, para si ou para outrem, vantagem devida, ainda que fora da função ou antes de assumi-la.
e) Configura-se excesso de exação a exigência de verbas pelo funcionário público que sabe ou deveria saber indevidas.

▷ ***Anotações/Comentários***

(a) Corrupção passiva (art. 317, CP): Solicitar ou receber, para si ou para outrem, direta ou indiretamente, ainda que fora da função ou antes de assumi-la, mas em razão dela, vantagem indevida, ou aceitar promessa de tal vantagem.

(b) Concussão (art. 316, CP): Exigir, para si ou para outrem, direta ou indiretamente, ainda que fora da função ou antes de assumi-la, mas em razão dela, vantagem indevida.

(c) No peculato culposo, a reparação do dano, se precede à sentença irrecorrível, extingue a punibilidade; se lhe é posterior, reduz de metade a pena imposta (art. 312, § 3º, CP).

(d) A exigência deve ser indevida para configurar a concussão (art. 316, CP).

(e) Excesso de exação: Se o funcionário exige tributo ou contribuição social que sabe ou deveria saber indevido, ou, quando devido, emprega na cobrança meio vexatório ou gravoso, que a lei não autoriza (art. 316, § 1º, CP).

339. (Vunesp – Escrevente Técnico Judiciário – TJ-SP/2014) Assinale a alternativa que contém apenas crimes contra a administração da justiça.

a) Falsificação de papéis públicos, falsificação de selo e falsificação de sinal público.
b) Advocacia administrativa, advocacia profissional no terceiro setor e posse antecipada de cargo público.
c) Coação no curso do processo, comunicação falsa de crime e falsa perícia.
d) Falsificação de papéis públicos, prevaricação e condescendência criminosa.
e) Advocacia administrativa, violência arbitrária e desobediência.

▷ ***Anotações/Comentários***

(a) São crimes contra a fé pública.

(b) Advocacia administrativa: crime contra a administração em geral; as outras condutas são atípicas.

(c) Coação no curso do processo (art. 344, CP), comunicação falsa de crime (art. 340, CP) e falsa perícia (art. 342, CP) são crimes contra a Administração da Justiça.

(d) Falsificação de papéis públicos: crime contra a fé pública; prevaricação e condescendência criminosa: crimes contra a administração em geral.

(e) São crimes contra a administração em geral.

340. (Vunesp – Escrevente Técnico Judiciário – TJ-SP/2014) O Código Penal brasileiro, em relação ao crime de denunciação caluniosa, dispõe:

a) acusar-se, perante a autoridade, de crime inexistente ou praticado por outrem.
b) inovar artificiosamente, na pendência de processo civil ou administrativo, o estado de lugar.
c) provocar a ação de autoridade, comunicando-lhe a ocorrência de crime ou de contravenção que sabe não se ter verificado.
d) dar causa à instauração de investigação policial, de processo judicial, instauração de investigação administrativa, inquérito civil ou ação de improbidade administrativa contra alguém, imputando-lhe crime de que o sabe inocente.
e) dar, oferecer ou prometer dinheiro ou qualquer outra vantagem a testemunha, perito, contador, tradutor ou intérprete, para fazer afirmação falsa, negar ou calar a verdade em depoimento ou perícia.

Observação: essa questão foi elaborada antes da Lei n. 14.110/2020 que deu nova redação ao art. 339, CP.

▷ ***Anotações/Comentários***

(a) Trata-se do crime de autoacusação falsa (art. 341, CP).

(b) Trata-se do crime de fraude processual (art. 347, CP).

(c) Trata-se do crime de comunicação falsa de crime ou contravenção (art. 340, CP).

(d) Dar causa à instauração de inquérito policial, de procedimento investigatório criminal, de processo judicial, de processo administrativo disciplinar, de inquérito civil ou de ação de improbidade administrativa contra alguém, imputando-lhe crime, infração ético-disciplinar ou ato ímprobo de que o sabe inocente (art. 339, CP).

(e) Trata-se do crime corrupção ativa de testemunha ou perito (art. 343, CP).

341. (Vunesp – Escrevente Técnico Judiciário – TJ-SP/2014) Assinale a alternativa correta em relação a funcionário público de acordo com o Código Penal.

a) A pena será aumentada pela metade se o agente for ocupante de cargo em comissão ou função de direção ou assessoramento de órgão da administração direta, sociedade de economia mista, empresa pública ou fundação instituída pelo poder público.
b) Considera-se funcionário público quem, embora transitoriamente, exerce cargo, emprego ou função pública.
c) Consideram-se funcionários públicos: vereadores, peritos judiciais, serventuários da justiça, defensor dativo e o auditor da Receita Federal.
d) Considera-se funcionário público, para efeitos penais, quem, embora transitoriamente e sempre com remuneração, exerce cargo, emprego ou função pública.
e) Equipara-se a funcionário público quem exerce cargo, emprego ou função em entidade paraestatal, e quem trabalha para empresa prestadora de serviço contratada ou conveniada para a execução de atividade típica da Administração Privada.

▷ ***Anotações/Comentários***

(a) A pena é aumentada de terça parte (art. 327, § 2º, CP).

(b) Trata-se do conceito de funcionário público para fins penais (art. 327, CP).

(c) Defensor dativo não é considerado funcionário público.

(d) O art. 327, CP, considera funcionário público, mesmo que não haja remuneração.

(e) A atividade deve ser típica da Administração Pública (art. 327, CP).

342. (Vunesp – Escrevente Técnico Judiciário – TJ-SP/2014) Em relação ao crime de peculato, assinale a alternativa correta.

a) Apropriar-se de dinheiro, valor ou qualquer outro bem móvel de que tenha a posse em razão do cargo.
b) Exigir o funcionário público tributos que sabe inexigíveis à espécie.
c) Retardar o funcionário a prática de ato de ofício, por influência de outrem.
d) Solicitar, fora da função, vantagem indevida à espécie.
e) Patrocinar o funcionário, indiretamente, interesse privado perante a Administração, valendo-se dessa qualidade.

▷ ***Anotações/Comentários***

(a) Trata-se do crime de peculato apropriação (art. 312, CP).

(b) Trata-se do crime de excesso de exação (art. 316, § 1º, CP).

(c) Trata-se do crime de corrupção passiva privilegiada (art. 317, § 2º, CP).

(d) Trata-se do crime de corrupção passiva (art. 317, CP).

(e) Trata-se do crime de advocacia administrativa (art. 321, CP).

343. (FGV – Analista Judiciário – Oficial de Just. Avaliador – TRT 12/2017) Caio, oficial de justiça, todos os dias da semana chega em sua residência cansado após um longo dia de trabalho e passa a ficar incomodado com o fato de que Bruno, namorado de sua filha, com 26 anos, recebe um salário alto para a quantidade de serviço que realiza no órgão criminal do Ministério Público em que trabalha. Diante disso, objetivando que Bruno trabalhe mais, afirma para a Promotora de Justiça chefe de Bruno, que era sua conhecida, que sua esposa foi vítima de um crime de estelionato e que o fato deveria ser investigado, informando nada saber sobre a autoria delitiva. Diante disso, foi instaurado procedimento investigatório criminal no órgão. Caio, então, se arrepende e procura seu advogado para saber as consequências de sua conduta, caso seja descoberto que o fato narrado era falso.

Considerando as informações narradas, o advogado deverá esclarecer que Caio:

a) não praticou crime, em razão do arrependimento posterior;
b) praticou crime de denunciação caluniosa, consumado;
c) praticou crime de comunicação falsa de crime ou contravenção, consumado;
d) praticou crime de falso testemunho, consumado;
e) praticou crime contra administração da justiça na modalidade tentada.

▷ ***Anotações/Comentários***

(a) Houve crime de comunicação falsa de crime ou contravenção. Não houve arrependimento posterior, porque não houve restituição do bem.

(b) Não houve denunciação caluniosa, poque não se imputou falsamente a autoria a alguém.

(c) Houve comunicação falsa de crime, porque provocou a atuação de autoridade, ao comunicar-lhe a existência de um crime que sabe que não cometeu.

(d) Não houve crime de falso testemunho, porque Caio não cometeu o ato como testemunha.

(e) Houve consumação do crime de comunicação falsa de crime ou contravenção.

344. (Cespe – Analista Judiciário – Área Judiciária – Oficial de Justiça Avaliador) Em relação aos crimes contra a administração da justiça, assinale a opção correta.

a) É atípica a conduta do agente que faz justiça pelas próprias mãos sem o emprego de violência ou com o objetivo de satisfazer pretensão legítima.
b) A configuração do crime de exploração de prestígio depende de a conduta do agente incluir a alegação ou a insinuação de que o dinheiro ou a utilidade também se destina ao juiz, jurado, órgão do Ministério Público, funcionário de justiça, perito, tradutor, intérprete ou testemunha.
c) O agente que acusa a si mesmo, perante a autoridade, de ter cometido infração penal que não ocorreu pratica o crime de comunicação falsa de crime.
d) Em se tratando do crime de falso testemunho, o agente que se retrata ainda durante o processo no qual testemunhou faz jus a causa de diminuição de pena.
e) É isento de pena, ainda que pratique o crime de favorecimento pessoal, o ascendente, o descendente, o cônjuge ou o irmão de criminoso que o auxilia a fugir da ação da autoridade policial.

▷ ***Anotações/Comentários***

(a) O crime de exercício arbitrário das próprias razões ocorre mesmo que não haja violência, ou a pretensão seja legítima.

(b) A exploração de prestígio se refere a influir essas pessoas, mesmo que o dinheiro não seja destinado a eles.

(c) Trata-se de crime de autoacusação falsa (art. 341, CP).

(d) A retratação é causa de isenção de pena (art. 342, § 2º, CP).

(e) Trata-se de isenção de pena do crime de favorecimento pessoal nos termos do art. 348, § 2º, CP.

345. (Cespe – Analista Judiciário – Área Judiciária – Oficial de Justiça Avaliador) Oficial de justiça que solicita determinada quantia em dinheiro a advogado, para deixar de cumprir diligência de que estava incumbido, comete o crime de

a) tráfico de influência.
b) concussão.
c) prevaricação.
d) corrupção ativa.
e) corrupção passiva.

▷ ***Anotações/Comentários***

(a) art. 332, CP: Solicitar, exigir, cobrar ou obter, para si ou para outrem, vantagem ou promessa de vantagem, a pretexto de influir em ato praticado por funcionário público no exercício da função:

(b) art. 316, CP: Exigir, para si ou para outrem, direta ou indiretamente, ainda que fora da função ou antes de assumi-la, mas em razão dela, vantagem indevida:

(c) art. 319, CP: Retardar ou deixar de praticar, indevidamente, ato de ofício, ou praticá-lo contra disposição expressa de lei, para satisfazer interesse ou sentimento pessoal.

(d) Art. 333, CP: Oferecer ou prometer vantagem indevida a funcionário público, para determiná-lo a praticar, omitir ou retardar ato de ofício.

(e) Houve crime de corrupção passiva, porque funcionário público, no exercício da função, solicitou indevida vantagem.

346. (Cespe – Analista Judiciário – Área Judiciária – CNJ/2013) Em relação a crimes contra a fé e a administração públicas e de abuso de autoridade, julgue os itens subsequentes.

I - Recentemente, ocorreu a inclusão do crime de corrupção ativa no rol dos delitos hediondos, fato que, entre outros efeitos, tornou esse crime inafiançável e determinou que o início do cumprimento da pena ocorra em regime fechado.

- CERTO
- ERRADO

▷ ***Anotações/Comentários***

O crime de corrupção ativa não é considerado hediondo.

II - O agente, público ou particular que patrocina, direta ou indiretamente, interesse privado perante órgão público comete o crime de advocacia administrativa – um tipo penal que tutela a administração da justiça.

- CERTO
- ERRADO

▷ ***Anotações/Comentários***

O crime de advocacia administrativa é próprio, pois o sujeito ativo deve ser funcionário público. (art. 321, CP).

III - Por expressa previsão constitucional, é da competência do CNJ representar ao Ministério Público se tomar ciência de fato que corresponda a crime contra a administração pública ou de abuso de autoridade.

- CERTO
- ERRADO

▷ ***Anotações/Comentários***

Trata-se de competência do CNJ previsto no art. 103-B, § 4º, IV, CP.

IV - O particular que, em conjunto com a esposa, funcionária pública, apropriar-se de bens do Estado responderá por peculato, ainda que não seja membro da administração. Peculato é crime funcional impróprio, afiançável e prescritível.

- CERTO
- ERRADO

▷ ***Anotações/Comentários***

O particular responde por peculato, como partícipe. Crime funcional impróprio: o fato corresponde a outro crime, se o autor não for funcionário público (furto). Peculato é crime afiançável e prescritível nos termos do CPP.

347. Cespe – Analista Judiciário – Área Administrativa – TRE – RS/2015) Acerca dos crimes contra a administração pública, assinale a opção correta.

a) Comete o crime de peculato de uso o funcionário público que se apropria, para uso momentâneo, de objeto material de que tem a posse em razão do cargo e, após a sua utilização, o devolve intacto.

b) Agente que auxilia condenado por crime de prisão simples, concedendo abrigo com fim de ocultá-lo dos policiais, comete o crime de favorecimento real.

c) As ofensas proferidas, ou a negativa em acompanhar o policial, ou em abrir a porta, não são suficientes para a tipificação do delito de resistência.

d) Dar causa à instauração de Comissão Parlamentar de Inquérito (CPI), imputando falsamente a prática de crime, tipifica o crime de denunciação caluniosa.

e) Os policiais civis que, em função do cargo, exigem dinheiro do proprietário de um veículo furtado, que foi recuperado, cometem o crime de corrupção passiva.

▷ ***Anotações/Comentários***

(a) Não há crime de peculato de uso, porque há ofensa à Administração Pública.

(b) Prisão simples é destinado a quem comete contravenção penal. O favorecimento real ocorre no caso de o favorecido ter cometido crime (art. 349, CP).

(c) O crime de resistência (art. 329, CP) exige que haja grave ameaça ou violência.

(d) A CPI não está enumerada no art. 339, CP.

(e) Trata-se do crime de concussão (art. 316, CP).

348. (FCC – Analista Judiciário – Área Administrativa – TRF 3/2016) Lucius, funcionário público, escrevente de cartório de secretaria de Vara Criminal, apropriou-se de um relógio valioso que foi remetido ao Fórum juntamente com os autos do inquérito policial no qual foi objeto de apreensão. Lucius cometeu crime de

a) apropriação de coisa achada.

b) apropriação indébita simples.

c) apropriação indébita qualificada pelo recebimento da coisa em razão de ofício, emprego ou profissão.

d) apropriação de coisa havida por erro.

e) peculato.

▷ ***Anotações/Comentários***

(a) Art. 169, II, CP: quem acha coisa alheia perdida e dela se apropria, total ou parcialmente, deixando de restituí-la ao dono ou legítimo possuidor ou de entregá-la à autoridade competente, dentro no prazo de quinze dias.

(b) Art. 168, CP: Apropriar-se de coisa alheia móvel, de que tem a posse ou a detenção.

(c) Art. 168, § 1º, III, CP: causa de aumento de pena do crime de apropriação indébita.

(d) Art. 169, CP: Apropriar-se alguém de coisa alheia vinda ao seu poder por erro, caso fortuito ou força da natureza.

(e) Como Lucius era funcionário público e se apropriou de bem que estava na posse da Administração Pública, há crime de peculato-apropriação (art. 312, CP).

349. (FCC – Analista Judiciário – Área Administrativa – TRF 3/2016) A respeito do crime de advocacia administrativa, considere:

I. Caracteriza-se mesmo que o interesse privado patrocinado seja legítimo.

II. Não se caracteriza se o patrocínio for feito por terceira pessoa que apareça como procurador.

III. Só pode ser cometido por advogado.

Está correto o que consta APENAS em

a) I e II.

b) I.

c) I e III.

d) II e III.

e) III.

▷ ***Anotações/Comentários***

(a) Na advocacia administrativa, há o crime se o interesse patrocinado for legítimo ou ilegítimo. Se for ilegítimo, há qualificadora (art. 321, CP).

(b) Trata-se de crime praticado por funcionário público.

(c) Trata-se de crime praticado por funcionário público.

350. (FCC – Analista Judiciário – Área Administrativa – TRF 3/2016) A respeito dos Crimes contra a Administração pública, é INCORRETO afirmar que

a) o particular pode ser coautor do crime de concussão.

b) comete o crime de excesso de exação o funcionário que emprega meio vexatório na cobrança de tributo.

c) o crime de prevaricação exige o intuito do agente de satisfazer interesse ou sentimento pessoal.

d) comete crime de corrupção passiva quem oferece dinheiro a funcionário público para determiná-lo a retardar ato de ofício.

e) o ato de desferir um tapa no rosto de funcionário público, em razão da sua função, sem causar lesão, pode caracterizar o crime de desacato.

▷ ***Anotações/Comentários***

(a) O particular pode ser coautor ou partícipe de crime de concussão, se agir em conluio com funcionário público.

(b) Art. 316, § 1º, CP: Se o funcionário exige tributo ou contribuição social que sabe ou deveria saber indevido, ou, quando devido, emprega na cobrança meio vexatório ou gravoso, que a lei não autoriza.

(c) Art. 319, CP: Retardar ou deixar de praticar, indevidamente, ato de ofício, ou praticá-lo contra disposição expressa de lei, para satisfazer interesse ou sentimento pessoal.

(d) Trata-se de crime de corrupção ativa (art. 333, CP).

(e) Houve desacato, porque ficou caracterizada ofensa ao funcionário público (art. 331, CP).

351. (Cespe – Analista Ministerial – Direito – MP – CE/2020) Acerca dos princípios aplicáveis ao direito penal e das disposições gerais acerca dos crimes contra o patrimônio, contra a dignidade sexual e contra a administração pública, julgue os itens a seguir.

No crime de favorecimento pessoal, a prestação de auxílio por irmão do criminoso configura hipótese de redução de pena.

- CERTO
- ERRADO

▷ ***Anotações/Comentários***

Se quem presta o auxílio é ascendente, descendente, cônjuge ou irmão do criminoso, fica isento de pena (art. 348, § 2º, CP).

352. (Cespe – Analista de Controle Externo – Direito – TCE – MG/2018) Sebastião, motorista de uma repartição pública, costumava usar o carro oficial para realizar transporte particular de passageiros enquanto seu serviço não era requisitado na repartição. Colegas e o superior hierárquico de Sebastião tinham conhecimento dessa conduta, mas nada faziam para coibi-la, por entenderem que essa atividade não atrapalhava a execução do serviço na repartição pública. Em certa ocasião, no entanto, a conduta de Sebastião efetivamente gerou prejuízos, e ele foi processado.

A respeito dessa situação hipotética, assinale a opção correta.

a) Caso Sebastião restitua a gasolina utilizada e indenize o Estado pelos danos causados, a punibilidade contra ele poderá ser extinta, mesmo após trânsito em julgado.

b) O superior hierárquico de Sebastião não cometeu crime.

PENAL

c) A conduta de Sebastião foi atípica em razão do princípio da adequação social.
d) O crime cometido por Sebastião será processado mediante ação penal pública incondicionada.
e) Sebastião cometeu crime de prevaricação.

▷ ***Anotações/Comentários***

(a) Sebastião cometeu crime de peculato doloso, sendo que a restituição do dano gera efeitos apenas se presentes os requisitos do arrependimento posterior (art. 16, CP).

(b) O superior de Sebastião cometeu crime de condescendência criminosa (art. 320, CP).

(c) A conduta de Sebastião não encontra amparo nas regras sociais.

(d) Crime de peculato: ação penal pública incondicionada.

(e) Houve crime de peculato doloso.

---

353. (Vunesp - Agente de Fiscalização - TCE - SP/2017) Assinale a alternativa que contenha apenas crimes descritos no Código Penal contra as finanças públicas.

a) Contratação de operação de crédito, ordenação de despesa não autorizada e não cancelamento de restos a pagar.
b) Oferta pública ou colocação de títulos no mercado, moeda falsa e prestação de garantia graciosa.
c) Inserção de dados falsos em sistema de informações, assunção de obrigação no último ano do mandato ou legislatura e emprego irregular de verbas ou rendas públicas.
d) Não cancelamento de restos a pagar, extravio, sonegação ou inutilização de livro ou documento e emprego irregular de verbas ou rendas públicas.
e) Inserção de dados falsos em sistema de informações, sonegação ou inutilização de livro ou documento e contratação de operação de crédito.

▷ ***Anotações/Comentários***

(a) Os três crimes são contra as finanças públicas previstos nos arts.: 359-A, 359-D e 359-F, CP.

(b) Moeda Falsa é crime contra a fé pública.

(c) Inserção de dados falsos em sistema de informações e emprego irregular de verbas públicas são crimes contra a Administração Pública em Geral.

(d) Extravio, sonegação ou inutilização de livro ou documento e emprego irregular de verbas ou rendas públicas são crimes contra a Administração Pública em Geral

(e) Inserção de dados falsos em sistema de informações, sonegação ou inutilização de livro ou documento são crimes contra a Administração Pública em Geral.

---

354. (IESES - Cartório - Provimento - TJ - AM/2018) Com base nos crimes contra a administração pública, no processo e julgamento dos crimes de responsabilidade dos funcionários públicos e no Juizado Especial Criminal (Lei nº 9.099/95) assinale a opção INCORRETA:

a) Em conformidade com o Código Penal, exigir, para si ou para outrem, direta ou indiretamente, ainda que fora da função ou antes de assumi-la, mas em razão dela, vantagem indevida, caracteriza o crime de concussão. Já quando solicita ou recebe, para si ou para outrem, direta ou indiretamente, ainda que fora da função ou antes de assumi-la, mas em razão dela, vantagem indevida, ou aceitar promessa de tal vantagem caracteriza o crime de prevaricação.
b) De acordo com o STJ é pacífica a jurisprudência naquela Corte no sentido de não ser possível a aplicação do princípio da insignificância ao crime de peculato e aos demais delitos contra Administração Pública, pois o bem jurídico tutelado pelo tipo penal incriminador é a moralidade administrativa, insuscetível de valoração econômica.
c) Quanto à violação do art. 514 do CPP, o STJ tem entendido no sentido de que é desnecessária a resposta preliminar de que trata o referido artigo, na ação penal instruída por inquérito policial. Aplicando a Súmula n. 330 do STJ.
d) A Lei 9.099/95 orienta-se pelos critérios da oralidade, simplicidade, informalidade, economia processual e celeridade e considera como infrações penais de menor potencial ofensivo, para os seus efeitos, as contravenções penais e os crimes a que a lei comine pena máxima não superior a 2 (dois) anos, cumulada ou não com multa.

▷ ***Anotações/Comentários***

(a) Trata-se de crimes de concussão (art. 316, CP) e corrupção passiva (art. 317, CP).

(b) Os crimes contra a Administração Pública tutelam a moralidade e o patrimônio públicos, não se podendo falar, em regra, na aplicação do princípio da insignificância.

(c) É desnecessária a resposta preliminar de que trata o artigo 514 do Código de Processo Penal, na ação penal instruída por inquérito policial (Súmula 330, STJ).

(d) Trata-se da redação dos arts. 61 e 62, Lei n. 9.099/95.

---

355. (IESES - Cartório - Provimento - TJ - CE/2018) E certo afirmar:

I. Tem-se para o crime de peculato a ação penal pública incondicionada, sendo relevante a sua natureza dolosa ou culposa, podendo, portanto, trata-se de ação penal pública condicionada.
II. Promover no registro civil a inscrição de nascimento inexistente, nos termos do Código Penal se constitui em crime com pena prevista de reclusão com o seu mínimo e máximo fixados entre dois e seis anos.
III. Prevaricação é o ato de solicitar ou receber, para si ou para outrem, direta ou indiretamente, ainda que fora da função ou antes de assumi-la, mas em razão dela, vantagem indevida, ou aceitar promessa de tal vantagem.
IV. O crime de peculato, recepcionado pelo Código Penal, apresenta as seguintes figuras típicas: a)peculato-apropriação; b) peculato--desvio; c) peculato-furto; d) peculato-culposo.

Analisando as proposições, pode-se afirmar:

a) Somente as proposições III e IV estão corretas.
b) Somente as proposições II e IV estão corretas.
c) Somente as proposições I e II estão corretas.
d) Somente as proposições I e III estão corretas.

▷ ***Anotações/Comentários***

(I) A ação penal nos crimes contra a Administração Público é sempre pública incondicionada.

(II) Trata-se de crime registro de nascimento inexistente (art. 241, CP).

(III) Trata-se do crime de corrupção passiva (art. 216, CP).

(IV) O crime de peculato: apropriar; desviar; subtrair e concorrer culposamente.

---

356. (IESES - Cartório - Provimento - TJ - CE/2018) É certo afirmar:

I. A tentativa é inadmissível no crime de desacato em razão de exigir prática efetiva pelo sujeito ativo da ofensa ao proferir palavras injuriosas na presença do ofendido.
II. Produzir, reproduzir, dirigir, fotografar, filmar ou registrar, por qualquer meio, cena de sexo explícito ou pornográfica, envolvendo criança ou adolescente se constitui em crime previsto no Código Penal, salvo havendo autorização judicial, em respeito ao direito fundamental à livre expressão da atividade intelectual e artística.
III. O sujeito ativo do crime de inserção de dados falsos em sistema de informações somente pode ser o funcionário público, e especialmente aquele devidamente autorizado a trabalhar com a informatização ou sistema de dados da Administração Pública. O tipo penal, que tipifica crime próprio, tem o especial cuidado de destacar que o sujeito ativo dessa infração penal é o funcionário autorizado, afastando, dessa forma, qualquer outro funcionário que, eventualmente, imiscuir-se indevidamente nos sistemas informatizados ou banco de dados da Administração Pública.
IV. O objeto material do crime de "extravio, sonegação ou inutilização de livro ou documento" é o livro oficial ou qualquer documento público ou privado. Essa documentação pode ser de qualquer natureza, tais como de valor histórico, contábil, patrimonial, registral e protocolar.

Analisando as proposições, pode-se afirmar:

a) Somente as proposições II e IV estão corretas.

b) Somente as proposições III e IV estão corretas.
c) Somente as proposições I e III estão corretas.
d) Somente as proposições I e II estão corretas.

▷ ***Anotações/Comentários***

(I) Admite-se a tentativa no desacato, como na hipótese em que a ofensa é escrita em uma carta e alguém impede que o autor do fato a entregue ao funcionário público.

(II) Trata-se de crime do art. 240, ECA, o qual não é excluído pelo exercício da liberdade de expressão.

(III) O art. 313-A, Código Penal, prevê crime próprio que, explicitamente, exige como autor do crime o funcionário autorizado.

(IV) art. 334, CP: Extraviar livro oficial ou qualquer documento, de que tem a guarda em razão do cargo; sonegá-lo ou inutilizá-lo, total ou parcialmente.

---

357. (IESES - Cartório - Provimento - TJ - CE/2018) É certo afirmar:

I. Em que pese compreender doutrina e jurisprudência que a liberdade é um direito inerente ao ser humano, constitui-se crime a evasão do sistema prisional, devidamente tipificado na Lei de Execuções Penais, independendo se tratar de preso definitivo ou provisório.
II. A "Auto-acusação falsa" pode ser classificada como crime formal (que não exige resultado naturalístico para sua consumação); comum (que não exige qualidade ou condição especial do sujeito); de forma livre (que pode ser praticado por qualquer meio ou forma pelo agente); instantâneo (não há demora entre a ação e o resultado); unissubjetivo (que pode ser praticado por um agente apenas); plurissubsistente (que, em regra, pode ser praticado com mais de um ato, admitindo-se, em consequência, fracionamento em sua execução).
III. Além das hipóteses do Código Penal e da legislação especial, dependerá de representação a ação penal relativa aos crimes de lesões corporais leves e lesões culposas.
IV. Considera-se "tergiversação", trair, na qualidade de advogado ou procurador, o dever profissional, prejudicando interesse, cujo patrocínio, em juízo, lhe é confiado.

Analisando as proposições, pode-se afirmar:

a) Somente as proposições I e III estão corretas.
b) Somente as proposições I e IV estão corretas.
c) Somente as proposições II e IV estão corretas.
d) Somente as proposições II e III estão corretas.

▷ ***Anotações/Comentários***

(I) O crime de evasão mediante violência contra a pessoa é previsto no art. 352, CP.

(II) Estão certas as classificações do crime de autoacusação falsa (art. 341, CP).

(III) Em regra, os crimes de lesão corporal leve e lesão culposa são de ação penal pública condicionada à representação, exceto se houver violência doméstica contra a mulher.

(IV) Art. 355, parágrafo único, CP: o advogado ou procurador judicial que defende na mesma causa, simultânea ou sucessivamente, partes contrárias

---

358. (IESES - Cartório - Remoção - TJ - AM/2018) Apropriar-se o funcionário público de dinheiro, valor ou qualquer outro bem móvel, público ou particular, de que tem a posse em razão do cargo, ou desviá-lo, em proveito próprio ou alheio é considerado, segundo o Código Penal vigente crime de:

a) Prevaricação.
b) Peculato.
c) Concussão.
d) Corrupção ativa.

▷ ***Anotações/Comentários***

(a) Prevaricação: Retardar ou deixar de praticar, indevidamente, ato de ofício, ou praticá-lo contra disposição expressa de lei, para satisfazer interesse ou sentimento pessoal.

(b) Trata-se da redação do art. 312, CP.

(c) Concussão: Exigir, para si ou para outrem, direta ou indiretamente, ainda que fora da função ou antes de assumi-la, mas em razão dela, vantagem indevida:

(d) Corrupção ativa: Oferecer ou prometer vantagem indevida a funcionário público, para determiná-lo a praticar, omitir ou retardar ato de ofício

---

359. (FCC - Auditor Fiscal da Receita Estadual - SEFAZ - SC/2018) Patrícia, servidora pública chefe de determinada repartição, ao notar que seu subordinado Bruno, também servidor público, praticou uma infração no exercício do cargo, deixa de responsabilizá-lo por indulgência. Patrícia, com seu comportamento, praticou, em tese, o crime de

a) condescendência criminosa.
b) prevaricação.
c) tergiversação.
d) exploração de prestígio.
e) concussão.

▷ ***Anotações/Comentários***

(a) Condescendência criminosa: Deixar o funcionário, por indulgência, de responsabilizar subordinado que cometeu infração no exercício do cargo ou, quando lhe falte competência, não levar o fato ao conhecimento da autoridade competente (art. 320, CP):

(b) Prevaricação: Retardar ou deixar de praticar, indevidamente, ato de ofício, ou praticá-lo contra disposição expressa de lei, para satisfazer interesse ou sentimento pessoal (art. 319, CP).

(c) Tergiversação: o advogado ou procurador judicial que defende na mesma causa, simultânea ou sucessivamente, partes contrárias (art. 355, parágrafo único, CP).

(d) Exploração de prestígio: Solicitar ou receber dinheiro ou qualquer outra utilidade, a pretexto de influir em juiz, jurado, órgão do Ministério Público, funcionário de justiça, perito, tradutor, intérprete ou testemunha (art. 357, CP).

(e) Concussão: Exigir, para si ou para outrem, direta ou indiretamente, ainda que fora da função ou antes de assumi-la, mas em razão dela, vantagem indevida (art. 317, CP).

---

360. (FCC - Auditor Fiscal da Receita Estadual - SEFAZ - SC/2018) Retardar ou omitir ato de ofício, ou praticá-lo infringindo dever funcional,

a) são os núcleos do tipo penal de favorecimento real.
b) são os núcleos do tipo penal de advocacia administrativa.
c) cedendo a pedido ou influência de outrem, constituem a prática do crime de favorecimento pessoal.
d) são causas de aumento de pena da corrupção ativa.
e) para satisfazer a interesse ou sentimento pessoal, constituem a prática do crime de corrupção passiva.

▷ ***Anotações/Comentários***

(a) Favorecimento real: Prestar a criminoso, fora dos casos de coautoria ou de receptação, auxílio destinado a tornar seguro o proveito do crime (art. 349, CP):

(b) Advocacia administrativa: Patrocinar, direta ou indiretamente, interesse privado perante a administração pública, valendo-se da qualidade de funcionário (art. 321, CP).

(c) Favorecimento pessoal: Auxiliar a subtrair-se à ação de autoridade pública autor de crime a que é cominada pena de reclusão (art. 348, CP).

(d) No crime de corrupção ativa, a pena é aumentada de um terço, se, em razão da vantagem ou promessa, o funcionário retarda ou omite ato de ofício, ou o pratica infringindo dever funcional (art. 333, parágrafo único, CP).

(e) Prevaricação: Retardar ou deixar de praticar, indevidamente, ato de ofício, ou praticá-lo contra disposição expressa de lei, para satisfazer interesse ou sentimento pessoal (art. 319, CP).

361. (FCC – Procurador Legislativo – Câmara Legislativa do DF/2018) O crime de advocacia administrativa

a) ocorre com o exercício da advocacia na seara administrativa por quem é expressamente impedido pelo Estatuto da OAB.

b) ocorre com o patrocínio, ainda que indireto, de interesse privado perante a Administração Pública, valendo-se da qualidade de funcionário.

c) exige como sujeito ativo específico o advogado e um ato de corrupção ativa frente à Administração Pública.

d) é configurado quando o advogado ou procurador trai dever funcional e prejudica a Administração Pública em juízo.

e) é praticado por particular contra a Administração Pública em geral e punido com pena de reclusão.

▷ ***Anotações/Comentários***

(a) O crime de advocacia administrativa não guarda relação com o exercício da profissão de advogado.

(b) O crime de advocacia administrativa é próprio, porque cometido por funcionário, que patrocina, direta ou indiretamente, interesse privado perante a administração pública, valendo-se da qualidade de funcionário (art. 321, CP).

(c) Trata-se de crime próprio praticado por funcionário público, não se exigindo ato de corrupção.

(d) Ver resposta à alternativa "c".

(e) Trata-se de crime praticado por funcionário público. O crime é punido com pena de detenção.

362. (FCC – Promotor de Justiça – MPE - PB/2018) A conduta de solicitar dinheiro a pretexto de influir em órgão do Ministério Público, nos termos do Código Penal, configura o crime de

a) fraude processual.

b) tergiversação.

c) corrupção passiva.

d) exploração de prestígio.

e) tráfico de influência.

▷ ***Anotações/Comentários***

(a) Fraude processual: Inovar artificiosamente, na pendência de processo civil ou administrativo, o estado de lugar, de coisa ou de pessoa, com o fim de induzir a erro o juiz ou o perito (art. 347, CP).

(b) Tergiversação: advogado ou procurador judicial que defende na mesma causa, simultânea ou sucessivamente, partes contrárias (art. 355, parágrafo único, CP).

(c) Corrupção passiva: Solicitar ou receber, para si ou para outrem, direta ou indiretamente, ainda que fora da função ou antes de assumi-la, mas em razão dela, vantagem indevida, ou aceitar promessa de tal vantagem (art. 317, CP).

(d) Exploração de prestígio: Solicitar ou receber dinheiro ou qualquer outra utilidade, a pretexto de influir em juiz, jurado, órgão do Ministério Público, funcionário de justiça, perito, tradutor, intérprete ou testemunha (art. 357, CP).

(e) Tráfico de influência: Solicitar, exigir, cobrar ou obter, para si ou para outrem, vantagem ou promessa de vantagem, a pretexto de influir em ato praticado por funcionário público no exercício da função (art. 332, CP).

363. (FGV – Analista Legislativo – Processo Legislativo – AL - RO/2018) Funcionário da Assembleia Legislativa recebeu procedimento que versava sobre a edição de lei estadual de grande relevância. Ciente da controvérsia e da grande pressão que existia contrária à edição da inovação legislativa, resolveu esconder o procedimento entre sua mesa e a parede, no chão, para que ninguém soubesse que estava com o documento para apresentação de parecer. Ocorre que o funcionário, por descuido, veio a derrubar café no documento, tornando-o totalmente inutilizável e gerando prejuízos ao andamento do procedimento.

Considerando apenas as informações narradas, é correto afirmar que a conduta do funcionário é

a)aatípica, não configurando crime.

b) típica, ilícita e culpável, configurando crime de "extravio, sonegação ou inutilização de livro ou documento", previsto no Art. 314 do Código Penal.

c) típica, ilícita, mas não culpável, não configurando crime.

d) típica, ilícita e culpável, configurando o crime de "subtração ou inutilização de livro ou documento", prevista no Art. 337 do Código Penal.

e) típica, mas não ilícita, não configurando crime.

▷ ***Anotações/Comentários***

(a) O crime de extravio, sonegação ou inutilização de livro ou documento é doloso (art. 314, CP). Descuido remete à culpa.

(b) O fato é atípico, pois a conduta do agente é culposa.

(c) ver resposta à alternativa "a".

(d) O crime do art. 337, CP, além de doloso, trata-se de crime de particular praticado contra a Administração Pública.

(e) ver resposta à alternativa "a".

364. (FCC – Técnico Judiciário – Segurança – TRT 15/2018) No TRT do Estado X, Sinvaldo, servidor público, na função de chefe do setor de finanças, tomou conhecimento (e, posteriormente presenciou) que seu subordinado Demerval, também servidor público, rotineiramente, registrava o horário de almoço das 11 às 12 horas e se ausentava após esse horário para efetivamente almoçar, estendendo seu horário em duas horas todos os dias e contrariando as regras do órgão. Sinvaldo soube que isso ocorria há mais de um mês, no entanto, por indulgência, deixou de apurar a infração disciplinar e nem mesmo comunicou o fato a seus superiores. A conduta de Sinvaldo, estará sujeita ao previsto no crime de

a) condescendência criminosa.

b) corrupção ativa.

c) corrupção passiva.

d) concussão.

e) excesso de exação.

▷ ***Anotações/Comentários***

(a) Houve crime de condescendência criminosa, porque Sinvaldo (funcionário público) deixou, por indulgência, de responsabilizar subordinado (Demerval) que cometeu infração no exercício do cargo ou, quando lhe falte competência, não levar o fato ao conhecimento da autoridade competente.

(b) Corrupção ativa: Oferecer ou prometer vantagem indevida a funcionário público, para determiná-lo a praticar, omitir ou retardar ato de ofício (art. 333, CP).

(c) Corrupção passiva: Solicitar ou receber, para si ou para outrem, direta ou indiretamente, ainda que fora da função ou antes de assumi-la, mas em razão dela, vantagem indevida, ou aceitar promessa de tal vantagem (art. 317, CP).

(d) Concussão: Exigir, para si ou para outrem, direta ou indiretamente, ainda que fora da função ou antes de assumi-la, mas em razão dela, vantagem indevida (art. 316, CP).

(e) Excesso de exação: Se o funcionário exige tributo ou contribuição social que sabe ou deveria saber indevido, ou, quando devido, emprega na cobrança meio vexatório ou gravoso, que a lei não autoriza (art. 316, § 1º, CP).

365. (FCC – Auditor Tributário – Pref. de São Luís - MA/2018) São crimes contra as finanças públicas previstos no Código Penal:

a) contratação de operação de crédito; violência ou fraude em arrematação judicial e favorecimento real.

b) ordenação de despesa não autorizada; não cancelamento de restos a pagar e prestação de garantia graciosa.

c) inscrição de despesas não empenhadas em restos a pagar; corrupção ativa e excesso de exação.

d) aumento de despesa total com pessoal no último ano do mandato ou legislatura; emprego irregular de verbas ou rendas públicas e concussão.

e) oferta pública ou colocação de títulos no mercado; falso testemunho ou falsa perícia e favorecimento pessoal.

▷ **Anotações/Comentários**

(a) Favorecimento real é crime contra a administração da justiça.

(b) Ordenação de despesa não autorizada; não cancelamento de restos a pagar e prestação de garantia graciosa são crimes contra as finanças públicas.

(c) Corrupção ativa e excesso de exação são crimes contra a Administração em Geral.

(d) Emprego irregular de verbas ou rendas públicas e concussão são crimes contra a Administração em Geral.

(e) falso testemunho ou falsa perícia e favorecimento pessoal são crimes contra a Administração da Justiça.

---

366. (FCC – Auditor Tributário – Pref. de São Luís - MA/2018) Sobre os crimes contra a Administração Pública, comete o crime de

a) corrupção ativa aquele que exige, para si, direta ou indiretamente, ainda que fora da função, mas em razão dela, vantagem indevida.
b) prevaricação aquele que, por indulgência, deixa de responsabilizar subordinado que cometeu infração no exercício do cargo.
c) condescendência criminosa aquele que se opõe à execução de ato legal, mediante violência ou ameaça a funcionário competente para executá-lo.
d) denunciação caluniosa aquele que provoca a ação de autoridade, comunicando-lhe a ocorrência de crime que sabe não ter ocorrido.
e) peculato aquele que se apropria de dinheiro, valor ou qualquer outro bem móvel, público ou particular, de que tem a posse em razão do cargo, em proveito próprio ou alheio.

▷ **Anotações/Comentários**

(a) Trata-se de crime de concussão (art. 316, CP).

(b) Trata-se de crime de condescendência criminosa (art. 320, CP).

(c) Trata-se de crime de resistência (art. 329, CP).

(d) Trata-se de crime de comunicação falsa de crime (art. 340, CP).

(e) Trata-se de crime de peculato (art. 312, CP).

---

367. (FCC – Técnico Judiciário – Segurança – TRT 15/2018) Astolfo, é surpreendido na prática de crime de roubo e recebe ordem de prisão por dois policiais militares do Estado X que estão devidamente fardados e com viatura. Para evitar a prisão, Astolfo arremessa pedras em direção aos policiais ferindo a ambos que, ainda assim, conseguem prendê-lo com o uso da força necessária. Em relação à ação contra a execução de ordem legal praticada por Astolfo, sem prejuízo de outros crimes decorrentes da violência, ele poderá responder pelo crime de

a) Desacato.
b) Desobediência.
c) Resistência.
d) Obstrução à justiça.
e) Desinteligência.

▷ **Anotações/Comentários**

(a) No desacato (art. 331, CP), há ofensa à honra do funcionário público, no exercício e em razão de sua função.

(b) No crime de desobediência (art. 330, CP), não há violência ameaça contra o funcionário público.

(c) Na resistência (art. 329, CP), o particular se opõe à execução de ato legal (no caso, prisão em flagrante), mediante violência (atirar pedras) ou ameaça a funcionário competente para executá-lo ou a quem lhe esteja prestando auxílio.

(d) Não há obstrução de justiça entre os crimes contra a administração de justiça.

(e) Não há desinteligência entre os crimes contra a administração de justiça.

---

368. (FGV – Técnico Judiciário – TJ - SC/2018) Vitor atua como servidor de determinado cartório judicial de Tribunal de Justiça. Surpreso, ao verificar que o computador do cartório era avaliado em R$5.000,00, decide subtrair o bem, na parte da noite, utilizando-se, para tanto, da chave do cartório que permanecia em sua posse. Precisando de ajuda para impedir que as câmeras de segurança captassem sua ação, narra o seu plano criminoso para seu vizinho Caio, e este, sabendo que Vitor, em razão de sua função, tinha acesso ao local, confia na empreitada delitiva e aceita dela participar.

Após a subtração do computador da forma arquitetada, já do lado de fora do Fórum, Vitor e Caio são abordados e presos em flagrante.

A conduta de Vitor tipifica o crime de:

a) furto qualificado com a causa de aumento do repouso noturno, já que o delito foi praticado em concurso de pessoas, não podendo os agentes responderem por crimes diferentes;
b) peculato, enquanto a conduta de Caio se ajusta ao crime de furto qualificado em situação de repouso noturno, tendo em vista que o peculato é crime classificado como próprio;
c) furto qualificado, sem a causa de aumento do repouso noturno, assim como a de Caio, tendo em vista que o crime foi praticado por Vitor na condição de particular;
d) peculato, assim como a de Caio, apesar de o crime contra a Administração Pública ser classificado como próprio;
e) peculato, assim como a de Caio, tendo em vista que o crime de peculato não é classificado como próprio.

▷ **Anotações/Comentários**

(a) Ambos respondem por crime de peculato.

(b) Ambos respondem por crime de peculato.

(c) Ambos respondem por crime de peculato.

(d) A qualidade de funcionário público de Vitor se comunica a Caio, respondendo ambos pelo crime peculato, já que subtraíram bem de propriedade da Administração Pública, valendo-se da condição de funcionário público de Vitor.

(e) O peculato é crime próprio, pois exige a especial condição de funcionário público para a consumação.

---

369. (FGV – Analista Administrativo – TJ - SC/2018) Zeca, funcionário público do Tribunal de Justiça, em dificuldades financeiras, para satisfazer um interesse pessoal de comprar um aparelho de telefonia celular novo, exige R$1.500,00 de parte em processo judicial para apresentar manifestação favorável a ela. A parte, porém, inconformada com a conduta do funcionário, de imediato informa o fato ao juiz de direito titular da Vara vinculada ao seu processo.

A conduta de Zeca configura crime de:

a) prevaricação, na forma consumada;
b) corrupção passiva, na forma tentada;
c) corrupção passiva, na forma consumada;
d) concussão, na forma consumada;
e) concussão, na forma tentada.

▷ **Anotações/Comentários**

(a) Prevaricação: Retardar ou deixar de praticar, indevidamente, ato de ofício, ou praticá-lo contra disposição expressa de lei, para satisfazer interesse ou sentimento pessoal (art. 319, CP).

(b) Corrupção passiva: Solicitar ou receber, para si ou para outrem, direta ou indiretamente, ainda que fora da função ou antes de assumi-la, mas em razão dela, vantagem indevida, ou aceitar promessa de tal vantagem (art. 317, CP).

(c) Ver item "b".

(d) Como o funcionário público exigiu a indevida vantagem econômica, há crime de concussão (art. 316, CP), crime formal que não exige efetiva obtenção da vantagem econômica.

(e) ver item "d".

---

370. (FCC – Técnico Judiciário – Segurança – TRT 2/2018) Arquimedes, funcionário público, estando em gozo de férias, exigiu de Peterson a quantia de R$ 50.000,00 para não devassar a escrituração de sua empresa e autuá-lo por sonegação de impostos, quando reassumir seu cargo de fiscal de rendas. Arquimedes

a) cometeu crime de corrupção passiva.
b) cometeu crime de corrupção ativa.
c) cometeu crime de concussão.

d) cometeu crime de prevaricação.

e) não cometeu nenhum delito porque estava em gozo de férias.

▷ ***Anotações/Comentários***

(a) Corrupção passiva: Solicitar ou receber, para si ou para outrem, direta ou indiretamente, ainda que fora da função ou antes de assumi-la, mas em razão dela, vantagem indevida, ou aceitar promessa de tal vantagem (art. 317, CP).

(b) Corrupção ativa: Oferecer ou prometer vantagem indevida a funcionário público, para determiná-lo a praticar, omitir ou retardar ato de ofício (art. 333, CP).

(c) Como o funcionário público exigiu a indevida vantagem econômica, há crime de concussão (art. 316, CP).

(d) Prevaricação: Retardar ou deixar de praticar, indevidamente, ato de ofício, ou praticá-lo contra disposição expressa de lei, para satisfazer interesse ou sentimento pessoal (art. 319, CP).

(e) Há crime, porque o funcionário público se valeu de função pública, ainda que fora do exercício dela.

---

371. (FGV – Analista Judiciário – Oficial de Just. Avaliador – TJ - AL/2018) Caio, Oficial de Justiça, após cumprir diversos mandados de citação referentes a várias ações penais, retornou para sua residência com os documentos que comprovavam a efetiva citação dos denunciados. Em razão de seu descuido e do grande número de mandados, colocou dois deles em cima de seu carro enquanto guardava sua bolsa na mala do veículo, mas os esqueceu lá quando deu a partida do carro, acabando por extraviar os documentos, o que gerou prejuízo no curso da ação penal e benefício para os acusados dos respectivos processos.

Considerando apenas as informações narradas, o comportamento de Caio configura:

a) crime de extravio, sonegação ou inutilização de livro ou documento;

b) crime de subtração ou inutilização de livro ou documento;

c) crime de sonegação de papel ou objeto de valor probatório;

d) crime de prevaricação;

e) conduta atípica.

▷ ***Anotações/Comentários***

(a) O crime do art. 314, CP, exige dolo.

(b) O crime do art. 337, CP, exige dolo, além de ser praticado por particular.

(c) O crime do art. 356, CP, exige dolo, além de ser praticado contra a Administração da Justiça.

(d) Prevaricação: Retardar ou deixar de praticar, indevidamente, ato de ofício, ou praticá-lo contra disposição expressa de lei, para satisfazer interesse ou sentimento pessoal (art. 319, CP).

(e) O crime do art. 314, CP, exige dolo. No caso, houve culpa por parte da funcionária pública que foi negligente.

---

372. (FGV – Analista Judiciário – Oficial de Just. Avaliador – TJ - AL/2018) Jorge, de origem humilde, atua como Oficial de Justiça em determinado Tribunal de Justiça. Quando cumpria ordem de busca e apreensão na comunidade em que nasceu, viu, de longe, que seu irmão dispensou uma sacola plástica com grande quantidade de drogas, empurrou um policial militar e tentava empreender fuga e evitar o flagrante de crime de tráfico, crime este punido com pena mínima de cinco anos de reclusão. Diante disso, quando seu irmão corre em sua direção, o auxilia, escondendo-o dentro de seu veículo particular, enquanto continua a cumprir o mandado pendente.

Descobertos os fatos, considerando apenas a situação narrada, o ato de Jorge configura:

a) crime de evasão mediante violência contra a pessoa;

b) conduta típica, mas não punível;

c) crime de favorecimento pessoal;

d) crime de favorecimento real;

e) conduta atípica.

▷ ***Anotações/Comentários***

(a) art. 352, CP: Evadir-se ou tentar evadir-se o preso ou o indivíduo submetido a medida de segurança detentiva, usando de violência contra a pessoa.

(b) A conduta de Jorge configura fato típico de favorecimento pessoal (art. 354, CP), a qual deixa de ser punida por Jorge prestar auxílio ao seu irmão.

(c) Ver item "b".

(d) Favorecimento real: o auxílio recai sobre o proveito do crime (art. 349, CP).

(e) ver item "b".

---

373. (FCC – Analista Legislativo - ALESE/2018) Sobre o crime de falso testemunho ou falsa perícia, o Código Penal, em seu artigo 342, prevê que

a) é fato atípico fazer afirmação falsa em juízo arbitral.

b) é fato atípico fazer afirmação falsa em inquérito penal.

c) as penas são aumentadas de um sexto a um terço, se o crime é praticado mediante suborno ou se cometido com o fim de obter prova destinada a produzir efeito em processo penal, ou em processo civil em que for parte entidade da Administração pública direta ou indireta.

d) o fato deixa de ser típico se, antes da sentença no processo em que ocorreu o ilícito, o agente se retrata ou declara a verdade.

e) é fato atípico fazer afirmação falsa em processo administrativo.

▷ ***Anotações/Comentários***

(a) Se o falso ocorrer em juízo arbitral, há crime.

(b) Se o falso ocorrer em inquérito policial, há crime.

(c) Trata-se de causa de aumento de pena previsto no art. 342, § 2º, CP.

(d) O fato continua típico, mas não punível, pela retratação.

(e) Se o falso ocorrer em processo administrativo, há crime.

---

374. (FCC – Analista Legislativo - Processo Legislativo - ALESE/2018) São, dentre outros, crimes contra a administração da Justiça:

a) resistência, desobediência, desacato e tráfico de influência.

b) advocacia administrativa, condescendência criminosa, violação de sigilo funcional e abandono de função.

c) auto-acusação falsa, exercício arbitrário das próprias razões, denunciação caluniosa e exploração de prestígio.

d) falsidade ideológica, falso reconhecimento de firma ou letra, certidão ou atestado ideologicamente falso e adulteração de sinal identificador de veículo automotor.

e) concussão, corrupção passiva, prevaricação e corrupção ativa.

▷ ***Anotações/Comentários***

(a) São crimes praticados por particulares contra a Administração Pública em Geral.

(b) São crimes praticados por funcionário público contra a Administração Pública em Geral.

(c) São crimes contra a administração da Justiça.

(d) São crimes contra a fé pública.

(e) São crimes praticados contra a Administração Pública em Geral.

---

375. (FCC – Defensor Público – DPE - AP/2018) Conforme a Lei Penal e o entendimento dos tribunais superiores:

a) A expressão "pessoa legalmente presa ou submetida a medida de segurança detentiva", contida no caput do art. 351 do Código Penal, não abrange os adolescentes internados em razão do cumprimento de medida socioeducativa decorrente da prática de ato infracional.

b) Incide a qualificadora do inciso III do parágrafo único do art. 163 do Código Penal, quando o crime de dano afeta bens do Distrito Federal.

c) Para fins penais, o cartão de crédito ou débito equipara-se a documento público, para configuração do crime de falsidade previsto no art. 297 do Código Penal.

d) Configura hipótese de efeito da condenação a perda da aposentadoria, conforme previsão do art. 92 do Código Penal.

e) Insere-se no rol das circunstâncias que agravam a pena o fato do agente cometer homicídio culposo na direção de veículo automotor com carteira de habilitação vencida.

▷ ***Anotações/Comentários***

(a) o art. 351, CP, se refere a pessoas sujeitas à sanção penal do CP.

(b) A partir da Lei n. 13.531/2017, o dano a bens do Distrito Federal é considerado qualificado.

(c) Para fins penais, o cartão de crédito ou débito equipara-se a documento particular, para configuração do crime de falsidade previsto no art. 298 do Código Penal.

(d) O art. 92, CP, não prevê a perda da aposentadoria.

(e) Insere-se no rol das circunstâncias que agravam a pena o fato do agente cometer homicídio culposo na direção de veículo automotor sem ter carteira de habilitação vencida (art. 302, CTB).

Observação: essa questão foi anulada, porque as alternativas "a" e "b" estão corretas.

376. (FCC – Defensor Público – DPE - AP/2018) Configura crime contra a Administração pública:

a) Membro de tribunal de contas estadual que promete oferta de vantagens indevidas a prefeitos municipais relativas aos processos em trâmite naquela corte em troca de nomeação de servidores.

b) O pagamento de remuneração de vereadores fixada em lei municipal, mesmo que ultrapasse o limite previsto em lei federal definidora de programação orçamentária.

c) Servidor público que se apropria dos salários que lhe foram pagos e não presta os serviços.

d) A posse de espelhos de carteira de identidade, sem justificativa para tanto, por agente que exerce a função de papiloscopista.

e) O descumprimento de medidas protetivas de urgência.

▷ ***Anotações/Comentários***

(a) O funcionário público só pode ser autor do crime de corrupção ativo se despedido da sua função. No caso, o pedido foi feito em razão da função.

(b) Não há crime de peculato, porque o Município tem autonomia para legislar sobre o tema.

(c) Trata-se de mero ato indisciplinar ou improbidade administrativa, não de crime de peculato.

(d) Trata-se de crime de peculato, pois o funcionário público se apropriou de bem público, dos quais tinha a posse legítima.

(e) Trata-se de crime do art. 24-A, Lei Maria da Penha, não de crime de desobediência.

377. (FCC – Defensor Público – DPE - AM/2018) A retratação do agente torna o fato impunível no crime de

a) injúria, se realizada antes da sentença de maneira cabal.

b) falsidade ideológica, se realizada até o recebimento da denúncia.

c) sonegação de contribuição previdenciária, realizada a qualquer tempo.

d) ameaça, se realizada até o oferecimento da denúncia.

e) falso testemunho ou falsa perícia, se realizada antes da sentença no processo em que ocorreu o ilícito.

▷ ***Anotações/Comentários***

(a) A retratação não cabe na injúria; cabe na calúnia e na difamação.

(b) A retratação no crime de falsidade ideológica, até o recebimento da denúncia, pode configurar arrependimento posterior, causa de diminuição de pena (art. 16, CP).

(c) A extinção da punibilidade no caso ocorre se o agente se retrata até o início da execução fiscal (art. 337-A, § 1º, CP).

(d) Não cabe retratação no crime de ameaça.

(e) O fato deixa de ser punível se, antes da sentença no processo em que ocorreu o ilícito, o agente se retrata ou declara a verdade (art. 342, § 2º, CP).

378. (FCC – Analista – Ciências Jurídicas – DPE - AM/2018) Quanto aos crimes praticados por funcionário público contra a Administração em geral, há no Código Penal brasileiro a previsão expressa da forma culposa para o crime de

a) concussão.

b) peculato.

c) corrupção passiva.

d) prevaricação.

e) advocacia administrativa.

▷ ***Anotações/Comentários***

(a) A concussão só admite a forma dolosa.

(b) Peculato culposo: Se o funcionário concorre culposamente para o crime de outrem (art. 312, § 2º, CP).

(c) A corrupção passiva só admite a forma dolosa.

(d) A prevaricação só admite a forma dolosa.

(e) A advocacia administrativa só admite a forma dolosa.

III – LEGISLAÇÃO ESPECIAL

1. ESTATUTO DA PESSOA COM DEFICIÊNCIA

379. (Cespe – Analista Judiciário – Direito – TJ – PA/2020) O médico de hospital privado que suspeitar de violência praticada contra pessoa com deficiência deverá notificar

I. a autoridade policial.

II. o Ministério Público.

III. os conselhos dos direitos da pessoa com deficiência.

Assinale a opção correta.

a) Apenas o item I está certo.

b) Apenas o item II está certo.

c) Apenas os itens I e III estão certos.

d) Apenas os itens II e III estão certos.

e) Todos os itens estão certos.

▷ ***Anotações/Comentários***

Itens I, II e III – Os casos de suspeita ou de confirmação de violência praticada contra a pessoa com deficiência serão objeto de notificação compulsória pelos serviços de saúde públicos e privados à autoridade policial e ao Ministério Público, além dos Conselhos dos Direitos da Pessoa com Deficiência (art. 26 da Lei n. 13.146/2015).

2. LEI DE CRIMES AMBIENTAIS

380. (FCC – Analista Judiciário – Área Judiciária – TRF 3/2019) Ricardo e Mauro, donos de uma madeireira no estado de Goiás, cortaram árvores e promoveram incêndios criminosos na floresta do Parque Nacional da Chapada dos Veadeiros, e foram presos em flagrante pela polícia, seguindo-se o indiciamento pelos crimes dos artigos 39 (Cortar árvores em floresta considerada de preservação permanente, sem permissão da autoridade competente) e 41 (Provocar incêndio em mata ou floresta), ambos da Lei no 9.605/1998. Para os fatos imputados a Ricardo e Mauro, se os crimes foram cometidos durante a noite,

a) a pena é aumentada de um sexto a um terço.

b) a pena é aumentada em até um sexto.

c) a pena é aumentada até a metade.

d) não haverá qualquer aumento na pena prevista para os dois tipos penais.

e) a pena de detenção será substituída pela de reclusão, com majoração de um a dois terços.

PENAL

▷ ***Anotações/Comentários***

(a) Se os crimes contra a fauna forem praticados à noite, há causa de aumento de pena de um sexto a um terço (art. 53, II, e, Lei nº 9.605/1998).

(b), (c), (d) e (e) O aumento de pena é de um sexto a um terço.

---

381. (Consulplan - Analista Judiciário - Oficial de Just. Avaliador - TRF 2/2017) Provocar, pela emissão de efluentes ou carreamento de materiais, o perecimento de espécimes da fauna aquática existentes em rios, lagos, açudes, lagoas, baías ou águas jurisdicionais brasileiras é crime, sujeitando o autor do fato à pena de detenção, de um a três anos, ou multa, ou ambas cumulativamente. NÃO incorre nas mesmas penas:

a) Quem causa degradação em viveiros, açudes ou estações de aquicultura de domínio público.
b) Quem transporta, comercializa, beneficia ou industrializa espécimes provenientes da coleta, apanha e pesca proibidas.
c) Quem explora campos naturais de invertebrados aquáticos e algas, sem licença, permissão ou autorização da autoridade competente.
d) Quem fundeia embarcações ou lança detritos de qualquer natureza sobre bancos de moluscos ou corais, devidamente demarcados em carta náutica.

▷ ***Anotações/Comentários***

(a) art. 33, parágrafo único, I, Lei n. 9.605/1998.

(b) Trata-se de crime previsto no art. 34, parágrafo único, III, da Lei n. 9.605/1998, conduta equiparada a pescar em período no qual a pesca seja proibida ou em lugares interditados por órgão competente (art. 34, Lei n. 9.605/1998).

(c) art. 33, parágrafo único, II, Lei n. 9.605/1998.

(d) art. 33, parágrafo único, III, Lei n. 9.605/1998

---

382. (Cespe - Analista Judiciário - Área Judiciária - TRE - PI/2016) Acerca dos crimes em espécie, assinale a opção correta.

a) Em se tratando de crime ambiental, não se admite a incidência do princípio da insignificância.
b) A apreensão de arma de fogo na posse do autor dias após o cometimento de crime de roubo não constitui crime autônomo, sendo fato impunível.
c) A nulidade do exame pericial na arma de fogo descaracteriza o crime de porte ilegal, mesmo diante de conjunto probatório idôneo, conforme entendimento do Supremo Tribunal Federal.
d) O particular não pode responder pela prática do crime de abuso de autoridade, nem mesmo como partícipe.
e) Conforme o entendimento do Supremo Tribunal Federal, é possível a condenação de pessoa jurídica pela prática de crime ambiental, mesmo que absolvidas as pessoas físicas ocupantes de cargos de presidência ou direção.

▷ ***Anotações/Comentários***

(a) O STF admite a aplicação do princípio da insignificância em crime ambiental (STF - ARE 1060007/MG)

(b) Como a arma de fogo foi encontrada dias depois do roubo, o porte de arma não pode ser considerado crime-fim para o crime de roubo. São condutas autônomas.

(c) De acordo com a jurisprudência do STF e do STJ, o exame pericial é prescindível para a condenação por crime de porte de arma de fogo, se existirem outros elementos para a formação da convicção do juiz.

(d) Os crimes de abuso de autoridade são próprios, porque só podem ser praticados por agentes públicos. Mas, o particular pode cometer esse crime como partícipe do agente público.

(e) A Constituição Federal não impõe a dupla imputação (da pessoa física e da pessoa jurídica) para a responsabilidade penal da pessoa jurídica (STF - RE 548181/PR).

---

383. (Cespe - Delegado de Polícia - PE/2016) A respeito da legislação penal extravagante brasileira, assinale a opção correta.

a) Não constitui crime de abuso de autoridade a conduta, consumada ou tentada, de violação de domicílio, fora das hipóteses constitucionais e legais de ingresso em casa alheia, quando praticada por delegado de polícia, uma vez que este está amparado pelo estrito cumprimento do dever legal, como causa legal de exclusão de ilicitude da conduta típica.
b) O direito penal econômico visa tutelar os bens jurídicos de interesse coletivo e difuso, coibindo condutas que lesem ou que coloquem em risco o regular funcionamento do sistema econômico-financeiro, podendo estabelecer como crime ações contra o meio ambiente sustentável.
c) Agente absolvido de crime antecedente de tráfico de drogas, em razão de o fato não constituir infração penal, ainda poderá ser punido pelo crime de branqueamento de capitais, uma vez que a absolvição daquele crime precedente pela atipicidade não tem o condão de afastar a tipicidade do crime de lavagem de dinheiro.
d) Segundo entendimento do STJ, o crime de porte ilegal de arma de fogo é delito de perigo abstrato, considerando-se típica a conduta de porte de arma de fogo completamente inapta a realizar disparos e desmuniciada, ainda que comprovada a inaptidão por laudo pericial.
e) Para o STF, haverá crime contra a ordem tributária, ainda que esteja pendente de recurso administrativo que discuta o débito tributário em procedimento fazendário específico, haja vista independência dos poderes.

▷ ***Anotações/Comentários***

(a) Trata-se de crime de abuso de autoridade (art. 22, Lei n. 13.869/2019).

(b) Direito penal econômico: sistema econômico-financeiro (interesse difuso e coletivo). Expressão econômica do meio ambiente.

(c) Como o crime anterior não existiu (atipicidade), o crime de lavagem de dinheiro também não existiu.

(d) O STJ entende que o crime de porte de arma de fogo é crime de perigo abstrato, havendo o crime se a arma estiver desmuniciada. Mas, havendo laudo pericial a comprovar a inépcia da arma, a conduta é atípica.

(e) Não se tipifica crime material contra a ordem tributária, previsto no art. 1º, incisos I a IV, da Lei nº 8.137/90, antes do lançamento definitivo do tributo (Súmula Vinculante 14).

---

384. (Cespe - Delegado de Polícia - PE/2016) Se uma pessoa física e uma pessoa jurídica cometerem, em conjunto, infrações previstas na Lei n.º 9.605/1998 – que dispõe sobre as sanções penais e administrativas derivadas de condutas e atividades lesivas ao meio ambiente, e dá outras providências –,

a) as atividades da pessoa jurídica poderão ser totalmente suspensas.
b) a responsabilidade da pessoa física poderá ser excluída, caso ela tenha sido a coautora das infrações.
c) a pena será agravada, se as infrações tiverem sido cometidas em sábados, domingos ou feriados.
d) a pena será agravada, se ambas forem reincidentes de crimes de qualquer natureza.
e) será vedada a suspensão condicional da pena aplicada.

▷ ***Anotações/Comentários***

(a) A suspensão parcial ou total de atividades é pena restritiva de direitos art. 8º, III, Lei n. 9.605/1998.

(b) Se a pessoa física é coautora de crime ambiental, ela tem responsabilidade penal.

(c) a pena será agravada, se as infrações tiverem sido cometidas em domingos ou feriados.

(d) a pena será agravada, se ambas forem reincidentes de crimes de natureza ambiental.

(e) Nos crimes previstos na Lei n, 9.605/1998, a suspensão condicional da pena pode ser aplicada nos casos de condenação a pena privativa de liberdade não superior a três anos.

---

385. (Cespe - Escrivão de Polícia - PC - PE/2016) A respeito das penas restritivas de direito especificamente aplicáveis aos crimes ambientais, assinale a opção correta.

a) Na prestação pecuniária, que consiste no pagamento em dinheiro a vítima ou a entidade pública ou privada com fim social por crime ambiental, o valor pago não será deduzido do montante de eventual reparação civil a que for condenado o infrator.

b) A prestação de serviços à comunidade consiste na atribuição ao condenado de tarefas gratuitas junto a hospitais públicos e dependências asilares de atendimento as pessoas idosas.

c) A suspensão parcial ou total de atividade, exclusivamente para pessoas jurídicas, será aplicada quando a empresa não estiver cumprindo as normas ambientais.

d) As penas de interdição temporária de direito incluem a proibição de o condenado participar de licitações, pelo prazo de cinco anos, no caso de crimes dolosos, e de três anos, no de crimes culposos.

e) O recolhimento domiciliar inclui a obrigação de o condenado trabalhar sob rígida vigilância, e de permanecer recolhido todos os dias em local diferente de sua moradia habitual.

▷ ***Anotações/Comentários***

(a) O valor pago a título de pena pecuniária será deduzido do montante de eventual reparação civil a que for condenado o infrator.

(b) A prestação de serviços está relacionada à proteção ambiental (art. 23).

(c) A suspensão parcial ou total da atividade é pena restritiva, quando há cometimento de crime.

(d) As penas de interdição temporária de direito são a proibição de o condenado contratar com o Poder Público, de receber incentivos fiscais ou quaisquer outros benefícios, bem como de participar de licitações, pelo prazo de cinco anos, no caso de crimes dolosos, e de três anos, no de crimes culposos.

(e) No recolhimento domiciliar, o condenado deverá, sem vigilância, trabalhar, frequentar curso ou exercer atividade autorizada, permanecendo recolhido nos dias e horários de folga em residência ou em qualquer local destinado a sua moradia habitual, conforme estabelecido na sentença condenatória.

386. (Cespe – Analista Ministerial – Direito – MP – CE/2020) À luz da Lei de Crimes Ambientais (Lei n.º 9.605/1998), julgue o item seguinte.

A situação econômica do infrator de crime ambiental deverá ser observada pela autoridade competente na gradação da penalidade de multa.

- CERTO
- ERRADO

▷ ***Anotações/Comentários***

Trata-se do disposto no art. 6º, III, da Lei n. 9.605/1998.

3. LEI DE ABUSO DE AUTORIDADE

387. AOCP – 2024 – TRF 2 - Analista Judiciário - Área Administrativa

Nos termos da Lei nº 13.869/2019, que dispõe sobre os crimes de abuso de autoridade, assinale a alternativa correta.

a) É efeito automático da condenação tornar certa a obrigação de indenizar o dano causado pelo crime.

b) Os crimes previstos na lei de abuso de autoridade são de ação penal pública condicionada à representação.

c) A perda do cargo, mandato ou função pública não é efeito automático da condenação, podendo ser aplicada quando verificada a existência de maus antecedentes.

d) Na condenação por crimes de abuso de autoridade, a lei veda a aplicação cumulativa de penas restritivas de direitos.

e) A inabilitação para o exercício de cargo, mandato ou função pública, pelo período de 1 (um) a 6 (seis) anos, é um dos efeitos da condenação, porém não automático, devendo ser motivado na sentença.

▷ ***Anotações/Comentários***

(a) É efeito automático da condenação tornar certa a obrigação de indenizar o dano causado pelo crime (art. 4º, I, Lei de Abuso de Autoridade).

(b) Os crimes previstos na lei de abuso de autoridade são de ação penal pública incondicionada (art. 3º, Lei de Abuso de Autoridade).

(c) A perda do cargo, do mandato ou da função pública é condicionado à ocorrência de reincidência em crime de abuso de autoridade e não é automático, devendo ser declarado motivadamente na sentença (art. 4º, parágrafo único, Lei de Abuso de Autoridade).

(d) As penas restritivas de direitos podem ser aplicadas autônoma ou cumulativamente (art. 5º, parágrafo único, Lei de Abuso de Autoridade).

(e) A inabilitação para o exercício de cargo, mandato ou função pública, pelo período de 1 (um) a **5 (cinco)** anos, é um dos efeitos da condenação, porém não automático, devendo ser motivado na sentença (art. 4º, II e parágrafo único, Lei de Abuso de Autoridade).

388. AOCP – 2024 – TRF 2 - Analista Judiciário - Contabilidade

Em relação à Lei de Abuso de Autoridade (Lei nº 13.869/2019), assinale a alternativa correta.

a) O ato de decretar medida de privação da liberdade em manifesta desconformidade com as hipóteses legais não constitui abuso de autoridade, mas ilícito funcional.

b) A sentença penal que reconhecer ter sido o ato praticado em estrito cumprimento de dever legal faz coisa julgada no processo administrativo-disciplinar, porém não interfere no âmbito cível.

c) Constituem penas restritivas de direito a prestação de serviços à comunidade e a suspensão do exercício de cargo, mandato ou função, com possibilidade de serem aplicadas de forma autônoma ou cumulativamente.

d) A suspensão do exercício do cargo, função do mandato, se dará pelo prazo de 1 (um) a 6 (seis) meses, podendo, a critério do juiz, haver a perda dos vencimentos e das vantagens conforme fundamentação da sentença.

e) Será admitida ação privada se a ação penal pública não for intentada no prazo legal, hipótese em que o Ministério Público não mais poderá retomar a ação como parte principal.

▷ ***Anotações/Comentários***

(a) Decretar medida de privação da liberdade em manifesta desconformidade com as hipóteses legais (art. 9º, Lei nº 13.869/2019).

(b) Faz coisa julgada em âmbito cível, assim como no administrativo-disciplinar, a sentença penal que reconhecer ter sido o ato praticado em estado de necessidade, em legítima defesa, em estrito cumprimento de dever legal ou no exercício regular de direito (art. 8º, Lei n. 13.869/2019).

(c) As penas restritivas de direitos substitutivas das privativas de liberdade previstas nesta Lei são: I - prestação de serviços à comunidade ou a entidades públicas; II - suspensão do exercício do cargo, da função ou do mandato, pelo prazo de 1 (um) a 6 (seis) meses, com a perda dos vencimentos e das vantagens. As penas restritivas de direitos podem ser aplicadas autônoma ou cumulativamente (art. 5º, Lei n. 13.869/2019).

(d) A suspensão do exercício do cargo, função do mandato, se dará pelo prazo de 1 (um) a 6 (seis) meses, com a perda automática dos vencimentos e das vantagens conforme fundamentação da sentença.

(e) Será admitida ação privada se a ação penal pública não for intentada no prazo legal, cabendo ao Ministério Público aditar a queixa, repudiá-la e oferecer denúncia substitutiva, intervir em todos os termos do processo, fornecer elementos de prova, interpor recurso e, a todo tempo, no caso de negligência do querelante, retomar a ação como parte principal (art. 3º, § 1º, Lei n. 13.869/2019).

389. AOCP – 2024 – TRF 2 - Técnico Judiciário - Agente da Polícia Judicial

Sobre as disposições contidas na Lei nº 13.869/2019, que dispõe sobre o crime de abuso de autoridade, é correto afirmar que

a) o agente será responsabilizado quando praticar fato definido como crime de abuso de autoridade, sendo irrelevante que o ato decorra de divergência na interpretação de lei ou na avaliação de fatos e provas.

b) é requisito, para configuração do crime de abuso de autoridade, que as condutas praticadas pelo agente tenham finalidade específica de prejudicar outrem ou beneficiar a si mesmo ou a terceiro, excluídas as condutas praticadas por mero capricho ou satisfação pessoal.

c) os crimes previstos na lei de abuso de autoridade podem ser classificados como de ação penal pública incondicionada ou condicionada

PENAL

à representação, a depender da gravidade do ato e da condição da vítima.

d) é vedada a ação penal privada subsidiária nos crimes de abuso de autoridade.

e) admite-se a ação penal privada subsidiária, desde que exercida no prazo de 6 (seis) meses contados da expiração do prazo para oferecimento da denúncia.

▷ ***Anotações/Comentários***

(a) A divergência na interpretação de lei ou na avaliação de fatos e provas não configura abuso de autoridade (art. 1º, § 2º, Lei de Abuso de Autoridade).

(b) As condutas descritas na Lei de Abuso de Autoridade constituem crime de abuso de autoridade quando praticadas pelo agente com a finalidade específica de prejudicar outrem ou beneficiar a si mesmo ou a terceiro, ou, ainda, por mero capricho ou satisfação pessoal (art. 1º, § 1º, Lei de Abuso de Autoridade).

(c) Os crimes previstos nesta Lei são de ação penal pública incondicionada (art. 3º, Lei de Abuso de Autoridade).

(d) Há previsão de ação penal privada subsidiária da pública nos crimes de abuso de autoridade (art. 3º, § 1º, Lei de Abuso de Autoridade).

(e) A ação privada subsidiária será exercida no prazo de 6 (seis) meses, contado da data em que se esgotar o prazo para oferecimento da denúncia (art. 3º, § 2º, Lei de Abuso de Autoridade).

390. AOCP – 2024 – TRF 2 - Técnico Judiciário - Agente da Polícia Judicial

Sobre os crimes de abuso de autoridade (Lei nº 13.869/2019), informe se é verdadeiro (V) ou falso (F) o que se afirma a seguir e assinale a alternativa com a sequência correta.

( ) É sujeito ativo do crime de abuso de autoridade qualquer agente público, servidor ou não, da administração direta, indireta ou fundacional de qualquer dos Poderes da União, dos Estados, do Distrito Federal, dos Municípios e de Território.

( ) As penas previstas na Lei nº 13.869/2019 serão aplicadas independentemente das sanções de natureza civil ou administrativa cabíveis.

( ) As responsabilidades civil e administrativa são independentes da criminal, não se podendo mais questionar sobre a existência ou a autoria do fato quando essas questões tenham sido decididas no juízo criminal.

( ) Configura crime de abuso de autoridade a conduta do agente público de patrocinar, direta ou indiretamente, interesse privado perante a administração pública, valendo-se da qualidade de funcionário.

a) F – V – V – F.

b) F – F – V – V.

c) F – V – F – F.

d) V – F – F – V.

e) V – V – V – F.

▷ ***Anotações/Comentários***

Item I – É sujeito ativo do crime de abuso de autoridade qualquer agente público, servidor ou não, da administração direta, indireta ou fundacional de qualquer dos Poderes da União, dos Estados, do Distrito Federal, dos Municípios e de Território (art. 2º, Lei n. 13.869/2019).

Item II – As penas previstas na Lei nº 13.869/2019 serão aplicadas independentemente das sanções de natureza civil ou administrativa cabíveis (art. 6º).

Item III – As responsabilidades civil e administrativa são independentes da criminal, não se podendo mais questionar sobre a existência ou a autoria do fato quando essas questões tenham sido decididas no juízo criminal (art. 7º, Lei n. 13.869/2019).

Item IV – Configura crime de **advocacia administrativa** (art. 321, CP) a conduta do agente público de patrocinar, direta ou indiretamente, interesse privado perante a administração pública, valendo-se da qualidade de funcionário.

391. FGV – 2024 – TRF 1 - Técnico Judiciário – Enfermagem

Jorge, agente público federal competente, primário e portador de bons antecedentes, agindo de forma dolosa, deixou de comunicar à autoridade judiciária, no prazo legal, a prisão em flagrante de Caio. Ao ser ouvido sobre a matéria, Caio afirmou que não teria qualquer interesse em eventual persecução penal em detrimento de Jorge.

Nesse cenário, considerando as disposições da Lei n. 13.869/2019, é correto afirmar que Jorge:

a) responderá, na esfera criminal, por abuso de autoridade, sendo certo que estará sujeito, como efeito da condenação, à inabilitação para o exercício de cargo ou função pública, pelo período de dois a quatro anos;

b) responderá, na esfera criminal, por abuso de autoridade, sendo certo que estará sujeito, como efeito da condenação, à obrigação de indenizar eventual dano causado pelo crime;

c) não responderá, na esfera criminal, por abuso de autoridade, em razão da manifestação da vítima, que afirmou não ter interesse em eventual persecução penal contra Jorge;

d) responderá, na esfera criminal, por abuso de autoridade, sendo certo que estará sujeito, como efeito da condenação, à perda do cargo ocupado;

e) não responderá, na esfera criminal, por abuso de autoridade, por não ser membro de Poder.

▷ ***Anotações/Comentários***

(a) Jorge cometeu crime de abuso de autoridade, mas o efeito da condenação é a inabilitação para o exercício de cargo, mandato ou função pública, pelo período de **1 (um) a 5 (cinco) anos** (art. 4º, II, Lei n. 13.869/2019).

(b) Jorge cometeu crime de abuso de autoridade, consistente em Deixar injustificadamente de comunicar prisão em flagrante à autoridade judiciária no prazo legal (art. 12, Lei n. 13.869/2019). Um dos efeitos da condenação por esse crime é tornar **certa a obrigação de indenizar o dano causado** pelo crime, devendo o juiz, a requerimento do ofendido, fixar na sentença o valor mínimo para reparação dos danos causados pela infração, considerando os prejuízos por ele sofridos (art. 4º, I, Lei n. 13.869/2019).

(c) os crimes de abuso de autoridade são de ação penal pública incondicionada (art. 3º, Lei n. 13.869/2019).

(d) Houve crime de abuso de autoridade. Porém, a perda do cargo ocupado é efeito da condenação condicionado à ocorrência de **reincidência** em crime de abuso de autoridade e **não são automáticos**, devendo ser declarados motivadamente na sentença. No caso, Jorge é primário e de bons antecedentes.

(e) É sujeito ativo do crime de abuso de autoridade **qualquer agente público, servidor** ou não, da administração direta, indireta ou fundacional de qualquer dos Poderes da União, dos Estados, do Distrito Federal, dos Municípios e de Território, entre os quais **servidores públicos**, como Jorge (art. 2º, Lei n. 13.869/2019).

392. FCC – 2024 – TRT 11 (AM e RR) - Técnico Administrativo - Área Administrativa

Pode ser sujeito ativo do crime de abuso de autoridade qualquer agente público, servidor ou não, da administração direta, indireta ou fundacional de qualquer dos Poderes da União, dos Estados, do Distrito Federal, dos Municipios e de Território. A Lei de Abuso de Autoridade (Lei nº 13.869/2019) prevê expressamente um rol não taxativo de sujeitos ativos que são compreendidos nessa definição, podendo-se destacar

a) a diretoria de agência reguladora federal.

b) os membros da Defensoria Pública da União e dos Estados.

c) os membros dos tribunais ou conselhos de contas.

d) os dirigentes de autarquias profissionais.

e) o Conselho Federal da Ordem dos Advogados do Brasil.

▷ ***Anotações/Comentários***

(a) A diretoria de agência reguladora federal não está no rol exemplificativo de sujeito ativo do crime de abuso de autoridade.

(b) Os membros da Defensoria Pública da União e dos Estados não estão no rol exemplificativo de sujeito ativo do crime de abuso de autoridade.

(c) Os membros dos tribunais ou conselhos de contas estão no rol exemplificativo de sujeito ativo do crime de abuso de autoridade (art. 2º, VI, CP).

(d) Os dirigentes de autarquias profissionais não estão no rol exemplificativo de sujeito ativo do crime de abuso de autoridade.

(e) O Conselho Federal da Ordem dos Advogados do Brasil não está no rol exemplificativo de sujeito ativo do crime de abuso de autoridade.

393. FCC – 2022 – TRT 14 – Analista Judiciário – Área Judiciária Maria é policial federal e foi condenada por crime de abuso de autoridade, pois deixou injustificadamente de comunicar prisão em flagrante à autoridade judiciária no prazo legal. Nos termos da Lei de abuso de autoridade (Lei nº 13.869/2019), a perda do cargo público

a) constitui um dos efeitos da condenação, sendo sua incidência imediata e automática, isto é, independe de reincidência e de declaração expressa ou motivada na sentença.
b) constitui um dos efeitos da condenação, condicionada à ocorrência de reincidência em crime de abuso de autoridade e não é automática, devendo ser declarada motivadamente na sentença.
c) não constitui efeito da condenação por crime de abuso de autoridade.
d) constitui um dos efeitos da condenação, condicionada à ocorrência de reincidência em crime de abuso de autoridade, não sendo necessário que seja declarada motivadamente na sentença.
e) constitui um dos efeitos da condenação, sendo sua incidência imediata, isto é, independe de reincidência, no entanto, necessita estar expressa e motivada na sentença.

▷ ***Anotações/Comentários***

(a) A perda do cargo público é efeito da condenação por crime de abuso de autoridade, mas é condicionada à ocorrência de reincidência em crime de abuso de autoridade e não é automática, devendo ser declarada motivadamente na sentença (art. 4º, parágrafo único, Lei n. 13.869/2019).

(b) A perda do cargo público é efeito da condenação por crime de abuso de autoridade, mas é condicionada à ocorrência de reincidência em crime de abuso de autoridade e não é automática, devendo ser declarada motivadamente na sentença (art. 4º, parágrafo único, Lei n. 13.869/2019).

(c) A perda do cargo público é efeito da condenação por crime de abuso de autoridade (art. 4º, Lei n. 13.869/2019).

(d) A perda do cargo público é efeito da condenação por crime de abuso de autoridade e não é automática, devendo ser declarada motivadamente na sentença (art. 4º, parágrafo único, Lei n. 13.869/2019).

(e) A perda do cargo público é efeito da condenação por crime de abuso de autoridade, mas é condicionada à ocorrência de reincidência em crime de abuso de autoridade (art. 4º, parágrafo único, Lei n. 13.869/2019).

394. (FGV – Técnico Judiciário – TJ – RO/2021) Constitui delito de abuso de autoridade cumprir mandado de busca e apreensão domiciliar:

a) fora do período de luminosidade solar;
b) após as 18h ou antes das 6h;
c) após as 20h ou antes das 8h;
d) após as 21h ou antes das 5h;
e) fora do horário de expediente forense.

▷ ***Anotações/Comentários***

(a) Para efeitos de Lei de Abuso de autoridade, o mandado de busca e apreensão domiciliar pode ser cumprido à noite, desde que até as 21h ou depois das 5 h.

(b) O intervalo vedado é após as 21h e antes das 5h.

(c) O intervalo vedado é após as 21h e antes das 5h.

(d) Comete crime de abuso de autoridade quem cumpre mandado de busca e apreensão domiciliar após as 21h (vinte e uma horas) ou antes das 5h (cinco horas) (art. 22, III, Lei n. 13.869/2019).

(e) Para efeitos de Lei de Abuso de autoridade, o mandado de busca e apreensão domiciliar pode ser cumprido fora do horário de expediente forense, desde que até as 21h ou depois das 5 h.

395. (Cespe – Analista Judiciário – Área Judiciária – Oficial de Justiça Avaliador) Com base na legislação penal, assinale a opção correta.

a) A representação prevista na lei que trata dos crimes de abuso de autoridade é mera notícia do fato criminoso, inexistindo condição de procedibilidade para a instauração da ação penal.
b) É facultado ao juiz determinar a cassação da licença de funcionamento do estabelecimento onde se verifique a submissão de criança ou adolescente à prostituição ou à exploração sexual, sem prejuízo das demais penas previstas para o crime.
c) A perda do cargo ou função pública constitui efeito automático da condenação do servidor público acusado da prática de crimes resultantes de preconceito de raça ou cor.
d) A coabitação entre os sujeitos ativo e passivo é condição necessária para a aplicação da Lei Maria da Penha no âmbito das relações íntimas de afeto.
e) É crime hospedar em hotel, pensão, motel ou congênere criança ou adolescente desacompanhado dos pais ou responsável, ou sem autorização escrita destes ou da autoridade judiciária.

Observação: essa questão foi elaborada antes da Lei n. 13.869/2019.

▷ ***Anotações/Comentários***

(a) A atual lei de abuso de autoridade não prevê instituto semelhante.

(b) A cassação de licença de funcionamento é efeito obrigatório (art. 244-A, § 2º, ECA).

(c) Trata-se de efeito secundário da condenação (art. 18, Lei n. 7.716/1989).

(d) Há violência doméstica em qualquer relação íntima de afeto, na qual o agressor conviva ou tenha convivido com a ofendida, independentemente de coabitação (art. 5º, III, da Lei Maria da Penha).

(e) Trata-se de infração administrativa (art. 250, ECA).

396. (Cespe – Juiz de Direito Substituto - AM/2016) Com base no disposto na Lei n.0 4.898/1965, que trata do crime de abuso de autoridade, e na jurisprudência do STJ, assinale a opção correta.

a) A pessoa física, mas não a pessoa jurídica, pode ser sujeito passivo do crime de abuso de autoridade.
b) De acordo com o STJ, pode caracterizar abuso de autoridade a negativa infundada do juiz em receber advogado, durante o expediente forense, quando este estiver atuando em defesa do interesse de seu cliente.
c) A representação da vítima, dirigida ao MP, é condição de procedibilidade para a instauração da ação penal referente ao crime de abuso de autoridade.
d) Constitui abuso de autoridade submeter pessoa sob sua guarda ou custódia a vexame ou a constrangimento, ainda que o procedimento adotado pela autoridade policial esteja previsto em lei.
e) Constitui crime de abuso de autoridade qualquer atentado à incolumidade física, psíquica e moral do indivíduo.

Observação: essa questão foi elaborada antes da Lei n. 13.869/2019.

▷ ***Anotações/Comentários***

(a) A pessoa física e pessoa jurídica podem ser sujeitos passivos de crime de abuso de autoridade.

(b) Essa decisão do STJ foi durante a vigência da antiga Lei de Abuso de Autoridade. A atual Lei prevê como crime a violação de direitos e prerrogativas de advogado previstos no art. 7º, II, III, IV e V, do Estatuto da OAB.

(c) A ação penal nos crimes de abuso de autoridade é pública incondicionada.

(d) Se o procedimento é previsto em lei, há estrito cumprimento do dever legal.

(e) Devem estar presentes o dolo e a finalidade específica de prejudicar outrem ou beneficiar a si mesmo ou a terceiro, ou, ainda, por mero capricho ou satisfação pessoal.

397. (Cespe – Analista de Controle Externo – Direito – TCE – MG/2018) Lucrécio, policial civil, dirigia embriagado, quando foi parado por dois agentes de trânsito, Jonas e Maurício. O policial apresentou os documentos solicitados pelos agentes, mas se recusou a realizar o teste do bafômetro. Depois de observarem que no veículo havia várias garrafas vazias e que Lucrécio apresentava discurso desconexo, forte cheiro de álcool e voz embargada, Jonas e Maurício chamaram o guincho. Lucrécio, alegando que os agentes não tinham competência contra um policial, acionou Carlos, delegado do seu distrito, que chegou ao local e tentou dialogar com os agentes, a fim de coibi-los de aplicar as penalidades. Em razão da resistência dos agentes de trânsito, Carlos acionou policiais militares, que conduziram Jonas e Maurício à delegacia, mantiveram-nos detidos por algumas horas e, em seguida, os liberaram.

A respeito dessa situação hipotética, assinale a opção correta.

a) Jonas e Maurício cometeram crime de usurpação de função pública, por terem tentado atuar contra um policial.
b) Os policiais militares cometeram abuso de autoridade em concurso de pessoas com Carlos.
c) Ao terem chamado o guincho, Jonas e Maurício cometeram conduta excessiva que configura crime de abuso de autoridade.
d) Lucrécio cometeu crime de desobediência ao se recusar a realizar o teste do bafômetro.
e) Carlos e os policiais militares impediram os agentes de trânsito de cometer crime de abuso de autoridade.

▷ ***Anotações/Comentários***

(a) Joanas e Maurício agiram dentro de suas atribuições, como fiscais de trânsito.

(b) Houve crime de abuso de autoridade previsto no art. 9º da Lei n. 13.869/2019.

(c) Ver resposta à alternativa "a".

(d) Lucrécio não cometeu crime, porque ninguém é obrigado a fazer prova contra si mesmo.

(e) Ver resposta à alternativa "a".

4. LEI DE CRIMES HEDIONDOS

398. AOCP – 2024 – TRF 2 - Analista Judiciário - Área Judiciária

Em relação aos crimes hediondos, na forma do disposto na Lei nº 8.072/1990 e em suas alterações e com base na jurisprudência dos Tribunais Superiores, assinale a alternativa INCORRETA.

a) O porte ou posse de arma de fogo de uso permitido, ainda que com numeração, marca ou qualquer outro sinal de identificação raspado, suprimido ou adulterado, não é considerado crime hediondo.
b) É constitucional a fixação, com base no Art. 2º, § 1º, da Lei nº 8.072/1990, do regime inicial fechado, dispensando-se a análise dos parâmetros previstos no Art. 33 do Código Penal.
c) Considera-se crime hediondo o ato de induzir a suicídio ou a automutilação realizado por meio da rede de computadores.
d) Os condenados por crimes hediondos ou assemelhados cometidos antes da vigência da Lei nº 11.464/2007 devem cumprir 1/6 da pena para fins de progressão de regime.
e) O furto qualificado pelo emprego de explosivo ou de artefato análogo, que cause perigo comum, é crime hediondo.

▷ ***Anotações/Comentários***

(a) Portar, possuir, adquirir, transportar ou fornecer arma de fogo com numeração, marca ou qualquer outro sinal de identificação raspado, suprimido ou adulterado é crime equiparado ao de posse ou porte ilegal de arma de fogo de uso restrito (art. 16, ED), o qual é considerado hediondo (art. 1º, parágrafo único, II, Lei n. 8.072/1989).

(b) A fixação do regime inicial fechado com fundamento apenas no art. 2º, § 1º, da Lei n. 8.072/1990 fere o princípio constitucional da individualização da pena. Desse modo, o juiz deve levar em conta o art. 33, CP, para a fixação do regime inicial.

(c) Nos termos do art. 1º, X, Lei n. 8.072/90, o crime de induzimento, instigação ou auxílio a suicídio ou a automutilação realizados por meio da rede de computadores, de rede social ou transmitidos em tempo real (art. 122, caput e § 4º, CP).

(d) Antes da Lei n. 11.464/2007, a Lei de Crimes Hediondos previa que os crimes dessa natureza impunham o cumprimento de pena em regime integral fechado, o que foi declarado inconstitucional, por violação ao princípio da individualização da pena. De modo que se aplicavam as regras gerais do CP e da LEP para progressão de regime, como a fração de 1/6 de cumprimento de pena.

(e) O furto qualificado pelo emprego de explosivo ou de artefato análogo, que cause perigo comum, é crime hediondo (art. 1º, IX, Lei n. 8.072/1990).

399. (FCC – Analista Judiciário – Direito – TJ – MA/2019) Segundo o que dispõe a legislação nacional acerca dos crimes hediondos (Lei no 8.072/1990).

a) o feminicídio não consta do rol dos crimes hediondos.
b) o crime de favorecimento da prostituição ou de outra forma de exploração sexual de criança ou adolescente ou de vulnerável é hediondo.
c) o crime de corrupção é definido como hediondo de acordo com o ordenamento jurídico.
d) o delito de exposição a perigo embarcação ou aeronave, própria ou alheia, ou praticar qualquer ato tendente a impedir ou dificultar navegação marítima, fluvial ou aérea é hediondo, conforme o Código Penal.
e) o crime de lesão corporal dolosa, em nenhuma de suas modalidades, é, para efeito da lei brasileira, hediondo.

▷ ***Anotações/Comentários***

(a) o feminicídio é considerado crime hediondo nos termos do art. 1º, I-B, Lei n. 8.072/90

(b) crime de favorecimento da prostituição ou de outra forma de exploração sexual de criança ou adolescente ou de vulnerável é hediondo (art. 1º, VIII, Lei n. 8.072/1990).

(c) O crime de corrupção não está previsto como crime hediondo no art. 1º da Lei n. 8.072/1990.

(d) Os crimes hediondos são aqueles previstos no art. 1º da Lei n. 8.072/1990, em que não está previsto o delito de exposição a perigo embarcação ou aeronave, própria ou alheia, ou praticar qualquer ato tendente a impedir ou dificultar navegação marítima, fluvial ou aérea.

(e) O art. 1º, I-A, da Lei n. 8.072/1990 prevê hipótese em que o crime de lesão corporal, preenchidos os requisitos legais, é considerado hediondo.

400. (Vunesp – Escrivão de Polícia – PC – CE/2015) Assinale a alternativa que indica corretamente crimes que, de acordo com o texto constitucional, a lei considerará inafiançáveis e insuscetíveis de graça ou anistia, por eles respondendo os mandantes, os executores e os que, podendo evitá-los, omitirem-se.

a) A prática da tortura, a posse e o tráfico ilícito de entorpecentes e drogas afins e o terrorismo.
b) A prática da tortura, o terrorismo e os definidos como crimes hediondos e o assédio sexual.
c) A posse e o tráfico ilícito de entorpecentes e drogas afins, o terrorismo, os definidos como crimes hediondos e o racismo.
d) A prática da tortura, o tráfico ilícito de entorpecentes e drogas afins, o terrorismo e os definidos como crimes hediondos.
e) O tráfico ilícito de entorpecentes e drogas afins, o terrorismo, os definidos como crimes hediondos e o assédio sexual.

▷ ***Anotações/Comentários***

(a) A posse de entorpecentes não é crime equiparado a hediondo.

(b) O assédio sexual não é crime hediondo.

(c) A posse de entorpecentes não é crime equiparado a hediondo, nem o racismo.

(d) Trata-se da redação do art. 5º, XLIII, CF/88.

(e) Ver resposta à alternativa "b".

401. (FGV – Advogado – AL - RO/2018) Determinado deputado está sendo investigado pela prática do crime de porte/posse de arma de fogo de uso restrito (Art. 16, caput, Lei nº 10.826/03), que teria sido praticado em maio de 2018, diante da notícia que estaria guardando uma arma de calibre .40 em seu local de trabalho, sem autorização legal. Preocupado com as consequências de tal investigação, solicita esclarecimentos ao advogado sobre as possíveis consequências da punição pelo delito imputado.

O advogado deverá esclarecer, de acordo com a jurisprudência majoritária e atual do Supremo Tribunal Federal, que

a) o agente poderá, em caso de condenação, ser beneficiado pela graça, mas não pelo indulto ou anistia.
b) o regime inicial de cumprimento de pena, em caso de condenação, será necessariamente o fechado.
c) o requisito objetivo, em caso de condenação, para progressão de regime será de 1/6, se primário.
d) a decretação de eventual prisão temporária poderá prever prazo inicial de 60 dias.
e) a substituição da pena privativa de liberdade por restritiva de direitos é possível, dependendo da pena aplicada e do preenchimento dos demais requisitos do Código Penal.

▷ ***Anotações/Comentários***

(a) O art. 16 do Estatuto do Desarmamento é hediondo, logo não admite graça, indulto e anistia.

(b) O regime poderá ser diverso do fechado, desde que haja condições favoráveis, de acordo com a jurisprudência do STF.

(c) A progressão de regime será de 40% ou 60%, dependendo se o condenado for primário ou reincidente (art. 112, V ou VII, LEP).

(d) Como se trata de crime hediondo, o prazo inicial de prisão temporária é de 30 dias (art. 2º, § 4º, Lei de Crimes Hediondos).

(e) A jurisprudência do STF é no sentido de se admitir a substituição da pena privativa de liberdade por restritiva de direitos no caso de crime hediondo, desde que presentes os requisitos legais.

402. (FCC – Defensor Público – DPE - AM/2018) À luz do que dispõe o direito brasileiro sobre os crimes hediondos,

a) somente recebem essa classificação os crimes consumados em razão do princípio da reserva legal.
b) é obrigatória a fixação de regime inicial fechado para o cumprimento da pena.
c) todas as modalidades de tráfico de drogas são equiparadas a crime hediondo, o que não ocorre no crime de associação para o tráfico.
d) sua prática autoriza a majoração da pena-base acima do mínimo legal.
e) existe vedação legal expressa à concessão dos institutos da graça e do indulto.

▷ ***Anotações/Comentários***

(a) São crimes hediondos aqueles enumerados em lei, consumados ou tentados.

(b) O STJ e o STF entendem que é possível afastar a determinação legal de regime inicial fechado, dependendo do caso concreto.

(c) O tráfico privilegiado não é equiparado a hediondo, assim como a associação para o tráfico.

(d) A prática de crime hediondo não é circunstância judicial a ser levada em conta na aplicação da pena-base (art. 59, CP).

(e) A Lei de Crimes hediondos veda expressamente a concessão de graça e indulto.

5. LEI DE DROGAS

403. (FGV – Analista Judiciário – Área Judiciária – TJ – AL/2018) Luiz, primário e de bons antecedentes, sem qualquer envolvimento pretérito com crime, não mais aguentando ver seu filho chorar e pedir a compra de um videogame que todos os colegas da escola tinham, aceita transportar, mediante recebimento de valores, por solicitação de seu cunhado, 30g de maconha para determinado endereço de município vizinho ao que residia, no mesmo Estado da Federação. Durante o transporte, antes mesmo de ultrapassar o limite do município em que residia, vem a ser preso em flagrante. Durante a instrução, todos os fatos acima narrados são confirmados, inclusive a intenção de transportar as drogas para outro município. Considerando apenas as informações expostas, no momento da sentença:

a) poderá Luiz ser absolvido em razão da excludente da culpabilidade da inexigibilidade de conduta diversa;
b) poderá ser aplicada a causa de diminuição do tráfico privilegiado, inclusive sendo possível a substituição da pena privativa de liberdade por restritiva de direitos;
c) não poderá ser aplicada a causa de diminuição de pena do tráfico privilegiado, já que incompatível com a causa de aumento do tráfico intermunicipal, que deve ser reconhecida;
d) não poderá ser reconhecida a causa de aumento do tráfico intermunicipal prevista na Lei nº 11.343/06, pois não houve efetiva transposição da fronteira, mas poderá ser reconhecida a causa de diminuição do tráfico privilegiado;
e) poderão ser reconhecidas a causa de aumento do tráfico intermunicipal, ainda que não tenha sido ultrapassada a fronteira do município, e a causa de diminuição do tráfico privilegiado.

PENAL

▷ ***Anotações/Comentários***

(a) Não houve inexigibilidade de conduta diversa, pois Luiz não estava diante de situação que não lhe permitiria adotar conduta diversa do tráfico de drogas.

(b) Para a configuração do tráfico privilegiado, é preciso que o agente seja primário, de bons antecedentes, não se dedique às atividades criminosas nem integre organização criminosa (art. 33, § 4º, Lei de Drogas). A jurisprudência firmou-se no sentido de que é possível a substituição da pena privativa de liberdade por restritiva de direitos nesse crime.

(c) Não há causa de aumento de pena se o tráfico for intermunicipal, mas apenas se for entre Estados da Federação ou entre estes e o Distrito Federal (art. 40, V, Lei de Drogas).

(d) e (e) Não há causa de aumento de pena se o tráfico for intermunicipal. Pode ser reconhecido o privilégio.

404. (Cespe – Juiz de Direito Substituto - DF/2015) Assinale a opção correta à luz da Lei n.° 11.343/2006 (Lei de Drogas), do CP e da jurisprudência do STF.

a) O crime de associação para o tráfico, caracterizado pela associação de duas ou mais pessoas para a prática de alguns dos crimes previstos na Lei de Drogas, é delito equiparado a crime hediondo.
b) O crime de porte de entorpecentes para consumo pessoal, sem autorização ou em desacordo com determinação legal ou regulamentar, está sujeito aos prazos prescricionais do CP.
c) Na dosimetria da pena pela prática do crime de induzir, instigar ou auxiliar alguém ao uso indevido de droga, poderá ser aplicada causa de redução de pena se o agente for primário, tiver bons antecedentes e não se dedicar a atividades criminosas ou integrar organização criminosa.
d) Quanto aos crimes previstos na Lei de Drogas, será isento de pena o agente que, por ser dependente de drogas, for, ao tempo do fato, totalmente incapaz de entender o caráter ilícito da ação praticada.
e) Os crimes previstos na Lei de Drogas são insuscetíveis de anistia, graça e indulto, sendo impossível, àqueles que os praticarem, a concessão de liberdade provisória.

▷ ***Anotações/Comentários***

(a) Por falta de expressa previsão legal, o crime de associação para o tráfico não é equiparado a hediondo.

(b) O crime do art. 28 da Lei de Drogas prescreve em dois anos (art. 30 da Lei n. 11.343/2006).

(c) A redução de pena do art. 33, § 4º, da Lei de Drogas, só se aplicam aos crimes do art. 33, "caput" e § 1º. O crime de induzir, instigar ou auxiliar alguém ao uso indevido de droga, está previsto no art. 33, § 2º.

(d) Trata-se de caso de inimputabilidade prevista no art. 45 da Lei de Drogas.

(e) Apenas os crimes previstos nos arts. 33, caput e § 1º, e 34 a 37 desta Lei são inafiançáveis e insuscetíveis de sursis, graça, indulto, anistia e liberdade provisória, vedada a conversão de suas penas em restritivas de direitos. O STF firmou entendimento que a vedação à concessão de liberdade provisória prevista no art. 44 da Lei de Drogas é inconstitucional.

405. (Cespe – Analista Ministerial – Direito – MP – CE/2020) Luciano, morador de Fortaleza - CE, réu primário e de bons antecedentes, foi flagrado na posse de 20 quilos de cocaína durante blitz de trânsito realizada pela polícia militar. Em razão disso, foi denunciado pelo Ministério Público do Estado do Ceará e, ao final do processo, condenado pelo crime de tráfico de drogas.

Considerando essa situação hipotética, julgue o item a seguir, com base na Lei de Drogas (Lei n.º 11.343/2006).

A natureza e a quantidade da substância entorpecente não devem ser consideradas como circunstâncias preponderantes entre os critérios para aplicação da pena estabelecidos no Código Penal.

- CERTO
- ERRADO

▷ ***Anotações/Comentários***

O juiz, na fixação das penas, considerará, com preponderância sobre o previsto no art. 59 do Código Penal, a natureza e a quantidade da substância ou do produto, a personalidade e a conduta social do agente (art. 42, Lei de Drogas).

---

406. (Cespe - Juiz de Direito - TJ - BA/2019) À luz do entendimento jurisprudencial do STF, assinale a opção correta, acerca do delito de tráfico privilegiado, previsto na Lei n.º 11.343/2006.

a) Trata-se de crime inafiançável e insuscetível de graça, anistia e indulto.

b) O condenado pela prática de tráfico privilegiado deve iniciar o cumprimento da pena em regime fechado.

c) A progressão de regime prisional do réu condenado pelo crime em apreço somente será admitida mediante a realização de exame criminológico.

d) O condenado pela prática do crime de tráfico privilegiado poderá alcançar a progressão de regime prisional depois de ter cumprido pelo menos um sexto da pena no regime anterior, se ostentar bom comportamento carcerário.

e) O livramento condicional somente será concedido aos condenados pelo crime em apreço que tenham cumprido mais de dois terços da pena, exceto aqueles reincidentes específicos em crimes hediondos ou equiparados.

Observação: essa questão foi elaborada antes da Lei n. 13.964/2019, que modificou o art. 112, da LEP.

▷ ***Anotações/Comentários***

(a) o crime de tráfico privilegiado não é equiparado a hediondo, logo não está sujeito às regras mais rigorosas da Lei de Crimes Hediondos.

(b) Ver resposta à alternativa "a".

(c) A realização exame criminológico não é necessário para a progressão de regime.

(d) Atualmente, a progressão de regime pode se dar com o cumprimento de 16% da pena (art. 112, I, LEP).

(e) Livramento condicional: mais de um terço da pena (art. 83, I, CP).

---

407. (MPE - PR - Promotor de Justiça - MPE - PR/2019) Considerando o entendimento sumulado dos Tribunais Superiores, analise as assertivas abaixo e assinale a alternativa:

I - A majorante do tráfico transnacional de drogas (art. 40, inciso I, da Lei n. 11.343/2006) configura-se com a prova da destinação internacional das drogas, ainda que não consumada a transposição de fronteiras.

II - Para a incidência da majorante prevista no art. 40, inciso V, da Lei n. 11.343/2006, é desnecessária a efetiva transposição de fronteiras entre estados da Federação, sendo suficiente a demonstração inequívoca da intenção de realizar o tráfico interestadual.

III - É cabível a aplicação retroativa da Lei n. 11.343/2006, desde que o resultado da incidência das suas disposições, na íntegra, seja mais favorável ao réu do que o advindo da aplicação da Lei n. 6.368/1976, sendo vedada a combinação de leis.

IV - A causa de aumento de pena prevista no art. 40, inciso III, da Lei n. 11.343/2006 tem natureza objetiva, devendo haver portanto comprovação de mercancia a menos de duzentos metros da respectiva entidade de ensino.

a) Todas as alternativas estão corretas.

b) Apenas a alternativa I está correta.

c) Apenas a alternativa II está incorreta.

d) Apenas a alternativa III está correta.

e) Apenas a alternativa IV está incorreta.

▷ ***Anotações/Comentários***

(I) Como se trata de crime formal, não é preciso que haja a efetiva transposição das fronteiras para ocorrer a majorante do tráfico internacional.

(II) Ver resposta à alternativa "I".

(III) A combinação de leis é vedada, porque o Judiciário criaria uma terceira lei, invadindo a competência do Legislativo. Se a lei posterior é mais benéfica, retroage.

(IV) o art. 40, III, Lei de Drogas usa o termo "imediações", devendo-se analisar o caso concreto para aferir a incidência do dispositivo.

---

408. (MPE - PR - Promotor de Justiça - MPE - PR/2019) Considerando os crimes previstos na Lei Antidrogas (Lei n. 11.343/06), analise as assertivas abaixo e assinale a alternativa:

I - Dentre as penas previstas para quem adquirir, guardar, tiver em depósito, transportar ou trouxer consigo, para consumo pessoal, drogas sem autorização ou em desacordo com determinação legal ou regulamentar está a pena de prestação pecuniária.

II - Quem adquirir, guardar, tiver em depósito, transportar ou trouxer consigo, para consumo pessoal, drogas sem autorização ou em desacordo com determinação legal ou regulamentar poderá ser submetido à pena de prestação de serviços comunitários pelo prazo máximo de seis meses.

III - Em caso de reincidência, a pena de prestação de serviços comunitários e de medida educativa de comparecimento a programa ou curso educativo, para quem adquirir, guardar, tiver em depósito, transportar ou trouxer consigo, para consumo pessoal, drogas sem autorização ou em desacordo com determinação legal ou regulamentar poderão ser aplicadas pelo prazo máximo de dez meses.

IV - Prescrevem em dois anos a imposição e a execução das penas previstas para quem adquirir, guardar, tiver em depósito, transportar ou trouxer consigo, para consumo pessoal, drogas sem autorização ou em desacordo com determinação legal ou regulamentar.

a) Todas as alternativas estão corretas.

b) Todas as alternativas estão incorretas.

c) Apenas a alternativa II está incorreta.

d) Apenas as alternativas III e IV estão incorretas.

e) Apenas as alternativas I e II estão incorretas.

▷ ***Anotações/Comentários***

Nota do autor: o STF firmou entendimento de que o art. 28 da Lei n. 11.343/06 não tem natureza penal (Vide tema 506 - STF nas Dicas).

(I) As penas do art. 28 da Lei de Drogas são: advertência sobre os efeitos das drogas; prestação de serviços à comunidade; medida educativa de comparecimento a programa ou curso educativo.

(II) O prazo máximo da prestação de serviços à comunidade é de cinco meses (art. 28, § 3º, Lei de Drogas).

(III) Em caso de reincidência, o prazo será de dez meses (art. 28, § 4º, Lei de Drogas).

(IV) Prescrevem em 2 (dois) anos a imposição e a execução das penas, observado, no tocante à interrupção do prazo, o disposto nos arts. 107 e seguintes do Código Penal (art. 40 da Lei de Drogas).

---

409. (FCC - Técnico Legislativo - Câmara Legislativa do DF/2018) Considerando o que dispõe a Lei no 11.343/2006 que, dentre outras funções, instituiu o Sistema Nacional de Políticas Públicas sobre Drogas,

a) não é considerado crime de tráfico de drogas a conduta daquele que oferece droga, eventualmente e sem objetivo de lucro, a pessoa de seu relacionamento, para juntos a consumirem.

b) não é considerado crime a conduta do agente que consente que outrem utilize local ou bem de que tenha a propriedade, de forma gratuita, sem autorização ou em desacordo com determinação legal ou regulamentar, para o tráfico ilícito de drogas, tratando-se de mera infração civil-administrativa.

c) não é crime a condução de embarcação ou aeronave após o consumo de drogas, ainda que exponha a dano potencial a incolumidade de outrem, tratando-se de mera infração civil-administrativa.

d) não é crime a conduta de quem induz, instiga ou auxilia alguém ao uso indevido de droga, tratando-se de mera contravenção penal.

e) é isento de pena o agente que, em razão da dependência, era, ao tempo da ação ou da omissão, qualquer que tenha sido a infração penal praticada, inteiramente incapaz de entender o caráter ilícito do fato ou de determinar-se de acordo com esse entendimento.

▷ ***Anotações/Comentários***

(a) Trata-se de crime de tráfico de drogas privilegiado (art. 33, § 3º, Lei n. 11.343/2006).

(b) Trata-se de crime equiparado a tráfico de drogas (art. 33, § 1º, III, Lei n. 11.343/2006).

(c) Trata-se de crime previsto no art. 39 da Lei n. 11.343/2006.

(d) Trata-se de crime previsto no art. 33, § 2º, da Lei n. 11.343/2006.

(e) Trata-se de causa de inimputabilidade específica prevista no art. 45 da Lei de Drogas.

410. (FGV – Analista Jurídico – TJ - SC/2018) Em inovação legislativa, a Lei nº 11.343/06, em seu art. 33, §4º, trouxe a figura do tráfico privilegiado, em especial para mitigar a severa punição do tráfico de drogas para o chamado "traficante de primeira viagem".

Sobre as previsões da Lei nº 11.343/06 sobre o tema e de acordo com a jurisprudência dos Tribunais Superiores, é correto afirmar que:

a) a condenação por tráfico, ainda que privilegiado e com pena inferior a 4 anos, não permite a substituição da pena privativa de liberdade por restritiva de direitos;

b) o benefício do tráfico privilegiado poderá ser aplicado ainda que o agente seja, também, condenado pelo crime de associação para o tráfico;

c) a quantidade de drogas poderá ser considerada no momento da aplicação da pena base, mas não a natureza do material apreendido;

d) o regime inicial de cumprimento de pena, diante do tráfico privilegiado, deverá ser necessariamente o fechado;

e) o tráfico privilegiado poderá ser reconhecido mesmo diante da figura do tráfico majorado.

▷ ***Anotações/Comentários***

(a) O STF e o STJ entendem que é possível a substituição da pena privativa de liberdade por restritiva de direitos em crime de tráfico de drogas.

(b) A condenação por associação criminosa implica dizer que a pessoa se dedica a atividades criminosas, o que impede o reconhecimento do tráfico privilegiado.

(c) A quantidade e a natureza da droga apreendida podem ser consideradas no momento de aplicação da pena.

(d) O tráfico privilegiado não é crime equiparado a hediondo, logo o regime inicial pode ser diverso do fechado.

(e) A jurisprudência entende que as causas majorantes do tráfico de drogas, por si só, não é suficiente para afastar a figura do tráfico privilegiado.

411. (FGV – Analista Jurídico – MPE - AL/2018) Leandro, primário e de bons antecedentes, foi preso em flagrante porque tinha em sua casa, para fins de venda, 100g de maconha e 150g de cocaína na forma de crack, conforme laudo de exame de material entorpecente acostado ao procedimento.

Após receber o procedimento principal, já com decisão de conversão do flagrante em preventiva, o Promotor de Justiça deverá denunciar Leandro por

a) crime único de tráfico de drogas, podendo a natureza do material entorpecente e a quantidade de drogas serem avaliadas no momento de o juiz fixar pena base em caso de condenação.

b) crime único de tráfico de drogas, não podendo a natureza do material entorpecente ser considerada quando da aplicação da pena base, mas tão só as circunstâncias judiciais do Art. 59 do CP e a quantidade de drogas.

c) dois crimes de tráfico de drogas, reconhecendo o concurso formal de crimes, podendo ser aplicado o redutor do tráfico privilegiado em razão da primariedade do agente.

d) dois crimes de tráfico de drogas, reconhecendo o concurso material de crimes, não podendo a quantidade de drogas ser considerada no momento da aplicação da pena base, mas tão só as circunstâncias judiciais do Art. 59 do CP;

e) dois crimes de tráfico de drogas em concurso formal, podendo a quantidade e a natureza do material entorpecente serem valorizados no momento de aplicar a pena base.

▷ ***Anotações/Comentários***

(a) Houve crime único do crime de tráfico, porque as drogas distintas foram apreendidas dentro de um mesmo contexto. A quantidade e a natureza da droga podem ser levadas em consideração no momento de aplicação da pena (art. 43, CP).

(b) A natureza e a quantidade de droga são preponderantes na aplicação da pena em relação às condições do art. 59, CP.

(c) Ver itens anteriores.

(d) Ver itens anteriores.

(e) Ver itens anteriores.

412. (FCC – Defensor Público – DPE - RS/2018) Mévio, primário, foi condenado pela prática do delito de associação ao tráfico, tipificado no artigo 35, caput, da Lei nº 11.343/2006, a expiar a pena privativa de liberdade de 04 anos e 02 meses de reclusão, em regime inicial semiaberto. De acordo com a Lei de Drogas e a atual jurisprudência do Superior Tribunal de Justiça, Mévio deverá cumprir para obter a progressão de regime e o livramento condicional, respectivamente:

a) 1/6 e 1/3 da pena.

b) 3/5 e 1/2 da pena.

c) 1/6 e 2/3 da pena.

d) 3/5 e 2/3 da pena.

e) 2/5 e 1/3 da pena.

Observação: essa questão foi elaborada antes do Pacote Anticrime que alterou o art. 112, LEP.

▷ ***Anotações/Comentários***

A progressão do regime deve se dar com 16% do cumprimento da pena, porque se trata de agente primário e o crime ter sido cometido sem grave ameaça ou violência contra a pessoa (art. 112, I, LEP).

O STJ entende que, para a concessão do livramento condicional, se aplica a regra do art. 44 da Lei de Drogas, pela qual o benefício é concedido depois do cumprimento de 2/3 da pena.

413. (FGV – Analista Judiciário – Oficial de Just. Avaliador – TJ - AL/2018) A Lei nº 11.343/06 define uma série de crimes relacionados ao tráfico de drogas, além de prever um procedimento próprio para julgamento dessas infrações penais.

Sobre o tema, analise as afirmativas a seguir.

I. Em razão da necessidade de sigilo e, eventualmente, urgência da medida, poderá ocorrer infiltração por agentes de polícia, em tarefas de investigação, ainda que sem autorização judicial, desde que informado previamente ao Ministério Público.

II. Antes mesmo do recebimento da denúncia, o denunciado deverá ser notificado para apresentação de defesa, sendo que eventuais exceções apresentadas deverão ser processadas em apartado.

III. Observadas as formalidades legais, admite-se a postergação da atuação policial sobre os portadores de drogas com a finalidade de identificar e responsabilizar maior número de integrantes de operações de tráfico.

Com base nas previsões da Lei nº 11.343/06, está correto o que se afirma em:

a) somente II;

b) somente I e II;

c) somente I e III;

d) somente II e III;
e) I, II e III.

▷ ***Anotações/Comentários***

(I) A infiltração de agente depende de autorização do juiz, ouvido o MP (art. 53, Lei de Drogas).

(II) Oferecida a denúncia, o juiz ordenará a notificação do acusado para oferecer defesa prévia, por escrito, no prazo de 10 (dez) dias, sendo que as exceções devem ser apresentadas em separado (art. 55, "caput" e § 2º, Lei de Drogas).

(III) É possível a não-atuação policial sobre os portadores de drogas, seus precursores químicos ou outros produtos utilizados em sua produção, que se encontrem no território brasileiro, com a finalidade de identificar e responsabilizar maior número de integrantes de operações de tráfico e distribuição, sem prejuízo da ação penal cabível (art. 53, Lei de Drogas).

---

414. (FCC – Defensor Público – DPE - AP/2018) A importação de semente *cannabis sativa linneu*, vulgarmente conhecida como maconha, segundo o STJ, configura delito de

a) tráfico de drogas, por ser matéria-prima para a produção de substância entorpecente.
b) contrabando, por tratar-se de matéria proibida para importação.
c) importação de produto sem registro em órgão de vigilância sanitária competente.
d) porte de substância para uso pessoal, sem previsão de pena privativa de liberdade.
e) ter em depósito substância nociva à saúde pública.

▷ ***Anotações/Comentários***

(a) Como as sementes possuem o THC, que é a droga presente na maconha vedada pela ANVISA, há crime de tráfico de drogas na importação de sementes. Mas, o STJ já entendeu que, se for pequena a quantidade de sementes, há atipicidade da conduta.

(b) Trata-se de crime de tráfico de drogas por aplicação do princípio da especialidade.

(c) Ver item "a".

(d) Importar é do núcleo do tipo penal do art. 33, Lei de Drogas.

(e)Ver item "a".

---

415. (FCC – Procurador do Estado – PGE - TO/2018) Está em conformidade com a Lei no 11.343/2006, que instituiu o Sistema Nacional de Políticas Públicas sobre Drogas – SISNAD, e com o entendimento do Superior Tribunal de Justiça acerca do assunto:

a) Compete ao juiz estadual do local da apreensão da droga remetida do exterior pela via postal processar e julgar o crime de tráfico internacional.
b) É incabível a aplicação retroativa da Lei no 11.343/2006, ainda que o resultado da incidência das suas disposições seja mais favorável ao réu do que o advindo da aplicação da Lei no 6.368/1976, sendo possível, também, a combinação das referidas leis.
c) Para a incidência da majorante prevista no art. 40, V, da Lei no 11.343/2006, é desnecessária a efetiva transposição de fronteiras entre Estados da Federação, sendo suficiente a demonstração inequívoca da intenção de realizar o tráfico interestadual.
d) Em razão de alteração legislativa recente, quem adquirir, guardar, tiver em depósito, transportar ou trouxer consigo, para consumo pessoal, drogas sem autorização ou em desacordo com determinação legal ou regulamentar não terá praticado qualquer delito.
e) É dispensável a licença prévia da autoridade competente para produzir, extrair, fabricar, transformar, preparar, possuir, manter em depósito, importar, exportar, reexportar, remeter, transportar, expor, oferecer, vender, comprar, trocar, ceder ou adquirir, para fins medicinais, drogas ou matéria-prima destinada à sua preparação, observadas as demais exigências legais.

▷ ***Anotações/Comentários***

(a) Tráfico internacional é de competência da Justiça Federal.

(b) É possível a aplicação retroativa da Lei n. 11.343/2006, se mais benéfica que a Lei n. 6.368/1976. Não é possível a combinação das leis.

(c) O STJ entende que basta a demonstração de que a droga seria transposta de uma unidade da Federal para outra. Não é necessária a efetiva transposição.

(d) Trata-se de crime previsto no art. 28 da Lei de Drogas.

(e) É necessária a licença prévia.

---

416. (FCC – Defensor Público – DPE - AM/2018) Segundo a Lei de Drogas,

a) a natureza e a quantidade da droga apreendida impedem o reconhecimento da causa de diminuição que caracteriza o tráfico privilegiado.
b) a natureza e a quantidade da droga são valoradas na primeira fase de aplicação da pena (pena-base).
c) a tipicidade do crime de associação para o tráfico se completa com a prática dolosa da venda de drogas por duas ou mais pessoas.
d) o tráfico internacional configura tipo autônomo, enquanto o tráfico interestadual é causa de aumento de pena.
e) o crime de oferecer droga, eventualmente e sem objetivo de lucro, a pessoa de seu relacionamento, para juntos a consumirem, submete-se às mesmas penas da posse de drogas para uso pessoal.

▷ ***Anotações/Comentários***

(a) Para o reconhecimento do tráfico de drogas, deve-se levar em conta: o agente seja primário, de bons antecedentes, não se dedique às atividades criminosas nem integre organização criminosa.

(b) O juiz, na fixação das penas, considerará, com preponderância sobre o previsto no art. 59 do Código Penal (pena-base), a natureza e a quantidade da substância ou do produto, a personalidade e a conduta social do agente.

(c) Exige-se a prática reiterada.

(d) O tráfico internacional e o interestadual são causa de aumento de pena (art. 40, LD).

(e) Trata-se de figura privilegiada do crime de tráfico (art. 33, § 3º, CP).

6. LEI DE LAVAGEM DE DINHEIRO

---

417. (Cespe – Analista Judiciário – Área Judiciária – TRE – BA/2017) Julgue os itens a seguir.

I. A Convenção Americana sobre Direitos Humanos garante de forma relativa o direito à vida, pois autoriza a utilização da pena de morte em caso de crimes graves, sendo proibido seu restabelecimento nos países que a tiverem abolido.
II. A condenação de servidor público por quaisquer crimes decorrentes de preconceito de raça ou de cor implica perda automática do cargo público.
III. Não haverá crime de lavagem de dinheiro caso o agente seja absolvido, por atipicidade da conduta, do crime antecedente a ele imputado, uma vez que o crime de branqueamento, embora autônomo, é delito derivado do antecedente.

Assinale a opção correta.

a) Apenas o item I está certo.
b) Apenas o item II está certo.
c) Apenas os itens I e III estão certos.
d) Apenas os itens II e III estão certos.
e) Todos os itens estão certos.

▷ ***Anotações/Comentários***

Item I - Nos países que não houverem abolido a pena de morte, esta só poderá ser imposta pelos delitos mais graves, em cumprimento de sentença final de tribunal competente e em conformidade com lei que estabeleça tal pena, promulgada antes de haver o delito sido cometido. Tampouco se estenderá sua aplicação a delitos aos quais não se aplique atualmente. (art. 4º.3, Convenção Americana de Direitos Humanos). Não se pode restabelecer a pena de morte nos Estados que a hajam abolido (art. 4º.3).

Item II - Constitui efeito da condenação a perda do cargo ou função pública, para o servidor público (art. 16, Lei n. 7.716/1989). Mas esse efeito não é automático.

Item III – Se a absolvição pelo fato anterior se der por atipicidade da conduta, não há infração penal antecedente, que é necessário para a configuração do crime de lavagem de dinheiro.

418. (Cespe – Analista Ministerial – Direito – MP – CE/2020) A respeito de aspectos penais da Lei de Licitações e Contratos (Lei n.° 8.666/1993), da Lei de Lavagem de Dinheiro (Lei n.° 9.613/1998) e da Lei de Organização Criminosa (Lei n.° 12.850/2013), julgue os itens seguintes.

Na hipótese de condenação por delito de lavagem de dinheiro, a determinação judicial de inutilização ou doação dos instrumentos do crime independe do valor econômico desses instrumentos.

- CERTO
- ERRADO

▷ ***Anotações/Comentários***

Os instrumentos do crime sem valor econômico cuja perda em favor da União ou do Estado for decretada serão inutilizados ou doados a museu criminal ou a entidade pública, se houver interesse na sua conservação (art. 7º, § 2º, Lei n. 9.613/1998).

419. (Vunesp – Agente de Fiscalização – TCE – SP/2017) Nos termos da Lei Federal no 9.613/1998 (alterada pela Lei Federal no 12.683/2012), que dispõe sobre os crimes de "lavagem" ou ocultação de bens, direitos e valores, é correto afirmar que

a) a Secretaria da Receita Federal do Brasil conservará os dados fiscais dos contribuintes pelo prazo mínimo de 15 (quinze) anos, contados a partir do início do exercício seguinte ao da declaração de renda respectiva ou ao do pagamento do tributo.
b) em caso de indiciamento de servidor público, este será afastado, percebendo remuneração proporcional ao tempo de serviço, até que o juiz competente autorize, em decisão fundamentada, o seu retorno.
c) em caso de indiciamento de servidor público, este será afastado, sem prejuízo de remuneração e demais direitos previstos em lei, até que o juiz competente autorize, em decisão fundamentada, o seu retorno.
d) a Secretaria da Receita Federal do Brasil conservará os dados fiscais dos contribuintes pelo prazo mínimo de 20 (vinte) anos, contados a partir do início do exercício seguinte ao da declaração de renda respectiva ou ao do pagamento do tributo.
e) em caso de indiciamento de servidor público, este será afastado, sem direito à remuneração e demais direitos previstos em lei, até que o juiz competente autorize, em decisão fundamentada, o seu retorno.

▷ ***Anotações/Comentários***

(a) O prazo mínimo é de cinco anos.

(b) Ver resposta à alternativa "c".

(c) Em caso de indiciamento de servidor público, este será afastado, sem prejuízo de remuneração e demais direitos previstos em lei, até que o juiz competente autorize, em decisão fundamentada, o seu retorno.

(d) ver resposta à alternativa "a".

(e) ver resposta à alternativa "c".

7. LEI DE EXECUÇÃO PENAL

420. AOCP – 2024 – TRF 2 - Analista Judiciário - Área Judiciária

A respeito da Lei nº 7.210/1984, denominada Lei de Execução Penal, assinale a alternativa correta.

a) O trabalho do preso será remunerado, mediante prévia tabela, não podendo ser inferior a 1/2 (metade) do salário-mínimo.
b) As tarefas executadas pelo preso como prestação de serviço à comunidade devem ser remuneradas.
c) Ao preso provisório, o trabalho não é obrigatório, contudo, se realizado, poderá ser executado no interior ou exterior do estabelecimento.
d) A prestação de trabalho à entidade privada independe do consentimento expresso do preso.
e) O trabalho externo será admissível para os presos em regime fechado somente em serviço ou obras públicas realizadas por órgãos da Administração Direta ou Indireta, ou entidades privadas, desde que tomadas as cautelas contra a fuga e em favor da disciplina.

▷ ***Anotações/Comentários***

(a) O trabalho do preso será remunerado, mediante prévia tabela, não podendo ser inferior a 3/4 (três quartos) do salário-mínimo. (art. 29, LEP).

(b) As tarefas executadas como prestação de serviço à comunidade não serão remuneradas (art. 30, LEP).

(c) Para o preso provisório, o trabalho não é obrigatório e só poderá ser executado no interior do estabelecimento. (art. 31, LEP).

(d) A prestação de trabalho à entidade privada depende do consentimento expresso do preso (art. 36, § 3º, CP).

(e) O trabalho externo será admissível para os presos em regime fechado somente em serviço ou obras públicas realizadas por órgãos da Administração Direta ou Indireta, ou entidades privadas, desde que tomadas as cautelas contra a fuga e em favor da disciplina. (art. 36, *caput*, LEP).

PENAL

421. FGV – 2024 – TRF 1 - Analista Judiciário – Área Judiciária

Em razão de conduta praticada em março de 2023, João, primário, foi condenado, definitivamente, pela prática de crime hediondo, com resultado morte, em sentença prolatada por Matheus, juiz federal que atua na seção judiciária do Amazonas (Justiça Federal). Muito embora a condenação tenha se dado na esfera federal, João está recolhido a um estabelecimento penal sujeito à administração do estado do Amazonas.

Nesse cenário, considerando as disposições da Lei nº 7.210/1984 e o entendimento dominante do Superior Tribunal de Justiça, é correto afirmar que compete ao juízo do(da):

a) seção judiciária do Amazonas a execução da pena imposta a João, que, em observância aos requisitos legais, terá direito ao livramento condicional, vedada a progressão de regimes;
b) seção judiciária do Amazonas a execução da pena imposta a João, que, em observância aos requisitos legais, terá direito à progressão de regimes, vedado o livramento condicional;
c) estado do Amazonas a execução da pena imposta a João, que, em observância aos requisitos legais, terá direito à progressão de regimes, vedado o livramento condicional;
d) estado do Amazonas a execução da pena imposta a João, que, em observância aos requisitos legais, terá direito ao livramento condicional, vedada a progressão de regimes;
e) seção judiciária do Amazonas a execução da pena imposta a João, vedados a progressão de regimes e o livramento condicional.

▷ ***Anotações/Comentários***

(a) A competência para a execução penal é da Justiça Estadual. O condenado terá direito a progressão de regime, não a livramento condicional.

(b) A competência para a execução penal é da Justiça Estadual. O condenado terá direito a progressão de regime, não a livramento condicional.

(c) "Compete ao **Juízo das Execuções Penais do estado** a execução das penas impostas a sentenciados pela Justiça Federal, Militar ou Eleitoral, quando recolhidos a estabelecimentos sujeitos a administração estadual" (Súmula n. 192 – STJ). Terá **direito à progressão de regime**, quando tiver cumprido ao menos 50% da pena, por ter sido condenado pela prática de crime hediondo ou equiparado, com resultado morte, e ser primário, **vedado o livramento condicional** (art. 112, VI, *a*, LEP).

(d) A competência para a execução penal é da Justiça Estadual. O condenado terá direito a progressão de regime, não a livramento condicional.

(e) A competência para a execução penal é da Justiça Estadual. O condenado terá direito a progressão de regime, não a livramento condicional.

422. FGV – 2024 – TRF 1 - Analista Judiciário – Serviço Social

Josué foi condenado por crime doloso praticado com violência grave contra a pessoa.

Por ocasião do seu ingresso no estabelecimento prisional, ele:

a) terá direito a duas mudas de uniforme e dois conjuntos de roupa de cama e banho, só possuindo o direito a novo jogo após um ano;

b) receberá o Manual de Condutas Prisionais, sendo informado de que os benefícos e regalias dependerão do cumprimento das normas;

c) poderá requisitar atendimento social para explicitar suas demandas pessoais e familiares, bem como acompanhamento psicológico;

d) será submetido, obrigatoriamente, à identificação do perfil genético, mediante extração de DNA por técnica adequada e indolor;

e) deverá informar o nome do seu advogado, a fim de que este seja investigado pela Direção da prisão e autorizado a visitar o apenado.

▷ ***Anotações/Comentários***

(a) A LEP apenas prevê que o condenado tem direito a alimentação suficiente e vestuário (art. 41, I).

(b) A LEP prevê apenas que o condenado ou denunciado, no início da execução da pena ou da prisão, será cientificado das normas disciplinares (art. 46).

(c) A LEP prevê apenas que o preso tem direito à assistência material, à saúde, jurídica, educacional, social e religiosa (art. 41, VII).

(d) O condenado por **crime doloso** praticado com **violência grave contra a pessoa**, bem como por crime contra a vida, contra a liberdade sexual ou por crime sexual contra vulnerável, será submetido, obrigatoriamente, à identificação do perfil genético, mediante extração de DNA (ácido desoxirribonucleico), por técnica adequada e indolor, por ocasião do ingresso no estabelecimento prisional (art. 9º-A, LEP).

(e) A LEP prevê que é direito do preso entrevista pessoal e reservada com o advogado (art. 41, IX).

423. FGV – 2024 – TRF 1 - Analista Judiciário – Serviço Social
No que diz respeito às faltas disciplinares no sistema penal, de acordo com a Lei de Execução Penal, comete falta grave o condenado à pena privativa de liberdade que:

a) destratar familiares durante a visita;

b) for surpreendido com drogas;

c) se recusar à imunização obrigatória;

d) provocar acidente de trabalho;

e) rejeitar assistência educacional.

▷ ***Anotações/Comentários***

(a) A LEP prevê em **rol taxativo do art. 50 as faltas graves** que podem ser cometidas por quem cumpre pena privativa de liberdade, dentre as quais não está destratar familiares durante a visita.

(b) A LEP prevê em **rol taxativo do art. 50 as faltas graves** que podem ser cometidas por quem cumpre pena privativa de liberdade, dentre as quais não o preso que for surpreendido com drogas.

(c) A LEP prevê em **rol taxativo do art. 50 as faltas graves** que podem ser cometidas por quem cumpre pena privativa de liberdade, dentre as quais não está se recusar à imunização obrigatória.

(d) A LEP prevê em **rol taxativo do art. 50 as faltas graves** que podem ser cometidas por quem cumpre pena privativa de liberdade, dentre as quais está **provocar acidente de trabalho (art. 50, IV)**.

(e) A LEP prevê em **rol taxativo do art. 50 as faltas graves** que podem ser cometidas por quem cumpre pena privativa de liberdade, dentre as quais não está rejeitar assistência educacional.

424. FGV – 2024 – TRF 1 - Analista Judiciário – Serviço Social
Juarez foi preso por tráfico de entorpecentes e já cumpriu metade de sua pena, sendo colocado em regime semiaberto. Com saudade de sua família, ele solicita permissão para saída temporária do estabelecimento, sem vigilância direta.

Juarez recebeu a resposta de que:

a) deverá utilizar equipamento de monitoração eletrônica, quando assim determinar o juiz da execução;

b) não tem direito a saída temporária sem vigilância direta o condenado que cumpre pena por praticar crime hediondo;

c) só terá permissão após submeter-se a exame criminológico e lograr aprovação;

d) a progressão para regime semiaberto dá direito automaticamente a saída temporária sem vigilância;

e) será autorizada a saída temporária após comprovação de que possui endereço de família fora do presídio.

▷ ***Anotações/Comentários***

(a) Quando é possível a saída temporária, o juiz pode determinar o monitoramento eletrônico (art. 146-B, II, LEP).

(b) **Não terá direito à saída temporária** ou a trabalho externo sem vigilância direta o condenado que cumpre pena por praticar **crime hediondo** ou com violência ou grave ameaça contra pessoa (art. 122, § 2º, LEP)..

(c) A LEP não prevê exame criminológico para concessão de saída temporária, quando esta é possível.

(d) Os condenados que cumprem pena em regime semiaberto poderão obter autorização para saída temporária do estabelecimento, sem vigilância direta, apenas para frequência a curso supletivo profissionalizante, bem como de instrução do 2º grau ou superior, na Comarca do Juízo da Execução (art. 122, II, LEP).

(e) A LEP não exige comprovação de que possui endereço para concessão de saída temporária.

425. IBFC – 2022 – TJ/MG – Analista Judiciário A Lei de Execução Penal (Lei nº 7.210/84) dispõe que a pena privativa de liberdade será executada em forma progressiva com a transferência para regime menos rigoroso, a ser determinada pelo juiz, após o cumprimento de determinado período da pena. Acerca das disposições da Lei de Execução Penal (Lei nº 7.210/84), assinale a alternativa incorreta.

a) O apenado deverá cumprir 20% (vinte por cento) da pena, se for primário e o crime tiver sido cometido sem violência à pessoa ou grave ameaça

b) O apenado deverá cumprir 25% (vinte e cinco por cento) da pena, se for primário e o crime tiver sido cometido com violência à pessoa ou grave ameaça

c) O apenado deverá cumprir 40% (quarenta por cento) da pena, se for condenado pela prática de crime hediondo ou equiparado, se for primário

d) O apenado deverá cumprir 50% (cinquenta por cento) da pena, se for condenado pela prática de crime hediondo ou equiparado, com resultado morte, se for primário, vedado o livramento condicional

e) O apenado deverá cumprir 70% (setenta por cento) da pena, se o apenado for reincidente em crime hediondo ou equiparado com resultado morte, vedado o livramento condicional

▷ ***Anotações/Comentários***

(a) O apenado deverá cumprir **16% (dezesseis por cento)** da pena, se for primário e o crime tiver sido cometido sem violência à pessoa ou grave ameaça (art. 112, I, LEP).

(b) O apenado deverá cumprir 25% (vinte e cinco por cento) da pena, se for primário e o crime tiver sido cometido com violência à pessoa ou grave ameaça (art. 112, III, LEP).

(c) O apenado deverá cumprir 40% (quarenta por cento) da pena, se for condenado pela prática de crime hediondo ou equiparado, se for primário (art. 112, V, LEP).

(d) O apenado deverá cumprir 50% (cinquenta por cento) da pena, se for condenado pela prática de crime hediondo ou equiparado, com resultado morte, se for primário, vedado o livramento condicional (art. 112, VI, a, LEP).

(e) O apenado deverá cumprir 70% (setenta por cento) da pena, se o apenado for reincidente em crime hediondo ou equiparado com resultado morte, vedado o livramento condicional (art. 112, VIII, LEP).

426. (Consulplan – Analista Judiciário – Área Judiciária – TRF 2/2017) "A progressão de regime, no caso dos condenados por crimes hediondos dar-se-á após o cumprimento de _______ da pena, se o apenado for primário; e de ________, se reincidente." Assinale a alternativa que completa correta e sequencialmente a afirmativa anterior.

a) 1/3 / 2/3

b) 1/4 / 2/5

c) 1/6 / 1/2

d) 2/5 / 3/5

▷ ***Anotações/Comentários***

Essa questão foi elaborada antes da vigência do Pacote Anticrime que revogou o art. 2º, § 2º, da Lei de Crimes Hediondos, sendo que, atualmente, os prazos para progressão de regime são regulados pelo art. 112 da Lei de Execução Penal. À época, o gabarito da questão era a letra D. No caso específico de crimes hediondos, temos o seguinte:

V - 40% (quarenta por cento) da pena, se o apenado for condenado pela prática de crime hediondo ou equiparado, se for primário;

VI - 50% (cinquenta por cento) da pena, se o apenado for: a) condenado pela prática de crime hediondo ou equiparado, com resultado morte, se for primário, vedado o livramento condicional; b) condenado por exercer o comando, individual ou coletivo, de organização criminosa estruturada para a prática de crime hediondo ou equiparado;

VI-A – 55% (cinquenta e cinco por cento) da pena, se o apenado for condenado pela prática de feminicídio, se for primário, vedado o livramento condicional;

VII - 60% (sessenta por cento) da pena, se o apenado for reincidente na prática de crime hediondo ou equiparado;

VIII - 70% (setenta por cento) da pena, se o apenado for reincidente em crime hediondo ou equiparado com resultado morte, vedado o livramento condicional.

427. (Cespe – Juiz de Direito Substituto - DF/2016) Com fundamento na Lei n.º 11.464/2007, que modificou a Lei n.º 8.072/1990 (Lei dos Crimes Hediondos), assinale a opção correta acerca dos requisitos objetivos para fins de progressão de regime prisional.

a) O regime integral fechado poderá ser aplicado no caso de prática de crime de tráfico internacional de drogas, em que, devido à hediondez da conduta, que atinge população de mais de um país, o réu não poderá ser beneficiado com a progressão de regime prisional.

b) Como exceção à regra prevista na legislação de regência, a progressão de regime prisional é vedada ao condenado, que deve cumprir regime integral fechado, pela prática de crime de epidemia de que resulte morte de vítimas.

c) Os condenados por crimes hediondos ou assemelhados cometidos antes da vigência da Lei n.º 11.464/2007 sujeitam-se ao disposto no artigo 112 da Lei de Execução Penal para a progressão de regime, que estabelece o cumprimento de um sexto da pena no regime anterior.

d) A Lei dos Crimes Hediondos é especial e possui regra própria quanto aos requisitos objetivos para a progressão de regime prisional, devendo seus atuais parâmetros ser aplicados, independentemente de o crime ter sido praticado antes ou depois da vigência da Lei n.º 11.464/2007, com base no princípio da especialidade.

e) Os requisitos objetivos da Lei n.º 11.464/2007 devem ser aplicados para fins de progressão de regime prisional, pelo fato de essa lei ser mais benéfica que a lei anterior, que vedava a progressão de regime.

Observação: essa questão foi elaborada antes do Pacote Anticrime e, portanto, os prazos para progressão de regime são aqueles previstos na nova redação do art. 112 da lep.

▷ ***Anotações/Comentários***

(a) O crime de tráfico de drogas internacional é equiparado a hediondo e admite a progressão de regime, preenchidos os requisitos legais.

(b) O crime de epidemia com resultado morte é hediondo e admite a progressão de regime, preenchidos os requisitos legais.

(c) Os condenados por crimes hediondos ou assemelhados cometidos antes da vigência da Lei n. 11.464/2007 sujeitam-se ao disposto no art. 112 da Lei n. 7.210/1984 (Lei de Execução Penal) para a progressão de regime prisional (Súmula 471, STJ).

(d) Ver resposta à alternativa "c".

(e) A Lei de Crimes Hediondos previa o regime integralmente fechado. Mas, o STF entendeu que isso era inconstitucional, aplicando-se, antes da Lei n. 11.464/2007, a regra geral de 1/6, que é mais benéfica que as regras da Lei n. 11.464/2207.

428. (Vunesp – Juiz de Direito – TJ – SP/2018) Quanto à Lei de Execução Penal, assinale a alternativa correta.

a) A prática de falta grave não interrompe o prazo para fim de comutação de pena, apenas para indulto.

b) Para obtenção dos benefícios de saída temporária e trabalho externo, não se considera o tempo de cumprimento da pena no regime fechado, somente o no semiaberto.

c) Para o reconhecimento da prática de falta disciplinar no âmbito da execução penal, é imprescindível a instauração de procedimento administrativo pelo diretor do estabelecimento prisional, assegurado o direito de defesa, a ser realizado por advogado ou defensor público.

d) O reconhecimento de falta grave decorrente do cometimento de fato definido como crime doloso no cumprimento da pena não prescinde do trânsito em julgado de sentença penal condenatória no processo penal instaurado para apuração do fato.

▷ ***Anotações/Comentários***

(a) A falta grave é caso de interrupção do prazo para concessão de indulto ou comutação de pena, se tiver sido cometida dentro do prazo previsto no decreto concessivo, independentemente da data de sua homologação, se antes ou depois do ato presidencial.

(b) Para obtenção dos benefícios de saída temporária e trabalho externo, se considera o total do tempo de cumprimento da pena, no regime fechado e no semiaberto.

(c) Praticada a falta disciplinar, deverá ser instaurado o procedimento para sua apuração, conforme regulamento, assegurado o direito de defesa (art. 59, CP).

(d) Súmula 526, STJ: não é necessário o trânsito em julgado da sentença penal condenatória pelo novo fato.

429. (FCC – Consultor Legislativo – Câmara Legislativa do DF/2018) A permissão de saída prevista na Lei de Execução Penal

a) é cabível apenas para os condenados que cumprem pena em regime semiaberto.

b) é concedida por ato motivado do juiz da execução penal, ouvidos o Ministério Público e a administração penitenciária.

c) é condicionada ao cumprimento mínimo de um sexto da pena, se o condenado for primário e um quarto, se reincidente.

d) poderá ser concedida em caso de visita à família por prazo não superior a sete dias.

e) poderá ser concedida em casos de falecimento ou doença grave do companheiro ou irmão.

▷ ***Anotações/Comentários***

(a) Os condenados que cumprem pena em regime fechado ou semiaberto e os presos provisórios poderão obter permissão de saída (art. 120, LEP).

(b) A permissão de saída será concedida pelo diretor do estabelecimento onde se encontra o preso (art. 120, parágrafo único, LEP).

(c) Para permissão de saída, não há o mínimo de pena a ser cumprida.

(d) A permissão de saída não dá direito de visita à família.

(e) A permissão de saída tem como motivos: falecimento ou doença grave do cônjuge, companheira, ascendente, descendente ou irmão; necessidade de tratamento médico (art. 120, I e II, LEP).

430. (FCC – Consultor Legislativo – Câmara Legislativa do DF/2018) Pedro, reincidente em crime doloso, foi denunciado perante a Vara do Júri de Sobradinho como incurso no art. 121, § 2º, inciso II, do Código Penal. Segundo a peça acusatória, em 10 de março de 2017, por motivo fútil consubstanciado em ciúme da relação de sua ex-mulher com a vítima Orlando, teria neste desferido um soco fatal, resultando em sua morte. Após regular instrução e pronúncia, foi submetido ao Tribunal do Júri local, tendo os jurados decidido por sua condenação, afastando, porém, a qualificadora do motivo fútil. Ato contínuo, Pedro foi condenado pelo Juiz de Direito pela prática de homicídio simples à pena de sete anos de reclusão, em regime fechado. A sentença transitou em julgado para as partes. Diante do apresentado, para que Pedro possa progredir ao regime semiaberto, o lapso temporal de cumprimento de pena será de

a) 2/5.

b) 3/5.

c) 1/6.

d) 3/8.

e) 1/2.

Observação: essa questão foi elaborada antes da Lei n. 13.964/2019 que modificou o art. 112, LEP.

▷ ***Anotações/Comentários***

Atualmente, no caso do problema, a progressão de regime será em 30%, porque o apenado é reincidente em crime cometido com violência à pessoa ou grave ameaça (art. 112, IV, LEP).

---

431. (FCC – Consultor Legislativo – Câmara Legislativa do DF/2018) Sobre o regime da remição na Lei de Execução Penal, é correto afirmar que

a) apenas o condenado que cumpre pena em regime semiaberto poderá remir, por trabalho ou estudo, parte do tempo de execução da pena.

b) será descontado um dia de pena para cada dez horas de frequência escolar ou três dias de trabalho.

c) o juiz poderá revogar até metade dos dias remidos, em caso de falta grave, recomeçando a contagem a partir da data da homologação judicial da falta grave.

d) o preso impossibilitado, por acidente, de prosseguir no trabalho ou nos estudos, continuará a beneficiar-se com a remição.

e) a remição será concedida pelo diretor do estabelecimento penal, ouvidos o Ministério Público e a defesa.

▷ ***Anotações/Comentários***

(a) O condenado que cumpre a pena em regime fechado ou semiaberto poderá remir, por trabalho ou por estudo, parte do tempo de execução da pena (art. 126, LEP).

(b) um dia de pena a cada doze horas de frequência escolar, divididas, no mínimo, em três dias; um dia de pena a cada três dias de trabalho (art. 126, § 1º, I e II, LEP).

(c) Em caso de falta grave, o juiz poderá revogar até 1/3 (um terço) do tempo remido, observado o disposto no art. 57, recomeçando a contagem a partir da data da infração disciplinar (art. 127, LEP).

(d) Trata-se da redação do art. 126, § 4º, LEP.

(e) A remição será declarada pelo juiz da execução, ouvidos o Ministério Público e a defesa (art. 126, § 8º, LEP).

---

432. (FCC – Consultor Legislativo – Câmara Legislativa do DF/2018) Segundo a Lei de Execução Penal e a jurisprudência dominante do Superior Tribunal de Justiça, é correto afirmar que

a) pratica falta média o condenado à pena privativa de liberdade que incitar ou participar de movimento para subverter a ordem ou a disciplina.

b) a prática de falta grave interrompe o lapso temporal para obtenção de livramento condicional e para a progressão de regime.

c) para o reconhecimento da prática de falta disciplinar no âmbito da execução penal é imprescindível a instauração de procedimento administrativo pelo diretor do estabelecimento prisional, assegurado o direito de defesa.

d) o prazo de prescrição para apuração de falta disciplinar grave verificada após a edição da Lei nº 12.234/2010 é de um ano, a contar da data da citação do acusado ou da primeira manifestação da defesa nos autos.

e) o reconhecimento de falta grave decorrente do cometimento de fato definido como crime doloso no cumprimento da pena depende do trânsito em julgado de sentença penal condenatória no processo penal instaurado para apuração do fato.

▷ ***Anotações/Comentários***

(a) Trata-se de falta grave nos termos do art. 50, I, LEP.

(b) A prática de falta grave interrompe apenas a progressão de regime (art. 112, § 6º, LEP).

(c) Praticada a falta disciplinar, deverá ser instaurado o procedimento para sua apuração, conforme regulamento, assegurado o direito de defesa (art. 59, LEP).

(d) A prescrição das faltas disciplinares de natureza grave, em virtude da inexistência de legislação específica, regula-se, por analogia, pelo menor dos prazos previstos no art. 109, VI, do Código Penal, de três anos (STJ – HC 682633/MG).

(e) Não se exige o trânsito em julgado da sentença penal condenatória para que o fato definido como crime seja considerado falta grave.

---

433. (FCC – Promotor de Justiça – MPE - PB/2018) Prova: Promotor de Justiça

Segundo o artigo 36 do Código Penal, o regime aberto de cumprimento da pena baseia-se na autodisciplina e no senso de responsabilidade do condenado. São condições do regime aberto

I. o recolhimento do apenado no local designado, durante o repouso e nos dias de folga.

II. não se ausentar o condenado da cidade onde reside, sem autorização judicial.

III. comparecer a Juízo, para informar e justificar as suas atividades, quando for determinado.

IV. a existência de exame criminológico indicando a ausência de periculosidade do condenado.

Está correto o que se afirma APENAS em

a) I, II e IV.

b) II e IV.

c) III e IV.

d) I, II e III.

e) I e III.

▷ ***Anotações/Comentários***

(I) No regime aberto, o condenado deve permanecer recolhido durante o período noturno e nos dias de folga (art. 36, § 1º, CP).

(II) No regime aberto, o condenado não pode se ausentar da cidade onde reside, sem autorização judicial (art. 115, III, LEP).

(III) No regime aberto, o condenado deve comparecer a Juízo, para informar e justificar as suas atividades, quando for determinado (art. 115, IV, LEP).

(IV) O exame criminológico é exigido para quem ingressa no regime fechado (art. 8º, LEP).

---

434. (FGV – Advogado – AL - RO/2018) Tício, 40 anos, na condição de funcionário público, foi condenado pela prática de crime de peculato em razão do desvio de quantia em dinheiro da Administração Pública, sendo aplicada pena de 06 anos de reclusão. Após ser apenado em regime inicial semiaberto, preencheu o requisito objetivo e pretende a progressão para o regime aberto.

Considerando apenas as informações narradas, é correto afirmar que Tício, para obter a progressão, deverá

a) se submeter, necessariamente, ao exame criminológico.

b) reparar o dano, além de preencher os demais requisitos gerais legais.

c) preencher os requisitos legais e poderá ser fixada como condicional especial para a concessão do regime aberto a prestação de serviços à comunidade.

d) preencher os requisitos legais e, em regime aberto, deverá cumprir condições gerais e obrigatórios, como não se ausentar da cidade sem autorização judicial, não podendo ser fixadas quaisquer condições especiais não previstas em lei.

e) comprovar que, necessariamente, restam menos de 4 anos de pena a ser cumprida e que já possui oferta prévia de emprego formal.

▷ ***Anotações/Comentários***

Nota do autor: Essa questão foi elaborada antes da Lei n. 14.843/2024.

(a) Com a Lei n.14.843/2024, o exame criminológico passou a ser exigido para progressão de regime.

(b) Nos crimes contra a Administração Pública, a reparação do dano é condição para a progressão de regime (art. 33, § 4º, CP).

(c) Não se pode fixar pena restritiva de direitos como condição do regime aberto.

(d) Podem ser fixadas condições especiais não previstas em lei pelo juiz, desde que não seja igual a pena restritiva de direito.

(e) Se o apenado for primário, a progressão se dá com 16% da pena; se for reincidente 20% (art. 112, I e II, LEP).

435. (FGV – Analista Legislativo – Processo Legislativo – AL - RO/2018) Preocupados com as notícias recorrentes de superlotação carcerária e, por outro lado, com as notícias de aumento da criminalidade, deputados estaduais se reúnem para avaliar o funcionamento das unidades penitenciárias estaduais.

Para orientar o debate sobre direitos e deveres dos presos, solicitam da assessoria um relatório sobre as previsões da Lei nº 7.210/84 (Lei de Execução Penal).

No momento de elaborar o relatório, o assessor deverá esclarecer que:

a) a remição de pena pelo estudo no regime fechado e semiaberto é admitida, mas não funcionará como remição a frequência a curso de ensino no regime aberto ou quando o apenado se encontra cumprindo livramento condicional.
b) o reconhecimento de falta grave depende de procedimento administrativo disciplinar, mas, por ser administrativo, não exige acompanhamento da defesa técnica do apenado.
c) os presos têm direito subjetivo ao trabalho dentro do estabelecimento prisional, mas, caso cometam falta grave, haverá perda total dos dias remidos pelo trabalho.
d) a prática de falta grave gera o reinício da contagem do prazo para obtenção de comutação de pena, o que impede a concessão do benefício para diversos condenados.
e) não existe distinção em relação ao requisito objetivo (cumprimento de 1/6 da pena) para a progressão de regime fechado para o semiaberto dos condenados primários ou reincidentes no caso de crimes que não sejam de natureza hedionda.

Observação: essa questão foi elaborada antes da Lei n. 13.964/2019 que alterou o art. 112, LEP.

▷ ***Anotações/Comentários***

(a) O condenado que cumpre pena em regime aberto ou semiaberto e o que usufrui liberdade condicional poderão remir, pela frequência a curso de ensino regular ou de educação profissional, parte do tempo de execução da pena ou do período de prova (art. 126, § 6º, CP).

(b) O procedimento administrativo deve garantir a defesa técnica (art. 59, LEP).

(c) Em caso de falta grave, o juiz poderá revogar até 1/3 (um terço) do tempo remido, observado o disposto no art. 57, recomeçando a contagem a partir da data da infração disciplinar (art. 127, LEP).

(d) A prática de falta grave não interrompe o prazo para fim de comutação de pena ou indulto (Súmula 535, STJ).

(e) Atualmente, dependendo se o crime for comum ou hediondo, se o apenado for primário ou reincidente, há diversas frações de cumprimento de pena para a progressão de regime no art. 112, LEP.

436. (FCC – Defensor Público – DPE - AM/2018) Sobre a disciplina na execução penal, é correto afirmar que

a) o emprego de cela escura é permitido apenas em regime disciplinar diferenciado desde que autorizado pelo juiz competente.
b) a tentativa é impunível em razão de escolha legislativa de minoração dos efeitos criminógenos do cárcere.
c) comete falta disciplinar de natureza grave aquele que causa acidente de trabalho no cumprimento de pena de prestação de serviços à comunidade.
d) a concessão de regalias ao preso como forma de recompensa ao seu bom comportamento é proibida em razão da violação do princípio da igualdade.
e) o direito de receber visitas pode ser suspenso como consequência da prática de falta grave em ato fundamentado do diretor da unidade prisional.

▷ ***Anotações/Comentários***

(a) O RDD permite a colocação do preso em cela individual, não escura (art. 52, II, LEP).

(b) Pune-se a tentativa com a sanção correspondente à falta consumada (art. 49, parágrafo único, lep).

(c) Provocar acidente de trabalho é falta grave se a pena executada for privativa de liberdade (art. 50, IV, LEP).

(d) Regalia é forma de recompensa prevista no art. 56, II, LEP.

(e) A suspensão de um direito, como de receber visitas, é sanção que pode ser aplicada pelo diretor da unidade prisional (arts. 53, III, e 54, LEP).

437. (FCC – Defensor Público – DPE - AM/2018) Sobre a remição na execução penal, é corretor afirmar que

a) prescinde de reconhecimento por decisão judicial, uma vez que a simples comprovação documental já garante o desconto de pena.
b) o preso que ficar impossibilitado de estudar em razão de acidente fica com a remição suspensa, mas garante retorno à atividade em caso de recuperação pessoal.
c) em caso de falta grave o juiz poderá revogar até 1/3 do tempo remido, recomeçando a contagem a partir do cumprimento da sanção disciplinar.
d) o preso provisório pode remir a pena pelo trabalho e pelo estudo e terá os dias descontados em caso de posterior condenação.
e) pode reduzir a pena restritiva de direitos computando-se os dias de prestação de serviço à comunidade igualmente como forma de remir a pena.

▷ ***Anotações/Comentários***

(a) A remição depende de decisão do juiz da execução.

(b) O preso impossibilitado, por acidente, de prosseguir no trabalho ou nos estudos continuará a beneficiar-se com a remição.

(c) Em caso de falta grave, o juiz poderá revogar até 1/3 (um terço) do tempo remido, recomeçando a contagem a partir da data da infração disciplinar.

(d) As disposições da remição se aplicam no caso de prisão cautelar (art. 126, § 7º, LEP).

(e) A remição cabe no caso de pena privativa de liberdade.

438. (FCC – Defensor Público – DPE - AM/2018) Conforme a Lei de Execução Penal, o trabalho do preso

a) sujeita-se aos ditames da Consolidação das Leis do Trabalho (CLT).
b) em entidade privada depende de seu consentimento expresso.
c) deve ser remunerado quando consistir em tarefas executadas como prestação de serviço à comunidade, sob pena de configurar trabalho escravo.
d) provisório pode ser interno e externo em razão do princípio da presunção de inocência a que se submete.
e) deve ser remunerado mediante prévia tabela, não podendo ser inferior a um salário-mínimo.

▷ ***Anotações/Comentários***

(a) O trabalho do preso não está sujeito ao regime da Consolidação das Leis do Trabalho (art. 28, § 2º, LEP).

(b) A prestação de trabalho à entidade privada depende do consentimento expresso do preso (art. 36, § 3º LEP).

(c) As tarefas executadas como prestação de serviço à comunidade não serão remuneradas (art. 30, LEP).

(d) Para o preso provisório, o trabalho não é obrigatório e só poderá ser executado no interior do estabelecimento (art. 31, parágrafo único, LEP).

(e) O trabalho do preso será remunerado, mediante prévia tabela, não podendo ser inferior a 3/4 (três quartos) do salário-mínimo (art. 29, LEP).

439. (FCC – Defensor Público – DPE - AM/2018) A monitoração eletrônica na execução penal

PENAL

a) impõe ao monitorado deveres que, se violados, podem gerar a regressão de regime.
b) pode ser determinada em caso de permissão de saída no regime semiaberto.
c) é mecanismo de ressocialização a fim de se evitar a restrição da liberdade.
d) foi implementada em 2010 e resultou em considerável redução da superlotação prisional no Brasil.
e) é obrigatória para o cumprimento de prisão domiciliar.

▷ ***Anotações/Comentários***

(a) Violação de deveres pelo monitorado pode gerar a regressão de regime (art. 146-C, parágrafo único, I, LEP).

(b) O monitoramento eletrônico cabe no caso de saída temporária, não no de permissão de saída (art. 146-B, LEP)

(c) O monitoramento eletrônico, na LEP, tem a função de fiscalizar o preso em saída temporária ou no cumprimento de prisão domiciliar.

(d) O monitoramento eletrônico não diminuiu a população carcerária.

(e) O juiz poderá ou não impor o monitoramento eletrônico, conforme decisão fundamentada.

---

440. (FCC - Defensor Público - DPE - RS/2018) Sobre a prática de falta grave e considerando a atual jurisprudência do Superior Tribunal de Justiça, analise as assertivas abaixo.

I. A prática de falta grave interrompe o prazo para obtenção de livramento condicional.
II. Para o reconhecimento de falta grave decorrente do cometimento de fato definido como crime doloso no cumprimento da pena, é necessária a ocorrência do trânsito em julgado de sentença penal condenatória no processo penal instaurado para apuração do fato.
III. A prática de falta grave interrompe a contagem do prazo para a progressão de regime de cumprimento de pena, o qual se reinicia a partir do cometimento dessa infração.

Está correto o que consta APENAS de

a) I.
b) III.
c) II.
d) II e III.
e) I e II.

▷ ***Anotações/Comentários***

(I) Quem pratica falta grave não tem bom comportamento, logo não pode ser beneficiado com livramento condicional.

(II) Para fins de falta grave, não é necessário o trânsito em julgado da sentença penal condenatória em relação a fato definido como crime.

(III) Trata-se da redação do art. 115, § 6º, LEP.

---

441. (FCC - Defensor Público - DPE - RS/2018) Segundo as disposições do Decreto nº 9.246/17, é correto afirmar:

a) O indulto natalino coletivo será concedido às pessoas que, até 25 de dezembro de 2017, tenham cumprido 1/3 da pena, se não reincidentes, e 2/3 da pena, se reincidentes, nos crimes praticados com grave ameaça ou violência à pessoa, quando a pena privativa de liberdade for superior a quatro e igual ou inferior a oito anos.
b) O tempo de cumprimento das penas previstas no artigo 1º de tal Decreto será reduzido para a pessoa que tenha neto de até quatorze anos de idade ou de qualquer idade, se com deficiência, que necessite de seus cuidados e esteja sob a sua responsabilidade.
c) O indulto natalino ou a comutação de pena será concedido às pessoas condenadas por crime considerado hediondo ou a este equiparado, desde que praticado sem grave ameaça ou violência à pessoa, nos termos da Lei nº 8.072/90.
d) A comutação da pena privativa de liberdade remanescente será concedida na fração de 1/5, na hipótese de o condenado, primário, ter cumprido 1/4 da pena até 25/12/2017.
e) O indulto natalino ou a comutação poderá ser concedido às pessoas que tenham sido incluídas no Regime Disciplinar Diferenciado, desde que tal inclusão tenha ocorrido há mais de 01 ano da data da publicação de tal Decreto.

▷ ***Anotações/Comentários***

(a) um terço da pena, se não reincidentes, e metade da pena, se reincidentes, nos crimes praticados com grave ameaça ou violência a pessoa, quando a pena privativa de liberdade não for superior a quatro anos;

(b) Trata-se da redação do art. 2º, IV, do Decreto n. 9.246/2017.

(c) Não se pode conceder indulto a quem pratica crime hediondo, mesmo que praticado sem violência ou grave ameaça.

(d) em um terço, se não reincidente, e que, até 25 de dezembro de 2017, tenha cumprido um quarto da pena.

(e) Não se pode conceder os benefícios aos que tenham sido incluídas no Regime Disciplinar Diferenciado, em qualquer momento do cumprimento da pena.

---

442. (FCC - Defensor Público - DPE - RS/2018) Considere as seguintes assertivas sobre os benefícios e incidentes na execução da pena, à luz da atual jurisprudência do Supremo Tribunal Federal e do Superior Tribunal de Justiça:

I. Como resultado de uma interpretação extensiva in bonam partem da norma inserta no art. 126 da Lei de Execuções Penais, é possível a hipótese de abreviação da reprimenda pela remição de pena em razão de atividades atinentes ao estudo ou ao trabalho que, embora não estejam expressas no texto legal, servem para criar condições para a harmônica integração social do condenado.
II. A gravidade abstrata do delito constitui fundamento idôneo para a determinação de realização de exame criminológico.
III. A data-base para subsequente progressão de regime é aquela em que o reeducando preencheu os requisitos do art. 112 da Lei de Execuções Penais, e não a data em que houve a efetiva colocação do apenado no regime mais benéfico.

Está correto o que consta APENAS de:

a) I e III.
b) III.
c) I.
d) II e III.
e) I e II.

▷ ***Anotações/Comentários***

(I) No cumprimento de pena, admite-se a interpretação extensiva para beneficiar o sentenciado, como aquelas que autorizam a remição de pena.

(II) O exame criminológico deve ser imposto por decisão devidamente fundamentada pelo juiz ao apontar a necessidade de acordo com o caso concreto.

(III) Se o condenado preencheu os requisitos para progressão de regime fechado para o semiaberto em 10.5, mas essa progressão foi efetivada em 25.11, a data base para a progressão do semiaberto para o aberto é 10/05.

---

443. (FGV - Analista Judiciário - Oficial de Just. Avaliador - TJ - AL/2018) Tício, enquanto cumpria pena em regime aberto, praticou fato definido como falta grave, sendo certo que a Lei nº 7.210/84 traz as consequências diante de tal comportamento.

Considerando as previsões do diploma legal mencionado e a jurisprudência do Superior Tribunal de Justiça, é correto afirmar que:

a) o reconhecimento de falta grave independe de procedimento administrativo ou judicial, bastando declaração do diretor do estabelecimento penitenciário;
b) o reconhecimento de falta grave depende da instauração de procedimento administrativo e, diante dessa natureza, dispensa a exigência de defesa técnica;
c) o reconhecimento regular de falta grave pode justificar a regressão per saltum do regime de cumprimento de pena;
d) o reconhecimento regular de falta grave pode justificar a perda de todos os dias remidos;
e) o reconhecimento regular de falta grave interrompe o prazo para fim de comutação de pena.

▷ ***Anotações/Comentários***

(a) Deve haver procedimento administrativo, garantida a ampla defesa.

(b) Deve haver defesa técnica no procedimento administrativo-disciplinar.

(c) A falta grave permite a regressão de regime per saltum, pois a transferência pode ser para qualquer dos regimes (art. 118, LEP).

(d) A perda é de até 1/3 dos dias remidos.

(e) A prática de falta grave não interrompe o prazo para fim de comutação de pena ou indulto (Súmula 535, STJ).

444. (FGV – Analista Judiciário – Área Judiciária – TJ - AL/2018) A Lei nº 7.210/84 trata da matéria Execução Penal, afastando-se, assim, a maioria das previsões sobre o tema trazidas pelo Código de Processo Penal. Sobre as previsões da Lei de Execução Penal e a jurisprudência majoritária dos Tribunais Superiores sobre o tema, é correto afirmar que:

a) a execução penal é procedimento administrativo, de modo que não está sujeita ao princípio da legalidade;
b) a prática de falta grave permite ao magistrado a revogação de todos os dias de pena remidos;
c) o recurso de agravo é o cabível contra as decisões da execução, admitindo ao juízo a quo o exercício do juízo de retratação;
d) a regressão de regime cautelar, diante da prática de novo crime doloso, nunca será admitida;
e) a prática de falta grave interrompe o prazo de contagem do livramento condicional.

▷ ***Anotações/Comentários***

(a) A execução penal se desenvolve mediante processo administrativo-judicial, em que há de se respeitar o princípio da legalidade.

(b) Em caso de falta grave, o juiz poderá revogar até 1/3 (um terço) do tempo remido.

(c) Contra as decisões do juiz das execuções só cabe agravo em execução, podendo o juiz se retratar da decisão tomada.

(d) O STJ já firmou entendimento no sentido de que, cometida falta grave pelo condenado, é perfeitamente cabível a regressão cautelar do regime prisional, sem a oitiva prévia do condenado, que somente é exigida na regressão definitiva.

(e) O cometimento de falta grave durante a execução da pena privativa de liberdade interrompe o prazo para a obtenção da progressão no regime de cumprimento da pena.

445. (FCC – Defensor Público – DPE - AP/2018) O lapso temporal para progressão de regime é de

a) metade, em caso de reincidente em crime doloso.
b) um terço, em caso de roubo majorado.
c) três quintos, em caso de crime cometido com violência ou grave ameaça contra a pessoa.
d) dois quintos, em caso de homicídio simples, se primário.
e) um sexto, em caso de tráfico de drogas na forma privilegiada.

Observação: essa questão foi elaborada antes do Pacote Anticrime que alterou o art. 112, LEP.

▷ ***Anotações/Comentários***

I - 16% (dezesseis por cento) da pena, se o apenado for primário e o crime tiver sido cometido sem violência à pessoa ou grave ameaça;

II - 20% (vinte por cento) da pena, se o apenado for reincidente em crime cometido sem violência à pessoa ou grave ameaça;

III - 25% (vinte e cinco por cento) da pena, se o apenado for primário e o crime tiver sido cometido com violência à pessoa ou grave ameaça;

IV - 30% (trinta por cento) da pena, se o apenado for reincidente em crime cometido com violência à pessoa ou grave ameaça;

V - 40% (quarenta por cento) da pena, se o apenado for condenado pela prática de crime hediondo ou equiparado, se for primário;

VI - 50% (cinquenta por cento) da pena, se o apenado for:

a) condenado pela prática de crime hediondo ou equiparado, com resultado morte, se for primário, vedado o livramento condicional;

b) condenado por exercer o comando, individual ou coletivo, de organização criminosa estruturada para a prática de crime hediondo ou equiparado; ou

c) condenado pela prática do crime de constituição de milícia privada;

VI-A – 55% (cinquenta e cinco por cento) da pena, se o apenado for condenado pela prática de feminicídio, se for primário, vedado o livramento condicional;

VII - 60% (sessenta por cento) da pena, se o apenado for reincidente na prática de crime hediondo ou equiparado;

VIII - 70% (setenta por cento) da pena, se o apenado for reincidente em crime hediondo ou equiparado com resultado morte, vedado o livramento condicional.

PENAL

446. (FCC – Defensor Público – DPE - AP/2018) A remição

a) pelo trabalho é contada à razão de um dia de pena a cada doze horas trabalhadas e a remição pelo estudo à razão de um dia de pena a cada três dias estudados.
b) pelo trabalho não pode ser acumulada com a remição pelo estudo.
c) pelo estudo é acrescida de um terço se o sentenciado concluir o ensino fundamental, médio ou superior durante o cumprimento de pena.
d) pelo estudo é vedada no regime aberto, pois é uma obrigação do sentenciado.
e) poderá ser perdida em sua totalidade em caso de condenação por falta disciplinar de natureza grave que seja equiparável a crime hediondo.

▷ ***Anotações/Comentários***

(a) Remição pelo estudo: um dia de pena a cada doze horas de frequência escolar, divididas, no mínimo, em três dias.

(b) Para fins de cumulação dos casos de remição, as horas diárias de trabalho e de estudo serão definidas de forma a se compatibilizarem.

(c) O tempo a remir em função das horas de estudo será acrescido de 1/3 no caso de conclusão do ensino fundamental, médio ou superior durante o cumprimento da pena, desde que certificada pelo órgão competente do sistema de educação.

(d) O art. 126, § 6], LEP admite a remição pelo estudo em regime aberto.

(e) A perda de tempo remido por falta grave é limitada 1/3.

447. (FCC – Defensor Público – DPE - AP/2018) A saída temporária

a) pode ser concedida aos condenados que cumprem pena em regime fechado em caso de falecimento ou doença grave de familiar.
b) é autorizada pelo Presidente da República mediante decreto de indulto publicado anualmente.
c) é vedada em caso de crime hediondo.
d) para fins de visita à família pode ser concedida por prazo não superior a sete dias, podendo ser renovada por mais quatro vezes durante o ano, desde que o condenado esteja no regime semiaberto.
e) depende da realização de exame criminológico que comprove que o sentenciado não irá fugir ou cometer novos delitos durante o gozo do benefício.

▷ ***Anotações/Comentários***

(a) Trata-se da permissão de saída (art. 120, LEP).

(b) Com a Lei n. 14.843/2024, a saída temporária passou a ser vedada no caso de crime hediondo (art. 122, § 2º, LEP).

(c) Não há vedação de saída temporária ao crime hediondo.

(d) A saída temporária é concedida ao preso em regime semiaberto e será concedida por prazo não superior a 7 dias, podendo ser renovada por mais 4 vezes durante o ano.

(e) Não se faz necessário o exame criminológico.

448. (FCC – Defensor Público – DPE - AP/2018) O princípio

a) da proporcionalidade é garantido pela Lei de Execução Penal ao punir da mesma forma a falta disciplinar tentada e consumada.

b) da taxatividade é observado na previsão legal das faltas disciplinares de natureza grave, uma vez que a Lei de Execução Penal não prevê tipos de faltas abertas.
c) da anterioridade da lei penal é aplicado se sobrevier lei que agrave o lapso temporal para a progressão de regime, que só passa a valer para os crimes cometidos a partir de sua vigência.
d) da humanidade das penas é plenamente cumprido na execução das penas no Brasil, a despeito da superlotação das unidades prisionais.
e) da ampla defesa é garantido pela Lei de Execução Penal ao prever a possibilidade de indicação de testemunhas e todos os meios de prova em juízo na apuração de falta disciplinar.

▷ ***Anotações/Comentários***

(a) A LEP prevê a mesma punição para a falta tentada ou consumada, o que não atenta ao princípio da proporcionalidade.

(b) O legislador se vale de tipos abertos para determinação de falta grave, como no caso de subversão da ordem.

(c) O agravamento de requisitos para livramento condicional deve respeitar o princípio da anterioridade.

(d) A LEP é indiferente à realidade da superlotação das prisões.

(e) O art. 59, LEP, fala em direito de defesa, não ampla defesa.

---

449. (FCC – Defensor Público – DPE - AM/2018) Na execução das penas restritivas de direitos, é correto afirmar:
a) Inexiste poder disciplinar de autoridade administrativa, pois não é cumprida em ambiente prisional.
b) É vedada ao juiz da execução a modificação da forma de cumprimento da prestação de serviço à comunidade sob pena de violação da coisa julgada.
c) O condenado que não for encontrado para iniciar o cumprimento terá a pena convertida em privativa de liberdade em regime fechado.
d) O descumprimento ou retardo no cumprimento é punido sob o regime da conversão em pena privativa de liberdade, pois não existe falta grave nessa forma de pena.
e) Sobrevindo condenação a pena privativa de liberdade, por outro crime, a conversão da pena não é obrigatória.

▷ ***Anotações/Comentários***

(a) Na execução das penas restritivas de direitos, o poder disciplinar será exercido pela autoridade administrativa a que estiver sujeito o condenado (art. 48, LEP).

(b) Em qualquer fase da execução, poderá o Juiz, motivadamente, alterar, a forma de cumprimento das penas de prestação de serviços à comunidade e de limitação de fim de semana (art. 148, LEP).

(c) Se o condenado não for encontrado, a pena restritiva de direitos será convertida em privativa de liberdade, não necessariamente regime fechado.

(d) O art. 51 da LEP prevê as hipóteses de falta grave no cumprimento de pena restritiva de direitos.

(e) Sobrevindo condenação a pena privativa de liberdade, por outro crime, o juiz da execução penal decidirá sobre a conversão, podendo deixar de aplicá-la se for possível ao condenado cumprir a pena substitutiva anterior (art. 44, § 5º, CP).

---

450. (FCC – Defensor Público – DPE - AM/2018) A assistência material ao preso
a) compreende a garantia de instalações higiênicas, além do fornecimento de alimentação e vestuário, que podem ser exigidos judicialmente tanto no plano individual como por meio de tutela coletiva.
b) garante o apoio assistencial ao preso por entidades de caridade e organizações não-governamentais.
c) revela o caráter assistencialista da execução penal em prol da ressocialização por meio do trabalho e do estudo.
d) é um exemplo de contrariedade e oposição entre o disposto na Lei de Execução Penal e nas Regras de Mandela.
e) consiste na entrega de materiais para trabalho pela direção da unidade prisional, de modo a possibilitar a remição.

▷ ***Anotações/Comentários***

(a) A assistência material ao preso e ao internado consistirá no fornecimento de alimentação, vestuário e instalações higiênicas (art. 12, LEP). Trata-se de interesse individual do preso e coletivo, ao mesmo tempo.

(b) A assistência ao preso e ao internado é dever do Estado (art. 10, LEP).

(c) A assistência material não tem relação com o trabalho e o estudo, mas sim o instituto da remição.

(d) Regras de Mandela são o conjunto de normas internacionais que visam assegurar os direitos humanos dos presos, compatíveis com a assistência material previsto na LEP.

(e) Ver item "a".

---

451. (FCC – Defensor Público – DPE - AM/2018) A progressão de regime de cumprimento de pena
a) ao regime aberto deve ser acompanhada de exame criminológico para aferição do prognóstico de reincidência do condenado.
b) requer o cumprimento de três quintos da pena para o reincidente específico no crime de roubo.
c) tem como data-base para segunda progressão a data da decisão judicial que concedeu a primeira, conforme entendimento dos Tribunais Superiores.
d) composta por uma condenação por crime comum e outra por crime hediondo se dá com o cumprimento de um sexto da pena da primeira mais dois quintos da segunda.
e) pode ficar condicionada à existência de vaga em regime prisional mais brando.

Observação: essa questão foi realizada antes do Pacote Anticrime, que alterou o art. 112, LEP.

▷ ***Anotações/Comentários***

(a) Com a Lei n. 14.843/2024, o exame criminológico passou a ser exigido.

(b) Considerando roubo simples, o percentual é de 25 ou 30%, dependendo se o executado é primário ou reincidente (art. 112, II e III, LEP).

(c) A fixação da data-base para futuras progressões dar-se-á caso a caso, quando implementado o último pressuposto pendente, seja ele o subjetivo - na hipótese de ter sido superado o lapso temporal necessário - ou o objetivo - se já preenchido o requisito subjetivo.

(d) Quando há crimes com prazo para progressão de regime diferentes, eles devem ser analisados isoladamente.

(e) A falta de estabelecimento penal adequado não autoriza a manutenção do condenado em regime prisional mais gravoso, devendo-se observar, nessa hipótese, os parâmetros fixados no RE 641.320/RS.

---

452. (FCC – Defensor Público – DPE - AM/2018) O isolamento celular
a) é a forma correta de cumprimento de pena no Brasil, mas desrespeitada pela prática cotidiana das prisões brasileiras.
b) deve ser comunicado ao juiz apenas quando se efetivar sob a forma de regime disciplinar diferenciado.
c) é vedado em cela escura ou constantemente iluminada, segundo as Regras de Mandela.
d) tem o prazo de duração incompatível com as Regras de Mandela apenas sob a forma de regime disciplinar diferenciado.
e) não permite o acesso a banho de sol, pois é forma de cumprimento de sanção disciplinar.

▷ ***Anotações/Comentários***

(a) O isolamento celular é medida excepcional, constituindo sanção disciplinar.

(b) O isolamento será sempre comunicado ao Juiz da execução.

(c) Veda-se o emprego de cela escura ou constantemente iluminada, em consonância com as Regras de Mandela.

(d) As regras de Mandela proíbem o isolamento cautelar prolongado, o que se dá quando por mais de 15 dias consecutivos. Pela LEP, o isolamento pode ser até trinta dias (art. 58, LEP). No RDD, o isolamento pode ser de até dois anos (art. 52, LEP).

(e) Mesmo no RDD se admite o banho de sol.

453. (FCC – Analista – Ciências Jurídicas – DPE - AM/2018) Sobre as autorizações de saída na execução penal, é correto afirmar:

a) A permissão de saída é cabível apenas para pessoas presas em regime semiaberto.

b) A saída temporária é permitida para a visita à família e é concedida por prazo não superior a sete dias, podendo ser renovada por mais quatro vezes durante o ano.

c) A permissão de saída depende do cumprimento de um sexto da pena.

d) A saída temporária é vedada aos condenados por crime hediondo.

e) A permissão de saída será concedida pelo juiz após manifestação das partes e do Conselho Penitenciário.

▷ ***Anotações/Comentários***

(a) Permissão de saída cabe no regime fechado e no semiaberto (art. 120, LEP).

(b) Com a Lei n. 14.843/2024, a única hipótese de saída temporária é a de frequência a curso supletivo profissionalizante, bem como de instrução do 2º grau ou superior, na Comarca do Juízo da Execução.

(c) A permissão de saída não está condicionada ao prazo de cumprimento de pena.

(d) Com a Lei n. 14.843/2024, a saída temporária passou a ser vedada no caso de crime hediondo (art. 122, § 2º, LEP).

(e) A permissão de saída será concedida pelo diretor do estabelecimento onde se encontra o preso.

8. CÓDIGO DE TRÂNSITO BRASILEIRO

454. (Cespe – Analista Judiciário – Área Judiciária – TRE – MT/2015) Com base no disposto na legislação penal especial, assinale a opção correta.

a) Segundo a Lei n.º 12.850/2013, não é permitido ao juiz conceder perdão judicial ao réu colaborador que tenha identificado os demais coautores e partícipes da organização criminosa e das infrações penais por ele praticadas.

b) Segundo o entendimento do STJ, o réu condenado, pela prática do crime de tortura, a reprimenda de dois anos de reclusão deve, por expressa previsão legal, iniciar o cumprimento da pena em regime fechado.

c) A perda do cargo ou função pública constitui efeito automático da condenação de funcionário público que tiver cometido crimes de racismo no exercício de suas funções, independentemente de motivação específica na sentença.

d) Conforme entendimento do STJ, tendo sido o motorista, com base no previsto no Código de Trânsito Brasileiro (CTB), condenado por homicídio culposo por ter matado alguém ao conduzir imprudentemente, no exercício de sua profissão ou atividade, veículo de transporte de passageiros, aplica-se causa de aumento de pena prevista no CTB, independentemente de ele estar efetivamente transportando passageiros no momento do delito.

e) Indivíduo que guarda, em sua residência, arma de fogo de uso restrito comete o crime de posse irregular de arma de fogo.

▷ ***Anotações/Comentários***

(a) O perdão judicial é um dos benefícios que podem ser concedidos ao réu colaborador (art. 4º, Lei n. 12.850/2013).

(b) A jurisprudência do STJ e do STF é no sentido de se admitir regime inicial diverso do fechado em crimes hediondos e equiparados a eles, como a tortura, desde que respeitados as premissas do art. 33 do CP (STF – HC n. 111.840/ES).

(c) A perda de função pública é efeito secundário da sentença penal condenatória por crime de racismo, devendo ser fundamentada pelo juiz no caso concreto (art. 16, Lei n. 7.716/1989).

(d) A causa de aumento de pena do art. 302, IV, CTB, exige que se trate de motorista profissional, que esteja no exercício de seu mister e conduzindo veículo de transporte de passageiros, mas não refere à necessidade de estar transportando clientes no momento da colisão e não distingue entre veículos de grande ou pequeno porte [...]" (STJ - REsp. 1358214/RS).

(e) Trata-se do crime de porte de arma de fogo de uso restrito (art. 16, Estatuto do Desarmamento).

455. (Vunesp – Juiz de Direito – TJ – SP/2018) Considerando-se a legislação penal especial, em consonância com a jurisprudência consolidada do Superior Tribunal de Justiça, assinale a alternativa correta.

a) Os crimes tipificados na Lei de Tortura são doutrinariamente classificados como comuns, porque não demandam sujeito ativo próprio ou especial.

b) A penalidade de multa reparatória, prevista no Código de Trânsito Brasileiro, consiste no pagamento mediante depósito judicial em favor da vítima ou seus sucessores de quantia calculada na forma do Código Penal, sempre que houver prejuízo material resultante do crime, não podendo seu valor ser superior ao prejuízo demonstrado no processo.

c) Para a majoração da pena no tráfico transnacional ou entre estados da federação, é necessária a efetiva transposição de fronteiras, sendo insuficiente a demonstração inequívoca da intenção de realizar o tráfico internacional ou interestadual.

d) O crime de porte ilegal de arma de fogo de uso permitido não subsistirá se demonstrado inequivocamente que ela estava desmuniciada.

▷ ***Anotações/Comentários***

(a) Em regra, o crime de tortura é comum. Mas, a figura prevista no art. 1º, II, Lei 9.455/1997 é crime próprio, pois o sujeito ativo deve ter guarda, poder ou autoridade sobre a vítima,

(b) Trata-se da redação do art. 297 do Código de Trânsito Barsileiro.

(c) O tráfico internacional não exige a transposição da fronteira, basta a demonstração da finalidade.

(d) O crime de porte ilegal de arma de fogo de uso permitido subsistirá se demonstrado inequivocamente que ela estava desmuniciada, pois se trata de crime de perigo.

9. LEI DE CRIME ORGANIZADO

456. (Cespe – Juiz de Direito Substituto - AM/2016) Assinale a opção correta com base no disposto na Lei n.0 12.850/2013.

a) Se a colaboração for posterior à sentença, a pena poderá ser reduzida até a metade ou poderá ser admitida a progressão de regime, ainda que ausentes os requisitos objetivos e subjetivos.

b) Não se exige do colaborador a renúncia ao direito de silêncio nos depoimentos nem o compromisso legal de dizer a verdade, devendo a renúncia ser espontânea.

c) Em caso de decretação do sigilo da investigação, é assegurado ao defensor, no interesse do representado e mediante prévia autorização judicial, amplo acesso aos elementos de prova relacionados ao exercício do direito de defesa, ressalvados os referentes às diligências em andamento.

d) Pode-se considerar organização criminosa o grupo de pessoas que se estruturem para cometer infrações penais para as quais seja prevista pena máxima de três anos.

e) O consentimento de perdão judicial por colaboração premiada que possibilite um dos resultados previstos em lei depende do requerimento do MP.

▷ ***Anotações/Comentários***

(a) Se a colaboração for posterior à sentença, a pena poderá ser reduzida até a metade ou poderá ser admitida a progressão de regime, ainda que ausentes os requisitos objetivos.

(b) Nos depoimentos que prestar, o colaborador renunciará, na presença de seu defensor, ao direito ao silêncio e estará sujeito ao compromisso legal de dizer a verdade.

(c) Trata-se de redação do art. 7º, § 2º, Lei n. 12.850/2013.

(d) As infrações penais objetivadas pela organização criminosa devem ter pena máxima superior a quatro anos.

(e) O perdão judicial poderá ser requerido por qualquer uma das partes.

---

457. (Cespe – Juiz de Direito Substituto - DF/2016) A respeito da colaboração premiada prevista na Lei n.° 12.850/2013, que trata das organizações criminosas, é correto afirmar que

a) o juiz não participará das negociações realizadas entre as partes para a formalização do acordo de colaboração, mas, se esse for realizado, o respectivo termo, com as declarações do colaborador e a cópia da investigação, será remetido, para homologação, ao magistrado, que poderá recusá-la, em caso de não atendimento dos requisitos legais, ou adequá-la ao caso concreto.

b) o juiz poderá homologar a proposta de acordo de colaboração premiada, mas não poderá alterá-la por ser essa decorrente de ato negocial entre as partes, devendo, em caso de necessidade de adequação, remetê-la ao procurador-geral do MP, para suprimento dos requisitos legais e ajuste ao caso concreto.

c) as partes não podem mais se retratar da proposta no caso de o acordo de colaboração já ter sido homologado pelo juiz, sob pena de se ferir o princípio da estabilidade das decisões judiciais e as preclusões consumativas e pro judicato.

d) o juiz não participará das negociações realizadas entre as partes para a formalização do acordo de colaboração, mas, se esse for realizado, o respectivo termo, com as declarações do colaborador e a cópia da investigação, será remetido ao magistrado para homologação, que não poderá recusá-la.

e) o juiz participará da fase das negociações realizadas entre as partes para formalização do acordo de colaboração, dada a previsão constitucional de que a lei não excluirá da apreciação do Poder Judiciário lesão ou ameaça a direito, e, sendo o magistrado imparcial, incumbe-lhe zelar para que o colaborador não seja pressionado.

Observação: essa questão foi elaborada antes da Lei n. 13.964/2019.

▷ ***Anotações/Comentários***

(a) O juiz não pode participar das negociações da colaboração premiada, porque é ele que vai aferir a legalidade do ato na fase de homologação. Na atual sistemática, ele não pode adequar a proposta, o que deve ser feito pelas partes.

(b) O juiz poderá recusar a homologação da proposta que não atender aos requisitos legais, devolvendo-a às partes para as adequações necessárias.

(c) As partes podem retratar-se da proposta, caso em que as provas autoincriminatórias produzidas pelo colaborador não poderão ser utilizadas exclusivamente em seu desfavor.

(d) O juiz pode recusar a homologação

(e) O perdão judicial poderá ser requerido por qualquer uma das partes.

---

458. (Vunesp – Juiz de Direito Substituto - RJ/2016) No que diz respeito aos crimes previstos na Lei que Define Organização Criminosa (Lei no 12.850/13), é correto afirmar que

a) o concurso de funcionário público, valendo-se a organização criminosa dessa condição para a prática de infração penal, é circunstância qualificadora do crime de promover, constituir, financiar ou integrar organização criminosa.

b) aquele que impede ou, de qualquer forma, embaraça a investigação de infração penal que envolva organização criminosa terá, além da pena relativa ao crime de promover organização criminosa, uma causa de aumento de pena.

c) a condenação com trânsito em julgado de funcionário público por integrar organização criminosa acarretará sua perda do cargo, função, emprego ou mandato eletivo e a interdição para o exercício de função ou cargo público pelo prazo de 8 (oito) anos subsequentes ao trânsito em julgado da condenação.

d) não poderá ser concedido perdão judicial ao colaborador cuja colaboração resultar na recuperação parcial do produto ou do proveito das infrações penais praticadas pela organização criminosa mas sem que ele tenha revelado a estrutura hierárquica e a divisão de tarefas da organização criminosa.

e) os funcionários de empresas telefônicas e provedores de internet que descumprirem requisição do delegado de polícia, expedida durante o curso de investigação criminal e independentemente de autorização judicial, por meio da qual são solicitados dados cadastrais do investigado relativos exclusivamente à sua qualificação pessoal, filiação e endereço cometerão crime de recusa de dados, previsto na Lei no 12.850/13.

▷ ***Anotações/Comentários***

(a) A participação de funcionário público é causa de aumento de pena (art. 2º, § 4º, II, Lei n. 12.850/2013).

(b) Não há causa de aumento, pois incorre nas mesmas penas (art. 2º, 1º, Lei n. 12.850/2013).

(c) O prazo de oito anos começa a partir do cumprimento da pena (art. 2º, 6º, Lei n. 12.850/2013).

(d) a revelação da estrutura hierárquica e da divisão de tarefas da organização criminosa e a recuperação total ou parcial do produto ou do proveito das infrações penais praticadas pela organização criminosa (art. 4º Lei n. 12.850/2013).

(e) Trata-se de crime previsto no art. 21 Lei n. 12.850/2013.

---

459. (Cespe – Analista Ministerial – Direito – MP – CE/2020) A respeito de aspectos penais da Lei de Licitações e Contratos (Lei n.° 8.666/1993), da Lei de Lavagem de Dinheiro (Lei n.° 9.613/1998) e da Lei de Organização Criminosa (Lei n.° 12.850/2013), julgue os itens seguintes.

A perda do cargo público constitui efeito automático extrapenal da condenação transitada em julgado por crime de organização criminosa praticado por servidor público.

- CERTO
- ERRADO

▷ ***Anotações/Comentários***

A condenação com trânsito em julgado acarretará ao funcionário público a perda do cargo, função, emprego ou mandato eletivo e a interdição para o exercício de função ou cargo público pelo prazo de 8 (oito) anos subsequentes ao cumprimento da pena (art. 2º, § 6º, Lei n. 12.850/2013).

---

460. (FGV – Advogado – AL - RO/2018) Diante do constante noticiário jornalístico sobre a aplicabilidade da Lei nº 12.850/13 (Lei de Organização Criminosa), determinado deputado estadual solicita esclarecimentos ao advogado da Assembleia Legislativa sobre as previsões do referido diploma legal.

Sobre a lei mencionada, caberá ao advogado esclarecer que

a) a legislação brasileira não prevê o conceito de organização criminosa, mas tão só os tratados internacionais, de modo que deve o aplicador da lei buscar o complemento da norma em outros diplomas.

b) o agente, caso além de praticar o crime de constituir organização criminosa execute outros delitos na condição de membro da organização, responderá apenas pelo primeiro, ficando os demais absorvidos.

c) aquele que embaraça a investigação penal de infração que envolve organização criminosa também poderá ser responsabilizado, mas com pena em abstrato reduzida pela metade.

d) o agente incidirá em causa de aumento de pena sobre o delito de constituir organização criminosa se nesta houver participação de funcionário público, desde que a organização se valha dessa condição para praticar a infração penal.

e) o emprego de arma de fogo pela organização justifica o aumento de pena em até a metade, mas a participação de adolescente não influi na pena do crime de constituir organização criminosa.

▷ ***Anotações/Comentários***

(a) O conceito de crime organizado está previsto no art. 1º, § 1º, Lei n. 12.850/2013.

(b) O agente responde por todos os crimes que praticar além do de organização criminosa.

(c) Quem embaraçar a investigação responde pelas mesmas penas de quem participa da organização criminosa (art. 2º, § 1º, Lei n. 12.850/2013).

(d) A pena é aumentada de 1/6 a 2/3, se há concurso de funcionário público, valendo-se a organização criminosa dessa condição para a prática de infração penal (art. 2º, § 4º, II, Lei n. 12.850/2013).

(e) As penas aumentam-se até a metade se na atuação da organização criminosa houver emprego de arma de fogo (art. 2º, § 2º, Lei n. 12.850/2013). A pena é aumentada de 1/6 a 2/3, se há concurso de funcionário público, valendo-se a organização criminosa dessa condição para a prática de infração penal (art. 2º, § 4º, I, Lei n. 12.850/2013).

461. (FGV – Oficial de Justiça – TJ - SC/2018) Em determinada cidade, quatro oficiais de justiça, de maneira recorrente e organizada, com plena divisão de tarefas, com o objetivo de obter vantagem indevida, se reuniam para orquestrar e praticar crimes de falsidade ideológica de documento particular (art. 299. Pena: reclusão de 1 a 3 anos e multa) na própria cidade, documentos esses que não tinham qualquer relação com a função pública que exerciam.

Descobertos os fatos, a conduta dos funcionários públicos:

a) configura crime de organização criminosa, não incidindo a majorante pelo fato de serem os agentes funcionários públicos, já que os crimes praticados não estavam relacionados à função pública que exercem;
b) não configura crime de organização criminosa em razão da sanção penal prevista para os delitos que praticavam e pretendiam praticar;
c) configura crime de organização criminosa, incidindo qualificadora pelo fato de os membros serem funcionários públicos;
d) configura crime de organização criminosa, incidindo causa de aumento pelo fato de os membros serem funcionários públicos;
e) não configura o crime de organização criminosa em razão da quantidade de agentes envolvidos na empreitada delitiva.

▷ ***Anotações/Comentários***

a) ver item "b".

(b) Não há crime organização criminosa, pois essa deve visar a prática de infrações penais cujas penas máximas sejam superiores a 4 (quatro) anos, ou que sejam de caráter transnacional (art. 1º, § 1º, Lei n. 12.850/2013).

(c) ver item "b".

(d) ver item "b". Se fosse, haveria causa de aumento pelo fato de os agentes serem funcionários públicos (art. 2º, § 4º, II, Lei n. 12.850/2013).

(e) Quatro pessoas é o número mínimo para configuração de organização criminosa. No caso, é a pena do crime visado que impede a configuração do crime de organização criminosa.

462. (FGV - Analista Judiciário - Área Judiciária - TJ - AL/2018) A Lei nº 12.850, publicada em 02 de agosto de 2013, trouxe uma série de inovações legislativas ao disciplinar sobre a definição do crime de organização criminosa e sobre investigação penal e meios de obtenção de provas. Um dos institutos previstos na lei mais controvertidos e estudados pela doutrina e jurisprudência é o da colaboração premiada.

De acordo com as previsões dessa lei, é correto afirmar que:

a) o juiz não poderá recusar homologação à proposta que não atender aos requisitos legais, ou adequá-la ao caso concreto;
b) o colaborador, nos depoimentos que prestar, renunciará, na presença da defesa técnica, ao direito ao silêncio e estará sujeito ao compromisso legal de dizer a verdade;
c) as declarações do colaborador, como meio de obtenção de prova que são, poderão servir como fundamento único para justificar uma condenação;
d) a colaboração premiada poderá ser realizada posteriormente à sentença, podendo ser acordada redução da pena em até 2/3 ou concessão de livramento condicional independentemente da pena cumprida;
e) a negociação do acordo de colaboração premiada, em respeito aos princípios da ampla defesa e paridade de armas, contará com a participação do acusado, de seu defensor, do Ministério Público e do juiz competente para julgamento.

▷ ***Anotações/Comentários***

(a) O juiz poderá recusar a homologação da proposta que não atender aos requisitos legais, devolvendo-a às partes para as adequações necessárias.

(b) Nos depoimentos que prestar, o colaborador renunciará, na presença de seu defensor, ao direito ao silêncio e estará sujeito ao compromisso legal de dizer a verdade (art. 4º, § 14, Lei n. 12.850/2013).

(c) Nenhuma das seguintes medidas será decretada ou proferida com fundamento apenas nas declarações do colaborador: I - medidas cautelares reais ou pessoais; II - recebimento de denúncia ou queixa-crime; III - sentença condenatória.

(d) Se a colaboração for posterior à sentença, a pena poderá ser reduzida até a metade ou será admitida a progressão de regime ainda que ausentes os requisitos objetivos.

(e) O juiz não participará das negociações realizadas entre as partes para a formalização do acordo de colaboração, que ocorrerá entre o delegado de polícia, o investigado e o defensor, com a manifestação do Ministério Público, ou, conforme o caso, entre o Ministério Público e o investigado ou acusado e seu defensor.

10. ESTATUTO DA CRIANÇA E DO ADOLESCENTE

463. (FCC – Juiz de Direito Substituto - SE/2015) Ocorrendo a prática de ato infracional, análogo ao delito do artigo 28 da Lei de Drogas, e concluindo o juiz pela aplicação de medida socioeducativa

a) não poderá aplicar a restritiva de liberdade.
b) não poderá aplicá-las, exceto a de advertência.
c) poderá aplicar a de restrição da liberdade somente em caso de descumprimento de medida anteriormente aplicada.
d) poderá aplicar qualquer uma, exceto a de internação.
e) poderá aplicar qualquer uma das previstas no artigo 112 do Estatuto da Criança e do Adolescente.

▷ ***Anotações/Comentários***

(a) Como o art. 28 da Lei de Drogas não prevê pena privativa de liberdade para o incapaz, não pode o adolescente ser submetido a medida socioeducativa privativa de liberdade pela prática de crime desse artigo.

(b) Podem ser aplicadas qualquer medida socioeducativa, exceto privativas de liberdade.

(c) Jamais se pode aplicar medida socioeducativa privativa de liberdade.

(d) Não se pode aplicar internação e inserção em regime de semiliberdade.

(e) Ver resposta à alternativa "d".

11. CRIMES DE RESPONSABILIDADE DE PREFEITO MUNICIPAL

464. (Cespe – Analista de Controle – Área Jurídica – TCE – PR/2016) De acordo com o Decreto-lei n.° 201/1967 e a jurisprudência dos tribunais superiores, assinale a opção correta.

a) O prazo prescricional referente à pena de perda do cargo decorrente de condenação definitiva de prefeito por crime de responsabilidade previsto no Decreto-lei n.° 201/1967 é distinto do prazo prescricional previsto para a pena privativa de liberdade aplicada ao condenado pelo mesmo crime.
b) Para a configuração de crime de responsabilidade previsto no Decreto-lei n.° 201/1967, é imprescindível que o desvio de rendas públicas tenha ocorrido em proveito do próprio prefeito.
c) É imprescindível a autorização da respectiva câmara municipal para o julgamento, perante o Poder Judiciário, dos acusados da prática dos crimes de responsabilidade previstos no Decreto-lei n.° 201/1967.
d) O prefeito que emprega rendas públicas em proveito próprio para a realização de propagandas autopromocionais comete o crime de peculato-uso.

e) A extinção do mandato impede a condenação do prefeito pela prática de crimes de responsabilidade previstos no Decreto-lei n.° 201/1967.

▷ ***Anotações/Comentários***

(a) A pena de perda do cargo é acessória da pena privativa liberdade, mantendo autonomia, logo tem prazo prescricional diverso.

(b) Basta que haja o desvio de verba.

(c) Não é preciso a autorização da Câmara Municipal para o julgamento do Prefeito por crimes do Decreto n. 201/1967.

(d) Trata-se de crime do art. 1º, III, do Decreto n. 261/1967.

(e) A extinção do mandado não é causa de extinção da punibilidade.

12. LEI DE TORTURA

465. (Vunesp - Juiz de Direito Substituto - RJ/2016) Maximilianus constantemente agredia seu filho Ramsés, de quinze anos, causando-lhe intenso sofrimento físico e mental com o objetivo de castigá-lo e de prevenir que ele praticasse "novas artes". Na última oportunidade em que Maximilianus aplicava tais castigos, vizinhos acionaram a polícia ao ouvirem os gritos de Ramsés. Ao chegar ao local os policiais militares constataram as agressões e conduziram ao Distrito Policial Maximilianus, Ramsés e Troia, mãe de Ramsés que presenciava todas as agressões mas, apesar de não concordar, deixava que Maximilianus "cuidasse" da educação do filho sem se "intrometer".

Diante da circunstância descrita, é correto afirmar que

a) Maximilianus incorreu, nos termos da Lei no 9.455/97, na prática do crime de tortura na qualidade de autor, sendo que Troia será responsabilizada pela prática do crime de omissão em face da tortura praticada por Maximilianus, também previsto na Lei no 9.455/97, tendo em vista que tinha o dever de evitá-la.

b) Maximilianus e Troia incorreram, nos termos da Lei no 9.455/97, na prática do crime de tortura na qualidade de co-autores.

c) Maximilianus incorreu, nos termos da Lei no 9.455/97, na prática do crime de tortura na qualidade de autor, e que Troia também será responsabilizada pela prática do mesmo crime, porém na condição de partícipe.

d) Maximilianus incorreu, nos termos da Lei no 9.455/97, na prática do crime de tortura na qualidade de autor, e que Troia, porém, não poderá ser responsabilizada, pois não concorreu para a prática do crime.

e) Maximilianus incorreu, nos termos da Lei no 9.455/97, na prática do crime de tortura na qualidade de autor, assim como Troia também teria incorrido no mesmo crime mas com base na omissão penalmente relevante prevista no Código Penal.

▷ ***Anotações/Comentários***

(a) Maximilianus: art. 1º, II, da Lei de Tortura: submeter alguém, sob sua guarda, poder ou autoridade, com emprego de violência ou grave ameaça, a intenso sofrimento físico ou mental, como forma de aplicar castigo pessoal ou medida de caráter preventivo; Troia: art. 1º, § 2º, da Lei de Tortura: Aquele que se omite em face dessas condutas, quando tinha o dever de evitá-las ou apurá-las, incorre na pena de detenção de um a quatro anos.

(b) Maximilianus e Troia incorrem em tipos penais distintos.

(c) Ver resposta à alternativa "b".

(d) Ver resposta à alternativa "a".

(e) Ver resposta à alternativa "b".

466. (Cespe - Analista Ministerial - Direito - MP - CE/2020) A respeito da Lei de Crimes de Tortura (Lei n.° 9.455/1997), julgue o próximo item.

A Lei de Crimes de Tortura, ao prever sua incidência mesmo sobre crimes que tenham sido cometidos fora do território nacional, estabelece hipótese de extraterritorialidade incondicionada.

- CERTO
- ERRADO

▷ ***Anotações/Comentários***

Trata-se de princípio da extraterritorialidade incondicionada: O disposto nesta Lei aplica-se ainda quando o crime não tenha sido cometido em território nacional, sendo a vítima brasileira ou encontrando-se o agente em local sob jurisdição brasileira (art. 2º, Lei de Tortura).

467. (Consulplan - Juiz de Direito - TJ - MG/2018) Acerca das leis penais extravagantes, analise as afirmativas a seguir, marque V para as verdadeiras e F para as falsas.

( ) Nos termos da Lei n° 12.850/2013, considera-se organização criminosa a associação de 4 (quatro) ou mais pessoas estruturalmente ordenada e caracterizada pela divisão de tarefas, ainda que informalmente, com objetivo de obter, direta ou indiretamente, vantagem de qualquer natureza, mediante a prática de infrações penais cujas penas máximas sejam superiores a 4 (quatro) anos, ou que sejam de caráter transnacional.

( ) Nos termos da Lei n° 8.137/90, que define os crimes contra a ordem tributária, econômica e as relações de consumo, se os crimes funcionais, previstos no art. 3° (extraviar, sonegar ou inutilizar livro oficial, processo fiscal ou qualquer documento), forem praticados por servidor contra a administração tributária, a pena imposta aumentará de um terço até a metade.

( ) Nos termos da Lei n° 9.455/97, constitui crime de tortura constranger alguém com emprego de violência ou grave ameaça, causando-lhe sofrimento físico ou mental, em razão de discriminação racial, sexual ou religiosa.

( ) Nos termos da Lei n° 8.072/90, considera-se hediondo o crime de posse ou porte ilegal de arma de fogo de uso restrito, previsto no art. 16 da Lei n° 10.826, de 22 de dezembro de 2003.

A sequência está correta em

a) V, F, F, V.

b) V, V, F, F.

c) F, V, V, F.

d) F, F, V, V.

▷ ***Anotações/Comentários***

(I) Trata-se da redação do art. 1º, § 1º, da Lei n. 12.850/2013.

(II) Essa causa de aumento não incide se o crime praticado for o do art. 3º (art. 12, II, Lei n. 8.137/90.

(III) Há crime de tortura se o sofrimento físico for em razão de discriminação racial ou religiosa (art. 1º. I, "c", Lei n.9.455/1997).

(IV) Trata-se de previsão do art. 1º, parágrafo único, II, Lei n. 8.072/90.

13. ESTATUTO DO DESARMAMENTO

468. AOCP - 2024 - TRF 2 - Técnico Judiciário - Agente da Polícia Judicial

Considerando as disposições do Estatuto do Desarmamento (Lei nº 10.826/2003), bem como o entendimento do Superior Tribunal de Justiça (STJ), assinale a alternativa correta.

a) É obrigatório o registro de arma de fogo no órgão competente, sendo que as armas de fogo de uso restrito serão registradas na Polícia Federal, na forma do regulamento.

b) A comercialização de armas de fogo, acessórios e munições entre pessoas físicas somente será efetivada mediante autorização da Polícia Militar.

c) As armas de fogo utilizadas pelos servidores do Poder Judiciário que estejam no exercício de funções de segurança serão de propriedade, responsabilidade e guarda das respectivas instituições, podendo ser utilizadas quando em serviço, ou mesmo fora dele, pelos servidores autorizados na forma do regulamento.

d) O presidente do tribunal ou o chefe do Ministério Público designará os servidores de seus quadros pessoais no exercício de funções de segurança que poderão portar arma de fogo, respeitado o limite máximo de 50% do número de servidores que exerçam funções de segurança.

e) De acordo com o entendimento do STJ, não se admite o concurso de agentes no crime de porte ilegal de arma de fogo.

▷ ***Anotações/Comentários***

(a) As armas de fogo de uso restrito serão registradas no Comando do Exército (art. 3º, ED).

(b) A comercialização de armas de fogo, acessórios e munições entre pessoas físicas somente será efetivada mediante autorização do Sinarm (art. 4º, § 5º, ED).

(c) As armas de fogo utilizadas pelos servidores do Poder Judiciário que estejam no exercício de funções de segurança serão de propriedade, responsabilidade e guarda das respectivas instituições, somente podendo ser utilizadas quando em serviço, devendo estas observar as condições de uso e de armazenagem estabelecidas pelo órgão competente, sendo o certificado de registro e a autorização de porte expedidos pela Polícia Federal em nome da instituição (art. 7º-A, ED).

(d) O presidente do tribunal ou o chefe do Ministério Público designará os servidores de seus quadros pessoais no exercício de funções de segurança que poderão portar arma de fogo, respeitado o limite máximo de 50% (cinquenta por cento) do número de servidores que exerçam funções de segurança (art. 7º-A, ED). Na ADI 5.157, o STF julgou INCONSTITUCIONAL a expressão:respeitado o limite máximo de 50% (cinquenta por cento) do número de servidores que exerçam funções de segurança, constante do § 2º do art. 7º-A da Lei 10.826/2003.

(e) "1. O crime previsto no artigo 14 da Lei 10.826/2003 é comum, podendo ser cometido por qualquer pessoa. 2. Não se exigindo qualquer qualidade especial do sujeito ativo, não há dúvidas de que se admite o concurso de agentes no crime de porte ilegal de arma de fogo, não se revelando plausível o entendimento pelo qual apenas aquele que efetivamente porta a arma de fogo incorre nas penas do delito em comento. 3. Ainda que apenas um dos agentes esteja portando a arma de fogo, é possível que os demais tenham concorrido de qualquer forma para a prática delituosa, motivo pelo qual devem responder na medida de sua participação, nos termos do artigo 29 do Código Penal." (STJ - HC 198186/RJ).

---

469. (Cespe – Juiz de Direito Substituto - DF/2015) Cada uma das próximas opções apresenta uma situação hipotética sobre crimes previstos no Estatuto do Desarmamento, seguida de uma assertiva a ser julgada. Assinale a opção que apresenta a assertiva correta.

a) Carlos foi preso em flagrante, durante o período de vigência da Lei n.º 10.826/2003 — prorrogada pela Lei n.º 11.922/2009 —, devido ao fato de a polícia ter encontrado, em um armário de sua residência, uma arma de fogo de uso restrito. Nessa situação, a conduta de Carlos caracterizou-se como atípica em razão da incidência de abolitio criminis temporária.

b) Bruno, militar da Aeronáutica, em um dia de folga, atirou com sua arma de fogo na rua onde residia e assustou moradores e transeuntes que passavam pelo local. Nessa situação, devido ao fato de Bruno ter praticado crime de disparo com arma de fogo, a causa do aumento de pena, prevista no Estatuto do Desarmamento, deverá ser aplicada na sentença durante a terceira fase da dosimetria.

c) André guardou em sua residência, de janeiro de 2015 até sua prisão em flagrante na presente data, uma arma de fogo de uso permitido, devidamente municiada, mas com numeração de série suprimida. Nessa situação, André praticou o crime de posse irregular de arma de fogo de uso permitido e, por isso, deve ser punido com pena de detenção.

d) Ronaldo foi preso em flagrante imediatamente após efetuar — com intenção de matar, mas sem conseguir atingir a vítima — disparos de arma de fogo na direção de José. Nessa situação, Ronaldo cometeu homicídio na forma tentada e disparo de arma de fogo em concurso formal.

e) Júlio, detentor de porte de arma e proprietário de arma de fogo devidamente registrada, vendeu para Tiago, de quatorze anos de idade, uma arma, devidamente municiada, acompanhada do seu documento de registro. Nessa situação, ao permitir que o adolescente se apoderasse da arma de fogo, Júlio praticou o delito de omissão de cautela, previsto no Estatuto do Desarmamento.

▷ ***Anotações/Comentários***

(a) A *abolitio criminis* temporária só ocorre se a arma de fogo for de uso permitido (Súmula 513, STJ).

(b) A pena é aumentada da metade pelo fato de o agente ser militar da Aeronáutica (art. 20 do Estatuto do Desarmamento).

(c) Trata-se de crime de porte de arma de fogo (art. 16, § 1º, IV, ED).

(d) O crime de disparo de arma de fogo (crime meio) é absorvido pelo homicídio.

(e) Trata-se do crime do art. 342 do ECA.

---

470. (FCC – Promotor de Justiça – MPE - PB/2018) Nos termos do Estatuto do Desarmamento (Lei nº 10.826/2003), a conduta de emprestar a terceiro arma de fogo, sem autorização e em desacordo com determinação legal ou regulamentar, configura o crime de

a) empréstimo ilegal de arma de fogo.
b) omissão de cautela.
c) porte ilegal de arma de fogo.
d) comércio ilegal de arma de fogo.
e) posse irregular de arma de fogo.

▷ ***Anotações/Comentários***

(a) Não há o crime específico de empréstimo ilegal de arma de fogo.

(b) Omissão de cautela: Deixar de observar as cautelas necessárias para impedir que menor de 18 (dezoito) anos ou pessoa portadora de deficiência mental se apodere de arma de fogo que esteja sob sua posse ou que seja de sua propriedade (art. 13, Estatuto do Desarmamento).

(c) Trata-se de crime de porte ilegal de arma de fogo previsto no art. 14 do Estatuto do Desarmamento.

(d) Adquirir, alugar, receber, transportar, conduzir, ocultar, ter em depósito, desmontar, montar, remontar, adulterar, vender, expor à venda, ou de qualquer forma utilizar, em proveito próprio ou alheio, no exercício de atividade comercial ou industrial, arma de fogo, acessório ou munição, sem autorização ou em desacordo com determinação legal ou regulamentar (art. 17, Estatuto do Desarmamento).

(e) Posse irregular de arma de fogo: Possuir ou manter sob sua guarda arma de fogo, acessório ou munição, de uso permitido, em desacordo com determinação legal ou regulamentar, no interior de sua residência ou dependência desta, ou, ainda no seu local de trabalho, desde que seja o titular ou o responsável legal do estabelecimento ou empresa (art. 12, ED).

---

471. (FCC – Técnico Judiciário – Segurança – TRT 15/2018) Josildo, titular e responsável legal de estabelecimento comercial, obteve o Certificado de Registro de Arma de Fogo (CRAF), com validade em todo o território nacional. Nesse sentido o CRAF engloba autorização para manter a arma de fogo, exclusivamente no

a) interior (ou dependências) de sua residência ou domicílio, mas não, no seu local de trabalho, apesar de ser o titular e responsável legal pelo estabelecimento.
b) interior (ou dependências) de sua residência ou domicílio, ou, ainda, no seu local de trabalho, já que é o titular ou o responsável legal pelo estabelecimento.
c) interior de sua residência ou domicílio, ou na dependência desses e levá-la consigo nos deslocamentos dentro do Estado em que reside e, também no seu local de trabalho.
d) interior (ou dependência) de sua residência ou domicílio, e também em seu veículo nos deslocamentos, considerado este como extensão do domicílio, mas não no local de trabalho, independentemente da função que exerça.
e) seu local de trabalho, já que é o titular ou o responsável legal pelo estabelecimento, sendo vedado mantê-la no interior de sua residência ou domicílio, ou dependência desses.

▷ ***Anotações/Comentários***

(a) O CRAF também autoriza a posse no local de trabalho, desde que seja o titular ou o responsável pelo local.

(b) O certificado de Registro de Arma de Fogo, com validade em todo o território nacional, autoriza o seu proprietário a manter a arma de fogo exclusivamente no interior de sua residência ou domicílio, ou dependência desses, ou, ainda, no seu local de trabalho, desde que seja ele o titular ou o responsável legal pelo estabelecimento ou empresa (art. 5º, Estatuto do Desarmamento).

(c) Não há autorização para deslocamento dentro do Estado.

(d) Não há autorização para deslocamento em veículo e é possível no local de trabalho.

(e) É possível no interior do veículo.

472. (FGV – Oficial de Justiça – TJ - SC/2018) Jorge recebeu mandado de citação em ação penal para cumprimento em localidade violenta da cidade em que atuava. Temendo por sua integridade física, compareceu ao local para cumprimento da diligência em seu próprio carro, levando escondido no porta-luvas duas armas de fogo diferentes de uso permitido. Ocorre que Jorge foi abordado por policiais militares, sendo as armas de fogo encontradas e apreendidas, além de ser verificado que ele não possuía autorização para portar aquele material bélico.

De acordo com a jurisprudência majoritária do Superior Tribunal de Justiça, a conduta de Jorge:

a) configura dois crimes de porte de arma de fogo de uso permitido em concurso formal;
b) configura dois crimes de porte de arma de fogo de uso permitido em concurso material;
c) está amparada pela causa de exclusão da culpabilidade de inexigibilidade de conduta diversa;
d) está amparada pela causa de exclusão da ilicitude de legítima defesa;
e) configura crime único de porte de arma de fogo de uso permitido.

▷ ***Anotações/Comentários***

(a) ver resposta ao item "e".

(b) ver resposta ao item "e".

(c) O Oficial de Justiça poderia ter conduta diversa, como chamar o apoio policial.

(d) Não existe legítima defesa, porque não há perigo atual e iminente.

(e) Há crime único, porque há uma única conduta a expor a perigo o bem jurídico tutelado pela norma, ainda que haja duas armas de fogo.

473. (FGV – Analista Jurídico – TJ - SC/2018) Em cumprimento de mandado de busca e apreensão no local de trabalho de João, que era um estabelecimento comercial de sua propriedade e de sociedade em que figurava como administrador e principal sócio, foram apreendidas duas armas de fogo, de calibre permitido, com numeração aparente, devidamente municiadas. João esclareceu que tinha as armas para defesa pessoal, apesar de não possuir autorização e nem registro das mesmas.

Diante disso, foi denunciado pela prática de dois crimes de porte de arma de fogo de uso permitido (art. 14 da Lei nº 10.826/03), em concurso material.

No momento de aplicar a sentença, o juiz deverá reconhecer que:

a) ocorreram dois crimes de posse de arma de fogo de uso permitido (art. 12 da Lei nº 10.826/03) em concurso material;
b) ocorreram dois crimes de posse de arma de fogo de uso permitido (art. 12 da Lei nº 10.826/03) em concurso formal;
c) ocorreram dois crimes de porte de arma de fogo de uso permitido em concurso formal;
d) ocorreu crime único de porte de arma de fogo de uso permitido, afastando-se o concurso de delitos;
e) ocorreu crime único de posse de arma de fogo de uso permitido (art. 12, Lei nº 10.826/03), afastando-se o concurso de delitos.

▷ ***Anotações/Comentários***

(a) ver item "e".

(b) ver item "e".

(c) ver item "e".

(d) ver item "e".

(e) O STJ entende que a apreensão de duas ou mais armas de fogo em um mesmo contexto configura crime único, pois há uma única violação ao bem jurídico tutelado. Como a arma de fogo de uso permitido foi apreendida no local de trabalho do agente, proprietário do local, em desacordo com a lei, há crime de posse de arma de fogo (art. 12 do Estatuto do Desarmamento).

14. CRIMES ELEITORAIS

474. (Consulplan – Juiz de Direito – TJ – MG/2018) Sobre os crimes eleitorais, assinale a alternativa INCORRETA.

a) O crime de inscrição fraudulenta de eleitor não comporta cometimento por coautoria.
b) O erro de tipo, uma vez configurado, acarreta sempre a atipicidade da conduta imputada.
c) O pedido explícito de voto é requisito para a configuração do crime de corrupção eleitoral ativa.
d) O crime de falsidade ideológica eleitoral pode ser cometido mediante inserção de informação falsa em prestação de contas de campanha ou omissão de informação que dela deveria constar.

▷ ***Anotações/Comentários***

(a) Trata-se de crime próprio, em que o sujeito ativo deve ser juiz (art. 291, CP), mas admite coautoria ou participação.

(b) Não há previsão de crime eleitoral culposo, logo o erro de tipo leva à atipicidade em crimes eleitorais.

(c) O art. 299, Código Eleitoral, não exige o pedido explícito de voto para configuração de crime de corrupção eleitoral ativa.

(d) Omitir, em documento público ou particular, declaração que dele devia constar, ou nele inserir ou fazer inserir declaração falsa ou diversa da que devia ser escrita, para fins eleitorais (art. 350, Código Eleitoral.

15. LEI MARIA DA PENHA

475. (Vunesp – Cartório – Remoção – TJ – SP/2018) Em caso de violência doméstica e familiar contra a mulher, para a proteção patrimonial dos bens da sociedade conjugal ou daqueles de propriedade particular da mulher, o juiz não poderá determinar

a) a proibição temporária para a celebração de atos e contratos de compra, venda e locação de propriedade em comum.
b) a anulação dos atos e contratos relativos à venda, compra e locação do patrimônio em comum.
c) a prestação de caução provisória, mediante depósito judicial, por perdas e danos materiais decorrentes de prática de violência doméstica e familiar contra a mulher.
d) a suspensão das procurações conferidas pela ofendida ao agressor.

▷ ***Anotações/Comentários***

(a) Trata-se de medida que o juiz pode tomar nos termos do art. 24, II, Lei Maria da Penha.

(b) O art. 24, Lei Maria da Penha, não prevê a anulação dos atos e contratos relativos à venda, compra e locação do patrimônio em comum, como medida a ser tomada pelo juiz.

(c) Trata-se de medida que o juiz pode tomar nos termos do art. 24, IV, Lei Maria da Penha.

(d) Trata-se de medida que o juiz pode tomar nos termos do art. 24, III, Lei Maria da Penha.

476. (FCC – Promotor de Justiça – MPE - PB/2018) Conforme entendimento sumulado pelo Superior Tribunal de Justiça:

a) Para a configuração da violência doméstica e familiar, prevista na Lei Maria da Penha (Lei nº 11.340/2006), não se exige a coabitação entre autor e vítima.
b) A suspensão condicional do processo, prevista na Lei nº 9.099/1995, é aplicável na hipótese de delitos sujeitos ao rito da Lei Maria da Penha (Lei nº 11.340/2006).
c) É possível a aplicação de prestação de serviços a entidades públicas, bem como a limitação temporária de direitos ao autor de crime, com violência ou grave ameaça no ambiente doméstico, contra a mulher.
d) Permanece pública condicionada à representação a ação penal para o crime de lesão corporal leve, praticado contra a mulher no ambiente doméstico.
e) A transação penal, prevista na Lei dos Juizados Especiais Criminais, é aplicável na hipótese de delitos sujeitos ao rito da Lei Maria da Penha (Lei nº 11.340/2006).

▷ ***Anotações/Comentários***

(a) "Para configuração da violência doméstica e familiar prevista no artigo 5º da lei 11.340/2006, lei Maria da Penha, não se exige a coabitação entre autor e vítima." (Súmula 600, STJ).

(b) A suspensão condicional do processo e a transação penal não se aplicam na hipótese de delitos sujeitos ao rito da Lei Maria da Penha (Súmula 536, STJ).

(c) "A prática de crime ou contravenção penal contra a mulher com violência ou grave ameaça no ambiente doméstico impossibilita a substituição da pena privativa de liberdade por restritiva de direitos". (Súmula 588, STJ).

(d) A ação penal relativa ao crime de lesão corporal resultante de violência doméstica contra a mulher é pública incondicionada (Súmula 542, STJ).

(e) Ver resposta à alternativa "b".

---

477. (FGV – Consultor Legislativo – AL - RO/2018) Deputados estaduais agendaram reunião para debater providências que poderiam adotar em conjunto com o objetivo de esclarecer às mulheres sobre os direitos advindos a partir da Lei Maria da Penha (Lei 11.340/06). Para que não houvesse equívocos, realizaram consultas sobre as previsões do diploma legal em questão e do Código de Processo Penal.

Diante disso, deverá ser esclarecido que:

a) mesmo diante de crime de ameaça praticado por agente tecnicamente primário, cuja pena é inferior a 4 anos, poderá ser decretada a prisão preventiva do agente se houver descumprimento de medida protetiva anteriormente aplicada;
b) uma vez comparecendo em sede policial para noticiar crime de ameaça, delito esse de ação penal pública condicionada à representação, não mais poderá a vítima se retratar, ainda que em audiência especial antes do recebimento da denúncia, na presença do juiz e ouvido o Ministério Público;
c) a lei será aplicada sempre que o crime for praticado em desfavor de pessoas do sexo feminino como forma de preconceito, ainda que não exista relação íntima de afeto com o autor do fato;
d) não será admitida aplicação dos institutos despenalizadores previstos na Lei 9.099 (Lei dos Juizados Especiais), ainda que a pena máxima do delito seja inferior a 02 anos, mas poderá haver substituição da pena privativa de liberdade unicamente por prestação pecuniária;
e) as vítimas poderão requerer a aplicação de medidas protetivas de urgência, mas não existe possibilidade de o juiz conceder acesso prioritário à remoção quando servidora pública.

▷ ***Anotações/Comentários***

(a) O descumprimento de medida protetiva de urgência é causa para decretação da prisão preventiva do agente, em caso de crime de ameaça (STJ - AgRg no HC 696191/BA).

(b) Na Lei Maria da Penha, a retratação da representação pode ocorrer até o recebimento da denúncia (art. 16).

(c) Não basta que haja a condição de preconceito do sexo feminino, devem estar presentes as condições do art. 5º da Lei Maria da Penha.

(d) A Lei Maria da penha veda a aplicação de pena de prestação pecuniária (art. 17).

(e) O juiz pode determinar acesso prioritário à remoção quando servidora pública, integrante da administração direta ou indireta (art. 9º, § 2º, I, Lei Maria da Penha).

---

478. (FCC – Assistente Social – Pref. de Macapá - AP/2018) De acordo com a Lei "Maria da Penha", na hipótese de prisão em flagrante do agressor, a fiança pode ser concedida apenas

a) pela vítima da violência.
b) pela autoridade policial.
c) pela autoridade judicial.
d) pelo familiar responsável.
e) pelo advogado do agressor.

▷ ***Anotações/Comentários***

(a) Ver resposta à alternativa "c".

(b) Ver resposta à alternativa "c".

(c) No caso de crime de descumprimento de medida protetiva, a fiança poderá ser concedida apenas pelo juiz (art. 24-A, § 2º, CP).

(d) Ver resposta à alternativa "c".

(e) Ver resposta à alternativa "c".

---

479. (FGV – Analista Jurídico – TJ - SC/2018) Lauro foi denunciado pela prática do crime de lesão corporal leve praticada no contexto de violência doméstica e familiar contra a mulher (art. 129, § 9º, CP – pena: 3 meses a 3 anos de reclusão). Antes do recebimento da denúncia, veio a ser denunciado em outra ação penal, dessa vez pelo crime de ameaça, também praticado no contexto da Lei nº 11.340/06, após a vítima ter comparecido à Delegacia, narrado o ato e afirmado que desejava ver Lauro processado, nos termos exigidos pelo Código Penal para responsabilização criminal, pleiteando medidas de urgência. Após o oferecimento das denúncias, mas antes do recebimento, a companheira de Lauro, Joana, suposta vítima, comparece ao cartório do Juizado de Violência Doméstica e Familiar contra a Mulher, informando não mais ter interesse em ver Lauro responsabilizado criminalmente pelos fatos.

Diante da informação de Joana, o servidor poderá esclarecer que a vontade da vítima:

a) não poderá ensejar retratação da representação em relação a ambos os delitos, tendo em vista que, por serem praticados em contexto de violência doméstica e familiar contra a mulher, a responsabilização penal independe da vontade da ofendida;
b) poderá justificar a retratação da representação em relação a ambos os delitos, mas tal retratação deverá ocorrer em audiência especial, na presença do magistrado, ouvido o Ministério Público;
c) não poderá ensejar retratação da representação em relação a ambos os delitos, tendo em vista que, ainda que a vontade da ofendida possa ser relevante, já houve oferecimento das denúncias;
d) poderá justificar retratação da representação em relação ao crime de ameaça, observadas as exigências legais em audiência especial, mas não do crime de lesão corporal;
e) poderá justificar a retratação da representação em relação a ambos os delitos, sendo válida, para tanto, mera declaração da ofendida nos autos.

▷ ***Anotações/Comentários***

Nota do Autor: essa questão foi elaborada antes da Lei n. 14.994/2024 e, hoje, não teria mais resposta adequada.

É importante quanto à ação penal nos crimes de lesão corporal leve e ameaça no contexto de violência doméstica contra a mulher fixar que:

Lesão corporal leve: a ação penal é pública incondicionada, porque a previsão de que, no crime lesão corporal leve, a ação penal é pública condicionada à representação, está na Lei n. 9.099/95, cuja aplicação é afastada nos crimes de violência doméstica pela própria Lei Maria da Penha.

No crime de ameaça, a regra é que a ação penal seja pública condicionada à representação. Exceção, se a ameaça for praticada contra mulher, presentes os requisitos do crime de feminicídio, conforme art. 121-A, § 1º, CP.

---

480. (FCC – Procurador do Estado – PGE - TO/2018) A Lei no 11.340/2006 (Lei Maria da Penha) criou mecanismos para coibir a violência doméstica e familiar contra a mulher e, ainda, alterou o Código de Processo Penal, o Código Penal e a Lei de Execução Penal, transformando-se em um dos principais instrumentos legais de proteção à mulher no Brasil. Considerando a legislação, bem como o entendimento sumulado pelo Superior Tribunal de Justiça,

a) configura violência doméstica e familiar contra a mulher qualquer ação ou omissão baseada no gênero que lhe cause morte, lesão, sofrimento físico, sexual ou psicológico e dano moral ou patrimonial, independentemente de sua orientação sexual.
b) a prática de crime ou contravenção penal contra a mulher com violência ou grave ameaça no ambiente doméstico possibilita a substituição da pena privativa de liberdade por restritiva de direitos.
c) é aplicável o princípio da insignificância nos crimes ou contravenções penais praticados contra a mulher no âmbito das relações domésticas.

PENAL

d) para a configuração da violência doméstica e familiar prevista no artigo 5o da Lei Maria da Penha se exige a coabitação entre autor e vítima.
e) constatada a prática de violência doméstica e familiar contra a mulher, nos termos da referida lei, a autoridade policial poderá aplicar, de imediato, ao agressor a medida protetiva de afastamento do lar, domicílio ou local de convivência com a ofendida.

▷ ***Anotações/Comentários***

(a) A Lei Maria da Penha atribuiu às uniões homoafetivas o caráter de entidade familiar, ao prever, no seu artigo 5º, parágrafo único, que as relações pessoais mencionadas naquele dispositivo independem de orientação sexual.

(b) A violência ou grave ameaça impede a substituição da pena privativa de liberdade por restritivas de direitos.

(c) O princípio da insignificância é incompatível com a gravidade da violência doméstica contra a mulher.

(d) A Lei Maria da Penha não exige coabitação.

(e) É o juiz que pode aplicar, de imediato, ao agressor a medida protetiva de afastamento do lar, domicílio ou local de convivência com a ofendida.

---

481. (FCC - Analista - Ciências Jurídicas - DPE - AM/2018) Sobre as medidas protetivas de urgência em favor da mulher vítima de violência doméstica e familiar,

a) é permitido ao juiz, exclusivamente a requerimento do Ministério Público, rever as medidas já concedidas, se entender necessário à proteção da vítima.
b) ou a vítima, ou seu advogado ou Defensor Público, deverão ser informados sobre a saída do agressor da prisão.
c) não abrangerá a suspensão da visita do agressor aos dependentes menores, sob nenhuma hipótese, tendo em vista a importância da convivência familiar.
d) poderá ensejar a proibição temporária para a celebração de atos e contratos de compra e venda, locação de propriedade em comum, salvo expressa autorização judicial.
e) não inclui a possibilidade de o juiz decidir pela separação de corpos.

▷ ***Anotações/Comentários***

(a) Novas medidas podem ser requeridas pelo Ministério Público e a ofendida.

(b) A ofendida deve ser informada sobre a saída do agressor da ofendida, além do seu advogado ou Defensor Público.

(c) Pode haver suspensão do direito de visitas do agressor aos dependentes menores, ouvida a equipe de atendimento multidisciplinar ou serviço similar.

(d) Trata-se de medidas que visam resguardar os direitos patrimoniais da ofendida.

(e) O juiz pode determinar a separação de corpos.

---

482. (FCC - Analista - Ciências Jurídicas - DPE - AM/2018) A Lei Maria da Penha considera violência doméstica e familiar contra a mulher qualquer ação ou omissão baseada no gênero que lhe cause morte, lesão, sofrimento físico, sexual ou psicológico e dano moral ou patrimonial,

a) desde que ocorra em situação de coabitação com o agressor.
b) desde que ocorra em situação de coabitação e o agressor mantenha relação íntima de afeto com a vítima.
c) caso ocorrida no âmbito da família, desde que haja coabitação e exista união por laços naturais.
d) desde que ocorra no âmbito familiar, independentemente de coabitação, mas em razão de relação íntima com o homem agressor.
e) caso ocorrida no âmbito da unidade doméstica, abrange o agressor esporadicamente agregado ao espaço de convívio permanente entre as pessoas.

▷ ***Anotações/Comentários***

(a) Não há necessidade de coabitação para caracterização de violência doméstica contra a mulher.

(b) Há violência doméstica em qualquer relação íntima de afeto, na qual o agressor conviva ou tenha convivido com a ofendida, independentemente de coabitação.

(c) Violação doméstica: no âmbito da família, compreendida como a comunidade formada por indivíduos que são ou se consideram aparentados, unidos por laços naturais, por afinidade ou por vontade expressa;

(d) Há violência doméstica no ambiente doméstico, no ambiente familiar e nas relações íntimas de afeto.

(e) Há violência doméstica no âmbito da unidade doméstica, compreendida como o espaço de convívio permanente de pessoas, com ou sem vínculo familiar, inclusive as esporadicamente agregadas.

---

483. (FCC - Analista - Ciências Jurídicas - DPE - AM/2018) Dentre as Diretrizes Nacionais para Abrigamento de Mulheres em Situação de Risco e Violência, e a respeito das casas-abrigo, está disposto

a) que os equipamentos estão previstos como integrantes da Secretaria de Políticas para as Mulheres.
b) a vedação de serem garantidas por meio de consórcio público, exigindo a municipalização de tais equipamentos.
c) que deverão haver articulações necessárias para o acompanhamento da vítima pós-desabrigamento.
d) que a institucionalização da vítima deve ser subsidiária.
e) a vedação à articulação permanente com a Segurança Pública, a fim de retirar a vítima do espaço de violência em que se encontra, dando ênfase à proteção.

▷ ***Anotações/Comentários***

(a) As casas-abrigo estão vinculadas à Assistência Social, em alguns casos às Secretarias de Justiça, Segurança Pública ou Saúde.

(b) As casas-abrigos são estaduais, municipais, regionais ou consorciadas.

(c) A mulher que esteja em processo de desabrigamento deverá ser acompanhada pelo Centro de Referência mais próximo de sua residência.

(d) A institucionalização é medida principal de tutela da mulher.

(e) Há casas-abrigo que estão vinculadas à Segurança Pública.

---

484. (FCC - Consultor Legislativo - Câmara Legislativa do DF/2018) A Lei Maria da Penha (Lei nº 11.340/2006), considerado seu texto original mais alterações posteriores,

a) prevê mecanismo de proteção às mulheres vítimas de violência no âmbito familiar, doméstico, social e profissional, desde que resultante de questões de gênero.
b) atribui à autoridade policial a possibilidade de aplicar medidas protetivas de urgência em defesa da mulher vítima de violência.
c) impõe aos Municípios o dever de instalar e manter casas-abrigos para mulheres e respectivos dependentes menores em situação de violência doméstica e familiar.
d) obriga, nas capitais dos Estados e no Distrito Federal, e sugere, nas demais comarcas, a criação de Juizados de Violência Doméstica e Familiar contra a Mulher, com competência cível e criminal.
e) dispõe que a inquirição de mulher vítima ou testemunha de violência doméstica e familiar será preferencialmente feita em recinto especialmente projetado para esse fim.

▷ ***Anotações/Comentários***

(a) A Lei Maria da Penha trata da violência doméstica e familiar contra a mulher em razão do gênero.

(b) A Autoridade Policial poderá adotar providências ou procedimentos a favor da vítima, mas não medidas protetivas de urgência.

(c) As casas-abrigo podem ser instituídas pela 1União, o Distrito Federal, os Estados e os Municípios.

(d) Os Juizados de Violência Doméstica e Familiar contra a Mulher, órgãos da Justiça Ordinária com competência cível e criminal, poderão ser criados pela União, no Distrito Federal e nos Territórios, e pelos Estados, para o processo, o julgamento e a execução das causas decorrentes da prática de violência doméstica e familiar contra a mulher.

(e) a inquirição será feita em recinto especialmente projetado para esse fim, o qual conterá os equipamentos próprios e adequados à idade da mulher em situação de violência doméstica e familiar ou testemunha e ao tipo e à gravidade da violência sofrida.

16. CRIMES CONTRA A ORDEM TRIBUTÁRIA, ECONÔMICA E RELAÇÕES DE CONSUMO

485. (FCC – Auditor Fiscal da Receita Estadual – SEFAZ – SC/2018) De acordo com o que dispõe a Lei nº 8.137/1990, que define crimes contra a ordem tributária, econômica e contra as relações de consumo,

a) o crime de deixar de recolher, no prazo legal, valor de tributo ou de contribuição social, descontado ou cobrado, na qualidade de sujeito passivo de obrigação e que deveria recolher aos cofres públicos, somente pode ser praticado por funcionário público.

b) é circunstância que pode agravar de um terço até metade a pena cominada para o crime de fraudar preços por meio de junção de bens ou serviços, comumente oferecidos à venda em separado, se praticado em relação ao comércio de bens essenciais à vida.

c) constitui crime contra as relações de consumo formar acordo, convênio, ajuste ou aliança entre ofertantes, visando ao controle, em detrimento da concorrência, de rede de distribuição ou de fornecedores.

d) os crimes previstos nesta lei são de ação penal condicionada a representação do ofendido ou requisição do Ministro da Justiça.

e) constitui crime contra a ordem econômica deixar de aplicar incentivo fiscal ou parcelas de imposto liberadas por órgão ou entidade de desenvolvimento.

▷ ***Anotações/Comentários***

(a) Trata-se de crime praticado por particular (art. 2º, II, Lei n. 8.137/1990).

(b) Trata-se de causa de aumento de pena de 1/3 à metade: ser o crime praticado em relação à prestação de serviços ou ao comércio de bens essenciais à vida ou à saúde (art. 12, III, Lei n. 8.137/1990).

(c) Trata-se de crime contra a ordem econômica (art. 4º, II, c, Lei n. 8.137/1990).

(d) São crimes de ação penal pública incondicionada (art. 15, Lei n. 8.137/1990).

(e) Trata-se de crime contra a ordem tributária (art. 2º, IV, Lei n. 8.137/1990).

486. (FCC – Promotor de Justiça – MPE - PB/2018) Nos termos da legislação penal, a conduta de destruir mercadoria, com o fim de provocar alta de preços, constitui crime contra

a) a incolumidade pública.

b) a ordem econômica.

c) as relações de consumo.

d) a paz pública.

e) as relações econômicas.

▷ ***Anotações/Comentários***

(a) Ver resposta à alternativa "c".

(b) Ver resposta à alternativa "c".

(c) Trata-se de crime contra as relações de consumo (art. 7º, VIII, c, Lei n. 8.137/1990).

(d) Ver resposta à alternativa "c".

(e) Ver resposta à alternativa "c".

487. (FCC – Auditor Tributário – Pref. de São Luís - MA/2018) De acordo com a Lei no 8.137/1990, constitui crime funcional contra a ordem tributária

a) deixar de recolher valor de tributo ou de contribuição social, descontado ou cobrado, na qualidade de sujeito passivo de obrigação e que deveria recolher aos cofres públicos.

b) deixar de aplicar incentivo fiscal ou parcelas de imposto liberadas por órgão ou entidade de desenvolvimento.

c) fraudar a fiscalização tributária, inserindo elementos inexatos, ou omitindo operação de qualquer natureza, em documento exigido pela lei fiscal.

d) extraviar livro oficial, processo fiscal ou qualquer documento, de que tenha a guarda em razão da função, bem como sonegá-lo, ou inutilizá-lo, total ou parcialmente, acarretando pagamento indevido ou inexato de tributo ou contribuição social.

e) utilizar ou divulgar programa de processamento de dados que permita ao sujeito passivo da obrigação tributária possuir informação contábil diversa daquela que é fornecida à Fazenda Pública.

▷ ***Anotações/Comentários***

(a) Trata-se de crime praticado por particular (art. 2º, III).

(b) Trata-se de crime praticado por particular (art. 2º, IV).

(c) Trata-se de crime praticado por particular (art. 1º, II).

(d) Trata-se de crime praticado por funcionário público (art. 3º, I).

(e) Trata-se de crime praticado por particular (art. 2º, V).

PENAL

488. (FCC – Auditor Tributário – Pref. de São Luís - MA/2018) De acordo com a Lei no 8.137/1990, constitui crime contra as relações de consumo

a) negar ou deixar de fornecer, quando obrigatório, nota fiscal ou documento equivalente, relativa a venda de mercadoria efetivamente realizada, ou fornecê-la em desacordo com a legislação.

b) formar acordo, convênio, ajuste ou aliança entre ofertantes, visando à fixação artificial de preços ou quantidades vendidas ou produzidas.

c) falsificar ou alterar nota fiscal, fatura, duplicata, nota de venda, ou qualquer outro documento relativo à operação tributável.

d) abusar do poder econômico, dominando o mercado ou eliminando, total ou parcialmente, a concorrência mediante qualquer forma de ajuste ou acordo de empresas.

e) induzir o consumidor ou usuário a erro, por via de indicação ou afirmação falsa ou enganosa sobre a natureza, qualidade do bem ou serviço, utilizando-se de qualquer meio, inclusive a veiculação ou divulgação publicitária.

▷ ***Anotações/Comentários***

(a) Trata-se de crime contra a ordem tributária (art. 1º, V).

(b) Trata-se de crime contra a ordem econômica (art. 4º, II).

(c) Trata-se de crime contra a ordem tributária (art. 1º, III).

(d) Trata-se de crime contra a ordem econômica (art. 4º, I).

(e) Trata-se de crime contra as relações de consumo (art. 7º, VII).

17. CONTRAVENÇÕES PENAIS

489. (FCC – Técnico Judiciário – Segurança – TRT 15/2018) Funcionário público da prefeitura do município X, exercendo as funções de recepcionista, seguindo ordem do Chefe de Gabinete do Prefeito, retém documento de identificação pessoal para o acesso à visitação da exposição promovida pela Secretaria Municipal da Educação. Tal determinação baseou-se em atitude preventiva, uma vez que seriam expostos objetos valiosos no salão nobre da prefeitura.

Nesse caso, considera-se responsável pela prática da contravenção penal de retenção do documento de identificação pessoal:

a) o Chefe de Gabinete, autoridade que ordenou o ato.

b) o Prefeito, autoridade responsável pelo prédio público.

c) o funcionário público que efetivamente praticou o ato.

d) a Secretária Municipal da Educação, já que impôs a condição de retenção do documento para realizar a exposição.

e) nenhum dos envolvidos, pois não há problema na retenção do documento de identificação pessoal; a exposição de itens valiosos justificou a ação.

▷ ***Anotações/Comentários***

(a) Quando a infração for praticada por preposto ou agente de pessoa jurídica, será responsável quem houver ordenado o ato que ensejou a retenção, a menos que haja, pelo executante, desobediência ou inobservância de ordens ou instruções expressas, quando, então, será este o infrator (art. 3º, parágrafo único, Lei n. 5.553/1968).

(b) Será responsável só quem ordenou: Chefe de Gabinete.

(c) O funcionário apenas cumpriu as ordens, não respondendo pela contravenção penal.

(d) Secretaria de Educação é órgão público, não responde criminalmente.

(e) Responde o Chefe de Gabinete.

18. LEI DE RACISMO

490. AOCP – 2024 – TRF 2 - Analista Judiciário - Área Administrativa

Acerca dos crimes resultantes de preconceito de raça ou de cor, na forma da Lei nº 7.716/1989, assinale a alternativa INCORRETA.

a) Nos crimes previstos na citada lei, as penas serão aumentadas de 1/3 até a metade, quando ocorrerem em contexto ou intuito de descontração, diversão ou recreação.
b) Serão punidos os crimes resultantes de discriminação ou preconceito de raça, cor, etnia, religião ou procedência nacional.
c) Em todos os atos processuais, cíveis e criminais, a vítima dos crimes de racismo deverá estar acompanhada de advogado ou defensor público.
d) Se no exercício de suas funções ou a pretexto de exercê-las, o servidor público praticar, induzir ou incitar a discriminação ou preconceito de raça, cor, etnia, religião ou procedência nacional, terá sua pena aumentada de 1/3 até a metade.
e) Na interpretação da referida lei, o juiz deve considerar como discriminatória qualquer atitude ou tratamento dado à pessoa ou a grupos minoritários que cause constrangimento ou humilhação e que, usualmente, se dispensaria a outros grupos em razão da raça, cor, etnia, religião ou procedência nacional.

▷ ***Anotações/Comentários***

(a) Os crimes previstos na Lei n. 7.716/1989 terão as penas aumentadas de 1/3 (um terço) até a metade, quando ocorrerem em contexto ou com intuito de descontração, diversão ou recreação (Art. 20-A).

(b) Serão punidos, na forma da Lei n. 7.716/1989, os crimes resultantes de discriminação ou preconceito de raça, cor, etnia, religião ou procedência nacional (art. 1º).

(c) Em todos os atos processuais, cíveis e criminais, a vítima dos crimes de racismo deverá estar acompanhada de advogado ou defensor público (art. 20-D, Lei n. 7.716/1989).

(d) Os crimes previstos nos arts. 2º-A e 20 da Lei n. 7.716/1989 terão as penas aumentadas de 1/3 (um terço) até a metade, quando praticados por funcionário público, conforme definição prevista no Decreto-Lei nº 2.848, de 7 de dezembro de 1940 (Código Penal), no exercício de suas funções ou a pretexto de exercê-las (art. 20-B).

(e) Na interpretação da Lei n. 7.716/1989, o juiz deve considerar como discriminatória qualquer atitude ou tratamento dado à pessoa ou a grupos minoritários que cause constrangimento, humilhação, vergonha, medo ou exposição indevida, e que usualmente **não** se dispensaria a outros grupos em razão da cor, etnia, religião ou procedência (art. 20-C).

491. AOCP – 2024 – TRF 2 - Técnico Judiciário - Agente da Polícia Judicial

Sobre as disposições contidas na Lei nº 7.716/1989, que dispõe sobre os crimes resultantes de raça ou de cor, é correto afirmar que

a) os crimes previstos na Lei nº 7.716/1989, quando praticados por servidores públicos, poderão ter suas penas aumentadas de 1/3 (um terço) a 2/3 (dois terços).
b) ao servidor público condenado nos termos da Lei nº 7.716/1989 deverá ser determinada a transferência da unidade de atuação.
c) são automáticos os efeitos da condenação do servidor público por crime previsto na Lei nº 7.716/1989.
d) o servidor público que colaborou com a prática de crime previsto na Lei nº 7.716/1989 deverá ser afastado do atendimento ao público ou ser removido compulsoriamente.
e) a condenação do servidor público nos crimes da Lei nº 7.716/1989 pode ensejar a perda do cargo ou função pública.

▷ ***Anotações/Comentários***

(a) Apenas os crimes previstos nos arts. 2º-A e 20 da Lei n. 7.716/1989 terão as penas aumentadas de 1/3 (um terço) até a metade, quando praticados por funcionário público, conforme definição prevista no Código Penal, no exercício de suas funções ou a pretexto de exercê-las. (art. 20-B da Lei n. 7.716/1989).

(b) Constitui efeito da condenação a perda do cargo ou função pública, para o servidor público, e a suspensão do funcionamento do estabelecimento particular por prazo não superior a três meses (art. 16, Lei n. 7.716/1989).

(c) Os efeitos de que tratam o art. 16 da Lei n. 7.716/1989 não são automáticos, devendo ser motivadamente declarados na sentença (art. 18).

(d) O servidor público que de qualquer modo colaborou para a prática do crime de racismo está sujeito à perda do cargo ou função pública.

(e) O servidor público que de qualquer modo colaborou para a prática do crime de racismo está sujeito à perda do cargo ou função pública, devendo o juiz fundamentar na sentença a incompatibilidade de permanência do servidor público nos quadros da Administração Pública.

492. (FCC – Técnico Judiciário – Segurança – TRT 15/2018) Os crimes resultantes de discriminação ou preconceito, constantes na Lei n° 7.716/1989, referem-se a raça, cor,

a) etnia, convicção política ou procedência nacional.
b) sexo, idade, capacidade física.
c) etnia, religião ou opção sexual.
d) etnia, religião ou procedência nacional.
e) sexo, religião ou convicção política.

Observação: essa questão foi elaborada antes da decisão do STF que equiparou a homofobia a crimes de racismo.

▷ ***Anotações/Comentários***

(a) Convicção política não é causa de discriminação na forma de Lei de Racismo.

(b) Capacidade Física não é causa de discriminação na forma de Lei de Racismo.

(c) O STF passou a entender que a homofobia é equiparada a racismo para fins de crime da Lei n. 7.176/1989).

(d) Serão punidos, na forma da Lei de Racismo, os crimes resultantes de discriminação ou preconceito de raça, cor, etnia, religião ou procedência nacional (art. 1º, Lei n. 7.716/1989).

(e) Sexo e convicção política não são causas de discriminação na forma de Lei de Racismo.

19. LEI DE FALÊNCIAS E RECUPERAÇÃO DE EMPRESAS

493. (FCC – Procurador do Estado – PGE - TO/2018) A Lei federal no 11.101/2005, em seus últimos artigos, tipifica alguns crimes relacionados com fraudes a credores. O art. 168 da referida Lei tipifica o seguinte crime:

Art. 168. Praticar, antes ou depois da sentença que decretar a falência, conceder a recuperação judicial ou homologar a recuperação extrajudicial, ato fraudulento de que resulte ou possa resultar prejuízo aos credores, com o fim de obter ou assegurar vantagem indevida para si ou para outrem.

A pena para esse crime é de três a seis anos e multa.

De acordo com a mesma lei, essa pena será

a) reduzida de 1/6 até metade, a critério do juiz, tratando-se de falência de microempresa ou de empresa de pequeno porte, e não se constatando prática habitual de condutas fraudulentas por parte do falido.
b) reduzida de 1/6 a 1/3, se o agente omite, culposamente, na escrituração contábil ou no balanço, lançamento que deles deveria constar, ou altera escrituração ou balanço verdadeiros.
c) aumentada de 1/4 até metade, se o agente destrói, apaga ou corrompe dados contábeis ou negociais armazenados em computador ou sistema informatizado.

d) aumentada de 1/3 até metade, se o devedor manteve ou movimentou recursos ou valores paralelamente à contabilidade exigida pela legislação.

e) reduzida de 1/3 até metade, se o agente destrói, oculta ou inutiliza, total ou parcialmente, por erro ou ignorância escusáveis, os documentos de escrituração contábil obrigatórios, cujos dados podem ser recuperados por outros meios.

▷ ***Anotações/Comentários***

(a) A redução é de 1/3 (um terço) a 2/3 (dois terços).

(b) A ocultação deve ser dolosa e é causa de aumento de pena.

(c) A pena é aumentada de 1/6 (um sexto) a 1/3 (um terço).

(d) Trata-se de causa de aumento prevista no art. 168, § 2º, Lei de Falências.

(e) Trata-se de causa de aumento de pena.

DIREITO PROCESSUAL PENAL

Danilo da Cunha Sousa

1. PRINCÍPIOS PROCESSUAIS PENAIS

01. (FGV – Técnico Judiciário – Área Judiciária – TJ – CE/2019) A Constituição da República de 1988 trouxe uma série de disposições aplicáveis não somente ao Direito Penal, mas também ao Direito Processual Penal, em especial buscando impor limites ao exercício do direito estatal de punir e garantir uma série de direitos ao acusado/preso.

Sobre o tema, a partir das normas constitucionais, é previsto(a):

a) a assistência da família e de advogado ao acusado, logo a ausência de advogado durante a elaboração de auto de prisão em flagrante, ainda que assegurada essa possibilidade e esclarecido tal direito ao preso, gerará a invalidade do procedimento;

b) o princípio de que ninguém é obrigado a produzir provas contra si, de forma que não pode o investigado pela prática do crime de conduzir veículo automotor sob influência de álcool ser obrigado a realizar exame de etilômetro (teste do "bafômetro");

c) o princípio da presunção de inocência, de modo que somente cabe decretação de prisão preventiva após sentença condenatória, ainda que sem trânsito em julgado;

d) o direito ao silêncio, que deve ser aplicado tanto ao acusado quanto às testemunhas de defesa e acusação no momento de prestarem suas declarações;

e) a revogação imediata da prisão ilegal, enquanto a desnecessária deverá ser relaxada.

▷ **Anotações/Comentários**

(a) No flagrante delito, o preso deve ser informado de assistência de advogado, podendo negá-la. A ausência de advogado nesse caso não gera nulidade.

(b) De acordo com a Tese 446 dos Recursos Repetitivos do STJ, o indivíduo não pode ser compelido a colaborar com os referidos testes do "bafômetro" ou do exame de sangue, em respeito ao princípio segundo o qual ninguém é obrigado a se autoincriminar (*nemo tenetur se detegere*).

(c) A prisão preventiva pode ser decretada a qualquer momento, inclusive, na fase de inquérito policial, desde que presentes os seus requisitos legais.

(d) O direito ao silêncio é de exclusividade do acusado. As testemunhas têm o dever de depor.

(e) A prisão ilegal deve ser relaxada; enquanto a prisão desnecessária deve ser revogada.

02. (Cespe – Analista Judiciário – Área Judiciária – TRE – TO/2017) Acerca da aplicação da lei processual penal no tempo e no espaço, assinale a opção correta.

a) Não se aplica o princípio da retroatividade da lei mais benéfica às normas de caráter híbrido ou normas mistas.

b) Lei nova que altere procedimento previsto no Código de Processo Penal, criando novas hipóteses de aplicação do benefício da suspensão condicional do processo, não retroagirá em decorrência da regra da aplicação imediata.

c) Norma que altere o Código de Processo Penal e crie nova hipótese de suspensão do prazo prescricional não deve ser aplicada a fatos ocorridos em data anterior a sua vigência.

d) O Código de Processo Penal brasileiro adotou a regra da territorialidade absoluta e o princípio da aplicação imediata da lei nova em vigor.

e) A imunidade de jurisdição plena que rege as relações diplomáticas decorre da aplicação da regra da territorialidade adotada pelo Código de Processo Penal brasileiro.

▷ **Anotações/Comentários**

(a) Nas normas mistas, aplica-se o princípio da retroatividade da lei mais benéfica.

(b) Como a suspensão condicional do processo é mais benéfico, retroagirá para ser aplicada aos processos em curso.

(c) A norma processual que suspende o prazo prescricional é mais maléfica ao acusado e, por isso, não retroage.

(d) O CPP adotou, em regra, o princípio da territorialidade, mas, excepcionalmente, admite a aplicação do princípio da extraterritorialidade. A lei processual penal aplicar-se desde logo, sem prejuízo da validade dos atos realizados sob a vigência da lei anterior.

(e) A imunidade diplomática afasta a aplicação do princípio da territorialidade.

03. (Cespe – Técnico Judiciário – Área Administrativa – TRF 1/2017) Acerca dos princípios que regem o processo penal brasileiro, julgue os itens subsequentes.

A lei processual penal deverá ser aplicada imediatamente, sem que isso prejudique a validade dos atos realizados sob a vigência da lei anterior, tampouco constitua ofensa ao princípio da irretroatividade.

- CERTO
- ERRADO

▷ **Anotações/Comentários**

A lei processual penal aplicar-se-á desde logo, sem prejuízo da validade dos atos realizados sob a vigência da lei anterior (art. 2º, CPP).

04. (FCC – Técnico Judiciário – Área Administrativa – TRF 4/2014) José foi indiciado em inquérito policial que apura a prática do delito de estelionato contra seu ex-empregador. Diante disso,

a) a vítima poderá requerer qualquer diligência, que será realizada, ou não, a juízo da autoridade.

b) este inquérito somente pode ser instaurado porque houve representação da vítima.

c) José não poderá requerer diligência à autoridade policial.

d) ante a constatação de que se trata, em verdade, de ilícito civil, a autoridade policial poderá mandar arquivar os autos de inquérito.

e) sem inquérito policial, não poderá, posteriormente, haver propositura de ação penal.

Observação: essa questão foi elaborada antes da reforma no Código Penal, que tornou a ação penal no crime de estelionato pública condicionada à representação, como regra.

▷ **Anotações/Comentários**

(a) O ofendido, ou seu representante legal, e o indiciado poderão requerer qualquer diligência, que será realizada, ou não, a juízo da autoridade (art.14, CPP).

(b) Em regra, o crime de estelionato é crime de ação penal pública condicionada à representação, necessitando, portanto, da manifestação do ofendido para início do IP.

(c) O indiciado também pode requerer diligências.

(d) Autoridade Policial jamais arquiva o IP.

(e) O IP é dispensável.

05. (Vunesp – Juiz de Direito – TJ – SP/2018) São princípios constitucionais processuais penais explícitos e implícitos, respectivamente:

a) intranscendência das penas e motivação das decisões; e intervenção mínima (ou ultima ratio) e duplo grau de jurisdição.
b) contraditório e impulso oficial; e adequação social e favor rei (ou in dubio pro reo).
c) dignidade da pessoa humana e juiz natural; e insignificância e identidade física do juiz.
d) não culpabilidade (ou presunção de inocência) e duração razoável do processo; e não autoacusação (ou nemo tenetur se detegere) e paridade de armas.

▷ **Anotações/Comentários**

(a) Intranscedência da pena e intervenção mínima são princípios de natureza penal.

(b) Adequação social é princípio de natureza penal. No processo penal, não prevalece o princípio do impulso oficial, devendo o Judiciário ser provocado.

(c) O princípio da insignificância é de natureza penal.

(d) Os princípios da não culpabilidade (ou presunção de inocência) e da duração razoável do processo; e da não autoacusação (ou *nemo tenetur se detegere*) e de paridade de armas têm natureza processual penal.

06. (Cespe – Delegado de Polícia – MA/2018) Na esfera da legislação processual penal, a repristinação

a) somente se aplicará por força de decisão judicial fundamentada.
b) é aplicável somente nos processos de competência originária dos tribunais.
c) somente se aplicará se houver expressa determinação legal.
d) é inaplicável, por suas características.
e) somente se aplicará se apresentar manifesta vantagem para o réu.

▷ **Anotações/Comentários**

(a) Depende de lei para ser aplicado o princípio da repristinação.

(b) O princípio da repristinação se aplica a todas as instâncias, dependendo de lei prevê-lo.

(c) Pelo princípio da repristinação, se a Lei "B", que revogou a Lei "A", for revogada pela Lei "C", a Lei "A" volta a ter vigência, desde que a Lei "C" for expressa nesse sentido.

(d) É aplicável desde que haja previsão legal.

(e) Só deixa de ser aplicado se representar prejuízo ao réu, em se tratando de norma mista.

07. (Cespe – Delegado de Polícia – MA/2018) O MP de determinado estado ofereceu denúncia contra um indivíduo, imputando-lhe a prática de roubo qualificado, mas a defesa do acusado negou a autoria. Ao proferir a sentença, o juízo do feito constatou a insuficiência de provas capazes de justificar a condenação do acusado.

Nessa situação hipotética, para fundamentar a decisão absolutória, o juízo deveria aplicar o princípio do

a) estado de inocência.
b) contraditório.
c) promotor natural.
d) ne eat judex ultra petita partium.
e) favor rei.

▷ **Anotações/Comentários**

(a) Princípio de estado de inocência: ninguém é considerado culpado antes do trânsito em julgado da sentença penal condenatória.

(b) Princípio do contraditório: às partes deve se assegurar o conhecimento dos fatos, dos argumentos e das provas produzidas pela outra parte para impugná-los.

(c) Promotor Natural: o membro do Ministério Público para atuar na ação penal é previamente estabelecido de acordo com a lei.

(d) "Ne eat judex ultra petita partium": o juiz fica adstrito ao pedido das partes.

(e) "Favor rei": em caso de dúvida, prevalece o interesse do réu.

2. INQUÉRITO POLICIAL

08. AOCP – 2024 – TRF 2 - Técnico Judiciário - Agente da Polícia Judicial

A respeito da notitia criminis, é correto afirmar que

a) a notitia criminis, denominada pela doutrina de inqualificada, não pode servir de base à abertura de inquérito policial, ainda que contenha elementos informativos idôneos e suficientes.
b) admite-se, doutrinariamente, apenas as modalidades de notitia criminis espontânea (direta) ou provocada (indireta).
c) a notitia criminis de cognição coercitiva é admitida pela doutrina.
d) na notitia criminis espontânea, o ofendido espontaneamente leva ao conhecimento da autoridade policial a existência de determinada infração penal.
e) a notitia criminis imediata se dá quando a autoridade policial toma conhecimento da infração penal por meio uma provocação formal, a exemplo da manifestação escrita do representante legal da vítima.

▷ ***Anotações/Comentários***

(a) Notitia criminis inqualificada é a denúncia anônima, a qual pode servir de base para abertura de inquérito policial, desde que haja outros elementos informativos idôneos para confirmar a sua plausibilidade.

(b) A doutrina admite uma terceira espécie de notitia criminis, denominada de coercitiva, que é a prisão em flagrante.

(c A notitia criminis é aquela decorrente da prisão em flagrante.

(d) Na notitia criminis espontânea, a Autoridade Policial toma conhecimento da infração penal mediante a prática ordinária de sua atividade.

(e) A notitia criminis imediata é sinônimo de notitia criminis espontânea. A notitia criminis mediata é aquela em que a Autoridade Policial toma ciência do fato criminoso por meio de ato de terceiro, como pelo ofendido ou seu representante legal a oferecer representação.

09. (Cespe – Analista Judiciário – Área Judiciária – TRE – TO/2017) O inquérito policial:

a) pode ser desarquivado com base em novas provas quando o arquivamento estiver fundado na atipicidade da conduta.
b) deve ser substituído por termo circunstanciado nos crimes praticados no contexto de violência doméstica contra a mulher cuja pena máxima não seja superior a dois anos.
c) não deve conter, para a garantia da preservação do princípio da não culpabilidade, informações relativas à vida pregressa do indiciado, sob o ponto de vista individual, familiar ou social.
d) pode ser arquivado por iniciativa do juiz, desde que por meio de decisão fundamentada.
e) deve ser encerrado no prazo de dez dias quando apurar crime eleitoral, em caso de réu preso.

▷ **Anotações/Comentários**

(a) O arquivamento do inquérito policial por atipicidade da conduta faz coisa julgada formal e material, logo novas provas não autorizam o desarquivamento.

(b) A Lei Maria da Penha não permite a incidência da Lei n. 9.099/95, logo não pode haver termo circunstanciado para apurar crimes ocorridas no contexto de violência doméstica ou familiar.

(c) Na abertura do inquérito policial, a Autoridade policial deve averiguar a vida pregressa do investigado.

(d) O juiz não pode arquivar de ofício o inquérito policial, o qual deve ser requerido pelo Ministério Público (redação em vigor do art. 28 do CPP).

(e) Na falta de disposição em sentido contrário no Código Eleitoral, o prazo para concluir o inquérito policial é de dez dias, caso o investigado esteja preso, conforme art. 10, CPP.

10. (Cespe - Analista Judiciário - Direito - TJ - AM/2019) Lúcio é investigado pela prática de latrocínio. Durante a investigação, apurou-se a participação de Carlos no crime, tendo sido decretada de ofício a sua prisão temporária.

A partir dessa situação hipotética e do que dispõe a legislação, julgue os itens seguintes.

Como Lúcio está solto, o inquérito policial não terá prazo para ser concluído.

- CERTO
- ERRADO

▷ **Anotações/Comentários**

Caso o réu esteja solto, o prazo para terminar o inquérito policial é de trinta dias (art. 10, CPP).

11. (Cespe - Técnico Judiciário - TJ - RJ/2021) Com relação a inquérito policial, é correto afirmar que

a) não tem prazo fixado em lei para ser concluído.
b) é um procedimento dispensável.
c) exige requerimento da vítima para ser instaurado.
d) é um processo administrativo judicialiforme.
e) observa, obrigatoriamente, as garantias do contraditório e da ampla defesa.

▷ **Anotações/Comentários**

(a) O art. 10, CPP, fixa o prazo de dez dias, se o investigado estiver preso, ou de trinta dias, se o investigado se encontrar solto.

(b) O Inquérito Policial visa a colheita de elementos de prova para formação da convicção do órgão do Ministério Público para oferecimento da denúncia. Se o órgão do MP, já tiver esses elementos obtidos de outra forma, o Inquérito Policial é dispensável.

(c) Nos crimes de ação penal pública incondicionada, é um dever da Autoridade Policial instaurar o inquérito policial, sem necessidade de requerimento da vítima.

(d) O procedimento judicialiforme consistia na possibilidade de a Autoridade Policial iniciar a ação penal quando se tratava de contravenção penal. Isso não pode mais ocorrer, porque a Constituição Federal reservou ao Ministério Público a titularidade da ação penal. O Inquérito Policial é procedimento administrativo, sujeito ao controle judicial.

(e) Como se trata de procedimento inquisitivo, o contraditório e a ampla defesa são mitigados, quando se fala em Inquérito Policial.

12. (FGV - Técnico Judiciário - Área Judiciária - TJ - CE/2019) Gabriel, funcionário público do Tribunal de Justiça do Ceará, foi vítima de um crime de injúria, sendo a ofensa relacionada ao exercício de sua função pública. Optou, porém, por nada fazer em desfavor do autor da ofensa. Ocorre que a chefia imediata de Gabriel, informada sobre o ocorrido, e revoltada com o desrespeito, compareceu à delegacia e narrou o fato para autoridade policial, que instaurou procedimento e fixou prazo inicial de 20 dias para investigações. Após 19 dias, concluídas as investigações, o Delegado se prepara para apresentar relatório final. Ao tomar conhecimento dos fatos, Gabriel procura seu advogado para assistência jurídica.

Considerando as informações narradas e o Enunciado 704 da Súmula de Jurisprudência do Supremo Tribunal Federal (É concorrente a legitimidade do ofendido, mediante queixa, e do Ministério Público, condicionada à representação do ofendido, para a ação penal por crime contra a honra de servidor público em razão do exercício de suas funções), o advogado de Gabriel deverá esclarecer que:

a) a denúncia por parte do Ministério Público depende de representação do ofendido, a ser oferecida no prazo de 06 (seis) meses a contar do conhecimento da autoria, ainda que o inquérito policial possa ser instaurado independentemente da manifestação de vontade de Gabriel;
b) as investigações em inquérito policial não poderiam ocorrer pelo prazo inicial de 20 (vinte) dias, considerando a previsão legislativa de que o inquérito deve ter prazo máximo de 10 (dez) dias, apenas podendo ser prorrogado por igual prazo;
c) o inquérito policial não poderia ter sido instaurado pela autoridade policial sem a concordância do ofendido, considerando a natureza da ação penal do crime investigado;
d) a queixa, caso Gabriel opte por apresentá-la, deverá ser oferecida no prazo máximo de 06 (seis) meses a contar da data do fato, ainda que outra data seja a do conhecimento da autoria;
e) a autoridade policial poderá, entendendo pela ausência de materialidade delitiva, arquivar diretamente o inquérito policial.

▷ **Anotações/Comentários**

(a) O inquérito policial e o oferecimento de denúncia dependem de representação do ofendido, sendo que esta deve ser feita até seis meses do conhecimento da autoria delitiva, pois se trata de crime apurado por ação penal pública condicionada à representação.

(b) O Inquérito policial não poderia ter se iniciado sem a manifestação do ofendido. Se este houvesse anuído, o prazo para sua conclusão é de dez dias, se o investigado estiver preso, ou trinta dias, se estiver solto.

(c) Como o crime de injúria contra funcionário público pode ser apurado por ação penal privada ou por ação penal pública condicionada à representação, a instauração de inquérito policial depende de concordância do ofendido.

(d) A queixa-crime deve ser oferecida no prazo de seis meses da data do conhecimento da autoria delitiva, não da data do fato.

(e) A Autoridade Policial jamais pode arquivar o inquérito policial, o que pode ser feito pelo juiz a requerimento do Ministério Público (art. 28, CPP, em vigência) ou pelo próprio Ministério Público (art. 28, CPP, com redação do Pacote Anticrime, cuja vigência se encontra suspensa por decisão do STF).

13. (FGV - Técnico Judiciário - Área Judiciária - TJ - CE/2019) Lauro figura como indiciado em inquérito policial em que se investiga a prática do crime de concussão. Intimado a comparecer na Delegacia para prestar declarações, fica preocupado com as medidas que poderiam ser determinadas pela autoridade policial, razão pela qual procura seu advogado. Com base nas informações expostas, a defesa técnica de Lauro deverá esclarecer que:

a) a reprodução simulada dos fatos poderá ser determinada pela autoridade policial, não podendo, contudo, ser Lauro obrigado a participar contra sua vontade;
b) a defesa técnica do indiciado não poderá ter acesso às peças de informação constantes do inquérito, ainda que já documentadas, em razão do caráter sigiloso do procedimento;
c) o indiciado e o eventual ofendido, diante do caráter inquisitivo do inquérito policial, não poderão requerer a realização de diligências durante a fase de investigações;
d) o procedimento investigatório, caso venha a ser arquivado com base na falta de justa causa, não poderá vir a ser desarquivado, ainda que surjam novas provas;
e) a autoridade policial, em sendo de interesse das investigações, poderá determinar a incomunicabilidade do indiciado pelo prazo de 10 (dez) dias.

▷ **Anotações/Comentários**

(a) A reprodução simulada dos fatos é um meio de prova que pode ser usada pelo Autoridade Policial (art. 7º, CPP), mas o acusado não é obrigado a fazer prova contra si mesmo.

(b) A defesa do acusado poderá ter acesso aos autos de inquérito policial em relação às peças de informação constantes do inquérito policial (Súmula Vinculante 14, STF).

(c) No inquérito policial, o ofendido, ou seu representante legal, e o indiciado poderão requerer qualquer diligência, que será realizada, ou não, a juízo da autoridade policial (art. 14, CPP).

(d) Arquivamento do inquérito policial por falta de justa causa não gera coisa julgada material, de modo que pode ser desarquivado em caso de novas provas.

(e) O CPP prevê a incomunicabilidade pelo prazo de três dias (art. 21, CPP) mas há entendimento de que se trata de medida inconstitucional.

---

14. (FGV – Técnico Judiciário – Área Judiciária – TJ – AL/2018) Enquanto organizava procedimentos que se encontravam no cartório de determinada Vara Criminal do Tribunal de Justiça de Alagoas, o servidor identifica que há um inquérito em que foram realizadas diversas diligências para apurar crime de ação penal pública, mas não foi obtida justa causa para o oferecimento de denúncia, razão pela qual o Delegado de Polícia elaborou relatório final opinando pelo arquivamento. Verificada tal situação e com base nas previsões do Código de Processo Penal, caberá ao:

a) juiz realizar diretamente o arquivamento, tendo em vista que já houve representação nesse sentido por parte da autoridade policial, cabendo contra a decisão recurso em sentido estrito;
b) Ministério Público realizar diretamente o arquivamento, caso concorde com a conclusão do relatório da autoridade policial, independentemente de controle judicial;
c) delegado de polícia, em caso de concordância do juiz, realizar diretamente o arquivamento após retorno do inquérito policial para delegacia;
d) Ministério Público promover pelo arquivamento, cabendo ao juiz analisar a homologação em respeito ao princípio da obrigatoriedade;
e) juiz promover pelo arquivamento, podendo o promotor de justiça requerer o encaminhamento dos autos ao Procurador- Geral de Justiça em caso de discordância, em controle ao princípio da obrigatoriedade.

▷ **Anotações/Comentários**

Observação: essa questão foi elaborada antes do Pacote Anticrime que alterou a sistemática do art. 28, CPP. Porém, por decisão do STF, no momento de elaboração dessa obra, a nova redação do art. 28, CPP, se encontra com vigência suspensa. Assim, mantém-se o gabarito da questão, respondido de acordo com a redação original de tal dispositivo.

(a) De acordo com a sistemática em vigência, o membro do MP, ao manifestar pelo arquivamento do IP, deve submeter sua manifestação ao juiz competente e comunicará à vítima. Caso o juiz e a vítima discorde, a decisão definitiva será tomada pelo órgão superior do MP com atribuição para atuar no caso.

(b) O MP manifesta pelo arquivamento, mas há controle judicial dessa decisão ministerial, já que o juiz deve ser comunicado.

(c) O Delegado de Polícia preside o IP, mas jamais promoverá o seu arquivamento.

(d) Na sistemática do art. 28, CPP, em vigência, o MP promove o arquivamento e o juiz exerce controle acerca do princípio da obrigatoriedade da ação penal pública. Se discorda do MP, o juiz remete os Autos ao Órgão Superior do MP com atribuição para apreciar a matéria, o qual poderá ratificar o arquivamento, requisitar novas diligências ou oferecer denúncia.

(e) O Promotor manifesta pelo arquivamento e comunica ao juiz sobre sua manifestação, que, caso discorde, remete os Autos para o Órgão Superior do MP com atribuição para apreciar a matéria.

---

15. (Cespe – Analista Judiciário – Área Judiciária – CNJ/2013) A respeito do disposto na Constituição Federal de 1988 (CF) e no Código de Processo Penal, julgue os próximos itens.

Em que pese a previsão constitucional de publicidade dos atos processuais, isso não ocorre no inquérito policial que, por ser procedimento administrativo informativo, é acobertado pelo sigilo.

- CERTO
- ERRADO

▷ **Anotações/Comentários**

O IP, como visa a colheita de provas, é sigiloso, mas pode o advogado do investigado ter acesso à prova já documentada (Súmula Vinculante n. 11).

---

16. (Cespe – Analista Judiciário – Área Administrativa – TRE – BA/2017) Indiciado em determinado inquérito policial, Pedro requereu, por meio de seu advogado, acesso aos autos da investigação. O requerimento foi negado pelo delegado de polícia.

Nessa situação hipotética, a decisão da autoridade policial está

a) correta, pois, sendo procedimento inquisitório, não há de se falar em assistência de advogado no curso do inquérito policial.
b) incorreta, pois o exercício do direito de defesa e contraditório são plenamente aplicáveis ao inquérito policial.
c) incorreta, pois afronta o princípio da publicidade, igualmente aplicável às ações penais em curso e aos inquéritos policiais.
d) correta, pois o inquérito policial, sendo procedimento inquisitório, deve ser mantido em sigilo até o ajuizamento da ação penal.
e) incorreta, pois o acesso do indiciado, por meio de seu advogado, aos autos do procedimento investigatório é garantia de seu direito de defesa.

▷ **Anotações/Comentários**

(a) No inquérito policial, há atuação de advogado, ainda que de forma mitigada.

(b) O direito de defesa e do contraditório no IP são mitigados.

(c) O IP tem a sua publicidade mitigada em relação à ação penal.

(d) Ver resposta à alternativa "c".

(e) A Súmula Vinculante n. 14 do STF garante o acesso do acesso do advogado aos Autos do Inquérito Policial em relação às provas já documentadas.

---

17. (Cespe – Analista Judiciário – Área Judiciária – TRE – BA/2017) A instauração de inquérito penal independe da manifestação do ofendido no caso de crime de ação penal

a) pública incondicionada.
b) privada, se o ofendido for incapaz.
c) privada.
d) pública condicionada.
e) pública condicionada, se o ofendido houver falecido.

▷ **Anotações/Comentários**

(a) EM se tratando de ação penal pública incondicionada, a Autoridade Policial deve instaurar o IP de ofício.

(b) Se o ofendido for incapaz, na ação penal privada, deve haver requerimento de seu representante legal.

(c) Na ação penal privada, deve haver requerimento do ofendido.

(d) Na ação penal pública condicionada à representação, deve haver requerimento do ofendido.

(e) Na ação penal pública condicionada à representação, se o ofendido for falecido, o requerimento deve ser feito pelo cônjuge, ascendente, descendente ou irmão.

---

18. (Consulplan – Analista Judiciário – Área Administrativa – TRE – RJ/2017) Em relação ao tratamento que o Código de Processo Penal dá ao inquérito policial, considere as afirmativas a seguir.

I. É imprescindível ao oferecimento da denúncia.
II. A Autoridade Policial pode determinar o seu arquivamento.

III. Arquivado o inquérito pela Autoridade Judiciária, a Autoridade Policial poderá proceder a novas pesquisas, se de outras provas tiver notícia.

IV. Se o Promotor promover o arquivamento do inquérito policial, mas o juiz discordar de suas razões, deverá encaminhar os autos ao Procurador Geral e se este insistir no arquivamento, o Juiz ficará obrigado a acatar.

Estão corretas apenas as afirmativas

a) I e II.

b) I e III.

c) II e IV.

d) III e IV.

▷ **Anotações/Comentários**

(I) O IP é dispensável.

(II) A Autoridade Policial preside o IP, mas não tem competência para seu arquivamento.

(III) O desarquivamento do IP depende de novas provas.

(IV) Na sistemática em vigência, o MP pede o arquivamento. Se o juiz discordar, deve remeter os Autos ao Órgão Superior do MP com atribuição para apreciar a matéria. Ratificado o arquivamento, o Judiciário deve acatar o determinado.

19. (FCC - Analista Judiciário - Área Judiciária - TRE - PR/2017) Acerca do inquérito policial, é correto afirmar:

a) Nos crimes de ação penal pública, sempre será necessária a autorização da vítima para a abertura de inquérito.

b) Tendo em vista a preservação da incolumidade pública, a instauração de inquérito policial para a apuração de crime de alçada privada poderá ser requisitado pela autoridade judiciária.

c) A instauração de inquérito policial interrompe o prazo da prescrição.

d) Mesmo depois de ordenado o arquivamento do inquérito pelo juiz, em razão de falta de elementos para a denúncia, a autoridade policial poderá reativar as investigações se tiver conhecimento de novas provas.

e) A autoridade policial garantirá, durante o inquérito, o sigilo necessário ao esclarecimento dos fatos investigados, observando, porém, em todas as suas manifestações, o princípio do contraditório.

▷ **Anotações/Comentários**

(a) Se o crime é de ação penal pública incondicionada, o Delegado deve instaurar o IP de ofício.

(b) No caso de ação penal privada, o IP pode ser instaurado somente mediante requerimento da vítima.

(c) Instauração de IP não é causa de interrupção do prazo prescricional.

(d) Arquivado o IP por falta de provas, com o surgimento de novas provas, a Autoridade Policial pode promover o seu desarquivamento.

(e) A autoridade assegurará no inquérito o sigilo necessário à elucidação do fato ou exigido pelo interesse da sociedade. Mas, o contraditório é mitigado na fase de inquérito policial.

20. (Cespe - Analista Judiciário - Oficial de Just. Avaliador - TRF 1/2017) A respeito de inquérito policial, julgue os itens subsequentes.

I – O arquivamento do inquérito policial determinado por autoridade judiciária competente, a pedido do Ministério Público, com fundamento na atipicidade da conduta, por fazer coisa julgada material, obsta seu desarquivamento em razão do surgimento de novas provas.

- CERTO
- ERRADO

▷ **Anotações/Comentários**

O arquivamento do IP por atipicidade da conduta faz coisa julgada formal e material. Desse modo, não pode haver o desarquivamento, ainda que surjam novas provas.

II - Apesar de se tratar de procedimento inquisitorial no qual não se possa exigir a plena observância do contraditório e da ampla defesa, a assistência por advogado no curso do inquérito policial é direito do investigado, inclusive com amplo acesso aos elementos de prova já documentados que digam respeito ao direito de defesa.

- CERTO
- ERRADO

▷ **Anotações/Comentários**

É direito do defensor, no interesse do representado, ter acesso amplo aos elementos de prova que, já documentados em procedimento investigatório realizado por órgão com competência de polícia judiciária, digam respeito ao exercício do direito de defesa (Súmula Vinculante n. 14, STF).

21. (Cespe – Técnico Judiciário – Área Administrativa – TRF 1/2017) Acerca do inquérito policial, julgue os próximos itens.

I - Apenas no caso em que o investigado estiver preso preventivamente, o inquérito policial deverá se encerrar em até dez dias, contados a partir do dia subsequente à execução da ordem de prisão.

- CERTO
- ERRADO

▷ **Anotações/Comentários**

Não importa a natureza da prisão cautelar. Presa pessoa em decorrência de prisão em flagrante. preventiva ou temporária, o inquérito policial deve ser encerrado em até dez dias.

II - Mesmo depois de a autoridade judiciária ter ordenado o arquivamento do inquérito policial por falta de base para a denúncia, a autoridade policial poderá proceder a novas diligências.

- CERTO
- ERRADO

▷ **Anotações/Comentários**

O arquivamento do inquérito policial por falta de base para denúncia não faz coisa julgada material. Desse modo, o Delegado pode fazer novas diligências e desarquivar o inquérito em caso de novas provas.

22. (Consulplan – Analista Judiciário – Área Judiciária – TRF 2/2017) "'Fulano de Tal' foi preso em flagrante delito por crime afeto à justiça comum estadual. Comunicado da prisão, o juiz de direito converteu a prisão em flagrante em prisão preventiva. Nesta hipótese, o inquérito policial deverá ser concluído em _____ dias, a partir da _________."

Assinale a alternativa que completa correta e sequencialmente a afirmativa anterior.

a) 10 / prisão

b) 15 / prisão

c) 10 / instauração

d) 15 / instauração

▷ **Anotações/Comentários**

(a) O inquérito deverá terminar no prazo de 10 dias, se o indiciado tiver sido preso em flagrante, ou estiver preso preventivamente, contado o prazo, nesta hipótese, a partir do dia em que se executar a ordem de prisão (art. 10, CPP).

(b) Ver resposta à alternativa "a".

(c) Ver resposta à alternativa "a".

(d) Ver resposta à alternativa "a".

23. (Consulplan - Analista Judiciário - Oficial de Just. Avaliador - TRF 2/2017) Sobre o tema Inquérito Policial, assinale a alternativa INCORRETA.

a) Nos crimes de ação penal pública o inquérito policial pode ser iniciado a requerimento do ofendido.

b) A autoridade policial apenas poderá mandar arquivar autos de inquérito policial quando o fato for atípico ou estiver extinta a punibilidade.

c) Nos crimes de ação privada, a autoridade policial somente poderá proceder a inquérito a requerimento de quem tenha qualidade para intentá-la.

d) O Ministério Público não poderá requerer a devolução do inquérito à autoridade policial, senão para novas diligências, imprescindíveis ao oferecimento da denúncia.

▷ **Anotações/Comentários**

(a) Nos crimes de ação penal pública o inquérito policial pode ser iniciado a requerimento do ofendido (art. 5º, II, CPP).

(b) A Autoridade Policial jamais vai determinar o arquivamento do IP.

(c) Nos crimes de ação privada, a autoridade policial somente poderá proceder a inquérito a requerimento de quem tenha qualidade para intentá-la (art. 5º, § 5º, CPP).

(d) O Ministério Público não poderá requerer a devolução do inquérito à autoridade policial, senão para novas diligências, imprescindíveis ao oferecimento da denúncia (art. 16, CPP).

---

24. (Consulplan – Técnico Judiciário – Área Administrativa – TRF 2/2017) Sobre o tema inquérito policial, assinale a alternativa INCORRETA.

a) O inquérito policial acompanhará a denúncia ou queixa, sempre que servir de base a uma ou outra.

b) Todas as peças do inquérito policial serão, num só processado, reduzidas a escrito ou datilografadas e, neste caso, rubricadas pela autoridade.

c) Depois de ordenado o arquivamento do inquérito pela autoridade judiciária, por falta de base para a denúncia, a autoridade policial poderá proceder a novas pesquisas, se de outras provas tiver notícia.

d) Mesmo no crime de sequestro, o delegado de polícia não poderá requisitar, de empresas da iniciativa privada, dados e informações cadastrais da vítima ou de suspeitos, dependendo de decisão judicial.

▷ **Anotações/Comentários**

(a) O inquérito policial acompanhará a denúncia ou queixa, sempre que servir de base a uma ou outra (art. 12, CPP).

(b) Todas as peças do inquérito policial serão, num só processado, reduzidas a escrito ou datilografadas e, neste caso, rubricadas pela autoridade (art. 9º, CPP).

(c) Depois de ordenado o arquivamento do inquérito pela autoridade judiciária, por falta de base para a denúncia, a autoridade policial poderá proceder a novas pesquisas, se de outras provas tiver notícia (art. 18, CPP).

(d) Nos crimes previstos nos arts. 148, 149 e 149-A, no § 3º do art. 158 e no art. 159 do Código Penal, e no art. 239 do Estatuto da Criança e do Adolescente, o membro do Ministério Público ou o delegado de polícia poderá requisitar, de quaisquer órgãos do poder público ou de empresas da iniciativa privada, dados e informações cadastrais da vítima ou de suspeitos (art. 13-A, CPP).

---

25. (Cespe – Analista Judiciário – Área Judiciária – TRE – RS/2015) A respeito dos princípios gerais do direito processual penal e do inquérito policial, assinale a opção correta.

a) Lei processual que, de qualquer modo, altere rito procedimental, de forma a favorecer o acusado, aplica-se aos atos processuais praticados antes de sua vigência.

b) A incomunicabilidade do indiciado somente será permitida quando o interesse da sociedade ou a conveniência da investigação o exigir.

c) O arquivamento do inquérito policial embasado no princípio da insignificância faz coisa julgada material, o que impede seu desarquivamento diante do surgimento de novas provas.

d) Expressamente previsto na Constituição Federal, o princípio do promotor natural garante a todo e qualquer indivíduo o direito de ser acusado por órgão imparcial do Estado, previamente designado por lei, vedada a indicação de acusador para atuar em casos específicos.

e) Diplomata de Estado estrangeiro que cometer crime de homicídio dentro do território nacional será processado conforme o que determina a lei processual brasileira.

▷ **Anotações/Comentários**

(a) Em regra, a lei processual penal aplicar-se desde logo, sem prejuízo da validade dos atos realizados sob a vigência da lei anterior. No caso de lei mista, é possível a retroatividade, se mais benéfica ao acusado.

(b) O CPP prevê a incomunicabilidade do preso em caso de interesse da sociedade ou a conveniência da investigação o exigir. Mas, há entendimento de que esse dispositivo não foi recebido pela CF/88, a qual veda a incomunicabilidade sequer em vigência de estado de defesa, quanto mais no caso de normalidade constitucional.

(c) Quando se trata de princípio da insignificância, há atipicidade da conduta, o que impede o desarquivamento do IP.

(d) O princípio do promotor natural não está previsto expressamente na CF.

(e) O Diplomata goza de imunidade em razão da Convenção de Viena, não se aplicando a ele a lei brasileira.

---

26. (IESES – Cartório – Provimento – TJ – CE/2018) É certo afirmar:

I. A polícia judiciária será exercida pelas autoridades policiais civis no território de suas respectivas circunscrições e terá por fim a apuração das infrações penais e da sua autoria, sobre os delitos civis, militares e administrativos.

II. Inovar artificiosamente, na pendência de processo civil, penal ou administrativo, o estado de lugar, de coisa ou de pessoa, com o fim de induzir a erro o juiz ou o perito, constitui-se em crime de fraude processual.

III. As leis penais, em algumas hipóteses, incidem sobre os fatos delituosos cometidos fora do território brasileiro, apresentando, assim, excepcionalmente, uma extraterritorialidade. Entretanto, no que tange às leis processuais penais, estas não ultrapassam os limites do território do Estado que as promulgou. São eminentemente territoriais.

IV. O inquérito policial não é peça meramente informativa, trata-se de peça essencial para o deslindo do crime não sendo facultada a sua observância.

Analisando as proposições, pode-se afirmar:

a) Somente as proposições II e IV estão corretas.

b) Somente as proposições I e III estão corretas.

c) Somente as proposições II e III estão corretas.

d) Somente as proposições I e IV estão corretas.

▷ **Anotações/Comentários**

(I) Às polícias civis, dirigidas por delegados de polícia de carreira, incumbem, ressalvada a competência da União, as funções de polícia judiciária e a apuração de infrações penais, exceto as militares. Não tem competência também para apurar ilícitos civis e administrativos.

(II) Trata-se do crime de fraude processual previsto no art. 347, CP.

(III) Pelo princípio da extraterritorialidade, aplica-se a lei pena a crimes praticados no exterior, desde que presentes os requisitos legais. Já as normas processuais penais não se aplicam a processos que tramitam no estrangeiro.

(IV) O IP é dispensável.

---

27. (IESES – Cartório – Provimento – TJ – CE/2018) É certo afirmar:

I. A acareação é prova eminentemente processual não comportando ser utilizada pela Autoridade Policial no curso do inquérito.

II. A peça acusatória é uma exposição narrativa e demonstrativa. Narrativa, porque deve revelar o fato com todas as suas circunstâncias, apontando o seu autor (quis), os meios que empregou (quibus auxiliis), o mal que produziu (quid), os motivos (cur), a maneira como o praticou (quomoto), o lugar (ubi) e o tempo (quando).

III. O inquérito policial tem natureza administrativa. São seus caracteres: ser escrito, sigiloso e inquisitivo, já que nele não há o contraditório.

IV. O inquérito deverá terminar no prazo de 30 dias, se o indiciado tiver sido preso em flagrante, ou estiver preso preventivamente, contado o prazo, nesta hipótese, a partir do dia em que se executar a ordem de prisão, ou no prazo de 90 dias, quando estiver solto, mediante fiança ou sem ela.

Analisando as proposições, pode-se afirmar:

a) Somente as proposições II e III estão corretas.
b) Somente as proposições II e IV estão corretas.
c) Somente as proposições I e III estão corretas.
d) Somente as proposições I e IV estão corretas.

▷ **Anotações/Comentários**

(I) A acareação se aplica tanto na fase policial, quanto em Juízo.

(II) A denúncia ou queixa conterá a exposição do fato criminoso, com todas as suas circunstâncias, a qualificação do acusado ou esclarecimentos pelos quais se possa identificá-lo, a classificação do crime e, quando necessário, o rol das testemunhas (art. 41, CPP).

(III) O IP é presidido por autoridade policial, tendo natureza administrativa, caracterizado por ser escrito, sigiloso e inquisitivo (entendo que há contraditório no IP, embora de forma mitigada).

(IV) O inquérito deverá terminar no prazo de 10 dias, se o indiciado tiver sido preso em flagrante, ou estiver preso preventivamente, contado o prazo, nesta hipótese, a partir do dia em que se executar a ordem de prisão, ou no prazo de 30 dias, quando estiver solto, mediante fiança ou sem ela (art. 10, CPP).

---

28. (IESES - Cartório - Remoção - TJ - CE/2018) De acordo com o Código de Processo Penal, se o indiciado tiver sido preso em flagrante, ou estiver preso preventivamente, o inquérito policial deverá terminar no prazo de:

a) 10 (dez) dias.
b) 05 (cinco) dias.
c) 15 (quinze) dias.
d) 30 (trinta) dias.

▷ **Anotações/Comentários**

(a) Em caso de indiciado preso, o inquérito policial deve ser encerrado em dez dias (art. 10, CPP).

(b) Ver reposta à alternativa "a".

(c) Ver reposta à alternativa "a".

(d) Trinta dias é o prazo para o encerramento do inquérito policial, se o indiciado estiver solto (art. 10, CPP).

---

29. (Cespe - Delegado de Polícia - MA/2018) Amadeu, com vinte anos de idade, encontrou Márcia, com dezesseis anos de idade, sua ex-vizinha, em um baile de carnaval realizado em uma praia. Ao perceber que Márcia se encontrava em estado de embriaguez, apresentando perda do raciocínio e de discernimento, Amadeu aproveitou para praticar diversos atos libidinosos e ter conjunção carnal com ela, mesmo sem o seu consentimento.

Nessa situação hipotética,

a) a autoridade policial só poderá instaurar inquérito mediante representação de Márcia ou de seus pais.
b) a autoridade policial poderá instaurar inquérito de ofício.
c) a autoridade policial não poderá instaurar inquérito policial caso tome ciência do fato por meio da veiculação do fato pela imprensa.
d) a autoridade policial só poderá instaurar inquérito mediante requerimento subscrito pelos pais de Márcia.
e) o MP não poderá requisitar a instauração de inquérito policial.

▷ **Anotações/Comentários**

(a) Trata-se de crime de ação penal pública incondicionada, logo a Autoridade Policial não depende de representação da vítima ou de seus representantes legais.

(b) Trata-se de crime de ação penal pública incondicionada, logo a Autoridade Policial pode agir de ofício.

(c) A veiculação do fato pela imprensa se trata de "*notitia criminis*", que autoriza a instauração do IP pela Autoridade Policial.

(d) A Autoridade Policial pode agir de ofício.

(e) Trata-se de crime de ação penal pública incondicionada, logo o MP pode requisitar a instauração de IP.

---

30. (Cespe - Delegado de Polícia - MA/2018) Após a instauração de inquérito policial para apurar a prática de crime de corrupção passiva em concurso com o de organização criminosa, o promotor de justiça requereu o arquivamento do ato processual por insuficiência de provas, pedido que foi deferido pelo juízo. Contra essa decisão não houve a interposição de recursos.

Nessa situação,

a) mesmo com o arquivamento do inquérito policial, a ação penal poderá ser proposta, desde que seja instruída com provas novas.
b) em razão do arquivamento, a ação penal só poderá ser proposta como ação penal privada subsidiária da pública.
c) o arquivamento do inquérito policial gerou a perempção, que provoca a inadmissibilidade da ação penal devido à extinção da punibilidade provocada.
d) em razão da coisa julgada material feita com o trânsito em julgado da decisão que deferiu o arquivamento do inquérito, é inadmissível a propositura de ação penal.
e) outro promotor de justiça, com entendimento contrário ao daquele que requereu o arquivamento, poderá requerer o desarquivamento do inquérito e propor ação penal independentemente da existência de novas provas.

▷ **Anotações/Comentários**

(a) Caso o IP for arquivado por insuficiência de provas, é possível o seu desarquivamento mediante o surgimento de provas novas.

(b) O arquivamento não dá ensejo à ação pena privada subsidiária da pública.

(c) A perempção ocorre no caso de omissão do querelante na ação penal privada, conforme art. 60, CPP.

(d) Pode ser desarquivado o inquérito policial, cujo arquivamento se deu por falta de provas.

(e) Prevalece os princípios da unidade e da indivisibilidade do MP e, com isso, outro Promotor não pode oferecer a denúncia.

---

31. (Cespe - Delegado de Polícia - MA/2018) No caso de um delegado de polícia instaurar inquérito policial para apurar a conduta delitiva supostamente praticada por determinado cidadão, o delegado-geral de polícia

a) poderá promover a remoção do delegado com o objetivo de frustrar a sua atuação no inquérito, independentemente de justificativa, em razão de sua posição hierárquica.
b) poderá determinar a redistribuição do inquérito por motivo de interesse público devidamente demonstrado.
c) não poderá, em regra, determinar a redistribuição do inquérito policial, ressalvado apenas o caso de morte do delegado que determinar a sua instauração.
d) poderá proceder à redistribuição do inquérito, independentemente de justificativa, em razão de sua posição hierárquica.
e) não poderá avocar o inquérito policial, salvo em caso de inobservância dos procedimentos previstos em regulamento da corporação policial que prejudique a eficácia da investigação.

▷ **Anotações/Comentários**

(a) Não poderá remover o delegado, pois esse objetivo é estranho à Administração Pública.

(b) A redistribuição do IP pelo Delegado-Geral pode ocorrer no caso de interesse público devidamente demostrado (art. 2º, § 4º, Lei n. 12.830/2013).

(c) Em regra, não pode haver redistribuição. Exceções: motivo de interesse público ou nas hipóteses de inobservância dos procedimentos previstos em regulamento da corporação que prejudique a eficácia da investigação.

(e) deve haver a justificativa para que haja redistribuição.

(e) As hipóteses de avocação são as mesmas da redistribuição (ver alternativa "c").

32. (Cespe - Delegado de Polícia - MA/2018) De acordo com as legislações especiais pertinentes, o inquérito policial deve ser concluído no

a) prazo comum de quinze dias, estando o indiciado solto ou preso, nos casos de crimes de tortura.

b) mesmo prazo estipulado para a apreciação das medidas protetivas, nos casos de crimes previstos na Lei Maria da Penha.

c) prazo comum de dez dias, estando o indiciado solto ou preso, nos casos de crimes contra a economia popular.

d) prazo de trinta dias, se o indiciado estiver solto, e de quinze dias, se ele estiver preso, de acordo com a Lei de Drogas.

e) prazo de quinze dias, se o crime for de porte ilegal de arma de fogo de uso restrito, conforme o Estatuto do Desarmamento.

▷ **Anotações/Comentários**

(a) Não há na Lei de Crime de Tortura prazo especial para a conclusão do IP, devendo-se aplicar a regra geral do art. 10, CPP.

(b) Não há na Lei Maria da Penha prazo especial para a conclusão do IP, devendo-se aplicar a regra geral do art. 10, CPP.

(c) A Lei de Economia Popular determina que o Inquérito Policial seja encerrado no prazo de dez dias, estando o investigado preso ou solto (art. 10, § 1º, Lei n. 1.521/1961).

(d) A Lei de Drogas determina que o inquérito policial será concluído no prazo de trinta dias, se o indiciado estiver preso, e de noventa dias, quando solto (art. 51, Lei n. 11.343/2006)

(e) Não há no Estatuto do Desarmamento prazo especial para a conclusão do IP, devendo-se aplicar a regra geral do art. 10, CPP.

3. DA AÇÃO PENAL

33. AOCP - 2024 - TRF 2 - Analista Judiciário - Área Judiciária

Considere que João, na qualidade de servidor público federal, apropriou-se de um aparelho celular de propriedade da União, do qual tinha a posse em razão do exercício do cargo público. Quanto à possibilidade de celebração do acordo de não persecução penal nesse caso, assinale a alternativa correta.

a) A doutrina entende que, para possibilitar a celebração do acordo de não persecução penal, João deve proceder à confissão ampla do crime, não bastando a confissão meramente formal.

b) Pela natureza do crime praticado por João, não se admite a celebração do acordo de não persecução penal.

c) O fato de João eventualmente ter realizado transação penal nos cinco anos anteriores ao cometimento da infração não impossibilita a celebração do acordo de não persecução penal.

d) Se João aceitar o acordo de não persecução penal e, posteriormente, o juiz recusar a homologação do acordo, admite-se a interposição de recurso em sentido estrito.

e) Se o crime praticado por João for passível de transação penal, ele poderá optar pela celebração desta ou do acordo de não persecução penal.

▷ ***Anotações/Comentários***

(a) Para concessão do acordo de não persecução penal, a confissão deve ser formal e circunstancial (art. 28-A, CPP).

(b) A natureza do crime, conceito abstrato, não impede o acordo de não persecução penal.

(c) Impede o acordo de não persecução penal ter sido o agente beneficiado nos 5 (cinco) anos anteriores ao cometimento da infração, em acordo de não persecução penal, transação penal ou suspensão condicional do processo (art. 28-A, § 2º, III, CPP).

(d) Cabe recurso em sentido estrito contra a decisão que recusar a homologação do acordo de não persecução penal (art. 581, XXV, CPP).

(e) Não cabe acordo de não persecução penal, se cabível a transação penal (art. 28-A, § 2º, I, CPP).

34. FCC - 2024 - TRF 3 - Técnico Judiciário - Área Administrativa

Considere os seguintes casos hipotéticos, envolvendo pessoas primárias e sem qualquer antecedente criminal, que estão sendo investigadas em inquéritos policiais instaurados:

— Rodrigo, para favorecer interesse próprio, ameaçou uma testemunha que iria depor em uma ação penal, incorrendo, em tese, no crime de coação no curso do processo, previsto no artigo 344, do Código Penal, que estabelece pena de 1 a 4 anos de reclusão, e multa, além da pena correspondente à violência.

— Matias falsificou um lote de dez mil notas de R$ 50,00, incorrendo, em tese, no crime de moeda falsa, previsto no artigo 289, do Código Penal, que estabelece pena de 3 a 12 anos de reclusão e multa.

— Rita, funcionária pública, facilitou, com infração de dever funcional, a prática de contrabando, incorrendo, em tese, no crime do artigo 318, do Código Penal, que estabelece pena de 3 a 8 anos de reclusão e multa.

— Wilson opôs-se à execução de mandado de busca domiciliar, regularmente expedido, mediante violência a funcionário público competente para executá-lo, incorrendo, em tese, no crime de resistência, previsto no artigo 329, do Código Penal, que estabelece pena de 2 meses a 2 anos de detenção, sem prejuízo das penas correspondentes à violência.

Nos termos preconizados pelo Código de Processo Penal, após as alterações promovidas pelo Pacote Anticrime, ao término das investigações, não sendo o caso de arquivamento do inquérito policial, presentes os demais requisitos legais, o Ministério Público poderá propor o acordo de não persecução penal APENAS para

a) Rodrigo, Matias e Rita.

b) Matias e Rita.

c) Matias e Wilson.

d) Rodrigo e Wilson.

e) Matias, Rita e Wilson.

▷ ***Anotações/Comentários***

Nome	Crime	Cabe ANPP	Fundamento
RODRIGO	artigo 344, do Código Penal, que estabelece pena de 1 a 4 anos de reclusão, e multa, além da pena correspondente à violência.	NÃO	Para cabimento do ANPP, o crime não pode ser cometido mediante violência (art. 28-A, CPP.
MATIAS	artigo 289, do Código Penal, que estabelece pena de 3 a 12 anos de reclusão e multa	sim	Para cabimento do ANPP, a infração penal deve ser cometida sem violência ou grave ameaça e com pena mínima inferior a 4 (quatro) anos
RITA	do artigo 318, do Código Penal, que estabelece pena de 3 a 8 anos de reclusão e multa	SIM	Para cabimento do ANPP, a infração penal deve ser cometida sem violência ou grave ameaça e com pena mínima inferior a 4 (quatro) anos
WILSON	resistência, previsto no artigo 329, do Código Penal, que estabelece pena de 2 meses a 2 anos de detenção, sem prejuízo das penas correspondentes à violência.	NÃO	Para cabimento do ANPP, o crime não pode ser cometido mediante violência (art. 28-A, CPP.

PROCESSUAL PENAL

35. FCC – 2024 – TRF 3 - Técnico Judiciário - Área Administrativa

Maria e José são vizinhos, na cidade de Campo Grande/MS, e desafetos. No bairro onde residem começaram a ocorrer diversos furtos de veículos e de residências. Maria, com o escopo de causar danos ao seu vizinho José, imputou-lhe falsamente a autoria dos referidos furtos em comparsaria com outros indivíduos, não só perante a vizinhança como também em suas redes sociais, Inconformado com a falsa imputação, José ajuizou queixacrime contra Maria, que foi recebida pelo juízo competente, após o cumprimento de todas as formalidades. Designada audiência de instrução, após regular intimação de todas as partes envolvidas na ação penal, o querelante José e seu advogado não compareceram ao ato e nem justificaram a ausência. Maria, então, por meio de seu advogado, poderá apresentar ao Magistrado pedido de extinção da punibilidade com base

a) na decadência.

b) na renúncia ao direito de queixa.

c) no perdão do ofendido.

d) na perempção.

e) no perdão judicial.

▷ ***Anotações/Comentários***

(a) Decadência: a extinção da punibilidade se dá porque o ofendido ou seu representante legal não oferece representação na ação pena pública condicionada ou queixa-crime na ação penal privada no prazo legal.

(b) Renúncia ao direito de queixa: o ofendido, antes de iniciada a ação penal, renuncia, tácita ou expressamente, ao direito de queixa.

(c) Perdão do ofendido: o ofendido, no curso da ação penal, obsta o seu prosseguimento mediante a concessão do perdão.

(d) Perempção: trata-se contumácia ou inércia do ofendido, uma vez iniciada a ação penal nos termos do art. 60, CPP. Uma das hipóteses de perempção ocorre quando o querelante deixar de comparecer, sem motivo justificado, a qualquer ato do processo a que deva estar presente (art. 60, III, CPP).

(e) Perdão Judicial: nos casos em que lei autoriza, o juiz concede o perdão judicial, pois as consequências do fato criminoso ao próprio autor do fato são tão gravosas que não há fundamento para cumprimento da pena.

36. (FCC – Técnico Judiciário – Área Judiciária – TRF 4/2019) Ronaldo, mediante seu advogado José, apresenta queixa-crime contra Silvana, Fábio e Rodrigo, imputando-lhes os crimes de calúnia e difamação. Sobre o caso hipotético apresentado e a queixa-crime, nos crimes de ação penal privada, nos moldes estabelecidos pelo Código de Processo Penal, é INCORRETO afirmar:

a) O perdão concedido por Ronaldo à querelada Silvana a todos aproveitará, ainda que recusado por Fábio e Rodrigo.

b) O Ministério Público poderá aditar a queixa-crime, no prazo de 03 dias, contados do recebimento dos autos, e deverá intervir em todos os termos subsequentes do processo.

c) Se a uma quarta pessoa for imputado o mesmo crime de Silvana, Fábio e Rodrigo, o Ministério Público deverá zelar pela indivisibilidade da ação penal, obrigando o querelante Ronaldo ao processamento de todos.

d) Estará perempta a ação penal privada iniciada por queixa-crime apresentada por Ronaldo se este deixar de promover o andamento do processo durante 30 dias seguidos.

e) José, advogado de Ronaldo, para ajuizar a ação penal privada, deverá estar munido de procuração com poderes especiais, constando, em regra, o nome do querelante e a menção do fato criminoso.

▷ **Anotações/Comentários**

(a) O perdão concedido a um dos querelados aproveitará a todos, sem que produza, todavia, efeito em relação ao que o recusar (art. 51, CPP).

(b) O prazo para o aditamento da queixa será de 3 dias, contado da data em que o órgão do Ministério Público receber os autos, e, se este não se pronunciar dentro do tríduo, entender-se-á que não tem o que aditar, prosseguindo-se nos demais termos do processo (art. 46, § 2º, CPP).

(c) A queixa contra qualquer dos autores do crime obrigará ao processo de todos, e o Ministério Público velará pela sua indivisibilidade (art. 48, CPP).

(d) Os casos de perempção estão previstos no art. 60. CPP, entre os quais está o fato de o querelante deixar de promover o andamento do processo durante 30 dias seguidos.

(e) A queixa poderá ser dada por procurador com poderes especiais, devendo constar do instrumento do mandato o nome do querelante e a menção do fato criminoso, salvo quando tais esclarecimentos dependerem de diligências que devem ser previamente requeridas no juízo criminal (art. 44, CPP).

37. (FCC – Técnico Judiciário – Área Administrativa – TRF 3/2019) Maurício esteve em uma festa realizada em uma casa noturna, situada na cidade de São Paulo, no dia 10 de julho de 2019. Acabou se envolvendo em uma briga e foi agredido por duas pessoas não identificadas. Maurício registrou Boletim de Ocorrência e foi submetido a exame de corpo de delito, que constatou que ele sofreu lesões corporais de natureza leve. No curso das investigações, de posse das imagens das câmeras de segurança do estabelecimento, foi possível identificar os dois agressores. Maurício compareceu ao Distrito Policial e realizou o reconhecimento pessoal dos seus agressores em 15 de agosto de 2019, os quais foram devidamente qualificados nessa data. No dia 10 de setembro de 2019, Maurício faleceu em decorrência de um infarto, deixando uma esposa, Fabíola. No caso hipotético apresentado, tratando-se de crime que se processa mediante representação do ofendido, Fabíola, na condição de cônjuge do falecido, deverá ofertar a necessária representação para ver os agressores do seu finado esposo processados criminalmente no prazo de

a) 03 meses, contado a partir da data do óbito de Maurício.
b) 06 meses, contado a partir do dia 10 de julho de 2019.
c) 06 meses, contado a partir do dia 15 de agosto de 2019.
d) 06 meses, contado a partir da data do óbito de Maurício.
e) 03 meses, contado a partir do dia 10 de julho de 2019.

▷ Anotações/Comentários

(a) O prazo é de seis meses e o prazo não é a data do óbito, mas a data em que a vítima tomou conhecimento da autoria delitiva.

(b) O prazo é de seis meses, mas a data em que a vítima tomou conhecimento da autoria delitiva, não a data do fato.

(c) O prazo para representação na ação penal pública condicionada é de seis meses a partir do momento em que o ofendido tem conhecimento da autoria delitiva. No caso, a vítima tomou conhecimento em 15/08/2019. Com sua morte, o direito à representação passa a ser de sua esposa, mas o prazo inicial continua sendo o dia 15/08/2019. Logo, o prazo se encerra seis meses depois desta data.

(d) O termo inicial é o prazo em que o ofendido teve conhecimento da autoria delitiva.

(e) O prazo é de seis meses a partir do conhecimento da autoria delitiva.

---

38. (Cespe – Analista Judiciário – Direito – TJ – PA/2020) Maria foi vítima de estupro praticado por um desconhecido em um parque. Ao comparecer à delegacia, ela comunicou formalmente o ocorrido e submeteu-se a exame de corpo de delito, que comprovou a violência sexual; em seguida, foi feito o retrato falado do estuprador. Apesar dos esforços da autoridade policial, o autor do crime somente foi identificado e reconhecido pela vítima sete meses após a ocorrência do fato.

Nessa situação hipotética, concluídas as investigações, o Ministério Público deve

a) oferecer a denúncia, visto que estão presentes as condições da ação penal.
b) manifestar-se pelo arquivamento do inquérito policial por falta de interesse de agir.
c) manifestar-se pelo arquivamento do inquérito policial por falta de possibilidade jurídica do pedido.
d) manifestar-se pelo arquivamento do inquérito policial por falta de justa causa.
e) oficiar à vítima para que ela informe se ainda tem interesse na propositura da ação penal.

▷ Anotações/Comentários

(a) Como há prova pericial da materialidade e indícios de autoria delitiva, o Ministério Público tem o dever de oferecer a denúncia.

(b) Há interesse de agir, pois há prova da materialidade e indícios de autoria delitiva.

(c) Há possibilidade jurídica do pedido, pois o pedido de condenação encontra amparo no ordenamento jurídico.

(d) Há justa causa, pois há plausibilidade para a prolação de um futuro e eventual decreto condenatório.

(e) O crime de estupro é de ação penal pública incondicionada e independe da manifestação de vontade da vítima.

---

39. (Cespe – Técnico Judiciário – TJ – RJ/2019) Ação penal pública incondicionada é promovida mediante

a) queixa pela vítima.
b) queixa pelo Ministério Público.
c) denúncia pela vítima.
d) denúncia pelo Ministério Público.
e) queixa pelo Ministério Público após representação da vítima.

▷ Anotações/Comentários

(a) A vítima inicia a ação penal privada por meio de queixa-crime.

(b) O Ministério Público oferece denúncia para iniciar ação penal pública.

(c) A vítima oferece queixa-crime para iniciar ação penal privada.

(d) A denúncia é a petição inicial da ação penal pública, de iniciativa do Ministério Público.

(e) O Ministério Público oferece denúncia e, no caso de ação penal pública incondicionada, independe de representação oferecida pela vítima.

---

40. (Cespe – Técnico Judiciário – TJ – RJ/2021) O Ministério Público ofereceu denúncia de crime de ação penal pública incondicionada. Porém, antes que a inicial acusatória fosse recebida pelo juiz, a vítima compareceu à vara criminal afirmando perdoar o réu.

Nesse caso, é correto afirmar que

a) a manifestação da vítima não inviabiliza a continuidade da ação penal.
b) o Ministério Público deve desistir da propositura da ação penal, visto que a vítima não tem interesse.
c) houve retratação, impedindo o recebimento da denúncia pelo juiz.
d) o perdão da vítima obrigatoriamente extingue a punibilidade do réu.
e) o juiz deverá receber a denúncia e, em seguida, conceder o perdão judicial.

▷ Anotações/Comentários

(a) Como se trata de ação penal pública incondicionada, a manifestação da vítima é irrelevante para o início e prosseguimento da ação penal.

(b) Não ação penal pública incondicionada, a manifestação da vítima é irrelevante.

(c) A retratação da vítima é admitida na ação penal pública condicionada à representação e deve ser feita até o oferecimento da denúncia.

(d) O perdão da vítima extingue a punibilidade dos crimes de ação penal privada.

(e) O perdão judicial não se refere à manifestação da vítima, mas é uma faculdade do juiz, desde que haja autorização em lei.

---

41. (FGV – Técnico Judiciário – Área Judiciária – TJ – CE/2019) Após concluir investigações, a autoridade policial encaminha relatório conclusivo ao Ministério Público, indiciando Jorge pela suposta prática do crime de estelionato, crime esse de ação penal pública incondicionada. Recebidos os autos, o Promotor de Justiça com atribuição se manteve inerte no prazo previsto para oferecimento de denúncia.

Considerando a inércia do Ministério Público e a existência de justa causa, o lesado, através de sua defesa técnica, poderá:

a) oferecer representação administrativa em desfavor do Promotor de Justiça, mas nada poderá fazer em relação ao início da ação penal, já que a previsão do Código de Processo Penal de ação penal privada subsidiária da pública não foi recepcionada pela Constituição da República de 1988, que previu que o Ministério Público é o titular das ações penais públicas;
b) oferecer representação administrativa em desfavor do Promotor de Justiça, mas nada poderá fazer em relação ao início da ação penal, em razão da natureza de ação penal pública incondicionada, já que a queixa subsidiária somente é aplicável em ações penais de natureza pública condicionada à representação;
c) dar início à ação penal privada subsidiária da pública, não podendo o Ministério Público fornecer elementos de prova, mas caberá ao órgão retomar a ação como parte principal em caso de negligência do querelante;

d) apresentar queixa, iniciando ação penal privada subsidiária da pública, podendo, porém, o Ministério Público repudiar a queixa e oferecer denúncia substitutiva;

e) apresentar queixa subsidiária da pública, não cabendo mais ao Ministério Público realizar qualquer intervenção no processo.

▷ **Anotações/Comentários**

Observação: a Lei n. 13.964/2019 tornou o estelionato como crime de ação penal pública condicionada à representação, salvo algumas hipóteses do art. 171, § 5º, CP. Mantivemos a questão, pois o fundamental é entender o procedimento de uma ação penal pública incondicionada.

(a) A Constituição Federal prevê a ação penal privada subsidiária da pública no art. 5º, LIX.

(b) A ação penal privada subsidiária da pública se aplica tanto no caso de ação penal pública incondicionada, quanto no caso de condicionada à representação.

(c) Na ação penal privada subsidiária da pública, pode o Ministério Público aditar a queixa, repudiá-la e oferecer denúncia substitutiva, intervir em todos os termos do processo, fornecer elementos de prova, interpor recurso e, a todo tempo, no caso de negligência do querelante, retomar a ação como parte principal (art. 29, CPP).

(d) A ação penal privada subsidiária da pública é um direito constitucional do acusado de oferecer queixa-crime substitutiva da denúncia, em caso de inércia do Ministério Público, o qual, contudo, pode repudiar a queixa crime e apresentar denúncia (art. 29, CPP).

(e) O MP tem o dever de intervir na ação penal privada subsidiária da pública na forma do art. 29, CPP.

---

42. (FGV - Técnico Judiciário - Área Judiciária - TJ - CE/2019) Hugo foi vítima de crime de dano simples, tendo ele identificado que a autora do fato seria sua ex-namorada Joana. Acreditando que a ex-namorada adotou o comportamento em um momento de raiva, demonstra seu desinteresse em vê-la processada criminalmente. Ocorre que os fatos chegaram ao conhecimento da autoridade policial e do Ministério Público. Considerando que o crime de dano simples é de ação penal privada, se aplica, ao caso, o princípio da:

a) indivisibilidade, de modo que Hugo tem obrigação de apresentar queixa-crime em desfavor de todos os autores do fato, a partir da identificação da autoria;

b) disponibilidade, podendo, porém, o Ministério Público oferecer denúncia em caso de omissão do ofendido pelo prazo de 06 (seis) meses;

c) obrigatoriedade, devendo Hugo apresentar queixa-crime em desfavor de Joana, sob pena de intervenção do Ministério Público;

d) disponibilidade, de modo que deve ser reconhecido que houve, na hipótese, perempção;

e) oportunidade, de modo que cabe a Hugo decidir por apresentar ou não queixa-crime em desfavor de Joana.

▷ **Anotações/Comentários**

(a) Na ação penal privada, o princípio da indivisibilidade implica que, em caso de concurso de agentes, a queixa-crime deve ser apresentada em face de todos os autores e partícipes do crime.

(b) Na ação penal privada, o Ministério Público não pode oferecer denúncia no caso de omissão do ofendido.

(c) Na ação penal privada, vige o princípio da disponibilidade, de modo que o ofendido apresenta queixa-crime apenas se assim quiser.

(d) Houve extinção da punibilidade por causa da renúncia tácita ao direito de queixa-crime.

(e) Cabe ao ofendido na ação penal privada o juízo de oportunidade de apresentação de queixa-crime.

---

43. (FGV - Analista Judiciário - Área Judiciária - TJ - AL/2018) Foi instaurado inquérito policial para apurar a suposta prática de crime de estelionato, figurando Valéria como vítima e Júlio César como indiciado. Após a realização de diversas diligências e a apresentação de relatório conclusivo por parte da autoridade policial, o Ministério Público analisou os elementos informativos e encaminhou ao Judiciário promoção de arquivamento, entendendo pela inexistência de justa causa. Ao tomar conhecimento, Valéria fica revoltada com a conduta do órgão ministerial, pois está convicta de que Júlio César seria o autor do delito. Diante disso, apresenta queixa, iniciando ação penal privada subsidiária da pública.

Quando iniciada a análise da ação penal privada subsidiária da pública, deverá o órgão do Poder Judiciário competente:

a) receber a inicial acusatória e, caso o ofendido deixe de promover o andamento do processo por 30 dias seguidos, deverá ser reconhecida a perempção;

b) não receber a inicial acusatória, tendo em vista que não houve omissão do Ministério Público a justificar a ação penal privada subsidiária da pública;

c) receber a inicial acusatória, passando o ofendido a figurar como parte do processo, não podendo o Ministério Público aditar a queixa oferecida;

d) receber a inicial acusatória, podendo o Ministério Público oferecer denúncia substitutiva da queixa, fornecer elementos de prova e interpor recursos;

e) não receber a inicial acusatória, pois não há previsão do instituto da ação penal privada subsidiária da pública na Constituição da República de 1988, não sendo a previsão do Código de Processo Penal recepcionada.

PROCESSUAL PENAL

▷ **Anotações/Comentários**

(a) A ação penal privada subsidiária da pública só tem cabimento no caso de omissão do Ministério Público.

(b) Há omissão do Ministério Público, quando, ao receber o inquérito policial, ele não pede o arquivamento do inquérito policial, não denúncia ou não requisita diligências, no prazo de cinco dias, se o investigado se encontrar preso, ou quinze dias, se estiver solto (arts. 29 e 46, CPP).

(c) Se fosse o caso de recebimento, o MP poderia aditar a queixa-crime (art. 29, CPP)

(d) Se fosse o caso de recebimento, o MP poderia aditar a queixa-, oferecer denúncia substitutiva, bem como fornecer elementos de prova e interpor recursos (art. 29, CPP)

(e) O art. 5º, LIX, CF/88, prevê a ação penal privada subsidiária da pública como direito fundamental do ofendido.

---

44. (FGV - Técnico Judiciário - Área Judiciária - TJ - AL/2018) Guilherme Nucci define ação penal como "o direito do Estado- acusação ou da vítima de ingressar em juízo, solicitando a prestação jurisdicional, representada pela aplicação das normas de direito penal ao caso concreto". Tradicionalmente, a doutrina classifica as ações penais como públicas e privadas, que possuem diferentes tratamentos a partir de sua natureza. Assim, de acordo com as previsões do Código de Processo Penal e da doutrina, são aplicáveis às ações penais de natureza privada os princípios da:

a) conveniência, indisponibilidade e indivisibilidade;

b) conveniência, indisponibilidade e divisibilidade;

c) oportunidade, disponibilidade e indivisibilidade;

d) oportunidade, disponibilidade e divisibilidade;

e) obrigatoriedade, disponibilidade e divisibilidade.

▷ **Anotações/Comentários**

(a) Na ação penal privada, vige o princípio da disponibilidade, pois o querelante pode dela desistir.

(b) Na ação penal privada, vige o princípio da indivisibilidade, pois o querelante deve mover a ação em face de todos os autores do delito.

(c) Na ação penal privada, vigem os princípios da oportunidade, pois o querelante move a ação penal se entender conveniente a seu interesse privado; disponibilidade, poiso querelante pode ela desistir; indivisibilidade, pois o querelante deve mover a ação em face de todos os autores do delito.

(d) Na ação penal privada, vige o princípio da indivisibilidade.

(e) Na ação penal privada, vigem os princípios da oportunidade.

45. (Cespe – Analista Judiciário – Área Administrativa – TRE – RS/2015) Com relação à ação penal, é correto afirmar que

a) o perdão concedido a um dos querelantes aproveitará a todos os autores remanescentes.

b) o perdão do ofendido, ato extintivo do processo criminal, é, assim como a renúncia, ato unilateral, pois independe da aceitação do autor do crime para que produza efeitos.

c) o MP, em relação à ação penal privada subsidiária da pública, atuará como espécie de assistente litisconsorcial em relação ao querelante.

d) o MP, na ação penal pública condicionada à requisição do ministro da Justiça, fica vinculado à requisição. Nesses casos, o parquet é obrigado a oferecer a denúncia.

e) ocorre a perempção no caso de inércia do querelante, deixando-se de promover o andamento da ação penal privada subsidiária da pública durante trinta dias consecutivos.

▷ **Anotações/Comentários**

(a) O perdão concedido a um dos querelados aproveitará a todos os autores remanescentes (art. 51, CPP).

(b) O perdão é ato bilateral, pois depende da aceitação do querelado. A renúncia é ato unilateral.

(c) Na ação penal privada subsidiária da pública, segundo o entendimento, o MP atua como assistente litisconsorcial, pois pode aditar a queixa, repudiá-la e oferecer denúncia substitutiva, intervir em todos os termos do processo, fornecer elementos de prova, interpor recurso e, a todo tempo, no caso de negligência do querelante, retomar a ação como parte principal (art. 29, CPP).

(d) O MP só oferece denúncia se houver prova da materialidade e da autoria delitiva.

(e) A perempção só ocorre na ação penal privada propriamente dita e na personalíssima. Na ação penal privada subsidiária da pública, o MP deve reassumir a titularidade da ação, em caso de inércia do ofendido.

46. (Consulplan – Analista Judiciário – Área Administrativa – TRE – RJ/2017) Sobre Ação Penal Privada, analise as afirmativas a seguir.

I. Apesar de não existir vedação expressa no Código Penal, não é admitida ação privada subsidiária em crimes praticados mediante violência ou grave ameaça.

II. É condição para o exercício da ação penal a representação do ofendido no caso de crimes em que a ação penal é de iniciativa privada.

III. Não se admite a ação privada subsidiária em caso de arquivamento do inquérito policial.

IV. Na ação penal privada subsidiária da pública, no caso de negligência do querelante, pode o Ministério Público retomar a ação como parte principal.

Estão corretas apenas as afirmativas

a) I e II.

b) I e IV.

c) II e III.

d) III e IV.

▷ **Anotações/Comentários**

(I) A ação penal privada subsidiária da pública está prevista na CF e no CPP e vale para qualquer crime.

(II) Na ação penal privada, o ofendido pode apresentar queixa-crime diretamente ao juiz.

(III) A ação penal privada subsidiária da pública é admitida no caso de omissão do MP. E arquivamento não é omissão do MP.

(IV) Em caso de negligência do ofendido, o MP deve retomar a titularidade da ação penal privada subsidiária da pública.

47. (FCC – Analista Judiciário – Área Judiciária – TRE - PR/2017) Sobre as diversas modalidades de ação penal, é correto afirmar:

a) Em caso de morte do ofendido, o direito de intentar a ação privada propriamente dita se transmite ao cônjuge, ascendente, descendente ou irmão da vítima.

b) O prazo decandencial para o oferecimento da requisição pelo Ministro da Justiça na ação penal condicionada é de seis meses.

c) A ação penal privada subsidiária da pública fere o comando constitucional que atribui ao Ministério Público a titularidade da ação penal.

d) Com a revogação do crime de adultério, deixou de existir no ordenamento jurídico brasileiro a chamada ação penal privada personalíssima.

e) A perempção poderá ser reconhecida em qualquer momento do inquérito policial, bem como antes ou, ainda, após iniciada a ação penal.

▷ **Anotações/Comentários**

(a) No caso de morte do ofendido ou quando declarado ausente por decisão judicial, o direito de oferecer queixa ou prosseguir na ação passará ao cônjuge, ascendente, descendente ou irmão (art. 31, CPP).

(b) Não há prazo decadencial na ação penal pública condicionada à requisição do Ministro da Justiça.

(c) A ação penal privada subsidiária da pública tem previsão na própria CF/88.

(d) O crime de induzimento a erro essencial e ocultação de impedimento ao casamento (art. 236, CP) é a única hipótese de crime de ação penal privada personalíssima.

(e) A perempção ocorre somente no caso de já proposta a ação penal, quando há omissão do querelante que não dá o seu devido prosseguimento (art. 60, CPP).

48. (Cespe – Delegado de Polícia – MA/2018) No que se refere às provas no processo penal, julgue os itens a seguir.

I. Em atendimento ao princípio da legalidade, no processo penal brasileiro são inadmissíveis provas não previstas expressamente no CPP.

II. Caso a infração tenha deixado vestígio, a confissão do acusado não acarretará a dispensa da prova pericial.

III. Havendo evidências da participação do indiciado em organização criminosa, a autoridade policial poderá determinar a quebra do sigilo da sua comunicação telefônica como forma de instruir investigação criminal.

IV. A prova obtida por meios ilícitos não constitui suporte jurídico capaz de ensejar sentença condenatória, ainda que corroborada pela confissão do acusado.

Estão certos apenas os itens

a) I e II.

b) I e III.

c) II e IV.

d) I, III e IV.

e) II, III e IV.

▷ **Anotações/Comentários**

(I) O Juiz pode se valer de todas as provas admitidas em direito, previstas no CPP ou em outras leis, como a interceptação telefônica.

(II) A falta de vestígios não pode ser suprida pela confissão do acusado (art. 158, CPP)

(III) A quebra do sigilo telefônico é cláusula de reserva jurisdicional. Só juiz pode decretá-la, mesmo se for crime organizado.

(IV) São inadmissíveis, devendo ser desentranhadas do processo, as provas ilícitas, assim entendidas as obtidas em violação a normas constitucionais ou legais (art. 157, CPP).

49. (Cespe – Analista Judiciário – Área Judiciária – TRF 1/2017) Com relação aos princípios aplicáveis ao direito processual penal, à ação penal e ao inquérito policial, julgue os itens que se seguem.

I - Na ação penal privada, apesar de a vítima ou seu representante legal não serem obrigados a oferecer queixa-crime, uma vez ajuizada a ação, o querelante não pode deixar de processar quaisquer dos autores da infração penal.

CERTO

ERRADO

▷ **Anotações/Comentários**

Na ação penal privada, prevalece o princípio da indivisibilidade (art. 48, CPP).

II - Dado o princípio da indivisibilidade, o não oferecimento de denúncia, em ação penal pública, pelo Ministério Público relativamente a um fato criminoso imputado ao indiciado impede que este seja objeto de ação penal posterior.

- CERTO
- ERRADO

▷ **Anotações/Comentários**

De acordo com o STF, na ação penal pública, prevalece o princípio da divisibilidade. Assim, se em relação a um determinado fato não houver oferecimento de denúncia, ele poderá ser de objeto de ação penal posterior.

50. (Cespe - Técnico Judiciário - Área Administrativa - TRF 1/2017) A respeito da ação penal, julgue os itens a seguir.

I - O Ministério Público detém, privativamente, a legitimidade para propor ação penal pública, ainda que a proposição seja condicionada à representação do ofendido ou à requisição do ministro da Justiça.

- CERTO
- ERRADO

▷ **Anotações/Comentários**

Nos termos do art. 129, I, CF/88, é função institucional do MP promover, privativamente, a ação penal pública, na forma da lei. Assim, o CPP estabelece que, no caso de ação penal pública incondicionada, o MP pode oferecer denúncia, independentemente de manifestação do ofendido. No caso de ação penal pública condicionada, o MP deve oferecer denúncia depois de representação do ofendido ou requisição do Ministro da Justiça.

II - Situação hipotética: Antônio e Pedro são autores de um mesmo crime contra João. Assertiva: Nessa situação, João poderá renunciar ao exercício de seu direito de queixa em relação a Antônio e mantê-lo em relação a Pedro.

- CERTO
- ERRADO

▷ **Anotações/Comentários**

A ação penal privada é regida pelo princípio da indivisibilidade. Desse modo, a renúncia em relação a um dos querelados implica renúncia em relação aos demais.

III - Desde o advento da Lei n.° 11.719/2008, que alterou dispositivos do Código de Processo Penal, as condições da ação penal são a possibilidade jurídica do pedido, o interesse de agir e a legitimidade.

- CERTO
- ERRADO

▷ **Anotações/Comentários**

As condições genéricas da ação penal pública são a possibilidade jurídica do pedido, o interesse de agir, a legitimidade e a justa causa.

51. (Consulplan - Analista Judiciário - Área Judiciária - TRF 2/2017) Sobre os temas queixa, perdão e renúncia, assinale a alternativa INCORRETA.

a) A renúncia ao exercício do direito de queixa, em relação a um dos autores do crime, a todos se estenderá.

b) O perdão concedido a um dos querelados aproveitará a todos, produzindo efeito em relação ao que o recusar.

c) A queixa contra qualquer dos autores do crime obrigará ao processo de todos, e o Ministério Público velará pela sua indivisibilidade.

d) A queixa, ainda quando a ação penal for privativa do ofendido, poderá ser aditada pelo Ministério Público, a quem caberá intervir em todos os termos subsequentes do processo.

▷ **Anotações/Comentários**

(a) A renúncia ao exercício do direito de queixa, em relação a um dos autores do crime, a todos se estenderá (art. 49, CPP).

(b) O perdão concedido a um dos querelados aproveitará a todos, sem que produza, todavia, efeito em relação ao que o recusar (art. 51, CPP).

(c) A queixa contra qualquer dos autores do crime obrigará ao processo de todos, e o Ministério Público velará pela sua indivisibilidade (art. 48, CPP).

(d) A queixa, ainda quando a ação penal for privativa do ofendido, poderá ser aditada pelo Ministério Público, a quem caberá intervir em todos os termos subsequentes do processo (art. 45, CPP).

52. (Consulplan - Analista Judiciário - Oficial de Just. Avaliador - TRF 2/2017) Sobre o tema Ação Penal, analise as afirmativas a seguir.

I. Seja qual for o crime, quando praticado em detrimento do patrimônio ou interesse da União, Estado e Município, a ação penal será pública.

II. A representação será irretratável, depois de recebida a denúncia.

III. O Ministério Público não poderá desistir da ação penal.

Estão corretas as afirmativas

a) I, II e III.

b) I e II, apenas.

c) I e III, apenas.

d) II e III, apenas.

▷ **Anotações/Comentários**

(I) O art. 24, § 2º, CPP, dispõe que seja qual for o crime, quando praticado em detrimento do patrimônio ou interesse da União, Estado e Município, a ação penal será pública. No entanto, a jurisprudência já decidiu, por exemplo, que há legitimidade concorrente entre o MP (ação penal pública) e o ofendido (ação penal privada), por crime contra a honra de servidor público em razão do exercício da função (Súmula 714, STF).

(II) A representação será irretratável, depois de oferecida a denúncia (art. 45, CPP).

(III) Pelo princípio da obrigatoriedade da ação penal pública, o Ministério Público não poderá desistir da ação penal (art. 42, CPP).

53. (Consulplan - Técnico Judiciário - Área Administrativa - TRF 2/2017) Nos casos em que somente se procede mediante queixa, NÃO considerar-se-á perempta a ação penal:

a) Quando, sendo o querelante pessoa jurídica, esta se extinguir sem deixar sucessor.

b) Quando o autor der causa, por três vezes, a sentença fundada em abandono da causa ficando-lhe ressalvada, entretanto, a possibilidade de alegar em defesa o seu direito.

c) Quando, iniciada esta, o querelante deixar de promover o andamento do processo durante trinta dias seguidos.

d) Quando o querelante deixar de comparecer, sem motivo justificado, a qualquer ato do processo a que deva estar presente, ou deixar de formular o pedido de condenação nas alegações finais.

▷ **Anotações/Comentários**

(a) Nos casos em que somente se procede mediante queixa, considerar-se-á perempta a ação penal: quando, sendo o querelante pessoa jurídica, esta se extinguir sem deixar sucessor (art. 60, iv, CPP).

(b) Trata-se de hipótese de perempção que se aplica ao processo civil (art. 486, § 3º, CPC), que não se aplica ao processo penal.

(c) Nos casos em que somente se procede mediante queixa, considerar-se-á perempta a ação penal: quando, iniciada esta, o querelante deixar de promover o andamento do processo durante 30 dias seguidos (art. 60, I, CPP).

(d) quando o querelante deixar de comparecer, sem motivo justificado, a qualquer ato do processo a que deva estar presente, ou deixar de formular o pedido de condenação nas alegações finais (art. 60, III, CPP).

---

54. (FCC – Analista Judiciário – Oficial de Just. Avaliador – TRF 5/2017) O Estado, detentor do direito de punir, dependendo do tipo de infração penal praticada, outorga a iniciativa da ação penal a um órgão público ou ao próprio ofendido. A respeito do tema ação penal, é correto afirmar:

a) Se o órgão do Ministério Público, ao invés de apresentar a denúncia, requerer o arquivamento do inquérito policial ou de quaisquer peças de informação, o juiz, no caso de considerar improcedentes as razões invocadas, fará remessa do inquérito ou peças de informação ao Procurador-Geral, cabendo a este, em razão do princípio da obrigatoriedade e da indisponibilidade, exclusivamente, oferecer a denúncia.

b) Qualquer pessoa do povo poderá provocar a iniciativa do Ministério Público, nos casos em que caiba a ação pública incondicionada, fornecendo-lhe, por escrito, informações sobre o fato e a autoria e indicando o tempo, o lugar e os elementos de convicção.

c) Será admitida ação privada nos crimes de ação pública, se esta não for intentada no prazo legal, ocasião em que o Ministério Público será afastado de suas atribuições naquele processo.

d) Se o ofendido for menor de 18 anos e não tiver representante legal, ou colidirem os interesses deste com os daquele, o direito de queixa somente poderá ser exercido quando aquele atingir a maioridade.

e) As fundações, associações ou sociedades legalmente constituídas não poderão exercer a ação penal por não haver previsão na lei processual que autorize o exercício da referida ação por pessoa jurídica.

▷ **Anotações/Comentários**

(a) Na redação do art. 28, CPP, atualmente em vigência, o Procurador-Geral poderá oferecer denúncia, requisitar novas diligências ou manter o arquivamento do IP.

(b) Como a prática de crime de ação penal pública implica interesse de toda a comunidade, qualquer do povo poderá comunicá-lo ao Ministério Público, titular da ação penal pública (art. 27, CPP).

(c) Proposta a ação penal privada subsidiária da pública, ao Ministério Público cabe aditar a queixa, repudiá-la e oferecer denúncia substitutiva, intervir em todos os termos do processo, fornecer elementos de prova, interpor recurso e, a todo tempo, no caso de negligência do querelante, retomar a ação como parte principal.

(d) Se o ofendido for menor de 18 anos, ou mentalmente enfermo, ou retardado mental, e não tiver representante legal, ou colidirem os interesses deste com os daquele, o direito de queixa poderá ser exercido por curador especial, nomeado, de ofício ou a requerimento do Ministério Público, pelo juiz competente para o processo penal (art. 33, CPP).

(e) As fundações, associações ou sociedades legalmente constituídas poderão exercer a ação penal, devendo ser representadas por quem os respectivos contratos ou estatutos designarem ou, no silêncio destes, pelos seus diretores ou sócios-gerentes (art. 37, CPP).

---

55. (FCC – Técnico Judiciário – Área Administrativa – TRF 4/2014) No tocante à ação penal, de acordo com o Código de Processo Penal,

a) no caso de ação penal de iniciativa pública dependente de representação, esta será irretratável depois de oferecida a denúncia.

b) apenas a vítima poderá provocar a iniciativa do Ministério Público nos casos em que caiba ação penal pública incondicionada.

c) se o órgão do Ministério Público, ao invés de apresentar a denúncia, requerer o arquivamento do inquérito policial ou de quaisquer peças de informação, o ofendido poderá promover ação penal de iniciativa privada subsidiária da pública.

d) salvo disposição em contrário, o ofendido, ou seu representante legal, decairá do direito de queixa ou de representação, se não o exercer dentro do prazo de 30 dias, contado da data do crime.

e) o direito de representação somente poderá ser exercido pessoalmente, mediante declaração escrita.

▷ **Anotações/Comentários**

(a) A representação será irretratável, depois de oferecida a denúncia.

(b) Qualquer do povo pode provocar a iniciativa do MP em ação penal pública incondicionada.

(c) A ação penal privada subsidiária da pública cabe no caso de omissão do MP, o que não ocorre no caso de arquivamento do IP.

(d) O prazo decadencial é de seis meses depois de conhecida a autoria delitiva.

(e) A representação pode ser escrita ou oral.

---

56. (Cespe – Analista Judiciário – Área Judiciária – TRE – MT/2015) Maria, casada, foi vítima do crime de calúnia praticado por Ana e Paula, suas vizinhas. Após a proposição e a admissão da a ação pertinente, Maria resolveu desistir da queixa prestada contra Ana, mas prosseguiu com a ação contra Paula.

Considerando essa situação hipotética, assinale a opção correta.

a) Caso Maria seja judicialmente declarada ausente, seus descendentes terão preferência sobre os ascendentes na sua sucessão na referida ação.

b) Por se tratar de ação privada, se Maria fosse declarada absolutamente incapaz, em decorrência de enfermidade mental, o magistrado não poderia nomear de ofício curador especial.

c) Caso Maria abandone a ação e seu cônjuge não dê prosseguimento ao feito em até sessenta dias, o irmão dela poderá fazê-lo, dentro do referido prazo.

d) Até o trânsito em julgado da sentença Maria poderá dispor de seu direito de ação, perdoando as ofensoras, caso em que a ação será extinta, ainda que Paula não aceite o perdão.

e) Se Maria falecer antes da conclusão da ação, será extinta a punibilidade das agentes, pois se trata de ação personalíssima, razão por que não haverá sucessão da ofendida.

▷ **Anotações/Comentários**

(a) O art. 31, CPP, estabelece a seguinte ordem de preferência: cônjuge, ascendente, descendente e irmão.

(b) O juiz deve nomear curador especial nesse caso.

(c) Se comparecer mais de uma pessoa com direito de queixa, terá preferência o cônjuge, e, em seguida, o parente mais próximo na ordem de enumeração constante do art. 31, podendo, entretanto, qualquer delas prosseguir na ação, caso o querelante desista da instância ou a abandone (art. 36, CPP).

(d) O perdão é ato bilateral e deve ser aceito pela querelada.

(e) A ação penal por crime contra a honra é propriamente dita. Com a morte da querelante, o seu cônjuge, ascendente, descendente ou irmão poderá sucedê-la.

4. AÇÃO CIVIL *EX DELICTO*

57. (Cespe – Analista Judiciário – Direito – TJ – PA/2020) Impede a propositura de ação civil indenizatória a decisão penal que

a) arquivar o inquérito policial.

b) julgar extinta a punibilidade do agente.

c) reconhecer a inexistência material do fato.

d) absolver o réu em razão de o fato imputado não constituir crime.

e) absolver o réu em razão de não existir prova suficiente para sua condenação.

▷ **Anotações/Comentários**

(a) O arquivamento do inquérito policial, por si só, não impede a propositura da ação civil indenizatória.

(b) A extinção da punibilidade se refere à possibilidade jurídica de aplicação de sanção penal, não gerando efeito na esfera cível.

(c) Como a sentença reconhece que não houve o fato, não há que se falar em responsabilidade civil por fato que não houve.

(d) Se o fato não constituir crime, há efeitos apenas na esfera penal.

(e) A insuficiência de prova se refere à responsabilidade penal, mais grave que a civil.

58. (Cespe – Analista Judiciário – Área Judiciária – TRE – BA/2017) João foi vítima de um crime de furto praticado por Pedro. A res furtiva não foi recuperada pela vítima. Instaurado inquérito, apuraram-se a autoria e a materialidade e ofereceu-se a denúncia contra Pedro.

Nessa situação hipotética, a propositura da ação civil ex delicto contra Pedro

a) estará prejudicada, por haver litispendência.

b) independerá da existência da ação penal.

c) será inadmissível, pois ninguém pode ser punido duas vezes pela prática do mesmo fato.

d) dependerá do trânsito em julgado da sentença penal.

e) dependerá da condenação do acusado por órgão jurisdicional colegiado.

▷ **Anotações/Comentários**

(a) Não há litispendência, porque o objeto da ação penal é distinto da ação penal privada.

(b) A propositura de ação civil ex delicto, que tem natureza de ação de conhecimento de natureza ressarcitória, não depende da propositura de ação penal (art. 64, CPP).

(c) A responsabilidade criminal é distinta da responsabilidade civil.

(d) A propositura de ação civil ex delicto não depende do trânsito em julgado da ação penal (art. 64, CPP).

(e) A propositura de ação civil ex delicto não depende da decisão colegiada em ação penal (art. 64, CPP).

5. COMPETÊNCIA

59. FCC – 2024 – TRF 3 - Analista Judiciário - Área Judiciária

Xisto e Benício, residentes na área territorial da Subseção Judiciária X, cometeram um crime de roubo na divisa entre as Subseções Judiciárias Y e Z, quando abordaram funcionário público federal em serviço, que reside na Subseção Judiciária A, e subtraíram, mediante grave ameaça, o veículo de propriedade da União, por ele conduzido. Xisto e Benício foram presos em flagrante na posse da res furtiva durante a fuga, quando já estavam na área territorial da Subseção Judiciária B. No caso hipotético apresentado, a competência para processar e julgar Xisto e Benício será

a) do juízo da Subseção Judiciária A, local do domicílio da vítima.

b) determinada pela prevenção, e poderá ser do juízo de qualquer das Subseções Judiciárias descritas no enunciado.

c) determinada pela prevenção e poderá ser tanto do juízo federal da Subseção Judiciária Y quanto da Z.

d) do juízo federal da Subseção Judiciária B, onde Xisto e Benício foram presos.

e) do juízo da Subseção Judiciária X, local do domicílio dos réus.

▷ ***Anotações/Comentários***

(a) Como se trata de crime de roubo, a competência é fixada competência será, de regra, determinada pelo lugar em que se consumar a infração (art. 70, CPP).

(b) O Juízo das Subseções Judiciárias A e X não têm competência, pois o domicílio da vítima ou do réu não são critérios para fixar a competência nesse caso. O Juízo da Subseção Judiciária B não tem competência, pois este, embora tenha sido entre as Subseções Y e Z, não é local da infração, que ocorreu na divisa entre X e Y.

(c) Quando incerto o limite territorial entre duas ou mais jurisdições, ou quando incerta a jurisdição por ter sido a infração consumada ou tentada nas divisas de duas ou mais jurisdições, a competência firmar-se-á pela prevenção (art. 70, § 3º, CPP).

(d) O crime não se consumou na Subseção X, logo não tem competência para o processamento da demanda.

(e) No caso, o domicílio do réu não é critério para a fixação da competência.

60. FCC – 2024 – TRF 3 - Técnico Judiciário - Área Administrativa

Considere os seguintes casos hipotéticos:

— Rinaldo está transportando 490 kg de cocaína em seu veículo por uma estrada federal no Estado do Mato Grosso do Sul, cujo destino é a cidade de Salto del Guairá, no Paraguai. Rinaldo foi preso quando se preparava para atravessar a fronteira.

— Silvio foi preso em flagrante após cometer um crime de furto, durante a madrugada, em uma agência do Banco do Brasil, sociedade de economia mista federal, subtraindo R$ 50.000,00 em dinheiro.

— Marco, após cometer um roubo na cidade de São José dos Campos-SP, iniciou fuga pela Rodovia Federal Presidente Dutra e, quando parado por dois policiais rodoviários federais, realizou cinco disparos de arma de fogo, três dos quais atingiram um dos referidos policiais, levando-o a óbito no local.

— Sofia foi presa em flagrante após praticar um roubo de dinheiro que era transportado por uma empresa de transporte de valores, juntamente com indivíduos armados, no interior de um avião estacionado no Aeroporto Internacional de Guarulhos.

Na esteira do Código de Processo Penal e da Constituição Federal de 1988, sobre a competência penal da Justiça Federal, caberá à Justiça Federal processar e julgar APENAS

a) Rinaldo, Marco e Sofia.

b) Silvio e Marco.

c) Rinaldo e Sofia.

d) Rinaldo e Marco.

e) Silvio, Marco e Sofia.

▷ ***Anotações/Comentários***

Nome	Crime	Competência	Fundamento
RINALDO	Tráfico Internacional de Dogas	JUSTIÇA FEDERAL	O processo e o julgamento dos crimes previstos nos arts. 33 a 37 da Lei de Drogas, se caracterizado ilícito transnacional, são da competência da Justiça Federal (art. 70, Lei n. 11.343/2006).
SÍLVIO	Furto contra Banco do Brasil	JUSTIÇA ESTADUAL	O Banco do Brasil é sociedade de economia mista e, apesar de a União ser a sócia majoritária, o crime deve ser julgado na Justiça Estadual

Nome	Crime	Competência	Fundamento
MARCO	Crime contra agente público federal no exercício do cargo	JUSTIÇA FEDERAL	Compete à Justiça Federal o julgamento das infrações penais praticadas em detrimento de bens, serviços ou interesse da União ou de suas entidades autárquicas ou empresas públicas, excluídas as contravenções e ressalvada a competência da Justiça Militar e da Justiça Eleitoral (art. 109, IV, CF/88).
SOFIA	Crime cometido no interior de avião no aeroporto internacional	JUSTIÇA FEDERAL	Compete à Justiça Federal o julgamento os crimes cometidos a bordo de navios ou aeronaves, ressalvada a competência da Justiça Militar (art. 109, IX, CF/88).

61. AOCP – 2024 – TRF 2 - Técnico Judiciário - Agente da Polícia Judicial

Acerca da competência no direito processual penal, assinale a alternativa correta.

a) Não sendo conhecido o lugar da infração, a competência regular-se-á pelo domicílio ou residência da vítima.

b) A competência por prerrogativa de função, relativa a atos administrativos do agente, prevalece desde que o inquérito ou a ação judicial seja iniciado(a) antes do término do exercício da função pública.

c) A distribuição para prática de diligências anteriores à denúncia ou queixa, exceto nos casos de concessão de fiança ou decretação de prisão preventiva, não ensejará a prevenção da ação penal.

d) É possível a separação dos processos quando as infrações tiverem sido praticadas em circunstâncias de tempo ou de lugar diferentes.

e) Para impedir o tumulto processual, o Juiz é obrigado a proceder com a separação de processos, ainda que repute inconveniente a separação quando diante de um número excessivo de acusados.

▷ ***Anotações/Comentários***

(a) Não sendo conhecido o lugar da infração, a competência regular-se-á pelo domicílio ou residência do réu (art. 72, CPP).

(b) O STF firmou entendimento de que a competência por prerrogativa de função prevalece em relação apenas a crimes cometidos no exercício do cargo e em razão das funções a ele relacionadas. Além disso, caso o agente público não exerça mais o cargo, afasta-se a competência por prerrogativa de função, exceto se, encerrada a instrução probatória em Juízo e publicado o despacho para apresentação de alegações finais.

(c A competência por prevenção ocorre toda vez que, concorrendo dois ou mais juízes igualmente competentes ou com jurisdição cumulativa, um deles tiver antecedido aos outros na prática de algum ato do processo ou de medida a este relativa, ainda que anterior ao oferecimento da denúncia ou da queixa (art. 83, CPP).

(d) Será **facultativa** a separação dos processos quando as infrações tiverem sido praticadas **em circunstâncias de tempo ou de lugar diferentes**, ou, quando pelo excessivo número de acusados e para não lhes prolongar a prisão provisória, ou por outro motivo relevante, o juiz reputar conveniente a separação (art. 80, CPP).

(e) Será **facultativa** a separação dos processos quando as infrações tiverem sido praticadas em circunstâncias de tempo ou de lugar diferentes, ou, quando pelo **excessivo número de acusados** e para não lhes prolongar a prisão provisória, ou por outro motivo relevante, o juiz reputar conveniente a separação (art. 80, CPP).

62. IBFC – 2024 – TRF 5 - Técnico Judiciário - Área Administrativa

Sobre a competência em matéria penal, analise as afirmativas abaixo.

I. Os crimes cometidos em qualquer embarcação nas águas territoriais da República serão processados pela Justiça da Capital Federal.

II. O crime de emissão dolosa de cheques sem suficiente provisão de fundos compete ao juízo do domicílio da vítima.

III. Nos casos de exclusiva ação privada, o querelante poderá preferir o foro de domicílio do réu, ainda quando conhecido o lugar da infração.

IV. A competência será determinada pela conexão quando houver erro na execução, conhecido como "aberratio criminis", que produza dois resultados.

Estão corretas as afirmativas:

a) I, II e IV apenas

b) I, III e IV apenas

c) I e IV apenas

d) II e III apenas

▷ ***Anotações/Comentários***

(I) Compete à Justiça Federal julgar os crimes cometidos a bordo de navios ou aeronaves, **ressalvada a competência da Justiça Militar** (art. 109, IX, CF/88).

(II) Nos crimes previstos no art. 171 do Código Penal, quando praticados mediante depósito, mediante emissão de cheques sem suficiente provisão de fundos em poder do sacado ou com o pagamento frustrado ou mediante transferência de valores, a competência será definida pelo **local do domicílio da vítima**, e, em caso de pluralidade de vítimas, a competência firmar-se-á pela prevenção (art. 70, § 4º, CPP).

(III) Nos casos de exclusiva ação privada, o querelante poderá preferir o foro de domicílio ou da residência do réu, ainda quando conhecido o lugar da infração (art. 73, CP).

(IV) A competência será determinada pela **continência** quando houver erro na execução, conhecido como "aberratio criminis", que produza dois resultados (art. 77, II, CPP).

63. (FCC – Analista Judiciário – Área Judiciária – TRF 4/2019) Analise o seguinte caso hipotético:

Xisto cometeu crime de corrupção ativa ao oferecer dinheiro a um auditor fiscal da Receita Federal para que sua empresa, situada na cidade de Florianópolis, não fosse autuada por sonegação de tributos federais, no mês de Agosto de 2018. Após o crime, Xisto foi eleito, no último pleito, para o mandato de Deputado Estadual, pelo estado de Santa Catarina, tomando posse neste ano de 2019.

Neste caso, a competência para processar e julgar Xisto será

a) do Tribunal de Justiça do Estado de Santa Catarina.

b) do Tribunal Regional Federal da 4a Região.

c) do Superior Tribunal de Justiça.

d) do Supremo Tribunal Federal.

e) de uma das varas federais de Florianópolis, com competência criminal.

▷ **Anotações/Comentários**

(a) A competência é da Justiça Federal, porque o crime de corrupção ativa foi cometido diante de funcionário público da Receita Federal.

(b) A competência seria do TRF se o crime fosse cometido no exercício do cargo de Deputado Estadual.

(c) O STJ não tem competência funcional para o julgamento de crimes cometidos por Deputado Estadual.

(d) O STF não tem competência funcional para o julgamento de crimes cometidos por Deputado Estadual.

(e) De acordo com a orientação adotada pelo STF, o foro por prerrogativa de função "aplica-se apenas aos crimes cometidos durante o exercício do cargo e relacionados às funções desempenhadas" (STF - ARE 1322140 AgR). Portanto, a competência seria do Juiz Federal de 1º Grau.

---

64. (FCC – Técnico Judiciário – Área Judiciária – TRF 4/2019) Considere o seguinte caso hipotético: Métio, Procurador da República, com atuação em Porto Alegre, viaja de carro com a família para o litoral norte de São Paulo. Durante o trajeto, no início da Rodovia dos Imigrantes, ainda na cidade de São Paulo, acaba perdendo o controle do veículo e atropela uma pessoa que estava no acostamento trocando o pneu do seu carro, a qual é socorrida ao hospital mais próximo, situado na cidade de São Bernardo do Campo, mas vem a óbito. Métio é denunciado por crime de homicídio culposo na direção de veículo automotor. No caso em tela, a competência para processar e julgar o Procurador da República Métio é

a) do Tribunal de Justiça do Estado de São Paulo.

b) do Tribunal Regional Federal da 3a Região, que abrange São Paulo e Mato Grosso do Sul, pois o crime ocorreu no estado de São Paulo.

c) do Tribunal Regional Federal da 4a Região, pois ele oficia junto ao juízo federal abrangido por aquele tribunal.

d) de uma das varas federais, com atribuição criminal, da 1a Subseção Judiciária do Estado de São Paulo - capital.

e) de uma das varas criminais da justiça estadual de São Paulo - capital.

▷ **Anotações/Comentários**

(a) Como Procurador da República, Métio tem foro de prerrogativa de função junto ao Tribunal que exerce a atribuição.

(b) Ver resposta à alternativa "c".

(c) Métio atua junto à Procuradoria da República, em Porto Alegre, logo será julgado pelo Tribunal Regional Federal, em razão da prerrogativa de função, com competência na Capital gaúcha, que é o TRF da 4ª Região.

(d) Ver resposta à alternativa "c".

(e) Ver resposta à alternativa "c".

---

65. (FCC – Analista Judiciário – Área Judiciária – TRF 3/2019) Tácito, empresário, residente na cidade de Campo Grande-MS, durante uma fiscalização realizada em sua empresa por um auditor fiscal da receita federal, no mês de novembro de 2018, ofereceu ao referido funcionário público a quantia de R$ 20.000,00 para que sua empresa não fosse autuada após a constatação de sonegação tributária, cometendo, portanto, o crime de corrupção ativa, disposto no artigo 333 do Código Penal. No curso das investigações, Tácito foi eleito no último pleito eleitoral para o cargo de Senador da República. O inquérito policial foi relatado e o Ministério Público Federal deverá oferecer denúncia. Nesse caso hipotético, a competência para processar e julgar a ação penal que será instaurada contra o atual Senador Tácito será

a) do Supremo Tribunal Federal.

b) de uma das Varas Federais de Campo Grande-MS, com competência criminal.

c) do Superior Tribunal de Justiça.

d) do Tribunal Regional Federal da 3a Região.

e) de uma das varas criminais da Justiça Comum Estadual, da comarca de Campo Grande-MS.

▷ **Anotações/Comentários**

(a) O STF é competente para o julgamento de Senadores da República por crimes cometidos durante o exercício do cargo e relacionados às funções desempenhadas.

(b) Como o crime ocorreu antes de Tácito assumir o cargo de Senador da República, a competência é de uma das Varas Federais de Campo Grande, onde ocorreu o crime de corrupção ativa em face de funcionário público federal.

(c) O STJ não tem competência para o julgamento de causas envolvendo Senador da República.

(d) O TRF não tem competência para o julgamento de causas envolvendo Senador da República.

(e) A competência é da Justiça Federal, pois se trata de corrupção ativa em face de funcionário público federal.

---

66. (FCC – Técnico Judiciário – Área Administrativa – TRF 3/2019) Sobre a competência penal da Justiça Federal, é INCORRETO afirmar que compete

a) aos juízes federais processar e julgar os crimes previstos em tratado ou convenção internacional, quando, iniciada a execução no País, o resultado tenha ou devesse ter ocorrido no estrangeiro, ou reciprocamente.

b) aos juízes federais processar e julgar os crimes cometidos a bordo de navios ou aeronaves, ressalvada a competência da Justiça Militar.

c) aos Tribunais Regionais Federais julgar originariamente os membros do Ministério Público da União nos crimes comuns, ressalvada a competência da Justiça Eleitoral.

d) ao Superior Tribunal de Justiça julgar, em recurso ordinário, decisões concessivas de habeas corpus decididos em última ou única instância pelos Tribunais Regionais Federais.

e) aos Tribunais Regionais Federais processar e julgar as revisões criminais de julgados dos juízes federais da região.

▷ **Anotações/Comentários**

(a) os crimes previstos em tratado ou convenção internacional, quando, iniciada a execução no País, o resultado tenha ou devesse ter ocorrido no estrangeiro, ou reciprocamente, são de competência dos juízes federais (art. 109, V, CF/88).

(b) os crimes cometidos a bordo de navios ou aeronaves, ressalvada a competência da Justiça Militar, são de competência dos juízes federais (art. 109, IX, CF/88).

(c) julgar originariamente os membros do Ministério Público da União nos crimes comuns, ressalvada a competência da Justiça Eleitoral, compete aos Tribunais Regionais Federais (art. 108, I, "a", CF/88).

(d) Compete ao STJ julgar em recurso ordinário os habeas corpus decididos em única ou última instância pelos Tribunais Regionais Federais ou pelos tribunais dos Estados, do Distrito Federal e Territórios, quando a decisão for denegatória (art. 105, II, "a", CF/88).

(e) Compete aos Tribunais Regionais Federais processar e julgar as revisões criminais de julgados dos juízes federais da região (art. 108, I, b, CF/88).

---

67. (FCC – Analista Judiciário – Direito – TJ – MA/2019) Sobre a competência no processo penal é correto afirmar:

a) Será determinada, de regra, pelo domicílio ou residência do réu.

b) É vedado ao Tribunal do Júri o julgamento de crimes patrimoniais.

c) Será determinada pela conexão quando a prova de uma infração influir na prova de outra.

d) No concurso entre a jurisdição comum e a militar, prevalece a última para o processamento conjunto e unitário.

e) É determinada pela continência quando houver mais de um juiz igualmente competente para o caso.

▷ **Anotações/Comentários**

(a) A competência será, de regra, determinada pelo lugar em que se consumar a infração, ou, no caso de tentativa, pelo lugar em que for praticado o último ato de execução (art. 70, CPP).

(b) O Tribunal do Júri pode julgar crimes patrimoniais, desde que haja conexão ou continência com crime contra a vida (art. 78, I, CPP).

(c) Trata-se da chamada conexão probatória, instrumental ou processual, em que há reunião de processos, porque a prova de uma infração influir na prova de outra (art. 76, III, cpp).

(d) No concurso entre a jurisdição comum e a militar, não há reunião de processos (art. 79, I, CPP).

PROCESSUAL PENAL

(e) A continência pode ser subjetiva: duas ou mais pessoas forem acusadas pela mesma infração; objetiva: no caso de crimes cometidos em concurso formal, na aberratio ictus e na aberratio criminis (art. 77, CPP).

68. (FGV - Analista Judiciário - Área Judiciária - TJ - AL/2018) Desembargador do Tribunal de Justiça do Estado de São Paulo ofereceu queixa-crime em face de João, perante Vara Criminal da Comarca de Maceió, imputando-lhe a prática do crime de calúnia com causa de aumento, já que João teria lhe imputado, nesta comarca, falsamente, fato definido como crime de ação penal pública, para demonstrar que o crime efetivamente foi praticado pelo Desembargador, na presença de diversas pessoas. Ao tomar conhecimento da queixa, João, querelado, apresenta exceção da verdade, que é recebida e processada pelo órgão competente. Considerando apenas as informações narradas no enunciado, o julgamento da exceção da verdade será de competência do(a):

a) Supremo Tribunal Federal;

b) Superior Tribunal de Justiça;

c) Tribunal de Justiça do Estado de São Paulo;

d) Tribunal de Justiça do Estado de Alagoas;

e) Vara Criminal da Comarca de Maceió.

▷ **Anotações/Comentários**

(a) ver resposta à alternativa "b".

(b) A exceção de verdade será julgada pelo Tribunal competente para julgar o querelante por prerrogativa de função (art. 85, CPP). Como o querelante é Desembargador de Tribunal de Justiça, a competência é do STJ (art. 105, I, "a", CF/88).

(c) ver resposta à alternativa "b".

(d) ver resposta à alternativa "b".

(e) ver resposta à alternativa "b".

69. (FGV - Técnico Judiciário - Área Judiciária - TJ - AL/2018) Paulo pretende oferecer queixa-crime em face de Lucas em razão da prática de crime de calúnia majorada, não sendo, assim, infração de menor potencial ofensivo. Procura, então, seu advogado e narra que Lucas o ofendeu através de uma carta, que foi escrita na cidade A, mas só chegou ao conhecimento da vítima e de terceiros o seu conteúdo quando lida na cidade B. Por outro lado, Paulo esclarece que atualmente está residindo na cidade C, enquanto Lucas reside na cidade D.

Considerando as regras de competência previstas no Código de Processo Penal, é correto afirmar que:

a) a Comarca A é competente para julgamento, tendo em vista que o Código de Processo Penal adota a Teoria da Atividade para definir a competência territorial para julgamento;

b) a queixa poderá ser oferecida perante a Vara Criminal da Comarca D, ainda que conhecido o local da infração;

c) a queixa poderá ser oferecida perante a Vara Criminal da Comarca C, ainda que conhecido o local da infração;

d) a queixa somente poderia ser oferecida perante a Vara Criminal da Comarca C se desconhecido o local da infração;

e) o primeiro critério a ser observado para definir a competência sempre é o da prevenção.

▷ **Anotações/Comentários**

(a) A competência será, de regra, determinada pelo lugar em que se consumar a infração (teoria do resultado), ou, no caso de tentativa, pelo lugar em que for praticado o último ato de execução (teoria da ubiquidade).

(b) Nos casos de exclusiva ação privada, o querelante poderá preferir o foro de domicílio ou da residência do réu, ainda quando conhecido o lugar da infração (art. 73, CPP).

(c) Não é possível a propositura da ação penal privada no domicílio do ofendido.

(d) Se desconhecido o local da infração, a competência é do domicílio do réu (art. 72, CPP).

(e) A prevenção se dá, no caso de haver dois ou mais juízes competentes, um deles tiver antecedido aos outros na prática de algum ato do processo ou de medida a este relativa (art. 83, CPP).

70. (Cespe - Analista Judiciário - Área Judiciária - TRE - BA/2017) No que se refere a jurisdição e competência criminal, julgue os itens a seguir.

I. A justiça comum, a justiça eleitoral e a justiça militar exercem a jurisdição penal.

II. Os tribunais de justiça dos estados, assim como o Superior Tribunal de Justiça e o Supremo Tribunal Federal, exercem jurisdição criminal.

III. Compete ao juiz singular processar e julgar o crime de infanticídio.

Assinale a opção correta.

a) Apenas o item I está certo.

b) Apenas o item II está certo.

c) Apenas o item III está certo.

d) Apenas os itens I e II estão certos.

e) Todos os itens estão certos.

▷ **Anotações/Comentários**

(I) A justiça eleitoral julga os crimes eleitorais; a justiça militar tem competência para julgar crimes militares; a justiça comum tem competência residual.

(II) Os Tribunais de Justiça, o STJ e o STF têm competência para julgamento de crimes em que há prerrogativa de função, bem como os recursos de matéria criminal.

(III) O infanticídio é crime doloso contra a vida, de competência do Tribunal do Júri.

71. (Cespe - Analista Judiciário - Área Judiciária - TRE - PE/2017) Em ano sem eleições, João, durante crise de ciúmes, destruiu o título de eleitor de sua esposa, Maria, para causar-lhe transtornos e dificultar que ela obtivesse passaporte. Após queixa de Maria, foi instaurado inquérito policial para a apuração de crime.

Nessa situação hipotética, de acordo com a atual jurisprudência dos tribunais superiores, eventual ação penal deverá ser proposta na

a) justiça estadual, por se tratar de crime de destruição de documento público.

b) justiça federal ou justiça eleitoral, por aplicação da regra da prevenção.

c) justiça federal, por se tratar de crime de destruição de documento público federal.

d) justiça estadual, por não estar o crime vinculado a pleito eleitoral.

e) justiça eleitoral, por se tratar de crime de destruição de documento relativo à eleição.

▷ **Anotações/Comentários**

(a) Como o título de eleitor é expedido pela Justiça Eleitoral, órgão do Poder Judiciário da União, a competência não é da Justiça Estadual.

(b) A Justiça Eleitoral não é competente para o julgamento do crime.

(c) Como o documento público é federal, a competência é da Justiça Federal.

(d) Ver resposta à alternativa "d".

(e) A competência é da Justiça Federal, pois o agente não teve a intenção de violar direitos eleitorais da vítima.

72. (Cespe - Analista Judiciário - Área Judiciária - TRE - TO/2017) Com a finalidade de beneficiar diretamente um candidato a quem apoiava nas eleições estaduais, Diego, utilizando-se de cártula de cheque falsificada, alugou um ônibus na cidade A. No dia seguinte, data das eleições, utilizou o ônibus na cidade B, para transportar gratuitamente eleitores da zona rural até as proximidades da zona eleitoral.

Nessa situação hipotética, considerando que as condutas praticadas por Diego se amoldam aos ilícitos penais previstos nos arts. 171 do

Código Penal e 302 do Código Eleitoral, assinale a opção correta acerca da competência para o processo e julgamento dos crimes.

a) Não se trata de hipótese de unidade de processo por conexão ou continência, e prevalecerá a competência do local em que foi consumada cada infração penal.

b) Haverá unidade de processo em razão da continência decorrente do concurso formal de crimes, e prevalecerá a competência da justiça especializada.

c) Haverá unidade de processo em razão da conexão objetiva, e prevalecerá a regra da competência da justiça especializada.

d) Haverá unidade de processo em razão da conexão instrumental, e prevalecerá a regra da prevenção.

e) Haverá unidade de processo em razão da conexão lógica, e prevalecerá a competência da justiça comum do local em que se consumou o crime mais grave.

▷ **Anotações/Comentários**

(a) Haverá unidade de processo na Justiça Eleitoral.

(b) Não há continência, mas conexão objetiva. A competência é da Justiça Eleitoral.

(c) O crime de estelionato foi praticado com a finalidade de praticar o crime eleitoral, havendo conexão objetiva (art. 76, II, CPP). Prevalece a competência da Justiça Eleitoral, porque especializada.

(d) Há conexão objetiva e a unidade do processo se dá em razão da especialidade da Justiça Eleitoral, não há que se falar em prevenção, pois a Justiça Comum não tem competência para julgar o crime.

(e) Há conexão objetiva e a competência da Justiça Eleitoral é fixada pelo princípio da especialidade.

73. (FCC – Analista Judiciário – Área Judiciária – TRE – SP/2017) Xisto, policial militar rodoviário no exercício da função, resolve em um único dia de trabalho praticar três crimes de corrupção passiva, utilizando para tanto o mesmo modus operandi, solicitando dinheiro de condutores de veículos para não fazer a autuação administrativa pelo excesso de velocidade. O primeiro crime é praticado às 09h na cidade de Guarulhos. O segundo é praticado às 12h na cidade de Mogi das Cruzes. E o terceiro é praticado às 14h na cidade de Jacareí, onde Xisto é preso em flagrante por policiais civis, prisão esta analisada e mantida pelo Magistrado competente daquela comarca. Xisto é denunciado pelo Ministério Público da comarca de Jacareí pelos três crimes de corrupção passiva. Sobre o caso hipotético apresentado e à luz do Código de Processo Penal, a competência da comarca de Jacareí foi determinada

a) por conexão.

b) por continência.

c) por prevenção.

d) pela prerrogativa de função.

e) pelo lugar da infração.

▷ **Anotações/Comentários**

(a) A competência por conexão ocorre: I - se, ocorrendo duas ou mais infrações, houverem sido praticadas, ao mesmo tempo, por várias pessoas reunidas, ou por várias pessoas em concurso, embora diverso o tempo e o lugar, ou por várias pessoas, umas contra as outras; II - se, no mesmo caso, houverem sido umas praticadas para facilitar ou ocultar as outras, ou para conseguir impunidade ou vantagem em relação a qualquer delas; III - quando a prova de uma infração ou de qualquer de suas circunstâncias elementares influir na prova de outra infração.

(b) A competência por continência ocorre, quando duas ou mais pessoas forem acusadas pela mesma infração e concurso formal de delitos.

(c) No caso, a prevenção é determinada pela prevenção, pois cada crime foi consumado em juízos de competência territorial diferentes (art. 70, § 3º, CPP).

(d) Policial militar não tem foro por prerrogativa de função.

(e) Houve três infrações penais em lugares diferentes, devendo a competência ser fixada por prevenção.

74. (Cespe – Analista Judiciário – Área Judiciária – TRF 1/2017) Com relação à competência no processo penal, julgue os itens seguintes.

I - Verificada a reunião dos processos por conexão ou continência, o juiz ou o tribunal que proferir sentença que desclassifique a infração para outra que não se inclua em sua competência própria perderá a competência em relação aos demais processos.

- CERTO
- ERRADO

▷ **Anotações/Comentários**

Verificada a reunião dos processos por conexão ou continência, ainda que no processo da sua competência própria venha o juiz ou tribunal a proferir sentença absolutória ou que desclassifique a infração para outra que não se inclua na sua competência, continuará competente em relação aos demais processos (art. 81, CPP).

II - Situação hipotética: Caio, prefeito municipal, responde a ação penal pelo desvio, em proveito próprio, de verba destinada pelo Ministério da Educação à construção de escolas no município. Assertiva: Nessa situação, o TRF local é o órgão jurisdicional competente para o julgamento do crime cometido por Caio, porque se trata de infração praticada em detrimento de bem da União.

- CERTO
- ERRADO

▷ **Anotações/Comentários**

Como se trata de crime que viola interessa da União, a competência é da Justiça Federal. Em se tratando de Prefeito Municipal, a competência por prerrogativa de função no TRF.

III - Sentença prolatada por juiz territorialmente incompetente é ato jurídico nulo, razão pela qual o seu trânsito em julgado não impede que o acusado seja processado novamente, pela mesma imputação, em juízo competente, salvo se tiver sido anteriormente absolvido.

- CERTO
- ERRADO

▷ **Anotações/Comentários**

Em caso de incompetência territorial, a nulidade é relativa, havendo nulidade dos atos decisórios. Mas, no caso de trânsito em julgado, o acusado não pode ser julgado novamente, seja em caso de sentença penal condenatória, seja absolutória, pois não existe revisão criminal *"pro societate"*

75. (Cespe – Analista Judiciário – Oficial de Just. Avaliador – TRF 1/2017) José, vereador do município de Luziânia - GO, foi denunciado pela prática de crime doloso contra a vida praticado contra Antônio, policial rodoviário federal que, no momento do crime, se encontrava no exercício de suas funções em Brasília - DF.

Com referência a essa situação hipotética, julgue os itens que se seguem.

A competência para processar e julgar José é, em regra, do tribunal do júri federal situado em Brasília - DF, porém, caso exista previsão de foro por prerrogativa de função para vereadores, estabelecido exclusivamente na Constituição estadual, a competência será do TRF da 1.a Região.

- CERTO
- ERRADO

▷ **Anotações/Comentários**

Como a competência do Tribunal do Júri tem previsão na Constituição Federal, prevalece sobre a competência por prerrogativa de função estabelecida em Constituição Estadual.

76. (Cespe – Técnico Judiciário – Área Administrativa – TRF 1/2017) Acerca dos princípios que regem o processo penal brasileiro, julgue os itens subsequentes.

Em obediência ao princípio da indivisibilidade da ação penal, não poderá o juiz, em caso de conexão ou continência, separar os processos,

PROCESSUAL PENAL

mesmo que o número de acusados seja excessivo e que isso acarrete o prolongamento de prisões.

- CERTO
- ERRADO

▷ **Anotações/Comentários**

Será facultativa a separação dos processos quando as infrações tiverem sido praticadas em circunstâncias de tempo ou de lugar diferentes, ou, quando pelo excessivo número de acusados e para não lhes prolongar a prisão provisória, ou por outro motivo relevante, o juiz reputar conveniente a separação (art. 80, CPP).

---

77. (Consulplan – Analista Judiciário – Área Judiciária – TRF 2/2017) Sobre o tema Competência Penal da Justiça Federal, assinale a alternativa INCORRETA.

a) Compete à Justiça Federal processar e julgar crime de falso testemunho cometido no processo trabalhista.

b) Compete à Justiça Federal processar e julgar os crimes praticados em detrimento das sociedades de economia mista.

c) Compete à Justiça Federal processar e julgar os crimes praticados contra funcionário público federal, quando relacionados com o exercício da função.

d) Compete à Justiça Estadual Comum, na vigência da Constituição de 1988, o processo por contravenção penal, ainda que praticada em detrimento de bens, serviços ou interesse da União ou de suas entidades.

▷ **Anotações/Comentários**

(a) Como a Justiça do Trabalho é parte do Poder Judiciário da União, o crime de falso testemunho nela praticado é de competência da Justiça Federal.

(b) Em caso de sociedade de economia mista, ainda que a União seja sócia, é de competência da Justiça Estadual.

(c) Ofende-se interesse da União, quando há crime praticado contra funcionário público federal, motivo pelo qual a competência é da Justiça Federal.

(d) os crimes políticos e as infrações penais praticadas em detrimento de bens, serviços ou interesse da União ou de suas entidades autárquicas ou empresas públicas, excluídas as contravenções e ressalvada a competência da Justiça Militar e da Justiça Eleitoral (art. 109, IV, CF/88).

---

78. (Consulplan – Técnico Judiciário – Área Administrativa – TRF 2/2017) Os Procuradores Regionais da República deverão ser processados e julgados nos crimes comuns pelo:

a) Tribunal de Justiça.

b) Tribunal Regional Federal.

c) Superior Tribunal de Justiça.

d) Supremo Tribunal Federal.

▷ **Anotações/Comentários**

(a) O TJ tem competência para julgar os membros do Ministério Público Estadual que atuam no Primeiro Grau de Jurisdição.

(b) O TRF tem competência para julgar os membros do Ministério Público da União que atuam no Primeiro Grau de Jurisdição.

(c) Compete originalmente ao STJ o julgamento dos membros do MP que atuem perante os Tribunais (art. 105, I, "a", CF/88).

(d) O STF tem competência para o julgamento de crimes cometidos pelo Procurador Geral da República.

---

79. (FCC – Analista Judiciário – Área Judiciária – TRF 5/2017) Em relação à competência e processamento dos crimes de falsidade documental, tipificados no Capítulo III, do Código Penal, e, ainda, considerando o que dispõem as Súmulas do Supremo Tribunal Federal e Superior Tribunal de Justiça acerca do tema, é correto afirmar que:

a) Compete à Justiça Federal o processo e julgamento dos crimes de falsificação e uso de documento falso relativo a estabelecimento particular de ensino.

b) A competência para processar e julgar o crime de uso de documento falso é firmada em razão da entidade ou órgão ao qual foi apresentado o documento público, não importando a qualificação do órgão expedidor.

c) Compete à Justiça Estadual comum processar e julgar civil denunciado pelos crimes de falsificação e de uso de documento falso quando se tratar de falsificação da Caderneta de Inscrição e Registro - CIR ou de Carteira de Habilitação de Amador - CHA, ainda que expedidas pela Marinha do Brasil.

d) Compete à Justiça Federal processar e julgar o crime de falsa anotação na Carteira de Trabalho e Previdência Social, atribuído à empresa privada.

e) É possível a suspensão condicional do processo, prevista na Lei no 9.099/1995 (Juizado Especial Criminal), para o crime de falsidade ideológica, ainda, que o agente seja funcionário público e cometa o crime prevalecendo-se do cargo.

▷ **Anotações/Comentários**

(a) Compete à Justiça Estadual o processo e julgamento dos crimes de falsificação e uso de documento falso relativo a estabelecimento particular de ensino (Súmula 104, STJ).

(b) A competência para processar e julgar o crime de uso de documento falso é firmada em razão da entidade ou órgão ao qual foi apresentado o documento público, não importando a qualificação do órgão expedidor (Súmula 546, STJ).

(c) Compete à Justiça Federal comum processar e julgar civil denunciado pelos crimes de falsificação e de uso de documento falso quando se tratar de falsificação da Caderneta de Inscrição e Registro (CIR) ou de Carteira de Habilitação de Amador (CHA), ainda que expedidas pela Marinha do Brasil (Súmula Vinculante 36, STF).

(d) Compete à Justiça Federal processar e julgar o crime de falsa anotação na Carteira de Trabalho e Previdência Social, atribuído à empresa privada (Súmula 62, STJ).

(e) Não é possível a suspensão condicional do processo, prevista na Lei no 9.099/1995 (Juizado Especial Criminal), para o crime de falsidade ideológica, ainda, que o agente seja funcionário público e cometa o crime prevalecendo-se do cargo, pois, nesse caso, a pena mínima em abstrato supera um ano.

---

80. (FCC – Técnico Judiciário – Área Administrativa – TRF 3/2014) Antonio é prefeito municipal que exerce mandato desde 2013. Ante a notícia de que teria, em 2011, praticado delito de apropriação indébita previdenciária, previsto no artigo 168-A, do Código Penal, enquanto sócio gerente de uma metalúrgica, a competência para processá-lo e julgá- lo agora por tal crime é do

a) juiz de primeiro grau da respectiva seção judiciária onde teria ocorrido o delito.

b) Supremo Tribunal Federal.

c) Superior Tribunal de Justiça.

d) Tribunal Regional Federal do local onde teria ocorrido o delito.

e) Tribunal de Justiça do Estado onde teria ocorrido o delito.

▷ **Anotações/Comentários**

Observação: Essa questão foi elaborada antes da decisão de 2018 do STF que limitou a competência por prerrogativa de função aos crimes cometidos durante o exercício do cargo e relacionados à função desempenhada.

(a) Diante do novo entendimento do STF, o juízo competente é o de primeiro grau, tendo em vista que o crime foi cometido antes de Antônio exercer o cargo de Prefeito e não ter qualquer relação com o cargo. Como se trata de delito de apropriação indébita previdenciária, a competência é da Justiça Federal.

(b) Ver resposta à alternativa "a".

(c) Ver resposta à alternativa "a".

(d) Seria o TRF antes da nova decisão do STF.

(e) Ver resposta à alternativa "a".

81. (FCC - Técnico Judiciário - Área Administrativa - TRF 4/2014) O Supremo Tribunal Federal é competente para processar e julgar, originariamente,

a) os membros dos Tribunais Superiores, apenas nos crimes de responsabilidade.

b) os membros do Congresso Nacional, nos crimes de responsabilidade.

c) seus próprios Ministros, nas infrações penais comuns.

d) os membros do Tribunal de Contas da União, apenas nas infrações penais comuns.

e) o Procurador-Geral da República, nos crimes de responsabilidade.

▷ **Anotações/Comentários**

(a) O STF é competente para julgar os membros dos Tribunais Superiores por crimes comuns e de responsabilidade.

(b) O STF é competente para julgar os membros do Congresso Nacional por crimes comuns.

(c) O STF é competente para julgar os seus próprios Ministros por crimes comuns.

(d) O STF é competente para julgar os membros do TCU por crimes comuns e de responsabilidade.

(e) O STF é competente para julgar o PGR por crimes comuns.

82. (Cespe - Analista Judiciário - Área Judiciária - TRE - MT/2015) Considere que determinado juiz titular da justiça eleitoral de uma comarca do estado de Mato Grosso, regularmente investido na função, sem dolo, tenha prolatado sentença em processo de competência do tribunal do júri. Nessa situação hipotética, o ato praticado pelo juiz configura

a) nulidade relativa.

b) inexistência.

c) prorrogação de competência.

d) irregularidade.

e) nulidade absoluta.

▷ **Anotações/Comentários**

(a) Ver resposta à alternativa "e".

(b) O ato existe porque o juiz é investido de jurisdição, apesar de não ser competente.

(c) Não há prorrogação de competência, porque o juiz é absolutamente incompetente.

(d) Ver resposta à alternativa "e".

(e) A competência do Tribunal do Júri é estabelecida na CF e é fixada em razão da matéria, logo se trata de competência absoluta, cuja violação gera nulidade absoluta.

83. (Cespe - Analista Judiciário - Área Judiciária - TRE - PI/2016) Com relação a jurisdição e competência, assinale a opção correta.

a) Prefeito municipal do estado do Rio Grande do Sul que cometa o delito de porte ilegal de arma em cidade do estado de São Paulo será processado e julgado pelo Tribunal de Justiça do Estado de São Paulo.

b) Caso parlamentar federal cometa crimes de licitações fraudulentas e obras superfaturadas, apurados por inquérito civil durante o exercício funcional, o foro por prerrogativa de função persistirá mesmo após o encerramento do mandato, pois o STF assegura tal prerrogativa nos casos de crimes de improbidade administrativa.

c) Parlamentar estadual que cometa crime contra bens e interesses da União deverá ser processado e julgado pelo tribunal de justiça com jurisdição no local do delito.

d) Prefeito municipal que cometa homicídio doloso será processado e julgado pelo tribunal de justiça local, e não pelo tribunal do júri.

e) Ocorrerá a separação de processos quando um parlamentar federal praticar homicídio doloso em concurso com outro parlamentar estadual, pois, no caso deste, o foro especial é estabelecido pela Constituição estadual.

▷ **Anotações/Comentários**

(a) A competência do TJRS.

(b) Encerrado o cargo de legislador federal, encerra-se a competência do STF, devendo os Autos serem remetidos ao Primeiro Grau.

(c) A competência é do TRF, tendo em vista o interesse da União.

(d) A competência do TJ para julgamento dos Prefeitos Municipais é especial em relação à competência do Tribunal do Júri, logo prevalece em relação a este, ambos previstos na CF.

(e) O foro de Deputado Estadual é estabelecido pelo art. 27, § 1º, CF/88, devendo haver o desmembramento pois ambos são julgados por prerrogativa de função constitucional.

84. (Consulplan - Juiz de Direito - TJ - MG/2018) Em relação à competência no processo penal, analise as afirmativas a seguir, marque V para as verdadeiras e F para as falsas.

( ) Na determinação da competência por conexão ou continência, havendo concurso de jurisdições da mesma categoria, preponderá a do lugar da infração a qual for cominada a pena mais grave.

( ) A competência será determinada pelo domicílio ou residência da vítima quando o lugar da infração for desconhecido.

( ) A competência para processar e julgar o crime de uso de documento falso é firmada em razão da entidade ou órgão ao qual foi apresentado o documento público, não importando a qualificação do órgão expedidor.

( ) A competência do Juizado será determinada pelo lugar em que foi praticada a infração penal.

( ) A competência será determinada pela continência nas hipóteses de concurso formal, erro na execução e resultado diverso do pretendido.

A sequência está correta em

a) V, F, V, F, F.

b) F, V, F, F, V.

c) F, F, V, V, F.

d) V, F, V, V, V.

▷ **Anotações/Comentários**

() No concurso de jurisdição de mesma categoria, havendo conexão ou continência, prevalece a do local em que ocorreu o crime com pena mais grave.

() A competência será determinada pelo domicílio ou residência do réu quando o lugar da infração for desconhecido.

() A competência para processar e julgar o crime de uso de documento falso é firmada em razão da entidade ou órgão ao qual foi apresentado o documento público, não importando a qualificação do órgão expedidor (Súmula 546, STJ).

() A competência do Juizado será determinada pelo lugar em que foi praticada a infração penal (art. 63, Lei n. 9.099/95).

() Trata-se da hipótese de continência por cumulação objetiva (art. 77, II, CPP).

85. (Vunesp - Cartório - Remoção - TJ - SP/2018) Em matéria de competência em Direito Processual Penal, é lícito afirmar que

a) nos casos de ação penal privada, o querelante poderá preferir o foro do domicílio ou da residência do querelado, ainda que conhecido o local da infração.

b) quando o último ato da execução for praticado fora do território nacional, será competente o foro do domicílio ou residência do réu.

c) quando incerto o limite territorial entre duas ou mais jurisdições, ou quando incerta a jurisdição por ter sido a infração consumada ou tentada nas duas ou mais jurisdições, a competência firmar-se-á pelo domicílio ou residência do réu.

d) não sendo conhecido o lugar da infração, a competência regular-se-á pela prevenção.

▷ **Anotações/Comentários**

(a) Nos casos de ação penal privada, o querelante poderá preferir o foro do domicílio ou da residência do querelado, ainda que conhecido o local da infração (art. 73, CPP).

(b) Será competente o juiz do lugar em que o crime, embora parcialmente, tenha produzido ou devia produzir seu resultado (art. 70, § 2º, CPP).

(c) A competência nesse caso será determinada pela prevenção (art. 70, § 3º, CPP).

(d) Não sendo conhecido o lugar da infração, a competência regular-se-á pelo domicílio ou residência do réu (art. 72, CPP).

---

86. (Cespe – Delegado de Polícia – MA/2018) Após desentendimento em jantar em sua residência, um deputado estadual esfaqueou um colega, que morreu no local. Para ocultar o ato criminoso, o parlamentar enterrou o corpo da vítima no quintal de sua residência. Após o indiciamento, o MP ofereceu denúncia contra o parlamentar.

Nessa situação hipotética, a competência para julgar os crimes de homicídio e de ocultação de cadáver será do

a) tribunal de justiça e do juiz singular da justiça comum estadual, respectivamente.
b) juiz singular da justiça comum estadual.
c) tribunal do júri da comarca em que os crimes foram praticados.
d) tribunal de justiça do estado em que o parlamentar exercer o seu mandato.
e) tribunal do júri e o do juiz singular da justiça comum estadual, respectivamente.

▷ **Anotações/Comentários**

(a) A competência para o julgamento do homicídio não é do TJ, porque o crime não tem relação com a função desempenhada pelo Deputado Estadual. O crime de ocultação de cadáver deve ser julgado unificadamente com o crime de homicídio por conexão

(b) O Juiz singular não tem competência, pois se trata de crime doloso contra a vida.

(c) A competência é do Tribunal do Júri, pois se trata de crime doloso contra a vida, praticado por deputado estadual em atividade estranha ao mandato. O crime de ocultação de cadáver deve ser julgado em conexão com o crime de homicídio.

(d) Ver resposta às alternativas "a" e "c".

(e) Havendo conexão, os crimes de homicídio e ocultação de cadáver devem ser julgados pelo Tribunal prevalente, no caso o Tribunal do Júri.

6. QUESTÕES INCIDENTAIS E MEDIDAS ASSECURATÓRIAS

87. FCC – 2024 – TRF 3 - Analista Judiciário - Área Judiciária

Rivaldo foi denunciado por determinado crime contra a ordem tributária, previsto na Lei nº 8.137/980. Ao ser citado, Rivaldo, por meio de seu advogado, apresenta exceção de suspeição do órgão do Ministério Público que atua na ação penal. Nesse caso, nos termos preconizados pelo Código de Processo Penal, o juiz, depois de ouvir o membro do Parquet, decidirá, podendo antes admitir a produção de provas, no prazo de

a) 3 dias, não cabendo recurso contra esta decisão.
b) 5 dias, cabendo recurso inominado contra esta decisão.
c) 10 dias, cabendo agravo de instrumento contra esta decisão.
d) 10 dias, cabendo recurso em sentido estrito contra esta decisão.
e) 3 dias, cabendo correição parcial contra esta decisão.

▷ ***Anotações/Comentários***

(a) Se for arguida a suspeição do órgão do Ministério Público, o juiz, depois de ouvi-lo, decidirá, sem recurso, podendo antes admitir a produção de provas no prazo de três dias. (art. 104, CPP). Não cabe recurso contra a decisão que julgar a suspeição (art. 581, III, CPP).

(b) O prazo é de três dias e não cabe recurso.

(c) O prazo é de três dias e não cabe recurso.

(d) O prazo é de três dias e não cabe recurso.

(e) O prazo é de três dias e não cabe recurso.

---

88. (FGV – Analista Judiciário – TRF/1ª Região/2024) João foi citado, validamente, em processo penal deflagrado para apurar suposto crime de corrupção passiva. Preocupado com as repercussões que a referida relação processual ensejará na sua esfera de direitos, o acusado contratou os serviços de um advogado, que descobriu ser o cliente réu em outro processo criminal, que se encontra na fase de instrução e versa sobre os mesmos fatos. Em assim sendo, a defesa de João pretende apresentar, em juízo, a exceção cabível para questionar a duplicidade de relações processuais em curso a respeito da mesma imputação.

Nesse cenário, considerando as disposições do Código de Processo Penal, a defesa deverá apresentar exceção de:

a) incompetência do juízo;
b) ilegitimidade da parte;
c) litispendência;
d) coisa julgada;
e) suspeição.

▷ ***Anotações/Comentários***

(a) A exceção de incompetência tem como objetivo alegar que o juízo em que corre o processo não tem competência para julgar a causa, por exemplo, por questão territorial.

(b) A exceção de ilegitimidade tem como objetivo sustentar que a parte não tem legitimidade para ocupar um dos polos da demanda.

(c) Na exceção de litispendência, ocorre para alegar que já existe outro processo com as mesmas partes, objeto e causa de pedir, sem que haja o trânsito em julgado da sentença penal.

(d) Na exceção de coisa julgada, ocorre para alegar que já existe outro processo com as mesmas partes, objeto e causa de pedir, no qual já há o trânsito em julgado da sentença penal.

(e) Na exceção de suspeição, se alegue a suspeição ou impedimento de juiz, membro do Ministério Público e outros autores da relação jurídica processual.

---

89. (FCC – Analista Judiciário – Área Judiciária – TRF 4/2019) Sobre o sequestro de bens imóveis adquiridos pelo indiciado com os proveitos do crime, como medida assecuratória, de acordo com o que estabelece o Código de Processo Penal, é CORRETO afirmar:

a) Efetivado o sequestro e autuado em apartado, não se admitirão embargos de terceiro.
b) Não caberá o sequestro dos bens imóveis, adquiridos pelo indiciado com os proventos da infração, se já tiverem sido transferidos a terceiro.
c) O sequestro será levantado se o réu for absolvido em primeiro grau de jurisdição, ainda que pendente de análise o recurso de apelação interposto pelo Ministério Público.
d) O sequestro será levantado se a ação penal não for intentada no prazo de 60 dias, contado da data em que ficar concluída a diligência.
e) O juiz, de ofício ou a requerimento do ofendido, só poderá ordenar o sequestro depois de oferecida a denúncia ou queixa.

▷ **Anotações/Comentários**

(a) O sequestro autuar-se-á em apartado e admitirá embargos de terceiro (art. 129, CPP).

(b) Caberá o sequestro dos bens imóveis, adquiridos pelo indiciado com os proventos da infração, ainda que já tenham sido transferidos a terceiro (art. 125, CPP).

(c) O sequestro será levantado em caso de absolvição com trânsito em julgado da sentença.

(d) O sequestro será levantado se a ação penal não for intentada no prazo de sessenta dias, contado da data em que ficar concluída a diligência (art. 131, I, CPP).

(e) O juiz, de ofício, a requerimento do Ministério Público ou do ofendido, ou mediante representação da autoridade policial, poderá ordenar o sequestro, em qualquer fase do processo ou ainda antes de oferecida a denúncia ou queixa.

90. (FCC – Analista Judiciário – Área Judiciária – TRF 3/2019) O Ministério Público Federal, por intermédio dos Procuradores da República Manoel e Joaquim, ajuizou ação penal contra Ricardo, Rodrigo e Pedro, donos de uma empreiteira com sede na cidade de São Paulo, pelos crimes de tráfico de influência, formação de quadrilha e lavagem de dinheiro. A denúncia foi distribuída para uma das varas da Justiça Federal de São Paulo, com competência criminal, e recebida pelo magistrado federal competente. No curso da ação penal, os advogados de Ricardo, Rodrigo e Pedro apresentaram exceção de suspeição dos Procuradores da República Manoel e Joaquim. Nesse caso, o juiz, depois de ouvir os Procuradores da República, decidirá a exceção,

a) com possibilidade de recurso em sentido estrito, não cabendo qualquer dilação probatória, devendo a parte que suscitar o incidente apresentar todas as provas com a petição que instruir o pedido.
b) com possibilidade de recurso em sentido estrito, podendo antes admitir a produção de provas no prazo de três dias.
c) sem recurso, não cabendo qualquer dilação probatória, devendo a parte que suscitar o incidente apresentar todas as provas com a petição que instruir o pedido.
d) sem recurso, podendo antes admitir a produção de provas no prazo de três dias.
e) com possibilidade de recurso em sentido estrito, podendo antes admitir a produção de provas no prazo de 20 dias.

▷ **Anotações/Comentários**

(a) Se for arguida a suspeição do órgão do Ministério Público, o juiz, depois de ouvi-lo, decidirá, sem recurso, podendo antes admitir a produção de provas no prazo de três dias (art. 104, CPP)

(b) Não cabe recurso da decisão que julgar a suspeição do órgão do Ministério Público.

(c) O juiz pode admitir a produção de provas ao admitir a tramitação da exceção de suspeição.

(d) Se for arguida a suspeição do órgão do Ministério Público, o juiz, depois de ouvi-lo, decidirá, sem recurso, podendo antes admitir a produção de provas no prazo de três dias (art. 104, CPP).

(e) Não cabe recurso e o prazo para produção de provas é de três dias.

91. (FGV – Técnico Judiciário – Área Judiciária – TJ – AL/2018) Após denúncia em face de Nilton, sua defesa técnica apresentou exceção de suspeição do magistrado, bem como exceção de coisa julgada, tudo no prazo para apresentar resposta à acusação. Para o correto processamento das exceções apresentadas, o serventuário do cartório deverá ter conhecimento de que o Código de Processo Penal prevê que:

a) a exceção de coisa julgada precede a qualquer outra, inclusive a de suspeição;
b) as exceções são processadas em autos apartados, suspendendo, em regra, de imediato o andamento da ação penal;
c) as exceções são processadas junto aos autos principais, não suspendendo, em regra, de imediato o andamento da ação penal;
d) a exceção de suspeição precede a qualquer outra, salvo quando fundada em motivo superveniente;
e) as exceções são processadas em autos principais e suspenderão, em regra, o andamento da ação penal.

▷ **Anotações/Comentários**

(a) É a suspeição que precederá a qualquer outra (art. 96, CPP).

(b) As exceções serão processadas em autos apartados e não suspenderão, em regra, o andamento da ação penal (art. 111, CPP).

(c) As exceções serão processadas em autos apartados (art. 111, CPP).

(d) A arguição de suspeição precederá a qualquer outra, salvo quando fundada em motivo superveniente (art. 96, CPP).

(e) Ver resposta à alternativa "b".

92. (Cespe – Analista Judiciário – Área Judiciária – TRE – TO/2017) Pedro praticou crime de furto em uma joalheria da cidade, vendeu as peças subtraídas e ficou na posse de apenas um par de alianças. Com o dinheiro da venda das peças subtraídas, Pedro adquiriu um imóvel, que foi registrado em nome de sua tia.

Considerando essa situação hipotética, assinale a opção correta acerca das medidas aplicáveis aos bens.

a) O par de alianças poderá ser objeto de arresto a ser decretado por autoridade judicial.
b) O imóvel poderá ser objeto de hipoteca legal a ser decretada por autoridade judicial.
c) O imóvel não poderá ser objeto de sequestro já que foi transferido a terceira pessoa.
d) O imóvel poderá ser objeto de sequestro, que não dependerá de ajuizamento prévio de ação cível de ressarcimento.
e) O par de alianças poderá ser sequestrado e colocado à disposição do ofendido para reparação do dano.

▷ **Anotações/Comentários**

(a) O par de alianças pode ser objeto de busca e apreensão e restituída à ofendida.

(b) No processo penal, a hipoteca legal visa garantir eventual indenização à vítima e pode recair sobre bens lícitos do agente.

(c) O sequestro pode ocorrer mesmo se o bem já foi transferido para terceiro.

(d) Caberá o sequestro dos bens imóveis, adquiridos pelo indiciado com os proventos da infração, ainda que já tenham sido transferidos a terceiro. Para a decretação do sequestro, bastará a existência de indícios veementes da proveniência ilícita dos bens.

(e) O par de alianças pode ser objeto de busca e apreensão e restituído à joalheria.

93. (Cespe – Analista Judiciário – Área Judiciária – TRF 1/2017) Com relação às questões e aos processos incidentes, à interceptação telefônica e à prisão temporária, julgue os itens subsequentes.

Tanto a autoridade policial, no curso das investigações, quanto o juiz, no curso da ação penal, podem ordenar, ex officio ou mediante requerimento do Ministério Público, o sequestro dos bens móveis adquiridos com os proventos logrados pela prática da infração penal.

- CERTO
- ERRADO

▷ **Anotações/Comentários**

O sequestro pode ser determinado apenas pelo juiz de ofício, a requerimento do Ministério Público ou do ofendido, ou mediante representação da autoridade policial.

94. (Cespe – Analista Judiciário – Oficial de Just. Avaliador – TRF 1/2017) Com relação a prisão temporária, normas dos juizados especiais criminais e questões e processos incidentes no processo penal, julgue os itens subsecutivos.

Caso o julgamento de ação penal dependa da solução de controvérsia séria e fundada acerca do estado civil das pessoas, caberá ao próprio juízo penal o julgamento da questão prejudicial.

- CERTO
- ERRADO

▷ **Anotações/Comentários**

Se a decisão sobre a existência da infração depender da solução de controvérsia, que o juiz repute séria e fundada, sobre o estado civil das pessoas, o curso da ação penal ficará suspenso até que no juízo cível seja a controvérsia dirimida por sentença passada em julgado, sem prejuízo, entretanto, da inquirição das testemunhas e de outras provas de natureza urgente (art. 92, CPP).

95. (Vunesp - Juiz de Direito - TJ - SP/2018) Sobre a questão prejudicial, é correto afirmar que

a) contra a decisão que reconhece a existência de questão prejudicial, suspendendo ou não o curso da ação penal, cabe recurso em sentido estrito.

b) a suspensão do processo em decorrência de questão prejudicial é de exclusiva discricionariedade do magistrado, em juízo de prelibação, não cabendo recurso em sentido estrito em caso de denegação.

c) o curso da ação penal ficará suspenso até a sentença transitar em julgado no juízo cível, sem prejuízo de produção das provas de natureza urgente, cabendo contra essa decisão recurso em sentido estrito.

d) para a suspensão do curso da ação penal em decorrência de questão prejudicial, é imprescindível requerimento das partes, vedada decisão de ofício.

▷ **Anotações/Comentários**

(a) Cabe recurso em sentido estrito se o processo for suspenso em razão de questão prejudicial (art. 581, XVI, CPP). Não cabe recurso se a suspensão for denegada.

(b) Quando se tratar de questão prejudicial obrigatória, o juiz tem discricionariedade no que se refere à seriedade e o fundamento da questão controvertida (art. 92, CPP). No que se refere à questão facultativa, a discricionariedade do juiz recai sobre o fato de a questão seja de difícil solução e não verse sobre direito cuja prova a lei civil limite (art. 93, CPP). Do despacho que denegar a suspensão não caberá recurso (art. 93, § 2º, CPP).

(c) Não é necessário o trânsito em julgado da sentença no juízo cível. Contra a decisão que suspende o processo cabe recurso em sentido estrito.

(d) A suspensão do curso da ação penal, nos casos dos artigos anteriores, será decretada pelo juiz, de ofício ou a requerimento das partes (art. 94, CPP).

96. (Vunesp - Juiz de Direito - TJ - SP/2018) Quanto às medidas assecuratórias, é correto afirmar que

a) depois de recebida a denúncia ou a queixa, quando os bens sequestrados ou arrestados estiverem sujeitos a qualquer grau de deterioração ou depreciação, ou quando houver dificuldade para sua manutenção, para preservar-lhes o valor, o juiz determinará a alienação.

b) se o responsável não possuir bens imóveis ou os possuir de valor insuficiente, poderão ser arrestados bens móveis suscetíveis de penhora, nos termos em que é facultada a hipoteca legal dos imóveis.

c) iniciada a ação penal ou a queixa-crime, o juiz poderá, de ofício, mediante requerimento do Ministério Público ou do ofendido, ou representação da Autoridade Policial, ordenar o sequestro de bens.

d) o sequestro poderá recair sobre bens imóveis adquiridos pelo indiciado com os proventos da infração, desde que ainda não tenham sido transferidos a terceiros.

▷ **Anotações/Comentários**

(a) O art. 144-A, CPP, que autoriza a alienação antecipada, não exige o prévio recebimento da denúncia ou da queixa.

(b) Se o responsável não possuir bens imóveis ou os possuir de valor insuficiente, poderão ser arrestados bens móveis suscetíveis de penhora, nos termos em que é facultada a hipoteca legal dos imóveis (art. 137, CPP).

(c) O sequestro pode ocorrer na fase de investigação policial ou durante a ação penal (art. 127, CPP).

(d) Caberá o sequestro dos bens imóveis, adquiridos pelo indiciado com os proventos da infração, ainda que já tenham sido transferidos a terceiro (art. 125, CPP).

97. (Cespe - Delegado de Polícia - MA/2018) Em inquérito policial para apurar a prática de crime de furto, a autoridade policial reuniu provas suficientes de que o indiciado teria adquirido imóveis e veículos— todos registrados em seu nome — com recurso proveniente do crime.

Nessa situação, a autoridade policial poderá

a) representar à autoridade judiciária competente, requerendo o sequestro dos referidos bens.

b) enviar ofício ao juízo ou ao MP para que sejam decretadas as medidas cabíveis, visto que a lei não lhe assegura competência para promover a restrição dos direitos de propriedade do indiciado.

c) realizar a busca e apreensão dos citados bens, independentemente de autorização judicial.

d) proceder à busca e apreensão dos referidos bens, desde que mediante anuência do MP.

e) determinar, de ofício, o arresto ou a hipoteca legal, em decisão fundamentada, e proceder à apreensão dos citados bens.

▷ **Anotações/Comentários**

(a) Cabe o sequestro de bens imóveis (art. 125, CPP) e móveis (art. 132, CPP), tendo a autoridade policial atribuição para representar ao juiz a decretação da medida (art. 127, CPP).

(b) A autoridade policial pode representar ao juiz para a decretação do sequestro.

(c) A busca e apreensão cabe em relação a bens móveis, devendo haver ordem judicial no caso de ser domiciliar.

(d) A busca e apreensão cabe em relação a bens móveis, devendo haver previa manifestação do MP, à qual o juiz não está vinculado.

(e) Cabe ao juiz decretar as medidas cautelares reais.

7. PROVA NO PROCESSO PENAL

98. (FGV - Analista Judiciário - TRF/1ª Região/2024) Caio, empresário, responde, na esfera federal, pela suposta prática de crime contra a Administração Pública, gerador de prejuízo à União Federal. Após receber a denúncia, o juízo competente verificou que Caio encontra-se, em lugar sabido, no estrangeiro, não dispondo de qualquer endereço fixo na República Federativa do Brasil. Registre-se que o denunciado reside fora do país há anos, mesmo antes da existência da relação processual.

Nesse cenário, segundo as disposições do Código de Processo Penal, é correto afirmar que Caio será:

a) considerado revel, já que não possui endereço fixo na República Federativa do Brasil, suspendendo-se o curso do prazo prescricional até que ingresse no país;

b) citado por carta precatória, por se encontrar no estrangeiro, em local sabido, suspendendo-se o curso do prazo de prescrição até o seu cumprimento;

c) considerado revel, já que não possui endereço fixo na República Federativa do Brasil, de forma que o processo prosseguirá sem a sua presença;

d) citado por carta rogatória, por se encontrar no estrangeiro, em local sabido, suspendendo-se o curso do prazo de prescrição até o seu cumprimento;

e) citado por edital, por se encontrar no estrangeiro, em local sabido, suspendendo-se o curso do prazo de prescrição até o seu cumprimento.

▷ ***Anotações/Comentários***

(a) No processo penal, a revelia ocorre se o réu, devidamente citado pessoalmente, deixa de apresentar resposta no prazo legal (art. 367, CPP). Haveria suspensão do prazo prescricional, caso o réu tivesse que ser citado por edital (art. 366, CPP), que não é o caso, pois ele tem endereço certo, ainda que no exterior.

(b) A citação por carta precatória ocorre se o réu estiver fora do território de competência do Juízo em que corre o processo (art. 352, CPP).

(c) Como o acusado possui endereço fora do Brasil, não é considerado revel.

(d) Estando o acusado no estrangeiro, em lugar sabido, será citado mediante carta rogatória, suspendendo-se o curso do prazo de prescrição até o seu cumprimento (art. 368, CPP).

(e) A citação por edital ocorre depois que certificado que o réu não é encontrado para ser citado pessoalmente (art. 361, CPP).

99. IBFC – 2022 – TJ/MG – Analista Judiciário No que se refere às disposições previstas no Código de Processo Penal, assinale a alternativa incorreta.

a) O incidente de insanidade mental do acusado poderá ser instaurado de ofício pelo juiz ou a requerimento do Ministério Público, do defensor, do curador, do ascendente, descendente, irmão ou cônjuge do acusado, quando houver dúvida sobre sua integridade mental

b) A testemunha fará, sob palavra de honra, a promessa de dizer a verdade do que souber e lhe for perguntado. Contudo, não se deferirá esse compromisso aos menores de 18 (dezoito) anos

c) Em todos os termos da ação pública, poderá intervir, como assistente do Ministério Público, o ofendido ou seu representante legal. Contudo, da decisão que admitir, ou não, o assistente, não caberá recurso

d) Admite-se a decretação da prisão preventiva nos crimes dolosos punidos com pena privativa de liberdade máxima superior a 4 (quatro) anos

e) A intimação da sentença condenatória será feita mediante edital, se o réu, não tendo constituído defensor, não for encontrado, e assim o certificar o oficial de justiça. O prazo do edital será de 90 dias, se tiver sido imposta pena privativa de liberdade por tempo igual ou superior a um ano, e de 60 dias, nos outros casos

▷ ***Anotações/Comentários***

(a) Quando houver dúvida sobre a integridade mental do acusado, o juiz ordenará, de ofício ou a requerimento do Ministério Público, do defensor, do curador, do ascendente, descendente, irmão ou cônjuge do acusado, seja este submetido a exame médico-legal, quando há dúvida sobre a saúde mental do agente. (art. 149, CPP).

(b) Não se deferirá o compromisso de testemunha aos doentes e deficientes mentais e **aos menores de quatorze anos**, nem às pessoas a que se refere o art. 206: o ascendente ou descendente, o afim em linha reta, o cônjuge, ainda que desquitado, o irmão e o pai, a mãe, ou o filho adotivo do acusado, salvo quando não for possível, por outro modo, obter-se ou integrar-se a prova do fato e de suas circunstâncias (art. 208, CPP).

(c) Em todos os termos da ação pública, poderá intervir, como assistente do Ministério Público, o ofendido ou seu representante legal, ou, na falta, qualquer das pessoas mencionadas no art. 31, CPP (cônjuge, ascendente, descendente e irmão), conforme art. 268, CPP). Do despacho que admitir, ou não, o assistente, não caberá recurso, devendo, entretanto, constar dos autos o pedido e a decisão (art. 273, CPP).

(d) Admite-se a decretação da prisão preventiva nos crimes dolosos punidos com pena privativa de liberdade máxima superior a quatro anos (art. 313, I, CPP).

(e) A intimação da sentença será feita mediante edital, se o réu, não tendo constituído defensor, não for encontrado, e assim o certificar o oficial de justiça. (art. 392, VI, CPP). O prazo do edital será de 90 dias, se tiver sido imposta pena privativa de liberdade por tempo igual ou superior a um ano, e de 60 dias, nos outros casos (art. 392, § 1º, CPP).

100. (FGV – Advogado – Câmara de Salvador – BA/2018) Durante determinada investigação penal de crime de associação para o tráfico, entendendo pela existência de indícios de autoria e inexistência de outros meios para obtenção da prova, a autoridade policial representou pela decretação da interceptação das comunicações das linhas telefônicas de titularidade de determinado investigado. Ao receber o pedido, o magistrado, de maneira fundamentada, autorizou a interceptação pelo prazo inicial de 30 (trinta) dias, deixando claro que eventual pedido de prorrogação desse prazo deveria ser devidamente fundamentado.

Com base apenas nas informações narradas, é correto afirmar que:

a) a interceptação das comunicações telefônicas não poderia ser requerida pela autoridade policial, dependendo a autorização de pedido expresso do Ministério Público;

b) a interceptação das comunicações telefônicas não poderia ser autorizada durante as investigações, sob pena de violação do sistema acusatório;

c) o crime de associação para o tráfico, diante da sanção penal prevista, não admite interceptação das comunicações telefônicas;

d) o prazo fixado pelo magistrado na decisão que autorizou a interceptação das comunicações telefônicas não é válido;

e) a decisão que determinou a interceptação das comunicações telefônicas foi válida, diante do crime investigado, da representação da autoridade policial e do prazo fixado.

▷ **Anotações/Comentários**

(a) A Autoridade Policial pode requerer a interceptação telefônica ao juiz, na fase de inquérito policial.

(b) o Juiz pode determinar a interceptação telefônica na fase policial ou na fase judicial.

(c) O crime do art. 35 da Lei de Drogas é punido com reclusão, logo pode haver interceptação telefônica.

(d) A interceptação telefônica não poderá exceder o prazo de quinze dias, renovável por igual tempo uma vez comprovada a indispensabilidade do meio de prova.

(e) A decisão não foi válida, porque o prazo de trinta dias é ilegal.

101. (FCC – Defensor Público – DPE - AP/2018) A interceptação de comunicações telefônicas pode ser realizada

a) mesmo que a prova possa ser feita por outros meios disponíveis.

b) por ato fundamentado de Delegado de Polícia no curso do inquérito policial em caso de crime hediondo ou equiparado.

c) pelo prazo de quinze dias, que só pode ser prorrogado por igual prazo em caso de indispensabilidade do meio de prova.

d) pela autoridade policial em caso de prisão em flagrante apenas para acesso de dados de aplicativos como *Whatsapp e Facebook*, independentemente de ordem judicial.

e) para apurar crime de ameaça quando esta estiver sendo cometida por meio de ligação telefônica.

▷ **Anotações/Comentários**

(a) Não será admitida a interceptação de comunicações telefônicas, se a prova puder ser feita por outros meios disponíveis

(b) Somente o juiz pode decretar a interceptação telefônica de ofício ou a requerimento da autoridade policial, na investigação criminal, ou do representante do Ministério Público, na investigação criminal e na instrução processual penal.

(c) A interceptação telefônica não poderá exceder o prazo de quinze dias, renovável por igual tempo uma vez comprovada a indispensabilidade do meio de prova.

(d) As conversas por aplicativos como WhatsApp e Facebook podem ser interceptadas apenas em caso de ordem judicial.

(e) o crime de ameaça é punido com pena de detenção, logo não pode ser objeto de interceptação telefônica.

102. (Cespe – Analista Judiciário – Direito – TJ – AM/2019) Hugo é investigado pela prática de lesão corporal seguida de morte contra Márcia, crime esse cometido em Manaus. A autoridade policial realizou interceptação telefônica e tomou conhecimento de que Hugo havia confessado ser o autor do crime ao irmão da vítima, Miguel.

Acerca dessa situação hipotética, julgue os itens a seguir, com base no que dispõe a legislação de regência.

Por se tratar de crime de lesão corporal seguida de morte, não se admite o emprego de interceptação telefônica nas investigações.

- CERTO
- ERRADO

▷ **Anotações/Comentários**

O crime de lesão corporal seguida de morte é punido com reclusão, logo é possível a interceptação telefônica, presentes os demais requisitos legais.

103. (FGV – Analista Judiciário – Área Judiciária – TJ – AL/2018) Carlos conduzia seu veículo automotor de maneira tranquila, quando foi parado em uma operação que verificava a condução de veículo

PROCESSUAL PENAL

automotor em via pública sob a influência de álcool. Apesar de estar totalmente consciente de seus atos, Carlos havia ingerido 07 (sete) latas de cerveja, razão pela qual temia que o teste do "bafômetro" identificasse percentual acima do permitido em lei.

De acordo com a jurisprudência majoritária dos Tribunais Superiores, Carlos:

a) não é obrigado a realizar o exame, que exige um comportamento positivo seu, respeitando-se a regra de que ninguém é obrigado a produzir prova contra si, diferentemente do que ocorreria se fosse necessária apenas cooperação passiva;
b) é obrigado a realizar o exame, tendo em vista que esse é indispensável para a configuração do tipo, sempre podendo o resultado ser utilizado como meio de prova;
c) não é obrigado a realizar o exame, pois ninguém é obrigado a produzir prova contra si, seja através de cooperação ativa seja com cooperação passiva, como no caso de ato de reconhecimento de pessoa;
d) é obrigado a realizar o exame, ainda que este seja desnecessário para a configuração do tipo, que pode ser demonstrado por outros meios de prova;
e) é obrigado a realizar o exame, mas seu resultado poderá ou não ser utilizado como meio de prova de acordo com a vontade de Carlos, já que ninguém é obrigado a produzir prova contra si.

▷ **Anotações/Comentários**

(a) Como o exame do bafômetro exige cooperação ativa do investigado, que deve assoprar o aparelho, ninguém é obrigado a fazê-lo. No caso de cooperação passiva, o investigado deve tolerar o ato, como no caso de procedimento de reconhecimento pessoal.

(b) Ninguém é obrigado a fazer provas contra si mesmo.

(c) Na cooperação passiva, o investigado deve tolerar o ato probatório feito pelo agente estatal.

(d) Ninguém é obrigado a fazer provas contra si mesmo.

(e) Ninguém é obrigado a fazer provas contra si mesmo.

104. (FGV - Analista Judiciário - Área Judiciária - TJ - AL/2018) Tadeu figura como acusado em ação penal em que se investiga a prática do crime de tráfico de drogas, respondendo ao processo na condição de preso. Entendendo existir fundada suspeita de que Tadeu integre organização criminosa e que haveria risco de fuga em seu deslocamento, para prevenir a segurança pública, o magistrado determinou, de ofício, a realização do interrogatório do réu por videoconferência. Tadeu, então, indaga seu advogado sobre a validade da decisão.

Com base nas informações expostas, o advogado de Tadeu deverá esclarecer que:

a) o interrogatório por videoconferência, atualmente, é a regra no processo penal, respeitando-se a garantia da ordem pública;
b) o interrogatório por videoconferência não é admitido pela legislação penal, em respeito ao direito de presença, mas tão só a oitiva de testemunhas sem a presença do acusado;
c) o interrogatório por videoconferência poderia ser determinado em decisão fundamentada do juiz após requerimento das partes, mas não de ofício;
d) as partes deverão ser intimadas da decisão que determinar o interrogatório por videoconferência com antecedência mínima de 10 dias;
e) a decisão que determinar a realização de interrogatório por videoconferência poderá ser impugnada através de recurso em sentido estrito no prazo de 05 dias.

▷ **Anotações/Comentários**

(a) O interrogatório por vídeo conferência é medida excepcional.

(b) O interrogatório por vídeo conferência é admitido pelo art. 185, § 2º, CPP.

(c) O interrogatório por vídeo conferência pode ser determinado pelo juiz de ofício ou mediante requerimento das partes.

(d) Da decisão que determinar a realização de interrogatório por videoconferência, as partes serão intimadas com 10 (dez) dias de antecedência (art. 185, § 3º, CPP).

(e) Não cabe recurso em sentido estrito contra a decisão que determinar o interrogatório por videoconferência por falta de previsão no art. 581 do CPP. Caberia, em tese, habeas corpus ou mandado de segurança.

105. (FGV - Técnico Judiciário - Área Judiciária - TJ - AL/2018) Lucas caminhava pela rua, por volta de 7 horas, quando foi abordado por Pedro, que, mediante grave ameaça com emprego de simulacro de arma de fogo, subtraiu seu aparelho celular. Em seguida, Pedro entregou o simulacro de arma de fogo para seu irmão, que coincidentemente passava pela localidade, e pediu para que ele guardasse o objeto em sua residência. Diante disso, o irmão de Pedro guardou o simulacro em sua casa e depois foi para o trabalho. Por outro lado, ainda pouco tempo após o crime, policiais militares passaram pela localidade, de modo que Lucas apontou para Pedro como o autor do fato. Os policiais abordaram Pedro e realizaram busca em seu corpo, vindo a ser localizado o celular subtraído. Chegando na Delegacia, ao tomar conhecimento dos fatos, o Delegado determina que os policiais compareçam à residência do irmão de Pedro para apreender o instrumento do crime, o que efetivamente fazem os agentes da lei por volta de 16 horas.

Considerando apenas a situação narrada, é correto afirmar que a busca:

a) pessoal realizada em Pedro foi válida, assim como a busca domiciliar para apreensão do instrumento do crime, independentemente de mandado de busca e apreensão;
b) pessoal realizada em Pedro e a busca na residência de seu irmão foram inválidas, pois ambas dependiam de mandado de busca e apreensão;
c) pessoal realizada em Pedro foi válida, independentemente de mandado, diferentemente do que ocorreu na busca na residência do irmão do autor do fato, que foi inválida por depender de mandado de busca e apreensão;
d) domiciliar no imóvel do irmão de Pedro foi válida, pois prescinde de mandado de busca e apreensão, diferentemente da busca pessoal em Pedro, que foi inválida;
e) domiciliar no imóvel do irmão de Pedro foi inválida, pois, apesar de prescindir de mandado de busca e apreensão, foi realizada em período noturno, diferentemente da busca pessoal em Pedro, que foi válida.

▷ **Anotações/Comentários**

(a) Ver resposta à alternativa "c".

(b) Ver resposta à alternativa "c".

(c) A busca pessoal em Pedro foi válida, porque independe de mandado de busca e apreensão (art. 244, CPP). A busca domiciliar foi nula, porque depende de mandado de busca e apreensão domiciliar, exceto no caso de flagrante delito, desastre ou autorização do residente (art. 5º, XI, CF/88).

(d) Ver resposta à alternativa "c".

(e) Ver resposta à alternativa "c".

106. (Cespe - Analista Judiciário - Área Judiciária - CNJ/2013) Acerca dos juízes, julgue os itens seguintes.

Admite-se que o juiz determine interceptação telefônica quando houver indícios razoáveis de autoria ou participação em infração penal punida com detenção e a prova não puder ser feita por outros meios.

- CERTO
- ERRADO

▷ **Anotações/Comentários**

A interceptação telefônica, em regra, cabe no caso de crime punido com reclusão. Só é admitida em crime punido com detenção, se este for conexo a um punido com reclusão.

107. (Cespe - Analista Judiciário - Área Administrativa - TRE - BA/2017) Com relação às provas no processo penal, julgue os seguintes itens.

I. O exame de corpo delito, imprescindível nos casos em que as infrações penais deixam vestígios, pode ser suprido pela confissão do acusado.

II. Desaparecidos os vestígios da infração penal, a prova testemunhal poderá suprir a falta do exame de corpo delito.

III. Do ofendido não será colhido o compromisso de dizer a verdade sobre o que souber, não podendo ele ser responsabilizado pelo crime de falso testemunho.

IV. Reputar-se-á verdadeira a acusação formulada contra o acusado que permanecer em silêncio em seu interrogatório judicial.

Estão certos apenas os itens

a) I e II.

b) I e III.

c) I e IV.

d) II e III.

e) III e IV.

▷ **Anotações/Comentários**

(I) O exame de corpo delito não pode ser suprido pela confissão do acusado, quando o crime deixa vestígios.

(II) Não sendo possível o exame de corpo de delito, por haverem desaparecido os vestígios, a prova testemunhal poderá suprir-lhe a falta.

(III) O compromisso de dizer a verdade sobre o que souber é colhido de testemunha, não do ofendido.

(IV) O silêncio, que não importará em confissão, não poderá ser interpretado em prejuízo da defesa.

108. (FCC – Analista Judiciário – Área Judiciária – TRE – SP/2017) Manoel está cumprindo pena em penitenciária paulista de segurança máxima, na cidade de Presidente Bernardes, após ser condenado por quatro crimes de homicídio. Na cidade e comarca de São Paulo é instaurada uma nova ação penal contra Manoel por crime de coação no curso do processo. Havendo fundada suspeita de que o réu, Manoel, integra organização criminosa e que poderá fugir durante o deslocamento entre as cidades de Presidente Bernardes e São Paulo, o Magistrado competente, por decisão fundamentada, e em caráter excepcional, assegurando ao réu a entrevista prévia com seu advogado e o acompanhamento da audiência una de instrução, poderá,

a) de ofício, ou, a requerimento das partes, realizar o interrogatório de Manoel por sistema de videoconferência, intimando as partes com, pelo menos, 10 dias de antecedência.

b) se houver requerimento das partes, apenas, realizar o interrogatório de Manoel por sistema de videoconferência, intimando as partes com, pelo menos, 10 dias de antecedência.

c) de ofício, ou, a requerimento das partes, realizar o interrogatório de Manoel por sistema de videoconferência, intimando as partes com, pelo menos, 5 dias de antecedência.

d) se houver requerimento das partes, apenas, realizar o interrogatório de Manoel por sistema de videoconferência, intimando as partes com, pelo menos, 5 dias de antecedência.

e) de ofício, ou, a requerimento das partes, realizar o interrogatório de Manoel por sistema de videoconferência, intimando as partes com, pelo menos, 7 dias de antecedência.

▷ **Anotações/Comentários**

(a) Excepcionalmente, o juiz, por decisão fundamentada, de ofício ou a requerimento das partes, poderá realizar o interrogatório do réu preso por sistema de videoconferência, desde que a medida seja necessária para atender a determinadas finalidades, entre as quais prevenir risco à segurança pública, quando exista fundada suspeita de que o preso integre organização criminosa ou de que, por outra razão, possa fugir durante o deslocamento (art. 185, I, CPP).

(b) O juiz pode determinar interrogatório por videoconferência de ofício.

(c) A intimação das partes deve ser com dez dias de antecedência.

(d) O juiz pode determinar interrogatório por videoconferência de ofício e o prazo de intimação é de dez dias de antecedência.

(e) O prazo de intimação é de dez dias de antecedência.

109. (Cespe – Analista Judiciário – Área Judiciária – TRF 1/2017) Com relação às questões e aos processos incidentes, à interceptação telefônica e à prisão temporária, julgue os itens subsequentes.

A interceptação de comunicações telefônicas é admitida quando há indícios razoáveis de autoria ou participação em infração penal e não poderá exceder o prazo máximo de quinze dias, prorrogável uma única vez pelo mesmo período.

- CERTO
- ERRADO

▷ **Anotações/Comentários**

A interceptação telefônica não pode exceder o prazo máximo de quinze dias, podendo ser prorrogável por mais de um período, desde que presentes os requisitos legais.

110. (Cespe – Técnico Judiciário – Área Administrativa – TRF 1/2017) Acerca dos princípios que regem o processo penal brasileiro, julgue os itens subsequentes.

Juiz que se utilizar do silêncio do acusado para formar seu próprio convencimento não incorrerá em ofensa ao princípio processual penal da não autoincriminação, ainda que a opção do acusado por abster-se de falar não constitua confissão.

- CERTO
- ERRADO

▷ **Anotações/Comentários**

O silêncio, que não importará em confissão, não poderá ser interpretado em prejuízo da defesa (art. 186, parágrafo único, CPP).

111. (Cespe – Técnico Judiciário – Área Administrativa – TRF 1/2017) A respeito dos direitos do acusado, julgue o item seguinte.

A não comunicação ao acusado de seu direito de permanecer em silêncio é causa de nulidade relativa, cujo reconhecimento depende da comprovação do prejuízo.

- CERTO
- ERRADO

▷ **Anotações/Comentários**

O STJ e o STF firmaram o entendimento de que eventual irregularidade na informação acerca do direito de permanecer em silêncio é causa de nulidade relativa, cujo reconhecimento depende da comprovação do prejuízo (STJ - RHC 67.730/PE).

112. (Consulplan – Técnico Judiciário – Área Administrativa – TRF 2/2017) Será admitida a decretação da prisão preventiva desde presentes os requisitos, fundamentos e condições de admissibilidade. NÃO se refere a uma condição de admissibilidade para decretação da prisão preventiva:

a) Nos crimes dolosos punidos com pena privativa de liberdade máxima superior a quatro anos.

b) Se o crime envolver violência doméstica e familiar contra a mulher, criança, adolescente, pessoa idosa, enfermo ou pessoa com deficiência, para garantir a execução das medidas protetivas de urgência.

c) Nos crimes dolosos apenados com reclusão.

d) Quando houver dúvida sobre a identidade civil da pessoa ou quando esta não fornecer elementos suficientes para esclarecê-la, devendo o preso ser colocado imediatamente em liberdade após a identificação, salvo se outra hipótese recomendar a manutenção da medida.

▷ **Anotações/Comentários**

(a) É condição de admissibilidade da prisão preventiva que o crime seja doloso, com pena privativa de liberdade máxima superior a quatro anos (art. 313, I, CPP).

(b) É admitida a prisão preventiva se o crime envolver violência doméstica e familiar contra a mulher, criança, adolescente, pessoa

PROCESSUAL PENAL

idosa, enfermo ou pessoa com deficiência, para garantir a execução das medidas protetivas de urgência (art. 313, III, CPP)

(c) Para se admitir a prisão preventiva, o crime tem que ser doloso e a pena máxima em abstrato ser superior a quatro anos, seja o crime punido com reclusão ou detenção.

(d) É admitida a prisão preventiva quando houver dúvida sobre a identidade civil da pessoa ou quando esta não fornecer elementos suficientes para esclarecê-la, devendo o preso ser colocado imediatamente em liberdade após a identificação, salvo se outra hipótese recomendar a manutenção da medida (art. 313, § 1º, CPP).

---

113. (FCC - Analista Judiciário - Área Judiciária - TRF 5/2017) No que tange às disposições relativas às provas no Código de Processo Penal, é correto afirmar:

a) Não sendo possível o exame de corpo de delito, por haverem desaparecido os vestígios, o acusado deverá ser absolvido, não sendo permitido a prova testemunhal para suprir-lhe a falta.

b) Ainda que a infração penal deixe vestígios, havendo confissão do acusado, dispensável a realização do exame de corpo de delito.

c) A autópsia será feita em, no máximo, seis horas depois do óbito, salvo se os peritos, pela evidência dos sinais de morte, julgarem que possa ser feita depois daquele prazo, o que declararão no auto.

d) Em caso de lesões corporais, se o primeiro exame pericial tiver sido incompleto, proceder-se-á a exame complementar por determinação da autoridade policial ou judiciária, de ofício, ou a requerimento do Ministério Público, do ofendido ou do acusado, ou de seu defensor.

e) Em razão de seu caráter técnico e vinculatório, o juiz ficará adstrito ao laudo pericial produzido, não podendo rejeitá-lo.

▷ **Anotações/Comentários**

(a) Não sendo possível o exame de corpo de delito, por haverem desaparecido os vestígios, a prova testemunhal poderá suprir-lhe a falta (art. 167, CPP).

(b) Quando a infração deixar vestígios, será indispensável o exame de corpo de delito, direto ou indireto, não podendo supri-lo a confissão do acusado (art. 158, CPP).

(c) A autópsia será feita pelo menos seis horas depois do óbito, salvo se os peritos, pela evidência dos sinais de morte, julgarem que possa ser feita antes daquele prazo, o que declararão no auto (art. 162, CPP).

(d) Em caso de lesões corporais, se o primeiro exame pericial tiver sido incompleto, proceder-se-á a exame complementar por determinação da autoridade policial ou judiciária, de ofício, ou a requerimento do Ministério Público, do ofendido ou do acusado, ou de seu defensor (art. 168, CPP).

(e) O juiz não ficará adstrito ao laudo, podendo aceitá-lo ou rejeitá-lo, no todo ou em parte (art. 182, CPP).

---

114. (FCC - Analista Judiciário - Oficial de Just. Avaliador - TRF 5/2017) Para o desenvolvimento da ação penal é necessária a participação de três sujeitos principais: autor, acusado e juiz. Contudo, existem ainda os sujeitos acessórios, que, embora prescindíveis para a existência do processo, poderão, eventualmente, nele intervir, como por exemplo, o assistente de acusação, os auxiliares da justiça, dentre outros. Levando-se em conta o que dispõe o Código de Processo Penal sobre o tema, é correto afirmar:

a) Nenhum acusado será processado ou julgado sem defensor, exceto quando foragido.

b) O impedimento ou suspeição decorrente de parentesco por afinidade cessará pela dissolução do casamento que lhe tiver dado causa, salvo sobrevindo descendentes; mas, ainda que dissolvido o casamento sem descendentes, não funcionará como juiz o sogro, o padrasto, o cunhado, o genro ou enteado de quem for parte no processo.

c) É possível intervir como assistente do Ministério Público o corréu que figurar no mesmo processo.

d) Do despacho que admitir, ou não, o assistente do Ministério Público, caberá recurso em sentido estrito.

e) A condução coercitiva é cabível apenas às testemunhas, não havendo qualquer previsão legal para que tal medida se aplique ao acusado que não atender à intimação para o interrogatório.

▷ **Anotações/Comentários**

(a) Nenhum acusado, ainda que ausente ou foragido, será processado ou julgado sem defensor (art. 261, CPP).

(b) O impedimento ou suspeição decorrente de parentesco por afinidade cessará pela dissolução do casamento que lhe tiver dado causa, salvo sobrevindo descendentes; mas, ainda que dissolvido o casamento sem descendentes, não funcionará como juiz o sogro, o padrasto, o cunhado, o genro ou enteado de quem for parte no processo (art. 255, CPP).

(c) O corréu no mesmo processo não poderá intervir como assistente do Ministério Público. (art. 270, CPP).

(d) Do despacho que admitir, ou não, o assistente, não caberá recurso (art. 273, CPP).

(e) O art. 260, CPP, prevê a condução coercitiva para o acusado que não comparece ao interrogatório, ainda que intimado. Contudo, o STF entendeu que esse dispositivo é inconstitucional.

---

115. (Cespe - Analista Judiciário - Área Judiciária - TRE - RS/2015) No que se refere ao regime das provas em processo penal, assinale a opção correta.

a) A testemunha pode se eximir do dever de prestar depoimento se for ascendente, descendente, cônjuge, companheiro, irmão, pai ou mãe do acusado ou da vítima, salvo se não for possível, por outro modo, obter a prova do fato e de suas circunstâncias.

b) O interrogatório do surdo-mudo será, necessariamente, acompanhado de pessoa habilitada a entendê-lo, ainda que o interrogando saiba ler e escrever.

c) Embora não sejam admitidas em juízo, as correspondências particulares obtidas por meios criminosos podem ser exibidas pelo respectivo destinatário se servirem à defesa de direito seu, ainda que não haja consentimento de seu interlocutor.

d) A busca domiciliar deve ser precedida da expedição de mandado apenas no caso de a própria autoridade policial ou judiciária não a realizar pessoalmente.

e) Os exames de corpo de delito devem ser realizados por dois peritos oficiais, portadores de diploma de curso superior e, na falta de perito oficial, por duas pessoas idôneas, com ensino superior completo.

▷ **Anotações/Comentários**

(a) A testemunha não poderá eximir-se da obrigação de depor. Poderão, entretanto, recusar-se a fazê-lo o ascendente ou descendente, o afim em linha reta, o cônjuge (companheiro), ainda que desquitado, o irmão e o pai, a mãe, ou o filho adotivo do acusado, salvo quando não for possível, por outro modo, obter-se ou integrar-se a prova do fato e de suas circunstâncias.

(b) O interrogatório do surdo-mudo será acompanhado de pessoa habilitada a entendê-lo, caso ele não saiba ler e escrever.

(c) As cartas poderão ser exibidas em juízo pelo respectivo destinatário, para a defesa de seu direito, ainda que não haja consentimento do signatário.

(d) A Autoridade Policial depende de autorização judicial para realizar busca domiciliar, conforme CF/88.

(e) O exame de corpo de delito e outras perícias serão realizados por um perito oficial, portador de diploma de curso superior.

---

116. (IESES - Analista Judiciário - Área Judiciária - TRE - MA/2015) O Juiz formará sua convicção pela livre apreciação da prova produzida em contraditório judicial. Das questões enumeradas a seguir, assinale a alternativa correta:

a) Não se deferirá o compromisso de dizer a verdade aos doentes e deficientes mentais e aos menores de 16 (dezesseis) anos.

b) Prova ilícita é aquela que foi produzida mediante violação de norma de direito processual, enquanto que a prova ilegítima foi produzida mediante violação de norma de direito material prevista na Constituição Federal ou em Lei Ordinária.

c) A testemunha que morar fora da jurisdição do Juiz será inquirido pelo Juiz do lugar de sua residência, expedindo-se, para esse fim, carta precatória com prazo razoável, sendo obrigatória, sob pena de nulidade, a intimação das partes para esse fim.

d) As testemunhas poderão ser contraditadas, pelas partes, ao final do depoimento. Poderão, também, o Ministério Público ou o Defensor arguir circunstâncias que a tornem suspeitas de parcialidade.

▷ **Anotações/Comentários**

(a) Não se deferirá o compromisso de dizer a verdade aos doentes e deficientes mentais e aos menores de 14 anos.

(b) Poderá o Juiz substituir a prisão preventiva pela domiciliar quando o agente for maior de 80 anos ou extremamente debilitado por motivo de doença grave.

(c) A testemunha que morar fora da jurisdição do juiz será inquirida pelo juiz do lugar de sua residência, expedindo-se, para esse fim, carta precatória, com prazo razoável, intimadas as partes (art. 222, CPP).

(d) A contradita deve ser feita antes de iniciado o depoimento.

117. (Consulplan - Juiz de Direito - TJ - MG/2018) Sobre as provas no processo penal, analise as afirmativas.

I. A serendipidade tem sido admitida em julgamentos recentes do Superior Tribunal de Justiça envolvendo provas obtidas mediante interceptação telefônica judicialmente autorizada, não gerando irregularidade do inquérito policial, tampouco ilegalidade na ação penal.

II. Nos termos da Lei nº 12.850/2013, são permitidos, dentre outros, os seguintes meios de obtenção da prova: colaboração premiada; ação controlada; interceptação de comunicações telefônicas e telemáticas; cooperação jurídica internacional, desde que as provas obtidas tenham como parâmetro de validade a lei do local onde foram produzidas e o meio de sua obtenção não ofenda a ordem pública, a soberania nacional e os bons costumes brasileiros.

III. Nos crimes de violência doméstica são admitidos como meios de prova os laudos ou prontuários médicos fornecidos por hospitais e postos de saúde, sendo prescindível a realização do exame de corpo de delito para fins de comprovar a materialidade delitiva.

IV. Nos crimes relacionados ao tráfico de pessoas, o membro do Ministério Público ou o delegado de polícia poderá requisitar, independentemente de autorização judicial, às empresas prestadoras de serviço de telecomunicações e/ou telemática que disponibilizem imediatamente os meios técnicos adequados que permitam a localização da vítima ou dos suspeitos do delito em curso.

V. Nos termos do Código de Processo Penal, considera-se vestígio a circunstância conhecida e provada, que, tendo relação com o fato, autorize, por indução, concluir-se a existência de outra ou outras circunstâncias.

Estão corretas apenas as afirmativas

a) I e III.

b) II e IV.

c) I, IV e V.

d) I, II, III e V.

▷ **Anotações/Comentários**

(I) A serendipidade ocorre quando há o encontro fortuito de prova relacionada a fato diverso daquele que está sendo investigado. O STJ admite como lícita a prova obtida em interceptação telefônica de um crime, ainda que a interceptação tenha outro crime como objeto.

(II) O art. 3º da Lei n. 12.850/2013 não enumera a cooperação internacional como meio de obtenção de prova específico para persecução de crime organizado.

(III) Serão admitidos como meios de prova os laudos ou prontuários médicos fornecidos por hospitais e postos de saúde (art. 12, § 3º, Lei 11.340/2006).

(IV) Depende-se de autorização judicial (art. 13-B, CPP).

(V) Trata-se do conceito de indício (art. 239, CPP).

118. (Vunesp - Juiz de Direito - TJ - SP/2018) Quanto às provas no processo penal, é correto afirmar que

a) são inadmissíveis, devendo ser desentranhadas do processo as provas ilícitas e as derivadas delas, mesmo que não evidenciado o nexo de causalidade entre umas e outras, ou quando as derivadas puderem ser obtidas por uma fonte independente das primeiras.

b) no interrogatório, meio de prova e de defesa, o silêncio do acusado não importará confissão, mas poderá constituir elemento para a formação do convencimento do juiz.

c) quanto ao ônus da prova, no curso da instrução ou antes de proferir sentença, para dirimir dúvida sobre ponto relevante, a pedido das partes, o juiz poderá determinar a realização de diligências, vedado fazê-lo de ofício.

d) o juiz formará sua convicção pela livre apreciação da prova produzida em contraditório judicial, não podendo fundamentar sua decisão exclusivamente nos elementos informativos colhidos na investigação, ressalvadas as provas cautelares, não repetíveis e antecipadas.

▷ **Anotações/Comentários**

(a) São também inadmissíveis as provas derivadas das ilícitas, salvo quando não evidenciado o nexo de causalidade entre umas e outras, ou quando as derivadas puderem ser obtidas por uma fonte independente das primeiras (art. 157, § 1º, CPP).

(b) O silêncio pode ser usado no convencimento do juiz, desde que não seja interpretado em prejuízo da defesa (art. 186, parágrafo único, CPP).

(c) O art. 156, I, CPP, faculta ao juiz de ofício poderá determinar a produção de provas para dirimir dúvidas.

(d) O juiz formará sua convicção pela livre apreciação da prova produzida em contraditório judicial, não podendo fundamentar sua decisão exclusivamente nos elementos informativos colhidos na investigação, ressalvadas as provas cautelares, não repetíveis e antecipadas (art. 155, CPP).

119. (Cespe - Delegado de Polícia - MA/2018) Assinale a opção correta no que se refere aos crimes contra a propriedade imaterial.

a) A violação de direito autoral qualificada se configura com o dolo genérico.

b) O plágio de obras literárias, científicas ou artísticas é regido por lei própria, não sendo abrangido pelo tipo de violação de direito autoral nas suas formas simples ou qualificadas.

c) A materialidade do crime de violação de direito autoral pode ser provada mediante perícia por amostragem sobre os aspectos externos do material apreendido.

d) A absolvição do réu no crime de violação de direito autoral é possível com base na teoria da adequação social e no princípio da insignificância.

e) A violação de direitos autorais é crime processado mediante ação pública condicionada à representação, quando cometida na forma simples.

▷ **Anotações/Comentários**

(a) Deve haver a finalidade específica de lucro direto ou indireto.

(b) Trata-se do tipo penal do art. 184, CPP.

(c) Para a prova da materialidade, é suficiente que haja perícia por amostragem do material apreendido (Súmula 574, STJ).

(d) Os Tribunais Superiores não admitem a aplicação dos princípios da insignificância e da adequação social, pois o direito autoral é tutelado constitucionalmente.

(e) A violação de direitos autorais é crime processado mediante ação penal privada, quando cometida na forma simples.

120. (Cespe - Delegado de Polícia - MA/2018) Quanto à reprodução simulada, também denominada de reconstituição do crime, assinale a opção correta.

a) A ausência do indiciado poderá ocorrer por sua vontade, mas esse fato induzirá prova contra si.
b) A participação do indiciado será obrigatória caso haja prova da materialidade e indícios de autoria.
c) A participação do indiciado é obrigatória para que o ato seja considerado válido.
d) A participação do indiciado é facultada à sua vontade.
e) A ausência do indiciado nos crimes que deixem vestígios torna o ato ineficaz.

▷ **Anotações/Comentários**

(a) Como o acusado não é obrigado a fazer prova contra si mesmo, se não comparecer à reconstituição do crime, esse fato não pode ser usado contra ele.

(b) O indiciado não é obrigado a fazer prova contra si mesmo.

(c) Não anula o ato se o indiciado não comparecer, pois se trata de uma faculdade sua.

(d) Como o acusado não é obrigado a fazer prova contra si mesmo, trata-se de uma faculdade dele comparecer ao ato.

(e) Não é ineficaz o ato se o indiciado não comparecer, deixando o crime vestígios ou não.

8. DO JUIZ, DO MINISTÉRIO PÚBLICO, DO ACUSADO E DEFENSOR, DOS ASSISTENTES E AUXILIARES DA JUSTIÇA

121. FCC – 2024 – TRF 3 - Técnico Judiciário - Área Administrativa
Em uma situação hipotética, Fulvio está sendo processado por crime de roubo praticado contra uma agência bancária da Caixa Econômica Federal na cidade de São Paulo. O processo tem o seu trâmite regular e ao final Fulvio é condenado pelo referido crime a uma determinada pena pelo Magistrado competente. Após a prolação da sentença, a Caixa Econômica Federal, por meio de seus advogados, peticiona nos autos solicitando a sua habilitação como assistente do Ministério Público. Nesse caso, nos termos preconizados pelo Código de Processo Penal,

a) o juiz poderá, sem a necessidade de ouvir o Ministério Público, por despacho irrecorrivel, admitir o assistente de acusação, que receberá a causa no estado em que se achar.
b) o juiz poderá, sem a necessidade de ouvir o Ministério Público, por despacho recorrível, admitir o assistente de acusação, que receberá a causa no estado em que se achar.
c) após a oitiva do Ministério Público, o juiz poderá, por despacho irrecorrível, admitir o assistente de acusação, que receberá a causa no estado em que se achar.
d) não é possível a admissão do assistente de acusação após a prolação da sentença em primeiro grau de jurisdição.
e) após a oitiva do Ministério Público, o juiz poderá, por despacho recorrível, admitir o assistente de acusação, que receberá a causa no estado em que se achar.

▷ ***Anotações/Comentários***

(a) O Ministério Público deve ser ouvido previamente sobre a admissibilidade do assistente de acusação (art. 272, CPP).

(b) O Ministério Público deve ser ouvido previamente sobre a admissibilidade do assistente de acusação (art. 272, CPP). Não cabe recurso contra a decisão do Juiz que que admitir ou não o assistente (art. 273, CPP).

(c) O Ministério Público deve ser ouvido previamente sobre a admissibilidade do assistente de acusação (art. 272, CPP). Não cabe recurso contra a decisão do Juiz que que admitir ou não o assistente (art. 273, CPP). O assistente será admitido enquanto não passar em julgado a sentença e receberá a causa no estado em que se achar (art. 269, CPP).

(d) O assistente será admitido **enquanto não passar em julgado a sentença** e receberá a causa no estado em que se achar (art. 269, CPP).

(e) Não cabe recurso contra a decisão do Juiz que que admitir ou não o assistente (art. 273, CPP).

122. (FGV – Analista Judiciário – TRF/1ª Região/2024) Matheus, procurador da República substituto, integrante do Ministério Público Federal, compareceu à sede da 1ª Vara Federal Criminal de Manaus/AM, com o objetivo de participar de uma audiência de instrução e julgamento. Ao abrir o processo, Matheus percebeu que o acusado é seu tio, irmão do seu pai (parente colateral de terceiro grau), com quem não tem qualquer tipo de contato há dez anos, inexistindo vínculos de afeto.

Nesse cenário, considerando as disposições do Código de Processo Penal, é correto afirmar que Matheus:

a) não poderá atuar no processo, pois o acusado é seu tio, sendo certo que aos membros do Ministério Público se estendem, no que lhes for aplicável, as prescrições relativas à suspeição e aos impedimentos dos juízes;
b) poderá atuar no processo, à luz da sua independência funcional, assumindo o risco de ser responsabilizado nas esferas cível, administrativa e penal, caso reste demonstrada a sua parcialidade;
c) não poderá atuar no processo, pois o acusado é seu tio, sendo necessário que a Defensoria Pública ou o advogado constituído o recuse, vedado o reconhecimento, de ofício, do impedimento;
d) poderá atuar no processo, pois não possui qualquer tipo de contato ou vínculos de afeto com o acusado, de forma que inexiste qualquer parcialidade na análise do caso apresentado;
e) poderá atuar no processo, pois as regras processuais atinentes ao impedimento e à suspeição se restringem ao juiz, que deve ser imparcial para julgar o caso apresentado.

▷ ***Anotações/Comentários***

(a) Os órgãos do Ministério Público não funcionarão nos processos em que o juiz ou qualquer das partes for seu cônjuge, ou parente, **consanguíneo** ou afim, em linha reta ou **colateral**, **até o terceiro grau, inclusive**, e a eles se estendem, no que lhes for aplicável, as prescrições relativas à suspeição e aos impedimentos dos juízes (art. 258, CPP).

(b) A independência funcional do Ministério Público é um princípio, segundo o qual o órgão de execução ministerial tem independência para formar sua convicção em relação a outros órgãos ministeriais ou outros Poderes. Mas, essa independência deve ser exercida nos limites da lei, que impõe, por exemplo, regras de impedimento e suspeição também ao Ministério Público.

(c) O juiz ou o órgão do Ministério Público pode declarar de ofício a causa de impedimento ou suspeição.

(d) As causas de impedimento são objetivas, motivo pelo qual o fato de o Procurador da República não ter contato ou vínculos de afeto com o tio é indiferente.

(e) O juiz, o órgão do Ministério Público, os serventuários ou funcionários de justiça e os peritos ou intérpretes abster-se-ão de servir no processo, quando houver incompatibilidade ou impedimento legal, que declararão nos autos. Se não se der a abstenção, a incompatibilidade ou impedimento poderá ser arguido pelas partes, seguindo-se o processo estabelecido para a exceção de suspeição (art. 112, CPP).

123. (Cespe – Analista Judiciário – Direito – TJ – AM/2019) Hugo é investigado pela prática de lesão corporal seguida de morte contra Márcia, crime esse cometido em Manaus. A autoridade policial realizou interceptação telefônica e tomou conhecimento de que Hugo havia confessado ser o autor do crime ao irmão da vítima, Miguel.

Acerca dessa situação hipotética, julgue os itens a seguir, com base no que dispõe a legislação de regência.

Miguel poderá habilitar-se como assistente de acusação enquanto não transitar em julgado a sentença penal.

- CERTO
- ERRADO

▷ **Anotações/Comentários**

O processo penal admite a figura do assistente de acusação, que pode ser a vítima ou qualquer das pessoas arroladas no art. 31, CPP: cônjuge, ascendente, descendente e irmão (CADI). O assistente deve se habilitar enquanto não passar em julgado a sentença e receberá a causa no estado em que se achar (arts. 268 e 269, CPP).

124. (FGV – Técnico Judiciário – Área Judiciária – TJ – AL/2018) Tício é funcionário auxiliar da justiça de certo cartório de Vara Criminal. Ao atuar em determinado procedimento, verifica que Mévio, que é seu credor em razão de empréstimo, figura como réu na ação penal.

Identificada tal situação, é correto afirmar que Tício:

a) não poderá participar da ação penal em razão da causa de suspeição prevista no Código de Processo Penal, tendo em vista que as prescrições sobre suspeição dos juízes estendem- se aos serventuários e funcionários da justiça;

b) poderá participar da ação penal, tendo em vista que ser credor da parte não configura causa de impedimento e nem suspeição do magistrado a ser estendida ao funcionário auxiliar da justiça;

c) não poderá participar da ação penal em razão da causa de impedimento prevista no Código de Processo Penal, tendo em vista que as prescrições sobre impedimento dos juízes estendem-se aos serventuários e funcionários da justiça;

d) poderá participar da ação penal, tendo em vista que as prescrições sobre suspeição e impedimento dos juízes não se aplicam aos serventuários e funcionários da justiça;

e) poderá participar da ação penal, tendo em vista que ser credor da parte é causa de impedimento e apenas as prescrições sobre suspeição dos juízes, de acordo com o Código de Processo Penal, aplicam-se aos funcionários da justiça.

▷ **Anotações/Comentários**

(a) Os casos de suspeição do juiz se aplicam aos serventuários da Justiça (art. 274, CPP). O fato de ser devedor da parte torna o servidor público suspeito (art. 254, V. CPP).

(b) Se o magistrado for credor ou devedor da parte, é suspeito para julgar a causa (art. 254, V, CPP).

(c) Trata-se de causa de suspeição.

(d) Os casos de suspeição do juiz se aplicam aos serventuários da Justiça (art. 274, CPP).

(e) Trata-se de causa de suspeição que se aplicam aos serventuários da justiça.

125. (Cespe – Analista Judiciário – Área Administrativa – TRE – RS/2015) Foi recebida pelo juiz denúncia oferecida pelo MP contra Pedro e João, imputando-lhes a prática de crime de extorsão realizada dentro de uma universidade. Uma das vítimas resolveu intervir no processo, como assistente de acusação.

Tendo como referência a situação hipotética apresentada, assinale a opção correta.

a) Deferida a habilitação, o assistente de acusação receberá a causa desde a petição inicial e, conforme o caso, deverão ser repetidos os atos anteriores a sua habilitação.

b) Da decisão que admitir ou denegar a intervenção da vítima caberá recurso em sentido estrito ao juízo de segundo grau.

c) Ao assistente de acusação será permitido propor meios de provas, tais como perícias e acareações, participar de debates orais e aditar articulados, e também arrazoar os recursos interpostos pelo MP.

d) A vítima poderá habilitar-se como assistente de acusação na fase preliminar das investigações, após a instauração do inquérito policial.

e) O assistente de acusação poderá arrolar testemunhas e aditar a denúncia oferecida pelo MP.

▷ **Anotações/Comentários**

(a) O assistente será admitido enquanto não passar em julgado a sentença e receberá a causa no estado em que se acha (art. 269, CPP).

(b) Do despacho que admitir, ou não, o assistente, não caberá recurso, devendo, entretanto, constar dos autos o pedido e a decisão (art. 273, CPP).

(c) Ao assistente será permitido propor meios de prova, requerer perguntas às testemunhas, aditar o libelo e os articulados, participar do debate oral e arrazoar os recursos interpostos pelo Ministério Público, ou por ele próprio (art. 271, CPP).

(d) A habilitação do ofendido deve ser feita apenas na fase de ação penal (art. 268, CPP).

(e) O assistente de acusação não poderá aditar a denúncia.

126. (Cespe – Analista Judiciário – Área Judiciária – CNJ/2013) Acerca dos juízes, julgue os itens seguintes.

O juiz se dará por suspeito, não caracterizando hipótese de impedimento, se seu ascendente estiver respondendo a processo por fato análogo, sobre cujo caráter criminoso haja controvérsia.

- CERTO
- ERRADO

▷ **Anotações/Comentários**

Há suspeição do juiz, se ele, seu cônjuge, ascendente ou descendente, estiver respondendo a processo por fato análogo, sobre cujo caráter criminoso haja controvérsia (art. 254, II, CPP).

127. (Vunesp – Escrevente Técnico Judiciário – TJ – SP/2018) A respeito das causas de impedimento e suspeição do juiz, de acordo com o Código de Processo Penal, assinale a alternativa correta.

a) Nos juízos coletivos, não poderão servir no mesmo processo os juízes que forem entre si parentes, consanguíneos ou afins, em linha reta ou colateral, até o quarto grau.

b) O juiz será suspeito, podendo ser recusado por qualquer das partes, se já tiver funcionado como juiz de outra instância, pronunciando-se de fato ou de direito sobre a questão.

c) Ainda que dissolvido o casamento, sem descendentes, que ensejava impedimento ou suspeição, não funcionará como juiz o sogro, o padrasto, o cunhado, o genro ou enteado de quem for parte no processo.

d) O juiz será impedido se for credor ou devedor de qualquer das partes.

e) A suspeição poderá ser reconhecida ou declarada ainda que a parte injurie, de propósito, o juiz.

▷ **Anotações/Comentários**

(a) Nos juízos coletivos, não poderão servir no mesmo processo os juízes que forem entre si parentes, consanguíneos ou afins, em linha reta ou colateral até o terceiro grau, inclusive (art. 253, CPP).

(b) Trata-se de causa de impedimento (art. 252, III, CPP).

(c) O impedimento ou suspeição decorrente de parentesco por afinidade cessará pela dissolução do casamento que lhe tiver dado causa, salvo sobrevindo descendentes; mas, ainda que dissolvido o casamento sem descendentes, não funcionará como juiz o sogro, o padrasto, o cunhado, o genro ou enteado de quem for parte no processo (art. 255, CPP).

(d) Trata-se de causa de suspeição (art. 254, V, CP).

(e) A suspeição não poderá ser declarada nem reconhecida, quando a parte injuriar o juiz ou de propósito der motivo para criá-la (art. 256, CPP).

128. (Vunesp – Escrevente Técnico Judiciário – TJ – SP/2018) A respeito do acusado e do defensor, é correto afirmar que

a) o acusado, ainda que tenha habilitação, não poderá a si mesmo defender, sendo-lhe nomeado defensor, pelo juiz, caso não o tenha.

b) a constituição de defensor dependerá de instrumento de mandato, ainda que a nomeação se der por ocasião do interrogatório.

c) o acusado ausente não poderá ser processado sem defensor. Já o foragido, existindo sentença condenatória, ainda que não transitada em julgado, sim.

d) se o defensor constituído pelo acusado não puder comparecer à audiência, por motivo justificado, provado até a abertura da audiência, nomear-se-á defensor dativo, para a realização do ato, que não será adiado.

e) o acusado, ainda que possua defensor nomeado pelo Juiz, poderá, a todo tempo, nomear outro, de sua confiança.

▷ **Anotações/Comentários**

(a) Caso seja habilitado, o acusado poderá exercer a própria defesa técnica (art. 263, CPP).

(b) A constituição de defensor independerá de instrumento de mandato, se o acusado o indicar por ocasião do interrogatório (art. 266, CPP).

(c) Nenhum acusado, ainda que ausente ou foragido, será processado ou julgado sem defensor (art. 261, CPP).

(d) A audiência poderá ser adiada se, por motivo justificado, o defensor não puder comparecer. (art. 265, § 1º, CPP).

(e) Se o acusado não o tiver, ser-lhe-á nomeado defensor pelo juiz, ressalvado o seu direito de, a todo tempo, nomear outro de sua confiança (art. 263, CPP).

---

129. (Vunesp - Escrevente Técnico Judiciário - TJ - SP/2017) Nos exatos termos do art. 253 do CPP, nos juízos coletivos, não poderão servir no mesmo processo os juízes que forem entre si parentes,

a) consanguíneos ou afins, em linha reta ou colateral até o quarto grau, inclusive.
b) consanguíneos ou afins, em linha reta ou colateral até o terceiro grau, inclusive, bem como amigos íntimos.
c) consanguíneos ou afins, em linha reta ou colateral até o terceiro grau, inclusive, bem como amigos íntimos ou inimigos capitais.
d) consanguíneos, excluídos os parentes afins.
e) consanguíneos ou afins, em linha reta ou colateral até o terceiro grau, inclusive.

▷ **Anotações/Comentários**

(a) Ver resposta à alternativa "e".

(b) Ver resposta à alternativa "e".

(c) Ver resposta à alternativa "e".

(d) Ver resposta à alternativa "e".

(e) Nos juízos coletivos, não poderão servir no mesmo processo os juízes que forem entre si parentes, consanguíneos ou afins, em linha reta ou colateral até o terceiro grau, inclusive.

---

130. (Vunesp - Escrevente Técnico Judiciário - TJ - SP/2017) Determina o art. 261 do CPP que

a) nenhum acusado, com exceção do foragido, será processado ou julgado sem defensor.
b) salvo nos processos contravencionais e nos de rito sumaríssimo, nenhum acusado será processado ou julgado sem defensor.
c) salvo nos casos de força maior, nenhum acusado, ainda que ausente ou foragido, será processado ou julgado sem defensor.
d) nenhum acusado, ainda que ausente ou foragido, será processado ou julgado sem defensor.
e) nenhum acusado, com exceção do revel, será processado ou julgado sem defensor.

▷ **Anotações/Comentários**

(a) O foragido também tem direito a defensor.

(b) A todos os acusados, se garante o direito a um defensor.

(c) Não há força maior que afaste o direito de o acusado a um defensor.

(d) Nenhum acusado, ainda que ausente ou foragido, será processado ou julgado sem defensor (art. 261, CPP).

(e) O revel também tem direito a um defensor.

---

131. (Vunesp - Escrevente Técnico Judiciário - TJ-SP/2015) Ao Ministério Público compete, de acordo com o art. 257 do CPP, fiscalizar a execução da lei e promover, privativamente, a ação penal

a) pública.
b) pública incondicionada, e manifestar-se como custos legis, nas ações penais públicas condicionadas.
c) privada, quando houver representação da vítima.
d) pública condicionada, e manifestar-se como custos legis, nas ações penais públicas incondicionadas.
e) pública e, quando houver representação da vítima, promover em seu nome a ação penal privada.

▷ **Anotações/Comentários**

(a) Ao Ministério Público cabe promover, privativamente, a ação penal pública, na forma estabelecida neste Código (art. 257, I, CPP).

(b) O MP é o autor da ação penal pública incondicionada e da ação penal pública condicionada à representação.

(c) O ofendido é o autor da ação penal privada.

(d) Ver resposta à alternativa "b".

(e) Ver resposta às alternativas "b" e "c".

---

132. (Vunesp - Escrevente Técnico Judiciário - TJ-SP/2015) No que concerne à estruturação da defesa de acusados em juízo criminal, é correto afirmar (CPP, art. 263):

a) o acusado que é Advogado pode apresentar defesa "em nome próprio", sem necessidade de constituição de outro profissional.
b) o acusado que não constituir Advogado será obrigatoriamente defendido por Procurador Municipal ou Estadual.
c) o Juiz não pode indicar Advogado de forma compulsória a um acusado, que sempre tem o direito inalienável de articular a própria defesa, ainda que não seja habilitado para tanto.
d) se for indicado um Defensor Público ao acusado, este não pode desconstituí-lo para nomear um profissional de sua confiança.
e) apenas nos crimes mais graves o acusado deve obrigatoriamente ser assistido por Advogado, podendo articular a própria defesa, mesmo sem habilitação, nos casos em que não está em risco sua liberdade.

▷ **Anotações/Comentários**

(a) O advogado pode defender a si mesmo, sem necessidade de conferir procuração a outrem (art. 263, CPP).

(b) Se o acusado não constituir defensor, o juiz vai lhe nomear defensor dativo, que pode ser membro da Defensoria Pública ou advogado inscrito na OAB, mediante convênio.

(c) Se o acusado não constituir defensor, o juiz vai lhe nomear defensor dativo. Caso o acusado seja habilitado, poderá exercer a sua própria defesa.

(d) A qualquer tempo, o acusado pode constituir defensor, em substituição ao defensor dativo.

(e) Em qualquer crime, o acusado tem que ter defesa técnica, podendo articular a própria defesa, se tiver habilitação.

---

133. (Vunesp - Escrevente Técnico Judiciário - TJ-SP/2014) Nos termos do art. 252 do CPP, o juiz não poderá exercer jurisdição no processo em que

a) ele próprio ou seu cônjuge ou seu irmão for amigo íntimo de qualquer das partes.
b) for parte entidade associativa ou de classe da qual faça ou tenha feito parte.
c) seu amigo íntimo for credor ou devedor, tutor ou curador de qualquer das partes.
d) tiver funcionado como juiz de outra instância, pronunciando-se, de fato ou de direito, sobre a questão.
e) ele próprio ou seu cônjuge ou parente em linha reta ou colateral até o terceiro grau tiver servido como testemunha.

▷ **Anotações/Comentários**

(a) Há suspeição se o juiz for amigo íntimo ou inimigo capital de qualquer deles (art. 254, I, CPP).

(b) Ser for entidade associativa ou de classe da qual faça ou tenha feito parte, não é caso de impedimento ou suspeição.

(c) Há suspeição se o juiz for credor ou devedor, tutor ou curador, de qualquer das partes (art. 254, V, CPP).

(d) Há impedimento, se o juiz tiver funcionado como juiz de outra instância, pronunciando-se, de fato ou de direito, sobre a questão (art. 252, III, CPP).

(e) Há impedimento do juiz, se ele próprio houver servido como testemunha (art. 252, II, CPP).

134. (Vunesp - Escrevente Técnico Judiciário - TJ-SP/2014) "Nenhum acusado, será processado ou julgado sem defensor."

Assinale a alternativa que preenche, adequada e completamente, a lacuna, nos termos do art. 261 do CPP.

a) com exceção do foragido
b) com exceção do ausente ou foragido
c) com exceção do ausente
d) ainda que ausente
e) ainda que ausente ou foragido

▷ **Anotações/Comentários**

(a) Todo acusado tem direito à defesa técnica.

(b) Todo acusado tem direito à defesa técnica.

(c) Todo acusado tem direito à defesa técnica.

(d) Todo acusado tem direito à defesa técnica.

(e) Nenhum acusado, ainda que ausente ou foragido, será processado ou julgado sem defensor (art. 261, CPP).

135. (Consulplan - Analista Judiciário - Oficial de Just. Avaliador - TRF 2/2017) Sobre o tema Sujeitos Processuais no Direito Processual Penal, assinale a alternativa INCORRETA.

a) As prescrições sobre suspeição dos juízes estendem-se aos serventuários e funcionários da justiça, no que lhes for aplicável.
b) A suspeição não poderá ser declarada nem reconhecida, quando a parte injuriar o juiz ou de propósito der motivo para criá-la.
c) Do despacho que admitir, ou não, o assistente da acusação, caberá recurso, devendo, de qualquer modo, constar dos autos o pedido e a decisão.
d) Nenhum acusado, ainda que ausente ou foragido, será processado ou julgado sem defensor. A defesa técnica, quando realizada por defensor público ou dativo, será sempre exercida através de manifestação fundamentada.

▷ **Anotações/Comentários**

(a) As prescrições sobre suspeição dos juízes estendem-se aos serventuários e funcionários da justiça, no que lhes for aplicável (art. 274, CPP).

(b) A suspeição não poderá ser declarada nem reconhecida, quando a parte injuriar o juiz ou de propósito der motivo para criá-la (art. 256, CPP).

(c) Do despacho que admitir, ou não, o assistente, não caberá recurso, devendo, entretanto, constar dos autos o pedido e a decisão (art. 273, CPP).

(d) Nenhum acusado, ainda que ausente ou foragido, será processado ou julgado sem defensor (art. 261, caput, CPP). A defesa técnica, quando realizada por defensor público ou dativo, será sempre exercida através de manifestação fundamentada (art. 261, parágrafo único, CPP).

136. (FCC - Técnico Judiciário - Área Administrativa - TRF 3/2014) Aurea, vítima do delito de tráfico internacional de pessoa, para fim de exploração sexual, foi admitida como assistente de acusação no curso de ação penal. Nesta qualidade, NÃO poderá

a) recorrer da sentença absolutória se o Ministério Público não o fizer.
b) requerer perguntas às testemunhas, no curso da instrução processual.
c) aditar a denúncia formulada pelo Ministério Público.
d) indicar assistente técnico.
e) arrazoar os recursos interpostos pelo Ministério Público.

▷ **Anotações/Comentários**

(a) O assistente tem interesse recursal em requerer a reforma de sentença absolutória.

(b) O assistente pode inquirir testemunhas.

(c) O assistente não pode aditar a denúncia, pois o titular da ação penal pública é o MP.

(d) O assistente pode indicar assistente técnico.

(e) O assistente pode apresentar recursos do MP para formar a convicção do Tribunal "ad quem".

137. (FCC - Técnico Judiciário - Área Administrativa - TRF 4/2014) Tendo em conta a disciplina do Código de Processo Penal em relação ao juiz, Ministério Público, acusado e defensor, assistentes e auxiliares da Justiça,

a) a defesa técnica, quando realizada por defensor público ou dativo, será sempre exercida através de manifestação fundamentada.
b) o corréu no mesmo processo poderá intervir como assistente do Ministério Público.
c) as partes poderão intervir na nomeação do perito.
d) da decisão que não admitir o assistente do Ministério Público cabe apelação.
e) o juiz poderá exercer jurisdição no processo em que parente colateral de terceiro grau for parte no feito.

▷ **Anotações/Comentários**

(a) A defesa técnica, quando realizada por defensor público ou dativo, será sempre exercida através de manifestação fundamentada (art. 261, parágrafo único, CPP).

(b) Não é permitido que o corréu se habilite como assistente.

(c) As partes poderão indicar assistentes técnicos, mas não peritos.

(d) Da decisão que admitir ou não admitir assistente não cabe recurso.

(e) O juiz não poderá exercer jurisdição no processo em que parente colateral de terceiro grau for parte no feito.

138. (Cespe - Analista Judiciário - Área Judiciária - TRE - MT/2015) Conforme disposição expressa no Código de Processo Penal, o magistrado estará impedido de atuar no processo, sob pena de acarretar sua nulidade absoluta, se

a) seu cunhado estiver respondendo a processo por fato análogo.
b) for acionista de sociedade interessada no resultado do processo.
c) for amigo íntimo de alguma das partes.
d) tiver aconselhado, em algum momento, alguma das partes.
e) sua sobrinha tiver atuado como oficial de justiça.

▷ **Anotações/Comentários**

(a) Haverá suspeição do juiz, se ele, seu cônjuge, ascendente ou descendente, estiver respondendo a processo por fato análogo, sobre cujo caráter criminoso haja controvérsia (art. 254, II, CPP).

(b) Haverá suspeição do juiz, se ele for sócio, acionista ou administrador de sociedade interessada no processo (art. 254, VI, CPP).

(c) Haverá suspeição do juiz, se ele for amigo íntimo de alguma das partes (art. 254, I, CPP).

(d) Haverá suspeição do juiz, se ele tiver aconselhado, em algum momento, alguma das partes (art. 254, IV, CPP).

(e) Haverá impedimento do juiz, se sua sobrinha tiver atuado como oficial de justiça, pois sobrinha é parente colateral em terceiro grau (art. 252, I, CPP).

139. (IESES - Analista Judiciário - Área Judiciária - TRE - MA/2015) Sujeitos processuais são as pessoas que participam da relação jurídica processual. Quanto a esses sujeitos, pode-se afirmar que:

I. O assistente será admitido na ação pública, após ser ouvido o Ministério Público, enquanto não passar em julgado a sentença e receberá o processo no estado em que se achar.

II. O Juiz não poderá exercer jurisdição no processo em que tiver funcionado seu cônjuge ou parente consanguíneo ou afim, em linha reta ou colateral até o terceiro grau, inclusive.

III. O impedimento ou suspeição do Juiz e do Ministério Público, decorrente de parentesco por afinidade cessará pela dissolução do casamento que lhe tiver dado causa, mesmo sobrevindo descendente.

IV. O Juiz antes de nomear o perito deverá consultará o Ministério Público e o defensor do acusado.

Quanto às assertivas anteriores estão corretas:

a) Somente I, III e IV.
b) Somente I, II e III.
c) Somente I e II.
d) Todas estão corretas.

▷ **Anotações/Comentários**

(I) O assistente será admitido enquanto não passar em julgado a sentença e receberá a causa no estado em que se achar (art. 269, CPP).

(II) O Juiz não poderá exercer jurisdição no processo em que tiver funcionado seu cônjuge ou parente consanguíneo ou afim, em linha reta ou colateral até o terceiro grau, inclusive (art. 252, I, CPP).

(III) O impedimento ou suspeição decorrente de parentesco por afinidade cessará pela dissolução do casamento que lhe tiver dado causa, salvo sobrevindo descendentes (art. 255, CPP).

(IV) A nomeação de perito independe de oitiva da acusação e do MP.

9. PRISÃO E OUTRAS MEDIDAS CAUTELARES PESSOAIS

140. AOCP – 2024 – TRF 2 - Analista Judiciário - Área Judiciária

Acerca da prisão em flagrante, informe se é verdadeiro (V) ou falso (F) o que se afirma a seguir e assinale a alternativa com a sequência correta.

( ) A doutrina cita que o flagrante cataléptico é aquele que foi paralisado e posteriormente retomado, em razão de solicitação de troca ou vantagem indevida não atendida.

( ) Dependendo da natureza do crime e da repercussão social do fato, admite-se, excepcionalmente, a realização do flagrante denominado forjado.

( ) A doutrina reconhece que a apresentação espontânea do autor do fato é incompatível com a prisão em flagrante, todavia nada obsta a decretação da prisão preventiva ou temporária.

( ) O denominado flagrante fracionado foi estabelecido pela doutrina no âmbito dos crimes permanentes.

a) V – F – F – V.
b) V – F – V – F.
c) F – V – F – F.
d) F – F – V – V.
e) F – V – F – V.

▷ ***Anotações/Comentários***

(I) O flagrante cataléptico é ilícito, porque, nele, há solicitação pela Autoridade coercitiva de troca ou vantagem indevida não atendida.

(II) Não se admite o chamado flagrante forjado jamais, pois nele não há crime que autorize a prisão.

(III) A apresentação espontânea do autor do crime à Autoridade compete afasta o flagrante delito. Porém, presentes os requisitos legais, o juiz pode decretar a prisão preventiva.

(IV) O flagrante fracionado se refere ao crime continuado.

141. FCC – 2024 – TRF 3 - Analista Judiciário - Área Judiciária

Considere as seguintes situações hipotéticas de pessoas que estão presas preventivamente:

- Marilda, gestante, cometeu crime de roubo juntamente com outros três indivíduos e mediante emprego de arma de fogo.
- Ricardo, único responsável pelos cuidados do seu filho Mateus, de 10 anos de idade, cometeu crime de estelionato.
- Rodolfo, 75 anos de idade, cometeu crime de concussão.
- Giselda, mãe de dois filhos (Renato de 13 anos e Gael de 14 anos) cometeu crime de "lavagem" de bens, previsto na Lei nº 9.613/1998.

Nos termos preconizados pelo Código de Processo Penal, presentes os demais requisitos legais, o juiz poderá, em tese, substituir a prisão preventiva pela prisão domiciliar APENAS para:

a) Marilda e Giselda.
b) Marilda, Rodolfo e Giselda.
c) Ricardo, Rodolfo e Giselda.
d) Ricardo e Rodolfo.
e) Ricardo.

Nome	Cabe a substituição da PP por PD	Fundamento
Marilda	Não	O fato de o crime ter sido cometido mediante grave ameaça impede a concessão do benefício (art. 318-A, I, CPP)
Ricardo	Sim	É possível a concessão do benefício quando o agente for **homem**, caso seja o **único responsável pelos cuidados do filho de até 12 (doze) anos de idade incompletos** (art. 318, VI, CPP)
Rodolfo	Não	É possível a concessão do benefício quando o agente for **maior de 80 anos** (art. 318, VI, CPP)
Gisela	Não	É possível a concessão do benefício quando o agente for **mulher com filho de até 12 (doze) anos de idade incompletos** (art. 318, V, CPP)

142. FCC – 2024 – TRF 3 - Técnico Judiciário - Área Administrativa

Considere o seguinte caso hipotético:

Ricardo foi preso em flagrante pelo crime de roubo praticado no centro da cidade de São Paulo-SP e encaminhado ao Distrito Policial para lavratura do auto de prisão em flagrante pela autoridade policial, que será encaminhado ao juiz competente. A partir desse momento, recebendo o auto de prisão em flagrante, o juiz deverá promover audiência de custódia no prazo máximo, após a realização da prisão, de até

a) 24 horas.
b) 7 dias.
c) 5 dias.
d) 48 horas.
e) 72 horas.

▷ ***Anotações/Comentários***

(a) Após receber o auto de prisão em flagrante, no prazo máximo de **até 24 (vinte e quatro) horas** após a realização da prisão, o juiz deverá promover audiência de custódia com a presença do acusado, seu advogado constituído ou membro da Defensoria Pública e o membro do Ministério Público (art. 310, CPP).

(b) O prazo é de até vinte e quatro horas.

(c) O prazo é de até vinte e quatro horas.

(d) O prazo é de até vinte e quatro horas.

(e) O prazo é de até vinte e quatro horas.

143. AOCP – 2024 – TRF 2 - Técnico Judiciário - Agente da Polícia Judicial

Tendo em vista as disposições do Código de Processo Penal e o entendimento dos Tribunais Superiores acerca da prisão em flagrante, analise as assertivas e assinale a alternativa que aponta a(s) correta(s).

I. Nos termos do entendimento do STF, a não realização da audiência de custódia no prazo de 24 horas após a efetivação da prisão, sem motivação idônea, não enseja obrigatoriamente a ilegalidade da prisão e não autoriza o automático relaxamento da custódia, muito menos a imediata colocação do agente em liberdade.

II. Para o STJ, há de ser reconhecida a ilegalidade do flagrante esperado, pois não há crime quando a preparação do flagrante pela polícia torna impossível a sua consumação.

III. De acordo com a jurisprudência do STF, em caso de urgência e se o meio se revelar idôneo, o juiz poderá realizar a audiência de custódia por videoconferência.

IV. No flagrante impróprio (ou imperfeito), o agente é preso logo depois de cometer a infração, com instrumentos, armas, objetos ou papéis que façam presumir ser ele o autor da infração.

a) Apenas II.
b) Apenas I e III.
c) Apenas I e IV.
d) Apenas II, III e IV.
e) I, II, III e IV.

▷ ***Anotações/Comentários***

(I) O STF decidiu, por unanimidade, atribuir interpretação conforme ao § 4º do art. 310 do CPP, para assentar que a autoridade judiciária deverá avaliar se estão presentes os requisitos para a **prorrogação excepcional do prazo** ou para sua realização por videoconferência, sem prejuízo da possibilidade de imediata decretação de prisão preventiva.

(II) A gravação ambiental teve como finalidade a obtenção de prova que corroborasse crime já consumado, tratando-se de **flagrante esperado**, e não preparado, como afirma a defesa. Assim sendo, o entendimento esposado no acórdão alinha-se à jurisprudência desta Corte, firme no sentido de que, "haja vista a configuração do flagrante esperado (o crime já havia se consumado), que difere do quanto proposto pelos recorrente, pois, no flagrante preparado, a polícia provoca o agente a praticar o delito e, ao mesmo tempo, impede a sua consumação, cuidando-se, assim, de crime impossível" (REsp n. 1.805.173/MT, relator Ministro Sebastião Reis Júnior, Sexta Turma, julgado em 11/10/2022, DJe de 14/10/2022).

(III) O STF decidiu por unanimidade, atribuir interpretação conforme ao caput do art. 310 do CPP, para assentar que o juiz, em caso de urgência e se o meio se revelar idôneo, poderá realizar a audiência de custódia por videoconferência;

(IV) Flagrante imperfeito ou impróprio: o agente é perseguido, logo após, pela autoridade, pelo ofendido ou por qualquer pessoa, em situação que faça presumir ser autor da infração (art. 302, III, CPP).

144. AOCP – 2024 – TRF 2 - Técnico Judiciário - Agente da Polícia Judicial

No que diz respeito à prisão temporária, na forma do disposto na Lei nº 7.960/1989, assinale a alternativa correta.

a) A prisão temporária, que será decretada pelo Juiz em face da representação da autoridade policial ou de requerimento do Ministério Público, terá o prazo de 5 (cinco) dias, vedada sua prorrogação.

b) Caberá prisão temporária para qualquer crime, desde que punido com detenção ou reclusão.

c) O mandado de prisão conterá, necessariamente, o período de duração da prisão temporária, bem como o dia em que o preso deverá ser libertado.

d) Os presos temporários poderão permanecer, a critério da autoridade responsável pela custódia, separados dos demais detentos.

e) Sendo a autoridade policial a responsável pelo pedido de prisão temporária, o Juiz deve decidir sem oitiva do Ministério Público.

▷ ***Anotações/Comentários***

(a) A prisão temporária será decretada pelo Juiz, em face da representação da autoridade policial ou de requerimento do Ministério Público, e terá o prazo de 5 (cinco) dias, prorrogável por igual período em caso de extrema e comprovada necessidade (art. 2º, Lei n. 7.960/1989).

(b) Cabe prisão temporária apenas para os crimes constantes do rol do art. 1º, III, Lei n, 7.960/1989.

(c) O mandado de prisão conterá necessariamente o período de duração da prisão temporária estabelecido no caput deste artigo, bem como o dia em que o preso deverá ser libertado (art. 2º, § 4º-A, Lei n. 7.960/1989).

(d Os presos temporários deverão permanecer, obrigatoriamente, separados dos demais detentos (art. 3º, Lei n. 7.960/1989).

(e) Na hipótese de representação da autoridade policial, o Juiz, antes de decidir, ouvirá o Ministério Público (art. 2º, § 1º, Lei 7.960/1989).

145. IBFC – 2024 – TRF 5 - Técnico Judiciário - Área Administrativa

João Ladrão foi preso em flagrante por roubo circunstanciado pelo concurso de pessoas (artigo 157, §2º, inciso II, do Código Penal) em 05/05/2024 contra agência dos Correios, sendo nesse mesmo dia levado à audiência de custódia, onde teve regularmente sua prisão convertida em preventiva. O Delegado de Polícia Federal relatou o inquérito policial em 10/05/2024 e o Digníssimo. Membro do Ministério Público Federal ofereceu denúncia em 13/05/2024. Diante do exposto, analise as afirmativas abaixo.

I. Até 03/07/2024, deverá o Juiz Federal, de ofício, revisar a necessidade da custódia cautelar.

II. Na decisão de prisão preventiva, assim fundamentou o Juiz: "Vistos. A prisão preventiva se presta a proteger a ordem pública e, diante da busca pela máxima da eficácia do processo, o crime de roubo deve ser firmemente combatido. Assim, converto a prisão em flagrante de João Ladrão em prisão preventiva. Expeça-se o necessário." O Tribunal Regional Federal respectivo, conhecendo de habeas corpus, anulou a decisão por falta de fundamentação.

III. Mesmo não se tratando de crime hediondo, não poderia o Delegado de Polícia ter arbitrado fiança.

IV. Se arbitrada fiança, deixasse o réu, condenado em definitivo, de se apresentar para cumprimento da pena, decretar-se-ia a quebra da fiança.

Estão corretas as afirmativas:

a) II e III apenas
b) III e IV apenas
c) I, III e IV apenas
d) I, II e IV apenas

▷ ***Anotações/Comentários***

(I) Decretada a prisão preventiva, deverá o órgão emissor da decisão revisar a necessidade de sua manutenção a cada 90 (noventa) dias, mediante decisão fundamentada, de ofício, sob pena de tornar a prisão ilegal (art. 316, parágrafo único, CPP). Mas, no julgamento da ADI n. 6582/DF, o STF, por maioria, deu interpretação conforme a este dispositivo no sentido de que a **inobservância da reavaliação, após o prazo legal de 90 (noventa) dias, <u>não</u>** implica a **revogação automática** da prisão preventiva, devendo o juízo competente **ser instado** a reavaliar a legalidade e a atualidade de seus fundamentos.

(II) A ordem de *habeas corpus* deveria ser concedida, pois os fundamentos utilizados pelo juiz devem ser considerados inidôneos para a decretação de prisão preventiva, nos termos do que determina o art. 315, § 2º, CPP.

(III) A autoridade policial somente poderá conceder fiança nos casos de infração cuja pena privativa de liberdade máxima não seja superior a 4 (quatro) anos (art. 322, CPP). O crime de roubo tem pena máxima de dez anos, ainda, neste caso, devendo-se levar em consideração a causa de aumento de pena.

(IV) Entender-se-á **perdido**, na totalidade, o valor da fiança, se, condenado, o acusado não se apresentar para o início do cumprimento da pena definitivamente imposta (art. 344, CPP). Os casos de quebramento da fiança estão enumerados no art. 342, CPP.

146. IBFC – 2024 – TRF 5 - Técnico Judiciário - Área Administrativa

O brasileiro é um povo cioso por sua liberdade. A história constitucional e processual penal do Brasil revelam esse fato que muitos desconhecem. Desde os tempos do Império, essa tem sido preocupação perene dos cultores do Direito Processual Penal brasileiro. Nesse sentido, José Antonio Pimenta Bueno escreveu: "A administração da justiça criminal é um dos mais importantes ramos da administração geral do Estado. O poder que a exerce é quem dá realidade ás leis penaes, e por isso quem decide das liberdades individuaes, e com ellas dos destinos sociaes: si elle abusa, perigão os direitos da sociedade e dos indivíduos." (Apontamentos sobre o Processo Criminal Brasileiro – 2ª edição, correcta e augmentada, Rio de Janeiro: Empreza Nacional do Diario, 1857, p. I [ortografia da época]).

Todo esse primor por direitos e garantias individuais revela, de forma dialética ou até mesmo complementar, o equilíbrio que deve haver em relação à segurança das pessoas. Pensando nessa ponderação, analise as alternativas abaixo e assinale a correta.

a) O Supremo Tribunal Federal tem, como posição atual, a possibilidade de acórdão condenatório recorrível ser executado
b) Caso seja fixado pena superior a quinze anos de reclusão, no âmbito do Tribunal do Júri, cabe a execução provisória da pena
c) A prática de crime com violência ou grave ameaça gera perigo e desassossego à sociedade, razão pela qual autoriza a decretação de prisão preventiva
d) Diante do princípio acusatório, não pode o juiz decretar prisão preventiva no curso do inquérito policial, mas pode fazê-lo durante a instrução processual, se a denúncia já tiver sido recebida

▷ ***Anotações/Comentários***

(a) Em regra, em face do princípio da presunção de inocência, o STF firmou entendimento de que o início de cumprimento de pena se deve dar após o trânsito em julgado da sentença penal condenatória. Recentemente, o STF firmou entendimento de que, em caso de Tribunal do Júri, a sentença pode se iniciar sem necessidade do trânsito em julgado.

(b) A apelação interposta contra decisão condenatória do Tribunal do Júri a uma pena igual ou superior a 15 (quinze) anos de reclusão não terá efeito suspensivo (art. 492, § 4º, CPP). Recentemente, em sede de recurso com repercussão geral, o STF firmou a seguinte Tese: "A soberania dos veredictos do Tribunal do Júri autoriza a imediata execução de condenação imposta pelo corpo de jurados, independentemente do total da pena aplicada" (Tema 1.068).

(c) a decretação de prisão preventiva deve ser fundamentada em elementos concretos. É inidônea a fundamentação com base apenas em conceitos abstratos, como o do problema.

(d) Em qualquer fase da investigação policial ou do processo penal, caberá a prisão preventiva decretada pelo juiz, a requerimento do Ministério Público, do querelante ou do assistente, ou por representação da autoridade policial (art. 311, CPP).

147. FGV – 2024 – TRF 1 - Analista Judiciário – Área Judiciária

Caio foi preso em flagrante pela prática do crime de tortura em detrimento de João. Por ocasião da audiência de custódia, a defesa técnica de Caio requereu, ao juízo competente, a concessão de liberdade provisória, mediante o arbitramento de fiança. Registre-se que o crime de tortura é punido com pena de reclusão, de dois a oito anos.

Nesse cenário, considerando as disposições do Código de Processo Penal, é correto afirmar que o juiz:

a) poderá arbitrar fiança, cujo valor será fixado com base na situação econômica do acusado, sem prejuízo da aplicação cumulativa de outras medidas cautelares;
b) poderá arbitrar fiança, cujo valor será fixado com base na gravidade em concreto do delito, sem prejuízo da aplicação cumulativa de outras medidas cautelares;
c) poderá arbitrar fiança, cujo valor será fixado com base na gravidade em concreto do delito, vedada a aplicação cumulativa de outras medidas cautelares;
d) não poderá arbitrar fiança, por se tratar de crime punido com pena máxima superior a quatro anos;
e) não poderá arbitrar fiança, por força de vedação legal expressa na legislação processual.

▷ ***Anotações/Comentários***

(a) Não cabe fiança por se tratar de crime de tortura. Quando cabível, para determinar o valor da fiança, a autoridade terá em consideração a natureza da infração, as condições pessoais de fortuna e vida pregressa do acusado, as circunstâncias indicativas de sua periculosidade, bem como a importância provável das custas do processo, até final julgamento (art. 326, CPP).

(b) Quando cabível, a fiança pode ser cumulada com outras medidas cautelares diversas da prisão (art. 319, § 4º, CPP).

(c) O art. 326, CPP, determina que a autoridade leve em consideração a natureza da infração penal, não a gravidade em concreto da infração penal. É possível que a fiança seja cumulada com outras medidas cautelares (art.319, § 4º, CPP).

(d) Não cabe fiança por vedação expressa dessa benesse, quando se trata de crime de tortura.

(e) Não cabe fiança por vedação expressa dessa benesse, quando se trata de crime de tortura (art. 323, II, CPP; art. 5º, XLIII, CF/88).

148. (FGV – Analista Judiciário – TRF/1ª Região/2024) Após requerimento formulado pelo Ministério Público Federal, o juiz competente decretou a prisão preventiva de Maria e de Caio, que teriam participado de um grande esquema criminoso, ensejador de elevado prejuízo à sociedade empresária XYZ. Cumpridos os mandados de prisão, as defesas técnicas requereram a substituição da prisão preventiva por prisão domiciliar, comprovando que Maria encontra-se no quarto mês de gestação, enquanto Caio, com 81 anos de idade, está debilitado por motivo de doença grave.

Nesse cenário, considerando as disposições do Código de Processo Penal, é correto afirmar que o juiz:

a) não poderá substituir a prisão preventiva por prisão domiciliar em benefício de Maria, antes do nascimento do seu descendente com vida. Igualmente, Caio, por não se encontrar extremamente debilitado por motivo de doença grave, não poderá ser agraciado com a medida;
b) poderá substituir a prisão preventiva por prisão domiciliar em benefício de Maria. Contudo, Caio não poderá ser agraciado com a medida, considerando que não se encontra extremamente debilitado por motivo de doença grave;
c) não poderá substituir a prisão preventiva por prisão domiciliar em benefício de Caio, considerando que ele não ostenta idade igual ou superior a 85 anos. Contudo, Maria, em razão da gravidez, poderá ser agraciada com a medida;
d) poderá substituir a prisão preventiva por prisão domiciliar em benefício de Caio. Contudo, Maria, antes do nascimento do seu descendente com vida, não poderá ser agraciada com a medida;
e) poderá substituir a prisão preventiva por prisão domiciliar em benefício de Maria e de Caio, por preencherem os requisitos legais.

▷ ***Anotações/Comentários***

(a) Em relação à Maria, o fato de ela estar gestante é suficiente para concessão da prisão domiciliar (art. 318, IV, CPP). Por sua vez, em relação a Caio, ele não está com doença extremamente grave, mas é maior de oitenta anos, o que também autoriza a prisão domiciliar (art. 318, I, CPP).

(b) A gestação é suficiente para a concessão da prisão domiciliar (art. 318, IV, CPP). Em caso de doença, é necessário que ela seja extremamente grave (art. 318, II, CPP). Contudo, como Caio é maior de 80 anos, tem direito à prisão domiciliar (art. 318, I, CPP).

(c) Caio tem direito à prisão domiciliar, porque é maior de 80 anos (art. 318, I, CPP). Já Maria tem direito por estar gestante (art. 318, IV, CPP).

(d) Caio tem direito à prisão domiciliar, porque é maior de 80 anos (art. 318, I, CPP). Já Maria tem direito por estar gestante, não precisando esperar o nascimento da criança (art. 318, IV, CPP).

(e) Caio tem direito à prisão domiciliar, porque é maior de 80 anos (art. 318, I, CPP). Já Maria tem direito por estar gestante (art. 318, IV, CPP).

149. FGV – 2024 – TRF 1 - Analista Judiciário – Área Judiciária

Lucas ingressou em uma agência da Caixa Econômica Federal, ocasião em que, portando uma arma de fogo, subtraiu pertences de diversos clientes, evadindo-se na sequência. Muito embora não tenha ocorrido qualquer perseguição, Lucas foi encontrado por policiais, logo depois, com a arma de fogo utilizada para a prática do crime e com os objetos subtraídos, em situação que faz presumir ser ele o autor da infração.

Nesse cenário, considerando as disposições do Código de Processo Penal, é correto afirmar que Lucas:

a) está em flagrante impróprio, pois foi encontrado por policiais, logo depois, com a arma de fogo utilizada para a prática do crime e com os objetos subtraídos, em situação que faz presumir ser ele o autor da infração;

b) está em flagrante próprio, pois foi encontrado por policiais, logo depois, com a arma de fogo utilizada para a prática do crime e com os objetos subtraídos, em situação que faz presumir ser ele o autor da infração;

c) está em flagrante ficto, pois foi encontrado por policiais, logo depois, com a arma de fogo utilizada para a prática do crime e com os objetos subtraídos, em situação que faz presumir ser ele o autor da infração;

d) não está em flagrante, pois, quando foi encontrado por policiais, não tinha acabado de cometer a infração penal;

e) não está em flagrante, pois, quando foi encontrado por policiais, não estava cometendo a infração penal.

▷ ***Anotações/Comentários***

(a) Flagrante impróprio: a pessoa é perseguida logo após a ocorrência do crime, em situação na qual aparente ser a autora do delito (art. 302, III, CPP). No caso, Lucas não foi perseguido.

(b) Flagrante próprio: a pessoa é presa no momento que pratica a infração penal ou logo após de ter cometido o crime (art. 302, I e II, CPP). No caso, Lucas já havia consumado o crime e saído do local da infração.

(c) Flagrante ficto: o autor é **encontrado**, **logo depois**, com instrumentos, **armas**, **objetos** ou papéis que façam presumir ser ele autor da infração (art. 302, IV, CPP).

(d) Houve o flagrante ficto ou presumido.

(e) Houve o flagrante ficto ou presumido.

150. CEBRASPE - 2023 - TJ/ES - Analista Judiciário - Área Administrativa No que concerne à prisão, julgue o item a seguir.

A prisão temporária será decretada de ofício pelo juiz sempre que ele identificar a necessidade de salvaguardar o perigo na reiteração da conduta criminosa.

▷ ***Anotações/Comentários***

A prisão temporária será decretada pelo Juiz, em face da representação da autoridade policial ou de requerimento do Ministério Público (art. 2º, Lei n. 7.360/1989). Não há decretação de prisão temporária de ofício pelo juiz. São requisitos da prisão temporária: quando imprescindível para as investigações do inquérito policial; **ou** quando o indicado não tiver residência fixa ou não fornecer elementos necessários ao esclarecimento de sua identidade; **e** quando houver fundadas razões, de acordo com qualquer prova admitida na legislação penal, de autoria ou participação do indiciado nos crimes enumerados no art. 1º, III, Lei n. 7.360/1989.

151. (Cespe - Analista Judiciário - Área Judiciária - TRE - TO/2017) Por volta das dezessete horas de determinado dia, no interior de um ônibus de transporte coletivo, João subtraiu para si pertences de vários passageiros mediante grave ameaça exercida com o emprego de arma de fogo. Após a ação, João empreendeu fuga levando consigo os bens subtraídos e a arma utilizada. A partir de informações fornecidas por testemunhas, policiais localizaram João às cinco horas da manhã do dia seguinte, data em que ocorreria o segundo turno das eleições para prefeito. João foi preso em flagrante e foram apreendidos parte dos objetos subtraídos encontrados em seu poder.

Nessa situação hipotética, a prisão de João foi

a) legal: houve hipótese de flagrante esperado.

b) legal: houve hipótese de flagrante presumido.

c) ilegal: não pode ser efetuada prisão em período eleitoral.

d) legal: houve hipótese de flagrante impróprio.

e) ilegal: não houve hipótese de flagrante, e a medida cautelar dependeria de decisão judicial.

▷ **Anotações/Comentários**

(a) No flagrante esperado, os agentes policiais, de antemão, sabem que um determinado crime vai ocorrer e esperam que este ocorra para efetuar a prisão.

(b) No flagrante presumido, o agente é encontrado, logo depois do crime, na posse de instrumentos, armas ou papeis relacionados ao fato, que fazer presumir ser ele o autor (art. 302, IV, CPP).

(c) Nenhuma autoridade poderá, desde 5 (cinco) dias antes e até 48 (quarenta e oito) horas depois do encerramento da eleição, prender ou deter qualquer eleitor, salvo em flagrante delito ou em virtude de sentença criminal condenatória por crime inafiançável, ou, ainda, por desrespeito a salvo-conduto.

(d) No flagrante presumido, há perseguição ao autor do fato, logo após o cometimento da infração penal, quando ele é preso em situação que se faça presumir a autoria (art. 302, III, CPP).

(e) Houve flagrante presumido, sendo a prisão legal, que independe de ordem judicial.

152. (FCC - Técnico Judiciário - Área Judiciária - TRF 4/2019) No dia 20 de Janeiro de 2019, durante a madrugada, um hipermercado situado na cidade de Curitiba foi roubado por cinco indivíduos armados. No curso da investigação a autoridade policial identificou Manuel e Joaquim, ambos atualmente em local incerto e não sabido, como sendo dois dos cinco roubadores. Imediatamente a Autoridade Policial encaminhou representação ao juízo competente para decretação das prisões temporárias de Manuel e Joaquim, alegando ser imprescindível para as investigações do inquérito policial. Nesse caso, o Magistrado, ao se defrontar com a representação veiculada pela autoridade policial,

a) poderá decretar as prisões temporárias pelo prazo de 10 (dez) dias, sem possibilidade de prorrogação.

b) poderá decretar as prisões temporárias pelo prazo de 5 (cinco) dias, sem possibilidade de prorrogação.

c) não poderá decretar as prisões temporárias, uma vez que compete exclusivamente ao Ministério Público apresentar a necessária representação.

d) poderá decretar as prisões temporárias pelo prazo de 10 (dez) dias, prorrogável por igual período em caso de extrema e comprovada necessidade.

e) poderá decretar as prisões temporárias pelo prazo de 5 (cinco) dias, prorrogável por igual período em caso de extrema e comprovada necessidade.

▷ **Anotações/Comentários**

Observação: a partir do Pacote Anticrime, o roubo circunstanciado pelo emprego de arma de fogo (art. 157, § 2º-A, inciso I) ou pelo emprego de arma de fogo de uso proibido ou restrito (art. 157, § 2º-B) passou a ser considerado hediondo. O problema fala em roubo por agentes armados e, portanto, a resposta possível só seria se se considerar arma branca, que não é hediondo.,

(a) O prazo é de cinco dias, prorrogável por igual período em caso de extrema e comprovada necessidade.

(b) ver alternativa "a".

(c) ver alternativa "a".

(d) ver alternativa "a".

(e) A prisão temporária será decretada pelo Juiz, em face da representação da autoridade policial ou de requerimento do Ministério Público, e terá o prazo de 5 (cinco) dias, prorrogável por igual período em caso de extrema e comprovada necessidade (art. 2º da Lei n. 7.960/1989).

153. (FCC - Técnico Judiciário - Área Administrativa - TRF 3/2019) Considere os seguintes casos hipotéticos:

I. Paulo, funcionário público no exercício do seu cargo, cometeu crime de corrupção passiva ao exigir dinheiro de uma determinada pessoa para deixar de praticar determinado ato de ofício.
II. Júlio cometeu crime de cárcere privado (artigo 148, do Código Penal) ao invadir a casa da ex-namorada, que não queria reatar o relacionamento amoroso.
III. Afonso cometeu crime de roubo (artigo 157, do Código Penal) contra um hipermercado situado na cidade de São Paulo, em comparsaria com outros elementos.
IV. Manoel, funcionário público, cometeu crime de peculato após se apropriar de dinheiro de que teve a posse em razão do seu cargo.

Presentes todos os requisitos legais previstos na Lei no 7.960/1989, que dispõe sobre a prisão temporária, o magistrado competente poderá decretar a prisão temporária de:

(I) Paulo, Júlio e Manoel, apenas.
b) Paulo, Júlio, Afonso e Manoel.
c) Paulo, Afonso e Manoel, apenas.
d) Júlio e Afonso, apenas.
e) Júlio e Manoel, apenas.

▷ **Anotações/Comentários**

(i) O crime de corrupção passiva não está previsto no rol taxativo do art. 1º, III, da Lei n. 7.960/1989.

(II) O crime de cárcere privado está previsto no rol taxativo do art. 1º, III, da Lei n. 7.960/1989.

(III) O crime de roubo está previsto no rol taxativo do art. 1º, III, da Lei n. 7.960/1989.

(IV) O crime de peculato não está previsto no rol taxativo do art. 1º, III, da Lei n. 7.960/1989.

---

154. (Cespe – Analista Judiciário – Direito – TJ – PA/2020) De acordo com o entendimento do STF, o uso de algemas

a) é uma excepcionalidade e deve ser justificado previamente, de forma oral ou por escrito.
b) é restrito à prisão penal, sendo inadmissível na prisão cautelar, devido ao princípio da inocência.
c) ensejará responsabilidade disciplinar, civil e penal da autoridade que o determinar, caso seja injustificado.
d) ensejará a anulabilidade da prisão e dos atos subsequentes, caso seja injustificado.
e) é lícito somente nas hipóteses de fundado receio de fuga e de perigo à integridade física de terceiros.

▷ **Anotações/Comentários**

(a) A excepcionalidade do uso de algemas deve ser devidamente fundamentada por escrito.

(b) A Súmula Vinculante n. 11 não restringe a possibilidade de uso de algemas ao preso definitivo.

(c) O uso de algemas é medida excepcional e deve observar os preceitos da Súmula Vinculante n. 11, sob pena de responsabilidade disciplinar, civil e penal da autoridade que o determinar, caso seja injustificado.

(d) O uso injustificado de algemas não gera nulidade da prisão, nem dos atos subsequentes.

(e) O perigo à integridade física do próprio preso também justifica o uso de algemas.

---

155. (Cespe – Analista Judiciário – Direito – TJ – AM/2019) Lúcio é investigado pela prática de latrocínio. Durante a investigação, apurou-se a participação de Carlos no crime, tendo sido decretada de ofício a sua prisão temporária.

A partir dessa situação hipotética e do que dispõe a legislação, julgue os itens seguintes.

I - É ilegal a prisão temporária de Carlos, porque, apesar de o crime de latrocínio admiti-la, não poderia ter sido decretada de ofício pelo juiz.

- CERTO
- ERRADO

▷ **Anotações/Comentários**

A prisão temporária será decretada pelo Juiz, em face da representação da autoridade policial ou de requerimento do Ministério Público, não podendo ser decretada de ofício (art. 2º, Lei n. 7.960/1989).

II - Recebida a denúncia, não será mais cabível prisão temporária para Lúcio e Carlos.

- CERTO
- ERRADO

▷ **Anotações/Comentários**

A prisão temporária só é cabível na fase de inquérito policial.

---

156. (Cespe – Técnico Judiciário – TJ – RJ/2021) A respeito de prisão e liberdade provisória, assinale a opção correta.

a) Em 24 horas, o preso deve receber a nota de culpa, com o motivo da prisão, o nome do condutor e das testemunhas.
b) A concessão de liberdade provisória impede a decretação de prisão preventiva durante a tramitação da ação penal.
c) A pessoa presa por praticar crime grave ou hediondo não pode ser solta mediante liberdade provisória.
d) A pessoa que presencia a ocorrência de um crime é obrigada a prender o agressor em flagrante.
e) A pessoa autuada em flagrante delito responde presa ao inquérito policial e à ação penal.

▷ **Anotações/Comentários**

(a) A nota de culpa é o documento expedido, no prazo de vinte e quatro horas, pela Autoridade Policial pelo qual o preso toma conhecimento dos motivos da prisão em flagrante, o nome do condutor e das testemunhas dos atos (art. 306, § 2º, CPP).

(b) A prisão provisória pode ser decretada em qualquer fase da investigação ou da ação penal. Concedida a liberdade provisória, desde que surjam fatos novos, pode haver a decretação da prisão provisória (art. 311, CPP).

(c) A prática de crime grave ou hediondo, por si só, não impede a liberdade provisória. A decretação de prisão preventiva deve seguir os pressupostos e requisitos dos arts. 311, 312 e 313, CPP.

(d) A prisão em flagrante é obrigatória para a Autoridade Policial e seus agentes (Polícia Civil e Militar). Para qualquer do povo, se trata de uma faculdade (art. 301, CPP).

(e) Ao receber o Auto de Prisão em Flagrante, o juiz deverá designar audiência de custódia, na qual poderá relaxar a prisão ilegal, converter a prisão em flagrante em prisão preventiva ou conceder a liberdade provisória (art. 310, CPP).

---

157. (FGV – Técnico Judiciário – Área Judiciária – TJ – CE/2019) Alan, funcionário público de determinado Tribunal de Justiça, estava sendo investigado, em inquérito policial, pela suposta prática dos crimes de associação criminosa e corrupção passiva. Decorrido o prazo das investigações, a autoridade policial encaminhou os autos ao Poder Judiciário solicitando novo prazo para prosseguimento dos atos investigatórios. O Ministério Público apenas concordou com o requerimento de prorrogação do prazo, não apresentando qualquer outro requerimento. O magistrado, por sua vez, ao receber os autos, concedeu mais 15 (quinze) dias para investigações e, na mesma decisão, decretou a prisão temporária de Alan pelo prazo de 05 (cinco) dias, argumentando que a cautelar seria imprescindível para as investigações do inquérito policial. Alan foi preso temporariamente e mantido separado dos demais detentos da unidade penitenciária. Ao final do 4° dia de prisão, a autoridade judicial prorrogou por mais 05 (cinco) dias a prisão temporária, esclarecendo que os motivos que justificaram a decisão permaneciam inalterados, ainda sendo necessária a medida drástica para as investigações.

Procurado pela família do preso, o advogado de Alan deverá esclarecer que:

a) a prisão temporária foi decretada e prorrogada de maneira válida, mas houve ilegalidade na sua execução, tendo em vista que os presos temporários não podem ser mantidos separados dos demais detentos;

b) a prisão temporária não poderia ter sido prorrogada pelo prazo de 05 (cinco) dias, já que essa cautelar somente tem prazo máximo total de 05 (cinco) dias, que foi o período inicialmente fixado;

c) a prisão temporária, mesmo que presentes os requisitos legais, não poderia ter sido decretada de ofício pela autoridade judicial;

d) a prisão temporária foi decretada e prorrogada de maneira válida, não havendo também qualquer ilegalidade em sua execução;

e) o crime de associação criminosa não admite a decretação da prisão temporária por não estar previsto no rol da Lei n° 7.960/89.

▷ **Anotações/Comentários**

(a) o Juiz não pode decretar a prisão temporária de ofício. Uma vez decretada a medida, o preso temporário deve-se manter separado dos demais presos.

(b) Em caso de necessidade, é possível a prorrogação da prisão temporária, desde que haja representação da Autoridade Policial ou requerimento do Ministério Público.

(c) A prisão temporária será decretada pelo Juiz, em face da representação da autoridade policial ou de requerimento do Ministério Público (art. 2º, Lei n. 7.960/1989).

(d) A decretação e a prorrogação da prisão temporária não podem ser feitas de ofício pelo Juiz.

(e) O art. 1º, III, "l", da Lei n. 7.960/1989, usa o nome "quadrilha ou bando", antiga denominação do crime de associação criminosa, previsto no art. 288, CP, o qual admite a prisão temporária.

---

158. (FGV – Técnico Judiciário – Área Judiciária – TJ – CE/2019) Mariana, tecnicamente primária e com endereço fixo, foi identificada, a partir de câmeras de segurança, como autora de um crime de furto simples (Pena: 01 a 04 anos de reclusão e multa) em um estabelecimento comercial. O inquérito policial com relatório conclusivo, acompanhado da Folha de Antecedentes Criminais com apenas uma outra anotação referente à ação penal em curso, sem decisão definitiva, foi encaminhado ao Poder Judiciário e, posteriormente, ao Ministério Público.

Entendendo que existe risco de reiteração delitiva, já que testemunhas indicavam que Mariana, que se encontrava solta, já teria praticado delitos semelhantes, no mesmo local, em outras ocasiões, poderá o Promotor de Justiça com atribuição requerer que seja:

a) fixada cautelar alternativa de comparecimento mensal em juízo, proibição de contato com as testemunhas, mas não o recolhimento domiciliar no período noturno por ausência de previsão legal;

b) fixada cautelar alternativa de proibição de frequentar, por determinado período, o estabelecimento lesado, mas não a decretação da prisão preventiva ou temporária;

c) fixada a cautelar alternativa de internação provisória, que gera detração da pena, mas não a prisão preventiva ou temporária;

d) decretada a prisão temporária da indiciada;

e) decretada a prisão preventiva da indiciada.

▷ **Anotações/Comentários**

(a) O recolhimento domiciliar noturno é previsto como medida cautelar pessoa diversa da prisão no art. 319, V, CPP.

(b) A cautelar de proibição de frequentar, por determinado período, o estabelecimento lesado pode ser decretada com fundamento no art. 319, III, CPP.

(c) A internação provisória caberia no caso de inimputabilidade ou semi-imputabilidade em crimes praticados mediante violência ou grave ameaça, que não é o caso do furto (art. 319, VII, CPP).

(d) O furto não está previsto no rol taxativo dos crimes que autorizam a prisão temporária (art. 1º, Lei n. 7.960/1989).

(e) A prisão preventiva pode ser decretada apenas nos crimes cuja pena máxima seja superior a quatro anos (art. 313, I, CPP). No crime de furto a pena máxima é igual a quatro anos.

---

159. (FGV – Técnico Judiciário – Área Judiciária – TJ – CE/2019) Com base em ofício recebido no cartório da Vara Criminal onde exercia suas funções, Luiz deveria separar todos os processos de pessoas presas que possivelmente teriam direito à substituição da prisão preventiva pela prisão domiciliar. Diante disso, separou quatro procedimentos para análise de prisões preventivas: no primeiro, Clara encontrava-se presa pelo crime de roubo com emprego de arma de fogo e violência real, possuindo filho de 12 anos de idade; no segundo, o preso era Antônio, senhor de 81 anos de idade respondendo à ação penal em que se imputava a prática de três crimes de estelionato; no terceiro, João estava preso pelo crime de corrupção, sendo o único responsável pelos cuidados de seu filho de 11 anos; no quarto, Larissa estava presa como acusada dos crimes de uso de documento falso e moeda falsa, possuindo filha de 5 anos, mas não era a única responsável pela criança, que também morava com o pai.

Com base nas previsões do Código de Processo Penal, em especial dos artigos 318 e 318-A, Luiz deveria separar, pela possibilidade, em tese, de ser admitida prisão domiciliar, os processos em que figuram como acusados(as):

a) Clara, Antônio, João e Larissa;

b) Antônio, João e Larissa, apenas;

c) Clara e Larissa, apenas;

d) Antônio e Larissa, apenas;

e) Antônio, apenas.

▷ **Anotações/Comentários**

(a) ver comentários à alternativa "b".

(b) Clara: não tem direito à prisão domiciliar, pois seu filho já possui 12 anos completos (art. 318, V, CPP). Além disso, o crime foi cometido mediante violência ou grave ameaça (art. 318-A, I, CPP).

Antônio: tem direito à prisão domiciliar, pois é maior de 80 anos (art. 318, I, CPP).

João: tem direito à prisão domiciliar, pois é o único responsável pelo seu filho de até doze anos incompletos (art. 318, VI, CPP).

Larissa: tem direito à prisão domiciliar, porque é mãe de filha de até 12 anos incompletos (art. 318, V, CPP).

(c) ver comentários à alternativa "b".

(d) ver comentários à alternativa "b".

(e) ver comentários à alternativa "b".

---

160. (FGV – Analista Judiciário – Área Judiciária – TJ – AL/2018) Carla foi presa em flagrante pela prática de crime de estelionato (pena: 1 a 5 anos de reclusão e multa), sendo verificado na Delegacia que ela teria diversas condenações definitivas pela prática de crimes da mesma natureza. Encaminhada para audiência de custódia, após manifestação do Ministério Público, foi a prisão em flagrante convertida em preventiva. Com o oferecimento da denúncia, foi realizado laudo pericial em que os peritos concluíram pela semi-imputabilidade da acusada, bem como o risco de reiteração delitiva. Foi, ainda, constatado que Carla encontrava-se com três meses de gravidez. Considerando as informações narradas e as previsões do Código de Processo Penal sobre o tema "Prisões e Medidas Cautelares", é correto afirmar que:

a) a autoridade policial poderia ter arbitrado fiança em sede policial;

b) as medidas cautelares alternativas dependem de requerimento das partes, não podendo ser aplicadas de ofício, sob pena de violação do princípio da inércia;

c) a prisão domiciliar em substituição à prisão preventiva poderá ser aplicada pelo magistrado, apesar de Carla ainda estar no terceiro mês de gestação;

d) o magistrado poderá substituir a prisão preventiva pela medida cautelar de internação provisória, tendo em vista que há laudo constatando a semi-imputabilidade e o risco de reiteração;

e) a prisão preventiva decretada deve ser relaxada, uma vez que o ato "audiência de custódia" não está previsto no digo de Processo Penal, não admitindo o Supremo Tribunal Federal sua realização.

▷ **Anotações/Comentários**

(a) A Autoridade Policial só pode conceder fiança, se a pena máxima em abstrato para o crime não for superior a quatro anos (art. 322, CPP).

(b) A partir do Pacote Anticrime, o art. 282, § 2º, CPP, passou a exigir que as medidas cautelares sejam decretadas pelo juiz a requerimento

PROCESSUAL PENAL

das partes ou representação da Autoridade Policial, com que se interpreta que não mais se permite que tais medidas sejam concedidas de ofício. Porém, há entendimento de que, como se trata de medida mais benéfica ao réu, como no caso de substituição de prisão preventiva, seria permitido, como ocorre em concessão de habeas corpus de ofício pelo Tribunal.

(c) A gestação, independentemente do tempo, pode ensejar a substituição da prisão preventiva por prisão domiciliar, desde que o crime tenha sido cometido sem violência ou grave ameaça, como é o estelionato, ou não tenha sido cometido contra seu filho ou descendente (arts. 318, IV, e 318-A, CPP).

(d) A internação provisória só caberia se o crime fosse cometido mediante violência ou grave ameaça (art. 319, VII, CPP).

(e) A audiência de custódia está prevista no art. 310, CPP.

---

161. (Cespe – Analista Judiciário – Área Administrativa – TRE – RS/2015) Acerca de liberdade provisória, assinale a opção correta.

a) De acordo com a lei, a fiança será concedida após a audiência de vista do MP.

b) No caso da liberdade provisória por pobreza, situação na qual o indivíduo preso em flagrante não possui condições financeiras de prestar fiança, o juiz ou a autoridade policial poderá conceder-lhe a liberdade provisória.

c) São as seguintes as espécies de liberdade provisória permitida: por dispensa do pagamento em razão de situação econômica, por excludente de ilicitude e por ausência dos pressupostos da prisão preventiva.

d) O delegado de polícia pode arbitrar fiança e conceder a liberdade provisória nos casos de infrações com pena privativa de liberdade, com exceção das infrações apenadas com reclusão ou detenção.

e) A concessão da fiança somente pode ocorrer no curso da ação penal.

▷ **Anotações/Comentários**

(a) A fiança pode ser concedida pela Autoridade Policial ou pelo Juiz, sem necessidade de vista do MP.

(b) Nos casos em que couber fiança, o juiz, verificando a situação econômica do preso, poderá conceder-lhe liberdade provisória, sujeitando-o às obrigações constantes dos arts. 327 e 328 deste Código e a outras medidas cautelares, se for o caso (art. 350, CPP).

(c) A liberdade provisória pode ser classificada em dois grandes grupos: com fiança ou sem fiança. Sem fiança, ela pode ser decretada em razão das condições econômicas, presente excludente de ilicitude e por ausência dos pressupostos da prisão preventiva.

(d) A autoridade policial somente poderá conceder fiança nos casos de infração cuja pena privativa de liberdade máxima não seja superior a quatro anos (art. 322, CPP).

(e) A fiança pode ser concedida na fase de inquérito policial e durante a ação penal.

---

162. (Cespe – Analista Judiciário – Área Judiciária – CNJ/2013) A respeito do disposto na Constituição Federal de 1988 (CF) e no Código de Processo Penal, julgue os próximos itens.

O agente preso em flagrante de crime inafiançável terá direito a concessão de liberdade provisória sem fiança, se não estiverem caracterizados os motivos para decretação de prisão cautelar, em estrita observância do princípio da inocência.

- CERTO
- ERRADO

▷ **Anotações/Comentários**

Se não há motivos para a decretação da prisão preventiva, a liberdade provisória se impõe, mesmo que o crime seja inafiançável.

---

163. (Cespe – Analista Judiciário – Área Judiciária – CNJ/2013) Acerca dos juízes, julgue os itens seguintes.

A prisão temporária em crime de homicídio doloso pode ser decretada de ofício pelo juiz, pelo prazo de trinta dias, prorrogáveis por igual período.

- CERTO
- ERRADO

▷ **Anotações/Comentários**

Não se permite a decretação de prisão temporária de ofício pelo juiz, dependendo-se de requerimento do MP ou representação da Autoridade Policial.

---

164. (Cespe – Analista Judiciário – Área Administrativa – TRE – BA/2017) Ivo, indivíduo primário e com endereço fixo, foi preso em flagrante pela prática do delito de homicídio qualificado, definido como crime hediondo.

Nessa situação hipotética, ao receber o auto de prisão em flagrante, caberá ao juiz

a) manter a prisão, por se tratar de crime insuscetível de liberdade provisória.

b) conceder liberdade provisória a Ivo, por ser ele réu primário com endereço fixo, ainda que verificada a presença dos requisitos da prisão preventiva.

c) conceder liberdade provisória a Ivo, se verificada a ausência dos requisitos da prisão preventiva, sem possibilidade de imposição do pagamento de fiança.

d) conceder liberdade provisória a Ivo, se verificada a ausência dos requisitos da prisão preventiva, com possibilidade de imposição do pagamento de fiança.

e) manter a prisão, ainda que reconhecida a ilegalidade da prisão em flagrante, tendo em vista a hediondez do crime.

▷ **Anotações/Comentários**

(a) Pode-se conceder liberdade provisória em crimes hediondos.

(b) Se presentes os requisitos da prisão preventiva, o juiz deve decretá-la.

(c) A fiança não é cabível em crimes hediondos (art. 323, II, CPP). Mesmo assim, se não presentes os requisitos da liberdade provisória, deve haver a concessão da liberdade provisória sem fiança.

(d) Ver resposta à alternativa "c".

(e) Em caso de ilegalidade, a prisão em flagrante deve ser relaxada.

---

165. (Cespe – Analista Judiciário – Área Judiciária – TRE – BA/2017) Define-se prisão preventiva como

a) providência adotada pela autoridade policial ou judicial para privar de liberdade o acusado ou o indiciado se houver dúvida sobre a autoria do crime.

b) remédio constitucional utilizado para privar da liberdade aquele que for condenado por sentença transitada em julgado.

c) espécie de prisão cautelar que pode ser decretada de ofício pelo delegado se houver prova da materialidade do crime e confissão do indiciado.

d) medida processual de privação da liberdade do acusado ou do indiciado para impedir que ele cometa novos crimes ou embarace as investigações policiais ou judicial.

e) instrumento judicial de privação da liberdade a ser adotada nos casos de cometimento de crimes com grande clamor público e repercussão social.

▷ **Anotações/Comentários**

(a) A Autoridade Policial não pode decretar a prisão preventiva. O Juiz pode decretá-la, desde que haja prova da materialidade e indícios de autoria delitivas.

(b) A prisão preventiva só cabe antes do trânsito em julgado da sentença condenatória.

(c) O Delegado não pode decretar prisão preventiva.

(d) A prisão preventiva é medida cautelar em que, havendo prova da materialidade e indícios de autoria delitivas, o juiz pode decretar se a liberdade do investigado ou do acusado representar perigo à ordem pública, à ordem econômica, à conveniência da instrução criminal ou à aplicação da lei penal.

(e) O clamor público e a repercussão social do crime, por si sós, não são causa de decretação da prisão preventiva.

166. (Cespe - Analista Judiciário - Área Judiciária - TRF 1/2017) Com relação às questões e aos processos incidentes, à interceptação telefônica e à prisão temporária, julgue os itens subsequentes.

A decretação de prisão temporária é cabível quando houver fundadas razões de autoria e participação em qualquer crime doloso punível com pena privativa de liberdade superior a quatro anos de reclusão e quando for imprescindível às investigações do inquérito policial.

- CERTO
- ERRADO

▷ **Anotações/Comentários**

Os crimes que admitem a decretação temporária são aqueles do rol, do art. 1º, III, da Lei n. 7.960/1989.

167. (Cespe - Analista Judiciário - Oficial de Just. Avaliador - TRF 1/2017) Com relação a prisão temporária, normas dos juizados especiais criminais e questões e processos incidentes no processo penal, julgue os itens subsecutivos.

A prisão temporária pode ser decretada pelo juiz, de ofício, pelo prazo de cinco dias, prorrogável, excepcionalmente, por igual período em caso de extrema e comprovada necessidade para as investigações policiais.

- CERTO
- ERRADO

▷ **Anotações/Comentários**

A prisão temporária será decretada pelo Juiz, em face da representação da autoridade policial ou de requerimento do Ministério Público, e terá o prazo de 5 (cinco) dias, prorrogável por igual período em caso de extrema e comprovada necessidade (art. 2º, Lei n. 7.960/1989).

168. (Cespe - Técnico Judiciário - Área Administrativa - TRF 1/2017) Acerca do inquérito policial, julgue os próximos itens.

Membro do Ministério Público que participe, ativamente, do curso da investigação criminal não poderá oferecer denúncia, devendo, ao final do inquérito policial, encaminhar os documentos cabíveis para outro membro do parquet, que decidirá acerca do oferecimento ou não de denúncia.

- CERTO
- ERRADO

▷ **Anotações/Comentários**

Não há caso de impedimento ou de suspeição em relação ao membro do MP que participa das investigações e depois oferece a denúncia.

169. (Consulplan - Analista Judiciário - Área Judiciária - TRF 2/2017) Poderá o juiz substituir a prisão preventiva pela domiciliar quando o agente for:

a) Maior de 70 anos.
b) Imprescindível aos cuidados de pessoa menor de 7 anos de idade.
c) Gestante, apenas a partir do 7e mês de gravidez ou sendo esta de alto risco.
d) Homem, caso seja o único responsável pelos cuidados do filho de até doze anos de idade incompletos.

▷ **Anotações/Comentários**

(a) Cabe prisão domiciliar se o agente for maior de 80 anos.

(b) Cabe prisão domiciliar se o agente for imprescindível aos cuidados especiais de pessoa menor de 6 (seis) anos de idade ou com deficiência.

(c) Cabe prisão domiciliar se a agente for gestante, independentemente da idade.

(d) Cabe prisão domiciliar se o agente for homem, caso seja o único responsável pelos cuidados do filho de até 12 (doze) anos de idade incompletos (art. 318, VI, CPP).

170. (Consulplan - Analista Judiciário - Oficial de Just. Avaliador - TRF 2/2017) Sobre o tratamento que o Código de Processo Penal dá ao tema Prisão e Medidas Cautelares, assinale a alternativa INCORRETA.

a) As medidas cautelares poderão ser aplicadas isolada ou cumulativamente.
b) A prisão preventiva será determinada quando for cabível a sua substituição por outra medida cautelar.
c) O juiz poderá revogar a medida cautelar ou substitui-la quando verificar a falta de motivo para que subsista, bem como voltar a decretá-la, se sobrevierem razões que a justifiquem.
d) Ressalvados os casos de urgência ou de perigo de ineficácia da medida, o juiz, ao receber o pedido de medida cautelar, determinará a intimação da parte contrária, acompanhada de cópia do requerimento e das peças necessárias, permanecendo os autos em juízo.

▷ **Anotações/Comentários**

(a) As medidas cautelares poderão ser aplicadas isolada ou cumulativamente (art. 282, § 1º, CPP).

(b) A prisão preventiva somente será determinada quando não for cabível a sua substituição por outra medida cautelar (art. 282, § 6º, CPP).

(c) O juiz poderá, de ofício ou a pedido das partes, revogar a medida cautelar ou substituí-la quando verificar a falta de motivo para que subsista, bem como voltar a decretá-la, se sobrevierem razões que a justifiquem (art. 282, § 5º, CPP).

(d) Ressalvados os casos de urgência ou de perigo de ineficácia da medida, o juiz, ao receber o pedido de medida cautelar, determinará a intimação da parte contrária, acompanhada de cópia do requerimento e das peças necessárias, permanecendo os autos em juízo (art. 282, § 3º, CPP).

171. (FCC - Analista Judiciário - Oficial de Just. Avaliador - TRF 5/2017) O Código de Processo Penal dispõe que qualquer do povo poderá e as autoridades policiais e seus agentes deverão prender quem quer que seja encontrado em flagrante delito. Diante de tal contexto, é correto afirmar:

a) Em até 48 horas após a realização da prisão, será encaminhado ao juiz competente o auto de prisão em flagrante e, caso o autuado não informe o nome de seu advogado, cópia integral para a Defensoria Pública.
b) A prisão em flagrante deve ser relaxada quando a autoridade policial a considerar, fundamentadamente, ilegal.
c) Se a autoridade policial verificar que o agente praticou o fato acobertado por alguma excludente de ilicitude, poderá, fundamentadamente, conceder ao acusado liberdade provisória, mediante termo de comparecimento a todos os atos processuais, sob pena de revogação.
d) Apresentado o preso à autoridade competente, ouvirá esta o condutor e colherá, desde logo, sua assinatura, entregando a este cópia do termo e recibo de entrega do preso. Em seguida, procederá à oitiva das testemunhas que o acompanharem e ao interrogatório do acusado sobre a imputação que lhe é feita, colhendo, após cada oitiva suas respectivas assinaturas, lavrando, a autoridade, afinal, o auto.
e) Considera-se em flagrante delito quem é surpreendido na fase dos atos preparatórios da infração penal.

▷ **Anotações/Comentários**

(a) O prazo é de vinte e quatro horas.

(b) A prisão em flagrante deve ser relaxada pela autoridade judiciária.

(c) É o Juiz que deve conceder a liberdade provisória, se vislumbrar a presença de excludente de ilicitude.

(d) Trata-se da redação do art. 304, CPP.

(e) Na fase de atos preparatórios, ainda não há tipicidade da conduta, logo não há que se falar em flagrante delito.

172. (FCC – Técnico Judiciário – Área Administrativa – TRF 4/2014) A prisão temporária poderá ser decretada

a) pelo juiz, sem ouvir o Ministério Público, na hipótese de representação da autoridade policial.
b) sem fundamentação, em caso de comprovada urgência.
c) pelo delegado de polícia responsável pelo caso, pelo prazo máximo de cinco dias.
d) pelo juiz, em qualquer fase da ação penal.
e) em caso de homicídio qualificado, pelo prazo de trinta dias, prorrogável por igual período em caso de extrema e comprovada necessidade.

▷ **Anotações/Comentários**

(a) O MP deve ser ouvido antes de o Juiz decidir sobre a representação da Autoridade Policial.

(b) A decretação da prisão temporária deve ser fundamentada.

(c) A decretação da prisão temporária só pode ser feita por juiz.

(d) Da decisão que admitir ou não admitir assistente não cabe recurso.

(e) O homicídio qualificado é hediondo, logo o prazo da temporária é de trinta dias, prorrogável por igual período em caso de extrema e comprovada necessidade.

173. (Cespe – Analista Judiciário – Área Judiciária – TRE – MT/2015) A respeito da prisão temporária, assinale a opção correta.

a) O prazo máximo da prisão temporária decretada contra suspeito da prática de crime de tortura é de quinze dias, prorrogável por igual período, em caso de extrema e comprovada necessidade.
b) Findo o prazo da prisão, o preso temporariamente em decorrência de investigação pela prática do crime qualificado de envenenamento de água potável, que tenha resultado na morte de vinte pessoas, deve ser imediatamente solto se a prisão temporária não for prorrogada.
c) Ao tomar conhecimento, por meio de recebimento de auto de prisão em flagrante, da prática de genocídio, em qualquer de sua forma típica, o magistrado deve decretar, de ofício, a prisão temporária do detido.
d) Estando ambos submetidos a prisões cautelares, o preso temporariamente e o preso preventivamente podem ficar no mesmo local.
e) As comunicações de prisão temporária serão levadas ao juízo competente da vara até quarenta e oito horas após a prisão.

▷ **Anotações/Comentários**

(a) O prazo máximo da prisão temporária é de trinta dias, prorrogável por igual período, em caso de extrema e comprovada necessidade, pois a tortura é crime equiparado a hediondo.

(b) Decorrido o prazo contido no mandado de prisão, a autoridade responsável pela custódia deverá, independentemente de nova ordem da autoridade judicial, pôr imediatamente o preso em liberdade, salvo se já tiver sido comunicada da prorrogação da prisão temporária ou da decretação da prisão preventiva.

(c) A prisão temporária não pode ser decretada de ofício pelo juiz.

(d) O preso temporário permanecer, obrigatoriamente, separados dos demais detentos.

(e) A comunicação deve ser feita imediatamente ao juiz.

174. (Cespe – Analista Judiciário – Área Judiciária – TRE – RS/2015) Em relação aos sujeitos processuais, à prisão, à liberdade provisória e à comunicação dos atos processuais, assinale a opção correta.

a) Conforme o Código de Processo Penal, o juiz pode substituir a prisão preventiva pela domiciliar se o agente for maior de oitenta anos de idade.
b) Se o réu estiver preso fora da jurisdição do juiz do processo, a citação poderá ser feita por edital.
c) Configura hipótese de suspeição do juiz a oitiva de sua esposa como testemunha no processo.
d) Se o acusado não atender à intimação para o interrogatório, o juiz poderá mandar conduzi-lo à sua presença.
e) Admite-se a concessão, pela autoridade policial, de liberdade provisória mediante fiança ao acusado da prática do crime de falsificação de documento público sujeito à pena de reclusão, de dois a seis anos, e multa.

▷ **Anotações/Comentários**

(a) Cabe prisão domiciliar se o agente for maior de 80 anos (art. 318, I, CPP).

(b) Deve ser expedida carta precatória para citação de pessoal do réu preso.

(c) Há suspeição se o cônjuge do juiz estiver respondendo a processo por fato análogo, sobre cujo caráter criminoso haja controvérsia.

(d) O STF firmou entendimento de que o acusado não poderá ser conduzido coercitivamente, pois não é obrigado a produzir prova contra si mesmo.

(e) A Autoridade Policial só pode conceder liberdade provisória mediante fiança, se o a pena máxima em abstrato não for superior a quatro anos.

175. (IESES – Analista Judiciário – Área Judiciária – TRE – MA/2015) A respeito das prisões cautelares, pode-se afirmar:

a) O preso em flagrante será informado de seus direitos constitucionais e, caso não informe o nome de seu advogado, será comunicado, imediatamente, o Promotor de Justiça da Comarca.
b) Poderá o Juiz substituir a prisão preventiva pela domiciliar quando o agente for maior de 70 anos ou extremamente debilitado por motivo de doença grave.
c) A prisão de qualquer pessoa e o local onde se encontre serão comunicados ao Juiz competente, ao Ministério Público em até 24 horas da data da prisão.
d) A prisão preventiva poderá ser decretada como garantia da ordem pública, da ordem econômica, por conveniência da instrução criminal, ou para assegurar a aplicação da lei penal, quando houver prova da existência do crime e indício suficiente de autoria. Poderá, também, ser decretada em caso de descumprimento de qualquer das obrigações impostas por força de outras medidas cautelares.

▷ **Anotações/Comentários**

(a) A comunicação deve ser feita à Defensoria Pública.

(b) Poderá o Juiz substituir a prisão preventiva pela domiciliar quando o agente for maior de 80 anos ou extremamente debilitado por motivo de doença grave.

(c) A prisão de qualquer pessoa e o local onde se encontre serão comunicados imediatamente ao juiz competente, ao Ministério Público e à família do preso ou à pessoa por ele indicada.

(d) A prisão preventiva poderá ser decretada como garantia da ordem pública, da ordem econômica, por conveniência da instrução criminal ou para assegurar a aplicação da lei penal, quando houver prova da existência do crime e indício suficiente de autoria e de perigo gerado pelo estado de liberdade do imputado (art. 312, CPP). A prisão preventiva também poderá ser decretada em caso de descumprimento de qualquer das obrigações impostas por força de outras medidas cautelares (art. 312, § 1º, CPP).

176. (Consulplan – Juiz de Direito – TJ – MG/2018) De acordo com o Código de Processo Penal, quando trata da prisão, das medidas cautelares e da liberdade provisória, analise as afirmativas a seguir, marque V para as verdadeiras e F para as falsas.

( ) A liberdade provisória com fiança pode ser concedida independentemente de oitiva do Ministério Público.

( ) Em caso de descumprimento de qualquer das medidas cautelares impostas, o Juiz deverá decretar imediatamente a prisão preventiva.

( ) O Juiz não poderá decretar a prisão preventiva do investigado de ofício, durante a fase inquisitiva, sendo necessário, para tanto, requerimento do Ministério Público, do querelante ou de seu assistente, ou, ainda, representação da autoridade policial.

( ) O Juiz poderá substituir a prisão preventiva pela domiciliar quando o agente for maior de 80 (oitenta) anos.

A sequência está correta em

a) V, F, V, F.
b) F, V, F, F.
c) F, F, V, V.
d) V, F, V, V.

▷ **Anotações/Comentários**

Observação: Essa questão foi anulada.

() O art. 333, CPP, dispensa a prévia oitiva do MP para concessão de fiança. Lembre-se que em determinados casos a própria autoridade policial pode conceder fiança.

() O juiz pode decretar a prisão preventiva em caso de descumprimento da medida alternativa, mediante requerimento do Ministério Público, de seu assistente ou do querelante (art. 282, § 4º, CPP).

() O juiz só pode decretar a prisão preventiva se provocado.

() A pessoa maior de oitenta anos pode ser colocada em prisão domiciliar.

---

177. (Vunesp – Juiz de Direito – TJ – SP/2018) Em relação à prisão temporária, prevista na Lei no 7.960/1989, assinale a alternativa correta.

a) É cabível para os crimes que a admitem, e somente na fase pré-processual, desde que em atenção a requerimento da Autoridade Policial ou do Ministério Público, vedada a decretação de ofício.

b) É cabível para os crimes que a admitem, tanto na fase pré-processual quanto na processual, a requerimento da Autoridade Policial ou do Ministério Público, vedada a decretação de ofício, por 5 (cinco) dias, prorrogáveis uma vez e pelo mesmo prazo, em caso de extrema necessidade, devidamente demonstrada.

c) É cabível para os crimes que a admitem, e somente na fase pré-processual, sendo imprescindível para a decretação, quando requerida pela Autoridade Policial, a concordância do Ministério Público.

d) É cabível para os crimes que a admitem, tanto na fase pré-processual quanto na processual, podendo ser decretada de ofício, ou a requerimento da Autoridade Policial ou do Ministério Público.

▷ **Anotações/Comentários**

(a) A prisão temporária só pode ser decretada na fase de investigação policial, a requerimento do Ministério Público ou representação da autoridade policial, sem possibilidade de decretação de ofício, desde que o crime esteja previsto no rol do art. 1º, III, Lei n. 7.960/1989.

(b) Não se admite prisão temporária na fase judicial.

(c) Quando a Autoridade Policial representa pela prisão temporária, o MP tem de manifestar, mas não é necessário que ele concorde com a medida.

(d) Não se admite prisão temporária na fase judicial, nem decretada de ofício.

---

178. (Vunesp – Juiz de Direito – TJ – SP/2018) Expedido mandado de prisão contra réu condenado, o executor do mandado, encontrando-o em casa de terceiro, e no período noturno, deverá

a) intimar o morador a entregar o réu condenado e, em caso de recusa, convocar 2 (duas) testemunhas e entrar imediatamente e à força na casa para cumprir a ordem judicial.

b) entrar na casa do terceiro, a quem dará voz de prisão pelo crime de favorecimento pessoal, cumprir o mandado de prisão e conduzir ambos à presença da Autoridade policial.

c) intimar o morador a entregar o condenado e, em caso de recusa, esperar o amanhecer para ingressar na casa e efetuar a prisão.

d) entrar na casa do terceiro, mesmo contra sua vontade, e efetuar a prisão do condenado em cumprimento ao mandado judicial.

▷ **Anotações/Comentários**

(a) O mandado de prisão deve ser cumprido no interior de domicílio apenas durante o dia.

(b) O mandado de prisão deve ser cumprido no interior de domicílio apenas durante o dia. Não havendo informação suficiente sobre a ocorrência de crime de favorecimento pessoal.

(c) Se o executor do mandado verificar, com segurança, que o réu entrou ou se encontra em alguma casa, o morador será intimado a entregá-lo, à vista da ordem de prisão. Se não for obedecido imediatamente, o executor convocará duas testemunhas e, sendo dia, entrará à força na casa, arrombando as portas, se preciso; sendo noite, o executor, depois da intimação ao morador, se não for atendido, fará guardar todas as saídas, tornando a casa incomunicável, e, logo que amanheça, arrombará as portas e efetuará a prisão (art. 293, CPP).

(d) Não se pode entrar na casa do terceiro à noite para cumprimento de mandado de prisão.

---

179. (IESES – Cartório – Provimento – TJ – AM/2018) Em relação as prisões, é correto afirmar:

a) O Código de Processo Penal brasileiro estabeleceu critérios legais de admissibilidade para a imposição da prisão preventiva, os quais devem ser analisados isoladamente. Verificada a existência dos requisitos trazidos pelo art. 312 do Código de Processo Penal - fumus commissi delicti e periculum libertatis - desnecessário a observância do art. 313 do referido diploma legal.

b) A Lei n. 12.403/2011 estabeleceu a possibilidade de imposição de medidas alternativas à prisão cautelar, possibilitando ao magistrado, perante a singularidade de cada caso concreto, aplicar isolada ou cumulativamente tais medidas, com a necessidade de análise dos critérios de razoabilidade e proporcionalidade.

c) O regime jurídico da prisão domiciliar, especialmente no que pertine à proteção da integridade física e emocional da gestante e dos filhos menores de 12 anos, e as inovações trazidas pela Lei n.13.257/2016 decorrem, indiscutivelmente, do resgate constitucional do princípio da fraternidade (Constituição Federal: preâmbulo e art. 3º).

d) O STJ vem entendendo que em relação a prisão preventiva o constrangimento ilegal por excesso de prazo resulta de um critério aritmético, levando em conta as peculiaridades do caso concreto.

▷ **Anotações/Comentários**

(a) Presentes os requisitos do art. 312, CPP, deve-se decretar a prisão preventiva somente se estiver presente ao menos um dos pressupostos do art. 313, CPP.

(b) A banca examinadora entendeu como incorreta essa alternativa, porém, as medidas cautelares no processo penal devem seguir os critérios da necessidade e da adequação, que são relacionados aos princípios da proporcionalidade e da razoabilidade (art. 282, CPP, e STJ - HC 581489/SP).

(c) O princípio da fraternidade está ligado ao conceito de sociedade justa e solidário. Desse modo, a situação da gestante e dos filhos menores de 12 anos desperta sentimento de solidariedade a permitir a prisão domiciliar.

(d) Eventual constrangimento ilegal por excesso de prazo não resulta de um critério aritmético, mas de uma aferição realizada pelo julgador, à luz dos princípios da razoabilidade e proporcionalidade, levando em conta as peculiaridades do caso concreto, de modo a evitar retardo abusivo e injustificado na prestação jurisdicional.

---

180. (IESES – Cartório – Remoção – TJ – AM/2018) Poderá o juiz substituir a prisão preventiva pela domiciliar nos seguintes casos, EXCETO:

a) Quando o agente for imprescindível aos cuidados especiais de pessoa menor de 6 (seis) anos de idade ou com deficiência.

b) Quando o agente for maior de 70 (setenta) anos.

c) Quando o agente for mulher com filho de até 12 (doze) anos de idade incompletos.

d) Quando o agente for gestante.

▷ **Anotações/Comentários**

(a) Cabe prisão domiciliar quando o agente for imprescindível aos cuidados especiais de pessoa menor de 6 (seis) anos de idade ou com deficiência (art. 318, III, CPP).

(b) Cabe prisão domiciliar quando o agente for maior de 80 anos (art. 318, I, CPP).

(c) Cabe prisão domiciliar quando o agente for mulher com filho de até 12 (doze) anos de idade incompletos (art. 318, V, CPP).

(d) Cabe prisão domiciliar quando o agente for gestante (art. 318, IV, CPP).

---

181. (IESES – Cartório – Remoção – TJ – CE/2018) Considera-se em flagrante delito quem:

I. É encontrado, logo depois, com instrumentos, armas, objetos ou papéis que façam presumir ser ele autor da infração.

II. Está cometendo a infração penal.

III. É perseguido, logo após, pela autoridade, pelo ofendido ou por qualquer pessoa, em situação que faça presumir ser autor da infração.

IV. Acaba de cometer a infração penal.

A sequência correta é:

a) Apenas a assertiva I está incorreta.

b) Apenas as assertivas II e III estão corretas.

c) Apenas as assertivas I, II e III estão corretas.

d) As assertivas I, II, III e IV estão corretas.

▷ **Anotações/Comentários**

(I) Trata-se de modalidade de flagrante próprio (art. 302, I, CPP).

(II) Trata-se de modalidade de flagrante próprio (art. 302, II, CPP).

(III) Trata-se de modalidade de flagrante impróprio (art. 302, III, CPP).

(IV) Trata-se de modalidade de flagrante presumido (art. 302, IV, CPP).

---

182. (Vunesp – Cartório – Provimento – TJ – SP/2018) A prisão preventiva poderá ser decretada

a) como garantia da ordem econômica, nos crimes dolosos punidos com pena privativa de liberdade máxima superior a 04 (quatro) anos.

b) como garantia da ordem pública, nos crimes dolosos punidos com pena privativa de liberdade máxima superior a 02 (dois) anos.

c) para assegurar a aplicação da lei penal, nos crimes dolosos punidos com pena privativa de liberdade máxima superior a 03 (três) anos.

d) por conveniência da instrução criminal, nos crimes dolosos ou culposos.

▷ **Anotações/Comentários**

(a) Garantia da ordem econômica (art. 312, CPP) e crime doloso punido com pena privativa de liberdade máxima superior a quatro anos autorizam (art. 313, I) a decretação de prisão preventiva.

(b) A pena máxima deve ser superior a quatro anos.

(c) A pena máxima deve ser superior a quatro anos.

(d) O crime deve ser doloso, punido com pena máxima superior a quatro anos.

---

183. (Cespe – Delegado de Polícia – MA/2018) Julgue os próximos itens, relativos a prisão, medidas cautelares e liberdade provisória.

I. A concessão da liberdade provisória pela autoridade policial não impede a decretação da prisão preventiva de ofício pelo juízo, se presentes os seus requisitos.

II. Nos crimes hediondos, o tempo da prisão preventiva varia segundo o limite da pena estabelecida para o tipo penal imputado ao indiciado.

III. Aplicada medida cautelar diversa da prisão, será vedado ao juiz substituí-la por outra ou impor nova medida cumulativamente.

IV. Lavrado o auto de prisão em flagrante por crime de estupro, a autoridade policial poderá conceder ao preso liberdade provisória mediante fiança.

Assinale a opção correta.

a) Apenas o item I está certo.

b) Apenas os itens I e IV estão certos.

c) Apenas os itens II e III estão certos.

d) Apenas os itens II, III e IV estão certos.

e) Todos os itens estão certos.

▷ **Anotações/Comentários**

Observação: essa questão foi elaborada antes de vigência do Pacote Anticrime.

(I) A partir do Pacote Anticrime, o juiz não pode mais decretar a prisão preventiva de ofício. Assim, atualmente, caso a Autoridade Policial conceda a liberdade provisória, pode o MP ou o querelante requerer a aplicação da prisão, cabendo ao juiz decidir.

(II) Não há prazo certo para a vigência de prisão preventiva, qualquer que seja a natureza e a pena do crime.

(III) O juiz pode revogar a prisão preventiva e substituí-la por medidas diversas dela, de forma isolada ou cumulativa.

(IV) A Autoridade Policial só pode conceder a liberdade provisória com fiança, se a pena máxima em abstrato do crime for igual ou inferior a quatro anos. A pena máxima do crime de estupro é de dez anos.

---

184. (Cespe – Delegado de Polícia – MA/2018) Considere que, no curso de determinada investigação, a autoridade policial tenha representado ao competente juízo pela prisão temporária do indiciado. Nessa situação,

a) a prisão requerida apenas poderá ser decretada para se inquirir o indiciado, devendo a autoridade policial, após o ato, representar pela sua soltura.

b) mesmo que a autoridade policial não tivesse requerido a prisão temporária, o juiz poderia tê-la decretado de ofício.

c) caso se trate de crime hediondo, o prazo máximo da prisão eventualmente decretada será de noventa dias.

d) a prisão não poderá ser decretada após a fase inquisitória da persecução penal.

e) decretada a prisão temporária, o inquérito policial deverá ser concluído no prazo máximo de dez dias.

▷ **Anotações/Comentários**

(a) Não é cabível a decretação de prisão temporária apenas para inquirição do acusado, pois esta medida, por si só, não é imprescindível à investigação, já que ele não é obrigado a produzir provas contra si mesmo.

(b) Não cabe prisão temporária de ofício.

(c) Em caso de crime hediondo, o prazo máximo da prisão temporária é de trinta dias, prorrogável em caso de necessidade.

(d) Prisão temporária visa resguardar a produção de prova na fase policial, finda a qual não cabe mais essa medida.

(e) A prisão temporária pode durar cinco dias (ou trinta no caso de crime hediondo), prorrogável uma vez o prazo. Findo o prazo, o indiciado deve ser colocado em liberdade. Mas, o IP pode seguir, com o investigado solto, se necessário.

10. PROCEDIMENTO ORDINÁRIO E SUMÁRIO

185. (FCC – Técnico Judiciário – Área Administrativa – TRF 3/2019) Marina está respondendo, em liberdade, processo por crime de contrabando em uma das varas com competência criminal da Justiça Federal de Campo Grande/MS. No momento da sua prisão em flagrante, ao ser qualificada, Marina declarou o seu endereço residencial na Avenida Lilás, n2 1, apartamento 12, na cidade de Campo Grande, endereço esse ratificado quando da concessão do benefício da liberdade provisória pelo magistrado competente. Ao término do inquérito policial, o Ministério Público Federal denunciou Marina pelo crime do artigo 334-A, Código Penal (contrabando). A denúncia foi recebida e a ré devidamente citada para responder à ação penal, apresentando sua defesa preliminar. Após manter o recebimento da denúncia, o magistrado competente designou audiência de instrução, debates e julgamento. Expedido mandado de intimação para a audiência, Marina não é encontrada no endereço que forneceu, tendo mudado de domicílio sem comunicar o juízo. No dia da audiência Marina não compareceu ao ato processual. Nesse caso, o magistrado que preside a ação penal deverá

a) redesignar a audiência de instrução e determinar a realização de pesquisas por meio do sistema SIEL (Tribunal Regional Eleitoral) e Bacenjud, para tentar localizar e intimar pessoalmente a ré Marina.
b) redesignar a audiência de instrução e determinar a intimação de Marina por edital para a nova data que será agendada.
c) determinar a suspensão do processo e do curso do prazo prescricional até a localização de Marina.
d) realizar normalmente a audiência de instrução e, posteriormente, determinar a intimação de Marina por edital para uma nova audiência de interrogatório.
e) determinar o regular prosseguimento do processo até julgamento sem a presença da acusada Marina, declarando a sua revelia.

▷ **Anotações/Comentários**

(a) O juiz deve realizar a audiência sem a presença da ré.

(b) O juiz deve realizar a audiência sem a presença da ré e seguir o processo em seus ulteriores atos.

(c) Não é o caso de suspensão do processo, pois a ré fora citada pessoalmente e apresentou resposta.

(d) Ver reposta às alternativas "b" e "e".

(e) Como a ré foi devidamente citada e, depois, se mudou de endereço sem comunicar ao juízo, o processo prosseguirá sem a presença da acusada (art. 367, CPP). Com isso, se realizam a audiência e os demais atos processuais seguintes sem a presença de Mariana.

---

186. (Cespe – Analista Judiciário – Direito – TJ – PA/2020) Se um acusado, citado por edital, não comparecer para defender-se em ação penal pelo crime de falsidade ideológica, nem constituir advogado, o juiz

a) deverá decretar a prisão preventiva do réu.
b) determinará a interrupção do curso do prazo, que é prescricional.
c) decretará revelia do réu e dará seguimento ao processo com defensor dativo.
d) poderá determinar a produção de provas consideradas urgentes.
e) suspenderá o processo e o curso do prazo, que é decadencial.

▷ **Anotações/Comentários**

(a) A ausência do réu, por si só, não é motivo para a decretação de prisão preventiva.

(b) Haverá suspensão do prazo prescricional.

(c) O processo deve ser suspenso.

(d) Suspenso o processo, pode o juiz determinar a produção antecipada das provas consideradas urgentes.

(e) O juiz suspenderá o curso do processo e do prazo prescricional.

---

187. (Cespe – Analista Judiciário – Direito – TJ – PA/2020) De acordo com o Código de Processo Penal (CPP), no procedimento comum ordinário, após o recebimento de denúncia e o oferecimento de resposta à acusação pela defesa, o juiz absolverá sumariamente o denunciado na hipótese de

a) haver dúvida quanto à autoria do réu ou à sua participação no crime.
b) ficar comprovada a inimputabilidade mental do réu.
c) a denúncia ser manifestamente inepta.
d) faltar justa causa para o exercício da ação penal.
e) o fato narrado evidentemente não constituir crime.

▷ **Anotações/Comentários**

(a) A dúvida quanto à autoria delitiva ou participação não é o caso de absolvição sumário, devendo o juiz ratificar o recebimento da denúncia e instruir o processo.

(b) A inimputabilidade do réu não é o caso de absolvição sumária. Se ela for comitente ao crime, deve haver instrução; se for posterior é caso de suspensão do feito.

(c) Denúncia manifestamente inepta é caso de sua rejeição (art. 395, I, CPP).

(d) Falta de justa causa é caso de rejeição da denúncia (art. 395, III, CPP).

(e) Se o fato evidentemente não constituir crime, se tem caso de absolvição sumária, conforme art. 397, III, CPP).

PROCESSUAL PENAL

---

188. (Cespe – Técnico Judiciário – TJ – RJ/2021) Na audiência do processo comum ordinário, o último ato da instrução criminal é

a) a acareação.
b) a inquirição das testemunhas da acusação.
c) o interrogatório do réu.
c) a inquirição das testemunhas da defesa.
e) a tomada de declarações do ofendido.

▷ **Anotações/Comentários**

(a) Acareação é ato probatório que deve ser realizado antes do interrogatório do acusado (art. 400, CPP).

(b) Inquirição de testemunhas da acusação é ato probatório que deve ser realizado antes do interrogatório do acusado (art. 400, CPP).

(c) O art. 400, CPP, passou a prever o interrogatório como último da audiência de instrução, pois se trata do momento em que o réu exerce a chamada defesa pessoal, em que pode rebater todos os fatos descritos na inicial acusatória e todas as provas produzidas em seu desfavor ao longo da instrução.

(d) Inquirição de testemunhas da defesa é ato probatório que deve ser realizado antes do interrogatório do acusado (art. 400, CPP).

(e) A tomada de declarações do ofendido é ato probatório que deve ser realizado antes do interrogatório do acusado (art. 400, CPP).

---

189. (FGV – Analista Judiciário – Área Judiciária – TJ – AL/2018) David, reincidente, foi denunciado pela prática de crime de furto qualificado. No curso da instrução, uma testemunha afirma que David tinha a posse regular e anterior daquele bem que teria sido subtraído, razão pela qual o Ministério Público, ao final da produção probatória, adita a denúncia, altera os fatos narrados e imputa ao réu a prática do crime de apropriação indébita. Após ratificação das provas, o Ministério Público apresentou alegações finais, requerendo a condenação do réu nas sanções do delito de apropriação indébita. O magistrado, porém, ao analisar as provas, conclui que, na verdade, o crime praticado foi de furto qualificado, conforme descrito na denúncia antes do aditamento. Diante da hipótese narrada, o juiz, de imediato:

a) poderá condenar o réu pela prática do crime de furto qualificado, aplicando o instituto da mutatio libelli;
b) poderá condenar o réu pela prática do crime de furto qualificado, aplicando o instituto da emendatio libelli;
c) não poderá condenar o réu pela prática do crime de furto qualificado, pois o Ministério Público aditou a denúncia, de modo que ocorreu mutatio libelli;
d) não poderá condenar o réu pela prática do crime de furto qualificado, pois o Ministério Público aditou a denúncia, de modo que ocorreu emendatio libelli;
e) poderá encaminhar os autos ao Ministério Público, determinando que ele realize aditamento da denúncia no prazo de 05 dias, sob pena de conferir nova capitulação jurídica.

▷ **Anotações/Comentários**

(a) O juiz não pode aplicar o instituto da mutatio libelli de ofício, pois o aditamento da denúncia é de competência do Ministério Público (art. 383, CPP).

(b) Na emendatio libelli, os fatos estão descritos na denúncia e o juiz apenas modifica a capitulação típica feita pelo MP. No caso, com o aditamento, houve adaptação da descrição ao crime de apropriação indébita, não podendo o juiz condenar por furto.

(c) O juiz fica vinculado à mutatio libelli promovida pelo Ministério Público (art. 384, § 4º, CPP).

(d) Houve mutatio libelli (art. 384, CPP).

(e) O juiz fica adstrito à mutatio libelli feita pelo Ministério Público.

190. (FGV – Técnico Judiciário – Área Judiciária – TJ – AL/2018) Perante a Vara Criminal de determinada comarca de Tribunal de Justiça, corre processo em que se investiga a prática de crimes gravíssimos de organização criminosa e tráfico de drogas, sendo, inclusive, investigados grandes empresários do Estado. Considerando o fato de que o juiz titular do órgão estaria afastado de licença médica há muitos anos, diversos juízes participaram do feito: João proferiu decisões autorizando medidas cautelares antes mesmo da denúncia; Jorge foi o responsável pelo recebimento da denúncia e por analisar o teor das respostas à acusação apresentadas pela defesa; José participou da audiência de instrução e interrogatório dos réus. Após apresentação das alegações finais, diante da complexidade do processo e dos inúmeros volumes, o Tribunal de Justiça decidiu criar uma Vara Criminal especificamente para julgamento desse processo, impedindo que a Vara Criminal tivesse seu processamento dificultado pela dedicação do magistrado que lá atuava à sentença que deveria ser produzida. Com a sentença publicada, a Vara Criminal seria extinta. Com base na situação exposta, a criação da Vara Criminal com o objetivo de proferir sentença no processo complexo:

a) é válida, mas não poderá ela ser extinta logo após a sentença ser publicada em razão da possibilidade de recursos;
b) não é válida, cabendo a João proferir a sentença em razão do princípio da identidade física do juiz;
c) é válida, podendo ela ser extinta logo após a publicação da sentença, nos termos previstos no ato do Tribunal de Justiça;
d) não é válida, cabendo a Jorge proferir a sentença em razão do princípio da identidade física do juiz;
e) não é válida, cabendo a José proferir a sentença em razão do princípio da identidade física do juiz.

▷ **Anotações/Comentários**

(a) A sentença é nula, porque o juiz que presidiu a instrução deverá proferir a sentença (art. 399, § 2º, CPP).

(b) José que deve proferir a sentença, pois ele presidiu a audiência de instrução e julgamento.

(c) A criação de uma Vara para julgar um único processo viola o princípio do juiz natural.

(d) José é que deve proferir a sentença.

(e) A sentença é nula, pois, pelo princípio da identidade física do juiz, aquele que preside a audiência de instrução e julgamento deve ser o que profere a sentença (art. 399, § 2º, CPP).

191. (Cespe – Analista Judiciário – Área Judiciária – CNJ/2013) Em relação a procedimentos criminais, julgue os itens subsequentes.

A denúncia será rejeitada quando faltar justa causa para o exercício da ação penal, ou seja, quando faltar pressuposto processual, como ocorre quando está extinta a punibilidade ou falta representação na ação penal pública condicionada.

- CERTO
- ERRADO

▷ **Anotações/Comentários**

A denúncia será rejeitada (art. 395, CPP) quando faltar condição da ação penal, como a justa causa e a representação na ação penal pública condicionada, ou pressuposto processual. No caso de extinção de punibilidade, tem-se causa de absolvição sumária (art. 397, CPP).

192. (Vunesp – Escrevente Técnico Judiciário – TJ – SP/2018) Segundo o Código de Processo Penal, a respeito do processo comum, é correto dizer que

a) aceita a denúncia ou a queixa, o Juiz não poderá absolver sumariamente o réu, após a apresentação da resposta à acusação.
b) a parte, no procedimento ordinário, não poderá desistir de testemunha, anteriormente arrolada.
c) o procedimento será ordinário, sumário ou sumaríssimo; o procedimento sumaríssimo será o aplicado quando se tem por objeto crime sancionado com pena privativa de liberdade de até 04 (quatro) anos.
d) são causas de rejeição da denúncia ou queixa a inépcia, a falta de pressuposto processual ou condição para o exercício da ação penal e a falta de justa causa.
e) no procedimento ordinário, poderão ser ouvidas até 08 (oito) testemunhas, de acusação e defesa, compreendidas, nesse número, as que não prestam compromisso.

▷ **Anotações/Comentários**

(a) As causas de absolvição sumária estão previstas no art. 397, CPP.

(b) A parte poderá desistir da inquirição de qualquer das testemunhas arroladas, ressalvado o caso em que o juiz julgar necessária a oitiva (art. 401, § 2º, CPP).

(c) O procedimento será sumaríssimo no caso de infrações penais de menor potencial ofensivo: contravenções penais e os crimes a que a lei comine pena máxima não superior a 2 (dois) anos, cumulada ou não com multa (art. 61, Lei n. 9.099/95).

(d) As causas de rejeição da inicial estão previstas no art. 395, CPP: a inépcia, a falta de pressuposto processual ou condição para o exercício da ação penal e a falta de justa causa

(e) o procedimento ordinário, poderão ser ouvidas até 08 (oito) testemunhas, de acusação e defesa. Não compreendidas, nesse número, as que não prestam compromisso (art. 401, CPP).

193. (Vunesp – Escrevente Técnico Judiciário – TJ – SP/2017) De acordo com o texto expresso do art. 397 do CPP, o juiz deverá absolver sumariamente o acusado no processo penal quando verificar

a) extinta a punibilidade do agente.
b) falta de justa causa para o exercício da ação penal.
c) que a denúncia é manifestamente inepta.
d) falta de condição para o exercício da ação penal.
e) falta de pressuposto processual.

▷ **Anotações/Comentários**

(a) A extinção da punibilidade é causa de absolvição sumária (art. 397, IV, CPP).

(b) A falta de justa causa é causa de rejeição de denúncia (art. 395, III, CPP).

(c) A denúncia manifestamente inepta é causa de rejeição de denúncia (art. 395, I, CPP).

(d) A falta de condição para o exercício da ação penal é causa de rejeição de denúncia (art. 395, II, CPP).

(e) A falta de pressuposto processual é causa de rejeição de denúncia (art. 395, II, CPP).

194. (Vunesp – Escrevente Técnico Judiciário – TJ-SP/2015) Nos procedimentos ___________, oferecida a denúncia ou queixa, o juiz, se não a rejeitar liminarmente, recebê-la-á e ___________ (CPP, art. 396).

Assinale a alternativa que preenche, adequada e respectivamente, as lacunas.

a) comuns ... designará audiência de instrução e interrogatório
b) ordinário e sumário ... designará audiência de instrução e interrogatório
c) ordinário e sumário ... ordenará a citação do acusado para responder à acusação, por escrito, no prazo de 10 (dez) dias

d) comuns ... ordenará a citação do acusado para responder à acusação, por escrito, no prazo de 15 (quinze) dias

e) sumário e sumaríssimo ... designará audiência de instrução e interrogatório.

▷ **Anotações/Comentários**

(a) Ver a resposta à alternativa "c".

(b) Ver a resposta à alternativa "c".

(c) Nos procedimentos ordinário e sumário, oferecida a denúncia ou queixa, o juiz, se não a rejeitar liminarmente, recebê-la-á e ordenará a citação do acusado para responder à acusação, por escrito, no prazo de 10 (dez) dias (art. 396, CPP).

(d) Ver a resposta à alternativa "c".

(e) Ver a resposta à alternativa "c".

195. (Vunesp - Escrevente Técnico Judiciário - TJ-SP/2015) Nas infrações penais de menor potencial ofensivo, quando o juizado especial criminal encaminhar ao juízo comum as peças existentes para a adoção de outro procedimento, de acordo com o art. 538 do CPP, o rito adotado será

a) o ordinário.

b) o sumário.

c) livremente estabelecido pelo juiz.

d) o sumaríssimo.

e) o especial.

▷ **Anotações/Comentários**

(a) Ver a resposta à alternativa "b".

(b) Nas infrações penais de menor potencial ofensivo, quando o juizado especial criminal encaminhar ao juízo comum as peças existentes para a adoção de outro procedimento, observar-se-á o procedimento sumário (art. 538, CPP).

(c) Ver a resposta à alternativa "b".

(d) Ver a resposta à alternativa "b".

(e) Ver a resposta à alternativa "b".

196. (Vunesp - Escrevente Técnico Judiciário - TJ-SP/2014) No rito do procedimento comum ordinário, constata-se, imediatamente após o oferecimento da resposta escrita à acusação, que existe em favor do acusado manifesta causa de exclusão da ilicitude. Nesse caso, o art. 397 do CPP indica que se deve seguir a

a) decretação da extinção da punibilidade do acusado.

b) absolvição sumária do acusado.

c) rejeição de denúncia.

d) designação de audiência de instrução e julgamento.

e) designação de audiência preliminar.

▷ **Anotações/Comentários**

(a) A manifesta causa de exclusão de ilicitude não é causa de extinção da punibilidade.

(b) Nos termos do art. 397, III, CPP, depois de apresentada resposta à acusação, caso o juiz entenda que é manifesta a presença de causa extintiva de punibilidade, tem-se a absolvição sumária.

(c) Não é causa de rejeição da denúncia previsto no art. 395, CPP.

(d) É causa de absolvição sumária, sem dilação probatória.

(e) Não há audiência preliminar no procedimento ordinário.

197. (Cespe - Analista Judiciário - Área Judiciária - TRE - BA/2017) Considere que o Ministério Público tenha oferecido denúncia contra determinado indivíduo pela prática de crime que somente se processa mediante queixa. Nessa situação, o juiz deve

a) designar audiência de tentativa de reconciliação entre a vítima e o ofendido.

b) intimar o ofendido, para que ele assuma a titularidade da ação penal.

c) rejeitar a denúncia.

d) determinar a citação do querelado, para que ele ofereça defesa no prazo de quinze dias.

e) exigir do órgão ministerial a correção da peça acusatória.

▷ **Anotações/Comentários**

(a) Não deve designar audiência, pois a denúncia deve ser rejeitada.

(b) O juiz pode rejeitar a denúncia sem manifestação do ofendido.

(c) O MP não tem legitimidade ativa para propor ação penal privada. Faltando condição da ação penal, o juiz deve rejeitar a denúncia (art. 395, II, CPP).

(d) A denúncia deve ser rejeitada antes de se determinar a citação.

(e) Deve-se rejeitar a denúncia.

198. (Consulplan - Analista Judiciário - Oficial de Just. Avaliador - TRF 2/2017) O juiz, ao proferir sentença condenatória, NÃO:

a) Aplicará medida de segurança, se cabível.

b) Mencionará as circunstâncias agravantes ou atenuantes definidas no Código Penal e cuja existência reconhecer.

c) Mencionará tudo o mais que deva ser levado em conta na aplicação da pena, de acordo com o disposto no Código Penal.

d) Fixará valor mínimo para reparação dos danos causados pela infração, considerando os prejuízos sofridos pelo ofendido.

▷ **Anotações/Comentários**

(a) No caso de sentença absolutória, o juiz irá aplicar medida de segurança, se cabível (art. 386, parágrafo único, III, CPP).

(b) No caso de sentença condenatória, o juiz mencionará as circunstâncias agravantes ou atenuantes definidas no Código Penal, e cuja existência reconhecer (art. 387, I, CPP).

(c) No caso de sentença condenatória, o juiz mencionará as outras circunstâncias apuradas e tudo o mais que deva ser levado em conta na aplicação da pena, de acordo com o disposto no CP (art. 387, II, CPP).

(d) No caso de sentença condenatória, o juiz fixará valor mínimo para reparação dos danos causados pela infração, considerando os prejuízos sofridos pelo ofendido (art. 387, IV, CPP).

199. (FCC - Técnico Judiciário - Área Administrativa - TRF 3/2014) Em relação aos crimes de autoria coletiva, ocorridos no seio de pessoa jurídica, é INCORRETO afirmar que

a) pode ser processada denúncia vaga e genérica, cabendo exclusivamente à instrução processual o debate acerca do efetivo exercício da gestão empresarial.

b) a denúncia não precisa minudentemente descrever a conduta de cada um dos acusados.

c) não é inepta a denúncia que atribui a prática de fato penalmente típico e que enseja pleno exercício do direito de defesa.

d) nos crimes de autoria coletiva, dada a complexidade da ação criminosa, torna-se despicienda a descrição pormenorizada da conduta dos denunciados, admitindo-se a exposição relativamente ampla da participação de cada um.

e) a denúncia deve descrever de forma clara e suficiente a conduta delituosa.

▷ **Anotações/Comentários**

(a) É inepta a denúncia vaga e genérica, porque impossibilita o contraditório e a ampla defesa.

(b) A denúncia deve conter a descrição dos fatos imputados ao acusado, sem necessidade de descrever minudentemente as condutas feitas pelo sócio gerente.

(c) A denúncia deve descrever o fato típico a ponto de se poder exercer o direito de ampla defesa.

(d) Admite-se a exposição relativamente ampla da participação de cada um, mas o mínimo o suficiente para o exercício da ampla defesa.

(e) A denúncia deve ser clara para que haja o exercício de ampla defesa.

---

200. (Consulplan - Juiz de Direito - TJ - MG/2018) Analise as afirmativas a seguir.

I. Segundo o Código de Processo Penal, a "emendatio libelli" exige que seja assegurada ao acusado vista sobre a possível modificação da classificação jurídica do fato, para incidência de crime mais gravemente apenado.

II. "Y" foi denunciado por tentativa de furto simples. Encerrada a instrução, a prova coligida aponta para a prática de furto qualificado consumado, a exigir a providência do art. 384 do CPP ("mutatio libelli"). O Promotor de Justiça oficiante recusou-se a aditar a denúncia e, remetidos os autos ao Procurador Geral de Justiça, este avalizou a recusa. Neste caso, nada restará ao magistrado fazer, a não ser proferir sentença pelo crime constante da inicial.

III. No caso de "mutatio libelli", não procedendo o órgão do Ministério Público ao aditamento, o assistente de acusação poderá fazê-lo, no prazo de 5 (cinco) dias, ficando o Juiz, na sentença, adstrito aos termos do aditamento.

IV. É admissível a "mutatio libelli" em segundo grau de jurisdição.

Assinale a alternativa correta.

a) Todas as afirmativas estão incorretas.

b) A afirmativa II está integralmente correta e as afirmativas I, III e IV estão incorretas.

c) As afirmativas I, II e III estão integralmente corretas, mas a afirmativa IV está incorreta.

d) As afirmativas I e II estão integralmente corretas e as afirmativas III e IV estão incorretas.

▷ **Anotações/Comentários**

(I) Na emedatio libelli (art. 383, CPP), não é necessária a oitiva da defesa.

(II) Na vigência atual do art. 28, CPP, a decisão do PGJ vincula o juiz, tendo em vista que o MP é o titular da ação penal.

(III) O assistente da acusação não pode aditar a denúncia.

(IV) A competência do TJ para julgamento dos Prefeitos Municipais é especial em relação à competência do Tribunal do Júri, logo prevalece em relação a este, ambos previstos na CF.

(e) Não é admissível a "mutatio libelli" em segundo grau de jurisdição.

---

201. (Vunesp - Juiz de Direito - TJ - SP/2018) Quanto à sentença penal, é correto afirmar que

a) havendo fundada dúvida sobre a existência de circunstâncias que excluam o crime ou isentem o réu de pena, o fundamento legal para a absolvição será o da inexistência de prova suficiente para a condenação.

b) encerrada a instrução probatória, se o juiz entender cabível nova definição jurídica do fato, em consequência de prova existente nos autos de elemento ou circunstância da infração penal não contida na acusação, prescindirá de abertura de vista ao Ministério Público para eventual aditamento da denúncia, se não resultar em aplicação de pena mais grave.

c) preservada sua competência e sem modificar a descrição do fato contida na denúncia ou queixa, poderá o juiz atribuir-lhe definição jurídica diversa, ainda que, em consequência, tenha de aplicar pena mais grave.

d) o amplo efeito devolutivo dos recursos possibilita à segunda instância dar nova definição jurídica ao fato delituoso em virtude de circunstância elementar não contida, explícita ou implicitamente, na denúncia ou queixa.

▷ **Anotações/Comentários**

(a) O fundamento da sentença absolutória será não existir prova suficiente para a condenação (art. 386, VII, CPP).

(b) Em caso de "mutatio libelli", o juiz deverá sempre abrir vista ao MP, sendo ou não a pena do novo fato mais grave ou não (art. 384, CPP).

(c) "Emendatio libelli": O juiz, sem modificar a descrição do fato contida na denúncia ou queixa, poderá atribuir-lhe definição jurídica diversa, ainda que, em consequência, tenha de aplicar pena mais grave (art. 383, CPP).

(d) A segunda Instância também fica vinculada aos fatos descritos na denúncia.

---

202. (IESES - Cartório - Provimento - TJ - AM/2018) A respeito dos procedimentos ordinário e sumário, no Processo Penal, e de acordo com o CPP e o STJ, assinale a opção correta.

a) No procedimento ordinário a audiência de instrução e julgamento deve ser realizada no prazo máximo de 90 dias, proceder-se-á à tomada de declarações do ofendido, à inquirição das testemunhas arroladas pela acusação e pela defesa, nesta ordem, ressalvado o disposto no art. 222 deste Código, bem como aos esclarecimentos dos peritos, às acareações e ao reconhecimento de pessoas e coisas, interrogando-se, em seguida, o acusado.

b) A decisão que não absolve o réu sumariamente deve ser fundamentada, a bem do art. 93, IX, da Constituição Federal, mas não há de ser exaustiva, sob pena de antecipar indevidamente juízo de mérito que deve ser realizado ao término da instrução criminal.

c) A quantidade de testemunhas que poderão ser arroladas na instrução do rito comum ordinário corresponde até 8 (oito) para acusação e até 8 (oito) para a defesa conforme art. 401 do CPP. Já na instrução do rito sumário a quantidade de testemunhas é de até 3 (três) para acusação e 3(três) para a defesa, em consonância com o art. 532 do CPP.

d) No procedimento sumário a audiência de instrução e julgamento, a ser realizada no prazo máximo de 60 dias, proceder-se-á à tomada de declarações do ofendido, se possível, à inquirição das testemunhas arroladas pela acusação e pela defesa, nesta ordem, ressalvado o disposto no art. 222 deste Código, bem como aos esclarecimentos dos peritos, às acareações e ao reconhecimento de pessoas e coisas, interrogando-se, em seguida, o acusado e procedendo-se, finalmente, ao debate.

▷ **Anotações/Comentários**

(a) A audiência será realizada no prazo máximo de sessenta dias no rito ordinário (art. 400, CPP).

(b) Toda decisão judicial deve ser devidamente fundamentada, sendo que, no caso de ratificação de recebimento de denúncia não é diferente, mas, como se trata de decisão preambular, não pode esgotar a matéria.

(c) No rito ordinário, o número máximo de testemunhas é oito; no rito sumário, cinco.

(d) A audiência será realizada no prazo máximo de trinta dias no rito sumário (art. 531, CPP).

---

203. (IESES - Cartório - Provimento - TJ - CE/2018) É certo afirmar:

I. Dentre o rol de testemunhas legalmente previsto no Código de Processo Penal, em número de oito (8), encontram-se compreendias aquelas que não prestam compromisso legal.

II. A autoridade que ordenar a prisão fará expedir o respectivo mandado.

III. Tratando-se de juizado especial criminal o recurso de apelação será interposto por petição escrita no prazo de dez (10) dias do qual constarão as razões e o pedido do recorrente.

IV. Nos crimes falimentares o magistrado pode deixar de aplicar a pena constatando que o devedor possui instrução insuficiente e caso explore comércio exíguo.

Analisando as proposições, pode-se afirmar:

a) Somente as proposições I e III estão corretas.

b) Somente as proposições II e IV estão corretas.

c) Somente as proposições II e III estão corretas.

d) Somente as proposições I e IV estão corretas.

▷ **Anotações/Comentários**

(I) No número total de testemunhas, não se compreendem as que não prestem compromisso e as referidas (art. 401, § 1º, CPP).

(II) A autoridade que ordenar a prisão fará expedir o respectivo mandado (art. 285, CPP).

(III) No JECRIM, apelação será interposta no prazo de dez dias, contados da ciência da sentença pelo Ministério Público, pelo réu e seu defensor, por petição escrita, da qual constarão as razões e o pedido do recorrente (art. 82, § 1º, Lei n. 9.099/95).

(IV) O devedor possuir instrução insuficiente e explorar comércio exíguo eram causas de isenção de pena previstas na antiga lei de falências, não previstas na atual.

204. (IESES – Cartório – Provimento – TJ – CE/2018) É certo afirmar:

I. A possibilidade do magistrado em absolver sumariamente ao réu só se observa no procedimento sumário em razão da simplicidade dos delitos da sua competência.

II. Os crimes de responsabilidade dos funcionários públicos, cujo processo e julgamento competirão aos juízes de direito, a queixa ou a denúncia será instruída com documentos ou justificação que façam presumir a existência do delito ou com declaração fundamentada da impossibilidade de apresentação de qualquer dessas provas.

III. No rito ordinário, aberta a instrução processual com a designação da necessária audiência, nela, primeiramente se interrogará ao réu, ouvindo a vítima após (caso seja possível ou necessário) e as testemunhas de acusação e defesa.

IV. Praticar, antes ou depois da sentença que decretar a falência, conceder a recuperação judicial ou homologar a recuperação extrajudicial, ato fraudulento de que resulte ou possa resultar prejuízo aos credores, com o fim de obter ou assegurar vantagem indevida para si ou para outrem constitui- se em fraude a credores.

Analisando as proposições, pode-se afirmar:

a) Somente as proposições I e II estão corretas.
b) Somente as proposições II e IV estão corretas.
c) Somente as proposições I e III estão corretas.
d) Somente as proposições III e IV estão corretas.

(I) A absolvição sumária se aplica aos ritos ordinário, sumário e do Júri.

(II) Os crimes de responsabilidade dos funcionários públicos, cujo processo e julgamento competirão aos juízes de direito, a queixa ou a denúncia será instruída com documentos ou justificação que façam presumir a existência do delito ou com declaração fundamentada da impossibilidade de apresentação de qualquer dessas provas (art. 513, CPP).

(III) Ordem da audiência (art. 400, CPP): tomada de declarações do ofendido, inquirição das testemunhas arroladas pela acusação e pela defesa, nesta ordem, ressalvado o disposto no art. 222 do CPP, esclarecimentos dos peritos, acareações e reconhecimento de pessoas e coisas, interrogatório do acusado.

(IV) Trata-se de crime de fraude a credores previstos no art. 168, Lei n. 11.101/2006.

205. (IESES – Cartório – Provimento – TJ – CE/2018) É certo afirmar:

I. O procedimento será o sumário para as infrações penais de menor potencial ofensivo, assim consideradas na forma da lei.

II. A ação penal é um direito autônomo, que não se confunde com o direito material que se pretende tutelar.

III. Nos procedimentos ordinário e sumário, oferecida a denúncia ou queixa, o juiz, se não a rejeitar liminarmente, recebê-la-á e ordenará a citação do acusado para responder à acusação, por escrito, no prazo de 15 (quinze) dias.

IV. Ao tratar das medidas assecuratórias tem-se no Código de Processo Penal que o processo de especialização da hipoteca e do arresto correrão em auto apartado.

Analisando as proposições, pode-se afirmar:

a) Somente as proposições I e III estão corretas.
b) Somente as proposições II e IV estão corretas.
c) Somente as proposições I e II estão corretas.
d) Somente as proposições III e IV estão corretas.

▷ **Anotações/Comentários**

(I) O procedimento será sumário, quando tiver por objeto crime cuja sanção máxima cominada seja inferior a 4 (quatro) anos de pena privativa de liberdade.

(II) A ação penal está relacionado ao processo penal com a finalidade de se tutelar, de um lado, a ordem pública, abalada pelo cometimento de um crime, e os direitos e garantias do acusado.

(III) O prazo para resposta à acusação é de dez dias (art. 396, CPP)

(IV) O processo de especialização da hipoteca e do arresto correrão em auto apartado (art. 138, CPP).

11. PROCEDIMENTO DO JÚRI

206. (Cespe – Analista Judiciário – Direito – TJ – PA/2020) Nos casos de sentença de impronúncia ou de absolvição sumária em procedimento do tribunal do júri,

a) é cabível o recurso de apelação.
b) é cabível o recurso em sentido estrito.
c) são cabíveis o recurso de apelação e o recurso em sentido estrito, respectivamente.
d) são cabíveis o recurso em sentido estrito e o recurso de apelação, respectivamente.
e) são cabíveis o recurso de agravo e o recurso de apelação, respectivamente.

▷ **Anotações/Comentários**

(a) Contra a sentença de impronúncia ou de absolvição sumária caberá apelação (art. 416, CPP).

(b) Ver resposta ao item "a".

(c) Ver resposta ao item "a".

(d) Ver resposta ao item "a".

(e) Ver resposta ao item "a".

207. (Cespe – Analista Judiciário – Direito – TJ – AM/2019) Hugo é investigado pela prática de lesão corporal seguida de morte contra Márcia, crime esse cometido em Manaus. A autoridade policial realizou interceptação telefônica e tomou conhecimento de que Hugo havia confessado ser o autor do crime ao irmão da vítima, Miguel.

Acerca dessa situação hipotética, julgue os itens a seguir, com base no que dispõe a legislação de regência.

I - Miguel poderá habilitar-se como assistente de acusação enquanto não transitar em julgado a sentença penal.

- CERTO
- ERRADO

▷ **Anotações/Comentários**

O processo penal admite a figura do assistente de acusação, que pode ser a vítima ou qualquer das pessoas arroladas no art. 31, CPP: cônjuge, ascendente, descendente e irmão (CADI). O assistente deve se habilitar enquanto não passar em julgado a sentença e receberá a causa no estado em que se achar (arts. 268 e 269, CPP).

II - A competência para processar e julgar Hugo, se este figurar como réu, será do tribunal do júri da comarca de Manaus.

- CERTO
- ERRADO

▷ **Anotações/Comentários**

O crime de lesão corporal seguida de morte é classificado como preterdoloso, pois o agente tinha o dolo de causar lesões na vítima, mas por culpa causa a morte. A competência do Tribunal do Júri é para julgamento de crimes dolosos contra a vida.

---

208. (Cespe – Técnico Judiciário – TJ – RJ/2021) Em processo da competência do tribunal do júri, ao final da primeira fase do procedimento, o juiz entendeu que foi comprovada a materialidade do crime, porém não havia indícios suficientes de autoria por parte do acusado.

A situação apresentada configura caso de

a) impronúncia.

b) pronúncia.

c) rejeição da denúncia.

d) desclassificação.

e) absolvição sumária.

▷ **Anotações/Comentários**

(a) Não se convencendo da materialidade do fato ou da existência de indícios suficientes de autoria ou de participação, o juiz, fundamentadamente, impronunciará o acusado (art. 414, CPP).

(b) O juiz, fundamentadamente, pronunciará o acusado, se convencido da materialidade do fato e da existência de indícios suficientes de autoria ou de participação (art. 413, CPP).

(c) A rejeição da denúncia deve ocorrer logo depois dela ser oferecida e ocorre no caso de falta de pressupostos processuais e condições da ação penal.

(d) A desclassificação ocorre, quando o juiz se convencer, em discordância com a acusação, da existência de crime diverso de crime doloso contra a vida e não for competente para o julgamento, remeterá os autos ao juiz que o seja (art. 419, CPP).

(e) A absolvição sumária ocorre quando (art. 415, CPP): I – provada a inexistência do fato; II – provado não ser ele autor ou partícipe do fato; III – o fato não constituir infração penal; IV – demonstrada causa de isenção de pena ou de exclusão do crime.

---

209. (Cespe – Técnico Judiciário – TJ – RJ/2021) O tribunal do júri é composto por um juiz togado e

a) 25 jurados, sendo necessários 15 para a instalação da sessão e 7 para compor o conselho de sentença.

b) 25 jurados, sendo necessários 15 para a instalação da sessão e 10 para compor o conselho de sentença.

c) 12 jurados, sendo necessários 10 para a instalação da sessão e 5 para compor o conselho de sentença.

d) 15 jurados, sendo necessários 12 para a instalação da sessão e 7 para compor o conselho de sentença.

e) 15 jurados, sendo necessários 12 para a instalação da sessão e 5 para compor o conselho de sentença.

▷ **Anotações/Comentários**

(a) O Tribunal do Júri é composto por 1 (um) juiz togado, seu presidente e por 25 (vinte e cinco) jurados que serão sorteados dentre os alistados, 7 (sete) dos quais constituirão o Conselho de Sentença em cada sessão de julgamento (art. 447, CPP).

(b) Ver resposta à alternativa "a".

(c) Ver resposta à alternativa "a".

(d) Ver resposta à alternativa "a".

(e) Ver resposta à alternativa "a".

---

210. (Cespe – Técnico Judiciário – TJ – RJ/2021) Em relação à sentença proferida no plenário do tribunal do júri, é correto afirmar que

a) o juiz deve considerar circunstâncias agravantes ou atenuantes alegadas nos debates.

b) não é possível a imposição de medida de segurança, em caso de absolvição.

c) será lida em plenário, pelo presidente, após o encerramento da sessão de julgamento.

d) o juiz pode considerar causa de diminuição de pena, independentemente da admissão pelo júri.

e) o processo será encaminhado ao juízo competente, em caso de desclassificação.

▷ **Anotações/Comentários**

(a) Na sentença condenatória do Tribunal do Júri, o juiz deve considerar as agravantes ou atenuantes alegadas nos debates, respeitando-se os princípios do contraditório e da plenitude da defesa (art. 492, I, "b", CPP).

(b) No caso de absolvição imprópria, decorrente do reconhecimento de inimputabilidade do acusado por doença mental, o juiz pode impor medida de segurança (art. 492, II, "c", CPP).

(c) A sentença será lida em plenário pelo presidente antes de encerrada a sessão de instrução e julgamento (art. 493, CPP).

(d) Na sentença condenatória do Tribunal do Júri, o juiz imporá os aumentos ou diminuições da pena, em atenção às causas admitidas pelo júri (art. 492, I, "c", CPP).

(e) Em caso de desclassificação pelo Plenário do Tribunal do Júri, o juiz presidente vai proferir a sentença (art. 492, § 1º, CPP).

---

211. (FGV – Analista Judiciário – Área Judiciária – TJ – AL/2018) Na mesma data, o juiz presidente do Tribunal do Júri publicou três decisões em processos distintos em que se apurava a prática de crimes dolosos contra a vida: na primeira, onde Romeu figurava como denunciado, foi proferida decisão de impronúncia, tendo em vista que o juiz entendeu não haver indícios suficientes de autoria; na segunda, onde Otelo figurava como acusado, foi proferida sentença de absolvição sumária, entendendo o magistrado restar provada a inexistência do fato; na terceira, figurando William como réu, houve decisão de pronúncia. Intimado, o advogado de William demonstrou seu inconformismo com a decisão. Por sua vez, o Ministério Público também optou por recorrer das decisões de absolvição sumária e impronúncia. Considerando as situações narradas, o advogado de William deverá apresentar:

a) recurso em sentido estrito, enquanto o Ministério Público deve apresentar apelação contra a decisão de absolvição sumária de Otelo e recurso em sentido estrito contra a decisão de impronúncia de Romeu;

b) recurso em sentido estrito, enquanto o Ministério Público deve apresentar recurso em sentido estrito contra a decisão de absolvição sumária de Otelo e apelação contra a decisão de impronúncia de Romeu;

c) recurso de apelação, enquanto o Ministério Público deve apresentar apelação contra a decisão de absolvição sumária de Otelo e recurso em sentido estrito contra a decisão de impronúncia de Romeu;

d) recurso de apelação, assim como o Ministério Público, que deve apresentar recursos de apelação contra as decisões de absolvição sumária de Otelo e de impronúncia de Romeu;

e) recurso em sentido estrito, enquanto o Ministério Público deve apresentar recursos de apelação contra as decisões de absolvição sumária de Otelo e de impronúncia de Romeu.

▷ **Anotações/Comentários**

(a) Ver resposta à alternativa "e".

(b) Ver resposta à alternativa "e".

(c) Ver resposta à alternativa "e".

(d) Ver resposta à alternativa "e".

(e) Romeu: impronúncia: recurso de apelação pelo Ministério Público (art. 416, CPP).

Otelo: absolvição sumária: recurso de apelação pelo Ministério Público (art. 416, CPP).

Willian: pronúncia: recurso em sentido estrito pelo seu advogado (art. 581, IV, CPP).

---

212. (Vunesp – Escrevente Técnico Judiciário – TJ – SP/2018) Com relação ao procedimento relativo aos processos de competência do tribunal do júri, assinale a alternativa correta.

▷ **Anotações/Comentários**

(a) No caso de haver o crime contra a propriedade imaterial deixado vestígio, a queixa ou a denúncia não será recebida se não for instruída com o exame pericial dos objetos que constituam o corpo de delito.

(b) Em regra, os crimes contra a propriedade imaterial são de ação penal privada, admitindo-se ação penal pública excepcionalmente, na forma do art. 186, CPP.

(c) Os procedimentos dos crimes contra honra relativos aos processos e julgamentos dos crimes de calúnia e de injúria são aplicáveis aos crimes de difamação.

(d) Nos crimes contra a honra, se aplica o procedimento ordinário comum, com as seguintes modificações: audiência preliminar de conciliação e exceção de verdade e notoriedade.

(e) De acordo com o CPP, o procedimento dos crimes funcionais aplica-se aos crimes funcionais afiançáveis.

220. (IESES – Cartório – Provimento – TJ – CE/2018) É certo afirmar:

I. Tratando-se de crime falimentar, a ação penal não poderá iniciar-se antes de declarada a falência e extinguir-se-á quando reformada a sentença que a tiver decretado, sendo, inclusive causa de extinção prevista no Código Penal.

II. Para a configuração do tipo penal "divulgação de informações falsas" previsto na Lei nº 11.101/2005, faz-se necessário que o agente obtenha vantagem indevida com o "boato" destinado a auxiliar no eventual recebimento de crédito.

III. Inepta é a denúncia que não descreve a infração que classifica, deixando de indicar as circunstâncias de fato que iriam caracteriza-la, cerceando, desse modo, a defesa.

IV. O Juizado Especial Criminal, provido por juízes togados ou togados e leigos, tem competência para a conciliação, o julgamento e a execução das infrações penais de menor potencial ofensivo, respeitadas as regras de conexão e continência.

Analisando as proposições, pode-se afirmar:

a) Somente as proposições I e III estão corretas.

b) Somente as proposições II e IV estão corretas.

c) Somente as proposições III e IV estão corretas.

d) Somente as proposições I e II estão corretas.

▷ **Anotações/Comentários**

(I) Os crimes previstos na Lei de Falência procedem mediante ação penal pública incondicionada, mas têm como condição objetiva a decisão que decreta a falência ou concede a recuperação judicial. Se a decisão for reformada, deixa de haver crime. Mas, isso não está previsto no CP, mas na Lei n. 11.101/2005.

(II) O art. 170, Lei n. 11.101/2005, exige apenas que a conduta do agente seja com a finalidade de levar o devedor à falência ou de obter vantagem. Não é necessário que haja efetiva vantagem.

(III) A denúncia ou queixa conterá a exposição do fato criminoso, com todas as suas circunstâncias, sob pena de se considerar inepta (art. 41, CPP).

(IV) Trata-se da redação do art. 60 da Lei n. 9.099/95.

13. ATOS DE COMUNICAÇÃO DO PROCESSO

221. FGV – 2024 – TRF 1 - Analista Judiciário – Oficial de Justiça

Em cumprimento à determinação judicial, Lucas, oficial de justiça, compareceu ao domicílio de Caio, réu em ação penal que apura a suposta prática de crime contra a Administração Pública em âmbito federal. Sem conseguir citá-lo, o agente público conversou com vizinhos, que afirmaram que Caio, após tomar ciência sobre o processo, vem buscando se ocultar para não ser responsabilizado criminalmente.

Nesse cenário, segundo as disposições do Código de Processo Penal, verificando que o réu se oculta para não ser citado, o oficial de justiça certificará a ocorrência e procederá à citação:

a) por carta precatória, sendo certo que, completada a diligência, se o acusado não comparecer, haverá as suspensões do processo e do prazo prescricional;

b) por carta rogatória, sendo certo que, completada a diligência, se o acusado não comparecer, haverá as suspensões do processo e do prazo prescricional;

c) com hora certa, sendo certo que, completada a diligência, se o acusado não comparecer, haverá as suspensões do processo e do prazo prescricional;

d) por carta precatória, sendo certo que, completada a diligência, se o acusado não comparecer, lhe será nomeado defensor dativo;

e) com hora certa, sendo certo que, completada a diligência, se o acusado não comparecer, lhe será nomeado defensor dativo.

▷ ***Anotações/Comentários***

(a) A citação por carta precatória se dá quando o denunciado residir em local distinto da competência territorial do juízo em que tramita o processo. É considerada citação pessoal, caso o acusado não compareça, o processo segue à sua revelia.

(b) A citação por carta rogatória se dá quando o denunciado residir em outro País. É considerada citação pessoal, caso o acusado não compareça, o processo segue à sua revelia.

(c) A citação por hora certa se dá quando há suspeita de ocultação por parte do réu para não ser citado. Completada a citação com hora certa, se o acusado não comparecer, ser-lhe-á nomeado defensor dativo.

(d) A citação por carta precatória se dá quando o denunciado residir em local distinto da competência territorial do juízo em que tramita o processo. É considerada citação pessoal, caso o acusado não compareça, o processo segue à sua revelia.

(e) A citação por hora certa se dá quando há suspeita de ocultação por parte do réu para não ser citado. Completada a citação com hora certa, se o acusado não comparecer, ser-lhe-á nomeado defensor dativo (art. 362, parágrafo único, CPP).

222. (Cespe – Analista Judiciário – Direito – TJ – AM/2019) Julgue os próximos itens, relativos a citação, intimação, nulidade, interceptação telefônica e prazos processuais.

I - Realizada a citação por hora certa, se o réu cientificado não comparecer em juízo, deverão ser suspensos o processo penal e o curso do prazo prescricional.

- CERTO
- ERRADO

▷ **Anotações/Comentários**

Ocorrida a citação por hora certa, se o réu não comparecer em Juízo, deve-se nomear defensor dativo em seu favor (art. 362, parágrafo único, CPP).

II - A intimação de defensor nomeado por juiz deve ser feita pessoalmente.

- CERTO
- ERRADO

▷ **Anotações/Comentários**

A intimação do Ministério Público e do defensor nomeado será pessoal (art. 370, § 4º, CPP).

III - No processo penal, os prazos são contados, em regra, da data da intimação, e não da juntada aos autos do mandado.

- CERTO
- ERRADO

▷ **Anotações/Comentários**

Salvo os casos expressos, os prazos correrão da intimação (art. 798, § 5º, "a", CPP).

223. (Cespe – Técnico Judiciário – TJ – RJ/2021) Considere que um oficial de justiça não tenha localizado o réu, para realizar a citação pessoal na ação penal, no endereço que constava dos autos. Nesse caso,

a) o oficial de justiça deverá proceder à citação por hora certa, a ser cumprida, no máximo, em três dias.

b) será citada a Defensoria Pública para realizar a defesa técnica do réu.

c) a falta de citação pessoal interromperá o prazo prescricional até a localização do réu.

d) será feita a citação por edital e, caso o réu não compareça, a ação penal ficará suspensa.

e) o juiz decretará a revelia do réu e dará seguimento à ação penal.

▷ **Anotações/Comentários**

(a) A citação por hora certa tem cabimento, se o Oficial de Justiça suspeitar que o acusado esteja se ocultando para não ser citado.

(b) A Defensoria Pública não é citada. Quem é citado é o réu.

(c) Caso não seja encontrado o réu para citação pessoal, haverá citação por edital, quando poderá haver suspensão do prazo prescricional, se o réu não comparecer a Juízo.

(d) Não encontrado o réu no endereço indicado no mandado, haverá citação por edital e, se o réu se manter inerte, o processo e o prazo prescricional serão suspensos (art. 366, CPP).

(e) Não se pode decretar a revelia, porque o réu não foi citado.

224. (FCC – Analista Judiciário – Direito – TJ – MA/2019) Conforme dispõe o Código de Processo Penal brasileiro, a citação

a) da vítima completará a formação do processo.

b) será por edital, caso o réu esteja preso.

c) será dispensada, caso o réu resida em área de risco.

d) salvo agendamento por hora certa, a da vítima e a da testemunha, ocorrerão por edital.

e) do militar far-se-á por intermédio do chefe do respectivo serviço.

▷ **Anotações/Comentários**

(a) O processo terá completada a sua formação quando realizada a citação do acusado (art. 363, CPP).

(b) A citação do réu preso será feita pessoalmente (art. 360, CPP).

(c) O fato de o réu se encontrar em área de risco não impede a citação, que é pressuposto processual.

(d) A vítima e a testemunha não são citadas, pois a citação se destina a dar ciência do processo ao acusado.

(e) A citação do militar far-se-á por intermédio do chefe do respectivo serviço (art. 358, CPP).

225. (FGV – Técnico Judiciário – Área Judiciária – TJ – AL/2018) Após comparecer em todos os endereços registrados em nome de Caio para citação e não o localizar e nem obter informações sobre seu paradeiro, o oficial de justiça certifica que o acusado se encontra em local incerto e não sabido. Verificada a veracidade do teor da certidão, deverá ser buscada a citação de Caio, de acordo com o Código de Processo Penal e com a jurisprudência do Supremo Tribunal Federal:

a) com hora certa, desde que o oficial de justiça tenha comparecido ao menos três vezes no endereço do denunciado;

b) por edital, devendo conter nesse, necessariamente, o nome do réu, o nome do promotor responsável pela denúncia e do juiz que a determinar, sob pena de nulidade;

c) por edital, e, caso não compareça após o prazo fixado em tal modalidade de citação, ficará suspenso o curso do processo e do prazo prescricional, ainda que o acusado constitua advogado para essa ação penal;

d) por edital, não havendo nulidade se houver indicação do dispositivo da lei penal correspondente à inicial acusatória, embora não haja transcrição da denúncia ou resumo dos fatos em que se baseia;

e) por carta com aviso de recebimento, devendo o processo prosseguir caso, ainda assim, o acusado não compareça e nem constitua advogado.

▷ **Anotações/Comentários**

(a) A citação com hora certa ocorre se o oficial de justiça, depois de ao menos duas diligências, suspeita que o acusado esteja se ocultando para não ser citado (art. 362, CPP).

(b) O nome do Promotor não é requisito do edital de citação (art. 365, CPP),

(c) Se o acusado constituir advogado, o processo e o prazo prescricional não serão suspensos (art. 366, CPP).

(d) A transcrição da denúncia ou resumo dos fatos em que se baseia não são requisitos do edital de citação (art. 365, CPP).

(e) Não existe citação por carta no processo penal.

226. (Cespe – Analista Judiciário – Área Administrativa – TRE – RS/2015) No que se refere a intimações e citações no processo penal, assinale a opção correta.

a) A citação ou a intimação do militar da ativa será feita mediante a expedição pelo juízo processante de um ofício, que será remetido ao chefe do serviço, cabendo ao oficial de justiça a citação do acusado.

b) Na hipótese de expedição de carta precatória para a citação, se o acusado não se encontrar na comarca do juiz deprecado e estiver em local conhecido, a precatória deverá ser devolvida ao juiz deprecante para uma nova expedição.

c) A citação ficta ou presumida será realizada por edital, pelo correio ou por email.

d) Na hipótese de o réu estar no estrangeiro, em local sabido, será sempre citado por carta rogatória, mesmo que a infração penal seja afiançável.

e) De acordo com o CPP, será pessoal a intimação do MP, do defensor constituído, do advogado do querelante e do advogado do assistente de acusação.

▷ **Anotações/Comentários**

(a) A citação do militar far-se-á por intermédio do chefe do respectivo serviço (art. 358, CPP).

(b) O juiz deprecado deverá remeter a carta precatória ao juízo em que se encontrar o réu, independentemente de ordem do deprecante (art. 355, § 1º, CPP).

(c) Não é possível a citação por correio ou e-mail no processo penal.

(d) Estando o acusado no estrangeiro, em lugar sabido, será citado mediante carta rogatória, suspendendo-se o curso do prazo de prescrição até o seu cumprimento (art. 368, CPP).

(e) A intimação do Ministério Público e do defensor nomeado será pessoal (art. 370, § 4º, CPP).

227. (Cespe – Analista Judiciário – Área Judiciária – CNJ/2013) Em relação a procedimentos criminais, julgue os itens subsequentes.

Em regra, a citação do réu é pessoal, sendo que, na hipótese de ele não comparecer, ainda que regularmente citado, será decretada sua revelia, confissão ficta e nomeação de defensor dativo, caso não haja advogado constituído.

CERTO

ERRADO

▷ **Anotações/Comentários**

A revelia no processo penal não gera a confissão ficta.

228. (Vunesp – Escrevente Técnico Judiciário – TJ – SP/2018) Com relação à citação do acusado, assinale a alternativa correta.

a) A citação inicial do acusado far-se-á pessoalmente, por intermédio de mandado judicial, carta precatória ou hora certa.

b) Ao acusado, citado por edital, que não comparecer ou constituir advogado, será nomeado defensor, prosseguindo o processo.

c) Estando o acusado no estrangeiro, suspende-se o processo e o prazo prescricional até que retorne ao País.

d) Completada a citação por hora certa, não comparecendo o réu, ser-lhe-á nomeado defensor dativo.

e) A citação do réu preso far-se-á na pessoa do Diretor do estabelecimento prisional.

▷ **Anotações/Comentários**

(a) A citação com hora certa é ficta ou presumida.

(b) O processo será suspenso (art. 366, CPP).

(c) Estando o acusado no estrangeiro, em lugar sabido, será citado mediante carta rogatória, suspendendo-se o curso do prazo de prescrição até o seu cumprimento (art. 368, CPP).

(d) Completada a citação com hora certa, se o acusado não comparecer, ser-lhe-á nomeado defensor dativo (art. 362, parágrafo único, CPP).

(e) A citação do réu preso será pessoal (art. 360, CPP).

229. (Vunesp - Escrevente Técnico Judiciário - TJ - SP/2017) Estabelece o CPP em seu art. 353 que, quando o réu estiver fora do território da jurisdição do juiz processante, será citado mediante

a) precatória.

b) carta com aviso de recebimento, "de mão própria".

c) edital.

d) videoconferência.

e) qualquer meio que o juiz entenda idôneo.

▷ **Anotações/Comentários**

(a) Quando o réu estiver fora do território da jurisdição do juiz processante, será citado mediante precatória.

(b) Não há citação por carta com aviso de recebimento no processo penal.

(c) A citação por edital se dá quando o acusado não é encontrado.

(d) Não há citação por videoconferência no processo penal.

(e) A citação se dá por precatória.

230. (Vunesp - Escrevente Técnico Judiciário - TJ-SP/2015) Em que momento a lei processual penal (CPP, art. 363) considera que o processo completa sua formação?

a) Constituição de defensor após a citação.

b) Citação do acusado.

c) Recebimento da denúncia.

d) Apresentação de resposta escrita.

e) Juntada do mandado de citação aos autos.

▷ **Anotações/Comentários**

(a) Ver resposta à alternativa "b".

(b) O processo terá completada a sua formação quando realizada a citação do acusado (art. 363, CPP).

(c) Ver resposta à alternativa "b".

(d) Ver resposta à alternativa "b".

(e) Ver resposta à alternativa "b".

231. (Vunesp - Escrevente Técnico Judiciário - TJ-SP/2014) Nos termos do art. 351 do CPP, quando o réu estiver no território sujeito à jurisdição do juiz que houver ordenado a citação, esta se fará por

a) mandado.

b) meio eletrônico.

c) qualquer meio que atinja a finalidade.

d) carta com aviso de recebimento (AR) ou telegrama.

e) carta simples.

▷ **Anotações/Comentários**

(a) A citação inicial far-se-á por mandado, quando o réu estiver no território sujeito à jurisdição do juiz que a houver ordenado (art. 351, CPP).

(b) Não há citação eletrônica no processo penal.

(c) A citação deve ser feita por mandado.

(d) Não há citação por carta com aviso de recebimento no processo penal.

(e) Não há citação eletrônica no processo penal.

232. (Vunesp - Escrevente Técnico Judiciário - TJ-SP/2014) Nos termos do quanto expressamente prescreve o art. 366 do CPP, se o acusado, citado por edital, não comparecer nem constituir advogado, ficarão suspensos o processo e o curso do prazo prescricional, podendo o juiz determinar a produção antecipada das provas consideradas urgentes. Nessa hipótese, presentes os requisitos atinentes à respectiva modalidade detentiva e com base unicamente no dispositivo de lei citado, está autorizado o juiz a decretar a prisão do acusado?

a) Sim, desde que o acusado já tenha sido anteriormente condenado por outro crime.

b) Não, nunca.

c) Sim, a prisão preventiva.

d) Sim, a prisão temporária.

e) Sim, desde que o crime seja inafiançável.

▷ **Anotações/Comentários**

(a) O juiz deverá decretar a prisão preventiva desde que presentes os seus requisitos e pressupostos legais, sendo que a condenação anterior, por si só, não é motivo para tal.

(b) Pode decretar a prisão preventiva, desde que presentes os requisitos legais.

(c) É possível a prisão preventiva desde que presentes os requisitos do art. 312, CPP.

(d) Só a prisão preventiva é possível, A temporária não é possível.

(e) É possível a prisão preventiva desde que presentes os requisitos do art. 312, CPP.

233. (Cespe - Analista Judiciário - Área Administrativa - TRE - BA/2017) Caso verifique que o réu se oculta para não ser citado, o oficial de justiça deverá certificar a ocorrência e proceder à citação

a) com hora certa, prosseguindo-se o curso processual com nomeação de defensor dativo se o réu não comparecer nos autos.

b) por edital, com prazo de quinze dias, suspendendo-se o curso processual até o comparecimento do réu nos autos.

c) por edital, com prazo de quinze dias, prosseguindo-se o curso processual com a nomeação de defensor dativo.

d) por intermédio de qualquer outra pessoa localizada em seu endereço.

e) com hora certa, suspendendo-se o curso processual até que o réu compareça nos autos.

▷ **Anotações/Comentários**

(a) Verificando que o réu se oculta para não ser citado, o oficial de justiça certificará a ocorrência e procederá à citação com hora certa. Completada a citação com hora certa, se o acusado não comparecer, ser-lhe-á nomeado defensor dativo.

(b) A citação por edital se dá quando o acusado se encontra em lugar incerto e não sabido.

(c) Ver resposta à alternativa "b".

(d) Haverá citação com hora certa.

(e) Haverá citação com hora certa, com prosseguimento do feito e nomeação de defensor.

234. (Consulplan - Analista Judiciário - Área Administrativa - TRE - RJ/2017) "Fulano de Tal foi condenado a 10 anos de reclusão pelo

PROCESSUAL PENAL

crime de peculato. Foi intimado da sentença condenatória por carta precatória. Irresignado, o acusado deseja interpor recurso." Seu prazo começa a fluir da data da

a) publicação da sentença.
b) expedição da precatória.
c) juntada da carta precatória.
d) intimação do acusado, pelo Oficial de Justiça.

▷ **Anotações/Comentários**

(a) A publicação da sentença não implica que o acusado tenha ciência do seu teor.

(b) A expedição de carta precatória não implica que o acusado tenha ciência do seu teor.

(c) A juntada de carta precatória não é o marco inicial para a interposição do recurso.

(d) No processo penal, o início do prazo se dá na data em que o acusado foi efetivamente intimado.

---

235. (Consulplan – Analista Judiciário – Área Administrativa – TRE – RJ/2017) Em relação ao tema Citação no Direito Processual Penal, assinale a alternativa INCORRETA.

a) A citação do militar far-se-á por intermédio do chefe do respectivo serviço.
b) O processo terá completada a sua formação quando realizada a citação do acusado.
c) Verificando que o réu se oculta para não ser citado, o oficial de justiça certificará a ocorrência e procederá à citação com hora certa, na forma estabelecida no Código de Processo Civil.
d) Se o acusado, citado por edital, não comparecer, nem constituir advogado, ficará suspenso o processo, correndo o prazo prescricional, podendo o juiz determinar a produção antecipada das provas consideradas urgentes e, se for o caso, decretar prisão preventiva.

▷ **Anotações/Comentários**

(a) A citação do militar far-se-á por intermédio do chefe do respectivo serviço (art. 358, CPP).

(b) O processo terá completada a sua formação quando realizada a citação do acusado (art. 363, CPP).

(c) Verificando que o réu se oculta para não ser citado, o oficial de justiça certificará a ocorrência e procederá à citação com hora certa, na forma estabelecida no CPC (art. 362, CPP).

(d) O prazo prescricional também ficará suspenso, caso o acusado não compareça depois de citado por edital (art. 366, CPP).

---

236. (Cespe – Analista Judiciário – Oficial de Just. Avaliador – TRF 1/2017) José, vereador do município de Luziânia - GO, foi denunciado pela prática de crime doloso contra a vida praticado contra Antônio, policial rodoviário federal que, no momento do crime, se encontrava no exercício de suas funções em Brasília - DF.

Com referência a essa situação hipotética, julgue os itens que se seguem.

I - Caso seja realizada a citação de José por carta precatória, o prazo para apresentação de resposta à acusação será contado da data da realização do ato, não da juntada da precatória aos autos da ação penal.

- CERTO
- ERRADO

▷ **Anotações/Comentários**

No processo penal, contam-se os prazos da data da intimação, e não da juntada aos autos do mandado ou da carta precatória ou de ordem (Súmula 710, STF).

II - Na hipótese de o oficial de justiça verificar que, na ocasião da citação, José tenha se ocultado para não ser citado, será procedida a sua citação por edital.

- CERTO
- ERRADO

▷ **Anotações/Comentários**

Se o réu se ocultar para não ser citado, haverá citação com hora certa.

III - A competência para processar e julgar José é, em regra, do tribunal do júri federal situado em Brasília - DF, porém, caso exista previsão de foro por prerrogativa de função para vereadores, estabelecido exclusivamente na Constituição estadual, a competência será do TRF da 1ª Região.

- CERTO
- ERRADO

▷ **Anotações/Comentários**

Como a competência do Tribunal do Júri tem previsão na Constituição Federal, prevalece sobre a competência por prerrogativa de função estabelecida em Constituição Estadual.

---

237. (Cespe – Analista Judiciário – Oficial de Just. Avaliador – TRF 1/2017) Com relação a nulidades no processo penal, a recursos em geral e a execução penal, julgue os itens a seguir.

A ausência de intimação da defesa técnica acerca da expedição de carta precatória para oitiva de testemunhas representa nulidade absoluta, que será declarada independentemente da demonstração de prejuízo à defesa.

- CERTO
- ERRADO

▷ **Anotações/Comentários**

É relativa a nulidade do processo criminal por falta de intimação da expedição de precatória (Súmula n. 155, STF).

---

238. (Cespe – Técnico Judiciário – Área Administrativa – TRF 1/2017) Com relação a intimações e prazos, julgue os próximos itens.

I - No processo penal, os prazos são contados a partir da data da intimação, e não da data de juntada do mandado ou da carta precatória ou de ordem aos autos.

- CERTO
- ERRADO

▷ **Anotações/Comentários**

No processo penal, contam-se os prazos da data da intimação, e não da juntada aos autos do mandado ou da carta precatória ou de ordem (Súmula 710, STF).

II - Situação hipotética: Luiz é advogado e foi nomeado para defender José em uma ação penal pública condicionada. Assertiva: Nessa situação, a partir da nomeação de Luiz, a intimação de José deverá ser feita por meio de publicação em diário oficial, sob pena de nulidade.

- CERTO
- ERRADO

▷ **Anotações/Comentários**

A intimação de José, enquanto réu, deve ser feita pessoalmente. A intimação de José, enquanto defensor constituído, deve ser feita por publicação no Diário Oficial (art. 370, CPP).

---

239. (FCC – Analista Judiciário – Oficial de Just. Avaliador – TRF 5/2017) Em relação às citações e intimações disciplinadas no Código de Processo Penal, e, ainda, considerando o que dispõem as Súmulas do Supremo Tribunal Federal e Superior Tribunal de Justiça acerca do tema, é correto afirmar:

a) Intimada a defesa da expedição da carta precatória, torna-se desnecessária intimação da data da audiência no juízo deprecado.
b) Se o réu estiver preso, desnecessária sua citação, bastando a requisição ao diretor do estabelecimento prisional para sua apresentação em juízo, em dia e hora previamente marcados.

c) Se o réu não for encontrado, será citado por edital, com prazo de 10 dias.

d) Se o acusado, citado por edital, não comparecer, nem constituir advogado, ficarão suspensos o processo e o curso do prazo prescricional, sendo vedado ao juiz determinar a produção antecipada de provas, ainda que urgentes, em razão do princípio do contraditório.

e) É absoluta a nulidade do processo criminal por falta de intimação da expedição de precatória para inquirição de testemunha.

▷ **Anotações/Comentários**

(a) Intimada a defesa da expedição da carta precatória, torna-se desnecessária intimação da data da audiência no juízo deprecado (Súmula 273, STJ).

(b) O réu preso deve ser citado pessoalmente.

(c) Se o réu não for encontrado, será citado por edital, com prazo de 15 dias.

(d) O Juiz pode determinar a produção antecipada de provas consideradas urgentes.

(e) É relativa a nulidade do processo criminal por falta de intimação da expedição de precatória para inquirição de testemunha (Súmula 155, STF).

240. (Cespe - Analista Judiciário - Área Judiciária - TRE - MT/2015) De acordo com o entendimento dos tribunais superiores a respeito das comunicações dos atos processuais, assinale a opção correta em relação a citações e intimações.

a) A citação por edital será válida, ainda que não transcreva a denúncia, bastando indicar o dispositivo da lei penal.

b) Em se tratando de processo penal, a contagem dos prazos inicia-se na data da juntada do mandado aos autos.

c) Publicado ato processual com efeito de intimação em uma sexta-feira, nessa mesma data se iniciará a contagem do prazo judicial.

d) É nula a citação editalícia de réu preso em unidade da Federação diversa daquela onde o magistrado que a tenha determinado exerce a sua jurisdição.

e) A falta de intimação da expedição de precatória para inquirição de testemunha implica nulidade absoluta do processo.

▷ **Anotações/Comentários**

(a) Não é nula a citação por edital que indica o dispositivo da lei penal, embora não transcreva a denúncia ou queixa, ou não resuma os fatos em que se baseia (Súmula 366, STF).

(b) No processo penal, contam-se os prazos da data da intimação, e não da juntada aos autos do mandado ou da carta precatória ou de ordem (Súmula 710, STF).

(c) Quando a intimação tiver lugar na sexta-feira, ou a publicação com efeito de intimação for feita nesse dia, o prazo judicial terá início na segunda-feira imediata, salvo se não houver expediente, caso em que começará no primeiro dia útil que se seguir (Súmula 310, STF).

(d) É nula a citação por edital de réu preso na mesma unidade da Federação em que o juiz exerce a sua jurisdição (Súmula 351, STF).

(e) Relativa a nulidade do processo criminal por falta de intimação da expedição de precatória para inquirição de testemunha (Súmula 155, STF).

14. NULIDADES

241. (Cespe - Analista Judiciário - Direito - TJ - AM/2019) Julgue os próximos itens, relativos a citação, intimação, nulidade, interceptação telefônica e prazos processuais.

I - Em observância aos princípios do contraditório e da ampla defesa, a citação nula não se convalida se o réu comparecer espontaneamente em juízo antes de o ato consumar-se.

- CERTO
- ERRADO

▷ **Anotações/Comentários**

A falta ou a nulidade da citação, da intimação ou notificação estará sanada, desde que o interessado compareça, antes de o ato consumar-se, embora declare que o faz para o único fim de argui-la (art. 570, CPP).

II - Não havendo autorização do juízo competente, a interceptação de comunicações telefônicas será prova ilícita.

- CERTO
- ERRADO

▷ **Anotações/Comentários**

A interceptação telefônica deve ser determinada pelo juiz competente para a ação principal (art. 1º, Lei n. 9.296/96). Se decretada por juiz incompetente, o ato será nulo (art. 567, CPP).

242. (FGV - Técnico Judiciário - Área Judiciária - TJ - AL/2018) O Código de Processo Penal, em seus artigos 563 e seguintes, disciplina o tema "Das Nulidades", sendo certo que o diploma legal confere tratamento próprio de acordo com as peculiaridades do processo penal brasileiro. Sobre o tema, com base nas previsões do Código de Processo Penal, é correto afirmar que:

a) o ato deverá ser declarado nulo quando verificada a existência de nulidade, independentemente de resultar prejuízo para acusação ou defesa;

b) a nulidade de intimação estará sanada quando o interessado comparecer e indicar ter conhecimento do ato, que poderá ser adiado pelo juiz quando verificado que a irregularidade poderá prejudicar direito da parte;

c) a nulidade, sempre que gerar prejuízo, poderá ser arguida por qualquer das partes, ainda que tenha sido aquela que a arguiu a dar causa ao ato nulo;

d) o reconhecimento de incompetência do juízo, em regra, anula, de imediato, tanto os atos decisórios quanto os despachos e demais atos sem conteúdo decisório;

e) a nulidade, mesmo diante de ato que não tenha influído na apuração da verdade substancial ou na decisão da causa, deverá ser reconhecida quando houver desrespeito à formalidade do ato.

▷ **Anotações/Comentários**

(a) Só há nulidade se houver prejuízo para a defesa ou para acusação (art. 563, CPP).

(b) A falta ou a nulidade da citação, da intimação ou notificação estará sanada, desde que o interessado compareça, antes de o ato consumar-se, embora declare que o faz para o único fim de argui-la. O juiz ordenará, todavia, a suspensão ou o adiamento do ato, quando reconhecer que a irregularidade poderá prejudicar direito da parte (art. 570, CPP).

(c) Nenhuma das partes poderá arguir nulidade a que haja dado causa, ou para que tenha concorrido, ou referente a formalidade cuja observância só à parte contrária interesse (art. 565, CPP).

(d) A incompetência do juízo anula somente os atos decisórios, devendo o processo, quando for declarada a nulidade, ser remetido ao juiz competente (art. 567, CPP).

(e) Não será declarada a nulidade de ato processual que não houver influído na apuração da verdade substancial ou na decisão da causa (art. 566, CPP).

243. (FCC - Analista Judiciário - Área Administrativa - TRE - SP/2017) Sobre as nulidades, à luz do Código de Processo Penal, é INCORRETO afirmar que

a) a nulidade de citação estará sanada se o acusado comparecer em juízo, antes de o ato consumar-se, ainda que declare que o faz para o único fim de argui-la.

b) as omissões da denúncia poderão ser supridas a todo tempo antes da sentença final.

c) nenhuma das partes poderá arguir nulidade referente a formalidade cuja observância só à parte contrária interesse.

d) a nulidade decorrente de omissão de formalidade que constitua elemento essencial do ato é considerada absoluta e não poderá ser sanada.

e) a incompetência do juízo anula somente os atos decisórios, devendo o processo, quando for declarada a nulidade, ser remetido ao juiz competente.

▷ **Anotações/Comentários**

(a) Com o comparecimento do acusado em juízo, sana-se a nulidade da citação, cujo objetivo é dar ciência ao acusado sobre a ação penal (art. 570, CPP).

(b) Trata-se da redação do art. 579, CPP. Mas, tais omissões devem ser de ordem material, sem comprometimento à possibilidade de o acusado exercer a ampla defesa e o contraditório.

(c) Nenhuma das partes poderá arguir nulidade a que haja dado causa, ou para que tenha concorrido, ou referente a formalidade cuja observância só à parte contrária interesse. (art. 565, CPP).

(d) Nos termos do art. 572, CPP, a nulidade decorrente de omissão de formalidade que constitua elemento essencial do ato é sanável e, portanto, relativa.

(e) A incompetência do juízo anula somente os atos decisórios, devendo o processo, quando for declarada a nulidade, ser remetido ao juiz competente (art. 567, CPP).

---

244. (Consulplan – Juiz de Direito – TJ – MG/2018) Sobre as nulidades no processo penal, analise as afirmativas a seguir, marque V para as verdadeiras e F para as falsas.

( ) O Juiz poderá, ao proferir sentença condenatória, aplicar a agravante da reincidência, ainda que ela não tenha sido descrita na denúncia, não configurando ofensa ao princípio da correlação.

( ) A ausência de quesito obrigatório nos julgamentos do Tribunal do Júri é causa de nulidade absoluta.

( ) A ausência de intimação do denunciado para oferecer contrarrazões ao recurso interposto da rejeição da denúncia constitui mera irregularidade sanável pela nomeação de defensor dativo.

( ) A nulidade decorrente da citação, por edital, de réu preso só será verificada se o denunciado estiver custodiado no mesmo estado em que atuar o Juiz processante.

A sequência está correta em

a) V, V, F, V.

b) F, V, F, F.

c) F, F, V, V.

d) V, F, V, F.

▷ **Anotações/Comentários**

() Como a reincidência decorre de lei, não é preciso estar descrita na denúncia, que deve ser relativa a fato.

() A ausência de quesito obrigatório nos julgamentos do Tribunal do Júri é causa de nulidade absoluta (Súmula 156, STF).

() Constitui nulidade a falta de intimação do denunciado para oferecer contrarrazões ao recurso interposto da rejeição da denúncia, não a suprindo a nomeação de defensor dativo. (Súmula 707, STF).

() Não há nulidade da citação realizada por edital quando o réu encontra-se preso em outra unidade da federação (Súmula 351/STF).

15. RECURSOS E AÇÕES AUTÔNOMAS DE IMPUGNAÇÃO

245. FCC – 2024 – TRF 3 - Técnico Judiciário - Área Administrativa

Maurilio cometeu um delito de estelionato e ao término do Inquérito Policial, presentes todos os demais requisitos legais, o Ministério Público lhe propõe acordo de não persecução penal, que é aceito e devidamente formalizado. Designada audiência para homologação do acordo, o Magistrado competente recusa homologação à proposta, devolvendo os autos ao Ministério Público. Nesse caso, contra a decisão do Magistrado caberá

a) recurso em sentido estrito, no prazo de 10 dias.

b) recurso em sentido estrito, no prazo de 5 dias.

c) recurso de apelação, no prazo de 5 dias.

d) recurso de apelação, no prazo de 10 dias.

e) mandado de segurança.

▷ ***Anotações/Comentários***

(a) O prazo do recurso é de cinco dias (art. 586, CPP).

(b) Cabe recurso em sentido estrito contra a decisão que que recusar homologação à proposta de acordo de não persecução penal, previsto no art. 28-A do CPP (art. 581, XXV, CPP). O prazo do recurso é de cinco dias (art. 586, CPP).

(c) Cabe RESE no prazo de cinco dias.

(d) Cabe RESE no prazo de cinco dias.

(e) Cabe RESE no prazo de cinco dias.

---

246. IBFC – 2024 – TRF 5 - Técnico Judiciário - Área Administrativa

"Na atualidade, os altos índices de criminalidade verificados nos grandes centros urbanos têm determinado uma restrita aceitação do princípio in dubio pro reo. Tal atitude é inadmissível numa ordem jurídica do Estado Democrático de Direito, por violar a dignidade humana, naquilo que se refere ao critério superior da liberdade. A incerteza da prova e motivação inadequada das sentenças criminais devem determinar a absolvição pura e simples do acusado, uma vez que não há certeza da culpa." (SILVA, Marco Antonio Marques da. Acesso à Justiça Criminal e Estado Democrático de Direito. São Paulo: Juarez de Oliveira, 2001, p. 33). Atento às advertências lançadas no trecho, analise as afirmativas abaixo.

I. A revisão criminal poderá ser requerida a qualquer tempo desde que transitada em julgado a ação penal condenatória respectiva, independentemente do cumprimento ou da extinção da pena.

II. Qualquer autoridade judicial competente poderá expedir, sem provocação, ordem de "habeas corpus", individual ou coletiva, se percebido violência ou coação na liberdade ambulatória por violação às regras de direito.

III. Cabe "habeas corpus" para anular multa criminal ilegalmente imposta.

Estão corretas as afirmativas:

a) I, II e III

b) I e II apenas

c) I e III apenas

d) II e III apenas

▷ ***Anotações/Comentários***

(I) A revisão criminal tem como objeto modificar ou anular sentença penal condenatória, com trânsito em julgado, e pode ser manejada a qualquer tempo, extinta ou não a punibilidade (arts. 621 e 622, CPP).

(II) No âmbito de sua competência jurisdicional, qualquer autoridade judicial poderá expedir **de ofício** ordem de habeas corpus, individual ou coletivo, quando, no curso de qualquer processo judicial, verificar que, por violação ao ordenamento jurídico, alguém sofre ou se acha ameaçado de sofrer violência ou coação em sua liberdade de locomoção (art. 647-A, CPP).

(III) O *habeas corpus* tem como objeto a tutela do direito de locomoção, o qual não se encontra ameaçado no caso de aplicação de pena de multa, haja vista que esta jamais será convertida em pena privativa de liberdade.

---

247. IBFC – 2024 – TRF 5 - Técnico Judiciário - Área Administrativa

Sobre o sistema recursal do Código de Processo Penal, colocam-se como figuras centrais, e inclusive sendo os mais manejados no dia a dia forense, a apelação e o recurso em sentido estrito – RESE. Analisando esses institutos, assinale a alternativa correta.

a) A apelação possui efeito suspensivo como regra, enquanto o recurso em sentido estrito nunca o possui

b) A apelação e o recurso em sentido estrito possuem mesmo prazo de interposição e arrazoamento

c) A apelação e recurso em sentido estrito podem ser usados para reformar provimento jurisdicional sobre a pretensão punitiva, cada qual em suas hipóteses legais

d) Havendo, em decisão judicial, capítulo atacável por apelação e capítulo atacável por recurso em sentido estrito, devem ser interpostos os dois recursos simultaneamente.

▷ ***Anotações/Comentários***

(a) Quando a apelação for interposta em face de sentença absolutória, não há efeito suspensivo (art. 595, CPP). Quando a apelação for interposta em face de sentença condenatória, em regra, terá efeito suspensivo (art. 596, CPP). O recurso em sentido estrito em regra não tem efeito suspensivo, exceto nos caso de perda da fiança, de concessão de livramento condicional, de decisão que denegar a apelação ou a julgar deserta (art. 584, CPP).

(b) O prazo para interposição de apelação é de cinco dias e o de apresentação de razões é de oito dias em regra (art. 593 e 600, CPP). O prazo para interposição de recurso em sentido estrito é de cinco dias, em regra, e o prazo para razões, de dois dias (arts. 586 e 588, CPP).

(c) quando o objeto do recurso se referir à extinção de punibilidade, o recurso a ser manejado é o recurso em sentido estrito (art. 581, VIII e IX).

(d) pelo princípio da unicorribilidade, em face de uma decisão judicial, só é possível manejar um único recurso. Dessa forma, no caso, maneja-se apelação.

---

248. FGV - 2024 - TRF 1 - Analista Judiciário - Oficial de Justiça

João foi condenado em primeira instância, em sentença penal transitada em julgado, pela prática do crime de peculato, em detrimento da União Federal. Após o cumprimento da integralidade da pena, devidamente extinta por decisão judicial, surgiram fatos novos, no sentido de que a sentença condenatória se baseou em depoimentos e exames comprovadamente falsos. João, então, consultou um advogado, que o orientou acerca dos recursos e ações autônomas de impugnação.

Nesse cenário, considerando as disposições do Código de Processo Penal, é correto afirmar que:

a) não será cabível o emprego de qualquer recurso ou ação autônoma de impugnação, em razão do trânsito em julgado da sentença penal condenatória, formadora de coisa julgada;

b) será cabível o ajuizamento de revisão criminal, pois a sentença condenatória transitada em julgado se fundou em depoimentos e exames comprovadamente falsos;

c) será cabível o ajuizamento de mandado de segurança, pois a sentença condenatória transitada em julgado se fundou em depoimentos e exames comprovadamente falsos;

d) será cabível o ajuizamento de recurso especial, pois a sentença condenatória transitada em julgado se fundou em depoimentos e exames comprovadamente falsos;

e) não será cabível o emprego de qualquer recurso ou ação autônoma de impugnação, porquanto já houve a extinção da pena de João.

▷ ***Anotações/Comentários***

(a) A revisão criminal é possível depois do trânsito em julgado da sentença penal condenatória, bem como outras ações de impugnação, como o *habeas corpus*.

(b) A revisão criminal dos processos findos será admitida quando a sentença condenatória se fundar em depoimentos, exames ou documentos comprovadamente falsos (art. 621, II, CPP).

(c) Não é cabível mandado de segurança, porque cabível a revisão criminal. Além do que se necessita de revolvimento do conjunto probatório, o que é inviável em sede de mandado de segurança.

(d) Não cabe recurso especial, porque já havia o trânsito em julgado da sentença penal condenatória. Além do que se necessita de revolvimento do conjunto probatório, o que é inviável em sede de recurso especial.

(e) A revisão criminal é possível depois do trânsito em julgado da sentença penal condenatória, bem como outras ações de impugnação, como o habeas corpus.

---

249. IBFC - 2022 - TJ/MG - Analista Judiciário Em relação aos recursos previstos no Código de Processo Penal e na Lei de Execução Penal (Lei nº 7.210/84), observada a jurisprudência do Superior Tribunal de Justiça, assinale a alternativa correta.

a) No recurso em sentido estrito, o recorrente terá o prazo de 08 (oito) dias para oferecer as razões

b) Os embargos infringentes podem ser interpostos no prazo de 05 (cinco) dias, a contar da publicação de acórdão

c) O recurso em sentido estrito, o agravo e a carta testemunhável admitem juízo de retratação

d) O recurso de apelação deve ser interposto contra a decisão que ordenar a suspensão do processo, em virtude de questão prejudicial

e) O recurso em sentido estrito pode ser arrazoado na superior instância, se o recorrente na petição de interposição ou no termo assim o declarar

▷ ***Anotações/Comentários***

(a) O prazo para apresentação de recurso em sentido estrito é de **dois dias** (art. 588, CPP).

(b) O prazo para interposição de embargos infringentes é de **dez dias** (art. 609, parágrafo único, CPP).

(c) O recurso em sentido estrito admite o juízo de retratação, conforme expressa disposição do art. 589, CPP. O agravo em execução também se admite o juízo de retratação, pois se aplica a ele o procedimento do recurso em sentido estrito. A carta testemunhável admite o juízo de retratação, consoante art. 643, CPP, que determina a aplicação do disposto nos arts. 588 a 592, CPP, que trata do recurso em sentido estrito.

(d) Cabe recurso em sentido estrito em face da decisão que ordenar a suspensão do processo, em virtude de questão prejudicial (art. 581, XVI, CPP).

(e) No recurso em sentido estrito, as razões não podem ser apresentadas em superior instância. Isso pode ocorrer no caso de recurso de apelação (art. 600, § 4º, CPP).

---

250. (FCC - Técnico Judiciário - Área Judiciária - TRF 4/2019) Ricardo está sendo processado por crime de furto, praticado contra uma empresa pública federal, cujo processo tramita em uma das varas federais, com competência criminal, de Porto Alegre-RS. No curso do processo, o advogado constituído de Ricardo apresentou pedido ao Magistrado que preside o feito para reconhecimento da prescrição e consequente extinção da punibilidade do réu (Ricardo). O pedido é indeferido pelo Magistrado. Nesse caso, nos termos preconizados pelo Código de Processo Penal, o advogado de Ricardo poderá interpor recurso

a) em sentido estrito, no prazo de 10 dias.

b) de apelação, no prazo de 5 dias.

c) em sentido estrito, no prazo de 5 dias.

d) de apelação, no prazo de 10 dias.

e) de apelação, no prazo de 15 dias.

▷ **Anotações/Comentários**

(a) Cabe recurso em sentido estrito no prazo de cinco dias.

(b) Cabe recurso em sentido estrito no prazo de cinco dias.

(c) Cabe recurso em sentido estrito no prazo de cinco dias, contra a decisão que que indeferir o pedido de reconhecimento da prescrição ou de outra causa extintiva da punibilidade (art. 581, IX, CPP).

(d) Cabe recurso em sentido estrito no prazo de cinco dias.

(e) Cabe recurso em sentido estrito no prazo de cinco dias.

---

251. (FCC - Analista Judiciário - Área Judiciária - TRF 3/2019) Mariana e Paula, sócias proprietárias da empresa "X", estão respondendo processo criminal pelo crime de apropriação indébita previdenciária (artigo 168-A, do Código Penal), pois deixaram de repassar à previdência social as contribuições recolhidas dos contribuintes, no prazo e forma legal. No curso do processo, entendendo que estavam presentes todos os requisitos previstos no Código Penal, o magistrado competente concedeu o perdão judicial e julgou extintas as punibilidades de Mariana e Paula. Inconformado com a decisão, o Ministério Público poderá interpor recurso

a) em sentido estrito, no prazo de dez dias.

b) de apelação, no prazo de cinco dias.

PROCESSUAL PENAL

c) em sentido estrito, no prazo de cinco dias.

d) de apelação, no prazo de dez dias.

e) de apelação, no prazo de quinze dias.

▷ **Anotações/Comentários**

(a) O prazo de recurso em sentido estrito é de cinco dias.

(b) O recurso cabível é o em sentido estrito.

(c) Contra a decisão que decretar a prescrição ou julgar, por outro modo, extinta a punibilidade cabe em recurso em sentido estrito (art. 581, VIII, CPP) no prazo de cinco dias (art. 586, CPP).

(d) Ver resposta à alternativa "c".

(e) Ver resposta à alternativa "c".

---

252. (FCC – Técnico Judiciário – Área Administrativa – TRF 3/2019) Lucas está sendo processado por crime de peculato (artigo 312, do Código Penal) em uma das varas da Justiça Federal de Campo Grande, com competência criminal. Ao término da regular instrução do feito, o Magistrado competente proferiu sentença, que condenou Lucas a cumprir pena de 04 anos de reclusão, em regime inicial semiaberto, e ao pagamento de 10 dias-multa. Uma das teses veiculadas pelos advogados do réu, Lucas, não foi analisada na sentença proferida pelo Magistrado. Nesse caso, Lucas, por meio de seus advogados, poderá interpor embargos de declaração a partir da publicação da sentença condenatória, no prazo de

a) 02 dias.

b) 05 dias.

c) 10 dias.

d) 15 dias.

e) 03 dias.

▷ **Anotações/Comentários**

(a) O prazo de embargos de declaração é de dois dias nos termos do art. 619, CPP.

(b) O prazo é de dois dias.

(c) O prazo é de dois dias.

(d) O prazo é de dois dias.

(e) O prazo é de dois dias.

---

253. (FCC – Técnico Judiciário – Área Administrativa – TRF 3/2019) Maurilio e Pedro foram investigados pela Polícia Federal pelos crimes de formação de quadrilha, corrupção ativa e lavagem de dinheiro. Encerrado e relatado o inquérito policial, o Ministério Público ofereceu denúncia contra Maurilio e Pedro e apresentou requerimento ao magistrado competente para decretação das prisões preventivas dos denunciados. O magistrado, ao proferir o despacho inicial admitindo a denúncia, indeferiu o requerimento de prisão preventiva, entendendo que estavam ausentes os requisitos legais para tanto. Inconformado, o Ministério Público Federal poderá interpor

a) agravo de instrumento, no prazo de 10 dias.

b) recurso em sentido estrito, no prazo de 05 dias.

c) correição parcial, no prazo de 05 dias.

d) apelação, no prazo de 05 dias.

e) mandado de segurança, no prazo de 10 dias.

▷ **Anotações/Comentários**

(a) Não há agravo de instrumento no CPP.

(b) Cabe recurso em sentido estrito contra a decisão do juiz que negar o requerimento do pedido de prisão em flagrante (art. 581, V, CPP).

(c) É cabível correição parcial, quando a decisão judicial que tumultua o andamento do processo e contra a qual não há previsão em lei de recurso cabível.

(d) Cabe recurso em sentido estrito pela previsão do art. 581, V, CPP.

(e) Cabe recurso em sentido estrito pela previsão do art. 581, V, CPP.

---

254. (Cespe – Analista Judiciário – Direito – TJ – AM/2019) Lúcio é investigado pela prática de latrocínio. Durante a investigação, apurou-se a participação de Carlos no crime, tendo sido decretada de ofício a sua prisão temporária.

A partir dessa situação hipotética e do que dispõe a legislação, julgue os itens seguintes.

Carlos poderá impetrar habeas corpus em seu próprio benefício, ainda que não seja advogado.

- CERTO
- ERRADO

▷ **Anotações/Comentários**

O *habeas corpus* é o chamado remédio heroico, não necessitante o impetrante de capacidade postulatória, ou seja, de representação por advogado, podendo impetrá-lo em seu próprio nome.

---

255. (Cespe – Técnico Judiciário – TJ – RJ/2021) Assinale a opção correta, no que concerne a habeas corpus.

a) O habeas corpus não é cabível quando o processo for nulo, sendo admissível quando houver ameaça à liberdade de ir e vir.

b) O advogado deve anexar procuração pública ao pedido, sob pena de não conhecimento por ilegitimidade.

c) O próprio réu pode impetrar em causa própria, desde que comprove ser advogado.

d) O membro do Ministério Público tem legitimidade para impetrar em favor do réu.

e) A concessão da ordem para liberar o preso implica o término da ação penal.

▷ **Anotações/Comentários**

(a) A nulidade pode ser arguida em sede de *habeas corpus*, sendo considerada motivo de coação ilegal (art. 648, VI, CPP).

(b) Não se exige procuração para o advogado impetrar *habeas corpus*, pois qualquer pessoa pode impetrar o remédio heroico.

(c) A impetração de habeas corpus não exige capacidade postulatória, ou seja, que o impetrante seja representado por advogado.

(d) O Ministério Público, antes de ser órgão de acusação, tem o dever constitucional de defesa da ordem Jurídica. Assim, se entender que a prisão do agente é ilegal, o MP pode impetrar *habeas corpus* a seu favor.

(e) A concessão de ordem representa apenas que o preso vai responder ao processo em liberdade.

---

256. (FCC – Analista Judiciário – Direito – TJ – MA/2019) O recurso em sentido estrito é cabível em face de

a) acórdão que denegar recurso extraordinário.

b) deferimento de livramento condicional ou de remição de pena.

c) sentença penal condenatória por crime patrimonial.

d) sentença que pronuncie o réu.

e) despacho do Delegado de Polícia que determinar a acareação.

▷ **Anotações/Comentários**

(a) A decisão sobre o recebimento de recurso extraordinário cabe monocraticamente ao presidente ou vice-presidente do Tribunal recorrido. Em caso de se negar o trâmite do recurso, cabe agravo ao STF ou interno ao próprio Tribunal, conforme arts. 1.029 e ss., CPC.

(b) Livramento condicional e remissão de pena são decisões tomadas pelo juízo das execuções penais, logo, cabe agravo em execução.

(c) Contra a sentença penal condenatória cabe recurso de apelação.

(d) Contra a sentença de pronúncia, cabe recurso em sentido estrito (art. 581, IV, CPP).

(e) Despacho do Delegado de Polícia não é decisão judicial, logo não cabe recurso judicial.

257. (FGV – Técnico Judiciário – Área Judiciária – TJ – CE/2019) Francisco, primário e de bons antecedentes, vem a tomar conhecimento da existência de procedimento investigatório administrativo, presidido por autoridade policial, em que figura como indiciado pela suposta prática de crime punido exclusivamente com pena de multa. Revoltado com a situação, acreditando não ter qualquer relação com o fato criminoso investigado e que estaria havendo abuso por parte do Delegado de Polícia, apresenta habeas corpus, elaborado por ele próprio, sem assistência de advogado, e escrito à mão, em folha de papel de caderno, perante o juízo de primeira instância competente, figurando como autoridade coatora a autoridade policial. Com base nas informações expostas, a medida apresentada por Francisco:

a) não é admitida, pois somente é prevista quando a autoridade coatora for responsável pela prática de ato judicial, mas não administrativo;
b) é admitida, cabendo à autoridade policial prestar informações antes da decisão judicial, não havendo, porém, prioridade no julgamento;
c) não é admitida, tendo em vista que o delito investigado é punido apenas com pena de multa;
d) é admitida, devendo a autoridade judicial assegurar prioridade no processamento e julgamento;
e) não é admitida, diante da inexistência de representação jurídica por advogado.

▷ **Anotações/Comentários**

(a) o *habeas corpus* pode ser usado quando há ameaça ou efetiva violação ao direito de locomoção por ato ilegal ou abusivo praticado por qualquer pessoa, autoridade judiciária, administrativa e, mesmo, particular.

(b) Quando admitido, o *habeas corpus* tem prioridade na tramitação.

(c) Como a pena de multa tem valor pecuniário e jamais será convertida em prisão, não há ameaça ao direito de locomoção de Francisco, o qual, portanto, não pode se valer do *habeas corpus*.

(d) O *habeas corpus* não é admitido pelo fato de o crime ser punido apenas com pena de multa.

(e) O *habeas corpus* não requer a representação de advogado para ser impetrado.

258. (Cespe – Analista Judiciário – Área Judiciária – CNJ/2013) A respeito do disposto na Constituição Federal de 1988 (CF) e no Código de Processo Penal, julgue os próximos itens.

É da competência do STJ julgar recurso ordinário de decisão denegatória de habeas corpus proferida por tribunal de justiça, não existindo previsão legal para habeas corpus substitutivo.

- CERTO
- ERRADO

▷ **Anotações/Comentários**

Compete ao STJ julgar, em recurso ordinário, os habeas corpus decididos em única ou última instância pelos Tribunais Regionais Federais ou pelos tribunais dos Estados, do Distrito Federal e Territórios, quando a decisão for denegatória (art. 105, II, "a", CF/88). Não há previsão legal de habeas corpus substitutivo.

259. (Vunesp – Escrevente Técnico Judiciário – TJ – SP/2018) Com relação aos recursos e revisão, de acordo com o Código de Processo Penal, é correto dizer que

a) no caso de concurso de agentes, a decisão do recurso interposto por um dos réus, ainda que fundado em motivos pessoais, aproveitará aos outros.
b) a revisão criminal só poderá ser requerida no prazo de até 02 (dois) anos da sentença condenatória, transitada em julgado.
c) interposta a Apelação somente pelo acusado, não pode o Tribunal reinquirir testemunhas ou determinar diligências.
d) nos processos de contravenção, interposta a apelação, o prazo para arrazoar será de 03 (três) dias.
e) na apelação e no recurso em sentido estrito, há previsão de juízo de retratação.

▷ **Anotações/Comentários**

(a) No caso de concurso de agentes, a decisão do recurso interposto por um dos réus, se fundado em motivos que não sejam de caráter exclusivamente pessoal, aproveitará aos outros (art. 580, CPP).

(b) A revisão criminal poderá ser proposta a qualquer tempo, mesmo depois de extinta a punibilidade (art. 622, CPP).

(c) No julgamento das apelações poderá o tribunal, câmara ou turma proceder a novo interrogatório do acusado, reinquirir testemunhas ou determinar outras diligências (art. 616, CPP).

(d) Assinado o termo de apelação, o apelante e, depois dele, o apelado terão o prazo de oito dias cada um para oferecer razões, salvo nos processos de contravenção, em que o prazo será de três dias (art. 600, CPP).

(e) Na Apelação, não é possível juízo de retratação; No recurso em sentido estrito, é possível tal juízo (art. 589, CP).

260. (Vunesp – Escrevente Técnico Judiciário – TJ – SP/2017) No julgamento dos recursos de apelação, expressamente de acordo com os artigos 616 e 617 do CPP, poderá o tribunal, câmara ou turma

a) analisar a matéria em toda a sua extensão sem, contudo, produzir novas provas.
b) agravar a pena, mesmo quando somente o réu houver apelado da sentença.
c) analisar a matéria em toda a sua extensão sem, contudo, produzir novas provas, exceto proceder a novo interrogatório do acusado.
d) condenar o acusado absolvido em sentença de primeiro grau, mesmo que a parte acusatória não tenha apelado.
e) proceder a novo interrogatório do acusado, reinquirir testemunhas ou determinar outras diligências.

▷ **Anotações/Comentários**

(a) Ver resposta à alternativa "e".

(b) Não poderá agravar a pena, se só houve recurso do réu (art. 617, CPP).

(c) Ver resposta à alternativa "e".

(d) Não poderá condenar o réu, se a acusação não apelou.

(e) Poderá proceder a novo interrogatório do acusado, reinquirir testemunhas ou determinar outras diligências (art. 616, CPP).

261. (Vunesp – Escrevente Técnico Judiciário – TJ – SP/2017) Assinale a alternativa correta no que concerne à revisão criminal, tratada nos artigos 621 a 630 do CPP.

a) É possível a revisão de decisões que ainda não transitaram em julgado, ou seja, ainda não findos.
b) É vedado arbitrar indenização em favor do beneficiado por decisão que julgue procedente a revisão.
c) Quando, no curso da revisão, falecer a pessoa cuja condenação tiver de ser revista, o processo será extinto.
d) É pedido que pode ser articulado a qualquer tempo, antes da extinção da pena ou após.
e) Em seu julgamento, admite-se o agravamento da pena imposta na decisão revista.

▷ **Anotações/Comentários**

(a) Só é possível a revisão criminal, se não há o trânsito em julgado da sentença (art. 621, CPP).

(b) O tribunal, se o interessado o requerer, poderá reconhecer o direito a uma justa indenização pelos prejuízos sofridos (art. 630, CPP).

(c) Quando, no curso da revisão, falecer a pessoa, cuja condenação tiver de ser revista, o presidente do tribunal nomeará curador para a defesa (art. 631, CPP).

(d) A revisão poderá ser requerida em qualquer tempo, antes da extinção da pena ou após (art. 622, CPP).

(e) A revisão criminal é de legitimidade do condenado, cuja situação não pode ser piorada.

---

262. (Cespe – Analista Judiciário – Área Administrativa – TRE – BA/2017) Tendo respondido a ação penal por crime de roubo, Márcio foi condenado, em primeira instância, a pena privativa de liberdade. Intimado pessoalmente, ele pretende recorrer da sentença proferida.

Nessa situação hipotética, o recurso

a) cabível é a apelação criminal, no prazo de cinco dias, podendo as respectivas razões recursais ser apresentadas na instância superior.

b) cabível é o recurso em sentido estrito, o qual devolve a sentença à apreciação do magistrado, para fins de juízo de retratação.

c) não será admitido se Márcio não estiver recolhido na prisão.

d) cabível é a apelação criminal, com o termo e as respectivas razões recursais apresentados em petição única, no prazo de quinze dias.

e) não será admitido se seu defensor não apresentar as razões recursais, ainda que Márcio tenha tempestivamente assinado o termo recursal.

▷ **Anotações/Comentários**

(a) Caberá apelação no prazo de cinco dias em face de sentença condenatória. As razões de apelação podem ser apresentadas no Tribunal (art. 600, § 4º, CPP).

(b) Contra sentença condenatória, cabe recurso de apelação.

(c) O recolhimento à prisão não é pressuposto para conhecimento do recurso.

(d) O termo de recurso de apelação cabe no prazo de cinco dias. O apelado terá o prazo de oito dias para apresentar razões de recurso ou apresentá-las no Tribunal.

(e) Interposto o recuso de apelação, ele deve ser conhecido pelo Tribunal ainda que não haja apresentação das razões recursais.

---

263. (Cespe – Analista Judiciário – Área Judiciária – TRE – PE/2017) Com relação à apelação criminal, assinale a opção correta.

a) O julgamento de apelação por órgão fracionário de tribunal composto majoritariamente por juízes de primeiro grau convocados viola o princípio constitucional do juiz natural.

b) O efeito devolutivo amplo permite ao tribunal competente, no julgamento de apelação exclusiva da defesa, agravar a situação do condenado.

c) Em razão da preclusão, a apresentação extemporânea das razões impede o conhecimento do recurso de apelação tempestivamente interposto.

d) O efeito devolutivo da apelação contra decisões do tribunal do júri é adstrito aos fundamentos nela presentes.

e) A renúncia ao direito de apelar manifestada pelo réu impede o conhecimento de eventual recurso de apelação já interposto pelo seu defensor.

▷ **Anotações/Comentários**

(a) O STF firmou entendimento de que a apelação julgada majoritariamente por juízes convocados não viola o princípio do juiz natural (RE 597.133/RS).

(b) A situação do réu não pode ser piorada em razão de interposição de recurso exclusivamente da defesa.

(c) A interposição tempestiva do recurso de apelação impõe o conhecimento do recuso, ainda que as razões sejam apresentadas intempestivamente.

(d) Súmula 713/STF: "o efeito devolutivo da apelação contra decisões do júri é adstrito aos fundamentos da sua interposição".

(e) O recurso de apelação, no processo penal, pode ser interposto pelo réu e pelo defensor, independentemente um do outro.

---

264. (FCC – Analista Judiciário – Área Judiciária – TRE – SP/2017) Sobre o recurso de apelação à luz do Código de Processo Penal,

a) a apelação de sentença condenatória, em regra, não terá efeito suspensivo.

b) é vedado ao apelante arrazoar o recurso de apelação na superior instância.

c) havendo assistente de acusação este arrazoará o recurso de apelação, no prazo de cinco dias após o Ministério Público.

d) quando cabível a apelação, se a parte pretender recorrer somente de parte da decisão, poderá usar o recurso em sentido estrito.

e) a renúncia do réu ao direito de apelação, manifestada sem a assistência do defensor, não impede o conhecimento da apelação por este interposta.

▷ **Anotações/Comentários**

(a) Em regra, a apelação tem efeito suspensivo no caso de sentença penal condenatória (art. 597, CPP).

(b) As razões de recurso de apelação podem ser apresentadas no Tribunal (art. 600, § 4º, CPP).

(c) Se houver assistente, este arrazoará, no prazo de três dias, após o Ministério Público (art. 600, § 1º, CPP).

(d) As apelações poderão ser interpostas quer em relação a todo o julgado, quer em relação a parte dele (art. 599, CPP).

(e) A apelação pode ser interposta pessoalmente pelo réu ou por seu defensor. Se houver divergência entre os dois, prevalece a vontade daquele que quis recorrer.

---

265. (FCC – Analista Judiciário – Área Judiciária – TRE - PR/2017) Sobre os recursos em processo penal, de acordo com entendimento sumulado, é correto afirmar:

a) A renúncia do réu ao direito de apelação, manifestada sem a assistência do defensor, impede o conhecimento da apelação por este interposta.

b) Fica prejudicada a apelação entregue em cartório no prazo legal, embora despachada tardiamente.

c) O conhecimento de recurso de apelação do réu depende de sua prisão.

d) Sentença de primeira instância concessiva de habeas corpus, em caso de crime praticado em detrimento de bens, serviços ou interesses da União, não está sujeita a recurso ex officio.

e) É nulo o julgamento da apelação se, após a manifestação nos autos da renúncia do único defensor, o réu não foi previamente intimado para constituir outro.

▷ **Anotações/Comentários**

(a) A renúncia do réu ao direito de apelação, manifestada sem a assistência do defensor, não impede o conhecimento da apelação por este interposta (Súmula 711, STF).

(b) Não fica prejudicada a apelação entregue em cartório no prazo legal, embora despachada tardiamente (Súmula 428, STF).

(c) O conhecimento de recurso de apelação do réu não depende de sua prisão (Súmula 347, STJ).

(d) Sentença de primeira instância concessiva de habeas corpus, em caso de crime praticado em detrimento de bens, serviços ou interesses da união, está sujeita a recurso "ex officio" (Súmula 344, STF).

(e) É nulo o julgamento da apelação se, após a manifestação nos autos da renúncia do único defensor, o réu não foi previamente intimado para constituir outro (Súmula 708, STF).

---

266. (Cespe – Analista Judiciário – Área Judiciária – TRF 1/2017) Com relação aos juizados especiais criminais, às nulidades, aos recursos no processo penal e à execução penal, julgue os itens a seguir.

I - À luz do Código de Processo Penal, no procedimento comum, o recurso em sentido estrito é a medida cabível contra decisão de não recebimento da peça acusatória. Por outro lado, da decisão que determina o recebimento de denúncia ou queixa, por não haver previsão legal de recurso, admite-se a impetração de habeas corpus, objetivando-se o trancamento da ação penal.

- CERTO
- ERRADO

▷ **Anotações/Comentários**

Caberá recurso em sentido estrito contra a decisão que não receber a denúncia ou a queixa (art. 581, I, CPP). Não há previsão legal sobre o recurso contra a decisão que recebe a inicial, motivo pelo qual cabe *habeas corpus*.

II - Caso o único advogado constituído nos autos renuncie ao mandato antes de oferecer razões em sede de apelação, a não intimação prévia do réu para constituir novo defensor será causa de nulidade do julgamento daquele recurso, por cerceamento de defesa.

▷ **Anotações/Comentários**

É nulo o julgamento da apelação se, após a manifestação nos Autos da renúncia do único defensor, o réu não foi previamente intimado para constituir outro (Súmula 708, STF).

267. (Cespe – Analista Judiciário – Oficial de Just. Avaliador – TRF 1/2017) Com relação a nulidades no processo penal, a recursos em geral e a execução penal, julgue os itens a seguir.

I - Na hipótese de divergência entre o acusado e o seu advogado a respeito de interesse recursal manifestado, deve prevalecer o entendimento da defesa técnica, seja no sentido da desistência, seja no sentido da interposição do recurso.

- CERTO
- ERRADO

▷ **Anotações/Comentários**

Em caso de divergência entre a defesa técnica e o acusado, deve prevalecer o entendimento de quem interpôs o recurso, em nome da garantia da ampla defesa.

II - Em nome do princípio da congruência, é possível atribuir-se, mesmo em grau recursal, definição jurídica diversa da descrição do fato contida na denúncia ou na queixa, não podendo, porém, ser agravada a pena quando somente o réu tiver apelado da sentença.

- CERTO
- ERRADO

▷ **Anotações/Comentários**

A emendatio libeli é possível em sede recursal, mas fica vedada a *reformatio in pejus*, caso haja recurso unicamente da defesa, com imposição de pena mais grave.

268. (Consulplan – Técnico Judiciário – Área Administrativa – TRF 2/2017) Da decisão que denegar apelação ou a julgar deserta cabe(m):

a) Recurso em sentido estrito.
b) Embargos infringentes.
c) Carta testemunhável.
d) Agravo de instrumento.

▷ **Anotações/Comentários**

(a) Cabe recurso em sentido estrito é cabível em face da decisão que denegar apelação ou a julgar deserta (art. 581, XV, CPP).

(b) Quando não for unânime a decisão de segunda instância, desfavorável ao réu, cabem embargos infringentes.

(c) Cabe carta testemunhal em face da decisão que denegar o recurso e da que, admitindo embora o recurso, obstar à sua expedição e seguimento para o juízo ad quem. Se o recurso denegado for apelação, cabe recurso em sentido estrito (princípio da especialidade).

(d) Não há agravo de instrumento no CPP.

269. (FCC – Analista Judiciário – Área Judiciária – TRF 5/2017) Com relação à disciplina relativa aos recursos no Processo Penal,

a) o Ministério Público poderá desistir de recurso que haja interposto.
b) caberá apelação no prazo de 15 (quinze) dias das sentenças definitivas de condenação ou absolvição proferidas por juiz singular.
c) no caso de concurso de agentes, a decisão do recurso interposto por um dos réus, se fundado em motivos que não sejam de caráter exclusivamente pessoal, aproveitará aos outros.
d) a apelação da sentença absolutória, por possuir efeito suspensivo, impedirá que o réu seja posto imediatamente em liberdade.
e) em razão do princípio da ampla defesa, é possível a interposição de recurso, ainda que a parte não tenha interesse na reforma ou modificação da decisão.

▷ **Anotações/Comentários**

(a) O Ministério Público não poderá desistir de recurso que haja interposto (art. 576, CPP).

(b) O prazo de interposição do recurso de apelação é de cinco dias (art. 593, CPP).

(c) No caso de concurso de agentes (Código Penal, art. 25), a decisão do recurso interposto por um dos réus, se fundado em motivos que não sejam de caráter exclusivamente pessoal, aproveitará aos outros (art. 580, CPP).

(d) A apelação da sentença absolutória não impedirá que o réu seja posto imediatamente em liberdade (art. 596, CPP).

(e) Não se admitirá recurso da parte que não tiver interesse na reforma ou modificação da decisão (art. 577, parágrafo único, CPP).

270. (FCC – Técnico Judiciário – Área Administrativa – TRF 3/2014) No curso de ação penal, o Representante do Ministério Público requereu ao Juízo Federal pedido de diligência para que fossem obtidas judicialmente certidões de antecedentes criminais das Justiças Estadual e Federal dos locais do fato, do nascimento e residência de réu. O juiz indeferiu o pedido, sob argumento de que, no processo penal de modelo acusatório, o Ministério Público tem o ônus da prova criminal, daí seu dever de apresentar as respectivas certidões de antecedentes criminais. Contra esta decisão cabe

a) mandado de segurança.
b) apelação.
c) recurso em sentido estrito.
d) carta testemunhável.
e) habeas corpus.

▷ **Anotações/Comentários**

(a) A certidão de antecedentes criminais deve ser obtida mediante requisição do Juiz competente da ação penal. Trata-se de direito líquido e certo do MP e, portanto, cabe mandado de segurança.

(b) O recuso de apelação cabe em face de sentenças ou decisões definitivas ou com força de definitivas, proferidas pelo juiz singular ou pelo Tribunal do Júri, não abrangidas por recurso em sentido estrito.

(c) O recurso em sentido estrito cabe nos casos do art. 581, CPP.

(d) A carta testemunhável cabe em face da decisão que denegar o recurso (exceto apelação, em que cabe recurso em sentido estrito); da que, admitindo embora o recurso, obstar à sua expedição e seguimento para o juízo ad quem.

(e) O *habeas corpus* é o remédio constitucional para afastar ato ilegal que ameace ou impõe limitação ao direito de ir e vir.

271. (FCC – Técnico Judiciário – Área Administrativa – TRF 4/2014) Em relação aos recursos no processo penal,

a) cabe recurso em sentido estrito da decisão que decidir sobre a unificação de penas.
b) cabe apelação da decisão que conceder habeas corpus.
c) cabe recurso em sentido estrito da decisão que não receber a denúncia.
d) a revisão criminal somente é admissível antes da extinção da pena.
e) o Ministério Público pode desistir, a qualquer tempo, do recurso que haja interposto.

▷ **Anotações/Comentários**

(a) Cabe agravo em execução da decisão que decidir sobre a unificação de penas, pois se trata de decisão tomada em sede de execução penal.

(b) Cabe recurso em sentido estrito da decisão que conceder habeas corpus (art. 581, X, CPP).

(c) Cabe recurso em sentido estrito da decisão que conceder habeas corpus (art. 581, I, CPP).

(d) A revisão criminal é cabível a qualquer tempo, mesmo depois de extinta a pena (art. 622, CPP).

(e) O MP não pode desistir do recurso interposto por ele (art. 576, CPP).

---

272. (Cespe - Analista Judiciário - Área Judiciária - TRE - MT/2015) Considere que, posta em liberdade provisória mediante recolhimento de fiança e cumprimento de obrigações impostas judicialmente, Joana tenha voltado a delinquir, razão por que o juízo competente decidiu ter havido quebra da fiança. Nessa situação hipotética, contra a decisão do juiz cabe a interposição de

a) recurso em sentido estrito.
b) correição.
c) agravo de instrumento.
d) apelação.
e) reclamação.

▷ **Anotações/Comentários**

(a) Cabe recurso em sentido estrito contra a decisão que julgar quebrada a fiança ou perdido o seu valor (art. 581, VII, CPP).

(b) Ver resposta à alternativa "a".

(c) Ver resposta à alternativa "a".

(d) Ver resposta à alternativa "a".

(e) Ver resposta à alternativa "a".

---

273. (IESES - Analista Judiciário - Área Judiciária - TRE - MA/2015) Quanto aos recursos é correto afirmar:

a) O prazo para interpor apelação criminal é de 5 (cinco) dias a contar da juntada do mandado nos autos.
b) Da decisão que não receber a denúncia ou queixa caberá Recurso em Sentido Estrito no prazo de 5 (cinco) dias, enquanto no Juizado Especial (Lei 9.099/95) caberá Apelação Criminal no prazo de 10 (dez) dias.
c) No caso de concursos de agentes, a decisão do recurso interposto por um dos réus, se fundado em motivo que sejam de caráter exclusivamente pessoal, aproveitará aos outros.
d) A revisão dos processos findos poderá ser requerida pelo próprio réu ou por procurador legalmente habilitado ou, no caso de morte do réu, pelo conjugue, ascendente, descendente ou colateral até o terceiro grau, inclusive.

▷ **Anotações/Comentários**

(a) O prazo de cinco dias se inicia da efetivação da intimação.

(b) No CPP, da decisão que não receber a denúncia ou queixa caberá Recurso em Sentido Estrito no prazo de 5 (cinco) dias (arts. 581, I, e 586 CPP). No JECRIM, o recurso cabível é de apelação no prazo de dez dias.

(c) No caso de concursos de agentes, a decisão do recurso interposto por um dos réus, se fundado em motivo que não seja de caráter exclusivamente pessoal, aproveitará aos outros.

(d) A revisão poderá ser pedida pelo próprio réu ou por procurador legalmente habilitado ou, no caso de morte do réu, pelo cônjuge, ascendente, descendente ou irmão.

---

274. (Cespe - Analista Judiciário - Área Judiciária - TRE - PI/2016) Considerando as disposições legais e jurisprudenciais sobre o habeas corpus, assinale a opção correta.

a) Na qualidade de titulares de seus cargos, o delegado de polícia, o promotor de justiça e o juiz de direito podem impetrar habeas corpus em favor de terceiros.
b) Conforme a lei e a jurisprudência, não se admite liminar em habeas corpus, ainda que presentes o fumus boni iuris e o periculum in mora.
c) É inadmissível a reiteração de pedido de habeas corpus, ainda que haja novos fatos, não analisados no pedido anterior.
d) É indispensável, sob pena de nulidade, a manifestação do Ministério Público no procedimento de habeas corpus impetrado perante juiz de direito.
e) Qualquer pessoa, quer se trate de brasileiro, quer de estrangeiro não residente no país, pode impetrar habeas corpus, devendo o writ ser redigido em português.

▷ **Anotações/Comentários**

(a) O juiz e o Delegado de Polícia não podem impetrar com habeas corpus no exercício do seu cargo, pois ele deve conceder a ordem de ofício. O MP pode impetrar.

(b) É possível a concessão de liminar em habeas corpus.

(c) Pode haver reiteração de pedido em habeas corpus diante de novos fundamentos fáticos e jurídicos.

(d) O CPP não exige a manifestação prévia do MP para a concessão de habeas corpus.

(e) O *habeas corpus* é remédio constitucional previsto no art. 5º, CF, e, portanto, assegurado a brasileiros e estrangeiros, residentes no País ou de passagem, devendo ser escrito em português.

---

275. (Consulplan - Juiz de Direito - TJ - MG/2018) Considerando as disposições do Código de Processo Penal, analise as afirmativas a seguir.

I. Nos crimes de competência do Tribunal do Júri, ou do Juiz singular, se da sentença não for interposta apelação pelo Ministério Público no prazo legal, o ofendido, ainda que não se tenha habilitado como assistente, poderá interpor apelação.
II. Da decisão que denegar a apelação ou julgá-la deserta é cabível carta testemunhável, que será requerida ao diretor de secretaria ou ao secretário do tribunal, conforme o caso, nas 48 (quarenta e oito) horas seguintes, devendo o requerente indicar as peças do processo que deverão ser trasladadas.
III. O Código de Processo Penal não prevê expressamente a legitimidade do Ministério Público para impetração de habeas corpus, sendo esta decorrente de sua atuação como custos legis.
IV. A falta ou a nulidade da citação fica sanada quando o réu comparece antes de o ato consumar-se, mesmo que o faça, expressamente, para o único fim de arguir a falta ou a nulidade.

A partir da análise, conclui-se que está(ão) correta(s) a(s) afirmativa(s)

a) I, II, III e IV.
b) I, apenas.
c) III, apenas.
d) I e IV, apenas.

▷ **Anotações/Comentários**

(I) Nos crimes de competência do Tribunal do Júri, ou do juiz singular, se da sentença não for interposta apelação pelo Ministério Público no prazo legal, o ofendido ou qualquer das pessoas enumeradas no art. 31, ainda que não se tenha habilitado como assistente, poderá interpor apelação, que não terá, porém, efeito suspensivo (art. 598, CPP).

(II) Da decisão que denegar a apelação ou julgá-la deserta é cabível recurso em sentido estrito (art. 581, XV, CPP).

(III) O habeas corpus poderá ser impetrado por qualquer pessoa, em seu favor ou de outrem, bem como pelo Ministério Público (art. 654, CPP).

(IV) A falta ou a nulidade da citação fica sanada quando o réu comparece antes de o ato consumar-se, mesmo que o faça, expressamente, para o único fim de arguir a falta ou a nulidade (art. 570, CPP).

276. (Vunesp – Juiz de Direito – TJ – SP/2018) Quanto aos recursos, assinale a alternativa correta.

a) A renúncia do réu ao direito de Apelação, manifestada em termo próprio na presença de 2 (duas) testemunhas, sem assistência do defensor, impede o conhecimento do recurso por este interposto.

b) No caso de concurso de pessoas, a decisão do recurso interposto por um dos réus, se fundado em motivos que não sejam de caráter exclusivamente pessoal, aproveitará aos outros, em extensão subjetiva do efeito devolutivo do recurso.

c) Não gera nulidade a decisão do tribunal que acolhe, contra o réu, nulidade não arguida no recurso da acusação, salvo os casos de recurso de ofício.

d) O acórdão que provê o recurso contra a rejeição da denúncia vale, desde logo, pelo seu recebimento, ainda que nula a decisão de primeiro grau.

▷ **Anotações/Comentários**

(a) A renúncia do réu ao direito de apelação, manifestada sem a assistência do defensor, não impede o conhecimento da apelação por este interposta (Súmula 705, STF).

(b) Trata-se da redação do art. 580, CPP, que trata da extensão subjetiva do efeito devolutivo do recurso.

(c) É nula a decisão do Tribunal que acolhe, contra o réu, nulidade não arguida no recurso da acusação, ressalvados os casos de recurso de ofício (Súmula 160, STF).

(d) Salvo quando nula a decisão de primeiro grau, o acórdão que provê o recurso contra a rejeição da denúncia vale, desde logo, pelo recebimento dela (Súmula 709, STF).

277. (Cespe – Delegado de Polícia – MA/2018) Uma autoridade policial determinou a instauração de inquérito policial para apurar a prática de suposto crime de homicídio. Entretanto, realizadas as necessárias diligências, constatou-se que a punibilidade estava extinta em razão da prescrição.

Nessa situação,

a) é cabível recurso em sentido estrito com o objetivo de trancar o inquérito policial, mas somente após a decisão que recebe a denúncia.

b) não há instrumento processual capaz de trancar o inquérito policial.

c) poderá ser impetrado habeas corpus com o objetivo de trancar o inquérito policial.

d) poderá ser impetrado mandado de segurança contra o ato da autoridade policial para trancar o inquérito policial.

e) é cabível recurso de apelação com o objetivo de trancar o inquérito policial, mas somente em caso de sentença penal condenatória.

▷ **Anotações/Comentários**

(a) Não se é preciso aguardar o recebimento da denúncia, nem tampouco cabe recurso em sentido estrito.

(b) Há o *habeas corpus*.

(c) A tramitação de IP, quando já extinta a punibilidade, configura constrangimento ilegal, que coloca em liberdade do acusado, a ser sanado por habeas corpus.

(d) Em risco a liberdade de locomoção, cabe habeas corpus.

(e) Não se é preciso aguardar sentença condenatória, nem tampouco cabe apelação.

16. LEI N. 9.099/95

278. FCC – 2024 – TRF 3 - Analista Judiciário - Área Judiciária

Alice conduzia seu veículo, em determinada rodovia federal, em velocidade superior à permitida, sendo parada em posto da polícia rodoviária federal e multada pelo agente federal que ali trabalhava. Neste momento, passou a ofendê-lo verbalmente em razão da função. Alice foi conduzida à repartição pública competente para lavratura de Termo Circunstanciado objetivando apuração de crime, em tese, de desacato. Os autos foram encaminhados ao Ministério Público Federal, após a colheita de todas as informações necessárias e, por não fazer jus a qualquer benefício, em razão de possuir péssimos antecedentes e ser reincidente, Alice é denunciada pelo Ministério Público Federal pelo crime do artigo 331, do Código Penal (desacato), seguindo-se o rito do procedimento sumaríssimo previsto na Lei nº 9.099/1995 (art. 12 da Lei nº 10.259/2001). O Magistrado competente, em decisão fundamentada, rejeita a denúncia apresentada pelo Parquet. Nesse caso, inconformado, o Ministério Público Federal poderá interpor

a) recurso inominado, no prazo de 5 dias.

b) apelação, no prazo de 5 dias.

c) apelação, no prazo de 10 dias.

d) recurso em sentido estrito, no prazo de 5 dias.

e) recurso em sentido estrito, no prazo de 10 dias.

▷ ***Anotações/Comentários***

(a) Cabe recurso de apelação.

(b) Cabe recurso de apelação no prazo de dez dias.

(c) No Juizado Especial Criminal, contra a decisão que rejeitar a denúncia, cabe recurso de apelação no prazo de dez dias (art. 82, *caput* e § 1º, Lei n. 9.099/95).

(d) Fosse no Juízo Comum, caberia recurso em sentido estrito no prazo de cinco dias. Mas, como se trata de feito que corre no JECRIM, o recurso é de apelação no prazo de dez dias.

(e) Cabe recurso de apelação no prazo de dez dias.

279. AOCP – 2024 – TRF 2 - Técnico Judiciário - Agente da Polícia Judicial

Aristóteles, estagiário do Tribunal Regional Federal da 2ª Região, foi denunciado pelo Ministério Público, no âmbito do Juizado Especial Criminal, pela suposta prática do crime de desobediência, pois, ao adentrar nas dependências do tribunal, mesmo depois de ordem expressa dos agentes da Polícia Judicial em serviço, recursou-se a abrir sua mochila após ultrapassar o detector de metais e este sinalizar a existência de objeto metálico em seu interior. Inobstante os fatos narrados, o juízo rejeitou a denúncia, pois entendeu que não há justa causa para o exercício da ação penal. Inconformado com tal decisão, é correto afirmar que o órgão ministerial deverá interpor

a) recurso em sentido estrito.

b) apelação.

c) recurso ordinário.

d) recurso inominado.

e) carta testemunhável.

▷ ***Anotações/Comentários***

(a) Seria cabível o recurso em sentido estrito, se ação penal fosse processado em Juízo Comum (art. 581, I, CPP).

(b) Como se trata de procedimento que corre em Juízo Especial Criminal, em face da decisão que rejeita a denúncia cabe recurso de apelação (art. 82, Lei nº 9.099/95)

(c) O recurso ordinário é dirigido ao STJ e ao STF nas hipóteses enumeradas nos arts. 102, II, e 105, II, CF/88).

(d) Cabe recurso de apelação.

(e) Cabe carta testemunhável da decisão que denegar o recurso e da que, admitindo embora o recurso, obstar à sua expedição e seguimento para o juízo ad quem (art. 639, CPP).

280. AOCP – 2024 – TRF 2 - Técnico Judiciário - Agente da Polícia Judicial

Considerando as disposições acerca dos Juizados Especiais Criminais (Lei nº 9.099/1995) e a jurisprudência dos Tribunais Superiores, assinale a alternativa correta.

a) O Termo Circunstanciado de Ocorrência (TCO) não possui natureza investigativa, podendo ser lavrado por integrantes da polícia judiciária ou da polícia administrativa.

b) A homologação da transação penal prevista na Lei nº 9.099/1995 faz coisa julgada material e, caso descumpridas suas cláusulas, cabe ao juiz da causa, a requerimento do Ministério Público, substituir a transação penal realizada pela respectiva sentença penal condenatória.

c) A competência do Juizado regular-se-á pelo domicílio ou residência do réu e, não sendo este conhecido, será determinada pelo lugar em que foi praticada a infração penal.

d) Tratando-se de ação penal de iniciativa privada ou de ação penal pública condicionada à representação, a homologação do acordo de composição dos danos civis não acarreta a renúncia ao direito de queixa ou representação.

e) A suspensão condicional do processo e a transação penal aplicam-se na hipótese de delitos sujeitos ao rito da Lei Maria da Penha.

▷ ***Anotações/Comentários***

(a) No julgamento da ADI nº 6.245/DF, o STF firmou a seguinte tese: "O Termo Circunstanciado de Ocorrência (TCO) não possui natureza investigativa, podendo ser lavrado por integrantes da polícia judiciária ou da polícia administrativa".

(b) A homologação da transação penal prevista no artigo 76 da Lei 9.099/1995 não faz coisa julgada material e, descumpridas suas cláusulas, retoma-se a situação anterior, possibilitando-se ao Ministério Público a continuidade da persecução penal mediante oferecimento de denúncia ou requisição de inquérito policial (STF - Súmula Vinculante 35).

(c) A competência do Juizado será determinada pelo lugar em que foi praticada a infração penal (art. 63, Lei n. 9.099/95).

(d) Tratando-se de ação penal de iniciativa privada ou de ação penal pública condicionada à representação, o acordo homologado acarreta a renúncia ao direito de queixa ou representação (art. 74, parágrafo único, Lei n. 9.099/95).

(e) Aos crimes praticados com violência doméstica e familiar contra a mulher, independentemente da pena prevista, não se aplica a Lei nº 9.099/95, onde estão previstas a suspensão condicional do processo e a transação penal (art. 41, da Lei Maria da Penha).

---

281. (IESES - Cartório - Provimento - TJ - CE/2018) É certo afirmar:

I. Nos crimes em que a pena mínima cominada for igual ou inferior a um ano, abrangidas ou não pela Lei n° 9.099/95, o Ministério Público, ao oferecer a denúncia, poderá/deverá propor a suspensão do processo, por dois a quatro anos, desde que o acusado não esteja sendo processado ou não tenha sido condenado por outro crime, presentes os demais requisitos que autorizariam a suspensão condicional da pena, por se tratar de um direito subjetivo do Acusado.

II. No processo penal não se admite a extinção da punibilidade de ofício, devendo a mesma ser provocada por quem de direito.

III. Se o réu, sendo perseguido, passar ao território de outro município ou comarca, o executor não poderá dar prosseguimento a perseguição, salvo se estiver acompanhado da autoridade local a qual efetuará a prisão sob a sua responsabilidade.

IV. Justa causa, para a ação penal, pode ser compreendida como sendo a existência de fundamento jurídico e suporte fático autorizadores do constrangimento à liberdade ambulatória.

Analisando as proposições, pode-se afirmar:

a) Somente as proposições I e III estão corretas.

b) Somente as proposições I e IV estão corretas.

c) Somente as proposições II e III estão corretas.

d) Somente as proposições II e IV estão corretas.

▷ **Anotações/Comentários**

Observação: o gabarito apontou que os incisos I e IV estão corretos, mas, na minha opinião, os dois também estão errados.

(I) A suspensão condicional do processo **não** é um direito subjetivo do acusado, mas de poder-dever do Ministério Público, titular da ação penal (STJ - AgRg no HC 676294/SP).

(II) O Juiz pode declarar extinta a punibilidade, de ofício.

(III) Se o réu, sendo perseguido, passar ao território de outro município ou comarca, o executor poderá efetuar a prisão no lugar onde ele for alcançado, apresentando-o imediatamente à autoridade local, que, depois de lavrado, se for o caso, o auto de flagrante, providenciará para a remoção do preso.

(IV) A Corte Especial do STJ é assente quanto ao reconhecimento de que a justa causa está associada à existência de suporte probatório mínimo da acusação (AP n. 517/CE).

---

282. (FCC - Analista Judiciário - Área Judiciária - TRF 4/2019) Considere os seguintes fatos criminosos:

I. Paulo é acusado de crime de furto tentado, na forma simples, de equipamentos de informática pertencentes à Petrobrás, com pena prevista de 01 a 04 anos de reclusão e multa, com a redução de 1/3 a 2/3 pelo crime tentado.

II. Rodrigo, funcionário público federal, abandona o cargo que ocupa na cidade de Porto Alegre-RS, fora dos casos permitidos em lei, causando em decorrência deste fato prejuízo público, infringindo o tipo penal do artigo 323, § 1º, do Código Penal, com pena prevista de detenção, de 3 meses a 1 ano, e multa.

III. Ronaldo é acusado de crime de desacato contra policial federal no Aeroporto de Guarulhos (artigo 331, do Código Penal), com pena prevista de 6 meses a 2 anos de detenção, ou multa.

IV. Xisto, durante um procedimento licitatório promovido por empresa pública federal, devassa o sigilo de proposta apresentada, infringindo o tipo penal previsto no artigo 94, da Lei no 8.666/1993, com pena prevista de 02 a 03 anos de detenção e multa.

É competente o Juizado Especial Federal Criminal para processamento e julgamento dos delitos indicados em

a) I, II e III, apenas.

b) II e III, apenas.

c) I, II e IV, apenas.

d) I, III e IV, apenas.

e) I, II, III e IV.

▷ **Anotações/Comentários**

(I) Pena máxima em abstrato: 4 anos - 1/3, (tentativa) = 2 anos e 6 meses, que é maior que dois anos, afastando-se da competência do JECRIM.

(II) Pena máxima em abstrato: um ano. Competência do JECRIM.

(III) Pena máxima em abstrato igual a 2 anos. Logo, cabe JECRIM, em que pena máxima não pode ser superior a dois anos.

(IV) Embora esse crime se encontre revogado, nos interessa a pena máxima em abstrato, que é maior que dois anos. Não cabe JECRIM.

---

283. (FCC - Analista Judiciário - Área Judiciária - TRF 3/2019) Sobre o procedimento sumaríssimo, previsto para julgamento de crimes de menor potencial ofensivo, de competência dos Juizados Especiais Federais Criminais, na esteira das Leis no 10.259/2001 e no 9.099/1995,

a) interposto recurso de apelação pela parte se a sentença for confirmada pelos próprios fundamentos, a súmula do julgamento servirá de acórdão.

b) caberá agravo de instrumento no prazo de dez dias contra a decisão que rejeitar a denúncia.

c) os embargos de declaração opostos contra sentença condenatória proferida suspendem o prazo para interposição de recurso.

d) o recurso de apelação será interposto no prazo de quinze dias, contados da ciência pelo Ministério Público, pelo réu e seu defensor, por petição contando as razões e o pedido do recorrente.

e) nenhum ato será adiado, sendo vedada a condução coercitiva de testemunha arrolada.

▷ **Anotações/Comentários**

(a) Se a sentença for confirmada pelos próprios fundamentos, a súmula do julgamento servirá de acórdão (art. 82, § 5º, Lei n. 9.099/95).

(b) Caberá apelação no prazo de dez dias contra a decisão que rejeitar a denúncia (art. 82, Lei n. 9.099/95).

(c) a Os embargos de declaração interrompem o prazo para a interposição de recurso (art. 83, § 2º, Lei n. 9.099/95).

(d) A apelação será interposta no prazo de dez dias, contados da ciência da sentença pelo Ministério Público, pelo réu e seu defensor, por petição escrita, da qual constarão as razões e o pedido do recorrente (art. 82, § 1º, Lei n. 9.099/95).

(e) Nenhum ato será adiado, determinando o Juiz, quando imprescindível, a condução coercitiva de quem deva comparecer (art. 80, Lei n. 9.099/95).

284. (Cespe - Analista Judiciário - Direito - TJ - PA/2020) Luís foi denunciado pela prática de crime de menor potencial ofensivo em um juizado especial criminal de Belém - PA, mas não foi encontrado para ser citado pessoalmente.

Nessa situação hipotética,

a) será determinada a citação por edital, com prazo de cinco dias.

b) será nomeado defensor dativo para representar Luís na audiência de conciliação.

c) o processo ficará suspenso até que Luís seja encontrado.

d) o processo será encaminhado ao juízo comum.

e) a vítima será intimada para informar o endereço atualizado de Luís.

▷ **Anotações/Comentários**

(a) Não se faz citação por edital no JECRIM.

(b) A audiência de conciliação deve ser feita na presença do ofendido e do acusado.

(c) Não há suspensão do processo no JECRIM em caso de não ser o réu encontrado para ser citado pessoalmente.

(d) Não encontrado o acusado para ser citado, o Juiz encaminhará as peças existentes ao Juízo comum para adoção do procedimento previsto em lei (art. 66, parágrafo único, Lei n. 9.099/95).

(e) A vítima não tem o dever de informar o endereço do acusado.

285. (Cespe - Analista Judiciário - Direito - TJ - AM/2019) Lúcio é investigado pela prática de latrocínio. Durante a investigação, apurou-se a participação de Carlos no crime, tendo sido decretada de ofício a sua prisão temporária.

A partir dessa situação hipotética e do que dispõe a legislação, julgue os itens seguintes.

-Se constatado que a participação de Carlos no crime foi de menor importância, será cabível a proposta de suspensão condicional do processo em favor dele.

- CERTO
- ERRADO

▷ **Anotações/Comentários**

Cabe suspensão condicional do processo, se a pena mínima em abstrato for igual ou inferior a um ano (art. 89, Lei n. 9.099/95). A pena mínima do latrocínio é de vinte anos (art. 157, § 3º, II, CP). Reduzida no mínimo de 1/6 em razão da participação de menor importância (art. 29, § 1º, CP), a pena mínima em abstrato passa a ser de 16 anos e 8 meses, é incabível a substituição.

286. (FGV - Técnico Judiciário - TJ - RO/2021) As infrações penais de menor potencial ofensivo devem, preferencialmente, ser processadas e julgadas no âmbito dos Juizados Especiais Criminais.

A Lei nº 9.099/1995, no entanto, fixa duas hipóteses expressas em que o fato poderá ser apurado no Juízo Criminal Comum, quais sejam:

a) não ser o acusado encontrado para ser intimado ou a infração penal ter sanção que exige instrução criminal para a sua imposição;

b) complexidade ou circunstâncias do caso não permitirem a formulação da denúncia ou não ser o acusado encontrado para ser citado;

c) multiplicidade de autores do fato, por condutas praticadas em concurso de pessoas, ou quando o fato apurado demandar a realização de perícia complexa;

d) elevada ofensividade e repercussão em concreto da conduta ou impossibilidade de localização do autor do fato para intimação dos atos processuais;

e) duração excessiva da instrução processual, sem justa causa, ou quando houver conexão entre a infração penal comum e a de menor potencial ofensivo.

▷ **Anotações/Comentários**

(a) É a citação (não intimação) infrutífera que autoriza a remessa dos autos ao Juízo Comum. No procedimento do JECRIM, se permite a instrução, com realização de audiência.

(b) Diante da complexidade ou circunstâncias do caso, o juiz pode remeter os autos ao Juízo Comum (art. 77, §§ 2º e 3º, Lei n. 9.099/95). Da mesma forma, se o réu não for citado por não ser encontrado, os Autos serão encaminhados à Justiça Comum (art. 66, parágrafo único, Lei n. 9.099/95).

(c) O simples fato de haver concurso de agentes não autoriza o envio dos Autos ao Juízo comum. No JECRIM, se admite a produção de prova, inclusive, perícia complexa.

(d) A repercussão do caso concreto não afasta a competência do JECRIM, se a pena em abstrato permitir a incidência do procedimento sumaríssimo. É a citação (não intimação) infrutífera que autoriza a remessa dos autos ao Juízo Comum.

(e) A duração excessiva da instrução, embora não desejada, não afasta a competência do JECRIM. Na reunião de processos, perante o juízo comum ou o tribunal do júri, decorrentes da aplicação das regras de conexão e continência, observar-se-ão os institutos da transação penal e da composição dos danos civis (art. 60, parágrafo único, Lei n. 9.099/95).

287. (Cespe - Técnico Judiciário - TJ - RJ/2021) No âmbito do juizado especial cível, da sentença proferida caberão embargos de declaração, que poderão ser interpostos

a) oralmente ou por escrito, interrompendo o prazo para interposição de recurso.

b) apenas por escrito, suspendendo o prazo para interposição de recurso.

c) apenas por escrito, interrompendo o prazo para interposição de recurso.

d) oralmente ou por escrito, suspendendo o prazo para interposição de recurso.

e) apenas oralmente, suspendendo o prazo para interposição de recurso.

▷ **Anotações/Comentários**

Observação: embora no enunciado da questão se encontre a expressão "juizado especial cível", entenda-se "juizado especial criminal).

(a) Os embargos de declaração em face de sentença proferida no âmbito do Juizado Especial Criminal podem ser opostos oralmente ou por escrito no prazo de cinco dias e interrompem o curso do prazo para interposição de recurso (art. 83, §§ 2º e 3º, Lei n. 9.099/95).

(b) Os embargos podem ser interpostos oralmente ou por escrito e interrompem o prazo para interposição do recurso principal.

(c) Os embargos podem ser interpostos oralmente ou por escrito.

(d) Os embargos interrompem o prazo para interposição do recurso principal.

(e) Os embargos podem ser interpostos oralmente ou por escrito e interrompem o prazo para interposição do recurso principal.

288. (FGV - Técnico Judiciário - Área Judiciária - TJ - AL/2018) O processo perante o Juizado Especial Criminal é marcado pelo princípio da oralidade, informalidade, celeridade e economia processual, de modo que a Lei nº 9.099/95, que trata do tema no âmbito estadual, trouxe um procedimento próprio, conhecido como sumaríssimo.

De acordo com as previsões da Lei nº 9.099/95, em respeito ao princípio da:

a) economia processual, a competência do Juizado Especial Criminal é definida pelo local da consumação do crime, ainda que outro seja o local de sua prática;

b) celeridade, a citação a ser realizada no Juizado Especial Criminal poderá ser pessoal ou fictícia através de edital, esta no caso de o acusado não ser localizado;

c) economia processual, dos atos praticados em audiência considerar-se-ão desde logo cientes as partes e interessados, mas não os advogados constituídos e defensores, que têm a prerrogativa de intimação pessoal;

d) oralidade, serão objeto de registro escrito exclusivamente os atos havidos como essenciais, como denúncia, alegações finais e sentença, que devem, em regra, ser integralmente transcritos;

e) celeridade, a prática de atos processuais em outras comarcas poderá ser solicitada por qualquer meio hábil de comunicação.

▷ **Anotações/Comentários**

(a) A competência do Juizado será determinada pelo lugar em que foi praticada a infração penal (art. 63, Lei n. 9.099/95). Lugar da infração: teoria da ubiquidade (art. 6º, CP): lugar em que ocorreu a ação ou omissão, no todo ou em parte, bem como onde se produziu ou deveria produzir-se o resultado.

(b) Não há citação por edital no JECRIM, devendo os Autos serem encaminhados ao Juízo Comum (art. 66, Parágrafo único, Lei n. 9.099/95).

(c) Dos atos praticados em audiência considerar-se-ão desde logo cientes as partes, os interessados e defensores (art. 67, parágrafo único, Lei n. 9.099/95).

(d) Prevalece a oralidade dos atos processuais, inclusive, a denúncia.

(e) A prática de atos processuais em outras comarcas poderá ser solicitada por qualquer meio hábil de comunicação (art. 65, § 2º, Lei n. 9.099/95)

---

289. (Vunesp – Escrevente Técnico Judiciário – TJ – SP/2018) A respeito da Lei no 9.099/95 (arts. 60 a 83; 88 e 89), assinale a alternativa correta.

a) Reunidos os processos, por força de conexão ou continência, perante o juízo comum ou tribunal do júri, observar-se-ão os institutos da transação penal e da composição dos danos civis.

b) São consideradas infrações de menor potencial ofensivo as contravenções e os crimes a que a lei comine pena máxima não superior a 03 (três) anos, cumulada ou não com multa.

c) Não sendo encontrado o acusado, o feito permanecerá no Juizado Especial Criminal, mas ficará suspenso, até que seja localizado.

d) O acordo de composição civil entre o acusado e a vítima, nos casos de ação penal pública, condicionada e incondicionada, implica extinção da punibilidade ao autor do fato.

e) Nos crimes em que a pena mínima cominada for inferior a 02 (dois) anos, o Ministério Público, ao oferecer denúncia, poderá propor a suspensão condicional do processo ao acusado que não esteja sendo processado ou não tenha sido condenado por outro crime.

▷ **Anotações/Comentários**

(a) Na reunião de processos, perante o juízo comum ou o tribunal do júri, decorrentes da aplicação das regras de conexão e continência, observar-se-ão os institutos da transação penal e da composição dos danos civis (art. 60, parágrafo único, Lei n. 9.099/95).

(b) Consideram-se infrações penais de menor potencial ofensivo, para os efeitos desta Lei, as contravenções penais e os crimes a que a lei comine pena máxima não superior a 2 (dois) anos, cumulada ou não com multa (art. 61, Lei n. 9.099/95).

(c) Não encontrado o acusado para ser citado, o Juiz encaminhará as peças existentes ao Juízo comum para adoção do procedimento previsto em lei (art. 66, parágrafo único, CPP).

(d) Tratando-se de ação penal de iniciativa privada ou de ação penal pública condicionada à representação, o acordo homologado acarreta a renúncia ao direito de queixa ou representação (art. 74, parágrafo único, Lei n. 9.099/95).

(e) Nos crimes em que a pena mínima cominada for igual ou inferior a um ano, abrangidas ou não por esta Lei, o Ministério Público poderá propor suspensão condicional do processo (art. 89, Lei n. 9.099/95).

17. LEI DE CRIME ORGANIZADO

290. (FGV – Analista Judiciário – TRF/1ª Região/2024) Joana, delegada de polícia federal, retardou a intervenção policial relativa a uma determinada ação praticada pela organização criminosa XYZ, de caráter transnacional, mantendo-a sob observação e acompanhamento, de forma que a medida legal se concretizou no momento mais eficaz à formação de provas e obtenção de informações.

Nesse cenário, considerando as disposições da Lei n. 12.850/2013, Joana fez uso do seguinte meio de obtenção de prova:

a) colaboração premiada, que pressupõe a prévia comunicação ao juiz competente, que, se for o caso, estabelecerá os seus limites e comunicará ao Ministério Público;

b) infiltração de agentes, que pressupõe a prévia comunicação ao juiz competente, que, se for o caso, estabelecerá os seus limites e comunicará ao Ministério Público;

c) infiltração de agentes, que pressupõe a prévia autorização do juiz competente, que, se for o caso, estabelecerá os seus limites, ouvido o Ministério Público;

d) ação controlada, que pressupõe a prévia comunicação ao juiz competente, que, se for o caso, estabelecerá os seus limites e comunicará ao Ministério Público;

e) ação controlada, que pressupõe a prévia autorização do juiz competente, que, se for o caso, estabelecerá os seus limites, ouvido o Ministério Público.

▷ ***Anotações/Comentários***

(a) A colaboração premiada consiste em negócio jurídico processual e meio de obtenção de prova, que pressupõe utilidade e interesse públicos. A participação do juiz é posterior para homologar ou não o acordo.

(b) Na infiltração de agentes, há colheita de provas mediante o ingresso de um policial ou outra pessoa na organização criminosa. A lei n. 12.850/2013 estabelece que a infiltração de agentes de polícia em tarefas de investigação, representada pelo delegado de polícia ou requerida pelo Ministério Público, após manifestação técnica do delegado de polícia quando solicitada no curso de inquérito policial, será precedida de circunstanciada, motivada e sigilosa **autorização** judicial, que estabelecerá seus limites.

(c) A infiltração de agentes exige prévia **autorização judicial**.

(d) Consiste a ação controlada em **retardar** a intervenção policial ou administrativa relativa à ação praticada por organização criminosa ou a ela vinculada, desde que mantida sob observação e acompanhamento para que a medida legal se concretize no momento mais eficaz à formação de provas e obtenção de informações. O retardamento da intervenção policial ou administrativa será previamente comunicado ao juiz competente que, se for o caso, estabelecerá os seus limites e comunicará ao Ministério Público.

(e) A ação controlada não depende de prévia autorização do juiz competente, mas de prévia comunicação ao juiz.

---

291. (TRF 4 - Juiz Federal Substituto 4ª região/2016) Assinale a alternativa INCORRETA.

a) A prova indiciária, também chamada de circunstancial, tem o mesmo valor das provas diretas, como se atesta na Exposição de Motivos do Código de Processo Penal, em que se afirma não haver hierarquia de provas por não existir necessariamente maior ou menor prestígio de uma com relação a qualquer outra.

b) A lei do crime organizado previu, entre outros meios de obtenção de prova: a colaboração premiada; a captação ambiental de sinais eletromagnéticos, ópticos ou acústicos; a ação controlada; o acesso a registros de ligações telefônicas e telemáticas, a dados cadastrais constantes de bancos de dados públicos ou privados e a informações eleitorais ou comerciais; a interceptação de comunicações telefônicas e telemáticas; o afastamento dos sigilos financeiro, bancário e fiscal; a infiltração, por policiais, em atividade de investigação; a cooperação entre instituições e órgãos federais, distritais, estaduais e municipais na busca de provas e informações de interesse da investigação ou da instrução criminal.

c) Segundo a lei do crime organizado, a ação controlada consiste em retardar a intervenção policial ou administrativa relativa à ação praticada por organização criminosa ou a ela vinculada, desde que mantida sob observação e acompanhamento do Ministério Público para que a medida legal se concretize no momento mais eficaz à formação de provas e à obtenção de informações.

d) Uma vez realizada a interceptação telefônica de forma fundamentada, legal e legítima, as informações e as provas coletadas dessa diligência podem subsidiar denúncia com base em crimes puníveis com pena de detenção, desde que conexos com crimes punidos com reclusão e cujos fatos sob investigação fundamentaram a medida.

e) A entrada forçada em domicílio sem mandado judicial é lícita, mesmo em período noturno, quando amparada em fundadas razões, devidamente justificadas a posteriori, que indiquem que dentro da casa ocorre situação de flagrante delito, sob pena de responsabilidade disciplinar, civil e penal do agente ou da autoridade e de nulidade dos atos praticados.

▷ **Anotações/Comentários**

(a) Como o CPP adotou o princípio do livre convencimento motivado, os indícios têm o mesmo valor de outras provas.

(b) Dada a complexidade da apuração de atuação de crime organizado, o art. 3º, da Lei n. 12.850/2013, apresenta rol de meios específicos para obtenção de prova.

(c) Nos termos do art. 8º da Lei n. 12.850/2013, o MP será comunicado sobre a ação controlada, mas não é requisito desse meio de prova que ele observe e acompanhe a ação, o que será feito pela própria Autoridade Policial.

(d) Em regra, a interceptação telefônica só é possível em crimes punidos com reclusão. Em crimes punidos com detenção, só é possível, se eles forem praticados em conexão com crimes punidos com reclusão.

(e) A situação de flagrante delito permite a entrada em domicílio, desde que seja feito à noite.

292. (FCC – Analista Judiciário – Área Judiciária – TRF 3/2019) No início do ano de 2019, a Polícia Federal deflagrou uma operação que desmantelou uma organização criminosa de 20 pessoas, estruturalmente ordenada e caracterizada pela divisão de tarefas, destinada à lavagem de dinheiro ilícito obtido de empresas públicas federais. Dentre os componentes da organização criminosa, foram identificados e presos 15 indivíduos. Moisés era um dos indivíduos que compunha a organização criminosa, liderada por Rodolfo, ambos presos na operação. Ainda no curso das investigações, Moisés, por meio do seu advogado, foi o primeiro dentre os integrantes da organização a procurar o Ministério Público Federal para realização da colaboração premiada, permitindo, com as suas informações, a identificação dos demais coautores da organização criminosa e a recuperação de parte do proveito das infrações penais praticadas pela organização. O pedido de homologação do acordo de colaboração premiada foi sigilosamente distribuído ao juiz competente. Nesse caso, nos termos preconizados pela Lei no 12.850/2013,

a) o juiz poderá participar das negociações realizadas entre as partes para a formalização do acordo de colaboração.

b) o juiz não poderá recusar homologação à proposta, mas pode adequá-la ao caso concreto.

c) a sentença condenatória poderá ser proferida pelo magistrado com fundamento apenas nas declarações do agente colaborador Moisés.

d) homologado o acordo de colaboração premiada, o juiz poderá, na sentença, reduzir em até 2/3 a pena privativa de liberdade ou substituí-la por restritiva de direitos, sendo vedada a concessão de perdão judicial.

e) homologado o acordo de colaboração premiada pelo magistrado, o Ministério Público Federal poderá deixar de oferecer denúncia contra o colaborador Moisés.

▷ **Anotações/Comentários**

(a) O juiz não participará das negociações realizadas entre as partes para a formalização do acordo de colaboração.

(b) O juiz poderá recusar a homologação da proposta que não atender aos requisitos legais, devolvendo-a às partes para as adequações necessárias.

(c) a sentença condenatória não poderá ser proferida pelo magistrado com fundamento apenas nas declarações do agente colaborador.

(d) O juiz também pode conceder o perdão judicial.

(e) o Ministério Público poderá deixar de oferecer denúncia se a proposta de acordo de colaboração referir-se a infração de cuja existência não tenha prévio conhecimento e o colaborador não for o líder da organização criminosa ou for o primeiro a prestar efetiva colaboração.

293. (FGV – Analista Judiciário – Área Judiciária – TJ – AL/2018) A Lei nº 12.850, publicada em 02 de agosto de 2013, trouxe uma série de inovações legislativas ao disciplinar sobre a definição do crime de organização criminosa e sobre investigação penal e meios de obtenção de provas. Um dos institutos previstos na lei mais controvertidos e estudados pela doutrina e jurisprudência é o da colaboração premiada.

De acordo com as previsões dessa lei, é correto afirmar que:

a) o juiz não poderá recusar homologação à proposta que não atender aos requisitos legais, ou adequá-la ao caso concreto;

b) o colaborador, nos depoimentos que prestar, renunciará, na presença da defesa técnica, ao direito ao silêncio e estará sujeito ao compromisso legal de dizer a verdade;

c) as declarações do colaborador, como meio de obtenção de prova que são, poderão servir como fundamento único para justificar uma condenação;

d) a colaboração premiada poderá ser realizada posteriormente à sentença, podendo ser acordada redução da pena em até 2/3 ou concessão de livramento condicional independentemente da pena cumprida;

e) a negociação do acordo de colaboração premiada, em respeito aos princípios da ampla defesa e paridade de armas, contará com a participação do acusado, de seu defensor, do Ministério Público e do juiz competente para julgamento.

▷ **Anotações/Comentários**

(a) O juiz poderá recusar a homologação da proposta que não atender aos requisitos legais, devolvendo-a às partes para as adequações necessárias (art. 4º, § 8º, Lei n. 12.850/2013).

(b) Nos depoimentos que prestar, o colaborador renunciará, na presença de seu defensor, ao direito ao silêncio e estará sujeito ao compromisso legal de dizer a verdade (art. 4º, § 14, Lei n. 12.850/2013).

(c) As declarações do colaborador, como meio de obtenção de prova que são, não poderão servir como fundamento único para justificar uma condenação (art. 4º, § 16, III, Lei n. 12.850/2013).

(d) Se a colaboração for posterior à sentença, a pena poderá ser reduzida até a metade ou será admitida a progressão de regime ainda que ausentes os requisitos objetivos (art. 4º, § 5º, Lei n. 12.850/2013).

(e) O juiz não participará das negociações realizadas entre as partes para a formalização do acordo de colaboração, que ocorrerá entre o delegado de polícia, o investigado e o defensor, com a manifestação do Ministério Público, ou, conforme o caso, entre o Ministério Público e o investigado ou acusado e seu defensor (art. 4º § 6º, Lei n. 12.850/2013).

294. (Vunesp – Escrevente Técnico Judiciário – TJ – SP/2017) O processo perante o Juizado Especial Criminal objetiva, sempre que possível, a reparação dos danos sofridos pela vítima e a aplicação de pena não privativa de liberdade.

Nos literais e exatos termos do art. 62 da Lei no 9.099/95, são critérios que orientam o processo no Juizado Especial Criminal:

a) oralidade, informalidade, economia processual e celeridade.

b) boa-fé, objetividade, economia processual e celeridade.

c) oralidade, objetividade, economia processual e publicidade.

d) oralidade, informalidade, objetividade e celeridade.

e) oralidade, instrumentalidade, economia processual e celeridade.

▷ **Anotações/Comentários**

(a) O processo perante o Juizado Especial orientar-se-á pelos critérios da oralidade, simplicidade, informalidade, economia processual e celeridade (art. 62, Lei n. 9.099/95).

(b) A boa-fé não está entre os critérios do art. 62, Lei n. 9.099/95.

(c) A objetividade e a publicidade não estão entre os critérios do art. 62, Lei n. 9.099/95.

(d) A objetividade não está entre os critérios do art. 62, Lei n. 9.099/95.

(e) A instrumentalidade não está entre os critérios do art. 62, Lei n. 9.099/95.

295. (Vunesp – Escrevente Técnico Judiciário – TJ-SP/2015) O processo perante o Juizado Especial Criminal objetivará, sempre que possível, a reparação dos danos sofridos pela vítima e a aplicação de pena não privativa de liberdade. Nesse contexto, de acordo com o expresso texto do art. 62 da Lei no 9.099/95, orientar-se-á pelos critérios de

a) oralidade, informalidade e economia processual, apenas.
b) oralidade e economia processual, apenas.
c) economia processual e celeridade, apenas.
d) oralidade, informalidade, economia processual e celeridade, apenas.
e) oralidade, informalidade, economia processual, celeridade e verdade formal.

▷ **Anotações/Comentários**

(a) Faltou celeridade.

(b) Faltaram informalidade e celeridade.

(c) Faltaram oralidade e informalidade.

(d) O processo perante o Juizado Especial orientar-se-á pelos critérios da oralidade, simplicidade, informalidade, economia processual e celeridade (art. 62, CPP).

(e) A verdade formal não é critério do JECRIM.

296. (Vunesp – Escrevente Técnico Judiciário – TJ-SP/2014) A composição civil dos danos, de acordo com o art. 74 da Lei no 9.099/95,

a) tem eficácia de título executivo, a ser executado no próprio Juizado Especial Criminal.
b) prescinde de forma escrita, em atenção à regra da oralidade.
c) impede a propositura da ação penal, inclusive a pública incondicionada.
d) é modalidade de resolução de conflito que pode ser homologada pelo Ministério Público.
e) é irrecorrível quando homologada por sentença.

▷ **Anotações/Comentários**

(a) O título executivo da composição civil dos danos deve ser executado no Juizado Especial Cível.

(b) A composição civil dos danos deve ser reduzida a escrito.

(c) A composição civil dos danos impede a propositura de ação penal privada e de ação penal pública condicionada à representação.

(d) É o juiz que homologa a composição civil dos danos.

(e) A sentença que homologa a composição civil dos danos é irrecorrível.

297. (Cespe – Analista Judiciário – Área Judiciária – TRE – PE/2017) Conforme a Lei n.° 9.099/1995 e o entendimento dos tribunais superiores, a suspensão condicional do processo

a) não será aplicável em caso de infrações penais cometidas em concurso formal, quando a pena mínima cominada resultante da incidência da majorante for inferior a um ano.
b) será aplicável em caso de infrações penais cometidas em concurso formal, quando a pena mínima cominada resultante da incidência da majorante for superior a um ano, mas não ultrapassar dois anos.
c) não será aplicável em caso de infrações penais cometidas em concurso material, quando a pena mínima cominada resultante do somatório for igual a um ano.
d) não será aplicável em caso de infrações penais cometidas em continuidade delitiva, quando a pena mínima cominada resultante da incidência da majorante for superior a um ano.
e) será aplicável em caso de infrações penais cometidas em concurso material, quando a pena mínima cominada resultante do somatório for igual ou inferior a dois anos.

▷ **Anotações/Comentários**

(a) Se a pena mínima cominada resultante da majorante for inferior a um ano, no caso de concurso formal, cabe a suspensão condicional da pena (art. 89, Lei n. 9.099/95).

(b) Se a pena mínima cominada resultante da majorante for igual ou inferior a um ano, no caso de concurso formal, cabe a suspensão condicional da pena (art. 89, Lei n. 9.099/95).

(c) Se a pena mínima cominada resultante do cúmulo material for igual ou inferior a um ano, no caso de concurso material, cabe a suspensão condicional da pena (art. 89, Lei n. 9.099/95).

(d) Se a pena mínima cominada resultante da majorante for superior a um ano, no caso de crime continuado, não cabe a suspensão condicional da pena (art. 89, Lei n. 9.099/95).

(e) Ver resposta à alternativa "c".

298. (FCC – Analista Judiciário – Área Administrativa – TRE – SP/2017) Considere as seguintes situações hipotéticas:

I. Marcos é denunciado pelo Ministério Público pelo crime de falso testemunho na sua forma simples, com pena prevista de reclusão de 2 a 4 anos e multa.
II. Júlio é denunciado pelo Ministério Público pelo crime de descaminho, com pena prevista de 1 a 4 anos.
III. Juliana é denunciada pelo Ministério Público pelo crime de fraude processual, com pena prevista de 3 meses a 2 anos e multa.

Nos termos preconizados pelas Leis no 9.099/1995 e no 10.259/2001, que regulam os Juizados Especiais Criminais, o Ministério Público poderá oferecer proposta de suspensão condicional do processo, presentes os demais requisitos legais, para

a) Marcos, Júlio e Juliana.
b) Júlio, apenas.
c) Júlio e Juliana, apenas.
d) Marcos e Júlio, apenas.
e) Juliana, apenas.

▷ **Anotações/Comentários**

(I) Marcos não pode ser beneficiado com a suspensão condicional do processo porque a sua pena mínima em abstrato é superior a um ano (art. 89, Lei n. 9.099/95).

(II) Júlio pode ser beneficiado com a suspensão condicional do processo porque a sua pena mínima em abstrato é igual a um ano (art. 89, Lei n. 9.099/95).

(III) Mariana pode ser beneficiada com a suspensão condicional do processo porque a sua pena mínima em abstrato é inferior a um ano (art. 89, Lei n. 9.099/95).

299. (FCC – Analista Judiciário – Área Judiciária – TRE – SP/2017) Nos termos preconizados pelas Leis no 9.099/1995 e no 10.259/2001, que regulam os Juizados Especiais Criminais, considere:

I. A homologação da transação penal prevista no artigo 76 da Lei no 9.099/1995 não faz coisa julgada material e, descumpridas suas cláusulas, retoma-se a situação anterior, possibilitando-se ao Ministério Público a continuidade da persecução penal mediante oferecimento de denúncia ou requisição de inquérito policial.
II. O Ministério Público poderá oferecer proposta de transação penal a Ricardo, primário e de bons antecedentes, acusado de cometer crime eleitoral previsto no artigo 39, da Lei no 9.507/1997, ao ser surpreendido realizando propaganda de boca de urna no último pleito, crime este punível com detenção de 6 meses a 1 ano e multa.
III. O Ministério Público não poderá oferecer proposta de transação penal a Rodolfo, primário e de bons antecedentes, e acusado de

cometer crime de usurpação de função pública, previsto no artigo 328, do Código Penal, que prevê pena de detenção de 3 meses a 2 anos e multa.

Está correto o que consta APENAS em

a) II e III.

b) II.

c) I e III.

d) I e II.

e) I.

▷ **Anotações/Comentários**

(I) A homologação da transação penal prevista no artigo 76 da Lei 9.099/1995 não faz coisa julgada material e, descumpridas suas cláusulas, retoma-se a situação anterior, possibilitando-se ao Ministério Público a continuidade da persecução penal mediante oferecimento de denúncia ou requisição de inquérito policial (Súmula Vinculante 35, STF).

(II) Como a pena máxima em abstrato é igual a um ano, poderá haver transação penal, que exige que a pena máxima em abstrato não seja superior a dois anos.

(III) Como a pena máxima em abstrato não é superior a dois anos, pode ser oferecida transação penal.

300. (Cespe – Analista Judiciário – Área Judiciária – TRF 1/2017) Com relação aos juizados especiais criminais, às nulidades, aos recursos no processo penal e à execução penal, julgue os itens a seguir.

Diferentemente da suspensão condicional do processo, a homologação da transação penal no âmbito dos juizados especiais criminais faz coisa julgada material, de forma que o descumprimento das cláusulas do acordo não permite a continuidade da persecução penal.

- CERTO
- ERRADO

A homologação da transação penal prevista no artigo 76 da Lei 9.099/1995 não faz coisa julgada material e, descumpridas suas cláusulas, retoma-se a situação anterior, possibilitando-se ao Ministério Público a continuidade da persecução penal mediante oferecimento de denúncia ou requisição de inquérito policial (Súmula Vinculante n. 35, STF).

301. (Cespe – Analista Judiciário – Oficial de Just. Avaliador – TRF 1/2017) Com relação a prisão temporária, normas dos juizados especiais criminais e questões e processos incidentes no processo penal, julgue os itens subsecutivos.

-A reunião de processos perante juízo comum ou tribunal do júri, em decorrência da aplicação das regras de conexão e continência, não impede, em relação aos delitos de menor potencial ofensivo, a aplicação dos institutos da transação penal e da composição dos danos civis.

- CERTO
- ERRADO

▷ **Anotações/Comentários**

Na reunião de processos, perante o juízo comum ou o tribunal do júri, decorrentes da aplicação das regras de conexão e continência, observar-se-ão os institutos da transação penal e da composição dos danos civis (art. 60, parágrafo único, Lei n. 9.099/95).

302. (IESES – Analista Judiciário – Área Judiciária – TRE – MA/2015) No tocante à lei 9.099/95, pode-se afirmar:

I. Nos crimes em que a pena mínima cominada for igual ou inferior a um ano, o Ministério Público, ao oferecer a denúncia, poderá propor a suspensão do processo, por 2 (dois) a 4 (quatro) anos, desde que o autor do fato não tenha sido indiciado em crime cuja pena seja privativa de liberdade.

II. A composição dos danos civis será reduzida a escrito e, homologada pelo Juiz mediante sentença irrecorrível, terá eficácia de título a ser executado no juízo civil competente. Tratando-se de ação penal pública, o acordo homologado acarreta a renúncia ao direito de queixa ou representação.

III. Da decisão de rejeição da denúncia ou queixa e da sentença caberá apelação, que poderá ser julgada por Turma composta de três Juízes em exercício no primeiro grau de jurisdição, reunidos na sede do Juizado. A apelação será interposta no prazo de dez dias, contados da ciência da sentença pelo Ministério Público, pelo réu e seu defensor, por petição escrita, da qual constarão as razões e o pedido do recorrente.

IV. A competência do Juizado Especial Criminal será determinada pelo lugar onde foi praticada a infração penal.

Quanto às assertivas anteriores estão corretas:

a) Somente I, III e IV.

b) Todas estão corretas.

c) Somente III e IV.

d) Somente II e IV.

▷ **Anotações/Comentários**

(I) Nos crimes em que a pena mínima cominada for igual ou inferior a um ano, o Ministério Público, ao oferecer a denúncia, poderá propor a suspensão do processo, por 2 (dois) a 4 (quatro) anos, desde que o acusado não esteja sendo processado ou não tenha sido condenado por outro crime, presentes os demais requisitos que autorizariam a suspensão condicional da pena.

(II) Tratando-se de ação penal de iniciativa privada ou de ação penal pública condicionada à representação, o acordo homologado acarreta a renúncia ao direito de queixa ou representação.

(III) Trata-se da redação do art. 82, "caput" e § 1º, CPP.

(IV) Trata-se da redação do art. 63, CPP.

303. (Cespe – Analista Judiciário – Área Judiciária – TRE – PI/2016) Assinale a opção correta, no que se refere ao concurso de crimes.

a) Não se admite a suspensão condicional do processo se a soma da pena mínima com o aumento mínimo de um sexto for superior a um ano.

b) Não se aplica a continuidade delitiva quando os delitos atingirem bens jurídicos personalíssimos de pessoas diversas, segundo o entendimento do Supremo Tribunal Federal.

c) O Supremo Tribunal Federal admite a continuidade delitiva entre os crimes de furto e roubo.

d) Configura-se concurso material a ação única lesiva ao patrimônio de diversas pessoas.

e) Conforme o entendimento do Superior Tribunal de Justiça, não se aplica o princípio da consunção entre os crimes de falsidade e estelionato, por se tratar de caso de aplicação do concurso formal.

▷ **Anotações/Comentários**

(a) Deve-se levar em conta a causa de aumento de pena para se determinar a possibilidade de suspensão condicional do processo. Se a pena mínima em abstrato for superior a um ano, não cabe suspensão condicional do processo.

(b) Aplica-se a continuidade delitiva quando os delitos atingirem bens jurídicos personalíssimos de pessoas diversas, segundo o entendimento do Supremo Tribunal Federal.

(c) O Supremo Tribunal Federal admite a continuidade delitiva entre os crimes de furto e roubo.

(d) Configura-se concurso formal a ação única lesiva ao patrimônio de diversas pessoas.

(e) Conforme o entendimento do Superior Tribunal de Justiça, se aplica o princípio da consunção entre os crimes de falsidade e estelionato, por se tratar de caso de aplicação do concurso formal.

304. (Vunesp – Juiz de Direito – TJ – SP/2018) Quanto à Lei no 9.099/95, é correto afirmar que

a) se em consequência da emendatio libelli estiverem reunidos os pressupostos legais permissivos da suspensão condicional do processo, mas se recusando o promotor de justiça a propô-la, desde que requerido pelo autor do fato, o juiz remeterá a questão ao Procurador Geral de Justiça, vedada a remessa de ofício.

PROCESSUAL PENAL

b) não se admite a suspensão condicional do processo por crime continuado, se a soma da pena mínima da infração mais grave com o aumento mínimo de 1/6 (um sexto) for superior a 1 (um) ano.

c) compete originariamente ao Supremo Tribunal Federal o julgamento de habeas corpus contra decisão de Turma Recursal de Juizado Especial Criminal.

d) é inadmissível o oferecimento de proposta pelo Ministério Público, se o autor do fato tiver sido condenado definitivamente pela prática de crime unicamente à pena de multa.

▷ **Anotações/Comentários**

(a) Reunidos os pressupostos legais permissivos da suspensão condicional do processo, mas se recusando o promotor de justiça a propô-la, o juiz, dissentindo, remeterá a questão ao Procurador-Geral, aplicando-se por analogia o art. 28 do Código de Processo Penal (Súmula 696, STF).

(b) Não se admite a suspensão condicional do processo por crime continuado, se a soma da pena mínima da infração mais grave com o aumento mínimo de um sexto for superior a um ano (Súmula 723, STF).

(c) A Súmula 690, STF, dispunha que a competência para o julgamento de habeas corpus em face de decisão de Turma Recursal seria do STF. Porém, em recentes decisões o STF afasta a aplicação dessa Súmula entende que a competência é do Tribunal ao qual estão vinculados os juízes que compõem a Turma (TJ ou TRF).

(d) Não se admite a transação penal por ter sido o autor da infração condenado, pela prática de crime, à pena privativa de liberdade, por sentença definitiva (art. 76, § 2º, II, Lei n. 9.099/95).

305. (Cespe – Delegado de Polícia – MA/2018) Quando, em se tratando de crimes de menor potencial ofensivo em trâmite no juizado especial criminal, o acusado não for encontrado para a citação, o juízo deverá

a) encaminhar as peças existentes ao juízo comum para a adoção do procedimento previsto em lei.

b) encaminhar os autos ao MP para que este proceda como entender de direito.

c) determinar a citação do acusado por edital.

d) determinar a suspensão do processo e do curso do prazo prescricional até que se proceda à citação pessoal do acusado.

e) nomear defensor dativo para o acusado e conceder prazo de quinze dias para o oferecimento da defesa.

▷ **Anotações/Comentários**

(a) Não encontrado o acusado para ser citado, o Juiz encaminhará as peças existentes ao Juízo comum para adoção do procedimento previsto em lei, que, no caso, é o sumário.

(b) Os Autos devem ser enviados ao Juízo Comum.

(c) Não cabe citação por edital no JECRIM.

(d) Essas são medidas a serem adotadas no Juízo Comum, após citação por edital sem resposta.

(e) Os Autos devem ser enviados ao Juízo Comum.

306. (Cespe – Delegado de Polícia – MA/2018) Nos juizados especiais criminais, a composição civil dos danos causados por infrações penais

a) terá a eficácia de título executivo judicial a ser executado no juízo civil competente.

b) terá a eficácia de título executivo judicial a ser executado no próprio juizado especial criminal.

c) conduzirá ao perdão do ofendido, quando se tratar de ação penal privada.

d) conduzirá à extinção da punibilidade do autor do fato, no caso de ação penal pública incondicionada.

e) conduzirá à decadência, quando se tratar de ação penal pública condicionada a representação.

▷ **Anotações/Comentários**

(a) A composição dos danos civis será reduzida a escrito e, homologada pelo Juiz mediante sentença irrecorrível, terá eficácia de título a ser executado no juízo civil competente (art. 74, Lei n. 9.099/95).

(b) A competência para execução é do juízo cível.

(c) Com a composição civil dos danos, há renúncia do direito de queixa.

(d) Mesmo havendo composição civil dos danos, o MP pode oferecer transação penal se cabível.

(e) Haverá renúncia ao direito de representação na ação penal pública condicionada à representação.

307. (Cespe – Delegado de Polícia – MA/2018) Com base no disposto na legislação especial penal e processual penal, assinale a opção correta.

a) Oferecida a denúncia pelo MP, caberá exclusivamente ao representante do parquet o indiciamento do autor do crime, caso isso não se tenha realizado na fase inquisitória.

b) O delito de maus tratos com lesão corporal grave praticado contra pessoa idosa segue o rito sumaríssimo previsto na Lei dos Juizados Especiais Cíveis e Criminais, vedada, no entanto, a aplicação dos institutos da transação penal e da suspensão condicional do processo.

c) É de competência exclusiva da polícia civil a investigação do crime de extorsão mediante sequestro de prefeito, se praticado em razão da função pública exercida pela vítima.

d) Em regra, o indiciado civilmente identificado não poderá ser submetido a identificação criminal no inquérito policial, sendo possível tal procedimento, de forma excepcional, somente se judicialmente autorizado.

e) O sigilo do inquérito policial se estende ao advogado somente até a fase do indiciamento do representado, após o que será autorizado o acesso a todas as peças já produzidas nos autos, incluindo-se as diligências ainda não documentadas.

▷ **Anotações/Comentários**

(a) O indiciamento é ato privativo da Autoridade Policial.

(b) O crime de maus tratos contra pessoa idosa está previsto no art. 99, § 1º, do Estatuto da Pessoa Idosa. De acordo com o art. 94 do Estatuto da Pessoa Idosa, aplica-se o procedimento sumaríssimo para os crimes nele previstos. Mas, não cabe os institutos da transação penal e da suspensão condicional do processo, por falta de preenchimento dos requisitos dos arts. 76 e 89 da Lei n. 9.099/95.

(c) A Polícia Federal poderá investigar referido crime, porque crime de extorsão mediante sequestro foi praticado em razão do cargo, quando houver repercussão interestadual ou internacional que exija repressão uniforme (art. 1º, Lei n. 10.446/2002).

(d) Em regra, o civilmente identificado não pode ser identificado criminalmente, salvo nas hipóteses previstas em lei, quando não há necessidade de autorização judicial.

(e) É direito do defensor, no interesse do representado, ter acesso amplo aos elementos de prova que, já documentados em procedimento investigatório realizado por órgão com competência de polícia judiciária, digam respeito ao exercício do direito de defesa.

18. LEI DE LAVAGEM DE DINHEIRO

308. (FCC – Técnico Judiciário – Área Judiciária – TRF 4/2019) Xisto está sendo processado por crime de lavagem de dinheiro, pois ocultou valores em espécie recebidos ilicitamente de empresa pública federal. No curso do processo, Xisto, assistido por seu advogado, resolve colaborar espontaneamente com as autoridades, prestando esclarecimentos que conduzam à apuração das infrações penais, à identificação dos autores, coautores e partícipes, ou à localização dos bens, direitos ou valores objeto do crime. Na hipótese em questão, nos termos preconizados pela legislação específica sobre o tema (Lei no 9.613/1998), no caso de condenação,

a) a pena de Xisto poderá ser reduzida em até um sexto e ser cumprida em regime aberto ou semiaberto, sendo vedado ao Magistrado deixar de aplicá-la.

b) a pena de Xisto poderá ser reduzida até a metade e ser cumprida em regime aberto ou semiaberto, vedada a substituição por pena restritiva de direitos.

c) a pena de Xisto poderá ser reduzida em até um terço e ser cumprida em regime semiaberto, vedado o regime aberto, facultando-se ao juiz substituí-la, a qualquer tempo, por pena restritiva de direitos.

d) não será possível a redução da pena privativa de liberdade, mas o Magistrado poderá determinar o seu cumprimento em regime aberto ou semiaberto, e a substituição por pena restritiva de direitos a qualquer tempo.

e) a pena de Xisto poderá ser reduzida de um a dois terços e ser cumprida em regime aberto ou semiaberto, facultando-se ao juiz deixar de aplicá-la ou substituí-la, a qualquer tempo, por pena restritiva de direitos.

▷ **Anotações/Comentários**

(a) O juiz tem a faculdade de aplicar ou substituir a pena.

(b) A pena poderá ser reduzida de um a dois terços e ser cumprida em regime aberto ou semiaberto, facultando-se ao juiz deixar de aplicá-la ou substituí-la, a qualquer tempo, por pena restritiva de direitos.

(c) A pena poderá ser reduzida de um a dois terços e ser cumprida em regime aberto ou semiaberto.

(d) A pena poderá ser reduzida de um a dois terços.

(e) A pena poderá ser reduzida de um a dois terços e ser cumprida em regime aberto ou semiaberto, facultando-se ao juiz deixar de aplicá-la ou substituí-la, a qualquer tempo, por pena restritiva de direitos, se o autor, coautor ou partícipe colaborar espontaneamente com as autoridades, prestando esclarecimentos que conduzam à apuração das infrações penais, à identificação dos autores, coautores e partícipes, ou à localização dos bens, direitos ou valores objeto do crime (art. 1º, § 5º, Lei n. 9.613/1996).

309. (FCC – Técnico Judiciário – Área Administrativa – TRF 3/2019) Sobre as questões processuais previstas na Lei no 9.613/1998, que dispõe sobre os crimes de lavagem de dinheiro, é correto afirmar:

a) Decretadas medidas assecuratórias de bens do investigado provenientes dos crimes de lavagem de dinheiro, pelo magistrado competente, se eles estiverem sujeitos a qualquer grau de deterioração ou depreciação, proceder-se-á a alienação antecipada para preservação do valor dos bens.

b) O juiz, jamais de ofício, mas mediante requerimento do Ministério Público ou da parte interessada, poderá decretar a alienação antecipada de bens sob constrição, provenientes de crimes de lavagem de dinheiro, que foram objeto de medidas assecuratórias.

c) O processo e julgamento dos crimes previstos nesta lei dependem do processo e julgamento das infrações penais antecedentes, ainda que praticadas em outro país.

d) O processo e julgamento dos crimes previstos na Lei no 9.613/1998 são regidos por procedimento especial orientado pelo referido diploma legal, aplicando-se apenas subsidiariamente o rito comum dos crimes punidos com reclusão, previsto no Código de Processo Penal, da competência do juiz singular.

e) O juiz não poderá manter a constrição de bens, direitos e valores de origem lícita comprovada, ainda que destinados ao pagamento de reparação dos danos, prestações pecuniárias e multas, decorrentes da infração penal.

▷ **Anotações/Comentários**

(a) Haverá alienação antecipada para preservação do valor dos bens apreendidos sempre que estiverem sujeitos a qualquer grau de deterioração ou depreciação, ou quando houver dificuldade para sua manutenção (art. 4º, § 1º, Lei n. 9.613/1998).

(b) A alienação antecipada para preservação de valor de bens sob constrição será decretada pelo juiz, de ofício, a requerimento do Ministério Público ou por solicitação da parte interessada.

(c) O julgamento do crime de lavagem de dinheiro independe do processo e julgamento das infrações penais antecedentes, ainda que praticados em outro país.

(d) O rito do processo dos crimes de lavagem de dinheiro são as relativas ao procedimento comum dos crimes punidos com reclusão, da competência do juiz singular, sem haver procedimento especial.

(e) O juiz poderá manter a constrição de bens, direitos e valores de origem lícita comprovada, ainda que destinados ao pagamento de reparação dos danos, prestações pecuniárias e multas, decorrentes da infração penal.

19. LEI DE EXECUÇÃO PENAL

310. (FGV – Analista Judiciário – Área Judiciária – TJ – AL/2018) A Lei nº 7.210/84 trata da matéria Execução Penal, afastando-se, assim, a maioria das previsões sobre o tema trazidas pelo Código de Processo Penal.

Sobre as previsões da Lei de Execução Penal e a jurisprudência majoritária dos Tribunais Superiores sobre o tema, é correto afirmar que:

a) a execução penal é procedimento administrativo, de modo que não está sujeita ao princípio da legalidade;

b) a prática de falta grave permite ao magistrado a revogação de todos os dias de pena remidos;

c) o recurso de agravo é o cabível contra as decisões da execução, admitindo ao juízo a quo o exercício do juízo de retratação;

d) a regressão de regime cautelar, diante da prática de novo crime doloso, nunca será admitida;

e) a prática de falta grave interrompe o prazo de contagem do livramento condicional.

▷ **Anotações/Comentários**

(a) A execução penal tem natureza administrativa e judicial. E, nos dois casos, está sujeita ao princípio da legalidade.

(b) Em caso de falta grave, o juiz poderá revogar até 1/3 (um terço) do tempo remido (art. 127, LEP).

(c) Das decisões proferidas pelo Juiz das Execuções caberá recurso de agravo, sem efeito suspensivo (art. 197, LEP). Dada a natureza desse recurso, é possível o juízo de retratação.

(d) Quando o condenado praticar fato definido como crime doloso ou falta grave, está sujeito à regressão de regime (art. 118, I, LEP).

(e) A falta grave não interrompe o prazo para obtenção de livramento condicional (Súmula 444, STJ). A partir do Pacote Anticrime, o cometimento de falta grave nos últimos dozes meses impede a concessão do livramento condicional (art. 83, III, "b", CP).

311. (Cespe – Analista Judiciário – Área Administrativa – TRE – RS/2015) Detração é o cômputo ou desconto que deve ser feito na pena, a partir do período em que houve privação da liberdade provisoriamente. Com relação à detração penal, assinale a opção correta.

a) A prisão civil em sentido estrito foi contemplada com a possibilidade da detração.

b) A internação em hospital de custódia não pode ser objeto de detração, tendo em vista o silêncio da lei.

c) A prisão administrativa não pode ser objeto de detração, pois não tem natureza penal.

d) A prisão provisória no estrangeiro não pode ser objeto de detração, pois o processo não está no Brasil.

e) A internação em casa de saúde, com finalidade terapêutica, deve ser contemplada com a detração.

▷ **Anotações/Comentários**

(a) A prisão civil não pode ser usada para detração penal (art. 8º, CP).

(b) A internação pode ser usada para detração penal (art. 8º, CP).

(c) A prisão administrativa pode ser usada para detração penal (art. 8º, CP).

(d) A prisão provisória no estrangeiro pode ser usada para detração penal (art. 8º, CP).

(e) A internação em casa de saúde, com finalidade terapêutica, pode ser usada para detração penal (art. 8º, CP).

312. (Cespe - Analista Judiciário - Área Judiciária - TRF 1/2017) Com relação aos juizados especiais criminais, às nulidades, aos recursos no processo penal e à execução penal, julgue os itens a seguir.

-Situação hipotética: Pedro, no curso da execução da pena privativa de liberdade à qual fora condenado, praticou fato definido como crime doloso. Assertiva: Nessa situação, Para fins de regressão de regime prisional, o reconhecimento de falta grave decorrente da prática do referido crime independe do trânsito em julgado de sentença condenatória no processo penal instaurado para a apuração do fato.

- CERTO
- ERRADO

▷ **Anotações/Comentários**

O reconhecimento de falta grave decorrente do cometimento de fato definido como crime doloso no cumprimento da pena prescinde do trânsito em julgado de sentença penal condenatória no processo penal instaurado para apuração do fato (Súmula 526, STJ).

313. (Cespe - Analista Judiciário - Oficial de Just. Avaliador - TRF 1/2017) Com relação a nulidades no processo penal, a recursos em geral e a execução penal, julgue os itens a seguir.

A prática de falta grave pelo apenado, no curso da execução penal, acarreta a perda da totalidade dos dias remidos com trabalho, recomeçando-se a contagem a partir da data da infração disciplinar.

- CERTO
- ERRADO

▷ **Anotações/Comentários**

Em caso de falta grave, o juiz poderá revogar até 1/3 (um terço) do tempo remido, observado o disposto no art. 57, recomeçando a contagem a partir da data da infração disciplinar (art. 127, LEP).

314. (IESES - Cartório - Remoção - TJ - AM/2018) Está obrigado ao trabalho na medida de suas aptidões e capacidade, segundo a Lei de execução penal, o condenado à:

a) Pena alternativa de liberdade.
b) Pena de multa.
c) Pena restritiva de direitos.
d) Pena privativa de liberdade.

▷ **Anotações/Comentários**

(a) Ver resposta à alternativa "c".

(b) A pena de multa não tem relação com a obrigação de trabalho.

(c) A pena restritiva de direitos não tem qualquer relação com a obrigação do trabalho.

(d) O condenado à pena privativa de liberdade está obrigado ao trabalho na medida de suas aptidões e capacidade (art. 31, LEP).

315. (Cespe - Delegado de Polícia - MA/2018) Quanto ao instituto da remição na fase de execução da pena, assinale a opção correta.

a) A remição da pena pelo estudo, quando o condenado for autorizado a estudar fora do estabelecimento penal, independerá de aproveitamento satisfatório, bastando a comprovação da frequência escolar.
b) A remição da pena pelo estudo é prevista no ordenamento pátrio apenas por construção jurisprudencial.
c) O benefício da remição da pena será suspenso no caso de o condenado, por acidente, ficar impossibilitado para o trabalho ou o estudo.
d) É possível o acréscimo de um terço do tempo a remir no caso de conclusão, durante o cumprimento da pena, do ensino fundamental, médio ou superior.
e) O tempo remido não será considerado para a obtenção do benefício do indulto.

▷ **Anotações/Comentários**

(a) O condenado autorizado a estudar fora do estabelecimento penal deverá comprovar mensalmente, por meio de declaração da respectiva unidade de ensino, a frequência e o aproveitamento escolar (art. 129, § 2º, LEP).

(b) A LEP e resoluções do CNJ também preveem a remição pelo estudo.

(c) O preso impossibilitado, por acidente, de prosseguir no trabalho ou nos estudos continuará a beneficiar-se com a remição (art. 126, § 4º, LEP).

(d) O tempo a remir em função das horas de estudo será acrescido de 1/3 (um terço) no caso de conclusão do ensino fundamental, médio ou superior durante o cumprimento da pena, desde que certificada pelo órgão competente do sistema de educação (art. 126, § 5º, LEP).

(e) O tempo remido será computado como pena cumprida, para todos os efeitos (art. 128, LEP).

20. VÁRIAS LEIS

316. (FGV - Analista Judiciário - TRF/1ª Região/2024) Matheus, caminhoneiro, foi capturado em flagrante enquanto transportava, na fronteira entre a República Federativa do Brasil e a Colômbia, cem quilos de cocaína. Em assim sendo, o indivíduo foi encaminhado à presença do delegado de polícia federal, que constatou que, na unidade policial, inexistia perito oficial para firmar o laudo de constatação da natureza e quantidade da droga. Dessa forma, o laudo pericial foi lavrado por uma pessoa idônea.

Nesse cenário, considerando as disposições da Lei n o 11.343/2006, é correto afirmar que:

a) recebida cópia do auto de prisão em flagrante, o juiz, no prazo de dez dias, certificará a regularidade formal do laudo de constatação e determinará a destruição das drogas apreendidas, guardando-se amostra necessária à realização do laudo definitivo;
b) com a ratificação da prisão em flagrante de Matheus, o delegado de polícia fará, imediatamente, comunicação ao juiz competente, ao Ministério Público e à Defensoria Pública, remetendo-lhes cópia do auto lavrado;
c) o local da destruição das drogas será vistoriado antes e depois de efetivada a medida, sendo lavrado auto circunstanciado pela autoridade sanitária, certificando-se neste a destruição total do material;
d) a constatação da natureza e quantidade da droga se deu de forma irregular, pois não é possível suprir a ausência de perito oficial, substituindo-o por pessoa idônea, por ausência de previsão legal;
e) a destruição das drogas será executada pelo delegado de polícia competente, na presença do Ministério Público, da autoridade sanitária e do juiz que ordenar a adoção da medida.

▷ ***Anotações/Comentários***

(a) Nos termos do art. 50, § 3º, Lei n. 11.343/06, o juiz, após receber cópia do auto de prisão em flagrante, no prazo de 10 (dez) dias, certificará a regularidade formal do laudo de constatação e determinará a destruição das drogas apreendidas, guardando-se amostra necessária à realização do laudo definitivo.

(b) Ocorrendo prisão em flagrante, o Delegado fará, imediatamente, comunicação ao juiz competente, remetendo-lhe cópia do auto lavrado, do qual será dada vista ao órgão do Ministério Público, em 24 (vinte e quatro) horas (art. 50, *caput*, Lei n. 11.343/06).

(c) O local de destruição das drogas será vistoriado antes e depois de efetivada a destruição das drogas apreendida, sendo lavrado auto circunstanciado pelo delegado de polícia, certificando-se neste a destruição total delas (art. 50, § 5º, Lei n. 11.343/06).

(d) Para efeito da lavratura do auto de prisão em flagrante e estabelecimento da materialidade do delito, é suficiente o laudo de constatação da natureza e quantidade da droga, firmado por perito oficial ou, na falta deste, por pessoa idônea (art. 50, § 1º, Lei n. 11.343/06).

(e) A destruição das drogas será executada pelo delegado de polícia competente no prazo de 15 (quinze) dias na presença do Ministério Público e da autoridade sanitária (art. 50, § 4º, Lei n. 11.343/06).

317. (Consulplan - Juiz de Direito - TJ - MG/2018) Analise as afirmativas a seguir, marque V para as verdadeiras e F para as falsas.

( ) Segundo a Lei nº 13.431/2017, que estabelece o sistema de garantia de direitos da criança e do adolescente vítima ou testemunha de violência, o depoimento especial reger-se-á por protocolos e será realizado uma única vez em sede de produção antecipada de prova judicial, garantida a ampla defesa do investigado, sendo vedada a tomada de novo depoimento especial, salvo quando houver pedido expresso do Ministério Público ou da defesa do acusado.

( ) Segundo a Lei nº 12.850/2013, que define organização criminosa e dispõe sobre a investigação criminal, os meios de obtenção da prova, infrações penais correlatas e o procedimento criminal, realizado o acordo de colaboração, será remetido ao Juiz para homologação, o qual deverá verificar sua regularidade, legalidade e voluntariedade, podendo recusar homologação à proposta que não atender aos requisitos legais, ou adequá-la ao caso concreto.

( ) Segundo a Lei nº 7.960/1989, que regula a prisão temporária, esta possui caráter cautelar voltado à investigação policial, não podendo ser decretada ou subsistir se já houver processo ou tiver sido oferecida a denúncia.

( ) Segundo a Lei nº 11.340/2006, constatada a prática de violência doméstica e familiar contra a mulher, o Juiz poderá aplicar, de imediato, ao agressor, em conjunto ou separadamente, as seguintes medidas protetivas de urgência, dentre outras: suspensão da posse ou restrição do porte de armas, com comunicação ao órgão competente; restrição ou suspensão de visitas aos dependentes menores, ouvida a equipe de atendimento multidisciplinar ou serviço similar; prestação de alimentos provisionais ou provisórios.

A sequência está correta em

a) V, F, V, F.

b) F, V, F, V.

c) F, V, V, V.

d) V, F, V, V.

▷ Anotações/Comentários

() O depoimento especial reger-se-á por protocolos e, sempre que possível, será realizado uma única vez, em sede de produção antecipada de prova judicial, garantida a ampla defesa do investigado.

() O juiz poderá recusar a homologação da proposta que não atender aos requisitos legais, devolvendo-a às partes para as adequações necessárias

() A prisão temporária só tem cabimento na fase de investigação preliminar.

() Trata-se da redação do art. 22 da Lei Maria da Penha.

318. (Consulplan - Juiz de Direito - TJ - MG/2018) No tocante aos procedimentos da lei processual penal e de leis extravagantes, analise as afirmativas a seguir.

I. No procedimento relativo à execução das medidas socioeducativas, será adotado o sistema recursal do Código de Processo Civil, não se exigindo, contudo, a realização de preparo para a interposição dos recursos, cujo prazo para o Ministério Público e para a defesa, salvo nos embargos de declaração, será sempre de 10 (dez) dias.

II. No procedimento relativo às infrações penais da lei de organização criminosa, o prazo para oferecimento de denúncia ou o processo, referentes ao colaborador, poderá ser suspenso por até 06 (seis) meses, prorrogáveis por igual período, até que sejam cumpridas as medidas de colaboração, suspendendo-se o respectivo prazo prescricional.

III. No procedimento dos Juizados Especiais Criminais, caberá a oposição de embargos de declaração quando, em sentença ou acórdão, houver obscuridade, contradição ou omissão, no prazo de 02 (dois) dias, contados da ciência da decisão.

IV. No procedimento da lei antidrogas, após o oferecimento da denúncia, deverá o Juiz imediatamente recebê-la ou rejeitá-la. No caso de recebimento, deverá determinar a intimação do réu para apresentação de defesa prévia.

Está(ão) correta(s) apenas a(s) afirmativas

a) III.

b) I e II.

c) II e IV.

d) I, III e IV.

▷ Anotações/Comentários

() Em matéria recursal, o ECA determina a aplicação do que dispõe o CPC com algumas adaptações, como a desnecessidade de preparo e o prazo de dez dias para interposição do recurso.

() O prazo para oferecimento de denúncia ou o processo, relativos ao colaborador, poderá ser suspenso por até 6 (seis) meses, prorrogáveis por igual período, até que sejam cumpridas as medidas de colaboração, suspendendo-se o respectivo prazo prescricional (art. 4º, § 3º, Lei n. 12.850/2013).

() O prazo de embargos de declaração no JECRIM é de cinco dias.

() Oferecida a denúncia, o juiz ordenará a notificação do acusado para oferecer defesa prévia, por escrito, no prazo de 10 (dez) dias (art. 55 da Lei de Drogas).

PROCESSUAL PENAL

DIREITO CIVIL

Luciano L. Figueiredo
Roberto L. Figueiredo

01. FCC – 2024 – TRT 11 (AM e RR) - Técnico Administrativo - Área Administrativa

A Lei de Introdução às Normas do Direito Brasileiro também previu situações que envolvem a Administração Pública, sendo que

a) a decisão administrativa poderá ser adotada para a garantia da ordem pública e da ordem econômica, independentemente das consequências práticas da decisão.

b) as sanções aplicadas ao agente serão levadas em conta na dosimetria das demais sanções de mesma natureza e relativas ao mesmo fato.

c) orientações gerais são as interpretações e especificações contidas em atos públicos de caráter especifico ou em jurisprudência judicial ou administrativa unânime.

d) o agente público responderá pessoalmente por suas decisões ou opiniões técnicas em caso de dolo ou culpa.

e) a edição de atos normativos por autoridade administrativa deverá ser precedida de consulta pública por meio presencial e virtual.

▷ ***Anotações/Comentários***

A assertiva "a" está falsa, pois como posto pelo art. 20 da LINDB, as decisões nas esferas controlara, administrativa e judicial devem considerar as consequências práticas do ato.

Correta a letra "b", conforme o art. 22 da LINDB.

Falsa a letra "c", pois orientações gerais são as "interpretações e especificações contidas em atos públicos de **caráter geral** ou em jurisprudência judicial ou administrativa **majoritária, e ainda as adotadas por prática administrativa reiterada e de amplo conhecimento público"** (art. 24, parágrafo único da LINDB).

O agente público responde pessoalmente por suas opiniões ou decisões técnicas no caso de dolo ou culpa **grave**. Portanto, falsa a letra "d".

Por fim, a consulta pública **poderá**, e não deverá, ser realizada para edição de atos normativos por autoridades administrativas, saldo os de mera organização interna, conforme o art. 29 da LINDB.

02. FCC – 2023 – TRT 17 – Analista Judiciário – Área Judiciária No tocante aos atos da vida civil, as pessoas naturais que não puderem exprimir sua vontade são consideradas

a) absolutamente incapazes, mesmo que tal impossibilidade decorra de causa transitória.

b) absolutamente incapazes, desde que tal impossibilidade decorra de causa permanente.

c) relativamente incapazes, mesmo que tal impossibilidade decorra de causa transitória.

d) relativamente incapazes, desde que tal impossibilidade decorra de causa permanente.

e) plenamente capazes, mas devem ser representadas.

▷ **Anotações/Comentários**

No que tange ao sistema das incapacidades, por conta da Lei Brasileira de Inclusão (Lei 13.146/2015), são absolutamente incapazes apenas os menores de 16 (dezesseis) anos de idade – art. 3º do Código Civil.

Aqueles que não puderem exprimir a sua vontade, seja por causa permanente ou transitória, se enquadram como relativamente incapazes, como posto no art. 4º do Código Civil.

03. FCC – 2023 – TRT 17 – Analista Judiciário – Área Judiciária A existência legal das pessoas jurídicas de direito privado começa com a

a) sua inscrição no Cadastro Nacional de Pessoas Jurídicas do Ministério da Economia (CNPJ), precedida, quando necessário, de autorização ou aprovação do Poder Executivo.

b) sua inscrição no Cadastro Nacional de Pessoas Jurídicas do Ministério da Economia (CNPJ), precedida, em todos os casos, de autorização ou aprovação do Poder Executivo.

c) inscrição do ato constitutivo no respectivo registro, precedida, quando necessário, de autorização ou aprovação do Poder Executivo.

d) inscrição do ato constitutivo no respectivo registro, precedida, em todos os casos, de autorização ou aprovação do Poder Executivo.

e) publicação, na Imprensa Oficial, da autorização ou aprovação do Poder Executivo da sua inscrição no Cadastro Nacional de Pessoas Jurídicas do Ministério da Economia (CNPJ).

▷ **Anotações/Comentários**

Nas pegadas do art. 45 do Código Civil, a aquisição da personalidade jurídica da pessoa jurídica se dará com a inscrição do seu ato constitutivo – seja estatuto ou contrato social –, no respectivo registro, precedida, quando necessário, de autorização ou aprovação do Poder Executivo.

04. FCC – 2024 – TRT 11 (AM e RR) – Analista Judiciário – Área Judiciária

Segundo o disposto no Código Civil, as organizações religiosas têm natureza jurídica de

a) pessoa jurídica de direito privado.

b) pessoa jurídica de direito público externo.

c) pessoa jurídica de direito público interno.

d) associação pública.

e) autarquia.

▷ ***Anotações/Comentários***

Conforme o art. 44 do CC , são pessoas jurídicas de direito privado as associações, as sociedades, as fundações, as organizações religiosas e os partidos políticos.

Como o Brasil é um Estado leigo, laico e não confessional, é livre a criação, a organização, a estruturação interna e o funcionamento das organizações religiosas, sendo vedado ao poder público negar-lhes reconhecimento ou registro dos atos constitutivos e necessários ao seu funcionamento.

Em relação as autarquias e associações públicas, são pessoas jurídicas de direito público interno, nas pegadas do art. 41 do Código Civil.

Importante esclarecer ao leitor que a questão acima treinada é anterior ao advento da Lei Federal 15.068/2024, que incluiu os empreendimentos de economia solidária como espécie de pessoa jurídica de direito privado. Isto, contudo, não altera em nada o contexto da questão, nem o seu gabarito.

05. FCC – 2023 – TRT 17 – Analista Judiciário – Área Judiciária O pacto antenupcial

a) pode ser feito por escritura pública ou instrumento particular, desde que subscrito por duas testemunhas, sendo indispensável para a opção por qualquer dos regimes regulados pelo Código Civil.

b) deve ser feito necessariamente por escritura pública, sendo indispensável para a opção por qualquer dos regimes regulados pelo Código Civil.

c) pode ser feito por escritura pública ou instrumento particular, desde que subscrito por duas testemunhas, sendo indispensável para a opção pelo regime da separação de bens, salvo se este for obrigatório aos nubentes.

d) deve ser feito necessariamente por escritura pública, sendo indispensável para a opção pelo regime da comunhão parcial de bens.

e) deve ser feito necessariamente por escritura pública, sendo indispensável para a opção pelo regime de participação final nos aquestos, que permite aos nubentes convencionar a livre disposição dos bens imóveis, desde que particulares.

▷ **Anotações/Comentários**

Consoante o art. 1.653 do Código Civil, o pacto antenupcial será feito por escritura pública, sob pena de nulidade, iniciando a produção dos seus efeitos quando do casamento.

Ademais, será necessário o pacto para escolha de regime de bens diverso do da comunhão parcial.

No caso de participação final nos aquestos, poderá o pacto disciplinar a desnecessidade da vênia conjugal para venda dos bens imóveis particulares, conforme o art. 1.656 do Código Civil.

06. FCC – 2023 – TRT 17 – Analista Judiciário – Área Judiciária No condomínio voluntário,

a) qualquer dos condôminos pode dar posse, uso ou gozo da coisa comum a estranhos, independentemente do consenso dos outros.

b) pode o condômino eximir-se do pagamento das despesas e dívidas, renunciando à parte ideal.

c) as dívidas contraídas por um dos condôminos em proveito da comunhão, e durante ela, obrigam solidariamente o contratante e todos os demais, mesmo quando a solidariedade não tenha sido expressamente convencionada.

d) é nula convenção que preveja que a coisa comum fique indivisa, ainda que temporariamente, independentemente do prazo.

e) o condômino que administrar a coisa sem oposição dos outros pode dela usar conforme sua destinação, mas não se presume representante comum.

▷ **Anotações/Comentários**

Conforme o art. 1.316 do Código Civil, pode o condômino eximir-se do pagamento das despesas e dívidas, renunciando à parte ideal. Afinal, as despesas e dividas decorrem da propriedade. Correta a alínea "b".

A letra "a" está falsa, conforme o art. 1.314, parágrafo único do Código Civil.

Incorreta a alínea "c", consoante o art. 1.318 do Código Civil.

Falsa a assertiva "d", como posto pelo art. 1.320 do Código Civil.

Errada a letra "e", com base no art. 1.324 do Código Civil.

07. FCC – 2023 – TRT 17 – Analista Judiciário – Área Judiciária Em matéria de responsabilidade civil, aquele que ressarcir o dano causado por outrem

a) não terá direito de reaver o que houver pago daquele por quem pagou, independentemente de quem seja, equiparando-se o ato a uma doação.

b) pode reaver o que houver pago daquele por quem pagou, inclusive se o causador do dano for descendente seu, ainda que absoluta ou relativamente incapaz.

c) pode reaver o que houver pago daquele por quem pagou, salvo se o causador do dano for descendente seu, mesmo que plenamente capaz.

d) pode reaver o que houver pago daquele por quem pagou, salvo se o causador do dano for descendente seu, absoluta ou relativamente incapaz.

e) não terá direito de reaver o que houver pago daquele por quem pagou, salvo se o causador do dano for descendente seu, absoluta ou relativamente incapaz.

▷ **Anotações/Comentários**

Na exata redação do art. 934 do Código Civil, a qual possibilita a ação em regresso nas hipóteses de responsabilidade civil por ato de terceiro (CC, art. 932), excepcionada a casuística dos ascendentes, em face dos descendentes, absolutamente ou relativamente incapaz.

Na demanda regressiva a responsabilidade civil será subjetiva, sendo necessária a prova da culpa ou dolo.

08. FCC – 2022 – TRT 14 – Analista Judiciário – Área Judiciária Nos termos do Decreto-lei nº 4.657/1942 (Lei de Introdução às Normas do Direito Brasileiro), para eliminar irregularidade, incerteza jurídica ou situação contenciosa na aplicação do direito público, a autoridade administrativa poderá, após oitiva do órgão jurídico e, quando for o caso, após realização de consulta pública, e presentes razões de relevante interesse geral, celebrar compromisso com os interessados, observada a legislação aplicável. Referido compromisso

a) só produzirá efeitos a partir de sua publicação oficial.

b) buscará solução jurídica compatível com interesses individuais.

c) poderá conferir desoneração permanente de dever ou condicionamento de direito reconhecidos por orientação geral.

d) deverá prever com clareza as obrigações das partes e o prazo para seu cumprimento, exceto sanções aplicáveis em caso de descumprimento, vez que estas últimas decorrem de norma legal específica.

e) não será possível para eliminar irregularidade, incerteza jurídica ou situação contenciosa no caso de expedição de licença.

▷ **Anotações/Comentários**

Conforme o art. 26 da Lei de Introdução as Normas do Direito Brasileiro (LINDB), alterada, no particular, pela Lei 13.655/2018.

Registra-se que a LINDB regula além do Direito Civil, sendo as inserções da Lei 13.655/2018 voltadas ao Direito Público.

09. FCC – 2022 – TRT 14 – Analista Judiciário – Área Judiciária João foi concebido no dia 01 de janeiro de 2004, nasceu no dia 02 de outubro de 2004 e teve o seu nascimento registrado no Cartório de Registro Civil de Pessoas Naturais no dia 03 de outubro de 2004. Aos 16 anos, no dia 04 de outubro de 2020, foi emancipado pelos seus pais, tendo atingido a maioridade aos 18 anos, no dia 02 de outubro de 2022. Nesse caso, de acordo com o Código Civil, João adquiriu personalidade civil em

a) 01 de janeiro de 2004.

b) 02 de outubro de 2004.

c) 03 de outubro de 2004.

d) 04 de outubro de 2020.

e) 02 de outubro de 2022.

▷ **Anotações/Comentários**

A personalidade da pessoa física é adquirida do seu nascimento com vida, como posto pelo art. 1° do Código Civil.

Personalidade não se confunde com capacidade de fato. Esta denota a possibilidade de pessoalmente praticar atos da vida civil e apenas é atingida, em sua plenitude, aos 18 anos de idade ou na eventual emancipação.

10. FCC – 2022 – TRT 14 – Analista Judiciário – Área Judiciária De acordo com o Código Civil, com exceção dos casos previstos em lei, os direitos da personalidade são

a) irrenunciáveis, intransmissíveis e o seu exercício não pode sofrer limitação voluntária.

b) transmissíveis, porém irrenunciáveis, podendo o seu exercício sofrer limitação voluntária.

c) irrenunciáveis, porém transmissíveis, podendo o seu exercício sofrer limitação voluntária.

d) transmissíveis, porém irrenunciáveis, e o seu exercício não pode sofrer limitação voluntária.

e) irrenunciáveis, porém transmissíveis, e o seu exercício não pode sofrer limitação voluntária.

▷ **Anotações/Comentários**

Conforme o art. 11 do Código Civil.

Recorda-se que tais características admitem mitigação, como na hipótese de cessão da imagem, a qual reflete uma limitação voluntária aos direitos da personalidade. Ademais, tais restrições voluntárias haverão sempre de ser específicas e transitórias.

11. FCC - 2022 - TRT 14 - Analista Judiciário - Área Judiciária De acordo com o Código Civil, a propriedade é direito

a) pessoal que se perde pela renúncia, mas não pelo abandono.

b) pessoal que se perde pela renúncia e pelo abandono, entre outras causas.

c) pessoal que se perde exclusivamente pela renúncia ou pelo abandono.

d) real que se perde pela renúncia, mas não pelo abandono.

e) real que se perde pela renúncia e pelo abandono, entre outras causas.

▷ **Anotações/Comentários**

Conforme os artigos. 1.225 e 1.275, ambos do Código Civil.

O direito de propriedade é direito real na coisa própria. Presume-se a propriedade plena e exclusiva, consoante o art. 1.231 do Código Civil.

12. FCC - 2022 - TRT 14 - Analista Judiciário - Área Judiciária De acordo com o Código Civil, é lícito aos nubentes, antes de celebrado o casamento, estipular, quanto aos seus bens, o que lhes aprouver. Segundo esse mesmo diploma, é necessária a celebração de pacto antenupcial para a adoção

a) dos regimes da comunhão universal de bens e da separação de bens, quando não obrigatória, sendo dispensável para a adoção dos regimes da comunhão parcial de bens e da participação final nos aquestos.

b) de quaisquer dos regimes de bens previstos no Código Civil.

c) dos regimes da comunhão parcial ou universal de bens, bem como do regime da participação final nos aquestos, sendo dispensável para a adoção do regime da separação de bens, mesmo quando não for obrigatória.

d) dos regimes da comunhão parcial de bens, da participação final nos aquestos e da separação de bens, quando não obrigatória, sendo dispensável para a adoção do regime da comunhão universal de bens.

e) dos regimes da comunhão universal de bens, da participação final nos aquestos e da separação de bens, quando não obrigatória, sendo dispensável para a adoção do regime da comunhão parcial de bens.

▷ **Anotações/Comentários**

No regime da separação obrigatória não há escolha do regime de bens pelos nubentes, mas, sim, imposição legal, na forma do art. 1.641 do Código Civil. Logo, desnecessário o pacto antenupcial. Além disso, há incidência da comunhão parcial de bens sempre que não houver imposição do regime da separação obrigatória e os nubentes não houverem realizado pacto antenupcial, ou sendo este nulo ou ineficaz, nas pegadas do artigo 1.640 do Código Civil.

Por fim, na forma do Tema 1.234 de Repercussão Geral do STF, o maior de 70 anos poderá escolher o seu regime de bens, seja por pacto antenupcial ou por escritura pública.

Além disso, há incidência da comunhão parcial de bens sempre que não houver imposição do regime da separação obrigatória e os nubentes não houverem realizado pacto antenupcial, ou sendo este nulo ou ineficaz, nas pegadas do artigo 1.640 do Código Civil.

13. FCC - 2022 - TRT 14 - Analista Judiciário - Área Judiciária Maria e Renata celebraram contrato que impunha à primeira (Maria) o cumprimento de obrigações alternativas em favor de Letícia. Nesse caso, de acordo com o Código Civil, a escolha da prestação, entre aquelas alternativamente previstas no contrato, caberá a

a) Renata, se outra coisa não se estipulou.

b) Maria, se outra coisa não se estipulou.

c) Letícia, se outra coisa não se estipulou.

d) Maria, reputando-se nula eventual estipulação em sentido diverso.

e) Renata, reputando-se nula eventual estipulação em sentido diverso.

▷ **Anotações/Comentários**

Como posto pelo artigo 252 do Código Civil, nas obrigações alternativas a escolha cabe ao devedor, salvo se coisa diversa houver sido estipulada.

Recorda-se que a obrigação alternativa é assim denominada por haver alternância em seu objeto, sendo que a obrigação poderá ser cumprida mediante a prestação "a" ou "b".

14. IBFC - 2022 - TJ/MG - Analista Judiciário O Código Civil, em seu Livro III, Título I, trata dos Negócios Jurídicos. Com base na legislação acerca do tema, analise as afirmativas a seguir e assinale aquela que está correta.

a) A incapacidade relativa de uma das partes poderá ser invocada pela outra em benefício próprio, e aproveitará aos cointeressados capazes, salvo se, neste caso, for divisível o objeto do direito ou da obrigação comum

b) A validade da declaração de vontade, em regra, depende de forma especial, exceto nos casos em que a lei a dispensa

c) Os negócios jurídicos benéficos interpretam-se de forma ampla, enquanto a renúncia é interpretada estritamente

d) É vedado às partes pactuar regras de interpretação, de preenchimento de lacunas e de integração dos negócios jurídicos diversas daquelas previstas em lei

e) A impossibilidade inicial do objeto não invalida o negócio jurídico se for relativa, ou se cessar antes de realizada a condição a que ele estiver subordinado

▷ **Anotações/Comentários**

Conforme o art. 106 do Código Civil. Afinal, em sendo a impossibilidade apenas inicial, relativa ou temporária, o negócio poderá ser efetivado, não sendo permanente o motivo da eventual invalidade. Exata a alínea "e".

Equivocada a letra "a", como posto pelo art. 105 do Código Civil.

Errada a alínea "b", conforme o art. 107 do Código Civil.

Inexata a assertiva "c", nas pegadas do art. 114 do Código Civil.

Inverídica a letra "d", como posto pelo art. 113 e 421 do Código Civil.

15. IBFC - 2022 - TJ/MG - Analista Judiciário Na conformidade com o disposto no Título IX do Código Civil, que trata da RESPONSABILIDADE CIVIL, assinale a alternativa incorreta.

a) Haverá obrigação de reparar o dano, independentemente de culpa, nos casos especificados em lei, ou quando a atividade normalmente desenvolvida pelo autor do dano implicar, por sua natureza, risco para os direitos de outrem

b) Aquele que ressarcir o dano causado por outrem pode reaver o que houver pago daquele por quem pagou, salvo se o causador do dano for descendente seu, absoluta ou relativamente incapaz

c) A responsabilidade civil é independente da criminal, o que permite o questionamento sobre a existência do fato, ou sobre quem seja o seu autor, mesmo quando estas questões se acharem decididas no juízo criminal

d) O credor que demandar o devedor antes de vencida a dívida, fora dos casos em que a lei o permita, ficará obrigado a esperar o tempo que faltava para o vencimento, a descontar os juros correspondentes, embora estipulados, e a pagar as custas em dobro

e) O direito de exigir reparação e a obrigação de prestá-la transmitem-se com a herança

▷ **Anotações/Comentários**

Como posto pelo art. 935 do Código Civil, a autoria e a materialidade decididas no juízo criminal fazem coisa julgada na esfera cível.

Além disso, agora na forma do art. 65 do Código de Processo Penal, o reconhecimento de excludente no Juízo Criminal toca a esfera cível.

Por fim, por força do art. 1.815-A do Código Civil, o trânsito em julgado da sentença penal condenatória, reconhecendo umas das causas geradoras da indignidade (CC, art. 1.814), já é hábil a gerar a exclusão do herdeiro indigno.

Portanto a letra "c" está incorreta.

Correta a letra "a", conforme o art. 927, parágrafo único do Código Civil.

Exata a alternativa "b", como infere-se do art. 934 do Código Civil.

Certa a alínea "d", como posto pelo art. 939, parágrafo único do Código Civil.

A letra "e" está correta, na forma do art. 943 do Código Civil.

---

16. IBFC - 2022 - TJ/MG - Analista Judiciário De acordo com o artigo 44 do Código Civil, são pessoas jurídicas de direito privado:

I - as associações;

II - as sociedades;

III - as fundações;

IV - as organizações religiosas;

V - os partidos políticos.

Sobre as associações, assinale a alternativa correta.

a) Constituem-se as associações pela união de pessoas que se organizem para fins econômicos

b) Há, entre os associados, direitos e obrigações recíprocos

c) Os associados devem ter iguais direitos, sendo vedado ao estatuto instituir categorias com vantagens especiais

d) A exclusão do associado só é admissível havendo justa causa, assim reconhecida em procedimento que assegure direito de defesa e de recurso, nos termos previstos no estatuto

e) A determinação dos requisitos para a admissão, demissão e exclusão dos associados é dado dispensável no estatuto da associação

▷ **Anotações/Comentários**

Como posto pelo art. 57 do Código Civil, o qual trabalha com a aplicação do devido processo legal às relações privadas, em nítido reconhecimento da eficácia horizontal dos direitos e garantias fundamentais. Certa letra "d".

A letra "a" e "b" estão falsas, conforme o art. 53 do Código Civil.

Inexata a alínea "c", consoante o art. 55 do Código Civil.

Inverídica a letra "d", como posto pelos arts. 113 e 421 do Código Civil.

---

17. IBFC - 2022 - TJ/MG - Analista Judiciário As afirmativas a seguir foram retiradas do Título III (Do Adimplemento e Extinção das Obrigações), Capítulo I (Do Pagamento), do Código Civil Brasileiro. Leia atentamente e assinale a alternativa incorreta.

a) Qualquer interessado na extinção da dívida pode pagá-la, exceto quando o credor se opuser, situação em que não haverá meios possíveis para pagamento

b) Se o devedor pagar ao credor, apesar de intimado da penhora feita sobre o crédito, ou da impugnação a ele oposta por terceiros, o pagamento não valerá contra estes, que poderão constranger o devedor a pagar de novo, ficando-lhe ressalvado o regresso contra o credor

c) O pagamento feito de boa-fé ao credor putativo é válido, ainda provado depois que não era credor

d) Se se der em pagamento coisa fungível, não se poderá mais reclamar do credor que, de boa-fé, a recebeu e consumiu, ainda que o solvente não tivesse o direito de aliená-la

e) É lícito convencionar o aumento progressivo de prestações sucessivas

▷ **Anotações/Comentários**

Na forma do art. 304 do Código Civil qualquer interessado na extinção da dívida pode pagá-la, utilizando-se, se o credor se opuser, dos meios necessários para tanto. Logo, incorreta a alínea "a".

Correta a letra "b", conforme o art. 312 do Código Civil.

Exata a alternativa "c", como infere-se do art. 309 do Código Civil.

Certa a alínea "d", como posto pelo art. 307, parágrafo único do Código Civil.

A letra "e" está correta, na forma do art. 316 do Código Civil.

---

18. (FCC - Analista Judiciário - Área Judiciária - TRF 3/2019) Na celebração de contrato de compra e venda, vendedor e comprador procederam com dolo, que foi a causa do negócio. Nesse caso, de acordo com o Código Civil,

a) qualquer das partes poderá invocar o dolo da outra para anular o negócio, mas nenhuma delas poderá reclamar indenização.

b) qualquer das partes poderá invocar o dolo da outra para anular o negócio, ou reclamar indenização.

c) nenhuma das partes poderá invocar o dolo da outra para anular o negócio, ou reclamar indenização.

d) qualquer das partes poderá invocar o dolo da outra para reclamar indenização, mas não para anular o negócio.

e) somente a parte mais prejudicada poderá invocar o dolo da outra para anular o negócio, ou reclamar indenização.

▷ ***Anotações/Comentários***

Na hipótese de dolo recíproco ou bilateral, nenhuma das partes poderá alegá-lo para fins anulação do ato ou pedido de indenização (CC, art. 150). Afinal, a ninguém é dado beneficiar-se se sua própria torpeza.

---

19. (FCC - Analista Judiciário - Área Judiciária - TRF 3/2019) Ricardo, maior de 16 anos, não consegue, por causa permanente, exprimir sua vontade. Nesse caso, de acordo com o Código Civil, Ricardo

a) é absolutamente incapaz de exercer pessoalmente os atos da vida civil, não correndo contra ele a prescrição.

b) é absolutamente incapaz de exercer pessoalmente os atos da vida civil, mas contra ele corre a prescrição.

c) é incapaz, relativamente a certos atos ou à maneira de os exercer, não correndo contra ele a prescrição.

d) é incapaz, relativamente a certos atos ou à maneira de os exercer, mas contra ele corre a prescrição.

e) não é incapaz, absoluta ou relativamente, mas contra ele não corre a prescrição.

▷ ***Anotações/Comentários***

Não se trata de casuística de incapacidade absoluta. Afinal, após a reforma sofrida pelo Código Civil, em virtude do EPD (Estatuto da Pessoa com Deficiência – Lei 13.146/2015), a única hipótese de incapacidade absoluta remete aos menores de 16 anos (CC, art. 3o).

Destarte, a situação é de casuística de incapacidade relativa, seja por força da idade, acaso seja maior de 16 e menor de 18 anos, seja pela impossibilidade de manifestar a própria vontade (CC, art. 4o, I e III).

Recorda-se que em face de relativamente incapaz corre prescrição (CC, art. 195). Com efeito, não corre prescrição e decadência contra absolutamente incapaz (CC, art. 198, I, 207 e 208).

---

20. (FCC - Analista Judiciário - Área Judiciária - TRF 3/2019) De acordo com o Código Civil, o penhor

a) constitui-se pelo contrato, independentemente da efetiva transferência da posse da coisa dada em garantia.

b) não pode ser parcialmente remido pelos sucessores do devedor na proporção dos seus quinhões, mas qualquer deles pode fazê-lo no todo.

c) dispensa qualquer tipo de registro.

d) não se extingue pelo perecimento da coisa empenhada por culpa do devedor.

e) agrícola que recai sobre colheita pendente não abrange a imediatamente seguinte, mesmo no caso de frustrar-se ou ser insuficiente a que se deu em garantia.

▷ ***Anotações/Comentários***

A resposta se encontra na letra da lei, especificamente no Código Civil, art. 1.429. Os sucessores do devedor não podem remir parcialmente o penhor ou a hipoteca na proporção dos seus quinhões; qualquer deles, porém, pode fazê-lo no todo.

Por oportuno, recorda-se que penhor é direito real de garantia, demanda, em regra, transferência da posse da coisa empenhada e deve ser levado ao registro.

---

21. (FCC – Analista Judiciário – Área Judiciária – TRF 3/2019) Luciano, empregado de XPTO Carretos e Mudanças Ltda., dirigia o caminhão da empresa, a fim de realizar a mudança de determinado cliente, quando, por imperícia e imprudência, atropelou Renata, que sofreu, por conta do acidente, lesões corporais graves. Nesse caso, de acordo com o Código Civil, a empresa XPTO responde

a) subsidiariamente a Luciano pelos danos causados a Renata, somente se tiver procedido com culpa in eligendo.

b) subsidiariamente a Luciano pelos danos causados a Renata, independentemente de culpa.

c) solidariamente com Luciano pelos danos causados a Renata, somente se tiver procedido com culpa in eligendo.

d) solidariamente com Luciano pelos danos causados a Renata, independentemente de culpa.

e) solidariamente com Luciano pelos danos materiais causados a Renata, mas subsidiariamente a ele pelos danos morais, independentemente de culpa em qualquer dos casos.

▷ ***Anotações/Comentários***

Trata-se de responsabilidade indireta, objetiva e solidária (CC, art. 932, III; 933 e 942).

Indireta porque a empresa responde por ato de outrem – no caso, o empregado.

Objetiva porque a empresa responde independentemente de sua culpa, malgrado ser necessário para aferição da responsabilidade civil da empresa a verificação da culpa do empregado (não da empresa).

Solidária por imposição da lei, porquanto a redação do art. 942 do CC. Lembre-se que só há solidariedade por força da lei ou da vontade (CC, art. 265).

---

22. (FCC – Analista Judiciário – Área Judiciária – TRF 3/2019) Considere as seguintes proposições acerca dos contratos:

I. Nos contratos de adesão, serão válidas as cláusulas que estipulem a renúncia antecipada do aderente a direito resultante da natureza do negócio, desde que redigidas de forma clara e com destaque.

II. É vedado, em qualquer hipótese, celebrar contrato que tenha por objeto a herança de pessoa viva.

III. Considera-se celebrado o contrato no lugar em que foi aceito, se diverso daquele onde foi proposto.

IV. Se o contrato for aleatório, por se referir a coisas existentes, mas expostas a risco, assumido pelo adquirente, o alienante terá direito a todo o preço mesmo que a coisa já não existisse no dia do contrato.

V. O contrato preliminar deve conter, inclusive quanto à forma, todos os requisitos essenciais ao contrato a ser celebrado.

De acordo com o Código Civil, está correto o que consta APENAS de

a) I e II.

b) I e III.

c) II e IV.

d) III ev.

e) IV e V.

▷ ***Anotações/Comentários***

O item I está incorreto. O Código Civil traz, no art. 424, que "Nos contratos de adesão, são nulas as cláusulas que estipulem a renúncia antecipada do aderente a direito resultante da natureza do negócio".

O item II está correto. O art. 426 do Código Civil disciplina que não pode ser objeto de contrato a herança de pessoa viva (vedação à Pacta de Corvina).

O item III está incorreto. Reputa-se celebrado o contrato no local em que foi proposto (CC, art. 435).

O item IV está correto, em consonância com o art. 460 do Código Civil. Afinal, "Se for aleatório o contrato, por se referir a coisas existentes, mas expostas a risco, assumido pelo adquirente, terá igualmente direito o alienante a todo o preço, posto que a coisa já não existisse, em parte, ou de todo, no dia do contrato".

O item V está incorreto, pois o contrato preliminar terá todos os requisitos do contrato principal, à exceção da forma (CC, art. 462).

---

23. (FCC – Analista Judiciário – Área Judiciária – TRF 3/2019) Fernanda e Joaquim celebraram transação a respeito de litígio que já havia sido decidido por sentença passada em julgado. Nesse caso, a transação é

a) nula, se algum dos transatores não tinha ciência dessa sentença.

b) nula, desde que ambos os transatores não tivessem ciência dessa sentença.

c) anulável, no prazo decadencial de quatro anos, por iniciativa de qualquer dos transatores que não tivesse ciência dessa sentença.

d) válida, ainda que os transatores não tivessem ciência dessa sentença.

e) nula, mesmo que ambos os transatores tivessem ciência dessa sentença.

▷ ***Anotações/Comentários***

Se um dos transatores não tinha conhecimento da sentença transitada em julgado, será nula a transação, na forma do art. 850, CC.

---

24. (FCC – Analista Judiciário – Área Judiciária – TRF 4/2019) Comete abuso de direito o titular de um direito que, ao exercê-lo, excede manifestamente os limites impostos pelo seu fim econômico ou social, pela boa-fé ou pelos bons costumes. Para o Código Civil, o abuso de direito constitui ato

a) lícito, mas que dá causa ao dever de indenizar.

b) lícito, mas que não produz efeitos.

c) ilícito, que dá causa ao dever de indenizar.

d) ilícito, mas que não dá causa ao dever de indenizar.

e) ilícito, porém plenamente válido e eficaz.

▷ ***Anotações/Comentários***

O abuso de direito constitui ato ilícito, na forma do art. 187 do CC, gerando responsabilidade civil objetiva.

Assim, segundo a doutrina, deve-se analisar o critério finalístico-objetivo, sendo verificada a finalidade do direito e, de forma objetiva (independentemente de culpa), perquirindo se há, ou não, o abuso, entendido pelo exercício do direito que vai manifestamente além dos limites econômicos ou socais, da boa-fé e dos bons costumes (Enunciado 37, CJF).

---

25. FGV – 2024 – TRF 1 - Analista Judiciário - Área Judiciária

A franqueadora X enviou à franqueada Y o instrumento contratual de franquia. Esta, embora não tenha assinado e restituído o documento àquela, colocou em prática os termos contratados, tendo recebido treinamento da franqueadora, utilizado sua marca e instalado as franquias. Inclusive, pagou à franqueadora as contraprestações estabelecidas no contrato. Nesse caso, embora não se tenha assinado o contrato, a declaração tácita de vontade pode ser aferida à luz do seguinte instituto do direito civil:

a) tu quoque;

b) gestão de negócios;

c) contrato preliminar;

d) adimplemento substancial;

e) comportamento concludente.

▷ ***Anotações/Comentários***

Tu quoque significa surpresa, em conduta abusiva ao direito, o que não é o caso da questão.

Não há de se falar em gestão de negócio, figura do direito obrigacional, nem de contrato preliminar, pois a questão é expressa em informar a ausência de contrato firmado.

Igualmente não há adimplemento substancial, o qual demanda cumprimento substancial, quantitativo e qualitativo da obrigação, hábil a impedir eventual pleito de resolução contratual.

Por fim, claro o comportamento concludente, alinhando-se o comportamento ao fechamento e execução do contrato ajustado.

26. (FCC – Analista Judiciário – Área Judiciária – TRF 4/2019) Patrícia e Beatriz celebraram contrato de compra e venda de um automóvel usado, convencionando que o preço seria fixado por Fernando, o qual, por sua vez, recusou a incumbência. Nesse caso, o contrato

a) é nulo de pleno direito, pois é vedado atribuir a terceiro a fixação do preço em contrato de compra e venda.

b) é nulo de pleno direito, pois só se admite atribuir a terceiro a fixação do preço em contratos de compra e venda de coisas fungíveis.

c) era válido por ocasião da celebração, mas a recusa de Fernando o tornou inválido.

d) é válido, mas ficará sem efeito por conta da recusa de Fernando, salvo se Patrícia e Beatriz designarem outra pessoa para fixar o preço.

e) é juridicamente inexistente, pois é vedado atribuir a terceiro a fixação do preço em contrato de compra e venda.

▷ ***Anotações/Comentários***

O Código Civil, no art. 485, permite que a fixação do preço na compra e venda seja delegada a terceiro, que os contratantes logo designarem ou prometerem designar. Se o terceiro não aceitar a incumbência, ficará sem efeito o contrato, salvo quando acordarem os contratantes designar outra pessoa.

27. (FCC – Analista Judiciário – Área Judiciária – TRF 4/2019) Por meio de escritura pública, André outorgou a Beatriz mandato para que, em seu nome, ela pudesse celebrar contratos. A escritura foi omissa quanto à possibilidade de substabelecer (não a autorizava, nem a vedava expressamente). Ainda assim, por meio de instrumento particular, Beatriz substabeleceu os poderes que a ela tinham sido outorgados a Carlos, que praticou atos em nome de André. Nesse caso,

a) o substabelecimento é inválido, pois exigia, necessariamente, a mesma forma do mandato (instrumento público); além disso, Beatriz responderá, perante André, pelos atos praticados por Carlos, independentemente de culpa deste.

b) o substabelecimento é inválido, pois a possibilidade de substabelecer não foi prevista na escritura pública de mandato; além disso, Beatriz responderá, perante André, por eventuais atos culposos praticados por Carlos.

c) o substabelecimento é válido, sendo que Beatriz responderá, perante André, por eventuais atos culposos praticados por Carlos.

d) o substabelecimento é válido, sendo que Beatriz não responderá, perante André, por eventuais atos culposos praticados por Carlos.

e) o substabelecimento é válido, sendo que Beatriz responderá, perante André, pelos atos praticados por Carlos, independentemente de culpa deste.

▷ ***Anotações/Comentários***

Mesmo quando se outorga mandato por instrumento público, é possível substabelecer mediante instrumento particular (CC, art. 655). No que tange à responsabilidade de Beatriz perante André, nos temos do §4º do art. 667 do Código Civil é subjetiva, demandando aferição da culpa. Ademais, esta mesma passagem legal permite que haja substabelecimento quando omisso o mandato.

28. FCC – 2024 – TRF 3 - Analista Judiciário - Área Judiciária

De acordo com o Código Civil, o mandato

a) presume-se oneroso sempre que as partes não estipularem retribuição.

b) outorgado por instrumento público não pode ser substabelecido por instrumento particular, mas o contrário é permitido.

c) não poderá ser aceito tacitamente, exceto para evitar ao mandante dano grave.

d) pode ser verbal, exceto quando o ato deva ser celebrado por escrito.

e) em termos gerais não confere poderes de administração, que dependem de previsão expressa.

▷ ***Anotações/Comentários***

O mandato presume-se gratuito quando não houver sido estipulada retribuição, exceto se o seu objeto corresponder ao daqueles que o mandatário trata por ofício ou profissão lucrativa (CC, art. 658). Logo, falsa a letra "a".

Ainda quando se outorgue mandato por instrumento público, pode substabelecer-se mediante instrumento particular (CC, art. 655). Inverídica a alínea "b".

A aceitação do mandato pode ser tácita, e resulta do começo de execução (CC, art. 659). Errada a letra "c".

O mandato pode ser expresso ou tácito, verbal ou escrito (CC, art. 656). Correta a alínea "d".

Por fim, o mandato, em termos gerais, só confere poderes de administração (CC, art. 661), estando equivocada a alínea "e".

29. (FCC – Analista Judiciário – Área Judiciária – TRF 4/2019) Acerca do domicílio, considere:

I. A União tem domicílio múltiplo, no Distrito Federal e na Capital de todos os Estados da Federação onde houver procuradoria em funcionamento.

II. Mesmo tendo a pessoa jurídica diversos estabelecimentos em lugares diferentes, apenas o lugar da sua sede é considerado seu domicílio.

III. O servidor público tem domicílio necessário.

IV. Se a pessoa natural exercitar profissão em lugares diversos, terá domicílio apenas no lugar onde se concentrar sua principal atividade.

V. A pessoa natural que não tenha residência habitual considera-se domiciliada no lugar onde for encontrada.

Está correto o que consta APENAS de

a) I e II.

b) I e III.

c) II e IV.

d) III e V.

e) IV e V.

▷ ***Anotações/Comentários***

O item I está incorreto. Determina o art. 75, I, CC, que quanto à União, o domicílio é o Distrito Federal.

O item II está incorreto. Tendo a pessoa jurídica diversos estabelecimentos em lugares diferentes, cada um deles será considerado domicílio para os atos nele praticados (CC, art. 75, § 1º).

O item III está correto. Quanto ao domicílio necessário, é obrigatório para o incapaz, o servidor público, o militar, o marítimo e o preso (CC, art. 76). O servidor será domiciliado onde exercitar permanentemente suas funções.

O item IV está falso. É também domicílio da pessoa natural, quanto às relações concernentes à profissão, o lugar onde esta é exercida. Se a pessoa exercitar profissão em lugares diversos, cada um deles constituirá domicílio para as relações que lhe corresponderem (CC, art. 72).

Por fim, o item V está correto. Ter-se-á por domicílio da pessoa natural, que não tenha residência habitual, o lugar onde for encontrada (CC, art. 73). É o que se chama de domicílio aparente ou ocasional.

30. (Cespe - Analista Judiciário - Direito - TJ - PA/2020) O conflito entre uma norma especial anterior e uma norma geral posterior classifica-se como

a) antinomia de primeiro grau real e deve ser resolvido pelo critério hierárquico.

b) antinomia de primeiro grau aparente e deve ser resolvido pelo critério temporal.

c) antinomia de segundo grau real e somente pode ser resolvido por decisão de corte constitucional.

d) antinomia de segundo grau aparente e deve ser resolvido pelo critério da especialidade.

e) antinomia insuperável e somente pode ser resolvido por solução do Poder Legislativo.

▷ ***Anotações/Comentários***

A questão aborda as chamadas antinomias jurídicas, isto é, a presença de duas normas conflitantes, válidas e emanadas de autoridade competente, sem que se possa dizer qual delas merecerá aplicação em determinado caso concreto.

Assim, devemos lembrar que para solucionar uma **Antinomia Real** é necessário intervenção judicial ou legislativa. Já a **Antinomia Aparente** é possível solucionar com uso de alguns critérios, tais sejam:

- Cronológico - a norma posterior prevalece sobre a anterior.
- Especialidade = normas especiais (específicas) prevalecem sobre normas gerais.
- Hierárquico = a norma situada em grau superior têm preponderância em relação à situada em patamar inferior.

Ocorre Antinomia de 1º grau quando o conflito envolve o uso de um dos critérios, e Antinomia de 2º grau no caso de uso de dois (ou três) dos critérios. Na antinomias de segundo grau, a solução perpassar pela prevalência do critério, de acordo com a seguinte regra: Hierárquico, Especialidade e Cronológico.

Na questão há o entrechoque do critério cronológico com o da especialidade, prevalecendo o da especialidade.

31. (Cespe - Analista Judiciário - Direito - TJ - PA/2020) Os itens a seguir apresentam condições mencionadas na legislação civil, isto é, cláusulas que, derivando exclusivamente da vontade das partes, subordinam o efeito do negócio jurídico a evento futuro e incerto.

I resolutiva e impossível

II suspensiva e juridicamente impossível

III de não fazer coisa impossível

IV de fazer coisa ilícita

De acordo com o Código Civil, invalidam os negócios jurídicos que lhes sejam subordinados, caso estejam presentes, as condições citadas apenas nos itens

a) I e II.

b) II e IV.

c) III e IV.

d) I, II e III.

e) I, III e IV.

▷ ***Anotações/Comentários***

Encontra-se a resposta da questão no texto do artigo 123 do CC. Veja-se:

Art. 123. Invalidam os negócios jurídicos que lhes são subordinados:

I - as condições física ou juridicamente impossíveis, quando suspensivas;

II – as condições ilícitas ou de fazer coisa ilícita;

III – as condições incompreensíveis ou contraditórias.

32. (Cespe - Analista Judiciário - Direito - TJ - PA/2020) No que concerne às modalidades de decadência legal e convencional, assinale a opção correta, de acordo com o Código Civil.

a) Não há qualquer distinção de tratamento jurídico entre as espécies de decadência legal e convencional.

b) A decadência convencional é nula de pleno direito, porque somente a lei pode estabelecer prazos decadenciais.

c) Ambas as modalidades de decadência, caso consumadas, devem ser reconhecidas de ofício pelo magistrado.

d) Diferentemente do que ocorre com a decadência convencional, a decadência legal, caso consumada, não pode ser objeto de renúncia pelo interessado.

e) Ao legislador é vedado criar hipóteses de suspensão ou interrupção de prazo decadencial legal.

▷ ***Anotações/Comentários***

O gabarito desta pergunta está no art. 209, CC, pelo qual: "É nula a renúncia à decadência fixada em lei". Assim, correta a letra "d".

Quanto as demais alternativas, importante frisar que existem regras distintas quanto à renúncia e ao conhecimento de ofício pelo juiz: a decadência legal é irrenunciável, a convencional não (CC, art. 209); a decadência legal se conhece de ofício, a convencional não (CC, art. 210-211).

Por fim, diferentemente da prescrição, que é sempre legal, a decadência pode ser legal ou convencional.

33. FCC – 2024 – TRF 3 - Analista Judiciário - Área Judiciária

Um banco concedeu à empresa AJM Ltda. um empréstimo de R$ 10.000,00 a juros de 2% ao mês, para utilização como capital de giro. No contrato, formalizado por instrumento particular, a empresa se comprometeu a devolver integralmente o capital emprestado acrescido dos juros. Nesse mesmo instrumento contratual, Beatriz figurou como fiadora da empresa. Contudo, a empresa deixou de honrar a dívida. Nesse caso, de acordo com o Código Civil, a pretensão do banco de cobrar a dívida prescreve em

a) 5 anos, e a interrupção da prescrição contra a empresa não prejudica Beatriz.

b) 10 anos, e a interrupção da prescrição contra a empresa não prejudica Beatriz.

c) 3 anos, e a interrupção da prescrição contra a empresa prejudica Beatriz.

d) 3 anos, e a interrupção da prescrição contra a empresa não prejudica Beatriz.

e) 5 anos, e a interrupção da prescrição contra a empresa prejudica Beatriz.

▷ ***Anotações/Comentários***

Tratando-se de dívida líquida em instrumento particular o prazo prescricional é de 5 (cinco) anos, conforme o art. 206, parágrafo 5º, I do Código Civil. Ademais, a interrupção da prescrição contra o principal devedor (empresa), prejudica o fiador (Beatriz), na esteira do art. 204, parágrafo 3º do Código Civil.

Assim, correta a letra "e".

34. AOCP – 2024 – TRF 2 - Analista Judiciário - Área Judiciária

De acordo com o Código Civil e o entendimento dos Tribunais Superiores, assinale a alternativa correta.

a) Far-se-á averbação em registro público da sentença declaratória de ausência e de morte presumida.

b) Depende de prova do prejuízo a indenização pela publicação não autorizada de imagem de pessoa com fins econômicos ou comerciais.

c) A pretensão de reconhecimento de ofensa a direito da personalidade é imprescritível.

d) No âmbito do abuso da personalidade jurídica, entende-se por desvio de finalidade a ausência de separação de fato entre os patrimônios da sociedade e do sócio/administrador.

e) A prescrição pode ser interrompida por qualquer interessado, sendo que a interrupção produzida contra o principal devedor não prejudica o fiador.

▷ ***Anotações/Comentários***

A sentença declaratória de ausência e de morte presumida é registrada, e não averbada, como posto pelo art. 9º do CC. Incorreta a letra "a"

A utilização não autorizada da imagem para fins econômicos ou comerciais gera dano moral puro ou *in re ipsa*, não dependendo de prova do prejuízo – Súmula 403, STJ. Falsa a letra "b".

A pretensão de reconhecimento de ofensa a direito da personalidade é imprescritível, sendo prescritível, no prazo de 3 (três) anos, a pretensão de reparação civil decorrente da ofensa (CC, art. 206, parágrafo terceiro, V). Verdadeira a letra "c".

A ausência de separação de fato entre o patrimônio da sociedade e sócio/administrador caracteriza abuso da personalidade pela confusão patrimonial. O desvio de finalidade, que igualmente caracteriza o abuso da personalidade, configura-se quando a pessoa jurídica é utilizada com o intuito de lesar credores e praticar ilícitos de qualquer natureza (CC, art. 50). Falsa a letra "d".

A interrupção da prescrição contra o principal devedor, prejudica o fiador, na esteira do art. 204, parágrafo 3º do Código Civil. Assim, errada a alínea "e".

---

35. (Cespe – Analista Judiciário – Direito – TJ – PA/2020) Em abril de 2019, Pedro alienou todos seus bens para seu sobrinho Renato, a título gratuito. Ao praticar esse ato, Pedro se tornou insolvente, em manifesto prejuízo a Caio, que era seu credor no momento da alienação. Posteriormente, em agosto de 2019, Pedro contraiu nova dívida, desta vez com o credor Marcelo.

De acordo com o Código Civil, é correto afirmar que, nessa situação hipotética, a anulação de negócio jurídico por fraude contra credores

a) independe de ação judicial específica para ser reconhecida.

b) depende da demonstração de conluio fraudulento entre Pedro e Renato, e tanto Caio quanto Marcelo têm direito de pleitear a anulação.

c) depende da demonstração de conluio fraudulento entre Pedro e Renato, e apenas o credor Caio tem direito de pleitear a anulação.

d) independe da demonstração de conluio fraudulento entre Pedro e Renato, e tanto Caio quanto Marcelo têm direito de pleitear a anulação.

e) independe da demonstração de conluio fraudulento entre Pedro e Renato, e apenas o credor Caio tem direito de pleitear a anulação.

▷ ***Anotações/Comentários***

A alínea "a" está falsa, pois a fraude contra credores demanda reconhecimento judicial através da específica ação pauliana.

A letra "b" e "c" estão falsas, pois no ato gratuito presume-se o *consilium fraudis* na fraude contra credores (CC, art. 158).

A alínea "c" está falsa, pois Marcelo não pode pleitear a anulação. Afinal, quando Pedro fez a alienação, ainda não era devedor de Marcelo.

A letra "d" está falsa pelos fundamentos supracitados.

---

36. (Cespe – Analista Judiciário – Direito – TJ – PA/2020) José e Rafael realizaram um negócio jurídico em que ficou estipulado que: José entregaria determinado bem móvel para Rafael, que ficaria autorizado a vender o bem, pagando a José, em contrapartida, o valor de quinhentos reais; e Rafael poderia optar por devolver o bem, no prazo de vinte dias, para José.

De acordo com o Código Civil, nessa situação hipotética foi firmado um contrato classificado como

a) atípico.

b) solene.

c) unilateral.

d) consensual.

e) comutativo.

▷ ***Anotações/Comentários***

A questão tratou do chamado contrato estimatório (art. 534, CC).

O contrato estimatório é classificado doutrinariamente como típico, autônomo, bilateral, oneroso, comutativo, de eficácia real e informal.

É típico por se tratar de contrato com previsão específica no Código Civil (arts. 534 a 537).

É informal (não solene) por não exigir forma específica em lei.

É bilateral pois ambas as partes assumem obrigações.

É de eficácia real por demandar a tradição do bem, somente se aperfeiçoando após a entrega da coisa ao consignatário.

É comutativo porque ambas as partes, previamente, já conhecem as vantagens do negócio. Não se trata, portanto, de contrato aleatório.

---

37. (Cespe – Analista Judiciário – Direito – TJ – PA/2020) No que concerne ao tratamento dado pelo Código Civil aos bens e aos negócios jurídicos, julgue os itens a seguir.

I. O Código Civil classifica os bens públicos como de uso comum, de uso especial e dominicais. Entre esses, apenas os dominicais estão sujeitos a usucapião, por seguirem o regime de direito privado.

II. Exceto se houver manifestação das partes em sentido contrário, o negócio jurídico realizado quanto ao bem principal inclui as pertenças, essenciais ou não essenciais, e os acessórios.

III. Situação hipotética: Marcela e Marina realizaram determinado negócio jurídico em que a declaração de vontade emitida por Marina era diversa de sua real intenção. Assertiva: A reserva mental somente torna inválido o negócio jurídico se dela possuir conhecimento a destinatária Marcela.

Assinale a opção correta.

a) Apenas o item II está certo.

b) Apenas o item III está certo.

c) Apenas os itens I e II estão certos.

d) Apenas os itens I e III estão certos.

e) Todos os itens estão certos.

▷ ***Anotações/Comentários***

O item I está errado. De acordo com o artigo 102, CC, os bens públicos não estão sujeitos a usucapião. Doutrina majoritária entende que a expressão contida no dispositivo legal engloba tanto os bens de uso comum do povo como os de uso especial e dominicais.

O item II está incorreto. Regra geral, as pertenças não estão nos negócios jurídicos que envolvam um bem principal. Dessa forma, só ocorrerá inclusão das pertenças no contrato se houver manifestação das partes nesse sentido (CC, art. 94).

O item III está correto, sendo a literalidade do art. 110 do CC.

---

38. (Cespe – Analista Judiciário – Direito – TJ – AM/2019) No que concerne à Lei de Introdução às Normas do Direito Brasileiro, à pessoa natural, aos direitos da personalidade e à desconsideração de pessoa jurídica, julgue os itens a seguir.

I - Em se tratando de indivíduo de nacionalidade estrangeira domiciliado no Brasil, as regras sobre o começo e o fim da sua personalidade, seu nome, sua capacidade civil e seus direitos de família são aquelas da legislação vigente no seu país de origem.

- CERTO
- ERRADO

▷ ***Anotações/Comentários***

A assertiva está errada, em consonância com o art. 7º da LINDB: "A lei do p**aís em que domiciliada a pessoa** determina as regras sobre o começo e o fim da personalidade, o nome, a capacidade e os direitos de família".

Logo, será a lei do domicílio e não a da nacionalidade.

II - Embora o direito à honra seja personalíssimo, o direito de exigir sua reparação econômica, no caso de dano moral, se transmite aos sucessores do ofendido, caso este tenha falecido.

- CERTO
- ERRADO

▷ ***Anotações/Comentários***

Na hipótese de o ofendido ter falecido, seus sucessores têm o direito à indenização por danos morais, nos termos do art. 12, Parágrafo único do CC: "E se tratando de morto, terá legitimação para requerer a medida prevista neste artigo o cônjuge sobrevivente, ou qualquer parente em linha reta, ou colateral até o quarto grau".

Ademais, na forma do art. 943 do CC o direito de exigir a reparação transmite-se por herança.

III - Situação hipotética: Renata, casada com Carlos, ajuizou ação de divórcio litigioso com partilha de bens. Na instrução do processo, ela demonstrou que bens pessoais de seu cônjuge haviam sido indevidamente ocultados no patrimônio de pessoa jurídica da qual Carlos era sócio-administrador. Assertiva: Nesse caso, o ordenamento jurídico brasileiro permite que seja utilizado o instituto da desconsideração inversa da personalidade jurídica para atingir os bens ocultados.

- CERTO
- ERRADO

▷ ***Anotações/Comentários***

A assertiva está correta.

Na hipótese dos sócios ou administradores se utilizarem da pessoa jurídica para desviar patrimônio pessoal, incide a desconsideração inversa da personalidade jurídica, conforme o art. 50, §3º do CC e art. 133, §2o do CPC.

Registra-se que para tal desconsideração será necessário pedido expresso, da parte ou do Ministério Público quando couber intervir no feito, somado ao abuso da personalidade, seja por desvio de finalidade ou confusão patrimonial, e a comprovação do benefício direito ou indireto do sócio ou administrador (CC, art. 50).

IV - Na hipótese de dois cônjuges, com idades diferentes, terem falecido na mesma ocasião e não ser possível identificar com precisão quem faleceu primeiro, deve-se presumir que a morte do comoriente mais velho precedeu a do mais novo.

- CERTO
- ERRADO

▷ ***Anotações/Comentários***

A assertiva está falsa.

Em caso de morte na mesma ocasião, não sendo possível afirmar quem faleceu primeiro, será presumido que as mortes foram simultâneas, independentemente da idade, à luz do art. 8°do CC. Tem-se a comoriência.

Veja-se que a morte será simultânea, não herdando um comoriente do outro e sendo abertas cadeias sucessórias distintas. Outrossim, a presunção é relativa. Logo, se for possível precisar quem faleceu primeiro, afasta-se tal presunção.

39. (Cespe - Analista Judiciário - Direito - TJ - AM/2019) De acordo com o Código Civil, julgue os próximos itens, acerca de classes de bens, associações, fundações, prova do fato jurídico e atos jurídicos.

I - O espólio e a massa falida são exemplos de bens coletivos classificados como universalidade de fato.

- CERTO
- ERRADO

▷ ***Anotações/Comentários***

O espólio e a massa falida são considerados universalidade de direito, de acordo com o art. 91, CC. Afinal, "Constitui universalidade de direito o complexo de relações jurídicas, de uma pessoa, dotadas de valor econômico".

Universalidade de fato é a pluralidade de bens singulares que, pertinentes à mesma pessoa, tenha destinação unitária, a exemplo de uma biblioteca e de um rebanho (CC, art. 90).

Assim, está equivocada a assertiva.

II - No âmbito de uma associação, os associados submetem-se a direitos e obrigações recíprocos, devendo pautar-se na boa-fé objetiva, sob pena de exclusão da associação.

- CERTO
- ERRADO

▷ ***Anotações/Comentários***

A assertiva contraria o parágrafo único do art. 53 do CC, pelo qual não há, entre os associados, direitos e obrigações recíprocos. Em verdade os direitos e deveres do associado serão perante à associação.

III - A modificação de regra prevista em estatuto de fundação privada deve ser aprovada pela maioria absoluta das pessoas responsáveis pela gerência da fundação e somente produzirá efeitos após decisão homologatória do Poder Judiciário.

- CERTO
- ERRADO

▷ ***Anotações/Comentários***

A alteração do estatuto da fundação privada deve ser (CC, art. 67):

aprovada por dois terços dos competentes para gerir e representar a fundação, não contrariar ou desvirtuar a finalidade fundacional e ser aprovada pelo Ministério Público, no prazo de até 45 dias. Se o MP silenciar neste prazo ou denegar, pode ser requisitado suprimento judicial.

Ademais, a minoria vencida terá o prazo de 10 dias para impugnar a alteração (CC, art. 68).

IV - Confissão realizada por representante legal ou voluntário será sempre nula, porque, segundo o Código Civil, aquele que não é capaz de dispor do direito não tem legitimidade para realizar confissão.

- CERTO
- ERRADO

▷ ***Anotações/Comentários***

A afirmação está errada, já que a confissão feita por representante legal é válida e eficaz, se realizada nos limites do mandato (CC, art. 213, parágrafo único).

V - Situação hipotética: No exercício de determinado direito de natureza civil, um indivíduo agiu de forma abusiva, excedendo os limites impostos pela finalidade econômica e social do referido direito e causando dano a terceiro. Assertiva: Nesse caso, a caracterização da responsabilidade desse indivíduo independe da comprovação de culpa.

- CERTO
- ERRADO

▷ ***Anotações/Comentários***

Assertiva está correta.

O abuso de direito constitui ato ilícito, na forma do art. 187 do CC, gerando responsabilidade civil objetiva.

Assim, segundo a doutrina, deve-se analisar o critério finalístico--objetivo, sendo verificada a finalidade do direito e, de forma objetiva (independentemente de culpa), perquirindo se há, ou não, o abuso, entendido pelo exercício do direito que vai manifestamente além dos limites econômicos ou socais, da boa-fé e dos bons costumes (Enunciado 37, CJF).

40. (Cespe - Analista Judiciário - Direito - TJ - AM/2019) Por necessidade de salvar pessoa de sua família de grave dano iminente, Celso assumiu obrigação excessivamente onerosa com determinada sociedade empresária. Posteriormente, ajuizou ação judicial requerendo a anulação do negócio jurídico por vício de consentimento.

Considerando essa situação hipotética, julgue os itens seguintes.

I - A anulação do referido negócio jurídico depende da demonstração de que a sociedade empresária tinha conhecimento da situação de grave risco vivenciada pelo familiar de Celso.

- CERTO
- ERRADO

▷ ***Anotações/Comentários***

Para que ocorra a anulação do negócio jurídico, em caso de estado de perigo, é necessário que a outra parte saiba da situação grave vivenciada, como disciplina o art. 156 do Código Civil. Cita-se: "Configura-se o estado de perigo quando alguém, premido da necessidade de salvar-se, ou a pessoa de sua família, d**e grave dano conhecido pela outra parte**, assume obrigação excessivamente onerosa".

II - Segundo a doutrina civilista, ainda que demonstrados os requisitos necessários para caracterizar o vício de consentimento, será possível que, em vez da anulação do negócio jurídico, seja realizada a sua revisão com o devido reequilíbrio econômico-financeiro.

- CERTO
- ERRADO

▷ ***Anotações/Comentários***

O item está certo.

Vício de consentimento gera a anulação do ato e esta poderá ser evitada, convalidando o negócio jurídico, acaso seja reestabelecido o equilíbrio negocial. Exemplifica-se com o erro (CC, art. 144) e a lesão (CC, § 2º do art. 157).

41. (Cespe - Analista Judiciário - Direito - TJ - AM/2019) Julgue os itens que se seguem, a respeito da disciplina jurídica dos contratos no direito civil.

I - De acordo com o Código Civil, a extinção de um contrato em razão da ocorrência de situação prevista em cláusula resolutiva expressa depende de pronunciamento judicial para que possa produzir seus regulares efeitos jurídicos.

- CERTO
- ERRADO

▷ ***Anotações/Comentários***

A assertiva está errada. Nos termos do art. 474, CC, "A cláusula resolutiva expressa opera de pleno direito; a tácita depende de interpelação judicial".

Vale ainda destacar o Enunciado 436 do CJF: A cláusula resolutiva expressa produz efeitos extintivos independentemente de pronunciamento judicial.

II - Haja vista a boa-fé objetiva, o segurado possui o dever de informar a ocorrência de sinistro ao segurador, logo que tomar conhecimento desse fato, e adotar as medidas necessárias para mitigar suas consequências, sob pena de perder o direito a indenização.

- CERTO
- ERRADO

▷ ***Anotações/Comentários***

Observa-se na questão a incidência do *"duty to mitigate the own loss"* nos contratos de seguro. Como decorrência da boa-fé objetiva, a parte tem a atribuição de adotar medidas capazes de mitigar o próprio prejuízo resultante da violação do contrato.

No que tange ao tema seguro, o assunto tem assento legislativo no art. 771 do Código Civil. Assim, sob pena de perder o direito à indenização, o segurado participará o sinistro ao segurador, logo que o saiba, e tomará as providências imediatas para minorar as consequências.

Importante esclarecer ao leitor que a questão acima treinada é anterior ao advento da Lei Federal 15.040/2024, que previu a revogação do art. 771 do CC. Entretanto, esta norma somente entrará em vigor em dezembro de 2025, de modo que não altera, inclusive para fim de treinamento e preparo, o conteúdo final do quesito objeto do treino.

III - No direito civil, há exceções ao princípio da relatividade dos efeitos contratuais, como, por exemplo, nos institutos da estipulação em favor de terceiro e do contrato com pessoa a declarar.

- CERTO
- ERRADO

▷ ***Anotações/Comentários***

O princípio da relatividade dos efeitos contratuais é aquele que firma produzir o contrato efeitos apenas entre as partes.

Tal princípio, porém, não é absoluto, tendo importantes exceções na função social dos contratos, no contrato com pessoa à declarar, na promessa de fato de terceiro e na estipulação em favor de terceiros. Nestas molduras, verifica-se situações em que o contrato vai para além das partes contratantes.

42. (FGV - Técnico Judiciário - TJ - RO/2021) Três irmãos pretendem comprar juntos um automóvel: Caio, 20 anos, pessoa com leve deficiência mental; Joana, 16 anos, graduada em Turismo; e Natália, 17 anos, casada civilmente com Jorge.

Para a celebração do negócio, deve-se levar em conta que Caio, Joana e Natália são, respectivamente:

a) absolutamente capaz, absolutamente capaz e absolutamente capaz;
b) absolutamente incapaz, absolutamente capaz e absolutamente incapaz;
c) relativamente incapaz, relativamente incapaz e absolutamente incapaz;
d) absolutamente incapaz, absolutamente capaz e relativamente incapaz;
e) relativamente incapaz, absolutamente incapaz e absolutamente capaz.

▷ ***Anotações/Comentários***

Todos os sujeitos trazidos na questão são absolutamente capazes, vejamos:

Caio, 20 anos, pessoa com leve deficiência mental: com o advento da Lei nº 13.146/15, a pessoa com deficiência mental não pode mais ser classificada como incapaz.

Joana, 16 anos, graduada em Turismo: se encaixa no inciso IV, do parágrafo único do art. 5º do CC. Com a graduação, ela emancipou-se.

Natália, 17 anos, casada civilmente com Jorge: enquadra-se no inciso II, do parágrafo único do art. 5º do CC. Emancipou-se pelo casamento.

43. (FGV - Técnico Judiciário - TJ - RO/2021) A pequena cidade de Salgueiro recebeu, de repente, uma enorme quantidade de pessoas, que estavam desabrigadas em razão de desastre ambiental que devastara um vilarejo próximo. Percebendo que precisavam de hospedagem e não existiam mais acomodações na localidade, Gilberto decidiu se aproveitar da situação e ofereceu quartos de sua grande casa para hospedar algumas pessoas, cobrando o triplo do que as pousadas da região cobravam.

Nesse caso, o contrato celebrado por Gilberto com os vizinhos está viciado por:

a) fraude contra credores;
b) estado de perigo;
c) erro;
d) dolo;
e) lesão.

▷ ***Anotações/Comentários***

O cerne da questão encontra-se na diferenciação dos institutos da Lesão e do Estado de Perigo.

Lesão	Estado de perigo
Desproporção decorrente do estado de necessidade econômica, mesmo não conhecido pelo contraente que vem a se aproveitar do negócio.	Contrai obrigação exorbitante por temor de iminente e grave dano moral ou material.
Risco patrimonial.	Risco pessoal (perigo a vida; lesão a saúde; a integridade física ou psíquica de uma pessoa).
A parte beneficiada desconhece a ameaça. Não é necessário o dolo de aproveitamento.	O dano grave resta conhecido pela parte que se aproveita. Fala-se na presença de dolo de aproveitamento.

Infere-se que na questão o risco é de perda patrimonial, e não à integridade física, configurando-se à lesão (CC, art. 157).

44. AOCP – 2024 – TRF 2 - Analista Judiciário - Área Judiciária

Em relação ao disposto no Código Civil, informe se é verdadeiro (V) ou falso (F) o que se afirma a seguir e assinale a alternativa com a sequência correta.

( ) Considera-se condição a cláusula que, derivando exclusivamente da vontade das partes, subordina o efeito do negócio jurídico a evento futuro e incerto.

( ) O encargo não suspende a aquisição nem o exercício do direito, salvo quando expressamente imposto no negócio jurídico, pelo disponente, como condição suspensiva.

( ) É anulável o negócio jurídico simulado, mas subsistirá o que se dissimulou, se válido for na substância e na forma.

( ) O estado de perigo resta configurado quando uma pessoa, sob premente necessidade, se obriga a prestação manifestamente desproporcional ao valor da prestação oposta.

a) V – F – V – F.

b) V – V – F – F.

c) V – F – F – V.

d) F – F – V – V.

e) F – V – F – F.

▷ ***Anotações/Comentários***

Verdadeira a primeira assertiva, sendo a exata redação do art. 121 do CC.

Igualmente certa a segunda assertiva, sendo a redação do art. 136 do CC.

Falsa a terceira assertiva, pois o negócio jurídico simulado é nulo de pleno direito (CC, art. 167).

Equivocada a última assertiva pois remete à lesão (CC, art. 157), e não ao estado de perigo (CC, art. 156). O estado de perigo se verifica quando alguém, premido na necessidade de salvar-se, ou a pessoa de sua família, ou a terceiro, de grave dano conhecido pela outra parte, assume obrigação excessivamente onerosa.

O gabarito é a letra "b"

45. (FGV – Técnico Judiciário – TJ – RO/2021) Gilvan resolveu adaptar um antigo moinho para, mantendo-o com sua arquitetura histórica, transformá-lo também em uma turbina eólica. Para tanto, chamou a restauradora de vidros de janelas antigas Maria, que os retirou para depois reinseri-los nas mesmas janelas, realizando a sua manutenção. Contratou também Roberto para fabricar tijolos artesanais idênticos aos originais, mas no final não foi necessário empregá-los na construção.

No que concerne à classificação dos bens considerados em si mesmos, a energia eólica, os vidros em restauração e os tijolos artesanais podem ser classificados, respectivamente, como:

a) bem imóvel, bens imóveis, bens móveis;

b) bem móvel, bens móveis, bens imóveis;

c) bem imóvel, bens imóveis, bens imóveis;

d) bem móvel, bens imóveis e bens móveis;

e) bem móvel, bens móveis e bens móveis.

▷ ***Anotações/Comentários***

Correta a letra "d". Veja-se:

Energia eólica: bem móvel por força da lei (CC, Art. 83, II);

Vidros em restauração: bens imóveis por força da lei (CC, Art. 81, II). O foco aqui deve ser entender que Maria retirou os vidros para depois reinseri-los nas mesmas janelas.

Tijolos artesanais: bens móveis por força da lei (CC, Art. 84). Faz-se mister considerar que não foi necessário empregá-los na construção.

46. (FGV – Técnico Judiciário – TJ – RO/2021) Renato, Luana, Celso e Bárbara se uniram para constituir uma pessoa jurídica de direito privado para o exercício de atividade com finalidade não econômica. Nesse caso, é correto afirmar que:

a) haverá, entre os quatro, direitos e obrigações recíprocos;

b) o estatuto poderá instituir categorias pelas quais alguns deles tenham vantagens especiais;

c) sua participação na pessoa jurídica será transmitida aos seus herdeiros, se o estatuto não dispuser o contrário;

d) competirá exclusivamente à assembleia geral alterar o estatuto;

e) sob pena de anulação, o estatuto deve conter, entre outros elementos, a denominação, os fins e a sede da pessoa jurídica.

▷ ***Anotações/Comentários***

Sendo uma união de pessoas para constituição de uma pessoa jurídica com finalidade não econômica, verifica-se uma Associação. Em sendo associação:

Associados não tem direitos e deveres recíprocos, mas apenas perante a associação (CC, art. 53, parágrafo único).

Associados devem ter iguais direitos, mas o estatuto poderá instituir categorias com vantagens especiais (CC, art. 55).

A qualidade de associado é intransmissível, se o estatuto não dispuser o contrário (CC, art. 56).

Compete privativamente (não exclusivamente) à assembleia geral alterar o estatuto (CC, art. 59, II).

Sob pena de nulidade, não de anulação o estatuto das associações conterá a denominação, os fins e a sede da associação (CC, art. 54).

Correta a letra "b".

Registra-se que a questão não está bem formulada, pois em uma análise teleológica da norma também se vê como correta a letra "d".

47. (FCC – Analista Judiciário – Direito – TJ – MA/2019) Em relação aos direitos da personalidade, é correto afirmar:

a) Ninguém pode ser constrangido a submeter-se a tratamento médico ou a intervenção cirúrgica, salvo se encontrar-se com risco de vida.

b) É válida, com objetivo científico, apenas, a disposição gratuita do próprio corpo, desde que no todo, para depois da morte.

c) Salvo por exigência médica, é defeso o ato de disposição do próprio corpo, quando importar diminuição permanente da integridade física, ou contrariar os bons costumes.

d) Como regra, os direitos da personalidade são irrenunciáveis mas transmissíveis, podendo o seu exercício sofrer limitação voluntária.

e) Quando se tratar de morto, lesões a direito da personalidade podem ser reclamadas, pleiteando-se perdas e danos, pelo cônjuge sobrevivente ou por qualquer parente até o segundo grau.

▷ ***Anotações/Comentários***

Trata-se de outra questão cuja resposta está na letra da lei. Vejamos:

a) Art. 15. Ninguém pode ser constrangido a submeter-se, com risco de vida, a tratamento médico ou a intervenção cirúrgica. Veja-se que não se demanda o risco de vida para que o paciente submeta-se, podendo conferir o livre consentimento.

b) Art. 14. É válida, com objetivo científico, **ou altruístico**, a disposição gratuita do próprio corpo, no todo ou em parte, para depois da morte. Faltou a possiblidade do altruístico na questão.

c) Art. 13. Salvo por exigência médica, é defeso o ato de disposição do próprio corpo, quando importar diminuição permanente da integridade física, ou contrariar os bons costumes. Assertiva correta.

d) Art. 11. Com exceção dos casos previstos em lei, os direitos da personalidade são **intransmissíveis** e irrenunciáveis, **não podendo** o seu exercício sofrer limitação voluntária.

e) Art. 12, Parágrafo único. Em se tratando de morto, terá legitimação para requerer a medida prevista neste artigo o cônjuge sobrevivente, ou qualquer parente em linha reta, ou colateral **até o quarto grau**.

48. (FCC – Analista Judiciário – Direito – TJ – MA/2019) Em relação aos negócios jurídicos, é correto afirmar:

a) Subordinando-se a eficácia do negócio jurídico à condição suspensiva, enquanto esta se não verificar, não se terá adquirido o direito, a que ele visa.

CIVIL

b) Os negócios jurídicos benéficos e a renúncia interpretam-se ampliativamente.

c) Os poderes de representação conferem-se exclusivamente por lei.

d) Em qualquer hipótese, a manifestação de vontade não subsiste se o seu autor houver feito a reserva mental de não querer o que manifestou.

e) Como regra geral, o silêncio importa anuência, sendo ou não necessária a declaração de vontade expressa.

▷ ***Anotações/Comentários***

A alternativa correta (letra "A"), que contém a exata redação do art. 125 do Código Civil. Afinal, enquanto não implementada a condição suspensiva, o negócio não produzirá seus efeitos, não havendo nem aquisição e nem o exercício do direito.

As demais alternativas apenas trocam uma palavra ou expressão de algum dispositivo do Código.

Os negócios jurídicos benéficos e a renúncia interpretam-se **estritamente** e não ampliativamente (art. 114, CC). Os poderes de representação conferem-se por lei ou também pelo **interessado** (art. 115). A manifestação de vontade subsiste **ainda** que o seu autor haja feito a reserva mental de não querer o que manifestou, **salvo** se dela o destinatário tinha conhecimento (art. 110).

Por fim, o silêncio importa anuência, **quando** as circunstâncias ou os usos o autorizarem, e não for necessária a declaração de vontade expressa (art. 111).

---

49. (FCC – Analista Judiciário – Direito – TJ – MA/2019) Em relação à prescrição, considere:

I. Por implicar perda de direito, a renúncia da prescrição só pode ser expressa, vedada a renúncia tácita.

II. A prescrição pode ser alegada em qualquer grau de jurisdição, pela parte a quem aproveita.

III. Os prazos da prescrição, por se tratar de direitos disponíveis, podem ser alterados por acordo das partes.

IV. A prescrição iniciada contra uma pessoa continua a correr contra o seu sucessor.

Está correto o que consta APENAS em

a) III e IV.

b) I, II e IV.

c) I, II e III.

d) I e III.

e) II e IV.

▷ ***Anotações/Comentários***

A prescrição não é a perda do direito. A prescrição é perda da pretensão. A decadência que é a perda do direito potestativo.

Ademais, de acordo com o Código Civil:

Art. 191. A renúncia da prescrição pode ser expressa ou tácita, e só valerá, sendo feita, sem prejuízo de terceiro, depois que a prescrição se consumar; tácita é a renúncia quando se presume de fatos do interessado, incompatíveis com a prescrição.

Art. 192. Os prazos de prescrição não podem ser alterados por acordo das partes.

Art. 193. A prescrição pode ser alegada em qualquer grau de jurisdição, pela parte a quem aproveita.

Art. 196. A prescrição iniciada contra uma pessoa continua a correr contra o seu sucessor.

---

50. (FCC – Analista Judiciário – Direito – TJ – MA/2019) Segundo o Código Civil, a transação

a) não admite a pena convencional ao ser celebrada.

b) interpreta-se restritivamente e por ela transmitem-se, declaram-se e reconhecem-se direitos.

c) permite-se em relação a direitos patrimoniais de caráter público ou privado.

d) não aproveita, nem prejudica senão aos que nela intervierem, ainda que diga respeito a coisa indivisível.

e) só se anula por dolo ou por erro essencial quanto à pessoa.

▷ ***Anotações/Comentários***

Entende-se por transação um ato de concessões recíprocas que objetiva por fim a uma coisa duvidosa.

Nada impede que na transação as partes estabeleçam obrigações recíprocas, as quais, acaso descumpridas, tenham a indicação de uma penalidade convencional (cláusula penal)

Outrossim, a transação apenas é admitida para direitos patrimoniais de caráter privado (CC, art. 841), demanda interpretação restritiva e por ela não se transmitem, apenas se declaram ou reconhecem direitos (CC, art. 843).

A transação só se anula por dolo, coação ou erro essencial quanto à pessoa ou coisa controversa (CC, art. 849), e não aproveita, nem prejudica, senão aos que nela intervierem, ainda que diga respeito a coisa indivisível (CC, art. 844).

---

51. (FGV – Analista Judiciário – Área Judiciária – TJ – AL/2018) Por meio de instrumento particular, Maria e Carlos pactuaram a venda de um imóvel pelo preço de R$ 200.000,00. Na ocasião da assinatura do contrato, Carlos, comprador, imitiu-se na posse do bem. Ao levar o pacto para registro no ofício de imóveis, o tabelionato comunicou a Carlos que se recusaria a praticar o ato, visto que o negócio jurídico padecia de invalidade. Diante dessa situação, é correto afirmar que:

a) a recusa do tabelionato é indevida, visto que a eventual irregularidade pode ser sanada e o negócio confirmado pelas partes;

b) o negócio jurídico é inexistente e, portanto, Carlos deverá devolver o imóvel a Maria, contra o reembolso das benfeitorias úteis;

c) a recusa do cartório é devida e as disposições do instrumento subscrito pelas partes são inválidas;

d) a compra e venda desejada pelas partes é válida, apesar da nulidade do instrumento que a previu;

e) o negócio jurídico produz efeitos de promessa de compra e venda e deve ser assim registrado, ainda que as partes não tenham previsto eventual irregularidade no pacto.

▷ ***Anotações/Comentários***

O imóvel deveria ter sido alienado por escritura pública, visto que a questão trata da transferência de direitos reais de um imóvel com valor superior a 30 salários mínimos (art. 108, CC). A consequência do desrespeito à forma é a nulidade absoluta do negócio jurídico (Art. 166, IV, CC). Logo, correta a letra "c".

---

52. (FGV – Analista Judiciário – Área Judiciária – TJ – AL/2018) Janaína, divorciada e mãe de três filhos maiores, estabelece união homoafetiva com Jurema, sem, contudo, regulamentar a relação por escrito. Ao longo do período de convivência, Janaína adquiriu pequeno apartamento, onde estabeleceu residência com sua companheira.

Diante do recente falecimento de Janaína, aos 58 anos, que apenas deixou o imóvel em que residia, Jurema fará jus:

a) à meação do bem e ao direito real de habitação sobre o referido bem;

b) a um sétimo do apartamento;

c) à meação e a um quarto do imóvel;

d) a um quarto do imóvel e ao direito real de habitação sobre o referido bem;

e) à meação, a mais um quarto do imóvel e ao direito de habitação sobre o referido bem.

▷ ***Anotações/Comentários***

Conforme decidido pelo STF em 2011 – julgamento conjunto da ADIN 4277-DF e ADPF 132-RJ -, aplica-se à união homoafetiva, por analogia, as regras da união estável.

Dessa forma, no caso em análise o regime de bens é o da comunhão parcial, ao passo que os consortes não disciplinaram contrato escrito em sentido diverso (CC, art. 1.725).

Em sendo o regime da comunhão parcial, o apartamento adquirido na constância da relação é objeto de meação, na forma do art. 1.660, I do Código Civil.

Outrossim, o consorte sobrevivente tem direito real de habitação, por ser o único imóvel residencial objeto do inventário e consistir, justamente, no imóvel em que o casal residia.

53. FCC - 2024 - TRT 11 (AM e RR) - Analista Judiciário - Área Judiciária

Ana e Carla constituíram união estável sem qualquer formalização. No bojo da união, Ana adquiriu uma motocicleta por 10 mil reais. Por sua vez, Carla ganhou, através de doação da genitora, um carro de 60 mil reais. No caso de dissolução da união estável,

a) Ana fará jus à meação do carro, porém Carla não terá direito à partilha da motocicleta.

b) tratando-se de sociedade de fato, será necessária prova de esforço comum para que os bens possam ser partilhados.

c) Carla fará jus à meação da motocicleta, porém Ana não terá direito à partilha do carro.

d) os dois bens serão objeto de partilha, garantindo-se a meação destes às partes, independentemente de prova de esforço comum.

e) em virtude da ausência de formalização da união estável, inexistirá partilha de bens, permanecendo cada parte com o veículo de sua propriedade.

▷ ***Anotações/Comentários***

A união estável, regra geral, é regida pelo regime da comunhão parcial de bens, ressalvado a existência de contrato escrito em sentido diverso – CC, art. 1.725.

Em sendo comunhão parcial, comunicam aquisições onerosas na constância da relação, ainda que em nome de apenas um dos consortes – CC, art. 1.660, I -, gerando meação da motocicleta; e não comunicam doações ou heranças recebidas por apenas um dos consortes – CC, art. 1.659, I.

Portanto, correta a alínea "c".

54. FCC - 2024 - TRT 11 (AM e RR) - Analista Judiciário - Área Judiciária

O titular do direito real de habitação, ao habitar gratuitamente imóvel alheio, pode

a) ceder, gratuita ou onerosamente, o exercício do direito a terceiros.

b) emprestá-lo a outrem, desde que continue responsável pela manutenção do imóvel.

c) ocupá-lo sozinho, sendo vedado que outras pessoas de sua família ali residam.

d) simplesmente ocupá-lo com sua família.

e) alugá-lo, desde que reverta parte do valor à manutenção do imóvel.

▷ ***Anotações/Comentários***

O direito real de habitação é pessoal e intransferível, contemplando aquele que habita e seus familiares.

Logo, correta a letra "d".

55. (FGV - Analista Judiciário - Área Judiciária - TJ - AL/2018) A Associação dos Amantes do Turismo (AAT) recebeu, a título de usufruto instituído pelo associado Jorge, um imóvel de sua propriedade. As partes convencionaram, no título de instituição, que o usufruto seria pelo prazo de vinte anos. Decorridos dez anos da instituição, os associados, sem a participação de Jorge, que morrera há dois anos, deliberaram, em assembleia, ceder gratuitamente o usufruto do imóvel à Associação de Agentes de Viagem (AAV), em reconhecimento a serviços recebidos pela AAT. A cessão, feita sem prazo determinado, é considerada:

a) válida, pois, consolidada a propriedade com a morte de Jorge, a AAT poderia destinar o bem da forma que lhe aprouvesse;

b) inválida, pois a cessão gratuita do usufruto dependeria da autorização de Jorge;

c) válida e vigerá até o término do prazo previsto no ato de instituição do usufruto por Jorge;

d) ineficaz, pois o instituto do usufruto não permite cessão gratuita;

e) válida e vigerá por trinta anos a partir da instituição do usufruto por Jorge.

▷ ***Anotações/Comentários***

A priori é importante ressaltar que a morte de Jorge não extingue o usufruto. Apenas a morte do usufrutuário tem condão de extinguir o direito real – art. 1.410, I, do CC. Além disso, de acordo com o art. 1.393 do CC, o usufruto não pode ser transferido por alienação, porém pode ter seu exercício cedido através de título gratuito ou oneroso.

Na situação narrada na questão, o usufruto do imóvel foi cedido a outra associação, em consonância com a legislação. Portanto, trata-se de situação válida, que permanecerá enquanto vigente o prazo do usufruto.

56. (FGV - Analista Judiciário - Área Judiciária - TJ - AL/2018) Alessandra, ao passar ao lado do prédio em que se encontra estabelecido o Condomínio do Edifício Praia Bonita, é atingida por um carrinho de brinquedo, proveniente do alto da edificação. Ao olhar para cima, vê crianças saindo da janela do apartamento 502, mas não pode afirmar ao certo de onde veio o objeto. Nessas circunstâncias, responde pelos danos sofridos por Alessandra:

a) o síndico do condomínio;

b) o morador do apartamento 502;

c) o responsável pelas crianças do apartamento 502;

d) ninguém, pois inimputáveis os prováveis autores do dano;

e) o condomínio.

▷ ***Anotações/Comentários***

Na forma do art. 938 do CC, "Aquele que habitar prédio, ou parte dele, responde pelo dano proveniente das coisas que dele caírem ou forem lançadas em lugar indevido". Trata-se da responsabilidade civil por objetos lançados ou caídos, a qual é objetiva.

O enunciado, porém, afirma que Alessandra não tinha certeza de onde veio o carrinho (mesmo tendo desconfiança). Nessa situação, a jurisprudência entende que a responsabilidade é do condomínio, segundo a teoria da causalidade alternativa.

57. (FGV - Analista Judiciário - Área Judiciária - TJ - AL/2018) Em 31 de janeiro de 2018, Renato, avisado por amigos, acessou sua rede social e verificou que Felipe, seu desafeto, dirigiu-lhe palavras de baixo calão, desonrando-o, mediante postagem pública ocorrida em 22 de janeiro de 2018. Em 05 de fevereiro do mesmo ano, Felipe recebe notificação de Renato, solicitando que fosse apagada a mensagem desonrosa. Ante a inércia de Felipe, Renato ajuíza, em 09 de março de 2018, ação pleiteando a retirada da mensagem, bem como a condenação de Felipe ao pagamento de indenização pelos danos morais sofridos. A mora da obrigação de indenizar é verificada:

a) em 31 de janeiro de 2018;

b) em 22 de janeiro de 2018;

c) quando do trânsito em julgado da sentença;

d) em 05 de fevereiro de 2018;

e) em 09 de março de 2018.

▷ ***Anotações/Comentários***

Na prática de ato ilícito, a mora inicia-se do dia do ato danoso (CC, art. 398 e Súmula 54 do STJ). Assim, iniciou-se em 22 de janeiro de 2018, sendo correta a letra "b".

58. (FGV - Técnico Judiciário - Área Judiciária - TJ - AL/2018) Joaquim, brasileiro, conheceu, Jeniffer, australiana, e com ela se casou no Brasil, pelo regime da separação de bens. Três anos após o casamento, Jeniffer adquire um imóvel em Maceió, no qual o casal passa a residir. Em razão de dificuldades financeiras, o casal resolve se mudar para Sydney, Austrália, local em que estabelecem domicílio e ambos adquirem, em razão de sucesso profissional, vultoso patrimônio. Contudo, aos 40 anos Jeniffer vem a falecer, sem deixar testamento, ascendentes e descendentes. De sua família biológica, apenas é vivo seu irmão, James, o qual, para a lei australiana, é o único herdeiro legítimo. Diante dessa

CIVIL

situação e considerando que, para a lei brasileira, Joaquim é o herdeiro legítimo, o bem localizado em Maceió será:

a) partilhado entre Joaquim e James;
b) destinado a James;
c) incorporado ao Município de Maceió;
d) adjudicado a Joaquim;
e) entregue ao Município de Sydney.

▷ ***Anotações/Comentários***

É preciso voltar os olhos para a Lei de Introdução ao Direito Brasileiro – LINDB, que determina que a sucessão por morte deve ser regulada pela lei do último domicílio do *de cujus*. Todavia, faz uma ressalva quanto à sucessão de bens de estrangeiros (na questão, Jeniffer) que estão situados no Brasil (Maceió). Nesse caso, estabelece que sua sucessão deverá ser regulada pela Lei brasileira (código Civil) em benefício do cônjuge (Joaquim) ou dos filhos brasileiros, sempre que a lei do de cujus (lei da Austrália) não lhe seja mais favorável (art. 10, § 1º, LINDB e 5o , XXXI da CF/88).

Desta forma, conclui-se que na hipótese trazida o Código Civil Brasileiro é mais favorável, pois em seu art. 1.838 estabelece que, "em falta de descendentes e ascendentes, será deferida a sucessão por inteiro ao cônjuge sobrevivente". Consequentemente, na situação narrada, como a falecida Jeniffer não deixou herdeiros ascendentes nem descendentes, o imóvel de Maceió transfere-se ao seu cônjuge – Joaquim –, em consonância com a lei brasileira.

---

59. (FGV – Técnico Judiciário – Área Judiciária – TJ – AL/2018) Felipe, com quinze anos, desfere agressões verbais contra a honra de Marcela, maior e sua vizinha, na presença de vários vizinhos de condomínio. Embora aborrecida, Marcela é por todos os presentes amparada e acolhe, por certo tempo, o conselho de não buscar indenização pelos danos morais sofridos, visto se tratar de um adolescente "rebelde". Contudo, decorridos vinte e quatro meses das agressões e em razão da mudança de Felipe, que deixou o prédio, Marcela resolve buscar "seus direitos" e receber indenização dos pais do agressor. A pretensão de Marcela:

a) é incabível, pois a falta de exercício de seu direito configurou um perdão;
b) pode ser perpetuamente acolhida, visto que direito da personalidade é imprescritível;
c) não poderá prosperar, pois Felipe, à época dos fatos, era absolutamente incapaz;
d) pode ser acolhida, desde que ajuizada dentro do prazo prescricional;
e) é abusiva, pois o acolhimento do conselho dos vizinhos representa consumação da prescrição.

▷ ***Anotações/Comentários***

Primeiramente, salienta-se que a questão traz que Felipe tinha apenas 15 anos, mas não confunda! A prescrição corria normalmente porque não era contra ele, mas sim favorável a ele, não se aplicando o disposto no art. 198, I, CC.

Sem embargo, o caso foi de reparação civil. Assim, nos termos do art. 206, § 3º, CC, prescreve em três anos a pretensão de reparação civil. Portanto, a pretensão só estaria prejudicada pela prescrição quando Felipe tivesse 18 anos. Acontece que Marcela propôs a ação 24 meses após o incidente, estando Felipe ainda com 17 anos.

---

60. (FGV – Técnico Judiciário – Área Judiciária – TJ – AL/2018) Carlos, serventuário do Poder Judiciário, reside em Marechal Deodoro, leciona em centro universitário localizado em Maceió e está lotado na Comarca de São Miguel dos Campos, onde exerce suas funções.

Diante desse quadro, Carlos possui domicílio necessário em:

a) Maceió e São Miguel dos Campos;
b) Marechal Deodoro;
c) Maceió;
d) Marechal Deodoro e Maceió;
e) São Miguel dos Campos.

▷ ***Anotações/Comentários***

A banca solicita que o candidato assinale o domicílio necessário – ou seja, aquele que não é escolhido pela pessoa, mas determinado pela lei – de Carlos.

Na forma do art. 76 do CC, o domicílio do servidor público será o lugar em que exerce permanentemente suas funções.

---

61. AOCP – 2024 – TRF 2 - Analista Judiciário - Área Judiciária

Joaquim reside no município de Niterói e, durante a semana, desloca-se todos os dias à cidade do Rio de Janeiro, pois é servidor público deste último município. Aos finais de semana, dirige-se para a cidade de Petrópolis, pois possui uma loja de produtos artesanais na região, sendo conhecido como um exímio comerciante. Diante da situação apresentada, é correto afirmar que pode(m) ser considerado(s) domicílio(s) de Joaquim

a) Niterói, Rio de Janeiro e Petrópolis.
b) Rio de Janeiro e Petrópolis, apenas.
c) Niterói e Rio de Janeiro, apenas.
d) Niterói, apenas.
e) Rio de Janeiro, apenas.

▷ ***Anotações/Comentários***

O direito brasileiro adota a possibilidade do domicílio plural. Na questão, há:

a. Domicílio pessoal em Niterói, sendo o local em que Joaquim tem residência com intenção de permanência (CC, art. 70);
b. Domicílio legal no Rio de Janeiro, por ser servidor público (CC, art. 76) e
c. Domicílio profissional em Petrópolis, local em que exercita sua profissão (CC, art. 72).

O gabarito é a letra "a"

---

62. (FGV – Técnico Judiciário – Área Judiciária – TJ – AL/2018) A Associação Amigos de Ponta Verde, constituída por moradores do bairro, decide, em assembleia regular, explorar cantina em sua sede, com o propósito de melhorar seu caixa com o lucro da atividade.

Essa deliberação é considerada:

a) válida, pois o lucro será destinado à associação;
b) nula, pois a associação não pode ter fins econômicos;
c) ineficaz quanto aos associados, uma vez que não receberão os lucros;
d) ilícita, já que não faz parte do objeto social;
e) legal, pois o lucro deverá ser partilhado entre os associados.

▷ ***Anotações/Comentários***

Via de regra, as associações se distinguem das sociedades, pois estas possuem finalidade lucrativa, ao passo que aquelas não (art. 53, CC).

Contudo, é recomendável que todas as pessoas jurídicas tenham alguma espécie de lucro, visto que caso contrário seria inviável dar continuidade à atividade. Isso não é diferente para as associações.

Desta forma, o diferencial é que nas associações o lucro realizado pela pessoa jurídica não pode ser distribuído entre os associados, devendo ser reaplicado na própria associação. Assim, a exploração de uma cantina pela associação é válida, contanto que o lucro seja destinado à própria associação.

Nesse sentido, frisa o enunciado nº 534 da VI Jornada de Direito Civil que "as associações podem desenvolver atividade econômica, desde que não haja finalidade lucrativa".

---

63. (FGV – Técnico Judiciário – Área Judiciária – TJ – AL/2018) Vinte pescadores de São Miguel dos Milagres decidem adquirir pequeno imóvel para beneficiar sua pesca. De modo que o imóvel fosse destinado apenas para esse fim, resolvem constituir uma fundação, o que fazem mediante escritura pública e destacando o bem adquirido para o patrimônio da nova entidade. Consignaram no ato, ainda, que, na hipótese de extinção, o imóvel deveria ser incorporado ao patrimônio do Município. Contudo, após lavratura do ato subscrito por todos, dois pescadores resolvem não mais participar do projeto e solicitam sua parte do bem. A pretensão deles é:

a) devida, visto que ninguém é obrigado a ficar associado com outrem;

b) incabível, pois o ato constitutivo da fundação encontra-se perfeito e sua extinção se dará na forma do estatuto;

c) viável, sendo necessária a apuração de haveres;

d) possível, desde que a quota parte dos dissidentes seja entregue ao Município;

e) impossível, pois o retorno do bem ao patrimônio de todos depende de distrato consensual dos fundadores.

▷ ***Anotações/Comentários***

Consiste a fundação na afetação de um patrimônio, seja por escritura pública ou por testamento, para uma das finalidades legais (CC, art. 62 do CC).

Acaso seja a fundação instituída por escritura pública, o ato é irretratável, na forma do art. 64 do CC. Logo, correta a letra "b".

Por fim, se instituída por testamento, o ato será essencialmente revogável, como o é o testamento.

---

64. (FGV – Técnico Judiciário – Área Judiciária – TJ – AL/2018) Carla faleceu casada com Jorge, mas sem filhos ou ascendentes. Legou, por testamento, determinados bens para sobrinhos. Após seu falecimento, certa pessoa criou um perfil falso com fotos de Carla em uma rede social.

Nessa hipótese, a proteção da imagem de Carla pode ser exercida por:

a) seus herdeiros;

b) seu Espólio;

c) Jorge;

d) seus amigos próximos;

e) herdeiro da maior porção de seus bens.

▷ ***Anotações/Comentários***

A banca solicitou do candidato a alternativa que traz a pessoa que pode requerer proteção da imagem de Carla (que morreu sem deixar descendentes ou ascendentes). Para chegar na resposta, é necessário realizar a leitura do art. 20, parágrafo único do CC, que defere legitimação ao cônjuge ou parentes em linha reta.

Assim, somente Jorge (que era cônjuge) pode pleitear a proteção, pois Carla não tinha ascendentes ou descendentes.

---

65. (FGV – Técnico Judiciário – Área Judiciária – TJ – AL/2018) Determinada sociedade empresarial recebeu autorização do Poder Executivo municipal para manter uma praça pública, onde poderia, inclusive, divulgar publicidade de sua marca.

Diante dessa situação, afirma-se que a praça é um bem público:

a) de uso comum;

b) alienável;

c) de uso especial;

d) dominical;

e) de uso privado.

▷ ***Anotações/Comentários***

Praças, rios, mares, estradas ruas e praças são bens de uso comum do povo, na forma do art. 99, I do CC. Assim, correta a letra "a". Registra-se que a autorização estatal à manutenção não desnatura a natureza jurídica do bem.

---

66. (FGV – Técnico Judiciário – Área Judiciária – TJ – AL/2018) A Lei X entrou em vigor na data de sua publicação, por força de dispositivo legal expresso nesse sentido. Quarenta e cinco dias após, nova lei (Lei Y), sem dispor sobre sua vigência, alterou determinado artigo da Lei X. O dispositivo com a alteração passa a vigorar:

a) na data da publicação da Lei Y;

b) quarenta e cinco dias após a publicação da Lei Y;

c) trinta dias após a publicação da Lei X;

d) noventa dias após a publicação da Lei Y;

e) cinco dias após a publicação da Lei X.

▷ ***Anotações/Comentários***

A Lei Y modificou determinado artigo da Lei X. Assim, o artigo com a mudança passa a vigorar 45 dias após a publicação da Lei Y, em consonância com o preconizado no art. 1º, §4º da LINDB e a obediência à *vacatio legis*.

---

67. (FGV – Técnico Judiciário – Área Judiciária – TJ – AL/2018) Em um contrato de prestação de serviços, Jorge (pintor) e Renata (contratante) dispuseram que o pagamento do serviço somente poderia ser judicialmente exigido em até um ano após o vencimento da dívida. Essa disposição contratual é considerada:

a) válida, visto que se trata de um prazo decadencial, que pode ser alterado pelos contratantes;

b) nula, pois um prazo prescricional não pode ser alterado pelos contratantes;

c) válida, desde que o prazo prescricional dessa espécie de obrigação seja inferior ao acordado;

d) nula, porque o prazo decadencial não pode ser alterado pelos contratantes;

e) válida, pois o prazo prescricional pode ser alterado pelos contratantes.

CIVIL

▷ ***Anotações/Comentários***

A questão não diz explicitamente, mas trata do tema prescrição, pois envolve tentativa de acordo sobre prazo para exercício de pretensão de pagamento, a qual é relacionada a um direito subjetivo, patrimonial e disponível.

O prazo prescricional é sempre legal, não admitindo modificação (CC, art. 192). No caso em análise, o prazo prescricional é de 5 anos, na forma do art. 206, §5°, I do CC.

---

68. (FGV – Técnico Judiciário – Área Judiciária – TJ – AL/2018) Pedro ajuizou uma ação em face de João e se saiu vitorioso, sendo-lhe atribuído certo bem. Anos depois, quando já não mais era cabível qualquer recurso, ação ou impugnação contra a decisão do Poder Judiciário, foi editada uma lei cuja aplicação faria com que o bem fosse atribuído a João. À luz da sistemática constitucional, o referido bem deve:

a) permanecer com Pedro, por força da garantia do ato jurídico perfeito;

b) ser transferido a João, com a base no princípio da eficácia imediata da lei;

c) permanecer com Pedro, por força da garantia do direito adquirido;

d) ser transferido a João, salvo se a lei estabelecer regra de transição;

e) permanecer com Pedro, por força da garantia da coisa julgada.

▷ ***Anotações/Comentários***

A expressão do enunciado: "quando já não mais era cabível qualquer recurso", nos conduz à coisa julgada. Logo, a lei nova não poderá atingir a situação posta, conforme o art. 6o, § 3º da LINDB.

---

69. (Cespe – Analista Judiciário – Área Administrativa – TRE – RS/2015) Com base na Lei de Introdução às Normas de Direito Brasileiro, assinale a opção correta.

a) Sempre que uma lei for revogada por outra lei, e a lei revogadora também for revogada, a lei inicialmente revogada volta a ter vigência, em um instituto jurídico denominado de ultratividade da lei.

b) Haverá repristinação quando uma norma revogada, mesmo tendo perdido a sua vigência, for aplicada para reger situações ocorridas à época de sua vigência.

c) Denomina-se vacatio legis o espaço de tempo compreendido entre a data da publicação da lei e a data da sua revogação.

d) Uma norma jurídica pode ser expressa ou tacitamente revogada. Diz-se que há revogação expressa quando a lei nova declarar, em seu texto, o conteúdo da lei anterior que pretende revogar, enquanto que a revogação tácita ocorre sempre que houver incompatibilidade entre a lei nova e a antiga, pelo fato de a lei nova regular a matéria tratada pela anterior.

e) Segundo a legislação vigente, a norma jurídica tem vigência por tempo indeterminado e vigora até que seja revogada por outra lei. O ordenamento jurídico brasileiro não reconhece norma com vigência temporária.

▷ ***Anotações/Comentários***

A alínea "a" está falsa. O instituto descrito seria o da repristinação. Ademais, a repristinação não é regra, mas sim exceção, pois demanda previsão normativa (art. 2o, §3° da LINDB).

Em tempo, ultratividade normativa se verifica quando aplica-se hoje uma norma já revogada. Assim, equivocada a letra "b".

Vacatio Legis significa vacância da lei, a qual compreende o tempo que escoa entre o dia da publicação de uma lei e o dia em que ela entra em vigor. Logo, incorreta a alínea "c".

Lei posterior revoga a anterior quando expressamente o declare, quando seja com ela incompatível ou quando regule inteiramente a matéria de que tratava a lei anterior (Art. 2º LINDB). Logo, correta a letra "d".

No Brasil uma lei em vigor o ficará de forma contínua ou permanente, até que venha a ser revogada. Todavia, malgrado a regra ser a continuidade, é possível que se verifique duas exceções: normas temporárias e circunstanciais. Logo, incorreta a letra "e".

---

70. (Cespe - Analista Judiciário - Área Administrativa - TRE - RS/2015) Assinale a opção correta, relativa a pessoas jurídicas e ao domicílio.

a) Considera-se domicílio das pessoas jurídicas de direito público o lugar onde funciona a sua administração ou o lugar onde se encontram os seus representantes legais.

b) Mesmo que tenha estabelecimentos em lugares diferentes, considera-se domicílio das pessoas jurídicas de direito privado o lugar indicado no seu ato constitutivo.

c) Quanto à responsabilidade por atos ilícitos, aplicam-se às pessoas jurídicas de direito privado as mesmas obrigações impostas às pessoas jurídicas de direito público.

d) As fundações podem ter personalidade jurídica de direito público ou de direito privado, segundo dispõe a sua norma instituidora.

e) As pessoas jurídicas não são objeto de proteção de direito da personalidade, pois esses direitos são próprios das pessoas naturais.

▷ ***Anotações/Comentários***

a) São as pessoas jurídicas de direito privado que têm por domicílio o local onde estiver sua diretoria, podendo, contudo, no contrato social, eleger domicílio especial. (art. 75, IV, CC)

b) No caso de multiplicidade de estabelecimentos em lugares diferentes, cada um será considerado domicílio para os atos nele praticados. Art. 75, § 1º, CC

c) Em termos bem gerais (excetuados concessionários, permissionárias, Código de Defesa do Consumidor), a responsabilidade por atos ilícitos das pessoas jurídicas de direito privado é subjetiva (art. 43, CC)

d) Realmente existem fundações públicas e privadas. As fundações públicas são autorizadas por lei, já as fundações privadas são instituídas a partir de escritura pública ou testamento.

e) A pessoa jurídica tem a proteção dos direitos da personalidade naquilo que couber e, por isso, pode sofrer dano moral (art. 52, CC e Súmula 227, STJ).

---

71. (Cespe - Analista Judiciário - Área Administrativa - TRE - RS/2015) No que diz respeito às diferentes espécies de bens e as suas classificações, assinale a opção correta.

a) Os bens públicos de uso comum são considerados bens públicos por natureza, diferentemente dos bens públicos de uso especial e dos dominicais que são equiparados aos bens privados.

b) Os animais, também denominados semoventes, são considerados espécies de bens móveis por natureza, já que possuem movimento próprio.

c) A energia elétrica, embora possua valor econômico, não pode ser considerada como bem móvel ou imóvel, sendo considerada res nullius.

d) Consideram-se bens incorpóreos aqueles bens que podem ser incorporados ao patrimônio pessoal, pois, além de serem concretos, podem ser palpáveis e mensuráveis economicamente.

e) Diz-se infungíveis aqueles bens que podem ser substituídos por outros da mesma quantidade, qualidade e espécie, como é o caso do dinheiro.

▷ ***Anotações/Comentários***

A alínea "a" está falsa, pois não se realiza a distinção posta.

Correta a letra "b", pois os animais que se movem por força própria são bens móveis por sua natureza, denominando-se se semoventes.

Energia que tem valor econômico são bens móveis por força da lei (CC, art. 83, I). Falsa, portanto, a letra "c".

Os bens Incorpóreos são bens abstratos que não possuem existência física, isto é, não são concretos. Incorreta a alínea "d".

Os Bens fungíveis são aqueles que podem ser substituídos por outros de mesma espécie, qualidade e quantidade, por exemplo, o dinheiro. Infungíveis são os insubstituíveis, o que gera o equivoco da letra "e".

---

72. (Vunesp - Juiz de Direito - TJ - RO/2019) Maria, grávida de 9 meses, juntamente com seu esposo José, estavam caminhando na rua, quando foram atropelados por Carlos. José faleceu imediatamente em razão do atropelamento. Verificou-se que o atropelamento se deu em razão de Carlos não ter realizado as devidas manutenções em seu veículo que estava com defeitos no sistema de frenagem. O atropelamento ocorreu no dia 01.03.2003. Carlos foi condenado por homicídio culposo e cumpriu pena. Em 02.03.2019, Joaquim, filho de Maria e José, na época do acidente, nascituro, nascido um dia após a morte do pai, assistido por aquela, ajuizou ação de indenização por danos morais contra Carlos. Acerca do caso hipotético, é possível afirmar corretamente que

a) Joaquim não pode demandar alguém por um fato ocorrido antes de seu nascimento, tendo em vista que a personalidade se inicia após o nascimento com vida.

b) Carlos não pode ser demandado, tendo em vista que já foi condenado criminalmente pelo fato, em razão da vedação do bis in idem.

c) por não ter conhecido o pai, não pode Joaquim postular danos morais, podendo requerer, apenas, o pagamento de eventuais danos materiais por não ter sido sustentado financeiramente pelo pai.

d) é possível a postulação de danos morais em razão da morte do pai ocorrida antes do nascimento do autor, independentemente de prova de dor e sofrimento.

e) a pretensão está prescrita, tendo em vista o decurso de prazo superior a três anos da data do falecimento de José.

▷ ***Anotações/Comentários***

Salienta-se que a prescrição contra Joaquim (menor de idade) começará a correr quando ele completar 16 anos, isto é, em 02/03/19 (CC, art. 198, I). Assim sendo, é possível a ação contra Carlos. Deve-se levar em consideração ainda que questionamentos quanto à dor e sofrimento não impedem o ajuizamento de ação por danos morais, consoante enunciado 445 das Jornadas de Direito Civil do CJF: "O dano moral indenizável não pressupõe necessariamente a verificação de sentimentos humanos desagradáveis como dor ou sofrimento".

A personalidade civil da pessoa começa do nascimento com vida; mas a lei põe a salvo, desde a concepção, os direitos do nascituro (art. 2º, CC). Vale lembrar que, nos termos do art. 935, CC, a responsabilidade civil é independente da criminal, não se podendo questionar mais sobre a existência do fato, ou sobre quem seja o seu autor, quando estas questões se acharem decididas no juízo criminal - mas não se impede a discussão em questões indenizatórias.

73. (Vunesp – Juiz de Direito – TJ – RO/2019) Tendo em vista as disposições constantes do Estatuto da Pessoa com Deficiência, pode-se corretamente afirmar sobre a tomada de decisão apoiada:

a) O requerimento de tomada de decisão apoiada deverá ser apresentado pelo Ministério Público e deve conter os limites do apoio a ser oferecido e os compromissos dos apoiadores.

b) A tomada de decisão apoiada é o processo obrigatório pelo qual a pessoa com deficiência elege pelo menos 2 (duas) pessoas idôneas, com as quais mantenha vínculos e que gozem de sua confiança, para prestar-lhe apoio na tomada de decisão sobre atos da vida civil.

c) Em caso de negócio jurídico que possa trazer risco ou prejuízo relevante, havendo divergência de opiniões entre a pessoa apoiada e os apoiadores, prevalecerá a opinião destes, tendo em vista o princípio da proteção ao incapaz.

d) Antes de se pronunciar sobre o pedido de tomada de decisão apoiada, o juiz, assistido por equipe multidisciplinar, após oitiva do Ministério Público, ouvirá pessoalmente o requerente e as pessoas que lhe prestarão apoio.

e) A pessoa apoiada pode, a qualquer tempo, solicitar o término de acordo firmado em processo de tomada de decisão apoiada, devendo o pedido ser apreciado pelo Ministério Público e homologado pelo juiz.

▷ ***Anotações/Comentários***

A tomada de decisão apoiada é o processo pelo qual a pessoa com deficiência elege pelo menos 2 (duas) pessoas idôneas, com as quais mantenha vínculos e que gozem de sua confiança, para prestar-lhe apoio na tomada de decisão sobre atos da vida civil, fornecendo-lhes os elementos e informações necessários para que possa exercer sua capacidade (art. 1.783-A, CC).

Ainda de acordo com o art. 1.783-A, § 2º, CC, o pedido de tomada de decisão apoiada será requerido pela pessoa a ser apoiada, com indicação expressa das pessoas aptas a prestarem o apoio. Mas o mesmo não é um processo obrigatório, sendo uma faculdade (Lei 13.146/2015, art. 84. § 2º).

Em caso de negócio jurídico que possa trazer risco ou prejuízo relevante, havendo divergência de opiniões entre a pessoa apoiada e um dos apoiadores, deverá o juiz, ouvido o Ministério Público, decidir sobre a questão. (Art. 1.783-A. § 6º)

Antes de se pronunciar sobre o pedido de tomada de decisão apoiada, o juiz, assistido por equipe multidisciplinar, após oitiva do Ministério Público, ouvirá pessoalmente o requerente e as pessoas que lhe prestarão apoio (Art. 1.783-A. § 3º).

O pedido é apreciado pelo juiz e a pessoa apoiada pode, a qualquer tempo, solicitar o término de acordo firmado em processo de tomada de decisão apoiada (Art. 1.783-A. § 9º).

74. (Vunesp – Juiz de Direito – TJ – RO/2019) Caio e Tício celebraram, em 01.01.2007, um compromisso de compra e venda por meio do qual este promete àquele vender um imóvel urbano, de 1 800 m2 de terreno. O compromisso previu uma entrada no valor de R$ 10.000,00 (dez mil reais) e 60 parcelas de R$ 1.500,00 (mil e quinhentos reais). Caio pagou o valor da entrada, edificou no terreno e mudou-se para o imóvel no final do ano de 2007, estabelecendo sua moradia definitiva e ininterrupta, e então deixou de pagar as demais prestações. Em razão do inadimplemento, Tício notificou Caio extrajudicialmente, em 01.01.2008, para que pagasse os valores em atraso. Este, por sua vez, em 01.02.2008, contranotificou Tício, alegando que não mais pagaria qualquer valor, em razão da edificação que realizou, afirmando textualmente que já se considerava "dono" do terreno. Tício foi convidado para ser o Diretor Executivo de uma empresa multinacional, mudando-se para a Alemanha em 01.05.2008, somente retornando ao Brasil em 01.01.2019. Em 01.06.2019, Caio ajuizou uma ação de usucapião. Sobre o caso relatado, pode-se afirmar corretamente:

a) Não houve a aquisição pela usucapião, tendo em vista que o prazo da prescrição estava suspenso no período em que o proprietário do imóvel estava fora do Brasil, a trabalho.

b) Pode ser reconhecida a usucapião, tendo em vista que houve a interversio possessionis, bem como o decurso do prazo e dos requisitos para o reconhecimento da usucapião extraordinária decorrente da posse-trabalho.

c) Não pode ser reconhecida a usucapião, em razão da inexistência de posse com animus dominis, tendo em vista que a posse decorrente do contrato de compra e venda não pode ser reconhecida como posse ad usucapionem.

d) Não houve a aquisição da propriedade pela usucapião em razão da inexistência de posse do ocupante por prazo superior a quinze anos, tendo em vista a inexistência de justo título e boa-fé.

e) Pode ser reconhecida a usucapião ordinária, tendo em vista que o comprador tinha justo título, decorrente do contrato de compra e venda, bem como a boa-fé presume-se da moradia e cumprimento da função social da propriedade.

▷ ***Anotações/Comentários***

Não há suspensão do prazo, tendo em vista que Tício estava ausente do país para trabalhar em uma multinacional. Logo, não se aplica o artigo 198, inciso II do CC.

A usucapião extraordinária independe de justo título e boa-fé. Além disso, se o possuir estabelece no imóvel sua moradia habitual, ou realiza obras ou serviços de caráter produtivo, o prazo para usucapião é reduzido para 10 anos (art. 1.238, Parágrafo único).

A posse advinda do contrato de promessa de compra e venda, em princípio, não induz a usucapião. Entretanto, há casos em que a prescrição aquisitiva pode se consumar, especialmente se verificada a conversão da posse não própria em própria, momento a partir do qual o possuidor passa a se comportar como se dono fosse, em decorrência da *interversio possessionis*. Tal se deu a partir da contranotificação.

Por fim, lembra-se que a usucapião ordinária demanda a presença de justo título e boa-fé, nos termos do art. 1.242, CC.

75. FCC – 2024 – TRT 11 (AM e RR) – Analista Judiciário – Área Judiciária

Marta possui imóvel urbano de 300 m^2 como se fosse seu, sem interrupção e nem oposição. Além disso, possui justo título e boa-fé. No entanto, não estabeleceu sua moradia no local e nem realizou ali investimentos de interesse social e econômico. Nessas condições, poderá adquirir a propriedade do imóvel por usucapião no prazo mínimo de

a) 2 anos.

b) 10 anos.

c) 20 anos.

d) 55 anos.

e) 15 anos.

▷ ***Anotações/Comentários***

Aplica-se a usucapião ordinária, como posto pelo art. 1.242 do Código Civil. Assim, o prazo, tendo em vista a ausência de moradia e de investimentos de interesse social e econômico, aliado a existência de justo título e boa-fé, será de 10 anos.

Por fim, observa-se que a extensão do imóvel – 300 m^2 -, inviabiliza a usucapião especial de imóvel urbano, prevista no art. 1.240 do Código Civil, na qual o imóvel tem que ter, no máximo, 250m^2.

Logo, correta a letra "b".

76. (Vunesp – Juiz de Direito – TJ – RO/2019) Uma loja de eletrodomésticos assinou um contrato, mediante instrumento particular, com um posto de combustível para que este fornecesse, todo mês, por prazo indeterminado, uma quantidade mínima de 50 litros de combustível para abastecer os veículos de entrega de mercadorias. Em razão do aumento do preço dos combustíveis, a loja de eletrodomésticos contratou entregadores de bicicleta para as entregas de menor porte e começou a diminuir as compras de combustível do posto. Por mais de dois anos, o fornecimento de combustível se deu em quantidades menores que as mínimas estabelecidas no contrato, sem qualquer ressalva ou reclamação por parte do posto de combustível. Então, o representante da loja de eletrodomésticos procurou o representante do posto de combustível e eles, verbalmente, declararam que o contrato estaria desfeito. Entretanto, um ano após o distrato verbal, o posto de combustível ajuizou uma demanda contra a loja de eletrodomésticos, exigindo-lhe o ressarcimento dos valores proporcionais ao não cumprimento de metas mínimas de aquisição de combustível, bem como do período após o distrato verbal, sob o argumento de que o desfazimento do contrato somente poderia ser realizado por escrito. Acerca do caso hipotético, pode-se corretamente afirmar que

a) como o contrato foi celebrado por escrito, somente poderia ser alterado ou desfeito pela mesma forma, razão pela qual seriam devidos todos os valores, tendo em vista o descumprimento do contrato por parte da loja de eletrodomésticos.
b) somente são devidos os valores posteriores ao distrato verbal que não é válido por não atender à mesma forma do contrato; em relação ao período em que houve fornecimento de combustível abaixo do previsto no contrato, configurou-se o denominado tu quoque.
c) não há que se falar na aplicação da supressio em razão da incidência do princípio do pacta sunt servanta. Entretanto, aplicável no caso a surrectio.
d) somente são devidos os valores do período de aquisição abaixo dos mínimos previstos no contrato, mas não os posteriores ao distrato verbal.
e) nenhum valor é devido, tendo em vista que incidiu a supressio em razão da concordância tácita do posto em fornecer combustível em valores abaixo dos contratualmente previstos, bem como ocorreu um distrato verbal válido.

▷ ***Anotações/Comentários***

Consoante o art. 472 do CC o distrato deve ser feito pela mesma forma exigida para o contrato. Como no caso o contrato não tinha forma exigida (era livre), o distrato também tinha forma livre.

Ademais, no curso do contrato configurou-se a *supressio* (supressão), haja vista ter deixado o credor, por reiteradas oportunidades, de exercitar o seu direito, criando justa expectativa no devedor de que não exigiria os valores mínimos de aquisição. Há um comportamento vinculante, como decorrência da boa-fé.

77. (Vunesp - Juiz de Direito - TJ - RO/2019) Maria, divorciada e com três filhos de seu casamento anterior, iniciou uma convivência pública, contínua e duradoura, com o objetivo de constituição de família, com Daniela. Elas firmaram uma escritura pública de união estável, onde adotaram o regime da comunhão parcial de bens. Maria faleceu e deixou os seguintes bens: i) um apartamento adquirido antes do início da união estável; ii) uma casa adquirida após a união estável, onde residia com sua companheira Daniela. Pode-se afirmar corretamente que Daniela

a) em relação à casa, terá direito apenas à meação, bem como em relação ao apartamento, sucederá recebendo quinhão igual ao recebido por cada filho de Maria.
b) não terá qualquer direito à herança relativamente ao apartamento e terá direito à metade da casa, se provar o esforço comum na aquisição do imóvel.
c) sucederá exclusivamente em relação à casa, recebendo metade do quinhão atribuído a cada um dos filhos de Maria.
d) em relação à casa, terá direito apenas à meação, bem como em relação ao apartamento, sucederá recebendo metade do valor atribuído aos filhos de Maria.
e) receberá um quarto da casa e do apartamento, tendo em vista que, por ter formalizado a união estável por meio de escritura pública, é herdeira de pleno direito.

▷ ***Anotações/Comentários***

Conforme decidido pelo STF em 2011 – julgamento conjunto da ADIN 4277-DF e ADPF 132-RJ -, aplica-se à união homoafetiva, por analogia, as regras da união estável.

Dessa forma, no caso em análise o regime de bens é o da comunhão parcial (CC, art. 1.725).

Em sendo o regime da comunhão parcial, a casa adquirida na constância da relação é objeto de meação, na forma do art. 1.660, I do Código Civil. Sobre esta casa que ela recebeu meação, a companheira sobrevivente não receberá herança, em concorrência com os descendentes (CC, art. 1.829, I).

No que tange ao apartamento, que é bem particular (CC, art. 1.659, I), a companheira não terá meação, mas receberá herança, em concorrência com os descendentes e em quinhão igualitário (CC, art. 1.829, I e 1.832).

Por fim, lembra-se que o STF declarou a inconstitucionalidade do art. 1.790 do CC e aplica à sucessão do companheiro as mesmas regras da do cônjuge, por analogia.

78. (Vunesp - Juiz de Direito - TJ - RO/2019) No regime da comunhão parcial de bens, pode-se afirmar corretamente:

a) Não deve ser reconhecido o direito à meação dos valores depositados em conta vinculada ao Fundo de Garantia de Tempo de Serviço - FGTS auferidos durante a constância da união estável ou do casamento celebrado sob o regime da comunhão parcial de bens, salvo se utilizados para aquisição de imóvel pelo casal durante a vigência da relação.
b) Os valores investidos em previdência privada fechada não se inserem na previsão legal que excepciona da comunicabilidade as pensões, os meios-soldos, os montepios e outras rendas semelhantes e, dessa forma, integram o patrimônio comum do casal, devendo ser objeto da partilha.
c) As obrigações provenientes de atos ilícitos, mesmo que não revertam em proveito do casal, bem como os bens que sobrevierem ao cônjuge, na constância do casamento, por doação ou sucessão, e os sub-rogados em seu lugar, integram o patrimônio comum do casal e, portanto, devem ser objeto de partilha.
d) A valorização patrimonial dos imóveis ou das cotas sociais de sociedade limitada, adquiridos antes do casamento ou da união estável, não deve integrar o patrimônio comum a ser partilhado quando do término do relacionamento, visto que essa valorização é decorrência de um fenômeno econômico que dispensa a comunhão de esforços do casal.
e) As verbas de natureza trabalhista nascidas e pleiteadas na constância da união estável ou do casamento celebrado sob o regime da comunhão parcial de bens não integram o patrimônio comum do casal e, portanto, não devem ser objeto da partilha no momento da separação.

▷ ***Anotações/Comentários***

Sobre o regime da comunhão parcial, art. 1.659, I e IV do CC: "Art. 1.659. Excluem-se da comunhão: I - os bens que cada cônjuge possuir ao casar, e os que lhe sobrevierem, na constância do casamento, por doação ou sucessão, e os sub-rogados em seu lugar; (...) IV - as obrigações provenientes de atos ilícitos, salvo reversão em proveito do casal;"

Destacaremos aqui, para melhor compreensão da questão, algumas teses da Edição nº 113 da Jurisprudência em Teses do STJ:

I. 3) As verbas de natureza trabalhista nascidas e pleiteadas na constância da união estável ou do casamento celebrado sob o regime da comunhão parcial ou universal de bens integram o patrimônio comum do casal e, portanto, devem ser objeto da partilha no momento da separação.

I. 4) Deve ser reconhecido o direito à meação dos valores depositados em conta vinculada ao Fundo de Garantia de Tempo de Serviço - FGTS auferidos durante a constância da união estável ou do casamento celebrado sob o regime da comunhão parcial ou universal de bens, ainda que não sejam sacados imediatamente após a separação do casal ou que tenham sido utilizados para aquisição de imóvel pelo casal durante a vigência da relação.

I. 5) A valorização patrimonial dos imóveis ou das cotas sociais de sociedade limitada, adquiridos antes do casamento ou da união estável, não deve integrar o patrimônio comum a ser partilhado quando do término do relacionamento, visto que essa valorização é decorrência de um fenômeno econômico que dispensa a comunhão de esforços do casal.

I. 6) Os valores investidos em previdência privada fechada se inserem, por analogia, na exceção prevista no art. 1.659, VII, do Código Civil de 2002, consequentemente, não integram o patrimônio comum do casal e, portanto, não devem ser objeto da partilha. (Art. 1.659, VII - as pensões, os meios-soldos, os montepios e outras rendas semelhantes).

79. (Vunesp - Juiz de Direito - TJ - RO/2019) Acerca dos alimentos, pode-se afirmar corretamente que

a) a constituição de nova família pelo alimentante acarreta a revisão automática da quantia estabelecida em favor dos filhos advindos de união anterior, devendo ser reduzido o valor, em decorrência do dever de sustento que se estende a todos os filhos.

b) os alimentos devidos entre ex-cônjuges devem ter caráter excepcional, transitório e devem ser fixados por prazo determinado, exceto quando um dos cônjuges não possui mais condições de reinserção no mercado de trabalho ou de readquirir sua autonomia financeira.

c) são devidos alimentos ao filho maior quando comprovada a frequência em curso universitário, por força da obrigação parental de promover adequada formação profissional, mas não em caso de frequência a cursos técnicos.

d) os valores pagos a título de alimentos são insuscetíveis de compensação, mesmo quando configurado o enriquecimento sem causa do alimentando.

e) a responsabilidade dos avós de prestar alimentos aos netos apresenta natureza complementar e subsidiária, configurando-se sempre que não for cumprida adequadamente, independentemente da demonstração da insuficiência de recursos do genitor.

▷ ***Anotações/Comentários***

A questão foi totalmente inspirada na publicação de Jurisprudência em Teses do STJ, Edições 65 e 77. Veja-se:

A) JT 65/STJ "13) A constituição de nova família pelo alimentante não acarreta a revisão automática da quantia estabelecida em favor dos filhos advindos de união anterior".

B) JT 65/STJ "14) Os alimentos devidos entre ex-cônjuges devem ter caráter excepcional, transitório e devem ser fixados por prazo determinado, exceto quando um dos cônjuges não possua mais condições de reinserção no mercado do trabalho ou de readquirir sua autonomia financeira".

C) JT 65/STJ "4) É devido alimentos ao filho maior quando comprovada a frequência em curso universitário ou técnico, por força da obrigação parental de promover adequada formação profissional.

D) JT 77/STJ "13) Os valores pagos a título de alimentos são insuscetíveis de compensação, salvo quando configurado o enriquecimento sem causa do alimentando. "

E) JT 65/STJ "15) A responsabilidade dos avós de prestar alimentos aos netos apresenta natureza complementar e subsidiária, somente se configurando quando demonstrada a insuficiência de recursos do genitor".

80. (Vunesp – Juiz de Direito – TJ – RJ/2019) João e Maria viviam em união estável, formalizada mediante escritura pública, em que elegeram o regime da comunhão parcial de bens. Da relação entre João e Maria, resultaram duas filhas, Madalena e Sara. João também tinha outros dois filhos, Mateus e Paulo, decorrentes de relações eventuais que manteve. João faleceu. Na data da sua morte, João possuía um patrimônio adquirido totalmente antes da constituição da união estável com Maria.

É correto afirmar que o patrimônio de João será dividido da seguinte forma:

a) um quarto (1/4) para cada um dos filhos de João.

b) um quarto (1/4) da herança para Maria e o restante dividido igualmente entre todos os filhos de João.

c) Maria e todos os filhos de João receberão, cada um, um quinto (1/5) da herança.

d) um terço (1/3) para Maria e o restante dividido igualmente entre todos os filhos de João.

e) 10% para Maria e 15% para cada um dos filhos de João.

▷ ***Anotações/Comentários***

Primeiramente faz-se mister se atentar que Maria não receberá meação, já que o patrimônio de João foi adquirido antes da união.

É importante ainda lembrar que é inconstitucional a diferenciação de regimes sucessórios entre cônjuges e companheiros, devendo ser aplicado, em ambos os casos, o regime estabelecido no artigo 1.829 do Código Civil (Tema 498, Repercussão Geral, STF). Logo, sobre bens particulares haverá concorrência sucessória do companheiro sobrevivente com os descendentes (CC, art. 1.829, I).

Ademais, é preciso observar que a questão apresenta uma sucessão híbrida, a qual configura-se quando o consorte concorre com descendentes comuns (de ambos) e com descendentes exclusivos do autor da herança. Certo que a reserva da quarta parte da herança, prevista no art. 1.832 do Código Civil, não se aplica à hipótese de concorrência sucessória híbrida. Dessa forma, Maria concorrerá igualmente com os demais herdeiros de João, já que não é ascendente de todos eles, não tendo direito a um quarto da herança, conforme o art. 1.832.

81. (Vunesp – Juiz de Direito – TJ – RJ/2019) Pedro é sócio, juntamente com sua esposa Maria, da pessoa jurídica "PM LTDA". Maria, sem o conhecimento de Pedro, começou a desviar valores dos cofres da empresa, mediante a emissão de notas fiscais frias, para Ricardo, seu concubino. Em razão dos desvios realizados por Maria, a empresa "PM LTDA" parou de pagar seus fornecedores, que ajuizaram demanda visando receber os valores devidos. Pedro descobriu a traição e divorciou-se de Maria, que foi viver com seu concubino com todos os valores desviados da "PM LTDA". Os fornecedores requereram a desconsideração da personalidade jurídica, para que pudessem satisfazer seus créditos com o patrimônio pessoal de Maria e de Pedro.

Assinale a alternativa correta.

a) Pode haver a desconsideração da personalidade jurídica e os bens de Pedro e Maria irão responder pelas dívidas da empresa, em razão do desvio de finalidade.

b) Os bens pessoais de Pedro não podem responder pelas dívidas da empresa, tendo em vista que não houve ato doloso de sua parte, bem como ele não se beneficiou direta ou indiretamente dos desvios.

c) Apenas os bens de Ricardo podem ser alcançados pela desconsideração da personalidade jurídica, pois, apesar de não ser sócio, praticou atos dolosos de confusão patrimonial.

d) Apenas de for comprovada a culpa grave de Pedro na administração da pessoa jurídica é que poderá ser realizada a desconsideração da personalidade jurídica e seus bens pessoais responderem pelas dívidas da "PM LTDA".

e) A desconsideração da personalidade jurídica apenas pode ocorrer em caso de confusão patrimonial e, como não houve a transferência de valores para os sócios e sim para um terceiro, não podem os bens pessoais de Pedro e Maria responderem pelas obrigações da sociedade.

▷ ***Anotações/Comentários***

Na forma do artigo 50 do Código Civil, a desconsideração apenas atingirá o sócio que perpetrou o abuso da personalidade e que tenha se beneficiado de forma direta ou indireta com o ato. Logo, no caso posto Maria que deverá ser atingida.

82. FCC – 2024 – TRF 3 - Analista Judiciário - Área Judiciária

Um banco concedeu empréstimos de mais de R$ 200 milhões à sociedade ABC Indústria Ltda. para financiar a ampliação das suas instalações. Dois terços das quotas dessa sociedade pertenciam às sociedades DEF Indústria Ltda, e GHI Indústria Ltda., ao passo que o terço restante pertencia a João da Silva, que, por sua vez, era titular de todas as quotas dessas outras duas sociedades. Como a mutuária não honrou o empréstimo, o banco ajuizou contra ela uma execução. Posteriormente, o banco requereu a desconsideração da personalidade jurídica de ABC Indústria Ltda., para que os bens dos seus sócios (ou seja, DEF Indústria Ltda, GHI Indústria Ltda. e João da Silva) pudessem ser alcançados pela execução, sob o fundamento exclusivo de todos eles integrarem um mesmo grupo econômico. Nesse caso, de acordo com o Código Civil, a mera existência de grupo econômico

a) autoriza a desconsideração da personalidade jurídica, para que sejam alcançados os bens das sociedades DEF Indústria Ltda. e GHI Indústria Ltda., mas não de João da Silva.

b) não autoriza a desconsideração da personalidade jurídica da sociedade ABC Indústria Ltda. em relação a nenhum dos seus sócios.

c) autoriza a desconsideração da personalidade jurídica, para que sejam alcançados 05 bens das sociedades DEF Indústria Lida. e GHI Indústria Ltda., bem como de João da Silva, desde que ele também seja administrador de qualquer uma das sociedades.

d) autoriza a desconsideração da personalidade jurídica, para que sejam alcançados os bens das sociedades DEF Indústria Ltda. e GHI Indústria Ltda., bem como de João da Silva, desde que ele também seja administrador de todas as sociedades.

e) autoriza a desconsideração da personalidade jurídica, para que sejam alcançados os bens das sociedades DEF Indústria Ltda. e GHI

CIVIL

Indústria Ltda., bem como de João da Silva, independentemente de ele ser ou não administrador de quaisquer das sociedades.

▷ ***Anotações/Comentários***

Nas pegadas do art. 50, parágrafo 4º do Código Civil, "a mera existência de grupo econômico sem a presença dos requisitos de que trata o caput deste artigo não autoriza a desconsideração da personalidade da pessoa jurídica".

Certa a letra "b".

---

83. (Cespe – Juiz de Direito – TJ – PA/2019) De acordo com o Código Civil, devem ser averbados em registro público

I. os casamentos, as sentenças que declararem sua nulidade e as sentenças que decretarem o divórcio.

II. os atos judiciais que declararem ou reconhecerem filiação.

III. os atos extrajudiciais que declararem ou reconhecerem filiação.

IV. as emancipações por sentença do juiz.

Estão certos apenas os itens

a) I e II.

b) I e IV.

c) II e III.

d) I, III e IV.

e) II, III e IV.

▷ ***Anotações/Comentários***

Essa pergunta é respondida com a leitura dos arts. 9 e 10 do Código Civil, que tratam do registro e da averbação, respectivamente. Veja-se:

Art. 9º Serão registrados em registro público:

I - os nascimentos, casamentos e óbitos;

II - a emancipação por outorga dos pais ou por sentença do juiz;

III - a interdição por incapacidade absoluta ou relativa;

IV - a sentença declaratória de ausência e de morte presumida.

Art. 10. Far-se-á averbação em registro público:

I - das sentenças que decretarem a nulidade ou anulação do casamento, o divórcio, a separação judicial e o restabelecimento da sociedade conjugal;

II - dos atos judiciais ou extrajudiciais que declararem ou reconhecerem a filiação;

---

84. (Cespe – Juiz de Direito – TJ – PA/2019) Daniel, casado sob o regime de comunhão parcial de bens e pai de uma filha, manteve um relacionamento extraconjugal até falecer. No período desse relacionamento, deu de presente de aniversário à concubina um automóvel que havia adquirido antes do casamento. No dia do enterro de Daniel, a concubina compareceu ao velório e deu à esposa e à filha de Daniel conhecimento da relação extraconjugal que manteve com ele e da doação realizada.

Acerca dessa situação hipotética, assinale a opção correta, conforme o Código Civil.

a) A doação realizada foi perfeita e eficaz, não cabendo questionamento sobre o negócio jurídico, haja vista o regime de bens adotado pelos cônjuges e a natureza do bem doado.

b) Apenas a filha do de cujus poderá mover ação anulatória da doação, no prazo decadencial de dois anos, contados do falecimento de Daniel.

c) A viúva ou a filha do de cujus poderão mover ação anulatória da doação, no prazo decadencial de dois anos, contados do falecimento de Daniel.

d) A viúva ou a filha do de cujus poderão mover ação anulatória da doação, no prazo prescricional de dois anos, contados do falecimento de Daniel.e

e) A viúva ou a filha do de cujus poderão mover ação anulatória da doação, no prazo prescricional de dez anos, contados do falecimento de Daniel.

▷ ***Anotações/Comentários***

Firma o art. 550 do CC/02 que a doação do cônjuge adúltero ao seu cúmplice pode ser anulada pelo outro cônjuge, ou por seus herdeiros necessários, até dois anos depois de dissolvida a sociedade conjugal.

---

85. (Cespe – Juiz de Direito – TJ – PA/2019) Diogo contratou Pedroza para a prestação de serviços de advocacia. No decurso da execução do contrato, com diversas atividades já realizadas por Pedroza, Diogo tomou conhecimento de que ele não era advogado e não possuía, portanto, licença para exercer a referida profissão.

Diante dessa situação hipotética, assinale a opção correta, nos termos do Código Civil.

a) Pedroza terá direito a receber a contraprestação financeira pela prestação de serviço já realizada, de forma equiparada a um advogado, desde que seja comprovado que as atividades foram cumpridas de maneira escorreita e que ele desconhecia a necessidade de especial habilitação para exercer serviços de advocacia.

b) Pedroza terá direito a receber a contraprestação financeira pela prestação de serviço já realizada, de forma equiparada a um advogado, desde que seja comprovado que as atividades foram cumpridas de maneira escorreita, sendo irrelevante, no que se refere ao direito à contraprestação, o fato de ele desconhecer a necessidade de especial habilitação para exercer serviços de advocacia.

c) Pedroza terá direito a receber uma compensação financeira pela prestação de serviço já realizada, mas não de forma equiparada a um advogado, se comprovar que as atividades foram cumpridas de maneira escorreita e que desconhecia a necessidade de especial habilitação para exercer serviços de advocacia.

d) Pedroza terá direito a receber uma compensação financeira pela prestação de serviço já realizada, mas não de forma equiparada a um advogado, se comprovar que as atividades foram cumpridas de maneira escorreita, sendo irrelevante, para fins de direito à compensação, o fato de ele desconhecer a necessidade de especial habilitação para exercer serviços de advocacia.

e) Pedroza não terá direito a receber contraprestação ou compensação financeira pela prestação do serviço de advocacia, independentemente de as atividades terem sido cumpridas de maneira escorreita e de ele ter conhecimento da necessidade de especial habilitação para o exercício de serviços de advocacia.

▷ ***Anotações/Comentários***

Na situação narrada pelo enunciado, incide o artigo 606 do CC:

Art. 606. Se o serviço for prestado por quem não possua título de habilitação, ou não satisfaça requisitos outros estabelecidos em lei, não poderá quem os prestou cobrar a retribuição normalmente correspondente ao trabalho executado. Mas se deste resultar benefício para a outra parte, o juiz atribuirá a quem o prestou uma compensação razoável, desde que tenha agido com boa-fé.

Parágrafo único. Não se aplica a segunda parte deste artigo, quando a proibição da prestação de serviço resultar de lei de ordem pública.

No caso a proibição decorre de questão de ordem pública, sendo correta a letra "e".

---

86. (Cespe – Juiz de Direito – TJ – PA/2019) A respeito de aceitação e renúncia de herança, julgue os itens seguintes.

I. Aceitando a herança, o herdeiro passa a responder por todo o passivo deixado pelo de cujus, ainda que isso supere os limites das forças da herança.

II. Conforme entendimento do STJ, é possível a constituição de mandatário com poderes expressos para renunciar a herança, admitindo-se que a outorga dos referidos poderes seja conferida por instrumento público ou particular.

III. Os credores prejudicados pelo devedor que renuncia a herança poderão aceitá-la em nome do renunciante, desde que habilitem seus créditos no juízo do inventário e solicitem autorização judicial para aceitação no prazo de 180 dias seguintes ao conhecimento do fato.

Assinale a opção correta.

a) Nenhum item está certo.

b) Apenas o item II está certo.

c) Apenas o item JII está certo.

d) Apenas os itens I e II estão certos.

e) Apenas os itens I e III estão certos.

▷ ***Anotações/Comentários***

Todos os itens estão errados.

I: Art. 1.792. O herdeiro não responde por encargos superiores às forças da herança; incumbe-lhe, porém, a prova do excesso, salvo se houver inventário que a escuse, demostrando o valor dos bens herdados.

II: A renúncia da herança é ato solene, exigindo o art. 1.806 do CC – para o seu reconhecimento – que conste "expressamente de instrumento público ou termo judicial", sob pena de nulidade (CC, art. 166, IV), não produzindo qualquer efeito, sendo que "a constituição de mandatário para a renúncia à herança deve obedecer à mesma forma, não tendo validade a outorga por instrumento particular" (REsp 1.236.671/SP).

III: CC: Art. 1.813. Quando o herdeiro prejudicar os seus credores, renunciando à herança, poderão eles, com autorização do juiz, aceitá-la em nome do renunciante.

§ 1º A habilitação dos credores se fará no prazo de trinta dias seguintes ao conhecimento do fato.

§ 2º Pagas as dívidas do renunciante, prevalece a renúncia quanto ao remanescente, que será devolvido aos demais herdeiros.

87. (Consulplan – Juiz de Direito – TJ – MG/2018) Todas as pessoas que têm impedimento de longo prazo de natureza física, mental, intelectual ou sensorial, e que, em interação com uma ou mais barreiras, podem obstruir sua participação plena e efetiva na sociedade em igualdade de condições com as demais pessoas, são consideradas como pessoas com deficiência. Quanto aos direitos e deveres previstos na Lei Brasileira de Inclusão da Pessoa com Deficiência (Estatuto da Pessoa com Deficiência), é correto afirmar que

a) a deficiência afeta a plena capacidade civil da pessoa para exercer o direito à curatela.

b) a pessoa com deficiência tem direito a receber atendimento prioritário na tramitação de procedimentos judiciais em que for interessada.

c) aos planos e seguros privados de saúde é facultada, em caráter excepcional, a cobrança de valores diferenciados das pessoas com deficiência, em razão de sua condição.

d) a pessoa com deficiência, em situação de curatela, não há necessidade de sua participação para a obtenção de consentimento prévio, livre e esclarecido quando da submissão a realização de procedimentos médicos eletivos.

▷ ***Anotações/Comentários***

A questão aborda especificamente o Estatuto da Pessoa com Deficiência, motivo pelo qual traremos os artigos pertinentes para sua resolução.

Art. 6º da Lei 13146/15 (EPD): "A deficiência não afeta a plena capacidade civil da pessoa, inclusive para: VI – exercer o direito à guarda, à tutela, à curatela e à adoção, como adotante ou adotando, em igualdade de oportunidades com as demais pessoas".

Art. 9º da Lei 13146/15 (EPD): "A pessoa com deficiência tem direito a receber atendimento prioritário, sobretudo com a finalidade de: VII – tramitação processual e procedimentos judiciais e administrativos em que for parte ou interessada, em todos os atos e diligências".

Art. 23 da Lei 13146/15 (EPD): "São vedadas todas as formas de discriminação contra a pessoa com deficiência, inclusive por meio de cobrança de valores diferenciados por planos e seguros privados de saúde, em razão de sua condição".

Art. 12 da Lei 13146/15 (EPD): "O consentimento prévio, livre e esclarecido da pessoa com deficiência é indispensável para a realização de tratamento, procedimento, hospitalização e pesquisa científica. §1º Em caso de pessoa com deficiência em situação de curatela, deve ser assegurada sua participação, no maior grau possível, para a obtenção de consentimento". Art. 13 da Lei 13146/15 (EPD): "A pessoa com deficiência somente será atendida sem seu consentimento prévio, livre e esclarecido em casos de risco de morte e de emergência em saúde, resguardado seu superior interesse e adotadas as salvaguardas legais cabíveis".

88. (Consulplan – Juiz de Direito – TJ – MG/2018) Quanto à locação de imóvel urbano, analise as afirmativas a seguir.

I. Em casos de divórcio ou dissolução da união estável, a locação residencial prosseguirá automaticamente com o cônjuge ou companheiro que permanecer no imóvel. Porém, a sub-rogação dever ser comunicada por escrito ao fiador, se houver, e ao locador. Existindo fiador este poderá se exonerar de suas responsabilidades no prazo de 30 (trinta) dias contado do recebimento da comunicação oferecida pelo sub-rogado, ficando responsável pelos efeitos da fiança durante 120 (cento e vinte) dias após a notificação ao locador.

II. No caso permuta, o locatário tem o direito de preferência para adquirir o imóvel locado, em igualdade de condições com terceiros, devendo o locador, previamente à realização do negócio, dar-lhe conhecimento para que, no prazo de 30 (trinta) dias, possa manifestar de maneira inequívoca sobre sua aceitação à proposta.

III. Nas locações por temporada é vedado ao locador o recebimento de uma só vez e antecipadamente dos aluguéis e encargos contratuais.

Está(ão) correta(s) apenas a(s) afirmativa(s)

a) I.

b) II.

c) I e II.

d) I e III.

▷ ***Anotações/Comentários***

A questão encontra resposta nos seguintes artigos da Lei do Inquilinato (Lei 8.245/91):

Art. 12. Em casos de separação de fato, separação judicial, divórcio ou dissolução da união estável, a locação residencial prosseguirá automaticamente com o cônjuge ou companheiro que permanecer no imóvel.

§1º Nas hipóteses previstas neste artigo e no art. 11, a sub-rogação será comunicada por escrito ao locador e ao fiador, se esta for a modalidade de garantia locatícia.

§2º O fiador poderá exonerar-se das suas responsabilidades no prazo de 30 (trinta) dias contado do recebimento da comunicação oferecida pelo sub-rogado, ficando responsável pelos efeitos da fiança durante 120 (cento e vinte) dias após a notificação ao locador.

Art. 27 No caso de venda, promessa de venda, cessão ou promessa de cessão de direitos ou dação em pagamento, o locatário tem preferência para adquirir o imóvel locado, em igualdade de condições com terceiros, devendo o locador dar-lhe conhecimento do negócio mediante notificação judicial, extrajudicial ou outro meio de ciência inequívoca.

Art. 28 O direito de preferência do locatário caducará se não manifestada, de maneira inequívoca, sua aceitação integral à proposta, no prazo de trinta dias.

Art. 32 O direito de preferência não alcança os casos de perda da propriedade ou venda por decisão judicial, permuta, doação, integralização de capital, cisão, fusão e incorporação.

Art. 20 Salvo as hipóteses do art. 42 e da locação para temporada, o locador não poderá exigir o pagamento antecipado do aluguel.

Art. 43 Constitui contravenção penal, punível com prisão simples de cinco dias a seis meses ou multa de três a doze meses do valor do último aluguel atualizado, revertida em favor do locatário: III - cobrar antecipadamente o aluguel, salvo a hipótese do art. 42 e da locação para temporada.

89. (Consulplan – Juiz de Direito – TJ – MG/2018) Quanto ao direito das sucessões, analise as afirmativas a seguir.

I. Na petição de herança, o herdeiro aparente, que de boa-fé houver pago um legado, não está obrigado a prestar o equivalente ao verdadeiro sucessor, ressalvado a este o direito de proceder contra quem o recebeu.

II. A sucessão de bens de estrangeiros, situados no Brasil, será regulada na lei do país em que era domiciliado o defunto, qualquer que seja a natureza e a situação dos bens, exceto quando houver cônjuge ou filhos brasileiros, ou de quem os represente, quando se utilizará a lei material brasileira, sempre que não lhes for mais favorável a lei pessoal do "de cujus".

III. Havendo a concorrência de herdeiros de classes diversas, a renúncia de qualquer deles devolve sua parte aos que integram a mesma ordem dos chamados a suceder.

IV. Quando os netos, representando seus pais, sucedem aos avós, estão obrigados a trazer à colação, ainda que não o hajam herdado, o que os pais teriam de conferir, sob pena de sonegação.

Estão corretas as afirmativas

a) I, II, III e IV.

b) I e IV, apenas.

c) I, II e III, apenas.

d) II, III e IV, apenas.

▷ ***Anotações/Comentários***

Destrincharemos cada afirmativa, sendo que estão todas corretas.

I. a resposta do primeiro item está no art. 1.828, CC: O herdeiro aparente, que de boa-fé houver pago um legado, não está obrigado a prestar o equivalente ao verdadeiro sucessor, ressalvado a este o direito de proceder contra quem o recebeu.

A afirmativa II temos na Lei de Introdução as Normas do Direito Brasileiro.

Art. 10. A sucessão por morte ou por ausência obedece à lei do país em que domiciliado o defunto ou o desaparecido, qualquer que seja a natureza e a situação dos bens.

§ 1º A sucessão de bens de estrangeiros, situados no País, será regulada pela lei brasileira em benefício do cônjuge ou dos filhos brasileiros, ou de quem os represente, sempre que não lhes seja mais favorável a lei pessoal do de cujus.

As afirmativas III e IV também estão no Código Civil (respectivamente):

Art. 1.810. Na sucessão legítima, a parte do renunciante acresce à dos outros herdeiros da mesma classe e, sendo ele o único desta, devolve-se aos da subsequente.

Art. 2.009. Quando os netos, representando os seus pais, sucederem aos avós, serão obrigados a trazer à colação, ainda que não o hajam herdado, o que os pais teriam de conferir.

90. (Consulplan – Juiz de Direito – TJ – MG/2018) Quanto às provas, segundo o Código Civil, analise as afirmativas a seguir.

I. Os documentos redigidos em língua estrangeira não precisam ser traduzidos para o português para ter efeitos legais no Brasil.

II. As declarações constantes de documentos assinados presumem-se verdadeiras em relação aos signatários, porém, não tendo relação direta com as disposições principais ou com a legitimidade das partes, as declarações enunciativas não eximem os interessados do ônus de prová-las.

III. A escritura pública, redigida em língua portuguesa e lavrada em notas de tabelião, é documento dotado de fé pública, fazendo prova plena, mesmo que o comparecente não saiba a língua nacional e, neste caso, desde que o tabelião entenda o idioma em que se expressa.

IV. O fato jurídico pode ser provado pela confissão que é irrevogável, porém, pode ser anulada se decorreu de erro de fato ou de coação.

Estão corretas as afirmativas

a) I, II, III e IV.

b) I e IV, apenas.

c) I, II e III, apenas.

d) II, III e IV, apenas.

▷ ***Anotações/Comentários***

Sobre as provas, o item I se equivoca ao dizer que os documentos redigidos em língua estrangeira não precisam ser traduzidos para o português. Sim, eles precisam, de acordo com o art. 224, CC.

O item II está correto e traz a redação do art. 219, CC "As declarações constantes de documentos assinados presumem-se verdadeiras em relação aos signatários". Parágrafo único: "Não tendo relação direta, porém, com as disposições principais ou com a legitimidade das partes, as declarações enunciativas não eximem os interessados em sua veracidade do ônus de prová-las".

A questão segue fiel a lei, sendo correto o item III, que reflete a redação do art. 215 do CC: A escritura pública, lavrada em notas de tabelião, é documento dotado de fé pública, fazendo prova plena. (...) §3º A escritura será redigida em língua nacional. §4º Se qualquer dos comparecentes não souber a língua nacional e o tabelião não entender o idioma em que se expressa, deverá comparecer tradutor público para servir de intérprete, ou, não o havendo na localidade, outra pessoa capaz que, a juízo do tabelião, tenha idoneidade e conhecimentos bastantes.

A última assertiva é extraída da leitura do art. 212 combinada com o 214, ambos do Código Civil, sendo igualmente correta:

Art. 212. "Salvo negócio a que se impõe forma especial, o fato jurídico pode ser provado mediante: I – confissão".

Art. 214. "A confissão é irrevogável, mas pode ser anulada se decorreu de erro de fato ou de coação".

91. (Consulplan – Juiz de Direito – TJ – MG/2018) Quanto aos contratos, segundo o Código Civil, analise as afirmativas a seguir.

I. A parte lesada pelo inadimplemento pode pedir a resolução do contrato, se não preferir exigir-lhe o cumprimento, cabendo, em qualquer dos casos, indenização por perdas e danos.

II. Aquele que tiver prometido fato de terceiro responderá por perdas e danos, quando este o não executar, exceto se o terceiro for o cônjuge do promitente, dependendo da sua anuência o ato a ser praticado, e desde que, pelo regime do casamento, a indenização, de algum modo, venha a recair sobre os seus bens.

III. É anulável a venda de ascendente a descendente, salvo se os outros descendentes e o cônjuge do alienante, independente do regime de bens, expressamente houverem consentido.

IV. O vendedor pode executar a cláusula de reserva de domínio em razão do não pagamento integral do valor devido, independente de constituir o comprador em mora pelo protesto do título ou interpelação judicial.

Estão corretas as afirmativas

a) I, II, III e IV.

b) I e II, apenas.

c) III e IV, apenas.

d) I, II e III, apenas.

▷ ***Anotações/Comentários***

Questão integralmente respondida pelo Código Civil.

O item I está correto - Art. 475 do CC: A parte lesada pelo inadimplemento pode pedir a resolução do contrato, se não preferir exigir-lhe o cumprimento, cabendo, em qualquer dos casos, indenização por perdas e danos.

O item II está correto - Art. 439 do CC: Aquele que tiver prometido fato de terceiro responderá por perdas e danos, quando este o não executar. Parágrafo único. Tal responsabilidade não existirá se o terceiro for o cônjuge do promitente, dependendo da sua anuência o ato a ser praticado, e desde que, pelo regime do casamento, a indenização, de algum modo, venha a recair sobre os seus bens.

O item III está incorreto - Art. 496 do CC: É anulável a venda de ascendente a descendente, salvo se os outros descendentes e o cônjuge do alienante expressamente houverem consentido. Parágrafo único. Em ambos os casos, **dispensa-se o consentimento do cônjuge se o regime de bens for o da separação obrigatória.**

O item IV está incorreto - Art. 525 do CC: O vendedor **somente** poderá executar a cláusula de reserva de domínio após constituir o comprador em mora, mediante protesto do título ou interpelação judicial.

92. (Cespe – Analista Ministerial – Direito – MP – CE/2020) Acerca do tratamento conferido às pessoas jurídicas pelo Código Civil, julgue os itens a seguir.

I - A anulação da constituição de associação privada em virtude de defeito em seu ato constitutivo pode ocorrer a qualquer tempo.

- CERTO
- ERRADO

▷ ***Anotações/Comentários***

O item está errado. De acordo com o art. 45, parágrafo único do CC, o prazo é decadencial de 3 anos, contados da publicação de sua inscrição no registro.

II - Caso o patrimônio reunido para a formação de uma fundação para preservação do meio ambiente não seja suficiente, os bens a ela destinados serão incorporados em outra fundação que tenha a mesma ou semelhante finalidade, se de outro modo não dispuser o instituidor.

- CERTO
- ERRADO

▷ ***Anotações/Comentários***

A assertiva está correta, sendo a literalidade do art. 63 do CC.

III - Verificado abuso de personalidade jurídica por confusão patrimonial ou desvio de finalidade, o juiz pode determinar a desconsideração da personalidade a requerimento da parte ou do Ministério Público.

- CERTO
- ERRADO

▷ ***Anotações/Comentários***

O item está correto, conforme o art. 50 do CC e 133 e seguintes do Código de Processo Civil. No particular recorda-se que não cabe desconsideração de ofício, sendo necessário pedido expresso, da parte ou do Ministério Público quando couber intervir no feito.

93. (Cespe - Analista Ministerial - Direito - MP - CE/2020) Quanto aos negócios jurídicos, julgue os itens subsequentes.

I - Em regra, o encargo em um negócio jurídico suspende o exercício ou a aquisição do direito.

- CERTO
- ERRADO

▷ ***Anotações/Comentários***

A assertiva está errada, pois o encargo não suspende nem a aquisição e nem o exercício do direito, salvo quando expressamente imposto no negócio jurídico, pelo disponente, como condição suspensiva (art. 136, CC).

II - Na situação em que uma pessoa, por inexperiência, se vincula a uma obrigação de compra de um imóvel pelo triplo do valor de mercado, fica caracterizada a coação como defeito do negócio jurídico.

- CERTO
- ERRADO

▷ ***Anotações/Comentários***

O item está errado, pois o vício de consentimento que se verifica é a lesão. Esta se configura quando alguém, sob premente necessidade ou por inexperiência, se obriga a prestação manifestamente desproporcional ao valor da prestação oposta - CC, art. 157.

III - Caso um negócio jurídico nulo contenha premissas que sustentem outro negócio, este poderá subsistir desde que seja verificado que o desejo inicial das partes ficará preservado.

- CERTO
- ERRADO

▷ ***Anotações/Comentários***

O item está correto. Trata-se de medida conservatória que a doutrina denomina conversão do negócio jurídico (CC, art. 170). Assim aproveita-se a vontade originária das partes, bem como os elementos materiais do negócio nulo no novo negócio jurídico.

94. (Cespe - Analista de Controle Externo - Direito - TCE - MG/2018) O erro que se refere a qualidades secundárias do objeto do negócio jurídico e que não acarreta efetivo prejuízo é denominado

a) obstativo.
b) inescusável.
c) substancial.
d) acidental.
e) impróprio.

▷ ***Anotações/Comentários***

O erro trazido pelo enunciado é o acidental, também denominado secundário ou acessório (CC, art. 142). Veja-se que tal erro refere-se a qualidade secundária da pessoa ou coisa indicada, mas que pelo contexto é possível se identificar a pessoa ou coisa cogitada. Este erro não produzirá qualquer consequência jurídica.

95. (Cespe - Analista de Controle Externo - Direito - TCE - MG/2018) Ao buscar uma adaptação da lei para aplicá-la a exigências atuais e concretas da sociedade, o intérprete da legislação utiliza-se da interpretação

a) histórica.
b) sistemática.
c) extensiva.
d) teleológica.
e) lógica.

▷ ***Anotações/Comentários***

A alternativa "D" está correta. A interpretação teleológica (também chamada de sociológica ou finalística) é a que busca a finalidade da norma no contexto social. Ou seja, combina o sentido ou o fim de uma lei às novas e concretas exigências sociais.

96. (Cespe - Analista Judiciário - Área Judiciária - TRE - BA/2017) Acerca do domicílio, assinale a opção correta.

a) O foro de eleição é uma espécie de domicílio necessário ou legal.
b) É inadmissível, pelo ordenamento jurídico, a pluralidade de domicílios.
c) O domicílio da pessoa jurídica que possui vários estabelecimentos empresariais é sua sede administrativa.
d) O servidor público tem domicílio no local onde exerce permanentemente suas funções, ainda que exerça função de confiança de forma transitória em local diverso.
e) O domicílio necessário do preso é o local onde foi capturado, ainda que cumpra a sentença condenatória em local diverso.

▷ ***Anotações/Comentários***

A assertiva "a" está falsa, pois o foro de eleição não é imposto por lei, sendo eleito pelas partes de forma convencional - CC, art. 78.

A letra "b" está falsa, pois é viável a pluralidade de domicílios pessoais (CC, art. 71) e profissionais (CC, art. 72).

Equivocada a letra "c", pois tendo a pessoa jurídica diversos estabelecimentos em lugares diferentes, cada um deles será considerado domicílio para os atos nele praticados (Art. 75, § 1º, CC).

Correta a letra "d", pois o servidor tem domicílio legal, sendo o local em que ele exercita permanentemente suas funções (CC, art. 76).

Já a letra "e" está equivocada, pois o preso tem domicílio legal no local em que cumprir sentença.

97. (Cespe - Analista Judiciário - Área Judiciária - TRE - BA/2017) Maria, Carla e Luciana são credoras solidárias da quantia de R$ 3.000 de Antônio. Maria casou-se com Antônio. Na constância da sociedade conjugal, houve a perda da pretensão de recebimento do crédito de Carla e Luciana em relação a Antônio. Posteriormente, insatisfeita com o relacionamento, Maria divorciou-se de Antônio e ingressou com ação de cobrança contra ele.

A respeito dessa situação hipotética, assinale a opção correta de acordo com o Código Civil.

a) O casamento de Maria com Antônio é causa interruptiva da prescrição.

CIVIL

b) O prazo de prescrição pode ser alterado mediante acordo entre as credoras e Antônio.

c) Maria não pode renunciar tacitamente à prescrição.

d) A suspensão da prescrição em favor de Maria aproveita às demais credoras solidárias.

e) Maria pode exigir de Antônio o cumprimento da prestação por inteiro.

▷ ***Anotações/Comentários***

A suspensão da prescrição decorrente do casamento (CC, art. 197, II) não aproveita aos demais credores solidários, posto não ser a obrigação indivisível (CC, art. 201).

Veja-se que o casamento é causa de suspensão e não de interrupção do prazo prescricional (CC, art. 197, II). Ademais o prazo prescricional não pode ser alterado por acordo entre as partes (CC, art. 192) e admite renúncia tácita (CC, art. 191).

Por fim, em virtude da solidariedade, cada credor pode exigir a prestação por inteiro (CC, art. 267), na forma da alínea "e".

---

98. (Cespe – Analista Judiciário – Área Judiciária – TRE – BA/2017) João deve determinada quantia a Carlos, o qual deve igual valor a Pedro. Feito acordo entre os três, João deverá pagar a referida quantia diretamente a Pedro, o que retira Carlos da relação obrigacional.

O instituto utilizado pelas partes para adimplemento da obrigação nessa situação hipotética denomina-se

a) novação.

b) assunção de dívida.

c) confusão.

d) compensação.

e) dação em pagamento.

▷ ***Anotações/Comentários***

A resposta é Novação, pois o enunciado da questão traz que ocorreu a formação de um novo negócio jurídico no trecho "feito acordo entre os três". Logo houve a extinção do vínculo anterior e a criação de um novo vínculo.

---

99. (Cespe – Analista Judiciário – Área Judiciária – TRE – BA/2017) Em 20/5/2014, o carro conduzido por Fernando foi atingido na traseira pelo automóvel conduzido por Rafael, o qual não respeitou sinalização de parada obrigatória. Os dois convencionaram que Fernando apresentaria a Rafael três orçamentos dos reparos no automóvel e que Rafael lhe pagaria o de menor valor. No dia 2/6/2014, Fernando, então, apresentou os três orçamentos, mas Rafael recusou-se a efetuar o pagamento, sob o argumento de que os valores estavam muito altos. Em 10/6/2014, Rafael fez contraproposta, que não foi aceita por Fernando. Fernando, então, ingressou com ação de cobrança e, em 14/6/2014, Rafael foi citado. Após o regular trâmite do processo, o juiz reconheceu a culpa de Rafael e o condenou, em 2/3/2015, a pagar quantia certa a Fernando.

Considerando-se o disposto no Código Civil e a jurisprudência do Superior Tribunal de Justiça, nessa situação hipotética o termo inicial dos juros de mora é

a) 14/6/2014.

b) 2/3/2015.

c) 20/5/2014.

d) 2/6/2014.

e) 10/6/2014.

▷ ***Anotações/Comentários***

A resposta é letra "C", 20 de maio de 2014.

Quando ocorre responsabilidade extracontratual os juros moratórios fluem a partir do evento danoso, nos termo da Súmula 54 do STJ e art. 398 do Código Civil.

---

100. (Cespe – Analista Judiciário – Área Judiciária – TRE – BA/2017) Pedro, a fim de reformar seu imóvel, celebrou contrato de empreitada com João, empreiteiro que lhe ofereceu o menor preço e se comprometeu a concluir a obra em três meses. O contrato previa a prestação de serviços e o fornecimento de materiais, contudo, durante a execução da obrigação, João faleceu. Pedro estava em mora.

À luz do Código Civil e do entendimento doutrinário sobre o tema, assinale a opção correta, acerca dessa situação hipotética.

a) Os riscos correriam por conta de João até o momento da entrega da obra, já que Pedro estava em mora.

b) A obrigação assumida por João é alternativa.

c) A obrigação assumida por João é de não fazer.

d) O fornecimento de materiais por João é presumido no contrato de empreitada.

e) O falecimento de João não implica a extinção do contrato.

▷ ***Anotações/Comentários***

O gabarito é a letra "e".

A opção "a" está incorreta, pois a mora de Pedro ocasiona sua responsabilidade sobre os riscos (CC, art. 611).

Equivocada a alínea "b", pois a obrigação em análise é cumulativa (materiais e lavor) e não alternativa.

A opção "c" está incorreta, pois a obrigação de João é de fazer (a obra) e de dar (os materiais). A letra "d" está incorreta pois a obrigação de fornecer os materiais não se presume; resulta da lei ou da vontade das partes (art. 610, §1° do CC).

Por fim, temos o gabarito, a alternativa "E", que está em consonância com o art. 626 do CC: Não se extingue o contrato de empreitada pela morte de qualquer das partes, salvo se ajustado em consideração às qualidades pessoais do empreiteiro. Como no caso concreto não havia qualquer estipulação em relação às qualidades pessoais de João, o contrato não será extinto pela sua morte (seus sucessores devem dar continuidade à obra).

---

101. FCC – 2024 – TRF 3 - Analista Judiciário - Área Judiciária

De acordo com as disposições do Código Civil acerca do contrato de empreitada, o contrato para elaboração de um projeto

a) importa a obrigação de executá-lo, mas não de fiscalizar a sua execução, mesmo que esta seja cometida a terceiro.

b) importa a obrigação de fiscalizar a sua execução, mas não de executá-lo.

c) não importa a obrigação de executá-lo nem de fiscalizar a sua execução.

d) importa a obrigação de executá-lo e de fiscalizar a sua execução por qualquer pessoa que para ela concorra.

e) importa a obrigação de executá-lo ou de fiscalizar a sua execução, se esta tiver sido cometida a terceiro.

▷ ***Anotações/Comentários***

Conforme o art. 610, parágrafo segundo do Código Civil, O contrato para elaboração de um projeto não implica a obrigação de executá-lo, ou de fiscalizar-lhe a execução.

Assim, correta a letra "c".

---

102. (Cespe – Analista Judiciário – Área Judiciária – TRE – BA/2017) Acerca das espécies de contratos regulados pelo Código Civil, assinale a opção correta.

a) Tratando-se de contrato de comodato, o comodatário pode recobrar do comodante as despesas feitas com a conservação da coisa emprestada.

b) A culpa de terceiro elide a responsabilidade contratual do transportador no caso de contrato de transporte de pessoas.

c) O benefício de ordem em contrato de fiança aproveita ao fiador que se obrigou como devedor solidário.

d) Em se tratando de venda ad corpus, o preço do imóvel é determinado por sua área.

e) Morto o doador, o Ministério Público poderá exigir do donatário o cumprimento dos encargos da doação de interesse geral, se ainda não cumpridos.

▷ ***Anotações/Comentários***

Letra "A" está errada, pois o comodatário não poderá jamais recobrar do comodante as despesas feitas com o uso e gozo da coisa emprestada (CC, art. 584).

A letra "B" está errada, pois segundo o art. 735 do CC a responsabilidade contratual do transportador, por acidente com o passageiro, não é elidida por culpa de terceiro, contra o qual tem ação regressiva. No mesmo sentido coloca-se a Súmula 187 do STF.

A letra "C" está equivocada, pois a assunção da solidariedade afasta o benefício de ordem (CC, arts. 827 e 828).

Errada a letra "D", pois a venda cujo preço é estipulada por medida é a *ad mensuram*.

Por fim a assertiva correta, a letra "e", está em consonância com o art. 553, parágrafo único do Código Civil:

Art. 553. O donatário é obrigado a cumprir os encargos da doação, caso forem a benefício do doador, de terceiro, ou do interesse geral.

Parágrafo único. Se desta última espécie for o encargo, o Ministério Público poderá exigir sua execução, depois da morte do doador, se este não tiver feito.

103. (Cespe – Analista Judiciário – Área Judiciária – TRE – PE/2017) Com relação a negócios jurídicos, prescrição e provas, assinale a opção correta à luz do Código Civil e da jurisprudência do STJ.

a) A pretensão condenatória decorrente da declaração de nulidade de cláusula contratual que preveja reajuste em plano de saúde prescreve em três anos.
b) A prova exclusivamente testemunhal é admitida somente para negócios jurídicos cujo valor não ultrapasse o décuplo do maior salário mínimo vigente no país ao tempo que forem celebrados.
c) A presunção é inferida a partir de um fato jurídico indireto e, por essa razão, não consta no rol dos meios de prova do Código Civil.
d) Nas declarações de vontade, prevalece o sentido literal da linguagem em detrimento da intenção nelas consubstanciada.
e) A validade do negócio jurídico pode subordinar-se, se convencionado pelas partes, a evento futuro e incerto, mediante condição.

▷ ***Anotações/Comentários***

Aqui temos uma questão que mescla conhecimento da letra da lei, com atualização jurisprudencial.

A opção correta é a letra "A", trata-se de entendimento pacificado no STJ (Tema 610):

DIREITO CIVIL. PRAZO DE PRESCRIÇÃO DA PRETENSÃO CONDENATÓRIA DECORRENTE DE NULIDADE DE CLÁUSULA DE REAJUSTE DE PLANO OU SEGURO DE ASSISTÊNCIA À SAÚDE. RECURSO REPETITIVO. TEMA 610. Na vigência dos contratos de plano ou de seguro de assistência à saúde, a pretensão condenatória decorrente da declaração de nulidade de cláusula de reajuste nele prevista prescreve em 20 anos (art. 177 do CC/1916) ou em 3 anos (art. 206, § 3º, IV, do CC/2002), observada a regra de transição do art. 2.028 do CC/2002. REsp 1.361.182-RS, Rel. Min. Marco Buzzi, Rel. para acórdão Min. Marco Aurélio Bellizze, Segunda Seção, julgado em 10/8/2016, DJe 19/9/2016.

A letra "B" está equivocada, pois não mais há esta exigência no vigente Código de Processo Civil.

A letra "C"" está errada, porque a presunção é meio de prova previsto no Código Civil (CC, art. 212, IV)

A "D" está errada nos termos do art. 112 do CC, segundo o qual nas declarações de vontade se atenderá mais à intenção nelas consubstanciada do que ao sentido literal da linguagem.

A assertiva "E" também está errada, pois a condição subordina a eficácia e não a validade do negócio jurídico (CC, art. 121).

104. (Cespe – Analista Judiciário – Área Judiciária – TRE – PE/2017) Assinale a opção correta no que se refere ao adimplemento das obrigações.

a) O pagamento feito por terceiro ao credor não obriga o reembolso pelo devedor, se este tiver ciência da prescrição da pretensão do credor e se opuser ao adimplemento.
b) Caso haja dúvida quanto ao fato de o terceiro ter efetuado pagamento em nome próprio ou do devedor, presume-se que o tenha feito em nome do devedor.
c) Embora a quitação seja um direito subjetivo do devedor, ele não pode reter o pagamento como forma de compelir o credor a fornecer-lhe o recibo.
d) Caso sejam designados dois ou mais lugares para o pagamento, a escolha do local para efetuá-lo caberá ao devedor, em exceção à regra geral de que o pagamento seja efetuado no domicílio do credor.
e) O terceiro não interessado que paga a dívida, em nome próprio, se sub-roga nos direitos do credor.

▷ ***Anotações/Comentários***

O gabarito é a letra "A". Na forma do art. 306 do CC "O pagamento feito por terceiro, com desconhecimento ou oposição do devedor, não obriga a reembolsar aquele que pagou, se o devedor tinha meios para ilidir a ação."

A opção "B" está errada, pois presume-se que o terceiro fez o pagamento em nome próprio. Afinal, a quitação não indicará que pagou em nome de terceiro.

A letra "C" vai de encontro à redação do art. 319 do CC, que autoriza tal retenção.

A letra "D" contraria o parágrafo único do art. 327 do CC, que indica que a escolha é do credor.

Por fim, a letra "E" está equivocada, pois a sub-rogação ocorre no pagamento do terceiro interessado (CC, art. 305).

105. (Cespe – Analista Judiciário – Área Judiciária – TRE – PE/2017) A empresa Bebidas Bom Preço Ltda. celebrou com uma empresa de alimentos, por prazo determinado, contrato de comodato cujo objeto era o empréstimo de um freezer. Era dever da comodatária armazenar somente produtos adquiridos da comodante.

Nessa situação hipotética, conforme a legislação aplicável ao caso e o entendimento doutrinário sobre o tema,

a) por ter natureza pessoal, o contrato de comodato não se estenderá no caso de sucessão empresarial da empresa comodatária.
b) a comodante não poderá suspender o uso da coisa antes do término do prazo do contrato, ainda que demonstre necessidade imprevista e urgente.
c) o negócio jurídico perfez-se com a assinatura do contrato.
d) a empresa comodatária pode cobrar da empresa comodante as despesas referentes ao uso e ao gozo da coisa emprestada.
e) a cláusula de exclusividade acerca dos produtos que devem ficar armazenados no freezer não poderia ter sido estipulada.

▷ ***Anotações/Comentários***

A assertiva "A" está correta. Uma das características do contrato de comodato é ser *intuitu personae* (natureza pessoal), por isso se extingue com a morte do comodatário.

A assertiva "B" está errada, pois contraria o art. 581 do Código Civil, o qual permite a retomada antes do prazo por necessidade imprevista e urgente reconhecida pelo Juiz.

O comodato perfaz-se com a entrega (tradição) do objeto (art. 579, CC). Trata-se de um contrato real. Assim, a assertiva "C" está errada.

O comodatário não poderá jamais recobrar do comodante as despesas feitas com o uso e gozo da coisa emprestada (art. 584). Errada a alternativa "D".

A assertiva "E" está errada, pois a autonomia permite o regramento desta exclusividade.

106. (Cespe – Analista Judiciário – Área Judiciária – TRE – PE/2017) Quando caminhava pelo acostamento de uma via pública, Francisco foi atropelado por veículo de propriedade de uma locadora de veículos conduzido por Pedro. Em razão do acidente, Francisco sofreu fratura do fêmur e ficou internado por um mês. As lesões por ele sofridas geraram debilidade permanente, que o impedem de trabalhar, e cicatrizes na perna, que lhe causam constrangimento.

Nessa situação hipotética, conforme a legislação aplicável e a jurisprudência dos tribunais superiores,

a) Francisco não pode cumular pedido de compensação por danos morais e estéticos, porquanto os danos estéticos estão incluídos nos danos morais.

b) se Francisco não comprovar o valor auferido por seu trabalho, o juiz poderá determinar que a eventual indenização arbitrada seja paga de uma só vez, mesmo contra a vontade da vítima.

c) a locadora de veículos e Pedro são solidariamente responsáveis pelos danos causados a Francisco.

d) caso Francisco viesse a óbito, cessariam seus direitos da personalidade e seus pais não poderiam pleitear perdas e danos.

e) a debilidade permanente causada a Francisco pode dar causa ao pagamento de pensão alimentícia pela causadora do dano, no valor de no máximo um salário mínimo, até ele completar sessenta e cinco anos de idade.

▷ ***Anotações/Comentários***

A assertiva "C" está correta, visto que a responsabilidade da locadora de veículos é solidária, conforme previsão da Súmula nº 492 do STF: "A empresa locadora de veículos responde, civil e solidariamente com o locatário, pelos danos por este causados a terceiro, no uso do carro locado".

A assertiva "A" está errada, na forma da Súmula 387 do STJ.

A alternativa "B" está falsa, pois o pagamento em parcela única demanda vontade da vítima (CC, art. 950).

O item "D" está errado, pois há transmissão do direito à reparação (CC, art. 943)

Por fim a alternativa "E" está errada, pois o valor da pensão que deverá ser paga será fundado no valor que o lesado auferia na época dos fatos, e será vitalícia se a debilidade for permanente (CC, arts. 949 e 950).

---

107. (Cespe – Analista Judiciário – Área Judiciária – TRE – PE/2017)
A respeito do direito das famílias, assinale a opção correta.

a) O ato jurídico da adoção depende da efetiva assistência do poder público e de sentença constitutiva, ressalvados os casos de maiores de dezoito anos de idade, que independem de sentença.

b) O reconhecimento de filhos havidos fora do casamento pode ser feito por manifestação direta e expressa perante o juiz.

c) Não se admite a alteração do regime de bens no curso do matrimônio.

d) A obrigação de prestar alimentos não é transmitida aos herdeiros do devedor.

e) O bem de família pode ser instituído mediante qualquer instrumento que evidencie a vontade da entidade familiar de destacar parte de seu patrimônio.

▷ ***Anotações/Comentários***

O gabarito é a assertiva "B", nos termos do art. 1609, IV, Código Civil.

A assertiva "A" está errada, pois de acordo com o art. 1.619, a adoção de maiores de 18 (dezoito) anos dependerá da assistência efetiva do poder público e de sentença constitutiva, aplicando-se, no que couber, o ECA (Estatuto da Criança e do Adolescente).

O código civil admite a mudança de regime de bens no curso do casamento (art. 1.639, § 2º). Falsa a alínea "c".

O item "D" contraria o art. 1.700, CC, pelo qual a obrigação de prestar alimentos transmite-se aos herdeiros do devedor, na forma do art. 1.694.

Por fim, equivocada a alternativa "E", pois o bem de família voluntário pode ser instituído por escritura pública ou testamento (CC, art. 1.711).

---

108. (Cespe – Analista Judiciário – Área Judiciária – TRE – TO/2017)
Jovem de dezesseis anos de idade que se case com indivíduo civilmente capaz e que se torne viúva antes de completar dezoito anos de idade

a) passará, automaticamente, ao estado de relativamente incapaz.

b) regressará, desde que sentença judicial assim determine, ao estado de incapacidade.

c) permanecerá, independentemente de sentença judicial, capaz para os atos da vida civil.

d) permanecerá, desde que sentença judicial assim determine, capaz para os atos da vida civil.

e) regressará, automaticamente, ao estado de absolutamente incapaz.

▷ ***Anotações/Comentários***

Geralmente a emancipação é definitiva, irretratável e irrevogável. No caso da dissolução da sociedade conjugal, pela morte de um dos cônjuges, pelo divórcio ou pela separação judicial, o menor emancipado não volta ao estado de incapacidade civil que tinha antes do matrimônio.

Correta a letra "c".

---

109. (Cespe – Analista Judiciário – Área Judiciária – TRE – TO/2017)
De acordo com a Lei de Introdução às Normas do Direito Brasileiro,

a) o princípio da obrigatoriedade das leis é incompatível com o instituto do erro de direito.

b) em relação à eficácia da lei no tempo, a retroatividade de uma lei no ordenamento jurídico será máxima.

c) adota-se, quanto à eficácia da lei no espaço, o princípio da territorialidade mitigada.

d) em caso de omissão da lei, o juiz decidirá o caso de acordo com as regras de experiência.

e) será admitida correção de texto legal apenas antes de a lei entrar em vigor.

▷ ***Anotações/Comentários***

A LINDB estabelece em seu art. 3° que, após publicada a lei, ninguém pode se escusar de cumpri-la alegando que não a conhecia. Dessa forma, restou estabelecido o princípio da obrigatoriedade das leis, objetivando garantir estabilidade e eficácia ao sistema jurídico.

Contudo, essa regra não é absoluta. O erro de direito (falso conhecimento, ignorância ou interpretação errônea do conteúdo da lei) pode se configurar, por manifesta disposição do art. 139, III do CC, em situações especiais, e contanto que não haja intenção de escusar-se do cumprimento da lei.

Logo, falsa a letra "A".

A assertiva "B" está errada. A regra em nosso Direito é a inadmissibilidade da retroatividade das leis, seja ela mínima, média ou máxima. Todavia, admite-se a retroatividade desde que seja constitucional e prevista expressamente no texto legal.

A alternativa "C" está correta. Quanto ao tema eficácia das leis no espaço, o Brasil adotou a teoria da territorialidade moderada (também chamada de temperada ou mitigada). Assim, excepcionalmente pode ser aplicada, no Brasil, a lei estrangeira, na forma do art. 7o da LINDB.

A letra D está errada, conforme o art. 4º da LINDB, que informa que diante da omissão da lei deve-se aplicar a analogia, os costumes e os princípios gerais do direito.

Por fim, a letra "E" está incorreta. As correções de texto legal são admitidas antes e durante o vigor de uma norma. A diferença é que se acontecer antes de entrar em vigor, será uma mera retificação. Caso ocorra após o vigor, será através de lei nova (art. 1o, LINDB).

---

110. (Cespe – Analista Judiciário – Área Judiciária – TRE – TO/2017)
Pedro, com o objetivo de pagar uma dívida que possuía com Roberto, cedeu-lhe, de forma onerosa, crédito vincendo que tinha a receber de Carlos, responsabilizando-se somente pela existência do referido crédito. Na data do vencimento da dívida, Roberto descobriu que Carlos era insolvente.

Nessa situação hipotética, a dívida que Pedro tinha com Roberto

a) não estará extinta, pois Pedro assumiu a obrigação de garantir a existência do crédito.

b) estará quitada, pois o crédito foi cedido em caráter pro soluto.

c) não estará extinta, pois a cessão de crédito é sempre em caráter pro soluto.

d) estará quitada, pois não há distinção entre a cessão de crédito pro soluto e a cessão de crédito pro solvendo.

e) estará quitada, pois a cessão de crédito é sempre em caráter pro solvendo.

▷ ***Anotações/Comentários***

A questão trata sobre a cessão de crédito, prevista nos arts. 286 a 298 do CC.

A cessão de crédito pode ser *pro soluto* ou *pro solvendo*. Na cessão *pro soluto* o cedente responde pela existência e legalidade do crédito, porém não responde pela solvência do devedor. já na cessão *pro solvendo*, o cedente responde também pela solvência do devedor.

Como o enunciado comunica que Pedro (cedente) responsabilizou-se apenas pela existência do referido crédito, trata-se de uma cessão *pro soluto*, assim, Pedro não responde pela solvência do devedor (Carlos).

111. FGV – 2024 – TRF 1 - Analista Judiciário - Área Judiciária

Em determinada ação judicial, promoveu-se o leilão de um imóvel de Timóteo. Habilitaram-se, então, sobre o saldo de R$ 300.000,00, credores na seguinte ordem cronológica:

1. Anselmo, possuidor de má-fé, para indenizar-se sobre as benfeitorias úteis (no valor de R$ 50.000,00) e necessárias (também de R$ 50.000,00) que havia realizado no imóvel alienado;
2. Bernardo, que havia adiantado R$ 100.000,00 a Timóteo para custear seu tratamento médico nos meses finais de luta contra a doença que, ao final, ceifou sua vida; e
3. Caixa Financeira, instituição bancária, que tinha hipoteca sobre o imóvel alienado, pelo valor de R$ 200.000,00.

Nesse caso, exclusivamente à luz do Código Civil, como o saldo do leilão é insuficiente para pagar todos os credores, será observado(a):

a) o rateio em partes iguais (R$ 200.000,00 para cada);

b) a ordem cronológica de habilitação até consumir todo o valor disponível, isto é, Anselmo, em primeiro lugar, e Bernardo, em segundo, receberão a integralidade de seus créditos (R$ 100.000,00 cada); a Caixa Financeira, por último, só receberá a metade (também R$ 100.000,00);

c) a ordem de privilégios creditórios, ou seja, a Caixa Financeira, em primeiro lugar, e Anselmo, em segundo, receberão a integralidade de seus créditos (respectivamente, R$ 200.000,00 e R$ 100.000,00), ao passo que Bernardo nada receberá;

d) a ordem de privilégios creditórios, ou seja, Anselmo receberá o crédito relativo a benfeitorias necessárias (R$ 50.000,00) e depois a Caixa Financeira receberá a integralidade de seu crédito (R$ 200.000,00), ao passo que Bernardo receberá, por último, parte do valor emprestado para as despesas médicas de Timóteo (R$ 50.000,00);

e) a ordem de privilégios creditórios, ou seja, primeiramente, a Caixa Financeira receberá a integralidade de seu crédito (R$ 200.000,00); depois, Anselmo receberá a integralidade do crédito com benfeitorias necessárias (R$ 50.000,00), ao passo que, por último, Bernardo receberá parte do seu crédito pelo empréstimo para custear as despesas médicas de Timóteo (R$ 50.000,00).

▷ ***Anotações/Comentários***

A questão a saber é, dentre os credores, qual a ordem de preferências e privilégios.

Na forma do Código Civil, o primeiro da fila será a Caixa Financeira, que tem hipoteca sobre o bem, sendo credor real (CC, art. 961). O segundo da fila será Anselmo, pois o crédito pelas benfeitorias úteis e necessárias sobre o bem é especial (CC, art. 964, III), preferindo sobre o geral de Bernardo, relacionado com as despesas com a doença que vitimou o devedor (CC, art. 965, IV)

112. (Cespe – Analista Judiciário – Área Judiciária – TRE – TO/2017)

No que tange ao adimplemento, ao inadimplemento e à extinção de obrigações, julgue os itens que se seguem.

I. O pagamento de dívida quesível deverá ser feito no domicílio do devedor, ficando o credor obrigado a buscar o adimplemento.

II. O Código Civil adota o princípio do nominalismo monetário nas dívidas em dinheiro, admitindo, contudo, que as partes convencionem cláusula de escala móvel.

III. Poderá ocorrer mora em caso tanto de inadimplemento absoluto quanto de inadimplemento relativo de uma obrigação.

IV. Multa moratória e multa compensatória poderão ser cumuladas com a exigência de cumprimento regular da obrigação principal.

Estão certos apenas os itens

a) I e II.

b) I e III.

c) II e IV.

d) I, III e IV.

e) II, III e IV.

▷ ***Anotações/Comentários***

O item I está certo. Obrigação quesível ocorre quando o credor procura o devedor para receber o seu crédito. Desta forma, o pagamento é realizado no domicílio do devedor. Lembra-se que a regra geral é que as dívidas são quesíveis (CC, art. 327)

O item II também está correto. Segundo o art. 315, CC, em regra, as dívidas em dinheiro devem ser pagas em moeda corrente e pelo valor nominal (princípio do nominalismo monetário). Ademais, nada impede um índice de reajuste (escala móvel) – CC, art. 316.

O item III está errado. Inadimplemento é o descumprimento de obrigação assumida, voluntário ou involuntário. Se o inadimplemento for absoluto (total) a obrigação se tornou inútil ao credor. Se o inadimplemento for relativo, estamos diante da mora - a obrigação não foi cumprida no tempo, lugar ou forma convencionados, mas ainda pode ser útil ao credor.

O item IV também está incorreto. A multa moratória pode ser cumulada com a exigência de cumprimento regular da obrigação principal. Já a multa compensatória não pode, consoante o art. 410 do CC.

113. FGV – 2024 – TRF 1 - Analista Judiciário - Área Judiciária

O juízo de 1ª Vara Federal de Brasília defere tutela antecipada impondo obrigação de fazer, sob pena de multa diária de R$ 10.000,00 em caso de descumprimento. O autor, então, agrava dessa decisão, sob dois fundamentos:

(i) inadequação da multa, por se tratar de obrigação de fazer fungível; e

(ii) modicidade do valor arbitrado, uma vez que é inferior ao ganho do réu com a prática ilícita.

Em contrarrazões, são articuladas as seguintes teses defensivas:

1. a obrigação de fazer prevista em contrato, na medida em que submete especificamente um dos contratantes, é sempre infungível;
2. o ordenamento civil prevê apenas a multa diária e a conversão em perdas em danos em caso de descumprimento de obrigações de fazer, fungíveis ou não, e;
3. a teoria do inadimplemento eficiente, amplamente acolhida em nosso ordenamento, admite que a parte escolha assumir o ônus do inadimplemento, indenizando a contraparte, se isso lhe for mais vantajoso, considerada a liberdade contratual.

Nesse caso, à luz exclusivamente do direito civil:

a) procedem todas as teses;

b) procede apenas a tese 3;

c) procedem apenas as teses 1 e 2;

d) procedem apenas as teses 1 e 3;

e) nenhuma das teses procede.

▷ ***Anotações/Comentários***

O argumento 1 está equivocado. Obrigação de fazer, imputada a um dos contratantes em decorrência de contrato, não significa que seja infungível, pois é possível que não seja personalíssima e possa ser executada por terceiro.

O argumento 2 está errado. A conversão em perdas e danos será na casuística de obrigação de fazer infungível (CC, art. 247).

Não assiste razão ao argumento 3. O ordenamento jurídico brasileiro não abraça a teoria do inadimplemento eficiente, por, dentre outros argumentos, ofender a obrigatoriedade dos contratos e ir na contramão da busca de tutela específica. Não por outro motivo que externa o art. 499 do CPC que a obrigação somente será convertida em perdas e danos se o autor o requerer ou se impossível a tutela específica ou a obtenção de tutela pelo resultado prático equivalente.

O gabarito é a letra "e"

---

114. (Consulplan – Analista Judiciário – Área Administrativa – TRE – RJ/2017) No tocante à Lei de Introdução às normas do Direito Brasileiro, interprete o caso proposto e assinale a afirmativa juridicamente verdadeira. "A Lei n° 8.112/90 previa o direito de licença por assiduidade para os servidores federais. Posteriormente, a Lei n° 9.527/97 revogou o referido direito e o substitui por um direito à licença para capacitação. Supondo que seja aprovada a Lei "X" em 2017 revogando a Lei n° 9.527/97, poder-se-á concluir que

a) não existindo disposição em contrário, a Lei "X" terá vigência de cinco anos, prescrevendo após este período.
b) com a revogação da Lei n° 9.527/97, fica restaurado o direito de licença por assiduidade dos servidores federais.
c) salvo disposição em contrário, a Lei "X" começa a vigorar quarenta e cinco dias depois de oficialmente publicada.
d) a lei nova, em regra, tem vigência retroativa, cassando as licenças dos servidores federais que já se encontravam em gozo do direito.

▷ ***Anotações/Comentários***

A assertiva "A" está incorreta, visto que não existindo disposição em contrário, a Lei "X" terá vigência continuada, sendo esta a regra geral (LINDB, art. 2o).

A opção "B" também está incorreta, pois não há repristinação como regra geral (LINDB, art. 2o, §3°).

A opção "C" está correta. Salvo disposição em contrário, a Lei "X" começa a vigorar quarenta e cinco dias depois de oficialmente publicada (LINDB, art. 1o).

A letra "D" está errada, pois a lei nova, em regra, não retroage (LINDB, art. 6o).

---

115. (Consulplan – Analista Judiciário – Área Administrativa – TRE – RJ/2017) Uma empresa, com o intuito de promover uma campanha comercial, divulgou, sem autorização, o nome de alguns funcionários em peças publicitárias de rádio e televisão. Nos termos do Código Civil brasileiro,

a) a divulgação do nome alheio, em propaganda comercial, prescinde de autorização.
b) a conduta da empresa, em relação aos funcionários, feriu o direito da personalidade.
c) o nome alheio pode ser divulgado, sem autorização, apenas em campanhas de rádio.
d) os funcionários devem abrir mão dos direitos da personalidade para não perderem o emprego.

▷ ***Anotações/Comentários***

O gabarito é a letra "B", nos termos do art. 18 do Código Civil. Sem autorização, não se pode usar o nome alheio em propaganda comercial. Ademais, entende-se que o dano é *in re ipsa*, pois decorre da simples conduta da utilização indevida.

---

116. (Consulplan – Analista Judiciário – Área Administrativa – TRE – RJ/2017) Na classificação das pessoas jurídicas, conforme estatui o Código Civil brasileiro,

a) as fundações são pessoas jurídicas de direito público.
b) os partidos políticos são pessoas jurídicas de direito privado.
c) a União é pessoa jurídica de direito público externo e os Estados, interno.
d) as associações, ainda que públicas, são pessoas jurídicas de direito privado.

▷ ***Anotações/Comentários***

O gabarito é a letra "B", como infere-se dos arts. 41, 42 e 44 do Código Civil.

Letra "A" está falsa, pois fundações podem ser de direito privado.

Letra "C" está falsa, pois a União é pessoa jurídica de direito público externo e o Estado interno.

Letra "D" está equivocada, pois associações são pessoas jurídicas de direito privado.

---

117. (Consulplan – Analista Judiciário – Área Administrativa – TRE – RJ/2017) "Rogério nasceu em Petrópolis; viveu em Duque de Caxias até completar a maioridade; é servidor efetivo do Tribunal Regional Eleitoral, lotado na capital do Rio de Janeiro; e reside, atualmente, com sua família em Niterói." Nos termos do Código Civil brasileiro, o domicílio de Rogério é:

a) Niterói.
b) Petrópolis.
c) Duque de Caxias.
d) Rio de Janeiro, capital.

▷ ***Anotações/Comentários***

O gabarito é letra "D", Rio de Janeiro. Afinal, o servidor público tem domicílio necessário no local em que exercitar permanentemente suas funções (CC, art. 76).

---

118. (FCC – Analista Judiciário – Área Administrativa – TRE – SP/2017) O menor de dezesseis anos

a) não possui personalidade, a qual é adquirida com a maioridade civil.
b) possui personalidade e tem resguardados todos os direitos inerentes a ela, mas é absolutamente incapaz para os atos da vida civil.
c) possui personalidade, mas os direitos inerentes a ela, bem como os atos da vida civil, poderão ser exercidos pessoalmente apenas aos dezesseis anos completos, quando é adquirida capacidade plena.
d) possui personalidade, mas os direitos inerentes a ela, bem como os atos da vida civil, poderão ser exercidos, sob representação, apenas aos dezesseis anos completos, quando é adquirida capacidade relativa.
e) possui personalidade e tem resguardados todos os direitos inerentes a ela, mas é relativamente incapaz para os atos da vida civil.

▷ ***Anotações/Comentários***

O gabarito da questão é a letra "B". É necessário compreender que Personalidade e Capacidade são assuntos distintos.

Personalidade jurídica é a aptidão genérica para adquirir direitos e contrair obrigações. É reconhecida atualmente a todo ser humano e independe da consciência ou vontade do indivíduo: recém-nascidos, loucos e doentes inconscientes possuem, todos, personalidade jurídica. Dessa forma, trata-se de um atributo inseparável da pessoa, à qual o direito reconhece a possibilidade de ser titular de direitos e obrigações.

Por sua vez, a Capacidade é a medida da personalidade. Todas as pessoas possuem a capacidade de direito (CC, art. 1o), isto é, todos são capazes de adquirir direitos e deles gozar. Contudo, nem todos são capazes de execer seus direitos e os atos da vida civil, que consistem na capacidade de fato. Logo, alguns são incapazes, seja de forma absoluta (CC, art. 3º), seja de forma relativa (CC, art. 4º).

Atualmente somente os menores de 16 anos são considerados absolutamente incapazes.

---

119. (FCC – Analista Judiciário – Área Administrativa – TRE – SP/2017) Manoel trabalha na cidade de Cajamar, reside, alternadamente, nas cidades de Jundiaí e Campinas, com ânimo definitivo, e passa férias, ocasionalmente, na cidade de Itatiba. De acordo com o Código Civil, considera(m)-se domicílio(s) de Manoel

a) Jundiaí e Campinas, apenas.
b) Cajamar, apenas.

c) Cajamar, quanto às relações concernentes à profissão, Jundiaí e Campinas, apenas.

d) Cajamar, Jundiaí, Campinas e Itatiba.

e) Jundiaí, Campinas e Itatiba, apenas.

▷ ***Anotações/Comentários***

O direito civil brasileiro se filia ao princípio da pluralidade domiciliar; ou seja, uma pessoa pode ter diversos domicílios.

No que tange ao domicílio pessoal, como Manoel tem duas residências onde vive alternadamente com animus definitivo, ambos são seus domicílios (CC, art. 71).

Já em relação ao domicílio profissional, local em que ele exercita a sua profissão, é a cidade de Cajamar (CC, art. 72).

120. (FCC – Analista Judiciário – Área Judiciária – TRE – SP/2017) André adquiriu um terreno onde pretendia construir uma fábrica de tintas. Na época da aquisição, não havia lei impedindo esta atividade na região em que se localizava o terreno. Passado o tempo, porém, antes de André iniciar qualquer construção, sobreveio lei impedindo o desenvolvimento de atividades industriais naquela área, por razões ambientais. A lei tem efeito

a) imediato e atinge André, que não tem direito adquirido ao regime jurídico anterior a seu advento.

b) retroativo e atinge André, por tratar de questão de ordem pública.

c) imediato, mas não atinge André, que possui direito adquirido ao regime jurídico anterior a seu advento.

d) retroativo, mas não atinge André, que possui direito adquirido ao regime jurídico anterior a seu advento.

e) retroativo mas não atinge André, por tratar de direito disponível.

▷ ***Anotações/Comentários***

A resposta da questão é letra "A", na forma do art. 5o , XXXVI da CF/88 e 6o da LINDB.

Com efeito, a lei nova tem efeito imediato e geral, e como não há nem coisa julgada, nem direito adquirido e nem ato jurídico perfeito, atinge a situação posta.

Por fim, observa-se que André só comprou o terreno com a intenção de construir uma fábrica, mas, como o enunciado da questão traz, "antes de André iniciar qualquer construção", veio a lei nova.

121. (FCC – Analista Judiciário – Área Judiciária – TRE – SP/2017) Para se furtar à legislação eleitoral, Paulo transferiu para si patrimônio da empresa na qual é sócio. Na sequência, simulou doar o dinheiro a candidato, pela pessoa física. Na verdade, porém, foi a empresa quem realizou, de fato, a doação. O negócio simulado é

a) válido, se atender à forma prescrita em lei e não prejudicar direito de terceiros.

b) nulo, matéria cognoscível de ofício, não se sujeitando a declaração de nulidade a prazo de decadência ou de prescrição.

c) anulável, dependendo, a sua invalidação, de provocação da parte, sujeita a prazo decadencial de quatro anos.

d) anulável, matéria cognoscível de ofício e não sujeita a prazo de decadência ou de prescrição.

e) nulo, dependendo a sua invalidação de provocação da parte, sujeita a prazo decadencial de quatro anos.

▷ ***Anotações/Comentários***

O Negócio jurídico trazido no enunciado da questão foi simulado, sendo nulo, na forma do at. 167 do CC.

Logo, tal negócio não é suscetível de confirmação, nem convalesce pelo decurso do tempo (CC, art. 169). Ademais, tal nulidade deve ser pronunciada de ofício pelo Juiz (CC, art. 168) e não se submete a qualquer prazo prescricional ou decadencial.

122. (FCC – Analista Judiciário – Área Judiciária – TRE – SP/2017) A respeito da fiança, considere:

I. Pode ser estipulada na forma verbal, desde que na presença de, ao menos, duas testemunhas.

II. Pode ser estipulada ainda que contra a vontade do devedor.

III. Não pode ser de valor inferior ao da obrigação principal.

IV. Não admite interpretação extensiva.

Está correto o que consta APENAS em

a) II e IV.

b) II e III.

c) I e IV.

d) I e II.

e) I e III.

▷ ***Anotações/Comentários***

Apenas os itens II e IV estão corretos.

O item I está incorreto, pois a fiança demanda forma escrita (CC, art. 819).

O item II está correto, pois a fiança é estipulada entre credor (afiançado) e fiador, podendo ser contrária à vontade do devedor ou sem a sua participação (CC, art. 820).

O item III está incorreto pois a fiança pode ser de valor inferior ao da obrigação principal (CC, art. 823).

O item IV está correto, pois a interpretação da fiança deve ser restritiva (CC, art. 819).

CIVIL

123. (FCC – Analista Judiciário – Área Judiciária – TRE - PR/2017) Considere as afirmações abaixo a respeito da teoria do adimplemento substancial.

I. Embora não esteja expressamente prevista na legislação, a jurisprudência, com base na doutrina, tem admitido esta teoria para evitar a rescisão do contrato.

II. Foi expressamente prevista na legislação civil e sua adoção evita a resolução do contrato, quando ocorrer inadimplemento mínimo.

III. Caso adotada, apesar de a obrigação contratualmente estabelecida não ter sido cumprida totalmente, se ela foi adimplida substancialmente, apenas se admitirá a resolução do contrato, mas impede a condenação em indenização por perdas e danos, se o devedor agiu de boa-fé.

IV. Se adotada, não impedirá o credor de receber o que lhe é devido.

V. Apesar de prevista em lei, com a vigência do Código Civil de 2002, foi abandonada, em razão da regra que impõe a observância da boa-fé.

Está correto o que se afirma APENAS em

a) I e IV.

b) II e IV.

c) I e III.

d) II e III.

e) IV e V.

▷ ***Anotações/Comentários***

Estão corretas as afirmações I e IV; ou seja, o gabarito é letra "A".

O item I está correto por ser corrente na jurisprudência a adoção da tese do adimplemento substancial, apenas a excepcionando para as situações de alienação fiduciária em garantia. Justo por isso, incorreto o item IV.

O item II está falso, pois o instituto não tem previsão legal.

O item III está incorreto, pois a teoria do adimplemento substancial impede, justamente, a resolução do contrato, permitindo a exigência do seu cumprimento, mais perdas e danos. Nessa mesma linha, correto o item IV.

124. (FCC – Analista Judiciário – Área Judiciária – TRE - PR/2017) João vendeu para Atílio 28 hectares de terra, estipulado o preço por medida de extensão, pelo valor total de R$ 1.540.000,00 (um milhão, quinhentos e quarenta mil reais), o que corresponde a R$ 55.000,00 (cinquenta e cinco mil reais) por hectare. Da escritura de compra e venda, porém, constou que o valor do imóvel era R$ 1.450.000,00 (um milhão, quatrocentos e cinquenta mil reais), permanecendo íntegras as dimensões da área e o valor do hectare. Após pago o preço, Atílio, embora tenha desejado realizar o negócio, arrependeu-se em virtude de notícia de possível desapropriação e, a pretexto de sentir-se prejudicado, ajuizou ação para anular o contrato, arguindo que houve erro na escritura a respeito do preço. Nesse caso, o negócio jurídico deverá ser

a) anulado, porque a hipótese é de falso motivo, que vicia o negócio jurídico.
b) mantido, porque o erro, apesar de essencial, não era inescusável.
c) mantido, porque o contrato, sendo bilateral, exigia o erro de ambas as partes.
d) anulado, porque houve erro a respeito do preço, que é elemento essencial em um contrato de compra e venda.
e) mantido, porque o erro de cálculo apenas autoriza a retificação da declaração de vontade, não sendo o caso de anulação do contrato de compra e venda.

▷ ***Anotações/Comentários***

O gabarito da questão é alternativa "E". Isto, porque, na forma do at. 143 do Código Civil, o erro de cálculo gera mera retificação, e não invalida o negócio jurídico.

---

125. (FCC – Analista Judiciário – Área Judiciária – TRE - PR/2017) João, com dezesseis anos de idade e não emancipado, filho de José e Maria, foi autorizado por seus pais, que são médicos e residiam na cidade de Campo Mourão, a morar com os avós maternos em Curitiba, a fim de matricular-se na escola de sua preferência. Chegando a Curitiba e já instalado, João alistou-se eleitor. No mesmo dia do embarque do filho, seus pais transferiram a residência definitivamente para Londrina, passando ambos a clinicar três dias da semana nessa cidade e a mãe, em dois dias alternados, também na cidade de Arapongas, enquanto o pai, também em dois dias alternados, na cidade de Cornélio Procópio, viajando e retornando a Londrina, no fim de cada dia de trabalho, naquelas cidades. Nesse caso, o domicílio de João é

a) em Campo Mourão.
b) em Curitiba.
c) em Londrina.
d) plural, em Londrina, Arapongas e Cornélio Procópio.
e) plural, em Londrina e Curitiba.

▷ ***Anotações/Comentários***

O gabarito é a letra "C", Londrina. Afinal o incapaz tem domicílio legal, sendo o do seu representante ou assistente (CC, art. 76).

---

126. (Cespe – Analista Judiciário – Área Judiciária – TRF 1/2017) Julgue os itens a seguir, considerando o entendimento legal e doutrinário acerca da figura jurídica do empresário e das pessoas jurídicas.

I - Faculta-se ao empresário a decisão de tornar público o seu objeto social.

- CERTO
- ERRADO

▷ ***Anotações/Comentários***

O item está incorreto. Na forma do art. 968, IV do Código Civil, o objeto da empresa é dado necessário à inscrição do empresário.

II - As associações são consideradas pessoas jurídicas de direito privado e, por esse motivo, elas devem ser regularmente inscritas no registro de empresas.

- CERTO
- ERRADO

▷ ***Anotações/Comentários***

O item está incorreto. A associações devem ser registradas no cartório e não na Junta Comercial ("registro de empresas"), como sugere a questão.

III - O empresário, para iniciar suas atividades formalmente, deve se inscrever no registro público de empresas mercantis.

- CERTO
- ERRADO

▷ ***Anotações/Comentários***

O item está correto, consoante os arts. 967 e 1.150 do Código Civi.

---

127. (Cespe – Analista Judiciário – Área Judiciária – TRF 1/2017) A respeito de contratos civis e direito sucessório, julgue os itens subsequentes, com base no Código Civil.

I - Doação é caracterizada pela formulação de contrato oneroso.

- CERTO
- ERRADO

▷ ***Anotações/Comentários***

O item está errado, pois não se trata de contrato oneroso. A doação, em regra, é gratuita, benéfica, onerando apenas o doador, quem transfere do seu patrimônio bens ou vantagens ao donatário.

Registra-se, porém, que nada impede que se verifique uma doação onerosa, com modo ou encargo.

II - No contrato de doação, qualquer alienação gratuita que afete a metade indisponível dos herdeiros necessários poderá ser declarada nula.

- CERTO
- ERRADO

▷ ***Anotações/Comentários***

Trata-se de afirmativa correta. Com efeito, é nula a doação quanto a parte que exceder a de que o doador, no momento da liberalidade, poderia dispor em testamento. Trata-se da chamada doação inoficiosa. Veja que a nulidade é apenas do que exceder, sendo parcial e objeto de ação de redução.

III - Pessoa física sem herdeiros necessários pode doar quantos bens quiser, a título de doação universal, desde que mantenha renda suficiente para a própria sobrevivência.

- CERTO
- ERRADO

▷ ***Anotações/Comentários***

O item está correto, conforme o art. 548 do CC. É a denominada doação universal, a qual só é permitida se respeitar a legítima e tiver o doador bens ou renda suficiente para sua subsistência.

---

128. (Cespe – Analista Judiciário – Área Judiciária – TRF 1/2017)

[...] muitas vezes os sócios ou administradores, agindo contrariamente às finalidades estatutárias ou abusando da personalidade jurídica da pessoa jurídica, acarretam prejuízos a terceiros [...] A fim de pôr cobro a esses desvios, formou-se a doutrina conhecida como disregard of legal entity, para vincular o patrimônio dos sócios.

Nestor Duarte. Código civil comentado. São Paulo: Ed. Manole, 2007, p. 432 (com adaptações).

Considerando o texto precedente e aspectos a ele inerentes, julgue os itens a seguir, com base no Código Civil.

I - O credor de uma empresa poderá utilizar o estabelecimento comercial para satisfazer o seu crédito, independentemente de aplicação da teoria referida no texto.

- CERTO
- ERRADO

▷ ***Anotações/Comentários***

O item está correto. Não é necessária a desconsideração em sendo o credor da própria empresa e esta tendo solvência para garantir o débito.

II - O texto trata da teoria da desconsideração da personalidade jurídica.

- CERTO

- ERRADO

▷ ***Anotações/Comentários***

Item está correto, consoante o art. 50 do CC.

A desconsideração da personalidade da pessoa jurídica é medida excepcional e episódica através da qual relativiza-se a separação ou independência existente entre a pessoa física e a jurídica.

III - Os patrimônios dos sócios, embora vinculados, sob nenhuma hipótese poderão ser expropriados para satisfazer os credores da empresa.

- CERTO
- ERRADO

▷ ***Anotações/Comentários***

O item está errado, pois a expropriação dos bens dos sócios é consequência lógica da aplicação da teoria da desconsideração da personalidade jurídica (CC, art. 50).

IV - Descumprimento de finalidades estatutárias significa o mesmo que desrespeito aos objetivos sociais da empresa.

- CERTO
- ERRADO

▷ ***Anotações/Comentários***

O item está correto, pois objetivo social é o que consta nos atos constitutivos da pessoa jurídica.

DIREITO PROCESSUAL CIVIL

Luciano Alves Rossato

1. MEIOS ADEQUADOS DE RESOLUÇÃO DE CONFLITOS

01. FGV – 2024 – TRF 1 - Técnico Judiciário - Área Administrativa

João, após ser aprovado em um concurso público, buscou se especializar na temática afeta aos métodos apropriados de solução de conflitos. Registre-se que João se interessou pelo método que envolve a atividade desempenhada pelos profissionais que atuam preferencialmente nos casos em que há vínculo anterior entre as partes, auxiliando os interessados a compreender as questões e os interesses em conflito, de modo que eles possam, pelo restabelecimento da comunicação, identificar, por si próprios, soluções consensuais que gerem benefícios mútuos.

Nesse cenário, considerando as disposições do Código de Processo Civil, João se interessou pelo seguinte método apropriado de solução de conflitos:

a) arbitragem, mediante cláusula compromissória;

b) arbitragem, mediante compromisso arbitral;

c) negociação;

d) conciliação;

e) mediação.

▷ ***Anotações/Comentários***

Notas do autor: devem ser apontadas as diferenças entre a *conciliação* e a *mediação*. No primeiro caso, atua-se preferencialmente nos casos em que não houver vínculo anterior entre as partes, podendo o conciliador sugerir soluções para o litígio, sendo vedada a utilização de qualquer tipo de constrangimento ou intimidação para que as partes conciliem. No segundo caso, tem-se que o *mediador* atuará preferencialmente nos casos em que houver vínculo anterior entre as partes, auxiliará aos interessados a compreender as questões e os interesses em conflito, de modo que eles possam, pelo restabelecimento da comunicação, identificar, por si próprios, soluções consensuais que gerem benefícios mútuos. (art. 165, §§ 2º e 3º, CPC).

02. (Cespe – Analista Judiciário – Direito – TJ – PA/2020) Durante uma tentativa de mediação judicial frustrada foram produzidas as seguintes informações e(ou) manifestações por uma das partes envolvidas no processo.

I documento elaborado unicamente para fins de mediação

II manifestação de aceitação de proposta de acordo apresentada pelo mediador

III informação sobre a prática de crime de ação penal pública

IV declaração formulada à outra parte na busca de entendimento para o conflito

De acordo com o previsto na Lei n.° 13.140/2015, que dispõe sobre mediação, independentemente da vontade das partes, a confidencialidade prevista na norma se aplica apenas às informações e(ou) manifestações constantes nos itens

a) I e II.

b) I e III.

c) III e IV.

d) I, II e IV.

e) II, III e IV.

▷ ***Anotações/Comentários***

Considerando-se o que se encontra previsto nas Normas Fundamentais do Processo Civil, o Estado promoverá, sempre que possível, a solução consensual dos conflitos, devendo a conciliação, a mediação e outros métodos de resolução consensual serem estimulados por juízes, advogados, defensores públicos e membros do Ministério Público, especialmente no curso do processo judicial (art. 3º, §§). Entre os métodos de resolução adequada dos conflitos merece destaque a mediação, que foi tratada na Lei nº 13.140/2015. Conforme se verifica da aludida lei, *considera-se mediação a atividade técnica exercida por terceiro imparcial sem poder decisório, que, escolhido ou aceito pelas partes, as auxilia e estimula a identificar ou desenvolver soluções consensuais para a controvérsia* (art. 1º, parágrafo único). A mediação poderá ocorrer no âmbito judicial, bem como no extrajudicial. Vários são os princípios que orientarão a mediação, podendo ser apontado, entre eles, o princípio da confidencialidade (art. 2º, VII, Lei nº 13.140/2015). Toda e qualquer informação relativa ao procedimento será confidencial em relação a terceiros, não se admitindo ser revelada sequer em processo arbitral ou judicial, salvo se as partes expressamente decidirem de forma diversa ou quando sua divulgação for exigida por lei ou necessária para cumprimento de acordo obtido pela mediação (art. 30, *caput*), alcançando: I - declaração, opinião, sugestão, promessa ou proposta formulada por uma parte à outra na busca de entendimento para o conflito; II - reconhecimento de fato por qualquer das partes no curso do procedimento de mediação; III - manifestação de aceitação de proposta de acordo apresentada pelo mediador; e, IV - documento preparado unicamente para os fins do procedimento de mediação. Como é possível verificar, os documentos mencionados nas assertivas I, II e IV, estão alcançados pela confidencialidade. Contudo, o de número III, tem a confidencialidade expressamente excluída (art. 30, § 3º).

03. (Consulplan – Analista Judiciário – Oficial de Just. Avaliador – TRF 2/2017) O Novo Código de Processo Civil de 2015 (Lei Federal n° 13.105) prestigia, em diversas passagens, os métodos alternativos de solução de conflitos como forma de entregar aos cidadãos uma prestação jurisdicional mais célere e que melhor atenda os interesses das partes em conflito, buscando-se, com isso, a pacificação social e a maior efetividade das decisões estatais. No que tange às disposições processuais que regem os conciliadores e mediadores judiciais, assinale a alternativa correta.

a) As partes podem escolher, de comum acordo, o conciliador ou o mediador, ainda que este não esteja cadastrado no tribunal onde tramita o processo.

b) A conciliação e a mediação são informadas pelo princípio da publicidade, devendo ser publicadas todas as informações produzidas no curso do procedimento.

c) Os conciliadores e mediadores judiciais devidamente cadastrados, se advogados, poderão continuar exercendo a advocacia nos juízos em que desempenham suas funções.

d) Eventuais conflitos no âmbito administrativo que envolvam órgãos e entidades da administração pública não estão sujeitos aos mecanismos de solução consensual de conflitos previstos no Código de Processo Civil de 2015.

▷ ***Anotações/Comentários***

O CPC 2015 encampou o chamado *Tribunal Multiportas*, de modo que a solução adjudicada pelo Poder Judiciário se constituirá na última alternativa, devendo ser tentada a solução consensual, existindo vários métodos de solução adequada de conflitos.

Alternativa "A": correta. O conciliador e o mediador são considerados auxiliares da Justiça (art. 149, CPC), podendo ser escolhidos, de comum acordo, pelas partes (art. 168, caput, CPC).

Alternativa "B": incorreta. A conciliação e a mediação são informadas, entre outros, pelo princípio da confidencialidade (art. 166, caput) e pelo da publicidade. Trata-se de um ponto que merece muita atenção quando do estudo da matéria.

Alternativa "C": incorreta. Os conciliadores e mediadores judiciais cadastrados, se advogados, estarão impedidos de exercer a advocacia nos juízos em que desempenhem suas funções (art. 167, § 5º, CPC).

Alternativa "D": incorreta. Diferentemente do que foi afirmado, eventuais conflitos no âmbito administrativo que envolvam órgãos e entidades da administração pública estão sujeitos aos mecanismos de solução consensual de conflitos previstos no Código de Processo Civil de 2015 (art. 174).

04. (IESES - Cartório - Provimento - TJ - CE/2018) Relativamente à figura jurídica da Mediação, segundo o disposto na Lei n. 13.140/15, assinale a alternativa INCORRETA:

a) Aplicam-se ao mediador as mesmas hipóteses legais de impedimento e suspeição do juiz.
b) A Mediação será orientada, dentre outros, pelos princípios da isonomia entre as partes, da informalidade, da confidencialidade e da boa-fé.
c) Não podem ser objeto de mediação os conflitos que versem sobre direitos indisponíveis, ainda que admitam transação.
d) Na mediação judicial, os mediadores não estarão sujeitos à prévia aceitação das partes.

▷ ***Anotações/Comentários***

Como foi dito, a Lei nº 13.140/2015 trata da mediação.

Alternativa "A": a afirmativa está correta, aplicando-se ao mediador as mesmas hipóteses legais de impedimentos e suspeição do juiz (art. 5º).

Alternativa "B": a afirmativa está correta, sendo a mediação orientada pelos seguintes princípios: I - imparcialidade do mediador; II - isonomia entre as partes; III - oralidade; IV - informalidade; V - autonomia da vontade das partes; VI - busca do consenso; VII - confidencialidade; VIII - boa-fé.

Alternativa "C": a afirmativa não está correta, pois pode ser objeto de mediação o conflito que verse sobre direitos disponíveis ou sobre direitos indisponíveis que admitam transação (art. 3º, caput). Logo, esta é a alternativa a ser indicada.

Alternativa "D": a afirmativa está correta, eis que na mediação judicial, os mediadores não estarão sujeitos à prévia aceitação das partes (art. 25).

05. (IESES - Cartório - Provimento - TJ - CE/2018) Analise as assertivas abaixo e, de acordo com o que dispõe a legislação vigente sobre arbitragem (lei 9.307/96), assinale a alternativa correta:

I. As pessoas capazes poderão contratar a arbitragem para dirimir litígios relativos a direitos patrimoniais, disponíveis ou indisponíveis.
II. A administração pública direta poderá contratar a arbitragem para dirimir litígios relativos a direitos patrimoniais disponíveis.
III. A cláusula compromissória arbitral escrita pode estar inserta no próprio contrato ou em documento apartado que a ele se refira.
IV. O árbitro deverá ser capaz e ter concluído curso superior.

a) Todas as assertivas estão incorretas.
b) Todas as assertivas estão corretas.
c) As assertivas II e III estão corretas.
d) Apenas a assertiva I está incorreta.

▷ ***Anotações/Comentários***

A arbitragem constitui-se em um dos métodos de solução adequada dos conflitos, encontrando-se disciplinada na Lei nº 9.307/1996. Dela poderão se valer as pessoas capazes de contratar para dirimir litígios relativos a direitos patrimoniais disponíveis, ainda que se trate da administração pública direta ou indireta. As partes interessadas podem submeter a solução de seus litígios ao juízo arbitral mediante convenção arbitral, que engloba a *cláusula compromissória* e o *compromisso arbitral* (art. 3º). Entende-se por cláusula compromissória a convenção através da qual as partes em um contrato comprometem-se a submeter à arbitragem os litígios que possam vir a surgir, relativamente a tal contrato (art. 4º, caput). De outro lado, o compromisso arbitral é a convenção através da qual as partes submetem um litígio à arbitragem de uma ou mais pessoas, podendo ser judicial ou extrajudicial (art. 9º, caput). Admite-se que seja árbitro qualquer pessoa capaz e que tenha a confiança das partes (art. 13, caput). Como se nota, não há a exigência de que tenha curso superior. Diante de tudo o que foi apontado, as assertivas II e III estão corretas.

2. NORMAS FUNDAMENTAIS DO DIREITO PROCESSUAL CIVIL

06. (FCC - Analista Judiciário - Oficial de Just. Avaliador Federal - TRT 6/2018) Dispõe o CPC que o juiz decidirá o mérito nos limites propostos pelas partes, sendo-lhe vedado conhecer de questões não suscitadas a cujo respeito a lei exija a iniciativa da parte.

Esse enunciado compreende os princípios:

a) da adstrição ou congruência e da persuasão racional.
b) do impulso oficial e dispositivo.
c) da adstrição ou congruência e dispositivo.
d) da persuasão racional e do livre convencimento.
e) do livre convencimento e da eventualidade.

▷ ***Anotações/Comentários***

Em conformidade com o princípio da adstrição, da correlação entre o pedido e a sentença, da congruência e dispositivo, deverá o juiz decidir o mérito nos limites propostos pelas partes, sendo-lhe vedado decidir questões não suscitadas a cujo respeito a lei exija a iniciativa da parte (art. 141, CPC). A inobservância do princípio conduz à existência de vício processual, podendo existir três situações: a) sentença *ultra petita* – a decisão vai além do pedido. Exemplo: o autor pede a condenação do réu em R$ 1.000,00 e o juiz defere R$ 2.000,00; b) sentença *extra petita* – o magistrado defere pedido diverso do que foi requerido. Exemplo: a parte pede a condenação do réu ao pagamento de determinada quantia e o juiz determina a entrega de um bem; c) sentença *citra petita* – a sentença não aprecia todos os pedidos apresentados. Exemplo: o autor requer a condenação do réu em danos materiais e morais e a sentença analisa apenas o pedido referente aos danos materiais. Exclui as demais alternativas.

07. (Cespe - Analista Judiciário - Direito - TJ - AM/2019) Acerca do disposto no Código de Processo Civil (CPC) sobre as normas processuais civis, os deveres das partes e dos procuradores, a intervenção de terceiros e a forma dos atos processuais, julgue os itens a seguir.

Em observância ao princípio da economia processual, a fundamentação de decisão que não admite recurso pode limitar-se à mera indicação de precedente com força vinculante ou persuasiva reconhecida pelo CPC.

- CERTO
- ERRADO

▷ ***Anotações/Comentários***

As normas fundamentais encampadas pelo Novo Código de Processo Civil constituem-se em fundamentos interpretativos que não se encontram apenas na parte geral, como também na parte especial. Tais normas são compostas por princípios e regras jurídicas e demonstra a valorização do processo principiológico. Entre os princípios, destaca-se o da *fundamentação analítica*. A propósito, não considera fundamentada qualquer decisão judicial, seja ela interlocutória, sentença ou acórdão, que: I - se limitar à indicação, à reprodução ou à paráfrase de ato normativo, sem explicar sua relação com a causa ou a questão decidida; II - empregar conceitos jurídicos indeterminados, sem explicar o motivo concreto de sua incidência no caso; III - invocar motivos que se prestariam a justificar qualquer outra decisão; IV - não enfrentar todos os argumentos deduzidos no processo capazes de, em tese, infirmar a conclusão adotada pelo julgador; V - se limitar a invocar precedente ou enunciado de súmula, sem identificar seus fundamentos determinantes nem demonstrar que o caso sob julgamento se ajusta àqueles fundamentos; VI - deixar de seguir enunciado de súmula, jurisprudência ou precedente invocado pela parte, sem demonstrar a existência de distinção no caso em julgamento ou a superação do entendimento. Logo, a afirmativa está errada.

08. (Cespe – Analista Judiciário – Área Judiciária – TRE – BA/2017) Em um tribunal, o relator de determinado recurso concedeu o prazo de cinco dias ao recorrente para que fosse sanado vício e complementada a documentação exigida pela legislação para interposição de recurso.

Nessa situação, o magistrado tomou tal providência com base no princípio denominado

a) dialeticidade.

b) fungibilidade.

c) primazia do julgamento do mérito.

d) dispositivo.

e) identidade física do juiz.

▷ ***Anotações/Comentários***

Em conformidade com o disposto no art. 4º do CPC, "as partes têm o direito de obter em prazo razoável a solução integral do mérito, incluída a atividade satisfativa". Nesse dispositivo é possível extrair o princípio da preferência ou da primazia pelo julgamento de mérito. Uma vez iniciada a relação processual, deverá o magistrado conduzir o processo com vista ao julgamento de seu mérito, aproveitando ao máximo os atos processuais, evitando reconhecer nulidades quando estas podem ser sanadas ou se o mérito pode ser decidido em favor do prejudicado, deixando de lado a jurisprudência defensiva etc. Diante do previsto, há necessidade de adequação do formalismo ao processo democrático, não se admitindo a formalidade vazia, destituída de significado. Vários são os dispositivos contidos no Código de Processo Civil que constituem aplicação do princípio da primazia do julgamento do mérito, como, por exemplo, os artigos 4º, 488, 932, parágrafo único, 1.013, § 3º, 1.032 e 1.033.

Alternativa "C": correta. Nos termos do que está previsto no art. 932, parágrafo único, antes de considerar inadmissível o recurso, o relator concederá o prazo de cinco dias ao recorrente para que seja sanado vício ou complementada a documentação exigível. Trata-se de aplicabilidade do princípio da primazia do julgamento do mérito, conforme já demonstrado.

09. (Consulplan – Técnico Judiciário – Área Administrativa – TRF 2/2017) O Poder Judiciário deve se nortear pela atividade satisfativa dos direitos discutidos em juízo. Nessa vertente, o Código de Processo Civil de 2015 (Lei Federal nº 13.105/15) tutela, entre suas normas fundamentais, o princípio da primazia da resolução do mérito. Com base nas normas processuais em vigor que tratam do instituto da coisa julgada e dos seus efeitos, assinale a alternativa correta.

a) Não se considera fundamentada qualquer decisão judicial, seja ela interlocutória, sentença ou acórdão, que não enfrentar todos os argumentos deduzidos no processo capazes de, em tese, infirmar a conclusão adotada pelo julgador.

b) Haverá resolução de mérito na sentença que homologar a desistência da ação por parte do autor da demanda.

c) Em regra, além da parte dispositiva, também fazem coisa julgada os motivos e a verdade dos fatos estabelecida como fundamento da sentença.

d) O Código de Processo Civil de 2015 (Lei Federal ne 13.105/15), prestigiando o princípio da igualdade material entre as partes, não mais prevê a sistemática da remessa necessária ou do duplo grau de jurisdição obrigatório às sentenças proferidas contra a União, os Estados, o Distrito Federal, os Municípios e suas respectivas autarquias e fundações de direito público.

▷ ***Anotações/Comentários***

Encampa o art. 4º do CPC o princípio da primazia do julgamento do mérito, ao dispor que "as partes têm o direito de obter em prazo razoável a solução integral do mérito, incluída a atividade satisfativa". Dessa maneira, dando-se início à relação processual, deve o juiz conduzir o processo com vista ao julgamento de seu mérito, aproveitando ao máximo os atos processuais, evitando reconhecer nulidades quando estas podem ser sanadas ou se o mérito pode ser decidido em favor do prejudicado.

Alternativa "A": correta. A alternativa diz respeito ao princípio da fundamentação analítica, dispondo o art. 489, § 1º, IV, que não se considera fundamentada a decisão interlocutória, a sentença e o acórdão que não enfrentar todos os argumentos deduzidos no processo capazes de, em tese, infirmar a conclusão adotada pelo julgador.

Alternativa "B": incorreta. A sentença que homologa a desistência da ação é proferida sem resolução do mérito (art. 485, VIII, CPC).

Alternativa "C": incorreta. Não fazem coisa julgada: I – os motivos, ainda que importantes para determinar o alcance da parte dispositiva da sentença; II – a verdade dos fatos, estabelecida como fundamento da sentença (art. 504, CPC).

Alternativa "D": incorreta. O CPC ainda prevê a sistemática da remessa necessária, conforme se vê do art. 496 e seguintes. Constitui-se a remessa necessária condição de eficácia da sentença proferida contra a fazenda pública, sendo dispensada nos casos expressamente previstos em lei.

10. (Consulplan – Técnico Judiciário – Área Administrativa – TRF 2/2017) O Código de Processo Civil de 2015 (Lei Federal nº 13.105/15) buscou combater o excesso de formalismo que existia nos diplomas processuais que o precederam, corroborando a máxima doutrinária de que "o processo não é um fim em si mesmo". Sobre o tema, assinale a alternativa correta.

a) Podem as partes, independentemente da aquiescência do juiz da causa, fixar calendário para a prática de atos processuais.

b) Antes de considerar inadmissível o recurso, o relator concederá o prazo de 5 (cinco) dias ao recorrente para que seja sanado vício ou complementada a documentação exigível.

c) Caso verifique a ocorrência de vícios sanáveis ou de irregularidades no processo, o juiz determinará sua correção em prazo nunca superior a dez dias.

d) Verificando que a petição inicial não preenche os requisitos legais ou que apresenta defeitos e irregularidades capazes de dificultar o julgamento de mérito, o juiz deverá indeferi-la e extinguir o processo sem resolução do mérito.

▷ ***Anotações/Comentários***

Alternativa "A": incorreta. O calendário processual poderá ser ajustado de comum acordo entre as partes e o juiz. Assim ocorrendo, todos estarão vinculados, e os prazos nele previstos somente serão modificados em casos excepcionais, devidamente justificados (art. 191, § 1º, CPC).

Alternativa "B": correta. Em atenção ao princípio da primazia do julgamento do mérito, antes de considerar inadmissível o recurso, o relator concederá o prazo de cinco dias ao recorrente para que seja sanado vício ou complementada a documentação exigível (art. 932, parágrafo único).

Alternativa "C": incorreta. Verificando a existência de irregularidades ou de vícios insanáveis, o juiz determinará sua correção em prazo nunca superior a trinta dias (art. 352).

Alternativa "D": incorreta. O juiz, ao verificar que a petição inicial não preenche os requisitos legais ou que apresenta defeitos ou irregularidades capazes de dificultar o julgamento de mérito, determinará que o autor, no prazo de quinze dias, a emende ou a complete, indicando com precisão o que deve ser corrigido ou completado (art. 321, caput).

11. (Cespe – Analista Judiciário – Área Judiciária – TRE – PE/2017) Acerca das normas processuais civis, assinale a opção correta.

a) O juiz não pode decidir com base em fundamento a respeito do qual não tenha sido dada oportunidade de manifestação às partes, ressalvado o caso de matéria que deva decidir de ofício.

b) Os juízes e tribunais terão de, inexoravelmente, atender à ordem cronológica de conclusão para proferir sentença ou decisão.

c) A boa-fé processual objetiva, que não se aplica ao juiz, prevê que as partes no processo tenham um comportamento probo e leal.

d) O modelo cooperativo, que atende à nova ordem do processo civil no Estado constitucional, propõe que o juiz seja assimétrico no decidir e na condução do processo.

e) O contraditório substancial tem por escopo propiciar às partes a ciência dos atos processuais, bem como possibilitar que elas influenciem na formação da convicção do julgador.

▷ ***Anotações/Comentários***

Não há processo sem o efetivo contraditório. Trata-se de princípio inerente ao devido processo legal, pelo qual deve ser garantida às partes a possibilidade de se manifestar previamente à decisão judicial, com a finalidade de influenciá-la, evitando-se a decisão surpresa. Não se contenta o Código de Processo Civil com o contraditório formal. A propósito, já ensinou a doutrina: "Não se pode mais acreditar que o contraditório se circunscreve ao dizer e contradizer formal entre as partes, sem que isso gere uma efetiva ressonância (contribuição) para a fundamentação do pronunciamento, ou seja, afastando a ideia de que a participação das partes no processo possa ser meramente fictícia, ou apenas aparente, e mesmo desnecessária no plano substancial".1 Dessa maneira, ainda que se trate de matéria que possa conhecer de ofício, o juiz não poderá decidir, em grau algum de jurisdição, com base em fundamento a respeito do qual não se tenha dado às partes oportunidade de se manifestar. Como se verifica, o contraditório deverá proporcionar às partes poderem influenciar na decisão judicial a ser tomada no caso concreto.

12. (Consulplan - Técnico Judiciário - Área Administrativa - TRF 2/2017) Um dos principais paradigmas que nortearam a elaboração do Código de Processo Civil de 2015 (Lei Federal nº 13.105/15) foi a busca por um processo mais célere e eficiente, capaz de tutelar, em menor tempo e com o maior grau de abrangência possível, os interesses dos jurisdicionados. Sobre o tema proposto, assinale a alternativa correta.

a) Independentemente de autorização judicial, as citações, intimações e penhoras poderão ser realizadas no período de férias forenses, onde as houver, e nos feriados ou dias úteis fora do horário estabelecido, observadas as regras constitucionais atinentes à inviolabilidade do domicílio.

b) Os litisconsortes que tiverem diferentes procuradores, ainda que associados ao mesmo escritório de advocacia, terão prazos contados em dobro para todas as suas manifestações, em qualquer juízo ou tribunal, independentemente de requerimento.

c) A União, os Estados, o Distrito Federal, os Municípios e suas respectivas autarquias, fundações públicas e empresas estatais gozarão de prazo em dobro para todas as suas manifestações processuais, cuja contagem terá início a partir da publicação na imprensa oficial.

d) Os atos processuais pela via eletrônica podem ser praticados até as 24 (vinte e quatro) horas do último dia do prazo, não sendo este passível de prorrogação caso seu término se dê em um sábado, considerado dia útil pela nova sistemática processual para efeitos forenses.

▷ ***Anotações/Comentários***

Alternativa "A": correta. Nos termos do art. 212, § 2º, independentemente de autorização judicial, as citações, intimações e penhoras poderão realizar-se no período de férias forenses, onde as houver, e nos feridos ou dias úteis além das 20 horas, observando-se o disposto no art. 5º, XI, da Constituição Federal (inviolabilidade do domicílio).

Alternativa "B": incorreta. Os litisconsortes que tiverem diferentes procuradores terão prazo em dobro para a prática de atos processuais. Contudo, a regra não se aplica se os procuradores forem associados ao mesmo escritório de advocacia ou, em qualquer caso, tratando-se de processo eletrônico (art. 229, CPC).

Alternativa "C": incorreta. A União, os Estados, o Distrito Federal, os Municípios e suas respectivas autarquias e fundações de direito público gozarão de prazo em dobro para todas as suas manifestações processuais, cuja contagem terá início a partir da intimação pessoal (e não da publicação da imprensa oficial). A propósito, a intimação pessoal far-se-á por carga, remessa ou meio eletrônico (art. 183, CPC).

Alternativa "D": incorreta. A prática eletrônica de ato processual pode ocorrer em qualquer horário até as 24 horas do último dia do prazo. Para fins de atendimento do prazo, deverá ser considerado o horário vigente no juízo perante o qual deve ser praticado (art. 213). Terminado o prazo em dia em que não há expediente, deverá ser prorrogado para o primeiro dia útil.

13. (Vunesp - Cartório - Provimento - TJ - SP/2018) Analise as afirmações a seguir em relação às normas fundamentais do processo civil.

I - Todos os sujeitos do processo devem cooperar entre si para que se obtenha, em tempo razoável, decisão de mérito, justa e efetiva.

II - As partes têm o direito de obter em tempo razoável a solução integral do mérito, excluída a atividade satisfativa.

III - O Juiz não pode decidir, em grau algum de jurisdição, com base em fundamento a respeito do qual não se tenha dado às partes oportunidade de se manifestar, excetuando as matérias sobre as quais deva decidir de ofício.

IV - Ao aplicar o ordenamento jurídico, o juiz atenderá aos fins sociais e às exigências do bem comum, resguardando e promovendo a dignidade da pessoa humana e observando a proporcionalidade, a razoabilidade, a legalidade, a publicidade e a eficiência.

Assinale a alternativa que contém as afirmações corretas.

a) I e III.

b) II e III.

c) II e IV.

d) I e IV.

▷ ***Anotações/Comentários***

Assertiva I – Correta. Todos os sujeitos devem cooperar entre si para que se obtenha, em tempo razoável, decisão de mérito justa e efetiva (art. 6º, CPC).

Assertiva II – Incorreta. As partes têm o direito de obter em prazo razoável a solução integral do mérito, incluída a atividade satisfativa (art. 4º, CPC).

Assertiva III – Incorreta. O juiz não pode decidir, em grau algum de jurisdição, com base em fundamento a respeito do qual não se tenha dado às partes oportunidade de se manifestar, ainda que se trate de matéria sobre a qual deva decidir de ofício (art. 10).

Assertiva IV – Correta. Ao aplicar o ordenamento jurídico, o juiz atenderá aos fins sociais e às exigências do bem comum, resguardando e promovendo a dignidade da pessoa humana e observando a proporcionalidade, a razoabilidade, a legalidade, a publicidade e a eficiência (art. 8º).

3. JURISDIÇÃO

14. (Cespe - Técnico Judiciário - Área Administrativa - TRF 1/2017) A respeito de jurisdição, julgue os itens a seguir.

Na jurisdição voluntária não há lide: trata-se de uma forma de a administração pública participar de interesses privados.

- CERTO
- ERRADO

▷ ***Anotações/Comentários***

Na jurisdição *voluntária*, o juiz não resolve conflito de interesses qualificados pela resistência, tampouco aplica o Direito à espécie, estando ausente o caráter da substitutividade. Como se vê, a jurisdição voluntária se caracteriza como verdadeira administração pública de interesses privados realizada pelo Poder Judiciário. Isso porque, na jurisdição voluntária, não há lide; não há substitutividade (o magistrado não substitui a vontade dos interessados, apenas imiscui-se entre os participantes de determinado negócio jurídico para assegurar sua validade); não há partes, apenas interessados.

15. (Cespe - Técnico Judiciário - Área Administrativa - TRF 1/2017) A respeito de jurisdição, julgue os itens a seguir.

São inerentes à jurisdição os princípios do juiz natural, da improrrogabilidade e da indelegabilidade.

1. NUNES, Dierle; BAHIA, Alexandre Melo Franco; HORTA, André Frederico; SILVA, Natanael Lud Santos e. *Contraditório como garantia de influência e não surpresa no CPC 2015*. DIDIER JR., Fredie. *Normas fundamentais*. Salvador: Juspodivm, 2016, p. 233.

- CERTO
- ERRADO

▷ ***Anotações/Comentários***

A jurisdição é informada por princípios próprios, universalmente reconhecidos como fundamentais para o processo, a exemplo da territorialidade, da inércia, da indelegabilidade, da inafastabilidade e do juiz natural.

16. (Cespe – Técnico Judiciário – Área Administrativa – TRF 1/2017) A respeito de jurisdição, julgue os itens a seguir.

Jurisdição consiste na função estatal de compor litígios e de declarar e realizar o direito.

- CERTO
- ERRADO

▷ ***Anotações/Comentários***

A jurisdição é função estatal de resolução de conflitos, orientada por características e princípios próprios.

17. (Cespe – Técnico Judiciário – Área Administrativa – TRF 1/2017) A respeito de jurisdição, julgue os itens a seguir.

A jurisdição é divisível.

- CERTO
- ERRADO

▷ ***Anotações/Comentários***

A jurisdição se constitui em manifestação do poder estatal soberano, que é uno e indivisível (e não divisível).

18. (FGV – Técnico Judiciário – TJ – RO/2021) A vedação a que o juiz condene o réu a pagar quantia superior àquela que é pedida na petição inicial é uma consequência da seguinte característica da jurisdição:

a) inércia;
b) substitutividade;
c) natureza declaratória;
d) contenciosidade;
e) imperatividade.

▷ ***Anotações/Comentários***

Em conformidade com o princípio da adstrição, da correlação entre o pedido e a sentença, da congruência, dispositivo ou da inércia, deverá o juiz decidir o mérito nos limites propostos pelas partes, sendo-lhe vedado decidir questões não suscitadas a cujo respeito a lei exija a iniciativa da parte (art. 141, CPC). A inobservância do princípio conduz à existência de vício processual, podendo existir três situações: a) sentença *ultra petita* – a decisão vai além do pedido. b) sentença *extra petita* – o magistrado defere pedido diverso do que foi requerido; c) sentença *citra petita* – a sentença não aprecia todos os pedidos apresentados.

19. (Cespe – Técnico Judiciário – TJ – RJ/2021) Assinale a opção correspondente ao princípio processual por meio do qual é vedado ao Estado-juiz dar início a um processo judicial ex officio.

a) princípio da isonomia
b) princípio da ampla defesa
c) princípio do juiz natural
d) princípio do contraditório
e) princípio de inércia da jurisdição

▷ ***Anotações/Comentários***

A jurisdição é caracterizada pela inércia, de modo que a tutela jurisdicional somente será prestada quando a parte interessada provocar o Estado-Juiz, sendo proibida a atividade *ex officio* do Poder Judiciário. A prestação judicial deverá ser invocada mediante o exercício do direito de ação.

20. (FCC – Analista Judiciário – Oficial de Just. Avaliador – TRF 5/2017) Acerca da jurisdição e da ação,

a) carece de interesse o autor da ação que se limita a pleitear a declaração da autenticidade de documento.
b) é permitido pleitear direito alheio em nome próprio, independentemente de autorização normativa, desde que demonstrado interesse.
c) é inadmissível a ação meramente declaratória caso tenha ocorrido a violação do direito.
d) o interesse do autor pode se limitar à declaração do modo de ser de uma relação jurídica.
e) havendo substituição processual, ao substituído não será admitido intervir como assistente litisconsorcial.

▷ ***Anotações/Comentários***

A ação declaratória poderá ter por finalidade declarar: I – a existência, a inexistência ou o modo de ser de uma relação jurídica; II – a autenticidade ou a falsidade de documento (art. 19, CPC).

Alternativa "A": incorreta. Como se verifica, o interesse do autor poderá limitar-se à declaração da autenticidade ou da falsidade de documento.

Alternativa "B": incorreta. Ninguém poderá pleitear direito alheio em nome próprio, salvo quando autorizado pelo ordenamento jurídico (art. 18, *caput*, CPC).

Alternativa "C": incorreta. É admissível a ação meramente declaratória, ainda que tenha ocorrido a violação do direito (art. 20, CPC).

Alternativa "D": correta. Conforme foi registrado, o direito do autor poderá limitar-se à declaração do modo de ser de uma relação jurídica (art. 19, I, CPC).

Alternativa "E": incorreta. Havendo substituição processual, o substituído poderá intervir como assistente litisconsorcial (art. 18, parágrafo único).

21. (Consulplan – Analista Judiciário – Área Judiciária – TRF 2/2017) O Novo Código de Processo Civil de 2015, Lei Federal nº 13.105, trouxe consideráveis aprofundamentos em relação à cooperação jurídica internacional e aos instrumentos que a viabilizam. Sobre o tema proposto, assinale a alternativa correta.

a) O auxílio direto é via útil ao órgão estrangeiro interessado para requerer quaisquer medidas judiciais ou extrajudiciais não proibidas pela lei brasileira.
b) Não poderá ser objeto de auxílio direto a obtenção e prestação de informações sobre o ordenamento jurídico e sobre processos administrativos ou jurisdicionais findos ou em curso.
c) Apenas quando houver prévio tratado de cooperação jurídica bilateral celebrado entre o Brasil e o país requerente será possível a prática de atos de cooperação jurídica internacional em território nacional.
d) O Superior Tribunal de Justiça, no juízo de delibação da carta rogatória, pode rever o mérito do pronunciamento judicial estrangeiro para adequá-lo com as normas fundamentais que regem o Estado brasileiro.

▷ ***Anotações/Comentários***

A cooperação jurídica internacional terá por objeto: I - citação, intimação e notificação judicial e extrajudicial; II - colheita de provas e obtenção de informações; III - homologação e cumprimento de decisão; IV - concessão de medida judicial de urgência; V - assistência jurídica internacional; VI - qualquer outra medida judicial ou extrajudicial não proibida pela lei brasileira (art. 27, CPC).

Alternativa "A": correta. Será cabível o auxílio direto quando a medida não decorrer diretamente de decisão de autoridade jurisdicional estrangeira a ser submetida a juízo de delibação no Brasil (art. 28, CPC). Nesse sentido, poderá ao órgão estrangeiro interessado solicitar o auxílio direto à autoridade central.

Alternativa "B": incorreta. Além de outros casos previstos em tratados, o auxílio direto terá os seguintes objetos: I - obtenção e prestação de informações sobre o ordenamento jurídico e sobre processos administrativos ou jurisdicionais findos ou em curso; II - colheita de provas, salvo se a medida for adotada em processo, em curso no estrangeiro, de competência exclusiva de autoridade judiciária brasileira; e, III - qualquer outra medida judicial ou extrajudicial não proibida pela lei brasileira.

Alternativa "C": incorreta. Independentemente de prévio tratado de cooperação jurídica bilateral, será possível a prática de atos de cooperação jurídica internacional em território nacional.

Alternativa "D": incorreta. Não se admite ao Superior Tribunal de Justiça, quando do exercício do juízo de delibação da carta rogatória, ingressar na análise do mérito da causa. Diferentemente, compete ao Superior Tribunal de justiça emitir juízo meramente de delibação acerca da concessão de exequatur à carta rogatória, sendo competência da Justiça rogante a análise de alegações relacionadas ao mérito da causa.

4. AÇÃO E PRESSUPOSTOS PROCESSUAIS

22. IV/UFG – 2024 – TJ/AC - Técnico Judiciário

Os elementos da ação, responsáveis pela sua delimitação e individualização, têm como escopo evitar decisões contraditórias dentro de uma mesma controvérsia. Assim, de acordo com a sistemática processual civil vigente, são elementos da ação:

a) partes legítimas, pedido juridicamente possível e interesse de agir.
b) sujeitos, objeto e fato jurídico.
c) partes, pedido e causa de pedir.
d) juízes, advogados e fatos.

▷ ***Anotações/Comentários***

Notas do autor: os elementos da ação a individualizam, diferenciam-na em relação a outras ações. São elas: partes, pedido e a causa de pedir. Não se confundem com as condições da ação.

23. FGV – 2024 – TJ/SC - Técnico Judiciário

A alternativa em que se enunciam, apenas, condições para o regular exercício do direito de ação é:

a) legitimidade ad causam e interesse de agir;
b) pedido e causa de pedir;
c) causa de pedir e legitimidade ad causam;
d) partes e interesse de agir;
e) partes e pedido.

▷ ***Anotações/Comentários***

Notas do autor: as *condições da ação* são requisitos necessários para que o juiz possa proferir uma sentença de mérito. Não se confundem com os elementos da ação. Em conformidade com o CPC 2015, são condições da ação a *legitimidade ad causam* e o *interesse de agir* (art. 17).

24. (Cespe – Técnico Judiciário – Área Administrativa – TRF 1/2017)
A respeito de aspectos relativos à ação, julgue os itens a seguir.

Integram as condições da ação o interesse de agir e a legitimidade ad causam.

- CERTO
- ERRADO

▷ ***Anotações/Comentários***

O CPC 2015, embora não o diga expressamente, encampou duas condições da ação: o interesse de agir e a legitimidade *ad causam*. Excluiu-se a possibilidade jurídica do pedido.

25. (Cespe – Técnico Judiciário – Área Administrativa – TRF 1/2017)
A respeito de aspectos relativos à ação, julgue os itens a seguir.

Os vícios relativos ao interesse de agir e à legitimidade podem ser reconhecidos a qualquer tempo, mesmo após o trânsito em julgado da ação.

- CERTO
- ERRADO

▷ ***Anotações/Comentários***

A ausência das condições da ação poderá ser conhecida a qualquer tempo. Ocorre que as condições da ação podem confundir-se com o mérito, razão pela qual se defende a aplicação da "teoria da asserção" (ou teoria da prospectação), pela qual as condições da ação devem ser aferidas, pelo órgão jurisdicional, no momento em que este realiza o juízo de admissibilidade da petição inicial. Neste momento, poderá o juiz julgar extinto o processo sem resolução do mérito. No entanto, se verifica a ausência das condições da ação em momento posterior, quando o processo já se encontrar em estágio avançado, proferirá sentença com resolução do mérito, julgando-se improcedente o pedido. Ocorrido o trânsito em julgado, os vícios não mais poderão ser alegados (efeito da coisa julgada).

26. (Cespe – Técnico Judiciário – Área Administrativa – TRF 1/2017)
A respeito de aspectos relativos à ação, julgue os itens a seguir.

Ninguém poderá pleitear, em seu próprio nome, direito alheio, salvo quando autorizado por lei.

- CERTO
- ERRADO

▷ ***Anotações/Comentários***

A legitimidade *ad causam* é avaliada a partir da análise da identidade entre o titular do direito e o sujeito que ocupa o polo da relação jurídica processual. Identificam-se a legitimidade ordinária e a extraordinária. Por meio da legitimidade ordinária, o autor defenderá em juízo, em seu nome, interesse próprio. Logo, identifica-se correlação entre o titular do direito e o ocupante da relação processual. De outro lado, na legitimidade extraordinária, a parte defende, em seu nome, interesse de outrem. Logo, não há identidade entre o titular do direito e a parte. A legitimidade extraordinária classifica-se em: a) autônoma – o legitimado extraordinário conduzirá o processo independentemente da participação do titular do direito litigioso; b) subordinada – a condução do processo depende da presença concomitante do titular da relação jurídica controvertida; c) exclusiva – atribuir-se o poder de conduzir o processo a um único e específico sujeito; d) concorrente – atribui-se a vários sujeitos o poder de discutir determinada situação jurídica. A legitimidade extraordinária depende de autorização legal (art. 18, CPC).

27. (Cespe – Analista Judiciário – Área Administrativa – TRE – BA/2017) É sabido que o advogado é indispensável à administração da justiça e que a capacidade postulatória é pressuposto processual de validade dos atos decorrente da representação por advogado. Contudo, conforme o Código de Processo Civil (CPC), mesmo sem procuração o advogado pode

a) postular em juízo para praticar ato considerado urgente.
b) obter cópias de todo e qualquer processo independentemente da fase de tramitação.
c) requerer vista dos autos de qualquer processo.
d) examinar autos de todo e qualquer processo em cartório de fórum e secretaria de tribunal.
e) retirar os autos em conjunto com o procurador da outra parte do processo

▷ ***Anotações/Comentários***

Os pressupostos processuais podem ser de *existência* e de *validade da relação jurídica processual*. A capacidade processual insere-se entre os pressupostos processuais de validade da relação jurídica processual.

Alternativa "A": correta. O advogado não será admitido a postular em juízo sem procuração, salvo para evitar preclusão, decadência ou prescrição, ou para praticar ato considerado urgente (art. 104, caput, CPC). Em tais hipóteses, o advogado deverá, independentemente de caução, exigir a procuração no prazo de quinze dias, prorrogável por igual período por despacho do juiz. O ato não ratificado será considerado ineficaz relativamente àquele em cujo nome foi praticado, respondendo o advogado pelas despesas e por perdas e danos.

Alternativa "B": incorreta. O advogado tem direito a obter cópias dos autos, salvo na hipótese de segredo de justiça, nas quais apenas o advogado constituído terá acesso aos autos (art. 107, I, CPC).

Alternativa "C": incorreta. O advogado poderá requerer vista dos autos de qualquer processo, como procurador, pelo prazo de cinco dias.

Alternativa "D": incorreta. O advogado tem direito de examinar qualquer processo, salvo na hipótese de segredo de justiça (art. 107, I, CPC).

Alternativa "E": incorreta. Sendo o prazo comum às partes, os procuradores poderão retirar os autos somente em conjunto ou mediante prévio ajuste, por petição nos autos (art. 107, § 2º, CPC).

28. (FGV – Técnico Judiciário – TJ – RO/2021) Menor, com 16 anos de idade, intentou ação indenizatória em face do condutor do veículo que o havia atropelado, causando- lhe lesões corporais. Para tanto, o autor outorgou instrumento de mandato ao advogado contratado para lhe patrocinar a causa, sem estar assistido pelo representante legal. O vício processual em questão é:

a) carência de ação, por ilegitimidade ativa ad causam;

b) falta de capacidade de ser parte, em relação ao autor;

c) falta de capacidade para estar em juízo, em relação ao autor;

d) falta de capacidade postulatória;

e) não há vício.

▷ ***Anotações/Comentários***

Há dois sentidos para o conceito parte: sentido material e o sentido processual. Por meio do primeiro, traça-se correlação para com o negócio jurídico de direito material discutido em juízo. Porém, é possível que o demandante ou demandado não seja esse titular, mas ainda assim possa postular ou ser postulado. Tem-se aqui o conceito de parte em sentido processual, pois não se identifica com a lide. As pessoas físicas maiores (salvo as emancipadas) e as pessoas jurídicas possuem capacidade civil de direito e de ser parte. Têm aptidão para ter direitos e podem praticar os atos da vida civil. Tendo possibilidade de exercício, terão capacidade processual. Nesse sentido, o art. 70 do CPC: "toda pessoa que se encontre no exercício de seus direitos tem capacidade para estar em juízo". Se o indivíduo, embora tenha capacidade civil de direito, não puder exercê-la, deve ter a capacidade de agir ou processual integrada. Por isso, o incapaz será representado ou assistido por seus pais, por tutor ou por curador, na forma da lei.

29. (Cespe – Técnico Judiciário – TJ – RJ/2021) Constitui condição da ação civil

a) a representação dos incapazes por seus representantes legais.

b) a existência de pedido.

c) a legitimidade das partes.

d) o recolhimento de custas processuais para quem não é beneficiário da gratuidade de justiça.

e) o processamento da ação perante o juízo competente.

▷ ***Anotações/Comentários***

A Constituição Federal assegura o direito de ação, mas é a lei processual que estabelece as condições necessárias para a devida prestação jurisdicional necessitada. No modelo de Liebman, adotado pelo CPC de 1973, para que se obtivesse a sentença de mérito, deveriam estar presentes as condições da ação, indicadas como sendo três: interesse processual, legitimidade de agir e possibilidade jurídica do pedido. Dividiu-se a doutrina ao interpretar o Novo Código de Processo Civil, sendo possível vislumbrar a existência de dois posicionamentos principais. Pelo primeiro, ainda persiste a categoria jurídica processual das condições da ação, sendo, porém, limitada a duas, quais sejam, interesse de agir e a legitimidade ad causam. Pelo segundo, não mais persiste esta categoria processual, sendo o interesse processual e a legitimidade tratadas entre os pressupostos processuais. Dessa maneira, deve ser novamente enfatizado que as condições da ação, por essa concepção, resumem-se a duas, que são o interesse de agir e a legitimidade ad causam. A possibilidade jurídica do pedido deixou de ser tratada como condição da ação para ser enfrentada como matéria de mérito.

30. (FGV – Técnico Judiciário – Área Judiciária – TJ – CE/2019) Tendo ajuizado uma ação que versa sobre direito real imobiliário, o seu autor deixou de apresentar o consentimento do cônjuge, que estava hospitalizado e inconsciente. Sendo ambos casados pelo regime da comunhão universal de bens, deve o juiz:

a) proceder ao juízo positivo de admissibilidade da ação, não sendo exigível a vênia conjugal para a propositura da ação;

b) suprir o consentimento faltante, dada a impossibilidade física do cônjuge de concedê-lo;

c) determinar a suspensão do processo até que o cônjuge possa oferecer o consentimento;

d) extinguir o feito sem análise do mérito, pois a ausência da vênia conjugal inviabiliza o regular exercício do direito de ação;

e) determinar o encaminhamento do feito ao Ministério Público para exercer a curatela especial.

▷ ***Anotações/Comentários***

O cônjuge necessitará do consentimento do outro para propor ação que verse sobre direito real imobiliário, salvo quando casados sob o regime de separação absoluta de bens (art. 73, caput, CPC). No entanto, o consentimento poderá ser suprido judicialmente quando for negado por um dos cônjuges sem justo motivo, ou quando lhe seja impossível concedê-lo (art. 74, caput, CPC).

31. (Cespe – Analista Judiciário – Área Judiciária – TRE – TO/2017) A procuração geral para o foro, outorgada pela parte a seu patrono no início da fase de conhecimento, habilita o advogado a

a) assinar declaração de hipossuficiência econômica em nome da parte.

b) atuar na fase de cumprimento de sentença, salvo disposição contrária na procuração.

c) receber citação ou intimação.

d) reconhecer a procedência do pedido.

e) representar a parte que não possa comparecer à audiência de conciliação.

▷ ***Anotações/Comentários***

A procuração geral para o foro, outorgada por instrumento público ou particular assinada pela parte, habilita o advogado a praticar todos os atos do processo, exceto receber citação, confessar, reconhecer a procedência do pedido, transigir, desistir, renunciar ao direito sobre o qual se funda a ação, receber, dar quitação, firmar compromisso e assinar declaração de hipossuficiência econômica, que devem constar de cláusula específica (art. 105, caput, CPC). Inclui-se, portanto, a fase de cumprimento de sentença e outras fases, salvo disposição expressa em sentido contrário constante do próprio instrumento (art. 105, § 4º).

5. AUXILIARES DA JUSTIÇA

32. (FCC – Técnico Judiciário – Área Administrativa – TRF 3/2019) De acordo com o Código de Processo Civil, aos auxiliares da justiça,

a) inclusive ao oficial de justiça, aplicam-se, no que couber, os motivos de impedimento e de suspeição previstos para o juiz.

b) com exceção do perito, aplicam-se, no que couber, os motivos de impedimento previstos para o juiz, mas não os de suspeição.

c) com exceção do oficial de justiça, do perito e do chefe de secretaria, não se aplicam os motivos de impedimento ou suspeição previstos para o juiz.

d) com exceção do mediador, aplicam-se, no que couber, os motivos de impedimento e de suspeição previstos para o juiz.

e) com exceção do perito, não se aplicam os motivos de suspeição previstos para o juiz, mas outros estabelecidos especificamente segundo a função que exercem no processo.

▷ ***Anotações/Comentários***

O juiz não atua sozinho no processo. Ao contrário, é auxiliado por outros profissionais, que podem ter vínculo funcional direto com o Tribunal, ou apenas exercerem a sua função de forma eventual, sem vínculo funcional. Para fins penais, são considerados *funcionários públicos*. Para o Direito Administrativo, alguns ocupam cargos públicos, enquanto outros não. São auxiliares da Justiça, além de outros cujas atribuições sejam determinadas pelas normas de organização judiciária, **o escrivão, o chefe de secretaria, o oficial de justiça, o perito, o depositário, o administrador, o intérprete, o tradutor, o mediador, o conciliador judicial, o partidor, o distribuidor, o contabilista e o regulador de avarias**.

Alternativa "A": correta. Os motivos de impedimento e de suspeição previstos para o magistrado são aplicáveis por extensão ao membro do Ministério Público, aos auxiliares da justiça e aos demais sujeitos imparciais do processo (art. 148, CPC). Se a parte tiver interesse em arguir o impedimento ou a suspeição, deverá formular petição fundamentada e apresentá-la na primeira oportunidade em que lhe couber falar nos autos. O incidente será processado em separado e sem suspensão do processo. Exclui automaticamente as demais alternativas.

33. (Cespe – Analista Judiciário – Área Administrativa – TRE – BA/2017) De acordo com o CPC, é atribuição expressa do chefe de secretaria redigir, na forma legal,

a) ordens judiciais.

b) intimações.

c) citações.

d) mandados.

e) decisões interlocutórias.

▷ ***Anotações/Comentários***

Incumbirá ao escrivão ou ao chefe de secretaria: I - redigir, na forma legal, os ofícios, os mandados, as cartas precatórias e os demais atos que pertençam ao seu ofício; II - efetivar as ordens judiciais, realizar citações e intimações, bem como praticar todos os demais atos que lhe forem atribuídos pelas normas de organização judiciária; III - comparecer às audiências ou, não podendo fazê-lo, designar servidor para substituí-lo; IV - manter sob sua guarda e responsabilidade os autos, não permitindo que saiam do cartório, exceto: a) quando tenham de seguir à conclusão do juiz; b) com vista a procurador, à Defensoria Pública, ao Ministério Público ou à Fazenda Pública; c) quando devam ser remetidos ao contabilista ou ao partidor; d) quando forem remetidos a outro juízo em razão da modificação da competência; V - fornecer certidão de qualquer ato ou termo do processo, independentemente de despacho, observadas as disposições referentes ao segredo de justiça; VI - praticar, de ofício, os atos meramente ordinatórios. Dessa maneira, compete-lhe redigir os mandados.

34. (FGV – Técnico Judiciário – TJ – RO/2021) Em cada juízo haverá um ou mais ofícios de justiça, cujas atribuições serão determinadas pelas normas de organização judiciária.

Dentre as hipóteses abaixo, aquela que configura incumbência do escrivão ou chefe de secretaria é:

a) efetuar avaliações, quando for o caso, e auxiliar o juiz na manutenção da ordem;

b) verter para o português as declarações das partes e das testemunhas que não conhecerem o idioma nacional;

c) manter a guarda e a conservação de bens penhorados, arrestados, sequestrados ou arrecadados no curso do processo;

d) fornecer certidão de qualquer ato independentemente de despacho, observadas as disposições referentes ao segredo de justiça;

e) manter sob sua guarda os autos, não permitindo que saiam do cartório, ainda que tenham que seguir à conclusão do juiz.

▷ ***Anotações/Comentários***

Alternativa "A": incorreta. Realizar as avaliações e auxiliar o juiz na manutenção da ordem, entre outras, são atribuições do oficial de justiça (art. 154).

Alternativa "B": incorreta. Verter para o português as declarações das partes e das testemunhas que não conhecerem o idioma nacional é atribuição do tradutor.

Alternativa "C": incorreta. Manter a guarda e a conservação de bens penhorados, arrestados, sequestrados ou arrecadados no curso do processo é atribuição do depositário.

Alternativa "D": correta. conforme se vê do art. 152, V, CPC, compete ao escrivão ou ao chefe de secretaria fornecer certidão de qualquer ato ou termo do processo, independentemente de despacho, observadas as disposições referentes ao segredo de justiça.

Alternativa "E": incorreta. De fato, é atribuição do escrivão ou chefe de secretaria manter sob sua guarda e responsabilidade os autos, não permitindo que saiam do cartório. Porém, a regra admite exceções, quais sejam: a) quando tenham de seguir à conclusão do juiz; b) com vista a procurador, à Defensoria Pública, ao Ministério Público ou à Fazenda Pública; c) quando devam ser remetidos ao contabilista ou ao partidor; d) quando forem remetidos a outro juízo em razão da modificação da competência;

6. ATOS PROCESSUAIS

35. IBFC – 2024 – TRF 5 - Técnico Judiciário - Área Administrativa

Sobre os pronunciamentos judiciais a atos processuais, assinale alternativa correta.

a) Os atos processuais devem ser realizados, em regra, até as 20 (vinte) horas

b) Se proferida decisão parcial de mérito em favor do autor e interposto agravo de instrumento pelo réu, se for preciso efetuar a liquidação da obrigação reconhecida antes de dar início ao seu cumprimento, o autor deverá aguardar o encerramento do processo, tendo em vista o efeito devolutivo do agravo de instrumento e a possibilidade de reversão do que restou decidido em sede de Tribunal

c) A fixação de calendário para a prática dos atos processuais não vincula o juiz, ainda que este tenha participado desse calendarizado e esteja de acordo, pois situações supervenientes podem impossibilitar o cumprimento do calendário, cabendo ao juiz, nesse caso, avisar as partes

d) Embora os atos processuais sejam públicos, uma das exceções a essa publicidade, e que devem tramitar em segredo de justiça, são os processos que versem sobre saúde.

▷ ***Anotações/Comentários***

Notas do autor:

Alternativa "A": correta. Os atos processuais serão realizados em dias úteis, das seis às vinte horas (art. 212, *caput*). Serão concluídos após as vinte horas os atos iniciados ante, quando o adiamento prejudicar a diligência ou causar grave dano.

Alternativa "B": incorreta. A decisão parcial de mérito tem natureza de *decisão interlocutória* e, por isso, poderá ser impugnada pelo recurso de agravo de instrumento. Ainda que pendente o julgamento do recurso, a liquidação poderá ser realizada, processando-se em autos apartados no juízo de origem, cumprindo ao liquidante instruir o pedido com cópias das peças processuais pertinentes (art. 512).

Alternativa "C": incorreta. O calendário vincula as partes e o juiz, e os prazos nele previstos somente serão modificados em casos excepcionais, devidamente justificados (art. 191, § 1º).

Alternativa "D": incorreta. Entre as hipóteses em que os processos tramitarão em segredo de justiça não se encontra prevista a ação que verse sobre saúde (art. 189).

36. CEBRASPE – 2023 – TJ/ES – Analista Judiciário – Área Administrativa À luz das disposições presentes no Código de Processo Civil e da jurisprudência consolidada pelo Superior Tribunal de Justiça, julgue o item a seguir, acerca da gratuidade de justiça.

Caso não tenha sido requerido pela parte, o benefício de gratuidade da justiça pode ser concedido de ofício pelo juiz.

▷ ***Comentários/Notas do autor:***

Consoante prevê o art. 99, *caput*, do CPC, o pedido de gratuidade da justiça pode ser formulado na petição inicial, na contestação, na petição para ingresso de terceiro no processo ou em recurso. Desse modo, o dispositivo refere-se à necessidade de requerimento da gratuidade. Aliás, a jurisprudência do Superior Tribunal de Justiça é firme no sentido de que não é viável a concessão, de ofício, dos benefícios da Assistência Judiciária Gratuita. Nesse sentido: (AgInt no AREsp 1.628.011/

RJ, relator Ministro Gurgel de Faria, Primeira Turma, julgado em 8/2/2021, DJe 17/2/2021 e EDcl no AREsp 1.546.193/SP, relator Ministro Herman Benjamin, Segunda Turma, julgado em 8/6/2020, DJe 16/6/2020.).

37. CEBRASPE - 2023 - TJ/ES - Analista Judiciário - Área Administrativa Quanto aos aspectos processuais relativos ao papel desempenhado pelas funções essenciais à justiça, julgue o item a seguir.

O Ministério Público, a Defensoria Pública, a Advocacia-Geral da União e as procuradorias estaduais e municipais detêm prazo em dobro para apresentação de suas manifestações processuais.

▷ ***Comentários/Notas do autor:***

De fato, o Ministério Público, a Defensoria Pública e a Advocacia Pública possuem prazo dobrado para a prática de todas as suas manifestações processuais. A propósito: art. 180, caput, 182 e 186, *caput*, do CPC, além de outras leis.

38. FCC - 2023 - TRT 17 - Analista Judiciário - Área Judiciária Considere as seguintes assertivas acerca dos prazos:

I. É considerado intempestivo o ato praticado antes do termo inicial do prazo.

II. Quando a lei ou o juiz não determinar prazo, as intimações somente obrigarão a comparecimento após decorridos cinco dias.

III. O prazo processual estabelecido pelo juiz é contado em dias corridos, ao passo que, na contagem de prazo processual estabelecido por lei, computar-se-ão somente os dias úteis.

IV. O juiz não pode reduzir prazos peremptórios sem anuência das partes, ainda que repute a medida conveniente à celeridade processual.

V. Desde que o faça de maneira expressa, a parte poderá renunciar ao prazo estabelecido exclusivamente em seu favor, faculdade que se aplica até mesmo em relação aos prazos para a interposição de recursos.

De acordo com o Código de Processo Civil, está correto o que se afirma APENAS nos itens

a) I e II.

b) I e III.

c) II e IV.

d) III e V.

e) IV e V.

▷ ***Comentários/Notas do autor:***

Assertiva I – incorreta. Será considerado tempestivo o ato praticado antes do termo inicial do prazo (art. 218, § 4º, CPC).

Assertiva II – incorreta. Quando a lei ou o juiz não determinar prazo, as intimações somente obrigarão a comparecimento após decorridas 48 (quarenta e oito) horas (art. 218, § 2º, CPC).

Assertiva III – incorreta. Na contagem dos prazos em dias, estabelecido por lei ou pelo juiz, computar-se-ão somente os dias úteis (art. 219, caput).

Assertiva IV – correta. O juiz poderá dilatar os prazos processuais, adequando-os às necessidades do conflito de modo a conferir maior efetividade à tutela do direito (art. 139, VI). Além disso, é vedado ao juiz reduzir prazos peremptórios sem anuência das partes (art. 222, § 1º).

Assertiva V – correta. A parte poderá renunciar ao prazo estabelecido exclusivamente em seu favor, desde que o faça de maneira expressa (art. 225, CPC).

39. (Cespe - Técnico Judiciário - TJ - RJ/2021) Em relação a processos que tramitem em segredo de justiça, o auxiliar da justiça

a) poderá permitir que o terceiro alheio ao processo tenha vista dos autos mediante autorização expressa do Ministério Público ou de defensor público.

b) poderá permitir que o terceiro alheio ao processo tenha vista dos autos, desde que este comprove ser parente de qualquer das partes, até o segundo grau, em linha reta ou colateral.

c) poderá permitir que o terceiro alheio ao processo tenha vista dos autos mediante autorização expressa de qualquer das partes ou de seus advogados.

d) poderá permitir que o terceiro alheio ao processo tenha vista dos autos, desde que este comprove ser a causa de interesse público ou social.

e) não poderá permitir que o terceiro alheio ao processo tenha vista dos autos.

▷ ***Anotações/Comentários***

O direito de consulta os autos de processo que tramite em segredo de justiça e de pedir certidões de seus atos é restrito às partes e aos seus procuradores, competindo ao auxiliar da justiça observar a regra (art. 189, § 1º).

40. (Cespe - Analista Judiciário - Área Administrativa - TRE - BA/2017) De acordo com o CPC, no que se refere aos atos processuais, cabe ao servidor

a) documentar sentenças pronunciadas oralmente, dispensada a revisão pelo juiz.

b) praticar os atos ordinatórios de juntada e vista obrigatória, com revisão do juiz, se necessário.

c) tomar decisões interlocutórias, com a revisão do juiz, se necessário.

d) documentar acórdão pronunciado oralmente, dispensada a revisão pelo juiz prolator.

e) redigir despachos, com a revisão do juiz, se necessário.

▷ ***Anotações/Comentários***

Os atos ordinatórios são aqueles que podem ser praticados pelo auxiliar da justiça, independentemente de despacho, devendo ser praticados de ofício pelo servidor e revistos pelo juiz quando necessário (art. 203, § 4º).

41. (Cespe - Técnico Judiciário - Área Administrativa - TRF 1/2017) Julgue os próximos itens, relativos aos atos processuais.

O serventuário deverá remeter os autos conclusos no prazo de um dia contado da data em que tiver cumprido ato processual anterior; o não cumprimento dessa regra, sem motivo legítimo, acarretará a instauração de processo administrativo.

- CERTO
- ERRADO

▷ ***Anotações/Comentários***

Incumbe ao serventuário remeter os autos conclusos no prazo de um dia e executar os atos processuais no prazo de cinco dias, contado da data em que: I – houver concluído o ato processual anterior, se lhe foi imposto pela lei; II – tiver ciência de ordem, quando determinada pelo juiz (art. 228, CPC).

42. (Cespe - Técnico Judiciário - Área Administrativa - TRF 1/2017) Julgue os próximos itens, relativos aos atos processuais.

Ato processual eletrônico pode ser praticado em qualquer horário desde que até as vinte horas do último dia do prazo.

- CERTO
- ERRADO

▷ ***Anotações/Comentários***

A prática eletrônica de ato processual pode ocorrer em qualquer horário até as vinte e quatro horas do último dia do prazo (art. 213, caput).

43. (Consulplan - Analista Judiciário - Área Judiciária - TRF 2/2017) Dentre as diversas alterações promovidas pelo Novo Código de Processo Civil de 2015 (Lei Federal nº 13.105), merece destaque a regulamentação do benefício da gratuidade de justiça. Sobre o tema proposto, analise as afirmativas a seguir.

I. A gratuidade de justiça poderá ser concedida à pessoa natural ou jurídica, nacional ou estrangeira, que comprove insuficiência de recursos para pagar as custas, as despesas processuais e os honorários advocatícios, na forma da lei.
II. A depender do caso concreto, o juiz poderá conceder ao requerente o parcelamento das despesas processuais que o beneficiário tiver que antecipar no curso do procedimento.
III. A concessão da gratuidade de justiça afasta a responsabilidade do beneficiário pelas despesas processuais e pelos honorários advocatícios decorrentes de sua sucumbência.

Estão corretas as afirmativas

a) I, II e III.
b) I e II, apenas.
c) I e III, apenas.
d) II e III, apenas.

▷ ***Anotações/Comentários***

Assertiva I – correta. A pessoa natural ou jurídica, brasileira ou estrangeira, com insuficiência de recursos para pagar as custas, as despesas processuais e os honorários advocatícios tem direito à gratuidade da justiça, na forma da lei (art. 98, caput, CPC).

Assertiva II – correta. Admite-se que o juiz conceda direito ao parcelamento de despesas processuais que o beneficiário tiver de adiantar no curso do procedimento (art. 98, § 6º, CPC).

Assertiva III – incorreta. Diferentemente do que foi afirmado, a concessão de gratuidade não afasta a responsabilidade do beneficiário pelas despesas processuais e pelos honorários advocatícios decorrentes de sua sucumbência (art. 98, § 2º, CPC).

44. (Consulplan – Técnico Judiciário – Área Administrativa – TRF 2/2017) O Código de Processo Civil de 2015 (Lei Federal nº 13.105/15) traz diversas regras dispondo sobre a forma como serão praticados os atos processuais. Acerca do tema proposto, assinale a alternativa correta.

a) Embora o Código de Processo Civil de 2015 (Lei Federal ne 13.105/15) contemple a figura do "processo judicial eletrônico", não se admite a prática de atos processuais por meio de videoconferência ou outro recurso tecnológico de transmissão de sons e imagens em tempo real.
b) Se um ato relativo a processo em curso na justiça federal ou em tribunal superior houver de ser praticado em local onde não haja vara federal, a carta poderá ser dirigida ao juízo estadual da respectiva comarca.
c) Será expedida carta de ordem para que órgão do Poder Judiciário pratique ou determine o cumprimento, na área de sua competência territorial, de ato objeto de pedido de cooperação judiciária formulado por juízo arbitral, inclusive os que importem efetivação de tutela provisória.
d) Quando, por três vezes, o oficial de justiça houver procurado o citando em seu domicílio ou residência sem o encontrar, deverá, havendo suspeita de ocultação, intimar qualquer pessoa da família ou, em sua falta, qualquer vizinho de que, no dia útil imediato, voltará a fim de efetuar a citação, na hora que designar.

▷ ***Anotações/Comentários***

Alternativa "A": incorreta. Admite-se a prática de atos processuais por meio de videoconferência ou outro recurso tecnológico de transmissão de sons e imagens em tempo real (art. 236, § 3º, CPC).

Alternativa "B": correta. Se o ato relativo a processo em curso na justiça federal ou em tribunal superior houver de ser praticado em local onde não haja vara federal, a carta poderá ser dirigida ao juízo estadual da respectiva comarca (art. 237, parágrafo único, CPC).

Alternativa "C": incorreta. O tribunal poderá expedir carta para juízo a ele vinculado, se o ato houver de se realizar fora dos limites territoriais do local de sua sede.

Alternativa "D": incorreta. Quando, por 2 (duas) vezes, o oficial de justiça houver procurado o citando em seu domicílio ou residência sem o encontrar, deverá, havendo suspeita de ocultação, intimar qualquer pessoa da família ou, em sua falta, qualquer vizinho de que, no dia útil imediato, voltará a fim de efetuar a citação, na hora que designar (art. 252, caput, CPC).

45. (Consulplan – Técnico Judiciário – Área Administrativa – TRF 2/2017) A Constituição da República Federativa do Brasil de 1988 disciplina o princípio do juiz natural. Este princípio possui desdobramentos no Código de Processo Civil de 2015 (Lei Federal nº 13.105/15) voltados à concepção que deve existir um determinado juízo, previamente criado e estabelecido, para julgar a causa submetida à sua apreciação. Sobre as regras processuais que disciplinam a distribuição e o registro dos procedimentos em âmbito judicial, analise as afirmativas a seguir.

I. Todos os processos estão sujeitos a registro e, onde houver mais de um juiz, devem ser distribuídos. Tal distribuição que poderá ser eletrônica, será alternada e aleatória, obedecendo-se rigorosa igualdade.
II. Serão distribuídas por dependência as causas de qualquer natureza quando, tendo sido extinto o processo sem resolução de mérito, for reiterado o pedido, ainda que em litisconsórcio com outros autores ou que sejam parcialmente alterados os réus da demanda.
III. A citação válida, quando ordenada por juízo incompetente, não produz quaisquer efeitos.

Está(ão) correta(s) apenas a(s) afirmativa(s)

a) I.
b) I e III.
c) II e III.
d) I e II.

▷ ***Anotações/Comentários***

Assertiva I – correta. De fato, todos os processos estão sujeitos a registro, devendo ser distribuídos onde houver mais de um juiz (art. 284). A distribuição, que poderá ser eletrônica, será alternada e aleatória, obedecendo-se rigorosa igualdade (art. 285, caput, CPC).

Assertiva II – correta. Serão distribuídas por dependência as causas de qualquer natureza: I - quando se relacionarem, por conexão ou continência, com outra já ajuizada; II - quando, tendo sido extinto o processo sem resolução de mérito, for reiterado o pedido, ainda que em litisconsórcio com outros autores ou que sejam parcialmente alterados os réus da demanda; III - quando houver ajuizamento de ações nos termos do art. 55, § 3º , ao juízo prevento.

Assertiva III – incorreta. A citação válida, ainda quando ordenada por juízo incompetente, induz litispendência, torna litigiosa a coisa e constitui em mora o devedor (art. 240, caput).

46. (Consulplan – Técnico Judiciário – Área Administrativa – TRF 2/2017) Com os avanços tecnológicos e a utilização cada vez mais acentuada dos meios informáticos e telemáticos, a adoção do processo eletrônico revelou-se como a única alternativa viável ao operador do Direito. Assim, o legislador brasileiro fez a opção correta ao regulamentá-lo no Código de Processo Civil de 2015 (Lei Federal nº 13.105/15). Sobre o tema, assinale a alternativa INCORRETA.

a) É vedada a gravação da audiência de instrução e julgamento realizada diretamente por qualquer das partes, salvo quando houver autorização judicial para fazê-lo.
b) Quando o advogado que postular em causa própria não comunicar sua mudança de endereço ao juízo, poderá ser intimado por meio eletrônico.
c) Admite-se a prática de atos processuais por meio de videoconferência ou outro recurso tecnológico de transmissão de sons e imagens em tempo real.
d) Com exceção das microempresas e das empresas de pequeno porte, as empresas públicas e privadas são obrigadas a manter cadastro nos sistemas de processo em autos eletrônicos, para efeito de recebimento de citações e intimações, as quais serão efetuadas preferencialmente por esse meio.

▷ ***Anotações/Comentários***

Alternativa "A": correta, logo, a assertiva está incorreta. A audiência poderá ser integralmente gravada em imagem e em áudio, em meio digital ou analógico, desde que assegure o rápido acesso das partes e dos órgãos julgadores, observada a legislação específica. Esta gravação poderá ser realizada diretamente por qualquer das partes, independentemente de autorização judicial (art. 367, §§ 5º e 6º, CPC).

Alternativa "B": incorreta, logo, a assertiva está correta. Se o advogado postular em causa própria, incumbe-lhe: I - declarar, na petição inicial ou na contestação, o endereço, seu número de inscrição na Ordem dos Advogados do Brasil e o nome da sociedade de advogados da qual participa, para o recebimento de intimações; II - comunicar ao juízo qualquer mudança de endereço. Não observando a necessidade de comunicar ao juízo qualquer mudança de endereço, serão consideradas válidas as intimações enviadas por carta registrada ou meio eletrônico ao endereço constante dos autos (art. 106, § 2º, CPC).

Alternativa "C": incorreta, logo a assertiva está correta. Admite-se a prática de atos processuais por meio de videoconferência ou outro recurso tecnológico de transmissão de sons e imagens em tempo real (art. 236, § 3º, CPC).

Alternativa "D": incorreta, logo a assertiva estaria correta. **Porém, há de se observar que o § 1º, do art. 246, teve a sua redação alterada pela Lei nº 14.195/2021.** Assim, as empresas públicas e privadas são obrigadas a manter cadastro nos sistemas de processo em autos eletrônicos, para efeito de recebimento de citações e intimações, as quais serão efetuadas preferencialmente por esse meio (art. 246, § 1º, CPC). As microempresas e as pequenas empresas somente se sujeitam a esta obrigação (de manter cadastro nos sistemas de processos em autos eletrônicos) quando não possuírem endereço eletrônico cadastrado no sistema integrado da Rede Nacional para a Simplificação do Registro e da Legalização de Empresas e Negócios (Redesim) (art. 246, § 5º, CPC).

47. (FCC – Analista Judiciário – Área Judiciária – TRF 5/2017) Em ação de indenização por danos morais movida por Cláudio contra Amélia, foi concedida ao autor a gratuidade da justiça.

Nesse caso, vindo o pedido a ser julgado totalmente improcedente, o autor

a) não deverá ser condenado ao pagamento das despesas processuais e de honorários, exceto se for reputado litigante de má-fé.
b) não deverá ser condenado ao pagamento das despesas processuais e de honorários, nem mesmo se for reputado litigante de má-fé.
c) não deverá ser condenado ao pagamento das despesas processuais, mas poderá ser condenado ao pagamento de honorários se for reputado litigante de má-fé.
d) deverá ser condenado ao pagamento das despesas processuais e de honorários, mas as obrigações decorrentes de sua sucumbência ficarão sob condição suspensiva de exigibilidade.
e) deverá ser condenado ao pagamento das despesas processuais e de honorários de sucumbência, mas as obrigações decorrentes de sua sucumbência não poderão jamais ser exigidas.

▷ ***Anotações/Comentários***

A concessão de gratuidade não afasta a responsabilidade do beneficiário pelas despesas processuais e pelos honorários advocatícios decorrentes de sua sucumbência (art. 98, § 2º, CPC). De outro lado, vencido o beneficiário da gratuidade de justiça, as obrigações decorrentes de sua sucumbência ficarão sob condição suspensiva de exigibilidade e somente poderão ser executadas se, nos cinco anos subsequentes ao trânsito em julgado da decisão que a certificou, o credor demonstrar que deixou de existir a situação de hipossuficiência de recursos que justificou a concessão de gratuidade, extinguindo-se, passado esse prazo, tais obrigações do beneficiário (art. 98, § 3º, CPC).

48. (Cespe – Técnico Judiciário – Área Administrativa – TRF 1/2017) Julgue os próximos itens, relativos aos atos processuais.

Serão considerados intempestivos os atos processuais realizados antes do termo inicial do prazo.

- CERTO
- ERRADO

▷ ***Anotações/Comentários***

Será considerado tempestivo o ato praticado antes do termo inicial do prazo (art. 218, § 4º, CPC). Consequentemente, o recurso interposto antes da publicação da decisão não poderá ser considerado intempestivo.

49. (FCC – Técnico Judiciário – Área Administrativa – TRF 3/2019) De acordo com o Código de Processo Civil, o pedido de cooperação jurisdicional, no âmbito nacional,

a) exige forma prevista em lei, podendo ser executado como atos concertados entre os juízes cooperantes.
b) exige forma prevista em lei, podendo ser executado como prestação de informações.
c) exige forma prevista em lei, podendo ser executado como reunião de processos.
d) prescinde de forma específica, podendo ser executado como auxílio direto.
e) prescinde de forma específica, desde que realizado entre órgãos jurisdicionais do mesmo ramo do Poder Judiciário.

▷ ***Anotações/Comentários***

O pedido de cooperação jurisdicional deve ser prontamente atendido, prescinde de forma específica e pode ser executado como: I - auxílio direto; II - reunião ou apensamento de processos; III - prestação de informações; IV - atos concertados entre os juízes cooperantes (art. 69, CPC).

50. (Cespe – Técnico Judiciário – Área Administrativa – TRF 1/2017) Julgue os próximos itens, relativos aos atos processuais.

A parte poderá renunciar ao prazo estabelecido exclusivamente em seu favor, desde que o faça expressamente.

- CERTO
- ERRADO

▷ ***Anotações/Comentários***

De fato, a parte poderá renunciar ao prazo estabelecido exclusivamente em seu favor, desde que o faça de maneira expressa (art. 225).

51. (IESES – Cartório – Remoção – TJ – AM/2018) Os atos processuais são públicos, todavia tramitam em segredo de justiça os processos:

I. Em que constem dados protegidos pelo direito constitucional à intimidade.
II. Que versem sobre casamento, separação de corpos, divórcio, separação, união estável, filiação, alimentos e guarda de crianças e adolescentes e Usucapião.
III. Em que o exija o interesse público ou social.
IV. Que versem sobre arbitragem, inclusive sobre cumprimento de carta arbitral, desde que a confidencialidade estipulada na arbitragem seja comprovada perante o juízo.

A sequência correta é:

a) Apenas a assertiva IV está incorreta.
b) Apenas as assertivas I, III e IV estão corretas.
c) Apenas as assertivas II e IV estão incorretas.
d) As assertivas I, II, III e IV estão corretas.

▷ ***Anotações/Comentários***

Os autos processuais são públicos. Contudo, tramitarão em segredo de justiça os processos: I - em que o exija o interesse público ou social; II - que versem sobre casamento, separação de corpos, divórcio, separação, união estável, filiação, alimentos e guarda de crianças e adolescentes; III - em que constem dados protegidos pelo direito constitucional à intimidade; IV - que versem sobre arbitragem, inclusive sobre cumprimento de carta arbitral, desde que a confidencialidade estipulada na arbitragem seja comprovada perante o juízo. Como visto, a ação de usucapião não tramita em segredo de justiça.

52. (Cespe – Analista Judiciário – Oficial de Just. Avaliador – TRF 1/2017) Acerca dos atos processuais, julgue os itens subsequentes.

O administrador do imóvel locado, quando a ação se originar de atos por ele praticados, poderá receber citação em ação movida contra o locador, se este estiver ausente.

- CERTO
- ERRADO

▷ ***Anotações/Comentários***

O locador que se ausentar do Brasil sem cientificar o locatário de que deixou, na localidade onde estiver situado o imóvel, procurador com poderes para receber citação será citado na pessoa do administrador do imóvel encarregado do recebimento dos aluguéis, que será considerado habilitado para representar o locador em juízo (art. 242, § 2º).

53. (Cespe – Analista Judiciário – Oficial de Just. Avaliador – TRF 1/2017) Acerca dos atos processuais, julgue os itens subsequentes.

O oficial de justiça poderá realizar penhora durante as férias forenses, desde que esteja autorizado judicialmente.

- CERTO
- ERRADO

▷ ***Anotações/Comentários***

Independentemente de autorização judicial, a penhora poderá ser realizada no período de férias forenses (art. 212, § 2º, CPC).

54. (Cespe – Analista Judiciário – Oficial de Just. Avaliador – TRF 1/2017) Acerca dos atos processuais, julgue os itens subsequentes.

O interesse social é um critério utilizado para determinar que o processo judicial tramite em segredo de justiça.

- CERTO
- ERRADO

▷ ***Anotações/Comentários***

Os atos processuais são públicos. Contudo, correrão em segredo de justiça os processos em que o exija o interesse público ou social (art. 189, I).

55. (Cespe – Analista Judiciário – Oficial de Just. Avaliador – TRF 1/2017) Acerca dos atos processuais, julgue os itens subsequentes.

Se o oficial de justiça verificar que o réu que reside em condomínio edilício está se ocultando para não receber a citação, o juiz deverá intimar o funcionário da portaria a informar o citando sobre o dia e o horário que o oficial de justiça retornará para efetuar a citação.

- CERTO
- ERRADO

▷ ***Anotações/Comentários***

Nos condomínios edilícios ou nos loteamentos com controle de acesso, será válida a entrega do mandado a funcionário da portaria responsável pelo recebimento de correspondência, que, entretanto, poderá recusar o recebimento, se declarar, por escrito, sob as penas da lei, que o destinatário da correspondência está ausente (art. 248, § 4º).

56. (Cespe – Analista Judiciário – Oficial de Just. Avaliador – TRF 1/2017) A respeito da formação do processo, da penhora e do cumprimento de sentença, julgue os itens que se seguem.

De acordo com o Novo Código de Processo Civil, considera-se proposta a ação quando a petição inicial for protocolada, sendo que o efeito da prevenção está vinculado à distribuição ou ao registro da petição inicial.

- CERTO
- ERRADO

▷ ***Anotações/Comentários***

Considera-se proposta a ação quando a petição inicial for protocolada (art. 312). Além disso, o registro ou a distribuição da petição inicial torna prevento o juízo (art. 59).

57. (Cespe – Analista Judiciário – Oficial de Just. Avaliador – TRF 1/2017) A respeito da formação do processo, da penhora e do cumprimento de sentença, julgue os itens que se seguem.

O juiz nomeará curador especial ao réu revel citado por edital enquanto este não for encontrado.

- CERTO
- ERRADO

▷ ***Anotações/Comentários***

O juiz nomeará curador especial ao: I - incapaz, se não tiver representante legal ou se os interesses deste colidirem com os daquele, enquanto durar a incapacidade; II - réu preso revel, bem como ao réu revel citado por edital ou com hora certa, enquanto não for constituído advogado (art. 72). Como se vê, está incorreta a expressão contida na assertiva "enquanto este não for encontrado".

58. (Cespe – Analista Judiciário – Oficial de Just. Avaliador – TRF 1/2017) A respeito da formação do processo, da penhora e do cumprimento de sentença, julgue os itens que se seguem.

São insuscetíveis de penhora os instrumentos necessários ao exercício da profissão do executado, desde que seja profissão reconhecida pelo Ministério do Trabalho.

- CERTO
- ERRADO

▷ ***Anotações/Comentários***

São impenhoráveis, entre outros, os livros, as máquinas, as ferramentas, os utensílios, os instrumentos ou outros bens móveis necessários ou úteis ao exercício da profissão do executado (art. 833, V, CPC). Note-se que não há qualquer exigência de ser a profissão reconhecida pelo Ministério do Trabalho.

59. (IESES – Cartório – Remoção – TJ – CE/2018) No que concerne ao título das nulidades disposto no Código de Processo Civil, é correto afirmar, EXCETO:

a) A nulidade dos atos deve ser alegada na primeira oportunidade em que couber à parte falar nos autos, sob pena de preclusão.
b) Quando a lei prescrever determinada forma sob pena de nulidade, a decretação desta não pode ser requerida pela parte que lhe deu causa.
c) A nulidade dos atos deve ser alegada na primeira oportunidade em que couber à parte falar nos autos, sob pena de preclusão.
d) É anulável o processo quando o membro do Ministério Público não for intimado a acompanhar o feito em que deva intervir.

▷ ***Anotações/Comentários***

A nulidade dos atos deve ser alegada na primeira oportunidade em que couber à parte falar nos autos, sob pena de preclusão. Trata-se de observância do princípio da preclusão (art. 277). Prescrevendo a lei determinada forma sob pena de nulidade, a decretação desta não pode ser requerida pela parte que lhe deu causa (em observância ao princípio da boa-fé). Será nulo (e não anulável) o processo quando o membro do Ministério Público não for intimado a acompanhar o feito em que deva intervir. Tal nulidade só poderá ser decretada após a intimação do Ministério Público, que se manifestará sobre a existência ou a inexistência do prejuízo (art. 279).

60. (FGV – Técnico Judiciário – Área Judiciária – TJ – AL/2018) Ao celebrar um contrato de compra e venda, os contratantes convencionaram sobre determinados ônus e deveres processuais. Nesse sentido, afirmaram que se houvesse necessidade de ação judicial para dirimir qualquer conflito em relação ao negócio jurídico ora entabulado, e pela possibilidade legal de autocomposição, o autor estaria desincumbido de provar a existência do contrato e que o réu não poderia contestar o feito. Nesse cenário:

a) o juiz não poderá controlar as validades destas convenções, pois se trata de direito disponível às partes;

b) estas convenções são nulas de pleno direito, pois convencionadas antes da existência do processo;

c) o juiz controlará as validades destas convenções de ofício, e deverá admiti-las por se tratarem de direitos disponíveis;

d) o juiz controlará as validades destas convenções, recusando aplicação de ambas as cláusulas;

e) o juiz controlará as validades destas convenções, recusando, de ofício, a cláusula que impossibilita o réu contestar.

▷ ***Anotações/Comentários***

Admite o Código de Processo Civil que as partes celebrem o *negócio jurídico processual*, podendo as partes plenamente capazes, versando o processo sobre direitos que admitam autocomposição, estipular mudanças no procedimento para ajustá-lo às especificidades da causa e convencionar sobre os seus ônus, poderes, faculdades e deveres processuais, antes ou durante o processo. Competirá ao juiz, de ofício ou a requerimento, controlar a validade da negociação processual, recusando-lhes aplicação somente nos casos de nulidade ou de inserção abusiva em contrato de adesão ou em que alguma parte se encontre em manifesta situação de vulnerabilidade (art. 190, CPC). No caso da questão, a negociação processual importou em subtração do efetivo contraditório e ampla defesa, o que não pode ser admitido, de modo que é correta a recusa do juízo.

61. (FGV – Técnico Judiciário – Área Judiciária – TJ – AL/2018) No que concerne aos atos processuais, é correto afirmar que:

a) os meramente ordinatórios, como a juntada e a vista obrigatória, dependem de despacho do juiz;

b) as citações podem ser realizadas durante as férias forenses, desde que haja prévia autorização judicial nesse sentido;

c) devem ser realizados, em regra, das 6 (seis) às 18 (dezoito) horas dos dias úteis;

d) em regra são públicos, podendo, excepcionalmente, ser decretado o segredo de justiça;

e) as partes não poderão exigir recibos de petições, arrazoados, papéis e documentos que entregarem em cartório.

▷ ***Anotações/Comentários***

Alternativa "A": incorreta. Os atos meramente ordinatórios, como a juntada e a vista obrigatória, independem de despacho, devendo ser praticados de ofício pelo servidor e revistos pelo juiz quando necessário (art. 203, § 4º, CPC).

Alternativa "B": incorreta. Independentemente de autorização judicial, as citações, intimações e penhoras poderão ser realizadas no período de férias forenses, onde as houver, e nos feriados ou dias úteis fora do horário entre 6 e 20 horas (art. 212, § 2º).

Alternativa "C": incorreta. Os atos processuais devem ser realizados, como regra, entre 6 e 20 horas.

Alternativa "D": correta. Os atos processuais, em regra, observam o princípio da publicidade. Contudo, há situações em que correrão em segredo de justiça.

Alternativa "E": incorreta. As partes poderão exigir recibo de petições, arrazoados, papeis e documentos que entregarem em cartório (art. 201).

62. (Cespe – Técnico Judiciário – TJ – RJ/2019) Julgue os seguintes itens, acerca de citação, considerando o disposto no CPC.

I Citação é o ato pelo qual o réu, o executado ou o interessado são convocados para integrar a relação processual.

II A citação do réu é indispensável para a validade do processo, ainda que haja improcedência liminar do pedido.

III Sendo nula a citação, o comparecimento espontâneo do réu suprirá a falha e determinará o início do prazo para contestação.

Assinale a opção correta.

a) Apenas o item I está certo.

b) Apenas o item II está certo.

c) Apenas os itens I e III estão certos.

d) Apenas os itens II e III estão certos.

e) Todos os itens estão certos.

▷ ***Anotações/Comentários***

A correção da questão já observará a redação atual do art. 238, do CPC, que teve incluído o seu parágrafo único por força da Lei nº 14.195/2021, que alterou outras disposições sobre a citação.

Assertiva I – correta. Citação é o ato pelo qual são convocados o réu, o executado ou o interessado para integrar a relação processual. Deverá ser efetivada em até quarenta e cinco dias a partir da propositura da ação (art. 238).

Assertiva II – incorreta. Para a validade do processo é indispensável a citação do réu ou do executado, ressalvadas as hipóteses de indeferimento da petição inicial ou de improcedência liminar do pedido (art. 239, caput).

Assertiva III – correta. O comparecimento espontâneo do réu ou do executado supre a falta ou a nulidade da citação, fluindo a partir desta data o prazo para apresentação de contestação ou de embargos à execução.

63. (FGV – Técnico Judiciário – Área Judiciária – TJ – CE/2019) No que se refere à citação, é correto afirmar que:

a) é o ato pelo qual o réu e o executado são convocados para que ofereçam contestação;

b) o comparecimento espontâneo do demandado não supre a sua falta, devendo o ato ser ratificado por Oficial de Justiça;

c) o ato citatório válido só induzirá à litispendência caso seja ordenada por juízo competente;

d) transitada em julgado a sentença de improcedência antes da citação do réu, este deverá ser comunicado de seu teor;

e) o novo Código de Processo Civil aboliu a modalidade citatória da hora certa.

▷ ***Anotações/Comentários***

Alternativa "A": incorreta. Citação é o ato pelo qual são convocados o réu, o executado ou o interessado para integrar a relação processual. A citação será efetivada em quarenta e cinco dias a partir da propositura da ação.

Alternativa "B": incorreta. O comparecimento espontâneo do réu ou do executado supre a falta ou a nulidade da citação, fluindo a partir desta data o prazo para apresentação de contestação ou de embargos à execução (art. 239, § 1º).

Alternativa "C": incorreta. A citação válida, ainda quando ordenada por juízo incompetente, induz litispendência, torna litigiosa a coisa e constitui em mora o devedor (art. 240, caput).

Alternativa "D": correta. Transitada em julgado a sentença de mérito proferida em favor do réu antes da citação, incumbe ao escrivão ou ao chefe de secretaria comunicar-lhe o resultado do julgamento (art. 241).

Alternativa "E": incorreta. A citação com hora certa ainda permanece presente no CPC, conforme se vê do art. 252: "Quando, por 2 (duas) vezes, o oficial de justiça houver procurado o citando em seu domicílio ou residência sem o encontrar, deverá, havendo suspeita de ocultação, intimar qualquer pessoa da família ou, em sua falta, qualquer vizinho de que, no dia útil imediato, voltará a fim de efetuar a citação, na hora que designar".

64. (FGV – Analista Judiciário – Área Judiciária – TJ – AL/2018) Na instrução de uma demanda judicial que tramita na comarca de Maceió, foi requerida pela parte autora a oitiva de uma testemunha que tem domicílio em área territorial que pertence à comarca de Porto Calvo. Ocorre que expedida a carta precatória para a referida oitiva, percebeu o juízo deprecado que a testemunha residia na área abrangida pela comarca de Maragogi. Nesse cenário, deverá o juízo de Porto Calvo:

a) cumprir a carta, pelo princípio da tempestividade dos atos processuais;

b) devolver a carta ao juízo de Maceió, para que lá seja encaminhada ao juízo de Maragogi;

c) remeter a carta ao juízo de Maragogi, em face do seu caráter itinerante;
d) suscitar conflito de competência ao Tribunal de Justiça para que este decida qual o juízo competente;
e) devolver a carta ao juízo de Maceió para que este suscite o conflito de competência.

▷ ***Anotações/Comentários***

A carta precatória tem caráter itinerante, de modo que poderá, antes ou depois de lhe ser ordenado o cumprimento, ser encaminhada a juízo diverso do que dela consta, a fim de se praticar o ato (art. 262).

---

65. (Cespe – Técnico Judiciário – TJ – RJ/2019) O Código de Processo Civil (CPC) estabelece que os atos processuais

a) corram em segredo de justiça, como regra geral.
b) sejam registrados eletronicamente em padrões fechados, para se assegurar a sua confidencialidade.
c) independam de forma determinada, salvo quando a lei expressamente a exigir.
d) sejam nulos se não obedecerem à forma determinada em lei, ainda que atinjam sua finalidade essencial.
e) sigam prazos legais, sendo vedada a estipulação de calendário por acordo entre o juiz e as partes em processos específicos.

▷ ***Anotações/Comentários***

Os atos e os termos processuais independem de forma determinada, salvo quando a lei expressamente a exigir, considerando-se válidos os que, realizados de outro modo, lhe preencham a finalidade essencial (art. 188, CPC).

---

66. (FCC – Técnico Judiciário – Área Administrativa – TRF 3/2019) De acordo com o Código de Processo Civil, a carta precatória

a) deverá ser instruída com as cópias necessárias à realização do ato deprecado, vedada, em qualquer hipótese, a remessa de documento original.
b) tem caráter itinerante, podendo, mesmo antes de lhe ser ordenado o cumprimento, ser encaminhada a juízo diverso do que dela consta, a fim de se praticar o ato.
c) será expedida, preferencialmente, por meio físico, salvo quando enviada a órgão jurisdicional integrante do mesmo tribunal, caso em que adotará preferencialmente o meio eletrônico.
d) não poderá, em nenhuma hipótese, ter seu cumprimento recusado pelo juízo deprecado, sob pena de, assim o fazendo, incorrer em responsabilidade funcional.
e) deverá ser transmitida por correio, malote, pela internet ou por qualquer outro meio idôneo que garanta a aferição da sua autenticidade, sendo vedada a transmissão por telefone.

▷ ***Anotações/Comentários***

A carta precatória tem caráter itinerante, de modo que poderá, antes ou depois de lhe ser ordenado o cumprimento, ser encaminhada a juízo diverso do que dela consta, a fim de se praticar o ato (art. 262).

---

67. (FCC – Técnico Judiciário – Área Administrativa – TRF 3/2019) Segundo o Código de Processo Civil, é possível estabelecer calendário para a prática dos atos processuais, quando for o caso.

Esse calendário será fixado de comum acordo entre

a) as partes, independentemente da concordância do juiz, que ficará obrigado a observar os prazos e datas nele estabelecidos, inclusive no tocante à realização das audiências ou outros atos que demandem a sua presidência.
b) as partes, independentemente da concordância do juiz, que ficará obrigado a observar os prazos e datas nele estabelecidos, exceto no tocante à realização das audiências ou outros atos que demandem a sua presidência, os quais serão designados conforme a disponibilidade da pauta.
c) as partes e o juiz, que ficará obrigado a observar os prazos nele estabelecidos, inclusive para a prolação das decisões, os quais somente poderão ser modificados em casos excepcionais, devidamente justificados.
d) as partes e o juiz, que ficará obrigado a observar os prazos nele estabelecidos, inclusive para a prolação das decisões, salvo se inferiores àqueles dispostos em lei.
e) as partes e o juiz, que não poderá, em nenhuma hipótese, modificar os prazos nele estabelecidos, salvo expressa concordância de todos os litigantes.

▷ ***Anotações/Comentários***

A fixação do calendário processual, previsto no art. 191, CPC, decorre de comum acordo entre o juiz e as partes. Uma vez firmado, o calendário vincula as partes e o juiz, e os prazos nele previstos somente serão modificados em casos excepcionais, devidamente justificados (art. 191, § 1º).

---

68. (FCC – Analista Judiciário – Área Judiciária – TRF 3/2019) Considere as seguintes proposições acerca das nulidades:

I. Se a parte interessada na declaração da nulidade deixar de alegá-la na primeira oportunidade em que lhe couber falar nos autos, ocorrerá a preclusão, ainda que se trate de nulidade que o juiz deva decretar de ofício.
II. Se o processo tiver tramitado sem conhecimento do membro do Ministério Público, em feito no qual devesse intervir, o juiz deverá decretar a invalidade dos atos praticados a partir do momento em que ele deveria ter sido intimado; entretanto, a nulidade só pode ser decretada após a intimação do Ministério Público, que se manifestará sobre a existência ou a inexistência de prejuízo.
III. A decretação da nulidade por descumprimento da forma prevista em lei poderá ser requerida pela parte que lhe deu causa, mas ela responderá pelas custas do retardamento do processo, além de incorrer nas sanções previstas para a litigância de má-fé.
IV. Nos casos em que puder decidir o mérito a favor da parte a quem aproveite a decretação da nulidade, o juiz não deverá pronunciá-la nem mandará repetir o ato ou suprir-lhe a falta.
V. Quando a lei prescrever determinada forma, o juiz considerará válido o ato se, realizado de outro modo, lhe alcançar a finalidade, desde que haja a concordância de todas as partes.

De acordo com o Código de Processo Civil, está correto o que consta APENAS de

a) I e II.
b) I e III.
c) II e IV.
d) III ev.
e) IV e V.

▷ ***Anotações/Comentários***

Assertiva I – errada - a parte interessada na declaração de nulidade deverá alegá-la na primeira oportunidade em que lhe couber falar nos autos, sob pena de preclusão. Contudo, tratando-se de nulidade que o juiz deva decretar de ofício, poderá ser alegada posteriormente, não podendo se falar de preclusão na hipótese.

Assertiva II – correta - de fato, é nulo o processo quando o membro do Ministério Público não for intimado a acompanhar o feito em que deva intervir. Contudo, a nulidade só poderá ser decretada após a intimação do Ministério Público, que se manifestará sobre a existência ou a inexistência do prejuízo (art. 279, CPC).

Assertiva III – errada – em observância ao princípio da boa-fé, a decretação da nulidade por descumprimento da forma prevista em lei não poderá ser requerida pela parte que lhe deu causa.

Assertiva IV – correta. Em atenção ao princípio da primazia do julgamento do mérito, nos casos em que puder decidir o mérito a favor da parte a quem aproveite a decretação da nulidade, o juiz não deverá pronunciá-la nem mandará repetir o ato ou suprir-lhe a falta (art. 282, §2º).

Assertiva V – errada – quando a lei prescrever determinada forma, o juiz considerará válido o ato se, realizado de outro modo, lhe alcançar a finalidade, independentemente de concordância das partes (art. 277).

69. (Cespe – Analista Judiciário – Direito – TJ – AM/2019) Acerca do disposto no Código de Processo Civil (CPC) sobre as normas processuais civis, os deveres das partes e dos procuradores, a intervenção de terceiros e a forma dos atos processuais, julgue os itens a seguir.

Situação hipotética: Ao celebrarem contrato de parceria, duas sociedades empresárias firmaram cláusula de eleição de foro que estabelecia que eventual litígio de natureza patrimonial referente ao contrato deveria ser julgado na comarca de Manaus.

Assertiva: Nessa situação hipotética, a referida cláusula possui natureza de negócio processual típico.

- CERTO
- ERRADO

▷ ***Anotações/Comentários***

Os negócios processuais podem ser classificados em *típicos* e *atípicos*. Os primeiros estão expressamente previstos no CPC, incluindo-se a cláusula de eleição de foro (art. 63, CPC).

Importante lembrar que a eleição de foro somente produz efeito quando constar de instrumento escrito, aludir expressamente a determinado negócio jurídico e guardar pertinência com o domicílio ou a residência de uma das partes ou com o local da obrigação, ressalvada a pactuação consumerista, quando favorável ao consumidor.

Proposta a ação e, antes da citação, poderá o juiz reputar ineficaz de ofício a cláusula de eleição de foro, se abusiva, determinando a remessa dos autos ao juízo do foro de domicílio do réu.

Se citado, competirá ao réu alegar a abusividade da cláusula de eleição de foro na contestação, sob pena de preclusão.

70. (Cespe – Analista Judiciário – Área Judiciária – TRE – PE/2017) A respeito dos poderes, deveres e responsabilidades do juiz e dos atos processuais, assinale a opção correta à luz do Código de Processo Civil (CPC).

a) Não podem ocorrer durante as férias forenses citações, intimações e penhoras, ainda que haja autorização judicial.
b) Na ausência de preceito legal ou prazo determinado pelo juiz, será de cinco dias úteis o prazo para a prática de ato processual a cargo da parte.
c) O juiz pode dilatar e reduzir os prazos processuais, adequando-os às necessidades do conflito, de modo a conferir maior efetividade à tutela do direito.
d) Pode o magistrado declarar-se suspeito no processo por razões de foro íntimo; contudo, para assim fazer, ele deve externar tais razões.
e) O terceiro que demonstre interesse jurídico poderá requerer ao juiz certidão de inteiro teor da sentença, no caso de processo que tramite sob segredo de justiça.

▷ ***Anotações/Comentários***

Alternativa "A": incorreta. Podem correr durante as férias as citações, intimações e penhoras.

Alternativa "B": correta. Se a lei ou o juiz não fixarem o prazo para a prática de ato processual, presume a lei que o lapso será de cinco dias (art. 218, § 3º).

Alternativa "C": incorreta. O juiz poderá dilatar quaisquer prazos processuais (art. 139, VI). Contudo, somente poderá reduzi-lo se houver concordância das partes.

Alternativa "D": incorreta. Poderá o juiz declarar-se suspeito por motivo de foro íntimo. Contudo, não haverá necessidade de declarar suas razões (art. 145, § 1º, CPC).

Alternativa "E": incorreta. No caso de segredo de justiça, o terceiro que demonstrar interesse jurídico pode requerer ao juiz certidão do dispositivo da sentença, bem como de inventário e de partilha resultantes de divórcio ou separação. Note-se que não se trata de certidão do *inteiro teor*, mas apenas da parte dispositiva da sentença.

71. (Vunesp – Cartório – Provimento – TJ – SP/2018) É correto afirmar que

a) não é cabível requerimento de desconsideração da personalidade jurídica na petição inicial do processo de conhecimento.
b) em ação que verse sobre direito real imobiliário, basta a citação de um dos cônjuges, se casados sob o regime de comunhão parcial de bens.
c) o Juiz deve nomear curador especial ao réu preso revel.
d) o adquirente da coisa litigiosa sucede a parte alienante no processo, independentemente do consentimento da parte contrária.

▷ ***Anotações/Comentários***

Alternativa "A": incorreta. O incidente de desconsideração da personalidade jurídica está previsto entre as hipóteses de intervenção de terceiros. Será cabível em todas as fases do processo de conhecimento, no cumprimento de sentença e na execução fundada em título executivo extrajudicial (art. 134). Logo, poderá ser formulada na petição inicial no processo de conhecimento.

Alternativa "B": incorreta. Ambos os cônjuges serão necessariamente citados par ação que verse sobre direito real imobiliário, salvo quando casados sob o regime de separação absoluta de bens (art. 73, § 1º, I).

Alternativa "C": correta. O juiz nomeará curador especial ao réu preso revel, bem como ao réu revel citado por edital ou com hora certa, enquanto não for constituído advogado (art. 72, II).

Alternativa "D": incorreta. A alienação da coisa ou do direito litigioso por ato entre vivos, a título particular, não altera a legitimidade das partes. Desse modo, o adquirente ou cessionário não poderá ingressar em juízo, sucedendo o alienante ou cedente, sem que o consinta a parte contrária (art. 109, § 1º).

72. (Vunesp – Cartório – Remoção – TJ – SP/2018) Verificada a incapacidade processual ou a irregularidade da representação da parte, o magistrado

a) suspenderá o processo e designará prazo razoável para que seja sanado o vício.
b) julgará o processo extinto, sem resolução do mérito.
c) se em grau de recurso, deverá devolver os autos ao 1o grau de jurisdição para a correção do vício.
d) suspenderá o processo e nomeará curador especial à parte processualmente incapaz.

▷ ***Anotações/Comentários***

Verificada a incapacidade processual ou a irregularidade da representação da parte, o juiz suspenderá o processo e designará prazo razoável para que seja sanado o vício (art. 76, caput).

7. COMPETÊNCIA

73. FGV – 2024 – TRF 1 - Técnico Judiciário - Área Administrativa

Matheus, estudante de Direito, pretende ingressar com uma ação em face da União Federal, motivo pelo qual passou a analisar, detalhadamente, as normas que versam sobre competência e que regem a matéria.

Nesse cenário, considerando as disposições do Código de Processo Civil, é correto afirmar que a ação:

a) poderá ser proposta no foro de domicílio do autor, no de ocorrência do ato ou fato que originou a demanda, no de situação da coisa ou no Distrito Federal;
b) poderá ser proposta na capital de qualquer estado da Federação ou no Distrito Federal;
c) deverá ser proposta no foro de domicílio do autor ou no Distrito Federal;
d) deverá ser proposta no foro de domicílio do autor;
e) deverá ser proposta no Distrito Federal.

▷ ***Anotações/Comentários***

Notas do autor: sendo autora a União, será competente o foro de domicílio do réu. Porém, se a União for a demandada, a ação poderá ser proposta no foro de domicílio do autor, no de ocorrência do ato ou fato que originou a demanda, no de situação da coisa ou no Distrito Federal (art. 51, CPC).

74. FGV - 2024 - TRF 1 - Analista Judiciário - Oficial de Justiça

Regina ajuizou ação de reintegração de posse em face de João, distribuída à 3ª Vara Cível da Comarca de Niterói (RJ), local em que o réu é domiciliado. Em sua causa de pedir, Regina sustentou que João ocupou indevidamente imóvel de sua propriedade, localizado na cidade de Rio Bonito (RJ).

Dois meses antes do ajuizamento da ação proposta por Regina, João ajuizou ação de usucapião em face de Regina, sustentando ter adquirido a propriedade do imóvel após o decurso do prazo legal. O pleito foi distribuído à 1ª Vara Cível da Comarca de Rio Bonito (RJ).

Sobre o caso acima, é correto afirmar que:

a) a 3ª Vara Cível da Comarca de Niterói é competente para apreciar a ação de reintegração de posse proposta por Regina, por ser o foro do domicílio do réu;

b) diante da conexão entre as causas, é cabível sua reunião para julgamento conjunto no juízo prevento, que, no caso, é a 1ª Vara Cível da Comarca de Rio Bonito;

c) malgrado a competência absoluta do Foro de Rio Bonito para apreciar a demanda possessória de Regina, as partes podem, de comum acordo, eleger outro foro para a ação;

d) embora o foro de situação da coisa seja o competente em tal hipótese, Regina poderia ter optado por ajuizar a ação possessória no Foro de Niterói;

e) não é cabível a reunião das ações para julgamento conjunto, por não haver a necessária conexão entre ambas, ante a diferença entre pedidos e causas de pedir.

▷ ***Anotações/Comentários***

Notas do autor: consideram-se conexas duas ou mais ações quando lhes for comum o pedido ou a causa de pedir (art. 55, caput). Tais processos serão reunidos para decisão conjunta, evitando-se decisões contraditórias. Porém, tal reunião não ocorrerá se um deles já houver sido sentenciado (art. 55, § 1º).

Alternativa "B": correta. No caso narrado, tem-se clara conexão entre a ação de usucapião e a reintegração de posse, sendo prudente a reunião dos processos para julgamento conjunto, o que evitará o risco de decisões contraditórias. A reunião dos processos far-se-á no juízo prevento, sendo assim considerado o juízo em que tiver ocorrido primeiramente o registro ou a distribuição (art. 59). Exclui automaticamente as demais alternativas.

75. IBFC - 2022 - TJ/MG - Analista Judiciário De acordo com a doutrina, competência é o conjunto de limites dentro dos quais cada órgão do judiciário pode exercer legitimamente a função jurisdicional, cabendo à lei definir os critérios de sua fixação. O Código de Processo Civil trata desse tema em seu Título III (Da Competência Interna), Capítulo I (Da Competência), Seção I (Disposições Gerais). Analise as afirmativas a seguir e assinale a alternativa correta

a) Determina-se a competência no momento do registro ou da distribuição da petição inicial, sendo relevantes as modificações do estado de fato ou de direito ocorridas posteriormente

b) Tramitando o processo perante outro juízo, os autos serão remetidos ao juízo federal competente se nele intervier a União, suas empresas públicas, entidades autárquicas e fundações, ou conselho de fiscalização de atividade profissional, na qualidade de parte ou de terceiro interveniente, inclusive as ações de recuperação judicial

c) A ação fundada em direito pessoal ou em direito real sobre bens móveis será proposta, em regra, no foro de domicílio do autor

d) Em ação que, o Estado ou o Distrito Federal for o demandado, a ação deverá ser proposta, obrigatoriamente, na capital do respectivo ente federado

e) Nos casos de ação de divórcio, separação, anulação de casamento e reconhecimento ou dissolução de união estável será competente o foro de domicílio do réu, se nenhuma das partes residir no antigo domicílio do casal.

▷ ***Comentários/Notas do autor***

Alternativa "A": incorreta. Determina-se a competência no momento do registro ou da distribuição da petição inicial, sendo **IRRELEVANTES** as modificações do estado de fato ou de direito ocorridas posteriormente, salvo quando suprimirem órgão judiciário ou alterarem a competência absoluta (art. 43, CPC).

Alternativa "B": incorreta. Tramitando o processo perante outro juízo, os autos serão remetidos ao juízo federal competente se nele intervier a União, suas empresas públicas, entidades autárquicas e fundações, ou conselho de fiscalização de atividade profissional, na qualidade de parte ou de terceiro interveniente, exceto as ações: I - de recuperação judicial, falência, insolvência civil e acidente de trabalho; II - sujeitas à justiça eleitoral e à justiça do trabalho (art. 45, CPC).

Alternativa "C": incorreta. A ação fundada em direito pessoal ou em direito real sobre bens móveis será proposta, em regra, no foro de domicílio do réu (art. 46, *caput*).

Alternativa "D": incorreta. Se Estado ou o Distrito Federal for o demandado, a ação poderá ser proposta no foro de domicílio do autor, no de ocorrência do ato ou fato que originou a demanda, no de situação da coisa ou na capital do respectivo ente federado (art. 52, parágrafo único). Note-se que o STF deu interpretação conforme a Constituição para restringir a competência do foro de domicílio do autor às comarcas inseridas nos limites territoriais do Estado-membro ou do Distrito Federal que figure como réu (ADI 5737).

Alternativa "E": correta. É competente o foro: I - para a ação de divórcio, separação, anulação de casamento e reconhecimento ou dissolução de união estável: a) de domicílio do guardião de filho incapaz; b) do último domicílio do casal, caso não haja filho incapaz; c) de domicílio do réu, se nenhuma das partes residir no antigo domicílio do casal; d) de domicílio da vítima de violência doméstica e familiar.

76. (FGV - Analista Judiciário - Área Judiciária - TRT 12/2017) Joaquim, que reside em Minas Gerais, pretende ajuizar uma ação postulando a reparação de danos causados por uma empresa construtora, com sede localizada na cidade de São Paulo. Considerando que o ato causador do dano ocorreu na cidade de Florianópolis, para a propositura dessa ação o foro competente é o:

a) do domicílio do autor;

b) do lugar da sede da empresa;

c) do lugar do fato ou ato;

d) do domicílio do autor ou do lugar da sede da empresa;

e) do domicílio do autor, do lugar da sede da empresa, ou do lugar do fato ou ato.

▷ ***Anotações/Comentários***

Tem competência territorial o lugar do ato ou fato para a ação de reparação de dano; em que for réu administrador ou gestor de negócios alheios (art. 53, IV, CPC).

77. (IESES - Cartório - Remoção - TJ - CE/2018) Quando, entre duas ou mais ações, houver identidade quanto às partes e à causa de pedir, mas o pedido de uma, por ser mais amplo, abrange o das demais, estaremos diante do instituto do Código de Processo Civil denominado de:

a) Continência.

b) Comoriência.

c) Conexão.

d) Incompetência.

▷ ***Anotações/Comentários***

Dá-se a continência entre 2 (duas) ou mais ações quando houver identidade quanto às partes e à causa de pedir, mas o pedido de uma, por ser mais amplo, abrange o das demais (art. 56, CPC).

78. (FCC - Analista Judiciário - Área Judiciária - TRT 6/2018) Em relação às modificações de competência,

a) o foro contratual eleito pelas partes é personalíssimo e, portanto, não obriga os herdeiros e sucessores das partes.

b) a determinada em razão da matéria, da pessoa ou do valor é inderrogável por convenção das partes.

c) quando houver continência e a ação continente houver sido proposta anteriormente, no processo relativo à ação contida será proferida sentença sem resolução de mérito, caso contrário, as ações serão necessariamente reunidas.

d) a abusividade da cláusula de eleição de foro deve ser alegada pela parte a quem aproveita, não podendo ser examinada de ofício pelo juiz, salvo em relações consumeristas.

e) serão reunidos para julgamento conjunto os processos que possam gerar risco de prolação de decisões conflitantes ou contraditórias caso decididos separadamente, desde que haja conexão entre eles.

▷ ***Anotações/Comentários***

Alternativa "A": incorreta. O foro contratual obriga os herdeiros e sucessores das partes (art. 63, § 2º, CPC).

Alternativa "B": incorreta. A competência determinada em razão da matéria, da pessoa ou da função é inderrogável por convenção das partes (art. 62, CPC).

Alternativa "C": correta. Quando houver continência e a ação continente tiver sido proposta anteriormente, no processo relativo à ação contida será proferida sentença sem resolução de mérito, caso contrário, as ações serão necessariamente reunidas (art. 57, CPC).

Alternativa "D": incorreta. Desde que antes da citação, a cláusula de eleição de foro, se abusiva, pode ser reputada ineficaz de ofício pelo juiz, que determinará a remessa dos autos ao juízo do foro do domicílio do réu (art. 64, § 3º, CPC). Posteriormente, incumbirá ao réu alegar a abusividade da cláusula de eleição de foro na contestação, sob pena de preclusão. Portanto, o juiz poderá reconhecer de ofício a abusividade antes da citação do réu. Ultrapassada essa fase, competirá ao réu fazer a alegação na contestação.

Alternativa "E": incorreta. Admite-se a reunião para julgamento conjunto os processos que possam gerar risco de prolação de decisões conflitantes ou contraditórios caso decididos separadamente, mesmo sem conexão entre eles (art. 55, § 3º, CPC).

79. (FCC – Analista Judiciário – Oficial de Just. Avaliador Federal – TRT 6/2018) Analise os enunciados a seguir, relativos à competência:

I. Argui-se exclusivamente, por meio de exceção, a incompetência relativa.

II. Determina-se a competência no momento do registro ou da distribuição da petição inicial, sendo irrelevantes as modificações do estado de fato ou de direito ocorridas posteriormente, salvo quando suprimirem órgão judiciário ou alterarem a competência absoluta.

III. Quando o réu não tiver domicílio ou residência no Brasil, a ação será proposta no foro de domicílio do autor, e, se este também residir fora do Brasil, a ação será proposta em qualquer foro.

IV. Acolhida a alegação de incompetência absoluta, que se refere à matéria, à função e à pessoa, o processo será extinto sem resolução do mérito, interrompida porém a prescrição.

V. O registro ou a distribuição da petição inicial torna prevento o juízo.

Está correto o que se afirma APENAS em

a) II, III e V.

b) I, III, IV e V.

c) I, II e IV.

d) II, IV e V.

e) II, III, IV e V.

▷ ***Anotações/Comentários***

Assertiva I – incorreta. A incompetência absoluta e a relativa deverão ser arguidas por meio de preliminar na contestação (art. 337, II, CPC).

Assertiva II – correta. Determina-se a competência no momento do registro ou da distribuição da petição inicial, sendo irrelevantes as modificações do estado de fato ou de direito ocorridas posteriormente, salvo quando suprimirem órgão judiciário ou alterarem a competência absoluta (art. 43, CPC). Trata-se da *perpetuatio jurisdictionis*. Com o ajuizamento da ação há a *perpetuação da competência*.

Assertiva III – correta. Quando o réu não tiver domicílio ou residência no Brasil, a ação será proposta no foro de domicílio do autor, e, se este também residir fora do Brasil, a ação será proposta em qualquer foro (art. 47, § 3º, CPC).

Assertiva IV – incorreta. Acolhida a alegação de incompetência absoluta, o processo será remetido ao Juízo competente.

Assertiva V – correta. O registro ou a distribuição da petição inicial torna prevento o juízo (art. 59, CPC).

80. (FCC – Analista Judiciário – Área Judiciária – TRT 20/2016) Joana ajuizou ação de reintegração de posse contra Pietra. A ação tem como objeto um imóvel. Tal ação deverá ser proposta no foro

a) do domicílio dos réus, cujo juízo tem competência absoluta.

b) do domicílio dos réus, cujo juízo tem competência relativa.

c) da situação do imóvel, cujo juízo tem competência absoluta.

d) do domicílio dos autores, cujo juízo tem competência relativa.

e) da situação do imóvel, cujo juízo tem competência relativa.

▷ ***Anotações/Comentários***

Para as ações fundadas em direito real sobre imóveis é competente o foro de situação da coisa (art. 47, caput, CPC), que terá competência absoluta.

81. (FCC – Analista Judiciário – Área Judiciária – TRT 24/2017) Sobre a competência interna, de acordo com o Código de Processo Civil, é correto afirmar:

a) Prorrogar-se-á a competência relativa se o réu não alegar a incompetência em preliminar de contestação.

b) A ação possessória imobiliária será proposta no foro de situação da coisa, podendo o autor, contudo, optar pelo foro do domicílio do réu ou de eleição.

c) Tramitando processo de recuperação judicial na Justiça Estadual, os autos serão remetidos ao juízo federal competente no caso de intervenção de uma determinada empresa pública federal.

d) O foro da Capital do Estado é competente para as causas em que seja autora a União.

e) A citação válida torna prevento o juízo e, ainda quando ordenada por juiz incompetente, constitui em mora o devedor e interrompe a prescrição.

▷ ***Anotações/Comentários***

Alternativa "A": correta. A competência relativa deverá ser alegada em preliminar de contestação, não podendo ser conhecida de ofício pelo juiz. Se não for alegada, tem-se a preclusão, prorrogando-se a competência (art. 65, CPC). Ou seja, o juízo que não o era, passou a ser competente.

Alternativa "B": incorreta. Para as ações fundadas em direito real sobre imóveis é competente o foro de situação da coisa, que tem competência absoluta. Logo, não é possível ao autor optar por outro foro. Porém, deve-se estar atento à exceção. O autor poderá optar pelo foro de domicílio do réu ou pelo foro de eleição se o litígio não recair sobre direito de propriedade, vizinhança, servidão, divisão e demarcação de terras e de nunciação de obra nova (art. 47, § 1º, CPC).

Alternativa "C": incorreta. Tramitando o processo perante outro juízo, os autos serão remetidos ao juízo federal competente se nele intervier a União, suas empresas públicas, entidades autárquicas e fundações, ou conselho de fiscalização de atividade profissional, na qualidade de parte ou de terceiro interveniente, exceto as ações: I - de recuperação judicial, falência, insolvência civil e acidente de trabalho; II - sujeitas à justiça eleitoral e à justiça do trabalho (art. 45, CPC).

Alternativa "D": incorreta. É competente o foro de domicílio do réu para as causas em que seja autora a União. De outro lado, sendo a União demandada, a ação poderá ser proposta no foro de domicílio do autor, no de ocorrência do ato ou fato que originou a demanda, no de situação da coisa ou no Distrito Federal (art. 51, CPC).

Alternativa "E": incorreta. A citação válida, ainda que ordenada por juízo incompetente, induz litispendência, torna litigiosa a coisa e constitui em mora o devedor (art. 240, caput, CPC).

PROCESSUAL CIVIL

82. (Cespe - Analista Judiciário - Área Judiciária - CNJ/2013) No que concerne à competência no processo civil, julgue os itens que se seguem.

As partes poderão eleger, em contrato escrito, o foro em que serão dirimidas controvérsias a respeito de negócio jurídico que celebrarem, derrogando competência fixada pela lei em razão do território.

- CERTO
- ERRADO

▷ ***Anotações/Comentários***

Admite-se que as partes modifiquem a competência em razão do valor e do território, elegendo foro onde será proposta ação oriunda de direitos e obrigações. De se consignar que a eleição de foro somente produzirá efeito quando constar de instrumento escrito e aludir expressamente a determinado negócio jurídico, obrigando os herdeiros e sucessores das partes.

83. (Cespe - Analista Judiciário - Área Judiciária - CNJ/2013) No que concerne à competência no processo civil, julgue os itens que se seguem.

Por força do princípio da perpetuatio jurisdictionis, a competência fixada em razão do domicílio do réu, para julgamento de ação acerca de direito real sobre bem móvel, não será alterada se o mesmo vier a se mudar.

- CERTO
- ERRADO

▷ ***Anotações/Comentários***

O princípio da perpetuatio jurisdictionis está previsto no art. 43, do CPC. Consiste na perpetuação da competência, que será fixada no momento do registro ou da distribuição da petição inicial, sendo irrelevantes as modificações do estado de fato ou de direito ocorridas posteriormente, salvo quando suprimirem órgão judiciário ou alterarem a competência absoluta.

84. (FCC - Analista Judiciário - Área Judiciária - TRF 3/2019) Insere-se na competência originária do Superior Tribunal de Justiça processar e julgar

a) o recurso especial interposto contra acórdão dos tribunais regionais federais.

b) os conflitos entre a União e os Estados, a União e o Distrito Federal, ou entre uns e outros.

c) a ação em que todos os membros da magistratura sejam direta ou indiretamente interessados.

d) o mandado de injunção, quando a elaboração da norma regulamentadora for atribuição de outro tribunal superior, com exceção do Supremo Tribunal Federal.

e) os pedidos de homologação de sentença estrangeira.

▷ ***Anotações/Comentários***

Compete ao Superior Tribunal de Justiça processar e julgar a homologação de sentença estrangeira e a concessão de exequatur às cartas rogatórias (art. 105, I, i, CF). Trata-se de competência originária e não recursal.

85. (FGV - Técnico Judiciário - Área Judiciária - TJ - CE/2019) Helena, domiciliada em Fortaleza, recebeu a informação de que um imóvel de sua propriedade, situado em Sobral, havia sido invadido pelo ex-namorado, Menelau. Apurada a veracidade da notícia, Helena propôs ação de reintegração de posse em face do invasor, tendo distribuído a sua petição inicial na Comarca de Fortaleza.

Nesse cenário, é correto afirmar que a demanda foi proposta no:

a) foro competente;

b) foro relativamente incompetente, podendo a sua competência ser prorrogada caso a parte ré não suscite o vício;

c) foro relativamente incompetente, devendo tal vício ser reconhecido de ofício pelo juiz;

d) foro absolutamente incompetente, podendo a sua competência ser prorrogada caso a parte ré não suscite o vício;

e) foro absolutamente incompetente, devendo tal vício ser reconhecido de ofício pelo juiz.

▷ ***Anotações/Comentários***

A competência do foro da situação da coisa para as ações fundadas em direito real sobre imóveis é absoluta e a sua inobservância poderá ser conhecida de ofício pelo juiz. Contudo, vale lembrar, que o autor poderá optar pelo foro de domicílio do réu ou pelo foro de eleição se o litígio não recair sobre direito de propriedade, vizinhança, servidão, divisão e demarcação de terras e de nunciação de obra nova (art. 47, § 1º, CPC).

86. (FCC - Analista Judiciário - Área Judiciária - TRF 3/2019) XYZ Indústria Farmacêutica S.A. ajuizou, perante a Justiça Comum, pedido de recuperação judicial, cujo processamento foi deferido pelo juiz. No curso do processo, a União compareceu nos autos informando ter interesse no feito, por ter contratado a recuperanda para o fornecimento de medicamentos em âmbito nacional, cuja interrupção comprometeria o sistema de saúde do país. Nesse caso, o processo deverá

a) ser remetido à Justiça Federal, desde que tenha havido requerimento da União nesse sentido; no entanto, caso o Juízo Federal não vislumbre interesse jurídico da União, deverá devolver o processo à Justiça Comum.

b) ser remetido à Justiça Federal, desde que tenha havido requerimento da União nesse sentido; no entanto, caso o Juízo Federal não vislumbre interesse jurídico da União, deverá suscitar conflito de competência.

c) ser remetido à Justiça Federal, independentemente de requerimento da União nesse sentido; no entanto, caso o Juízo Federal não vislumbre interesse jurídico da União, deverá devolver o processo à Justiça Comum.

d) ser remetido à Justiça Federal, independentemente de requerimento da União nesse sentido; no entanto, caso o Juízo Federal não vislumbre interesse jurídico da União, deverá suscitar conflito de competência.

e) permanecer tramitando na Justiça Comum, ainda que a União tenha expressamente requerido sua remessa à Justiça Federal.

▷ ***Anotações/Comentários***

Tramitando o processo perante outro juízo, os autos serão remetidos ao juízo federal competente se nele intervier a União, suas empresas públicas, entidades autárquicas e fundações, ou conselho de fiscalização de atividade profissional, na qualidade de parte ou de terceiro interveniente, exceto as ações: I - de recuperação judicial, falência, insolvência civil e acidente de trabalho; II - sujeitas à justiça eleitoral e à justiça do trabalho (art. 47, CPC). Logo, no caso narrado, a ação de recuperação judicial deverá permanecer tramitando na Justiça Comum, ainda que a União tenha expressamente requerido a sua remessa à Justiça Federal.

87. (FCC - Analista Judiciário - Área Judiciária - TRF 3/2019) Determinada autarquia federal moveu contra uma mesma associação privada duas ações distintas, com pedidos e causas de pedir diversos uma da outra, mas ambas versando sobre o mesmo bem. Os processos das ações foram distribuídos a diferentes Varas da Justiça Federal. Nesse caso,

a) existe conexão entre os processos, que deverão ser reunidos para julgamento conjunto, ainda que um deles já tenha sido sentenciado.

b) existe conexão entre os processos, que deverão ser reunidos para julgamento conjunto, salvo se algum deles tiver sido sentenciado.

c) existe conexão entre os processos, mas nenhum deles poderá ser reunido ao outro, dado que distribuídos a juízos distintos.

d) não existe conexão entre os processos, mas eles deverão ser reunidos para julgamento conjunto, caso exista o risco de prolação de decisões conflitantes ou contraditórias, salvo se um deles já houver sido sentenciado.

e) como não existe conexão entre os processos, eles não poderão ser reunidos para julgamento conjunto em nenhuma hipótese.

▷ **Anotações/Comentários**

Considerando-se o risco de se ter decisões conflitantes ou contraditórias caso decididas separadamente, ainda que não haja conexão (como no caso), admite-se que os processos sejam reunidos para julgamento conjunto (art. 55, § 3º, CPC). Haverá conexão entre duas ou mais ações quando lhes for comum o pedido ou a causa de pedir (art. 55, CPC).

88. (FCC – Técnico Judiciário – Área Judiciária – TRF 4/2019) João, domiciliado em São Paulo, pretende ajuizar contra Antônio, domiciliado em Salvador, ação para postular a declaração da propriedade de automóvel que foi licenciado no município de Aracaju e se acha na posse de Ricardo, que tem domicílio em Manaus. Nesse caso, segundo as regras de competência previstas no Código de Processo Civil, a ação deverá ser proposta no foro de

a) São Paulo.
b) Salvador.
c) Aracaju.
d) Manaus.
e) São Paulo, Salvador, Aracaju ou Manaus, segundo exclusivo critério do autor.

▷ **Anotações/Comentários**

Como regra, a ação fundada em direito pessoal ou em direito real sobre bens móveis será proposta no foro de domicílio do réu (art. 46, caput). No caso, em Salvador.

89. (Cespe – Técnico Judiciário – TJ – RJ/2021) O foro de eleição é admissível para

a) atribuir ao juízo arbitral a competência para decidir obrigações de dar alimentos decorrentes de acordo firmado perante a Defensoria Pública.
b) permitir que o juiz defina qual o foro competente para julgar uma ação cujo litígio verse sobre a propriedade de bens imóveis.
c) modificar a competência territorial da ação de divórcio, desde que os cônjuges sejam capazes à época da propositura da ação.
d) modificar a competência territorial de uma ação de obrigação de fazer decorrente de um contrato particular.
e) atribuir ao tribunal de justiça uma competência que originariamente seria de um juízo cível de primeiro grau.

▷ **Anotações/Comentários**

Admite-se que as partes modifiquem a competência em razão do valor e do território, elegendo foro onde será proposta ação oriunda de direitos e obrigações (art. 63, caput, CPC).

8. PARTES, LITISCONSÓRCIO E INTERVENÇÃO DE TERCEIROS

90. IBFC – 2024 – TRF 5 - Técnico Judiciário - Área Administrativa

Antônio e Bruno contrataram com Carlos. Carlos, descontente com o contrato, pretende rescindi-lo. Para tanto, deve mover a ação:

a) apenas contra Antônio e eventual sentença será ineficaz perante Bruno, uma vez que não será atingido pela coisa julgada
b) como Antônio reside no exterior, pode ser movida apenas contra Bruno
c) precisa necessariamente ser movida contra Antônio e Bruno
d) se Bruno estiver na posse da coisa objeto do contrato que Carlos pretende rescindir, poderá ajuizar a ação somente contra Bruno

▷ **Anotações/Comentários**

Notas do autor: questiona-se sobre a necessidade de formação de litisconsórcio passivo na relação jurídica processual que será instaurada. A propósito, dispõe o art. 114, do CPC, que o litisconsórcio será necessário por disposição de lei ou quando, pela natureza da relação jurídica controvertida, a eficácia da sentença depender da citação de todos que devam ser litisconsortes. De acordo com o enunciado apresentado, houve a celebração de contrato entre, de um lado, Antônio e Bruno, e do outro, Carlos. Assim, se este for buscar a rescisão do contrato, deverá postular em face daqueles, que figurarão necessariamente no polo passivo. Logo, a alternativa correta é a letra "C".

91. FGV – 2024 – TRF 1 - Técnico Judiciário - Área Administrativa

Guilherme, juiz federal, considerando a relevância da matéria, a especificidade do tema objeto da demanda e a repercussão social da controvérsia posta, admitiu, por decisão irrecorrível, a participação, no processo, de pessoa jurídica especializada, com representatividade adequada, definindo os seus poderes em juízo.

Nesse cenário, considerando as disposições do Código de Processo Civil, está-se diante da seguinte modalidade de intervenção de terceiros:

a) chamamento ao processo;
b) assistência litisconsorcial;
c) denunciação da lide;
d) assistência simples;
e) amicus curiae.

▷ **Anotações/Comentários**

Notas do autor: em determinadas situações, o juiz ou o relator, considerando a relevância da matéria, a especificidade do tema objeto da demanda ou a repercussão social da controvérsia, poderá, por *decisão irrecorrível*, de ofício ou a requerimento das partes ou de quem pretenda manifestar-se, solicitar ou admitir a participação de pessoa natural ou jurídica, órgão ou entidade especializada, com representatividade adequada, no prazo de quinze dias de sua intimação (art. 138, *caput*).

92. FGV – 2024 – TRF 1 - Técnico Judiciário - Área Administrativa

O Ministério Público Federal foi intimado, em observância às formalidades legais, para intervir como fiscal da ordem jurídica em processo que tramita na Justiça Federal e que envolve litígio coletivo pela posse de terra rural.

Nesse cenário, considerando as disposições do Código de Processo Civil, é correto afirmar que:

a) o juiz, findo o prazo para manifestação do Ministério Público sem o oferecimento de parecer, suspenderá o processo, dando conhecimento dos fatos ao órgão correcional da instituição;
b) o Ministério Público gozará de prazo triplicado para manifestar-se nos autos, que terá início a partir de sua intimação pessoal;
c) o membro do Ministério Público será civil e solidariamente responsável caso aja com dolo ou culpa no exercício de suas funções;
d) o Ministério Público poderá produzir provas, requerer as medidas processuais pertinentes e recorrer;
e) o Ministério Público terá vista dos autos antes das partes, sendo intimado dos atos do processo.

▷ **Anotações/Comentários**

Notas do autor: o Ministério Público poderá atuar no processo como parte ou como *interveniente*, na condição de fiscal da ordem jurídica, nas hipóteses previstas em lei ou na Constituição Federal e nos processos que envolvam: I – interesse público ou social; II – interesse de incapaz; III – litígios coletivos pela posse de terra rural ou urbana (art. 178). Atuando como fiscal da ordem jurídica, o Ministério Público terá vista dos autos depois das partes, sendo intimado de todos os atos do processo; e, poderá produzir provas, requerer as medidas processuais pertinentes e recorrer (art. 179).

Alternativa "A": incorreta. Findo o prazo para manifestação do Ministério Público sem o oferecimento de parecer, o juiz requisitará os autos e dará andamento ao processo.

Alternativa "B": incorreta. O MP terá prazo em dobro para manifestar-se nos autos, que terá início a partir de sua intimação pessoal.

Alternativa "C": incorreta. O membro do MP será civil e regressivamente responsável quando agir com dolo ou fraude no exercício de suas funções (art. 181).

Alternativa "D": correta. Como visto anteriormente, o MP poderá produzir provas, requerer as medidas processuais pertinentes e recorrer (art. 179, II).

93. FCC - 2022 - TRT 14 - Analista Judiciário - Área Judiciária Com fundamento em norma que autorizava a substituição processual, André, em substituição a Bruno, ajuizou ação contra Carlos. De acordo com o Código de Processo Civil, o substituído (Bruno)

a) poderá, a qualquer tempo, assumir o polo ativo da ação, o que implicará a exclusão do substituto do processo.
b) poderá intervir no processo como assistente litisconsorcial.
c) não poderá intervir no processo, salvo apenas para a defesa de direito indisponível.
d) não poderá intervir no processo em nenhuma hipótese.
e) não poderá intervir no processo, salvo apenas para interpor recurso contra as decisões desfavoráveis que não tenham sido objeto de recurso pelo substituto.

▷ ***Comentários/Notas do autor***

A substituição processual é espécie de *legitimação extraordinária*, juntamente com a representação processual.

Na substituição processual o autor demanda em seu nome e na defesa de interesse de outrem. Assim ocorrendo, o substituído poderá intervir como assistente litisconsorcial (art. 18, parágrafo único).

94. FCC - 2022 - TRT 14 - Analista Judiciário - Área Judiciária Segundo as normas do Código de Processo Civil que disciplinam a representação em juízo,

a) a União será representada pela Procuradoria Geral da República.
b) o Estado e o Distrito Federal serão representados pelo seu Governador.
c) a massa falida será representada pelo administrador judicial.
d) o espólio será representado por todos os herdeiros, em conjunto.
e) o condomínio será representado por qualquer condômino.

▷ ***Comentários/Notas do autor***

A resposta encontra-se no art. 75, do CPC.

Alternativa "A": incorreta. A União será representada pela Advocacia Geral da União.

Alternativa "B": incorreta. O Estado e o Distrito Federal serão representados por seus procuradores.

Alternativa "C": correta. A massa falida será representada pelo administrador judicial.

Alternativa "D": incorreta. O espólio será representado pelo inventariante.

Alternativa "E": incorreta. O condomínio será representado pelo administrador ou síndico.

95. FCC - 2022 - TRT 14 - Analista Judiciário - Área Judiciária O Código de Processo Civil admite que o réu, quando cobrado por dívida solidária, requeira a citação dos demais devedores solidários, para que passem a figurar no polo passivo na qualidade de litisconsortes. Essa espécie de intervenção de terceiros configura

a) nomeação à autoria
b) assistência litisconsorcial.
c) denunciação da lide.
d) chamamento ao processo.
e) oposição.

▷ ***Comentários/Notas do autor:***

É admissível o chamamento ao processo, requerido pelo réu: I - do afiançado, na ação em que o fiador for réu; II - dos demais fiadores, na ação proposta contra um ou alguns deles; III - dos demais devedores solidários, quando o credor exigir de um ou de alguns o pagamento da dívida comum (art. 130, CPC).

96. FCC - 2022 - TRT 14 - Analista Judiciário - Área Judiciária De acordo com o Código de Processo Civil, o Ministério Público, nos casos em que intervém como fiscal da ordem jurídica,

a) não precisa ser intimado de todos os atos do processo, mas apenas daqueles com conteúdo decisório.
b) poderá recorrer tanto da sentença quanto das decisões interlocutórias.
c) poderá se manifestar a qualquer tempo, mas não poderá produzir provas.
d) gozará de prazo em dobro para manifestar-se nos autos, benefício que se aplica mesmo quando a lei estabelecer, de forma expressa, prazo próprio para o Ministério Público.
e) terá vista dos autos sempre antes das partes, podendo recorrer da sentença, mas não de decisões interlocutórias.

▷ ***Comentários/Notas do autor:***

Alternativa "A": incorreta. O Ministério Público precisa ser intimado de todos os atos do processo (art. 179, I, do CPC).

Alternativa "B": correta. O Ministério Público poderá recorrer das decisões impugnáveis, ou seja, das decisões interlocutórias e das sentenças.

Alternativa "C": incorreta. O Ministério Público poderá produzir provas, requerer medidas pertinentes e recorrer.

Alternativa "D": incorreta. Nãos e aplica o benefício da contagem em dobro quando a lei estabelecer, de forma expressa, prazo próprio para o Ministério Público.

Alternativa "E": incorreta. Terá vista dos autos depois das partes, sendo intimado de todos os atos do processo.

97. CEBRASPE - 2023 - TJ/ES - Analista Judiciário - Área Administrativa Quanto aos aspectos processuais relativos ao papel desempenhado pelas funções essenciais à justiça, julgue o item a seguir.

A advocacia pública, por meio de representação judicial, é responsável pela defesa e promoção dos interesses dos entes da Federação.

▷ ***Comentários/Notas do autor:***

Nos termos do art. 182, do CPC, incumbe à Advocacia Pública, na forma da lei, defender e promover os interesses públicos da União, dos Estados, do Distrito Federal e dos Municípios, por meio da representação judicial, em todos os âmbitos federativos, das pessoas jurídicas de direito público que integram a administração direta e indireta.

98. (FCC - Analista Judiciário - Área Judiciária - TRE - SP/2017) Acerca dos impedimentos e suspeições do juiz, segundo o novo Código de Processo Civil, considere:

I. Há suspeição do juiz quando promover ação contra a parte ou seu advogado.
II. Há impedimento do juiz que for amigo íntimo ou inimigo de qualquer das partes ou de seus advogados.
III. Há impedimento do juiz quando qualquer das partes for sua credora ou devedora, de seu cônjuge ou companheiro ou de parentes destes, em linha reta até o terceiro grau, inclusive.
IV. Há impedimento do juiz no processo em que figure como parte cliente do escritório de advocacia de seu cônjuge, companheiro ou parente, consanguíneo ou afim, em linha reta ou colateral, até o terceiro grau, inclusive.
V. Há suspeição do juiz interessado no julgamento do processo em favor de qualquer das partes.

Está correto o que consta APENAS em

a) I e III.
b) I e II.
c) II e IV.
d) III e V.
e) IV e V.

▷ ***Anotações/Comentários***

Há impedimento do juiz, sendo-lhe vedado exercer suas funções no processo: I- em que interveio como mandatário da parte, oficiou como perito, funcionou como membro do Ministério Público ou prestou depoimento como testemunha; II- de que conheceu em outro grau de jurisdição, tendo proferido decisão; III - quando nele estiver postulando, como defensor público, advogado ou membro do Ministério Público, seu cônjuge ou companheiro, ou qualquer parente, consanguíneo ou afim, em linha reta ou colateral, até o terceiro grau, inclusive (o impedimento, neste caso, só se verifica quando o defensor público, o advogado ou o membro do Ministério Público já integrava o processo antes do início da atividade judicante do juiz. Também se verifica no caso de mandato conferido a membro de escritório de advocacia que tenha em seus quadros advogado que individualmente ostente a condição nele prevista, mesmo que não intervenha diretamente no processo); IV - quando for parte no processo ele próprio, seu cônjuge ou companheiro, ou parente, consanguíneo ou afim, em linha reta ou colateral, até o terceiro grau, inclusive; V - quando for sócio ou membro de direção ou de administração de pessoa jurídica parte no processo; VI - quando for herdeiro presuntivo, donatário ou empregador de qualquer das partes; VII - em que figure como parte instituição de ensino com a qual tenha relação de emprego ou decorrente de contrato de prestação de serviços; ~~VIII - em que figure como parte cliente do escritório de advocacia de seu cônjuge, companheiro ou parente, consanguíneo ou afim, em linha reta ou colateral, até o terceiro grau, inclusive, mesmo que patrocinado por advogado de outro escritório~~ (lembrando que o inciso VIII, do art. 144, teve a sua inconstitucionalidade reconhecida pelo STF na ADIN 5953; IX - quando promover ação contra a parte ou seu advogado (art. 144, CPC).

De outro lado, haverá suspeição do juiz: I - amigo íntimo ou inimigo de qualquer das partes ou de seus advogados; II - que receber presentes de pessoas que tiverem interesse na causa antes ou depois de iniciado o processo, que aconselhar alguma das partes acerca do objeto da causa ou que subministrar meios para atender às despesas do litígio; III - quando qualquer das partes for sua credora ou devedora, de seu cônjuge ou companheiro ou de parentes destes, em linha reta até o terceiro grau, inclusive; IV - interessado no julgamento do processo em favor de qualquer das partes (art. 145, CPC).

99. (FCC – Analista Judiciário – Área Judiciária – TRT 2/2018) Sobre a intervenção de terceiros no Código de Processo Civil, é correto afirmar:

a) Na assistência simples sendo revel o assistido, o assistente não será considerado seu substituto processual.

b) A decisão do Magistrado que admitir uma entidade especializada, com representatividade adequada como amicus curiae, pode ser objeto de recurso de agravo de instrumento.

c) Havendo denunciação da lide, se o denunciante for vencedor na ação principal, a ação de denunciação não terá o seu pedido examinado, sem prejuízo da condenação do denunciante ao pagamento das verbas de sucumbência em favor do denunciado.

d) Instaurado o incidente de desconsideração da personalidade jurídica, o sócio ou a pessoa jurídica será citado para manifestar-se e requerer as provas cabíveis no prazo de 10 dias.

e) Admitido o assistente simples a parte principal não pode renunciar ao direito sobre o que se funda a ação.

▷ ***Anotações/Comentários***

Alternativa "A": incorreta. Sendo revel ou, de qualquer outro modo, omisso o assistido, o assistente será considerado seu substituto processual (art. 121, parágrafo único, CPC).

Alternativa "B": incorreta. A decisão do juiz ou do relator que, de ofício ou a requerimento das partes ou de quem pretenda manifestar-se, solicitar ou admitir a participação de pessoa natural ou jurídica, órgão ou entidade especializada, com representatividade adequada, é irrecorrível (art. 138, caput, CPC).

Alternativa "C": correta. Se o denunciante for vencido na ação principal, o juiz passará ao julgamento da denunciação da lide. Contudo, se o denunciante for vencedor, a ação de denunciação não terá o seu pedido examinado, sem prejuízo da condenação do denunciante ao pagamento das verbas de sucumbência em favor do denunciado (art. 129, CPC).

Alternativa "D": incorreta. Instaurado o incidente, o sócio ou a pessoa jurídica será citado para manifestar-se e requerer as provas cabíveis no prazo de 15 (quinze) dias (art. 135, CPC).

Alternativa "E": incorreta. A assistência simples não obsta a que a parte principal reconheça a procedência do pedido, desista da ação, renuncie ao direito sobre o que se funda a ação ou transija sobre direitos controvertidos (art. 122, CPC).

100. (FCC – Analista Judiciário – Área Judiciária – TRT 24/2017) Sobre a intervenção de terceiros, nos termos preconizados pelo Código de Processo Civil,

a) na denunciação da lide, se o denunciante for vencedor, a ação de denunciação não terá o seu pedido examinado, sem prejuízo da condenação do denunciante ao pagamento das verbas de sucumbência em favor do denunciado.

b) a assistência do terceiro juridicamente interessado é admitida em qualquer procedimento até a prolação da sentença de primeiro grau.

c) na denunciação da lide, feita a denunciação pelo réu, se o denunciado for revel, o denunciante não pode deixar de prosseguir com sua defesa, eventualmente oferecida.

d) a assistência simples obsta que a parte principal transija sobre direitos controvertidos.

e) a decisão do juiz que solicita ou admite a participação de pessoa jurídica como amicus curiae em demanda com repercussão social da controvérsia pode ser impugnada por meio de agravo de instrumento.

▷ ***Anotações/Comentários***

Alternativa "A": correta. Se o denunciante for vencido na ação principal, o juiz passará ao julgamento da denunciação da lide. Contudo, se o denunciante for vencedor, a ação de denunciação não terá o seu pedido examinado, sem prejuízo da condenação do denunciante ao pagamento das verbas de sucumbência em favor do denunciado (art. 129, CPC).

Alternativa "B": incorreta. A assistência será admitida em qualquer procedimento e em todos os graus de jurisdição, recebendo o assistente o processo no estado em que se encontre (art. 119, parágrafo único).

Alternativa "C": incorreta. Feita a denunciação pelo réu: I - se o denunciado contestar o pedido formulado pelo autor, o processo prosseguirá tendo, na ação principal, em litisconsórcio, denunciante e denunciado; II - se o denunciado for revel, o denunciante pode deixar de prosseguir com sua defesa, eventualmente oferecida, e abster-se de recorrer, restringindo sua atuação à ação regressiva; III - se o denunciado confessar os fatos alegados pelo autor na ação principal, o denunciante poderá prosseguir com sua defesa ou, aderindo a tal reconhecimento, pedir apenas a procedência da ação de regresso (art. 128, CPC).

Alternativa "D": incorreta. A assistência simples não obsta a que a parte principal reconheça a procedência do pedido, desista da ação, renuncie ao direito sobre o que se funda a ação ou transija sobre direitos controvertidos (art. 122, CPC).

Alternativa "E": incorreta. A decisão do juiz ou do relator que, de ofício ou a requerimento das partes ou de quem pretenda manifestar-se, solicitar ou admitir a participação de pessoa natural ou jurídica, órgão ou entidade especializada, com representatividade adequada, é irrecorrível (art. 138, caput, CPC).

101. (Cespe – Analista Judiciário – Área Judiciária – TRE – PE/2017) João e José, residentes em Recife - PE, foram vítimas de acidente automobilístico provocado por Pedro, maior e capaz, domiciliado em Olinda - PE. As vítimas impetraram ações indenizatórias individuais em 10/3/2016, ambas no juízo de Recife - PE.

Nessa situação hipotética,

a) caso Pedro oponha incidente de exceção de incompetência relativa após a entrada em vigor do novo CPC, o juiz deverá declinar da competência.

b) João e José poderiam optar por ingressar em litisconsórcio ativo e, nesse caso, seriam considerados como litigantes distintos em suas relações com Pedro.

c) se as ações forem distribuídas para juízos distintos, os processos deverão ser reunidos em razão da existência de continência.

d) ambos os processos devem seguir o rito ordinário, porquanto o procedimento sumário foi extinto no novo CPC.

e) a citação de Pedro deve ocorrer por mandado, por meio de oficial de justiça.

▷ ***Anotações/Comentários***

Admite-se que duas ou mais pessoas litiguem, no mesmo processo, em conjunto, ativa ou passivamente, quando: I - entre elas houver comunhão de direitos ou de obrigações relativamente à lide; II - entre as causas houver conexão pelo pedido ou pela causa de pedir; III - ocorrer afinidade de questões por ponto comum de fato ou de direito (art. 113, CPC). No caso da questão apresentada, admite-se que ocorra o litisconsórcio entre os autores. Tem-se, ainda, que se trata de hipótese de litisconsórcio simples, pois o juiz poderá decidir o mérito de modo diferente para os litisconsortes, de modo que estes serão considerados, em suas relações com a parte adversa, como litigantes distintos.

102. (FGV – Técnico Judiciário – Área Judiciária – TJ – AL/2018) Atuando no processo civil, como fiscal da ordem jurídica, o Ministério Público:

a) não poderá opinar, quanto ao mérito da causa, desfavoravelmente à parte incapaz;
b) não poderá produzir provas, devendo aguardar a iniciativa das partes nesse sentido;
c) terá legitimidade recursal;
d) será considerado intimado com a publicação dos provimentos jurisdicionais no órgão oficial;
e) deverá intervir sempre que a Fazenda Pública seja uma das partes.

▷ ***Anotações/Comentários***

O Ministério Público poderá agir no processo civil como parte ou como fiscal da ordem jurídica. Na hipótese em que atua como fiscal da ordem jurídica, o Ministério Público: I - terá vista dos autos depois das partes, sendo intimado de todos os atos do processo; II - poderá produzir provas, requerer as medidas processuais pertinentes e recorrer. Como parte ou fiscal da ordem jurídica, o Ministério Público gozará de prazo em dobro para manifestar-se nos autos, que terá início a partir de sua intimação pessoal.

Alternativa "A": incorreta. Ainda que a participação do Ministério Público no processo se justifique em razão da defesa da ordem jurídica, é possível ao *Parquet* manifestar-se de forma desfavorável ao incapaz. Não poderá, no entanto, recorrer da decisão judicial que for favorável ao incapaz.

Alternativa "B": incorreta. Poderá o Ministério Público produzir provas, requerer as medidas processuais pertinentes e recorrer (art. 179, II, CPC).

Alternativa "C": correta. O Ministério Público poderá recorrer, quer como parte, quer como fiscal da ordem jurídica.

Alternativa "D": incorreta. A intimação do Ministério Público deverá ocorrer de forma pessoal.

Alternativa "E": incorreta. A participação da Fazenda Pública não configura, por si só, hipótese de intervenção do Ministério Público (art. 178, parágrafo único, CPC).

103. (FGV – Técnico Judiciário – Área Judiciária – TJ – CE/2019) Proposta ação de execução em face de uma sociedade empresária, com base em nota promissória vencida e não paga, o exequente requereu, além da citação da pessoa jurídica, a de seu sócio majoritário, por entender ser cabível, no caso, a desconsideração da personalidade jurídica. Nesse contexto, deve o juiz:

a) indeferir de plano a petição inicial, diante do descabimento do pleito de desconsideração da personalidade jurídica em sede de processo de execução fundada em título extrajudicial;
b) determinar que o exequente emende a petição inicial, a fim de que dela conste o requerimento de instauração do incidente de desconsideração da personalidade jurídica;
c) proceder ao juízo positivo de admissibilidade da demanda executiva, determinando a realização da citação requerida, caso entenda cabível a desconsideração pleiteada;
d) determinar a suspensão do feito até que seja aferida, na via processual própria, a solvabilidade da pessoa jurídica executada;
e) determinar que o exequente emende a petição inicial, a fim de nela incluir todos os sócios da pessoa jurídica executada, eis que se trata de litisconsórcio passivo necessário.

▷ ***Anotações/Comentários***

Está dispensada a instauração do incidente se a desconsideração da personalidade jurídica for requerida na petição inicial, quando será citado o sócio ou a pessoa jurídica (art. 134, § 2º, CPC).

104. (FGV – Analista Judiciário – Área Judiciária – TJ – AL/2018) No tocante à alienação de coisa litigiosa, por ato entre vivos e a título particular, é correto afirmar que:

a) pode dar azo à substituição processual, do alienante pelo adquirente, caso assim consinta a parte contrária;
b) o adquirente poderá intervir no processo como assistente simples;
c) não altera a legitimidade dos litigantes, ressalvada a hipótese de consentimento da parte contrária;
d) os limites subjetivos da coisa julgada material não alcançam o adquirente, se este não tiver participado do processo;
e) o alienante deverá promover a denunciação da lide em relação ao adquirente.

▷ ***Anotações/Comentários***

A alienação da coisa ou do direito litigioso por ato entre vivos, a título particular, não altera a legitimidade das partes (art. 109, caput, CPC). Desse modo, o adquirente ou cessionário não poderá ingressar em juízo, sucedendo o alienante ou cedente, sem que o consinta a parte contrária (art. 109, § 1º, CPC).

105. (FGV – Técnico Judiciário – TJ – RO/2021) O Ministério Público, por intermédio de seu Promotor de Justiça com atribuição, autorizado pelo ordenamento jurídico, ajuíza uma ação, em nome próprio, na defesa dos interesses de um incapaz.

Nesse caso, é correto afirmar que o Ministério Público atuará na qualidade de:

a) legitimado ativo ordinário;
b) substituto processual;
c) assistente litisconsorcial;
d) representante legal;
e) sucessor processual.

▷ ***Anotações/Comentários***

Na hipótese narrada, o Ministério Público, em seu nome, defendeu interesse alheio. Em tal hipótese, atua como substituto processual (art. 18, CPC).

106. (Cespe – Analista Judiciário – Direito – TJ – PA/2020) Segundo regramento estabelecido no CPC, o desmembramento do litisconsórcio multitudinário em razão do número excessivo de litigantes

a) ocorre na fase de conhecimento, na liquidação de sentença ou na execução, desde que o litisconsórcio seja facultativo.
b) é permitido somente antes da citação do réu, seja o litisconsórcio facultativo ou necessário.
c) é vedado em sede de execução, seja ela decorrente de título judicial ou extrajudicial.
d) depende da concordância de todas partes do processo, se o litisconsórcio for necessário e unitário.
e) não pode ocorrer antes da liquidação de sentença, se o litisconsórcio for ativo e facultativo.

▷ ***Anotações/Comentários***

Tem-se o litisconsórcio multitudinário quando o número de litigantes na fase de conhecimento, na liquidação de sentença ou na execução, puder comprometer a rápida solução do litígio ou dificultar a defesa ou o cumprimento de sentença. Nesta hipótese, o juiz poderá limitar o litisconsórcio (art. 113, § 1º, CPC). Essa limitação, contudo, não poderá ocorrer se o litisconsórcio for necessário (ou seja, restringe-se à facultativa).

107. (FCC – Analista Judiciário – Área Judiciária – TRF 3/2019) Renato ajuizou ação de cobrança contra ZWXY Construções Ltda., requerendo, na própria petição inicial, a desconsideração da sua personalidade jurídica, com a demonstração preliminar do preenchimento dos pressupostos legais específicos. Nesse caso, de acordo com o Código de Processo Civil,

a) deverá ser determinada a instauração do incidente de desconsideração da personalidade jurídica, com a suspensão do processo.
b) deverá ser determinada a instauração do incidente de desconsideração da personalidade jurídica, sem a suspensão do processo.
c) dispensa-se a instauração do incidente de desconsideração da personalidade jurídica, mas o processo deverá permanecer suspenso até a decisão desse requerimento.
d) dispensa-se a instauração do incidente de desconsideração da personalidade jurídica e o processo não será suspenso.
e) o requerimento deverá ser liminarmente rejeitado, pois o incidente de desconsideração da personalidade jurídica só pode ser instaurado na fase de cumprimento de sentença.

▷ ***Anotações/Comentários***

Dispensa-se a instauração do incidente se a desconsideração da personalidade jurídica for requerida na petição inicial, hipótese em que será citado o sócio ou a pessoa jurídica (art. 134, § 2º, CPC).

108. (FCC – Analista Judiciário – Área Judiciária – TRF 4/2019) Tereza ajuizou ação de indenização contra a empresa "XPTO Comércio de Produtos de Informática Ltda". Ainda na fase instrutória do processo, requereu a instauração de incidente de desconsideração da personalidade jurídica. Nesse caso, o juiz deverá

a) indeferir liminarmente o pedido, pois a instauração de incidente de desconsideração da personalidade jurídica só é cabível na fase de cumprimento de sentença.
b) deferir o pedido, suspendendo o processo, desde que o requerimento tenha demonstrado o preenchimento dos pressupostos legais específicos para a desconsideração da personalidade jurídica.
c) indeferir liminarmente o pedido, pois, na fase de conhecimento, a desconsideração da personalidade jurídica deve ser necessariamente requerida na petição inicial, dispensando a instauração do incidente.
d) deferir o pedido, sem suspender o processo, desde que o requerimento tenha demonstrado o preenchimento dos pressupostos legais específicos para a desconsideração da personalidade jurídica.
e) deferir o pedido, mas somente se ficar demonstrado perigo da demora, por risco de dilapidação de bens, que justifique a instauração do incidente antes da fase de cumprimento de sentença.

▷ ***Anotações/Comentários***

O incidente de desconsideração é cabível em todas as fases do processo de conhecimento, no cumprimento de sentença e na execução fundada em título executivo extrajudicial. A sua instauração suspenderá o processo (art. 134, § 3º, CPC).

109. (Cespe – Analista Judiciário – Direito – TJ – AM/2019) Acerca do disposto no Código de Processo Civil (CPC) sobre as normas processuais civis, os deveres das partes e dos procuradores, a intervenção de terceiros e a forma dos atos processuais, julgue os itens a seguir.

Ao tratar da intervenção de terceiros, o CPC prevê a possibilidade de atuação do amicus curiae em causa relevante que tramite em primeira instância porque essa modalidade de intervenção de terceiros não se restringe a ações, incidentes e recursos existentes nos tribunais.

- CERTO
- ERRADO

▷ ***Anotações/Comentários***

O juiz ou o relator, considerando a relevância da matéria, a especificidade do tema objeto da demanda ou a repercussão social da controvérsia, poderá, por decisão irrecorrível, de ofício ou a requerimento das partes ou de quem pretenda manifestar-se, solicitar ou admitir a participação de pessoa natural ou jurídica, órgão ou entidade especializada, com representatividade adequada, no prazo de 15 (quinze) dias de sua intimação. Note-se que a sua admissibilidade não está restrita aos processos que tramitam em tribunais (art. 138, caput).

110. (Cespe – Técnico Judiciário – TJ – RJ/2021) No que se refere às causas de suspeição e impedimentos aplicáveis aos juízes, assinale a opção correta.

a) As causas de suspeição e impedimentos aplicáveis aos juízes aplicam-se também aos auxiliares da justiça e aos membros do Ministério Público.
b) As causas de suspeição e impedimentos aplicáveis aos juízes não se aplicam aos auxiliares da justiça, mas se aplicam aos membros do Ministério Público.
c) As causas de suspeição e impedimentos aplicáveis aos juízes não se aplicam aos auxiliares da justiça nem aos membros do Ministério Público.
d) As suspeições se aplicam apenas aos membros do Ministério Público e os impedimentos se aplicam apenas aos auxiliares da justiça.
e) As causas de suspeição e impedimentos aplicáveis aos juízes não se aplicam aos membros do Ministério Público, mas se aplicam aos auxiliares da justiça.

▷ ***Anotações/Comentários***

Aplicam-se os motivos de impedimento e de suspeição previstos para o juiz: I - ao membro do Ministério Público; II - aos auxiliares da justiça; III - aos demais sujeitos imparciais do processo (art. 148, CPC).

111. (Cespe – Técnico Judiciário – TJ – RJ/2021) Flávio ajuizou ação de reparação de dano material e moral contra Zulmira. No entanto, no curso da ação, Zulmira veio a falecer.

Nesse caso, o juiz deverá

a) declinar da competência e determinar a remessa dos autos ao juízo da vara de sucessões.
b) proferir sentença na qual julgará improcedente o pedido do autor.
c) suspender o curso do processo e permitir a substituição do polo passivo da relação processual.
d) proferir sentença na qual deverá extinguir o processo sem resolução de mérito.
e) proferir sentença na qual julgará procedente o pedido do autor.

▷ ***Anotações/Comentários***

Havendo o falecimento da parte, o juiz deverá suspender o processo (art. 313, I, CPC), permitindo-se a sucessão processual.

112. (FGV – Técnico Judiciário – Área Judiciária – TJ – CE/2019) No curso de determinado processo, a parte autora veio a falecer. Cumpridos os requisitos legais, o juiz deferiu a habilitação requerida pelo único herdeiro do autor primitivo, ordenando a efetivação das anotações cabíveis. O fenômeno processual delineado na espécie é:

a) substituição processual;
b) sucessão processual;
c) nomeação à autoria;
d) assistência litisconsorcial;
e) litisconsórcio passivo superveniente.

▷ ***Anotações/Comentários***

Haverá a sucessão processual pela substituição de uma parte por outra. Havendo o falecimento de uma das partes, o juiz suspenderá o processo a fim de que ocorra a sucessão processual.

113. (FGV – Técnico Judiciário – Área Judiciária – TJ – CE/2019) Assinale a alternativa pertinente à modalidade de intervenção de terceiros classificada como forçada e somente concretizável pela iniciativa de quem ocupe o polo passivo da relação processual:

a) assistência;

b) oposição;

c) recurso de terceiro prejudicado;

d) denunciação da lide;

e) chamamento ao processo.

▷ ***Anotações/Comentários***

O chamamento ao processo é modalidade de intervenção de terceiros provocada exclusivamente pelo réu. Será admissível o chamamento ao processo: I - do afiançado, na ação em que o fiador for réu; II - dos demais fiadores, na ação proposta contra um ou alguns deles; III - dos demais devedores solidários, quando o credor exigir de um ou de alguns o pagamento da dívida comum (art. 130, CPC).

---

114. (Cespe – Analista Judiciário – Área Judiciária – TRE – BA/2017) De acordo com o Código de Processo Civil, o amicus curiae

a) deve ser pessoa jurídica, órgão ou entidade especializada, sendo vedado à pessoa natural atuar nessa condição.

b) depende de autorização da parte interessada para participar da relação processual.

c) pode opor embargos de declaração e ainda recorrer da decisão que julgar o incidente de resolução de demandas repetitivas.

d) pode ingressar somente em demandas que tramitem nos tribunais.

e) tem o direito, assegurado na lei, de realizar sustentação oral em julgamento de qualquer causa da qual participe.

▷ ***Anotações/Comentários***

Alternativa "A": incorreta. O *amicus curiae* pode ser pessoal natural ou jurídica, órgão ou entidade especializada, com representatividade adequada (art. 138, caput, CPC).

Alternativa "B": incorreta. A atuação do *amicus curiae* não depende de autorização da parte interessada, ficando sob o crivo do juiz.

Alternativa "C": correta. O amicus curiae não pode interpor recursos, salvo os embargos declaratórios e os recursos pertinentes da decisão que julgar o incidente de resolução de demanda repetitiva (art. 138, § 3º, CPC).

Alternativa "D": incorreta. Admite-se também a intervenção do amicus curiae perante o juízo de primeiro grau.

Alternativa "E": incorreta. A lei não assegura tal direito.

---

115. (Cespe – Analista Judiciário – Área Judiciária – TRE – TO/2017) No que concerne ao agravo interno, à comunicação dos atos processuais, aos prazos e à desconsideração da personalidade jurídica, julgue os seguintes itens.

I Ao prolatar voto em julgamento de agravo interno, o relator pode se limitar a reproduzir a decisão agravada para se manifestar pela improcedência do recurso.

II Na execução de título extrajudicial, é possível que o executado seja citado pelo correio.

III Os prazos processuais do Ministério Público, da Defensoria Pública e da Advocacia Pública ficam suspensos no período compreendido entre 20 de dezembro e 20 de janeiro.

IV É vedado à parte requerer a desconsideração da personalidade jurídica na petição inicial.

De acordo com a legislação processual civil, estão certos apenas os itens

a) I e II.

b) II e III.

c) III e IV.

d) I, II e IV.

e) I, III e IV.

▷ ***Anotações/Comentários***

Assertiva I – errada. Está vedado ao relator limitar-se à reprodução dos fundamentos da decisão agravada para julgar improcedente o agravo interno (art. 1.021, § 3º, CPC).

Assertiva II – correta. Admite-se que o executado seja citado pelo correio.

Assertiva III – correta. Suspende-se o curso do prazo processual nos dias compreendidos entre 20 de dezembro e 20 de janeiro, inclusive. Esta regra se aplica também ao Juízes, Ministério Público, à Defensoria Pública e à Advocacia Pública. Contudo, no período mencionado, os membros destas carreiras exercerão suas atribuições, salvo se coincidente com férias individuais e feriados por lei.

Assertiva IV – Admite-se que a parte requeira o IDPJ (incidente de desconsideração da personalidade jurídica) na petição inicial (art. 134, § 2º, CPC).

---

116. (FCC – Analista Judiciário – Área Judiciária – TRE – SP/2017) O incidente de desconsideração da personalidade jurídica, disciplinado pelo novo Código de Processo Civil,

a) pode ser instaurado de ofício.

b) é cabível no cumprimento de sentença, mas não na execução fundada em título executivo extrajudicial.

c) não suspende o processo se instaurado na fase de cumprimento de sentença.

d) é resolvido por sentença.

e) é cabível em todas as fases do processo de conhecimento.

▷ ***Anotações/Comentários***

O incidente de desconsideração é cabível em todas as fases do processo de conhecimento, no cumprimento de sentença e na execução fundada em título executivo extrajudicial (art. 134, caput, CPC).

---

117. (FCC – Analista Judiciário – Área Judiciária – TRE - PR/2017) Em matéria de litisconsórcio, é correto afirmar:

a) O litisconsórcio é simples quando, pela natureza da relação jurídica, o juiz tiver de decidir o mérito de modo uniforme para todos os litisconsortes.

b) No litisconsórcio unitário os atos e omissões de um dos litisconsortes, benéficos ou prejudiciais, estendem-se aos demais litisconsortes.

c) O litisconsórcio necessário por força de lei é sempre unitário.

d) Nos casos de litisconsórcio passivo necessário, o juiz, se o caso, determinará ao autor que requeira a citação de todos que devam ser litisconsortes, dentro do prazo que assinar, sob pena de extinção do processo.

e) Os litisconsortes que tiverem diferentes procuradores, de escritórios de advocacia distintos, terão prazos contados em quádruplo para todas as suas manifestações, em qualquer juízo ou tribunal, independentemente de requerimento.

▷ ***Anotações/Comentários***

Alternativa "A": incorreta. O litisconsórcio é simples quando o juiz não tiver de decidir o mérito de forma uniforme para todos os litisconsortes.

Alternativa "B": incorreta. No litisconsorte unitário, o juiz decidirá o mérito de modo uniforme para todos os litisconsortes). Em tal caso, os atos e as omissões de um não prejudicarão os outros, mas os poderão beneficiar (art. 117, CPC).

Alternativa "C": incorreta. O litisconsórcio necessário não será sempre unitário, podendo também ser simples.

Alternativa "D": correta. Nos casos de litisconsórcio passivo necessário, o juiz determinará ao autor que requeira a citação de todos que devam ser litisconsortes, dentro do prazo que assinar, sob pena de extinção do processo (art. 115, parágrafo único).

Alternativa "E": incorreta. Os litisconsortes que tiverem diferentes procuradores, de escritórios de advocacia distintos, terão prazos contados em dobro para todas as suas manifestações, em qualquer juízo ou tribunal, independentemente de requerimento (art. 229, caput, CPC).

---

118. (Consulplan – Analista Judiciário – Área Judiciária – TRF 2/2017) Embora já consagrado no direito brasileiro, o instituto da desconsideração da personalidade jurídica passou a receber o devido tratamento processual a partir das previsões contidas na Lei Federal nº 13.105/15. Considerando as novas regras trazidas pelo Código de Processo Civil de 2015, assinale a alternativa correta.

a) A desconsideração da personalidade jurídica pode ser determinada ex officio pelo órgão julgador, não dependendo de pedido da parte ou do Ministério Público.

b) Não obstante ser exemplo de intervenção de terceiro, admite-se a instauração do incidente de desconsideração da personalidade jurídica no âmbito dos Juizados Especiais Cíveis.

c) Para não causar embaraços à instrução processual, o incidente de desconsideração da personalidade jurídica será admitido até a fase de saneamento e organização do processo.

d) Admite-se o pedido de desconsideração da personalidade jurídica formulado na petição inicial, hipótese em que será instaurado o incidente perante o mesmo juízo competente para o conhecimento da ação principal.

▷ ***Anotações/Comentários***

Alternativa "A": incorreta. O incidente de desconsideração da personalidade jurídica não poderá ser instaurado de ofício pelo juiz. Ao contrário, será instaurado a pedido da parte ou do Ministério Público, quando lhe couber intervir no processo (art. 133, caput).

Alternativa "B": correta. Não é admitida a intervenção de terceiros no âmbito dos Juizados Especiais (art. 10, Lei nº 9.099/1995), com exceção do incidente de desconsideração da personalidade jurídica (art. 1.062, CPC).

Alternativa "C": incorreta. O IDPJ é admitido em todas as fases do processo de conhecimento, do cumprimento de sentença e na execução fundada em título executivo extrajudicial (art. 134, caput).

Alternativa "D": incorreta. Dispensa-se a instauração do IDPJ (incidente de desconsideração da personalidade jurídica) se for requerida na petição inicial, hipótese em que será citado o sócio ou a pessoa jurídica (art. 134, § 2º, CPC).

9. TUTELA PROVISÓRIA

119. IV/UFG – 2024 – TJ/AC - Técnico Judiciário

É cabível a concessão de tutela de urgência quando:

a) o interessado demonstrar somente o seu interesse na obtenção da tutela, sendo desnecessária, nessa etapa, a presença de evidências concretas do direito alegado.

b) os elementos constantes dos autos evidenciarem a probabilidade do direito ou o risco ao resultado útil do processo.

c) o interessado formular pedido lastreado apenas na complexidade do direito envolvido, independentemente da existência de perigo de dano ou risco ao resultado útil do processo.

d) o pedido do interessado se fundamentar unicamente no temor de dano irreparável ou risco ao resultado do processo, caso seja prestada caução real ou fidejussória.

▷ ***Anotações/Comentários***

Notas do autor:

Alternativa "A": incorreta. Há necessidade da presença de evidências concretas do direito alegado (probabilidade do direito).

Alternativa "B": correta. a *tutela de urgência* será concedida quando houver elementos que evidenciem a probabilidade do direito e o perigo de dano ou o risco ao resultado útil do processo (art. 300, caput).

Alternativa "C": incorreta. Há necessidade da demonstração de perigo de dano ou risco ao resultado útil do processo.

Alternativa "D": incorreta. Além do dano irreparável ou do risco ao resultado do processo, há também necessidade de demonstração da probabilidade do direito.

120. IBFC – 2022 – TJ/MG – Analista Judiciário A tutela da evidência será concedida, independentemente da demonstração de perigo de dano ou de risco ao resultado útil do processo, quando: assinale a alternativa incorreta.

a) Ficar caracterizado o abuso do direito de defesa ou o manifesto propósito protelatório da parte

b) Efetivada a tutela cautelar e o pedido principal for formulado pelo autor no prazo de 15 (quinze) dias, em autos apartados do que foi deduzido o pedido de tutela de evidência, com pagamento de novas custas processuais

c) As alegações de fato puderem ser comprovadas apenas documentalmente e houver tese firmada em julgamento de casos repetitivos ou em súmula vinculante

d) Se tratar de pedido reipersecutório fundado em prova documental adequada do contrato de depósito, caso em que será decretada a ordem de entrega do objeto custodiado, sob cominação de multa

e) A petição inicial for instruída com prova documental suficiente dos fatos constitutivos do direito do autor, a que o réu não oponha prova capaz de gerar dúvida razoável.

▷ ***Comentários/Notas do autor:***

Efetivada a tutela cautelar, o pedido principal terá de ser formulado pelo autor no prazo de 30 (trinta) dias, caso em que será apresentado nos mesmos autos em que deduzido o pedido de tutela cautelar, não dependendo do adiantamento de novas custas processuais. Há de ser registrado que a tutela cautelar é espécie de tutela de urgência e não da evidência.

121. (FGV – Analista Judiciário – Área Judiciária – TRT 12/2017) Alfredo ajuizou ação de natureza cível em face da empresa Marketing S.A., com pedido liminar de tutela de urgência, que foi deferido pelo juízo após justificação prévia. De acordo com o CPC, é correto afirmar que o autor:

a) responde pelo prejuízo que a efetivação da tutela de urgência causar à parte adversa, se a sentença lhe for desfavorável;

b) não responde pelo prejuízo que a efetivação da tutela de urgência causar à parte adversa, se o juiz acolher a alegação de decadência do direito;

c) responde pelo prejuízo que a efetivação da tutela de urgência causar à parte adversa, independentemente do resultado da sentença;

d) não responde pelo prejuízo que a efetivação da tutela de urgência causar à parte adversa, se o juiz acolher a alegação de prescrição da pretensão do autor;

e) não responde pelo prejuízo que a efetivação da tutela de urgência causar à parte adversa, se ocorrer a cessação da eficácia da medida em qualquer hipótese legal.

▷ ***Anotações/Comentários***

O Código de Processo Civil de 2015 denominou de provisória a tutela sumária, revogável, que pode ser deferida para em razão da existência de fundamentos relevantes e de risco de dano grave ou de difícil reparação, ou por conta da alta probabilidade de acolhimento da pretensão, não se justificando a necessidade de aguardar-se pelo final da caminhada processual. Fala-se, então, da *tutela de urgência* e da *tutela da evidência*. A tutela de urgência será concedida quando houver elementos que evidenciem a probabilidade do direito (fumus boni iuris) e o perigo de dano ou o risco ao resultado útil do processo (periculum in mora). A tutela da evidência será concedida, independentemente da demonstração de perigo de dano ou de risco ao resultado útil do processo, quando: I - ficar caracterizado o abuso do direito de defesa ou o manifesto propósito protelatório da parte; II - as alegações de fato puderem ser comprovadas apenas documentalmente e houver tese firmada em julgamento de casos repetitivos ou em súmula vinculante; III - se tratar de pedido reipersecutório fundado em prova documental adequada do contrato de depósito, caso em que será decretada a ordem de entrega do objeto custodiado, sob cominação de multa; IV - a petição inicial for instruída com prova documental suficiente dos fatos constitutivos do direito do autor, a que o réu não oponha prova capaz de gerar dúvida razoável.

Alternativa "A": correta. Responderá a parte que se beneficiou da tutela provisória, de forma objetiva, pelos danos que causar à parte contrária, se a sentença lhe for desfavorável (art. 302, I). Também responderá ser: obtida liminarmente a tutela em caráter antecedente, não fornecer os meios necessários para a citação do requerido no prazo de 5 (cinco) dias; ocorrer a cessação da eficácia da medida em qualquer hipótese legal; e, o juiz acolher a alegação de decadência ou prescrição da pretensão do autor.

122. (Vunesp – Escrevente Técnico Judiciário – TJ – SP/2018) Se a tutela antecipada for concedida nos casos em que a urgência for contemporânea à propositura da ação e a petição inicial limitar-se ao requerimento da tutela antecipada e à indicação do pedido de tutela final, com a exposição da lide, do direito que se busca realizar e do perigo de dano ou do risco ao resultado útil do processo, e a decisão se tornar estável, o juiz deverá

a) mandar emendar a inicial.

b) suspender a ação até seu efetivo cumprimento.

c) julgar extinto o processo.

d) determinar a contestação da ação.

e) sanear o feito.

▷ ***Anotações/Comentários***

A tutela provisória de urgência poderá ser *antecedente* ou *incidente*. No primeiro caso, a urgência é contemporânea à propositura da ação, podendo a petição inicial limitar-se ao requerimento da tutela antecipada e à indicação do pedido de tutela final, com a exposição da lide, do direito que se busca realizar e do perigo de dano ou do risco ao resultado útil do processo (art. 303, *caput*). Neste caso, a tutela antecipada tornar-se-á estável se da decisão que a conceder não for interposto o respectivo recurso, hipótese em que o processo deverá ser extinto (art. 304).

123. (Cespe – Analista Judiciário – Direito – TJ – AM/2019) Caio ajuizou ação contra determinada sociedade empresária e apresentou pedido único de repetição de valor decorrente de cobrança indevida, requerendo, ainda, a concessão de tutela de urgência. Após a apresentação de defesa pela ré, o juiz prolatou sentença em que concedeu a tutela provisória e, no mesmo pronunciamento, julgou o pedido procedente de forma definitiva. A sociedade empresária interpôs recurso de apelação requerendo a reforma total da sentença.

Considerando essa situação hipotética, julgue os itens seguintes.

O juiz está autorizado pelo ordenamento processual a conceder a tutela provisória no momento de prolação de sua sentença.

- CERTO
- ERRADO

▷ ***Anotações/Comentários***

A tutela provisória poderá ser concedida em qualquer momento no processo, até mesmo na sentença. Em tal caso, eventual apelação terá apenas efeito devolutivo.

124. (FGV – Analista Judiciário – Área Judiciária – TJ – AL/2018) No que se refere às tutelas provisórias, é correto afirmar que:

a) as deferidas contra o Poder Público somente podem ter a eficácia suspensa com o manejo do recurso cabível;

b) têm natureza cautelar, na hipótese de concessão de alimentos provisórios;

c) a tutela de urgência, caso tenha natureza antecipatória, pode ser deferida em caráter incidental, mas não antecedente;

d) caso deferida, a tutela de urgência acautelatória não pode ser modificada ou revogada;

e) são impugnáveis, caso concedidas pelo juízo de primeira instância, pelo recurso de agravo de instrumento.

▷ ***Anotações/Comentários***

Alternativa "A": incorreta. A tutela provisória deferida contra o Poder Público poderá ser a sua eficácia suspensa com o manejo de recurso, bem como por meio do incidente de suspensão de eficácia (art. 4º, da Lei nº 8.437/1992).

Alternativa "B": incorreta. Os alimentos provisórios constituem-se em hipótese de tutela provisória, mas que tem natureza jurídica de tutela antecipada (e não cautelar).

Alternativa "C": incorreta. A tutela de urgência, na forma de tutela antecipada, poderá ser deferida em caráter antecedente e incidental.

Alternativa "D": incorreta. A tutela de urgência poderá ser revogada a qualquer tempo, desde que se verifique não estarem mais presentes os requisitos necessários para a sua manutenção.

Alternativa "E": correta. Se deferida a tutela provisória por meio de decisão interlocutória, o recurso cabível será o de agravo de instrumento (art. 1.015, I, CPC). Contudo, se deferida na própria sentença, será cabível apenas o recurso de apelação.

125. (Cespe – Analista Judiciário – Área Judiciária – TRE – BA/2017) Julgue os itens a seguir, com base no Código de Processo Civil.

I. É cabível a fixação de honorários de sucumbência na reconvenção, no cumprimento de sentença, na execução e em grau recursal.

II. A legislação processual proíbe que a tutela da evidência seja concedida antes da manifestação do réu.

III. Somente para rescindir decisão de mérito pode-se utilizar ação rescisória.

IV. A concessão do benefício da prioridade de tramitação de processo a parte idosa que figure como beneficiado deve ser estendido em favor de seu cônjuge supérstite no caso de óbito da parte.

Estão certos apenas os itens

a) I e II.

b) I e III.

c) I e IV.

d) II e III.

e) III e IV.

▷ ***Anotações/Comentários***

Assertiva I – correta – são devidos honorários advocatícios na reconvenção, no cumprimento de sentença, provisório ou definitivo, na execução, resistida ou não, e nos recursos interpostos, cumulativamente (art. 85, § 1º).

Assertiva II – incorreta – Admite-se o deferimento da tutela da evidência, antes da oitiva da parte contrária, liminarmente, se tratar de pedido reipersecutório fundado em prova documental adequada do contrato de depósito, caso em que será decretada a ordem de entrega do objeto custodiado, sob cominação de multa; ou, se a petição inicial for instruída com prova documental suficiente dos fatos constitutivos do direito do autor, a que o réu não oponha prova capaz de gerar dúvida razoável.

Assertiva III – incorreta. Admite-se a rescisão de decisão transitada em julgado que, embora não seja de mérito, impeça: I – nova propositura da demanda; ou II – admissibilidade do recurso correspondente (art. 966, § 2º).

Assertiva IV – correta. Haverá prioridade de tramitação, em qualquer juízo ou tribunal, os procedimentos judiciais em que figure como parte ou interessado pessoa com idade igual ou superior a 60 (sessenta) anos ou portadora de doença grave (art. 1.048, I, CPC). Concedida a prioridade, essa não cessará com a morte do beneficiado, estendendo-se em favor do cônjuge supérstite ou do companheiro em união estável (art. 1.048, § 3º).

126. (Vunesp – Escrevente Técnico Judiciário – TJ – SP/2017) Determinada lide esbarra numa súmula vinculante que favorece o réu na sua interpretação. Assim, pretende o réu que essa discussão seja imediatamente solucionada, requerendo tutela provisória nesse sentido, pelas vias processuais adequadas.

Nesse caso, é correto afirmar que

a) para que seja concedida a tutela pretendida, será necessária a presença dos requisitos da verossimilhança, da alegação e do risco de dano.

b) o réu não tem legitimidade para requerer tutela provisória nesse caso, pois esse pedido deve ser formulado exclusivamente pelo autor dessa demanda.

c) o réu tem interesse em pleitear a provisória de evidência, independentemente da presença dos requisitos da verossimilhança, da alegação e do risco de dano.

d) por se tratar de assunto que deve aguardar a cognição exauriente, o pedido de tutela provisória do réu deverá ser indeferido.

e) só será concedida a tutela caso o réu a tenha pleiteado na forma de urgência antecipada antecedente.

▷ ***Anotações/Comentários***

A tutela da evidência será concedida, independentemente da demonstração de perigo de dano ou de risco ao resultado útil do processo, quando, entre outras hipóteses, as alegações de fato puderem ser comprovadas apenas documentalmente e houver tese firmada em julgamento de casos repetitivos ou em súmula vinculante (art. 311, II, CPC).

---

127. (Consulplan – Juiz de Direito – TJ – MG/2018) Acerca da tutela provisória de urgência cautelar ou satisfativa, é correto afirmar que a parte

a) deve demonstrar apenas o perigo de dano.

b) somente pode requerer em caráter antecedente.

d) é responsável pela indenização do dano processual se a sentença for desfavorável para ela.

d) é responsável pela indenização do dano processual ainda que a sentença seja favorável a ela.

▷ ***Anotações/Comentários***

Alternativa "A": incorreta. No caso da tutela provisória de urgência cautelar, além do perigo de dano ou o risco ao resultado útil do processo (*periculum in mora*), deve-se também demonstrar a existência de elementos que evidenciem a probabilidade do direito (art. 300, caput).

Alternativa "B": incorreta. A tutela provisória de urgência cautelar poderá ser requerida em caráter antecedente, bem como incidental.

Alternativa "C": correta. independentemente da reparação por dano processual, a parte responde pelo prejuízo que a efetivação da tutela de urgência causar à parte adversa, se: I - a sentença lhe for desfavorável; II - obtida liminarmente a tutela em caráter antecedente, não fornecer os meios necessários para a citação do requerido no prazo de 5 (cinco) dias; III - ocorrer a cessação da eficácia da medida em qualquer hipótese legal; IV - o juiz acolher a alegação de decadência ou prescrição da pretensão do autor (art. 302, CPC). Exclui automaticamente a próxima alternativa.

---

128. (IESES – Cartório – Provimento – TJ – AM/2018) Em relação a tutela provisória no Código de Processo Civil, é INCORRETO:

a) Na tutela da evidência será exigido conforme norma expressa no Código de Processo Civil, a demonstração de perigo de dano ou de risco ao resultado útil do processo.

b) Na tutela de urgência, deferida em caráter antecedente, o réu será citado e intimado para audiência de conciliação ou de mediação, e não havendo autocomposição, o prazo para contestar terá sua fluência da negativa de acordo.

c) Na tutela de urgência, independente da natureza da medida, cautelar ou antecipada os requisitos legais para devida concessão são respectivamente, a probabilidade do direito e o risco de dano ou resultado útil do processo, podendo ser dispensada a caução, caso a parte interessada comprove a sua hipossuficiência.

d) As decisões interlocutórias que dizem respeito a tutela provisória serão recorríveis via agravo de instrumento, já as sentenças que confirmam, concedem, ou revogam a tutela provisória serão recorríveis por meio de apelação, a qual será desprovida de efeito suspensivo.

▷ ***Anotações/Comentários***

A tutela da evidência será concedida, independentemente da demonstração de perigo de dano ou de risco ao resultado útil do processo. Sendo assim estão dispensados os requisitos do *periculum in mora* e do *fumus boni iuris* (art. 311).

---

129. (Consulplan – Analista Judiciário – Área Administrativa – TRE – RJ/2017) Analise as afirmativas a seguir.

I. As tutelas provisórias podem ser classificadas considerando o momento em que são propostas, podendo ser antecedente ou incidental.

II. A tutela provisória pode ser conceituada como uma tutela jurisdicional sumária e não definitiva. Pois, se exige apenas um juízo de probabilidade e não de certeza, além disto pode ser revogada ou substituída em qualquer tempo do curso do processo.

III. Para a concessão da tutela de urgência, o juiz pode, conforme o caso, exigir caução real ou fidejussória idônea para ressarcir os danos que a outra parte possa vir a sofrer, podendo a caução ser dispensada se a parte economicamente hipossuficiente não puder oferecê-la.

IV. A tutela da evidência será concedida mediante a demonstração de perigo de dano ou de risco ao resultado útil do processo, quando as alegações de fato puderem ser comprovadas apenas documentalmente e houver tese firmada em julgamento de casos repetitivos ou em súmula vinculante.

Estão corretas apenas as afirmativas

a) I e II.

b) III e IV.

c) I, II e III.

d) I, III e IV.

▷ ***Anotações/Comentários***

Assertiva I – correta – de fato, em conformidade com o momento em que são propostas, as tutelas provisórias podem ser classificadas em *antecedente* ou *incidental*. No primeiro caso, quando a urgência for contemporânea à propositura da ação, a petição inicial pode limitar-se ao requerimento da tutela antecipada e à indicação do pedido de tutela final, com a exposição a lide, do direito que se busca realizar e do perigo de dano ou do risco ao resultado útil do processo. Posteriormente, apresentar-se a *petição inicial complementar*. No segundo caso, na própria petição inicial ou em momento posterior, a parte apresenta o requerimento da tutela provisória.

Assertiva II – correta. A tutela provisória é *sumária*, eis que poderá ser posteriormente revogada ou substituída. Por isso, exige-se apenas um juízo de probabilidade e não de certeza. A provisoriedade é uma das características da tutela provisória.

Assertiva III – correta. Considerando-se que a parte responde, de forma objetiva (e, portanto, independentemente de culpa), pelos prejuízos causados à outra se acaso a sentença lhe for desfavorável, admite-se que o juízo exija caução real ou fidejussória idônea para ressarcir os danos que a outra parte possa vir a sofrer, podendo a caução ser dispensada se a parte economicamente hipossuficiente não puder oferecê-la (art. 300, § 1º).

Assertiva IV – incorreta. O deferimento da tutela da evidência não exigirá a demonstração de perigo de dano ou de risco ao resultado útil do processo (art. 311).

---

130. (FCC – Analista Judiciário – Área Judiciária – TRE – SP/2017) Ao disciplinar a tutela provisória, o novo Código de Processo Civil estabelece que

a) a tutela de urgência não poderá ser concedida sem justificação prévia, salvo se prestada caução idônea, caso em que poderá ser concedida liminarmente.

b) a tutela antecipada requerida em caráter antecedente torna-se estável se da decisão que a conceder não for interposto o respectivo recurso, caso em que o processo será extinto.

c) para a concessão da tutela de evidência, exige-se, dentre outros requisitos, a demonstração de perigo de dano ou de risco ao resultado útil do processo.

d) efetivada a tutela cautelar requerida em caráter antecedente, o pedido principal terá de ser formulado pelo autor no prazo de 15 dias, em ação própria, cujos autos deverão ser apensados aos do pedido cautelar.

e) é vedada, em qualquer caso, a concessão liminar de tutela de evidência, antes da oitiva da parte contrária.

▷ ***Anotações/Comentários***

Alternativa "A": incorreta. A tutela de urgência poderá ser concedida liminarmente ou após justificação prévia (art. 300, § 2º).

Alternativa "B": correta. A tutela antecipada concedida de forma antecedente torna-se estável se da decisão que a conceder não for interposto o respectivo recurso (art. 304, caput).

Alternativa "C": incorreta. O deferimento da tutela da evidência independente da demonstração de risco (art. 311).

Alternativa "D": incorreta. Efetivada a tutela cautelar requerida em caráter antecedente, o pedido principal terá ser formulado pelo autor no prazo de trinta dias, caso em que será apresentado nos mesmos autos em que deduzido o pedido de tutela cautelar, não dependendo do adiantamento de novas custas processuais (art. 308, *caput*).

Alternativa "E": incorreta. Admite-se a concessão da tutela da evidência, liminarmente, sem a oitiva da parte contrária, se as alegações de fato puderem ser comprovadas apenas documentalmente e houver tese firmada em julgamento de casos repetitivos ou em súmula vinculante; ou, se tratar de pedido reipersecutório fundado em prova documental adequada do contrato de depósito, caso em que será decretada a ordem de entrega do objeto custodiado, sob cominação de multa.

10. PROCEDIMENTO COMUM

131. IBFC – 2024 – TRF 5 - Técnico Judiciário - Área Administrativa

A fase postulatória é caracterizada pela formação e aperfeiçoamento da relação jurídica processual. Diante do exposto, assinale a alternativa correta.

a) É possível, após o término da fase postulatória, que o juiz julgue parcialmente o mérito e determine a dilação probatória em relação aos demais pedidos

b) Autoriza-se que o juiz julgue liminarmente improcedente, nas causas que dispensem a fase instrutória, um pedido que contrariar enunciado de súmula do Superior Tribunal de Justiça, desde que o réu esteja citado e integre a relação jurídica processual

c) A citação é ato indispensável para a validade do processo, devendo ser efetuada mesmo na hipótese de indeferimento da petição inicial.

d) Quando alegar ilegitimidade passiva, o réu tem a faculdade de indicar ou não, se tiver conhecimento, o sujeito passivo da relação jurídica discutida, sendo que o seu silêncio, nesse sentido, não será penalizado, pois é dever do autor saber a quem demandar corretamente.

▷ ***Anotações/Comentários***

Notas do autor:

Alternativa "A": correta. Admite-se que o juiz decida parcialmente o mérito quando um ou mais dos pedidos formulados ou parcelas deles mostrar-se incontroverso, ou estiver em condições de imediato julgamento (art. 356). Nesta hipótese, o juiz proferirá *decisão interlocutória de mérito*, impugnável pelo recurso de agravo de instrumento, e dará continuidade ao processo em relação aos demais pedidos, determinando a dilação probatória.

Alternativa "B": incorreta. Para que o juiz profira sentença de improcedência liminar do pedido, consoante autoriza o art. 332, não há necessidade de que o réu seja citado para integrar a relação jurídica processual. Contudo, se interposto recurso pelo autor, não havendo retratação, o juiz determinará a citação do réu para apresentar contrarrazões, no prazo de quinze dias (art. 332, § 4º).

Alternativa "C": incorreta. Sendo indeferida a petição inicial, não será necessária a citação do réu.

Alternativa "D": incorreta. Quando alegar sua ilegitimidade, incumbe ao réu indicar o sujeito passivo da relação jurídica discutida sempre que tiver conhecimento, sob pena de arcar com as despesas processuais e de indenizar o autor pelos prejuízos decorrentes da falta de indicação (art. 339, caput).

132. IBFC – 2024 – TRF 5 - Técnico Judiciário - Área Administrativa

Sobre a contestação e a reconvenção, assinale a alternativa correta.

a) As defesas processuais peremptórias, como a incompetência absoluta do juízo, acarretam alteração do curso do processo, sem extingui-lo

*b) O pagamento é uma modalidade de defesa de mérito indireta.

c) A contestação e a reconvenção devem ser apresentadas em momentos distintos, pois aquela é expressão do direito de defesa enquanto que esta é expressão do direito de ação por parte do réu

d) Na reconvenção é vedado ao réu reconvinte ampliar subjetivamente a demanda e trazer um terceiro para o processo

▷ ***Anotações/Comentários***

Notas do autor:

Alternativa "A": incorreta. As defesas processuais peremptórias acarretam a extinção do processo, diferentemente do que ocorre com as dilatórias. A incompetência absoluta do juízo é defesa dilatória, pois não importará na extinção do processo.

Alternativa "B": correta. A defesa de mérito direta é aquela em que o réu *nega* os fatos alegados na inicial; diferentemente, na defesa de mérito indireta, o que não os nega, mas apresenta outros impeditivos, modificativos ou extintivos do direito do autor. Dessa maneira, considerando-se que o pagamento é defesa que importará na extinção do direito do autor, tem-se que se trata de *defesa de mérito indireta*.

Alternativa "C": incorreta. A contestação e a reconvenção serão apresentadas na mesma peça processual. A propósito, dispõe o caput do art. 343, que na contestação é lícito ao réu propor reconvenção para manifestar pretensão própria, conexa com a ação principal ou com o fundamento da defesa.

Alternativa "D": incorreta. Por ampliar subjetivamente a demanda entende-se aumentar o número de partes em um ou nos dois polos da ação. Conforme previsto no art. 343, §§ 3º e 4º, a reconvenção pode ser proposta contra o autor e terceiro, ou pelo réu em litisconsórcio com terceiro. Desse modo, admite-se a ampliação subjetiva da demanda na reconvenção, não adstrita às partes da ação inicial.

133. (FGV – Técnico Judiciário – Área Judiciária – TJ – AL/2018) No procedimento comum, a via pela qual o réu pode manifestar pretensão própria, conexa com a ação principal ou com o fundamento da defesa, é:

a) exceção;

b) reconvenção;

c) querela nullitatis;

d) impugnação ao cumprimento de sentença;

e) embargos.

▷ ***Anotações/Comentários***

Constitui-se a reconvenção em ação promovida pelo réu, no mesmo processo em que é demandado, podendo manifestar pretensão própria, conexa com a ação principal ou com o fundamento da defesa (art. 343, *caput*).

134. (FCC – Analista Judiciário – Área Judiciária – TRF 5/2017) Acerca da prova documental, considere:

I. O documento feito por oficial público incompetente ou sem a observância das formalidades legais, mesmo que subscrito pelas partes, não tem eficácia probatória alguma.

II. Considera-se autor do documento particular aquele que, mandando compô-lo, não o firmou porque, conforme a experiência comum, não se costuma assinar, como livros empresariais e assentos domésticos.

III. Quando se tratar de impugnação da autenticidade do documento, incumbe o ônus da prova à parte contra a qual ele foi produzido, independentemente de quem o apresentou.

IV. A nota escrita pelo credor em qualquer parte de documento representativo de obrigação, ainda que não assinada, faz prova em benefício do devedor.

V. A escrituração contábil é divisível, de modo que, se dos fatos que resultam dos lançamentos, uns forem favoráveis ao interesse de seu autor e outros contrários, caberá ao juiz lhe atribuir a força probatória que merecer, segundo o seu livre convencimento.

De acordo com o novo Código de Processo Civil, está correto o que se afirma APENAS em

a) I e II.

b) I e III.

c) II e IV.

d) III e V.

e) IV e V.

▷ ***Anotações/Comentários***

Assertiva I – errada. O documento feito por oficial público incompetente ou sem a observância das formalidades legais, sendo subscrito pelas partes, tem a mesma eficácia probatória do documento particular (art. 407,CPC).

Assertiva II – correta. Considera-se autor do documento particular: I - aquele que o fez e o assinou; II - aquele por conta de quem ele foi feito, estando assinado; III - aquele que, mandando compô-lo, não o firmou porque, conforme a experiência comum, não se costuma assinar, como livros empresariais e assentos domésticos (art. 410, CPC).

Assertiva III – errada. Incumbe o ônus da prova quando: I - se tratar de falsidade de documento ou de preenchimento abusivo, à parte que a arguir; II - se tratar de impugnação da autenticidade, à parte que produziu o documento (art. 429, CPC).

Assertiva IV – correta. A nota escrita pelo credor em qualquer parte de documento representativo de obrigação, ainda que não assinada, faz prova em benefício do devedor (art. 416, CPC).

Assertiva V – errada. A escrituração contábil é indivisível, e, se dos fatos que resultam dos lançamentos, uns são favoráveis ao interesse de seu autor e outros lhe são contrários, ambos serão considerados em conjunto, como unidade (art. 419, CPC).

---

135. (Vunesp – Escrevente Técnico Judiciário – TJ – SP/2017) Numa audiência de instrução e julgamento, o juiz determinou que primeiro se ouvissem as testemunhas das partes, e, após isso, fossem prestados os esclarecimentos dos peritos. Além disso, no momento dos debates orais, numa ação em que havia interesse de menores, concedeu prazo de 40 minutos para o advogado do autor e de 30 minutos para o advogado do réu e para o promotor de justiça se pronunciarem.

Diante dessa situação, é correto afirmar que o juiz

a) acertou em todos os seus atos, pois a ordem da oitiva é passível de modificação a critério do juiz, bem como os prazos para debates orais devem ser estipulados pelo magistrado.

b) acertou ao inverter a ordem da colheita de provas em audiência, pois não há uma obrigatoriedade nesse roteiro; mas errou ao fixar limite de tempo de 40 minutos para o pronunciamento em razões finais do advogado do autor, prazo superior ao estabelecido em lei.

c) somente errou ao inverter a ordem de oitiva do perito, tento em vista que a lei determina que, obrigatoriamente, sejam ouvidos primeiro o perito e depois as testemunhas.

d) errou na questão da inversão da ordem das provas em audiência, bem como ao conceder prazo maior para uma das partes em detrimento das outras, ferindo o princípio da igualdade processual.

e) errou unicamente ao conceder prazo para o ministério público, tendo em vista que somente as partes devem participar dos debates orais, cabendo ao promotor apenas manifestar-se por escrito por meio de memoriais.

▷ ***Anotações/Comentários***

A ordem estabelecida no art. 361, do CPC, é preferencial, de modo que pode ser invertida, se o magistrado entender conveniente. Assim, é possível que as partes sejam inquiridas antes do perito e dos assistentes técnicos. Porém, o art. 364, do CPC, não autoriza a prorrogação por mais de dez minutos, a critério do juiz, a cada advogado.

---

136. (FCC – Analista Judiciário – Área Judiciária – TRT 6/2018) Considere as afirmações a seguir, que concernem à produção das provas processuais.

I. Os fatos afirmados por uma parte e confessados pela parte contrária, bem como os notórios, necessitam ser provados nos autos.

II. O juiz poderá admitir a utilização de prova produzida em outro processo, atribuindo-lhe o valor que considerar adequado, observado o contraditório.

III. Caberá ao juiz, de ofício ou a requerimento da parte, determinar as provas necessárias ao julgamento do mérito, indeferindo, em decisão fundamentada, as diligências inúteis ou meramente protelatórias.

IV. As partes têm o direito de empregar todos os meios legais, bem como os moralmente legítimos, desde que especificados na norma processual civil, para provar a verdade dos fatos em que se funda o pedido e influir eficazmente na convicção do juiz.

V. A distribuição do ônus da prova pode ocorrer de forma diversa pela vontade das partes, desde que a convenção respectiva seja celebrada durante o curso do processo, necessariamente.

Está correto o que se afirma APENAS em

a) III, IV e V.

b) I, II e V.

c) II, III e V.

d) II e III.

e) I e IV.

▷ ***Anotações/Comentários***

Assertiva I – incorreta. Não dependem de prova os fatos: I - notórios; II - afirmados por uma parte e confessados pela parte contrária; III - admitidos no processo como incontroversos; IV - em cujo favor milita presunção legal de existência ou de veracidade (art. 374, CPC).

Assertiva II – correta. O juiz poderá admitir a utilização de prova produzida em outro processo, atribuindo-lhe o valor que considerar adequado, observado o contraditório. Trata-se da prova emprestada (art. 372, CPC).

Assertiva III – correta. Caberá ao juiz, de ofício ou a requerimento da parte, determinar as provas necessárias ao julgamento do mérito, indeferindo as diligências inúteis ou meramente protelatórias (art. 370, CPC). Nota-se que o juiz a produção probatória com a finalidade de ser descoberta a verdade.

Assertiva IV – incorreta. As partes têm o direito de empregar todos os meios legais, bem como os moralmente legítimos, ainda que não especificados no CPC, para provar a verdade dos fatos em que se funda o pedido ou a defesa e influir eficazmente na convicção do juiz (art. 369, CPC).

Assertiva V – incorreta. Nos casos previstos em lei ou diante de peculiaridades da causa relacionadas à impossibilidade ou à excessiva dificuldade de cumprir o encargo previsto no caput do art. 373 ou à maior facilidade de obtenção da prova do fato contrário, poderá o juiz atribuir o ônus da prova de modo diverso, desde que o faça por decisão fundamentada, caso em que deverá dar à parte a oportunidade de se desincumbir do ônus que lhe foi atribuído (art. 373, §1º, CPC).

---

137. (FCC – Analista Judiciário – Oficial de Just. Avaliador Federal – TRT 15/2018) Sobre provas, considere:

I. O juiz poderá admitir a utilização de prova produzida em outro processo, atribuindo-lhe o valor que considerar adequado, observado o contraditório.

II. O documento feito por oficial público incompetente ou sem a observância das formalidades legais, sendo subscrito pelas partes, tem a mesma eficácia probatória do documento particular.

III. Se for arrolado como testemunha, o juiz da causa declarar-se-á suspeito, ainda que nada saiba sobre os fatos, por ficar demonstrado seu vínculo pessoal com a parte que o arrolou.

IV. O juiz poderá dispensar prova pericial quando as partes, na inicial e na contestação, apresentarem, sobre as questões de fato, pareceres técnicos ou documentos elucidativos que considerar suficientes.

V. O juiz, apenas por ato de ofício, pode, em qualquer fase do processo, inspecionar pessoas ou coisas, a fim de se esclarecer sobre fato ou direito que interesse à solução da causa.

Está correto o que consta APENAS de

a) III, IV e V.

b) II, III e V.

c) I, II, III e IV.

d) I, II e IV.

e) I, III e V.

▷ ***Anotações/Comentários***

Assertiva I – correta. O juiz poderá admitir a utilização de prova produzida em outro processo, atribuindo-lhe o valor que considerar adequado, observado o contraditório (art. 372, CPC). Trata-se da prova emprestada.

Assertiva II – correta. O documento feito por oficial público incompetente ou sem a observância das formalidades legais, sendo subscrito pelas partes, tem a mesma eficácia probatória do documento particular (art. 407, CPC).

Assertiva III – incorreta. Quando for arrolado como testemunha, o juiz da causa: I - declarar-se-á impedido, se tiver conhecimento de fatos que possam influir na decisão, caso em que será vedado à parte que o incluiu no rol desistir de seu depoimento; II - se nada souber, mandará excluir o seu nome (art. 452, CPC).

Assertiva IV – correta. O juiz poderá dispensar prova pericial quando as partes, na inicial e na contestação, apresentarem, sobre as questões de fato, pareceres técnicos ou documentos elucidativos que considerar suficientes (art. 472, CPC).

Assertiva V – incorreta. O juiz, de ofício ou a requerimento da parte, pode, em qualquer fase do processo, inspecionar pessoas ou coisas, a fim de se esclarecer sobre fato que interesse à decisão da causa (art. 481, CPC).

---

138. (FCC – Analista Judiciário – Área Judiciária – TRT 20/2016) Considere as proposições abaixo, acerca da prova pericial.

i. O perito não está sujeito às causas de suspeição e impedimento, por não ser parte no processo.

ii. O juiz poderá autorizar o pagamento da integralidade dos honorários antes do início dos trabalhos.

iii. Os assistentes técnicos não estão sujeitos a impedimento ou suspeição.

iv. O juiz poderá dispensar prova pericial quando as partes, na inicial e na contestação, apresentarem, sobre as questões de fato, pareceres técnicos ou documentos elucidativos que considerar suficientes.

Está correto o que se afirma APENAS em

a) ii e iii.

b) i e ii.

c) iii e iv.

d) i e iv.

e) i.

▷ ***Anotações/Comentários***

Assertiva I – incorreta. Os mesmos motivos de impedimento e de suspeição previstos para o juiz são aplicáveis aos auxiliares da justiça (art. 148, II, CPC).

Assertiva II – incorreta. O juiz poderá autorizar o pagamento de até cinquenta por cento dos honorários arbitrados a favor do perito no início dos trabalhos, devendo o remanescente ser pago apenas ao final, depois de entregue o laudo e prestados todos os esclarecimentos necessários (art. 465, § 4º, CPC).

Assertiva III – correta. Os assistentes técnicos, por não serem auxiliares da justiça, não estão sujeitos aos motivos de impedimento e de suspeição (art. 148, CPC).

Assertiva IV – correta. O juiz poderá dispensar prova pericial quando as partes, na inicial e na contestação, apresentarem, sobre as questões de fato, pareceres técnicos ou documentos elucidativos que considerar suficientes (art. 472, CPC).

---

139. (Vunesp – Juiz de Direito – TJ – SP/2018) Em relação à prova testemunhal, é correto afirmar:

a) a testemunha não é obrigada a comparecer para depor sobre fatos que lhe acarretem grave dano.

b) ela não comporta a qualificação jurídica de prova nova para efeito de ação rescisória.

c) reputa-se impedido de depor sob compromisso legal aquele que tiver interesse no litígio.

d) como regra, ela será indeferida quando o fato só puder ser comprovado por documento ou prova pericial.

▷ ***Anotações/Comentários***

Alternativa "A": incorreta. De fato, a testemunha não é obrigada a depor sobre fatos: I - que lhe acarretem grave dano, bem como ao seu cônjuge ou companheiro e aos seus parentes consanguíneos ou afins, em linha reta ou colateral, até o terceiro grau; II - a cujo respeito, por estado ou profissão, deva guardar sigilo (art. 448, CPC). Contudo, deverá comparecer, quando intimada para tanto.

Alternativa "B": incorreta. Admite-se a ação rescisória quando obtiver o autor, posteriormente ao trânsito em julgado, prova nova cuja existência ignorava ou de que não pôde fazer uso, capaz, por si só, de lhe assegurar pronunciamento favorável (art. 966, VII, CPC). A prova testemunhal está incluída entre as provas admitidas para tanto.

Alternativa "C": incorreta. É suspeito para depor: I – o inimigo da parte ou o seu amigo íntimo; II – o que tiver interesse no litígio (art. 447, § 3º, CPC).

Alternativa "D": correta. O juiz indeferirá a inquirição de testemunhas sobre fatos: I - já provados por documento ou confissão da parte; II - que só por documento ou por exame pericial puderem ser provados (art. 443, CPC).

---

140. (Vunesp – Juiz de Direito – TJ – SP/2018) Em relação ao Ministério Público, é correto afirmar:

a) quando a prova pericial por ele requerida não seja realizada por entidade pública, caberá a ele, Ministério Público, adiantar os custos respectivos, desde que haja previsão orçamentária.

b) em prol do Ministério Público vigora presunção de veracidade de suas alegações e de autenticidade dos documentos que juntar aos autos.

c) se o respectivo membro deixar de cumprir decisão jurisdicional ou criar embaraço para tanto, será a ele imposta multa de até vinte por cento do valor da causa, sem prejuízo da apuração de eventual responsabilidade disciplinar.

d) o respectivo membro será civilmente responsável, de forma direta quando agir com fraude e regressivamente quando agir com dolo ou culpa grave.

▷ ***Anotações/Comentários***

As perícias requeridas pela Fazenda Pública, pelo Ministério Público ou pela Defensoria Pública poderão ser realizadas por entidade pública ou, havendo previsão orçamentária, ter os valores adiantados por aquele que requerer a prova. Se não houver previsão orçamentária no exercício financeiro para adiantamento dos honorários periciais, eles serão pagos no exercício seguinte ou ao final, pelo vencido, caso o processo se encerre antes do adiantamento a ser feito pelo ente público (art. 91, §§ 1º e 2º, CPC).

---

141. (IESES – Cartório – Provimento – TJ – AM/2018) Em relação as normas legais do direito probatório, no Diploma Processual Civil, é INCORRETO:

a) O juiz poderá distribuir de ofício o ônus da prova de forma diversa daquela prevista na regra geral, em qualquer fase do processo, inclusive, durante a fase decisória, pois se trata de norma de juízo e, não prevista em lei.

b) A produção antecipada da prova não torna prevento o juízo para a ação que, eventualmente vier a ser proposta.

c) Na prova empresta, observado o contraditório, o juiz poderá admitir a utilização de prova produzida em outro processo, atribuindo-lhe o valor que considerar adequado.

d) A ata notarial é prova típica a qual constata a existência e o modo de existir de algum fato podem ser atestados ou documentados, a requerimento do interessado, mediante ata lavrada por tabelião. Os dados representados por imagem ou som gravados em arquivos eletrônicos poderão constar da ata notarial. Trata-se de documento público.

▷ ***Anotações/Comentários***

Nos casos previstos em lei ou diante de peculiaridades da causa relacionadas à impossibilidade ou à excessiva dificuldade de cumprir o encargo nos termos do caput ou à maior facilidade de obtenção da prova do fato contrário, poderá o juiz atribuir o ônus da prova de modo diverso, desde que o faça por decisão fundamentada, caso em que deverá dar à parte a oportunidade de se desincumbir do ônus que lhe foi atribuído (art. 373, § 1º, CPC). Em observância ao princípio do contraditório, com a vedação da decisão surpresa, não poderá fazê-lo na fase decisória.

142. (Cespe - Analista Judiciário - Direito - TJ - PA/2020) Maria deseja ajuizar ação indenizatória com pedidos cumulados de dano material e dano moral contra a empresa aérea Y, em razão de cancelamento indevido de viagem ao exterior.

Nessa hipótese, de acordo com o CPC, o valor da causa será

a) o valor do dano material apenas, porque o dano moral deverá ser requerido de forma genérica.

b) o fixado pelo magistrado segundo seu prudente arbítrio.

c) o indicado pelo autor, segundo critérios de equidade e proporcionalidade.

d) o total decorrente da soma do valor pedido a título de dano moral e de dano material.

e) o valor do maior dos pedidos realizado pela parte autora.

▷ ***Anotações/Comentários***

O valor da causa na ação indenizatória deve corresponder ao valor pretendido, inclusive a fundada em dano moral (art. 292, V, CPC).

143. (FCC - Técnico Judiciário - Área Administrativa - TRF 3/2019) Na audiência de instrução e julgamento, o juiz

a) exerce o poder de polícia, incumbindo-lhe ordenar que se retirem da sala de audiência quaisquer pessoas que se comportarem inconvenientemente.

b) só deverá tentar conciliar as partes se não tiver havido prévia audiência de conciliação, ou se alguma delas informar, por ocasião da abertura dos trabalhos, que pretende formular proposta de acordo.

c) somente poderá proferir sentença se todas as partes e o Ministério Público, nos feitos dos quais participar, concordarem em apresentar suas alegações finais oralmente ou dispensarem a sua apresentação.

d) não poderá obstar os advogados ou o Ministério Público de intervir ou apartear enquanto depuserem as testemunhas, ainda que sem a sua licença.

e) poderá, independentemente da concordância das partes, cindir a produção da prova oral, tomando o depoimento das testemunhas presentes e designando outra data para a oitiva das ausentes.

▷ ***Anotações/Comentários***

O juiz exerce o poder de polícia, incumbindo-lhe: I - manter a ordem e o decoro na audiência; II - ordenar que se retirem da sala de audiência os que se comportarem inconvenientemente; III - requisitar, quando necessário, força policial; IV - tratar com urbanidade as partes, os advogados, os membros do Ministério Público e da Defensoria Pública e qualquer pessoa que participe do processo; V - registrar em ata, com exatidão, todos os requerimentos apresentados em audiência (art. 360, CPC).

144. (FCC - Analista Judiciário - Área Judiciária - TRF 4/2019) Acerca da produção antecipada de provas, considere:

I. A produção antecipada de provas é admitida, entre outras hipóteses, nos casos em que o prévio conhecimento dos fatos possa justificar ou evitar o ajuizamento de ação.

II. O juízo estadual tem competência para produção antecipada de prova requerida em face da União se, na localidade, não houver vara federal.

III. A produção antecipada de provas previne a competência do juízo para a ação que venha a ser proposta.

IV. Ao final do procedimento da produção antecipada de provas, caberá ao juiz se pronunciar sobre a ocorrência ou a inocorrência do fato, mas não sobre as respectivas consequências jurídicas.

V. O procedimento da produção antecipada de prova admite defesa sempre que possuir caráter contencioso.

Está correto o que consta APENAS de

a) I e II.

b) I e III.

c) II e IV.

d) III e V.

e) IV e V.

▷ ***Anotações/Comentários***

Assertiva I – correta. A produção antecipada da prova será admitida nos casos em que: I - haja fundado receio de que venha a tornar-se impossível ou muito difícil a verificação de certos fatos na pendência da ação; II - a prova a ser produzida seja suscetível de viabilizar a autocomposição ou outro meio adequado de solução de conflito; III - o prévio conhecimento dos fatos possa justificar ou evitar o ajuizamento de ação (art. 381, CPC).

Assertiva II – correta. O juízo estadual tem competência para produção antecipada de prova requerida em face da União, de entidade autárquica ou de empresa pública federal se, na localidade, não houver vara federal (art. 381, § 4º, CPC).

Assertiva III – incorreta. A produção antecipada da prova não previne a competência do juízo para a ação que venha a ser proposta (art. 381, § 3º, CPC).

Assertiva IV – incorreta. O juiz não se pronunciará sobre a ocorrência ou a inocorrência do fato, nem sobre as respectivas consequências jurídicas (art. 382, § 2º, CPC).

Assertiva V – incorreta. Não se admitirá defesa ou recurso, salvo contra decisão que indeferir totalmente a produção da prova pleiteada pelo requerente originário.

145. (FCC - Analista Judiciário - Área Judiciária - TRF 4/2019) Em regra, o autor, brasileiro ou estrangeiro, que residir fora do Brasil ou deixar de residir no país ao longo da tramitação de processo deverá prestar caução suficiente ao pagamento das custas e dos honorários de advogado da parte contrária nas ações que propuser, se não tiver no Brasil bens imóveis que lhes assegurem o pagamento. Porém, de acordo com o Código de Processo Civil, não se exigirá essa caução quando houver dispensa prevista em acordo ou tratado internacional de que o Brasil faz parte, bem como

a) na ação cautelar, nas ações fundadas em direito indisponível e no cumprimento de sentença.

b) na reconvenção, na ação cautelar e nas ações que versarem sobre direito real.

c) no cumprimento de sentença, na execução fundada em título extrajudicial e nas ações que versarem sobre direito real.

d) na reconvenção, no cumprimento de sentença e nas ações fundadas em direito indisponível.

e) na reconvenção, no cumprimento de sentença e na execução fundada em título extrajudicial.

▷ ***Anotações/Comentários***

O autor, brasileiro ou estrangeiro, que residir fora do Brasil ou deixar de residir no país ao longo da tramitação de processo prestará caução suficiente ao pagamento das custas e dos honorários de advogado da parte contrária nas ações que propuser, se não tiver no Brasil bens imóveis que lhes assegurem o pagamento. Não se exigirá esta caução nos seguintes casos: I - quando houver dispensa prevista em acordo ou tratado internacional de que o Brasil faz parte; II - na execução fundada em título extrajudicial e no cumprimento de sentença; III - na reconvenção.

146. (FCC - Técnico Judiciário - Área Judiciária - TRF 4/2019) André ajuizou ação de cobrança contra Reinaldo e Letícia, demandando o pagamento de alugueres de um imóvel que lhes havia locado, mediante contrato verbal. Em sua contestação, Reinaldo nega a existência de

PROCESSUAL CIVIL

locação, argumentando que o imóvel lhes havia sido cedido em comodato. Por sua vez, na contestação de Letícia, ela admite a existência da locação, sustentando que ela e Reinaldo, seu irmão, deixaram de pagar os alugueres por conta de dificuldades financeiras. Nesse caso, dada a existência do litisconsórcio passivo, a confissão de Letícia quanto à existência da locação

a) faz prova apenas contra ela, Letícia.
b) faz prova contra ela, Letícia, e também contra Reinaldo.
c) faz prova apenas contra Reinaldo.
d) faz prova contra ela, Letícia, somente se corroborada por outros meios.
e) não faz prova contra ela, Letícia, nem contra Reinaldo.

▷ ***Anotações/Comentários***

Trata-se, na hipótese, de litisconsórcio passivo. Os litisconsortes serão considerados, em suas relações com a parte adversa, como litigantes distintos, exceto no litisconsórcio unitário, caso em que os atos e as omissões de um não prejudicarão os outros, mas os poderão beneficiar (art. 117). Note-se que, ainda que se trate de litisconsórcio unitário, os atos e omissões de um não prejudicarão os demais litisconsortes.

---

147. (Cespe - Analista Judiciário - Direito - TJ - PA/2020) A respeito de provas previstas no Código de Processo Civil (CPC), julgue os itens a seguir.

I A prova escrita é imprescindível para a comprovação de vício do consentimento em contrato realizado entre particulares.

II A ata notarial é meio de prova idôneo para comprovar fatos que o tabelião declarar que foram constatados em sua presença.

III Quando a parte invocar direito de natureza estadual ou municipal, o magistrado somente poderá examinar a questão se houver provas nos autos que demonstre a existência da regra jurídica invocada.

IV Cabe ao advogado da parte intimar a testemunha que arrolou por carta com aviso de recebimento, devendo juntar aos autos, no prazo legal, cópia da correspondência de intimação e do aviso de recebimento, sob pena de se considerar desistência da inquirição o não comparecimento da testemunha.

Estão certos apenas os itens

a) I e II.
b) I e III.
c) II e IV.
d) I, III e IV.
e) II, III e IV.

▷ ***Anotações/Comentários***

Assertiva I – incorreta. Nos casos em que a lei exigir prova escrita da obrigação, é admissível a prova testemunhal quando houver começo de prova por escrito, emanado da parte contra a qual se pretende produzir a prova (art. 444, CPC).

Assertiva II – correta. A existência e o modo de existir de algum fato podem ser atestados ou documentados, a requerimento do interessado, mediante ata lavrada por tabelião (art. 384, caput).

Assertiva III – incorreta. A parte que alegar direito municipal, estadual, estrangeiro ou consuetudinário provar-lhe-á o teor e a vigência, se assim o juiz determinar.

Assertiva IV – correta. Cabe ao advogado da parte informar ou intimar a testemunha por ele arrolada do dia, da hora e do local da audiência designada, dispensando-se a intimação do juízo. A intimação deverá ser realizada por carta com aviso de recebimento, cumprindo ao advogado juntar aos autos, com antecedência de pelo menos 3 (três) dias da data da audiência, cópia da correspondência de intimação e do comprovante de recebimento (art. 455, CPC).

---

148. (Cespe - Analista Judiciário - Direito - TJ - AM/2019) No que concerne às providências preliminares e de saneamento, à reconvenção e a processos de execução, julgue os itens subsecutivos.

Caso o réu apresente reconvenção no procedimento comum, o autor reconvindo será intimado, na pessoa de seu advogado, para apresentar resposta, não sendo necessário que o patrono da parte autora possua procuração com poderes específicos para esse ato.

- CERTO
- ERRADO

▷ ***Anotações/Comentários***

Proposta a reconvenção, o autor será intimado, na pessoa de seu advogado, para apresentar resposta no prazo de quinze dias. A procuração existente nos autos já habilita o advogado do autor a oferecer a resposta à reconvenção.

---

149. (Cespe - Técnico Judiciário - TJ - RJ/2021) Ao despachar a petição inicial, o juiz determinou, pelo correio, a citação do demandado para comparecimento à audiência de conciliação, a ser realizada no prazo de sessenta dias após o despacho. Faltando doze dias para a realização da audiência, o réu comunicou ao juízo da causa que não pretendia conciliar e, por esse motivo, pediu o cancelamento da audiência. Nesse caso, o prazo para contestar será de

a) dez dias úteis, contados da data de juntada do aviso de recebimento aos autos do processo.
b) dez dias corridos, contados da data do recebimento do mandado que designou a audiência de conciliação.
c) quinze dias úteis, contados do protocolo do pedido de cancelamento da audiência de conciliação apresentado pelo réu.
d) quinze dias úteis, contados da data do recebimento do mandado de citação.
e) quinze dias corridos, contados da data de juntada do aviso de recebimento aos autos do processo.

▷ ***Anotações/Comentários***

A audiência de conciliação ou de mediação não será realizada se ambas as partes manifestarem, expressamente, desinteresse na composição consensual, ou quando não se admitir a autocomposição (art. 334, § 4º). Competirá ao autor indicar, na própria petição inicial, o seu desinteresse na autocomposição, ao passo que o réu deverá fazê-lo, por petição, apresentada com dez dias de antecedência, contados da data da audiência (art. 334, § 5º, CPC). O protocolo do pedido de cancelamento da audiência apresentado pelo réu será o termo inicial para a contagem do prazo de quinze dias para o oferecimento de contestação (art. 335, II, CPC).

---

150. (Cespe - Técnico Judiciário - TJ - RJ/2021) No que diz respeito a preclusão, julgamento conforme o estado do processo, provas e coisa julgada, julgue os itens a seguir.

I. A litispendência e a coisa julgada podem ser alegadas pelo réu a qualquer tempo no processo, inclusive em grau de apelação.

II. O julgamento antecipado parcial de mérito é admissível sempre que ocorrer à revelia ou quando não houver necessidade de produção de prova.

III. A prova emprestada poderá ser produzida a requerimento de qualquer das partes ou determinada ex officio pelo juiz.

IV. As decisões de competência originária dos tribunais, contrárias ao poder público, não se sujeitam ao duplo grau de jurisdição obrigatório.

Assinale a opção correta.

a) Apenas os itens I e II estão certos.
b) Apenas os itens II e III estão certos.
c) Apenas os itens I, III e IV estão certos.
d) Apenas os itens II, III e IV estão certos.
e) Todos os itens estão certos.

▷ ***Anotações/Comentários***

Assertiva I – correta. A litispendência e a coisa julgada são matérias que podem ser alegadas a qualquer tempo, bem como conhecidas de ofício pelo juiz.

Assertiva II – incorreta. O juiz decidirá parcialmente o mérito quando um ou mais dos pedidos formulados ou parcela deles: I - mostrar-se incontroverso; II - estiver em condições de imediato julgamento (art. 356, CPC).

Assertiva III – correta. O juiz poderá admitir a utilização de prova produzida em outro processo, atribuindo-lhe o valor que considerar adequado, observado o contraditório (art. 372, CPC).

Assertiva IV – correta. A remessa necessária aplica-se apenas ao julgamento proferido em primeiro grau e não em ações de competência originária dos tribunais.

151. (FCC – Analista Judiciário – Direito – TJ – MA/2019) Quanto às providências preliminares e ao saneamento do processo, é correto afirmar:

a) Se o réu não contestar a ação, o juiz deverá, em qualquer hipótese, aplicar o efeito da revelia e julgar de imediato a lide.

b) Na contestação, é lícito ao réu propor reconvenção para manifestar pretensão própria, conexa com a ação principal ou com o fundamento da defesa.

c) Ao réu revel será possível ingressar no processo em qualquer tempo, desde que não proferida sentença, hipótese na qual terá precluído essa possibilidade.

d) Verificando a existência de irregularidades ou vícios sanáveis, o juiz determinará sua correção em prazo nunca superior a quinze dias.

e) Cumpridas as providências preliminares ou não havendo necessidade delas, o juiz obrigatoriamente saneará o processo, delimitando os fatos sobre os quais recairá a produção de prova.

▷ ***Anotações/Comentários***

Alternativa "A": incorreta. Existem as situações em que, apesar do réu não haver oferecido contestação, não deve o juiz aplicar o efeito material da revelia, por não se presumirem verdadeiros os fatos articulados pelo autor (art. 344, CPC).

Alternativa "B": correta. É na própria contestação que o réu deve oferecer a sua reconvenção, conexa com a ação principal ou com o fundamento da defesa (art. 343, caput).

Alternativa "C": incorreta. Ao réu revel será admitido ingressar nos autos a qualquer tempo.

Alternativa "D": incorreta. Verificando a existência de irregularidades ou de vícios sanáveis, o juiz determinará sua correção em prazo nunca superior a 30 (trinta) dias (art. 352, CPC).

Alternativa "E": incorreta. Cumpridas as providências preliminares ou não havendo necessidade delas, o juiz proferirá julgamento conforme o estado do processo (art. 353, CPC).

152. (FGV – Analista Judiciário – Área Judiciária – TJ – AL/2018) João promoveu, em março de 2015, quando ainda vigente o CPC de 1973, ação de cobrança em face de Antônio. Em outubro de 2015, foi requerida pelas partes a produção de prova oral no processo, o que foi deferido pelo juiz no mesmo mês. Para que se colha o depoimento dessas testemunhas, por ocasião da audiência de instrução e julgamento, designada para junho de 2018:

a) o juiz interrogará as testemunhas sobre os fatos articulados, na forma do sistema presidencialista, colhendo o julgador de forma pessoal e diretamente a prova;

b) as perguntas serão formuladas pelas partes diretamente à testemunha, começando pela que a arrolou, não admitindo o juiz aquelas que puderem induzir a resposta;

c) as perguntas serão formuladas pelas partes diretamente à testemunha, não podendo o julgador intervir na pergunta ou inadmitir qualquer delas;

d) a prova oral será inadmitida no processo, uma vez que com a entrada em vigor da nova legislação processual, essa fase de instrução já estava superada;

e) as perguntas serão formuladas pelas partes diretamente à testemunha, só podendo o juiz inquirir a testemunha depois da inquirição feita pelas partes.

▷ ***Anotações/Comentários***

As disposições de direito probatório adotadas pelo CPC/2015 aplicam-se apenas às provas requeridas ou determinadas de ofício a partir da data de início de sua vigência (art. 1.047, CPC). Dessa maneira, como a prova foi requerida ainda quando da vigência do CPC/1973, devem ser observadas as suas disposições, ao invés daquelas previstas no CPC/2015.

Dessa maneira, o juiz interrogará as testemunhas na forma do sistema presidencialista. Se fosse observado o CPC/2015, as perguntas seriam formuladas pelas partes diretamente à testemunha, começando pela que a arrolou, não admitindo o juiz aquelas que puderem induzir a resposta, não tiverem relação com as questões de fato objeto da atividade probatória ou importarem repetição de outra já respondida (art. 459, caput, CPC).

153. (Cespe – Analista Judiciário – Área Judiciária – TRE – PE/2017) No que se refere às provas no processo civil, assinale a opção correta.

a) Foi adotado o sistema do livre convencimento puro na valoração das provas pelo juiz.

d) O ônus da prova incumbirá à parte que produziu o documento, quando for contestada a autenticidade deste.

c) Devido ao fato de os indivíduos com menos de dezesseis anos de idade serem incapazes para depor, o juiz não pode admitir que eles deponham.

d) É permitido ao advogado requerer o depoimento pessoal da parte que esteja sob o seu patrocínio.

e) São admitidos os meios típicos e atípicos para a prova dos fatos em juízo, ainda que tais meios sejam moralmente ilegítimos.

▷ ***Anotações/Comentários***

Incumbe o ônus da prova quando: I - se tratar de falsidade de documento ou de preenchimento abusivo, à parte que a arguir; II - se tratar de impugnação da autenticidade, à parte que produziu o documento (art. 429, CPC).

Alternativa "A": incorreta. O CPC adotou o sistema do livre convencimento motivado na valoração das provas pelo juiz.

Alternativa "B": correta. Vide notas do autor.

Alternativa "C": incorreta. Admite-se que mesmo esses indivíduos deponham. Porém, não prestarão compromisso de dizer a verdade.

Alternativa "D": incorreta. O advogado deverá requerer o depoimento pessoal da parte contrária e não daquele que é assistido.

Alternativa "E": incorreta. Não serão admitidas as provas produzidas por meios moralmente ilegítimos.

154. (Cespe – Analista Judiciário – Área Judiciária – TRE – TO/2017) Após ter sido citado em demanda que tramita pelo procedimento comum, Celso, além de se defender quanto ao mérito das alegações, deseja alegar incompetência relativa e incorreção quanto ao valor da causa, bem como apresentar reconvenção.

Nessa situação hipotética, de acordo com o CPC, devem ser apresentadas

a) a defesa de mérito, a incompetência relativa e a incorreção do valor da causa, na contestação; e a reconvenção, em peça distinta.

b) a defesa de mérito, a alegação de incompetência relativa e a reconvenção, na peça de contestação; e a alegação de incorreção do valor da causa, em peça distinta.

c) a defesa de mérito, a alegação de incompetência relativa, a alegação de incorreção do valor da causa e a reconvenção, em uma única peça processual de contestação.

d) a defesa de mérito, na contestação; a alegação de incompetência relativa, por meio de exceção; a alegação de incorreção do valor da causa e a reconvenção, em peças distintas.

e) a defesa de mérito e a incompetência relativa, na contestação; a alegação de incorreção do valor da causa e a reconvenção, em peças distintas.

▷ ***Anotações/Comentários***

O CPC/2015 promoveu a concentração de matérias que devem ser alegadas na própria contestação. Assim, antes de discutir o mérito, incumbe ao réu alegar: I - inexistência ou nulidade da citação; II - incompetência absoluta e relativa; III - incorreção do valor da causa; IV - inépcia da petição inicial; V - perempção; VI - litispendência; VII - coisa julgada; VIII - conexão; IX - incapacidade da parte, defeito de representação ou falta de autorização; X - convenção de arbitragem; XI - ausência de legitimidade ou de interesse processual; XII - falta de caução ou de outra prestação que a lei exige como preliminar; XIII - indevida concessão do benefício de gratuidade de justiça (art. 337, CPC).

PROCESSUAL CIVIL

155. (FCC – Analista Judiciário – Área Administrativa – TRE – SP/2017) É requisito da petição inicial a formulação de pedido, com suas especificações. De acordo com o novo Código de Processo Civil,

a) na ação que visar ao cumprimento de obrigação em prestações sucessivas, essas só serão consideradas incluídas no pedido mediante declaração expressa do autor.

b) é permitida a formulação de pedido genérico em reconvenção nas mesmas hipóteses em que seria cabível em ação principal.

c) o pedido poderá ser aditado até a citação, desde que haja consentimento do réu.

d) é lícita a cumulação, em um único processo, contra o mesmo réu, de vários pedidos, desde que entre eles haja conexão.

e) é vedada a cumulação de pedidos se para cada um deles corresponder tipo diverso de procedimento, ainda que o autor empregue o procedimento comum.

▷ ***Anotações/Comentários***

É lícito formular pedido genérico, na petição inicial ou na reconvenção: I - nas ações universais, se o autor não puder individuar os bens demandados; II - quando não for possível determinar, desde logo, as consequências do ato ou do fato; III - quando a determinação do objeto ou do valor da condenação depender de ato que deva ser praticado pelo réu (art. 324, CPC).

156. (Consulplan – Analista Judiciário – Área Judiciária – TRF 2/2017) Com base nas hipóteses legais que autorizam a suspensão do processo, conforme previsto no Novo Código de Processo Civil de 2015 (Lei Federal n° 13.105), analise as afirmativas a seguir.

I. O processo poderá ser suspenso por convenção das partes por prazo não superior a seis meses.

II. A arguição de impedimento ou de suspeição não autoriza a suspensão do processo.

III. Se o conhecimento do mérito depender de verificação da existência de fato delituoso, o juiz pode determinar a suspensão do processo até que se pronuncie a justiça criminal.

Estão corretas as afirmativas

a) I, II e III.

b) I e II, apenas.

c) I e III, apenas.

d) II e III, apenas.

▷ ***Anotações/Comentários***

Assertiva I – correta. Suspende-se o processo pela convenção das partes (art. 313, II, CPC). Em tal hipótese, a suspensão não poderá exceder a seis meses (art. 313, § 4º, CPC).

Assertiva II – incorreta. Se reconhecer o impedimento ou a suspeição ao receber a petição, o juiz ordenará imediatamente a remessa dos autos a seu substituto legal, caso contrário, determinará a autuação em apartado da petição e, no prazo de 15 (quinze) dias, apresentará suas razões, acompanhadas de documentos e de rol de testemunhas, se houver, ordenando a remessa do incidente ao tribunal. Distribuído o incidente, o relator deverá declarar os seus efeitos, sendo que, se o incidente for recebido: I - sem efeito suspensivo, o processo voltará a correr; II - com efeito suspensivo, o processo permanecerá suspenso até o julgamento do incidente (art. 146, § 2º, CPC).

Assertiva III – correta. Se o conhecimento do mérito depender de verificação da existência de fato delituoso, o juiz pode determinar a suspensão do processo até que se pronuncie a justiça criminal (art. 315, caput, CPC).

157. (Consulplan – Analista Judiciário – Área Judiciária – TRF 2/2017) Diante das inovações trazidas pela Lei Federal n° 13.105/15, se ficar provado, durante o curso de um processo judicial, o abuso do direito de defesa por parte do réu, poderá ser adotada a seguinte providência pelo juiz da causa:

a) O réu que proceda com abuso do direito de defesa será equiparado ao revel. Assim, presumir-se-ão verdadeiras as alegações de fato formuladas pelo autor e o juiz julgará antecipadamente o pedido, proferindo sentença com resolução do mérito.

b) Independentemente da demonstração de perigo de dano ou de risco ao resultado útil do processo, poderá conceder tutela de evidência amparando o pleito do autor da causa. Idêntica solução deve ser adotada se presente o manifesto caráter protelatório da parte.

c) O abuso de direito de defesa configura ato atentatório à dignidade da justiça, não sendo passível de enfrentamento pela via da tutela provisória. Deve o juiz, neste caso, aplicar ao responsável multa de até vinte por cento do valor da causa, de acordo com a gravidade da conduta.

d) Será concedida a tutela antecipada em caráter antecedente, ainda que não haja demonstração de perigo de dano ou de risco ao resultado útil do processo. Contra tal decisão interlocutória poderá ser interposto, no prazo de quinze dias, o recurso de agravo de instrumento.

▷ ***Anotações/Comentários***

A tutela da evidência será concedida, independentemente da demonstração de perigo de dano ou de risco ao resultado útil do processo, entre outras situações, quando: I - ficar caracterizado o abuso do direito de defesa ou o manifesto propósito protelatório da parte (art. 311, I, CPC).

158. (Vunesp – Cartório – Remoção – TJ – SP/2018) A gratuidade da Justiça compreende

a) os honorários advocatícios contratados com seu advogado.

b) os honorários de seu assistente técnico.

c) o custo com a elaboração de memória de cálculo, quando exigida para a instauração da execução.

d) os emolumentos devidos a notários ou registradores em decorrência da prática de registro, averbação ou qualquer outro ato notarial, ainda que não decorrentes do processo judicial no qual o benefício foi concedido.

▷ ***Anotações/Comentários***

A gratuidade da justiça compreende: I - as taxas ou as custas judiciais; II - os selos postais; III - as despesas com publicação na imprensa oficial, dispensando-se a publicação em outros meios; IV - a indenização devida à testemunha que, quando empregada, receberá do empregador salário integral, como se em serviço estivesse; V - as despesas com a realização de exame de código genético - DNA e de outros exames considerados essenciais; VI - os honorários do advogado e do perito e a remuneração do intérprete ou do tradutor nomeado para apresentação de versão em português de documento redigido em língua estrangeira; VII - o custo com a elaboração de memória de cálculo, quando exigida para instauração da execução; VIII - os depósitos previstos em lei para interposição de recurso, para propositura de ação e para a prática de outros atos processuais inerentes ao exercício da ampla defesa e do contraditório; IX - os emolumentos devidos a notários ou registradores em decorrência da prática de registro, averbação ou qualquer outro ato notarial necessário à efetivação de decisão judicial ou à continuidade de processo judicial no qual o benefício tenha sido concedido (art. 98, § 1º, CPC).

11. SENTENÇA E COISA JULGADA

159. FCC – 2022 – TRT 14 – Analista Judiciário – Área Judiciária O juiz proferiu sentença acolhendo a preliminar de prescrição arguida pelo réu em contestação, tendo decorrido o prazo legal sem a interposição de nenhum recurso contra ela, o que foi devidamente certificado nos autos. Nesse caso, de acordo com o Código de Processo Civil, essa sentença

a) não importa resolução do mérito, nem faz coisa julgada, formal ou material.

b) não importa resolução do mérito, fazendo coisa julgada meramente formal.

c) importa resolução do mérito, fazendo coisa julgada material.

d) importa resolução do mérito, mas não faz coisa julgada material.

e) não importa resolução do mérito, mas faz coisa julgada material.

▷ ***Comentários/Notas do autor***

A prescrição e a decadência são matérias de **mérito (são objeções de mérito e não preliminares)**. Dessa forma, a coisa julgada formada será **material (e não formal)**.

160. (Vunesp – Juiz de Direito – TJ – SP/2018) Quando a sentença contiver condenação ilíquida ao pagamento de quantia,

a) será inviável ao credor promover o cumprimento de sentença, ainda que parte da decisão seja líquida.

b) terá lugar liquidação por cálculo, caso o credor não apresente o demonstrativo do débito atualizado.

c) terá lugar o arbitramento, se assim exigir a natureza do objeto da liquidação.

d) a decisão será inválida porque a condenação deve ser sempre líquida, ainda que o pedido do autor seja genérico.

▷ ***Anotações/Comentários***

Quando a sentença condenar ao pagamento de quantia ilíquida, proceder-se-á à sua liquidação, a requerimento do credor ou do devedor: I - por arbitramento, quando determinado pela sentença, convencionado pelas partes ou exigido pela natureza do objeto da liquidação; II - pelo procedimento comum, quando houver necessidade de alegar e provar fato novo (art. 509, CPC).

161. (FGV – Técnico Judiciário – Área Judiciária – TJ – CE/2019) Pólux é filho biológico de Zeus, que não figura no assento do registro de nascimento daquele. Embora tenha documentos que poderiam ser decisivos para a comprovação da filiação, Pólux não tem a menor intenção de ajuizar ação de investigação de paternidade em face de Zeus. Inconformado com o desinteresse de Pólux, Castor, seu irmão, decidiu propor a demanda em nome próprio, pleiteando, na petição inicial, a declaração do vínculo de parentesco entre Pólux e Zeus. Proferido juízo positivo de admissibilidade da ação, Zeus foi validamente citado, não tendo ofertado contestação, o que deu azo à decretação de sua revelia. Nesse cenário, deve o juiz:

a) julgar procedente o pedido;

b) julgar improcedente o pedido;

c) extinguir o feito sem resolução do mérito;

d) determinar que Castor especifique provas;

e) anular o processo, a partir da realização da citação.

▷ ***Anotações/Comentários***

No caso, o irmão de Pólux não é parte legítima para figurar no polo ativo da ação, pois não há relação de interdependência entre a relação jurídica material e a sua pessoa. Desse modo, ausente condição da ação, deverá o processo ser extinto sem resolução do mérito (art. 485, VI, CPC).

162. (FCC – Técnico Judiciário – Área Judiciária – TRF 4/2019) Patrícia ajuizou ação indenizatória contra a União. Sem examinar a prova produzida nem apreciar nenhum dos fundamentos deduzidos na contestação, o juiz pronunciou, de ofício, a prescrição, extinguindo o processo por meio de sentença, contra a qual não foi interposto nenhum recurso no prazo legal. Nesse caso, a sentença

a) importou em resolução de mérito, fazendo coisa julgada formal, mas não material.

b) importou em resolução de mérito, fazendo coisa julgada material.

c) não importou em resolução de mérito, nem fez coisa julgada.

d) não importou em resolução de mérito, fazendo coisa julgada formal, mas não material.

e) não importou em resolução de mérito, fazendo coisa julgada material.

▷ ***Anotações/Comentários***

A prescrição é matéria de mérito. Consequentemente, a sentença que a reconhece é proferida com resolução de mérito (art. 487, II, CPC), fazendo coisa julgada material.

163. (FCC – Técnico Judiciário – Área Judiciária – TRF 4/2019) Rodolfo ajuizou ação contra Felipe, versando o litígio sobre direito indisponível. Devidamente citado, o réu não ofereceu contestação no prazo legal, tornando-se revel. Nesse caso, a revelia

a) impõe que o pedido seja julgado procedente.

b) torna precluso o direito de produzir provas.

c) veda a interposição de recurso contra a sentença.

d) impede o réu de intervir no processo, salvo na fase de cumprimento de sentença.

e) não enseja a presunção da veracidade das alegações de fato formuladas pelo autor.

▷ ***Anotações/Comentários***

A revelia é um fato, que produz os efeitos material (presunção da veracidade dos fatos alegados na inicial) e processual (deixar o réu de ser intimado dos demais atos processuais). Contudo, não incidirá o efeito material da revelia se: I – havendo pluralidade de réus, algum deles contestar a ação (no litisconsórcio passivo unitário); II – o litígio versar sobre direitos indisponíveis; III – a petição inicial não estiver acompanhada de instrumento que a lei considere indispensável à prova do ato; IV – as alegações de fato formulados pelo autor forem inverossímeis ou estiverem em contradição com prova constante dos autos (art. 345, CPC).

164. (FCC – Analista Judiciário – Direito – TJ – MA/2019) Tatiana ajuíza ação indenizatória em face da empresa de Telefonia Alô, pleiteando R$ 5.000,00 a título de danos morais, por ter a ré negativado seu nome indevidamente. A demanda é julgada procedente e o juiz concede R$ 15.000,00 como indenização moral. Nesse caso, terá sido ferido o princípio da

a) adstrição ou congruência.

b) eventualidade.

c) proporcionalidade ou razoabilidade.

d) imparcialidade.

e) isonomia ou igualdade.

▷ ***Anotações/Comentários***

A sentença deve estar adstrita ao pedido formulado pelo autor. Trata-se do pedido da adstrição, da correlação ou da congruência.

165. (FGV – Técnico Judiciário – Área Judiciária – TJ – CE/2019) Vencida e não cumprida determinada obrigação contratual, o credor ajuizou ação em que pleiteava a condenação do devedor a pagá-la. Depois de contestada a demanda, e encerrada a fase instrutória, o juiz reputou configurados os fatos constitutivos do direito alegado pelo autor, vindo a acolher a sua pretensão. Além do pagamento da obrigação contratual, foi o réu condenado a pagar juros moratórios legais, correção monetária e honorários de sucumbência, itens que não haviam sido objeto de pedido na inicial.

Nesse quadro, a sentença proferida foi:

a) nula, por ultra petita;

b) nula, por extra petita;

c) nula, por citra petita;

d) válida;

e) válida, embora o seu excesso deva ser podado pelo tribunal.

▷ ***Anotações/Comentários***

A sentença deve estar adstrita ao pedido formulado pelo autor. Trata-se do pedido da adstrição, da correlação ou da congruência. A inobservância da correlação poderá gerar os seguintes vícios: sentença *extra petita*, *ultra petita* e *infra petita*. Contudo, existem pedidos que são implícitos e o juiz poderá acolhê-los embora não tenham sido explicitados na petição inicial. Nesse sentido, tem-se a previsão dos juros moratórios, da correção monetária e da verba honorária, motivo pelo qual a sentença é válida.

166. (Cespe – Analista Judiciário – Área Judiciária – TRE – BA/2017) Durante a instrução probatória no curso de processo referente a ação de cobrança proposta por indivíduo identificado, na petição inicial, como credor do réu, o juiz verificou que o demandante não era o verdadeiro titular do crédito.

Nessa situação, o juiz deve considerar o autor como parte legítima e examinar o mérito do processo se adotar a teoria da

a) carga dinâmica da prova.
b) substanciação.
c) asserção.
d) exposição.
e) causa madura.

▷ ***Anotações/Comentários***

A presença das condições da ação deve ser verifica quando da admissibilidade da petição inicial. Neste momento, estando ausente qualquer uma das condições, deverá o processo ser extinto, sem resolução do mérito. Contudo, se o processo estiver em estágio mais avançado e for constatada a ausência de qualquer das condições da ação, considerando-se o estágio processual e em atenção ao princípio da asserção, deverá o juiz analisar o mérito, julgando improcedente o pedido do autor.

167. (FCC – Analista Judiciário – Área Judiciária – TRF 5/2017) A União foi condenada em ação judicial ao pagamento de indenização por danos emergentes e lucros cessantes, em montante a ser apurado na fase de cumprimento de sentença, mediante procedimento de liquidação. Nesse caso, de acordo com o novo Código de Processo Civil, a sentença estará sujeita ao duplo grau de jurisdição, mediante remessa necessária,

a) apenas se o valor atribuído à causa for superior a 100 salários-mínimos, salvo se estiver fundada em súmula de tribunal superior, acórdão proferido pelo Supremo Tribunal Federal ou pelo Superior Tribunal de Justiça em julgamento de recursos repetitivos, entendimento firmado em incidente de resolução de demandas repetitivas ou de assunção de competência, ou entendimento coincidente com orientação vinculante firmada no âmbito administrativo do próprio ente público, consolidada em manifestação, parecer ou súmula administrativa.
b) apenas se o valor atribuído à causa for superior a 500 salários-mínimos, salvo se estiver fundada em súmula de tribunal superior, acórdão proferido pelo Supremo Tribunal Federal ou pelo Superior Tribunal de Justiça em julgamento de recursos repetitivos, entendimento firmado em incidente de resolução de demandas repetitivas ou de assunção de competência, ou entendimento coincidente com orientação vinculante firmada no âmbito administrativo do próprio ente público, consolidada em manifestação, parecer ou súmula administrativa.
c) apenas se o valor atribuído à causa for superior a 1.000 salários-mínimos, salvo se estiver fundada em súmula de tribunal superior, acórdão proferido pelo Supremo Tribunal Federal ou pelo Superior Tribunal de Justiça em julgamento de recursos repetitivos, entendimento firmado em incidente de resolução de demandas repetitivas ou de assunção de competência, ou entendimento coincidente com orientação vinculante firmada no âmbito administrativo do próprio ente público, consolidada em manifestação, parecer ou súmula administrativa.
d) independentemente do valor atribuído à causa, mesmo se estiver fundada em súmula de tribunal superior, acórdão proferido pelo Supremo Tribunal Federal ou pelo Superior Tribunal de Justiça em julgamento de recursos repetitivos, entendimento firmado em incidente de resolução de demandas repetitivas ou de assunção de competência, ou entendimento coincidente com orientação vinculante firmada no âmbito administrativo do próprio ente público, consolidada em manifestação, parecer ou súmula administrativa.
e) independentemente do valor atribuído à causa, salvo se estiver fundada em súmula de tribunal superior, acórdão proferido pelo Supremo Tribunal Federal ou pelo Superior Tribunal de Justiça em julgamento de recursos repetitivos, entendimento firmado em incidente de resolução de demandas repetitivas ou de assunção de competência, ou entendimento coincidente com orientação vinculante firmada no âmbito administrativo do próprio ente público, consolidada em manifestação, parecer ou súmula administrativa.

▷ ***Anotações/Comentários***

A remessa necessária é condição de eficácia da sentença proferida contra o Poder Público, exigindo que o pronunciamento judicial seja reanalisado pelo Tribunal de Justiça ou Tribunal Regional Federal competente. Embora ainda permaneça no atual CPC, as hipóteses de incidência da remessa necessária foram diminuídas. Nesse sentido, não se aplica o disposto neste artigo quando a condenação ou o proveito econômico obtido na causa for de valor certo e líquido inferior a: I - 1.000 (mil) salários-mínimos para a União e as respectivas autarquias e fundações de direito público; II - 500 (quinhentos) salários-mínimos para os Estados, o Distrito Federal, as respectivas autarquias e fundações de direito público e os Municípios que constituam capitais dos Estados; III - 100 (cem) salários-mínimos para todos os demais Municípios e respectivas autarquias e fundações de direito público. Também não se aplica a remessa necessária quando a sentença estiver fundada em: I - súmula de tribunal superior; II - acórdão proferido pelo Supremo Tribunal Federal ou pelo Superior Tribunal de Justiça em julgamento de recursos repetitivos; III - entendimento firmado em incidente de resolução de demandas repetitivas ou de assunção de competência; IV - entendimento coincidente com orientação vinculante firmada no âmbito administrativo do próprio ente público, consolidada em manifestação, parecer ou súmula administrativa.

168. (FCC – Analista Judiciário – Oficial de Just. Avaliador – TRF 5/2017) Acerca da coisa julgada, considere:

I. Denomina-se coisa julgada formal a autoridade que torna imutável e indiscutível a decisão de mérito não mais sujeita a recurso.
II. A verdade dos fatos faz coisa julgada, quando estabelecida como fundamento da sentença.
III. A sentença faz coisa julgada às partes entre as quais é dada, e em relação a terceiros juridicamente interessados.
IV. Os motivos não fazem coisa julgada, ainda que importantes para determinar o alcance da parte dispositiva da sentença.
V. Transitada em julgado a decisão de mérito, consideram-se formuladas e rejeitadas todas as defesas que a parte poderia opor tanto ao acolhimento quanto à rejeição do pedido.

Está correto o que se afirma APENAS em

a) I e III.
b) I e IV.
c) II e III.
d) II e V.
e) IV e V.

▷ ***Anotações/Comentários***

Assertiva I – incorreta. Denomina-se coisa julgada material a autoridade que torna imutável e indiscutível a decisão de mérito não mais sujeita a recurso (art. 502, CPC).

Assertiva II – incorreta. Não fazem coisa julgada: I - os motivos, ainda que importantes para determinar o alcance da parte dispositiva da sentença; II - a verdade dos fatos, estabelecida como fundamento da sentença.

Assertiva III – incorreta. A sentença faz coisa julgada às partes entre as quais é dada, não prejudicando terceiros. Logo, a coisa julgada será *inter partes*.

Assertiva IV – correta. Como dito acima, os motivos não fazem coisa julgada.

Assertiva V – correta. Transitada em julgado a decisão de mérito, considerar-se-ão deduzidas e repelidas todas as alegações e as defesas que a parte poderia opor tanto ao acolhimento quanto à rejeição do pedido. Trata-se do efeito preclusivo da coisa julgada.

12. PROCEDIMENTOS ESPECIAIS

169. FCC – 2024 – TRT 11 (AM e RR) - Analista Judiciário - Área Judiciária

Laisa e Mauro vivem em união estável há 10 anos. Em razão de uma dívida particular de Mauro, o imóvel do casal foi objeto de penhora em ação de execução de título executivo extrajudicial, na qual somente ele figurava no polo passivo. Nessa situação, à luz do entendimento do Superior Tribunal de Justiça, Laisa pode defender sua meação através de

a) impugnação ao cumprimento de sentença.

b) embargos de terceiro.

c) embargos monitórios.

d) chamamento ao processo.

e) denunciação à lide.

▷ ***Anotações/Comentários***

Notas do autor: consoante previsto na Súmula 134, do STJ, embora intimado da penhora em imóvel do casal, o cônjuge do executado pode opor embargos de terceiro para defesa de sua meação. O art. 674, § 2º, do CPC, equipara a *terceiro* o cônjuge ou companheiro, quando defende a posse de bens próprios ou de sua meação, ressalvado o disposto no art. 843. Logo, a alternativa correta é a letra "B", excluídas as demais.

170. (FCC – Analista Judiciário – Oficial de Just. Avaliador Federal – TRT 15/2018) Fábio Henrique ajuíza demanda possessória contra Gabriel, seu vizinho. Pede reintegração na posse de seu imóvel, sem que, no entanto, tenha se consumado esbulho, havendo apenas receio de ser molestado na posse de seu imóvel. Em razão disso,

a) o juiz deverá determinar emenda à inicial, em dez dias, para que Fábio Henrique regularize o pedido, sob pena de indeferimento e extinção do feito sem resolução de mérito.

b) haverá extinção imediata da ação, pois o pedido reintegratório possui procedimento incompatível com a ação adequada, que seria a de interdito proibitório.

c) haverá aproveitamento do pedido, pois a propositura de uma ação possessória em vez de outra não obstará a que o juiz conheça do pedido e outorgue a proteção legal correspondente àquela cujos pressupostos estejam provados.

d) o pedido não poderá ser aproveitado, por ser mais gravoso ao réu, o que só ocorreria na situação inversa, em que se pedisse o interdito proibitório e já houvesse acontecido o esbulho.

e) haverá extinção do processo, sem resolução do mérito, pois o aproveitamento de uma ação possessória por outra só se dá entre reintegração e manutenção de posse, mas não entre reintegração e interdito proibitório.

▷ ***Anotações/Comentários***

A propositura de uma ação possessória em vez de outra não obstará a que o juiz conheça do pedido e outorgue a proteção legal correspondente àquela cujos pressupostos estejam provados (art. 554, caput, CPC). Trata-se da aplicação do princípio da fungibilidade na tutela possessória.

171. (FCC – Analista Judiciário – Oficial de Just. Avaliador – TRF 5/2017) Ao receber ação de consignação em pagamento formulada por Pedro contra André, o juiz indeferiu a petição inicial, por entender ausente o interesse de agir. Nesse caso, Pedro poderá interpor

a) apelação, sendo facultado ao juiz, no prazo de 5 dias, retratar-se da sentença; se não houver retratação, o juiz mandará citar André para responder ao recurso, para só então determinar a remessa do feito ao Tribunal.

b) agravo, sendo facultado ao juiz, no prazo de 5 dias, retratar-se da decisão; se não houver retratação, o juiz mandará citar André para responder ao recurso, para só então determinar a remessa do feito ao Tribunal.

c) apelação, caso em que o juiz deverá, independentemente de juízo de admissibilidade, determinar a imediata remessa do feito ao Tribunal, sem possibilidade de retratação, pois com a prolação da sentença se encerra a jurisdição de primeiro grau.

d) agravo, caso em que o juiz deverá, independentemente de juízo de admissibilidade, determinar a imediata remessa do feito ao Tribunal, sem possibilidade de retratação, pois com a prolação da sentença se encerra a jurisdição de primeiro grau.

e) interpor apelação, sendo facultado ao juiz, no prazo de 5 dias, retratar-se da sentença; se não houver retratação, o juiz deverá, independentemente de juízo de admissibilidade, determinar a imediata remessa do feito ao Tribunal, sem ordenar a citação do réu.

▷ ***Anotações/Comentários***

No caso em tela, o juiz indeferiu a petição inicial e, dessa forma, proferiu sentença, sem resolução do mérito. Tal pronunciamento judicial poderá ser impugnado pelo recurso de apelação. Por se tratar de pronunciamento que indeferiu a inicial, admite-se que, depois de interposta a apelação, o juízo se retrate. Se não houver retratação, o juiz mandará citar o réu para responder ao recurso. Sendo a sentença reformada pelo tribunal, o prazo para a contestação começará a correr da intimação do retorno dos autos (art. 331, CPC).

172. (FCC – Analista Judiciário – Oficial de Just. Avaliador Federal – TRT 2/2018) Tulio ajuizou ação monitória contra Edilson, que tramita regularmente em uma das varas cíveis do Foro Central da Comarca de São Paulo, Capital. Tulio e Edilson são representados em juízo, respectivamente e exclusivamente, pelos advogados Rodolfo e Julia. No curso do processo, durante o mês de Fevereiro deste ano de 2018, Rodolfo, advogado de Tulio, tornou-se pai após o parto de sua esposa. E no mês de abril deste mesmo ano Julia tornou-se mãe. Rodolfo e Julia comunicaram os seus clientes e apresentaram em juízo as respectivas certidões de nascimento. No caso hipotético apresentado, de acordo com o que estabelece o Código de Processo Civil, agiu corretamente o Magistrado que

a) suspendeu o processo pelo prazo de 8 dias a partir da data do parto da esposa do advogado Rodolfo, e suspendeu o processo pelo prazo de 30 dias a partir da data do parto da advogada Julia.

b) não suspendeu o processo após o parto da esposa de Rodolfo, e suspendeu o processo pelo prazo de 60 dias a partir da data do parto da advogada Julia.

c) suspendeu o processo pelo prazo de 5 dias a partir da data do parto da esposa do advogado Rodolfo, e suspendeu o processo pelo prazo de 30 dias a partir da data do parto de Julia.

d) suspendeu o processo pelo prazo de 5 dias a partir da data do parto da esposa de Rodolfo, e suspendeu o processo pelo prazo de 60 dias a partir da data do parto de Julia.

e) suspendeu o processo pelo prazo de 20 dias a partir da data do parto da esposa de Rodolfo, e suspendeu o processo pelo prazo de 30 dias a partir da data do parto de Julia.

▷ ***Anotações/Comentários***

Suspende-se o processo pelo parto ou pela concessão da adoção, quando a advogada responsável pelo processo constituir a única patrona da causa, ou quando o advogado responsável pelo processo constituir o único patrono da causa e tornar-se pai (art. 313, IX e X, CPC). No primeiro caso, o período de suspensão será de 30 (trinta) dias, contado a partir da data do parto ou da concessão da adoção, mediante apresentação de certidão de nascimento ou documento similar que comprove a realização do parto, ou de termo judicial que tenha concedido a adoção, desde que haja notificação ao cliente. No segundo caso, o período de suspensão será de 8 (oito) dias, contado a partir da data do parto ou da concessão da adoção, mediante apresentação de certidão de nascimento ou documento similar que comprove a realização do parto, ou de termo judicial que tenha concedido a adoção, desde que haja notificação ao cliente (§§ 6º e 7º, art. 313, CPC).

173. (Consulplan – Analista Judiciário – Área Administrativa – TRE – RJ/2017) Os Embargos de Terceiros fazem parte do procedimento especial, previsto no Código de Processo Civil, sendo possível sua utilização por quem, não sendo parte no processo, sofre constrição ou sofre ameaça de constrição sobre bens que possua ou sobre os quais tenha direito incompatível com o ato constritivo. Sobre o ajuizamento dos embargos, assinale a alternativa INCORRETA.

a) Pode defender-se por meio de embargos aquele que pretende negar ter adquirido bem em fraude à execução.

b) O companheiro é terceiro legítimo para ajuizamento dos Embargos de Terceiros quando defende a posse de bens próprios.

c) É admissível a oposição de Embargos de Terceiros fundados em alegação de posse advinda do compromisso de compra e venda de imóveis, ainda que desprovido do registro.

PROCESSUAL CIVIL

d) Além da sentença que promova a anulação da penhora sobre o bem, é possível ainda em sede de Embargos de Terceiros a declaração de nulidade do ato jurídico que verse sobre fraude contra credores.

▷ ***Anotações/Comentários***

Quem, não sendo parte no processo, sofrer constrição ou ameaça de constrição sobre bens que possua ou sobre os quais tenha direito incompatível com o ato constritivo, poderá requerer seu desfazimento ou sua inibição por meio de embargos de terceiro.

Alternativa "A": aquele que pretende negar ter adquirido bem em fraude à execução poderá valer-se dos embargos de terceiro (art. 674, § 2º, II, CPC).

Alternativa "B": Ao defender a posse de bens próprios, o companheiro tem legitimidade para ajuizar os embargos de terceiro (art. 674, § 2º, I, CPC).

Alternativa "C": consoante jurisprudência sedimentada no âmbito do STJ, a promessa de compra e venda, ainda que não registrada, constitui meio hábil a impedir a constrição do bem imóvel em execução.

Alternativa "D": assertiva incorreta. Acolhido o pedido inicial dos embargos de terceiro, o ato de constrição judicial indevida será cancelado, com o reconhecimento do domínio, da manutenção da posse ou da reintegração definitiva do bem ou de direito ao embargante (art. 681). Poderá valer-se dos embargos de terceiro, aquele que tenha reconhecida, em ação autônoma, fraude contra credores (art. 790, VI).

174. Consulplan – Analista Judiciário – Área Judiciária – TRF 2/2017) Conforme leciona o doutrinador Humberto Dalla Bernardina de Pinho: "a ação de consignação em pagamento é um instituto criado pelo direito processual apenas para regular o procedimento de eficácia liberatória do pagamento sem que haja, necessariamente, a transferência do bem ao credor, tanto que o pagamento por consignação é regulado nos Arts. 334 a 345 do Código Civil." Sobre o mencionado procedimento especial previsto pelo Novo Código de Processo Civil de 2015, assinale a alternativa INCORRETA.

a) A consignação será requerida no lugar do pagamento, cessando para o devedor, à data do depósito, os juros e os riscos, salvo se a demanda for julgada improcedente.

b) Na contestação da ação de consignação em pagamento, o réu poderá alegar que o depósito não é integral, mas tal alegação somente será admissível se ele indicar o montante que entende devido.

c) Conforme entendimento do Superior Tribunal de Justiça, diante do rito especial previsto para a ação de consignação e pagamento, torna-se inviável a cumulação do pedido consignatório com outros pedidos no mesmo processo.

d) São também legitimados a propor a ação de consignação em pagamento, nos casos previstos em lei, o terceiro juridicamente interessado na extinção da dívida e o terceiro não interessado que aja em nome e à conta do devedor.

▷ ***Anotações/Comentários***

Alternativa "A": a consignação será requerida no lugar do pagamento, cessando para o devedor, à data do depósito, os juros e os riscos, salvo se a demanda for julgada improcedente (art. 540).

Alternativa "B": Na contestação, o réu poderá alegar que: I - não houve recusa ou mora em receber a quantia ou a coisa devida; II - foi justa a recusa; III - o depósito não se efetuou no prazo ou no lugar do pagamento; IV - o depósito não é integral.

Alternativa "C": assertiva incorreta. Conforme orientação do STJ, é possível a cumulação de pedidos na ação consignatória. A propósito, por exemplo, admite-se "a cumulação dos pedidos de revisão de cláusulas de contrato e de consignação em pagamento das parcelas tidas como devidas por força do mesmo negócio jurídico" e de que quando o autor cumula pedidos "que possuem procedimentos judiciais diversos, implicitamente requer o emprego do procedimento ordinário" [leia-se, atualmente, comum] (REsp nº 464.439/GO, Relatora a Ministra Nancy Andrighi, DJ de 23/6/03).

Alternativa "D": nos casos previstos em lei, poderá o devedor ou terceiro requerer, com efeito de pagamento, a consignação da quantia ou da coisa devida (art. 539, caput).

175. (Consulplan – Analista Judiciário – Oficial de Just. Avaliador – TRF 2/2017) "Sérgio, rico empresário, possui diversas propriedades rurais no interior do Mato Grosso do Sul utilizadas para cultivo de soja transgênica. Reside, contudo, em bairro da zona nobre do Estado de São Paulo, de onde administra seus negócios. No fim do ano, em viagem para uma de suas fazendas, constata que um grupo de ruralistas sem-terra invadira sua propriedade alegando se tratar de propriedade improdutiva e pugnando pela desapropriação da área para fins de reforma agrária. Sérgio é informado que os mesmos estavam ocupando o local há, aproximadamente, três meses." Com base no caso hipotético narrado, assinale a alternativa correta.

a) Sérgio poderá optar entre propor a respectiva ação possessória no Estado do Mato Grosso do Sul, foro de situação da coisa, ou no local de seu domicílio, qual seja, o Estado de São Paulo.

b) Diante do grande número de pessoas que figuram no polo passivo da demanda possessória de reintegração ajuizada por Sérgio, os ocupantes que forem encontrados no local deverão ser prioritariamente citados por edital.

c) Diante dos princípios da ampla defesa e da não surpresa que regem o ordenamento processual vigente, ainda que a petição inicial esteja documentalmente instruída, o Código de Processo Civil de 2015 veda peremptoriamente o deferimento, sem prévia oitiva dos réus, de mandado liminar de reintegração de posse em favor de Sérgio.

d) Tratando-se de litígio coletivo pela posse de terra rural, O Ministério Público será intimado para, no prazo de trinta dias, intervir como fiscal da ordem jurídica, hipótese em que terá vista dos autos depois das partes, sendo intimado de todos os atos do processo, bem como poderá produzir provas, requerer as medidas processuais pertinentes e recorrer.

▷ ***Anotações/Comentários***

Alternativa "A": incorreta. Obrigatoriamente, Sérgio deverá ajuizar a ação no foro da situação da coisa, que tem competência absoluta.

Alternativa "B": incorreta. No caso de ação possessória em que figure no polo passivo grande número de pessoas, serão feitas a citação pessoal dos ocupantes que forem encontrados no local e a citação por edital dos demais, determinando-se, ainda, a intimação do Ministério Público e, se envolver pessoas em situação de hipossuficiência econômica, da Defensoria Pública (art. 554, § 1º, CPC).

Alternativa "C": incorreta. O CPC admite o deferimento da tutela provisória independentemente da oitiva da parte contrária, caracterizando-se o contraditório postergado (art. 562, caput).

Alternativa "D": correta. Em primeiro lugar, verifica-se que se está diante de litígio coletivo pela posse de imóvel, oportunidade em que haverá a necessidade de intervenção do Ministério Público como fiscal da ordem jurídica. Por conta do esbulho ter ocorrido há menos de ano e dia, não há necessidade de ser designada audiência para o deferimento do pedido de concessão de liminar (art. 565, CPC).

176. (AOCP – Analista Judiciário – Área Judiciária – TRT 1/2018) De acordo com o Código de Processo Civil de 2015, quanto à Ação de Embargos de Terceiro, assinale a alternativa INCORRETA.

a) Essa modalidade de ação presta-se ao livramento de constrição de patrimônio de terceiro não envolvido com a lide principal.

b) Essa modalidade de ação viabiliza proteção possessória ou dominial em relação à sua função.

c) Essa modalidade de ação é cabível diante de gravame judicial e atos administrativos.

d) Contra os embargos do credor com garantia real, o embargado somente poderá alegar que: o devedor comum é insolvente; o título é nulo ou não obriga a terceiro; outra é a coisa dada em garantia.

e) A sentença de procedência determinará o desfazimento da constrição, determinará ordem de manutenção/reintegração de posse, levantamento da caução, se houver, e declarará o domínio.

▷ ***Anotações/Comentários***

Quem, não sendo parte no processo, sofrer constrição ou ameaça de constrição sobre bens que possua ou sobre os quais tenha direito incompatível com o ato constritivo, poderá requerer seu desfazimento ou sua inibição por meio de embargos de terceiro. A ação, contudo, não será cabível diante de gravame administrativo (apenas de constrição ou ameaça de constrição em processo judicial).

177. (FCC – Analista Judiciário – Oficial de Just. Avaliador Federal – TRT 2/2018) O Banco "X" ajuizou na comarca de São Paulo, Capital, ação de cobrança contra o correntista Afonso, julgada procedente por sentença transitada em julgado. Iniciada a fase de cumprimento de sentença, Afonso não cumpre espontaneamente a sentença condenatória. A penhora on-line é infrutífera. O Banco "X", então, descobre a existência de um imóvel comercial na cidade e comarca de Ribeirão Preto, requerendo a sua penhora. O Magistrado da Capital, onde o feito tramita, determina, então, a expedição de carta precatória à comarca de Ribeirão Preto para penhora do imóvel comercial em questão, de propriedade do devedor, e a sua respectiva avaliação. Os atos são devidamente cumpridos pelo juízo deprecado. O Banco exequente "X", apresenta requerimento de adjudicação do bem imóvel comercial penhorado. O executado é intimado para se manifestar sobre o requerimento e, em seguida, a adjudicação é deferida pelo Magistrado. Stela, esposa do executado Afonso, pretende resguardar sua meação no imóvel comercial objeto de adjudicação e, para tanto, deverá oferecer embargos de terceiro perante o juízo

a) deprecado, onde foi realizada a constrição, no prazo de 5 dias depois da adjudicação.
b) deprecante, no prazo de 5 dias depois da adjudicação.
c) deprecante, no prazo de 15 dias depois da adjudicação.
d) deprecado, onde foi realizada a constrição, no prazo de 15 dias depois da adjudicação.
e) deprecante, no prazo de 10 dias depois da adjudicação.

▷ ***Anotações/Comentários***

Os embargos podem ser opostos a qualquer tempo no processo de conhecimento enquanto não transitada em julgado a sentença e, no cumprimento de sentença ou no processo de execução, até 5 (cinco) dias depois da adjudicação, da alienação por iniciativa particular ou da arrematação, mas sempre antes da assinatura da respectiva carta (art. 675, CPC). Como a adjudicação foi deferida pelo juízo deprecante, perante este deverão ser ajuizados os embargos de terceiro. A propósito: "Nos casos de ato de constrição realizado por carta, os embargos serão oferecidos no juízo deprecado, salvo se indicado pelo juízo deprecante o bem constrito ou se já devolvida a carta." (art. 676, parágrafo único, CPC).

178. (FCC – Analista Judiciário – Oficial de Just. Avaliador – TRT 20/2016) Os embargos de terceiro

a) não admitem prova oral.
b) não podem ser opostos pelo cônjuge do devedor, salvo para defesa dos bens que poderá vir a herdar.
c) podem ser opostos apenas no processo de execução.
d) são distribuídos livremente, não suspendendo o processo principal.
e) podem ser de terceiro proprietário, inclusive fiduciário, ou possuidor.

▷ ***Anotações/Comentários***

Alternativa "A": incorreta. Admite-se a produção da prova oral nos embargos de terceiro.

Alternativa "B": incorreta. Poderão ser opostos pelo cônjuge do devedor, quando defende a posse de bens próprios ou de sua meação.

Alternativa "C": incorreta. Poderão ser opostos também em razão de constrição ou de ameaça de constrição em processo de conhecimento.

Alternativa "D": incorreta. Os embargos de terceiro serão distribuídos por dependência ao juízo que ordenou a constrição e autuados em apartado. A decisão que reconhecer suficientemente provado o domínio ou a posse determinará a suspensão das medidas constritivas sobre os bens litigiosos objeto dos embargos, bem como a manutenção ou a reintegração provisória da posse, se o embargante a houver requerido (art. 678, caput).

Alternativa "E": correta. Os embargos podem ser de terceiro proprietário, inclusive fiduciário, ou possuidor. Considera-se terceiro, para ajuizamento dos embargos: I - o cônjuge ou companheiro, quando defende a posse de bens próprios ou de sua meação, ressalvado o disposto no art. 843 ; II - o adquirente de bens cuja constrição decorreu de decisão que declara a ineficácia da alienação realizada em fraude à execução; III - quem sofre constrição judicial de seus bens por força de desconsideração da personalidade jurídica, de cujo incidente não fez parte; IV - o credor com garantia real para obstar expropriação judicial do objeto de direito real de garantia, caso não tenha sido intimado, nos termos legais dos atos expropriatórios respectivos.

179. (Consulplan – Juiz de Direito – TJ – MG/2018) A tomou certa importância emprestada de B para pagar em 60 (sessenta) dias; 10 (dez) dias antes de vencer a obrigação, o credor faleceu. O devedor foi procurado por C e D para receberem o crédito e alegaram que ambas teriam mantido união estável, simultaneamente, com B. Diante do impasse e pretendendo não se sujeitar aos efeitos da mora, o devedor

a) nada fará e aguardará iniciativa por parte das supostas credoras.
b) proporá ação de consignação em pagamento e requererá ao Juiz, como tutela provisória de urgência, decidir quem é a credora.
c) proporá ação de consignação em pagamento e requererá a citação das duas supostas credoras para que levantem a importância ofertada.
d) proporá ação de consignação em pagamento e requererá ao Juiz autorização para depositar a importância devida somente depois que for definido quem é a credora.

▷ ***Anotações/Comentários***

Existindo dúvidas sobre quem deva legitimamente receber o pagamento, o autor requererá o depósito e a citação dos possíveis titulares do crédito para provarem o seu direito (art. 547). Forma-se, então, litisconsórcio passivo necessário simples.

PROCESSUAL CIVIL

180. (AOCP – Analista Judiciário – Área Judiciária – TRT 1/2018) Mateus realizou um contrato escrito para compra de um veículo de propriedade de Gabriel, no qual aquele pagaria a este o valor de dez mil reais pelo bem, no prazo de trinta dias da entrega, em dinheiro e diretamente na residência de Gabriel. Ocorre que Gabriel encontrava-se de mudança e, na pressa de perfectibilizar o negócio, realizou a entrega do bem, porém não informou seu novo endereço. Diante da impossibilidade de realizar o pagamento conforme disposição contratual, Mateus buscou a tutela jurisdicional estatal para se ver livre de sua obrigação, depositando o valor em juízo. De acordo com o Código de Processo Civil de 2015, em sede de Ação de Consignação em Pagamento, em relação à defesa do réu, assinale a alternativa correta.

a) Poderá alegar, diante de inexistência de tentativa de consignação em pagamento extrajudicial por parte do autor, que estará este eivado pela falta de interesse de agir.
b) Poderá alegar a inexigibilidade do título ou inexequibilidade da obrigação.
c) Poderá solicitar a condenação do autor em perdas e danos e indenização de frutos, com base na mora no pagamento.
d) Poderá alegar que foi justa a recusa, o depósito não se efetuou no prazo ou no lugar do pagamento, ou o depósito não é integral.
e) Poderá requerer a revisão do contrato ou negócio jurídico celebrado

▷ ***Anotações/Comentários***

Na ação de consignação em pagamento, o réu poderá alegar, em contestação, que: I - não houve recusa ou mora em receber a quantia ou a coisa devida;

II - foi justa a recusa; III - o depósito não se efetuou no prazo ou no lugar do pagamento;

IV - o depósito não é integral (art. 544, CPC).

181. (FCC – Técnico Judiciário – Área Administrativa – TRT 11/2017) Na ação de desapropriação,

a) a transmissão da propriedade, decorrente de desapropriação amigável ou judicial, ficará sujeita ao imposto de lucro imobiliário.
b) é incabível a imissão provisória na posse dos bens.
c) a instância interrompe-se no caso de falecimento do réu.

d) não serão atendidas, no valor da desapropriação, o valor das benfeitorias necessárias feitas após a desapropriação.

e) a contestação só poderá versar sobre vício do processo judicial ou impugnação do preço

▷ ***Anotações/Comentários***

A ação de desapropriação de bens por utilidade pública será regida pelo Decreto-lei nº 3.365/1941.

Alternativa "A": incorreta. A transmissão da propriedade, decorrente de desapropriação amigável ou judicial, não ficará sujeita ao imposto de lucro imobiliário (art. 27, § 2º, Decreto-lei 3.365/1941).

Alternativa "B": incorreta. É cabível a imissão provisória na posse (art. 15, § 1º, Decreto-lei 3.365/1941).

Alternativa "C": incorreta. O falecimento do réu não importará na extinção do processo, que poderá prosseguir em face do interessado habilitado e, enquanto não ocorrer a habilitação, será nomeado curador à lide (art. 21, parágrafo único, Decreto-lei 3.365/1941).

Alternativa "D": incorreta. Serão atendidas as benfeitorias necessárias feitas após a desapropriação; as úteis, quando feitas com autorização do expropriante (art. 26, § 1º, Decreto-lei 3.365/1941).

Alternativa "E": correta. A contestação só poderá versar sobre vício do processo judicial ou impugnação do processo. Outra questão deverá ser decidida por outra demanda (art. 20, Decreto-lei 3.365/1941).

---

182. (IESES – Cartório – Remoção – TJ – CE/2018) Segundo o Código de Processo Civil, a contar da abertura da sucessão, o processo de inventário e de partilha deve ser instaurado dentro de:

a) 1 (um) mês.

b) 3 (três) meses.

c) 6 (seis) meses.

d) 2 (dois) meses.

▷ ***Anotações/Comentários***

O processo de inventário e de partilha deve ser instaurado dentro de dois meses, a contar da abertura da sucessão (art. 611, CPC).

---

183. (Vunesp – Juiz de Direito – TJ – SP/2018) Quanto aos embargos de terceiro, assinale a alternativa correta.

a) Na fase de conhecimento, eles podem ser opostos até o trânsito em julgado e, no cumprimento ou execução, no mesmo prazo para impugnação ou para embargos à execução.

b) Para obtenção de medida liminar, o embargante tem o ônus de apresentar prova pré-constituída de sua posse ou domínio.

c) No caso de embargos opostos por credor com garantia real, a lei estabelece um limite de cognição horizontal ou em extensão.

d) Eles serão distribuídos livremente e caberá ao juízo que ordenou a constrição, tanto que comunicado do ajuizamento da medida, eventualmente suspender o processo até julgamento dos embargos.

▷ ***Anotações/Comentários***

Alternativa "A": incorreta. Os embargos podem ser opostos a qualquer tempo no processo de conhecimento enquanto não transitada em julgado a sentença e, no cumprimento de sentença ou no processo de execução, até 5 (cinco) dias depois da adjudicação, da alienação por iniciativa particular ou da arrematação, mas sempre antes da assinatura da respectiva carta.

Alternativa "B": incorreta. É possível a prova da posse em audiência preliminar designada pelo juiz (art. 677, § 1º, CPC).

Alternativa "C": correta. Admite-se que o credor com garantia real possa se utilizar dos embargos de terceiro para obstar expropriação judicial do objeto de direito real de garantia, caso não tenha sido intimado, nos termos legais dos atos expropriatórios respectivos. Por isso, a diz-se que a lei estabeleceu um limite horizontal ou quanto à matéria que pode ser analisada.

Alternativa "D": incorreta. Os embargos serão distribuídos por dependência ao juízo que ordenou a constrição e autuados em apartado.

13.CUMPRIMENTO DE SENTENÇA E EXECUÇÃO

184. IBFC – 2024 – TRF 5 - Técnico Judiciário - Área Administrativa

Sobre as defesas do executado, assinale a alternativa correta.

a) Os embargos à execução e a impugnação ao cumprimento de sentença possuem efeito suspensivo automático

b) A amplitude de matéria defensiva possível de ser alegada nos embargos à execução e na impugnação ao cumprimento de sentença é a mesma

c) Os embargos à execução e a impugnação ao cumprimento de sentença não são dotados de efeito suspensivo. Podendo ser concedido desde que tenha a probabilidade do direito, o perigo da demora e a garantia do juízo

d) Para que os embargos à execução suspendam o andamento da execução, é necessário, apenas, que o embargante demonstre o perigo de dano e faça a garantia integral do juízo.

▷ ***Anotações/Comentários***

Notas do autor:

Alternativa "A": incorreta. Os embargos à execução e a impugnação ao cumprimento de sentença não possuem efeito suspensivo automático, o que deve ser requerido pela parte.

Alternativa "B": incorreta. Diferentemente do que foi afirmado, a amplitude de matéria defensiva possível de ser alegada nos embargos à execução é diferente do que ocorre na impugnação ao cumprimento de sentença. Com efeito, o rol de matérias alegáveis nos embargos à mais amplo se comparado com a impugnação ao cumprimento de sentença. A propósito, vide o art. 917, do CPC, que indique poder o executado alegar nos embargos à execução: I - inexequibilidade do título ou inexigibilidade da obrigação; II - penhora incorreta ou avaliação errônea; III - excesso de execução ou cumulação indevida de execuções; IV - retenção por benfeitorias necessárias ou úteis, nos casos de execução para entrega de coisa certa; V - incompetência absoluta ou relativa do juízo da execução; VI - qualquer matéria que lhe seria lícito deduzir como defesa em processo de conhecimento. De outro lado, na impugnação ao cumprimento de sentença, poderá o executado alegar: I - falta ou nulidade da citação se, na fase de conhecimento, o processo correu à revelia; II - ilegitimidade de parte; III - inexequibilidade do título ou inexigibilidade da obrigação; IV - penhora incorreta ou avaliação errônea; V - excesso de execução ou cumulação indevida de execuções; VI - incompetência absoluta ou relativa do juízo da execução; VII - qualquer causa modificativa ou extintiva da obrigação, como pagamento, novação, compensação, transação ou prescrição, desde que supervenientes à sentença (art. 525, CPC).

Alternativa "C": correta. Admite-se que o juiz conceda efeito suspensivo à impugnação, desde que exista prévia garantia e se seus fundamentados forem relevantes e se o prosseguimento da execução for manifestamente suscetível de causar ao executado grave dano de difícil ou incerta reparação (art. 525, § 6º). Em relação aos embargos, poderá ser atribuído efeito suspensivo se verificados os requisitos para a concessão da tutela provisória e desde que a execução já esteja garantida por penhora, depósito ou caução suficientes (art. 919, § 1º). Logo, nas duas situações, poderá ser concedido o efeito suspensivo desde que tenha a probabilidade do direito, o perigo da demora e a garantia do juízo. Exclui automaticamente a alternativa "D".

---

185. (FCC – Analista Judiciário – Área Judiciária – TRF 5/2017) Em julho de 2016, Carlos ajuizou ação contra Paula, que foi definitivamente condenada ao cumprimento da obrigação de entregar-lhe determinado imóvel. Na fase de cumprimento de sentença, depois de expedido o mandado de imissão na posse, Paula requereu que fosse respeitado o direito de retenção por conta de benfeitorias necessárias, úteis e voluptuárias que havia realizado no imóvel, pretensão que não fora deduzida na contestação que ofereceu na fase de conhecimento. Nesse caso, de acordo com o novo Código de Processo Civil, o juiz

a) não poderá acolher o pedido, que deveria ter sido deduzido na contestação, na fase de conhecimento.

b) poderá acolher o pedido apenas quanto às benfeitorias necessárias ou úteis, ainda que o mandado já tenha sido cumprido.

c) poderá acolher o pedido, inclusive quanto às benfeitorias voluptuárias, desde que o mandado ainda não tenha sido cumprido.

d) não poderá acolher o pedido, que somente poderia ter sido deduzido até a expedição do mandado.

e) poderá acolher o pedido apenas quanto às benfeitorias necessárias ou úteis, mas desde que o mandado ainda não tenha sido cumprido.

▷ ***Anotações/Comentários***

O direito de retenção por benfeitorias deve ser exercido na contestação, na fase de conhecimento (art. 538, § 2º, CPC).

186. (FCC – Analista Judiciário – Área Judiciária – TRT 11/2017) A respeito dos honorários advocatícios, é correto afirmar que

a) os honorários advocatícios não podem exceder 5% do valor da condenação, nas causas em que a Fazenda Pública for parte.

b) os honorários fixados na sentença não podem ser cumulados com os honorários arbitrados na fase recursal.

c) não são devidos honorários no cumprimento de sentença contra a Fazenda Pública que enseje a expedição de precatório, desde que não tenha sido impugnada.

d) não são devidos honorários advocatícios no cumprimento provisório de sentença.

e) não são devidos honorários advocatícios nos casos de perda de objeto.

▷ ***Anotações/Comentários***

Alternativa "A": incorreta. Nas causas em que a Fazenda Pública for parte, a fixação dos honorários observará percentuais diferentes, considerando-se o valor da condenação ou o proveito econômico obtido (art. 85, § 3º, CPC).

Alternativa "B": incorreta. Os honorários fixados na sentença poderão ser cumulados com aqueles fixados no recurso.

Alternativa "C": correta. Não serão devidos honorários no cumprimento de sentença contra a Fazenda Pública que enseje expedição de precatório, desde que não tenha sido impugnada (art. 85, § 7º, CPC).

Alternativa "D": incorreta. São devidos honorários advocatícios na reconvenção, no cumprimento de sentença, provisório ou definitivo, na execução, resistida ou não, e nos recursos interpostos, cumulativamente.

Alternativa "E": incorreta. Serão devidos honorários advocatícios ainda que haja a perda superveniente do objeto.

187. (Vunesp – Cartório – Remoção – TJ – SP/2018) A respeito da penhora de imóvel, leia as afirmações a seguir:

I. será realizada por termo nos autos, quando o imóvel estiver localizado na comarca do processo e o exequente apresentar certidão da respectiva matrícula.

II. recaindo a penhora sobre bem imóvel indivisível, o equivalente à quota-parte do coproprietário alheio à execução recairá sobre o produto da alienação do bem.

III. a inscrição da penhora no cartório de registro imobiliário competente constitui presunção relativa de conhecimento por terceiros.

IV. da penhora deverá ser o cônjuge do executado intimado, salvo se forem casados em regime de separação absoluta de bens.

Assinale a alternativa que contém as afirmações corretas.

a) II e III.

b) II e IV.

c) I e IV.

d) I e III.

▷ ***Anotações/Comentários***

Assertiva I – incorreta. A penhora de imóveis, independentemente de onde se localizem, quando apresentada certidão da respectiva matrícula, e a penhora de veículos automotores, quando apresentada certidão que ateste a sua existência, serão realizadas por termo nos autos (art. 845, § 1º, CPC).

Assertiva II – correta. Tratando-se de penhora de bem indivisível, o equivalente à quota-parte do coproprietário ou do cônjuge alheio à execução recairá sobre o produto da alienação do bem (art. 843, caput, CPC).

Assertiva III – incorreta. Para presunção absoluta de conhecimento por terceiros, cabe ao exequente providenciar a averbação do arresto ou da penhora no registro competente, mediante apresentação de cópia do auto ou do termo, independentemente de mandado judicial (art. 844, CPC).

Assertiva IV – correta. Recaindo a penhora sobre bem imóvel ou direito real sobre imóvel, será intimado também o cônjuge do executado, salvo se forem casados em regime de separação absoluta de bens (art. 842, CPC).

188. (FCC – Analista Judiciário – Oficial de Just. Avaliador Federal – TRT 2/2018) Manoel ajuizou ação indenizatória decorrente de ato ilícito contra Rodolfo. A referida ação foi julgada procedente em primeiro grau de jurisdição, condenando o demandado Rodolfo ao pagamento em favor de Manoel da quantia de R$ 50.000,00. Rodolfo apresentou, tempestivamente, recurso de apelação, que aguarda apreciação pelo E. Tribunal de Justiça competente. Nesse caso, a sentença que condenou Rodolfo ao pagamento de indenização em favor de Manoel

a) valerá como título constitutivo de hipoteca judiciária e, sobrevindo a reforma ou a invalidação da sentença de primeiro grau que impôs o pagamento de quantia, a parte não responderá pelos danos sofridos pela outra parte em razão da constituição da garantia.

b) não valerá como título constitutivo de hipoteca judiciária, uma vez que existe recurso pendente de julgamento dotado de efeito suspensivo.

c) valerá como título constitutivo de hipoteca judiciária e, sobrevindo a reforma ou a invalidação da sentença de primeiro grau que impôs o pagamento de quantia, a parte responderá, independentemente de culpa, pelos danos que a outra parte tiver sofrido em razão da constituição da garantia, devendo o valor da indenização ser liquidado e executado nos próprios autos.

d) valerá como título constitutivo de hipoteca judiciária e, sobrevindo a reforma ou a invalidação da sentença de primeiro grau que impôs o pagamento de quantia, a parte responderá, desde comprovada a sua culpa, pelos danos que a outra parte tiver sofrido em razão da constituição da garantia, devendo o valor da indenização ser liquidado e executado em ação autônoma.

e) valerá como título constitutivo de hipoteca judiciária e, sobrevindo a reforma ou a invalidação da sentença de primeiro grau que impôs o pagamento de quantia, a parte responderá, desde que comprovada a sua culpa, pelos danos que a outra parte tiver sofrido em razão da constituição da garantia, devendo o valor da indenização ser liquidado e executado nos próprios autos.

▷ ***Anotações/Comentários***

A decisão que condenar o réu ao pagamento de prestação consistente em dinheiro e a que determinar a conversão de prestação de fazer, de não fazer ou de dar coisa em prestação pecuniária valerão como título constitutivo de hipoteca judiciária. A decisão produz a hipoteca judiciária: I - embora a condenação seja genérica; II - ainda que o credor possa promover o cumprimento provisório da sentença ou esteja pendente arresto sobre bem do devedor; III - mesmo que impugnada por recurso dotado de efeito suspensivo (art. 495, CPC).

189. (IESES – Cartório – Provimento – TJ – AM/2018) Em relação a tutela executiva ditada pelo Código de Processo Civil é correto afirmar:

a) No cumprimento definitivo da sentença, que delimita condenação em quantia certa, ou já fixada em liquidação, e no caso de decisão sobre parcela incontroversa, a requerimento do exequente, sendo o executado intimado para pagar o débito, no prazo de 10 (dez) dias, acrescido de custas, se houver. Não ocorrendo pagamento voluntário, no referido prazo, o débito será acrescido de multa de quinze por cento e, também, de honorários de advogado de dez por cento.

b) No cumprimento da sentença, a impugnação depende de prévia garantia do juízo sob pena de indeferimento liminar.

c) Na fase executiva, é lícito ao réu, antes de ser intimado para o cumprimento da sentença, comparecer em juízo e oferecer em pagamento o valor que entender devido, apresentando memória discriminada do cálculo. Nesse sentido, o autor será ouvido no prazo de 5 (cinco) dias, podendo impugnar o valor depositado, sem prejuízo do levantamento do depósito a título de parcela incontroversa.

d) No cumprimento provisório da sentença condenatória ao pagamento de quantia certa não caberá verba honorária.

▷ ***Anotações/Comentários***

É lícito ao réu, antes de ser intimado para o cumprimento da sentença, comparecer em juízo e oferecer em pagamento o valor que entender devido, apresentando memória discriminada do cálculo. O autor será ouvido no prazo de 5 (cinco) dias, podendo impugnar o valor depositado, sem prejuízo do levantamento do depósito a título de parcela incontroversa. Concluindo o juiz pela insuficiência do depósito, sobre a diferença incidirão multa de dez por cento e honorários advocatícios, também fixados em dez por cento, seguindo-se a execução com penhora e atos subsequentes. Se o autor não se opuser, o juiz declarará satisfeita a obrigação e extinguirá o processo (art. 526, CPC).

---

190. (FGV – Técnico Judiciário – Área Judiciária – TJ – AL/2018) No curso de um processo autônomo de execução, o devedor é intimado e não informa ao juiz onde se encontra seu automóvel de luxo, cuja penhora fora requerida pelo credor. Por entender ser esta uma conduta atentatória à dignidade da justiça, o executado está sujeito à multa em montante não superior a:

a) dez por cento do valor atualizado do débito em execução, a qual será revertida em proveito do exequente, exigível nos próprios autos do processo, sem prejuízo de outras sanções de natureza processual ou material;

b) vinte por cento do valor atualizado do débito em execução, a qual será inscrita como dívida ativa da União ou do Estado, exigível nos próprios autos do processo, sem prejuízo de outras sanções de natureza processual ou material;

c) dez por cento do valor atualizado do débito em execução, a qual será inscrita como dívida ativa da União ou do Estado, exigível nos próprios autos do processo, sem prejuízo de outras sanções de natureza processual ou material;

d) vinte por cento do valor atualizado do débito em execução, a qual será revertida em proveito do exequente, exigível nos próprios autos do processo, sem prejuízo de outras sanções de natureza processual ou material;

e) vinte por cento do valor atualizado do débito em execução, a qual será inscrita como dívida ativa da União ou do Estado, exigível em autos apartados, sem prejuízo de outras sanções de natureza processual ou material.

▷ ***Anotações/Comentários***

Considera-se atentatória à dignidade da justiça a conduta comissiva ou omissiva do executado que: I - frauda a execução; II - se opõe maliciosamente à execução, empregando ardis e meios artificiosos; III - dificulta ou embaraça a realização da penhora; IV - resiste injustificadamente às ordens judiciais; V - intimado, não indica ao juiz quais são e onde estão os bens sujeitos à penhora e os respectivos valores, nem exibe prova de sua propriedade e, se for o caso, certidão negativa de ônus (art. 774,CPC). Nestes casos, o juiz fixará multa em montante não superior a vinte por cento do valor atualizado do débito em execução, a qual será revertida em proveito do exequente, exigível nos próprios autos do processo, sem prejuízo de outras sanções de natureza processual ou material (art. 774, parágrafo único, CPC).

---

191. FGV – Técnico Judiciário – Área Judiciária – TJ – AL/2018) O réu foi intimado para pagar um débito de cem mil reais que lhe foi imposto por força de uma sentença condenatória transitada em julgado em seu desfavor. Nesse sentido, efetua, no prazo legal, o pagamento de metade do valor devido. Nesse caso, não havendo incidência de custas, deverá o débito ser acrescido de multa de:

a) dez por cento e de honorários advocatícios de dez por cento sobre os cem mil reais;

b) dez por cento e de honorários advocatícios de dez por cento sobre o valor restante de cinquenta mil reais;

c) dez por cento sobre o valor restante de cinquenta mil reais e de dez por cento de honorários advocatícios sobre os cem mil reais;

d) dez por cento sobre o valor restante de cinquenta mil reais e, em face da sucumbência recíproca, sem honorários advocatícios;

e) quinze por cento e de honorários advocatícios de quinze por cento da parcela restante de cinquenta mil reais.

▷ ***Anotações/Comentários***

No caso de condenação em quantia certa, ou já fixada em liquidação, e no caso de decisão sobre parcela incontroversa, o cumprimento definitivo da sentença far-se-á a requerimento do exequente, sendo o executado intimado para pagar o débito, no prazo de 15 (quinze) dias, acrescido de custas, se houver. Não ocorrendo pagamento voluntário no prazo mencionado, o débito será acrescido de multa de dez por cento e, também, de honorários de advogado de dez por cento. Efetuado o pagamento parcial no prazo indicado, a multa e os honorários incidirão sobre o restante (art. 523, CPC).

---

192. (FGV – Técnico Judiciário – Área Judiciária – TJ – CE/2019) Tendo transitado em julgado sentença que condenara o réu a pagar ao autor determinada soma pecuniária, este requereu, a juízo situado em foro diverso do da condenação, o cumprimento do julgado.

Sem que tivesse satisfeito voluntariamente a obrigação, o réu, pretendendo arguir a incompetência relativa do foro em que a execução foi deflagrada, deve ofertar:

a) embargos à execução;

b) exceção de incompetência;

c) impugnação;

d) objeção de pré-executividade;

e) contestação.

▷ ***Anotações/Comentários***

Na impugnação, o executado poderá alegar, entre outras matérias, a incompetência absoluta ou relativa do juízo da execução (art. 525, § 1º, VI, CPC).

---

193. (Cespe – Analista Judiciário – Direito – TJ – AM/2019) Acerca do disposto no Código de Processo Civil (CPC) sobre as normas processuais civis, os deveres das partes e dos procuradores, a intervenção de terceiros e a forma dos atos processuais, julgue os itens a seguir.

Caso a fazenda pública não apresente impugnação em cumprimento de sentença que enseje a expedição de precatório, os honorários de sucumbência deverão ser fixados por equidade e de forma módica.

CERTO

ERRADO

▷ ***Anotações/Comentários***

Não serão devidos honorários no cumprimento de sentença contra a Fazenda Pública que enseje expedição de precatório, desde que não tenha sido impugnada. Essa é a regra constante do art. 85, § 7º, CPC. Mas é preciso fazer uma importante observação. O STJ, ao analisar o Tema 1.190, dos Recursos Repetitivos, fixou a seguinte tese: "Na ausência de impugnação à pretensão executória, não são devidos honorários advocatícios sucumbenciais em cumprimento de sentença contra a Fazenda Pública, ainda que o crédito esteja submetido a pagamento por meio de requisição de pequeno valor". Logo, na ausência de impugnação, não serão devidos honorários advocatícios, independentemente da obrigação ser cumprida por precatório ou por requisição de pequeno valor.

---

194. (Cespe – Analista Judiciário – Direito – TJ – AM/2019) No que concerne às providências preliminares e de saneamento, à reconvenção e a processos de execução, julgue os itens subsecutivos.

De acordo com o STJ, é vedado ao depositário de bem penhorado recusar encargo que lhe tenha sido atribuído pelo magistrado para guarda e conservação da coisa depositada.

- CERTO
- ERRADO

▷ ***Anotações/Comentários***

De acordo com a Súmula 319, do STJ, o encargo de depositário de bens penhorados pode ser expressamente recusado.

195. (FCC – Analista Judiciário – Área Judiciária – TRE - PR/2017) Em relação à execução contra a Fazenda Pública, considere as afirmativas abaixo.

I. É cabível a execução por título extrajudicial contra a Fazenda Pública, hipótese em que será citada para opor embargos no prazo de 30 dias.

II. No cumprimento de sentença que impuser à Fazenda Pública a obrigação de pagar quantia certa, o exequente não precisará apresentar demonstrativo discriminado e atualizado do crédito.

III. Dentre as matérias que podem ser alegadas pela Fazenda Pública em impugnação ao cumprimento de sentença estão a ilegitimidade de parte, a inexigibilidade da obrigação e o excesso de execução.

IV. Se a impugnação ao cumprimento de sentença for parcial, a parte não questionada pela executada não poderá ser, desde logo, objeto de cumprimento.

Está correto o que se afirma APENAS em

a) I e II.

b) I e III.

c) II e III.

d) III e IV.

e) I e IV.

▷ ***Anotações/Comentários***

Assertiva I – correta. Na execução fundada em título extrajudicial, a Fazenda Pública será citada para opor embargos em 30 (trinta) dias (art. 910, CPC). Diferentemente, no cumprimento de sentença, a Fazenda Pública poderá apresentar impugnação ao cumprimento de sentença também no prazo de trinta dias.

Assertiva II – incorreta. O demonstrativo discriminado do débito é requisito obrigatório do requerimento de instauração do cumprimento de sentença (art. 525, CPC).

Assertiva III – correta. A Fazenda Pública será intimada na pessoa de seu representante judicial, por carga, remessa ou meio eletrônico, para, querendo, no prazo de 30 (trinta) dias e nos próprios autos, impugnar a execução, podendo arguir: I - falta ou nulidade da citação se, na fase de conhecimento, o processo correu à revelia; II - ilegitimidade de parte; III - inexequibilidade do título ou inexigibilidade da obrigação; IV - excesso de execução ou cumulação indevida de execuções; V - incompetência absoluta ou relativa do juízo da execução; VI - qualquer causa modificativa ou extintiva da obrigação, como pagamento, novação, compensação, transação ou prescrição, desde que supervenientes ao trânsito em julgado da sentença.

Assertiva IV – incorreta. Diferentemente do que foi afirmado, a execução da parte não questionada poderá prosseguir.

196. (FCC – Técnico Judiciário – Área Administrativa – TRF 3/2014) Na execução fiscal, o executado poderá apresentar

a) reconvenção dentro do prazo para embargos.

b) embargos no prazo de trinta dias contados do depósito em dinheiro feito para garantia da execução.

c) embargos, no prazo de trinta dias, sem garantir a execução.

d) embargos no prazo de quinze dias contados da intimação da penhora.

e) embargos no prazo de quinze dias contados da juntada da prova de fiança bancária para garantia da execução.

▷ ***Anotações/Comentários***

A execução fiscal é regida pela Lei nº 6.830/1980. De acordo com aludida lei, o

executado oferecerá embargos, no prazo de trinta dias, contados: I – do depósito; II - da juntada da prova da fiança bancária ou do seguro garantia; III - da intimação da penhora (art. 16, da Lei nº 6.830/1980).

197. (Consulplan – Analista Judiciário – Oficial de Just. Avaliador – TRF 2/2017) Com a entrada em vigor do Novo Código de Processo Civil (Lei Federal nº 13.105 de 2015) foram introduzidas diversas novidades na sistemática processual civil. Ainda que, em sede executiva, tais alterações tenham sido observadas com menor intensidade, podemos observar algumas mudanças operadas com o propósito de imprimir maior rapidez na perseguição do crédito, tornando tão célere quanto possível a satisfação do credor. Em relação ao processo de execução e à fase de cumprimento de sentença, assinale a alternativa INCORRETA.

a) Revela-se incabível a apresentação de impugnação no cumprimento provisório da sentença.

b) A decisão judicial transitada em julgado poderá ser levada a protesto, nos termos da lei, depois de transcorrido o prazo para pagamento voluntário.

c) O Código de Processo Civil de 2015 permite que o nome do devedor executado seja incluído pelo juiz, a requerimento do exequente, em cadastro de inadimplentes.

d) O crédito, documentalmente comprovado, decorrente de aluguel de imóvel, bem como de encargos acessórios, tais como taxas e despesas de condomínio, configura título executivo extrajudicial.

▷ ***Anotações/Comentários***

Alternativa "A": correta. A afirmação apresentada não é verdadeira, pois, as disposições do cumprimento de sentença definitivo aplicam-se ao cumprimento provisório, no que couber (art. 527, CPC). Por isso, admite-se também a impugnação ao cumprimento provisório de sentença.

Alternativa "B": incorreta. A decisão judicial transitada em julgado poderá ser levada a protesto, nos termos da lei, depois de transcorrido o prazo para pagamento voluntário (art. 517, CPC).

Alternativa "C": incorreta. A requerimento da parte, o juiz pode determinar a inclusão do nome do executado em cadastros de inadimplentes (art. 782, § 3º, CPC).

Alternativa "D": incorreta. São títulos executivos extrajudiciais: I - a letra de câmbio, a nota promissória, a duplicata, a debênture e o cheque; II - a escritura pública ou outro documento público assinado pelo devedor; III - o documento particular assinado pelo devedor e por 2 (duas) testemunhas; IV - o instrumento de transação referendado pelo Ministério Público, pela Defensoria Pública, pela Advocacia Pública, pelos advogados dos transatores ou por conciliador ou mediador credenciado por tribunal; V - o contrato garantido por hipoteca, penhor, anticrese ou outro direito real de garantia e aquele garantido por caução; VI - o contrato de seguro de vida em caso de morte; VII - o crédito decorrente de foro e laudêmio; VIII - o crédito, documentalmente comprovado, decorrente de aluguel de imóvel, bem como de encargos acessórios, tais como taxas e despesas de condomínio; IX - a certidão de dívida ativa da Fazenda Pública da União, dos Estados, do Distrito Federal e dos Municípios, correspondente aos créditos inscritos na forma da lei; X - o crédito referente às contribuições ordinárias ou extraordinárias de condomínio edilício, previstas na respectiva convenção ou aprovadas em assembleia geral, desde que documentalmente comprovadas; XI - a certidão expedida por serventia notarial ou de registro relativa a valores de emolumentos e demais despesas devidas pelos atos por ela praticados, fixados nas tabelas estabelecidas em lei; XI-A - o contrato de contragarantia ou qualquer outro instrumento que materialize o direito de ressarcimento da seguradora contra tomadores de seguro-garantia e seus garantidores; XII - todos os demais títulos aos quais, por disposição expressa, a lei atribuir força executiva (art. 784, CPC).

198. (FCC – Analista Judiciário – Área Judiciária – TRF 5/2017) Anderson ajuizou ação de execução de título extrajudicial contra Paulo e seu irmão Renato, que foram regularmente citados pelo correio, sendo que o Aviso de Recebimento - A.R. da carta de citação entregue a Paulo foi juntado aos autos no dia 02/08/2017 e o A.R. da carta de citação entregue a Renato foi juntado aos autos em 08/08/2017. Nesse caso, considerando que os executados são representados por advogados distintos, o prazo para Paulo opor embargos à execução

a) será contado em dobro, considerando-se dia do começo a data da juntada aos autos do aviso de recebimento da sua própria carta de citação.

b) não será contado em dobro, considerando-se dia do começo a data da juntada aos autos do aviso de recebimento da sua própria carta de citação.

c) será contado em dobro, considerando-se dia do começo a data da juntada aos autos do aviso de recebimento da carta de citação de Renato.

d) não será contado em dobro, considerando-se dia do começo a data da juntada aos autos do aviso de recebimento da carta de citação de Renato.

e) será contado em dobro, considerando-se dia do começo a data em que recebida a carta de citação, independentemente da data da juntada aos autos do respectivo aviso de recebimento.

▷ ***Anotações/Comentários***

Quando houver mais de um executado, o prazo para cada um deles embargar conta-se a partir da juntada do respectivo comprovante da citação, salvo no caso de cônjuges ou de companheiros, quando será contado a partir da juntada do último (art. 915, § 1º, CPC).

---

199. (Cespe – Analista Judiciário – Área Judiciária – TRE – PI/2016) Assinale a opção correta relativamente ao cumprimento de sentença e ao processo de execução de título executivo extrajudicial.

a) Situação hipotética: Contra a sentença que julgou procedente o pedido formulado pelo requerente e confirmou os efeitos da antecipação da tutela, o requerido interpôs recurso de apelação. Assertiva: Nessa situação, o requerente poderá requerer a execução provisória do julgado, e os autos do processo não poderão subir ao tribunal para análise do apelo, enquanto não for liquidada a sentença.

b) Situação hipotética: Transitada em julgado a sentença condenatória de pagar quantia certa, o executado foi intimado para cumprir a obrigação no prazo de dez dias, embora já tivesse cumprido a obrigação imposta pela sentença. Assertiva: Nessa situação, o executado deverá oferecer embargos do devedor com o objetivo de desconstituir a pretensão executiva.

c) Em ação de execução por quantia certa, caso o devedor não cumpra a obrigação, o juiz poderá mandar intimar o executado para, caso existam bens disponíveis, indicar quais são e onde se encontram, sob pena de se caracterizar ato atentatório à dignidade da justiça e sujeitar o executado ao pagamento de multa que será revertida em favor do exequente.

d) Em ação de execução de título executivo extrajudicial na qual o devedor ofereça embargos à execução no prazo legal, objetivando desconstituir a pretensão executiva, caso haja indícios do cumprimento da obrigação, o juiz poderá, de ofício, conceder efeito suspensivo aos embargos.

e) Situação hipotética: Proposta ação de execução de título executivo extrajudicial, o executado opôs embargos com o objetivo de desconstituir totalmente a pretensão executiva em função de uma dação em pagamento. Assertiva: Nessa situação, se acolher o pedido formulado nos embargos, o juiz deverá proferir sentença nos autos da ação executiva, na qual deve julgar improcedente a pretensão executiva e extinguir o feito com resolução de mérito.

▷ ***Anotações/Comentários***

Alternativa "A": incorreta. De acordo com a situação hipotética, houve a instauração de cumprimento provisório de sentença, pois a apelação, em relação à confirmação da tutela provisória, terá apenas efeito devolutivo. Em tal situação, os autos poderão subir ao tribunal para análise do recurso de apelação, competindo ao credor formar o instrumento para a execução provisória. Não sendo os autos eletrônicos, a petição será acompanhada de cópias das seguintes peças do processo, cuja autenticidade poderá ser certificada pelo próprio advogado, sob sua responsabilidade pessoal: I - decisão exequenda; II - certidão de interposição do recurso não dotado de efeito suspensivo; III - procurações outorgadas pelas partes; IV - decisão de habilitação, se for o caso; V - facultativamente, outras peças processuais consideradas necessárias para demonstrar a existência do crédito (art. 522, parágrafo único, do CPC).

Alternativa "B": incorreta. Na hipótese narrada, o devedor já havia cumprido a obrigação constante de sentença judicial transitada em julgado. Desse modo, tendo sido iniciada a fase de cumprimento de sentença, competirá ao devedor oferecer impugnação, com fundamento no art. 525, § 1º, VII.

Alternativa "C": correta. Considerando-se a necessidade de cooperação das partes para o deslinde do processo, poderá o magistrado determinar que o executado indique se tem bens disponíveis sobre os quais poderá incidir a penhora, sob pena de, na omissão, caracterizar-se ato atentatório à dignidade da justiça, sujeitando o executado ao pagamento de multa que será revertida em favor do exequente (art. 774, V, e parágrafo único, do CPC).

Alternativa "D": incorreta. Como regra, os embargos não terão o efeito de suspender o andamento da execução. O juiz poderá, a requerimento do embargante, atribuir efeito suspensivo aos embargos quando verificados os requisitos para a concessão da tutela provisória e desde que a execução já esteja garantida por penhora, depósito ou caução suficientes (art. 919, § 1º, CPC).

Alternativa "E": incorreta. O executado poderá oferecer embargos à execução, no prazo de 15 dias, contados da juntada do mandado de citação aos autos. Uma vez recebidos, será aberta possibilidade de manifestação pelo embargado e produzida a prova requerida pelas partes. Ao final, os embargos serão julgados por sentença, proferida nos próprios autos (dos embargos e não da execução).

---

200. (AOCP – Analista Judiciário – Área Judiciária – TRT 1/2018) Marlene ajuizou ação de indenização por danos morais contra Salete, sendo que seu pedido foi julgado procedente, condenando a ré em dez mil reais. Transitada em julgado a sentença, Salete não realizou o pagamento, mesmo diante de intimação solicitada por Marlene para que viesse a cumprir sua obrigação definida em sentença. Diante da inadimplência, Marlene requereu a instauração da fase de cumprimento de sentença visando forçar o cumprimento da obrigação definida pelo título judicial. De acordo com o Código de Processo Civil de 2015, quanto ao procedimento de Cumprimento de Sentença Por Quantia Certa, assinale a alternativa correta.

a) Caso Salete realize impugnação ao cumprimento de sentença manejado por Marlene, não poderá ela se valer de pedido de suspensão do cumprimento de sentença, visto que o Código de Processo Civil de 2015 veda tal possibilidade.

b) Caso Salete realize impugnação ao cumprimento de sentença manejado por Marlene, limitando sua alegação a excesso de execução sem apresentar memória de cálculo do valor que entende devido, sua impugnação sofrerá rejeição liminar.

c) Para que possa Marlene manejar seu cumprimento de sentença, poderá ela realizar a mera alegação do valor que se entende devido, sendo tal ato suficiente para basear o pedido de instauração do cumprimento de sentença de pagamento de quantia, cabendo ao alegado devedor discutir o valor, caso equivocado.

d) Caso Salete verifique a possibilidade e interesse de manejo de impugnação ao cumprimento de sentença, será ela obrigada a realizar a garantia do juízo, sendo aceitas tanto a caução quanto eventual penhora já realizada nos autos.

e) Caso Salete verifique a possibilidade e interesse de manejo de impugnação ao cumprimento de sentença, terá ela o prazo de 15 (quinze) dias para tanto, contados da intimação para cumprir a sentença.

▷ ***Anotações/Comentários***

Alternativa "A": incorreta. Poderá a devedora requerer que a impugnação ao cumprimento de sentença seja recebida com efeito devolutivo. A propósito, a apresentação de impugnação não impede a prática dos atos executivos, inclusive os de expropriação, podendo o juiz, a requerimento do executado e desde que garantido o juízo com penhora, caução ou depósito suficientes, atribuir-lhe efeito suspensivo, se seus fundamentos forem relevantes e se o prosseguimento da execução for manifestamente suscetível de causar ao executado grave dano de difícil ou incerta reparação (art. 525, § 6º, CPC).

Alternativa "B": correta. Ao oferecer impugnação ao cumprimento de sentença e alegar excesso de execução, deverá o devedor/impugnante apresentar memória de cálculo do valor que entende devido, sob pena de sua impugnação ser rejeitada liminarmente. Se acaso esta não for a única matéria a ser alegada, a impugnação prosseguirá em relação às demais matérias. Exclui automaticamente a alternativa "C".

Alternativa "D": incorreta. O oferecimento de impugnação ao cumprimento de sentença independe da prévia garantia do juízo.

Alternativa "E": incorreta. Transcorrido o prazo para pagamento voluntário, inicia-se o prazo de quinze dias para que o executado, independentemente de penhora ou nova intimação, apresente, nos próprios autos, sua impugnação (art. 525, caput, CPC).

201. (AOCP - Analista Judiciário - Área Judiciária - TRT 1/2018) De acordo com o Código de Processo Civil de 2015, em relação ao Processo de Execução, assinale a alternativa correta.

a) Em que pese a característica de devedor, este não estará obrigado a arcar com as consequências da mora como juros e atualização monetária, tendo-se em vista que a mora é um assunto de direito material e não processual, não podendo, portanto, ser trazido à tona em procedimento executório.

b) A execução deve suprir a necessidade do credor, visando ao adimplemento, sempre da maneira mais completa possível, independentemente das consequências que resultem ao devedor/executado.

c) No processo de conhecimento, oferecida a contestação, não é possível ao autor alterar o pedido ou desistir da ação sem o consentimento do réu. De outra monta, desconsiderando a existência de embargos à execução, no processo de execução, ocorre uma maleabilidade desta regra processual de base, sendo que o credor poderá desistir de toda a execução, de parte dela ou até mesmo de determinados atos executivos.

d) A execução deve propiciar ao exequente exatamente aquilo que obteria com o adimplemento voluntário do devedor, ou seja, exatamente o que consta no título, não sendo, portanto, cabível a substituição por perdas e danos nos casos de impossibilidade de entrega de coisa ou recusa da prestação de fazer ou não fazer.

e) São exemplos de atos expropriatórios: penhora, arresto, exibição de documentos, busca e apreensão, imissão de posse.

▷ ***Anotações/Comentários***

Alternativa "A": incorreta. Os juros moratórios e a correção monetária continuarão a incidir, apesar de já ajuizada a execução e eventual excesso poderá ser alegado em sede própria.

Alternativa "B": incorreta. Há de ser observado, também, o princípio da menor onerosidade da execução para o executado. Nesse sentido, havendo mais de um meio de se realizar a execução, esta deverá ocorrer da forma menos onerosa.

Alternativa "C": correta. Diferentemente do que ocorre no processo de conhecimento, o exequente poderá desistir do prosseguimento da execução. Contudo, para a desistência da execução, deve ser observado o seguinte: I - serão extintos a impugnação e os embargos que versarem apenas sobre questões processuais, pagando o exequente as custas processuais e os honorários advocatícios; II - nos demais casos, a extinção dependerá da concordância do impugnante ou do embargante (art.775, CPC).

Alternativa "D": incorreta. Como regra, a execução deve proporcionar a tutela específica da obrigação. Contudo, a obrigação poderá ser convertida em perdas e danos se o autor o requerer ou se impossível a tutela específica ou a obtenção de tutela pelo resultado prático equivalente (art. 499, CPC).

Alternativa "E": incorreta. A expropriação consiste em: I – adjudicação; II – alienação; III – apropriação de frutos e rendimentos de empresa ou de estabelecimentos e de outros bens (art. 825, CPC).

202. (AOCP - Analista Judiciário - Oficial de Just. Avaliador Federal - TRT 1/2018) Referente à exceção de pré- executividade, também denominada objeção de pré-executividade, assinale a alternativa correta.

a) Tal método de defesa deve ser manejado no prazo dos embargos à execução em caso de processo de execução, ou no prazo da impugnação ao cumprimento de sentença no caso de cumprimento de sentença.

b) Esse instituto processual civil é uma modalidade de procedimento executivo que visa ao preparo do procedimento de execução principal, contendo aspectos de tutela cautelar.

c) Em que pese não reconhecida de maneira expressamente positivada, essa forma de manifestação é amplamente aceita em procedimentos executivos, principalmente em razão de ser considerado cabível como matéria de discussão mormente as matérias classificadas como de ordem pública.

d) Trata-se de método constitucionalmente garantido, visando à ampla garantia do contraditório, até mesmo em casos de perda do prazo de embargos à execução.

e) Em sede de procedimento de execução, a prescrição não pode ser assunto tratado em exceção/objeção de pré-executividade, visto que a legislação processual civil reserva tal matéria para as defesas denominadas de embargos à execução ou impugnação ao cumprimento de sentença.

▷ ***Anotações/Comentários***

Não há prazo específico para o manejo da exceção de pré-executividade, até porque por meio dela poderá ser alegada matéria que poderia ser conhecida de ofício pelo juiz e que não dependa de dilação probatória.

203. (AOCP - Analista Judiciário - Oficial de Just. Avaliador Federal - TRT 1/2018) Em relação à tutela executiva, assinale a alternativa correta.

a) A execução deve propiciar ao exequente exatamente e apenas aquilo que ele obteria com o adimplemento voluntário, não podendo ser substituída a coisa em caso de deterioração.

b) A responsabilidade em sede de direito de superfície recai, em relação ao superficiário, tanto sobre o eventual bem imóvel que se encontra em sua posse quanto sobre os frutos de eventual atividade ali realizada.

c) Tendo-se em vista que os procedimentos de execução não preveem contestação, não se aplica sobre estes o princípio do contraditório e ampla defesa, principalmente em razão de a existência de título executivo esgotar qualquer matéria de defesa.

d) Independentemente da participação do fiador do título executivo extrajudicial na fase cognitiva do procedimento judicial, este poderá ser executado na fase de cumprimento de sentença.

e) O processo de execução de títulos extrajudiciais pode ser promovido contra o responsável titular do bem vinculado por garantia real ao pagamento do débito.

▷ ***Anotações/Comentários***

Alternativa "A": incorreta. Como regra, a execução deve proporcionar a tutela específica da obrigação. Contudo, a obrigação poderá ser convertida em perdas e danos se o autor o requerer ou se impossível a tutela específica ou a obtenção de tutela pelo resultado prático equivalente (art. 499, CPC).

Alternativa "B": incorreta. Se a execução tiver por objeto obrigação de que seja sujeito passivo o proprietário de terreno submetido ao regime do direito de superfície, ou o superficiário, responderá pela dívida, exclusivamente, o direito real do qual é titular o executado, recaindo a penhora ou outros atos de constrição exclusivamente sobre o terreno, no primeiro caso, ou sobre a construção ou a plantação, no segundo caso (art. 791, CPC).

Alternativa "C": incorreta. Contrariamente ao afirmado, em observância ao devido processo legal, há de se falar também em contraditório e ampla defesa na execução.

Alternativa "D": incorreta. O cumprimento da sentença não poderá ser promovido em face do fiador, do coobrigado ou do corresponsável que não tiver participado da fase de conhecimento (art. 513, § 5º, CPC).

Alternativa "E": correta. A execução pode ser promovida contra: I - o devedor, reconhecido como tal no título executivo; II - o espólio, os herdeiros ou os sucessores do devedor; III - o novo devedor que assumiu, com o consentimento do credor, a obrigação resultante do título executivo; IV - o fiador do débito constante em título extrajudicial; V - o responsável titular do bem vinculado por garantia real ao pagamento do débito; VI - o responsável tributário, assim definido em lei (art. 779, CPC).

204. (FCC - Analista Judiciário - Área Judiciária - TRT 6/2018) No cumprimento definitivo da sentença que reconhece a exigibilidade de

PROCESSUAL CIVIL

obrigação de pagar quantia certa, em relação à impugnação, é correto afirmar:

a) As questões relativas a fato superveniente ao término do prazo para sua apresentação, assim como aquelas relativas à validade e à adequação da penhora, da avaliação e dos atos executivos subsequentes, podem ser arguidas por simples petição, tendo o executado, em qualquer dos casos, o prazo de quinze dias para formular esta arguição, contado da comprovada ciência do fato ou da intimação do ato.

b) Se atribuído apenas efeito devolutivo à impugnação, e somente nessa hipótese, é lícito ao exequente requerer o prosseguimento da execução, oferecendo e prestando nos próprios autos, caução suficiente e idônea a ser arbitrada pelo juiz.

c) A concessão de efeito suspensivo à impugnação deduzida por um dos executados sempre suspenderá a execução também contra os que não impugnaram, por questão de isonomia processual.

d) É defeso ao réu, antes de ser intimado para o cumprimento da sentença, comparecer em juízo e oferecer em pagamento o valor que entender devido, apresentando memória discriminada do cálculo.

e) A concessão do efeito suspensivo à impugnação obsta à efetivação dos atos de substituição, de reforço ou de redução da penhora e de avaliação de bens, mantendo-se como válida porém a constrição já ocorrida.

▷ ***Anotações/Comentários***

Alternativa "A": correta. As questões relativas a fato superveniente ao término do prazo para apresentação da impugnação, assim como aquelas relativas à validade e à adequação da penhora, da avaliação e dos atos executivos subsequentes, podem ser arguidas por simples petição, tendo o executado, em qualquer dos casos, o prazo de 15 (quinze) dias para formular esta arguição, contado da comprovada ciência do fato ou da intimação do ato (art. 525, § 11, CPC).

Alternativa "B": incorreta. A apresentação de impugnação não impede a prática dos atos executivos, inclusive os de expropriação, podendo o juiz, a requerimento do executado e desde que garantido o juízo com penhora, caução ou depósito suficientes, atribuir-lhe efeito suspensivo, se seus fundamentos forem relevantes e se o prosseguimento da execução for manifestamente suscetível de causar ao executado grave dano de difícil ou incerta reparação (art. 525, § 6º, CPC). A concessão de efeito suspensivo não impedirá a efetivação dos atos de substituição, de reforço ou de redução da penhora e de avaliação dos bens

Alternativa "C": incorreta. Quando o efeito suspensivo atribuído à impugnação disser respeito apenas a parte do objeto da execução, esta prosseguirá quanto à parte restante (art. 525, § 8º, CPC).

Alternativa "D": incorreta. É lícito ao réu, antes de ser intimado para o cumprimento da sentença, comparecer em juízo e oferecer em pagamento o valor que entender devido, apresentando memória discriminada do cálculo (art. 526, CPC).

Alternativa "E": incorreta. A concessão de efeito suspensivo não impedirá a efetivação dos atos de substituição, de reforço ou de redução da penhora e de avaliação dos bens

---

205. (FCC – Analista Judiciário – Área Judiciária – TRT 15/2018) Em relação à execução por quantia certa,

a) o exequente poderá obter certidão de que a execução foi admitida pelo juiz, com identificação das partes e do valor da causa, para fins de averbação no registro de imóveis, de veículos ou de outros bens sujeitos a penhora, arresto ou indisponibilidade.

b) ao despachar a inicial, o juiz fixará, de plano, os honorários advocatícios de 15%, a serem pagos pelo executado, reduzindo-se esse valor a 5% em caso de pagamento integral no prazo de três dias.

c) o executado será intimado para pagar a dívida em três dias, ou nomear bens suficientes à satisfação do crédito.

d) se o oficial de justiça não encontrar o executado, devolverá o mandado em cartório, que intimará o exequente para indicar bens à penhora.

e) no prazo para oferecimento de embargos à execução, impreterivelmente, poderá o executado remir a execução pagando o débito com os encargos e acréscimos legais.

▷ ***Anotações/Comentários***

Alternativa "A": correta. O exequente poderá obter certidão de que a execução foi admitida pelo juiz, com identificação das partes e do valor da causa, para fins de averbação no registro de imóveis, de veículos ou de outros bens sujeitos a penhora, arresto ou indisponibilidade (art. 828, caput).

Alternativa "B": incorreta. Ao despachar a inicial, o juiz fixará, de plano, os honorários advocatícios de 10%, a serem pagos pelo executado, reduzindo-se esse valor a 5% em caso de pagamento integral no prazo de três dias.

Alternativa "C": incorreta. O executado será citado para pagar o débito no prazo de três dias.

Alternativa "D": incorreta. Se o oficial de justiça não encontrar o executado, arrestar-lhe-á tantos bens quantos bastem para garantir a execução (art. 830, caput).

Alternativa "E": incorreta. Antes de adjudicados ou alienados os bens, o executado pode, a todo tempo, remir a execução, pagando ou consignando a importância atualizada da dívida, acrescida de juros, custas e honorários advocatícios (art. 826).

---

206. (FCC – Analista Judiciário – Oficial de Just. Avaliador Federal – TRT 2/2018) Na execução por quantia certa, nos termos preconizados pelo Código de Processo Civil, é correto afirmar:

a) São impenhoráveis bens considerados inalienáveis, bem como os frutos e os rendimentos dos referidos bens, ainda que não existam outros bens passíveis de penhora.

b) Havendo pagamento integral da dívida pelo executado no prazo de até 5 dias após a regular citação, o valor dos honorários advocatícios será reduzido pela metade.

c) A penhora de bens do executado poderá ser levada a efeito ainda quando ficar evidente que o produto da execução dos bens encontrados será totalmente absorvido pelo pagamento das custas da execução.

d) Realizada a penhora on-line de dinheiro em depósito ou em aplicação financeira, consumada a indisponibilidade dos ativos financeiros, o executado será intimado na pessoa do seu advogado ou, não o tendo, pessoalmente, e terá o prazo de 5 dias para comprovar que as quantias tornadas indisponíveis são impenhoráveis.

e) Havendo requerimento de adjudicação de bem imóvel penhorado do executado em igualdade de ofertas, terá preferência o descendente, o cônjuge, o companheiro ou o ascendente, nessa ordem.

▷ ***Anotações/Comentários***

Alternativa "A": incorreta. São impenhoráveis os bens inalienáveis. Contudo, podem ser penhorados, à falta de outros bens, os frutos e os rendimentos dos bens inalienáveis (art. 834, CPC).

Alternativa "B": incorreta. Havendo pagamento integral da dívida no prazo de três dias, o valor dos honorários será reduzido pela metade.

Alternativa "C": incorreta. Não se levará a efeito a penhora quando ficar evidente que o produto da execução dos bens encontrados será totalmente absorvido pelo pagamento das custas da execução (art. 836, caput).

Alternativa "D": correta. Para possibilitar a penhora de dinheiro em depósito ou em aplicação financeira, o juiz, a requerimento do exequente, sem dar ciência prévia do ato ao executado, determinará às instituições financeiras, por meio de sistema eletrônico gerido pela autoridade supervisora do sistema financeiro nacional, que torne indisponíveis ativos financeiros existentes em nome do executado, limitando-se a indisponibilidade ao valor indicado na execução. No prazo de 24 (vinte e quatro) horas a contar da resposta, de ofício, o juiz determinará o cancelamento de eventual indisponibilidade excessiva, o que deverá ser cumprido pela instituição financeira em igual prazo. Tornados indisponíveis os ativos financeiros do executado, este será intimado na pessoa de seu advogado ou, não o tendo, pessoalmente. Incumbe ao executado, no prazo de 5 (cinco) dias, comprovar que: I - as quantias tornadas indisponíveis são impenhoráveis; II - ainda remanesce indisponibilidade excessiva de ativos financeiros (art. 854, CPC).

Alternativa "E": incorreta. Se houver mais de um pretendente à adjudicação, proceder-se-á a licitação entre eles, tendo preferência, em caso de igualdade de oferta, o cônjuge, o companheiro, o descendente ou o ascendente, nessa ordem (art. 876, § 6º, CPC).

207. (FCC – Analista Judiciário – Oficial de Just. Avaliador Federal – TRT 6/2018) Na execução por quantia certa, em relação à penhora de bens:

a) A penhora de crédito representado por letra de câmbio, nota promissória ou cheque far-se-á pela apreensão do documento, desde que este se encontre em poder do executado.

b) São impenhoráveis quaisquer móveis, pertences ou utilidades domésticas que guarnecem a residência do executado, bem como os pertences de seu uso pessoal.

c) O rol de bens a serem penhorados na execução segue ordem compulsória e é taxativo.

d) Não se procederá à segunda penhora, salvo, exclusivamente, se a primeira for anulada ou o produto da alienação dos bens for insuficiente.

e) Será admitida a redução ou a ampliação da penhora, bem como sua transferência para outros bens, se, no curso do processo, o valor de mercado dos bens penhorados sofrer alteração significativa.

▷ ***Anotações/Comentários***

Alternativa "A": incorreta. A penhora de crédito representado por letra de câmbio, nota promissória, duplicata, cheque ou outros títulos far-se-á pela apreensão do documento, esteja ou não este em poder do executado (art. 856, caput).

Alternativa "B": incorreta. A impenhorabilidade compreende o imóvel sobre o qual se assentam a construção, as plantações, as benfeitorias de qualquer natureza e todos os equipamentos, inclusive os de uso profissional, ou móveis que guarnecem a casa, desde que quitados (art. 1º, parágrafo único, Lei nº 8.009/1990).

Alternativa "C": incorreta. O rol dos bens a serem penhorados não segue ordem rigorosa, devendo ser analisado no caso concreto sob a luz da aplicação dos princípios da razoabilidade e da proporcionalidade.

Alternativa "D": incorreta. Não se procede à segunda penhora, salvo se: I - a primeira for anulada; II - executados os bens, o produto da alienação não bastar para o pagamento do exequente; III - o exequente desistir da primeira penhora, por serem litigiosos os bens ou por estarem submetidos a constrição judicial (art. 851, CPC).

Alternativa "E": correta. Será admitida a redução ou a ampliação da penhora, bem como sua transferência para outros bens, se, no curso do processo, o valor de mercado dos bens penhorados sofrer alteração significativa (art. 850, CPC).

208. (FCC – Analista Judiciário – Área Judiciária – TRT 11/2017) Na execução fiscal, o executado poderá oferecer embargos

a) no prazo de 15 dias, contados da data do oferecimento da garantia da execução.

b) independentemente de seguro o juízo através da garantia da execução.

c) no prazo de 15 dias, contados da citação para pagamento do débito.

d) no prazo de 30 dias, contados do depósito, da juntada da prova da fiança bancária ou do seguro garantia ou da intimação da penhora.

e) no prazo de 15 dias, contados da juntadas aos autos do comprovante do depósito.

▷ ***Anotações/Comentários***

O executado oferecerá embargos, no prazo de 30 (trinta) dias, contados: I - do depósito; II - da juntada da prova da fiança bancária ou do seguro garantia; III - da intimação da penhora (art. 16, da Lei nº 6.830/1980).

209. (FCC – Analista Judiciário – Oficial de Just. Avaliador – TRT 11/2017) Considere:

I. Desnecessidade de instrução probatória.

II. Prévia garantia do juízo através de depósito do valor da execução.

III. Matéria arguida conhecível de ofício pelo juiz.

IV. Prova pré-constituída da alegação.

Incluem-se dentre os requisitos de admissibilidade da exceção de pré-executividade os indicados APENAS em

a) II, III e IV.

b) I, III e IV.

c) II e III.

d) I e II.

e) I, II e IV.

▷ ***Anotações/Comentários***

A exceção de pré-executividade é meio de defesa do executado, não positivada em lei, mas admitida pela jurisprudência, podendo ser utilizada para arguir matéria conhecível de ofício pelo juízo, mediante prova pré-constituída da alegação.

210. (FCC – Técnico Judiciário – Área Administrativa – TRT 11/2017) A respeito da execução fiscal, considere:

I. Quando a garantia real da execução tiver sido prestada por terceiro, este será intimado para, no prazo de 15 dias, remir o bem.

II. Em qualquer fase do processo, será deferida pelo Juiz a substituição da penhora por dinheiro ou fiança bancária ou seguro garantia.

III. A Fazenda Pública não poderá adjudicar os bens penhorados, mesmo se não houver licitantes pelo preço da avaliação.

Está correto o que se afirma APENAS em

a) II.

b) I e III.

c) II e III.

d) I e II.

e) III.

▷ ***Anotações/Comentários***

Assertiva I – correta. Não sendo embargada a execução ou sendo rejeitados os embargos, no caso de garantia prestada por terceiro, será este intimado, sob pena de contra ele prosseguir a execução nos próprios autos, para, no prazo de 15 (quinze) dias: I - remir o bem, se a garantia for real; ou II - pagar o valor da dívida, juros e multa de mora e demais encargos, indicados na Certidão de Dívida Ativa pelos quais se obrigou se a garantia for fidejussória (art. 19, Lei de Execuções Fiscais).

Assertiva II – correta. Em qualquer fase do processo, será deferida pelo Juiz: a) ao executado, a substituição da penhora por depósito em dinheiro, fiança bancária ou seguro garantia; e, b) à Fazenda Pública, a substituição dos bens penhorados por outros, independentemente da ordem legal, bem como o reforço da penhora insuficiente (art. 15, Lei nº 6.830/1980).

Assertiva III – incorreta. A Fazenda Pública poderá adjudicar os bens penhorados: I - antes do leilão, pelo preço da avaliação, se a execução não for embargada ou se rejeitados os embargos; II - findo o leilão: a) se não houver licitante, pelo preço da avaliação; b) havendo licitantes, com preferência, em igualdade de condições com a melhor oferta, no prazo de 30 (trinta) dias (art. 24, da Lei nº 6.830/1980).

211. (FCC – Analista Judiciário – Oficial de Just. Avaliador – TRT 20/2016) Na execução por quantia certa,

a) a expropriação consistirá em adjudicação e alienação, bem como apropriação de frutos e rendimentos de empresa ou de estabelecimentos e de outros bens.

b) antes de adjudicados ou alienados os bens, o executado pode remir a execução, pagando ou consignando a importância histórica da dívida, sem acréscimo de juros ou honorários advocatícios.

c) o executado será citado para pagar a dívida no prazo de quinze dias, contado da citação ou da juntada do último mandado aos autos, em caso de mais de um executado, sob pena de multa de 10% sobre o valor da execução.

d) ao despachar a inicial, o juiz fixará, de plano, independentemente da oposição de embargos, honorários advocatícios de vinte por cento sobre o valor da causa, a serem pagos pelo executado, os quais são reduzidos à metade em caso de pagamento espontâneo da dívida.

e) se o oficial não encontrar o executado, arrestar-lhe-á tantos bens quantos bastem para garantir a execução, os quais serão convertidos em penhora, dispensando-se a citação do devedor.

▷ ***Anotações/Comentários***

Alternativa "A": correta. A expropriação consistirá em: I – adjudicação; II – alienação; III – apropriação de frutos e rendimentos de empresa ou de estabelecimentos e de outros bens (art. 825, CPC). Exclui as alternativas C e D.

Alternativa "B": incorreta. Antes de adjudicados ou alienados os bens, o executado pode, a todo tempo, remir a execução, pagando ou consignando a importância atualizada da dívida, acrescida de juros, custas e honorários advocatícios (ART. 826).

Alternativa "E": incorreta. Se o oficial de justiça não encontrar o executado, arrestar-lhe-á tantos bens quantos bastem para garantir a execução. Nos 10 (dez) dias seguintes à efetivação do arresto, o oficial de justiça procurará o executado 2 (duas) vezes em dias distintos e, havendo suspeita de ocultação, realizará a citação com hora certa, certificando pormenorizadamente o ocorrido. Incumbe ao exequente requerer a citação por edital, uma vez frustradas a pessoal e a com hora certa. Aperfeiçoada a citação e transcorrido o prazo de pagamento, o arresto converter-se-á em penhora, independentemente de termo.

212. (FCC – Analista Judiciário – Oficial de Just. Avaliador – TRT 24/2017) José é credor de Joaquim da quantia de R$ 50.000,00 decorrente de contrato de empréstimo particular assinado pelas partes e por duas testemunhas. Vencido o prazo de um ano estabelecido para pagamento e inadimplida a obrigação José propõe ação de execução de quantia certa contra Joaquim com o escopo de receber o seu crédito, com juros e correção monetária. Ao despachar a inicial o juiz fixará, de plano, os honorários advocatícios de

a) 10%, a serem pagos pelo executado, que serão reduzidos pela metade no caso de integral pagamento da dívida no prazo de 5 dias.
b) 10% a 20%, a serem pagos pelo executado, que serão reduzidos pela metade no caso de integral pagamento da dívida no prazo de 5 dias.
c) 20%, a serem pagos pelo executado, que serão reduzidos pela metade no caso de integral pagamento no prazo de 5 dias.
d) 20%, a serem pagos pelo executado, que serão reduzidos pela metade no caso de integral pagamento no prazo de 3 dias.
e) 10%, a serem pagos pelo executado, que serão reduzidos pela metade no caso de integral pagamento da dívida no prazo de 3 dias.

▷ ***Anotações/Comentários***

Ao despachar a inicial, o juiz fixará, de plano, os honorários advocatícios de dez por cento, a serem pagos pelo executado. No caso de integral pagamento no prazo de três dias, o valor dos honorários advocatícios será reduzido pela metade (art. 827, CPC).

213. (Cespe – Analista Judiciário – Área Judiciária – CNJ/2013) Acerca da liquidação e do cumprimento de sentença e da antecipação dos efeitos da tutela judicial, julgue os itens a seguir.

Não se admite execução provisória de sentença, que somente poderá ser cumprida depois de ocorrido o trânsito em julgado que aperfeiçoará o título executivo judicial.

- CERTO
- ERRADO

▷ ***Anotações/Comentários***

Admite-se a execução provisória de sentença, conforme se vê do art. 520, do CPC. Nesse sentido, admite-se o cumprimento provisório da sentença impugnada por recurso desprovido de efeito suspensivo, que será realizado da mesma forma que o cumprimento definitivo, observando-se algumas regras específicas.

214. (Consulplan – Juiz de Direito – TJ – MG/2018) A sociedade empresária X, pequena empresa que se dedica à atividade econômica de prestação de serviços (consertos de celulares) sem atendimento domiciliar, aceitou uma duplicata emitida por seu fornecedor Y. No vencimento, a obrigação foi inadimplida, o credor aforou ação de execução e indicou para penhora um automóvel utilizado pelo sócio-gerente da devedora. A executada foi citada e, no prazo legal, ofereceu embargos à execução somente para alegar impenhorabilidade absoluta do veículo porque seria instrumento de trabalho. Nesse caso a alegação deve ser rejeitada porque

a) a impenhorabilidade é relativa.
b) o usuário do veículo pode utilizar transporte público.
c) o bem não é utilizado na atividade empresarial da devedora.
d) a impenhorabilidade, no caso narrado, beneficia somente a pessoa natural devedora.

▷ ***Anotações/Comentários***

A impenhorabilidade deve ser interpretada de forma restritiva (e não ampliativa). E assim deve ser interpretado o art. 833, V, CPC, que indica serem impenhoráveis os livros, as máquinas, as ferramentas, os utensílios, os instrumentos ou outros bens móveis necessários ou úteis ao exercício da profissão do executado. Desse modo, como o veículo não é necessário ao exercício da profissão do executado, poderá ser penhorado.

215. (Consulplan – Juiz de Direito – TJ – MG/2018) Acolhida a alegação da existência de excesso de execução no cumprimento de sentença, o credor poderá impugnar o ato judicial respectivo mediante

a) apelação.
b) reclamação.
c) agravo interno.
d) agravo de instrumento.

▷ ***Anotações/Comentários***

Acolhida a impugnação ao cumprimento de sentença, sob a alegação de excesso de execução, o juiz não extinguirá o processo. Dessa maneira, o provimento jurisdicional tem natureza jurídica de decisão interlocutória, sendo impugnável pelo recurso de agravo de instrumento.

14. PROCESSOS NOS TRIBUNAIS

216. FGV – 2024 – TRF 1 - Analista Judiciário - Oficial de Justiça

A União foi condenada em ação movida por Nathália, servidora pública federal, ao pagamento de indenização a título de danos morais e danos materiais, em montante equivalente a R$ 3.000.000,00.

Após ser intimada da sentença, a Advocacia-Geral da União interpôs recurso de apelação, exclusivamente para buscar a reforma da sentença no que se refere aos índices de correção monetária aplicados pelo juízo e ao percentual referente aos honorários advocatícios. Nathália não recorreu.

Em sede de julgamento do recurso de apelação interposto pela União e remessa necessária, o Tribunal Regional Federal correspondente, entendendo que o valor fixado a título de indenização era inferior ao devido, majorou o montante para R$ 3.200.000,00. Inconformada, a União interpôs recurso especial intempestivo, requerendo a nulidade integral da decisão proferida pelo Tribunal Regional Federal, por violação a entendimento sumulado do Superior Tribunal de Justiça.

Nesse caso, é correto afirmar que:

a) a interposição de recurso de apelação torna prescindível a remessa necessária, ante o princípio da unirrecorribilidade e a inexistência de interesse recursal na hipótese;
b) Nathália poderá promover o cumprimento de sentença na pendência de julgamento do recurso especial, inclusive com expedição de precatório;
c) a remessa necessária, à luz do disposto no Código de Processo Civil, não seria obrigatória, pois o valor da condenação da União é inferior a cinco mil salários-mínimos;

d) quando do juízo de admissibilidade do recurso, o Superior Tribunal de Justiça poderá desconsiderar eventual intempestividade do recurso, conhecendo-o;

e) ao julgar a remessa necessária, não caberia ao Tribunal Regional Federal agravar a condenação imposta à União, sob pena de desvirtuar a remessa necessária.

▷ ***Anotações/Comentários***

Notas do autor: a remessa necessária consiste no encaminhamento do processo ao Tribunal para reanálise da sentença. Sendo ré a União, a remessa necessária incidirá apenas quando a condenação ou o proveito econômico obtido na causa for de valor certo e líquido superior a mil salários-mínimos (art. 496, § 3º, I). Por meio da remessa necessária, o Tribunal reanalisará a sentença, podendo reformá-la para favorecer a pessoa jurídica de direito público respectiva. Sendo assim, não é adequado que a remessa necessária acarrete situação mais prejudicial à pessoa jurídica de direito público, no caso, a União. Portanto, ao julgar a remessa necessária, não caberia ao TRF agravar a condenação imposta à União, sob pena de desvirtuar a remessa necessária.

217. (FCC – Analista Judiciário – Oficial de Just. Avaliador Federal – TRT 2/2018) Sobre a ação rescisória, nos termos do Código de Processo Civil, é correto afirmar:

a) O sucessor a título singular daquele que foi parte no processo não tem legitimidade para propor ação rescisória.

b) O direito à rescisão se extingue em 3 anos contados da data do trânsito em julgado da última decisão proferida no processo.

c) A ação rescisória não pode ter por objeto apenas um capítulo da decisão.

d) Recebida a inicial o relator ordenará a citação do réu, designando-lhe prazo de até 15 dias para, querendo, apresentar resposta, ao fim do qual, com ou sem contestação, observar-se-á, no que couber, o procedimento comum.

e) A decisão transitada em julgado que, em embora não seja de mérito, impeça nova propositura da demanda, poderá ser objeto de ação rescisória.

▷ ***Anotações/Comentários***

Como regra, a ação rescisória será utilizada com a finalidade de rescindir decisão de mérito, transitada em julgado. Contudo, admite-se também a rescisão de decisão transitada em julgado que, embora não seja de mérito, impeça: I – nova propositura da demanda; ou, II – admissibilidade do recurso correspondente (art. 966, § 2º, CPC).

218. (FGV – Analista Judiciário – Oficial de Just. Avaliador – TRT 12/2017) Emanuel e Sheila, em colusão e com o objetivo escuso de fraude à legislação tributária, simularam um litígio perante a Justiça Estadual, que não teve a intervenção do Ministério Público, em razão da ausência de interesse público subjacente à simulada lide. Após quatro anos da última decisão proferida no processo, o Ministério Público teve ciência dessa colusão e ajuizou ação rescisória, postulando a desconstituição da decisão de mérito transitada em julgado.

Diante dessa situação hipotética, de acordo com o CPC, é correto afirmar que:

a) o Ministério Público não tem legitimidade para ajuizar ação rescisória, pois não foi parte no processo;

b) o Ministério Público tem legitimidade para ajuizar a ação rescisória e o direito à rescisão não se extinguiu, pois o prazo deve ser contado a partir da ciência da simulação ou da colusão;

c) o Ministério Público não tem legitimidade para ajuizar ação rescisória, pois não interveio no processo como custos legis;

d) embora o Ministério Público tenha legitimidade para ajuizar a ação rescisória, extinguiu-se o direito à rescisão em face do transcurso do prazo decadencial de dois anos;

e) o Ministério Público tem legitimidade para ajuizar a ação rescisória e o direito à rescisão não se extinguiu, pois o prazo para a propositura é de cinco anos.

▷ ***Anotações/Comentários***

O Ministério Público terá legitimidade para propor ação rescisória, entre outras situações, quando a decisão rescindenda é o efeito de simulação ou de colusão das partes, a fim de fraudar a lei (art. 967, III, b, CPC). Nas hipóteses de simulação ou de colusão das partes, o prazo decadencial para o ajuizamento da ação rescisória começa a contar, para o terceiro prejudicado e para o Ministério Público, que não interveio no processo, a partir do momento em que têm ciência da simulação ou da colusão.

219. (FGV – Analista Judiciário – Área Judiciária – TJ – AL/2018) Quanto à ação rescisória, é correto afirmar que:

a) o prazo para o seu ajuizamento é de dois anos, a fluir da data da prolação da decisão rescindenda;

b) o Ministério Público não tem legitimidade para ajuizá-la;

c) é cabível para impugnar decisão que, embora sem ser de mérito, impeça a admissibilidade do recurso correspondente;

d) é exigível do autor o depósito de 5% sobre o valor da causa, ainda que se trate de beneficiário da gratuidade de justiça;

e) não é admissível a concessão de tutela provisória.

▷ ***Anotações/Comentários***

Como regra, a ação rescisória é ajuizada com a finalidade de rescindir decisão de mérito transitada em julgado nas hipóteses autorizadas pela lei. Contudo, ainda que não decisão o mérito, a decisão poderá ser rescindida se impedir: I – nova propositura da demanda, ou II – admissibilidade do recurso correspondente (art. 966, § 2º, CPC).

PROCESSUAL CIVIL

220. (Cespe – Analista Judiciário – Área Judiciária – TRE – TO/2017) De acordo com o Código de Processo Civil (CPC), são consideradas como julgamento de casos repetitivos apenas as decisões proferidas em

a) incidente de resolução de demandas repetitivas e em incidente de assunção de competência.

b) incidente de resolução de demandas repetitivas, em recurso especial repetitivo e em recurso extraordinário repetitivo.

c) incidente de assunção de competência, em recurso especial repetitivo e em recurso extraordinário repetitivo.

d) incidente de assunção de competência, em incidente de resolução de demandas repetitivas, em recursos especiais repetitivos e em recurso extraordinário repetitivo.

e) recurso especial repetitivo e em recurso extraordinário repetitivo.

▷ ***Anotações/Comentários***

Cconsidera-se julgamento de casos repetitivos a decisão proferida em: I – incidente de resolução de demandas repetitivas; II – recurso especial e extraordinário repetitivos (art. 928, CPC).

221. (Cespe – Analista Judiciário – Direito – TJ – PA/2020) De acordo com o CPC, a competência para realizar o juízo de admissibilidade em incidente de resolução de demandas repetitivas (IRDR) é do

a) juízo singular, quando o incidente se origina de processo que está em primeiro grau.

b) presidente do tribunal, exclusivamente.

c) relator do IRDR, que decidirá monocraticamente.

d) plenário do tribunal, obrigatoriamente.

e) órgão colegiado que possua competência para julgar o IRDR segundo o regimento interno.

▷ ***Anotações/Comentários***

O julgamento do incidente caberá ao órgão indicado pelo regimento interno dentre aqueles responsáveis pela uniformização de jurisprudência do tribunal (art. 978, caput, CPC).

15. RECURSOS

222. FCC - 2024 - TRT 11 (AM e RR) - Analista Judiciário - Área Judiciária

Suzane ajuizou demanda indenizatória, porém teve sua petição inicial indeferida, em razão de inépcia desta. Nessa situação, se Suzane interpuser apelação,

a) o recurso deverá ser indeferido, já que o CPC prevê expressamente o cabimento de agravo de instrumento para essa hipótese.

b) o réu deve ser intimado para tomar ciência do processo, sem, contudo, poder apresentar contrarrazões ao recurso.

c) os autos serão remetidos ao tribunal sem a citação da parte requerida.

d) o juiz poderá retratar-se no prazo de cinco dias.

e) no caso de reforma da sentença pelo tribunal, o prazo para contestação será iniciado a partir da publicação do acórdão no diário oficial.

▷ ***Anotações/Comentários***

Notas do autor: como regra, publicada a sentença, o juiz só poderá alterá-la: I – para corrigir-lhe, de ofício ou a requerimento da parte, inexatidões materiais ou erros de cálculo; II – por meio de embargos de declaração (art. 494, CPC). Uma vez interposto o recurso de apelação, a sentença poderá ser modificada pelo órgão *ad quem* (tribunal). Contudo, admite-se, excepcionalmente, que o juiz se retrate. Nestes casos, diz-se que o recurso tem o efeito regressivo. Entre as hipóteses possíveis, tem-se quando o juiz proferir sentença sem resolução do mérito (art. 485, § 7º, CPC). Em especial à extinção pela inépcia da inicial, incide o art. 331, do CPC.

Alternativa "A": incorreta. O recurso adequado para impugnar a sentença é o de apelação (art. 1.009), independentemente de seu teor (se com ou sem resolução do mérito).

Alternativa "B": incorreta. Indeferida a petição inicial, o autor poderá apelar, facultando ao juiz, no prazo de cinco dias, retratar-se (efeito regressivo). Se não ocorrer a retratação, o juiz mandará **citar** o réu para responder ao recurso (art. 331, § 1º, CPC).

Alternativa "C": incorreta. Como visto anteriormente, o juiz mandará citar o réu para responder ao recurso.

Alternativa "D": correta. Incidente na hipótese o efeito regressivo, poderá o juiz retratar-se no prazo de cinco dias (art. 331, *caput*).

Alternativa "E": incorreta. No caso de reforma da sentença pelo tribunal, o prazo para a contestação começará a correr da intimação do retorno dos autos, observado o disposto no art. 334, do CPC.

223. IBFC – 2022 – TJ/MG – Analista Judiciário O recurso é o meio de impugnação pela qual a parte tem a oportunidade de pedir o reexame de decisão proferida no processo, sendo importante mecanismo de garantia do contraditório e da ampla defesa. A partir dessa premissa e das disposições gerais trazidas pelo Código de Processo Civil acerca dos recursos, assinale a alternativa correta.

a) O recurso adesivo apesar de subordinado ao recurso independente, será conhecido, mesmo se houver desistência do recurso principal

b) O recorrente poderá, a qualquer tempo, desde que haja anuência dos litisconsortes, desistir do recurso

c) A desistência do recurso não impede a análise de questão cuja repercussão geral já tenha sido reconhecida e daquele objeto de julgamento de recursos extraordinários ou especiais repetitivos

d) Dos despachos cabe recurso, no prazo de 5 dias

e) Certificado o trânsito em julgado do acórdão, com menção expressa da data de sua ocorrência, o escrivão ou o chefe de secretaria, mediante determinação expressa do colegiado, providenciará a baixa dos autos ao juízo de origem.

▷ ***Comentários/Notas do autor:***

Alternativa "A": incorreta. O recurso adesivo fica subordinado ao recurso independente, sendo-lhes aplicáveis as mesmas regras deste quanto aos requisitos de admissibilidade e julgamento no tribunal, salvo disposição legal diversa, observando, ainda, que, não será conhecido, se houver desistência do recurso principal ou se for ele considerado inadmissível (art. 997, § 2º, III, CPC).

Alternativa "B": incorreta. O recorrente poderá, a qualquer tempo, sem a anuência do recorrido ou dos litisconsortes, desistir do recurso (art. 998, *caput*).

Alternativa "C": correta. A desistência do recurso não impede a análise de questão cuja repercussão geral já tenha sido reconhecida e daquela objeto de julgamento de recursos extraordinários ou especiais repetitivos (art. 998, parágrafo único, CPC).

Alternativa "D": incorreta. Dos despachos não cabe recurso.

Alternativa "E": incorreta. Certificado o trânsito em julgado, com menção expressa da data de sua ocorrência, o escrivão ou o chefe de secretaria, independentemente de despacho, providenciará a baixa dos autos ao juízo de origem, no prazo de 5 (cinco) dias (art. 1.006, CPC).

224. (IESES – Cartório – Remoção – TJ – AM/2018) Consoante as diretrizes do Código de Processo Civil - CPC/15, são cabíveis os seguintes recursos, entre outros, EXCETO:

a) Agravo de instrumento.

b) Agravo em recurso especial ou extraordinário.

c) Agravo interno.

d) Agravo retido.

▷ ***Anotações/Comentários***

O agravo retido não está incluído entre os recursos cabíveis previstos no Código de Processo Civil.

225. (IESES – Cartório – Remoção – TJ – AM/2018) Cabem embargos de declaração contra qualquer decisão judicial para esclarecer obscuridade ou eliminar contradição, suprir omissão de ponto ou questão sobre o qual devia se pronunciar o juiz de ofício ou a requerimento e corrigir erro material. De acordo com as novas diretrizes do Código de Processo Civil vigente os embargos de declaração serão opostos em:

a) 15 (quinze) dias.

b) 8 (oito) dias.

c) 5 (cinco) dias.

d) 10 (dez) dias.

▷ ***Anotações/Comentários***

Os embargos declaratórios devem ser interpostos no prazo de cinco dias (art. 1.023, *caput*, CPC).

226. (Vunesp – Escrevente Técnico Judiciário – TJ – SP/2017) Lucas Bastos propôs ação contra a empresa Limiar Ltda., pois teve seu nome negativado indevidamente. Requereu liminar, que foi indeferida pelo juiz de primeiro grau. Fez agravo de instrumento contra a decisão do juiz singular e requereu a declaração de efeito ativo ao recurso, pois estava pretendendo comprar uma casa e precisava de seu nome sem restrições. O relator indeferiu monocraticamente esse efeito.

Diante dessa decisão do relator, é correto afirmar que Lucas

a) poderá manejar outro agravo de instrumento, por se tratar de decisão interlocutória que analisa tutela provisória.

b) poderá manejar agravo retido, pois, apenas com o julgamento de outro recurso, essa situação poderá ser rediscutida.

c) por estar diante de uma decisão irrecorrível, não tem meios de rediscutir a decisão do relator.

d) tem como única forma recursal à sua disposição o pedido de retratação, claramente prescrito na nova sistemática processual.

e) poderá manejar agravo interno, que é recurso cabível contra as decisões proferidas pelo relator.

▷ ***Anotações/Comentários***

Contra decisão proferida pelo relator caberá agravo interno para o respectivo órgão colegiado, observadas, quanto ao processamento, as regras do regimento interno do tribunal (art. 1.010, caput, CPC).

227. (Vunesp – Escrevente Técnico Judiciário – TJ – SP/2018) Com relação ao direito de recorrer, assinale a alternativa correta.

a) A renúncia ao direito de recorrer depende da aceitação da outra parte.

b) A parte que aceitar tacitamente a decisão poderá recorrer, se ainda no prazo recursal.

c) Dos despachos cabem os recursos de agravo de instrumento ou embargos de declaração.

d) A desistência do recurso não impede a análise de questão cuja repercussão geral já tenha sido reconhecida.

e) O recorrente, para desistir do recurso, necessitará da anuência de seus litisconsortes.

▷ ***Anotações/Comentários***

Alternativa "A": incorreta. A renúncia ao direito de recorrer é ato unilateral não dependente da concordância da parte contrária (art. 999, CPC).

Alternativa "B": incorreta. A parte que aceitar a decisão expressa ou tacitamente não poderá recorrer. Considera-se aceitação tácita a prática, sem nenhuma reserva, de ato incompatível com a vontade de recorrer (art. 1.000, CPC).

Alternativa "C": incorreta. Os despachos são irrecorríveis.

Alternativa "D": correta. A desistência do recurso não impede a análise de questão cuja repercussão geral já tenha sido reconhecida e daquela objeto de julgamento de recursos extraordinários ou especiais repetitivos (art. 998, parágrafo único, CPC).

Alternativa "E": incorreta. O recorrente não dependerá da anuência do recorrido ou dos litisconsortes (Art. 998, parágrafo único, CPC).

228. (FCC – Analista Judiciário – Área Judiciária – TRT 11/2017) A respeito dos recursos, é correto afirmar:

a) os embargos de declaração tem efeito suspensivo e, em alguns casos, tem efeito interrupto dos prazos recursais.

b) a renúncia do direito de recorrer depende a anuência da outra parte.

c) cabe agravo de instrumento dos despachos.

d) o recorrente só poderá desistir do recurso com a anuência do recorrido e dos litisconsortes.

e) cabe agravo de instrumento da decisão que julgar o incidente de desconsideração da personalidade jurídica.

▷ ***Anotações/Comentários***

Alternativa "A": incorreta. Os embargos de declaração não possuem efeito suspensivo e interrompem o prazo para a interposição de recurso (art. 1.026, caput, CPC).

Alternativa "B": incorreta. A renúncia do direito de recorrer não depende da anuência da outra parte (art. 999, CPC).

Alternativa "C": incorreta. Os despachos são irrecorríveis.

Alternativa "D": incorreta. O recorrente poderá desistir do recurso independentemente da anuência do recorrido e dos litisconsortes (art. 998, CPC).

Alternativa "E": incorreta. Da decisão que julgar o IDPJ (incidente de desconsideração da personalidade jurídica) caberá o recurso de agravo de instrumento (art. 1.015, IV, CPC).

229. (Vunesp – Juiz de Direito – TJ – SP/2018) Se a parte desiste de recurso que interpôs contra sentença que julgou o mérito,

a) fica prejudicado o julgamento do mérito da causa.

b) a desistência não impedirá a análise de questão objeto de julgamento de recurso especial repetitivo.

c) para que a desistência seja homologada, é necessária concordância da parte recorrida.

d) a situação equivale, em termos práticos, à renúncia ao direito em que se funda a demanda.

▷ ***Anotações/Comentários***

A desistência do recurso não impede a análise de questão cuja repercussão geral já tenha sido reconhecida e daquela objeto de julgamento de recursos extraordinários ou especiais repetitivos (art. 998, parágrafo único, CPC).

230. (FCC – Analista Judiciário – Área Judiciária – TRT 2/2018) Considere a seguinte situação hipotética:

No ano de 2015, a Terceira Turma do Superior Tribunal de Justiça julgou um importante tema de direito privado em sede de recurso especial envolvendo contratos bancários. Neste ano de 2018 houve alteração na composição da referida Turma, com a saída de três dos cinco Ministros e a posse de três novos Ministros. No mês de Abril do corrente ano, a mesma Terceira Turma do Superior Tribunal de Justiça, quando do julgamento de outro recurso especial, divergiu do julgamento anterior proferido no ano de 2015, quando da análise da mesma questão de mérito envolvendo contratos bancários. Neste caso, nos termos estabelecidos pelo Código de Processo Civil, a parte interessada poderá interpor

a) agravo regimental.

b) embargos de divergência.

c) embargos infringentes.

d) mandado de segurança.

e) reclamação.

▷ ***Anotações/Comentários***

É cabível a interposição de embargos de divergência contra o acórdão de órgão fracionário que: I - em recurso extraordinário ou em recurso especial, divergir do julgamento de qualquer outro órgão do mesmo tribunal, sendo os acórdãos, embargado e paradigma, de mérito; III - em recurso extraordinário ou em recurso especial, divergir do julgamento de qualquer outro órgão do mesmo tribunal, sendo um acórdão de mérito e outro que não tenha conhecido do recurso, embora tenha apreciado a controvérsia (art. 1.043, CPC).

231. (FCC – Analista Judiciário – Oficial de Just. Avaliador – TRT 24/2017) Os embargos de declaração, nos termos preconizados pelo Código de Processo Civil, serão opostos em petição dirigida ao juiz no prazo de

a) 10 dias, sem efeito suspensivo e interrompendo o prazo para a interposição de recurso.

b) 10 dias, possuindo efeito suspensivo, e suspendendo o prazo para a interposição de recurso.

c) 3 dias, possuindo efeito suspensivo e interrompendo o prazo para a interposição de recurso.

d) 5 dias, possuindo efeito suspensivo e suspendendo o prazo para a interposição de recurso.

e) 5 dias, sem efeito suspensivo e interrompendo o prazo para a interposição de recurso.

▷ ***Anotações/Comentários***

Os embargos declaratórios devem ser interpostos no prazo de cinco dias e o seu oferecimento interromperá o curso do prazo para a interposição de outros recursos (art. 1.023, caput, CPC).

232. (Cespe – Analista Judiciário – Área Judiciária – TRE – BA/2017) De acordo com a jurisprudência dos tribunais superiores, julgue os itens que se seguem.

I. A fixação de astreintes pelo juiz faz coisa julgada material, caso não seja objeto de recurso pela parte interessada, não podendo ser alterada posteriormente.

II. Tendo sido a intimação feita por oficial de justiça, a contagem do prazo recursal inicia-se da data em que a parte tomou conhecimento da intimação, porque a contagem a partir da data da juntada do mandado somente se aplica para hipóteses de citação.

III. O prazo decadencial para a impetração de mandado de segurança em razão de redução ilegal do valor de vantagem integrante de remuneração de servidor público se renova a cada mês.

IV. São protelatórios os embargos de declaração cuja finalidade seja rediscutir matéria julgada em conformidade com precedente firmado pelo rito dos recursos repetitivos.

Estão certos apenas os itens

a) I e II.
b) I e IV.
c) II e III.
d) III e IV.
e) II, III e IV.

▷ ***Anotações/Comentários***

Assertiva I – incorreta. As astreintes fixadas pelo juiz poderão ser posteriormente modificadas, devendo ser objeto de análise casuística pelo juiz, que aplicará o princípio da proporcionalidade e o da razoabilidade.

Assertiva II – incorreta. Sendo a intimação da decisão realizada por meio de oficial de justiça, o prazo se inicia da contagem do mandado aos autos.

Assertiva III – correta. Tratando-se de mandado de segurança por redução da vantagem, o prazo decadencial de cento e vinte dias conta-se mês a mês. Diferentemente do que ocorre no caso de supressão da vantagem.

Assertiva IV – correta. Considera-se litigante de má-fé aquele que interpõe recurso com intuito manifestamente protelatório (art. 80, VII, CPC). Quando manifestamente protelatórios os embargos de declaração, o juiz ou o tribunal, em decisão fundamentada, condenará o embargante a pagar ao embargado multa não excedente a dois por cento sobre o valor atualizado da causa (art. 1.026, § 3º). De acordo com orientação do STJ, aliás, anterior ao próprio CPC/2015, caracterizam-se como protelatórios os embargos de declaração que visam rediscutir matéria já apreciada e decidida pela Corte de origem em conformidade com súmula do STJ ou do STF, ou, ainda, precedentes de casos repetitivos.

---

233. (FGV – Analista Judiciário – Área Judiciária – TJ – AL/2018) O recurso cabível para se impugnar decisão interlocutória proferida em processo de execução é:

a) o agravo de instrumento;
b) o agravo retido;
c) a apelação;
d) a rescisória;
e) nenhum, pois se trata de provimento irrecorrível.

▷ ***Anotações/Comentários***

O recurso de agravo de instrumento será cabível nas hipóteses previstas no art. 1.015, do CPC, incluindo-se, entre elas, as decisões interlocutórias proferidas no processo de execução.

---

234. (Cespe – Analista Judiciário – Área Administrativa – TRE – BA/2017) Acerca do sistema recursal previsto no CPC, julgue os itens a seguir.

I. O recorrente só poderá desistir do recurso com a anuência do recorrido e dos litisconsortes.

II. Os embargos de declaração interrompem o prazo para a interposição de recurso.

III. Não comprovado o recolhimento do preparo no ato da interposição do recurso, a parte será intimada, na pessoa do seu advogado, para realizar o pagamento em dobro, sob pena de deserção.

Assinale a opção correta.

a) Apenas o item I está certo.
b) Apenas o item II está certo.
c) Apenas os itens I e III estão certos.
d) Apenas os itens II e III estão certos.
e) Todos os itens estão certos.

▷ ***Anotações/Comentários***

Assertiva I – incorreta. O recorrente poderá desistir do recurso independentemente da anuência do recorrido e dos litisconsortes. Trata-se de ato unilateral.

Assertiva II – correta. Os embargos declaratórios interromperão o curso do prazo para a interposição de outros recursos.

Assertiva III – correta. Em atenção ao princípio da primazia do julgamento do mérito, não comprovado o recolhimento do preparo, o recorrente será intimado para realizar o recolhimento em dobro, sob pena de deserção (art. 1.007, § 4º, CPC).

---

235. (FCC – Analista Judiciário – Direito – TJ – MA/2019) No que se refere aos recursos, é correto afirmar:

a) Não cabe agravo de instrumento contra decisões interlocutórias proferidas no processo de inventário, por se tratar de procedimento especial não sujeito a decisões de mérito.

b) Na apelação, as questões resolvidas na fase de conhecimento, se a decisão a seu respeito não comportar agravo de instrumento, são cobertas pela preclusão e não podem mais ser suscitadas.

c) O agravo interno será dirigido ao relator, que intimará o agravado para manifestar-se sobre o recurso no prazo de 15 (quinze) dias, ao final do qual, não havendo retratação, o relator levá-lo-á a julgamento pelo órgão colegiado, com inclusão em pauta.

d) Os embargos de declaração em nenhum caso admitem decisão com efeitos infringentes.

e) O recurso extraordinário e o recurso especial, nos casos constitucionalmente previstos, serão interpostos na atual sistemática processual por petição única para maior celeridade e otimização.

▷ ***Anotações/Comentários***

Alternativa "A": incorreta. Consoante expressa previsão contida no parágrafo único, do art. 1.015, do CPC, é cabível o recurso de agravo de instrumento contra as decisões proferidas no processo de inventário.

Alternativa "B": incorreta. Na apelação, as questões resolvidas na fase de conhecimento, se a decisão a seu respeito não comportar agravo de instrumento, não estarão cobertas pela preclusão e poderão ser suscitadas.

Alternativa "C": correta. Contra decisão proferida pelo relator caberá agravo interno para o respectivo órgão colegiado. Na petição, o recorrente deverá impugnar especificamente os fundamentos da decisão agravada. O agravo será dirigido ao relator, que intimará o agravado para manifestar-se sobre o recurso no prazo de quinze dias, ao final do qual, não havendo retratação, o relator levá-lo-á a julgamento pelo órgão colegiado, com inclusão em pauta (art. 1.021, § 2º, CPC).

Alternativa "D": incorreta. Em regra, os embargos declaratórios não possuem efeito infringente. Contudo, a modificação do julgado, em situação excepcionais, será admitida (art. 1.024, § 4º, CPC).

Alternativa "E": incorreta. Os recursos extraordinário e especial devem ser interpostos em petições separadas, cada uma para um recurso específico.

---

236. (FCC – Analista Judiciária – Área Judiciária – TRF 3/2019) Em ação de obrigação de fazer movida pela União contra Francisco, o juiz proferiu sentença acolhendo o pedido e deferindo, no mesmo ato, a antecipação dos efeitos da tutela, para que o réu desse cumprimento à obrigação no prazo de dez dias, sob pena de multa diária. O réu então interpôs, tempestivamente, embargos de declaração, arguindo omissão da sentença acerca da ocorrência de prescrição, matéria que até então não fora suscitada no processo. Nesse caso, os embargos declaratórios

a) não são cabíveis, pois não poderia haver omissão quanto a matéria que nem mesmo fora invocada pelas partes; ainda assim, a mera interposição dos embargos suspende o prazo para a interposição do recurso de apelação, bem como a eficácia da sentença embargada.

b) não são cabíveis, pois não poderia haver omissão quanto a matéria que nem mesmo fora invocada pelas partes; ainda assim, a mera interposição dos embargos interrompe o prazo para a interposição do recurso de apelação, mas não suspende a eficácia da sentença embargada.

c) são cabíveis, pois a prescrição é matéria sobre a qual o juiz deve se pronunciar de ofício; ademais, a mera interposição dos embargos interrompe o prazo para a interposição do recurso de apelação, mas não suspende a eficácia da sentença embargada.

d) são cabíveis, pois a prescrição é matéria sobre a qual o juiz deve se pronunciar de ofício; ademais, a mera interposição dos embargos suspende o prazo para a interposição do recurso de apelação, mas não a eficácia da sentença embargada.

e) são cabíveis, pois a prescrição é matéria sobre a qual o juiz deve se pronunciar de ofício; ademais, a mera interposição dos embargos interrompe o prazo para a interposição do recurso de apelação, além de suspender a eficácia da sentença embargada.

▷ ***Anotações/Comentários***

A prescrição constitui-se em objeção de mérito e, como tal, poderá ser alegada a qualquer tempo e conhecida de ofício pelo juiz. Além disso, de se registrar que os embargos declaratórios possuem o efeito de interromper o curso do prazo prescricional. Contudo, a eficácia da decisão monocrática ou colegiada mantém-se, podendo ser suspensa pelo respectivo juiz ou relator se demonstrada a probabilidade de provimento do recurso ou, sendo relevante a fundamentação, se houver risco de dano grave ou de difícil reparação (art. 1.026, § 1º, CPC).

237. (FCC – Analista Judiciário – Área Judiciária – TRF 4/2019) Renato ajuizou ação de cobrança contra Paulo, julgada procedente em primeiro grau. No julgamento do recurso de apelação interposto pelo réu, o Tribunal pronunciou a prescrição de ofício, sem conceder às partes a oportunidade de se manifestarem sobre essa matéria, que não havia sido previamente ventilada no processo. De acordo com o que está disposto no Código de Processo Civil, o acórdão que decidiu o recurso de apelação é

a) nulo, pois a prescrição não pode ser pronunciada de ofício.

b) válido, pois a prescrição é matéria que pode ser apreciada de ofício, circunstância que dispensa prévia manifestação das partes.

c) válido, pois, quando reconhecida em segundo grau de jurisdição, a prescrição pode ser pronunciada de ofício sem que antes seja dada oportunidade às partes de se manifestarem sobre ela.

d) nulo, pois o juiz não poderá decidir com base em fundamento acerca do qual não se tenha dado às partes oportunidade de se manifestarem, nem mesmo em segundo grau de jurisdição, ainda que se trate de matéria pronunciável de ofício.

e) nulo, pois o Tribunal não pode decidir com base em fundamento que não foi ventilado em primeiro grau de jurisdição, em virtude da preclusão.

▷ ***Anotações/Comentários***

A prescrição se constitui em objeção de mérito e, dessa maneira, poderá ser alegada a qualquer tempo, admitindo-se que seja conhecida de ofício pelo juiz. Não obstante, em conformidade com o princípio da contraditório, o juiz não pode decidir, em grau algum de jurisdição, com base em fundamento a respeito do qual não se tenha dado às partes oportunidade de se manifestar, ainda que se trate de matéria sobre a qual deva decidir de ofício (art. 10, CPC). Por esse motivo, a decisão é nula.

238. (Cespe – Analista Judiciário – Direito – TJ – PA/2020) De acordo com o estabelecido no CPC, o pronunciamento do magistrado que na justiça comum, em primeiro grau, revoga deferimento de gratuidade de justiça será

a) irrecorrível.

b) recorrível por agravo de instrumento em qualquer hipótese.

c) recorrível por apelação em qualquer hipótese.

d) recorrível, em regra, por agravo de instrumento, ressalvada a interposição de apelação quando a questão for resolvida na sentença.

e) recorrível por agravo interno somente se a decisão for prolatada em audiência.

▷ ***Anotações/Comentários***

A decisão interlocutória que rejeite pedido de gratuidade da justiça ou acolhimento do pedido de sua revogação será impugnada pelo recurso de agravo de instrumento (art. 1.015, V), salvo se a questão for resolvida na sentença, quando então o pronunciamento judicial deverá ser impugnado pelo recurso de apelação.

239. (Cespe – Analista Judiciário – Direito – TJ – AM/2019) Caio ajuizou ação contra determinada sociedade empresária e apresentou pedido único de repetição de valor decorrente de cobrança indevida, requerendo, ainda, a concessão de tutela de urgência. Após a apresentação de defesa pela ré, o juiz prolatou sentença em que concedeu a tutela provisória e, no mesmo pronunciamento, julgou o pedido procedente de forma definitiva. A sociedade empresária interpôs recurso de apelação requerendo a reforma total da sentença.

Considerando essa situação hipotética, julgue os itens seguintes.

Ao analisar a admissibilidade do recurso em primeiro grau, o magistrado, se considerar que estão presentes todos os pressupostos recursais, deverá recebê-lo apenas no efeito devolutivo.

- CERTO
- ERRADO

▷ ***Anotações/Comentários***

A admissibilidade do recurso de apelação, em conformidade com o CPC/2015, deverá ser realizada exclusivamente pelo Juízo *ad quem* (Tribunal) e não mais pelo Juízo *a quo* (sentenciante). Como regra, a apelação tem efeito devolutivo e suspensivo (art. 1.012, *caput*, CPC).

240. (FGV – Analista Judiciário – Área Judiciária – TJ – AL/2018) João propõe ação em face de José e requer o benefício da gratuidade de justiça. Manifesta desinteresse na realização da audiência de conciliação ou mediação. O réu é citado e intimado para o comparecimento à audiência de mediação que não obstante fora designada. O réu peticiona no sentido também do desinteresse da realização dessa audiência e acosta aos autos sua contestação.

O réu, irresignado com a concessão de gratuidade de justiça ao autor, que ao seu sentir, teria condições de arcar com esta verba, deverá:

a) interpor agravo de instrumento diretamente ao Tribunal de Justiça e requerer que o relator atribua efeito suspensivo ao processo;

b) interpor reclamação, uma vez que o julgador praticou ato de ofício usurpando a competência do tribunal, que é quem deve conceder ou não a gratuidade;

c) interpor apelação imediatamente, uma vez que essa decisão interlocutória não é passível de recorribilidade imediata pelo agravo de instrumento;

d) aguardar a prolação da sentença e, simultaneamente à interposição da apelação, deve interpor o agravo de instrumento contra a referida decisão;

e) arguir na preliminar da contestação apresentada, a indevida concessão do benefício da gratuidade de justiça concedida.

▷ ***Anotações/Comentários***

A contestação será composta por defesa processual e de mérito. Entre as defesas processuais possíveis, ditas preliminares, é possível alegar a indevida concessão do benefício de gratuidade de justiça (art. 337, XIII, CPC). Da decisão que rejeite o pedido de gratuidade da justiça ou acolhimento do pedido de sua revogação caberá o recurso de agravo de instrumento.

241. (Consulplan – Analista Judiciário – Oficial de Just. Avaliador – TRF 2/2017) O preparo recursal consiste no pagamento das despesas relacionadas ao processamento do recurso. Sobre o tema, assinale a alternativa INCORRETA.

a) Prevê o Código de Processo Civil de 2015 que fica dispensado o recolhimento do porte de remessa e de retorno no processo em autos eletrônicos.

b) A insuficiência no valor do preparo não implicará a imediata deserção do recurso. Deve o recorrente ser intimado na pessoa de seu advogado para suprir o preparo no prazo de cinco dias.

c) Segundo entendimento adotado pela 2ª Seção do STJ no EAREsp 423.679-SC, o pagamento do preparo recursal pode ser comprovado por intermédio de recibo extraído da Internet, desde que esse meio de constatação de quitação possibilite a aferição da regularidade do recolhimento.

d) O indeferimento do benefício da gratuidade de justiça por meio de decisão interlocutória desafia a interposição do recurso de agravo de instrumento, sendo imprescindível que o recorrente demonstre o prévio recolhimento de custas recursais para que tal agravo possa ser analisado pelo relator e submetido a posterior julgamento.

▷ ***Anotações/Comentários***

Contra a decisão que indeferir a gratuidade ou a que acolher pedido de sua revogação caberá agravo de instrumento, exceto quando a questão for resolvida na sentença, contra a qual caberá apelação. O recorrente estará dispensado do recolhimento de custas até decisão do relator sobre a questão, preliminarmente ao julgamento do recurso (art. 101, CPC).

---

242. (Consulplan – Analista Judiciário – Área Administrativa – TRE – RJ/2017) À luz do CPC/2015, acerca dos processos nos tribunais e meios de impugnação das decisões judiciais, assinale a afirmativa INCORRETA.

a) Os embargos de declaração não possuem efeito suspensivo e interrompem o prazo para a interposição de recurso.

b) O recurso pode ser interposto pela parte vencida, pelo terceiro prejudicado e pelo Ministério Público, como parte ou como fiscal da ordem jurídica.

c) O recurso adesivo fica subordinado ao recurso independente, sendo-lhe aplicáveis as mesmas regras deste quanto aos requisitos de admissibilidade e julgamento no tribunal.

d) Quando o resultado da remessa necessária for não unânime, o julgamento terá prosseguimento em sessão a ser designada com a presença de outros julgadores, que serão convocados nos termos previamente definidos no regimento interno, em número suficiente para garantir a possibilidade de inversão do resultado inicial, assegurado às partes e a eventuais terceiros o direito de sustentar, oralmente, suas razões perante os novos julgadores.

▷ ***Anotações/Comentários***

Como regra, quando o resultado da apelação for não unânime, o julgamento terá prosseguimento em sessão a ser designada com a presença de outros julgadores, que serão convocados nos termos previamente definidos no regimento interno, em número suficiente para garantir a possibilidade de inversão do resultado inicial, assegurado às partes e a eventuais terceiros o direito de sustentar oralmente suas razões perante os novos julgadores. Trata-se da técnica disciplinada no art. 924, do CPC, que não se aplica, contudo, no julgamento da remessa necessária (§4º, II).

---

243. (Vunesp – Escrevente Técnico Judiciário – TJ – SP/2017) Luís ingressou com uma ação contra Mirela. Em 09.03 (sexta-feira), na audiência de instrução e julgamento, o juiz julgou a ação improcedente, saindo as partes intimadas de tal decisão nessa data. A parte sucumbente pretende recorrer da decisão do juiz.

Levando em consideração que, durante o prazo do recurso, não há qualquer feriado, é correto afirmar que

a) Luís deverá interpor recurso de agravo de instrumento, e terá, para isso, prazo fatal até 30.03 (sexta-feira).

b) Luís deverá interpor recurso de apelação, e terá, para isso, prazo fatal até 30.03 (sexta-feira).

c) o recurso a ser manejado por Luís é o de agravo de instrumento, e ele terá 15 dias úteis para fazer tal peça processual, contados a partir de 09.03.

d) Mirela deverá manejar recurso de apelação no prazo de 15 dias corridos, contados a partir de 12.03 (segunda-feira).

e) tanto Luís quanto Mirela têm interesse de agir no recurso de apelação, e eles terão prazo comum de 15 dias úteis, contados de 12.03 (segunda-feira), para apresentar tal peça processual.

▷ ***Anotações/Comentários***

Sendo a sentença proferida em audiência, o prazo de 15 dias para a interposição de recurso se inicia de imediato. O recurso adequado contra a sentença é o de apelação.

---

244. (FCC – Analista Judiciário – Oficial de Just. Avaliador – TRT 11/2017) José ajuizou procedimento comum, mas a petição inicial foi indeferida por conter pedidos incompatíveis entre si. Nesse caso, dessa decisão

a) caberá agravo de instrumento.

b) caberá apelação.

c) caberá agravo interno.

d) caberá recurso especial.

e) não caberá recurso.

▷ ***Anotações/Comentários***

O pronunciamento judicial que indefere a petição inicial tem a natureza de sentença e, por isso, é impugnada pelo recurso de apelação.

---

245. (FCC – Analista Judiciário – Oficial de Just. Avaliador – TRT 20/2016) Se o pedido contrariar enunciado de súmula do Supremo Tribunal Federal ou do Superior Tribunal de Justiça, o juiz

a) mandará citar o réu e procederá ao julgamento antecipado da lide se a causa dispensar a fase instrutória. Desta decisão caberá agravo de instrumento.

b) indeferirá a petição inicial. Desta decisão não caberá recurso.

c) poderá julgar liminarmente improcedente o pedido, sem a citação do réu, desde que a causa dispense a fase instrutória. Desta decisão caberá apelação.

d) poderá julgar liminarmente improcedente o pedido, depois de citado o réu, desde que a causa dispense a fase instrutória. Desta decisão não caberá recurso.

e) poderá julgar liminarmente improcedente o pedido, depois de citado o réu, ainda que a causa não dispense a fase instrutória. Desta decisão caberá apelação.

▷ ***Anotações/Comentários***

Nas causas que dispensem a fase instrutória, o juiz, independentemente da citação do réu, julgará liminarmente improcedente o pedido que contrariar: I - enunciado de súmula do Supremo Tribunal Federal ou do Superior Tribunal de Justiça; II - acórdão proferido pelo Supremo Tribunal Federal ou pelo Superior Tribunal de Justiça em julgamento de recursos repetitivos; III - entendimento firmado em incidente de resolução de demandas repetitivas ou de assunção de competência; IV - enunciado de súmula de tribunal de justiça sobre direito local. Sendo proferida sentença, o recurso adequado para a sua impugnação é o de apelação.

---

246. (FCC – Analista Judiciário – Área Judiciária – TRT 24/2017) Renato ajuizou ação indenizatória contra Moisés que tramitou por meio eletrônico em uma das varas cíveis da comarca de São Paulo. Após o regular processamento a ação é julgada improcedente pelo Magistrado competente. Inconformado, Renato apresenta recurso de apelação sem, contudo, recolher qualquer valor a título de preparo. Neste caso, de acordo com o Código de Processo Civil, o juiz deverá

a) intimar Renato, na pessoa de seu advogado, para realizar o recolhimento do valor do preparo e do porte de remessa e de retorno, sob pena de deserção.

b) aplicar imediatamente a pena de deserção a Renato.

c) intimar Renato, na pessoa de seu advogado, para realizar o recolhimento em dobro do valor do preparo e do porte de remessa e de retorno, sob pena de deserção.

d) intimar Renato, na pessoa de seu advogado, para realizar o recolhimento em dobro do valor do preparo, exclusivamente, sob pena de deserção.

e) intimar Renato, na pessoa de seu advogado, para realizar o recolhimento do valor do preparo, exclusivamente, sob pena de deserção.

▷ ***Anotações/Comentários***

O preparo é requisito objetivo de admissibilidade do recurso. No ato de interposição do recurso, o recorrente comprovará, quando exigido pela legislação pertinente, o respectivo preparo, inclusive porte de remessa e de retorno, sob pena de deserção. O recorrente que não comprovar, no ato de interposição do recurso, o recolhimento do preparo, inclusive porte de remessa e de retorno, será intimado, na pessoa de seu advogado, para realizar o recolhimento em dobro, sob pena de deserção (art. 1.007, § 4º, CPC).

247. (FCC – Analista Judiciário – Oficial de Just. Avaliador – TRT 24/2017) Paulo ajuizou ação indenizatória contra Moisés em decorrência de um acidente de trânsito que envolveu ambas as partes.

Recebida a peça inicial o Magistrado, verificando desde logo a ocorrência da prescrição, poderá

a) julgar liminarmente improcedente o pedido, após a oitiva obrigatória da parte contrária, e Paulo poderá questionar a sentença por meio de recurso de apelação, sem possibilidade de retratação pelo Magistrado.
b) indeferir a petição inicial, cabendo a Paulo, se não se conformar, interpor recurso de apelação, com possibilidade de retratação pelo Magistrado em 5 dias.
c) julgar liminarmente improcedente o pedido, cabendo a Paulo, se não se conformar, interpor agravo de instrumento, com possibilidade de retratação pelo Magistrado.
d) julgar liminarmente improcedente o pedido, cabendo a Paulo, se não se conformar, interpor recurso de apelação, com possibilidade de retratação pelo Magistrado em 5 dias.
e) indeferir a petição inicial, cabendo a Paulo, se não se conformar, interpor agravo de instrumento, com possibilidade de retratação pelo Magistrado.

▷ ***Anotações/Comentários***

O juiz poderá julgar liminarmente improcedente o pedido se verificar, desde logo, a ocorrência de decadência ou de prescrição (art. 332, § 1º, CPC). Proferida sentença nesses termos, se o autor interpuser o recurso de apelação, o juiz poderá retratar-se em cinco dias (art. 332, § 3º, CPC).

16. AÇÕES CONSTITUCIONAIS

248. IV/UFG – 2024 – TJ/AC) Técnico Judiciário

De acordo com a sistemática processual civil do mandado de segurança:

a) a sentença concessiva da segurança pleiteada na ação mandamental tem sua eficácia diferida, já que se encontra sujeita obrigatoriamente ao duplo grau de jurisdição.
b) a comprovação de perigo de dano irreparável ou de difícil reparação é imprescindível para a concessão da liminar, da mesma forma como ocorre com as tutelas de urgência.
c) a medida liminar será concedida quando houver receio de ineficácia da medida, mesmo se o objeto do mandado de segurança for a compensação de créditos tributários.
d) o mandado de segurança pode ser impetrado contra atos de gestão comercial praticados por administradores de empresas públicas ou sociedades de economia mista.

▷ ***Anotações/Comentários***

Notas do autor: optou-se por manter-se esta questão na obra, embora pudesse ser anulada, conforme será visto adiante.

Alternativa "A": correta. Concedida a segurança, a sentença estará sujeita obrigatoriamente à remessa necessária (art. 14, § 1º, Lei 12.016/2009). De outro lado, *poderá ser executada provisoriamente, salvo nos casos em que for vedada a concessão da medida liminar.* Note-se que é questionável a assertiva apresentada, pois, embora o trânsito em julgado esteja afastado, por incidir a remessa necessária, a sentença poderá ser executada provisoriamente.

Alternativa "B": incorreta. Admite-se a concessão de medida que se suspenda o ato que deu motivo ao pedido, quando houver fundamento relevante e do ato impugnado puder resultar a ineficácia da medida, caso seja finalmente deferida, sendo facultado exigir do impetrante caução, fiança ou depósito, com o objetivo de assegurar o ressarcimento à pessoa jurídica (art. 7º, III, Lei 12.016/2009).

Alternativa "C": incorreta. De fato, o art. 7º, § 2º, da Lei nº 12.016/2009, indica que não será concedida liminar que tenha por objeto, entre outros, a compensação de crédito tributário. Contudo, as vedações do aludido dispositivo foram consideradas inconstitucionais pelo STF na ADIn 4296. Assim, não mais existe a vedação de liminar que importe em compensação de crédito tributário.

Alternativa "D": incorreta. Não cabe mandado de segurança contra os atos de gestão comercial praticados pelos administradores de empresas públicas, de sociedade de economia mista e de concessionárias de serviço público (art. 1º, § 2º, Lei nº 12.016/2009).

249. FCC – 2023 – TRT 17 – Analista Judiciário – Área Judiciária De acordo com a sua lei de regência, o mandado de segurança não pode ser concedido quando impetrado contra

a) decisão judicial transitada em julgado, salvo quando contrariar súmula dos Tribunais Superiores.
b) ato de representante de partido político.
c) decisão judicial da qual caiba recurso com efeito meramente devolutivo.
d) ato de pessoa jurídica de direito privado, ainda que praticado no exercício de atribuições do poder público.
e) ato de gestão comercial praticado por administrador de empresa pública.

▷ ***Comentários/Notas do autor:***

O procedimento do mandado de segurança é regulado pela Lei nº 12.016/2009.

Alternativa "A": incorreta. Não se concederá mandado de segurança quando se tratar de decisão judicial transitada em julgado, independentemente do fundamento (art. 5º, III).

Alternativas "B" e "D": incorretas. Equiparam-se às autoridades, para os efeitos desta Lei, os representantes ou órgãos de partidos políticos e os administradores de entidades autárquicas, bem como os dirigentes de pessoas jurídicas ou as pessoas naturais no exercício de atribuições do poder público, somente no que disser respeito a essas atribuições (art. 1º, § 1º).

Alternativa "C": incorreta. Não se concederá mandado de segurança quando se tratar de decisão judicial da qual caiba recurso com efeito suspensivo.

Alternativa "E": correta. Não cabe mandado de segurança contra os atos de gestão comercial praticados pelos administradores de empresas públicas, de sociedade de economia mista e de concessionárias de serviço público (art. 1º, § 2º, Lei nº 12.016/2009, cuja constitucionalidade foi reconhecida na ADIn 4.296).

250. CEBRASPE – 2023 – TJ/ES – Analista Judiciário – Área Administrativa Quanto aos aspectos processuais relativos ao papel desempenhado pelas funções essenciais à justiça, julgue o item a seguir.

Com o objetivo de promover a defesa dos interesses difusos e coletivos, a Defensoria Pública detém legitimidade ativa para a proposição de ação civil pública, tanto principal como cautelar.

▷ **Comentários/Notas do autor:**

Nos termos do art. 5º, II, da Lei nº 7.347/1985, possui legitimidade para propor a ação civil pública e a ação cautelar, entre outros, a Defensoria Pública.

251. (FCC – Analista Judiciário – Oficial de Just. Avaliador – TRT 11/2017) Têm legitimidade para propor a ação civil pública, dentre outros,

a) qualquer do povo.
b) todas sociedades legalmente constituídas.
c) quaisquer funcionários públicos.
d) os Municípios.
e) quaisquer grupos despersonalizados.

▷ ***Anotações/Comentários***

A ação civil pública poderá ser promovida: I – pelo Ministério Público; II – pela Defensoria Pública; III – pela União, Estados, Distrito Federal e os Municípios; IV - a autarquia, empresa pública, fundação ou sociedade de economia mista; V - a associação que, concomitantemente: a) esteja constituída há pelo menos 1 (um) ano nos termos da lei civil; b) inclua, entre suas finalidades institucionais, a proteção ao patrimônio público e social, ao meio ambiente, ao consumidor, à ordem econômica, à livre concorrência, aos direitos de grupos raciais, étnicos ou religiosos ou ao patrimônio artístico, estético, histórico, turístico e paisagístico (art. 5º, da Lei nº 7.347/1985).

252. (FCC – Analista Judiciário – Área Judiciária – TRT 11/2017) A respeito da ação popular, considere:

I. Pode ser proposta por pessoa jurídica.
II. Na defesa do patrimônio público caberá a suspensão liminar do ato lesivo impugnado.
III. O prazo prescricional é de 5 anos.

Está correto o que se afirma APENAS em

a) II e III.
b) I e II.
c) I e III.
d) I.
e) II.

▷ ***Anotações/Comentários***

Assertiva I – errada. A ação popular não poderá ser proposta por pessoa jurídica (Súmula 365, STF). A legitimidade é exclusiva do cidadão. Aliás, não é condição para o cabimento da ação popular a demonstração de prejuízo material aos cofres públicos, dado que o art. 5º, inciso LXXIII, da Constituição Federal estabelece que qualquer cidadão é parte legítima para propor ação popular e impugnar, ainda que separadamente, ato lesivo ao patrimônio material, moral, cultural ou histórico do Estado ou de entidade de que ele participe (Tema 836 – Repercussão Geral – STF).

Assertiva II – correta. Poderá o juízo suspender o ato lesivo impugnado por meio de tutela provisória, desde que presentes os requisitos autorizadores.

Assertiva III – correta. A prescrição da pretensão na ação popular é de cinco anos (art. 21, Lei nº 4.717/1965).

253. (Cespe – Analista Judiciário – Direito – TJ – AM/2019) A respeito de ação de improbidade administrativa, mandado de segurança, ação popular e ação civil pública, julgue os itens a seguir.

Situação hipotética: Determinado servidor público impetrou mandado de segurança alegando possuir direito líquido e certo à implementação em folha de pagamento de determinada vantagem pecuniária. Em sua petição inicial, informou que a prova documental necessária para demonstrar seu direito estava em posse da administração pública, solicitando previamente a exibição do documento. Assertiva: Nessa situação, o juiz deve extinguir o processo sem resolução do mérito, porque o incidente solicitado pelo autor é incompatível com a via mandamental.

- CERTO
- ERRADO

▷ ***Anotações/Comentários***

No caso em que o documento necessário à prova do alegado se ache em repartição ou estabelecimento público ou em poder de autoridade que se recuse a fornecê-lo por certidão ou de terceiro, o juiz ordenará, preliminarmente, por ofício, a exibição desse documento em original ou em cópia autêntica e marcará, para o cumprimento da ordem, o prazo de 10 (dez) dias. O escrivão extrairá cópias do documento para juntá-las à segunda via da petição (art. 6º, § 1º, Lei nº 12.016/2009).

254. (Cespe – Analista Judiciário – Direito – TJ – AM/2019) A respeito de ação de improbidade administrativa, mandado de segurança, ação popular e ação civil pública, julgue os itens a seguir.

Decisão do magistrado que, em sede de ação popular, deferir liminar determinando a imediata suspensão de ato lesivo ao patrimônio público é recorrível por agravo de instrumento, com a possibilidade de atribuição de efeito suspensivo pelo tribunal.

- CERTO
- ERRADO

▷ ***Anotações/Comentários***

A aludida liminar correspondente a decisão interlocutória que defere tutela provisória, de modo que impugnável pelo recurso de agravo de instrumento (art. 1.015, I, CPC).

255. (Cespe – Analista Judiciário – Direito – TJ – AM/2019) A respeito de ação de improbidade administrativa, mandado de segurança, ação popular e ação civil pública, julgue os itens a seguir.

De acordo com a Lei n.° 7.347/1985 (Lei da Ação Civil Pública), é nulo o inquérito civil que não observe o princípio do contraditório.

- CERTO
- ERRADO

▷ ***Anotações/Comentários***

O inquérito civil não observa o princípio do contraditório, mas do inquisitório.

256. (Cespe – Técnico Judiciário – TJ – RJ/2021) No que se refere a controle judicial dos atos administrativos, mandado de segurança, ação popular e ação civil pública, julgue os itens seguintes.

I. Ato do Poder Judiciário que examine atos do Poder Legislativo, sob o aspecto da legalidade e da moralidade, não fere o princípio de independência dos poderes.
II. Caberá mandado de segurança contra decisão de juízo de primeiro grau que indefira petição inicial em uma ação de rito comum.
III. A ação popular constitui-se de um instrumento processual apropriado para anular desvios de recursos públicos praticados por gestores de autarquias e empresas públicas estaduais no exercício dessa função.
IV. Qualquer pessoa física capaz tem legitimidade para propor ação civil pública, com o objetivo de proteger o patrimônio público, o meio ambiente e o patrimônio artístico, histórico, turístico e paisagístico.

Assinale a opção correta.

a) Apenas os itens I e II estão certos.
b) Apenas os itens I e III estão certos.
c) Apenas os itens I, II e III estão certos.
d) Apenas os itens II, III e IV estão certos.
e) Todos os itens estão certos.

▷ ***Anotações/Comentários***

Assertiva I – correta. O Poder Judiciário poderá examinar os atos do Poder Legislativo sob o aspecto da legalidade e da moralidade, quando então não se está ferindo a independência dos Poderes. Na verdade, tal controle decorre do sistema de freios e contrapesos previsto na Constituição Federal.

Assertiva II – incorreta. Não caberá mandado de segurança na hipótese, pois existe recurso processual previsto em lei.

Assertiva III – correta. Qualquer cidadão será parte legítima para pleitear a anulação ou a declaração de nulidade de atos lesivos ao patrimônio, entre outros, de autarquias e empresas públicas estaduais.

Assertiva IV – incorreta. A pessoa física não tem legitimidade para a propositura de ação civil pública, devendo ser observado o rol do art. 5º, da Lei nº 7.347/1985.

257. (FGV – Analista Judiciário – Área Judiciária – TJ – AL/2018) Quanto ao procedimento do mandado de segurança, é correto afirmar que:

a) a sentença concessiva da ordem não pode dar azo à instauração de execução por quantia certa;
b) é admissível o ingresso de litisconsorte ativo, depois de o juiz deferir a liminar;

c) a eficácia condenatória da sentença concessiva da ordem retroage à data da edição do ato administrativo impugnado;

d) a autoridade impetrada tem legitimidade para interpor recursos;

e) o acórdão denegatório da ordem, nas hipóteses de competência originária dos tribunais, poderá ser impugnado por recurso extraordinário ou especial.

▷ ***Anotações/Comentários***

Alternativa "A": incorreta. A sentença concessiva da ordem poderá dar ensejo à execução por quantia certa das quantias devidas desde a impetração do mandado de segurança.

Alternativa "B": incorreta. Somente é admissível o ingresso de litisconsórcio ativo até o despacho inicial do juiz (art. 10, § 2º, Lei nº 12.016/2009).

Alternativa "C": incorreta. A sentença condenatória não retroage à data da edição do ato impugnado, podendo ser objeto de execução os valores devidos a partir da impetração do mandado de segurança.

Alternativa "D": correta. Estende-se à autoridade coatora o direito de recorrer (art. 14, § 2º, Lei nº 12.016/2009).

Alternativa "E": incorreta. O acórdão denegatório de ordem, na hipótese de competência originária de tribunal, poderá ser impugnado pelo recurso ordinário.

258. (Cespe - Analista Judiciário - Área Judiciária - TRE - PE/2017) Acerca do prazo decadencial para impetrar mandado de segurança contra a redução ilegal de vantagem integrante de remuneração de servidor público e dos efeitos financeiros decorrentes de eventual concessão da ordem mandamental, assinale a opção correta de acordo com o entendimento do STJ.

a) O prazo renova-se mês a mês e os efeitos financeiros da concessão da ordem retroagem à data do ato impugnado.

b) O prazo conta-se a partir da redução, não havendo efeitos financeiros retroativos de valores eventualmente vencidos, por não haver direito adquirido no regime jurídico.

c) O prazo conta-se a partir da redução, devendo o impetrante ajuizar nova demanda de natureza condenatória para reivindicar os valores vencidos.

d) O prazo renova-se mês a mês, devendo o impetrante ajuizar nova demanda de natureza condenatória para reivindicar os valores vencidos.

e) O prazo conta-se a partir da redução e os efeitos financeiros da concessão da ordem retroagem à data do ato impugnado.

▷ ***Anotações/Comentários***

De acordo com a regra fixada no âmbito do Superior Tribunal de Justiça, "a redução do valor de vantagem nos proventos ou remuneração do Servidor, ao revés da supressão destas, configura relação de trato sucessivo, pois não equivale à negação do próprio fundo de direito, motivo pelo qual o prazo decadencial para se impetrar a ação mandamental renova-se mês a mês, não havendo que se falar, portanto, em decadência do mandado de segurança" (Embargos de Divergência no REsp 1.164.514/MA). De outro lado, quando se tratar de supressão de vantagem de vencimentos ou proventos dos servidores públicos, não se configura relação de trato sucessivo, mas ato único de efeitos concretos e permanentes, devendo este ser marco inicial para a contagem do prazo decadencial de 120 dias (AgInt nos EDcl nos EDcl nos EDcl no RMS 55080 / RJ). Portanto, a regra, em consonância com a orientação jurisprudencial atual, é: a) supressão da vantagem - ato único de efeitos concretos, contando-se o prazo de 120 dias do ato que a determina; b) redução do valor - relação de trato sucessivo, renovando-se o prazo mês a mês.

259. (Cespe - Analista Judiciário - Área Judiciária - TRE - PE/2017) Acerca dos aspectos processuais das ações coletivas, assinale a opção correta.

a) Em ação civil pública, fará coisa julgada erga omnes a sentença cujo pedido tiver sido julgado improcedente por insuficiência de provas.

b) O processamento e o julgamento das ações civis públicas competem ao juízo do domicílio do causador do dano.

c) Em ação de improbidade administrativa, é facultado ao Ministério Público agir no processo como fiscal da lei, desde que ele não atue como parte.

d) Partido político tem legitimidade para impetrar mandado de segurança coletivo, sem a necessidade de demonstrar representação no Congresso Nacional.

e) A legitimidade para propor ação popular é do cidadão; se ele desistir da ação, poderá o Ministério Público promover o seu prosseguimento.

▷ ***Anotações/Comentários***

Alternativa "A": incorreta. A sentença que tiver julgado improcedente o pedido por insuficiência de provas não fará coisa julgada *erga omnes*.

Alternativa "B": incorreta. A ação civil pública será proposta no foro do local onde ocorrer o dano, cujo juízo terá competência funcional para processar e julgar a causa (art. 2º, caput, Lei nº 7.347/1985).

Alternativa "C": incorreta. De acordo com as alterações da Lei nº 8.429/1992, somente o Ministério Público teria legitimidade para a propositura da ação de improbidade administrativa. Contudo, na ADI 7.042 e 7.043, foi concedida cautelar para **CONCEDER INTERPRETAÇÃO CONFORME A CONSTITUIÇÃO FEDERAL ao caput e §§ 6º-A, 10-C e 14, do artigo 17 da Lei nº 8.429/92, com a redação dada pela Lei nº 14.230/2021, no sentido da EXISTÊNCIA DE LEGITIMIDADE ATIVA CONCORRENTE ENTRE O MINISTÉRIO PÚBLICO E AS PESSOAS JURÍDICAS INTERESSADAS PARA A PROPOSITURA DA AÇÃO POR ATO DE IMPROBIDADE ADMINISTRATIVA.**

Alternativa "D": incorreta. O mandado de segurança coletivo pode ser impetrado por partido político com representação no Congresso Nacional, na defesa de seus interesses legítimos relativos a seus integrantes ou à finalidade partidária, ou por organização sindical, entidade de classe ou associação legalmente constituída e em funcionamento há, pelo menos, 1 (um) ano, em defesa de direitos líquidos e certos da totalidade, ou de parte, dos seus membros ou associados, na forma dos seus estatutos e desde que pertinentes às suas finalidades, dispensada, para tanto, autorização especial (art. 21,caput, Lei nº 12.016/2009).

Alternativa "E": correta. Se o autor desistir da ação, ficando assegurado a qualquer cidadão, bem como ao representante do Ministério Público, promover o prosseguimento da ação (art. 9º, Lei nº 4.717/1965).

260. (Cespe - Analista Judiciário - Área Judiciária - TRE - TO/2017) Determinado cidadão impetrou, na justiça cível estadual, mandado de segurança contra ato do presidente do partido político ao qual é filiado, que lhe teria negado o direito de concorrer ao cargo de vereador. Na oportunidade, questionou, ainda, a validade da convenção partidária na qual foram escolhidos os candidatos do partido. Ao receber a petição inicial, o juízo declinou sua competência para a justiça eleitoral. Posteriormente, o juízo da zona eleitoral, por entender que a matéria referente a critérios do partido político para a escolha de candidatos diz respeito à validade de ato interno do partido, suscitou conflito de competência por entender que a competência seria do juízo que a havia declinado. Considerando essa situação hipotética, assinale a opção correta de acordo com a legislação em vigor e com a jurisprudência dos tribunais superiores.

a) O conflito de competência deve ser decidido pelo Superior Tribunal de Justiça, e a competência para exame do mandado de segurança é da justiça eleitoral.

b) O conflito de competência deve ser decidido pelo Supremo Tribunal Federal, e a competência para exame do mandado de segurança é da justiça estadual.

c) O conflito de competência deve ser decidido pelo Supremo Tribunal Federal, e a competência para exame do mandado de segurança é da justiça eleitoral.

d) O conflito de competência não deve ser conhecido porque esse incidente somente pode ser suscitado pelas partes ou pelo Ministério Público.

e) O conflito de competência deve ser decidido pelo Superior Tribunal de Justiça, e a competência para exame do mandado de segurança é da justiça estadual.

▷ ***Anotações/Comentários***

Compete ao Superior Tribunal de Justiça julgar os conflitos de competência entre quaisquer tribunais (exceto nos casos de competência do Supremo Tribunal Federal), bem como entre tribunal e juízes a ele não vinculados e entre juízes vinculados a tribunais diversos (art. 105, I, "d", Constituição Federal).

261. (Cespe – Analista Judiciário – Área Judiciária – TRE – TO/2017) Em razão da existência de ato lesivo ao patrimônio público, determinado cidadão propôs ação popular e incluiu no polo passivo da ação o gestor público e a pessoa jurídica de direito público responsáveis pelo ato, além dos particulares supostamente beneficiados.

Nessa situação hipotética,

a) a pessoa jurídica de direito público deve obrigatoriamente contestar a demanda, sob pena de responsabilização do advogado público.

b) o litisconsórcio formado no polo passivo da ação popular deve ser classificado como necessário e simples.

c) em razão de o Ministério Público ter de atuar como fiscal da ordem jurídica, é vedado ao órgão, em qualquer hipótese, assumir o polo ativo da ação popular.

d) de acordo com a lei, a prova da cidadania que o autor deve fazer para promover esse tipo de ação ocorre exclusivamente pela apresentação do título de eleitor.

e) a sentença proferida se submeterá ao regime de remessa necessária apenas se o ente público vier a ser condenado.

▷ ***Anotações/Comentários***

Alternativa "A": incorreta. A pessoa jurídica de direito público não deve obrigatoriamente contestar a demanda, podendo, se for o caso, abster-se de contestar o pedido, ou mesmo atuar ao lado do autor, desde que isso se afigure útil ao interesse público (art. 6º, § 3º, Lei 4.717/1965).

Alternativa "B": correta. A ação popular será proposta contra as pessoas públicas ou privadas e as entidades, contra as autoridades, funcionários ou administradores que houverem autorizado, aprovado, ratificado ou praticado o ato impugnado, ou que, por omissas, tiverem dado oportunidade à lesão, e contra os beneficiários diretos do mesmo (art. 6º, caput, da Lei nº 4.717/1965).

Alternativa "C": incorreta. Se o autor desistir da ação ou der motivo à extinção do processo, sem resolução do mérito, serão publicados editais, ficando assegurado a qualquer cidadão, bem como ao representante do Ministério Público, dentro do prazo de 90 (noventa) dias da última publicação feita, promover o prosseguimento da ação.

Alternativa "D": incorreta. A prova da cidadania, para ingresso em juízo, será feita com o título eleitoral, ou com documento que a ele corresponda (art. 1º, § 3º, da Lei 4.717/1965).

Alternativa "E": incorreta. A sentença que concluir pela carência ou pela improcedência da ação está sujeita à remessa necessária, não produzindo efeito senão depois de confirmada pelo tribunal; da que julgar a ação procedente caberá apelação, com efeito suspensivo.

262. (Consulplan – Analista Judiciário – Área Administrativa – TRE – RJ/2017) Analise o caso hipotético a seguir: "O Secretário de Fazenda do Estado X editou Instrução Normativa que suprime diversas vantagens dos Promotores de Justiça, tais como insalubridade, horas extras, vale-alimentação, em outras. Todas estas vantagens estão previstas no Estatuto da Classe. A fim de resguardar seus direitos, João, Promotor de Justiça, impetrou Mandado de Segurança contra o ato do Secretário. Sobre o mandado de segurança, assinale a alternativa correta.

a) No caso de pedido de reconsideração na via administrativa, o prazo decadencial para a interposição do mandado de segurança fica suspenso.

b) O prazo decadencial para impetrar mandado de segurança contra redução do valor de vantagem integrante de proventos ou de remuneração de servidor público renova-se mês a mês.

c) João, na qualidade de Promotor de Justiça, tem legitimidade para postular em causa própria o mandado de segurança, uma vez que a referida Instrução Normativa fere direito líquido e certo previsto em Lei.

d) Considerando que o Governador do Estado X delegou a função ao Secretário de Fazenda para criar a Instrução Normativa que supre direitos dos Promotores de Justiça, somente o Governador poderá figurar no polo passivo como autoridade coatora.

▷ ***Anotações/Comentários***

Alternativa "A": incorreta. Considerando-se que o pedido de reconsideração na via administrativa não tem efeito suspensivo, o prazo decadencial para o ajuizamento do mandado de segurança não fica suspensivo e nem é interrompido.

Alternativa "B": embora tenha sido anotada como correta, há de serem feitas algumas observações. De acordo com a regra fixada no âmbito do Superior Tribunal de Justiça, "a redução do valor de vantagem nos proventos ou remuneração do Servidor, ao revés da supressão destas, configura relação de trato sucessivo, pois não equivale à negação do próprio fundo de direito, motivo pelo qual o prazo decadencial para se impetrar a ação mandamental renova-se mês a mês, não havendo que se falar, portanto, em decadência do mandado de segurança" (Embargos de Divergência no RESp 1.164.514/MA). De outro lado, quando se tratar de supressão de vantagem de vencimentos ou proventos dos servidores públicos, não se configura relação de trato sucessivo, mas ato único de efeitos concretos e permanentes, devendo este ser marco inicial para a contagem do prazo decadencial de 120 dias (AgInt nos EDcl nos EDcl nos EDcl no RMS 55080 / RJ). Portanto, a regra, em consonância com a orientação jurisprudencial atual, é: a) supressão da vantagem – ato único de efeitos concretos, contando-se o prazo de 120 dias do ato que a determina; b) redução do valor – relação de trato sucessivo, renovando-se o prazo mês a mês. Dessa maneira, a afirmação contida na alternativa não está correta em conformidade com a jurisprudência atual do Superior Tribunal de Justiça.

Alternativa "C": incorreta. Não é possível que João, na qualidade de justiça, postule a tutela de direito individual que não seja indisponível ou homogêneo.

Alternativa "D": incorreta. Considerando-se que a função foi delegada a Secretário de Estado, este poderá ser indicado como autoridade coatora.

263. (FCC – Analista Judiciário – Área Administrativa – TRE – SP/2017) Sobre o mandado de segurança, considere:

I. Quando o direito ameaçado ou violado couber a várias pessoas, a utilização do mandado de segurança depende do seu ajuizamento conjunto por todas elas, em litisconsórcio ativo.

II. O direito de requerer mandado de segurança extinguir-se-á decorridos 90 dias, contados da ciência, pelo interessado, do ato impugnado.

III. O titular de direito líquido e certo decorrente de direito, em condições idênticas, de terceiro poderá impetrar mandado de segurança a favor do direito originário, se o seu titular não o fizer, no prazo de 30 dias, quando notificado judicialmente.

IV. É cabível mandado de segurança contra os atos de gestão comercial praticados pelos administradores de empresas públicas, de sociedade de economia mista e de concessionárias de serviço público.

V. Das decisões em mandado de segurança proferidas em única instância pelos tribunais cabe recurso especial e extraordinário, nos casos legalmente previstos, e recurso ordinário, quando a ordem for denegada.

É correto o que consta APENAS em

a) I e II.

b) I e III.

c) II e IV.

d) III e V.

e) IV e V.

▷ ***Anotações/Comentários***

Assertiva I – incorreta. Quando o direito ameaçado ou violado couber a várias pessoas, qualquer delas poderá requerer o mandado de segurança (art. 1º, § 3º, Lei nº 12.016/2009).

Assertiva II – incorreta. O direito de requerer o mandado de segurança decairá no prazo de 120 dias, contados da ciência do ato impugnado (art. 23, da Lei nº 12.016/2009, com constitucionalidade reconhecida pela ADI 4.926).

Assertiva III – correta. O titular de direito líquido e certo decorrente de direito, em condições idênticas, de terceiro poderá impetrar mandado de segurança a favor do direito originário, se o seu titular não o fizer, no prazo de 30 (trinta) dias, quando notificado judicialmente (art. 3º, caput, Lei nº 12.016/2009).

Assertiva IV – incorreta. Não cabe mandado de segurança contra os atos de gestão comercial praticados pelos administradores de empresas públicas, de sociedade de economia mista e de concessionárias de serviço público (art. 1º, § 2º, Lei nº 12.016/2009, com constitucionalidade reconhecida pela ADI 4926).

Assertiva V – correta. Das decisões em mandado de segurança proferidas em única instância pelos tribunais cabe recurso especial e extraordinário, nos casos legalmente previstos, e recurso ordinário, quando a ordem for denegada (art. 18, Lei nº 12.016/2009).

---

264. (FCC – Analista Judiciário – Área Judiciária – TRE - PR/2017) A respeito do mandado de segurança é INCORRETO afirmar:

a) O direito de requerer mandado de segurança extinguir-se-á decorridos cento e vinte dias, contados da ciência, pelo interessado, do ato impugnado.

b) Do indeferimento da petição inicial pelo juiz de primeiro grau caberá agravo de instrumento.

c) Da sentença que conceder ou denegar a segurança caberá apelação.

d) Concedida a segurança, a sentença estará sujeita obrigatoriamente ao duplo grau de jurisdição.

e) O pedido de mandado de segurança poderá ser renovado dentro do prazo decadencial, se a decisão denegatória não lhe houver apreciado o mérito.

▷ ***Anotações/Comentários***

Do indeferimento da petição inicial pelo juiz de primeiro grau caberá o recurso de apelação e não o de agravo de instrumento. E isso, pois, o ato judicial impugnado é apelação. Logo, a assertiva incorreta é a letra B.

---

265. (Cespe – Analista Judiciário – Área Judiciária – TRF 1/2017) A respeito de mandado de segurança, ação popular, ação civil pública e ação de improbidade administrativa, julgue os itens a seguir.

Ainda que a prática de ato que configure improbidade administrativa não cause prejuízo ao erário ou não implique enriquecimento ilícito, estará o responsável sujeito à perda da função pública.

- CERTO
- ERRADO

▷ ***Anotações/Comentários***

A solução desta questão exige muita atenção em razão das modificações da Lei nº 8.429/1992 pela Lei nº 14.230/2021. A perda da função pública, atualmente, somente poderá ser aplicada na hipótese de ato de improbidade administrativa que causar prejuízo ao erário ou enriquecimento ilícito, não sendo admitida se houver violação aos princípios da administração pública pela prática de ação ou omissão dolosa que violar os deveres de honestidade, de imparcialidade e de legalidade (art. 12, III e § 1º, da Lei nº 8.429/1992).

---

266. (Cespe – Analista Judiciário – Área Judiciária – TRF 1/2017) A respeito de mandado de segurança, ação popular, ação civil pública e ação de improbidade administrativa, julgue os itens a seguir.

Na ação popular, o juiz determina a intimação do Ministério Público somente após a apresentação da defesa do réu.

- CERTO
- ERRADO

▷ ***Anotações/Comentários***

Diferentemente do que foi afirmado, o juiz determinará a intimação do Ministério Público após já despachar a inicial (e não após a apresentação de resposta do réu) (art. 7º, I, "a", Lei nº 4.717/1965).

---

267. (Cespe – Analista Judiciário – Área Judiciária – TRF 1/2017) A respeito de mandado de segurança, ação popular, ação civil pública e ação de improbidade administrativa, julgue os itens a seguir.

Na hipótese de abandono de ação civil pública proposta por associação, poderá a Defensoria Pública assumir a titularidade ativa.

- CERTO
- ERRADO

▷ ***Anotações/Comentários***

No caso de abandono de ação civil pública proposta por associação, qualquer um dos demais legitimados poderá assumir a titularidade ativa, entre eles, a Defensoria Pública (art. 5º, § 3º, Lei nº 7.347/1985).

---

268. (Cespe – Analista Judiciário – Área Judiciária – TRF 1/2017) A respeito de mandado de segurança, ação popular, ação civil pública e ação de improbidade administrativa, julgue os itens a seguir.

Situação hipotética: Um juiz de primeiro grau indeferiu petição inicial de mandado de segurança após o autor ter apresentado duas emendas previamente rejeitadas.

Assertiva: Nessa situação, contra o indeferimento poderá o autor interpor agravo de instrumento.

- CERTO
- ERRADO

▷ ***Anotações/Comentários***

O indeferimento da petição inicial será feito por meio de sentença, já que extinto o processo, no caso, sem resolução do mérito. A impugnação da sentença se dará por meio do recurso de apelação.

PROCESSUAL CIVIL

---

269. (Cespe – Analista Judiciário – Oficial de Just. Avaliador – TRF 1/2017) A respeito do mandado de segurança, da ação popular, da ação civil pública e da ação de improbidade administrativa, julgue os itens a seguir.

Na ação de improbidade administrativa, caso o réu seja primário, o Ministério Público poderá propor transação, desde que o ato praticado não tenha sido lesivo ao patrimônio público e não tenha importado enriquecimento ilícito.

- CERTO
- ERRADO

▷ ***Anotações/Comentários***

Há de se ter bastante atenção em razão das modificações da Lei de Improbidade Administrativa, ocorridas por meio da Lei nº 14.230/2021. De acordo com o art. 17, § 10-A, da Lei nº 8.429/1992, admite-se que ocorra a solução consensual do processo, quando as partes poderão requerer ao juiz a interrupção do prazo para a contestação, por prazo não superior a noventa dias. Além disso, o Ministério Público poderá, conforme as circunstâncias do caso concreto, celebrar acordo de não persecução civil, desde que dele advenham, ao menos, os seguintes resultados: I – o integral ressarcimento do dano; II – a reversão à pessoa jurídica lesada da vantagem indevida obtida, ainda que oriunda de agentes privados (art. 17-B, I e II).

---

270. (Cespe – Analista Judiciário – Oficial de Just. Avaliador – TRF 1/2017) A respeito do mandado de segurança, da ação popular, da ação civil pública e da ação de improbidade administrativa, julgue os itens a seguir.

Se o mandado de segurança não for conhecido, será possível a renovação do pedido, desde que observado o prazo decadencial do remédio constitucional.

- CERTO
- ERRADO

▷ ***Anotações/Comentários***

Se o mandado de segurança não foi conhecido, logo, não houve também a análise de seu mérito, motivo pelo qual é possível que seja renovado o pedido, desde que se observe o prazo decadencial de 120 dias contados do ato impugnado.

---

271. (Cespe – Analista Judiciário – Oficial de Just. Avaliador – TRF 1/2017) A respeito do mandado de segurança, da ação popular, da ação civil pública e da ação de improbidade administrativa, julgue os itens a seguir.

O servidor público deve provocar o Ministério Público apresentando-lhe informações sobre fatos que sejam objeto de ação civil pública e indicando-lhe elementos de convicção.

- CERTO
- ERRADO

▷ ***Anotações/Comentários***

Qualquer pessoa poderá e o servidor público deverá provocar a iniciativa do Ministério Público, ministrando-lhe informações sobre fatos que constituam objeto da ação civil e indicando-lhe os elementos de convicção (art. 6º, Lei nº 7.347/1985).

---

272. (Cespe – Analista Judiciário – Oficial de Just. Avaliador – TRF 1/2017) A respeito do mandado de segurança, da ação popular, da ação civil pública e da ação de improbidade administrativa, julgue os itens a seguir.

Na ação popular, em regra, a produção de prova testemunhal poderá ser requerida enquanto não for encerrada a instrução probatória.

- CERTO
- ERRADO

▷ ***Anotações/Comentários***

A ação popular tem o seu procedimento regido pela Lei nº 4.717/1965, aplicando-se o CPC subsidiariamente. Nos termos do art. 7º, V, da Lei nº 4.717/1965, a prova testemunhal ou pericial deve ser requerida até o despacho saneador.

---

273. (FCC – Analista Judiciário – Oficial de Just. Avaliador Federal – TRT 2/2018) Paulo, advogado, ao se de defrontar com ato apontado como ilegal de um juiz titular de determinada vara cível da comarca de São José dos Campos, impetra mandado de segurança perante o E. Tribunal de Justiça de São Paulo, tratando-se de hipótese de competência originária deste Tribunal. Distribuído o mandamus o Relator, por decisão monocrática, indefere a peça inicial e determina o arquivamento dos autos. Inconformado, Paulo poderá interpor, nesse caso específico, contra a decisão do Relator

a) recurso ordinário para o Superior Tribunal de Justiça.
b) agravo interno para o respectivo órgão colegiado.
c) recurso especial para o Superior Tribunal de Justiça.
d) recurso extraordinário para o Supremo Tribunal Federal.
e) agravo de instrumento para o Superior Tribunal de Justiça.

▷ ***Anotações/Comentários***

Existem os casos legais de competência originária dos tribunais para conhecer do mandado de segurança. Entre essas hipóteses, destaca-se o mandado de segurança contra ato praticado por juiz, nos termos do que está previsto nas Constituições estaduais.

Alternativa "B": correta. No caso, tem-se decisão monocrática proferida pelo relator que, equivocadamente, indeferiu a petição inicial. O recurso contra decisão monocrática de relator é o de agravo interno para o respectivo órgão colegiado (art. 1.021, caput, CPC).

---

274. (FCC – Analista Judiciário – Área Judiciária – TRT 20/2016) Cabe mandado de segurança

a) contra atos de gestão comercial praticados por administradores de empresa pública.
b) contra decisão judicial contra a qual caiba recurso com efeito suspensivo.
c) ainda que escoado o prazo prescricional de 120 dias.
d) em caso de violação de direito líquido e certo por ato ilegal de dirigente de pessoa jurídica no exercício de atribuições do poder público, somente no que disser respeito a essas atribuições.
e) somente se tiver havido violação de direito líquido e certo, não se admitindo que seja apresentado em caráter preventivo.

▷ ***Anotações/Comentários***

O procedimento do mandado de segurança é regido pela Lei nº 12.016/2009.

Alternativa "A": incorreta. Não é cabível mandado de segurança contra os atos de gestão comercial praticados pelos administradores de empesas públicas, de sociedade de economia mista e de concessionárias de serviço público (art. 1º, § 2º, Lei 12.016/2009, com constitucionalidade reconhecida na ADIN 4.296).

Alternativa "B": incorreta. Não é cabível mandado de segurança contra decisão judicial contra a qual caiba recurso com efeito suspensivo (art. 5º, II, Lei nº 12.016/2009).

Alternativa "C": incorreta. Transcorrido o prazo de cento e vinte dias contados da ciência do ato questionado, haverá a decadência do direito para a impetração do mandado de segurança (art. 23, Lei nº 12.016/2009, Súmula 613, STF e constitucionalidade reconhecida na ADIN 4.296).

Alternativa "D": correta. Equiparam-se às autoridades, para os efeitos da Lei nº 12.016/2009, os representantes ou órgãos de partidos políticos e os administradores de entidades autárquicas, bem como os dirigentes de pessoas jurídicas ou as pessoas naturais no exercício de atribuições do poder público, somente no que disser respeito a essas atribuições (art. 1º, § 1º, Lei nº 12.016/2009).

Alternativa "E": incorreta. Diferentemente do que foi afirmado, também será cabível impetrar o mandado de segurança quando houver justo receio de sofrer violação em razão de ilegalidade ou abuso de poder por autoridade (art. 1º, caput, Lei nº 12.016/2009).

---

275. (Cespe – Analista de Controle Externo – Direito – TCE – MG/2018) Se, depois de concedida liminar em mandado de segurança, o impetrante criar obstáculo ao normal andamento do processo, o juiz deverá, de acordo com a norma aplicável,

a) suspender o processo.
b) designar advogado dativo.
c) remeter os autos ao Ministério Público.
d) revogar a medida liminar, notificando o impetrado.
e) decretar a caducidade da medida.

▷ ***Anotações/Comentários***

Será decretada a perempção ou caducidade da medida liminar **ex officio** ou a requerimento do Ministério Público quando, concedida a medida, o impetrante criar obstáculo ao normal andamento do processo ou deixar de promover, por mais de 3 (três) dias úteis, os atos e as diligências que lhe cumprirem (art. 8º, Lei 12.016/2009).

---

276. (IESES – Cartório – Remoção – TJ – CE/2018) Os mandados de segurança, os habeas data e os mandados de injunção decididos em única instância pelos tribunais superiores, quando denegatória a decisão, serão julgados em recurso ordinário pelo:

a) Superior Tribunal de Justiça.
b) Supremo Tribunal Federal.
c) Tribunal Regional Federal.
d) Tribunal de Justiça.

▷ ***Anotações/Comentários***

É de competência do Supremo Tribunal Federal, entre outras, julgar, em recurso ordinário, o *habeas corpus*, o mandado de segurança, o *habeas data* e o mandado de injunção decididos em única instância pelos Tribunais Superiores, se denegatória a decisão (art. 102, II, "a", da CF).

17. JUIZADOS ESPECIAIS

277. FCC – 2024 – TRT 11 (AM e RR) - Analista Judiciário - Área Judiciária

Segundo o disposto na Lei nº 9.099/1995, podem figurar como parte autora no Juizado Especial Cível

a) as sociedades de crédito ao microempreendedor.

b) os menores de 16 anos.

c) os insolventes civis.

d) os presos.

e) as pessoas jurídicas de direito público.

▷ ***Anotações/Comentários***

Notas do autor: há limitação para figurar no polo ativo da ação no âmbito dos Juizados Especiais Cíveis. A propósito, prevê o art. 8º, I, da Lei nº 9.099/1995, que somente serão admitidas a propor ação perante o Juizado Especial: I – as pessoas físicas capazes, excluídos os cessionários de direito de pessoas jurídicas; II – as pessoas enquadradas como microempreendedores individuais, microempresas e empresas de pequeno porte na forma da LC 123/2006; III – as pessoas jurídicas qualificadas como Organização da Sociedade Civil de Interesse Público; IV – as sociedades de crédito ao microempreendedor. Dessa maneira, a alternativa correta é a letra "A", excluídas as demais.

278. FGV – 2024 – TRF 1 - Técnico Judiciário - Área Administrativa

Fabrício contratou os serviços de um advogado, o qual, de forma regular, ingressou com uma demanda junto ao Juizado Especial Federal competente. Registre-se que o valor da causa é inferior a sessenta salários-mínimos.

Nesse cenário, considerando as disposições da Lei nº 10.259/2001, Fabrício ingressou, no Juizado Especial Federal, com uma ação:

a) que tem por objeto a impugnação da pena de demissão imposta a servidor público civil;

b) que tem por objeto a impugnação de sanção disciplinar aplicada a militar;

c) para a anulação de ato administrativo federal de natureza previdenciária;

d) de divisão e demarcação;

e) popular.

▷ ***Anotações/Comentários***

Notas do autor:

Alternativas "A" e "B": incorretas. As ações que tenham por objeto a impugnação de pena de demissão imposta a servidores públicos civis ou de sanções disciplinares aplicadas a militares não se incluem na competência dos Juizados Especiais Federais (art. 3º, § 1º, IV, Lei 10.259/2001).

Alternativa "C": correta. Não se admite a ação para a anulação ou cancelamento de ato administrativo federal, **salvo o de natureza previdenciária e o de lançamento fiscal** (art. 3º, § 1º, III, Lei 10.259/2001).

Alternativas "D" e "E": incorretas. As ações de divisão e demarcação e populares não são admitidas nos Juizados Especiais Federais (art. 3º, § 1º, I, Lei n. 10.259/2001).

279. (FCC – Técnico Judiciário – Área Administrativa – TRF 3/2019) De acordo com a Lei no 10.259/2001, compete ao Juizado Especial Federal Cível processar, conciliar e julgar causas de competência da Justiça Federal até o valor de sessenta salários-mínimos, com algumas exceções. NÃO são excluídas da competência do Juizado Especial Federal Cível as ações

a) de mandado de segurança.

b) que versarem sobre bens imóveis da União.

c) que versarem sobre direitos ou interesses difusos.

d) de desapropriação de bens móveis.

e) para a anulação de lançamento fiscal.

▷ ***Anotações/Comentários***

Não se incluem na competência do Juizado Especial Federal Cível, entre outras causas, aquelas para a anulação ou cancelamento de ato administrativo federal, salvo o de natureza previdenciária e o de lançamento fiscal. Logo, admite-se discutir no JEF o lançamento fiscal (art. 3º, III, Lei 10.259/2001).

280. (FCC – Técnico Judiciário – Área Judiciária – TRF 4/2019) Sobre Juizados Especiais Cíveis da Justiça Federal, é correto afirmar:

a) São regidos pela Lei no 10.259/2001 e a eles não se aplica a Lei no 9.099/1995, que dispõe sobre os Juizados Especiais Cíveis e Criminais da Justiça Estadual.

b) Compete ao Juizado Especial Cível da Justiça Federal processar, conciliar e julgar causas de competência da Justiça Federal até o valor máximo de quarenta salários-mínimos, bem como executar as suas sentenças.

c) Autarquias e fundações federais podem ser parte no Juizado Especial Cível da Justiça Federal, como autoras, desde que a causa respeite o valor de alçada.

d) No foro onde estiver instalada Vara do Juizado Especial Cível da Justiça Federal, a sua competência é relativa.

e) Excluem-se da competência do Juizado Especial Cível da Justiça Federal as ações que tenham por objeto a anulação ou cancelamento de ato administrativo federal, salvo o de natureza previdenciária e o de lançamento fiscal.

▷ ***Anotações/Comentários***

Alternativa "A": incorreta. Os Juizados Especiais Cíveis e Criminais da Justiça Federal são regidos pela Lei nº 10.259/2001, aos quais se aplica, no que não conflitar, o disposto na Lei nº 9.099/1995 (art. 1º, Lei nº 10.259/2001).

Alternativa "B": incorreta. Compete ao Juizado Especial Federal Cível processar, conciliar e julgar causas de competência da Justiça Federal até o valor de sessenta salários-mínimos, bem como executar as suas sentenças (art. 3º, caput, Lei nº 10.259/2001).

Alternativa "C": incorreta. Podem ser partes no Juizado Especial Federal Cível, como autores, as pessoas físicas e as microempresas e empresas de pequeno porte (art. 6º, I, Lei nº 10.259/2001).

Alternativa "D": incorreta. No foro onde estiver instalada, a sua competência é obrigatória.

Alternativa "E": correta. Não se incluem na competência do Juizado Especial Federal Cível, entre outras causas, aquelas destinadas à anulação ou cancelamento de ato administrativo federal, salvo o de natureza previdenciária e o de lançamento fiscal (art. 3º, § 1º, III, Lei nº 10.259/2001).

281. (Cespe – Técnico Judiciário – TJ – RJ/2019) De acordo com a Lei n.º 9.099/1995, os juizados especiais cíveis têm competência para julgar

a) ações cíveis, desde que o valor da causa não exceda vinte salários-mínimos.

b) ações de despejo para uso próprio.

c) ações possessórias sobre bens imóveis, independentemente do valor da causa.

d) ações de natureza alimentar.

e) ações de interesse da fazenda pública.

▷ ***Anotações/Comentários***

O Juizado Especial Cível tem competência para conciliação, processo e julgamento das causas cíveis de menor complexidade, assim consideradas: I - as causas cujo valor não exceda a quarenta vezes o salário-mínimo; II - as enumeradas no art. 275, inciso II, do Código de Processo Civil de 1973; III - a ação de despejo para uso próprio; IV - as ações possessórias sobre bens imóveis de valor não excedente a quarenta salários-mínimos (art. 3º, da Lei nº 9.099/1995). Em relação ao disposto no inciso II, do art. 3º, acima indicado, até a edição de lei específica, os juizados especiais cíveis continuam competentes o processamento e julgamento das causas previstas no art. 275, II, do CPC/1973.

282. (FGV - Técnico Judiciário - Área Judiciária - TJ - AL/2018) Quanto ao procedimento do Juizado Especial Cível, disciplinado pela Lei n° 9.099/95, é correto afirmar que:

a) não é admissível o oferecimento de reconvenção;

b) os incapazes podem figurar no polo ativo, embora não no passivo;

c) independentemente do valor da causa, as partes podem litigar sem a assistência de advogado;

d) não é admissível o litisconsórcio, tampouco o incidente de desconsideração da personalidade jurídica;

e) o recurso interponível contra a sentença é automaticamente dotado de efeito suspensivo.

▷ ***Anotações/Comentários***

Alternativa "A": correta. Não se admitirá a reconvenção nos Juizados Especiais Cíveis (art. 31, Lei nº 9.099/1995).

Alternativa "B": incorreta. Os incapazes não podem ser parte no Juizado Especial Cível, quer seja no polo ativo, ou no passivo.

Alternativa "C": incorreta. Nas causas de até vinte salários-mínimos, não há obrigatoriedade de assistência por advogado. Nas de valor superior, a assistência é obrigatória (art. 9º, caput, Lei nº 9.099/1995).

Alternativa "D": incorreta. Admite-se o litisconsórcio nos Juizados. Com relação ao incidente de desconsideração da personalidade jurídica, também será admitido no processo de competência dos juizados especiais (art. 1.062, CPC).

Alternativa "E": incorreta. O recurso inominado tem efeito só devolutivo (e não suspensivo) (art. 43, Lei nº 9.099/1995).

283. (Vunesp - Escrevente Técnico Judiciário - TJ - SP/2018) Diante do que prevê a Lei que regulamenta o Juizado Especial da Fazenda Pública, é correto afirmar:

a) Os representantes judiciais dos réus presentes à audiência não poderão conciliar ou transigir.

b) O pagamento de obrigação de pequeno valor deverá ser feito no prazo máximo de 90 dias a contar da entrega da requisição do juiz.

c) Sendo o caso, haverá reexame necessário.

d) Da sentença caberá apelação, não se admitindo agravo de instrumento por vedação legal.

e) O juiz poderá, de ofício, deferir providências cautelares e antecipatórias, para evitar dano de difícil ou de incerta reparação.

▷ ***Anotações/Comentários***

Alternativa "A": incorreta. Os representantes judiciais dos réus presentes à audiência poderão conciliar ou transigir (art. 8º, Lei 12.153/2009).

Alternativa "B": incorreta. O pagamento de obrigação de pequeno valor deverá ser realizado no prazo máximo de sessenta dias, contado da entrega da requisição do juiz à autoridade citada para a causa (art. 13, I, Lei 12.153/2009).

Alternativa "C": incorreta. Não há a incidência da remessa necessária nos Juizados Especiais da Fazenda Pública (art. 11, Lei nº 12.153/2009).

Alternativa "D": incorreta. Da sentença caberá o recurso inominado e não o recurso de apelação.

Alternativa "E": correta. O juiz poderá, de ofício ou a requerimento das partes, deferir quaisquer providências cautelares e antecipatórias no curso do processo, para evitar dano de difícil ou de incerta reparação.

284. (FCC - Técnico Judiciário - Área Administrativa - TRF 3/2014) No que concerne aos Juizados Especiais Federais Cíveis,

a) podem ser partes, como rés, as fundações e empresas públicas federais.

b) nas causas de sua competência haverá reexame necessário quando a União for vencida.

c) podem ser partes, como autoras, quaisquer pessoas jurídicas.

d) não se inclui na sua competência as causas para anulação de ato administrativo federal de natureza previdenciária.

e) incluem-se na sua competência as causas sobre bens imóveis da União.

▷ ***Anotações/Comentários***

Podem ser partes no Juizado Especial Federal Cível: I - como autores, as pessoas físicas e as microempresas e empresas de pequeno porte, assim definidas na Lei no 9.317, de 5 de dezembro de 1996; II - como rés, a União, autarquias, fundações e empresas públicas federais.

285. (FCC - Técnico Judiciário - Área Administrativa - TRF 4/2014) Considere as seguintes causas:

I. Sobre bens imóveis de fundação pública federal.

II. Para a anulação ou cancelamento de ato administrativo federal de natureza previdenciária.

III. Que tenham como objeto a impugnação da pena de demissão imposta a servidores públicos civis.

IV. Que tenham como objeto a impugnação de sanções disciplinares aplicadas a militares.

De acordo com a Lei no 10.259/2001, compete ao Juizado Especial Federal Cível processar, conciliar e julgar causas de competência da Justiça Federal até o valor de sessenta salários-mínimos, bem como executar as suas sentenças. NÃO se incluem na competência do Juizado Especial Federal as causas indicadas APENAS em

a) I, III e IV.

b) I e III.

c) I e IV.

d) II e III.

e) II e IV.

▷ ***Anotações/Comentários***

Existem determinadas demandas que estão excluídas da competência dos Juizados Especiais Cíveis Federais, conforme se vê do § 1º, do art. 3º, da Lei nº 10.259/2001, quais sejam: I - referidas no art. 109, incisos II, III e XI, da Constituição Federal, as ações de mandado de segurança, de desapropriação, de divisão e demarcação, populares, execuções fiscais e por improbidade administrativa e as demandas sobre direitos ou interesses difusos, coletivos ou individuais homogêneos; II - sobre bens imóveis da União, autarquias e fundações públicas federais; III - para a anulação ou cancelamento de ato administrativo federal, salvo o de natureza previdenciária e o de lançamento fiscal; IV - que tenham como objeto a impugnação da pena de demissão imposta a servidores públicos civis ou de sanções disciplinares aplicadas a militares.

286. (Vunesp - Escrevente Técnico Judiciário - TJ-SP/2015) No que diz respeito aos atos processuais praticados perante o Juizado Especial Cível, assinale a alternativa correta.

a) Não serão declarados nulos sem que tenha havido prejuízo, sendo válidos sempre que preencherem as finalidades para as quais forem realizados.

b) Todos serão registrados resumidamente, em notas manuscritas, datilografadas, taquigrafadas ou estenotipadas.

c) Serão públicos e poderão realizar-se em horário noturno, conforme dispuserem as normas de organização judiciária, exceto os relativos exclusivamente ao estado da pessoa, que correrão em segredo de justiça.

d) Não poderá ser solicitada a prática de atos processuais em outra Comarca, exceto se se tratar de perícia técnica.

e) Nenhum ato processual essencial será praticado sem a presença de advogado.

▷ ***Anotações/Comentários***

Alternativa "A": correta. Os atos processuais serão válidos sempre que preencherem as finalidades para as quais forem realizados, atendidos os critérios indicados no art. 2º da Lei nº 9.099/1995 (art. 13, Lei nº 9.099/1995).

Alternativa "B": incorreta. Apenas os atos considerados essenciais serão registrados resumidamente, em notas manuscritas, datilografadas, taquigrafadas ou estenotipadas. Os demais atos poderão ser gravados em fita magnética ou equivalente, que será inutilizada após o trânsito em julgado da decisão (art. 13, § 3º, Lei nº 9.099/1995).

Alternativa "C": incorreta. As ações relativas ao estado e capacidade das pessoas estão excluídas dos Juizados Especiais Cíveis (art. 3º, § 2º, Lei nº 9.099/1995).

Alternativa "D": incorreta. A prática de atos processuais em outras comarcas poderá ser solicitada por qualquer meio idôneo de comunicação (art. 13, § 2º, Lei nº 9.099/1995).

Alternativa "E": incorreta. Nas causas de valor até vinte salários-mínimos, as partes comparecerão pessoalmente, podendo ser assistidas por advogado; nas de valor superior, a assistência é obrigatória (art. 9º, caput, Lei nº 9.099/1995).

287. (Vunesp - Escrevente Técnico Judiciário - TJ-SP/2015) Quanto aos processos que tramitam perante os Juizados Especiais da Fazenda Pública, assinale a alternativa correta.

a) No foro em que estiverem instalados, a competência é relativa.

b) Não é possível pedido para providências cautelatórias ou antecipatórias no curso do processo.

c) O cumprimento da sentença com trânsito em julgado, que imponha obrigação de fazer, será efetuado mediante ofício do juiz à autoridade citada para a causa, com cópia da sentença ou do acordo.

d) A Fazenda terá prazo em quádruplo para contestar e em dobro para recorrer.

e) Nas causas que correm perante esse Juizado, haverá reexame necessário no caso de procedência do pedido do autor.

▷ ***Anotações/Comentários***

Os Juizados Especiais da Fazenda Pública têm a sua disciplina prevista na Lei nº 12.153/2009.

Alternativa "A": incorreta. No foro em que estiverem instalados, a sua competência é absoluta.

Alternativa "B": incorreta. O juiz poderá, de ofício ou a requerimento das partes, deferir quaisquer providências cautelares e antecipatórias no curso do processo, para evitar dano de difícil ou de incerta reparação (art. 3º, Lei nº 12.153/2009).

Alternativa "C": correta. O cumprimento do acordo ou da sentença, com trânsito em julgado, que imponham obrigação de fazer, não fazer ou entrega de coisa certa, será efetuado mediante ofício do juiz à autoridade citada para a causa, com cópia da sentença ou do acordo (art. 12, Lei nº 12.153/2009).

Alternativa "D": incorreta. A Fazenda Pública não contará com prazo diferenciado para a prática de atos processuais.

Alternativa "E": incorreta. Não há remessa necessária em sede dos juizados especiais da fazenda pública.

288. (Vunesp - Escrevente Técnico Judiciário - TJ - SP/2017) Sobre o que dispõe a Lei no 9.099/95, é correto afirmar:

a) Nas causas de valor de até vinte salários-mínimos, as partes comparecerão pessoalmente, podendo ser assistidas por advogado; nas causas entre 20 e 40 salários-mínimos, a assistência de advogado é obrigatória.

b) O menor de dezoito anos poderá ser autor, independentemente de assistência, inclusive para fins de conciliação.

c) Nos procedimentos que tramitam perante os Juizados Especiais Cíveis, o réu, sendo pessoa jurídica ou titular de firma individual, poderá ser representado por preposto credenciado, munido de carta de preposição com poderes para transigir, havendo necessidade de vínculo empregatício.

d) Dentre os meios de citação possíveis no âmbito dos Juizados Especiais, incluem-se: carta, oficial de justiça, edital e meios eletrônicos.

e) Registrado o pedido, após distribuição e autuação, a Secretaria do Juizado designará a sessão de conciliação, a realizar-se no prazo de quinze dias.

▷ ***Anotações/Comentários***

Alternativa "A": correta. Nas causas de valor até vinte salários-mínimos, as partes comparecerão pessoalmente, podendo ser assistidas por advogado; nas de valor superior, a assistência é obrigatória. Sendo facultativa a assistência, se uma das partes comparecer assistida por advogado, ou se o réu for pessoa jurídica ou firma individual, terá a outra parte, se quiser, assistência judiciária prestada por órgão instituído junto ao Juizado Especial, na forma da lei local (art. 9º, Lei nº 9.099/1995).

Alternativa "B": incorreta. O menor de dezoito anos não poderá demandar nos Juizados Especiais Cíveis (art. 8º, § 1º, I, Lei nº 9.099/1995).

Alternativa "C": incorreta. O réu, sendo pessoa jurídica ou titular de firma individual, poderá ser representado por preposto credenciado, munido de carta de preposição com poderes para transigir, sem haver necessidade de vínculo empregatício (art. 9º, § 4º, Lei nº 9.099/1995).

Alternativa "D": incorreta. Não se fará a citação por edital nos Juizados Especiais Cíveis (art. 18, § 2º, Lei nº 9.099/1995).

Alternativa "E": incorreta. Registrado o pedido, independentemente de distribuição e autuação, a Secretaria do Juizado designará a sessão de conciliação, a realizar-se no prazo de quinze dias (art. 16, Lei nº 9.099/1995).

289. (Vunesp - Escrevente Técnico Judiciário - TJ - SP/2018) Serão admitidos(as) a propor ação perante o Juizado Especial Cível regido pela Lei no 9.099/95:

a) as sociedades de economia mista, por serem pessoas de direito privado.

b) os insolventes civis, ante sua hipossuficiência devidamente comprovada.

c) as pessoas jurídicas qualificadas como Organização da Sociedade Civil de Interesse Público.

d) os incapazes, devidamente representados por procuração, por instrumento público.

e) as pessoas enquadradas como microempreendedores individuais, cujo empreendedor individual tenha renunciado ao direito próprio.

▷ ***Anotações/Comentários***

Somente serão admitidas a propor ação perante o Juizado Especial Cível: I - as pessoas físicas capazes, excluídos os cessionários de direito de pessoas jurídicas; II - as pessoas enquadradas como microempreendedores individuais, microempresas e empresas de pequeno porte na forma da Lei Complementar nº 123, de 14 de dezembro de 2006; III - as pessoas jurídicas qualificadas como Organização da Sociedade Civil de Interesse Público, nos termos da Lei nº 9.790, de 23 de março de 1999; IV - as sociedades de crédito ao microempreendedor, nos termos do art. 1º da Lei nº 10.194, de 14 de fevereiro de 2001 (art. 8º, § 1º, Lei nº 9.099/1995).

DIREITOS DAS PESSOAS COM DEFICIÊNCIA

Paulo Henrique Martinucci Boldrin

1. INCLUSÃO, DIREITOS E GARANTIAS LEGAIS E CONSTITUCIONAIS DAS PESSOAS COM DEFICIÊNCIA

01. (FCC – Analista Judiciário – Área Administrativa – TRT 6/2018) Segundo a Constituição Federal brasileira, o dever do Estado com a educação será efetivado mediante a garantia de

a) atendimento educacional especializado às pessoas com deficiência, preferencialmente em equipamento de ensino especial.

b) atendimento educacional especializado às pessoas com deficiência, preferencialmente na rede regular de ensino.

c) ensino a distância, para pessoas com locomoção limitada.

d) redução da carga horária para esgotamento da grade escolar.

e) atendimento educacional especializado às pessoas com deficiência, preferencialmente em equipamentos mistos, que permitam a integração social.

▷ ***Anotações/Comentários***

"O dever do Estado com a educação será efetivado mediante a garantia de: atendimento educacional especializado aos portadores de deficiência, preferencialmente na rede regular de ensino." (art. 208, III, da CF/88). As demais hipóteses apresentadas pelas alternativas não são garantias previstas na Constituição Federal acerca da do dever do Estado com a educação:

02. (FCC – Técnico Judiciário – Área Administrativa – TRT 2/2018) Segundo expressamente previsto na Constituição Federal, constitui direito social da pessoa com deficiência:

a) ter garantida cadeira de rodas ou outro veículo motorizado ou não para circulação em espaços públicos.

b) proibição de discriminação na participação comunitária.

c) ter garantida meia entrada em espaços culturais de acesso pago.

d) proibição de qualquer discriminação no tocante a salário.

e) proibição de identificação ostensiva de sua deficiência em espaços de concentração de pessoas.

▷ ***Anotações/Comentários***

"São direitos dos trabalhadores urbanos e rurais, além de outros que visem à melhoria de sua condição social: proibição de qualquer discriminação no tocante a salário e critérios de admissão do trabalhador portador de deficiência." (art. 7º, XXXI, da CF/88). O art. 7º da Constituição versa sobre os direitos sociais, também conhecidos como direitos de 2ª dimensão ou geração. Nesse sentido, é direito do trabalhador não sofrer qualquer tipo de discriminação no tocante a seu salário e aos critérios de admissão em razão de sua deficiência. Nenhum dos outros direitos previstos nas demais alternativas está previsto expressamente na Constituição Federal.

03. (FCC – Analista Judiciário – Área Judiciária – TRT 6/2018) Segundo a Constituição Federal brasileira, no tocante ao ente federativo com competência para legislar sobre proteção e integração social das pessoas com deficiência, é correto afirmar que União, Estados e Distrito Federal possuem competência

a) concomitante

b) subsidiária.

c) exclusiva.

d) concorrente.

e) hierárquica.

▷ ***Anotações/Comentários***

"Compete à União, aos Estados e ao Distrito Federal legislar concorrentemente sobre: proteção e integração social das pessoas portadoras de deficiência. (art. 24, XIV, da CF/88 – grifos acrescidos). Portanto, é possível que União, Estados e DF legislem sobre os direitos das pessoas com deficiência. No âmbito da competência concorrente, cabe à União legislar sobre normas gerais e aos Estados sobre normas específicas. Vale destacar que, ausente lei federal, é possível que os Estados exerçam a competência legislativa plena sobre o assunto.

04. (FCC – Analista Judiciário – Área Judiciária – TRE – PR/2017) A Lei nº 13.146/2015 estabelece para a pessoa com deficiência direitos à vida, habilitação e à reabilitação, à saúde, à educação, à moradia, ao trabalho, à cultura, ao esporte, ao turismo e ao lazer, ao transporte e à mobilidade, à assistência social e à previdência social. Esses direitos são denominados como

a) sociais.

b) inclusivos.

c) humanitários.

d) fundamentais.

e) igualitários.

▷ ***Anotações/Comentários***

Em julho de 2015, foi promulgada a **Lei nº 13.146/2015**, que institui a **Lei Brasileira de Inclusão da Pessoa com Deficiência – LBI**. Essa legislação também é denominada de **Estatuto da Pessoa com Deficiência** e constitui importante dispositivo normativo que regulamenta os direitos da pessoa com deficiência. A legislação é destinada a assegurar e a promover, em igualdade de condições, o exercício de direitos e liberdades fundamentais por pessoa com deficiência, a fim de garantir a inclusão social e a cidadania (art. 1º).

Esse dispositivo dedicou longo título destinado aos direitos fundamentais. Trata-se do Título II da Lei nº 13.146/2015, que se inicia no art. 10 e termina no art. 52. Todos os direitos mencionados na questão integram referido título II e compreendem importantes direitos fundamentais da pessoa com deficiência, que servirão como baliza de atuação do poder público e da sociedade como um todo.

05. (Cespe – Analista Judiciário – Área Judiciária – TRF 1/2017) A respeito dos direitos da pessoa portadora de deficiência, julgue os itens a seguir, considerando a legislação pertinente.

1) É dever estatal, explícito na Constituição Federal, a instituição de programas de prevenção e atendimento especializado para portadores de deficiência física, sensorial ou mental.

▷ ***Anotações/Comentários***

"O Estado promoverá programas de assistência integral à saúde da criança, do adolescente e do jovem, admitida a participação de entidades não governamentais, mediante políticas específicas e obedecendo aos seguintes preceitos: **criação de programas de prevenção e atendimento especializado para as pessoas portadoras de deficiência**

física, sensorial ou mental, bem como de integração social do adolescente e do jovem portador de deficiência, mediante o treinamento para o trabalho e a convivência, e a facilitação do acesso aos bens e serviços coletivos, com a eliminação de obstáculos arquitetônicos e de todas as formas de discriminação." (art. 227, § 1º, II, CF/88).

06. (Cespe – Analista Judiciário – Área Judiciária – TRF 1/2017) A respeito dos direitos da pessoa portadora de deficiência, julgue os itens a seguir, considerando a legislação pertinente.

1) No caso de uma família imediata declarar não possuir condições de cuidar de uma de suas crianças por ser portadora de deficiência, as autoridades brasileiras deverão encaminhar a criança a uma família substituta na comunidade, como prevê a Convenção sobre os Direitos das Pessoas com Deficiência da qual o Brasil é signatário.

▷ ***Anotações/Comentários***

"Os Estados Partes, no caso em que a família imediata de uma criança com deficiência não tenha condições de cuidar da criança, farão todo esforço para que cuidados alternativos sejam oferecidos por outros parentes e, se isso não for possível, dentro de ambiente familiar, na comunidade." (art. 23, § 5, Convenção sobre os Direitos da Pessoa com Deficiência).

07. (Cespe – Analista Judiciário – Área Judiciária – TRF 1/2017) A respeito dos direitos da pessoa portadora de deficiência, julgue os itens a seguir, considerando a legislação pertinente.

1) Nos termos da Convenção sobre os Direitos das Pessoas com Deficiência, os Estados-partes se comprometem a adotar medidas para modificar costumes que constituírem discriminação contra pessoas com deficiência.

▷ ***Anotações/Comentários***

"Os Estados Partes se comprometem a assegurar e promover o pleno exercício de todos os direitos humanos e liberdades fundamentais por todas as pessoas com deficiência, sem qualquer tipo de discriminação por causa de sua deficiência. Para tanto, os Estados Partes se comprometem a: Adotar todas as medidas necessárias, inclusive legislativas, para modificar ou revogar leis, regulamentos, costumes e práticas vigentes, que constituírem discriminação contra pessoas com deficiência." (art. 4º, § 1º, "b", da Convenção sobre Direitos das Pessoas com Deficiência).

08. (FCC – Analista Judiciário – Área Administrativa – TRT 20/2016) A Constituição da República Federativa do Brasil de 1988 prevê expressamente

a) a competência exclusiva do Município de cuidar da proteção e garantia das pessoas com deficiência.
b) a reserva de, no mínimo, 5% das vagas de concursos públicos para pessoas com deficiência.
c) a garantia de um salário mínimo de benefício a todas as pessoas com deficiência.
d) a possibilidade de discriminação no tocante a salários e critérios de admissão de trabalhador com deficiência.
e) que a lei deverá reservar percentual de cargos e empregos públicos para as pessoas com deficiência.

▷ ***Anotações/Comentários***

(a) "É competência comum da União, dos Estados, do Distrito Federal e dos Municípios: cuidar da saúde e assistência pública, da proteção e garantia das pessoas portadoras de deficiência." (art. 23, II, CF/88 – grifos acrescidos). De acordo com a Constituição Federal, é de competência comum da União, dos Estados, do DF e dos Municípios cuidar da proteção e da garantia das pessoas com deficiência.

(b) Como visto nos comentários à alternativa "e", a Constituição Federal não fixa o percentual de vagas para pessoa com deficiência em concursos públicos, tarefa destinada à lei. Por sua vez, o art. 1º, § 1º Decreto nº 9.508/2018, editado em 24 de setembro de 2018, prevê a reserva de, no mínimo, 5% das vagas em concursos públicos e em processos seletivos para contratação de servidor temporário destinadas às pessoas com deficiência.

(c) De acordo com o art. 203, V, da Constituição Federal, é assegurado benefício de prestação continuada ao deficiente e a pessoa idosa que não possuam meios de prover sua subsistência ou de tê-la provido por sua família. A Lei Brasileira de inclusão inseriu dispositivo que assegura à pessoa com deficiência que não possa prover a sua subsistência e nem tê-la provida por sua família o recebimento de 1 salário mínimo mensal (art. 40, Lei nº 13.146/2015).

(d) "São direitos dos trabalhadores urbanos e rurais, além de outros que visem à melhoria de sua condição social: proibição de qualquer discriminação no tocante a salário e critérios de admissão do trabalhador portador de deficiência." (art. 7º, XXXI, CF/88).

(e) "A administração pública direta e indireta de qualquer dos Poderes da União, dos Estados, do Distrito Federal e dos Municípios obedecerá aos princípios de legalidade, impessoalidade, moralidade, publicidade e eficiência e, também, ao seguinte: a lei reservará percentual dos cargos e empregos públicos para as pessoas portadoras de deficiência e definirá os critérios de sua admissão. (art. 37, VIII, CF/88). A Constituição Federal deixa à legislação a definição do percentual dos cargos e empregos públicos para a pessoa com deficiência.

09. (FCC – Analista Judiciário – Área Judiciária – TRT 20/2016) De acordo com a Constituição Federal,

a) é assegurada a garantia de um salário mínimo de benefício mensal a toda pessoa com deficiência.
b) é permitido critério discriminatório no tocante a salário e critérios de admissão do trabalhador com deficiência.
c) é vedada a adoção de requisitos e critérios diferenciados para a concessão de aposentadoria aos beneficiários do regime geral de previdência social quanto aos segurados com deficiência.
d) é permitida, por lei complementar, a adoção de requisitos e critérios diferenciados para a concessão de aposentadoria de servidores públicos com deficiência.
e) o Estado tem o dever de prestar a educação às pessoas com deficiência, preferencialmente em unidade especializada e distinta da rede regular de ensino.

▷ ***Anotações/Comentários***

(a) "A assistência social será prestada a quem dela necessitar, independentemente de contribuição à seguridade social, e tem por objetivos: a garantia de um salário mínimo de benefício mensal à pessoa portadora de deficiência e a pessoa idosa que comprovem não possuir meios de prover à própria manutenção ou de tê-la provida por sua família, conforme dispuser a lei." (art. 203, V, da CF/88). De acordo com o art. 203, V, da Constituição Federal, é assegurado benefício de prestação continuada ao deficiente e a pessoa idosa que não possuam meios de prover sua subsistência ou de tê-la provido por sua família.

(b) "São direitos dos trabalhadores urbanos e rurais, além de outros que visem à melhoria de sua condição social: proibição de qualquer discriminação no tocante a salário e critérios de admissão do trabalhador portador de deficiência." (art. 7º, XXXI, CF/88).

(c) "É vedada a adoção de requisitos e critérios diferenciados para a concessão de aposentadoria aos beneficiários do regime geral de previdência social, ressalvados os casos de atividades exercidas sob condições especiais que prejudiquem a saúde ou a integridade física e quando se tratar de segurados portadores de deficiência, nos termos definidos em lei complementar." (art. 201, § 1º, CF/88).

(d) "É vedada a adoção de requisitos e critérios diferenciados para a concessão de aposentadoria aos abrangidos pelo regime de que trata este artigo, ressalvados, nos termos definidos em leis complementares, os casos de servidores: portadores de deficiência. (art. 40, § 4º, I, CF/88)

(e) "O dever do Estado com a educação será efetivado mediante a garantia de: atendimento educacional especializado aos portadores de deficiência, preferencialmente na rede regular de ensino." (art. 208, III, CF/88)

1.1. Estatuto da pessoa com deficiência

10. (FCC - Técnico Judiciário - Área Judiciária - TRT 24/2017) Em 2015 foi aprovada lei que prevê diversos direitos para pessoas que tenham "impedimento de longo prazo de natureza física, mental, intelectual ou sensorial, o qual, em interação com uma ou mais barreiras, pode obstruir sua participação plena e efetiva na sociedade em igualdade de condições com as demais pessoas". O enunciado se refere à

a) Lei nº 10.048, que dá prioridade de atendimento às pessoas com deficiência.

b) Lei nº 11.126, que dispõe sobre o direito do portador de deficiência visual de ingressar e permanecer em ambientes de uso coletivo acompanhado de cão-guia.

c) Lei nº 10.098, que estabelece normas gerais e critérios básicos para a promoção da acessibilidade das pessoas com deficiência ou com mobilidade reduzida.

d) Constituição da República Federativa do Brasil.

e) Lei nº 13.146, que institui o Estatuto da Pessoa com Deficiência.

▷ ***Anotações/Comentários***

(a) A Lei nº 10.048 foi promulgada no ano 2000 e versa sobre a prioridade de atendimento às pessoas com deficiência.

(b) A Lei nº 11.126 foi promulgada no ano de 2005 e assegura à pessoa com deficiência visual o direito de ingressar e permanecer em todos os meios de transporte e em estabelecimentos abertos ao público acompanhada de cão-guia.

(c) A Lei nº 10.098 foi promulgada no ano 2000 e prevê normas acerca da promoção da acessibilidade às pessoas com deficiência ou com mobilidade reduzida.

(d) A Constituição Federal prevê diversos direitos à pessoa com deficiência, mas foi promulgada em 1988 e não traz o conceito de pessoa com deficiência.

(e) Em julho de 2015, foi promulgada a Lei nº 13.146/2015, que instituiu a Lei Brasileira de Inclusão da Pessoa com Deficiência – LBI. Essa legislação também é denominada de Estatuto da Pessoa com Deficiência e constitui importante dispositivo normativo que regulamenta os direitos da pessoa com deficiência.

O Estatuto da Pessoa com Deficiência traz o conceito de pessoa com deficiência.

> **Art. 2º, Estatuto da Pessoa com Deficiência:** Considera-se pessoa com deficiência aquela que tem impedimento de longo prazo de natureza física, mental, intelectual ou sensorial, o qual, **em interação com uma ou mais barreiras**, pode obstruir sua participação plena e efetiva na sociedade em igualdade de condições com as demais pessoas (grifos acrescidos).

2. CONCEITOS PREVISTOS NO ESTATUTO DA PESSOA COM DEFICIÊNCIA

11. FGV - 2024 - TRF 1 - Técnico Judiciário - Área Administrativa

Sobre as políticas de inclusão da pessoa com deficiência, a partir do disposto na Lei Brasileira de Inclusão da Pessoa com Deficiência (Lei nº 13.146/2015), é correto afirmar que:

a) pessoa com deficiência é aquela que tem impedimento de médio ou longo prazo de natureza física, mental, intelectual ou sensorial, o qual, em interação com uma ou mais barreiras, pode obstruir sua participação plena e efetiva na sociedade em igualdade de condições com as demais pessoas;

b) o exame médico-pericial é um dos componentes da avaliação biopsicossocial da deficiência, a qual deve ser realizada por equipe multiprofissional e interdisciplinar;

c) a finalidade protetiva da legislação considera como especialmente vulneráveis as crianças ou adolescentes com deficiência, reservando-se a aplicação de legislação específica às situações da mulher e do idoso;

d) a lei veda qualquer forma de discriminação à pessoa com deficiência, mas permite, em virtude de sua especial condição, a cobrança de valores diferenciados por planos e seguros privados de saúde;

e) a pessoa com deficiência ou seu responsável goza de prioridade na aquisição de imóvel para moradia própria em todas as vezes em que se inscrever nos programas habitacionais, públicos ou subsidiados com recursos públicos.

▷ ***Anotações/Comentários***

(a) Considera-se pessoa com deficiência aquela que tem impedimento de longo prazo de natureza física, mental, intelectual ou sensorial, o qual, em interação com uma ou mais barreiras, pode obstruir sua participação plena e efetiva na sociedade em igualdade de condições com as demais pessoas." (art. 2º, "caput", da Lei nº 13.146/2015). Note-se, portanto, que o impedimento de médio prazo não está incluído no conceito de pessoa com deficiência.

(b) "O exame médico-pericial componente da avaliação biopsicossocial da deficiência de que trata o § 1º deste artigo poderá ser realizado com o uso de tecnologia de telemedicina ou por análise documental conforme situações e requisitos definidos em regulamento." (art. 2º, § 3º, da Lei nº 13.146/2015).

(c) Não há previsão específica de que considerar crianças ou adolescente com deficiência.

(d) "São vedadas todas as formas de discriminação contra a pessoa com deficiência, inclusive por meio de cobrança de valores diferenciados por planos e seguros privados de saúde, em razão de sua condição." (art. 23 da Lei nº 13.146/2015).

(e) O benefício é concedido apenas uma vez nos termos do art. 32, § 1º da Lei nº 13.146/2015.

12. FGV - 2024 - TRF 1 - Analista Judiciário - Agente da Polícia Judicial

Catarina, Presidente do Tribunal de Justiça do Estado Alfa, anunciou obras na estrutura dos edifícios públicos geridos pelo Poder Judiciário estadual, com o objetivo de afastar qualquer entrave ou obstáculo que limite ou impeça a participação social das pessoas com deficiência, bem como o gozo, a fruição e o exercício de seus direitos à acessibilidade, à liberdade de movimento, entre outras.

Nesse cenário, considerando as disposições da Lei nº 13.146/2015, Catarina anunciou obras que buscam superar, em benefício das pessoas com deficiência, barreiras:

a) nos transportes;

b) arquitetônicas;

c) tecnológicas;

d) urbanísticas;

e) atitudinais.

▷ ***Anotações/Comentários***

Art. 3º Para fins de aplicação desta Lei, consideram-se:

IV - barreiras: qualquer entrave, obstáculo, atitude ou comportamento que limite ou impeça a participação social da pessoa, bem como o gozo, a fruição e o exercício de seus direitos à acessibilidade, à liberdade de movimento e de expressão, à comunicação, ao acesso à informação, à compreensão, à circulação com segurança, entre outros, classificadas em:

(...)

barreiras nos transportes: as existentes nos sistemas e meios de transportes;

barreiras arquitetônicas: as existentes nos edifícios públicos e privados

barreiras tecnológicas: as que dificultam ou impedem o acesso da pessoa com deficiência às tecnologias;

barreiras urbanísticas: as existentes nas vias e nos espaços públicos e privados abertos ao público ou de uso coletivo;

barreiras atitudinais: atitudes ou comportamentos que impeçam ou prejudiquem a participação social da pessoa com deficiência em igualdade de condições e oportunidades com as demais pessoas;

Note-se, portanto, que a barreira criada versou sobre dificuldades na acessibilidade em edifício público, o que configura barreira arquitetônica

13. FGV – 2024 – TRF 1 - Analista Judiciário – Fisioterapeuta

A Lei nº 13.146/2015, conhecida como Lei Brasileira de Inclusão da Pessoa com Deficiência, estabelece que a avaliação da deficiência, quando necessária, deverá ser realizada por equipe multiprofissional e interdisciplinar, considerando:

a) fatores financeiros;
b) identidade de gênero;
c) raça, etnia e cor da pele;
d) cultura, crenças e religiosidade do indivíduo;
e) impedimentos nas funções e nas estruturas corporais.

▷ ***Anotações/Comentários***

Segue o teor do art. 2º, § 1º da Lei nº 13.146/2015:

§ 1º A avaliação da deficiência, quando necessária, será biopsicossocial, realizada por equipe multiprofissional e interdisciplinar e considerará:

I - os impedimentos nas funções e nas estruturas do corpo;

II - os fatores socioambientais, psicológicos e pessoais;

III - a limitação no desempenho de atividades; e

IV - a restrição de participação.

14. (Cespe – Técnico Judiciário – TJ – RJ/2021) De acordo com a Lei n.º 13.146/2015 (Lei de Inclusão da Pessoa com Deficiência), o comportamento que impede a participação social da pessoa é considerado

a) disfuncional.
b) desestruturado.
c) distúrbio.
d) barreira.
e) disruptivo.

▷ ***Anotações/Comentários***

"Para fins de aplicação desta Lei, consideram-se: barreiras: qualquer entrave, obstáculo, atitude ou comportamento que limite ou impeça a participação social da pessoa, bem como o gozo, a fruição e o exercício de seus direitos à acessibilidade, à liberdade de movimento e de expressão, à comunicação, ao acesso à informação, à compreensão, à circulação com segurança, entre outros, classificadas em: (...) (art. 3º, IV, da Lei nº 13.146/2015)

15. (Cespe – Técnico Judiciário – TJ – RJ/2021) É pessoa com deficiência, de acordo com a definição legal,

a) indivíduo portador de impedimento de longo prazo de natureza física, intelectual, mental ou sensorial, que impede sua participação plena e efetiva na sociedade nas mesmas condições dos demais.
b) indivíduo que, por qualquer motivo temporário ou permanente, tenha redução efetiva de sua mobilidade, flexibilidade, coordenação motora ou percepção.
c) indivíduo incapacitado de expressar a vontade própria ou de locomover-se por sua conta, ainda que por curto prazo.
d) pessoa idosa com mobilidade reduzida por causa temporária.
e) indivíduo com capacidade residual permanente para locomover-se, escutar ou expressar a própria vontade.

▷ ***Anotações/Comentários***

"Considera-se **pessoa com deficiência** aquela que tem impedimento de longo prazo de natureza física, mental, intelectual ou sensorial, o qual, em interação com uma ou mais barreiras, pode obstruir sua participação plena e efetiva na sociedade em igualdade de condições com as demais pessoas". (art. 2º, "caput", Estatuto da Pessoa com Deficiência – grifos acrescidos).

16. (FCC – Técnico Judiciário – Área Administrativa – TJ – MA/2019) A tecnologia assistiva é aquela que

a) combate formas de tratamento pelo Poder Público que causem manutenção ou agravamento da dependência da pessoa com deficiência exclusivamente na área da educação.
b) garante à pessoa com deficiência profissional que a assista em situações de dependência severa.
c) engloba recursos, metodologias, estratégias, práticas e serviços com o objetivo de ampliar a participação de pessoas com deficiência.
d) garante à pessoa com deficiência o recebimento de restituição do imposto de renda com prioridade.
e) engloba a proteção e socorro às pessoas com deficiência, em qualquer circunstância.

▷ ***Anotações/Comentários***

"Para fins de aplicação desta Lei, consideram-se: tecnologia assistiva ou ajuda técnica: produtos, equipamentos, dispositivos, recursos, metodologias, estratégias, práticas e serviços que objetivem promover a funcionalidade, relacionada à atividade e à participação da pessoa com deficiência ou com mobilidade reduzida, visando à sua autonomia, independência, qualidade de vida e inclusão social;" (art. 3º, III, da Lei nº 13.146/2015)

17. (FCC – Analista Judiciário – Área Judiciária – TRT 6/2018) Segundo a Lei no 10.098/2000, barreiras arquitetônicas são aquelas

a) existentes nos edifícios públicos e privados.
b) que representem entrave que dificulte ou impossibilite a expressão.
c) existentes nos meios de transporte.
d) existentes em espaços públicos, abertos ao público e de uso coletivo.
e) que representem obstáculo que dificulte ou impossibilite a comunicação com terceiro.

▷ ***Anotações/Comentários***

Para os fins desta Lei são estabelecidas as seguintes definições: II - barreiras: qualquer entrave, obstáculo, atitude ou comportamento que limite ou impeça a participação social da pessoa, bem como o gozo, a fruição e o exercício de seus direitos à acessibilidade, à liberdade de movimento e de expressão, à comunicação, ao acesso à informação, à compreensão, à circulação com segurança, entre outros, classificadas em: b) barreiras arquitetônicas: as existentes nos edifícios públicos e privados. (art. 2º, II, "b", da Lei nº 10.098/2000). No mesmo sentido, prevê o art. 3º, IV, "b", do Estatuto da Pessoa com Deficiência:

> **Art. 3º, IV, "b", do Estatuto da Pessoa com Deficiência:**
> Para fins de aplicação desta Lei, consideram-se:
>
> (...)
>
> IV - barreiras: qualquer entrave, obstáculo, atitude ou comportamento que limite ou impeça a participação social da pessoa, bem como o gozo, a fruição e o exercício de seus direitos à acessibilidade, à liberdade de movimento e de expressão, à comunicação, ao acesso à informação, à compreensão, à circulação com segurança, entre outros, classificadas em:
>
> (...)
>
> b) barreiras arquitetônicas: as existentes nos edifícios públicos e privados;

18. (Cespe – Técnico Judiciário – Área Administrativa – TRE – TO/2017) As adaptações, modificações e ajustes necessários e adequados que não acarretem ônus desproporcional e indevido, quando requeridos em cada caso, a fim de assegurar que a pessoa com deficiência possa gozar ou exercer, em igualdade de condições e oportunidades com as demais pessoas, todos os direitos e liberdades fundamentais, são consideradas

a) adaptações razoáveis.
b) acessibilidade.
c) elemento de urbanização.

d) tecnologia assistiva.

e) modificações inclusivas.

▷ ***Anotações/Comentários***

(a) "Para fins de aplicação desta Lei, consideram-se: adaptações razoáveis: adaptações, modificações e ajustes necessários e adequados que não acarretem ônus desproporcional e indevido, quando requeridos em cada caso, a fim de assegurar que a pessoa com deficiência possa gozar ou exercer, em igualdade de condições e oportunidades com as demais pessoas, todos os direitos e liberdades fundamentais." (art. 3º, VI, Estatuto da Pessoa com Deficiência).

(b) "Para fins de aplicação desta Lei, consideram-se: acessibilidade: possibilidade e condição de alcance para utilização, com segurança e autonomia, de espaços, mobiliários, equipamentos urbanos, edificações, transportes, informação e comunicação, inclusive seus sistemas e tecnologias, bem como de outros serviços e instalações abertos ao público, de uso público ou privados de uso coletivo, tanto na zona urbana como na rural, por pessoa com deficiência ou com mobilidade reduzida." (art. 3º, I, Lei nº 13.146/2015).

(c) "Para fins de aplicação desta Lei, consideram-se: elemento de urbanização: quaisquer componentes de obras de urbanização, tais como os referentes a pavimentação, saneamento, encanamento para esgotos, distribuição de energia elétrica e de gás, iluminação pública, serviços de comunicação, abastecimento e distribuição de água, paisagismo e os que materializam as indicações do planejamento urbanístico." (art. 3º, VII, Estatuto da Pessoa com Deficiência).

(d) "Para fins de aplicação desta Lei, consideram-se: tecnologia assistiva ou ajuda técnica: produtos, equipamentos, dispositivos, recursos, metodologias, estratégias, práticas e serviços que objetivem promover a funcionalidade, relacionada à atividade e à participação da pessoa com deficiência ou com mobilidade reduzida, visando à sua autonomia, independência, qualidade de vida e inclusão social." (art. 3º, III, Estatuto da Pessoa com Deficiência).

(e) Não há previsão no Estatuto da Pessoa com Deficiência do conceito de modificações inclusivas apontado na alternativa.

19. (FCC – Técnico Judiciário – Área Administrativa – TRE – PR/2017) As disposições gerais da Lei no 13.146/15, que instituiu o Estatuto da Pessoa com Deficiência, estabelece que

a) a avaliação da deficiência obrigatoriamente será biopsicossocial e será realizada por equipe multiprofissional e interdisciplinar.

b) qualquer entrave que limite ou impeça o exercício de direitos como acessibilidade e liberdade de movimento são denominados barreiras.

c) barreira urbanística são os entraves existentes nos edifícios públicos e privados.

d) acessibilidade é um conceito ligado a produtos, equipamentos, dispositivos e outros que objetivem qualidade de vida e inclusão social.

e) pessoas com criança de colo não estão incluídas no conceito de "pessoa com mobilidade reduzida".

▷ ***Anotações/Comentários***

(a) "A avaliação da deficiência, quando necessária, será biopsicossocial, realizada por equipe multiprofissional e interdisciplinar e considerará:" (art. 2º, § 1º, Estatuto da Pessoa com Deficiência). Não há, portanto, a obrigatoriedade na realização da avaliação da deficiência.

(b) Para fins de aplicação desta Lei, consideram-se: barreiras: qualquer entrave, obstáculo, atitude ou comportamento que limite ou impeça a participação social da pessoa, bem como o gozo, a fruição e o exercício de seus direitos à acessibilidade, à liberdade de movimento e de expressão, à comunicação, ao acesso à informação, à compreensão, à circulação com segurança, entre outros, classificadas em: (art. 3º, IV, Estatuto da Pessoa com Deficiência). Barreiras são os entraves ou obstáculos que impedem a fruição dos direitos das pessoas com deficiência como acessibilidade e liberdade de movimento.

(c) Para fins de aplicação desta Lei, consideram-se: barreiras: qualquer entrave, obstáculo, atitude ou comportamento que limite ou impeça a participação social da pessoa, bem como o gozo, a fruição e o exercício de seus direitos à acessibilidade, à liberdade de movimento e de expressão, à comunicação, ao acesso à informação, à compreensão, à circulação com segurança, entre outros, classificadas em: barreiras urbanísticas: as existentes nas vias e nos espaços públicos e privados abertos ao público ou de uso coletivo (art. 3º, IV, "a" Estatuto da Pessoa com Deficiência). A definição de barreiras apresentada na alternativa refere-se à arquitetônica.

(d) O conceito apresentado refere-se à definição de tecnologia assistiva ou de ajuda técnica. Por sua vez, o conceito de acessibilidade compreende:

> **Art. 3º, Estatuto da Pessoa com Deficiência:** Para fins de aplicação desta Lei, consideram-se:
>
> I – acessibilidade: possibilidade e condição de alcance para utilização, com segurança e autonomia, de espaços, mobiliários, equipamentos urbanos, edificações, transportes, informação e comunicação, inclusive seus sistemas e tecnologias, bem como de outros serviços e instalações abertos ao público, de uso público ou privados de uso coletivo, tanto na zona urbana como na rural, por pessoa com deficiência ou com mobilidade reduzida;

(e) "Para fins de aplicação desta Lei, consideram-se: pessoa com mobilidade reduzida: aquela que tenha, por qualquer motivo, dificuldade de movimentação, permanente ou temporária, gerando redução efetiva da mobilidade, da flexibilidade, da coordenação motora ou da percepção, incluindo pessoa idosa, gestante, lactante, **pessoa com criança de colo** e obeso." (art. 3º, IX, Estatuto da Pessoa com Deficiência – grifos acrescidos)

20. (Cespe – Técnico Judiciário – Área Administrativa – TRF 1/2017) A respeito do direito das pessoas com deficiência, julgue os itens a seguir, considerando a legislação pertinente.

1) De acordo com a legislação, será considerada pessoa portadora de deficiência aquela cuja dificuldade de movimentar-se gere, permanentemente, redução efetiva da mobilidade, da flexibilidade, da coordenação motora e da percepção.

▷ ***Anotações/Comentários***

"Considera-se pessoa com deficiência aquela que tem impedimento de longo prazo de natureza física, mental, intelectual ou sensorial, o qual, em interação com uma ou mais barreiras, pode obstruir sua participação plena e efetiva na sociedade em igualdade de condições com as demais pessoas." (art. 2º, "caput", Lei nº 13.146/2015). o conceito esclarece que não é o próprio impedimento da pessoa com deficiência que obstrui a participação efetiva na sociedade, mas sua **interação com barreiras**. Portanto, a eliminação de barreiras à pessoa com deficiência, especialmente ao se assegurar a acessibilidade e a utilização de tecnologias assistivas, é uma das formas de garantir a plena participação na sociedade em igualdade de condições com as demais pessoas. Por sua vez, a questão trouxe o conceito de pessoa com mobilidade reduzida previsto no art. 3º, IX, do Estatuto da Pessoa com Deficiência.

21. (Cespe – Técnico Judiciário – Área Administrativa – TRF 1/2017) A respeito do direito das pessoas com deficiência, julgue os itens a seguir, considerando a legislação pertinente.

1) Os componentes de obra de urbanização, tais como os relativos aos serviços de comunicação, são definidos pela legislação como acessibilidade.

▷ ***Anotações/Comentários***

A questão confunde os conceitos de acessibilidade e de elemento de urbanização previstos, respectivamente, no art. 3, I e VII, da Lei nº 13.146/2015:

> **Art. 3º, Estatuto da Pessoa com Deficiência:** Para fins de aplicação desta Lei, consideram-se:
>
> I – acessibilidade: possibilidade e condição de alcance para utilização, com segurança e autonomia, de espaços, mobiliários, equipamentos urbanos, edificações, transportes, informação e comunicação, inclusive seus sistemas e tecnologias, bem como de outros serviços e instalações abertos ao público, de uso público ou privados de uso coletivo, tanto na zona urbana como na rural, por pessoa com deficiência ou com mobilidade reduzida;

(...)

VII – elemento de urbanização: quaisquer componentes de obras de urbanização, tais como os referentes a pavimentação, saneamento, encanamento para esgotos, distribuição de energia elétrica e de gás, iluminação pública, serviços de comunicação, abastecimento e distribuição de água, paisagismo e os que materializam as indicações do planejamento urbanístico;

22. (FCC – Analista Judiciário – Área Administrativa – TRE – SP/2017) A concepção de produtos, ambientes, programas e serviços a serem usados por todas as pessoas, sem necessidade de adaptação ou de projeto específico, incluindo os recursos de tecnologia assistiva, denomina-se

a) adaptação razoável.

b) ajuda técnica.

c) desenho universal.

d) elemento de urbanização.

e) comunicação.

▷ ***Anotações/Comentários***

(a) "Para fins de aplicação desta Lei, consideram-se: adaptações razoáveis: adaptações, modificações e ajustes necessários e adequados que não acarretem ônus desproporcional e indevido, quando requeridos em cada caso, a fim de assegurar que a pessoa com deficiência possa gozar ou exercer, em igualdade de condições e oportunidades com as demais pessoas, todos os direitos e liberdades fundamentais." (art. 3º, VI, Estatuto da Pessoa com Deficiência).

(b) "Para fins de aplicação desta Lei, consideram-se: tecnologia assistiva ou ajuda técnica: produtos, equipamentos, dispositivos, recursos, metodologias, estratégias, práticas e serviços que objetivem promover a funcionalidade, relacionada à atividade e à participação da pessoa com deficiência ou com mobilidade reduzida, visando à sua autonomia, independência, qualidade de vida e inclusão social." (art. 3º, III, Estatuto da Pessoa com Deficiência). Lembre-se de que ajuda técnica é sinônimo de tecnologia assistiva.

(c) Para fins de aplicação desta Lei, consideram-se: desenho universal: concepção de produtos, ambientes, programas e serviços a serem usados por todas as pessoas, sem necessidade de adaptação ou de projeto específico, incluindo os recursos de tecnologia assistiva." (art. 3º, II, Estatuto da Pessoa com Deficiência). Trata-se da literalidade do inciso II do art. 3º da Lei nº 13.146/2015.

(d) "Para fins de aplicação desta Lei, consideram-se: elemento de urbanização: quaisquer componentes de obras de urbanização, tais como os referentes a pavimentação, saneamento, encanamento para esgotos, distribuição de energia elétrica e de gás, iluminação pública, serviços de comunicação, abastecimento e distribuição de água, paisagismo e os que materializam as indicações do planejamento urbanístico." (art. 3º, VII, Estatuto da Pessoa com Deficiência).

(e) "Para fins de aplicação desta Lei, consideram-se: comunicação: forma de interação dos cidadãos que abrange, entre outras opções, as línguas, inclusive a Língua Brasileira de Sinais (Libras), a visualização de textos, o Braille, o sistema de sinalização ou de comunicação tátil, os caracteres ampliados, os dispositivos multimídia, assim como a linguagem simples, escrita e oral, os sistemas auditivos e os meios de voz digitalizados e os modos, meios e formatos aumentativos e alternativos de comunicação, incluindo as tecnologias da informação e das comunicações." (art. 3º, V, Lei nº 13.146/2015).

23. (FCC – Analista Judiciário – Área Judiciária – TRE – SP/2017) Considere:

I. Não pode ser membro da família do portador de deficiência.

II. Trabalha com ou sem remuneração.

III. Dentre suas atribuições, encontram-se as técnicas ou os procedimentos identificados com profissões legalmente estabelecidas.

IV. Assiste ou presta cuidados básicos e essenciais à pessoa com deficiência no exercício de suas atividades diárias.

No que concerne às características do atendente pessoal, é correto o que consta APENAS em

a) I e IV.

b) I e III.

c) I, II e IV.

d) III.

e) II e IV.

▷ ***Anotações/Comentários***

Assertiva I. Incorreta. "Para fins de aplicação desta Lei, consideram-se: atendente pessoal: pessoa, **membro ou não da família**, que, com ou sem remuneração, assiste ou presta cuidados básicos e essenciais à pessoa com deficiência no exercício de suas atividades diárias, excluídas as técnicas ou os procedimentos identificados com profissões legalmente estabelecidas." (art. 3º, XII, Estatuto da Pessoa com Deficiência – grifos acrescidos).

Assertiva II. Correta. "Para fins de aplicação desta Lei, consideram-se: atendente pessoal: pessoa, membro ou não da família, que, **com ou sem remuneração**, assiste ou presta cuidados básicos e essenciais à pessoa com deficiência no exercício de suas atividades diárias, excluídas as técnicas ou os procedimentos identificados com profissões legalmente estabelecidas." (art. 3º, XII, Estatuto da Pessoa com Deficiência – grifos acrescidos).

Assertiva III. Incorreta. "Para fins de aplicação desta Lei, consideram-se: atendente pessoal: pessoa, membro ou não da família, que, com ou sem remuneração, assiste ou presta cuidados básicos e essenciais à pessoa com deficiência no exercício de suas atividades diárias, **excluídas as técnicas ou os procedimentos identificados com profissões legalmente estabelecidas**." (art. 3º, XII, Estatuto da Pessoa com Deficiência – grifos acrescidos).

Assertiva IV. Correta. "Para fins de aplicação desta Lei, consideram-se: atendente pessoal: pessoa, membro ou não da família, que, com ou sem remuneração, **assiste ou presta cuidados básicos e essenciais à pessoa com deficiência no exercício de suas atividades diárias**, excluídas as técnicas ou os procedimentos identificados com profissões legalmente estabelecidas." (art. 3º, XII, Estatuto da Pessoa com Deficiência – grifos acrescidos).

24. (FCC – Analista Judiciário – Área Administrativa – TRT 24/2017) A legislação mais moderna se refere à pessoa que tem "impedimento de longo prazo de natureza física, mental, intelectual ou sensorial, o qual, em interação com uma ou mais barreiras, pode obstruir sua participação plena e efetiva na sociedade em igualdade de condições com as demais pessoas", como

a) deficiente.

b) pessoa com deficiência.

c) pessoa portadora de deficiência.

d) pessoa portadora de necessidades especiais.

e) excepcional.

▷ ***Anotações/Comentários***

"Considera-se **pessoa com deficiência** aquela que tem impedimento de longo prazo de natureza física, mental, intelectual ou sensorial, o qual, em interação com uma ou mais barreiras, pode obstruir sua participação plena e efetiva na sociedade em igualdade de condições com as demais pessoas". (art. 2º, "caput", Estatuto da Pessoa com Deficiência – grifos acrescidos).

25. (FCC – Analista Judiciário – Área Administrativa – TRT 24/2017) De acordo com a legislação em vigor, qualquer atitude ou comportamento que dificulte ou impossibilite a expressão ou o recebimento de mensagens e de informações por intermédio de sistemas de comunicação e de tecnologia da informação, se amolda ao conceito de

a) desenho universal.

b) tecnologia impeditiva.

c) barreira nas comunicações e na informação.

d) ineficiência técnica.

e) acessibilidade.

▷ ***Anotações/Comentários***

(a) O conceito de desenho universal está presente no art. 3º, II, Lei nº 13.146/2015 – Estatuto da Pessoa com Deficiência:

> **Art. 3º, II, LBI:** Para fins de aplicação desta Lei, consideram-se: desenho universal: concepção de produtos, ambientes, programas e serviços a serem usados por todas as pessoas, sem necessidade de adaptação ou de projeto específico, incluindo os recursos de tecnologia assistiva;

(b) O conceito de tecnologia impeditiva não é trazido pela legislação. Por outro lado, busca-se o desenvolvimento de tecnologias assistivas ou ajuda técnica:

> **Art. 3º, III, Lei nº 13.146/2015:** Para fins de aplicação desta Lei, consideram-se: acessibilidade: tecnologia assistiva ou ajuda técnica: produtos, equipamentos, dispositivos, recursos, metodologias, estratégias, práticas e serviços que objetivem promover a funcionalidade, relacionada à atividade e à participação da pessoa com deficiência ou com mobilidade reduzida, visando à sua autonomia, independência, qualidade de vida e inclusão social.

(c) "Para fins de aplicação desta Lei, consideram-se: barreiras nas comunicações e na informação: barreiras: qualquer entrave, obstáculo, atitude ou comportamento que limite ou impeça a participação social da pessoa, bem como o gozo, a fruição e o exercício de seus direitos à acessibilidade, à liberdade de movimento e de expressão, à comunicação, ao acesso à informação, à compreensão, à circulação com segurança, entre outros, classificadas em: barreiras nas comunicações e na informação: qualquer entrave, obstáculo, atitude ou comportamento que dificulte ou impossibilite a expressão ou o recebimento de mensagens e de informações por intermédio de sistemas de comunicação e de tecnologia da informação." (art. 3º, IV, "d", Lei nº 13.146/2015).

(d) Igualmente ao comentário da alternativa precedente, a legislação não trouxe o conceito de ineficiência técnica, mas sim o de ajudas técnicas:

> **Art. 3º, III, Lei nº 13.146/2015:** Para fins de aplicação desta Lei, consideram-se: acessibilidade: tecnologia assistiva ou ajuda técnica: produtos, equipamentos, dispositivos, recursos, metodologias, estratégias, práticas e serviços que objetivem promover a funcionalidade, relacionada à atividade e à participação da pessoa com deficiência ou com mobilidade reduzida, visando à sua autonomia, independência, qualidade de vida e inclusão social.

(e) "Para fins de aplicação desta Lei, consideram-se: acessibilidade: possibilidade e condição de alcance para utilização, com segurança e autonomia, de espaços, mobiliários, equipamentos urbanos, edificações, transportes, informação e comunicação, inclusive seus sistemas e tecnologias, bem como de outros serviços e instalações abertos ao público, de uso público ou privados de uso coletivo, tanto na zona urbana como na rural, por pessoa com deficiência ou com mobilidade reduzida." (art. 3º, I, da Lei nº 13.146/2015)

26. (FCC – Técnico Judiciário – Área Administrativa – TRT 20/2016)
De acordo com os conceitos previstos no Estatuto da Pessoa com Deficiência – Lei nº 13.146/15, é correto afirmar:

a) Considera-se pessoa com deficiência aquela que tem impedimento de longo prazo de natureza física, mental ou sensorial, excluídos os impedimentos de ordem intelectual.

b) Acompanhante é aquele que acompanha a pessoa com deficiência, podendo ou não desempenhar as funções de atendente pessoal.

c) Tecnologia assistiva ou ajuda técnica são aquelas que dificultam ou impedem o acesso da pessoa com deficiência às tecnologias.

d) Residências inclusivas são moradias com estruturas adequadas capazes de proporcionar serviços de apoio coletivos e individualizados que respeitem e ampliem o grau de autonomia de jovens e adultos com deficiência.

e) Barreiras arquitetônicas são aquelas existentes nas vias e nos espaços públicos e privados abertos ao público ou de uso coletivo.

▷ ***Anotações/Comentários***

(a) "Considera-se pessoa com deficiência aquela que tem impedimento de longo prazo de natureza física, mental, **intelectual** ou sensorial, o qual, em interação com uma ou mais barreiras, pode obstruir sua participação plena e efetiva na sociedade em igualdade de condições com as demais pessoas". (art. 2º, "caput", Estatuto da Pessoa com Deficiência – grifos acrescidos).

(b) "Para fins de aplicação desta Lei, consideram-se: acompanhante: aquele que acompanha a pessoa com deficiência, podendo ou não desempenhar as funções de atendente pessoal." (art. 3º, XIV, da Lei nº 13.146/2015).

(c) "Para fins de aplicação desta Lei, consideram-se: acessibilidade: tecnologia assistiva ou ajuda técnica: produtos, equipamentos, dispositivos, recursos, metodologias, estratégias, práticas e serviços que objetivem promover a funcionalidade, relacionada à atividade e à participação da pessoa com deficiência ou com mobilidade reduzida, visando à sua autonomia, independência, qualidade de vida e inclusão social." (art. 3º, III, Lei nº 13.146/2015)

(d) "Para fins de aplicação desta Lei, consideram-se: residências inclusivas: unidades de oferta do Serviço de Acolhimento do Sistema Único de Assistência Social (Suas) localizadas em áreas residenciais da comunidade, com estruturas adequadas, que possam contar com apoio psicossocial para o atendimento das necessidades da pessoa acolhida, destinadas a jovens e adultos com deficiência, em situação de dependência, que não dispõem de condições de autossustentabilidade e com vínculos familiares fragilizados ou rompidos." (art. 3º, X, Lei nº 13.146/2015). O conceito apresentado na alternativa refere-se à moradia para vida independente:

> **Art. 3º, XI, Estatuto da Pessoa com Deficiência:** Para fins de aplicação desta Lei, consideram-se: moradia para a vida independente da pessoa com deficiência: moradia com estruturas adequadas capazes de proporcionar serviços de apoio coletivos e individualizados que respeitem e ampliem o grau de autonomia de jovens e adultos com deficiência.

(e) Para fins de aplicação desta Lei, consideram-se: barreiras: qualquer entrave, obstáculo, atitude ou comportamento que limite ou impeça a participação social da pessoa, bem como o gozo, a fruição e o exercício de seus direitos à acessibilidade, à liberdade de movimento e de expressão, à comunicação, ao acesso à informação, à compreensão, à circulação com segurança, entre outros, classificadas em: **barreiras arquitetônicas**: as existentes nos edifícios públicos e privados." (art. 3º, IV, "b", Lei nº 13.146/2015 – grifos acrescidos). Note-se que o conceito apresentado na alternativa refere-se exatamente ao que prevê o art. 3º, IV, "a", Estatuto da Pessoa com Deficiência acerca das barreiras arquitetônicas.

3. DIREITO À IGUALDADE E À NÃO DISCRIMINAÇÃO

27. AOCP – 2024 – TRF 2 - Analista Judiciário - Área Judiciária
Segundo o disposto no Estatuto da Pessoa com Deficiência (Lei nº 13.146/2015), assinale a alternativa INCORRETA.

a) A avaliação da deficiência, quando necessária, será biopsicossocial, realizada por equipe multiprofissional e interdisciplinar e considerará, entre outros critérios, os fatores socioambientais, psicológicos e pessoais.

b) A utilização do símbolo nacional de identificação de pessoas com deficiências ocultas não dispensa a apresentação de documento comprobatório da deficiência, caso seja solicitado pelo atendente ou pela autoridade competente.

c) A deficiência não afeta a plena capacidade civil da pessoa, salvo para exercer o direito à guarda e à adoção, como adotante.

d) A habilitação profissional pode ocorrer em empresas por meio de prévia formalização do contrato de emprego da pessoa com deficiência, que será considerada para o cumprimento da reserva de vagas prevista em lei, desde que por tempo determinado e concomitante com a inclusão profissional na empresa, observado o disposto em regulamento.

e) Quanto à acessibilidade, o desenho universal será sempre tomado como regra de caráter geral.

▷ ***Anotações/Comentários***

(a) Nesse sentido, estabelece o art. 2º, § 1º, da Lei nº 13.146/2015: A avaliação da deficiência, quando necessária, será biopsicossocial, realizada por equipe multiprofissional e interdisciplinar e considerará:

I - os impedimentos nas funções e nas estruturas do corpo;

II - os fatores socioambientais, psicológicos e pessoais;

III - a limitação no desempenho de atividades; e

IV - a restrição de participação.

(b) "A utilização do símbolo de que trata o caput deste artigo não dispensa a apresentação de documento comprobatório da deficiência, caso seja solicitado pelo atendente ou pela autoridade competente." (art. 2º-A, § 2º, da Lei nº 13.146/2015).

(c) "A deficiência não afeta a plena capacidade civil da pessoa, inclusive para: exercer o direito à guarda, à tutela, à curatela e à adoção, como adotante ou adotando, em igualdade de oportunidades com as demais pessoas. (art. 6º, VI, da Lei nº 13.146/2015).

(d) "A habilitação profissional pode ocorrer em empresas por meio de prévia formalização do contrato de emprego da pessoa com deficiência, que será considerada para o cumprimento da reserva de vagas prevista em lei, desde que por tempo determinado e concomitante com a inclusão profissional na empresa, observado o disposto em regulamento." (art. 36, § 6º, da Lei nº 13.146/2015)

(e) "O desenho universal será sempre tomado como regra de caráter geral." (art. 55, § 1º, da Lei nº 13.146/2015)

---

28. FGV – 2024 – TRF 1 – Técnico Judiciário - Área Administrativa

Sobre a capacidade civil da pessoa com deficiência, é correto afirmar que:

a) é vedada a esterilização compulsória;

b) é restrita a liberdade de casamento e união estável, exigindo-se a concordância da família;

c) é restrito o direito à guarda e à adoção, como adotante ou adotado, exigindo-se autorização judicial específica;

d) é proibido o exercício de direitos sexuais e reprodutivos, podendo o ato ser caracterizado como crime de estupro de vulnerável;

e) é restrito o direito à convivência familiar e comunitária, devendo cada caso ser analisado quanto à segurança da pessoa com deficiência e de seu entorno.

▷ ***Anotações/Comentários***

A questão exigia o conhecimento da redação do art. 6º da Lei nº 13.146/2015:

Art. 6º A deficiência não afeta a plena capacidade civil da pessoa, inclusive para:

I - casar-se e constituir união estável;

II - exercer direitos sexuais e reprodutivos;

III - exercer o direito de decidir sobre o número de filhos e de ter acesso a informações adequadas sobre reprodução e planejamento familiar;

IV - conservar sua fertilidade, **sendo vedada a esterilização compulsória;**

V - exercer o direito à família e à convivência familiar e comunitária; e

VI - exercer o direito à guarda, à tutela, à curatela e à adoção, como adotante ou adotando, em igualdade de oportunidades com as demais pessoas.

---

29. (FCC – Analista Judiciário – Direito – TJ – MA/2019) Considerando o direito à igualdade de oportunidades e o direito à não discriminação, é correto afirmar que a pessoa com deficiência

a) não sofrerá limitação aos seus direitos sexuais, mas não conservará amplamente seus direitos reprodutivos.

b) não será necessariamente curatelada, mas não poderá ser curadora de outra pessoa.

c) poderá casar-se, mas não lhe será reconhecida união estável.

d) será contemplada com ações afirmativas, mas não está obrigada à fruição de benefícios delas decorrentes.

e) poderá ser adotada, mas não poderá adotar.

▷ ***Anotações/Comentários***

(a) "A deficiência não afeta a plena capacidade civil da pessoa, inclusive para:

I - casar-se e constituir união estável;

II - exercer direitos sexuais e reprodutivos;" (art. 6º, I e II, da Lei nº 13.146/2015)

(b) "A deficiência não afeta a plena capacidade civil da pessoa, inclusive para: exercer o direito à guarda, à tutela, à curatela e à adoção, como adotante ou adotando, em igualdade de oportunidades com as demais pessoas." (art. 6º, VI, da Lei nº 13.146/2015)

(c) "A deficiência não afeta a plena capacidade civil da pessoa, inclusive para: casar-se e constituir união estável;" (art. 6º, I, da Lei nº 13.146/2015)

(d) "A pessoa com deficiência não está obrigada à fruição de benefícios decorrentes de ação afirmativa." (art. 4º, § 2º, da Lei nº 13.146/2015). A imposição para fruição de ação afirmativa contraria a liberdade de escolha da pessoa com deficiência e não é admitida pela nova legislação.

(e) "A deficiência não afeta a plena capacidade civil da pessoa, inclusive para: exercer o direito à guarda, à tutela, à curatela e à adoção, como adotante ou adotando, em igualdade de oportunidades com as demais pessoas." (art. 6º, VI, da Lei nº 13.146/2015)

---

30. (FGV – Técnico Judiciário – Área Judiciária – TJ – CE/2019) O Estatuto da Pessoa com Deficiência (Lei n° 13.146/15), ao tratar da questão da igualdade e da não discriminação, estabelece que:

a) a deficiência afeta a plena capacidade civil da pessoa, inclusive para exercer direitos sexuais e reprodutivos;

b) a pessoa com deficiência não está obrigada à fruição de benefícios decorrentes de ação afirmativa;

c) a pessoa com deficiência não pode exercer diretamente o direito à guarda, à tutela, à curatela e à adoção;

d) os profissionais da área de saúde devem promover a esterilização compulsória da pessoa com deficiência;

e) a deficiência não compromete a plena capacidade civil da pessoa, exceto para casar-se e constituir união estável.

▷ ***Anotações/Comentários***

(a) "A deficiência não afeta a plena capacidade civil da pessoa, inclusive para: exercer direitos sexuais e reprodutivos;" (art. 6º, II, da Lei nº 13.146/2015)

(b) "A pessoa com deficiência não está obrigada à fruição de benefícios decorrentes de ação afirmativa." (art. 4º, § 2º, da Lei nº 13.146/2015). A imposição para fruição de ação afirmativa contraria a liberdade de escolha da pessoa com deficiência e não é admitida pela nova legislação.

(c) "A deficiência não afeta a plena capacidade civil da pessoa, inclusive para: exercer o direito à guarda, à tutela, à curatela e à adoção, como adotante ou adotando, em igualdade de oportunidades com as demais pessoas." (art. 6º, VI, da Lei nº 13.146/2015)

(d) A deficiência não afeta a plena capacidade civil da pessoa, inclusive para: conservar sua fertilidade, sendo vedada a esterilização compulsória; (art. 6º, IV, da Lei nº 13.146/2015)

(e) "A deficiência não afeta a plena capacidade civil da pessoa, inclusive para: casar-se e constituir união estável." (art. 6º, I, Lei nº 13.146/2015)

---

31. (FCC – Analista Judiciário – Área Administrativa – TRT 15/2018) Fernanda é deficiente visual. Solteira, com trinta e cinco anos de idade, pretende realizar o sonho de ser mãe por meio da fertilização in vitro. Já sua amiga, Daiani, também deficiente visual, casada com Fabio, deficiente auditivo, pretende adotar uma criança. Nesses casos, de acordo com a Lei no 13.146/2015,

a) a deficiência não afeta a plena capacidade civil da pessoa, sendo permitido o exercício dos direitos reprodutivos, bem como o exercício do direito à adoção.

b) é proibido o exercício dos direitos reprodutivos, bem como o exercício do direito à adoção, em razão exclusivamente da deficiência visual narrada.

c) é proibido apenas o exercício dos direitos reprodutivos, em razão exclusivamente da deficiência visual narrada.

d) é expressamente proibido apenas o exercício do direito à adoção, em razão exclusivamente da deficiência visual narrada.

e) é expressamente proibido apenas o exercício do direito à adoção, em razão das deficiências visual e auditiva narradas.

▷ ***Anotações/Comentários***

As pessoas com deficiência têm direito ao exercício da capacidade legal em igualdade de condições com as demais pessoas (art. 84, Lei nº 13.146/2015). Na maioria dos casos, a pessoa com deficiência tem capacidade plena para exercício dos atos da vida civil, em especial (art. 6º, Estatuto da Pessoa com Deficiência):

CAPACIDADE CIVIL DA PESSOA COM DEFICIÊNCIA
– A pessoa com deficiência tem capacidade inclusive para: a) Casar-se e constituir união estável; b) Direitos sexuais e reprodutivos; c) Planejamento familiar; d) Conservar fertilidade, sendo veda a esterilização compulsória; e) Direito à família e à convivência familiar e comunitária; f) Direito à guarda, à tutela, à curatela e à adoção, como adotante ou adotando em igualdade de condições com as demais pessoas;

Nesse sentido, a pessoa com deficiência tem assegurado os direitos sexuais e reprodutivos bem com o direito de adoção. Assim, Fernanda poderá realizar a fertilização *in vitro* e Daiani adotar uma criança.

32. (FCC – Analista Judiciário – Área Administrativa – TRT 6/2018) A Lei Brasileira de Inclusão, em seu texto, no que diz respeito ao direito à igualdade e a não discriminação, prevê expressamente que a pessoa com deficiência

a) seja representada por seu curador quando necessário seu consentimento livre e esclarecido para a realização de tratamento.

b) poderá exercer direitos sexuais e reprodutivos desde que assistida por terceiro.

c) será submetida à esterilização compulsória somente com decisão judicial nesse sentido.

d) não está obrigada à fruição de benefícios decorrentes de ação afirmativa.

e) tem direito a diagnóstico e intervenção precoce.

▷ ***Anotações/Comentários***

(a) A curatela de pessoa com deficiência é medida excepcional. Dessa forma, em regra, o consentimento livre e esclarecido para tratamento deve ser obtido diretamente com a pessoa com deficiência. Ainda que haja curatela de pessoas com deficiência, o Estatuto da Pessoa com Deficiência estabelece a necessidade de participação da pessoa com deficiência, no maior grau possível, para a obtenção do consentimento:

> **Art. 12 da Lei nº 13.146/2015:** O consentimento prévio, livre e esclarecido da pessoa com deficiência é indispensável para a realização de tratamento, procedimento, hospitalização e pesquisa científica.
>
> § 1º Em caso de pessoa com deficiência em situação de curatela, deve ser assegurada sua participação, no maior grau possível, para a obtenção de consentimento.

(b) "A deficiência não afeta a plena capacidade civil da pessoa, inclusive para: exercer direitos sexuais e reprodutivos." (art. 6º, II, da Lei Brasileira de Inclusão da Pessoa com Deficiência).

(c) "A deficiência não afeta a plena capacidade civil da pessoa, inclusive para: conservar sua fertilidade, sendo vedada a esterilização compulsória." (art. 6º, IV, do Estatuto da Pessoa com Deficiência).

(d) "A pessoa com deficiência não está obrigada à fruição de benefícios decorrentes de ação afirmativa." (art. 4º, § 2º, do Estatuto da Pessoa com Deficiência).

(e) "As ações e os serviços de saúde pública destinados à pessoa com deficiência devem assegurar: diagnóstico e intervenção precoces, realizados por equipe multidisciplinar." (art. 18, § 4º, I, do Estatuto da Pessoa com Deficiência). O direito ao diagnóstico e intervenção precoces são direitos direcionados às ações e serviços de saúde pública e também como diretriz da reabilitação profissional. Portanto, não se insere no tocante ao direito à igualdade e a não discriminação do Estatuto da Pessoa com Deficiência.

33. (Cespe – Técnico Judiciário – Área Administrativa – TRE – TO/2017) O juiz que tiver conhecimento, no curso de processo judicial, de fatos que caracterizem ameaça ou violação a direitos da pessoa com deficiência, para providências cabíveis, ele deve remeter as peças

a) ao órgão de defesa dos direitos humanos.

b) ao presidente do tribunal, que deliberará a respeito.

c) à Defensoria Pública.

d) ao delegado de polícia.

e) ao Ministério Público.

▷ ***Anotações/Comentários***

"Se, no exercício de suas funções, os juízes e os tribunais tiverem conhecimento de fatos que caracterizem as violações previstas nesta Lei, devem remeter peças ao Ministério Público para as providências cabíveis." (art. 7º, parágrafo único, do Estatuto da Pessoa com Deficiência). Nesse sentido, o próprio Estatuto estabelece como atribuição do Ministério Público zelar pela correta aplicação de seus dispositivos normativos e, portanto, assegurar o cumprimento dos direitos e garantias das pessoas com deficiência.

4. DIREITO À VIDA

34. (AOCP – Analista Judiciário – Área Administrativa – TRT 1/2018) Na história recente do Brasil, o legislador se dedicou a disciplinar e a ampliar os direitos dos portadores de deficiência, estabelecendo uma rede de proteção. Muitos foram os diplomas legais editados nesse sentido tal como a Lei n° 13.146/2015. Considerando a referida lei, no tocante à proteção legal do portador de deficiência, assinale a alternativa correta.

a) São absolutamente incapazes de exercer pessoalmente os atos da vida civil os que, por enfermidade ou deficiência mental, não tiverem o necessário discernimento para a prática desses atos.

b) O Poder Judiciário pode cobrar do usuário com deficiência, mediante tarifa, a despesa extra que tiver para lhe dar amplo acesso a prédios e serviços públicos.

c) A pesquisa científica envolvendo pessoa com deficiência em situação de tutela ou de curatela deve ser realizada, em caráter excepcional, apenas quando houver indícios de benefício direto para sua saúde ou para a saúde de outras pessoas com deficiência e desde que não haja outra opção de pesquisa de eficácia comparável com participantes não tutelados ou curatelados.

d) É crime, punido com pena de 2 a 4 anos de reclusão, negar à pessoa com deficiência visual acompanhada de cão-guia o direito de ingressar e de permanecer com o animal em todos os meios de transporte e em estabelecimentos abertos ao público, de uso público e privados de uso coletivo.

e) O Ministério Público tem legitimidade exclusiva para propor as medidas judiciais destinadas à proteção de interesses coletivos, difusos, individuais homogêneos e individuais indisponíveis da pessoa com deficiência.

▷ ***Anotações/Comentários***

(a) A Lei Brasileira de Inclusão alterou completamente a teoria das incapacidades prevista no Código Civil. Tendo como base que as pessoas com deficiência têm direito ao exercício da capacidade legal em igualdade de condições com as demais pessoas (art. 84 da Lei nº 13.146/2015), o art. 3º do Código Civil foi alterado para prever como única hipótese de incapacidade absoluta os menos de 16 anos.

(b) "A acessibilidade é direito que garante à pessoa com deficiência ou com mobilidade reduzida viver de forma independente e exercer seus direitos de cidadania e de participação social." (art. 53 do Estatuto da Pessoa com Deficiência). A cobrança de tarifas pelo Poder Judiciário para assegurar ampla acessibilidade a usuário com deficiência é uma medida discriminatória às pessoas com deficiência que impede sua integração à sociedade e ao pleno exercício de seus direitos.

(c) "A pesquisa científica envolvendo pessoa com deficiência em situação de tutela ou de curatela deve ser realizada, em caráter excepcional, apenas quando houver indícios de benefício direto para sua saúde ou para a saúde de outras pessoas com deficiência e desde que não haja outra opção de pesquisa de eficácia comparável com participantes não tutelados ou curatelados." (art. 12, § 2º, da Lei nº 13.146/2015).

(d) "Constitui ato de discriminação, **a ser apenado com interdição e multa**, qualquer tentativa voltada a impedir ou dificultar o gozo do direito previsto no art. 1o desta Lei." (art. 3º da Lei nº 11.126/2005). "É assegurado à pessoa com deficiência visual acompanhada de cão-guia o direito de ingressar e de permanecer com o animal em todos os meios de transporte e em estabelecimentos abertos ao público, de uso público e privados de uso coletivo, desde que observadas as condições impostas por esta Lei." (art. 1º, Lei nº 11.126/2005). A legislação considera como ato discriminatório a proibição do uso de cão guia por pessoa com deficiência visual, mas as penas previstas consistem em interdição e multa e não em pena de reclusão, de 2 a 4 ano, como sustenta a alternativa.

(e) O Ministério Público não tem legitimidade exclusiva como sustenta a afirmativa. Com o Estatuto da Pessoa com Deficiência, a Defensoria Pública passou a ser legitimada para tutelar os interesses coletivos, difusos, individuais homogêneos e individuais indisponíveis da pessoa com deficiência. Além da Defensoria Pública, a Lei nº 7.853/1989 já previa a legitimidade dos seguintes entes: União, Estado, Municípios, DF, autarquia, fundação, empresa pública, sociedade de economia mista e associação constituída há mais de 1 ano, que tenham entre suas finalidades institucionais, a proteção dos interesses e a promoção de direitos da pessoa com deficiência.

35. (Vunesp – Escrevente Técnico Judiciário – TJ – SP/2017) Nos termos da Lei Federal nº 13.146/2015, a pessoa com deficiência

a) poderá ser obrigada a se submeter a intervenção clínica ou cirúrgica, tratamento ou institucionalização forçada, mediante prévia avaliação biopsicossocial, realizada por equipe multiprofissional e interdisciplinar.

b) em situação de curatela, não terá participação na obtenção de consentimento para a prática dos atos da vida civil, pois, em tal circunstância, não possui qualquer capacidade civil.

c) está obrigada à fruição de benefícios decorrentes de ação afirmativa, a fim de que sejam construídos ambientes de trabalho acessíveis e inclusivos.

d) somente será atendida sem seu consentimento prévio, livre e esclarecido em casos de risco de morte e de emergência em saúde, resguardado seu superior interesse e adotadas as salvaguardas legais cabíveis.

e) e seu acompanhante ou atendente pessoal têm direito à prioridade na tramitação processual e nos procedimentos judiciais em que forem partes ou interessados.

▷ ***Anotações/Comentários***

(a) "A pessoa com deficiência não poderá ser obrigada a se submeter a intervenção clínica ou cirúrgica, a tratamento ou a institucionalização forçada." (art. 11, "caput", Lei nº 13.146/2015). "O consentimento da pessoa com deficiência em situação de curatela poderá ser suprido, na forma da lei." (art. 11, parágrafo único, Lei nº 13.146/2015). Em regra, a pessoa com deficiência não pode se submeter a intervenção clínica ou cirúrgica, a tratamento ou institucionalização forçada. Excepciona-se da regra o suprimento judicial da pessoa em situação de curatela apenas.

(b) As pessoas com deficiência têm direito ao exercício da capacidade legal em **igualdade de condições** com as demais pessoas (art. 84, Lei nº 13.146/2015). Na maioria dos casos, a pessoa com deficiência tem capacidade plena para exercício dos atos da vida civil, em especial (art. 6º, Lei nº 13.146/2015). Quando necessário, é possível a instituição da curatela, desde que respeite alguns requisitos previstos no Estatuto. A pessoa com deficiência poderá exercer diversos direitos enquanto submetida à curatela, o que torna a alternativa incorreta, ao sustentar a inexistência de qualquer capacidade civil.

(c) "A pessoa com deficiência não está obrigada à fruição de benefícios decorrentes de ação afirmativa." (art. 4º, § 2º, Lei Brasileira de Inclusão – nº 13.146/2015). A imposição para fruição de ação afirmativa contraria a liberdade de escolha da pessoa com deficiência e não é admitida pela nova legislação.

(d) "A pessoa com deficiência somente será atendida sem seu consentimento prévio, livre e esclarecido em casos de risco de morte e de emergência em saúde, resguardado seu superior interesse e adotadas as salvaguardas legais cabíveis." (art. 13 do Estatuto da Pessoa com Deficiência). É importante destacar que o Estatuto da Pessoa com Deficiência valorizou a proteção dos direitos das pessoas com deficiência e somente permite a ausência de consentimento prévio em casos excepcionais como o risco de morte e a emergência em saúde.

(e) O direito à prioridade na tramitação processual é exclusiva das pessoas com deficiência não sendo extensível ao seu acompanhante ou atendente pessoal. Nesse sentido, prevê o art. 9º, VII e § 1º da Lei nº 13.146/2015.

> **Art. 9º, Lei nº 13.146/2015:** A pessoa com deficiência tem direito a receber atendimento prioritário, sobretudo com a finalidade de:
>
> (...)
>
> VII - tramitação processual e procedimentos judiciais e administrativos em que for parte ou interessada, em todos os atos e diligências.
>
> § 1º Os direitos previstos neste artigo são extensivos ao acompanhante da pessoa com deficiência ou ao seu atendente pessoal, exceto quanto ao disposto nos incisos VI e VII deste artigo.

5. DIREITO À HABILITAÇÃO E REABILITAÇÃO

36. (FCC – Analista Judiciário – Área Judiciária – TRF 3/2019) De acordo com a Lei nº 13.146/2015, o processo de habilitação e reabilitação é um direito da pessoa com deficiência e baseia-se em avaliação multidisciplinar das necessidades, habilidades e potencialidades de cada pessoa, observada, dentre outras, a seguinte diretriz:

a) adoção de medidas para compensar perda ou limitação funcional, buscando o desenvolvimento de aptidões.

b) diagnóstico precoce e intervenção tardia.

c) oferta de rede de serviços desarticulados, com atuação intrasetorial, nos diferentes níveis de complexidade, para atender às necessidades específicas da pessoa com deficiência.

d) prestação de serviços próximo ao domicílio da pessoa com deficiência, exceto na zona rural, respeitadas a organização das Redes de Atenção à Saúde (RAS) nos territórios locais e as normas do Sistema Único de Saúde (SUS).

e) atuação provisória e integrada de políticas públicas que possibilitem a plena participação social da pessoa com deficiência.

▷ ***Anotações/Comentários***

As diretrizes do processo de habilitação e reabilitação estão previstas no art. 15 do Estatuto da Pessoa com Deficiência e somente está de acordo com o que está previsto na alternativa "a":

Art. 15 da Lei nº 13.146/2015: O processo mencionado no art. 14 desta Lei baseia-se em avaliação multidisciplinar das necessidades, habilidades e potencialidades de cada pessoa, observadas as seguintes diretrizes:

I - diagnóstico e intervenção precoces;

II - adoção de medidas para compensar perda ou limitação funcional, buscando o desenvolvimento de aptidões;

III - atuação permanente, integrada e articulada de políticas públicas que possibilitem a plena participação social da pessoa com deficiência;

IV - oferta de rede de serviços articulados, com atuação intersetorial, nos diferentes níveis de complexidade, para atender às necessidades específicas da pessoa com deficiência;

V - prestação de serviços próximo ao domicílio da pessoa com deficiência, inclusive na zona rural, respeitadas a organização das Redes de Atenção à Saúde (RAS) nos territórios locais e as normas do Sistema Único de Saúde (SUS).

6. DIREITO À SAÚDE

37. FCC - 2024 - TRF 3 - Analista Judiciário - Área Judiciária

Considere a seguinte situação hipotética: Hermes é o profissional de saúde responsável pelo tratamento de Afrodite, pessoa com deficiência, que está internada no Hospital XYZ. Segundo a Lei nº 13.146/2015, na impossibilidade de permanência do acompanhante ou do atendente pessoal junto a Afrodite,

a) caberá ao dono do Hospital XYZ, que não precisa necessariamente ser profissional de saúde, justificar essa impossibilidade, desde que o faça por escrito.

b) será necessária justificativa conjunta do Hospital XYZ e de Hermes sobre tal impossibilidade, podendo adotar, para tanto, a forma oral ou escrita.

c) não haverá consequência nem será necessário tomar providências, haja vista que, em regra, a pessoa com deficiência, quando internada, não possui direito a acompanhante ou a atendente pessoal.

d) não constitui competência do Hospital XYZ adotar providências cabíveis para suprir a ausência do acompanhante ou do atendente pessoal.

e) caberá a Hermes justificar essa impossibilidade, assim o fazendo por escrito.

▷ ***Anotações/Comentários***

A resposta à questão está prevista no art. 22 da Lei nº 13.146/2015:

Art. 22. À pessoa com deficiência internada ou em observação é assegurado o direito a acompanhante ou a atendente pessoal, devendo o órgão ou a instituição de saúde proporcionar condições adequadas para sua permanência em tempo integral.

§ 1º **Na impossibilidade de permanência do acompanhante ou do atendente pessoal junto à pessoa com deficiência, cabe ao profissional de saúde responsável pelo tratamento justificá-la por escrito.**

§ 2º Na ocorrência da impossibilidade prevista no § 1º deste artigo, o órgão ou a instituição de saúde deve adotar as providências cabíveis para suprir a ausência do acompanhante ou do atendente pessoal.

38. (Cespe - Analista Judiciário - Área Administrativa - TJ - PA/2020) O médico de hospital privado que suspeitar de violência praticada contra pessoa com deficiência deverá notificar

I a autoridade policial.

II o Ministério Público.

III os conselhos dos direitos da pessoa com deficiência.

Assinale a opção correta.

a) Apenas o item I está certo.

b) Apenas o item II está certo.

c) Apenas os itens I e III estão certos.

d) Apenas os itens II e III estão certos.

e) Todos os itens estão certos.

▷ ***Anotações/Comentários***

"Os casos de suspeita ou de confirmação de violência praticada contra a pessoa com deficiência serão objeto de notificação compulsória pelos serviços de saúde públicos e privados à autoridade policial e ao Ministério Público, além dos Conselhos dos Direitos da Pessoa com Deficiência." (art. 26 da Lei nº 13.146/2015)

39. (FCC - Técnico Judiciário - Área Administrativa - TRF 3/2019) José é pessoa com deficiência e está internado em hospital público para tratamento de determinada doença. Nos termos da Lei no 13.146/2015, José tem direito

a) apenas a acompanhante, devendo o órgão ou a instituição de saúde proporcionar condições adequadas para sua permanência por, no máximo, doze horas.

b) a acompanhante ou a atendente pessoal, devendo o órgão ou a instituição de saúde proporcionar condições adequadas para sua permanência em tempo integral.

c) a acompanhante ou a atendente pessoal, devendo o órgão ou a instituição de saúde proporcionar condições adequadas para sua permanência por, no máximo, quinze horas.

d) apenas a atendente pessoal, devendo o órgão ou a instituição de saúde proporcionar condições adequadas para sua permanência por, no máximo, doze horas.

e) apenas a acompanhante, devendo o órgão ou a instituição de saúde proporcionar condições adequadas para sua permanência por, no máximo, quinze horas.

▷ ***Anotações/Comentários***

À pessoa com deficiência internada ou em observação é assegurado o direito a acompanhante ou a atendente pessoal, devendo o órgão ou a instituição de saúde proporcionar condições adequadas para sua permanência em tempo integral." (art. 22, "caput", da Lei nº 13.146/2015)

40. (FCC - Analista Judiciário - Área Administrativa - TRT 6/2018) Na área da saúde, a Lei no 7.853/1989 prevê como promoção de ação preventiva em benefício da pessoa com deficiência

a) o incentivo à pesquisa tecnológica em áreas do conhecimento.

b) a criação de serviços de reabilitação.

c) a imunização.

d) o desenvolvimento de programas de saúde com a participação da sociedade.

e) a garantia do atendimento domiciliar.

▷ ***Anotações/Comentários***

(a) O incentivo à pesquisa tecnológica em áreas do conhecimento trata-se de medida a ser adotada na área de recursos humanos:

> **Art. 2º, parágrafo único, IV, "c", da Lei nº 7.853/1989:** Para o fim estabelecido no caput deste artigo, os órgãos e entidades da administração direta e indireta devem dispensar, no âmbito de sua competência e finalidade, aos assuntos objetos esta Lei, tratamento prioritário e adequado, tendente a viabilizar, sem prejuízo de outras, as seguintes medidas: na área de recursos humanos: o incentivo à pesquisa e ao desenvolvimento tecnológico em todas as áreas do conhecimento relacionadas com a pessoa portadora de deficiência.

(b) "Para o fim estabelecido no caput deste artigo, os órgãos e entidades da administração direta e indireta devem dispensar, no âmbito de sua competência e finalidade, aos assuntos objetos esta Lei, tratamento prioritário e adequado, tendente a viabilizar, sem prejuízo de outras, as seguintes medidas: na área da saúde: a criação de uma rede de serviços especializados em reabilitação e habilitação." (art. 2º, parágrafo único, II, "c", da Lei nº 7.853/1989).

(c) "Para o fim estabelecido no caput deste artigo, os órgãos e entidades da administração direta e indireta devem dispensar, no âmbito de sua competência e finalidade, aos assuntos objetos esta Lei, tratamento prioritário e adequado, tendente a viabilizar, sem prejuízo de outras, as seguintes medidas: na área da saúde: **a promoção de ações preventivas**, como as referentes ao planejamento familiar, ao aconselhamento genético, ao acompanhamento da gravidez, do parto e do puerpério, à nutrição da mulher e da criança, à identificação e ao controle da gestante e do feto de alto risco, **à imunização**, às doenças do metabolismo e seu diagnóstico e ao encaminhamento precoce de outras doenças causadoras de deficiência." (art. 2º, parágrafo único, II, "a", da Lei nº 7.853/1989).

(d) "Para o fim estabelecido no caput deste artigo, os órgãos e entidades da administração direta e indireta devem dispensar, no âmbito de sua competência e finalidade, aos assuntos objetos esta Lei, tratamento prioritário e adequado, tendente a viabilizar, sem prejuízo de outras, as seguintes medidas: na área da saúde: o desenvolvimento de programas de saúde voltados para as pessoas portadoras de deficiência, desenvolvidos com a participação da sociedade e que lhes ensejem a integração social." (art. 2º, parágrafo único, II, "f", da Lei nº 7.853/1989).

(e) "Para o fim estabelecido no caput deste artigo, os órgãos e entidades da administração direta e indireta devem dispensar, no âmbito de sua competência e finalidade, aos assuntos objetos esta Lei, tratamento prioritário e adequado, tendente a viabilizar, sem prejuízo de outras, as seguintes medidas: na área da saúde: a garantia de atendimento domiciliar de saúde ao deficiente grave não internado. (art. 2º, parágrafo único, II, "e", da Lei nº 7.853/1989)

---

41. (Cespe – Técnico Judiciário – Área Administrativa – TRE – PE/2017) A respeito dos direitos das pessoas com deficiência e dos conceitos estabelecidos pela legislação de regência, assinale a opção correta.

a) A prioridade na aquisição de imóvel de programa habitacional público é deferida à pessoa com deficiência sempre que signifique melhora de moradia, sem limite de vezes.

b) O serventuário da justiça que, no exercício de suas funções, tomar conhecimento de violação aos direitos de pessoa com deficiência deve remeter peças ao Ministério Público para as providências cabíveis.

c) O conceito de atendente pessoal abarca a prestação, por enfermeiro, de serviço de enfermagem a pessoas com deficiência.

d) As ações e os serviços de saúde pública destinados à pessoa com deficiência devem assegurar atendimento psicológico também a seus familiares.

e) A isenção do imposto de renda é um dos benefícios reservados à pessoa com deficiência, não se estendendo a seu acompanhante.

▷ ***Anotações/Comentários***

(a) A pessoa com deficiência ou o seu responsável gozam de prioridade na aquisição de imóvel para moradia própria em programas habitacionais, públicos ou subsidiados com recursos públicos. Ressalta-se que o direto à prioridade é válido **apenas uma vez**. Portanto, para compra do 2º imóvel, não há prioridade de aquisição para a pessoa com deficiência. Além disso, é necessário observar o seguinte (art. 32, Lei nº 13.146/2015).

(b) "Se, no exercício de suas funções, os juízes e os tribunais tiverem conhecimento de fatos que caracterizem as violações previstas nesta Lei, devem remeter peças ao Ministério Público para as providências cabíveis." (art. 6º, parágrafo único, Lei nº 13.146/2015)

(c) Atendente pessoal de pessoa com deficiência não pode ser pessoa que exerça as técnicas ou procedimentos relacionados às profissões legalmente estabelecidas. Portanto, o enfermeiro não pode ser considerado atendente pessoal.

(d) "As ações e os serviços de saúde pública destinados à pessoa com deficiência devem assegurar: atendimento psicológico, inclusive para seus familiares e atendentes pessoais." (art. 18, § 4º, V, do Estatuto da Pessoa com Deficiência). As instituições privadas que participam de forma complementar do SUS ou que recebem recursos públicos para sua manutenção têm o dever de seguir as diretrizes traçadas às ações e serviços de saúde pública.

(e) "A pessoa com deficiência tem direito a receber atendimento prioritário, sobretudo com a finalidade de: recebimento de **restituição** de imposto de renda." (art. 9º, VI, da Lei nº 13.146/2015). Note-se, portanto, que o atendimento prioritário previsto na legislação diz respeito à restituição do imposto de renda e não à isenção como sustenta a alternativa. Além disso, esse benefício não é extensível ao acompanhante ou atendente pessoal.

7. DIREITO À EDUCAÇÃO

42. (FCC – Analista Judiciário – Área Judiciária – TRF 4/2019) Nos termos da Lei nº 13.146/2015, a exigência obrigatória de nível superior, com habilitação, prioritariamente, em Tradução e Interpretação em Libras destina-se aos Tradutores e Intérpretes de Libras atuantes

a) nos cursos de graduação e pós-graduação.

b) na educação básica.

c) em todos os níveis de escolaridade.

d) nos cursos de pós-graduação apenas.

e) nos cursos de graduação apenas, pois para a pós-graduação são exigidos requisitos curriculares adicionais a tais profissionais.

▷ ***Anotações/Comentários***

O Estatuto da Pessoa com Deficiência estabelece o nível necessário de formação dos tradutores e intérpretes da Língua Brasileira de Sinais para cada área de atuação (art. 28, § 2º, Lei nº 13.146/2015).

Para atuação na educação básica, exige-se ensino médio completo e certificado de proficiência em Libras. Por sua vez, na atuação nos cursos de graduação e pós-graduação, requer-se nível superior com habilitação, prioritariamente, em Tradução e Interpretação em Libras.

---

43. (AOCP – Analista Judiciário – Oficial de Just. Avaliador Federal – TRT 1/2018) Segundo disciplina o Decreto nº 3.298/1999, os órgãos e as entidades da Administração Pública Federal direta e indireta responsáveis pela educação dispensarão tratamento prioritário e adequado aos assuntos relacionados à pessoa com deficiência. Nesse sentido, de acordo com o citado diploma legal, a educação do aluno com deficiência deverá iniciar-se na educação infantil a partir de

a) cinco anos.

b) zero ano.

c) um ano.

d) três anos.

e) dois anos.

▷ ***Anotações/Comentários***

"A educação do aluno com deficiência deverá iniciar-se na educação infantil, a partir de zero ano." (art. 24, § 3º, do Decreto nº 3.298/1999). Diante do tratamento prioritário que deve ser dispensado às pessoas com deficiência, há previsão para início na educação infantil logo com zero ano.

---

44. (FCC – Técnico Judiciário – Área Judiciária – TRT 15/2018) Claudiomir é proprietário de uma escola particular de ensino médio. De acordo com a Lei no 13.146/2015, a instituição de Claudiomir, deve assegurar, criar, desenvolver, implementar, incentivar, acompanhar e avaliar,

(A) facultativamente, a adoção de medidas de apoio que favoreçam o desenvolvimento dos aspectos linguísticos, culturais, vocacionais e profissionais, levando-se em conta o talento, a criatividade, as habilidades e os interesses do estudante com deficiência.

b) obrigatoriamente, a oferta de educação bilíngüe, em Libras como primeira língua e na modalidade escrita da língua portuguesa como segunda língua, em escolas e classes bilíngües e em escolas inclusivas.

c) obrigatoriamente, as pesquisas voltadas para o desenvolvimento de novos métodos e técnicas pedagógicas, de materiais didáticos, de equipamentos e de recursos de tecnologia assistiva.

d) obrigatoriamente, a formação e disponibilização de professores para o atendimento educacional especializado, de tradutores e intérpretes da Libras, de guias intérpretes e de profissionais de apoio.

e) facultativamente, a oferta de ensino da Libras, do Sistema Braille e de uso de recursos de tecnologia assistiva, de forma a ampliar habilidades funcionais dos estudantes, promovendo sua autonomia e participação.

▷ ***Anotações/Comentários***

(a) "Incumbe ao poder público assegurar, criar, desenvolver, implementar, incentivar, acompanhar e avaliar: adoção de medidas de apoio que favoreçam o desenvolvimento dos aspectos linguísticos, culturais, vocacionais e profissionais, levando-se em conta o talento, a criatividade, as habilidades e os interesses do estudante com deficiência." (art. 28, IX, do Estatuto da Pessoa com Deficiência). Note-se que, como visto nos comentários à alternativa anterior, essa obrigação é estendida às escolas privadas (art. 28, § 1º, da LBI).

(b) "Incumbe ao poder público assegurar, criar, desenvolver, implementar, incentivar, acompanhar e avaliar: oferta de educação bilíngue, em Libras como primeira língua e na modalidade escrita da língua portuguesa como segunda língua, em escolas e classes bilíngues e em escolas inclusivas." (art. 28, IV, LBI). Essa obrigação é exclusiva do poder público não se estendendo às instituições privadas (art. 28, § 1º, do Estatuto da Pessoa com Deficiência). Portanto, a instituição de Claudiomir não tem a obrigação de fornecer educação bilíngue.

(c) "Incumbe ao poder público assegurar, criar, desenvolver, implementar, incentivar, acompanhar e avaliar: pesquisas voltadas para o desenvolvimento de novos métodos e técnicas pedagógicas, de materiais didáticos, de equipamentos e de recursos de tecnologia assistiva." (art. 28, VI, da Lei nº 13.146/2015). Igualmente, essa obrigação é exigida somente do poder público, não sendo obrigatória para as instituições privadas, como a de Claudiomir (art. 28, § 1º, da Lei nº 13.146/2015).

(d) "Incumbe ao poder público assegurar, criar, desenvolver, implementar, incentivar, acompanhar e avaliar: formação e disponibilização de professores para o atendimento educacional especializado, de tradutores e intérpretes da Libras, de guias intérpretes e de profissionais de apoio." (art. 28, XI, da Lei nº 13.146/2015). "Às instituições privadas, de qualquer nível e modalidade de ensino, aplica-se obrigatoriamente o disposto nos incisos I, II, III, V, VII, VIII, IX, X, **XI**, XII, XIII, XIV, XV, XVI, XVII e XVIII do caput deste artigo, sendo vedada a cobrança de valores adicionais de qualquer natureza em suas mensalidades, anuidades e matrículas no cumprimento dessas determinações." (art. 28, § 1º, da Lei nº 13.146/2015 – grifo acrescido). Dessa forma, a instituição de Claudiomir, ainda que privada, tem a obrigação de formar e disponibilizar professores para o atendimento educacional especializado, de tradutores e intérpretes de Libras, de guias intérpretes e de profissionais de apoio.

(e) "Incumbe ao poder público assegurar, criar, desenvolver, implementar, incentivar, acompanhar e avaliar: oferta de ensino da Libras, do Sistema Braille e de uso de recursos de tecnologia assistiva, de forma a ampliar habilidades funcionais dos estudantes, promovendo sua autonomia e participação." (art. 28, XII, do Estatuto da Pessoa com Deficiência). Note-se que essa obrigação se estende às instituições privadas (art. 28, 1º, da Lei nº 13.146/2015).

45. (Cespe – Técnico Judiciário – Área Administrativa – TRF 1/2017) A respeito do direito das pessoas com deficiência, julgue os itens a seguir, considerando a legislação pertinente.

De acordo com a Constituição Federal, o Estado deverá garantir a educação da pessoa com deficiência, preferencialmente, em rede especial de ensino, de acordo com as suas necessidades físicas e mentais.

▷ ***Anotações/Comentários***

De acordo com o art. 208, III, da Constituição Federal, a efetivação do dever do Estado com a Educação ocorre com o atendimento educacional especializado à Pessoa com Deficiência preferencialmente na **rede regular de ensino**:

> **Art. 208, III, CF/88:** O dever do Estado com a educação será efetivado mediante a garantia de: atendimento educacional especializado aos portadores de deficiência, preferencialmente na rede regular de ensino.

8. DIREITO À MORADIA

46. (FCC – Analista Judiciário – Área Judiciária – TRT 15/2018) Considere a seguinte situação hipotética: O programa habitacional "residência: viva com harmonia" prevê a entrega de 200 unidades habitacionais. Nesse caso, considerando que o programa é subsidiado com recursos públicos, de acordo com a Lei no 13.146/2015, para pessoa com deficiência

a) deverá ocorrer a reserva de, no mínimo, 3 unidades habitacionais.
b) deverá ocorrer a reserva de, no mínimo, 6 unidades habitacionais.
c) deverá ocorrer a reserva de, no mínimo, 12 unidades habitacionais.
d) não há necessidade de reserva de unidade habitacional uma vez que o programa não possui mais que 300 unidades no total.
e) não há necessidade de reserva de unidade habitacional porque o programa não é público, mas subsidiado com recursos públicos.

▷ ***Anotações/Comentários***

De acordo com o art. 32, "caput" e I, da Lei nº 13.146/2015 (Estatuto da Pessoa com Deficiência), a pessoa com deficiência tem prioridade na aquisição de imóvel para moradia própria quando o programa habitacional é público ou subsidiado com recursos públicos, tal como ocorre no exemplo da questão. Nesse caso, deve ser reservado o percentual de 3% das unidades habitacionais para pessoas com deficiência. Assim, como o programa disponibilizou 200 unidades, habitacionais, deverá assegurar que 6 delas sejam reservadas às pessoas com deficiência:

> **Art. 32 da Lei nº 13.146/2015:** Nos programas habitacionais, públicos ou subsidiados com recursos públicos, a pessoa com deficiência ou o seu responsável goza de prioridade na aquisição de imóvel para moradia própria, observado o seguinte:
>
> I - reserva de, no mínimo, 3% (três por cento) das unidades habitacionais para pessoa com deficiência;

47. (FCC – Analista Judiciário – Área Administrativa – TRT 2/2018) A residência inclusiva, conforme prevista no Estatuto da Pessoa com Deficiência, será oferecida à pessoa com deficiência em situação de dependência que não disponha de condições de autossustentabilidade,

a) sem vínculos familiares fragilizados ou rompidos, no âmbito do SUAS.
b) com vínculos familiares fragilizados ou rompidos, no âmbito do SUS.
c) sem vínculos familiares fragilizados ou rompidos, no âmbito do SUS.
d) com vínculos familiares fragilizados ou rompidos, no âmbito do SUAS.
e) com vínculos familiares fragilizados ou rompidos, no âmbito da Previdência Social.

▷ ***Anotações/Comentários***

"A proteção integral na modalidade de residência inclusiva será prestada **no âmbito do Suas à pessoa com deficiência em situação de dependência que não disponha de condições de autossustentabilidade, com vínculos familiares fragilizados ou rompidos**." (art. 31, § 2º, do Estatuto da Pessoa com Deficiência – grifos acrescidos). A pessoa com deficiência tem direito à moradia digna, no seio da família natural ou substituta, com seu cônjuge ou companheiro ou desacompanhada, ou em moradia para a vida independente da pessoa com deficiência, ou, ainda, em residência inclusiva.

48. (FCC – Técnico Judiciário – Área Administrativa – TRF 5/2017) Cintia é pessoa com deficiência e pretende inscrever-se no programa público habitacional Z visando a obtenção de um apartamento para residir com sua filha, Camila, de 20 anos de idade. De acordo com a Lei no 13.146/2015, o programa habitacional público Z

a) deverá reservar, no mínimo, 5% das unidades habitacionais para pessoa com deficiência, sendo que Cintia terá direito a essa prioridade reconhecido apenas uma vez.
b) deverá reservar, no mínimo, 3% das unidades habitacionais para pessoa com deficiência, sendo que Cintia terá direito a essa prioridade reconhecido apenas uma vez.
c) não possui obrigatoriedade de reserva de unidades habitacionais para pessoa com deficiência, devendo Cintia ingressar normalmente nas regras do edital para participação no referido programa.
d) deverá reservar, no mínimo, 5% das unidades habitacionais para pessoa com deficiência, sendo que Cintia terá direito a essa prioridade reconhecido quantas vezes for necessário, sem limitação do exercício deste direito.
e) deverá reservar, no mínimo, 7% das unidades habitacionais para pessoa com deficiência, sendo que Cintia terá direito a essa prioridade reconhecido apenas uma vez.

▷ ***Anotações/Comentários***

"Nos programas habitacionais, públicos ou subsidiados com recursos públicos, a pessoa com deficiência ou o seu responsável goza de prioridade na aquisição de imóvel para moradia própria, observado o seguinte: reserva de, no mínimo, 3% (três por cento) das unidades habitacionais para pessoa com deficiência." (art. 32, I, Estatuto da Pessoa com Deficiência).

49. (FCC - Analista Judiciário - Área Administrativa - TRE - SP/2017) Considere:

I. Não se destina a adultos, mas sim, a jovens portadores de deficiência.

II. Moradia capaz de proporcionar serviços de apoio apenas individualizados à pessoa com deficiência, sendo os serviços de apoio coletivos próprios das residências inclusivas.

III. Moradia capaz de proporcionar serviços que ampliem o grau de autonomia da pessoa com deficiência.

IV. Moradia destinada especialmente à pessoa com deficiência, em situação de dependência e que não disponha de condições de autossustentabilidade e com vínculos familiares fragilizados ou rompidos.

No que concerne à moradia para a vida independente da pessoa com deficiência, está correto o que consta em

a) III, apenas.

b) II e IV, apenas.

c) I, II e IV, apenas.

d) I e III, apenas.

e) I, II, III e IV.

▷ ***Anotações/Comentários***

Assertiva I. Incorreta. "Para fins de aplicação desta Lei, consideram-se: moradia para a vida independente da pessoa com deficiência: moradia com estruturas adequadas capazes de proporcionar serviços de apoio coletivos e individualizados que respeitem e ampliem o grau de autonomia **de jovens e adultos com deficiência**." (art. 3º, XI, Lei nº 13.146/2015 - grifos acrescidos). Não há essa distinção entre a moradia ser destinada a jovens ou adultos.

Assertiva II. Incorreta. "Para fins de aplicação desta Lei, consideram-se: moradia para a vida independente da pessoa com deficiência: moradia com estruturas adequadas capazes de proporcionar **serviços de apoio coletivos** e individualizados que respeitem e ampliem o grau de autonomia de jovens e adultos com deficiência." (art. 3º, XI, Lei nº 13.146/2015 - grifos acrescidos).

Assertiva III. Correta. Trata-se exatamente do que prevê a parte final do art. 3º, XI, do Estatuto da Pessoa com Deficiência, devendo as moradias para a vida independente ampliar o grau de autonomia da pessoa com deficiência.

Assertiva IV. Incorreta. "Para fins de aplicação desta Lei, consideram-se: residências inclusivas: unidades de oferta do Serviço de Acolhimento do Sistema Único de Assistência Social (Suas) localizadas em áreas residenciais da comunidade, com estruturas adequadas, que possam contar com apoio psicossocial para o atendimento das necessidades da pessoa acolhida, destinadas a jovens e adultos com deficiência, em situação de dependência, que não dispõem de condições de autossustentabilidade e com vínculos familiares fragilizados ou rompidos." (art. 3º, X, Lei nº 13.146/2015). A necessidade de atendimento de pessoa com deficiência em situação de dependência integra o conceito de residências inclusivas.

9. DIREITO AO TRABALHO

50. (Cespe - Técnico Judiciário - Área Administrativa - TRF 1/2017) A respeito do direito das pessoas com deficiência, julgue os itens a seguir, considerando a legislação pertinente.

1) Sendo previsto tratamento especial nos casos de deficiência grave ou severa, constitui finalidade da política de emprego a incorporação da pessoa com deficiência ao sistema produtivo, mediante regime especial de trabalho protegido.

▷ ***Anotações/Comentários***

"É finalidade primordial das políticas públicas de trabalho e emprego promover e garantir condições de acesso e de permanência da pessoa com deficiência no campo de trabalho." (art. 35, Lei nº 13.146/2015). Nesse sentido, prevê o art. 34 do Decreto nº 3.298/1999:

Art. 34, Decreto nº 3.298/1999: É finalidade primordial da política de emprego a inserção da pessoa portadora de deficiência no mercado de trabalho ou sua incorporação ao sistema produtivo mediante regime especial de trabalho protegido.

Parágrafo único. Nos casos de deficiência grave ou severa, o cumprimento do disposto no caput deste artigo poderá ser efetivado mediante a contratação das cooperativas sociais de que trata a Lei nº 9.867, de 10 de novembro de 1999.

51. (FCC - Analista Judiciário - Área Judiciária - TRE - SP/2017) A colocação competitiva da pessoa com deficiência pode ocorrer por meio de trabalho com apoio, observando-se, dentre outras diretrizes, a

a) articulação de políticas públicas que, na hipótese, não ocorre de forma intersetorial.

b) provisão de suportes individualizados que atendam a necessidades específicas da pessoa com deficiência, excluída a disponibilização de agente facilitador.

c) oferta de aconselhamento e de apoio aos empregadores, com vistas à definição de estratégias de inclusão e de superação de barreiras, exceto atitudinais.

d) prioridade no atendimento à pessoa com deficiência com maior dificuldade de inserção no campo de trabalho.

e) vedação à participação de organizações da sociedade civil.

▷ ***Anotações/Comentários***

(a) "A colocação competitiva da pessoa com deficiência pode ocorrer por meio de trabalho com apoio, observadas as seguintes diretrizes: articulação **intersetorial** das políticas públicas." (art. 37, parágrafo único, VI, Estatuto da Pessoa com deficiência - grifo acrescido).

(b) "A colocação competitiva da pessoa com deficiência pode ocorrer por meio de trabalho com apoio, observadas as seguintes diretrizes: provisão de suportes individualizados que atendam a necessidades específicas da pessoa com deficiência, **inclusive a disponibilização** de recursos de tecnologia assistiva, **de agente facilitador** e de apoio no ambiente de trabalho." (art. 37, parágrafo único, II, Lei nº 13.146/2015 - grifos acrescidos).

(c) "A colocação competitiva da pessoa com deficiência pode ocorrer por meio de trabalho com apoio, observadas as seguintes diretrizes: oferta de aconselhamento e de apoio aos empregadores, com vistas à definição de estratégias de inclusão e de superação de barreiras, **inclusive atitudinais**." (art. 37, parágrafo único, IV, Estatuto da Pessoa com Deficiência - grifos acrescidos)

(d) "A colocação competitiva da pessoa com deficiência pode ocorrer por meio de trabalho com apoio, observadas as seguintes diretrizes: prioridade no atendimento à pessoa com deficiência com maior dificuldade de inserção no campo de trabalho." (art. 37, parágrafo único, I, do Estatuto da Pessoa com Deficiência). A c**olocação competitiva no mercado de trabalho** compreende o modo de inclusão da pessoa com deficiência no mercado de trabalho em igualdade de oportunidades com as demais pessoas sempre atendidas as regras de acessibilidade, o fornecimento de recursos de tecnologia assistiva e a adaptação razoável no ambiente de trabalho (art. 37, Lei nº 13.146/2015).

(e) "A colocação competitiva da pessoa com deficiência pode ocorrer por meio de trabalho com apoio, observadas as seguintes diretrizes: **possibilidade de participação de organizações da sociedade civil**." (art. 37, parágrafo único, VII, Estatuto da Pessoa com Deficiência - grifos acrescidos)

52. (FCC - Técnico Judiciário - Área Administrativa - TRE - SP/2017) A habilitação profissional pode ocorrer em empresas por meio de prévia formalização do contrato de emprego da pessoa com deficiência, que será considerada para o cumprimento da reserva de vagas prevista em lei, desde que, observado o disposto em regulamento, seja por tempo

a) indeterminado e concomitante à inclusão profissional na empresa.

b) determinado e anterior à inclusão profissional na empresa.

c) determinado e concomitante à inclusão profissional na empresa.

d) indeterminado e anterior à inclusão profissional na empresa.

e) determinado e posterior à inclusão profissional na empresa.

▷ ***Anotações/Comentários***

"A habilitação profissional pode ocorrer em empresas por meio de prévia formalização do contrato de emprego da pessoa com deficiência, que será considerada para o cumprimento da reserva de vagas prevista em lei, **desde que por tempo determinado e concomitante com a inclusão profissional na empresa, observado o disposto em regulamento.**" (art. 36, § 6º, Estatuto da Pessoa com Deficiência).

10. DIREITO À ASSISTÊNCIA SOCIAL

53. AOCP – 2024 – TRF 2 - Analista Judiciário - Contabilidade

Sobre o Estatuto da Pessoa com Deficiência (Lei nº 13.146/2015), assinale a alternativa correta.

a) Considera-se pessoa com deficiência aquela que tem impedimento de curto ou longo prazo de natureza física, mental, intelectual ou sensorial, o qual, em interação com uma ou mais barreiras, pode obstruir sua participação plena e efetiva na sociedade em igualdade de condições com as demais pessoas.

b) Nos serviços de emergência públicos e privados, a prioridade conferida pela Lei nº 13.146/2015 não se condiciona aos protocolos de atendimento médico.

c) É assegurado à pessoa com deficiência que não possua meios para prover sua subsistência nem de tê-la provida por sua família o benefício mensal de um salário-mínimo, nos termos da Lei Orgânica da Assistência Social.

d) Nos teatros, cinemas, auditórios e similares, como contrapartida aos gastos realizados com acessibilidade, é permitido que o valor do ingresso da pessoa com deficiência seja superior ao valor cobrado das demais pessoas.

e) Para emissão de documentos oficiais, será exigida a situação de curatela da pessoa com deficiência.

▷ ***Anotações/Comentários***

(a) "Considera-se pessoa com deficiência aquela que tem impedimento de longo prazo de natureza física, mental, intelectual ou sensorial, o qual, em interação com uma ou mais barreiras, pode obstruir sua participação plena e efetiva na sociedade em igualdade de condições com as demais pessoas." (art. 2º, "caput", da Lei nº 13.146/2015). Somente impedimento de longo prazo.

(b) "Nos serviços de emergência públicos e privados, a prioridade conferida por esta Lei é condicionada aos protocolos de atendimento médico." (art. 9º, § 2º, da Lei nº 13.146/2015).

(c) "É assegurado à pessoa com deficiência que não possua meios para prover sua subsistência nem de tê-la provida por sua família o benefício mensal de 1 (um) salário-mínimo, nos termos da Lei nº 8.742, de 7 de dezembro de 1993." (art. 40 da Lei nº 13.146/2015).

(d) "O valor do ingresso da pessoa com deficiência não poderá ser superior ao valor cobrado das demais pessoas." (art. 44, § 7º, da Lei nº 13.146/2015).

(e) "Para emissão de documentos oficiais, não será exigida a situação de curatela da pessoa com deficiência." (art. 86, da Lei nº 13.146/2015).

54. (AOCP – Analista Judiciário – Oficial de Just. Avaliador Federal – TRT 1/2018) Antônio é pessoa com deficiência moderada e recebe o benefício de prestação continuada previsto no art. 20 da Lei n° 8.742/1993. Acontece que Antônio passou a exercer atividade remunerada que o enquadra como segurado obrigatório do RGPS (Regime Geral de Previdência Social). Nesse caso, de acordo com o previsto na Lei n° 13.146/2015, Antônio

a) não terá direito a qualquer auxílio, já que passou a exercer atividade remunerada.

b) terá direito a auxílio-inclusão, nos termos da lei.

c) não terá direito a auxílio inclusão, já que acumulará seu benefício de prestação continuada com a remuneração de sua atividade.

d) terá direito a auxílio inclusão, desde que opte por não se submeter ao Regime Geral de Previdência Social.

e) terá direito a cumular metade de seu benefício de prestação continuada com a remuneração de sua atividade.

▷ ***Anotações/Comentários***

"Terá direito a auxílio-inclusão, nos termos da lei, a pessoa com deficiência moderada ou grave que: receba o benefício de prestação continuada previsto no art. 20 da Lei no 8.742, de 7 de dezembro de 1993, e que passe a exercer atividade remunerada que a enquadre como segurado obrigatório do RGPS. (art. 94, I, do Estatuto da Pessoa com Deficiência).

No caso, o art. 94 do Estatuto da Pessoa com Deficiência prevê o direito ao recebimento de auxílio-inclusão à pessoa com deficiência que recebe benefício de prestação continuada e passa a exercer atividade remunerada na qualidade de segurado obrigatório do RGPS. Por essa razão, as demais alternativas que sustentam que não há direito ao auxílio-inclusão estão incorretas. A alternativa "d" está errada, pois sustenta que a pessoa não poderá se submeter ao Regime Geral de Previdência Social, quando, na realidade, o direito ao benefício surge justamente se a pessoa é vinculada a esse regime na qualidade de segurado obrigatório.

Por fim, não há previsão de cumulação do benefício de prestação continuada com sua remuneração como sustenta a (e)

11. DIREITO À CULTURA, AO ESPORTE, AO TURISMO E AO LAZER

55. (IBFC – 2024 – TRF 5 - Analista Judiciário - Área Administrativa) A Lei Federal nº 13.146/2015 estabelece direitos relacionados à cultura, esporte, turismo e lazer para as pessoas com deficiência. Sobre as obrigações dos promotores de eventos culturais, conforme a referida lei, assinale a alternativa correta.

a) Devem reservar ingressos gratuitos para pessoas com deficiência em todos os eventos

b) São obrigados a disponibilizar espaços acessíveis e assentos adaptados nas áreas de plateia e espetáculo

c) Precisam fornecer material didático em braille para qualquer evento educacional

d) Devem promover eventos exclusivamente destinados a pessoas com deficiência

▷ ***Anotações/Comentários***

De acordo com o art. 44 do Estatuto da Pessoa com Deficiência:

Art. 44 da Lei nº 13.146/2015: Nos teatros, cinemas, auditórios, estádios, ginásios de esporte, locais de espetáculos e de conferências e similares, serão reservados espaços livres e assentos para a pessoa com deficiência, de acordo com a capacidade de lotação da edificação, observado o disposto em regulamento.

§ 1º Os espaços e assentos a que se refere este artigo devem ser distribuídos pelo recinto em locais diversos, de boa visibilidade, em todos os setores, próximos aos corredores, devidamente sinalizados, evitando-se áreas segregadas de público e obstrução das saídas, em conformidade com as normas de acessibilidade.

§ 2º No caso de não haver comprovada procura pelos assentos reservados, esses podem, excepcionalmente, ser ocupados por pessoas sem deficiência ou que não tenham mobilidade reduzida, observado o disposto em regulamento.

§ 3º Os espaços e assentos a que se refere este artigo devem situar-se em locais que garantam a acomodação de, no mínimo, 1 (um) acompanhante da pessoa com deficiência ou com mobilidade reduzida, resguardado o direito de se acomodar proximamente a grupo familiar e comunitário.

§ 4º Nos locais referidos no caput deste artigo, deve haver, obrigatoriamente, rotas de fuga e saídas de emergência acessíveis, conforme padrões das normas de acessibilidade, a fim de permitir a saída segura da pessoa com deficiência ou com mobilidade reduzida, em caso de emergência.

§ 5º Todos os espaços das edificações previstas no caput deste artigo devem atender às normas de acessibilidade em vigor.

§ 6º As salas de cinema devem oferecer, em todas as sessões, recursos de acessibilidade para a pessoa com deficiência. (Vigência)

§ 7º O valor do ingresso da pessoa com deficiência não poderá ser superior ao valor cobrado das demais pessoas.

As demais obrigações apresentadas nas alíneas A, C e D não estão previstas no Estatuto da Pessoa com Deficiência.

56. (FCC – Técnico Judiciário – Área Judiciária – TRF 4/2019) João é pessoa com deficiência e pretende passar férias com seus amigos em um bonito hotel localizado no estado do Paraná. Referido hotel foi construído em 2010 e possui 150 dormitórios. Nos termos da Lei no 13.146/2015, o hotel deverá disponibilizar, pelo menos,

a) 2 dormitórios acessíveis.

b) 10 dormitórios acessíveis.

c) 15 dormitórios acessíveis.

d) 5 dormitórios acessíveis.

e) 7 dormitórios acessíveis.

▷ ***Anotações/Comentários***

De acordo com o art. 45 do Estatuto da Pessoa com Deficiência:

Art. 45 da Lei nº 13.146/2015: Os hotéis, pousadas e similares devem ser construídos observando-se os princípios do desenho universal, além de adotar todos os meios de acessibilidade, conforme legislação em vigor.

§ 1º: Os estabelecimentos já existentes deverão disponibilizar, pelo menos, 10% (dez por cento) de seus dormitórios acessíveis, garantida, no mínimo, 1 (uma) unidade acessível.

Portanto, tendo em vista que o hotel conta com 150 dormitórios, 10% deve ser formado por dormitórios acessíveis, totalizando 15 dormitórios.

57. (Consulplan – Técnico Judiciário – Área Administrativa – TRE – RJ/2017) A Lei Brasileira de Inclusão da Pessoa com Deficiência (Estatuto da Pessoa com Deficiência) foi instituída com o intuito de assegurar e promover o exercício dos direitos e das liberdades fundamentais pelas pessoas com deficiência, em condições de igualdade, a sua inclusão social e cidadania. A respeito do que dispõe a Lei n° 13.146/2015, é correto afirmar que:

a) À pessoa com deficiência são restritas modalidades de trabalho, em razão de sua condição.

b) A elaboração de políticas de saúde destinadas à pessoa com deficiência deverá obrigatoriamente ser realizada com a participação de um representante com deficiência.

c) Excetua-se à regra de atendimento prioritário, que deve ser destinado à pessoa com deficiência, a tramitação processual e procedimentos judiciais e administrativos em que for parte ou interessada.

d) Compete ao poder público o dever de adotar soluções que se destinem à eliminação, redução ou superação de barreiras para a promoção do acesso a todo patrimônio cultural, pela pessoa com deficiência.

▷ ***Anotações/Comentários***

(a) "É vedada restrição ao trabalho da pessoa com deficiência e qualquer discriminação em razão de sua condição, inclusive nas etapas de recrutamento, seleção, contratação, admissão, exames admissional e periódico, permanência no emprego, ascensão profissional e reabilitação profissional, bem como exigência de aptidão plena." (art. 34, § 3º, Estatuto da Pessoa com Deficiência).

(b) "É assegurada a participação da pessoa com deficiência na elaboração das políticas de saúde a ela destinadas." (art. 18, § 1º, Lei nº 13.146/2015). Portanto, o Estatuto da Pessoa com Deficiência assegura a participação da própria pessoa com deficiência na elaboração das políticas públicas de saúde a ela destinados e não de um representante. Não há, contudo, a obrigatoriedade como afirma a alternativa.

(c) "A pessoa com deficiência tem direito a receber atendimento prioritário, sobretudo com a finalidade de: tramitação processual e procedimentos judiciais e administrativos em que for parte ou interessada, em todos os atos e diligências." (art. 9º, VII, Estatuto da Pessoa com Deficiência).

(d) "O poder público deve adotar soluções destinadas à eliminação, à redução ou à superação de barreiras para a promoção do acesso a todo patrimônio cultural, observadas as normas de acessibilidade, ambientais e de proteção do patrimônio histórico e artístico nacional." (art. 42, § 2º, Lei nº 13.146/2015). Além disso, é dever do poder público promover a participação de pessoa com deficiência em atividades artísticas, intelectuais, culturais, esportivas e recreativas, com vistas ao seu protagonismo, devendo atender a algumas exigências (art. 43, Lei nº 13.146/2015):

12. ACESSO À JUSTIÇA E RECONHECIMENTO IGUAL PERANTE A LEI

58. AOCP – 2024 – TRF 2 - Analista Judiciário - Contabilidade

O Estatuto da Pessoa com Deficiência (Lei nº 13.146/2015) destina-se a assegurar e a promover, em condições de igualdade, o exercício dos direitos e das liberdades fundamentais por pessoa com deficiência, visando à sua inclusão social e cidadania. Nesse contexto, acerca de tal diploma normativo, assinale a alternativa correta.

a) A definição de curatela de pessoa com deficiência constitui medida protetiva extraordinária, proporcional às necessidades e às circunstâncias de cada caso, e durará o menor tempo possível.

b) Quando necessário, a pessoa com deficiência será submetida à curatela, a qual afeta os atos relacionados aos direitos de natureza patrimonial e matrimonial, bem como o direito à privacidade do curatelado.

c) Os serviços notariais e de registro não podem negar ou criar óbices ou condições diferenciadas à prestação de seus serviços em razão de deficiência do solicitante, devendo reconhecer sua capacidade legal limitada, mas garantindo a plena acessibilidade.

d) O consentimento prévio, livre e esclarecido da pessoa com deficiência é prescindível para a realização de tratamento, procedimento e hospitalização.

e) À pessoa com deficiência internada ou em observação é assegurado o direito a acompanhante ou a atendente pessoal, devendo o órgão ou a instituição de saúde proporcionar condições adequadas para sua permanência ao menos durante o repouso noturno.

▷ ***Anotações/Comentários***

(a) "A definição de curatela de pessoa com deficiência constitui medida protetiva extraordinária, proporcional às necessidades e às circunstâncias de cada caso, e durará o menor tempo possível." (art. 84, § 3º, da Lei nº 13.146/2015).

(b) "A curatela afetará tão somente os atos relacionados aos direitos de natureza patrimonial e negocial. (art. 85, "caput", da Lei nº 13.146/2015). "A definição da curatela não alcança o direito ao próprio corpo, à sexualidade, ao matrimônio, à privacidade, à educação, à saúde, ao trabalho e ao voto." (art. 85, § 1º, da Lei nº 13.146/2015)

(c) "Os serviços notariais e de registro não podem negar ou criar óbices ou condições diferenciadas à prestação de seus serviços em razão de deficiência do solicitante, devendo reconhecer sua capacidade legal plena, garantida a acessibilidade." (art. 83 da Lei nº 13.146/2015)

(d) "O consentimento prévio, livre e esclarecido da pessoa com deficiência é indispensável para a realização de tratamento, procedimento, hospitalização e pesquisa científica." (art. 12 da Lei nº 13.146/2015).

(e) "À pessoa com deficiência internada ou em observação é assegurado o direito a acompanhante ou a atendente pessoal, devendo o órgão ou a instituição de saúde proporcionar condições adequadas para sua permanência em tempo integral." (art. 22 da Lei nº 13.146/2015).

59. FGV – 2024 – TRF 1 - Analista Judiciário – Serviço Social

Uma mulher com deficiência visual nomeou o esposo e o filho como seus representantes na tomada de decisão apoiada. No entanto, ela vive alguns conflitos ocasionados pela inconformidade deles perante a sua iniciativa de adoção de uma criança, pois seus apoiadores alegam que o ato acarreta prejuízo para ela.

Considerando o Estatuto da Pessoa com Deficiência, havendo divergência de opiniões entre a pessoa apoiada e um dos apoiadores:

a) o juiz, ouvido o Ministério Público, decide sobre a questão;

b) a decisão do apoiado será invalidada pelos apoiadores;

c) o apoiado pode anular a tomada de decisão apoiada em cartório;

d) é feita denúncia ao juiz pelo apoiado, pedindo a substituição dos apoiadores;

e) o apoiado e os apoiadores devem apresentar termo de revisão dos limites do apoio.

▷ ***Anotações/Comentários***

"Em caso de negócio jurídico que possa trazer risco ou prejuízo relevante, havendo divergência de opiniões entre a pessoa apoiada e um dos apoiadores, deverá o juiz, ouvido o Ministério Público, decidir sobre a questão." (art. 1.783-A do Código Civil – incluído pela Lei nº 13.146/2015). Note-se, portanto, que a lei é expressa ao determinar a decisão pelo juiz ouvido o MP.

---

60. (FGV – Técnico Judiciário – Área Administrativa – TJ – CE/2019) O Estatuto da Pessoa com Deficiência (Lei n° 13.146/15) dispõe que a pessoa com deficiência tem assegurado o direito ao exercício de sua capacidade legal em igualdade de condições com as demais pessoas.

Nesse sentido, o citado diploma normativo estabelece que:

a) a curatela de pessoa com deficiência será a mais ampla possível, não se limitando a afetar tão somente os atos relacionados aos direitos de natureza patrimonial e negocial;

b) a definição de curatela de pessoa com deficiência constitui medida protetiva ordinária e durará o maior tempo possível;

c) a pessoa com deficiência não poderá ser submetida à curatela, em qualquer hipótese;

d) a situação de curatela da pessoa com deficiência será exigida para emissão de documentos oficiais;

e) à pessoa com deficiência é facultada a adoção de processo de tomada de decisão apoiada.

▷ ***Anotações/Comentários***

(a) "Quando necessário, a pessoa com deficiência será submetida à curatela, conforme a lei." (art. 84, § 1º, Lei nº 13.146/2015) "A definição de curatela de pessoa com deficiência constitui medida protetiva extraordinária, proporcional às necessidades e às circunstâncias de cada caso, e durará o menor tempo possível." (art. 84, § 3º, Lei nº 13.146/2015) "A curatela afetará tão somente os atos relacionados aos direitos de natureza patrimonial e negocial." (art. 85, "caput", Lei nº 13.146/2015)

(b) A definição de curatela de pessoa com deficiência constitui medida protetiva extraordinária, proporcional às necessidades e às circunstâncias de cada caso, e durará o menor tempo possível." (art. 84, § 3º, Lei nº 13.146/2015)

(c) "Quando necessário, a pessoa com deficiência será submetida à curatela, conforme a lei." (art. 84, § 1º, Lei nº 13.146/2015)

(d) "Para emissão de documentos oficiais, não será exigida a situação de curatela da pessoa com deficiência." (art. 86 da Lei nº 13.146/2015)

(e) "É facultado à pessoa com deficiência a adoção de processo de tomada de decisão apoiada." (art. 84, § 2º, Lei nº 13.146/2015)

---

61. (AOCP – Analista Judiciário – Oficial de Just. Avaliador Federal – TRT 1/2018) José é pessoa com deficiência e está submetido ao regime de curatela. Ele pretende contrair matrimônio, no entanto seu curador o está impedindo. Nesse sentido, de acordo com os ditames da Lei n° 13.146/2015, o curador de José

a) não está agindo corretamente, já que a curatela atinge tão somente os atos relacionados aos direitos de natureza patrimonial e negocial.

b) não está agindo corretamente, já que, embora a curatela atinja atos de natureza matrimonial, caberia nesse caso ao poder judiciário a decisão sobre a autorização de se contrair matrimônio.

c) está agindo corretamente já que a curatela alcança o direito ao próprio corpo, à sexualidade, ao matrimônio, à privacidade, à educação, à saúde, ao trabalho e ao voto do curatelado.

d) está agindo corretamente já que o ato de contrair matrimônio pode refletir na esfera patrimonial do curatelado.

e) está agindo corretamente já que à pessoa submetida ao regime de curatela é vedado contrair matrimônio.

▷ ***Anotações/Comentários***

"A curatela afetará tão somente os atos relacionados aos direitos de natureza patrimonial e negocial." (art. 85, "caput", Estatuto da Pessoa com Deficiência). "A definição da curatela não alcança o direito ao próprio corpo, à sexualidade, ao matrimônio, à privacidade, à educação, à saúde, ao trabalho e ao voto" (art. 85, § 1º.do Estatuto da Pessoa com Deficiência). O Estatuto da Pessoa com Deficiência limita a abrangência da curatela quanto aos direitos do curatelado.

---

62. (FCC – Analista Judiciário – Oficial de Justiça Avaliador Federal – TRT 11/2017) No que diz respeito ao reconhecimento igual perante a lei, a Lei nº 13.146/2015 estabelece que

a) a pessoa com deficiência sempre será submetida à curatela.

b) a curatela de pessoa com deficiência constitui medida protetiva ordinária.

c) a curatela é proporcional às necessidades e às circunstâncias de cada caso e persiste obrigatoriamente até que sejam completados os 21 anos de idade.

d) é facultado à pessoa com deficiência a adoção de processo de tomada de decisão apoiada.

e) a curatela não afeta os atos relacionados aos direitos de natureza patrimonial e negocial.

▷ ***Anotações/Comentários***

(a) "Quando necessário, a pessoa com deficiência será submetida à curatela, conforme a lei". (art. 84, § 1º, Lei nº 13.146/2015). "A curatela constitui medida extraordinária, devendo constar da sentença as razões e motivações de sua definição, preservados os interesses do curatelado." (art. 85, § 2º, Lei nº 13.146/2015).

(b) Como visto no comentário à (a), a curatela é medida excepcional e somente pode ser instituída como medida extraordinária, devendo ser preservados os interesses do curatelado, proporcional às necessidades da pessoa com deficiência e às circunstâncias de cada caso, pelo menor tempo possível.

(c) "A definição de curatela de pessoa com deficiência constitui medida protetiva extraordinária, proporcional às necessidades e às circunstâncias de cada caso, e durará o menor tempo possível." (art. 84, § 3 º, Lei nº 13.146/2015). Enquanto medida excepcional, a curatela não é imposta obrigatoriamente e independe da idade da pessoa.

(d) "É facultado à pessoa com deficiência a adoção de processo de tomada de decisão apoiada". (art. 84, § 2º, Lei nº 13.146/2015). Trata-se do processo pelo qual a pessoa com deficiência escolhe 2 pessoas idôneas com quem mantenha vínculos e relação de confiança para prestar-lhe apoio na tomada de decisão sobre atos da vida civil, fornecendo elementos e informações necessários para que possa exercer sua capacidade (art. 1783-A, CC/02).

(e) A curatela afetará tão somente os atos relacionados aos direitos de natureza patrimonial e negocial". (art. 85, "caput", Lei nº 13.146/2015).

---

63. (FCC – Analista Judiciário – Área Judiciária – TRT 24/2017) Na tomada de decisão apoiada, instituída pela Lei nº 13.146/2015 – Estatuto da Pessoa com Deficiência,

a) a decisão tomada por pessoa apoiada terá validade e efeitos sobre terceiros, sem restrições, desde que esteja inserida nos limites do apoio acordado.

b) é feita a indicação de um curador para prestar apoio à pessoa com deficiência no que diz respeito às decisões e atos da vida civil.

c) o terceiro com quem a pessoa apoiada mantenha relação negocial não pode solicitar que os apoiadores contra-assinem o contrato ou acordo.

d) a lei estabelece quais são os atos que são abrangidos e qual é o prazo mínimo a que deve se submeter a pessoa apoiada.

e) o apoiador pode requerer a exclusão de sua participação do processo de tomada de decisão apoiada, independente de autorização judicial.

▷ ***Anotações/Comentários***

(a) "A decisão tomada por pessoa apoiada terá validade e efeitos sobre terceiros, sem restrições, desde que esteja inserida nos limites do apoio acordado". (art. 1.783-A, § 4º, do Código Civil). A tomada de decisão apoiada é o processo pelo qual a pessoa com deficiência escolhe 2 pessoas idôneas com quem mantenha vínculos e relação de confiança para prestar-lhe apoio na tomada de decisão sobre atos da vida civil, fornecendo elementos e informações necessários para que possa exercer sua capacidade.

(b) "A tomada de decisão apoiada é o processo pelo qual a pessoa com deficiência elege pelo menos 2 (duas) pessoas idôneas, com as quais mantenha vínculos e que gozem de sua confiança, para prestar-lhe apoio na tomada de decisão sobre atos da vida civil, fornecendo-lhes os elementos e informações necessários para que possa exercer sua capacidade". (art. 1.783-A, "caput", do Código Civil). A tomada de decisão apoiada diverge da curatela, pois assegura maior autonomia à pessoa com deficiência.

(c) Terceiro com quem a pessoa apoiada mantenha relação negocial pode solicitar que os apoiadores contra-assinem o contrato ou acordo, especificando, por escrito, sua função em relação ao apoiado". (art. 1.783-A, § 5º, do Código Civil).

(d) "Para formular pedido de tomada de decisão apoiada, a pessoa com deficiência e os apoiadores devem apresentar termo em que constem os limites do apoio a ser oferecido e os compromissos dos apoiadores, inclusive o prazo de vigência do acordo e o respeito à vontade, aos direitos e aos interesses da pessoa que devem apoiar." (art. 1.783-A, § 1º, do Código Civil).

(e) "O apoiador pode solicitar ao juiz a exclusão de sua participação do processo de tomada de decisão apoiada, sendo seu desligamento condicionado à manifestação do juiz sobre a matéria". (art. 1.783-A, § 10, do Código Civil).

---

64. (FCC – Técnico Judiciário – Área Administrativa – TRE – PR/2017) A Lei no 13.146/15 disciplina o reconhecimento de igual perante a lei das pessoas com deficiência. Nesse contexto está inserido a curatela, sobre a qual a Lei no 13.146/15 estabelece que

a) a submissão da pessoa deficiente à curatela é obrigatória.

b) os curadores são obrigados a prestar contas anualmente de sua administração ao Ministério Público.

c) a definição de curatela de pessoa com deficiência constitui medida protetiva extraordinária e durará o menor tempo possível.

d) a curatela alcança atos relacionados a todos os direitos ligados à pessoa com deficiência.

e) para a emissão de documentos oficiais é exigida a situação de curatela da pessoa com deficiência.

▷ ***Anotações/Comentários***

(a) "**Quando necessário**, a pessoa com deficiência será submetida à curatela, conforme a lei." (art. 84, § 1º, Estatuto da Pessoa com Deficiência – grifos acrescidos). "A definição de curatela de pessoa com deficiência constitui **medida protetiva extraordinária**, proporcional às necessidades e às circunstâncias de cada caso, e durará o menor tempo possível." (art. 84, § 3º, Lei nº 13.146/2015).

(b) "Os curadores são obrigados a prestar, anualmente, contas de sua administração ao juiz, apresentando o balanço do respectivo ano." (art. 84, § 4º, Estatuto da Pessoa com Deficiência). A prestação de contas é direcionada ao juiz e não ao Ministério Público como sustenta a alternativa.

(c) "A definição de curatela de pessoa com deficiência constitui medida protetiva extraordinária, proporcional às necessidades e às circunstâncias de cada caso, e durará o menor tempo possível." (art. 84, § 3º, Lei nº 13.146/2015).

(d) O Estatuto da Pessoa com Deficiência limita a abrangência da curatela quanto aos direitos do curatelado. O candidato deve estar atento, conforme informações da tabela a seguir, para o fato de que os direitos do curatelado permanecem, em sua maioria, livres para seu exercício sem a necessidade de curatela (art. 85, Lei nº 13.146/2015):

Direitos afetados pela curatela	Direitos NÃO afetados pela curatela
– Direitos de natureza patrimonial e negocial	– Direito ao **P**róprio **C**orpo – Direito à **S**exualidade – Direito à **E**ducação – Direito ao **M**atrimônio – Direito à **P**rivacidade – Direito ao **T**rabalho – Direito ao **V**oto – Direito à **S**aúde

(e) "Para emissão de documentos oficiais, não será exigida a situação de curatela da pessoa com deficiência." (art. 86 do Estatuto da Pessoa com Deficiência).

---

65. (Cespe – Analista Judiciário – Área Administrativa – TRE – PE/2017) Considerando o disposto na Lei n.° 13.146/2015 — Estatuto da Pessoa com Deficiência (EPD) —, assinale a opção correta.

a) É assegurado à pessoa com deficiência o direito de votar e de ser votada, salvo na hipótese de curatela.

b) O EPD revogou a Lei n.° 7.853/1989, que dispunha sobre o apoio às pessoas com deficiência.

c) A deficiência não afeta a plena capacidade civil da pessoa, salvo a condição de adotante em processo de adoção.

d) Os planos e seguros privados de saúde podem cobrar valores diferenciados das pessoas com deficiência em razão da sua deficiência.

e) Com a edição do EPD a incapacidade absoluta prevista no Código Civil restringe-se aos menores de dezesseis anos de idade.

▷ ***Anotações/Comentários***

(a) "A definição da curatela não alcança o direito ao próprio corpo, à sexualidade, ao matrimônio, à privacidade, à educação, à saúde, ao trabalho e ao voto." (art. 85, § 1º, Lei nº 13.146/2015).

(b) A Lei nº 7.853/1989 não foi revogada pelo Estatuto da Pessoa com Deficiência e constitui importante legislação para a defesa dos direitos das pessoas com deficiência. Vale ressaltar que o art. 98 do EPD altera alguns dispositivos da Lei nº 7.853/1989, o que ressalta sua importância e a ausência de revogação tácita da legislação.

(c) "A deficiência não afeta a plena capacidade civil da pessoa, inclusive para: "A deficiência não afeta a plena capacidade civil da pessoa, inclusive para: exercer o direito à guarda, à tutela, à curatela e à adoção, como adotante ou adotando, em igualdade de oportunidades com as demais pessoas." (art. 6º, VI, Lei nº 13.146/2015). "A pessoa com deficiência tem assegurado o direito ao exercício de sua capacidade legal em igualdade de condições com as demais pessoas." (art. 84, "caput", Lei nº 13.146/2015).

(d) "São vedadas todas as formas de discriminação contra a pessoa com deficiência, inclusive por meio de cobrança de valores diferenciados por planos e seguros privados de saúde, em razão de sua condição." (art. 23, Lei nº 13.146/2015).

(e) A Lei Brasileira de Inclusão alterou completamente a teoria das incapacidades prevista no Código Civil. Tendo como base que as pessoas com deficiência têm direito ao exercício da capacidade legal em igualdade de condições com as demais pessoas (art. 84, Lei nº 13.146/2015), o art. 3º do Código Civil foi alterado para prever como única hipótese de incapacidade absoluta os menos de 16 anos.

---

66. (FCC – Analista Judiciário – Área Judiciária – TRT 20/2016) De acordo com a legislação em vigor, uma pessoa que tenha mais de 18 anos e que tenha deficiência mental

a) deve se submeter à esterilização forçada.

b) pode ser considerada plenamente capaz na esfera civil e, inclusive, contrair validamente casamento.

c) deve ser interditada mediante processo judicial e, assim, será considerada absolutamente incapaz para todos os atos da vida civil.

d) não pode exercer a guarda, a tutela ou adotar uma criança, salvo se assistida ou representada por seu curador.

e) será considerada absolutamente ou relativamente incapaz, conforme o grau de comprometimento do discernimento da pessoa ocasionado pela enfermidade mental.

▷ ***Anotações/Comentários***

(a) "A deficiência não afeta a plena capacidade civil da pessoa, inclusive para: conservar sua fertilidade, sendo vedada a esterilização compulsória". (art. 6º, IV, Lei nº 13.146/2015).

(b) "A pessoa com deficiência tem assegurado o direito ao exercício de sua capacidade legal em igualdade de condições com as demais pessoas". (art. 84, Estatuto da Pessoa com Deficiência). " A deficiência não afeta a plena capacidade civil da pessoa, inclusive para: casar-se e constituir união estável." (art. 6º, I, Estatuto da Pessoa com Deficiência).

(c) "A definição de curatela de pessoa com deficiência constitui medida protetiva extraordinária, proporcional às necessidades e às circunstâncias de cada caso, e durará o menor tempo possível." (art. 84, § 3 º, Lei nº 13.146/2015). Enquanto medida excepcional, a curatela não é imposta obrigatoriamente e independe da idade da pessoa.

(d) "A deficiência não afeta a plena capacidade civil da pessoa, inclusive para: exercer o direito à guarda, à tutela, à curatela e à adoção, como adotante ou adotando, em igualdade de oportunidades com as demais pessoas." (art. 6º, VI, Lei nº 13.146/2015).

(e) A Lei Brasileira de Inclusão alterou completamente a teoria das incapacidades prevista no Código Civil. Tendo como base que as pessoas com deficiência têm direito ao exercício da capacidade legal em igualdade de condições com as demais pessoas (art. 84), o art. 3º do Código Civil foi alterado para prever como única hipótese de incapacidade absoluta os menos de 16 anos. Portanto, a enfermidade ou deficiência mental relacionada à falta de discernimento para a prática dos atos e aqueles que não puderem exprimir sua vontade, mesmo que por causas transitórias, deixam de ser hipóteses para a configuração da incapacidade civil absoluta.

Contudo, se, por causa transitória ou permanente, não puder exprimir sua vontade, é possível determinar a incapacidade relativa da pessoa com deficiência (art. 4º, III, CC).

13. CRIMES PREVISTOS NO ESTATUTO DA PESSOA COM DEFICIÊNCIA

67. (FCC – 2024 – TRF 3 - Técnico Judiciário - Área Administrativa) Em uma situação hipotética, Zeus é médico de um renomado hospital público na cidade de São Paulo. No entanto, Zeus, injustificadamente, recusou-se a prestar assistência médico-hospitalar a Atena, pessoa com deficiência. De acordo com o que preceitua a Lei nº 7.853/1989, a conduta de Zeus

a) constitui crime punível com reclusão de 2 a 5 anos e multa, não prevendo a lei qualquer agravamento da penalidade, ainda que a conduta tenha sido praticada em atendimento de urgência e emergência.

b) constitui crime punível com reclusão de 1 a 4 anos e multa, sendo tal pena agravada em 1/2, se o crime tiver sido praticado em atendimento de urgência e emergência.

c) constitui crime punível com detenção de 1 a 4 anos e multa, sendo tal pena agravada em 1/3, se o crime tiver sido praticado em atendimento de urgência e emergência.

d) não constitui crime, mas será passível de punição tanto na seara administrativa quanto na cível.

e) constitui crime punível com reclusão de 2 a 5 anos e multa, sendo tal pena agravada em 1/3, se o crime tiver sido praticado em atendimento de urgência e emergência.

▷ ***Anotações/Comentários***

A resposta está prevista no art. 8º da Lei nº 7.853/1989:

"Art. 8º Constitui crime punível com reclusão de 2 (dois) a 5 (cinco) anos e multa:

I - recusar, cobrar valores adicionais, suspender, procrastinar, cancelar ou fazer cessar inscrição de aluno em estabelecimento de ensino de qualquer curso ou grau, público ou privado, em razão de sua deficiência;

II - obstar inscrição em concurso público ou acesso de alguém a qualquer cargo ou emprego público, em razão de sua deficiência;

III - negar ou obstar emprego, trabalho ou promoção à pessoa em razão de sua deficiência;

IV - recusar, retardar ou dificultar internação ou deixar de prestar assistência médico-hospitalar e ambulatorial à pessoa com deficiência;

V - deixar de cumprir, retardar ou frustrar execução de ordem judicial expedida na ação civil a que alude esta Lei;

VI - recusar, retardar ou omitir dados técnicos indispensáveis à propositura da ação civil pública objeto desta Lei, quando requisitados.

§ 1º Se o crime for praticado contra pessoa com deficiência menor de 18 (dezoito) anos, a pena é agravada em 1/3 (um terço).

§ 2º A pena pela adoção deliberada de critérios subjetivos para indeferimento de inscrição, de aprovação e de cumprimento de estágio probatório em concursos públicos não exclui a responsabilidade patrimonial pessoal do administrador público pelos danos causados.

§ 3º Incorre nas mesmas penas quem impede ou dificulta o ingresso de pessoa com deficiência em planos privados de assistência à saúde, inclusive com cobrança de valores diferenciados.

§ 4º Se o crime for praticado em atendimento de urgência e emergência, a pena é agravada em 1/3 (um terço).

68. (FCC – Analista Judiciário – Área Judiciária – TRT 15/2018) Magnólia, empregada da escola "X", está procrastinando dolosamente a inscrição de Camila, com 12 anos de idade, no referido estabelecimento de ensino privado em razão da sua deficiência visual. Nesse caso, de acordo com a Lei n2 7.853/1989, a conduta de Magnólia

a) constitui crime punível com reclusão e multa não havendo situação de agravamento de pena.

b) constitui crime punível com detenção e multa, sendo que a pena será agravada em 1/3 em razão do labor em instituição privada e a condição de deficiência visual.

c) não constitui crime, por absoluta ausência de tipificação legal.

d) constitui crime punível com reclusão e multa, sendo que a pena será agravada em 1/3 em razão da idade de Camila.

e) constitui crime punível com detenção e multa, sendo que a pena será agravada em 2/3 em razão do labor em instituição privada e a condição de deficiência visual.

▷ ***Anotações/Comentários***

"Constitui crime punível com **reclusão de 2 (dois) a 5 (cinco) anos e multa**: recusar, cobrar valores adicionais, suspender, procrastinar, cancelar ou fazer cessar inscrição de aluno em estabelecimento de ensino de qualquer curso ou grau, público ou privado, em razão de sua deficiência." (art. 8º, I, da Lei nº 7.853/1989 – grifos acrescidos) "Se o crime for praticado contra pessoa com deficiência **menor de 18 (dezoito) anos**, a pena é agravada em **1/3 (um terço)**." (art. 8º, § 1º, da Lei nº 7.853/1989 – grifos acrescidos).

69. (FCC – Analista Judiciário – Área Judiciária – TRT 6/2018) Segundo o disposto na Lei no 7.853/1989, constitui crime apenado com reclusão obstar inscrição em concurso público ou acesso de alguém a qualquer cargo ou emprego público, em razão de sua deficiência. A pena prevista em abstrato é de

a) 3 a 5 anos e multa.

b) 1 a 3 anos e multa.

c) 6 meses a 2 anos e multa

d) 2 a 4 anos.

e) 2 a 5 anos e multa.

▷ ***Anotações/Comentários***

A pena-base para os crimes previstos no art. 8º da Lei nº 7.853/1989 é de 2 a 5 anos de reclusão e multa. O crime mencionado na questão está disposto no art. 8º, II da lei:

> **Art. 8º da Lei nº 7.853/1989:** Constitui crime punível com **reclusão de 2 (dois) a 5 (cinco) anos e multa**:
>
> (...)
>
> II - obstar inscrição em concurso público ou acesso de alguém a qualquer cargo ou emprego público, em razão de sua deficiência;

---

70. (AOCP – Analista Judiciário – Oficial de Just. Avaliador Federal – TRT 1/2018) Sebastião mora com seu pai, que é pessoa com deficiência física e beneficiário de pensão previdenciária. Sebastião, com claro objetivo de obter vantagem indevida para si, retém, de maneira indevida, o cartão magnético destinado ao recebimento da pensão previdenciária de seu pai. Com base no disposto na Lei n° 13.146/2015, a conduta de Sebastião é tipificada como crime punível com

a) reclusão, de 2 (dois) a 5 (cinco) anos, e multa.
b) detenção, de 2 (dois) a 5 (cinco) anos, e multa.
c) detenção, de 6 (seis) meses a 4 (quatro) anos, e multa.
d) reclusão, de 6 (seis) meses a 4 (quatro) anos, e multa.
e) detenção, de 6 (seis) meses a 2 (dois) anos, e multa.

▷ ***Anotações/Comentários***

O crime apresentado na questão está previsto no art. 91 do Estatuto da Pessoa com Deficiência e prevê a pena de detenção de 6 meses a 2 anos e multa:

> **Art. 91 do Estatuto da Pessoa com Deficiência.** Reter ou utilizar cartão magnético, qualquer meio eletrônico ou documento de pessoa com deficiência destinados ao recebimento de benefícios, proventos, pensões ou remuneração ou à realização de operações financeiras, com o fim de obter vantagem indevida para si ou para outrem:
>
> Pena - detenção, de 6 (seis) meses a 2 (dois) anos, e multa.
>
> Parágrafo único. Aumenta-se a pena em 1/3 (um terço) se o crime é cometido por tutor ou curador.

É válido destacar que é o único crime da Lei nº 13.146/2015 que prevê a pena de detenção. Todos os demais trazem pena de reclusão.

---

71. (AOCP – Técnico Judiciário – Área Administrativa – TRT 1/2018) Um Técnico Judiciário, no exercício de suas atividades, pratica discriminação contra um colega de serviço em razão de sua deficiência física. Nesse sentido, de acordo com a Lei n° 13.146/2016, o Técnico Judiciário comete crime punível com pena de

a) reclusão, de 1 (um) a 3 (três) anos, e multa.
b) reclusão, de 2 (dois) a 4 (quatro) anos, e multa.
c) reclusão, de 2 (dois) a 8 (oito) anos, e multa.
d) reclusão, de 6 (seis) meses a 1 (um) ano, e multa.
e) reclusão, de 1 (um) a 4 (quatro) anos, e multa.

▷ ***Anotações/Comentários***

O crime de discriminação em razão de deficiência está previsto no art. 88 do Estatuto da Pessoa com Deficiência e prevê a pena de reclusão de 1 a 3 anos e multa:

> **Art. 88 da Lei nº 13.146/2015:** Praticar, induzir ou incitar discriminação de pessoa em razão de sua deficiência:
>
> Pena - reclusão, de 1 (um) a 3 (três) anos, e multa.

Note-se, que o mesmo dispositivo apresenta o tipo qualificado do delito com pena de reclusão de 2 a 5 anos e multa se é cometido por intermédio de meios de comunicação social ou de publicação de qualquer natureza:

> **Art. 88, § 2º, do Estatuto da Pessoa com Deficiência:** Se qualquer dos crimes previstos no caput deste artigo é cometido por intermédio de meios de comunicação social ou de publicação de qualquer natureza:
>
> Pena - reclusão, de 2 (dois) a 5 (cinco) anos, e multa.

---

72. (Cespe – Analista Judiciário – Área Judiciária – TRE – BA/2017) Comprovado que o tutor havia desviado proventos de pessoa deficiente cuja tutela exercia, o juiz proferiu sentença condenando-o a um ano de reclusão. Foi certificado que houve erro na sentença proferida.

Nessa situação, o erro da sentença decorre

a) da não aplicação da multa de pelo menos o dobro do proveito obtido.
b) unicamente da não inclusão da pena de multa.
c) da não aplicação da causa de aumento de pena e da multa.
d) do fato de a condenação ter sido superior ao mínimo legal.
e) do fato de a pena prevista para o delito ser detenção e multa.

▷ ***Anotações/Comentários***

O crime mencionado na questão está previsto no art. 89 da Lei nº 13.146/2015:

> **Art. 89, Lei nº 13.146/2015.** Apropriar-se de ou desviar bens, proventos, pensão, benefícios, remuneração ou qualquer outro rendimento de pessoa com deficiência:
>
> Pena – reclusão, de 1 (um) a 4 (quatro) anos, e multa.
>
> Parágrafo único. Aumenta-se a pena em 1/3 (um terço) se o crime é cometido:
>
> I – por tutor, curador, síndico, liquidatário, inventariante, testamenteiro ou depositário judicial; ou
>
> II – por aquele que se apropriou em razão de ofício ou de profissão.

Tendo em vista que o desvio dos proventos de pessoa com deficiência foi cometido por seu tutor, era necessário o aumento em 1/3 da pena conforme prevê o parágrafo único, inciso I, do art. 89 do Estatuto da Pessoa com Deficiência.

Além disso, o dispositivo exige que, além da aplicação da pena de reclusão, seja determinada também a pena de multa, o que não foi observado na sentença condenatória.

---

73. (Cespe – Analista Judiciário – Área Administrativa – TRE – PE/2017) Com relação aos crimes, às infrações administrativas e às disposições finais e transitórias previstos no EPD, assinale a opção correta.

a) O sujeito passivo dos crimes previstos no EPD é sempre a pessoa com deficiência.
b) Para a consumação do crime de desviar bens da pessoa com deficiência, exige-se o efetivo lucro do agente.
c) Admitem-se tanto a modalidade dolosa quanto a culposa no caso do delito de abandono da pessoa com deficiência, que é crime permanente.
d) Constitui crime a conduta de obstar o acesso da pessoa com deficiência a cargo ou emprego público, ainda que com base em critério restritivo e objetivo previamente definido em lei.
e) Na tipificação da conduta de praticar, induzir ou incitar discriminação de pessoa em razão da deficiência, é admitida a tentativa.

▷ ***Anotações/Comentários***

(a) O Título II do Estatuto da Pessoa com Deficiência estabeleceu a criação de crimes e sanções administrativas por violação dos direitos da pessoa com deficiência. Nesse sentido, foram criados 4 tipos penais com diversas causas de aumento de pena. Em todos tipos penais, o crime tem como vítima ou sujeito passivo a pessoa com deficiência. Os crimes são direcionados à violação de direitos das pessoas com deficiência.

(b) O mero desvio do bem ou a sua apropriação já são suficientes para a consumação do crime previsto no art. 89 da Lei nº 13.146/2015:

> **Art. 89, Lei nº 13.146/2015.** Apropriar-se de ou desviar bens, proventos, pensão, benefícios, remuneração ou qualquer outro rendimento de pessoa com deficiência:
>
> Pena – reclusão, de 1 (um) a 4 (quatro) anos, e multa.

Parágrafo único. Aumenta-se a pena em 1/3 (um terço) se o crime é cometido:

I – por tutor, curador, síndico, liquidatário, inventariante, testamenteiro ou depositário judicial; ou

II – por aquele que se apropriou em razão de ofício ou de profissão.

(c) O crime de abandono de pessoa com deficiência está previsto no art. 90 do Estatuto da Pessoa com Deficiência:

Art. 90, Lei nº 13.146/2015. Abandonar pessoa com deficiência em hospitais, casas de saúde, entidades de abrigamento ou congêneres:

Pena – reclusão, de 6 (seis) meses a 3 (três) anos, e multa.

Parágrafo único. Na mesma pena incorre quem não prover as necessidades básicas de pessoa com deficiência quando obrigado por lei ou mandado.

(d) Esse crime não consta expressamente no Estatuto da Pessoa com Deficiência, mas na Lei nº 7.853/1989:

Art. 8º, Lei nº 7.853/1989: Constitui crime punível com reclusão de 2 (dois) a 5 (cinco) anos e multa:

(...)

III – negar ou obstar emprego, trabalho ou promoção à pessoa em razão de sua deficiência;

Há, no entanto, o posicionamento de que não há configuração de delito ou infração se a negativa ao emprego decorrer de critérios restritivos e objetivos definidos previamente em lei. É o que ocorre com os critérios exigidos para ingresso na carreira de policiais militares, por exemplo.

(e) A lei não permite a modalidade tentada, sendo obrigatória a consumação do delito:

Art. 88. Praticar, induzir ou incitar discriminação de pessoa em razão de sua deficiência:

Pena - reclusão, de 1 (um) a 3 (três) anos, e multa.

74. (Cespe – Analista Judiciário – Área Judiciária – TRE – TO/2017) Tipifica-se como crime contra a pessoa deficiente, com a penalidade de detenção,

a) o desvio de seus bens com o propósito de alcançar vantagem indevida para si.

b) o seu abandono em hospitais ou entidades de abrigamento.

c) a utilização, para obtenção de vantagem indevida, de seu cartão magnético destinado ao recebimento de pensão.

d) a apropriação de seus bens patrimoniais para a consecução de vantagem indevida para terceiros.

e) a incitação de discriminação em razão de sua deficiência.

▷ ***Anotações/Comentários***

O único crime do Estatuto da Pessoa com Deficiência cuja pena consiste em detenção e multa é aquele previsto em seu art. 91:

Reter ou utilizar cartão magnético, qualquer meio eletrônico ou documento de pessoa com deficiência destinados ao recebimento de benefícios, proventos, pensões ou remuneração ou à realização de operações financeiras, com o fim de obter vantagem indevida para si ou para outrem:

Pena – detenção, de 6 (seis) meses a 2 (dois) anos, e multa.

14. PRIORIDADE DE ATENDIMENTO DA PESSOA COM DEFICIÊNCIA

75. FGV – 2024 – TRF 1 – Analista Judiciário - Área Judiciária

A Lei nº 10.048/2000 trata da prioridade de atendimento às pessoas que especifica, dentre as quais a pessoa com deficiência. Sua estrutura basicamente se divide em apontar as pessoas beneficiárias da prioridade e quem deve respeito à legislação, sobretudo o Estado e pessoas jurídicas de direito privado, além da previsão das consequências pelo descumprimento.

Quanto à referida lei, é correto afirmar que:

a) os acompanhantes pessoais da pessoa com deficiência somente serão atendidos após o atendimento de todas as pessoas com deficiência que estejam presentes no momento e queiram ser atendidas;

b) o Poder Judiciário não se submete à imposição de atendimento prioritário, por meio de serviços coletivos, que prezem pelo tratamento igualitário à pessoa com deficiência, por conta da separação de poderes;

c) o atendimento por meio de postos, caixas, guichês, linhas ou atendentes específicos para pessoas com deficiência não deve ser realizado, porque essa conduta acaba por expor e discriminar tal parcela da sociedade;

d) o atendente pessoal da pessoa com deficiência, diferentemente do acompanhante, deve ser atendido separadamente da pessoa com prioridade, porquanto entendeu o legislador ter ela menos relevância;

e) o atendimento à pessoa com deficiência deve se dar imediatamente após findo o atendimento em andamento e antes de qualquer outro, caso inexistam postos, caixas, guichês, linhas ou atendentes específicos destinados ao público prioritário.

▷ ***Anotações/Comentários***

(a) "Os acompanhantes ou atendentes pessoais das pessoas referidas no caput serão atendidos junta e acessoriamente aos titulares da prioridade de que trata esta Lei." (art. 1º, § 1º, da Lei nº 10.048/2000).

(b) "As repartições públicas e empresas concessionárias de serviços públicos estão obrigadas a dispensar atendimento prioritário, por meio de serviços individualizados que assegurem tratamento diferenciado e atendimento imediato às pessoas a que se refere o art. 1º." (art. 2º, "caput", da Lei nº 10.048/2000). A previsão de prioridade no atendimento de pessoas com deficiência é extensível a todos os Poderes do Estado e em todos os níveis do estado federado, sem exceções.

(c) "O atendimento prioritário poderá ser realizado mediante discriminação de postos, caixas, guichês, linhas ou atendentes específicos para esse fim." (art. 1º, § 3º, da Lei nº 10.048/2000).

(d) "Os acompanhantes ou atendentes pessoais das pessoas referidas no caput serão atendidos junta e acessoriamente aos titulares da prioridade de que trata esta Lei." (art. 1º, § 1º, da Lei nº 10.048/2000).

(e) "Caso não haja postos, caixas, guichês, linhas ou atendentes específicos para a realização do atendimento prioritário, as pessoas referidas no caput deste artigo deverão ser atendidas imediatamente após a conclusão do atendimento que estiver em andamento, antes de quaisquer outras pessoas." (art. 1º, § 4º, da Lei nº 10.048/2000).

76. FGV – 2024 – TRF 1 – Técnico Judiciário - Área Administrativa

Sobre a política de prioridade de atendimento estabelecida pela Lei nº 10.048, de 8 de novembro de 2000, é correto afirmar que:

a) a reserva de assentos às pessoas titulares do direito a atendimento prioritário é facultada às empresas públicas de transporte coletivo, mediante incentivos fiscais;

b) os acompanhantes ou atendentes pessoais das pessoas com direito a atendimento prioritário serão atendidos junta e acessoriamente aos titulares da prioridade garantida por lei;

c) pessoas com transtorno do espectro autista e pessoas obesas não têm o direito à prioridade de atendimento garantida na lei, podendo a prioridade ser estabelecida por ato próprio da respectiva repartição pública;

d) as pessoas com direito à prioridade de atendimento deverão aguardar na fila conforme ordem de chegada, caso não haja postos, caixas, guichês, linhas ou atendentes específicos para a realização do atendimento prioritário;

e) pessoas com deficiência, pessoas idosas com idade igual ou superior a 60 anos e doadores de sangue terão direito a atendimento prioritário conforme a ordem de chegada no estabelecimento.

▷ ***Anotações/Comentários***

(a) As empresas públicas de transporte e as concessionárias de transporte coletivo reservarão assentos, devidamente identificados, às pessoas com deficiência, às pessoas com transtorno do espectro autista, às pessoas idosas, às gestantes, às lactantes, às pessoas com criança de colo e às pessoas com mobilidade reduzida." (art. 3º da Lei nº 10.048/2000). Não se trata de faculdade.

(b) "Os acompanhantes ou atendentes pessoais das pessoas referidas no caput serão atendidos junta e acessoriamente aos titulares da prioridade de que trata esta Lei." (art. 1º, § 1º, da Lei nº 10.048/2000).

(c) "As pessoas com deficiência, as pessoas com transtorno do espectro autista, as pessoas idosas com idade igual ou superior a 60 (sessenta) anos, as gestantes, as lactantes, as pessoas com criança de colo, os obesos, as pessoas com mobilidade reduzida e os doadores de sangue terão atendimento prioritário, nos termos desta Lei." (art. 1º, "caput", da Lei nº 10.048/2000).

(d) "Caso não haja postos, caixas, guichês, linhas ou atendentes específicos para a realização do atendimento prioritário, as pessoas referidas no caput deste artigo deverão ser atendidas imediatamente após a conclusão do atendimento que estiver em andamento, antes de quaisquer outras pessoas." (art. 1º, § 4º, da Lei nº 10.048/2000)

(e) "As pessoas com deficiência, as pessoas com transtorno do espectro autista, as pessoas idosas com idade igual ou superior a 60 (sessenta) anos, as gestantes, as lactantes, as pessoas com criança de colo, os obesos, as pessoas com mobilidade reduzida e os doadores de sangue terão atendimento prioritário, nos termos desta Lei." (art. 1º, "caput", da Lei nº 10.048/2000).

77. FGV – 2024 – TRF 1 - Analista Judiciário - Inspetor de Polícia Judicial

Preocupado com o atendimento de pessoas com prioridade, o Tribunal Regional Federal da 1ª Região instituiu um protocolo com mudanças tanto arquitetônicas como culturais a fim de entregar um serviço mais adequado a tal público. Dentre outras deliberações, ficou estabelecido que as pessoas com deficiência, as com transtorno do espectro autista e as idosas seriam as abrangidas, visto serem o público de maior quantidade a frequentar a Corte. O atendimento ocorreria, de forma não individualizada, em guichês comuns, mesmo sendo possível a designação de um específico, acontecendo a prioridade após passados 20 minutos da presença da pessoa. Antes da submissão ao magistrado responsável, foi dito que o protocolo seria superior à lei e que o descumprimento desta não ensejaria responsabilidade.

À luz da Lei nº 10.048/2000, é correto afirmar que:

a) o protocolo respeita a ideia de igualdade, quando elenca como pessoas com prioridade de atendimento as com deficiência, com transtorno do espectro autista e idosas, por serem, no caso concreto do Tribunal, seu maior público;

b) sendo possível, o atendimento da pessoa com deficiência deve ocorrer em guichê específico para esse fim e não em comum, mas, sendo este o caso, tal pessoa deve ser atendida imediatamente após a conclusão do atendimento em andamento;

c) a ausência de acompanhante pessoal da pessoa com deficiência no protocolo não o invalida, porque o atendimento daquela pessoa é, por lei, discricionário, o que significa que sua incorporação à realidade do Tribunal se dá dentro da possibilidade;

d) com relação ao atendimento, a forma não individualizada é mais benéfica à pessoa com deficiência, para que sinta mais pertencimento ao seu grupo de pessoas, e a individualizada não deve se voltar a repartições públicas;

e) em caso de atuação contrária às previsões determinadas na Lei nº 10.048/2000, a responsabilidade não ficaria caracterizada, já que suas normas são facultativas, enquanto as do protocolo qualificam-se como mandatórias.

▷ ***Anotações/Comentários***

(a) A previsão de prioridade de atendimento da pessoa com transtorno do espectro autista e idosas em nada tem a ver com o público do tribunal, mas a garantia de acessibilidade e promoção da inclusão dessas pessoas na sociedade.

(b) "O atendimento prioritário poderá ser realizado mediante discriminação de postos, caixas, guichês, linhas ou atendentes específicos para esse fim. Caso não haja postos, caixas, guichês, linhas ou atendentes específicos para a realização do atendimento prioritário, as pessoas com prioridade deverão ser atendidas imediatamente após a conclusão do atendimento que estiver em andamento, antes de quaisquer outras pessoas." (art. 1º, § 3º e 4º, da Lei nº 10.048/2000).

(c) "Os acompanhantes ou atendentes pessoais das pessoas referidas no caput serão atendidos junta e acessoriamente aos titulares da prioridade de que trata esta Lei." (art. 1º, § 1º, da Lei nº 10.048/2000). O atendimento da pessoa com deficiência não é discricionário, mas obrigatório.

(d) O atendimento individualizado é benéfico à pessoa com deficiência e deve ser voltar ao atendimento ao público. A alternativa está integralmente incorreta.

(e) A norma é de observância obrigatória e sua violação enseja aplicação de penalidades no caso de servidor e de multa às empresas concessionárias de serviço público e às instituições financeiras nos termos do art. 6º da Lei nº 10.048/2000.

78. (FGV – 2024 – TRF 1 - Analista Judiciário - Inspetor de Polícia Judicial) A Lei Brasileira de Inclusão da Pessoa com Deficiência – Estatuto da Pessoa com Deficiência – é uma importante legislação voltada a assegurar e a promover, em condições de igualdade, o exercício dos direitos e das liberdades fundamentais por pessoa com deficiência, visando à sua inclusão social e cidadania.

Com relação ao disposto na mencionada lei, é correto afirmar que:

a) a pessoa com deficiência deve ter atendimento prioritário na tramitação processual em que for parte ou interessada, direito este não extensível ao seu acompanhante;

b) a avaliação da deficiência é obrigatória e pautada sempre em exame psicológico, realizado por médico psiquiatra, que pode ser assistido por psicólogos;

c) a lei, por conta do seu propósito, trata exclusivamente de direitos ditos liberais, como os direitos à saúde, à educação, à moradia, ao trabalho e à cultura;

d) é obrigatória a fruição dos benefícios decorrentes das ações afirmativas colocadas à disposição de pessoas com deficiência cujo impedimento de longo prazo seja de natureza sensorial;

e) a mencionada lei falha por somente proteger a pessoa com deficiência contra condutas positivas ou comissivas, praticadas pelo Estado, não a tutelando quando do comportamento negativo ou omissivo, ou proveniente do particular.

▷ ***Anotações/Comentários***

(a) "A pessoa com deficiência tem direito a receber atendimento prioritário, sobretudo com a finalidade de: tramitação processual e procedimentos judiciais e administrativos em que for parte ou interessada, em todos os atos e diligências." (art. 9º, VII, da Lei nº 13.146/2015). "Os direitos previstos neste artigo são extensivos ao acompanhante da pessoa com deficiência ou ao seu atendente pessoal, exceto quanto ao disposto nos incisos VI e VII deste artigo." (art. 9º, § 1º, da Lei nº 13.146/2015). Note-se que o direito previsto para a tramitação processual não é extensivo ao acompanhante ou atendente da pessoa com deficiência.

(b) Ao contrário do que afirma a questão, a avaliação da deficiência, quando necessária, será biopsicossocial, realizada por equipe multiprofissional e interdisciplinar nos termos do art. 2º, § 1º, do Estatuto da Pessoa com Deficiência.

(c) O Estatuto da Pessoa com Deficiência versa sobre direitos de 1ª, 2ª e 3ª dimensões na divisão clássica dos direitos fundamentais e não somente aos direitos de liberdade, inclusive os direitos apontados como saúde, educação, moradia, trabalho são considerados direitos de 2ª dimensão (direitos sociais) e cultura de 3ª dimensão.

(d) "A pessoa com deficiência não está obrigada à fruição de benefícios decorrentes de ação afirmativa." (art. 4º, § 2º, da Lei nº 13.146/2015)

(e) A Lei nº 13.146/2015 veda atividades omissivas do Estado e exige a realização de diversos direitos das pessoas com deficiência, inclusive com diversas previsões para implementação de políticas públicas efetivas.

79. FCC – 2024 – TRF 3 - Técnico Judiciário - Área Administrativa

De acordo com a Lei nº 10.048/2000, as pessoas com deficiência terão atendimento prioritário. Caso não haja postos, caixas, guichês, linhas ou atendentes específicos para a realização desse atendimento prioritário, as pessoas com deficiência

a) não terão atendimento imediato, isto é, não terão prioridade de atendimento, devendo ingressar na ordem de atendimento regular, aplicável a todos os cidadãos, havendo, todavia, penalização aos responsáveis.
b) não terão atendimento imediato, isto é, não terão prioridade de atendimento, devendo ingressar na ordem de atendimento regular, aplicável a todos os cidadãos, não havendo penalização em decorrência de tal fato.
c) não serão atendidas, no entanto, haverá aplicação de multa e responsabilização pelo fato cometido.
d) deverão ser atendidas imediatamente, inclusive interrompendo-se eventual atendimento que estiver em andamento.
e) deverão ser atendidas imediatamente após a conclusão do atendimento que estiver em andamento, antes de quaisquer outras pessoas.

▷ ***Anotações/Comentários***

A resposta à questão está prevista expressa no art. 1º, § 4º da Lei nº 10.048/2000: "Caso não haja postos, caixas, guichês, linhas ou atendentes específicos para a realização do atendimento prioritário, as pessoas referidas no caput deste artigo deverão ser atendidas imediatamente após a conclusão do atendimento que estiver em andamento, antes de quaisquer outras pessoas."

80. FCC – 2024 – TRF 3 – Analista Judiciário - Área Judiciária

Imagine a seguinte situação hipotética: A empresa ABC, concessionária de serviço público de transporte coletivo, deixou de reservar assentos, devidamente identificados, às pessoas com deficiência, razão pela qual seus responsáveis foram penalizados com multa. Nos termos da Lei nº 10.048/2000, a multa para a hipótese mencionada é de R$ 500,00 a

a) R$ 3.000,00, por veículos sem as condições narradas no enunciado, e será elevada ao dobro em caso de reincidência.
b) R$ 2.500,00, por veículos sem as condições narradas no enunciado, e será elevada ao triplo em caso de reincidência.
c) R$ 2.500,00, por veículos sem as condições narradas nó enunciado, e será elevada ao dobro em caso de reincidência.
d) R$ 1.000,00, por veículos sem as condições narradas no enunciado, e será elevada ao triplo em caso de reincidência.
e) R$ 2.000,00 por veículos sem as condições narradas no enunciado, não podendo ser majorada ainda que houver reincidência.

▷ ***Anotações/Comentários***

"As empresas públicas de transporte e as concessionárias de transporte coletivo reservarão assentos, devidamente identificados, às pessoas com deficiência, às pessoas com transtorno do espectro autista, às pessoas idosas, às gestantes, às lactantes, às pessoas com criança de colo e às pessoas com mobilidade reduzida. " (art. 3º da Lei nº 10.048/2000). "A infração ao disposto nesta Lei sujeitará os responsáveis: no caso de empresas concessionárias de serviço público, a multa de R$ 500,00 (quinhentos reais) a R$ 2.500,00 (dois mil e quinhentos reais), por veículos sem as condições previstas nos arts. 3º e 5º;" (art. 6º, II, da Lei nº 10.048/2000). Por fim, o parágrafo único do art. 6º estabelece que a multa será elevada ao dobro em caso de reincidência. Como a empresa no caso versado reincidiu na conduta, a multa a ser aplicada será dobrada, ou seja, entre R$ 1.000,00 e R$ 5.000,00 por cada veículo. A alteração promovida pela Lei nº 13.626/2023 em nada modifica a resposta dessa questão.

81. (Cespe – Técnico Judiciário – TJ – RJ/2021) De acordo com a Lei n.º 10.048/2000, terá atendimento prioritário em todas as instituições financeiras a pessoa

I. idosa.
II. obesa.
III. com deficiência auditiva.
IV. com deficiência visual.

Assinale a opção correta.

a) Apenas os itens I, II e III estão certos.
b) Apenas os itens I, III e IV estão certos.
c) Todos os itens estão certos.
d) Apenas os itens I, II e IV estão certos.
e) Apenas os itens II, III e IV estão certos.

▷ ***Anotações/Comentários***

"As pessoas com deficiência, as pessoas com transtorno do espectro autista, as pessoas idosas com idade igual ou superior a 60 (sessenta) anos, as gestantes, as lactantes, as pessoas com criança de colo, os obesos, as pessoas com mobilidade reduzida e os doadores de sangue terão atendimento prioritário, nos termos desta Lei. (Redação dada pela Lei nº 14.626, de 2023) (art. 1º. Lei nº 10.048/2000). Note-se, portanto, que a pessoa idosa, obesas e as pessoas com deficiência auditiva e visual têm assegurado o atendimento prioritários nas instituições financeiras. A alteração legislativa em nada altera a resposta dessa questão.

82. (FCC – Analista Judiciário – Direito – TJ – MA/2019) Constitui atendimento prioritário previsto expressamente no Estatuto da Pessoa com Deficiência:

a) Ser atendido em instituições bancárias dentro do período máximo de quinze minutos.
b) Disponibilização de pontos de parada, estações e terminais acessíveis de transporte coletivo de passageiros e garantia de segurança no embarque e no desembarque.
c) Disponibilização de recursos, tanto humanos quanto tecnológicos, que garantam atendimento mais vantajoso em relação às demais pessoas.
d) Receber condição preferencial quando contratar com o Poder Público.
e) Receber, sem qualquer custo pessoal, auxílio de cão guia.

▷ ***Anotações/Comentários***

(a) "A pessoa com deficiência tem direito a receber atendimento prioritário, sobretudo com a finalidade de: atendimento em todas as instituições e serviços de atendimento ao público." (art. 9º, II, da Lei nº 13.146/2015). Não há, portanto, previsão, para que a pessoa com deficiência seja atendida no prazo máximo de 15 minutos.

(b) "A pessoa com deficiência tem direito a receber atendimento prioritário, sobretudo com a finalidade de: disponibilização de pontos de parada, estações e terminais acessíveis de transporte coletivo de passageiros e garantia de segurança no embarque e no desembarque;" (art. 9º, IV, da Lei nº 13.146/2015). Essa alternativa está correta.

(c) disponibilização de recursos, tanto humanos quanto tecnológicos, que garantam atendimento **em igualdade de condições com as demais pessoas**." (art. 9º, III, da Lei nº 13.146/2015 – grifos acrescidos)

(d) Não há previsão na lei para condição preferencial quando contratar com o Poder Pública conforme sustenta a alternativa.

(e) Igualmente inexiste previsão quanto ao fornecimento de cão guia sem custo pessoal no Estatuto da Pessoa com Deficiência

83. (FCC – Analista Judiciário – Área Judiciária – TRF 3/2019) Considere a seguinte situação hipotética: em 2018, determinada empresa concessionária de serviço de transporte coletivo não reservou assentos, devidamente identificados, as pessoas idosas, gestantes, lactantes, pessoas portadoras de deficiência e pessoas acompanhadas por crianças de colo, razão pela qual foi multada, nos termos da Lei no 10.048/2000. Em 2019, a empresa praticou a mesma infração, uma vez que alguns veículos de sua frota desrespeitaram a norma supracitada. Nos termos da Lei no 10.048/2000, a empresa estará sujeita, por cada veículo que descumpriu a norma legal, ao pagamento de multa de

a) R$ 500,00 a R$ 2.500,00.
b) R$ 1.000,00 a R$ 5.000,00.
c) R$ 250,00 a R$ 1.500,00.
d) R$ 500,00 a R$ 2.000,00.
e) R$250,00 a R$ 2.500,00.

▷ ***Anotações/Comentários***

"As empresas públicas de transporte e as concessionárias de transporte coletivo reservarão assentos, devidamente identificados, às pessoas com deficiência, às pessoas com transtorno do espectro autista, às pessoas idosas, às gestantes, às lactantes, às pessoas com criança de colo e às pessoas com mobilidade reduzida." (art. 3º da Lei nº 10.048/2000). "A infração ao disposto nesta Lei sujeitará os responsáveis: no caso de empresas concessionárias de serviço público, a multa de R$ 500,00 (quinhentos reais) a R$ 2.500,00 (dois mil e quinhentos reais), por veículos sem as condições previstas nos arts. 3º e 5º;" (art. 6º, II, da Lei nº 10.048/2000). Por fim, o parágrafo único do art. 6º estabelece que a multa será elevada ao dobro em caso de reincidência. Como a empresa no caso versado reincidiu na conduta, a multa a ser aplicada será dobrada, ou seja, entre R$ 1.000,00 e R$ 5.000,00 por cada veículo. A alteração promovida pela Lei nº 14.626/2023 em nada modifica a resposta dessa questão.

---

84. (FGV – Técnico Judiciário – Área Judiciária – TJ – AL/2018) A Lei nº 13.146/2015 institui a Lei Brasileira de Inclusão da Pessoa com Deficiência destinada a assegurar e a promover, em condições de igualdade, o exercício dos direitos e das liberdades fundamentais por pessoa com deficiência, visando à sua inclusão social e cidadania.

O citado estatuto legal estabelece que a pessoa com deficiência tem direito a:

a) receber atendimento prioritário, sobretudo com a finalidade de tramitação processual e procedimentos judiciais e administrativos em que for parte ou interessada, em todos os atos e diligências;
b) ser beneficiada com isenções fiscais que compensem as limitações decorrentes de sua deficiência, mas não tem prioridade no recebimento de restituição de imposto de renda;
c) utilizar, de forma privativa, 10% (dez por cento) das vagas para automóveis em áreas de estacionamento aberto ao público, de uso público ou privado de uso coletivo e em vias públicas;
d) frequentar os prédios públicos, mediante utilização de rampas ou elevadores que serão obrigatoriamente instalados nos órgãos públicos, que facultativamente podem proporcionar a acessibilidade nos seus sítios da internet;
e) ser livremente incluída no trabalho, vedada a sua colocação competitiva, em igualdade de oportunidades com as demais pessoas, nos termos da legislação trabalhista e previdenciária.

▷ ***Anotações/Comentários***

(a) "A pessoa com deficiência tem direito a receber atendimento prioritário, sobretudo com a finalidade de: tramitação processual e procedimentos judiciais e administrativos em que for parte ou interessada, em todos os atos e diligências." (art. 9º, VII, da Lei nº 13.146/2015)

(b) "A pessoa com deficiência tem direito a receber atendimento prioritário, sobretudo com a finalidade de: recebimento de restituição de imposto de renda." (art. 9º, VI, da Lei nº 13.146/2015)

(c) "Em todas as áreas de estacionamento aberto ao público, de uso público ou privado de uso coletivo e em vias públicas, devem ser reservadas vagas próximas aos acessos de circulação de pedestres, devidamente sinalizadas, para veículos que transportem pessoa com deficiência com comprometimento de mobilidade, desde que devidamente identificados.

§ 1º As vagas a que se refere o caput deste artigo devem equivaler a 2% (dois por cento) do total, garantida, no mínimo, 1 (uma) vaga devidamente sinalizada e com as especificações de desenho e traçado de acordo com as normas técnicas vigentes de acessibilidade." (art. 47, § 1º, Lei nº 13.146/2015)

(d) "É obrigatória a acessibilidade nos sítios da internet mantidos por empresas com sede ou representação comercial no País ou por órgãos de governo, para uso da pessoa com deficiência, garantindo-lhe acesso às informações disponíveis, conforme as melhores práticas e diretrizes de acessibilidade adotadas internacionalmente." (art. 63, "caput", Lei nº 13.146/2015)

(e) "Constitui modo de inclusão da pessoa com deficiência no trabalho a colocação competitiva, em igualdade de oportunidades com as demais pessoas, nos termos da legislação trabalhista e previdenciária, na qual devem ser atendidas as regras de acessibilidade, o fornecimento de recursos de tecnologia assistiva e a adaptação razoável no ambiente de trabalho." (art. 37 da Lei nº 13.146/2015)

---

85. (FCC – Analista Judiciário – Área Judiciária – TRT 6/2018) Conforme expressamente previsto pela Lei no 10.048/2000, está assegurada a prioridade de atendimento às pessoas com deficiência em

a) cinemas e outros centros culturais.
b) restaurantes.
c) serviços de correios.
d) instituições financeiras.
e) postos de saúde.

▷ ***Anotações/Comentários***

De acordo com o art. 2º, parágrafo único, da Lei nº 10.048/2000, as instituições financeiras devem assegurar atendimento prioritário às pessoas com deficiência. Note-se que, expressamente, essa é a única entidade das alternativas da questão que está prevista na Lei nº 10.048 para atendimento prioritário.

---

86. (FCC – Técnico Judiciário – Área Administrativa – TRT 6/2018) A Lei no 10.048/2000, que dispõe sobre prioridade no atendimento de determinadas pessoas e outros benefícios, prevê, dentre seus dispositivos, para atender às pessoas com deficiência,

a) a disponibilização de cadeira de rodas em mercados e estabelecimentos congêneres.
b) a meia entrada em eventos culturais.
c) o planejamento de veículos de transporte coletivo e sua adaptação para facilitar seu acesso.
d) o acesso por meio de rampa e elevadores a pisos mais elevados.
e) a elaboração em braile de panfleto com contatos mínimos de atendimento dos serviços públicos essenciais.

▷ ***Anotações/Comentários***

(a) "Os centros comerciais e os estabelecimentos congêneres devem fornecer carros e cadeiras de rodas, motorizados ou não, para o atendimento da pessoa com deficiência ou com mobilidade reduzida." (art. 12-A da Lei nº 10.098/2000). Note-se, portanto, que a disponibilização de cadeiras de rodas é direito da pessoa com deficiência. Contudo, diferentemente do que pede a questão, esse direito está previsto na Lei nº 10.098/2000.

(b) O direito à meia entrada em eventos culturais está regulamentado pelo Decreto nº 8.537/2015 e não na Lei nº 10.048/2000 como solicita a questão:

> **Art. 1º do Decreto nº 8.537/2015:** Este Decreto regulamenta o benefício da meia-entrada para acesso a eventos artístico-culturais e esportivos por jovens de baixa renda, por estudantes e por pessoas com deficiência e estabelece os procedimentos e os critérios para a reserva de vagas a jovens de baixa renda nos veículos do sistema de transporte coletivo interestadual.

(c) "Os veículos de transporte coletivo a serem produzidos após doze meses da publicação desta Lei serão planejados de forma a facilitar o acesso a seu interior das pessoas portadoras de deficiência." (art. 5º da Lei nº 10.048/2000).

(d) O projeto e o traçado dos elementos de urbanização públicos e privados de uso comunitário, nestes compreendidos os itinerários e as passagens de pedestres, os percursos de entrada e de saída de veículos, as escadas e rampas, deverão observar os parâmetros estabelecidos pelas normas técnicas de acessibilidade da Associação Brasileira de Normas Técnicas – ABNT." (art. 5º da Lei nº 10.098/2000). Note-se que a Lei nº 10.048/2000 não versa sobre elevadores e rampas de acesso às pessoas com deficiência.

(e) Não há essa obrigação prevista na Lei nº 10.048/2000.

---

87. (AOCP – Técnico Judiciário – Área Administrativa – TRT 1/2018) O Decreto nº 5.296/2004 determina que os órgãos da administração pública direta, indireta e fundacional, as empresas prestadoras de serviços públicos e as instituições financeiras devem dispensar atendimento prioritário às pessoas portadoras de deficiência ou com mobilidade reduzida. Nesse sentido, com base no diploma legal citado, assinale a alternativa correta.

a) Considera-se como deficiente auditivo apenas os indivíduos que tenham perda total e bilateral de sua audição.

b) O atendimento prioritário deverá ser proporcionado, também, à pessoa que, mesmo sem se enquadrar nos conceitos de deficiência, esteja, permanentemente ou temporariamente, com a mobilidade reduzida.

c) O atendimento à pessoa com deficiência deve ser diferenciado e imediato, entendendo-se por imediato o atendimento realizado antes de qualquer outra pessoa, inclusive devendo se interromper o atendimento que estiver em curso.

d) O atendimento prioritário inclui o atendimento diferenciado, não se enquadrando, nesse último conceito, a disponibilização de intérpretes ou pessoas capacitadas em Língua Brasileira de Sinais – LIBRAS – às pessoas com deficiência auditiva.

e) O atendimento prioritário se refere apenas à capacitação do pessoal lotado nos órgãos públicos, não se incluindo, nesse conceito, as adaptações necessárias dos mobiliários das repartições públicas.

▷ ***Anotações/Comentários***

(a) "Considera-se, para os efeitos deste Decreto: pessoa portadora de deficiência, além daquelas previstas na Lei nº 10.690, de 16 de junho de 2003, a que possui limitação ou incapacidade para o desempenho de atividade e se enquadra nas seguintes categorias: deficiência auditiva: perda bilateral, **parcial ou total**, de quarenta e um decibéis (dB) ou mais, aferida por audiograma nas freqüências de 500Hz, 1.000Hz, 2.000Hz e 3.000Hz." (art. 5º, § 1º, I, "b", do Decreto nº 5.296/2004 – grifos acrescidos).

(b) "O atendimento prioritário compreende tratamento diferenciado e atendimento imediato às pessoas de que trata o art. 5º" (art. 6º do Decreto nº 5.296/2004) "Os órgãos da administração pública direta, indireta e fundacional, as empresas prestadoras de serviços públicos e as instituições financeiras deverão dispensar atendimento prioritário às pessoas portadoras de deficiência ou com **mobilidade reduzida**." (art. 5º, "caput", do Decreto nº 5.296/2004 – grifos acrescidos). O conceito trazido pela alternativa é o de pessoa com mobilidade reduzida que tem direito ao atendimento prioritário:

> **Art. 5º, § 1º, II, do Decreto nº 5.296/2004:** Considera-se, para os efeitos deste Decreto: pessoa com mobilidade reduzida, aquela que, não se enquadrando no conceito de pessoa portadora de deficiência, tenha, por qualquer motivo, dificuldade de movimentar-se, permanente ou temporariamente, gerando redução efetiva da mobilidade, flexibilidade, coordenação motora e percepção.

(c) "O atendimento prioritário compreende tratamento diferenciado e atendimento imediato às pessoas de que trata o art. 5º" (art. 6º, "caput", do Decreto nº 5.296/2004). "Entende-se por imediato o atendimento prestado às pessoas referidas no art. 5º, antes de qualquer outra, **depois de concluído o atendimento que estiver em andamento**, observado o disposto no inciso I do parágrafo único do art. 3º da Lei nº 10.741, de 1º de outubro de 2003 (Estatuto da Pessoa Idosa)." (art. 6º, § 2º, do Decreto nº 5.296/2004 – grifos acrescidos).

(d) "O tratamento diferenciado inclui, dentre outros: serviços de atendimento para pessoas com deficiência auditiva, prestado por intérpretes ou pessoas capacitadas em Língua Brasileira de Sinais – LIBRAS e no trato com aquelas que não se comuniquem em LIBRAS, e para pessoas surdocegas, prestado por guias-intérpretes ou pessoas capacitadas neste tipo de atendimento." (art. 6º, § 1º, III, do Decreto nº 5.296/2004). Assim, ao contrário do que prevê a alternativa, o tratamento diferenciado inclui os serviços prestados por intérpretes ou pessoas capacitadas em LIBRAS, pois é fundamental para a plena acessibilidade da pessoa com deficiência.

(e) "O tratamento diferenciado inclui, dentre outros: mobiliário de recepção e atendimento obrigatoriamente adaptado à altura e à condição física de pessoas em cadeira de rodas, conforme estabelecido nas normas técnicas de acessibilidade da ABNT." (art. 6º, § 1º, II, do Decreto nº 5.296/2004).

88. (FCC – Analista Judiciário – Área Administrativa – TRT 24/2017)
Para fins de atendimento prioritário, é considerado pessoa idosa

a) o homem, a partir de 65 anos, e a mulher, a partir dos 60.

b) tanto o homem como a mulher a partir de 65 anos.

c) tanto o homem como a mulher a partir de 70 anos.

d) o homem, a partir de 70 anos, e a mulher, a partir dos 60.

e) tanto o homem como a mulher a partir de 60 anos.

▷ ***Anotações/Comentários***

"As pessoas com deficiência, as pessoas com transtorno do espectro autista, as pessoas idosas com idade igual ou superior a 60 (sessenta) anos, as gestantes, as lactantes, as pessoas com criança de colo, os obesos, as pessoas com mobilidade reduzida e os doadores de sangue terão atendimento prioritário, nos termos desta Lei." (art. 1º. Lei nº 10.048/2000). Tendo em vista que a legislação não diferencia as pessoas idosas, tanto o homem e a mulher a partir de 60 anos serão considerados pessoas idosas para fins de tratamento prioritário. A alteração promovida pela Lei nº 14.626/2023 em nada modifica o gabarito da questão.

89. (FCC – Analista Judiciário – Área Judiciária – TRE – PR/2017)
Uma pessoa com deficiência pleiteou o recebimento de atendimento prioritário para dois casos: um relacionado a acesso de informações e disponibilização de recursos de comunicação acessíveis e outro a serviço de emergência. Sobre esse assunto, a Lei no 13.146/2015 estabelece que

a) não há previsão legal para prioridade a assuntos relacionados a acesso de informações e disponibilização de recursos de comunicação acessíveis.

b) a prioridade é personalística, não podendo ser estendida a acompanhantes ou atendentes pessoais.

c) o atendimento ao pleiteado está condicionado às possibilidades materiais e humanas da pessoa jurídica de direito público ou privado à qual solicitado o serviço.

d) questões afetas à comunicação e informação não estão de nenhuma forma inseridas no conceito de barreiras ou entraves, estando fora do que disciplina a Lei nº 13.146/2015.

e) nos serviços de emergência públicos e privados, a prioridade é condicionada aos protocolos de atendimento médico.

▷ ***Anotações/Comentários***

(a) "A pessoa com deficiência tem direito a receber atendimento prioritário, sobretudo com a finalidade de: disponibilização de recursos, tanto humanos quanto tecnológicos, que garantam atendimento em igualdade de condições com as demais pessoas." (art. 9º, III, Estatuto da Pessoa com Deficiência)

(b) "Os direitos previstos neste artigo são extensivos ao acompanhante da pessoa com deficiência ou ao seu atendente pessoal, exceto quanto ao disposto nos incisos VI e VII deste artigo." (art. 9º, § 1º, Estatuto da Pessoa com Deficiência). Nesse sentido, o acompanhante da pessoa com deficiência ou seu atendente pessoal têm direito à prioridade de atendimento, com exceção na restituição do imposto de renda e na tramitação processual.

(c) Não há nenhuma ressalva no Estatuto da Pessoa com Deficiência em relação às possibilidades materiais e humanas da Administração Pública, devendo sempre ser respeitado o direito ao atendimento prioritário da pessoa com deficiência.

(d) "Para fins de aplicação desta Lei, consideram-se: barreiras: qualquer entrave, obstáculo, atitude ou comportamento que limite ou impeça a participação social da pessoa, bem como o gozo, a fruição e o exercício de seus direitos à acessibilidade, à liberdade de movimento e de expressão, à comunicação, ao acesso à informação, à compreensão, à circulação com segurança, entre outros, classificadas em: **barreiras nas comunicações e na informação**: qualquer entrave, obstáculo, atitude ou comportamento que dificulte ou impossibilite a expressão ou o recebimento de mensagens e de informações por intermédio de sistemas de comunicação e de tecnologia da informação." (art. 3º, IV, "d", Estatuto da Pessoa com Deficiência).

(e) "A pessoa com deficiência tem direito a receber atendimento prioritário, sobretudo com a finalidade de: proteção e socorro em quaisquer circunstâncias." (art. 9º, I, Estatuto da Pessoa com Deficiência). "Nos serviços de emergência públicos e privados, a prioridade conferida por esta Lei é condicionada aos protocolos de atendimento médico." (art. 9º, § 2º, Estatuto da Pessoa com Deficiência)

---

90. (FCC – Técnico Judiciário – Área Administrativa – TRE – SP/2017)
Os direitos relacionados ao atendimento prioritário da pessoa com deficiência, são extensivos ao acompanhante da pessoa com deficiência ou ao seu atendente pessoal, EXCETO, dentre outra hipótese, quanto

a) à proteção e socorro em quaisquer circunstâncias.

b) ao atendimento em todas as instituições e serviços de atendimento ao público.

c) ao recebimento de restituição de imposto de renda.

d) à disponibilização de pontos de parada, estações e terminais acessíveis de transporte coletivo de passageiros e garantia de segurança no embarque e no desembarque.

e) ao acesso a informações e disponibilização de recursos de comunicação acessíveis.

▷ ***Anotações/Comentários***

"Os direitos previstos neste artigo são extensivos ao acompanhante da pessoa com deficiência ou ao seu atendente pessoal, exceto quanto ao disposto nos incisos VI e VII deste artigo." (art. 9º, § 1º, Lei nº 13.146/2015). Nesse sentido, o acompanhante da pessoa com deficiência ou seu atendente pessoal não têm direito à prioridade de atendimento na restituição do imposto de renda e na tramitação processual. Nesse sentido, confira as hipóteses de atendimento prioritário previstas no Estatuto da Pessoa com Deficiência:

> **Art. 9º, Lei nº 13.146/2015:** A pessoa com deficiência tem direito a receber atendimento prioritário, sobretudo com a finalidade de:
>
> I – proteção e socorro em quaisquer circunstâncias;
>
> II – atendimento em todas as instituições e serviços de atendimento ao público;
>
> III – disponibilização de recursos, tanto humanos quanto tecnológicos, que garantam atendimento em igualdade de condições com as demais pessoas;
>
> IV – disponibilização de pontos de parada, estações e terminais acessíveis de transporte coletivo de passageiros e garantia de segurança no embarque e no desembarque;
>
> V – acesso a informações e disponibilização de recursos de comunicação acessíveis;
>
> VI – recebimento de restituição de imposto de renda;
>
> VII – tramitação processual e procedimentos judiciais e administrativos em que for parte ou interessada, em todos os atos e diligências.

15. ACESSIBILIDADE

---

91. AOCP – 2024 – TRF 2 - Analista Judiciário - Área Administrativa
Nos termos da Lei nº 10.098/2000, que estabelece normas gerais e critérios básicos para a promoção da acessibilidade das pessoas portadoras de deficiência ou com mobilidade reduzida, assinale a alternativa correta.

a) As barreiras urbanísticas são aquelas existentes nos sistemas e meios de transportes.

b) Constituem barreiras arquitetônicas aquelas existentes nas vias e nos espaços públicos e privados abertos ao público ou de uso coletivo.

c) O desenho universal consiste na concepção de produtos, ambientes, programas e serviços a serem usados por todas as pessoas, sem necessidade de adaptação ou de projeto específico, excetuados os recursos de tecnologia assistiva.

d) O passeio público, elemento obrigatório de urbanização e parte da via pública, normalmente segregado e em nível diferente, destina-se somente à circulação de pedestres e, quando possível, à implantação de mobiliário urbano e de vegetação.

e) Nas áreas de estacionamento de veículos, localizadas em vias ou em espaços públicos, deverão ser reservadas vagas próximas dos acessos de circulação de pedestres, devidamente sinalizadas, para veículos que transportem pessoas com qualquer tipo de deficiência.

▷ ***Anotações/Comentários***

A resposta da questão está prevista no art. 2º, 3º e 7º da Lei nº 10.098/2000.

(a) Ao contrário do que afirma a alternativa, aquelas existentes nos sistemas e meios de transportes são as barreiras nos transportes. Por sua vez, as barreiras urbanísticas são as existentes nas vias e nos espaços públicos e privados abertos ao público ou de uso coletivo;

(b) O conceito trazido é o de barreiras urbanísticas. As barreiras arquitetônicas são as existentes nos edifícios públicos e privados;

(c) desenho universal: concepção de produtos, ambientes, programas e serviços a serem usados por todas as pessoas, sem necessidade de adaptação ou de projeto específico**, incluindo os recursos de tecnologia assistiva.**

(d) "O passeio público, elemento obrigatório de urbanização e parte da via pública, normalmente segregado e em nível diferente, destina-se somente à circulação de pedestres e, quando possível, à implantação de mobiliário urbano e de vegetação." (art. 3º, parágrafo único, da Lei nº 10.098/2000).

(e) "Em todas as áreas de estacionamento de veículos, localizadas em vias ou em espaços públicos, deverão ser reservadas vagas próximas dos acessos de circulação de pedestres, devidamente sinalizadas, para veículos que transportem pessoas portadoras de deficiência com dificuldade de locomoção." (art. 7º da Lei nº 10.098/2000).

---

92. FCC – 2024 – TRF 3 - Técnico Judiciário - Área Administrativa
Nos termos da Lei nº 10.098/2000, brinquedos e equipamentos de lazer existentes em vias públicas, em parques e nos demais espaços de uso público devem ser adaptados e identificados, tanto quanto tecnicamente possível, para possibilitar sua utilização por pessoas com deficiência, inclusive visual, ou com mobilidade reduzida. Referida Lei exige uma porcentagem mínima de cada brinquedo e equipamento de lazer adaptados e identificados, nos moldes anteriormente narrados, que deverá ser de, no mínimo,

a) 5%.

b) 10%.

c) 4%.

d) 2%.

e) 3%.

▷ ***Anotações/Comentários***

A resposta à questão está prevista expressamente no art. 4º, parágrafo único, da Lei nº 10.098/2000: "No mínimo 5% (cinco por cento) de cada brinquedo e equipamento de lazer existentes nos locais referidos no caput devem ser adaptados e identificados, tanto quanto tecnicamente possível, para possibilitar sua utilização por pessoas com deficiência, inclusive visual, ou com mobilidade reduzida."

---

93. FGV – 2024 – TRF 1 – Analista Judiciário - Área Judiciária
Uma lei impôs aos estabelecimentos federais de ensino a utilização de cadeiras adaptadas para alunos com deficiência física ou mobilidade reduzida. Nela foi determinado que o número de cadeiras adaptadas deve ser, no mínimo, igual ao número de alunos regularmente matriculados em cada sala. Deixou a lei de tratar sobre pessoas com deficiência auditiva e visual.

Com relação ao tema do enunciado, à Lei nº 10.098/2000, que trata sobre normas gerais e critérios básicos para a promoção da acessibilidade das pessoas com deficiência ou com mobilidade reduzida, e ao pensamento do Supremo Tribunal Federal (STF), é correto afirmar que:

a) a Lei nº 10.098/2000 não tratou dos locais de aula para pessoas que utilizam cadeiras de roda, deixando um vácuo suplementado pela aludida lei, que optou pelo uso de cadeiras adaptadas;

b) a lei federal, em respeito ao princípio da proporcionalidade, deveria estabelecer que o número de cadeiras adaptadas seria o número de alunos com deficiência regularmente matriculados em cada sala;

c) a Lei nº 10.098/2000 dispôs sobre lugares específicos para pessoas com deficiência auditiva e visual, mas não sobre a presença do respectivo acompanhante, o que obedece à ideia de autonomia;

d) o respeito à imposição legal não seria um problema orçamentário, pois o aludido critério do número de alunos regularmente matriculados obedece à lógica da integração social;

e) a referida imposição aos estabelecimentos federais de ensino viola a não discriminação, porque as pessoas com deficiência receberiam tratamento diferenciado em decorrência dessa condição.

▷ ***Anotações/Comentários***

(a) "Os locais de espetáculos, conferências, aulas e outros de natureza similar deverão dispor de espaços reservados para pessoas que utilizam cadeira de rodas, e de lugares específicos para pessoas com deficiência auditiva e visual, inclusive acompanhante, de acordo com a ABNT, de modo a facilitar-lhes as condições de acesso, circulação e comunicação." (art. 12 da Lei nº 10.098/2000).

(b) Note-se que a alternativa está correta, uma vez que assegura que a pessoa com deficiência tenha acesso a cadeiras adaptadas sem a necessidade de que todas sejam adaptadas atendendo ao princípio da proporcionalidade.

(c) "Os locais de espetáculos, conferências, aulas e outros de natureza similar deverão dispor de espaços reservados para pessoas que utilizam cadeira de rodas, e de lugares específicos para pessoas com deficiência auditiva e visual, **inclusive acompanhante,** de acordo com a ABNT, de modo a facilitar-lhes as condições de acesso, circulação e comunicação." (art. 12 da Lei nº 10.098/2000).

(d) Como visto no comentário da alternativa "b", em razão de proporcionalidade, deve ser exigidas cadeiras adaptadas pela quantidade de alunos com deficiência matriculados.

(e) Não há violação ao princípio da não discriminação, mas ao contrário, seria medida de assegurar a efetiva acessibilidade e inclusão das pessoas com deficiência.

94. FGV – 2024 – TRF 1 – Técnico Judiciário - Área Administrativa

Em relação às regras legais de promoção da acessibilidade das pessoas com deficiência ou com mobilidade reduzida, é correto afirmar que:

a) o planejamento e a urbanização das vias públicas, parques e demais espaços de uso público deverão garantir a acessibilidade para todas as pessoas que se enquadrem ao perfil do local e aos objetivos estabelecidos pelo planejamento urbano municipal;

b) os edifícios com mais de um pavimento além do pavimento de acesso, inclusive as habitações unifamiliares, que não estejam obrigados à instalação de elevador, deverão dispor de especificações técnicas e de projeto que facilitem a instalação de um elevador adaptado;

c) a instalação de banheiros químicos com unidades acessíveis a pessoas com deficiência ou com mobilidade reduzida é obrigatória no caso de eventos em espaços públicos e facultativa para eventos organizados em espaços privados;

d) a instalação de qualquer mobiliário urbano em área de circulação comum para pedestre que ofereça risco de acidente à pessoa com deficiência deverá ser indicada mediante sinalização tátil de alerta no piso, de acordo com as normas técnicas pertinentes;

e) os semáforos para pedestres instalados nas vias públicas, independentemente da intensidade do fluxo de veículos e da periculosidade da via, deverão estar equipados com mecanismo que emita sinal sonoro ou com mecanismo alternativo que sirva de guia ou orientação para a travessia de pessoas portadoras de deficiência visual.

▷ ***Anotações/Comentários***

(a) "O planejamento e a urbanização das vias públicas, dos parques e dos demais espaços de uso público deverão ser concebidos e executados de forma a torná-los acessíveis para todas as pessoas, inclusive para aquelas com deficiência ou com mobilidade reduzida." (art. 3º da Lei nº 10.098/2000).

(b) "Os edifícios a serem construídos com mais de um pavimento além do pavimento de acesso, à exceção das habitações unifamiliares, e que não estejam obrigados à instalação de elevador, deverão dispor de especificações técnicas e de projeto que facilitem a instalação de um elevador adaptado, devendo os demais elementos de uso comum destes edifícios atender aos requisitos de acessibilidade." (art. 14 da Lei nº 10.098/2000).

(c) "Os eventos organizados em espaços públicos e privados em que haja instalação de banheiros químicos deverão contar com unidades acessíveis a pessoas com deficiência ou com mobilidade reduzida." (art. 6º, §1º, da Lei nº 10.098/2000). Não há a obrigatoriedade de instalação de banheiros químicos, mas se instalados deverão contar com unidades acessíveis às pessoas com deficiência.

(d) "A instalação de qualquer mobiliário urbano em área de circulação comum para pedestre que ofereça risco de acidente à pessoa com deficiência deverá ser indicada mediante sinalização tátil de alerta no piso, de acordo com as normas técnicas pertinentes." (art. 10-A da Lei nº 10.098/2000).

(e) "Os semáforos para pedestres instalados nas vias públicas deverão estar equipados com mecanismo que emita sinal sonoro suave, intermitente e sem estridência, ou com mecanismo alternativo, que sirva de guia ou orientação para a travessia de pessoas portadoras de deficiência visual, se a intensidade do fluxo de veículos e a periculosidade da via assim determinarem." (art. 9º, "caput" da Lei nº 10.098/2000).

95. FGV – 2024 – TRF 1 - Analista Judiciário - Inspetor de Polícia Judicial

O Tribunal Regional Federal da 1ª Região, por conta do grande volume de atendimentos ao público, resolveu ampliar as sedes das suas seções judiciárias. Para tanto, recebeu um projeto para construção de um anexo à sede da seção do Distrito Federal. Com olhos na segurança institucional, foram colocados, na calçada, pequenos postes de meio metro, vizinhos ao semáforo, no acesso à única entrada disponível ao público em geral. No estacionamento de uso público, foram reservadas as vagas mais próximas aos acessos à circulação de pessoas para veículos que transportam pessoa com deficiência. No auditório, localizado no último andar, todos os espaços para uso são ocupados por cadeiras fixas. Além disso, na rua com grande movimentação de pedestres e automóveis, existe um único semáforo a viabilizar a travessia da calçada em frente ao anexo para a do anexo.

Considerando os dados apresentados e à Lei nº 10.098/2000, é correto afirmar que:

a) a lei possibilita que pessoas com deficiência fiquem em uma sala diversa, com equipamentos adequados muito embora o auditório possua todos os espaços para uso ocupados por cadeiras fixas;

b) a presença constante de um guarda municipal, junto ao semáforo, é necessária para guiar ou orientar a travessia de pessoa com deficiência visual, devido à intensidade do fluxo de veículos e à periculosidade da via;

c) o estacionamento com as vagas mais próximas aos acessos à circulação de pessoas reservadas a veículos que transportam pessoa com deficiência de locomoção permanente obedece à lei, devendo também possuir a respectiva sinalização;

d) a presença de pequenos postes, na calçada, no acesso à única entrada disponível ao público em geral, deve vir acompanhada de supervisão dos agentes de Polícia Judicial, para minimizar os riscos de acidente às pessoas com deficiência;

e) a ausência de banheiro acessível para pessoas com deficiência não importa em desrespeito à lei, porquanto esta facultou sua existência em edifícios públicos, sendo possível disponibilizar o banheiro de uso comum.

▷ ***Anotações/Comentários***

(a) "Os locais de espetáculos, conferências, aulas e outros de natureza similar deverão dispor de espaços reservados para pessoas que utilizam cadeira de rodas, e de lugares específicos para pessoas com deficiência auditiva e visual, inclusive acompanhante, de acordo com a ABNT, de modo a facilitar-lhes as condições de acesso, circulação e comunicação." (art. 12 da Lei nº 10.098/2000). Não pode o auditório conter apenas espaços para cadeiras fixas.

(b) "Os semáforos para pedestres instalados nas vias públicas deverão estar equipados com mecanismo que emita sinal sonoro suave, intermitente e sem estridência, ou com mecanismo alternativo, que sirva de guia ou orientação para a travessia de pessoas portadoras de deficiência visual, se a intensidade do fluxo de veículos e a periculosidade da via assim determinarem." (art. 9º da Lei nº 10.098/2000). Não há a exigência da presença de guarda municipal, mas de semáforo que emita sinal sonoro.

(c) "Para os fins do disposto neste artigo, na construção, ampliação ou reforma de edifícios públicos ou privados destinados ao uso coletivo deverão ser observados, pelo menos, os seguintes requisitos de acessibilidade: nas áreas externas ou internas da edificação, destinadas a garagem e a estacionamento de uso público, deverão ser reservadas vagas próximas dos acessos de circulação de pedestres, devidamente sinalizadas, para veículos que transportem pessoas portadoras de deficiência com dificuldade de locomoção permanente;" (art. 11, parágrafo único, I da Lei nº 10.098/2000).

(d) "Para os fins do disposto neste artigo, na construção, ampliação ou reforma de edifícios públicos ou privados destinados ao uso coletivo deverão ser observados, pelo menos, os seguintes requisitos de acessibilidade: pelo menos um dos acessos ao interior da edificação deverá estar livre de barreiras arquitetônicas e de obstáculos que impeçam ou dificultem a acessibilidade de pessoa portadora de deficiência ou com mobilidade reduzida;" (art. 11, parágrafo único, II, da Lei nº 10.098/2000). A previsão é distinta da exigência de presença de agentes de Polícia Judicial, mas de garantia efetiva de acessibilidade.

(e) "Para os fins do disposto neste artigo, na construção, ampliação ou reforma de edifícios públicos ou privados destinados ao uso coletivo deverão ser observados, pelo menos, os seguintes requisitos de acessibilidade: os edifícios deverão dispor, pelo menos, de um banheiro acessível, distribuindo-se seus equipamentos e acessórios de maneira que possam ser utilizados por pessoa portadora de deficiência ou com mobilidade reduzida." (art. 11, parágrafo único, IV, da Lei nº 10.098/2000).

96. IBFC – 2024 – TRF 5 - Analista Judiciário - Área Administrativa

A Lei Federal nº 10.098/2000 estabelece critérios para a promoção da acessibilidade em áreas urbanas. No que se refere à sinalização de trânsito e ao deslocamento de pessoas com deficiência, assinale a alternativa correta.

a) A implantação de faixas de pedestres exclusivas para pessoas com deficiência em vias de grande movimento

b) A adaptação de semáforos sonoros para orientação de pessoas com deficiência visual em cruzamentos de grande circulação

c) A remoção de todas as barreiras físicas em calçadas dentro de áreas residenciais

d) A construção de passarelas elevadas em todas as vias que cruzam rodovias para garantir a segurança das pessoas com deficiência

▷ ***Anotações/Comentários***

(a) Não há previsão em lei para a implantação de faixas de pedestres exclusivas para pessoas com deficiência em vias de grande movimento.

(b) "Os semáforos para pedestres instalados em vias públicas de grande circulação, ou que deem acesso aos serviços de reabilitação, devem obrigatoriamente estar equipados com mecanismo que emita sinal sonoro suave para orientação do pedestre." (art. 9º, parágrafo único, da Lei nº 10.098/2000).

(c) Não há previsão em lei para a remoção de todas as barreiras físicas em calçadas dentro de áreas residenciais. Há previsão de remoção de barreiras em edifícios públicos ou de uso coletivo.

(d) Não há previsão em lei para a construção de passarelas elevadas em todas as vias que cruzam rodovias para garantir a segurança das pessoas com deficiência.

97. (FCC – Técnico Judiciário – Área Administrativa – TJ – MA/2019)

A respeito do acesso à informação e à comunicação da pessoa com deficiência, é correto afirmar que, segundo o Estatuto da Pessoa com Deficiência,

a) telecentros comunitários que receberem recursos públicos federais para seu custeio ou sua instalação devem possuir equipamentos e instalações acessíveis, não se estendendo tal obrigação legal às lan houses.

b) os fornecedores devem disponibilizar, mediante solicitação, exemplares de bulas, prospectos, textos ou qualquer outro tipo de material de divulgação em formato acessível.

c) considera-se barreira atitudinal formato não acessível de arquivos digitais, ou seja, que não podem ser reconhecidos e acessados por softwares leitores de telas ou outras tecnologias assistivas.

d) por expressa disposição legal, cabe à iniciativa privada incentivar a oferta de aparelhos de telefonia fixa e móvel com acessibilidade que permita a indicação e ampliação sonoras de todas as operações e funções disponíveis.

e) é obrigatória a acessibilidade nos sítios da internet mantidos por empresas com sede ou representação comercial no País ou no exterior ou por órgãos de governo, para uso da pessoa com deficiência.

▷ ***Anotações/Comentários***

(a) "Telecentros comunitários que receberem recursos públicos federais para seu custeio ou sua instalação e **lan houses** devem possuir equipamentos e instalações acessíveis." (art. 63, § 2º, da Lei nº 13.146/2015)

(b) "Os fornecedores devem disponibilizar, mediante solicitação, exemplares de bulas, prospectos, textos ou qualquer outro tipo de material de divulgação em formato acessível." (art. 69, § 2º, da Lei nº 13.146/2015)

(c) "Para fins de aplicação desta Lei, consideram-se: barreiras atitudinais: atitudes ou comportamentos que impeçam ou prejudiquem a participação social da pessoa com deficiência em igualdade de condições e oportunidades com as demais pessoas;" (art. 3º, IV, "e", Lei nº 13.146/2015). O caso apresentado versa sobre barreiras nas comunicações e na informação.

(d) "Cabe ao poder público incentivar a oferta de aparelhos de telefonia fixa e móvel celular com acessibilidade que, entre outras tecnologias assistivas, possuam possibilidade de indicação e de ampliação sonoras de todas as operações e funções disponíveis." (art. 66 da Lei nº 13.146/2015)

(e) "É obrigatória a acessibilidade nos sítios da internet mantidos por empresas com sede ou representação comercial no País ou por órgãos de governo, para uso da pessoa com deficiência, garantindo-lhe acesso às informações disponíveis, conforme as melhores práticas e diretrizes de acessibilidade adotadas internacionalmente." (art. 63, "caput", da Lei nº 13.146/2015)

98. (FCC – Técnico Judiciário – Área Administrativa – TRF 3/2019)

Em uma situação hipotética, a Prefeitura de São Paulo realizará evento comemorativo em praça pública para homenagear importante data para a cidade. Para a realização do evento, serão disponibilizados 30 banheiros químicos. Nos termos da Lei no 10.098/2000, o evento deverá contar com banheiros químicos acessíveis às pessoas com deficiência ou com mobilidade reduzida em número mínimo de

a) 3.

b) 9.

c) 6.

d) 1

e) 2

▷ ***Anotações/Comentários***

Os eventos organizados em espaços públicos e privados em que haja instalação de banheiros químicos deverão contar com unidades acessíveis a pessoas com deficiência ou com mobilidade reduzida." (art. 6º, § 1º, Lei nº 10.098/2000). "O número mínimo de banheiros químicos acessíveis corresponderá a 10% (dez por cento) do total, garantindo-se pelo menos 1 (uma) unidade acessível caso a aplicação do percentual resulte em fração inferior a 1 (um)." (art 6º, § 1º, Lei nº 10.098/2000). Tendo em vista a disponibilização de 30 banheiros químicos, 3 deverão ser acessíveis, o que corresponde a 10%.

99. (FCC – Técnico Judiciário – Área Judiciária – TRF 4/2019) Nos termos da Lei no 10.098/2000, o passeio público

a) não faz parte da via pública.

b) está sempre no mesmo nível da via pública.

c) destina-se exclusivamente à circulação de pedestres, não podendo ter qualquer outra destinação.

d) é elemento obrigatório de urbanização.

e) é considerado um mobiliário urbano.

▷ ***Anotações/Comentários***

"O passeio público, **elemento obrigatório de urbanização** e parte da via pública, normalmente segregado e em nível diferente, destina-se somente à circulação de pedestres e, quando possível, à implantação de mobiliário urbano e de vegetação." (art. 3º, parágrafo único, da Lei nº 10.098/2000 – grifos acrescidos).

100. (FCC – Analista Judiciário – Área Judiciária – TRF 4/2019) Manuel é pessoa com deficiência visual e, ao tentar atravessar determinada via pública de grande circulação, notou que o semáforo para pedestres instalado em tal via não apresentava condições necessárias para que pudesse atravessá-la com segurança. Nos termos da Lei no 10.098/2000, o referido semáforo deveria

a) estar equipado com mecanismo que emita sinal sonoro suave ou com mecanismo alternativo.

b) obrigatoriamente estar equipado com mecanismo que emita sinal sonoro suave para orientação do pedestre.

c) obrigatoriamente estar equipado com mecanismo alternativo para orientação do pedestre, estando excluída, na hipótese narrada, a exigência de mecanismo que emita sinal sonoro.

d) obrigatoriamente estar equipado com mecanismo que emita sinal sonoro intermitente e estridente para orientação do pedestre.

e) estar equipado com mecanismo que emita sinal sonoro intermitente e estridente ou com mecanismo alternativo.

▷ ***Anotações/Comentários***

"Os semáforos para pedestres devem estar equipados com mecanismo que emita sinal sonoro suave ou com outro mecanismo alternativo que viabilize a travessia de pessoas com deficiência visual, se intensidade de fluxo de veículos assim determinar. Será obrigatório o uso desse sinal sonoro em vias públicas de grande circulação ou que deem acesso ao serviço de reabilitação (art. 9º, Lei nº 10.098/2000 e art. 17 do Decreto nº 5.296/2004). Note-se que, por se tratar de via de grande circulação a presença de sinal sono suave é exigida.

101. (AOCP – Analista Judiciário – Área Administrativa – TRT 1/2018) O artigo 11° da Lei n° 10.098/2000 disciplina que a construção, ampliação ou reforma de edifícios públicos ou privados destinados ao uso coletivo deverão ser executadas de modo que sejam ou se tornem acessíveis às pessoas portadoras de deficiência ou com mobilidade reduzida. Nesse sentido, de acordo com o referido diploma legal, assinale a alternativa correta.

a) Pelo menos um dos acessos ao interior da edificação deverá estar livre de barreiras arquitetônicas e de obstáculos que impeçam ou dificultem a acessibilidade de pessoa portadora de deficiência ou com mobilidade reduzida.

b) Os edifícios deverão dispor, pelo menos, de dois banheiros acessíveis, distribuindo- se seus equipamentos e acessórios de maneira que possam ser utilizados por pessoa portadora de deficiência ou com mobilidade reduzida.

c) Pelo menos dois dos acessos ao interior da edificação deverão estar livres de barreiras arquitetônicas e de obstáculos que impeçam ou dificultem a acessibilidade de pessoa portadora de deficiência ou com mobilidade reduzida.

d) Pelo menos dois dos itinerários que comuniquem horizontal e verticalmente todas as dependências e serviços do edifício, entre si e com o exterior, deverão cumprir os requisitos de acessibilidade legalmente previstos.

e) Aos locais de espetáculos, conferências, aulas e outros de natureza similar é facultado dispor de espaços reservados para pessoas que utilizam cadeira de rodas e de lugares específicos para pessoas com deficiência auditiva e visual.

▷ ***Anotações/Comentários***

(a) "Para os fins do disposto neste artigo, na construção, ampliação ou reforma de edifícios públicos ou privados destinados ao uso coletivo deverão ser observados, pelo menos, os seguintes requisitos de acessibilidade: pelo menos um dos acessos ao interior da edificação deverá estar livre de barreiras arquitetônicas e de obstáculos que impeçam ou dificultem a acessibilidade de pessoa portadora de deficiência ou com mobilidade reduzida." (art. 11, parágrafo único, II, da Lei nº 10.098/2000).

(b) "Para os fins do disposto neste artigo, na construção, ampliação ou reforma de edifícios públicos ou privados destinados ao uso coletivo deverão ser observados, pelo menos, os seguintes requisitos de acessibilidade: os edifícios deverão dispor, pelo menos, de um banheiro acessível, distribuindo-se seus equipamentos e acessórios de maneira que possam ser utilizados por pessoa portadora de deficiência ou com mobilidade reduzida." (art. 11, parágrafo único, IV, da Lei nº 10.098/2000)

(c) Como visto nos comentários à (a), a legislação exige que, pelo menos, **um** dos acessos esteja libre de barreiras arquitetônicas de obstáculos que impeçam ou dificultem a acessibilidade de pessoa com deficiência. A alternativa está incorreta ao se referir a dois acessos.

(d) "Para os fins do disposto neste artigo, na construção, ampliação ou reforma de edifícios públicos ou privados destinados ao uso coletivo deverão ser observados, pelo menos, os seguintes requisitos de acessibilidade: pelo menos um dos itinerários que comuniquem horizontal e verticalmente todas as dependências e serviços do edifício, entre si e com o exterior, deverá cumprir os requisitos de acessibilidade de que trata esta Lei" (art. 11, parágrafo único, IV, da Lei nº 10.098/2000).

(e) Os locais de espetáculos, conferências, aulas e outros de natureza similar deverão dispor de espaços reservados para pessoas que utilizam cadeira de rodas, e de lugares específicos para pessoas com deficiência auditiva e visual, inclusive acompanhante, de acordo com a ABNT, de modo a facilitar-lhes as condições de acesso, circulação e comunicação. (art. 12 da Lei nº 10.098/2000)

102. (FCC – Técnico Judiciário – Área Judiciária – TRT 15/2018) A Prefeitura Municipal "X" está construindo um prédio visando novas instalações da Procuradoria Municipal, para melhoria do atendimento ao Público. De acordo com o Decreto nº 5.296/2004, nessa construção, deverá ser garantido, livre de barreiras e de obstáculos que impeçam ou dificultem a sua acessibilidade:

a) pelo menos, três acessos ao seu interior, com comunicação com todas as suas dependências e serviços, incluindo garagens e dependências de veículos.

b) pelo menos, dois acessos ao seu interior, com comunicação com todas as suas dependências e serviços.

c) todos os acessos ao seu interior, com comunicação com todas as suas dependências e serviços.

d) todos os acessos ao seu interior, com comunicação com as principais dependências e serviços.

e) pelo menos, um dos acessos ao seu interior, com comunicação com todas as suas dependências e serviços.

▷ ***Anotações/Comentários***

"A construção, ampliação ou reforma de edificações de uso público deve garantir, pelo menos, um dos acessos ao seu interior, com comunicação com todas as suas dependências e serviços, livre de barreiras e de obstáculos que impeçam ou dificultem a sua acessibilidade." (art. 19 do Decreto nº 5.296/2004). No mesmo sentido, prevê o art. 11, parágrafo único, II, da Lei nº 10.098/2000:

> **Art. 11, parágrafo único, II, da Lei nº 10.098/2000:** Para os fins do disposto neste artigo, na construção, ampliação ou reforma de edifícios públicos ou privados destinados ao uso coletivo deverão ser observados, pelo menos, os seguintes requisitos de acessibilidade: pelo menos um dos acessos ao interior da edificação deverá estar livre de barreiras arquitetônicas e de obstáculos que impeçam

ou dificultem a acessibilidade de pessoa portadora de deficiência ou com mobilidade reduzida.

103. (FCC – Técnico Judiciário – Área Administrativa – TRT 2/2018) Em vias públicas, parques e demais espaços existentes, conforme previsão da Lei no 10.098/2000, cada brinquedo e equipamento de lazer existente devem ser adaptados e identificados, tanto quanto tecnicamente possível, num percentual de no mínimo,

a) 5% para utilização de pessoas com deficiência, inclusive visual, ou com mobilidade reduzida.
b) 10% para utilização de pessoas com deficiência, inclusive visual, ou com mobilidade reduzida.
c) 20% para utilização de pessoas com deficiência, inclusive visual, ou com mobilidade reduzida.
d) 5% para utilização de pessoas com deficiência, excluindo-se a deficiência visual, ou com mobilidade reduzida.
e) 10% para utilização de pessoas com deficiência, excluindo-se a deficiência visual, ou com mobilidade reduzida.

▷ ***Anotações/Comentários***

"No mínimo 5% (cinco por cento) de cada brinquedo e equipamento de lazer existentes nos locais referidos no **caput** devem ser adaptados e identificados, tanto quanto tecnicamente possível, para possibilitar sua utilização por pessoas com deficiência, inclusive visual, ou com mobilidade reduzida." (art. 4º, parágrafo único, da Lei nº 10.098/2000). De acordo com a Lei nº 13.443/2017, que alterou a redação do art. 4º, parágrafo único, da Lei nº 10.098/2000, as vias públicas, os parques e os demais espaços de uso público, devem ter, pelo menos 5% de cada brinquedo e equipamento de lazer adaptado e identifica-lo para o uso da pessoa com deficiência ou com mobilidade reduzida.

104. (FCC – Técnico Judiciário – Área Administrativa – TRT 2/2018) O Decreto no 5.296/2004, ao regulamentar a Lei no 10.098/2000, previu que os semáforos para pedestres, instalados nas vias públicas com intenso fluxo de veículos, de pessoas ou que apresentem periculosidade, deverão estar equipados com mecanismo que sirva de guia ou orientação para travessias de pessoas com mobilidade reduzida ou deficiência

a) auditiva.
b) visual.
c) mental.
d) física.
e) intelectual

▷ ***Anotações/Comentários***

"Os semáforos para pedestres instalados nas vias públicas deverão estar equipados com mecanismo que sirva de guia ou orientação para a travessia de **pessoa portadora de deficiência visual** ou com mobilidade reduzida em todos os locais onde a intensidade do fluxo de veículos, de pessoas ou a periculosidade na via assim determinarem, bem como mediante solicitação dos interessados." (art. 17 do Decreto nº 5.296/2004 – grifos acrescidos)

105. (Cespe – Técnico Judiciário – Área Administrativa – TRE – BA/2017) Ao estabelecer condições de alcance para pessoa com deficiência ou com mobilidade reduzida utilizar, com segurança e autonomia, espaços, mobiliários, equipamentos urbanos, edificações, transportes, informação e comunicação, inclusive seus sistemas e tecnologias, bem como outros serviços e instalações abertos ao público, de uso coletivo público ou privado, tanto na zona urbana quanto na rural, a legislação garante a pessoas nessa situação o direito à

a) funcionalidade.
b) adaptação.
c) inclusão.
d) mobilidade.
e) acessibilidade.

▷ ***Anotações/Comentários***

"Para fins de aplicação desta Lei, consideram-se: acessibilidade: possibilidade e condição de alcance para utilização, com segurança e autonomia, de espaços, mobiliários, equipamentos urbanos, edificações, transportes, informação e comunicação, inclusive seus sistemas e tecnologias, bem como de outros serviços e instalações abertos ao público, de uso público ou privados de uso coletivo, tanto na zona urbana como na rural, por pessoa com deficiência ou com mobilidade reduzida." (art. 3º, I, Lei nº 13.146/2015). É o direito que assegura à pessoa com deficiência ou com mobilidade reduzida viver de forma independente e exercer seus direitos de cidadania e de participação social (art. 53, Lei nº 13.146/2015).

106. (FCC – Analista Judiciário – Área Administrativa – TRF 5/2017) No tocante aos elementos de urbanização, considere:

I. No mínimo 10% de cada brinquedo e equipamento de lazer existentes nas vias públicas e nos parques devem ser adaptados e identificados, tanto quanto tecnicamente possível, para possibilitar sua utilização por pessoas com deficiência, inclusive visual, ou com mobilidade reduzida.
II. O projeto e o traçado dos elementos de urbanização públicos e privados de uso comunitário, nestes não compreendidos os itinerários e as passagens de pedestres, deverão observar os parâmetros estabelecidos pelas normas técnicas de acessibilidade da Associação Brasileira de Normas Técnicas – ABNT.
III. Os banheiros de uso público existentes ou a construir em parques, praças, jardins e espaços livres públicos deverão ser acessíveis e dispor, pelo menos, de um sanitário e um lavatório que atendam às especificações das normas técnicas da ABNT.

De acordo com a Lei nº 10.098/2000, está correto o que se afirma APENAS em

a) II e III.
b) I e II.
c) III.
d) I e III.
e) I.

▷ ***Anotações/Comentários***

Assertiva I. Incorreta. "No mínimo 5% (cinco por cento) de cada brinquedo e equipamento de lazer existentes nos locais referidos no caput devem ser adaptados e identificados, tanto quanto tecnicamente possível, para possibilitar sua utilização por pessoas com deficiência, inclusive visual, ou com mobilidade reduzida." (art. 4º, parágrafo único, Lei nº 10.098/2000).

Assertiva II. Incorreta. "O projeto e o traçado dos elementos de urbanização públicos e privados de uso comunitário, **nestes compreendidos os itinerários e as passagens de pedestres**, os percursos de entrada e de saída de veículos, as escadas e rampas, deverão observar os parâmetros estabelecidos pelas normas técnicas de acessibilidade da Associação Brasileira de Normas Técnicas – ABNT." (art. 5º, Lei nº 10.098/2000 – grifos acrescidos)

Assertiva III. Correta. "Os banheiros de uso público existentes ou a construir em parques, praças, jardins e espaços livres públicos deverão ser acessíveis e dispor, pelo menos, de um sanitário e um lavatório que atendam às especificações das normas técnicas da ABNT." (art. 6º, "caput", Lei nº 10.098/2000).

107. (FCC – Analista Judiciário – Área Administrativa – TRF 5/2017) De acordo com a Lei nº 10.098/2000, considere os requisitos abaixo.

I. Percurso acessível que una as unidades habitacionais com o exterior e com as dependências de uso comum.
II. Percurso acessível que una a edificação à via pública, às edificações e aos serviços anexos de uso comum e aos edifícios vizinhos.
III. Cabine do elevador e respectiva porta de entrada acessíveis para pessoas portadoras de deficiência ou com mobilidade reduzida.

Os edifícios de uso privado em que seja obrigatória a instalação de elevadores deverão ser construídos atendendo aos requisitos mínimos de acessibilidade previstos em

a) I, apenas.

b) I e II, apenas.

c) II e III, apenas.

d) I, II e III.

e) III, apenas.

▷ ***Anotações/Comentários***

Os elevadores instalados em edifícios de uso privado devem atender aos seguintes requisitos de acessibilidade (art. 13, Lei nº 10.098/2000):

a) percurso acessível que una as unidades habitacionais com o exterior e com as dependências de uso comum;

b) percurso acessível que una a edificação à via pública, às edificações e aos serviços anexos de uso comum e aos edifícios vizinhos;

c) cabine de elevador e respectiva porta de entrada acessíveis para pessoas com deficiência.

---

108. (FCC – Analista Judiciário – Área Administrativa – TRF 5/2017) Dispõe o Decreto nº 5.296/2004 que nos teatros, cinemas, auditórios, estádios, ginásios de esporte, casas de espetáculos, salas de conferências e similares é obrigatória a destinação de dois por cento dos assentos para acomodação de pessoas portadoras de deficiência visual e de pessoas com mobilidade reduzida, incluindo obesos, em locais de boa recepção de mensagens sonoras, devendo todos ser devidamente sinalizados e estar de acordo com os padrões das normas técnicas de acessibilidade da ABNT. Segundo o referido Decreto, a pessoa com mobilidade reduzida é aquela que,

a) não se enquadrando no conceito de pessoa portadora de deficiência, tenha, por qualquer motivo, dificuldade de movimentar-se, permanente ou temporariamente, gerando redução efetiva da mobilidade, flexibilidade, coordenação motora e percepção.

b) se enquadrando no conceito de pessoa portadora de deficiência, tenha, por qualquer motivo, dificuldade de movimentar- se, permanente ou temporariamente, gerando redução efetiva da mobilidade, flexibilidade, coordenação motora e percepção.

c) se enquadrando no conceito de pessoa portadora de deficiência, tenha, por qualquer motivo, dificuldade de movimentar-se necessariamente de forma permanente, ou seja, com impossibilidade de reversão, gerando redução efetiva da mobilidade, flexibilidade, coordenação motora e percepção.

d) não se enquadrando no conceito de pessoa portadora de deficiência, tenha, por qualquer motivo, dificuldade de movimentar-se necessariamente de forma permanente, ou seja, com impossibilidade de reversão, gerando redução efetiva da mobilidade, flexibilidade, coordenação motora e percepção.

e) se enquadrando no conceito de pessoa portadora de deficiência, tenha, por qualquer motivo, dificuldade de movimentar- se, permanente ou temporariamente, gerando qualquer tipo de redução da mobilidade motora em qualquer grau ou nível específico de dificuldade ou inabilidade.

▷ ***Anotações/Comentários***

"Considera-se, para os efeitos deste Decreto: pessoa com mobilidade reduzida, aquela que, não se enquadrando no conceito de pessoa portadora de deficiência, tenha, por qualquer motivo, dificuldade de movimentar-se, permanente ou temporariamente, gerando redução efetiva da mobilidade, flexibilidade, coordenação motora e percepção." (art. 5º, § 1º, II, do Decreto nº 5.296/2004). A questão exigia o conhecimento específico de uma definição prevista no Decreto nº 5.296/2004 e, por isso, apresentava maior grau de dificuldade.

---

109. (FCC – Técnico Judiciário – Área Administrativa – TRF 5/2017) De acordo com a Lei nº 10.098/2000, os semáforos para pedestres instalados nas vias públicas deverão estar equipados com mecanismo que emita sinal ou com mecanismo alternativo, que sirva de guia ou orientação para a travessia de pessoas portadoras de deficiência visual, se a intensidade do fluxo de veículos e a periculosidade da via assim determinarem. Neste caso, o sinal sonoro que esses semáforos devem emitir será

a) suave, intermitente e sem estridência.

b) forte, intermitente e estridente.

c) suave, contínuo e sem estridência.

d) forte, contínuo e estridente.

e) forte, contínuo e sem estridência.

▷ ***Anotações/Comentários***

"Os semáforos para pedestres instalados nas vias públicas deverão estar equipados com mecanismo que emita **sinal sonoro suave, intermitente e sem estridência**, ou com mecanismo alternativo, que sirva de guia ou orientação para a travessia de pessoas portadoras de deficiência visual, se a intensidade do fluxo de veículos e a periculosidade da via assim determinarem." (art. 9º, "caput", Lei nº 10.098/2000).

---

110. (Cespe – Analista Judiciário – Área Judiciária – TRF 1/2017) A respeito dos direitos da pessoa portadora de deficiência, julgue os itens a seguir, considerando a legislação pertinente.

1) O Ministério Público exige que os semáforos nas vias públicas sejam equipados com mecanismo que emita sinal sonoro ou outro alternativo como guia ou orientação para a travessia de pessoas portadoras de deficiência visual, independentemente da intensidade do fluxo de veículos e a periculosidade da via.

▷ ***Anotações/Comentários***

"Os semáforos para pedestres instalados nas vias públicas deverão estar equipados com mecanismo que emita **sinal sonoro suave, intermitente e sem estridência**, ou com mecanismo alternativo, que sirva de guia ou orientação para a travessia de pessoas portadoras de deficiência visual, se a intensidade do fluxo de veículos e a periculosidade da via assim determinarem." (art. 9º, "caput", Lei nº 10.098/2000). O item da questão apresenta dois erros. O primeiro deles consiste no fato de afirmar que a obrigação de instalar mecanismo sonoro em semáforos decorre de exigência do Ministério Público, quando, na realidade, há previsão legal nesse sentido. O segundo erro refere-se à previsão de que o mecanismo somente será instalado se a intensidade do fluxo de veículos e a periculosidade da via assim determinarem.

DIREITOS DAS PESSOAS COM DEFICIÊNCIA

---

111. (Cespe – Analista Judiciário – Área Judiciária – TRF 1/2017) A respeito dos direitos da pessoa portadora de deficiência, julgue os itens a seguir, considerando a legislação pertinente.

1) Ainda que a carta de habite-se tenha sido emitida antes de as exigências de acessibilidade constarem na legislação específica, a sua renovação dependerá de serem observadas e certificadas as normas técnicas de acessibilidade da ABNT.

▷ ***Anotações/Comentários***

"A emissão de carta de habite-se ou de habilitação equivalente e sua renovação, quando esta tiver sido emitida anteriormente às exigências de acessibilidade, é condicionada à observação e à certificação das regras de acessibilidade." (art. 60, § 2º, Lei nº 13.146/2015). "Para emissão de carta de "habite-se" ou habilitação equivalente e para sua renovação, quando esta tiver sido emitida anteriormente às exigências de acessibilidade contidas na legislação específica, devem ser observadas e certificadas as regras de acessibilidade previstas neste Decreto e nas normas técnicas de acessibilidade da ABNT." (art. 13, § 2º, Decreto nº 5.296/2004).

---

112. (Cespe – Técnico Judiciário – Área Administrativa – TRE – PE/2017) Considerando a legislação relativa à pessoa com deficiência, assinale a opção correta.

a) Pessoas com deficiência têm direito a planos de saúde específicos, que podem ter redução de cobertura em relação aos demais clientes, desde que haja redução proporcional do preço.

b) Os hotéis construídos antes da edição da Lei n.° 13.146/2015 têm o prazo de até dez anos para adotar todos os meios de acessibilidade estabelecidos na lei.

c) O princípio do desenho universal não é aplicável a serviços, mas apenas a produtos e ambientes.

d) A acessibilidade deve ser entendida não só como direito, mas também como princípio e garantia para o pleno exercício de demais direitos.

e) Havendo vagas decorrentes de ação afirmativa, a pessoa com deficiência deverá, necessariamente, concorrer pelas cotas.

▷ ***Anotações/Comentários***

(a) "As operadoras de planos e seguros privados de saúde são obrigadas a garantir à pessoa com deficiência, no mínimo, todos os serviços e produtos ofertados aos demais clientes." (art. 20 da Lei nº 13.146/2015). Além disso, como foram de se evitar a discriminação contra a pessoa com deficiência, é vedada a cobrança de valores diferenciados por planos e seguros privados de saúde em razão da sua condição (art. 23, Lei nº 13.146/2015).

(b) "Os hotéis, pousadas e similares devem ser construídos observando-se os princípios do desenho universal, além de adotar todos os meios de acessibilidade, conforme legislação em vigor." (art. 45, Lei nº 13.146/2015). "Devem ser observados os prazos a seguir discriminados, a partir da entrada em vigor desta Lei, para o cumprimento dos seguintes dispositivos: art. 45, 24 (vinte e quatro) meses." (art. 125, III, da Lei nº 13.146/2015). Portanto, a legislação deu o prazo de 24 meses contados de sua vigência para o atendimento dos requisitos de acessibilidade.

(c) O desenho universal compreende a concepção de produtos, ambientes, **programas e serviços** a serem usados por todas as pessoas, sem necessidade de adaptação ou de projeto específico, incluindo os recursos de tecnologia assistiva (art. 3º, II, Lei nº 13.146/2015 – grifos acrescidos).

(d) "A acessibilidade é direito que garante à pessoa com deficiência ou com mobilidade reduzida viver de forma independente e exercer seus direitos de cidadania e de participação social." (art. 53, do Estatuto da Pessoa com Deficiência). Note-se, portanto, que a acessibilidade é direito fundamental das pessoas com deficiência e, ao mesmo tempo, princípio que orienta e norteia o exercício dos demais direitos previstos na legislação.

(e) "A pessoa com deficiência não está obrigada à fruição de benefícios decorrentes de ação afirmativa." (art. 4º, § 2º, da Lei nº 13.146/2015).

113. (Cespe – Analista Judiciário – Área Judiciária – TRE – TO/2017) À luz do Estatuto da Pessoa com Deficiência, a concepção de ambiente a ser usado por todas as pessoas, sem a necessidade de adaptação ou de projeto específico, incluindo os recursos de tecnologia assistiva caracteriza o(a)

a) adaptação razoável.

b) elemento urbanizado.

c) mobiliário assistivo.

d) acessibilidade.

e) desenho universal.

▷ ***Anotações/Comentários***

"Para fins de aplicação desta Lei, consideram-se: desenho universal: concepção de produtos, ambientes, programas e serviços a serem usados por todas as pessoas, sem necessidade de adaptação ou de projeto específico, incluindo os recursos de tecnologia assistiva." (art. 3º, II, Estatuto da Pessoa com Deficiência).

114. (FCC – Técnico Judiciário – Área Judiciária – TRT 24/2017) Sobre o "Símbolo Internacional de Surdez", a legislação brasileira determina que

a) é permitido modificar ou adicionar ao símbolo outros elementos além do desenho reproduzido pela lei, a depender de seu local de fixação.

b) o símbolo deverá ser colocado, obrigatoriamente, em todos os locais que possibilitem acesso, circulação e utilização por pessoas com deficiência auditiva.

c) é lícita a utilização do símbolo para outras finalidades para além dos interesses do deficiente auditivo.

d) é vedado o uso do símbolo para identificar veículos conduzidos por deficiente auditivo, pois tal conduta é discriminatória.

e) é proibida a reprodução do símbolo em publicações e outros meios de comunicação relevantes para os interesses do deficiente auditivo.

▷ ***Anotações/Comentários***

(a) "O "Símbolo Internacional de Surdez" deverá ser colocado, obrigatoriamente, em local visível ao público, não sendo permitida nenhuma modificação ou adição ao desenho reproduzido no anexo a esta lei". (art. 2º da Lei nº 8.160/1991).

(b) "É obrigatória a colocação, de forma visível, do 'Símbolo Internacional de Surdez' em todos os locais que possibilitem acesso, circulação e utilização por pessoas portadoras de deficiência auditiva, e em todos os serviços que forem postos à sua disposição ou que possibilitem o seu uso". (art. 1º da Lei nº 8.160/1991).

(c) É proibida a utilização do "Símbolo Internacional de Surdez" para finalidade outra que não seja a de identificar, assinalar ou indicar local ou serviço habilitado ao uso de pessoas portadoras de deficiência auditiva". (art. 3º, "caput", da Lei nº 8.160/1991).

(d) É lícita a utilização do "Símbolo Internacional de Surdez" nos veículos de pessoas com deficiência auditiva nos termos do parágrafo único do art. 3º, da Lei nº 8.160/1991:

> **Art. 3º da Lei nº 8.160/1991:** É proibida a utilização do "Símbolo Internacional de Surdez" para finalidade outra que não seja a de identificar, assinalar ou indicar local ou serviço habilitado ao uso de pessoas portadoras de deficiência auditiva.
>
> Parágrafo único. O disposto no caput deste artigo não se aplica à reprodução do símbolo em publicações e outros meios de comunicação relevantes para os interesses do deficiente auditivo, a exemplo de adesivos específicos para veículos por ele conduzidos.

(e) "O disposto no caput deste artigo não se aplica à reprodução do símbolo em publicações e outros meios de comunicação relevantes para os interesses do deficiente auditivo, a exemplo de adesivos específicos para veículos por ele conduzidos". (art. 3º, parágrafo único, da Lei nº 8.160/1991).

115. (FCC – Analista Judiciário – Área Administrativa – TRT 20/2016) Analise as assertivas abaixo.

I. mobiliário de recepção e atendimento obrigatoriamente adaptado à altura e à condição física de pessoas em cadeira de rodas, conforme estabelecido nas normas técnicas de acessibilidade da ABNT.

II. serviços de atendimento para pessoas com deficiência auditiva, prestado por intérpretes ou pessoas capacitadas em Língua Brasileira de Sinais – LIBRAS e no trato com aquelas que não se comuniquem em LIBRAS, e para pessoas surdocegas, prestado por guias-intérpretes ou pessoas capacitadas neste tipo de atendimento.

III. informações em braile em todas as placas e sinais de identificação nas áreas de atendimento ao público.

IV. admissão de entrada e permanência de cão-guia ou cão-guia de acompanhamento junto de pessoa com deficiência ou de treinador nos locais dispostos no caput do art. 5º, bem como nas demais edificações de uso público e naquelas de uso coletivo, mediante apresentação da carteira de vacina atualizada do animal.

Estão previstas, expressamente no Decreto nº 5.294/2004, como medidas de tratamento diferenciado para pessoas com deficiência e com mobilidade reduzida, o que consta em

a) I, II e III, apenas.

b) I, II, III e IV.

c) I, II e IV, apenas.

d) II, III e IV, apenas.

e) I, III e IV, apenas.

▷ ***Anotações/Comentários***

Assertiva I. "O tratamento diferenciado inclui, dentre outros: mobiliário de recepção e atendimento obrigatoriamente adaptado à altura e à condição física de pessoas em cadeira de rodas, conforme estabelecido nas normas técnicas de acessibilidade da ABNT." (art. 6º, § 1º, II, do Decreto nº 5.296/2004)

Assertiva II. "O tratamento diferenciado inclui, dentre outros: serviços de atendimento para pessoas com deficiência auditiva, prestado por intérpretes ou pessoas capacitadas em Língua Brasileira de Sinais – LIBRAS e no trato com aquelas que não se comuniquem em LIBRAS, e para pessoas surdocegas, prestado por guias-intérpretes ou pessoas capacitadas neste tipo de atendimento". (art. 6º, § 1º, III, Decreto nº 5.296/2004).

Assertiva III. Não há previsão no Decreto nº 5.296/2004 para que haja informações em braile em todas as placas e sinais de identificação nas áreas de atendimento ao público.

Assertiva IV. "O tratamento diferenciado inclui, dentre outros: admissão de entrada e permanência de cão-guia ou cão-guia de acompanhamento junto de pessoa portadora de deficiência ou de treinador nos locais dispostos no caput do art. 5º, bem como nas demais edificações de uso público e naquelas de uso coletivo, mediante apresentação da carteira de vacina atualizada do animal". (art. 6º, § 1º, VIII, do Decreto nº 5.296/2004).

16. DIREITOS NO SISTEMA DE TRANSPORTE COLETIVO

116. FCC - 2024 - TRF 3 - Técnico Judiciário - Área Administrativa

Nos termos da Lei nº 13.146/2015, considere:

I. As frotas de empresas de táxi devem reservar 10% de seus veículos acessíveis à pessoa com deficiência.
II. É admitida a cobrança diferenciada de tarifas pelo serviço de táxi prestado à pessoa com deficiência.
III. As locadoras de veículos são obrigadas a oferecer 1 veículo adaptado para uso de pessoa com deficiência, a cada conjunto de 20 veículos de sua frota.

Especificamente no que concerne ao direito ao transporte e à mobilidade, está correto o que se afirma em

a) I, II e III.
b) III, apenas.
c) I e II, apenas.
d) I e III, apenas.
e) II, apenas.

▷ ***Anotações/Comentários***

(I) "As frotas de empresas de táxi devem reservar 10% (dez por cento) de seus veículos acessíveis à pessoa com deficiência." (art. 51, "caput", da Lei nº 13.146/2015).

(II) "É proibida a cobrança diferenciada de tarifas ou de valores adicionais pelo serviço de táxi prestado à pessoa com deficiência." (art. 51, § 1º, da Lei nº 13.146/2015).

(III) "As locadoras de veículos são obrigadas a oferecer 1 (um) veículo adaptado para uso de pessoa com deficiência, a cada conjunto de 20 (vinte) veículos de sua frota." (art. 52, "caput", da Lei nº 13.146/2015)

117. (Cespe - Técnico Judiciário - TJ - RJ/2021) A respeito da reserva de vagas para veículos que transportam pessoas com deficiência, assinale a opção correta, considerando as disposições da Lei n.º 10.098/2000.

a) A sinalização de vaga reservada deve ser clara e ostensiva, a fim de garantir a fácil identificação do espaço.
b) Afastam-se do âmbito de aplicação da norma os estacionamentos que servem a edifícios em que funcionam representações estrangeiras.
c) As vagas reservadas devem ser localizadas próximas ao acesso de circulação de pedestre, salvo se existir outra em local mais distante, porém com melhor nivelamento do solo.
d) O número de vagas reservadas não poderá ser superior a 2% do total.
e) Não é necessário que espaços públicos em que se realizem atividades de risco garantam o número mínimo de vagas, a fim de preservar a integridade das pessoas com deficiência.

▷ ***Anotações/Comentários***

(a) "Em todas as áreas de estacionamento de veículos, localizadas em vias ou em espaços públicos, deverão ser reservadas vagas próximas dos acessos de circulação de pedestres, **devidamente sinalizadas**, para veículos que transportem pessoas portadoras de deficiência com dificuldade de locomoção." (art. 7º da Lei nº 10.098/2000)

(b) Não há nenhuma previsão afastando a incidência da aplicação a estacionamentos de representações estrangeiras.

(c) O art. 7º da Lei nº 10.098/2000 prevê que as vagas devem ficar próximas dos acessos de pedestres.

(d) "As vagas a que se refere o caput deste artigo deverão ser em número equivalente a dois por cento do total, garantida, no mínimo, uma vaga, devidamente sinalizada e com as especificações técnicas de desenho e traçado de acordo com as normas técnicas vigentes." (art. 7º, parágrafo único, da Lei nº 10.098/2000). O percentual previsto de 2% é mínimo.

(e) Não há exceção para os espaços públicos com atividades de riscos como sugere a alternativa, que não encontra fundamento legal.

118. (FGV - Técnico Judiciário - Área Administrativa - TJ - CE/2019) A Lei Brasileira de Inclusão da Pessoa com Deficiência estabelece que em todas as áreas de estacionamento aberto ao público, de uso público ou privado de uso coletivo e em vias públicas, devem ser reservadas vagas próximas aos acessos de circulação de pedestres, devidamente sinalizadas, para veículos que transportem pessoa com deficiência com comprometimento de mobilidade, desde que devidamente identificados. Nesse contexto, a mencionada lei dispõe que:

a) os veículos estacionados nas vagas reservadas não podem ser obrigados a exibir, em local de ampla visibilidade, a credencial de beneficiário, a ser confeccionada e fornecida pelos órgãos de trânsito, para não serem estereotipados;
b) as citadas vagas devem equivaler a 2% (dois por cento) do total, garantida, no mínimo, 1 (uma) vaga devidamente sinalizada e com as especificações de desenho e traçado de acordo com as normas técnicas vigentes de acessibilidade;
c) as frotas de empresas de táxi devem reservar 1% (um por cento) de seus veículos acessíveis à pessoa com deficiência e os veículos que estejam efetivamente transportando pessoa com deficiência terão prioridade nas citadas vagas;
d) a cobrança diferenciada de tarifas ou de valores adicionais pelo serviço de táxi prestado à pessoa com deficiência é permitida, com o escopo de assegurar e custear as adaptações tecnológicas necessárias nos veículos;
e) o poder público deve fomentar o aumento do número dos veículos acessíveis à pessoa com deficiência nas frotas de empresas de táxi, mas não pode instituir incentivos fiscais com vistas a possibilitar tal acessibilidade.

▷ ***Anotações/Comentários***

(a) "Os veículos estacionados nas vagas reservadas devem exibir, em local de ampla visibilidade, a credencial de beneficiário, a ser confeccionada e fornecida pelos órgãos de trânsito, que disciplinarão suas características e condições de uso." (art. 47, § 2º, Lei nº 13.146/2015)

(b) "As vagas a que se refere o caput deste artigo deverão ser em número equivalente a dois por cento do total, garantida, no mínimo, uma vaga, devidamente sinalizada e com as especificações técnicas de desenho e traçado de acordo com as normas técnicas vigentes." (art. 7º, parágrafo único, da Lei nº 10.098/2000). O percentual previsto de 2% é mínimo.

(c) As frotas de empresas de táxi devem reservar 10% (dez por cento) de seus veículos acessíveis à pessoa com deficiência." (art. 51, "caput", da Lei nº 13.146/2015).

(d) É proibida a cobrança diferenciada de tarifas ou de valores adicionais pelo serviço de táxi prestado à pessoa com deficiência." (art. 51, § 1º, da Lei nº 13.146/2015).

(e) O poder público é autorizado a instituir incentivos fiscais com vistas a possibilitar a acessibilidade dos veículos a que se refere o **caput** deste artigo. (art. 51, § 2º, da Lei nº 13.146/2015).

119. (FCC - Analista Judiciário - Área Judiciária - TRT 2/2018) A disciplina do disposto no Decreto no 3.691/2000, que regulamenta o transporte de pessoas com deficiência no sistema de transporte coletivo interestadual, cabe ao

a) Secretário de Direitos Humanos da Presidência da República.
b) Ministro de Estado dos Transportes.

c) Secretário do Transporte de cada Estado envolvido.
d) Ministro do Desenvolvimento Social.
e) Ministro do Trabalho e da Previdência Social.

▷ ***Anotações/Comentários***

"O Ministro de Estado dos Transportes disciplinará, no prazo de até trinta dias, o disposto neste Decreto." (art. 2º do Decreto nº 3.691/2000).

120. (FCC – Analista Judiciário – Área Administrativa – TRT 15/2018) A Prefeitura da cidade "X" está construindo um centro de Convenções. De acordo com a Lei nº 10.098/2000, deverão ser reservadas vagas próximas dos acessos de circulação de pedestres, devidamente sinalizadas, para veículos que transportem pessoas portadoras de deficiência com dificuldade de locomoção. Nesse caso hipotético, se o centro de Convenções possuir 500 vagas de estacionamento, deverão ser reservadas vagas destinadas aos veículos que transportem pessoas portadoras de deficiência com dificuldade de locomoção no seguinte quantitativo:

a) 25 vagas.
b) 5 vagas.
c) 15 vagas.
d) 50 vagas.
e) 10 vagas.

▷ ***Anotações/Comentários***

De acordo com o art. 7º, parágrafo único, da Lei nº 10.098/2000, deve ser assegurado percentual de 2% das vagas em áreas de estacionamento, em vias de espaço público. Dessa forma, se o Centro de Convenções possui 500 vagas, deve ser assegurado o percentual de 2% desse valor, que totaliza 10 vagas:

> **Art. 7º, da Lei nº 10.098/2000:** Em todas as áreas de estacionamento de veículos, localizadas em vias ou em espaços públicos, deverão ser reservadas vagas próximas dos acessos de circulação de pedestres, devidamente sinalizadas, para veículos que transportem pessoas portadoras de deficiência com dificuldade de locomoção.
>
> Parágrafo único. As vagas a que se refere o caput deste artigo deverão ser em número equivalente a dois por cento do total, garantida, no mínimo, uma vaga, devidamente sinalizada e com as especificações técnicas de desenho e traçado de acordo com as normas técnicas vigentes.

Além disso, de acordo com o art. 47 do Estatuto da Pessoa com Deficiência, é necessária a **reserva de 2% das vagas sinalizadas**, sempre garantida 1 vaga, próximas aos acessos de circulação de pedestres para veículos que transportem pessoa com deficiência com comprometimento de mobilidade em todas as áreas de estacionamento abertas ao público, de uso público ou privado de uso coletivo e em vias públicas. Os veículos estacionados nessas vagas devem exibir credencial de beneficiário confeccionada pelos órgãos de trânsito, que será válida em todo território nacional.

121. (FCC – Analista Judiciário – Área Administrativa – TRT 6/2018) A Lei no 8.899/1994 assegura:

a) passe com valor reduzido à metade, à pessoa com deficiência que seja carente, para transporte coletivo intermunicipal.
b) passe com valor reduzido à metade, à pessoa com deficiência, para transporte coletivo intermunicipal.
c) passe livre, à pessoa com deficiência que seja carente, para transporte coletivo intermunicipal.
d) passe livre, à pessoa com deficiência que seja carente, para transporte coletivo interestadual.
e) passe com valor reduzido à metade, à pessoa com deficiência que seja carente, para transporte coletivo interestadual.

▷ ***Anotações/Comentários***

"É concedido passe livre às pessoas portadoras de deficiência, comprovadamente carentes, no sistema de transporte coletivo interestadual." (art. 1º da Lei nº 8.899/1994). Nesse sentido, o art. 1º do Decreto nº 3.691/2000, que regulamenta a Lei nº 8.899/1994, estabelece a necessidade das empresas permissionárias e autorizatárias de transporte interestadual de passageiros a reservar dois assentos de cada veículo para pessoa com deficiência.

Lembre-se de que as pessoas com mobilidade reduzida não têm direito ao passe livre, pois a lei restringe o direito apenas às pessoas com deficiência.

122. 1(FCC – Técnico Judiciário – Área Administrativa – TRT 6/2018) Para o transporte interestadual de passageiros, quando da regulamentação da Lei no 8.889/1994, o Decreto no 3.691/2000 previu a reserva para pessoa com deficiência de

a) cinco assentos de cada veículo, com passe livre.
b) dois assentos de cada veículo, com passe livre.
c) número ilimitado de assentos, desde que pago metade do valor da passagem.
d) um assento de cada veículo, com passe livre, mais quatro assentos com pagamento da metade do valor da passagem.
e) um assento em cada veículo, com passe livre.

▷ ***Anotações/Comentários***

"É concedido passe livre às pessoas portadoras de deficiência, xomprovadamente carentes, no sistema de transporte coletivo interestadual." (art. 1º da Lei nº 8.899/1994). "As empresas permissionárias e autorizatárias de transporte interestadual de passageiros reservarão dois assentos de cada veículo, destinado a serviço convencional, para ocupação das pessoas beneficiadas pelo art. 1º da Lei nº 8.899, de 29 de junho de 1994, observado o que dispõem as Leis nºs 7.853, de 24 de outubro de 1989, 8.742, de 7 de dezembro de 1993, 10.048, de 8 de novembro de 2000, e os Decretos nºs 1.744, de 8 de dezembro de 1995, e 3.298, de 20 de dezembro de 1999." (art. 1º do Decreto nº 3.691/2000).

Portanto, a garantia do passe livre no transporte interestadual depende da comprovação de carência e a concessionária deve manter pelo menos 2 assentos para este fim.

123. 1(FCC – Analista Judiciário – Área Judiciária – TRT 24/2017) Gilberto tem mobilidade reduzida em razão de um acidente automobilístico que o vitimou, e pretende realizar uma viagem em transporte coletivo interestadual. Neste caso, Gilberto, segundo a Lei nº 8.899/1994 e o Decreto nº 3.691/2000:

a) não tem direito ao passe livre, uma vez que esse direito não se estende para o transporte coletivo interestadual, mas somente em meios de transporte local.
b) não tem direito ao passe livre, uma vez que a existência de mobilidade reduzida não caracteriza deficiência, razão pela qual ele não se enquadra nas hipóteses legais.
c) pode ter direito ao passe livre, independente de prova de que seja carente, mas as empresas de transporte somente têm o dever de reservar dois assentos a cada veículo destinado a serviço convencional.
d) pode ter direito ao passe livre, independente de prova de que seja carente ou do número de assentos reservados pela empresa de transporte em veículo destinado a serviço convencional.
e) pode ter direito ao passe livre, desde que comprove ser carente, mas as empresas de transporte somente têm o dever de reservar dois assentos a cada veículo destinado a serviço convencional.

▷ ***Anotações/Comentários***

Somente as pessoas com deficiência tem direito ao passe livre no sistema de transporte coletivo. O benefício não foi estendido às pessoas com mobilidade reduzida. Nesse sentido, prevê o art. 1º da Lei nº 8.899/1994:

"É concedido passe livre às pessoas portadoras de deficiência, xomprovadamente carentes, no sistema de transporte coletivo interestadual." (art. 1º da Lei nº 8.899/1994). "As empresas permissionárias e autorizatárias de transporte interestadual de passageiros reservarão dois assentos de cada veículo, destinado a serviço convencional, para ocupação das pessoas beneficiadas pelo art. 1º da Lei nº 8.899, de 29 de junho de 1994, observado o que dispõem as Leis nºs 7.853, de 24 de outubro de 1989, 8.742, de 7 de dezembro de 1993, 10.048, de 8 de novembro de 2000, e os Decretos nºs 1.744, de 8 de dezembro de 1995, e 3.298, de 20 de dezembro de 1999." (art. 1º do Decreto nº 3.691/2000).

Portanto, a garantia do passe livre no transporte interestadual depende da comprovação de carência e a concessionária deve manter pelo menos 2 assentos para este fim.

17. DIREITO DE SER ACOMPANHADO DE CÃO-GUIA

124. 1(FCC – Analista Judiciário – Área Judiciária – TRT 15/2018) De acordo com a Lei no 11.126/2005, desde que observadas as condições legais, é assegurado à pessoa com deficiência visual acompanhada de cão-guia o direito de ingressar e de permanecer com o animal em todos os meios de transporte e em estabelecimentos abertos ao público, de uso

a) privado em geral, apenas, mas sem qualquer restrição relativa a deficiência visual.

b) público, apenas, e restringindo-se à cegueira e à baixa visão.

c) público, e estabelecimentos privados de uso coletivo, restringindo-se à cegueira e à baixa visão.

d) público, e estabelecimentos privados de uso coletivo sem qualquer restrição relativa a deficiência visual.

e) privado em geral, apenas, restringindo-se à cegueira.

▷ ***Anotações/Comentários***

"É assegurado à pessoa com deficiência visual acompanhada de cão-guia o direito de ingressar e de permanecer com o animal em todos os meios de transporte e em estabelecimentos abertos **ao público, de uso público e privados de uso coletivo**, desde que observadas as condições impostas por esta Lei." (art. 1º, "caput", da Lei nº 11.126/2005 – grifos acrescidos). A legislação é expressa ao considerar como deficiência visual apenas a cegueira e a baixa visão (Art. 1º, § 1º, da Lei nº 11.126/2005).

125. 1(FCC – Analista Judiciário – Área Administrativa – TRT 2/2018) Pelas regras previstas na Lei nº 11.126/2005,

a) a pessoa com deficiência visual tem o direito de ingressar e de permanecer com o cão-guia em todas as modalidades de transporte e jurisdições de transporte coletivo de passageiros, com exceção do transporte aéreo, submetido às regras internacionais de segurança.

b) a pessoa com deficiência visual, restrita à cegueira e à baixa visão, tem o direito de ingressar e de permanecer com o cão- guia em estabelecimentos abertos ao público, de uso público e privados de uso coletivo.

c) é tipificada como crime, apenado com detenção e multa, a conduta consistente em impedir ou dificultar o gozo do direito de uso de cão-guia pela pessoa com deficiência.

d) é facultado ao estabelecimento público ou privado onde ingressar e permanecer o cão-guia exigir o uso de focinheiras no animal.

e) o uso do cão-guia, como recurso de acessibilidade para pessoas com deficiência visual, deve ser estimulado pelo poder público, inclusive por meio de incentivos fiscais.

▷ ***Anotações/Comentários***

(a) "É assegurado à pessoa com deficiência visual acompanhada de cão-guia o direito de ingressar e de permanecer com o animal em todos os meios de transporte e em estabelecimentos abertos ao público, de uso público e privados de uso coletivo, desde que observadas as condições impostas por esta Lei." (art. 1º, "caput", da Lei nº 11.126/2005). "O disposto no caput deste artigo aplica-se a todas as modalidades e jurisdições do serviço de transporte coletivo de passageiros, inclusive em esfera internacional com origem no território brasileiro." (art. 1º, § 2º, da Lei nº 11.126/2005). A lei não faz nenhuma exceção aos sistemas de transporte coletivo de passageiros. Assim, o direito ao cão guia é aplicado ao transporte aéreo, inclusive em esfera internacional com origem no território brasileiro.

(b) "É assegurado à pessoa com deficiência visual acompanhada de cão-guia o direito de ingressar e de permanecer com o animal em todos os meios de transporte e em estabelecimentos abertos ao público, de uso público e privados de uso coletivo, desde que observadas as condições impostas por esta Lei." (art. 1º, "caput", da Lei nº 11.126/2005).

(c) A legislação considera como ato discriminatório a proibição do uso de cão guia por pessoa com deficiência visual, mas as penas previstas consistem em interdição e multa e não como crime com pena de detenção e multa, como sustenta a alternativa.

(d) "É vedada a exigência do uso de focinheira nos animais de que trata este Decreto, como condição para o ingresso e permanência nos locais descritos no caput." (art. 1º, § 2º do Decreto nº 5.904/2006).

(e) Não há na lei ou no decreto que a regulamenta a previsão para a concessão de incentivos fiscais para a o uso de cão-guia por pessoa com deficiência visual.

126. 1(FCC – Analista Judiciário – Área Judiciária – TRT 24/2017) O direito de ser acompanhado de cão-guia em transportes públicos é assegurado por lei

I. tanto para pessoas que sejam cegas, como para aquelas que apresentam baixa visão.

II. tanto para transporte terrestre, como aéreo.

III. em viagens internas ou internacionais, desde que tenham origem no território brasileiro.

IV. somente para viagens com destino ao território brasileiro.

Está correto o que se afirma APENAS em

a) I e III.

b) I e IV.

c) II e III.

d) I, II e III.

e) II e IV.

▷ ***Anotações/Comentários***

A pessoa com deficiência visual tem direito a ingressar e permanecer em todos os meios de transporte, terrestres ou aéreos, e em estabelecimentos abertos ao público acompanhada de cão-guia (art. 1º da Lei nº 11.126/2005). Considera-se deficiência visual a cegueira e a baixa visão. Esse direito é aplicado em todas as modalidades de serviços de transporte coletivo de passageiros inclusive em esfera internacional com origem em território brasileiro:

> **Art. 1º § 2º** O disposto no **caput** deste artigo aplica-se a todas as modalidades e jurisdições do serviço de transporte coletivo de passageiros, inclusive em esfera internacional com origem no território brasileiro.

18. NORMAS DE APOIO ÀS PESSOAS COM DEFICIÊNCIA E SUA INTEGRAÇÃO SOCIAL

127. FCC – 2024 – TRF 3 – Analista Judiciário - Área Judiciária

A Lei nº 7.853/1989 dispõe, dentre outras, sobre medidas judiciais destinadas à proteção de interesses coletivos, difusos, individuais homogêneos e individuais indisponíveis da pessoa com deficiência. Nos termos da referida Lei, a sentença proferida

a) contra o autor da ação poderá ser objeto de recurso por qualquer legitimado ativo, inclusive o Ministério Público.

b) de improcedência da ação produzirá efeitos imediatos, independentemente de sua reapreciação em sede de duplo grau de jurisdição.

c) terá sempre eficácia inter partes, independentemente do seu desfecho, isto é, se procedente ou improcedente a ação.

d) terá eficácia de coisa julgada oponível erga omnes, exceto no caso de haver sido a ação julgada improcedente por deficiência de prova, hipótese em que apenas o Ministério Público poderá intentar outra ação com idêntico fundamento, valendo-se de nova prova.

e) que concluir pela carência da ação não estará sujeita ao duplo grau de jurisdição, pois apenas a sentença de improcedência sujeita-se a esta sistemática.

▷ ***Anotações/Comentários***

(a) "Das sentenças e decisões proferidas contra o autor da ação e suscetíveis de recurso, poderá recorrer qualquer legitimado ativo, inclusive o Ministério Público." (art. 4º, § 2º, da Lei nº 7.853/1989).

(b) "A sentença que concluir pela carência ou pela improcedência da ação fica sujeita ao duplo grau de jurisdição, não produzindo efeito senão depois de confirmada pelo tribunal." (art. 4º, § 1º, Lei nº 7.853/1989).

(c) "A sentença terá eficácia de coisa julgada oponível erga omnes, exceto no caso de haver sido a ação julgada improcedente por deficiência de prova, hipótese em que qualquer legitimado poderá intentar outra ação com idêntico fundamento, valendo-se de nova prova." (art. 4º, "caput", da Lei nº 7.853/1989)

(d) Como visto no item anterior qualquer legitimado poderá intentar outra ação com idêntico fundamento.

(e) "A sentença que concluir pela carência ou pela improcedência da ação fica sujeita ao duplo grau de jurisdição, não produzindo efeito senão depois de confirmada pelo tribunal." (art. 4º, § 1º, Lei nº 7.853/1989).

---

128. (FCC – Técnico Judiciário – Área Judiciária – TRT 15/2018) Com relação às medidas judicias destinadas à proteção de interesses coletivos, difusos, individuais homogêneos e individuais indisponíveis da pessoa com deficiência, considere:

I. Em caso de desistência ou abandono da ação, qualquer dos colegitimados pode assumir a titularidade ativa.

II. A sentença terá eficácia de coisa julgada oponível erga omnes, exceto no caso de haver sido a ação julgada improcedente por deficiência de prova, hipótese em que qualquer legitimado poderá intentar outra ação com idêntico fundamento, valendo-se de nova prova.

III. A sentença que concluir pela carência ou pela improcedência da ação não fica sujeita ao duplo grau de jurisdição, produzindo, portanto, efeitos imediatos.

IV. Das sentenças e decisões proferidas contra o autor da ação e suscetíveis de recurso, poderá recorrer qualquer legitimado ativo, inclusive o Ministério Público.

De acordo com a Lei no 7.853/1989, está correto o que consta em

a) I, II e III, apenas.

b) I, II e IV, apenas.

c) I, II, III e IV.

d) III e IV, apenas.

e) I e II, apenas.

▷ ***Anotações/Comentários***

Assertiva I. Correta. "Em caso de desistência ou abandono da ação, qualquer dos co-legitimados pode assumir a titularidade ativa." (art. 3º, § 6º, da Lei nº 7.853/1989).

Assertiva II. Correta. "A sentença terá eficácia de coisa julgada oponível erga omnes, exceto no caso de haver sido a ação julgada improcedente por deficiência de prova, hipótese em que qualquer legitimado poderá intentar outra ação com idêntico fundamento, valendo-se de nova prova." (art. 4º, "caput", da Lei nº 7.853/1989)

Assertiva III. Incorreta. "A sentença que concluir pela carência ou pela improcedência da ação fica sujeita ao duplo grau de jurisdição, não produzindo efeito senão depois de confirmada pelo tribunal." (art. 4º, § 1º, Lei nº 7.853/1989).

Assertiva IV. Correta. "Das sentenças e decisões proferidas contra o autor da ação e suscetíveis de recurso, poderá recorrer qualquer legitimado ativo, inclusive o Ministério Público." (art. 4º, § 2º, Lei nº 7.853/1989).

---

129. (FCC – Técnico Judiciário – Área Administrativa – TRT 6/2018) A Lei no 7.853/1989 prevê que o Poder Público deve oferecer à pessoa com deficiência

a) atendimento domiciliar de saúde a quem passou por internação hospitalar.

b) acesso a materiais escolares especiais.

c) matrícula em cursos adaptados à sua deficiência.

d) oferta, obrigatória e gratuita, de educação especial em estabelecimento público de ensino.

e) vagas com carga horária idêntica à jornada comum de trabalho.

▷ ***Anotações/Comentários***

(a) "Para o fim estabelecido no caput deste artigo, os órgãos e entidades da administração direta e indireta devem dispensar, no âmbito de sua competência e finalidade, aos assuntos objetos esta Lei, tratamento prioritário e adequado, tendente a viabilizar, sem prejuízo de outras, as seguintes medidas: II - na área da saúde: e) **a garantia de atendimento domiciliar de saúde ao deficiente grave não internado**. (art. 2º, parágrafo único, II, "e", Lei nº 7.853/1989 – grifos acrescidos).

(b) "Para o fim estabelecido no caput deste artigo, os órgãos e entidades da administração direta e indireta devem dispensar, no âmbito de sua competência e finalidade, aos assuntos objetos esta Lei, tratamento prioritário e adequado, tendente a viabilizar, sem prejuízo de outras, as seguintes medidas: I - na área da educação: e) o acesso de alunos portadores de deficiência aos benefícios **conferidos aos demais educandos**, inclusive material escolar, merenda escolar e bolsas de estudo." (art. 2º, parágrafo único, I, "e", da Lei nº 7.853/1989 – grifos acrescidos). Note-se, portanto, que não são conferidos materiais escolares especiais, mas os mesmos dos demais educandos.

(c) "Para o fim estabelecido no caput deste artigo, os órgãos e entidades da administração direta e indireta devem dispensar, no âmbito de sua competência e finalidade, aos assuntos objetos esta Lei, tratamento prioritário e adequado, tendente a viabilizar, sem prejuízo de outras, as seguintes medidas: I - na área da educação: f) a **matrícula compulsória em cursos regulares de estabelecimentos públicos e particulares** de pessoas portadoras de deficiência capazes de se integrarem no sistema regular de ensino." (art. 2º, parágrafo único, I, "f", da Lei nº 7.853/1989 – grifos acrescidos)

(d) "Para o fim estabelecido no caput deste artigo, os órgãos e entidades da administração direta e indireta devem dispensar, no âmbito de sua competência e finalidade, aos assuntos objetos esta Lei, tratamento prioritário e adequado, tendente a viabilizar, sem prejuízo de outras, as seguintes medidas: I - na área da educação: a oferta, obrigatória e gratuita, da Educação Especial em estabelecimento público de ensino." (art. 2º, parágrafo único, I, "c", da Lei nº 7.853/1989).

(e) "Para o fim estabelecido no caput deste artigo, os órgãos e entidades da administração direta e indireta devem dispensar, no âmbito de sua competência e finalidade, aos assuntos objetos esta Lei, tratamento prioritário e adequado, tendente a viabilizar, sem prejuízo de outras, as seguintes medidas: III - na área da formação profissional e do trabalho: b) o empenho do Poder Público quanto ao surgimento e à manutenção de empregos, **inclusive de tempo parcial**, destinados às pessoas portadoras de deficiência que não tenham acesso aos empregos comuns." (art. 2º, parágrafo único, III, "b", da Lei nº 7.853/1989 – grifos acrescidos)

---

130. (FCC – Técnico Judiciário – Área Judiciária – TRT 11/2017) Um simpósio sobre os direitos das pessoas com deficiência tratou da Lei no 7.853/1989, a qual dispõe sobre o apoio às pessoas portadoras de deficiência e sua integração social, além de estabelecer que os órgãos e entidades da Administração direta e indireta devem dispensar, no âmbito de sua competência e finalidade, tratamento prioritário e adequado, tendente a viabilizar ações em várias áreas, como a educação.

O palestrante comentou as seguintes ações:

I. Inclusão da Educação Especial como modalidade educativa que abranja a educação precoce, a pré-escolar, as de 1º e 2º graus, a supletiva, a habilitação e reabilitação profissionais, a qual é obrigatória no sistema educacional público e facultativa no privado.

II. Matrícula compulsória de pessoas portadoras de deficiência capazes de se integrarem no sistema regular de ensino em cursos regulares de estabelecimentos públicos e particulares.

III. Oferecimento obrigatório de programas de Educação Especial a nível pré-escolar, em unidades hospitalares e congêneres nas quais estejam internados educandos portadores de deficiência por prazo igual ou superior a seis meses.

A forma como essas ações foram abordadas contrariou a mencionada legislação APENAS

a) no caso I, pois é obrigatória tanto no sistema educacional público como no privado.

b) nos casos I e II, pois é obrigatória tanto no sistema educacional público como no privado e a matrícula não é compulsória, respectivamente.

c) no caso III, pois é obrigatório para educandos internados há um ano ou mais.

d) nos casos I e III, pois é obrigatória tanto no sistema educacional público como no privado e é obrigatório para educandos internados há um ano ou mais, respectivamente.

e) nos casos II e III, pois a matrícula não é compulsória e é obrigatória para educandos internados há um ano ou mais, respectivamente.

▷ ***Anotações/Comentários***

A abordagem das ações contrariou a legislação acerca do tema nos casos I e III, conforme será abordado de forma detalhada nas assertivas a seguir:

Caso I. Contraria a legislação. A Educação Especial é obrigatória tanto no sistema público como no privado como dispõe ao art. 2º, parágrafo único, I, "a" e "b" da Lei nº 7.853/1989:

> **Art. 2º, Parágrafo único, Lei nº 7.853/1989.** Para o fim estabelecido no caput deste artigo, os órgãos e entidades da administração direta e indireta devem dispensar, no âmbito de sua competência e finalidade, aos assuntos objetos esta Lei, tratamento prioritário e adequado, tendente a viabilizar, sem prejuízo de outras, as seguintes medidas:
>
> I – na área da educação:
>
> a) a inclusão, no sistema educacional, da Educação Especial como modalidade educativa que abranja a educação precoce, a pré-escolar, as de 1º e 2º graus, a supletiva, a habilitação e reabilitação profissionais, com currículos, etapas e exigências de diplomação próprios;
>
> b) a inserção, no referido sistema educacional, das escolas especiais, privadas e públicas;

Caso II. Não contraria a legislação. "Para o fim estabelecido no caput deste artigo, os órgãos e entidades da administração direta e indireta devem dispensar, no âmbito de sua competência e finalidade, aos assuntos objetos esta Lei, tratamento prioritário e adequado, tendente a viabilizar, sem prejuízo de outras, as seguintes medidas: I – na área da educação: f) a matrícula compulsória em cursos regulares de estabelecimentos públicos e particulares de pessoas portadoras de deficiência capazes de se integrarem no sistema regular de ensino." (art. 2º, parágrafo único, I, "f" da Lei nº 7.853/1989)

Caso III. Contraria a legislação. "Para o fim estabelecido no caput deste artigo, os órgãos e entidades da administração direta e indireta devem dispensar, no âmbito de sua competência e finalidade, aos assuntos objetos esta Lei, tratamento prioritário e adequado, tendente a viabilizar, sem prejuízo de outras, as seguintes medidas: I – na área da educação: d) o oferecimento obrigatório de programas de Educação Especial a nível pré-escolar, em unidades hospitalares e congêneres nas quais estejam internados, por prazo igual ou superior a 1 (um) ano, educandos portadores de deficiência." (art. 2º, parágrafo único, I, "d" da Lei nº 7.853/1989)

---

131. (FCC – Técnico Judiciário – Área Administrativa – TRF 5/2017) Considere:

I. Associação constituída há dez meses, nos termos da lei civil.

II. Sociedade de economia mista que inclua, entre suas finalidades institucionais, a proteção dos interesses e a promoção de direitos da pessoa com deficiência.

III. Defensoria Pública.

Segundo a Lei no 7.853/1989, as medidas judiciais destinadas à proteção de interesses coletivos, difusos, individuais homogêneos e individuais indisponíveis da pessoa com deficiência poderão ser propostas pelo Ministério Público, pela União, pelos Estados, pelos Municípios, pelo Distrito Federal, bem como pela(s) entidade(s) indicada(s) em

a) II, apenas.

b) I, II e III.

c) III, apenas.

d) I e III, apenas.

e) II e III, apenas.

▷ ***Anotações/Comentários***

Assertiva I. "As medidas judiciais destinadas à proteção de interesses coletivos, difusos, individuais homogêneos e individuais indisponíveis da pessoa com deficiência poderão ser propostas pelo Ministério Público, pela Defensoria Pública, pela União, pelos Estados, pelos Municípios, pelo Distrito Federal, por associação constituída **há mais de 1 (um) ano**, nos termos da lei civil, por autarquia, por empresa pública e por fundação ou sociedade de economia mista que inclua, entre suas finalidades institucionais, a proteção dos interesses e a promoção de direitos da pessoa com deficiência." (art. 3º, "caput", Lei nº 7.853/1989 – grifos acrescidos). Exige-se, portanto, que a associação tenha sido construída há pelo menos 1 ano.

Assertiva II. "As medidas judiciais destinadas à proteção de interesses coletivos, difusos, individuais homogêneos e individuais indisponíveis da pessoa com deficiência poderão ser propostas pelo Ministério Público, pela Defensoria Pública, pela União, pelos Estados, pelos Municípios, pelo Distrito Federal, por associação constituída há mais de 1 (um) ano, nos termos da lei civil, por autarquia, por empresa pública e por fundação ou **sociedade de economia mista que inclua, entre suas finalidades institucionais, a proteção dos interesses e a promoção de direitos da pessoa com deficiência**." (art. 3º, "caput", Lei nº 7.853/1989).

Assertiva III. "As medidas judiciais destinadas à proteção de interesses coletivos, difusos, individuais homogêneos e individuais indisponíveis da pessoa com deficiência poderão ser propostas pelo Ministério Público, pela **Defensoria Pública**, pela União, pelos Estados, pelos Municípios, pelo Distrito Federal, por associação constituída há mais de 1 (um) ano, nos termos da lei civil, por autarquia, por empresa pública e por fundação ou sociedade de economia mista que inclua, entre suas finalidades institucionais, a proteção dos interesses e a promoção de direitos da pessoa com deficiência." (art. 3º, "caput", Lei nº 7.853/1989 – grifos acrescidos).

---

132. (Cespe – Analista Judiciário – Área Judiciária – TRF 1/2017) A respeito dos direitos da pessoa portadora de deficiência, julgue os itens a seguir, considerando a legislação pertinente.

1) Ainda que tenha como objeto instruir ação civil para a defesa de direitos difusos de pessoa portadora de deficiência, o poder público poderá se recusar a fornecer certidão requerida pelo interessado.

▷ ***Anotações/Comentários***

"Para instruir a inicial, o interessado poderá requerer às autoridades competentes as certidões e informações que julgar necessárias." (art. 3º, § 1º, Lei nº 7.853/1989 "Somente nos casos em que o interesse público, devidamente justificado, impuser sigilo, poderá ser negada certidão ou informação." (art. 3º, § 3º, Lei nº 7.853/1989). Portanto, a legislação permite que a Administração Pública não forneça a certidão requeria pelo interessado quando houve interesse público demonstrado. Para instruir a inicial, é permitido ao interessado requerer às autoridades competentes certidões e informações que julgar necessárias, que deverão ser fornecidas no prazo de 15 dias da entrega dos requerimentos e só podem ser usadas para instruir ação civil. Somente nos casos de interesse público, devidamente justificado, é possível impor sigilo e negar a certidão. Nesse caso, cabe ao juiz, após apreciar os motivos do indeferimento, requisitar umas e outras, salvo se se tratar de questão de segurança nacional. Feita a requisição, o processo deve correr em segredo de justiça, que terminará com o trânsito em julgado da sentença.

18.1. Tutela judicial dos interesses da pessoa com deficiência

133. (FCC – Analista Judiciário – Oficial de Justiça Avaliador Federal – TRT 11/2017) A proteção de interesses coletivos, difusos, individuais homogêneos e individuais indisponíveis da pessoa com deficiência encontra guarida no Poder Judiciário, conforme regula a Lei nº 7.853/1989, e estabelece que

a) as ações judiciais para esse fim podem ser propostas por associação constituída há mais de seis meses, nos termos da lei civil.
b) todas as ações judiciais para esse fim correm em segredo de justiça.
c) uma vez proposta a ação judicial para esse fim, o interesse público impede a desistência ou abandono da ação.
d) autarquia, empresa pública, fundação ou sociedade de economia mista que inclua, entre suas finalidades institucionais, a proteção dos interesses e a promoção de direitos da pessoa com deficiência podem propor as medidas judiciais destinadas a esse fim.
e) a sentença proferida em ação judicial para esse fim terá, em todos os casos, eficácia de coisa julgada oponível *erga omnes*.

▷ ***Anotações/Comentários***

(a) a associação somente tem legitimidade caso tenha sido constituída **há mais de 1 ano** e deve ter, entre suas finalidades institucionais, a proteção dos interesses e a promoção de direitos da pessoa com deficiência.

(b) O segredo de justiça será determinado somente nos casos em que o interesse público justificar a imposição do sigilo. Para instruir a petição inicial das ações em defesa dos interesses das pessoas com deficiência, os legitimados podem requerer informações e certidões que julgar necessárias, exceto nos casos em que o interesse público impuser o sigilo. Nessa hipótese, a ação será proposta em segredo de justiça:

> **Art. 3º, Lei nº 7.853/1989:** (...)
>
> § 3º Somente nos casos em que o interesse público, devidamente justificado, impuser sigilo, poderá ser negada certidão ou informação.
>
> § 4º Ocorrendo a hipótese do parágrafo anterior, a ação poderá ser proposta desacompanhada das certidões ou informações negadas, cabendo ao juiz, após apreciar os motivos do indeferimento, e, salvo quando se tratar de razão de segurança nacional, requisitar umas e outras; feita a requisição, o processo correrá em segredo de justiça, que cessará com o trânsito em julgado da sentença.

(c) "Em caso de desistência ou abandono da ação, qualquer dos co-legitimados pode assumir a titularidade ativa". (art. 3º, § 6º da Lei nº 7.853/1989). A legislação permite a desistência da ação, hipótese que permite outro co-legitimado a assumir a titularidade ativa da ação.

(d) "As medidas judiciais destinadas à proteção de interesses coletivos, difusos, individuais homogêneos e individuais indisponíveis da pessoa com deficiência poderão ser propostas pelo Ministério Público, pela Defensoria Pública, pela União, pelos Estados, pelos Municípios, pelo Distrito Federal, por associação constituída há mais de 1 (um) ano, nos termos da lei civil, **por autarquia, por empresa pública e por fundação ou sociedade de economia mista que inclua, entre suas finalidades institucionais, a proteção dos interesses e a promoção de direitos da pessoa com deficiência.**" (art. 3º da Lei nº 7.853/1989 – grifos acrescidos).

(e) "A sentença terá eficácia de coisa julgada oponível erga omnes, exceto no caso de haver sido a ação julgada improcedente por deficiência de prova, hipótese em que qualquer legitimado poderá intentar outra ação com idêntico fundamento, valendo-se de nova prova". (art. 4º, "caput", Lei nº 7.853/1989). Portanto, se houver deficiência de prova, é possível o ajuizamento de nova ação, desde que apresentada nova prova.

18.2. Política nacional para a integração da pessoa portadora de deficiência

134. (FCC – Analista Judiciário – Área Administrativa – TRT 15/2018) Com relação à Política Nacional para a Integração da Pessoa Portadora de Deficiência, considere:

I. adotar estratégias de articulação com órgãos e entidades públicos e privados, bem assim com organismos internacionais e estrangeiros para a implantação desta Política.
II. viabilizar a participação da pessoa portadora de deficiência em todas as fases de implementação dessa Política, por intermédio de suas entidades representativas.
III. incluir a pessoa portadora de deficiência, respeitadas as suas peculiaridades, em todas as iniciativas governamentais relacionadas à educação, à saúde, ao trabalho, à edificação pública, à previdência social, à assistência social, ao transporte, à habitação, à cultura, ao esporte e ao lazer.
IV. garantir o efetivo atendimento das necessidades da pessoa portadora de deficiência, com o cunho assistencialista.

De acordo com o Decreto nº 3.298/1999, são diretrizes da Política Nacional para a Integração da Pessoa Portadora de Deficiência, entre outras, as indicadas em

a) II e III, apenas.
b) I, II, III e IV.
c) I, III e IV, apenas.
d) I, II e III, apenas.
e) I e IV, apenas.

▷ ***Anotações/Comentários***

São diretrizes da Política Nacional para a Integração da Pessoa Portadora de Deficiência apenas o que consta nas assertivas I, II e III. Nesse sentido, é o que prevê o art. 6º do Decreto nº 3.298/1999:

> **Art. 6º do Decreto nº 3.298/1999:** São diretrizes da Política Nacional para a Integração da Pessoa Portadora de Deficiência:
>
> I - estabelecer mecanismos que acelerem e favoreçam a inclusão social da pessoa portadora de deficiência;
>
> II - adotar estratégias de articulação com órgãos e entidades públicos e privados, bem assim com organismos internacionais e estrangeiros para a implantação desta Política;
>
> III - incluir a pessoa portadora de deficiência, respeitadas as suas peculiaridades, em todas as iniciativas governamentais relacionadas à educação, à saúde, ao trabalho, à edificação pública, à previdência social, à assistência social, ao transporte, à habitação, à cultura, ao esporte e ao lazer;
>
> IV - viabilizar a participação da pessoa portadora de deficiência em todas as fases de implementação dessa Política, por intermédio de suas entidades representativas;
>
> V - ampliar as alternativas de inserção econômica da pessoa portadora de deficiência, proporcionando a ela qualificação profissional e incorporação no mercado de trabalho; e
>
> VI - garantir o efetivo atendimento das necessidades da pessoa portadora de deficiência, sem o cunho assistencialista.

Apesar da garantia do efetivo atendimento das necessidades da pessoa portadora de deficiência ser uma diretriz dessa Política Nacional, o decreto é expresso ao estabelecer que esse atendimento não deve ter cunho assistencialista. Por essa razão, a assertiva IV está incorreta.

135. (AOCP – Analista Judiciário – Área Administrativa – TRT 1/2018) Segundo dispõe o art. 36 do Decreto nº 3.298/1999, a empresa com cem ou mais empregados está obrigada a preencher de dois a cinco por cento de seus cargos com beneficiários da Previdência Social reabilitados ou com pessoa portadora de deficiência habilitada. Nesse sentido, assinale a alternativa que corresponda à proporção correta desses cargos a serem reservados.

a) Até duzentos empregados, um por cento.
b) De duzentos e um a quinhentos empregados, um por cento.
c) De duzentos e um a quinhentos empregados, dois por cento.
d) De quinhentos e um a mil empregados, quatro por cento.
e) De quinhentos e um a mil empregados, três por cento.

▷ ***Anotações/Comentários***

A questão exigia o conhecimento da literalidade do art. 36 do Decreto nº 3.298/1999:

> **Art. 36 do Decreto nº 3.298/2000:** A empresa com cem ou mais empregados está obrigada a preencher de dois

a cinco por cento de seus cargos com beneficiários da Previdência Social reabilitados ou com pessoa portadora de deficiência habilitada, na seguinte proporção:

I - até duzentos empregados, dois por cento;

II - de duzentos e um a quinhentos empregados, três por cento;

III - de quinhentos e um a mil empregados, quatro por cento; ou

IV - mais de mil empregados, cinco por cento.

---

136. (AOCP – Técnico Judiciário – Área Administrativa – TRT 1/2018) O Decreto nº 3.298/1999 regulamenta a Política Nacional para a Integração da Pessoa Portadora de Deficiência, trazendo diretrizes a serem seguidas na consecução desse objetivo. Nesse sentido, assinale a alternativa que NÃO corresponde a uma dessas diretrizes.

a) Estabelecer mecanismos que acelerem e favoreçam a inclusão social da pessoa portadora de deficiência.

b) Garantir o efetivo atendimento das necessidades da pessoa portadora de deficiência, sempre com o cunho assistencialista.

c) Adotar estratégias de articulação com órgãos e entidades públicos e privados, bem como com organismos internacionais e estrangeiros, para a implantação da Política Nacional para a Integração da Pessoa Portadora de Deficiência.

d) Ampliar as alternativas de inserção econômica da pessoa portadora de deficiência, proporcionando a ela qualificação profissional e incorporação no mercado de trabalho.

e) Viabilizar, por intermédio de suas entidades representativas, a participação da pessoa portadora de deficiência em todas as fases de implementação da Política Nacional para a Integração da Pessoa Portadora de Deficiência.

▷ ***Anotações/Comentários***

"São diretrizes da Política Nacional para a Integração da Pessoa Portadora de Deficiência: garantir o efetivo atendimento das necessidades da pessoa portadora de deficiência, sem o cunho assistencialista." (art. 6º, VI, do Decreto nº 3.298/1999). As demais alternativas versam exatamente sobre as diretrizes da Política Nacional para a Integração da Pessoa Portadora de Deficiência previstas no art. 6º do Decreto nº 3.298/2004:

Art. 6º São diretrizes da Política Nacional para a Integração da Pessoa Portadora de Deficiência:

I - estabelecer mecanismos que acelerem e favoreçam a inclusão social da pessoa portadora de deficiência;

II - adotar estratégias de articulação com órgãos e entidades públicos e privados, bem assim com organismos internacionais e estrangeiros para a implantação desta Política;

III - incluir a pessoa portadora de deficiência, respeitadas as suas peculiaridades, em todas as iniciativas governamentais relacionadas à educação, à saúde, ao trabalho, à edificação pública, à previdência social, à assistência social, ao transporte, à habitação, à cultura, ao esporte e ao lazer;

IV - viabilizar a participação da pessoa portadora de deficiência em todas as fases de implementação dessa Política, por intermédio de suas entidades representativas;

V - ampliar as alternativas de inserção econômica da pessoa portadora de deficiência, proporcionando a ela qualificação profissional e incorporação no mercado de trabalho; e

VI - garantir o efetivo atendimento das necessidades da pessoa portadora de deficiência, sem o cunho assistencialista.

---

137. (FCC – Analista Judiciário – Oficial de Justiça Avaliador Federal – TRT 11/2017) Alunos de um curso de Direito participaram de um evento organizado pelo Governo do Estado do Amazonas sobre os direitos das pessoas com deficiência. A primeira discussão tratou dos seguintes temas relacionados à Política Nacional para a Integração da Pessoa Portadora de Deficiência:

I. O desenvolvimento de ação conjunta do Estado e da sociedade civil, de modo a assegurar a plena integração da pessoa portadora de deficiência no contexto socioeconômico e cultural.

II. A adoção de estratégias de articulação com órgãos e entidades públicos e privados, bem assim com organismos internacionais e estrangeiros para a implantação da Política Nacional para a Integração da Pessoa Portadora de Deficiência.

III. O desenvolvimento de programas setoriais destinados ao atendimento das necessidades especiais da pessoa portadora de deficiência.

IV. O fomento da tecnologia de bioengenharia voltada para a pessoa portadora de deficiência, bem como a facilitação da importação de equipamentos.

V. A fiscalização do cumprimento da legislação pertinente à pessoa portadora de deficiência.

Para a Política Nacional para a Integração da Pessoa Portadora de Deficiência e nos termos do Decreto nº 3.298/1999, esses temas são conceituados, respectivamente, como:

a) instrumento, princípio, diretriz, objetivo e instrumento.

b) princípio, diretriz, objetivo, instrumento e instrumento.

c) princípio, princípio, diretriz, instrumento e objetivo.

d) diretriz, princípio, instrumento, princípio e objetivo.

e) objetivo, princípio, princípio, diretriz e diretriz.

▷ ***Anotações/Comentários***

Os itens referem-se a um princípio, diretriz, objetivo, instrumento e instrumento. O Decreto nº 3.298/1998 dispõe sobre a Política Nacional para a Integração da Pessoa Portadora de Deficiência.

I. Princípio: "A Política Nacional para a Integração da Pessoa Portadora de Deficiência, em consonância com o Programa Nacional de Direitos Humanos, obedecerá aos seguintes princípios: desenvolvimento de ação conjunta do Estado e da sociedade civil, de modo a assegurar a plena integração da pessoa portadora de deficiência no contexto sócio-econômico e cultural". (art. 5º, I, do Decreto nº 3.298/1999).

II. Diretriz: "São diretrizes da Política Nacional para a Integração da Pessoa Portadora de Deficiência: adotar estratégias de articulação com órgãos e entidades públicos e privados, bem assim com organismos internacionais e estrangeiros para a implantação desta Política". (art. 6º, II, do Decreto nº 3.298/1999).

III. Objetivo: São objetivos da Política Nacional para a Integração da Pessoa Portadora de Deficiência: desenvolvimento de programas setoriais destinados ao atendimento das necessidades especiais da pessoa portadora de deficiência. (art. 7º, III, do Decreto nº 3.298/1999).

IV. Instrumento: "São instrumentos da Política Nacional para a Integração da Pessoa Portadora de Deficiência: o fomento da tecnologia de bioengenharia voltada para a pessoa portadora de deficiência, bem como a facilitação da importação de equipamentos". (art. 8º, IV, do Decreto nº 3.298/1999).

V. Instrumento: "São instrumentos da Política Nacional para a Integração da Pessoa Portadora de Deficiência: a fiscalização do cumprimento da legislação pertinente à pessoa portadora de deficiência". (art. 8º, V, do Decreto nº 3.298/1999).

---

138. (FCC – Técnico Judiciário – Área Judiciária – TRT 11/2017) O Decreto nº 3.298/1999, que regulamenta normas relativas à Política Nacional para a Integração da Pessoa Portadora de Deficiência, no que se refere ao acesso ao trabalho, estabelece que

a) a inserção da pessoa portadora de deficiência no mercado de trabalho ou sua incorporação ao sistema produtivo através de regime especial de trabalho protegido não pode ser feita através da contratação das cooperativas sociais.

b) as entidades beneficentes de assistência social, na forma da lei, poderão intermediar a colocação competitiva.

c) a oficina protegida de produção é caracterizada pela relação de dependência com entidade pública ou beneficente de assistência social.

d) a inserção laboral da pessoa portadora de deficiência por meio do processo de contratação regular, nos termos da legislação trabalhista e previdenciária, que independe da adoção de procedimentos especiais para sua concretização, não sendo excluída a possibilidade de utilização de apoios especiais, é denominada colocação seletiva.

e) a inserção laboral da pessoa portadora de deficiência não pode ser feita por meio de promoção do trabalho por conta própria.

▷ ***Anotações/Comentários***

(a) É possível a incorporação da pessoa com deficiência ao sistema produtivo mediante regime especial de trabalho pela contratação de cooperativas sociais nos casos de deficiência grave ou severa:

> **Art. 34 do Decreto nº 3.298/1999:** É finalidade primordial da política de emprego a inserção da pessoa portadora de deficiência no mercado de trabalho ou sua incorporação ao sistema produtivo mediante regime especial de trabalho protegido.
>
> Parágrafo único. Nos casos de deficiência grave ou severa, o cumprimento do disposto no *caput* deste artigo poderá ser efetivado mediante a contratação das cooperativas sociais de que trata a Lei nº 9.867, de 10 de novembro de 1999.

(b) As entidades beneficentes de assistência social podem intermediar a inserção laboral nas hipóteses de colocação seletiva e promoção do trabalho por conta própria. No entanto, não é permitida a intermediação na hipótese de colocação competitiva (art. 35, § 1º do Decreto nº 3.298/1999). Segue as definições legais para essas formas de inclusão no mercado de trabalho:

> **Art. 35 do Decreto nº 3.298/1999.** São modalidades de inserção laboral da pessoa portadora de deficiência:
>
> I – colocação competitiva: processo de contratação regular, nos termos da legislação trabalhista e previdenciária, que independe da adoção de procedimentos especiais para sua concretização, não sendo excluída a possibilidade de utilização de apoios especiais;
>
> II – colocação seletiva: processo de contratação regular, nos termos da legislação trabalhista e previdenciária, que depende da adoção de procedimentos e apoios especiais para sua concretização; e
>
> III – promoção do trabalho por conta própria: processo de fomento da ação de uma ou mais pessoas, mediante trabalho autônomo, cooperativado ou em regime de economia familiar, com vista à emancipação econômica e pessoal.

(c) "**Considera-se oficina protegida de produção a unidade que funciona em relação de dependência com entidade pública ou beneficente de assistência social**, que tem por objetivo desenvolver programa de habilitação profissional para adolescente e adulto portador de deficiência, provendo-o com trabalho remunerado, com vista à emancipação econômica e pessoal relativa." (art. 35, § 4º, do Decreto nº 3.298/1999 – grifos acrescidos)

(d) A alternativa traz o conceito de colocação competitiva no mercado de trabalho de pessoa com deficiência previsto no art. 35, I, do Decreto nº 3.298/1999. A colocação seletiva caracteriza-se pela necessidade de adoção de procedimentos e apoios especiais para a contratação da pessoa com deficiência (art. 35, II, do Decreto nº 3.298/1999).

(e) "São modalidades de inserção laboral da pessoa portadora de deficiência: III – promoção do trabalho por conta própria: processo de fomento da ação de uma ou mais pessoas, mediante trabalho autônomo, cooperativado ou em regime de economia familiar, com vista à emancipação econômica e pessoal." (art. 35, III, do Decreto nº 3.298/1999). Ao contrário do que prevê a alternativa, é modalidade de inserção laboral a promoção do trabalho por conta própria.

MATEMÁTICA E RACIOCÍNIO LÓGICO

Marcelo Sbicca
Marcos Bosso

PARTE I – MATEMÁTICA

1. OPERAÇÕES BÁSICAS E CONJUNTOS

01. (FGV – Técnico Judiciário – TJ/AP – 2024) Samuel entrou em uma hamburgueria para levar um lanche para casa. Ele reparou que o preço do hambúrguer de sua preferência custava 1 real a mais do que dois sucos de laranja. Samuel comprou três hambúrgueres e dois sucos de laranja, pagando o total de 91 reais. O preço de um hambúrguer é:

a) 21 reais;
b) 22 reais;
c) 23 reais;
d) 24 reais;
e) 25 reais.

▷ ***Anotações/Comentários***

A análise, interpretação e levantamento de dados da questão merecem atenção especial, é isso que irá direcioná-lo para a resolução assertiva e célere. Então, com calma, vejamos o enunciado por partes.

Enunciado	Expressão Matemática
Samuel entrou em uma hamburgueria para levar um lanche para casa. Ele reparou que o preço do hambúrguer de sua preferência custava 1 real a mais do que dois sucos de laranja.	H = 1 + 2S

Onde:

- H = Preço do hambúrguer da preferência de Samuel.
- S = Preço do suco de laranja.

A expressão matemática é exatamente a reprodução daquilo que nos informa a questão. Veja no detalhe.

O preço do hambúrguer de sua preferência	H
Custava	=
1 real a mais do que dois sucos de laranja.	1 + 2S

Seguimos com a parte final do enunciado.

Enunciado	Expressão Matemática
Samuel comprou três hambúrgueres e dois sucos de laranja, pagando o total de 91 reais.	3H + 2S = 91,00

Portanto, temos duas expressões matemáticas compostas por operações básicas e que formam um sistema cuja resolução podemos fazer isolando um termo em uma equação e fazer a substituição na outra.

O termo H está isolado na primeira equação.

Termo isolado	H = 1 + 2S
Substituir na outra equação	3H + 2S = 91,00 3(1 + 2S) + 2S = 91 3 + 6S + 2S = 91 8S = 88 S = 11

Valor de um hambúrguer (H)	H = 1 + 2S H = 1 + 2(11) H = 1 + 22 H = 23

Resposta: O preço de um hambúrguer é igual a R$ 23,00

02. (FGV – Técnico Judiciário – TJ/AP – 2024) Tereza tem R$ 60,00 a mais do que Vera. Para que Tereza fique com apenas R$ 10,00 a mais do que Vera, ela deve dar X reais para Vera. O valor de X é:

a) 50;

b) 45;

c) 30;

d) 25;

e) 10.

▷ ***Anotações/Comentários***

Vamos direto para a resolução prestando atenção à interpretação do enunciado.

Tereza (T) tem R$ 60,00 a mais do que Vera (V).	T = 60 + V
Para que Tereza fique com apenas R$ 10,00 a mais do que Vera, ela deve dar X reais para Vera.	T – X = 10 + V + X

Nesta segunda expressão foi retirada a quantia X de Tereza e somada à quantia de Vera de tal forma que Tereza mantenha-se com 10 a mais que Vera.

Diante das duas equações, intuitivamente pensamos em isolar o valor de uma variável em uma equação e substituir na outra equação.

Substituir o valor de T na segunda equação: "T = 60 + V"	T – X = 10 + V + X 60 + V – X = 10 + V + X
Desenvolver a equação	60 – 10 = V + X – V + X 50 = 2X X = 50/2 X = 25

Resposta: O valor de X, quantia que Tereza passou para Vera, é igual a 25.

03. (FGV – Técnico Judiciário – TJ/AP – 2024) Considere os conjuntos:

A = {0, 2, 3, 5, 6, 7} e B = {0, 1, 4, 5, 7, 8}.

Sejam X e Y a união e a interseção, respectivamente, dos conjuntos A e B. É correto afirmar que:

a) X tem 9 elementos a mais do que Y;

b) Y tem 9 elementos a mais do que X;

c) X tem 6 elementos a mais do que Y;

d) Y tem 6 elementos a mais do que X;

e) X e Y têm a mesma quantidade de elementos.

▷ ***Anotações/Comentários***

A união, a interseção e a diferença são as operações básicas de conjuntos, respectivamente, adição de elementos, elementos repetidos e diferença de elementos. Destes, a questão aborda os dois primeiros.

Dados os seguintes conjuntos:

- A = {0, 2, 3, 5, 6, 7}
- B = {0, 1, 4, 5, 7, 8}

Temos:

União	**Interseção**
X = {0, 1, 2, 3, 4, 5, 6, 7, 8}	Y = {0, 5, 7}

Observe que, para a união, não há repetição de elementos. Os números que se repetem nos conjuntos originais são representados por um único elemento.

Resposta: O conjunto X tem 9 elementos e o conjunto Y tem 3 elementos, portanto, X tem 6 elementos a mais que Y.

04. (FCC – Analista Judiciário – Área Administrativa– TRT 18 – 2023) O dobro do quadrado da metade de um número positivo vale 8. O número é:

a) 6

b) 8

c) 4

d) 5

e) 2

▷ ***Anotações/Comentários***

Vamos transcrever o enunciado em linguagem matemática.

Enunciado	Linguagem Matemática
O dobro do quadrado da metade de um número positivo vale 8.	$2 . (x/2)^2 = 8$

Seguimos a ordem de operações matemáticas, neste caso, vamos iniciar pelos parênteses.

Resolver a equação	$2 . (x/2)^2 = 8$ $2 . x^2/4 = 8$ $2x^2/4 = 8$ $2x^2 = 32$ $x^2 = 16$ $x = \sqrt{16}$ $x = 4$

Resposta: O número que responde a equação é igual a 4.

05. (FCC – Analista Judiciário – Área Judiciária – TRT 17 – 2023) Os sete quadradinhos da figura abaixo formam três linhas sendo uma horizontal e duas verticais. Os números de 1 a 7 devem ser escritos, um em cada quadradinho, de forma que as somas dos três números de cada linha sejam iguais.

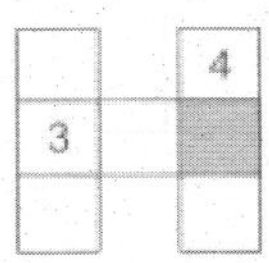

Os números **3** e **4** já foram escritos. O número que deve ser colocado no quadradinho cinza é

a) 2

b) 5

c) 1

d) 6

e) 7

▷ ***Anotações/Comentários***

A questão está fundamentada basicamente na operação mais simples da matemática, a adição.

São três linhas, duas na vertical e uma na horizontal cujas somas são iguais.

Face às igualdades, poderíamos formular equações matemáticas e resolver a questão de maneira formal, entretanto, esse é um daqueles casos para os quais as tentativas são mais eficazes e rápidas, claro, utilizando a lógica.

Por exemplo, vamos considerar valores extremos, 1 e 7, na mesma linha.

Completar a primeira coluna com 1 e 7.	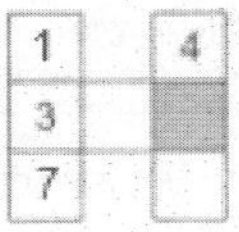

Considerar, também, valores menores, 1 e 2, bem como os maiores, 6 e 7, em linhas separadas, de modo que as somas sejam iguais a 11 (primeira coluna).

Tentar a soma 11 para a linha e coluna restantes.	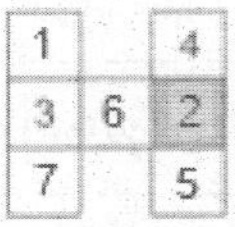

Com um pouco de lógica, a tentativa torna-se mais assertiva.

Resposta: No quadro cinza deve ser colocado o número 2.

06. (Vunesp – Escrevente Técnico Judiciário – TJ/SP – 2021) Um processo seletivo para o cargo de digitador em um escritório adota na prova prática o seguinte cálculo para nota: NOTA = 10 – (D × 0,05) – (F × 0,2).

Nessa fórmula, D corresponde ao número de erros de digitação e F ao número de erros na formatação do documento. Considere um candidato cujo número de erros de digitação superou o número de erros de formatação em 20 e que teve um total de erros, considerando digitação e formatação, igual a 28. De acordo com o cálculo apresentado, a nota desse candidato será

a) 2,0.

b) 5,0.

c) 5,6.

d) 7,4.

e) 8,0.

▷ ***Anotações/Comentários***

A equação para o cálculo da nota nos foi dada. Resta-nos identificar a quantidade de erros de digitação D e a quantidade de erros de formatação F.

"Considere um candidato cujo número de erros de digitação superou o número de erros de formatação em 20 e que teve um total de erros, considerando digitação e formatação, igual a 28"	D = F + 20 D + F = 28

Neste sistema de equações utilizaremos as operações básicas da matemática. Substituir o valor de D da primeira equação na segunda, temos:

Sistema de Equações	D + F = 28 (F + 20) + F = 28 F = 4

Foram 4 erros de formatação, logo, 24 de digitação, uma vez que o somatório é igual a 28.

Seguimos com as operações básicas.

Nota do candidato	NOTA = 10 – (D × 0,05) – (F × 0,2) NOTA = 10 – (24 × 0,05) – (4 × 0,2) NOTA = 10 – 1,2 – 0,8 NOTA = 8

A nota do candidato foi igual a 8.

07. (Vunesp – Analista em Comunicação – TJM/SP – 2021) Alex e Alexandra receberam de seus pais uma mesma quantia para uma viagem. Alex gastou, a cada dia, uma mesma quantia. Alexandra também gastou, a cada dia, uma mesma quantia, que correspondia ao triplo do que seu irmão gastava diariamente. Após 8 dias de viagem Alex ainda tinha R$ 1.430,00. Após 11 dias de viagem Alexandra ainda tinha R$ 380,00. O valor recebido por cada irmão para a viagem está compreendido entre

a) R$ 1.550,00 e R$ 1.600,00.

b) R$ 1.600,00 e R$ 1.650,00.

c) R$ 1.650,00 e R$ 1.700,00.

d) R$ 1.700,00 e R$ 1.750,00.

e) R$ 1.750,00 e R$ 1.800,00.

▷ ***Anotações/Comentários***

Alex (X) e Alexandra (Y) receberam a mesma quantia e:

"Alex gastou, a cada dia, uma mesma quantia. Alexandra também gastou, a cada dia, uma mesma quantia, que correspondia ao triplo do que seu irmão gastava diariamente"	GY = 3GX

As incógnitas GX e GY representam os gastos diário de Alex e Alexandra, respectivamente.

"Após 8 dias de viagem Alex ainda tinha R$ 1.430,00"	X = 8 . GX + 1430
"Após 11 dias de viagem Alexandra ainda tinha R$ 380,00"	Y = 11 . GY + 380

Em face da informação inicial, podemos igualar X e Y.

Quantia recebida inicialmente	X = Y 8GX + 1430 = 11GY + 380
Substituir o valor de GY	8GX + 1430 = 11(3GX) + 380 8GX + 1430 = 33GX + 380 25GX = 1050 GX = 42

De posse do valor gasto diariamente por Alex, calculamos o valor que ele recebeu inicialmente de seu pai.

Recebido inicialmente por Alex	X = 8GX + 1430 X = 8(42) + 1430 X = 1766

O valor recebido por cada irmão para a viagem foi de R$ 1.766,00.

08. (Vunesp – Enfermeiro Judiciário – TJ/SP – 2019) Considere três números naturais, representados por x, y e z, respectivamente. Sabe-se que a divisão de x por 5 resulta no quociente y e resto 3, e que a divisão de y por 5 resulta no quociente z e resto 1, e que a divisão dez por 5 resulta no quociente 3 e resto 4. O resultado de x – y é

a) 391.

b) 413.

c) 402.

d) 425.

e) 387.

▷ ***Anotações/Comentários***

O objetivo de termos selecionado esta questão é para deixar claro a importância do domínio de temas introdutórios como, por exemplo, as operações básicas da matemática, ou melhor, não só dominar como praticar muito.

"Sabe-se que a divisão de x por 5 resulta no quociente y e resto 3"	x | 5 3 y	x = 5y + 3
"a divisão de y por 5 resulta no quociente z e resto 1"	y | 5 1 z	y = 5z + 1
"a divisão de z por 5 resulta no quociente 3 e resto 4"	z | 5 4 3	z = 5 . 3 + 4 z = 19

A partir do valor de z chegamos aos valores de y e após de z.

Calcular o valor de y (y = 5z + 1)	y = (5 . 19) + 1 y = 96
Calcular o valor de x (x = 5y + 3)	x = (5 . 96) + 3 x = 483

Por fim, a operação solicitada.

"O resultado de x – y é"	Resultado = 483 – 96 Resultado = 387

2. FRAÇÃO E POTENCIAÇÃO

09. (FGV – Técnico Judiciário – TJ/RO – 2021) Considere a expressão:

$$\frac{1}{2}-\frac{1}{3}+\frac{1}{4}-\frac{1}{5}+\frac{1}{6}=\frac{x}{180}$$

O valor de x é:

a) 57.

b) 59.

c) 63.

d) 65.

e) 69.

▷ ***Anotações/Comentários***

Vamos separar a resolução em duas etapas.

Operação com frações	$Y = \frac{1}{2} - \frac{1}{3} + \frac{1}{4} - \frac{1}{5} + \frac{1}{6}$ $Y = \frac{30 - 20 + 15 - 12 + 10}{60}$ $Y = \frac{23}{60}$

Seguimos com a proporcionalidade entre frações

Frações proporcionais	$\frac{23}{60} = \frac{x}{180}$ $\frac{23}{1} = \frac{x}{3}$ x = 69

O valor de x é igual a 69.

10. (**Vunesp – Técnico em Comunicação – TJM/SP – 2021)** Em uma palestra no auditório de uma escola, todos os alunos presentes estavam sentados, de maneira que quase todos os assentos estavam ocupados, sendo que apenas 18 estavam vazios. Nos assentos, havia apenas alunos, um aluno por assento e, após 30 minutos do início da palestra, um terço dos alunos presentes foi embora. Após 1 hora, mais 44 alunos foram embora, de maneira que 2/5 dos assentos ficaram vazios. O algarismo das dezenas do número de assentos desse auditório é

a) 2.
b) 3.
c) 4.
d) 6.
e) 7.

▷ ***Anotações/Comentários***

Levantamento de dados disponibilizados no enunciado.

"Quase todos os assentos estavam ocupados, sendo que apenas 18 estavam vazios"	Vazios (inicial) = 18 A = X – 18

Neste caso, A representa o total de alunos e X corresponde à quantidade total de assentos do auditório.

"Após 30 minutos do início da palestra, um terço dos alunos presentes foi embora"	Após 30 min = 1/3 . A = A/3
"Após 1 hora, mais 44 alunos foram embora, de maneira que 2/5 dos assentos ficaram vazios"	Após 1 hora = 44 Assentos Vazios = 2/5 . X = 2X/5

Vamos começar pela informação final, assentos vazios (igual a 2x/5).

Assentos Vazios (V)	V = 44 + A/3 + 18 2X/5 = 44 + (X – 18)/3 + 18
MMC = 15	6X = 660 + 5A – 90 + 270 X = 840

A quantidade de assentos do auditório é de 840, logo, o algarismo das dezenas está representado pelo número 4.

11. (Cebraspe – Técnico Judiciário – TJ/PR – 2019) Um grupo de técnicos do TJ/PR é composto por estudantes universitários: a metade dos estudantes cursa administração; um quarto deles cursa direito; e o restante, em número de quatro, faz o curso de contabilidade. Nesse caso, a quantidade de estudantes desse grupo é igual a

a) 12.
b) 16.
c) 20.
d) 24.
e) 32.

▷ ***Anotações/Comentários***

Reprodução do enunciado na forma esquematizada.

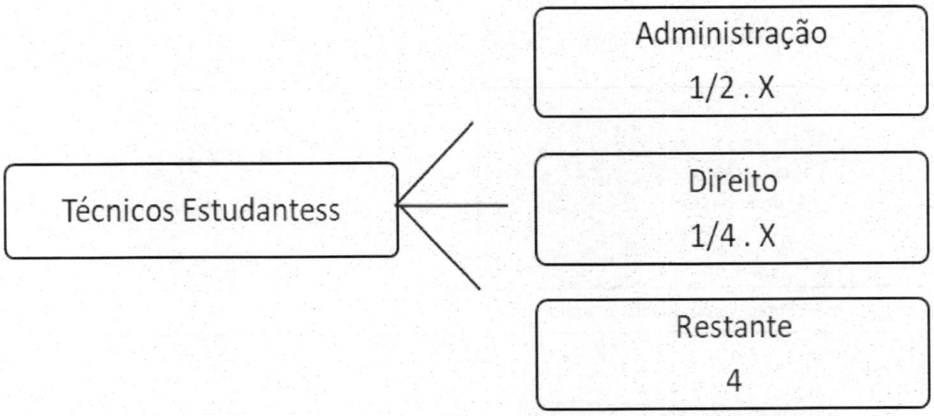

Onde X é a quantidade de estudantes.

Para a resposta basta a soma das quantidades de cada curso.

Soma dos estudantes	X = 1/2 . X + 1/4 . X + 4 X = X/2 + X/4 + 4
m.m.c. = 4	4X = 2X + X + 16 X = 16

A quantidade de estudantes desse grupo é igual a 16.

---

12. (FCC – Técnico Judiciário – TRF 4ª Região – 2019) Lívia leu um livro nas férias em 4 dias. No 1º dia, leu um terço do livro. No 2º dia, leu um terço do que faltava. No 3º dia, leu 10 páginas a mais do que tinha lido no 2º dia. No 4º dia, Lívia leu as 30 páginas que faltavam para acabar o livro. O número de páginas do livro de Lívia é

a) 240
b) 180
c) 150
d) 480
e) 360

▷ ***Anotações/Comentários***

Sabemos que o livro foi lido em 4 dias e vamos chamar de X o seu número de páginas.

"No 1º dia, leu um terço do livro"	Dia 1 = 1/3X (Restaram 2/3X)
"No 2º dia, leu um terço do que faltava"	Dia 2 = 2/3X . 1/3 = 2/9X
"No 3º dia, leu 10 páginas a mais do que tinha lido no 2º dia"	Dia 3 = 2/9X + 10
"No 4º dia, Lívia leu as 30 páginas que faltavam para acabar o livro"	Dia 4 = 30

Vamos somar os quatro dias.

Total de páginas	X = 1/3X + 2/9X + 2/9X + 10 + 30 X = 3/9X + 2/9X + 2/9X + 40 X = 7/9X + 40 2/9X = 40 X = 40 . 9/2 X = 180

O livro de Lívia tem 180 páginas.

---

13. (FCC – Analista Judiciário – TRF 4ª Região – 2019) O quociente de 50^{50} por 25^{25} é

a) 2^{25}
b) 10^{25}
c) 10^{50}
d) 10^{26}
e) 2^{26}

▷ ***Anotações/Comentários***

Tanto a divisão como a multiplicação de números com expoentes têm resolução célere quando as bases são iguais, por essa razão, primeira tentativa é trabalhar com as bases.

Quociente **Igualar bases**	$50^{50}/25^{25}$ $(2.25)^{50}/25^{25}$ $2^{50}.25^{50}/25^{25}$ $2^{50}.25^{25}$

Ainda é possível caminhar mais. Então, vamos igualar os expoentes

Igualar os expoentes	$2^{50}.25^{25}$ $2^{50}.(5^2)^{25}$ $2^{50}.5^{50}$ 10^{50}

Não existe apenas este caminho, mas, o que fica de mensagem é: Há necessidade de conhecer os fundamentos da matemática, como operações, números decimais e fracionários, potenciação e radiciação.

14. (FCC – Analista Judiciário – TRF 4ª Região – 2019) Os inscritos em um congresso receberam crachás com identificações que começam pelas letras A ou B, seguidas de três números. Do total de inscritos, 3/7 receberam crachás com a letra A. Em uma palestra 2/5 dos inscritos que receberam crachás com a letra A compareceram e todos os inscritos que receberam crachás com a letra B também compareceram. Havia 260 participantes nessa palestra. O total de inscritos nesse congresso é de

a) 300
b) 520
c) 560
d) 350
e) 260

▷ ***Anotações/Comentários***

Antes de pensar nas operações com frações, gaste um tempo para esquematizar o problema.

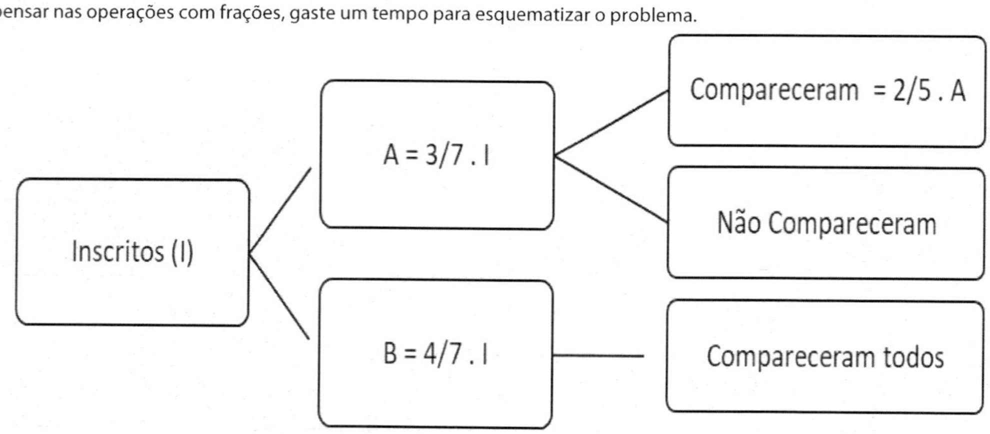

Feito o desenho, o ponto de partida para os cálculos é o número de participantes na palestra (conhecido e igual a 260).

No desenho, a parte em destaque corresponde aos inscritos que participaram da palestra.

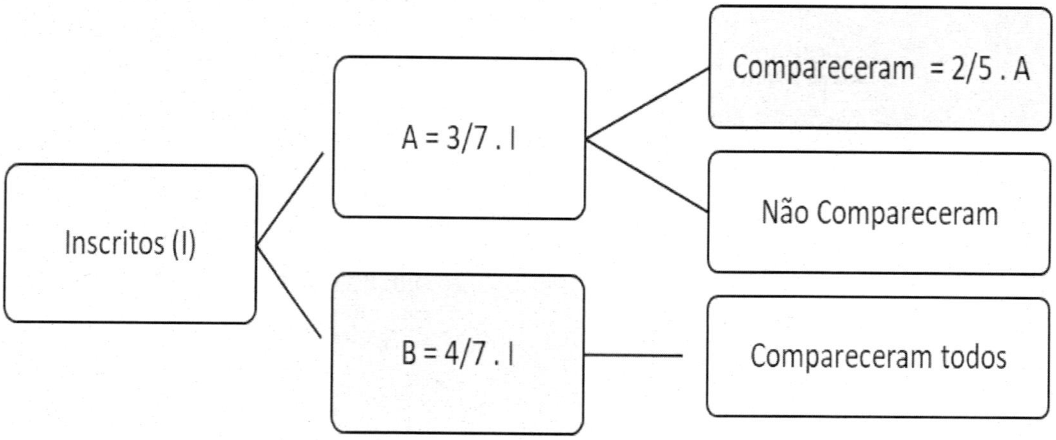

Transformando em equação.

Participaram da palestra (P)	P = 2/5 . A + 4/7 . I

Substituir os valores de P (260) e de A (extraído da esquematização do problema).

P = 260 e A = 3/7 . I	260 = 2/5 (3/7 . I) + 4/7 . I

Restou uma única incógnita, exatamente o que se pede na questão.

Resolver a equação	260 = 6/35 . I + 4/7 . I $260 = \frac{6.I + 20.I}{35}$ $I = \frac{260.35}{26}$ I = 10 . 35 I = 350

O total de inscritos nesse congresso foi igual a 350.

3. RAZÃO E PROPORÇÃO

15. (Instituto Verbena UFG – Analista Judiciário – Área Judiciária – TJ/AC – 2024) A posologia de um antitérmico consiste em 2 gotas do medicamento por 4 kg de massa corporal a cada 6 horas. Se uma pessoa tomou 40 gotas do medicamento a cada 6 horas, sua massa corporal é

a) 75 kg.
b) 80 kg.
c) 85 kg.
d) 90 kg.

▷ ***Anotações/Comentários***

Dada a posologia do antitérmico:

Gotas do Medicamento	Kg de Massa Corporal	Por Hora
2	4	6

Acrescentamos à tabela acima outra linha com números referente ao que a pessoa administrou.

Gotas do Medicamento	Kg de Massa Corporal	Por Hora
2	4	6
40	?	6

A resolução requer o cálculo de proporcionalidade entre a quantidade de gotas indicadas segundo a posologia do medicamento e a quantidade de gotas administradas pela pessoa que, provavelmente, apresentou um quadro febril.

Desconsiderando a quantidade de doses diária (iguais), restam duas grandezas para, por meio da regra de três, chegarmos à massa corporal do enfermo.

Regra de três simples	Multiplicação Cruzada
2 → 4 40 → X	2X = 4 . 40 X = (4 . 40) / 2 X = 2 . 40 X = 80

Resposta: A massa corporal da pessoa em questão é de 80 kg.

16. (FCC – Analista Judiciário – Área Administrativa– TRT 18 – 2023) Um elevador pode carregar, no máximo, 12 adultos ou, equivalentemente, 20 crianças. O número máximo de crianças que podem subir nesse elevador com 9 adultos é:

a) 9
b) 6
c) 7
d) 8
e) 5

▷ ***Anotações/Comentários***

A proporção entre adultos e crianças é de 12 para 20.

Estão no elevador 9 adultos, portanto, resta espaço equivalente a 3 adultos. Isso é o que vamos calcular, quantas crianças equivalem a 3 adultos, para tanto, utilizaremos a Regra de Três.

Proporção	Regra de Três
12 → 20 3 → x	12x = 3 . 20 x = 60/12 x = 5

Resposta: Podem subir, no máximo, 5 crianças no elevador.

---

17. (FCC – Analista Judiciário – Área Judiciária – TRT 14 – 2022) Em um treino de cobrança de penalidades, cada um dos 18 jogadores de um time chutou um mesmo número de vezes. Após o treino, um levantamento mostrou que a razão entre o número de cobranças convertidas em gol e o número de cobranças não convertidas em gol foi de 5 para 7. Esse levantamento também mostrou que, se não forem considerados os chutes e gols marcados pelo artilheiro do time, a razão passa a ser de 7 para 10. Se nesse treino o artilheiro fez 22 gols, o número total de gols feitos no treino, incluindo os do artilheiro, foi

a) 210.

b) 300.

c) 270.

d) 240.

e) 330.

▷ ***Anotações/Comentários***

Conhecemos a razão entre cobranças de pênaltis convertidos e não convertidos.

*A razão entre o número de cobranças convertidas **(C)** em gol e o número de cobranças não convertidas **(N)** em gol foi de 5 para 7.*	C/N = 5/7

Vale ressaltar que a quantidade C, gols convertidos, mais a quantidade N, gols não convertidos é igual ao total de chutes a gol.

Cada um dos 18 jogadores de um time chutou um mesmo número de vezes.	Total = 18x

Onde:

- Total = Número total de chutes de todos os jogadores.
- x = Quantidade de chutes de cada jogador.

Logo:

Vale a igualdade.	C + N = 18x

Na sequência, o enunciado nos informa que a razão fica alterada quando retirados os chutes do artilheiro. Desses chutes, ele converteu 22 dos pênaltis cobrados.

- A razão passa a ser de 7 para 10.

Do total de chutes convertidos em gol (C), subtraímos a quantidade de gols do artilheiro.

Como não sabemos a quantidade de chutes não convertidos pelo artilheiro, vamos adotar (n) no lugar de (N) para chutes não convertidos em gols.

Razão	Igualdade
(C – 22)/n = 7/10	(C – 22) + n = 17x

Onde:

- n = Gols não convertidos (sem os chutes do artilheiro).
- 17x = Total de chutes (sem os chutes do artilheiro).

Para que não haja confusão, vamos listar as equações formuladas:

- C/N = 5/7
- C + N = 18x
- (C – 22)/n = 7/10
- (C – 22) + n = 17x

As incógnitas C e x são comuns a todas as equações enquanto N e n não. Por essa razão, isolamos estas últimas com o objetivo de eliminá-las das equações.

Isolar N	C/N = 5/7 N = 7C/5
Substituir N na outra equação	C + N = 18x C + (7C/5) = 18x 5C + 7C = 90x 4C = 30x 2C = 15x

O mesmo raciocínio para n.

Isolar n	(C – 22)/n = 7/10 7n = 10C – 220 n = (10C – 220) / 7
Substituir n na outra equação	(C – 22) + n = 17x C – 22 + ((10C – 220) / 7) = 17x 7C – 154 +10C – 220 = 119x 17C – 374 = 119x C – 22 = 7x

Restaram duas equações e duas incógnitas, ou um sistema de equações para o qual isolamos a incógnita (x) para calcular o número de gols totais convertidos (C).

Isolar x	2C = 15x x = 2C/15
Substituir x na outra equação	C – 22 = 7x C – 22 = 7(2C/15) C – 22 = 14C/15 15C – 330 = 14C C = 330

Resposta: Foram 330 gols feitos no treino, incluindo os do artilheiro.

18. (FGV – Técnico Judiciário – TJ/RO – 2021) Três funcionários de um escritório foram designados para digitalizar todos os documentos de um processo antigo, e levaram, nessa tarefa, 8 horas e 40 minutos. Se dois funcionários a mais tivessem sido convocados para se juntar aos outros nesse trabalho, o tempo de digitação teria sido reduzido em:

a) 3 horas e 28 minutos;

b) 3 horas e 42 minutos;

c) 4 horas e 12 minutos;

d) 4 horas e 38 minutos;

e) 5 horas e 12 minutos.

▷ ***Anotações/Comentários***

Três detalhes importantes: Estamos diante de grandezas diferentes (horas e minutos), a proporcionalidade é inversa (o aumento de funcionários reduz o tempo de digitação) e o que se pede é o quanto o tempo de digitação teria sido reduzido.

Sobre as grandezas, melhor trabalhar com minutos, o que nos proporciona um tempo de digitalização 520 minutos (8 horas e 40 minutos) considerando três funcionários.

Com acréscimo de outros dois funcionários temos:

Funcionários	Tempo (min)
3	520
5	X

Como a proporcionalidade é inversa, alteramos a posição dos valores de uma das grandezas e efetivamos a multiplicação cruzada.

Regra de Três	5 → 520 3 → X
Multiplicação cruzada	5X = 520 . 3 X = 312

Cuidado: 312 minutos correspondem à 5 horas e 12 minutos, tempo indicado na alternativa "e". Entretanto, não é o que se pede.

Queremos o tempo que teria sido reduzido.

Redução do tempo	Redução = 520 – 312 Redução = 208

O tempo de digitação teria sido reduzido em 208 minutos ou 3 horas e 28 minutos.

19. (Vunesp – Técnico em Comunicação – TJM/SP – 2021) Em 20 dias de trabalho, 15 operários, trabalhando 8 horas por dia, produziram 7200 placas eletrônicas. Para a produção de 31824 placas como essas em 26 dias, o número de operários trabalhando 6 horas por dia, com a mesma capacidade de produção dos operários anteriores, que deverão participar dessa tarefa é

a) 64.

b) 68.

c) 72.

d) 76.

e) 80.

MATEMÁTICA E RACIOCÍNIO LÓGICO

▷ ***Anotações/Comentários***

Proporcionalidade com mais de duas grandezas, regra de três composta.

Dias trabalho	Operários	Horas por dia	Placas
20	15	8	7200
26	X	6	31824

Primeira coisa, e mais importante, a ser feita é verificar se a proporcionalidade é direta ou inversa.

Compare cada grandeza em relação àquela com a variável X, duas a duas:

- "Operários" e "dias trabalhados": Quanto maior o número de operários menor será o tempo (dias) para conclusão do trabalho. Proporção inversa.
- "Operários" e "horas por dia": O aumento de uma provoca a redução da outra. Proporção inversa.
- "Operários" e "placas": Quanto mais operários, maior a produção de placas. Proporção direta.

Dias trabalho	Operários	Horas por dia	Placas
↓	↑	↓	↑

Imagine que as flechas tenham que ficar apontadas todas para o mesmo lado e, para isso, inverta os valores daquelas que estão voltadas para baixo (ou somente daquelas voltadas para cima).

Dias trabalho	Operários	Horas por dia	Placas
26	15	6	7200
20	X	8	31824

Isolar a grandeza com a incógnita e juntar as demais fazendo o produto dos termos.

Operários	Produto dos demais
15	26 . 6 . 7200
X	20 . 8 . 31824

A simplificação facilita muito nosso trabalho.

Operários	Produto dos demais
1	1 . 1 . 1
X	1 . 1 . 68

Sequer chegamos à multiplicação cruzada. O valor de X é igual a 68, ou seja, são necessários 68 operários para esta produção de placas eletrônicas.

---

20. (Vunesp – Analista em Comunicação – TJM/SP – 2021) Em um restaurante, em qualquer dia, a razão entre o número de sucos vendidos para o número de refrigerantes vendidos é 5 para 11. Certo dia, a diferença entre os números de refrigerantes e sucos vendidos foi 84. A soma do número de refrigerantes e o número de sucos vendidos nesse dia foi

a) 224.
b) 240.
c) 256.
d) 272.
e) 288.

▷ ***Anotações/Comentários***

Vamos entender o enunciado.

"Em um restaurante, em qualquer dia, a razão entre o número de sucos vendidos para o número de refrigerantes vendidos é 5 para 11"	$\frac{S}{R} = \frac{5}{11}$

Onde S corresponde ao número de sucos e R ao de refrigerantes.

"Certo dia, a diferença entre os números de refrigerantes e sucos vendidos foi 84"	$R - S = 84$ $R = 84 + S$

Pronto, temos um sistema de equações.

Substituir o valor de R na primeira equação	$\frac{S}{R} = \frac{5}{11}$ $\frac{S}{(84+S)} = \frac{5}{11}$ 11S = 420 + 5S 6S = 420 S = 70

Daí concluímos que o valor de R (R = 84 + S) é igual a 154.

Agora, ao que nos foi solicitado.

Somas das quantidades de sucos e refrigerantes	Soma = R + S Soma = 154 + 70 Soma = 224

A soma do número de refrigerantes e o número de sucos vendidos nesse dia foi igual a 224.

21. (Cebraspe - Analista Judiciário - TJ/PA - 2020) Um servidor deve digitalizar 72.000 documentos de uma página cada. Os documentos a serem digitalizados devem ser distribuídos em 3 máquinas digitalizadoras com velocidades de digitalização diferentes. Para digitalizar a mesma quantidade de documentos, uma das máquinas menos rápidas gasta o triplo do tempo da mais rápida, enquanto a outra gasta seis vezes o tempo da máquina mais rápida.

Nessa situação, para que as três máquinas, funcionando simultaneamente, demorem o mesmo tempo para digitalizar os 72.000 documentos, devem ser colocados na máquina mais rápida

a) 8.000 documentos.
b) 16.000 documentos.
c) 24.000 documentos.
d) 32.000 documentos.
e) 48.000 documentos.

▷ ***Anotações/Comentários***

São três máquinas digitalizadoras com diferentes velocidades de digitalização.

- Máquina A: Capacidade = X
- Máquina B: Capacidade = 1/3X
- Máquina C: Capacidade = 1/6X

Atenção: É importante diferenciar capacidade de produção e tempo de produção. No caso, X equivale à capacidade e não ao tempo, por isso, a máquina B, por exemplo, tem capacidade igual a 1/3 da capacidade da máquina A (se estivéssemos falando de tempo, então usaríamos 3X).

Com as três máquinas em funcionamento, teremos:

Soma das capacidades das três máquinas para digitalizar o total de documentos	A + B + C = Total X + 1/3X + 1/6X = 72000 6X + 2X + X = 72000 . 6 9X = 72000 . 6 X = 48000

Concluímos que:

- Máquina A: Capacidade = X = 48.000
- Máquina B: Capacidade = 1/3X = 48000/3 = 16.000
- Máquina C: Capacidade = 1/6X = 48000/6 = 8.000

Devem ser colocados na máquina mais rápida 48.000 documentos

22. (Vunesp - Administrador Judiciário - TJ/SP - 2019) Duas máquinas idênticas e com a mesma capacidade de produção reciclam, trabalhando juntas e ao mesmo tempo, certo volume V de um mesmo material, em 5 horas e 10 minutos. Uma nova máquina, com tecnologia mais avançada, foi adquirida e colocada para fazer a reciclagem do referido material, juntamente com as outras duas máquinas. Sabendo-se que a nova máquina tem a capacidade de reciclagem 10% maior que as outras duas máquinas, é esperado que as três máquinas, trabalhando juntas e ao mesmo tempo, reciclem o dobro do volume V do material em questão em, no mínimo,

a) 5 horas e 30 minutos.
b) 5 horas e 57 minutos.
c) 6 horas e 23 minutos.
d) 7 horas e 07 minutos.
e) 6 horas e 40 minutos.

▷ ***Anotações/Comentários***

Os indicativos e a comparação das grandezas (produtividade de maquinário e tempo de produção) nos remetem ao assunto proporcionalidade e, em se tratando de proporcionalidade, a ferramenta mais indicada, por ser simples e objetiva, é a regra de três.

MATEMÁTICA E RACIOCÍNIO LÓGICO

Dados da questão	2 Máquinas Produzem o volume V Em 5 horas e 10 minutos

Uma nova máquina foi adquirida com capacidade 10% maior que aquelas existentes. Logo, a capacidade das três máquinas juntas será:

Capacidade (C) das 3 máquinas	C = 2 . 100% + 1 . 110% C = 310%

Agora a regra de três, no caso, regra de três composta, considerando que duas máquinas em uso têm capacidade de 100% cada, logo, juntas 200%. Somado com a capacidade da nova, 10% maior que as existentes, conforme demonstrado no quadro anterior, totaliza 310% de capacidade total.

Capacidade (%)	Volume (V)	Tempo (min.)
200	1	310
310	2	X

Primeiro verificar se a proporcionalidade é direta ou inversa.

- "Capacidade" em relação ao "Tempo": O aumento de uma grandeza implica a redução da outra. A proporcionalidade é inversa.
- "Volume" em relação ao "Tempo": Para conseguir aumentar o volume é necessário aumentar o tempo de trabalho. Proporcionalidade direta.

Inverter a posição dos valores da grandeza que apresentou proporcionalidade inversa.

Capacidade (%)	Volume (V)	Tempo (min.)
310	1	310
200	2	X

Isolamos a grandeza na qual se encontra a variável X e multiplicamos os valores das demais colunas.

(%) . (V)	Tempo (min.)
310	310
400	X

Neste ponto é possível simplificar (coluna ou linha), 310 na primeira linha. Então, a multiplicação cruzada ficou bem simples, X é igual a 400 minutos. Convertendo o resultado em horas (divisão por 60) o resultado inteiro será igual a 6 e o resto 40, respectivamente, horas e minutos.

---

23. (Vunesp – Administrador Judiciário – TJ/SP – 2019) Em um órgão público, um grupo de trabalho com 15 funcionários é formado para elaborar uma tarefa. Verifica-se que após 8 dias do início do trabalho apenas 30% da tarefa havia sido elaborada. Em função disto, mais 5 funcionários foram incorporados ao grupo a partir do 9° dia, dando continuidade ao trabalho. Supondo que todos os funcionários apresentam desempenhos iguais e constantes, tem-se que toda a tarefa, incluindo os 8 dias iniciais, será elaborada ao final de

a) 28 dias.
b) 24 dias.
c) 20 dias.
d) 16 dias.
e) 22 dias.

▷ ***Anotações/Comentários***

A questão trata de proporcionalidade cuja resolução pode ser por meio da regra de três, entretanto, atenção ao estruturar os dados da questão.

Funcionários	Dias	Realizado em %
15	8	30
20	X	70

Com o acréscimo de mais 5 funcionários, passamos a ter 20 para a conclusão dos 70% restante da tarefa.

Quanto às relações de proporcionalidade, em relação à "Dias", "Funcionários" tem proporcionalidade inversa e "Realizado em %" tem relação direta.

Funcionários	Dias	Realizado em %
↓	↑	↑

Inverter os valores da grandeza "Funcionários".

Funcionários	Dias	Realizado em %
20	8	30
15	X	70

Isolar a coluna com a variável X e fazer o produto das outras duas.

Dias	Produtos das outras
8	20 . 30
X	15 . 70

Simplificar (mesma linha ou mesma coluna).

Dias	Produtos das outras
1	1 . 1
X	1 . 14

Para a conclusão da tarefa serão necessários mais 14 dias. Logo, toda a tarefa, incluindo os 8 dias iniciais, será elaborada ao final de 22 dias.

24. (FCC – Oficial de Justiça – TJ/MA – 2019) Lucas e Estela colecionam miniaturas de carrinhos e a razão entre o número de carrinhos de Lucas e o número de carrinhos de Estela é 3/5. Se Lucas der 12 carrinhos para Estela, ela passará a ter o triplo do número de carrinhos de Lucas. Eles têm, juntos, um total de carrinhos igual a:

a) 88.

b) 84.

c) 80.

d) 92.

e) 96.

MATEMÁTICA E RACIOCÍNIO LÓGICO

▷ ***Anotações/Comentários***

A primeira parte do enunciado descreve uma razão.

Razão: Lucas (L) e Estela (E)	$\frac{L}{E} = \frac{3}{5}$ 3E = 5L

A razão é alterada com a doação de 12 carrinhos de Lucas para Estela.

Doação de Lucas para Estela	E + 12 = 3(L – 12) E = 3L – 36 – 12 E = 3L – 48

São duas equações e duas incógnitas, portanto, um sistema de equações que resolveremos por meio do método da substituição.

Substituir o valor de E	3E = 5L 3(3L – 48) = 5L 9L – 144 = 5L L = 144/4 L = 36

Seguimos com o cálculo de E por meio de qualquer equação.

Calcular E	E = 3L – 48 E = 3(36) – 48 E = 60

Lucas e Estela têm, juntos (L + E), 96 carrinhos.

4. PORCENTAGEM

25. (FGV – Técnico Judiciário – TJ/AP – 2024) Laura recebeu certa quantia. Gastou 40% dela e, do restante, depositou 30% na poupança. Após essas operações, em relação à quantia recebida, Laura ficou ainda com:

a) 30%;

b) 36%;

c) 42%;

d) 48%;

e) 52%;

▷ ***Anotações/Comentários***

Facilmente identificamos a cobrança de porcentagem sobre porcentagem. Nestes casos, esquemas são a melhor forma de representação da situação de maneira abrangente e de fácil visualização, acompanhe o esquema abaixo:

- *Laura recebeu certa quantia. Gastou 40% dela.*

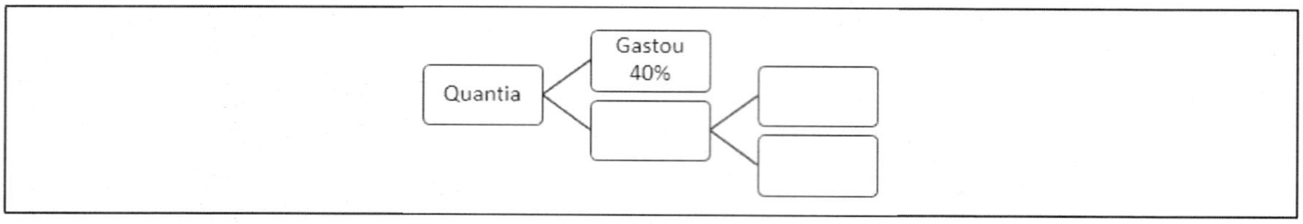

É certo que restaram 60% daquela quantia inicial recebida por Laura, desses:

- *Do restante, depositou 30% na poupança.*

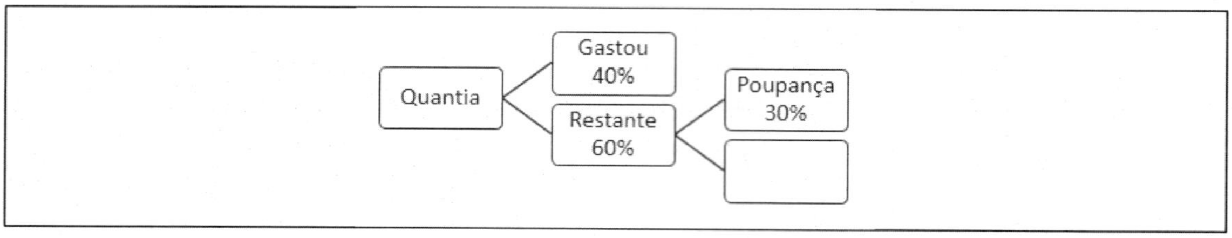

O examinador questiona a relação do valor que ficou com Laura face à quantia original.

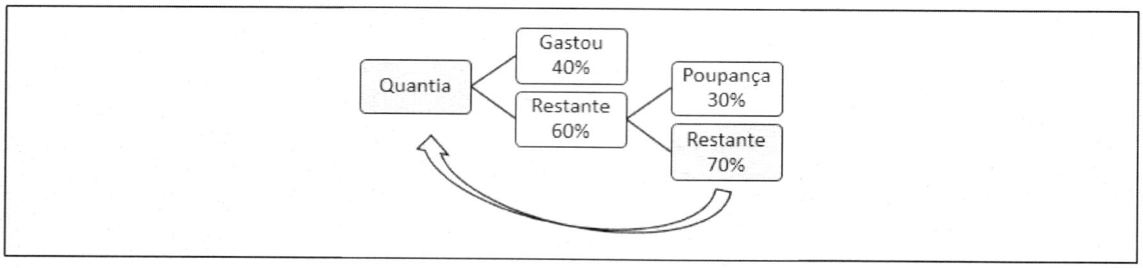

Bem, dois caminhos indicados para você seguir, primeiro, já que não há valores envolvidos, admitimos que a quantia inicial é igual a 100,00. O valor 100, igual a base percentual, tem resultado equivalente tanto para valores como para percentual.

- Valor inicial igual a R$ 100,00.

60% da quantia inicial	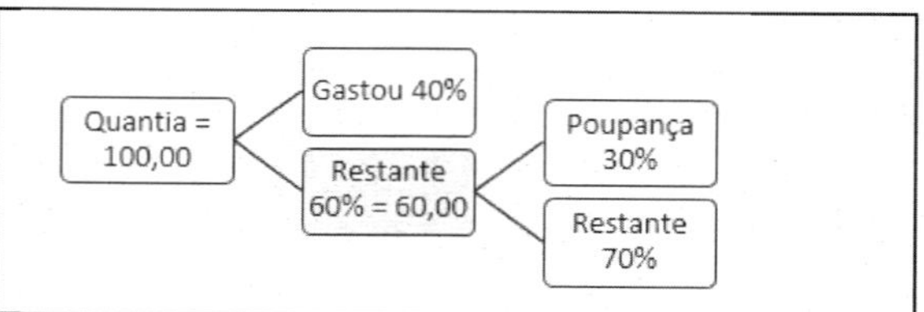
70% da quantia restante	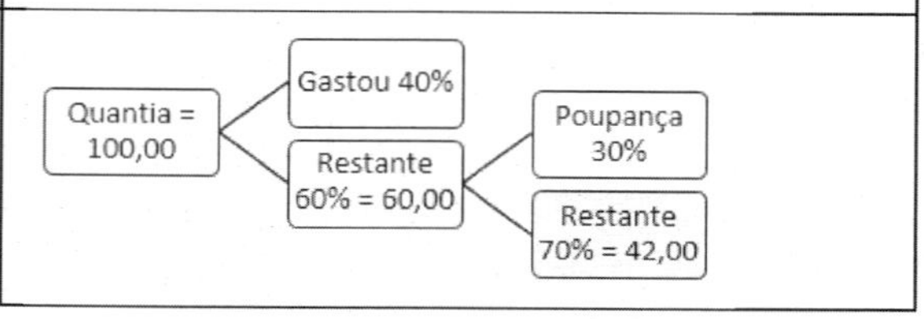

Para esta segunda parte bastou multiplicar 60,00 por 0,7, ou seja, 70% de 60,00.

Segundo caminho, ainda mais fácil, uma vez que estamos falando de percentual sobre percentual, basta a multiplicação das porcentagens.

Produtos dos Percentuais	Relação = 0,6 x 0,7 Relação = 0,42

Resposta: Laura ficou com 42 centésimos, ou 42%, após as operações, em relação à quantia recebida.

26. (FCC – Analista Judiciário – Área Administrativa– TRT 18 – 2023) João trabalhou de janeiro a junho do ano X2 em uma empresa e recebeu no período um salário mensal médio de R$ 8.000,00. Os salários em janeiro e fevereiro foram iguais, mas em março o valor do salário teve um acréscimo de 10%, permanecendo esse valor até junho. O valor do salário de João em janeiro do ano X2 foi de:

a) R$ 7.000,00

b) R$ 7.200,00

c) R$ 7.700,00

d) R$ 7.800,00

e) R$ 7.500,00

▷ ***Anotações/Comentários***

O salário de João no primeiro semestre de X2 foi:

Enunciado	Média (M)
João trabalhou de janeiro a junho do ano X2 em uma empresa e recebeu no período um salário mensal médio de R$ 8.000,00.	M = 8.000,00

Os salários desses seis meses não foram iguais.

Enunciado	Observações
Os salários em janeiro e fevereiro foram iguais, mas em março o valor do salário teve um acréscimo de 10%, permanecendo esse valor até junho.	Jan e Fev = X Mar, Abr, Mai, Jun e Jul = 1,1X

Tanto o salário de janeiro como o de fevereiro são iguais a X e esse valor calcularemos por meio da fórmula da média.

Média (M)	M = (2X + 4(1,1X)) / 6 8000 = (2X + 4,4X) / 6 8000 . 6 = 6,4X X = 48000 / 6,4 X = 7.500

Resposta: João recebeu, em janeiro do ano X2, o salário de R$ 7.500,00.

27. (FCC – Analista Judiciário – Área Judiciária – TRT 17 – 2023) Em um exame com 30 questões, cada uma delas é considerada correta ou incorreta. O número de respostas corretas dadas por um candidato que fez esse exame foi 50% maior do que o número de respostas incorretas. O número de questões corretas desse candidato é

a) 24

b) 12

c) 20

d) 18

e) 21

▷ ***Anotações/Comentários***

Resumindo, o exame tem 30 questões cujas repostas corretas superaram em 50% as incorretas.

Equações	A + B = 30 A = 1,5B

Onde:

- A = Quantidade de respostas corretas.
- B = Quantidade de respostas erradas.

Está pronto o sistema de equações.

Substituir o valor de A na primeira equação	A + B = 30 1,5B + B = 30 B = 30/2,5 B = 12

Foram 12 respostas incorretas e, consequentemente, 18 corretas.

Resposta: O candidato respondeu 18 questões corretamente.

28. (FCC – Analista Judiciário – Área Judiciária – TRT 14 – 2022) Um produto foi oferecido com 12% de desconto sobre o preço de tabela. Um cliente pediu que o preço de tabela fosse reduzido em R$ 85 e, só depois, fosse dado o desconto de 12%. Com a proposta aceita, o cliente pagou R$ 715 no produto. O preço de tabela desse produto está compreendido entre

a) R$ 852 e R$ 901.

b) R$ 902 e R$ 951.

c) R$ 1.052 e R$ 1.101.

d) R$ 1.002 e R$ 1.051.

e) R$ 952 e R$ 1.001.

▷ ***Anotações/Comentários***

O enunciado descreve exatamente uma equação matemática, o trabalho é fazer a tradução do que se lê em linguagem matemática.

Enunciado	Valor de tabela (X)
Um cliente pediu que o preço de tabela (X) fosse reduzido em R$ 85 e, só depois, fosse dado o desconto de 12%. Com a proposta aceita, o cliente pagou R$ 715 no produto.	(X – 85) . 0,88 = 715

Observe que o desconto de 12% está na equação como fator de multiplicação (100% – 12% = 88% = 0,88).

Daí, é só resolver a equação.

Valor de X	(X – 85) . 0,88 = 715 0,88X – 74,80 = 715 0,88X = 789,8 X = 897,50

Resposta: O preço de tabela do produto é igual a R$ 897,50.

29. (FCC – Analista Judiciário – Área Administrativa– TRT 18 – 2023) Três candidatos A, B e C receberam um total de 400 votos em uma eleição em que 25% dos eleitores era do sexo feminino. Cada um dos três candidatos recebeu 1/3 do total de votos dos eleitores do sexo masculino. O candidato A recebeu 40% dos votos femininos; o candidato B obteve 10 votos a mais do que o candidato C. O total de votos do candidato menos votado foi:

a) 135

b) 125

c) 140

d) 150

e) 145

▷ ***Anotações/Comentários***

A primeira parte é entender e retirar do enunciado as informações disponibilizadas.

• Três candidatos A, B e C receberam um total de 400 votos em uma eleição em que 25% dos eleitores era do sexo feminino.

A + B + C = 400.

Mulheres = 400 . 25% = 400 . 0,25 = 100.

	A	B	C	Total
Mulheres				100
Homens				
Total				400

• Cada um dos três candidatos recebeu 1/3 do total de votos dos eleitores do sexo masculino.

	A	B	C	Total
Mulheres				100
Homens	100	100	100	300
Total				400

• O candidato A recebeu 40% dos votos femininos; o candidato B obteve 10 votos a mais do que o candidato C.

A recebeu 40 votos e os outros 60 foram divididos entre os candidatos B e C. Como B recebeu 10 a mais que C, eles receberam 35 e 25 respectivamente.

	A	B	C	Total
Mulheres	40	35	25	100
Homens	100	100	100	300
Total				400

Resta o somatório de cada candidato.

	A	B	C	Total
Mulheres	40	35	25	100
Homens	100	100	100	300
Total	**140**	**135**	**125**	400

Resposta: C foi o candidato menos votado e recebeu 125 votos.

30. (Vunesp – Escrevente Técnico Judiciário – TJ/SP – 2021) O PIX é um meio de pagamento eletrônico, lançado no Brasil no final de 2020. Na ocasião, especialistas tinham diferentes expectativas sobre o seu impacto nos meios de pagamentos eletrônicos. De toda forma, esses especialistas entendiam que qualquer pequena variação nesse mercado seria muita coisa já que, em 2019, por exemplo, esse mercado movimentou 1,8 trilhão de reais.

Considerando o valor movimentado em 2019 pelo mercado de pagamentos eletrônicos, uma variação de 0,1% corresponderia a

a) 1800 bilhões de reais.

b) 180 bilhões de reais.

c) 18 bilhões de reais.

d) 0,18 bilhão de reais.

e) 1,8 bilhão de reais.

▷ ***Anotações/Comentários***

A intensão do examinador foi medir o conhecimento do candidato acerca de números grandes. Basta calcular 0,1% de 1,8 trilhão.

Como as respostas estão em bilhão, faça a conversão considerando que 1 trilhão é igual a 1000 bilhão.

Trilhão em bilhão	1,8 trilhão = 1800 bilhão

Sobre 1800 aplicar o percentual.

Porcentagem	Variação = 1800 . 0,1% Variação = 180/100 Variação = 1,8

A variação no ano de 2019 corresponderia a 1,8 bilhão

31. (Vunesp – Técnico em Comunicação – TJM/SP – 2021) Um pintor possui uma lata com 20 litros de tinta vermelha e outra lata com 17 litros de tinta amarela. Ele quer misturar essas tintas de modo que a cor obtida contenha 32% de vermelho e 68% de amarelo. O número de litros dessa mistura que o pintor conseguirá fazer será, no máximo,

a) 16.

b) 18.

c) 20.

d) 24.

e) 25.

▷ ***Anotações/Comentários***

Tintas que farão parte da mistura:

- Vermelha = 20 litros.
- Amarela = 17 litros.

A mistura deve ter:

- Vermelha = 32%.
- Amarela = 68%.

A maior parte da mistura leva tinta da cor amarela e, por essa razão, usaremos a totalidade dessa cor para maximizar a mistura.

Vermelha	32%	X litros
Amarela	68%	17 litros
Mistura	100%	Y litros

A partir da relação da tinta amarela, 68% está para 17 litros, calculamos a quantidade de tinta vermelha e a quantidade total de litros resultante da mistura.

Quantidade de tinta vermelha:

Tinta Vermelha **Regra de três**	68X = 32 . 17 X = 8

Para o total da mistura podemos somar as quantidades de tinta vermelha com a quantidade de tinta amarela (igual a 25) ou por meio da regra de três.

MATEMÁTICA E RACIOCÍNIO LÓGICO

Mistura **Regra de três**	68Y = 100 . 17 Y = 25

O número de litros dessa mistura que o pintor conseguirá fazer será, no máximo, de 25 litros.

32. (FCC – Técnico Judiciário – TRF 3ª Região – 2019) Um engenheiro introduziu um novo método na fabricação de um produto que reduziu o custo de fabricação em 50%. Um ano depois, outra modificação no processo de fabricação foi feita e reduziu o custo em 15%. Após as duas modificações na produção, o custo inicial, em porcentagem, foi reduzido em

a) 65,5.

b) 63,5.

c) 47,5.

d) 57,5.

e) 45,5.

▷ ***Anotações/Comentários***

Para aumentos ou reduções percentuais em sequência em que o valor de referência não é conhecido, considere trabalhar com um valor hipotético, de preferência igual a 100 porque a unidade corresponderá ao valor percentual.

Custo inicial (hipotético)	100
Redução de custo 50%	100 – 50 = 50
Redução de custo 15%	50 – 7,5 = 42,5

O custo passou a ser de 42,50 (considerando o custo inicial hipotético de 100), logo, houve uma redução de 57,5

Outro caminho para sequência de porcentagem é por meio da multiplicação de fator:

Fator para acréscimos percentuais	1 + %
Fator para decréscimos percentuais	1 – %

Como a questão trata de reduções, temos fatores: 1 – 0,5 = 0,5 e 1 – 0,15 = 0,85.

Produto dos fatores	0,5 . 0,85 = 0,425

42,5 é a porcentagem em relação ao custo inicial, portanto, a redução foi de 100% - 42,5% = 57,5%

33. (Vunesp – Administrador Judiciário – TJ/SP – 2019) Em relação ao total de administradores judiciários em determinado estado, no ano de 2018, três décimos estão prestes a se aposentar. Dos demais, sabe-se que 5% foram contratados em concursos públicos realizados na década de 2000, e um quinto do restante foi contratado em concursos públicos realizados nos últimos 5 anos. Do total de administradores judiciários no ano de 2018 nesse estado, os que foram contratados em concursos públicos dos últimos 5 anos correspondem

a) de 1% a menos de 5%.

b) de 9% a menos de 13%.

c) de 5% a menos de 9%.

d) de 13% a menos de 17%.

e) a menos de 1%.

▷ ***Anotações/Comentários***

Na hipótese de você Iniciar a leitura do enunciado e perceber que o problema passa pelo item fração *"três décimos"* ou porcentagem *"sabe-se que 5%"*, considere reescrever a informação de forma esquematizada (em linguagem popular, desenhos).

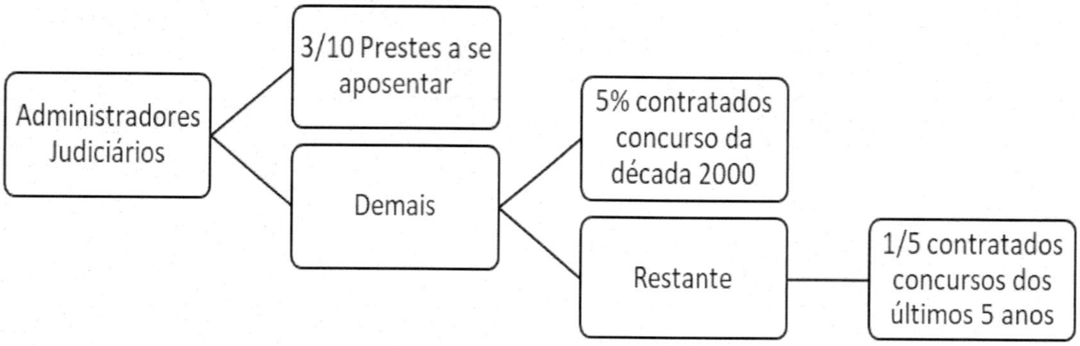

Acima a reprodução daquilo que está disposto no enunciado cuja conclusão é o questionamento: Qual a porcentagem dos administradores judiciários contratados nos últimos 5 anos em relação ao total.

Segue a mesma representação com a inclusão das frações e porcentagens complementares.

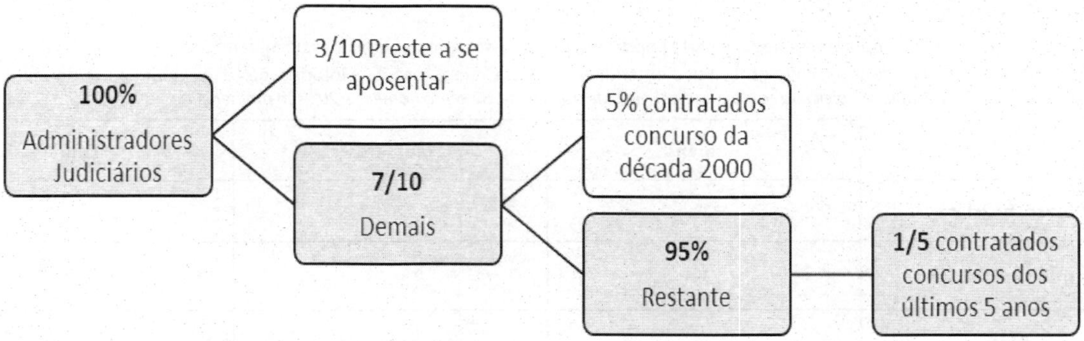

Perceba como fica fácil a resolução a partir da esquematização.

Agora é seguir o caminho "Administradores Judiciários" até "Contratados Últimos 5 Anos" conforme destacado em cor mais escura e montar uma equação multiplicando os termos.

Porcentagem dos contratados nos últimos 5 anos.	X = 100% . 7/10 . 95% . 1/5 X = 1 . 0,7 . 0,95 . 0,2 X = 0,133

Do total de administradores judiciários no ano de 2018 nesse estado, 13,3% foram contratados em concursos públicos dos últimos 5 anos.

34. (FCC – Técnico Judiciário – TJ/MA – 2019) Do total que Carlos gastou em uma loja, 36% foi adquirindo uma calça, 21% uma camisa e o restante um sapato. Se o sapato custou R$ 63,00 a mais que a calça, o valor pago por Carlos pela camisa, em reais, foi igual a:

a) 179,00.

b) 159,00.

c) 169,00.

d) 149,00.

e) 189,00

▷ ***Anotações/Comentários***

Retiramos do enunciado a seguintes informações:

"Do total que Carlos gastou em uma loja"	Gasto total = X
"36% foi adquirindo uma calça, 21% uma camisa"	Calça (C) = 0,36X Camisa (M) = 0,21X
"o restante um sapato"	Sapato (S) = (1 – 0,36 – 0,21)X Sapato (S) = 0,43X
"Se o sapato custou R$63,00 a mais que a calça"	S = C + 63

O ponto de partida é o valor em reais que se encontra na última equação.

Substituir os valores de S e de C	S = C + 63 0,43X = 0,36X + 63 0,07X = 63 X = 900

O valor total gasto por Carlos foi de R$ 900,00. Deste, 21% foi destinado à compra da camisa.

Custo da camisa (M)	M = 0,21X M = 0,21 . 900 M = 189

Carlos pagou R$ 189,00 pela camisa.

35. (FCC – Oficial de Justiça – TJ/MA – 2019) Em uma empresa, dentre as pessoas que utilizam bicicleta como principal meio de transporte, 32% são homens e 204 são mulheres. Nessa empresa, 60% dos homens e 50% das mulheres não usam bicicleta como o principal meio de transporte. O total de pessoas nessa empresa é igual a:

a) 600.

b) 648.

c) 792.

d) 744.

e) 696.

▷ ***Anotações/Comentários***

Entender o que temos e onde queremos chegar é parte importante para a resolução das questões de matemática.

Veja como uma estrutura de linhas e colunas facilita o entendimento. Nela vamos inserir as informações da primeira parte do texto: *"Em uma empresa, dentre as pessoas que utilizam bicicleta como principal meio de transporte, 32% são homens e 204 são mulheres"*.

	Homens	Mulheres	Total
Utilizam bicicleta	32%	204	
Não utilizam bicicleta			
Total			

Se 32% são os homens que utilizam bicicleta, a porcentagem de mulheres que utilizam bicicleta é igual a 68% e corresponde à quantidade de 204, logo:

Quantidade de homens que utilizam bicicleta	$68H = 32 . 204$ $H = 96$

Então:

	Homens	Mulheres	Total
Utilizam bicicleta	96	204	300
Não utilizam bicicleta			
Total			

Do trecho seguinte *"Nessa empresa, 60% dos homens e 50% das mulheres não usam bicicleta como o principal meio de transporte"* extraímos que:

- Homens: 60% não utilizam bicicletas, logo, 40% utilizam e é igual a 96.

Quantidade de homens que não utilizam bicicleta	$40H = 60 . 96$ $H = 144$

- Mulheres: 50% não utilizam bicicletas, logo, é a mesma quantidade que os 50% que utilizam e é igual a 204.

	Homens	Mulheres	Total
Utilizam bicicleta	96	204	300
Não utilizam bicicleta	144	204	348
Total	240	408	648

O total de pessoas nessa empresa é igual a 648.

5. EQUAÇÃO E SISTEMA DE EQUAÇÕES

36. (FCC – Analista Judiciário – Área Judiciária – TRT 17 – 2023) Ana, Beto, Clara, Diva e Edu disputam uma maratona de matemática. Para cada problema respondido corretamente ganham 1 ponto e se errarem nada ganham. A soma dos pontos recebidos pelos cinco participantes é 75. A diferença de pontos entre Ana e Beto é 2, mas não necessariamente nessa ordem, a diferença de pontos entre Beto e Clara é 3, mas não necessariamente nessa ordem, a diferença entre Clara e Diva é 4 e entre Diva e Edu é 9. Sabe-se que Edu teve a maior pontuação e Diva a menor pontuação dentre os cinco. A soma das pontuações obtidas por Ana e Beto é

a) 31

b) 24

c) 32

d) 36

e) 33

▷ ***Anotações/Comentários***

Problemas respondidos corretamente pelos maratonistas correspondem a um ponto e:

Enunciado	Soma dos Pontos
A soma dos pontos recebidos pelos cinco participantes é 75.	$A + B + C + D + E = 75$

Onde:

- A corresponde aos pontos recebidos por Ana, B por Beto, C por Clara, D por Diva e E por Edu.

Enunciado	Valor de tabela (X)
A diferença de pontos entre Ana e Beto é 2, mas não necessariamente nessa ordem, a diferença de pontos entre Beto e Clara é 3, mas não necessariamente nessa ordem, a diferença entre Clara e Diva é 4 e entre Diva e Edu é 9.	A – B = |2| B – C = |3| C – D = 4 D – E = 9

Os resultados das duas primeiras diferenças estão em módulo porque o enunciado diz "não necessariamente nessa ordem", porém, cabe uma correção em relação à última diferença.

- Sabe-se que Edu teve a maior pontuação e Diva a menor pontuação.

  Se Edu obteve a maior pontuação, a diferença correta é E – D = 9.

Sabemos que a maior pontuação foi do Edu (E) e a menor da Diva (igual a E – 9).

Vamos fazer as relações todas em função de E (maior pontuação). Você poderia escolher outra incógnita, por exemplo D (menor pontuação), ou qualquer outra.

Pontuação	E = E D = E – 9

Sobre a pontuação da Clara sabemos que a diferença em relação a Diva é igual a 4.

Clara em função de Edu (maior pontuação). **Substituir D pelo valor correspondente "E – 9"**	C – D = 4 C – (E – 9) = 4 C = E – 5

Então:

Pontuação	E = E C = E – 5 D = E – 9

A pontuação de Beto abre duas possibilidades porque não sabemos quem teve a maior e a menor pontuação entre Beto e Clara.

Beto em função de Edu (maior pontuação) **C = E – 5**	B – C = |3| B -(E – 5) = |3| B' = E – 5 + 3 B' = E – 2
	B" = E – 5 – 3 B" = E – 8

Na ordem decrescente de pontuação, abaixo, as duas situações possíveis.

Pontuação	E = E B = E – 2 A = E – 4 C = E – 5 D = E – 9	E = E C = E – 5 A = E – 6 B = E – 8 D = E – 9

A diferença entre Ana e Beto vai gerar duas opções para cada uma das duas acima.

Ana em função de Edu (maior pontuação) **B = E – 2**	A – B = |2| A –(E – 2) = |2| A' = E + 2 – 2 A' = E
	A" = E – 2 – 2 A" = E – 4

Nesta primeira situação, a primeira, A', descartamos porque a opção indica pontuação de Ana igual a de Edu.

Ana em função de Edu (maior pontuação) **B = E – 8**	A – B = |2| A –(E – 8) = |2| A' = E + 2 – 8 A' = E – 6
	A" = E – 2 – 8 A" = E – 10

Nesta segunda situação, descartamos A" porque a pontuação de Ana seria menor que a da Diva.

Ainda restam duas opções.

Pontuação	E = E B = E – 2 A = E – 4 C = E – 5 D = E – 9	E = E C = E – 5 A = E – 6 B = E – 8 D = E – 9

Vejamos a equação inicial

A + B + C + D + E = 75	A + B + C + D + E = 75 5E = 75 + 20 E = 19	A + B + C + D + E = 75 5E = 75 + 28 E = 20,6

De acordo com o sistema de pontuação, um ponto para cada reposta correta, não seria possível 20,6. Conclusão, Edu resolveu 19 problemas corretamente.

Fazer a substituição para A + B considerando a pontuação de Edu (E).

Somatório A e B (X)	A + B = X (E – 4) + (E – 2) = X 15 + 17 = X X = 32

Resposta: A soma das pontuações obtidas por Ana e Beto é igual a 32.

---

37. (FCC – Analista Judiciário – Área Judiciária – TRT 17 – 2023) Marcos desconta um cheque de R$ 2.700,00 em um banco e pede ao caixa que lhe dê um certo número de notas de R$ 10,00 mais 20 vezes esse número em notas de R$ 20,00 e o restante em notas de R$ 50,00. O número de notas de R$ 50,00 que Marcos recebe é

a) 12

b) 11

c) 10

d) 13

e) 14

▷ ***Anotações/Comentários***

Vejamos como ficou a troca do cheque de Marcos.

Enunciado	Equação
Marcos desconta um cheque de R$ 2.700,00 em um banco e pede ao caixa que lhe dê um certo número de notas de R$ 10,00 mais 20 vezes esse número em notas de R$ 20,00 e o restante em notas de R$ 50,00.	10,00x + 20,00 (20x) + 50y = 2700

Onde:

- x = Quantidade de notas de R$ 10,00 (e referência para a quantidade de notas de R$ 20,00).
- y = Quantidade de notas de R$50,00.

Bem, são duas incógnitas e apenas uma equação. O que fazer?

Testar valores para a quantidade x com algum critério mínimo.

Ajustado a equação	10,00x + 20,00 (20x) + 50y = 2700 10,00x + 20,00 (20x) – 2700 = -50y

O resultado do primeiro termo deve ser um número múltiplo de 50.

Se x = 1	10 + 400 – 2700 410 – 2700 2290

Observe que a quantidade de notas de R$ 10,00 tem influência direta entre o resultado ser ou não múltiplo de 50. Essa é a razão de testar x = 5.

Se x = 5	10,00x + 20,00 (20x) – 2700 50 + 2000 – 2700 -650

Sim, é possível quando o número de notas de R$ 10,00 é igual a 5.

Quantidade de notas de R$ 50,00	-650 = -50y y = -650 / -50 y = 13

Resposta: Marcos recebeu 13 notas de R$ 50,00.

38. (FGV – Técnico Judiciário – TJ/RO – 2021) Pedro afirmou: "Nesse mesmo dia do ano passado a idade do meu filho era a terça parte da minha idade e, daqui a 12 anos, eu terei o dobro da idade dele." No dia em que Pedro fez essa afirmação, ele tinha:

a) 38 anos.

b) 39 anos.

c) 40 anos.

d) 41 anos.

e) 42 anos.

▷ ***Anotações/Comentários***

Uma dificuldade de muitos concursandos é a tradução da linguagem escrita em linguagem matemática. Essa capacidade você vai ganhar com o tempo e resolução de questões, até lá, faça passo a passo.

"Nesse mesmo dia do ano passado a idade do meu filho era a terça parte da minha idade"	F – 1 = 1/3 . (P – 1)
"daqui a 12 anos, eu terei o dobro da idade dele"	P + 12 = 2(F + 12)

Passamos a trabalhar com duas equações e duas incógnitas.

Primeira equação	F – 1 = 1/3 . (P – 1) 3F – 3 = P – 1 P = 3F – 2
Segunda equação	P + 12 = 2(F + 12) P = 2F + 12

As duas representações para o valor de P podem ser igualados

Igualar os valores de P	3F – 2 = 2F + 12 F = 14

Por fim, calcular a idade de Pedro hoje (P).

Idade de Pedro	P = 3F – 2 P = 3(14) – 2 P = 40

No dia em que Pedro fez a afirmação, ele tinha 40 anos de idade.

39. (FCC – Técnico Judiciário – TRF 3ª Região – 2019) Maria tem 3 anos de diferença do seu irmão mais velho. Daqui a 9 anos o produto das idades de ambos irá aumentar 288 unidades. A idade de Maria é

a) 10

b) 11

c) 20

d) 12

e) 9

▷ ***Anotações/Comentários***

Em relação à questão anterior, apesar de bancas distintas, a estrutura é semelhante.

"Maria tem 3 anos de diferença do seu irmão mais velho"	M = I - 3
"Daqui a 9 anos o produto das idades de ambos irá aumentar 288 unidades"	(M + 9) . (I + 9) = M . I + 288 MI + 9M + 9I + 81 = MI + 288 9M + 9I = 207

Substituir o valor de M observado na primeira equação na segunda.

Método da substituição	9M + 9I = 207 9(I – 3) + 9I = 207 18I – 27 = 207 18I = 234 I = 13

Se o irmão tem 13 anos, Maria, três anos mais nova, tem 10 anos hoje.

40. (FCC – Técnico Judiciário – TRF 3ª Região – 2019) Ana, Beto e Carlos têm juntos 39 bolas de gude. Se Beto der 5 bolas para Carlos, Carlos der 4 bolas para Ana e Ana der 2 bolas para Beto, os três ficam com a mesma quantidade de bolas. O número de bolas de Beto antes das trocas é

a) 12.

b) 15.

c) 14.

d) 13

e) 16.

▷ ***Anotações/Comentários***

Por meio da matemática formal, montaríamos as equações e resolveríamos por meio do sistema de equação, entretanto, dadas as informações conhecidas, podemos optar por um caminho alternativo.

"Ana, Beto e Carlos têm juntos 39 bolas de gude... os três ficam com a mesma quantidade de bolas"	Total de bolas: 39 No final, cada um fica com: 39/3 = 13

Se cada um dos três personagens terminou com 13 bolas de gude, fazendo o caminho:

"Se Beto der 5 bolas para Carlos"	Beto = 13 + 5 = 18
"Ana der 2 bolas para Beto"	Beto = 18 – 2 = 16

Lembre-se, estamos fazendo o caminho reverso, por isso a inversão dos sinais.

Beto, antes das trocas, dispunha de 16 bolas de gude.

---

41. (FCC – Técnico Judiciário – TRF 4ª Região – 2019) Há uma maçã verde, uma maçã vermelha e uma laranja. Deve-se verificar quanto cada fruta pesa, mas só podem ser pesadas duas a duas. As maçãs verde e vermelha juntas pesam 450 g, a maçã verde e a laranja juntas pesam 390 g, a maçã vermelha e a laranja juntas pesam 360 g. A maçã vermelha pesa

a) 220 g
b) 210 g
c) 205 g
d) 215 g
e) 225 g

▷ ***Anotações/Comentários***

Facilmente identificamos três equações.

"As maçãs verde e vermelha juntas pesam 450 g"	VD + VM = 450
"a maçã verde e a laranja juntas pesam 390 g, a"	VD + LR = 390
"maçã vermelha e a laranja juntas pesam 360 g"	VM + LR = 360

Isole um dos termos e faça a substituição.

Isolar LR	VM + LR = 360 LR = 360 – VM

Substituir na segunda equação.

Substituir o valor de LR	VD + LR = 390 VD + 360 – VM = 390 VD = VM + 30

Outra substituição, agora na primeira equação.

Substituir o valor de VD	VD + VM = 450 VM + 30 + VM = 450 2VM = 420 VM = 210

A maçã vermelha pesa 210g.

---

42. (FCC – Analista Judiciário – TRF 4ª Região – 2019) Em um jogo de pôquer, independentemente do valor das fichas, uma ficha preta equivale a 5 fichas verdes, uma verde equivale a duas azuis, uma azul equivale a 2 vermelhas e uma vermelha a 5 brancas. Dessa forma, 8 fichas verdes são equivalentes a

a) 1 preta, 5 azuis e 2 vermelhas.
b) 1 preta, 5 azuis e 5 brancas.
c) 1 preta, 5 azuis e 15 brancas.
d) 10 azuis, 10 vermelhas e 5 brancas.
e) 10 azuis, 15 vermelhas e 10 brancas.

▷ ***Anotações/Comentários***

Vamos às relações:

- 1 preta = 5 verdes
- 1 verde = 2 azuis
- 1 azul = 2 vermelhas
- 1 vermelha = 5 brancas

Uma vez que o problema está centrado nas fichas verdes, vejamos as equivalências em relação a ela.

- 1 verde = 0,2 preta = 2 azuis = 4 vermelhas = 20 brancas

Precisamos, também, conhecer a relação de uma para uma como se estivéssemos atribuindo valores para cada cor de ficha, partindo do pressuposto de que as fichas verdes valem 1 ponto cada.

- 1 verde = 0,2 preta → Logo, cada ficha preta vale 5 pontos (1/0,2)
- 1 verde = 2 azuis → Logo, cada ficha azul vale 0,5 (1/2)
- 1 verde = 4 vermelhas → Logo, cada ficha vermelha vale 0,25 (1/4)
- 1 verde = 20 brancas → Logo, cada ficha branca vale 0,05 (1/20)

Analisando as alternativas.

a) 1 preta, 5 azuis e 2 vermelhas.

Igualar ao valor de 8 fichas verdes	8 = 1 preta, 5 azuis e 2 vermelhas 8 = 1(5) + 5(0,5) + 2(0,25) 8 = 5 + 2,5 + 0,5 8 = 8

b) 1 preta, 5 azuis e 5 brancas.

Igualar ao valor de 8 fichas verdes	8 = 1 preta, 5 azuis e 5 brancas 8 = 1(5) + 5(0,5) + 5(0,05) 8 = 5 + 2,5 + 0,25 $8 \neq 7,75$

c) 1 preta, 5 azuis e 15 brancas.

Igualar ao valor de 8 fichas verdes	8 = 1 preta, 5 azuis e 15 brancas 8 = 1(5) + 5(0,5) + 15(0,05) 8 = 5 + 2,5 + 0,75 $8 \neq 8,25$

d) 10 azuis, 10 vermelhas e 5 brancas.

Igualar ao valor de 8 fichas verdes	8 = 10 azuis, 10 vermelhas e 5 brancas 8 = 10(0,5) + 10(0,25) + 5(0,05) 8 = 5 + 2,5 + 0,25 $8 \neq 7,75$

e) 10 azuis, 15 vermelhas e 10 brancas.

Igualar ao valor de 8 fichas verdes	8 = 10 azuis, 15 vermelhas e 10 brancas 8 = 10(0,5) + 15(0,25) + 10(0,05) 8 = 5 + 3,75 + 0,5 $8 \neq 9,25$

MATEMÁTICA E RACIOCÍNIO LÓGICO

43. (FCC – Analista Judiciário – TRF 4ª Região – 2019) Alberto, Breno e Carlos têm, ao todo, 40 figurinhas. Alberto e Breno têm a mesma quantidade de figurinhas e Carlos tem a metade da quantidade de figurinhas de Breno. A quantidade de figurinhas que Alberto e Carlos têm juntos é

a) 16
b) 8
c) 24
d) 32
e) 20

▷ ***Anotações/Comentários***

Reescrever as informações em linguagem matemática.

"Alberto, Breno e Carlos têm, ao todo, 40 figurinhas"	A + B + C = 40
"Alberto e Breno têm a mesma quantidade de figurinhas"	A = B
"Carlos tem a metade da quantidade de figurinhas de Breno"	C = B/2

Rapidamente formamos três equações. Seguimos fazendo as substituições.

Substituir os valores de A e C	A + B + C = 40 B + B + B/2 = 40
m.m.c. = 2	2B + 2B + B = 80 5B = 80 B = 16

Alberto tem a mesma quantidade que Breno, ambos têm 16 figurinhas cada. E Carlos tem a metade de Breno o que corresponde a 8 figurinhas.

Soma das figurinhas de Alberto e Carlos	Soma = A + C Soma = 16 + 8 Soma = 24

Alberto e Carlos têm juntos 24 figurinhas.

6. FUNÇÃO

44. (Cebraspe –Técnico Judiciário – TJ/PR – 2019) Um investimento em que os juros são capitalizados a cada momento é exemplo de aplicação da função exponencial expressa pela equação y = f(t) = C × bt, em que C > 0 é o capital inicial, t é o tempo e b > 1 é um número real. Assinale a opção em que o gráfico apresentado pode representar a função y = f(t) dada, definida para todo t real.

a) 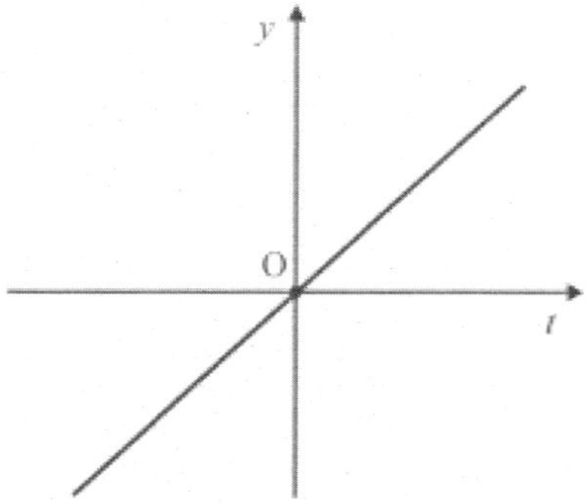

b) 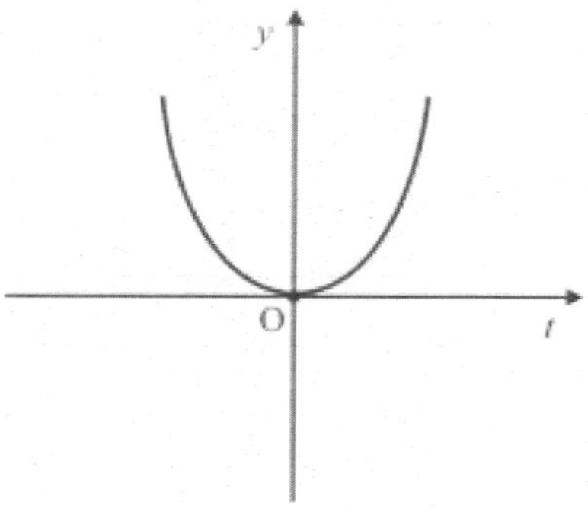

c) 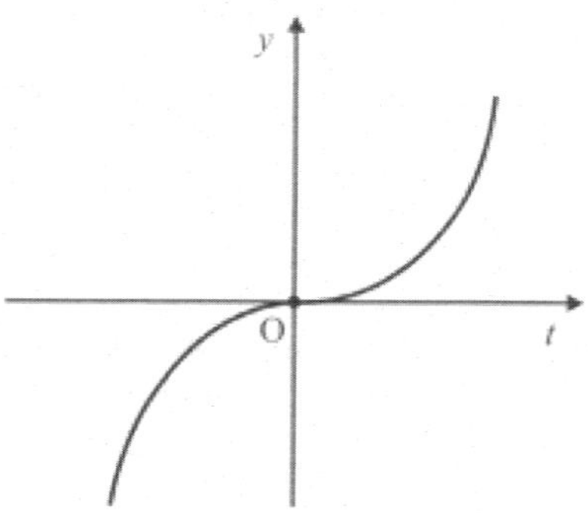

d) 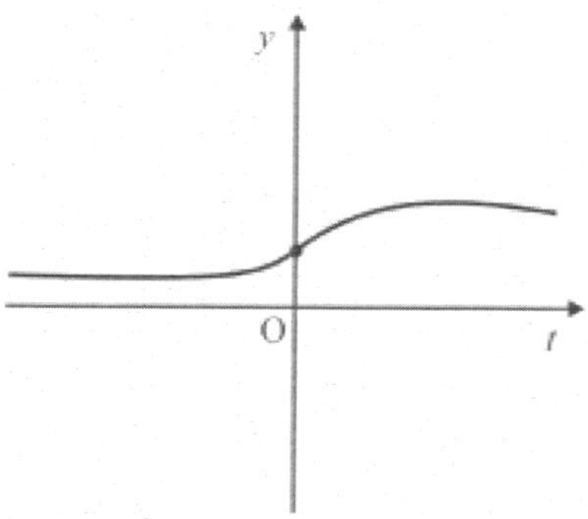

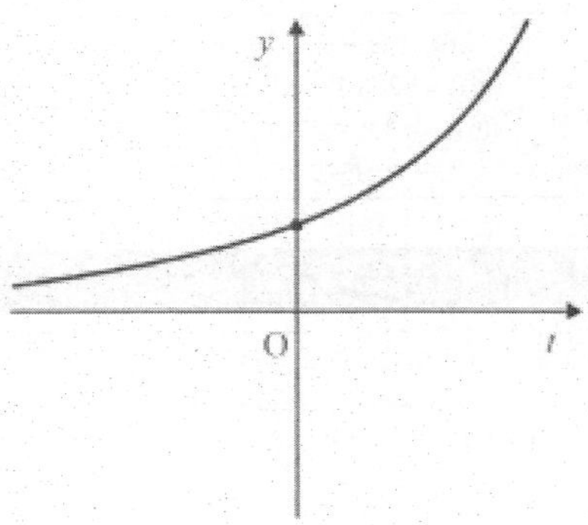

e)

▷ ***Anotações/Comentários***

A função f(t) = C × bt, conforme dito no enunciado, é denominada exponencial cujas principais características são:

- A variável está no expoente.
- A base é sempre maior que zero e diferente de um.
- A base não pode ser negativa, nem igual a zero.

O gráfico que a representa está demonstrado na alternativa "e".

As demais alternativas apresentam:

a) Função afim ou função de 1º grau ou função linear e é representado por: f(x) = x.
b) Função quadrática ou função de 2º grau e é representado por: f(x) = x2.
c) Função polinomial ou função de 3º grau e é representado por: f(x) = x3.
d) Sem padrão definido.

---

45. (Cebraspe - Técnico Judiciário - TJ/PR - 2019) Uma instituição alugou um salão para realizar um seminário com vagas para 100 pessoas. No ato de inscrição, cada participante pagou R$ 80 e se comprometeu a pagar mais R$ 4 por cada vaga não preenchida. Nessa situação hipotética, a maior arrecadação da instituição ocorrerá se a quantidade de inscrições for igual a

a) 95.
b) 90.
c) 84.
d) 60.
e) 50.

▷ ***Anotações/Comentários***

Dados:

- Vagas = 100
- Pagamento ato = 80
- Pagamento por vaga não preenchida = 4

Pede-se:

- Maior arrecadação (A)

O valor arrecada tem duas vertentes. A primeira está diretamente associada ao número de participantes (P) e ao valor pago no ato: 80P. A segunda vertente está relacionada à quantidade de vagas não preenchidas (100 – P) multiplicado pelo valor adicional (4), como esse valor será o adicional para cada participante, novamente multiplicado por P.

Função	f(P) = 80P + (100 – P) . 4P f(P) = 80P + 400P – $4P^2$ f(P) = 20P + 100P – P^2 f(P) = 120P – P^2

O valor arrecadado tem variação em função da quantidade de pessoas inscritas (P) e, para maximizar a função, utilizamos a fórmula do vértice da parábola.

Vértice da parábola (Ponto máximo da função de 2° grau)	P(vert) = b/2ª P(vert) = 120/2(1) P(vert) = 60

A maior arrecadação da instituição ocorrerá se a quantidade de inscrições for igual a 60. Vamos testar

60 participantes	f(P) = 120P – P^2 f(60) = 120(60) – 60^2 f(60) = 7200 – 3600 f(61) = 3600

E se fossem 61 os participantes.

61 participantes	$f(P) = 120P - P^2$ $f(61) = 120(61) - 61^2$ $f(61) = 7320 - 3721$ $f(61) = 3599$

7. EQUAÇÃO DE SEGUNDO GRAU

46. (Cebraspe -Analista Judiciário - TJ/PA - 2020) A quantidade de tentativas mensais de invasão virtual a uma rede de computadores vem sendo registrada durante certo tempo e, no último mês, essa quantidade foi igual ao maior valor de x que satisfaz a desigualdade $-x^2 + 70x - 600 \geq 0$. Nessa situação hipotética, a quantidade de tentativas de invasão virtual registradas no último mês foi igual a

a) 10.

b) 35.

c) 60.

d) 625.

e) 2.500.

▷ ***Anotações/Comentários***

Apesar de ser uma inequação, $-x^2 + 70x - 600 \geq 0$, caracterizada pela desigualdade, resolvemos como se fosse uma equação de 2º grau, seja por meio de Bhaskara ou soma e produto das raízes.

Bhaskara	$X = \frac{-b \pm \sqrt{b^2 - 4ac}}{2a}$ $X = \frac{-70 \pm \sqrt{70^2 - 2400}}{-2}$ $X = \frac{-70 \pm \sqrt{2500}}{-2}$

A inequação tem duas raízes

Bhaskara - X'	$X' = \frac{-70 + 50}{-2}$ $X' = 10$
Bhaskara - X"	$X'' = \frac{-70 - 50}{-2}$ $X'' = 60$

A quantidade de tentativas de invasão virtual registradas no último mês foi igual a 60 (maior valor de X como apontado no enunciado).

47. (FCC - Analista Judiciário - TRF 4ª Região - 2019) Um comerciante compra uma caixa de latas de azeites estrangeiros por R$ 1.000,00. Retira 5 latas da caixa e a vende pelo mesmo preço, R$ 1.000,00. Desse modo o preço de cada dúzia de latas do azeite aumenta em R$ 120,00 em relação ao preço que ele pagou. O aumento, em porcentagem, do preço da lata foi de

a) 20

b) 25

c) 30

d) 35

e) 40

▷ ***Anotações/Comentários***

Dados:

- Custo da caixa de azeites = 1.000,00
- Venda da caixa de azeite (menos 5 latas) = 1.000,00
- Lucro por dúzia = 120,00 (lucro 1 lata = 10,00)

Para chegar ao custo de compra temos quantidade (Q) vezes o custo unitário (C).	$Q \cdot C = 1000$ $Q = 1000/C$
Em relação ao valor de vendas, produto da quantidade (Q) pelo valor unitário de venda (V)	$(Q - 5) \cdot V = 1000$

Em relação ao valor de venda, sabemos que o lucro é de R$ 10,00 por lata. Disto, infere-se que: V = C + 10.

Substituir o valor de V	(Q – 5) . V = 1000 (Q – 5) . (C + 10) = 1000 QC + 10Q – 5C – 50 = 1000
QC = 1000 (1ª equação)	1000 + 10Q – 5C – 50 = 1000 10Q – 5C = 50
Simplificar todos os termos por 5	2Q – C = 10

Temos um sistema de equações.

Equação 1	Q = 1000/C
Equação 2	2Q – C = 10

Método da substituição

Substituir o valor de Q	2Q – C = 10 2(1000/C)– C = 10 2000/C – C = 10
m.m.c. = C	$2000 - C^2 = 10C$
Equação de 2º grau	$-C^2 - 10C + 2000 = 0$

Chegamos à equação de 2º grau na qual aplicaremos a fórmula de Bhaskara.

Bhaskara	$C = \frac{-b \pm \sqrt{b^2 - 4ac}}{2a}$ $C = \frac{10 \pm \sqrt{10^2 + 8000}}{-2}$ $C = \frac{10 \pm \sqrt{8100}}{-2}$

Como estamos falando de custo, supõe ser positivo, portanto, utilizaremos somente o resultado positivo para C (custo).

Raiz positiva	$C = \frac{10 \pm \sqrt{8100}}{-2}$ $C = \frac{10 - 90}{-2}$ C = 40

Concluímos que o custo por lata de azeite foi de R$ 40,00 e, conforme o enunciado, o lucro foi de R$ 10,00, portanto, a venda foi por R$ 50,00. Como foi solicitado o percentual de aumento sobre o valor de custo, temos:

Percentual sobre o custo	P = 10/40 P = 0,25

O aumento do preço da lata foi de 25%.

8. MÉDIA

48. (FCC – Analista Judiciário – Área Administrativa– TRT 18 – 2023) Seja x um número positivo. Se a média aritmética de $(x + 1)^2$ e $(x - 1)^2$ é igual a 10, então o valor de x é:

a) 3

b) 5

c) 2

d) 6

e) 4

MATEMÁTICA E RACIOCÍNIO LÓGICO

▷ ***Anotações/Comentários***

A média de dois números é a soma deles divido por dois.

Média Aritmética	$[(x + 1)^2 + (x - 1)^2] / 2 = 10$
Produto Notável	$[(x^2 + 2x + 1) + (x^2 - 2x + 1)] / 2 = 10$
Resolver a equação	$2x^2 + 2 = 20$ $2x^2 = 18$ $x^2 = 9$ $x = \sqrt{9}$ $x = 3$

Resposta: O valor de x é igual a 3.

---

49. (FCC – Analista Judiciário – Área Judiciária – TRT 17 – 2023) Em uma confraternização, doze amigas comeram, em média, 1,5 brigadeiro. Nenhuma delas comeu mais do que dois brigadeiros, nenhuma delas compartilhou um brigadeiro e duas delas só comeram salgados. O número de meninas que comeram dois brigadeiros é

a) 5

b) 6

c) 7

d) 4

e) 8

▷ ***Anotações/Comentários***

As doze amigas, na confraternização, comeram em média 1,5 brigadeiro. Nenhuma comeu mais que dois brigadeiros e duas delas não comeram nenhum.

Conclusões	Total brigadeiros = 12 . 1,5 = 18 2 amigas = zero brigadeiros 10 amigas = 18 brigadeiros

Deixamos a matemática de lado porque a lógica salta aos olhos.

Se cada uma das 10 amigas comeu pelo menos 1 brigadeiro, restaram outros 8 brigadeiros. Considerando que nenhuma comeu mais que dois, oito amigas comeram 2 brigadeiros cada.

Ou seja:

- 2 amigas = 0 brigadeiro cada.
- 2 amigas = 1 brigadeiro cada.
- 8 amigas = 2 brigadeiros cada.

Resposta: 8 amigas comeram dois brigadeiros cada.

---

50. (Vunesp – Escrevente Técnico Judiciário – TJ/SP – 2021) Na reunião do balanço anual, o síndico apresentou a prestação de contas de um conjunto habitacional. Chamou a atenção dos presentes à inadimplência por atraso no pagamento do condomínio. Segundo regimento do local, está estabelecida a cobrança de multa, a juros simples diários de 0,03% sobre a mensalidade do condomínio. O valor fixo do condomínio mensal desse conjunto habitacional é de R$ 900,00. O síndico comentou que o habitual observado mensalmente no local é que, em média, 45 moradores atrasam o pagamento em 5 dias. Considerando o número médio mensal de moradores que atrasam o pagamento da mensalidade do condomínio e o número médio mensal de dias desses atrasos, o total anual de multas cobradas por atraso no pagamento do condomínio é um valor

a) entre R$ 650,00 e R$ 700,00.

b) entre R$ 700,00 e R$ 750,00.

c) inferior a R$ 650,00.

d) entre R$ 750,00 e R$ 800,00.

e) superior a R$ 800,00.

▷ ***Anotações/Comentários***

O enunciado trabalha com média mensal de moradores que atrasam o pagamento de condomínio e a média mensal de dias em atraso, médias estas já informadas e que serão empregadas no cálculo do valor anual cobrado em multas por atraso de pagamento.

Valor diário da multa.

Juros simples diários 0,03%	Multa = 900 . 0,03% Multa = 27/100 Multa = 0,27

Se em média são 45 moradores que atrasam o pagamento por 5 dias.

Multa em um mês	Mês = 0,27 . 45 . 5 Mês = 60,75

Considerando as mesmas médias ao longo do ano.

Multa em um ano	Ano = 60,75 . 12 Ano = 729

O total anual de multas cobradas por atraso no pagamento do condomínio é de R$ 729,00.

51. (Vunesp – Enfermeiro Judiciário – TJ/SP – 2019) A média aritmética simples dos números 9, 12, 13, 16, 16 e 24 é a soma de todos eles dividida por 6. O maior desses números supera essa média aritmética simples em

a) 55%
b) 60%
c) 45%
d) 65%
e) 50%

▷ ***Anotações/Comentários***

Esta é uma daquelas questões classificadas como fáceis e que a grande maioria dos candidatos vai acertar, portando, errá-la não é opção.

São dois assuntos tratados no mesmo problema: média aritmética simples e porcentagem, este tratado anteriormente em outro tópico. Em relação à média, nosso assunto, o próprio enunciado apresenta a sua definição: soma dos valores dividido pela quantidade.

Cálculo da média.	M = (9+12+13+16+16+24) / 6 M = 90 / 6 M = 15

A seguir a divisão da diferença entre o maior valor e a média pelo valor desta última.

Relação entre a média e a diferença para o maior valor.	X = (24 – 15) / 15 X = 9 / 15 X = 0,6

A diferença entre o maior valor e a média é igual a 9. Este representa 0,6 ou 60% da média de todos os valores.

9. SEQUÊNCIA

52. (FCC – Analista Judiciário – Área Administrativa– TRT 18 – 2023) Dora começa a ler um livro de 174 páginas em um domingo. Ela lê 5 páginas por dia exceto aos domingos, quando lê 16 páginas. Para terminar a leitura do livro, que foi feita em dias consecutivos, Dora precisou exatamente de

a) 4 sextas-feiras.
b) 5 segundas-feiras.
c) 3 quintas-feiras.
d) 3 sábados.
e) 5 domingos.

▷ ***Anotações/Comentários***

O que temos é uma sequência com ciclos de uma semana.

- Domingo = 16 páginas
- Segunda a sábado = 30 páginas (5 por dia)

Dora lê 46 páginas por semana.

Ao dividir o total de páginas do livro, 174, pela quantidade lida semanalmente, 46, encontramos o resultado (quociente) igual a 3 e resto igual a 36. Significa que a leitura foi feita em 3 semanas completas e restaram 36 páginas para leitura na quarta semana.

A seguir a demonstração de como ficou a distribuição das 36 páginas restantes nos dias da quarta semana.

Dom	Seg	Ter	Qua	Qui	Sex	Sab
16	5	5	5	5		

A leitura deu-se em:

- Domingo, segunda, terça, quarta e quinta, cada um repetiu 4 vezes.
- Sexta e sábado, cada um repetiu 3 vezes.

Resposta: Para terminar a leitura do livro, Dora precisou exatamente de 3 sábados.

53. (IBFC – Analista Judiciário – TJ/MG – 2022) Abaixo temos uma sequência lógica de números naturais. Dessa forma, o próximo número dessa sequência que segue a essa lógica 1, 7, 25, 79, ... corresponde a:

a) 108
b) 241
c) 257
d) 571
e) 342

▷ ***Anotações/Comentários***

A questão vai direto ao ponto, apresenta uma sequência lógica e solicita o próximo número que dá continuidade a ela.

É certo que, em algumas questões de sequências, uma simples visão geral dos termos apresentados é suficientes para entender a lógica que determina a constância entre os elementos. Não é este o caso, então, vamos raciocinar sobre os números conhecidos.

Uma primeira opção é fazer operações básicas da matemática com os termos da sequência, por exemplo, a diferença entre um termo e o imediatamente anterior.

Sequência	Diferenças
1, 7, 25, 79	7 – 1 = 6 25 – 7 = 18 79 – 25 = 54

Parece que tivemos sucesso em nossa primeira tentativa quando observamos as diferenças acima.

Cada nova diferença é o produto da diferença anterior por 3, ou seja, a próxima diferença é igual a 162 (produto de 54 por 3).

O próximo número (X) da sequência menos o anterior (79) é igual a 162.	X – 79 = 162 X = 162 + 79 X = 241

Para confirmar, veja como fica a sequência.

Sequência	Diferenças
1, 7, 25, 79, 241	7 – 1 = 6 25 – 7 = 18 79 – 25 = 54 241 – 79 = 162

Resposta: O próximo número da sequência é igual a 241.

54. (FGV – Técnico Judiciário – TJ/RO – 2021) Observe a sequência de figuras a seguir.

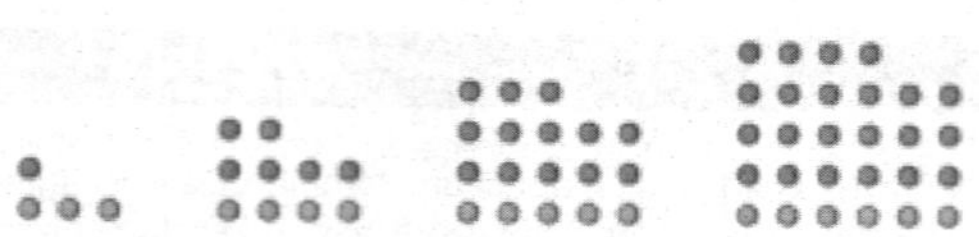

Fig 1 Fig 2 Fig 3 Fig 4

Mantendo o padrão apresentado nas figuras acima, o número de bolinhas da figura 15 é:

a) 238.

b) 244.

c) 258.

d) 270.

e) 304.

▷ ***Anotações/Comentários***

Algumas sequências não se enquadram como progressão aritmética PA, tão pouco como progressão geométrica PG. Então, vale a perspicácia do candidato em identificar qual o padrão aplicado na variação de uma figura para a outra.

Veja por onde iniciar sua busca pelo padrão de variação.

Figuras	Linhas	Colunas	Bolinhas
Figura 1	2	3	4
Figura 2	3	4	10
Figura 3	4	5	18
Figura 4	5	6	28

Visualmente notamos que em todas as figuras faltam 2 bolinhas para completar o retângulo, logo, uma equação possível será: Total = L . C – 2.

Ainda, a quantidade de linhas é sempre uma unidade maior que o número da figura e a quantidade de colunas duas unidades a mais que o número da figura. Então vejamos a figura 15:

Figuras	Linhas	Colunas	Bolinhas
Figura 1	2	3	4
Figura 2	3	4	10
Figura 3	4	5	18

Figura 4	5	6	28
Figura 15	16	17	

Aplicar a equação: Total = L . C – 2.

Total de bolinhas	Total = L . C – 2 Total = 16 . 17 – 2 Total = 270

O número de bolinhas da figura 15 é igual a 270.

55. (FCC – Técnico Judiciário – TRF 4ª Região – 2019) Considere a sequência $\frac{2^0}{3^{-1}};\frac{-2^1}{3^0};\frac{2^2}{3^1};\frac{-2^2}{3^2}$ em que o primeiro termo é $\frac{2^0}{3^{-1}}$. O sétimo termo dessa sequência é

a) $\frac{64}{243}$

b) $-\frac{64}{243}$

c) $\frac{32}{81}$

d) $-\frac{32}{81}$

e) $\frac{32}{243}$

▷ ***Anotações/Comentários***

Análise da sequência:

Termos	1º	2º	3º	4º	5º	6º	7º
Sequência	$\frac{2^0}{3^{-1}}$	$\frac{-2^1}{3^0}$	$\frac{2^2}{3^1}$	$\frac{-2^2}{3^2}$			

Vale ressaltar que a questão foi anulada, provavelmente, porque existe uma inconsistência no quarto termo. Os expoentes dos numeradores aumentam uma unidade a cada termo, exceto no quarto termo. O correto seria:

Termos	1º	2º	3º	4º	5º	6º	7º
Sequência	$\frac{2^0}{3^{-1}}$	$\frac{-2^1}{3^0}$	$\frac{2^2}{3^1}$	$\frac{-2^3}{3^2}$			

Mantendo o padrão, os três termos seguintes são:

Termos	1º	2º	3º	4º	5º	6º	7º
Sequência	$\frac{2^0}{3^{-1}}$	$\frac{-2^1}{3^0}$	$\frac{2^2}{3^1}$	$\frac{-2^3}{3^2}$	$\frac{2^4}{3^3}$	$\frac{-2^5}{3^4}$	$\frac{2^6}{3^5}$

Desenvolver o sétimo termo.

Resolver os expoentes	$\frac{2^6}{3^5}=\frac{64}{243}$

Não fosse cancelada, o sétimo termo dessa sequência seria igual a 64/243.

10. PROGRESSÃO ARITMÉTICA E GEOMÉTRICA

56. (Cebraspe – Analista Judiciário – TJ/PA – 2020) No dia 1.º de janeiro de 2019, uma nova secretaria foi criada em certo tribunal, a fim de receber todos os processos a serem protocolados nessa instituição. Durante o mês de janeiro de 2019, 10 processos foram protocolados nessa secretaria; a partir de então, a quantidade mensal de processos protocolados na secretaria durante esse ano formou uma progressão geométrica de razão igual a 2. Nessa situação hipotética, a quantidade de processos protocolados nessa secretaria durante os meses de junho e julho de 2019 foi igual a

a) 320.

b) 480.

c) 640.

d) 960.

e) 1.270.

▷ ***Anotações/Comentários***

Como foi dito que os protocolos mensais seguem distribuição geométrica e precisamos do somatório da quantidade dos meses de junho e julho, então, aplicamos o termo geral da PG.

Dados:

- a1 = 10 (primeiro termo)
- q = 2 (razão)

Termo geral da PG (Junho)	$a_n = a_1 \cdot q^{n-1}$ $a_6 = 10 \cdot 2^{6-1}$ $a_6 = 10 \cdot 32$ $a_6 = 320$

Em junho foram 320 protocolos e, como a razão é igual a 2, em julho o dobro dessa quantidade.

Soma dos protocolos de junho e julho	Soma = Jun + Jul Soma = 320 + 640 Soma = 960

A quantidade de processos protocolados durante os meses de junho e julho foi igual a 960.

---

57. (Vunesp – Enfermeiro Judiciário – TJ/SP – 2019) Considere a sequência (1/5; 5/10; 10/15; 15/20; 20/25; ...). O produto entre o 30º e o 31º termos é igual a

a) 27/29

b) 25/29

c) 31/33

d) 23/25

e) 29/31

▷ ***Anotações/Comentários***

Analisando separadamente os numeradores (exceto o primeiro termo "1") e os denominadores concluímos tratar-se de progressão aritmética com razão igual a 5.

Numeradores.	1, 5, 10, 15, 20
Denominadores.	5, 10, 15, 20, 25

Para os valores das 30º e 31º posições, aplicamos a fórmula do termo geral:

Termo Geral da PA.	$a_n = a_1 + (n - 1) \cdot r$

Mesmo desconhecendo a teoria acerca de PA, entendendo a estrutura das sequências (numeradores e denominadores da fração) é possível identificar os valores das posições desejadas sem muito esforço.

No caso dos denominadores, temos:

Posição	Denominadores
1ª	5 . 1 = 5
2ª	5 . 2 = 10
3ª	5 . 3 = 15
4ª	5 . 4 = 20

Posição	Denominadores
5ª	5 . 5 = 25
6ª a 29ª	...
30ª	5 . 30 = 150
31ª	5 . 31 = 155

Basta a multiplicação do valor correspondente à posição por 5 para identificar os denominadores e, para os numeradores, subtrair 5 unidades (exceto para a primeira posição).

Posição	Denominadores	Numeradores
1ª	5	~~5 – 4 = 1~~
2ª	10	10 – 5 = 5
3ª	15	15 – 5 = 10
4ª	20	20 – 5 = 15
5ª	25	25 – 5 = 20
6ª a 29ª	...	...
30ª	150	150 – 5 = 145
31ª	155	155 – 5 = 150

Conhecido o 30º termo (igual a 145/150) e o 31º termo (igual a 150/155), passamos ao produto destes dois valores.

Produto entre o 30º e o 31º termos.	$P = \frac{145}{150} \cdot \frac{150}{155}$ $P = \frac{29}{31}$

O produto entre o 30º e o 31º termos é igual a 29/31.

58. (FCC – Técnico Judiciário – TJ/MA – 2019) Considerando o padrão de formação da sequência infinita (85, 97, 88, 104, 91, 111, 94, 118, 97, 125, ...), o número de seus termos que possuem exatamente 3 algarismos é:

a) 427.

b) 428.

c) 431.

d) 430.

e) 429.

▷ ***Anotações/Comentários***

São duas sequências intercaladas.

Sequência	85	97	88	104	91	111	94	118	97	125
Sequência 1	85		88		91		94		97	
Sequência 2		97		104		111		118		125

Na primeira sequência o padrão é um acréscimo de 3 unidades a cada termo e na segunda 7 unidades a cada termo, portanto duas progressões aritméticas.

Até aí tudo bem, mas como identificar os termos com três algarismos?

- Primeira sequência, onde:

- ✓ a1 = 100 (primeiro termo com três algarismos)
- ✓ r = 3
- ✓ an = 999 (maior número com três algarismo)

Termo geral da PA	$a_n = a_1 + (n-1).r$ $999 = 100 + (n-1).3$ $999 = 100 + 3n - 3$ $3n = 902$ $n = 300{,}66$

Concluímos que no intervalo entre os números 100 e 999 teremos 300 termos.

- Segunda sequência, onde:
  - ✓ a1 = 104 (primeiro termo com três algarismos)
  - ✓ r = 7
  - ✓ an = 999 (maior número com três algarismo)

Termo geral da PA	$a_n = a_1 + (n-1).r$ $999 = 104 + (n-1).7$ $999 = 104 + 7n - 7$ $7n = 899$ $n = 128{,}42$

Concluímos que no intervalo entre os números 104 e 999 teremos 128 termos.

O número de termos que possuem exatamente 3 algarismos é igual a 428 dos quais 300 pertencem a primeira sequência e 128 a segunda.

59. (Cebraspe – Técnico Judiciário – TJ/PR – 2019) O protocolo de determinado tribunal associa, a cada dia, a ordem de chegada dos processos aos termos de uma progressão aritmética de razão 2: a cada dia, o primeiro processo que chega recebe o número 3, o segundo, o número 5, e assim sucessivamente. Se, em determinado dia, o último processo que chegou ao protocolo recebeu o número 69, então, nesse dia, foram protocolados

a) 23 processos.

b) 33 processos.

c) 34 processos.

d) 66 processos.

e) 67 processos.

▷ ***Anotações/Comentários***

Progressão aritmética:

- a1 = 3
- an = 69
- r = 2

Termo geral da PA	$a_n = a_1 + (n-1).r$ $69 = 3 + (n-1).2$ $69 = 3 + 2n - 2$ $2n = 68$ $n = 34$

Nesse dia, foram protocolados 34 processos.

60. (IBFC – Técnico Judiciário – TJ/PE – 2017) Após uma investigação sobre sonegação fiscal, foram recuperados 3 milhões de reais do valor total sonegado, no primeiro mês. Em seguida, no segundo mês, foram recuperados 9/4 do valor total sonegado (em milhões). Já no terceiro mês, foram recuperados 27/16 do valor total sonegado (em milhões). Se a cada mês, indefinidamente, forem recuperados valores seguindo a sequência dos meses anteriores, então o valor total sonegado será igual a:

a) 9 milhões de reais

b) 12 milhões de reais

c) 17/4 milhões de reais

d) 25/16 milhões de reais

e) 8 milhões de reais

▷ ***Anotações/Comentários***

Apesar do equívoco do examinador ao dizer *"no segundo mês, foram recuperados 9/4 do valor total sonegado"* quando o correto deveria ser "no segundo mês, foram recuperados 9/4 do valor total sonegado no mês anterior".

É impossível recuperar 9/4 do valor sonegado. O recuperado é maior que o sonegado.

Enfim, a questão não foi cancelada. Vamos resolvê-la.

"Se a cada mês, indefinidamente, forem recuperados valores seguindo a sequência dos meses anteriores"	Trata-se de uma progressão

Observando as referências dos segundo e terceiro mês percebemos que a progressão é geométrica cuja razão é:

Razão q	$q = \frac{27/16}{9/4}$ $q = \frac{108}{144}$ $q = \frac{3}{4}$

O valor total sonegado será a soma dos valores da progressão infinita.

Soma de termos da progressão infinita	$S = \frac{a1}{1-q}$ $S = \frac{3.000.000}{1-3/4}$ $S = \frac{3.000.000}{1/4}$ $S = 12.000.000$

O valor total sonegado foi igual a 12 milhões.

61. (IBFC – Técnico Judiciário – TJ/PE – 2017) Sabe-se que, $\frac{1}{3}, \frac{4}{5}, \frac{7}{7}, \frac{10}{9}$, ... é uma sequência lógica ilimitada. Desse modo, a soma entre os números da fração (numerador e denominador) que representa o 100° termo da sequência representa a senha de acesso aos dados de um processo em andamento. Portanto, a senha de acesso deve ser o número:

a) 497

b) 501

c) 499

d) 503

e) 495

▷ ***Anotações/Comentários***

Se ao invés de pensar na sequência de números fracionários, observe isoladamente os numeradores e após os denominadores das frações e perceba que são duas sequências.

- Numeradores: 1, 4, 7, 10 (progressão aritmética cuja razão é igual a 3).
- Denominadores: 3, 5, 7, 9 (progressão aritmética cuja razão é igual a 2).

Calcular os centésimos termos de ambas.

100º termo dos numeradores	$a_n = a_1 + (n-1).r$ $a_{100} = 1 + (100-1).3$ $a_{100} = 1 + 297$ $a_{100} = 298$
100º termo dos denominadores	$a_n = a_1 + (n-1).r$ $a_{100} = 3 + (100-1).2$ $a_{100} = 3 + 198$ $a_{100} = 201$

A senha de acesso, soma do numerador e denominador do 100º termo, é o número 499.

Também chegaria ao mesmo resultado, com menos cálculos, se considerar a sequência formada pela soma dos numeradores e denominadores de cada termo: 1+3=4, 4+5=9, 7+7=14, então, teríamos uma única sequência: 4, 9, 14, ...

11. ORIENTAÇÃO ESPECIAL E TEMPORAL

62. (FCC – Técnico Judiciário – Área Administrativa – TRF 3ª Região – 2024) Luís sai de casa às 8h00, caminhando a uma velocidade de 6 km/h. Laura, sua irmã, percebe que Luís esqueceu seu caderno em cima da mesa e sai atrás dele para entregar-lhe o caderno, seguindo o mesmo caminho. Ela parte às 8h05, correndo a uma velocidade de 12 km/h. Laura alcança Luís às

a) 8h24.

b) 8h10.

c) 8h30.

d) 8h15.

e) 8h18.

▷ ***Anotações/Comentários***

Dados da questão:

- Velocidade de Luís = 6 km/h
- Velocidade de Laura = 12 km/h
- Início da caminhada de Luís = 8:00 horas
- Início da caminhada de Laura = 8:05 horas

Para uma resposta rápida, vale a lógica: A velocidade de Lúcia é o dobro da velocidade de Luís, isso indica que ela caminha o dobro da distância percorrida pelo irmão no mesmo tempo.

Por esta lógica, nos próximos 5 minutos Lúcia caminha o dobro da distância de Luís e o alcança. Algo conforme demonstrado abaixo:

8:00 horas	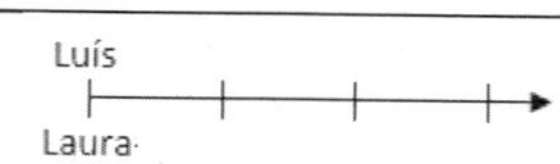
8:05 horas	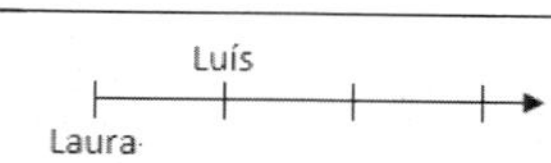
8:10 horas	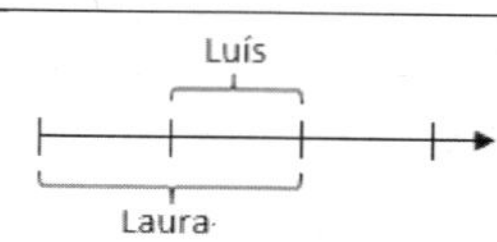

Procuramos demonstrar que em 5 minutos, das 8:05 às 8:10, Laura percorreu o dobro da distância percorrida por Luís até o ponto em que os dois se encontram.

Contudo, a resolução de maneira direta, usando a lógica, funciona para algumas medidas de distância, tempo ou velocidade, por outro lado, outras medidas requerem expressões matemáticas e cálculos, então, veja a resolução do mesmo problemas por meio de fórmula.

Vamos trabalhar com a fórmula da velocidade, V = D/t, ou melhor, sua variação, D = V . t.

Onde:

- V = Velocidade.
- D = Distância.
- t = Tempo.

Dado que Laura precisa alcançar Luís, os devem percorrer a mesma distância.

A distância percorrida por Luís (DL) e igual à distância percorrida por sua irmã (DI)	DL = DI

Em relação ao tempo, uma vez que Luís saiu de casa 5 minutos antes de sua irmã Laura, o tempo gasto por ele será igual ao dela com acréscimo destes 5 minutos.

O tempo gasto por Luís (tL) e igual ao tempo gasto por sua irmã (tI) mais 5 minutos.	tL = tI + 5

Seguimos com os cálculos:

Igualdade das distâncias	DL = DI
D = V . t	VL . tL = VI . tI
tL = tI + 5	VL . (tI + 5) = VI . tI

A variável velocidade consta no enunciado.

- Velocidade de Luís: VL = 6 km/h
- Velocidade de Laura: VI = 12 km/h

Cálculo do tempo gasto por Laura	VL . (tl + 5) = Vl . tl 6 . (tl + 5) = 12 . tl 6tl + 30 = 12tl 6tl = 30 tl = 5

O tempo gasto por Laura até alcançar o irmão foi de 5 minutos. Lembrando que ela saiu 5 minutos depois de Luís, às 8:05, portanto, encontro deu-se às 8:10 horas.

Resposta: Laura alcança Luís às 8 horas e 10 minutos.

63. (FCC – Analista Judiciário – TRF 4ª Região – 2019) Marco sempre se atrasa. A esposa de Marco pediu que ele levasse seu filho à escola e adiantou o relógio de Marco em 10 minutos, sem que ele soubesse, para evitar atraso. Marco deixou seu filho na escola acreditando que tinha se atrasado em 8 minutos, porém, de fato ele estava

a) 2 minutos adiantado.

b) 2 minutos atrasado.

c) 18 minutos atrasado.

d) 18 minutos adiantado.

e) 4 minutos adiantado.

▷ ***Anotações/Comentários***

O relógio está 10 minutos adiantado e, em relação a este horário, Marco acredita estar atraso em 8 minutos. Nesta situação, dos 10 minutos adiantados retiramos 8 de atraso e, pelo horário correto, Marco está 2 minutos adiantado.

Pra não restar dúvidas, recorra aos desenhos. Para isso precisamos apenas do ponteiro dos minutos.

Imagine que o horário escolar é qualquer hora inteira, portanto, o ponteiro dos minutos deveria estar na posição 12, mas o relógio está 10 minutos adiantados.

O ponteiro pontilhado apresenta corretamente os minutos. O outro ponteiro, adiantado, está 10 minutos à frente.	

Quando Marco chega à escola pensa estar 8 minutos atrasados.

O relógio marca 8 minutos à frente do que seria o horário correto, mas está adiantado. Pelo horário correto, ponteiro pontilhado, faltam dois minutos para o horário correto.	

64. (FCC – Técnico Judiciário – TJ/MA – 2019) Em uma manhã, Helena saiu de casa quando o relógio de sua cozinha marcava 5h18. Ela foi caminhando até a universidade e se encontrou com o professor Cláudio na porta da biblioteca. Assim que se encontraram, ele falou: "Oi, são exatamente 5h19". Helena sabia que Cláudio sempre falava a hora correta, e como ela leva mais de um minuto de casa até a universidade concluiu que seu relógio de cozinha estava errado. Helena e Cláudio continuaram conversando no mesmo lugar por certo tempo e, quando Helena disse que voltaria para casa, Cláudio disse: "Tchau, são exatamente 8h33". Na mesma manhã, Helena voltou caminhando para casa, levando o mesmo tempo que levara antes para ir até a universidade. Assim que chegou em casa, viu o relógio da cozinha marcando 9h16 e prontamente ajustou o relógio para a hora correta, que era:

a) 8h45.

b) 9h00.

c) 8h55.

d) 8h50.

e) 9h05.

▷ ***Anotações/Comentários***

Mesmo um dos relógios estando errado, podemos somar os tempos de ida e volta para chegar ao tempo total, aí dividimos por dois. Veja o exemplo:

Hipótese: Um relógio está adiantado 10 minutos:

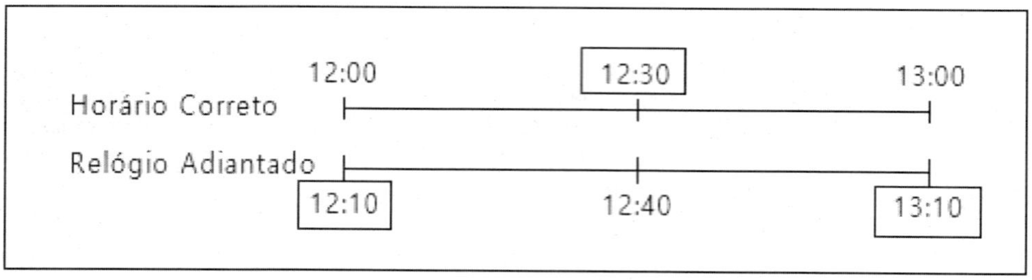

- Caminho de ida partindo do horário adiantado e chegada no horário correto: 12:10 até 12:30, total 20 minutos.
- Caminho de volta partindo do horário correto e chegada no horário adiantado: 12:30 até 13:10, total 40 minutos.

A soma é igual a 60 minutos, exatamente o tempo de ida ou volta.

O mesmo faremos para resolver a questão:

Casa para Universidade	Saída (Relógio da cozinha): 5h18 Chegada (Relógio do Cláudio): 5h19

A diferença foi igual a 1 minuto.

Universidade para Casa	Saída (Relógio do Cláudio): 8h33 Chegada (Relógio da cozinha): 9h16

Neste caso a diferença foi de 43 minutos.

Somando os dois tempos, ida e volta, Helena gastou 22 minutos, o que nos faz crer que o tempo de ida foi de 22 minutos (igual ao tempo de volta).

Enfim, para acertar o relógio basta Helena acrescentar 22 minutos ao horário em que ela sabia estar correto, 8h33, conforme informação do professor Cláudio.

Prontamente, Helena ajustou o relógio para a hora correta, que era 8h55.

---

65. (Cebraspe – Técnico Judiciário – TJ/PR – 2019) Conforme resolução do TJ/PR, os servidores do órgão devem cumprir a jornada das 12 h às 19 h, salvo exceções devidamente autorizadas. Em determinado dia, o servidor Ivo, devidamente autorizado, saiu antes do final do expediente e, no dia seguinte, ao conferir seu extrato do ponto eletrônico, verificou que deveria repor 3,28 horas de trabalho por conta dessa saída antecipada. Nesse caso, se, no dia em que saiu antes do final do expediente, Ivo havia iniciado sua jornada às 12 h, então, nesse dia, a sua saída ocorreu às

a) 15 h 28 min.

b) 15 h 32 min.

c) 15 h 43 min 12 s.

d) 15 h 44 min 52 s.

e) 15 h 57 min 52 s.

▷ ***Anotações/Comentários***

A diferenciação do sistema de numeração decimal e sexagesimal é importante quando tratamos de horas. Nas alternativas temos exemplos da forma sexagesimal, aquela que conhecemos para definir os minutos e segundos. Voltando para o enunciado, foi dito que o servidor deveria repor 3,28 horas (sistema de numeração decimal).

Há diferença entre as formas 3h 28min e 3,28 horas. Neste, entende-se como 3 horas e 28 décimos de hora.

Decimal	Conversão	Sexagesimal
3,28	3,28 → 3 horas 0,28 . 60 = 16,8 → 16 min. 0,8 . 60 = 48 seg.	3h 16min 48seg

O servidor saiu 3h 16min e 48seg antes do término do expediente que termina às 19 horas. Fazendo a subtração (17h – 3h 16min 48seg) concluímos que ele saiu às 15h 43min e 12seg.

---

66. (FCC – Analista Judiciário – TRF 4ª Região – 2019) João levou sua mãe para visitar uma amiga. Na ida foi a uma velocidade média de 40 km/h, mas na volta percorreu o trajeto a 60 km/h. Se gastou ao todo 95 minutos e só parou por 5 minutos para deixar sua mãe na casa da amiga, a distância total percorrida foi de

a) 48 km

b) 24 km

c) 72 km

d) 90 km
e) 60 km

▷ *Anotações/Comentários*

João gastou 95 minutos em seu trajeto dos quais 90 serão utilizados para a resolução do problema. Retiramos os 5 minutos em que ele permaneceu em repouso.

Tempo em movimento	Tx + Ty = 90 min Tx + Ty = 1,5 h

Onde:
- Tx = Tempo da ida
- Ty = Tempo da volta

Observe que os minutos foram convertidos em hora para manter a mesma unidade de medida que a velocidade (km/h).
Precisamos da fórmula da velocidade (V = D/T) para a sequência da resolução.

Velocidade da ida (Vx)	Vx = D/Tx 40 = D/Tx
Velocidade da volta (Vy)	Vy = D/Ty 60 = D/Ty

Onde:
- Vx e Vy = Velocidade de ida e volta
- D = Distância (ida é igual à volta)
- Tx e Ty = Tempo para ida e volta

Vamos trabalhar com o termo comum às equações, o tempo.

Isolar Tx	40 = D/Tx Tx = D/40
Isolar Ty	60 = D/Ty Ty = D/60

Substituir na primeira equação.

Cálculo da distância	Tx + Ty = 1,5 hora D/40 + D/60 = 1,5
m.m.c. = 120	3D + 2D = 180 D = 36

João percorreu 36 km no caminho de ida e outros 36 km na volta. A distância total percorrida foi de 72 km.

12. ANÁLISE COMBINATÓRIA

67. (Instituto Verbena UFG – Analista Judiciário – Oficial de Justiça – TJ/GO – 2024) Um anagrama é uma palavra formada apenas pela reorganização das letras de outra palavra. Quantos anagramas distintos começando com a letra "I" a palavra DISTOPIA possui?

a) 1.230.
b) 2.140.
c) 3.250.
d) 5.040.

▷ *Anotações/Comentários*

Anagrama é uma caso particular de permutação, mas atenção porque o examinador especificou uma restrição: Anagramas iniciados pela letra "I", logo, temos a seguinte situação:

Anagramas iniciados por "I"	I _ _ _ _ _ _ _
Permutação das letras restantes	Restam 7 letras (D S T O P I A) para serem permutadas entre si.

Portanto, a anagrama será calculado por meio da permutação de 7 elementos.

Permutação de 7	P(7) = 7! P(7) = 7 . 6 . 5 . 4 . 3 . 2 . 1 P(7) = 5040

Resposta: São 5040 anagramas distintos começando com a letra "I" para a palavra DISTOPIA.

68. (CEBRASPE – Analista Judiciário – Área Administrativa – TJ/ES – 2023) O item a seguir apresenta uma situação hipotética seguida de uma assertiva a ser julgada com base em análise combinatória, probabilidade, operações com conjuntos e problemas geométricos.

Suponha que a equipe de manutenção de determinado tribunal decida pintar 7 salas idênticas; que essa equipe tenha à disposição 3 cores distintas de tintas; e que cada sala será pintada apenas com uma cor. Nessa situação, há 36 maneiras distintas de pintar as salas com as cores disponíveis.

▷ ***Anotações/Comentários***

A resolução correta para o problema seria por meio do princípio da contagem considerando três opções de cores para a pintura de cada uma das salas.

O princípio da contagem, base da análise combinatória, revela que, se um evento (pintura de uma sala) tem x possibilidades e de outro evento (pintura de outra sala) tem y possibilidades, o cálculo simultâneo de ambos faz-se por meio do produto de x e y.

Princípio da Contagem 7 salas, cada uma com 3 possibilidades distintas de cores	Total = 3 . 3 . 3 . 3 . 3 . 3 . 3 Total = 3^7

Entretanto, o resultado de possibilidades é muito diferente daquele apresentado na afirmativa. Logo, apesar de não estar claro, não foi isso que o examinador pensou.

Faltou dizer que as três cores sempre devem ser utilizadas em pelo menos uma das salas, ou seja, vamos agrupar 3 (cores) de 7 em 7 (salas).

O que foi descrito é uma combinação com repetição.

Combinação com Repetição (CR)	$CRn,k = \frac{(n+k-1)!}{k!(n-1)!}$

Onde:

- n = 3 (número de elementos)
- k = 7 (tamanho do agrupamento)

Na combinação, sempre que o valor de k for maior que n, estamos falando da combinação composta ou combinação com repetição.

Combinação com Repetição (CR)	$CR(3,7) = \frac{(3+7-1)!}{7!(3-1)!}$ $CR(3,7) = \frac{9!}{7!\,.\,2!}$ $CR(3,7) = \frac{9\,.\,8\,.\,7!}{7!\,.\,2}$ $CR(3,7) = \frac{9\,.\,8}{2}$ $CR(3,7) = 36$

Resposta: Usando três cores, sete salas podem ser pintadas de 36 maneiras distintas.

69. (FCC – Analista Judiciário – TRF 4ª Região – 2019) Em um concurso com 5 vagas, os candidatos aprovados serão alocados, cada um, em um dos municípios A, B, C, D ou E. O primeiro colocado foi designado para o município A. O número de possíveis alocações dos outros candidatos aprovados é

a) 120
b) 24
c) 30
d) 6
e) 4

▷ ***Anotações/Comentários***

Dos 5 candidatos aprovados um foi designado para o município A. Restam outros 4 candidatos para 4 municípios.

Dica:

Subgrupo de mesmo tamanho que a quantidade de elementos: Permutação (4 elementos para formar subgrupos de 4 elementos).

Subgrupos menores que a quantidade de elementos: Arranjo ou Combinação (4 elementos para formar subgrupos de 3 elementos).

Para o caso em questão, permutação.

Permutação	P(X) = X! P(4) = 4! P(4) = 4 . 3 . 2 . 1 P(4) = 24

O número de possíveis alocações dos outros candidatos aprovados é igual a 24.

70. (FCC – Analista Judiciário – TRF 4ª Região – 2019) Com os algarismos 1, 3, 5 e 7 podem-se formar números de 3 algarismos distintos. A soma de todos esses números é

a) 10.656
b) 7.104
c) 12.432
d) 5.328
e) 8.880

▷ ***Anotações/Comentários***

Podemos nos valer da análise combinatória, arranjo, para chegar à quantidade possível de números de 3 algarismos.

Arranjo	A(4,3) = 4 . 3 . 2 A(4,3) = 24

Porém, não temos o somatório dos valores.

Nosso trabalho será braçal, porém, com o mínimo de esforço.

Você pode formar os 24 números e fazer o somatório ou trabalhar com um grupo reduzido e extrapolar para o todo.

Como são 4 algarismos para formar 24 números, cada um dos algarismos repete-se seis vezes na posição da unidade, outras seis na posição da dezena e outras seis vezes na posição da centena.

Exemplo:

Algarismo 1 na posição da unidade	351 531 371 731 571 751

Da mesma forma acontece com os algarismos 3, 5 e 7. São aqueles quatro grupos ditos anteriormente.

Como estão todos na posição das unidades, vejamos o somatório de todas as unidades possíveis.

Cada um dos algarismos na posição da unidade.	1 . 6 = 6 3 . 6 = 18 5 . 6 = 30 7 . 6 = 42
Total das unidades	6 + 18 + 30 + 42 = 96

O mesmo raciocínio funciona tanto para as dezenas como para as centenas, ou seja, basta acrescentar um zero e dois zeros respectivamente.

Total das dezenas	96 . 10 = 960
Total das centenas	96 . 100 = 9600

Para finalizar, o total geral.

Somatório total	96 + 960 + 9600 = 10656

A soma de todos os números formados pelos algarismos 1, 3, 5 e 7 é igual a 10656.

71. (Vunesp – Escrevente Técnico Judiciário – TJ/SP – 2018) Ontem, os ciclistas Afonso e Bernardo iniciaram os respectivos treinamentos, feitos em uma mesma pista, exatamente no mesmo horário, às 8h 12min. Ambos percorreram a pista no mesmo sentido, sendo que Afonso partiu de um ponto P dessa pista e Bernardo partiu de um ponto Q, situado 1,26 km à frente de P. Por determinação do técnico, no treinamento desse dia, ambos mantiveram ritmos uniformes e constantes: Afonso percorreu 420 metros a cada 1 minuto e 20 segundos, e Bernardo percorreu, a cada 1 minuto e 20 segundos, 80% da distância percorrida por Afonso. Nessas condições, Afonso alcançou Bernardo às

a) 8h 30min.
b) 8h 45min.
c) 8h 38min.
d) 8h 32min.
e) 8h 28min.

▷ ***Anotações/Comentários***

O treinamento teve início às 8 horas e 12 minutos tanto para Afonso como para Bernardo. Ainda sobre os ciclistas são conhecidas as seguintes informações:

Ciclistas	Partida	Velocidade
Afonso	Ponto P	420 metros a cada 1 min. e 20 seg.
Bernardo	Ponto Q (1,26 km à frente de P)	420 metros (80% dessa distância) a cada 1 min. e 20 seg.

Questões como esta que envolvem espaço, tempo e velocidades devem ser tratadas com muito cuidado no momento de prepará-las para a resolução. Isso porque as unidades de medida são diferentes, distância, por exemplo, em metros ou quilômetros; tempo em segundos, minutos ou horas.

A padronização adequada para o problema aqui tratado passa pela conversão de quilometro para metros enquanto a velocidade passa para metros por segundo (1 min. e 20 seg. é igual a 80 seg.).

Ciclistas	Partida	Velocidade
Afonso	Ponto P	420/80 = **5,25 m/s**
Bernardo	Ponto Q (**1.260 metros** à frente de P)	(420 . 0,8)/80 = **4,2 m/s**

Uma vez que há necessidade de saber o ponto em que os ciclistas se encontram, ou seja, estamos falando de distância que é igual ao produto da velocidade pelo tempo.

O que temos a fazer é igualar as distâncias sem esquecer que Bernardo está 1260 metros à frente de Afonso. Neste caso a distância a ser percorrida por Afonso é igual a 5,25t (velocidade vezes tempo) enquanto Bernardo é igual a 4,2t.

Igualdade entre as distâncias percorrida pelos ciclistas.	Afonso = Bernardo + 1260 5,25t = 4,2t + 1260 t = 1200

Lembra que a unidade tempo foi convertida em segundos, portanto, após 1200 segundos ou 20 minutos (1200/60 = 20), contados do início do treinamento, os dois ciclistas se encontraram, ou seja, às 8 horas e 32 minutos.

13. PROBABILIDADE

72. (Instituto Verbena UFG – Analista Judiciário – Oficial de Justiça – TJ/GO – 2024) Uma menina tem trinta vestidos, sendo dez de cor preta, doze de cor branca e oito de cor rosa. Para ir à uma festa, a menina decidiu ir com um de seus vestidos. Qual é a probabilidade de que ela não esteja usando um vestido branco nessa festa?

a) 1/10.

b) 3/10.

c) 2/5.

d) 3/5.

▷ ***Anotações/Comentários***

Regra básica da probabilidade é a divisão da quantidade de elementos de interesse pela quantidade de elementos total do universo em questão. As quantidades total e de interesse estão discriminadas, vias de regra, no questionamento do problema.

Qual é a probabilidade de que ela não esteja usando um vestido branco nessa festa?	Interesse = Vestido não branco Total = Total de vestidos

O levantamento de dados revela:

- Total de vestidos = 30
- Vestidos pretos = 10
- Vestidos brancos = 12
- Vestidos rosas = 8

Probabilidade desejada:

Probabilidade (P) de que o vestido não seja branco	P = Interesse / Total P = (10 + 8) / 30 P = 18/30 P = 9/15 P = 3/5

Resposta: A probabilidade de que ela não esteja usando um vestido branco nessa festa é igual a 3/5.

73. (FGV – Técnico Judiciário – Área Administrativa – TRF 1ª Região – 2024) Uma moeda é tal que, a cada vez que ela é lançada, a probabilidade de sair "cara" é igual a 2/5. Essa moeda é lançada 3 vezes. A probabilidade de que saia "cara" pelo menos uma vez é:

a) 98 / 125;

b) 54 / 125;

c) 50 / 125;

d) 27 / 125;

e) 18 / 125.

▷ ***Anotações/Comentários***

Estamos diante de uma moeda viciada cujas probabilidades de, ao ser lançada, sair cara ou coroa são diferentes.

- Probabilidade de sair cara = 2/5.
- Probabilidade de sair coroa = 3/5.

Conhecidas as probabilidades de cara e de coroa, o examinador solicita a probabilidade de obter, pelo menos uma vez, a face cara.

A característica remete a probabilidade binomial que poderia ser resolvida por meio de fórmula específica. Entretanto, para sua prova, não há nenhuma necessidade de aprofundar o conhecimento tanto assim. Com os conceitos básicos de probabilidade resolveremos esta questão e você terá plena capacidade de resolver outras similares que venham a ser cobradas em sua prova.

Então, o que vamos calcular?

Calcularemos a probabilidade de não sair nenhuma cara.

O termo "pelo menos uma" pressupõe sair uma cara ou duas caras ou três caras. Isso tornaria a resolução deveras prolongada uma vez precisaríamos calcular cada probabilidade separadamente.

Se a probabilidade complementar (não desejada) for conhecida, basta subtraí-la de 100% para conhecer aquela desejada.

Feitos os esclarecimentos, vejam as probabilidades de não sair cara (probabilidade de sair coroa) nos três lançamentos da moeda.

Lançamento 1	Lançamento 2	Lançamento 3
3/5	3/5	3/5

Desejamos nos três lançamentos: Coroa e coroa e coroa.

Lembre-se da regra do "e" e do "ou". Usamos multiplicação para "e" e soma para "ou".

Ou seja:

Probabilidade (P_c) de: Coroa e coroa e coroa	$P_c = 3/5 . 3/5 . 3/5$ $P_c = 27/125$

Agora a probabilidade complementar, sair pelo menos uma cara.

Probabilidade (P_k) de: Pelo menos uma cara	$P_k = 100\% - P_c$ $P_k = 1 - 27/125$ $P_k = (125 - 27)/125$ $P_k = 98/125$

Resposta: A probabilidade de que saia "cara" pelo menos uma vez é igual a 98/125.

74. (CEBRASPE – Analista Judiciário – Área Administrativa – TJ/ES – 2023) O item a seguir apresenta uma situação hipotética seguida de uma assertiva a ser julgada com base em análise combinatória, probabilidade, operações com conjuntos e problemas geométricos.

Suponha que um arquivo contenha 12 pastas numeradas de 1 a 12, ordenadas de forma aleatória, e que uma advogada precise retirar desse arquivo as pastas 2, 3, 7 e 9. Nessa situação, a probabilidade de que a advogada retire exatamente duas pastas certas e duas pastas erradas, em uma única tentativa, é 56/165.

MATEMÁTICA E RACIOCÍNIO LÓGICO

▷ ***Anotações/Comentários***

Probabilidade é a razão entre a quantidade de eventos desejáveis pelo número total de possibilidades.

Probabilidade (P) para duas pastas certas.

4 pastas desejáveis (2, 3, 7 e 9) de um total de 12 pastas	P = 4/12
3 pastas desejáveis de um total de 11	P = 3/11

Após a retirada da primeira pasta, das 4 de interesse, restaram 3 e do total de 12 pastas restaram 11.

Depois de 2 pastas retiradas, restaram 10 no arquivo.

Probabilidade (P) para duas pastas erradas.

8 pastas não desejáveis de um total de 10 pastas	P = 8/10
7 pastas não desejáveis de um total de 9	P = 7/9

A probabilidade solicitada é para a retirada de duas pastas certas e duas erradas, não necessariamente nessa ordem.

Na verdade, são seis possibilidades.

- CCEE
- CECE
- CEEC
- ECCE
- ECEC
- EECC

Lembrando da análise combinatória, a demonstração acima refere-se à permutação de quatro elementos com repetições.

Permutação 4 elementos com duas repetição (2 e 2).	P4(2,2) = 4! / (2! . 2!) P4(2,2) = 24 / 4 P4(2,2) = 6

Vale destacar que a probabilidade de cada uma dessas 6 combinações entre certo e errado é sempre igual, logo, basta calcular uma delas e multiplicar por 6.

Probabilidade (P) de exatamente duas pastas certas e duas pastas erradas	P = 6 (4/12 . 3/11 . 8/10 . 7/9) P = 6 (1/3 . 3/11 . 4/5 . 7/9) P = 6 (1/11 . 4/5 . 7/9) P = 6 (28/495) P = 168/495 P = 56/165

Resposta: A probabilidade de que a advogada retire exatamente duas pastas certas e duas pastas erradas é igual a 56/165.

75. (FGV – Técnico Judiciário – TJ/RO – 2021) As amigas Alice e Bianca estão entre as 6 pessoas classificadas em um concurso e esperam a entrevista com a banca examinadora. Os classificados receberão aleatoriamente números de 1 a 6, que determinarão a ordem em que eles serão entrevistados. A probabilidade de que Alice e Bianca fiquem vizinhas nessa fila é:

a) 1/2;

b) 1/3;

c) 1/4;

d) 1/5;

e) 1/6.

▷ ***Anotações/Comentários***

Aqui uma situação que você vai enfrentar com frequência, questões cobrando probabilidade, mas que exigem o conhecimento de análise combinatória.

Para o número total de possibilidades aplicamos a permutação.

Permutação de 6	P(6) = 6! P(6) = 720

Em relação aos casos favoráveis, é preciso considerar que as amigas Alice e Bianca estarão lado a lado, assim, passamos a considerar a posição das duas como se fosse apenas uma, porém, as duas amigas podem alterar entre si as suas posições.

Dada a explicação acima, aplicamos a permutação para 5 lugares e o resultado multiplicamos por 2 (alternância entre as amigas Alice e Bianca)

Permutação de 5 e de 2	P(5) . P(2) = 5! . 2! P(5) . P(2) = 120 . 2 P(5) . P(2) = 240

Finalizamos com a probabilidade solicitada.

Probabilidade de que as amigas fiquem vizinhas	$P = {}^{240}/_{720}$ $P = {}^{1}/_{3}$

A probabilidade de que Alice e Bianca fiquem vizinhas é de 1/3.

76. (Cebraspe – Analista Judiciário – TJ/PA – 2020) Em um sistema informatizado, as senhas são formadas por três letras distintas, em uma ordem específica. Esse sistema bloqueia a conta do usuário a partir da quinta tentativa errada de inserção da senha. Abel fez seu cadastro no sistema, mas, após certo tempo sem utilizá-lo, esqueceu-se da senha, lembrando-se apenas de que ela era formada com as letras do seu nome, sem repetição. Nessa situação hipotética, a probabilidade de Abel, inserindo senhas com base apenas nas informações de que ele se lembra, conseguir acessar a sua conta sem bloqueá-la é igual a

a) 3/192.

b) 3/72.

c) 3/24.

d) 3/18.

e) 3/4.

▷ ***Anotações/Comentários***

Probabilidade é a razão da quantidade de casos favoráveis (tentativas sem bloquear a senha) pela quantidade total (número total de senhas possíveis).

- Casos favoráveis: Como a situação de interesse é o não bloqueio do sistema, fato que acontece na quinta tentativa, consequentemente, até a quarta tentativa não há risco. Disto, conclui-se que casos favoráveis é igual a 4.
- Total de casos: Arranjo de 4 elementos tomados de 3.

Arranjo	A(4,3) = 4 . 3 . 2 A(4,3) = 24

Aplicando na fórmula da probabilidade.

Probabilidade	$P = \frac{\text{Favoráveis}}{\text{Total}}$ $P = \frac{4}{24}$ $P = \frac{1}{6}$

As alternativas todos apresentam numerador igual a 3, motivo para transformar nossa resposta em outra fração proporcional com o mesmo numerador.

Probabilidade	$P = \frac{1}{6} . \frac{3}{3} = \frac{3}{18}$

A probabilidade de Abel conseguir acessar a sua conta sem bloqueá-la é igual a 3/18.

---

77. (Cebraspe - Analista Judiciário - TJ/AM - 2019) Em um espaço de probabilidades, as probabilidades de ocorrerem os eventos independentes A e B são, respectivamente, P(A) = 0,3 e P(B) = 0,5. Nesse caso,

P(A∩B) = 0,15.

▷ ***Anotações/Comentários***

A intersecção (ocorrência simultânea de dois eventos) de probabilidade de eventos independentes é igual ao produto da probabilidade de ambos.

Intersecção de probabilidade	P(A∩B) = P(A) . P(B) P(A∩B) = 0,3 . 0,5 P(A∩B) = 0,15

Outra forma de representar a intersecção é por meio da partícula "e": P(A e B).

---

78. (Cebraspe - Analista Judiciário - TJ/AM - 2019) Em um espaço de probabilidades, as probabilidades de ocorrerem os eventos independentes A e B são, respectivamente, P(A) = 0,3 e P(B) = 0,5. Nesse caso,

P(A∪B) é superior a 0,7.

▷ ***Anotações/Comentários***

A união de probabilidade é o resultado da soma das probabilidades de cada evento exceto as repetições (intersecção).

União de eventos	P(A∪B) = P(A) . P(B) – P(A∩B) P(A∪B) = 0,3 + 0,5 – 0,15 P(A∪B) = 0,65

A intersecção das probabilidades de A e B importamos da questão anterior.

Vale ressaltar que em casos de eventos mutuamente excludentes a P(A∩B) é igual a zero e a união (também representada pela partícula "ou") restringe-se à soma das probabilidades de A e B.

União de eventos independentes e mutuamente excludentes	P(A∪B) = P(A ou B) = P(A) + P(B)

---

79. (Cebraspe - Analista Judiciário - TJ/AM - 2019) Em um espaço de probabilidades, as probabilidades de ocorrerem os eventos independentes A e B são, respectivamente, P(A) = 0,3 e P(B) = 0,5. Nesse caso,

P(B|A) = 0,2.

▷ ***Anotações/Comentários***

A probabilidade condicional é expressa por P(A|B), lê-se probabilidade de A dado B, e representa a probabilidade de ocorrência do evento A sabendo que o evento B aconteceu (é conhecido).

Probabilidade condicional	$P(A\|B) = \frac{P(A \cap B)}{P(B)}$

Quando os eventos são independentes, a ocorrência de um não altera a ocorrência do outro e a probabilidade daquele não altera.

Probabilidade condicional **Eventos independentes**	$P(A\|B) = \frac{P(A \cap B)}{P(B)}$ $P(A\|B) = \frac{P(A).\cancel{P(B)}}{\cancel{P(B)}}$ $P(A\|B) = P(A)$

Na questão os eventos são independentes.

Probabilidade condicional **Eventos independentes**	$P(B\|A) = P(B)$ $P(B\|A) = 0{,}5$

Texto para as questões 74 a 77

Se Carlos estiver presente na aula ministrada pela professora Paula, a probabilidade de ele aprender o conteúdo abordado é de 80%; se ele estiver ausente, essa probabilidade cai para 0%. Em 25% das aulas da professora Paula, Carlos está ausente. Com relação a essa situação hipotética, julgue os itens seguintes.

80. (Cebraspe – Analista Judiciário – TJ/AM – 2019)

A probabilidade de Carlos não aprender o conteúdo ministrado pela professora Paula, mesmo estando presente na aula, é igual a 0,2.

▷ ***Anotações/Comentários***

Use e abuse do formato desenho para melhorar seu índice de acerto.

Abaixo a transcrição daquilo que se entende do texto inicial.

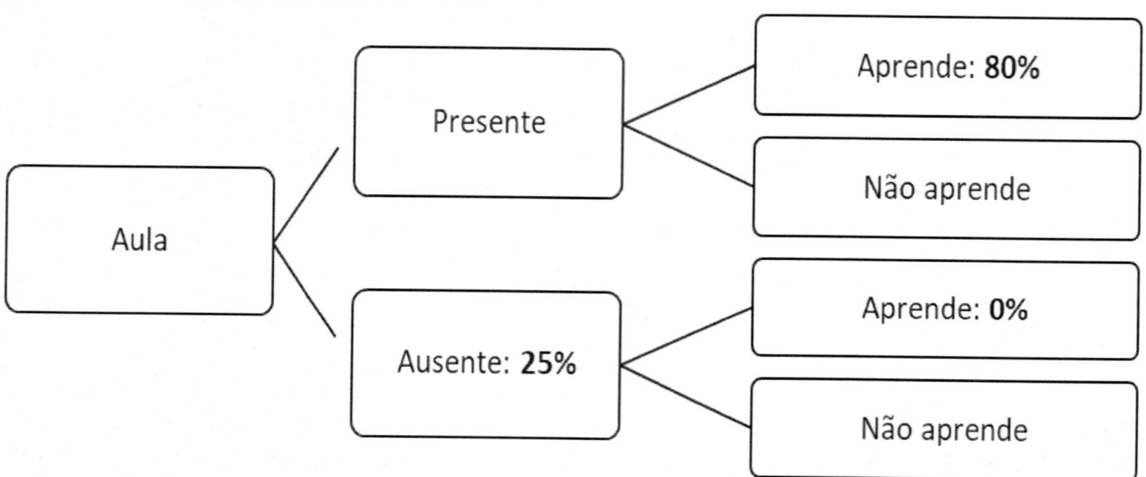

Completar as informações:

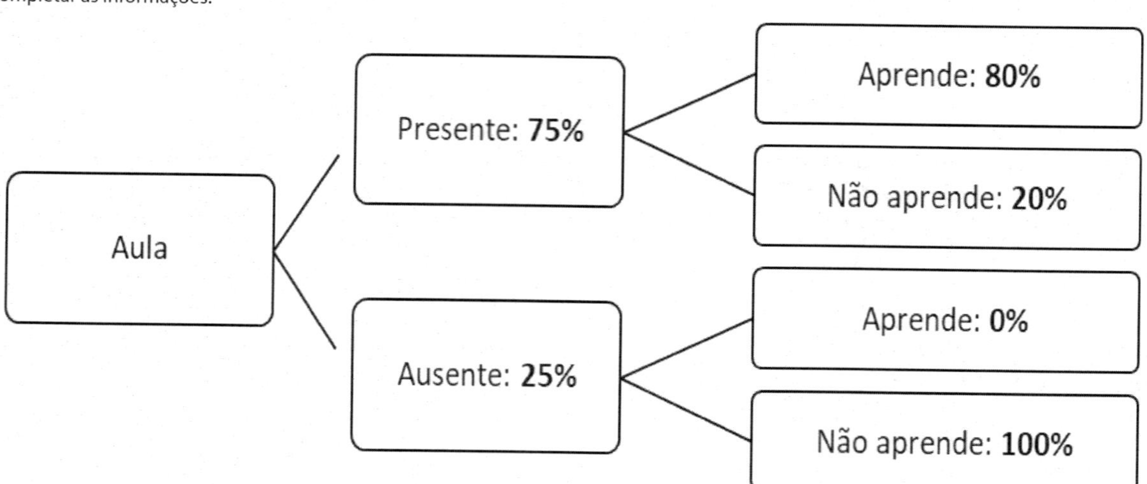

Sobre a afirmativa: A probabilidade de Carlos não aprender o conteúdo ministrado pela professora Paula, mesmo estando presente na aula. Aqui não existe cálculo, basta observar o esquema considerando que Carlos compareceu à aula de Paula.

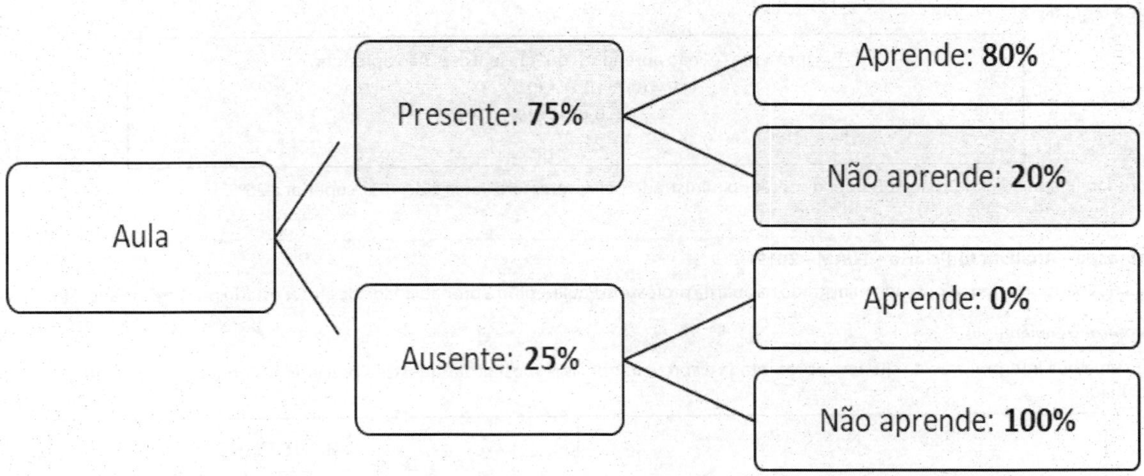

81. (Cebraspe – Analista Judiciário – TJ/AM – 2019)

O evento "Carlos não aprendeu o conteúdo ministrado pela professora Paula, dado que estava ausente na aula." é evento certo, isto é, a probabilidade de esse evento ocorrer é igual a 1.

▷ ***Anotações/Comentários***

Somente com o recurso visual.

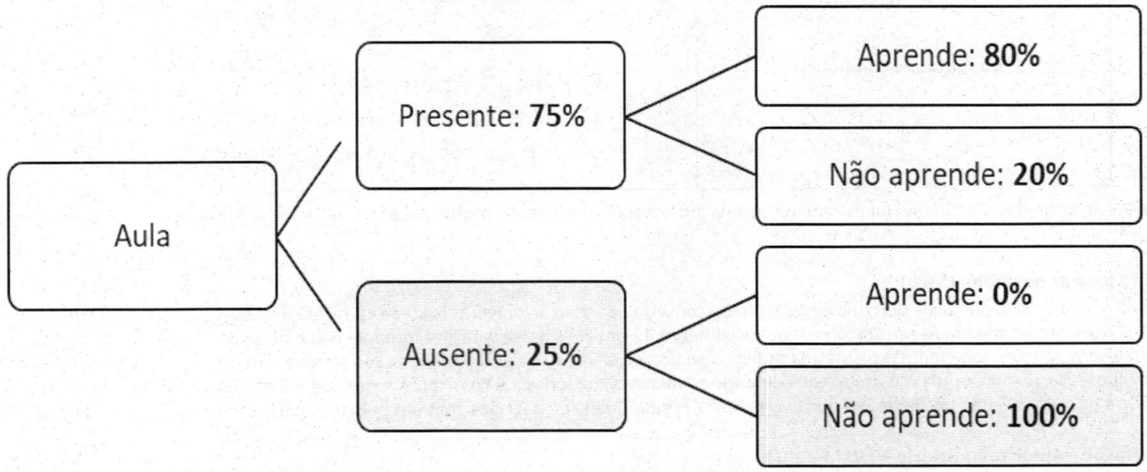

A probabilidade de Calos não aprender, se não assistiu à aula, é um evento certo e igual a 1 ou 100%.

82. (Cebraspe – Analista Judiciário – TJ/AM – 2019)

A probabilidade de Carlos não aprender o conteúdo ministrado pela professora Paula é inferior a 25%.

▷ ***Anotações/Comentários***

Não há informação sobre Carlos ter ou não presenciado a aula, logo, considerara as duas situações.

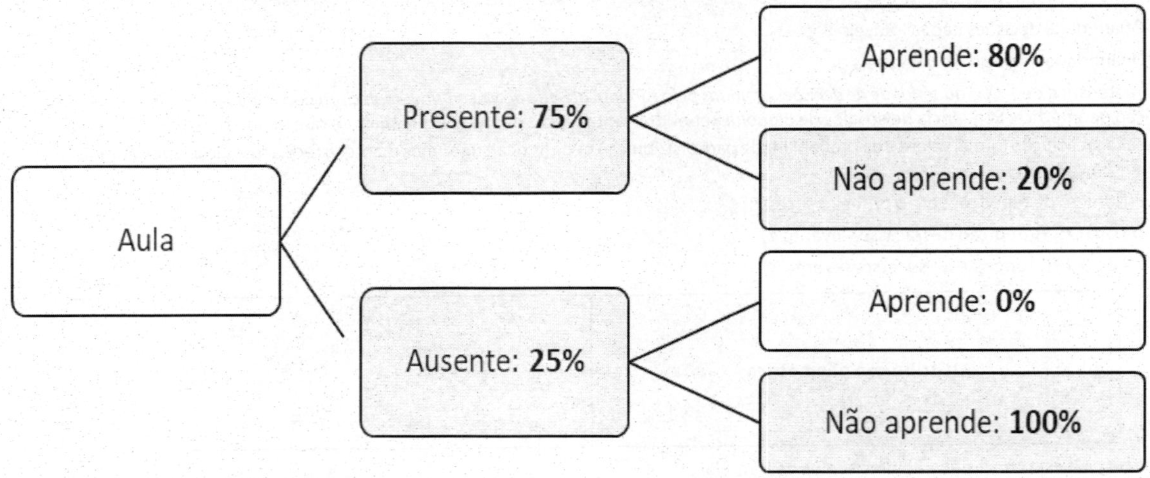

Vale a regra do "e" e do "ou"

P = (presente "e" não aprender) "ou" (ausente "e" não aprender)
P = (0,75 . 0,2) + (0,25 . 1)
P = 0,15 + 0,25
P = 0,4

A probabilidade de Carlos não aprender o conteúdo ministrado pela professora Paula é de 40%, superior a 25%.

83. (Cebraspe – Analista Judiciário – TJ/AM – 2019)

Se Carlos não aprendeu o conteúdo ministrado na aula da professora Paula, então a probabilidade de ele ter estado presente na aula é inferior a 50%.

▷ ***Anotações/Comentários***

Com uma boa interpretação da situação apresentada e aproveitando as respostas das questões precedentes poderíamos ir direto para a fórmula da probabilidade.

Probabilidade	$P = \frac{\text{Favoráveis}}{\text{Total}}$ $P = \frac{0{,}15}{0{,}4}$

Ou, sendo mais formal, por meio da probabilidade condicional.

Probabilidade condicional	$P(\text{Pres} \mid \tilde{N}\ \text{Aprendeu}) = \frac{P(\text{Pres} \cap \tilde{N}\ \text{Aprendeu})}{P(\tilde{N}\ \text{Aprendeu})}$ $P(\text{Pres} \mid \tilde{N}\ \text{Aprendeu}) = \frac{0{,}75\ .\ 0{,}20}{0{,}4}$ $P(\text{Pres} \mid \tilde{N}\ \text{Aprendeu}) = 0{,}375$

Carlos não aprendeu o conteúdo ministrado na aula da professora Paula, então a probabilidade de ele ter estado presente na aula é igual a 37,5%, inferior a 50%.

Texto para as questões 78 a 81

É igual a 3/4 a probabilidade de determinado advogado conseguir decisão favorável a si em cada petição protocolada por ele na vara cível de certo tribunal. O plano desse advogado é protocolar, sequencialmente, 12 petições nessa vara cível durante o ano de 2020. Favoráveis ou não, as decisões do tribunal para petições são emitidas na mesma ordem cronológica em que são protocoladas e são sempre independentes entre si. A partir dessa situação hipotética, julgue os próximos itens, considerando as variáveis aleatórias X e Y, em que X = quantidade de decisões emitidas pelo tribunal até que ocorra a primeira decisão não favorável ao advogado, e Y = quantidade de decisões emitidas pelo tribunal favoráveis ao advogado.

84. (Cebraspe – Analista Judiciário – TJ/AM – 2019)

A probabilidade do evento "X é igual a 1", isto é, de que seja desfavorável ao advogado a decisão do tribunal a respeito da primeira petição protocolada por ele em 2020, é igual a 25%

▷ ***Anotações/Comentários***

O texto inicial descreve a seguinte situação:

- Decisão favorável ao advogado = 3/4
- Petições protocoladas = 12
- Decisões são independentes entre si
- X = Quantidade decisões não favoráveis
- Y = Quantidade de decisões favoráveis

A característica de X (*X = quantidade de decisões emitidas pelo tribunal até que ocorra a primeira decisão não favorável ao advogado*) descreve uma distribuição geométrica: Sequência de ensaios de *Bernoulli* repetidos tantas vezes quanto necessárias até que ocorra o sucesso pela primeira vez.

Apesar da resolução formal valer-se da probabilidade para distribuição geométrica, sugerimos manter o foco a resolução apresentada na sequência.

Onde:

- k = 1 (Número de repetições até o primeiro sucesso)
- q = 3/4 ou 0,75 (Proporção de fracasso – evento Y)
- p = 1/4 ou 0,25 (proporção de sucesso – evento X)

Distribuição geométrica	$P(k) = q^{k-1}.\,p$ $P(x = 1) = 0{,}75^{1-1}.\,0{,}25$ $P(x = 1) = 0{,}25$

Para chegar a esta conclusão não precisamos de fórmula.

Detalhe:

Sucesso e fracasso não têm relação com a decisão ser favorável ou desfavorável ao advogado. O sucesso é identificado pela probabilidade em questão: Conforme descrito na afirmativa da questão, probabilidade do evento "X é igual a 1", e se vamos calcular a probabilidade de X, este é o sucesso, mesmo que seja uma decisão desfavorável.

A primeira petição protocolada tem probabilidade de 3/4 (75%) de ser favorável ao advogado e, como solicitado, de ser desfavorável, será a probabilidade complementar igual a 25%.

---

85. (Cebraspe – Analista Judiciário – TJ/AM – 2019)

A probabilidade do evento "Y é igual a 1" é superior a $\frac{9}{4^{10}}$

▷ ***Anotações/Comentários***

O item anterior (questão 78) restringia-se a um evento (primeira petição protocolada), já neste item não há restrição, logo, vamos calcular a probabilidade de um sucesso (Y = 1) em 12 petições protocoladas.

Trata-se de probabilidade binomial: Quantidade de sucessos em n tentativas, onde:

- n = 12 (Total de experimentos)
- y = 1 (Quantidade de sucessos)
- p = 3/4 ou 0,75 (Proporção de sucesso – evento Y)
- q = 1/4 ou 0,25 (Proporção de fracasso – evento X)

Probabilidade binomial	$P(Y) = C(n,y) . p^{y} . q^{n-y}$ $P(y=1) = C(12,1) . (3/4)^{1} . (1/4)^{12-1}$ $P(y=1) = 12 . 3/4 . (1/4)^{11}$ $P(y=1) = 9 . (1/4)^{11}$ $P(y = 1) = \frac{9}{4^{11}}$

A probabilidade de Y = 1 é igual a $\frac{9}{4^{11}}$, inferior a $\frac{9}{4^{10}}$ (o expoente maior no denominador é indicativo de que a probabilidade é inferior àquela da afirmativa).

---

86. (Cebraspe – Analista Judiciário – TJ/AM – 2019)

Y = 0 é evento impossível.

▷ ***Anotações/Comentários***

Estamos falando de, em 12 petições protocoladas, o advogado não obtenha nenhuma decisão favorável.

Probabilidade de zero decisão favorável ao advogado	$P(Y) = C(n,y) . p^{y} . q^{n-y}$ $P(y=0) = C(12,0) . (3/4)^{0} . (1/4)^{12}$ $P(y=0) = 1 . 1 . (1/4)^{12}$ $P(y=0) = (1/4)^{12}$

É certo que a probabilidade de nenhuma decisão favorável tem probabilidade ínfima, ainda assim, superior a zero.

---

87. (Cebraspe – Analista Judiciário – TJ/AM – 2019)

A probabilidade de Y ser inferior a 2 é superior a 1%.

▷ ***Anotações/Comentários***

Para a probabilidade de Y menor que 2 é necessário o somatório das probabilidades de Y=0 e Y=1.

- Y = 0 (Questão 80)

Probabilidade de Y = 0	$P(y = 0) = (1/4)^{12}$ $P(y = 0) = 0{,}25^{12}$

- Y = 1 (Questão 79)

Probabilidade de Y = 1	$P(y = 1) = \frac{9}{4^{11}}$ $P(y = 1) = 9 . 0{,}25^{11}$

Aqui vale um olhar matemático para perceber que o resultado é inferior a 0,01 ou 1%.

---

88. (Vunesp – Administrador Judiciário – TJ/SP – 2019) Em uma eleição, sabe-se que 40% dos eleitores são favoráveis ao candidato X e o restante ao candidato Y. Extraindo uma amostra aleatória, com reposição, de tamanho 3 da população de eleitores, obtém-se que a probabilidade de que no máximo 1 eleitor da amostra seja favorável ao candidato X é igual a

a) 35,2%

b) 64,8%

c) 36,0%

d) 43,2%

e) 78,4%

▷ ***Anotações/Comentários***

Intenção de voto em relação aos candidatos:

- X = 40%
- Y = 60%

Na escolha de três eleitores para que a probabilidade de no máximo um deles seja favorável ao candidato X, é necessário o somatório de P(X=0) e P(X=1) por meio da probabilidade binomial.

Onde:

- n = 3 (Total de experimentos)
- x = 0 (Quantidade de sucessos)
- p = 0,4 (Proporção de sucesso)
- q = 0,6 (Proporção de fracasso)

Binomial P(X=0)	$P(X) = C(n,x) \cdot p^x \cdot q^{n-x}$ $P(x=0) = C(3,0) \cdot (0,4)^0 \cdot (0,6)^3$ $P(x=0) = 1 \cdot 1 \cdot 0,216$ $P(x=0) = 0,216$

A mesma operação para X = 1.

Binomial P(X=1)	$P(x=1) = C(3,1) \cdot (0,4)^1 \cdot (0,6)^2$ $P(x=1) = 3 \cdot 0,4 \cdot 0,36$ $P(x=1) = 0,432$

A probabilidade de que no máximo 1 eleitor da amostra seja favorável ao candidato X é igual a 64,8% (0,216 + 0,432 = 0,648).

14. GRÁFICOS E TABELAS

89. (Vunesp – Escrevente Técnico Judiciário – TJ/SP – 2021) A China é o país com maior volume total de emissões de carbono, mas também está na liderança da produção de energia solar. O gráfico informa a capacidade total dos quatro principais países na produção de energia solar no ano de 2020.

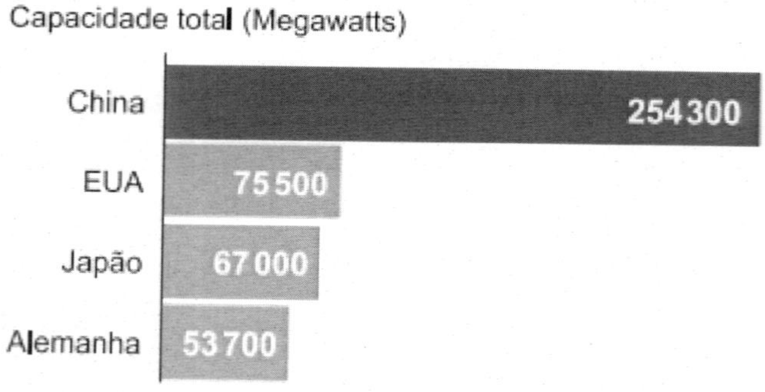

(https://www.bbc.com/portuguese. Adaptado)

Analisando-se as informações do gráfico, assinale a alternativa que mais se aproxima da razão entre a média aritmética simples da capacidade total de produção de energia solar dos EUA, Japão e Alemanha, e a capacidade total de produção da China, no ano de 2020.

a) 1/3

b) 1/6

c) 1/5

d) 1/4

e) 1/2

▷ ***Anotações/Comentários***

Vamos trabalhar com a razão indicada no texto da questão.

Razão	$R = \dfrac{\text{Média (EUA, Japão e Alemanha)}}{\text{China}}$

A partir da leitura do gráfico de barras chegaremos ao numerador da razão acima.

Média	$M = \dfrac{75500 + 67000 + 53700}{3}$ $M = 65400$

Retomamos a razão inicial

Razão	$R = \dfrac{\text{Média (EUA, Japão e Alemanha)}}{\text{China}}$ $R = \dfrac{65400}{254300}$

Como foi dito "alternativa que mais se aproxima da razão", vamos arredondar os valores para facilitar as contas.

Razão	$R = \dfrac{65000}{254000}$ $R = \dfrac{65}{254}$ $R = \dfrac{1}{3{,}9}$

Analisando as alternativas, a razão mais próxima é igual a 1/4.

---

90. (FCC – Analista Judiciário – TRF 3ª Região – 2019) Na tabela abaixo foram registradas as classificações obtidas por 50 alunos de uma turma.

Classificação	Nº de Alunos
1	5
2	15
3	10
4	15
5	5

De acordo com os dados apresentados,

a) 50% dos alunos obtiveram classificação 1, 2 ou 3.

b) 20% dos alunos obtiveram classificação 4 ou 5.

c) 30% dos alunos obtiveram classificação 4.

d) 15% dos alunos obtiveram classificação 1.

e) 90% dos alunos obtiveram classificação 3, 4 ou 5.

▷ ***Anotações/Comentários***

A questão trata de porcentagem cujos cálculos estão baseados na tabela de classificação. Vejamos cada uma das alternativas.

a) **50% dos alunos obtiveram classificação 1, 2 ou 3.**

Porcentagem	$P = \dfrac{5 + 15 + 10}{50} = 0{,}6$

Alternativa errada.

b) **20% dos alunos obtiveram classificação 4 ou 5.**

Porcentagem	$P = \dfrac{15 + 5}{50} = 0{,}4$

Alternativa errada.

c) **30% dos alunos obtiveram classificação 4.**

Porcentagem	$P = \frac{15}{50} = 0{,}3$

Alternativa correta.

d) 15% dos alunos obtiveram classificação 1.

Porcentagem	$P = \frac{5}{50} = 0{,}1$

Alternativa errada.

e) 90% dos alunos obtiveram classificação 3, 4 ou 5.

Porcentagem	$P = \frac{10 + 15 + 5}{50} = 0{,}8$

Alternativa errada.

91. (Cebraspe – Técnico Judiciário – TJ/PR – 2019) No estado do Paraná, segundo o IBGE, entre 1970 e 2010, a densidade populacional – quantidade média de habitantes por quilômetro quadrado – cresceu à taxa média de 9% a cada 10 anos, como mostra a tabela a seguir, em que os valores foram aproximados.

ano	densidade populacional
1970	35
1980	38,15
1990	41,59
2000	45,33
2010	49,41

Internet: <www.ibge.gov.br> (com adaptações).

Se for constatado que, a partir de 2010, houve uma queda de 20% na taxa média de crescimento da densidade populacional, então, em 2020, essa densidade será

a) inferior a 53 habitantes por km^2.
b) superior a 53 habitantes e inferior a 54 habitantes por km^2.
c) superior a 54 habitantes e inferior a 55 habitantes por km^2.
d) superior a 55 habitantes e inferior a 56 habitantes por km^2.
e) superior a 56 habitantes por km^2.

▷ ***Anotações/Comentários***

O crescimento da densidade populacional nas últimas quatro décadas foi, em média, de 9%. Este crescimento desacelerou em 20%.

Crescimento médio a partir de 2010	Crescimento = 0,09 . (1 – 0,2) Crescimento = 0,072

Nas duas décadas seguintes o crescimento médio foi de 7,2%.

Densidade populacional em 2020	Densidade = 49,41 . (1 + 0,072) Densidade ≅ 52,9

A densidade populacional no estado do Paraná, em 2020, foi de 52,9 habitantes por km^2 aproximadamente.

15. GEOMETRIA

92. (FGV – Analista Judiciário – Área Judiciária – TRF 1ª Região – 2024) No plano cartesiano, o quadrilátero convexo ABCD tem vértices A(0, 1), B(4, 8), C(9, 6), D(9, 1). A área do quadrilátero ABCD é:

a) 36;
b) 38;
c) 40;
d) 42;
e) 44.

▷ ***Anotações/Comentários***

A sugestão é não confiar na sua visão espacial para, a partir dos pares ordenados, estabelecer as medidas dos lados do quadrilátero. Prefira o desenho.

Considerando os pares ordenados.

A(0, 1)
B(4, 8)
C(9, 6)
D(9, 1)

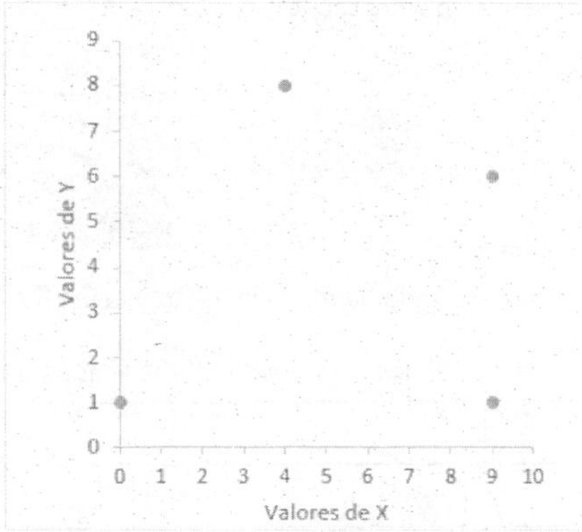

Se você pensou que teríamos um quadrado cuja área seria calculada por uma simples multiplicação, enganou-se. De qualquer forma, o desenho é revelador, veja:

Quadrilátero

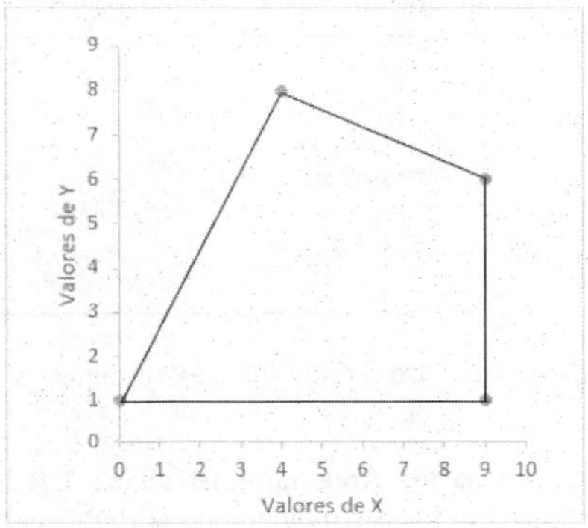

Para facilitar:

1 Quadrado
2 Triângulos Retângulos

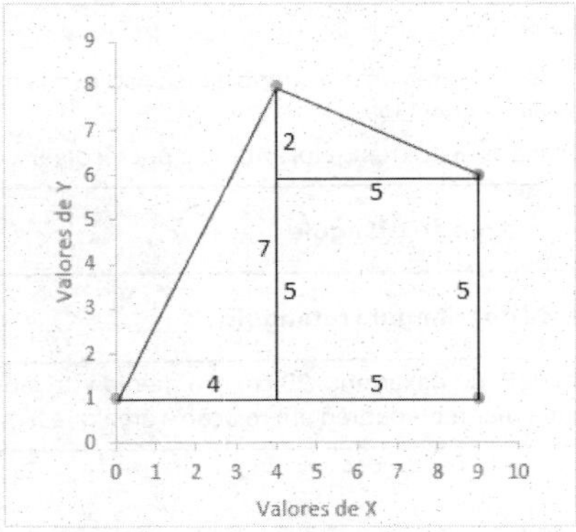

São três figuras geométricas, sendo um quadrado e dois triângulos retângulos. Para o quadrado, a área não requer maiores habilidades, base vezes altura, ou seja, área igual a 25. Restam os triângulos.

Lembre-se, para a área do triângulo retângulo sequer há necessidade da medida da hipotenusa. O Triângulo retângulo tem a metade de um retângulo, logo, base vezes altura dividido por dois.

Área do Triângulo 1	Área do Triângulo 2
$A_1 = (4 . 7) / 2$ $A_1 = 28 / 2$ $A_1 = 14$	$A_2 = (2 . 5) / 2$ $A_2 = 10 / 2$ $A_2 = 5$

Isoladamente, as figuras geométricas têm as seguintes áreas:

- Quadrado = 25
- Triângulo 1 = 14
- Triângulo 2 = 5

Resposta: A área do quadrilátero ABCD é igual a soma das três áreas acima, 25 + 14 + 5 = 44.

93. (IBFC – Técnico Judiciário – TRF 5ª Região – 2024) Um triângulo retângulo tem um cateto de 6 cm e a hipotenusa de 10 cm. Assinale a alternativa que apresenta o comprimento do outro cateto.

a) 7 cm

b) 8 cm

c) 6 cm

d) 9 cm

▷ ***Anotações/Comentários***

Sempre que estivermos tratando de triângulo retângulo, tenha em mente a possibilidade de utilizar o trio pitagórico, mais conhecido como triângulo 3, 4, 5.

Os valores 3, 4 e 5 e seus múltiplos são unidades de medidas para os catetos e hipotenusa do triângulo retângulo.

Cateto	3	6	9	12	15
Cateto	4	8	12	16	20
Hipotenusa	5	10	15	20	25

Conhecidos os valores 6 e 10, cateto e hipotenusa, de acordo com a regra do triângulo 3, 4, 5, o outro cateto tem a medida igual a 8 centímetros. Não fosse pela regra, o cálculo seria por meio do Teorema de Pitágoras.

Pitágoras	$h^2 = c^2 + c^2$ $10^2 = 6^2 + c^2$ $100 = 36 + c^2$ $c^2 = 100 - 36$ $c = \sqrt{64}$ $c = 8$

Resposta: O comprimento do outro cateto é igual a 8 centímetros.

94. (CEBRASPE – Analista Judiciário – Área Administrativa – TJ/ES – 2023) O item a seguir apresenta uma situação hipotética seguida de uma assertiva a ser julgada com base em análise combinatória, probabilidade, operações com conjuntos e problemas geométricos.

Considere que a equipe de compras de determinado tribunal precise comprar uma nova mesa de reuniões que deverá ocupar uma área máxima de 3 m². Considere, ainda, que essa equipe tenha encontrado uma mesa cujo tampo é um hexágono regular com 90 cm de medida de lado. Nessa situação, a mesa encontrada pela equipe de compras não cumpre o requisito de área.

▷ ***Anotações/Comentários***

Há necessidade de calcular a área do hexágono e essa não é uma medida comum de ser cobrada em provas de concursos para Tribunais, por isso não estudei e não sei resolver a questão!

Mas você sabe calcular a área do triângulo, então dá pra resolver a questão. A área do hexágono é igual a 6 vezes a área do triângulo retângulo.

Área do triângulo	T = (Base . Altura) / 2
Área do triângulo retângulo	$T = \text{Lado}^2 . \sqrt{3} / 4$

A mesma medida do lado do hexágono, 90 cm, é a medida do lado de cada triângulo retângulo. Antes, vamos mudar a unidade de medida de centímetro para metro para manter o padrão em relação à área que a mesa vai ocupar (90 cm = 0,9 m).

Área do hexágono	$H = 6 . \text{Lado}^2 . \sqrt{3} / 4$ $H = 6 . 0{,}9^2 . \sqrt{3} / 4$ $H = 6 . 0{,}81 . \sqrt{3} / 4$ $H = 4{,}86 . \sqrt{3} / 4$ $H = 1{,}215 . \sqrt{3}$

Não teve jeito, foi preciso um número aproximado da raiz de 3 para finalizar o cálculo da área do hexágono. Vamos usar 1,7 para $\sqrt{3}$.

Área do hexágono	$H = 1{,}215 . \sqrt{3}$ $H = 1{,}215 . 1{,}7$ $H = 2{,}065$

Resposta: A mesa tem área de aproximadamente 2,06 m², logo, cumpre o requisito da área de até 3 m².

95. (Vunesp – Escrevente Técnico Judiciário – TJ/SP – 2021) O plano de reabertura do comércio de uma cidade, devido à pandemia de covid-19, determinava a ocupação máxima dos estabelecimentos, considerando certo raio de afastamento entre as pessoas, de acordo com o seguinte cálculo:

nº máximo de pessoas = $\frac{\text{área de circulação}}{7}$

Nesse cálculo, a área de circulação deve ser apresentada em metros quadrados. No caso de o resultado ser um número decimal, deve-se considerar o número 0,7 como decimal referência de arredondamento para o próximo número inteiro. Por exemplo, se o resultado for um número maior do que 12 e menor ou igual a 12,7, o número máximo de pessoas a ser considerado é 12, mas se o resultado for maior do que 12,7 e menor do que 13, o número máximo de pessoas a ser considerado é 13. Uma galeria instalada nessa cidade possui área de circulação composta por um quadrado e dois retângulos, sendo que cada retângulo possui um lado em comum com o quadrado. O quadrado tem 8 metros de lado, enquanto um retângulo tem 20 metros de comprimento, e o outro retângulo tem 25 metros de comprimento.

Nesse caso, a ocupação máxima da área de circulação dessa galeria é de

a) 81 pessoas.

b) 61 pessoas.

c) 80 pessoas.

d) 60 pessoas.

e) 51 pessoas.

▷ ***Anotações/Comentários***

Considerando que a ocupação tem relação com a área, vamos à parte final do enunciado necessária para iniciar a resolução: *"Uma galeria instalada nessa cidade possui área de circulação composta por um quadrado e dois retângulos, sendo que cada retângulo possui um lado em comum com o quadrado. O quadrado tem 8 metros de lado, enquanto um retângulo tem 20 metros de comprimento, e o outro retângulo tem 25 metros de comprimento."*:

Quadrado	Área = 8 . 8 = 64
Retângulo 1	Área = 8 . 20 = 160
Retângulo 2	Área = 8 . 25 = 200

Concluímos ser igual a 424 m^2 a área de circulação.

Nº máximo de pessoas	$N = \frac{\text{área de circulação}}{7}$ $N = \frac{424}{7}$ $N \cong 60{,}57$

Face às regras de arredondamento, a ocupação máxima da área de circulação dessa galeria é de 60 pessoas.

96. (Cebraspe –Técnico Judiciário – TJ/PR – 2019) Mesmo com a informatização dos processos, ainda é grande o volume de papéis consumidos nas instituições públicas, o que demanda grandes espaços para seu armazenamento. Por exemplo, uma caixa na forma de um paralelepípedo retângulo medindo 31 cm de largura, 25 cm de altura e 42 cm de comprimento armazena 10 resmas de papel A4. Nesse caso, para armazenar 1.000 dessas caixas em um contêiner, é necessário que a capacidade desse contêiner seja de

a) 32,55 m^3.

b) 39,20 m^3.

c) 77,50 m^3.

d) 98 m^3.

e) 105 m^3.

▷ ***Anotações/Comentários***

Talvez a pior parte seria converter cm^3 em m^3, mas essa parte saiu de graça.

Primeiro, a área que ocupa uma caixa.

Caixa: 31x25x42	Área = 31 . 25 . 42 Área = 32550

Uma caixa ocupa 32550 cm^3 e só há coincidência de número na alternativa "a".

Mesmo conhecendo a resposta correta, vamos a transformação: Um metro é igual a 100 centímetros, entretanto, se as medidas são cúbicas (potência 3), então:

cm^3 em m^3	32550 cm^3 = 32550/100^3 m^3 32550 cm^3 = 0,03255 m^3

Como estamos falando de 1000 caixas.

Área de 1000 caixas	Área = 0,03255 . 1000 m^3 Área = 32,55 m^3

97. (Cebraspe –Técnico Judiciário – TJ/PR – 2019) O carpinteiro José cortou um retângulo de madeira medindo 80 cm de comprimento por 60 cm de largura. Ele precisa cortar outro retângulo, com a mesma área do primeiro, mas com comprimento um quarto maior que o daquele outro. Desse modo, em relação à largura do primeiro retângulo, a largura do segundo deverá

a) diminuir um terço.

b) diminuir um quinto.

c) aumentar três vezes.

d) aumentar um quinze avos.

e) aumentar trinta e seis quinze avos.

▷ ***Anotações/Comentários***

Retângulo de madeira (Retângulo A):

- Comprimento 80 cm
- Largura 60 cm

Novo retângulo (Retângulo B) com comprimento um quarto maior (80 + 0,25 . 80):

- Comprimento 100 cm
- Largura?

Para seguir a restrição de mesmas áreas para ambos os retângulos igualamos estas medidas.

Igualar as áreas	Área A = Área B 80 . 60 = 100 . X X = 4800/100 X = 48

A largura reduz do retângulo A para o retângulo B em 12 cm, o que representa:

Redução da largura do retângulo B	R = 12/60 R = 1/5

Em relação à largura do primeiro retângulo, a largura do segundo diminuir uma quinta parte.

16. MATEMÁTICA FINANCEIRA

98. (Instituto Verbena UFG – Analista Judiciário – Oficial de Justiça – TJ/GO – 2024) Um casal decidiu aplicar R$ 25.000,00 em um fundo de investimento com uma taxa de juros simples de 2% ao mês. O objetivo do casal é realizar a compra de um carro de R$ 29.000,00. Qual é a menor quantidade de meses que o dinheiro deve permanecer investido para que o casal consiga comprar o carro apenas com o montante desse fundo de investimento?

a) 8 meses.

b) 10 meses.

c) 12 meses.

d) 14 meses.

▷ ***Anotações/Comentários***

A distinção entre juros simples e juros compostos está na forma de capitalização. Naquele, a base sobre a qual incidem os juros é sempre a mesma, ou seja, o valor inicial aplicado. No sistema composto, por sua vez, a cada novo período, os juros do período anterior são adicionados ao capital formando nova base para novamente incidir o percentual de juros, comumente conhecido como juros sobre juros.

Uma vez que estamos falando do sistema simples, o valor de juros é igual a R$ 500,00 (25.000,00 . 2%) e são iguais em todos os períodos.

Períodos	Saldo Inicial	Juros	Saldo Final
1	R$ 25.000,00	R$ 500,00	R$ 25.500,00
2	R$ 25.500,00	R$ 500,00	R$ 26.000,00
3	R$ 26.000,00	R$ 500,00	R$ 26.500,00
4	R$ 26.500,00	R$ 500,00	R$ 27.000,00
5	R$ 27.000,00	R$ 500,00	R$ 27.500,00
6	R$ 27.500,00	R$ 500,00	R$ 28.000,00
7	R$ 28.000,00	R$ 500,00	R$ 28.500,00
8	R$ 28.500,00	R$ 500,00	R$ 29.000,00

Concluímos que em 8 meses o casal completa o valor desejado para a compra do carro, entretanto, considerando que o valor de juros permanece inalterados em toda a sequência de períodos, não há necessidade de que o cálculo seja feito mês a mês.

Sabendo que:

- Juros por período = R$ 500,00 (25.000,00 . 0,02).
- Juros desejados = R$ 4.000,00 (29.000,00 – 25.000,00).

Quantidade de Períodos (P)	P = 4.000,00 / 500,00 P = 8

Resposta: Serão necessários 8 meses de permanência do dinheiro investido para que o casal atinja o valor de R$ 29.000,00.

99. (Instituto AOCP – Analista Judiciário – TRF 2ª Região – 2024) Pedro, um empresário visionário, decidiu ampliar seu negócio com reformas e instalações inovadoras. Para viabilizar esse projeto, ele obteve um empréstimo bancário de R$ 400.000, financiado pelo Sistema de Amortização Constante (SAC), com taxa de juros de 4% ao mês, totalizando 10 (dez) parcelas mensais e consecutivas. Com base nessas informações, o valor da última parcela a ser paga por Pedro será de

a) R$ 41.600.
b) R$ 52.800.
c) R$ 42.400.
d) R$ 48.000.
e) R$ 56.000.

▷ ***Anotações/Comentários***

A principal característica do empréstimo SAC (Sistema de Amortização Constante), consoante sua descrição, é a amortização do valor principal sempre igual em todas as prestações. Ainda neste sistema, a cada prestação tanto os juros como os valores das prestações são decrescentes.

Dados informados:

- Sistema de amortização constante - SAC
- Empréstimo = 400.000
- Taxa = 4% ao mês
- Tempo = 10 meses

Mais detalhes acerca deste sistema de amortização antes da resolução propriamente dita.

Períodos	Saldo Início Período	Amortização	Juros	Prestação
1	400.000	40.000	400.000 . 4% = 16.000	56.000
2	360.000	40.000	360.000 . 4% = 14.400	54.400
3	320.000	40.000	320.000 . 4% = 12.800	52.800

Mas você não precisa calcular todas as prestações para chegar no valor de uma prestação futura.

Se os juros são calculados sobre o saldo devedor, basta subtrair o valor amortização daquele tomado como empréstimo e aplicar a taxa. Os juros são somados ao valor de amortização e temos a prestação.

Agora sim a resolução da questão.

Para o valor da última prestação, entendemos que as 9 primeiras foram liquidadas.

Amortização mensal	400.000 / 10 = 40.000
Valor amortizado	9 . 40.000= 360.000

O empréstimo, após pagamento da 9ª prestação, tem saldo de 40.000. Sobre este valor aplicamos os juros.

Valor dos juros	40.000 . 0,04 = 1.600
Valor da 10ª prestação	P = 40.000 + 1.600 = 41.600

Resposta: O valor da última parcela a ser paga por Pedro é igual a R$ 41.600,00.

100. (FGV - Técnico Judiciário - TJ/RO - 2021) Jonas pediu um empréstimo de R$5000,00 em uma corretora, com juros de 2% ao mês e pagamento em duas partes (não necessariamente iguais), em 30 e 60 dias do empréstimo. Ao fim de 30 dias, Jonas pagou R$ 2800,00 e, 30 dias depois, pagou o restante, liquidando a dívida.

O valor da segunda parcela que Jonas pagou para liquidar o empréstimo foi:

a) R$ 2300,00;
b) R$ 2346,00;
c) R$ 2400,00;
d) R$ 2402,00;
e) R$ 2600,00.

▷ ***Anotações/Comentários***

Os conceitos são de matemática financeira, porém, aplicando o conhecimento de porcentagem chegamos à resposta.

Também, para facilitar nosso trabalho, a esquematização da estrutura do financiamento apresentada.

	Saldo Inicial	Juros 2%	Pagamento	Saldo Final
Inicial				5.000,00
Final 1º mês	5.000,00	100,00	-2.800,00	2.300,00
Final 2º mês	2.300,00	46,00	-2.346,00	0,00

Vale destacar que os juros de 2% são aplicados no final de cada período sobre o saldo devedor.

O valor da segunda parcela que Jonas pagou para liquidar o empréstimo foi de R$ 2.346,00.

101. (FGV - Analista Judiciário - TJ/RO - 2021) Uma das vantagens do uso da Taxa Interna de Retorno (TIR) na seleção de projetos é:

MATEMÁTICA E RACIOCÍNIO LÓGICO

a) poder selecionar o projeto com menor tempo necessário para recuperar o custo de um investimento;
b) utilizar o *payback* simples, mas descontando o custo de capital nos fluxos de caixa;
c) comparar custos e benefícios e selecionar o projeto com melhor relação entre ambos;
d) calcular o custo de uma unidade adicional, e compará-lo à receita gerada por essa unidade;
e) visualizar o retorno do projeto e compará-lo com o de outros projetos ou com a taxa de juros de renda fixa.

▷ ***Anotações/Comentários***

a) poder selecionar o projeto com menor tempo necessário para recuperar o custo de um investimento;

O tempo de retorno de investimento tem relação com o *Payback* Descontado – PBD.

b) utilizar o *payback* simples, mas descontando o custo de capital nos fluxos de caixa;

O *payback* simples indica o tempo necessário para recuperar o custo de um investimento

c) comparar custos e benefícios e selecionar o projeto com melhor relação entre ambos;

Os custos e benefícios de um projeto fazem parte da análise de viabilidade econômica do investimento e nela poderão incluir vários índices econômicos tais como: Taxa Mínima de Atratividade, Valor Presente Líquido, *Payback* Time, Taxa Interna de Retorno dentre outros.

d) calcular o custo de uma unidade adicional, e compará-lo à receita gerada por essa unidade;

O custo de uma unidade adicional é conhecido como custo marginal e comumente analisado para definir a quantidade que a empresa deve produzir de determinado item.

e) **visualizar o retorno do projeto e compará-lo com o de outros projetos ou com a taxa de juros de renda fixa.**

O conhecimento de retorno do projeto para compará-lo a outro projeto ou à investimentos no mercado financeiro é feito por meio da Taxa Interna de Retorno – TIR. Trata-se da taxa de remuneração do projeto e ferramenta para tomada de decisão sobre investimentos.

---

102. (Vunesp – Analista em Comunicação – TJM/SP – 2021) Um produto à vista custa R$ 31.824,00. Esse produto pode ser parcelado em duas vezes, sendo uma parcela no ato e a outra três meses depois. O valor da segunda parcela é igual ao saldo devedor acrescido de 4%. Esse produto foi vendido em duas vezes de maneira que as duas parcelas tivessem o mesmo valor. O valor de cada parcela foi

a) R$ 15.912,00.
b) R$ 15.972,00.
c) R$ 16.048,00.
d) R$ 16.224,00.
e) R$ 16.548,00.

▷ ***Anotações/Comentários***

Situação apresentada:

- À vista = 31.824,00
- Parcela 1 = ato
- Parcela 3 = 3 meses
- Juros = 4% sobre o saldo devedor
- Parcela 1 = Parcela 2

Veja que a taxa de juros aplica-se uma única vez sobre o saldo devedor (nada foi dito quanto a ser taxa mensal ou outro unidade temporal) e, por conta disso, vamos considerar os 3 meses como sendo um único período.

Linha do tempo	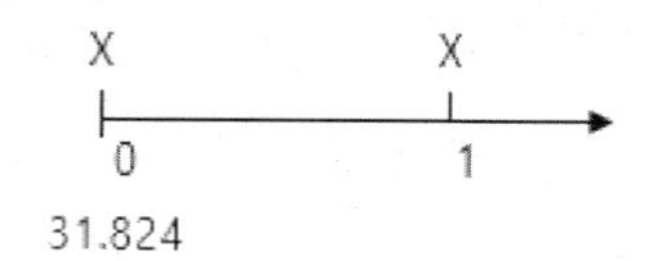

Levar todos os valores para a data 1 (3 meses) por meio de multiplicação pelo fator de correção (1,04) referente à taxa de 4%.

Calcular a prestação X	31824 . 1,04 = 1,04X + X 2,04X = 33096,96 X = 16.224,00

O valor de cada parcela foi de R$ 16.224,00.

---

103. (FGV – Analista Judiciário – TJ/RO – 2021) Considere o fluxo de caixa a seguir.

Ano	Valor (em R$)
0	-1000
1	0
2	1210

O VPL será:

a) nulo, se a taxa de desconto for 0% a.a.;

b) positivo, se a taxa de desconto for igual a 11% a.a.

c) igual à taxa interna de retorno, no ano 2;

d) negativo, se a taxa de desconto for igual a 9,99% a.a.;

e) nulo, se a taxa de desconto for igual a 10% a.a.

▷ ***Anotações/Comentários***

O valor presente líquido – VPL – será a taxa que iguala os fluxos de entrada e saída. Faremos isso levando os valores para frente (data 2) para evitar operação de divisão.

Igualar os fluxos de entrada e saída	$1000\,(1+i)^2 = 1210$ $(1+i)^2 = 1210/1000$ $1+i=\sqrt{1,21}$ $1+i=1,1$ $i=0,1$

O VPL é nulo para uma taxa de 10% aa.

104. (Vunesp - Administrador Judiciário - TJ/SP - 2019) Considere o fluxo de caixa a seguir, correspondente ao projeto de investimento P, que apresenta uma taxa interna de retorno de 10% ao ano. (Dados: $1,1^2 = 1,21$ e $1,1^3 = 1,331$).

ANO	PROJETO P (R$)
0	-D
1	X
2	26.620,00
3	26.620,00

Se o valor do desembolso D, na época 0, for igual a R$ 53.000,00, então o valor de X (época 1) será igual a

a) R$ 12.100,00

b) R$ 11.000,00

c) R$ 13.200,00

d) R$ 13.310,00

e) R$ 13.750,00

▷ ***Anotações/Comentários***

O fluxo de caixa é a representação das entradas e saídas de numerários durante determinado espaço de tempo.

Fazendo uma leitura do fluxo do projeto de investimento P, observamos que o primeiro valor aparece na tabela com sinal negativa "-D", isto acontece porque é uma informação de saída de dinheiro do caixa da empresa. Em outras palavras, na data 0 a empresa injetou dinheiro no projeto P e os retornos vieram nas datas 1, 2 e 3 (entrada de dinheiro no caixa da empresa).

Outra informação disponível é a taxa interna de retorno – TIR. Significa que, ao aplicar esta taxa para atualização dos valores, o fluxo de caixa fica equilibrado, de tal sorte que as entradas e saída igualam-se.

Dominando os conceitos apresentados, estamos prontos para resolver o problema.

Uma vez que o valor D é conhecido, vamos deixar o fluxo de caixa atualizado.

ANO	PROJETO P (R$)
0	-53.000,00
1	X
2	26.620,00
3	26,620,00

Outros detalhes:

- Como nada foi dito sobre os juros serem simples ou compostos, recorremos a situação real. No mundo empresarial, TIR considera taxa a juros composto, logo, assim procederemos.
- Para juros compostos podemos levar todos os valores para uma mesma data, não necessariamente a data inicial. Aconselho levar para a mesma data, assim, trabalhamos com o mínimo de operações de divisão.

Os valores serão levados para uma mesma data considerando os juros anuais de 10% por meio da equação matemática:

Calcular o valor de X	$53000.(1,1)^3 = X.(1,1)^2 + 26620.(1,1) + 26620$ $70543 = 1,21X + 29282 + 26620$ $1,21X = 14641$ $X = 12100$

O valor de X, retorno obtido no final do primeiro ano, foi igual a R$ 12.100,00.

105. (Vunesp – Administrador Judiciário – TJ/SP – 2019) Um investidor tem duas opções para aplicar um determinado capital no mercado financeiro: Primeira opção: aplicar todo o capital, durante 1 semestre, a juros compostos, à taxa de 2% ao trimestre, e resgatar todo o montante, correspondente de R$ 13.005,00, no final do período de aplicação. Segunda opção: aplicar todo o capital, durante 8 meses, a juros simples, à taxa de 8,4% ao ano. O total de juros auferidos, caso decida escolher a segunda opção, é igual a

a) R$ 728,00

b) R$ 750,00

c) R$ 700,00

d) R$ 714,00

e) R$ 672,00

▷ ***Anotações/Comentários***

Primeira opção	Segunda opção
• Juros Compostos • Capital = C • Tempo = 6 meses (2 trim.) • Taxa = 2% at • Montante = 13.005,00	• Juros Simples • Capital = C • Tempo = 8 meses • Taxa = 8,4% aa (0,7% am) • Juros = ?

Para conhecer o capital inicial partimos da primeira opção.

Calcular o capital C	$M = C(1 + i)^t$ $13005 = C(1 + 0,02)^2$ $13005 = 1,0404C$ $C = 12500$

O capital investido na primeira opção, igual ao investido na segunda opção, foi de R$ 12.500,00.

Calcular os juros da segunda aplicação	$J = Cit$ $J = 12500 . 8 . 0,007$ $J = 12500 . 0,056$ $C = 700$

O total de juros auferidos na segunda opção é igual a R$ 700,00.

106. (Vunesp – Administrador Judiciário – TJ/SP – 2019) O valor atual de um título descontado 3 meses antes de seu vencimento foi igual a R$ 19.100,00. A taxa de desconto utilizada foi de 18% ao ano, segundo uma operação de desconto comercial simples. Se a taxa de desconto tivesse sido de 14,4% ao ano, então o valor atual desse título seria de

a) R$ 19.160,00

b) R$ 19.250,00

c) R$ 19.120,00

d) R$ 19.280,00

e) R$ 19.200,00

▷ ***Anotações/Comentários***

A questão traz uma operação de desconto comercial simples, na qual:

- VP = 19100 (valor presente)
- t = 3 meses
- i = 18% aa ou 4,5 at (taxa de desconto)

Pede-se o VP caso, sobre este mesmo título, fosse aplicada a taxa de 14,4% ao ano (ou 3,6 ao trimestre).

Casos em que são aplicados juros simples, o desconto pode ser calculado por meio da regra de três, lembrando que, para desconto comercial o VN = 100% e para desconto racional VP = 100%.

Relação	Regra de três
19100 → 95,5% VN → 100%	95,5VN = 19100 . 100 VN = 20000

Na relação acima o valor descontado (valor presente) está para 95,5% (percentual descontado os juros do trimestre de 4,5%).

O valor nominal – VN (valor de face do título) é igual a R$ 20.000,00 e, quando aplicada a taxa de desconto de 14,4% ao ano (3,6 at) o valor presente será:

Relação	Regra de três
20000 → 10% VP → 96,4%	100VP = 20000 . 96,4 VP = 19.280

À taxa de desconto de 14,4% ao ano, o valor atual do título seria de 19.280,00.

107. (Vunesp – Administrador Judiciário – TJ/SP – 2019) Uma pessoa aplica junto a uma instituição financeira, durante 2 anos, um capital no valor de R$ 25.000,00. Verifica-se que, no final desses 2 anos, a taxa real de juros dessa aplicação foi igual a 3/10 da taxa aparente de juros desse período. Se a taxa de inflação correspondente nesses 2 anos foi de 25%, então a taxa real de juros no período de aplicação foi de

a) 12,6%

b) 14,4%

c) 12,0%

d) 15,0%

e) 18,0%

▷ ***Anotações/Comentários***

Conceitos básicos:

- Taxa real: Define a rentabilidade real. É a taxa aparente menos a inflação.
- Taxa aparente: Ou taxa nominal, define o percentual de retorno nominal.
- Taxa de inflação: Perda do valor monetário.

Relação entre taxa aparente e taxa real.

Relação entre taxas	(1 + ia) = (1 + i) . (1 + ii)

Onde:

- ia = Taxa aparente
- i = Taxa real
- ii = Taxa de inflação

Dados da questão:

- Capital = 25.000,00
- Tempo = 2 anos
- Taxa real = 3/10 (ou 0,3) da taxa aparente
- Taxa inflação = 25% (no período)

Relação entre taxas	(1 + ia) = (1 + i) . (1 + ii) 1 + ia = (1 + 0,3ia) . (1 + 0,25) 1 + ia = (1 + 0,3ia) . 1,25 1 + ia = 1,25 + 0,375ia 0,625ia = 0,25 ia = 0,4

A taxa aparente foi de 40% no período e a taxa real foi 3/10 dela.

Taxa real	i = 3/10 . ia i = 0,3 . 0,4 i = 0,12

A taxa real de juros no período de aplicação foi de 12%.

108. (Vunesp – Administrador Judiciário – TJ/SP – 2019) Um plano de amortização corresponde a um empréstimo no valor de R$ 40.000,00 para ser liquidado por meio de 96 prestações mensais, iguais e consecutivas, vencendo a primeira ao final do 1° mês. Considerou-se o sistema francês (tabela *Price*) de amortização, à taxa de juros compostos de 1% ao mês, obtendo-se o valor de R$ 650,00 para cada prestação. Conforme essas informações, o saldo devedor da dívida, imediatamente após o pagamento da 2ª prestação, é de

a) R$ 39.295,50
b) R$ 39.497,50
c) R$ 39.209,00
d) R$ 39.202,50
e) R$ 39.500,00

▷ ***Anotações/Comentários***

Dados:

- Empréstimo = 40.000,00
- Quantidade de Prestações = 96
- Valor da Prestação = 650,00
- Taxa = 1% am

O sistema francês, *Price*, tem prestações constantes, juros decrescentes (taxa sobre o saldo devedor) e valor amortizado crescente. Podemos visualizá-lo por meio da tabela:

Períodos	Valor da Prestação	Valor dos Juros	Valor Amortizado	Saldo Devedor
0				40.000,00
1	650,00	400,00	250,00	39.750,00
2	650,00	397,50	252,50	39.497,50

O saldo devedor da dívida, imediatamente após o pagamento da 2ª prestação, é de R$ 39.497,50.

109. (Vunesp – Administrador Judiciário – TJ/SP – 2019) De um plano de amortização em que foi considerado o Sistema de Amortização Constante (SAC), obtém-se que o valor da amortização incluído em cada prestação é igual a R$ 2.000,00. Este plano corresponde à liquidação de uma dívida em 30 prestações mensais e consecutivas, à taxa de 2% ao mês, vencendo a primeira prestação 1 mês após a data da contração da dívida. O valor da 10ª prestação é igual a

a) R$ 2.880,00
b) R$ 2.760,00
c) R$ 2.800,00
d) R$ 2.920,00
e) R$ 2.840,00

▷ ***Anotações/Comentários***

O Sistema de Amortização Constante, SAC, tem prestações e juros decrescentes e o valor amortizado é constante.

Dados:

- Valor da Amortização = 2.000,00
- Quantidade de Prestações = 30
- Taxa = 2% am

Pelo valor amortizado chegamos ao valor total financiado fazendo o produto da amortização pela quantidade de prestações. O total financiado foi de R$ 60.000,00.

Uma vez que a amortização é constante, chegamos a qualquer prestação facilmente. Por exemplo, para a 10ª prestação temos:

Amortizado (A) até a nona prestação	A = 9 . 2000 A = 18000

Subtraindo o valor amortizado do total financiado obtemos o saldo devedor, igual a R$ 42.000,00.

O valor de cada prestação é o somatório do valor a ser amortizado mais os juros sobre o saldo devedor.

Valor da 10ª prestação P(10)	P(10) = 2000 + 42000 . 0,02 P(10) = 2000 + 840 P910) = 2.840,00

O valor da 10ª prestação é igual a R$ 2.840,00.

110. (Cebraspe – Técnico Judiciário – TJ/PR – 2019) Amélia, aposentada do INSS, fez um empréstimo consignado, no valor de R$ 2.000, a determinada taxa de juros compostos ao mês, para ser pago em 2 anos. Sabe-se que, se o empréstimo fosse feito nas mesmas condições, mas para ser pago em 1 ano, Amélia pagaria o montante de R$ 3.000. Nesse caso, o montante real pago por Amélia ao final dos 2 anos foi

a) inferior a R$ 4.300.
b) superior a R$ 4.300 e inferior a R$ 4.700.
c) superior a R$ 4.700 e inferior a R$ 5.100.
d) superior a R$ 5.100 e inferior a R$ 5.500.
e) superior a R$ 5.500.

▷ ***Anotações/Comentários***

Os juros compostos são, de maneira menos formal, conhecidos como juros sobre juros, que apresenta uma curva de crescimento exponencial. Mas tem um detalhe, conseguiremos o mesmo resultado, utilizando o mesmo raciocínio da aplicação dos juros compostos, quando consideramos grupos iguais de períodos consecutivos (o percentual de variação em três períodos, por exemplo, terá mesmo percentual de variação para os três períodos seguintes).

Na questão, o mesmo percentual aplicado para 12 meses repete-se para os 12 meses seguintes e assim por diante.

Dados:

- Empréstimo = 2.000,00
- Término = 2 anos
- Montante em um ano = 3.000,00

Se considerarmos um ano como um período, o acréscimo foi de 50%, então:

Montante no final de dois anos	$M = C(1 + i)^t$ $M = 2000(1 + 0,5)^2$ $M = 2000 . 2,25$ $M = 4500$

Ou simplesmente aplicaremos os juros de 50% sobre o saldo devedor no final do primeiro ano: 3000 . 1,5 = 4500.

O montante real pago por Amélia ao final dos 2 anos foi de R$ 4.500,00.

111. (Cebraspe - Técnico Judiciário - TJ/PR - 2019) Clarice investiu R$ 5.000 em uma aplicação que paga juros simples à taxa de 8% ao ano, líquidos. Passados nove meses de investimento do capital, ela resgatou o montante da aplicação, tendo encerrado o investimento. Nessa situação hipotética, Clarice resgatou o montante de

a) R$ 4.050.
b) R$ 4.600.
c) R$ 5.072.
d) R$ 5.300.
e) R$ 5.400.

▷ ***Anotações/Comentários***

Dados:

- Juros simples
- Investimento (C) = 5.000,00
- Taxa (i)= 8% aa
- Tempo (t)= 9 meses

Os juros (J) no final de 9 meses será de:

Montante	$J = Cit$ $J = 5000 . 0,08/12 . 9$ $J = 5000 . 0,06$ $J = 300$

Clarice resgatou o montante (capital mais juros) de R$ 5.300,00.

17. SITUAÇÕES PROBLEMA

112. (FGV - Técnico Judiciário - TJ/AP - 2024) Três torneiras iguais, trabalhando juntas, enchem certa cisterna em 36 horas. Com a cisterna vazia, as três torneiras foram abertas, mas depois de 18 horas uma das torneiras entupiu completamente. O tempo que as duas torneiras restantes levaram para completar o enchimento da cisterna foi de:

a) 24 horas;
b) 27 horas;
c) 30 horas;
d) 36 horas;
e) 45 horas.

▷ ***Anotações/Comentários***

Questão clássica não apenas de concursos, mas também de vestibulares, são os casos de torneiras enchendo ou esvaziando tanques. Apesar disso, continua atormentando a vida de muitos concursandos.

Então, o que você deve saber para resolver os problemas de torneiras?

Não só para resolver, mas também para acertar, é necessário considerar a unidade de tempo: Transformar a vazão de cada torneira em uma unidade de tempo.

Vamos resolver a questão e entender, na prática, o que foi dito acima.

- *Três torneiras iguais, trabalhando juntas, enchem certa cisterna em 36 horas.*

3 torneiras	Em 1 hora = 1/36 do tanque
1 torneira	Em 1 hora = 1/108 do tanque

No caso, hora é a unidade de medida, logo, em uma hora as 3 torneiras enchem 1/36 do tanque, ainda, como as 3 torneiras são iguais, cada uma delas enche 1/108 do tanque em uma hora.

Essa é a parte fundamental, a partir daí valem as informações do enunciado e a estruturação do problema.

Tempo (T) para encher a cisterna (C)	T = C / Vazão por Hora T = 1/(1/36) T = 36
Ou, considerando que são 3 torneiras iguais	T = C / Vazão por Hora T = 1/(3(1/108) T = 1/(1/36) T = 36

Acima apenas a reprodução por meio de expressão matemática daquilo que foi dito anteriormente.

Vamos em frente.

- *Com a cisterna vazia, as três torneiras foram abertas, mas depois de 18 horas uma das torneiras entupiu completamente.*

Em 18 horas, metade de 36 horas, é certo que metade da cisterna foi atingida. Resta a outra metade da cisterna.

Tempo para encher o restante da cisterna com 2 torneiras	T = C / Vazão por Hora T = 0,5/(2(1/108)

As alterações estão de acordo com o que o examinador propôs:

- *Depois de 18 horas*, logo, resta metade da cisterna para completar: C = 0,5.
- *Uma das torneira entupiu*, logo, restam outras duas torneiras funcionando: 2(1/108).

Por fim, o tempo restante.

Tempo restante para encher a cisterna	T = 0,5/(2(1/108) T = 0,5/(1/54) T = 0,5 . 54 T = 27

Resposta: São necessárias 27 horas para as duas torneiras restantes completarem o enchimento da cisterna.

---

113. (FCC – Analista Judiciário – Área Judiciária – TRF 3ª Região – 2024) Uma fábrica de automóveis de luxo produziu 22 carros em 3 semanas. A cada semana foram fabricados mais automóveis do que na semana anterior, e na terceira semana foram fabricados menos automóveis do que havia sido fabricado, ao todo, nas duas primeiras semanas. Nessas condições, o número máximo de automóveis que podem ter sido fabricados na segunda semana é:

a) 7.

b) 11.

c) 9.

d) 8.

e) 10.

▷ ***Anotações/Comentários***

Os problemas matemáticos exploram a contextualização e, em geral, não há um item específico da matemática em evidência, resultado, não temos regra para a resolução deste tipo de questão. Ou melhor, a regra é ler trecho por trecho do enunciado, interpretar e partir para a resolução.

- *Uma fábrica de automóveis de luxo produziu 22 carros em 3 semanas.*

Semana 1	Semana 2	Semana 3	Total
			22

- *A cada semana foram fabricados mais automóveis do que na semana anterior.*

Semana 1	Semana 2 (> Sem1)	Semana 3 (> Sem2)	Total
			22

- *E na terceira semana foram fabricados menos automóveis do que havia sido fabricado, ao todo, nas duas primeiras semanas.*

Semana 1	Semana 2 (> Sem1)	Semana 3 (> Sem2) (< Sem1 + Sem2)	Total
			22

- *Nessas condições, o número máximo de automóveis que podem ter sido fabricados na segunda semana*

Semana 1	Semana 2 (> Sem1)	Semana 3 (> Sem2) (< Sem1 + Sem2)	Total
	Máximo		22

A segunda semana tem quantidade de automóveis fabricados menor que a terceira, esta, por sua vez, tem quantidade menor que a soma das duas primeiras semanas. Face a estas observações, podemos considerar:

- Mínima quantidade para a semana 1 para maximizar a quantidade da semana 2.
- Quantidades próximas para as semanas 2 e 3 para atender a restrição de que a semana 3 tem maior quantidade que a semana 2.
- Considerar 2 unidades para a semana 1 porque, somado com a semana 2, resulte quantidade maior que a semana 3.

Iniciamos por esta última conclusão, duas unidades fabricadas na primeira semana.

Semana 1	Semana 2 (> Sem1)	Semana 3 (> Sem2) (< Sem1 + Sem2)	Total
2	Máximo		22

Subtraindo 2 unidades do total de automóveis fabricados, restam 20. Uma opção seria 9 automóveis produzidos na segunda semana e 11 na terceira.

Semana 1	Semana 2 (> Sem1)	Semana 3 (> Sem2) (< Sem1 + Sem2)	Total
2	9	11	22

Esta opção não atente às regras, a soma das duas primeiras semanas e igual à quantidade fabricada na terceira semana.

Aumentamos uma unidade na primeira semana e reduzimos da terceira.

Semana 1	Semana 2 (> Sem1)	Semana 3 (> Sem2) (< Sem1 + Sem2)	Total
3	9	10	22

Pronto, regras atendidas, produção maior a cada semana em relação à anterior e a quantidade fabricada na terceira semana é maior que a soma das duas anteriores.

Resposta: O número máximo de automóveis que podem ter sido fabricados na segunda semana é igual a 9.

114. (FCC – Analista Judiciário – Área Administrativa– TRT 18 – 2023) Em um condomínio, as casas são numeradas com números de 4 algarismos. Os dois primeiros identificam a rua e os demais, a casa. Por exemplo, 0315 é o número da casa 15 que fica na rua 03. A numeração das ruas é sequencial, começando com a rua 01, e, em cada rua, a numeração das casas é sequencial, começando com a casa 01. Na rua principal, que é também a rua 01, há 30 casas e nas demais ruas há 20 casas em cada uma. Se o condomínio tem, ao todo, 20 ruas, o número de algarismos 3 necessários para numerar todas as casas é

a) 82

b) 80

c) 92

d) 90

e) 100

▷ ***Anotações/Comentários***

O texto é quase, em sua íntegra, a explicação da forma como as casas são numeradas. As informações extraídas a serem consideradas são:

- Rua 01. É a principal e tem 30 casas.
- Demais ruas têm 20 casas cada.
- São 20 ruas no total.

Vamos separar as numerações de ruas e de casas e tratar uma parte de cada vez. Começaremos o processo de contagem pelas ruas.

Números das Ruas	Algarismo 3	Quantidade de 3
01, 02, 03, ..., 13, ..., 20	03 e 13 Cada um repete 20 vezes	Algarismos = 20 . 2 Algarismos = 40

Acima são os dois primeiros algarismos da numeração que identificam as ruas. A seguir, os dois últimos algarismos que identificam as casas. A primeira, por ter quantidade diferente de casas, faremos a contagem separadamente.

Números das Casas na Rua 01	Algarismo 3	Quantidade de 3
01, 02, 03, ..., 13, ..., 23, , 30	03, 13, 23 e 30	Algarismos = 4

As outras 19 ruas tem 20 casas cada.

Números das Casas nas Ruas 02 a 20	Algarismo 3	Quantidade de 3
01, 02, 03, ..., 13, ..., 20	03 e 13 Cada um repete 19 vezes	Algarismos = 19 . 2 Algarismos = 38

O somatório dos quadros acima, 40 + 4 + 38, é igual à quantidade de algarismos 3 necessários para numerar todas as casas.

Resposta: São necessários 82 algarismos 3 para numerar todas as casas.

---

115. (FCC – Analista Judiciário – Área Judiciária – TRT 17 – 2023) Para visitar uma exposição, a fila foi organizada em trios. Ana, Bia e Caio observaram que formavam o sétimo grupo contando a partir do início da fila e o nono contando a partir do final da fila. Porém, observaram que o último trio não estava completo. O número máximo de pessoas nessa fila é

a) 45

b) 44

c) 47

d) 48

e) 46

▷ ***Anotações/Comentários***

Sabemos sobre a fila para visitar a exposição:

Enunciado	Observação
A fila foi organizada em trios. Ana, Bia e Caio observaram que formavam o sétimo grupo contando a partir do início da fila...	Se o trio está na posição sete, entendemos que até sua posição, incluindo o trio Ana, Bia e Caio, são 21 pessoas.

Para seguir com a contagem, continuamos com as informações do enunciado.

Enunciado	Observação
(O trio) *é o nono contando a partir do final da fila. Porém, observaram que o último trio não estava completo.*	Se o trio está na posição nona (de trás para frente), entendemos que, além do trio, são oito posições até o final da fila.

Atenção ao complemento do trecho acima, o último trio não está completo, logo, tem uma ou duas pessoas. Como procuramos o número máximo de pessoas na fila, podemos considerar que a última posição tem duas pessoas.

Assim, nas oito posições atrás do trio somamos 23 pessoas (duas pessoas na última posição) com as outras 21 na parte da frente da fila (inclusive o tri), concluímos serem 44 pessoas.

Resposta: O número máximo de pessoas nessa fila é igual a 44.

---

116. (FCC – Analista Judiciário – Área Judiciária – TRT 14 – 2022) Marta e Nilson brincam da seguinte maneira. Marta sempre começa e escolhe um número inteiro maior ou igual a 1 e menor do que 10000. Em seguida, Nilson multiplica esse número por 4, 7 ou 9. Depois, Marta multiplica o produto obtido por Nilson por 4, 7 ou 9 e, assim, sucessivamente, cada um, na sua vez, multiplica o produto obtido na multiplicação anterior por 4, 7 ou 9. Ganha o jogo quem obtém um produto maior do que 10000. Existem vários números que Marta pode escolher para começar o jogo e garantir que ganhará. Entre esses números estão

a) 4, 7 e 9.

b) 6, 8 e 32.

c) 8, 29 e 278.

d) 12, 33 e 333.

e) 19, 81 e 350.

▷ ***Anotações/Comentários***

O jogo consiste em escolher um número natural a ser multiplicado sucessivamente por 4, 7 ou 9 até ultrapassar 10000. Vence quem ultrapassar primeiro 10000.

Para garantir a vitória é preciso dominar a sequência de números e faremos isso analisando as possibilidades de trás para frente.

Dividir 10000 por 9	1111,1 1112

Marta precisa evitar passar para Nilson o número 1112 ou superior porque significaria a vitória dele.

E como fazer para forçar Nilson a passar a vez entregando o número 1112 ou maior?

Recorrendo novamente à divisão, entretanto, por 4.

Dividir 1112 por 4	278

Se Marta escolher 278 para iniciar o jogo, as opções de Nilson seriam:

- 278 . 4 = 1112
- 278 . 7 = 1946
- 278 . 9 = 2502

Para qualquer dos resultados possíveis de Nilson e que seria passado para Marta, ela venceria o jogo com a próxima multiplicação.

Conclusão 1

- Marta iniciar o jogo com qualquer número entre 278 e 1111.

Repetimos o raciocínio acima.

Dividir 278 por 9	30,8 31

Ou seja, Basta que Marta inicie o jogo com qualquer número menor que 31.

Se Marta iniciar o jogo com o número 30, as opções de Nilson seriam:

- 30 . 4 = 120
- 30 . 7 = 210
- 30 . 9 = 270

Para qualquer resultado, Marta consegue devolver a Nilson um número entre 278 e 1111. Na sequência do jogo ela sempre vence.

Conclusão 2

- Marta iniciar o jogo com qualquer número entre 1 e 30.

Resposta: Marta pode escolher qualquer número entre 1 e 30 ou entre 278 e 1111 para garantir sua vitória no jogo.

---

117. (FGV – Técnico Judiciários – TJ/RO – 2021) Na sala de arquivos de um escritório há 7 armários, cada um com 7 gavetas, sendo que cada gaveta comporta 15 pastas. Os armários são identificados por A, B, C, ..., G. As gavetas são numeradas com 1, 2, 3, ..., 7. As pastas são numeradas com 01, 02, 03, ..., 15. A localização de uma pasta é dada por um código que indica o armário, a gaveta e a posição onde ela está. Por exemplo, uma pasta com o código B403 significa que ela é a 3ª pasta da gaveta 4 do armário B. Todas as pastas foram arquivadas em ordem, nenhum lugar ficou vazio e a última pasta colocada no arquivo foi a de código D512. O número total de pastas desse arquivo é:

a) 338.
b) 342.
c) 366.
d) 387.
e) 398.

MATEMÁTICA E RACIOCÍNIO LÓGICO

▷ ***Anotações/Comentários***

Em relação à estrutura do arquivo não há maiores problemas, são 7 armários, cada um com sete gavetas e cada gaveta comporta 15 pastas.

Para saber qual o total de pastas arquivadas, partimos da última delas: D512, correspondente ao 4º armário, 5ª gaveta e 12ª pasta.

Pastas por armário	A = Gavetas . Pastas A = 7 . 15 A = 105

Os armários A, B e C estão completos e com 105 pastas cada, enquanto o armário D são 4 gavetas completas e mais 12 pastas da 5ª gaveta.

Pastas no armário D	D = Gavetas Cheias + 12 D = (4 . 15) + 12 D = 72

O número total de pastas desse arquivo é 387 (315 pastas nos armários A, B e C e outras 72 pastas no armário D).

---

118. (Vunesp – Analista em Comunicação – TJM/SP – 2021) Uma Central de Vendas tem um número fixo de funcionários e uma meta diária de vendas de pacotes de serviços. Essa meta é atingida se cada funcionário vender 3 pacotes de serviço por hora. Cada funcionário trabalha invariavelmente 5 horas por dia e podem chegar em qualquer horário entre 10h e 15h. Em certo dia, às 17h, havia 18 funcionários trabalhando, de maneira que 12 deles trabalhariam por mais 1 hora e os outros 6 trabalhariam por mais 3 horas. Também foi confirmado que alguns funcionários não foram trabalhar nesse dia e para que a meta diária da Central fosse atingida, cada um desses 18 funcionários, que até então estavam cumprindo com sua meta horária pessoal, deveriam passar a vender 5 pacotes por hora. O número de funcionários ausentes nesse dia foi

a) 3.
b) 4.
c) 5.
d) 6.
e) 8.

▷ ***Anotações/Comentários***

Meta diária de vendas.

- 3 pacotes por hora.

Em determinado dia havia 18 funcionários trabalhando, dos quais:

Quantidade Funcionários	Tempo restante
12	1 hora
6	3 horas

Para o término do turno a meta seria:

Qtd. funcionários	Tempo restante	Meta (M)
12	1 hora	M = (12 . 1) . 3 = 36
6	3 horas	M = (6 . 3) . 3 = 54

Para compensar a falta de alguns funcionários e atingir a meta da Central, para esse tempo restante, a meta deveria ser ajustada para 5 pacotes por hora.

Qtd. funcionários	Tempo restante	Meta ajustada (Ma)
12	1 hora	Ma = (12 . 1) . 5 = 60
6	3 horas	Ma = (6 . 3) . 5 = 90

A diferença entre a meta (36+54=90) e a meta ajustada (60+90=150) é igual a 60 e corresponde a meta que os faltosos deveriam cumprir.

Considere:

M = Meta diária

Q = Quantidade de funcionários que faltaram

H = Horas de trabalho por dia

V = Meta por hora por funcionário

Faltosos	M = (Q . H) . V 60 = (Q . 5) . 3 5Q = 20 Q = 4

Foram 4 funcionários ausentes nesse dia.

---

119. (Cebraspe – Analista Judiciário – TJ/PA – 2020) Determinada empresa tem 70 atendentes, divididos em 3 equipes de atendimento ao público que trabalham em 3 turnos: de 7h às 13h, de 11h às 17h e de 14h às 20h, de modo que, nos horários de maior movimento, existam duas equipes em atendimento. Se a quantidade de atendentes trabalhando às 12h for igual a 42 e se a quantidade de atendentes trabalhando às 15h for igual a 40, então a quantidade de atendentes que começam a trabalhar às 7h será igual a

a) 12.

b) 24.

c) 28.

d) 30.

e) 42.

▷ ***Anotações/Comentários***

Vamos usar desenho misturando linha do tempo e conjuntos para deixar clara como montar as equações matemáticas.

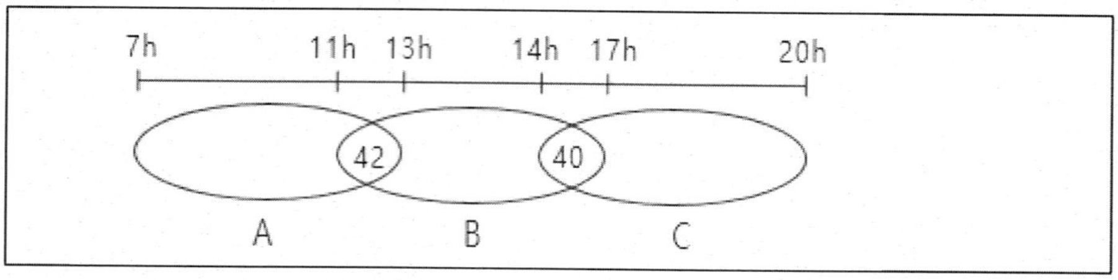

Além das informações representadas acima, considerar que a empresa tem 70 atendentes.

Equações Matemáticas	$A + B + C = 70$ $A + B = 42$ $B + C = 40$

O conjunto A corresponde ao horário que se inicia às 7h e é o que nos interessa. Se substituir o valor de "B+C" da terceira equação na primeira chegamos a quantidade de atendentes do turno desejado.

Equações Matemáticas	$A + B + C = 70$ $A + 40 = 70$ $A = 30$

A quantidade de atendentes que começam a trabalhar às 7h foi igual a 30.

---

120. (FCC – Analista Judiciário – TRF 3ª Região – 2019) Serão confeccionados números em cobre para numerar as portas dos apartamentos de um condomínio de 5 torres com 8 andares cada uma e com quatro apartamentos por andar. A numeração seguirá a seguinte regra: os apartamentos do andar k terão números k1, k2, k3 e k4, isto é, no primeiro andar de cada torre estarão os apartamentos 11, 12, 13 e 14. A quantidade de algarismos 3 que será confeccionada é igual a

a) 30.

b) 12.

c) 100.

d) 80.

e) 60.

▷ ***Anotações/Comentários***

Não há regra definida para resolver o problema, então, o melhor caminho é reproduzir a numeração para uma das torres e, após, extrapolar para as demais.

1º andar	11	12	13	14
2º andar	21	22	23	24
3º andar	31	32	33	34
4º andar	41	42	43	44
5º andar			53	
6º andar			63	
7º andar			73	
8º andar			83	

Perceba que em determinado momento teremos consciência de onde estarão os algarismos 3. Nesta primeira torre são 12 deles.

Como estamos falando de 5 torres, será necessário confeccionar 60 algarismos 3.

---

121. (FCC – Técnico Judiciário – TRF 4ª Região – 2019) Na granja de Celso, há codornas, galinhas e patas. Por dia, Celso recolhe 15 ovos de codorna, 12 ovos de galinha e 9 ovos de pata. O menor número de dias necessários para Celso ter certeza de que recolheu, pelo menos, 1 800 ovos de galinha e 1 500 de pata é

a) 150

b) 316

c) 156

d) 167

e) 100

▷ ***Anotações/Comentários***

Ovos por dia:

- Galinha = 12
- Pata = 9
- Codorna = 15

Pede-se a quantidade de dias mínimo para atingir um total de ovos de:

- Galinha = 1800
- Pata = 1500

Vejamos as menores quantidades para as quantidades acima.

MATEMÁTICA E RACIOCÍNIO LÓGICO

Galinhas	Pata
G = 1800 / 12 G = 150	P = 1500 / 9 P = 166,67

Com 150 dias só atingimos a quantidade esperada de ovos de galinha. Para inteirar as quantidades de ovos de ambas as aves nosso alvo são as patas e igual a 167 com arredondamento para cima porque no final de 166 dias ainda não completou o total de 1500 ovos.

PARTE II – RACIOCÍNIO LÓGICO

1. LÓGICA PROPOSICIONAL

1.1. Proposição e conectivos

122. (IBFC – Técnico Judiciário – TRF 5ª Região – 2024) Hoje é segunda-feira e Maria vai à escola às segundas e terças-feiras. Assinale a alternativa com a conclusão correta.

a) Maria vai à escola hoje

b) Hoje é terça-feira

c) Maria nunca vai à escola

d) Maria só vai à escola às segundas

▷ ***Anotações/Comentários***

Estamos diante de uma proposição composta conjuntiva, aquela que as proposições simples unem-se por meio do conectivo "e" da qual precisamos extrair uma conclusão.

Proposição Simples	Conjunção	Proposição Simples
Hoje é segunda-feira	e	Maria vai à escola às segundas e terças-feiras.

O examinador nada falou sobre a informação ser verdadeira ou falsa, razão pela qual admitimos ser verdadeira. Essa é uma convenção, portando, admitiremos que uma proposição apresentada no enunciado é falsa apenas quando declarada, algo como, "não é verdade que...", "sabe-se que é mentira que...".

Pois bem, para uma proposição conjuntiva ser verdadeira, ambas as proposições simples que a compõem obrigatoriamente devem ser verdadeiras também.

Proposição Simples	Conjunção	Proposição Simples
Hoje é segunda-feira	e	Maria vai à escola às segundas e terças-feiras.
Proposição Simples Verdadeira		Proposição Simples Verdadeira

Conclusão:

- Hoje é segunda feira.
- Maria vai à escola.

E é isso que encontraremos em uma das alternativas.

a) Maria vai à escola hoje

Perfeito. Conforme nossa conclusão.

b) Hoje é terça-feira

Hoje é segunda-feira. Alternativa errada.

c) Maria nunca vai à escola

Maria vai à escola sim, às segundas e terças. Alternativa errada.

d) Maria só vai à escola às segundas

Além de segundas, Maria vai à escola às terças-feiras

---

123. (Instituto AOCP – Analista Judiciário – Área Judiciária – TRF 2ª Região – 2024) +, certamente passará no concurso". Caso o candidato não tenha passado no concurso, para a lógica, sempre será correto afirmar que

a) o candidato não teve tempo de estudar.

b) o candidato não teve vontade de vencer.

c) o candidato teve tempo de estudar.

d) o candidato teve vontade de vencer.

e) o candidato não teve tempo de estudar ou não teve vontade de vencer.

▷ ***Anotações/Comentários***

Identificar a afirmativa como uma condicional é tranquilo, graças à presença do conectivo "se, então", mesmo que de forma velada.

- *Se o candidato tiver vontade de vencer e tempo de estudar, certamente passará no concurso.*

Reescrevendo.

- Se o candidato tiver vontade de vencer e tempo de estudar, **então** passará no concurso.

Onde:

Primeiro Termo	Condicional	Segundo Termo
Se o candidato tiver vontade de vencer e tempo de estudar	então	Passará no concurso.

Há também a informação de que o candidato não passou no concurso.

Primeiro Termo	Condicional	Segundo Termo
Se o candidato tiver vontade de vencer e tempo de estudar	então	Passará no concurso.
		FALSO

Vale recordar a tabela verdade da proposição composta condicional.

Observe que o examinador disse que a afirmação está sempre correta, ou seja, não pode acontecer a situação descrita na segunda linha da tabela verdade (negrito).

Primeiro Termo	Segundo Termo	Condicional
V	V	V
V	**F**	**F**
F	V	V
F	F	V

Sabemos que o segundo termo é falso, pois o candidato não foi aprovado, é necessário que o primeiro termo da proposição composta também seja falso (última linha da tabela verdade) para que a afirmação mantenha-se verdadeira.

Diante do exposto, passamos a trabalhar com a primeira parte da proposição e mais, por ser falsa, faremos sua negação.

- O candidato tiver vontade de vencer e tempo de estudar.

Este termo é outra proposição composta, veja:

Proposição Simples	Conjunção	Proposição Simples
O candidato tiver vontade de vencer	e	O candidato tiver tempo de estudar

A conjunção "e" é negada quando as duas proposições simples são negadas e o conectivo "e" é alterado pela disjunção "ou".

Negar as duas proposições simples	O candidato **não teve** vontade de vencer e **não teve** tempo de estudar.
Alterar o conectivo "e" para a disjunção "ou"	O candidato **não teve** vontade de vencer **ou não teve** tempo de estudar.

Na alternativa correta as proposições simples tiveram suas posições trocadas, sem problemas no caso de disjunção.

Resposta: Está correto afirmar que "o candidato não teve tempo de estudar ou não teve vontade de vencer".

124. (CEBRASPE – Analista Judiciário – Área Administrativa – TJ/ES – 2023) Acerca de noções de lógica, julgue o item a seguir.

A proposição "Considerando-se que o réu é capixaba, é correto afirmar que ele nasceu na cidade de Anchieta" pode ser representada, corretamente, na forma P ∧ Q, sendo P a proposição "O réu é capixaba" e Q a proposição "Nasceu na cidade de Anchieta".

▷ ***Anotações/Comentários***

Analisando a proposição em suas partes temos

Considerando-se que o réu é capixaba,	A informação é completa "o réu é capixaba", portanto, trata-se de uma proposição simples e conforme dito no enunciado, é representada pela proposição P.
é correto afirmar que ele nasceu na cidade de Anchieta.	A informação é completa "ele (o réu) nasceu na cidade de Anchieta", logo, é uma proposição simples e, conforme dito, é representada pela proposição Q.

E como as duas informações estão conectadas? Qual a relação entre elas?

Considerando-se que o réu é capixaba, é correto afirmar que ele nasceu na cidade de Anchieta	Considerando-se que CAUSA, é correto afirmar que CONSEQUÊNCIA.

A relação é de causa e consequência, a causa é condição para a consequência. Neste caso a proposição composta é dita condicional.

O autor afirma que a proposição pode ser representada, corretamente, na forma P ∧ Q, ou seja, conjunção. Entretanto, em vista do exposto, estamos falando de uma proposição composta condicional cuja representação correta é P → Q.

A informação estaria preservada se escrita na forma mais conhecida da condicional fazendo uso do conectivo "se, então", assim teríamos: "Se o réu é capixaba, então é correto afirmar que ele nasceu na cidade de Anchieta".

A forma apresentada estaria correta se a proposição composta assim fosse:

O réu é capixaba e ele nasceu na cidade de Anchieta	Neste formato excluímos a situação de causa e efeito e acrescentamos o conectivo "e" para ligar (somar) duas proposições simples.

Resposta: A proposição dada não está corretamente representada por P ∧ Q. A representação correta é P → Q.

125. (CEBRASPE – Analista Judiciário – Área Administrativa – TJ/ES – 2023) Acerca de noções de lógica, julgue o item a seguir.

Considere que P, Q, R e S sejam proposições em que Q e R possuem valores lógicos verdadeiros e P e S possuem valores lógicos falsos. Nessa situação, o valor lógico da proposição (P → Q) ∧ ~(R ∨ S) é verdadeiro.

▷ ***Anotações/Comentários***

Resolvemos a fórmula lógica (P → Q) ∧ ~ (R ∨ S) como se fosse uma equação matemática.

Proposição dada	(P → Q) ∧ ~(R ∨ S)
Valores lógicos de cada proposição	(F → V) ∧ ~(V ∨ F)
Resolver os parênteses	V ∧ ~(V)
Resolver a negação	V ∧ F
Resolver a conjunção	**F**

Resposta: está errado dizer que o valor lógico da proposição (P → Q) ∧ ~ (R ∨ S) é verdadeiro.

126. (CEBRASPE – Analista Judiciário – Área Administrativa – TJ/ES – 2023) Acerca de noções de lógica, julgue o item a seguir.

Se todo promotor de justiça é bacharel em direito e teve de ser aprovado em concurso público específico para tal cargo, logo, Cláudia, que não é promotora de justiça, ou não é bacharel em direito ou não foi aprovada em concurso público específico para ocupar o referido cargo.

▷ ***Anotações/Comentários***

Questão mal formulada e confusa. Se não tivéssemos a boa vontade em imaginar o que o autor quis dizer, certamente indicaríamos o gabarito contrário ao que foi apresentado como oficial. Vale ressaltar que a banca não cancelou a questão e manteve o gabarito inicial.

Na primeira parte do item temos:

Se todo promotor de justiça		*é bacharel em direito e teve de ser aprovado em concurso público específico para tal cargo*
Se é promotor de justiça	então	é bacharel em direito e teve de ser aprovado em concurso público específico para tal cargo
PJ	→	BD ∧ AC

A proposição foi reescrita de maneira didática (segunda linha acima) para melhor compreensão. Ajustamos a primeira parte da condicional e acrescentamos a partícula "então" que havia sido suprimida pelo examinador.

Ainda, na terceira linha, temos a representação esquematizada, onde:

- PJ = é promotor de justiça.
- → = conectivo "se, então".
- BD = é bacharel em direito.
- ∧ = conectivo "e"
- AC = teve de ser aprovado em concurso público específico para tal cargo

Seguindo com a leitura do item, encontramos a informação específica sobre a Cláudia *"Cláudia, que não é promotora de justiça"*. Isto é um fato, então, a proposição simples PJ *"é promotor de justiça"* é falsa.

Voltamos para a proposição composta inicial.

Se todo promotor de justiça		*é bacharel em direito e teve de ser aprovado em concurso público específico para tal cargo*
Se é promotor de justiça	então	é bacharel em direito e teve de ser aprovado em concurso público específico para tal cargo
PJ	→	BD ∧ AC
FALSO	→	

Dado o fato de que Cláudia não é promotora, segue-se a disjunção exclusiva *"ou não é bacharel em direito ou não foi aprovada em concurso público específico para ocupar o referido cargo"*. Por ser uma disjunção exclusiva (ou, ... ou) uma de suas proposições é falsa e a outra é verdadeira, independente da ordem.

Olhando para a proposição inicial, o segundo termo "BD ∧ AC" será "falso ∧ verdadeiro" ou "verdadeiro ∧ falso". Qualquer que seja a ordem dos valores lógico, o resultado de "BD ∧ AC" é falso.

Se todo promotor de justiça		*é bacharel em direito e teve de ser aprovado em concurso público específico para tal cargo*
Se é promotor de justiça	então	é bacharel em direito e teve de ser aprovado em concurso público específico para tal cargo
PJ	→	BD ∧ AC
FALSO	→	FALSO

Por fim, a condicional "PJ → (BD ∧ AC)" tem valores lógico "falso → falso" e, de acordo com a tabela verdade, o conjunto é uma proposição composta condicional verdadeira.

Resposta: Após o exercício de paciência e uma dose de generosidade na interpretação do item, podemos dizer que a afirmativa está correta.

127. (Cebraspe – Técnico Judiciário – TJ/PR – 2019) Considere as seguintes sentenças.

I. A ouvidoria da justiça recebe críticas e reclamações relacionadas ao Poder Judiciário do estado.

II. Nenhuma mulher exerceu a presidência do Brasil até o ano 2018.

III. Onde serão alocados os candidatos aprovados no concurso para técnico judiciário do TJ/PR?

Assinale a opção correta.

a) Apenas a sentença I é proposição.
b) Apenas a sentença III é proposição.
c) Apenas as sentenças I e II são proposições.
d) Apenas as sentenças II e III são proposições.
e) Todas as sentenças são proposições.

▷ ***Anotações/Comentários***

São proposições as sentenças possíveis de serem classificadas como verdadeira ou falsa.

Abstraindo o fato de serem verdadeiras ou falsas, as sentenças I e II podem assim serem classificadas, logo, são proposições. Ao contrário, para a sentença III não cabe classificação, visto tratar-se de um questionamento.

Não são consideradas proposições.

- Sentença exclamativas;
- sentenças interrogativas;
- sentenças imperativas;
- sentenças abertas;
- palavras ou termos soltos.

Apenas as sentenças I e II são proposições.

128. (Vunesp – Administrador Judiciário – TJ/SP – 2019) O irmão de Mário é administrador judiciário, mas o primo dele não. Sendo assim, é correto deduzir que

a) Henrique é administrador judiciário e, portanto, não é primo de Mário.
b) Se Ronaldo não é primo de Mário, então ele não é administrador judiciário.
c) Se Gilmar não é administrador judiciário, então ele é primo de Mário.
d) Se Sérgio é administrador judiciário, então ele é irmão de Mário.
e) Mário não é irmão de Cláudio e, portanto, Cláudio não é administrador judiciário.

▷ ***Anotações/Comentários***

Na lógica proposicional a partícula "mas" é sinônimo da conjunção "e", portanto, a proposição composta apresenta duas informações (proposições simples) verdadeiras.

Proposição simples 1	Proposição simples 2
O irmão de Mário é administrador judiciário	O primo dele não (é administrador)

Análise das alternativas:

a) Henrique é administrador judiciário e, portanto, não é primo de Mário.

A proposição simples 2 afirma que o primo de Mário não é administrador e a alternativa diz que Henrique é administrador judiciário, logo a conclusão é correta, Henrique não é primo de Mario.

Alternativa correta.

b) Se Ronaldo não é primo de Mário, então ele não é administrador judiciário.

O fato de Ronaldo não ser primo de Mário não é condição para não ser administrador judiciário. Mesmo não sendo primo de Mário, Ronaldo pode sim ser administrador judiciário.

Alternativa errada.

c) Se Gilmar não é administrador judiciário, então ele é primo de Mário.

Estaria correta a alternativa somente se houvesse a inversão dos termos: Se Gilmar é primo de Mário, então ele não é administrador judiciário.

Alternativa errada.

d) Se Sérgio é administrador judiciário, então ele é irmão de Mário.

O fato de ser administrador judiciário não basta para garantir que seja irmão de Mário. Para isso o enunciado deveria informar que "todo administrador judiciário é irmão de Mário".

Alternativa errada.

e) Mário não é irmão de Cláudio e, portanto, Cláudio não é administrador judiciário.

O irmão de Mário é administrador judiciário, mas o contrário não é verdadeiro. Não ser irmão de Mário não é justificativa suficiente para não ser administrador judiciário.

Alternativa errada.

---

129. (Vunesp – Administrador Judiciário – TJ/SP – 2019) Se Milton ou Tomas, apenas um deles, é administrador judiciário, então Valéria é policial. Sabendo-se que Valéria não é policial, conclui-se, corretamente, que

a) Milton e Tomas não são administradores judiciários.

b) Apenas Tomas não é administrador judiciário.

c) Apenas Milton não é administrador judiciário.

d) Milton é administrador judiciário se, e somente se, Tomas também for.

e) Milton não é administrador judiciário se, e somente se, Tomas também não for.

▷ ***Anotações/Comentários***

Proposição composta desmembrada:

Proposição 1	Conectivo	Proposição 2
Milton ou Tomas, apenas um deles, é administrador judiciário	Então	Valéria é policial

Foi apresentada uma proposição composta condicional e o examinador afirmou que a segunda parte é falsa "Sabendo-se que Valéria não é policial".

Uma vez que o termo consequente é falso, obrigatoriamente o termo antecedente igualmente deve ser falso. Entenda melhor na tabela verdade do conectivo "se, então".

A	B	$A \rightarrow B$
V	V	V
V	F	F
F	V	V
F	**F**	**V**

Repare que a segundo termo "B" é falso nas segunda e quarta linhas da tabela verdade. Acontece que a segunda linha é a única situação em que a condicional é falsa (primeiro termo verdadeiro e o segundo falso), razão pela qual descartamos a combinação de valores lógicos $V \rightarrow F$.

Diante da explicação, resta-nos a quarta linha: Situação em que ambos os termos são falsos, porém, a proposição composta é verdadeira.

Concluímos que o primeiro termo também é falso, logo, faremos a sua negação para chegarmos à informação verdadeira.

Proposição
Milton ou Tomas, apenas um deles, é administrador judiciário.

Atenção: Não estamos diante de uma disjunção "ou". A expressão "apenas um deles" é a principal característica da disjunção exclusiva, representada pelo conectivo "ou... ou".

A diferença é que na disjunção "ou" ambos os termos podem ser verdadeiros, já na disjunção exclusiva "ou... ou", apenas um termo pode ser verdadeiro.

A negação da disjunção exclusiva e a simples troca do conectivo "ou... ou" pelo bicondicional "se, e somente se".

Disjunção Exclusiva	Bicondicional (Negação da Disjunção Exclusiva)
Ou Milton ou Tomas é administrador judiciário.	Milton é administrador judiciário se, e somente se Tomas também for.

Dadas as informações, conclui-se, corretamente, que "Milton é administrador judiciário se, e somente se Tomas também for".

1.2. Negação da proposição

130. (Instituto Verbena UFG – Analista Judiciário – Área Judiciária – TJ/AC – 2024) Considere a seguinte afirmação: Se nasceu no Acre é acriano e se nasceu no Brasil é brasileiro. Sua negação é:

a) nasceu no Acre e não é acriano ou nasceu no Brasil e não é brasileiro.
b) não nasceu no Acre e é acriano ou não nasceu no Brasil e é brasileiro.
c) nasceu no Acre ou não é acriano e nasceu no Brasil ou não é brasileiro.
d) não nasceu no Acre e é acriano e não nasceu no Brasil e é brasileiro.

▷ ***Anotações/Comentários***

A análise macro da proposição composta revela ser uma proposição conjuntiva face à presença do conectivo "e".

Proposição Simples	Conjunção	Proposição Simples
Se nasceu no Acre é acriano	e	Se nasceu no Brasil é brasileiro

Para a negação da conjunção, segue a regra:

- Negar ambos os termos;
- Alterar o conectivo "e" para a disjunção "ou".

O detalhe é que tanto o primeiro termo como o segundo são também proposições compostas, no caso, condicionais cujo conectivo é "se, então". Uma vez que há necessidade de negar os termos e sendo eles condicionais, veja a regra de negação.

- Manter a primeira proposição simples inalterada;
- Alterar o conectivo "se, então" para a conjunção "e";
- Negar a segunda proposição simples.

Aplicar a regra da negação da condicional.

Manter a primeira proposição simples inalterada	Nasceu no Acre
Alterar o conectivo "se, então" para a conjunção "e"	Nasceu no Acre **e**
Negar a segunda proposição simples	Nasceu no Acre **e não** é acriano

Mesma coisa para o segundo termo da conjunção.

Manter a primeira proposição simples inalterada	Nasceu no Brasil
Alterar o conectivo "se, então" para a conjunção "e"	Nasceu no Brasil **e**
Negar a segunda proposição simples	Nasceu no Brasil **e não** é brasileiro

Feitas as negações dos dois termos da proposição composta conjuntiva, seguimos com sua negação.
Negação da proposição composta conjuntiva:

Negar ambos os termos	Nasceu no Acre **e não** é acriano ___ nasceu no Brasil **e não** é brasileiro
Alterar o conectivo "e" para a disjunção "ou"	Nasceu no Acre **e não** é acriano **ou** nasceu no Brasil **e não** é brasileiro

Muito importante este último detalhe, substituir o conectivo "e" pela disjunção "ou". Ele é responsável por derrubar muitos candidatos desatentos.
Resposta: A negação da proposição dada é: Nasceu no Acre e não é acriano ou nasceu no Brasil e não é brasileiro.

131. (IBFC – Analista Judiciário – TJ/MG – 2022) Uma frase que representa uma negação da proposição lógica "Pedro estudará ou irá ao encontro dos amigos" é:

a) Pedro não estudará ou irá ao encontro dos amigos
b) Pedro não estudará ou não irá ao encontro dos amigos
c) Pedro não estudará e não irá ao encontro dos amigos
d) Pedro estudará e não irá ao encontro dos amigos
e) Pedro não estudará e irá ao encontro dos amigos

▷ ***Anotações/Comentários***

O enunciado traz uma proposição composta disjuntiva e nos solicita a sua negação cuja regra é: negar ambas as proposições simples e alterar o conectivo "ou" para a conjunção "e".

Proposição Disjuntiva	Negação
Pedro estudará ou irá ao encontro dos amigos	Pedro não estudará e não irá ao encontro dos amigos

Resposta: A frase que representa a negação da proposição lógica em destaque é "Pedro não estudará e não irá ao encontro dos amigos".

132. (Vunesp – Escrevente Técnico Judiciário – TJ/SP – 2021) Identifique a afirmação que corresponda à negação lógica da afirmação a seguir: Se a questão é fácil, então todos os candidatos acertam.

a) A questão é fácil ou pelo menos um candidato acerta.
b) A questão é fácil e pelo menos um candidato não acerta.
c) Se a questão não é fácil, então nenhum candidato acerta.
d) Se todos os candidatos não acertam, então a questão não é fácil.
e) A questão não é fácil e todos os candidatos acertam.

▷ ***Anotações/Comentários***

A negação da proposição composta condicional exige a alteração do conectivo "se, então" para a conjunção "e" e a inversão do valor lógico do segundo termo.

Proposição condicional	Negação da condicional
Se a questão é fácil, então todos os candidatos acertam	A questão é fácil e alguns candidatos não acertam

- Observação 1:

O segundo termo é uma proposição categórica caracterizado pelo termo "todos". A negação de "todos" é "alguns... não".

- Observação 2:

"Alguns" admite como sinônimo "pelo menos um".

A negação lógica da afirmação dada é "a questão é fácil e pelo menos um candidato não acerta".

133. (Vunesp – Técnico Judiciário – TJM/SP – 2021) Considere as proposições p e q, em que:

p: o dia está ensolarado e a temperatura é baixa.

q: é inverno.

A negação da condicional $p \rightarrow q$ está corretamente representada por:

a) Se o dia não está ensolarado ou a temperatura não está baixa, então não é inverno.
b) Se o dia não está ensolarado ou a temperatura não está baixa, então é inverno.
c) Se o dia não está ensolarado e a temperatura não está baixa, então é inverno.
d) O dia não está ensolarado ou a temperatura não é baixa e é inverno.
e) O dia está ensolarado e a temperatura é baixa e não é inverno.

▷ ***Anotações/Comentários***

A negação da proposição composta condicional segue a seguinte regra:

Proposição condicional	Negação da condicional
$p \rightarrow q$	$p \wedge \sim q$

Aplicando na proposição.

Proposição condicional	Negação da condicional
Se o dia está ensolarado e a temperatura é baixa, então é inverno.	O dia está ensolarado e a temperatura é baixa e não é inverno.

134. (Vunesp – Enfermeiro Judiciário – TJ/SP – 2019) 'Gosto de ouvir clássicos e amo cantar forró ou troco isso por uma praia'. Uma afirmação que corresponda a uma negação lógica dessa afirmação é

a) Não gosto de ouvir clássicos e amo cantar forró, e troco isso por uma praia.
b) Gosto de ouvir clássicos e não amo cantar forró, e troco isso por uma praia.
c) Não gosto de ouvir clássicos e não amo cantar forró ou não troco isso por uma praia.
d) Não gosto de ouvir clássicos ou não amo cantar forró, e não troco isso por uma praia.
e) Gosto de ouvir clássicos e amo cantar forró e não troco isso por uma praia.

▷ ***Anotações/Comentários***

Comumente são apresentadas duas proposições simples ligadas pelo conectivo para formar a proposição composta, seja ela conjuntiva (conectivo "e") seja ela disjuntiva (conectivo "ou"), porém, aqui são três proposições simples ligadas por dois conectivos.

Proposição Simples	Conectivo	Proposição Simples	Conectivo	Proposição Simples
Gosto de ouvir clássicos	e	Amo cantar forró	ou	Troco isso por uma praia

Apesar da estrutura com três proposições simples, a regra para a negação não se altera.

Negação da conjunção "e"	Negar ambas as proposições simples e alterar o conectivo "e" pelo conectivo "ou".
Negação da disjunção "ou"	Negar ambas as proposições simples e alterar o conectivo "ou" pelo conectivo "e".

Resumindo, o que temos a fazer é negar as proposições simples e alterar os conectivos "e" por "ou" e vice versa.

Proposição dada	Gosto de ouvir clássicos e amo cantar forró ou troco isso por uma praia.
Negar as proposições simples (No caso, as três proposições)	**Não** gosto de ouvir clássicos e **não** amo cantar forró ou **não** troco isso por uma praia.
Alterar os conectivos de "e" para "ou" e de "ou" para "e"	**Não** gosto de ouvir clássicos **ou não** amo cantar forró **e não** troco isso por uma praia.

Uma afirmação que corresponda à negação lógica da afirmação apresentada no enunciado é "Não gosto de ouvir clássicos ou não amo cantar forró e não troco isso por uma praia".

135. (Vunesp – Escrevente Técnico Judiciário – TJ/SP – 2018) Uma negação lógica para a afirmação "Se Patrícia não é engenheira, então Maurício é empresário" está contida na alternativa:

a) Patrícia é engenheira e Maurício não é empresário.

b) Patrícia é engenheira ou Maurício não é empresário.

c) Patrícia não é engenheira e Maurício não é empresário.

d) Se Maurício não é empresário, então Patrícia é engenheira.

e) Se Patrícia é engenheira, então Maurício não é empresário.

▷ ***Anotações/Comentários***

A questão é objetiva: Negação da proposição composta condicional.

Regra da Negação	Proposição Condicional
Proposição dada.	Se Patrícia não é engenheira, então Maurício é empresário.
Substituir o conectivo condicional "se, então" para a conjunção "e".	e
Manter o primeiro termo inalterado e negar o segundo.	Patrícia não é engenheira **e** Maurício **não** é empresário.

A negação da afirmação dada é "Patrícia não é engenheira e Maurício não é empresário".

136. (Vunesp – Escrevente Técnico Judiciário – TJ/SP – 2018) Considere falsa a afirmação "Se hoje estudo, então amanhã não trabalho."

Nesse caso, é necessariamente verdade que

a) Hoje não estudo e amanhã trabalho.

b) Amanhã não trabalho.

c) Se amanhã trabalho, então hoje não estudo.

d) Hoje não estudo ou amanhã não trabalho.

e) Hoje estudo e amanhã trabalho.

▷ ***Anotações/Comentários***

Como encontrar uma alternativa necessariamente verdadeira a partir de uma afirmação declaradamente FALSA? A resposta é simples, transformando-a em afirmação VERDADEIRA.

A verdade de uma afirmação falsa é o resultado de sua negação.

Proposição dada	Negação da Condicional
Se hoje estudo, então amanhã não trabalho.	Hoje estudo e amanhã trabalho.
Substituir o conectivo condicional "se, então" para a conjunção "e".	e
Manter o primeiro termo inalterado e negar o segundo.	Hoje estudo e amanhã trabalho.

Lembre-se, para negar a condicional é necessário inverter o valor lógico do segundo termo e alterar o conectivo "se, então" pela conjunção "e".

Observe que a negação de uma proposição não significa a inclusão da partícula "não", mas sim a alteração do valor lógico. Na proposição simples (segundo termo da proposição dada) a negação efetivou-se com a retirada da partícula "não".

MATEMÁTICA E RACIOCÍNIO LÓGICO

É necessariamente verdade que "Hoje estudo e amanhã trabalho".

1.3. Equivalência proporcional

137. (IBFC – Analista Judiciário – TJ/MG – 2022) Uma frase que representa uma equivalência da proposição lógica "Se Paulo estudou, então teve um bom desempenho no concurso" é:

a) Paulo estudou ou não teve um bom desempenho no concurso
b) Paulo não estudou ou não teve um bom desempenho no concurso
c) Se Paulo não estudou, então não teve um bom desempenho no concurso
d) Paulo não estudou ou teve um bom desempenho no concurso
e) Paulo estudou e teve um bom desempenho no concurso

▷ ***Anotações/Comentários***

Direto ao ponto, equivalência da condicional.

- **Equivalência 1**

Inverter a posição dos termos antecedente e consequente, negar ambos os termos e manter o mesmo conectivo (se, então).

Condicional	Equivalência
Se Paulo estudou, então teve um bom desempenho no concurso	Se não teve um bom desempenho no concurso, então Paulo não estudou

- **Equivalência 2**

Alterar o valor lógico do primeiro termo e alterar o conectivo para disjunção (ou).

Regra	Equivalência
Se Paulo estudou, então teve um bom desempenho no concurso	Paulo não estudou ou teve um bom desempenho no concurso

Resposta: A frase que representa uma equivalência da proposição lógica apresentada é "Paulo não estudou ou teve um bom desempenho no concurso".

138. (Vunesp – Escrevente Técnico Judiciário – TJ/SP – 2021) Uma afirmação equivalente à afirmação 'Se Alice estuda, então ela faz uma boa prova, e se Alice estuda, então ela não fica triste' é

a) Se Alice estuda, então ela não faz uma boa prova ou ela fica triste.
b) Se Alice fica triste e não faz uma boa prova, então ela não estuda.
c) Se Alice estuda, então ela faz uma boa prova e ela não fica triste.
d) Alice estuda e ela faz uma boa prova e não fica triste.
e) Alice não estuda, e ela faz uma boa prova ou não fica triste.

▷ ***Anotações/Comentários***

Para entender a estrutura da proposição, vamos desmembrá-la.

Proposição 1	Conectivo	Proposição 2
Se Alice estuda, então ela faz uma boa prova	*e*	*Se Alice estuda, então ela não fica triste*

Tanto o primeiro como o segundo termo são proposições condicionais as quais iniciam-se pela mesma proposição simples "Alice estuda". Vamos aproveitar o termo comum e separá-lo (é o que diríamos, em matemática, colocar em evidência).

Termo em evidência	Conectivo	Segundo Termo
Se Alice estuda	Então	Ela faz uma boa prova e ela não fica triste

Resumindo:

Proposição dada	Equivalência
$(A \rightarrow B) \land (A \rightarrow C)$	$A \rightarrow (B \land C)$

A afirmação equivalente à solicitada é: Se Alice estuda, então ela faz uma boa prova e ela não fica triste.

139. (Vunesp – Analista Judiciário – TJM/SP – 2021) Uma proposição equivalente a "Se acordei cedo e me alimentei, então tenho um dia produtivo" é a proposição:

a) Não tenho um dia produtivo e não acordei cedo e não me alimentei.
b) Tenho um dia produtivo e não acordei cedo e não me alimentei.

c) Se não tenho um dia produtivo, então não acordei cedo ou não me alimentei.

d) Se não tenho um dia produtivo, então não acordei cedo e não me alimentei.

e) Se tenho um dia produtivo, então acordei cedo ou me alimentei.

▷ ***Anotações/Comentários***

Pede-se a equivalência da proposição:

Termo precedente	Conectivo	Termo consequente
Se acordei cedo e me alimentei	Então	Tenho um dia produtivo

A condicional "se, então" admite duas formas de equivalência. Na primeira delas mantém o mesmo conectivo e na segunda delas o conectivo é substituído pela disjunção "ou".

Uma vez que não tem alternativa com a disjunção, encontraremos a resposta aplicando a primeira forma de equivalência.

Regra: Inverter a posição dos termos e alterar o valor lógico de ambos.

Alterar a posição dos termos	Se tenho um dia produtivo, então acordei cedo e me alimentei
Negar ambos os termos	Se **não** tenho um dia produtivo, então **não** acordei cedo **ou não** me alimentei

Observação: A proposição que após a equivalência encontra-se no segundo termo era uma proposição composta conjuntiva. Com sua negação o conectivo alterou para disjunção "ou".

140. (Cebraspe – Técnico Judiciário – TJ/PR – 2019) Assinale a opção que apresenta a proposição lógica que é equivalente à seguinte proposição: "Se Carlos foi aprovado no concurso do TJ/PR, então Carlos possui o ensino médio completo."

a) "Carlos não foi aprovado no concurso do TJ/PR ou Carlos possui o ensino médio completo."

b) "Se Carlos não foi aprovado no concurso do TJ/PR, então Carlos não possui o ensino médio completo."

c) "Carlos possuir o ensino médio completo é condição suficiente para que ele seja aprovado no concurso do TJ/PR."

d) "Carlos ser aprovado no concurso do TJ/PR é condição necessária para que ele tenha o ensino médio completo."

e) "Carlos possui o ensino médio completo e não foi aprovado no concurso do TJ/PR."

▷ ***Anotações/Comentários***

Para a proposição composta condicional temos duas maneiras de equivalência, vamos a elas:

- Equivalência 1: Alterar a posição dos termos e negar ambos.

Condicional	*Se Carlos foi aprovado no concurso do TJ/PR, então Carlos possui o ensino médio completo*
Equivalência	Se Carlos **não** possui o ensino médio completo, então **não** foi aprovado no concurso do TJ/PR

- Equivalência 2: Negar o primeiro termo e substituir o conectivo "se, então" pela disjunção "ou".

Condicional	*Se Carlos foi aprovado no concurso do TJ/PR, então Carlos possui o ensino médio completo*
Equivalência	Carlos não foi aprovado no concurso do TJ/PR ou Carlos possui o ensino médio completo

De acordo com as alternativas, a equivalência que responde corretamente a questão é: Carlos não foi aprovado no concurso do TJ/PR ou Carlos possui o ensino médio completo.

141. (FGV – Oficial de Justiça – TJ/SC – 2018) Uma sentença logicamente equivalente à sentença "Se Pedro é torcedor da Chapecoense, então ele nasceu em Chapecó" é:

a) Se Pedro não é torcedor da Chapecoense, então ele não nasceu em Chapecó;

b) Se Pedro nasceu em Chapecó, então ele é torcedor da Chapecoense;

c) Pedro é torcedor da Chapecoense e não nasceu em Chapecó;

d) Pedro não é torcedor da Chapecoense ou nasceu em Chapecó;

e) Pedro é torcedor da Chapecoense ou não nasceu em Chapecó.

▷ ***Anotações/Comentários***

São duas as formas de equivalência para a proposição composta condicional, vejamos:

- Equivalência 1: Alterar a posição dos termos e negar ambos.

Condicional	*Se Pedro é torcedor da Chapecoense, então ele nasceu em Chapecó*

Equivalência	Se Pedro **não** nasceu em Chapecó, então ele **não** é torcedor da Chapecoense

Não há alternativa para esta opção.

- Equivalência 2: Negar o primeiro termo e substituir o conectivo "se, então" pela disjunção "ou".

Condicional	*Se Pedro é torcedor da Chapecoense, então ele nasceu em Chapecó*
Equivalência	Pedro **não** é torcedor da Chapecoense **ou** ele nasceu em Chapecó

A equivalência da sentença lógica dada é que responde esta questão é: Pedro não é torcedor da Chapecoense ou nasceu em Chapecó.

142. (Vunesp – Escrevente Técnico Judiciário – TJ/SP – 2018) Considere a afirmação "Marta não atende ao público interno ou Jéssica cuida de processos administrativos".

Uma afirmação equivalente à afirmação apresentada é:

a) se Jéssica não cuida de processos administrativos, então Marta atende ao público interno.
b) se Marta não atende ao público interno, então Jéssica cuida de processos administrativos.
c) se Marta atende ao público interno, então Jéssica não cuida de processos administrativos.
d) se Marta atende ao público interno, então Jéssica cuida de processos administrativos.
e) se Marta não atende ao público interno, então Jéssica não cuida de processos administrativos.

▷ ***Anotações/Comentários***

Para a equivalência da proposição composta disjuntiva (conectivo "ou") lançamos mão da regra de equivalência da condicional (conectivo "se, então), porém, fazendo o caminho inverso.

Equivalência da condicional:

Regra da Equivalência	Proposição Condicional
Proposição.	A → B
Substituir o conectivo condicional "se, então" pela disjunção "ou".	V
Negar o primeiro termo e manter inalterado o segundo.	~ A V B

Como a questão solicita a equivalência da disjunção, lançamos mão da regra da condicional (considerando a troca de conectivos)

Regra da Equivalência	Proposição Disjuntiva
Proposição.	*Marta não atende ao público interno ou Jéssica cuida de processos administrativos.*
Substituir o conectivo disjunção "ou" pela condicional "se, então".	Se... então
Negar o primeiro termo e manter inalterado o segundo.	Se Marta atende ao público interno, então Jéssica cuida de processos administrativos.

A equivalente à afirmação apresentada é "Se Marta atende ao público interno, então Jéssica cuida de processos administrativos".

2. ESTRUTURAS LÓGICAS

2.1. rgumento

143. (Consulplan – Analista Judiciário – TRF 2ª Região – 2017) Considere, a seguir, os argumentos I e II.

- Argumento I
  - p1: Viajo se, e somente se, caso.
  - p2: Serei feliz, se eu casar e for um bom companheiro.
  - p3: Não casei, mas sou um bom companheiro.
  - c: Logo, não serei feliz.
- Argumento II
  - p1: Gosto de esquiar e sou fã de esportes radicais.
  - p2: Ou gosto de viajar ou de assistir filmes em casa.
  - p3: Se sou fã de esportes radicais, então gosto de viajar.
  - c: Logo, não gosto de assistir filmes em casa.

Admitindo-se verdadeiras as três premissas em cada argumento, pode-se afirmar corretamente que:

a) Ambos os argumentos, I e II, são válidos.
b) Ambos os argumentos, I e II, são inválidos.

c) No argumento I, a conclusão decorre, de forma válida, de suas premissas.

d) Apenas no argumento II, a conclusão decorre, de forma válida, de suas premissas.

▷ ***Anotações/Comentários***

Apesar de não ser comum a cobrança direta quanto a validade ou não de um argumento, o conceito é importante.

Argumento válido é aquele que decorre única e exclusivamente das premissas (não tem relação com o valor lógico das proposições: verdadeiro ou falso).

Análise do argumento 1:

Viajo	$\leftrightarrow$	Caso
Eu casar e for um bom companheiro	$\rightarrow$	Serei feliz
Não casei	$\wedge$	Sou um bom companheiro

Como todas as premissas são verdadeiras, podemos afirmar que "não casei" e "sou um bom companheiro" são verdades (terceira linha). Depois, as mesmas proposições simples repetem-se nas primeira e segunda linhas.

Viajo	$\leftrightarrow$	~~Caso~~
~~Eu casar~~ e for um bom companheiro	$\rightarrow$	Serei feliz
Não casei	$\wedge$	Sou um bom companheiro

Observação: Proposições grifadas são verdadeiras e riscadas são falsas.

Ainda na primeira linha, para a bicondicional ser verdadeira é preciso que ambos os termos tenham o mesmo valor lógico.

~~Viajo~~	$\leftrightarrow$	~~Caso~~
~~Eu casar~~ e for um bom companheiro	$\rightarrow$	Serei feliz
Não casei	$\wedge$	Sou um bom companheiro

A proposição "serei feliz", tanto faz ser verdadeira ou falsa que, ainda assim, a proposição composta (segunda linha) permanecerá verdadeira. O valor lógico de "serei feliz" é indefinido.

Como a conclusão não decorre das premissas, o argumento **não é válido**.

Análise do argumento 2:

Gosto de esquiar	$\wedge$	Sou fã de esportes radicais
Gosto de viajar	$\veebar$	Gosto de assistir filmes em casa
Sou fã de esportes radicais	$\rightarrow$	Gosto de viajar

Começamos pela primeira linha que, por ser uma conjunção, as proposições simples são verdadeiras (repete o valor lógico para as mesmas proposições na terceira linha).

Gosto de esquiar	$\wedge$	Sou fã de esportes radicais
Gosto de viajar	$\veebar$	Gosto de assistir filmes em casa
Sou fã de esportes radicais	$\rightarrow$	Gosto de viajar

Terceira linha: Para a condicional ser verdadeira, sabendo que o primeiro termo é verdadeiro, obrigatoriamente o segundo termo deve ser igualmente verdadeiro (repetir o valor lógico na segunda linha).

Gosto de esquiar	$\wedge$	Sou fã de esportes radicais
Gosto de viajar	$\veebar$	Gosto de assistir filmes em casa
Sou fã de esportes radicais	$\rightarrow$	Gosto de viajar

A disjunção exclusiva, segunda linha, é verdadeira quando os valores lógicos dos termos são diferente. Se um é conhecido (verdadeiro) o outro obrigatoriamente é falso.

Gosto de esquiar	$\wedge$	Sou fã de esportes radicais
Gosto de viajar	$\veebar$	~~Gosto de assistir filmes em casa~~
Sou fã de esportes radicais	$\rightarrow$	Gosto de viajar

A conclusão do argumento "não gosto de assistir filmes em casa" é decorrência das premissas conforme comprovado acima. O argumento é válido.

2.2. Proposição categórica

144. (FGV – Técnico Judiciário – TJ/AP – 2024) Considere as afirmativas:

- Quem é estudante é jovem.
- Quem é jovem gosta de festa.

A partir dessas afirmativas, é correto afirmar que:

a) Todo jovem é estudante;

b) Quem gosta de festa é jovem;

c) Quem não é estudante não é jovem;

d) Quem não é jovem não gosta de festa;

e) Quem não gosta de festa não é estudante.

▷ ***Anotações/Comentários***

As duas afirmativas não trazem o elemento que caracteriza o tipo de proposição, mesmo assim, não é difícil a compreensão. Para facilitar ainda mais, veja as mesmas proposições reescritas usando quantificadores.

- **Todo** estudante é jovem.
- **Todo** jovem gosta de festa.

Entendeu? São proposições categóricas marcadas pelo quantificador "todo".

Por serem proposições categóricas, o melhor caminho para resolução é por meio de conjuntos.

Todo estudante é jovem.	**Todo jovem gosta de festa**

Não para por aí, agora representaremos as possibilidades considerando as duas proposições em um mesmo diagrama.

Pronto, uma das alternativas está de acordo com a representação acima.

a) Todo jovem é estudante;

Há jovens que não são estudantes.	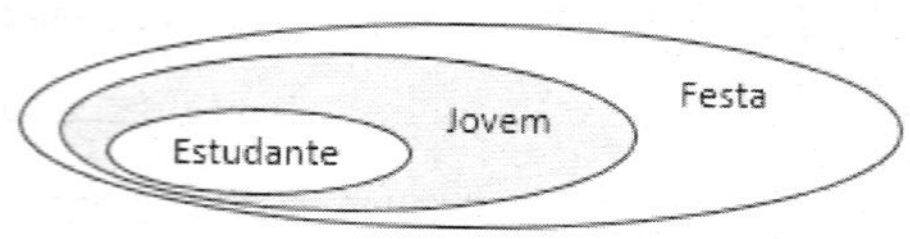

b) Quem gosta de festa é jovem;

Nem todos que gostam de festa são jovens.	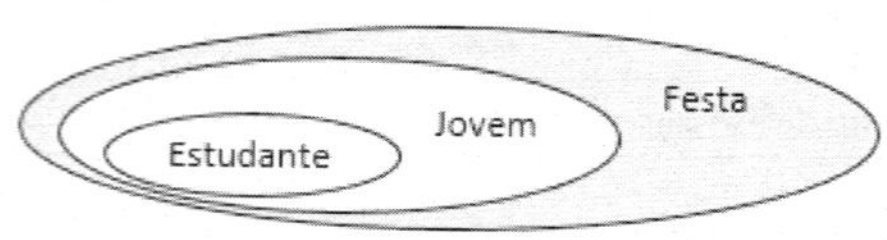

c) Quem não é estudante não é jovem;

Há quem não seja estudante e ainda assim é jovem.	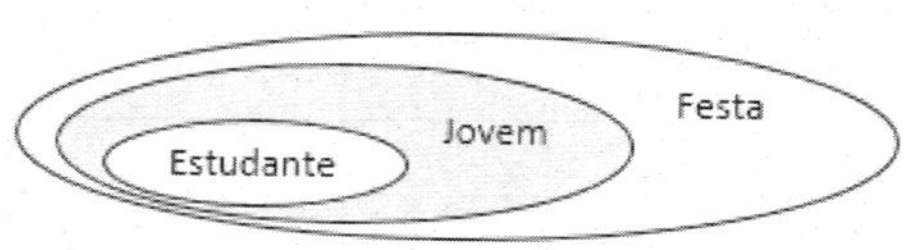

d) Quem não é jovem não gosta de festa;

Há quem não seja jovem e ainda assim gosta de festa.	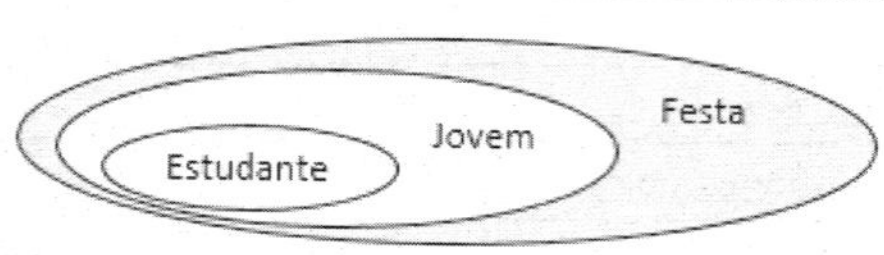

e) Quem não gosta de festa não é estudante.

Perfeito. Quem não gosta de festa também está fora do conjunto dos estudantes.	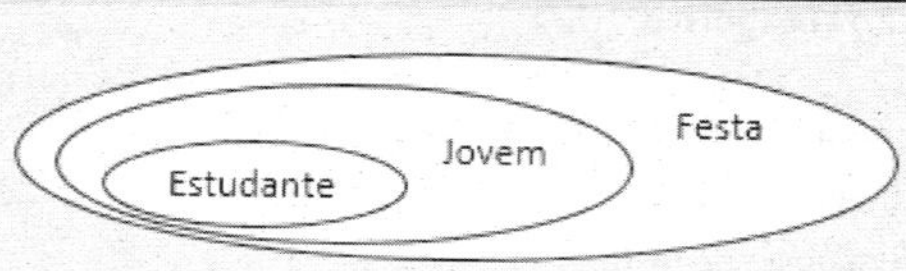

145. (Instituto AOCP – Analista Judiciário – Área Administrativa – TRF 2ª Região – 2024) Dizer que a sentença "Todo grande homem tem uma grande mulher ao seu lado" é falsa é equivalente a dizer que

a) nenhum grande homem tem uma grande mulher ao seu lado.
b) todo grande homem tem uma pequena mulher ao seu lado.
c) todo pequeno homem tem uma pequena mulher ao seu lado.
d) nenhum pequeno homem tem uma grande mulher ao seu lado.
e) algum grande homem não tem uma grande mulher ao seu lado.

▷ ***Anotações/Comentários***

A sentença *"Todo grande homem tem uma grande mulher ao seu lado"* iniciada pelo quantificador "todo" é uma proposição categórica e, conforme disse o examinador, é falsa. Isso posto, nossa missão é negar a sentença.

Muita atenção no enunciado, especialmente em relação ao termo "equivalente" para não confundir com um problema de equivalência. Pois bem, no caso, trata de equivalência à uma sentença falsa, logo, o que se pede é a **negação**.

Regras de negação das proposições categóricas.

Quantificador	Negação
Nenhum	Algum
Algum	Nenhum
Todo	Algum... não

Observe os sinônimos aceitos para o termo "nenhum".

- Pelo menos um.
- Existe.

Aplicar a regra:

Proposição Categórica	Negação da Proposição
Todo	Algum... não
Todo *grande homem tem uma grande mulher ao seu lado*	**Algum** grande homem **não** tem uma grande mulher ao seu lado

Resposta: A equivalente da sentença falsa é: Algum grande homem não tem uma grande mulher ao seu lado

MATEMÁTICA E RACIOCÍNIO LÓGICO

146. (CEBRASPE – Analista Judiciário – Área Administrativa – TJ/ES – 2023) Acerca de noções de lógica, julgue o item a seguir.

A sentença "Há pelo menos um desembargador que é mais velho que todos os juízes" pode ser escrita na forma simbólica como $\forall x \exists y (D(x) \wedge J(y) \rightarrow V(x,y))$, em que D(x) representa a proposição "x é desembargador"; J(y) representa a proposição "y é juiz"; e V(x,y) representa a proposição "x é mais velho que y".

▷ ***Anotações/Comentários***

Não entendi nada!

Imagino que foi a primeira coisa que você pensou. Calma! Não entregue o jogo antes do apito final! Tente o exercício de ler parte por parte do enunciado.

A sentença "Há pelo menos um desembargador que é mais velho que todos os juízes"	Até aqui, uma proposição. Sendo mais detalhista, uma proposição simples (um único verbo).
Pode ser escrita na forma simbólica como $\forall x \exists y (D(x) \wedge J(y) \rightarrow V(x,y))$	Esta é a parte que assusta: $\forall x \exists y (D(x) \wedge J(y) \rightarrow V(x,y))$, entretanto, precisamos comparar com a proposição dada.

Existe uma grande chance da afirmava estar errada porque qualificamos a sentença como sendo uma proposição simples e a simbologia é claramente uma proposição composta.

Segue o enunciado com as definições:

- D(x) = x é desembargador;
- J(y) = y é juiz;
- V(x,y) = x é mais velho que y.

Parece que facilitou muito nossa vida. Substituindo na forma simbólica:

Forma Simbólica	$\forall x \exists y (D(x) \wedge J(y) \rightarrow V(x,y))$
Substituir D(x), J(y) e V(x,y)	∀x ∃y (x é desembargador ∧ y é juiz → x é mais velho que y)
Substituir os símbolos ∧ e → por "e" e "se, então".	∀x ∃y (Se x é desembargador e y é juiz, então x é mais velho que y)

Até aqui temos:

- ∀x ∃y (Se x é desembargador e y é juiz, então x é mais velho que y)

Reforça a ideia de que o item está errado pois "Se x é desembargador e y é juiz, então x é mais velho que y" traduz-se por: Todo desembargador é mais velho que o juiz.

Restam os dois símbolos, os quantificadores ∀ e ∃, menos utilizados em provas de concursos, consequentemente, menos conhecidos dos concursando.

- ∀ = para todo
- ∃ = existe

Então vamos lá, ao pé da letra:

∀x ∃y (Se x é desembargador e y é juiz, então x é mais velho que y)
Para todo x, existe y (Se x é desembargador e y é juiz, então x é mais velho que y)
Para todo desembargador existe um juiz dada a condição: Se x é desembargador e y é juiz, então x é mais velho que y.

Traduzindo:

Para todo desembargador existe um juiz e, dado que a condição está correta: x é desembargador e y é juiz, conclui-se que todos os desembargadores são mais velhos que os juízes.

Resposta: A sentença "Há pelo menos um desembargador que é mais velho que todos os juízes" não condiz com a representação simbólica. Estaria correto se a sentença fosse dito: Todos os desembargadores são mais velhos que os juízes (e não apenas um).

---

147. (Vunesp – Escrevente Técnico Judiciário – TJ/SP – 2021) Considere as afirmações:

I. Não existe mecânico que não goste de carro.

II. Alguns funileiros gostam de carro.

A partir dessas afirmações, é correto concluir que

a) alguns funileiros são mecânicos.

b) se José gosta de carro, então José é funileiro.

c) se Carlos não gosta de carro, então Carlos não é mecânico.

d) qualquer mecânico é funileiro.

e) quem gosta de carro é mecânico ou funileiro.

▷ ***Anotações/Comentários***

As questões que tratam das proposições categóricas, caracterizadas pela presença dos quantificadores todo, algum e nenhum, são melhor interpretadas e resolvidas por meio de conjuntos (diagramas de *Venn*).

Representação gráfica da primeira afirmativa.

Não existe mecânico que não goste de carro

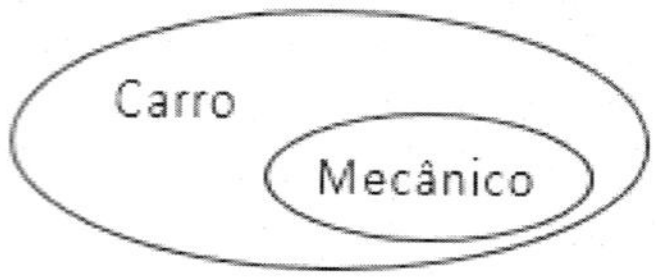

Para facilitar o entendimento da representação por meio de conjuntos, veja a equivalência da afirmação I: Todo mecânico gosta de carro.

Representação gráfica da segunda afirmativa em conjunto com a primeira.

Alguns funileiros gostam de carro

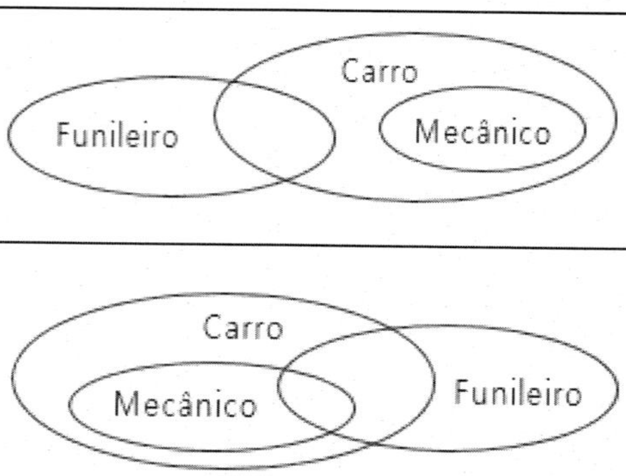

São duas representações possíveis. Em uma delas, os "alguns" funileiros que gostam de carro não são mecânicos e na outra, existe funileiros que são mecânicos. É necessário que a resposta atenda a estas duas situações.

Analisando as alternativas:

a) alguns funileiros são mecânicos.

Pode ser verdadeiro, mas não podemos garantir. A primeira representação não prevê tal situação.

b) se José gosta de carro, então José é funileiro.

Não necessariamente. Há situação em que gostar de carro não implica ser mecânico nem funileiro.

c) se Carlos não gosta de carro, então Carlos não é mecânico.

Perfeito. Se todo mecânico gosta de carro é certo que Carlos, por não gostar de carro, não é mecânico.

d) qualquer mecânico é funileiro.

Há situação em que mecânico não é funileiro e vice-versa.

e) quem gosta de carro é mecânico ou funileiro.

Não necessariamente. Há situação em que gostar de carro não implica ser mecânico nem funileiro.

148. (FCC – Analista Judiciário – TRF 4ª Região – 2019) Sabendo-se que é verdadeira a afirmação "Todos os filhos de José sabem inglês", então é verdade que

a) José sabe inglês.

b) José não sabe inglês.

c) se Mário sabe inglês então ele é filho de José.

d) se Murilo não sabe inglês então ele não é filho de José.

e) se Marcos não é filho de José então ele não sabe inglês.

▷ ***Anotações/Comentários***

A mesma sentença, "Todos os filhos de José sabem inglês", é representada graficamente ou por meio do conectivo lógico condicional "se, então).

- Representação gráfica:

O conjunto "filhos de José" está contido no conjunto "inglês".	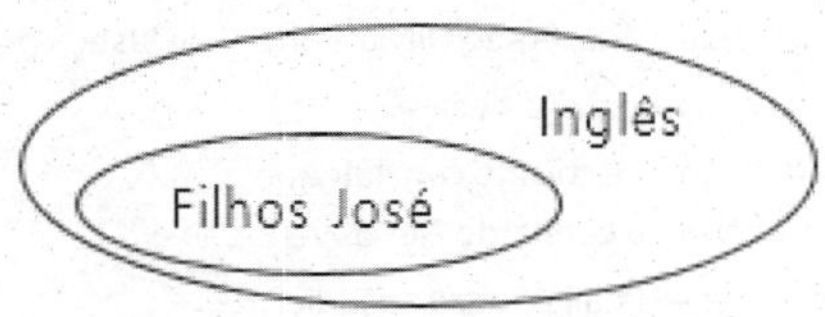

O diagrama demonstra que todo filho de José é conhecedor da língua inglesa.

- Proposição condicional:

O mesmo significado abstrai-se da condicional: "Se é filho de José, então sabe inglês" ou de suas equivalentes: "Não é filho de José ou Sabe inglês" e "Se não sabe inglês, então não é filho de José".

Entre as alternativas, a correta apresenta a última equivalência da condicional (acima): "Se Murilo não sabe inglês então ele não é filho de José".

149. (Vunesp – Médico Judiciário – TJ/SP – 2019) Uma afirmação que corresponda à negação lógica a afirmação: "Todos os amigos foram embora e não sobrou o que comer".

a) Se os amigos foram embora, então sobrou o que comer.

b) Todos os inimigos foram embora e há o que comer.

c) Pelo menos um amigo não foi embora ou sobrou o que comer.

d) Alguns amigos foram embora, e sobrou o que comer.

e) Nenhum amigo foi embora e sobrou o que comer.

▷ ***Anotações/Comentários***

São duas proposições ligadas pelo conectivo "e", portanto uma proposição composta conjuntiva, cuja negação faz-se alterando o valor lógico de ambas as proposições e substituindo a conjunção "e" pela disjunção "ou".

Proposição	**Conectivo**	**Proposição**
Todos os amigos foram embora	e	Não sobrou o que comer

Então o propósito deste item, a primeira parte da proposição composta é uma proposição categórica com o quantificador "todo" que tem regra específica para a sua negação.

Quantificador	**Negação**
Algum	Nenhum
Nenhum	Algum
Todo	Existe... não Pelo menos um... não

De acordo com a regra, a negação da primeira parte da proposição composta é:

Proposição Categórica	**Negação**
Todos *os amigos foram embora*	Existem amigos que não foram embora
	Pelo menos um amigo **não** foi embora

Podemos retomar a afirmação inicial para completar a negação.

Proposição original	*Todos os amigos foram embora e não sobrou o que comer.*
Alterar o valor lógico das proposições simples	**Pelo menos um** amigo **não** foi embora e sobrou o que comer.
Alterar a conjunção "e" pela disjunção "ou"	**Pelo menos um** amigo **não** foi embora **ou** sobrou o que comer.

A negação da proposição apresentada no enunciado é "Pelo menos um amigo não foi embora ou sobrou o que comer".

2.3. ESTRUTURA LÓGICA

150. (Vunesp – Escrevente Técnico Judiciário – TJ/SP – 2021) Considere verdadeiras as afirmações: I, III e IV, e considere falsa a afirmação II.

I. Se Leonardo é escrevente, então Marcela é técnica judiciária.

II. Se Natália é analista judiciária, então Olívia é oficial de justiça.

III. Se Marcela é técnica judiciária, então Olívia é oficial de justiça.

IV. Patrícia é juíza ou Leonardo é escrevente.

A partir dessas afirmações, é correto concluir que

a) Olívia é oficial de justiça ou Leonardo é escrevente.

b) Leonardo é escrevente e Natália é analista judiciária.

c) Patrícia é juíza ou Olívia é oficial de justiça.

d) Marcela é técnica judiciária e Patrícia é juíza.

e) Marcela é técnica judiciária e Natália é analista judiciária.

▷ ***Anotações/Comentários***

Para tirar conclusão de uma sequência de afirmações, o que chamamos de estruturas lógicas, considerar cada uma delas verdadeira e buscar os valores lógicos de cada uma das proposições simples.

Como a afirmativa II foi declarada falsa no enunciado, faremos a sua negação para chegarmos à informação verdadeira.

Condicional	**Negação da condicional**
Se Natália é analista judiciária, então Olívia é oficial de justiça	Natália é analista judiciária e Olívia não é oficial de justiça

Negação da condicional: Negar o segundo termo e alterar o conectivo para conjunção "e".

Agora todas as afirmativas são verdades.

Proposição Simples	**Conectivo**	**Proposição Simples**
Leonardo é escrevente	→	Marcela é técnica judiciária
Natália é analista judiciária	∧	Olívia não é oficial de justiça
Marcela é técnica judiciária	→	~~Olívia é oficial de justiça~~
Patrícia é juíza	v	Leonardo é escrevente

Observação: Proposições grifadas são verdadeiras e riscadas são falsas.

Para a conjunção (segunda linha) ser verdadeira é necessário que as duas proposições simples sejam igualmente verdadeiras. Aproveitamos o conhecimento do valor lógico e extrapolamos para a terceira linha.

Também na terceira linha, uma condicional com o segundo termo falso obriga que o primeiro termo seja falso (a condicional é falsa quanto os termos são verdadeiro e falso, nesta sequência).

Proposição Simples	**Conectivo**	**Proposição Simples**
Leonardo é escrevente	→	~~Marcela é técnica judiciária~~
Natália é analista judiciária	∧	Olívia não é oficial de justiça
~~Marcela é técnica judiciária~~	→	~~Olívia é oficial de justiça~~
Patrícia é juíza	v	Leonardo é escrevente

Primeira linha, pela regra da condicional, o primeiro termo deve ser falso (a proposição se repete na última linha).

Proposição Simples	Conectivo	Proposição Simples
~~Leonardo é escrevente~~	→	~~Marcela é técnica judiciária~~
<u>Natália é analista judiciária</u>	∧	<u>Olívia não é oficial de justiça</u>
~~Marcela é técnica judiciária~~	→	~~Olívia é oficial de justiça~~
Patrícia é juíza	v	~~Leonardo é escrevente~~

Por fim, "Patrícia é juíza" é uma proposição simples verdadeira, caso contrário, a proposição composta seria falsa.

Proposição Simples	Conectivo	Proposição Simples
~~Leonardo é escrevente~~	→	~~Marcela é técnica judiciária~~
<u>Natália é analista judiciária</u>	∧	<u>Olívia não é oficial de justiça</u>
~~Marcela é técnica judiciária~~	→	~~Olívia é oficial de justiça~~
<u>Patrícia é juíza</u>	v	~~Leonardo é escrevente~~

Conclusão:

- Leonardo não é escrevente.
- Marcela não é técnica judiciária.
- Natália é analista judiciária.
- Olívia não é oficial de justiça.
- Patrícia é juíza.

A resposta correta, alternativa C, é uma proposição composta disjuntiva, por isso, basta um termo ser verdadeiro (Patrícia é juíza) para que o conjunto também o seja.

---

151. (Vunesp – Técnico Judiciário – TJM/SP – 2021) Um trabalho foi feito por pelo menos um dentre quatro alunos. O professor, que conhece o estilo desses alunos, sabe que se Hosana não fez o trabalho, então Iago fez. Ou Gabriela, ou Iago, fez o trabalho, mas não ambos. Jeremias fez o trabalho se e somente se Gabriela não fez. Jeremias contou ao professor que ele não pode participar desse trabalho, logo fez (fizeram) esse trabalho apenas

a) Gabriela e Hosana.
b) Gabriela e Iago.
c) Hosana e Iago.
d) Hosana.
e) Iago.

▷ ***Anotações/Comentários***

O conhecimento do professor foi externado na forma de uma sequência de proposições compostas, é uma estrutura lógica.

Proposição Simples	Conectivo	Proposição Simples
Hosana não fez o trabalho	→	Iago fez
Gabriela (fez)	$\underline{\vee}$	Iago, fez o trabalho
Jeremias fez o trabalho	↔	Gabriela não fez
<u>Jeremias não fez o trabalho</u>		

Observação 1: A disjunção exclusiva, ou... ou, representada por v, será verdadeira somente quando apenas uma proposição simples for verdadeira (qualquer delas). É o que salienta o enunciado: "mas não ambos".

Observação 2: "Jeremias contou ao professor que ele não pode participar desse trabalho" significa que Jeremias não fez o trabalho (apontado como proposição verdadeira na quarta linha).

Observação 3: Proposições grifadas são verdadeiras e riscadas são falsas.

Sabendo que Jeremias não fez o trabalho, valoramos as proposições simples da terceira linha.

Proposição Simples	Conectivo	Proposição Simples
Hosana não fez o trabalho	→	Iago fez

Gabriela (fez)	⊻	Iago, fez o trabalho
~~Jeremias fez o trabalho~~	↔	~~Gabriela não fez~~
Jeremias não fez o trabalho		

A bicondicional, terceira linha, é verdadeira apenas se as duas proposições simples tem o mesmo valor lógico. Se o primeiro é falso, o segundo leva o mesmo valor lógico.

A disjunção exclusiva, segunda linha, somente uma das proposições simples é verdadeira, a outra deve ser falsa.

Proposição Simples	Conectivo	Proposição Simples
Hosana não fez o trabalho	→	~~Iago fez~~
Gabriela (fez)	⊻	~~Iago, fez o trabalho~~
~~Jeremias fez o trabalho~~	↔	~~Gabriela não fez~~
Jeremias não fez o trabalho		

Na primeira linha, uma vez que o termo consequente da condicional é falso e, para evitar a falsidade da proposição composta (VF), o termo antecedente obrigatoriamente deve ser falso.

Proposição Simples	Conectivo	Proposição Simples
~~Hosana não fez o trabalho~~	→	~~Iago fez~~
Gabriela (fez)	⊻	~~Iago, fez o trabalho~~
~~Jeremias fez o trabalho~~	↔	~~Gabriela não fez~~
Jeremias não fez o trabalho		

Conclusão:

- Hosana fez o trabalho.
- Gabriela fez o trabalho.
- Iago não fez o trabalho.
- Jeremias não fez o trabalho.

---

152. (Vunesp – Técnico Judiciário – TJ/SP – 2021) Sabe-se que das afirmações a seguir, apenas a afirmação (III) é falsa.

I. Em um mesmo dia, ou João corre 10 km ou João pratica meditação.

II. Se João corre 10 km, então ele fica o dia todo bem humorado.

III. Ontem João estava bem humorado.

IV. No dia em que João pratica meditação, ele não conversa com ninguém.

Sendo assim, é correto concluir que ontem João

a) correu 10 km.

b) correu 10 km ou não praticou meditação.

c) não estava bem humorado e conversou com alguém.

d) não conversou com ninguém.

e) não estava bem humorado e correu 10 km.

▷ ***Anotações/Comentários***

Primeiro, converter a afirmação falsa em informação verdadeira por meio da negação.

Proposição simples	Negação da proposição
Ontem João estava bem humorado	Ontem João **não** estava bem humorado

As informações são todas verdadeiras.

Proposição Simples	Conectivo	Proposição Simples
João corre 10 km	⊻	João pratica meditação

João corre 10 km	→	Ele fica o dia todo bem humorado
	Ontem João não estava bem humorado	
João pratica meditação	→	Ele não conversa com ninguém

Sobre a afirmativa III já dissemos que a negação revela a verdade de uma proposição falsa. Portanto, consignamos acima a verdade sobre esta afirmativa.

Sobre a afirmativa IV, veja que podemos colocá-la em linguagem lógica mantendo o mesmo significado: Se João pratica meditação, então ele não conversa com ninguém.

Seguimos com o objetivo de identificar os valores lógicos de cada proposição simples começando por aquela que sabemos ser verdadeira (abaixo grifada).

Proposição Simples	Conectivo	Proposição Simples
João corre 10 km	$\underline{\vee}$	João pratica meditação
João corre 10 km	→	~~Ele fica o dia todo bem humorado~~
	Ontem João não estava bem humorado	
João pratica meditação	→	Ele não conversa com ninguém

A mesma proposição repete-se na linha 2 com valor lógico invertido, logo, falsa (riscada).

Nesta segunda linha, a condicional deve ter o primeiro termo falso para manter a proposição composta verdadeira, caso contrário, primeiro termo verdadeiro e segundo falso, a informação completa seria falsa, o que não nos interessa.

Proposição Simples	Conectivo	Proposição Simples
~~João corre 10 km~~	$\underline{\vee}$	João pratica meditação
~~João corre 10 km~~	→	~~Ele fica o dia todo bem humorado~~
	Ontem João não estava bem humorado	
João pratica meditação	→	Ele não conversa com ninguém

Veja que a proposição repete-se na primeira linha com mesmo valor lógico. Ainda nesta linha, a disjunção exclusiva exige que ambos os termos tenham valores lógicos distintos, por isso o segundo termo é verdadeiro.

"João pratica meditação" não última linha é verdadeiro e, em se tratando de uma condicional, sendo o primeiro termo verdadeiro, o segundo obrigatoriamente tem o mesmo valor lógico verdadeiro.

Proposição Simples	Conectivo	Proposição Simples
~~João corre 10 km~~	$\underline{\vee}$	João pratica meditação
~~João corre 10 km~~	→	~~Ele fica o dia todo bem humorado~~
	Ontem João não estava bem humorado	
João pratica meditação	→	Ele não conversa com ninguém

Conclusão:

- João não correu 10 km.
- João praticou meditação.
- João não estava bem humorado.
- João não conversou com ninguém.

153. (Cebraspe – Analista Judiciário – TJ/PA – 2020) Considere a situação hipotética seguinte, que aborda compreensão de estruturas lógicas. No processo de manutenção de um computador, as seguintes afirmações são válidas:

p: se aumentar o tamanho da memória ou instalar um novo antivírus, então a velocidade da internet aumentará;

q: se a velocidade da Internet aumentar, então os aplicativos abrirão mais rapidamente.

Concluída a manutenção, foi verificado que a velocidade da Internet não aumentou. Nessa situação, é correto concluir que

a) os aplicativos não abrirão mais rápido.

b) o tamanho da memória não foi aumentado e também não foi instalado um novo antivírus.

c) ou o tamanho da memória não foi aumentado ou um novo antivírus não foi instalado.

d) o tamanho da memória pode ter sido aumentado, mas um novo antivírus não foi instalado.

e) um novo antivírus pode ter sido instalado, mas o tamanho da memória não foi aumentado.

▷ ***Anotações/Comentários***

A afirmação p é composta por três proposições simples, então reescrever as afirmações de maneira estruturada facilita a resolução.

Primeiro termo	Conectivo	Segundo Termo
Aumentar memória **ou** instalar novo antivírus	→	A velocidade da internet aumentará
A velocidade da Internet aumentar	→	Os aplicativos abrirão mais rapidamente
A velocidade da internet não aumentou		

Acima, a proposição p na primeira linha, q na segunda linha e, na última linha, o relato do ocorrido após a manutenção.

Do resultado da manutenção, vamos aos valores lógicos.

Primeiro termo	Conectivo	Segundo Termo
Aumentar memória **ou** instalar novo antivírus	→	~~A velocidade da internet aumentará~~
~~A velocidade da Internet aumentar~~	→	Os aplicativos abrirão mais rapidamente
A velocidade da internet não aumentou		

Primeira linha: Como o segundo termo da condicional é falso, o primeiro obrigatoriamente também o será. Sendo o primeiro termo uma disjunção e sendo falsa, toda informação que ela traz é falsa ("aumentar a memória" é falso e "instalar novo aplicativo" é falso).

Segunda linha: A condicional com primeiro falso desobriga a valoração do segundo termo, tanto pode ser verdadeiro como ser falso que, ainda assim, a proposição composta permanece verdadeira. Dizemos que "os aplicativos abrirão mais rapidamente" tem valor lógico indefinido.

Primeiro termo	Conectivo	Segundo Termo
~~Aumentar memória **ou** instalar novo antivírus~~	→	~~A velocidade da internet aumentará~~
~~A velocidade da Internet aumentar~~	→	Os aplicativos abrirão mais rapidamente
A velocidade da internet não aumentou		

Conclusão:

- A memória não aumentou.
- Não instalou novo antivírus.
- A velocidade da internet não aumentou.

Para fechar a questão sem deixar sobras de dúvidas, vamos analisar cada uma das alternativas.

a) **os aplicativos não abrirão mais rápido.**

Com base nas informações conhecidas não é possível dizer se a abertura dos aplicativos mais rápida é verdadeiro ou falso.

b) **o tamanho da memória não foi aumentado e também não foi instalado um novo antivírus.**

Exatamente. Chegamos a estas duas conclusões.

Alternativa correta.

c) **ou o tamanho da memória não foi aumentado ou um novo antivírus não foi instalado.**

Como dito na alternativa anterior, as duas informações são verdadeiras. Acontece que a alternativa traz a disjunção exclusiva "ou... ou" cuja verdade obriga que apenas uma informação seja verdadeira (a outra deve ser falsa).

d) **o tamanho da memória pode ter sido aumentado, mas um novo antivírus não foi instalado.**

Não há dúvida como consignado na partícula "pode". A memória não foi aumentada.

e) **um novo antivírus pode ter sido instalado, mas o tamanho da memória não foi aumentado.**

O antivírus não foi instalado. Não existe esta possibilidade "pode".

---

154. (Vunesp – Escrevente Técnico Judiciário – TJ/SP – 2018) Se Maria é bonita, então Carlos é rico. Se Ana é feliz, então José é um herói. Sabe-se que Maria é bonita e Ana não é feliz. Logo, pode-se afirmar corretamente que

a) Carlos é rico ou José é um herói.

b) Carlos não é rico.

c) José não é um herói.

d) José não é um herói e Carlos é rico.

e) José é um herói.

▷ ***Anotações/Comentários***

Vamos organizar as proposições de forma clara para ter uma visão geral de todas as informações disponibilizadas no enunciado da questão.

Proposição Simples	Conectivo	Proposição Simples
Maria é bonita.	→	Carlos é rico.
Ana é feliz.	→	José é um herói.
Maria é bonita.	∧	Ana não é feliz.

A terceira linha traz duas proposições simples, "Maria é bonita" e "Ana não é feliz", ligadas pelo operador lógico "e", portanto, uma proposição composta conjuntiva, que será verdade somente quando ambas as proposições simples que a compõem forem também verdadeiras.

A explicação nos leva a concluir que tanto a proposição "Maria é bonita" como "Ana não é feliz" são verdadeiras.

Proposição Simples	Conectivo	Proposição Simples
Maria é bonita	→	Carlos é rico
Ana é feliz	→	José é um herói
Maria é bonita	∧	**Ana não é feliz**

Vamos convencionar que proposições grifadas são verdadeiras e riscadas são falsas.

As repetições das mesmas proposições simples mantêm o mesmo valor lógico, enquanto as mesmas, porém na forma negativa, tem o valor lógico invertido.

Proposição Simples	Conectivo	Proposição Simples
Maria é bonita	→	Carlos é rico
~~Ana é feliz~~	→	José é um herói
Maria é bonita	∧	Ana não é feliz

As proposições das primeira e segunda linhas são condicionais. Em relação à primeira delas, uma vez que o termo antecedente foi definido como verdadeiro, o segundo obrigatoriamente também o será. Caso contrário, teríamos o primeiro termo verdadeiro e o segundo falso, única situação em que a proposição composta condicional é falsa.

Proposição Simples	Conectivo	Proposição Simples
Maria é bonita	→	**Carlos é rico**
~~Ana é feliz~~	→	José é um herói
Maria é bonita	∧	Ana não é feliz

A proposição simples "Ana é feliz", segunda linha, foi definida como falsa, logo, torna-se indiferente o valor lógico do segundo termo, visto que a proposição composta condicional será sempre verdadeira quando o primeiro termo for falso.

Em relação às proposições simples, concluímos que:

- Maria é bonita.
- Carlos é Rico.
- Ana não é feliz.
- Não há confirmação sobre José ser ou não um herói.

a) Carlos é rico ou José é um herói.

Das duas proposições, somente a primeira "Carlos é rico" podemos afirmar ser verdadeira. A outra "José é um herói" é uma proposição com valor lógico indeterminado.

Apesar de não saber o valor lógico de uma das proposições, concluímos que a alternativa está correta por causa do conectivo disjunção "ou", quer dizer, basta uma das proposições simples ser verdadeira para garantir a verdade da proposição composta disjuntiva.

Alternativa correta.

b) Carlos não é rico.

Informação contrária a nossa conclusão.

Alternativa errada.

c) José não é um herói.

Como explicado anteriormente, nada pode ser afirmado sobre José não ser herói.

Alternativa errada.

d) José não é um herói e Carlos é rico.

As proposições simples são as mesmas que as encontradas na alternativa "a", porém, houve a alteração do conectivo empregado. Lá havia a disjunção "ou" e aqui a conjunção "e".

Como é de conhecimento, para que a conjunção seja verdadeira é necessário que ambas as proposições simples sejam igualmente verdadeiras, o que não acontece na alternativa visto que nada podemos afirmar sobre José ser ou não um herói.

Alternativa errada.

e) José é um herói.

Trata-se da mesma proposição que aquela apresentada na alternativa "c", porém, com valor lógico invertido. Conforme explicado, nada pode ser afirmado sobre José ser herói.

Alternativa errada.

---

155. (Vunesp - Escrevente Técnico Judiciário - TJ/SP - 2018) Considere falsa a afirmação "Hélio é bombeiro e Cláudia é comissária de bordo" e verdadeira a afirmação "Se Hélio é bombeiro, então Cláudia é comissária de bordo".

Nessas condições, é necessariamente verdade que

a) Hélio é bombeiro.

b) Cláudia não é comissária de bordo.

c) Hélio não é bombeiro.

d) Cláudia é comissária de bordo.

e) Hélio é bombeiro ou Cláudia não é comissária de bordo.

▷ ***Anotações/Comentários***

São duas etapas a serem superadas. A primeira delas consiste em transformar a afirmação falsa em verdadeira por meio da negação para, imediatamente após, buscar as conclusões a partir das duas afirmações verdadeiras.

Negação da proposição composta conjuntiva "Hélio é bombeiro e Cláudia é comissária de bordo".

Regra da Negação	Proposição Conjuntiva
Proposição dada.	Hélio é bombeiro e Cláudia é comissária de bordo.
Substituir o conectivo conjunção "e" pela disjunção "ou".	ou
Negar tanto o primeiro como o segundo termo.	Hélio **não** é bombeiro **ou** Cláudia **não** é comissária de bordo.

Dispomos de duas afirmações verdadeiras:

- Hélio não é bombeiro ou Cláudia não é comissária de bordo.
- Se Hélio é bombeiro, então Cláudia é comissária de bordo.

Apesar de estarmos diante de duas proposições compostas verdadeiras, não podemos dizer o mesmo sobre cada uma das proposições simples. Proposições simples falsas podem resultar em proposição composta verdadeira.

Vamos trabalhar com a estrutura de proposições compostas para definir quais são as proposições simples verdadeiras e quais as falsas.

Hélio não é bombeiro.	v	Cláudia não é comissária de bordo.
Hélio é bombeiro.	→	Cláudia é comissária de bordo.

Escolhemos uma proposição simples e lhe atribuímos um valor lógico. Admitimos, por hipótese, que a proposição "Hélio é bombeiro" é verdadeira. Entenda como grifadas as proposições verdadeiras e riscadas as proposições falsas.

~~Hélio não é bombeiro.~~	v	Cláudia não é comissária de bordo.
Hélio é bombeiro.	→	Cláudia é comissária de bordo.

A primeira proposição composta, disjunção, conforme explicação anterior, é verdadeira, ou seja, há necessidade de que pelo menos uma proposição simples igualmente seja verdadeira.

A hipótese admitida diz que "Hélio não é bombeiro" é falsa, fato este que nos obriga a considerar a segunda parte da proposição composta "Cláudia não é comissária de bordo" verdadeira.

~~Hélio não é bombeiro.~~	v	Cláudia não é comissária de bordo.
Hélio é bombeiro.	→	~~Cláudia é comissária de bordo.~~

Acontece que a proposição condicional (segunda linha), na forma em que se encontra, primeiro termo verdadeiro e o segundo falso, seria falsa, portanto, contraditório ao que diz o enunciado.

Voltamos à proposição simples "Hélio é bombeiro". Se inicialmente admitimos ser verdadeira, agora passamos a considerá-la falsa.

Hélio não é bombeiro.	v	Cláudia não é comissária de bordo.
~~Hélio é bombeiro.~~	→	Cláudia é comissária de bordo.

Veja que interessante, de acordo com esta formação, nada podemos afirmar sobre Cláudia ser ou não comissária de bordo.

Qualquer que seja o valor lógico atribuído à proposição simples "Cláudia é comissária de bordo" as duas proposições compostas, tanto na primeira como na segunda linha, serão sempre verdadeiras.

Portando, chegamos a uma única conclusão:

- Hélio não é bombeiro

3. CORRELACIONAMENTO LÓGICO

3.1. Ordenação

156. (FCC – Analista Judiciário – TRF 3ª Região – 2019) Ana, Beth, Carla, Diana e Natalina fazem aniversário, não necessariamente nessa ordem, em 1° de março, 17 de maio, 20 de julho, 20 de março e 25 de dezembro. Beth e Carla nasceram no mesmo mês, Ana e Carla nasceram no mesmo dia, mas em meses diferentes. Natalina recebeu seu nome devido ao dia de seu nascimento. Com certeza, quem nasceu em 17 de maio foi

a) Natalina.
b) Diana.
c) Carla.
d) Beth.
e) Ana.

▷ ***Anotações/Comentários***

As informações objetivas são:

- Beth e Carla nasceram no mesmo mês.

As dadas de nascimento são 01/03 e 20/03.

- Ana e Carla nasceram no mesmo dia, mas em meses diferentes.

Associado ao item anterior, é certo que:

o Carla nasceu em 20/03;
o Ana nasceu em 20/07;
o Beth nasceu em 01/03.

- Natalina recebeu seu nome devido ao dia de seu nascimento.

Natalina nasceu em 25/12.

Temos uma ordem de datas de nascimento e, por exclusão, Diana foi quem nasceu em 15/07.

3.2. Dedução

157. (FCC – Analista Judiciário – Área Judiciária – TRF 3ª Região – 2024) Artur, Bruno, Carlos e Daniel são eletricista, pintor, professor e guitarrista, não necessariamente nessa ordem. Sabe-se que:

- Artur é amigo do guitarrista.
- Carlos é vizinho do eletricista.
- O pintor é primo de Carlos.
- O eletricista é mais alto do que Artur.
- Carlos e Daniel não tocam nenhum instrumento musical.

Com base nas informações fornecidas,

a) Artur é eletricista.
b) Bruno é guitarrista.
c) Artur é professor.
d) Bruno é eletricista.
e) Carlos é eletricista.

▷ ***Anotações/Comentários***

A questão descreve uma relação de pessoas, outra de profissões e uma série de informações que serão as nossas dicas para, por meio de dedução, relacionar cada pessoa com a sua respectiva profissão.

Toda a resolução será por meio de uma planilha considerando cruzamentos de linhas e colunas. Tenha o cuidado de fazê-las, pois, certamente, é o melhor caminho para celeridade e assertividade.

	Artur	Bruno	Carlos	Daniel
Eletricista				
Pintor				
Professor				
Guitarrista				

De agora em diante, haverá a repetição da planilha para mostrar o passo a passo da resolução, é uma sequência de ações que faremos à medida que passamos por cada uma das próximas informações. Para sua prova existirá uma única planilha.

Seguindo com o enunciado:

- **Artur é amigo do guitarrista.**

O fato de Artur ser amigo do guitarrista revela não ser esta sua profissão.

	Artur	Bruno	Carlos	Daniel
Eletricista				
Pintor				
Professor				
Guitarrista	**Não**			

- **Carlos é vizinho do eletricista.**
- **O pintor é primo de Carlos.**

Podemos dizer que Carlos não é eletricista e nem pintor.

	Artur	Bruno	Carlos	Daniel
Eletricista			**Não**	
Pintor			**Não**	
Professor				
Guitarrista	Não			

- **O eletricista é mais alto do que Artur.**

Logo, Artur não é eletricista.

	Artur	Bruno	Carlos	Daniel
Eletricista	**Não**		Não	
Pintor			Não	
Professor				
Guitarrista	Não			

- **Carlos e Daniel não tocam nenhum instrumento musical.**

Está claro que Carlos e Daniel não são guitarristas

	Artur	Bruno	Carlos	Daniel
Eletricista	Não		Não	
Pintor			Não	
Professor				
Guitarrista	Não		**Não**	**Não**

Olhando para a planilha, por exclusão, inferimos que Carlos é professor e o guitarrista é Bruno.

	Artur	Bruno	Carlos	Daniel
Eletricista	Não	**Não**	Não	
Pintor		**Não**	Não	
Professor	**Não**	**Não**	**Sim**	**Não**
Guitarrista	Não	**Sim**	Não	Não

Observação: Para facilitar, ao preencher uma célula com "sim", complete a linha e a coluna com "não".
Na sequência, concluímos que Artur é pintor e, por exclusão, Daniel é eletricista.

	Artur	Bruno	Carlos	Daniel
Eletricista	Não	Não	Não	**Sim**
Pintor	**Sim**	Não	Não	Não
Professor	Não	Não	**Sim**	Não
Guitarrista	Não	**Sim**	Não	Não

Ficamos com a seguinte relação:

- Artur é pintor;
- Bruno é guitarrista;
- Carlos é professor;
- Daniel é eletricista.

Resposta: Encontra-se, entre as alternativas, a informação correta que o Bruno é guitarrista.

158. (FCC – Analista Judiciário – Área Judiciária – TRT 14 – 2022) Felipe, Gabriel e Heitor são irmãos de Janaína, Letícia e Mariana, não necessariamente nessa ordem, e cada casal de irmãos não tem relação de parentesco com os demais. Essas seis pessoas colecionam chaveiros e os números de chaveiros de Janaína, Letícia e Mariana são, respectivamente, 112, 123 e 145. Janaína tem 20 chaveiros a mais que seu irmão, Felipe tem o dobro de chaveiros de sua irmã e Letícia tem a metade do número de chaveiros de Heitor. Essas pessoas têm, juntas, um total de 964 chaveiros; logo, o número de chaveiros de Felipe excede o número de chaveiros de Gabriel em

a) 148.
b) 142.
c) 136.
d) 154.
e) 160.

▷ ***Anotações/Comentários***

O início da questão descreve os casais de irmãos, não necessariamente na ordem em que se apresentam, o que revela forte indicativo de problema sobre correlacionamento lógico.

	Felipe	**Gabriel**	**Heitor**
Janaína			
Letícia			
Mariana			

Seguindo o enunciado, temos:

- Os números de chaveiros de Janaína, Letícia e Mariana são, respectivamente, 112, 123 e 145.

	Felipe	**Gabriel**	**Heitor**
Janaína **112**			
Letícia **123**			
Mariana **145**			

- Janaína tem 20 chaveiros a mais que seu irmão.

  Nada a fazer por enquanto.

- Felipe tem o dobro de chaveiros de sua irmã.

  Associado com a afirmativa anterior, infere-se que Janaína não é a irmã de Felipe.

	Felipe	**Gabriel**	**Heitor**
Janaína **112**	Não		
Letícia **123**			
Mariana **145**			

- Letícia tem a metade do número de chaveiros de Heitor.

  Então, Heitor tem 246 chaveiros, o dobro de Letícia.

	Felipe	**Gabriel**	**Heitor** **246**
Janaína **112**	Não		

Letícia 123			
Mariana 145			

Retomamos a análise a partir das informações iniciais.

- Janaína tem 20 chaveiros a mais que seu irmão.

  Seu irmão não é o Heitor, logo, Gabriel é seu irmão e tem 92 chaveiros.

	Felipe	**Gabriel 92**	**Heitor 246**
Janaína 112	Não	Sim	Não
Letícia 123			
Mariana 145			

- Essas pessoas têm, juntas, um total de 964 chaveiros.

  A diferença entre 964 e as quantidades conhecidas, chegamos à quantidade de chaveiros de Felipe, 246.

  Se Felipe tem o dobro de chaveiros que sua irmã, ele é irmão da Letícia.

	Felipe 246	**Gabriel 92**	**Heitor 246**
Janaína 112		Sim	
Letícia 123	Sim		
Mariana 145			Sim

Resposta: O número de chaveiros de Felipe, 246, excede em 154 o número de chaveiros de Gabriel, 92.

---

159. (FCC – Analista Judiciário – TRF 4ª Região – 2019) Adão tem três primas que moram em outra cidade, Ana, Beatriz e Carla, mas nunca lembra de seus nomes. Ele sabe que uma é loira, uma é ruiva e uma é morena. Cada uma delas é filha de um de seus tios, José, Jaime e Jairo. A mãe de Adão deixou o seguinte bilhete para ajudá-lo:

"A loira não é filha de Jaime nem de Jairo. A morena não é Ana nem Beatriz. Ana não é ruiva. A ruiva não é filha de Jaime."

Adão descobriu, corretamente, que:

a) Ana é loira e filha de José.

b) Carla é morena e filha de Jairo.

c) Ana é ruiva e filha de José.

d) Beatriz é loira e filha de Jairo.

e) Carla é morena e filha de José.

▷ ***Anotações/Comentários***

Para este tipo de questão, trabalhe com o cruzamento de linha e colunas no formato de planilhas e preencha as células com sim ou não de acordo com as informações conhecidas.

- A loira não é filha de Jaime nem de Jairo.

	Ana	**Beatriz**	**Carla**
Loira (José)			
Ruiva			
Morena			

- A morena não é Ana nem Beatriz.

	Ana	**Beatriz**	**Carla**
Loira (José)			Não

Ruiva			Não
Morena	Não	Não	**Sim**

- Ana não é ruiva

	Ana	**Beatriz**	**Carla**
Loira (José)	**Sim**	Não	Não
Ruiva	Não		Não
Morena	Não	Não	Sim

- A ruiva não é filha de Jaime."

	Ana	**Beatriz**	**Carla**
Loira (José)	Sim	Não	Não
Ruiva (Jairo)	Não	**Sim**	Não
Morena (Jaime)	Não	Não	Sim

Pronto, o quadro está completo e Jairo descobriu que Ana é loira e filha de José.

---

160. (Vunesp – Escrevente Técnico Judiciário – TJ/SP – 2018) Quatro amigos, Paulo, João, Fábio e Caio, nasceram em anos distintos, a saber 1970, 1977, 1981 ou 1990, não necessariamente nessa ordem. Cada um exerce, também não necessariamente nessa ordem, uma das profissões entre arquiteto, fotógrafo, engenheiro e advogado. Sabe-se que Paulo não nasceu em 1970, que o arquiteto nasceu antes de Caio e antes do fotógrafo João, que Fábio nasceu antes do advogado, que o advogado não nasceu em 1977 e que o engenheiro, que não é Caio, nasceu em 1981. Sendo assim, é correto afirmar que

a) Fábio é advogado.
b) Paulo nasceu antes de Caio.
c) Caio é arquiteto.
d) João nasceu antes de Fábio.
e) o engenheiro nasceu antes do fotógrafo.

▷ ***Anotações/Comentários***

A resolução passar pela elaboração de uma planilha com linhas e colunas na qual serão inseridas as informações uma a uma.

- "Sabe-se que Paulo não nasceu em 1970, que o arquiteto nasceu antes de Caio e antes do fotógrafo João...".

Conclusões a serem incluídas na planilha:

- o Paulo não nasceu em 1970.
- o Caio não é arquiteto.
- o João é fotógrafo.
- o Arquiteto nasceu antes que Caio e João.

	Paulo (Não 1970)	**João**	**Fábio**	**Caio**
Arquiteto (Antes Caio e João)		Não		**Não**
Fotógrafo	Não	**Sim**	Não	Não
Engenheiro		Não		
Advogado		Não		

Lembre-se, para células preenchidas com SIM, complete as respectivas linha e coluna com NÃO.

Continuamos com o enunciado.

- "... que Fábio nasceu antes do advogado, que o advogado não nasceu em 1977...".

Conclusões extraídas deste trecho:

- o Fábio não é advogado.
- o Advogado não nasceu em 1977.
- o Fábio nasceu antes do advogado.

	Paulo (Não 1970)	**João**	**Fábio (Antes advogado)**	**Caio**
Arquiteto (Antes Caio e João)		Não		Não
Fotógrafo	Não	Sim	Não	Não

Engenheiro		Não		
Advogado (Não 1977)		Não	**Não**	

As últimas informações.

- "... e que o engenheiro, que não é Caio, nasceu em 1981".

Conclusões a serem incluídas na planilha:

- Caio não é engenheiro.
- Engenheiro nasceu em 1981.

	Paulo (Não 1970)	**João**	**Fábio (Antes advogado)**	**Caio**
Arquiteto (Antes Caio e João)		Não		Não
Fotógrafo	Não	Sim	Não	Não
Engenheiro (1981)		Não		**Não**
Advogado (Não 1977)		Não	Não	

As informações disponibilizadas foram todas incluídas na planilha com a qual passamos a trabalhar neste momento.

Completamos as células com SIM e NÃO na seguinte ordem:

- SIM para Caio x Advogado (única possibilidade para Caio);
- SIM para Fábio x Arquiteto (se Fábio nasceu antes que o advogado, não pode ser engenheiro que sabemos ter nascido em 1981);
- SIM para Paulo x Engenheiro (por exclusão).

	Paulo (Não 1970)	**João**	**Fábio (Antes advogado)**	**Caio**
Arquiteto (Antes Caio e João)		Não	**Sim**	Não
Fotógrafo	Não	**Sim**	Não	Não
Engenheiro (1981)	**Sim**	Não		Não
Advogado (Não 1977)		Não	Não	**Sim**

Ainda é possível dizer em que ano nasceu cada um dos amigos.

Inicialmente foi dito que seus anos de nascimento foram 1970, 1977, 1981 ou 1990. A partir destas datas, as definições foram nesta ordem: Paulo, Fábio, Caio e João.

1970	Fábio (arquiteto) – Porque nasceu antes de Caio e João.
1977	João (fotógrafo) – Foi a opção que restou.
1981	Paulo (engenheiro) – Consta no enunciado.
1990	Caio (advogado) – Porque não nasceu em 1977.

Comparando as conclusões com as alternativas temos:

a) Fábio é advogado.

Fábio é arquiteto. Alternativa errada.

b) Paulo nasceu antes de Caio.

Perfeito, Paulo nasceu em 1981 e Caio em 1990. Alternativa correta.

c) Caio é arquiteto.

Caio é advogado. Alternativa errada.

d) João nasceu antes de Fábio.

João nasceu em 1977, portanto depois de Fábio que nasceu em 1970. Alternativa errada.

e) o engenheiro nasceu antes do fotógrafo.

O engenheiro nasceu em 1981, portanto depois do fotógrafo que nasceu em 1977. Alternativa errada.

3.3. Hipóteses

161. (Instituto AOCP – Analista Judiciário – TRF 2ª Região – 2024) Ana, Bia e Céu são irmãs trigêmeas com grande semelhança física. Sabe-se que, desde a primeira infância, para evitar confusões, uma delas sempre usava uma tiara vermelha, outra sempre usava uma tiara alaranjada e a última sempre usava uma tiara verde. Além disso, sabe-se que Ana, Bia e Céu nunca usavam outra cor de tiara, além da sua própria. Sobre o exposto, são feitas as três seguintes afirmações das quais apenas uma é verdadeira:

- "Ana não usava tiara vermelha";
- "Céu usava tiara alaranjada";
- "Céu não usava tiara verde".

Assim, as cores das tiaras que Ana, Bia e Céu usavam, respectivamente, são:

a) vermelha, alaranjada, verde.
b) alaranjada, verde, vermelha.
c) verde, alaranjada, vermelha.
d) vermelha, verde, alaranjada.
e) alaranjada, vermelha, verde.

▷ ***Anotações/Comentários***

São três irmãs gêmeas e cada uma delas usa tiara de cores diferentes, pronto, está caracterizado o problema de estrutura lógica que nós chamamos de dedução cuja resolução dá-se por meio de planilha, considerando os cruzamentos de linhas e colunas.

	Ana	Bia	Céu
Tiara Vermelha			
Tiara Alaranjada			
Tiara Verde			

Entretanto, seguindo adiante no enunciado, nos deparamos com a seguinte informação "*Sobre o exposto, são feitas as três seguintes afirmações das quais apenas uma é verdadeira*". Informação verdadeira e informação falsa, logo, a estrutura não cabe na divisão "dedução", mas sim em "hipóteses".

- "Ana não usava tiara vermelha";
- "Céu usava tiara alaranjada";
- "Céu não usava tiara verde".

Para as afirmações teremos as seguintes hipóteses.

Afirmações	Hipótese 1	Hipótese 2	Hipótese 3
Ana não vermelha	Verdade	Falsa	Falsa
Céu Laranja	Falsa	Verdade	Falsa
Céu não Verde	Falsa	Falsa	Verdade

Um bom ponto de partida são as contradições entre as afirmativas, não é o caso, logo, vamos partir para os testes, fazendo as negações de afirmações falsas para que todas elas sejam verdadeiras e, claro, que não haja contradições entre elas.

Hipótese 1:

Afirmações	Hipótese 1	Afirmativas Verdadeiras
Ana não vermelha	Verdade	Ana não usa fita vermelha
Céu Laranja	Falsa	Céu não usa fita alaranjada
Céu não Verde	Falsa	Céu usa fita verde

Conclusão:

- Céu usa fita verde;
- Ana usa fita alaranjada;
- Bia usa fita vermelha.

Encontramos a hipótese correta logo na primeira tentativa. Apesar disso, vamos verificar as outras hipóteses apenas para confirmar a existência de contradições.

Hipótese 2:

Afirmações	Hipótese 2	Afirmativas Verdadeiras
Ana não vermelha	Falsa	Ana usa fita vermelha
Céu Laranja	Verdade	Céu usa fita alaranjada

MATEMÁTICA E RACIOCÍNIO LÓGICO

Céu não Verde	Falsa	Céu usa fita verde

As segunda e terceira afirmativas apontam que Céu usa fitas de cores diferentes, portanto, identificada a incompatibilidade.

Hipótese 3:

Afirmações	Hipótese 2	Afirmativas Verdadeiras
Ana não vermelha	Falsa	Ana usa fita vermelha
Céu Laranja	Falsa	Céu não usa fita alaranjada
Céu não Verde	Verdade	Céu não usa fita verde

De acordo com as afirmativas, Céu não usa fita alaranjada nem verde, restaria a fita vermelha, entretanto, a primeira afirmativa informa que esta mesma fita é utilizada por Ana. Hipótese com incompatibilidade.

Assim, fica mantida a conclusão da hipótese 1:

- Céu usa fita verde;
- Ana usa fita alaranjada;
- Bia usa fita vermelha.

Resposta: As cores das tiaras que Ana, Bia e Céu usavam, respectivamente, são: Alaranjada, vermelha e verde.

---

162. (FCC – Técnico Judiciário – TRF 4º Região – 2019) João escolheu um número do conjunto {90, 91. 92, 93, 94. 95, 96, 97, 98} que Pedro deve adivinhar. João faz três afirmações, mas só uma é verdadeira:

- o número é par.
- o número é múltiplo de 5.
- o número é divisível por 3.

O número máximo de tentativas para que Pedro adivinhe o número escolhido por João é

a) 9

b) 7

c) 6

d) 5

e) 4

▷ ***Anotações/Comentários***

Este é um tipo de questão que envolve verdades e mentiras, porém, com o detalhe de que as quantidades de informações verdadeiras e falsas são informadas podem ser resolvidas por meio de hipóteses das possíveis situações.

No caso são três afirmativas sendo duas delas falsas, logo, as hipóteses são:

Afirmação	Hipótese 1	Hipótese 2	Hipótese 3
O número é par	Verdade	Mentira	Mentira
O número é múltiplo de 5	Mentira	Verdade	Mentira
O número é divisível por 3	Mentira	Mentira	Verdade

Recorrendo à matemática.

- Hipótese 1

Pares {92, 94, 98} (foram excluídos os múltiplos de 3 e de 5).

- Hipótese 2

Múltiplo de 5 {95} (Excluído o número 90 por ser par).

- Hipótese 3

Múltiplo de 3 {93} (Foram excluídos os pares e múltiplos de 5).

Os valores possíveis são {92, 93, 94, 95, 98} e, para que Pedro adivinhe o escolhido, no máximo serão 5 tentativas.

4. VERDADES E MENTIRAS

163. (Vunesp –Técnico Judiciário – TJM/SP – 2021) Em um congresso de matemáticos, Marcelo, Patrícia e Sabrina participaram de uma oficina de lógica. Em uma das atividades, eles deveriam ter um diálogo de maneira que cada um ou falasse apenas verdades ou apenas mentiras. O diálogo foi o seguinte:

- Marcelo: Patrícia e Sabrina estão falando mentiras.
- Patrícia: Amanhã será primeiro de março.
- Marcelo: Hoje não é 29 de fevereiro.
- Sabrina: Patrícia está mentindo.

Esses três matemáticos sabiam o dia correto da oficina, logo quem mentia era

a) apenas Marcelo.

b) apenas Patrícia.

c) Marcelo e Patrícia.
d) Marcelo e Sabrina.
e) Marcelo, Patrícia e Sabrina.

▷ ***Anotações/Comentários***

Os matemáticos falam, cada um, somente verdade ou somente mentira, mas não sabemos quem nem quantos deles.

O ideal é identificar mensagens contraditória que demonstra serem uma verdadeira e outra mentirosa, por exemplo:

- Marcelo: Patrícia e Sabrina estão falando mentiras.
- Sabrina: Patrícia está mentindo.

Por estas duas falas e fazendo as simulações, não há possibilidade de Marcelo falar a verdade. Por essa razão, partimos do pressuposto de que Marcelo falou somente mentiras.

Matemáticos	Diálogo	Verdade
Marcelo (mentira)	Patrícia e Sabrina mentem	Patrícia ou Sabrina não mentem
Patrícia	Amanhã será 01/03	
Marcelo (mentira)	Hoje não é 29/02	Hoje é 29/02
Sabrina	Patrícia mente	

Se hoje são 29 de fevereiro, amanhã será 1º de março e Patrícia falou a verdade.

Se Patrícia falou a verdade, a fala de Sabrina é mentira.

Matemáticos	Diálogo	Verdade
Marcelo (mentira)	Patrícia e Sabrina mentem	Patrícia ou Sabrina não mentem
Patrícia (verdade)	Amanhã será 01/03	Amanhã será 01/03
Marcelo (mentira)	Hoje não é 29/02	Hoje é 29/02
Sabrina (mentira)	Patrícia mente	Patrícia não mente

Quem mentiu foram os matemáticos Marcelo e Sabrina.

MATEMÁTICA E RACIOCÍNIO LÓGICO

164. (Vunesp – Analista Judiciário – TJM/SP – 2021) Um turista está em uma ilha cujos nativos têm um comportamento peculiar: cada um deles ou fala apenas verdades ou fala apenas mentiras. Para facilitar a vida dos turistas, existe uma lei que obriga os nativos a usarem um crachá com seu próprio nome escrito. O turista se encontrou com um grupo de 4 nativos e fez a seguinte pergunta para eles: Quais de vocês falam a verdade? E obteve as seguintes respostas:

- Org: eu ou Com ou Art ou Eti.
- Com: somente eu e Art.
- Art: eu e Com e Org.
- Eti: pelo menos Art.

O turista se despediu, ficou de costas para os quatro nativos e ouviu que um deles gritou: "Eu não sou Org." Desses nativos, quem mentiu foi

a) apenas Com.
b) apenas Art.
c) apenas Com, Art e Eti.
d) apenas Org, Com e Art.
e) Org, Com, Art e Eti.

▷ ***Anotações/Comentários***

Em análise preliminar percebe-se que duas informações não podem ser verdadeiras.

- Com: somente eu e Art.
- Art: eu e Com e Org.

Ambos respondem de maneira diferente a mesma pergunta. Neste caso haverá contradição se qualquer deles falar a verdade, logo, os dois mentiram.

Nativos	Respostas à pergunta: Quem fala verdade?	Conclusão
Org	Org ou Com ou Art ou Eti	
Com (mentira)	Com e Art	Com ou Art mentem
Art (mentira)	Art e Com e Org	Art ou Com ou Org mentem
Eti	Pelo menos Art	

O grito "eu não sou Org" se emitido por qualquer outro que não Org seria uma verdade, logo, não pode ter partido de Com nem de Art.

Se considerar o grito emitido por Eti, ele estaria falando a verdade e a informação prévia dele seria mentirosa. Então, resta apenas o próprio Org. Se foi Org quem gritou, Ele mentiu. Daí concluímos:

Nativos	Respostas à pergunta: Quem fala verdade?	Conclusão
Org (mentira)	Org ou Com ou Art ou Eti	Org, Com, Art e Eti mentem
Com (mentira)	Com e Art	Com ou Art mentem
Art (mentira)	Art e Com e Org	Art ou Com ou Org mentem
Eti	Pelo menos Art	

Na situação apresentada todos mentiram.

165. (Vunesp – Analista Judiciário – TJM/SP – 2021) Beto, Cadu, Dedé e Fran são irmãos e têm idades que são maiores ou iguais a 30 anos e menores ou iguais a 35 anos. Um irmão que tem uma idade, em anos, representada por um número ímpar fala mentiras, caso contrário fala verdades. Observe o seguinte diálogo que esses irmãos tiveram:

- Dedé: Fran é 1 ano mais velho que Cadu.
- Beto: Eu tenho 33 anos.
- Cadu: Eu sou o mais velho dos irmãos.
- Dedé: Cadu é mais velho que Beto.
- Fran: Eu e Dedé temos a mesma idade.
- Beto: Nenhum de nós tem 34 anos.
- Cadu: A soma da minha idade com a idade de Fran é 62 anos.

A soma das idades, em anos, desses quatro irmãos é igual a

a) 124.
b) 125.
c) 128.
d) 132.
e) 135.

▷ ***Anotações/Comentários***

Apesar da variedade de informações, em se tratando de irmãos que falam verdades ou mentiras, o ideal é começar pelas controvérsias do diálogo. Uma informação que isoladamente revela mais que o próprio conteúdo:

- Beto: Eu tenho 33 anos.

Se tivesse 33 estaria falando a verdade e para falar a verdade sua idade seria um número par. Daí, Beto está mentindo e não tem 33 (sua idade é 31 ou 35).

Também:

- Dedé: Fran é 1 ano mais velho que Cadu.
- Cadu: Eu sou o mais velho dos irmãos.

Dedé e Cadu falam um a verdade e outro a mentira.

Vamos tentar algo a partir destas conclusões iniciais. Uma é certa: **Beto fala mentiras**. Outra é uma hipótese: **Dedé fala verdade** e **Cadu fala mentira**.

Irmãos	Informou que:	Conclusão
Dedé (verdade)	Fran 1 ano mais que Cadu	Fran 1 ano mais que Cadu
Beto (mentira)	Beto tem 33	Beto não tem 33
Cadu (mentira)	Cadu é mais velho	Cadu não é mais velho
Dedé (verdade)	Cadu mais velho que Beto	Cadu mais velho que Beto
Fran	Fran e Dedé mesma idade	
Beto (mentira)	Nenhum tem 34	Alguém tem 34
Cadu (mentira)	Cadu e Fran somam 62	Cadu e Fran não somam 62

Seguimos com as inferências a partir da tabela acima.

- Beto tem 31 ou 35 (explicação no início dos comentários).
- Cadu tem 31 ou 33 (mente e não é o mais velho).

Disto, é certo que:

- Beto tem 31 e Cadu tem 33 (Cadu é mais velho que Beto).
- Fran tem 34 (1 ano mais que Cadu).

Ou seja, Fran fala a verdade (idade 34) e, segundo o que ele disse, Dedé tem idade igual a sua.

Finalmente:

- Beto tem 31
- Cadu tem 33
- Fran tem 34
- Dedé tem 34

A soma das idades, em anos, desses quatro irmãos é igual a 132

---

166. (FCC – Oficial de Justiça – TJ/MA – 2019) Beatriz, Érica, Juliana e Natália têm idades de 20 a 22 anos, e sabem as idades umas das outras. Em um treinamento de teatro, as meninas que tinham idade ímpar deveriam sempre falar a verdade e as meninas que tinham idade par deveriam sempre mentir. Nesse treinamento elas tiveram o seguinte diálogo:

- Beatriz: Eu tenho 20 anos.
- Érica: Nenhuma de nós tem 21 anos.
- Juliana: A soma das idades de Érica e Natália é igual a 41 anos.
- Natália: A soma da minha idade com a idade de Juliana é igual a 42 anos.
- Beatriz: Érica tem 21 anos.

A somas das idades, em anos, de Beatriz, Érica, Juliana e Natália é igual a:

a) 83.
b) 82.
c) 81.
d) 84.
e) 85.

▷ ***Anotações/Comentários***

- Beatriz: Eu tenho 20 anos.

É certo que Beatriz não tem 20 (idade par corresponde à mentira) e está mentindo, logo, tem 22 anos.

- Érica: Nenhuma de nós tem 21 anos.

Érica está mentindo, pois, a única idade de quem fala a verdade seria 21. Ela tem 20 ou 22 anos.

- Beatriz: Érica tem 21 anos.

Beatriz está mentindo e, por mentir, sua idade é 20 ou 22.

- Juliana: A soma das idades de Érica e Natália é igual a 41 anos.

Para somar 41 anos, na hipótese de Juliana falar verdade, obrigatoriamente Érica tem 20 e Natália 21.

- Natália: A soma da minha idade com a idade de Juliana é igual a 42 anos.

Se Natália tem 21, falou a verdade e obrigatoriamente Juliana tem 21.

Concluímos que:

- Beatriz tem 22.
- Érica tem 20.
- Juliana tem 21.
- Natália tem 21.

A somas das idades, em anos, de Beatriz, Érica, Juliana e Natália é igual a 84.

---

167. (FCC – Técnico Judiciário – TJ/MA – 2019) André, Bernardo e Carlos foram à Festa da Lógica e cada um deles, na festa, ou deveria dizer somente mentiras ou somente verdades. Ao encontrarem Daniel, que só fala verdades, tiveram a seguinte conversa:

- André: Eu e Carlos estamos falando a verdade.
- Bernardo: André está mentindo.
- Carlos: Amanhã é domingo.
- André: Ontem foi quinta-feira.
- Bernardo: Em cem dias será segunda-feira.

Daniel concluiu, corretamente, que estava(m) mentindo:

a) apenas André.
b) apenas Carlos.
c) André e Bernardo.
d) André e Carlos.
e) Bernardo e Carlos.

▷ ***Anotações/Comentários***

Veja as contradições:

- André: Eu e Carlos estamos falando a verdade.
- Bernardo: André está mentindo.

André ou Bernardo, um fala mentira e outro verdade.

- Carlos: Amanhã é domingo.
- André: Ontem foi quinta-feira.

Um dos dois ou ambos falam mentira.

Ainda, com uma ajuda da matemática, a informação de Bernardo é compatível com a de Carlos.

- Carlos: Amanhã é domingo.
- Bernardo: Em cem dias será segunda-feira.

Então, vamos começar pela hipótese de que Carlos e Bernardo falaram a verdade. Neste caso, André estaria mentindo.

Sujeitos	Informou que:	Conclusão
André (mentira)	André e Carlos verdade	André ou Carlos mentem
Bernardo (verdade)	André mentira	André mente
Carlos (verdade)	Amanhã é domingo	Amanhã é domingo
André (mentira)	Ontem foi quinta	Ontem não foi domingo
Bernardo (verdade)	Em 100 dias será segunda	Em 100 dias será segunda

Não encontramos contradições e quem mentiu foi apenas André.

5. SEQUÊNCIA LÓGICA

168. (FCC – Analista Judiciário – Área Judiciária – TRT 14 – 2022) Em uma brincadeira de roda estão sete crianças: Ana está ao lado de Bia, que está ao lado de Caio, que está ao lado de Dina, que está ao lado de Eva, que está ao lado de Fê, que está ao lado de Gil, que está ao lado de Ana. Essas crianças desfizeram a roda e a montaram novamente; porém, em relação à roda original, nenhum deles ficou ao lado de alguém que estava ao seu lado. Nessa nova roda, Ana não ficou ao lado de Dina, existe uma pessoa que ficou sozinha entre Caio e Gil e uma pessoa que ficou sozinha entre Bia e Eva. Nessa nova roda, as crianças ao lado de Ana são

a) Caio e Eva.

b) Caio e Fê.

c) Eva e Fê.

d) Eva e Gil.

e) Fê e Gil.

▷ ***Anotações/Comentários***

A brincadeira de roda tem originalmente a seguinte formação:

Brincadeira de roda	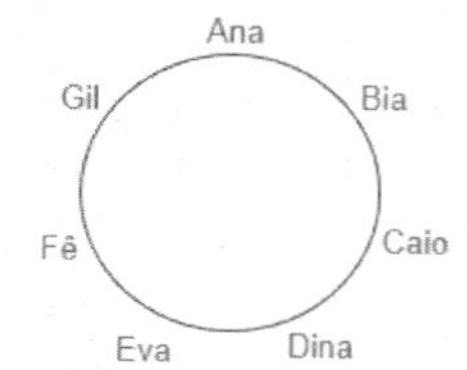

Desfeita a roda, sobre as novas posições sabermos que:

- Ana não ficou ao lado de Dina.

  Guardar essa informação.

- Existe uma pessoa que ficou sozinha entre Caio e Gil.

  Entre Caio o Gil não pode estar nenhuma das crianças que estiveram a seus lados na formação original (Ana, Bia, Dina e Fê), resta apenas Eva

  Considerar lado a lado: Caio, Eva e Gil.

- E uma pessoa que ficou sozinha entre Bia e Eva.

  Bia não está ao lado de Caio (formação original), daí concluímos pela sequência: Caio, Eva, Gil e Bia.

Temos parte da sequência: Caio, Eva, Gil e Bia, quatro crianças. Restam as outras três, Ana, Fê e Dina.

Se Dina não está ao lado de Ana (informação que guardamos para uso posterior), obrigatoriamente a posição da Fê está entre as duas.

Nova formação da brincadeira de roda	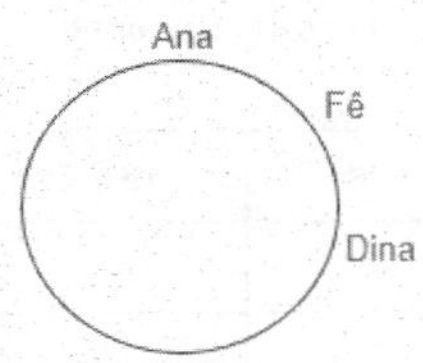

Agora sim Caio, Eva, Gil e Bia. Lembrando que Caio não está ao lado de Dina e Bia não está ao lado de Ana.

Nova formação da brincadeira de roda	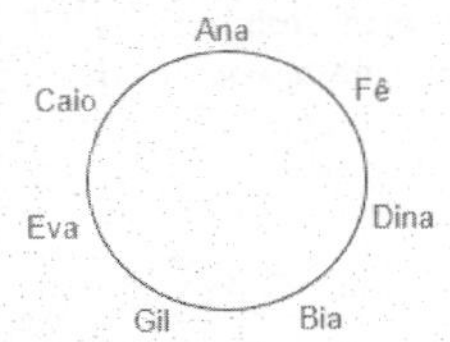

Resposta: Nessa nova roda, as crianças ao lado de Ana são Caio e Fê.

169. (Vunesp – Técnico Judiciário – TJM/SP – 2021) Observando o padrão de formação da sequência 71, 102, 77, 107, 83, 112, 89, 117, ..., o número de elementos que estão entre 1000 e 1111 é

a) 41.

b) 42.

c) 43.

d) 44.

e) 45.

▷ ***Anotações/Comentários***

A sequência pode ser desmembrada em outras duas.

Acréscimo de 6 unidades a cada elemento.	71	77	83	89
Acréscimo de 5 unidades a cada elemento.	102	107	112	117

No primeiro caso, os números são sempre múltiplos de 6 menos uma unidade (72 – 1 = 71), enquanto, no segundo caso, múltiplos de 5 mais duas unidades (100 + 2 = 102).

- Limite inferior 1000

Recordando a matemática, os múltiplos de 6 serão aqueles pares e múltiplos de 3 ao mesmo tempo. O resultado será 1002. Deste subtraímos uma unidade e teremos o limite inferior igual a 1001 para a primeira sequência.

A segunda sequência será um múltiplo de 5, igual a 1000, mais duas unidades, igual a 1002. Este é o limite inferior da segunda sequência.

- Quantidade de elementos

Primeira sequência	(1111 – 1001) / 6 = 18,33
Segundo	(1111 – 1002) / 5 = 21,8

Uma vez que os limites inferior e superior fazem parte do intervalo, é necessário somar uma unidade em cada uma das sequências, o que resultarem em 19 e 22 elementos.

Entre 1000 e 1111 o número de elementos é igual a soma das quantidades 19 e 22 totalizando 41 elementos.

170. (Vunesp – Escrevente Técnico Judiciário – TJ/SP – 2021) Na sequência a seguir (45, 41, 42, 38, 40, 36, 39, 35, 39, 35, 40, 36, 42, 38, 45, 41, 49, ...), a soma entre o elemento da posição 21 e o elemento da posição 26 é igual a

a) 129.

b) 134.

c) 138.

d) 143.

e) 131.

▷ ***Anotações/Comentários***

1º	2º	3º	4º	5º	6º	7º	8º	9º	10º	11º	12º	13º	14º	15º	16º	17º
45	41	42	38	40	36	39	35	39	35	40	36	42	38	45	41	49
-3	-3	-2	-2	-1	-1	0	0	+1	+1	+2	+2	+3	+3	+4		

No quadro está demonstrada a regra de formação da sequência. A cada elemento foi somada a quantidade indicada na terceira linha da tabela para formar o número na segunda posição à frente.

Continuando a sequência.

16º	17º	18º	19º	20º	21º	22º	23º	24º	25º	26º
41	49	45	54	50	60	56	67	63	75	71
+4	+5	+5	+6	+6	+7	+7	+8	+8		

A soma entre o elemento da posição 21, igual a 60, e o elemento da posição 26, igual a 71, tem resultado igual a 131.

171. (Vunesp – Escrevente Técnico Judiciário – TJ/SP – 2021) A sequência das figuras a seguir é infinita e seus sete primeiros termos se repetem, sempre na mesma ordem e com o mesmo padrão de formação.

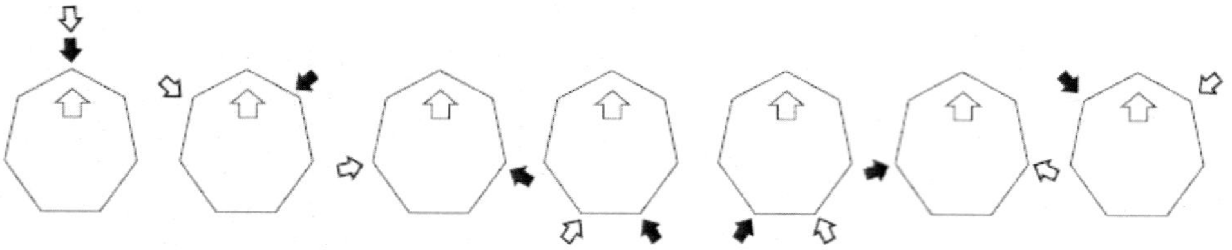

Se forem sobrepostos, um exatamente sobre o outro, o 10º, o 18º e o 42º termos, o único vértice da figura resultante que ficará sem ter uma seta apontando para ele é

a) 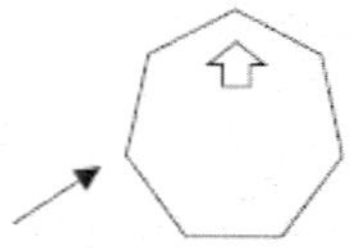

b) 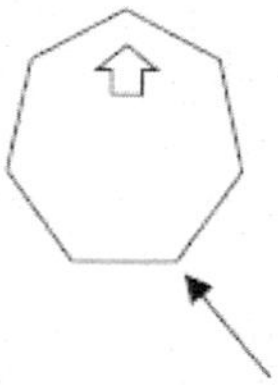

c) 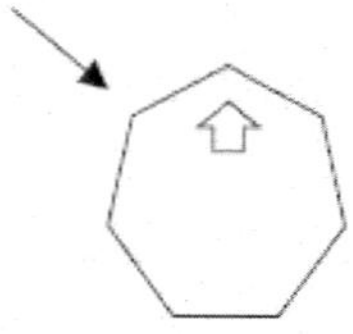

d) 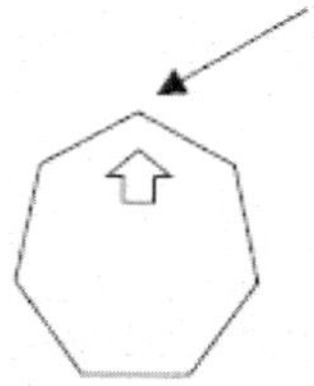

e) 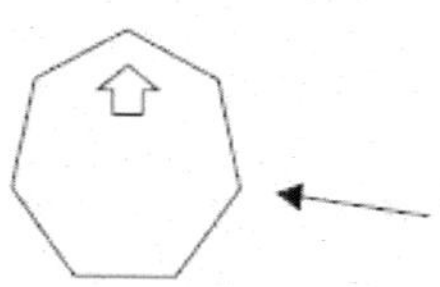

▷ ***Anotações/Comentários***

- Seta preenchida em preto: caminha um vértice no sentido horário a cada figura. São sete vértices.
- Seta não preenchida externa: caminha um vértice no sentido anti-horário a cada figura. São sete vértices.

10º Termo	18º Termo	42º Termo
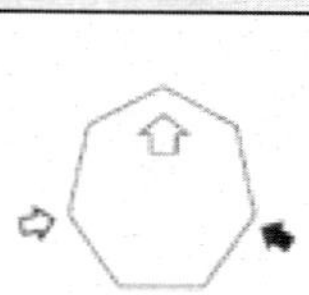	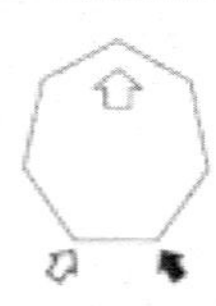	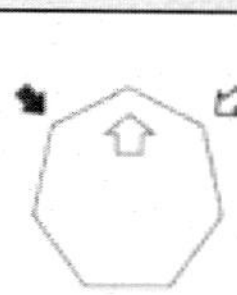

O único vértice sem que haja seta apontando em sua direção é o superior.

Único motivo para o cancelamento da questão é porque todas as figuras têm uma seta na parte interna apontando para o mesmo vértice. Não fosse isso, o gabarito seria D.

172. (Vunesp – Escrevente Técnico Judiciário – TJ/SP – 2021) A sequência a seguir foi criada com um padrão. Os números seguidos por um espaço tracejado são antecedidos por uma vogal, e o número antecedido por um espaço tracejado é seguido por uma vogal.

1A2E3I4O5U6A7E8I9O10U11A12E ... 35_ ... 41_ ... 59_ ... 67_ ... _70 ... E98I99O100

As letras que ocuparão os espaços tracejados, na ordem em que aparecem, são

a) UAOEO

b) UAIEO

c) EAIUO

d) UAEIO

e) AUIEI

▷ ***Anotações/Comentários***

Considerando as cinco vogais, veja os números que as antecedem.

A	E	I	O	U
1, 6, 11	2, 7, 12	3, 8	4, 9	5, 10

Sempre após 1 e 6 segue a letra A, após 2 e 7 segue a letra E e assim por diante.

Mantendo a mesma regra:

- 35**U**
- 41**A**
- 59**O**
- 67**E**
- **O**70

173. (Vunesp – Analista Judiciário – TJM/SP – 2021) Considere a sequência 222, 244, 286, 348, 431, 445, 499, 593, 628, ... em que todos os seus elementos têm três algarismos. Considere agora uma segunda sequência, que tenha o mesmo padrão de formação da sequência anterior, de maneira que seu primeiro elemento seja 333 e que todos os seus elementos têm três algarismos. O número de elementos dessa nova sequência compreendidos entre 600 e 800 é

a) 2.

b) 3.

c) 4.

d) 5.

e) 6.

▷ ***Anotações/Comentários***

Cada elemento da sequência, a partir do segundo, é a soma daquele que o antecede com outro formado pela unidade e centena do anterior.

- 222 (222 + 22 = 244)
- 244 (244 + 42 = 286)
- 286 (286 + 62 = 348)
- 348 (348 + 83 = 431)
- 431

Iniciando por 333, com a mesma regra:

- 333 (333 + 33 = 366)
- 366 (366 + 63 = 429)
- 429 (429 + 94 = 523)
- 523 (523 + 35 = 558)
- 558 (558 + 85 = 643)
- 643 (643 + 36 = 679)
- 679 (679 + 96 = 775)
- 775 (775 + 57 = 832)
- 832

O número de elementos dessa nova sequência compreendidos entre 600 e 800 é igual a 3 (643, 679 e 775).

6. CONJUNTOS

174. (CEBRASPE – Analista Judiciário – Área Administrativa – TJ/ES – 2023) O item a seguir apresenta uma situação hipotética seguida de uma assertiva a ser julgada com base em análise combinatória, probabilidade, operações com conjuntos e problemas geométricos.

Considere que 44 servidores falem uma ou mais línguas estrangeiras e que, entre eles, 12 servidores falem apenas inglês; 10 falem apenas espanhol; 11 falem apenas francês; 1 fale inglês e francês; 2 falem espanhol e francês; e 17 falem francês. Nessa situação, 7 servidores falam inglês e espanhol, mas não falam francês.

▷ ***Anotações/Comentários***

Existe um grupo de servidores que falam línguas estrangeiras, alguns mais do que uma. Essa é a situação para qual os conjuntos são a ferramenta ideal para a resolução.

Sabemos que:

- Servidores = 44
- Apenas inglês = 12
- Apenas espanhol = 10
- Apenas francês = 11
- Inglês e francês = 1
- Espanhol e francês = 2
- Francês = 17

As mesmas informações estão repetidas abaixo nos três conjuntos, cada um representa uma língua falada pelos servidores.

Conjuntos: **Inglês = I** **Espanhol = E** **Francês = F**	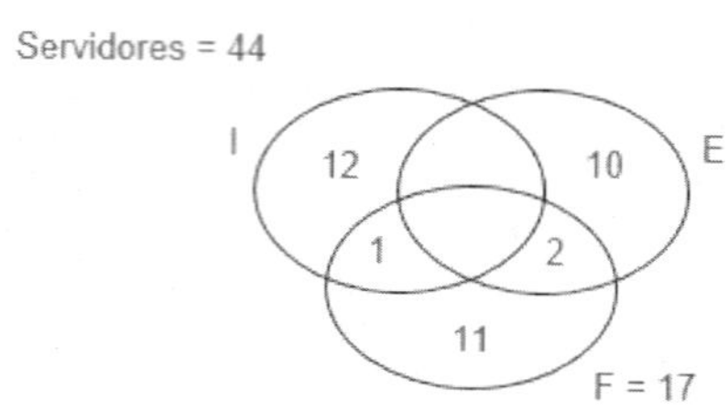

A última informação diz que 17 servidores falam francês e o conjunto "F" tem 14 elementos, portanto, são 3 servidores que falam as três línguas (intersecção entre os três conjuntos).

Intersecção entre os três conjuntos	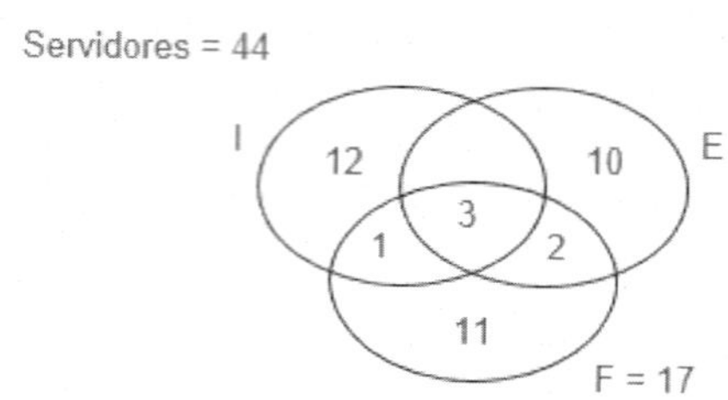

A afirmativa completa dizendo:

- 7 servidores falam inglês e espanhol, mas não falam francês

Enfim, nosso objetivo é verificar se realmente são 7 os servidores que falam apenas inglês e espanhol.

Esta última intersecção, exatamente a quantidade de servidores que falam inglês e espanhol é a diferença para completar 44 elementos nos conjuntos (44 servidores).

Diferença: **44 – (12+1+3+10+2+11)**	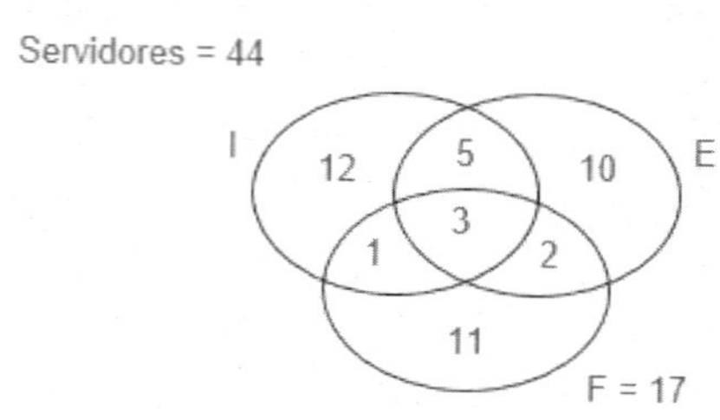

Resposta: São 5 servidores que falam inglês e espanhol e não 7 como afirmado.

---

175. (Vunesp – Escrevente Técnico Judiciário – TJ/SP – 2021) Observe o diagrama a seguir.

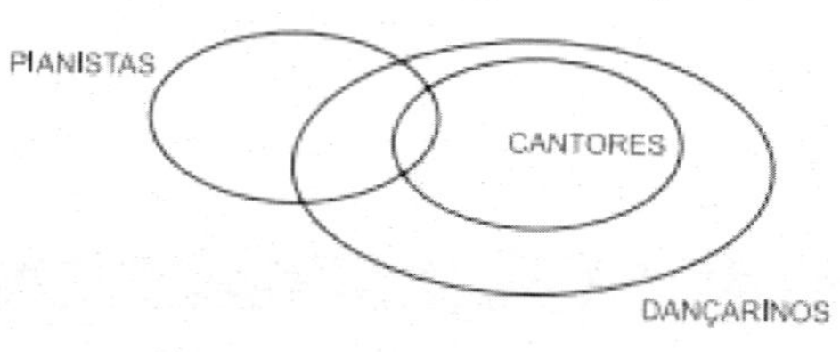

A partir das informações fornecidas pelo diagrama, conclui-se que a única afirmação verdadeira é:

a) Os cantores pianistas são dançarinos.

b) Todo pianista é cantor ou dançarino.

c) Os pianistas que não são dançarinos são cantores.

d) Todo cantor é pianista.

e) Os dançarinos que são pianistas são cantores.

▷ ***Anotações/Comentários***

a) **Os cantores pianistas são dançarinos.**

Correto, conforme destaque no diagrama abaixo.

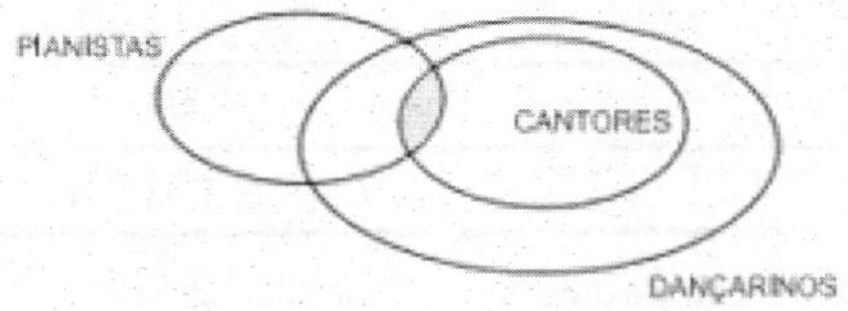

b) **Todo pianista é cantor ou dançarino.**

Para que estivesse correto, o conjunto "pianista" deveria estar totalmente inserido em um dos conjuntos "cantores" ou "dançarinos".

c) **Os pianistas que não são dançarinos são cantores.**

Existe pianista que não são dançarinos e também não são cantores.

d) **Todo cantor é pianista.**

Para isso, o conjunto "cantores" deveria estar totalmente inserido no conjunto "pianistas".

e) **Os dançarinos que são pianistas são cantores.**

Existe dançarinos que são pianistas e não são cantores.

176. (Vunesp –Analista Judiciário – TJM/SP – 2021) Uma palestra teve a participação de 113 professores com licenciatura. Desses professores 46 também são formados em engenharia e 53 também são formados em economia. No total, 21 professores têm apenas licenciatura. O número de professores que também são formados em economia e engenharia é

a) 5.

b) 6.

c) 7.

d) 8.

e) 9.

▷ ***Anotações/Comentários***

Sabe-se que na palestra:

- Participação = 113 professores com licenciatura
- Licenciatura e engenharia = 46
- Licenciatura e economia = 53
- Licenciatura = 21

Distribuindo em conjuntos, temos:

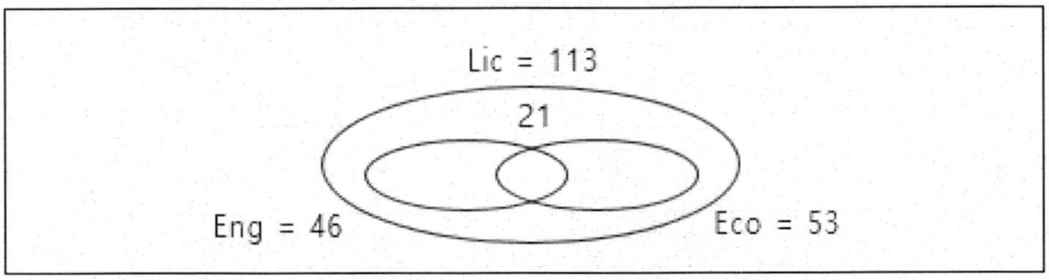

Do total, 113, excluídos os somente licenciatura, engenheiro e economistas, o resultado será -7 (sete negativo). Significa que sete professores são formados nas duas disciplinas, engenharia e economia.

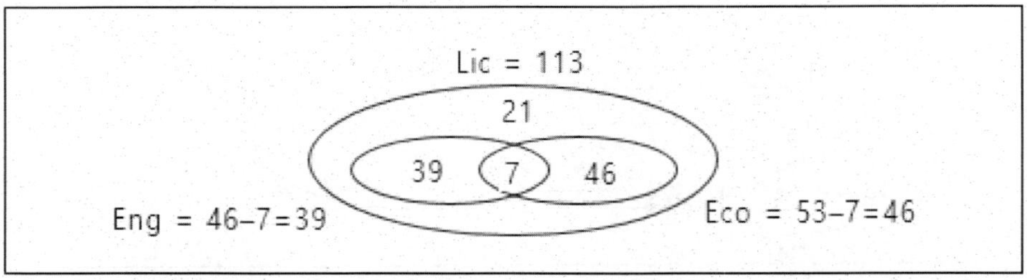

O número de professores que são formados em economia e também engenharia é igual a 7.

177. (Cebraspe –Técnico Judiciário – TJ/PR – 2019) Em determinado tribunal, os conselheiros atuam nos conselhos I, II e III, podendo atuar em apenas um, em dois ou em todos os conselhos, como mostra a tabela seguinte.

quantidade de conselheiros	conselho de atuação
35	I
25	II
24	III
10	I e II
12	I e III
8	II e III
4	I, II e III

Nesse caso, a quantidade de conselheiros que atuam em, no máximo, um dos conselhos é igual a

a) 26.
b) 36.
c) 50.
d) 58.
e) 84.

▷ ***Anotações/Comentários***

Muito mais fácil visualizar e entender a participação dos conselheiros, em vez do quadro dado, é por meio de conjuntos.
O caminho começa pela intersecção dos três conselhos.

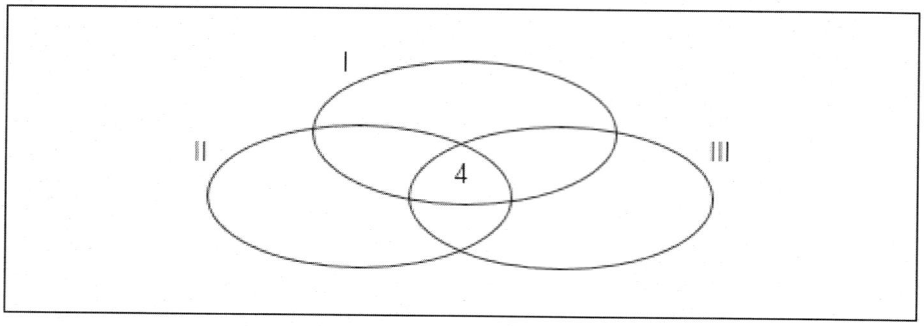

Após, os que participam de dois conselhos. Lembrar de excluir os 4 conselheiros que se encontram nesta situação.

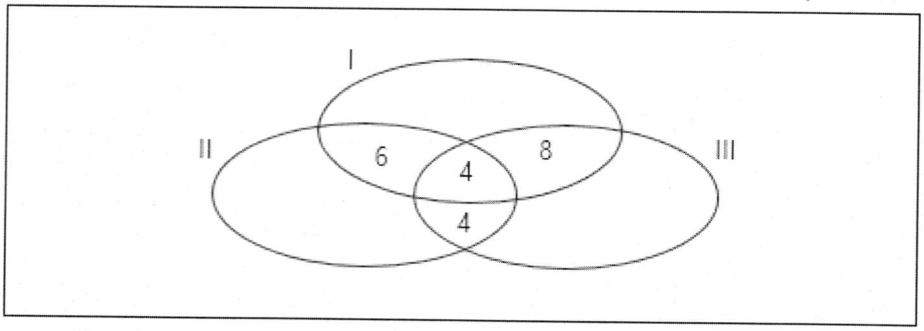

Enfim, aqueles que participam de apenas um conselho, também excluindo os que se encontram no mesmo conselho.

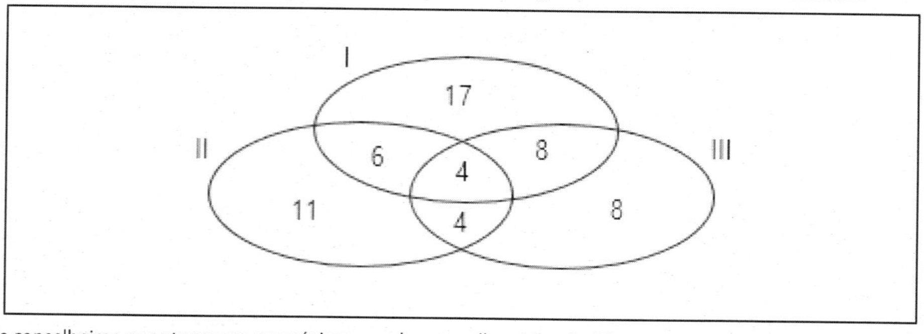

A quantidade de conselheiros que atuam em, no máximo, um dos conselhos é igual a 36.

178. (FCC – Técnico Judiciário – TRF 3ª Região – 2019) O número de matriculados nas disciplinas de Cálculo, Estatística e Microeconomia é 150. Sabe-se que 12 deles cursam simultaneamente Microeconomia e Estatística, e que 80 deles cursam somente Cálculo. Os alunos matriculados em Microeconomia não cursam Cálculo. Se a turma de Cálculo tem 96 alunos e a de Estatística, 35, o número de alunos na turma de Microeconomia é

a) 12.
b) 47.
c) 7.
d) 28.
e) 23.

▷ ***Anotações/Comentários***

Dados das matrículas das três disciplinas:

- Total matrículas = 150
- Microeconomia e Estatística = 12
- Só Cálculo = 80
- Microeconomia não cursam Cálculo
- Cálculo = 96
- Estatística = 35

Dos seis itens acima, quatro deles trazem informações que colocamos diretamente no diagrama.

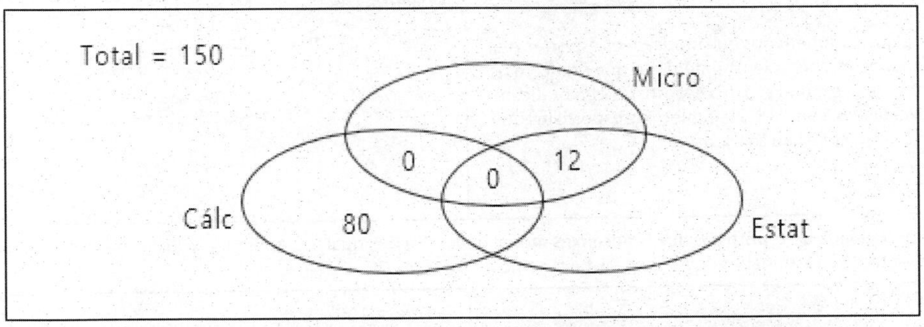

Em relação aos totais de matriculados em Cálculo e Estatística, subtrair as quantidades já indicadas nos respectivos conjuntos.

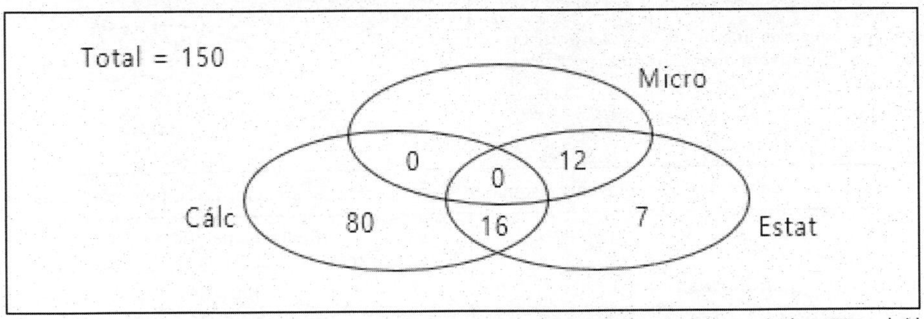

Para completar o diagrama, a quantidade de matrículas apenas em Microeconomia é igual ao total de matrículas, 150, excluídas todas as matrícula distribuídas no diagrama.

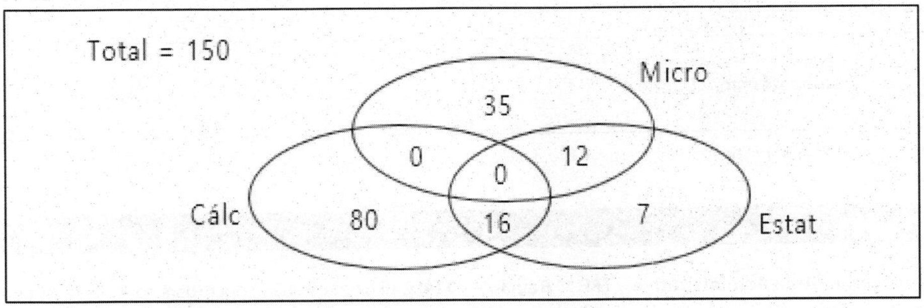

O número de alunos na turma de Microeconomia é igual 47 (35 + 12 = 47).

179. (Vunesp – Escrevente Técnico Judiciário – TJ/SP – 2018) Em um grupo de 100 esportistas que praticam apenas os esportes A, B ou C, sabe-se que apenas 12 deles praticam os três esportes. Em se tratando dos esportistas que praticam somente dois desses esportes, sabe-se que o número dos que praticam os esportes A e B é 2 unidades menor que o número dos que praticam os esportes A e C, e o número dos esportistas que praticam B e C excede em 2 unidades o número de esportistas que praticam os esportes A e C. Sabe-se, ainda, que exatamente 26, 14 e 12 esportistas praticam, respectivamente, apenas os esportes A, B e C. Dessa forma, o número total de esportistas que praticam o esporte A é

a) 54
b) 60
c) 85
d) 56
e) 62

▷ ***Anotações/Comentários***

Existe a possibilidade de formular equações para a resolução deste tipo de questão, reconheço, tem que ter atenção e uma porção razoável de paciência. Impraticável para qualquer concursando.

Para a sua prova, não há outra coisa a fazer senão trabalhar com conjuntos e suas intersecções.

Em um grupo de 100 esportistas que praticam apenas os esportes A, B ou C, sabe-se que apenas 12 deles praticam os três esportes.	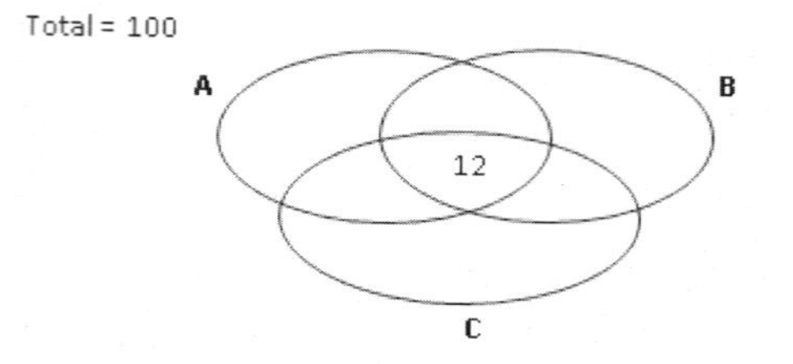

A parte central, intersecção dos três conjuntos, evidencia os esportistas que praticam as três modalidades de esporte.

Sabe-se que o número dos que praticam os esportes A e B é 2 unidades menor que o número dos que praticam os esportes A e C, e o número dos esportistas que praticam B e C excede em 2 unidades o número de esportistas que praticam os esportes A e C.	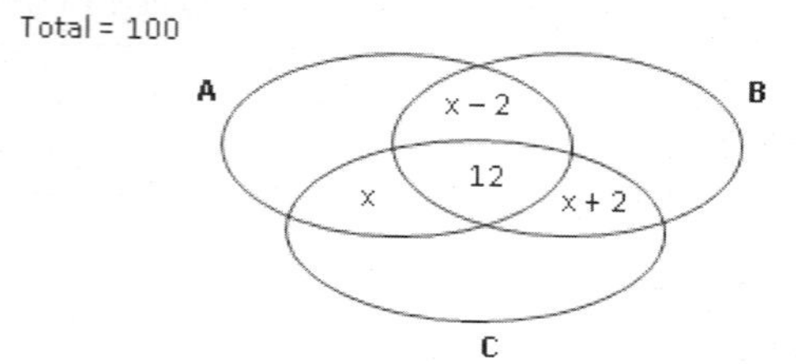

Definimos que a quantidade de esportistas que praticam as modalidades A e C é igual a x. Apoiado exclusivamente no enunciado, definimos as expressões que representam as quantidades de A e B (x – 2) bem como de B e C (x + 2).

Sabe-se, ainda, que exatamente 26, 14 e 12 esportistas praticam, respectivamente, apenas os esportes A, B e C.	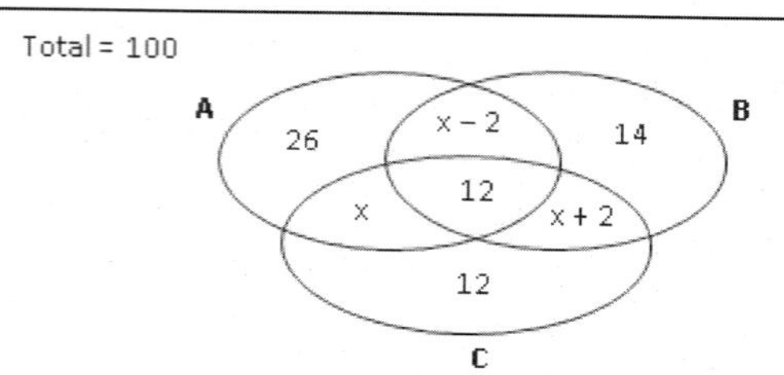

A única equação a ser utilizada iguala o total de atletas com o somatório de cada uma das áreas formadas pelos três conjuntos

Cálculo de x.	Total = Somatório das Áreas 100 = 26 + 14 + 12 + 12 + x + x–2 + x+2 100 = 64 + 3x x = 36/3 x = 12

Passamos à análise isolada do conjunto A.

Praticantes modalidade A	A = 26 + 12 + x + x–2 A = 26 + 12 + 12 + 12–2 A = 60

O número total de esportistas que praticam o esporte A é igual a 60.

7. PROBLEMAS LÓGICOS

180. (FCC – Técnico Judiciário – Área Administrativa – TRF 3ª Região – 2024) Cinco amigos não concordam sobre o dia em que ocorreu o último encontro.

- Laís disse que foi em uma quarta-feira, dia 09 de outubro.
- Marcos disse que foi em uma sexta-feira, dia 09 de outubro.
- Nair disse que foi em uma sexta-feira, dia 10 de novembro.
- Olga disse que foi em uma quarta-feira, dia 10 de outubro.
- Paulo disse que foi em uma quarta-feira, dia 10 de novembro.

Apenas um deles está correto, mas nenhum dos outros está totalmente errado, pois acertou pelo menos o dia da semana, o dia do mês ou o mês. O nome de quem está correto é

a) Olga.

b) Marcos.

c) Laís.

d) Paulo.

e) Nair.

▷ ***Anotações/Comentários***

Foi dito, sobre as falas dos cinco amigos, que apenas um disse a verdade, o que não significa que os outros mentiram. Como o examinador relata, *"nenhum dos outros está totalmente errado"*, ou seja, podemos dizer que disseram meia verdade, enfim, vamos trabalhar com o que nos foi informado.

Atentando para o fato de serem muitas informações, pois são cinco amigos, o melhor é evitar confusões numa tentativa de resolver sem um mínimo de estruturação dos dados.

Amigos	Dia da Semana	Dia do Mês	Mês
Laís	Quarta	09	Outubro
Marcos	Sexta	09	Outubro
Nair	Sexta	10	Novembro
Olga	Quarta	10	Outubro
Paulo	Quarta	10	Novembro

Se todos que falaram meias verdades há um dado informado corretamente, a pessoa que disse totalmente a verdade deve ter uma relação igual com todos os demais.

Parece que a informações ficou um tanto quanto confusa! Vamos entender, na prática, assumindo que Laís disse a verdade total.

Amigos	Dia da Semana	Dia do Mês	Mês
Laís	**Quarta**	**09**	**Outubro**
Nair	Sexta	10	Novembro

Se o que foi dito por Laís é verdade, observe que Nair teria passado apenas informações falsas, portanto, fugiu da regra.

Repetimos o teste com o segundo da lista, Marcos.

Amigos	Dia da Semana	Dia do Mês	Mês
Marcos	**Sexta**	**09**	**Outubro**
Paulo	Quarta	10	Novembro

Neste caso, as informações de Paulo são todas falsas.

A Próxima da lista, Nair, descartamos porque é incompatível com o que disse Laís (primeiro teste). O mesmo vale para Paulo porque de acordo com o outro teste, é incompatível com o que foi dito por Marcos.

Por exclusão, quem disse a verdade completa foi a Olga.

Amigos	Dia da Semana	Dia do Mês	Mês
Laís	Quarta	09	Outubro
Marcos	Sexta	09	Outubro
Nair	Sexta	10	Novembro
Olga	**Quarta**	**10**	**Outubro**
Paulo	Quarta	10	Novembro

Grifamos as informações verdadeiras, tudo de acordo com as restrições impostas pelo enunciado da questão.

Resposta: A amiga que prestou todas as informações corretas foi Olga.

181. (Vunesp – Técnico Judiciário – TJM/SP – 2021) Em um grupo de 109 atletas, 48 são homens. Cada um desses atletas pratica handebol ou natação, mas somente um esporte por atleta. Entre os homens, 22 jogam handebol e, no total, 50 atletas praticam natação. O número de mulheres que jogam handebol é

a) 34.

b) 37.

c) 40.

d) 43.

e) 46.

▷ ***Anotações/Comentários***

Primeiro identificar as informações do problema.

- Atletas = 109
- Homens = 48
- Cada um dos atletas pratica handebol ou natação (apenas um esporte)
- Homens/handebol = 22

MATEMÁTICA E RACIOCÍNIO LÓGICO

- Total/natação = 50

Abaixo as mesmas informações com visual mais amigável.

	Handebol	Natação	Total
Homens	22		**48**
Mulheres			
Total		**50**	**109**

Completar o quadro.

	Handebol	Natação	Total
Homens	22	26	**48**
Mulheres	37	24	**61**
Total	**59**	**50**	**109**

O número de mulheres que jogam handebol é igual a 37.

182. (Vunesp – Escrevente Técnico Judiciário – TJ/SP – 2021) Na gaveta de camisetas de Jeferson há 5 camisetas pretas, 7 camisetas vermelhas e 9 camisetas azuis. O menor número de camisetas que Jeferson precisará retirar da gaveta, de maneira aleatória e sem saber quais camisetas estão saindo, para ter certeza de ter retirado pelo menos uma camiseta preta e uma camiseta azul, é

a) 14.
b) 18.
c) 16.
d) 20.
e) 17.

▷ ***Anotações/Comentários***

Na gaveta de Jeferson tem camisas nas quantidades e cores:

- 5 pretas
- 7 vermelhas
- 9 azuis

Sem saber quais camisetas são retiradas e para que tenha certeza de ter retirado pelo menos uma camiseta preta e uma camiseta azul, é preciso pensar no pior cenário: Ter retirado todas as vermelhas (7), todas as azuis (9) e mais uma que seria a preta, totalizando 17 camisetas.

Entre azuis e pretas, como precisamos de uma de cada, o pior cenário é tirar 9 azuis e nenhuma preta, por isso, as azuis estão antes das pretas (explicação parágrafo precedente).

Para ter certeza de ter retirado pelo menos uma camiseta preta e uma camiseta azul, é necessário retirar 17 camisetas.

183. (Vunesp – Técnico Judiciário – TJM/SP – 2021) João aprendeu a copiar e colar as palavras no computador. Ele copiou e colou a palavra PIRAPORA, várias vezes, uma seguida da outra, sem espaços entre elas. Cada linha ficou com exatamente 59 letras e, quando uma palavra não cabia na linha, ela continuava na linha seguinte. Por exemplo, na primeira linha, as 3 últimas letras são PIR e, na segunda linha, as 5 primeiras letras são APORA. Em dado momento, após colar uma palavra, parte dela ficou na primeira página e parte dela na segunda página. Se o total de letras P na primeira página foi 767, a última letra da primeira página (ou seja, a última letra da última linha) foi

a) P.
b) I.
c) R.
d) A.
e) O.

▷ ***Anotações/Comentários***

Conforme informado:

- Cada = 59 letras
- P (na primeira) = 767

São duas letras P em cada palavra PIRAPORA, razão pela qual dividimos 767 por dois cuja resposta é igual a 383,5, ou seja, foram escritas 383 palavras completas e estaríamos escrevendo a de número 384.

Se estamos falando de uma palavra com oito letras:

Quantidade de palavras PIRAPORA	384 . 8 = 3072

Chegamos no total de 3072 letras das quais ficaram na primeira página o equivalente a um número múltiplo de 59 (quantidade por linha). O resta são as letras que ficaram para a página seguinte.

Quantidade de letras que passaram para a página 2	3072 / 59 = 52,... Resto = 4

AS últimas 4 letras (PORA) ficaram para a segunda página, o que nos faz crer que a primeira página terminou com a letra A (PIR**A**PORA).

184. (Vunesp – Analista Judiciário – TJM/SP – 2021) Um jogo para duas pessoas consiste em cada uma retirar de uma caixa, alternadamente, de 4 a 9 fichas. Ganha o jogo quem conseguir fazer com que, na vez do adversário, tenham de 1 a 4 fichas na caixa. Se no início do jogo existem 123 fichas na caixa, o primeiro a jogar, em sua primeira retirada, tem duas possibilidades de retirada de fichas que garantem que ele ganhe o jogo. Essas duas possibilidades são

a) 4 ou 5 fichas.

b) 5 ou 6 fichas.

c) 6 ou 7 fichas

d) 7 ou 8 fichas.

e) 8 ou 9 fichas.

▷ ***Anotações/Comentários***

Vamos chamar os jogadores de vencedor (vai inicial a disputa) e perdedor.

A regra considera que cada um pode retirar de 4 a 9 fichas por rodada e será considerado perdedor aquele que estiver na vez de jogar e estarem de 1 a 4 fichas.

A situação apresentada remete para uma resolução partindo do final do jogo: O vencedor precisa chegar na penúltima rodada com um total de fichas entre 5 e 13. Desta forma, com retirara de 4 a 9 fichas, sobrarão entre 1 e 4 fichas.

Jogador	Fichas	Observação
Perdedor	1 a 4	
Vencedor	5 a 13	5 – 4 = 1 e 13 – 9 = 4

Na rodada anterior o perdedor só pode conseguir, após sua retirada, deixar de 5 a 13 fichas.

Jogador	Fichas	Observação
Perdedor	1 a 4	
Vencedor	5 a 13	5 – 4 = 1 e 13 – 9 = 4
Perdedor	14 a 17	14 – 9 = 5 e 17 – 4 = 13

O vencedor, em rodada anterior, para manter o controle, deve deixar entre 14 a 17 fichas.

Jogador	Fichas	Observação
Perdedor	1 a 4	
Vencedor	5 a 13	5 – 4 = 1 e 13 – 9 = 4
Perdedor	14 a 17	14 – 9 = 5 e 17 – 4 = 13
Vencedor	18 a 26	18 – 4 = 14 e 26 – 9 = 17

Pronto, existe um padrão. As duas jogadas anteriores serão:

Jogador	Fichas	Observação
Perdedor	1 a 4	
Vencedor	5 a 13	5 – 4 = 1 e 13 – 9 = 4
Perdedor	14 a 17	14 – 9 = 5 e 17 – 4 = 13
Vencedor	18 a 26	18 – 4 = 14 e 26 – 9 = 17
Perdedor	27 a 30	
Vencedor	31 a 39	

Você pode reproduzir cada rodada ou aproveitar o padrão, por exemplo, perdedor sempre um múltiplo de 13 mais uma unidade. Se fizer 13 x 10 o resultado ultrapassa a quantidade de 123 fichas, então, vamos tentar 13 x 9 = 117.

Jogador	Fichas	Observação
Perdedor	1 a 4	
Vencedor	5 a 13	5 – 4 = 1 e 13 – 9 = 4
Perdedor	14 a 17	14 – 9 = 5 e 17 – 4 = 13
Vencedor	18 a 26	18 – 4 = 14 e 26 – 9 = 17

MATEMÁTICA E RACIOCÍNIO LÓGICO

Perdedor	27 a 30	
Vencedor	31 a 39	
Perdedor	118 a 121	

Anterior a esta jogada é o início do jogo com 123 fichas. Para o primeiro jogador dominar a partida, ele precisar retirar uma quantidade de 4 a 9 fichas de tal forma que deixe para o adversário (perdedor) uma quantidade entre 118 a 121, logo, 4 ou 5 fichas são as opções válidas cujos resultados são 119 e 118 respectivamente.

185. (FCC – Analista Judiciário – TRF 4ª Região – 2019) Os círculos da figura abaixo devem ser preenchidos com os números 1, 2, 3, 4, 5, 6 e 7, sem repetir, de tal forma que a soma de três números alinhados seja sempre a mesma.

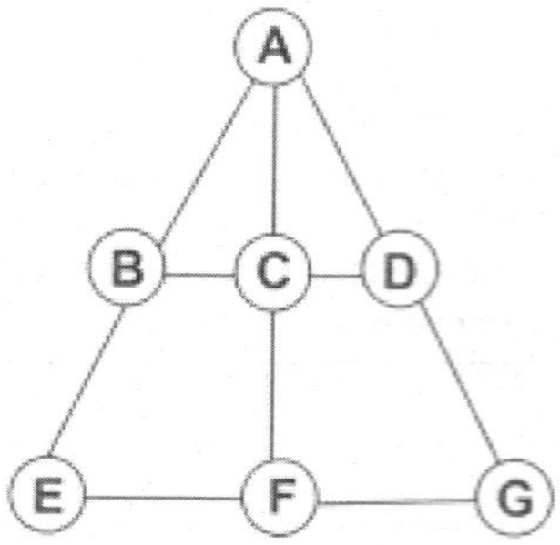

O número que NÃO pode ocupar o círculo E é

a) 1
b) 2
c) 3
d) 4
e) 5

▷ ***Anotações/Comentários***

Questão de raciocínio lógico matemático, mas vamos por partes, primeiro a lógica:

As letras estão alinhadas de três em três e, importante, cada uma delas ligada a outras duas à exceção da letra A, que está conectada a outras três letras.

Alinhamentos com A	A + B + E A + C + F A + D + G

Qualquer outra letra se repete em dois alinhamentos.

Agora a parte matemática. Como a sequência numérica tem mesmo distanciamento entre cada elemento, dá pra formar pares ordenados com valores equidistantes em torno da média ficando o elemento central isolado.

Pares ordenados com valore equidistantes em torno da média	(1, 7); (2, 6); (3, 5)

As exceções, letra A no caso lógico e o número 4 na análise matemática, não são meros acasos, mais sim a indicação de que a letra A somente pode assumir o valor 4. No sentido contrários, nenhuma outra letra poderá assumir o valor 4, inclusive a letra E.

Todas as composições numéricas seguirão a seguinte estrutura:

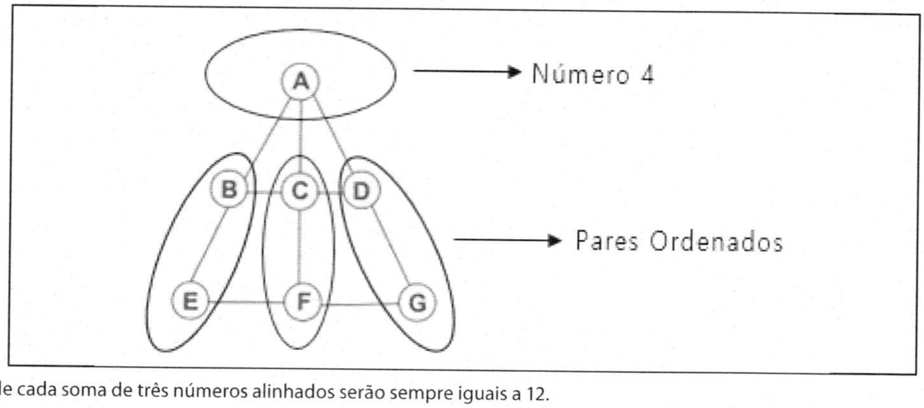

Os resultados de cada soma de três números alinhados serão sempre iguais a 12.

Alterando as posições dos pares ordenados e de seus valores, a letra E pode assumir qualquer valor exceto 4.

186. (Vunesp – Escrevente Técnico Judiciário – TJ/SP – 2018) "Carlos tem apenas 3 irmãs, e essas 3 irmãs cursam o ensino superior". Supondo verdadeira a afirmação apresentada, é correto afirmar que

a) Carlos cursa o ensino superior.
b) Carlos não cursa o ensino superior.
c) se Ana cursa o ensino superior, então ela é irmã de Carlos.
d) se Rute não cursa o ensino superior, então ela não é irmã de Carlos.
e) se Bia não é irmã de Carlos, então ela não cursa o ensino superior.

▷ ***Anotações/Comentários***

O examinador foi econômico na elaboração do enunciado. Razão pela qual vamos direto às alternativas.

a) Carlos cursa o ensino superior.

b) Carlos não cursa o ensino superior.

Nenhuma afirmação pode ser feita sobre Carlos frequentar ou não curso superior, uma vez que não há qualquer referência acerca da relação.

Ambas as alternativas estão erradas.

c) se Ana cursa o ensino superior, então ela é irmã de Carlos.

Ana, realmente, pode ser irmã de Carlos, entretanto, não é uma afirmação conclusiva, mas sim uma possibilidade. Sabemos que todas as irmãs de Carlos cursam ensino superior, mas a recíproca não é verdadeira, existe um universo de mulheres que cursam ensino superior que não são irmãs de Carlos.

Alternativa errada.

d) se Rute não cursa o ensino superior, então ela não é irmã de Carlos.

A informação é precisa. A certeza é que as irmãs de Carlos são estudantes de curso superior, portanto, qualquer pessoa não estudante de curso superior consequentemente não é irmã de Carlos.

Alternativa correta.

e) se Bia não é irmã de Carlos, então ela não cursa o ensino superior.

A lógica é a mesma que aquela utilizada para explicar a alternativa "c", existe um universo de mulheres que não são irmãs de Carlos e que podem ou não frequentando curso superior.

Alternativa errada.

---

187. (FGV – Oficial de Justiça – TJ/SC – 2018) Em uma urna há 5 bolas amarelas, 7 bolas verdes e 4 bolas azuis. O número mínimo de bolas a ser retirado aleatoriamente da urna, sem lhes ver a cor, para se ter certeza de que serão retiradas pelo menos duas bolas verdes é:

a) 14;
b) 13;
c) 11;
d) 9;
e) 8.

▷ ***Anotações/Comentários***

Para ter certeza de que foram retiradas ao menos duas bolas verdes, desconhecendo as cores das bolas retiradas, é preciso pensar no pior cenário.

Bolas retiradas	5 Amarelas 4 Azuis

Após retirar 9 bolas, 5 amarelas e 4 azuis, a partir da 10ª retirada passamos a certeza de que teremos bolas verdes, e como estamos falando de pelo menos 2 bolas delas, há necessidade de 11 retiradas.

PARTE III – NOÇÕES DE ESTATÍSTICA

1. MEDIDAS DE POSIÇÃO

188. (Instituto Verbena UFG – Analista Judiciário – Oficial de Justiça – TJ/GO – 2024) Um grupo de ginastas realizou uma apresentação no solo, e cada uma das ginastas obteve uma nota para sua performance. As notas estão descritas na tabela a seguir.

Ginasta	Mota
A	9,0
B	7,2
C	3,4
D	5,8
E	9,3
F	7,3
G	8,5
H	9,7

Qual é a mediana das notas obtidas pelas ginastas na apresentação?

a) 7,3.

b) 7,9.
c) 8,5.
d) 9,1.

▷ ***Anotações/Comentários***

O que é mediana?

A mediana é a medida que ocupa posição central de um grupo de medidas. Dois detalhes para identificar a mediana, primeiro, o conjunto de medidas deve estar em ordem, independente se é crescente ou decrescente. Segundo, se a quantidade de elementos do conjunto for par, não haverá um único termo central, neste caso, a mediana será a média aritmética simples entre os dois elementos centrais.

Conforme orientado, vamos colocar as notas das ginastas em ordem.

Ginasta	Mota
H	9,7
E	9,3
A	9,0
G	**8,5**
F	**7,3**
B	7,2
D	5,8
C	3,4

A quantidade de notas é igual a oito e, por essa razão, haverá duas notas centrais (acima em negrito).

A mediana será a média das notas centrais.

Mediana (Me)	Me = (8,5 + 7,3)/2 Me = 15,8 / 2 Me = 7,9

Resposta: A mediana das notas obtidas pelas ginastas na apresentação é igual a 7,9

189. (Instituto Verbena UFG – Analista Judiciário – Oficial de Justiça – TJ/AC – 2024) Leia a tabela a seguir. De acordo com o Instituto Brasileiro de Geografia e Estatística (IBGE), o crescimento populacional do Acre, de 1920 a 2010, se deu da seguinte forma:

Ano	População
1920	92.379
1940	79.768
1950	114.755
1960	160.208
1970	218.006
1980	306.893
1991	417.165
2000	557.882
2010	733.559

Censo 2022 – Panorama. Disponível em: <https://censo2022.ibge.gov.br/panorama/?utm_source=ibge&utm=medium=home&utm_campaign=portal> Acesso em: 22 fev. 2024.

A população do Acre, de acordo com o censo de 2022, era de 830.018 habitantes. Posto isso, a diferença entre a mediana dos tamanhos populacionais de 1920 a 2022 e a mediana dos tamanhos populacionais de 1920 a 2010, exposta na tabela, é

a) 44.443,5.
b) 57.798,0.
c) 88.887,0.
d) 102.241,5.

▷ ***Anotações/Comentários***

A resposta para a questão depende da medida de duas medianas, mas, antes delas, a tabela apresenta a população até 2010 e o enunciado acrescenta o tamanho populacional registrado no censo de 2022.

Ano	População
1920	92.379
1940	79.768
1950	114.755
1960	160.208
1970	218.006
1980	306.893
1991	417.165
2000	557.882
2010	733.559
2022	830.018

- Mediana do tamanho populacional para o período 1920 a 2022.

  Considerando ímpar a quantidade do tamanho populacional para o período, há necessidade de calcular a média dos dois tamanhos centrais.

Mediana (Me)	Me = (218.006 + 306.893)/2 Me = 524.899 / 2 Me = 262.449,5

- Mediana do tamanho populacional para o período 1920 a 2010.

  Neste caso a quantidade de tamanho é um número ímpar, logo, uma única medida central.

Ano	População
1920	92.379
1940	79.768
1950	114.755
1960	160.208
1970	**218.006**
1980	306.893
1991	417.165
2000	557.882
2010	733.559

Conhecidas as medianas, 262.449,5 e 218.006, calculamos a diferença entre as elas.

Diferença (D) das Mediana	D = 262.449,5 – 218.006 D = 44.443,5

Resposta: A diferença entre a mediana dos tamanhos populacionais de 1920 a 2022 e a mediana dos tamanhos populacionais de 1920 a 2010 é igual a 44.443,5.

190. (FGV – Técnico Judiciário – TJ/AP – 2024) Considere a amostra formada por números inteiros: 2, 5, 9, X, Y, 2, 6. Sabe-se que 4 < X < Y, que a amostra dada tem moda única e que a média é igual à mediana. A soma dos possíveis valores de X é:

a) 13;

b) 14;

c) 15;

d) 16;

e) 17.

MATEMÁTICA E RACIOCÍNIO LÓGICO

▷ ***Anotações/Comentários***

A Fundação Getúlio Vargas é famosa pelas questões que exigem do candidato não apenas conhecer a matéria, mas também que ele ponha em prática o raciocínio.

Para esta resolução faremos o passo a passo como se estivéssemos resolvendo a prova.

Se a mediana é uma medida a ser tratada, antes de qualquer cálculo, colocaremos os elementos em ordem.

Rol de números inteiros	2, 2, 5, 6, 9

Restam os números representados por X e Y e, sobre eles, sabemos que: 4 < X < Y, ainda:

- A amostra tem moda única.
- A média é igual a mediana.

O examinador disse que a moda é única. Uma vez que o número 2 repete-se, entendemos que este é a moda. Se não fosse assim, caso admitíssemos valor 5 ou 6 para X, chegaríamos em uma segunda moda, o que contradiz o enunciado.

Face às explicações anteriores, é certo que X, sendo maior que 4 e por ser um número inteiro, pode ser igual a: 7, 8, 10, 11, 12 e por aí vai.

Descartamos os valores 5, 6 e 9 para manter a moda unitária.

Se X é maior que 7, está fácil identificar a mediana.

Mediana	2, 2, 5, **6**, 9, X, Y	Independente dos valores de X e Y, é certo que o valor da mediana é igual a 6.

Também, se a média é igual a mediana, ambas as medidas são iguais a 6.

Média (M) = 6	M = Soma / Quantidade 6 = Soma / 7 Soma = 6 . 7 Soma = 42

Sendo a soma dos números é igual a 42 e, dessa soma, são conhecidos os valores 2, 2, 5, 6 e 9, então a soma de X e Y é igual a diferença entre 42 e 24, ou seja igual a 18.

Possíveis valores de X e Y.

Valores de X	7	8
Valores de Y	11	10
Soma	18	18

Concluímos que X pode assumir os valores 7 e 8 cuja soma é igual a 15.

Resposta: A soma dos possíveis valores de X é igual a 15.

191. (Instituto Verbena UFG – Técnico Judiciário – TJ/AC – 2024) Uma empresa recebeu, nas sete primeiras semanas de 2024, os seguintes totais de reclamações dos seus clientes:

Semana	1ª	2ª	3ª	4ª	5ª	6ª	7ª
Nº de reclamações	200	200	180	161	197	278	224

Com base nos dados apresentados na tabela, o número mediano de reclamações recebidas nas sete primeiras semanas por essa empresa é de

a) 197.

b) 200.

c) 210.

d) 215.

▷ ***Anotações/Comentários***

Os totais das reclamações devem estar em ordem, independente se em ordem crescente ou decrescente, para conhecermos a mediana, mesmo que para isso a sequência cronológica de semanas fique prejudicada.

Semana	4ª	3ª	5ª	**1ª**	2ª	7ª	6ª
Nº de reclamações	161	180	197	**200**	200	224	278

Em ordem, o número mediano, acima em negrito, é aquele que divide o rol em quantidades iguais, três elementos antes e três elementos depois.

Resposta: O número mediano de reclamações recebidas nas sete primeiras semanas por essa empresa foi igual a 200.

192. (FCC – TRT BA 5ª Região – Técnico Judiciário – 2022) Numa prova com dez questões, a pontuação na correção de cada questão pode variar entre 0 e 10 pontos. A média dos pontos obtidos por um estudante nas 6 primeiras questões é 6,5. A pontuação média nas quatro últimas questões para que ele atinja um total de 71 pontos na prova deverá ser:

a) 7
b) 7,5
c) 8
d) 8,5
e) 9

▷ ***Anotações/Comentários***

É isso mesmo que você está pensando, estamos falando de média em estatística, tal qual vimos em raciocínio matemático. Percebemos a diferença quando avançamos em estatística e trabalhamos com média para distribuição de frequência até chegar no estudo de esperança. Essa parte avançada não nos interessa, vamos focar no nosso objetivo que é, por hora, nada mais nada menos que média aritmética simples.

Sabemos que:

- A média dos pontos obtidos por um estudante nas 6 primeiras questões é 6,5.

Precisamos pensar, não em 6 questões, mas em 10 cujo somatório das notas atinja 71 pontos.

Uma opção é excluir a pontuação das 6 primeiras questões. Isso é simples, se a média de pontos dessas questões é igual a 6,5, basta multiplicar 6 por 6,5, assim chegamos à pontuação que é igual a 39.

Para 71 faltam 32 pontos.

Média (M) das 4 últimas questões	M = (Somatório das 4 questões) / 4 M = 32 / 4 M = 8

Resposta: A pontuação média nas quatro últimas questões para que ele atinja um total de 71 pontos na prova deverá ser 8.

193. (FCC – TRT MT 23ª Região – Analista Judiciário – 2022) Considere os 10 valores listados a seguir: 19; 20; 20; 21; 21; 24; 25; 31; 34; 35

Podemos afirmar corretamente que

a) os valores modais estão abaixo da mediana.
b) a mediana é menor que 20.
c) o valor da amplitude é maior que o valor da mediana.
d) o valor da amplitude e da mediana coincidem.
e) a média supera 26.

▷ ***Anotações/Comentários***

As observações foram apresentadas em rol e, para estes valores, vamos calcular a média, a mediana, a moda e a amplitude, medidas apontadas nas alternativas.

- Média

Somatório dos valores observados dividido pelo número de observações.

Média (M)	M = (19+20+20+21+21+24+25+31+34+35) / 10 M = 250 / 10 M = 25

- Mediana

Valor que divide o rol em duas partes iguais. Como são dois valores centrais, calculamos a média aritmética entre eles.

Mediana (Me)	Me = (21+24) / 2 Me = 45 / 2 Me = 22,5

- Moda

Valor com maior repetição. No caso, bimodal porque apresenta duas modas.

Moda (Mo)	Mo = 20 Mo = 21

- Amplitude

Diferença entre o maior e o menor valor.

Amplitude (h)	h = 35 – 19 h = 16

Resposta: Os valores modais, 20 e 21, estão abaixo da mediana, 22,5.

194. (FCC – TRT BA 5ª Região – Técnico Judiciário – 2022) Uma pesquisa de opinião realizada em sete cidades obteve os números de manifestações favoráveis a um produto dados pela tabela a seguir.

Cidade A	Cidade B	Cidade C	Cidade D	Cidade E	Cidade F	Cidade G
65	42	87	91	34	53	62

A diferença entre a média e a mediana desse conjunto de dados é:

a) 0
b) 3
c) 8
d) 10
e) 15

▷ ***Anotações/Comentários***

A nossa primeira ação diante de um rol de dados, quando necessário, é colocá-los em ordem, seja crescente ou decrescente.

Rol em ordem crescente	34, 42, 53, 62, 65, 87, 91

Estamos prontos para os cálculos.

- Média

  Somatório das avaliações de cada cidade dividido pelo total de cidades.

Média (M)	M = (34+42+53+62+65+87+91) / 7 M = 434 / 7 M = 62

- Mediana

  Por ser um número ímpar de cidades, um único valor divide o rol em duas partes iguais.

Mediana (Me)	Me = 62

Resposta: Não há diferença entre a média e a mediana.

195. (FCC – TRT BA 5ª Região – Analista Judiciário – 2022) O número de solicitações mensais feitas no primeiro semestre ao departamento de Recursos Humanos foram 32, 27, 36, 42, 32 e 53. Com base nessas informações, podemos corretamente afirmar que:

a) A moda desse conjunto é 32 e é maior do que a média.
b) A moda desse conjunto é 54 e é menor do que a média.
c) A moda desse conjunto é 32 e a média é 37.
d) A moda desse conjunto é 41 e a média é 38.
e) A moda desse conjunto é 32 e a média é 41.

▷ ***Anotações/Comentários***

Apesar de não haver interferência no resultado da questão, acostume-se a ordenar o rol de observações

Rol disponibilizado	Rol em ordem crescente
32, 27, 36, 42, 32 e 53	27, 32, 32, 36, 42 e 53

Encontramos a Moda visualmente, que é a observação com maior repetição, igual a 32.

- Média

  Total de solicitações dividido pelo número de meses.

Média (M)	M = (27 + 32 + 32 + 36 + 42 + 53) / 6 M = 222 / 6 M = 37

Resposta: A moda do conjunto é 32 e a média é 37.

2. MEDIDAS DE DISPERSÃO

196. (FCC – TRT GO 18ª Região – Técnico Judiciário – 2023) Em uma pesquisa, observou-se cinco pessoas com idades dadas por 5, 10, 15, 20 e 55 anos. É correto afirmar:

a) A média das idades é maior do que a mediana das idades.
b) A mediana das idades é maior do que a amplitude das idades.
c) O desvio médio das idades é 15.
d) A média das idades do mais novo com o mais velho é igual à amplitude das cinco idades.
e) Excluindo o mais novo e o mais velho, a média das três idades restantes é maior do que a média das cinco idades.

▷ ***Anotações/Comentários***

Além das medidas de posição mais conhecidas, média e mediana, a questão traz outras duas bem conhecidas, amplitude e desvio médio, classificadas como medidas de dispersão.

Vale lembrar que é necessário conhecer a média para depois calcular o desvio médio, então, vamos calcular um a um.

- Média.

Média (M)	M = (5 + 10 + 15 + 25 + 55) / 5 M = 110 / 5 M = 22

- Mediana, valor que divide as observações ao meio.

Mediana (Me)	Me = 15

A média é maior que a mediana, a alternativa "a" está correta, mas como estamos estudando, vamos em frente.

- Amplitude, diferença entre os valores maior e o menor.

Amplitude (h)	h = 55 – 5 h = 50

- Desvio médio, diferenças em torno da média.

Antes mesmo de fazer uso da fórmula, faremos um quadro auxiliar com as diferenças absolutas (modular) em relação à média.

Idades (X)	$\|X_i - \mu\|, \mu = 22$
5	17
10	12
15	7
25	3
55	33
Total	**72**

Assim a aplicação da fórmula fica facilitada.

Desvio Médio	$dm = \frac{\sum \|X_i - \mu\|}{n}$ $dm = \frac{72}{5}$ $dm = 14{,}4$

Para finalizar, considerações sobre duas alternativas.

(D) A média das idades do mais novo com o mais velho é igual à amplitude das cinco idades.

A média das idades do mais novo e do mais velho, 5 e 55, respectivamente, é igual a 30 (desnecessário fórmula) e é menor que a amplitude total, igual a 50.

(E) Excluindo o mais novo e o mais velho, a média das três idades restantes é maior do que a média das cinco idades.

A maior idade tem diferença grande em relação às anteriores que se apresentam de forma mais agrupadas. Por essa razão, ele tem maior influência em aumentar a média.

Se retirada a maior idade, mesmo junto com a retirada da menor idade, essa influência deixa de existir e a média será menor que a original.

Resposta: A média das idades, igual a 22, é maior do que a mediana das idades, igual a 15.

---

197. (FCC – TRT MT 23ª Região – Analista Judiciário – 2022) Alberto, seu pai e seu avô têm hoje 21, 52 e 73 anos de vida, respectivamente. Podemos afirmar corretamente que a

a) média das idades hoje é igual à média das idades há dois anos.

b) mediana das idades hoje é a mesma mediana das idades de dois anos atrás.

c) variância das idades hoje é a mesma de dois anos atrás.

d) variância das idades era menor há dois anos do que a variância das idades hoje.

e) idade média hoje coincide com a idade do pai de Alberto.

▷ ***Anotações/Comentários***

As alternativas estão fundamentadas nas propriedades das medidas de posição e dispersão. Vejamos cada uma delas.

A) média das idades hoje é igual à média das idades há dois anos.

Propriedade da média: A soma ou subtração de uma constante à todos os valores da variável, vai alterar a média na mesma intensidade.

Considerando dois anos atrás, da idade de cada um (Alberto, seu pai e seu avô) foi subtraída a constante 2, ou seja, a média igualmente será subtraída em 2 unidades.

Alternativa errada;

B) mediana das idades hoje é a mesma mediana das idades de dois anos atrás.

Propriedade da mediana: A soma ou subtração de uma constante à todos os valores da variável, vai alterar a mediana na mesma intensidade.
A mediana será subtraída em 2 unidades.
Alternativa errada.

C) variância das idades hoje é a mesma de dois anos atrás.

Propriedade da variância: A soma ou subtração de uma constante à todos os valores da variável, não vai alterar a variância.
Independentemente de ser hoje, há dois anos ou 5 anos pra frete, a variância das idades de Alberto, seu pai e seu avô permanece inalterada.
Alternativa correta.

D) variância das idades era menor há dois anos do que a variância das idades hoje.

Não há alteração na variância, portanto, não há que se falar em variação dessa medida.
Alternativa errada.

E) idade média hoje coincide com a idade do pai de Alberto.

A média das idades hoje é igual a 48,6 (21+52+73 / 3), diferente da idade do pai de Alberto.
Alternativa errada.

---

198. (FCC – Analista Judiciário – Área Administrativa – TRT 18 – 2023) Sabendo-se que o desvio padrão de X é 9, a variância de 3X + 12 é:

a) 729
b) 81
c) 39
d) 873
e) 741

▷ ***Anotações/Comentários***

Questão para ser respondida utilizando as propriedades da variância.

Propriedades da variância	$Var(X + a) = Var(X)$ $Var(aX) = a^2 Var(X)$

Onde:

- a = Valor constante.

Significa dizer que ao adicionar uma constante aos valores da variável X, a variância permanece inalterada. E, se multiplicado uma constante aos valores da variável X, a variância será multiplicada por esta constante ao quadrado.

Na questão.

Variável X	$DP(X) = 9$ $Var(X) = 9^2 = 81$

Este é um conceito básico, variância é o quadrado do desvio padrão.

Em relação à variável X, existe a ação de duas constante "3X + 12": 3 que multiplica todos os valores de X e adição de 12 unidades a todos os valores de X.

Dado que a adição de uma constante aos valores da variável não provoca alteração na variância, esta operação é desconsiderada.

Produto da variável X por 3	$Var(aX) = a^2 Var(X)$ $Var(3X) = 3^2 . 81$ $Var(3X) = 9 . 81$ $Var(3X) = 729$

Resposta: A variância de 3X + 12 é igual a 729.

DIREITO TRIBUTÁRIO

Alan Martins
Dimas Yamada Scardoelli

1. TRIBUTO E SUAS ESPÉCIES

01. (FCC – Analista Judiciário – TRF 3ª Região/2024) De acordo com a disciplina estabelecida na Constituição Federal de 1988 e no Código Tributário Nacional (CTN), há uma relação estreita entre os institutos jurídicos do "tributo" e do "imposto", de modo que tributo é

a) espécie e imposto é gênero, sendo que imposto é toda prestação pecuniária compulsória, em moeda ou cujo valor nela se possa exprimir, que não constitua sanção de ato ilícito, instituída em lei e cobrada mediante atividade administrativa plenamente vinculada, como ocorre, por exemplo, com a instituição e cobrança da laxa de coleta de lixo.

b) gênero e imposto é espécie, sendo que imposto é o tributo que tem como fato gerador o exercício regular do poder de polícia, ou a utilização, efetiva ou potencial, de serviço público específico e divisível, prestado ao contribuinte ou posto à sua disposição, como ocorre, por exemplo, com a cobrança do Imposto de Renda.

c) espécie e imposto é gênero, sendo que imposto é toda prestação pecuniária compulsória, em moeda ou cujo valor nela se possa exprimir, que não constitua sanção de ato ilícito, instituída em lei e cobrada mediante atividade administrativa plenamente vinculada, como ocorre, por exemplo, com a instituição e cobrança do Imposto de Renda.

d) gênero e imposto é espécie, sendo que imposto é o tributo cuja obrigação tem por fato gerador uma situação independente de qualquer atividade estatal específica, relativa ao contribuinte, como ocorre, por exemplo, com a instituição e cobrança da taxa de coleta de lixo.

e) gênero e imposto é espécie, sendo que imposto é o tributo cuja obrigação tem por fato gerador uma situação independente de qualquer atividade estatal específica, relativa ao contribuinte, como ocorre, por exemplo, com a instituição e cobrança do Imposto de Renda.

▷ ***Anotações/Comentários***

Nota dos autores: imposto é uma espécie do gênero tributo definida no artigo 16 do Código Tributário Nacional, nos seguintes termos: "Imposto é o tributo cuja obrigação tem por fato gerador uma situação independente de qualquer atividade estatal específica, relativa ao contribuinte".

a) e c) Erradas. Totalmente ao contrário do afirmado, imposto é espécie do gênero tributo.

b) Errada. Na verdade, a taxa é que é o tributo que tem como fato gerador o exercício regular do poder de polícia, ou a utilização, efetiva ou potencial, de serviço público específico e divisível, prestado ao contribuinte ou posto à sua disposição. Nada a ver com o Imposto de Renda, citado equivocadamente como exemplo.

d) Errado. Embora conceitue corretamente o imposto, o equívoco está no exemplo, pois a taxa de coleta de lixo não é um imposto, mas, sim, uma taxa pela prestação de serviço público específico e divisível colocado à disposição do contribuinte.

e) **Alternativa correta.** Além de expor corretamente o conceito de imposto do artigo 16 do CTN, também apresenta um exemplo correto de imposto, no caso a cobrança de Imposto de Renda.

02. (FGV – Analista Judiciário – TJ-MS/2024) Em razão das elevadas despesas decorrentes da emissão e correlata remessa de guias e carnês para o recolhimento de impostos de competência municipal, o município Alfa instaurou comissão com o objetivo de verificar se seria compatível com a Constituição da República a instituição de uma taxa específica para fazer face às referidas despesas.

Ao fim dos seus trabalhos, a comissão concluiu corretamente, em relação à taxa alvitrada, que:

a) embora seja possível a sua instituição, é imperativa a observância do princípio da capacidade contributiva; logo, a taxa deverá observar padrões variáveis, conforme o valor do tributo devido pelo contribuinte;

b) a sua instituição está condicionada à observância do princípio da anterioridade, devendo o respectivo valor ser fixado em patamares fixos, considerando a isonomia que deve existir entre os contribuintes;

c) o princípio da taxatividade tributária é indicativo da impossibilidade de Alfa instituir novos tributos além daqueles previstos na ordem constitucional; logo, não é possível a instituição da taxa;

d) como o seu fato gerador não se identifica com os dos impostos, é possível a sua instituição, devendo ser observados os princípios da anterioridade e da anterioridade nonagesimal;

e) como não há um efetivo serviço utilizado pelo contribuinte ou posto à sua disposição, não é possível a instituição da taxa para os fins referidos na narrativa.

▷ ***Anotações/Comentários***

Nota dos autores: a tese do tema 721 de repercussão geral (STF) prevê que "são inconstitucionais a instituição e a cobrança de taxas por emissão ou remessa de carnês/guias de recolhimento de tributos" (RE 789218).

a), b) e d) Por suscitarem a possibilidade de instituição da referida taxa, restam equivocadas, já que afrontam o precedente jurisprudencial do STF exposto na nota dos autores.

c) A impossibilidade da instituição da referida taxa decorre do fato de que "a emissão de guia de recolhimento de tributos é de interesse exclusivo da Administração, sendo mero instrumento de arrecadação, não envolvendo a prestação de um serviço público ao contribuinte" (RE 789218), e não em virtude da alegada (e inexistente) vedação constitucional de instituição de novos tributos.

e) **Alternativa correta.** De acordo com o acórdão proferido no *leading case* indicado na nota dos autores, "a emissão de guia de recolhimento de tributos é de interesse exclusivo da Administração, sendo mero instrumento de arrecadação, não envolvendo a prestação de um serviço público ao contribuinte".

03. (VUNESP – Analista Judiciário – TRF 3ª Região/2023) Pertence à competência da União, além das contribuições sociais e de interesse de interesse de categorias especiais ou econômicas, a instituição de contribuições de intervenção no domínio. Nesse sentido, é correto afirmar, especificamente, em relação às contribuições sociais e às contribuições de intervenção no domínio econômico, que

a) ambas não incidem sobre as receitas decorrentes de exportação e poderão ter alíquotas *ad valorem* ou específicas.

b) as contribuições sociais não incidem sobre a importação de produtos estrangeiros e as contribuições de intervenção no domínio econômico não incidem sobre a importação de serviços.

c) a pessoa natural destinatária das operações de importação não poderá ser equiparada à pessoa jurídica para fins da exigência das contribuições sociais e das contribuições de intervenção no domínio econômico.

d) as alíquotas de ambas as contribuições serão consideradas *ad valorem* quando a base de cálculo do valor a ser recolhido for a unidade de medida adotada.

e) as alíquotas de ambas as contribuições serão consideradas específicas quando a base de cálculo for o faturamento ou a receita bruta.

▷ ***Anotações/Comentários***

Nota dos autores: questão sobre contribuições sociais e contribuições de intervenção no domínio econômico.

a) **Alternativa correta.** De fato, nos termos do artigo 149, § 2º, incisos I e III, da CF/88, tanto as contribuições sociais, quanto as contribuições de intervenção no domínio econômico incidem sobre as receitas decorrentes de exportação e poderão ter alíquotas *ad valorem* ou específicas.

b) Errada. Não há nenhuma previsão constitucional ou legal nesse sentido.

c) Errada. Totalmente ao avesso do afirmado, o § 3º do artigo 149 da CF/88 prevê expressamente que "a pessoa natural destinatária das operações de importação poderá ser equiparada a pessoa jurídica, na forma da lei".

d) Errada, pois, na verdade, quando a base de cálculo do valor a ser recolhido for a unidade de medida adotada, as alíquotas serão consideradas específica (CF, art. 149, § 2º, III, "b").

e) Errada, pois, na verdade, quando a base de cálculo for o faturamento ou a receita bruta, as alíquotas serão consideradas *ad valorem* (CF, art. 149, § 2º, III, "a").

04. (VUNESP – Analista Judiciário – TRF 3ª Região/2023) Uma das formas tradicionalmente utilizadas pela doutrina para classificar os tributos previstos na Constituição, consiste em separá-los segundo à sua origem e à sua destinação. Assim, haveria tributos que, em sua origem, estariam vinculados a uma atividade específica do estado e tributos que, no momento da sua cobrança, não teriam correlação direta com uma atividade estatal específica. Haveria também tributos que, em relação ao produto da arrecadação, teriam-no vinculado a fundos ou despesas específicas ou tributos cujo produto seria totalmente desvinculado, podendo ser utilizado livremente, conforme disposto na lei orçamentária.

Nesta linha de raciocínio, pode-se dizer que um exemplo de tributo que não possui correlação direta com atividade estatal específica na sua cobrança, mas que tem o produto da sua arrecadação vinculado, são os(as):

a) contribuições de melhoria.

b) contribuições sociais.

c) impostos seletivos.

d) impostos em geral.

e) taxas em razão do poder de polícia.

▷ ***Anotações/Comentários***

Nota dos autores: questão relativa à classificação dos tributos. Primeiro, quanto à natureza do fato gerador, os tributos classificam-se em **vinculados** (fato gerador corresponde a uma atividade estatal e tem correlação com a atividade estatal específica relativa à sua cobrança, nos casos das taxas e contribuições de melhoria) e **não-vinculados** (fato gerador não corresponde a uma atividade estatal, nem tem correlação com a atividade estatal específica relativa à sua cobrança, nos casos das demais espécies tributárias). Segundo, quando à destinação específica do produto da arrecadação, é **vedada a vinculação a determinado órgão, fundo ou despesa** no caso dos impostos, enquanto em relação aos demais tributos possuem **produto da arrecadação vinculado.** A alternativa correta exigida pelo examinador diz respeito a um tributo possui que correlação direta com atividade estatal específica na sua cobrança (**vinculado**), mas que tem o produto da sua arrecadação vinculado (**destinação específica do produto da arrecadação**).

a) Errada, porque as contribuições de melhoria são tributos não-vinculados e a exigência do examinador corresponde a um tributo vinculado (possui que correlação direta com atividade estatal específica na sua cobrança).

b) **Alternativa correta.** De fato, as contribuições sociais não possuem correlação direta com atividade estatal específica na sua cobrança (tributos não-vinculados, pois seus fatos geradores não correspondem a uma atividade estatal), mas possuem o produto da sua arrecadação vinculado a uma destinação específica.

c) e d) Erradas. É vedada a destinação específica do produto da arrecadação de impostos (CF, art. 167), inclusive os seletivos. Logo, não se trata de um tributo com produto da arrecadação vinculado (princípio da não-afetação), diferente do cobrado pelo examinador, que seria um tributo com produto da arrecadação vinculado.

e) Errada, porque as taxas são tributos não-vinculados e a exigência do examinador corresponde a um tributo vinculado (possui correlação direta com atividade estatal específica na sua cobrança).

05. (Cespe – Analista de Controle Externo – Direito – TCE – RJ/2021) Acerca do Sistema Tributário Nacional, julgue os itens que se seguem.

Viola a Constituição Federal de 1988 a cobrança de ICMS sobre serviços de fornecimento de água potável por empresas concessionárias de serviço público.

- CERTO
- ERRADO

▷ ***Anotações/Comentários***

Nota dos autores: o STF fixou a tese de repercussão geral relativa ao tema 326 com a seguinte redação: "O ICMS não incide sobre o fornecimento de água tratada por concessionária de serviço público, dado que esse serviço não caracteriza uma operação de circulação de mercadoria".

Há expresso reconhecimento do STF acerca da não incidência de ICMS na hipótese (como visto na nota dos autores). A água tratada fornecida pelo empresas concessionárias de serviço público, conhecida como "água encanada", não é uma mercadoria, mas sim um bem público, daí porque a incidência de ICMS ensejaria a violação da Constituição Federal de 1988.

06. (Cespe – Analista de Controle Externo – Direito – TCE – RJ/2021) Acerca do Sistema Tributário Nacional, julgue os itens que se seguem.

Os serviços de registros públicos, cartorários e notariais, por consistirem em serviços delegados do poder público, não ensejam a incidência do imposto sobre serviços de qualquer natureza (ISS).

- CERTO
- ERRADO

▷ ***Anotações/Comentários***

Nota dos autores: as pessoas que exercem atividade notarial não são imunes à tributação, porquanto a circunstância de desenvolverem os respectivos serviços com intuito lucrativo invoca a exceção prevista no artigo 150, § 3º da Constituição. O recebimento de remuneração pela prestação dos serviços confirma, ainda, capacidade contributiva. A imunidade recíproca é uma garantia ou prerrogativa imediata de entidades políticas federativas, e não de particulares que executem, com inequívoco intuito lucrativo, serviços públicos mediante concessão ou delegação, devidamente remunerados. Não há diferenciação que justifique a tributação dos serviços públicos concedidos e a não-tributação das atividades delegadas (ADI 3089)

Há a incidência de ISS sobre os serviços notariais, conforme previsão na lista anexa à LC 116/2003, em seu item 21.01, cuja constitucionalidade foi confirmada pelo STF no julgamento da ADI 3089, cuja ementa foi parcialmente reproduzida na nota dos autores.

07. (Cespe – Analista de Controle Externo – Direito – TCE – RJ/2021) Acerca do Sistema Tributário Nacional, julgue os itens que se seguem.

O serviço público de coleta domiciliar de lixo pode ser financiado pela cobrança de taxa.

- CERTO
- ERRADO

▷ ***Anotações/Comentários***

Nota dos autores: mais um item cuja resolução reporta ao conhecimento da jurisprudência dos tribunais superiores, dessa vez uma Súmula Vinculante.

O item está certo pois está em consonância com o teor da Súmula Vinculante 19, segundo a qual "A taxa cobrada exclusivamente em razão dos serviços públicos de coleta, remoção e tratamento ou destinação de lixo ou resíduos provenientes de imóveis, não viola o artigo 145, II, da Constituição Federal".

08. (Cespe – Analista de Controle Externo – Direito – TCE – RJ/2021) Acerca do Sistema Tributário Nacional, julgue os itens que se seguem.

É compatível com a Constituição Federal de 1988 a cobrança de taxa municipal em virtude do serviço de combate a incêndios prestado pelo Corpo de Bombeiros Militar.

- CERTO
- ERRADO

▷ ***Anotações/Comentários***

Nota dos autores: "A segurança pública, presentes a prevenção e o combate a incêndios, faz-se, no campo da atividade precípua, pela unidade da Federação, e, porque serviço essencial, tem como a viabilizá-la a arrecadação de impostos, não cabendo ao Município a criação de taxa para tal fim" (Tese do tema 16 de Repercussão Geral).

Na verdade, uma eventual taxa de segurança contra incêndio teria como fato gerador a prestação de atividade essencial geral e indivisível pelo corpo de bombeiros, além de apresentar utilidade genérica, o que tornaria inconstitucional o seu dispositivo normativo instituidor. Tal serviço público deve ser custeado pela receita dos impostos.

09. (FCC – Analista Judiciário – Área Judiciária – TRF 3/2019) O Código Tributário Nacional define tributo como toda prestação pecuniária compulsória, em moeda ou cujo valor nela se possa exprimir, que não constitua sanção de ato ilícito, instituída em lei e cobrada mediante atividade administrativa plenamente vinculada, dispondo, também,

a) que a natureza jurídica específica do tributo é determinada pelo fato gerador da respectiva obrigação, sendo que, para qualificá-la, há necessidade de se levar em conta sua denominação e demais características formais previstas em lei, bem como a destinação legal do produto da sua arrecadação.

b) de forma expressa, que são tributos: o imposto, a taxa, a contribuição de melhoria, as contribuições sociais, a contribuição para o custeio do serviço de iluminação pública, a contribuição sobre movimentação financeira e a tarifa de pedágio.

c) que as taxas têm como fato gerador o exercício regular do poder de polícia, ou a utilização, efetiva ou potencial, de serviço público específico e divisível, prestado ao contribuinte ou posto à sua disposição.

d) que a taxa pode ter base de cálculo ou fato gerador idênticos aos que correspondam a imposto, podendo ser calculada em função do capital das empresas.

e) que somente os Municípios podem instituir contribuição de melhoria para fazer face ao custo de obras públicas de que decorra valorização imobiliária, tendo como limite individual a despesa realizada e como limite total o acréscimo de valor que da obra resultar para cada imóvel beneficiado.

▷ ***Anotações/Comentários***

Nota dos autores: questão sobre conceito, natureza jurídica e espécies de tributos.

a) Errada, pois que a natureza jurídica específica do tributo é determinada pelo fato gerador da respectiva obrigação, sendo irrelevantes, para qualificá-la, sua denominação e demais características formais previstas em lei, bem como a destinação legal do produto da sua arrecadação (CTN, art. 4º)

b) Errada, porque a tarifa de pedágio tem natureza de preço público (STF - ADI 800).

c) **Alternativa correta**, pois, de fato, as taxas têm como fato gerador o exercício regular do poder de polícia, ou a utilização, efetiva ou potencial, de serviço público específico e divisível, prestado ao contribuinte ou posto à sua disposição (CTN, art. 77).

d) Errada, pois a taxa não pode ter base de cálculo e fato gerador próprios de impostos, nem ser calculada em função do capital das empresas (CTN, art. 77, parágrafo único).

e) Errada, primeiramente porque a contribuição de melhoria para fazer face ao custo de obras públicas de que decorra valorização imobiliária é tributo de competência concorrente de União, Estados, Distrito Federal e Municípios. Além disso, exatamente ao contrário do afirmado, tem como limite individual o acréscimo de valor que da obra resultar para cada imóvel beneficiado, e como limite total a despesa realizada.

10. (FCC – Analista Judiciário – Área Judiciária – TRF 4/2019) Conforme Código Tributário Nacional (CTN), que estabelece normas gerais de direito tributário,

a) a natureza jurídica específica do tributo é determinada pelo fato gerador da respectiva obrigação, sendo irrelevantes para qualificá-la a denominação e demais características formais adotadas pela lei e a destinação legal do produto da sua arrecadação.

b) tributo é toda obrigação compulsória de pagar, em moeda ou título de crédito, inclusive as decorrentes de sanção de ato ilícito ou de utilização de rodovias e serviços públicos de transporte, instituída em ato normativo, e arrecadada na rede bancária ou em escritórios próprios da Administração pública.

c) imposto é o tributo cuja obrigação tem por fato gerador qualquer atividade do poder público em prol do sujeito passivo e que não constitua sanção de ato ilícito.

d) contribuição de melhoria pode ser cobrada pelos Estados e pelo Distrito Federal, para fazer face ao custo de obras de que decorra valorização imobiliária, tendo como limite total o acréscimo de valor, que da obra resultar, para cada imóvel beneficiado, ou um décimo do valor do imóvel após a obra.

e) as taxas podem ser cobradas pelos Municípios, Distrito Federal e Estados e têm como fato gerador o exercício do poder de polícia ou à disponibilidade a coletividade em geral de serviço público, prestado pela Administração direta ou indireta, da União, Estados ou Municípios.

▷ ***Anotações/Comentários***

Nota dos autores: mais uma questão sobre conceito, natureza jurídica e espécies de tributos.

a) **Alternativa correta**. Exatamente como afirmado, a natureza jurídica específica do tributo é determinada pelo fato gerador da respectiva obrigação, sendo irrelevantes para qualificá-la a denominação e demais características formais adotadas pela lei e a destinação legal do produto da sua arrecadação (CTN, art. 4º).

b) Errada, pois, coerente com o conceito do artigo 3º do CTN, tributo é prestação pecuniária (não se paga em título de crédito), não constitui sanção de ato ilícito, nem remunera a utilização de rodovias e serviços públicos de transporte (cobranças que tem natureza de preço público), devendo ser instituído em lei e não em qualquer ato normativo.

c) Errada, porque o imposto é tributo não-vinculado. Portanto, seu fato gerador não pode ser uma atividade do Poder Público.

d) Errada, porque, na verdade, o limite global da contribuição de melhoria é a despesa realizada (CTN, art. 81).

e) Errada, porque as taxas têm por fato gerador o exercício regular do poder de polícia ou a prestação de serviços públicos específicos e divisíveis, e não gerais como equivocadamente constou da alternativa.

11. (Vunesp – Técnico Legislativo – Câmara de Monte Alto – SP/2019) No que diz respeito à Administração Tributária e Financeira, a Lei Orgânica do Município de Monte Alto dispõe que, em razão do exercício do poder de polícia, ou pela utilização, efetiva ou potencial, de serviços públicos, de sua atribuição, especificados e divisíveis, prestados ao contribuinte ou postos à sua disposição, o Município pode cobrar

a) taxas.

b) contribuição de melhoria.

c) impostos.

d) contribuição social.

e) tarifas.

▷ ***Anotações/Comentários***

Nota dos autores: os tributos são classificados, no sistema da Constituição Federal de 1988 em 5 espécies (classificação pentapartite): impostos, taxas, contribuições de melhorias, contribuições e empréstimo compulsório.

a) está correta, por ser exatamente as **taxas** que o município pode instituir e cobrar em razão do exercício do poder de polícia, ou pela utilização, efetiva ou potencial, de serviços públicos, de sua atribuição, especificados e divisíveis, prestados ao contribuinte ou postos à sua disposição (CF, art. 145, II).

Demais alternativas) estão incorretas por corresponderem a espécies tributárias diversas das taxas. Destaque para as tarifas, que sequer constituem espécie tributária, mas são sinônimos de preços públicos, arrecadação para os cofres de natureza distinta dos tributos, cuja natureza pode ser conferida no tópico deste capítulo relativo a dicas.

12. (Cespe/Cebraspe – Analista Judiciário de Procuradoria – PGE-PE/2019) À luz dos dispositivos constitucionais que regem o direito tributário, julgue o item a seguir.

Taxa pela utilização de serviço público pode ter a mesma base de cálculo própria de um imposto, desde que ambos não tenham vigência concomitante.

CERTO

ERRADO

▷ ***Anotações/Comentários***

Nota dos autores: o §2º do artigo 145 da Constituição Federal de 1988 prevê que "As taxas não poderão ter base de cálculo própria de impostos".

Tratando-se de bases de cálculo, como visto na nota dos autores, as das taxas não podem ser as próprias de impostos (coincidência integral), nos termos da vedação constante no artigo 145, §2º, da CF/88, motivo pelo qual o item está errado. Entretanto, "é constitucional a adoção, no cálculo do valor de taxa, de um ou mais elementos da base de cálculo própria de determinado imposto, desde que não haja integral identidade entre uma base e outra" (Súmula Vinculante 29).

13. (Cespe/Cebraspe – Analista Judiciário de Procuradoria – PGE-PE/2019) À luz da jurisprudência dos tribunais superiores, julgue o item subsequente, acerca de imunidade e obrigação tributárias.

É permitido aos municípios criar taxa de custeio da iluminação pública.

CERTO

ERRADO

▷ ***Anotações/Comentários***

Nota dos autores: os Municípios e o Distrito Federal poderão instituir contribuição, na forma das respectivas leis, para o custeio, a expansão e a melhoria do serviço de iluminação pública e de sistemas de monitoramento para segurança e preservação de logradouros públicos, conforme teor do artigo 149-A da CF/88.

Tratando-se de custeio da iluminação pública, a espécie tributária prevista na CF/88 é a contribuição e não a taxa, como bem relatado na nota dos autores (CF, art. 149-A).

14. (Cebraspe – Analista Judiciário – STM/2018) A respeito de noções básicas sobre tributos, julgue o item a seguir.

A taxa de serviço público, que tem como fato gerador a prestação de um serviço público específico e divisível, constitui uma obrigação condicionada à utilização efetiva do referido serviço pelo contribuinte.

- CERTO
- ERRADO

▷ ***Anotações/Comentários***

Nota dos autores: A taxa de serviço público tem como fato gerador a utilização, efetiva ou potencial, de um serviço público específico e divisível (CTN, art. 77), isto é, seu fato gerador é um serviço público efetivamente prestado ou colocado à disposição do contribuinte.

Conforme explicado na nota dos autores, a taxa de serviço público tem por fato gerador um serviço específico e divisível, efetivo ou potencialmente prestado, de modo que está absolutamente equivocado o examinador ao afirmar que tal taxa constituiria uma obrigação condicionada à utilização efetiva do referido serviço pelo contribuinte.

15. (Cebraspe – Analista Judiciário – STM/2018) No que se refere a noções básicas de tributos e a tratamento contábil aplicável aos impostos e às contribuições, julgue o item a seguir.

É lícita a instituição de taxa que possua base de cálculo idêntica à de um imposto.

- CERTO
- ERRADO

▷ ***Anotações/Comentários***

Nota dos autores: Nos termos do artigo 77, parágrafo único, do CTN, a taxa não pode ter base de cálculo ou fato gerador idênticos aos de impostos.

Ao contrário do afirmado, nos termos do artigo 77, parágrafo único do CTN, é vedada a instituição de taxa que possua base de cálculo idêntica à de um imposto.

16. (Cespe – Analista Judiciário – Área Judiciária – STJ/2018) Julgue os itens que se seguem, a respeito das disposições do Código Tributário Nacional (CTN).

O imposto se distingue das demais espécies de tributos porque tem como fato gerador uma situação que independe de atividades estatais específicas.

- CERTO
- ERRADO

▷ ***Anotações/Comentários***

Nota dos autores: o **imposto** é um tributo cuja obrigação tem por fato gerador uma situação **independente** de qualquer atividade estatal específica relativa ao contribuinte (CTN, art. 16). Trata-se, portanto, de um tributo de caráter **não vinculado**, cuja hipótese de incidência consiste na descrição de um fato qualquer que não seja atuação estatal.

Conforme conceito abordado na nota dos autores, verifica-se que, de fato, o imposto se distingue das demais espécies de tributos porque tem como fato gerador uma situação que independe de atividades estatais específicas. Nessa linha, incide sobre fatos signo-presuntivos de riqueza (sinais de riqueza do contribuinte), tais como a renda no Imposto de Renda **(IR)** e a propriedade no Imposto sobre a Propriedade Territorial e Predial Urbana **(IPTU).** Ao contrário, não incide sobre atividades estatais, como veremos que se dá, por exemplo, com as taxas. Constitui, assim, uma receita que se destina ao financiamento de atividades gerais do Estado, tais como saúde, educação e segurança pública.

17. (FGV – Técnico Tributário – SEFIN - RO/2018) Lei de determinado Estado da Federação cria taxa de expediente no valor de R$ 10,00 por veículo, cobrando este valor das empresas seguradoras pelo fornecimento de dados de cadastro de proprietários de veículos automotores, para fins de cobrança do DPVAT – Seguro Obrigatório.

Está provado que o custo do serviço é de R$ 0,50 e que o valor exigido suplanta a parcela do prêmio do seguro obrigatório que toca às seguradoras.

Nesse caso, a taxa de expediente é

a) ilegal, uma vez que a consulta a cadastros públicos é de livre acesso a todos.

b) devida, não havendo relação direta entre seu custo e seu preço.

c) inconstitucional, por não observar a competência tributária.

d) legal, instituída pelo Poder Público para remunerar serviço público divisível e específico.

e) inconstitucional, por seu caráter confiscatório e inviabilizador da atividade empresarial.

▷ ***Anotações/Comentários***

Nota dos autores: nos termos do artigo 150, inciso IV da CF, é vedado às pessoas políticas cobrarem tributos com efeito de confisco, entendendo-se por efeito confiscatório, consoante jurisprudência do STF e doutrina, aquele analisado a cada caso concreto, caracterizado por uma tributação excessiva, irrazoável e desproporcional.

a) o fornecimento dos dados enquadra-se como prestação de serviço público específico e divisível às seguradoras, razão pela qual, sob esse aspecto não seria ilegal a exigência da taxa (CTN, arts. 77 e 79).

b) está errada, não apenas porque será demonstrado no comentário à alternativa "e" que a taxa não é devida, mas, também, pelo fato de que, tratando-se de tributo vinculado, a taxa deve guardar relação direta entre o custo do serviço e o seu valor.

c) nenhuma regra de competência foi infringida, porque os municípios possuem competência concorrente com União, Estados e Distrito Federal para a instituição de taxas (CF, art. 145, II).

d) como será demonstrado no comentário à alternativa "e", a taxa em questão ofende a princípio constitucional e, por ofensa à Lei Maior, deve ser considerada inconstitucional.

e) por superar a remuneração do prêmio do seguro a que terá direito a seguradora e por ter sido estabelecida em importância muito superior ao efetivo custo do serviço público, a taxa em questão é inconstitucional, por ser irrazoável e desproporcional, características que, na interpretação segundo a jurisprudência do Supremo Tribunal Federal, configuram ofensa ao princípio constitucional do não confisco (CF, art. 150, IV).

18. (Consulplan – Analista Judiciário – Área Judiciária – TRF 2/2017) "No Estado Beta da Federação foi editada lei que dispõe em seu Artigo 4° que 2% do valor dos emolumentos relativos aos atos praticados pelos cartórios de notas serão destinados à Caixa de Assistência dos Advogados do Estado e 2% à Associação dos Magistrados do Estado. Há dúvida, do tabelião de notas, sobre a constitucionalidade deste dispositivo". Consultado a respeito, é correto afirmar que:

a) É válida a destinação dos emolumentos, espécie de tributo parafiscal, para instituição pública, não privada.

b) É válido o conteúdo deste artigo, sendo emolumentos espécie de preço público, que pode ser regulado por lei.

c) É inconstitucional a destinação dos emolumentos, espécie de taxa, para órgão privado, por ferir o princípio da isonomia.

d) É inconstitucional o dispositivo, uma vez que os emolumentos são espécie de contribuição, cuja destinação é somente a de remunerar o serviço prestado.

▷ ***Anotações/Comentários***

Nota dos autores: nessa questão, a banca apresenta uma norma estadual hipotética para avaliar os conhecimentos dos candidatos sobre a natureza jurídica dos emolumentos, bem como a respeito da constitucionalidade ou não de se destinar o produto da respectiva arrecadação a entidades privadas.

A) embora afirme corretamente que é válida a destinação dos emolumentos para instituição pública, não privada, equivoca-se o examinador a dizer que os emolumentos seriam uma espécie de tributo parafiscal. Na verdade, existe previsão constitucional para a instituição de algumas contribuições parafiscais, isto é, arrecadadas por entidades paraestatais, como são os serviços sociais autônomos do sistema "S". Para os tributos da espécie taxa, como é o caso dos emolumentos, não há nenhuma previsão nesse sentido.

B) a jurisprudência do STF orienta-se no sentido de que os emolumentos possuem natureza jurídica de tributo, modalidade taxa (STF – ADI 1148 – Rel. Min. Gilmar Mendes – Pleno – 02/09/2015 / ADI 3694 – Rel. Min. Sepúlveda Pertence – Pleno – 20/09/2006), razão pela está errado afirma que os emolumentos teriam natureza de preço público. Essa alternativa também está incorreta por considerar válida a destinação da arrecadação dos emolumentos a entidades privadas.

C) de fato, no âmbito da jurisprudência do STF, firmou-se o entendimento de que é inconstitucional a destinação do produto da arrecadação dos emolumentos, tributos da espécie taxa, a entidades privadas (ADI 1145/PB – Rel. Min. Carlos Velloso – Pleno – 03/10/2002).

D) consoante já explicada nos comentários às alternativas anteriores, os emolumentos possuem natureza jurídica de taxas, não constituindo, portanto, uma espécie de contribuição.

19. (Cebraspe – Analista Judiciário – TRE-BA/2017) É responsabilidade da administração pública regular a prática de ato ou a abstenção de fato por meio da limitação ou regulação de direito, interesse ou liberdade. Para essa finalidade, utiliza-se:

a) a taxa de polícia.

b) o preço público.

c) a contribuição de melhoria.

d) a contribuição social.

e) a taxa de serviço.

▷ ***Anotações/Comentários***

Nota dos autores: até pelo conceito do artigo 78 do CTN, quando **regula a prática de ato ou a abstenção de fato por meio da limitação ou regulação de direito, interesse ou liberdade, a Administração Pública exerce o poder de polícia. Por exemplo: normas, habilitações, licenças, fiscalização, infrações e penalidades de trânsito.**

a) **Alternativa correta**, pois o tributo que tem por fato gerador o exercício regular do poder de polícia, de fato, é a taxa (CTN, art. 77).

(Demais alternativas) Erradas, pois não se referem ao tributo que tem por fato gerador o exercício regular do poder de polícia.

2. LIMITAÇÕES DO PODER DE TRIBUTAR

20. (FGV – Analista Judiciário – TRF 1ª Região/2024) A União concedia desconto para determinado tributo federal, desde que presente a condição de antecipação do pagamento, conforme previsão legal. Ocorre que, a partir de determinado exercício financeiro, o desconto fora devidamente extinto, por meio da revogação da lei que o reconhecia anteriormente.

Com base nos dados acima, a extinção do desconto:

a) se equipara à majoração do tributo;

b) se submete ao princípio da anterioridade tributária;

c) configura aumento indireto do tributo;

d) passa a produzir efeitos imediatamente;

e) se submete à anterioridade nonagesimal.

▷ ***Anotações/Comentários***

Nota dos autores: de acordo com a jurisprudência do STF, a redução ou a extinção de desconto para pagamento de tributo não pode ser equiparada à majoração, razão pela qual não se sujeita ao princípio da anterioridade, em nenhuma de suas duas vertentes. (STF - ADI 4.016 MC, rel. min. **Gilmar Mendes**, P, j. 1º-8-2008, *DJE* 75 de 24-4-2009).

a) Errada, pois a extinção de desconto não se equipara à majoração do tributo.

b) Errada, porque, não se equiparando à majoração de tributos, a extinção de desconto não se submete à anterioridade tributária em nenhuma de suas vertentes.

c) Errada, pois a extinção de desconto não se equipara à majoração do tributo, nem mesmo de maneira indireta.

d) Alternativa correta. Considerando-se que não pode ser equiparada à majoração e que, portanto, não se sujeita ao princípio da anterioridade, em nenhuma de suas duas vertentes, a extinção de desconto para pagamento de tributo, de fato, passa a produzir efeitos imediatamente.

e) Errada, porque, não se equiparando à majoração de tributos, a extinção de desconto não se submete à anterioridade tributária em nenhuma de suas vertentes.

---

21. (FGV – Analista Judiciário – TRF – 1ª Região/2024) Considere o seguinte caso hipotético: uma entidade assistencial, após fiscalização da Receita Federal, teve cancelado o certificado que lhe reconhecia a condição de Entidade Beneficente de Assistência Social.

Os atos de cancelamento da imunidade tributária:

a) não produzirão quaisquer efeitos;

b) retroagirão desde o início do reconhecimento da imunidade;

c) produzirão efeitos *ex tunc* a contar do cancelamento do certificado;

d) produzirão efeitos *ex nunc* a partir do cancelamento do certificado;

e) retroagirão à data em que os requisitos da imunidade deixaram de ser atendidos.

▷ ***Anotações/Comentários***

Nota dos autores: consoante informativo nº 806 do STJ, a jurisprudência da Corte definiu que a emissão da Certidão que reconhece a condição de entidade de assistência social tem natureza jurídica declaratória, assim como igualmente o tem o ato administrativo posterior que a cancela, com efeito retroativo à data em que cessou o preenchimento dos requisitos para sua emissão.

a) Errada, pois os atos de cancelamento da imunidade tributária produzem efeitos sim.

e) **Alternativa correta**, uma vez que, de fato os atos de cancelamento da imunidade tributária produzem efeitos retroativos a partir da data em que os requisitos da imunidade deixaram de ser atendidos.

Demais alternativas: embora reconheçam corretamente que os atos de cancelamento de imunidade tributária produzem efeitos, equivocadamente, não estabelecem que esses efeitos retroagirão à data em que os requisitos da imunidade deixaram de ser atendidos.

---

22. (FGV – Analista Judiciário – TRF 1ª. Região/2024) Considere que a autoridade competente, por meio de medida provisória, promova um aumento da alíquota geral de um imposto federal sujeito ao princípio constitucional da anterioridade anual. O referido aumento produzirá efeitos:

a) a partir da data da vigência da medida provisória;

b) a partir da data da conversão da medida provisória em lei;

c) após dois exercícios da vigência da medida provisória, em face do atendimento da anterioridade;

d) no exercício financeiro seguinte, caso a medida provisória tenha sido convertida em lei até o último dia do exercício em que foi editada;

e) no exercício financeiro em andamento, caso a medida provisória venha a ser convertida em lei neste mesmo exercício.

▷ ***Anotações/Comentários***

Nota dos autores: ao tratar da medida provisória em matéria de instituição ou majoração de impostos, o artigo 62, § 2º, da CF, dispôs que: "**Medida provisória** que implique **instituição ou majoração** de **impostos**, *exceto os previstos nos arts. 153, I, II, IV, V, e 154, II,* **só produzirá efeitos no exercício financeiro seguinte se** houver sido **convertida em lei até o último dia daquele em que foi editada**". De modo mais detalhado, ficou estabelecido que a medida provisória que implicar na instituição ou majoração de impostos, só produzirá efeitos no exercício financeiro seguinte (**anterioridade**) se houver sido convertida em lei até o último dia daquele em que foi editada (**legalidade**).

d) **Alternativa correta.** De fato, de acordo com o artigo 62, § 2º, da CF, o aumento da alíquota do imposto federal só produzirá efeitos no exercício financeiro seguinte, caso a medida provisória tenha sido convertida em lei até o último dia do exercício em que foi editada.

Demais alternativas: estão erradas, porque nenhum corresponde ao momento correto em que o aumento da alíquota do imposto federal produzirá efeitos.

---

23. (FGV – Analista Judiciário – TRF 1ª Região/2024) Determinado contribuinte do imposto sobre produtos industrializados tomou conhecimento, pelos meios de comunicação social, de que o presidente da República entendia que a alíquota do imposto sobre produtos industrializados, incidente sobre certos produtos, seria aumentada.

Preocupado com o teor da notícia, já que o aumento da alíquota impactaria diretamente no custo final de sua produção, o contribuinte consultou um especialista em relação à implementação dessa medida, sendo-lhe corretamente informado que:

a) é necessária a edição de lei ordinária;

b) é necessária a edição de lei complementar;

c) a implementação da medida deve observar o princípio da anterioridade nonagesimal;

d) a medida será implementada de imediato, não se aplicando o princípio da anterioridade anual nem o princípio da anterioridade nonagesimal;

e) a medida pode ser implementada por decreto, com observância dos princípios da anterioridade anual e da anterioridade nonagesimal.

▷ ***Anotações/Comentários***

Nota dos autores: a questão trata da possibilidade de alteração da alíquota do Imposto sobre Produtos Industrializados (IPI) e dos princípios que regem essa alteração, especialmente no que se refere aos princípios da legalidade e da anterioridade anual e nonagesimal.

a) Está errada. O IPI é um imposto regulado por lei, mas a alteração de suas alíquotas pode ser feita por um ato do Poder Executivo, não necessariamente por meio de lei ordinária. O artigo 153, § 1º da Constituição Federal abre espaço para que a alteração das alíquotas do IPI possa ser feita pelo Presidente da República, por meio de decreto, sem a necessidade de aprovação do Congresso Nacional. Portanto, não é necessário editar uma **lei ordinária** para alterar as alíquotas do IPI.

b) Também está errada. Não há necessidade de edição de **lei complementar** para a alteração das alíquotas do IPI. Aliás, o IPI sequer está entre os tributos cuja competência para sua instituição é reservada à lei complementar.

c) **Alternativa correta.** O **IPI** é um imposto **extrafiscal**, ou seja, sua função principal não é arrecadatória, mas sim regulatória, podendo ser utilizado para fomentar ou desestimular certos comportamentos econômicos. Diante dessa natureza, a alteração das alíquotas desse imposto se revela mais urgente do que dos tributos em geral, razão pela qual o Poder Constituinte optou por excepcioná-lo ao princípio da anterioridade anual, de modo a atender essa urgência à margem de uma demora possível e até provável do processo legislativo. Outros impostos extrafiscais (II, IE e IOF) constituem exceções totais à anterioridade (CF, art. 150, §1º). Já o IPI foi posto a salvo tão somente da anterioridade do exercício. Assim, o artigo 150, §1º da Constituição Federal prevê como exceção para o IPI a permissão de alteração de suas alíquotas com observância apenas do princípio da **anterioridade nonagesimal**, o que significa que o aumento das alíquotas do IPI só pode ser cobrado após **90 dias** da sua publicação. Portanto, a medida mencionada na questão deve, de fato, respeitar a anterioridade nonagesimal.

d) Mais uma alternativa errada. Como mencionado nos comentários à alternativa anterior, o IPI constitui exceção tão somente à anterioridade do exercício, submetendo-se, normalmente, à anterioridade nonagesimal, de modo que a medida não poderá ser implementada de imediato, mas o aumento das alíquotas do IPI só poderá ser cobrado após **90 dias** da sua publicação.

e) Mesmo erro da alternativa anterior. É verdade que, como já explicado nos comentários à alternativa "a", o IPI pode ter as alíquotas alteradas por decreto. Todavia, constitui exceção tão somente à anterioridade do exercício, submetendo-se, normalmente, à anterioridade nonagesimal, de modo que a medida não poderá ser implementada de imediato, mas o aumento das alíquotas do IPI só poderá ser cobrado após **90 dias** da sua publicação.

24. (FCC – Analista Judiciário – TRF 3ª Região/2024) Caso uma lei federal (hipotética). publicada em 15 de outubro de 2021, tivesse alterado apenas a alíquota do Imposto Territorial Rural (ITR), essa lei, à luz das normas da Constituição Federal de 1988, poderia estabelecer que a nova alíquota entraria em vigor

a) no mesmo exercício de sua publicação, apenas no caso de se tratar de aumento da referida alíquota.

b) no mesmo exercício de sua publicação, caso a alíquota tivesse sido reduzida, e em 1º de janeiro de 2022, caso a alíquota tivesse sido aumentada.

c) em 1º de janeiro de 2022, tanto no caso de aumento como no caso de redução da referida alíquota.

d) no mesmo exercício de sua publicação, tanto no caso de redução como no caso de aumento da referida alíquota.

e) em 1º de fevereiro de 2022, tanto no caso de aumento como no caso de redução da referida alíquota.

▷ ***Anotações/Comentários***

Nota dos autores: a criação ou aumento de tributo, em regra, sujeita-se ao princípio da anterioridade, nas suas duas vertentes (anual e nonagesimal), de modo que a alteração da alíquota de um tributo, quando implicar em seu aumento, só poderá produzir efeitos no primeiro dia do exercício seguinte à publicação da respectiva lei, desde que transcorridos 90 dias dessa data de publicação (CF, art. 150, III, "b" e "c"). Trata-se de regra excepcionada em relação a alguns tributos, o que não vem a ser o caso do ITR, imposto de que trata a questão e que segue a regra gera.

a) Errada. Tratando-se de alteração de alíquota que implica aumento do tributo, a nova alíquota não poderia entrar em vigor no mesmo exercício, sob pena de violação ao princípio da anterioridade do exercício.

b) Errada. Verdade que, em caso de redução da alíquota, não há anterioridade a se respeitar e poderia vigorar no mesmo exercício. Contudo, no caso de aumento de alíquota, não está correto dizer que a vigência seria a partir de 1º de janeiro, uma vez que, tendo sido publicada a lei em 15 de outubro, a exigência do tributo teria que aguardar 15 de janeiro do exercício seguinte, haja vista também se aplicar a anterioridade nonagesimal ao ITR.

c) Errada. Embora em caso de redução da alíquota, não haja anterioridade a se respeitar, no caso de aumento de alíquota, não está correto dizer que a vigência seria a partir de 1º de janeiro, uma vez que, tendo sido publicada a lei em 15 de outubro, a exigência do tributo teria que aguardar 15 de janeiro do exercício seguinte, haja vista também se aplicar a anterioridade nonagesimal ao ITR.

d) Errada. Embora em caso de redução da alíquota, não haja anterioridade a se respeitar, no caso de aumento de alíquota, não está correto dizer que a vigência seria no mesmo exercício, uma vez que, tendo sido publicada a lei em 15 de outubro, a exigência do tributo teria que aguardar 15 de janeiro do exercício seguinte, haja vista se aplicar ao ITR a anterioridade em suas duas vertentes (anual e nonagesimal).

e) **Alternativa correta**. Nenhum problema em se estabelecer a vigência da nova alíquota em 1º de fevereiro de 2022. Quanto à redução, a cobrança já seria possível na data da publicação da lei, pois não se sujeita à anterioridade. Já no caso de aumento de alíquota, considerando-se a publicação da lei em 15 de outubro de 2021, a exigência do tributo teria que aguardar 15 de janeiro do exercício seguinte, haja vista também se aplicar ao ITR a anterioridade em suas duas vertentes (anual e nonagesimal). Como 1º de fevereiro é uma data posterior a 15 de janeiro, perfeitamente possível que a vigência seja estabelecida para essa data.

25. (FCC – Analista Judiciário – TRF 3ª Região/2024) No Sistema Tributário Nacional brasileiro, a Constituição Federal de 1988 (CF) atribui a cada ente federativo competências específicas para criar e legislar sobre impostos. Portanto, a competência tributária para instituir impostos está dividida entre a União, os Estados, o Distrito Federal e os Municípios. Sobre a competência tributária, as limitações constitucionais ao poder de tributar e a imunidade tributária, a CF dispõe:

I. É vedado à União, aos Estados, ao Distrito Federal e aos Municípios exigir ou instituir tributo sem lei que o estabeleça.

II. O imposto de importação de produtos estrangeiros é de competência da União.

III. É vedado à União, aos Estados, ao Distrito Federal e aos Municípios instituir impostos sobre o patrimônio, a renda ou os serviços, uns dos outros.

IV. O imposto sobre a propriedade de veículos automotores é de competência da União.

Está correto o que consta APENAS de

a) I, II e IIII.

b) III e IV.

c) I e IIII.

d) II e IV.

e) I e II.

▷ ***Anotações/Comentários***

Nota dos autores: questão envolvendo aspecto diversificados acerca do sistema tributário nacional, com quatro itens para julgar a respeito de competências, princípios e imunidades tributárias.

I – Correto. Refere-se ao princípio da legalidade tributária (CF, art. 150, I).

II – Correto. De fato, o imposto de importação é de competência da União (CF, art. 153, I).

III – Correto. Trata da imunidade tributária recíproca (CF, art. 150, VI, "a").

IV – Incorreto. Diversamente do afirmado o IPVA é de competência dos Estados e do Distrito Federal (CF, art. 155, III).

Portanto, estão corretos os itens I, II e III.

26. (IBFC – Técnico Judiciário – Área Administrativa – TRF 5/2024) A respeito das Limitações do Poder de Tributar, assinale a alternativa correta, nos termos da Constituição Federal.

a) Sem prejuízo de outras garantias asseguradas ao contribuinte, é vedado à União, aos Estados, ao Distrito Federal e aos Municípios exigir ou aumentar tributo sem lei que o estabeleça.

b) Sem prejuízo de outras garantias asseguradas ao contribuinte, é vedado à União, aos Estados, ao Distrito Federal e aos Municípios instituir tratamento desigual entre contribuintes que se encontrem em situação equivalente, sendo permitida, excepcionalmente, distinção em razão de ocupação profissional ou função por eles exercida, independentemente da denominação jurídica dos rendimentos, títulos ou direitos.

c) Sem prejuízo de outras garantias asseguradas ao contribuinte, é vedado à União, aos Estados, ao Distrito Federal e aos Municípios estabelecer limitações ao tráfego de pessoas ou bens, por meio de tributos interestaduais ou intermunicipais, sem qualquer exceção.

d) É permitido aos Estados, ao Distrito Federal e aos Municípios estabelecer diferença tributária entre bens e serviços, de qualquer natureza, em razão de sua procedência ou destino.

▷ ***Anotações/Comentários***

Nota dos autores: as limitações ao poder de tributar são estabelecidas na Constituição Federal justamente para impor freios ao exercício das competências, evitando abusos por parte dos entes tributantes, compreendendo os princípios e as imunidades.

a) **Alternativa correta.** Trata-se do teor do artigo 150, inciso I, da CF, que se refere ao Princípio da Legalidade Tributária.

b) O texto distorce o teor do Princípio da Isonomia Tributária (CF, art. 150, II), uma vez que, na verdade, é proibida qualquer distinção em razão de ocupação profissional ou função por eles exercida, independentemente da denominação jurídica dos rendimentos, títulos ou direitos.

c) O texto distorce o teor do Princípio da Liberdade de Tráfego (CF, art. 150, V), por não abarcar a exceção constitucional, qual seja, a ressalva para "a cobrança de pedágio pela utilização de vias conservadas pelo Poder Público".

d) Ao contrário do que constou, o texto subverte o teor do artigo 152 da CF, pelo qual "é vedado aos Estados, ao Distrito Federal e aos Municípios estabelecer diferença tributária entre bens e serviços, de qualquer natureza, em razão de sua procedência ou destino".

---

27. (FCC – Técnico Judiciário – Área Administrativa – TRF 3/2019)
Sob o título "Das limitações do Poder de Tributar", a Constituição Federal de 1988 consagra o princípio da

a) anterioridade, segundo o qual a União, os Estados, o Distrito Federal e os Municípios não podem exigir ou aumentar tributo sem lei que o estabeleça.

b) legalidade, dispondo que a União, os Estados, o Distrito Federal e os Municípios não podem cobrar tributos em relação a fatos geradores ocorridos antes do início da vigência da lei que os houver instituído ou aumentado.

c) irretroatividade da lei tributária, que veda aos entes políticos tributantes cobrar tributo no mesmo exercício financeiro em que haja sido publicada a lei que os instituiu ou aumentou.

d) igualdade tributária, dispondo que os entes políticos da Federação não podem instituir tratamento desigual entre contribuintes que se encontrem em situação equivalente, devendo levar em consideração a ocupação profissional ou função por eles exercida, bem como a denominação jurídica dos rendimentos, títulos ou direitos.

e) não discriminação tributária, que veda aos Estados, ao Distrito Federal e aos Municípios estabelecer diferença tributária entre bens e serviços, de qualquer natureza, em razão de sua procedência ou destino.

▷ ***Anotações/Comentários***

Nota dos autores: questão que versa sobre vários princípios constitucionais tributários.

a) Errada, porque o princípio definido é o da legalidade, e não o da anterioridade (CF, art. 150, inciso I).

b) Errada, porque o princípio definido é o da irretroatividade, e não o da legalidade (CF, art. 150, inciso III, "a")

c) Errada, porque o princípio definido é o da anterioridade, e não o da irretroatividade (CF, art. 150, inciso III, "b").

d) Errada, pois de acordo com o princípio da isonomia tributária, a tributação não pode levar em consideração a ocupação profissional ou função por eles exercida, bem como a denominação jurídica dos rendimentos, títulos ou direitos (CF, art. 150, inciso II).

e) **Alternativa correta**, uma vez que, realmente, o princípio da não discriminação tributária veda aos Estados, ao Distrito Federal e aos Municípios estabelecer diferença tributária entre bens e serviços, de qualquer natureza, em razão de sua procedência ou destino (CF, art. 152).

---

28. (FCC – Técnico Judiciário – Área Administrativa – TRF 3/2019)
A Constituição Federal de 1988, na parte que trata das limitações ao poder de tributar, estabelece que

a) é vedado à União instituir ou aumentar um tributo sem lei que o estabeleça, mas a redução do tributo, a isenção, a redução da base de cálculo ou a concessão de crédito presumido não dependem de lei, podendo ser veiculadas por decreto do poder executivo federal.

b) é vedado ao Município utilizar tributo com efeito de confisco, mas é permitido alterar a base de cálculo do imposto sobre serviços de qualquer natureza, para um valor maior ou menor, por meio de decreto municipal, com vigência imediata.

c) é vedado aos Estados estabelecer limitações ao tráfego de pessoas ou bens, por meio de tributos interestaduais ou intermunicipais, sendo permitida a cobrança de pedágio pela utilização de vias conservadas pelo Poder Público.

d) é permitido cobrar tributos no mesmo exercício financeiro em que haja sido publicada a lei que os instituiu ou aumentou, quando se trata do imposto sobre propriedade de veículos automotores.

e) não se pode instituir impostos sobre as instituições de educação e de assistência social, tenham elas finalidade de lucro, ou não, pois são atividades de relevância social especial.

▷ ***Anotações/Comentários***

Nota dos autores: questão que versa sobre vários princípios constitucionais tributários.

a) Errada, porque a redução do tributo, a isenção, a redução da base de cálculo ou a concessão de crédito presumido só podem veiculadas por lei específica do ente federativo competente (CF, art. 150, § 6º)

b) Errada, porque alterar a base de cálculo de imposto sobre serviços de qualquer natureza, para um valor maior ou menor, por meio de decreto municipal viola o princípio da legalidade, que exige lei (CF, art. 150, I), bem como a vigência imediata contraria os princípios da anterioridade anual e nonagesimal (CF, art. 150, III, "b" e "c").

c) **Alternativa correta**, uma vez que pelo princípio da liberdade de tráfego (CF, art. 150, V), realmente, é vedado aos Estados estabelecer limitações ao tráfego de pessoas ou bens, por meio de tributos interestaduais ou intermunicipais. Igualmente, pela norma do princípio em questão, o Poder constituinte deixou claro que a referida limitação constitucional ao poder de tributar não abrange a cobrança de pedágio pela utilização de vias conservadas pelo Poder Público. Até porque, não poderia ser diferente, uma vez que o pedágio não tem natureza de tributo, mas, sim, de preço público (STF - ADI, 800).

d) Errada, porque em face do princípio da anterioridade anual, é vedado cobrar tributos no mesmo exercício financeiro em que haja sido publicada a lei que os instituiu ou aumentou, e o IPVA, embora constitua, em relação à fixação de sua base de cálculo, exceção à vertente nonagesimal do princípio da anterioridade (CF, art. 150, § 1º), aplica-se normalmente à anterioridade anual ou do exercício.

e) Errada, pois a imunidade constitucional a impostos sobre as instituições de educação e de assistência social refere-se apenas àquelas sem fins lucrativos.

29. (FCC – Técnico Judiciário – Área Administrativa – TRF 3/2019) A Constituição Federal de 1988 faz referência às limitações do poder de tributar, dispondo que é

a) proibido ao Governo Federal criar imposto que implique distinção ou preferência em relação a um Estado, em detrimento de outro, sendo permitido, contudo, dar incentivos tributários com a finalidade de promover o equilíbrio do desenvolvimento entre as diferentes regiões do País.

b) proibido à União tributar a renda dos empréstimos concedidos aos Estados e Municípios (juro recebido pelo credor) e os salários dos funcionários públicos ou privados em níveis superiores a 12%, sob pena de caracterizar confisco.

c) proibido incidir dois ou mais tributos federais, estaduais ou municipais na importação, sob pena de caracterizar bitributação (bis in idem).

d) vedado à União conceder isenção de tributo federal, estadual ou municipal, sob pena de caracterizar falta de isonomia entre contribuintes, regiões, produtos ou consumidores.

e) permitido aos Estados e ao Distrito Federal instituir isenções de tributos federais nas compras de mercadorias e prestações de serviços realizadas em seus territórios, desde que seja mediante lei específica e com o objeto de estimular o consumo, a redução da pobreza e a pequena empresa.

▷ ***Anotações/Comentários***

Nota dos autores: questão que versa sobre vários princípios constitucionais tributários.

a) **Alternativa correta**. De fato, o artigo 151, inciso I, da CF, veicula o princípio da uniformidade geográfica, segundo o qual é vedado à União criar imposto que implique distinção ou preferência em relação a um Estado, em detrimento de outro, ressalvada a possibilidade de concessão incentivos tributários com a finalidade de promover o equilíbrio do desenvolvimento entre as diferentes regiões do País.

b) Errada, porque o examinador deturpa o teor do artigo 151, inciso II, da CF, na medida em que a vedação, de fato, é de que a União possa tributar a renda (juro recebido pelo credor) dos empréstimos concedidos aos Estados e Municípios (obrigações da dívida pública dos Estados e Municípios), bem como a remuneração e os proventos dos respectivos agentes públicos, o que inclui os funcionários públicos ou privados. Porém essa tributação, na verdade, não pode ser em níveis superiores aos que a União fixar para suas próprias obrigações e seus agentes, não existindo o limite de 12%, sob pena de caracterizar confisco.

c) Errada, na medida em que sobre as importações incidem diversos tributos federais e estaduais, segundo as competências constitucionalmente conferidas (Imposto de Importação, IPI, PIS, COFINS, ICMS, Taxa do Siscomex etc), não existindo a vedação a *bis in idem* nas importações insinuada pelo examinador.

d) Errado, pois, embora seja, de fato, vedado à União instituir isenções de tributos da competência dos Estados, do Distrito Federal ou dos Municípios, essa vedação, diferente do equivocadamente afirmado pela banca, não se estende aos seus próprios tributos, isto é, aos tributos federais.

e) Errado, uma vez que Estados e Distrito Federal não podem instituir isenções de tributos federais nas compras de mercadorias e prestações de serviços realizadas em seus territórios, pois não se tratam de tributos de suas competências.

30. (Cespe – Analista Ministerial – Controle Interno e Externo – MPC - PA/2019) De acordo com entendimento do STF consagrado em súmula vinculante, é correto afirmar que:

a) é indispensável a presença de advogado ou de defensor dativo em processo administrativo disciplinar, mesmo na fase instrutória do procedimento.

b) lei estadual pode exigir depósito prévio de multa como requisito de admissibilidade de recurso administrativo em que se discute a referida sanção.

c) é legítima a cobrança de taxa de matrícula em universidade pública, embora a CF assegure a gratuidade do ensino público em estabelecimento oficial.

d) a observância à cláusula de reserva de plenário não é exigida para situações em que órgão fracionário de tribunal apenas afaste a incidência de lei em caso concreto.

e) o princípio da anterioridade tributária não se aplica à hipótese de norma legal que altere o prazo de recolhimento de obrigação tributária.

▷ ***Anotações/Comentários***

Nota dos autores: mais uma questão que prestigia o estudo da jurisprudência. Além das Súmulas Vinculantes, é importante que o candidato conheça as súmulas de jurisprudência, as teses de recursos repetitivos, os temas de repercussão geral e acompanhe as notícias veiculadas sistematicamente pelos informativos dos tribunais superiores.

a) distorce o teor da Súmula Vinculante 5 ("a falta de defesa técnica por advogado no processo administrativo disciplinar não ofende a Constituição").

b) distorce o teor da Súmula Vinculante 21 ("é inconstitucional a exigência de depósito ou arrolamento prévios de dinheiro ou bens para admissibilidade de recurso administrativo").

c) distorce o teor da Súmula Vinculante 12 ("a cobrança de taxa de matrícula nas universidades públicas viola o disposto no art. 206, IV, da Constituição Federal").

d) distorce o teor da Súmula Vinculante 10 ("viola a cláusula de reserva de plenário - CF, artigo 97 - a decisão de órgão fracionário de Tribunal que embora não declare expressamente a inconstitucionalidade de lei ou ato normativo do poder público, afasta sua incidência, no todo ou em parte").

e) coaduna-se com o teor da Súmula Vinculante 50 ("norma legal que altera o prazo de recolhimento de obrigação tributária não se sujeita ao princípio da anterioridade").

31. (Cespe – Analista Judiciário – Área Judiciária – STJ/2018) À luz da jurisprudência majoritária e atual dos tribunais superiores e da doutrina acerca dos princípios constitucionais tributários, do indébito tributário, do crédito tributário e do poder de tributar, julgue os itens seguintes.

De acordo com o Supremo Tribunal Federal, a norma legal que altera o prazo de recolhimento da obrigação tributária deve observar o princípio da anterioridade que for aplicável ao respectivo tributo.

- CERTO
- ERRADO

▷ ***Anotações/Comentários***

Nota dos autores: para responder a essa questão, é necessário conhecer a Súmula Vinculante nº 50 do STF.

De acordo com a jurisprudência do STF, consolidada na **Súmula vinculante 50:** "Norma legal que altera o prazo de recolhimento da obrigação tributária **não** se sujeita ao princípio da anterioridade". Portanto, equivocado a afirmação do examinador, totalmente contrária ao entendimento jurisprudencial.

32. (FGV - Analista Jurídico - MPE - AL/2018) Leia a afirmativa a seguir.

"Diz respeito à incidência progressiva de alíquotas na razão inversa da essencialidade da mercadoria ou do serviço".

A afirmativa diz respeito ao princípio da

a) razoabilidade.

b) proporcionalidade.

c) seletividade.

d) não-cumulatividade.

e) capacidade contributiva.

TRIBUTÁRIO

▷ *Anotações/Comentários*

Nota dos autores: nessa questão, o candidato deverá analisar o conceito apresentado no enunciado e identificar a alternativa que menciona o princípio a que se refere.

a) e b) a proporcionalidade e razoabilidade estão relacionados a princípios constitucionais diversos da seletividade, especialmente capacidade contributiva (carga tributária de impostos proporcional à capacidade do contribuinte) e vedação ao confisco (carga tributária razoável).

c) de fato, segundo o **princípio da seletividade**, a carga tributária será graduada conforme a essencialidade dos produtos. O princípio é aplicável facultativamente ao ICMS e obrigatoriamente ao IPI.

d) a não-cumulatividade diz respeito ao direito de compensar o imposto cobrado em operações anteriores para evitar a tributação "em cascata".

e) pelo princípio da capacidade contributiva (CF, art. 145, § 1º), sempre que possível, os impostos terão caráter pessoal e serão graduados segundo a capacidade econômica do contribuinte.

33. (Consulplan – Analista Judiciário – Oficial de Just. Avaliador – TRF 2/2017) Todas as hipóteses referidas nas alternativas a seguir refletem hipótese de imunidade tributária. Assinale aquela que contemple imunidade subjetiva e autoexecutável (ou incondicional).

a) Impedimento de instituir impostos sobre livros, jornais, periódicos e o papel destinado a sua impressão.

b) Proibição aos Entes da Federação de instituir impostos sobre patrimônio, renda e serviços uns dos outros.

c) Interdição de instituir imposto sobre patrimônio, renda ou serviços dos partidos políticos, inclusive suas fundações.

d) Vedação à União, aos Estados, ao Distrito Federal e aos Municípios de instituir impostos sobre templos de qualquer culto.

▷ *Anotações/Comentários*

Nota dos autores: atenção para a exigência do examinador de que seja assinalada a única alternativa que contempla uma imunidade subjetiva e autoexecutável (ou incondicional).

a) Errada, porque o impedimento de instituir impostos sobre livros, jornais, periódicos e o papel destinado a sua impressão é uma imunidade objetiva, e não subjetiva.

b) **Alternativa correta**, uma vez que a imunidade recíproca (proibição aos Entes da Federação de instituir impostos sobre patrimônio, renda e serviços uns dos outros), por ser aplicável aos entes federativos (pessoas jurídicas de direito público) é, realmente, uma imunidade subjetiva. Por igual, por não ser uma limitação constitucional ao poder de tributar que depende de regulamentação infraconstitucional, constitui mesmo uma imunidade constitucional subjetiva autoexecutável, além de que, por não haver nenhuma condição estabelecida na CF, bastando que seja imposto sobre patrimônio, renda ou serviços, também não é uma imunidade condicional.

c) Errada, pois, nos termos do artigo 150, inciso VI, alínea "c" da CF, é vedado instituir imposto sobre patrimônio, renda ou serviços dos partidos políticos, inclusive suas fundações. Ocorre que essa vedação deve atender aos requisitos de lei, de modo que, embora subjetiva, é uma imunidade não autoexecutável. Além do que essa imunidade compreende somente o patrimônio, a renda e os serviços, relacionados com as finalidades essenciais das entidades (CF, art. 150, § 4º), de modo que se trata de uma imunidade condicional, e não incondicional, conforme erroneamente afirmado pelo examinador.

d) Errada, porque a vedação à União, aos Estados, ao Distrito Federal e aos Municípios de instituir impostos sobre templos de qualquer culto, embora subjetiva (templos de qualquer culto são uma menção constitucional às entidades religiosas), é condicionada ao atendimento das finalidades essenciais dos templos de qualquer culto (CF, art. 150, § 4º), de modo que se trata de uma imunidade condicional, e não incondicional, conforme erroneamente afirmado pelo examinador.

34. (IBFC – Analista Judiciária – Função Judiciária – TJ - PE/2017) As imunidades tributárias estão dispostas na Constituição Federal e pressupõem o não pagamento de tributos quando do exercício de algumas atividades em território nacional. Quanto ao tema, analise as alternativas abaixo e assinale aquela que não apresenta ato imune a obrigação tributária:

a) Atos perpetrados por Pessoas Políticas (União, Estados, Distrito Federal e Municípios)

b) Patrimônio de autarquias e fundações instituídas e mantidas pelo Poder Público

c) Comércio realizado por empresas públicas e sociedades de economia mista

d) Fatos vinculados aos partidos políticos e sindicatos de empregados

e) Renda e serviços de templos de qualquer culto

▷ *Anotações/Comentários*

Nota dos autores: questão em que o examinador cobra do candidato identificar a única situação que não corresponde a uma imunidade tributária.

a) Errada, pois faz referência à imunidade tributária recíproca (CF, art. 150, VI, a).

b) Errada, pois a imunidade recíproca se estende às autarquias e fundações instituídas e mantidas pelo Poder Público (CF, art. 150, § 2º).

c) **Alternativa correta**, por não se tratar de um fato relacionado a imunidade tributária, uma vez que a imunidade tributária recíproca não se estende, em regra, segundo o texto constitucional, às empresas públicas e sociedades de economia mista, com uma única exceção, a empresa pública prestadora de serviço postal, trazida pela Reforma Tributária (EC 132/2023).

d) Errada, porque se refere à imunidade tributária subjetiva não autoaplicável do artigo 150, inciso VI, alínea "c", da CF.

e) Errada, pois faz referência à imunidade religiosa (CF, art. 150, VI, b).

3. COMPETÊNCIA TRIBUTÁRIA E REPARTIÇÃO DE RECEITAS TRIBUTÁRIAS

35. (FCC – Analista Judiciário – TRF 3ª Região/2024) Admita-se, por hipótese, que, em razão de fortíssimos movimentos tectônicos, tenham surgido duas ilhas no litoral brasileiro, as quais receberam os nomes de Macro e Micro, respectivamente. Essas duas ilhas, de imediato, se tornaram territórios federais e, pelas suas dimensões, logo foram povoadas. A primeira, Macro, foi dividida em Municípios, mas a segunda, Micro, não o foi. Em razão disso, com base nas regras da Constituição Federal de 1988, a União pode lançar e cobrar dos habitantes de

a) Micro os impostos federais, estaduais e municipais.

b) ambas as ilhas, os impostos federais, estaduais e municipais.

c) ambas as ilhas apenas os impostos federais.

d) Macro os impostos federais, estaduais e municipais.

e) ambas as ilhas apenas os impostos federais e os impostos municipais.

▷ *Anotações/Comentários*

Nota dos autores: a alternativa correta da presente questão deve respeitar o disposto no artigo 147 da CF/88, que trata da competência tributária envolvendo territórios federais: "Competem à União, em Território Federal, os impostos estaduais e, se o Território não for dividido em Municípios, cumulativamente, os impostos municipais; ao Distrito Federal cabem os impostos municipais".

a) **Alternativa correta.** Como a ilha Micro não foi dividida em municípios, de fato, nesse Território Federal, competem à União os impostos federais, estaduais e municipais (CF, art. 147).

b) Errada. Sendo Macro dividida em municípios, em relação aos seus habitantes, não competem à União os impostos municipais.

c) Errada, pois não são apenas os impostos federais que competem à União, mas, também, os impostos estaduais e, no caso de Micro, não dividida em Municípios, também competem à União os impostos municipais.

d) Errada. De novo, sendo Macro dividida em municípios, em relação aos seus habitantes, não competem à União os impostos municipais.

e) Errada, porque também competem à União os impostos estaduais em relação às duas ilhas. Além disso, em relação a Macro, que é um Território Federal dividido em municípios, não cabem à União os impostos municipais, mas, apenas, os federais e estaduais.

36. (FCC – Analista Judiciário – TRF 3ª Região/2024) De acordo com a Constituição Federal de 1988, o ouro, quando definido em lei como ativo financeiro ou instrumento cambial, sofrerá, na operação de origem, apenas a incidência do

a) Imposto sobre Operações de Crédito, Câmbio e Seguro, ou Relativas a Títulos ou Valores Mobiliários (IOF) e do Imposto de Renda (IR), sendo que o montante da arrecadação do IOF será repartido, em partes iguais, entre a União e o Município de sua proveniência.

b) Imposto sobre Produtos Industrializados (IPI) e do Imposto de Renda (IR), ficando assegurado à União o direito de retenção de 50% do montante da arrecadação do IPI.

c) Imposto sobre Produtos Industrializados (IP|) e, quando for o caso, do Imposto de Exportação (IE).

d) Imposto de Renda (IR), sendo que o montante de sua arrecadação será repartido, em partes iguais, entre a União e o Estado e o Município de sua proveniência.

e) Imposto sobre Operações de Crédito, Câmbio e Seguro, ou Relativas a Títulos ou Valores Mobiliários (IOF), ficando assegurada ao Município de origem do metal a transferência de 70% do montante da arrecadação desse imposto.

▷ ***Anotações/Comentários***

Nota dos autores: de acordo com o artigo 153, § 5º, da CF/88, o ouro, quando definido em lei como ativo financeiro ou instrumento cambial, sofrerá, na operação de origem, apenas a incidência do IOF, ficando assegurada ao Município de origem do metal a transferência de 70% do montante da arrecadação desse imposto, e ao Estado, Distrito Federal ou Território, 30% do mesmo montante.

a) Errada, pois não incide IR sobre o ouro, quando definido em lei como ativo financeiro ou instrumento cambial. Além disso, a repartição, no caso do IOF, que incide, não é em partes iguais.

b) Errada, porque não há incidência de IPI sobre o ouro, quando definido em lei como ativo financeiro ou instrumento cambial.

c) Errada, porque não há incidência de IPI e de IE sobre o ouro, quando definido em lei como ativo financeiro ou instrumento cambial.

d) Errada, porque não há incidência de IR sobre o ouro, quando definido em lei como ativo financeiro ou instrumento cambial.

e) **Alternativa correta**. Exatamente como afirmado e nos termos do artigo 153, § 5º, da CF/88, sobre o ouro definido como ativo financeiro ou instrumento cambial, incide o Imposto sobre Operações de Crédito, Câmbio e Seguro, ou Relativas a Títulos ou Valores Mobiliários (IOF), ficando assegurada ao Município de origem do metal a transferência de 70% do montante da arrecadação desse imposto.

37. (IBFC – Técnico Judiciário – Área Administrativa – TRF 5/2024) A Constituição da República Federativa do Brasil de 1988 apresentou na "Seção I – Dos Princípios Gerais" alguns dispositivos que versam sobre a competência legislativa para a instituição de determinados tributos. Assinale a alternativa correta.

a) A União, mediante lei ordinária, poderá instituir empréstimos compulsórios para atender a despesas extraordinárias, decorrentes exclusivamente de guerra externa ou sua iminência.

b) Compete aos Estados, em Território Federal, os impostos estaduais; ao Distrito Federal cabem os impostos municipais.

c) A União, os Estados, o Distrito Federal e os Municípios poderão instituir contribuições sociais, de intervenção no domínio econômico e de interesse das categorias profissionais ou econômicas, observado o disposto no art. 195, § 6º, relativamente às contribuições a que alude o dispositivo.

d) A União, os Estados, o Distrito Federal e os Municípios poderão instituir os seguintes tributos: I – impostos; II – taxas, em razão do exercício do poder de polícia ou pela utilização, efetiva ou potencial, de serviços públicos específicos e divisíveis, prestados ao contribuinte ou postos a sua disposição; III – contribuição de melhoria, decorrente de obras públicas.

▷ ***Anotações/Comentários***

Nota dos autores: embora no artigo 145 da CF/88 estejam previstas três espécies do gênero tributo (impostos, taxas e contribuições de melhoria), extraem-se do texto constitucional ainda outras duas, os empréstimos compulsórios (CF, art. 148) e as contribuições (por exemplo, as sociais e as CIDEs, previstas no artigo 149 da CF/88).

a) Segundo o artigo 148 da CF/88, a instituição de empréstimo compulsório pela União está reservada à lei complementar e não à lei ordinária, como erroneamente constou.

b) Na verdade, competem à União (e não aos Estados, como erroneamente constou), em Território Federal, os impostos estaduais e, se o Território não for dividido em Municípios, cumulativamente, os impostos municipais (CF, art. 147).

c) De acordo com o teor do artigo 149 da CF/88 competência tributária para instituição de contribuições sociais e de intervenção no domínio econômico e de interesse das categorias profissionais ou econômicas é privativa (exclusiva) da União (e não concorrente entre os entes federativos, como erroneamente constou).

d) **Alternativa correta.** Trata-se da reprodução, *ipsis literis*, do *caput* e dos três incisos do artigo 145 da CF/88, que trata do elenco das espécies tributárias. Lembrando sempre que, além dessas três espécies, conforme explicado na nota dos autores, a Constituição ainda confere competências para mais dois tributos, que são as contribuições e os empréstimos compulsórios.

38. (FCC – Técnico Judiciário – Área Administrativa – TRF 3/2019) Conforme a Constituição Federal de 1988, compete à União instituir impostos sobre

a) o comércio internacional, abrangendo importação e exportação, o comércio local e interestadual de mercadorias e a prestação de serviços.

b) pequenas, médias e grandes fortunas, propriedade de imóvel rural e urbano, e seguros de vida e saúde.

c) proventos de qualquer natureza, câmbio, seguro, importação e exportação.

d) comércio em geral, prestação de serviço, produtos rurais, artesanais e orgânicos.

e) comércio interestadual e internacional, produção de produtos industriais e rurais, renda e propriedade rural.

▷ ***Anotações/Comentários***

Nota dos autores: nesta questão, deverá ser assinalada a alternativa em que o examinador se refere apenas impostos de competência da União. Atenção também que todas as competências de Estados e Municípios estendem-se ao Distrito Federal.

a) Errada, porque o comércio local e interestadual de mercadorias é tributado pelo ICMS dos Estados e a prestação de serviços pelo ICMS dos Estados e o ISS municipal (CF, arts. 155, II e 156, III).

b) Errada, porque, por exemplo, a propriedade de imóvel urbano é tributada pelo IPTU de competência dos Municípios (CF, art. 156, I).

c) **Alternativa correta**, na medida em que se refere ao Imposto de Renda (IR) ao imposto sobre crédito, câmbio e seguro, ou relativas a títulos ou valores mobiliários (IOF), bem como aos impostos sobre importação e exportação, todos de competência da União (CF, art. 153, I, II, III e V).

d) Errada, uma vez que o comércio em geral é tributado pelo ICMS dos Estados (CF, art. 155, II) e as prestações de serviços pelo ISS municipal (CF, art. 156, III) ou pelo ICMS dos Estados, quando se tratar de serviços de transporte interestadual e intermunicipal ou serviços de comunicação (CF, art. 155, II)

e) Errada, porque, por exemplo, o comércio interestadual é tributado pelo ICMS estadual (CF, art. 155, II).

---

39. (FCC – Técnico Judiciário – Área Judiciária – TRF 4/2019) A Constituição Federal de 1988 estabelece que o Brasil é uma república federativa formada pela união indissolúvel dos estados e municípios e do distrito federal, e na parte que trata DA TRIBUTAÇÃO E DO ORÇAMENTO, determina as competências tributárias da União, Estados, Distrito Federal e Municípios. Conforme a referida Constituição, são tributos que podem ser instituídos pela União:

a) imposto sobre operações de crédito, contribuição de melhoria, contribuição para o custeio da iluminação pública e imposto sobre serviços.

b) imposto sobre a renda, imposto sobre importação de produtos estrangeiros e imposto sobre grandes fortunas.

c) contribuição de intervenção no domínio econômico, contribuição de melhoria, imposto sobre propriedades territoriais urbanas e taxa de fiscalização de portos e ferrovias.

d) taxa de serviço de polícia de fronteira, contribuição previdenciária, imposto sobre a renda, e imposto sobre a propriedade de veículos automotores terrestres e aquáticos.

e) taxa de expedição de certidões, taxa de vigilância sanitária, imposto sobre produtos industrializados destinados ao exterior e imposto sobre propriedade territorial urbana.

▷ ***Anotações/Comentários***

Nota dos autores: nesta questão, deverá ser assinalada a alternativa em que o examinador se refere apenas impostos de competência da União. Atenção também que todas as competências de Estados e Municípios se estendem ao Distrito Federal.

a) Errada, porque a contribuição para custeio dos serviços de iluminação pública é de competência dos Municípios e do Distrito Federal (CF, art. 149-A), enquanto as prestações de serviços são tributadas pelo ISS municipal (CF, art. 156, III) ou pelo ICMS dos Estados, quando se tratar de serviços de transporte interestadual e intermunicipal ou serviços de comunicação (CF, art. 155, II)

b) **Alternativa correta**, porque o imposto sobre a renda (IR), impostos de importação (II) e imposto sobre grandes fortunas (IGF) são todos impostos de competência de União (CF, art. 153, I, III e VII).

c) Errada, porque o imposto sobre propriedades territoriais e prediais urbanas (IPTU) é um imposto de competência exclusiva dos Municípios (CF, art. 156, I).

d) Errada, porque o imposto sobre a propriedade de veículos automotores (IPVA) é um imposto de competência exclusiva dos Estados (CF, art. 155, III).

e) Errada, porque o imposto sobre propriedade territorial e predial urbana (IPTU) é um imposto de competência exclusiva dos Municípios (CF, art. 156, I).

---

40. (Cespe – Analista Judiciário – Área Judiciária – STJ/2018) À luz da jurisprudência majoritária e atual dos tribunais superiores e da doutrina acerca dos princípios constitucionais tributários, do indébito tributário, do crédito tributário e do poder de tributar, julgue os itens seguintes.

A repartição das receitas tributárias deve observar rigorosamente a competência tributária de cada ente político.

- CERTO
- ERRADO

▷ ***Anotações/Comentários***

Nota dos autores: em geral, a pessoa política que institui e arrecada determinado tributo fica com o produto de sua arrecadação. Entretanto, com fundamento no pacto federativo, a CF/88 traz uma série de situações em que o ente tributante deve repassar parte do numerário arrecadado a outro. São as chamadas repartições de receitas tributárias e estão disciplinadas entre os artigos 157 e 162 do texto constitucional.

Na repartição das receitas tributária, a pessoa política competente deve destinar uma parcela de sua arrecadação para outro ente federativo. Logo, a repartição de receitas não guarda nenhuma relação com a competência tributária, haja vista que o estado ou município destinatário da receita repartida não é o competente para instituir e legislar sobre o tributo, mas, sim, aquele a que a Constituição Federal deferiu o direito ao repasse.

---

41. (FGV – Técnico Tributário – SEFIN - RO/2018) Sobre a repartição da receita obtida na arrecadação do Imposto sobre a Propriedade de Veículos Automotores (IPVA), assinale a afirmativa correta.

a) Pertence ao município, 50% (cinquenta por cento) do valor do IPVA arrecadado sobre a propriedade de veículo registrado, matriculado ou licenciado em seu território.

b) Pertence ao município, 60% (sessenta por cento) do valor do IPVA arrecadado sobre a propriedade de veículo registrado, matriculado ou licenciado em seu território.

c) Pertence ao Estado, 100% (cem por cento) do valor do IPVA arrecadado sobre a propriedade de veículo registrado, matriculado ou licenciado em seu território.

d) Pertence ao município, 30% (trinta por cento) do valor do IPVA arrecadado sobre a propriedade de veículo registrado, matriculado ou licenciado em seu território.

e) Pertence à União 10% (dez por cento) do valor do IPVA arrecadado sobre a propriedade de veículo registrado, matriculado ou licenciado no território brasileiro.

▷ ***Anotações/Comentários***

Nota dos autores: de acordo com a norma de repartição de receitas tributárias estabelecida no artigo 158, inciso III, da CF, compete aos Municípios 50% (cinquenta por cento) do produto da arrecadação do imposto do Estado sobre a propriedade de veículos automotores licenciados em seus territórios e, em relação a veículos aquáticos e aéreos, cujos proprietários sejam domiciliados em seus territórios.

a) exatamente como explicitado na nota dos autores, de fato, pertence ao município, 50% (cinquenta por cento) do valor do IPVA arrecadado sobre a propriedade de veículo registrado, matriculado ou licenciado em seu território.

b) incorreta por subverter o percentual pertencente aos municípios, que é de 50%, e não de 60% como equivocadamente afirmado pelo examinador.

c) não está correta, uma vez ignorar totalmente a norma repartição de receitas tributárias estabelecida no artigo 158, inciso III, da CF.

d) incorreta por subverter o percentual pertencente aos municípios, que é de 50%, e não de 30% como equivocadamente afirmado pelo examinador.

e) não há previsão constitucional de repartição da receita tributária estadual do IPVA com a União, e sim com os municípios, razão pela qual está equivocada a assertiva do examinador.

---

42. (Cespe – Analista de Controle Externo – Direito – TCE – MG/2018) Um estado da Federação atribuiu a função de arrecadar tributos de sua competência a ente privado.

Considerando-se essa situação hipotética bem como a doutrina e o Código Tributário Nacional (CTN), é correto afirmar que o tribunal de contas local deverá julgar que o referido ato foi

a) legal, porque se admite a transferência da atribuição de arrecadar para entidade privada.

b) ilegal, mas a revogação do ato só poderá ser realizada bilateralmente para garantir a segurança jurídica.

c) ilegal, porque é vedada a delegação de competência tributária.

d) legal, porque o ente privado passou a ser sujeito ativo direto.

e) legal, porque o ente privado pode deter competência tributária.

▷ ***Anotações/Comentários***

Nota dos autores: embora a competência tributária seja absolutamente indelegável, a capacidade tributária ativa, entendida como as prerrogativas de arrecadar ou fiscalizar tributos, é delegável, ou seja, pode ser conferida por uma pessoa jurídica de direito público a outra (CTN, art. 7º).

a) correta, uma vez que, nos termos do artigo 7º, §3º do CTN, "não constitui delegação de competência o cometimento, a pessoas de direito privado, do encargo ou da função de arrecadar tributos". Esse dispositivo ampara, por exemplo, a arrecadação tributária por instituições financeiras privadas (os tributos em geral são recolhidos na rede bancária, que possui além de bancos públicos, bancos privados, e isso **não** implica em delegação da capacidade tributária ativa por pessoa jurídica de direito público para pessoa jurídica de direito privado).

b) e c) incorretas, por apregoarem o ato como sendo ilegal, quando, ao contrário, como bem asseverado nos comentários à alternativa "a", o ato foi legal, com fundamento no artigo 7º, §3º do CTN, retro reproduzido.

d) e e) incorretas, uma vez que, inobstante corroborarem acertadamente quanto à legalidade do ato, equivocam-se quanto ao fundamento, pois o cometimento, a pessoas de direito privado, do encargo ou da função de arrecadar tributos, não constitui delegação de competência, tampouco transforma a pessoa jurídica de direito privado em sujeito ativo direto, já que este é sempre a pessoa jurídica de direito público, titular da competência para exigir o cumprimento da obrigação tributária (CTN, art. 119).

43. (Consulplan – Analista Judiciário – Área Judiciária – TRF 2/2017) A competência tributária plena diz respeito à criação de tributos, edição de normas tributárias, administração e julgamento de tributos. Com relação à competência tributária assinale a única alternativa que contempla duas assertivas corretas em que a segunda completa o sentido da primeira.

a) A competência tributária é indelegável. Assim sendo, a execução das leis, atos ou decisões administrativas em matéria tributária não pode ser conferida por uma pessoa jurídica de direito público a outra.

b) Os municípios têm competência tributária sujeita à lei complementar no que concerne às normas gerais de direito tributário. No que diz respeito ao interesse local, contudo, têm competência concorrente plena.

c) A competência tributária dos Estados é limitada. Isto ocorre porque se submete aos limites da lei complementar federal e fica jungida ao poder federal quando a questão a julgar exceder o âmbito puramente regional.

d) A competência tributária é parcela do poder de tributar conferida pela Constituição a cada ente político, para criar tributos. Desta forma, como os territórios são entes políticos, têm competência tributária para instituir impostos municipais.

▷ ***Anotações/Comentários***

Nota dos autores: nessa questão, além de exigir que seja assinalada a alternativa correta, a banca inova ao determinar que seja assinalada a alternativa em que duas assertivas preencham o requisito da segunda completar o sentido da primeira.

A) embora, de fato, a competência tributária seja indelegável, o mesmo não se pode dizer da execução das leis, atos ou decisões administrativas em matéria tributária, isto é, da capacidade tributária ativa. De modo geral, **a competência tributária é indelegável** (CTN, art. 7º). Porém, as funções de arrecadação e fiscalização integram o conceito de **capacidade tributária ativa,** constituindo atribuições delegáveis de um ente tributante a outro, consoante a literalidade do artigo 7º do CTN. Em termos mais precisos, a competência tributária legislativa está compreendida na regra da indelegabilidade da competência tributária. Já a **capacidade tributária ativa**, compreendida nas prerrogativas de **arrecadar ou fiscalizar tributos**, ou de executar leis, serviços, atos ou decisões administrativas em matéria tributária, **é delegável**, ou seja, pode ser conferida por uma pessoa jurídica de direito público a outra (CTN, art. 7º).

B) nos termos do art. 30, inciso I, da CF, os municípios estão autorizados a legislar sobre assuntos de interesse local, não dispondo, porém, de competência para legislar sobre normas gerais na ausência de lei federal. Além disso, em relação aos comentários à alternativa correta, cabe repetir que compete exclusivamente à União, mediante lei complementar, estabelecer normas gerais de direito tributário (CF, art. 146, III), de modo que, embora seja lícito o examinador dizer que os municípios têm competência tributária sujeita à lei complementar no que concerne às normas gerais de direito tributário, não é verdade que a competência para assuntos locais seja concorrente plena, uma vez que essa competência é sim atribuída aos municípios pelo artigo 30, inciso I, da CF, mas não em caráter concorrente.

C) compete exclusivamente à União, mediante lei complementar, estabelecer normas gerais de direito tributário (CF, art. 146, III). Além disso, em se tratando de legislação concorrente, também compete à União estabelecer normas gerais (CF, art. 24, § 1º). A partir dessas normas, lícito se torna dizer que a competência tributária limitada dos Estados se submete aos limites da lei complementar federal e fica jungida ao poder federal quando a questão a julgar exceder o âmbito puramente regional.

D) o artigo 147 da CF dispõe que competem à União, em Território Federal, os impostos estaduais e, se o Território não for dividido em Municípios, cumulativamente, os impostos municipais. Logicamente, se o território for dividido em municípios, os impostos municipais caberão às referidas municipalidades. Portanto, equivoca-se o examinador em dizer que os territórios seriam entes políticos competentes para instituir impostos municipais.

44. (FCC – Analista Judiciário – Área Judiciária – TRF 5/2017) A Constituição Federal, no Capítulo I de seu Título VI, estabelece as regras relativas ao Sistema Tributário Nacional. De acordo com as regras deste Capítulo,

a) os Estados federados têm competência para instituir o ICMS, o ISS e o IPVA.

b) parte do produto da arrecadação do ITCMD, do ITR e do IPI será entregue a outros entes federados, conforme estabelecido no texto constitucional.

c) estão sujeitos aos princípios da anterioridade de exercícios e da anterioridade nonagesimal (noventena), o IR, o IOF e o ITBI.

d) a competência para instituir e cobrar a contribuição de melhoria, a contribuição para o custeio do serviço de iluminação pública e a contribuição para custeio de regime de previdência próprio de seus servidores, e em benefício deles, é, apenas, dos Estados, do Distrito Federal e dos Municípios.

e) a União tem competência para instituir contribuições sociais, de intervenção no domínio econômico e de interesse das categorias profissionais ou econômicas.

▷ ***Anotações/Comentários***

Nota dos autores: questão sobre Sistema Tributário Nacional, com alternativas abrangendo competências, princípios e repartição de receitas tributárias.

a) Errada, porque o ISS é um imposto de competência dos Municípios, e não dos Estados (CF, art. 156, III).

b) Errada, porque, diferente do afirmado, não há previsão de repartição dos produtos da arrecadação do ITCMD.

c) Errada, na medida em que, nos termos do artigo 150, § 1º, da CF, o princípio da anterioridade não se aplica ao IOF, da mesma forma em que o IR constitui exceção à anterioridade nonagesimal, somente se submetendo à anterioridade do exercício.

d) Errada por vários motivos. Primeiro que a União também tem competência para instituir contribuição de melhoria (CF, art. 145, III). E segundo porque a contribuição para custeio dos serviços de iluminação pública é exclusiva dos Municípios e do Distrito Federal, não competindo esse tributo aos Estados.

e) Alternativa correta, uma vez que, de fato, a União tem competência para instituir contribuições sociais, de intervenção no domínio econômico e de interesse das categorias profissionais ou econômicas (CF, art.149). Aliás, essa competência é exclusiva da União.

---

45. (IBFC – Analista Judiciário – Função Judiciária – TJ - PE/2017) Sobre o tema "competência para legislar em matéria tributária", analise os itens a seguir:

I. É concorrente a competência para legislar sobre matéria tributária, cabendo à União, Estados e Municípios instituírem modalidades diversas de tributos, nos limites que lhe são conferidos pela Constituição Federal.

II. A competência tributária detém característica de indelegabilidade, ou seja, não pode um ente político delegar sua atribuição a outro, mesmo que em virtude de lei, sendo que a repartição de receitas não gera a perda da competência tributária.

III. A União detém a competência para criar impostos diferentes daqueles previstos na Constituição, desde que o faça por meio da aprovação de lei complementar e este não seja cumulativo, bem como o fato gerador e a base de cálculo sejam próprios e distintos daqueles previamente discriminados na Carta Republicana.

IV. A União é o único ente que possui competência extraordinária em matéria tributária, podendo criar impostos em caso de guerra externa ou na sua iminência.

Assinale a alternativa correta.

a) Apenas I é correto
b) I e III são incorretos
c) Apenas II e IV são incorretos
d) I, II e IV são incorretos
e) I, II, III e IV são corretos

▷ ***Anotações/Comentários***

Nota dos autores: nessa questão, o candidato deve julgar se os itens I a IV estão corretos ou incorretos e, depois, assinalar a alternativa correta.

(I) **Correto.** De fato, é concorrente a competência para legislar sobre matéria tributária, cabendo à União, Estados e Municípios instituírem modalidades diversas de tributos, nos limites que lhe são conferidos pela Constituição Federal. Isso ocorre em relação às taxas e contribuições de melhorias (CF, art. 145, II e III).

(II) **Correto.** Realmente, a competência tributária detém característica de indelegabilidade (CTN, art. 7º), ou seja, não pode um ente político delegar sua atribuição a outro, mesmo que em virtude de lei, sendo que a repartição de receitas não gera a perda da competência tributária.

(III) **Correto.** A União detém mesmo a competência residual para criar impostos diferentes daqueles previstos na Constituição, desde que o faça por meio da aprovação de lei complementar e este não seja cumulativo, bem como o fato gerador e a base de cálculo sejam próprios e distintos daqueles previamente discriminados na Carta Republicana (CF, art. 154, I).

(IV) **Correto.** É verdade que a União é o único ente que possui competência extraordinária em matéria tributária, podendo criar impostos em caso de guerra externa ou na sua iminência (CF, art. 154, II).

Conclusão: todos os itens estão corretos (I, II, III e IV – letra "e").

4. LEGISLAÇÃO TRIBUTÁRIA

---

46. (VUNESP – Analista Judiciário – TRF 3ª Região/2023) No que diz respeito à vigência da legislação tributária, nos termos do Código Tributário Nacional, é correto afirmar que os convênios que entre si celebrem a União, os Estados, o Distrito Federal e os Municípios, entram em vigor

a) na data de sua publicação.
b) 90 (noventa) dias após a sua publicação, em atendimento à noventena.
c) na data neles prevista.
d) no primeiro dia do exercício seguinte ao se sua publicação, em atendimento ao princípio da anterioridade.
e) 30 (trinta) dias após sua publicação.

▷ ***Anotações/Comentários***

Nota dos autores: a resposta desta questão se fundamenta no artigo 103, inciso III, do CTN, segundo o qual os convênios que entre si celebrem a União, os Estados, o Distrito Federal e os Municípios, entram em vigor "na data neles prevista".

a) Errada. Os convênios que entre si celebrem a União, os Estados, o Distrito Federal e os Municípios, **não** entram em vigor na data de sua publicação.

b) Errada. Os convênios que entre si celebrem a União, os Estados, o Distrito Federal e os Municípios, **não** se submetem ao princípio da anterioridade nonagesimal.

c) **Alternativa correta.** Exatamente como afirmado e nos termos do artigo 103, inciso III, do CTN, os convênios que entre si celebrem a União, os Estados, o Distrito Federal e os Municípios, entram em vigor "na data neles prevista".

d) Errada. Os convênios que entre si celebrem a União, os Estados, o Distrito Federal e os Municípios, **não** se submetem ao princípio da anterioridade do exercício.

a) Errada. Os convênios que entre si celebrem a União, os Estados, o Distrito Federal e os Municípios, **não** entram em vigor 30 (trinta) dias após sua publicação.

---

47. (FCC – Analista Judiciário – Área Judiciária – TRF 3/2019) Considerando o disposto nos artigos 96 a 100 do Código Tributário Nacional e a hierarquia das normas, as fontes do Direito Tributário podem ser classificadas em fontes primárias e secundárias. Tendo em vista tal classificação, são fontes primárias do Direito Tributário, dentre outras,

a) as emendas constitucionais, as leis complementares e ordinárias, os decretos-legislativos e os tratados internacionais.
b) as resoluções do Senado, as portarias, o decreto-regulamentar, as instruções normativas e o costume.
c) o decreto-lei, os decretos do Executivo, o decreto-legislativo, as portarias e os pareceres normativos.
d) a emenda constitucional, as leis e os decretos, as instruções normativas e as portarias expedidas pelas autoridades competentes.
e) os decretos do Executivo que alteram alíquotas e regulamentam tributos, as portarias, as instruções normativas e os pareceres sobre matéria tributária.

▷ ***Anotações/Comentários***

Nota dos autores: no direito tributário temos as fontes materiais e formais. As primeiras representam os fatos geradores que desencadeiam na incidência do tributo, ou seja, são os fatos ocorridos no mundo fenomênico que dão ensejo à incidência. Por exemplo: aquisição de um bem imóvel, realização de uma operação de crédito, acréscimo de renda etc. As últimas (fontes formais), por sua vez, são atos normativos veiculadores das regras tributárias, ou seja, representam o conjunto normativo no direito tributário (vide o artigo 96 do CTN). As fontes formais se subdividem em primárias e secundárias. As fontes formais primárias são: Constituição Federal e emendas constitucionais; Leis complementares e ordinárias, tratados, decretos; lei delegada; medida provisória; decreto legislativo e resoluções. As fontes formais secundárias ou normas complementares são: atos administrativos; decisões administrativas com eficácia normativa; práticas reiteradas das autoridades administrativas e os convênios (CTN, art. 100).

a) todas as espécies normativas retratadas nessa alternativa (as emendas constitucionais, as leis complementares e ordinárias, os decretos-legislativos e os tratados internacionais) são consideradas fontes formais primárias do Direito Tributário (CTN, art. 96).

b) as portarias, as instruções normativas e os costumes são considerados fontes formais secundárias do Direito Tributário (CTN, art. 100), também chamadas de normas complementares.

c) as portarias e os pareceres normativos são considerados fontes formais secundárias do Direito Tributário (CTN, art. 100), também chamadas de normas complementares.

d) as instruções normativas e as portarias expedidas pelas autoridades competentes são consideradas fontes formais secundárias do Direito Tributário (CTN, art. 100), também chamadas de normas complementares

e) as portarias, as instruções normativas e os pareceres sobre matéria tributária são considerados fontes formais secundárias do Direito Tributário (CTN, art. 100), também chamadas de normas complementares.

48. (FCC - Analista Judiciário - Área Judiciária - TRF 3/2019) O Código Tributário Nacional (CTN) traz regras sobre a aplicação e interpretação da lei tributária, dispondo que:

I. a legislação tributária é aplicada imediatamente aos fatos geradores futuros e aos pendentes, assim entendidos somente aqueles que se encontram suspensos por medida liminar judicial, decorrente de mandado de segurança ou de outra ação judicial prevista em nossa legislação.

II. como o lançamento se reporta à data da ocorrência do fato gerador da obrigação e rege-se pela lei então vigente, a lei tributária nunca pode ser aplicada a ato ou fato pretérito, tendo em vista o princípio constitucional da irretroatividade da lei tributária.

III. a lei tributária que define infrações ou lhe comina penalidades é interpretada da maneira mais favorável ao acusado, em caso de dúvida quanto à capitulação legal do fato e à autoria, à imputabilidade ou à punibilidade do acusado, além de outras hipóteses previstas no CTN.

IV. interpreta-se literalmente a legislação tributária que disponha sobre suspensão ou exclusão do crédito tributário, sobre outorga de isenção e sobre a dispensa do cumprimento de obrigações tributárias acessórias.

Está correto o que consta APENAS de

a) I e III.

b) II e IV.

c) I e II.

d) II, III e IV.

e) III e IV.

▷ ***Anotações/Comentários***

Nota dos autores: a expressão "legislação tributária" compreende (i) as leis; (ii) os tratados e as convenções internacionais; (iii) os decretos e (iv) as normas complementares, que versem, no todo ou em parte, sobre tributos e relações jurídicas a eles pertinentes (CTN, art. 96). O título I do Livro Segundo do CTN dispõe sobre o tema e aborda, também, os subtemas da vigência, aplicação, integração e interpretação da legislação tributária.

I) O erro do item I está na explicação do que é considerado um fato gerador pendente, mais precisamente na restrição do entendimento de que seria aquele suspenso pelo Poder Judiciário, ao passo que, na verdade, o artigo 105 do CTN o define como aquele "cuja ocorrência tenha tido início, mas não esteja completa nos termos do artigo 116 [do CTN]".

II) Ao restringir que a lei tributária nunca pode ser aplicada a ato ou fato pretérito, o item II ora analisado incorre em erro, uma vez que o artigo 106 do CTN elenca algumas hipóteses para tal, como por exemplo, quando a lei for "expressamente interpretativa, excluída a aplicação de penalidade à infração dos dispositivos interpretados" (CTN, art. 106, I).

III) O artigo 112 do CTN estabelece as situações em que a lei é interpretada de maneira mais favorável ao acusado (*in dubio pro contribuinte*) no Direito Tributário e o item III ora analisado alberga várias delas a título exemplificativo.

IV) O artigo 111 do CTN estabelece as situações sujeitas à interpretação literal (gramatical) no Direito Tributário e o item IV ora analisado alberga todas elas.

49. (FCC - Técnico Judiciário - Área Administrativa - TRF 3/2019) A lei complementar se distingue da lei ordinária pelo quorum necessário para aprovação pelos parlamentares e por ser o veículo normativo exclusivo para tratar de determinados temas previstos na Constituição Federal de 1988. Cabe exclusivamente à lei complementar:

a) instituir o imposto sobre grandes fortunas; o imposto sobre a renda e proventos de qualquer natureza; o imposto extraordinário no caso de guerra externa ou sua iminência e o empréstimo compulsório no caso de investimento público de caráter urgente e de relevante interesse nacional.

b) dispor sobre conflitos de competência, em matéria tributária, entre a União, os Estados, o Distrito Federal e os Municípios; regular as limitações constitucionais ao poder de tributar; e estabelecer normas gerais em matéria de legislação tributária, assim como obrigação, lançamento, crédito, prescrição e decadência tributários; além de outras matérias mencionadas na Constituição.

c) instituir contribuições sociais, de intervenção no domínio econômico e de interesse das categorias profissionais ou econômicas e, também, estabelecer normas gerais em matéria de legislação tributária para definição de tributos e de suas espécies, além de outras matérias de natureza tributária.

d) instituir, pela União, empréstimo compulsório para atender a despesas extraordinárias, decorrentes de calamidade pública, de guerra externa ou sua iminência; estabelecer as alíquotas mínimas nas operações internas do ICMS e fixar alíquotas máximas nas mesmas operações para resolver conflito específico que envolva interesse de Estados.

e) estabelecer normas gerais em matéria de legislação tributária sobre obrigação, lançamento, crédito, prescrição e decadência tributários, além de outras hipóteses; e instituir os impostos sobre fortunas e sobre operações de crédito, câmbio e seguro, ou relativas a títulos ou valores mobiliários.

▷ ***Anotações/Comentários***

Nota dos autores: para o direito tributário, importante é a distinção entre lei ordinária e lei complementar. Elas se diferem na forma e na matéria. Quanto à forma, lei complementar exige maioria absoluta para a sua aprovação, enquanto a lei ordinária exige maioria simples. Quanto à matéria, o conteúdo da lei complementar é expresso ou implicitamente delimitado na CF/88, enquanto a lei ordinária não tem matéria reservada na Carta Maior, possuindo caráter residual. Para o STF, não há hierarquia entre lei complementar e lei ordinária. Assim, toda vez que uma lei complementar for aprovada sobre matéria de lei ordinária, poderá ser modificada por lei ordinária. Quando a lei ordinária tratar de um assunto de lei complementar, ela será inconstitucional.

a) dos quatro tributos elencados nessa alternativa, dois deles não demandam lei complementar para as suas instituições segundo o texto constitucional, o imposto sobre a renda e proventos de qualquer natureza (CF, art. 153, III) e o imposto extraordinário no caso de guerra externa ou sua iminência (CF, art. 154, II).

b) o texto dessa alternativa reproduz as matérias temas reservados à lei complementar especificados no artigo 146, incisos I, II e III, alínea "b" da CF/88.

c) a instituição de contribuições sociais, de intervenção no domínio econômico e de interesse das categorias profissionais ou econômicas

TRIBUTÁRIO

não é exclusivamente reservada à lei complementar (CF, art. 149), motivo pelo qual a alternativa está incorreta.

d) o estabelecimento de alíquotas mínimas nas operações internas do ICMS e a fixação das alíquotas máximas nas mesmas operações para resolver conflito específico que envolva interesse de Estados não são assuntos reservados constitucionalmente à lei complementar (CF, art. 155, §2º, V, "a" e "b"), mas sim às resoluções do Senado, o que deixa a alternativa incorreta.

e) dos temas abordados nessa alternativa, a instituição do imposto sobre operações de crédito, câmbio e seguro, ou relativas a títulos ou valores mobiliários (IOF) é o único que não é reservado à lei complementar (CF, art. 153, V), o que deixa a alternativa incorreta.

50. (FGV - Analista Legislativo - Processo Legislativo - AL - RO/2018) Um parlamentar federal, desejando ampliar a possibilidade de cobrança de ICMS em favor dos Estados, propôs projeto de lei ordinária que incluía novos sujeitos passivos para cobrança de ICMS.

Diante desse cenário, assinale a afirmativa correta.

a) O projeto de lei viola a autonomia dos Estados na determinação dos sujeitos passivos.

b) Tal matéria somente poderia ser veiculada por lei complementar.

c) A ampliação de sujeitos passivos do ICMS somente pode ser veiculada por Resolução do Senado.

d) Por se tratar de matéria atinente a todos os Estados, o referido projeto de lei somente admite iniciativa do Presidente da República.

e) A iniciativa de projeto de lei sobre ampliação de sujeitos passivos do ICMS necessita da iniciativa de ao menos um terço de Senadores.

▷ ***Anotações/Comentários***

Nota dos autores: o artigo 155, §2º, inciso XII, da CF/88 elenca, em 9 alíneas ("a" a "i") uma série de tópicos relacionados ao ICMS cuja disciplina está reservada à lei complementar. Tais leis complementares são a 24/75 (recepcionada pela CF/88 e que trata principalmente da concessão de benefícios fiscais) e a 87/96 (chamada de Lei Kandir, que trata das demais normas gerais concernentes ao ICMS).

a) incorreta. O texto constitucional reserva à lei complementar a definição dos contribuintes do ICMS (CF, art. 155, §2º, XII, "a"), motivo pelo qual o projeto de lei ordinária não merece prosperar.

b) correta. Segundo o artigo 155, §2º, inciso XII, alínea "a", cabe à lei complementar definir os contribuintes do ICMS. Logo, essa reserva constitucional à lei complementar faz com que a sujeição passiva do ICMS não possa ser ampliada por lei ordinária federal.

c) incorreta, como visto nos comentários à alternativa "b", o veículo normativo apto a veicular a definição dos contribuintes do ICMS é a lei complementar e não a resolução do Senado.

d e e) incorretas, não sob o ponto de vista da iniciativa do projeto de lei, mas sim do próprio veículo normativo em si (lei complementar ao invés de lei ordinária), com fundamento no artigo 155, §2º, inciso XII, alínea "a" da CF/88.

51. (FGV - Técnico Tributário - SEFIN - RO/2018) Caso tenha alguma dúvida relativa à interpretação e à aplicação da legislação tributária, em relação à situação concreta do seu interesse, o sujeito passivo poderá

a) apresentar impugnação ao auto de infração.

b) formular consulta escrita.

c) interpor recurso ordinário.

d) ajuizar ação anulatória do crédito tributário.

e) realizar a compensação do crédito tributário.

▷ ***Anotações/Comentários***

Nota dos autores: em geral, as legislações tributárias (federal, estadual e municipal) trazem a previsão do instituto jurídico da consulta tributária, que nada mais é do que o instrumento facultado aos contribuintes e interessados para materialização das dúvidas acerca da interpretação e aplicação da própria legislação tributária. Por exemplo, no âmbito federal serão solucionadas pela Secretaria da Receita Federal (Decreto 70.235/72). Em alguns Estados são as respostas de consultas tributárias formuladas pelos contribuintes com dúvidas sobre a interpretação da legislação tributária, que sejam de interesse geral, que são galgadas ao *status* de decisões normativas.

a) incorreta, a impugnação ao auto de infração tem o condão de suspender a exigibilidade do crédito tributário (CTN, art. 151, III) e dá origem ao processo administrativo fiscal. A defesa administrativa não tem como objetivo esclarecer dúvida do contribuinte em relação à interpretação e à aplicação da legislação tributária, mas sim estabelecer o contraditório e a ampla defesa face a uma acusação fiscal.

b) correta, condizente com o detalhamento da nota dos autores.

c) incorreta, pelos mesmos argumentos expostos nos comentários da alternativa "a", uma vez que os recursos administrativos estão ao lado das defesas administrativas (reclamações) no que tange ao inciso III do artigo 151 do CTN que elenca as hipóteses de suspensão da exigibilidade tributária.

d) incorreta. A ação anulatória do crédito tributário tem natureza constitutivo-negativa, ou seja, busca, como o próprio nome diz, a anulação, pelo Poder Judiciário, do crédito tributário constituído pelo lançamento. Observe, portanto, que não tem o condão de elucidar dúvidas dos contribuintes.

e) incorreta. A compensação tributária é hipótese de extinção do crédito tributário (CTN, art. 156, II) e depende de lei autorizativa. Nesse sentido é o que dispõe o artigo 170 do CTN ("a lei pode, nas condições e sob as garantias que estipular, ou cuja estipulação em cada caso atribuir à autoridade administrativa, autorizar a compensação de créditos tributários com créditos líquidos e certos, vencidos ou vincendos, do sujeito passivo contra a Fazenda pública"). Portanto, não se presta a esclarecer dúvidas dos contribuintes.

52. (FGV - Técnico Tributário - SEFIN - RO/2018) Em determinada situação, verifica-se a necessidade de conferir tratamento tributário adequado aos atos de natureza cooperativa, praticados por sociedades cooperativas.

Nesse caso, o instrumento legal adequado será

a) o decreto-lei.

b) a lei complementar.

c) a lei ordinária.

d) a medida provisória.

e) o convênio.

▷ ***Anotações/Comentários***

Nota dos autores: de acordo com o artigo 146, inciso III, alínea "c", da CF/88, cabe à lei complementar estabelecer normas gerais em matéria de legislação tributária, especialmente sobre o "adequado tratamento tributário ao ato cooperativo praticado pelas sociedades cooperativas [...]".

a) incorreta. O tratamento tributário adequado aos atos de natureza cooperativa, praticados por sociedades cooperativas tem suas normas gerais reguladas por lei complementar (CF, art. 146, III, "c") e não por decreto-lei.

b) correta, de acordo com o detalhado na nota dos autores e com fundamento no artigo 146, inciso III, alínea "c", da CF/88.

c) incorreta. O tratamento tributário adequado aos atos de natureza cooperativa, praticados por sociedades cooperativas tem suas normas gerais reguladas por lei complementar (CF, art. 146, III, "c") e não por lei ordinária.

d) incorreta. O tratamento tributário adequado aos atos de natureza cooperativa, praticados por sociedades cooperativas tem suas normas gerais reguladas por lei complementar (CF, art. 146, III, "c") e não por medida provisória.

e) incorreta. O tratamento tributário adequado aos atos de natureza cooperativa, praticados por sociedades cooperativas tem suas normas gerais reguladas por lei complementar (CF, art. 146, III, "c") e não por convênio.

53. (Consulplan – Analista Judiciário – Área Judiciária – TRF 2/2017) "Idealize que em um Estado qualquer da Federação foi publicado decreto governamental, pelo qual foi alterada a sistemática de recolhimento do ICMS sobre o fornecimento de energia elétrica. Passou-se do sistema de encontro de contas (crédito-débito) estabelecido por lei complementar, para um sistema de recolhimento por estimativa, com base no apurado no mês anterior, realizando-se no mês subsequente o encontro de contas e admitindo-se o creditamento, caso o saldo fosse favorável ao contribuinte." Com relação ao novo sistema de recolhimento do ICMS deste Estado, tal como registrado no decreto, é correto afirmar que:

a) É válido, visto que não há necessidade de lei quando apenas se altera a sistemática de recolhimento do tributo.

b) É ineficaz, até que se complete o exercício fiscal em que foi promulgado o decreto, só produzindo efeitos após este período.

c) Afronta a Constituição, já que a criação de nova maneira de recolhimento do tributo deve ocorrer mediante lei no sentido formal e material.

d) É inconstitucional, uma vez que a fixação de nova sistemática para recolhimento do imposto tem que ser aprovada pelo CONFAZ - Conselho Nacional de Política Fazendária.

▷ ***Anotações/Comentários***

Nota dos autores: a questão se refere a um caso de repercussão geral já reconhecida pelo STF com mérito julgado, o que reforça a tese de que é necessário que o candidato esteja sintonizado com a evolução jurisprudencial, demandando, portanto, o estudo dos informativos dos Tribunais Superiores, suas Súmulas e seus casos com repercussão geral e sob o regime de recursos na sistemática repetitiva.

a) incorreta, pois como bem definido em sede de repercussão geral detalhada nos comentários à alternativa "c", "somente lei em sentido formal pode instituir o regime de recolhimento do ICMS por estimativa", ou seja, a necessidade de lei é de rigor, sendo o decreto, portanto, inconstitucional.

b) incorreta, pois a ineficácia do decreto refere-se ao mérito de ter extrapolado o papel regulamentador de lei (RE 632.265) e não em virtude da data de sua produção de efeitos.

c) o tema 830 de repercussão geral do STF (já reconhecida e com mérito julgado) apresentou como *leading case* o RE 632.265/RJ e ao final restou pacificado que "somente lei em sentido formal pode instituir o regime de recolhimento do ICMS por estimativa". Nesse sentido, o decreto em questão, por modificar o modo de apuração do ICMS, extrapola o poder regulamentar do Governador. Assim, implica afronta ao princípio constitucional da legalidade estrita, uma vez que o artigo 150 da CF/88 veda a exigência de tributo sem lei que o estabeleça. Ademais, a Lei Kandir (LC 87/96) estipulou em seu artigo 26, inciso III, que a **lei estadual** poderá estabelecer "que, em função do porte ou da atividade do estabelecimento, o imposto seja pago em parcelas periódicas e **calculado por estimativa**, para um determinado período, assegurado ao sujeito passivo o direito de impugná-la e instaurar processo contraditório". Portanto, o decreto mencionado no enunciado evidenciou um excesso de poder regulamentar.

d) incorreta, pois o referido assunto (regime de recolhimento de ICMS) não está no escopo reservado à LC 24/75 pela CF/88 (CF, art. 155, §2º, XII, "g"). A LC 24/75, recepcionada pela CF/88, estabeleceu que todos os benefícios fiscais de ICMS devem encontrar fundamento em convênios celebrados pelos Estados no âmbito do CONFAZ – Conselho Nacional de Política Fazendária. Em outras palavras, fixação de nova sistemática de recolhimento de ICMS não precisa ser aprovado pelo CONFAZ, mas sim demanda lei no sentido formal e material.

5. OBRIGAÇÃO TRIBUTÁRIA E FATO GERADOR

54. (VUNESP – Analista Judiciário – TRF 3ª Região/2023) Conforme estabelece o Código Tributário Nacional, fato gerador e obrigação tributária são conceitos conexos, mas não idênticos.

Neste sentido, é correto afirmar que:

a) o fato gerador faz nascer o crédito tributário, independentemente do lançamento tributário tácito ou expresso.

b) o aspecto quantitativo do fato gerador corresponde à base de cálculo e à alíquota do tributo a ser cobrado.

c) as obrigações de natureza tributária, tal qual obrigações civis, admitem situações de solidariedade passiva.

d) o fato gerador corresponde à regra matriz de incidência tributária, podendo ser principal ou acessório.

e) o aspecto pessoal da obrigação corresponde à figura do contribuinte, entendido este como aquele que, com ou sem relação pessoal com o fato gerador, responde pelo pagamento.

▷ ***Anotações/Comentários***

Nota dos autores: questão de cunho mais doutrinário, envolvendo aspectos conceituais e normativos básicos relativos a fato gerador e obrigação tributária.

a) Errada. Com o fato gerador nasce a obrigação tributária. Porém, o crédito tributário não nasce com o fato gerador, sendo necessária a sua constituição mediante lançamento tributário.

b) Errada. O aspecto quantitativo (alíquota e base de cálculo) refere-se à obrigação tributária, não ao fato gerador.

c) **Alternativa correta**. De fato, as obrigações tributárias admitem solidariedade passiva. Nos termos do artigo 124 do CTN: "São solidariamente obrigadas: I - as pessoas que tenham interesse comum na situação que constitua o fato gerador da obrigação principal; II - as pessoas expressamente designadas por lei".

d) Errada. A regra matriz de incidência tributária compreende a descrição legal não só do fato gerador (aspectos material, temporal e espacial), mas, também, da obrigação tributária (aspectos quantitativo e pessoal). Além disso, principal ou acessória é a obrigação tributária, não o fato gerador.

e) Errada. De fato, sob o aspecto pessoal, o sujeito passivo pode ou não ter relação pessoal com fato gerador. Porém, somente quando possui essa relação pessoal com o fato gerador é que o sujeito passivo pode ser chamado de contribuinte. Quando não possui essa relação pessoal, o sujeito passivo é designado por responsável tributário.

55. (FCC – Técnico Judiciário – Área Judiciária – TRF 4/2019) Conforme o Código Tributário Nacional (CTN), a obrigação tributária

a) depende, na essência, de o contribuinte, pessoa natural ou jurídica, estar sujeito a medidas que importem privação ou limitação do exercício de atividades civis, comerciais ou profissionais, ou da administração direta de seus bens ou negócios.

b) decorre da legislação tributária e tem por objeto as prestações, positivas, de pagar, ou negativas, de receber, tributos, decorrentes da utilização, ou não utilização, dos serviços públicos federais, estaduais ou municipais, pelo cidadão residente no país.

c) tem como fato gerador a conduta ativa ou omissiva do sujeito ativo face ao sujeito passivo, abrangendo os serviços prestados ou não prestados, pelo município ao munícipe, tais como segurança e proteção à vida, à liberdade, à intervenção externa, à educação de nível superior e ao patrimônio.

d) depende, para ser cobrada coativamente, da capacidade civil passiva das pessoas naturais e da existência de responsável que tenha relação pessoal e direta com a situação que constitua o respectivo fato gerador.

e) principal surge com a ocorrência do fato gerador, tem por objeto o pagamento de tributo ou penalidade pecuniária e extingue-se juntamente com o crédito dela decorrente.

▷ ***Anotações/Comentários***

Nota dos autores: as obrigações são classificadas quanto à natureza em (i) obrigações de dar; (ii) de fazer ou (iii) de não fazer. A obrigação tributária é classificada como principal e acessória. A principal surge com a ocorrência do fato gerador, tem por objeto o pagamento de tributo ou penalidade pecuniária e extingue-se juntamente com o crédito dela decorrente (CTN, art. 113, § 1º), ou seja, possui natureza de dar (pagar tributo). Já a acessória decorre da legislação tributária e tem por objeto as prestações, positivas ou negativas, nela previstas no interesse da arrecadação ou da fiscalização dos tributos (CTN, art. 113, § 2º), ou seja, possui natureza de fazer (prestações positivas) ou não fazer (prestações negativas). Exemplo: recolher o Imposto de Renda da Pessoa Física – IRPF é o objeto da obrigação tributária principal e apresentar a declaração de ajuste anual de IRPF é uma obrigação tributária acessória.

a) a capacidade tributária passiva independe de achar-se a pessoa natural sujeita a medidas que importem privação ou limitação do exercício de atividades civis, comerciais ou profissionais, ou da administração direta de seus bens ou negócios (CTN, art. 126, II).

b) a obrigação principal decorre da lei (CTN, art. 97, III e 114), enquanto a obrigação acessória decorre da legislação tributária (CTN, art. 115). A obrigação tributária principal possui natureza "de dar" (pagar tributo). Já a obrigação tributária acessória tem por objeto as prestações, positivas ou negativas, nela previstas no interesse da arrecadação ou da fiscalização dos tributos (CTN, art. 113, § 2º), ou seja, possui natureza "de fazer" (prestações positivas) ou "não fazer" (prestações negativas). A alternativa generalizou indevidamente as obrigações tributárias principal e acessória, quanto à origem (decorrência) e quanto ao objeto. Ainda entendeu de forma equivocada que as prestações negativas significam recebimento, quando, na verdade, são obrigações de "não fazer", além de restringir, mais uma vez de forma errônea, as obrigações tributárias a um viés de taxa pela utilização de serviços públicos (sendo que, na verdade, o conceito de obrigação tributária é aplicável a todas as espécies tributárias).

c) generalizou de forma errônea o fato gerador das obrigações tributárias como condutas ativas e omissivas (sendo que tais condutas são os objetos apenas das obrigações tributárias acessórias) e subverteu a ordem dos polos na relação jurídica, uma vez que, na realidade, a obrigação tributária tem seu objeto devido pelo sujeito passivo face ao sujeito ativo.

d) a capacidade tributária passiva independe da capacidade civil das pessoas naturais (CTN, art. 126, I). Ainda, o sujeito passivo que apresente relação pessoal e direta com a situação que constitua o respectivo fato gerador é denominado de contribuinte (e não de responsável, como erroneamente constou), nos termos do artigo 121, parágrafo único, inciso I, do CTN.

e) a obrigação principal surge com a ocorrência do fato gerador, tem por objeto o pagamento de tributo ou penalidade pecuniária e extingue-se juntamente com o crédito dela decorrente (CTN, art. 113, §1º).

56. (FGV - Analista Jurídico - MPE - AL/2018) Instituição Financeira localizada no Estado de São Paulo, onde tem sua sede, transferiu parte de seu ativo imobilizado para o Estado Delta, para uma nova filial ali instalada há seis meses. Os bens foram acompanhados de nota de simples remessa. Entretanto, o Estado Delta autuou a Instituição Financeira, por descumprimento da Lei Estadual XXXYYY que registra a necessidade de emissão de nota fiscal para ingresso de bens do ativo imobilizado na unidade federativa referida.

Neste caso,

a) a lei estadual de Delta é inconstitucional, já que cria fato gerador novo para fazer incidir ICMS no simples ingresso físico de bens em seu território.

b) a atuação do Estado Delta está correta, já que a obrigação acessória é autônoma, em relação à regra matriz de incidência tributária e persiste para fins fiscalizatórios.

c) a exigência do Estado Delta é inconstitucional, por vício de competência, uma vez que as instituições financeiras não são contribuintes do ICMS.

d) não cabe ao Fisco do Estado Delta impor obrigação acessória, quando inexiste a obrigação principal. O acessório segue a sorte do principal em tema de obrigação.

e) a atuação do Estado Delta é legal, ante a função sancionadora e reguladora que exerce no que diz respeito às situações jurídicas tributárias que ocorram em seu território.

▷ ***Anotações/Comentários***

Nota dos autores: as obrigações são classificadas quanto à natureza em (i) obrigações de dar; (ii) de fazer ou (iii) de não fazer. A obrigação tributária é classificada como principal e acessória. A principal surge com a ocorrência do fato gerador, tem por objeto o pagamento de tributo ou penalidade pecuniária e extingue-se juntamente com o crédito dela decorrente (CTN, art. 113, § 1º), ou seja, possui natureza de dar (pagar tributo). Já a acessória decorre da legislação tributária e tem por objeto as prestações, positivas ou negativas, nela previstas no interesse da arrecadação ou da fiscalização dos tributos (CTN, art. 113, § 2º), ou seja, possui natureza de fazer (prestações positivas) ou não fazer (prestações negativas). Exemplo: recolher o IRPF é o objeto da obrigação tributária principal e apresentar a declaração de ajuste anual de Imposto de Renda da pessoa física é uma obrigação tributária acessória.

a) incorreta. Na verdade, a lei estadual não estipulou a incidência de ICMS no ingresso físico em seu território, mas sim a necessidade de tal ingresso ser acompanhado de nota fiscal, ou seja, houve a criação de uma obrigação tributária acessória.

b) correta. As obrigações tributárias principais e acessórias são independentes entre si, na medida em que no Direito Tributário não se aplica a máxima jurídica muito difundida no Direito Civil, segundo a qual "o acessório segue a sorte do principal". Pode ocorrer uma situação em que um contribuinte possua obrigações acessórias a adimplir (por exemplo, emitir documentos fiscais aos seus clientes e escriturar seus livros fiscais e contábeis) e, ao mesmo tempo, não possua obrigação principal de pagar tributo, como no caso de ser um contribuinte do ICMS que comercialize apenas mercadorias isentas. Portanto, nem sempre as obrigações tributárias e acessórias decorrem de um mesmo fato gerador. Em conclusão, a atuação do Estado Delta está correta, já que a obrigação acessória é autônoma.

c) incorreta. A competência tributária está ligada ao Poder de Tributar outorgado pela Carta Constitucional aos entes tributantes. Ademais, em caso análogo submetido ao STJ, a decisão foi pela higidez da obrigação tributária acessória. "Operação interestadual de deslocamento de bens do ativo permanente ou de uso e consumo entre estabelecimentos da mesma instituição financeira. Higidez da obrigação acessória consistente na exigência de nota fiscal dos bens. Irrelevância inexistência, em tese, de obrigação principal (não incidência de ICMS). Fator viabilizador da fiscalização tributária" (REsp 1116792).

d) incorreta. Ao contrário do que constou e como bem detalhado nos comentários à alternativa "b", no Direito Tributário não se aplica a máxima jurídica de que "o acessório segue a sorte do principal".

e) incorreta, no que se refere ao fundamento apresentado para a legalidade da obrigação tributária acessória que foi criada. Na verdade, não decorre de uma função sancionadora, já que a obrigação tributária acessória deve agir "em prol do interesse público da arrecadação e da fiscalização tributária, ao ente federado legiferante atribui-se o direito de instituir obrigações que tenham por objeto prestações, positivas ou negativas, que visem guarnecer o fisco do maior número de informações possíveis acerca do universo das atividades desenvolvidas pelos administrados" (REsp 1116792).

57. (Cespe - Analista de Controle Externo - Direito - TCE - MG/2018) Um auditor de contas verificou que determinados municípios estavam deixando de auferir receita de ITBI em operações nas quais imóveis eram incorporados ao patrimônio de pessoas jurídicas, mas para uso próprio de particulares, o que ocorria com a finalidade de dissimular a ocorrência do fato gerador do tributo.

Nessa situação hipotética, de acordo com o CTN,

a) não será possível realizar a exação do ITBI, haja vista a inocorrência do fato gerador.

b) somente decisão judicial poderá desconsiderar o negócio jurídico e determinar a exação tributária.

c) a decisão judicial não poderá desconsiderar o referido negócio jurídico em respeito ao ato jurídico perfeito.

d) a autoridade administrativa poderá desconsiderar o referido negócio jurídico e realizar a exação tributária.

e) não há previsão legal para a autoridade administrativa desconsiderar o negócio jurídico realizado.

▷ ***Anotações/Comentários***

Nota dos autores: a norma antielisão, como é popularmente conhecido o parágrafo único do artigo 116 do CTN, estabelece que a "autoridade administrativa poderá desconsiderar atos ou negócios jurídicos praticados com a finalidade de dissimular a ocorrência do fato gerador do tributo ou a natureza dos elementos constitutivos da obrigação tributária, observados os procedimentos a serem estabelecidos em lei ordinária".

a) incorreta, pois o negócio jurídico relatado no enunciado (incorporação de imóveis ao patrimônio de pessoas jurídicas – que a princípio seria imune de ITBI) teve o condão de dissimular a ocorrência do fato gerador do ITBI, uma vez que, os imóveis tinham de fato uso próprio por particulares. Nesse sentido, o negócio jurídico poderá ser desconsiderado pela autoridade administrativa com vistas à exigência do ITBI, com fundamento no parágrafo único do artigo 116 do CTN reproduzido na nota dos autores.

b e c) incorretas, pois a norma antielisão reproduzida na nota dos autores não suscita a necessidade de ordem judicial, tampouco considera ato jurídico perfeito aquele praticado com a finalidade de dissimular a ocorrência do fato gerador do tributo.

d) correta, com fundamento na norma antielisão reproduzida na nota dos autores.

e) incorreta, haja vista o teor do parágrafo único do artigo 116 do CTN reproduzido na nota dos autores.

6. SUJEITOS (ATIVO E PASSIVO), CAPACIDADE TRIBUTÁRIA, DOMICÍLIO TRIBUTÁRIO E RESPONSABILIDADE TRIBUTÁRIA

58. (FCC – Analista Judiciário – TRF 3ª Região/2024) Dona Maria era mãe de Silas, de Adelina, de Marcos e de Mateus. Por ocasião de sua morte, coube a cada um de seus filhos a quarta parte da herança deixada. Ocorre, todavia, que, na data de seu óbito, Silas se encontrava preso, o que implicava limitação do exercício de suas atividades civis. Adelina encontrava-se sob curatela, em razão de alienação mental precoce, enquanto Mateus ainda era menor de idade, contando apenas com 13 anos. Adelina e Mateus encontravam-se afastados da administração direta de seus negócios.

Em razão disso, suscitaram-se dúvidas sobre a capacidade tributária passiva de cada um dos herdeiros, o que motivou a busca de orientação profissional a esse respeito. Com base no que dispõe o Código Tributário Nacional (CTN) acerca da capacidade tributária passiva, o profissional consultado esclareceu a eles, corretamente, que:

a) Marcos está com sua capacidade tributária suspensa, até que os demais herdeiros venham a recobrar as suas, ou perdê-las, em razão do falecimento de cada um deles.

b) somente Silas e Marcos são detentores dessa capacidade.

c) somente Marcos é detentor dessa capacidade.

d) os quatro herdeiros são detentores dessa capacidade.

e) somente Adelina, Marcos e Mateus são detentores dessa capacidade.

▷ ***Anotações/Comentários***

Nota dos autores: para responder à presente questão, basta aplicar o artigo 126 do CTN, segundo o qual, a "capacidade tributária passiva independe: I - da capacidade civil das pessoas naturais; II - de achar-se a pessoa natural sujeita a medidas que importem privação ou limitação do exercício de atividades civis, comerciais ou profissionais, ou da administração direta de seus bens ou negócios".

d) **Alternativa correta**. De acordo com a norma do artigo 121, incisos I e II do CTN, para fins de capacidade tributária passiva, são absolutamente irrelevantes os fatos de que Silas estivesse preso, com limitação do exercício de suas atividades civis, que Adelina estivesse sob curatela e Mateus fosse menor de idade, estando os dois últimos afastados da administração direta de seus negócios. Isso porque, a capacidade tributária passiva independe da capacidade civil das pessoas naturais ou de estarem elas sujeitas a limitações relativas ao exercício de atividades civis, comerciais ou profissionais, ou da administração direta de seus bens ou negócios. Portanto, de fato, todos os quatro herdeiros possuíam capacidade tributária passiva.

Demais alternativas: estão todas erradas, por ignorarem totalmente o disposto no artigo 121, incisos I e II do CTN, considerando equivocadamente que determinados herdeiros não possuiriam capacidade tributária passiva.

59. (FCC – Analista Judiciário – TRF 3ª Região/2024) De acordo com o artigo 121 do CTN, o sujeito passivo da obrigação principal é a pessoa obrigada ao pagamento de tributo ou penalidade pecuniária, podendo o sujeito passivo ser o contribuinte ou o responsável tributário.

De acordo com o referido Código, o responsável tributário é aquele que:

a) sem revestir a condição de contribuinte, tenha obrigação que decorra de disposição expressa de lei complementar, como ocorre, por exemplo, com a indústria, que é responsável pelo IPI (imposto sobre produtos industrializados) ao promover a saída de produtos industrializados.

b) tem relação pessoal e direta com a situação que constitua o respectivo fato gerador, como, por exemplo, o produtor rural (proprietário de uma fazenda), que é responsável pelo imposto sobre propriedade territorial rural — ITR.

c) em relação pessoal e direta com a situação que constitua o respectivo fato gerador, como, por exemplo, o adquirente de um imóvel, que é pessoalmente responsável pelos tributos relativos ao bem adquirido que não tenham sido quitados.

d) sem revestir a condição de contribuinte, tenha obrigação que decorra de disposição expressa de lei, como, por exemplo, o adquirente de um imóvel, que é pessoalmente responsável pelos tributos relativos ao bem adquirido que não tenham sido quitados.

e) tem relação pessoal e direta com a situação que constitua o respectivo fato gerador, como, por exemplo, a pessoa jurídica em relação ao imposto de renda da pessoa jurídica.

▷ ***Anotações/Comentários***

Nota dos autores: diferente do contribuinte, sujeito que possui relação pessoal e direta com a situação que constitui o fato gerador (CTN, art. 121, parágrafo único, I), o responsável tributário é aquele que sem revestir a condição de contribuinte, sua obrigação decorra de disposição expressa de lei (CTN, art. 121, parágrafo único, II).

a) Embora o responsável tributário não se revista da condição de contribuinte e sua responsabilidade seja, de fato, prevista em lei, diverso do afirmado, não se exige que a lei definidora da condição de responsável tributário seja uma lei complementar.

b), c) e e) Erradas. Todas se referem a quem possua relação pessoal e direta com o fato gerador. Portanto, dizem respeito à figura do contribuinte, não do responsável tributário.

d) **Alternativa correta**. De fato, o responsável tributário sem revestir a condição de contribuinte, tem obrigação que decorra de disposição expressa de lei, sendo pertinente, também, o exemplo do adquirente de um imóvel, que é pessoalmente responsável pelos tributos relativos ao bem adquirido que não tenham sido quitados.

60. (Instituto AOCP – Analista Judiciário – TRF 2ª Região/2024) Assinale a alternativa correta acerca da disciplina da solidariedade, nos termos do Código Tributário Nacional (CTN), Lei nº 5.172/1966, e da jurisprudência do Superior Tribunal de Justiça (STJ).

a) O CTN dispõe que a isenção ou remissão de crédito exonera todos os obrigados, inclusive quando outorgada pessoalmente a um deles.

b) É omisso o CTN quanto à previsão da solidariedade natural ou de fato.

c) No caso de imóvel em que a propriedade seja constituída de 70% para o devedor A e 30% para o devedor B, este poderá requerer o benefício de ordem para que aquele seja primeiro demandado quanto ao pagamento de Imposto sobre a Propriedade Predial e Territorial Urbana (IPTU).

d) A interrupção da prescrição, em favor ou contra um dos obrigados, favorece ou prejudica os demais.

e) Para o STJ, configura espécie de solidariedade passiva a declaração conjunta do imposto de renda realizada pelos cônjuges, mesmo que não haja participação ativa na produção do fato gerador da percepção dos rendimentos tributáveis.

▷ ***Anotações/Comentários***

Nota dos autores: a solidariedade tributária é regida pelos artigos 124 e 125 do CTN, mas a questão também cobra conhecimentos a respeito da jurisprudência do STJ sobre a matéria.

a) Errada. Realmente, a isenção ou remissão de crédito exonera todos os obrigados, porém, salvo quando outorgada pessoalmente a um deles (CTN, art. 125, I).

b) Errada. Diversamente do afirmado, o CTN rege a solidariedade por natureza e a solidariedade legal nos incisos I e II do seu artigo 124.

c) Errada, pois a solidariedade não comporta benefício de ordem (CTN, art. 124, parágrafo único).

d) **Alternativa correta**. Exatamente como dispõe o artigo 125, inciso III, do CTN, de fato, a interrupção da prescrição, em favor ou contra um dos obrigados, favorece ou prejudica os demais.

e) Errada. Ao contrário do afirmado, de acordo com a jurisprudência do STJ (Informativo 662), não tendo participado do fato gerador do tributo, a declaração conjunta de imposto de renda **não** torna o cônjuge corresponsável pela dívida tributária dos rendimentos percebidos pelo outro.

61. (FCC – Analista Judiciário – Área Judiciária – TRF 3/2019) A relação jurídica tributária tem como sujeito ativo o Estado-fiscal e, como sujeito passivo, o contribuinte ou o responsável, dispondo o Código Tributário Nacional que

a) não é considerado contribuinte, mas, simplesmente, responsável o sujeito passivo que tem relação pessoal e direta com a situação que constitua o respectivo fato gerador.

b) o sujeito ativo competente para criar o tributo pode, através de lei, atribuir as funções de arrecadar ou de fiscalizar tributos a outra pessoa jurídica de direito público.

c) o sujeito ativo da relação jurídica tributária tem o dever de exercer a competência que lhe foi atribuída, dispondo a Constituição Federal que o seu não-exercício autoriza que outro ente federado exerça tal competência tributária.

d) o sujeito passivo da obrigação principal é a pessoa obrigada às prestações que constituam o seu objeto, prestações essas que não se confundem com o pagamento de tributo ou de penalidade pecuniária.

e) as convenções entre particulares podem ser utilizadas para modificar a definição legal do sujeito passivo das obrigações tributárias, inclusive para alterar a responsabilidade pelo pagamento de tributos, podendo ser opostas à Fazenda Pública sem necessidade de autorização de lei.

▷ ***Anotações/Comentários***

Nota dos autores: de modo geral, a competência tributária é indelegável (CTN, art. 7º). Porém, as funções de arrecadação e fiscalização integram o conceito de capacidade tributária ativa, constituindo atribuições delegáveis de um ente tributante a outro, consoante a literalidade do artigo 7º do CTN. Em termos mais precisos, a competência tributária legislativa está compreendida na regra da indelegabilidade da competência tributária. Já a capacidade tributária ativa, compreendida nas prerrogativas de arrecadar ou fiscalizar tributos, ou de executar leis, serviços, atos ou decisões administrativas em matéria tributária, é delegável, ou seja, pode ser conferida por uma pessoa jurídica de direito público a outra (CTN, art. 7º).

a) ao contrário do que constou, é o contribuinte o sujeito passivo da relação tributária que tem "relação pessoal e direta com a situação que constitua o respectivo fato gerador" (CTN, art. 121, p. ú., I).

b) o texto da alternativa se refere à possibilidade de delegação da capacidade tributária ativa, expressamente prevista no artigo 7º do CTN.

c) a competência tributária é indelegável (CTN, art. 7º), não havendo disposição constitucional que autorize um ente federativo a exercer a competência tributária outorgada a outro.

d) na verdade, o texto da alternativa apresenta a definição do sujeito passivo da obrigação acessória (e não principal), conforme teor do artigo 122 do CTN.

e) ao contrário do que constou, tais convenções entre particulares, salvo disposição de lei em contrário, não podem ser opostas à Fazenda Pública (CTN, art. 123).

62. (FCC – Analista Judiciário – Área Judiciária – TRF 4/2019) No capítulo que trata de responsabilidade tributária, o Código Tributário Nacional (CTN) estabelece que

a) a pessoa jurídica de direito privado que resultar de cisão, fusão ou incorporação de outra é responsável apenas pelos tributos devidos após a data do ato, sendo que os débitos anteriores ao ato são de responsabilidade integral das pessoas jurídicas cindidas, fundidas ou incorporadas, e seus respectivos sócios, titulares, controladores e gestores.

b) a responsabilidade dos sucessores ocorre quando pessoa natural ou jurídica, de direito público ou privado, adquire, em leilão judicial, fundo de comércio ou estabelecimento, comercial, industrial ou profissional, em processo de falência, e continua a exploração da respectiva atividade.

c) em processo da falência, o produto da alienação judicial de empresa, filial ou unidade produtiva isolada permanecerá em conta de depósito à disposição do juízo de falência pelo prazo de um ano, contado da data de alienação, somente podendo ser utilizado para o pagamento de créditos extraconcursais ou de créditos que preferem ao tributário.

d) a responsabilidade relativa às infrações à legislação tributária é excluída na hipótese de denúncia espontânea, desde que acompanhada de recolhimento, ou de parcelamento, do valor integral do tributo, acrescido dos juros de mora e multa moratória devidos.

e) em regra, o crédito tributário não pode ser exigido de terceiro, que não seja o contribuinte ou o responsável, mas admite tal cobrança, com caráter solidário e sem benefício de ordem, em relação aos pais e avós pelos tributos devidos por seus filhos e netos menores e em relação aos sócios, pelos tributos devidos pela sociedade simples ou empresarial.

▷ ***Anotações/Comentários***

Nota dos autores: a questão gravita em torno da temática "responsabilidade tributária" prevista no CTN. Entre os artigos 128 e 138, além da disposição geral, o diploma normativo apresenta a responsabilidade dos sucessores (artigos 129 a 133), a responsabilidade de terceiros (artigos 134 e 135) e a responsabilidade por infrações (artigos 136 a 138).

a) ao contrário do que constou, a pessoa jurídica de direito privado que resultar de fusão, transformação ou incorporação de outra ou em outra é responsável pelos tributos devidos até à data do ato pelas pessoas jurídicas de direito privado fusionadas, transformadas ou incorporadas (CTN, art. 132).

b) na hipótese de aquisição em leilão judicial de fundo de comércio ou estabelecimento em processo de falência não se aplica, em regra, a responsabilidade por sucessão, conforme teor do artigo 133, §1º do CTN.

c) é a reprodução do parágrafo terceiro do artigo 133 do CTN, incluído pela LC 118/2005.

d) a denúncia espontânea da infração tributária pelo contribuinte demanda, quando for o caso, o acompanhamento do pagamento do tributo e dos juros de mora, não havendo previsão legal no sentido de se admitir a alternativa do parcelamento, motivo pelo qual essa alternativa está incorreta (CTN, art. 138).

e) o texto da alternativa contraria ao menos três aspectos do artigo 134 do CTN (que disciplina a responsabilidade tributária de terceiros, juntamente com o artigo 135). O primeiro diz respeito à necessária aplicação do benefício de ordem, segundo o *caput* do artigo 134 do CTN. O segundo refere-se à ausência expressa no texto normativo de hipótese que determine a responsabilidade dos avós pelos tributos devidos pelos netos (não há tal previsão nos incisos do artigo 134). Já o terceiro reside na responsabilização dos sócios, cuja previsão legal restringe aos casos de liquidação de sociedade de pessoas (CTN, art. 134, VII) e não nos casos de mera dívida tributária.

63. (Cespe – Analista Judiciário – Área Judiciária – STJ/2018) Julgue os itens que se seguem, a respeito das disposições do Código Tributário Nacional (CTN).

O contribuinte é o sujeito passivo da obrigação principal, enquanto o responsável é o sujeito passivo da obrigação acessória.

- CERTO
- ERRADO

▷ ***Anotações/Comentários***

Nota dos autores: o responsável tributário, juntamente com a figura do contribuinte, são sujeitos passivos de obrigações tributária (CTN, art. 121, parágrafo único, II).

Diverso do que afirma o examinador, o sujeito passivo da obrigação acessória é o mesmo da obrigação principal, isto é, o contribuinte ou responsável em ambas as modalidades obrigacionais.

64. (Cespe – Analista Judiciário – Área Judiciária – STJ/2018) À luz da jurisprudência majoritária e atual dos tribunais superiores e da doutrina acerca dos princípios constitucionais tributários, do indébito tributário, do crédito tributário e do poder de tributar, julgue os itens seguintes.

O instituto denominado substituição para frente se refere à antecipação do pagamento de uma obrigação tributária por um substituto localizado na cadeia econômica em posição anterior à do contribuinte.

- CERTO
- ERRADO

▷ ***Anotações/Comentários***

Nota dos autores: por força da Emenda Constitucional 3/96, a substituição tributária foi elevada à estatura de norma constitucional, com a inclusão do § 7º ao artigo 150 da CF, segundo o qual: "A **lei** poderá atribuir a sujeito passivo de obrigação tributária a condição de **responsável** pelo pagamento de imposto ou contribuição, **cujo fato gerador deva ocorrer posteriormente**, assegurada a imediata e preferencial restituição da quantia paga, caso não se realize o fato gerador presumido".

Essa norma, interpretada sistematicamente com o artigo 128 do CTN, delineia no campo da tributação plurifásica, típica de impostos indiretos como ICMS e IPI, a responsabilidade por substituição das operações subsequentes, conhecida como **substituição tributária para frente ou progressiva**. Nessa hipótese, há uma antecipação da exigência do recolhimento do imposto relativo aos fatos geradores de toda a cadeia produtiva que está para ocorrer, tudo exatamente coerente com o afirmado pelo examinador.

65. (FGV – Analista Legislativo – Processo Legislativo – AL - RO/2018) O Estado ABC adquiriu, onerosamente, de uma pessoa natural um imóvel sobre o qual pendiam dívidas de IPTU e de taxa de coleta domiciliar de lixo, referentes aos dois últimos anos anteriores à aquisição. O Município, então, resolve cobrar do Estado tais dívidas anteriores à sua aquisição.

Diante desse cenário, assinale a afirmativa correta.

a) Ambas as cobranças contra o Estado ABC são indevidas, pois o Estado-membro, que sucedeu a pessoa natural como proprietário, goza de imunidade tributária.

b) A referida cobrança de IPTU contra o Estado ABC é indevida, por violar a imunidade tributária em favor do Estado ABC, mas a referida cobrança de taxa de coleta domiciliar de lixo é devida, por se tratar de preço público não abrangido pela imunidade tributária.

c) A referida cobrança de IPTU contra o Estado ABC é indevida, por violar a imunidade tributária em favor do Estado ABC, mas a referida cobrança de taxa de coleta domiciliar de lixo é devida, por não serem as taxas abrangidas pela imunidade tributária.

d) A referida cobrança de IPTU contra o Estado ABC é devida, por se tratar de uma obrigação propter rem, mas a referida cobrança de taxa de coleta domiciliar de lixo é indevida, por se tratar de serviço específico e divisível fruído pelo anterior proprietário.

e) Ambas as cobranças são devidas, pois o período a que se refere a cobrança é anterior à aquisição pelo Estado ABC.

▷ ***Anotações/Comentários***

Nota dos autores: os créditos tributários relativos a impostos cujo fato gerador seja a propriedade, o domínio útil ou a posse de bens imóveis, e bem assim os relativos a taxas pela prestação de serviços referentes a tais bens, ou a contribuições de melhoria, sub-rogam-se na pessoa dos respectivos adquirentes, salvo quando conste do título a prova de sua quitação (CTN, art. 130, *caput*).

a) incorreta, pois não é aplicável a imunidade recíproca ao caso exposto no enunciado, haja vista que as cobranças tanto do IPTU como da taxa decorreram da responsabilidade por sucessão do Estado ABC (CTN, art. 130, *caput*).

b) incorreta, pois não é aplicável a imunidade recíproca ao caso exposto no enunciado (em relação ao IPTU), pois tal cobrança decorreu da responsabilidade por sucessão do Estado ABC (CTN, art. 130, *caput*). Em relação à taxa, a cobrança é devida, porém não pelo fundamento apontado no texto da alternativa "b". Na verdade, o próprio artigo 130 do CTN contempla também as taxas pela prestação de serviços referentes ao bem imóvel como passível de responsabilização por sucessão.

c) incorreta, pois não é aplicável a imunidade recíproca ao caso exposto no enunciado, haja vista que as cobranças tanto do IPTU como da taxa decorreram da responsabilidade por sucessão do Estado ABC (CTN, art. 130, *caput*).

d) incorreta, pois, apesar de o IPTU de fato ser um tributo *propter rem* ("próprio da coisa" ou "próprio do imóvel"), nos termos do *caput* do artigo 130 do CTN, reproduzido na nota dos autores, também as taxas pelas prestações de serviços sobre o imóvel também sub-rogam-se na pessoa dos adquirentes.

e) correta, condizente com o teor do artigo 130, *caput*, do CTN, reproduzido na nota dos autores.

66. (FGV – Analista Legislativo – Processo Legislativo – AL - RO/2018) Márcio Pereira, que desenvolve suas atividades profissionais integralmente via Internet, não possui domicílio fixo, viajando frequentemente para diversas cidades do país, embora passe a maior parte do ano em Porto Velho (RO), onde possui parentes.

Em relação a seu domicílio tributário, analise as afirmativas a seguir e assinale (V) para a verdadeira e (F) para a falsa.

( ) Márcio Pereira pode eleger livremente um domicílio tributário.

( ) Na ausência de eleição de domicílio tributário por Marcio Pereira, considera-se como tal Porto Velho (RO).

( ) A autoridade administrativa pode recusar o domicílio eleito, quando impossibilite ou dificulte a arrecadação ou a fiscalização do tributo.

As afirmativas são, respectivamente,

a) V - V - V.

b) F - V - V.

c) F - F - V.

d) V - F - V.

e) V - V - F.

▷ ***Anotações/Comentários***

Nota dos autores: o domicílio tributário é disciplinado pelo artigo 127 do CTN e todas as alternativas referem-se às sutilezas deste tema. Após a leitura atenta do referido artigo (principalmente dos seus incisos I, II e III), a análise do organograma a seguir sintetiza o raciocínio de busca pelo domicílio tributário:

<table>
<tr><td colspan="3">REGRA GERAL:
domicílio eleito pelo contribuinte</td></tr>
<tr><td>↓</td><td rowspan="3">ou</td><td>↓</td></tr>
<tr><td>EXCEÇÃO:
contribuinte não elege seu domicílio</td><td>NEGATIVA: do Fisco ao domicílio eleito</td></tr>
<tr><td>↓</td><td>↓</td></tr>
<tr><td>Aplicam-se, então,
os critérios dos incisos I, II e III</td><td>→</td><td>Na impossibilidade de aplicação dos critérios dos incisos I, II e III ou na negativa do fisco ao domicílio eleito: considera-se domicílio o lugar da situação dos bens ou da ocorrência dos atos ou fatos que deram origem à obrigação.</td></tr>
</table>

I) correto. Em regra, é o contribuinte quem elege seu domicílio tributário, o lugar para cumprimento das obrigações e onde são exigíveis (CTN, art. 127).

II) correto. Na falta de eleição, pelo contribuinte ou responsável, de domicílio tributário, na forma da legislação aplicável, considera-se como tal quanto às pessoas naturais, a sua **residência habitual**, ou, sendo esta incerta ou desconhecida, o **centro habitual de sua atividade** (CTN, art. 127, I).

III) correto. Caso haja prejuízo às atividades arrecadatórias e fiscalizatórias, a autoridade administrativa poderá recursar o domicílio eleito. É o que prevê o § 2º do artigo 127 do CTN.

---

67. (FGV – Analista Jurídico – MPE - AL/2018) Com relação à responsabilidade tributária, analise as afirmativas listadas a seguir e assinale (V) para a afirmativa verdadeira e (F) para a falsa.

( ) No caso de hasta pública de bem imóvel, os créditos tributários relativos a impostos cujo fato gerador seja a propriedade, o domínio útil ou a posse de bens imóveis se sub-rogam sobre o respectivo preço.

( ) Os administradores de bens de terceiros respondem, subsidiariamente, pelos tributos devidos pelos administrados, nos fatos geradores que tiverem intervindo.

( ) No caso de transformação societária, como a fusão, a pessoa jurídica resultante desta operação societária será responsável pelos tributos devidos até a data do ato, pelas pessoas jurídicas fusionadas.

Assinale a opção que apresenta a sequência correta, segundo a ordem apresentada.

a) V – V – F.

b) V – F – V.

c) V – F – F.

d) F – V – F.

e) F – V – V.

▷ ***Anotações/Comentários***

Nota dos autores: entre os artigos 128 e 138, além da disposição geral, o CTN apresenta a responsabilidade dos sucessores (artigos 129 a 133), a responsabilidade de terceiros (artigos 134 e 135) e a responsabilidade por infrações (artigos 136 a 138).

I) correto. Os créditos tributários relativos a impostos cujo fato gerador seja a propriedade, o domínio útil ou a posse de bens imóveis, e bem assim os relativos a taxas pela prestação de serviços referentes a tais bens, ou a contribuições de melhoria, sub-rogam-se na pessoa dos respectivos adquirentes, salvo quando conste do título a prova de sua quitação (CTN, art. 130, caput). No caso de arrematação em hasta pública, a sub-rogação ocorre sobre o respectivo preço (CTN, art. 130, parágrafo único).

II) incorreto, por ofender o artigo 134, inciso III, do CTN, especificamente no que tange ao tipo de responsabilidade ("nos casos de impossibilidade de exigência do cumprimento da obrigação principal pelo contribuinte, respondem **solidariamente** com este nos atos em que intervierem ou pelas omissões de que forem responsáveis os administradores de bens de terceiros, pelos tributos devidos por estes").

III) correto. A pessoa jurídica de direito privado que resultar de **fusão**, transformação ou incorporação de outra ou em outra é responsável pelos tributos devidos até à data do ato pelas pessoas jurídicas de direito privado fusionadas, transformadas ou incorporadas.

---

68. (FGV – Técnico Tributário – SEFIN - RO/2018) Com relação à *responsabilidade tributária*, analise as afirmativas a seguir.

I. O promitente adquirente de um imóvel só se torna responsável pelo IPTU após a devida averbação do título no Registro de Imóvel, momento em que ocorre a transferência de propriedade.

II. Encerrado o inventário com a partilha de bens, eventual débito, posteriormente aferido, não poderá mais ser cobrado do espólio e dos herdeiros.

III. A empresa sucessora, resultante de fusão, é responsável pelos tributos devidos pela sucedida e pelas multas de mora e punitiva.

Está correto o que se afirma em

a) I, apenas.

b) II, apenas.

c) I e II, apenas.

d) III, apenas.

e) II e III, apenas.

▷ ***Anotações/Comentários***

Nota dos autores: o enunciado da questão exige que o candidato analise três itens sobre a temática "responsabilidade tributária" (prevista no CTN). Entre os artigos 128 e 138, além da disposição geral, o diploma normativo apresenta a responsabilidade dos sucessores (artigos 129 a 133), a responsabilidade de terceiros (artigos 134 e 135) e a responsabilidade por infrações (artigos 136 a 138).

I) incorreto. Segundo o tema 122 de recursos repetitivos do STJ, "A jurisprudência desta Corte Superior é no sentido de que **tanto o promitente comprador** (possuidor a qualquer título) do imóvel **quanto seu proprietário/promitente vendedor** (aquele que tem a propriedade registrada no Registro de Imóveis) são contribuintes responsáveis pelo pagamento do IPTU" (REsp 1.111.202).

II) incorreto. Os sucessores são pessoalmente responsáveis pelos tributos devidos pelo *de cujos* até a data da partilha ou adjudicação, limitada esta responsabilidade ao montante do quinhão ou do legado (CTN, art. 131, inciso II). Logo, no caso em análise, o débito poderá ser cobrado sim dos herdeiros, no limite de seus quinhões.

III) correto. Segundo a Súmula 554 do STJ, "na hipótese de sucessão empresarial, a responsabilidade da sucessora abrange não apenas os tributos devidos pela sucedida, mas também as multas moratórias ou punitivas referentes a fatos geradores ocorridos até a data da sucessão".

69. (FGV – Técnico Tributário – SEFIN - RO/2018) Leia o fragmento a seguir.

Considerar-se-á como __________do contribuinte ou ______o lugar da situação dos bens ou da _______ dos atos ou fatos que deram origem_________.

Assinale a opção que preenche corretamente as lacunas.

a) domicílio tributário – responsável – ocorrência - à obrigação.

b) estabelecimento – substituto - prática – ao fato gerador.

c) sede – responsável – ocorrência – ao crédito tributário.

d) centro de atividade – sucessor – prática – ao débito tributário.

e) domicílio tributário – herdeiro – ocorrência – à obrigação.

▷ ***Anotações/Comentários***

Nota dos autores: em regra, o domicílio tributário é eleito pelo contribuinte. Entretanto, a autoridade administrativa pode recusar o domicílio eleito, quando impossibilite ou dificulte a arrecadação ou a fiscalização do tributo (CTN, art. 127, § 2º). O parágrafo primeiro do artigo 127 do CTN estipula que "quando não couber a aplicação das regras fixadas em qualquer dos incisos deste artigo, considerar-se-á como domicílio tributário do contribuinte ou responsável o lugar da situação dos bens ou da ocorrência dos atos ou fatos que deram origem à obrigação".

a) correta. Observe que o fragmento do enunciado coaduna-se com o parte final do parágrafo primeiro do artigo 127 do CTN, reproduzido na nota dos autores.

Demais alternativas: incorretas, uma vez que os termos de cada uma dessas alternativas, ao preencherem as lacunas do fragmento normativo do enunciado, deixam-no sem sentido, ao arrepio do teor do artigo 127, §1º do CTN.

70. (Cespe – Analista de Controle Externo – Direito – TCE – MG/2018) O Tribunal de Contas do Estado verificou que determinado estado da Federação deixou de recolher imposto sobre doação a filhos menores, embora a legislação considere o donatário como contribuinte.

Nessa situação hipotética, os pais

a) terão responsabilidade pessoal.

b) terão responsabilidade por substituição.

c) terão responsabilidade solidária.

d) não serão responsáveis tributários.

e) terão responsabilidade subsidiária.

▷ ***Anotações/Comentários***

Nota dos autores: a responsabilidade de terceiros está disciplinada nos artigos 134 e 135 do CTN. No caso do artigo 134 do CTN, a responsabilidade independe de uma conduta irregular por parte dos responsáveis, que são: **I – os pais, pelos tributos devidos por seus filhos menores**; II – os tutores e curadores, pelos tributos devidos por seus tutelados ou curatelados; III – os administradores de bens de terceiros, pelos tributos devidos por estes; IV – o inventariante, pelos tributos devidos pelo espólio; V – o síndico e o comissário, pelos tributos devidos pela massa falida ou pelo concordatário; VI – os tabeliães, escrivães e demais serventuários de ofício, pelos tributos devidos sobre os atos praticados por eles, ou perante eles, em razão do seu ofício; VII – os sócios, no caso de liquidação de sociedade de pessoas. Já o artigo 135 do CTN estipula que "são pessoalmente responsáveis pelos créditos correspondentes a obrigações tributárias resultantes de atos praticados com excesso de poderes ou infração de lei, contrato social ou estatutos: I - as pessoas referidas no artigo anterior; II - os mandatários, prepostos e empregados; III - os diretores, gerentes ou representantes de pessoas jurídicas de direito privado.

a) incorreta, pois a responsabilidade é solidária (e não pessoal), como bem detalhado nos comentários à alternativa "c".

b) incorreta, pois a responsabilidade é solidária (e não por substituição), como bem detalhado nos comentários à alternativa "c".

c) correta, ao se considerar a redação literal do artigo 134, inciso III, do CTN, segundo o qual "nos casos de impossibilidade de exigência do cumprimento da obrigação principal pelo contribuinte, **respondem solidariamente** com este nos atos em que intervierem ou pelas omissões de que forem responsáveis **os pais, pelos tributos devidos por seus filhos menores**". Foi nesse sentido o gabarito oficial, mas, como será demonstrado nos comentários à alternativa "e", a questão poderia ter sido anulada ou, no mínimo, consideradas as alternativas "c" e "e" corretas.

d) incorreta, pois como visto nos comentários à alternativa "c" os pais serão responsáveis solidários.

e) embora a banca tenha considerado a alternativa incorreta, se levadas em consideração a visão doutrinária e a jurisprudência do STJ, a alternativa poderia ter sido considerada correta e, portanto, anulada a questão ou consideradas duas alternativas corretas ("c" e "e"). O citado entendimento doutrinário é de que o termo **solidariamente,** na verdade, deve ser entendido como **subsidiariamente,** já que os terceiros somente serão responsabilizados na "impossibilidade de exigência do cumprimento da obrigação principal pelo contribuinte". Há, portanto, um nítido benefício de ordem. Na mesma linha, pode-se citar a jurisprudência do STJ: "Flagrante ausência de tecnicidade legislativa se verifica no art. 134, do CTN, em que se indica hipótese de responsabilidade solidária 'nos casos de impossibilidade de exigência do cumprimento da obrigação principal pelo contribuinte', uma vez cediço que o instituto da solidariedade não se coaduna com o benefício de ordem ou de excussão. Em verdade, o aludido preceito normativo cuida de responsabilidade subsidiária" (EREsp 446.955/SC). Observe que o enunciado da questão não faz menção ao texto literal do CTN, à doutrina ou à jurisprudência, de modo que, pode-se considerar corretas tanto a alternativa "c" (segundo a literalidade do CTN), quanto à alternativa "e" (conforme doutrina e jurisprudência).

71. (Consulplan – Técnico Judiciário – Área Administrativa – TRF 2/2017) Quanto ao sujeito passivo tributário e suas características, pode-se afirmar que responsável tributário é

a) pessoa jurídica que tem relação pessoal e direta com a situação que constitui o fato gerador do tributo.

b) terceiro a quem a lei atribui o dever de pagar o tributo, por motivos de facilidade de cobrança e de fiscalização do recolhimento.

c) pessoa física ou jurídica que, em decorrência do fenômeno da repercussão, fica obrigada a quitar o tributo.

d) pessoa física ou jurídica obrigada por lei ao cumprimento da prestação tributária principal, por ter com esta relação direta e pessoal.

▷ ***Anotações/Comentários***

Nota dos autores: o contribuinte e o responsável são sujeitos passivos (gênero) da relação tributária. Numa classificação doutrinária entre sujeito passivo direto e indireto, o primeiro seria o contribuinte (que tem relação pessoal e direta com o fato gerador) e o segundo seria o responsável (com obrigação decorrente de lei).

a) a alternativa se valeu da definição legal de contribuinte (e não de responsável tributário), prevista no artigo 121, parágrafo único, inciso I, do CTN, ao apregoar como característica a relação pessoal e direta com a situação que constitui o fato gerador do tributo.

b) de fato, o responsável tributário é aquele que, sem se revestir da condição de contribuinte, sua obrigação decorra de disposição expressa de lei (CTN, art. 121, p. ú., II).

c) o texto da alternativa não se enquadra na definição legal de responsável tributário prevista no artigo 121, parágrafo único, inciso II, do CTN ("responsável, quando, sem revestir a condição de contribuinte, sua obrigação decorra de disposição expressa de lei").

d) a alternativa se valeu da definição legal de contribuinte (e não de responsável tributário), prevista no artigo 121, §1º, inciso I, do CTN, ao apregoar como característica a relação pessoal e direta com a obrigação tributária principal.

72. (FCC – Analista Judiciário – Área Judiciária – TRF 5/2017) Mário e Maria decidiram abrir um bazar em sociedade. Embora a legislação do ICMS de seu Estado determinasse que, antes de dar início a suas operações de circulação de mercadorias, a empresa devesse estar inscrita, como contribuinte, na repartição fiscal competente, Mário e Maria não atenderam a essa exigência legal. Simplesmente abriram a empresa e começaram a funcionar, sem cumprir as exigências da legislação tributária pertinente. Nem mesmo contrato social escrito a empresa tinha.

Compravam de seus fornecedores e vendiam a seus clientes, como o fazem todas as empresas regulares, e atuavam, perante seus fornecedores e clientes, tal como atuam as empresas em situação regular perante o fisco. Ninguém tinha dúvida de que a empresa de Mário e Maria configurava efetivamente uma unidade econômica. Até nome fantasia a sociedade tinha: "Bazar MM".

Considerando os dados acima e a normas do Código Tributário Nacional,

a) a empresa em questão, desde que comprove, efetivamente, sua capacidade econômico-financeira, possuirá, automática e necessariamente, capacidade ativa.

b) o fato de essa empresa configurar uma unidade econômica, mesmo sem estar regularmente constituída, é o bastante para nela se identificar capacidade tributária passiva.

c) a empresa em questão, em razão de sua constituição irregular e da falta de comprovação da capacidade civil de seus dois sócios, não possui capacidade tributária passiva, nem ativa.

d) a falta capacidade tributária ativa da pessoa jurídica irregularmente constituída pode ser suprida com a comprovação de que todos os seus sócios são, de fato, pessoas civilmente capazes.

e) a capacidade passiva da pessoa jurídica depende, necessária e diretamente, da comprovação da capacidade tributária ativa de cada um de seus sócios, tratando-se de pessoa jurídica constituída sob responsabilidade limitada.

▷ ***Anotações/Comentários***

Nota dos autores: a capacidade tributária passiva independe (i) da capacidade civil das pessoas naturais; (ii) de achar-se a pessoa natural sujeita a medidas que importem privação ou limitação do exercício de atividades civis, comerciais ou profissionais, ou da administração direta de seus bens ou negócios; ou (iii) de estar a pessoa jurídica regularmente constituída, bastando que configure uma unidade econômica ou profissional (CTN, art. 126).

a) a capacidade tributária ativa é aquela atribuída originalmente ao sujeito ativo da relação tributária, ou seja, o ente federativo competente para instituir o tributo e exigir o seu pagamento (CTN, art. 119).

b) o texto da alternativa coaduna-se ao teor do artigo 126, inciso III, do CTN, segundo qual a "capacidade tributária passiva independe de estar a pessoa jurídica regularmente constituída, bastando que configure uma unidade econômica ou profissional".

c) embora, de fato, a empresa em questão não tenha capacidade tributária ativa (prerrogativa típica do sujeito ativo da relação tributária – pessoa jurídica de direito público titular da competência tributária e como tal titular para exigir o tributo devido – artigo 119 do CTN), ela detém a capacidade tributária passiva, que independe de estar regularmente constituída, bastando que configure uma unidade econômica ou profissional (CTN, 126, III).

d) a capacidade tributária ativa é aquela atribuída originalmente ao sujeito ativo da relação tributária, ou seja, a pessoa jurídica de direito público competente para instituir o tributo e exigir o seu pagamento (CTN, art. 119).

e) inexiste tais exigências no texto legal para a caracterização da capacidade tributária passiva da empresa (CTN, art. 126).

7. CRÉDITO TRIBUTÁRIO: LANÇAMENTO TRIBUTÁRIO, SUSPENSÃO DA EXIGIBILIDADE, EXTINÇÃO, EXCLUSÃO, GARANTIAS E PRIVILÉGIOS

73. (FCC – Analista Judiciário – TRF 3ª Região/2024) Conforme expressa previsão da legislação que instituiu um imposto específico, este deve ser lançado exclusivamente pela via de lançamento de ofício. Nesse sentido, em consonância com o Código Tributário Nacional (CTN), o prazo decadencial para a realização do lançamento tributário desse imposto será de

a) 2 anos, iniciando-se na data da ocorrência do fato gerador.

b) 5 anos, iniciando-se no primeiro dia do exercício seguinte àquele em que o lançamento poderia ter sido efetuado.

c) 5 anos, iniciando-se no primeiro dia do exercício seguinte àquele em que o despacho do juiz tiver ordenado a citação do devedor, em execução fiscal.

d) 10 anos, iniciando-se na data da ocorrência do fato gerador.

e) 5 anos, iniciando-se na data da ocorrência do fato gerador, salvo se comprovada a ocorrência de dolo, fraude ou simulação.

▷ ***Anotações/Comentários***

Nota dos autores: o prazo decadencial para realização do lançamento de ofício sujeita-se ao artigo 173, inciso I, do CTN, segundo o qual: "direito de a Fazenda Pública constituir o crédito tributário extingue-se após 5 (cinco) anos, contados do primeiro dia do exercício seguinte àquele em que o lançamento poderia ter sido efetuado".

a) Errada. O prazo de decadência para lançamento de ofício não é de 2 anos, nem se conta da ocorrência do fato gerador.

b) **Alternativa correta**. Exatamente como dispõe o artigo 173, inciso I, do CTN, o prazo de decadência para o lançamento de ofício, de fato, é de 5 anos, iniciando-se no primeiro dia do exercício seguinte àquele em que o lançamento poderia ter sido efetuado.

c) Errada. Na decadência para o lançamento de ofício, embora o prazo seja mesmo de 5 anos e se conte do exercício seguinte, a referência não é o exercício do despacho do juiz tiver ordenado a citação do devedor, em execução fiscal.

d) Errada. O prazo de decadência para lançamento de ofício não é de 10 anos, nem se conta da ocorrência do fato gerador.

e) Errada. Embora seja, realmente, de 5 anos, o prazo de decadência para o lançamento de ofício não se conta da data da ocorrência do fato gerador.

74. (FCC – Analista Judiciário – TRF 3ª Região/2024) Determinada pessoa jurídica de direito público interno, por meio de seus Auditores Fiscais, promoveu o lançamento de ofício de tributo e de multa em nome da empresa AHR Ltda., atribuindo-lhe a prática de irregularidades que teriam culminado com a sonegação de tributo. Dentro do prazo legal, essa empresa apresentou sua defesa administrativa (reclamação), nos termos estabelecidos pelas leis reguladoras do respectivo processo tributário administrativo, efetuando, ainda, simultaneamente, o depósito de parte do montante exigido, pois se encontrava em dificuldade financeira.

Considerando os preceitos delineados pelo Código Tributário Nacional (CTN) referentes às circunstâncias que excluem e extinguem o crédito tributário, ou, suspendem a sua exigibilidade, pode-se concluir que o crédito tributário lançado pelos Auditores Fiscais.

a) foi extinto apenas parcialmente, por meio do depósito parcial efetuado.

b) não teve sua exigibilidade suspensa, pois, embora a defesa tenha sido apresentada tempestivamente, o depósito efetuado foi apenas parcial.

c) teve sua exigibilidade suspensa, em razão da apresentação tempestiva da defesa (reclamação) administrativa.

d) foi excluído em razão da defesa tempestivamente apresentada, mas apenas na proporção do montante do depósito efetuado.

e) não teve sua exigibilidade suspensa, pois não houve a conversão do depósito parcial em renda.

▷ ***Anotações/Comentários***

Nota dos autores: embora o enunciado mencione extinção, exclusão ou suspensão da exigibilidade do crédito tributário, para responder à questão, basta ter bons conhecimentos sobre causas de suspensão da exigibilidade do crédito tributário previstas no artigo 151 do CTN.

a) Errada. Depósito não é pagamento, pois visa a manter o valor em conta judicial ou administrativa, durante a discussão crédito tributário, durante o trâmite de processos judiciais ou de reclamações e recursos administrativos. Se o depósito for integral, além da suspensão da exigibilidade do crédito tributário (CTN, art. 151, II), ele também implicará o afastamento dos consectários da mora (juros e multas moratórias). Porém, no caso em pauta, o depósito foi inócuo para tal finalidade, uma vez que foi meramente parcial, quando, para tanto, deveria ser integral.

b) Errada. Embora seja verdade que o depósito judicial não suspende a exigibilidade do crédito tributário, o mesmo não poderia ter sido dito pelo examinador em relação à defesa apresentada. Isso porque, as reclamações e recursos no âmbito do processo administrativo tributário também produzem o efeito de suspender a exigibilidade do crédito tributário (CTN, art. 151, III).

c) **Alternativa correta**. Exatamente como afirmado pelo examinador, o crédito tributário teve sua exigibilidade suspensa, em razão da apresentação tempestiva da defesa (reclamação) administrativa. Fundamento: CTN, art. 151, inciso III.

d) Errada. Depósito não é causa de exclusão do crédito tributário. Excluem o crédito tributário a isenção e a anistia (CTN, art. 175).

e) Errada. A conversão do depósito em renda é causa de extinção do crédito tributário, não de suspensão da exigibilidade.

---

75. (FCC – Analista Judiciário – TRF 3ª Região/2024) De acordo com o Código Tributário Nacional (CTN), a verificação da ocorrência do fato gerador da obrigação correspondente, a determinação da matéria tributável, o cálculo do montante do tributo devido, a identificação do sujeito passivo e, sendo o caso, a proposição de aplicação da penalidade cabível, integram o procedimento denominado

a) lançamento tributário.

b) isenção tributária.

c) fiscalização.

d) execução fiscal.

e) inscrição em dívida ativa.

▷ ***Anotações/Comentários***

Nota dos autores: a resposta da presente questão se fundamenta no conceito de lançamento tributário, previsto no artigo 142 do CTN.

a) **Alternativa correta**. De fato, de acordo com o artigo 142 do CTN, a verificação da ocorrência do fato gerador da obrigação correspondente, a determinação da matéria tributável, o cálculo do montante do tributo devido, a identificação do sujeito passivo e, sendo o caso, a proposição de aplicação da penalidade cabível, integram o procedimento denominado **lançamento tributário**.

b) Errada, pois a isenção tributária corresponde a outro conceito, isto é, o relativo à dispensa legal do pagamento do tributo.

c) Errada, pois a fiscalização tributária corresponde a outro conceito, isto é, o relativo ao conjunto de atividades realizadas pelos órgãos responsáveis pela administração tributária, com o objetivo de assegurar que os contribuintes cumpram as obrigações fiscais de acordo com a legislação vigente.

d) Errada, pois a execução fiscal corresponde a outro conceito, isto é, o relativo à ação judicial de execução que visa à cobrança de crédito tributário definitivamente constituído e devidamente inscrito em dívida ativa.

e) Errada, pois a inscrição em dívida corresponde a outro conceito, isto é, o relativo ao registro na repartição tributária competente da dívida tributária regular e definitivamente constituída.

---

76. (FCC – Analista Judiciário – TRF 3ª Região/2024) O Código Tributário Nacional (CTN) traz diversas regras sobre o crédito tributário e as hipóteses de suspensão, extinção e exclusão do crédito tributário, dispondo:

I. O depósito do montante integral do crédito tributário é uma hipótese de suspensão do crédito tributário.

II. A exclusão do crédito tributário dispensa o cumprimento das obrigações acessórias dependentes da obrigação principal, de modo que uma pessoa jurídica que realize a venda de uma mercadoria, com isenção do imposto, está dispensada da emissão de documento fiscal.

III. O pagamento do tributo devido pelo contribuinte é uma das formas de extinção do crédito tributário.

IV. O parcelamento do crédito tributário é concedido na forma e condição estabelecidas em lei específica.

Está correto o que consta APENAS de

a) I, II e III.

b) III e IV.

c) I, III e IV.

d) II e IV.

e) I e II.

▷ ***Anotações/Comentários***

Nota dos autores: questão envolvendo as causas de suspensão (CTN, art. 151), extinção (CTN, art. 156) e exclusão do crédito tributário (CTN, art. 175), com quatro itens de afirmativas para serem julgados como corretos ou errados.

I – Correto. De fato, o depósito do montante integral é uma causa de suspensão da exigibilidade do crédito tributário (CTN, art. 151, II).

II – Errado. Totalmente oposto do afirmado, a exclusão do crédito tributário não dispensa o cumprimento das obrigações acessórias dependentes da obrigação principal cujo crédito seja excluído, ou dela consequentes (CTN, art. 175, parágrafo único).

III – Correto. Sim, o pagamento é uma das causas de extinção do crédito tributário (CTN, art. 156, I).

IV – Correto. Redação literal do artigo 155-A do CTN.

---

77. (IBFC – Técnico Judiciário – Área Administrativa – TRF 5/2024) O Código Tributário Nacional (CTN) institui normas gerais de direito tributário, versando sobre a Obrigação Tributária e o Crédito Tributário em seus títulos II e III, respectivamente. Assinale a alternativa correta de acordo com o CTN.

a) A obrigação principal decorre da legislação tributária e tem por objeto as prestações, positivas ou negativas, nela previstas no interesse da arrecadação ou da fiscalização dos tributos. A obrigação principal, pelo simples fato da sua inobservância, converte-se em obrigação acessória relativamente à penalidade pecuniária.

b) Fato gerador da obrigação acessória é a situação definida em lei como necessária e suficiente à sua ocorrência. Fato gerador da obrigação principal é qualquer situação que, na forma da legislação aplicável, impõe a prática ou a abstenção de ato que não configure obrigação acessória.

c) Compete privativamente à autoridade administrativa constituir o crédito tributário pelo lançamento, assim entendido o procedimento administrativo tendente a verificar a ocorrência do fato gerador da obrigação correspondente, determinar a matéria tributável, calcular o montante do tributo devido, identificar o sujeito passivo e, sendo caso, propor a aplicação da penalidade cabível.

d) Suspendem a exigibilidade do crédito tributário: I- a moratória; II - o depósito do seu montante integral; III - as reclamações e os recursos, nos termos das leis reguladoras do processo tributário administrativo; IV - a compensação; V - a transação; VI - a remissão.

▷ ***Anotações/Comentários***

Nota dos autores: o crédito tributário é constituído pelo lançamento e decorre da obrigação principal. Logo, crédito tributário não é sinônimo de obrigação tributária. Aliás, segundo o artigo 140 do CTN, "as circunstâncias que modificam o crédito tributário, sua extensão ou seus efeitos, ou as garantias ou os privilégios a ele atribuídos, ou que excluem sua exigibilidade não afetam a obrigação tributária que lhe deu origem".

a) A definição legal que consta no primeiro período é da obrigação tributária acessória (CTN, art. 113, §2º) e não da obrigação tributária principal, como erroneamente constou. Também o segundo período está equivocado, uma vez que pelo artigo 113, §3º, do CTN, é a obrigação acessória que, pelo simples fato da sua inobservância, converte-se em obrigação principal relativamente à penalidade pecuniária (e não vice-versa).

b) O texto inverteu os tipos de obrigações tributárias ao prever os respectivos fatos geradores, isso porque, segundo o artigo 114 do CTN, o "fato gerador da obrigação principal é a situação definida em lei como necessária e suficiente à sua ocorrência", ao passo que, pelo artigo 115 do CTN, o "fato gerador da obrigação acessória é qualquer situação que, na forma da legislação aplicável, impõe a prática ou a abstenção de ato que não configure obrigação principal".

c) **Alternativa correta.** Trata-se da reprodução, *ipsis literis*, do teor do artigo 142 do CTN, que traz a definição legal de lançamento tributário.

d) as seis causas de suspensão da exigibilidade do crédito tributário estão elencadas no artigo 151 do CTN (moratória; depósito do montante integral; as defesas e recursos administrativos; concessão de medida liminar em mandado de segurança; concessão de medida liminar ou tutela antecipada em outras ações judiciais e parcelamento). O texto da alternativa indicou, erroneamente, três hipóteses de extinção do crédito tributário (compensação; transação e; remissão) no rol das causas de suspensão da exigibilidade.

78. (FCC – Técnico Judiciário – Área Administrativa – TRF 3/2024) Efetuado o lançamento de ofício do crédito tributário em nome de determinado sujeito passivo, este, inconformado, apresentou defesa (reclamação) no âmbito administrativo, visando o cancelamento da exigência fiscal. Vencido em todas as instâncias administrativas, esse sujeito passivo foi notificado a liquidar o crédito tributário, espontaneamente, sob pena de virem a ser tomadas contra ele todas as medidas legais então cabíveis. O contribuinte manteve-se inerte e não propôs nenhuma medida judicial; e tampouco se prontificou a realizar o pagamento. De acordo com o Código Tributário Nacional (CTN), se a liquidação do crédito tributário não ocorrer, espontaneamente, dentro do prazo concedido na referida notificação,

a) a Fazenda Pública terá o prazo decadencial de 10 anos, contados da data do reconhecimento definitivo da ocorrência do fato gerador, para ajuizar o executivo fiscal.

b) o sujeito passivo terá o prazo interruptivo de 10 anos, contados da data da prolação de decisão definitiva na esfera administrativa, para ingressar com a ação, objetivando a conversão de depósito em renda.

c) o sujeito passivo terá o prazo suspensivo de 5 anos, contados da data da constituição do crédito tributário pelo lançamento, para ajuizar o executivo fiscal, visando a cobrança do crédito tributário.

d) a Fazenda Pública terá o prazo prescricional de 5 anos, contados da data da constituição definitiva do crédito tributário, para propor ação judicial para cobrança do crédito tributário.

e) o sujeito passivo terá o prazo decadencial de 5 anos, contados da data da constituição definitiva do crédito tributário, para efetuar o lançamento por homologação definitivo do crédito tributário.

▷ ***Anotações/Comentários***

Nota dos autores: a distinção básica entre decadência e prescrição está no fato de que o que decai é o direito da Fazenda Pública (de homologar o lançamento ou de constituir o crédito tributário de ofício) e o que prescreve é a ação de cobrança do tributo (execução fiscal).

d) **Alternativa correta.** O caso do enunciado é de prescrição (e não de decadência), haja vista que o crédito tributário já estava constituído e o prazo em questão é para a sua cobrança junto ao Poder Judiciário. Ainda, de acordo com o teor do artigo 174 do CTN, tal prazo é de 5 anos contados da data da sua constituição definitiva.

a) e e) A referência a um prazo decadencial já é suficiente para considerar equivocados os textos dessas alternativas.

b) Embora o prazo prescricional esteja sujeito à interrupção nas hipóteses das ocorrências previstas no parágrafo único do artigo 174 do CTN, não o é de 10 anos, mas sim de cinco anos. Há ainda outro equívoco, no que diz respeito ao objeto da ação judicial, que não é converter o depósito em renda, mas sim cobrar o crédito tributário.

c) Na verdade, o prazo prescricional é passível de interrupção e não de suspensão, como erroneamente constou (CTN, art. 174).

79. (VUNESP – Analista Judiciário – TRF 3ª Região/2023) Tendo por base as disposições do Código Tributário Nacional, assinale a assertiva correta no que se refere ao instituto da moratória.

a) A lei que a conceder, em caráter geral, deverá especificar o prazo de duração do favor e as garantias que deva, ser fornecidas pelos contribuintes beneficiados.

b) Pode ser concedida pela União, quanto a tributos de competência dos Estados, do Distrito Federal ou dos Município, quando, simultaneamente concedida quanto aos tributos de competência federal e às obrigações de direito privado.

c) Pode ser concedida em caráter individual, por despacho da autoridade administrativa, desde que autorizada por lei, e gera direito adquirido ao contribuinte por ela beneficiado.

d) Salvo disposição em contrário, abrange somente créditos a serem constituídos à data da lei ou do despacho que a conceder, ou cujo lançamento tenha de ser iniciado anteriormente àquela data por ato regularmente notificado ao sujeito passivo.

e) Sempre que se apure que o beneficiado deixou de cumprir os requisitos para a concessão do favor, o crédito será acrescido de juros de mora, com imposição da penalidade cabível, independentemente da existência de dolo ou simulação do beneficiado, ou de terceiro em favor daquele.

▷ ***Anotações/Comentários***

Nota dos autores: a presente questão deve ser respondida de acordo com o texto literal dos dispositivos do CTN que veiculam normas sobre moratória, isto é, sobre o adiamento do prazo de pagamento de tributo.

a) Errada, pois é a moratória em caráter específico, não a em caráter geral, que deverá especificar as garantias que devam ser fornecidas pelos contribuintes beneficiados (CTN, art. 153, III, "c").

b) **Alternativa correta**. Possibilidade reconhecida, expressamente, pelo artigo 152, inciso I, alínea "b", do CTN.

c) Errada. Ao contrário do afirmado, a concessão de moratória em caráter individual **não** gera direito adquirido (CTN, art. 155).

d) Errada, por contrariar o artigo 154 do CTN. De acordo com o referido dispositivo, na verdade, a moratória, salvo disposição em contrário, abrange créditos definitivamente constituídos na data da lei ou do despacho que a conceder, e não créditos a serem constituídos. Além disso, também salvo disposição em contrário, abrange créditos cujo lançamento já tenha sido iniciado àquela data por ato regularmente notificado ao sujeito passivo, e não cujo lançamento tenha que ser iniciado à referida data.

e) Errada. Diversamente do afirmado, sempre que se apure que o beneficiado deixou de cumprir os requisitos para a concessão do favor, o crédito será acrescido de juros de mora, com imposição da penalidade cabível, esta última apenas na existência de dolo ou simulação do beneficiado, ou de terceiro em favor daquele (CTN, art. 155, I), sem imposição de penalidade nos demais casos (CTN, art. 155, II).

80. (VUNESP – Analista Judiciário – TRF 3ª Região/2023) Com relação a tributo sujeito ao lançamento por homologação, considerando-se a jurisprudência dominante das Cortes Superiores, é correto afirmar que, havendo

a) início de pagamento pelo sujeito passivo, ainda que não integral, o Fisco terá o prazo decadencial de 5 (cinco) anos, contados do primeiro dia do exercício seguinte àquele em que o lançamento poderia ter sido efetuado, para realizar o lançamento suplementar da diferença que entender devida.

b) declaração por parte do sujeito passivo, desacompanhada de qualquer pagamento, o Fisco terá o prazo decadencial de 5 (cinco) anos, contados do fato gerador, aos quais serão acrescidos mais 5 (cinco) anos, contados do primeiro dia do exercício seguinte àquele em que o lançamento poderia ter sido efetuado, para realizar o lançamento suplementar da diferença que entender devida.

c) declaração por parte do sujeito passivo, desacompanhada de qualquer pagamento, o Fisco terá o prazo decadencial de 5 (cinco) anos, contados do fato gerador, para efetuar o lançamento suplementar da diferença de valor que entender devida.

d) declaração por parte do sujeito passivo, desacompanhada de qualquer pagamento, o Fisco terá o prazo decadencial de 5 (cinco) anos, contados do fato gerador, correndo, a partir de então, o prazo prescricional para que o Fisco promova a cobrança judicial da quantia que entender devida.

e) início de pagamento pelo sujeito passivo, ainda que não integral, o Fisco terá o prazo decadencial de 5 (cinco) anos, contados do fato gerador, para efetuar o lançamento suplementar da diferença de valor que entender devida.

▷ ***Anotações/Comentários***

Nota dos autores: para responder à presente questão, deve-se considerar o seguinte entendimento do STJ, esposado no Informativo nº 698: "O termo inicial do prazo decadencial de tributo sujeito a lançamento por homologação - como é o caso, em regra, do ICMS -, depende da circunstância de ter o contribuinte antecipado, ou não, o pagamento da exação. Com efeito, nos termos da Súmula 555 do STJ, "quando não houver declaração do débito, o prazo decadencial quinquenal para o Fisco constituir o crédito tributário conta-se exclusivamente na forma do art. 173, I, do CTN, nos casos em que a legislação atribui ao sujeito passivo o dever de antecipar o pagamento sem prévio exame da autoridade administrativa". Ou seja, não antecipado o pagamento, o prazo decadencial inicia-se no primeiro dia do exercício seguinte àquele em que poderia ter sido efetuado o lançamento. Por outro lado, **antecipado o pagamento do tributo**, o **prazo decadencial observa o art. 150, § 4º, do CTN**, ou seja, **desde a ocorrência do fato gerador inicia-se o prazo decadencial** para o **lançamento suplementar**, sob pena de homologação tácita do lançamento. Nesse sentido: STJ, AgInt no REsp 1.817.191/RS, Rel. Ministro Francisco Falcão, Segunda Turma, DJe de 24/04/2020.

a) Errada. No pagamento parcial, o prazo decadencial <u>não</u> se inicia no primeiro dia do exercício seguinte (CTN, art. 173, I), mas na data do fato gerador (CTN, art. 150, § 4º).

b) Errada. A tese decadencial dos 5 mais 5 anos encontra-se absolutamente superada na jurisprudência do STJ desde o advento da Lei complementar nº 118/2005.

c) Errada. Ora! Como falar em lançamento suplementar de diferença, se a declaração veio desacompanhada de qualquer pagamento. O caso é de lançamento integral, o que torna a alternativa absolutamente equivocada ao falar em lançamento suplementar de diferença.

d) Errada. A prescrição é contada da constituição definitiva do crédito tributário (CTN, art. 174) e a expiração do prazo decadencial não se confunde com constituição definitiva. O prazo prescricional nesses casos é de cinco anos contados do dia seguinte ao vencimento da exação ou da entrega da declaração pelo contribuinte, o que for posterior (STJ - Recurso Especial nº 1.120.295/SP).

e) **Alternativa correta.** De fato, respeitado o teor do entendimento jurisprudencial veiculado no Informativo nº 698 do STJ (aplicação do artigo 150, § 4º, do CTN aos casos de antecipação do pagamento e necessidade de lançamento suplementar de diferença apurada), o início de pagamento pelo sujeito passivo, ainda que não integral, isto é, havendo **antecipação de pagamento**, o Fisco terá o prazo decadencial de **5 (cinco) anos, <u>contados do fato gerador</u>**, para efetuar o **lançamento suplementar** da **diferença** de valor que entender devida.

81. (Cespe – Analista de Controle Externo – Direito – TCE – RJ/2021) Maurício recebeu em sua residência o carnê do IPVA do exercício de 2015, em 5 de janeiro daquele ano. A notificação foi acompanhada de opção de pagamento à vista, com vencimento em 26 de janeiro de 2015. Caso Maurício não realizasse o pagamento nesta data, seria automaticamente incluído na opção de parcelamento, com vencimento da primeira parcela em 26 de fevereiro de 2015 e das demais no mesmo dia dos cinco meses subsequentes, independentemente de sua anuência. Maurício não realizou o pagamento à vista nem o parcelado. Ao tentar vender seu veículo em 2020, identificou o débito e pagou as parcelas vencidas do IPVA de 2015, acrescidas de juros e multa, em 17 de fevereiro de 2020.

A respeito dessa situação hipotética, julgue os itens a seguir.

O pagamento foi devido, pois o parcelamento de ofício é meio apto a interromper e suspender o curso da prescrição do crédito tributário.

- CERTO
- ERRADO

▷ ***Anotações/Comentários***

Nota dos autores: o item deve ser analisado sob dois prismas, o primeiro quanto a ser devido (ou não) o pagamento efetuado e o segundo quanto a ser o parcelamento de ofício um meio apto capaz de interromper e suspender a prescrição tributária. O STJ firmou a tese do tema repetitivo 980 (recursos especiais 1658517/PA e 1641011/PA) com o seguinte teor: "(i) O termo inicial do prazo prescricional da cobrança judicial do Imposto Predial e Territorial Urbano - IPTU inicia-se no dia seguinte à data estipulada para o vencimento da exação; (ii) o parcelamento de ofício da dívida tributária não configura causa interruptiva da contagem da prescrição, uma vez que o contribuinte não anuiu". Ainda, o primeiro tópico da citada tese ensejou a referência sumular 397 ("O contribuinte do IPTU é notificado do lançamento pelo envio do carnê ao seu endereço") e mais recentemente o STJ enunciou o teor da Súmula 653, segundo a qual "O pedido de parcelamento fiscal, ainda que indeferido, interrompe o prazo prescricional, pois caracteriza confissão extrajudicial do débito".

Como o contribuinte Maurício foi regularmente notificado do lançamento do IPVA/2015, haja vista que o carnê foi enviado ao seu endereço residencial, o termo inicial da pretensão executória iniciou a partir da data seguinte (27/01/2015) à fixada como a de vencimento (26/01/2015). Considerando que o parcelamento de ofício do IPVA/2015 não interrompe a prescrição, diante da ausência de anuência por parte do contribuinte Maurício (como visto na nota dos autores), tem-se que em 27/01/2020 se operou a prescrição tributária (5 anos após a data de vencimento), hipótese de extinção do referido crédito tributário (CTN, art. 151, V). O fato de o contribuinte Maurício ter realizado o pagamento do IPVA/2015 em 17/02/2020, após, portanto, ter sido consumada a prescrição tributária (27/01/2020), o torna indevido. Em suma, os dois períodos do item estão errados, pois o pagamento foi indevido (realizado após a prescrição) e o parcelamento de ofício não tem o condão de interromper a prescrição tributária.

82. O envio do carnê de IPVA com instruções para efetivação do pagamento consiste em lançamento de ofício e constitui o crédito tributário.

- CERTO
- ERRADO

TRIBUTÁRIO

▷ ***Anotações/Comentários***

Nota dos autores: o item explora o conhecimento de súmula do STJ, o que ressalta a importância do estudo da jurisprudência dos tribunais superiores.

A Súmula 397 do STJ fundamenta a correção do item ("O contribuinte do IPTU é notificado do lançamento pelo envio do carnê ao seu endereço").

---

83. No caso apresentado, o prazo prescricional para a cobrança do crédito tributário iniciou-se em 6 de janeiro de 2015.

- CERTO
- ERRADO

▷ ***Anotações/Comentários***

Nota dos autores: a análise do item gravita em torno da primeira parte da tese do tema repetitivo 980 (recursos especiais 1658517/PA e 1641011/PA) firmado pelo STJ, com o seguinte teor: "(i) O termo inicial do prazo prescricional da cobrança judicial do Imposto Predial e Territorial Urbano - IPTU inicia-se no dia seguinte à data estipulada para o vencimento da exação".

Como a data estipulada para o vencimento do IPVA/2015 foi 26/01/2015, o termo inicial da contagem do prazo prescricional deu-se no dia seguinte, ou seja 27/01/2015 (e não em 06/01/2015, como indevidamente constou).

---

84. (FCC – Técnico Judiciário – Área Administrativa – TRF 3/2019) A respeito do crédito tributário e seu pagamento, o Código Tributário Nacional dispõe que:

I. A imposição de penalidade dispensa o pagamento integral do crédito tributário, sendo que o pagamento de um crédito importa em presunção de pagamento, quando parcial, das prestações em que se decomponha.

II. Nos casos previstos em lei, o pagamento do tributo pode ser feito em estampilha, sendo que a perda ou destruição da estampilha, ou o erro no pagamento por esta modalidade, não dão direito a restituição, salvo nos casos expressamente previstos na legislação tributária, ou naquelas em que o erro seja imputável à autoridade administrativa.

III. A restituição de tributos que comportem, por sua natureza, transferência do respectivo encargo financeiro somente será feita a quem prove haver assumido o referido encargo, mas, no caso de tê-lo transferido a terceiro, somente este está autorizado a recebê-lo, sem intermediário.

IV. A importância de crédito tributário pode ser consignada judicialmente pelo sujeito passivo nos seguintes casos: recusa de recebimento, subordinação deste ao pagamento de outro tributo ou de penalidade, ou ao cumprimento de obrigação acessória, além de outras hipóteses, previstas no CTN.

Está correto o que consta APENAS de

a) I e III.

b) I, III e IV.

c) I, II e III.

d) II e IV.

e) II, III e IV.

▷ ***Anotações/Comentários***

Nota dos autores: o pagamento é hipótese de extinção do crédito tributário (CTN, art. 156, I) e consiste no adimplemento voluntário pelo sujeito passivo com entrega de pecúnia, em geral, via rede bancária.

I) O item apresenta dois equívocos, na verdade a imposição de penalidade não ilide o pagamento integral do crédito tributário (CTN, art. 157) e o pagamento de um crédito não importa em presunção de pagamento, quando parcial, das prestações em que se decomponha (CTN, art. 158, I).

II) O item reproduz o teor do artigo 162, §4º, do CTN. Apenas um detalhe, estampilha era um tipo de selo utilizado para comprovar o pagamento de tributos, com aquisição prévia pelo contribuinte no valor constante de sua impressão. Atualmente, não está mais em uso.

III) O item distorceu a parte final a parte final do texto do artigo 166 do CTN, que prevê que, na restituição de tributos indiretos, no caso de transferência do ônus a terceiro, o contribuinte originário tem legitimidade para pleiteá-la, desde que obtenha expressa autorização do referido terceiro.

IV) O item reproduz o teor do artigo 164, inciso I, do CTN que trata da disciplina da consignação em pagamento. Os incisos II e III ainda trazem outras hipóteses de cabimento da consignação (II - de subordinação do recebimento ao cumprimento de exigências administrativas sem fundamento legal; III - de exigência, por mais de uma pessoa jurídica de direito público, de tributo idêntico sobre um mesmo fato gerador).

---

85. (FCC – Analista Judiciário – Área Judiciária – TRF 4/2019) Considerando-se as modalidades de lançamento previstas no Código Tributário Nacional (CTN),

a) quando a autoridade administrativa arbitra valor ou preço de bens, direitos, serviços ou atos jurídicos para o cálculo do tributo que tenha por base, ou tome em consideração, estes valores, sem a necessidade de processos regulares ou complexos, em tributos de baixo valor, tal procedimento se classifica como "lançamento simplificado".

b) o lançamento efetuado com base na declaração do sujeito passivo ou de terceiro, quando um ou outro, na forma da legislação tributária, presta à autoridade administrativa informações sobre matéria de fato, indispensáveis à sua efetivação, pode ser classificado como "lançamento por declaração".

c) o lançamento pode ser realizado pelo sujeito passivo, quando a legislação estabelece que ele deva elaborar sua escrituração fiscal, mediante procedimento regulado e regular, calcular o valor devido, apresentar os cálculos a autoridade administrativa, obter a guia de recolhimento com o visto autorizativo e recolher o valor devido, hipótese em que se configura o "lançamento passivo".

d) as leis tributárias da União, Estados, Distrito Federal e Municípios podem estabelecer outras modalidades de lançamento e de modificação do lançamento realizado, não previstas no Código, conhecidas por "lançamento especial".

e) o lançamento é realizado de ofício pela autoridade administrativa apenas na hipótese de indício ou suspeita de falsidade, erro ou omissão quanto a qualquer elemento definido na legislação tributária como sendo de declaração obrigatória, ou de não localização do sujeito passivo.

▷ ***Anotações/Comentários***

Nota dos autores: o crédito tributário é constituído pelo lançamento e decorre da obrigação principal. Logo, crédito tributário não é sinônimo de obrigação tributária. Aliás, segundo o artigo 140 do CTN, "as circunstâncias que modificam o crédito tributário, sua extensão ou seus efeitos, ou as garantias ou os privilégios a ele atribuídos, ou que excluem sua exigibilidade não afetam a obrigação tributária que lhe deu origem".

a) o "lançamento simplificado" ou "lançamento por arbitramento" não são modalidades de lançamento tributário. O arbitramento, na verdade, é um instrumento relativo ao cálculo do montante do tributo devido. O arbitramento da base de cálculo para o lançamento tributário está lastreado no artigo 148 do CTN, que dispõe que "quando o cálculo do tributo tenha por base, ou tome em consideração, o valor ou o preço de bens, direitos, serviços ou atos jurídicos, a autoridade lançadora, mediante processo regular, arbitrará aquele valor ou preço, sempre que sejam omissos ou não mereçam fé as declarações ou os esclarecimentos prestados, ou os documentos expedidos pelo sujeito passivo ou pelo terceiro legalmente obrigado, ressalvada, em caso de contestação, avaliação contraditória, administrativa ou judicial".

b) ocorrerá um "lançamento por declaração" (também chamado de misto) quando a lei determinar que o sujeito passivo preste informações sobre o fato gerador, mediante uma declaração que servirá de base para a autoridade tributária constituir o crédito tributário, notificando o sujeito passivo para o recolhimento do tributo (CTN, arts. 147 e 148).

c) não há uma modalidade de lançamento chamada de "lançamento passivo". O texto dessa alternativa está condizente com a definição do "lançamento por homologação" previsto no artigo 150 do CTN.

d) na disciplina das modalidades de lançamento tributário prevista entre os artigos 147 a 150 do CTN, não há previsão expressa no sentido de se admitir uma outra modalidade de lançamento ("lançamento especial") à cargo dos entes federativos.

e) o artigo 149 do CTN elenca mais hipóteses de cabimento do "lançamento de ofício", além das constantes no texto da alternativa.

86. (FCC – Técnico Judiciário – Área Judiciária – TRF 4/2019) O crédito tributário tem características distintas do crédito civil e, conforme o Código Tributário Nacional (CTN),

a) compete privativamente à autoridade administrativa constituir o crédito tributário pelo lançamento, assim entendido o procedimento administrativo tendente a verificar a ocorrência do fato gerador da obrigação correspondente, determinar a matéria tributável, calcular o montante do tributo devido, identificar o sujeito passivo e, sendo o caso, propor a aplicação da penalidade cabível.

b) compete ao contribuinte, responsável ou coobrigado pelo valor devido, constituir o crédito tributário pelo pagamento do imposto devido, após o prévio exame da autoridade administrativa, no chamado alto lançamento, na hipótese de tributo relativo a operações no mercado financeiro, grandes heranças ou grandes fortunas, por exemplo.

c) será suspensa a exigibilidade do crédito tributário na hipótese de moratória, depósito do montante parcial ou integral, ou de reclamações nos órgãos de defesa da cidadania e igualdade.

d) o crédito tributário será extinto apenas pelo pagamento, parcelamento, decisão judicial ou morte do devedor.

e) existindo simultaneamente dois ou mais débitos vencidos, do mesmo sujeito passivo, para com o mesmo ou diferentes credores, relativos ao mesmo ou a diferentes tributos, a autoridade administrativa que receber o pagamento determinará a respectiva imputação, obedecidas as seguintes regras: primeiro os créditos da União, e depois os dos estados e municípios, em conjunto e proporcionalmente.

▷ ***Anotações/Comentários***

Nota dos autores: no Direito Tributário, as obrigações tributárias principais e acessórias são independentes entre si, na medida em que não se aplica a máxima jurídica muito difundida no Direito Civil, segundo a qual "o acessório segue a sorte do principal" (teoria da gravitação jurídica). Por exemplo, mesmo que um contribuinte possa se valer de uma exoneração tributária nas vendas de suas mercadorias (isenção, imunidade, não incidência, entre outras hipóteses), sem que haja ICMS a recolher (obrigação principal), ainda assim remanescem obrigações acessórias a adimplir, tais como emitir documentos fiscais aos seus clientes e escriturar seus livros fiscais e contábeis.

a) o texto da alternativa reproduz o teor do artigo 142 do CTN, que se refere ao delineamento normativo do lançamento tributário.

b) essa alternativa distorceu o conceito de lançamento por homologação (também chamado de "autolançamento"), que ocorre quanto aos tributos cuja legislação atribua ao sujeito passivo o dever de antecipar o pagamento sem prévio exame da autoridade administrativa. Tal modalidade de lançamento opera-se pelo ato em que a referida autoridade, tomando conhecimento da atividade assim exercida pelo obrigado, expressamente a homologa (CTN, art. 150). Se a lei não fixar prazo a homologação, será ele de cinco anos, a contar da ocorrência do fato gerador; expirado esse prazo sem que a Fazenda Pública se tenha pronunciado, considera-se homologado o lançamento e definitivamente extinto o crédito, salvo se comprovada a ocorrência de dolo, fraude ou simulação (CTN, art. 150, § 4°). Ainda, é oportuno asseverar que o imposto sobre grandes fortunas não está instituído no Brasil.

c) as hipóteses de suspensão da exigibilidade do crédito tributário estão taxativamente elencadas no artigo 151 do CTN e, dentre elas, não se encontra o depósito de montante parcial, tampouco as reclamações nos órgãos de defesa da cidadania e igualdade.

d) o artigo 156 do CTN elenca, em onze incisos, doze modalidades de extinção do crédito tributário e, dentre elas, não se encontra o parcelamento (que é causa de suspensão da exigibilidade do crédito tributário prevista no artigo 151, inciso VI do CTN), tampouco a morte do devedor.

e) diferente do que constou, são quatro as regras para a imputação em pagamento previstas no artigo 163 do CTN (I - em primeiro lugar, aos débitos por obrigação própria, e em segundo lugar aos decorrentes de responsabilidade tributária; II - primeiramente, às contribuições de melhoria, depois às taxas e por fim aos impostos; III - na ordem crescente dos prazos de prescrição; IV - na ordem decrescente dos montantes).

87. (FGV – Analista Administrativo – TJ – SC/2018) No início do segundo semestre de um dado exercício, em decorrência da queda na arrecadação tributária e após levantamento dos montantes de tributos vencidos, o gestor de um ente público propôs o perdão das multas e juros de mora em função do atraso no pagamento. O objetivo era incentivar a arrecadação ao menos do valor principal dos tributos para melhorar a situação financeira do ente. Esse tipo de renúncia de receita é denominado:

a) anistia;

b) incentivo;

c) isenção;

d) remissão;

e) subvenção.

▷ ***Anotações/Comentários***

Nota dos autores: a isenção e a anistia excluem o crédito tributário (CTN, art. 175). A exclusão do crédito tributário não dispensa o cumprimento das obrigações acessórias dependentes da obrigação principal cujo crédito seja excluído, ou dela consequente (CTN, art. 175, parágrafo único).

a) a anistia possui natureza jurídica de exclusão do crédito tributário (CTN, arts. 180 a 182), tratando-se de uma exoneração tributária relativa a penalidades pecuniárias e contempla apenas situações pretéritas.

b) o termo "incentivo" não se encontra relacionado no artigo 14 da Lei de Responsabilidade Fiscal que delimita o que sejam renúncias de receitas.

c) a isenção possui natureza jurídica de exclusão do crédito tributário (CTN, arts. 176 a 179) e representa a dispensa legal do tributo devido (e não só dos juros e multa como previsto no enunciado), que obstacularíza a constituição do crédito tributário pelo lançamento, mesmo tendo ocorrido o fato gerador e nascido o vínculo obrigacional.

d) a remissão, que significa perdão do crédito tributário (não só dos juros e multa como previsto no enunciado, mas abarcando também o principal), que pode ser autorizada por lei, de forma total ou parcial, buscando atender a alguns critérios, dentre eles, a situação econômica do sujeito passivo ou o diminuto valor do crédito perdoado, é causa de extinção do crédito tributário prevista no inciso IV do artigo 156 do CTN.

e) a subvenção pode ser compreendida como um auxílio pecuniário governamental, o que não se coaduna com a hipótese do enunciado.

88. (Cespe – Analista Judiciário – Área Judiciária – STJ/2018) Julgue os itens que se seguem, a respeito das disposições do Código Tributário Nacional (CTN).

As garantias do crédito tributário estão taxativamente previstas no CTN.

- CERTO
- ERRADO

▷ ***Anotações/Comentários***

Nota dos autores: dispõe o artigo 183 do CTN que: "A enumeração das garantias atribuídas neste Capítulo ao crédito tributário **não exclui**

TRIBUTÁRIO

outras que sejam expressamente previstas em lei, em função da natureza ou das características do tributo a que se refiram".

Conforme se depreende do texto do artigo 183, o CTN enumera garantias ao crédito tributário de maneira exemplificativa (e não taxativa), ou seja, não exclui outras que sejam **expressamente** previstas em lei. Portanto, equivoca-se o examinador quando afirma que as garantias estariam taxativamente previstas.

---

89. (Cespe – Analista Judiciário – Área Judiciária – STJ/2018) Julgue os itens que se seguem, a respeito das disposições do Código Tributário Nacional (CTN).

A decadência é uma hipótese de extinção do crédito tributário que decorre do transcurso do tempo máximo previsto para a constituição desse crédito.

- CERTO
- ERRADO

▷ ***Anotações/Comentários***

Nota dos autores: o crédito tributário também se extingue pela decadência (CTN, art. 156, V). O **artigo 173 do CTN** dispõe sobre a **decadência** do direito do fisco constituir o crédito tributário pelo **lançamento de ofício**. Assim, embora a decadência esteja no rol das hipóteses de extinção do crédito tributário, fato é que, vindo a ocorrer, a Fazenda fica mesmo é legalmente impedida de constitui-lo.

Conforme a nota dos autores, nos termos do artigo 156, V, a decadência figura entre causas de extinção do crédito tributário. O prazo de decadência aplicável ao lançamento de ofício, fixado pelo artigo 173 do CTN, é de **5 (cinco) anos contados**: **I** – do **primeiro dia do exercício seguinte** àquele em que o lançamento poderia ter sido efetuado; **II** – da data em que se tornar definitiva a decisão que houver anulado, por **vício formal**, o lançamento anteriormente efetuado. Nos tributos sujeitos ao **lançamento por homologação**, o prazo de decadência também é de **5 (cinco) anos**, **contados** da ocorrência **do fato gerador** (CTN, art. 150, § 4º). Depois desses prazos, o lançamento não pode ser mais efetuado, porque ocorreu a extinção do crédito tributário, razão pela qual andou bem o examinador em afirmar que é uma hipótese de extinção do crédito tributário que decorre do transcurso do tempo máximo previsto para a constituição desse crédito.

---

90. (FGV – Técnico Tributário – SEFIN – RO/2018) Com relação ao lançamento tributário, assinale (V) para a afirmativa verdadeira e (F) para a falsa.

( ) Compete, privativamente, à autoridade administrativa constituir, pelo lançamento, a obrigação tributária, verificando a ocorrência do fato gerador.

( ) Uma nova lei, que tenha estabelecido novos procedimentos fiscalizatórios para a apuração do tributo, é plenamente aplicável ao fato gerador já ocorrido, porém com crédito ainda não lançado.

( ) Quando o valor tributário estiver expresso em moeda estrangeira, salvo disposição legal distinta, no lançamento será feita a conversão para moeda nacional, ao câmbio do dia da ocorrência do fato gerador do tributo.

Na sequência em que aparecem, as afirmativas são, respectivamente,

a) V – F – V.

b) F – V – V.

c) F – F – V.

d) F – V – F.

e) V – V – F.

▷ ***Anotações/Comentários***

Nota dos autores: o crédito tributário é constituído pelo lançamento, como bem apregoa o artigo 142 do CTN. De acordo com a leitura do citado artigo, o lançamento tem o condão de constituir o crédito tributário. Para tal, é entendido como um procedimento administrativo que (i) verifica a ocorrência do fato gerador da obrigação tributária correspondente; (ii) determina a matéria tributável; (iii) calcula o montante do tributo devido; (iv) identifica o sujeito passivo e (vi) comina a penalidade cabível. Embora de cunho constitutivo (do crédito tributário), o lançamento possui um viés declaratório da obrigação tributária (que nasce com a ocorrência do fato gerador).

I) falso, pois como visto na nota dos autores, segundo o artigo 142 do CTN o lançamento tem o condão de constituir o crédito tributário (e não a obrigação tributária, como erroneamente constou, pois esta nasce com a ocorrência do fato jurídico-tributário, também chamado de fato gerador concreto).

II) verdadeiro, com amparo no artigo 144, §1º do CTN ("o lançamento reporta-se à data da ocorrência do fato gerador da obrigação e rege-se pela lei então vigente, ainda que posteriormente modificada ou revogada" e "aplica-se ao lançamento a legislação que, posteriormente à ocorrência do fato gerador da obrigação, tenha instituído novos critérios de apuração ou processos de fiscalização, ampliado os poderes de investigação das autoridades administrativas, ou outorgado ao crédito maiores garantias ou privilégios, exceto, neste último caso, para o efeito de atribuir responsabilidade tributária a terceiros").

III) verdadeiro, nos termos do artigo 143 do CTN ("salvo disposição de lei em contrário, quando o valor tributário esteja expresso em moeda estrangeira, no lançamento far-se-á sua conversão em moeda nacional ao câmbio do dia da ocorrência do fato gerador da obrigação").

---

91. (FGV – Técnico Tributário – SEFIN - RO/2018) A sociedade empresária Zeta, contribuinte do tributo Y, pretende realizar compensação tributária, havendo débitos e créditos recíprocos entre a sociedade empresária e a Fazenda. Entretanto, ela tem dúvida sobre qual lei deve ser aplicada para regular a compensação.

Para esse caso, deve ser utilizada a lei vigente

a) na data do encontro de contas.

b) no momento da apuração do crédito.

c) no encerramento do exercício fiscal.

d) na propositura da demanda com este fim.

e) na data do pedido administrativo.

▷ ***Anotações/Comentários***

Nota dos autores: é cediço que a compensação é hipótese de extinção do crédito tributário (CTN, art. 156, II) e depende de lei autorizativa nos termos do artigo 170 do CTN ("a lei pode, nas condições e sob as garantias que estipular, ou cuja estipulação em cada caso atribuir à autoridade administrativa, autorizar a compensação de créditos tributários com créditos líquidos e certos, vencidos ou vincendos, do sujeito passivo contra a Fazenda pública".

a) correta. De acordo com a jurisprudência do STJ, "a lei que regula a compensação tributária é a vigente à data do encontro de contas entre os recíprocos débito e crédito da Fazenda e do contribuinte" (REsp 1164452).

Demais alternativas) incorretas, por preverem momentos diversos da vigência da lei em relação ao pacificado pelo STJ e exposto nos comentários à alternativa "a".

---

92. (FCC – Analista Judiciário – Área Judiciária – TRF 5/2017) Em fevereiro do corrente ano, 2017, um Município nordestino efetuou o lançamento de ofício do IPTU, cujo fato gerador ocorreu no dia 1º de janeiro do mesmo exercício. O referido lançamento foi feito em nome do Sr. Aníbal de Oliveira, que, segundo informações constantes do cadastro municipal, seria o proprietário do referido imóvel, na data da ocorrência do fato gerador.

Em março de 2017, depois de devidamente notificado do lançamento realizado, o Sr. Aníbal de Oliveira apresentou, tempestivamente, no órgão municipal competente, impugnação contra o lançamento efetuado, alegando que, em 15 de dezembro de 2016, havia formalizado a doação do referido imóvel a seu filho, Sérgio de Oliveira, e que, em razão disso, não seria devedor do crédito tributário referente ao IPTU 2017. A impugnação estava instruída com cópia da escritura de doação e de seu respectivo registro, ainda em 2016, no Cartório de Registro de Imóveis competente. O doador esclareceu, ainda, na referida impugnação, que o órgão municipal competente não foi comunicado, nem por ele, nem pelo donatário, da transmissão da propriedade do referido imóvel, pois a legislação local não os obrigava a prestar tal informação.

Sérgio de Oliveira, a seu turno, foi corretamente identificado como contribuinte do ITCMD devido em razão da doação por ele recebida, e pagou crédito tributário devido.

Considerando os dados acima, bem como as regras do Código Tributário Nacional e da Constituição Federal acerca do lançamento tributário, constata-se que

a) não poderá ser feito lançamento de IPTU contra Sérgio de Oliveira, em 2017, por ele já ter sido identificado, no ano anterior, como contribuinte do ITCMD incidente sobre a doação recebida.

b) o princípio constitucional da anterioridade nonagesimal (noventena) impede o lançamento e a cobrança do IPTU antes de transcorridos 90 (noventa) da ocorrência de fato gerador do ITBI ou do ITCMD.

c) o lançamento do IPTU, antes de decorrido um ano do lançamento do ITCMD, constitui bitributação, bem como violação do princípio do não confisco e da anterioridade nonagesimal (noventena).

d) o lançamento de ofício do IPTU poderá ser revisto pelo Município, ainda em 2017, pois, embora a doação tenha ocorrido antes de 1° de janeiro de 2017, a Fazenda Pública não teve conhecimento de tal fato antes de o contribuinte apresentar sua impugnação.

e) o lançamento de ofício do IPTU poderá ser revisto, mas por órgão competente do Estado em que se localiza o referido Município, em obediência ao princípio constitucional da duplicidade instâncias de lançamento, e desde que obedecido o prazo prescricional.

▷ ***Anotações/Comentários***

Nota dos autores: "a bitributação significa a possibilidade de um mesmo fato jurídico ser tributado por mais de uma pessoa. Diante de nosso sistema tributário, tal prática é vedada, pois cada situação fática somente pode ser tributada por uma única pessoa política, aquela apontada constitucionalmente, pois, como visto, a competência tributária é exclusiva ou privativa. Inviável, portanto, que haja mais de uma pessoa política autorizada a exigir tributo sobre o mesmo fato jurídico. Já o *bis in idem* é ideia distinta, traduzida na situação de o mesmo fato jurídico ser tributado mais de uma vez pela mesma pessoa política, sendo permitido pelo sistema pátrio desde que expressamente autorizado pela Constituição. Por exemplo, o fato de uma empresa auferir lucro dá margem à exigência de Imposto sobre a Renda, como também da contribuição social sobre o lucro - CSSL, ambos tributos de competência da União. Pois bem. A competência tributária, assim compreendida, há de ser exercida segundo parâmetros constitucionalmente estabelecidos, dentre os quais se destacam os princípios e as imunidades" (COSTA, Regina Helena. Curso de Direito Tributário - Constituição e Código Tributário Nacional. 2ª ed. São Paulo: Saraiva, 2012, pág. 67).

a) o IPTU é um imposto de competência municipal (CF, art. 156, I) e o ITCMD é um imposto de competência estadual (CF, art. 155, I), cada qual com bases de incidência próprias e distintas entre si, pois enquanto o IPTU incide anualmente sobre a propriedade predial e territorial urbana, o ITCMD incide sobre a transmissão *causa mortis* e doação, de quaisquer bens ou direitos. Assim, inexiste qualquer dispositivo normativo que estabeleça uma correlação entre ambos a ponto de inviabilizar uma cobrança diante do pagamento de outra.

b) o texto da alternativa distorceu o conteúdo do princípio constitucional da anterioridade na sua vertente nonagesimal, segundo o qual é vedado aos entes federativos cobrar tributos antes de decorridos noventa dias da data em que haja sido publicada a lei que os instituiu ou aumentou, observada a anterioridade anual (CF, art. 150, III, "c").

c) a bitributação ocorre quando entes distintos cobram tributos distintos ou até iguais pelo mesmo fato gerador, o que não aconteceu na hipótese do enunciado, já que o ITCMD é devido ao Estado (por conta da doação recebida) e o IPTU é devido ao Município (por conta da propriedade de imóvel urbano).

d) o artigo 149, inciso VIII, do CTN, prevê que o lançamento tributário pode ser revisto de ofício pela autoridade administrativa "quando deva ser apreciado fato não conhecido ou não provado por ocasião do lançamento anterior". Ainda, é importante destacar que, a revisão do lançamento tem que ser iniciada antes da ocorrência da decadência tributária, conforme previsto no parágrafo único citado artigo 149. Portanto, o IPTU 2017 pode ser revisto ainda em 2017.

e) o lançamento tributário do IPTU 2017 é de competência privativa da autoridade administrativa municipal (e não estadual), conforme previsto no artigo 142 do CTN. Além desse equívoco, o texto da alternativa apresenta outro, qual seja, o da necessidade de que seja obedecido ao prazo decadencial na revisão do lançamento (e não prazo prescricional, como indevidamente constou), nos termos do parágrafo único do artigo 149 do CTN.

8. ADMINISTRAÇÃO TRIBUTÁRIA: FISCALIZAÇÃO TRIBUTÁRIA, DÍVIDA ATIVA E CERTIDÕES

93. (VUNESP – Analista Judiciário – TRF 3ª Região/2023) Suponha que a legislação comercial estabeleça que são confidenciais, pertencendo exclusivamente à sociedade empresária, livros contábeis por ela escriturados. Neste cenário, assinale a alternativa correta, considerando um auditor fiscal, no curso de fiscalização tributária, solicitando cópia dos referidos livros contábeis, de modo a confrontar as informações neles contidas com as informações declaradas ao Fisco.

a) Tal solicitação deverá ser considerada ilegal, não devendo ser atendida de nenhum modo pela administração da empresa, sob pena de responder legalmente pelos prejuízos perante os sócios da sociedade.

b) Perderá imediatamente, para todos os efeitos, o caráter de sigilosa a informação contida na documentação contábil a ser apresentada, podendo ser utilizada livremente pelo auditor fiscal, inclusive em relação a fatos não relacionados à fiscalização.

c) Tal solicitação apenas poderá ser atendida se precedida de autorização judicial, a ser concedida após processo judicial de exibição de documentos, a ser manejado pela Fazenda Pública por intermédio da competente Procuradoria.

d) Deverá ser dada aplicação à legislação comercial, em detrimento da legislação tributária, posto que a atividade de lançamento tributário se apresenta como atividade plenamente vinculada, sujeitando-se à estrita legalidade.

e) A solicitação estará em conformidade com o Código Tributário Nacional, que determina que, para fins tributários, não têm aplicação quaisquer disposições legais excludentes do direito de examinar mercadorias, livros, arquivos, documentos, papéis e efeitos comerciais ou fiscais.

▷ ***Anotações/Comentários***

Nota dos autores: a resposta da presente questão pressupõe o conhecimento acerca da norma do artigo 195 do CTN: "Para os efeitos da legislação tributária, não têm aplicação quaisquer disposições legais excludentes ou limitativas do direito de examinar mercadorias, livros, arquivos, documentos, papéis e efeitos comerciais ou fiscais, dos comerciantes industriais ou produtores, ou da obrigação destes de exibi-los".

e) **Alternativa correta.** De fato, a solicitação estará em conformidade com o Código Tributário Nacional, no caso com o seu artigo 195, que determina que, para fins tributários, não têm aplicação quaisquer disposições legais excludentes do direito de examinar mercadorias, livros, arquivos, documentos, papéis e efeitos comerciais ou fiscais.

Demais alternativas: por não respeitarem a norma do artigo 195 do CTN, todas as demais alternativas estão erradas.

94. (FCC – Analista Judiciário – Área Judiciária – TRF 4/2019) No que se refere à Administração Tributária, o Código Tributário Nacional (CTN) prevê que:

a) a Fazenda Pública da União, dos Estados, do Distrito Federal e dos Municípios, na forma estabelecida em tratados, acordos ou convênios, poderá permutar informações com Estados estrangeiros, Organizações Internacionais e Agências de avaliação de risco, no

TRIBUTÁRIO

interesse da arrecadação, da fiscalização de tributos e da melhoria do ambiente econômico.

b) é vedada a divulgação, por parte dos servidores da Fazenda Pública, de informação obtida em razão do ofício sobre a situação econômica ou financeira do sujeito passivo ou de terceiros, exceto ao que se refere ao estado de seus negócios ou atividades, e as dívidas existentes perante a Fazenda Pública, escritas ou a inscrever na Dívida Pública.

c) mediante ordem judicial, emitida pelo Juiz de Vara Civil ou Criminal da respectiva comarca, os bancos e demais instituições financeiras, são obrigados a prestar todas as informações de que disponham com relação aos bens, negócios ou atividades de terceiros, sendo vedado prestar tais informações mediante solicitação ou intimação escrita da autoridade administrativa tributária.

d) os livros obrigatórios de escrituração comercial e fiscal e os comprovantes dos lançamentos neles efetuados serão conservados, pelo Estado, em arquivo público, até que ocorra a caducidade das informações, a suspensão da exigência ou a extinção dos créditos tributários decorrentes das operações a que se refiram.

e) para os efeitos da legislação tributária, não têm aplicação quaisquer disposições legais excludentes ou limitativas do direito de examinar mercadorias, livros, arquivos, documentos, papéis e efeitos comerciais ou fiscais, dos comerciantes industriais ou produtores, ou da obrigação destes de exibi-los.

▷ ***Anotações/Comentários***

Nota dos autores: o capítulo I do Título IV (Administração Tributária) do Livro II (Normas Gerais do Direito Tributário) do CTN refere-se à fiscalização de tributos (artigos 194 a 200). Essa questão aborda vários desses dispositivos normativos, motivo pelo qual é sugerida a leitura.

a) o artigo 199 do CTN estabelece que "a Fazenda Pública da União e as dos Estados, do Distrito Federal e dos Municípios prestar-se-ão mutuamente assistência para a fiscalização dos tributos respectivos e permuta de informações, na forma estabelecida, em caráter geral ou específico, por lei ou convênio". Vale ressaltar que somente a Fazenda Pública da União, na forma estabelecida em tratados, acordos ou convênios, poderá permutar informações com Estados estrangeiros no interesse da arrecadação e da fiscalização de tributos (CTN, art. 199, parágrafo único).

b) em regra, a Fazenda Pública e seus servidores estão proibidos de divulgar qualquer informação obtida no desenvolvimento dos trabalhos próprios da fiscalização tributária, que se refira aos sujeitos passivos (contribuintes e responsáveis) ou a terceiros que com estes se relacionam, seja em relação à situação econômica ou financeira, seja no tocante à natureza e ao estado de seus negócios ou atividades. Trata-se do chamado "sigilo fiscal" (CTN, art. 198, caput, do CTN). Entretanto, segundo o artigo 198, §3º, inciso II, "não é vedada a divulgação de informações relativas a inscrições na Dívida Ativa da Fazenda Pública".

c) segundo a legislação vigente, o exame pela fiscalização de tributos de informações bancárias prestadas pela instituição financeira não depende de prévia autorização judicial (CTN, art. 197, II e Lei Complementar nº 105/2001, art. 6º). A redação do referido artigo 6º prevê que "as autoridades e os agentes fiscais tributários da União, dos Estados, do Distrito Federal e dos Municípios somente poderão examinar documentos, livros e registros de instituições financeiras, inclusive os referentes a contas de depósitos e aplicações financeiras, quando houver processo administrativo instaurado ou procedimento fiscal em curso e tais exames sejam considerados indispensáveis pela autoridade administrativa competente". Recentemente, em uma decisão histórica e de extrema importância para o exercício do poder de fiscalização pelas administrações tributárias, no julgamento conjunto das ADIs 2.386, 2.397 e 2.859 e do Recurso Extraordinário 601.314, o STF decidiu ser constitucional a Lei complementar 105/2001, ficando consolidado o entendimento de que é permitido aos órgãos de administração tributária requisitar informações bancárias de contribuintes sem autorização judicial.

d) o parágrafo único do artigo 195 prevê que "os livros obrigatórios de escrituração comercial e fiscal e os comprovantes dos lançamentos neles efetuados serão conservados até que ocorra a prescrição dos créditos tributários decorrentes das operações a que se refiram".

e) a autoexecutoriedade é uma prerrogativa da Fazenda Pública (Fiscalização de Tributos) que encontra fundamento no artigo 195 do CTN, segundo o qual "para os efeitos da legislação tributária, não têm aplicação quaisquer disposições legais excludentes ou limitativas do direito de examinar mercadorias, livros, arquivos, documentos, papéis e efeitos comerciais ou fiscais, dos comerciantes industriais ou produtores, ou da obrigação destes de exibi-los". Em outras palavras, segundo a autoexecutoriedade fiscal, o contribuinte (e demais fiscalizados) tem o dever de exibir ao Fisco suas mercadorias, livros, arquivos, documentos, papéis de trabalho e, por sua vez, o Fisco tem o direito de examiná-los.

---

95. (FGV – Técnico Tributário – SEFIN - RO/2018) Analise as hipóteses a seguir, e assinale (V) para a verdadeira e (F) para a falsa.

( ) Constitui dívida ativa tributária todo crédito da Fazenda Pública que tiver sido inscrito em repartição administrativa competente, esgotado o prazo em lei para pagamento.

( ) Certidão da Dívida Ativa é o título que habilita o Fisco a ingressar com a execução fiscal, contemplando valor líquido e certo, incabível sua alteração após iniciado o processo executivo.

( ) A Fazenda Pública pode substituir a certidão de dívida ativa até a decisão de 1ª instância, quando se tratar de correção de erro material ou formal, vedada a modificação do sujeito passivo da execução.

Na sequência em que aparecem, as afirmativas são, respectivamente,

a) F – F – V.

b) V – V – F.

c) F – V – F.

d) V – F – V.

e) V – F – F.

▷ ***Anotações/Comentários***

Nota dos autores: a inscrição de um débito fiscal na dívida ativa é um ato administrativo de cadastro próprio da Fazenda Pública (que se constitui no ato de controle administrativo da legalidade). Dele se extrai uma certidão, com os mesmos termos, denominada de CDA – Certidão de Dívida Ativa (CPC, art. 784, IX), que tem natureza de título executivo extrajudicial, ou seja, é imprescindível para a cobrança judicial do crédito pela referida Fazenda Pública, através da Execução Fiscal, disciplinada pela Lei 6.830/80 (LEF – Lei de Execuções Fiscais). Aliás, a petição inicial da execução fiscal e a Certidão de Dívida Ativa poderão constituir um único documento, preparado, inclusive, por processo eletrônico.

I) incorreto, pois nos termos do artigo 201 do CTN a dívida ativa tributária é aquela proveniente somente de crédito tributário (portanto, não é decorrente de todo crédito da Fazenda Pública, como erroneamente constou, pois a Fazenda Pública pode deter também créditos não tributários).

II) incorreto, pois nos termos do artigo 203 do CTN a alteração da CDA é permitida até a decisão de primeira instância (e não até o início da execução fiscal, como erroneamente constou).

III) correto, nos termos do artigo 203 do CTN ("a omissão de quaisquer dos requisitos previstos no artigo anterior, ou o erro a eles relativo, são causas de nulidade da inscrição e do processo de cobrança dela decorrente, mas a nulidade poderá ser sanada até a decisão de primeira instância, mediante substituição da certidão nula, devolvido ao sujeito passivo, acusado ou interessado o prazo para defesa, que somente poderá versar sobre a parte modificada").

---

96. (FGV – Técnico Tributário – SEFIN - RO/2018) A empresa Delta possuía um débito tributário junto ao Estado Beta relativo à determinada exação lançada por homologação. Ocorre que o Supremo Tribunal Federal declarou inconstitucional o tributo que é objeto da dívida de Delta. Esta precisa obter uma certidão negativa, para poder concorrer a um procedimento licitatório.

Nessas circunstâncias,

a) a empresa não tem direito à certidão negativa, visto que a decisão do STF não retroage, e a dívida é anterior à declaração da inconstitucionalidade.

b) tendo havido regular apuração do crédito fazendário, prevalece a presunção de liquidez e certeza em favor do Fisco.

c) a empresa tem direito apenas à certidão positiva com efeito de negativa, havendo a suspensão da exigibilidade do tributo.

d) a empresa tem direito à certidão negativa, porém deve fazer o depósito cautelar do tributo que foi lançado por homologação, até que a Fazenda interessada se manifeste.

e) a empresa tem direito à certidão negativa até a fiscalização da regularidade do procedimento de lançamento pelo Fisco, apurando-se eventual débito tributário ainda remanescente.

▷ ***Anotações/Comentários***

Nota dos autores: as certidões enquanto documentos emitidos pela Fazenda Pública para comprovar a situação de (in)adimplência do contribuinte são de três espécies: (i) Certidão Negativa de Débitos Fiscais – CND, que comprova a inexistência de débitos fiscais; (ii) Certidão Positiva de Débitos Fiscais, que, ao contrário, comprova a existência de débitos fiscais e (iii) Certidão Positiva de Débitos Fiscais, com Efeitos de Negativa – CPD-EN, segundo a qual o contribuinte possui débitos fiscais, porém servirá para os mesmos fins típicos da certidão negativa (como o próprio nome diz, tem os "mesmos efeitos" da negativa). Noutro giro, salvo quando expressamente autorizado por lei, "nenhum departamento da administração pública da União, dos Estados, do Distrito Federal, ou dos Municípios, ou sua autarquia, celebrará contrato ou aceitará proposta em concorrência pública sem que o contratante ou proponente faça prova da quitação de todos os tributos devidos à Fazenda Pública interessada, relativos à atividade em cujo exercício contrata ou concorre" (CTN, art. 193).

a) incorreta. O STJ já se posicionou no sentido de que há "a obrigação do fornecimento da certidão negativa de débito pela agravante, pois, nos casos de tributos sujeitos a lançamento por homologação, a exemplo da contribuição ora em apreço, até a fiscalização da regularidade do procedimento pelo Fisco, com a apuração de eventual débito tributário ainda remanescente, não há débito constituído a empecer a expedição da CND" (AgRg no REsp 556452). Vale ressaltar que nesse caso citado a exação foi tida como inconstitucional. Portanto, ao contrário do que constou, a empresa tem direito à CND até a fiscalização da regularidade do procedimento pelo Fisco, com a apuração de eventual débito tributário ainda remanescente.

b) incorreta, já que é de rigor a obtenção da CND até a fiscalização da regularidade do procedimento pelo Fisco, com a apuração de eventual débito tributário ainda remanescente.

c) incorreta, pois a princípio a empresa faz jus à CND (e não à CPD-EN), nos termos detalhados nos comentários à alternativa "a".

d) incorreta, no ponto que condiciona a obtenção da CND à realização do depósito cautelar de um tributo inconstitucional.

e) correta, nos exatos termos da jurisprudência do STJ reproduzida nos comentários à alternativa "a".

97. (Cespe – Analista de Controle Externo – Direito – TCE – MG/2018) O estado de Minas Gerais poderá expedir certidão positiva de débito com efeitos de negativa no caso de

a) haver anistia e isenção.

b) haver créditos não vencidos e parcelamento.

c) haver créditos vencidos e estar em curso execução fiscal em que tenha sido efetivada a penhora.

d) haver moratória revogada e créditos não vencidos.

e) estar em curso execução fiscal em que tenha sido efetivada a penhora e haver remissão.

▷ ***Anotações/Comentários***

Nota dos autores: as certidões enquanto documentos emitidos pela Fazenda Pública para comprovar a situação de (in)adimplência do contribuinte são de três espécies: (i) Certidão Negativa de Débitos Fiscais – CND, que comprova a inexistência de débitos fiscais; (ii) Certidão Positiva de Débitos Fiscais, que, ao contrário, comprova a existência de débitos fiscais e (iii) Certidão Positiva de Débitos Fiscais, com Efeitos de Negativa – CPD-EN, segundo a qual o contribuinte possui débitos fiscais, porém servirá para os mesmos fins típicos da certidão negativa (como o próprio nome diz, tem os "mesmos efeitos" da negativa). A certidão positiva com efeitos de negativa – CPD-EN deve ser emitida diante das hipóteses ensejadoras de sua emissão previstas no artigo 206 do CTN, a saber: (i) a existência de débitos fiscais ainda não vencidos (ainda no prazo para pagamento); (ii) a existência de débitos fiscais em curso de cobrança executiva em que tenha sido efetivada a penhora; e (iii) a existência de débitos fiscais cuja exigibilidade esteja suspensa, nos termos do artigo 151 do CTN, a saber: (a) moratória; (b) depósito do montante integral; (c) defesas e recursos no âmbito do processo administrativo fiscal; (d) liminar em mandado de segurança; (e) liminar ou tutela antecipada em outras espécies de ações judiciais; e (f) parcelamento.

a) incorreta, pois as hipóteses de exclusão de crédito tributário (anistia e isenção) não estão entre as ensejadoras de emissão da CPD-EN nos termos do artigo 206 do CTN, mencionado na nota dos autores.

b) correta, uma vez que o crédito tributário vincendo e o que está com a exigibilidade suspensa em virtude de parcelamento ensejam a emissão de CPD-EN, nos termos do artigo 206 do CTN, mencionado na nota dos autores.

c) incorreta, pois embora os créditos tributários em curso de cobrança executiva em que tenha sido efetivada a penhora ensejem a emissão de CPD-EN, os créditos tributários vencidos, por sua vez, implicam na emissão de Certidão Positiva de Débitos Fiscais.

d) incorreta, pois embora os créditos tributários não vencidos (ou vincendos) ensejem a emissão de CPD-EN, a moratória revogada não tem o condão de suspender a exigibilidade do crédito tributário, de maneira que nesta hipótese é de rigor a emissão de Certidão Positiva de Débitos Fiscais.

e) incorreta, pois embora os créditos tributários em curso de cobrança executiva em que tenha sido efetivada a penhora ensejem a emissão de CPD-EN, os débitos fiscais remitidos estão extintos, ensejando a emissão de CND.

98. (Consulplan – Técnico Judiciário – Área Administrativa – TRF 2/2017) Em determinada ação de anulação de débito fiscal é apresentada carta de fiança bancária para suspender a exigibilidade do crédito tributário, que a Fazenda está cobrando e, ao mesmo tempo, obter certidão fiscal positiva com efeitos de negativa. Neste caso, a fiança bancária é:

a) Obstáculo para que a Fazenda proponha a execução fiscal, permitindo, ainda, a obtenção da certidão negativa.

b) Autorizadora da suspensão da exigibilidade do crédito tributário desde que abranja todo o valor envolvido na execução fiscal.

c) Insuficiente para a obtenção da suspensão da exigibilidade do crédito tributário, porém hábil à obtenção da certidão positiva com efeitos de negativa.

d) Necessária para a suspensão da exigibilidade do crédito tributário, mas não permite a obtenção de outra certidão que não a positiva.

▷ ***Anotações/Comentários***

Nota dos autores: as hipóteses de suspensão da exigibilidade do crédito fiscal estão taxativamente expressas no artigo 151 do CTN, num rol exaustivo (moratória; depósito do montante integral; as defesas e recursos administrativos; concessão de medida liminar em mandado de segurança; concessão de medida liminar ou tutela antecipada em outras ações judiciais e parcelamento).

a) pelo fato de a fiança bancária não constar no rol taxativo das causas de suspensão de exigibilidade do crédito tributário, não é um obstáculo à propositura da execução fiscal pela Fazenda Pública. Ainda, como a Lei de Execuções Fiscais – LEF (Lei 6.830/80) expressamente destaca a fiança bancária como uma modalidade de garantia da execução, a certidão que ela enseja é a CPD-EN (Certidão Positiva de Débitos com Efeitos de Negativa), nos termos do artigo 206 do CTN.

b) a fiança bancária não consta no rol taxativo das causas de suspensão de exigibilidade do crédito tributário (CTN, art. 151).

c) como a fiança bancária não consta no rol taxativo das causas de suspensão de exigibilidade do crédito tributário (CTN, art. 151), de fato ela não tem esse condão. Por outro lado, a fiança bancária é modalidade hábil para garantir a execução fiscal (LEF, art. 9º, II) e, assim, possibilita a emissão de CPD-EN (Certidão Positiva de Débitos com Efeitos de Negativa), nos termos do artigo 206 do CTN.

d) a fiança bancária não consta no rol taxativo das causas de suspensão de exigibilidade do crédito tributário (CTN, art. 151). Por sua vez, enseja a expedição de CPD-EN, nos termos dos artigos 9º, inciso II, da LEF e 206 do CTN.

9. PROCESSO TRIBUTÁRIO (ADMINISTRATIVO E JUDICIAL)

99. (FGV – Analista Judiciário – TRF 1ª Região/2024) Henrique foi citado em execução fiscal movida pela Procuradoria Geral da Fazenda Nacional, referente a débitos de Imposto de Renda, Contribuição Social sobre o Lucro Líquido e Contribuição Previdenciária, da ordem de R$ 4.000.000,00. Tais débitos não teriam sido recolhidos por Henrique, na qualidade de sócio-administrador da Plásticos Bonitos S/A, aos cofres públicos federais. No prazo legal, Henrique ofertou embargos à execução fiscal, pugnando pela dispensa de garantia do juízo para fins de sua admissibilidade, por não possuir recursos financeiros para tanto, ante o elevado valor do débito.

Em tal caso, levando em conta as disposições da Lei de Execução Fiscal (Lei nº 6.830/1980) e a jurisprudência do Superior Tribunal de Justiça, é correto afirmar que:

a) o pedido deverá ser indeferido, pois a oferta de garantia é requisito específico de admissibilidade dos embargos à execução fiscal, que não poderá ser dispensado;

b) o pedido poderá ser deferido pelo juízo, conforme admitido pelo Superior Tribunal de Justiça, desde que Henrique demonstre também ser beneficiário da gratuidade de justiça;

c) o juiz poderá deferir o pedido, diante do alto valor da dívida exequenda, comprovada a impossibilidade econômica de oferta de garantia por Henrique;

d) o pedido não será conhecido, pois a exigência de garantia do juízo somente se aplica para fins de concessão de efeito suspensivo aos embargos, os quais poderão ser ofertados independentemente de garantia;

e) o juiz poderá deferir o pedido exclusivamente para que Henrique possa garantir o juízo por meio de fiança bancária ou seguro garantia.

▷ ***Anotações/Comentários***

Nota dos autores: de acordo com jurisprudência veiculada no Informativo nº 650 do STJ, "deve ser afastada a exigência da garantia do juízo para a oposição de embargos à execução fiscal, caso comprovado inequivocadamente que o devedor não possui patrimônio para garantia do crédito exequendo" (STJ. 1ª Turma. REsp 1487772/SE, Rel. Min. Gurgel de Faria, julgado em 28/05/2019).

a) Está errada, na medida em que o enunciado da questão estabelece que deverá ser levada em conta a jurisprudência do STJ, segundo a qual há sim a possibilidade de a garantia ser dispensada.

b) Está errada, porque a demonstração ser beneficiário da gratuidade de justiça não autoriza da dispensa de embargos à execução.

c) **Alternativa correta.** Exatamente como afirmado e à luz da jurisprudência do STJ destacada no Informativo 650, o juiz poderá deferir o pedido, diante do alto valor da dívida exequenda, comprovada a impossibilidade econômica de oferta de garantia por Henrique.

d) Está errada, porque a oferta de embargos depende sim da oferta de garantia.

e) Errada, porque não há previsão legal, nem precedente jurisprudencial do STJ no sentido de que o juiz poderia deferir o pedido exclusivamente para que o executado possa garantir o juízo por fiança bancária ou seguro garantia.

100. (AOCP – Analista Judiciário – Área Judiciária – TRF 2/2024) Sobre a prescrição intercorrente no âmbito da execução fiscal, assinale a alternativa correta de acordo com a jurisprudência do Superior Tribunal de Justiça (STJ).

a) A manifestação nos autos da execução fiscal, visando à penhora de ativos financeiros ou outros bens, é suficiente para interrupção do curso da prescrição intercorrente.

b) A ausência de intimação da Fazenda Pública, quanto ao despacho que determina a suspenção da execução fiscal, gera a presunção de prejuízo, podendo ser alegada a qualquer momento nos autos.

c) A efetiva constrição patrimonial e a citação do executado, salvo se realizada por edital, são causas de interrupção da prescrição intercorrente.

d) Para o STJ, a sentença que reconhecer a prescrição intercorrente na execução fiscal pode ser proferida sem a obrigatoriedade de delimitação dos marcos de suspensão e arquivamento.

e) Findo o prazo de um ano de suspensão do processo de execução fiscal, o prazo prescricional inicia-se automaticamente, ainda que não haja manifestação da Fazenda Pública ou pronunciamento judicial nesse sentido.

▷ ***Anotações/Comentários***

Nota dos autores: a tese do tema de recursos repetitivos nº 566 apregoa que "o prazo de 1 (um) ano de suspensão do processo e do respectivo prazo prescricional previsto no art. 40, §§ 1º e 2º da Lei n. 6.830/80 - LEF tem início automaticamente na data da ciência da Fazenda Pública a respeito da não localização do devedor ou da inexistência de bens penhoráveis no endereço fornecido, havendo, sem prejuízo dessa contagem automática, o dever de o magistrado declarar ter ocorrido a suspensão da execução" (REsp 1340553/RS).

a) Errada. De acordo com o acórdão proferido no *leading case* indicado na nota dos autores, "a efetiva constrição patrimonial e a efetiva citação (ainda que por edital) são aptas a interromper o curso da prescrição intercorrente, **não bastando para tal o mero peticionamento em juízo**, requerendo, via de regra, a feitura da penhora sobre ativos financeiros ou sobre outros bens".

b) Errada. De acordo com o acórdão proferido no *leading case* indicado na nota dos autores, "a Fazenda Pública, **em sua primeira oportunidade de falar nos autos (art. 245 do CPC/73, correspondente ao art. 278 do CPC/15)**, ao alegar nulidade pela falta de qualquer intimação dentro do procedimento do art. 40 da LEF, deverá demonstrar o prejuízo que sofreu (exceto a falta da intimação que constitui o termo inicial, onde o prejuízo é presumido), por exemplo, deverá demonstrar a ocorrência de qualquer causa interruptiva ou suspensiva da prescrição".

c) Errada. De acordo com o acórdão proferido no *leading case* indicado na nota dos autores, "a efetiva constrição patrimonial e a efetiva citação **(ainda que por edital)** são aptas a interromper o curso da prescrição intercorrente, não bastando para tal o mero peticionamento em juízo, requerendo, via de regra, a feitura da penhora sobre ativos financeiros ou sobre outros bens".

d) Errada. De acordo com o acórdão proferido no *leading case* indicado na nota dos autores, "o magistrado, ao reconhecer a prescrição intercorrente, **deverá fundamentar o ato judicial por meio da delimitação dos marcos legais que foram aplicados na contagem do respectivo prazo**, inclusive quanto ao período em que a execução ficou suspensa".

e) **Alternativa correta.** De acordo com o acórdão proferido no *leading case* indicado na nota dos autores, "havendo ou não petição da Fazenda Pública e havendo ou não pronunciamento judicial nesse sentido, findo o prazo de 1 (um) ano de suspensão inicia-se automaticamente o prazo prescricional aplicável (de acordo com a natureza do crédito exequendo) durante o qual o processo deveria estar arquivado sem baixa na distribuição, na forma do art. 40, §§ 2º, 3º e 4º da Lei n.

6.830/80 - LEF, findo o qual o Juiz, depois de ouvida a Fazenda Pública, poderá, de ofício, reconhecer a prescrição intercorrente e decretá-la de imediato".

101. (Cespe – Analista de Controle Externo – Direito – TCE – RJ/2021) Maurício recebeu em sua residência o carnê do IPVA do exercício de 2015, em 5 de janeiro daquele ano. A notificação foi acompanhada de opção de pagamento à vista, com vencimento em 26 de janeiro de 2015. Caso Maurício não realizasse o pagamento nesta data, seria automaticamente incluído na opção de parcelamento, com vencimento da primeira parcela em 26 de fevereiro de 2015 e das demais no mesmo dia dos cinco meses subsequentes, independentemente de sua anuência. Maurício não realizou o pagamento à vista nem o parcelado. Ao tentar vender seu veículo em 2020, identificou o débito e pagou as parcelas vencidas do IPVA de 2015, acrescidas de juros e multa, em 17 de fevereiro de 2020.

A respeito dessa situação hipotética, julgue os itens a seguir.

Caso Maurício realize pedido administrativo de restituição do IPVA pago, não será interrompido o prazo prescricional para eventual ação judicial com a mesma finalidade.

- CERTO
- ERRADO

▷ ***Anotações/Comentários***

Nota dos autores: trata-se de outro item cuja análise demanda conhecimento jurisprudencial. Dessa vez, é invocado o teor da Súmula 625 do STJ ("O pedido administrativo de compensação ou de restituição não interrompe o prazo prescricional para a ação de repetição de indébito tributário de que trata o art. 168 do CTN nem o da execução de título judicial contra a Fazenda Pública").

O item está correto conforme entendimento esposado na Súmula 625 do STJ, que foi reproduzida integralmente na nota dos autores.

102. (Cespe – Analista Judiciário – Área Judiciária – STJ/2018) À luz da jurisprudência majoritária e atual dos tribunais superiores e da doutrina acerca dos princípios constitucionais tributários, do indébito tributário, do crédito tributário e do poder de tributar, julgue os itens seguintes.

A taxa de juros de mora incidente na repetição do indébito tributário deve corresponder àquela utilizada para a cobrança do tributo pago em atraso.

- CERTO
- ERRADO

▷ ***Anotações/Comentários***

Nota dos autores: dispõe a **Súmula 523 STJ** que: "A taxa de juros de mora incidente na repetição de indébito de tributos estaduais deve corresponder à utilizada para cobrança do tributo pago em atraso, sendo legítima a incidência da taxa Selic, em ambas as hipóteses, quando prevista na legislação local, vedada sua cumulação com quaisquer outros índices".

Afirmação totalmente coerente com a Súmula 523 do STJ, transcrita na nota dos autores.

103. 1(FGV – Analista Judiciário – Oficial de Justiça Avaliador - TJ - AL/2018) No que concerne à execução fiscal, é correto afirmar que:

a) o executado ausente do país será citado por edital, com prazo de trinta dias;

b) os embargos do executado são admissíveis antes mesmo de garantida a execução;

c) a citação será feita por Oficial de Justiça, exceto se a Fazenda Pública a requerer por outra forma;

d) o executado será citado para que, no prazo de cinco dias, satisfaça o crédito ou garanta a execução;

e) em garantia da execução, não poderão ser indicados à penhora bens oferecidos por terceiros, ainda que a Fazenda Pública os aceite.

▷ ***Anotações/Comentários***

Nota dos autores: a cobrança do examinador nessa questão restringe-se à literalidade dos textos de dispositivos da Lei 6.830/80 – Lei de Execuções Fiscais (LEF).

a) de acordo com o artigo 8º, § 1º da LEF, o executado ausente do país será citado por edital, com prazo de sessenta dias, e não de trinta dias conforme erroneamente afirmado pela banca.

b) diverso do que equivocadamente afirmado, em hipótese nenhuma os embargos serão admitidos antes de garantida a execução (LEF, art. 16, § 1º).

c) diferente do que afirmado pelo examinador, a citação será feita pelo correio, com aviso de recepção, se a Fazenda Pública não a requerer por outra forma (LEF, art. 8º, I).

d) exatamente conforme afirmado, o executado será citado para, no prazo de 5 (cinco) dias, pagar a dívida com os juros e multa de mora e encargos indicados na Certidão de Dívida Ativa, ou garantir a execução (LEF, art. 8º, *caput*).

e) em garantia da execução, pelo valor da dívida, juros e multa de mora e encargos indicados na Certidão de Dívida Ativa, o executado poderá sim indicar à penhora bens oferecidos por terceiros e aceitos pela Fazenda Pública (LEF, art. 9º, *caput*).

104. (Consulplan – Analista Judiciário – Oficial de Just. Avaliador – TRF 2/2017) Havendo litígio sobre o imposto de renda incidente na fonte, relativo à licença-prêmio de funcionário público, a demanda foi proposta junto à vara competente na Justiça Federal. No entanto, o Magistrado determinou a emenda da inicial, com a exclusão da União do polo passivo e a inclusão do Estado-Membro ao qual se vincula o servidor e declinou da competência, alegando ser esta da Justiça Estadual. Com referência à questão da competência para apreciar a lide, pode ser afirmado que o Magistrado:

a) Agiu com erro, já que o imposto de renda é tributo de competência da União, não sendo o Estado-Membro parte legítima para figurar neste litígio e havendo competência da Justiça Federal.

b) Houve equívoco do Magistrado, visto que o simples fato de o produto do imposto de renda pertencer ao Estado-Membro, não altera a competência tributária, que é da Justiça Federal.

c) Agiu com acerto, por não haver interesse da União no litígio, pertencendo ao Estado-Membro o produto da arrecadação do imposto de renda na hipótese do conflito em comento, sendo competente a Justiça Estadual.

d) O Magistrado decidiu corretamente, já que se trata de servidor público estadual, pelo que seus vencimentos são pagos pelo Estado-Membro, que efetua os descontos na fonte e qualquer controvérsia deve ser dirimida pela Justiça Estadual.

▷ ***Anotações/Comentários***

Nota do autor: para responder a essa pergunta, deve-se considerar que os Estados têm direito a todo produto da arrecadação do imposto de renda incidente na fonte (IRRF), sobre rendimentos pagos, a qualquer título, por eles, suas autarquias e pelas fundações que instituírem e mantiverem (CF, art. 157, I), a exemplo o relativo à licença-prêmio de funcionário.

a) Errada, porque embora seja de competência da União, o IRRF sobre licença-prêmio de funcionário estadual tem seu produto da arrecadação como um direito do Estado (CF, art. 157, I), de modo que o interesse de agir para a ação no caso concreto apresentado é do Estado e a competência da Justiça Federal.

b) Errada, porque não houve equívoco do magistrado. Inclusive o entendimento de que o interesse de agir é do Estado, e não da União, o que desloca a competência para a Justiça Federal, encontra-se pacificado pelo STF após o julgamento do Recurso Extraordinário com repercussão geral nº 684169.

c) **Alternativa correta**, pois, realmente, o juiz agiu com acerto. Considerando-se que, nos termos do artigo 157, inciso I, da CF, pertence ao Estado-Membro o produto da arrecadação do imposto de renda na hipótese do conflito em comento, não há mesmo interesse da União no litígio, sendo, de fato, competente a Justiça Estadual.

d) Errada, porque, embora realmente o Magistrado tenha agido corretamente, o fundamento do interesse de agir ser do Estado e a competência da Justiça estadual não está no fato do Estado efetuar o desconto do IRRF, mas, sim, decorre do direito do Estado ao produto da respectiva arrecadação.

105. (Consulplan – Analista Judiciário – Oficial de Just. Avaliador – TRF 2/2017) "Determinado contribuinte ingressou com recurso administrativo impugnando o crédito tributário que lhe é exigido pela Fazenda Estadual. Na pendência da apreciação deste recurso, a Fazenda ingressou com execução fiscal do crédito impugnado. O advogado do contribuinte ingressou com exceção (objeção) de pré-executividade em defesa do cliente." Na situação analisada, é correto afirmar que a exceção de pré-executividade

a) não é cabível, por não se tratar de matéria de ordem pública.

b) é válida, desde que o contribuinte preste caução do valor cobrado pelo Fisco.

c) deve ser rejeitada, pois o Estado tem o poder-dever de cobrar seu crédito, antes que ocorra a prescrição.

d) deve ser admitida e acolhida, ante a inexigibilidade do crédito, por força de existir processo administrativo em curso.

▷ ***Anotações/Comentários***

Nota dos autores: questão sobre exceção de pré-executividade, meio antiexacional de iniciativa do contribuinte de construção doutrinária e jurisprudencial, isto é, aceita pelas varas de Fazenda Pública em execuções fiscais, mas sem que tenha expressa previsão legal. Serve para discutir alegação de pagamento, nulidade do título executivo, ilegitimidade de partes, prescrição e decadência, além de outros assuntos de ordem pública.

a) Errada, porque, a exceção de pré-executividade não precisa necessariamente versar sobre matéria de ordem pública, podendo também dizer respeito a outras matérias que não demandem dilação probatória, tais como alegação de pagamento.

b) Errada, uma vez que não se exige caução como condição para oposição de exceção de pré-executividade.

c) Errada, pois o poder-dever do Estado cobrar o seu crédito não obsta a exceção de pré-executividade. Muito pelo contrário, a exceção em pauta é justamente um meio de defesa contra o Estado quando este exerce indevidamente seu poder-dever, ao fazer a exigência de um crédito tributário que não seja devido.

d) **Alternativa correta**, pois, realmente, deve ser admitida e acolhida, ante a inexigibilidade do crédito, por força de existir processo administrativo em curso. Ademais, o examinador não fez menção a nenhuma matéria em discussão administrativa que pudesse obstar a exceção, tais como matérias que demandassem dilação probatória.

106. (Consulplan – Técnico Judiciário – Área Administrativa – TRF 2/2017) "Em certa execução fiscal, uma parcela do valor executado estava fundada em lançamento baseado em lei, que foi posteriormente declarada inconstitucional, através de controle difuso. Nos embargos, o devedor afirma que o título seria ilíquido e, portanto, incapaz de subsidiar a execução fiscal, devendo ser declarado nulo e a execução extinta." Aponte a única alternativa que dá solução correta à questão posta em Juízo.

a) Os embargos devem ser parcialmente acolhidos para que a execução fiscal prossiga pelo valor remanescente não atingido pela legislação declarada inconstitucional.

b) Os embargos devem ser acolhidos e a execução tornada insubsistente, uma vez que o lançamento fundou-se em lei inconstitucional.

c) Os embargos devem ser acolhidos, visto que a Fazenda deveria ter efetivado o acertamento posterior do título executivo, o que deixou de fazer.

d) Os embargos devem ser rejeitados, pois qualquer valor inscrito na Dívida Ativa, não pago no vencimento, será cobrado através de execução fiscal.

▷ ***Anotações/Comentários***

Nota dos autores: tratando-se de declaração de inconstitucionalidade que atinge apenas uma parcela do crédito tributário, os embargos à execução devem ser acolhidos apenas em relação à parcela inconstitucional do crédito tributário.

a) **Alternativa correta**, porque, coerente com a nota dos autores, de fato, embargos devem ser parcialmente acolhidos para que a execução fiscal prossiga pelo valor remanescente não atingido pela legislação declarada inconstitucional.

b) Errada. Se os embargos apenas uma parcela do crédito é fundada em lei inconstitucional, a execução não pode ser tornada totalmente insubsistente, devendo prosseguir em relação a parte constitucional do crédito tributário.

c) Errada, pois os embargos devem ser apenas parcialmente acolhidos. E, ademais, o cabimento dos embargos e sua procedência não se vincula ao fato de a Fazenda efetivar ou não o acertamento posterior do título executivo.

d) Errada, até porque, conforme já demonstrado nos comentários precedentes, os embargos devem ser parcialmente acolhidos.

DIREITO PREVIDENCIÁRIO

Adriana Menezes

1. SEGURIDADE SOCIAL – CONCEITO E EVOLUÇÃO

01. (FCC - Analista Judiciário - Área Judiciária- TRF3/2024) A previdência social será organizada sob a forma do Regime Geral de Previdência Social, de caráter contributivo e de filiação obrigatória, observados critérios que preservem o equilíbrio financeiro e atuarial, e atenderá, na forma da lei, a cobertura dos eventos de

a) incapacidade temporária ou permanente para o trabalho e idade avançada, proteção à natalidade, especialmente à gestante; proteção ao trabalhador em situação de desemprego involuntário; salário-família e auxílio-reclusão aos segurados de baixa renda; e pensão por morte do segurado, homem ou mulher, ao cônjuge ou companheiro e dependentes.

b) incapacidade temporária ou permanente para o trabalho e idade avançada; proteção à maternidade, especialmente à gestante, proteção ao trabalhador em situação de desemprego involuntário, salário-família e auxílio-reclusão para os dependentes dos segurados de baixa renda; e pensão por morte do segurado, homem ou mulher, ao cônjuge ou companheiro e dependentes.

c) incapacidade temporária ou permanente para o trabalho e idade avançada; proteção à maternidade, especialmente à gestante; proteção ao trabalhador em situação de desemprego involuntário; salário-família e auxílio-reclusão para os dependentes dos segurados de baixa renda, e pensão por morte do segurado, homem ou mulher, apenas ao cônjuge ou companheiro.

d) capacidade temporária ou permanente para o trabalho e idade avançada, proteção à maternidade, especialmente à gestante; proteção ao trabalhador em situação de desemprego voluntário ou involuntário, salário-família e auxílio-reclusão para 05 dependentes dos segurados de baixa renda; e pensão por morte do segurado, homem ou mulher, ao cônjuge ou companheiro e dependentes.

e) incapacidade temporária ou permanente para o trabalho e idade avançada; proteção à maternidade, especialmente à gestante, proteção ao trabalhador em situação de desemprego involuntário; salário-família e auxílio-reclusão para os dependentes dos segurados de qualquer renda, e pensão por morte do dependente, homem ou mulher, ao cônjuge ou companheiro e dependentes.

▷ ***Anotações/Comentários***

A questão traz exatamente sobre o que dispõe o caput do art. 201 da Constituição Federal, com a redação trazida pela Emenda Constitucional n. 103/2019:

> *Art. 201. A previdência social será organizada sob a forma do Regime Geral de Previdência Social, de caráter contributivo e de filiação obrigatória, observados critérios que preservem o equilíbrio financeiro e atuarial, e atenderá, na forma da lei, a: (Redação dada pela Emenda Constitucional nº 103, de 2019)*
>
> *I - cobertura dos eventos de incapacidade temporária ou permanente para o trabalho e idade avançada; (Redação dada pela Emenda Constitucional nº 103, de 2019)*
>
> *II - proteção à maternidade, especialmente à gestante; (Redação dada pela Emenda Constitucional nº 20, de 1998)*
>
> *III - proteção ao trabalhador em situação de desemprego involuntário; (Redação dada pela Emenda Constitucional nº 20, de 1998)*
>
> *IV - salário-família e auxílio-reclusão para os dependentes dos segurados de baixa renda; (Redação dada pela Emenda Constitucional nº 20, de 1998)*
>
> *V - pensão por morte do segurado, homem ou mulher, ao cônjuge ou companheiro e dependentes, observado o disposto no § 2º. (Redação dada pela Emenda Constitucional nº 20, de 1998)*

Alternativa a: errada. A proteção é para a maternidade e o auxílio-reclusão será devido aos dependentes do segurado de baixa renda.

Alternativa b: correta. Exatamente, conforme transcrito acima, o disposto no caput do art. 201 da Constituição Federal.

02. (CEBRASPE – Analista de Controle Externo – Direito – TCE – RJ/2021) Acerca da seguridade social e seus princípios, julgue os itens a seguir.

A seguridade social constitui um conjunto integrado de ações que visam proteger exclusivamente os trabalhadores que contribuem para o sistema previdenciário.

- CERTO
- ERRADO

▷ ***Anotações/Comentários***

A seguridade social, segundo dispõe o art. 194, caput, da Constituição Federal constitui um conjunto integrado de ações de iniciativa dos Poderes Públicos e da sociedade destinadas a assegurar os direitos à saúde, à previdência e à assistência social. Dos três subsistemas – saúde, previdência e assistência social – o único que é contributivo é a previdência social. A saúde e a assistência social não exigem contribuição prévia dos beneficiários.

03. (CEBRASPE – Analista Judiciário – Área Judiciária – STJ/2018) Tendo como referência a doutrina e a jurisprudência a respeito da organização e dos princípios do sistema de seguridade social brasileiro, julgue os itens a seguir.

O período de implantação da seguridade social foi marcado, entre outros, pelo advento da Lei Eloy Chaves, que instituiu as caixas de aposentadorias e pensões exclusivamente para ferroviários.

- CERTO
- ERRADO

▷ ***Anotações/Comentários***

O Decreto Legislativo nº 4.682/1923, também conhecido como Lei Eloy Chaves, é considerado um marco do direito previdenciário brasileiro por ser o primeiro texto normativo a instituir, oficialmente, no Brasil, a Previdência Social, com a criação de caixas de aposentadorias e pensões para os empregados das empresas de estradas de ferro.

04. (FCC – Analista Judiciário – Área Judiciária – Oficial de Justiça - TRT 16/2014) Patrícia é professora universitária em uma instituição privada no estado do Maranhão. Casada há cinco anos com Gustavo, após diversas tentativas, finalmente conseguiu engravidar. A proteção à maternidade da gestante Patrícia, observados critérios que preservem o equilíbrio financeiro e atuarial, será atendida, nos termos da lei, pela

a) assistência social, organizada sob a forma de regime geral, independentemente de filiação e de contribuição à seguridade social.

b) previdência social, organizada sob a forma de regime especial próprio de servidores públicos, de caráter contributivo e de filiação facultativa.

c) previdência social, organizada sob a forma de regime geral, independentemente de filiação e de contribuição à seguridade social.

d) previdência social, organizada sob a forma de regime geral, de caráter contributivo e de filiação obrigatória.

e) previdência social, organizada sob a forma de regime especial próprio de servidores públicos, independentemente de filiação e de contribuição à seguridade social.

▷ ***Anotações/Comentários***

Inicialmente, há que se registrar que Patrícia é segurada da previdência social, na condição de empregada e, portanto, deverá se submeter às diretrizes traçadas pelo art. 201 da Constituição Federal. A previdência social será organizada sob a forma do regime geral, terá caráter contributivo e filiação obrigatória.

Alternativa "A": errada. A assistência social não é organizada sob a forma do regime geral, embora seja prestada independentemente de filiação e de contribuição à seguridade social.

Alternativa "B": errada. No caso de Patrícia, pode-se afirmar que o amparo será dado pela previdência social, organizada sob a forma do regime geral, de caráter contributivo e filiação obrigatória. Patrícia não é servidora pública abrangida por regime próprio de previdência social.

E não é demais registrar que o regime próprio de previdência dos servidores públicos tem caráter contributivo e filiação obrigatória.

Alternativas "C" e "E": erradas. A previdência social que ampara Patrícia é organizada sob a forma do regime geral, tem caráter contributivo e filiação obrigatória.

Alternativa "D": correta. Os critérios que preservem o equilíbrio financeiro e atuarial foram determinados para observância da previdência social, bem como a proteção à maternidade, especialmente à gestante.

Como Patrícia é gestante e empregada, ela terá amparo da previdência social, organizada sob a forma do regime geral, de caráter contributivo e de filiação obrigatória.

05. (FCC – Analista Judiciário – Área Judiciária – Oficial de Justiça - TRT 16/2014) Fernanda, pessoa com deficiência de acordo com a legislação competente, necessita que o Estado promova a sua reabilitação e integração à vida comunitária. Dessa forma, será a ela prestada a assistência social,

a) desde que tenha sido primeiramente concedido o auxílio-doença.
b) independentemente de contribuição à seguridade social.
c) desde que tenha sido primeiramente concedida a aposentadoria por invalidez.
d) desde que tenha sido respeitada a carência de 12 (doze) contribuições mensais.
e) desde que tenha sido respeitada a carência de 180 (cento e oitenta) contribuições mensais.

▷ ***Anotações/Comentários***

A assistência social será prestada a quem dela necessitar, independentemente de contribuição à seguridade social, e tem como um de seus objetivos, a habilitação e reabilitação das pessoas com deficiência e a promoção de sua integração à vida comunitária.

Alternativa "A": incorreta. O benefício de auxílio por incapacidade temporária (antes, auxílio-doença) é prestação previdenciária e não assistencial. Fernanda não precisa receber antes auxílio-doença para, então, receber benefício de prestação continuada da assistência social.

O auxílio-doença é devido ao segurado do RGPS que, após cumprido o período de carência, ficar incapacitado para o exercício do trabalho ou para suas atividades habituais por mais de 15 dias consecutivos.

Alternativa "B": correta. A assistência social será prestada a quem dela necessitar, independentemente de contribuição à seguridade social.

Alternativa "C": incorreta. O benefício de aposentadoria por invalidez (agora, aposentadoria por incapacidade permanente) é prestação previdenciária e não assistencial. Fernanda não precisa antes receber aposentadoria por invalidez para, então, receber benefício de prestação continuada da assistência social.

A aposentadoria por incapacidade permanente é devida ao segurado do RGPS que, uma vez cumprido o período de carência, for considerado incapaz para o trabalho e insuscetível de reabilitação para o exercício de atividade que lhe garanta a subsistência.

Alternativa "D": incorreta. Benefícios e serviços assistenciais não exigem do beneficiário qualquer contribuição à seguridade social.

Alternativa "E": incorreta. A assistência social será prestada sem exigir contribuição para a seguridade social.

2. CONSELHOS

06. (FCC – Técnico Judiciário – Área Administrativa – TRF 3/2014) O Conselho Nacional de Previdência Social-CNPS possui como membros, dentre outros, nove representantes da sociedade civil. Os membros do CNPS e seus respectivos suplentes serão nomeados pelo

a) Ministro da Saúde, tendo os representantes titulares da sociedade civil mandato de 2 anos, podendo ser reconduzidos, de imediato, uma única vez.
b) Presidente da República, tendo os representantes titulares da sociedade civil mandato de 2 anos, vedada a recondução.
c) Presidente da República, tendo os representantes titulares da sociedade civil mandato de 1 ano, vedada a recondução.
d) Ministro da Saúde, tendo os representantes titulares da sociedade civil mandato de 1 ano, vedada a recondução.
e) Presidente da República, tendo os representantes titulares da sociedade civil mandato de 2 anos, podendo ser reconduzidos, de imediato, uma única vez.

▷ ***Anotações/Comentários***

A questão pode parecer difícil porque traz texto de lei. Mas, como se trata de Conselho Nacional de Previdência Social, temos que saber que os membros são nomeados pelo Presidência da República. Fica a dica.

Só com essa dica, eliminam-se as alternativas "A" e "D".

Resta saber, agora, como é o mandato desses conselheiros representantes da sociedade civil.

Dispõe a Lei n. 8.213/91:

> *Art. 3º Fica instituído o Conselho Nacional de Previdência Social– CNPS, órgão superior de deliberação colegiada, que terá como membros:*
>
> *I - seis representantes do Governo Federal;*
>
> *II - nove representantes da sociedade civil, sendo:*
>
> *a) três representantes dos aposentados e pensionistas;*
>
> *b) três representantes dos trabalhadores em atividade;*
>
> *c) três representantes dos empregadores.*
>
> *§ 1º Os membros do CNPS e seus respectivos* ***suplentes serão nomeados pelo Presidente da República, tendo os representantes titulares da sociedade civil mandato de 2 (dois) anos, podendo ser reconduzidos, de imediato, uma única vez.***

O mandato dos conselheiros, representantes da sociedade civil, é de 02 anos, podendo haver apenas uma recondução.

Com a informação acima, eliminam-se as alternativas "B" e "C".

Portanto, pode-se afirmar que os membros do CNPS e seus respectivos suplentes serão nomeados pelo Presidente da República, tendo os representantes titulares da sociedade civil mandato de 2 anos, podendo ser reconduzidos, de imediato, uma única vez.

3. PRINCÍPIOS CONSTITUCIONAIS DA SEGURIDADE SOCIAL

07. (FCC - Técnico Judiciário - Área Administrativa – TRF3/2024) Compete ao Poder Público, nos termos da lei, organizar a Seguridade Social com base na universalidade da cobertura e do atendimento, equidade na forma de participação no custeio; uniformidade e equivalência dos benefícios e serviços às populações urbanas e rurais; seletividade e distributividade na prestação dos

a) benefícios e serviços; redutibilidade do valor dos benefícios; diversidade da base de financiamento, identificando-se, em rubricas contábeis genéricas, apenas as despesas vinculadas a ações de saúde, previdência e assistência social, preservado o caráter contributivo da previdência social; e caráter democrático e descentralizado da administração, mediante gestão tripartite, com participação dos trabalhadores, dos empregadores e do Governo nos órgãos colegiados.

b) benefícios e serviços; irredutibilidade do valor dos benefícios; diversidade da base de financiamento, identificando-se, em rubricas contábeis específicas para cada área, apenas as receitas desvinculadas de ações de saúde, previdência e assistência social, preservado o caráter contributivo da previdência social; e caráter democrático e descentralizado da administração, mediante gestão bipartite, com participação dos trabalhadores e dos empregadores nos órgãos colegiados.

c) benefícios e serviços; irredutibilidade do valor dos benefícios; diversidade da base de financiamento, identificando-se, em rubricas contábeis específicas para cada área, as receitas e as despesas vinculadas a ações de saúde, previdência e assistência social, preservado o caráter contributivo da previdência social; e caráter democrático e descentralizado da administração, mediante gestão quadripartite, com participação dos trabalhadores, dos empregadores, dos aposentados e do Governo nos órgãos colegiados.

d) serviços, apenas; irredutibilidade do valor dos benefícios; unicidade da base de financiamento, identificando-se, em rubricas contábeis específicas para cada área, as receitas e as despesas vinculadas a ações de saúde, previdência e assistência social, preservado o caráter contributivo da previdência social; e caráter democrático e descentralizado da administração, mediante gestão quadripartite, com participação dos trabalhadores, dos empregadores, dos aposentados e do Governo nos órgãos colegiados.

e) benefícios, apenas; irredutibilidade do valor dos benefícios; diversidade da base de financiamento, identificando-se, em rubricas contábeis específicas para cada área, as receitas e as despesas vinculadas a ações de saúde, previdência e assistência social, preservado o caráter não contributivo da previdência social, e caráter democrático e centralizado da administração, mediante gestão quadripartite, com participação dos trabalhadores, dos empregadores, dos aposentados e do Governo nos órgãos colegiados.

▷ ***Anotações/Comentários***

O candidato terá que identificar os princípios constitucionais que devem ser observados na organização da seguridade social.

Dispõe o parágrafo único do art. 194 da Constituição Federal:

> *Parágrafo único. Compete ao Poder Público, nos termos da lei, organizar a seguridade social, com base nos seguintes objetivos:*
>
> *I - universalidade da cobertura e do atendimento;*
>
> *II - uniformidade e equivalência dos benefícios e serviços às populações urbanas e rurais;*
>
> *III - seletividade e distributividade na prestação dos benefícios e serviços;*
>
> *IV - irredutibilidade do valor dos benefícios;*
>
> *V - equidade na forma de participação no custeio;*
>
> *VI - diversidade da base de financiamento, identificando-se, em rubricas contábeis específicas para cada área, as receitas e as despesas vinculadas a ações de saúde, previdência e assistência social, preservado o caráter contributivo da previdência social; (Redação dada pela Emenda Constitucional nº 103, de 2019)*
>
> *VII - caráter democrático e descentralizado da administração, mediante gestão quadripartite, com participação dos trabalhadores, dos empregadores, dos aposentados e do Governo nos órgãos colegiados.*

Alternativa a: errada. Há vários erros na alternativa. Primeiro, o princípio correto é o da irredutibilidade do valor dos benefícios.

Em relação ao princípio da diversidade da base de financiamento, deve-se identificar, *em rubricas contábeis específicas para cada área, as receitas e as despesas vinculadas a ações de saúde, previdência e assistência social, preservado o caráter contributivo da previdência social.*

E, quanto ao princípio do caráter democrático e descentralizado da administração, a gestão é quadripartite, com participação dos trabalhadores, dos empregadores, dos aposentados e do Governo nos órgãos colegiados.

Alternativa b: errada. Em relação ao princípio da diversidade da base de financiamento, deve-se identificar, *em rubricas contábeis específicas para cada área, as receitas e as despesas vinculadas a ações de saúde, previdência e assistência social, preservado o caráter contributivo da previdência social.*

E, quanto ao princípio do caráter democrático e descentralizado da administração, a gestão é quadripartite, com participação dos trabalhadores, dos empregadores, dos aposentados e do Governo nos órgãos colegiados.

Alternativa c: correta. Tudo de acordo com o que dispõe o parágrafo único do art. 194 da Constituição Federal.

Alternativa d: errada. O princípio da seletividade e distributividade na prestação dos benefícios e serviços. E não se trata de princípio da unicidade da base de financiamento, mas, sim, da diversidade de financiamento.

Alternativa e: errada. O princípio da seletividade e distributividade atinge os benefícios e serviços.

Quanto ao princípio da diversidade da base de financiamento, deve ser preservado o caráter contributivo da previdência social. Finalmente, o princípio do caráter democrático e descentralizado da administração, mediante gestão quadripartite, com participação dos trabalhadores, dos empregadores, dos aposentados e do Governo nos órgãos colegiados.

08. (FGV - Analista Judiciário - Análise de Dados – TRF1/2024) João, especialista em gestão pública, foi consultado pela deputada federal Maria em relação ao modelo de gestão a ser adotado na seguridade social, o que iria subsidiar a elaboração de uma proposição legislativa que pretendia apresentar.

Foi corretamente informado a Maria que a referida gestão:

a) deve ser centralizada na União, de modo a assegurar a uniformidade do sistema;

b) será delineada pelo Congresso Nacional, podendo ser centralizada ou descentralizada;

c) deve contar com a participação do governo e dos segurados do sistema nos órgãos colegiados;

d) deve contar com a participação dos trabalhadores, dos empregadores, dos aposentados e do governo nos órgãos colegiados;

e) deve contar com a participação da sociedade civil, dos trabalhadores, dos empregadores, dos aposentados e do governo nos órgãos colegiados.

▷ ***Anotações/Comentários***

No caso da questão, aplica-se o princípio da gestão democrática e descentralizada da administração, mediante gestão quadripartite, com participação dos trabalhadores, dos empregadores, dos aposentados e do Governo nos órgãos colegiados.

Assim, correta é a alternativa d.

09. (IBFC - Técnico Judiciário - Área Administrativa – TRF5/2024) A seguridade social visa assegurar os direitos à saúde, à previdência e à assistência social. Diante do exposto, assinale a alternativa correta quanto aos objetivos da seguridade social.

a) Universalidade, equidade e confiscatoriedade

b) Uniformidade, retroatividade e seletividade

c) Equidade, redutibilidade e anterioridade

d) Universalidade, equidade e irredutibilidade

▷ ***Anotações/Comentários***

O candidato terá que identificar os princípios constitucionais que devem ser observados na organização da seguridade social.

Dispõe o parágrafo único do art. 194 da Constituição Federal:

> *Parágrafo único. Compete ao Poder Público, nos termos da lei, organizar a seguridade social, com base nos seguintes objetivos:*
>
> *I - universalidade da cobertura e do atendimento;*
>
> *II - uniformidade e equivalência dos benefícios e serviços às populações urbanas e rurais;*
>
> *III - seletividade e distributividade na prestação dos benefícios e serviços;*
>
> *IV - irredutibilidade do valor dos benefícios;*
>
> *V - equidade na forma de participação no custeio;*
>
> *VI - diversidade da base de financiamento, identificando-se, em rubricas contábeis específicas para cada área, as receitas e as despesas vinculadas a ações de saúde, previdência e assistência*

social, preservado o caráter contributivo da previdência social; (Redação dada pela Emenda Constitucional nº 103, de 2019)

VII - caráter democrático e descentralizado da administração, mediante gestão quadripartite, com participação dos trabalhadores, dos empregadores, dos aposentados e do Governo nos órgãos colegiados.

A única alternativa que tras corretamente os principios da seguridade social é a alternativa d.

---

10. (FGV - Analista Judiciário - Área Judiciária - Oficial de Justiça Avaliador - TRT - MA - 2022) Um dos princípios constitucionais da Seguridade Social é o caráter democrático e descentralizado da gestão administrativa. Neste sentido, tem-se que o CNPS (Conselho Nacional de Previdência Social)

a) é quinquipartite, tendo representantes dos trabalhadores, dos empregadores, dos aposentados, do Ministério Público e do governo nos órgãos colegiados.

b) tem apenas representantes do Governo.

c) é bipartite, tendo a participação dos trabalhadores e do governo nos órgãos colegiados.

d) é quadripartite, tendo a participação dos trabalhadores, dos empregadores, dos aposentados e do Governo nos órgãos colegiados.

e) é tripartite, tendo a participação dos trabalhadores, dos empregadores e dos aposentados nos órgãos colegiados.

▷ ***Anotações/Comentários***

*O Conselho Nacional de Previdência Social é composto por 15 membros entre representantes do Governo e da sociedade civil. A gestão é quadripartite, com representantes de **04 segmentos:** trabalhadores, empregadores, aposentados e Governo, nos órgãos colegiados.*

- ***03 representantes dos trabalhadores,***
- ***03 representantes dos empregadores,***
- ***03 representantes dos aposentados***
- ***06 representantes do Governo.***

---

11. (CEBRASPE - Analista de Controle Externo - Direito - TCE - RJ/2021) Acerca da seguridade social e seus princípios, julgue os itens a seguir.

O princípio da universalidade de cobertura e do atendimento é próprio da previdência social, de maneira que não se aplica à saúde e à assistência social.

- CERTO
- ERRADO

▷ ***Anotações/Comentários***

O princípio da universalidade de cobertura e do atendimento deve ser observado na organização da seguridade social. Assim, se aplica à saúde, à previdência e à assistência social (art. 194, parágrafo único, I, CF).

---

12. (FCC - Técnico Judiciário - Área Judiciária - TRF 4/2019) Sobre o Sistema de Seguridade Social no Brasil, é correto afirmar:

a) É um sistema de gestão bipartite entre governo e sociedade nas políticas de Previdência, Assistência e Saúde.

b) São princípios para os benefícios da Seguridade Social: a universalidade da cobertura de atendimento, a uniformidade e equivalência dos benefícios e serviços às populações urbanas e rurais; a seletividade e distributividade na prestação dos benefícios e serviços e a irredutibilidade do valor dos benefícios.

c) A Saúde é um sistema não contributivo, mas a Previdência e a Assistência Social são contributivas por ocasião dos benefícios previdenciários e do amparo assistencial a pessoa idosa e ao deficiente.

d) Há diversidade na base de financiamento da Previdência Social e seu custeio é realizado pelas contribuições do empregador, da empresa e da entidade a ela equiparada na forma da lei, do trabalhador e dos demais segurados da previdência social, não incidindo contribuição sobre aposentadoria e pensão concedidas pelo Regime Geral da Previdência Social (RGPS), bem como do importador de bens ou serviços do exterior, ou de quem a lei a ele equiparar.

e) O benefício ou serviço da seguridade social pode ser criado, majorado ou estendido sem a correspondente fonte de custeio.

▷ ***Anotações/Comentários***

A seguridade social compreende um conjunto integrado de ações de iniciativa dos Poderes Públicos e da sociedade, destinadas a assegurar os direitos relativos à saúde, à previdência e à assistência social.

Alternativa "A": incorreta. A seguridade social é organizada por um sistema de gestão quadripartite, com representantes dos trabalhadores, dos empregadores, dos aposentados e do governo nos órgãos colegiados.

Alternativa "B": correta. Essa alternativa elenca princípios da seguridade social que estão dispostos no parágrafo único do art. 194 da Constituição Federal.

Alternativa "C": incorreta. A Saúde e a Assistência Social são sistemas não contributivos, sendo prestada independentemente de contribuição à seguridade social.

O benefício assistencial concedido à pessoa idosa e à pessoa com deficiência que não têm condições de prover seu sustento ou tê-lo provido por sua família não exige contribuição prévia do beneficiário.

Alternativa "D": incorreta. Há diversidade na base de financiamento da Previdência Social e seu custeio é realizado pelas contribuições do empregador, da empresa e da entidade a ela equiparada na forma da lei, do trabalhador e dos demais segurados da previdência social, não incidindo contribuição sobre aposentadoria e pensão concedidas pelo Regime Geral da Previdência Social (RGPS), bem como do importador de bens ou serviços do exterior, ou de quem a lei a ele equiparar.

Alternativa "E": incorreta. O princípio da contrapartida exige que nenhum benefício ou serviço da seguridade social poderá ser criado, estendido ou majorado sem a correspondente fonte de custeio total. É que se encontra previsto no §5º do art. 195 da Constituição Federal.

---

13. (FCC - Técnico Judiciário - Área Administrativa - TRF 3/2019) A Previdência Social tem por fim assegurar aos seus beneficiários meios indispensáveis de manutenção, por motivo de incapacidade, idade avançada, tempo de serviço, desemprego involuntário, encargos de família e reclusão ou morte daqueles de quem dependiam economicamente. A organização da seguridade social obedecerá aos seguintes princípios e diretrizes:

a) Previdência complementar compulsória, custeada por contribuição adicional.

b) Valor da renda mensal dos benefícios, substitutos do salário-de--contribuição ou do rendimento do trabalho do segurado, não inferior ao do salário-mínimo.

c) Preservação do valor nominal do benefício.

d) Universalidade de participação nos planos previdenciários, sem qualquer contribuição.

e) Cálculo dos benefícios considerando-se verbas indenizatórias percebidas pelo segurado, corrigidos monetariamente.

▷ ***Anotações/Comentários***

Alternativa "A": incorreta. Previdência complementar não é compulsória. A previdência complementar é sempre facultativa.

Alternativa "B": correta. Trata-se do princípio do valor mínimo previsto no §2º do art. 201 da Constituição Federal, bem como no art. 2º da Lei nº 8.213/91.

Art. 2º A Previdência Social rege-se pelos seguintes princípios e objetivos:

I - universalidade de participação nos planos previdenciários;

II - uniformidade e equivalência dos benefícios e serviços às populações urbanas e rurais;

III - seletividade e distributividade na prestação dos benefícios;

IV - cálculo dos benefícios considerando-se os salários-de-contribuição corrigidos monetariamente;

V - irredutibilidade do valor dos benefícios de forma a preservar-lhes o poder aquisitivo;

VI - valor da renda mensal dos benefícios substitutos do salário--de-contribuição ou do rendimento do trabalho do segurado não inferior ao do salário mínimo;

VII - previdência complementar facultativa, custeada por contribuição adicional;

VIII - caráter democrático e descentralizado da gestão administrativa, com a participação do governo e da comunidade, em especial de trabalhadores em atividade, empregadores e aposentados.

Parágrafo único. A participação referida no inciso VIII deste artigo será efetivada a nível federal, estadual e municipal.

Alternativa "C": incorreta. Um dos princípios que rege a seguridade social é o da irredutibilidade do valor dos benefícios. O valor nominal dos benefícios não pode ter redução.

Já, no caso da previdência social, o princípio insculpido no §4º do art. 201 da Constituição Federal garante a preservação do valor real dos benefícios, de modo a preservar-lhes o poder aquisitivo.

Alternativa "D": incorreta. O princípio da universalidade de participação nos planos previdenciários é princípio da previdência social.

Alternativa "E": incorreta. O cálculo dos benefícios previdenciários considerará os salários de contribuição devidamente atualizados. As verbas indenizatórias percebidas pelo segurado não integram o cálculo dos benefícios.

14. (CEBRASPE - Procurador do Estado - PGE - PE/2018) Conforme a doutrina, o princípio previdenciário que representa o sistema de repartição da seguridade social e garante a prestação de benefícios e serviços independentemente do aporte individual das contribuições sociais é o princípio da

a) uniformidade da base de financiamento.
b) seletividade e distributividade na prestação de benefícios e serviços.
c) solidariedade.
d) equidade na forma de participação no custeio.
e) diversidade da base de financiamento.

▷ ***Anotações/Comentários***

A seguridade social é regida por vários princípios, dentre eles, o da solidariedade.

O regime de previdência social adotado no Brasil é organizado, financeiramente, por meio de um sistema de repartição simples. A prestação dos benefícios e serviços é feita, utilizando os recursos arrecadados como um todo, não se considerando o aporte individual das contribuições sociais. O que vai sendo arrecadado vai sendo utilizado para pagamento dos benefícios ativos.

Alternativa "A": incorreta. Não existe princípio da uniformidade da base de financiamento. A seguridade social é organizada segundo o princípio da diversidade da base de financiamento. Há várias fontes de custeio para a seguridade social, conforme previsto no art.195 da CF.

Alternativa "B": incorreta. O princípio da seletividade e distributividade na prestação de benefícios e serviços está previsto para a seguridade social, como um todo e, também, para a Previdência Social.

O **princípio da seletividade** propicia ao legislador estudar as carências sociais, priorizando-as em relação às demais, viabilizando a promoção da Seguridade Social factível. Cobrem-se as necessidades mais essenciais e planeja-se, para o futuro, a cobertura das demais, visando alcançar a Seguridade Social ideal. **A distributividade** consagra que, após cada pessoa ter contribuído com o que podia, dá-se a cada um de acordo com suas necessidades.

Alternativa "C": correta. O princípio da solidariedade representa o sistema de repartição da seguridade social e garante a prestação de benefícios e serviços independentemente do aporte individual das contribuições sociais. Ele justifica a compulsoriedade das contribuições sociais.

Alternativa "D": incorreta. O princípio da equidade na forma de participação no custeio está intimamente atrelado aos preceitos da igualdade e da capacidade contributiva. Aqueles contribuintes que apresentarem maior capacidade contributiva para o sistema da Seguridade Social arcarão com uma parcela maior de contribuição.

Alternativa "E": incorreta. Pelo princípio da diversidade da base de financiamento da seguridade social, o custeio do sistema não se concentrará em uma só fonte de tributação, atingindo, em contrapartida, o maior número de pessoas capazes de contribuir e a maior constância de entradas. Isso pode ser verificado pelo disposto no art. 195 da Constituição Federal, que elenca a forma de financiamento da seguridade social de forma direta e indireta por toda a sociedade. Determina que se deve identificar, em rubricas contábeis específicas para cada área, as receitas e as despesas vinculadas a ações de saúde, previdência e assistência social, preservado o caráter contributivo da previdência social.

15. (CEBRASPE - Procurador do Município - PGM Manaus/2018) Julgue os próximos itens, relativos à organização, aos princípios e ao custeio da seguridade social.

Constitui objetivo da seguridade social manter o caráter democrático e descentralizado da administração, mediante gestão tripartite, com participação dos trabalhadores e empregadores e do Estado.

- CERTO
- ERRADO

▷ ***Anotações/Comentários***

Um dos princípios que rege a organização da seguridade social é o caráter democrático e descentralizado da administração. Isso será feito mediante gestão quadripartite, com participação de representantes dos trabalhadores, dos empregadores, dos aposentados e do governo (art. 194, parágrafo único, VII, CF).

16. (CEBRASPE - Procurador do Município - PGM Manaus/2018) Julgue os próximos itens, relativos à organização, aos princípios e ao custeio da seguridade social.

Por força da regra da contrapartida, os benefícios e serviços da seguridade social somente poderão ser criados, majorados ou estendidos se existente a correspondente fonte de custeio total.

- CERTO
- ERRADO

▷ ***Anotações/Comentários***

Reza a CF no §5º do art. 195 que os benefícios e serviços da seguridade social não poderão ser criados, majorados ou estendidos sem a correspondente fonte de custeio total. Trata-se do princípio da preexistência do custeio ou princípio da contrapartida.

17. (FGV - Analista Judiciário - Oficial de Just. Avaliador - TRT 12/2017) O benefício previdenciário de auxílio-reclusão é pago aos dependentes do segurado de baixa renda que for preso. Trata-se de um princípio específico desse benefício previdenciário:

a) irredutibilidade do benefício;
b) equidade na forma de participação no custeio;
c) universalidade da cobertura;
d) seletividade e distributividade;
e) diversidade da base de financiamento.

▷ ***Anotações/Comentários***

O auxílio-reclusão é benefício devido ao conjunto de dependentes do segurado de baixa-renda que for preso em regime fechado.

Pode-se afirmar que o auxílio-reclusão é aplicação concreta do princípio da seletividade e distributividade de benefícios e serviços da seguridade e da previdência social. O parâmetro da renda baixa é o do segurado preso e, não do dependente.

18. (FCC - Procurador do Estado - MT/2016) A Constituição Federal do Brasil e a legislação infraconstitucional que dispõe sobre planos de benefícios e custeio da previdência social preveem, como princípio básico da seguridade social,

a) uniformidade e equivalência dos benefícios entre as populações urbanas e rurais, podendo haver diferenciação entre os serviços dessas populações criada por meio de lei complementar com objetivo de adequar os serviços às características regionais de cada atividade.

b) universalidade na prestação dos benefícios e serviços, considerado o caráter seletivo e distributivo na cobertura e no atendimento.

c) preexistência do custeio em relação ao benefício ou serviço para que haja previsão anterior da fonte de recursos que financiará a criação ou ampliação de qualquer benefício ou serviço da previdência pública.

d) caráter democrático e descentralizado da administração, mediante gestão conjunta tripartite da comunidade, composta de representantes do governo, dos trabalhadores e dos empresários nos órgãos colegiados.

e) solidariedade, também denominado universalidade de cobertura, que prevê não haver um único tipo de benefício ou serviço, mas diversos, que são concedidos e mantidos de forma seletiva observando a necessidade de cada contribuinte.

▷ ***Anotações/Comentários***

Alternativa "A": incorreta. É princípio da seguridade social o da uniformidade e equivalência dos benefícios entre as populações urbanas e rurais. As populações urbana e rural devam possuir os mesmos direitos a título de seguridade social. Os segurados e dependentes urbanos e rurais devem ter o mesmo tratamento.

Alternativa "B": incorreta. Pode-se dizer que o examinador misturou os princípios da universalidade da cobertura e do atendimento com o da seletividade e distributividade na prestação dos serviços. Princípio da universalidade da cobertura e do atendimento e princípio da seletividade e distributividade na prestação dos serviços.

O **princípio da universalidade da cobertura e do atendimento** visa cobrir todas as espécies de infortúnios sociais que possam ocorrer e atender a todos os residentes no Brasil, em termos de benefícios e serviços da Seguridade Social.

O **princípio da seletividade** propicia ao legislador estudar as carências sociais, priorizando-as em relação às demais, viabilizando a promoção da Seguridade Social factível. Cobrem-se as necessidades mais essenciais e planeja-se, para o futuro, a cobertura das demais, visando alcançar a Seguridade Social ideal. **A distributividade** consagra que, após cada pessoa ter contribuído com o que podia, dá-se a cada um de acordo com suas necessidades.

Alternativa "C": correta. Trata-se do princípio da preexistência do custeio ou da contrapartida. É um princípio aplicado a todo o sistema de seguridade social. Nenhum benefício ou serviço da seguridade social poderá ser criado, estendido ou majorado sem a correspondente fonte de custeio total (CF, art. 195, §5º).

Alternativa "D": incorreta. Um dos princípios que rege a seguridade social é o do caráter democrático e descentralizado da administração, mediante gestão quadripartite, com participação de representantes dos trabalhadores, dos empregadores, dos aposentados e do governo nos órgãos colegiados.

Alternativa "E": incorreta. O princípio da solidariedade contributiva preceitua que a sociedade, de forma direta ou indireta, será responsável pelo financiamento do Sistema de Seguridade Social, visto que o orçamento será composto pelos recursos provenientes dos orçamentos dos próprios entes federativos e por todas as contribuições sociais criadas pela União para custear o sistema. O princípio da solidariedade justifica a compulsoriedade do recolhimento das contribuições sociais de financiamento da seguridade social.

4. PRINCÍPIOS DA PREVIDÊNCIA SOCIAL

19. (Cespe – Analista Judiciário – Área Judiciária – STJ/2018) Tendo como referência a doutrina e a jurisprudência a respeito da organização e dos princípios do sistema de seguridade social brasileiro, julgue os itens a seguir.

O princípio do direito adquirido não se aplica à seara previdenciária, pois, conforme o entendimento do Supremo Tribunal Federal, inexiste direito adquirido a regime jurídico.

- CERTO
- ERRADO

▷ ***Anotações/Comentários***

Na seara previdenciária, há a aplicação e respeito ao direito adquirido, em obediência ao que impõe a Constituição Federal. É assegurado, a qualquer tempo, o benefício previdenciário, aplicando-se as regras vigentes à época em que foram atendidos os requisitos para a sua concessão.

20. (TRF 4 – Juiz Federal Substituto 4ª região/2016) Assinale a alternativa correta. Com base nos conceitos e nos princípios informadores da Previdência Social:

a) O Regime Geral da Previdência Social deverá observar critérios que preservem o equilíbrio financeiro e atuarial, bem como possuir caráter contributivo e filiação obrigatória.

b) O caráter democrático e descentralizado da administração da Previdência Social garante participação dos empregadores, dos aposentados e do Governo nos órgãos colegiados, conformando a denominada gestão tripartite.

c) É assegurado o reajustamento dos benefícios previdenciários para preservar-lhes, em caráter permanente, o valor real, conforme critérios definidos em decreto anual do Presidente da República.

d) A Previdência Social, organizada sob a forma do regime geral, atenderá, exclusivamente, nos termos da lei, à cobertura dos eventos de doença, morte e idade avançada.

e) É vedada a adoção de requisitos e critérios diferenciados para a concessão de qualquer aposentadoria no Regime Geral da Previdência Social, por força do princípio da equivalência e da uniformidade dos benefícios.

▷ ***Anotações/Comentários***

Alternativa "A": correta. É exatamente o que dispõe o caput do art. 201 da Constituição Federal.

Alternativa "B": incorreta. O caráter democrático e descentralizado da administração da Previdência Social garante participação dos trabalhadores em atividade, dos empregadores, dos aposentados e do Governo nos órgãos colegiados, conformando a denominada gestão quadripartite.

Alternativa "C": incorreta. É assegurado o reajustamento dos benefícios previdenciários para preservar-lhes, em caráter permanente, o valor real, conforme critérios definidos em lei. Trata-se do princípio da preservação do valor real dos benefícios previdenciários.

Alternativa "D": incorreta. A Previdência Social, organizada sob a forma do regime geral, **não** atenderá, exclusivamente, nos termos da lei, à cobertura dos eventos de incapacidade temporária ou permanente para o trabalho e idade avançada. Dispõe o caput do art. 201 da CF:

A previdência social será organizada sob a forma do Regime Geral de Previdência Social, de caráter contributivo e de filiação obrigatória, observados critérios que preservem o equilíbrio financeiro e atuarial, e atenderá, na forma da lei, a:(Redação dada pela Emenda Constitucional nº 103, de 2019)

I - cobertura dos eventos de incapacidade temporária ou permanente para o trabalho e idade avançada; (Redação dada pela Emenda Constitucional nº 103, de 2019)

II - proteção à maternidade, especialmente à gestante; (Redação dada pela Emenda Constitucional nº 20, de 1998)

III - proteção ao trabalhador em situação de desemprego involuntário; (Redação dada pela Emenda Constitucional nº 20, de 1998)

IV - salário-família e auxílio-reclusão para os dependentes dos segurados de baixa renda; (Redação dada pela Emenda Constitucional nº 20, de 1998)

V - pensão por morte do segurado, homem ou mulher, ao cônjuge ou companheiro e dependentes, observado o disposto no § 2º.

Alternativa "E": incorreta. A vedação para a adoção de requisitos e critérios diferenciados para a concessão de aposentadorias no Regime Geral da Previdência Social não é absoluta. A Constituição ressalva, nos termos de lei complementar, a possibilidade de previsão de idade e tempo de contribuição distintos da regra geral para concessão de aposentadoria exclusivamente em favor dos segurados com deficiência e daquelas cujas atividades sejam exercidas com efetiva exposição a agentes químicos, físicos e biológicos prejudiciais à saúde, ou associação desses agentes.

21. (FCC – Técnico Judiciário – Área Administrativa – TRF 3/2014) Considere os seguintes princípios:

I. Seletividade e Distributividade na Prestação dos Benefícios.

II. Universalidade de Participação nos Planos Previdenciários.

III. Previdência Complementar Facultativa custeada por contribuição adicional.

IV. Irredutibilidade do valor dos benefícios de forma a preservá-lhes o poder aquisitivo.

A Previdência Social, rege-se, dentre outros, pelos princípios indicados em

a) I, III e IV, apenas.

b) I, II e III, apenas.

c) II, III e IV, apenas.

d) I e II, apenas.

e) I, II, III e IV.

▷ ***Anotações/Comentários***

Os princípios da Previdência Social estão dispostos no art. 2º da Lei nº 8.213/91:

> *Art. 2º A Previdência Social rege-se pelos seguintes princípios e objetivos:*
>
> *I – universalidade de participação nos planos previdenciários;*
>
> *II – uniformidade e equivalência dos benefícios e serviços às populações urbanas e rurais;*
>
> *III – seletividade e distributividade na prestação dos benefícios;*
>
> *IV – cálculo dos benefícios considerando-se os salários-de-contribuição corrigidos monetariamente;*
>
> *V – irredutibilidade do valor dos benefícios de forma a preservar-lhes o poder aquisitivo;*
>
> *VI – valor da renda mensal dos benefícios substitutos do salário-de-contribuição ou do rendimento do trabalho do segurado não inferior ao do salário mínimo;*
>
> *VII – previdência complementar facultativa, custeada por contribuição adicional;*
>
> *VIII – caráter democrático e descentralizado da gestão administrativa, com a participação do governo e da comunidade, em especial de trabalhadores em atividade, empregadores e aposentados.*
>
> *Parágrafo único. A participação referida no inciso VIII deste artigo será efetivada a nível federal, estadual e municipal.*

Alternativa correta: "e". Os itens I, II, III e IV estão corretos, como se pode verificar pelo disposto no art. 2º da Lei nº 8.213/91.

5. REGIMES DE PREVIDÊNCIA

22. (FGV - Analista Judiciário – Área Judiciária – TRF1/2024) A natureza contributiva dos regimes previdenciários nacionais é expressamente prevista na Constituição de 1988, sendo atributo necessário para o alcance e manutenção do equilíbrio financeiro e atuarial dos sistemas protetivos.

Sobre o tema, é correto afirmar que:

a) a Constituição de 1988 sempre trouxe previsão expressa da natureza contributiva dos regimes previdenciários de servidores públicos;

b) o Regime Geral de Previdência Social sempre ostentou a aludida natureza contributiva, embora, atualmente, permita a concessão de alguns benefícios sem tempo mínimo de contribuição;

c) a natureza contributiva da previdência social adota, como consequência, a inconstitucionalidade da concessão de qualquer prestação pecuniária estatal sem contribuição do interessado;

d) a proteção previdenciária brasileira, apesar do atributo referido, permite a concessão de aposentadorias sem qualquer custeio, como os benefícios da área rural;

e) - a feição contributiva dos sistemas previdenciários implica o financiamento dos referidos sistemas por meio de impostos, os quais incidem sobre os proventos de qualquer natureza de todos os brasileiros.

▷ ***Anotações/Comentários***

Alternativa a: errada. A Constituição de 1988 nem sempre trouxe previsão expressa da natureza contributiva dos regimes previdenciários de servidores públicos. Foi a partir da Emenda Constitucional n. 20/1998 que veio expressamente constar no caput do art. 40 da CF.

Alternativa b: correta. O Regime Geral de Previdência Social sempre ostentou a aludida natureza contributiva, conforme se verifica na redação original do caput do art. 201 da CF.

É certo que alguns benefícios são concedidos sem que o beneficiário tenha cumprido um número mínimo de contribuição (carência). Como exemplos, temos o salário-família, o auxílio-acidente, o salário-maternidade.

Alternativa c: errada. Apesar da natureza contributiva da previdência social adota, há prestações previdenciárias que não exigem contribuição do interessado, como os serviços social e de reabilitação profissional e os benefícios que não exigem carência mínima de contribuição.

Alternativa d: errada. Não é verdade que os benefícios da área rural não exigem contribuição. Como trabalhador rural, temos o empregado rural, o trabalhador avulso rural, o contribuinte individual rural e o segurado especial.

Para a concessão de aposentadoria rural é exigida a carência mínima de 180 contribuições do segurado, ressalvado o segurado especial que precisa comprovar, a título de carência, 180 meses de exercício efetivo na atividade rural imediatamente anteriores à data do requerimento ou do implemento da idade.

O segurado especial contribui sobre a receita bruta da comercialização da sua produção.

Alternativa a: errada. Os sistemas previdenciários são financiados mediante contribuições e não por receitas de impostos.

23. (IBFC - Técnico Judiciário - Área Administrativa – TRF5/2024) O Regime Geral de Previdência Social, de caráter contributivo e de filiação obrigatória, atenderá, na forma da lei, a ______. Assinale a alternativa que preencha corretamente a lacuna.

a) proteção ao trabalhador em situação de desemprego voluntário

b) pensão por morte do segurado de meio salário mínimo ao cônjuge ou companheiro

c) proteção à maternidade, especialmente à gestante

d) auxílio-reclusão para os dependentes em qualquer situação

▷ ***Anotações/Comentários***

Alternativa a: errada. A proteção se dá somente em situação de desemprego involuntário.

Alternativa b: errada. É assegurada pensão por morte do segurado ao cônjuge ou companheiro no valor de 01 salário mínimo.

Alternativa c: correta. O Regime Geral de Previdência Social, de caráter contributivo e de filiação obrigatória, atenderá, na forma da lei, a proteção à maternidade, especialmente à gestante (art. 201, II, CF).

Alternativa d: errada. É assegurado auxílio-reclusão para os dependentes do segurado de baixa renda, na forma da lei.

6. REGIME GERAL DE PREVIDÊNCIA SOCIAL - SEGURADOS

24. (AOCP - Analista Judiciário - Área Judiciária – TRF2/2024) Nos termos da Lei nº 8.212/1991, assinale a alternativa INCORRETA.

a) É segurado obrigatório da Previdência Social, como empregado, o brasileiro ou estrangeiro domiciliado e contratado no Brasil para trabalhar como empregado em sucursal ou agência de empresa nacional no exterior.

b) A associação em cooperativa agropecuária ou de crédito rural descaracteriza a condição de segurado especial.

c) O aposentado pelo Regime Geral de Previdência Social que estiver exercendo ou que voltar a exercer atividade abrangida por esse regime é segurado obrigatório em relação a essa atividade, ficando sujeito às contribuições de que trata a referida lei, para fins de custeio da Seguridade Social.

d) As importâncias recebidas a título de licença-prêmio indenizada não integram o salário-de-contribuição para os fins da referida lei.

e) A alíquota de contribuição dos segurados contribuinte individual e facultativo será de vinte por cento sobre o respectivo salário-de--contribuição.

▷ ***Anotações/Comentários***

O candidato deve prestar atenção porque terá que identificar a alternativa **incorreta.**

Alternativa a: correta. É o que dispõe o art. 11, inciso I, alínea c, da Lei n. 8.213/91:

> *Art. 11. São segurados obrigatórios da Previdência Social as seguintes pessoas físicas*
>
> *I - como empregado:*
>
> ...
>
> *c) o brasileiro ou o estrangeiro domiciliado e contratado no Brasil para trabalhar como empregado em sucursal ou agência de empresa nacional no exterior;*

Alternativa b: errada. A associação em cooperativa agropecuária ou de crédito rural **não** descaracteriza a condição de segurado especial.

Bom registrar a nova redação do § 8º, inciso VI, do art. 11, da Lei n. 8.213/91, trazida pela Lei n. 15.072, de 26 de dezembro de 2024:

> *Art. 11...*
>
> *§ 8o Não descaracteriza a condição de segurado especial:*
>
> ...
>
> *VI - associação, exceto em cooperativa de trabalho, conforme regulamento: (Redação dada pela Lei nº 15.072, de 2024)*
>
> *a) em cooperativa que tenha atuação vinculada às atividades previstas no inciso VII do caput deste artigo, conforme previsão em seu objeto social ou autorização da autoridade competente; (Incluído pela Lei nº 15.072, de 2024)*

Alternativa c: correta. O aposentado pelo Regime Geral de Previdência Social que estiver exercendo ou que voltar a exercer atividade abrangida por esse regime é segurado obrigatório em relação a essa atividade, ficando sujeito às contribuições de que trata a referida lei, para fins de custeio da Seguridade Social. É o que dispõe o dispõe o § 4º do art. 12 da Lei n. 8.212/91:

> *§ 4º O aposentado pelo Regime Geral de Previdência Social-RGPS que estiver exercendo ou que voltar a exercer atividade abrangida por este Regime é segurado obrigatório em relação a essa atividade, ficando sujeito às contribuições de que trata esta Lei, para fins de custeio da Seguridade Social.*

Alternativa d: correta. É o que dispõe o art. 28, § 9º, alínea e, item 8, da Lei n. 8.212/91:

> *Não integram o salário-de-contribuição para os fins desta Lei, exclusivamente:*
>
> ...
>
> *e) as importâncias:*
>
> *8. recebidas a título de licença-prêmio indenizada;*

Alternativa e: correta. Perfeito, conforme dispõe o art. 21 da Lei n. 8.212/91:

> *Art. 21. A alíquota de contribuição dos segurados contribuinte individual e facultativo será de vinte por cento sobre o respectivo salário-de-contribuição.*

---

25. (FCC - Técnico Judiciário - Área Administrativa – TRF3/2024) Segundo a Lei nº 8.212/1991, são segurados obrigatórios da Previdência Social, no Regime Geral, como empregado, aquele que presta serviço de natureza urbana ou rural à empresa, em caráter

a) não eventual, sob sua subordinação e mediante remuneração, inclusive como diretor empregado, e como contribuinte individual a pessoa física, proprietária ou não, que explora atividade de extração mineral-garimpo, em caráter permanente ou temporário, diretamente ou por intermédio de prepostos, com ou sem o auxílio de empregados, utilizados a qualquer título, ainda que de forma não continua.

b) não eventual, sob sua subordinação e mediante remuneração, inclusive como diretor não empregado, e como contribuinte individual a pessoa física, apenas proprietária, que explora atividade de extração mineral-garimpo, em caráter permanente ou temporário, diretamente ou por intermédio de prepostos, apenas sem o auxílio de empregados, ainda que de forma não contínua.

c) não eventual, sem sua subordinação e mediante remuneração, exceto como diretor empregado, e como contribuinte individual a pessoa física, proprietária ou não, que explora atividade de extração mineral-garimpo, apenas em caráter temporário, diretamente ou por intermédio de prepostos, com ou sem o auxílio de empregados, utilizados a qualquer título, ainda que de forma não continua.

d) eventual, sob sua subordinação e mediante remuneração, inclusive como diretor empregado, e como contribuinte individual a pessoa física, proprietária ou não, que explora atividade de extração mineral-garimpo, em caráter permanente ou temporário, apenas por intermédio de prepostos, com ou sem o auxílio de empregados, utilizados a qualquer título, ainda que de forma não contínua.

e) não eventual, com ou sem subordinação e mediante remuneração, inclusive como membro de conselho de administração de sociedade anônima, e como contribuinte individual a pessoa física, proprietária ou não, que explora atividade de extração mineral--garimpo, apenas em caráter permanente, diretamente ou por intermédio de prepostos, com ou sem o auxílio de empregados, utilizados a qualquer título, ainda que de forma não contínua.

▷ ***Anotações/Comentários***

O candidato deverá identificar a alternativa que trata de hipótese de enquadramento de segurado empregado e de contribuinte individual no RGPS.

Inicialmente, podemos afirmar que o empregado exerce atividade de **caráter não eventual, realizada mediante subordinação e remuneração.** Isso nos leva a afastar as alternativas c, d, e.

O contribuinte individual, por sua vez, quando explora a atividade extrativista mineral, não precisa ser necessariamente o proprietário e poderá ter empregados. Isso afasta a correção da alternativa b.

Correta a alternativa a, por estar de acordo com o que dispõe o art. 11, I, alínea a e inciso V, alínea b, da Lei n. 8.213/91:

> *Art. 11. São segurados obrigatórios da Previdência Social as seguintes pessoas físicas:*
>
> *I - como empregado:*
>
> *a) aquele que presta serviço de natureza urbana ou rural à empresa, em caráter não eventual, sob sua subordinação e mediante remuneração, inclusive como diretor empregado;*
>
> ...
>
> *V - como contribuinte individual:*
>
> ...
>
> *b) a pessoa física, proprietária ou não, que explora atividade de extração mineral - garimpo, em caráter permanente ou temporário, diretamente ou por intermédio de prepostos, com ou sem o auxílio de empregados, utilizados a qualquer título, ainda que de forma não contínua;*

---

26. (FGV - Analista Judiciário – Área Judiciária – TRF1/2024) Jorge, empresário do ramo de confecção, exercendo suas atividades remuneradas de forma exclusiva em sociedade têxtil na qual possui o controle e administração, busca apoio jurídico para melhor identificar sua situação previdenciária.

Na situação hipotética narrada, é correto afirmar que Jorge qualifica-se como:

a) segurado obrigatório do regime previdenciário do estado no qual desempenha suas atividades remuneradas;

b) segurado obrigatório autônomo do Regime Geral de Previdência Social;

c) segurado facultativo do Regime Geral de Previdência Social, pois não possui vínculo empregatício;

d) segurado contribuinte individual do Regime Geral de Previdência Social;

e) segurado especial do Regime Geral de Previdência Social.

▷ ***Anotações/Comentários***

Jorge se enquadra como contribuinte individual na condição de empresário que recebe remuneração da empresa por ali exercer atividades. Confirma o disposto no art. 9º do Decreto n. 3.048/99:

> *Art. 9º São segurados obrigatórios da previdência social as seguintes pessoas físicas:*
>
> *...*
>
> *V – como contribuinte individual:*
>
> *...*
>
> *e) desde que receba remuneração decorrente de trabalho na empresa: (Redação dada pelo Decreto nº 10.410, de 2020).*
>
> *1. o empresário individual e o titular de empresa individual de responsabilidade limitada, urbana ou rural; (Incluído pelo Decreto nº 10.410, de 2020).*

---

27. (CEBRASPE – Procurador do Estado-CE/2021) É segurado facultativo do regime geral de previdência social

a) o servidor público ocupante de cargo em comissão, sem vínculo efetivo.
b) o estudante de ensino superior.
c) o exercente de mandato eletivo federal, estadual ou municipal, desde que não vinculado a regime próprio de previdência social.
d) o ministro de confissão religiosa.

▷ ***Anotações/Comentários***

O segurado facultativo não exerce atividade remunerada. Aquele que exerce atividade remunerada abrangida pelo RGPS será enquadrado como segurado obrigatório.

Por exclusão, temos como segurado facultativo apenas o estudante de ensino superior, vez que as demais alternativas trazem segurados que exercem atividade e, portanto, são segurados obrigatórios do RGPS.

O segurado facultativo é a pessoa física que não se enquadra na qualidade de segurado obrigatório do RGPS, tampouco figura como segurado obrigatório de regime próprio de previdência social e que, por vontade própria, filia-se ao RGPS a fim de obter proteção previdenciária do Estado. Sua filiação poderá ocorrer para maiores de 16 anos, com a inscrição e o pagamento da primeira contribuição previdenciária sem atraso.

---

28. (CEBRASPE – Assessor Jurídico – Direito – CODEVASF/2021) Indivíduo sem vínculo efetivo com qualquer dos entes federativos que tenha sido nomeado para exercer cargo em comissão junto a órgão público federal é considerado segurado obrigatório do RGPS, devido ao cargo que passou a ocupar.

- CERTO
- ERRADO

▷ ***Anotações/Comentários***

O servidor que ocupa, exclusivamente, cargo em comissão é enquadrado segurado obrigatório do RGPS. Assim é, também, servidor que ocupa cargo temporário e o empregado público.

---

29. (CEBRASPE – Procurador – TC – DF/2021) Acerca de segurados e de custeio para o regime geral de previdência social (RGPS), julgue os itens a seguir.

Professor contratado para exercer cargo temporário junto à Secretaria de Educação do Distrito Federal é considerado segurado obrigatório do RGPS.

- CERTO
- ERRADO

▷ ***Anotações/Comentários***

No caso, trata-se de servidor que ocupa cargo temporário e, portanto, segurado obrigatório do RGPS.

---

30. (CEBRASPE – Delegado de Polícia – PF/2021) Considerando que determinado servidor público, ocupante de cargo em comissão, esteja preparando-se para o concurso de delegado da Polícia Federal, julgue os itens a seguir.

É correto afirmar que, atualmente, o servidor em questão é segurado facultativo da previdência social.

- CERTO
- ERRADO

▷ ***Anotações/Comentários***

Servidor que ocupa, exclusivamente, cargo em comissão está amparado pelo regime geral de previdência social. Será enquadrado como segurado obrigatório.

---

31. (CEBRASPE – PGDF/2021) É considerada segurada especial a pessoa física que exerce atividade em exposição a agentes químicos, físicos ou biológicos prejudiciais à saúde.

- CERTO
- ERRADO

▷ ***Anotações/Comentários***

Aqui o examinador quis confundir o candidato trazendo condições para concessão da aposentadoria especial.

Guarde: segurado especial não tem direito à aposentadoria especial.

O segurado especial exerce, individualmente ou em regime de economia familiar, atividade:

➢ agropecuária em área inferior ou igual a 04 módulos fiscais, na condição de produtor, parceiro, meeiro, arrendatário, comodatário, usufrutuário, assentado, sem empregados permanentes;
➢ pesqueira artesanal;
➢ extrativista vegetal ou de seringueiro como seu meio principal de vida.

---

32. (CEBRASPE - 2021 - PGE-AL - Procurador do Estado) - João, profissional autônomo regularmente filiado ao Regime Geral de Previdência Social (RGPS), está em gozo de auxílio-doença desde junho de 2021.

Maria, empregada doméstica, está desempregada desde abril de 2020.

Pedro é professor empregado, mas está licenciado sem remuneração desde maio de 2020.

Julia é empregada e está em gozo de auxílio-acidente desde fevereiro de 2020.

Sérgio é tenente da Força Aérea Brasileira (FAB) há 6 meses.

Todos verteram 100 contribuições para o RGPS.

À luz dessas informações, assinale a opção correta.

a) Sérgio mantém a qualidade de segurado até 6 meses após o seu ingresso na FAB.
b) João mantém a qualidade de segurado independentemente do prazo em que esteja no gozo de auxílio-doença.
c) Maria mantém a qualidade de segurada por 24 meses, prorrogáveis por mais 12 meses.
d) Pedro mantém a qualidade de segurado por 12 meses, prorrogáveis pelo mesmo período.
e) Julia mantém a qualidade de segurada enquanto estiver em gozo de auxílio-acidente.

▷ ***Anotações/Comentários***

A questão traz a situação de segurados que não estão contribuindo para o RGPS em razão de desemprego, licença não remunerada, recebimento de auxílio-acidente.

O candidato deve analisar por qual período o segurado manterá seu vínculo com a previdência social, mesmo não estando contribuindo para o sistema. Trata-se do período de graça.

Alternativa "A": incorreta. O período de graça de 06 meses é aplicado para o segurado facultativo após a cessação das contribuições. Não é o caso de Sérgio.

PREVIDENCIÁRIO

Alternativa "B": correta. Mantém a qualidade de segurado por prazo ilimitado o segurado que estiver em gozo de benefício, exceto de auxílio-acidente. João está em gozo de auxílio-doença, denominado atualmente de auxílio por incapacidade temporária.

Alternativa "C": incorreta. Maria está desempregada desde abril de 2020. Seu período de graça é de até 12 meses após a cessação das contribuições. Não há se falar em prorrogação porque Maria não tem mais de 120 contribuições e/ou não se sabe se ela foi demitida involuntariamente.

Alternativa "D": incorreta. Pedro mantém a qualidade de segurado por até 12 meses. É que o segurado que estiver licenciado sem remuneração manterá a qualidade de segurado por até 12 meses. Como ele não tem mais de 120 contribuições, não é possível prorrogar esse período de graça.

Alternativa "E": incorreta. O gozo de auxílio-acidente não mantém a qualidade de segurado.

---

33. (FCC – Técnico Judiciário – Área Administrativa – TRF 3/2019) Considere as afirmações abaixo.

I. Mantém a qualidade de segurado, independentemente de contribuições até 6 meses após a cessação das contribuições, o segurado facultativo.

II. Mantém a qualidade de segurado, independentemente de contribuições até 4 meses após o licenciamento, o segurado incorporado às Forças Armadas para prestar serviço militar.

III. Mantém a qualidade de segurado, independentemente de contribuições, sem limite de prazo, quem está em gozo de benefício, exceto do auxílio-acidente.

IV. A perda da qualidade de segurado ocorrerá no dia seguinte ao do término do prazo fixado no Plano de Custeio da Seguridade Social para recolhimento da contribuição referente ao mês imediatamente posterior ao do final dos prazos estabelecidos pela Lei no 8.213/1991.

Está correto o que consta APENAS de

a) II e IV.
b) I, III e IV.
c) I e IV.
d) II, III e IV.
e) I, II e III.

▷ ***Anotações/Comentários***

Item I: correto. Nos termos no inciso VI do art. 15 da Lei nº 8.213/91, o segurado facultativo mantém a qualidade de segurado, independentemente de contribuições, até 6 meses após a cessação das contribuições.

Item II: errado. Mantém a qualidade de segurado, independentemente de contribuições até 3 meses após o licenciamento, o segurado incorporado às Forças Armadas para prestar serviço militar.

Item III: correto. Veja que estar em gozo de auxílio-acidente não mantém a qualidade de segurado. Mantém a qualidade de segurado, independentemente de contribuições, sem limite de prazo, quem está em gozo de benefício, exceto do auxílio-acidente.

Item IV: correto. É o que dispõe o §4º do art. 15 da Lei nº 8.213/91.

Estão corretos o que consta em I, III e IV.

---

34. (FCC – Técnico Judiciário – Área Administrativa – TRF 3/2019) A pessoa física residente em imóvel rural ou em aglomerado urbano ou rural próximo a ele que, individualmente ou em regime de economia familiar, ainda que com eventual auxílio de terceiros, será considerada segurado especial dentro do INSS. Em face desta narrativa, NÃO se pode considerar segurado especial

a) o produtor, usufrutuário, possuidor, assentado ou meeiro outorgados, comodatário ou arrendatário rural que explore atividade agropecuária em área de até 4 módulos fiscais.

b) o cônjuge ou companheiro, bem como filho maior de 16 anos de idade ou a este equiparado, do segurado, que, comprovadamente, trabalhe com o grupo familiar respectivo.

c) o pescador artesanal ou a este assemelhado que faça da pesca profissão habitual ou principal meio de vida.

d) a pessoa física, proprietária ou não, que explora atividade de extração mineral - garimpo, em caráter permanente ou temporário, diretamente ou por intermédio de prepostos, com ou sem o auxílio de empregados, utilizados a qualquer título, ainda que de forma não contínua.

e) seringueiro ou extrativista vegetal que exerça suas atividades nos termos da Lei nO 9.985/2000 e faça dessas atividades o principal meio de vida.

▷ ***Anotações/Comentários***

O candidato terá que identificar a alternativa que não trata de segurado especial.

Alternativa "A": correta. É segurado especial o produtor, usufrutuário, possuidor, assentado ou meeiro outorgados, comodatário ou arrendatário rural que explore atividade agropecuária em área de até (inferior ou igual a) 4 módulos fiscais.

Alternativa "B": correta. O cônjuge ou companheiro, bem como filho maior de 16 anos de idade ou a este equiparado, do segurado, que, comprovadamente, trabalhe com o grupo familiar respectivo vai ser considerado, também, segurado especial.

Alternativa "C": correta. Considera-se segurado especial o pescador artesanal ou a este assemelhado que faça da pesca profissão habitual ou principal meio de vida.

Alternativa "D": incorreta. a pessoa física, proprietária ou não, que explora atividade de extração mineral - garimpo, em caráter permanente ou temporário, diretamente ou por intermédio de prepostos, com ou sem o auxílio de empregados, utilizados a qualquer título, ainda que de forma não contínua não é enquadrada como segurado especial. O garimpeiro é considerado segurado obrigatório do RGPS na condição de contribuinte individual.

Alternativa "E": correta. Considera-se segurado especial o seringueiro ou extrativista vegetal que exerça suas atividades nos termos da Lei nº 9.985/2000 e faça dessas atividades o principal meio de vida.

---

35. (FCC – Analista Judiciário – Área Judiciária – TRT 15/2018) Considere as situações hipotéticas abaixo.

I. Cleide está cumprindo pena de reclusão pela prática do crime de homicídio qualificado.

II. Duda deixou de exercer atividade remunerada abrangida pela Previdência Social.

III. Firmina está passando por dificuldades financeiras e deixou de contribuir para a Previdência Social na qualidade de segurada facultativa.

De acordo com o Decreto no 3.048/1999, Cleide, Duda e Firmina manterão a qualidade de seguradas, independentemente de contribuições, respectivamente, até

a) doze meses após o livramento; doze meses após a cessação das contribuições e doze meses após a cessação das contribuições.
b) seis meses após o livramento; doze meses após a cessação das contribuições e doze meses após a cessação das contribuições.
c) doze meses após o livramento; doze meses após a cessação das contribuições e seis meses após a cessação das contribuições.
d) seis meses após o livramento; seis meses após a cessação das contribuições e seis meses após a cessação das contribuições.
e) doze meses após o livramento; seis meses após a cessação das contribuições e seis meses após a cessação das contribuições.

▷ ***Anotações/Comentários***

O candidato terá que analisar o período de graça de cada segurado. Vamos lá.

Cleide manterá a qualidade de segurada por até 12 meses após o livramento.

Duda manterá a qualidade de segurada por até 12 meses após a cessação das contribuições. Como Firmina é segurada facultativa e cessou suas contribuições, manterá a qualidade de segurada por até 6 meses após a cessação das contribuições.

A alternativa que traz corretamente os períodos de graça é a 'C'.

36. (FCC – Analista Judiciário – Área Judiciária – TRT 6/2018) Júlio, auxiliar de produção da Empresa Fios Especiais Ltda., foi injustamente dispensado, recebendo devidamente suas verbas rescisórias. Nesse caso, Júlio

a) manterá sua qualidade de segurado da Previdência Social, independentemente de contribuições, até doze meses após a cessação das contribuições.

b) manterá sua qualidade de segurado da Previdência Social, independentemente de contribuições, até dezoito meses após a cessação das contribuições.

c) não manterá sua qualidade de segurado da Previdência Social após o término do recebimento das parcelas do Seguro-desemprego.

d) manterá sua qualidade de segurado da Previdência Social, independentemente de contribuições, até seis meses após a cessação das contribuições.

e) não manterá sua qualidade de segurado da Previdência Social, mesmo recebendo as parcelas do Seguro-desemprego.

▷ ***Anotações/Comentários***

Observe que o tema perda e manutenção da qualidade de segurado é muito recorrente nas provas de concursos.

No caso, Júlio foi demitido e supõe-se que deixou de contribuir para a previdência social.

Como não há informação de que Júlio tenha mais de 120 contribuições, nem que teve seu desemprego registrado no órgão competente do Ministério do Trabalho e Previdência, pode-se afirmar que Júlio manterá a qualidade de segurado por até 12 meses, independentemente de contribuições, após cessas as contribuições, conforme se depreende do disposto no inciso II do art. 15 da Lei nº 8.213/91.

37. (CEBRASPE – Procurador do Estado – PGE – PE/2018 - adaptada) Hélio, filiado ao RGPS há mais de dez anos, foi demitido do emprego em fevereiro de 2018, interrompendo o recolhimento das contribuições sociais. Nesse caso, Hélio

a) manterá a qualidade de segurado até a readmissão em novo emprego, desde que esta ocorra no prazo de quarenta e oito meses.

b) perderá a qualidade de segurado se não voltar a contribuir para o regime geral de previdência social, ainda que como facultativo, em até sessenta dias após a demissão.

c) manterá a qualidade de segurado, sem limite de prazo, se estiver em gozo de benefício previdenciário, **exceto de auxílio-acidente.**

d) perdeu a qualidade de segurado, automaticamente, na data da demissão, se esta ocorreu por justa causa.

e) manterá a qualidade de segurado por cento e vinte dias, a partir da homologação da demissão.

▷ ***Anotações/Comentários***

Os períodos de graça previstos na legislação previdenciária são:

PERÍODOS DE GRAÇA – MANUTENÇÃO DA QUALIDADE DE SEGURADO	
Até 3 meses:	após o licenciamento, o segurado incorporado às Forças Armadas para prestar serviço militar.
Até 6 meses:	após a cessação das contribuições, no caso do segurado facultativo.
Até 12 meses:	cessação das contribuições para os segurados obrigatórios[1;2]; cessação dos benefícios por incapacidade para todos os tipos de segurados[1]; cessação da segregação, do segurado acometido de doença de segregação compulsória; após o livramento condicional.
Sem limite de prazo	Quando o segurado estiver em gozo de benefício previdenciário, exceto de auxílio-acidente.

1. Pode ter acréscimo de 12 meses quando tiver mais de 120 contribuições ininterruptas que não acarretem a perda da qualidade de segurado.
2. Pode ter acréscimo de 12 meses quando o empregado estiver desempregado de forma involuntária e comprovar tal situação por meio do Ministério do Trabalho e Emprego. A jurisprudência aceita para comprovar a situação de desemprego por outros meios admitidos em direito (súmula nº 27, TNU).

Foi necessário adaptar a questão em face das alterações legislativas posteriores à data da sua elaboração. A alternativa "c" foi adaptada, incluindo a expressão "exceto do auxílio-acidente".

Alternativa "a": errada. O segurado manterá sua qualidade de segurado por até 12, 24 ou 36 meses. Seu período de graça será de 12 meses, se tiver a remuneração cessada e cessadas as contribuições. Esse período poderá ser de 24 meses caso o segurado tenha mais de 120 contribuições ininterruptas sem acarretar a perda da qualidade de segurado. E, se a demissão for registrada perante o órgão competente, os períodos de 12 ou de 24 meses, poderão ser acrescidos de 12 meses.

Alternativa "b": incorreta. Hélio não terá período de graça de até 60 meses, em nenhuma hipótese. O período máximo que poderá continuar na qualidade de segurado será de 36 meses, conforme explicado na alternativa anterior.

Alternativa "c": correta. Se Hélio estiver em gozo de benefício previdenciário, exceto de auxílio-acidente, manterá sua qualidade de segurado, sem limite de prazo. O benefício de auxílio-acidente não possibilita a manutenção da qualidade de segurado.

Alternativa "d": incorreta. A demissão do segurado não leva automaticamente à perda da qualidade de segurado.

Alternativa "e": incorreta. O período máximo que poderá continuar na qualidade de segurado será de 36 meses, conforme explicado na alternativa "a".

38. (FCC – Analista Judiciário – Área Judiciária – TRT 6/2018) Ricardo exerce a função de ensacador de cacau e, nesta condição, é considerado

a) autônomo e segurado facultativo da Previdência Social.

b) trabalhador avulso e segurado facultativo da Previdência Social.

c) trabalhador eventual e segurado obrigatório da Previdência Social.

d) trabalhador eventual e segurado especial da Previdência Social.

e) trabalhador avulso e segurado obrigatório da Previdência Social.

▷ ***Anotações/Comentários***

Essa questão é interessante porque o candidato poderia resolvê-la apenas com os conceitos de segurado obrigatório e facultativo.

Segurado facultativo não exerce atividade remunerada, portanto, não teria como aceitar 'trabalhador e segurado facultativo'. Com isso, estariam eliminadas as alternativas 'A' e 'B'.

Alternativa "C": errada. São segurados obrigatórios da Previdência Social: empregado, empregado doméstico, trabalhador avulso, contribuinte individual e especial.

A alternativa 'D' está errada porque o segurado especial não é aquele que exerce trabalha eventualmente.

Alternativa "E": correta. O trabalhador avulso presta serviço, de caráter eventual, a empresa urbana ou rural, com intermediação obrigatória do sindicato ou do órgão gestor de mão de obra. As atividades exercidas estão taxativamente listadas no Decreto n. 3.048/99 e, dentre elas, a de ensacador de cacau.

39. (FCC – Técnico Judiciário – Área Administrativa – TRF 4/2014) Maria Cipriana já pagou mais de 120 (cento e vinte) contribuições mensais, ininterruptas, à Previdência Social. Encontra-se cadastrada no órgão próprio do Ministério do Trabalho e Emprego. Maria está desempregada de forma involuntária há dezoito meses.

Em face desta situação, Maria Cipriana

a) não ostenta mais a qualidade de segurada da Previdência Social.

b) continua na condição de segurada por mais 18 meses.

c) continua na condição de segurada por mais 36 meses.

d) deverá contribuir por mais 6 meses para continuar na qualidade de segurada.

e) deverá contribuir por mais 3 meses para continuar na qualidade de segurada.

▷ ***Anotações/Comentários***

O examinador foi muito feliz na elaboração da questão.

Qual seria o período de graça de Maria Cipriana? Maria Cipriana manterá a qualidade de segurada por 36 meses, contado a partir da competência seguinte ao da sua demissão, porque:

a) 12 meses em razão da cessação das contribuições,

b) acréscimo de 12 meses por ter mais de 120 contribuições ininterruptas que acarretasse a perda da qualidade de segurada,

c) acréscimo de 12 meses em razão do desemprego involuntário e registrado no órgão próprio do Ministério do Trabalho e Emprego (MTE).

Como Maria Cipriana já está desempregada há 18 meses, ela ainda mantém a qualidade de segurada por mais 18 meses, totalizando o período de graça de 36 meses.

Assim, a **alternativa correta é a 'B'.**

7. REGIME GERAL DE PREVIDÊNCIA SOCIAL – DEPENDENTES

40. (FCC - Técnico Judiciário - Área Administrativa – TRF3/2024) Segundo a Lei nº 8.213/1991, são beneficiários do Regime Geral de Previdência Social, na condição de dependentes do segurado: O cônjuge, a companheira, o companheiro e o filho

a) emancipado, sob certas condições, menor de 21 anos ou inválido ou que tenha deficiência intelectual ou mental ou deficiência grave; os pais; e o irmão emancipado, sob certas condições, menor de 21 anos ou inválido ou que tenha deficiência intelectual ou mental ou deficiência grave.

b) não emancipado, de qualquer condição, menor de 18 anos ou inválido ou que tenha apenas deficiência intelectual ou deficiência grave; os pais; e o irmão emancipado, de qualquer condição, menor de 21 anos ou inválido ou que tenha apenas deficiência intelectual ou deficiência grave.

c) não emancipado, de qualquer condição, menor de 21 anos ou inválido ou que tenha deficiência intelectual ou mental ou deficiência grave; os pais; e o irmão não emancipado, de qualquer condição, menor de 21 anos ou inválido ou que tenha deficiência intelectual ou mental ou deficiência grave.

d) emancipado, de qualquer condição, menor de 21 anos ou inválido ou que tenha apenas deficiência mental ou deficiência grave; os pais; e o irmão emancipado, de qualquer condição, menor de 21 anos ou inválido ou que tenha apenas deficiência mental ou deficiência grave.

e) não emancipado, sob certas condições, menor de 24 anos ou inválido ou que tenha deficiência intelectual ou mental ou deficiência grave; os pais; e o irmão não emancipado, sob certas condições, menor de 24 anos ou inválido ou que tenha deficiência intelectual ou mental ou deficiência grave.

▷ ***Anotações/Comentários***

São beneficiários do Regime Geral de Previdência Social, na condição de dependentes do segurado: O cônjuge, a companheira, o companheiro e o filho não emancipado, de qualquer condição, menor de 21 anos ou inválido ou que tenha deficiência intelectual ou mental ou deficiência grave; os pais; e o irmão não emancipado, de qualquer condição, menor de 21 anos ou inválido ou que tenha deficiência intelectual ou mental ou deficiência grave, conforme dispõe o art. 16, inciso I, da Lei n. 8.213/91.

41. (MPT – Procurador do Trabalho – MPT/2020) À luz da Lei nº 8.213/1991, assinale a alternativa INCORRETA:

a) São beneficiários do Regime Geral de Previdência Social, na condição de dependentes do segurado o cônjuge, companheira, companheiro e o filho não emancipado, de qualquer condição, menor de 21 (vinte e um) anos ou inválido ou que tenha deficiência intelectual ou mental ou deficiência grave; os pais; o irmão emancipado, de qualquer condição, menor de 21 anos ou inválido ou que tenha deficiência intelectual ou mental ou deficiência grave.

b) Equipara-se ao acidente de trabalho o infortúnio ligado à atividade laboral que, embora não tenha sido a causa única, haja contribuído diretamente para a morte do segurado, para a redução ou perda da sua capacidade para o trabalho, ou produzido lesão que exija atenção médica para a sua recuperação.

c) Equipara-se ao acidente de trabalho o infortúnio sofrido pelo segurado, ainda que fora do local e horário de trabalho, na prestação espontânea de qualquer serviço à empresa para lhe evitar prejuízo ou proporcionar proveito.

d) O período de carência para concessão de aposentadoria por idade é de 180 (cento e oitenta) contribuições mensais.

e) Não respondida.

▷ ***Anotações/Comentários***

Alternativa "a": incorreta. O erro está quando se trata do irmão como dependente do segurado do RGPS. É dependente do segurado do RPGS o irmão **não** emancipado, de qualquer condição, menor de 21 anos ou inválido ou que tenha deficiência intelectual ou mental ou deficiência grave.

Alternativa "b": correta. É o que se encontra disposto no art. 21, I, da Lei n. 8.213/91. Acidente de trabalho por equiparação.

Alternativa "c": correta. Disposição contida no art. 21, IV, 'b', da Lei n. 8.213/91. Trata-se de acidente de trabalho por equiparação.

Alternativa "d": correta. Correto. Mas, temos que chamar a atenção do leitor que, com a reforma da previdência social pela EC n. 103/19, a aposentadoria programada do segurado do RGPS passou a exigir, cumulativamente, idade mínima e tempo de contribuição.

42. (Cespe – Analista Judiciário – Área Judiciária – STJ/2018) A respeito do regime geral da previdência social (RGPS), julgue os itens que se seguem, considerando a jurisprudência dos tribunais superiores.

Os genitores de segurado do RGPS serão seus dependentes independentemente de comprovação da dependência econômica.

- CERTO
- ERRADO

▷ ***Anotações/Comentários***

Os pais do segurado do RGPS são dependentes de 2ª classe e precisam comprovar a dependência econômica no momento do óbito ou da reclusão do segurado.

8. ACIDENTE DO TRABALHO

43. (FGV – Analista Judiciário – Oficial de Justiça Avaliador – TRT – Paraíba – 2023) Nelson é empregado numa pousada para turistas no litoral sul da Paraíba, local conhecido por suas belas praias. Nelson sofreu um acidente do trabalho típico em março de 2022, afastou-se do trabalho por 90 dias em benefício previdenciário acidentário, e retornou ao emprego em julho de 2022. Contudo, o empregador de Nelson começou a desconfiar de algumas de suas condutas, ao mesmo tempo em que notou o desaparecimento de vários produtos da pousada. Então, o titular da empresa acessou as câmeras de segurança e, para sua surpresa, viu as gravações de Nelson furtando toalhas, lençóis, pratos e talheres, além de acessar indevidamente a caixa registradora da pousada e retirar R$ 150,00 para si. Indignado, o proprietário decidiu terminar o contrato com Nelson. Diante dos fatos narrados e da CLT, assinale a afirmativa correta.

a) Uma vez que Nelson está em período estabilitário, a dispensa somente poderá ocorrer sem justa causa.

b) É possível a dispensa por justa causa, mas a empresa deverá instaurar previamente inquérito judicial para apurar a falta grave.

c) Estando o empregado no período de garantia no emprego, a empresa não poderá romper o contrato de Nelson por 12 meses a partir do retorno.

d) Apesar da atitude de Nelson ser reprovável, o valor dos produtos furtados não é expressivo, daí não há tipificação para a justa causa.

e) A falta grave está caracterizada e Nelson poderá ser dispensado imediatamente por justa causa.

▷ ***Anotações/Comentários***

A estabilidade do acidentado, assegurada pelo disposto no art. 118 da Lei nº 8.213/91, garante a manutenção do contrato de trabalho do segurado pelo prazo mínimo de 12 meses após a cessação do auxílio por incapacidade temporária acidentário.

Mas, a regra não se aplica a todos os casos de demissão. A intenção do legislador é proteger o trabalhador em caso de desemprego involuntário, no caso, demissão sem justa causa.

No caso apresentado, o empregado cometeu causa grave e passível de demissão por justa causa. Não será protegido pela estabilidade do acidentado.

Alternativa "A": incorreta. O período de estabilidade que o empregado tem não impede sua demissão por justa causa.

Alternativa "B": incorreta. Não é condição para demissão por justa causa a instauração de inquérito.

Alternativa "C": incorreta. A garantia de 12 meses do emprego não é aplicada em casos de demissão por justa causa.

Alternativa "D": incorreta. Não se aplica o princípio da insignificância nos casos de demissão por justa causa.

> [...] Situação bastante intrigante é verificada quando o empregado atenta contra o patrimônio de seu empregador, praticando ato de improbidade tipificado no artigo 482, alínea "a", da CLT, circunstância que enseja a imediata quebra de confiança, que impossibilita a manutenção do contrato de trabalho.
>
> Para os casos em que a falta grave do empregado consiste em ato de improbidade, não há que se falar em gradação da pena, pois, uma vez quebrada a confiança, inexistem motivos para continuidade do contrato de trabalho.
>
> Sendo assim, pouco importa a expressão monetária do bem subtraído ou do prejuízo causado, mas sim a consequência que o ato acarreta para a relação entre empregado e empregador, haja vista o impacto direto na confiança que é inerente ao contrato de emprego e que é abalada com o ato faltoso grave.
>
> [...] Assim, concluímos que o valor ou insignificância do bem envolvido no ato de improbidade, que revela absoluta falta de retidão de caráter, não afasta a penalidade, pois o comportamento inadequado do empregado macula, na essência, a relação de confiança que existia entre as partes, impedindo a continuidade da relação empregatícia.
>
> Fonte: https://www.megajuridico.com/justa-causa-e-o-principio-da-insignificancia/

Alternativa "E": correta. Como já mencionado, o empregado com garantia de emprego poderá ser demitido por justa causa.

---

44. (FGV – Analista Judiciário – Área Judiciária – TRT – MA – 2022) Pedro estava em seu horário de almoço e alimentava-se no refeitório da empresa. Ao levantar e se dirigir ao balcão para deixar sua bandeja, Pedro escorregou, porque o chão estava molhado, e teve violenta queda, machucando-se e quebrando o prato e a bandeja que conduzia. Diante dos fatos narrados e da Lei previdenciária, assinale a afirmativa correta.

a) O evento não foi acidente do trabalho porque Pedro não estava trabalhando, e sim no horário de refeição.

b) O acidente do trabalho somente ficará caracterizado se Pedro não se recuperar em 15 dias consecutivos.

c) Houve acidente do trabalho e a empresa deverá emitir CAT até o 1º dia útil seguinte ao evento, sob pena de multa.

d) Uma vez que a desatenção foi de Pedro, não se caracteriza acidente do Trabalho e o empregado deverá arcar com o prejuízo material que causou à empresa.

e) Em 24 horas a empresa terá de emitir a CAT e a autoridade policial deverá ser convocada para instaurar inquérito.

▷ ***Anotações/Comentários***

O caso se enquadra no conceito de acidente de trabalho e o fato de ter ocorrido no horário da refeição, o segurado estava no local e no horário do trabalho.

Confira o disposto no art. 19 e no art. 21 da Lei nº 8.213/91:

> ***Art. 19.*** *Acidente do trabalho é o que ocorre pelo exercício do trabalho a serviço de empresa ou de empregador doméstico ou pelo exercício do trabalho dos segurados referidos no inciso VII do art. 11 desta Lei, provocando lesão corporal ou perturbação funcional que cause a morte ou a perda ou redução, permanente ou temporária, da capacidade para o trabalho.*
>
> *Art. 21...*
>
> *§ 1º Nos períodos destinados a refeição ou descanso, ou por ocasião da satisfação de outras necessidades fisiológicas, no local do trabalho ou durante este, o empregado é considerado no exercício do trabalho.*

Ocorrido o acidente de trabalho, deverá a empresa emitir CAT até o primeiro dia útil seguinte ao evento e, caso não o faça, terá aplicação de multa.

---

45. (FGV – Analista Judiciário – Área Judiciária – Oficial de Justiça Avaliador - TRT – MA – 2022) Pedro estava em seu horário de almoço e alimentava-se no refeitório da empresa. Ao levantar e se dirigir ao balcão para deixar sua bandeja, Pedro escorregou, porque o chão estava molhado, e teve violenta queda, machucando-se e quebrando o prato e a bandeja que conduzia. Diante dos fatos narrados e da Lei previdenciária, assinale a afirmativa correta.

a) O evento não foi acidente do trabalho porque Pedro não estava trabalhando, e sim no horário de refeição.

b) O acidente do trabalho somente ficará caracterizado se Pedro não se recuperar em 15 dias consecutivos.

c) Houve acidente do trabalho e a empresa deverá emitir CAT até o 1º dia útil seguinte ao evento, sob pena de multa.

d) Uma vez que a desatenção foi de Pedro, não se caracteriza acidente do Trabalho e o empregado deverá arcar com o prejuízo material que causou à empresa.

e) Em 24 horas a empresa terá de emitir a CAT e a autoridade policial deverá ser convocada para instaurar inquérito.

▷ ***Anotações/Comentários***

O caso se enquadra no conceito de acidente de trabalho e o fato de ter ocorrido no horário da refeição, o segurado estava no local e no horário do trabalho.

Confira o disposto no art. 19 e no art. 21 da Lei nº 8.213/91:

> ***Art. 19.*** *Acidente do trabalho é o que ocorre pelo exercício do trabalho a serviço de empresa ou de empregador doméstico ou pelo exercício do trabalho dos segurados referidos no inciso VII do art. 11 desta Lei, provocando lesão corporal ou perturbação funcional que cause a morte ou a perda ou redução, permanente ou temporária, da capacidade para o trabalho.*
>
> *Art. 21...*
>
> *§ 1º Nos períodos destinados a refeição ou descanso, ou por ocasião da satisfação de outras necessidades fisiológicas, no local do trabalho ou durante este, o empregado é considerado no exercício do trabalho.*

Ocorrido o acidente de trabalho, deverá a empresa emitir CAT até o primeiro dia útil seguinte ao evento e, caso não o faça, terá aplicação de multa.

---

46. (CEBRASPE – Procurador do Estado-CE/2021) Acerca de legislação acidentária, regulamentação do seguro de acidentes do trabalho e moléstias profissionais, assinale a opção correta.

a) Caso um segurado da previdência pública seja acometido por doença degenerativa, restará configurada a moléstia profissional que enseja direitos decorrentes dessa condição.

b) Tamanha é a importância do cumprimento das normas de segurança e higiene do trabalho que a legislação previdenciária prevê contravenção penal, punível com multa, para a empresa que deixar de cumpri-las.

c) Acidente sofrido por segurado no local e horário de trabalho em decorrência de ato de imprudência de terceiro não configura acidente do trabalho.

d) A data de início da incapacidade laborativa decorrente de acidente do trabalho ou moléstia profissional deve ser apurada conforme a data da ocorrência do acidente ou a da segregação compulsória, não sendo válido o dia da realização do diagnóstico.

▷ ***Anotações/Comentários***

Alternativa "a": incorreta. Doença degenerativa não pode ser considerada doença do trabalho, conforme dispõe o art. 20, §1º da Lei nº 8.213/91.

Alternativa "b": correta. É o que se depreende do disposto no art. 19, §2º, da Lei nº 8.213/91.

Alternativa "c": incorreta. Pelo contrário. Equipara-se a acidente do trabalho o acidente sofrido por segurado no local e horário de trabalho em decorrência de ato de imprudência de terceiro ou companheiro de trabalho (art. 21, II, 'a', Lei nº 8.213/91).

Alternativa "d": incorreta. Considera-se como dia do acidente, no caso de doença profissional ou do trabalho, a data do início da incapacidade laborativa para o exercício da atividade habitual, ou o dia da segregação compulsória, ou o dia em que for realizado o diagnóstico, valendo para este efeito o que ocorrer primeiro. É o que dispõe o art. 23 da Lei nº 8.213/91.

47. (MPT – Procurador do Trabalho – MPT/2020) O rompimento da barragem de uma grande mineradora provocou a morte de mais de 200 trabalhadores, próprios e terceirizados, além de outras pessoas que viviam e trabalhavam na região atingida. Considerando esta situação hipotética, analise as assertivas abaixo à luz da Constituição de 1988 e da Lei n° 8.213/91:

I - O falecimento do empregado "X", de pousada que não era de propriedade da mineradora, que estava prestando serviço em seu local de trabalho no momento do rompimento da barragem, não pode ser equiparado ao acidente de trabalho, em razão da ocorrência de caso fortuito e de força maior.

II - A empresa proprietária da barragem deverá comunicar o acidente do trabalho à Previdência Social até o quinto dia útil seguinte ao da ocorrência.

III - O falecimento do empregado doméstico "Y", que estava prestando serviço em seu local de trabalho no momento do rompimento da barragem, não pode ser equiparado a acidente de trabalho, em razão da ocorrência de caso fortuito e de força maior, e da especificidade do trabalho doméstico.

IV - Para fins de concessão do benefício previdenciário decorrente do acidente de trabalho, os dependentes dos trabalhadores falecidos deverão provar que o rompimento da barragem decorreu de culpa da mineradora.

Assinale a alternativa CORRETA:

a) Apenas as assertivas I e III estão incorretas.
b) Apenas as assertivas II e IV estão incorretas.
c) Apenas a assertiva IV está incorreta.
d) Todas as assertivas estão incorretas.
e) Não respondida.

▷ ***Anotações/Comentários***

Assertiva I: errada. No caso, pode-se afirmar que o empregado "X" faleceu em razão de acidente do trabalho por equiparação, aplicando-se o art. 21, II, 'e', da Lei n. 8.213/91.

Assertiva II: errada. No caso de morte, cabe à empresa comunicar imediatamente à autoridade competente a ocorrência de acidente do trabalho.

Assertiva III: errada. O acidente do trabalho **também** contempla o empregado doméstico. A sua morte foi decorrente de acidente do trabalho por equiparação em razão da ocorrência de caso fortuito e de força maior.

Assertiva IV: errada. Para a concessão do benefício previdenciário decorrente de acidente do trabalho, os dependentes precisam comprovar que a morte ocorreu em razão do acidente do trabalho, independentemente de culpo ou dolo da empresa.

Alternativa correta: letra "d". Todas as alternativas estão incorretas.

48. (FCC – Técnico Judiciário – Área Administrativa – TRF 4/2014) Sobre as Leis no 8.213/1991 e 8.212/1991, considere:

I. Constitui contravenção penal, punível com multa, deixar a empresa de cumprir as normas de segurança e higiene do trabalho.

II. A Seguridade Social compreende um conjunto integrado de ações de iniciativa dos poderes públicos e da sociedade, destinado a assegurar o direito relativo à saúde, à previdência e à assistência social e, entre seus princípios, encontra-se seletividade e distributividade na prestação dos benefícios e serviços.

III. Equipara-se ao empregador rural pessoa física o consórcio simplificado de produtores rurais, formado pela união de produtores rurais pessoas físicas, que outorgar a um deles poderes para contratar, gerir e demitir trabalhadores para prestação de serviços, exclusivamente, aos seus integrantes, mediante documento registrado em cartório de títulos e documentos.

IV. A empresa com 100 (cem) ou mais empregados está obrigada a preencher de 2% (dois por cento) a 5% (cinco por cento) dos seus cargos com beneficiários reabilitados ou pessoas portadoras de deficiência, habilitadas.

V. O segurado que sofreu acidente do trabalho tem garantida, pelo prazo máximo de doze meses, a manutenção do seu contrato de trabalho na empresa, após a cessação do auxílio-doença acidentário, independentemente de percepção de auxílio-acidente.

Está correto o que consta APENAS em

a) I, III e IV.
b) I, II, IV e V.
c) III, IV e V.
d) II e III.
e) I, II, III e IV.

▷ ***Anotações/Comentários***

Assertiva I: correta. É o que se depreende do disposto no art. 19, §2º, da Lei nº 8.213/91.

Assertiva II: correta. É o que dispõe o art. 194 da Constituição Federal.

Assertiva III: correta. Assertiva relacionada ao custeio da seguridade social e de pouca recorrência. Mas, o examinador resolveu trazer o conceito de consórcio simplificado de produtores rurais nos termos do disposto no art. 25-A da Lei nº 8.212/91:

> **Art. 25-A.** *Equipara-se ao empregador rural pessoa física o consórcio simplificado de produtores rurais, formado pela união de produtores rurais pessoas físicas, que outorgar a um deles poderes para contratar, gerir e demitir trabalhadores para prestação de serviços, exclusivamente, aos seus integrantes, mediante documento registrado em cartório de títulos e documentos.*

Assertiva IV: correta. Está de acordo com o disposto no art. 93, caput, da Lei nº 8.213/91.

Assertiva V: errada. O segurado que sofreu acidente do trabalho tem garantida, pelo prazo mínimo de doze meses, a manutenção do seu contrato de trabalho na empresa, após a cessação do auxílio por incapacidade temporária acidentário (antigo auxílio-doença acidentário), independentemente de percepção de auxílio-acidente, conforme dispõe o art. 118 da Lei nº 8.213/91.

Está correto o que consta nas assertivas I, II, III e IV.

9. REGIME GERAL DE PREVIDÊNCIA SOCIAL – BENEFÍCIOS E SERVIÇOS PREVIDENCIÁRIOS

49. (AOCP - Analista Judiciário - Área Judiciária – TRF2/2024) De acordo com a Lei nº 8.213/1991, que dispõe sobre os Planos de Benefícios da Previdência Social, é correto afirmar que o auxílio-reclusão

a) não exige período de carência.

b) exige período de carência de doze contribuições mensais.

c) exige período de carência de vinte e quatro contribuições mensais.

d) exige período de carência de trinta e seis contribuições mensais.

e) exige período de carência de sessenta contribuições mensais.

▷ ***Anotações/Comentários***

O auxílio-reclusão requer o cumprimento de 24 contribuições a título de carência.

BENEFÍCIOS QUE EXIGEM CARÊNCIA MÍNIMA DE CONTRIBUIÇÕES À PREVIDÊNCIA SOCIAL:

	Benefícios	Contribuições mensais
COM CARÊNCIA – ART. 25 DA LEI Nº 8.213/91	Auxílio por incapacidade temporária	12
	aposentadoria por incapacidade permanente	12
	Auxílio-reclusão	24
	aposentadoria programada e aposentadoria programada do professor	180
	aposentadoria por idade do trabalhador rural e do garimpeiro que exerce atividade em regime de economia familiar	180
	aposentadoria especial	180
	Aposentadoria do segurado com deficiência	180

50. (CEBRASPE – PGDF – Analista/2021) O recebimento de auxílio-acidente depende de contribuição, para a previdência social por, no mínimo, doze meses

- CERTO
- ERRADO

▷ ***Anotações/Comentários***

O auxílio-acidente não exige carência mínima de contribuições para sua concessão.

51. (CEBRASPE – Procurador do Estado-AL/2021) - Acerca das espécies de benefícios e das prestações previdenciárias, em especial o auxílio-reclusão e o auxílio-doença, assinale a opção correta.

a) O auxílio-reclusão tem carência de 12 contribuições para o RGPS.

b) O auxílio-reclusão é devido ao segurado de baixa renda que, preso em regime fechado, tenha cumprido a carência exigida por lei.

c) Ao segurado que tiver sofrido acidente de trabalho no próprio local de trabalho, a lei garante a manutenção do seu contrato de trabalho por 12 meses após a cessação do auxílio-doença acidentário, independentemente de ele ter gozado auxílio-acidente.

d) O auxílio-doença não acidentário é devido ao segurado que possua ao menos seis contribuições ao RGPS e se encontre impossibilitado de exercer suas atividades por 15 dias.

e) O exercício de atividade remunerada pelo recluso implica a cessação do benefício previdenciário.

▷ ***Anotações/Comentários***

Alternativa "A": incorreta. O auxílio-reclusão tem carência de 24 contribuições para o RGPS.

Alternativa "B": incorreta. O auxílio-reclusão é devido ao conjunto de dependentes do segurado. Não é benefício devido ao segurado.

Alternativa "C": correta. Trata-se da estabilidade do acidentado conforme o disposto no art. 118 da Lei n. 8.213/91.

Alternativa "D": incorreta. O auxílio por incapacidade temporária (antes, auxílio-doença) exige, em regra, o cumprimento da carência mínima de 12 contribuições mensais

Alternativa "E": incorreta. O exercício de atividade remunerada pelo segurado recluso em regime fechado não implica a cessação do benefício previdenciário de auxílio-reclusão para seus dependentes. É o que dispõe o art. 80, §7º, da Lei nº 8.213/91.

52. (CEBRASPE – Defensor Público-PI/2021) Aldo iniciou seu contrato de trabalho em 1.º de março de 2021, passando a efetuar suas primeiras contribuições à previdência social. Em julho de 2021, Aldo sofreu um acidente de moto durante um final de semana em que não trabalhava, tendo, por isso, de ficar hospitalizado. No mês seguinte ao acidente, enquanto Aldo ainda se encontrava hospitalizado, a sua esposa deu entrada em pedido de auxílio-doença em benefício dele. Depois de três meses internado no hospital, Aldo faleceu, em 15 de outubro de 2021, sem deixar filhos ou pais vivos. Nessa situação hipotética, dado o falecimento de Aldo, a sua esposa poderá receber do INSS

a) o auxílio-doença, na qualidade de sucessora.

b) o salário-família, devido a partir da data do acidente de Aldo.

c) a pensão por morte, a partir da data do óbito de Aldo.

d) o auxílio-acidente.

e) a aposentadoria por invalidez do falecido esposo, na qualidade de sucessora.

▷ ***Anotações/Comentários***

Na qualidade de esposa de Aldo, ela terá direito de receber benefício de pensão por morte do segurado. Receberá a partir da data do óbito de Aldo se requerer o benefício em até 90 dias da data do óbito. Se requerer a pensão por morte após 90 dias da data do óbito, a pensão por morte será devida a partir da data da entrada do requerimento.

Os benefícios de auxílio por incapacidade temporária (auxílio-doença), salário-família, auxílio-acidente e aposentadoria por incapacidade permanente (aposentadoria por invalidez) são devidos aos segurados. O dependente não terá direito de recebê-los, ainda que na qualidade de sucessor.

53. (FGV – Juiz de Direito – TJ – PR/2021) Jorge, segurado obrigatório do Regime Geral de Previdência Social (RGPS), ingressa em juízo frente à autarquia previdenciária em busca de aposentadoria por invalidez, nos termos da Lei nº 8.213/1991.

Em tal cenário, uma conduta correta do magistrado do Tribunal de Justiça do Estado do Paraná seria:

a) reconhecer a incompetência da Justiça Estadual para a demanda, sendo irrelevante a origem e natureza da invalidez, assim como a espécie de segurado obrigatório a qual pertence Jorge;

b) admitir que Jorge poderá ter seu pleito atendido, mesmo quando demonstrada a existência da doença profissional em data anterior ao ingresso no atual emprego, a depender da data de início da incapacidade a ser fixada por perícia;

c) admitir que o benefício requerido e eventuais consectários nunca poderão superar o valor máximo de benefícios do RGPS, uma vez concedidos;

d) afirmar que, uma vez demonstrada a incapacidade total e permanente para a atividade habitual de Jorge, devidamente comprovada em perícia judicial, o benefício previdenciário deverá ser concedido, independentemente de outros requisitos;

e) concluir que a aposentadoria por invalidez acidentária, uma vez concedida por sentença judicial transitada em julgado, é imodificável.

▷ ***Anotações/Comentários***

Mais uma vez, temos a banca utilizando o termo 'aposentadoria por invalidez', enquanto o tecnicamente mais correto é 'aposentadoria por incapacidade permanente'.

Alternativa "A": incorreta. Compete à Justiça Estadual processar e julgar as ações previdenciárias de natureza acidentária. Caso o pedido do autor seja aposentadoria por invalidez decorrente de acidente do trabalho, caberá ao juízo estadual julgar a ação.

Alternativa "B": correta. Se o segurado já era portador da doença ou lesão invocada como causa da incapacidade antes do seu ingresso ao RGPS, poderá ter deferido o benefício se a incapacidade sobrevier por motivo de agravamento ou progressão dessa doença ou lesão.

Alternativa "C": incorreta. A aposentadoria por incapacidade permanente (antes, aposentadoria por invalidez) poderá ser acrescida de 25% sobre o seu valor quando o aposentado necessitar da assistência permanente de outra pessoa. E, nesse caso, o valor da aposentadoria poderá ultrapassar o limite máximo estabelecido para os benefícios do RGPS.

Alternativa "D": incorreta. A aposentadoria por invalidez exige, em regra, o cumprimento de carência de 12 contribuições mensais. Não basta ser segurado e estar incapacitado permanente para o trabalho.

Alternativa "E": incorreta. A aposentadoria por invalidez acidentária ou não acidentária será paga ao segurado enquanto ele permanecer incapaz para o trabalho e insuscetível de recuperação para o exercício de atividade que lhe garanta a subsistência. Não se trata, no caso, de aposentadoria irreversível e vitalícia. O segurado aposentado por incapacidade permanente cujo benefício tenha sido concedido judicial ou administrativamente, está obrigado, sob pena de suspensão do benefício, a submeter-se a exame médico a cargo da Previdência Social para avaliação das condições que ensejaram sua concessão ou manutenção.

54. (CEBRASPE – Procurador – TC – DF/2021) Não é aplicado o prazo decadencial de dez anos para a concessão inicial de benefício previdenciário.

- CERTO
- ERRADO

▷ ***Anotações/Comentários***

A Lei de Benefícios da Previdência Social dispõe sobre o prazo decadencial para que o beneficiário exerça o direito de requerer a revisão do ato de concessão do benefício (art. 103, caput, Lei n. 8.213/91).

Mas, não há decadência para exercer o direito de requerer o benefício previdenciário.

55. (CEBRASPE – Delegado de Polícia – PF/2021) Luzia é segurada da previdência social na categoria empregada e é beneficiária de auxílio-acidente. No ano de 2015, ao atingir a idade mínima para a aposentadoria, ela requereu o benefício ao INSS e, em razão do indeferimento, ajuizou, nesse mesmo ano, ação previdenciária. Na instrução processual, ficou comprovado que alguns períodos de contribuição constantes no sistema do INSS eram falsos, tendo sido dolosamente inseridos no sistema, de forma indevida, para que Luzia obtivesse a vantagem de majoração do tempo de contribuição.

Tendo como referência essa situação hipotética, julgue os itens a seguir.

Caso a aposentadoria de Luzia seja futuramente deferida, será possível a acumulação desse benefício com o auxílio-acidente.

- CERTO
- ERRADO

▷ ***Anotações/Comentários***

O benefício de auxílio-acidente cessa com:

• a concessão de qualquer aposentadoria,

• a emissão de certidão de tempo de contribuição,

• a morte.

Não se acumula auxílio-acidente com qualquer aposentadoria, segundo a legislação previdenciária vigente.

56. (FCC – Analista Judiciário – Área Judiciária – TRF 3/2019) As minirreformas previdenciárias introduziram diversas alterações para a legislação previdenciária em 2019. Sobre as recentes modificações legais,

a) a pensão por morte para o servidor público será devida ao conjunto dos dependentes do segurado que falecer, aposentado ou não, a contar da data do óbito, quando requerida em até 120 dias após o óbito, para os filhos menores de 16 anos, ou em até 60 dias após o óbito, para os demais dependentes; a contar do requerimento, quando requerida após o prazo acima previsto ou da decisão judicial, na hipótese de morte presumida.

b) o Instituto Nacional do Seguro Social (INSS) manterá programa permanente de revisão da concessão e da manutenção dos benefícios por ele administrados, a fim de apurar irregularidades ou erros materiais. Na hipótese de haver indícios de irregularidade ou erros materiais na concessão, na manutenção ou na revisão do benefício, o INSS notificará o beneficiário, o seu representante legal (ou o seu procurador) para apresentar defesa, provas ou documentos dos quais dispuser, no prazo de 45 dias, no caso de trabalhador urbano, e 90 dias, no caso de trabalhador rural individual e avulso, agricultor familiar ou segurado especial.

c) as provas de união estável e de dependência econômica exigem início de prova material contemporânea dos fatos, produzido em período não superior a 24 meses anterior à data do óbito ou do recolhimento à prisão do segurado, não admitida a prova exclusivamente testemunhal, sem exceção.

d) o segurado manterá a sua qualidade quando estiver recebendo benefício previdenciário, exceto quando estiver percebendo auxílio-acidente. Sendo assim, para que o segurado mantenha a sua qualidade, deverá contribuir mensalmente para o Regime Geral de Previdência Social.

e) o salário de benefício do segurado que contribuir em razão de atividades concomitantes será calculado com base na soma integral dos salários de contribuição da atividade principal e proporcionalidade dos salários de contribuição das atividades secundárias exercidas na data do requerimento ou do óbito, ou no período básico de cálculo. Este valor será limitado ao teto previdenciário.

▷ ***Anotações/Comentários***

Alternativa "A": errada. A pensão por morte para o servidor público federal será devida ao conjunto dos dependentes do segurado que falecer, aposentado ou não, a contar da data do óbito, quando requerida em até 180 dias após o óbito, para os filhos menores de 16 anos, ou em até 90 dias após o óbito, para os demais dependentes; a contar do requerimento, quando requerida após o prazo acima previsto ou da decisão judicial, na hipótese de morte presumida.

Alternativa "B": errada. O Instituto Nacional do Seguro Social (INSS) manterá programa permanente de revisão da concessão e da manutenção dos benefícios por ele administrados, a fim de apurar irregularidades ou erros materiais. Na hipótese de haver indícios de irregularidade ou erros materiais na concessão, na manutenção ou na revisão do benefício, o INSS notificará o beneficiário, o seu representante legal (ou o seu procurador) para apresentar defesa, provas ou documentos dos quais dispuser, no prazo de 30 dias, no caso de trabalhador urbano, e 60 dias, no caso de trabalhador rural individual e avulso, agricultor familiar ou segurado especial (art. 69, §1º, Lei nº 8.212/91).

Alternativa "C": errada. As provas de união estável e de dependência econômica exigem início de prova material contemporânea dos fatos, produzido em período não superior a 24 meses anterior à data do óbito ou do recolhimento à prisão do segurado, não admitida a prova exclusivamente testemunhal, salvo na ocorrência de caso fortuito ou força maior, conforme disposto no regulamento.

Alternativa "D": correta. O gozo de auxílio-acidente não garante ao segurado a manutenção do seu vínculo ao RGPS.

Alternativa "E": errada. O salário de benefício do segurado que contribuir em razão de atividades concomitantes será calculado com base na soma dos salários de contribuição das atividades exercidas na data do requerimento ou do óbito, ou no período básico de cálculo. Este valor será limitado ao teto previdenciário.

57. (FCC – Analista Judiciário – Área Judiciária – TRF 4/2019) Ivan Pereira sofreu acidente de trânsito em um final de semana quando voltava do clube com sua família. O mencionado segurado recebeu auxílio-doença por 1 ano. Posteriormente, o seu auxílio-doença foi diretamente convertido em aposentadoria por invalidez, a qual teve duração de quatro anos e meio. Após este período o INSS a cancelou. Sobre a alta da aposentadoria por invalidez, caso

a) Ivan retorne ao mercado de trabalho na antiga empresa, percebendo o mesmo salário, não poderá ser demitido, tendo em vista a sua estabilidade no emprego pelo acidente ocorrido.

b) Ivan não retorne ao seu antigo emprego, a aposentadoria por invalidez cessará após tantos meses quantos forem os anos de duração do auxílio-doença ou da aposentadoria por invalidez.

c) Ivan retorne ao seu antigo emprego, a sua aposentadoria por invalidez será mantida de forma escalonada pelo período de um ano e meio. Isso ocorrerá como uma forma de indenização pelo período que esteve afastado.

d) a perícia determine que Ivan esteja apto ao exercício de atividade diversa da que exercia, a sua aposentadoria por invalidez cessará após quantos forem os anos de duração do auxílio-doença ou da aposentadoria por invalidez.

e) Ivan não retorne ao seu antigo emprego, a sua aposentadoria por invalidez será mantida de forma escalonada pelo período de um ano e meio. Isso ocorrerá mesmo que encontre um novo emprego.

▷ ***Anotações/Comentários***

O caso apresentado se trata de acidente de qualquer natureza e os benefícios por incapacidade têm natureza não acidentária, ou seja, não decorreram de acidente do trabalho.

Vamos analisar os benefícios, utilizando os novos termos – auxílio por incapacidade temporária e aposentadoria por invalidez.

Alternativa "A": errada. A estabilidade provisória de, no mínimo 12 meses, após a cessação do benefício, é garantida ao segurado que receber auxílio por incapacidade temporária acidentário. Não é o caso de Ivan porque estava recebendo aposentadoria por incapacidade permanente e esta foi cessada.

Alternativa "B": errada. A recuperação de Ivan ocorreu de forma total após 05 anos de recebimento dos benefícios por incapacidade. Portanto, aplica-se ao caso o disposto no inciso II do art. 47 da Lei n. 8.213/91:

> *II - quando a recuperação for parcial, ou ocorrer após o período do inciso I, ou ainda quando o segurado for declarado apto para o exercício de trabalho diverso do qual habitualmente exercia, a aposentadoria será mantida, sem prejuízo da volta à atividade:*
>
> *a) no seu valor integral, durante 6 (seis) meses contados da data em que for verificada a recuperação da capacidade;*
>
> *b) com redução de 50% (cinquenta por cento), no período seguinte de 6 (seis) meses;*
>
> *c) com redução de 75% (setenta e cinco por cento), também por igual período de 6 (seis) meses, ao término do qual cessará definitivamente.*

Alternativa "C": foi considerada errada pela banca examinadora, mas não concordamos com essa posição. Como a recuperação de Ivan ocorreu após 05 anos de recebimento de aposentadoria por incapacidade permanente e do auxílio por incapacidade temporária que a precedeu, caso ele retorne ao seu antigo emprego, a sua aposentadoria por invalidez será mantida, sem prejuízo da volta à atividade, nos termos do inciso II do art. 47 da Lei n. 8.213/91.

Alternativa "D": errada. Nesse caso aplica-se, também, o disposto no inciso II do art. 47 da Lei n. 8.213/91.

Alternativa "E": correta. É aplicação do disposto no inciso II do art. 47 da Lei n. 8.213/91.

---

58. (FCC – Técnico Judiciário – Área Judiciária – TRF 4/2019) Sobre os benefícios por incapacidade é INCORRETO afirmar:

a) Para os empregados e para os empregados domésticos, o empregador ficará obrigado a pagar os 15 primeiros dias de afastamento da licença-saúde, e só a partir do décimo sexto dia o segurado afastado receberá do INSS.

b) A carência para o auxílio-doença é de 12 meses, salvo nos casos de acidentes de trabalho e de qualquer natureza, bem como no caso de doenças e afecções especificadas em lista elaborada pelos Ministérios da Saúde e da Previdência Social.

c) Não haverá direito ao auxílio-doença nos casos de doença preexistente, salvo quando a incapacidade sobrevier por motivo de progressão ou agravamento da doença ou da lesão.

d) Será pago um adicional de 25% no valor da aposentadoria por invalidez para aqueles que necessitam de ajuda permanente de terceiros.

e) O auxílio acidente é um benefício por incapacidade que será pago ao segurado no término do auxílio-doença decorrente de acidentes de trabalho ou de qualquer natureza. Deverá ser comprovada a redução da capacidade laboral para que haja direito ao benefício.

▷ ***Anotações/Comentários***

Os benefícios por incapacidade devido aos segurados do RGPS são o auxílio por incapacidade temporária (antes, auxílio-doença) e a aposentadoria por incapacidade permanente (antes, aposentadoria por invalidez).

Alternativa "A": errada. No caso do auxílio por incapacidade temporária, somente os empregados terão o direito de receber os 15 primeiros dias de afastamento da licença-saúde do empregador a título de salário. O benefício previdenciário será devido ao empregado a partir do 16º dia do afastamento do segurado e será pago pelo INSS.

O empregado doméstico terá o benefício de auxílio por incapacidade temporária a partir da data do início da incapacidade, não tendo o empregador doméstico obrigação de pagar o salário dos 15 primeiros dias de afastamento.

Alternativa "B": correta. A carência para o auxílio por incapacidade temporária é, em regra, de 12 meses, salvo nos casos de acidentes de trabalho e de qualquer natureza, bem como no caso de doenças e afecções especificadas em lista elaborada pelos Ministérios da Saúde e da Previdência Social.

Alternativa "C": correta. É o que dispõe o art. 59, §1º, da Lei n. 8.213/91.

Alternativa "D": correta. Trata-se do auxílio-acompanhante devido ao aposentado por incapacidade permanente que necessita da assistência permanente de outra pessoa.

Alternativa "E": correta. O auxílio-acidente é um benefício de caráter indenizatório que será pago ao segurado empregado, empregado doméstico, trabalhador avulso ou especial que, após sua recuperação de um acidente de qualquer natureza, fique com sequelas que acarretem a redução da sua capacidade laboral.

---

59. (FCC – Técnico Judiciário – Área Judiciária – TRF 4/2019 - adaptada) Os benefícios previdenciários são uma forma de indenização sobre a eclosão do risco social previdenciário. Sobre esses benefícios é correto afirmar:

a) Poderá ser concedido o salário-maternidade a mais de um segurado, decorrente do mesmo processo de adoção ou guarda, ainda que os cônjuges ou companheiros estejam submetidos a Regime Próprio de Previdência Social, ressalvado o pagamento do salário-maternidade à mãe biológica.

b) De acordo com a legislação atual, a aposentadoria especial será devida pela profissão que o segurado possui ou pela exposição aos agentes químicos, físicos e biológicos ou associação de agentes.

c) O professor ou a professora da educação infantil, fundamental e ensino médio, bem como o do superior terão direito a se aposentar com 25 anos de contribuição, se mulher, e 30 anos de contribuição, se homem.

d) O valor do auxílio-acidente poderá ser integrado ao salário de contribuição para fins de cálculo da futura aposentadoria. Por essa razão atualmente a aposentadoria e o auxílio-acidente não se cumulam.

e) Haverá obrigatoriedade da incidência legal do fator previdenciário nas aposentadorias especial e por idade.

▷ ***Anotações/Comentários***

Alternativa "A": errada. O salário-maternidade não poderá ser concedido a mais de um segurado, decorrente do mesmo processo de adoção ou guarda, ainda que os cônjuges ou companheiros estejam submetidos a Regime Próprio de Previdência Social.

O recebimento do salário-maternidade pela mãe biológica não impede o pagamento do benefício ao adotante.

Alternativa "B": errada. De acordo com a legislação atual, a aposentadoria especial não poderá ser concedida em razão da categoria profissional ou da ocupação. Está previsto no art. 201, §1º, da Constituição Federal.

Alternativa "C": errada. A assertiva estava incorreta, se considerasse a legislação vigente à época da aplicação da prova. Até a data da reforma previdenciária trazida pela Emenda Constitucional

PREVIDENCIÁRIO

n. 103/2019, o professor ou a professora da educação infantil, fundamental e ensino médio, tinham direito a se aposentar com 25 anos de contribuição, se mulher, e 30 anos de contribuição, se homem, sem limite de idade.

Após a reforma previdenciária de 2019 a aposentadoria programada do professor que se dedica exclusivamente ao magistério da educação infantil, do ensino fundamental ou médio, é devida quando o segurado completar, cumulativamente, 60 anos de idade, se homem e, 57 anos de idade, se mulher e, 25 anos de contribuição para ambos os sexos.

Alternativa "D": correta. O valor do auxílio-acidente poderá ser integrado ao salário de contribuição para fins de cálculo de qualquer aposentadoria. E, de acordo com a legislação em vigor, não se cumulam aposentadoria e auxílio-acidente.

Alternativa "E": errada. O fator previdenciário era utilizado para as antigas aposentadorias por tempo de contribuição e por idade.

60. (FCC – Analista Judiciário – Área Judiciária – TRF 3/2019) A empresa Karoteca Indústria e Comércio possui um quadro de 201 empregados celetistas, entre os quais seis empregados com deficiência, para atender os requisitos do art. 93 da Lei no 8.213/1991. Diante da crise econômica e financeira, resolveu dispensar um empregado com deficiência. Em face da obrigatoriedade estabelecida por aquele dispositivo legal, a empresa Karoteca

a) tem o direito de dispensar o empregado com deficiência, pois está com excesso de empregados com deficiência exigidos pelo art. 93 da Lei no 8.213/1991 (Lei de quotas de deficientes).

b) não tem o direito de dispensar o empregado com deficiência, pois não está cumprindo integralmente o art. 93 da Lei no 8.213/1991 (Lei de quotas de deficientes).

c) poderá dispensar o empregado com deficiência, somente se este tiver sido contratado por prazo determinado de mais de 90 dias.

d) poderá dispensar o empregado com deficiência, somente se este tiver sido contratado por prazo indeterminado.

e) poderá dispensar o empregado com deficiência, somente se este for beneficiário reabilitado da Previdência Social.

▷ ***Anotações/Comentários***

O art. 93 da Lei n. 8.213/91 dispõe que "A empresa com 100 (cem) ou mais empregados está obrigada a preencher de 2% (dois por cento) a 5% (cinco por cento) dos seus cargos com beneficiários reabilitados ou pessoas portadoras de deficiência, habilitadas, na seguinte proporção:

I - até 200 empregados....................2%;

II - de 201 a 500....................3%;

III - de 501 a 1.000....................4%;

IV - de 1.001 em diante. ....5%.

§ 1º A dispensa de pessoa com deficiência ou de beneficiário reabilitado da Previdência Social ao final de contrato por prazo determinado de mais de 90 (noventa) dias e a dispensa imotivada em contrato por prazo indeterminado somente poderão ocorrer após a contratação de outro trabalhador com deficiência ou beneficiário reabilitado da Previdência Social."

Alternativa "A": errada. A empresa não tem o direito de dispensar o empregado com deficiência, pois não está com excesso de empregados com deficiência. Tem que manter 2% dos seus cargos com pessoa com deficiência ou beneficiários reabilitados.

Alternativa "B": correta. Caso demita o empregado com deficiência sem que contrate outro trabalhador com deficiência ou beneficiário reabilitado da Previdência Social, a empresa estará descumprindo o percentual de 2% imposto pelo art. 93 da Lei n. 8.213/91.

As alternativas "C", "D" e "E" estão erradas. A dispensa de pessoa com deficiência ou de beneficiário reabilitado da Previdência Social ao final de contrato por prazo determinado de mais de 90 (noventa) dias e a dispensa imotivada em contrato por prazo indeterminado somente poderão ocorrer após a contratação de outro trabalhador com deficiência ou beneficiário reabilitado da Previdência Social.

61. (FCC – Técnico Judiciário – Área Administrativa – TRF 3/2019) São características inerentes aos benefícios do segurado recluso ou seus dependentes:

a) O auxílio-reclusão possui carência de 18 meses de contribuição e os segurados em regime fechado e semiaberto fazem jus ao benefício.

b) O segurado em regime fechado fará jus ao auxílio-doença se mantiver sua qualidade antes de ser preso. O segurado recluso em cumprimento de pena em regime semiaberto e aberto não terá direito ao mencionado benefício.

c) A aferição da renda mensal bruta para o enquadramento do segurado como de baixa renda ocorrerá pelo valor da última remuneração anterior ao mês de recolhimento à prisão.

d) Se houver indícios de autoria, coautoria ou participação de dependente em homicídio, sem exceção, ou em tentativa desse crime, cometido contra a pessoa do segurado, será possível a suspensão provisória de sua parte no benefício da pensão por morte, mediante processo administrativo próprio, respeitados a ampla defesa e o contraditório.

e) O exercício de atividade remunerada do segurado recluso, em cumprimento de pena em regime fechado, acarretará a perda do direito ao recebimento do auxílio-reclusão para seus dependentes.

▷ ***Anotações/Comentários***

Alternativa "A": errada. O auxílio-reclusão exige carência de 24 contribuições mensais e é devido aos dependentes de segurados de baixa renda presos em regime fechado.

Alternativa "B": errada. O segurado que estiver em gozo de auxílio por incapacidade temporária e for preso em regime fechado terá seu benefício suspenso por até 60 dias e se a prisão ultrapassar esse prazo, terá o benefício cessado.

O segurado recluso em cumprimento de pena em regime semiaberto e aberto não dá direito aos dependentes de receber auxílio-reclusão.

Alternativa "C": errada. A aferição da renda mensal bruta para o enquadramento do segurado como de baixa renda ocorrerá pela média dos salários de contribuição apurados no período de 12 (doze) meses anteriores ao mês do recolhimento à prisão.

Alternativa "D": correta. Se houver indícios de autoria, coautoria ou participação de dependente em homicídio, sem exceção, ou em tentativa desse crime, cometido contra a pessoa do segurado, será possível a suspensão provisória de sua parte no benefício da pensão por morte, mediante processo administrativo próprio, respeitados a ampla defesa e o contraditório. É o que se depreende do disposto no art. 77, §7º da Lei n. 8.213/91.

Alternativa "E": errada. O exercício de atividade remunerada do segurado recluso, em cumprimento de pena em regime fechado, não acarretará a perda do direito ao recebimento do auxílio-reclusão para seus dependentes (art. 60, §7º, Lei nº 8.213/91).

62. (CEBRASPE – Procurador do Estado – PGE – PE/2018) No dia em que completou vinte e cinco anos e um mês de tempo de contribuição ao RGPS na condição de segurada empregada, Maria sofreu acidente de trabalho, o que a incapacitou permanentemente para o exercício de atividades laborais. Nesses vinte e cinco anos e um mês, não houve interrupção no tempo contributivo.

Considerando essa situação hipotética e o entendimento dos tribunais superiores, assinale a opção correta.

a) Maria terá direito à aposentadoria especial.

b) O benefício garantido a Maria pela legislação previdenciária nesse caso independe de carência.

c) Pelo fato de a incapacidade ter sido provocada por acidente de trabalho, será garantido a Maria o acréscimo de 25% do valor do benefício a ser recebido.

d) Maria terá o prazo decadencial de cinco anos para ajuizamento de ação previdenciária em caso de indeferimento da concessão do benefício pela previdência social.

e) Caso recupere sua capacidade para o trabalho, Maria poderá retornar à ativa, sem prejuízo de recebimento do benefício em gozo.

▷ ***Anotações/Comentários***

Com a reforma previdenciária trazida pela EC nº 103/2019, os benefícios de auxílio-doença e de aposentadoria por invalidez passaram a ter nova denominação. Auxílio por incapacidade temporária e aposentadoria por incapacidade permanente.

Os comentários abaixo já utilizaram os novos termos.

Alternativa "A": incorreta. O evento ocorrido levou à incapacidade de Maria. Com isso, ela poderá ter concedido o benefício de aposentadoria por incapacidade permanente. A aposentadoria especial é concedida quando o segurado ficar exposto de forma permanente, não intermitente e nem ocasional, a agentes químicos, físicos e biológicos prejudiciais à saúde.

Alternativa "B": correta. Maria poderá ser aposentada por incapacidade permanente e, nesse caso, não precisa ter cumprido a carência mínima de 12 contribuições mensais. O evento gerador de sua incapacidade foi um acidente, que isenta o segurado do cumprimento de carência mínima de contribuições para a concessão de auxílio por incapacidade temporária e de aposentadoria por incapacidade permanente.

Alternativa "C": incorreta. O acréscimo de 25% ao valor da aposentadoria por incapacidade permanente é devido quando o segurado necessita da assistência permanente de outra pessoa. O fato de o evento causador do benefício ser um acidente do trabalho não é condição para deferir o acréscimo de 25% ao benefício de aposentadoria por incapacidade permanente. O que se exige apenas é a comprovação da necessidade do aposentado por incapacidade permanente de assistência permanente de outra pessoa.

Alternativa "D": incorreta. O art. 104 da Lei nº 8.213/91 assim dispõe:

> *Art. 104. As ações referentes à prestação por acidente do trabalho* **prescrevem em 5 (cinco) anos**, *observado o disposto no art. 103 desta Lei, contados da data:*
>
> *I – do acidente, quando dele resultar a morte ou a incapacidade temporária, verificada esta em perícia médica a cargo da Previdência Social; ou*
>
> *II – em que for reconhecida pela Previdência Social, a incapacidade permanente ou o agravamento das sequelas do acidente."*

Alternativa "E": incorreta. Maria terá seu benefício cessado, caso fique constatada a sua recuperação.

---

63. (FCC – Analista Judiciário – Oficial de Just. Avaliador Federal – TRT 2/2018) De acordo com a Lei nº 8.213/1991, o valor da aposentadoria por invalidez do segurado que necessitar da assistência permanente de outra pessoa será acrescido de

a) 30%, acréscimo este que cessará com a morte do aposentado, não sendo incorporável ao valor da pensão.

b) 25%, acréscimo este que não cessará com a morte do aposentado, sendo incorporável ao valor da pensão.

c) 30%, ainda que o valor da aposentadoria atinja o limite máximo legal.

d) 25%, ainda que o valor da aposentadoria atinja o limite máximo legal.

e) 15%, acréscimo este que não cessará com a morte do aposentado, sendo incorporável ao valor da pensão.

▷ ***Anotações/Comentários***

Alternativa correta: "D". O aposentado por incapacidade permanente que necessitar da assistência permanente de outra pessoa tem direito de um acréscimo de 25% no valor da aposentadoria, conforme dispõe o art. 45 da Lei nº 8.213/91. Esse acréscimo será devido ainda que o valor da aposentadoria atinja o limite máximo legal e cessará com a morte do segurado, não sendo incorporável ao valor da pensão. A soma do valor da aposentadoria por incapacidade permanente (por invalidez) com o acréscimo de 25% poderá ultrapassar o teto máximo estabelecido para os benefícios do RGPS.

---

64. (FCC – Analista Judiciário – Oficial de Just. Avaliador Federal – TRT 2/2018) Fátima foi atropelada por um ônibus quando se dirigia da sua residência para o seu trabalho, tendo fraturado a tíbia, razão pela qual terá de se afastar de seu serviço por no mínimo 45 dias. Gildete sofreu cirurgia cardíaca e terá de se afastar de seu serviço por 60 dias. Considerando que Fátima e Gildete são empregadas da empresa "E",

a) apenas Fátima receberá auxílio-doença, que consistirá numa renda mensal correspondente a 91% do salário-de-benefício, respeitados os limites legais.

b) ambas receberão auxílio-doença, sendo que para Fátima este auxílio consistirá numa renda mensal correspondente a 100% do salário-de-benefício, uma vez que decorrente de acidente do trabalho, e para Gildete, o auxílio-doença consistirá numa renda mensal correspondente a 90% do salário-de-benefício.

c) apenas Gildete receberá auxílio-doença, que consistirá numa renda mensal correspondente a 91% do salário-de-benefício, respeitados os limites legais.

d) ambas receberão auxílio-doença, que consistirá numa renda mensal correspondente a 100% do salário-de-benefício.

e) ambas receberão auxílio-doença, que consistirá numa renda mensal correspondente a 91% do salário-de-benefício, respeitados os limites legais.

▷ ***Anotações/Comentários***

O auxílio por incapacidade temporária (antes, auxílio-doença) é o benefício devido ao segurado que ficar incapacitado para o exercício do trabalho ou de suas atividades habituais por mais de 15 dias consecutivos. O benefício de auxílio por incapacidade tem como renda mensal o valor correspondente a 91% do salário de benefício, respeitado o valor máximo fixado por Portaria dos Ministérios da Previdência Social e da Fazenda[1].

Fátima, segurada obrigatória da previdência social, sofreu um acidente do trabalho (acidente de trajeto) que acarretou o seu afastamento do serviço por um período superior a 15 dias. Ela terá, portanto, direito de receber o benefício de auxílio por incapacidade temporária a partir do 16º dia do afastamento do trabalho.

Gildete será afastada do trabalho por 60 dias em razão de ter sido submetida à cirurgia cardíaca. Terá, também, direito de receber o benefício de auxílio por incapacidade temporária a partir do 16º dia do afastamento do trabalho.

Ambas terão direito de receber auxílio por incapacidade temporária equivalente a 91% do salário de benefício.

Alternativa "B": incorreta: Não há diferença entre o valor da renda mensal do auxílio por incapacidade temporária acidentário e não acidentário. A renda mensal inicial do auxílio por incapacidade temporária é de 91% do salário de benefício.

Alternativas "A", "C", "D" são incorretas, conforme explicação acima.

---

65. (CEBRASPE – Delegado de Polícia Federal – DPF/2018) Um segurado da previdência social, filiado em 1/3/2010, sofreu acidente de trabalho em 1/4/2010. Em 1/5/2010, lhe foi concedido, pelo INSS, auxílio-doença, contabilizado desde a data do seu acidente até o dia 1/4/2011. Em 1/8/2018, o INSS revisou o ato administrativo de concessão desse benefício. Considerando essa situação hipotética, julgue os itens subsequentes.

Na revisão, o INSS não poderia anular o referido ato administrativo, salvo se tivesse comprovado má-fé, dada a ocorrência da decadência, uma vez que havia transcorrido mais de cinco anos desde a concessão do benefício.

- CERTO
- ERRADO

▷ ***Anotações/Comentários***

Não se pode falar em decadência para rever o ato administrativo que gerou efeitos favoráveis ao segurado. O art. 103-A da Lei nº 8.213/91 dispõe que "o direito da Previdência Social de anular os atos administrativos de que decorram efeitos favoráveis para os seus beneficiários decai em dez **anos**, contados da data em que foram praticados, salvo comprovada má-fé.

1 Recriados pela MP nº 1.154/2023, convertida na Lei nº 14.600/2023.

PREVIDENCIÁRIO

66. (CEBRASPE - Procurador do Município - PGM Manaus/2018) Márcio, com cinquenta e cinco anos de idade e trinta e cinco anos de contribuição como empresário, compareceu a uma agência da previdência social para requerer sua aposentadoria. Após análise, o INSS indeferiu a concessão do benefício sob os fundamentos de que ele já era beneficiário de pensão por morte e que não tinha atingido a idade mínima para a aposentadoria por tempo de contribuição.

A respeito da situação hipotética apresentada e de aspectos legais a ela relacionados, julgue os itens subsequentes.

A decisão da autarquia previdenciária está parcialmente correta porque, embora Márcio tenha atendido aos requisitos concessórios do benefício, ele não pode acumular a aposentadoria por tempo de contribuição com a pensão por morte.

- CERTO
- ERRADO

▷ ***Anotações/Comentários***

O benefício de pensão por morte poderá ser acumulado com qualquer aposentadoria do RGPS. Esses dois benefícios possuem pressupostos fáticos e fatos geradores distintos. Não há vedação legal para afastar o recebimento dos dois benefícios.

67. (CEBRASPE - Delegado de Polícia Federal - DPF/2018) Considere que o INSS, após a revisão do ato administrativo, tenha decidido pela sua anulação, sob o fundamento de que o segurado não haveria cumprido carência. Nessa situação, o fundamento utilizado pelo INSS não é procedente, pois o auxílio-doença independe de carência.

- CERTO
- ERRADO

▷ ***Anotações/Comentários***

O benefício de auxílio-doença exige carência mínima de 12 contribuições mensais. No entanto, fica o segurado isento de cumprir essa carência quando a incapacidade for decorrente de acidente de qualquer natureza ou causa ou de doenças e afecções especificadas em lista elaborada pelos Ministérios da Saúde e da Previdência Social, atualizada a cada 3 (três) anos, de acordo com os critérios de estigma, deformação, mutilação, deficiência ou outro fator que lhe confira especificidade e gravidade que mereçam tratamento particularizado.

Registra-se que o auxílio-doença passou a ser denominado auxílio por incapacidade temporária após a reforma previdenciária de 2019.

68. (CEBRASPE - Procurador do Município - PGM Manaus/2018) Considerando a legislação aplicável e a jurisprudência dos tribunais superiores acerca do RGPS, julgue os itens que se seguem.

I - Os benefícios de aposentadoria por invalidez e auxílio-doença independem de carência quando originários de causa acidentária de qualquer natureza.

- CERTO
- ERRADO

▷ ***Anotações/Comentários***

Quando os benefícios de auxílio por incapacidade temporária e de aposentadoria por incapacidade permanente tiverem como causa um acidente de qualquer natureza ou causa, o segurado é isento do cumprimento mínimo de 12 contribuições. Estará isento o segurado de cumprir a carência mínima de 12 contribuições mensais.

II - Para efeito da concessão de benefício previdenciário ao trabalhador rural, é suficiente a prova exclusivamente testemunhal.

- CERTO
- ERRADO

▷ ***Anotações/Comentários***

A comprovação do tempo de serviço, inclusive mediante justificativa administrativa ou judicial, só produzirá efeito quando for baseada em início de prova material contemporânea dos fatos, não admitida a prova exclusivamente testemunhal, exceto na ocorrência de motivo de força maior ou caso fortuito, na forma prevista no Regulamento da Previdência Social (Decreto nº 3.048/99).

69. (CEBRASPE - Analista Judiciário - Área Judiciária - STJ/2018) A respeito do regime geral da previdência social (RGPS), julgue os itens que se seguem, considerando a jurisprudência dos tribunais superiores.

Situação hipotética: Lúcia, que por doze meses foi contribuinte da previdência social e que era casada, há quatro anos, com Mário, de quarenta e cinco anos idade, faleceu após complicações de saúde decorrentes de uma cirurgia estética. Assertiva: Nessa situação, Mário terá direito ao benefício de pensão por morte em caráter vitalício.

- CERTO
- ERRADO

▷ ***Anotações/Comentários***

A pensão por morte é devida ao cônjuge do segurado que falecer aposentado ou não.

Se na data do óbito o segurado não tinha 18 contribuições mensais ou, no mínimo 02 anos de casamento, a pensão por morte do cônjuge será concedida por apenas 04 meses, salvo se a morte decorrer de acidente de qualquer natureza.

No caso, Lúcia faleceu em decorrência de complicações de uma cirurgia estética, não sendo considerado acidente de qualquer natureza ou causa.

Considerando que Lúcia tinha apenas 12 contribuições mensais, a pensão por morte ao esposo Mário será devida por apenas 04 meses.

70. (FGV - Analista Judiciário - Área Judiciária - TRT 12/2017) Reginaldo trabalha desde janeiro de 2017 numa casa de família como motorista particular, e possui dois filhos saudáveis com idades de 12 e 16 anos.

Considerando que Reginaldo recebe 1 salário-mínimo por mês, é correto afirmar, à luz da legislação previdenciária, que:

a) o empregado em questão tem direito a duas cotas do salário-família, cujo pagamento é condicionado à apresentação das certidões de nascimento dos filhos;
b) a faixa salarial de Reginaldo não o credencia ao recebimento do salário-família;
c) Reginaldo tem direito a duas cotas do salário-família, cujo pagamento é condicionado à apresentação das certidões de nascimento dos filhos, dos atestados de vacinação obrigatória anuais e de comprovação de frequência escolar;
d) o referido empregado só tem direito a uma cota do salário-família, cujo pagamento é condicionado apenas à apresentação da certidão de nascimento do filho de 12 anos;
e) por ser tecnicamente empregado doméstico, Reginaldo não tem direito à percepção de salário-família.

▷ ***Anotações/Comentários***

O benefício do salário-família passou a ser devido ao empregado doméstico com a vigência da Lei Complementar nº 150/2015 que alterou a redação dos artigos 65 e 67 da Lei nº 8.213/91:

> **Art. 65.** *O salário-família será devido, mensalmente, ao segurado empregado, inclusive o doméstico, e ao segurado trabalhador avulso, na proporção do respectivo número de filhos ou equiparados nos termos do § 2º do art. 16 desta Lei, observado o disposto no art. 66.*
>
> *Parágrafo único. O aposentado por invalidez ou por idade e os demais aposentados com 65 (sessenta e cinco) anos ou mais de idade, se do sexo masculino, ou 60 (sessenta) anos ou mais, se do feminino, terão direito ao salário-família, pago juntamente com a aposentadoria."*
>
> **Art. 67.** *O pagamento do salário-família é condicionado à apresentação da certidão de nascimento do filho ou da documentação relativa ao equiparado ou ao inválido, e à apresentação anual de atestado de vacinação obrigatória e de comprovação de freqüência à escola do filho ou equiparado, nos termos do regulamento.*
>
> *Parágrafo único. O empregado doméstico deve apresentar apenas a certidão de nascimento referida no caput.*

Alternativa "A": incorreta. Reginaldo não terá direito a duas cotas de salário-família porque ele não possui 02 filhos menores de 14 anos. Um de seus filhos tem 16 anos de idade e não é inválido, o que faz com que, em relação a este, não tenha direito de receber cota de salário-família.

Alternativa "B": incorreta. O salário-família é concedido para os segurados de baixa renda. Conforme Portaria dos Ministérios da Previdência Social nº 02/2024, considera-se baixa renda para fins de recebimento do salário-família o salário de contribuição igual ou inferior a R$ 1.819,26.

Alternativa "C": incorreta. Como já mencionado, Reginaldo tem direito apenas a uma cota de salário-família. Como empregado doméstico deverá apresentar somente a certidão de nascimento de seu filho menor de 14 anos.

A exigência de apresentação das certidões de nascimento dos filhos, dos atestados de vacinação obrigatória anual e de comprovação de frequência escolar se faz para os segurados empregado e trabalhador avulso. O empregado doméstico, volta-se a dizer, só precisa apresentar ao empregador a certidão de nascimento do filho.

Alternativa "D": correta. Reginaldo terá direito a uma cota do salário-família por possuir filho menor de 14 anos e ser um segurado de baixa renda.

O salário-família é um benefício previdenciário concedido aos segurados empregado, empregado doméstico e trabalhador avulso de baixa renda e que possuírem filhos menores de 14 anos ou inválidos de qualquer idade, conforme dispõe o art. 66 da Lei nº 8.213/91.

Para a pessoa ser considerada de baixa renda, o salário de contribuição do segurado deve ser igual ou inferior a R$ 1.819,26, conforme dispõe a Portaria dos Ministérios da Previdência Social e da Fazenda nº 02/2024.

No caso de Reginaldo, o salário-família será pago em razão dele possuir um filho de 12 anos e receber apenas 01 salário mínimo (baixa renda). Para receber o benefício, é necessário que ele apresente ao seu empregador doméstico apenas a certidão de nascimento do filho. O empregador efetuará o pagamento do benefício e descontará o valor pago na guia de recolhimento das contribuições previdenciárias.

Alternativa "E": incorreta. O empregado doméstico de baixa renda e que possui filho menor de 14 anos ou inválido tem direito de receber o benefício de salário-família.

71. (Consulplan – Técnico Judiciário – Área Administrativa – TRF 2/2017) "Sandra conseguiu o seu primeiro emprego na empresa Calçados Perfeitos Ltda., lá permanecendo por dois anos, vindo a ser dispensada por justa causa porque praticou ato de improbidade. Quando da dispensa, Sandra encontrava-se grávida de dois meses. Sete meses depois Sandra teve o seu bebê." Considerando a situação retratada e a legislação previdenciária em vigor, assinale a alternativa correta.

a) Não se cogitará de salário-maternidade no caso concreto porque o período de graça é de seis meses e já havia escoado quando ocorreu o parto.

b) Diante da falta grave praticada pela segurada, que conduziu à dispensa por justa causa do seu emprego, ela não fará jus ao salário maternidade.

c) Sandra não poderia ser dispensada porque estava grávida; assim, será reintegrada pelo INSS, cabendo ao empregador conceder a licença maternidade.

d) Sandra receberá salário-maternidade, pago diretamente pela Previdência Social, pois encontra-se no denominado período de graça.

▷ ***Anotações/Comentários***

Alternativa "A": incorreta. A segurada terá o direito de receber o benefício de salário-maternidade porque o parto acontecerá em período que ela ainda estará vinculada à previdência social. O período de graça de Sandra é de 12 meses após a cessação das contribuições.

Alternativa "B": incorreta. O fato gerador do salário-maternidade é o parto, não importando se a segurada foi demitida por justa ou sem justa causa.

Alternativa "C": incorreta. Sandra poderá ser demitida por justa causa porque, nesse caso, não há garantia de estabilidade.

Alternativa "D": correta. Confira explicação da alternativa "A".

72. (Consulplan – Analista Judiciário – Oficial de Just. Avaliador – TRF 2/2017) "Jerônimo era contribuinte individual, foi aposentado por invalidez aos 53 anos de idade e, na ocasião, necessitava do auxílio permanente de uma pessoa, daí porque contratou um cuidador. Passados alguns anos, e com o avanço da medicina, Jerônimo se recuperou e conseguiu um emprego." Diante da situação retratada e da legislação previdenciária em vigor, assinale a alternativa correta.

a) Enquanto necessitou do auxílio permanente de uma pessoa, Jerônimo poderia requerer um acréscimo de 25% sobre o valor do benefício.

b) Jerônimo é obrigado, sob pena de perda do benefício, a se submeter às cirurgias determinadas pelo INSS, mas não à transfusão de sangue.

c) O segurado em questão, por ter alcançado cinquenta anos, fica dispensado de realizar perícia a cada dois anos para verificar eventual recuperação.

d) A aposentadoria em questão será paga a partir do 16e dia da invalidez e quitada na razão de 100% do salário de benefício até a obtenção do emprego.

▷ ***Anotações/Comentários***

Alternativa "A": correta. O aposentado por incapacidade permanente (antes, aposentadoria por invalidez) tem direito de receber um acréscimo de 25% sobre o valor da aposentadoria se necessitar da assistência permanente de outra pessoa.

Alternativa "B": incorreta. Os procedimentos de cirurgia e transfusão de sangue são facultativos. Caso o segurado aposentado por incapacidade permanente recuse a proceder um deles, não terá seu benefício suspenso.

Alternativa "C": incorreta. O aposentado por incapacidade permanente é isento do exame médico pericial quando completar 60 anos de idade.

Alternativa "D": incorreta. Jerônimo, na qualidade de contribuinte individual, somente terá direito à aposentadoria por incapacidade permanente não acidentária. Considerando a legislação vigente após a reforma da previdência em 2019, o valor da aposentadoria não acidentária corresponde a 60% do salário de benefício, com acréscimo de 2% para cada ano que exceder 20 anos de contribuição para homens e, 15 anos de contribuição, para mulheres.

No caso, será devida a partir do início da incapacidade.

73. (Consulplan – Analista Judiciário – Oficial de Just. Avaliador – TRF 2/2017) "Maria trabalha como empregada doméstica na casa de Joana, que é gerente comercial numa empresa de pneus. Maria recebe 1 salário-mínimo mensal e descobriu que estava grávida. Ao contar a situação para o seu namorado, este imediatamente a abandonou à própria sorte. Maria teve o apoio de Joana durante toda a gravidez, deu à luz e requereu salário maternidade, que lhe foi pago diretamente pela Previdência Social. Após 6 meses do parto, verificando que não tinha estrutura física e emocional para cuidar sozinha de uma criança tão pequena, Maria deu a criança em adoção à Joana." Diante da situação retratada e da legislação previdenciária em vigor, assinale a alternativa correta:

a) Maria e Joana receberão salário-maternidade integralmente porque cumprem os requisitos legais.

b) O direito ao salário maternidade é exclusivo da mãe biológica em razão da gravidez e parto, daí porque Joana nada receberá.

c) Uma vez que o INSS já pagou o benefício à mãe natural, a mãe adotiva terá direito a receber o salário maternidade na razão de 50% do que Maria recebeu.

d) Considerando que houve adoção antes de 1 ano do parto, Maria deverá devolver o valor recebido, sob pena de execução, sendo que a quantia será entregue pelo INSS à Joana.

▷ ***Anotações/Comentários***

Alternativa "A": correta. O salário-maternidade será pago tanto para a mãe biológica quanto para a adotante.

Ambas são seguradas e o fato gerador de cada benefício é distinto – o parto e a adoção de criança.

Alternativa "B": incorreta. O fato de a mãe biológica receber salário-maternidade não impede o recebimento pelo segurado adotante.

Alternativa "C": incorreta. O salário-maternidade será pago às seguradas no seu valor integral. Maria receberá o salário-maternidade equivalente ao último salário de contribuição. Joana receberá o benefício equivalente ao valor da sua última remuneração.

Alternativa "D": incorreta. Maria não terá que devolver o valor do benefício recebido. Ela cumpriu os requisitos para o recebimento do salário-maternidade.

---

74. (Consulplan – Analista Judiciário – Área Judiciária – TRF 2/2017) "Milton era viúvo e veio a falecer tendo a seguinte situação jurídica: era pai de 3 filhos que, atualmente, têm 19, 21 e 23 anos de idade, todos estudantes universitários. Além disso, Milton tinha um menor de 12 anos que vivia sob sua tutela, mas que possui vasto patrimônio, até então administrado pelo finado. Quando jovem, Milton teve um relacionamento amoroso passageiro, do qual nasceu um filho, atualmente com 30 anos de idade, inválido desde o nascimento." Diante da situação retratada e da legislação em vigor, assinale a alternativa correta.

a) A pensão por morte será dividida entre o filho mais novo, até que complete 21 anos, e o filho inválido, sem limitação.

b) Considerando a idade dos filhos naturais e que o tutelado não era dependente econômico, ninguém receberá pensão por morte.

c) A pensão por morte será dividida em partes iguais entre todos os filhos e o tutelado, até que os universitários completem os estudos.

d) Somente os filhos naturais têm direito à pensão por morte até que terminem a faculdade, bem como o inválido, sendo este sem limitação.

▷ ***Anotações/Comentários***

A pensão por morte é devida ao conjunto de dependentes do segurado falecido, aposentado ou não. Assim, é importante que o candidato tenha conhecimento de quem poderá se enquadrar como dependente do segurado do RGPS.

Alternativa "A": correta. Pelo que foi apresentado na questão, Milton tinha como seus dependentes no RGPS, o filho menor de 21 anos e o filho inválido desde o nascimento.

Os filhos de 21 e 23 anos perderam a condição de dependentes do pai no RGPS ao completarem 21 anos de idade.

O menor que se encontrava sob a tutela de Milton não poderia ser enquadrado como dependente, uma vez que não dependia economicamente do segurado.

Alternativa "B": incorreta. Os filhos menores de 21 anos são dependentes do segurado e, portanto, têm direito ao benefício da pensão por morte de seu pai.

O filho de 30 anos será considerado dependente de Milton no RGPS porque, embora ele tenha adquirido a maioridade previdenciária, ele é inválido e sua invalidez ocorreu antes dele completar 21 anos de idade e persistiu até a data do óbito do segurado.

Alternativa "C": incorreta. A pensão por morte de Milton será dividida em partes iguais entre os dependentes de 1ª classe, no caso, o filho menor de 21 anos e o filho inválido.

Os filhos maiores de 21 anos não podem ser enquadrados como dependentes no RGPS, salvo se inválidos, com deficiência intelectual ou mental ou com deficiência grave.

A condição de estudante universitário não prorroga a condição de filho como dependente do RGPS.

Alternativa "D": incorreta. Os filhos, de qualquer condição, não emancipados, menores de 21 anos ou inválidos ou que possuam deficiência mental ou intelectual ou deficiência grave serão dependentes do segurado do RGPS.

A maioridade previdenciária ocorre quando o filho completa 21 anos, não se prorrogando até que ele termine o curso universitário.

O filho inválido é enquadrado como dependente do segurado do RGPS se a invalidez ocorrer antes de ele completar 21 anos e persistir até o fato gerador do benefício.

---

75. (Consulplan – Analista Judiciário – Área Judiciária – TRF 2/2017) "Pedro e Joana trabalham na mesma empresa, sendo que ele exerce a função de auxiliar de serviços gerais, auferindo 1 salário-mínimo mensal, e ela é gerente de departamento, ganhando 7 salários-mínimos por mês. O casal possui 4 filhos, sendo 3 naturais e 1 adotado, com idades respectivas de 9, 11, 15 e 17 anos, todos saudáveis." Diante da situação retratada e da legislação previdenciária em vigor, assinale a alternativa correta.

a) Somente Pedro receberá cotas de salário família em relação aos 2 filhos mais jovens do casal.

b) Pedro e Joana receberão as cotas de salário-família, mas apenas relativamente aos filhos naturais.

c) Diante da renda do casal, que não é considerado de baixa renda, não há direito ao recebimento de cotas do salário-família.

d) Uma vez que ambos trabalham na mesma empresa, somente 1 deles receberá o salário-família dos filhos menores de 12 anos.

▷ ***Anotações/Comentários***

A questão trata do benefício de salário-família, devido aos segurados de baixa renda, empregado, trabalhador avulso e empregado doméstico que possuam filhos menores de 14 anos ou inválidos.

Alternativa "A": correta. Pedro e Joana são segurados do RGPS na categoria de empregados. Pedro é enquadrado como segurado de baixa renda, uma vez que sua remuneração mensal é inferior a R$1.819,26[2].

Pedro terá direito de receber 02 cotas de salário-família por ser segurado empregado de baixa renda e possuir 02 filhos menores de 14 anos

Alternativa "B": incorreta. Joana não terá direito de receber o benefício de salário-família porque ela não pode ser considerada segurada de baixa renda. O valor do seu salário de contribuição supera o fixado pela Portaria Conjunta dos Ministérios da Previdência Social e da Fazenda.

No que diz respeito aos filhos, a concessão do salário-família não faz distinção entre filhos naturais e adotivos. É necessário apenas que os filhos sejam menores de 14 anos ou inválidos.

Alternativa "C": incorreta. O salário-família é concedido ao segurado de baixa renda que possui filhos menores de 14 anos ou inválidos. A renda a ser considerada é o do segurado e não a do casal ou a da família.

Alternativa "D": incorreta. Não é pelo fato de pai e mãe trabalharem na mesma empresa que o salário-família será pago para apenas um dos segurados. Cada segurado, pai e mãe, se for considerado de baixa renda terá direito de receber cota de salário-família em relação a cada filho menor de 14 anos ou inválido.

No caso apresentado na questão, apenas Pedro receberá as cotas de salário-família porque ele se enquadra no conceito de segurado de baixa renda. Joana não tem direito de receber o benefício porque sua remuneração não permite que ela seja enquadrada como segurada de baixa renda.

---

76. (Consulplan – Analista Judiciário – Área Judiciária – TRF 2/2017) "Wilma trabalhou durante toda a sua vida profissional numa fábrica de produtos químicos altamente insalubre e, em razão disso, obteve aposentadoria especial. Após afastar-se do emprego e dedicar-se apenas aos serviços domésticos, Wilma passou a se sentir ociosa e desanimada, razão pela qual procurou novo emprego e foi admitida por um banco para exercer a função de caixa." Diante da situação retratada e da legislação previdenciária em vigor, assinale a alternativa correta.

a) Wilma terá de optar entre a aposentadoria especial ou o salário da ativa, na medida em que não pode acumular ambos.

b) A segurada em questão receberá a aposentadoria especial do INSS e salário do atual empregador, pois são relações jurídicas distintas.

c) Uma vez que está aposentada na forma especial, Wilma não pode voltar a trabalhar, porque o seu novo contrato de trabalho é nulo.

---

2. Conforme dispõe a Portaria Conjunta dos Ministérios daPrevidência Social e da Fazenda nº 02/2024, para a concessão do benefício de salário-família é necessário que o salário de contribuição do segurado seja igual ou inferior a R$ 1.819,26. Esse parâmetro é aplicado para o ano de 2024 e será reajustado em janeiro de cada ano, aplicando-se o índice legal de reajustamento dos benefícios previdenciários.

d) Wilma terá a aposentadoria especial suspensa enquanto continuar trabalhando no banco, pois a Lei veda o retorno do aposentado nesta situação.

▷ ***Anotações/Comentários***

Vamos analisar a questão à luz da legislação previdenciária vigente após a reforma previdenciária de 2019.

A aposentadoria especial é concedida aos segurados empregado, trabalhador avulso, contribuinte individual, filiado à cooperativa de trabalho ou à cooperativa de produção. É necessário que trabalhem sob a exposição efetiva a agentes químicos, físicos e biológicos prejudiciais à saúde, durante 15, 20 ou 25 anos e cumpra, cumulativamente, a idade de 55, 58 ou 60 anos, respecitivamente.

Alternativa "A": incorreta. Wilma poderá acumular sua aposentadoria especial com o salário da nova atividade, visto que a nova atividade de Wilma não é exercida sob condições especiais que prejudiquem a saúde.

Alternativa "B": correta. A aposentadoria especial não impede que o segurado retorne a exercer atividade remunerada. O único óbice é que o segurado não poderá voltar a exercer atividade em condições especiais que prejudiquem a saúde ou a integridade física.

Conforme dispõe o parágrafo único do art. 69 do Decreto nº 3.048/99, "o segurado que retornar ao exercício de atividade ou operação que o sujeite aos riscos e agentes nocivos constantes do Anexo IV, ou nele permanecer, na mesma ou em outra empresa, qualquer que seja a forma de prestação do serviço ou categoria de segurado, será imediatamente notificado da cessação do pagamento de sua aposentadoria especial, no prazo de sessenta dias contado da data de emissão da notificação, salvo comprovação, nesse prazo, de que o exercício dessa atividade ou operação foi encerrado."

No caso de Wilma, pode-se afirmar que ela terá direito de receber sua aposentadoria especial, sem prejuízo do salário relativo à atual atividade. Wilma está exercendo atividade remunerada abrangida pelo RGPS sem estar em condições especiais que prejudiquem a sua saúde ou sua integridade física.

Alternativa "C": incorreta. O novo contrato de trabalho de Wilma não é nulo e ela poderá continuar trabalhando, sem prejuízo do recebimento da sua aposentadoria especial.

Alternativa "D": incorreta. Wilma não terá sua aposentadoria suspensa nem cancelada.

---

77. (TRF 4 - Juiz Federal Substituto 4ª região/2016) Assinale a alternativa correta.

Em relação ao auxílio-doença no Regime Geral de Previdência Social:

a) O benefício será devido ao segurado que, havendo cumprido, quando for o caso, o período de carência exigido em lei, ficar incapacitado para sua atividade laboral por, no mínimo, 30 (trinta) dias.

b) Quando requerido por segurado afastado da atividade laboral por mais de 30 (trinta) dias, será devido a contar do 31° dia de afastamento do trabalho.

c) Quando decorrente de acidente de trabalho, consistirá em uma renda mensal correspondente a 100% do salário de benefício.

d) Será devido ao segurado que se filiar ao Regime Geral de Previdência Social já portador da doença, independentemente de a incapacidade decorrer de agravamento da lesão, desde que recolhidas as contribuições vencidas no prazo de 60 (sessenta) dias.

e) O segurado em gozo desse benefício, insusceptível de recuperação para sua atividade habitual, deverá submeter-se a processo de reabilitação profissional para o exercício de outra atividade, mantendo a percepção do auxílio-doença até que seja considerado habilitado para o desempenho de nova atividade que lhe garanta a subsistência ou, quando considerado não recuperável, for aposentado por invalidez.

▷ ***Anotações/Comentários***

Alternativa "A": incorreta. O benefício de auxílio por incapacidade temporária será devido ao segurado que, havendo cumprido, quando for o caso, o período de carência exigido em lei, ficar incapacitado para sua atividade laboral por mais de 15 dias consecutivos.

Alternativa "B": incorreta. Quando requerido por segurado afastado da atividade laboral por mais de 30 (trinta) dias, será devido a contar da data da entrada do requerimento.

Alternativa "C": incorreta. O auxílio por incapacidade temporária, acidentário ou não, consistirá em uma renda mensal correspondente a 91% do salário de benefício.

Alternativa "D": incorreta. O auxílio por incapacidade temporária será devido ao segurado que se filiar ao Regime Geral de Previdência Social já portador da doença ou da lesão invocada como causa da incapacidade, somente se a incapacidade sobrevier de agravamento ou progressão da doença ou da lesão.

Alternativa "E": correta. O segurado em gozo de auxílio por incapacidade temporária, insuscetível de recuperação para sua atividade habitual, deverá submeter-se a processo de reabilitação profissional para o exercício de outra atividade, mantendo a percepção do benefício até que seja considerado habilitado para o desempenho de nova atividade que lhe garanta a subsistência ou, quando considerado não recuperável, for aposentado por incapacidade permanente.

---

78. (FCC – Procurador do Estado – MT/2016) A Lei nº 8.213/91 que regulamenta as prestações e os benefícios da Previdência Social estabelece que

a) a aposentadoria por tempo de serviço, o abono de permanência em serviço, os pecúlios e a reabilitação profissional são benefícios exclusivos do segurado e não se estendem aos seus dependentes.

b) somente poderão se beneficiar do auxílio-acidente os segurados na qualidade de empregado, incluindo o doméstico, trabalhador avulso e segurado especial.

c) o auxílio-doença será devido a todos os segurados a contar do 16o dia do afastamento da atividade, independentemente de carência e consistirá numa renda mensal correspondente a 80% do salário-de-benefício.

d) a pensão por morte será devida ao conjunto dos dependentes do segurado que falecer, aposentado ou não, a contar da data do óbito ou da decisão judicial, no caso de morte presumida e o valor mensal será de 91% do valor da aposentadoria que o segurado recebia ou daquela a que teria direito se estivesse aposentado por invalidez.

e) é vedado o recebimento conjunto do seguro-desemprego com pensão por morte e auxílio-acidente, assim como não é permitido o recebimento conjunto de salário maternidade e pensão por morte.

▷ ***Anotações/Comentários***

Alternativa "A": incorreta. A reabilitação profissional é prestação previdenciária devida a segurado e dependente. A legislação previdenciária não mais prevê a concessão de aposentadoria por tempo de serviço, de abono de permanência em serviço e de pecúlios.

Alternativa "B": correta. Poderão se beneficiar do auxílio-acidente os segurados na qualidade de empregado, empregado doméstico, trabalhador avulso e segurado especial.

Alternativa "C": incorreta. O auxílio por incapacidade temporária será devido ao segurado empregado, exceto o doméstico, a contar do 16o dia do afastamento da atividade, uma vez cumprida a carência exigida, quando exigida, consistindo numa renda mensal correspondente a 91% do salário de benefício.

Alternativa "D": incorreta. A pensão por morte será devida ao conjunto dos dependentes do segurado que falecer, aposentado ou não, a contar da decisão judicial, no caso de morte presumida e o valor mensal será correspondente a uma cota familiar de 50%, acrescido de 10% por dependente, sobre o valor da aposentadoria que o segurado recebia ou daquela a que teria direito se estivesse aposentado por incapacidade permanente.

Alternativa "E": incorreta. É possível o recebimento conjunto do seguro-desemprego com pensão por morte, auxílio-reclusão e auxílio-acidente, assim como é permitido o recebimento conjunto de salário-maternidade e pensão por morte.

---

79. (FCC – Analista Judiciário – Área Judiciária - TRT 16/2014) Paulo, após filiar-se ao Regime Geral de Previdência Social, foi acometido de doença especificada em lista elaborada pelos Ministérios da Saúde e do Trabalho e da Previdência Social, de acordo com os critérios de

deformação. Paulo, então, requereu à Previdência, o auxílio-doença. Referido benefício será concedido

a) respeitada a carência de 10 (dez) contribuições mensais.
b) respeitada a carência de 12 (doze) contribuições mensais.
c) respeitada a carência de 180 (cento e oitenta) contribuições mensais.
d) independente de carência.
e) respeitado o período de carência correspondente ao número de contribuições realizadas a partir do momento em que a doença foi adquirida.

▷ ***Anotações/Comentários***

A concessão do auxílio por incapacidade temporária está sujeita, em regra, ao cumprimento da carência de 12 contribuições mensais.

Essa regra é abrandada quando a incapacidade decorrer de acidente de qualquer natureza ou causa, de doença profissional ou do trabalho e de doenças ou afecções graves especificadas em lista elaborada pelos Ministérios da Saúde e da Previdência Social, atualizada a cada 03 (três) anos, de acordo com os critérios de estigma, deformação, mutilação, deficiência ou outro fator que lhe confira especificidade e gravidade que mereçam tratamento particularizado.

Alternativa correta: "D". Como Paulo foi acometido de doença especificada em lista elaborada pelos Ministérios da Saúde e da Previdência Social, de acordo com os critérios de deformação, não precisará cumprir carência mínima de contribuições mensais para ter concedido o benefício de auxílio por incapacidade temporária.

80. (FCC – Analista Judiciário – Área Judiciária - TRT 16/2014) Airton, filiado ao Regime Geral de Previdência Social, recebeu durante o ano auxílio-reclusão. Dessa forma, a ele o abono anual

a) é devido, calculado, no que couber, da mesma forma que o Descanso Semanal Remunerado dos trabalhadores, tendo por base o valor médio da renda mensal do benefício do mês de dezembro do referido ano.
b) não é devido, pois o mesmo cabe apenas a quem recebeu, durante o ano, auxílio-doença e aposentadoria.
c) é devido, calculado, no que couber, da mesma forma que o Descanso Semanal Remunerado dos trabalhadores, tendo por base o valor da hora mensal trabalhada.
d) não é devido, pois o mesmo cabe apenas a quem recebeu, durante o ano, aposentadoria.
e) é devido, calculado, no que couber, da mesma forma que a Gratificação de Natal dos trabalhadores, tendo por base o valor da renda mensal do benefício do mês de dezembro do referido ano.

▷ ***Anotações/Comentários***

Alternativa correta: "E". É o que dispõe o art. 120, § 1º do Decreto nº 3.048/99 (Regulamento da Previdência Social – RPS).

Com a determinação contida no art. 120, §1º do Decreto nº 3.048/99, conclui-se que as **alternativas "A" e "C" são incorretas.**

Alternativa "B" e "D" estão incorretas. O abono anual será devido ao segurado e ao dependente que, durante o ano, receberem auxílio por incapacidade temporária, auxílio-acidente, aposentadoria, salário-maternidade, pensão por morte e auxílio-reclusão.

10. FINANCIAMENTO DA SEGURIDADE SOCIAL

81. (FCC - Técnico Judiciário - Área Administrativa – TRF3/2024) A seguridade social será financiada por toda a sociedade, de forma direta e indireta, nos termos da lei, mediante recursos provenientes dos orçamentos da União, dos Estados, do Distrito Federal e dos Municípios, e, dentre outras, das seguintes contribuições sociais: do empregador, da empresa e da entidade a ela equiparada na forma da lei, incidentes sobre (i) a receita ou o faturamento; (ii) a folha de salários e demais rendimentos do trabalho pagos ou creditados, a qualquer título, à pessoa física que

a) lhe preste serviço, mesmo sem vínculo empregatício; e (iii) o lucro; do trabalhador e dos demais segurados da previdência social, podendo ser adotadas alíquotas progressivas de acordo com o valor do salário de contribuição, incidindo contribuição sobre aposentadoria e pensão concedidas pelo Regime Geral de Previdência Social.
b) lhe preste serviço, mesmo sem vínculo empregatício; e (iii) o lucro; do trabalhador e dos demais segurados da previdência social, podendo ser adotadas alíquotas regressivas de acordo com o valor do salário de contribuição, não incidindo contribuição sobre aposentadoria e pensão concedidas pelo Regime Próprio de Previdência Social.
c) não lhe preste serviço, mesmo sem vínculo empregatício; e (iii) o lucro; do trabalhador e dos demais segurados da previdência social, podendo ser adotadas alíquotas progressivas de acordo com o valor do salário de benefício, não incidindo contribuição sobre aposentadoria e pensão concedidas pelo Regime Geral de Previdência Social.
d) lhe preste serviço, mesmo sem vínculo empregatício; e (iii) o lucro; do trabalhador e dos demais segurados da previdência social, podendo ser adotadas alíquotas progressivas de acordo com o valor do salário de contribuição, não incidindo contribuição sobre aposentadoria e pensão concedidas pelo Regime Geral de Previdência Social.
e) lhe preste serviço, mesmo sem vínculo empregatício; e (iii) o prejuízo; do trabalhador e dos demais segurados da previdência social, não podendo ser adotadas alíquotas progressivas de acordo com o valor do salário de contribuição, não incidindo contribuição sobre aposentadoria e pensão concedidas pelo Regime Geral de Previdência Social.

▷ ***Anotações/Comentários***

A questão é resolvida pelo disposto no art. 195, caput da Constituição Federal:

> ***Art. 195.*** *A seguridade social será financiada por toda a sociedade, de forma direta e indireta, nos termos da lei, mediante recursos provenientes dos orçamentos da União, dos Estados, do Distrito Federal e dos Municípios, e das seguintes contribuições sociais:*
>
> *I - do empregador, da empresa e da entidade a ela equiparada na forma da lei, incidentes sobre:*
>
> *a) a folha de salários e demais rendimentos do trabalho pagos ou creditados, a qualquer título, à pessoa física que lhe preste serviço, mesmo sem vínculo empregatício;*
>
> *b) a receita ou o faturamento;*
>
> *c) o lucro;*
>
> *II - do trabalhador e dos demais segurados da previdência social, podendo ser adotadas alíquotas progressivas de acordo com o valor do salário de contribuição, não incidindo contribuição sobre aposentadoria e pensão concedidas pelo Regime Geral de Previdência Social;*
>
> *III - sobre a receita de concursos de prognósticos.*
>
> *IV - do importador de bens ou serviços do exterior, ou de quem a lei a ele equiparar;*
>
> *V - sobre bens e serviços, nos termos de lei complementar. (Incluído pela Emenda Constitucional nº 132, de 2023)*

Alternativa a: errada. Não há incidência de contribuição sobre aposentadoria e pensão concedidas pelo RGPS.

Alternativa b: errada. A CF autoriza a adoção de alíquotas progressivas de acordo com o valor do salário de contribuição do segurado do RGPS.

Alternativa c: errada. Incidirá contribuição do empregador, da empresa e da entidade a ela equiparada na forma da lei, incidentes sobre (i) a receita ou o faturamento; (ii) a folha de salários e demais rendimentos do trabalho pagos ou creditados, a qualquer título, à pessoa física que lhe preste serviço, mesmo sem vínculo empregatício.

Alternativa d: correta. É o que dispõe o art. 195, caput, incisos I e II da Constituição Federal.

Alternativa e: errada. Incidirá contribuição do empregador, da empresa e da entidade a ela equiparada na forma da lei, incidentes sobre (i) a receita ou o faturamento; (ii) a folha de salários e demais rendimentos do trabalho pagos ou creditados, a qualquer título, à pessoa física lhe preste serviço, mesmo sem vínculo empregatício; e (iii) **o lucro**; do trabalhador e dos demais segurados da previdência social, **podendo ser adotadas alíquotas progressivas** de acordo com o valor do salário de contribuição, não incidindo contribuição sobre aposentadoria e pensão concedidas pelo Regime Geral de Previdência Social.

82. (IBFC - Técnico Judiciário - Área Administrativa – TRF5/2024) O financiamento da seguridade social a cargo do empregador, da empresa e da entidade a ela equiparada, deve ser realizado por meio de contribuições sociais incidentes sobre _______. Assinale a alternativa que preencha corretamente a lacuna.

a) folha de salários; receita ou faturamento e lucro
b) lucro; folha de salários e patrimônio
c) receita ou faturamento; lucro e despesas
d) patrimônio; despesas e serviços

▷ ***Anotações/Comentários***

Alternativa a: correta. O leitor pode conferir no disposto no art. 195, caput, da Constituição Federal, conforme demonstrado na questão anterior.

Alternativa b: errada. Não incide contribuição de financiamento da seguridade social sobre o patrimônio.

Alternativa c: errada. Não incide contribuição de financiamento da seguridade social sobre despesas.

Alternativa d: errada. Não incide contribuição de financiamento da seguridade social sobre patrimônio e despesas.

A Reforma Tributária de 2023 trouxe a possibilidade da contribuição sobre bens e serviços, nos termos de lei complementar.

83. (FCC - Analista Judiciário - Área Judiciária – TRF3/2024) Segundo a Lei nº 8.212/1991, além das contribuições provenientes do faturamento ou receita e do lucro, a contribuição a cargo da empresa, destinada à Seguridade Social, é de 20% sobre o total das remunerações pagas, devidas ou creditadas a qualquer título, durante o mês aos segurados empregados e

a trabalhadores avulsos que lhe prestem serviços, destinadas a retribuir o trabalho, qualquer que seja a sua forma, inclusive as gorjetas, os ganhos habituais sob a forma de utilidades e os adiantamentos decorrentes de reajuste salarial, quer pelos serviços efetivamente prestados, quer pelo tempo à disposição do empregador ou tomador de serviços, nos termos da lei ou do contrato ou, ainda, de convenção ou acordo coletivo de trabalho ou sentença normativa.

b) facultativos que lhe prestem serviços, destinadas a retribuir o trabalho, a depender da sua forma, inclusive as gorjetas, os ganhos eventuais sob a forma de utilidades e os adiantamentos decorrentes de reajuste salarial, quer pelos serviços efetivamente prestados, quer pelo tempo à disposição do empregador ou tomador de serviços, nos termos da lei ou do contrato ou, ainda, de convenção ou acordo coletivo de trabalho ou sentença normativa.

c) trabalhadores avulsos que lhe prestem serviços, destinadas a retribuir o capital investido, qualquer que seja a sua forma, inclusive as gorjetas, mas com exceção dos ganhos habituais sob a forma de utilidades e os adiantamentos decorrentes de reajuste salarial, quer pelos serviços efetivamente prestados, quer pelo tempo à disposição do empregador ou tomador de serviços, nos ermos da lei ou do contrato ou, ainda, de convenção ou acordo coletivo de trabalho ou sentença normativa.

d) trabalhadores avulsos que lhe prestem serviços, destinadas a retribuir o capital investido, qualquer que seja a sua forma, inclusive as gorjetas, os ganhos eventuais sob a forma de utilidades e os adiantamentos decorrentes de reajuste salarial, quer pelos serviços efetivamente prestados, quer pelo tempo à disposição do empregador ou tomador de serviços, nos termos da lei ou do contrato, não se aplicando os termos de convenção ou acordo coletivo de trabalho ou sentença normativa.

e) trabalhadores avulsos que lhe prestem serviço, destinadas a retribuir o trabalho, qualquer que seja a sua forma, inclusive os ganhos habituais sob a forma de utilidades e os adiantamentos decorrentes de reajuste salarial, exceto as gorjetas, quer pelos serviços efetivamente prestados, quer pelo tempo à disposição do empregador ou tomador de serviços, nos termos da lei ou do contrato ou, ainda, de convenção ou acordo coletivo de trabalho ou sentença normativa.

▷ ***Anotações/Comentários***

Questão resolvida com base no disposto no art. 22 da Lei n. 8.212/91:

> ***Art. 22.*** *A contribuição a cargo da empresa, destinada à Seguridade Social, além do disposto no art. 23, é de:*
>
> *I - vinte por cento sobre o total das remunerações pagas, devidas ou creditadas a qualquer título, durante o mês, aos segurados empregados e trabalhadores avulsos que lhe prestem serviços, destinadas a retribuir o trabalho, qualquer que seja a sua forma, inclusive as gorjetas, os ganhos habituais sob a forma de utilidades e os adiantamentos decorrentes de reajuste salarial, quer pelos serviços efetivamente prestados, quer pelo tempo à disposição do empregador ou tomador de serviços, nos termos da lei ou do contrato ou, ainda, de convenção ou acordo coletivo de trabalho ou sentença normativa.*

84. (CEBRASPE – Procurador do Estado-CE/2021) O salário de contribuição no regime geral de previdência social

a) é indiferente para a apuração e cálculo do salário de benefício.
b) corresponde sempre ao valor final do benefício, calculado segundo suas respectivas regras legais de apuração.
c) representa exatamente o mesmo valor da contribuição social vertida para o sistema previdenciário.
d) possui sempre um limite máximo, sendo este entendido como o teto do valor suscetível à aplicação da alíquota previdenciária.

▷ ***Anotações/Comentários***

Alternativa "A": incorreta. O salário de benefício consiste na média aritmética simples dos salários de contribuição correspondentes a 100% do período contributivo, desde a competência julho de 1994 ou desde o início das contribuições, se posterior a essa competência. Portanto, o salário de contribuição é considerado para o cálculo do salário de benefício e, consequentemente, do benefício.

Alternativa "B": incorreta. Salário de contribuição é a base de cálculo da contribuição previdenciária do segurado, exceto do segurado especial. É a parcela sobre a qual incide a contribuição do segurado.

Alternativa "C": incorreta. Não é o valor da contribuição. É a base de cálculo da contribuição previdenciária do segurado, exceto do segurado especial que contribui sobre a receita bruta proveniente da comercialização da produção.

Alternativa "D": correta. O salário de contribuição é limitado ao valor máximo estabelecido por Portaria dos Ministérios da Previdência Social.

85. (CEBRASPE – Defensor Público-PI/2021) Integra o salário de contribuição no regime geral de previdência social

a) o valor relativo à assistência prestada por serviço médico ou odontológico, próprio da empresa ou por ela conveniado, inclusive o reembolso de despesas com medicamentos, óculos, aparelhos ortopédicos, próteses, órteses, despesas médico-hospitalares e outras similares.
b) a importância recebida a título de incentivo à demissão.
c) a parcela recebida a título de vale-transporte, ainda que paga em dinheiro, na forma da legislação própria.
d) a importância paga ao empregado a título de complementação ao valor do auxílio-doença, desde que este direito seja extensivo à totalidade dos empregados da empresa.
e) a gratificação natalina (décimo terceiro salário).

▷ ***Anotações/Comentários***

Alternativa "A": incorreta. O valor relativo à assistência prestada por serviço médico ou odontológico, próprio da empresa ou por ela conveniado, inclusive o reembolso de despesas com medicamentos, óculos, aparelhos ortopédicos, próteses, órteses, despesas médico-hospitalares e outras similares não integra o salário de contribuição.

Alternativa "B": incorreta. Não integra o salário de contribuição a importância recebida a título de incentivo à demissão.

Alternativa "C": incorreta. A parcela recebida a título de vale-transporte, ainda que paga em dinheiro, não integra o salário de contribuição.

Alternativa "D": incorreta. Não integra o salário de contribuição a importância paga ao empregado a título de complementação ao valor do auxílio por incapacidade temporária (auxílio-doença), desde que este direito seja extensivo à totalidade dos empregados da empresa.

Alternativa "E": correta. A gratificação natalina (décimo terceiro salário) integra o conceito de salário de contribuição. Sobre essa parcela incide contribuição previdenciária.

---

86. (CEBRASPE – Assessor Jurídico – Direito – CODEVASF/2021) Para efeito de custeio do RGPS, as alíquotas aplicadas aos salários de contribuições dos segurados empregados são as mesmas alíquotas aplicadas aos salários de contribuições dos segurados contribuintes individuais.

- CERTO
- ERRADO

▷ ***Anotações/Comentários***

As alíquotas aplicadas aos salários de contribuições dos segurados empregados não são as mesmas alíquotas aplicadas aos salários de contribuições dos segurados contribuintes individuais.

A contribuição do segurado empregado, inclusive o doméstico, e do trabalhador avulso é calculada por meio da aplicação da alíquota correspondente, de forma progressiva, sobre o seu salário de contribuição mensal[3]:

Salário de contribuição (R$)	Alíquota para fins de contribuição previdenciária
até 1.518,00	7,50%
de 1.518,01 até 2.793,88	9,00%
de 2.793,89 até 4.190,83	12,00%
de 4.190,84 até 8.157,41	14,00%

A alíquota da contribuição do contribuinte individual é de 20%.

---

87. (Vunesp – Outorga de Delegação de Notas e Registros – TJ – GO/2021) Sobre o financiamento da seguridade social, é correto afirmar com base na legislação e na jurisprudência nacional que

a) tem caráter contributivo, na medida em que os benefícios da seguridade social dependem de prévia fonte de custeio e, portanto, de contribuição por parte do beneficiário.

b) apresenta diversidade de fontes, sendo exemplo a receita auferida com a cobrança de contribuições sociais do importador de bens ou serviços do exterior.

c) as receitas dos Estados, do Distrito Federal e dos Municípios destinadas à seguridade social constarão do orçamento da Seguridade Social, não integrando os orçamentos fiscais dos respectivos entes federativos.

d) contribuem também para a previdência social os aposentados e pensionistas por meio de contribuições sociais incidentes sobre aposentadorias e pensões concedidas pelo Regime Geral de Previdência Social.

▷ ***Anotações/Comentários***

Alternativa "A": incorreta. A previdência social tem caráter contributivo. Os benefícios da seguridade social dependem de prévia fonte de custeio, mas, não necessariamente de contribuição por parte do beneficiário. Isso porque a saúde e a assistência social são prestadas independentemente de contribuição para a seguridade social.

Alternativa "B": correta. A seguridade social apresenta diversidade de fontes, sendo exemplo a receita auferida com a cobrança de contribuições sociais do importador de bens ou serviços do exterior. É o que dispõe o art. 195, caput, IV, da Constituição Federal.

Alternativa "C": incorreta. As receitas dos Estados, do Distrito Federal e dos Municípios destinadas à seguridade social não constarão dos respectivos orçamentos, não integrando o orçamento da União.

3. Valores para o ano de 2025, conforme Portaria MPS/MF nº 06/2025.

Alternativa "D": incorreta. Não incide contribuição social sobre proventos de aposentadoria e pensão concedidas pelo regime geral de previdência social.

---

88. (CEBRASPE – Delegado de Polícia – PF/2021) No que se refere ao financiamento da seguridade social, julgue os itens subsequentes.

As contribuições sociais do empregador compõem o financiamento da seguridade social e são incidentes sobre a folha de salários, o faturamento e o lucro.

- CERTO
- ERRADO

▷ ***Anotações/Comentários***

É o dispõe o art. 195, caput, inciso I, da Constituição Federal.

---

89. (CEBRASPE – Procurador – TC – DF/2021) Acerca de prestações previdenciárias e de princípios da seguridade social e de seu custeio, julgue os itens que se seguem.

A previsão constitucional do financiamento pelo Estado e pela sociedade — por meio das contribuições para a previdência social — atende ao princípio da diversidade na base do financiamento previdenciário.

- CERTO
- ERRADO

▷ ***Anotações/Comentários***

Correto. O princípio da diversidade do financiamento possibilita que a seguridade social seja financiada por várias fontes. A seguridade social será financiada mediante recursos provenientes dos orçamentos da União, dos Estados, do Distrito Federal e dos Municípios e contribuições sociais.

---

90. (CEBRASPE – Procurador – TC – DF/2021) Acerca de segurados e de custeio para o regime geral de previdência social (RGPS), julgue os itens a seguir.

O valor recebido pelo segurado empregado a título de incentivo à demissão voluntária não fica sujeito à contribuição obrigatória para o custeio do RGPS.

- CERTO
- ERRADO

▷ ***Anotações/Comentários***

A parcela de incentivo à demissão voluntária não integra o salário de contribuição e, consequentemente, não sofre incidência de contribuição previdenciária.

---

91. (FCC – Analista Judiciário – Área Judiciária – TRF 3/2019) Sobre o custeio do Regime Geral de Previdência Social, é INCORRETO afirmar que

a) a contribuição do empregador doméstico incidente sobre o salário de contribuição do empregado doméstico a seu serviço é de 8%; e 0,8% para o financiamento do seguro contra acidentes de trabalho.

b) a inexistência de débitos em relação às contribuições devidas ao Instituto Nacional do Seguro Social (INSS), a partir da publicação da Lei nº 8.213/1991, é condição necessária para que os Estados, o Distrito Federal e os Municípios possam receber as transferências dos recursos do Fundo de Participação dos Estados e do Distrito Federal (FPE) e do Fundo de Participação dos Municípios (FPM), celebrar acordos, contratos, convênios ou ajustes, bem como receber empréstimos, financiamentos, avais e subvenções em geral de órgãos ou entidades da Administração direta e indireta da União.

c) o prazo de validade da Certidão Negativa de Débito (CND) é de sessenta dias, contados da sua emissão, podendo ser ampliado por regulamento para até cento e oitenta dias. No entanto, independem de prova de inexistência de débito a lavratura ou assinatura de instrumento, ato ou contrato que constitua retificação, ratificação ou efetivação de outro anterior para o qual já foi feita a prova; a constituição de garantia para concessão de crédito rural, em qualquer de suas modalidades, por instituição de crédito pública ou privada, desde que o contribuinte referido em lei não seja responsável direto pelo recolhimento de contribuições sobre a sua produção para a Seguridade Social; a averbação prevista em lei, relativa a imóvel cuja construção tenha sido concluída antes de 22 de novembro de 1966; o recebimento pelos Municípios de transferência de recursos destinados a ações de assistência social, educação, saúde e em caso de calamidade pública, e a averbação da construção civil localizada em área objeto de regularização fundiária de interesse social.

d) o contribuinte individual que pretenda contar como tempo de contribuição, para fins de obtenção de benefício no Regime Geral de Previdência Social ou de contagem recíproca do tempo de contribuição, período de atividade remunerada alcançada pela decadência deverá indenizar o INSS.

e) na hipótese de o contribuinte individual prestar serviço a uma ou mais empresas, poderá deduzir, da sua contribuição mensal, cinquenta por cento da contribuição da empresa, efetivamente recolhida ou declarada, incidente sobre a remuneração que esta lhe tenha pago ou creditado, limitada a dedução a nove porcento do respectivo salário-de-contribuição.

▷ ***Anotações/Comentários***

Alternativa "A": correta. A contribuição do empregador doméstico incidente sobre o salário de contribuição do empregado doméstico a seu serviço é de 8%; e 0,8% para o financiamento do seguro contra acidentes de trabalho.

Alternativa "B": correta. A inexistência de débitos em relação às contribuições devidas ao Instituto Nacional do Seguro Social (INSS), a partir da publicação da Lei nº 8.213/1991, é condição necessária para que os Estados, o Distrito Federal e os Municípios possam receber as transferências dos recursos do Fundo de Participação dos Estados e do Distrito Federal (FPE) e do Fundo de Participação dos Municípios (FPM), celebrar acordos, contratos, convênios ou ajustes, bem como receber empréstimos, financiamentos, avais e subvenções em geral de órgãos ou entidades da Administração direta e indireta da União. É o que se depreende do disposto no art. 56 da Lei nº 8.212/91.

Alternativa "C": incorreta, considerando a alteração ocorrida no art. 47 pela Lei n. 14.148/2021. O prazo de validade da certidão expedida conjuntamente pela Secretaria Especial da Receita Federal do Brasil e pela Procuradoria-Geral da Fazenda Nacional do Ministério da Fazenda, referente aos tributos federais e à dívida ativa da União por elas administrados, será de até 180 dias, contado da data de emissão da certidão, prorrogável, excepcionalmente, pelo prazo determinado em ato conjunto dos referidos órgãos.

Alternativa "D": correta. O contribuinte individual que pretenda contar como tempo de contribuição, para fins de obtenção de benefício no Regime Geral de Previdência Social ou de contagem recíproca do tempo de contribuição, período de atividade remunerada alcançada pela decadência deverá indenizar o INSS. É o que dispõe o art. 45-A da Lei n. 8.212/91.

Alternativa "E": incorreta. Na hipótese de o contribuinte individual prestar serviço a uma ou mais empresas, poderá deduzir, da sua contribuição mensal, 45% da contribuição da empresa, efetivamente recolhida ou declarada, incidente sobre a remuneração que esta lhe tenha pago ou creditado, limitada a dedução a 9% do respectivo salário de contribuição, conforme disposto no art. 30, §4º, da Lei n. 8.212/91.

92. (CEBRASPE – Procurador do Município – PGM Manaus/2018) Constitui fonte de financiamento da seguridade social a arrecadação de contribuições sociais do importador de bens ou serviços do exterior.

- CERTO
- ERRADO

▷ ***Anotações/Comentários***

É uma das contribuições que financiam a seguridade social, nos termos do art. 195, caput, inciso IV, da Constituição Federal.

93. (FGV – Analista Judiciário – Oficial de Just. Avaliador – TRT 12/2017) Castilho aposentou-se pelo INSS por tempo de contribuição, com provento de 1 salário-mínimo mensal, mas depois de algum tempo resolveu retornar à ativa. Conseguiu um novo emprego no comércio de Florianópolis (SC), com salário contratado correspondente a 2 mínimos nacionais. Diante desse caso concreto, é correto afirmar que:

a) a pessoa em questão terá desconto de INSS da aposentadoria e do salário na ativa;

b) por já ser jubilado, Castilho não precisará recolher INSS da aposentadoria nem do salário recebido junto ao novo empregador;

c) Castilho terá de recolher INSS sobre o salário que recebe na ativa;

d) se o INSS descobrir que Castilho tem novo emprego, deverá suspender a sua aposentadoria;

e) o contrato é proibido, pois já sendo aposentado, Castilho não poderia voltar à atividade remunerada.

▷ ***Anotações/Comentários***

Alternativa "A": incorreta. Não incide contribuição social sobre aposentadoria concedida pelo RGPS. No entanto, sobre a remuneração relativa à nova atividade, incidirá contribuição previdenciária.

Alternativa "B": incorreta. Quando o segurado aposentado retorna ao exercício da atividade remunerada, ele será filiado em relação à nova atividade e deverá contribuir para a previdência social incidente sobre a remuneração da ativa.

Alternativa "C": correta. Veja a explicação acima.

Alternativa "D": incorreta. Castilho poderá exercer nova atividade remunerada, sem prejuízo de sua aposentadoria. Poderá receber aposentadoria e a remuneração pelo exercício da atividade no seu novo emprego.

Alternativa "E": incorreta. De acordo com a explicação acima.

94. (FGV – Auditor Substituto – TCE – RJ/2015) A seguridade social, nos termos da Constituição de 1988, estabelece diversas diretrizes e princípios para seu funcionamento. Dentro dos três subsistemas criados (previdência social, assistência social e saúde), é correto afirmar que:

a) a universalidade de cobertura e atendimento é objetivo exclusivo da saúde, tendo em vista ser o único subsistema aberto a todos e independente de contribuição;

b) a previsão de aposentadorias diferenciadas para homens e mulheres é inconstitucional por violar o princípio da isonomia;

c) a União, como forma de atender os objetivos da seguridade social, poderá criar novas contribuições sociais, desde que aprovadas por lei complementar e com ineditismo de fato gerador e base de cálculo, além de não cumulativas;

d) a previdência complementar, nos termos da Constituição de 1988, somente poderá conceder benefícios após o interessado ter se aposentado, regularmente, pela previdência social pública;

e) a previsão de benefícios previdenciários na Constituição de 1988, tanto para servidores como trabalhadores da iniciativa privada, é exemplificativa, podendo sofrer restrições ou ampliações por lei, independente do custeio.

▷ ***Anotações/Comentários***

Alternativa "A": incorreta. A universalidade de cobertura e atendimento é objetivo da seguridade social e não só da saúde, conforme se verifica pelo disposto no art. 194, parágrafo único, inciso I, da Constituição Federal.

Alternativa "B": incorreta. A previsão de aposentadorias diferenciadas para homens e mulheres não viola o princípio da isonomia. Pelo contrário, reforça tal princípio porque devem ser tratados igualmente as pessoas que se encontram em situação semelhante e, desigualmente, aqueles que se encontram em situação desigual.

Alternativa "C": correta. A União, como forma de atender os objetivos da seguridade social, poderá criar novas contribuições sociais, desde que aprovadas por lei complementar e com ineditismo de fato gerador e base de cálculo, além de não cumulativas. É exatamente o determina o art. 195, §4º, da Constituição Federal.

Alternativa "D": incorreta. A previdência complementar, nos termos da Constituição de 1988, é autônoma em relação ao regime geral de previdência social.

Alternativa "E": incorreta. Os benefícios e serviços da seguridade social não poderão ser criados, estendidos ou majorados, sem a correspondente fonte de custeio total. Trata-se do princípio da contrapartida previsto no art. 195, §5º, da Constituição Federal.

95. (Cespe – Procurador do MP junto ao TCU/2015) Em relação ao custeio da seguridade social, assinale a opção correta.

a) A responsabilidade tributária pelo recolhimento da contribuição previdenciária de segurado empregado, trabalhador avulso e empregado doméstico será tanto dos segurados quanto das empresas, dos empregadores e de equiparados.

b) A contribuição dos segurados especiais para a previdência social é feita com base no salário de contribuição.

c) Conforme entendimento do STJ, a alíquota de contribuição para o Seguro Acidente do Trabalho, a cargo do empregador, é aferida apenas pelo grau de risco na atividade preponderante, ainda que a pessoa jurídica empregadora possua mais de um estabelecimento empresarial.

d) Não incide contribuição previdenciária sobre o adicional noturno pago pelo empregador.

e) De acordo com o STF, é legítima a cobrança da COFINS, do PIS e do FINSOCIAL sobre as operações relativas a energia elétrica, serviços de telecomunicações, derivados de petróleo, combustíveis e minerais do país.

▷ ***Anotações/Comentários***

Alternativa "A": incorreta. A responsabilidade tributária pelo recolhimento da contribuição previdenciária de segurado empregado, trabalhador avulso e empregado doméstico será das empresas, dos empregadores e de equiparados. Eles deverão descontar da remuneração desses segurados a contribuição previdenciária e recolher até o dia 20 do mês subsequente ao da competência.

Alternativa "B": incorreta. A contribuição dos segurados especiais para a previdência social incide sobre a receita bruta proveniente da comercialização da produção.

Alternativa "C": incorreta. Conforme o entendimento do STJ, nos termos da súmula 351, a alíquota de contribuição para o Seguro Acidente do Trabalho, a cargo do empregador, deve ser apurada de acordo com a atividade preponderante da empresa no caso desta possuir CNPJ único e, na hipótese de cada estabelecimento possuir um cadastro próprio, o grau de risco será medido de forma individualizada para cada pessoa jurídica.

Alternativa "D": incorreta. Incide contribuição previdenciária sobre o adicional noturno pago pelo empregador. O adicional noturno integra o salário de contribuição.

Alternativa "E": correta. É o entendimento adotado pela súmula 659 do STF.

96. (Cespe – Analista Judiciário – Área Administrativa – TRT 8/2013) A respeito do custeio do RGPS, assinale a opção correta.

a) A alíquota de contribuição do segurado contribuinte individual a título de custeio da previdência social é de 12% sobre todos os valores recebidos a título de serviços prestados a terceiros.

b) Para efeito de custeio da previdência social, integra o salário de contribuição do segurado empregado a importância recebida a título de incentivo à demissão.

c) A contribuição dos trabalhadores para o custeio da previdência é isonômica, sendo as alíquotas de contribuição igualitárias para todas as espécies de segurados.

d) Para efeito de incidência da alíquota de contribuição para o custeio do RGPS, considera-se salário de contribuição do empregado doméstico a remuneração registrada na CTPS, observadas as normas a serem estabelecidas em regulamento para a comprovação do vínculo empregatício e do valor da remuneração.

e) O trabalhador que presta serviço de natureza urbana ou rural a empresa privada, em caráter não eventual e mediante subordinação, não participa do custeio do RGPS.

▷ ***Anotações/Comentários***

Alternativa "A": incorreta. A alíquota de contribuição do segurado contribuinte individual a título de custeio da previdência social é de 20 sobre a remuneração recebido a título de serviços prestados a terceiros, observado o limite máximo estabelecido para o salário de contribuição.

Alternativa "B": incorreta. Não integra o salário de contribuição do segurado empregado a importância recebida a título de incentivo à demissão.

Alternativa "C": incorreta. A contribuição dos trabalhadores para o custeio da previdência não é isonômica, sendo as alíquotas de contribuição diferentes para as categorias de segurados.

Alternativa "D": correta. Conceito disposto no art. 28, II, da Lei de Custeio da Seguridade Social – Lei n. 8.212/91.

Alternativa "E": incorreta. Esse trabalhador é o empregado, segurado obrigatório do RGPS e deve contribuir para a previdência social.

11. BENEFÍCIO DE PRESTAÇÃO CONTINUADA DA ASSISTÊNCIA SOCIAL – BPC LOAS

97. (FCC - Analista Judiciário - Área Judiciária – TRF3/2024) O benefício de prestação continuada, firmado pela Lei nº 8. 742/1993, é a garantia de um salário-mínimo mensal à pessoa

a) com deficiência ou ao idoso com 55 anos ou mais que comprovem não possuir meios de prover a própria manutenção nem de tê-la provida por sua família.

b) sem deficiência ou ao idoso com 55 anos que comprovem não possuir meios de prover a própria manutenção, mas de tê-la provida por sua família.

c) sem deficiência e ao idoso com 65 anos ou mais que comprovem não possuir meios de prover a própria manutenção ou de tê-la provida por sua família.

d) com deficiência e ao idoso com 65 anos ou mais que comprovem não possuir meios de prover a própria manutenção nem de tê-la provida por sua família.

e) com deficiência e ao idoso com 65 anos ou menos que comprovem possuir meios de prover a própria manutenção ou de tê-la provida por sua família.

▷ ***Anotações/Comentários***

Conforme dispõe o art.20, caput, da Lei n. 8.742/93 (Lei Orgânica da Assistência Social – LOAS), *O benefício de prestação continuada é a garantia de um salário-mínimo mensal à pessoa com deficiência e ao idoso com 65 (sessenta e cinco) anos ou mais que comprovem não possuir meios de prover a própria manutenção nem de tê-la provida por sua família.*

98. (FGV - Analista Judiciário – Área Judiciária – TRF1/2024) A assistência social brasileira, na forma do Art. 203 da CF/1988, será prestada a quem dela necessitar.

É correto afirmar que o benefício pecuniário, de um salário mínimo, assegurado na Lei nº 8.742/1993:

a) é a garantia de um salário-mínimo ao idoso ou pessoa com deficiência, na forma da lei;

b) é conhecido, atualmente, como renda mensal vitalícia;

c) é restrito a idosos, desde que com idade superior a 65 anos;

d) admite a inclusão de aposentados do INSS, desde que qualificados como deficientes;

e) tem valores limitados ao teto de pagamento de benefícios do RGPS.

▷ ***Anotações/Comentários***

Conforme dispõe o art.20, caput, da Lei n. 8.742/93 (Lei Orgânica da Assistência Social – LOAS), *O benefício de prestação continuada é a garantia de um salário-mínimo mensal à pessoa com deficiência e ao idoso com 65 (sessenta e cinco) anos ou mais que comprovem não possuir meios de prover a própria manutenção nem de tê-la provida por sua família.*

Alternativa "a": correta. O BPC-LOAS é garantido à pessoa idosa e à pessoa com deficiência, no valor de 01 salário mínimo.

Alternativa "b": incorreta. Renda mensal vitalícia é benefício diverso do BPC-LOAS.

Alternativa "c": incorreta. O BPC-LOAS é garantido à pessoa idosa com 65 anos ou mais e à pessoa com deficiência.

Alternativa "d": incorreta. O BPC-LOAS não pode ser pago junto com aposentadoria.

Alternativa "e": incorreta. O BPC-LOAS tem valor fixo de 01 salário mínimo.

99. (FCC – Analista Judiciário – Área Judiciária - TRT 16/2014) Terá direito ao recebimento de um salário-mínimo mensal, conforme dispuser a lei,

a) a pessoa com deficiência e a pessoa idosa que comprovem não possuir meios de prover à própria manutenção ou de tê-la provida por sua família, desde que contribuam à seguridade social.

b) a pessoa com deficiência e a pessoa idosa que comprovem não possuir meios de prover à própria manutenção ou de tê-la provida por sua família, independentemente de contribuição à seguridade social.

c) apenas a pessoa com deficiência, que comprove não possuir meios de prover à própria manutenção ou de tê-la provida por sua família, desde que contribua à seguridade social.

d) apenas a pessoa idosa, que comprove não possuir meios de prover à própria manutenção ou de tê-la provida por sua família, desde que contribua à seguridade social.

e) apenas a pessoa com deficiência, que comprove não possuir meios de prover à própria manutenção, mesmo que sua família possa provê-la, independentemente de contribuição à seguridade social.

▷ ***Anotações/Comentários***

Alternativa correta: "B". A pessoa com deficiência e a pessoa idosa que comprovem não possuir meios de prover à própria manutenção ou de tê-la provida por sua família, independentemente de contribuição à seguridade social têm direito de receber o benefício assistencial no valor de 01 salário-mínimo, conforme disposto no art. 203, inciso V, da Constituição Federal.

12. PREVIDÊNCIA DO SERVIDOR PÚBLICO

100. (AOCP - Analista Judiciário - Área Judiciária – TRF2/2024) De acordo com o entendimento dos Tribunais Superiores, assinale a alternativa correta.

a) A contribuição previdenciária patronal não incide sobre os valores pagos ao trabalhador a título de décimo terceiro salário proporcional relacionado ao período do aviso prévio indenizado.

b) mulher que renunciou aos alimentos na separação judicial não tem direito à pensão previdenciária por morte do ex-marido, ainda que comprovada a necessidade econômica superveniente.

c) É inconstitucional, por transgressão ao princípio da isonomia entre homens e mulheres, a exigência de requisitos legais diferenciados para efeito de outorga de pensão por morte de ex-servidores públicos em relação a seus respectivos cônjuges ou companheiros/companheiras.

d) Para efeito da obtenção de benefício previdenciário, a prova exclusivamente testemunhal basta para a comprovação da atividade rurícola.

e) O auxílio-creche integra o salário-de-contribuição.

▷ ***Anotações/Comentários***

A questão traz alternativas sobre diversos temas previdenciários. Escolhemos colocá-la nesse módulo porque a alternativa correta diz respeito à decisão sobre pensão por morte de servidor público.

Alternativa a: errada. Ao julgar o Tema 1.170, a Primeira Seção do STJ estipulou que a contribuição previdenciária patronal também incide sobre os valores pagos ao trabalhador a título de 13º salário proporcional ao período do aviso prévio indenizado.

Alternativa b: errada. De acordo com o enunciado da Súmula 336 do STJ, a mulher que renunciou aos alimentos na separação judicial tem direito à pensão previdenciária por morte do ex-marido, comprovada a necessidade econômica superveniente.

Alternativa c: correta. Por unanimidade, o Supremo Tribunal Federal (STF) decidiu que é inconstitucional a exigência de requisitos legais diferenciados para a concessão de pensão por morte de ex-servidores públicos em razão do gênero do beneficiário. De acordo com os ministros, a diferenciação viola o princípio da isonomia entre homens e mulheres. A decisão foi proferida no Recurso Extraordinário (RE) 659424, com repercussão geral (Tema 457).

Alternativa d: errada. Para efeito da obtenção de benefício previdenciário, não se admite a prova exclusivamente testemunhal para a comprovação da atividade rurícola.

Súmula 149 do STJ: A prova exclusivamente testemunhal não basta a comprovação da atividade rurícola, para efeito da obtenção de benefício previdenciário.

Alternativa e: errada. Nos termos da súmula 310 do STJ, o auxílio-creche não integra o salário-de-contribuição.

101. (FCC - Analista Judiciário - Área Judiciária – TRF3/2024) De acordo com a Lei nº 9.717/1998, os regimes próprios de previdência social dos servidores públicos da União, dos Estados, do Distrito Federal e dos Municípios, dos militares dos Estados e do Distrito Federal deverão ser organizados e baseados em normas gerais de

a) contabilidade e atuária, de modo a garantir o seu equilíbrio financeiro e atuarial, observando critérios para realização de avaliação atuarial inicial e em cada balanço com parâmetros gerais para a organização e revisão apenas do plano de benefícios, além de observar o financiamento mediante recursos provenientes somente dos Estados, do Distrito Federal e dos Municípios e das contribuições do pessoal civil e militar, ativo, inativo e dos pensionistas, para os seus respectivos regimes.

b) governança e atuaria, de modo a garantir o seu equilíbrio financeiro e atuarial, observando critérios para realização de avaliação atuarial inicial e em cada balanço com parâmetros gerais para a organização e revisão do plano de custeio e benefícios, além de observar o financiamento mediante recursos provenientes da União, dos Estados, do Distrito Federal e dos Municípios e das contribuições apenas do pessoal civil e militar ativo e dos pensionistas, para os seus respectivos regimes.

c) governança e atuária, de modo a garantir o seu equilíbrio financeiro e atuarial, observando critérios para realização de avaliação atuarial final e em alguns balanços com parâmetros gerais para a organização e revisão do plano de custeio e benefícios, além de observar o financiamento mediante recursos provenientes da União, dos Estados, do Distrito Federal e dos Municípios e das contribuições do pessoal civil e militar, ativo, inativo e dos pensionistas, para os seus respectivos regimes.

d) contabilidade e atuária, de modo a garantir o seu equilíbrio financeiro e atuarial, observando critérios para realização de avaliação atuarial inicial e em cada balanço com parâmetros gerais para a organização e revisão do plano de custeio e benefícios, além de observar o financiamento mediante recursos provenientes da União, dos Estados, do Distrito Federal e dos Municípios e das contribuições do pessoal civil e militar, ativo, inativo e dos pensionistas, para os seus respectivos regimes.

e) contabilidade e atuária, de modo a garantir o seu equilíbrio financeiro e atuarial, observando critérios para realização de avaliação atuarial inicial e em cada balanço com parâmetros divergentes para a organização e revisão apenas do plano de custeio, além de observar o financiamento mediante recursos provenientes da União, dos Estados, do Distrito Federal e dos Municípios e das contribuições do pessoal civil e militar, ativo, inativo e dos pensionistas, para os seus respectivos regimes.

▷ ***Anotações/Comentários***

A questão é resolvida conforme o disposto no art. 1º da Lei n. 9.717/98 que trata das normas gerais sobre os regimes próprios de previdência social. Confira:

> *Art. 1º Os regimes próprios de previdência social dos servidores públicos da União, dos Estados, do Distrito Federal e dos Municípios, dos militares dos Estados e do Distrito Federal deverão ser organizados, baseados em normas gerais de contabilidade e atuária, de modo a garantir o seu equilíbrio financeiro e atuarial, observados os seguintes critérios:*

I - realização de avaliação atuarial inicial e em cada balanço utilizando-se parâmetros gerais, para a organização e revisão do plano de custeio e benefícios;

II - financiamento mediante recursos provenientes da União, dos Estados, do Distrito Federal e dos Municípios e das contribuições do pessoal civil e militar, ativo, inativo e dos pensionistas, para os seus respectivos regimes;

III - as contribuições e os recursos vinculados ao Fundo Previdenciário da União, dos Estados, do Distrito Federal e dos Municípios e as contribuições do pessoal civil e militar, ativo, inativo, e dos pensionistas, somente poderão ser utilizadas para pagamento de benefícios previdenciários dos respectivos regimes, ressalvadas as despesas administrativas estabelecidas no art. 6º, inciso VIII, desta Lei, observado os limites de gastos estabelecidos em parâmetros gerais;

IV - cobertura de um número mínimo de segurados, de modo que os regimes possam garantir diretamente a totalidade dos riscos cobertos no plano de benefícios, preservando o equilíbrio atuarial sem necessidade de resseguro, conforme parâmetros gerais;

V - cobertura exclusiva a servidores públicos titulares de cargos efetivos e a militares, e a seus respectivos dependentes, de cada ente estatal, vedado o pagamento de benefícios, mediante convênios ou consórcios entre Estados, entre Estados e Municípios e entre Municípios;

VI - pleno acesso dos segurados às informações relativas à gestão do regime e participação de representantes dos servidores públicos e dos militares, ativos e inativos, nos colegiados e instâncias de decisão em que os seus interesses sejam objeto de discussão e deliberação;

VII - registro contábil individualizado das contribuições de cada servidor e dos entes estatais, conforme diretrizes gerais;

VIII - identificação e consolidação em demonstrativos financeiros e orçamentários de todas as despesas fixas e variáveis com pessoal inativo civil, militar e pensionistas, bem como dos encargos incidentes sobre os proventos e pensões pagos;

IX - sujeição às inspeções e auditorias de natureza atuarial, contábil, financeira, orçamentária e patrimonial dos órgãos de controle interno e externo.

X - vedação de inclusão nos benefícios, para efeito de percepção destes, de parcelas remuneratórias pagas em decorrência de local de trabalho, de função de confiança ou de cargo em comissão, exceto quando tais parcelas integrarem a remuneração de contribuição do servidor que se aposentar com fundamento no art. 40 da Constituição Federal, respeitado, em qualquer hipótese, o limite previsto no § 2o do citado artigo;

XI - vedação de inclusão nos benefícios, para efeito de percepção destes, do abono de permanência de que tratam o § 19 do art. 40 da Constituição Federal, o § 5º do art. 2º e o § 1º do art. 3º da Emenda Constitucional nº 41, de 19 de dezembro de 2003.

Alternativa a: errada. O correto seria:

contabilidade e atuária, de modo a garantir o seu equilíbrio financeiro e atuarial, observando critérios para realização de avaliação atuarial inicial e em cada balanço com parâmetros gerais para a organização e revisão do plano de custeio benefícios, além de observar o financiamento mediante recursos provenientes da União, dos Estados, do Distrito Federal e dos Municípios e das contribuições do pessoal civil e militar, ativo, inativo e dos pensionistas, para os seus respectivos regimes.

Alternativa b: errada. O correto seria:

contabilidade e atuária, de modo a garantir o seu equilíbrio financeiro e atuarial, observando critérios para realização de avaliação atuarial inicial e em cada balanço com parâmetros gerais para a organização e revisão do plano de custeio e benefícios, além de observar o financiamento mediante recursos provenientes da União, dos Estados, do Distrito Federal e dos Municípios e das contribuições apenas do pessoal civil e militar ativo e dos pensionistas, para os seus respectivos regimes.

Alternativa c: errada. O correto seria:

Contabilidade e atuária, de modo a garantir o seu equilíbrio financeiro e atuarial, observando critérios para realização de avaliação atuarial inicial e em cada balanço com parâmetros gerais para a organização e revisão do plano de custeio e benefícios, além de observar o financiamento mediante recursos provenientes da União, dos Estados, do Distrito Federal e dos Municípios e das contribuições do pessoal civil e militar, ativo, inativo e dos pensionistas, para os seus respectivos regimes.

Alternativa d: correta. É o que está disposto no art. 1º, incisos I e II, da Lei n. 9.717/98.

Alternativa e: errada. O correto seria:

contabilidade e atuária, de modo a garantir o seu equilíbrio financeiro e atuarial, observando critérios para realização de avaliação atuarial inicial e em cada balanço com parâmetros gerais para a organização e revisão do plano de custeio e benefícios, além de observar o financiamento mediante recursos provenientes da União, dos Estados, do Distrito Federal e dos Municípios e das contribuições do pessoal civil e militar, ativo, inativo e dos pensionistas, para os seus respectivos regimes.

---

102. (FGV - Analista Judiciário – Área Judiciária – TRF1/2024) Um ente federativo instituiu a majoração escalonada de 11% para 14% da alíquota da contribuição previdenciária de seus servidores públicos, destinada a custear o Regime Próprio de Previdência Social.

À luz da jurisprudência do Supremo Tribunal Federal, essa majoração da alíquota é:

a) inconstitucional, pois ofende o princípio tributário da vedação ao confisco;

b) constitucional, pois atende aos princípios da razoabilidade e da proporcionalidade;

c) constitucional, pois a ausência de razoabilidade não se sujeita ao controle de constitucionalidade;

d) inconstitucional, pois não possui o condão de afetar o equilíbrio financeiro e atuarial do regime previdenciário;

e) constitucional, uma vez que o ordenamento jurídico não estabelece um percentual máximo para as contribuições previdenciárias.

▷ ***Anotações/Comentários***

No julgamento da ADI 5.944/CE, o Supremo Tribunal Federal decidiu que *"A majoração escalonada de 11% para 14% da alíquota de contribuição previdenciária de servidores públicos estaduais ativos, inativos e pensionistas, e de militares, destinada a custear o Regime Próprio de Previdência Social, **revela-se razoável e proporcional**, de modo que não ofende o princípio tributário da vedação ao confisco.*

Conforme jurisprudência consolidada desta Corte, a ausência de estudo atuarial específico e prévio à edição de lei que aumente a contribuição previdenciária de seus servidores públicos não implica vício de inconstitucionalidade, mas mera irregularidade que pode ser sanada pela demonstração do déficit financeiro ou atuarial que justifique a medida fiscal (1).

Nesse contexto, inexiste, na espécie, afronta ao equilíbrio financeiro e atuarial do regime previdenciário.

Com base nesse entendimento, o Plenário, por unanimidade, julgou improcedente a ação, para assentar a constitucionalidade do art. 1º da Lei Complementar 167/2016, que alterou o art. 5º, §§ 1º, 2º e 3º, da Lei Complementar 159/2016, ambas do Estado do Ceará.

---

103. (FGV - Analista Judiciário – Área Judiciária – TRF1/2024) Maria Antônia, servidora pública federal, regularmente aprovada em concurso público e nomeada na forma da lei, deseja obter aposentadoria pelo Regime Próprio de Previdência dos servidores federais e, simultaneamente, também pelo Regime Geral de Previdência Social.

O objetivo de Maria é:

a) impossível, pois não é permitida a cumulação de benefícios dos regimes próprios de previdência social e o Regime Geral de Previdência Social;

b) possível, desde que ela tenha recolhido contribuições ao Regime Geral de Previdência Social de forma concomitante ao seu regime próprio, na condição de segurada facultativa;

c) impossível, pois sua condição de servidora pública federal não permite sequer averbação do tempo de contribuição anterior pelo Regime Geral no regime próprio de previdência;

d) possível, desde que ela tenha desempenhado, enquanto servidora pública, atividade remunerada lícita e concomitante ao seu mister público, sendo também vinculada como segurada obrigatória do Regime Geral de Previdência Social;

e) possível, desde que ela tenha realizado a inscrição como segurada facultativa do Regime Geral de Previdência Social de forma concomitante ao seu ingresso na carreira pública, pois a inscrição retroativa não é admitida.

▷ ***Anotações/Comentários***

O art. 12, § 1º, da Lei n. 8.213/91 assim dispõe:

§ 1o Caso o servidor ou o militar venham a exercer, concomitantemente, uma ou mais atividades abrangidas pelo Regime Geral de Previdência Social, tornar-se-ão segurados obrigatórios em relação a essas atividades.

No caso de Maria Antônia, ela poderá receber aposentadoria do RPPS dos servidores federais e do RGPS, caso ela desempenhe atividade remunerada que a enquadre como segurada obrigatória no RGPS e cumpra os requisitos legais.

Será aposentada pelo RPPS por ser servidora pública federal.

Poderá ser aposentada, também, pelo RGPS, por exercer atividade remunerada que a enquadre como segurada obrigatória no RGPS.

Nada impede que receba as duas aposentadorias.

104. (FGV – Analista Judiciário – Oficial de Justiça Avaliador - TRT – Paraíba – 2023) Em razão da drástica redução do poder de compra dos servidores públicos do Município Alfa, o sindicato da categoria apresentou, no início deste ano, uma pauta de reinvindicações ao Prefeito Municipal com o objetivo de preservar os atrativos da carreira. Por tal razão, foi solicitado que o Prefeito Municipal apresentasse os projetos de lei necessários visando à: (a) criação de um regime próprio de previdência social; (b) instituição de um tempo ficto de contribuição diretamente proporcional aos períodos em que os servidores acumularem funções; e (c) isenção dos inativos do recolhimento da contribuição previdenciária. Embora desejasse atender aos servidores, o Prefeito Municipal solicitou que sua assessoria analisasse a compatibilidade das três propostas com a ordem constitucional, sendo-lhe corretamente informado que

a) apenas as propostas 2 e 3 são inconstitucionais.
b) todas as propostas são inconstitucionais.
c) apenas a proposta é 2 é inconstitucional.
d) apenas a proposta 1 é inconstitucional.
e) todas as propostas são constitucionais.

▷ ***Anotações/Comentários***

Todas as propostas são inconstitucionais:

a) A Constituição Federal veda a criação de novos regimes próprios de previdência social após a entrada em vigor da Emenda Constitucional nº 103/2019;
b) A Constituição Federal veda que lei estabeleça qualquer forma de contagem de tempo de contribuição fictício;
c) o regime próprio de previdência social é financiado, de acordo com o disposto no art. 40, caput, da Constituição Federal, por contribuições do ente federativo, do servidor ativo, do aposentado e do pensionista.

105. (FGV – Analista Judiciário – Oficial de Justiça Avaliador - TRT – Paraíba – 2023) Fernando, servidor público estável ocupante do cargo de Analista Judiciário do Tribunal Regional do Trabalho da Ya Região, atualmente exerce o cargo de Diretor do Departamento de Licitação do TRT. Sua melhor assessora, Antônia, servidora ocupante de cargo exclusivamente em comissão, completará 75 anos de idade no próximo mês. De acordo com a jurisprudência do Supremo Tribunal Federal, Antônia

a) não será obrigada a se aposentar ao completar 75 anos, pois os servidores ocupantes de cargo exclusivamente em comissão não se submetem à regra da aposentadoria compulsória prevista no texto constitucional, que atinge apenas os ocupantes de cargo de provimento efetivo.
b) será aposentada compulsoriamente ao completar 75 anos, pois todos os servidores públicos, incluídos os ocupantes de cargos efetivos e cargos exclusivamente em comissão, se submetem à regra da aposentadoria compulsória prevista no texto constitucional, exceto os servidores contratados temporariamente.
c) será aposentada compulsoriamente ao completar 75 anos, pois todos os servidores públicos, incluídos os ocupantes de cargos efetivos, de cargos exclusivamente em comissão e temporários, se submetem à regra da aposentadoria compulsória prevista no texto constitucional.
d) não será obrigada a se aposentar ao completar 75 anos, pois, apesar de em regra se aplicar aos servidores ocupantes de cargo exclusivamente em comissão a obrigatoriedade de aposentadoria compulsória prevista no texto constitucional, excepcionalmente, por necessidade do serviço, o presidente do TRT pode autorizar o prosseguimento do vínculo funcional.
e) não será obrigada a se aposentar ao completar 75 anos, pois, apesar de em regra se aplicar aos servidores ocupantes de cargo exclusivamente em comissão a obrigatoriedade de aposentadoria compulsória prevista no texto constitucional, excepcionalmente, por necessidade do serviço, o Tribunal de Contas da União pode autorizar o prosseguimento do vínculo funcional.

▷ ***Anotações/Comentários***

O servidor público que exercer exclusivamente cargo em comissão é amparado pelo regime geral de previdência social (RGPS) e não está sujeito às regras impostas aos servidores que ocupam cargo público efetivo e amparado por regime próprio de previdência.

No caso, Antônia não tem a limitação ao exercício da atividade ao completar 75 anos. Poderá continuar trabalhando, exercendo o cargo comissionado.

Aplica-se o entendimento do STF, no tema 763, repercussão geral:

1. Os servidores ocupantes de cargo exclusivamente em comissão não se submetem à regra da aposentadoria compulsória prevista no art. 40, § 1º, II, da Constituição Federal, a qual atinge apenas os ocupantes de cargo de provimento efetivo, inexistindo, também, qualquer idade limite para fins de nomeação a cargo em comissão;2. Ressalvados impedimentos de ordem infraconstitucional, não há óbice constitucional a que o servidor efetivo aposentado compulsoriamente permaneça no cargo comissionado que já desempenhava ou a que seja nomeado para cargo de livre nomeação e exoneração, uma vez que não se trata de continuidade ou criação de vínculo efetivo com a Administração. (RE 786540, Tribunal Pleno, Ministro Dias Tofolli, DJ 15/12/2016)

106. (Cebraspe- Analista Administrativo de Controle Externo – Área de Gestão – Especialidade Serviços Técnicos e Administrativos – TCDF – 2023) Considere-se que um empresário que sempre pagou suas contribuições previdenciárias regularmente tenha sido empossado como secretário de turismo do Distrito Federal. Nesse caso, a partir da investidura no cargo, o novo secretário se filiou ao Regime Próprio de Previdência Social do Distrito Federal (RPPS/DF)

- CERTO
- ERRADO

▷ ***Anotações/Comentários***

O exercício exclusivamente de cargo em comissão não vincula o agente público ao regime próprio de previdência social. Nessa situação, a sua filiação obrigatória se dá perante o regime geral de previdência social (RGPS).

107. (Cebraspe- Analista Administrativo de Controle Externo – Área de Gestão – Especialidade Serviços Técnicos e Administrativos - TCDF - 2023) Um servidor efetivo do Distrito Federal afastado para exercer mandato eletivo federal na Câmara dos Deputados é considerado segurado obrigatório do RGPS.

- CERTO
- ERRADO

▷ ***Anotações/Comentários***

Nesse caso, o servidor manter-se-á vinculado ao regime próprio de previdência social de origem – RPPS/Distrito Federal.

108. (FGV – Analista Judiciário – Área Administrativa - TRT – MA – 2022) José, servidor público federal ocupante de cargo de provimento efetivo, estava prestes a completar setenta anos de idade e estava preocupado com a possibilidade de ter que se aposentar compulsoriamente do serviço público, o que não era de sua vontade. Para se inteirar de sua situação, principiou a análise pela Constituição da República, concluindo corretamente que a ordem constitucional

a) fixou em setenta e cinco anos a idade para a aposentadoria compulsória, para todos os agentes públicos, de todos os níveis federativos.
b) permitiu que lei complementar fixasse livremente o limite para a aposentadoria compulsória, que não poderia exceder os setenta e cinco anos de idade.
c) fixou em setenta anos a idade para a aposentadoria compulsória, podendo ser estendida a setenta e cinco anos de idade, na forma de lei complementar.
d) permitiu que cada ente federativo fixasse, observado o limite mínimo de setenta anos e o limite máximo de setenta e cinco anos, a idade para a aposentadoria compulsória.
e) fixou em setenta e cinco anos a idade para a aposentadoria compulsória, para todos os agentes públicos, de todos os níveis federativos, mas permitiu a sua redução por lei complementar.

▷ ***Anotações/Comentários***

A regra da aposentadoria compulsória é trazida pela Constituição Federal e se aplica a todos os servidores públicos efetivos amparados por regime próprio de previdência social.

Segundo o que dispõe o art. 40, §1º, II, da Constituição Federal, *o servidor abrangido por regime próprio de previdência social será aposentado compulsoriamente, com proventos proporcionais ao tempo de contribuição, aos 70 (setenta) anos de idade ou aos 75 (setenta) anos de idade, na forma de lei complementar.*

A Lei Complementar nº 152/2015 dispõe sobre a aposentadoria compulsória por idade, com proventos proporcionais, **no âmbito da União, dos Estados, do Distrito Federal e dos Municípios**, dos agentes públicos aos quais se aplica o inciso II do § 1º do art. 40 da Constituição Federal. Trouxe a idade de 75 anos para a aposentadoria compulsória desses servidores.

109. (CEBRASPE – Assessor Jurídico – Direito – CODEVASF/2021) Os empregados das empresas públicas federal são beneficiários do Regime Próprio de Previdência Social dos Servidores Públicos da União.

- CERTO
- ERRADO

▷ ***Anotações/Comentários***

Os empregados das empresas públicas federal são beneficiários do Regime Geral de Previdência Social. Os regimes próprios de previdência social amparam somente servidores públicos que ocupam cargo público efetivo.

110. (CEBRASPE – Analista de Controle Externo – Direito – TCE – RJ/2021) Acerca da seguridade social e seus princípios, julgue os itens a seguir.

As autarquias e fundações públicas não participam do custeio do regime de previdência social dos servidores titulares de cargos efetivos a elas vinculados.

- CERTO
- ERRADO

▷ ***Anotações/Comentários***

As autarquias e fundações públicas participam do custeio do regime de previdência social dos servidores titulares de cargos efetivos a elas vinculados. Isso porque o regime próprio de previdência social da União, dos Estados, do Distrito Federal e dos Municípios, incluídas suas autarquias e fundações é custeado por contribuição do respectivo ente federativo.

111. (CEBRASPE – Procurador – TC – DF/2021) Acerca de prestações previdenciárias e de princípios da seguridade social e de seu custeio, julgue os itens que se seguem.

De acordo com a Constituição Federal de 1988, é vedada a instituição de benefício previdenciário em regimes próprios de previdência social diverso da aposentadoria e da pensão.

- CERTO
- ERRADO

▷ ***Anotações/Comentários***

Conforme dispõe a Emenda Constitucional n. 103/2019 que trouxe a reforma da previdência de 2019, o rol de benefícios dos regimes próprios de previdência social fica limitado às aposentadorias e à pensão por morte. Os afastamentos por incapacidade temporária para o trabalho e o salário-maternidade serão pagos diretamente pelo ente federativo e não correrão à conta do regime próprio de previdência social ao qual o servidor se vincula.

112. (CEBRASPE – Analista de Controle Externo – Direito – TCE – RJ/2021) Com relação aos regimes próprios de previdência social, julgue os itens que se seguem.

Todas as unidades da Federação devem instituir um regime próprio de previdência social capaz de promover a proteção social dos seus servidores, independentemente do número de segurados que poderão ser vinculados a esse regime.

- CERTO
- ERRADO

▷ ***Anotações/Comentários***

Após a reforma previdenciária trazida pela Emenda Constitucional n. 103/2019, restou vedada a criação de novos regimes próprios de previdência social. A vedação está disposta no art. 40, §22, da Constituição Federal.

113. (CEBRASPE – Analista de Controle Externo – Direito – TCE – RJ/2021) Com relação aos regimes próprios de previdência social, julgue os itens que se seguem.

O valor da pensão por morte devido ao(s) dependente(s) de servidor público titular de cargo efetivo falecido no exercício do cargo não poderá ser superior a 50% do valor dos proventos recebidos por ele na data do seu óbito.

- CERTO
- ERRADO

▷ ***Anotações/Comentários***

De acordo com o que dispõe o art. 40, §7º, da Constituição Federal, o benefício de pensão por morte será concedido nos termos de lei do respectivo ente federativo, a qual tratará de forma diferenciada a hipótese de morte dos servidores policial civil, agente penitenciário, agente socioeducativo, policial da Câmara e do Senado Federal, decorrente de agressão sofrida no exercício ou em razão da função.

114. (CEBRASPE – Analista de Controle Externo – Direito – TCE – RJ/2021) Com relação aos regimes próprios de previdência social, julgue os itens que se seguem.

Os regimes próprios de previdência social têm caráter contributivo obrigatório e solidário, sendo financiados com recursos provenientes do ente público que o instituiu e também das contribuições do pessoal civil e militar, ativo, inativo e pensionistas.

- CERTO
- ERRADO

▷ ***Anotações/Comentários***

É o dispõe o art. 1º, inciso II, da Lei n. 9.717/98 que trata das normas gerais para a organização e o funcionamento dos regimes próprios de previdência social.

115. (CEBRASPE - Analista de Controle Externo - Direito - TCE - RJ/2021) Com relação aos regimes próprios de previdência social, julgue os itens que se seguem.

O servidor público com menos de 55 anos de idade aposentado por incapacidade permanente para o trabalho é obrigado a realizar avaliações periódicas para verificação da continuidade das condições da doença que ensejou a aposentadoria.

- CERTO
- ERRADO

▷ ***Anotações/Comentários***

Aplicando subsidiariamente as regras dispostas para o regime geral de previdência social, o servidor público aposentado por incapacidade permanente é isento da obrigação de avaliações periódicas para verificação da continuidade das condições da doença que ensejou a aposentadoria, após completar 60 anos de idade.

116. (CEBRASPE - Analista de Controle Externo - Direito - TCE - RJ/2021) Com relação aos regimes próprios de previdência social, julgue os itens que se seguem.

Servidor público titular de cargo efetivo vinculado a um regime próprio de previdência social de qualquer dos entes da Federação não pode se filiar ao regime geral de previdência social na condição de segurado facultativo.

- CERTO
- ERRADO

▷ ***Anotações/Comentários***

É o que dispõe o art. 201, §5º, da Constituição Federal.

117. (CEBRASPE - Procurador do Estado - AL/2021) - A respeito do regime próprio de previdência social dos servidores civis titulares de cargos efetivos, considerando a inexistência de direito adquirido, assinale a opção correta.

a) No citado regime de previdência, não poderá haver proventos de aposentadoria inferiores ao salário-mínimo nem superiores à remuneração máxima existente no serviço público.

b) As regras para o cálculo de proventos de aposentadoria no regime próprio de previdência social são estabelecidas em lei ordinária da União.

c) Após a Emenda Constitucional n.º 103/2019, extinguiu-se a possibilidade de percepção do abono de permanência.

d) O servidor público aposentado compulsoriamente tem direito à percepção de proventos integrais.

e) Desde a alteração promovida pela Emenda Constitucional n.º 103/2019, não há mais obrigatoriedade de os municípios instituírem seus regimes próprios de previdência social.

▷ ***Anotações/Comentários***

Alternativa "A": incorreta. No regime próprio de previdência social, os proventos de aposentadoria não poderão ser inferiores ao salário-mínimo ou superiores ao limite máximo estabelecido para o Regime Geral de Previdência Social. Essa regra é aplicada aos servidores que ingressaram no serviço público após a instituição do regime de previdência complementar e àqueles que ingressaram no serviço antes da instituição do regime de previdência complementar, mas fizeram a opção para participarem dele.

Alternativa "B": incorreta. As regras para o cálculo de proventos de aposentadoria no regime próprio de previdência social são disciplinadas em lei ordinária do respectivo ente federativo.

Alternativa "C": incorreta. Mesmo após a reforma previdenciária de 2019, foi mantido o abono de permanência em serviço no regime próprio de previdência social.

Alternativa "D": incorreta. O servidor público aposentado compulsoriamente tem direito à percepção de proventos proporcionais ao tempo de contribuição.

Alternativa "E": correta. A Emenda Constitucional n. 103/2019 incluiu o §22 ao art. 40 da Constituição Federal que veda a criação de novos regimes próprios de previdência social.

118. (Cespe - Analista Judiciário - Área Judiciária - STJ/2018) Acerca dos regimes próprios e complementares de previdência social, julgue os itens seguintes.

Aos abrangidos pelos regimes próprios de previdência social é vedada a adoção de requisitos e critérios diferenciados para a concessão de aposentadoria, ressalvados somente os servidores públicos deficientes.

- CERTO
- ERRADO

▷ ***Anotações/Comentários***

A ressalva trazida pelo disposto no §4º do art. 40 da Constituição Federal diz respeito ao servidor:

- com deficiência,

- ocupante do cargo de agente penitenciário, de agente socioeducativo ou de policial da Câmara e do Senado Federal e de policiais civis,

- cujas atividades sejam exercidas com efetiva exposição a agentes químicos, físicos e biológicos prejudiciais à saúde, ou associação desses agentes, vedada a caracterização por categoria profissional ou ocupação.

119. (FCC - Procurador do Estado - MT/2016) Quanto aos regimes de previdência social previstos na Constituição Federal do Brasil, é correto afirmar:

a) No Regime Próprio da Previdência Social é vedada a adoção de requisitos e critérios diferenciados para a concessão de aposentadoria, ressalvados exclusivamente os casos de atividades exercidas sob condições especiais que prejudiquem a saúde ou a integridade física, definidos em lei complementar.

b) Os beneficiários do Regime Geral da Previdência Social serão aposentados compulsoriamente, aos setenta e cinco anos de idade, com proventos proporcionais ao tempo de contribuição.

c) É permitido o aporte de recursos a entidade de previdência privada pela União, Estados, Distrito Federal e Municípios na qualidade de patrocinador, situação na qual a sua contribuição normal poderá exceder em até 50% a do segurado.

d) O Regime de Previdência Privada terá caráter complementar e será organizado de forma vinculada ao Regime Geral de Previdência Social, observando o aspecto contributivo, a filiação obrigatória, e a preservação do equilíbrio financeiro e atuarial.

e) A compensação financeira entre os regimes recompõe o equilíbrio atuarial dos regimes de previdência, havendo permissivo constitucional para que, em caso de aposentadoria, seja assegurada a contagem recíproca do tempo de contribuição na Administração pública e na atividade privada, rural e urbana.

▷ ***Anotações/Comentários***

Alternativa "A": incorreta. No Regime Próprio da Previdência Social é vedada a adoção de requisitos ou critérios diferenciados para concessão de benefícios em regime próprio de previdência social, ressalvado o disposto nos §§ 4º-A, 4º-B, 4º-C e 5º do art. 40, da Constituição Federal:

§ 4º-A. Poderão ser estabelecidos por lei complementar do respectivo ente federativo idade e tempo de contribuição diferenciados para aposentadoria de servidores com deficiência, previamente submetidos a avaliação biopsicossocial realizada por equipe multiprofissional e interdisciplinar.

§ 4º-B. Poderão ser estabelecidos por lei complementar do respectivo ente federativo idade e tempo de contribuição diferenciados para aposentadoria de ocupantes do cargo de agente penitenciário, de agente socioeducativo ou de policial dos órgãos de que tratam o inciso IV do caput do art. 51, o inciso XIII do caput do art. 52 e os incisos I a IV do caput do art. 144.

§ 4º-C. Poderão ser estabelecidos por lei complementar do respectivo ente federativo idade e tempo de contribuição diferenciados para aposentadoria de servidores cujas atividades sejam exercidas com

efetiva exposição a agentes químicos, físicos e biológicos prejudiciais à saúde, ou associação desses agentes, vedada a caracterização por categoria profissional ou ocupação.

§ 5º Os ocupantes do cargo de professor terão idade mínima reduzida em 5 (cinco) anos em relação às idades decorrentes da aplicação do disposto no inciso III do § 1º, desde que comprovem tempo de efetivo exercício das funções de magistério na educação infantil e no ensino fundamental e médio fixado em lei complementar do respectivo ente federativo.

Alternativa "B": incorreta. Os beneficiários dos Regimes Próprios da Previdência Social serão aposentados compulsoriamente, aos setenta e cinco anos de idade, com proventos proporcionais ao tempo de contribuição.

Alternativa "C": incorreta. É permitido o aporte de recursos a entidade de previdência privada pela União, Estados, Distrito Federal e Municípios na qualidade de patrocinador, situação na qual a sua contribuição normal não poderá exceder a do segurado.

Alternativa "D": incorreta. O Regime de Previdência Privada terá caráter complementar, será facultativo e organizado de forma autônoma ao Regime Geral de Previdência Social.

Alternativa "E": correta. A compensação financeira entre os regimes recompõe o equilíbrio atuarial dos regimes de previdência, havendo permissivo constitucional para que, em caso de aposentadoria, seja assegurada a contagem recíproca do tempo de contribuição na Administração pública e na atividade privada, rural e urbana.

13. CONTAGEM RECÍPROCA DE TEMPO DE CONTRIBUIÇÃO E COMPENSAÇÃO FINANCEIRA

120. (CEBRASPE – Assessor Jurídico – Direito – CODEVASF/2021) Acerca da contagem recíproca de tempo de serviço, custeio previdenciário e regime geral de previdência social (RGPS), julgue os próximos itens.

Havendo contagem recíproca de tempo de serviço para efeito de concessão de aposentadoria por tempo de contribuição, esse benefício será concedido e pago pelo regime de previdência em que o segurado contenha o maior tempo de contribuição.

- CERTO
- ERRADO

▷ ***Anotações/Comentários***

Havendo contagem recíproca de tempo de serviço para efeito de concessão de aposentadoria por tempo de contribuição, esse benefício será concedido e pago pelo regime de previdência ao qual o segurado esteja vinculado.

121. (CEBRASPE – Delegado de Polícia – PF/2021) Considerando que determinado servidor público, ocupante de cargo em comissão, esteja preparando-se para o concurso de delegado da Polícia Federal, julgue os itens a seguir.

Caso venha a ser aprovado no concurso almejado, esse servidor poderá requerer a contagem recíproca do tempo de contribuição.

- CERTO
- ERRADO

▷ ***Anotações/Comentários***

Para fins de aposentadoria, será assegurada a contagem recíproca do tempo de contribuição entre o Regime Geral de Previdência Social e os regimes próprios de previdência social, e destes entre si, observada a compensação financeira, de acordo com os critérios estabelecidos em lei.

Poderá, então, o segurado requerer a contagem recíproca do tempo de contribuição.

122. (CEBRASPE – Procurador do Estado – PE/2018) José é servidor do estado de Pernambuco desde 1.º/3/2005. Além disso, é segurado do RGPS, como contribuinte individual, desde 9/2/1990.

Considerando-se o entendimento dos tribunais superiores, nessa situação hipotética, José

a) incorre em ilegalidade, pois não é permitido ao servidor do estado estar vinculado, concomitantemente, ao RGPS.
b) não poderá auferir a aposentadoria dos dois regimes de previdência, ainda que cumpra, separadamente, os requisitos de cada um.
c) poderá auferir dois benefícios de aposentadoria, um de cada regime, tendo direito à contagem em dobro do período exercido em concomitância.
d) não poderá requerer contagem recíproca do tempo de contribuição.
e) terá direito à contagem recíproca do tempo de contribuição apenas em relação aos períodos que não foram exercidos em concomitância.

▷ ***Anotações/Comentários***

Alternativa "A": incorreta. Ocorrerá filiação simultânea ao regime próprio de previdência do Estado e ao regime geral de previdência social (RGPS). Isso porque caso o servidor ou o militar venham a exercer, concomitantemente, uma ou mais atividades abrangidas pelo Regime Geral de Previdência Social, tornar-se-ão segurados obrigatórios em relação a essas atividades.

Alternativa "B": incorreta. No caso, poderá o segurado auferir benefícios de aposentadoria dos dois regimes, desde que cumpridos os requisitos de cada um para cada regime.

Alternativa "C": incorreta. Poderá o segurado receber aposentadoria de cada regime de previdência, vez que estará enquadrado como segurado obrigatório de ambos os regimes de previdência.

Alternativa "D": incorreta. Poderá requerer contagem recíproca do tempo de contribuição somente em relação aos períodos que **não** foram exercidos concomitantemente.

Alternativa "E": correta. A contagem recíproca de tempo de contribuição é possível, desde que as atividades não sejam exercidas concomitantemente.

123. (TRF 4 - Juiz Federal Substituto 4ª região/2016) Assinale a alternativa correta.

a) O tempo de contribuição ou de serviço contado por um sistema para concessão de aposentadoria poderá ser aproveitado para outro sistema, desde que anterior à edição da Lei Federal nº 8.213/91.
b) Na contagem do tempo de contribuição ou de serviço regulado pela Lei nº 8.213/91, não será admitida a contagem em dobro ou em outras condições especiais, exceto se comprovado o duplo recolhimento das contribuições.
c) Atualmente, o exercente de mandato eletivo federal é considerado segurado obrigatório do Regime Geral da Previdência Social, independentemente de ser vinculado a regime próprio.
d) A compensação financeira entre os regimes de previdência será feita ao sistema que o interessado estiver vinculado ao requerer o benefício pelos demais sistemas, em relação aos respectivos tempos de contribuição ou de serviço, conforme dispuser o regulamento.
e) O tempo de serviço militar, inclusive voluntário, desde que seja posterior à filiação ao Regime Geral de Previdência Social e não tenha sido contado para inatividade remunerada nas Forças Armadas ou aposentadoria no serviço público, poderá ser aproveitado na aposentadoria pelo Regime Geral de Previdência Social.

▷ ***Anotações/Comentários***

Alternativa "A": incorreta. O tempo de contribuição ou de serviço contado por um sistema para concessão de aposentadoria não poderá ser aproveitado para outro sistema previdenciário.

Alternativa "B": incorreta. Na contagem do tempo de contribuição ou de serviço regulado pela Lei nº 8.213/91, não será admitida a contagem em dobro ou em outras condições especiais. Não há exceção, no caso.

Alternativa "C": incorreta. O exercente de mandato eletivo federal é considerado segurado obrigatório do Regime Geral da Previdência Social, desde que não vinculado a regime próprio de previdência social.

Alternativa "D": correta. A compensação financeira entre os regimes de previdência será feita ao sistema que o interessado estiver vinculado ao requerer o benefício pelos demais sistemas, em relação aos respectivos tempos de contribuição ou de serviço, conforme dispuser o regulamento. É o que dispõe o art. 94, §1º, da Lei n. 8.213/91.

Alternativa "E": incorreta. O tempo de serviço militar exercido nas atividades de que tratam os arts. 42, 142 e 143 da Constituição Federal e que não tenha sido contado para inatividade remunerada nas Forças Armadas ou aposentadoria no serviço público, poderá ser aproveitado na aposentadoria pelo Regime Geral de Previdência Social.

124. (Cespe – Procurador do MP junto ao TCU/2015) Em relação ao RPPS dos servidores públicos, contagem recíproca e compensação financeira e previdência complementar, assinale a opção correta.

a) Permite-se a contagem de tempo de contribuição no serviço público com o de contribuição na atividade privada, mesmo quando concomitantes.

b) De acordo com o STF, é cabível a adoção da progressividade de alíquotas das contribuições previdenciárias do servidor público.

c) No âmbito do RPPS, não se admite, de modo absoluto, a adoção de requisitos e critérios diferenciados para a concessão de aposentadoria aos servidores.

d) De acordo com o STF, as entidades políticas que integram a Federação brasileira podem alterar livremente o limite de idade máximo da aposentadoria compulsória.

e) O regime de previdência complementar de cada unidade da Federação poderá ser instituído por lei de iniciativa do Poder Executivo e deverá oferecer aos servidores públicos titulares de cargo efetivo planos de benefícios somente na modalidade de contribuição definida.

▷ ***Anotações/Comentários***

Alternativa "A": incorreta. Não é permitida a contagem de tempo de contribuição no serviço público com o de contribuição na atividade privada, quando concomitantes.

Alternativa "B": incorreta, considerando a época da aplicação da prova. Com a reforma da previdência social por meio da Emenda Constitucional n. 103/2019, o §1º do art. 149 da Constituição Federal teve sua redação alterada e veio permitir a adoção de alíquotas progressivas de acordo com o valor da base de contribuição ou dos proventos de aposentadoria e de pensões dos servidores da União, dos Estados, do Distrito Federal e dos Municípios.

Atualmente, considera-se correta a alternativa "B".

Alternativa "C": incorreta. No âmbito do RPPS, admite-se, a adoção de requisitos e critérios diferenciados para a concessão de aposentadoria aos servidores, de acordo com o disposto no §4º do arto 40 da CF.

Alternativa "D": incorreta. De acordo com o STF, as entidades políticas que integram a Federação brasileira não podem alterar livremente o limite de idade máximo da aposentadoria compulsória. É matéria reservada à lei complementar federal.

Alternativa "E": incorreta. O regime de previdência complementar de cada unidade da Federação **será** instituído por lei de iniciativa do Poder Executivo e deverá oferecer aos servidores públicos titulares de cargo efetivo planos de benefícios somente na modalidade de contribuição definida. Com a reforma previdenciária de 2019, a instituição do referido regime passou a ser obrigatória.

É a interpretação que se dá ao disposto no §15 do art. 40 da Constituição Federal.

14. PREVIDÊNCIA COMPLEMENTAR

125. (FCC - Analista Judiciário - Área Judiciária – TRF3/2024) Com base na Lei Complementar nº 109/2001, as entidades de previdência complementar

a) constituirão reservas técnicas, provisões e fundos, de conformidade com os critérios e normas fixados pelo órgão regulador e fiscalizador, mas não aplicarão os recursos correspondentes conforme diretrizes estabelecidas pelo Conselho Monetário Nacional, sendo vedado o estabelecimento de aplicações compulsórias ou limites mínimos de aplicação.

b) não constituirão reservas técnicas, provisões e fundos, de conformidade com os critérios e normas fixados pelo órgão regulador e fiscalizador e não aplicarão os recursos correspondentes conforme diretrizes estabelecidas pelo Conselho Monetário Nacional, sendo vedado o estabelecimento de aplicações compulsórias ou limites mínimos de aplicação.

c) constituirão reservas técnicas, provisões e fundos, de conformidade com os critérios e normas fixados pelo órgão regulador e fiscalizador e aplicarão os recursos correspondentes conforme diretrizes estabelecidas pelo Conselho Monetário Nacional, sendo permitido o estabelecimento de aplicações compulsórias ou limites mínimos de aplicação.

d) não constituirão reservas técnicas, provisões e fundos, de conformidade com os critérios e normas fixados pelo órgão regulador e fiscalizador, mas aplicarão os recursos correspondentes conforme diretrizes estabelecidas pelo Conselho Monetário Nacional, sendo permitido o estabelecimento de aplicações compulsórias ou limites mínimos de aplicação.

e) constituirão reservas técnicas, provisões e fundos, de conformidade com os critérios e normas fixados pelo órgão regulador e fiscalizador e aplicarão os recursos correspondentes conforme diretrizes estabelecidas pelo Conselho Monetário Nacional, sendo vedado o estabelecimento de aplicações compulsórias ou limites mínimos de aplicação.

▷ ***Anotações/Comentários***

A questão é resolvida pelo disposto no 9º da Lei Complementar n. 109/2001:

> *Art. 9º As entidades de previdência complementar constituirão reservas técnicas, provisões e fundos, de conformidade com os critérios e normas fixados pelo órgão regulador e fiscalizador.*
>
> *§ 1º A aplicação dos recursos correspondentes às reservas, às provisões e aos fundos de que trata o caput será feita conforme diretrizes estabelecidas pelo Conselho Monetário Nacional.*
>
> *§ 2º É vedado o estabelecimento de aplicações compulsórias ou limites mínimos de aplicação.*

Pela redação do mencionado artigo, de pronto, **eliminamos as alternativas b e d** porque elas mencionam que as entidades de previdência complementar não constituirão reservas técnicas.

A alternativa a está errada porque afirma que as entidades de previdência complementar não aplicarão os recursos correspondentes conforme diretrizes estabelecidas pelo Conselho Monetário Nacional.

A alternativa c está errada porque afirma que é permitido o estabelecimento de aplicações compulsórias ou limites mínimos de aplicação pelas entidades de previdência complementar.

PREVIDENCIÁRIO

126. (FGV – Conselheiro Substituto – TCE – ES – 2022) Sobre aspectos gerais de funcionamento e organização de sistemas previdenciários, é correto afirmar que:

a) a previdência social brasileira, desde o advento da Emenda Constitucional no 20/1998, adotou, como regime de financiamento dos regimes previdenciários de servidores públicos, a capitalização, mediante aportes exclusivos dos servidores;

b) a modalidade de financiamento conhecida como repartição simples é a adequada para sistemas complementares de previdência, os quais são operados por entidades abertas de previdência complementar, exclusivamente;

c) a cobertura previdenciária de servidores deve buscar o equilíbrio financeiro e atuarial, o qual viabiliza, desde o advento da Emenda Constitucional no 103/2019, a adoção de contribuições extraordinárias, na forma de lei complementar;

d) a criação de regime de previdência complementar do servidor público, a partir da efetiva regulamentação do modelo e início de suas atividades, demanda ingresso e permanência compulsórios dos servidores com data de ingresso na carreira posterior à publicação dos respectivos regulamentos;

e) desde o advento da Emenda Constitucional no 103/2019, a solidariedade deixa de ser um princípio da previdência social brasileira, o qual permanece unicamente válido para as coberturas acidentárias de servidores e no bojo do sistema de previdência complementar.

▷ ***Anotações/Comentários***

Alternativa "A": incorreta. O regime financeiro dos regimes próprios de previdência dos servidores públicos efetivos é o de repartição simples.

Alternativa "B": incorreta. O regime de previdência complementar é organizado na modalidade de capitalização, onde são constituídas reservas para garantir o pagamento do benefício no futuro.

Alternativa "C": correta. Dispõe o art. 149:

[...]

§ 1º-A. Quando houver deficit atuarial, a contribuição ordinária dos aposentados e pensionistas poderá incidir sobre o valor dos proventos de aposentadoria e de pensões que supere o salário-mínimo. (Incluído pela Emenda Constitucional nº 103, de 2019) (Vigência)

§ 1º-B. Demonstrada a insuficiência da medida prevista no § 1º-A para equacionar o deficit atuarial, é facultada a instituição de contribuição extraordinária, no âmbito da União, dos servidores públicos ativos, dos aposentados e dos pensionistas. (Incluído pela Emenda Constitucional nº 103, de 2019)

[...]

Alternativa "D": correta. Previdência Complementar tem SEMPRE natureza facultativa. Ainda que seja criado regime de previdência complementar para os servidores, estes não são obrigados a aderir ao plano.

Alternativa "E": correta. A solidariedade continua sendo um princípio norteador dos regimes públicos de previdência – regime geral de previdência social e regimes próprios de previdência.

---

127. (CEBRASPE – Procurador do Estado-CE/2021) O sistema de previdência complementar tem sido cada vez mais integrante do regramento previdenciário público, o que se tem observado pelas reformas constitucionais que o instituem em complementação à previdência pública, que tem cada vez mais convergido ao regime geral de previdência social. Acerca da relação previdência privada versus previdência pública e da instituição de entidades abertas e fechadas de previdência complementar, assinale a opção correta.

a) As entidades fechadas de previdência complementar devem organizar-se sob a forma de fundação ou sociedade civil, sem fins lucrativos.
b) A diferença primordial entre a previdência privada e a pública está no fato de que, enquanto a previdência privada é acessível apenas a um grupo de segurados, a pública é extensível a quaisquer pessoas físicas que se interessem pela participação.
c) As entidades abertas de previdência complementar podem constituir-se sob a forma de sociedades anônimas ou sociedades cooperativas, desde que acessíveis a quaisquer pessoas físicas.
d) A fiscalização das entidades de previdência complementar fechadas está a cargo do Estado, mas os servidores componentes de órgão regulador e fiscalizador podem, mediante autorização, ter acesso a documentos e informações, quando solicitado.

▷ ***Anotações/Comentários***

Alternativa "A": correta. As entidades fechadas de previdência complementar devem organizar-se sob a forma de fundação ou sociedade civil, sem fins lucrativos.

As entidades abertas de previdência complementar somente podem se organizar sob a forma de sociedade anônima.

Alternativa "B": incorreta. A previdência privada é facultativa, mas extensível a quaisquer pessoas físicas. A previdência pública tem regras próprias para que a pessoa se filie ao sistema.

Alternativa "C": incorreta. As entidades abertas de previdência complementar somente podem constituir-se sob a forma de sociedades anônimas.

Alternativa "D": incorreta. A fiscalização das entidades de previdência complementar fechadas está a cargo da Superintendência Nacional de Previdência Complementar (PREVIC), e os servidores componentes de órgão regulador e fiscalizador podem ter acesso a documentos e informações, quando solicitado.

---

128. (CEBRASPE – Analista de Controle Externo – Direito – TCE – RJ/2021) O segurado empregado vinculado ao regime geral de previdência social que recebe salário superior ao teto máximo de contribuição estabelecido para esse regime não está obrigado a se filiar a regime complementar de previdência privada nem a contribuir para este.

- CERTO
- ERRADO

▷ ***Anotações/Comentários***

O segurado empregado vinculado ao regime geral de previdência social que recebe salário superior ao teto máximo de contribuição estabelecido para esse regime não está obrigado a se filiar a regime complementar de previdência privada nem a contribuir para este.

A previdência privada é complementar, de filiação facultativa e autônoma em relação ao regime geral de previdência social. Ninguém está obrigado a aderir ao plano de previdência privada.

---

129. (FCC – Analista Judiciário – Oficial de Just. Avaliador Federal – TRT 15/2018) Os planos de benefícios das entidades de que trata a Lei Complementar no 108/2001

a) possuem carência mínima de trinta e seis contribuições mensais a plano de benefícios e cessação do vínculo com o patrocinador, para se tornar elegível a um benefício de prestação que seja programada e continuada.
b) possuem carência mínima de trinta contribuições mensais a plano de benefícios, sem cessação do vínculo com o patrocinador, para se tornar elegível a um benefício de prestação que seja programada e continuada.
c) não possuem carência mínima de contribuições a plano de benefícios e cessação do vínculo com o patrocinador, para se tornar elegível a um benefício de prestação que seja programada e continuada.
d) possuem carência mínima de trinta e seis contribuições mensais a plano de benefícios, sem cessação do vínculo com o patrocinador, para se tornar elegível a um benefício de prestação que seja programada e continuada.
e) possuem carência mínima de sessenta contribuições mensais a plano de benefícios e cessação do vínculo com o patrocinador, para se tornar elegível a um benefício de prestação que seja programada e continuada.

▷ ***Anotações/Comentários***

Alternativa correta: "E". É o que dispõe o inciso I do art. 3º da Lei Complementar nº 108/2001. Veja:

Art. 3º Observado o disposto no artigo anterior, os planos de benefícios das entidades de que trata esta Lei Complementar atenderão às seguintes regras:

I – carência mínima de sessenta contribuições mensais a plano de benefícios e cessação do vínculo com o patrocinador, para se tornar elegível a um benefício de prestação que seja programada e continuada; e

II – concessão de benefício pelo regime de previdência ao qual o participante esteja filiado por intermédio de seu patrocinador, quando se tratar de plano na modalidade benefício definido, instituído depois da publicação desta Lei Complementar.

Parágrafo único. Os reajustes dos benefícios em manutenção serão efetuados de acordo com critérios estabelecidos nos regulamentos dos planos de benefícios, vedado o repasse de ganhos de produtividade, abono e vantagens de qualquer natureza para tais benefícios.

---

130. (FCC – Analista Judiciário – Oficial de Just. Avaliador Federal – TRT 15/2018) De acordo com a Lei Complementar no 109/2001, o resultado superavitário dos planos de benefícios das entidades fechadas, ao final do exercício, satisfeitas as exigências regulamentares relativas aos mencionados planos, será destinado à constituição de reserva de contingência, para garantia de benefícios, até o limite de vinte e cinco por cento do valor das reservas matemáticas. A NÃO utilização da reserva especial por

a) três exercícios consecutivos determinará a extinção compulsória do plano de benefícios da entidade.

b) três exercícios consecutivos determinará a revisão obrigatória do plano de benefícios da entidade.

c) três exercícios consecutivos determinará o rateio obrigatório do excedente aos participantes e assistidos.

d) dois exercícios consecutivos determinará a revisão obrigatória do plano de benefícios da entidade.

e) dois exercícios consecutivos determinará o rateio obrigatório do excedente aos participantes e assistidos.

▷ ***Anotações/Comentários***

A Lei Complementar nº 109/2001 dispõe sobre o regime de previdência complementar.

Alternativa correta: "B". Conforme o disposto no art. 20:

O resultado superavitário dos planos de benefícios das entidades fechadas, ao final do exercício, satisfeitas as exigências regulamentares relativas aos mencionados planos, será destinado à constituição de reserva de contingência, para garantia de benefícios, até o limite de vinte e cinco por cento do valor das reservas matemáticas.

§ 1º Constituída a reserva de contingência, com os valores excedentes será constituída reserva especial para revisão do plano de benefícios.

§ 2º A não utilização da reserva especial por três exercícios consecutivos determinará a revisão obrigatória do plano de benefícios da entidade.

§ 3º Se a revisão do plano de benefícios implicar redução de contribuições, deverá ser levada em consideração a proporção existente entre as contribuições dos patrocinadores e dos participantes, inclusive dos assistidos."

131. (FCC – Analista Judiciário – Oficial de Just. Avaliador Federal – TRT 2/2018) De acordo com a Lei Complementar no 109/2001, que dispõe sobre o Regime de Previdência Complementar, com relação à portabilidade do direito acumulado pelo participante para outro plano, quando efetuado para entidade aberta, somente será admitido quando a integralidade dos recursos financeiros correspondentes ao direito acumulado do participante for utilizada para a contratação de renda mensal vitalícia ou por prazo determinado, cujo prazo mínimo não poderá ser inferior ao período em que a respectiva reserva foi constituída, limitado ao mínimo de quinze anos, observadas as normas estabelecidas pelo órgão regulador e fiscalizador. Neste caso, o direito acumulado corresponde

a) às reservas constituídas pelo participante ou à reserva matemática, o que lhe for mais favorável.

b) às reservas constituídas pelo participante ou à reserva sócio-fiscal, o que lhe for mais favorável.

c) às reservas constituídas pelo participante, obrigatoriamente.

d) à reserva matemática, obrigatoriamente.

e) à reserva sócio-fiscal, obrigatoriamente.

▷ ***Anotações/Comentários***

Alternativa correta: "A". É o que dispõe o parágrafo único do art. 15 da Lei Complementar nº 109/2001:

Art. 15. Para efeito do disposto no inciso II do caput do artigo anterior, fica estabelecido que:

I - a portabilidade não caracteriza resgate; e

II - é vedado que os recursos financeiros correspondentes transitem pelos participantes dos planos de benefícios, sob qualquer forma.

Parágrafo único. O direito acumulado corresponde às reservas constituídas pelo participante ou à reserva matemática, o que lhe for mais favorável.

132. (FCC – Analista Judiciário – Oficial de Just. Avaliador Federal – TRT 2/2018) De acordo com a Lei Complementar no 108/2001, que dispõe sobre a relação entre a União, os Estados, o Distrito Federal e os Municípios, suas autarquias, fundações, sociedades de economia mista e outras entidades públicas e suas respectivas entidades fechadas de previdência complementar e dá outras providências, ao Conselho Deliberativo compete a definição de diversas matérias, sendo que deverá ser aprovada pelo patrocinador a definição da seguinte matéria:

a) gestão de investimentos e plano de aplicação de recursos.

b) política geral de administração da entidade e de seus planos de benefícios.

c) alteração de estatuto e regulamentos dos planos de benefícios.

d) nomeação e exoneração dos membros da diretoria-executiva.

e) contratação de auditor independente atuário e avaliador de gestão.

▷ ***Anotações/Comentários***

Confira o que dispõe o art. 13 da Lei Complementar nº 108/2001:

Ao conselho deliberativo compete a definição das seguintes matérias:

I – política geral de administração da entidade e de seus planos de benefícios;

II – alteração de estatuto e regulamentos dos planos de benefícios, bem como a implantação e a extinção deles e a retirada de patrocinador;

III – gestão de investimentos e plano de aplicação de recursos;

IV – autorizar investimentos que envolvam valores iguais ou superiores a cinco por cento dos recursos garantidores;

V – contratação de auditor independente atuário e avaliador de gestão, observadas as disposições regulamentares aplicáveis;

VI – nomeação e exoneração dos membros da diretoria-executiva; e

VII – exame, em grau de recurso, das decisões da diretoria-executiva.

Parágrafo único. A definição das matérias previstas no inciso II deverá ser aprovada pelo patrocinador.

Alternativa correta: "C". A definição da alteração do estatuto e regulamentos dos planos de benefícios, bem como a implantação e a extinção deles e a retirada de patrocinador é da competência do conselho deliberativo. No entanto, a definição dessas matérias deverá ser aprovada pelo patrocinador.

As demais alternativas trazem matérias da competência do conselho deliberativo, mas não precisam da aprovação do patrocinador.

133. (FCC – Analista Judiciário – Área Judiciária – TRT 15/2018) De acordo com a Lei Complementar n0 109/2001, as entidades de previdência complementar constituirão reservas técnicas, provisões e fundos, de conformidade com os critérios e normas fixados pelo órgão regulador e fiscalizador, sendo que a aplicação desses recursos será feita conforme diretrizes estabelecidas pelo Conselho Monetário Nacional, sendo

a) vedado o estabelecimento de aplicações compulsórias, mas são permitidos limites mínimos de aplicação.

b) vedado o estabelecimento de aplicações compulsórias ou limites mínimos de aplicação.

c) permitido o estabelecimento de aplicações compulsórias ou limites mínimos de aplicação.

d) permitido o estabelecimento de aplicações compulsórias, mas vedada a estipulação de quaisquer limites mínimos de aplicação.

e) permitido o estabelecimento de aplicações compulsórias, mas vedada a estipulação de limites mínimos de aplicação que ultrapassem 30% do valor total desses recursos.

▷ ***Anotações/Comentários***

Alternativa correta: "B". Confira o que dispõe o art. 9º da Lei Complementar nº 109/2001:

Art. 9º As entidades de previdência complementar constituirão reservas técnicas, provisões e fundos, de conformidade com os critérios e normas fixados pelo órgão regulador e fiscalizador.

§ 1º A aplicação dos recursos correspondentes às reservas, às provisões e aos fundos de que trata o caput será feita conforme diretrizes estabelecidas pelo Conselho Monetário Nacional.

§ 2º É vedado o estabelecimento de aplicações compulsórias ou limites mínimos de aplicação. (grifo nosso).

134. (FCC – Analista Judiciário – Área Judiciária – TRT 6/2018) No tocante aos Planos de Benefícios de Entidades Abertas do Regime de

Previdência Complementar, implantado pela Lei Complementar no 108/2001, considere:

I. Os planos de benefícios poderão ser individuais, quando acessíveis a quaisquer pessoas físicas ou coletivos, quando tenham por objetivo garantir benefícios previdenciários a pessoas físicas vinculadas, direta ou indiretamente, a uma pessoa jurídica contratante.

II. O plano coletivo não poderá ser contratado por várias pessoas jurídicas.

III. É vedada à entidade aberta a contratação de plano coletivo com pessoa jurídica cujo objetivo principal seja estipular, em nome de terceiros, planos de benefícios coletivos.

Está correto o que se afirma em

a) II e III, apenas.

b) I e III, apenas.

c) I, II e III.

d) II, apenas.

e) I, apenas.

▷ ***Anotações/Comentários***

Item I: correto. É o dispõe o art. 26, incisos I e II da Lei Complementar nº 109/2001.

Item III: correto. É o que está disposto no §6º do art. 26 da Lei Complementar nº 109/2001.

Item II: errado. O plano coletivo de benefícios das entidades abertas de previdência complementar poderá ser contratado por uma ou várias pessoas jurídicas. É o que dispõe o §1º do art. 26 da Lei Complementar nº 109/2001.

Alternativa correta: "B". Está correto o que se afirma em I e III, apenas.

135. (FCC – Analista Judiciário – Área Judiciária – TRT 2/2018) De acordo com a Lei Complementar no 109/2001, que dispõe sobre o Regime de Previdência Complementar, com relação às Entidades Fechadas de Previdência Complementar, considere:

I. As entidades fechadas organizar-se-ão sob a forma de fundação ou sociedade civil, sem fins lucrativos.

II. Dependerão de prévia e expressa autorização do órgão regulador e fiscalizador as operações de fusão, cisão, incorporação ou qualquer outra forma de reorganização societária, relativas às entidades fechadas.

III. As entidades fechadas deverão manter estrutura mínima composta por conselho consultivo, conselho administrativo e diretoria-executiva.

IV. Na composição dos conselhos deliberativo e fiscal das entidades qualificadas como multipatrocinadas, deverá ser considerado o número de participantes vinculados a cada patrocinador ou instituidor, bem como o montante dos respectivos patrimônios.

Está correto o que se afirma APENAS em

a) III e IV.

b) I, II e IV.

c) I e II.

d) I e III.

e) II, III e IV.

▷ ***Anotações/Comentários***

Item I: correto. É o que dispõe o §1º do art. 31 da Lei Complementar nº 109/2001.

Item II: correto. É o que dispõe o inciso II do art. 33 da Lei Complementar nº 109/2001.

Item III: incorreto. As entidades fechadas de previdência complementar deverão manter estrutura mínima composta por conselho deliberativo, conselho fiscal e diretoria-executiva. É o que dispõe o *caput* do art. 35 da Lei Complementar nº 109/2001.

Item IV: correto. É o que dispõe §2º do art. 35 da Lei Complementar nº 109/2001.

Alternativa correta: "B". Os itens I, II e IV estão corretos.

136. (FCC – Analista Judiciário – Área Judiciária – TRT 2/2018) De acordo com a Lei Complementar no 108/2001, que dispõe sobre a relação entre a União, os Estados, o Distrito Federal e os Municípios, suas autarquias, fundações, sociedades de economia mista e outras entidades públicas e suas respectivas entidades fechadas de previdência complementar, o mandato dos membros do conselho fiscal será de quatro anos, vedada a recondução, sendo que a renovação dos mandatos dos conselheiros deverá obedecer ao critério de proporcionalidade, de forma que se processe parcialmente a cada dois anos. Assim, em regra, o conselho deliberativo deverá renovar

a) quatro de seus membros a cada dois anos e o conselho fiscal dois membros com a mesma periodicidade.

b) dois de seus membros a cada dois anos e o conselho fiscal três membros com a mesma periodicidade.

c) três de seus membros a cada dois anos e o conselho fiscal dois membros com a mesma periodicidade.

d) um de seus membros a cada ano e o conselho fiscal também.

e) três de seus membros a cada dois anos e o conselho fiscal também.

▷ ***Anotações/Comentários***

As entidades fechadas de previdência complementar deverão manter estrutura mínima composta por conselho deliberativo, conselho fiscal e diretoria-executiva.

A composição do conselho deliberativo, integrado por no máximo seis membros, será paritária entre representantes dos participantes e assistidos e dos patrocinadores, cabendo a estes a indicação do conselheiro presidente, que terá, além do seu, o voto de qualidade.

O mandato dos membros do conselho deliberativo será de quatro anos, com garantia de estabilidade, permitida uma recondução.

A composição do conselho fiscal, integrado por no máximo quatro membros, será paritária entre representantes de patrocinadores e de participantes e assistidos, cabendo a estes a indicação do conselheiro presidente, que terá, além do seu, o voto de qualidade.

O mandato dos membros do conselho fiscal será de quatro anos, vedada a recondução.

A renovação dos mandatos dos conselheiros deverá obedecer ao critério de proporcionalidade, de forma que se processe parcialmente a cada dois anos.

O conselho deliberativo deverá renovar três de seus membros a cada dois anos e o conselho fiscal dois membros com a mesma periodicidade.

Alternativa correta: "C". É o que dispõe o §2º do art. 17 da Lei Complementar nº 108/2001.

137. (CEBRASPE – Analista Judiciário – Área Judiciária – STJ/2018) Os planos de benefícios de entidades fechadas de previdência complementar devem prever os institutos do benefício proporcional diferido, da portabilidade, do resgate e do autopatrocínio.

- CERTO
- ERRADO

▷ ***Anotações/Comentários***

É o que dispõe o art. 14 da Lei Complementar n. 109/2001.

138. (CEBRASPE – Procurador do Município – PGM Manaus/2018) Em relação aos regimes próprios de previdência dos servidores públicos e à previdência complementar, julgue os itens seguintes.

Os entes federados possuem autorização constitucional para instituir regime de previdência complementar para seus respectivos servidores efetivos, por intermédio de entidades fechadas, de natureza pública, e mediante adesão facultativa.

- CERTO
- ERRADO

▷ ***Anotações/Comentários***

Antes da reforma previdenciária era faculdade dos entes federados instituir regime de previdência complementar para seus servidores efetivos.

Com a reforma da previdência por meio da Emenda Constitucional n. 103/2019, passou a ser obrigatória a instituição desse regime, nos termos do disposto no art. 40, §14, da Constituição Federal.

139. (FCC – Analista Judiciário – Área Judiciária – TRF 5/2017) De acordo com a Lei Complementar no 109/2001, com relação aos planos de benefícios instituídos por entidades abertas, considere:

I. Os planos de benefícios instituídos por entidades abertas poderão ser coletivos, sendo que nesses casos terão por objetivo garantir benefícios previdenciários a pessoas físicas vinculadas, direta ou indiretamente, a uma pessoa jurídica contratante.

II. É vedada à entidade aberta a contratação de plano coletivo com pessoa jurídica cujo objetivo principal seja estipular, em nome de terceiros, planos de benefícios coletivos.

III. Observados os conceitos, a forma, as condições e os critérios fixados pelo órgão regulador, é assegurado aos participantes o direito à portabilidade, exceto para plano de benefício de entidade fechada, sendo que a portabilidade caracteriza resgate.

IV. É vedado, no caso de portabilidade: que os recursos financeiros transitem pelos participantes, sob qualquer forma; e a transferência de recursos entre participantes.

Está correto o que se afirma APENAS em

a) II e IV.
b) I, II e III.
c) I, II e IV.
d) III e IV.
e) I e III.

▷ ***Anotações/Comentários***

Item I: correto. É exatamente o que dispõe o inciso II do art. 26 da Lei Complementar nº 109/2001:

Art. 26. Os planos de benefícios instituídos por entidades abertas poderão ser:

I – individuais, quando acessíveis a quaisquer pessoas físicas; ou

II – coletivos, quando tenham por objetivo garantir benefícios previdenciários a pessoas físicas vinculadas, direta ou indiretamente, a uma pessoa jurídica contratante. (grifei).

Item II: correto. Vê-se que o examinador apenas repetiu os termos do disposto no §6º do art. 26 da Lei Complementar nº 109/2001:

Art. 26 (...)

§ 6º É vedada à entidade aberta a contratação de plano coletivo com pessoa jurídica cujo objetivo principal seja estipular, em nome de terceiros, planos de benefícios coletivos.

Item III: errado. O direito à portabilidade é assegurado aos participantes de entidades aberta e fechada de previdência complementar. E a portabilidade não caracteriza resgate.

Item IV: correto. É o que dispõe o §2º do art. 27 da Lei Complementar nº 109/2001:

Art. 27 (...)

§ 2º É vedado, no caso de portabilidade:

I – que os recursos financeiros transitem pelos participantes, sob qualquer forma; e

II – a transferência de recursos entre participantes.

Está correto o que se afirma APENAS em I, II e IV.

140. (CEBRASPE – Analista Judiciário – Área Administrativa – TRT 8/2013) No que se refere à previdência complementar do serviço público, assinale a opção correta.

a) Nas entidades fechadas de previdência complementar, é admissível a portabilidade do direito acumulado pelo participante para outro plano, sem que esse fato implique resgate.

b) Os planos ou entidades fechadas de previdência complementar que se tornarem deficitários serão equacionados, necessariamente, por aporte financeiro oriundo do ente público ao qual estejam vinculados os participantes do respectivo regime de previdência complementar.

c) A Lei Complementar n.º 109/2001 veda às entidades de previdência complementar a contratação de operações de resseguro para resguardar os interesses dos seus participantes e assistidos.

d) A União, os estados e o DF, assim como suas autarquias, fundações e empresas públicas, participam diretamente do custeio do regime complementar do serviço público, alocando aporte de recursos no percentual de 20% sobre os proventos dos servidores que aderirem ao regime complementar de previdência.

e) Os principais objetivos do regime de previdência complementar dos servidores públicos da União, operado por entidades de previdência complementar de natureza pública, por intermédio de fundação criada com tal finalidade, são instituir e executar planos de benefícios de caráter previdenciário a todos os servidores da União.

▷ ***Anotações/Comentários***

Alternativa "A": correta. Poderá o participante transferir os recursos financeiros correspondentes a seu direito ao benefício de uma entidade de previdência para outra, fechada ou mesmo aberta. Isso se chama portabilidade.

É importante registrar que a portabilidade somente poderá acontecer na hipótese de cessação do vínculo empregatício do participante com o patrocinador. Caso o participante ainda continue vinculado ao patrocinador, não poderá se valer da portabilidade dos recursos para outra entidade de previdência complementar.

A portabilidade não significa resgate.

Alternativa "B": incorreta. A CF veda o aporte de recursos pelos entes públicos às entidades de previdência privada, **salvo** na condição de patrocinador (art. 202, § 3º, CF).

Alternativa "C": incorreta. O art. 11 da Lei Complementar nº 109/2001 prevê que as entidades de previdência complementar poderão contratar operações de resseguro, por iniciativa própria ou por determinação do órgão regulador e fiscalizador, observados o regulamento do respectivo plano e demais disposições legais e regulamentares, para assegurar compromissos assumidos junto aos participantes e assistidos de planos de benefícios.

Alternativa "D": incorreta. A contribuição dos entes públicos para o plano de previdência complementar dos seus servidores ocupantes de cargo efetivo não poderá exceder a do participante. No caso da previdência complementar instituída pela União para seus servidores, a alíquota da contribuição do patrocinador (União) será igual à do participante (servidor) e não poderá exceder o percentual de 8,5%.

Alternativa "E": incorreta. As entidades fechadas de previdência complementar criadas para os servidores públicos federais têm a finalidade de administrar e executar planos de benefícios de caráter previdenciário nos termos das Leis Complementares nos 108 e 109, de 29 de maio de 2001 (apenas previdência complementar). O regime criado atingirá os servidores que aderirem ao plano, sendo a adesão facultativa.

15. O PLANO DE PREVIDÊNCIA COMPLEMENTAR DOS SERVIDORES PÚBLICOS FEDERAIS

141. (FGV - Analista Judiciário – Área Judiciária – TRF1/2024) Nos últimos anos, especialmente com as mudanças aprovadas pela Emenda Constitucional nº 103/2019, nota-se uma adaptação do sistema de previdência complementar aos anseios e desejos da Administração Pública e da sociedade. Sobre o tema, é correto afirmar que:

a) o servidor público que ingressa na respectiva carreira após o advento da EC nº 103/2019, independente de prévia manifestação, é obrigatoriamente vinculado ao regime complementar de previdência enquanto permanecer no cargo público;

b) a adesão do servidor público ao regime de previdência complementar patrocinado pelo ente público gera impedimento de nova adesão a plano previdenciário gerido por entidade aberta de previdência complementar;

PREVIDENCIÁRIO

c) o servidor público, uma vez ocupante de cargo público de provimento efetivo, não tem a possibilidade de adesão à previdência complementar, haja vista a possibilidade de aposentadoria integral em regime próprio de previdência;

d) a previdência complementar brasileira, no que diz respeito a servidores públicos, somente existe na hipótese de a atividade remunerada ser desempenhada no contexto do emprego público, ou seja, regida pelas normas da Consolidação das Leis do Trabalho - CLT;

e) o servidor público, mesmo que ingresse em cargo público após o advento da EC nº 103/2019 e eventualmente seja submetido à adesão automática ao regime de previdência complementar, não poderá ser compelido a permanecer vinculado a esse regime, que é facultativo.

▷ ***Anotações/Comentários***

Alternativa "a": incorreta. A adesão ao regime de previdência complementar é sempre facultativa. O servidor público não pode ser compelido a permanecer vinculado ao RPC

Alternativa "b": incorreta. O servidor público, enquanto pessoa física, pode aderir a planos de previdência aberta, ainda que tenha feito adesão à FUNPRESP.

Alternativa "c": incorreta. O servidor público, uma vez ocupante de cargo público de provimento efetivo, tem a **faculdade** de aderir à previdência complementar.

Alternativa "d": incorreta. No que diz respeito a servidores públicos que ocupam cargo efetivo e são amparados por regime próprio de previdência social, o ente federativo ao qual estão vinculados está obrigado a instituir regime de previdência complementar e oferecer planos somente na modalidade de contribuição definida. Mas, o servidor, repito, pode aderir ou não ao RPC.

Alternativa "e": correta. Sim, a adesão ao regime de previdência complementar é sempre facultativa. O servidor público não pode ser compelido a permanecer vinculado ao RPC.

142. (FCC - Analista Judiciário - Oficial de Just. Avaliador Federal - TRT 15/2018) De acordo com a Lei no 12.618/2012, a Fundação de Previdência Complementar do Servidor Público Federal do Poder Judiciário (Funpresp-Jud), para os servidores públicos titulares de cargo efetivo e para os membros do Poder Judiciário, é estruturada na forma de fundação de natureza

a) pública, com personalidade jurídica de direito público, gozando somente de autonomia administrativa.

b) pública, com personalidade jurídica de direito privado, gozando de autonomia administrativa, financeira e gerencial.

c) privada, com personalidade jurídica de direito privado, gozando de autonomia administrativa, financeira e gerencial.

d) pública, com personalidade jurídica de direito público, gozando somente de autonomia financeira e administrativa.

e) privada, com personalidade jurídica de direito privado, gozando de autonomia administrativa, negocial, financeira e jurídica.

▷ ***Anotações/Comentários***

Com a finalidade de administrar e executar os planos de benefícios de caráter previdenciário, o art. 4º da Lei nº 12.618/2012 autorizou a União criar as seguintes entidades fechadas de previdência complementar:

- **a Funpresp - Exe:** Fundação de Previdência Complementar do Servidor Público Federal do Poder Executivo, para os servidores públicos titulares de cargo efetivo do Poder Executivo, por meio de ato do Presidente da República;
- **a Funpresp - Leg:** Fundação de Previdência Complementar do Servidor Público Federal do Poder Legislativo, para os servidores públicos titulares de cargo efetivo do Poder Legislativo e do Tribunal de Contas da União, por meio de ato conjunto dos Presidentes da Câmara dos Deputados e do Senado Federal;
- **a Funpresp - Jud:** Fundação de Previdência Complementar do Servidor Público do Poder Judiciário, para os servidores públicos titulares de cargo efetivo e membros do Poder Judiciário, por meio de ato do Presidente do Supremo Tribunal Federal.

Alternativa correta: "B". De acordo com o §1º do art. 4º da Lei nº 12.618/2012, "A Funpresp-Exe, a Funpresp-Leg e a Funpresp-Jud serão estruturadas na forma de fundação, de natureza pública, com personalidade jurídica de direito privado, gozarão de autonomia administrativa, financeira e gerencial e terão sede e foro no Distrito Federal."

A Funpresp-Exe já foi criada por meio do Decreto nº 7.808/2012 e contempla os servidores públicos do Executivo Federal.

A Funpresp-Jud foi instituída por meio da Resolução nº 96 do Supremo Tribunal Federal, sendo a entidade fechada de prevdiência complementar para os servidores públicos federais, titulares de cargo efetivo do Poder Judiciário.

A Funpresp-Leg que seria a entidade fechada de previdência complementar para os servidores públicos federais do Poder Legislativo e membros do Tribunal de Contas da União não foi criada até o momento. Os servidores do Legislativo Federal por meio de convênio podem aderir à Funpresp-Exe.

16. CRIMES PREVIDENCIÁRIOS

143. (CEBRASPE - Delegado de Polícia Federal - DPF/2018) Pedro é o responsável pelo adimplemento das contribuições previdenciárias de uma empresa de médio porte. Nos meses de janeiro a junho de 2018, a empresa entregou a Pedro o numerário correspondente ao valor das contribuições previdenciárias de seus empregados, mas Pedro, com dolo, deixou de repassá-lo à previdência social. Pedro é primário e de bons antecedentes.

Nessa situação hipotética,

Pedro praticou o crime de sonegação de contribuição previdenciária.

- CERTO
- ERRADO

▷ ***Anotações/Comentários***

Pedro praticou o crime de apropriação indébita previdenciária, previsto no art. 168-A do Código Penal:

Art. 168-A. Deixar de repassar à previdência social as contribuições recolhidas dos contribuintes, no prazo e forma legal ou convencional.

144. (CEBRASPE - Delegado de Polícia Federal - DPF/2018) Pedro é o responsável pelo adimplemento das contribuições previdenciárias de uma empresa de médio porte. Nos meses de janeiro a junho de 2018, a empresa entregou a Pedro o numerário correspondente ao valor das contribuições previdenciárias de seus empregados, mas Pedro, com dolo, deixou de repassá-lo à previdência social. Pedro é primário e de bons antecedentes.

A punibilidade de Pedro será extinta se, antes do início da ação fiscal, ele declarar, confessar e efetuar o recolhimento das prestações previdenciárias, espontaneamente e na forma do regulamento do INSS.

- CERTO
- ERRADO

▷ ***Anotações/Comentários***

É o que determina o § 2º do art. 168-A do Código Penal:

§ 2º É extinta a punibilidade se o agente, espontaneamente, declara, confessa e efetua o pagamento das contribuições, importâncias ou valores e presta as informações devidas à previdência social, na forma definida em lei ou regulamento, antes do início da ação fiscal.

145. (CEBRASPE - Delegado de Polícia Federal - DPF/2018) Pedro é o responsável pelo adimplemento das contribuições previdenciárias de uma empresa de médio porte. Nos meses de janeiro a junho de 2018, a empresa entregou a Pedro o numerário correspondente ao valor das contribuições previdenciárias de seus empregados, mas Pedro, com dolo, deixou de repassá-lo à previdência social. Pedro é primário e de bons antecedentes.

Caso o repasse das contribuições previdenciárias ocorra após o início da ação fiscal e antes do oferecimento da denúncia, o juiz poderá deixar de aplicar a pena ou aplicar apenas a multa.

- CERTO
- ERRADO

▷ ***Anotações/Comentários***

É o que determina o § 3º do art. 168-A do Código Penal:

§ 3º É facultado ao juiz deixar de aplicar a pena ou aplicar somente a de multa se o agente for primário e de bons antecedentes, desde que:

I – tenha promovido, após o início da ação fiscal e antes de oferecida a denúncia, o pagamento da contribuição social previdenciária, inclusive acessórios;

II – o valor das contribuições devidas, inclusive acessórios, seja igual ou inferior àquele estabelecido pela previdência social, administrativamente, como sendo o mínimo para o ajuizamento de suas execuções fiscais

Vale lembrar que a faculdade prevista acima não se aplica aos casos de parcelamento de contribuições cujo valor, inclusive dos acessórios, seja superior àquele estabelecido, administrativamente, como sendo o mínimo para o ajuizamento de suas execuções fiscais.4

4. Valor de R$ 20.000,00 (vinte mil reais).

ATUALIDADES

Rodolfo Gracioli

A disciplina de atualidades é marcada por algumas especificidades. É pouco útil estudar por questões anteriores, já que grande parte dos temas acabam "esgotados", ou seja, superados (em parte ou na totalidade). Dessa forma,.a melhor maneira de problematização da disciplina é estudando a partir de questões inéditas. Assim, as questões construídas levam em consideração diferentes troncos temáticos: saúde, economia, política, tecnologia, cultura, meio ambiente, relações internacionais, etc., tendo o objetivo de ampliar a visão sobre os temas e, principalmente, adentrar ao campo responsável do que pode ser objetivo de cobrança por parte das bancas examinadoras.

Fiquem à vontade para conhecer nosso trabalho de produção de conteúdo pelas redes sociais (@profrodolfogracioli). O estudo de atualidades deve acontecer processualmente, assim como consegue adquirir segurança para um desempenho satisfatório, seja na prova objetiva ou na prova de redação.

Além disso, é preciso reforçar que o ambiente de infodemia, ou seja, um bombardeio informacional e, inclusive, de notícias falsas, agrava a dificuldade de fazer uma gestão autônoma dos fatos. Por isso, a orientação para o estudo de atualidades é tão importante, além de otimizar a preparação permite um domínio que servirá tanto para provas objetivas de atualidades como para provas discursivas (provas de redação com tema da atualidade, o que costuma ser alvo de algumas provas do material em questão). Por fim, destaca-se o nível de dificuldade das questões apresentadas, sendo que o grande diferencial é o detalhamento para cada fato / acontecimento.

Questões de 2023/2024

01. "Narges Mohammadi, vencedora do Prêmio Nobel da Paz que está presa, continuará sua luta pelos direitos humanos mesmo que isso a leve à morte, disse ela em uma carta contrabandeada da prisão e publicada nesta segunda-feira (4) pela emissora pública sueca SVT. Mohammadi está cumprindo várias sentenças sob acusações que incluem a divulgação de propaganda contra a República Islâmica". Adaptado. (Fonte: CNN Brasil, dezembro de 2023).

Narges Mohammadi é:

a) Afegã
b) Iraquiana
c) Iraniana
d) Síria
e) Saudita

▷ ***Anotações/Comentários***

Nota do autor: A iraniana Narges Mohammadi, vencedora do Prêmio Nobel da Paz de 2023 é uma ativista que passou a vida a fazer campanha pelos direitos humanos no Irã. Ela é apenas a 19ª mulher a ganhar o Prêmio Nobel da Paz em mais de 120 anos de existência do prêmio. Mohammadi foi prisioneira durante a maior parte das últimas duas décadas. Ela foi condenada repetidamente pela sua campanha incansável contra a pena de morte e o confinamento solitário – que teve de suportar durante semanas. A ativista cumpre atualmente uma pena de 10 anos e 9 meses, acusada de ações contra a segurança nacional e propaganda contra o Estado. Ela também foi condenada a 154 chicotadas, uma punição que grupos de direitos humanos acreditam que ainda não foi aplicada, além de proibições de viagens e outras restrições. Em 2024, a organização popular japonesa Nihon Hidankyo foi a vencedora do Prêmio Nobel da Paz. O grupo é integrado por sobreviventes dos bombardeios atômicos no Japão durante a Segunda Guerra Mundial e defende a abolição de armas nucleares.

Alternativa "a": alternativa incorreta.
Alternativa "b": alternativa incorreta.
Alternativa correta "c": Narges Mohammadi é iraniana.
Alternativa "d": alternativa incorreta.
Alternativa "e": alternativa incorreta.

02. Sobre o relatório final da COP-28, que aconteceu em Dubai, nos Emirados Árabes Unidos, assinale a alternativa correta:

a) O relatório final apresenta de modo inédito a referência à eliminação dos combustíveis fósseis com a data limite de 2060.
b) O relatório final prevê um Fundo de Perdas e Danos para socorrer exclusivamente as florestas tropicais, sendo financiado por países ricos.
c) O relatório final altera a data da meta para neutralidade do carbono, ampliando o prazo de 2050 para 2070.
d) O relatório final estabelece o compromisso com a transição energética, com a proposta de triplicar a energia renovável mundial até 2030.
e) O relatório final torna compulsória a doação de valores proporcionais ao PIB, por parte dos países mais ricos, ao Fundo da Amazônia.

▷ ***Anotações/Comentários***

Nota do autor: Sobre a Conferência das partes, o relatório final destaca: Pela 1° vez, os países concordaram é preciso fazer uma "transição energética" para redução do uso combustíveis fósseis. No entanto, o texto não cita a eliminação de combustíveis fósseis — ideia que não agradou os ambientalistas. Acordo propõe que seja triplicada a capacidade de energia renovável a nível mundial até 2030. Países anunciaram um fundo de US$ 420 milhões para apoiar países afetados pelo aquecimento global, mas valor é considerado baixo. Conferência não estabeleceu compromissos concretos de financiamento para adaptação e mitigação, mas "reiterou" que mais dinheiro precisa chegar aos países afetados pelas mudanças climáticas. Em 2024, a COP 29 aconteceu em Baku, no Azerbaijão. Desagradando parte dos especialistas do tema, o relatório final foi um acordo de US$ 300 bilhões anuais, até 2035, para ajudar países em desenvolvimento a combater a crise climática (o valor necessário superava 1 trilhão de dólares). Em 2025, a COP 30 acontecerá em Belém, no Pará.

Alternativa "a": alternativa incorreta.
Alternativa "b": alternativa incorreta.
Alternativa "c": alternativa incorreta.
Alternativa correta "d": Um dos pontos que desagradou a comunidade internacional foi a ausência de um maior rigor para a eliminação dos combustíveis fósseis.
Alternativa "e": alternativa incorreta.

03. Em 8 de janeiro de 2024, um ato marcou a data simbólica de um ano da ocorrência dos atos antidemocráticos. Autoridades aproveitaram o momento para reforçar o compromisso das instituições com a democracia. Após a ocorrência dos episódios de violência, foi deflagrada uma operação articulada entre forças policiais para investigar financiadores, articuladores e os responsáveis pela violência que tomou conta de Brasília. Trata-se da Operação:

a) Pátria Amada, Brasil
b) Nacionalista
c) Viva democracia
d) Avante Brasil
e) Lesa Pátria

▷ ***Anotações/Comentários***

Nota do autor: A Operação Lesa Pátria é um conjunto de investigações comandadas pela Polícia Federal do Brasil que investiga financiadores, participantes e organizadores de atos antidemocráticos no Brasil, em especial relacionados aos ataques às sedes dos Três Poderes em 8 de Janeiro de 2023 em Brasília.

Alternativa "a": alternativa incorreta.

Alternativa "b": alternativa incorreta.

Alternativa "c": alternativa incorreta.

Alternativa "d": alternativa incorreta.

Alternativa correta "e": O nome da Operação que se desdobra por 2024 é Lesa Pátria.

---

04. Em 1º de dezembro, de modo inédito na atual estrutura do organismo, o Brasil assumiu a presidência, o que marca um reposicionamento da nação nas questões diplomáticas de caráter de impacto para a comunidade internacional. Com datas previstas para 2024, o Brasil se dedicará aos temas de destaque: meio ambiente, questões econômicas e sociais, etc. A presidência se estenderá até 30 de novembro de 2024. Trata-se de qual organismo:

a) Conselho de Segurança da ONU
b) G20
c) G7
d) Mercosul
e) Unasul

▷ ***Anotações/Comentários***

Nota do autor: O Brasil assumiu a Presidência temporária do G20, o grupo que reúne as 19 principais economias do mundo, a União Europeia e também a União Africana. O mandato tem duração de um ano e se encerrará em 30 de novembro de 2024. É a primeira vez que o País ocupa essa posição na história do grupo no formato atual. Ao longo do mandato, o Brasil organizará mais de 100 reuniões de grupos de trabalho, que serão realizadas tanto virtual quanto presencialmente, e cerca de 20 reuniões ministeriais, culminando com a Cúpula de Chefes de Governo e Estado que será realizada no Rio de Janeiro, entre os dias 18 e 19 de novembro de 2024. Em 30 de novembro de 2024 encerrou a presidência do Brasil junto ao G20, tendo passado o posto para a África do Sul. Entretanto, em 2025, o Brasil assumirá a presidência do BRICS.

Alternativa "a": alternativa incorreta.

Alternativa correta "b": De modo inédito no formato recente do grupo, o Brasil assumiu a presidência do G20, o que pode ser considerado extremamente estratégico para a geopolítica brasileira no aspecto de debate de temas relevantes na perspectiva internacional.

Alternativa "c": alternativa incorreta.

Alternativa "d": alternativa incorreta.

Alternativa "e": alternativa incorreta.

---

05. "Centenas de foguetes foram lançados contra Israel a partir da Faixa de Gaza no sábado (7), anunciou o Hamas após um ataque surpresa que elevou as tensões no Oriente Médio. Para minimizar os estragos, os israelenses contam com um escudo, conhecido como ____________. De acordo com as forças militares de Israel, parte dos ataques do Hamas foi interceptado pelo sistema, que é um sistema de defesa antimíssil. Ainda assim, vários foguetes atingiram diferentes cidades do país". Adaptado. (Fonte: G1, outubro de 2023).

Trata-se do sistema conhecido como:

a) Domo de Ferro
b) Hipersônico
c) Ultrablock
d) Pier de Força
e) Celebritte Premium

▷ ***Anotações/Comentários***

Nota do autor: O "Domo de Ferro", como é conhecido hoje, começou a ser desenvolvido em 2007 pela Rafael Advanced Defense Systems e a Israel Aerospace Industries. Após passar por inúmeros testes, o sistema tornou-se operacional em março de 2011. Em abril do mesmo ano, demonstrou sua eficácia ao derrubar um míssil direcionado a uma cidade israelense. A operação do sistema baseia-se em instrumentos avançados de monitoramento, incluindo radares que detectam ataques inimigos. Ao identificar um ataque, a tecnologia determina a trajetória do míssil inimigo e, se áreas urbanas estiverem sob ameaça, lança um míssil interceptor para neutralizar a ameaça em pleno ar. Este sistema móvel pode ser implantado em qualquer região do país, com baterias de mísseis interceptores alocadas em veículos militares. Ainda no final de 2024, o conflito na Faixa de Gaza se estendia com inúmeros civis mortos.

Alternativa correta "a": O sistema antimíssil é identificado por "Domo de Ferro" e foi amplamente divulgado pelos veículos de comunicação como uma das potencialidades de defesa dos israelenses.

Alternativa "b": alternativa incorreta.

Alternativa "c": alternativa incorreta.

Alternativa "d": alternativa incorreta.

Alternativa "e": alternativa incorreta.

---

06. "O conselho de ética do Conselho Nacional de Autorregulamentação Publicitária (Conar) decidiu arquivar, na última terça-feira (22) o processo que tinha aberto em julho para avaliar se uma campanha da Volkswagen – lançada no último dia 4 de julho – teria ferido o Código Brasileiro de Autorregulamentação Publicitária. Adaptado. (Fonte: G1, agosto de 2023).

Sobre a polêmica da propaganda assinale a alternativa correta:

a) A propaganda utilizou a estratégia do embranquecimento do corpo de atores e atrizes negros.
b) A propaganda acabou por utilizar termos de caráter capacitista que atualmente não são mais toleráveis.
c) A propaganda apresentou uma visão negacionista com relação às vacinas, com destaque para a covid-19.
d) A propaganda defendeu movimentos climáticos negacionistas afastando a responsabilidade humana no aquecimento global.
e) A propaganda utilizou inteligência artificial para reviver Elis Regina que contracena com sua filha Maria Rita.

▷ ***Anotações/Comentários***

Nota do autor: O conselho de ética do Conselho Nacional de Autorregulamentação Publicitária (Conar) decidiu arquivar o processo que tinha aberto em julho para avaliar se uma campanha da Volkswagen – lançada no dia 4 de julho e feita com inteligência artificial – teria ferido o Código Brasileiro de Autorregulamentação Publicitária. O vídeo foi produzido para comemorar os 70 anos da Volkswagen no Brasil e simulou um dueto entre Elis Regina, morta há 41 anos, e a filha dela, Maria Rita. A propaganda utilizou uma técnica conhecida como "deepfake", que faz montagens realistas com rostos de pessoas. Em 2024, o uso de deepfake foi vetado pelo Tribunal Superior Eleitoral na campanha para eleições municipais.

Alternativa "a": alternativa incorreta.

Alternativa "b": alternativa incorreta.

Alternativa "c": alternativa incorreta.

Alternativa "d": alternativa incorreta.

Alternativa correta "e": A publicidade alcançou ampla repercussão por conta do debate sobre inteligência artificial e direitos autorais que mobiliza outros setores da sociedade.

---

07. Recentemente, o BRICS anunciou ao ingresso de novos integrantes. O BRICS é um grupo de países de mercado emergente em relação ao seu desenvolvimento econômico. Trata-se de um acrônimo da língua inglesa que é geralmente traduzido como "os BRICS" ou "países BRICS". Sobre o tema, está correto:

a) Arábia Saudita, Egito, Emirados Árabes, Etiópia e Irã passam a ser membros plenos a partir de 2024, sendo que a Argentina acabou recuando.
b) O bloco econômico em questão tem a possibilidade de negociar taxas diretamente com União Europeia e Mercosul, ampliando o comércio.
c) Desde a origem, em 2015, na Cúpula de Paris, o grupo contava com 5 membros. Com o ingresso recente de diferentes nações, serão 11 ao todo.
d) Recentemente, a Rússia foi expulsa do Brics por conta da invasão ao território ucraniano, o que viola dispositivos democráticos do bloco.

e) O grupo de países surgiu para fazer frente à Organização do Tratado do Atlântico Norte (OTAN).

▷ ***Anotações/Comentários***

Nota do autor: O termo "BRIC" foi criado em 2001 por Jim O'Neill, o então economista-chefe do Goldman Sachs. Era uma referência a Brasil, Rússia, Índia e China. O'Neil queria agrupar alguns países emergentes e demonstrar que estavam se consolidando como um novo bloco geopolítico e econômico. A 1ª cúpula dos 4 países foi realizada em 2009, na Rússia. A África do Sul passou a integrar o bloco em 2010. O S no final do acrônimo vem de South Africa ou África do Sul. Arábia Saudita, Argentina, Egito, Emirados Árabes, Etiópia e Irã passam a ser membros plenos a partir de 2024, o que amplia o alcance estratégico do grupo de países. Após a vitória de Javier Milei para presidência da Argentina, criou-se um receio do país vizinho não ingressar. Ademais, o BRICS desempenha um papel estratégico para a questão internacional, apesar de não se tratar de um bloco econômico.

Alternativa correta "a": Dentre os países citados, apenas a Argentina acabou recuando após a eleição de Javier Milei.

Alternativa "b": alternativa incorreta.

Alternativa "c": alternativa incorreta.

Alternativa "d": alternativa incorreta.

Alternativa "e": alternativa incorreta

---

08. Sobre o papel do Brasil no cenário internacional, julgue os itens e assinale a alternativa incorreta:

a) Em julho de 2023, o Brasil assumiu a presidência do Mercosul (Mercado Comum do Sul)

b) Em outubro de 2023, o Brasil presidiu o Conselho de Segurança da ONU

c) Em outubro de 2023, o Brasil foi eleito para o Conselho de Direitos Humanos da ONU

d) Em 2024, o Brasil integrará o Conselho de Auditores da ONU

e) Em dezembro de 2023, o Brasil assumiu a presidência do G7

▷ ***Anotações/Comentários***

Nota do autor: O Brasil assumiu a presidência do G20, o que é considerado extremamente estratégico para a política externa brasileira. De 1º de dezembro de 2023 até 30 de novembro de 2024, o Brasil esteve à frente do grupo, tendo conseguido alcançar no final do seu mandato uma Aliança Global de Combate à Fome e Pobreza – um grande feito para um planeta que vivencia um contexto de insegurança alimentar.

Alternativa "a": alternativa incorreta

Alternativa "b": alternativa incorreta.

Alternativa "c": alternativa incorreta.

Alternativa "d": alternativa incorreta.

Alternativa correta "e": O Brasil assumiu a presidência do G20 e não do G7.

---

09. O ranking da Forbes Das 100 mulheres mais poderosas do mundo trouxe na liderança a presidente da Comissão Europeia Ursula Von der Leyen. Quatro métricas principais foram consideradas pela revista: dinheiro, mídia, impacto e esferas de influência. A única brasileira do ranking que aparece na 24ª posição é:

a) Anitta

b) Dilma Rousseff

c) Tarciana Medeiros

d) Marina Silva

e) Janja

▷ ***Anotações/Comentários***

Nota do autor: Primeira mulher a presidir o Banco do Brasil, Tarciana é nordestina. Nascida em Campina Grande (PB), ela iniciou sua carreira profissional como feirante. Também foi professora antes de ingressar no Banco do Brasil, em 2000. A mulher mais poderosa do mundo, segundo a Forbes, é Ursula Von der Leyen, presidente da Comissão Europeia. Na sequência aparecem Christine Lagarde, presidente do Banco Central Europeu, e Kamala Harris, vice-presidente dos EUA. A cantora Taylor Swift ficou em quinto lugar.

Alternativa "a": alternativa incorreta

Alternativa "b": alternativa incorreta.

Alternativa correta "c": Trata-se de Tarciana Medeiros, a 1ª mulher a dirigir o Banco do Brasil.

Alternativa "d": alternativa incorreta.

Alternativa "e": alternativa incorreta.

---

10. Sobre os dados do Censo Demográfico 2022 divulgados pelo Instituto Brasileiro de Geografia e Estatística (IBGE), está correto:

a) Houve uma retração da população indígena no Brasil, saindo de 1,7 milhão para 900 mil.

b) Não foi possível realizar a contagem da população quilombola por equívocos no questionário.

c) Pela primeira vez, um Censo levantou informações sobre a orientação sexual da população brasileira.

d) O número de homens superou o de mulheres pela primeira vez, sendo 6 milhões a mais de homens no país.

e) Abaixo das previsões anteriores, a população brasileira atualmente é de cerca de 203 milhões de habitantes.

▷ ***Anotações/Comentários***

Nota do autor: A população indígena atual é de 1,7 milhão, assim com a população quilombola é de 1,3 milhão. Não houve levantamento sobre orientação sexual, apesar de um imbróglio jurídico. No Brasil, existem 6 milhões de mulheres a mais do que homens.

Alternativa "a": alternativa incorreta

Alternativa "b": alternativa incorreta.

Alternativa "c": alternativa incorreta.

Alternativa "d": alternativa incorreta.

Alternativa correta "e": As projeções anteriores apontava para uma população maior que 207 milhões de habitantes, o que não se concretizou com o mapeamento do Instituto Brasileiro de Geografia e Estatística.

---

11. "O município liderou o efetivo de rebanho bovino no país pelo 13º ano seguido em 2022. Com 84,2 mil quilômetros quadrados, a cidade é a sexta maior do país em extensão territorial e ocupa uma área que é o dobro de alguns países europeus, como a Holanda e a Suíça. O município tinha, ao fim de 2022, 2,52 milhões de cabeças de gado, o que representa um aumento de 2,2% frente a 2021, segundo os dados da Pesquisa da Pecuária Municipal (PPM) 2022, divulgada nesta quinta-feira (21) pelo Instituto Brasileiro de Geografia e Estatística (IBGE)". Adaptado. (Fonte: Globo Rural, setembro de 2023).

A cidade em questão é:

a) São Félix do Xingu, PA

b) Corumbá, MS

c) Porto Velho, RO

d) Sapezal, MT

e) Marabá, PA

▷ ***Anotações/Comentários***

Nota do autor: O município de São Felix do Xingu, no Pará, liderou o efetivo de rebanho bovino no país pelo 13º ano seguido em 2022. Com 84,2 mil quilômetros quadrados, a cidade é a sexta maior do país em extensão territorial e ocupa uma área que é o dobro de alguns países europeus, como a Holanda e a Suíça (cada um com 41 mil quilômetros quadrados).

Alternativa correta "a": Trata-se do município de São Félix do Xingu, no Pará (uma das unidades federativas que costuma aparecer em reportagens sobre desmatamento.

Alternativa "b": alternativa incorreta.

Alternativa "c": alternativa incorreta.

Alternativa "d": alternativa incorreta.

Alternativa "e": alternativa incorreta.

---

12. Sobre os dados do Censo Demográfico de 2022, divulgados pelo Instituto Brasileiro de Geografia e Estatística, a cidade com a maior população, que não é capital, com cerca de 1,2 milhão de habitantes é:

a) Campinas / SP

b) São Gonçalo / RJ

c) São José dos Campos / SP

d) Guarulhos / SP

e) Niterói / RJ

▷ ***Anotações/Comentários***

Nota do autor: O Censo 2022 é a 13ª operação do tipo realizada em território brasileiro, segundo o Instituto Brasileiro de Geografia e Estatística (IBGE). Por lei, os censos são feitos com, no máximo, dez anos de intervalo. Porém, devido à pandemia da Covid-19, a coleta de informações e formulação dos resultados foi adiada em 2020. Em 2021, segundo o instituto, também não foi realizado o levantamento devido ao "profundo corte orçamentário", sendo finalmente aplicado em 2022. O levantamento revelou que Guarulhos (SP) é a maior cidade brasileira que não é capital, tendo 1.291.784 de residentes. O município ganhou 69.805 habitantes em comparação com o Censo de 2010, quando tinha 1.221.979 de pessoas, uma variação de 5,7%. As outras duas cidades que não são capitais e estão entre as 20 mais populosas são Campinas (SP), com 1.138.309 de habitantes, e São Gonçalo (RJ), com 896.744 residentes.

Alternativa "a": alternativa incorreta.

Alternativa "b": alternativa incorreta.

Alternativa "c": alternativa incorreta.

Alternativa correta "d": Trata-se do município de Guarulhos, que fica localizado em São Paulo.

Alternativa "e": alternativa incorreta.

13. O Conselho de Segurança das Nações Unidas é um órgão da Organização das Nações Unidas cujo mandato é zelar pela manutenção da paz e da segurança internacional. Em tempos de crise internacional, uma reforma no Conselho de Segurança passou a ser discutida. Sobre o tema, está correto:

a) O Conselho é composto por 10 países, todos com direito de veto, o que dificulta o andamento das discussões devido à divergências estratégicas.

b) O G4, composto por Japão, Índia, Brasil e Alemanha, é o grupo de países que pressiona por mais vagas permanentes no Conselho de Segurança.

c) Atualmente ocupando o posto de membro permanente, o governo brasileiro defende mais uma cadeira para um país sul-americano.

d) Nos últimos anos, tem sido unânime a atuação do Conselho com relação à conflitos na Síria, Iêmen e na Venezuela.

e) As tropas do Conselho de Segurança da ONU chegaram a se posicionar na região ucraniana, mas ainda não operacionalizaram ações.

▷ ***Anotações/Comentários***

Nota do autor: O G4 assinou nota pela ampliação do Conselho de Segurança da ONU. Grupo –formado por Brasil, Alemanha, Japão e Índia– diz que, quanto mais a reforma demorar, mais a eficácia do conselho "será questionada". Atualmente, são 10 membros rotativos e 5 membros permanentes (com direito de veto). Os membros permanentes precisam tomar decisões unânimes. São eles: EUA, França, Reino Unido, China e Rússia.

Alternativa "a": alternativa incorreta.

Alternativa correta "b": O chamado G4 tem buscado pressionar o Conselho para a realização de uma reforma que possa reestruturar o quadro de membros permanentes.

Alternativa "c": alternativa incorreta.

Alternativa "d": alternativa incorreta.

Alternativa "e": alternativa incorreta.

14. "Trinta e cinco anos após promulgada, a Constituição brasileira foi traduzida pela primeira vez para uma língua indígena. Patrocinada pelo Supremo Tribunal Federal (STF) e pelo Conselho Nacional de Justiça (CNJ), a nova versão da Carta Magna foi lançada nesta quarta-feira (19) no município de São Gabriel da Cachoeira (AM), em uma cerimônia na maloca da Federação das Organizações Indígenas do Rio Negro (FOIRN)". Adaptado. (Fonte: Agência Brasil, julho de 2023).

A língua indígena em questão é:

a) Nheengatu

b) Terena

c) Xavante

d) Yanomami

e) Mawé

▷ ***Anotações/Comentários***

Nota do autor: A presidente do Supremo Tribunal Federal (STF) e do Conselho Nacional de Justiça (CNJ), ministra Rosa Weber, lançou a primeira Constituição brasileira traduzida para a língua indígena – o Nheengatu. A Constituição em Nheengatu foi feita por um grupo de 15 indígenas bilíngues da região do Alto Rio Negro e Médio Tapajós, em promoção ao marco da Década Internacional das Línguas Indígenas (2022-2032) das Nações Unidas. A tradutora Dadá Baniwa disse que foi um trabalho "árduo e desafiador, mas também de muita alegria". Rosa Weber observou que reconhecer que o Nheengatu seja utilizado oficialmente na leitura e interpretação da Constituição "é um passo em direção ao fortalecimento e à preservação de todas as demais línguas indígenas". Também chamada de Língua Geral Amazônica, o Nheengatu é a única língua descendente do Tupi antigo viva ainda hoje e que permite a comunicação entre comunidades de distintos povos espalhados em toda a região amazônica.

Alternativa correta "a": Trata-se do Nheengatu.

Alternativa "b": alternativa incorreta.

Alternativa "c": alternativa incorreta.

Alternativa "d": alternativa incorreta.

Alternativa "e": alternativa incorreta.

15. "O presidente da República, Luiz Inácio Lula da Silva, anunciou nesta sexta-feira (26/5) que o Brasil sediará a 30ª Conferência da ONU sobre Mudanças Climáticas (COP-30), em novembro de 2025. A confirmação do Brasil como sede do mais importante evento ambiental do planeta é resposta ao pleito do próprio presidente Lula, feito durante participação na COP- 27, no Egito, no ano passado, logo após vencer as eleições". Adaptado. (Fonte: Governo Federal, maio de 2023).

O evento acontecerá em qual cidade:

a) Manaus / AM

b) Salvador / BA

c) Belém / PA

d) Recife / PE

e) Rio de Janeiro / RJ

▷ ***Anotações/Comentários***

Nota do autor: A ministra do Meio Ambiente e Mudança do Clima, Marina Silva, afirmou que o Brasil chegará à COP 30 (Conferência das Nações Unidas sobre Mudanças Climáticas), a ser realizada em 2025, em Belém, com redução de emissão de carbono, redução do desmatamento e governança para ser considerado protagonista e referência no setor. O evento será estratégico para a região da Amazônia. Vale destacar que, em 2024, foi criada a Autoridade Nacional de Segurança Climática, a fim de ampliar o debate sobre a crise climática e colocar o Brasil como país protagonista da busca pelo desenvolvimento sustentável.

Alternativa "a": alternativa incorreta.

Alternativa "b": alternativa incorreta.

Alternativa correta "c": Em 2025, a COP aconteceu na cidade de Belém, no Pará. Em 2024, a COP 29 acontecerá em Baku, no Azerbaijão.

Alternativa "d": alternativa incorreta.

Alternativa "e": alternativa incorreta.

16. Em junho de 2023, a entidade da ONU que atua com a causa dos refugiados divulgou o relatório Tendências Globais. O levantamento mostra que existem mais de 110 milhões de pessoas que fizeram deslocamentos forçados devido a guerras, perseguições ou fuga de violações de direitos humanos. O número ao final de 2022 era de 108,4 milhões. Em novembro de 2023, a entidade já falava em mais de 114 milhões de deslocados pelo mundo – vide conflitos globais.

A entidade da ONU que atua com a causa dos refugiados é:

a) FAO

b) Acnur

c) OMS

d) Unesco

e) OIT

▷ ***Anotações/Comentários***

Nota do autor: O Alto Comissariado das Nações Unidas para Refugiados (Acnur) divulgou o relatório Tendências Globais – trata-se do órgão responsável pela análise do tema que se demonstra um grande desafio nos últimos anos. Entre essas pessoas, o total de refugiados no mundo é de 35,3 milhões. A Síria e a Colômbia são os países onde há mais deslocados internos (6,8 milhões e 6,7 milhões, respectivamente). Em 2024, o relatório apontava um total de 120 milhões de deslocados – vale destacar os efeitos de conflitos globais, perseguição étnico, político e religiosa, além da crise climática que tem ocasionado os "migrantes do clima".

Alternativa "a": alternativa incorreta.

Alternativa correta "b": trata-se do Alto Comissariado da ONU para Refugiados.

Alternativa "c": alternativa incorreta

Alternativa "d": alternativa incorreta.

Alternativa "e": alternativa incorreta.

17. Um dos grandes termômetros do cenário de violência no contexto nacional é o Anuário Brasileiro de Segurança Pública. Na 17ª edição, o Anuário destacou a cidade mais violenta (88,8) e a cidade menos violenta (2,2), considerando municípios com mais de 100 mil habitantes. A alternativa que apresenta a cidade mais e a menos violenta, respectivamente, é:

a) Santo Antônio de Jesus/BA e Botucatu/SP
b) Simões Filho/BA e Blumenau/SC
c) Camaçari/BA e Taubaté/SP
d) Sorriso/MT e Indaiatuba/SP
e) Jequié/BA e Jaraguá do Sul/SC

▷ ***Anotações/Comentários***

Nota do autor: A Bahia lidera a lista e tem os quatro municípios mais violentos do país: Jequié (88,8), Santo Antônio de Jesus (88,3), Simões Filho (87,4) e Camaçari (82,1). De acordo com o anuário, Botucatu registrou uma 2,8 mortes violentas para cada 100 mil habitantes, em 2022. Jaraguá do Sul, em Santa Catarina, primeira no ranking, tem uma taxa de 2,2 a cada 100 mil habitantes. Das 10 cidades mais seguras do Brasil, sete ficam no estado de São Paulo e três em Santa Catarina.

Alternativa "a": alternativa incorreta.

Alternativa "b": alternativa incorreta.

Alternativa "c": alternativa incorreta

Alternativa "d": alternativa incorreta.

Alternativa correta "e": Jequié na Bahia e Jaraguá do Sul em Santa Catarina revelam o abismo do Brasil com relação ao contexto de violência e disparidade social.

18. "Manifestantes atacaram prédios públicos e Alamy, a maior cidade do Cazaquistão nesta quarta-feira (5). As forças de segurança do país não conseguiram controlar os protestos, nem mesmo depois do governo renunciar". (Fonte: G1, janeiro de 2022).

As manifestações começaram por causa:

a) Aprovação de reforma tributária
b) Aumento do preço dos combustíveis
c) Aprovação de lei que veta publicidade LGBTQIA+
d) Aprovação da pena de morte em casos de terrorismo
e) Obrigatoriedade da vacina contra a covid-19

▷ ***Anotações/Comentários***

Nota do autor: O Cazaquistão é um grande exportador de petróleo e gás. Os protestos já são os maiores desde a independência do país em 1991, quando a União Soviética entrou em colapso. Um dia antes da renúncia, o presidente Kassym-Jomart Tokayev declarou estado de emergência e um toque de recolher no país que não foram respeitados. Ele também prometeu abaixar o preço dos combustíveis para "garantir a estabilidade no país" e mesmo assim as forças armadas não conseguiram controlar o protesto. As manifestações também passaram a refletir outras insatisfações da população com o governo e a abraçar outras reivindicações, como: a mudança do regime político, a eleição direta dos governos locais, o fim das prisões arbitrárias e a redução da desigualdade. A Rússia enviou uma "força de paz" que inclui militares de países que integram a OTSC (Organização do Tratado de Segurança Coleta) junto com o Cazaquistão. O principal objetivo dos soldados será a proteção de importantes instalações estatais e militares e auxiliar as forças da lei e da ordem na estabilização da situação.

Alternativa correta: letra "b": Os protestos começaram por causa do aumento dos preços do Gás Liquefeito de Petróleo (GLP). Ele é muito usado como combustível no oeste do Cazaquistão.

Alternativa "a": alternativa incorreta.

Alternativa "c": alternativa incorreta.

Alternativa "d": alternativa incorreta.

Alternativa "e": alternativa incorreta.

19. "Homens gays e bissexuais que no passado foram condenados por quaisquer relações consensuais entre pessoas do mesmo sexo sob leis agora abolidas poderão ter suas condenações retiradas dos registros públicos, informou o governo nesta terça-feira. A iniciativa, agora, cobrirá todas as demais condenações relacionadas à atividade sexual consensual entre pessoas do mesmo sexo". Adaptado (Fonte: G1, janeiro de 2022). O país em questão é:

a) Egito
b) Reino Unido
c) França
d) Austrália
e) Japão

▷ ***Anotações/Comentários***

Nota do autor: O Reino Unido tem investido e tomado diversas medidas para lutar contra a discriminação. Uma delas foi no ano passado ao consentir que membros homossexuais das Forças armadas, que foram demitidos devido a sua orientação sexual, solicitassem que suas medalhas sejam devolvidas. O matemático britânico Alan Turing (1912-1954) ajudou a decifrar os códigos dos segredos nazistas durante a Segunda Guerra Mundial. Ele foi condenado por indecência grave depois que foi descoberto o seu relacionamento com um jovem de 19 anos. Ele foi castrado quimicamente e se suicidou em 1954. Sua história foi lembrada pelo movimento da campanha para acabar com a criminalização da homossexualidade no Reino Unido.

Alternativa correta: letra "b": O Reino Unido, com intuito de corrigir os erros do passado, absolve pessoas condenadas por serem homossexuais retirando de seus registros públicos as acusações feitas contra homens gays e bissexuais por praticarem relações com pessoas do mesmo sexo. O anúncio ampliou um programa que concede perdão aos gays que foram condenados por indecência grosseira e sodomia.

Alternativa "a": alternativa incorreta.

Alternativa "c": alternativa incorreta.

Alternativa "d": alternativa incorreta.

Alternativa "e": alternativa incorreta.

20. "Uma nova lei que entrou em vigor a partir desta terça-feira (4) determina que uma garrafa de vinho não pode custar menos de 7,40 euros (o equivalente a R$ 47) e uma lata de cerveja de 500 ml, 1,70 euro (R$ 10) em supermercados e lojas especializadas. A garrafa de 330 ml de cerveja custa 1,12 euro (R$ 7,20). O governo defende a legislação como uma medida de saúde pública. A medida visa coibir também o consumo desenfreado de álcool por jovens". Adaptado. (Fonte: G1, janeiro de 2022).

O país em questão é:

a) Alemanha
b) França
c) Itália
d) Reino Unido
e) Irlanda

▷ ***Anotações/Comentários***

Nota do autor: Há várias regras para comprar bebidas alcoólicas na Irlanda. Uma delas é o OFF-LICENCE. O nome denomina um estabelecimento que tem autorização do governo para comercializar essas bebidas desde que não sejam consumidas no ponto de venda (supermercados e lojas especializadas). A Escócia adotou medida similar em 2018 e no ano seguinte o consumo de bebidas alcoólicas caiu para o menor patamar observado em mais de duas décadas. No entanto, comerciantes temem que a nova legislação provoque uma onda de turismo por bebidas baratas em direção à Irlanda do Norte.

Alternativa correta: letra "e": Com o intuito de reduzir o consumo de álcool por jovens e sendo uma medida de saúde pública, a Irlanda impõe preço mínimo para bebidas alcoólicas.

Alternativa "a": alternativa incorreta.

Alternativa "b": alternativa incorreta.

Alternativa "c": alternativa incorreta.

Alternativa "d": alternativa incorreta.

---

21. "Começou a valer no sábado (1º) o novo valor do salário mínimo. A mudança foi oficializada na sexta-feira (31), por meio da Medida Provisória (MP) 1.091/2021, assinada pelo presidente Jair Bolsonaro. Cabe ao Congresso analisar a MP". (Fonte: Agência Senado, janeiro de 2022).

O valor em questão vigente em 2022 é de:

a) R$ 1.100

b) R$ 1.124

c) R$ 1.212

d) R$ 1.224

e) R$ 1.264

▷ ***Anotações/Comentários***

Nota do autor: Nos últimos dois anos, os parlamentares confirmaram o valor definido pelo Planalto. O novo valor de R$ 1.212, que foi oficializado pela Medida Provisória 1.091/2021 considera a correção monetária pelo Índice Nacional de Preço ao Consumidor (INPC) de janeiro a novembro de 2021 e a projeção de inflação de dezembro de 2021, estimada pela área técnica do Ministério da Economia. No total, o aumento será de 10,18% em relação ao valor anterior, que era de R$ 1.100. Apesar de já estar valendo, a MP precisa ser validada em sessão do Congresso Nacional num período de até 60 dias, prorrogáveis por mais 60. O primeiro prazo termina em 2 de abril, já que o ano legislativo começa a ser contado em 1º de fevereiro. Em 2024, o salário mínimo foi de R$1.412. Já para 2025, a projeção segundo a LDO é de um total de R$1.502.

Alternativa correta: letra "c": Este ano a MP tem como referência o valor previsto no Orçamento da União para 2022, de R$ 1.210, que foi aprovado em 21 de dezembro (PLN 19/2021).

Alternativa "a": alternativa incorreta, pois o valor de R$ 1.100 faz referência ao ano passado (2021).

Alternativa "b": alternativa incorreta.

Alternativa "d": alternativa incorreta.

Alternativa "e": alternativa incorreta.

---

22. "Infecção simultânea do vírus da gripe e do coronavírus, condição não é novidade e foi relatada pela primeira vez ainda em fevereiro de 2020. No entanto, casos têm aumentado nos últimos dias. Nos últimos dias, uma palavra vem se tornando cada vez mais rotineira nos noticiários. Trata-se do termo usado para designar uma infecção simultânea pelo coronavírus e pelo vírus influenza, causador da gripe. O termo utilizado é:

a) Griperona

b) Coronafluenza

c) Flurona

d) Virona

e) Virose

▷ ***Anotações/Comentários***

Nota do autor: A pandemia de covid-19 e a epidemia de Influenza têm preocupado a população e autoridades de saúde devido às complicações que as doenças podem desenvolver nas pessoas, tanto em casos de infecção quanto de reinfecção. Infectologistas e pesquisadores ainda buscam respostas para entender de que forma ocorre a infecção pelos dois vírus ao mesmo tempo. Os sintomas da covid-19 e da gripe são semelhantes e, por isso, só mesmo exames de laboratório podem confirmar casos de Flurona. O caso não chega a ser uma novidade. Ainda em fevereiro de 2020, antes mesmo de ser declarada a pandemia de covid-19, a revista americana The Atlantic relatou o caso de um homem em Nova York diagnosticado simultaneamente com coronavírus e gripe.

Alternativa correta: letra "c": A Flurona trata-se do termo usado para designar uma infecção simultânea pelo coronavírus e pelo vírus Influenza, causador da gripe. A palavra é uma junção de "flu", que significa gripe em inglês, com corona.

Alternativa "a": alternativa incorreta.

Alternativa "b": alternativa incorreta.

Alternativa "d": alternativa incorreta.

Alternativa "e": alternativa incorreta.

---

23. "O presidente Jair Bolsonaro (PL), sancionou uma lei de restrição que barra ingresso de candidatos com tatuagens na cabeça, no rosto ou na parte da frente do pescoço. A lei foi publicada nesta quarta-feira (5) no Diário Oficial da União (DOU)." Adaptado. (Fonte: TV Cultura, janeiro de 2022).

A lei restringe tatuagens para:

a) Receita Federal

b) INSS

c) Aeronáutica

d) Advocacia Geral da União

e) Marinha

▷ ***Anotações/Comentários***

Nota do autor: O presidente Jair Bolsonaro (PL), sancionou a lei de restrição que barra ingresso de candidatos da marinha com tatuagens na cabeça, rosto ou na parte da frente do pescoço. Também serão barradas tatuagens: com ideologia terrorista ou extremistas contrárias à democracia, que fazem apelo à violência, criminalidade, ato libidinoso, discriminação, preconceito de raça, credo, sexo ou origem. O texto afirma que as tatuagens poderiam comprometer a segurança do militar ou das operações. O texto publicado também inclui cursos no Sistema de Ensino Naval (SEN) e muda a idade de ingresso no corpo de saúde, no corpo de engenheiros e no quadro técnico do corpo auxiliar da Marinha reduzindo de 36 para 35 anos. A norma prevê que os cursos e estágios a distância são equivalentes aos presenciais.

Alternativa correta: letra "e": Está proibido o ingresso de pessoas tatuadas na Marinha. A determinação faz parte da Lei 14.296/22, sancionada pelo presidente Jair Bolsonaro

Alternativa "a": alternativa incorreta.

Alternativa "b": alternativa incorreta.

Alternativa "c": alternativa incorreta.

Alternativa "d": alternativa incorreta.

---

24. "O Tenista foi retido no aeroporto de Tullamarine, em Melbourne, na Austrália. O número 1 do tênis tentou entrar no país nesta quarta-feira usando uma liberação especial do Australian Open por não ter se vacinado contra o coronavírus. No entanto, o visto aplicado não deu suporte à exceção de vacina por motivo médico. O tenista já se posicionou diversas vezes contra a vacina. O pai do tenista chegou a afirmar que a obrigação de imunização completa do Australian Open seria uma "chantagem".". Adaptado. (Fonte: G1, janeiro de 2022).

O tenista em questão é:

a) Rafael Nadal

b) Roger Federer

c) Daniil Medvedev

d) Novak Djokovic

e) Stefanos Tsitsipas

▷ ***Anotações/Comentários***

Nota do autor: O tenista não se vacinou contra covid-19 e, devido a isso, usava uma liberação especial para participação no Australian Open. É claro que essa autorização gerou polêmica e o tenista teria que provar que não poderia se vacinar contra o coronavírus. O documento, no entanto, não lhe deu suporte necessário para que houvesse a abertura de uma exceção. Inclusive, há dúvidas sobre essa documentação. O ministro da Imigração Australiana, Alex Hawke, chegou a cancelar o visto de Novac Djokovic devido ao motivo de saúde e ordem, com base no interesse público. Em julgamento final, foi decidido que o tenista ficará com seu visto cancelado e impossibilitado de disputar a competição. Ele será substituído por um "lucky loser" (perdedor sortudo), que é um tenista que foi derrotado no qualificatório do torneio. O sortudo que substituiu Djokovic foi o italiano Salvatore Caruso.

Alternativa correta: letra "d": Sem vacina contra o covid-19, o tenista Novac Djokovic é retido no aeroporto na Austrália.

Alternativa "a": alternativa incorreta.

Alternativa "b": alternativa incorreta.

Alternativa "c": alternativa incorreta.

Alternativa "e": alternativa incorreta.

---

25. "A empresa superou por alguns minutos desta segunda-feira (3) a marca de US$ 3 trilhões em valor de mercado (cerca de R$ 17 trilhões em conversão direta). A empresa se tornou a primeira a atingir o valor. Há a expectativa de que a empresa explore novos mercados, como o de carros autônomos e do chamado metaverso". Adaptado. (Fonte: G1, janeiro de 2022)

A empresa em questão é:

a) Microsoft

b) Meta

c) Apple

d) Tesla

e) Amazon

▷ ***Anotações/Comentários***

Nota do autor: A companhia tem colhido bons resultados apesar de sofrer com a escassez global de chips. No último balanço, a Apple anunciou vendas abaixo das expectativas para os iPhones e acessórios. Em compensação, iPads e Macs tiveram bom desempenho. O crescimento do valor da companhia ocorre em meio às apostas positivas de investidores quanto à popularidade das linhas de iPhones e MacBooks lançadas recentemente. Há ainda a expectativa de que a empresa explore novos mercados, como o de carros autônomos e do chamado metaverso.

Alternativa correta: letra "c": A Apple tornou-se a primeira empresa a atingir em minutos US$ 3 trilhões em valor de mercado. Ela foi uma das gigantes de seu setor que se beneficiou com um uso maior de tecnologia durante a pandemia de Covid-19.

Alternativa "a": alternativa incorreta.

Alternativa "b": alternativa incorreta.

Alternativa "d": alternativa incorreta.

Alternativa "e": alternativa incorreta.

---

26. "O Brasil assumiu nesta terça-feira (4) um assento no Conselho de Segurança das Nações Unidas." (Fonte: Jornal Nacional, janeiro de 2022).

Sobre a questão, assinale a alternativa correta:

a) O Brasil assume vaga como membro-permanente, o que lhe concede direito de veto.

b) Ao lado do Brasil como membro permanente, estão EUA, China, Rússia, França e Reino Unido.

c) O Brasil representará América Latina e Caribe, com mandato até o final de 2022.

d) O Brasil assume de modo inédito uma vaga no Conselho de Segurança da ONU.

e) Na posição assumida pelo país (membro não permanente), o Brasil tem direito de voto.

▷ ***Anotações/Comentários***

Nota do autor: O Conselho de Segurança da ONU é composto por 15 membros com direito de voto, sendo: 5 permanentes (Estados Unidos, França, Grã-Bretanha, China e Rússia) e 10 não-permanentes. Somente os 5 membros permanentes têm poder de veto. O Brasil ocupa o assento pela 11º vez do Conselho de Segurança da ONU. O governo negociou com Honduras para que cedesse a vez ao Brasil. Também foram eleitos: Albânia, Gabão, Gana e os Emirados Árabes Unidos. O mandato durará dois anos (2022 e 2023). O embaixador da missão brasileira na ONU, Ronaldo Costa Filho, disse que a prioridade do Brasil será debater questões relacionadas à América Latina e soluções para os conflitos na África. O Brasil assume a cadeira não permanente com dívida, que está relacionada ao aporte ao orçamento regular da ONU e ao custeio das operações de paz e estabilização. O Ministério da Economia conseguiu quitar metade das dívidas acumuladas pelo governo brasileiro quanto ao remanejamento de recursos feitos no apagar das luzes de 2021. O pagamento da dívida aconteceu dias antes de o Brasil assumir um assento como membro não-permanente. A ONU era um dos organismos em que o Brasil corria o risco de perder o direito a voto na Assembleia Geral devido aos débitos.

Alternativa correta: letra "e": O Brasil assumiu a cadeira não-permanente e tem o direito de voto. No mês de julho, o país vai ocupar a presidência do conselho. O Brasil terá como prioridade a "prevenção e a solução pacífica de conflitos, a eficiência das missões de paz e das respostas humanitárias às crises internacionais".

Alternativa "a": alternativa incorreta, pois o Brasil assumiu a vaga como membro não-permanente.

Alternativa "b": alternativa incorreta, pois o Brasil não é membro permanente.

Alternativa "c": alternativa incorreta, pois o mandato do Brasil vai durar 2 anos (2022-2023).

Alternativa "d": alternativa incorreta, pois é a 11ª vez que o Brasil assume uma vaga no Conselho de Segurança das Nações Unidas.

---

27. "Pesquisadores do país identificaram uma nova variante do coronavírus com mais de 40 mutações genéticas. A chamada de IHU pode estar associada a um possível aumento na transmissão da doença. Para os infectologistas, não é necessário se preocupar com ela porque, pelos resultados apresentados, ela não tem crescido pelo mundo". Adaptado. (Fonte: Correio Braziliense, janeiro de 2022).

Qual país notificou a variante IHU?

a) Alemanha

b) Japão

c) Egito

d) França

e) Chile

▷ ***Anotações/Comentários***

Nota do autor: O nome da variante é referente à sigla do Instituto. Pouco se sabe sobre a variante IHU (identificada antes da Omicrôn), mas observou-se que ela é derivada de outra variante, a **B.1.640**, que está sob vigilância da Organização Mundial da Saúde (OMS) e foi detectada em setembro de 2021 na República do Congo. O virologista disse que não é necessário se preocupar com a IHU ou B.1.640.

Alternativa correta: letra "d": IHU é a nova variante do coronavírus identificada na França em dezembro de 2021 pelos pesquisadores do Instituto Hospitalar Universitário de Marselha.

Alternativa "a": alternativa incorreta.

Alternativa "b": alternativa incorreta.

Alternativa "c": alternativa incorreta.

Alternativa "e": alternativa incorreta.

---

28. "Início da tarde de sábado (8), um dia chuvoso na região Centro-Oeste de Minas, mas com intensa atividade turística na região do Mar de Minas. Nos cânions, vários marinheiros de lanchas percorrem trechos paradisíacos com turistas a bordo. Na região, a maioria dos passeios dura em média três horas até o regresso de todas as embarcações ao ponto de partida. No entanto, para a lancha nomeada de "Jesus", o regresso não aconteceu". Adaptado. (Fonte: G1, janeiro de 2022).

O trágico episódio que resultou em 10 mortes após desmoronamento de rocha aconteceu na cidade mineira de:

a) São José da Barra

b) Piumhi

c) Ouro Preto

d) Capitólio

e) Furnas

▷ ***Anotações/Comentários***

Nota do autor: O incidente teria começado com uma "cabeça d'água" na região dos cânions, da lagoa de Furnas, na cidade de Capitólio, Minas Gerais. Isso provocou o desabamento de pedras e estruturas rochosas, que atingiram ao menos quatro embarcações — duas afundaram. A lancha "Jesus" foi a mais atingida. Especialistas da Unesp, convidados pela prefeitura da cidade mineira, afirmaram que o maciço da região de cânions, onde a queda de um paredão deixou 10 mortos em janeiro, possui comprometimento geológico. Um mapeamento inicial da área demonstra que a provável causa do acidente foi 'consequência natural', possivelmente influenciada por trombas d'água de cachoeiras próximas. Os passeios no local estão proibidos.

Alternativa correta: letra "d": Acidente em Capitólio, Minas Gerais, provocou a morte de 10 pessoas após queda de paredão rochoso no lago de Furnas.

Alternativa "a": alternativa incorreta.

Alternativa "b": alternativa incorreta.

Alternativa "c": alternativa incorreta.

Alternativa "e": alternativa incorreta.

---

29. "O "partygate" se transformou na pior crise do governo desde a chegada do conservador ao cargo, em julho de 2019. Na quarta-feira 12, Boris Johnson apresentou um pedido de desculpas ao Parlamento". Adaptado. (Fonte: Carta Capital, janeiro de 2022).

O escândalo em questão envolve:

a) Festas com garotas de programa oferecidas por Boris Johnson para seus pares políticos.
b) Desvio de recursos para o casamento "secreto" de Boris Johnson, em plena pandemia.
c) Realização de happy hour todas as sextas-feiras mesmo durante os períodos de lockdown.
d) Compra de comidas luxuosas pela corte britânica em meio a escalada da fome da população.
e) Oferta de festas para parlamentares contrários ao Brexit a fim de facilitar a aprovação.

▷ ***Anotações/Comentários***

Nota do autor: O primeiro-ministro britânico, Boris Johnson, pediu desculpas por ter participado de uma festa durante o lockdown no Reino Unido, mas afirmou que acreditava estar em uma reunião de trabalho. Ele se refere a um encontro registrado em maio de 2020 em que ele foi flagrado nos jardins de Downing Street em meio a garrafas de bebida e uma pequena aglomeração. Mas esta não é a única festa que teria acontecido na sede do governo durante a pandemia, ao menos mais cinco encontros são listados por reportagens da imprensa local. Eles faziam uma espécie de "happy hour" toda sexta-feira. Na época, as visitas eram proibidas e a maior aglomeração limitava-se a duas pessoas ao ar livre, ainda que a uma distância de dois metros. Boris Johnson foi acusado pelo seu ex-assessor, Dominic Cummings, de mentir no Parlamento sobre as festas. Logo, a pressão por renúncia ganhou peso.

Alternativa correta: letra "c": O escândalo "Partygate", nome dado aos eventos realizados todas as sextas-feiras, continua sob investigação da polícia britânica que pretende determinar se as restrições em vigor contra a Covid-19 foram quebradas.

Alternativa "a": alternativa incorreta.

Alternativa "b": alternativa incorreta.

Alternativa "d": alternativa incorreta.

Alternativa "e": alternativa incorreta.

---

30. "Em janeiro de 2022, dias antes de completar um ano do início da campanha de vacinação de adultos no Brasil, a primeira criança foi vacinada. Sobre o acontecimento, assinale a alternativa correta:

a) A vacinação acontece mesmo após a Anvisa se posicionar contra, tendo como base fundamentações científicas de baixa eficiência da vacinação para o público alvo em questão.
b) A primeira criança foi vacinada com o imunizante da Sinovac que recebeu autorização da Anvisa em 16 de dezembro, para ser aplicado em crianças de 5 a 11 anos.
c) Davi, o primeiro garoto a ser vacinado contra a Covid-19, nasceu em uma tribo Xavante no estado do Mato Grosso, ele tem uma condição de saúde que afeta as pernas e o faz a andar com ajuda de uma órtese.
d) O presidente Jair Messias Bolsonaro participou da cerimônia de vacinação da primeira criança, ao lado do Ministro da Saúde, Marcelo Queiroga que fez questão de reforçar a importância da vacinação.
e) A vacinação infantil representa um feito inédito para o Brasil que se tornou o primeiro país da América do Sul a iniciar a campanha para a respectiva faixa etária.

▷ ***Anotações/Comentários***

Nota do autor: O indígena Davi Seremramiwe Xavante (8 anos) foi a primeira criança a tomar a dose da vacina contra o covid-19 da PFIZER. Foi vacinado no Hospital das Clínicas. Ele é morador de Piracicaba/SP, mas está na capital paulista apenas para realizar um tratamento médico. O Davi é natural de mato grosso. O imunizante da Pfizer recebeu autorização da Anvisa para ser aplicado em crianças de 5 a 11 anos no Brasil. Até o momento, a vacina é a única liberada pela autoridade sanitária para ser aplicada nesta faixa etária. O esquema vacinal para crianças é composto por duas doses com intervalo de oito semanas. A carteirinha é similar à que é usada no estado para a imunização de adultos e adolescentes, com o topo amarelo e a hashtag #Vacinajá em letras coloridas.

Alternativa correta: letra "c": A primeira vacina contra a Covid-19 em uma criança foi aplicada no Hospital das Clínicas de São Paulo (HCFMUSP). Davi Seremramiwe Xavante, de 8 anos, foi a primeira criança a ser vacinada no país. O garoto indígena é natural de Mato Grosso, mas vai a São Paulo com frequência para realizar tratamento de saúde.

Alternativa "a": alternativa incorreta, pois a Anvisa não se posicionou contra.

Alternativa "b": alternativa incorreta, pois o Coronavac foi o segundo imunizante aprovado e o primeiro imunizante aprovado foi a Pfizer.

Alternativa "d": alternativa incorreta, pois quem participou da cerimônia foi o governador de São Paulo João Dória

Alternativa "e": alternativa incorreta, pois o Chile já realizava a vacinação.

---

31. "Nos Estados Unidos, acaba de acontecer uma mudança histórica no dólar. Pela primeira vez, moedas estampam a imagem de uma mulher, e uma mulher negra conhecida pelo talento, pela força e pela inquietação". (Fonte: Jornal Nacional, janeiro de 2022).

A personagem em questão é:

a) Rosa Parks
b) Angela Davis
c) Shonda Rhimes
d) Oprah Winfrey
e) Maya Angelou

▷ ***Anotações/Comentários***

Nota do autor: É muito interessante conhecer a história de Marguerite Annie Johnson "Maya Angelou" a primeira mulher negra em moeda (25 centavos) nos EUA. Maya é o apelido derivado de "My" ou "Mya Syster", que ganhou do seu irmão mais velho. "Quando uma pessoa pode contar que, ao longo da vida, foi poetisa, atriz, cantora, bailarina, escritora, cozinheira, jornalista, condutora de bondes e até prostituta." A moeda de 25 centavos com sua imagem - criada pela designer Emily Damstra e Craig Campbell - mostra Angelou com os braços erguidos, na frente de um pássaro em voo e raios de sol saindo atrás. "As imagens foram inspiradas por sua poesia e simbólicas da maneira como ela vivia.

Alternativa correta: letra "e": A escritora e poetisa Maya Angelou se tornou a primeira mulher negra a ter sua imagem retratada em uma moeda nos EUA, em uma séria de homenagens às mulheres americanas pioneiras.

Alternativa "a": alternativa incorreta.

Alternativa "b": alternativa incorreta.

Alternativa "c": alternativa incorreta.

Alternativa "d": alternativa incorreta.

---

32. "O presidente Jair Bolsonaro (PL) recebeu alta hospitalar nesta 4ª feira (5.jan.2022) depois de 2 dias de internação no Hospital Vila Nova Star, em São Paulo. O chefe do Executivo teve uma obstrução intestinal, que se desfez sem a necessidade de intervenção cirúrgica". Adaptado. (Poder 360, janeiro de 2022).

Segundo o médico do presidente, um alimento não mastigado teria causado a obstrução. Trata-se:

a) Camarão

b) Marisco
c) Lula
d) Polvo
e) Ostra

▷ ***Anotações/Comentários***

Nota do autor: O presidente Jair Bolsonaro (PL) explicou o que teria causado a obstrução intestinal: um camarão mal mastigado. O presidente estava internado no Hospital Vila Nova Star, em São Paulo. A informação sobre a causa da obstrução intestinal foi confirmada por Antônio Luiz Macedo, médico responsável pelo tratamento de Bolsonaro durante o episódio da facada em 2018. Devido a isso, o IBGE apagou post exaltando o camarão no dia em que o presidente revelou que crustáceo causou a internação. Segundo o instituto, o texto *"Você sabia?"* já estava programado há uma semana e foi uma coincidência infeliz.

Alternativa correta: letra "a": Médico de Bolsonaro atribuiu internação a camarão não mastigado pelo presidente.

Alternativa "b": alternativa incorreta.

Alternativa "c": alternativa incorreta.

Alternativa "d": alternativa incorreta.

Alternativa "e": alternativa incorreta.

---

33. "O país vai se tornar, em fevereiro, o primeiro país da Europa a obrigar os cidadãos a se vacinarem contra a Covid-19. O chanceler disse que os que recusarem a se imunizar estarão sujeitos a multas elevadas. Em uma entrevista coletiva, o chefe de Governo conservador – que comanda o país em uma coalizão com os ecologistas – afirmou que a medida, para os maiores de 18 anos, entrará em vigor no começo do próximo mês. "É um projeto sensível, mas conforme à Constituição", afirmou o chanceler". Adaptado. (Fonte: RFI, janeiro de 2022).

O país em questão é:

a) Suécia
b) Áustria
c) Bélgica
d) França
e) Alemanha

▷ ***Anotações/Comentários***

Nota do autor: A lei entra em vigor em 1º de fevereiro. No entanto, as autoridades austríacas só começarão a fazer verificações a partir de 15 de março. A partir de então, aqueles sem certificado de vacina ou comprovante de isenção podem receber multas iniciais de 600 euros (cerca de R$ 3.680,00). Gestantes e pessoas que não podem ser vacinadas – por problemas de saúde – estão isentas da lei, segundo o site do Ministério da Saúde austríaco. As pessoas que estão se recuperando de uma infecção por Covid-19 também estão isentas por 180 dias, contando a partir da data em que receberam o primeiro diagnóstico positivo para o teste PCR. A nova lei durará até 31 de janeiro de 2024 e será implementada em etapas, de acordo com o ministério da saúde. Pessoas não vacinadas acabarão enfrentando uma multa máxima de 3.600 euros (cerca de R$ 22.000,00) por até quatro vezes por ano se não estiverem no registro de vacinas até a data de vacinação designada. As autoridades podem dispensar a multa se uma pessoa for vacinada dentro de duas semanas após o recebimento da notificação da penalidade. A lei está entre as medidas mais punitivas implementadas pelos legisladores ocidentais nos últimos meses, enquanto tentam conter os encargos socioeconômicos da pandemia.

Alternativa correta: letra "b": O parlamento da Áustria aprovou o mandato mais rigoroso da União Europeia em torno da vacina contra a Covid-19, tornando a imunização obrigatória para os residentes do país com mais de 18 anos.

Alternativa "a": alternativa incorreta.

Alternativa "c": alternativa incorreta.

Alternativa "d": alternativa incorreta.

Alternativa "e": alternativa incorreta.

---

34. "Médicos americanos implantaram com sucesso o coração de um animal geneticamente modificado num homem de 57 anos com doença cardíaca terminal – um feito inédito na medicina que poderia ajudar a solucionar a falta de órgãos doados. Para o paciente, o transplante inédito era sua última chance. Por ter insuficiência cardíaca e batimentos irregulares, ele havia sido considerado inelegível para um transplante humano - uma decisão que é frequentemente tomada quando a saúde do receptor é frágil. Ele agora está se recuperando e sendo cuidadosamente monitorado para determinar como o novo órgão funciona". Adaptado. (Fonte: DW Brasil, janeiro de 2022).

O animal em questão é:

a) Cavalo
b) Avestruz
c) Macaco
d) Porco
e) Cachorro

▷ ***Anotações/Comentários***

Nota do autor: O coração de um porco escreve o futuro dos transplantes, com cada batida no peito de David Bennett. Durante a cirurgia, 4 (quatro) genes foram desativados e 6 (seis) genes humanos foram inseridos, para enganar o sistema imunológico e ele não rejeitar o transplante. Para um transplante com paciente vivo, era necessário alguém que não tivesse nenhuma alternativa. Foi aí que entrou David, que estava ligado a uma máquina para o sangue circular disse: "*Vou fazer 'oinc'?*", perguntou com bom humor ao médico. Mas uma revelação do passado de David Bennett fez muita gente questionar se ele "merecia uma segunda chance". Há 34 anos, David deu sete facadas em um homem que ficou paraplégico e morreu. Há poucos anos, ele foi condenado pelo crime e passou seis anos na prisão. Caso o transplante não apresente nenhum problema, abrirá portas para um novo universo na medicina.

Alternativa correta: letra "d": O transplante de coração de porco para humano inaugura uma nova era na medicina. O paciente de 57 anos tinha uma doença cardíaca terminal e não era elegível para outros procedimentos.

Alternativa "a": alternativa incorreta.

Alternativa "b": alternativa incorreta.

Alternativa "c": alternativa incorreta.

Alternativa "e": alternativa incorreta.

---

35. Sobre a inflação do Brasil no ano de 2021, assinale a **alternativa incorreta**:

a) A inflação oficial fechou 2021 com alta de 10,06%, segundo dados do IBGE.
b) Foi a maior taxa acumulada no ano desde 2015, quando o IPCA foi de 10,67%.
c) O resultado foi influenciado principalmente pelo grupo transportes, que variou 21,03%.
d) O valor ficou bem cima do teto da meta para 2021, que era de 5,25%.
e) Apesar do resultado acima do teto, o Brasil teve um dos melhores desempenhos entre os países do G-20

▷ ***Anotações/Comentários***

Nota do autor: A inflação no Brasil fechou o ano de 2021 com alta de 10,06%, o maior aumento em seis anos e quase o dobro do teto da meta oficial, que era de 5,25%. A elevação dos preços teve como principais vilões itens como combustíveis, eletricidade e gás de cozinha, e até o café e o açúcar dispararam. Foi a primeira vez desde 2015 que o índice estourou o limite do sistema de metas. Gasolina, item de maior peso no IPCA, acumulou alta de 47,49% no ano, e o etanol, 62,23%. A inflação foi puxada principalmente pelo grupo "transportes", que apresentou a maior variação (21,03%) e o maior impacto (4,19 pontos percentuais) no IPCA do ano. Na sequência vieram "Habitação" (13,05%), que contribuiu com 2,05 p.p., e "Alimentação e bebidas" (7,94%), com impacto de 1,68 p.p. Juntos, os três grupos responderam por cerca de 79% do IPCA de 2021. A disparada da inflação em 2021 também é explicada pela alta de commodities, desvalorização do real frente ao dólar e crise hídrica, que fez disparar o preço das contas de luz. Atualmente, a taxa selic está em 10,75% ao ano (até o fechamento dessa edição), maior patamar em mais de quatro anos. Entre os países do G20, o Brasil teve a terceira maior inflação no acumulado em 12 meses até novembro (10,06%), atrás somente da Argentina (51,2%) e da Turquia (21,3%). Já a inflação dos EUA atinge 7% em 12 meses e tem maior alta em quase 40 anos.

Alternativa incorreta: letra "e": O Brasil teve o terceiro pior desempenho entre os países do G-20.

Alternativa "a": alternativa correta.
Alternativa "b": alternativa correta.
Alternativa "c": alternativa correta.
Alternativa "d": alternativa correta.

---

36. "David Sassoli morreu nesta terça-feira (11) em um hospital na Itália, onde estava internado desde 26 de dezembro. Ele, que era jornalista e tinha 65 anos, presidia o órgão desde 2019. Segundo informações de seu gabinete, Sassoli estava tratando uma "séria complicação" relacionada ao seu sistema imunológico. O italiano, que superou uma leucemia no passado, esteve internado no fim do ano passado por causa de uma pneumonia que o manteve afastado da atividade durante várias semanas". Adaptado. (Fonte: TV Cultura, janeiro de 2022).

David Sassoli presidia:

a) Assembleia Legislativa de Milão
b) Secretaria Geral da ONU
c) Parlamento Europeu
d) Organização Mundial do Comércio
e) Conselho de Segurança da ONU

▷ ***Anotações/Comentários***

Nota do autor: O Parlamento Europeu é responsável por fazer leis, aprovar orçamentos e dialogar com outros países. É a única instituição da UE diretamente eleita pelos cidadãos europeus. De 5 em 5 anos são eleitos 751 deputados. Com a saída do Reino Unido da União Europeia (Brexit), os deputados ao Parlamento Europeu e o Conselho concordaram com uma redução da dimensão do PE de 751 para 705 lugares. O presidente David Sassoli (Italiano) era conhecido por ser orgulhoso, sincero e campeão da democracia. Ele foi eleito em julho/2019 presidente da câmara como representante do bloco social democrata. Infelizmente o período em que ele ficou no bloco foi marcado pela crise sanitária (covid-19) que obrigou o governo a trabalhar remotamente. Durante a pandemia, ele fez algo interessante: cedeu as instalações vazias do Parlamento Europeu para a preparação de refeições para pessoas necessitadas e a instalação de um centro de testes de detecção de covid. No ano passado, ele superou a leucemia. Mas poucos meses depois foi hospitalizado com Pneumonia e estava tratando de um grave problema no sistema imunológico. No mês de dezembro/2021, O Parlamento Europeu entregou o "Prêmio Sakharov" de direitos humanos para a filha do ativista russo Alexei Navalny - o principal opositor de Vladimir Putin. Essa sessão foi presidida por Sassoli, que acabaria por ser seu "testamento político"

Alternativa correta: letra "c": David Sassoli era presidente do Parlamento Europeu e morreu aos 65 anos de idade, após duas semanas de internamento num hospital italiano.
Alternativa "a": alternativa incorreta.
Alternativa "b": alternativa incorreta.
Alternativa "d": alternativa incorreta.
Alternativa "e": alternativa incorreta

---

37. "O governador do PSL, sancionou, com um veto, a lei que proíbe a destruição ou inutilização de maquinários apreendidos em operações ou fiscalizações de combate a crimes ambientais no estado. A norma foi publicada esta semana no Diário Oficial e já está em vigor. "Fica proibido aos órgãos ambientais de fiscalização e Polícia Militar do Estado, a destruição e inutilização de bens particulares apreendidos nas operações/fiscalizações ambientais", consta no texto". Adaptado. (Fonte: G1, janeiro de 2022).

O estado em questão é:

a) Rondônia
b) Pará
c) Amazonas
d) Roraima
e) Paraná

▷ ***Anotações/Comentários***

Nota do autor: Atendendo a pedidos de garimpeiros, o governo de Rondônia proíbe destruição ou inutilização de maquinários apreendidos em operações/fiscalizações contra crimes ambientais. A Lei nº 5.299 é de autoria do presidente da Assembleia Legislativa de Rondônia (ALE-RO), Alex Redano (Republicanos). Ela foi aprovada por unanimidade pelos deputados da casa há um mês. Durante sessão plenária, Redano diz que o projeto deve proibir principalmente a queima de dragas e maquinários em áreas de reserva. Detalhe: o deputado Adelino Follador (DEM) sugeriu que os órgãos estaduais também fossem impedidos de acompanhar entidades federais nas operações e fiscalizações ambientais. Mas essa sugestão foi vetada pelo governo. Na justificativa do veto, aponta que a disposição "demonstra em seu teor inconstitucionalidade", uma vez que o Poder Legislativo não tem competência para estabelecer tais medidas aos órgãos estaduais, apenas o Poder Executivo. Os itens apreendidos pela prática de infrações ambientais devem ser vendidos e descaracterizados por meio da reciclagem e devem ficar sob a guarda da entidade responsável pela fiscalização, ou de um "fiel depositário", até o julgamento do processo administrativo.

Alternativa correta: letra "a": O governo de Rondônia proibiu destruição ou inutilização de maquinários apreendidos em operação contra crimes ambientais. Lei foi publicada no diário oficial e já está em vigor. Projeto foi criado na ALE-RO atendendo a pedidos de garimpeiros.
Alternativa "b": alternativa incorreta.
Alternativa "c": alternativa incorreta.
Alternativa "d": alternativa incorreta.
Alternativa "e": alternativa incorreta

---

38. "A Nasa, agência espacial americana, anunciou, neste sábado (8), que o telescópio lançado ao espaço no dia 25 de dezembro, assumiu sua forma final, com a implantação dos espelhos. Ele é, basicamente, um grande observatório espacial que consegue enxergar objetos – como estrelas, galáxias e exoplanetas – super distantes no espaço. Sua massa é de 6,5 toneladas. Ele custou US$ 10 bilhões (cerca de R$ 56,4 bilhões)". Adaptado. (Janeiro de 2022).

Trata-se do telescópio chamado de:

a) Perseverance
b) Ingenuity
c) Hubble
d) Artemis
e) James Webb

▷ ***Anotações/Comentários***

Nota do autor: O Telescópio espacial James Webb (em inglês James Webb Space Telescope, JWST) foi desenvolvido com a finalidade de colocar no espaço um observatório para captar a radiação infravermelha. Ele foi lançado no dia 25 de dezembro de 2021 e chegou a seu destino final a 1,5 milhão de quilômetros da Terra. Sua forma final foi definida com a implantação de espelhos. O telescópio deverá observar a formação das primeiras galáxias, estrelas, exoplanetas e estudar a evolução das galáxias e ver os processos de formação das estrelas e dos planetas. Isso será possível da seguinte maneira: a palavra-chave é o espelho. O telescópio é muito grande e seu espelho primário, que é feito de berílio, tem 6,5m de diâmetro. Além disso, ele consegue enxergar em infravermelho. Nas palavras da própria Nasa, o telescópio vai "*alterar de forma fundamental o nosso entendimento sobre o universo*".

Alternativa correta: letra "e": O James Webb foi descrito como "*o maior, mais poderoso e complexo telescópio espacial já construído e lançado*" pela própria NASA, que garante que ele irá revolucionar o campo da astronomia. O observatório da Nasa compartilhou a primeira selfie do telescópio feita do espaço depois de testar seu icônico espelho dourado e a câmera infravermelha.
Alternativa "a": alternativa incorreta.
Alternativa "b": alternativa incorreta.
Alternativa "c": alternativa incorreta.
Alternativa "d": alternativa incorreta

---

39. "A empresa anunciou a aquisição da Activision Blizzard, um dos maiores estúdios de games do mundo, por US$ 68,7 bilhões. A Activision Blizzard é o estúdio responsável por franquias como "Overwatch", "Diablo" e "Call of Duty" e "Candy Crush". De acordo com a empresa, a aquisição a torna a terceira maior companhia de videogames do mundo em receita. A Activision Blizzard enfrenta uma série de denúncias de assédio moral e sexual dentro da empresa". Adaptado. (Fonte: CNN Brasil, janeiro de 2022).

A empresa responsável pela aquisição da Activision Bizzard foi:

a) Amazon

b) Space-X

c) Microsoft

d) Apple

e) Roblox

▷ ***Anotações/Comentários***

Nota do autor: A Microsoft anunciou a aquisição da Activision Blizzard, um dos maiores estúdios de games do mundo. Essa novidade irá acelerar o crescimento da Microsoft no negócio de games em dispositivos móveis, PC, consoles e na nuvem, além de oferecer tijolos para a construção do metaverso. A empresa destaca a importância do mobile na aquisição. O acordo ainda precisa ser aprovado por órgãos jurídicos e pelo conselho da Activision Blizzard, mas a expectativa é que a compra seja concluída em 2023. Até lá, as empresas irão operar de forma independente. É preciso ressaltar que a empresa Microsoft enfrentou um escândalo devido às diversas denúncias de assédio sexual, (Bill Gates) e outros escândalos para administrar com a Activision (as alegações eram de assédio sexual, físico e moral contra as mulheres incluindo também diferença salarial).

Alternativa correta: letra "c": A Microsoft deu mais um passo decisivo no mundo dos games com o início da aquisição da Activision Blizzard. A empresa, responsável por franquias como Call of Duty, Overwatch, Diablo e Crash Bandicoot, foi comprada por US$ 68,9 bilhões (aproximadamente R$ 378 bilhões), considerada a maior transação da história dos videogames.

Alternativa "a": alternativa incorreta.

Alternativa "b": alternativa incorreta.

Alternativa "d": alternativa incorreta.

Alternativa "e": alternativa incorreta

---

40. Em janeiro de 2022 o governo do Peru declarou emergência ambiental durante 90 idas úteis. A decisão do governo aconteceu após:

a) Chuvas intensas na região costeira que resultaram em mais de 50 mortes, além de centenas de desalojados permanentemente.

b) Desmoronamento de rochas que afetaram a Grande Região dos Cânions, interrompendo a atividade turística da região.

c) Ruptura de barragem com dejetos de minérios que afetaram o rio Shanay-Timpishka, devastando a região e resultando em 19 mortes.

d) Vazamento de 6.000 barris de petróleo - uma das consequências de um tsunami causado por uma erupção vulcânica na região de Tonga.

e) Abalo sísmico na região central de Lima que acabou resultando em mais de 30 mortes e dezenas de desabrigados.

▷ ***Anotações/Comentários***

Nota do autor: O presidente peruano, Pedro Castillo, assinou um decreto apontando como de interesse nacional a emergência climática no país, depois de um grave derramamento de petróleo na costa central. O acidente foi provocado pelo tsunami causado pela erupção do vulcão submarino em Tonga (*hunga tonga-hunga ha'apai*), arquipélago no Pacífico distante quase 10 mil km, e produziu impactos no meio ambiente e nos meios de sobrevivência de centenas de pescadores da região. Segundo as autoridades, a área atingida compreende 1,7 milhão de m^2 em terra e 1,2 milhão de m^2 no mar - ao todo, 2,5 km de barreiras de contenção foram instaladas para conter o avanço da mancha. O governo peruano classificou o derramamento como "o pior desastre ambiental" nos arredores da capital nos últimos anos, e afirmou que a empresa responsável pelo terminal, a espanhola Repsol, deverá indenizar o Estado. Mas até o fechamento dessa edição a empresa afirmou que não foi responsável pelo vazamento, já que as autoridades marítimas peruanas não emitiram alertas sobre um possível aumento das ondas após a erupção.

Alternativa correta: letra "d": O derramamento ocorreu quando ondas provocadas pela erupção do vulcão em Tonga atingiram um petroleiro que descarregava cargas da empresa espanhola Repsol na refinaria. Foram jogados o equivalente a seis mil barris de petróleo no mar.

Alternativa "a": alternativa incorreta.

Alternativa "b": alternativa incorreta.

Alternativa "c": alternativa incorreta.

Alternativa "e": alternativa incorreta

---

41. "A entidade aprovou o convite oficial para a entrada do Brasil e de outros cinco países à entidade. O anúncio foi realizado nesta terça-feira (25). Além do Brasil, Argentina, Bulgária, Croácia, Peru e Romênia também receberam os convites oficiais. Na prática, os países poderão fazer parte das discussões sobre políticas públicas em diversas áreas. Ainda é visto como um importante fator econômico para as nações". Adaptado. (Fonte: TV Cultura, janeiro de 2022).

A entidade em questão é:

a) OCDE

b) OMC

c) Mercosul

d) FMI

e) Banco Mundial

▷ ***Anotações/Comentários***

Nota do autor: O conselho de ministros da Organização para a Cooperação e Desenvolvimento Econômico (OCDE), com sede em Paris, aprovou o início das negociações sobre a adesão do Brasil à entidade. O ministro da Economia, Paulo Guedes, esteve presente junto do ministro da Casa Civil, Ciro Nogueira, e do ministro das Relações Exteriores, Carlos França, durante pronunciamento à imprensa. O ministro da Economia destinou o foco do seu discurso no apoio às reformas estruturantes, reiterando a importância da reforma tributária, e se comprometeu com a redução gradual da tributação dos IOFs sobre fluxos internacionais. A previsão é que a adesão efetiva do Brasil na OCDE ocorra em um prazo de dois a cinco anos. A OCDE diz que o processo incluirá uma avaliação rigorosa e aprofundada do alinhamento do país candidato com as normas, políticas e práticas difundidas pela entidade. Ela ainda é chamada de "clube dos ricos", apesar de incluir vários emergentes, como a Colômbia ou a Costa Rica. O Brasil negocia sua entrada no grupo desde 2018, mas até agora o convite formal não havia sido feito. Além do Brasil, outros cinco países que também estavam na fila de espera, Argentina, Peru, Romênia, Bulgária e Croácia, receberam o convite.

Alternativa correta: letra "a": O governo brasileiro recebeu a carta-convite do conselho da Organização para Cooperação e Desenvolvimento Econômico (OCDE) que formaliza o início do processo de adesão do país ao grupo. Em termos mais concretos, a parceria na OCDE como país membro abriria a possibilidade de o Brasil obter créditos internacionais a juros mais baixos e ampliaria a credibilidade junto a investidores internacionais.

Alternativa "b": alternativa incorreta.

Alternativa "c": alternativa incorreta.

Alternativa "d": alternativa incorreta.

Alternativa "e": alternativa incorreta

---

42. No aniversário de 468 anos da cidade de São Paulo, foi sancionado um projeto de lei que institui um fundo municipal específico. De autoria da vereadora Erika Hilton (PSOL) e sancionado pelo prefeito Ricardo Nunes (MDB), a Lei 17.752/2022 estabelece:

a) Fundo de apoio para a população LGBTQIA+

b) Fundo de combate à fome

c) Fundo de combate ao racismo

d) Fundo de combate à desigualdade

e) Fundo de combate à violência contra idoso

▷ ***Anotações/Comentários***

Nota do autor: O prefeito de São Paulo, Ricardo Nunes (MDB), sancionou o projeto de lei 17.752/2022, que criou o Fundo municipal de combate à fome, de autoria da vereadora Erika Hilton (PSOL). De acordo com a legislação, os recursos do fundo devem ser aplicados em programas e ações de garantia à nutrição e à segurança alimentar, dirigidas para melhoria da qualidade de vida, incluindo ações de proteção à criança e ao adolescente e ações de incentivo à agricultura familiar. As receitas a serem definidas em regulamento, devem ser empregadas com o objetivo de viabilizar à população do município de São Paulo o acesso a níveis dignos de subsistência, nutrição e segurança alimentar. A legislação ainda passará por um processo de regulamentação.

Alternativa correta: letra "b": Marcando o aniversário de 468 anos da capital paulista, foi publicada a Lei nº 17.752/2022 – que institui o Fundo Municipal de Combate à Fome.

Alternativa "a": alternativa incorreta.

Alternativa "c": alternativa incorreta.

Alternativa "d": alternativa incorreta.

Alternativa "e": alternativa incorreta

---

43. "Jair Bolsonaro (PL) destoou dos antecessores e decretou luto oficial em apenas duas ocasiões (considerando até o período de janeiro de 2022). O gesto contrasta com antecessores no Palácio do Planalto, que usaram o decreto de pesar oficial em mais ocasiões. O ex-presidente Michel Temer (MDB) editou cinco decretos de luto. Dilma Rousseff (PT) o fez em 11 ocasiões, e Luiz Inácio Lula da Silva (PT), em 22". Adaptado. (Fonte: Folha de São Paulo, janeiro de 2022).

O decreto de luto oficial aconteceu quando morreu o ex-vice-presidente Marco Maciel e na ocasião da morte de:

a) Tarcísio Meira

b) Marília Mendonça

c) Paulo Gustavo

d) Artur Xexéo

e) Olavo de Carvalho

▷ ***Anotações/Comentários***

Nota do autor: O presidente Jair Bolsonaro (PL) decretou luto oficial de um dia pela morte de Olavo de Carvalho (74 anos) considerado o guru do bolsonarismo. Ele ficou internado num hospital nos Estados Unidos por 10 dias e hospital não disse o motivo da morte. Mas a equipe do escritor anunciou um diagnóstico de covid-19. Ele era um crítico das vacinas. O governo federal emitiu nota em que chamou o escritor de "intransigente defensor da liberdade". O Olavo não teve carreira acadêmica formal, mas se dedicou aos estudos de forma autodidata e passou a ensinar filosofia de forma acadêmica. Ficou conhecido a partir da década de 1980, quando passou a escrever para jornais. Foi astrólogo e ministrou cursos de filosofia, política e esoterismo, além de escrever muitos livros. Estiveram presentes no enterro o ex-chanceler brasileiro Ernesto Araújo, o embaixador brasileiro nos EUA Nestor Forster, e o blogueiro bolsonarista Allan dos Santos (contra quem há um pedido de extradição expedido pelo STF). Em um cemitério de lápides simples circundadas por bandeirolas dos Estados Unidos, foi enterrado. Até hoje, Bolsonaro tinha decretado apenas um luto oficial, em referência à morte do ex-vice-presidente da República Marco Maciel, ocorrida em 12 de junho de 2021, por um período de três dias.

Alternativa correta: letra "e": O escritor bolsonarista Olavo de Carvalho faleceu, aos 74 anos, na noite de 24 de janeiro. A notícia da morte foi comunicada pela família nas redes sociais do autor. Segundo postagem, ele estava hospitalizado na região de Richmond, no estado da Virgínia (EUA).

Alternativa "a": alternativa incorreta.

Alternativa "b": alternativa incorreta.

Alternativa "c": alternativa incorreta.

Alternativa "d": alternativa incorreta.

---

44. Uma tensão no Leste Europeu ganhou destaque em janeiro criando um amplo clima de tensão na região marcada por instabilidades em anos anteriores. Sobre a questão que envolve Rússia, Ucrânia e a Otan, assinale a **alternativa incorreta**:

a) Em janeiro, os Estados Unidos anunciaram que cerca de 8,5 mil soldados estariam em alerta máximo para serem mobilizados em meio à crescente tensão.

b) A Rússia negou planejar uma ação militar contra a Ucrânia, apesar de reunir aproximadamente 100 mil soldados nas proximidades da Ucrânia.

c) Alguns membros da Otan, incluindo Dinamarca, Espanha, Bulgária e Holanda, enviaram caças e navios de guerra para a Europa Oriental, como um reforço na defesa na região.

d) Boris Johnson alertou que investigações de serviços de inteligência sugerem que a Rússia está planejando um ataque-relâmpago à capital ucraniana, Kiev.

e) A Ucrânia tomou parte do território russo quando anexou a Crimeia em 2014. Rebeldes apoiados por Kiev também controlam áreas do leste da Rússia.

▷ ***Anotações/Comentários***

Nota do autor: A OTAN é uma aliança militar formada em 1949 por 12 países. Os membros concordam em ajudar uns aos outros no caso de um ataque armado contra qualquer Estado membro. A UCRÂNIA é uma ex-república soviética que faz fronteira com a RÚSSIA e a União Europeia. Não é um membro da Otan, mas é um "país parceiro" — isso significa que há um entendimento de que pode ser autorizado a ingressar na aliança em algum momento no futuro. A Rússia havia apresentado uma lista escrita com suas preocupações sobre a expansão da aliança militar da Otan e questões de segurança relacionadas. Entre elas, estava uma exigência para que organização excluísse a possibilidade de a Ucrânia e outros países entrarem na aliança. Nas últimas semanas, a Rússia vem juntando um grande número de soldados na fronteira com a Ucrânia, algo que os países ocidentais interpretam como uma preparação para uma possível invasão. A Rússia nega isso. Boris Johnson alertou que investigações de serviços de inteligência sugerem que a Rússia está planejando um ataque-relâmpago à capital ucraniana, Kiev. Lembrando que a Rússia tomou parte do território ucraniano, quando anexou a Crimeia em 2014. Rebeldes apoiados por Moscou também controlam áreas do leste da Ucrânia perto das fronteiras russas. Esse conflito já custou cerca de 14 mil vidas, e um acordo de paz de 2015 está muito longe de ser cumprido. Membros da Organização do Tratado do Atlântico Norte (Otan) estão avaliando até onde devem ir para ajudar a Ucrânia, diante de uma possível invasão russa. A aliança — que inclui EUA, Reino Unido, França e Alemanha — está intensificando sua prontidão militar e ajuda à Ucrânia. O presidente americano, Joe Biden, disse que a Rússia pagaria um "preço alto e sério" por uma possível invasão. Os EUA colocaram 8,5 mil soldados de prontidão para o combate, mas o Pentágono diz que eles só serão mobilizados se a Otan decidir empregar forças de reação rápida. Alguns membros da Otan, incluindo Dinamarca, Espanha, França e Holanda, estão enviando caças e navios de guerra para a Europa Oriental para reforçar as defesas na região. No entanto, a ALEMANHA recusou o pedido de armas de defesa da Ucrânia, em conformidade com sua política de não enviar armas letais para zonas de conflito. Em vez disso, enviará AJUDA MÉDICA. Enquanto isso, até o fechamento dessa edição, o presidente da França, Emmanuel Macron, vem pedindo diálogo com a Rússia para amenizar a situação.

Alternativa incorreta: letra "e": A alternativa inverteu os conceitos, pois foi a Rússia que tomou parte do território ucraniano quando anexou a Crimeia em 2014. Além disso, os rebeldes apoiados por Moscou também controlam áreas do leste da Ucrânia perto das fronteiras russas.

Alternativa "a": alternativa correta.

Alternativa "b": alternativa correta.

Alternativa "c": alternativa correta.

Alternativa "d": alternativa correta

---

45. "Ao sancionar o Orçamento da União para 2022, o presidente Jair Bolsonaro manteve o valor para o fundo eleitoral, o chamado fundão. Ele também deixou intacta a previsão de R$ 1,7 bilhão para reajuste a servidores". Adaptado. (Fonte: G1, janeiro de 2022).

Conforme sanção do presidente, o valor do fundo eleitoral é de:

a) 1,1 bilhão de reais

b) 2,8 bilhões de reais

c) 3,5 bilhões de reais

d) 4,9 bilhões de reais

e) 6,7 bilhões de reais

▷ ***Anotações/Comentários***

Nota do autor: O fundo eleitoral(fundão), que é destinado aos partidos para financiarem a campanha política das eleições, teve o valor aprovado 4,9 bilhões. O presidente Jair Bolsonaro manteve a previsão de R$ 1,7 bilhão para reajuste de funcionários públicos federais, sem especificar, no entanto, quais categorias seriam beneficiadas. Em relação aos vetos, os ministérios que mais perderam recursos foram: 1º) Trabalho e Previdência, com veto de R$ 1 bilhão; 2º) Ministério da Educação, com um cancelamento de R$ 736 milhões; 3º) Desenvolvimento Regional, com menos R$ 458,7 bilhões; 4º) Cidadania, com R$ 284,3 milhões; 5º) Infraestrutura, com R$ 177,8 milhões. Além disso, o presidente ainda vetou recursos aprovados pelo Congresso para áreas como: pesquisas científicas, reforma agrária e políticas de proteção a indígenas e quilombolas. Segundo o governo, o veto foi necessário para recompor gastos com pessoal e encargos sociais que teriam sido subestimados pelo Congresso.

Alternativa correta: letra "d": O presidente Jair Bolsonaro sancionou o Orçamento de 2022 com um valor de R$ 4,9 bilhões para o fundo eleitoral, recursos que serão distribuídos entre partidos para serem utilizados nas eleições.

Alternativa "a": alternativa incorreta.

Alternativa "b": alternativa incorreta.

Alternativa "c": alternativa incorreta.

Alternativa "e": alternativa incorreta

---

46. "O desmatamento na Amazônia em 2021 foi o pior em 10 anos, de acordo com o Instituto do Homem e Meio Ambiente da Amazônia (Imazon). Os dados apontam que mais de 10 mil quilômetros de mata nativa foram destruídos no ano passado — um crescimento de 29% em relação a 2020". Adaptado. (Fonte: CNN Brasil, janeiro de 2022).

Os estados que lideram o desmatamento são, respectivamente:

a) Pará, Amazonas e Mato Grosso
b) Amazonas, Acre e Rondônia
c) Pará, Mato Grosso do Sul e Roraima
d) Tocantins, Amazonas e Acre
e) Grosso, Pará e Tocantins

▷ ***Anotações/Comentários***

Nota do autor: O desmatamento na Amazônia em 2021 foi o pior em dez anos, segundo divulgou o Instituto do Homem e Meio Ambiente da Amazônia (Imazon). De acordo com dados do Sistema de Alerta de Desmatamento (SAD) do órgão, que monitora a região com imagens de satélites, 10.362 km^2 de mata nativa foram destruídos de janeiro a dezembro do ano passado, o que equivale à metade do estado de Sergipe. A devastação em 2021 foi 29% maior que no ano anterior, quando 8.096 km^2 de floresta foram destruídos e o desmatamento na Amazônia já havia registrado a maior área desde 2012, aponta o instituto. A organização não governamental destaca em seu site que "o recorde negativo anual é extremamente grave diante das consequências dessa destruição", apesar de ter havido redução de 49% no desmatamento em dezembro de 2021 em comparação com o mesmo mês do ano anterior. Entre as consequências graves "estão a alteração do regime de chuvas, a perda da biodiversidade, a ameaça à sobrevivência de povos e comunidades tradicionais e a intensificação do aquecimento global". O Imazon apontou ainda que, dos nove estados que formam a Amazônia Legal, somente o Amapá não teve aumento do desmatamento em 2021 em comparação com 2020.

Alternativa correta: letra "a": "Líder histórico, o Pará manteve a primeira colocação no ranking dos que mais desmatam, com 4.037 km^2 devastados, 39% do registrado em toda a Amazônia. Apesar de ficar em segundo lugar em área desmatada, o Amazonas foi o estado que teve o maior aumento na devastação no ano passado em relação a 2020. O Mato Grosso foi o terceiro estado que mais desmatou (1.504 km^2, um aumento de 38% em relação a 2020), seguido por Rondônia (1.290 km^2) e Acre (889 km^2) em área desmatada. Com 28% a mais de devastação, o Acre, no entanto, registrou o terceiro maior aumento em comparação com 2020.

Alternativa "b": alternativa incorreta.

Alternativa "c": alternativa incorreta.

Alternativa "d": alternativa incorreta.

Alternativa "e": alternativa incorreta

---

47. A balança comercial brasileira fechou o ano de 2021 com superávit de US$ 61 bilhões. Sobre o tema, assinale a alternativa correta:

a) Apesar do valor ter sido positivo, na comparação com o resultado de 2020 houve uma queda de cerca de 21%.
b) A Argentina voltou a ser o maior parceiro comercial do Brasil depois de ter perdido o posto para os Estados Unidos.
c) A alta do dólar e a elevação do preço das commodities (soja, minério de ferro e petróleo) explica o resultado de 2021.
d) O resultado representa um saldo negativo, ou seja, quando as importações (compras) superam as exportações (vendas).
e) O Brasil mais importou que exportou para os seguintes países, respectivamente: Argentina, Estados Unidos e China.

▷ ***Anotações/Comentários***

Nota do autor: O superávit é registrado quando as exportações (vendas) superam as importações (compras). Quando acontece o contrário, isto é, as importações superam as exportações, o resultado é de déficit. A balança comercial brasileira teve como resultado um superávit de us$ 61 bilhões em 2021(21,1% superior ao saldo de 2020), mas que foi abaixo do previsto pelo governo. uma desaceleração nos preços dos produtos exportados pelo brasil e aumento na demanda por combustíveis importados estão entre os motivos que levaram a um superávit menor do que o projetado. o superávit de 2021 aconteceu em um ano marcado pelo crescimento dos preços das "commodities" (soja, petróleo e minérios) e pela alta do dólar. O Brasil registrou maior crescimento das exportações de acordo com a Balança Comercial: China: 31,28%; Estados Unidos: 11,09%; Argentina: 4,24% O Brasil registrou maior crescimento das importações de acordo com a Balança Comercial: China: 21,72%; Estados Unidos: 17,95%; Argentina: 5,45%

Alternativa correta: letra "c": O resultado do comportamento das vendas externas por indústria é refletido na composição dos principais produtos exportados. Em ordem decrescente, minério de ferro, soja e petróleo bruto explicaram 41% do total das exportações brasileiras em 2021, sendo de 46% a participação dos dez principais produtos. Os demais produtos na lista das dez principais exportações são comodities, como carnes, farelo de soja, celulose, semimanufaturas de ferro e aço e o açúcar.

Alternativa "a": alternativa incorreta, pois houve um avanço de cerca de 21%.

Alternativa "b": alternativa incorreta, pois o maior parceiro comercial do Brasil é a China.

Alternativa "d": alternativa incorreta, pois o saldo foi positivo.

Alternativa "e": alternativa incorreta, pois o Brasil mais exportou que importou na seguinte ordem: China, Estados Unidos e Argentina. A balança comercial brasileira teve como resultado um superávit de us$ 61 bilhões em 2021.

---

48. "Na volta do recesso do Senado Federal, a Comissão de Constituição e Justiça discutirá sobre a criação da 28ª unidade federativa do Brasil. De acordo com o relator, Tapajós teria 43,15% do atual território do estado em questão, em sua porção oeste, totalizando 538,049 mil quilômetros quadrados, com 23 municípios e cerca de 2 milhões de habitantes.". Adaptado. (Fonte: Senado Federal, janeiro de 2022).

Tapajós seria resultado da divisão de qual unidade federativa?

a) Amazonas
b) Acre
c) Maranhão
d) Rondônia
e) Pará

▷ ***Anotações/Comentários***

Nota do autor: Um dos temas que estará em discussão na Comissão de Constituição e Justiça (CCJ) é a criação do estado de Tapajós – que surgiria da divisão do Pará. O relator do projeto, senador Plínio Valério (PSDB-AM), defende a criação do novo estado. Ele disse que a região conta com importante produção de cacau, além de minérios, mas a "pujança" econômica não é revertida em serviços públicos para a população. A aprovação do projeto apenas autoriza o plebiscito, para que a população seja consultada e decida sobre a criação do estado. Tapajós teria 43,15% do atual território do estado do Pará, em sua porção oeste, com 23 municípios e cerca de 2 milhões de habitantes. O novo estado teria 8 deputados federais e 24 estaduais. Lembrando que a proposta foi apresentada em 2019 pelo senador Siqueira Campos (DEM-TO). Paulo Rocha (PT-PA) e Zequinha Marinho (PSC-PA) também assinaram o projeto. O movimento de emancipação do Tapajós existe há pelo menos 170 anos. O nome "Tapajós" faz referência às tribos indígenas presentes na região oeste do Pará, no município de Santarém e na região de Alter do Chão. É também o nome do principal rio da região.

Alternativa correta: letra "e": Além dos atuais 26 Estados brasileiros, mais o Distrito Federal, há uma iniciativa que cria o Estado de Tapajós, que seria o resultado da divisão do Estado do Pará. A criação de mais uma unidade federativa no Brasil é complexa e está em discussão no Senado. Os congressistas devem decidir se haverá, ou não, um plebiscito para a criação do novo Estado.

Alternativa "a": alternativa incorreta.

Alternativa "b": alternativa incorreta.

Alternativa "c": alternativa incorreta.

Alternativa "d": alternativa incorreta.

---

49. "O país, palco de um golpe militar na segunda-feira, foi suspenso da Comunidade Econômica dos Estados da África Ocidental, cujos chefes de Estado se reuniram esta sexta-feira (28) numa cimeira extraordinária virtual. A CEDEAO exigiu a libertação do presidente destituído que se encontra em prisão domiciliária, bem como de outros altos funcionários presos". Adaptado. (Fonte: DW Brasil, janeiro de 2022).

O país em questão é:

a) Angola

b) Egito

c) Sudão do Sul

d) Burkina Faso

e) Nigéria

▷ ***Anotações/Comentários***

Nota do autor: A tomada do poder, em Burkina Faso, por militares foi causada pela insegurança do país. O exército derrubou o presidente Roch Marc Christian Roch Kabore, que se encontra em prisão domiciliar, e suspendeu a constituição e ainda dissolveu o governo, a Assembleia Nacional e fechou as fronteiras do país. A decisão tem como finalidade permitir que o país volte à boa direção e unir forças para lutar em prol da integridade territorial, recuperação e soberania. O exército que derrubou o presidente é o Movimento Patriótico para a Salvaguarda e a Restauração (MPSR), que é liderado por Paul-Henri Sandaogo Damiba. A União Africana (UA) suspendeu a participação do Burkina Faso na organização até que a ordem constitucional seja restabelecida no país, Burkina Faso é um dos países mais pobres da África Ocidental.

Alternativa correta: letra "d": Mais de mil pessoas se reuniram na capital de Burkina Faso, Ouagadougou, em apoio a um golpe de Estado que derrubou o presidente Roch Kaboré no dia anterior, dissolveu o governo, suspendeu a Constituição e fechou as fronteiras do país.

Alternativa "a": alternativa incorreta.

Alternativa "b": alternativa incorreta.

Alternativa "c": alternativa incorreta.

Alternativa "e": alternativa incorreta

---

50. Em janeiro de 2022, o presidente do Chile fez um anúncio que ganhou os noticiários. Gabriel Boric, presidente mais jovem da história do Chile, anunciou que:

a) O Ministério da Saúde será comandado por Emilia Schneider, a primeira transgênero a ocupar uma pasta.

b) Destinará 40% das vagas em seu gabinete para pessoas negras e pessoas com deficiência.

c) Seu gabinete será majoritariamente feminino: 14 mulheres e 10 homens.

d) Não existirão cargos comissionados. Todos os funcionários públicos passarão por concurso público.

e) Avançará em decreto destinando 30% das vagas em universidades para indígenas.

▷ ***Anotações/Comentários***

Nota do autor: Gabriel Boric (esquerda) é o mais jovem presidente da história do Chile (35 anos). Ele venceu José Antônio Kast (ultradireitista). Interessante: é a primeira vez desde a redemocratização que um candidato que não venceu o primeiro turno chega à presidência. Boric defende um "estado de bem-estar" ao estilo europeu na área econômica. As eleições de 2021 também foram as primeiras em 16 anos SEM Sebastián Piñera e nem Michelle Bachelet como candidatos a presidente. Gabriel Boric anunciou os futuros ministros que vão compor seu gabinete. O destaque é para a participação majoritária de mulheres. Ao todo, são 14 mulheres e 10 homens que o acompanharão durante a presidência.

Alternativa correta: letra "c": Será a primeira vez no Chile que uma mulher será responsável pelo Ministério de Interior e Segurança Pública, a pasta com maior peso político, responsável pela ordem pública e pela articulação do restante do gabinete. Das 24 pastas, 14 serão comandadas por mulheres.

Alternativa "a": alternativa incorreta.

Alternativa "b": alternativa incorreta.

Alternativa "d": alternativa incorreta.

Alternativa "e": alternativa incorreta

---

51. Em 2021, a Dívida Pública Federal apresentou um aumento de cerca de 12% na comparação com 2020. O valor inclui os endividamentos do governo no Brasil e no exterior. A dívida pública é a emitida pelo Tesouro Nacional para financiar o déficit orçamentário do governo federal, ou seja, para pagar despesas que ficam acima da arrecadação com impostos e tributos.

O valor da dívida pública em 2021 foi de:

a) R$ 2,8 trilhões

b) R$ 3,7 trilhões

c) R$ 4,1 trilhões

d) R$ 5,6 trilhões

e) R$ 6,5 trilhões

▷ ***Anotações/Comentários***

Nota do autor: Todos os anos, o governo faz um orçamento para o ano seguinte, por meio da Lei Orçamentária Anual (LOA), no qual estima as receitas que devem entrar nos cofres públicos - por meio do recolhimento de tributos e de outras fontes - e as despesas destinadas para cada setor - como saúde, educação e segurança. Mas caso o governo não consiga arrecadar verba suficiente para custear todas as despesas previstas e gastando mais do que recebeu - gerando déficit orçamentário - ele precisa capturar recursos para financiar esses gastos extras - resultando na dívida pública. Em dezembro, os maiores detentores da dívida pública foram: 1) Instituições Financeiras (29,45%); 2) Fundos de Investimento (23,97%); 3) Fundos de Previdência (21,74%); 4) Investidores Estrangeiros (10,56%); 5) Governo (4,39%); 6) Seguradoras (3,88%); 7) outros (6,1%).

Alternativa correta: letra "d": A dívida pública atingiu R$ 5,6 trilhões. O valor inclui os endividamentos do governo no Brasil e no exterior e o resultado representa aumento de 12% na comparação com 2020.

Alternativa "a": alternativa incorreta.

Alternativa "b": alternativa incorreta.

Alternativa "c": alternativa incorreta.

Alternativa "e": alternativa incorreta

---

52. O comandante da Marinha alemã, Kay-Achim Schönbach, renunciou ao cargo em 22 de janeiro, após se envolver em um incidente diplomático por declarar que o presidente russo, Vladimir Putin:

a) Seria o grande responsável pelo número de mortes pela covid-19, por sua postura negacionista.

b) Seria responsável pela crise na Síria, por apoiar o regime de Bashar al Assad.

c) Seria um ditador por modificar a Constituição do país para se manter no poder até 2036.

d) Merece respeito e que a Crimeia é um caso perdido para a Ucrânia.

e) Tem um pacto com os chineses para espalhar a doutrina comunista pelo mundo.

▷ ***Anotações/Comentários***

Nota do autor: O comandante da marinha alemã, Kay-Achim Schönbach, renunciou ao cargo após suas declarações. A fala controversa de Schönbach foi feita durante uma palestra na Índia, em um momento em que o mundo acompanha a escalada nas tensões na fronteira entre a Ucrânia e a Rússia e em meio a críticas de Kiev por Berlim não querer fornecer armas. Schönbach afirmou que as ações da Rússia na Ucrânia precisam ser debatidas, mas acrescentou que *"a Península da Crimeia se foi, nunca mais voltará. Isso é um fato"*. As observações contradiziam diretamente a opinião oficial da União Europeia e dos Estados Unidos.

Schönbach deverá ser substituído pelo contra-almirante Jan Christian Kaack.

Alternativa correta: letra "d": O militar havia defendido Vladimir Putin, dizendo que o presidente russo merece respeito e só quer ser tratado de igual para igual pelo Ocidente. Falando em inglês em um debate realizado de forma virtual por um think tank indiano, ele ainda afirmou que a península da Crimeia, anexada por Moscou após um conflito em 2014, "nunca voltará" ao controle ucraniano.

Alternativa "a": alternativa incorreta.

Alternativa "b": alternativa incorreta.

Alternativa "c": alternativa incorreta.

Alternativa "e": alternativa incorreta.

53. Sobre o panorama econômico mundial, assinale a **alternativa incorreta**:

a) Devido a efetividade no combate à covid-19, o Japão apresentou salto de 9,3% no valor do PIB.

b) A inflação nos Estados Unidos encerrou 2021 com uma alta acumulada de 7%, o maior valor desde 1982.

c) O Produto Interno Bruto da China cresceu 8,1% em 2021, maior valor desde 2011.

d) O Produto Interno Bruto alemão cresceu 2,7% em 2021, depois de despencar 4,6% no ano de 2020.

e) A Argentina encerrou o ano com a inflação em 50,9%, segundo o Instituto Nacional de Estatística e Censos.

▷ ***Anotações/Comentários***

Nota do autor: A Alemanha cresceu 2,7% depois de despencar 4,6% no ano de 2020, o primeiro da crise do coronavírus, de acordo com dados preliminares da Agência Federal de Estatísticas. A Argentina teve inflação de 50,9%. Resultado muito superior aos 29% previstos pelo governo. Com uma economia em crise, cresce dentro do governo a ideia de usar as criptomoedas como instrumento de combate à escalada dos preços. Já a China recuperou-se em 2021 e registrou o melhor crescimento em 10 anos. O PIB cresceu 8,1%. Quanto aos EUA, a economia está passando por uma alta inflação à medida que a pandemia de Covid-19 atrapalha as cadeias de suprimentos. Foi a maior inflação em quase 40 anos, com alta acumulada em 7%. Em relação ao Japão, a expectativa para o ano fiscal de 2021, encerrado em março de 2022, caiu de 3,4% para 2,8%. Os números mostram a dificuldade do país em crescer. Em 2020, o PIB japonês despencou 4,83% por causa da pandemia. Embora o Japão tenha o terceiro maior PIB do mundo, sua economia se encontra perto da estagnação há vários anos.

Alternativa incorreta: letra "a": O militar havia defendido Vladimir Putin, dizendo que o presidente russo merece respeito e só quer ser tratado de igual para igual pelo Ocidente. Falando em inglês em um debate realizado de forma virtual por um think tank indiano, ele ainda afirmou que a península da Crimeia, anexada por Moscou após um conflito em 2014, "nunca voltará" ao controle ucraniano.

Alternativa "b": alternativa correta.

Alternativa "c": alternativa correta.

Alternativa "d": alternativa correta.

Alternativa "e": alternativa correta.

54. Com o orçamento do Censo Demográfico 2022 aprovado e sancionado na íntegra em R$ 2.292.957.087, o Instituto Brasileiro de Geografia e Estatística (IBGE) informou hoje (25) que a coleta da pesquisa terá início no dia 1º de agosto. Antes prevista para 1º de junho, a data precisou ser ajustada em decorrência da troca, em novembro de 2021, da banca responsável pela organização do processo seletivo". Adaptado. (Fonte: Agência Brasil, janeiro de 2022).

Sobre o tema, assinale a alternativa correta:

a) Inicialmente, a realizadora do processo seletivo seria a banca examinadora FGV, que acabou sendo substituída pela banca Cebraspe.

b) O Censo Demográfico no Brasil acontece a cada 10 anos, sendo que o último levantamento de informações aconteceu em 2012.

c) Um dos questionários utilizados pelo IBGE contará com 26 questões (questionário básico), enquanto o mais completo 77 (questionário de amostra).

d) Uma das novidades na edição de 2022 é o leque de perguntas sobre sexualidade e identidade de gênero que foram inseridas.

e) Pela dimensão territorial do país, o Censo não abarca as cinco macrorregiões, trabalhando por amostragem (considerando 3 das 5 macrorregiões).

▷ ***Anotações/Comentários***

Nota do autor: A Coleta de dados do censo demográfico 2022 começa em agosto. Para registro das informações, os recenseadores do IBGE utilizarão o Dispositivo Móvel de Coleta. Vale ressaltar que o Censo costuma ocorrer de dez em dez anos. A nova edição estava prevista para 2020, mas foi adiada por causa da pandemia de coronavírus. Em 2021, a falta de verba orçamentária por parte do governo federal impediu a realização da contagem da população. A incerteza relacionada ao Censo espalhou preocupação entre especialistas durante a pandemia. Sem o estudo, o temor era de que o Brasil vivesse um apagão estatístico. Os valores para a pesquisa em 2022 foram liberados após o STF ser acionado.

Alternativa correta: letra "c": Serão utilizados dois tipos de questionários. O Básico (26 questões) investigará as principais características do domicílio e dos moradores. Em relação ao questionário Amostra (mais completo 77 questões), uma parcela dos domicílios é selecionada para responder a esse questionário que será aplicado em aproximadamente 11% dos lares. Entre as perguntas, está a que trata da presença de pessoas com autismo no domicílio. Já o dado sobre emigração internacional, foi o único tema integralmente retirado da operação. Esse dado será obtido a partir de registros administrativos disponíveis no Ministério da Justiça e Segurança Pública.

Alternativa "a": alternativa incorreta, pois a realizadora do processo seletivo seria a branca Cebraspe. Mas foi substituída pela banca FGV

Alternativa "b": alternativa incorreta, pois o último Censo foi no ano de 2010.

Alternativa "d": alternativa incorreta, pois o tema não estará no questionário.

Alternativa "e": alternativa incorreta, pois foram usados termos para confundir o candidato.

55. Em janeiro de 2022, a Anvisa discutiu a questão do autoteste de covid-19. Sobre a decisão, assinale a **alternativa correta**:

a) Por 6 votos a 5, a Anvisa acompanhou a decisão do Supremo Tribunal Federal liberando a comercialização dos autotestes.

b) A Anvisa liberou a comercialização de autotestes apenas por grandes redes de farmácias, já que as mesmas designarão um farmacêutico responsável.

c) A autorização aconteceu de modo unânime. No entanto, os autotestes não são conclusivos para o diagnóstico segundo a Anvisa.

d) Com a autorização por parte da Anvisa, o Brasil torna-se o primeiro país do mundo a permitir tal mecanismo de testagem.

e) Conforme solicitado pelo Ministério da Saúde, os autotestes estarão disponíveis no Sistema Único de Saúde.

▷ ***Anotações/Comentários***

Nota do autor: O autoteste será comercializado em rede de drogarias, farmácias e distribuidoras de medicamentos. As empresas que tenham interesse em vender o produto no Brasil terão de passar por uma avaliação da Anvisa. Vai ser possível comprar online, mas apenas se a empresa for regularizada junto à Anvisa. A venda não será liberada em qualquer site conhecido de e-commerce. É o próprio paciente quem faz a coleta, a análise e segue as instruções de saúde do fabricante do produto e do Ministério da Saúde para fazer a notificação O resultado é rápido: fica pronto em torno de 15 a 30 minutos. Detalhe: a Anvisa não liberou o autoteste na primeira vez, pois deixava lacunas = não especificar, por exemplo, qual seria o método de notificação oficial em caso de teste positivo ou quais seriam as orientações aos pacientes. Outra pendência eram os "critérios que garantam a eficácia e segurança no uso do produto, bem como a instituição de política pública do ministério que estabelecesse a orientação do público leigo sobre o manuseio dos testes. O caráter do autoteste é orientativo, ou seja, não se trata de um atestado médico.

Alternativa correta: letra "c": A Anvisa autorizou de maneira unânime a venda de autoteste no Brasil como uma forma de triagem da Covid-19. Entretanto, isso não ocorrerá de forma imediata. Cada empresa precisará solicitar o registro na agência reguladora para comercializar o produto. Os testes não são conclusivos para o diagnóstico. Como explica o infectologista Evaldo Stanislau, o autoteste será de "uso civil". *"Então, eu resolvo que eu vou me testar. Compro esse autoteste e vou ter na minha casa. É possível me testar, testar minha família, meus parentes, eventualmente, vamos nos testar com alguma periodicidade, caso alguém se sinta doente"*. Isso é o uso civil.

Alternativa "a": alternativa incorreta, pois a Anvisa autorizou de maneira unânime.

Alternativa "b": alternativa incorreta, pois o autoteste será comercializado em rede de drogarias, farmácias e distribuidoras de medicamentos. As empresas que tenham interesse em vender o produto no Brasil terão de passar por uma avaliação da Anvisa.

Alternativa "d": alternativa incorreta, pois outros países permitem a autotestagem.

Alternativa "e": alternativa incorreta, pois não estarão disponíveis no Sistema Único de Saúde.

---

56. Observe os trechos e faça a respectiva correspondência.

Texto I

"O país informou neste domingo (9) que vários ataques promovidos por homens armados nesta semana no noroeste do país deixaram ao menos 200 mortos e milhares de deslocados, um duro golpe para a tentativa das autoridades de restaurar a ordem. A existência dessas gangues começou a aparecer na imprensa internacional no ano passado, depois que um grupo sequestrou centenas de estudantes em uma série de sequestros em massa em escolas e universidades". Adaptado. (Fonte: Estado de Minas, janeiro de 2022).

Texto II

"O homem de 60 anos tornou-se nesta sexta (7) a primeira pessoa sem uma doença terminal a realizar a eutanásia no país. Ele possuía doença pulmonar obstrutiva crônica (DPOC) e hipertensão, além de consequências de dois acidentes vasculares cerebrais e de um acidente de carro que sofreu. O país é o único latino-americano onde o direito à interrupção da vida é legalizado. A norma, regulamentada há sete anos, permitia que apenas pacientes terminais pudessem realizar o procedimento, mas decisão de julho ampliou o direito para abranger os que sofrem enfermidades não curáveis". Adaptado. (Fonte: Folha de São Paulo, janeiro de 2022).

Os trechos dizem respeito, respectivamente:

a) Egito e Chile
b) Nigéria e Colômbia
c) Moçambique e México
d) Angola e Bolívia
e) África do Sul e Argentina

▷ ***Anotações/Comentários***

Nota do Autor: No ano passado, na Nigéria, inúmeras crianças foram sequestradas aparentemente em troca de resgate, por homens armados em uma escola corânica. Boko Haram é o grupo terrorista.

O líder desse grupo era Abubakar Shekau. Fala-se que em junho/21 esse líder morreu. O grupo radical rival ISWAP disse, em gravações de áudio, que Shekau cometeu suicídio. Recentemente, homens armados mataram várias pessoas, incluindo 11 membros das forças armadas, em dois ataques no centro e norte da Nigéria. O presidente Muhammadu Buhari, cujo mandato termina no próximo ano, está sendo fortemente criticado por sua incapacidade de lidar com esses grupos. Já a Colômbia registrou a primeira pessoa sem doença terminal a morrer por eutanásia. Victor Escobar Prado (60 anos) sofreu um acidente automobilístico, que deixou sequelas, e, anos depois, dois AVCs. Ele também tinha vários problemas de saúde e lutou na Justiça durante dois anos para conseguir que seu pedido fosse aprovado. O procedimento foi realizado em uma clínica em Cali. A eutanásia é legalizada na Colômbia desde 1997. O país, aliás, foi o primeiro na América do Sul a legalizar o procedimento. Porém, a prática valia apenas para pacientes que tivessem doenças terminais. Em 27 de junho de 2021, Escobar teve o direito negado porque a junta médica de sua Entidade Promotora de Saúde (EPS) determinou que ele não estava em fase terminal. Um mês depois, porém, o Tribunal Constitucional ampliou o direito fundamental de morrer com dignidade aos doentes que sofrem intensamente com lesões corporais ou doenças graves e incuráveis.

Alternativa correta: letra "b": Nigéria e Colômbia conforme explicação detalhada na nota do autor.

Alternativa "a": alternativa incorreta.

Alternativa "c": alternativa incorreta.

Alternativa "d": alternativa incorreta.

Alternativa "e": alternativa incorreta.

---

57. No dia 6 de fevereiro, o prefeito da cidade de Ottawa, no Canadá, decretou estado de emergência para lidar com:

a) Situação de calamidade decorrente de um vazamento de óleo
b) Atendimento às vítimas de uma erupção vulcânica na região central
c) Protesto de caminhoneiros antivacina que ocupava o centro da cidade
d) Crise energética resultante da ruptura de uma barragem de hidrelétrica
e) Surto de ebola atípico que teria surgido após estadia de atletas etíopes no país

▷ ***Anotações/Comentários***

Nota do autor: O prefeito de Ottawa, Jim Watson, decretou estado de emergência para lidar com os efeitos de um protesto de caminhoneiros antivacina que ocupa o centro da capital canadense há dez dias.

O ato, chamado de "comboio da liberdade", começou como um movimento contra os requisitos de vacinação para caminhoneiros que realizam travessias na fronteira entre o Canadá e os EUA e se transformou em um foco de protesto contra medidas sanitárias e contra o premiê Justin Trudeau. Alguns dos participantes do protesto têm exibido bandeiras confederadas e nazistas e dizem querer dissolver o governo do Canadá. Organizadores da manifestação prometem não deixar o local até que os requisitos de vacinação sejam suspensos.

Alternativa correta: letra "c": O prefeito de Ottawa, Jim Watson, decretou estado de emergência para lidar com os efeitos de um protesto de caminhoneiros antivacina que ocupa o centro da capital canadense.

Alternativa "a": alternativa incorreta.

Alternativa "b": alternativa incorreta.

Alternativa "d": alternativa incorreta.

Alternativa "e": alternativa incorreta

---

58. No início de fevereiro o Brasil já registrava os primeiros casos da subvariante ômicron. Um estudo produzido por pesquisadores da Dinamarca concluiu que a subvariante da Ômicron, é mais transmissível que a variante original. A subvariante foi identificada por:

a) OM.2
b) P.2
c) Sigma
d) Zeta
e) BA.2

▷ ***Anotações/Comentários***

Nota do autor: No começo de dezembro, descobriu-se que a Ômicron tem duas subvariantes. Uma responsável pela maioria dos casos e a outra considerada mais rara. A BA.1 é responsável pela maioria das infecções e possui uma mutação visível no teste PCR. A BA.2 é mais rara e foi batizada de ômicron furtiva (stealth ômicron), pois é mais difícil de ser identificada. Não possui mutação visível no PCR. Devido a isso, é necessário um sequenciamento genético para sua detecção. Ela possui uma alteração genética na proteína spike, que é usada pelo vírus para infectar as células humanas. Isso a torna perigosa. Ela não é mais agressiva, mas pode ser mais contagiosa. A BA.2 deverá se tornar dominante na Dinamarca onde os casos estão crescendo (45%).

Alternativa correta: letra "e": A subvariante BA.2, variação da Ômicron, não está apenas se espalhando mais rápido, mas também pode causar doenças mais graves e combater algumas das principais armas que temos contra Covid-19, sugere nova pesquisa. O novo estudo descobriu que a BA.2 pode se copiar nas células mais rapidamente do a versão original do Omicron e é mais hábil em fazer com que as células se unam. Isso permite que o vírus crie aglomerados maiores de células, chamados sincícios, que se tornam fábricas para produzir mais cópias do vírus. Quando os pesquisadores infectaram hamsters com BA.2 e BA.1, os animais infectados com BA.2 ficaram mais doentes e tiveram pior função pulmonar.

Alternativa "a": alternativa incorreta.

Alternativa "b": alternativa incorreta.

Alternativa "c": alternativa incorreta.

Alternativa "d": alternativa incorreta

59. "na capital do país, neste domingo, 23. A manifestação começou pacífica, mas terminou em pancadaria contra a polícia. Os agentes foram agredidos com pedras, mas responderam com bombas de gás e jatos de água. Os policiam chegaram a montar um cordão de isolamento perto da sede da Comissão Europeia para evitarem mais prejuízos. Pelo menos 12 manifestantes e três policiais ficaram feridos, porém sem gravidade. Cerca de 70 pessoas foram presas". Adaptado. (Fonte: Band, janeiro de 2022).

Os protestos aconteceram:

a) Paris, França

b) Bruxelas, Bélgica

c) Amsterdam, Holanda

d) Milão, Itália

e) Madrid, Espanha

▷ ***Anotações/Comentários***

Nota do autor: Um protesto contra a exigência de vacinas e as restrições impostas para conter a pandemia de covid-19 terminou em confrontos violentos em Bruxelas. Embora a Bélgica tenha anunciado uma leve flexibilização das restrições, apesar das infecções recordes, o governo também disse que as pessoas devem tomar doses de reforço após cinco meses de imunização para manter seus passes de vacinação, que dão acesso a bares ou cinemas. O país tem uma nova onda de infecções provocada pela variante ômicron. As autoridades sanitárias classificaram o fenômeno como um tsunami. O país chegou a registrar mais de 60 mil casos em 24 horas.

Alternativa correta: letra "b": Milhares de pessoas marcharam em Bruxelas, capital da Bélgica, devido ao protesto antivacina. Eles transformaram a capital em praça de guerra.

Alternativa "a": alternativa incorreta.

Alternativa "c": alternativa incorreta.

Alternativa "d": alternativa incorreta.

Alternativa "e": alternativa incorreta

60. "A Procuradoria-Geral da República denunciou ao STF (Supremo Tribunal Federal) pela prática do crime de homofobia. O responsável pela pasta disse que a homossexualidade não seria normal e atribuiu sua ocorrência a "famílias desajustadas". As declarações foram proferidas em entrevista de setembro de 2020 ao jornal O Estado de S. Paulo". Adaptado. (Fonte: Folha de S. Paulo, janeiro de 2022).

A denúncia é contra o ministro:

a) Marcelo Queiroga, da Saúde

b) Gilson Machado, do Turismo

c) Bento Albuquerque, da Minas e Energia

d) Paulo Guedes, da Economia

e) Milton Ribeiro, da Educação

▷ ***Anotações/Comentários***

Nota do autor: A prática é reconhecida pelo Supremo Tribunal Federal (STF) como crime de preconceito desde 2019. No documento encaminhado ao relator do caso no Suprema, ministro Dias Toffoli, são reproduzidas falas de Ribeiro ditas durante entrevista de setembro de 2020 ao jornal O Estado de São Paulo. Na época, segundo a publicação, o ministro vinculou homossexualidade a "famílias desajustadas" e disse que havia adolescentes "optando por ser gay". De acordo com a denúncia, assinada pelo vice-procurador-geral da República, Humberto Jacques de Medeiros, as afirmações do ministro discriminam jovens, colocando-os no campo da anormalidade, e preconceituosamente menosprezam as famílias nas quais são criados.

Alternativa correta: letra "e": A Procuradoria Geral da República denunciou o ministro da educação Milton Ribeiro ao STF por declarações homofóbicas. Ele relacionou a homossexualidade a "famílias desajustadas" e disse que havia adolescentes "optando por ser gay".

Alternativa "a": alternativa incorreta.

Alternativa "b": alternativa incorreta.

Alternativa "c": alternativa incorreta.

Alternativa "d": alternativa incorreta

61. "Torcedores poderão receber banimento dos estádios de futebol por cinco anos se ficar comprovado que participaram de gritos homofóbicos. A decisão foi tomada pela Federação local e anunciada na segunda-feira (17). A medida é uma tentativa da entidade de acabar com os cânticos de "bicha" contra o goleiro adversário nas cobranças de tiros de meta". Adaptado. (Fonte: Folha de São Paulo, janeiro de 2022).

O trecho diz respeito a qual país?

a) México

b) Chile

c) Brasil

d) Uruguai

e) Bolívia

▷ ***Anotações/Comentários***

Nota do autor: Os torcedores punidos ficarão proibidos de frequentar partidas de futebol no país. Não está claro como a suspensão será implantada. Mas as medidas já estão sendo testadas. A federação já seguia o protocolo de três passos recomendado para casos de discriminação, como: interromper a partida para que o sistema de alto-falantes avise os torcedores de que os gritos são proibidos; se continuarem a gritar, então voltará a paralisar o confronto e levará os jogadores para os vestiários; e em último caso abandonar o jogo. Lembrando que a liga do país já havia colocado em prática a campanha "Grita México" para erradicar os gritos homofóbicos dos estádios.

Alternativa correta: letra "a": A Federação Mexicana de Futebol (FMF) implementou uma nova medida para combater os gritos homofóbicos nas arquibancadas, um problema recorrente no país. Agora, quem for pego praticando a ofensa não poderá entrar nos estádios operados pela entidade por cinco anos.

Alternativa "b": alternativa incorreta.

Alternativa "c": alternativa incorreta.

Alternativa "d": alternativa incorreta.

Alternativa "e": alternativa incorreta.

62. A China é um país em evidencia por diferentes fatores. O início do ano novo chinês é sempre lembrado pela imprensa internacional. Além disso, Pequim sedia os Jogos Olímpicos de inverno. Sobre os temas, assinale a alternativa que apresenta: a mascote dos jogos Olímpicos de Inverno, bem como o animal que representa o ano novo chinês, respectivamente:

a) Pangolim; Dragão

b) Leão; Serpente

c) Panda; Tigre

d) Rato; Águia

e) Urso; Peixe

▷ ***Anotações/Comentários***

Nota do autor: Nos Jogos olímpicos de inverno de Pequim, existirá uma espécie de bolha (um sistema de loop fechado) que foi projetada para impedir a disseminação do Covid. Essa bolha é a quarentena mais ambiciosa já feita em qualquer lugar desde a pandemia. Os atletas e toda organização olímpica ficarão confinados durante a duração dos Jogos. Houve sete adições ao programa para as Olimpíadas de 2022. A mais interessante delas deve ser o monobob, uma prova feminina solo de bobsled. O mascote olímpico é um panda. *"Bing Dwen Dwen"* que se assemelha a um astronauta, simbolizando a criação do extraordinário e explorando o futuro. Já o mascote paralímpico é uma lanterna chinesa. O nome completo *"Shuey Rhon Rhon"* promove o desejo de maior inclusão para as pessoas com deficiência na sociedade e mais diálogo e entendimento entre as culturas do mundo.

Alternativa correta: letra "c": O mascote oficial da Olimpíada é o panda. Além das Olimpíadas, o ano marca o início do ano 4720 no calendário (1º de fevereiro) ou o ano do tigre. Segundo a tradição chinesa, o animal é símbolo de poder, coragem, confiança, força e liderança.

Alternativa "a": alternativa incorreta.

Alternativa "b": alternativa incorreta.

Alternativa "d": alternativa incorreta.

Alternativa "e": alternativa incorreta.

63. No dia 1º de fevereiro de 2022 os funcionários públicos federais da Bélgica conquistaram um direito de destaque para a esfera laboral. O país estuda a possibilidade de ampliar tal direito para outros grupos de trabalhadores. Trata-se:

a) Garantia de afastamento por 90 dias no caso de testagem positiva para a covid-19
b) Direito de desconexão que impede o contato fora do expediente
c) Auxílio-doença por 12 meses para tratamento pós-covid-19
d) Bolsa-tecnologia que permitirá o investimento em aparelhos tecnológicos para o home office
e) Licença paternidade equiparada a licença maternidade (270 dias)

▷ ***Anotações/Comentários***

Nota do autor: A nova lei entrou em vigor no dia 1° de fevereiro para os 65 mil funcionários públicos do país. Os superiores não vão poder ligar e nem mandar mensagens para os funcionários fora do horário normal. A regra tem uma exceção: o funcionário pode ser acionado em caso de imprevistos e quando realmente o caso não puder esperar até o dia seguinte para o problema ser resolvido. Essa mesma regra mostra que ninguém poderá ser prejudicado por não atender o telefone ou não responder e-mails fora do expediente. As autoridades reconheceram que ficou muito difícil administrar trabalho e vida pessoal durante a pandemia, pois os funcionários estavam trabalhando em casa. A falta de um limite provoca estresse e burnout (Síndrome do Esgotamento Pessoal). A medida tomada pelo governo da Bélgica seguiu uma tendência na Europa, onde começou em 2012, quando a Volkswagen proibiu que seus funcionários acessassem e-mails em seus horários de descanso na Alemanha. Anos depois, órgãos de outros países europeus como França e Portugal também aplicaram leis que cobravam as empresas a dar direitos aos trabalhadores fora do expediente, sem que o mesmo fosse penalizado por não responder mensagens e e-mails.

Alternativa correta: letra "b": Os funcionários públicos da Bélgica conquistaram o direito de se desconectar do trabalho fora do horário do expediente

Alternativa "a": alternativa incorreta.

Alternativa "c": alternativa incorreta.

Alternativa "d": alternativa incorreta.

Alternativa "e": alternativa incorreta.

64. "A morte do menino Rayan Awran, de 5 anos, resgatado sem vida após cair em um poço de 32 metros de profundidade, provocou uma onda de solidariedade ao redor do mundo neste domingo. A tragédia sensibilizou o papa Francisco, o presidente francês Emanuel Macron, além de clubes e jogadores de futebol". Adaptado. (Fonte: O Globo, fevereiro de 2022).

O caso acompanhado em tempo real pela imprensa internacional aconteceu:

a) Egito
b) Senegal
c) Marrocos
d) Nigéria
e) África do Sul

▷ ***Anotações/Comentários***

Nota do autor: O menino Rayan Awram caiu acidentalmente em um poço de 32 metros de profundidade. O poço era estreito e de difícil acesso, cavado perto de sua casa, na pequena cidade de Tamorot, no norte de Marrocos. A operação para salvar a criança durou 4 dias e foi dificultada pelo solo arenoso e rochoso propiciando o deslizamento de terra. Conseguiram tirá-lo do poço e o encaminharam ao hospital na tentativa de reanimá-lo, mas não resistiu.

Alternativa correta: letra "c": O menino preso em um poço, no norte do Marrocos, morreu antes que os socorristas conseguissem alcançá-lo.

Alternativa "a": alternativa incorreta.

Alternativa "b": alternativa incorreta.

Alternativa "d": alternativa incorreta.

Alternativa "e": alternativa incorreta.

65. "A Secretaria Municipal de Fazenda e Planejamento do Rio de Janeiro transformará os quiosques Biruta e Tropicália, na Barra da Tijuca, Zona Oeste, onde Moïse Kabagambe foi assassinado no dia 24 de janeiro, em um memorial em homenagem à cultura africana. O espaço será operado pela família do jovem. O objetivo da medida, segundo o órgão, é promover a integração social e econômica de refugiados africanos e reafirmar o compromisso da cidade com a promoção de oportunidades para todos". Adaptado. (CNN Brasil, fevereiro de 2022).

Moïse havia fugido de seu país em 2011. O país em questão é:

a) Marrocos
b) República Democrática do Congo
c) Etiópia
d) Egito
e) Sudão do Sul

▷ ***Anotações/Comentários***

Nota dor autor: Moïse Kabagambe foi espancado até a morte, no quiosque tropicália, depois de cobrar o pagamento de duas diárias atrasadas onde trabalhava. Moïse se mudou do Congo em 2011 com a mãe e os irmãos, como refugiado político, para fugir da guerra e da fome. Na imprensa estrangeira, a notícia repercutiu acompanhada de reflexões sobre o racismo e a xenofobia. A Acnur (Alto Comissariado das Nações Unidas para Refugiados) e OIM (Organização Internacional para Migrações) pediram esclarecimentos às autoridades brasileiras e destacaram terem recebido com consternação a notícia da morte do refugiado da República Democrática do Congo. Funcionários da barraca biruta, tropicália e de barracas próximas ao local do crime prestam depoimento e caso está sendo investigado.

Alternativa correta: letra "b": O brutal assassinato do congolês Moïse Kabagambe, no Rio de Janeiro, causou tristeza e indignação não só no Brasil, mas também entre a comunidade internacional.

Alternativa "a": alternativa incorreta.

Alternativa "c": alternativa incorreta.

Alternativa "d": alternativa incorreta.

Alternativa "e": alternativa incorreta

66. Jeff Zucker, 56, presidente da rede americana CNN e da divisão de notícias e esportes da WarnerMedia, anunciou sua renúncia aos cargos no dia 2 de fevereiro depois de:

a) Vazar um vídeo interno em que o executivo defende a disseminação de notícias contra a vacina
b) Ser acusado de assédio sexual por âncoras da rede televisiva CNN
c) Manter um relacionamento amoroso com uma alta executiva, sem relevar para imprensa
d) Insultar repórteres africanos e acusa-los de baixa capacidade intelectual
e) Realizar publicações homofóbicas contra profissionais de empresas concorrentes

▷ ***Anotações/Comentários***

Nota do autor: A relação chegou a ser questionada quando se iniciou uma investigação sobre Chris Cuomo, antigo apresentador da CNN desligado da emissora depois de alegadas interferências políticas com o irmão, Andrew Cuomo, então governador do estado de Nova York. Foi nessa investigação que Jeff Zucker foi questionado sobre se mantinha relação íntima com alguma colega. Naquela época, o então presidente negou. A relação é com Allison Gollust, diretora de marketing da CNN, e que ainda se mantém na empresa. Não tornar o relacionamento público é uma violação dos Padrões de Conduta Empresarial da empresa. Para muitos, a verdadeira razão da saída de Zucker seria uma vingança pessoal.

Alternativa correta: letra "c": Jeff Zucker explicou que motivo de seu pedido de demissão foi ele não ter revelado mais cedo uma relação pessoal e consensual com uma colega.

Alternativa "a": alternativa incorreta.

Alternativa "b": alternativa incorreta.

Alternativa "d": alternativa incorreta.

Alternativa "e": alternativa incorreta

67. "O procurador-geral da República, Augusto Aras, determinou a apuração das declarações dadas no Flow Podcast pelo apresentador Bruno Aiub, conhecido como Monark. O deputado federal Kim Kataguiri (DEM-SP) - que anunciou que se filiará ao Podemos - também será alvo da apuração da PGR". Adaptado. (Fonte: BBC Brasil, fevereiro de 2022).

A apuração se dará após comentário em defesa da:

a) Criminalização da homossexualidade
b) Criação de um partido nazista no país
c) Não obrigatoriedade da vacina
d) Proibição do comunismo e suas vertentes
e) Liberação de educação sexual na Educação Básica

▷ ***Anotações/Comentários***

Nota do autor: As falas dos dois foram pronunciadas em um dos podcasts mais ouvidos do Brasil, o Flow Podcast, criado por Monark. Não adiantou o influencer correr para as redes sociais após a declaração se desculpar e dizer que estava bêbado. Monark defendeu o direito de antissemitas se manifestarem. *"Se o cara quiser ser antijudeu, eu acho que ele deveria ter o direito de ser"*. Monark também disse acreditar que *"tinha que ter um partido nazista reconhecido pela lei"*. A declaração gerou debate dentro do estúdio. A deputada federal Tabata Amaral acredita que foi enfática ao se posicionar contra o apresentador. *"A escolha que eu sempre faço, e que fiz, foi de contra argumentar, porque eu realmente era a única voz contra argumentando"*, afirmou. As declarações dadas no podcast serão analisadas pela assessoria criminal de Aras por envolver um parlamentar federal, que tem foro no Supremo Tribunal Federal (STF). Quem também passou a ser investigado pelo Ministério Público após comentar o caso de Monark e Kim foi o comentarista Adrilles Jorge. Isso por que ele encerrou sua fala durante gravação de programa fazendo uma suposta saudação nazista. No dia seguinte, ele foi demitido pela Jovem Pan. Nas redes sociais, Adrilles afirmou que os espectadores "deturparam" um "tchau". No Brasil, é considerado crime fabricar, comercializar, distribuir ou veicular símbolos, emblemas e objetos de divulgação do nazismo, segundo a Lei 7.716/89. A lei também proíbe a criação de um partido nazista junto à Justiça Eleitoral.

Alternativa correta: letra "b": A defesa da existência de um partido nazista colocou o influencer Bruno Aiub, conhecido como Monark, no alvo de investigações da polícia e do Ministério Público. O deputado federal Kim Kataguiri também será investigado pela Procuradoria Geral da República por ter afirmado considerar que a Alemanha errou ao ter criminalizado o partido nazista.

Alternativa "a": alternativa incorreta.

Alternativa "c": alternativa incorreta.

Alternativa "d": alternativa incorreta.

Alternativa "e": alternativa incorreta

68. "O pesquisador francês Luc Montagnier morreu nesta 5ª feira (10. fev.2022), no subúrbio de Paris, aos 89 anos. Montagnier ganhou o Prêmio Nobel de Medicina em 2008. Apesar do Nobel, Montagnier passou os últimos anos distante dos colegas. Segundo o jornal norte-americano New York Times, se envolveu em experimentos independentes que "desafiavam os princípios básicos da ciência". Recentemente, se disse contra as vacinas contra a covid". Adaptado. (Fonte: Poder 360, fevereiro de 2022).

O pesquisador ganhou destaque na história ao descobrir:

a) Ebola
b) Coronavírus
c) Hepatite C
d) Aids
e) H2N2

▷ ***Anotações/Comentários***

Nota do autor: Luc Montagnier dividiu o prêmio Nobel de medicina com a colega Françoise Barré-Sinoussi. Sua carreira é marcada por polêmicas. A mais recente é a posição contrária às vacinas da covid. Ele também chegou a afirmar que o Sars-CoV-2, causador da Covid-19, foi criado em um laboratório de Wuhan, na China. Ele disse que o laboratório se especializou nesse tipo de coronavírus desde o início dos anos 2000, e que, apesar de ser um local de alta segurança, teria deixado escapar a nova cepa do vírus. "*Esse tipo de mutação precisa de ferramentas, não acontece na natureza*", declarou o cientista. Não há informações sobre as circunstâncias e causa da morte.

Alternativa correta: letra "d": O virologista francês Luc Montagnier (89 anos) morre quatro décadas depois de ter identificado o vírus causador da aids, trabalho que lhe rendeu o Nobel de medicina em 2008.

Alternativa "a": alternativa incorreta.

Alternativa "b": alternativa incorreta.

Alternativa "c": alternativa incorreta.

Alternativa "e": alternativa incorreta

69. "Em sessão solene nesta quinta-feira (10), o Congresso Nacional promulgou a Emenda Constitucional (EC 115). A EC 115 teve origem na Proposta de Emenda à Constituição (PEC) 17/2019, aprovada pelo Senado em outubro do ano passado. Apresentada pelo senador Eduardo Gomes (MDB-TO) e relatada pela senadora Simone Tebet (MDB-MS)". Adaptado. (Fonte: Agência Senado, fevereiro de 2022).

A Emenda Constitucional em questão:

a) Equiparou o crime de injúria racial ao crime de racismo, tornando o mesmo imprescritível e inafiançável.
b) Criminalizou a homofobia e transfobia que passam a integrar o Código Penal como crimes de ódio com penas de até 8 anos.
c) Alterou as regras de demarcação de terras indígenas definindo o Marco Temporal, um dos grandes interesses da bancada ruralista.
d) Incluiu a proteção de dados pessoais entre os direitos e garantias fundamentais que, por sua vez, são cláusulas pétreas.
e) Endureceu o crime de corrupção passiva que aconteça na dimensão da saúde pública, tratando o mesmo como crime hediondo.

▷ ***Anotações/Comentários***

Nota do autor: O texto também fixa a competência privativa da União para legislar sobre proteção e tratamento de dados pessoais. Em nome do Congresso Nacional, o presidente Rodrigo Pacheco realçou a importância da emenda para o fortalecimento das liberdades públicas. Ele avaliou que o novo mandamento constitucional reforça a liberdade dos brasileiros e a privacidade do cidadão, além de favorecer os investimentos em tecnologia no país. A EC 115 teve origem na Proposta de Emenda à Constituição (PEC) 17/2019, aprovada pelo Senado em outubro do ano passado. Apresentada pelo senador Eduardo Gomes (MDB-TO) e relatada pela senadora Simone Tebet (MDB-MS), a PEC atribui à União as competências de organizar e fiscalizar a proteção e o tratamento de dados pessoais, de acordo com a Lei Geral de Proteção de Dados (LGPD — 13.709, de 2018), aprovada em 2018 e em vigor desde setembro de 2020. Além de classificar a emenda como uma "medida meritória" que reforça a segurança jurídica e favorece os investimentos em tecnologia no Brasil, Rodrigo Pacheco destacou que os novos mandamentos constitucionais complementam, lastreiam e reforçam dispositivos inseridos recentemente na legislação ordinária, como o Marco Civil da Internet, de 2014, e a Lei Geral de Proteção de Dados, de 2018.

Alternativa correta: letra "d": O Congresso Nacional promulgou a Emenda Constitucional (EC 115), que inclui a proteção de dados pessoais entre os direitos e garantias fundamentais.

Alternativa "a": alternativa incorreta.

Alternativa "b": alternativa incorreta.

Alternativa "c": alternativa incorreta.

Alternativa "e": alternativa incorreta

70. "A adolescente sensação da patinação artística testou positivo em exame antidoping antes de conquistar medalha de ouro na Olimpíada de Inverno de Pequim, e autoridades olímpicas vão contestar a decisão do país de deixá-la competir nos Jogos, disse a Agência Internacional de Testes (ITA) nesta sexta-feira (11). A atleta protagonizou um dos destaques dos Jogos de Inverno ao realizar os primeiros saltos quádruplos de uma mulher em uma competição olímpica. A patinadora é uma das atletas olímpicas mais jovens a testar positivo para uma substância proibida e muitos torcedores ao redor do mundo expressaram indignação sobre como ela passou a ter uma droga proibida para angina em seu corpo". Adaptado. (Fonte: Agência Brasil, fevereiro de 2022).

Assinale a alternativa que apresenta a nacionalidade da atleta:

a) Polonesa
b) Russa
c) Ucraniana
d) Grega
e) Estadunidense

▷ ***Anotações/Comentários***

Nota do autor: A Kamila e a equipe do Comitê Olímpico Russo (ROC) podem perder a medalha de ouro conquistada na disputa por equipes, no dia 7 de fevereiro, véspera do resultado final do exame. A Agência Antidoping da Rússia (RUSADA) retirou a suspensão preventiva da atleta, enquanto a Agência Internacional de Testagem (ITA, na sigla inglês), em nome do Comitê Olímpico Internacional (COI), irá recorrer no Conselho Arbitral do Esporte (CAS) contra a decisão. A ITA divulgou um comunicado e umas das frases diz o seguinte: *"Primeiro, a ITA frisa que a Srta. Kamila Valieva, membro da delegação do Comitê Olímpico Russo (ROC) em Pequim, é menor de idade e, portanto, uma "Pessoa Protegida" sob o Código Mundial Antidoping – esse status se aplica a pessoas abaixo da idade de 16. Por isso, as partes não são sujeitas a divulgação pública obrigatória de seu nome ou de qualquer caso em que possa estar envolvida, e qualquer divulgação pública deve ser proporcional aos fatos e circunstâncias do caso"* Porém, a patinadora foi reintegrada após um recurso, e o CAS permitiu que ela competisse nos Jogos Olímpicos de Inverno, citando disposições específicas relacionadas ao seu status protegido de menor de idade, enquanto continuam as investigações sobre quaisquer violações de doping por Valieva e os adultos responsáveis por seu treinamento.

Alternativa correta: letra "b": A patinadora russa Kamila Valieva de 15 anos teve doping confirmado. A atleta testou positivo para a substância trimetazidina, um medicamento para angina (doença do coração) antes das Olimpíadas. Mas com a contraprova no dia 08/02 decidiram decretar suspensão preventiva da atleta.

Alternativa "a": alternativa incorreta.

Alternativa "c": alternativa incorreta.

Alternativa "d": alternativa incorreta.

Alternativa "e": alternativa incorreta

---

71. "Protestos aumentaram no país contra véu islâmico nos estabelecimentos de ensino. Esses confrontos violentos ocorreram especialmente no Estado de Karnataka, no mesmo dia em que o Supremo Tribunal da região realizou uma audiência para avaliar as denúncias de cinco jovens muçulmanas que no final de 2021 foram proibidas de frequentar as aulas com `hijab`, episódio que provocou a escalada da tensão". Adaptado. (Fonte: MSN, fevereiro de 2022).

Os protestos aconteceram no Estado de Karnataka que fica:

a) Arábia Saudita
b) Afeganistão
c) Irã
d) Iraque
e) Índia

▷ ***Anotações/Comentários***

Nota do autor: Os protestos contra o uso do véu islâmico (hijab) em vários estabelecimentos de ensino na Índia aumentaram nos últimos dias, após vários grupos de estudantes hindus entrarem em confronto com colegas muçulmanas, causando tumultos em algumas cidades. Confrontos violentos que ocorreram especialmente no estado de karnataka onde o Supremo Tribunal da região realizou uma audiência para avaliar as denúncias de cinco jovens muçulmanas que foram proibidas de frequentar as aulas com 'hijab', episódio que provocou a escalada da tensão.

Alternativa correta: letra "e": Várias universidades proibiram o uso do Hijab (véu islâmico) na Índia.

Alternativa "a": alternativa incorreta.

Alternativa "b": alternativa incorreta.

Alternativa "c": alternativa incorreta.

Alternativa "d": alternativa incorreta

---

72. "O ator Troy Kotsur, de No Ritmo do Coração (ou CODA, no original) entrou para história ao ser indicado no Oscar. Kotsur concorre na categoria Melhor Ator Coadjuvante". Adaptado. (Fonte: Omelete Uol, fevereiro de 2022).

Troy Kotsur tornou-se o primeiro ator:

a) Surdo indicado ao Oscar
b) Com Síndrome de Down indicado ao Oscar
c) Trans indicado ao Oscar
d) PCD indicado ao Oscar
e) Indígena indicado ao Oscar

▷ ***Anotações/Comentários***

Nota do autor: O Oscar 2022 mal deu a largada e um dos concorrentes ao prêmio já fez história. Indicado na categoria Melhor Ator Coadjuvante pela atuação no filme "No Ritmo do Coração", Troy Kotsur é o primeiro homem surdo a concorrer à estatueta. No longa de 2021, Troy interpreta Frank Rossi, surdo que enfrenta desafios para seu negócio de pesca enquanto a filha dele, Ruby (Emilia Jones), pondera entre o amor pela música - o que implica em mudanças - ou permanecer com sua família, de quem é intérprete, por ser a única sem problemas de audição. A cerimônia acontecerá no dia 27 de março no tradicional Dolby Theatre, na Califórnia.

Alternativa correta: letra "a": O artista estadunidense Troy Kotsur é o primeiro ator surdo indicado ao Oscar.

Alternativa "b": alternativa incorreta.

Alternativa "c": alternativa incorreta.

Alternativa "d": alternativa incorreta.

Alternativa "e": alternativa incorreta

---

73. "Intitulado de 'Superbigode', um super-herói tem como missão combater os vilões que tentam prejudicar seu país e sua população. A animação foi compartilhada pelo presidente, em seu perfil no Instagram. Na animação, o grande inimigo do herói é representado pelo presidente dos Estados Unidos, personagem com semelhança ao ex-presidente Donald Trump, que desta vez tenta impedir que um hospital infantil receba ajuda. A animação é exibida pela emissora estatal". Adaptado. (Fonte: TV Cultura, fevereiro de 2022).

O super-herói representa o presidente de qual país?

a) Rússia
b) Cuba
c) Coreia do Norte
d) Venezuela
e) Síria

▷ ***Anotações/Comentários***

Nota do autor: O personagem "superbigode" é um super-herói que combate vilões dissonantes à Venezuela. O inimigo é representado pelo "presidente" dos Estados Unidos, além disso porta formas físicas remetentes ao ex-presidente Donald Trump, que na animação tenta impedir que um hospital infantil receba ajuda. Junto com o episódio postado nas redes Maduro escreveu: *"Nem o bloqueio assassino, nem todo o mal imperial, poderá prejudicar o povo venezuelano. Jamais permitiremos que ataquem nossa pátria."* No desenho, seus aliados tentam abocanhar um monstro plasmado pelo vilão com um raio de "lei antibloqueio", o caos só é posicionado quando Maduro chega no local e evolui para super-herói. Além do ex-presidente norte-americano, alguns vilões são descritos como ajudantes incompetentes, figuras essas, que são alinhadas com Trump. Tais como: Juan Guaidó, Antonio Ledezma e Henrique Capriles.

Alternativa correta: letra "d": o protagonista batizado de "superbigode" é uma referência ao presidente da Venezuela Nicolás Maduro.

Alternativa "a": alternativa incorreta.

Alternativa "b": alternativa incorreta.

Alternativa "c": alternativa incorreta.
Alternativa "e": alternativa incorreta

74. "Na última quinta-feira (10), a mídia resgatou dados do Portal da Transparência que apontam que o personagem em questão gastou R$ 39 mil de dinheiro público em viagem a Nova York. Depois da repercussão, o Ministério Público solicitou, nesta sexta-feira (11), uma investigação dos gastos da viagem. As informações são do jornal O Globo. O subprocurador do MP Lucas Rocha Furtado classificou a viagem como "extravagante". Os voos de ida e volta custaram R$ 13 mil cada, totalizando R$ 26 mil. Foram somados a este valor as diárias de R$ 12,8 mil e um seguro-viagem de R$ 305". Adaptado. (Fonte: TV Cultura, fevereiro de 2022).

O personagem em questão é:

a) Ministro do Meio Ambiente, Joaquim Leite
b) Ministro da Economia, Paulo Guedes
c) Secretário Especial de Cultura, Mario Frias
d) Presidente da Fundação Palmares, Sérgio Camargo
e) Deputado Federal, Eduardo Bolsonaro

▷ ***Anotações/Comentários***

Nota do autor: Os dados referentes aos gastos são do Portal da Transparência do governo federal. O portal revela que Mario foi convidado por Renzo Gracie, lutador brasileiro de jiu-jitsu e apoiador do presidente Jair Bolsonaro, para discutir um "projeto cultural envolvendo produção audiovisual, cultura e esporte". A viagem foi classificada como urgente e ele foi de classe executiva. Nas redes sociais, Mario Frias desmentiu a informação e criticou a "falta de ética de alguns jornalistas" após repercussão do valor da viagem. O Ministério Público junto ao Tribunal de Contas da União (TCU) pediu à Corte nesta sexta-feira, 11, que investigue os gastos da viagem do secretário especial de Cultura.

Alternativa correta: letra "c": O secretário especial de Cultura Mario Frias gastou R$ 39 mil de dinheiro público em viagem a Nova York entre 14 e 19 de dezembro de 2021.

Alternativa "a": alternativa incorreta.
Alternativa "b": alternativa incorreta.
Alternativa "d": alternativa incorreta.
Alternativa "e": alternativa incorreta

75. "O plenário do Tribunal Superior Eleitoral (TSE) aprovou, nesta terça-feira (8), a formação de um novo partido, a União Brasil. A aprovação, que já era esperada, foi unânime. Com a fusão, a União Brasil torna-se, de imediato, a maior bancada na Câmara dos Deputados, com 81 cadeiras, e o PT, a segunda maior, com 53 parlamentares. Em seu estatuto, a União Brasil se declara "social liberalista" e defende o papel do Estado como "regulador" da economia". Adaptado. (Fonte: TV Cultura, fevereiro de 2022).

O União Brasil é resultado da fusão entre:

a) PL e PV
b) MDB e Patriotas
c) DEM e PSL
d) Podemos e Aliança pelo Brasil
e) Solidariedade e PSDB

▷ ***Anotações/Comentários***

Nota do autor: O novo partido terá a maior bancada do Congresso Nacional. Atualmente, na Câmara, o PSL possui 55 deputados e o DEM 26, resultando em 81 parlamentares. Já no Senado Federal, são 5 pelo DEM e 2 pelo PSL, chegando em 7. O número de parlamentares pode mudar entre março e abril. Na ocasião irá ocorrer a chamada "janela partidária", que acontece seis meses antes das eleições, em que os políticos terão 30 dias para mudar de partido sem perder o mandato atual. Com a mudança, o União Brasil terá acesso a R$ 1 bilhão de fundo eleitoral.

Alternativa correta: letra "c": O Tribunal Superior Eleitoral aprovou por unanimidade a criação do partido União Brasil. Ele é uma fusão entre Democratas (DEM) e o Partido Social Liberal (PSL).

Alternativa "a": alternativa incorreta.
Alternativa "b": alternativa incorreta.
Alternativa "d": alternativa incorreta.
Alternativa "e": alternativa incorreta

76. Em fevereiro de 2022, o chamado "Ponto Nemo" virou notícia pelo mundo. A questão envolve a dimensão científica e será acompanhada pela comunidade internacional nos próximos anos. Trata-se:

a) De um projeto desenvolvido pela Nasa para recolhimento do lixo plástico de oceanos.
b) De um "cemitério espacial", onde cairá a Estação Espacial Internacional, em 2031.
c) De uma missão espacial que levará crustáceos para experimentação atmosférica em Marte.
d) De uma nova galáxia, semelhante à Via Láctea, descoberta por cientistas europeus.
e) De uma nova espécie de peixe que tem capacidade de ingerir microplástico.

▷ ***Anotações/Comentários***

Nota do autor: Conhecida como ISS (International Space Station), a Estação Espacial Internacional é a maior estrutura já montada no espaço pelo homem. Muitos satélites antigos e outros detritos espaciais caíram no Ponto Nemo, incluindo a estação espacial russa Mir em 2001.

Alternativa correta: letra "b": A agência espacial americana disse que a ISS cairia em 2031 em uma parte do oceano conhecida como Ponto Nemo. Esse é o ponto mais distante da costa no planeta Terra, também conhecido como cemitério de naves espaciais.

Alternativa "a": alternativa incorreta.
Alternativa "c": alternativa incorreta.
Alternativa "d": alternativa incorreta.
Alternativa "e": alternativa incorreta

77. "Nesta terça-feira (15), o Tribunal Superior Eleitoral (TSE) fechou um acordo com mídias digitais para criar mecanismos para conter a disseminação de fake news. No WhatsApp, deve ser implementado um canal para informar eleitores. "Estamos todos preocupados e empenhados em preservar um ambiente de debate livre, amplo, robusto, mas que preserve regras mínimas de legalidade, e de civilidade", pontuou o ministro Luís Roberto Barroso". Adaptado. (Fonte: Canal Tech, fevereiro de 2022).

Inicialmente, dentre as mídias digitais que firmaram compromisso com o Tribunal Superior Eleitoral (TSE) destacam-se, exceto:

a) TikTok
b) Kwai
c) Instagram
d) Facebook
e) Telegram

▷ ***Anotações/Comentários***

Nota do autor: O Tribunal Superior Eleitoral formalizou parcerias com as plataformas digitais para combater a desinformação e a disseminação de notícias falsas que possam atingir as eleições de outubro. Fazem parte do acordo: Twitter, TikTok, Facebook, WhatsApp, Google, Instagram, YouTube e Kwai. As plataformas se comprometeram a desenvolver filtragens para identificar informação enganosa e remover o conteúdo que violar as regras. Serão desenvolvidas medidas para levar informações oficiais sobre o processo eleitoral aos usuários. A parceria não envolve recursos financeiros, não gerou custos para o TSE e faz parte do Programa de Enfrentamento à Desinformação do Tribunal.

Alternativa correta: letra "e": Até o fechamento dessa edição, o Tribunal Superior Eleitoral não conseguiu contato com o Telegram, que não enviou representantes à reunião.

Alternativa "a": alternativa incorreta.
Alternativa "b": alternativa incorreta.
Alternativa "c": alternativa incorreta.
Alternativa "d": alternativa incorreta

78. "Como noticiado nesta segunda-feira,14, arqueólogos do país encontraram seis múmias de crianças, com cerca de 1.000 ou 1.200 anos de idade, enterradas com uma figura importante na sociedade. Os pesquisadores que encontraram as múmias acreditam que o sepultamento foi resultado de um sacrifício". Adaptado. (Aventuras na História, fevereiro de 2022).

O fato chamou atenção da comunidade internacional e repete descobertas de novembro de 2021. O país em questão é:

a) Chile
b) Bolívia
c) Peru
d) Paraguai
e) Colômbia

▷ ***Anotações/Comentários***

Nota do autor: Dos restos mortais, seis múmias eram de crianças, possivelmente sacrifícios, enterradas junto com uma importante figura social no antigo complexo urbano de barro de Cajamarquilla, nos arredores de Lima, há mais de 1.000 anos. A descoberta ocorreu perto da câmara funerária onde em novembro foi encontrada a múmia de quem agora se presume ser uma pessoa importante. Esse personagem "alcançou status econômico e social, e foi uma autoridade possivelmente política" e poderíamos até chamá-lo de Senhor de Cajamarquilla.

Alternativa correta: letra "c": Arqueólogos peruanos encontraram 14 múmias do período pré-Inca no Peru.

Alternativa "a": alternativa incorreta.
Alternativa "b": alternativa incorreta.
Alternativa "d": alternativa incorreta.
Alternativa "e": alternativa incorreta.

79. Em fevereiro de 2022, o Partido Verde solicitou ao Supremo Tribunal Federal a suspensão da tramitação do projeto de lei chamado de "PL do veneno". O projeto em questão, de 2002, altera regras sobre os agrotóxicos. Sobre o tema, assinale a **alternativa incorreta**:

a) O projeto chegou a sofrer críticas de entidades como Anvisa, Abrasco e Fiocruz, por representar risco maior para a sociedade.
b) Ruralistas entendem que o projeto oferece mais transparência para o registro de pesticidas, modernizando o processo.
c) Pelo projeto, a proposta sobre decidir novos produtos excluiria Ibama, ficando para o Ministério da Agricultura e a Anvisa a análise.
d) O projeto muda o nome dos "agrotóxicos", passando a denominá-los "pesticidas" – segundo relator, conforme nomenclatura padrão da OCDE.
e) Em 2021, o Brasil encerrou o ano com mais de 560 agrotóxicos liberados – número que sofre elevação desde 2016.

▷ ***Anotações/Comentários***

Nota do autor: A Câmara dos Deputados aprovou o Projeto de Lei (PL) 6.299/2002, apelidado de "lei do alimento mais seguro" por governistas e representantes do setor agropecuário na Casa, mas de "PL do veneno" por críticos. O texto tramita há 20 anos no Congresso e revoga a lei dos agrotóxicos, de 1989. A medida flexibiliza as normas que tratam da adoção de agrotóxicos no país, facilitando a abertura do mercado para novos agrotóxicos, e concentra no ministério da agricultura as operações de fiscalização e análise desses produtos. Pelo texto, o prazo máximo para o registro varia de 30 dias (para pesquisa, por exemplo) a dois anos (produto novo ou matéria-prima nova). Entre outros pontos, o texto altera a nomenclatura de "agrotóxicos" para "pesticidas". Enquanto a Câmara tentava votar a proposta, entidades representantes do agronegócio divulgaram um manifesto pedindo sinal verde para o texto. O setor associa a pauta à ideia de "modernização" por agilizar a entrada e a aplicação de pesticidas no país. O Partido Verde pediu ao STF para suspender a tramitação do projeto de lei e o projeto chegou a sofrer críticas de entidades como Anvisa, Abrasco e Fiocruz, por representar risco maior para a sociedade. O Brasil encerrou 2021 com 562 agrotóxicos liberados, maior número da série histórica.

Alternativa incorreta: letra "c": Na realidade, A medida concentra apenas no ministério da agricultura as operações de fiscalização e análise desses produtos.

Alternativa "a": alternativa correta.
Alternativa "b": alternativa correta.
Alternativa "d": alternativa correta.
Alternativa "e": alternativa correta.

80. "Um homem nu, usando apenas uma coleira de cachorro e uma guia, é conduzido pelo chão por uma mulher que veste uma roupa de sadomasoquismo. Duas strippers dançam ao lado de um bar. Um grupo se reúne em torno de um casal que faz sexo à vista de todos. As pessoas observam e de vez em quando fazem comentários. Um homem veste um uniforme nazista. Isso não está acontecendo no mundo real - ocorre em uma plataforma de games onde crianças são maioria. O jogo é um extenso mundo virtual para os gamers descrito muitas vezes como uma espécie de metaverso primitivo". Adaptado. (Fonte: G1, fevereiro de 2022).

No Brasil, metade dos gamers conhecem o jogo. No relatório interno de 2021, eram cerca de 48 milhões de usuários ativos diariamente. O jogo em questão envolvido em denúncias do tipo é:

a) League of Legends (LOL)
b) Fortnite
c) Free Fire
d) Minecraft
e) Roblox

▷ ***Anotações/Comentários***

Nota do autor: O Roblox é um extenso mundo virtual para os gamers descrito muitas vezes como uma espécie de metaverso primitivo. É um dos jogos infantis mais populares do mundo, mas que adultos também jogam! Ele permite que os usuários criem e joguem juntos. É uma forma de se conectar, em tempo real, com outras pessoas em um mundo digital. A plataforma oferece as ferramentas para que os usuários desenvolvam seus jogos, o que é uma diferença marcante em relação a títulos tradicionais do mundo dos games. É um modelo de negócios extremamente bem-sucedido, mas também traz problemas. Os jogos sexuais do Roblox são comumente referidos na plataforma como "condos". São espaços, gerados por usuários, onde as pessoas podem falar sobre sexo - e onde seus avatares podem fazer sexo virtual. A empresa admite o problema dizendo que um grupo pequeno tenta quebrar as regras. A empresa Roblox disse que foram desenvolvidas ferramentas para controle dos pais com o objetivo de "restringir com quem as crianças interagem e quais experiências elas podem acessar". Mas isso pressupõe que os pais tenham um conhecimento razoável de tecnologia para definir essas configurações.

Alternativa correta: letra "e": O Roblox, que é uma plataforma de game online, enfrenta o problema dos 'condos', espaços gerados por usuários onde avatares podem fazer sexo virtual.

Alternativa "a": alternativa incorreta.
Alternativa "b": alternativa incorreta.
Alternativa "c": alternativa incorreta.
Alternativa "d": alternativa incorreta.

81. Em fevereiro de 2022, eleitores da Suíça foram consultados sobre dois temas extremamente pertinentes para a contemporaneidade e de ampla relevância social. O país é conhecido por consultas à população para a tratativa de diferentes temas de impacto social. Na ocasião, os eleitores decidiram pela:

a) Legalização da maconha e a não proibição dos agrotóxicos em detrimento à agricultura orgânica.
b) Proibição do véu islâmico em espaços coletivos e a obrigatoriedade da vacina para maiores de 18 anos.
c) Rejeição da proibição de testes em animais e restrições mais duras para propagandas de cigarro.
d) Liberação da eutanásia para pacientes terminais e a rejeição do passaporte da vacina para estrangeiros.
e) Flexibilização do porte de armas e rejeição à obrigatoriedade da vacina para crianças.

▷ ***Anotações/Comentários***

Nota do autor: Cidadãos suíços votaram contra a proposta de ativistas ambientais de abandonar os testes em animais. Apenas 21% dos eleitores foram a favor da proibição a experimentos em animais, perante os 79% que foram contra, segundo dados do governo, no referendo nacional realizado sob a tradição suíça de democracia direta. A decisão não agradou ativistas, que consideram os testes antiéticos e desnecessários, por outro, agradou o lobby farmacêutico. Mas aprovaram restrições mais duras a propagandas de cigarros, com 57% a favor. O texto que os suíços aprovaram prevê a proibição total da publicidade ao tabaco em lugares de acesso a crianças e adolescentes como: imprensa, cartazes, Internet e cinema, aplicando-se as mesmas regras aos cigarros eletrônicos.

Alternativa correta: letra "c": Em referendo, apenas 21% dos eleitores foram a favor da proibição a experimentos científicos em animais; em outra votação, aprovaram restrições mais duras a propagandas de tabaco.

Alternativa "a": alternativa incorreta.

Alternativa "b": alternativa incorreta.

Alternativa "d": alternativa incorreta.

Alternativa "e": alternativa incorreta.

---

82. Em fevereiro de 2022, o Supremo Tribunal Federal decidiu pela validação das federações partidárias. Sobre o tema, assinale a **alternativa correta**:

a) A decisão aconteceu de modo unânime, o que facilitou o processo de votação por parte dos ministros que acompanharam a decisão do relator, Luís Roberto Barroso.

b) Com a decisão fica permitido que dois ou mais partidos atuem de forma unificada durante as eleições e na legislatura, devendo permanecer com a união por no mínimo quatro anos.

c) O partido que deixar uma federação terá a possibilidade de ingressar em outra a qualquer momento, desde que com justificativa que será analisada pelo Tribunal Superior Eleitoral em decisão colegiada.

d) Por conta do prazo mínimo de seis meses e dos trâmites no Legislativo, as federações partidárias serão instrumento permitido a partir das eleições municipais que ocorrerão em 2024.

e) As federações partidárias surgiram de uma Medida Provisória do governo federal, após o fracasso na tentativa de registrar um novo partido por parte do presidente.

▷ ***Anotações/Comentários***

Nota do autor: O Supremo Tribunal Federal decidiu, por 10 votos a 1, manter a validade da lei que prevê as chamadas federações partidárias. Somente o ministro Nunes Marques apresentou voto divergente. As federações partidárias permitem que dois ou mais partidos se unam, funcionando como se fossem uma única legenda. Precisam se manter unidas de forma estável durante pelo menos quatro anos do mandato legislativo e seguir as mesmas regras do funcionamento parlamentar e partidário. Os ministros decidiram o prazo de 31 de maio para que as federações sejam formadas pelos partidos excepcionalmente em 2022. Nas próximas eleições, o prazo será de 6 meses antes do pleito.

Alternativa correta: letra "b": Ela permite que dois ou mais partidos atuem de forma unificada durante as eleições e na legislatura. Diferente do modelo anterior, a federação obriga os partidos a ficarem unidos por todos os quatro anos de legislatura, com a finidade programática, o que requer muita conversa antes de bater o martelo.

Alternativa "a": alternativa incorreta.

Alternativa "c": alternativa incorreta.

Alternativa "d": alternativa incorreta.

Alternativa "e": alternativa incorreta.

---

83. "A Justiça Militar da União condenou o sargento da aeronáutica Manoel Silva Rodrigues a 14 anos e 6 meses de prisão por tráfico internacional de drogas utilizando um avião da Força Aérea Brasileira (FAB). O caso aconteceu em junho de 2019. O militar participava de uma missão oficial e foi preso em flagrante, no aeroporto do país, com posse de 37 quilos de cocaína. Rodrigues fazia parte da comitiva de 21 militares que acompanhava a viagem do presidente Jair Bolsonaro a Tóquio, no Japão, onde participaria da reunião do G-20. Ele já havia sido condenado no país a 6 anos e 1 dia de prisão e multa e está cumprindo a pena na cidade onde foi preso".

O fato ocorreu em qual localidade?

a) Istambul, Turquia

b) Milão, Itália

c) Zurique, Suíça.

d) Frankfurt, Alemanha

e) Sevilha, Espanha

▷ ***Anotações/Comentários***

Nota do autor: A Justiça Militar da União condenou a 14 anos e meio de prisão o sargento da Força Aérea Brasileira Manoel Silva Rodrigues. No ano do ocorrido, o avião saiu antes e fez uma escala em Sevilha, onde a Guarda Civil espanhola encontrou a cocaína na bagagem de mão, na mochila e no porta-terno do sargento. Ele integrava a comitiva de apoio da viagem do presidente Jair Bolsonaro ao encontro do G20, no Japão.

Alternativa correta: letra "e": Manoel Silva Rodrigues foi preso em Sevilha, na Espanha, com 39 quilos de cocaína, em um avião da Força Aérea Brasileira em 2019.

Alternativa "a": alternativa incorreta.

Alternativa "b": alternativa incorreta.

Alternativa "c": alternativa incorreta.

Alternativa "d": alternativa incorreta.

---

84. "O regime condenou 20 pessoas a penas que chegam a 20 anos de prisão por sedição. As condenações foram divulgadas na noite desta segunda-feira (14) e integram a repressão às maiores manifestações contra a ditadura em décadas, ocorridas em 2021 – que terminaram com cerca de 800 presos. O grupo, que empresta o nome do dia em que estouraram os atos, 11 de julho, diz ainda que entre os condenados estão cinco menores de idade com 16 e 17 anos. No país, embora se atinja a maioridade aos 18 anos, com 16 os jovens já respondem legalmente por crimes, com penas que podem ser reduzidas". Adaptado. (Fonte: Folha de São Paulo, fevereiro de 2022).

O país em questão que assistiu a protestos históricos em 2021 é:

a) Rússia

b) Cuba

c) Coreia do Norte

d) Venezuela

e) Síria

▷ ***Anotações/Comentários***

Nota do autor: Esta decisão do Tribunal Provincial de Holguín é a primeira sentença conjunta pelo crime de sedição proferida no país como resultado das manifestações de julho de 2021. A Procuradoria-Geral de Cuba argumentou recentemente que optou por denunciar sedição em alguns casos devido ao "nível de violência demonstrado no vandalismo" e "de forma tumultuada" havia o "propósito deliberado de subverter a ordem constitucional" e, como resultado, a "grave perturbação da ordem pública".

Alternativa correta: letra "b": A Justiça de Cuba condenou pelo crime de sedição, 20 manifestantes que participaram dos protestos antigovernamentais de 11 de julho do ano passado - incluindo cinco menores - entre cinco anos de limitação de liberdade e 20 anos de prisão, informaram os ativistas.

Alternativa "a": alternativa incorreta.

Alternativa "c": alternativa incorreta.

Alternativa "d": alternativa incorreta.

Alternativa "e": alternativa incorreta.

---

85. Em fevereiro de 2022, o governo brasileiro anunciou mudanças na Lei Rouanet a partir da publicação de instruções normativas. Sobre o tema, assinale a **alternativa incorreta:**

a) As regras publicadas reduzem em 50% o limite de recursos que podem ser captados pela lei, com critérios específicos para cada tipicidade.

b) O teto dos cachês artísticos caiu de até R$ 45 mil reais para até R$ 3 mil reais por apresentação, o que foi alvo de críticas de artistas.

c) Se a apresentação for em uma orquestra, o limite que pode ser pago ao músico por é de R$ 3,5 mil e para o maestro R$ 15 mil por apresentação.

d) Arte sacra e belas artes foram excluídas das áreas culturais contempladas pelo incentivo após forte crítica de movimentos de esquerda.

e) A nova instrução normativa estabeleceu em R$ 10 mil o valor que pode ser pago com recursos da Lei Rouanet para o aluguel de teatros, espaços e salas de apresentação, exceto teatros públicos e espaços públicos

▷ ***Anotações/Comentários***

Nota do autor: O governo oficializou, por meio de uma nova Instrução Normativa (IN), uma série de mudanças na lei rouanet, cujo regulamento já havia sofrido alterações via portaria em julho de 2021. A nova IN estabelece redução de 50% no limite para captação de recursos pela lei. Para projetos de "tipicidade normal", o teto cai de R$ 1 milhão para R$ 500 mil. Os projetos passam a ser divididos também em "arte contemporânea", "audiovisual", "patrimônio material e imaterial" e "museus e memória". Outra redução confirmada refere-se aos cachês artísticos. O limite para pagamento com recursos incentivados passa a ser de R$ 3 mil por apresentação, para artista ou modelo solo. A última IN estabelecia o cachê individual máximo em R$ 45 mil. A nova medida, portanto, representa uma redução de 93,4% nesse valor. Para músicos, o teto fica estabelecido em R$ 3,5 mil, por apresentação. E, para maestros, R$ 15 mil, no caso de orquestras. O documento também estabelece o limite de R$ 10 mil para o valor destinado a aluguéis de teatros, espaços e salas de apresentação, salvo teatros públicos e espaços públicos. A medida é criticada por produtores, pois impossibilitará grandes e pequenas produções de subirem aos palcos

Alternativa incorreta: letra "d": Entre as principais mudanças, está a alteração na classificação das áreas culturais contempladas pela Rouanet, com uma divisão que inclui "arte sacra" e "belas artes" como categorias distintas. Dentro delas, estão subdivisões por setor.

Alternativa "a": alternativa correta.

Alternativa "b": alternativa correta.

Alternativa "c": alternativa correta.

Alternativa "e": alternativa correta.

---

86. "A tempestade que castigou a cidade foi a maior da história. Segundo o Instituto Nacional de Meteorologia, o volume pluviométrico que caiu em 24 horas é o maior registrado desde o início das medições, em 1932 — em três horas, choveu mais do que o esperado para o mês de fevereiro inteiro". Adaptado. (CNN Brasil, fevereiro de 2022).

O episódio que causou enorme comoção aconteceu na cidade:

a) Sumidouro

b) São Sebastião do Alto

c) Nilópolis

d) Nova Friburgo

e) Petrópolis

▷ ***Anotações/Comentários***

Nota do autor: A maior tragédia que a cidade já enfrentou deixou centenas de mortos. O principal centro comercial de Petrópolis, e maior polo de moda da Região Serrana do Rio de Janeiro, a rua Teresa foi muito atingida por um temporal que destruiu parte da cidade e provocou centenas de mortos. O Morro da Oficina, no Alto da Serra, foi o local mais atingido pelo temporal, deixando uma comunidade inteira devastada pela lama. As pessoas ainda sofrem com a falta de água e de energia elétrica. Número de mortos já superou os registros das catástrofes de 1988 e 2011. É possível ver um cenário completamente devastado. Condomínios destruídos, fios e postes aos pedaços, lixos espalhados pelas ruas e parte da calçada arrancada pela correnteza.

Alternativa correta: letra "e": A cidade imperial, como Petrópolis é nacionalmente conhecida, é suscetível a fortes chuvas devido à sua topografia. Mas as ocupações irregulares em encostas e em áreas de proteção permanente (APP) são fatores condicionantes no impacto de eventos climáticos extraordinários como o que se viu.

Alternativa "a": alternativa incorreta.

Alternativa "b": alternativa incorreta.

Alternativa "c": alternativa incorreta.

Alternativa "d": alternativa incorreta.

---

87. IV/UFG - 2024 - TJ/AC - Analista Judiciário

Uma das maiores preocupações da Saúde Pública no ano de 2024 é a disseminação da dengue, uma doença cujo vírus é um arbovírus transmitido pela picada da fêmea do mosquito Aedes aegypti. Os riscos são muitos e a taxa de letalidade é preocupante, caracterizando-a como uma doença endêmica definida:

a) por um aumento no número de casos em várias regiões em relação ao que seria esperado normalmente.

b) pela disseminação mundial de uma doença quando um agente infeccioso se espalha ao redor do mundo.

c) pela recorrência em uma região, seguindo um padrão relativamente estável que prevalece com base na média histórica de ocorrência.

d) por um aumento repentino e inesperado de casos em uma determinada região ou comunidade.

▷ ***Anotações/Comentários***

Nota do autor: Nos últimos anos, a dengue tem sido um grande desafio do Brasil – não à toa, em 2024, o Brasil acabou batendo recorde de mortes por dengue. Nesse sentido, a própria oferta da vacina Qdenga, do laboratório japonês Takeda, surge como uma via de enfrentamento a tal problemática.

Alternativa correta: letra "C": Trata-se de uma definição de caráter epidemiológico, com base em notificações oficiais e nos registros das autoridades.

Alternativa "a": alternativa incorreta.

Alternativa "b": alternativa incorreta.

Alternativa "d": alternativa incorreta.

INFORMÁTICA

Emannuelle Gouveia

1. COMPONENTES DE UM COMPUTADOR: PROCESSADORES, MEMÓRIA E PERIFÉRICOS MAIS COMUNS; DISPOSITIVOS DE ARMAZENAMENTO DE DADOS; PROPRIEDADES E CARACTERÍSTICAS

01. (AOCP – Analista Judiciário – Oficial de Just. Avaliador Federal – TRT 1/2018) O backup de arquivos é altamente recomendado para prevenir a perda de dados importantes. Dos recursos apresentados a seguir, qual NÃO serve para fazer backup de arquivos?

a) Flash drive.

b) Memória RAM.

c) HD externo.

d) Nuvem.

e) Fita magnética.

▷ ***Anotações/Comentários***

Letra a: Errada. O Flash Drive pode ser utilizado como dispositivo para o armazenamento de cópias de Backup

Letra b: Correta. A Memória RAM não pode ser utilizada como dispositivo para a realização de cópias de backup porque ela é volátil, ou seja, só armazena os dados enquanto há corrente elétrica.

Letra c: errada. O HD externo pode ser utilizado como dispositivo para o armazenamento de cópias de Backup.

Letra d: Errado. O o recurso de armazenamento de dados na nuvem pode ser utilizado como dispositivo para o armazenamento de cópias de Backup.

Letra e: Errado. A Fita magnética pode ser utilizada como dispositivo para o armazenamento de cópias de Backup

02. IBFC – 2022 – TJ/MG – Analista Judiciário Quanto aos recursos existentes na grande maioria das impressoras multifuncionais, analise as afirmativas a seguir.

I. Existe a função de realizar cópias.

II. Possibilita digitalizar documentos.

III. Pode ser monocromática ou colorida.

Das afirmativas:

a) Apenas I é a tecnicamente verdadeira

b) Apenas I e II são tecnicamente verdadeiras

c) Apenas II e III são tecnicamente verdadeiras

d) Apenas I e III são tecnicamente verdadeiras

e) I, II e III são tecnicamente verdadeiras

▷ ***Anotações/Comentários***

Assertiva I – a assertiva é verdadeira, visto que na maioria das impressoras multifuncionais atuais há copiadoras acopladas.

Assertiva II – a assertiva é verdadeira, visto que na maioria das impressoras multifuncionais atuais há digitalizadores que são chamados de scanners.

Assertiva III – a assertiva é verdadeira, visto que há dispositivos mono e multicromáticos.

Letra a: Errada. Não atende a combinação desejada.

Letra b: Errada. Não atende a combinação desejada.

Letra c: Errada. Não atende a combinação desejada.

Letra d: Errada. Não atende a combinação desejada.

Letra e: Correta. Atende a combinação desejada.

2. SISTEMAS OPERACIONAIS (LINUX E WINDOWS). ORGANIZAÇÃO E MANIPULAÇÃO DE ARQUIVOS, PASTAS E DIRETÓRIOS

03. (CESPE -2019- PGE-PE). Com relação a sistemas operacionais e ferramentas de edição de texto e planilhas, julgue o item a seguir.

O shell e o kernel são duas partes essenciais do sistema operacional Linux: o primeiro serve para interpretar os comandos do usuário, e o segundo, para controlar os dispositivos do computador

- CERTO
- ERRADO

▷ ***Anotações/Comentários***

A assertiva está CERTA. Kernell é o núcleo do sistema operacional e agrupa os arquivos e DLLs responsáveis por gerenciar o hardware e o software, e o shell é a camada que serve de intérprete entre o homem e a máquina. Exatamente o está descrito na assertiva.

04. (CESPE – Técnico Judiciário – TJ – RJ/2019) Os sistemas operacionais oferecem serviços como acesso ao ambiente computacional, execução de programas e gerenciamento de entrada e saída de dados. Assinale a opção que apresenta exemplo de sistema operacional gratuito para uso em computadores do tipo desktop.

a) Android

b) Apple MacOS

c) Linux

d) Microsoft Windows

e) IOS

▷ ***Anotações/Comentários***

Das alternativas listadas o Linux é o único Sistema Opercacional que oferece diversas distribuições gratuitas que podem tanto ser utilizadas em desktops, quanto em dispositivos móveis.

05. (CESPE-2018-BNB). Na utilização do terminal de qualquer sistema operacional Linux, como o Ubuntu, o aparecimento do caractere $ no prompt de comando significa que o usuário que esteja conectado é o superusuário root.

- CERTO
- ERRADO

▷ ***Anotações/Comentários***

A assertiva está ERRADA. A identificação do usuário root (que é o usuário máster, ou seja o que tem maior nível de permissão no Sistema) é feita pelo caracter "#" e o usuário comum pelo "$". Cuidado com essas pequenas inversões de conceito que o Cespe ama fazer em prova!!!!

06. (CESPE-2018-BNB). Quando se cria um diretório no ambiente Linux, são criados outros dois diretórios: o ".", que faz referência ao diretório anterior, dentro da árvore de diretórios; e o "..", que faz referência ao diretório atual.

- CERTO
- ERRADO

▷ ***Anotações/Comentários***

A assertiva está ERRADA. Aqui o Cespe também inverteu os conceitos, "." faz referência ao diretório atual e os ".."ao diretório anterior. Porém ressalto que não é que "sejam criados dois diretórios" logicamente falando, é apenas uma tag de controle do SO.

---

07. (CESPE-2018-BNB). No sistema operacional Linux, é possível utilizar duas extensões para nomear os arquivos. Assim, nesse sistema, um arquivo poderia ser nomeado, por exemplo, como contrato_BNB.tar.gz.

- CERTO
- ERRADO

▷ ***Anotações/Comentários***

A assertiva está CERTA.A extensão é a parte do nome do arquivo que identifica o tipo do mesmo, o Linux oferece a possibilidade de se colocar duas extensões em um arquivo, conforme citado e exemplificado na assertiva.

---

08. (CESPE-2018-FUB). Há uma diversidade grande de distribuições do sistema Linux, cada uma delas com estrutura de diretórios e kernel diferentes.

- CERTO
- ERRADO

▷ ***Anotações/Comentários***

A assertiva está ERRADA. O kernel e o shell do Linux são livres e estão disponíveis para personalizações, o que permite a existência de várias distribuições no mercado, porém elas mantêm a estrutura original e acrescentam as personalizações, a grande maioria, inclusive, na parte da interface gráfica para facilitar a interação com o usuário.

---

09. (AOCP – Analista Judiciário – Área Administrativa – TRT 1/2018) Visualizadores de imagens podem ser utilizados para abrir arquivos como fotos, logos e desenhos. Das alternativas a seguir, qual possui somente extensões de arquivos utilizadas por visualizadores de imagens, para imagens sem animação?

a) .gif e .mp3
b) jpg e .ppt
c) .img e .mkv
d) .mp4 e .tiff
e) .jpg e .png

▷ ***Anotações/Comentários***

Letra a: Errada. Não atende ao solicitado

Letra b: Errada. Não atende ao solicitado.

Letra c: errada. Não atende ao solicitado.

Letra d: errada. Não atende ao solicitado .

Letra e: Correta. As extensões servem para indicar o tipo do arquivo. As duas extensões listadas nessa alternativa, atendem ao que foi solicitado no enunciado.

---

10. (CESPE-2018-PF). O registro do Windows é um arquivo do sistema no qual são guardados todos os usuários dos aplicativos, para o controle do nível de acesso aos respectivos dados.

- CERTO
- ERRADO

▷ ***Anotações/Comentários***

A assertiva está ERRADA. O registro do Windows é o arquivo onde são armazenadas as informações de configuração de todos os softwares instalados. O Sistema Operacional controla o hardware, o software e serve de intérprete entre o homem e a máquina, dessa forma, para controlar o software, é necessário que ele tenha todas as informações sobre os mesmos e é essa a função do Registro do Windows. Arquivo importantíssimo e muito utilizado pelos técnicos.

---

11. (CESPE-2018-FUB). No ambiente Windows 8, as pastas, diferentemente dos arquivos, não podem ser recortadas, podendo apenas ser copiadas ou excluídas.

- CERTO
- ERRADO

▷ ***Anotações/Comentários***

A assertiva está ERRADA. As operações de manipulação podem ser feitas com itens, ou seja, tanto arquivos quanto diretórios e subdiretórios.

---

12. (AOCP – Analista Judiciário – Oficial de Just. Avaliador Federal – TRT 1/2018) Um arquivo de vídeo normalmente possui uma combinação de imagens e sons, permitindo a visualização de filmes, animações e filmagens. Qual das alternativas a seguir possui somente extensões de arquivos utilizadas para a reprodução de vídeos?

a) ppt, .mp4 e .avi .
b) jpg, png e .gif .
c) avi, .mp3 e .gif .
d) mp3, .mp4 e .avi .
e) avi, .mp4 e .mkv

▷ ***Anotações/Comentários***

Letra a: Errada. Não atende ao solicitado

Letra b: Errada. Não atende ao solicitado.

Letra c: errada. Não atende ao solicitado.

Letra d: errada. Não atende ao solicitado.

Letra e: Correta. As extensões servem para indicar o tipo do arquivo. As extensões listadas nessa alternativa, atendem ao que foi solicitado no enunciado.

---

13. CEBRASPE – 2023 – TJ/ES – Analista Judiciário – Área Administrativa Julgue o item seguinte, relativo ao sistema operacional Windows 10.

O Visualizador de Eventos é uma ferramenta nativa do Windows 10 que permite ao administrador da máquina acessar dados dos logs de aplicativo, de segurança e do sistema, com objetivo de investigar e identificar possíveis problemas de *software* e(ou) de *hardware*.

- CERTO
- ERRADO

▷ ***Anotações/Comentários***

A assertiva está CORRETA. O visualizador de eventos é uma ferramenta nova que fornece acesso aos logs do sistemaa. Um usuário experiente pode se basear nele para identificar problemas de software e de hardware na máquina.

---

14. CEBRASPE – 2023 – TJ/ES – Analista Judiciário – Área Administrativa No que se refere à segurança da informação, a procedimentos de *backup* e a *cloud storage,* julgue o item que se segue. Caso o usuário de um computador com Windows 10 deseje realizar *backup* em nuvem da pasta Documentos que possui várias subpastas, cada uma com vários arquivos, é possível fazê-lo por meio do OneDrive, situação em que os arquivos ficarão protegidos e disponíveis ao usuário em outros dispositivos.

- CERTO
- ERRADO

▷ ***Anotações/Comentários***

A assertiva está CORRETA. O OneDrive é a ferramenta da Microsoft para serviços em nuvem, dentre eles, o storage (armazenamento de dados). Uma das características da nuvem é exatamente a oferta da disponibilidade independente de local físico ou equipamento.

15. IBFC - 2022 - TJ/MG - Analista Judiciário Foram configurados dois monitores de vídeo no Windows 10. Para alterar a forma como são exibidas as imagens nesses dois vídeos, ou seja, o modo de exibição da apresentação, deve-se pressionar:

a) tecla Alt Gr + L
b) tecla de logotipo do Windows + L
c) tecla de função + L
d) tecla de logotipo do Windows + P
e) tecla de função + P

▷ ***Anotações/Comentários***

Letra a: Errada. Não atende ao solicitado

Letra b: Errada. Não atende ao solicitado.

Letra c: errada. Não atende ao solicitado.

Letra d: correta. É a tecla de atalho disponibilizada para manuseio de mais de um monitor.

Letra e: errada. Não atende ao solicitado.

16. IBFC - 2022 - TJ/MG - Analista Judiciário Assinale, das alternativas a seguir, a única que identifica corretamente a forma de compactar um arquivo (ZIP) selecionado no Windows 10.

a) Clicar com o botão direito do mouse no arquivo, selecionar "Criar atalho" e, em seguida, selecionar "Pasta compactada"
b) Clicar com o botão direito do mouse no arquivo, selecionar "Renomear" e, em seguida, selecionar "Pasta compactada"
c) Clicar com o botão direito do mouse no arquivo, selecionar "Enviar para" e, em seguida, selecionar "Pasta compactada"
d) Clicar com o botão direito do mouse no arquivo, selecionar "Copiar" e, em seguida, selecionar "Pasta compactada"
e) Simplesmente clicar com o botão esquerdo do mouse no arquivo, e selecionar "Pasta compactada"

▷ ***Anotações/Comentários***

Letra a: Errada. Não atende ao solicitado

Letra b: Errada. Não atende ao solicitado.

Letra c: correta. A assertiva descreve todos os passos corretos e necessários para a compactação de um arquivo no Windows.

Letra d: errada. Não atende ao solicitado.

Letra e: errada. Não atende ao solicitado.

3. NOÇÕES DE EDIÇÃO DE TEXTOS, PLANILHAS E APRESENTAÇÕES (AMBIENTES MICROSOFT E LIBREOFFICE)

17. (FCC - Analista Judiciário - Direito - TJ - MA/2019) Uma Analista estava editando um texto no Microsoft Word 2010, em português, e precisou traduzir a expressão Processo Judicial para o inglês. Para isso ela escolheu a opção Tradução, selecionando na caixa Para, a opção Inglês (EUA). Em condições ideais, este recurso é acessado através da guia:

a) Referências > Tradução para outras línguas.
b) Página Inicial > Dicionário Internacional.
c) Revisão > Dicionário Internacional.
d) Referências > Referências Internacionais.
e) Revisão > Dicionário de Sinônimos (ou Pesquisar)

▷ ***Anotações/Comentários***

Letra a: Errada. Não atende ao solicitado

Letra b: Errado. Não atende ao solicitado

Letra c: Errado. Não atende ao solicitado.

Letra d: Errado. Não atende ao solicitado.

Letra e: Correta. O menu correto nas versões mais modernas seria Revisão\Traduzir\, mas no Word 2010 será a opção Revisão\Dicionário de Sinônimos

18. (FCC - Técnico Judiciário - Área Administrativa - TJ - MA/2019) Um usuário estava utilizando o Microsoft Word 2010, em português, e decidiu inserir uma marca d'água com o nome TJMA nas páginas do documento. Ele clicou em Marca D'água > Personalizar Marca D'água, selecionou Marca d'água de texto e escreveu TJMA, finalizando corretamente. Este recurso pode ser acessado a partir da guia

a) Layout da Página
b) Inserir.
c) Exibição.
d) Design.
e) Iniciar.

▷ ***Anotações/Comentários***

Letra a: Correta. Nas versões mais modernas, deve estar dentro da Guia Design, mas no Word 2010 está na Guia\Layout da Página

Letra b: Errada. Não atende ao solicitado.

Letra c: Errado. Não atende ao solicitado.

Letra d: Errada. Não atende ao solicitado.

Letra e: Errado. Não atende ao solicitado.

19. (CESPE-2019-PGE-PE). Com relação a sistemas operacionais e ferramentas de edição de texto e planilhas, julgue o item a seguir.

No Excel, o uso de referências absolutas com auxílio do sinal $ (cifrão) garante que uma fórmula não seja alterada quando for copiada.

- CERTO
- ERRADO

▷ ***Anotações/Comentários***

A assertiva está CERTA. A referência absoluta fixa o endereço das células utilizadas nas fórmulas e nas funções não permitindo que eles sejam atualizados quando arrastados. Para isso, devemos utilizar o $ (cifrão) antes do identificador da linha e da coluna.

20. (CESPE-2019-PGE-PE). Com relação a sistemas operacionais e ferramentas de edição de texto e planilhas, julgue o item a seguir.

No Excel, para uma fórmula que tenha vários operadores, as operações serão realizadas na seguinte ordem: adição ou subtração (+ ou –); multiplicação ou divisão (* ou /); exponenciação (^); porcentagem (%).

- CERTO
- ERRADO

▷ ***Anotações/Comentários***

A assertiva está ERRADA. A elaboradora inverteu a ordem de prioridades que deve ser: exponenciação (^); multiplicação ou divisão (* ou /); adição ou subtração (+ ou –). Para alterar a ordem natural o usuário pode utilizar parênteses.

21. (CESPE-2019-PGE-PE). Com relação a sistemas operacionais e ferramentas de edição de texto e planilhas, julgue o item a seguir.

Na edição de um documento no Microsoft Word, a inserção de recuos nos parágrafos deve ser feita por meio da barra de espaço do teclado, uma vez que nem sempre a régua está visível e os comandos de recuo só funcionam para tabelas.

- CERTO
- ERRADO

▷ ***Anotações/Comentários***

A assertiva está ERRADA. O recuo, distância entre a margem e o início efetivo do texto, deve ser realizado ou através da própria régua ou através do menu que está na guia "Página Inicial", área "Paragrafo".

O mesmo pode ser realizado para o texto e não apenas para tabelas como afirma a assertiva.

22. (CESPE – Técnico Judiciário – TJ – RJ/2019) No programa MS Excel, as fórmulas podem ser criadas por meio de referências relativas ou absolutas. Assinale a opção que apresenta o sinal a ser utilizado para que não haja alteração da fórmula nem de seu conteúdo quando ela for copiada para uma nova célula na planilha, tornando-a assim absoluta.

a) =

b) +

c) $

d) *

e) /

▷ ***Anotações/Comentários***

Letra a: Errado. Não atende ao solicitado

Letra b: Errado. Não atende ao solicitado

Letra c: Correta. O $ é o caracter designado para indicar a referência absoluta. O $ fixa o elemento que vem após ela no endereço. No caso da referência absoluta, deve ser usado antes da linha e da coluna.

Letra d: Errado. Não atende ao solicitado

Letra e: Errada. Não atende ao solicitado

23. (CESPE – Técnico Judiciário – TJ – RJ/2019) No Excel, a fórmula =(B2+C2+D2+E2)/4

a) permite o cálculo da média entre os valores contidos nas células B2, C2, D2 e E2.

b) permite o cálculo da soma dos valores entre as células B2 até E2.

c) não é válida, pois o Excel não permite fórmulas com parênteses.

d) permite o cálculo da divisão do valor de cada célula por 4, individualmente.

e) permite multiplicar o valor em cada célula pela soma dos valores nas 4 células.

▷ ***Anotações/Comentários***

Letra a: Correto. Nessa questão temos uma fórmula. Sendo assim, devemos seguir a prioridade dos operadores. Primeiro resolvemos o que está entre parênteses, ou seja a soma e depois o resultado será dividido por 4. Sendo assim, essa é exatamente a fórmula da média aritmética, a soma dos valores divididos pela quantidade total dos mesmos.

Letra b: Errado. Não atende ao solicitado

Letra c: Errado. Não atende ao solicitado.

Letra d: Errado. Não atende ao solicitado

Letra e: Errada. Não atende ao solicitado

24. (CESPE – Técnico Judiciário – TJ – RJ/2019) No programa de edição de textos MS Word, é possível realizar alterações em um documento, mantendo-se o controle e a visualização de cada mudança realizada — seja inserção, seja retirada de palavras, nova formatação de texto e leiaute de página. Essas atividades podem ser realizadas por meio da guia

a) Página Inicial, opção Alterar Estilos.

b) Exibição, opção Layout de Impressão.

c) Layout da Página, opção Orientação.

d) Arquivo, opção Salvar Como, Outros Formatos.

e) Revisão, opção Controlar Alterações.

▷ ***Anotações/Comentários***

Letra a: Errado. Não atende ao solicitado

Letra b: Errado. Não atende ao solicitado

Letra c: Errado. Não atende ao solicitado

Letra d: Errado. Não atende ao solicitado

Letra e: Correto. O controle de alterações é a funcionalidade disponibilizada por essas novas ferramentas para permitir exatamente que o mesmo documento possa ser usado e editado por vários usuários sem que uma desfaça o trabalho do outro. As alterações podem ser aceitas ou rejeitadas pelo gerenciador.

25. (CESPE-2018-PF). Em cada item a seguir, é apresentada uma situação hipotética, seguida de uma assertiva a ser julgada, com relação à edição de textos, planilhas e apresentações.

Com o uso de uma planilha no Microsoft Excel 2016, será realizada a soma de dois valores numéricos advindos de duas planilhas diferentes, mas ambas constantes do mesmo arquivo. A fórmula de soma será inserida na célula A1 da planilha Plan1, e os dados a serem somados estão na célula A1 de Plan2 e na célula A2 de Plan1. Nessa situação, a fórmula correta a ser inserida na célula A1 da planilha Plan1 é =SOMA(Plan2!A1;A2).

- CERTO
- ERRADO

▷ ***Anotações/Comentários***

A assertiva está CERTA. Veja que ele deseja se referir a duas planilhas que estão no mesmo arquivo. Quer digitar em Plan1, uma fórmula que soma uma célula de Plan2 e outra de Plan1. Dessa forma irá utilizar a função Soma, a célula que vem de outra planilha deve ter a indicação da sua origem antes que é feita pelo nome da planilha e ao termino o sinal de "!'. Logo a fórmula ficará: =Soma(Plan2!A1;A2), onde 'Soma" é a função, "Plan2!A1" a célula que vem de Plan2 e "A2" a célula que está na planilha na qual a fórmula está sendo digitada (Plan1).

26. (CESPE-2018-PF). A respeito de sistemas operacionais e de aplicativos de edição de textos e planilhas, julgue o item a seguir.

Devido à capacidade ilimitada de linhas de suas planilhas, o aplicativo Excel pode ser utilizado como um banco de dados para tabelas com mais de um milhão de registros.

- CERTO
- ERRADO

▷ ***Anotações/Comentários***

A assertiva está ERRADA. Aqui dois pontos devem ser observados, primeiro a quantidade de linhas e colunas da planilha é limitada, apresentando 1.048.576 linhas e 16.384 colunas e segundo que a planilha eletrônica tem as suas funcionalidades específicas e banco de dados é outro tipo de software, podem ser interligados, mas são softwares com funções distintas e não devem ser confundidos.

27. (CESPE-2018-EBSERH). Julgue o item seguinte, a respeito de ferramentas e aplicações de informática.

Excel, da Microsoft, e Calc, do LibreOffice, são exemplos de planilha de cálculo, que é um tipo de programa de computador que utiliza tabelas e células para a realização de cálculos ou apresentação de dados.

- CERTO
- ERRADO

▷ ***Anotações/Comentários***

A assertiva está CERTA. Ambas realmente são softwares de planilhas eletrônicas e apresentam funcionalidades para realização de atividades avançadas.

28. (AOCP – Analista Judiciário – Área Administrativa – TRT 1/2018) Uma aplicação exportou dados de um banco de dados para um arquivo de extensão '.csv'. Esse arquivo contém algumas centenas de linhas e várias colunas. Será necessário ordenar os dados contidos no arquivo e manipular alguns valores. No seu computador, estão disponíveis as ferramentas do Microsoft Office e LibreOffice. Qual das seguintes alternativas de software é a recomendada para realizar a tarefa necessária?

a) Bloco de notas.

b) Impress.

c) PowerPoint.

d) Calc.

e) Thunderbird.

▷ ***Anotações/Comentários***

Letra a: Errada. Não atende ao solicitado

Letra b: Errada. Não atende ao solicitado.

Letra c: errada. Não atende ao solicitado.

Letra d: Correta. Os arquivos do tipo csv geralmente são arquivos de exportação de dados. Podemos realizar a exportação de dados nesse formato e posteriormente realizar a importação dos mesmos. Os programas que realizam a interação com banco de dados permitindo nativamente essas exportações e importações são as planilhas eletrônicas. No pacote LibreOffice, a planilha eletrônica é o Calc.

Letra e: Errado. Não atende ao solicitado.

29. IBFC – 2022 – TJ/MG – Analista Judiciário Quanto a Planilha Eletrônica apresentada logo abaixo, analise as afirmativas a seguir e dê valores Verdadeiro (V) ou Falso (F).

	A	B	C
1	1	2	3
2	4	5	6
3	7	8	9

( ) a soma da célula B2 com a C3 terá como resultado 14.

( ) o resultado da fórmula =SOMA(A1:C1) será de 6.

( ) com a fórmula =A3^B1 teremos como resultado 49.

Assinale a alternativa que apresenta a sequência correta de cima para baixo.

a) V - V – V

b) V - V – F

c) V - F - V

d) F - F – V

e) F - F - F

▷ ***Anotações/Comentários***

Assertiva I – a assertiva é verdadeira, visto que em B2 temos o valor 5 e em C3 o valor 9, dessa forma, 5+9 = 14.

Assertiva II – a assertiva é verdadeira, visto que a fórmula =SOMA(A1:C1) significa a soma de A1 até C1, o que significa a soma dos valores 1+2+3 que é igual a 6

Assertiva III – a assertiva é verdadeira, visto que =A3^B1 significa A3 elevado a B1 ou seja 7 elevado a 2 (7^2) o que é igual a 49.

Letra a: Correta. Atende a combinação desejada.

Letra b: Errada. Não atende a combinação desejada.

Letra c: Errada. Não atende a combinação desejada.

Letra d: Errada. Não atende a combinação desejada.

Letra e: Errada. Não atende a combinação desejada.

30. CEBRASPE – 2023 – TJ/ES – Analista Judiciário – Área Administrativa Em relação a edição de textos e de planilhas no Microsoft Office 365, julgue os itens a seguir.

Se, na planilha a seguir, desenvolvida no Excel, for digitada a fórmula =CONT.VALORES(B3:E6) na célula B8, o resultado apresentado nessa célula será 12.

	A	B	C	D	E
1	Quantidade de processos por Cidade				
2	Nome	1bim	2bim	3bim	4bim
3	Serra		15		22
4	Vila Velha	40		20	74
5	Cariacica	0	17	0	12
6	Vitória	NI	50	NI	
7	Legenda:	NI - Não informado			
8					

- CERTO
- ERRADO

▷ ***Anotações/Comentários***

A assertiva está CORRETA. A fórmula =CONT.VALORES(B3:E6) retorna a quantidade de células que apresentam valores dentro do intervalo solicitado. Nesse caso, retornará a quantidade de células com valores no intervalo de B3 até E6, o que resulta em 12 células com valores preenchidos.

31. CEBRASPE – 2023 – TJ/ES – Analista Judiciário – Área Administrativa Em relação a edição de textos e de planilhas no Microsoft Office 365, julgue o item a seguir. Considere-se que certo usuário do Microsoft Office 365 queira configurar, em um documento de texto desenvolvido no Word, duas colunas no topo e uma coluna na parte inferior da mesma página do documento, como apresentado na figura a seguir.

Nesse caso, será necessário separar a página por meio do comando Quebra de Seção (Página Ímpar) ou Quebra de Seção (Página Par) e, logo após, inserir o número de colunas que se deseja em cada parte da página.

- CERTO
- ERRADO

▷ ***Anotações/Comentários***

A assertiva está ERRADA. Pode-se realizar a ação solicitada no enunciado através de uma quebra de seção continua para manter as duas seções na mesma página e, na parte superior, realizar a quebra de coluna.

32. IBFC – 2022 – TJ/MG – Analista Judiciário Quanto às principais características técnicas dos editores de texto Microsoft Word e LibreOffice Writer, analise as afirmativas a seguir e dê valores Verdadeiro (V) ou Falso (F).

( ) Os arquivos DOCX do Microsoft Word podem ser abertos no LibreOffice Writer.

( ) O LibreOffice embora seja gratuito ainda não está disponível para o Windows 10.

( ) Tanto o Microsoft Word como o LibreOffice Writer possuem versões em português.

Assinale a alternativa que apresenta a sequência correta de cima para baixo.

a) V - V – V

b) V - V – F

c) V - F – V

d) F - F – V

e) F - F – F

▷ ***Anotações/Comentários***

Assertiva I – a assertiva é verdadeira, eiste compatilidade entre os softwares, sendo possível a abertura de arquiuvos em ambos.

Assertiva II – a assertiva é falsa, o LibreOffice apresenta versões para diversas plataformas, inclusive para o Windows.

Assertiva III – a assertiva é verdadeira, pois ambos os softwares apresentam versão também em língua portuguesa

Letra a: Errada. Não atende a combinação desejada.

Letra b: Errada. Não atende a combinação desejada.

Letra c: Correta. Atende a combinação desejada.

Letra d: Errada. Não atende a combinação desejada.

Letra e: Errada. Não atende a combinação desejada.

33. FGV – 2024 – TRF 1 – Analista Judiciário - TI

Ao elaborar uma apresentação no Power Point, Maria Clara inseriu um SmartArt para representar o organograma do seu Departamento. Após inserir os Setores, Maria Clara quer desfazer a conexão e o posicionamento automático dos objetos do SmartArt.

Para isso, visando a mover individualmente os objetos do SmartArt criado, Maria Clara deve:

a) desagrupar;

b) alinhar objetos;

c) editar transição;

d) redefinir gráfico;

e) formatar efeitos de forma.

▷ ***Anotações/Comentários***

Letra a: Correta. O SmartArt é uma ferramenta incorporada ao Microsoft Office já há muitas versões e tem por objetivo a criação de gráficos de sequências e organogramas com maior facilidade para o usuário. Dessa forma, ele, por padrão, agrupa os elementos que compõem o gráfico em questão. Se o usuário, conforme indica o enunciado, decide mover itens individualmente, deve antes desagrupar os elementos e passar a trata-los de forma unificada.

Letra b: Errada. Não atende ao solicitado.

Letra c: Errada. Não atende ao solicitado.

Letra d: Errada. Não atende ao solicitado.

Letra e: Errado. Não atende ao solicitado.

34. FGV – 2024 – TRF 1 – Analista Judiciário - TI

Ana Lis está editando o documento Regimento.docx, que é composto por duas partes. As páginas da primeira parte são numeradas utilizando o estilo i, ii e iii; as páginas da segunda parte são numeradas utilizando o estilo 1, 2 e 3.

No Microsoft Word, para formatar o documento Regimento.docx, Ana Lis deve:

a) dividir seção;

b) quebrar a página;

c) inserir quebra de seção;

d) alterar a orientação da página;

e) criar uma referência cruzada.

▷ ***Anotações/Comentários***

Letra a: Errada. Não atende ao solicitado.

Letra b: Errada. A quebra de página ira forçar uma nova página a partir do lugar onde está o cursor.

Letra c: Correta. Cada área independente no texto é uma seção. Por padrão, cada página inicia uma nova seção. Caso o usuário deseje mudar numerações de página, orientação, títulos e estilos em áreas do texto, deve criar novas seções, pois, em cada uma delas, a formatação é completamente independente do resto do documento. No caso citado no enunciado, o usuário deve criar quebras de seção para cada conjunto de formatações desejado.

Letra d: Errada. A alteração da orientação irá mudar a direção da página entre retrato e paisagem.

Letra e: Errado. A referência cruzada cria apontamentos para outras áreas do texto.

35. FGV – 2024 – TRF 1 – Analista Judiciário - TI

César importou para uma planilha um conjunto de dados contendo o número de identificação, nome e endereço dos funcionários do TFR1.

No Microsoft Excel, para encontrar os dados do funcionário pelo nome, César deve usar a fórmula:

a) ÍNDICE

b) PROCV

c) TRANSPOR

d) ENDEREÇO

e) ESCOLHER

▷ ***Anotações/Comentários***

Letra a: Errada. Não atende ao solicitado.

Letra b: Correta. O PROCV é uma função do Microsoft Excel que permite procurar e retornar valores correspondentes em uma tabela, sendo extremamente útil para procurar e comparar dados em grandes volumes de dados.

Letra c: Errada. Não atende ao solicitado.

Letra d: Errada. Não atende ao solicitado.

Letra e: Errada. Não atende ao solicitado.

36. FGV – 2024 – TRF 1 – Analista Judiciário - TI

João editou o documento ListaNomes.odt com informações sensíveis e quer enviá-lo para Maria com segurança utilizando uma senha.

No LibreOffice, para definir uma senha para Maria abrir o documento ListaNomes.odt, João deve executar:

a) Formatar/Congelar Documento

b) Ferramenta/Proteger Documento

c) Geral/Segurança/Definir Senha

d) Editar/Registrar Alterações

e) Propriedades/Segurança/Proteger

▷ ***Anotações/Comentários***

Questão típica de memorização de menus e caminhos. Essas ainda são questões comuns em provas de Tribunais. Atentem para isso!!

Letra a: Errada. Não atende ao solicitado.

Letra b: Errada. Não atende ao solicitado.

Letra c: Errada. Não atende ao solicitado.

Letra d: Errada. Não atende ao solicitado.

Letra e: Correta. É a sequência de menus desejada para realizar a operação de colocação de senhas.

37. FGV – 2024 – TRF 1 – Analista Judiciário - TI

Para ministrar um treinamento, Ana precisará durante a apresentação:

- ver o slide atual, o slide seguinte e anotações do orador;
- ver o tempo atual para ajudá-la a definir o ritmo de sua apresentação;
- escolher o ícone da caneta de anotações para desenhar na tela em tempo real, ou escolher um apontador laser;
- escolher a lupa para aumentar o zoom em uma determinada parte de um slide.

Para isso, no Microsoft Power Point, Ana deve:

a) executar narrações;

b) exibir slide mestre;

c) configurar transições;
d) mostrar controles de mídias;
e) usar modo de exibição do apresentador.

▷ ***Anotações/Comentários***

Letra a: Errada. Não atende ao solicitado. A execução de narrações é um recurso de acessibilidade incorporado as versões do Office.

Letra b: Errada. Não atende ao solicitado. O slide mestre é aquele que serve de base para toda a apresentação e incorpora as formatações desejadas para o conjunto de slides.

Letra c: Errada. Não atende ao solicitado. As transições são os efeitos colocados na passagem entre os slides.

Letra d: Errada. Não atende ao solicitado. Mostrar os controles de mídia serve para controlar como e quando um vídeo é exibido na apresentação corrente.

Letra e: Correta. O modo de exibição do apresentador é a função do PowerPoint que permite que o apresentador veja as suas anotações durante a apresentação, enquanto o público vê apenas os slides. Exatamente o que deseja o enunciado. Além de que, com esse modo, o apresentador tem todo o controle da apresentação.

38. FGV – 2024 – TRF 1 – Analista Judiciário - TI

Antônio recebeu o pedido de suporte do usuário Luís, que está elaborando uma planilha e queria tornar os padrões e tendências dos dados mais aparentes visualmente.

No Microsoft Excel, para criar regras que determinam a aparência das células com base em seus valores, Antônio deve orientar Luís a usar o recurso:

a) temas;
b) pincel de formatação;
c) formatar como tabela;
d) formatação condicional;
e) preenchimento relâmpago.

▷ ***Anotações/Comentários***

Letra a: Errada. Não atende ao solicitado. O tema é um recurso do Office para incorporar conjunto de formatações a um documento.

Letra b: Errada. Não atende ao solicitado. O Pincel permite copiar um conjunto de formatações.

Letra c: Errada. Não atende ao solicitado.

Letra d: Correta. Como o próprio nome sugere, esse menu permite que o usuário incorpore formatações no arquivo de acordo com situações pré-estabelecidas, exatamente como solicita o enunciado.

Letra e: Errada. Não atende ao solicitado. O preenchimento relâmpago é um recurso que preenche automaticamente dados quando detecta um padrão e pode ser usado para otimizar preenchimento de planilhas e dados.

39. FGV – 2024 – TRF 1 – Técnico Judiciário – Suporte Técnico

João recebeu diversas informações sobre a rede de computadores do TRF1, especialmente sobre as sub-redes, os IPs e os serviços disponíveis nos servidores do Data Center. Para organizar essas informações e fazer algumas análises e gráficos, João decidiu elaborar uma planilha no LibreOffice.

Para isso, João deve utilizar o:

a) Calc;
b) Writer;
c) Excel;
d) Fórmula;
e) Draw.

▷ ***Anotações/Comentários***

Letra a: Correta. No enunciado fica claro que o usuário deseja utilizar uma planilha, dessa forma, o software que permite a construção e manipulação de planilhas no pacote é o Calc.

Letra b: Errada. Não atende ao solicitado. É o editor de texto.

Letra c: Errada. Não atende ao solicitado. É um software de planilha eletrônica, mas é do Microsoft Office

Letra d: Errada. Não atende ao solicitado.

Letra e: Errada. Não atende ao solicitado. É um software para manipulação de elementos gráficos.

4. CONCEITOS DE TECNOLOGIAS RELACIONADAS À INTERNET E INTRANET, BUSCA E PESQUISA NA WEB, MECANISMOS DE BUSCA NA WEB. NAVEGADORES DE INTERNET: INTERNET EXPLORER, MOZILLA FIREFOX, GOOGLE CHROME. UTILIZAÇÃO E CONFIGURAÇÃO DE E-MAIL NO MICROSOFT OUTLOOK

40. (CESPE-2019-PGE-PE). A respeito de redes de computadores, julgue o item que segue.

Entre os delimitadores de pesquisa pelo Google, o comando filetype:pdf delimita a busca apenas de arquivos no formato PDF.

- CERTO
- ERRADO

▷ ***Anotações/Comentários***

A assertiva está CERTA. Os operadores são oferecidos pelos serviços de busca para que o resultado seja o mais próximo possível do que o usuário deseja. O operador filetype retorna apenas arquivos do tipo definido que atendam a solicitação do usuário. No caso filetype:pdf retornará arquivos apenas do tipo PDF que atendam a solicitação do usuário.

41. (CESPE-2019-PRF). Por meio de uma aplicação de acesso remoto, um computador é capaz de acessar e controlar outro computador, independentemente da distância física entre eles, desde que ambos os computadores estejam conectados à Internet.

- CERTO
- ERRADO

▷ ***Anotações/Comentários***

A assertiva está ERRADA. Para que haja a execução dessa atividade é necessário que haja a permissão (nas operações realizadas legalmente na rede), mas os computadores precisam estar conectados em uma rede, não necessariamente na Internet. Lembre-se que a Internet é apenas um dos tipos de redes.

42. (FCC – Técnico Judiciário – Área Administrativa – TJ – MA/2019) Quando um usuário acessa um site utilizando o protocolo HTTPS e ocorre uma das situações:

- um cadeado com um "X" vermelho é apresentado na barra de endereço;
- a identificação do protocolo HTTPS é apresentado em vermelho e riscado;
- a barra de endereço muda de cor, ficando totalmente vermelha;
- um indicativo de erro do certificado é apresentado na barra de endereço;
- um recorte colorido com o nome do domínio do site ou da instituição (dona do certificado) é mostrado ao lado da barra de endereço e, ao passar o mouse sobre ele, é informado que uma exceção foi adicionada.

Isso indica que

a) o usuário deveria ter usado o protocolo HTTP e não HTTPS.
b) a página do site utiliza os dois protocolos: seguro (HTTP) e não seguro (HTTPS).
c) o navegador identificou que o usuário está navegando em modo anônimo.
d) o navegador do usuário não reconhece a cadeia de certificação.
e) o site possui conexão com EV SSL, que não provê requisitos de segurança como a conexão HTTPS.

▷ ***Anotações/Comentários***

Letra a: Errada. Essa informação não pode ser obtida através das situações listadas no enunciado.

Letra b: Errado. Essa informação não pode ser obtida através das situações listadas no enunciado.

Letra c: Errado. Essa informação não pode ser obtida através das situações listadas no enunciado.

Letra d: Correto. A cadeia de certificação não está devidamente cadastrada e, sendo assim, não está sendo reconhecida pelo navegador.

Letra e: Errado. Essa informação não pode ser obtida através das situações listadas no enunciado.

---

43. (FCC - Analista Judiciário - Direito - TJ - MA/2019) Na sua configuração padrão, muitos servidores de e-mail vêm com o relay aberto, permitindo que eles sejam usados para enviar mensagens de e para qualquer rede ou domínio, independente dos endereços envolvidos serem da rede da organização ou não. Estes servidores são amplamente explorados para envio de SPAM.

Diversas redes bloqueiam a recepção de mensagens a partir de servidores que tenham sido ou estejam sendo usados para envio de SPAM, fazendo com que usuários do servidor com relay aberto não possam enviar mensagens a usuários dessas redes.

Para resolver este problema de relay aberto, deve-se configurar estes servidores corretamente. A configuração adequada deve permitir apenas:

- envio de mensagens com endereço de origem local e endereço de destino local ou externo;
- recepção de mensagens com endereço de origem local ou externo e endereço de destino local.

Tratam-se de servidores:

a) UDP - User Datagram Protocol.

b) ARP - Address Resolution Protocol.

c) SMTP - Simple Mail Transfer Protocol.

d) ICMP - Internet Control Mail Protocol.

e) DNS - Domain Name Service.

▷ ***Anotações/Comentários***

Letra a: Errado. Não atende ao solicitado

Letra b: Errado. Não atende ao solicitado

Letra c: Correto. O SMTP é o protocolo responsável por levar (enviar) as mensagens da máquina do usuário para o servidor de email.

Letra d: Errado. Não atende ao solicitado.

Letra e: Errada. Não atende ao solicitado

---

44. (FCC - Analista Judiciário - Direito - TJ - MA/2019) Um usuário selecionou um trecho de texto em um site usando o navegador Google Chrome e, para acessar a janela onde será possível imprimir somente o trecho selecionado, ele deverá:

a) clicar com o botão direito do mouse sobre o trecho e selecionar a opção Imprimir...

b) pressionar a combinação de teclas ctrl + alt + p.

c) clicar no menu Imprimir e na opção Imprimir seleção.

d) clicar com o botão esquerdo do mouse sobre o trecho e selecionar a opção Enviar para Impressora.

e) pressionar a combinação de teclas shift + p.

▷ ***Anotações/Comentários***

Letra a: Correto. O mais legal nessa questão é o fato dele explicitar que ele quer imprimir APENAS o trecho selecionado. Dessa forma, é necessário clicar com o botão direito do mouse sobre o trecho selecionado, Imprimir\Mais definições\ Opções\Apenas Seleção

Letra b: Errado. Não atende ao solicitado

Letra c: Errado. Não atende ao solicitado.

Letra d: Errado. Não atende ao solicitado.

Letra e: Errada. Não atende ao solicitado

---

45. (Analista Judiciário - Direito - TJ - AM/2019) Com relação a conceitos básicos de informática, julgue os itens que se seguem.

-Um certificado digital validado por uma autoridade certificadora permite associar uma mensagem ao seu remetente, garantindo-se, assim, a autenticidade da comunicação.

- CERTO
- ERRADO

▷ ***Anotações/Comentários***

Uma das funções do certificado digital é garantir a autenticidade da comunicação.

-As intranets utilizam tecnologias da Internet para viabilizar a comunicação entre os empregados de uma empresa, permitindo-lhes compartilhar informações e trabalhar de forma colaborativa.

- CERTO
- ERRADO

▷ ***Anotações/Comentários***

A Intranet é a rede coorporativa que oferece serviços típicos de Internet. Oferecem serviços pré-definidos para um público pré-definido e que deve ser autenticado. O que pode acontecer entre os funcionários de uma empresa, como previsto na questão.

---

46. (CESPE - Técnico Judiciário - TJ - RJ/2019) Uma rede de computadores apresenta as seguintes características: utiliza protocolo TCP/IP, é embasada no modelo web, oferece serviços de email, transferência de arquivos e acesso a páginas HTTP a um conjunto restrito de usuários internos de uma empresa, para troca de informações corporativas.

As características dessa rede de computadores são típicas de

a) rede de correio eletrônico.

b) extranet.

c) Internet.

d) intranet.

e) World Wide Web (WWW).

▷ ***Anotações/Comentários***

Letra a: Errado. Não atende ao solicitado

Letra b: Errado. A extranet se caracteriza pela oferta do serviço para um ente externo ao negócio da empresa.

Letra c: Errado. A internet já é a rede de uso público.

Letra d: Correto. O que caracteriza o uso da intranet é o fato dele informar "o acesso restrito de alguns usuários internos para troca de informações corporativas". Isso indica que houve a autenticação e que tinham acesso ao negócio da empresa.

Letra e: Errada. Não atende ao solicitado

---

47. (CESPE-2018-EBSERH). Julgue o próximo item, em relação aos conceitos da arquitetura cliente-servidor e de Internet e intranet.

A intranet é uma rede de equipamentos que permite acesso externo controlado, para negócios específicos ou propósitos educacionais, sendo uma extensão da rede local de uma organização, disponibilizada para usuários externos à organização.

- CERTO
- ERRADO

▷ ***Anotações/Comentários***

A assertiva está ERRADA. A intranet é uma rede que oferece serviços bem definidos para um grupo de usuários determinados e que serão autenticados. Veja que não é acesso para usuários externos à organização. Se o acesso a Intranet é feito pela Internet para um ente externo ao negócio da empresa temos a Extranet.

48. (CESPE-2018-STM). Julgue o seguinte item, relativo a noções de informática.

No Google Chrome, o Menu de Configurações oferece a opção de importar os arquivos de favoritos e configurações, no caso de se aproveitar a lista de sítios favoritos e a lista de senhas de acesso salvas, para uso em outros browsers ou outros dispositivos e computadores.

- CERTO
- ERRADO

▷ ***Anotações/Comentários***

A assertiva está CERTA. Quase todos os softwares de navegação e clientes de email oferecem esses recursos para facilitar a vida do usuário no caso de trocas de dispositivos e uso de outros aplicativos similares.

49. (AOCP – Analista Judiciário – Área Administrativa – TRT 1/2018) No Mozilla Firefox versão 57.x, com as configurações que são padrão de instalação, toda vez que o usuário realiza um download de um arquivo, este é salvo automaticamente no diretório "Download", que está dentro do diretório padrão do usuário. Para que o usuário possa escolher o diretório onde quer salvar os arquivos baixados, qual das opções do menu ele deve escolher?

a) Personalizar.
b) Preferências.
c) Web Developer.
d) Editar.
e) Extensões.

▷ ***Anotações/Comentários***

Letra a: Errada. Não atende ao solicitado

Letra b: Correta. É o menu que atende ao que foi solicitado no enunciado.

Letra c: errada. Não atende ao solicitado.

Letra d: Errado. Não atende ao solicitado.

Letra e: Errado. Não atende ao solicitado

50. (AOCP – Analista Judiciário – Área Administrativa – TRT 1/2018) Um sistema de uma empresa está acessível aos seus colaboradores através da sua Intranet. Isso significa que

a) o sistema pode ser acessado somente por colaboradores internos ou usuários previamente autorizados, e somente através da rede local da organização (o usuário deve estar fisicamente nas instalações da empresa).
b) qualquer usuário na Internet pode acessar o sistema.
c) faz parte da Deep Web.
d) o sistema pode ser acessado somente por usuários previamente autorizados, mas também pode ser possível o acesso através da Internet, dependendo de como a Intranet foi configurada.
e) as tecnologias utilizadas pela rede que armazena o sistema são diferentes das utilizadas na Internet.

▷ ***Anotações/Comentários***

Letra a: Errada. A Intranet pode ser utilizada de outro local físico que não as instalações da empresa.

Letra b: Errada. Para o uso da Intranet deve haver a autenticação.

Letra c: errada. Não atende ao solicitado.

Letra d: Correto. Define perfeitamente os pré-requisitos de uso da Intranet. Dependendo da sua forma de configuração .

Letra e: Errado. Tanto a Intranet, como a Internet se baseiam no Modelo de referência TCP/IP.

51. (AOCP – Analista Judiciário – Oficial de Just. Avaliador Federal – TRT 1/2018) Ao enviar um e-mail incluindo endereços de destinatário no campo "Cco", disponível em todas as ferramentas populares para o envio de e-mails, o que acontece?

a) Os destinatários que estão em "Cco" não conseguem ver para quem a mensagem foi enviada pelo campo "Para".
b) Os destinatários que estão em "Cc" conseguem ver para quem a mensagem foi enviada em "Cco".
c) O remetente receberá uma confirmação de quando a mensagem foi lida por cada destinatário incluído em "Cco".
d) Os destinatários que não estão em "Cco" não conseguem ver para quem a mensagem foi enviada em "Cco".
e) Somente os destinatários em "Cco" conseguem visualizar outros destinatários em "Cco".

▷ ***Anotações/Comentários***

Letra a: Errada. Não atende ao solicitado

Letra b: Errada. Não atende ao solicitado.

Letra c: errada. Não atende ao solicitado.

Letra d: Correta. Todos os destinatários colocados no campo CCo não serão vistos pelos demais. O campo CCo também pode ser chamado de Bcc.

Letra e: Errada. Não atende ao solicitado.

52. (CESPE-2018-PF). As redes de computadores podem ser classificadas, pela sua abrangência, em LAN (local area network), MAN (metropolitan area network), e WAN (wide area network).

- CERTO
- ERRADO

▷ ***Anotações/Comentários***

A assertiva está CERTA. Essa é exatamente a classificação das redes quanto a abrangência física. LAN é a rede de pequena distância, WAN para longas distâncias e a MAN é a rede metropolitana.

53. CEBRASPE – 2023 – TJ/ES – Analista Judiciário – Área Administrativa Acerca de redes de computadores e pesquisa na Internet, julgue o item a seguir.

Com base nas propriedades de rede exibidas na imagem a seguir, extraídas de um computador com Windows 10 conectado à rede por meio de apenas um adaptador de rede, é correto afirmar que esse computador poderá conectar-se a uma rede com velocidade de até 1.000 Mbps.

- CERTO
- ERRADO

▷ ***Anotações/Comentários***

A assertiva está CERTA. O ponto marcado na imagem da questão exibe exatamente a capacidade de transmissão da rede, o queu nos indica que o enunciado está correto.

54. CEBRASPE – 2023 – TJ/ES – Analista Judiciário – Área Administrativa Acerca de redes de computadores e pesquisa na Internet, julgue o item a seguir.

INFORMÁTICA

Para procurar no Google o termo câmaras exclusivamente no sítio https://www.tjes.jus.br, deve-se inserir na pesquisa o comando a seguir. câmaras include www.tjes.jus.br

- CERTO
- ERRADO

▷ ***Anotações/Comentários***

A assertiva está ERRADA. Para realizarmos pesquisas em sites específicos devemos usar a tag site:. Dessa forma a pesquisa deveria ser: câmaras site:hhttps://tjes.jus.br.

55. CEBRASPE – 2023 – TJ/ES – Analista Judiciário – Área Administrativa Acerca de redes de computadores e pesquisa na Internet, julgue o item a seguir.

Suponha-se que um usuário tenha acessado o sítio https://images.google.com.br e digitado no campo de pesquisa os termos brasao, governo. espitiro; santo, para obter a imagem do brasão do governo do estado do Espírito Santo. Nesse caso, a pesquisa retornará um erro, pois, para a busca de imagens, é necessário digitar as palavras na forma ortográfica correta, considerando-se os devidos sinais de pontuação e acentuação.

- CERTO
- ERRADO

▷ ***Anotações/Comentários***

A assertiva está ERRADA. Nas pesquisas e inclusive também nas menções a endereços, evitamos usar acentos ou caracteres do tipo, pois esses recursos seguem regras que stipulam padrões.

56. IBFC – 2022 – TJ/MG – Analista Judiciário Em relação ao conceito básico sobre webmail, analise as afirmativas a seguir e dê valores Verdadeiro (V) ou Falso (F).

( ) O conceito de 'Caixa de Entrada' é muito comum nos principais webmails.

( ) O webmail só pode ser acessado a partir de alguns navegadores especiais.

( ) O principal webmail da Microsoft é denominado tecnicamente de MS-Access.

Assinale a alternativa que apresenta a sequência correta de cima para baixo

a) V - F – F

b) V - F – V

c) F - V – V

d) V - V – F

e) F - F – V

▷ ***Anotações/Comentários***

Assertiva I – a assertiva é verdadeira, pois a caixa de entrada, na verdade, é uma pasta obrigatória nos servidores de email

Assertiva II – a assertiva é falsa, pois os webmails podem ser acessados através da Web e consequentemente de qualquer navegador em uso no mercado.

Assertiva III – a assertiva é falsa, o principal webmail da Microsoft é o Outlook Webmail (antigo Hotmail) e o MS-Acess é um banco de dados que faz parte do Office.

Letra a: Correta. Atende a combinação desejada.

Letra b: Errada. Não atende a combinação desejada.

Letra c: Errada. Não atende a combinação desejada

Letra d: Errada. Não atende a combinação desejada.

Letra e: Errada. Não atende a combinação desejada.

57. IBFC – 2024 – TRF 5 - Analista Judiciário - Área Administrativa

Considerando as estratégias de indexação e otimização utilizadas pelos motores de busca como Google e Bing, assinale a alternativa que apresenta um dos principais fatores que influenciam o posicionamento de um site nos resultados de busca orgânica.

a) A frequência de atualizações do conteúdo do site, garantindo que o material seja recente e relevante

b) A quantidade de anúncios pagos que o site exibe, influenciando diretamente seu posicionamento nos resultados orgânicos

c) A extensão do domínio do site (por exemplo, .com ou .net), que determina a autoridade do site aos olhos do buscador

d) A cor predominante no design do site, que deve estar alinhada com as preferências de cor do algoritmo do motor de busca

▷ ***Anotações/Comentários***

Letra a: Correta. Hoje existem as técnicas de SEO (Search Engine Optimization) que é o conjunto de estratégias de otimização para mecanismos de busca, cujo objetivo é alcançar bom posicionamento orgânico de páginas da web nos buscadores em geral, com conteúdo de qualidade e que entreguem uma boa experiência para os usuários.

Letra b: Errada. Não atende ao solicitado. Se é anúncio pago, então não é orgânico.

Letra c: errada. Não atende ao solicitado. Extensão não determina autoridade.

Letra d: errada. Não atende ao solicitado. A cor não tem nenhuma relação com a prioridade de busca.

5. SEGURANÇA DA INFORMAÇÃO EM TECNOLOGIA: CONCEITOS FUNDAMENTAIS DE SEGURANÇA DA INFORMAÇÃO, CONFIDENCIALIDADE, INTEGRIDADE, DISPONIBILIDADE, AUTENTICIDADE, NÃO-REPÚDIO E PRIVACIDADE; AMEAÇAS EM COMPUTADORES E REDES; CONCEITOS E PREVENÇÃO DE CÓDIGOS MALICIOSOS (MALWARE, PRAGAS VIRTUAIS, VÍRUS ETC.), USO DE FERRAMENTAS ANTIVÍRUS E ANTIMALWARE

58. (FCC – Técnico Judiciário – Área Administrativa – TJ – MA/2019) Se o ransomware for do tipo bloqueador que impede totalmente o acesso ao computador, então o usuário tem três opções para removê-lo: reinstalar o sistema operacional; executar um programa antivírus de uma unidade externa ou inicializável; ou executar uma restauração do sistema e recuperar o Windows para um momento antes que o ransomware foi carregado. Para restaurar o sistema em computadores com Windows 7, em português e em condições ideais, o usuário deve seguir os passos:

1. Quando o computador estiver iniciando, pressione uma tecla várias vezes para exibir o menu de opções avançadas de inicialização (boot).
2. Escolha reparar o seu computador e depois tecle Enter.
3. Entre com o nome de usuário do Windows e senha. Este campo pode ser deixado em branco se não tiver nenhum.
4. Selecione Restauração do Sistema.

(Adaptado de: https://blog.avast.com/pt-br/guia-essencial-como-se-proteger-dos-ransomwares)

Considerando esses passos, deve ser pressionada a tecla

a) DEL.

b) F8.

c) ESC.

d) Windows + B.

e) F4.

▷ ***Anotações/Comentários***

Letra a: Errada. Não atende ao solicitado

Letra b: Correta. Teclas de atalho sempre são abordadas em provas de tribunais. Nesse caso a tecla F8 realiza a operação desejada.

Letra c: Errado. Não atende ao solicitado.

Letra d: Errada. Não atende ao solicitado.

Letra e: Errado. Não atende ao solicitado.

59. (CESPE-2019- PRF). No acesso a uma página web que contenha o código de um vírus de script, pode ocorrer a execução automática desse vírus, conforme as configurações do navegador.

- CERTO
- ERRADO

▷ ***Anotações/Comentários***

A assertiva está CERTA. Vale salientar a palavra "pode". Arquivos auto executáveis podem estar embutidos em páginas e dependendo das configurações do navegador e do software de segurança instalado podem ter a sua ação ativada sem ato explicito do usuário.

60. (CESPE-2018-PF). Os aplicativos de antivírus com escaneamento de segunda geração utilizam técnicas heurísticas para identificar códigos maliciosos.

- CERTO
- ERRADO

▷ ***Anotações/Comentários***

A assertiva está CERTA. A heurística é uma técnica que envolve inteligência artificial e que permite que os softwares de segurança percebam comportamentos estranhos de arquivos e programas e já adotem medidas protetivas enquanto informam a ação para o fabricante e aguardam atualizações de versões. Essa técnica permitiu que a indústria de segurança seja um pouco proativa e não sempre reativa, aumentando a segurança oferecida por seus produtos.

61. (AOCP – Analista Judiciário – Área Administrativa – TRT 1/2018) Em uma época em que cada vez mais as informações trafegam e são armazenadas em meios digitais, tornaram-se comuns notícias sobre os prejuízos causados por ameaças como vírus, spywares e ransomwares. Essas ameaças também podem ser classificadas como:

a) Bugs.

b) Malwares.

c) Spam.

d) Badwares.

(e) Phishing.

▷ ***Anotações/Comentários***

Letra a: Errada. Não atende ao solicitado

Letra b: Correta. Os ataques, de uma maneira geral, podem ser chamados de malwares.

Letra c: errada. Não atende ao solicitado.

Letra d: Errada. Não atende ao solicitado.

Letra e: Errado. Não atende ao solicitado.

62. (CESPE-2018-PF). A superexposição de dados pessoais nas redes sociais facilita o furto de identidade ou a criação de identidade falsa com dados da vítima, identidades essas que podem ser usadas para atividades maliciosas tais como a realização de transações financeiras fraudulentas, a disseminação de códigos maliciosos e o envio de mensagens eletrônicas falsas por email ou redes sociais.

- CERTO
- ERRADO

▷ ***Anotações/Comentários***

A assertiva está CERTA. Hoje algumas quadrilhas têm membros especializados em procurar vítimas nas redes sociais. Dependendo das circunstancias da vida pessoal as postagens realizadas podem facilitar ataques ou golpes.

63. (CESPE-2018- BNB). Se um rootkit for removido de um sistema operacional, esse sistema não voltará à sua condição original, pois as mudanças nele implementadas pelo rootkit permanecerão ativas.

- CERTO
- ERRADO

▷ ***Anotações/Comentários***

A assertiva está CERTA. Observe a sutileza da elaboradora!! O malware foi removido, mas isso não significa dizer que os danos por ele causado serão automaticamente revertidos. Esse raciocínio é válido para o rootkit e para os ataques em geral.

64. (CESPE-2018-PF). Formatos comuns de arquivos, como, por exemplo, .docx ou .xlsx, são utilizados como vetor de infecção por ransomware, um tipo de software malicioso que encripta os dados do usuário e solicita resgate.

- CERTO
- ERRADO

▷ ***Anotações/Comentários***

A assertiva está CERTA. O ransoware, ataque descrito na assertiva, tem aumentado bastante a sua ação nos últimos tempos e utiliza de formatos bem comuns de arquivos para seduzir as vítimas e as induzirem a abertura do arquivo ou execução da ação desejada pelo atacante.

65. (CESPE-2018-PF). A infecção de um sistema por códigos maliciosos pode ocorrer por meio da execução de arquivos infectados obtidos de anexos de mensagens eletrônicas, de mídias removíveis, de páginas web comprometidas, de redes sociais ou diretamente de outros equipamentos.

- CERTO
- ERRADO

▷ ***Anotações/Comentários***

A assertiva está CERTA. Todas as formas citadas na assertiva podem ser utilizadas para realizar ataques e infecções. Observe que ela não falou que seriam apenas essas ou que seriam as mais importantes ou nada do gênero, apenas citou formas de infecção e todas atendem ao descrito na assertiva.

66. IBFC – 2022 – TJ/MG – Analista Judiciário Leia atentamente a frase abaixo:

"A criptografia usada nos Certificados Digitais chama-se criptografia ______, essa tecnologia usa duas chaves: ______ e ______".

Assinale a alternativa que preencha correta e respectivamente as lacunas.

a) assimétrica / ocasional / constante

b) simétrica / pública / privada

c) assimétrica / harmônica / desarmônica

d) simétrica / harmônica / desarmônica

e) assimétrica / pública / privada

▷ ***Anotações/Comentários***

A frase correta é: "A criptografia usada nos Certificados Digitais chama-se criptografia ___ASSIMÉTRICA___, essa tecnologia usa duas chaves: _PÚBLICA_____ e ___PRIVADA___".

Letra a: errada. Não atende a combinação desejada.

Letra b: Errada. Não atende a combinação desejada.

Letra c: Errada. Não atende a combinação desejada

Letra d: Errada. Não atende a combinação desejada.

Letra e: correta. Atende a combinação desejada. A criptografia assimétrica é a que possui chaves diferentes em suas pontas uma pública e outra privada e a técnica usada nos certificados digitais.

67. IBFC – 2024 – TRF 5 - Analista Judiciário - Área Administrativa

Uma abordagem eficaz para a segurança da informação combina medidas técnicas, como criptografia e firewalls, com práticas de conscientização e treinamento para assegurar que todos na organização compreendam e respeitem as políticas de proteção de dados. Assinale a alternativa que apresenta uma característica principal de um malware do tipo Adware.

a) Ele finge ser um software útil para enganar o usuário e instalar malwares adicionais
b) Ele exibe anúncios indesejados e abre vulnerabilidades no sistema que podem ser exploradas por outros malwares
c) Ele tem a função de criptografar arquivos do usuário e exigir um resgate para desbloqueá-los
d) Ele é usado para aumentar a velocidade de processamento do computador e melhorar o desempenho geral

▷ ***Anotações/Comentários***

Letra a: Errada. Não atende ao solicitado. Essa é a descrição do Trojan Horse.

Letra b: Correta. Essa é exatamente a descrição do adware.

Letra c: errada. Não atende ao solicitado. Essa é a descrição do Ransomware.

Letra d: Errada. Não atende ao solicitado. Essa é não é uma característica de um malware.

68. IBFC – 2024 – TRF 5 - Analista Judiciário - Área Administrativa

Assinale a alternativa que apresenta o principal objetivo do phishing.

a) Oferecer promoções e descontos através de campanhas de marketing por e-mail
b) Fornecer suporte técnico para a resolução de problemas de software sem risco de segurança
c) Solicitar feedback do usuário sobre um produto ou serviço de forma segura e legítima
d) Levar o usuário a realizar ações que comprometem a segurança de seu dispositivo, como fornecer informações pessoais ou instalar software malicioso

▷ ***Anotações/Comentários***

Letra a: Errada. Não atende ao solicitado. Essa é não é uma característica de um malware, mas poderia ser feito através de um spam.

Letra b: Errada. Não atende ao solicitado.Essa é não é uma característica de um malware.

Letra c: Errada. Não atende ao solicitado.Essa é não é uma característica de um malware.

Letra d: Correta. Essa é exatamente a descrição de um Phishing.

6. MS TEAMS: CHATS, CHAMADAS DE ÁUDIO E VÍDEO, CRIAÇÃO DE GRUPOS, TRABALHO EM EQUIPE: WORD, EXCEL, POWERPOINT, SHAREPOINT E ONENOTE, AGENDAMENTO DE REUNIÕES E GRAVAÇÃO

69. FGV – 2024 – TRF 1 – Técnico Judiciário – Suporte Técnico

Gabriel, gerente de vendas na empresa X, precisa fazer uma reunião com dois fornecedores de sua empresa. Ele possui em seu computador o pacote OFFICE 365. Sabendo da dificuldade de locomoção atualmente, Gabriel acertou com o pessoal envolvido que a reunião seria online. Ele solicitou apoio de um auxiliar da empresa X e fará uso do Microsoft Teams. Gabriel gerará o link para a reunião e gerenciará o momento em que cada fornecedor poderá falar. Seus fornecedores precisarão conversar e compartilhar vídeos. Seu auxiliar fará compartilhamento de conteúdo e controlará a gravação da reunião para a geração de uma ata.

Sendo assim, Gabriel, seus fornecedores e seu auxiliar deverão ter, respectivamente, as funções de:

a) participante, participante e organizador;
b) participante, organizador e organizador;
c) organizador, organizador e participante;
d) organizador, participante e participante;
e) organizador, organizador e organizador.

▷ ***Anotações/Comentários***

Tem sido bem comum questões sobre papéis, tipos de grupos e participações no Teams. Atentem para isso!!

Letra a: Errada. Não atende ao solicitado.

Letra b: Errada. Não atende ao solicitado.

Letra c: Errada. Não atende ao solicitado.

Letra d: Errada. Não atende ao solicitado.

Letra d: Correta. Essa é a sequência de papéis e permissões desejada.

ÉTICA NO SERVIÇO PÚBLICO

Leandro Bortoleto e Perla Müller

1. ÉTICA E MORAL

01. (AOCP – Analista Judiciário – Área Administrativa – TRF2/2024) Sobre ética no serviço público analise as afirmativas abaixo.

I. A Ética ocupa-se das ações humanas de fundo amoral, que afetam a dignidade, os direitos e as necessidades fundamentais e o bem-estar da sociedade do indivíduo como ser único.

II. A dignidade é a base da criação e do desenvolvimento da Ética como prática da relação da pessoa consigo mesma e com a sociedade, e como corpo de conceitos e preceitos sobre a vida.

Assinale a alternativa correta.

a) I e II estão corretas
b) I e II estão incorretas
c) Somente I está correta
d) Somente II está correta

▷ ***Anotações/Comentários***

A Ética ocupa-se das ações humanas de fundo moral e que afetam a dignidade, os direitos e as necessidades fundamentais e o bem-estar da sociedade do indivíduo como ser único. Outrossim, na contemporaneidade, a dignidade humana é critério eletivo da melhor conduta, isto é, guia do agir ético.

02. (Cespe – Técnico Judiciário – TJ – RJ/2021) Assinale a opção que apresenta a doutrina ética segundo a qual as pessoas devem ser respeitadas pela mera condição humana, como um fim em si mesmas, independentemente dos benefícios e da maximização da felicidade para a maioria das outras pessoas.

a) utilitarismo
b) hedonismo
c) moral baseada em imperativos categóricos
d) moral do caráter
e) consequencialismo

▷ ***Anotações/Comentários***

(a) O utilitarismo considera como fim de qualquer atividade humana a maior felicidade possível, compartilhada pelo maior número possível de pessoas, finalidade sem a qual um comportamento não pode ser considerado ético, fazendo coincidir utilidade individual e utilidade pública.

(b) O hedonismo tem o prazer como único móvel a que o ser humano deve obedecer, sendo o prazer o único bem possível e único fundamento da vida moral.

(c) A moral baseada em imperativos categóricos impõe o respeito das pessoas pela sua simples condição humana. Diferentemente das coisas, cujo valor é o preço, o que as tornam substituíveis, apregoa que o valor do ser humano é a dignidade, o que o torna insubstituível e fim último, não podendo ser usado como meio para qualquer outro fim.

(d) O valor moral do caráter reside em se fazer o bem não por desejo pessoal, mas por dever. O caráter diz o que o ser humano é capaz de fazer de si no mundo, sendo sua disposição para agir ou reagir em certa direção.

(e) Para o consequencialismo, a pessoa é responsável por suas ações.

03. (Cespe – Analista Judiciário – TJ – RJ/2021) Considerando a doutrina de Kant acerca da ética, assinale a opção correta.

a) A ética é limitada a determinado grupo social.
b) A ética independe da razão.
c) A ética está relacionada à religião e ao divino.
d) A ética é impessoal, no sentido de ser aplicável para todos de forma uniforme.
e) A ética é variável de acordo com as consequências da conduta.

▷ ***Anotações/Comentários***

(a) A ética é disciplina filosófica cujos princípios tem aplicação universal, de modo que os critérios que oferta para a escolha da melhor conduta aplicam-se a qualquer grupo social, em qualquer tempo.

(b) A ética não independe da razão, pelo contrário, é a razão que orienta a boa vontade, que escolhe o agir não por uma recompensa ou por medo de uma punição, mas pela liberdade de agir por respeito ao dever pelo dever, por concordância com a norma moral.

(c) A ética está relacionada ao aspecto secular do ser humano, impondo-lhe, segundo a doutrina kantiana, o cumprimento do dever pelo dever, isto é, pelo reconhecimento, por uma boa vontade, da necessidade imperiosa de respeitar todos como fins em si mesmos, como se a máxima da conduta pudesse ser tomada como lei universal.

(d) A ética kantiana é impessoal, isto é, do tipo formal, aplicando-se a todo ser racional de forma uniforme, independentemente das contingências.

(e) A ética, segundo a doutrina kantiana, é invariável, sustentando que o agir ético fundamenta-se no puro respeito ao dever, pouco importando as finalidades ou resultados concretos do agir.

04. (Cespe – Analista Judiciário – TJ – RJ/2021) Assinale a opção que corresponde à doutrina ética em que a defesa dos direitos humanos resulta, a longo prazo, na maximização da felicidade da maioria das pessoas que integram a comunidade.

a) utilitarismo
b) moral das virtudes
c) patrimonialismo
d) moral fundamentada em imperativos categóricos
e) puritanismo

▷ ***Anotações/Comentários***

(a) O utilitarismo considera como fim de qualquer atividade humana a maior felicidade possível, compartilhada pelo maior número possível de pessoas, sem o que um comportamento não pode ser considerado ético, fazendo coincidir utilidade individual e utilidade pública.

(b) A moral das virtudes indica que o comportamento ético é, por essência, resultado da atitude virtuosa, isto é, da atitude que se inclina ou propende para o bem. Ademais, é através da prática reiterada (atos concretos e cotidianos) das virtudes que o sujeito se aprimora enquanto ser ético.

(c) O patrimonialismo resulta na prevalência do interesse privado sobre o público, de modo que se maximiza a felicidade dos indivíduos ou grupos mais influentes portadores do poder político, isto é, dos que exercem as funções públicas, tornando o Estado representante dos interesses de poucos.

(d) A moral baseada em imperativos categóricos impõe o respeito das pessoas pela sua simples condição humana. Diferentemente das coisas, cujo valor é o preço, o que as tornam substituíveis, apregoa que o valor do ser humano é a dignidade, o que o torna insubstituível e fim último, não podendo ser usado como meio para qualquer outro fim.

(e) O puritanismo, tomando como teoria política, já que também tem dimensão religiosa, tem, em Deus, regente absoluto da vida do homem, seja no espaço individual, social ou espiritual. O comportamento ético não é avaliado segundo seus resultados, mas sim por sua conformidade com os mandamentos (dogmas) divinos.

05. (Cespe – Técnico Judiciário – Desenvolvimento de Sistemas – STJ/2018) Considerando os conceitos, princípios e valores da ética e da moral, bem como o disposto na Lei n.º 8.429/1992, julgue os itens a seguir

A consciência moral deve nortear o comportamento do servidor público, que deve sempre apresentar conduta ética, ainda que receba ordem hierárquica superior que lhe imponha conduta imoral e antiética.

▷ ***Anotações/Comentários***

O servidor público tem que conhecer, compreender e assimilar, na sua vida profissional e privada, os deveres morais que lhe competem, desenvolvendo sua consciência moral a respeito de suas responsabilidades com vista à prestação ética e, consequentemente, eficaz dos serviços públicos. Age com ética aquele que por consciência própria e vontade autônoma escolhe o que é bom, justo e certo. A consciência moral é o guia do comportamento do servidor público. Dessa forma, apesar do dever de respeito à hierarquia, o servidor público, em respeito ao comportamento ético que lhe é exigido e esperado, não pode cumprir ordem superior que lhe imponha conduta imoral e contrária à ética.

06. (Cespe – Técnico Judiciário – Área Administrativa – STM/2018) Acerca da ética e da moral e das disposições do Código de Ética dos Servidores da Justiça Militar da União, julgue os seguintes itens.

a) O relativismo moral opõe-se ao etnocentrismo, na medida em que reconhece que a pluralidade e a heterogeneida-de das culturas influenciam as regras morais de cada grupo social.

b) Os servidores da justiça militar da União têm o dever fundamental de representar contra comprometimento indevi-do da estrutura da administração pública, independentemente da hierarquia a que estejam subordinados.

c) Enquanto a ética é pautada pela universalidade, apresentando cunho filosófico, a moral é influenciada por fatores sociais e históricos, constituindo um conjunto de normas de conduta destinadas a ordenar o comportamento humano.

▷ ***Anotações/Comentários***

(a) O etnocentrismo opõe-se ao relativismo cultural e não ao relativismo moral. O relativismo cultural – e não moral –reconhece a pluralidade e a heterogeneidade das culturas sem julgar uma melhor ou mais correta que outra, enquanto no etnocentrismo, por sua vez, uma determinada cultura julga inferior culturas diferentes, reputando a sua como a única correta. Já o relativismo moral nega a existência de valores objetivos e universais em si, de modo que mudariam de pessoa para pessoa, de sociedade para sociedade.

(b) A supremacia do interesse público é fundamento primeiro de qualquer sociedade e vetor da conduta de todos os servidores públicos. Apesar de ser dever fundamental do servidor o respeito à hierarquia, tal dever não pode inibir o servidor da justiça militar da União, como todo servidor público, do dever de representar contra o comprometimento indevido da estrutura da administração pública seja por quem for.

(c) A ética é uma disciplina filosófica, estando contida na reflexão e orientada por princípios que se pretendem universais. A moral, por sua vez, varia de sociedade para sociedade, de época para época, sofrendo influências histórico sociais, estando continda na ação.

2. ÉTICA, PRINCÍPIOS E VALORES

07. (Cespe – Analista do DPU – Direito/2018) A partir das ideias constantes nesse fragmento de texto, julgue os itens a seguir.

Está, pois, suficientemente esclarecido que a virtude moral é um meio-termo entre dois vícios, um dos quais envolve excesso e o outro, deficiência, e isso porque a sua natureza é visar à mediania nas paixões e nos atos.

Do que acabamos de dizer segue-se que não é fácil ser bom, pois em todas as coisas é difícil encontrar o meio-termo.

(...)

A justiça corretiva será o intermediário entre a perda e o ganho. Eis aí por que as pessoas em disputa recorrem ao juiz; e recorrer ao juiz é recorrer à justiça, pois a natureza do juiz é ser uma espécie de justiça animada; e procuram o juiz como um intermediário, e em alguns Estados os juízes são chamados mediadores, na convicção de que, se os litigantes conseguirem o meio-termo, conseguirão o que é justo. O justo, pois, é um meio-termo, já que o juiz o é. Ora, o juiz restabelece a igualdade.

Aristóteles. Ética a Nicômaco. In: Os pensadores. (Org.) José A. M. Pessanha. 4.a ed., v. 2, São Paulo: Nova Cultural, 1991 (com adaptações).

a) Aristóteles vincula a justiça à natureza do trabalho de juiz, cuja atuação deve ser ética e corresponder ao exercício da própria noção de justiça.

b) Constatar a dificuldade em ser bom é uma questão ética que constitui uma condição para que as pessoas recorram ao juiz, pois a natureza de seu trabalho é a bondade.

c) Depreende-se do texto que a decisão do juiz, apesar de ética, não necessariamente representa o justo para os litigantes, pois um terá de perder e o outro, ganhar, para que a justiça corretiva aconteça.

d) Com o objetivo de promover os valores éticos para o bem da sociedade, a fórmula aristotélica da mediania propõe a rigorosa punição dos vícios pelos agentes públicos, simbolizados no texto pela profissão de juiz.

e) Conforme a ética aristotélica, o meio-termo deve ser buscado por todas as pessoas como principal caminho para uma vida virtuosa, tanto nas ações como nas paixões humanas, a fim de se equilibrarem os vícios, tanto os decorrentes do excesso como aqueles que resultam da falta.

▷ ***Anotações/Comentários***

(a) Aristóteles vincula a justiça à natureza do trabalho de juiz, cuja atuação deve ser ética e corresponder ao exercício da própria noção de justiça, pois, para o filósofo grego, a natureza do juiz é ser uma espécie de justiça animada.

(b) Para Aristóteles, a natureza do trabalho do juiz é a igualdade e não a bondade.

(c) Depreende-se do texto que a decisão do juiz é ética porque representa o justo para os litigantes, pois o justo é um meio-termo, já que o juiz o é.

(d) A fórmula aristotélica da mediania propõe que o juiz seja um mediador, não para a punição rigorosa dos vícios, mas para que o justo (o meio termo) seja encontrado.

(e) Para Aristóteles, a virtude moral, que deve ser buscada por todas as pessoas é um meio-termo entre dois vícios, isto é, mediania nas paixões e nos atos.

3. ÉTICA E DEMOCRACIA: EXERCÍCIO DA CIDADANIA

08. (Cebraspe – Analista Judiciário – Área Administrativa – TJ/ES/2023) Considerando a ética, a moral, os princípios e os valores relacionados à função pública e ao setor público bem como o exercício da cidadania, julgue o item a seguir.

Na formação da democracia, o exercício da cidadania exaure-se apenas com o exercício do voto.

▷ ***Anotações/Comentários***

A democracia não se resume aos atos votar e ser votado. A experiência democrática impõe, para além do voto, atuação estatal que edifique uma sociedade que compartilhe direitos considerados fundamentais, isto é, que assegure o pleno gozo de direitos civis, políticos, econômicos, sociais e culturais, e imponha o desempenho dos deveres respectivos. E, para além do voto, permita outras formas de controle e participação popular das funções públicas.

09. (Cespe - Procurador Municipal - Pref. de Boa Vista - RR/2019) Acerca de ética no serviço público, moral e exercício da cidadania, julgue os itens a seguir.

a) De acordo com o conceito de imperativo categórico, de Kant, o dever denota uma forma, que é válida para toda ação moral e implica a universalidade da conduta ética, de modo que o indivíduo deve agir como se a máxima de sua ação pudesse se tornar uma lei universal.

b) O risco de subjetivismo e ativismo por parte dos agentes públicos na interpretação e na aplicação da lei consiste em uma das críticas ao paradigma pós-positivista, ocorrendo em tal paradigma uma reaproximação do direito com a ética, a moral, os valores e os princípios.

c) Segundo Aristóteles, a política e a ética são dissociadas, em razão não só da inexistência da política no exercício da cidadania, mas também da busca da plenitude ética na polis.

d) O termo accountability, entendido como prestação de contas e possibilidade de responsabilização de servidores públicos por seus atos, constitui uma restritiva concepção de controle pelo poder público, pois os órgãos internos de fiscalização, nessa percepção, são considerados, mas outras esferas de controle são excluídas.

e) Com o objetivo de promover padrões éticos de moralidade e de probidade no serviço público, o STF, mediante a instituição de súmula vinculante, vedou a prática do nepotismo.

▷ ***Anotações/Comentários***

(a) O imperativo categórico é norma moral que impõe o dever, isto é, impõe ao sujeito moral uma conduta boa por si mesma, de modo que a pessoa deva agir como se a máxima de sua ação possa valer sempre como princípio universal de conduta.

(b) O pós-positivismo busca restabelecer uma relação entre direito e ética, atribuindo caráter normativo aos princípios, cuja ampla plasticidade pode dar ensejo a subjetivismos interpretativos.

(c) Em Aristóteles, política e ética não se dissocia, já que o cidadão só é reconhecido como tal a partir de sua inserção na sociedade. Desse modo, o fim último do Estado e do indivíduo é a virtude, havendo simetria entre a vida na polis e a vida na família.

(d) Accountability, entendida como prestação de contas e possibilidade de responsabilização democrática dos agentes públicos, dá-se de forma vertical, em que a sociedade controla os governantes (voto, plebiscito, etc), ou de forma horizontal, em que há recíproca fiscalização entre os poderes (sistema de freios e contrapesos), bem como controle da atividade pública por meio de órgãos governamentais (tribunais de contas).

(e) De acordo com a Súmula vinculante número 13, a contratação de parentes de até terceiro grau em cargos de confiança está proibida nos três poderes, nas esferas federal, estadual e municipal, bem como está igualmente proibida a contratação recíproca de familiares de agentes públicos como troca de favor.

4. ÉTICA E FUNÇÃO PÚBLICA

10. (Cebraspe - Analista Judiciário - Área Administrativa - TJ/ES/2023) Considerando a ética, a moral, os princípios e os valores relacionados à função pública e ao setor público bem como o exercício da cidadania, julgue o item a seguir.

No desempenho da atividade pública, a legalidade e a eficiência são valores suficientes para assegurar a moralidade e a retidão da conduta.

▷ ***Anotações/Comentários***

No desempenho da atividade pública, a legalidade e a eficiência não são valores suficientes para assegurar a moralidade e a retidão da conduta. Para além da legalidade, deve-se observar valores como a justiça, a conveniência, a oportunidade e, principalmente, a honestidade. Ademais, a dignidade, o decoro, o zelo e a eficácia são primados maiores que devem nortear o exercício da função pública.

11. (Cespe - Policial Rodoviário Federal - PRF/2019) A respeito de ética no serviço público, julgue os itens a seguir.

a) Na administração pública, moralidade restringe-se à distinção entre o bem e o mal: o servidor público nunca poderá desprezar o elemento ético de sua conduta.

b) No estrito exercício de sua função, o servidor público deve nortear-se por primados maiores — como a consciência dos princípios morais, o zelo e a eficácia —; fora dessa função, porém, por estar diante de situação particular, não está obrigado a agir conforme tais primados.

c) Servidor público que se apresenta habitualmente embriagado no serviço ou até mesmo fora dele poderá ser submetido à Comissão de Ética, a qual poderá aplicar-lhe a pena de censura.

d) Servidor público que, no exercício da função pública, desviar outro servidor para atender a seu interesse particular, ou, movido pelo espírito de solidariedade, for conivente com prática como esta, poderá ser submetido à Comissão de Ética.

▷ ***Anotações/Comentários***

(a) Na administração pública, a moralidade não se restringe à distinção entre o bem e o mal, sendo certo que seu fim último é sempre o bem comum.

(b) O zelo, a eficácia e a consciência dos princípios morais são primados maiores que devem nortear o servidor público, seja no exercício do cargo ou função, ou fora dele.

(c) É vedado ao servidor público apresentar-se embriagado no serviço ou fora dele habitualmente, sujeitando-se à pena de censura.

(d) É vedado ao servidor público ser, em função de seu espírito de solidariedade, conivente com erro ou infração ética, bem como desviar servidor público para atendimento de interesse particular, sujeitando-se, em qualquer hipótese, à Comissão de Ética.

12. (Cespe - Técnico Judiciário - Área Administrativa - TRE - PE/2017) No que concerne à ética no serviço público, assinale a opção correta.

a) O servidor não pode usar do cargo ou da função visando a quaisquer favores ou vantagens indevidas para grupos de interesses, ressalva feita às entidades públicas.

b) O servidor tem o direito de trabalhar em ambiente que preserve sua integridade física, moral, mental e psicológica, assim como o equilíbrio entre a vida profissional e a familiar.

c) É integralmente vedado ao servidor receber doação, presentes ou vantagens de pessoa física ou jurídica interessada em sua atividade, ainda que eles não tenham valor comercial.

d) A regra de que, após deixar o cargo, o servidor não pode agir em nome de pessoa jurídica em processo no qual tenha atuado como servidor ativo não se aplica à atuação em nome de seu sindicato ou associação de classe.

e) Os agentes públicos não podem exercer a advocacia, inclusive a administrativa, em qualquer hipótese ou sob qualquer pretexto.

▷ ***Anotações/Comentários***

(a) O servidor público não pode jamais desprezar o elemento ético de sua conduta, de modo que não pode usar do cargo ou da função visando a quaisquer favores ou vantagens indevidas para grupos de interesses, sem quaisquer ressalvas.

(b) É compromisso de conduta e direito dos servidores públicos valorizar e promover ambiente de trabalho harmonioso primando por atitudes de respeito à dignidade das pessoas, pondo a salvo sua integridade física, moral, mental e psicológica do assédio e da discriminação, preservado o equilíbrio entre vida profissional e familiar.

(c) É vedado ao servidor receber doação, presentes ou vantagens, exceto se caracterizar brinde, isto é, objeto sem valor comercial.

(d) A regra de que, após deixar o cargo, o servidor não pode agir em nome de pessoa jurídica em processo no qual tenha atuado como servidor ativo aplica-se, também, à atuação em nome de seu sindicato ou associação de classe.

(e) É lícito aos agentes públicos atuarem, como procurador ou intermediário, junto a repartições públicas, salvo quando se tratar de benefícios previdenciários ou assistenciais de parentes até o segundo grau, de cônjuge ou companheiro, bem como poderá, o agente público, ser designado como defensor dativo para defender indiciado revel em inquérito administrativo.

5. ÉTICA NO SETOR PÚBLICO

13. (FCC – Analista Judiciário – Área Administrativa TRT11 – AM e RR/2024) O decoro e a civilidade são qualidades que focam mais de perto a natureza ético-política do serviço público. Quanto a essas qualidades, é correto afirmar que o decoro é uma postura

a) parametrizada, visando a ação coordenada e contida do servidor público para com os administrados, enquanto a civilidade se volta ao aspecto interno do serviço, ou seja, a postura do servidor em contato com seus pares.

b) exigida de todo servidor público e que possui aspecto unicamente interno de portar-se de acordo com as regras éticas locais, enquanto a civilidade carrega aspecto externo, de postura para com os administrados.

c) interligada à conduta externa, sendo este seu principal aspecto, enquanto a civilidade direciona-se à ação do servidor público relacionada à urbanidade, em especial com aqueles com os quais divide suas tarefas.

d) que compreende a retidão de uma ação e a visão da sociedade para com essa ação tomando-a por correta, enquanto a civilidade revela a disposição em justificar publicamente suas ações e agir de modo a acomodar as diferenças.

e voltada ao aspecto interno do servidor público, que age de forma polida e educada com seus pares, enquanto a civilidade indica a preocupação em agir como cidadão no empenho de suas tarefas em prol do serviço público.

▷ ***Anotações/Comentários***

Não há uma receita, parâmetro ou modelo do que seja decoro, mas é certo que o decoro constitui uma postura geral, isto é, esperada pelo grupo social, que expressa o agir com zelo e responsabilidade, a retidão da ação. Através do decoro, a pessoa demonstra sua honradez no agir, conforme socialmente reconhecido e esperado. Do servidor público exige-se a edificação de personalidade e reputação cívicas ilibadas, à altura de autoridade formal investida e da função pública exercida. Finalmente, importante destacar que o decoro é qualidade pessoal que se transfere e estende ao Estado: o serviço público decoroso é reflexo da postura decorosa dos servidores públicos que o presta à sociedade. A civilidade, por sua vez, é uma disposição pessoal para tornar as relações sociais mais afáveis, cortês, gentis e urbanas. No serviço público, a civilidade se constrói através de formalidades, palavras e atos adotados pelos servidores públicos entre si e para com os administrados para demonstrar mútuo respeito e consideração. A civilidade é qualidade fundamental em uma sociedade marcada pela competição e conflito nas relações sociais, possibilitando a acomodação e mesmo harmonia entre as diferenças, assentando-se sobre espírito cooperativista. Além disso, a civilidade é, ainda, disposição para prestar contas, isto é, justificar publicamente decisões e estratégias adotadas e receber interpelações, críticas e sugestões.

14. (Cebraspe – Analista Judiciário – Área Administrativa – TJ/ES/2023) Considerando a ética, a moral, os princípios e os valores relacionados à função pública e ao setor público bem como o exercício da cidadania, julgue o item a seguir.

O modelo ideal burocrático de administração pública, que se fundamenta na compreensão da centralidade e da obediência às regras como principal valor, pode se aproximar da teoria ética de Kant fundada no imperativo categórico.

▷ ***Anotações/Comentários***

De fato, o modelo ideal burocrático de administração pública, fundamentado na compreensão da centralidade e da obediência às regras como principal valor, pode se aproximar sim da teórica ética kantiana. A teoria ética de Kant é deontológica, isto é, constitui-se por um conjunto de princípios e regras que devem dirigir o comportamento de um grupo. O comportamento tido por reto, justo e bom, isto é, moral, é aquele que se amolda ao imperativo categórico, segundo o qual as pessoas deveriam agir como se a máxima de sua ação pudesse ser elevada a lei universal do agir. Ora, o imperativo categórico kantiano impele à prática de uma ação por consciência do dever, sabendo que sua ação terá influência sobre a coletividade e, portanto, sobre si mesmo. Sob a ótica da Administração Pública, a ética enfatiza a relação entre Estado e sociedade, do sentimento público de cidadania, em que a pessoa tem liberdade para agir de acordo com seu próprio arbítrio, porém subordinada a uma normatividade isonômica que deve ser observada por dever.

15. (Cespe – Técnico Judiciário – TJ – RJ/2021) O patrimonialismo é caracterizado pelo governo ou pela forma de exercício do poder em que a distinção entre público e privado é quase inexistente, defluindo todo o poder de um governante ou grupo específico, de modo que os cargos públicos são inacessíveis por via meritória. Considerando essas informações, assinale a opção que apresenta princípio ético previsto na Constituição Federal de 1988 que seria afrontado, com maior intensidade, pela investidura em cargo público na forma patrimonialista.

a) boa-fé objetiva

b) razoabilidade

c) publicidade

d) supremacia do interesse público

e) impessoalidade

▷ ***Anotações/Comentários***

(a) A boa-fé objetiva impõe que as pessoas, em suas relações intersubjetivas, ajam com respeito aos princípios éticos e valores morais sociais. A boa-fé objetiva estabelece um padrão geral ético de conduta a reger o comportamento humano em sociedade, de modo que toda pessoa, em suas relações, atue com honestidade, lealdade e probidade.

(b) A razoabilidade, no Direito ou para além dele, é o resultado da ponderação entre meios e fins, de modo que a escolha dos meios devem, com toda probabilidade, produtizar os efeitos desejados. A razoabilidade é critério de identificação dos comportamentos ou atos incoerentes ou praticados em desconsideração de situações e circunstâncias que seriam atendidas por quem tivesse atributos normais de prudência, comedimento, proporção, indiscriminação, enfim, a não arbitrariedade.

(c) A publicidade é decorrência lógica do princípio democrático, viabilizando o controle das atividades da administração pública em um Estado republicano. A publicidade é fator mesmo de legitimação dos atos de governo, não podendo haver espaço reservado para o mistério dentro das democracias.

(d) A supremacia do interesse público sobre o interesse privado é fundamento primeiro de qualquer sociedade, sendo sua própria condição de existência. É pressuposto do convívio social, além de objetivo certo e inafastável de todo e qualquer ato administrativo.

(e) A impessoalidade impõe ao Estado o dever de agir sem qualquer predileção ou preterimento, tratando a todos com igualdade.

16. (Cespe – Investigador de Polícia – PC - MA/2018) No exercício do cargo, o servidor público, quando decide entre o honesto e o desonesto, vincula sua decisão à

a) ética.

b) impessoalidade.

c) conveniência.

d) eficiência.

e) legalidade.

▷ ***Anotações/Comentários***

(a) O servidor público, no exercício de seu cargo, não terá que decidir apenas por critério de legalidade, escolhendo entre o legal e o ilegal, o conveniente e o inconveniente, o eficiente e o ineficiente, o impessoal e o pessoal, mas terá que decidir também segundo critérios éticos, escolhendo entre o honesto e o desonesto. Assim, quando decide entre o Bem e o Mal, o honesto e o desonesto, sua decisão vincula-se à ética.

(b) Ao decidir pela impessoalidade em face do pessoal no exercício de seu cargo, o servidor público vincula sua decisão a princípio jurídico da impessoalidade.

(c) Ao decidir entre o conveniente e o inconveniente no exercício de seu cargo, o servidor público vincula sua decisão ao princípio jurídico da conveniência.

(d) Ao decidir entre o eficiente e o ineficiente no exercício de seu cargo, o servidor público vincula sua decisão ao princípio jurídico da conveniência.

(e) Ao decidir entre o legal e o ilegal no exercício de seu cargo, o servidor público vincula sua decisão ao princípio jurídico da legalidade.

6. RESOLUÇÃO Nº 147/2011: CÓDIGO DE CONDUTA DO CONSELHO E DA JUSTIÇA FEDERAL DE PRIMEIRO E SEGUNDO GRAUS

17. (Cespe – Analista Judiciário – Área Judiciária – TRF 1/2017) Considerando o Código de Conduta do Conselho da Justiça Federal de Primeiro e Segundo Graus, as regras para provimento de cargos públicos, direitos e vantagens bem como o regime disciplinar dos servidores públicos, julgue os itens a seguir.

No Tribunal Regional Federal da 1.a Região, compete aos gestores garantir que analistas e técnicos judiciários, estagiários e prestadores de serviço sigam os preceitos estabelecidos no referido Código de Conduta.

▷ ***Anotações/Comentários***

Assim determina o parágrafo único do art. 2º: Cabe aos gestores, em todos os níveis, aplicar, como um exemplo de conduta a ser seguido, os preceitos estabelecidos no Código e garantir que seus subordinados – servidores, estagiários e prestadores de serviços – vivenciem tais preceitos.

18. (FCC – Técnico Judiciário – Área Administrativa – TRF 5/2017) Nos termos da Resolução no 147/2011 que institui o Código de Conduta do Conselho e da Justiça Federal de primeiro e segundo graus, considere:

I. O Código de Conduta do Conselho e da Justiça Federal de primeiro e segundo graus integrará todos os contratos de estágio, de forma a assegurar o alinhamento entre os colaboradores, não integrando, porém, os contratos de prestação de serviços.
II. O Conselho e a Justiça Federal de primeiro e segundo graus não serão tolerantes com atitudes discriminatórias ou preconceituosas de qualquer natureza, em relação a etnia, a sexo, a religião, a estado civil, a orientação sexual, a faixa etária ou a condição física especial, excetuando-se os atos que caracterizem proselitismo partidário.
III. Recursos, espaço e imagem do Conselho e da Justiça Federal de primeiro e segundo graus não poderão, sob qualquer hipótese, ser usados para atender a interesses pessoais, políticos ou partidários.

Está correto o que se afirma APENAS em

a) III.
b) I e II.
c) II e III.
d) I e III.
e) II.

▷ ***Anotações/Comentários***

Item I. Errado. Conforme art. 3º, o Código de Conduta integrará todos os contratos de estágio e de prestação de serviços, de forma a assegurar o alinhamento entre os colaboradores.

Item II. Errado. Ao contrário do contido no item, nos termos do art. 5º, O Conselho e a Justiça Federal de primeiro e segundo graus não serão tolerantes com atitudes discriminatórias ou preconceituosas de qualquer natureza, em relação a etnia, a sexo, a religião, a estado civil, a orientação sexual, a faixa etária ou a condição física especial, nem com atos que caracterizem proselitismo partidário, intimidação, hostilidade ou ameaça, humilhação por qualquer motivo ou assédio moral e sexual.

Item III. Certo. Essa é a redação do art. 7º: Recursos, espaço e imagem do Conselho e da Justiça Federal de primeiro e segundo graus não poderão, sob qualquer hipótese, ser usados para atender a interesses pessoais, políticos ou partidários.

19. (FCC – Técnico Judiciário – Área Administrativa – TRF 5/2017) De acordo com a Resolução no 147/2011 do Conselho da Justiça Federal, com relação as informações à Imprensa, os contatos com os órgãos de imprensa serão promovidos,

a) exclusivamente, por porta-vozes autorizados pelo Conselho, não podendo ser porta-voz autorizado por qualquer outro órgão do Poder Judiciário.
b) exclusivamente, por porta-vozes autorizados pelo Conselho, Tribunais Regionais Federais e seções judiciárias, conforme o caso.
c) preferencialmente, por porta-vozes autorizados pelo Conselho e Tribunais Regionais Federais, sendo permitido excepcio¬nalmente, porta-vozes autorizados por autoridades do Poder Executivo.
d) preferencialmente, por porta-vozes autorizados pelo Conselho, sendo permitido porta-vozes locais designados pelos Presidentes dos Tribunais Regionais Federais e pelo Presidente da Ordem dos Advogados do Brasil.
e) preferencialmente, por porta-vozes autorizados pelo Conselho, sendo permitido porta-vozes autorizados pelo Supremo Tribunal Federal.

▷ ***Anotações/Comentários***

Nos termos do art. 14, Os contatos com os órgãos de imprensa serão promovidos, exclusivamente, por porta-vozes autorizados pelo Conselho, tribunais regionais federais e seções judiciárias, conforme o caso.

7. LEI Nº 8.112/1990 E SUAS ALTERAÇÕES

20. (Cespe – Analista Judiciário – TJ – RJ/2021) Assinale a opção que, à luz da Lei n.º 8.112/1990, apresenta forma de provimento pela qual, atendidos os requisitos legais, o servidor aposentado poderá retornar à atividade, tanto no interesse da administração quanto por insubsistência dos motivos que levaram à aposentadoria por invalidez.

a) reversão
b) reintegração
c) readaptação
d) aproveitamento
e) recondução

▷ ***Anotações/Comentários***

(a) Segundo a Lei n.º 8.112/1990, a reversão é o retorno à atividade de servidor aposentado por invalidez, quando junta médica oficial declarar insubsistentes os motivos da aposentadoria, ou seu retorno à atividade no interesse da administração.

(b) Segundo a Lei n.º 8.112/1990, a reintegração é a reinvestidura do servidor estável no cargo anteriormente ocupado, ou no cargo resultante de sua transformação, quando invalidada a sua demissão por decisão administrativa ou judicial, com ressarcimento de todas as vantagens.

(c) Segundo a Lei n.º 8.112/1990, a readaptação é a investidura do servidor em cargo de atribuições e responsabilidades compatíveis com a limitação que tenha sofrido em sua capacidade física ou mental verificada em inspeção médica.

(d) Segundo a Lei n.º 8.112/1990, o retorno à atividade de servidor em disponibilidade far-se-á mediante aproveitamento obrigatório em cargo de atribuições e vencimentos compatíveis com o anteriormente ocupado.

(e) Segundo a Lei n.º 8.112/1990, a recondução é o retorno do servidor estável ao cargo anteriormente ocupado, decorrente ou da inabilitação em estágio probatório relativo a outro cargo, ou da reintegração do anterior ocupante.

21. (FCC – Técnico Judiciário – Área Judiciária – TRF 4/2019) Um servidor público recém nomeado para cargo efetivo na Administração direta foi convidado para representar o Brasil em con¬selho internacional situado no exterior, com competência deliberativa em matéria comercial. O servidor, que conta apenas com 15 meses de cargo público, mas possui notório conhecimento na área, o que motivou o convite,

a) não poderá representar o Brasil para a finalidade indicada, o que é permitido apenas aos servidores titulares de cargos efetivos que já tenham sido devidamente confirmados.

b) não poderá aceitá-lo, pois o estágio probatório em curso não permite ao servidor a concessão de nenhuma licença ou afastamento, privativos de servidores efetivos.

c) poderá assumir a representação do Brasil, ficando antecipadamente concluído o período de estágio probatório em razão da superioridade das funções a serem desempenhadas em nível internacional.

d) poderá pleitear afastamento, prosseguindo com o cumprimento do estágio probatório na localidade onde se situa o orga¬nismo internacional que passará a integrar, sendo de rigor adaptação dos critérios de avaliação às novas atividades de¬senvolvidas.

e) poderá ser afastado para desempenhar as funções no organismo internacional, operando-se a suspensão do estágio pro¬batório, que voltará a transcorrer após o encerramento da representação no exterior.

▷ ***Anotações/Comentários***

O servidor público em estágio probatório poderá ser afastado do cargo para servir em organismo internacional de que o Brasil participe ou com o qual coopere (art. 96 da Lei nº 8.112/90), ficando suspenso o estágio probatório durante a licença, voltando a correr após o encerramento da representação no exterior (art. 20, §5º da Lei nº 8.112/90).

22. (Cespe – Técnico do MPU – Administração/2018) A conduta do servidor que conduzia o veículo configura inobservância do dever funcional de zelar pela economia do material e pela conservação do patrimônio público.

▷ ***Anotações/Comentários***

Constitui infração aos deveres funcionais dos servidores públicos, punível com inclusive com demissão, a lesão aos cofres públicos e dilapidação do patrimônio nacional, penalidade aplicável sem prejuízo do dever de indenizar os danos causados ao erário público.

23. (Cespe – Técnico do MPU – Administração/2018) A referida lei prevê pena de suspensão para o servidor que conduzia o veículo, em razão da natureza e gravidade da sua falta bem como dos danos desta provenientes.

▷ ***Anotações/Comentários***

A lesão aos cofres públicos e a dilapidação do patrimônio nacional é penalizada com pena de demissão, sem prejuízo do dever de indenizar os danos causados ao erário público (art. 132, X da Lei nº 8.112/90).

24. (Cespe – Analista do MPU – Direito/2018) É cabível penalidade de suspensão ao servidor que reincidir em faltas punidas com advertência.

▷ ***Anotações/Comentários***

De acordo com o artigo 130 da Lei 8.112/1990, a penalidade de suspensão será aplicada em caso de reincidência das faltas punidas com advertência.

25. (Cespe – Analista do MPU – Direito/2018) Além de ser uma violação ética, a inassiduidade habitual é uma conduta passível de suspensão por até noventa dias, conforme a Lei n.º 8.112/1990.

▷ ***Anotações/Comentários***

De acordo com o artigo 132, inciso III, da Lei nº 8.112/1990, será aplicada a penalidade de demissão à inassiduidade habitual, entendendo-se por inassiduidade habitual, na forma do artigo 139 da lei em referência, a falta ao serviço, sem causa justificada, por sessenta dias, interpoladamente, durante o período de doze meses.

26. (Cespe – Técnico Judiciário – Área Administrativa – TRE – TO/2017) Conforme disposição da Lei n.º 8.112/1990, a ajuda de custo tem por finalidade

a) indenizar o servidor que efetuou pagamento com recursos próprios para participar de curso comprovadamente de interesse do serviço.

b) indenizar o servidor pelo afastamento da sede em caráter eventual ou transitório para outro ponto do território nacional.

c) indenizar o servidor que realizar despesas com a utilização de meio próprio de locomoção para a execução de serviços externos próprios do cargo.

d) ressarcir as despesas comprovadamente realizadas pelo servidor com aluguel de moradia ou com meio de hospedagem administrado por empresa hoteleira.

e) compensar as despesas de instalação do servidor que, no interesse do serviço, passar a ter exercício em nova sede, com mudança de domicílio em caráter permanente.

▷ ***Anotações/Comentários***

A ajuda de custo (artigos 53 a 57) tem como finalidade compensar as despesas de instalação do servidor que, no interesse da Administração, passar a ter exercício em nova sede, com mudança de domicílio em caráter permanente (deslocamento definitivo). Caso o servidor receba a ajuda de custo e, sem justificativa, não se apresente na nova sede em 30 dias, deverá devolver o valor recebido.

27. (Cespe – Técnico Judiciário – Área Administrativa – TRE – BA/2017) Pedro, servidor de órgão público federal, a mando de Lucas, seu chefe imediato, mensalmente entregava dez resmas de papel a uma empregada terceirizada, a título de colaboração para a escola em que um filho dessa empregada estudava.

Nessa situação hipotética,

a) Lucas deu ordem manifestamente ilegal, razão por que Pedro deveria ter-se recusado a cumpri-la.

b) Pedro cometeu infração que não representou grave dano ao patrimônio público e, por isso, deverá ser-lhe aplicada a penalidade mais branda.

c) o desconhecimento da ilegalidade da conduta afastará a aplicação de penalidade a Pedro.

d) Pedro cometeu infração, mas Lucas, não, já que não praticou a conduta proibida.

e) a nobreza da conduta de Pedro poderá justificar a não instauração de processo administrativo contra si.

▷ ***Anotações/Comentários***

(a) Apesar de ser dever do servidor público as ordens emanadas de seus superiores hierárquicos, excetuam-se de tal dever o cumprimento daquelas que sejam manifestamente ilegais. Assim, caberia a Pedro recusar-se o cumprimento das ordens de Lucas, bem como representar-lo em razão da ilegalidade praticada.

(b) O fato de o dano ao patrimônio público ser de pequena monta, não afasta a ilegalidade do ato. Assim, Pedro deixou de representar contra grave ilegalidade, não lhe podendo ser aplicada penalidade mais branda ao caso.

(c) O servidor público não pode alegar desconhecimento da lei, sendo inclusive dever ético profissional a observância das normas legais e regulamentares que lhe são aplicáveis. Assim, o fato de Pedro alegar desconhecimento da lei, não lhe afasta a aplicação de penalidade.

(d) Tanto Lucas, quanto Pedro cometeram infração ético profissional, violando os deveres que lhe são impostos. Pedro, porque cumpriu ordem superior manifestamente ilegal, bem como porque deixou de representar contra a ilegalidade praticada por Lucas. Já Lucas emanou ordem manifestamente ilegal, lesando, ainda que em pequena monta, o patrimônio público.

(e) O ato ilegal não se convalesce pelo simples fato de ser mais vantajoso para o interesse público ou por representar um gesto de nobreza, nada justificando, diante a ilegalidade praticada por Pedro, a não instauração de processo administrativo contra si.

28. (Consulplan – Técnico Judiciário – Área Administrativa – TRE – RJ/2017) "João e Maria, casados, são Técnicos Judiciários do Tribunal Regional Eleitoral, lotados na capital do Rio de Janeiro. Maria fez concurso para Analista Judiciário do Tribunal Superior Eleitoral e foi aprovada, devendo, agora, residir em Brasília." Quanto à remoção, nos termos da Lei nº 8.112/90, é correto afirmar que:

a) A remoção de João, nesse caso, será de ofício, não havendo necessidade de solicitação.

b) João será transferido para um cargo de Técnico Judiciário no Tribunal Superior Eleitoral.

c) João pode pedir a remoção para acompanhar Maria, mas a Administração não é obrigada a conceder.

d) Se João não for removido, Maria pode pedir para ficar no Rio de Janeiro em disponibilidade remunerada.

▷ ***Anotações/Comentários***

Conforme art. 36 da Lei nº 8.112/90, a remoção é o deslocamento do servidor, a pedido ou de ofício, no âmbito do mesmo quadro, com ou sem mudança de sede. Caso ocorra de ofício, a remoção se dará no interesse da Administração. Porém, se a remoção for feita a pedido do servidor, poderá se dar: a) a critério da Administração; ou b) para outra localidade, independentemente do interesse da Administração: - para acompanhar cônjuge ou companheiro, também servidor público civil ou militar, de qualquer dos Poderes da União, dos Estados, do Distrito Federal e dos Municípios, que foi deslocado no interesse da Administração; - por motivo de saúde do servidor, cônjuge, companheiro ou dependente que viva às suas expensas e conste do seu assentamento funcional, condicionada à comprovação por junta médica oficial; - em virtude de processo seletivo promovido, na hipótese em que o número de interessados for superior ao número de vagas, de acordo com normas preestabelecidas pelo órgão ou entidade em que aqueles estejam lotados (art. 36 da Lei 8.112/90). Assim, no caso concreto, ante as peculiaridades narradas na alternativa, João pode pedir a remoção para acompanhar Maria, mas a Administração não é obrigada a conceder.

29. (Consulplan – Técnico Judiciário – Área Administrativa – TRE – RJ/2017) "Um servidor efetivo do Tribunal Regional Eleitoral retirou um processo da repartição sem autorização da chefia imediata." Nos termos da Lei nº 8.112/90, é correto afirmar que

a) a conduta impõe a suspensão dos direitos políticos do servidor.

b) se o servidor estiver em estágio probatório, será exonerado do cargo.

c) o servidor praticou infração punível com a penalidade de advertência.

d) em caso de reincidência, aplica-se, em regra, a penalidade de demissão.

▷ ***Anotações/Comentários***

(a) A penalidade de suspensão dos direitos políticos não está sequer prevista na Lei nº 8.112/90.

(b) Caso o servidor não seja aprovado no estágio probatório será exonerado. A exoneração, no caso, é consequência da inaptidão do servidor para o exercício do cargo. A advertência é uma das espécies de pena disciplinar, não tendo cabimento a conexão descrita na alternativa.

(c) A pena de advertência é uma repreensão feita por escrito e anotada no prontuário do servidor. Tem cabimento, conforme artigo 129 da Lei nº 8.112/90, quando se tratar de violação dos deveres funcionais constantes do artigo 117, I a VIII e XIX, ou quando houver inobservância de dever funcional previsto em lei, regulamento ou norma interna e não se justifique pena mais grave. Assim, o referido dispositivo (art. 117) dispõe que são puníveis com advertência, dentre outras, a conduta de retirar, sem prévia anuência da autoridade competente, qualquer documento ou objeto da repartição.

(d) A suspensão será aplicada em caso de reincidência das faltas punidas com advertência, não podendo exceder, contudo, 90 dias. Também poderá ser aplicada tal penalidade no que diz respeito a infrações não sujeitas à demissão (art. 130).

30. (Cespe – Analista Judiciário – Área Judiciária – TRF 1/2017) Situação hipotética: Em 2015, Lucas, servidor público federal, foi aposentado por invalidez. Em 2016, a junta médica oficial declarou insubsistentes os motivos de sua aposentadoria. Assertiva: Nessa situação, Lucas deverá ser reintegrado, mas, se o seu cargo anterior estiver provido, ele deverá aguardar em disponibilidade até o surgimento de nova vaga.

▷ ***Anotações/Comentários***

No caso, ocorrerá a reversão de ofício por terem cessados os motivos que ensejaram a aposentadoria por invalidez e, nos termos do art. 25, I e, se o cargo estiver provido, o servidor exercerá suas atribuições como excedente, até a ocorrência de vaga (§3º).

31. (Cespe – Analista Judiciário – Área Judiciária – TRF 1/2017) Situação hipotética: Rafael e Caio, servidores públicos federais, respondem, cumulativamente, a processos administrativo e criminal por atos cometidos no exercício de suas funções. Na esfera criminal, Rafael foi absolvido por ter comprovado a inexistência do fato; Caio foi absolvido por ter apresentado prova de não ter sido o autor do fato. Assertiva: Nessa situação, Rafael e Caio não poderão ser responsabilizados administrativamente.

▷ ***Anotações/Comentários***

Rafael e Caio não poderão ser responsabilizados administrativamente porque, nos termos do art. 126, a "responsabilidade administrativa do servidor será afastada no caso de absolvição criminal que negue a existência do fato ou sua autoria."

32. (Cespe – Analista Judiciário – Área Judiciária – TRF 1/2017) Situação hipotética: Em 2015, Joaquim, servidor público federal, aposentou-se voluntariamente. Em 2016, comprovou-se que Joaquim, em 2015, ainda no exercício de suas funções, havia cometido ato de improbidade administrativa. Assertiva: Nessa situação, a aposentadoria de Joaquim deverá ser cassada.

▷ ***Anotações/Comentários***

A pena de cassação de aposentadoria ou disponibilidade do inativo tem cabimento quando ele, em atividade, praticou falta punível com demissão (art. 134).

33. (Cespe – Analista Judiciário – Área Judiciária – TRF 1/2017) Não há vedação para que servidor público que esteja em gozo de licença para tratar de interesse particular participe da gerência ou administração de sociedade privada.

▷ ***Anotações/Comentários***

Nos termos do inciso X do art. 117, é vedado ao servidor participar de gerência ou administração de sociedade privada, personificada ou não personificada, exercer o comércio, exceto na qualidade de acionista, cotista ou comanditário. Entretanto, tal vedação não se aplica nos seguintes casos (art. 117, parágrafo único): participação nos conselhos de administração e fiscal de empresas ou entidades em que a União detenha, direta ou indiretamente, participação no capital social ou em sociedade cooperativa constituída para prestar serviços a seus membros; e gozo de licença para o trato de interesses particulares, na forma do art. 91 desta Lei, observada a legislação sobre conflito de interesses.

34. (Cespe – Analista Judiciário – Área Judiciária – TRF 1/2017) Quando um servidor público federal é removido a pedido, com mudança de sede, independentemente do interesse da administração e por motivo de saúde própria, ele faz jus à ajuda de custo no valor de uma remuneração.

▷ ***Anotações/Comentários***

O servidor somente em direito à ajuda de custo quando, no interesse do serviço, passar a ter exercício em nova sede, com mudança de domicílio em caráter permanente, conforme o art. 53 da Lei nº 8.112/90. Ainda, o §3º desse artigo veda, expressamente, a sua concessão nas hipóteses de remoção a pedido (art, 36, II e III).

35. (Cespe – Analista Judiciário – Área Judiciária – TRF 1/2017) Situação hipotética: Em 2015, Mateus, servidor público, na presença de vários outros servidores, insubordinou-se gravemente em serviço. Assertiva: Nessa situação, Mateus poderá ser demitido do serviço público e a ação disciplinar relativa a esse fato prescreverá em 2020; no entanto, a instauração de processo disciplinar interromperá a prescrição daquela ação até a decisão final a ser proferida pela autoridade competente.

▷ ***Anotações/Comentários***

Insubordinação grave em serviço é uma das hipóteses em que tem cabimento a pena de demissão (art. 132, VI). Nesse caso, a ação disciplinar prescreverá no prazo de 5 anos (art. 142, I) e a instauração de processo disciplinar interrompe a prescrição, até a decisão final proferida por autoridade competente (art. 142, §3º). Importante registrar que, decorrido o prazo de 140 dias, o prazo reinicia o seu curso por inteiro. Nesse sentido, a Súmula nº 635 do STJ: "Os prazos prescricionais previstos no art. 142 da Lei n. 8.112/1990 iniciam-se na data em que a autoridade competente para a abertura do procedimento administrativo toma conhecimento do fato, interrompem-se com o primeiro ato de instauração válido sindicância de caráter punitivo ou processo disciplinar e voltam a fluir por inteiro, após decorridos 140 dias desde a interrupção".

8. LEI Nº 8.429/1992 E ALTERAÇÕES. DISPOSIÇÕES GERAIS. ATOS DE IMPROBIDADE ADMINISTRATIVA

36. (FGV – Analista Judiciário – Área Judiciária – TRT 13/2022) A Lei de Improbidade Administrativa estabelece que a posse e o exercício de agente público ficam condicionados à apresentação de declaração de imposto de renda e proventos de qualquer natureza, que tenha sido apresentada à Secretaria Especial da Receita Federal do Brasil, a fim de ser arquivada no serviço de pessoal competente. Nesse contexto, de acordo com a atual redação da Lei nº 8.429/92, a citada declaração de bens

a) não será, em regra, atualizada periodicamente, salvo determinação discricionária da autoridade competente.
b) não será, em regra, atualizada periodicamente, salvo se o agente público vier a responder a processo administrativo disciplinar.
c) será atualizada a cada cinco anos e na data em que o agente público deixar o exercício do mandato, do cargo, do emprego ou da função.
d) será atualizada anualmente, sem necessidade de atualização na data em que o agente público deixar o exercício do mandato, do cargo, do emprego ou da função.
e) será atualizada anualmente e na data em que o agente público deixar o exercício do mandato, do cargo, do emprego ou da função.

▷ ***Anotações/Comentários***

(e) (responde as demais alternativas) Nos termos do §2º do art. 13 da Lei nº 8.429/92, a declaração de bens será atualizada anualmente e na data em que o agente público deixar o exercício do mandato, do cargo, do emprego ou da função.

37. (Cespe – Técnico Judiciário – TJ – RJ/2021) Carlos, funcionário terceirizado que trabalha na 1ª Vara de Família da capital, recebeu, no período do Natal, uma cesta comemorativa, de valor irrisório, de um estagiário de direito de determinado escritório de advocacia, que tinha interesse em certo processo. Em razão do presente recebido, Carlos intencionalmente atrasou a publicação de um ato processual e revelou fato de que tinha conhecimento em virtude de suas atribuições e que deveria ter permanecido em segredo, relacionado ao processo de interesse do estagiário.

Considerando essa situação hipotética e o disposto na Lei n.° 8.429/1992, assinale a opção correta.

a) As condutas de Carlos não se enquadram nas situações descritas na Lei n.° 8.429/1992, porque o fato de ele ser funcionário terceirizado afasta a incidência das regras previstas nessa lei.
b) O recebimento da cesta comemorativa não configura vantagem indevida, uma vez que ela possui valor irrisório.
c) A conduta do estagiário, por ser omissiva, deixa de viabilizar a incidência das regras previstas na referida lei.
d) O fato de Carlos ter divulgado fato que deveria ter permanecido em segredo somente caracterizará ato de improbidade administrativa se gerar prejuízo para terceiro.
e) O retardamento intencional na publicação do ato processual, por si só, configura ato de improbidade administrativa.

▷ ***Anotações/Comentários***

(a) As regras prevista na Lei n.º 8.429/1992 incidem a todo agente público assim considerado o agente político, o servidor público e todo aquele que exerce, ainda que transitoriamente ou sem remuneração, por eleição, nomeação, designação, contratação ou qualquer outra forma de investidura ou vínculo, mandato, cargo, emprego ou função na organização do Estado, incluindo, assim, os terceirizados.

(b) O recebimento de presente de quem tenha interesse, direto ou indireto, que possa ser atingido ou amparado por ação ou omissão decorrente das atribuições do agente público constitui vantagem indevida.

(c) As regras previstas na Lei n.º 8.429/1992 incidem tanto sobre as ações como sobre as omissões que violem a probidade na organização do Estado e no exercício das funções públicas.

(d) A divulgação de fato que deveria ter permanecido em segredo configura ato de improbidade administrativa se propiciar beneficiamento por informação privilegiada ou se colocar em risco a segurança da sociedade e do Estado, somente havendo improbidade administrativa se for comprovado, na conduta funcional do agente público, o fim de obter proveito ou benefício indevido para si ou para outra pessoa ou entidade, conforme alterações incluídas pela Lei nº 14.230/2021.

(e) Retardar ou deixar de praticar, indevidamente, ato de ofício, não mais configura ato de improbidade administrativa em razão das alterações introduzidas na Lei n.° 8.429/1992 pela Lei nº 14.230/2021, porque o art. 11 passou a contemplar rol exaustivo.

38. (Cespe – Analista Judiciário – TJ – RJ/2021) Acerca do que dispõe a Lei n.º 8.429/1992 (Improbidade Administrativa), assinale a opção correta.

a) As penalidades previstas na referida lei não se estendem, em qualquer hipótese, aos herdeiros do infrator.
b) Dada a natureza sancionatória dessa lei, são restritivos o alcance e a definição dos agentes públicos sujeitos às cominações da norma.
c) É permitida a celebração de acordo de não persecução cível nas ações principais de improbidade.
d) A efetiva ocorrência de dano ao patrimônio público é requisito para a imposição de todas as penalidades previstas na norma.
e) A imposição de penalidade com base na Lei de Improbidade impede a decretação de outras penas de natureza administrativa.

▷ ***Anotações/Comentários***

(a) Os herdeiros do infrator que tenha causado dano ao erário ou que tenha se enriquecido ilicitamente estão sujeitos apenas à obrigação de repará-lo até o limite do valor da herança ou do patrimônio transferido, a teor das alterações introduzidas na Lei n.º 8.429/1992 pela Lei n.º 14.230/2021.

(b) É ampla a definição de agentes públicos relativamente àqueles que se sujeitam às penalidades da Lei n.º 8.429/1992, de modo que são assim considerados os agentes políticos, os servidores públicos e todos aqueles que exercem, ainda quetransitoriamente ou sem remuneração, por eleição, nomeação, designação, contratação ou qualquer outra forma de investidura ou vínculo, mandato, cargo, emprego ou função nas pessoas jurídicas, órgãos e entidades descritas na lei em referência. Além disso, sujeitam-se às penalidades da Lei n.º 8.429/1992 aquele que, mesmo não sendo agente público, induza ou concorra dolosamente para a prática do ato de improbidade.

(c) O Ministério Público ou a pessoa jurídica interessada poderá, antes ou depois do ajuizamento da ação de improbidade administrativa, celebrar acordo de não persecução civil, desde que dele advenham, ao menos, o integral ressarcimento do dano e a reversão à pessoa jurídica lesada da vantagem indevida obtida, ainda que oriunda de agentes privados, conforme alterações introduzidas na Lei n.º 8.429/1992 pela Lei n.º 14.230/2021 e a jurisprudência do STF.

(d) Ocorrendo lesão ao patrimônio público, a reparação do dano a que se refere a Lei nº 8.429/1992 deverá deduzir o ressarcimento ocorrido nas instâncias criminal, civil e administrativa que tiver por objeto os mesmos fatos.

(e) As penalidades previstas na Lei nº 8.429/1992 aplicam-se ao responsável pelo ato de improbidade administrativa independentemente do ressarcimento integral do dano patrimonial, se efetivo, e das sanções penais comuns e de responsabilidade, civis e administrativas previstas na legislação específica.

39. (Cespe – Analista Judiciário – Direito – TJ – PA/2020) Conforme a Lei n.° 8.429/1992, negar publicidade a ato oficial constitui ato de improbidade administrativa que

a) atenta contra os princípios da administração pública.

b) decorre de concessão indevida de benefício financeiro.

c) importa enriquecimento ilícito.

d) causa prejuízo ao erário.

e) decorre de aplicação indevida de benefício tributário.

▷ ***Anotações/Comentários***

(a) Negar publicidade a ato oficial constitui ato de improbidade administrativa que atenta contra os princípios da administração pública, exceto em razão de sua imprescindibilidade para a segurança da sociedade e do Estado ou de outras hipóteses instituídas em lei, conforme alterações introduzida na Lei n.° 8.429/1992 pela Lei nº 14.230/2021.

(b) Negar publicidade a ato oficial constitui ato de improbidade administrativa que atenta contra os princípios da administração pública, desde que comprovado na conduta funcional do agente público o fim de obter proveito ou benefício indevido, financeiro ou não, para si ou para outra pessoa ou entidade, conforme alterações introduzida na Lei n.° 8.429/1992 pela Lei nº 14.230/2021.

(c) Negar publicidade a ato oficial constitui ato de improbidade administrativa que atenta contra os princípios da administração pública e não que decorre da concessão indevida de benefício financeiro.

(d) Negar publicidade a ato oficial constitui ato de improbidade administrativa que atenta contra os princípios da administração pública, e não que cause prejuízo ao erário.

(e) Negar publicidade a ato oficial constitui ato de improbidade administrativa que atenta contra os princípios da administração pública e não que decorra de aplicação indevida de benefício tributário.

40. (Cespe – Analista Judiciário – Direito – TJ – PA/2020) Julgue os itens a seguir, considerando as disposições da Lei n.° 8.429/1992.

I- A lei aplica-se a terceiro que, mesmo não sendo servidor público, induza ou concorra para a prática de ato de improbidade ou dele se beneficie.

II- Atos omissivos podem ser considerados para a configuração de lesão ao patrimônio público.

III- O Ministério Público deverá ser cientificado pela autoridade administrativa sobre os atos que ensejarem enriquecimento ilícito ou lesão ao patrimônio público.

IV- Constitui ato de improbidade administrativa revelar fato ou circunstância de que tem ciência em razão das atribuições e que deva permanecer em segredo.

Assinale a opção correta.

a) Apenas os itens I, II e III estão certos.

b) Apenas os itens I, II e IV estão certos.

c) Apenas os itens I, III e IV estão certos.

d) Apenas os itens II, III e IV estão certos.

e) Todos os itens estão certos.

▷ ***Anotações/Comentários***

(I) A Lei n.º 8.429/1992 aplica-se àquele que, mesmo não sendo agente público, induza ou concorra para a prática do ato de improbidade, desde que o faça dolosamente, conforme alteração introduzida pela Lei nº 14.230/2021. Todavia, não consta mais no texto legal a previsão "que dele se beneficie" e, portanto, atualmente, o item está incorreto.

(II) Atos omissivos podem ser considerados para a configuração de lesão ao patrimônio público desde que tenham natureza dolosa e enseje, efetiva ecomprovadamente, perda patrimonial, desvio, apropriação, malbaratamento ou dilapidação dos bens ou haveres do patrimônio público e social, conforme alterações introduzida na Lei n.° 8.429/1992 pela Lei nº 14.230/2021.

(III) A autoridade que conhecer de fatos que apontem indícios de ato de improbidade deverá representar ao Ministério Público competente, para as providências necessárias.

(IV) Constitui ato de improbidade administrativa revelar fato ou circunstância de que se tenha ciência em razão das atribuições e que deva permanecer em segredo, desde que o faça propiciando beneficiamento por informação privilegiada ou colocando em risco a segurança da sociedade e do Estado, conforme alterações introduzida na Lei n.° 8.429/1992 pela Lei nº 14.230/2021. Dessa forma, com a mudança não é ato de improbidade a simples conduta de revelar, pois somente estará caracterizado ato ímprobo se propiciar beneficiamento por informação privilegiada ou colocar em risco a segurança da sociedade e do Estado. Assim, atualmente, o item está incorreto.

41. (Cespe – Procurador Municipal – Pref. de Boa Vista – RR/2019) Em janeiro de 2018, o Ministério Público de um estado da União começou a apurar possíveis irregularidades referentes a contratos com empresas de transporte urbano no âmbito de determinada prefeitura municipal daquele estado. Para realizar as diligências, o órgão ministerial requisitou informações à referida prefeitura, por meio de ofícios, que foram encaminhados ao então secretário municipal de urbanismo, sr. José Silva. Ao todo, foram expedidos pelo parquet, no período de dez meses, entre janeiro de 2018 e outubro de 2018, oito ofícios, que não obtiveram resposta do mencionado secretário. Posteriormente, o sr. José Silva fez consultas à Procuradoria-Geral do município citado acerca dos possíveis desdobramentos da sua omissão à luz dos dispositivos da Lei n.° 8.429/1992.

Considerando essa situação hipotética e os aspectos legais a ela relacionados, julgue os próximos itens.

I - Para que a conduta do sr. José Silva seja caracterizada como ato de improbidade administrativa que atenta contra os princípios da administração pública, é indispensável que seja demonstrado o dano ao erário ou o enriquecimento ilícito desse agente público.

▷ ***Anotações/Comentários***

Para que a conduta do sr. José Silva seja caracterizada como ato de improbidade administrativa que atenta contra os princípios da administração pública, é indispensável que seja demonstrado o dolo, não sendo necessário, para tanto, dano ao erário ou enriquecimento ilícito desse agente público, mas, comprovação do fim do agente de obter proveito ou benefício indevido para si ou para outra pessoa ou entidade, conforme Lei n.° 8.429/1992 com as alterações que lhe foram introduzidas pela Lei nº 14.230/2021.

II - Em regra, de acordo com a Lei n.° 8.429/1992, qualquer pessoa poderá representar à autoridade administrativa competente sobre a instauração de investigação destinada a apurar a prática de ato de improbidade imputada ao sr. José Silva.

▷ ***Anotações/Comentários***

De acordo com a Lei n.º 8.429/1992, qualquer pessoa poderá representar à autoridade administrativa competente para que seja instaurada investigação destinada a apurar a prática de ato de improbidade.

III - A conduta omissiva do sr. José Silva poderá caracterizar ato de improbidade administrativa que atenta contra os princípios da administração pública mesmo que não seja comprovado o elemento subjetivo do dolo para violar tais princípios.

▷ ***Anotações/Comentários***

Para caracterização de ato de improbidade administrativa que atenta contra os princípios da Administração Pública, indispensável que a ação ou omissão seja dolosa, conforme Lei n.° 8.429/1992 com as alterações que lhe foram introduzidas pela Lei nº 14.230/2021.

IV - Eventual ação de improbidade administrativa para apurar as supostas irregularidades praticadas pelo sr. José Silva concernentes a contratos com empresas de transporte urbano poderá ser proposta tanto pelo Ministério Público do estado envolvido quanto pela pessoa jurídica interessada.

▷ ***Anotações/Comentários***

De acordo com a redação do art. 17, dada pela Lei nº 14.230/2021, somente o Ministério Público poderia propor a ação de improbidade e a pessoa jurídica interessada deveria ser intimada para, caso queira, intervir no processo. Porém, nas ADIs 7042 e 7043, o STF decidiu, por maioria: " (a) declarar a inconstitucionalidade parcial, sem redução de texto, do caput e dos §§ 6º-A e 10-C do art. 17, assim como do caput e dos §§ 5º e 7º do art. 17-B, da Lei 8.429/1992, na redação dada pela Lei 14.230/2021, de modo a restabelecer a existência de legitimidade ativa concorrente e disjuntiva entre o Ministério Público e as pessoas jurídicas interessadas para a propositura da ação por ato de improbidade administrativa e para a celebração de acordos de não persecução civil".

42. (FCC – Analista Judiciário – Área Administrativa – TRT 2/2018) Considere as seguintes condutas:

I. Receber vantagem econômica de qualquer natureza, direta ou indiretamente, para omitir ato de ofício, providência ou declaração a que esteja obrigado.

II. Receber vantagem econômica de qualquer natureza, direta ou indireta, para tolerar a exploração ou a prática de jogos de azar, de lenocínio, de narcotráfico, de contrabando, de usura ou de qualquer outra atividade ilícita, ou aceitar promessa de tal vantagem.

III. Frustrar a licitude de concurso público.

IV. Permitir ou facilitar a aquisição, permuta ou locação de bem ou serviço por preço superior ao de mercado.

V. Conceder benefício administrativo ou fiscal sem a observância das formalidades legais ou regulamentares aplicáveis à espécie.

De acordo com a Lei no 8.429/1992, constituem atos de improbidade administrativa que causa lesão ao erário especificamente as condutas indicadas APENAS em

a) III, IV e V.
b) I, III e V.
c) IV e V.
d) I e II.
e) III e IV.

▷ ***Anotações/Comentários***

(I) Receber vantagem econômica de qualquer natureza, direta ou indiretamente, para omitir ato de ofício, providência ou declaração a que esteja obrigado configura ato que importa enriquecimento ilícito e não lesão ao erário.

(II) Receber vantagem econômica de qualquer natureza, direta ou indireta, para tolerar a exploração ou a prática de jogos de azar, de lenocínio, de narcotráfico, de contrabando, de usura ou de qualquer outra atividade ilícita, ou aceitar promessa de tal vantagem constitui ato de improbidade administrativa que importa enriquecimento ilícito e não que causa lesão ao erário. De se destacar ainda que a prática de ato deve ser dolosa, nos termos da Lei nº 8.429/1992 com as alterações que lhe foram introduzidas pela Lei nº 14.230/2021.

(III) Frustrar a licitude de concurso público era a redação do inciso V do art. 11. Porém, com a redação a ele dada pela Lei nº 14.230/2021, configura ato de improbidade "frustrar, em ofensa à imparcialidade, o caráter concorrencial de concurso público, de chamamento ou de procedimento licitatório, com vistas à obtenção de benefício próprio, direto ou indireto". Portanto, atualmente, a conduta deve ser dolosa e, ainda, tem que existir a finalidade específica de obter benefício. Tal condnuta configura ato de improbidade que atenta contra os princípios da Administração Pública.

(IV) Permitir ou facilitar a aquisição, permuta ou locação de bem ou serviço por preço superior ao de mercado constitui ato de improbidade administrativa que causa prejuízo ao erário, desde que a prática de ato seja dolosa, nos termos da Lei n° 8.429/1992 com as alterações que lhe foram introduzidas pela Lei nº 14.230/2021.

(V) Conceder benefício administrativo ou fiscal sem a observância das formalidades legais ou regulamentares aplicáveis à espécie no mercado constitui ato de improbidade administrativa que causa prejuízo ao erário, desde que a prática de ato seja dolosa, nos termos da Lei n° 8.429/1992 com as alterações que lhe foram introduzidas pela Lei nº 14.230/2021.

43. (Cespe – Técnico – MPU/2013) Com base na Lei de Improbidade Administrativa, julgue os itens que se seguem

I - O servidor público que dispensar indevidamente a realização de procedimento licitatório incidirá em ato de improbidade administrativa, classificado pela lei como atentatório aos princípios da administração pública.

▷ ***Anotações/Comentários***

A dispensa indevida de processo licitatório ou de processo seletivo, desde que acarrete perda patrimonial efetiva, constitui ato de improbidade administrativa que causa prejuízo ao erário público, conforme Lei n.º 8.429/1992, com as alterações que lhe deram a Lei n.º 14.230/2021.

II - Considere que determinado particular que não se qualifique como agente público concorra para a prática de ato de improbidade administrativa lesivo ao patrimônio público. Nesse caso, poderá ser determinada a indisponibilidade de seus bens, de modo a assegurar o integral ressarcimento do dano causado ao erário.

▷ ***Anotações/Comentários***

As disposições da Lei n.º 8.429/1992 aplicam-se a quem, mesmo não sendo agente público, induza ou concorra dolosamente para a prática do ato de improbidade, podendo ser determinada, na ação por improbidade administrativa, a indisponibilidade de bens dos réus, a fim de garantir a integral recomposição do erário ou do acréscimo patrimonial resultante de enriquecimento ilícito, observadas as alterações introduzidas pele Lei n.º 14.230/2021 na Lei n.º 8.429/1992.

9. LEI Nº 12.846/2013 (LEI ANTICORRUPÇÃO)

44. (Cebraspe – Analista Judiciário – Área Administrativa – TJ ES/2023) Com base nas regras estabelecidas nas Leis nº 8.429/1992 – Lei de Improbidade Administrativa – e na Lei nº 12.846/2013 – que dispõe sobre a responsabilização administrativa e civil de pessoas jurídicas pela prática de atos contra a administração pública –, julgue o item a seguir.

Para os fins da Lei nº 12.846/2013, constitui ato lesivo à administração pública nacional dificultar a atividade de investigação ou fiscalização de órgãos, entidades ou agentes públicos.

▷ ***Anotações/Comentários***

Na forma do art. 5º, V, da Lei, constitui ato lesivo à administração pública, nacional ou estrangeira, que atente contra o patrimônio público nacional ou estrangeiro, contra princípios da administração pública ou contra os compromissos internacionais assumidos pelo Brasil, notadamente "dificultar atividade de investigação ou fiscalização de órgãos, entidades ou agentes públicos, ou intervir em sua atuação, inclusive no âmbito das agências reguladoras e dos órgãos de fiscalização do sistema financeiro nacional".

45. (Cebraspe – Analista Judiciário – Área Administrativa – TJ ES/2023) Com base nas regras estabelecidas nas Leis nº 8.429/1992 – Lei de Improbidade Administrativa – e na Lei nº 12.846/2013 – que dispõe sobre a responsabilização administrativa e civil de pessoas jurídicas pela prática de atos contra a administração pública –, julgue o item a seguir.

A responsabilização administrativa de pessoa jurídica de direito privado por violação de preceitos previstos na Lei nº 12.846/2013, com a consequente aplicação das sanções correspondentes, deve ser precedida de manifestação jurídica elaborada pela advocacia pública ou pelo órgão de assistência jurídica, ou equivalente, do ente público.

▷ ***Anotações/Comentários***

O art. 6º, *caput*, da Lei, estabelece a possibilidade de serem aplicadas sanções às pessoas jurídicas consideradas responsáveis pelos atos lesivos previstos na Lei. O §2º, neste sentido, estabelece que "a aplicação das sanções previstas neste artigo será precedida da manifestação jurídica elaborada pela Advocacia Pública ou pelo órgão de assistência jurídica, ou equivalente, do ente público".

46. (Cespe – Analista Judiciário – Direito – TJ – PA/2020) No que se refere ao acordo de leniência previsto na Lei n.° 12.846/2013, assinale a opção correta.

a) A proposta de acordo de leniência suspende o prazo prescricional dos atos ilícitos previstos na referida lei.

b) O termo final para a prática dos atos infracionais pela pessoa jurídica é a celebração do acordo de leniência.

c) A celebração do acordo de leniência isenta a pessoa jurídica da sanção de multa.

d) O acordo de leniência não exime a pessoa jurídica da obrigação de reparar integralmente o dano causado.

e) A celebração dos acordos de leniência no âmbito do Poder Executivo federal é de competência exclusiva do Ministério Público Federal.

▷ ***Anotações/Comentários***

(a) A celebração - e não a proposta - do acordo de leniência interrompe o prazo prescricional dos atos ilícitos previstos nesta Lei.

(b) O acordo de leniência somente poderá ser celebrado, preenchidos os demais requisitos legais e ainda, se a pessoa jurídica cessou completamente seu envolvimento na infração investigada a partir da data de propositura do acordo. Assim, o termo final para a prática dos atos infracionais pela pessoa jurídica é a data de propositura do acordo de leniência.

(c) A celebração do acordo de leniência isentará a pessoa jurídica apenas das sanções de publicação extraordinária da decisão condenatória e de proibição de receber incentivos, subsídios, subvenções, doações ou empréstimos de órgãos ou entidades públicas e de instituições financeiras públicas ou controladas pelo poder público. Quanto à sanção de multa, a celebração do acordo apenas reduzirá – e não isentará – em até 2/3 (dois terços) o valor da multa aplicável.

(d) Conforme expressa disposição legal, o acordo de leniência não exime a pessoa jurídica da obrigação de reparar integralmente o dano causado.

(e) Conforme disposição legal, o órgão competente para celebrar os acordos de leniência no âmbito do Poder Executivo federal é a Controladoria Geral da União, e não o Ministério Público Federal. Também é da Controladoria Geral da União a competência para celebrá-los no caso de atos lesivos praticados contra a administração pública estrangeira.

47. (Cespe – Analista Judiciário – TJ – RJ/2021) A sociedade empresária Brothers, sediada na Suíça, é representada no Brasil por José e controladora da pessoa jurídica Irmãos Ltda., que foi constituída e está sediada no estado do Rio de Janeiro. A sociedade Brothers determinou a funcionários da empresa controlada que adotassem medidas para dificultar a realização de fiscalização por auditores federais da Receita Federal do Brasil.

Considerando essa situação hipotética e os termos da Lei n.º 12.846/2013, assinale a opção correta.

a) A sociedade empresária Brothers, por ser sediada na Suíça, não está submetida às regras da lei em questão.

b) Em razão de os funcionários serem da empresa Irmãos Ltda., a empresa Brothers não poderá ser responsabilizada.

c) A fixação da multa terá por base percentual do faturamento líquido da controladora.

d) A sociedade empresária Brothers poderá responder solidariamente com a Irmãos Ltda. pelos atos praticados.

e) A mera oposição de dificuldade não constitui hipótese de responsabilização pela lei.

▷ ***Anotações/Comentários***

(a) A Lei n.º 12.846/2013 aplica-se às sociedades estrangeiras, que tenham sede, filial ou representação no território brasileiro, constituídas de fato ou de direito, ainda que temporariamente. Assim, sendo a sociedade empresária Brothers, embora sediada na Suíça, representada no Brasil por José, está sujeita às regras da lei em questão.

(b) As sociedades controladoras, controladas, coligadas ou, no âmbito do respectivo contrato, as consorciadas serão solidariamente responsáveis pela prática dos atos previstos na Lei n.º 12.846/2013, restringindo-se tal responsabilidade à obrigação de pagamento de multa e reparação integral do dano causado. Dessa forma, sendo a sociedade empresária Brothers controladora da pessoa jurídica Irmãos Ltda., poderá ser solidariamente responsável pelo ato.

(c) A fixação da multa terá por base percentual faturamento bruto – e não líquido - do último exercício anterior ao da instauração do processo administrativo, excluídos os tributos, a qual nunca será inferior à vantagem auferida, quando for possível sua estimação.

(d) Nos termos da Lei n.º 12.846/2013, sendo a sociedade empresária Brothers controladora da pessoa jurídica Irmãos Ltda., poderá ser solidariamente responsável pelo ato.

(e) Constitui ato lesivo à administração pública dificultar atividade de investigação ou fiscalização de órgãos, entidades ou agentes públicos, ou intervir em sua atuação, inclusive no âmbito das agências reguladoras e dos órgãos de fiscalização do sistema financeiro nacional.

ADMINISTRAÇÃO GERAL E ADMINISTRAÇÃO PÚBLICA

Marcelo Adriano Ferreira

✦ QUESTÕES

1. TEORIAS DA ADMINISTRAÇÃO

01. (FCC – Técnico Judiciário – Área Administrativa – TRT 17/2022) Entre os princípios aplicáveis às organizações, de acordo com a abordagem apresentada por Henri Fayol, um dos principais expoentes da Escola Clássica, pode-se citar o princípio da

a) autoridade de linha, segundo o qual o estilo de liderança deve ser adequado à cultura da organização.

b) estabilidade de pessoal, segundo o qual mudanças frequentes nas atribuições dos funcionários prejudicam a eficiência.

c) separação entre gestão e administração, evitando o denominado conflito de agência.

d) organicidade, segundo o qual deve ser evitada a unidade de direção a fim de promover a integração entre as áreas.

e) orientação por tarefas, que representou uma mudança de paradigma ao propor a ausência de divisão clara de funções entre cargos.

▷ ***Comentários***

Nota do autor. Teoria Clássica – Fayol.

Ênfase: Organização, estrutura e adequada disposição dos órgãos

Características: Visão sintética de cima para baixo – definiu a administração como um conjunto de atividades que representam a função do administrador:

Os 14 princípios de Fayol: Divisão do Trabalho / Autoridade e Responsabilidade /Disciplina / Unidade de Comando / Unidade de direção / Centralização / Subordinação dos interesses individuais aos gerais / Remuneração do pessoal / Cadeia escalar / Ordem / Equidade / Estabilidade do pessoal / Iniciativa / Espirito de equipe.

Conforme destacado por Fayol, a divisão do trabalho por especialização tende a aumentar a produtividade. Isso ocorre devido à possibilidade de os profissionais executarem as mesmas tarefas diariamente, o que resulta em maior agilidade e rendimento ao longo do tempo.

Por outro lado, mudanças frequentes podem levar à queda na produtividade dos colaboradores. Assim, a divisão do trabalho se mostra importante para garantir a eficiência operacional.

02. (Cespe – Técnico Judiciário – Área Administrativa – TRT 8/2022) Os ambientes organizacionais atuais devem possuir estruturas flexíveis e adaptáveis ao ambiente e à tecnologia. A respeito das variáveis estruturais, julgue os seguintes itens.

I. O nível institucional ou estratégico deve cuidar da formulação das políticas e das diretrizes gerais da organização.

II. O nível intermediário deve cuidar da elaboração de planos e programas para execução nos níveis departamentais.

III. O nível operacional deve cuidar da execução das rotinas e dos procedimentos diários.

Assinale a opção correta.

a) Apenas o item I está certo.

b) Apenas o item II está certo.

c) Apenas os itens I e III estão certos.

d) Apenas os itens II e III estão certos.

e) Todos os itens estão certos.

▷ ***Comentários***

Nota do autor. Espécies de Planejamento

a) Planejamento estratégico

✓ **Abrangência:** Envolve a organização como um todo em todos os seus aspectos, abrange todos os recursos e as áreas de atividade, e preocupa-se em atingir os objetivos macros, em nível organizacional.

✓ **Responsabilidade:** alta administração (no nível institucional) e tem como produto o plano maior, ao qual todos os demais estão subordinados.

✓ **Conteúdo:** mais genérico dentro do campo de atuação da organização, abrangendo os objetivos gerais da entidade.

✓ **Prazo**: longo prazo, tendo seus efeitos e consequências estendidos a vários anos pela frente, focaliza o futuro e o destino; ação global.

b) Planejamento Tático.

✓ **Abrangência:** Envolve cada departamento ou unidade de negócio, nos aspectos que lhes são peculiares, abrange os recursos e áreas de atividade de responsabilidade daquele departamento ou unidade de negócio, e preocupa-se em atingir os objetivos "intermediários", em nível departamental.

✓ **Responsabilidade:** nível gerencial intermediário, em cada departamento da organização, buscando atingir os objetivos departamentais.

✓ **Conteúdo:** menos genérico (intermediários) levando em consideração os objetivos do "departamento".

✓ **Prazo**: médio prazo, em regra, para o exercício anual.

c) Planejamento Operacional.

✓ **Abrangência:** cada tarefa, operação ou atividade isoladamente e preocupa-se com o alcance de metas específicas.

✓ **Responsabilidade:** É definido no nível operacional, para cada tarefa ou atividade.

✓ **Conteúdo:** específico, voltado para uma determinada missão a ser atingida de forma individual.

✓ **Prazo:** curto prazo, para o imediato.

03. (FCC – Técnico Judiciário – Área Administrativa – TRT 4/2022) O estudo clássico de administração de empresas contempla a teoria da organização sob duas perspectivas, segundo as quais a divisão do trabalho pode se dar

a) horizontalmente, por níveis de autoridade, ou verticalmente, por departamentalização.

b) horizontalmente, por departamentalização, ou verticalmente, por níveis de autoridade.

c) de cima para baixo, por departamentalização, ou de baixo para cima, por níveis de autoridade.

d) de cima para baixo, por níveis de autoridade, ou de baixo para cima, por departamentalização.

e) horizontalmente, de cima para baixo, ou verticalmente, de baixo para cima.

▷ ***Comentários***

Nota do autor. A Teoria Clássica da Administração, idealizada por Henry Fayol, tem como base a busca por máxima eficiência através da visão do Homem Econômico. Ou seja, considera o ser humano como racional e com focos racionais.

A teoria clássica buscou com a divisão do trabalho, que pode se dar em duas direções:

Horizontal: segundo os diferentes tipos de atividade da organização. No mesmo nível hierárquico cada departamento ou seção passa a ser responsável por uma atividade específica é própria. Esse tipo de divisão dá origem á chamada departamentalização.

Vertical: segundo os níveis de autoridade e responsabilidade. a hierarquia define a graduação das responsabilidade conforme os graus de autoridade.

Pela explicação, a única alternativa correta é a letra B.

---

04. (FCC – Técnico Judiciário – Área Administrativa – TRT 14/2022) A categorização apresentada pela doutrina quanto aos tipos de decisão no âmbito das organizações, diferenciando as denominadas "programadas" daquelas ditas "não programadas", considera como fator de diferenciação entre ambas

a) a qualidade da decisão, sendo as não programadas consideradas inferiores por não levarem em conta todas as alternativas possíveis.

b) o grau de maturidade do tomador da decisão, sendo as programadas aquelas emanadas de gestores mais preparados e bem formados.

c) a estruturação do processo, na medida em que as programadas são tomadas com antecedência e as não programadas em caráter de urgência.

d) o grau de efetividade, sendo as programadas dotadas de maior grau de resolutividade em comparação às não programadas, sendo preferíveis para situações complexas e não recorrentes.

e) a possibilidade de uso de soluções padronizadas disponíveis do acervo da organização, aplicável quando se trate de decisões programadas, enquanto as não programadas demandam soluções específicas.

▷ ***Comentários***

Nota do autor. Questão confusa que pode apresentar duas alternativas corretas, "C" e "E". Segundo Simon, as decisões podem ser classificadas em: programadas e não programadas. Além destas, existem, ainda, as decisões estratégicas. Estas tendem a ser as mais importantes e são tomadas nos níveis hierárquicos mais altos da organização, com impactos de longo prazo.

Decisões Programadas – estruturadas (é rotineira, padronizada, previsíveis, se aplicam a problemas bem compreendidos pela administração, que possui procedimentos e/ou regras sistemáticas para tratá-los).

Decisões não programadas – não estruturados (é incomum, não têm precedentes, ambiguidade, imprevisibilidade, inovação contam apenas com a habilidade dos administradores em tomar decisões, já que não se submetem, usualmente, a procedimentos sistematizados pela empresa)

1. **Decisões Programadas (Decisões Programáveis / Decisões Estruturadas):**

Tratam-se de decisões rotineiras e repetitivas, utilizadas para resolver problemas cotidianos.

Ou seja, são decisões "padronizadas", utilizadas para responder a situações que ocorrem regularmente.

São utilizadas para situações de certeza e previsibilidade, em que existem dados (informações) adequados e suficientes.

São decisões baseadas em um "acervo de soluções" da organização.

2. **Decisões Não Programadas (Decisões Não Programáveis / Decisões Não Estruturadas):**

Tratam-se de decisões novas e não repetitivas, utilizadas para resolver problemas não rotineiros.

Ou seja, são decisões mais "complexas", utilizadas para responder a situações "excepcionais"/"extraordinárias" (que não ocorrem regularmente).

São utilizadas para situações de maior risco, incerteza e imprevisibilidade, em que existem dados (informações) inadequados e insuficientes.

Esse tipo de decisão é mais complexa e envolve criatividade, inovação e improvisação.

---

05. (FCC – Técnico Judiciário – Área Administrativa – TRT 14/2022) Nos estudos acerca do fenômeno da liderança e do comportamento dos líderes, o modelo de análise conhecido como grid (ou grade) gerencial sustenta que o gestor orienta a ação para dois aspectos fundamentais:

a) ênfase na produção, preocupando-se com o resultado da tarefa, e ênfase nas pessoas, considerando o atendimento às necessidades de subordinados, colegas ou chefes.

b) estrutura de iniciação, com ênfase no conhecimento, e estrutura de consideração, com ênfase no perfil dos liderados, objetivando o ponto ótimo resultante da combinação dessas duas variáveis.

c) complexidade da tarefa, tendo em mente os requisitos necessários para sua realização, e grau de maturidade dos liderados, cabendo adequar o estilo de liderança para harmonizar as duas variáveis.

d) grau de autoridade demandada do líder, que pode ser modulada entre o perfil coercitivo ou benevolente, e nível de resistência do grupo para realização da tarefa indicada.

e) traços de personalidade, como carisma e capacidade de convencimento, e habilidades adquiridas, incluindo os conhecimentos técnicos e comportamentais necessários ou úteis ao desempenho da liderança.

---

06. (CESPE – AJ TRT8/TRT 8/Administrativa/2016) A propósito de mudança organizacional, assinale a opção correta.

a) O êxito de um processo deliberado de mudança organizacional depende de alterações legítimas nas atitudes dos dirigentes, cujos comportamentos servem de estímulo para que os demais trabalhadores confiram credibilidade ao processo em curso.

b) Mudanças são consideradas disfunções organizacionais cujos efeitos previstos demandam configurações do processo de gerenciamento do fenômeno entendido como uma construção de novas habilidades técnicas e comportamentais.

c) Para que se caracterize determinado processo de aprendizagem como uma mudança organizacional, é necessário que ocorram transformações mais radicais que afetem aspectos substanciais do comportamento dos trabalhadores.

d) Se o processo de mudança organizacional exigir dos trabalhadores o desenvolvimento de novos repertórios técnicos e comportamentais, que constituem objetos de programas e ações de treinamento e desenvolvimento de pessoas, serão notados resultados substanciais dessas mudanças no curto prazo.

e) A mudança organizacional pressupõe ações deliberadas, objetivas e racionais, de forma que o conhecimento e o domínio das forças ambientais que afetem a dinâmica organizacional se tornem objeto central da gestão dos processos de mudança.

▷ ***Comentários***

Nota do autor. Esta é uma questão com considerável grau de complexidade, pois, é pouco exigido em provas. A mesma versa sobre o processo e mudança nas organizações, a qual é um aspecto essencial da criatividade e da inovação hoje. A mudança está em toda parte: nas organizações, nas pessoas, nos clientes, nos produtos e serviços, na tecnologia, no tempo, no clima, por exemplo. Ela se apresenta como uma das principais características dos tempos modernos. Mudar significa passagem de um estado para outro, envolve transformação, interrupção, perturbação e até ruptura, dependendo de sua intensidade.

Alternativa correta: letra "a": o processo de mudança real é profundo e depende da interação de todos os que participam da organização. Para se obter o engajamento maciço, é necessário que todos os colaboradores acreditem realmente no processo de mudança. Diante disso, as ações das lideranças, quando legítimas, servem como estímulo para comportamentos dos demais trabalhadores, o que impulsiona a mudança e, quando não acontece, pode minar a sua realização.

Alternativa "b": mudanças não são disfunções. A mudança é um aspecto essencial da criatividade e da inovação nas organizações de hoje.

Alternativa "c": segundo Lissandra Kerppers Mattos[1], "as mudanças organizacionais implicam numa transformação radical dos relacionamentos entre os gestores e da maneira como eles entendem a organização e seus próprios papéis dentro dela".

Alternativa "d": por se tratar de um processo complexo, os resultados não serão notados, necessariamente, no curto prazo.

Alternativa "e": as mudanças organizacionais decorrem de acontecimento que, por sua vez, podem advir de ações que podem ou não ser deliberadas.

07. (FCC - Analista Judiciário - Administrativa - TRT 18/2013) O modelo burocrático de Max Weber é um modelo organizacional disseminado nas administrações durante o século XX em todo o mundo. O modelo burocrático é atribuído a Max Weber porque o sociólogo alemão analisou e sintetizou suas principais características. NÃO corresponde a essas características o que está expresso em

a) caráter racional e divisão do trabalho.
b) hierarquia de autoridade.
c) impessoalidade nas relações.
d) relação de coesão ou de antagonismo.
e) caráter formal das comunicações.

▷ ***Comentários***

Nota do autor. O modelo burocrático weberiano retratou um modelo de padrão organizacional da época. Com base em profissionalismo, meritocracia e divisão racional do trabalho, a separação entre planejamento e execução gera distinção entre a política e a administração pública. Levando em consideração o setor privado, a burocracia weberiana está mais relacionada ao modelo taylorista (1911) sobre divisão de tarefas.

É possível resumir as características da burocracia como se segue:

1) Legalidade (normas e regulamentos possuem caráter legal);
2) Comunicações formalizadas e oficiais;
3) Divisão do trabalho formal e racional;
4) Caráter racional;
5) Relacionamentos impessoais;
6) Hierarquia organizacional no exercício da autoridade;
7) Rotinas e procedimentos padronizados;
8) Meritocracia (competência técnica valorizada);
9) A administração especializada (nega-se o patrimonialismo);
10) Profissionalismo;
11) Previsibilidade no funcionamento da organização.

Alternativa correta: letra "d" (responde todas as outras alternativas). A relação de coesão ou de antagonismo está relacionada **Escola de Relações Humanas** e não da **Teoria da Burocracia.** É uma das características da organização Informal. Segundo essa teoria, a organização formal é constituída pela estrutura organizacional composta de órgãos, cargos, relações funcionais, níveis hierárquicos, dentre outros. Denomina-se organização informal o conjunto de interações e relacionamentos que se estabelecem entre as pessoas dentro de qualquer organização.

Alternativas "a, b, c, e": todas as outras alternativas corresponde a essas características da burocracia.

1 As Mudanças Organizacionais e Seus Gestores nas Empresas na Era da Informação – http://bibliotecadigital.fgv.br/dspace/bitstream/handle/10438/3671/Lissandra.pdf?sequence=1 – acessado em 23/10/2017 as 22h22min.

2. ESTRUTURA ORGANIZACIONAL/DEPARTAMENTALIZAÇÃO

08. (FCC – Técnico Judiciário – Área Administrativa – TRT 17/2022) O traço característico de uma estrutura do tipo divisional, que a diferencia de uma estrutura com departamentalização no molde funcional, consiste em

a) órgãos temporários vinculados ao tempo de duração de projetos.
b) divisão geográfica, com atividades agrupadas entre matriz e filiais.
c) estratificação de funções, ficando em primeiro nível apenas as atividades financeiras.
d) unidades que operam de forma autónoma, denominadas centros de resultados.
e) centralização de custos e de despesas, com órgão único para apuração de resultados.

▷ ***Comentários***

Nota do autor. Falou em estrutura divisional, lembre-se de duas coisas: autonomia limitada e resultados.

a) Alternativa incorreta. Essa característica se refere à gestão por projetos;
b) Alternativa incorreta. Refere-se à departamentalização geográfica;
c) Alternativa incorreta. A frase descreve uma estrutura organizacional funciona
d) Alternativa correta.
e) Alternativa incorreta

09. (FGV – Técnico Judiciário – Área Administrativa – TRT 12/2017) Uma indústria química bastante tradicional adotava departamentalização funcional, com foco no aproveitamento de economias de escala. Recentemente, a indústria passou por uma atualização da tecnologia de produção, com a compra de maquinário de última geração. A fim de explorar as vantagens econômicas da nova tecnologia do processo produtivo, uma consultoria externa foi contratada para realizar um trabalho de reengenharia e, entre outras mudanças, a indústria passou a adotar departamentalização por processo. A departamentalização por processo tem, entre as suas desvantagens:

a) desperdícios e redundância de esforços, pela dificuldade de racionalização das etapas de execução do trabalho;
b) foco excessivo na qualidade do produto que sacrifica outros objetivos organizacionais, como a produtividade e a eficiência;
c) dificuldades de comunicação e coordenação, pelo isolamento dos departamentos;
d) custos operacionais crescentes, pela necessidade de atualização tecnológica constante;
e) maior risco operacional, pois uma falha em um processo pode levar a uma falha sistêmica da organização.

▷ ***Comentários***

Nota do autor: Questões que versam sobre departamentalização são recorrentes em provas de concurso público, normalmente exigindo conhecimentos sobre conceito, características, vantagens e desvantagens de cada modelo. A **departamentalização** é um processo de divisão do trabalho por especialização da estrutura organizacional da empresa, agrupando-a de acordo com um critério específico definido, organizando seus recursos em unidades organizacionais maiores e assim sucessivamente até o topo da organização. São várias as espécies de departamentalização. Dentre os modelos de departamentalização, modelos mais "modernos", como Matricial, por Projeto ou por Processos, são colocados em contraponto ou comparação com modelos mais antigos, como linear e funcional.

Fique atento: não existe modelo perfeito para todas as situações e provavelmente a questão trará as condições indicativas para, juntamente com seu conhecimento, fazê-lo chegar à alternativa correta.

Alternativa correta: letra "e" (responde todas as outras). Processo é um conjunto de atividades com uma ordenação específica que resulta em um produto ou serviço para satisfazer as necessidades e expectativas do cliente ou mercado. Processo produtivo é qualquer processo que entra em contato com o produto ou serviço, agregando valor ao mesmo.

Gestão de processo é a forma de departamentalização onde as atividades são agrupadas de acordo com as etapas de um processo, segundo as características e atividades desenvolvidas pela organização. Esse modelo de gestão tem como foco a dinâmica do fluxo de trabalho, implicando a análise de como são executados os processos e a inter-relação com as diferentes unidades administrativas que participam de sua execução.

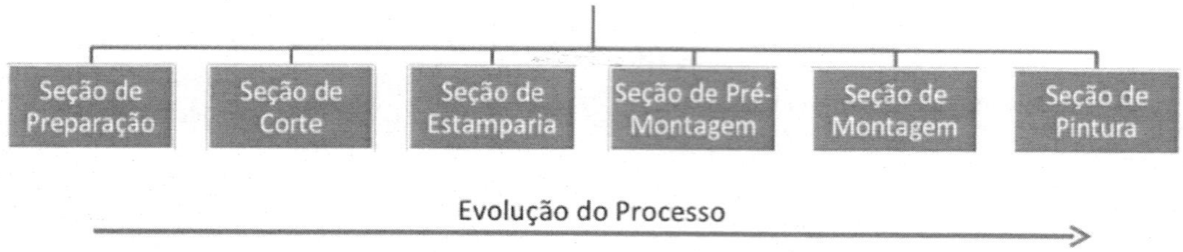

A departamentalização por fases do processo ou processamento ou ainda equipamento é utilizada, em regra, nas empresas industriais nos setores produtivos ou de operações.

Nesse tipo de departamentalização, que apresenta várias vantagens e desvantagens, as tarefas passam de um departamento para o outro, seguindo uma sequência lógica e interdependente. Sendo assim, gera maiores riscos operacionais, pois uma falha em um processo pode levar a uma falha sistêmica da organização.

10. (Cespe – Analista Judiciário – Área Administrativa – TRT 8/2016) Assinale a opção correta relativa a tipos de estrutura organizacional, natureza, finalidades e critérios de departamentalização das organizações formais modernas.

a) Uma condição almejada pelas organizações modernas é a sustentabilidade, que se restringe à adoção de medidas ecologicamente responsáveis.

b) Assessoria, departamentalização funcional e descentralização são princípios de organização instituídos neste terceiro milênio.

c) A teoria da contingência defende a utilização, pela organização, do princípio geral e universal da administração para as situações específicas.

d) As organizações com áreas funcionais orientadas para processos alocam pessoas de departamentos permanentes para executarem atividades temporárias em uma única função como, por exemplo, a prestação de serviços.

e) As renovações ocorridas nas estruturas organizacionais do século XXI caracterizam-se pelo corte ou enxugamento no tamanho das organizações e pelo desenvolvimento das estruturas matriciais e das redes horizontais.

▷ ***Comentários***

Nota do autor: Estrutura organizacional é a forma pela qual as atividades, as pessoas e os recursos de uma organização são divididas, organizadas e coordenadas, levando em conta aspectos físicos, humanos, financeiros, jurídicos, administrativos e econômicos. Para Max Weber, as organizações são formas de coordenar as atividades dos seres humanos, ou dos bens que eles produzem, de uma forma estável ao longo do tempo, onde todos devem atuar em busca de um objetivo comum. Algumas das principais características das organizações formais modernas são:

1) Divisão do Trabalho
2) Especialização;
3) Hierarquia;
4) Distribuição da autoridade e responsabilidade
5) Racionalismo.

Departamentalização é um modo encontrado para alocarmos pessoas, tarefas e atividades em unidades, com o objetivo de melhorar a coordenação de esforços[2]. Segundo Chiavenato[3], é o processo de dividir a organização em departamentos é denominado especialização horizontal. Os principais modelos departamentalização são: funcional, por produtos/serviços, geográfica, por clientes, por processos e por projetos.

Algumas espécies de estrutura organizacional:

✓ Estrutura Linear;
✓ Estrutura Funcional;
✓ Estrutura Linha-Staff;
✓ Estrutura Divisional;
✓ Estrutura Matricial;
✓ Estrutura em Rede;
✓ Estrutura de Mintzberg.

Alternativa correta: letra "e". Os desafios do mundo globalizado e a velocidade com que as mudanças estão ocorrendo em todos os aspectos da sociedade estão produzindo um sentido de emergência quanto ao ajustamento e à adaptabilidade das organizações às novas realidades. Para sobreviver e crescer, é necessário se adaptar, ocorrendo, dentre outros, uma redução no tamanho das organizações, desenvolvimento das estruturas matriciais e das redes horizontais.

Segundo Idalberto Chiavenato (2011), diante desse novo cenário, as tendências organizacionais no mundo moderno se caracterizam por:

1) Cadeias de comando mais curtas.
2) Menos unidade de comando
3) Amplitudes de controle mais amplas
4) Mais participação e empowerment.
5) Staff como consultor e não como executor
6) Ênfase nas equipes de trabalho
7) A organização como um sistema de unidades de negócios interdependentes.
8) Abrandamento dos controles externos às pessoas.
9) Foco no negócio básico e essencial (core business)
10) Consolidação da economia do conhecimento

Alternativa "a": sustentabilidade é um dos principais objetivos buscado por boa parte das organizações modernas como ferramenta para geração de valor. Porém, o termo sustentabilidade envolve conceitos muito mais amplos, não se restringindo à adoção de medidas ecologicamente responsáveis.

Alternativa "b": departamentalização Funcional é adequada para ambientes estáveis. Logo, não se ajusta ao cenário mutável contemporâneo. Assessoria, departamentalização funcional e descentralização surgiram bem antes com o desenvolvimento das teorias administrativas e as várias espécies de departamentalização.

Alternativa "c": segundo a Teoria da Contingência, nada é geral e universal, tudo é relativo e as ações depender**ão** do tipo de ambiente no qual a organização está inserida e ao tipo de tecnologia adotado por ela. Para essa teoria, não basta considerar as várias relações internas e externas à organização; é necessário também que a organização esteja pronta para adaptar-se às diferentes situações que esses ambientes possam apresentar.

Alternativa "d": As organizações com áreas funcionais orientadas para **projetos** alocam pessoas de departamentos permanentes para executarem atividades temporárias em uma única função como, por exemplo, a prestação de serviços.

2 (Daft, 2005)
3 Chiavenato, Idalberto, Introdução à Teoria Geral da Administração, 2011.

11. (FGV - Técnico Judiciário - Área Administrativa - TRT 12/2017) Determinado cartório passou por uma profunda reestruturação organizacional e alguns níveis hierárquicos intermediários foram eliminados.

Uma das características das organizações achatadas é que:

a) os níveis de automação e de informação são altos;

b) os empregados de níveis mais baixos sentem-se mais distantes da cúpula;

c) os salários são maiores, visto que possuem menos empregados;

d) existem mais oportunidades para progressão na carreira;

e) as decisões são tomadas mais prontamente, o que permite maior rapidez em responder aos clientes.

▷ ***Comentários***

Nota do autor: a quantidade de níveis hierárquicos afeta diretamente a agilidade no que tange a tomada de decisões, afinal, quanto mais níveis, menor a mobilidade e capacidade reativa da entidade. Em regra, estruturas mais leves, e com poucos níveis hierárquicos ficam mais baratas e são mais ágeis.

Porém, encontrar o modelo ideal no que tange a quantidade de níveis hierárquicos não é tarefa simples, já que simplesmente reduzir sem o devido planejamento pode sobrecarregar os níveis decisórios remanescentes sem uma verdadeira descentralização na tomada de decisões. É interessante estar atendo ao fato de que a agilidade não vem simplesmente do achatamento em si, mas do liberar as pessoas para tomarem decisões de uma forma controlada e de maneira alinhada com os objetivos e metas da organização.

Assim, fique atento ao pedido da questão e a todos os seus elementos para poder respondê-la corretamente.

Alternativa correta: letra "e". Nesse caso a questão não trouxe nenhuma ponderação relevante, versando apenas sobre o achatamento da entidade, ou seja, entidade com poucos níveis hierárquicos, pressupondo-se uma autonomia maior por parte dos colaboradores na tomada de decisão. Desconsiderando, então, as possíveis disfunções, é correto afirmar que, nas organizações achatadas, as decisões são tomadas mais prontamente, o que permite maior rapidez em responder aos clientes, afinal com uma quantidade menor de níveis decisórios e com os colaboradores com maior autonomia na decisão, mais rapidamente as demandas dos clientes serão decididas.

Alternativa "a": o achatamento da organização não significa níveis de automação e de informação altos, significa, em realidade, maior autonomia dos colaboradores na tomada de decisão, já que a redução de níveis também aumenta a relação colaborador/gerente, sobrecarregando a gerencia se não houver a devida flexibilização da autonomia para a tomada de decisão.

Alternativa "b": é justamente o inverso, empregados de níveis mais baixos sentem-se mais próximos da cúpula, já que a quantidade de níveis hierárquicos é menor.

Alternativa "c": não existe relação direta entre achatamento e quantidade menor de empregados, pode ocorrer uma melhoria salarial em razão do aumento da responsabilidade devido à relativa autonomia que os níveis mais baixos da organização passam a ter para a tomada de decisão.

Alternativa "d": se existem menos níveis hierárquicos, existem também menos cargos de chefia, o que limita as oportunidades para progressão na carreira.

2.1. ESTRUTURA ORGANIZACIONAL/DEPARTAMENTALIZAÇÃO NO SETOR PÚBLICO

12. (FGV - Técnico Judiciário - Área Administrativa - TRT 12/2017) Em um órgão público, as decisões são concentradas nos níveis mais altos da hierarquia. A direção do órgão gostaria de promover a descentralização das decisões como forma de incentivar a autonomia e a responsabilização dos gerentes. No entanto, a centralização das decisões apresenta vantagens em relação à descentralização, tais como:

a) torna o processo decisório mais ágil e flexível;

b) estimula a aprendizagem dos gerentes médios;

c) gera decisões mais consistentes com os objetivos globais da organização;

d) reduz os custos e o tempo de implementação das decisões;

e) facilita o fluxo de informações e a comunicação organizacional.

▷ ***Comentários***

Nota do autor: as estruturas organizacionais podem se apresentar de diversas formas. A forma como o poder de decidir é distribuído acaba por determinar em parte a estrutura organizacional. A centralização e a descentralização relacionam-se com a tomada de decisão no topo da hierarquia ou longe do topo da hierarquia, respectivamente. Tanto o modelo centralizado quanto o descentralizado apresentam vantagens e desvantagens, e é sobre isso que versa a questão.

Alternativa correta: letra "c". A alternativa traz uma vantagem das estruturas centralizadas, seja no âmbito público ou privado. Vejamos alguns exemplos de vantagens da centralização:

✓ As decisões tomadas por administradores com visão mais ampla, global da empresa;

✓ Os tomadores de decisão mais preparados;

✓ Decisões mais consistentes com os objetivos globais;

✓ Menor esforço e custo, já que são poucos os níveis hierárquicos;

✓ Maior especialização de certas funções, como compras.

Alternativas "a", "b", "e": vantagens da estrutura descentralizada.

Alternativas "d": essa alternativa gera dúvida, já que, de fato, a centralização gera custos menores, pois, a descentraliza**ção demanda mais gestores preparados e treinados. Porém, essa situação não é regra em todos os casos.**

3. PROCESSO ADMINISTRATIVO/FUNÇÕES ADMINISTRATIVAS

13. (FCC - Técnico Judiciário - Área Administrativa - TRT 14/2022) Considere que determinada organização pretenda avaliar o desempenho de seus colaboradores, utilizando como metodologia a técnica dos incidentes críticos, o que significa que levará em conta na referida avaliação

a) apenas aspectos medianos do comportamento e desempenho dos avaliados, descartando os excepcionalmente bons ou ruins.

b) comportamentos extremos dos avaliados, com registro de aspectos do trabalho extremamente positivos e negativos.

c) o resultado obtido pelos avaliados em dinâmicas ou jogos em que são submetidos a situações extremas, que demandam prontidão e alta performance.

d) as faltas funcionais incorridas pelos avaliados em determinado período, como redutor da nota atribuída na avaliação de performance geral.

e) performance dos avaliados em situações reais e hipotéticas (cases sugeridos em dinâmicas) que demandam pensamento criativo e soluções inovadoras.

▷ ***Comentários***

Nota do autor. A teoria do Grid Gerencial de Blake e Mouton.

Blake e Mouton perceberam que existiam gradações (níveis) distintos na orientação para tarefa e na orientação para pessoas. Um líder nem sempre era totalmente orientado para tarefas ou totalmente orientado para pessoas conforme proposto pela Teoria Bidimensional. Assim, era necessário criar um modelo que conseguisse retratar esses níveis distintos.

A grade gerencial é uma tabela de dupla entrada composta de dois eixos: o eixo vertical representa a 'ênfase nas pessoas', enquanto o eixo horizontal representa a 'ênfase na produção'. Dos extremos ao ponto médio da referida grade surgem os estilos de liderança como descrito abaixo:

Estilo 1.1: tendência ao mínimo esforço;

Estilo 9.1: preocupação pela produção e quase nenhuma preocupação pessoal;

Estilo 1.9: ênfase pessoal, quase nenhuma preocupação com a produção;

Estilo 5.5: tendência à mediocridade;

Estilo 9.9: tendência à excelência.

A única alternativa que se enquadra na no pedido da questão é a alternativa B,

14. (FCC – Técnico Judiciário – Área Administrativa – TRT 18/2023) No início da década de 1940, Abraham Maslow desenvolveu sua teoria sobre a hierarquia das necessidades, a partir da qual é possível inferir o que motiva cada pessoa. Segundo Maslow, o princípio básico da motivação consiste no fato de que o ser humano é

a) dotado de diversas expectativas e necessidades, não sendo plausível propor uma hierarquia entre elas, mas apenas constatar que não existe motivação quando o indivíduo possui necessidades básicas não satisfeitas.

b) avesso ao trabalho e ao esforço físico e intelectual, naturalmente, necessitando ser induzido a realizar essas atividades a partir de um sistema consistente de recompensas e de punições.

c) orientado apenas para busca de recompensas materiais, de forma que o grau de motivação obtido constitui resultado diretamente proporcional ao salário e benefícios que lhe são oferecidos.

d) orientado, intrinsecamente, para busca de reconhecimento, pertencimento e afiliação ao grupo, possuindo esses fatores um peso relativo maior na motivação do que as recompensas financeiras.

e) motivado por necessidades não satisfeitas, e que certas necessidades básicas, precisam ser satisfeitas antes que outras: as de segurança, de associação, de status e de autorrealização.

▷ ***Comentários***

Nota do autor. A Teoria da Hierarquia das Necessidades de Maslow postula que os indivíduos estão constantemente em busca de satisfazer suas necessidades e que a motivação é impulsionada por diversas necessidades.

Nesse sentido, Maslow dividiu as necessidades que motivam o indivíduo em 05 categorias: necessidades fisiológicas, necessidades de segurança, necessidades sociais, necessidades de estima, e necessidades de autorrealização.

a) Alternativa incorreta: existe sim hierarquia com estrutura piramidal, de baixo para cima, na seguinte ordem: necessidades fisiológicas, necessidades de segurança, necessidades sociais, necessidades de estima, e necessidades de autorrealização.

b) Alternativa incorreta: o texto da alternativa se refere à teoria X e Y de Mcgregor.

c) Alternativa incorreta: são várias categorias de necessidades e não somente recompensas materiais, de forma que o grau de motivação obtido constitui resultado diretamente proporcional ao salário e benefícios que lhe são oferecidos.

d) Alternativa incorreta: respondida na alternativa anterior.

e) Alternativa correta.

15. (FCC – Técnico Judiciário – Área Administrativa – TRT 22/2022) Entre as diversas categorizações e classificações propostas pela literatura sobre liderança, tem-se o conceito de liderança situacional. Um dos principais estudiosos do tema, Fiedler, apresenta as seguintes variáveis a serem consideradas para uma liderança eficaz:

a) traços pessoais do líder, subdivididos em habilidades técnicas e comportamentais, e nível de receptividade do grupo.

b) relações dos membros com o líder (líder-liderado); estrutura das tarefas e posição de poder.

c) desafios e oportunidades do cenário externo e forças e fraquezas presentes na organização.

d) carisma do líder e permeabilidade dos liderados a medidas de indução aplicadas pelo líder.

e) competências requeridas para o desempenho das tarefas e identificação dos mais aptos e vocacionados para cada desafio.

▷ ***Comentários***

Nota do autor. Na teoria contingencial de Fiedler, a análise dos estilos de liderança é feita considerando o grau de controle que a situação permite ao líder. Ele identifica dois estilos principais: focado nas tarefas e focado nas pessoas e relacionamentos.

Além disso, Fiedler definiu três fatores que determinam a eficácia da liderança, de acordo com o controle que a situação permite:

1. Relação líder-liderado: Refere-se ao grau de confiança, segurança e respeito que os subordinados têm pelo líder.
2. Estrutura da tarefa: Refere-se ao grau de procedimentos e clareza das missões de trabalho.
3. Poder de posição: Indica o nível de influência que o líder exerce sobre variáveis como contratações, demissões, atos disciplinares, promoções e aumentos.

B) Alternativa correta. A alternativa B é a única que se amolda às proposições do autor citado.

16. (FCC – Técnico Judiciário – Área Administrativa – TRT 17/2022) Suponha que determinada organização pretenda aplicar, pela primeira vez, processo de avaliação de desempenho de seus membros para selecionar os mais aptos a ocuparem posições de chefia e assessoramento. Nesse sentido, para escolher a metodologia a ser aplicada, cotejando os prós e os contras de algumas das mais conhecidas, deverá considerar que:

a) a aplicação da Pesquisa de Campo como metodologia de avaliação, embora em regra ofereça resultados confiáveis, dependerá de ações externas à organização com a identificação no mercado do paradigma para avaliação de seus empregados.

b) caso opte pelo método Escolha Forçada, o resultado da avaliação será vinculante para a organização em termos de promoção, desligamentos e movimentação de pessoal.

c) o método Incidentes Críticos, embora muito usado contemporaneamente, é bastante controverso, pois expõe os avaliados a exercícios e atividades que simulam situações limite, podendo ensejar risco ou constrangimento pessoal.

d) a Comparação Binária, embora seja um método bastante eficiente, é de difícil aplicação, pois necessita da prévia identificação do "funcionário modelo", em relação ao qual o desempenho dos demais é comparado.

e) a Avaliação 360° ou circular deve, necessariamente, contar com a autoavaliação e com feedback das pessoas com quem o avaliado se relaciona, demandando envolvimento e maturidade dos envolvidos no processo.

Pesquisa de Campo:

A pesquisa de campo é um método de avaliação de desempenho que envolve entrevistas entre um especialista em avaliação e o superior imediato, nas quais são analisados os desempenhos dos subordinados. Durante essas entrevistas, são identificadas as causas, origens e motivos do desempenho, por meio da análise de fatos e situações específicas.

▷ ***Comentários***

Nota do autor. A avaliação 360 graus é um método de análise dos funcionários que integra a autoavaliação do colaborador com avaliações de seus colegas de trabalho, subordinados e líderes. Esse processo visa proporcionar uma visão abrangente e completa do desempenho do colaborador, incorporando diferentes perspectivas e feedbacks de diversos stakeholders dentro da organização.

a) Escolha Forçada:

O método de escolha forçada consiste em blocos de frases pré-elaboradas, em que duas delas são positivas e duas são negativas. O avaliador deve selecionar a frase que melhor se adequa e a que menos se adequa ao desempenho do avaliado, proporcionando uma avaliação mais objetiva.

b) Incidentes Críticos:

Na avaliação por incidentes críticos, o foco do avaliador está nos comportamentos considerados mais importantes para o desempenho eficaz ou ineficaz do trabalho. Este método utiliza comportamentos específicos que devem ser observados, em vez de traços de personalidade vagamente definidos.

c) Comparação por Pares ou Binária:

Também conhecida como comparação binária, esse método compara o desempenho de dois colaboradores ou de um colaborador com sua equipe, podendo utilizar fatores para isso. Apesar de simples, torna-se mais desafiador quanto maior o número de pessoas avaliadas, sendo menos eficiente em grandes grupos.

d) Avaliação 360 Graus:

A avaliação 360 graus é uma ferramenta que busca obter uma visão abrangente do desempenho do colaborador, reunindo perspectivas complementares de diferentes fontes, incluindo líderes, colegas, subordinados e o próprio avaliado. Esse modelo proporciona uma avaliação do contexto geral que envolve cada indivíduo, conforme destacado por Chiavenato.

e) Alternativa correta.

17. (FCC – Técnico Judiciário – Área Administrativa – TRT 18/2023) Uma entidade que tenha verificado que o resultado obtido por determinado processo de avaliação de desempenho aplicado a seus empregados apresentou "efeito halo" defrontou-se com

a) identificação de profissionais acima da média, como resultante de uma avaliação acurada, gerando a expectativa de promoções ou aumento de remuneração.

b) vício decorrente da falta de comprometimento ou de preparo do avaliador, que atribui uma avaliação mediana a todo o universo de avaliados.

c) resultado extremamente negativo, resultante do excesso de rigor do avaliador, que toma por base padrões de difícil atingi- mento.

d) distorção na avaliação, resultante da generalização de um aspecto do desempenho, bom ou ruim, para todos os demais quesitos avaliados.

e) viés no resultado em razão de preferências pessoais do avaliador, gerando ressentimento e descrédito que contamina o clima organizacional.

▷ ***Comentários***

Nota do autor. O Efeito Halo/Horn refere-se à tendência de formar conclusões instantâneas sobre um indivíduo com base em algumas características e atributos, resultando em generalizações.

Efeito Halo: Se uma pessoa demonstra ser habilidosa em uma área específica, tendemos a assumir que ela também é competente em outras áreas, mesmo que não tenhamos evidências para isso.

Efeito Horn: Por outro lado, se observamos uma característica negativa em um indivíduo, podemos generalizar e assumir que ele não possui habilidades positivas em outras áreas, mesmo que isso não seja necessariamente verdadeiro.

a) Alternativa incorreta: respondida pela explicação acima.

b) Alternativa incorreta: respondida pela explicação acima.

c) Alternativa incorreta: respondida pela explicação acima.

d) Alternativa correta.

e) Alternativa incorreta: respondida pela explicação acima.

18. (FCC – Técnico Judiciário – Área Administrativa – TRT 17/2022) Uma das categorizações correntes sobre a tipologia das decisões tomadas no âmbito das organizações as classifica em programadas e não programadas, sendo estas últimas

a) expressão de um processo decisório desestruturado, que não percorreu as etapas necessárias de identificação do problema e mapeamento de alternativas possíveis.

b) adotadas em situações não recorrentes na organização e nas quais não é possível valer-se do acervo de soluções disponíveis.

c) próprias de organizações que adotam o modelo autocrático, em que as decisões são impostas sem a participação de todos os envolvidos no processo.

d) de natureza disruptiva, ensejando soluções que alteram os paradigmas presentes na organização e demandando, portanto, um processo democrático.

e) um indicativo de que a organização possui gestores deficientes em termos de capacidade técnica ou de legitimidade.

▷ ***Comentários***

Nota do autor. Decisão programada e não programada

Decisões Programadas:

Estruturadas: São rotineiras, padronizadas e previsíveis. Aplicam-se a problemas bem compreendidos pela administração, que dispõe de procedimentos e/ou regras sistemáticas para tratá-los.

Decisões Não Programadas:

Não Estruturadas: São incomuns, não possuem precedentes e envolvem ambiguidade e imprevisibilidade. Nessas decisões, a inovação é crucial e depende inteiramente da habilidade dos administradores em tomar decisões, já que não se submetem, geralmente, a procedimentos sistematizados pela empresa.

a) Errada: Não está relacionada à desestruturação do processo, mas sim à novidade do assunto para a tomada de decisão;

b) Correta: Essas decisões são não rotineiras e requerem maturidade do tomador de decisão;

c) Errada: Não tem relação com um modelo específico de liderança, pois esse tipo de decisão é inerente a todos os modelos;

d) Errada: Não necessariamente alterará os padrões, mas resultará em uma nova interpretação;

e) Errada: O ponto central está na situação atípica enfrentada pela organização, não na falta de capacidade técnica dos gestores.

19. (FCC – Técnico Judiciário – Área Administrativa – TRT 18/2023) Entre os diferentes estudos que buscam contribuir para o entendimento da liderança no ambiente organizacional, aqueles que discorrem sobre a liderança transacional apontam como traço característico de tal modelo:

a) existência de uma relação paternalista entre líder e liderados, na qual as falhas são relevadas e é difícil obter resultados satisfatórios.

b) modulação do comportamento do líder de acordo com o grau de maturidade apresentado pelos liderados.

c) presença de um líder carismático, que conduz os liderados com base na crença que os mesmos nutrem quanto à sua superioridade.

d) uma relação simbiótica e tóxica entre líder e liderados, com resultados obtidos por meio de ameaças constantes.

e) recompensa proporcional ao desempenho, com o gestor se comportando como chefe, sem estimular o crescimento dos liderados.

▷ ***Comentários***

Nota do autor. Liderança é a capacidade de influenciar, persuadir e orientar um grupo de indivíduos para alcançar objetivos comuns. Envolve habilidades de comunicação eficaz, inspiração e motivação para guiar o grupo na tomada de decisões assertivas e na realização de tarefas de forma eficiente e eficaz.

a) Alternativa incorreta: essa afirmação descreve mais características do modelo de liderança paternalista do que da liderança transacional. Na liderança paternalista, o líder atua como uma figura paterna ou materna para os liderados, e as falhas são frequentemente relevadas ou desculpadas. Em contraste, na liderança transacional, as falhas são geralmente punidas ou ignoradas, mas não há uma dinâmica paternalista entre líder e liderados.

b) Alternativa incorreta: essa alternativa descreve o modelo de liderança situacional.

c) Alternativa incorreta: essa alternativa descreve mais características da liderança carismática.

d) Alternativa incorreta: na liderança transacional, as ameaças podem ser usadas como forma de punição, mas essa abordagem não é necessariamente simbiótica ou tóxica..

e) Alternativa correta: recompensa proporcional ao desempenho, com o gestor se comportando como chefe, sem estimular o crescimento dos liderados.

20. (FCC – Técnico Judiciário – Área Administrativa – TRT 18/2023) Tomando por base as diferentes categorizações apresentadas pela doutrina acerca dos tipos de decisões e processos decisórios, caracterizam-se como decisões

a) consensuais aquelas baseadas na orientação de um consultor externo especializado no assunto.
b) consultivas aquelas baseadas em um processo de coleta de opiniões e que refletam a posição da maioria.
c) não programadas aquelas dotadas de precariedade e pouca técnica e que oferecem soluções inadequadas.
d) programadas aquelas adotadas para situações rotineiras ou repetitivas, com base no acervo de soluções disponível.
e) democráticas aquelas que envolvem um processo de discussão, podendo, ao final, serem tomadas pela minoria mais esclarecida.

▷ ***Comentários***

Nota do autor. É possível classificar as decisões segundo diversos critérios, cada critério abordando uma característica diferente. A questão trata de identificar o critério e a respectiva característica.

a) Alternativa incorreta: Decisões Consensuais: Nas decisões consensuais, o gestor incentiva o grupo a alcançar um consenso sobre a decisão. Isso significa que a decisão só será tomada quando todos os membros do grupo concordarem com a alternativa escolhida, mesmo que possam discordar dela inicialmente.
b) Alternativa incorreta: Decisões Consultivas: Neste tipo de decisão, o gestor consulta a opinião das pessoas que serão afetadas pela decisão a ser tomada. Posteriormente, o gestor toma a decisão que ele considera mais apropriada, levando em consideração as contribuições e perspectivas fornecidas durante o processo de consulta.
c) Alternativa incorreta: Decisões não programadas são aquelas que surgem em situações em que o problema é novo ou pouco frequente. Nessas circunstâncias, o gestor precisa analisar os dados disponíveis, que muitas vezes podem ser incompletos, a fim de tomar uma decisão apropriada. Essas decisões geralmente exigem análise cuidadosa, criatividade e flexibilidade por parte do gestor, pois não há procedimentos ou respostas pré-determinadas para lidar com o problema em questão.
d) Alternativa correta.
e) Alternativa incorreta: Decisões Democráticas: Nas decisões democráticas, o grupo tem autonomia para decidir, e a decisão é tomada com base no voto da maioria. Nesse modelo, todos os membros do grupo têm igualdade de participação e cada indivíduo tem o direito de expressar sua opinião e votar na alternativa preferida. A decisão final reflete a vontade da maioria dos membros do grupo.

---

21. (FCC – Técnico Judiciário – Área Administrativa – TRT 18/2023) O mecanismo denominado ajuste espontâneo, existente no âmbito interno das organizações diz respeito

a) à avaliação ou inspeção, exercida em face dos bens ou serviços produzidos para adequá-los aos padrões estabelecidos previamente.
b) à coordenação, envolvendo comunicação entre os responsáveis pelas atividades, sem demandar relação de subordinação.
c) ao controle, exercido sobre variáveis relevantes como absenteísmo e outros fatores ligados à baixa produtividade.
d) à direção, com ações corretivas aplicadas pelos gestores aos processos de trabalho que discrepem dos parâmetros de qualidade fixados.
e) ao planejamento, com o ajuste progressivo das metas individuais aos objetivos estratégicos estabelecidos para a organização.

▷ ***Comentários***

Nota do autor. Segundo Francisco Lacombe, o ajuste espontâneo é o primeiro mecanismo utilizado para coordenar as atividades, envolvendo comunicações entre os responsáveis pelas atividades para alcançar equilíbrio nas quantidades, velocidades ou tempos de execução, bem como nas direções a serem seguidas.

Duas características relevantes desse mecanismo de coordenação são:

1. Pode ser realizado de maneira formal ou informal, sendo mais comum de maneira informal.
2. É uma coordenação voluntária, implicando comunicação direta e espontânea entre duas ou mais pessoas sobre suas necessidades e dificuldades operacionais, visando obter uma ação alinhada.

B) Alternativa correta.

Todas as outras alternativas não se enquadram nas características do chamado ajuste espontâneo.

---

22. (Cespe – Analista Judiciário – Área Judiciária – TRT 8/2022) No contexto da liderança nas organizações, é comum a análise da Teoria Caminho – Meta ou Caminho – Objetivo, que elenca, entre os possíveis comportamentos do líder, o comportamento

a) autoritário-coercitivo, em que o líder decide todo o processo, o que será feito, quando será feito e como será feito.
b) diretivo, em que o líder deixa claro o que se espera dos liderados, organizando e proporcionando diretrizes claras sobre como as tarefas deverão ser realizadas.
c) benevolente, em que o líder toma as decisões com base na satisfação das necessidades dos subordinados.
d) consultivo, em que o líder compartilha as decisões com os subordinados, permitindo flexibilidade na realização das tarefas.
e) carismático, em que o líder motiva os subordinados em face de traços próprios de personalidade e comportamento.

▷ ***Comentários***

Nota do autor. No modelo caminho-meta, sustenta-se que os líderes eficazes são capazes de escolher o estilo comportamental (ou estilos) mais adequado para cada situação. Isso demonstra que, na teoria do caminho-meta, o método de classificar um líder em apenas um estilo é inválido e que os líderes variam seu modo de lidar com os subordinados de acordo com a situação, buscando o que for mais conveniente para alcançar os objetivos estabelecidos.

Estilos:

✓ Compreensivo (apoiador): Aumenta a confiança do empregado para a realização do trabalho;
✓ Diretivo: Esclarecimento do caminho para a realização das tarefas e das suas recompensas;
✓ Participativo: Líder aberto às ideias dos empregados e encoraja sua participação.
✓ Realizador: Determinação de metas ambiciosas.

A, D e C) Alternativas incorretas: referem-se aos sistemas de Likert: autoritário-coercitivo; autoritário-benevolente; consultivo; participativo (recomendado pelo autor).

B) Alternativa orreta:

E) Liderança carismática é um estilo de gestão que inspira e transmite confiança e empatia aos colaboradores. Um dos pioneiros a identificar e estudar esse perfil de liderança foi Robert House, durante os anos 1970.

---

23. (Cespe – Técnico Judiciário – Área Administrativa – TRT 8/2022) Manter-se atento às novidades, ser curioso, manter-se próximo ao que o mercado oferece, estar aberto às novas soluções e fazer uso de tecnologias modernas em suas rotinas são características de um líder

a) dominador de técnicas de resolução de conflitos.
b) equilibrado emocionalmente.
c) sem vaidade.
d) encorajador.
e) adepto à inovação.

▷ ***Comentários***

Nota do autor. A teoria da atribuição de liderança é uma abordagem que busca explicar o conceito de liderança através da análise das percepções das pessoas sobre as causas do comportamento dos líderes. De acordo com essa teoria, as pessoas tendem a atribuir o comportamento dos líderes a características pessoais, habilidades ou circunstâncias específicas. Assim, quando ocorre

algum evento ou resultado, as pessoas buscam relacioná-lo a algum fator ou atributo do líder.

A) Alternativa incorreta. Dominador de técnicas de resolução de conflitos: Essa característica não é diretamente mencionada no texto. O foco está em estar atento às novidades e ser adepto à inovação.

B) Alternativa incorreta. Equilibrado emocionalmente: Não é diretamente abordado no texto, que destaca mais a abertura a novas soluções e a utilização de tecnologias modernas.

Alternativa incorreta. A ênfase está na busca por novidades e inovação.

D) Alternativa incorreta. Encorajador: O texto não aborda diretamente a questão do encorajamento. A ênfase está na curiosidade, proximidade com o mercado e uso de tecnologias modernas.

E) Alternativa correta.

24. (Cespe – Técnico Judiciário – Área Administrativa – TRT 8/2022) Acerca da função compras, assinale a opção correta.

a) Padronização e economia de escala são algumas das vantagens da centralização de compras.

b) O órgão de compras constitui centro de custo, sendo impossível considerá-lo como centro de lucro.

c) Dada a atuação restrita dos órgãos de compras, é desnecessária sua segmentação, subdivisão ou especialização.

d) O ciclo de compras restringe-se a recebimento das ordens de compras, pesquisa e seleção de fornecedores e negociação.

e) A qualificação prévia de fornecedores, quando ocorre, compõe a etapa de seleção.

▷ ***Comentários***

Nota do autor. A administração de compras, também conhecida como gestão de compras, refere-se à atividade encarregada da aquisição de materiais e matérias-primas dentro de uma empresa, seguindo as políticas específicas estabelecidas por cada organização. Isso inclui a avaliação dos custos associados ao armazenamento e à depreciação, bem como a análise dos sistemas de custeio e a avaliação das instalações relacionadas às compras.

A) Alternativa correta.

B) Alternativa incorreta. O órgão de compras é tradicionalmente considerado um centro de custo, uma vez que sua função principal é adquirir recursos necessários para as operações da empresa, gerando despesas para a organização. No entanto, em alguns casos, o departamento de compras pode contribuir indiretamente para a lucratividade da empresa, por exemplo, através de negociações vantajosas que reduzem os custos de aquisição. Portanto, em algumas situações, é possível considerar o departamento de compras como um centro de lucro.

C) Na verdade, em muitas organizações, o departamento de compras desempenha um papel crucial na gestão de fornecedores, na negociação de contratos, na análise de mercado e na garantia de que os materiais certos sejam adquiridos pelo melhor preço e no momento adequado. Portanto, é comum que os departamentos de compras sejam segmentados, subdivididos ou especializados para lidar com diferentes categorias de compras, como materiais diretos, materiais indiretos, serviços, entre outros. Isso permite uma gestão mais eficiente e eficaz das atividades de compras, garantindo o melhor desempenho possível para a organização.

D) O ciclo de compras não se restringe apenas ao recebimento das ordens de compra, pesquisa e seleção de fornecedores e negociação. Na verdade, o ciclo de compras compreende várias etapas adicionais, incluindo:

1. Identificação das necessidades de compra: Esta é uma etapa crucial em que as necessidades de compras são identificadas com base nos requisitos do projeto ou operações da empresa.
2. Solicitação de cotações: Após a identificação das necessidades de compra, o departamento de compras solicita cotações de diferentes fornecedores para comparar preços, prazos de entrega, qualidade dos produtos, entre outros aspectos relevantes.
3. Avaliação e seleção de fornecedores: Com base nas cotações recebidas, os fornecedores são avaliados e selecionados com base em critérios como preço, qualidade, confiabilidade, entre outros.
4. Emissão do pedido de compra: Uma vez selecionado o fornecedor, o departamento de compras emite o pedido de compra formalizando a transação e os termos acordados.
5. Acompanhamento do pedido: Após a emissão do pedido de compra, o departamento de compras acompanha o processo de entrega, garantindo que os produtos sejam recebidos conforme especificado e dentro do prazo acordado.

E) A qualificação prévia de fornecedores ocorre antes da etapa de seleção e envolve avaliar e analisar os potenciais fornecedores com base em critérios como capacidade de produção, qualidade dos produtos ou serviços, reputação no mercado, capacidade financeira, entre outros.

25. (FCC – Analista Judiciário – Área administrativa – TRT 11/2017) Dentre as atividades inerentes ao processo organizacional, aquela consistente em identificar e agrupar logicamente as atividades da entidade e delinear responsabilidades corresponde a

a) planejamento.

b) coordenação.

c) organização.

d) direção.

e) controle.

▷ ***Comentários***

Nota do autor: questão conceitual sobre um tópico bem exigido em provas e versa sobre o processo organizacional, fique sempre atento as definições e características.

Estruturas organizacionais correspondem à visão da organização como um todo e sua relação com os vários departamentos existentes. É a divisão e organização de recursos (pessoal, material, instalações, financeiros) em departamentos de forma a cumprir os objetivos da entidade.

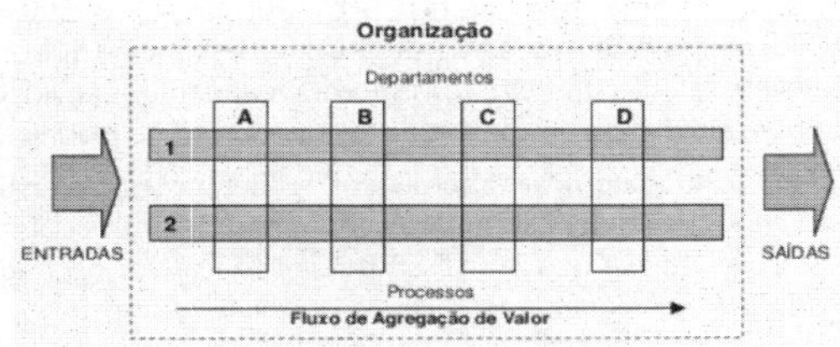

Processo organizacional é o conjunto de atividades inter-relacionadas e interdependentes que transformam os insumos provenientes do ambiente em produtos e serviços dotados de valor que atenda às necessidades dos clientes. Na teoria clássica de Fayol eram as seguintes funções administrativas:

1) Prever: Visualizar o futuro e os recursos necessários traçando um programa de ação.

2) Organizar: Constituir o duplo organismo material e social da empresa.

3) Comanda: Dirigir e orientar o pessoal para alcançar o máximo de retorno dos empregados. Concentra-se no funcionamento da empresa, segundo o interesse global do negócio.

4) Coordenar: Ligar, unir, harmonizar todos os atos e esforços coletivos para facilitar o trabalho e para alcançar resultados positivos, ou seja, sincroniza coisas e ações em proporções adequadas e adapta os meios aos fins.

5) Controlar: Certifica-se de que tudo ocorra de acordo com as regras estabelecidas e as ordens dadas. Conforme os planos, instruções e princípios.

Com a evolução da ciência administrativa essas funções evoluíram para Planejamento, Organização, Direção e Controle.

Alternativa correta: letra "c". A função de Organização significa organizar os recursos disponíveis (materiais, tecnológicos, humanos, financeiros) para desenvolver as atividades necessárias ao atingimento dos objetivos organizacionais definidos no planejamento. Consiste ainda em identificar e agrupar logicamente as atividades da entidade e delinear responsabilidades.

Alternativa "a": Planejamento: define os objetivos a serem atingidos, os resultados a serem alcançados levando em conta os recursos disponíveis e as atividades organizacionais que necessitam serem realizadas.

Alternativa "b": Coordenar: ligar, unir, harmonizar, ato de conjugar, concatenar um conjunto de elementos, de atividades, no caso de uma organização, tudo que é importante para o atingimento dos objetivos organizacionais.

Alternativa "d": Direção: condução da organização para execução do que foi estabelecido no planejamento.

Alternativa "e": Controle: análise das atividades realizadas e dos resultados obtidos comparando com o que foi planejado.

3.1. PROCESSO ADMINISTRATIVO/FUNÇÕES ADMINISTRATIVAS NO SETOR PÚBLICO

26. (FGV – Analista Judiciário – Área Administrativa – TRT 12/2017) A alta diretoria de um órgão público de grande porte que presta um serviço de alta complexidade quer definir um sistema de controle como forma de monitorar o comportamento dos funcionários no desempenho do trabalho. O órgão tem cultura pouco participativa, e o estilo das principais lideranças é autocrático.

Tendo em vista as características de um sistema de controle eficaz, seria adequado adotar, no contexto descrito:

a) supervisão direta;

b) autoavaliação de desempenho;

c) auditoria;

d) indicadores de produtividade da mão de obra;

e) formalização de regras, procedimentos e políticas.

▷ ***Comentários***

Nota do autor: a questão versa sobre as diversas formas de controle que podem ser implementadas em uma organização, levando em consideração que o órgão tem cultura pouco participativa, e o estilo das principais lideranças é autocrático. Controle é uma das funções que compõem o processo administrativo e consiste em averiguar se as atividades e resultados estão de acordo com o que foi anteriormente planejado.

Segundo Chiavenato, novas abordagens da liderança traçam estilos contemporâneos de liderança segundo alguns padrões, tais quais: Carismático; Executivo; Coercitivo; Distributivo; Educativo; Inspirador; Liderança Transformacional; Liderança Transacional.

Alternativa correta: letra "e" (responde todas as outras alternativas). Líder autocrático se caracteriza, em regra, pelo controle individual sobre todas as decisões e pelas poucas opiniões dos membros do grupo. Habitualmente, os líderes autocráticos fazem escolhas com base nas suas próprias ideias e julgamentos, dificilmente aceitando conselhos dos liderados. Para melhor transmitir suas decisões, já que a interferência de terceiros será pequena, a melhor maneira é a formalização de regras, procedimentos e políticas.

27. (FGV – Técnico Judiciário – Área Administrativa – TRT 12/2017) No início do ano, servidores do departamento de patrimônio da organização pública XYZ passaram um final de semana em um hotel para planejarem os objetivos do ano. Ao final do ano, os servidores voltaram ao hotel para verificar se os objetivos foram cumpridos.

Tão importante quanto planejar é comparar os resultados obtidos com o que foi planejado, e essa função administrativa de monitoração é denominada:

a) avaliação estratégica;

b) análise de eficácia;

c) controle;

d) análise de eficiência;

e) avaliação de desempenho.

▷ ***Comentários***

Nota do autor: assunto recorrente em provas, o processo administrativo é o conjunto de atividades inter-relacionadas e interdependentes, que propiciam à administração da organização a possibilidade atingir seus objetivos, fazendo com que ela cumpra sua função. Tal processo, em sua concepção clássica, é composto de Planejamento, Organização, Direção e Controle.

Alternativa correta: letra "c" (responde todas as outras alternativas). Controlar significa analisar os resultados atingidos com o fim de se verificar se foram os planejados, ou seja, monitora as atividades, determinando se a organização está ou não em direção a suas metas.

4. ADMINISTRAÇÃO ESTRATÉGICA / ADMINISTRAÇÃO GERENCIAL / PLANEJAMENTO ESTRATÉGICO/ *BALANCED SCORECARD*

28. (FCC – Técnico Judiciário – Área Administrativa – TRT 18/2023) A utilização do Balanced Scorecard (BSC) como ferramenta de planejamento estratégico prioriza o equilíbrio organizacional a partir das perspectivas

a) financeira; dos clientes; dos processos internos; e do aprendizado/crescimento.

b) econômica circular; da responsabilidade social, ambiental e de sustentabilidade.

c) da governança interna; da comunicação; da qualidade e dos resultados financeiros.

d) da visão de futuro; da missão institucional; dos valores e da cultura organizacional.

e) de curto, médio e longo prazo, considerando as ameaças e oportunidades vigentes.

▷ ***Comentários***

Nota do autor. Os quatro pilares do BSC

Perspectiva Financeira;

Perspectiva de Clientes;

Perspectiva de Processos internos;

Perspectiva de Aprendizagem e crescimento.

A alternativa A é a única que apresenta corretamente as quatro perspectivas.

29. (FCC – Analista Judiciário – Área Administrativa – TRT 6/2018) Considere que determinada sociedade de economia mista esteja na fase inicial de implementação de seu planejamento estratégico, mais precisamente na definição da "missão" da entidade, o que significa, de acordo com a conceituação apresentada pela literatura,

a) os futuros potenciais da entidade, com análise de variáveis internas e externas que impactam sua atuação.

b) o projeto de futuro da entidade, ou seja, quais os objetivos estratégicos a serem perseguidos.

c) a expressão da essência da entidade, de seus propósitos, ou, mais precisamente, da sua própria razão de existir.

d) os princípios, crenças e padrões que orientam a atuação da entidade e o comportamento de seus colaboradores.

e) as forças e fraquezas da organização, bem como os desafios e oportunidades identificados.

▷ ***Comentários***

Nota do autor: O planejamento estratégico é uma metodologia de planejamento gerencial de longo prazo, cuja principal funcionalidade é estabelecer a direção a ser seguida pela organização. É o planejamento mais amplo e abrange toda a organização. Tem por principais características:

✓ **Abrangência:** Envolve a organização como um todo em todos os seus aspectos, abrange todos os recursos e as áreas de atividade, e preocupa-se em atingir os objetivos macros, em nível organizacional.

✓ **Responsabilidade:** alta administração (no nível institucional) e tem como produto o plano maior, ao qual todos os demais estão subordinados.

✓ **Conteúdo:** mais genérico dentro do campo de atuação da organização, abrangendo os objetivos gerais da entidade.

✓ **Prazo:** longo prazo, tendo seus efeitos e consequências estendidos a vários anos pela frente, focaliza o futuro e o destino; ação global.

a) **Errado.** Refere-se aos OBJETIVOS: resultados pretendidos. Pode ser curto, médio ou longo prazo.

b) **Errado.** Refere-se à VISÃO DE FUTURO: projeto de futuro da entidade, ou seja, quais os objetivos estratégicos a serem perseguidos

c) **Certo.** Refere-se à MISSÃO: razão da existência da empresa. Elemento do presente.

d) **Errado.** Refere-se aos VALORES: conceitos éticos e morais. Ex: quero classificar num concurso, mas não concorrer na cota porque sou branco.

e) **Errado.** Refere-se à análise do ambiente, uma das etapas do planejamento estratégico que pode ser feita pela aplicação da MATRIZ SWOT, visando a identificação das forças, fraqueza oportunidade e ameaças.

30. (FCC – Analista Judiciário – Área Administrativa – TRT 6/2018) O denominado Ciclo PDCA, também conhecido como Ciclo da Melhoria Contínua, consiste em

a) uma dinâmica de treinamento de pessoal, voltada à otimização de processos produtivos.

b) uma ferramenta utilizada em processos de trabalho, apresentando, como etapas finais, ações avaliativas e corretivas.

c) uma metodologia de avaliação de desempenho que toma por base o envolvimento do avaliado com os propósitos da organização.

d) uma ferramenta de gestão de projetos, com ênfase na segmentação das tarefas em "pacotes de trabalho".

e) um diagnóstico da organização, realizado a partir de entrevistas com todos os envolvidos no ciclo de produção de bens ou serviços.

▷ ***Comentários***

Nota do autor: PDCA (Ciclo de Shewart ou Ciclo de Deming). Ferramenta de gestão de qualidade, inspirada na filosofia japonesa KAIZEN (busca da melhoria contínua). Consiste em 4 etapas:

Plan: planejar;

Do: executar;

Check: verificar, controlar;

Act: agir corretivamente.

Sendo assim, a única alternativa que se encaixa na descrição e a "B", pois é uma ferramenta utilizada em processos de trabalho, apresentando, como etapas finais, ações avaliativas e corretivas

31. (FCC – Analista Judiciário – Área Administrativa – TRT 15/2018) Ao detalhar as especificações e os requisitos necessários que o ocupante de um determinado cargo deve possuir para o desempenho da função, tais como grau de instrução e habilidades físicas, corresponde à atividade de

a) recrutamento de candidatos.

b) descrição do cargo.

c) análise do cargo.

d) processo seletivo.

e) mapeamento de tarefa.

▷ ***Comentários***

Nota do autor: A questão refere-se à gestão de pessoas.

a) **Errado.** Recrutamento a atividade que visa a atração de candidatos para vagas de emprego disponíveis em uma organização.

b) **Errado.** Chiavenato (2009, p. 230) "a descrição de cargos é um processo que consiste em enumerar tarefas ou atribuições que compõe um cargo e que o tornam distinto de todos os demais cargos existentes na organização"

c) **Certo.** Segundo CHIAVENATO (2000, p. 11) A análise de um cargo e sua descrição são formas de ajudar na contratação de empregados dentro do perfil desejado, atendendo às necessidades das atividades que o empregador deseja.

d) **Errado.** O processo seletivo consiste em um conjunto de técnicas que auxiliam na escolha dos candidatos mais adequados para uma determinada vaga de emprego

e) **Errado.** O mapeamento de processos de RH é um método usado para entender de maneira clara e objetiva o funcionamento de determinadas atividades do setor, representando o passo a passo de cada operação em termos de entrada, saída e ação.

32. (FCC – Analista Judiciário – Área Administrativa – TRT 15/2018) O processo de mudança nas organizações corresponde à transição de uma situação para outra, envolvendo, a depender da intensidade, transformação, ruptura e perturbação. Segundo o estudioso Kurt Lewin, o processo de mudança envolve o denominado "recongelamento", que consiste

a) na dificuldade enfrentada na etapa inicial do processo de mudança, decorrente de práticas e concepções arraigadas.

b) na etapa final do processo de mudança, na qual ocorre a incorporação das novas ideias e a estabilização dos novos comportamentos.

c) no desafio apresentado na etapa intermediária do processo de mudança, quando há tendência de retomada de comportamentos anteriores.

d) na resistência individual e psicológica dos agentes passivos da mudança, que pode impedir o sucesso do processo.

e) no movimento coletivo, explícito ou subliminar, que ocorre após a consolidação da mudança e tende a conduzir à situação antecedente.

▷ ***Comentários***

Nota do autor: A questão se refere a análise da mudança organizacional, conforme o modelo de Kurt Lewin há três etapas: descongelamento, mudança e recongelamento.

O recongelamento requer dois aspectos: o apoio (é o suporte por meio de recompensas que mantém a mudança) e o reforço positivo (é a prática proveitosa que torna a mudança bem-sucedida). Essa é a etapa da estabilização da mudança.

a) **Errado.** A etapa inicial do processo é o DESCONGELAMENTO, fase em que as velhas ideias são deixadas de lado. Pode-se dizer que é a etapa mais difícil, pois os colaboradores podem resistir à mudança, o que dificultará o processo.

b) **Certo.** Indica que o novo padrão foi aprendido e que já foi incorporado à prática. Nesta etapa ocorre a estabilização da mudança.

c) **Errado.** A própria MUDANÇA é a fase intermediária. Nessa fase, as pessoas aceitam a necessidade de aplicar a nova atitude e passam a desempenhar novas atitudes como seu novo padrão de comportamento

d) **Errado.** Não se refere ao recongelamento e sim à resistência à mudança.

e) **Errado.** É a continuação do processo, que pode ocorrer após o recongelamento.

33. (FCC – AJ TRT11/TRT 11/Administrativa/2017) A visão de uma organização estabelece

a) o propósito orientador para as atividades da empresa e para aglutinar os esforços de seus membros, clarificando e comunicando sua estratégia comercial.

b) uma crença básica sobre o que se pode ou não fazer, sobre o que é ou não importante para a organização como as pessoas e os clientes, e aquilo que seus dirigentes acreditam.

c) os objetivos essenciais do negócio e está geralmente focalizada fora da empresa, ou seja, no atendimento a demandas da sociedade, do mercado ou do cliente.

d) uma identidade comum quanto aos propósitos da organização para o futuro, a fim de orientar o comportamento dos seus membros quanto ao destino que a organização deseja construir e realizar.

e) a filosofia da organização, que é geralmente formulada por seus fundadores ou criadores por meio de sua comunicação, comportamentos e ações que balizam suas respostas às necessidades do ambiente interno.

▷ ***Comentários***

Nota do autor. Assunto muito recorrente em prova, fonte de aprendizado organizacional, o planejamento estratégico é uma competência da administração que visa orientar gestores no pensamento de longo prazo. Dentre os elementos do planejamento estratégico estão a definição da missão, visão, objetivos, metas, dentre outros.

Alternativa correta: letra "d" (responde todas as outras alternativas). A visão organizacional projeta o que a organização pretende ser no futuro, ou seja, como ela quer ser vista por todos os que de alguma forma tenham "contato" com ela. A visão descreve um cenário futuro que identifica todas as aspirações organizacionais, alinhadas num clima de sinergia e comprometimento para o alcance dos objetivos futuros. Assim, conforme afirma a alternativa, a visão representa uma identidade comum a todos os integrantes da organização quanto aos propósitos para o futuro, para orientar o comportamento de todos quanto ao destino que a organização deseja construir e realizar.

Alternativa "a": o propósito orientador para as atividades da empresa e para aglutinar os esforços de seus membros, clarificando e comunicando sua estratégia comercial, referindo-se à **missão organizacional** e não à missão.

Alternativa "b": crença básica sobre o que se pode ou não fazer, sobre o que é ou não importante para a organização, como as pessoas e os clientes, e aquilo que seus dirigentes acreditam, refere-se aos **Valores Organizacionais.**

Alternativa "c": a alternativa "c" se refere também à **Missão** ao citar os objetivos essenciais do negócio, ou seja, no atendimento a demandas da sociedade, do mercado ou do cliente. Essa será **Missão Organizacional**.

Alternativa "e": a "filosofia" da organização também está ligada à **Missão** da organização.

34. (CESPE – AJ TRT8/TRT 8/Administrativa/2016) Tendo em vista que compreender e direcionar a dinâmica de uma organização em um cenário de instabilidade é tarefa de alta complexidade, que exige dos profissionais responsáveis uma atuação coordenada e sistemática para que os objetivos e as metas das organizações sejam alcançados com sucesso, assinale a opção correta.

a) Em geral, as organizações da administração pública não são orientadas por resultados econômico-financeiros; por isso, é irrelevante o uso de ferramentas de apoio ao planejamento estratégico como, por exemplo, o balanced scorecard.

b) A elaboração de uma estratégia organizacional é responsabilidade da alta liderança das organizações, cujas decisões, em termos de objetivos, metas e resultados, são utilizadas em seguida como referenciais de desempenho pelos demais gestores e trabalhadores.

c) No planejamento estratégico, a análise interna pode ser dispensada quando são estáveis aspectos como perfil da força de trabalho, estrutura e processos de trabalho, semelhantemente ao que ocorre nas organizações públicas.

d) Na concepção de uma estratégia organizacional, é importante considerar os elementos do ambiente externo — tecnologia, valores da sociedade, demografia, legislação e condições econômicas —, bem como os elementos do ambiente interno — estrutura interna, cultura organizacional e competências.

e) Inicia-se o processo de administração estratégica de uma organização pela análise de seus ambientes externo e interno; em seguida, propõe-se a estratégia organizacional; e finaliza-se esse fluxo com a elaboração da missão, da visão e dos valores organizacionais.

▷ ***Comentários***

Nota do autor: assunto sempre exigido em prova, a questão busca testar conhecimentos sobre planejamento, conceitos, elementos, etapas, características, espécies (estratégico, tático e operacional), além de ferramentas específicas como o BSC (Balanced Scorecard). Os planos estratégicos representam as etapas de ação, pelas quais uma organização tem intenção de alcançar as metas estratégicas em um espaço de tempo definido. É um processo emergente e incremental de aprendizado, em que as organizações precisam se transformar em sistemas de aprendizagem organizacional. A técnica de estabelecimento da estratégia por força diretiva pressupõe que cada empresa tenha uma orientação sobre a direção que deve ser seguida.

Alternativa correta: letra "d" (responde todas as outras alternativas). Versa a alternativa sobre uma das etapas do planejamento estratégico, o diagnóstico estratégico ou institucional onde se busca, por intermédio da Matriz SWOT, identificar, internamente, pontos fortes e fracos, externamente, oportunidade e ameaças.

Alternativa "a": em geral, as organizações da administração pública não são orientadas por resultados econômico-financeiros; **mesmo assim**, é relevante o uso de ferramentas de apoio ao planejamento estratégico como o Balanced Scorecard, **já que por meio dele, mede-se o desempenho organizacional como um todo, de acordo com diversas perspectivas que não só a financeira, como processos internos do negócio; aprendizado e crescimento; e clientes.**

Alternativa "b": conforme afirma a alternativa, o planejamento estratégico (organizacional) é de responsabilidade da alta administração da organização, cujos objetivos e metas de resultados são os norteadores de todos os integrantes da organização. Porém, os objetivos e metas organizacionais devem ser desdobrados em objetivos e metas departamentais que, por sua vez, serão desdobrados em objetivos e metas operacionais e, nesses desdobramentos, cada gestor é responsável por sua parcela de contribuição para o atingimento dos objetivos gerais.

Alternativa "c": um dos primeiros passos no planejamento estratégico é a análise organizacional por intermédio da Matriz SWOT, onde se analisa, **internamente, pontos fortes e fracos** e, externamente, oportunidade e ameaças.

Alternativa "e": não há consenso doutrinário sobre a quantidade de etapas e a ordem dessas etapas no que concerne ao planejamento estratégico. Porém, é certo que, como base do direcionamento, deve-se definir visão, missão, valores antes de se propor a estratégia organizacional, ao contrário do que afirma a alternativa.

35. (FCC – Analista Judiciário – Área Administrativa – TRT 23/2016) O Balanced Scorecard – BSC pode ser utilizado como modelo de gestão estratégica, assim como mecanismo para implementação da estratégia da entidade, bem assim como sistema de avaliação de desempenho organizacional. Nesse contexto, o BSC prioriza o equilíbrio organizacional, a partir de diferentes perspectivas, a saber:

a) econômica; social; corporativa e individual.

b) organizacional; conjuntural; circunstancial e prospectiva.

c) financeira; do cliente; dos processos internos; do aprendizado e crescimento.

d) otimista; moderada; cautelosa e pessimista.

e) individual; corporativa; coletiva e externa.

▷ ***Comentários***

Nota do autor: muito exigido em prova, o Balanced Scorecard – BSC, cujos mentores são Robert Kaplan e David Norton, é um modelo de gestão estratégica que alinha missão, visão e estratégias a um conjunto de indicadores financeiros e não financeiros. Kaplan e Norton propuseram o BSC (balanced scorecard) considerando os objetivos de curto e longo prazos, medidas financeiras e não financeiras, indicadores de performance e as perspectivas interna e externa do desempenho empresarial.

Alternativa correta: letra "c" (responde todas as outras). Por meio do balanced scorecard, mede-se o desempenho organizacional como um todo, de acordo com as seguintes perspectivas: financeiras; processos internos do negócio; aprendizado e crescimento; e clientes.

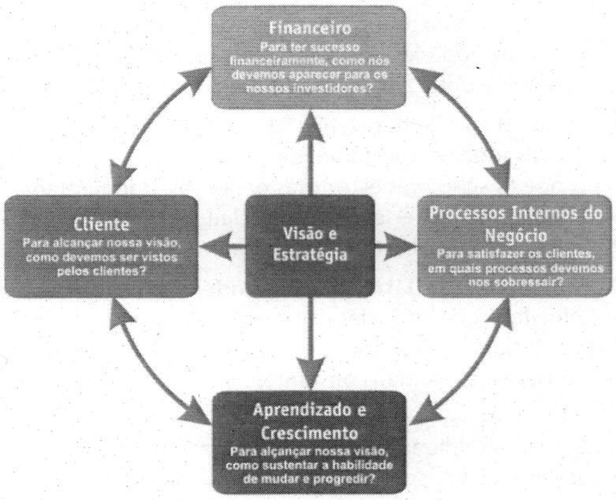

36. (FCC – Técnico Judiciário – Área Administrativa – TRT 14/2016) O Balanced Scorecard é um instrumento de apoio à gestão estratégica, que visa fornecer uma visão de conjunto dos fatores críticos de sucesso para as organizações e enfatiza as seguintes dimensões ou perspectivas, EXCETO:

a) Financeira.

b) Processos internos.

c) Aprendizagem organizacional

d) Política.

e) Mercadológica (do cliente).

▷ ***Comentários***

Nota do autor: Segundo Kaplan & Norton, o Balanced Scorecard é uma ferramenta que materializa a visão e a estratégia da organização. Ao se implantar essa ferramenta, a organização deve considerar os seguintes componentes: mapa estratégico, objetivos estratégicos, indicadores, metas e planos de ação.

Alternativa correta: letra "d" (responde todas as outras). O pressuposto central do balanced scorecard é a relação de causa e efeito hipotetizada entre suas dimensões, objetivos e ações para que haja retorno de valor ao acionista ou aos stakeholders. Os fatores críticos de sucesso para as organizações enfatizam as quatro dimensões ou perspectivas que são o coração dessa ferramenta, quais sejam: de aprendizado e crescimento; Processos internos; Clientes; Finanças. A dimensão política não é isoladamente considerada no Balanced Scorecard.

37. (FCC – Técnico Judiciário – Área Administrativa – TRT 9/2015) Entre as metodologias frequentemente utilizadas pelas organizações para implementação de seu planejamento estratégico está o Balanced Scorecard – BSC, que propõe, entre seus princípios,

I. traduzir a estratégia em guias operacionais.

II. mobilizar a mudança por meio da liderança executiva.

III. transformar todos os objetivos em indicadores de natureza financeira.

Está correto o que se afirma APENAS em

a) III.

b) I.

c) I e II.

d) I e III.

e) III e II.

▷ ***Comentários***

Nota do autor: Um dos modelos de gestão idealizado, tendo como mentores Robert Kaplan e David Norton, foi o Balanced Score Card – BSC, que é um mecanismo para implementação da estratégia, não para sua formulação, que leva em conta um conjunto equilibrado de indicadores financeiros e não financeiros.

São princípios do BSC:

Princípio I: Mobilizar a mudança através da liderança executiva;

Princípio II: Transformar a estratégia em termos operacionais;

Princípio III: Alinhar a organização com a estratégia;

Princípio IV: Transformar a estratégia em tarefa quotidiana de todos;

Princípio V: Fazer da estratégia um processo contínuo.

Item "I", correto. Transformar a estratégia em termos operacionais é um dos princípios do BSC. Visando atingir os resultados almejados, as organizações devem capitalizar internamente as capacidades e ativos (tangíveis e intangíveis). O BSC é o catalizador desse processo.

Item "II", correto. Mobilizar a mudança por meio da liderança executiva também é um princípio do BSC. Se a liderança não acreditar na ideia e não se mobilizar, a implementação não funcionará, essa mobilização é fundamental para o desenvolvimento de qualquer estratégia, isso porque a implementação de uma estratégia requer mudanças e essas mudanças devem ser capitaneadas pela alta direção.

Item "III", incorreto. Na implementação do BSC leva-se em consideração quatro perspectivas fundamentais: clientes, processos internos, financeiro e aprendizado e crescimento. Essa foi uma das grandes inovações do BSC, já que aspectos não financeiros também são levados em consideração.

38. (Cespe – Analista Judiciário – Área Administrativa – TRT 8/2016) Assinale a opção correta a respeito de planejamento estratégico, tático e operacional.

a) Para a formulação da estratégia de uma instituição, segundo a análise SWOT, é relevante que se avalie o ambiente interno com a finalidade de se identificarem as oportunidades e as ameaças existentes dentro da organização.

b) Os planos operacionais correspondem à tradução e à interpretação das decisões estratégicas e são realizados nos níveis intermediários de uma instituição.

c) A definição da visão de uma instituição é compreendida como uma etapa do planejamento estratégico, com o foco no futuro e naquilo que se pretende alcançar no longo prazo.

d) O planejamento estratégico, para ser eficaz, deve possuir conteúdo detalhado e analítico, e a amplitude de sua abrangência deve ser orientada para cada unidade organizacional.

e) Com o detalhamento das tarefas, os planos de curto prazo para dar cobertura às atividades individuais dos servidores de um órgão são inerentes ao planejamento tático.

▷ ***Comentários***

Nota do autor: A Gestão Estratégica pode ser considerada um processo de determinação e manutenção dos relacionamentos da organização e o seu ambiente, compreendido pelo uso seletivo de objetivos e da iniciativa de alcançar o estado desejado de relacionamentos através da alocação de recursos que permitem alcançar eficiência e eficácia em programas de ação desenvolvidos pela organização e suas subdivisões.

Alternativa correta: letra "c". Visão Organizacional é a imagem que a organização projeta para si no futuro. É a forma como pretende ser reconhecida por seus clientes, pelos seus colaboradores e pela própria sociedade; corresponde, pois, a uma identidade comum quanto aos propósitos da organização para o futuro, a fim de orientar o comportamento dos seus membros quanto ao destino que a organização deseja construir e realizar. Juntamente à definição da missão, valores e objetivos, a definição de visão é parte fundamental na elaboração da estratégia organizacional, por nortear as atividades de todos os envolvidos no processo organizacional.

Alternativa "a": Para a formulação da estratégia de uma instituição, segundo a análise SWOT, é relevante que se avalie o ambiente interno com a finalidade de se identificarem **pontos fortes** e **pontos fracos** existentes dentro da organização. Oportunidades e ameaças se identificam com a análise do ambiente externo.

Alternativa "b": Os planos **estratégicos** correspondem à tradução e à interpretação das decisões estratégicas, e são realizados nos mais altos níveis de uma organização, níveis **corporativos, institucionais** de uma instituição.

Existem três níveis planejamento:

- Estratégico corporativa ou institucional;
- Tática, gerencial;
- Estratégia operacional.

Alternativa "d": o planejamento estratégico, para ser eficaz, deve possuir **conteúdo abrangente**, e a amplitude de sua abrangência deve ser orientada para **toda organização.**

Alternativa "e": Com o detalhamento das tarefas, os planos de curto prazo, para dar cobertura às atividades individuais dos servidores de um órgão, são inerentes ao planejamento **operacional.**

39. (FGV – Analista Judiciário – Área Administrativa – TRT 12/2017) A XYZ é uma fabricante de móveis artesanais atuando há 80 anos no mercado, cujos produtos são comercializados em todo o país. Desde a fundação da XYZ, seus produtos se diferenciaram pelos materiais de primeira qualidade, pelo design clássico e pelos altos preços. Já há alguns anos, as vendas vêm caindo significativamente. Os atuais dirigentes, filhos do fundador da empresa, acreditam que isso não se deva apenas ao declínio continuado das vendas do setor, mas também ao fato de o design da empresa ser associado a um requinte fora de moda, pelo uso exclusivo de madeiras nobres (que vai contra a tendência de consumo ambientalmente responsável), bem como pelo fato de a concorrência, hoje, ser capaz de produzir móveis mais baratos, com novos materiais e de muito boa qualidade. Com a morte recente do fundador da empresa, os dirigentes decidiram rever a orientação estratégica da empresa. A intenção é passar a utilizar materiais menos nobres na fabricação, restringir a venda dos móveis apenas à região Sul e não investir em novas máquinas de produção, como forma de extrair o máximo de ganhos. Essa estratégia é conhecida como:

a) nicho;

b) alienação;

c) foco;

d) colheita;

e) renovação.

▷ ***Comentários***

Nota do autor: questão ao estilo FGV, bem mais densa que FCC, por exemplo.

Pela ótica de Porter[4], as estratégias podem ser classificadas em três grandes categorias: diferenciação, liderança do custo e foco.

a) Foco: Também chamada estratégia da concentração ou do **nicho**, consiste em escolher um nicho ou segmento do mercado e concentrar-se nele.

b) Diferenciação: Consiste em diferenciar o produto, ou serviço, de forma que seja criada uma identidade própria, distinguindo-o de forma significativa dos demais produtos ou serviços existentes no mercado, tornando-o diferente, algo que o diferencie da concorrência.

c) Liderança do custo. Nessa estratégia, o diferencial estará no menor preço. Para que haja o enquadramento nesse modelo, a empresa faz grande esforço para reduzir ao máximo seus custos de produção e distribuição, podendo, assim, oferecer preços menores que seus concorrentes e obter maior participação de mercado.

Analisando o ambiente externo, identificam-se oportunidades e ameaças. Analisando as oportunidades, Gary Hamel e C. K. Prahalad (20017) propõe as seguintes estruturas genéricas: fragmentada, setor emergente, setor maduro e setores em declínio. A questão versa sobre setores em declínio e qual estratégia a adotar.

Alternativa correta: letra "d" (responde todas as outras). Estratégia de Colheita: processo de desinvestimento controlado tirando proveito dos pontos fortes. Redução acelerada do investimento enquanto o fluxo de receitas se mantém constante.

40. (FGV – Analista Judiciário – Área Administrativa – TRT 12/2017) Uma empresa do setor de transporte contratou uma consultoria para auxiliar no planejamento e no controle de suas atividades. No planejamento, são definidas as metas da organização e os meios para atingi-las. Mas de nada adianta elaborar um bom planejamento, se posteriormente não for comparado o realizado com o planejado, ou seja, não for feito o controle. Em relação ao controle, é correto afirmar que:

a) o controle tático procura avaliar o grau de realização da missão, da visão e de estratégias e objetivos;

b) o controle é a função da organização destinada a controlar os equipamentos e materiais;

c) o controle de clã é assegurado pela alta direção mediante regras, normas e padrões elaborados junto aos empregados;

d) o controle de mercado avalia o desempenho organizacional com base em fatores intrínsecos à organização;

e) o controle pode ser de 3 tipos: preventivo, simultâneo e posterior.

▷ ***Comentários***

Nota do autor: do ponto de vista organizacional, pode-se definir controle como o processo utilizado para balizar as atividades dos indivíduos em direção à realização das metas organizacionais. Em cada nível organizacional (estratégico Tático e Operacional) existe um tipo de controle que permite o acompanhamento do alcance dos objetivos em cada nível. Além disso, pode-se adotar modelos de controle conforme as estratégias organizacionais adotadas:

Controle Burocrático: controle formal baseado em regras, regulamentações e autoridade, utilizando ferramentas para regular comportamentos e resultados, tais como: relatórios, estatísticas, orçamentos e avaliações de desempenho.

Controle de mercado: Utiliza preços, concorrência, centros de lucro e relacionamentos de troca; funciona melhor onde resultados tangíveis podem ser identificados e onde o mercado pode ser estabelecido entre as partes

Controle de clã: possível quando há participação compartilhada entre funcionários de valores, expectativas e metas da organização. A ênfase está nos valores em comum e na confiança, tirando um pouco da importância dos controles formais. Em ambientes com maior autonomia para tomada das decisões, esse tipo de controle tende a funcionar melhor.

Alternativa correta: letra "e". Essa classificação do controle leva em consideração o momento em que ele é realizado:

Preventivo: consiste na busca pela antecipação de problemas, identificando e prevenindo os desvios antes de eles ocorrerem. Com enfoque nos recursos materiais, humanos e financeiros que entram na empresa, tem por função certificar que a qualidade da entrada seja o suficiente para evitar falhas futuras.

Simultâneo: caracteriza-se por monitorar atividades de maneira contínua para certificar-se de que elas estão consistentes com os padrões que a empresa estipula. É a checagem do processo enquanto ele acontece.

Posterior: consiste em avaliar o resultado de uma atividade ou um processo, após a sua realização.

4 Porter, Michael E. (1989) "A Vantagem Competitiva das nações", Campus, Rio de Janeiro, Campus, 1989.

Alternativa "a": o controle **estratégico** procura avaliar o grau de realização da missão, da visão e de estratégias e objetivos.

Alternativa "b": o controle é a função da organização destinada a monitorar e avaliar as atividades e resultados alcançados para assegurar que o planejamento, organização e direção sejam bem-sucedidos.

Alternativa "c": o controle **burocrático** é assegurado pela alta direção mediante regras, normas e padrões elaborados junto aos empregados.

Alternativa "d": o controle de mercado avalia o desempenho organizacional com base em fatores **externos** à organização, como: preços, concorrência, centros de lucro e relacionamentos de troca.

41. (FGV – Analista Judiciário – Área Administrativa – TRT 12/2017) Cada vez mais as empresas trabalham com dados, informações e conhecimentos. Uma organização cria e utiliza conhecimento transformando-o de tácito em explícito e vice-versa.

Um dos 4 modos de conversão do conhecimento é:

a) socialização: de explícito para tácito, procura compartilhar e criar conhecimento através de experiência direta;

b) externalização: de tácito para explícito, procura articular conhecimento explícito através do diálogo e da reflexão;

c) combinação: de explícito para explícito, procura sistematizar e aplicar o conhecimento explícito e a informação;

d) internalização: de implícito para tácito, procura aprender e adquirir novo conhecimento tácito na prática;

e) transferência: de explícito para tácito, procura sistematizar e aplicar o conhecimento explícito e a informação.

▷ ***Comentários***

Nota do autor: segundo autores diversos, o conhecimento organizacional pode ser considerado como tácito ou explícito. De acordo com Nonaka e Takeuchi (2008), a criação do conhecimento se inicia com a socialização e passa através dos quatro modos de conversão do conhecimento (Socialização, Externalização, Combinação e Internalização),

Vejamos o que seriam conhecimento tácito e explícito:

Tácito: é pessoal incorporado ligado à experiência, englobando fatores intangíveis, sistemas de valor, crenças e perspectivas, know-how, etc.

Explícito: linguagem formal, facilmente transmitido e sistematizado como, fórmulas matemáticas, metodologias, documentos, políticas e procedimentos, etc.

Alternativa correta: letra "c". Combinação: conversão do conhecimento explícito em conhecimento explícito. Ocorre quando os conhecimentos explícitos existentes podem ser combinados para gerar um novo conhecimento, como: troca de informações explícitas por meio de palestras, treinamentos, uso de tecnologia da informação etc.

Alternativa "a": Socialização: Compartilhar e criar conhecimento **tácito** através de experiências diretas.

Alternativa "b": Externalização: Articular conhecimento **tácito** através do diálogo e da reflexão.

Alternativa "d": Internalização: Aprender e adquirir novo conhecimento **tácito** na prática.

Alternativa "e": não há enquadramento do conceito de transferência.

42. (FGV – Técnico Judiciário – Área Administrativa – TRT 12/2017) Uma empresa do ramo de alimentos localizada na região Sul vem alargando e desenvolvendo os mercados em que atua. A empresa vem construindo novas unidades produtivas em diferentes regiões do País e ampliando a rede de distribuidores de seus produtos.

Esse tipo de estratégia de nível corporativo é conhecido como:

a) diversificação relacionada;

b) expansão direta;

c) colheita;

d) diferenciação;

e) integração horizontal.

▷ ***Comentários***

Nota do autor: para elaborar a estratégia, é necessário fazer um diagnóstico estratégico (matriz SWOT), ou seja, analisar as principais tendências do ambiente externo e conhecer as competências e recursos que a organização dispõe. Com base nessa análise, define-se a estratégia a ser seguida.

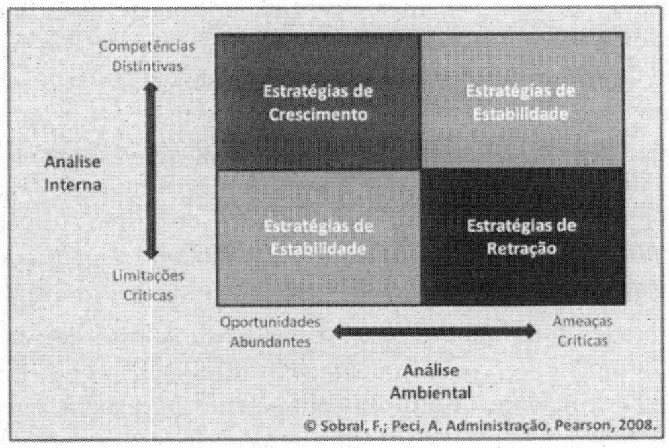

© Sobral, F.; Peci, A. Administração, Pearson, 2008.

Segundo a narrativa da banca, a estratégia adotada é de crescimento. As estratégias de crescimento podem assim ser nomeadas:

1) Estratégia de Expansão Direta

✓ Estratégia de penetração de mercado;

✓ Estratégia de desenvolvimento de produto;

✓ Estratégia de desenvolvimento de mercado;

2) Fusões e Aquisições

3) Diversificação

✓ Relacionada;

✓ Não Relacionada;

4) Integração

✓ Vertical;

✓ Horizontal;

Alternativa correta: letra "b" (responde todas as outras). Expansão é o aumento de produção dos produtos e/ou serviços fornecidos com o fim de acompanhar a evolução do mercado para não perder participação por não poder atender a seus consumidores.

Alternativa "a": diversificação relacionada: a empresa acrescenta ou amplia a sua linha de produção existente ou mercado. Nestes casos, a empresa inicia a produção de um novo produto ou entra num novo mercado relacionado à sua atividade empresarial.

Alternativa "c": estratégia de Colheita: processo de desinvestimento controlado tirando proveito dos pontos fortes. Redução acelerada do investimento enquanto o fluxo de receitas se mantém constante.

Alternativa "d": pela ótica de Porter, Diferenciação consiste em diferenciar o produto, ou serviço, de forma que seja criada uma identidade própria, distinguindo-o de forma significativa dos demais produtos ou serviços existentes no mercado, tornando-o diferente, diferindo da concorrência.

Alternativa "e": Integração Horizontal é uma estratégia de crescimento baseada na aquisição de duas ou mais sociedades do mesmo nível da cadeia produtiva, ou seja, concorrentes diretos.

43. (FGV – Técnico Judiciário – Área Administrativa – TRT 12/2017) A XYZ é uma empresa do ramo editorial que atua no mercado há cerca de dez anos. A empresa construiu uma sólida posição no mercado e atrai investimentos e reinvestimentos de acionistas diversos, cuja expectativa é obter excelente retorno sobre o capital investido. Devido a seu porte médio, a XYZ constitui uma única Unidade Estratégica de Negócio (UEN). A empresa está implantando o balanced scorecard como ferramenta de gestão, e o diretor financeiro precisa identificar uma medida adequada para o tema estratégico "redução de custos/melhoria da produtividade".

Na situação descrita, seria uma medida adequada:

a) receita por funcionário;

b) taxa de redução de custos;

c) percentual de receita gerado por novos produtos;

d) retorno sobre o patrimônio líquido;

e) aumento da taxa de vendas por segmento.

▷ ***Comentários***

Nota do autor: a questão versa sobre indicadores dentro do BSC – Balanced Scorecard. Ferramenta para implementação da estratégia de uma organização, o Balanced Scorecard – BSC é um modelo de planejamento estratégico que possui, como uma de suas características, realizar a tradução da estratégia em guias operacionais: cria-se um referencial para a descrição e implementação das estratégias, denominado mapa estratégico, que possibilita demonstrar as relações de causa e efeito entre as medidas adotadas. É um modelo de gestão estratégica que alinha missão, visão e estratégias a um conjunto de indicadores financeiros e não financeiros.

Indicadores são formas de representação quantificável de características de produtos e processos, utilizados para acompanhar e melhorar os resultados ao longo do tempo. A questão busca a identificação de um indicador que esteja relacionado a redução de custos/melhoria da produtividade.

Alternativa correta: letra "b". Dentre os indicadores apresentados, o único com relação direta com custos/melhoria da produtividade é a taxa de redução de custos. Veja que produtividade tem relação direta com a entrada de insumos e a saída produtos. Quanto maior a proporção de produtos e serviços em relação aos insumos, maior a produtividade. Havendo maior produtividade, significa dizer que para produzir uma mesma quantidade de produtos ou prestar uma mesma quantidade de serviços está se consumindo menos insumos que gera, por sua vez, redução dos custos proporcionais.

Alternativa "a": receita por funcionário – Indicador que se restringe a uma das fontes de custos, os recursos humanos.

Alternativa "c": percentual de receita gerado por novos produtos – indicador financeiro.

Alternativa "d": retorno sobre o patrimônio líquido – Indicador de rentabilidade.

Alternativa "e": aumento da taxa de vendas por segmento – indicador de performance em vendas.

44. (FCC – Técnico Judiciário – Área Administrativa – TRT 14/2016) É considerado um mecanismo característico da administração gerencial:

a) Controle rígido de procedimentos.

b) Gestão hierárquica.

c) Normas e regulamentos.

d) Controle de legalidade.

e) Gestão por Competências.

▷ ***Comentários***

Nota do autor: assunto recorrente em prova, as diferenças entre a Administração Pública Gerencial e Burocrática são corriqueiramente objeto de análise, sempre colocadas como um contraponto. Com a crise do modelo burocrático de administração pública, por não conseguir se sustentar devido aos seus problemas intrínsecos (excesso de formalismo, morosidade, entraves às demandas sociais), surge como solução o modelo gerencial para resolver essas falhas.

Alternativa correta: letra "e". Buscando-se gerar resultados, por intermédio de pessoas, discute-se muito o conceito de competência, que, atualmente, é adotado na gestão por competências e contempla dimensões que foram bastante enfatizadas na abordagem humanista em seu estudo da organização informal, como, por exemplo: os padrões de relações e atitudes. Competências é um conjunto de conhecimentos, habilidades e atitudes capazes de agregar valor econômico à organização e valor social à pessoa. A adoção da Gestão por Competências é um mecanismo característico da Administração Gerencial.

Demais alternativas: são características da Administração Burocrática.

4.1. ADMINISTRAÇÃO ESTRATÉGICA/GERENCIAL/PLANEJAMENTO ESTRATÉGICO NO SETOR PÚBLICO

45. (FCC – 2024 – TRT 11 – Analista Judiciário/Área Administrativa) O decoro e a civilidade são qualidades que focam mais de perto a natureza ético-política do serviço público. Quanto a essas qualidades, é correto afirmar que o decoro é uma postura

a) parametrizada, visando a ação coordenada e contida do servidor público para com os administrados, enquanto a civilidade se volta ao aspecto interno do serviço, ou seja, a postura do servidor em contato com seus pares.

b) exigida de todo servidor público e que possui aspecto unicamente interno de portar-se de acordo com as regras éticas locais, enquanto a civilidade carrega aspecto externo, de postura para com os administrados.

c) interligada à conduta externa, sendo este seu principal aspecto, enquanto a civilidade direciona-se à ação do servidor público relacionada à urbanidade, em especial com aqueles com os quais divide suas tarefas.

d) que compreende a retidão de uma ação e a visão da sociedade para com essa ação tomando-a por correta, enquanto a civilidade revela a disposição em justificar publicamente suas ações e agir de modo a acomodar as diferenças.

e) voltada ao aspecto interno do servidor público, que age de forma polida e educada com seus pares, enquanto a civilidade indica a preocupação em agir como cidadão no empenho de suas tarefas em prol do serviço público.

▷ ***Comentários***

Nota do autor: No serviço público, o decoro e a civilidade representam valores fundamentais que refletem a conduta ética e política dos servidores. O decoro, associado à dignidade e ao respeito, orienta o comportamento dos agentes públicos, garantindo que suas ações estejam alinhadas com os princípios da moralidade e da legalidade. Já a civilidade destaca-se pela cortesia, pela urbanidade e pela cooperação no ambiente de trabalho, promovendo um clima organizacional saudável e contribuindo para a eficiência e a qualidade dos serviços prestados à população. Ambas as qualidades são essenciais para fortalecer a confiança e a credibilidade nas instituições públicas, além de promover uma cultura de integridade e responsabilidade no exercício das funções públicas.

Alternativa correta: letra "D". No contexto do serviço público, o decoro se refere ao comportamento ético e conduta adequada esperados dos servidores públicos no exercício de suas funções. Envolve agir com dignidade, respeito, probidade e responsabilidade no trato com colegas, superiores, subordinados e cidadãos em geral. O respeito às normas legais, a imparcialidade nas decisões, a transparência nas ações e a preservação da imagem institucional são aspectos fundamentais do decoro no serviço público.

Já civilidade, refere-se ao comportamento cortês, educado e respeitoso dos servidores no ambiente de trabalho e no atendimento ao público. Envolve tratar os colegas, superiores, subordinados e cidadãos com cordialidade, gentileza e cortesia, independentemente das circunstâncias.

46. (FCC – Técnico Judiciário – Área Administrativa – TRT 14/2022) Suponha que determinada organização pública pretenda implementar planejamento estratégico aplicando o Balanced Scorecard (BSC). Considerando os conceitos e premissas da referida metodologia, tal aplicação

a) afigura-se problemática para uma organização pública, pois possui foco apenas nas perspectivas econômica (de resultados financeiros) e do cliente, o que, em princípio, faz sentido apenas para uma organização privada.

b) demandará a elaboração de mapa estratégico, para visualização das relações de causa e efeito entre os objetivos estratégicos, distribuídos entre as perspectivas consideradas pelo BSC.

c) dependerá da prévia identificação da missão da organização, que significa a identificação de seus objetivos estratégicos, e da visão, que corresponde à construção dos indicadores e metas correspondentes.

d) demandará a elaboração de uma Matriz SWOT, na qual são tabulados a missão, a visão, os valores e os objetivos da organização, trazendo como resultante as guias operacionais.

e) poderá ser adaptada para as peculiaridades de uma organização pública, com a redistribuição dos pesos próprios das perspectivas inerentes ao BSC, a saber: forças, fraquezas, ameaças e oportunidades.

▷ ***Comentários***

Nota do autor. O Balanced scorecard (BSC) é uma ferramenta de gestão e planejamento estratégico, desenvolvida por Kaplan e Norton, cujo objetivo é o alinhamento e o controle estratégico, possibilitando o desdobramento das estratégias a serem implementadas.

a) Alternativa errada. Perfeitamente aplicável a organizações públicas;

b) Alternativa correta. O MAPA ESTRATÉGICO é uma representação gráfica que traz a missão, a visão e a estratégia organizacional, descrevendo objetivos estratégicos que estão inter-relacionados e distribuídos nas quatro perspectivas (Financeira, Cliente, Processos Internos e Aprendizado e Crescimento).

c) Alternativa errada. A missão define o propósito atual, a visão estabelece a direção futura e os valores determinam os princípios que norteiam a organização.

d) Uma análise SWOT (na sigla em inglês) é uma técnica usada para identificar forças, oportunidades, fraquezas e ameaças com o intuito de desenvolver um plano estratégico para uma organização.

e) As Perspectivas padrão do BSC são: econômico-Financeira; clientes; processos Internos; aprendizado e Crescimento.

Alternativa correta: letra "B"

47. (FCC – Analista Judiciário – Área Administrativa – TRT 24/2017) Constitui(em) característica(s) própria(s) e inovadora(s) do modelo gerencial de Administração pública, que o diferencia(m) dos outros modelos precedentes:

a) combate ao patrimonialismo.

b) controle de resultados.

c) formalização dos procedimentos.

d) profissionalização do corpo técnico.

e) hierarquia e meritocracia.

▷ ***Comentários***

Nota do autor: versa a questão sobre os modelos administrativos que se sucederam na Administração Pública. Recorrente em prova, ela fala sobre os modelos de administração, seus conceitos e características. Para acertar esse tipo de questão, deve-se ficar atento às características dos modelos e sua cronologia.

Alternativa correta: letra "b". O modelo burocrático declinou devido a fatores sociais, políticos, tecnológicos, econômicos e sociais. Tal modelo não se adequava mais a realidade por disfunções, como lentidão no atendimento, entraves às demandas sociais, prestação cara de serviços públicos, dentre outros. Para atender as demandas surgidas dessas disfunções, surge, como solução o modelo gerencial, enquanto o modelo anterior era focado no processo, o modelo gerencial é focado no resultado, na satisfação do cidadão, pautado no paradigma do "cidadão-cliente".

Segundo Chiavenato[5], na administração pública gerencial, a estratégia se volta para:

1) A definição precisa dos objetivos que o administrador público deverá atingir em sua unidade;

2) A garantia de autonomia do administrador na gestão dos recursos humanos materiais e financeiros que lhe forem colocados à disposição para atingir os objetivos contratados; e

3) O controle ou cobrança a posteriori dos resultados.

Alternativa "a": cunhado por Max Weber, o termo Patrimonialismo refere-se a uma concepção de poder em que o gestor público trata o patrimônio público como se dele fosse, onde as esferas pública e privada confundem-se e, muitas vezes, tornam-se quase indistintas. O gestor acaba por desvirtuar o sentido do público do patrimônio, usando-o em benefício próprio e em detrimento das necessidades públicas da população. O modelo Burocrático é que surgiu como alternativa ao patrimonialismo.

Alternativas "c", "d", "e": formalização dos procedimentos, profissionalização do corpo técnico, hierarquia e meritocracia são conceitos ligados à burocracia.

48. (FCC – AJ TRT24/TRT 24/Apoio Especializado/Tecnologia da Informação/2017) O Tribunal Regional do Trabalho da 24ª Região desenvolveu o mapa estratégico do PETI 2015-2020 mostrado na figura abaixo.

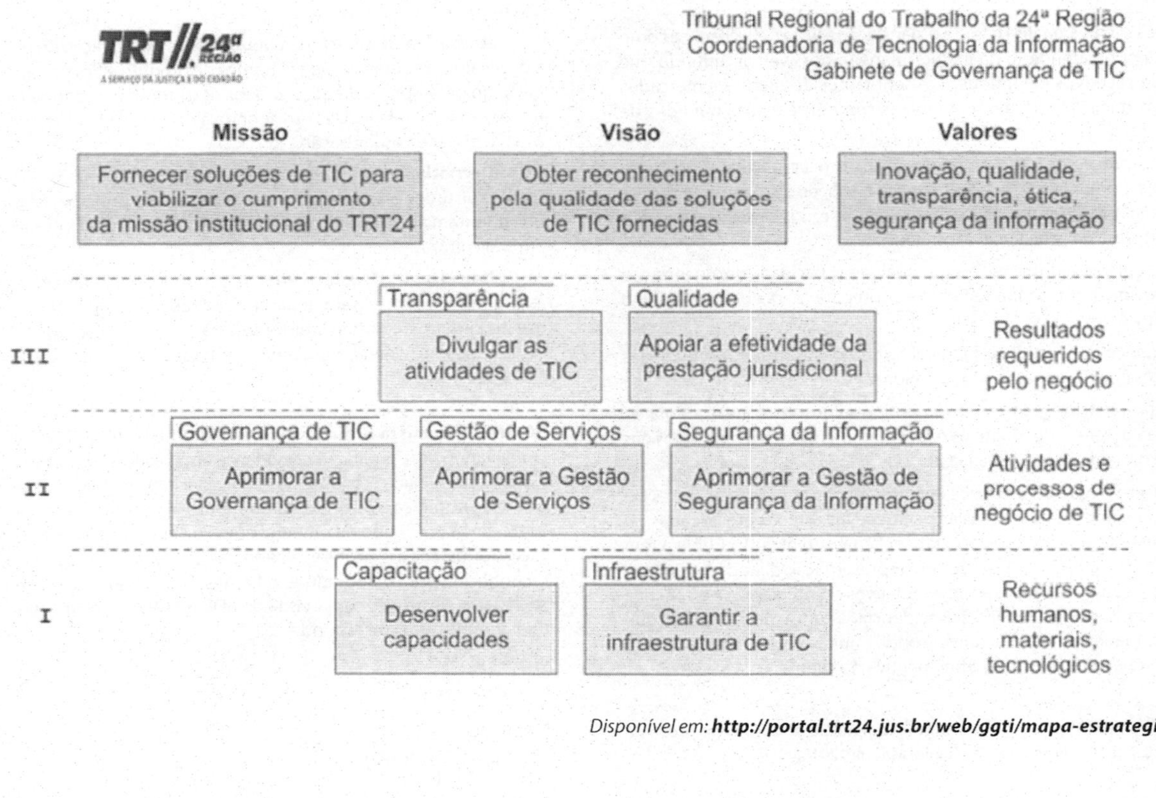

Disponível em: ***http://portal.trt24.jus.br/web/ggti/mapa-estrategico1)***

No mapa estratégico, de acordo com os fundamentos do Balanced Scorecard – BSC,

a) a divisão indicada por II corresponde à perspectiva de Aprendizado e Crescimento.

b) na perspectiva correspondente aos Processos Internos, "Divulgar as atividades de TIC" e "Apoiar a efetividade da prestação jurisdicional" são os objetivos estratégicos.

c) não estão contempladas todas as perspectivas, embora os indicadores estratégicos devam estar diretamente associados aos objetivos estratégicos apresentados no mapa, representando uma relação de causa e efeito.

d) a divisão indicada por I corresponde à perspectiva de Processos Internos.

e) o objetivo estratégico "Garantir a infraestrutura de TIC", está relacionado à perspectiva Financeira.

▷ ***Comentários***

Nota do autor: questão um tanto quanto confusa em razão do pedido de comparação do Mapa estratégico elaborado em correlação às dimensões do BSC. Isso porque o mapa apresentado não mostra com clareza as dimensões do BSC, muito provavelmente pelo fato desse mapa se referir a um órgão público.

Vejamos os principais conceitos relacionados:

Gestão Estratégica é um processo de ação gerencial sistemática e contínua que visa a assegurar à organização senso de direção e continuidade em longo prazo, levando em consideração o ambiente mutável. É um processo sistemático, planejado, administrado e executado pela alta direção da organização, envolvendo todos os gerentes e responsáveis, que busca assegurar a continuidade, a sobrevivência e o crescimento da organização por meio da contínua adequação de suas estratégias, capacitação, estrutura e infraestrutura, adaptando-se às mudanças, tendências e descontinuidades observadas ou previsíveis no ambiente externo da organização.

BSC (Balanced Scorecard) é uma ferramenta para implementação da estratégia de uma organização, o Balanced Scorecard – BSC é um modelo de planejamento estratégico que possui, como uma de suas características, realizar a tradução da estratégia em guias operacionais: cria-se um referencial para a descrição e implementação das estratégias, denominado mapa estratégico, que possibilita demonstrar as relações de causa e efeito entre as medidas adotadas.

O BSC prioriza o equilíbrio organizacional a partir de quatro perspectivas:

1) Dos clientes: analisa como a organização é vista pelo cliente e como ela pode atendê-lo da melhor maneira possível, permitindo que os executivos identifiquem os segmentos de clientes e mercados nos quais a unidade de negócios competirá e suas medidas de desempenho.

2) Dos processos internos: refere-se aos processos de negócios em que a organização precisa ter excelência, ou seja, permite que os executivos identifiquem os processos internos críticos nos quais a empresa deve alcançar a excelência.

3) Do aprendizado e crescimento: analisa a capacidade da organização para melhorar continuamente e se preparar para obter sucesso no futuro.

4) Financeira: as medidas financeiras demonstram as consequências econômicas das ações consumadas.

Mapa estratégico é a ferramenta que descreve a estratégia da empresa por meio de objetivos relacionados entre si e distribuídos nas quatro dimensões (perspectivas).

Alternativa correta "c". Levando em consideração as bases do BSC, efetivamente nem todas as perspectivas estão representadas no mapa estratégico da questão. Por ser uma organização Pública, em regra, não há uma preocupação com representação de todas as dimensões nem com suas ligações com os objetivos estratégicos. A perspectiva financeira, por exemplo, não fica evidenciada com a mesma ênfase que uma entidade com fins lucrativos, onde, muitas vezes existe a junção entre esta perspectiva com a perspectiva do cliente.

5 CHIAVENATO, Idalberto. Administração Geral e Pública: provas e concursos. 4º edição. São Paulo: Manole, 2016. p.110.

Alternativa "a": no item "a" a divisão indicada por II está mais relacionada aos processos internos.

Alternativa "b": divulgar as atividades de TIC e Apoiar a efetividade da prestação jurisdicional, estão mais ligados aos objetivos estratégicos.

Alternativa "d": a divisão indicada por I está mais relacionada à perspectiva de Aprendizado e Crescimento.

Alternativa "e": por estar na base da estrutura, logicamente objetivo estratégico Garantir a infraestrutura de TIC, está associado à perspectiva Aprendizado e Crescimento.

49. (FCC – Analista Judiciário – Área Administrativa – TRT 23/2016) Considere que no curso do processo de elaboração de seu planejamento estratégico, determinada organização tenha definido a forma como pretende ser reconhecida por seus clientes, colaboradores e pela própria sociedade. Tal definição corresponde

a) ao diagnóstico institucional da organização.

b) à Missão da organização.

c) aos valores perseguidos pela organização.

d) aos cenários para o futuro da organização.

e) à Visão da organização.

▷ ***Comentários***

Nota do autor: Gestão estratégica é um conceito amplo e envolve diversos aspectos. É um processo de ação gerencial sistemática e contínua que visa assegurar à organização senso de direção e continuidade em longo prazo. Na definição da estratégia é necessário definir elementos essenciais que orientarão toda a organização como missão, visão, valores e objetivos. Muito recorrente em prova, a questão versa no conceito desses elementos.

Alternativa correta: letra "e": Visão Organizacional é a imagem que a organização projeta para si no futuro. É a forma como pretende ser reconhecida por seus clientes, pelos seus colaboradores e pela própria sociedade; corresponde, pois, a uma identidade comum quanto aos propósitos da organização para o futuro, a fim de orientar o comportamento dos seus membros quanto ao destino que a organização deseja construir e realizar.

Alternativa "a": O Diagnóstico Institucional tem por objetivo identificar a necessidade de reestruturação e integração de diferentes setores da organização visando aprimoramento institucional dentro dos requisitos estratégicos buscados na integração com a comunidade, órgãos governamentais, etc.

Alternativa "b": missão Organizacional é a declaração do propósito e do alcance da organização em termos de produto e de mercado. Deve partir do pressuposto de que a organização como um todo se compromete com essa missão. Ela corresponde à causa pela qual se deve lutar, a razão de ser da organização.

Alternativa "c": Valores organizacionais correspondem aos atributos e às virtudes prezados pela organização, são princípios e padrões que orientam a atuação da organização e que devem ser internalizados em sua cultura.

Alternativa "d": para melhorar as suas possibilidades de sucesso, as organizações precisam analisar detalhadamente o seu posicionamento cenário econômico em que está inserida e projetar cenários futuros visando prever e prevenir que fatores negativos, como riscos e ameaças.

50. (FCC – Analista Judiciário – Área Administrativa – TRT 20/2016) Objetivando uma significativa mudança em sua forma de atuação tradicional, determinada organização pública decidiu instituir um modelo de gestão estratégica utilizando, como suporte metodológico, o Balanced Scorecard – BSC. Logo na primeira etapa de aplicação, referida organização foi instada a identificar, olhando para o futuro, como pretende ser reconhecida por colaboradores, clientes, fornecedores e pela própria sociedade. De acordo com a visão do BSC, esse aspecto da organização a ser identificado corresponde

a) à missão.

b) a valores.

c) à visão.

d) ao mapa estratégico.

e) à análise externa.

▷ *Comentários*

Nota do autor: no que concerne ao planejamento estratégico, sendo pública ou privada a organização, apesar de suas especificidades, os elementos básicos são os mesmos. O planejamento estratégico deve definir missão, visão, valores, sendo o Balanced Scorecard uma ferramenta útil na implementação da estratégia.

Alternativa correta: letra "c". Conforme afirma a alternativa, **Visão Organizacional** é a imagem que a organização projeta para si no futuro. É a forma como pretende ser reconhecida por seus clientes, pelos seus colaboradores e pela própria sociedade; corresponde, pois, a uma identidade comum quanto aos propósitos da organização para o futuro, a fim de orientar o comportamento dos seus membros quanto ao destino que a organização deseja construir e realizar.

Alternativa "a": Missão Organizacional – é a declaração do propósito e do alcance da organização em termos de produto e de mercado. Deve partir do pressuposto de que a organização como um todo se compromete com essa missão. Ela corresponde à causa pela qual se deve lutar, a razão de ser da organização.

Alternativa "b": Visão Organizacional – é a imagem que a organização projeta para si no futuro. É a forma como pretende ser reconhecida por seus clientes, pelos seus colaboradores e pela própria sociedade; corresponde, pois, a uma identidade comum quanto aos propósitos da organização para o futuro, a fim de orientar o comportamento dos seus membros quanto ao destino que a organização deseja construir e realizar.

Alternativa "d": mapa estratégico e a ferramenta que descreve a estratégia da empresa por meio de objetivos relacionados entre si e distribuídos nas quatro dimensões (perspectivas)

Alternativa "e": parte do diagnóstico organizacional, a análise externa visa buscar informações sobre o ambiente no qual a organização está inserida, buscando identificar oportunidades e ameaças.

51. (Cespe – Técnico Judiciário – Área Administrativa – TRT 8/2016) Servidor público que, no exercício das suas funções, atende um cidadão de forma cordial e transmite-lhe informações completas age em conformidade com o requisito da

a) tolerância.
b) discrição e respeito.
c) conduta adequada.
d) apresentação.
e) comunicabilidade.

▷ *Comentários*

Nota do autor: questão que versa sobre o paradigma da administração gerencial que traz o conceito de cidadão-cliente. Para tanto, não basta o servidor público cumprir os denominados princípios constitucionais da administração pública (Legalidade, Impessoalidade, Moralidade, Publicidade E Eficiência), o servidor público deverá prestar um serviço de excelência, observando requisitos, como: comunicabilidade; boa apresentação; atenção; cortesia; presteza; tolerância; objetividade; dentre outros.

Alternativa correta: letra "e". Comunicabilidade é a qualidade de comunicação; facilidade ou disposição de se comunicar, transmitir informação.

Alternativa "a": tolerância significa aceitar, agir com condescendência perante algo que não se quer impedir, desde que dentro dos padrões mínimos de respeito urbanidade, sociabilidade, decoro.

Alternativa "b": discrição significa ser discreto. Respeito significa demonstrar um sentimento positivo por uma pessoa.

Alternativa "c": conduta adequada refere-se a ações e comportamento que são aceitáveis em um local de trabalho segundo suas características.

Alternativa "d": apresentação refere-se à apresentação pessoal no ambiente de trabalho, sendo higiênico, utilizando roupas condizentes e limpas, além de medidas de asseio pessoal, como barba e bigode feitos, unhas aparadas, para mulheres, maquiagem leve etc.

5. GESTÃO DA QUALIDADE/CICLO PDCA, PROGRAMA 5S E OUTRAS FERRAMENTAS

52. (FCC – Técnico Judiciário – Área Administrativa – TRT 17/2022) O modelo de excelência apresentado pela Fundação Nacional da Qualidade (FNQ), que objetiva alçar as organizações públicas e privadas a padrões de excelência de nível mundial, apresenta, entre seus fundamentos, o denominado pensamento sistêmico, correspondente ao

a) conjunto de enunciados que deve ser internalizado na organização para alinhar as práticas de todos os colaboradores, sendo o principal: "qualidade gera qualidade".
b) programa de treinamento aplicado aos integrantes da organização para mudança de padrão de comportamento com foco na qualidade total.
c) método de trabalho proposto aos gestores que conjuga o binómio qualidade do trabalho e qualidade no trabalho, este último focado nas relações interpessoais.
d) entendimento das relações de interdependência entre os diversos componentes de uma organização, bem como entre a organização e o ambiente externo.
e) sistema de boas práticas, envolvendo governança, sustentabilidade e responsabilidade social, que assegura a certificação da organização com o selo "qualidade total".

▷ *Comentários*

Nota do autor. O pensamento sistêmico é uma abordagem que considera um conjunto de elementos como parte de um sistema maior. Ele busca compreender como esses elementos estão interligados e como suas ações afetam o todo. Essa forma de pensar procura entender as inter-relações entre os elementos e como eles se influenciam mutuamente. O pensamento sistêmico é fundamental para analisar e resolver problemas complexos, pois reconhece a complexidade das interações dentro de um sistema e promove uma visão holística e integrada.

a) Alternativa incorreta. A alternativa não descreve adequadamente o pensamento sistêmico, e "qualidade gera qualidade" não é o principal enunciado do pensamento sistêmico.
b) Alternativa incorreta. A alternativa parece se referir a um programa de treinamento, que não é o mesmo que o pensamento sistêmico.
c) Alternativa incorreta. Embora mencione qualidade, essa alternativa não aborda o conceito de pensamento sistêmico, que se concentra em entender as interconexões e interdependências na organização.
d) Alternativa correta.
e) Alternativa incorreta. A alternativa se concentra na certificação da organização com o selo "qualidade total" e não descreve o pensamento sistêmico.

53. (FCC – Técnico Judiciário – Área Administrativa – TRT 14/2022) Uma estrutura organizacional pode adotar diferentes critérios de departamentalização, sendo um deles o divisional, cuja primeira referência de implantação corresponde ao modelo de Alfred Sloan na General Motors. Referido modelo se diferencia do modelo funcional, baseado nos conceitos de Henri Fayol,

a) pela criação de unidades, que operam com relativa autonomia, denominadas centros de resultados, cada uma delas apurando seus lucros ou prejuízos.
b) por introduzir o conceito de órgãos permanentes, ditos de staff, e órgãos de duração limitada, vinculados ao tempo de vida do projeto que lhe é cometido.
c) pelo elevado grau de centralização e de padronização de processos introduzido, retirando a autonomia gerencial dos departamentos e apurando resultados de forma unificada.
d) pela introdução dos critérios de departamentalização por produto e por cliente, inexistente no modelo funcional, o qual previa apenas a departamentalização por atividades.
e) pela descentralização de unidades, que passam a constituir novas pessoas jurídicas, integrantes de uma mesma holding.

▷ *Comentários*

Nota do autor. Estrutura divisional

- ✓ Empresa se desmembra em "divisões", para atender e se adaptar a diferentes tipos de produtos, clientes ou regiões
- ✓ Normalmente, são utilizados os tipos de departamentalização por produto, departamentalização por cliente ou departamentalização territorial.
- ✓ Unidades descentralizadas/ semiautônomas/ quase independentes/ centros de resultados (centro de lucros)
- ✓ Decisões estratégicas continuam centralizadas na cúpula
- ✓ Há duplicidade de gerências → aumenta flexibilidade mas também aumenta os custos

a) Alternativa correta.

b) Alternativa incorreta. A organização do tipo staff não difere significativamente da divisional. A distinção reside no foco: a primeira concentra-se nas necessidades da empresa, enquanto a divisional se concentra em atender diversos clientes.

c) Alternativa incorreta. A afirmação contrária é correta.

d) Alternativa incorreta. Etapas específicas, incluindo aquelas mencionadas, são reconhecidas em um dos estágios. Uma fonte citada neste site confirma isso: "[...] Esta etapa se caracteriza por uma preocupação com o dia-a-dia da empresa. Todas as energias estão voltadas para fazer com que o processo de produção seja capaz de fabricar produtos de boa qualidade que sejam aceitos pelos clientes.[...]" Além disso, outro trecho afirma: "A etapa de expansão corresponde ao período no qual a empresa que conseguiu superar as etapas anteriores, implanta e põe em marcha uma reorganização profunda da estrutura inicial. Conforme a estratégia a ser seguida, a organização terá de oferecer o suporte suficiente à introdução de novos produtos, ao aumento dos volumes de venda ou à integração da cadeia produtiva."

e) Alternativa incorreta. "Holdings são empresas cuja atividade principal consiste em deter participações acionárias em uma ou mais empresas. Em outras palavras, elas detêm a maioria das ações de outras empresas e controlam sua administração e políticas."

54. (FCC – Técnico Judiciário – Área Administrativa – TRT 4/2022)
O planejamento estratégico dos órgãos públicos

a) se concentra nos problemas que a organização experimenta diuturnamente.

b) busca a superação de objetivos imediatos.

c) é caracterizado por um regime em que as metas não são fixas.

d) parte de uma identificação sistemática de pontos fortes e fracos.

e) procura identificar, internamente na organização, quais são as ameaças e quais são as oportunidades.

▷ ***Comentários***

Nota do autor. A questão requer que o examinado possua conhecimento sobre a Análise SWOT (ou FOFA), a qual é uma ferramenta de gestão utilizada para analisar as Forças e Fraquezas internas de uma organização, bem como as Oportunidades e Ameaças externas que podem afetar seu desempenho.

a) A organização não se restringe unicamente aos desafios que enfrenta diariamente, pois é possível que, com mais tempo, dias, semanas ou meses, sejam dedicados à resolução desses problemas.

b) O planejamento estratégico não necessariamente visa apenas à superação de metas de curto prazo, uma vez que podem existir variáveis internas ou externas complexas que requerem mais tempo para sua resolução.

c) O plano estratégico envolve a definição da missão, visão, objetivos, metas estabelecidas, elaboração de planos de ação e seu subsequente acompanhamento.

d) Na análise SWOT, o AMBIENTE INTERNO avalia as Forças (Favoráveis) e Fraquezas (Desfavoráveis), sendo esse o gabarito correto.

e) Na análise SWOT, o AMBIENTE EXTERNO identifica as Oportunidades (Favoráveis) e Ameaças (Desfavoráveis).

55. (Cespe – Técnico Judiciário – Área Administrativa – TRT 8/2023)
Na utilização do método PDCA para a melhoria de processos, a etapa D — execução do processo — corresponde ao procedimento de

a) identificar o produto a ser entregue ao cliente.

b) realizar as tarefas conforme o determinado.

c) comparar os resultados obtidos com as metas estipuladas.

d) estabelecer o plano de ação das etapas que compõem o processo.

e) adotar ações corretivas para a eliminação de erros.

Etapas do método PDCA: PLANEJAR, EXECUTAR, CHECAR e AGIR

▷ ***Comentários***

Nota do autor. O método PDCA, que significa Plan, Do, Check, Act (Planejar, Fazer, Verificar, Agir), é um ciclo de gestão utilizado para melhoria contínua de processos.

a) identificar o produto a ser entregue ao cliente – PLANEJAR

b) realizar as tarefas conforme o determinado – EXECUTAR

c) comparar os resultados obtidos com as metas estipuladas – CHECAR

d) estabelecer o plano de ação das etapas que compõem o processo – PLANEJAR

e) adotar ações corretivas para a eliminação de erros. – AGIR

56. (FCC – Técnico Judiciário – Área Administrativa – TRT 4/2022)
É assentada entre os estudiosos a conveniência de estudar o chamado ciclo PDCA também conhecido como «roda de

a) Deming" e segue o acrónimo plan, do, check e act.

b) Maslow" e segue o acrónimo plan, do, check e act.

c) Deming" e segue o acrónimo "planejar", "direcionar", "controlar" e "antecipar".

d) Maslow" e segue o acrónimo "planejar", "direcionar", "controlar" e "antecipar".

e) Fayol" e segue o acrónimo "planejar", "direcionar", "controlar" e "antecipar".

▷ ***Comentários***

Nota do autor.

a) Deming" e segue o acrónimo plan, do, check e act. Correto.

O Ciclo PDCA é uma metodologia de gestão iterativa focada na melhoria contínua de processos e produtos. PDCA é uma sigla em inglês para Plan (planejar), Do (fazer), Check (checar) e Act/Adjust (agir ou ajustar).

O método PDCA foi desenvolvido nos anos 20 e ganhou mais visibilidade nos anos 50, quando o pai da gestão de qualidade, William Edwards Deming, implantou a lógica de planejar, executar, analisar e corrigir um grande projeto: a reconstrução da infraestrutura industrial japonesa, após a Segunda Guerra Mundial.

b) Maslow" e segue o acrónimo plan, do, check e act. Errado.

Maslow, baseia-se na ideia de que cada ser humano esforça-se muito para satisfazer suas necessidades pessoais e profissionais. É um esquema que apresenta uma divisão hierárquica em que as necessidades consideradas de nível mais baixo devem ser satisfeitas antes das necessidades de nível mais alto

c) Deming" e segue o acrónimo "planejar", "direcionar", "controlar" e "antecipar". Errado. Respondido na alternativa A

d) Maslow" e segue o acrónimo "planejar", "direcionar", "controlar" e "antecipar". Errado. Respondido na alternativa A

e) Fayol" e segue o acrónimo "planejar", "direcionar", "controlar" e "antecipar". Errado.

Fayol entende que o trabalho precisa ser bem definido e que cada colaborador deve entender qual é o seu papel dentro da organização. Isso gera um aumento de produtividade e melhor aproveitamento dos recursos humanos e financeiros da empresa.

57. (FCC – Técnico Judiciário – Área Administrativa – TRT 14/2022) O denominado Ciclo PDCA, também conhecido como Ciclo de Deming, traduz-se em ferramenta bastante difundida e aplicada em

a) controle de qualidade, com a identificação das causas de falhas recorrentes, partindo do conceito de que 80% delas são geradas por 20% de causas.

b) gerenciamento de projetos, com a classificação de acordo com o grau de prioridade no âmbito do planejamento estratégico.

c) gestão de riscos, classificando os riscos em potenciais, desconhecidos, críticos e aleatórios, estes últimos não gerenciáveis.

(D) gestão de processos, com vistas a maximizar a eficiência, envolvendo ações de planejamento, execução, controle e correção.

e) gestão de contratos, decompondo o objeto (pretendido, desejável, compatível e adequado) para melhor elaboração do termo de referência e acompanhamento.

▷ ***Comentários***

Nota do autor.

O Ciclo PDCA é composto por 04 etapas:

1. Plan (Planejar): Consiste em estalebecer os objetivos (de melhoria de desempenho) e os planos para alcançá-los.
2. Do (Executar): Trata-se de executar aquilo que foi planejado. Essa etapa também envolve o treinamento dos funcionários e a coleta de dados do que está sendo executado.
3. Check (Verificar): Consiste em verificar (checar) os resultados daquilo que foi executado.
4. Act (Agir corretivamente): Trata-se de atuar corretivamente. Ou seja, se os resultados forem negativos, deve-se realizar ações corretivas. Ou seja, busca-se encontrar as falhas do processo e corrigi-lás, com o objetivo de evitar que os problemas ocorram novamente. Após essa etapa, o ciclo recomeça.

A alternativa A se Refere ao princípio de Pareto afirma que, para muitos trabalhos, 80% dos resultados resultam de 20% das causas;

As alternativas B, C e E não se enquadram no escopo dos objetivos do Ciclo PDCA.

Alternativa correta: letra "D". Pois o Ciclo PDCA é um processos que visa maximizar a eficiência, envolvendo ações de planejamento, execução, controle e correção

58. (FCC – Técnico Judiciário – Área Administrativa – TRT 17/2022) O Ciclo PDCA, também conhecido como Ciclo de Deming, que teve origem nos anos de 1950 e forte aplicação no Japão, consiste em um(a)

a) método de gerenciamento de projetos estratégicos, utilizado desde a etapa de desenvolvimento, concepção e aplicação.

b) metodologia de planejamento estratégico, que identifica os potenciais desafios e os caminhos para atingimento dos objetivos propostos.

c) diagrama para mapeamento dos principais processos da organização, com classificação nos quadrantes: prioritário; desnecessário; controlado; e adaptado.

d) processo de treinamento de pessoal voltado a aumentar o engajamento dos empregados utilizando os pilares: poder; desempenho; capacidade; e ação.

e) ferramenta utilizada para otimização de processos, incluindo as etapas de planejamento; execução; controle ou verificação; e ação corretiva.

▷ ***Comentários***

Nota do autor. O ciclo PDCA, também conhecido como ciclo Deming ou ciclo Shewhart, é uma ferramenta utilizada para melhorar a qualidade e reduzir a variação em qualquer processo. Ele é baseado na repetição de quatro ações-chave: Plan (Planejar), Do (Executar), Check (Verificar) e Act (Agir). Esse ciclo, desenvolvido por Walter A. Shewhart e popularizado por W. Edwards Deming, é uma abordagem sistemática para o controle e a melhoria contínua de processos.

a) Alternativa errada: é uma ferramenta utilizada para melhorar a qualidade e reduzir a variação em qualquer processo.

b) Alternativa errada: ferramenta para melhria de processos.

c) Alternativa errada: composto de quatro ações-chave: Plan (Planejar), Do (Executar), Check (Verificar) e Act (Agir).

d) Alternativa errada: conforme explicação da alternativa anterior.

e) Alternativa correta.

59. (FCC – Técnico Judiciário – Área Administrativa – TRT 4/2022) O denominado Ciclo PDCA consiste

a) em uma ferramenta para gerenciamento de projetos, que identifica o caminho crítico para a execução de suas etapas e busca eliminar os obstáculos.

b) em uma técnica usada para controle de processos de trabalho buscando melhoria contínua, com planejamento, execução, controle e correção, buscando evitar erros lógicos.

c) nas etapas verificadas no planejamento estratégico de uma organização, divididas entre diagnóstico interno e externo.

d) no caminho percorrido para gestão de pessoal de uma organização buscando o alinhamento a seus objetivos estratégicos através de ações de desenvolvimento e aprimoramento.

e) em um sistema automatizado de controle de projetos e de processos, voltado à verificação de conformidade (compliance).

▷ ***Comentários***

Nota do autor. O Ciclo PDCA é composto por quatro etapas fundamentais que devem ser repetidas de forma contínua:

1. Planejar (Plan): Nesta fase, são estabelecidos objetivos, elaborados planos e definidas estratégias para alcançar os resultados desejados.
2. Executar (Do): Aqui ocorre a implementação dos planos e a execução das atividades necessárias para colocar as mudanças em prática.
3. Verificar (Check): Esta etapa envolve a avaliação e verificação se as ações realizadas estão de acordo com o planejado, analisando os resultados obtidos.
4. Agir (Act): Com base na análise dos resultados, são identificadas oportunidades de melhoria e são realizadas as correções necessárias para ajustar o processo, visando atingir os objetivos estabelecidos.

A) Alternativa incorreta. Um caminho crítico na gestão de projetos refere-se à sequência de atividades que determina a duração mínima do projeto. É a rota mais longa, composta por uma série de atividades dependentes umas das outras, que devem ser concluídas dentro do prazo para garantir a conclusão bem-sucedida do projeto como um todo.

B) Alternativa correta.

c) Alternativa incorreta. Não se refere ao ciclo PDCA e sim a etapa do planejamento estratégico.

D e E) Alternativas incorretas. Alternativas incompatíveis com a descrição do Ciclo PDCA.

60. (FCC – Analista Judiciário – Área Administrativa – TRT 2/2018) Entre as ferramentas e metodologias consagradas para a gestão de projetos no âmbito das organizações, a que trabalha com a média ponderada de cenários probabilísticos (otimista, pessimista e realista) em relação ao tempo de conclusão do projeto corresponde a(o):

a) Business Process Management (BPM).

b) Critical Path Method (CPM).

c) Plan, Do, Check, Act to Correct (PDCA).

d) Enterprise Application Integration (ERP).

e) Program Evaluation and Review Technique (PERT).

▷ ***Comentários***

Nota do autor: O PERT é um método de planejamento, replanejamento e avaliação de progresso, com a finalidade de melhor controlar a execução de um programa. Seu princípio fundamental é que o planejamento e programação constituem funções distintas e, portanto, devem ser tratadas separadamente (Stanger,1976). Dentre outras características, essa técnica trabalha com a média ponderada de cenários probabilísticos (otimista, pessimista e realista).

a) BPM (Gestão de Processos de Negócio, em português) tem como objetivo é integrar a estratégia da organização às expectativas e necessidades dos clientes. Definido como um conjunto de práticas focadas na melhoria contínua dos processos de uma empresa.

b) O método CPM propõe soluções gráficas que indicam estas atividades e apontam quais tarefas de uma sequência não podem sofrer alterações sem que isto reflita na duração total de um projeto.

c) PDCA significa Planejar (Plan), Executar (Do), Verificar (Check) e Agir (Act) e é utilizado na resolução de problemas e na implementação de mudanças. O PDCA é um método que auxilia a melhora contínua de processos, produtos e serviços. Seu funcionamento se baseia em um ciclo rigoroso e metódico das 4 etapas principais.

d) Integração da aplicação da empresa ou Enterprise Application Integration (EAI) designa a estrutura comum para integração (porta-a-porta) dos processos e dados do negócio. Os procedimentos e ferramentas de EAI viabilizam a interação entre sistemas corporativos heterogêneos por meio da utilização de serviços.

---

61. (FCC – Analista Judiciário – Área Administrativa – TRT 2/2018) As metodologias consagradas para implementação de planejamento estratégico no âmbito das organizações públicas e privadas contemplam, como etapa relevante, o denominado diagnóstico institucional, muitas vezes utilizando como ferramenta a Matriz SWOT, que procura identificar

a) as ações de longo prazo, correspondentes à missão da organização, e as de curto prazo, representativas dos cenários identificados.

b) os processos de trabalho necessários para a consecução dos resultados almejados em função dos valores institucionais identificados no mapeamento correspondente.

c) a visão de futuro da organização, correspondente à sua essência e razão de ser, e que faz parte do quadro de indicadores estabelecido nesta etapa.

d) internamente, as forças e fraquezas da organização e, externamente, os desafios e oportunidades existentes no cenário em que se insere.

e) os projetos estratégicos da organização e as competências existentes para realizá-los, encadeados em uma representação gráfica na forma de fluxograma.

▷ ***Comentários***

Nota do autor: A análise SWOT é uma técnica que sintetiza os principais fatores internos e externos das organizações empresariais e sua capacidade estratégica de influenciar uma tendência de causar maior impacto no desenvolvimento da estratégia (Johnson, ET AL 2007). No planejamento estratégico, um dos conceitos é o de SWOT: *Strengths* (forças), *Weaknesses* (fraquezas), *Opportunities* (oportunidades), *Threats* (ameaças).

a) Assunto muito recorrente em prova, fonte de aprendizado organizacional, o planejamento estratégico é uma competência da administração que visa orientar gestores no pensamento de longo prazo.

b) A alternativa refere-se à uma metodologia de gestão por processos.

c) A missão, visão de futuro e valores fazem parte da identidade corporativa.

e) Os projetos estratégicos da organização encadeados em um gráfico referem-se à organização ou gestão de projetos.

"ALTERNATIVA CORRETA: letra "D"

62. (Instituto AOCP – Analista Judiciário – Área Administrativa – TRT 1/2018) Dentro do que se considera como pilares para um modelo de gestão pública de excelência, o papel do Ciclo PDCA nesse modelo é garantir que as realizações

a) alcançarão os objetivos.

b) acompanharão os planos.

c) serão eficazes e atuais.

d) cumprirão o programa.

e) atenderão aos interesses.

▷ ***Comentários***

Nota do autor: Criado na década de 20, o Ciclo PDCA, também chamado de Ciclo da Melhoria Contínua, corresponde a uma ferramenta da qualidade utilizada para controlar e melhorar os processos de trabalho. Esse instrumento analisa os processos com vistas a realizá-los de maneira otimizada, envolvendo as etapas de planejamento, de execução, de controle e de avaliação.

O ciclo PDCA é assim chamado devido ao nome em inglês de cada uma das etapas que o compõem:

- ✓ P: do verbo "Plan", ou planejar.
- ✓ D: do verbo "Do", fazer ou executar.
- ✓ C: do verbo "Check", checar, analisar ou verificar.
- ✓ A: do verbo "Action", agir de forma a corrigir eventuais erros ou falhas.

O ciclo PDCA é utilizado como ferramenta de auxílio para o aprimoramento contínuo.

Voltando à questão, a situação é de interpretação, o que sempre é difícil e não deveria ser cobrado, ao menos nesses moldes. O PDCA busca garantir, em sua essência a melhoria contínua dos processos (e isso não está entre as alternativas de resposta). Assim, a interpretação nos leva a eficácia (Alcance dos resultados) + Atualização (Melhoria contínua).

---

63. (FCC – Analista Judiciário – Área Administrativa – TRT 2/2018) Considere as assertivas abaixo, relativas à atuação da Administração Pública.

I. A atuação eficiente da Administração relaciona-se com o uso adequado dos insumos na produção de bens e serviços.

II. Uma ação administrativa é considerada efetiva quando atinge as legítimas expectativas dos administrados.

III. Eficácia diz respeito à governança no âmbito interno da Administração, traduzindo a relação entre os diversos agentes envolvidos e a população.

Está correto o que se afirma APENAS em

a) II.

b) I e II.

c) II e III.

d) III.

e) I.

▷ ***Comentários***

Nota do autor: Para responder a questão, faz-se necessário o conhecimento do significado de Eficácia, Eficiência e Efetividade.

A eficiência: também considera o custo dos insumos e não pode comprometer a qualidade. A Eficácia é o grau de alcance das metas, é uma medida de resultados utilizada para avaliar o desempenho da administração. Demonstra a capacidade de entregar bens/serviços imediatos. A eficácia não considera custos.

Eficiência: é o uso racional e econômico dos insumos na produção de bens e serviços; é uma relação entre insumos e produtos. Insumos são recursos humanos, materiais e componentes.

Efetividade: relação entre resultados x objetivos (mudança de uma realidade, produzir efeitos, impacto causado, satisfação)

Vamos a cada item agora

I. A atuação eficiente da Administração relaciona-se com o uso adequado dos insumos na produção de bens e serviços. **Item certo pela definição vista acima.**

II. Uma ação administrativa é considerada efetiva quando atinge as legítimas expectativas dos administrados. Item **certo pela definição vista acima.**

III. Eficácia diz respeito à governança no âmbito interno da Administração, traduzindo a relação entre os diversos agentes envolvidos e a população. Item errado, governança não está relacionada à efetividade.

64. (FCC – Analista Judiciário – Área Administrativa – TRT 6/2018) Suponha que determinada entidade integrante da Administração pública tenha sido incumbida da execução de um projeto bastante desafiador, que deve ser concluído no prazo máximo de 6 meses. Diante do desafio, o gestor responsável buscou apoio em metodologias consagradas aplicáveis à gestão de projetos. Para atingir o escopo pretendido, o gestor poderá valer-se da metodologia conhecida como:

a) Diagrama de Ishikawa, correspondente à representação gráfica de todas as entregas necessárias para a execução do projeto e estimativa do tempo de execução.

b) Business Process Management (BPM), utilizado para gestão de projetos estratégicos com a utilização intensiva da tecnologia da informação em substituição aos gerentes das etapas intermediárias.

c) Enterprise Resource Planning (ERP), utilizado para redesenhar o projeto e suas fases de execução, com vistas à minimização do tempo de duração.

d) Critical Path Method (CPM – método do caminho crítico), utilizado para definir uma sequência lógico-evolutiva das atividades a serem desenvolvidas e concluídas em datas preestabelecidas, com foco no planejamento do prazo de conclusão do projeto.

e) Curva ABC, utilizada para identificar os principais pontos críticos ou "gargalos" na execução do projeto e apresentação de estimativas de tempo de execução, em cenários de risco estimado.

▷ ***Comentários***

Nota do autor: questão refere-se a ferramentas de gestão, basta identificar qual melhor se adequa à situação:

a) **Errado.** O diagrama espinha de peixe, ou diagrama de Ishikawa, é uma ferramenta da escola da qualidade que mapeia a correlação entre causas e efeitos de um processo.

b) **Errado.** O BPM é um guia que trata do gerenciamento de processos de negócio. Trata de como os processos são executados para que melhorias possam ser realizadas e os processos possam ser gerenciados, o que possibilita uma melhor tomada de decisões e uma visão do negócio como um todo.

c) **Errado.** O Enterprise Resource Planning (ERP) é um sistema interfuncional que atua como uma estrutura para integrar e automatizar muitos dos processos de negócios que devem ser realizados pelas funções de produção, logística, distribuição, contabilidade, finanças e de recursos humanos de uma empresa.

d) **Certo.** Nas circunstâncias apresentadas, a ferramenta aplicável é o CPM, método do caminho crítico, utilizado para definir uma sequência lógico-evolutiva das atividades a serem desenvolvidas e concluídas em datas preestabelecidas, com foco no planejamento do prazo de conclusão do projeto.

e) **Errado.** Também denominada de "Regra 80/20" ou Curva ABC, o Diagrama de Pareto, é uma técnica estatística utilizada na tomada de decisão que permite selecionar e priorizar um número pequeno de itens capazes de produzir grande efeito no processo ou com grande importância em relação ao todo.

65. (FCC – Analista Judiciário – Oficial de Just. Avaliador – TRT 11/2017) O denominado Ciclo PDCA, também conhecido como Ciclo da Melhoria Contínua, é um método utilizado, precipuamente, para

a) planejamento estratégico da organização, estabelecendo indicadores e metas de curto, médio e longo prazo.

b) gestão de pessoas, aplicando dinâmicas de grupo e treinamentos para aprimorar o desempenho de suas funções.

c) controlar e melhorar as atividades de um processo, padronizando informações de controle e reduzindo erros.

d) avaliação de desempenho, com repercussão direta na remuneração conforme o atingimento de objetivos pré-estabelecidos.

e) gerenciamento de projetos, a partir de um escalonamento estabelecido em função do grau de prioridade para a organização.

▷ ***Comentários***

Nota do autor: a gestão da qualidade e suas ferramentas é tema recorrente em provas, bancas como FCC gostam muito de exigir esse conteúdo. Dentre essas ferramentas, uma das mais presentes é o ciclo PDCA.

Criado na década de 20, por Walter Andrew Shewart, um físico norte-americano conhecido por ser pioneiro no controle estatístico de qualidade, o Ciclo PDCA, também chamado de Ciclo da Melhoria Contínua, corresponde a uma ferramenta da qualidade utilizada para controlar e melhorar os processos de trabalho. Esse instrumento analisa os processos com vistas a realizá-los de maneira otimizada, envolvendo as etapas de planejamento, de execução, de controle e de avaliação.

O ciclo PDCA é assim chamado devido ao nome em inglês de cada uma das etapas que o compõem:

✓ P: do verbo "Plan", ou planejar.

✓ D: do verbo "Do", fazer ou executar.

✓ C: do verbo "Check", checar, analisar ou verificar.

✓ A: do verbo "Action", agir de forma a corrigir eventuais erros ou falhas.

Alternativa correta: letra "c" (responde todas as outras). O ciclo PDCA é uma técnica que tem por objetivo específico a busca por melhorias contínuas em determinado processo ou produto. Para tanto essa ferramenta, por intermédio de um procedimento cíclico, tem por escopo controlar e melhorar as atividades de um processo, padronizando informações de controle e reduzindo erros.

66. (FCC – Analista Judiciário – Área Administrativa – TRT 23/2016) O denominado Ciclo PDCA pode ser entendido como um método ou técnica para controle de processos que

a) é focado no gerenciamento de riscos, com aplicação de instrumentos de compliance.

b) é pautado pela redução de custos e otimização dos recursos humanos e materiais existentes.

d) tem como objetivo a drástica redução do tempo necessário para o cumprimento de todas as etapas do processo.

d) contempla, entre outras etapas, a de controle e a corretiva, buscando a minimização de erros.

e) propõe a redução de interfaces e o estabelecimento de um fluxo horizontal de ações e decisões.

▷ ***Comentários***

Nota do autor: assunto recorrente em concurso, o Ciclo PDCA é de conhecimento obrigatório para qualquer um que estude Administração. É um método interativo de gestão de quatro passos, utilizado para o controle e melhoria contínua de processos e produtos. PDCA é uma sigla em que cada letra representa, em inglês, uma de suas etapas:

"Plan", ou planejar.

"Do", fazer ou executar.

"Check", checar, analisar ou verificar.

"Action", agir, corrigindo erros ou falhas.

ADMINISTRAÇÃO GERAL E PÚBLICA

Alternativa correta: letra "d". Entre as quatro etapas do Plano PDCA, a 3ª é denominada *check (controle)* e a 4ª é denominada *action* (corretiva).

Alternativa "a": O termo "compliance" significa agir de acordo com uma regra, uma instrução interna, um comando ou um pedido, ou seja, estar em "compliance": O PDCA não tem relação direta com gerenciamento de riscos.

Alternativa "b": O ciclo PDCA é uma ferramenta de gestão da qualidade e está pautado na melhoria contínua que até pode gerar redução de custos, mas não é sua principal pauta.

Alternativa "c": sendo uma ferramenta de gestão da qualidade, o ciclo PDCA pode até gerar redução de tempo, mas não é seu principal objetivo.

Alternativa "e": não é o objetivo do ciclo PDCA propor a redução de interfaces e o estabelecimento de um fluxo horizontal de ações e decisões.

67. (FCC – Analista Judiciário – Área Administrativa – TRT 23/2016) O Programa 5S, criado no Japão, foi disseminado como ferramenta para promover bons hábitos no ambiente de trabalho, como forma de melhorar a produtividade. Entre os cinco "sensos", inserem-se,

a) organização e limpeza.
b) rapidez e disciplina.
c) benevolência e cooperação.
d) responsabilidade e comprometimento.
e) hierarquia e respeito.

▷ ***Comentários***

Nota do autor: O Programa 5S, desenvolvido no Japão, refere-se a uma filosofia de trabalho que tem por fim superar antigos consolidados. O foco está no local de trabalho para que ele se torne ordenado, limpo e saudável, ideal para a implantação de um sistema de gestão da Qualidade na empresa. A denominação 5S advém das iniciais das palavras: *Seiri*, *Seiton*, *Seiso*, *Seiketsu* e *Shitsuke*. Não há total consenso quanto à exata tradução desses termos que, em regra, a doutrina assim traz:

1. SEIRI – Senso de utilização (descarte do que é inútil), arrumação, **organização**, seleção;
2. SEITON – Senso de ordenação, sistematização, classificação;
3. SEISO – Senso de **limpeza**, zelo;
4. SEIKETSU – Senso de asseio, higiene, saúde, integridade;
5. SHITSUKE – Senso de autodisciplina, educação, compromisso.

Alternativa correta: letra "a" (responde todas as outras). Diante do exposto, vê-se que a única alternativa que se refere ao programa 5S é a Alternativa "a": organização (SEIRI) e limpeza (SEISO).

6. GESTÃO POR PROJETOS

68. (FCC – Técnico Judiciário – Área Administrativa – TRT 22/2022) Considere que determinada entidade pretenda adotar uma abordagem de gestão por projetos, valendo-se de metodologias e ferramentas consagradas para tal escopo. Nesse contexto, poderá utilizar

a) o método Downsizing, que propõe a redução das etapas de execução de um projeto e a concentração em um núcleo estratégico especialmente constituído para evitar pulverização de atribuições.
b) a técnica PERT (Program Evaluation and Review Technique), focada na escolha de projetos estratégicos da instituição, classificando-os de acordo com uma matriz de relevância.
c) o COBIT (Controle de Objetivos para a Informação e Tecnologia Relacionadas), método de treinamento e capacitação da alta liderança, conferindo a certificação de "gestor master".
d) a Curva ABC, que classifica os projetos de acordo com uma ponderação de importância, tempo de duração e riscos de execução, com vistas à adoção de medidas preventivas e corretivas.
e) o método do caminho crítico (Criticai Path Method – CPM), diretamente relacionado com o planejamento do tempo de duração do projeto, monitorando as atividades que não podem sofrer atrasos sob pena de comprometer o prazo de execução.

▷ ***Comentários***

Nota do autor. A gestão de projetos é uma metodologia desenvolvida para planejar, organizar, executar e controlar projetos de forma a garantir sua eficácia e sucesso. Essa abordagem envolve a aplicação de técnicas, ferramentas e práticas para alcançar os objetivos estabelecidos dentro do escopo, prazo, custo e qualidade definidos para o projeto. Ao adotar a gestão de projetos, as organizações podem maximizar a eficiência, minimizar os riscos e otimizar os recursos, resultando na entrega satisfatória dos resultados esperados.

a) Alternativa incorreta. O downsizing é, de fato, uma estratégia usada para reduzir a hierarquia e tornar a empresa mais enxuta.
b) Alternativa incorreta. O PERT é uma técnica utilizada para gerenciar o cronograma de um projeto, muitas vezes combinada com o CPM para uma análise mais completa.
c) Alternativa incorreta. O COBIT tem como principal função fornecer diretrizes para a governança de TI, mas também ajuda a alinhar os serviços de TI com os objetivos do negócio.
d) Alternativa incorreta. A curva ABC, também conhecida como análise de Pareto, é usada para categorizar estoques e identificar os itens mais importantes com base em sua contribuição para o valor total.
e) Alternativa correta

69. (FCC – Técnico Judiciário – Área Administrativa – TRT 17/2022) Suponha que determinada entidade pública pretenda realizar diagnóstico institucional e planejamento estratégico adotando como metodologia o Balanced Scorecard (BSC). Considerando os contornos de tal metodologia, é certo que

a) pressupõe-se a prévia identificação da missão da organização, que corresponde ao futuro almejado por seus integrantes.
b) a organização precisará construir uma matriz SWOT, que constitui uma representação gráfica das metas e indicadores de desempenho adotados.
c) dependerá da presença de um consultor externo especializado que deverá aplicar o teste de Pareto para identificar o grau de maturidade da organização.
d) deverão ser consideradas, além das perspectiva financeira, também a dos clientes, a dos processos internos e a do aprendizado e crescimento.
e) a resultante obtida será o mapa estratégico da organização, no qual serão indicadas suas forças, fraquezas e as opor¬tunidades e ameaças existentes.

▷ ***COMENTÁRIOS***

Nota do autor. O método BSC (Balanced Scorecard) estabelece uma forma de gestão que abrange tanto indicadores financeiros quanto não financeiros (vale ressaltar esse ponto). Para alcançar esse objetivo, o BSC adota quatro perspectivas interligadas em uma relação de causa e efeito com a Missão, a Visão e a Estratégia da organização.

a) **Alternativa incorreta: missão** é a declaração sobre o que a organização é, qual seu propósito fundamental, a finalidade de sua existência, o motivo pela qual foi criada.
b) **Alternativa incorreta: A análise SWOT, também conhecida como análise FOFA (Forças, Oportunidades, Fraquezas e Ameaças), é um método de planejamento estratégico que envolve a análise de cenários para a tomada de decisões. Foi desenvolvida nos anos 60 por Albert Humphrey, na Universidade de Stanford.**
c) **Alternativa incorreta: O princípio de Pareto, também conhecido como a regra 80/20, afirma que, em muitos contextos, cerca de 80% dos resultados são gerados por apenas 20% das causas. Não pe de aplicação obrigatória nesse caso.**
d) **Alternativa correta.**
e) **Alternativa incorreta: O mapa estratégico é uma ferramenta de gestão visual que faz parte do método Balanced Scorecard (BSC), desenvolvido pelos pesquisadores Kaplan e Norton. Seu objetivo é auxiliar as organizações na implementação efetiva de suas estratégias.**

70. (FCC – Técnico Judiciário – Área Administrativa – TRT 18/2023)
Uma organização cuja estrutura seja do tipo divisional apresenta unidades

a) de duração temporária, vinculadas a projetos por elas executados, além dos órgãos permanentes (staff).
b) que operam com relativa autonomia, denominados centros de resultados, organizados por produto, área geográfica ou clientela.
c) submetidas a estrutura externa à organização, que apura resultados de forma centralizada.
d) principais, ou de primeiro nível: financeiro, contábil e normativo, e subordinadas: encarregadas da produção.
e) criadas a partir de critério de departamentalização funcional, sem autonomia para apurar lucros ou prejuízos de forma individualizada.

▷ ***Comentários***

Nota do autor. Na estrutura divisional, a empresa fragmenta sua organização em divisões com base em produtos, clientes e/ou mercados considerados significativos. Uma vantagem desse modelo é que cada divisão opera de forma quase autônoma e independente, o que facilita sua gestão. Cada divisão tem seus próprios departamentos de recursos humanos, marketing e logística. Isso permite que as divisões adotem estratégias distintas para alcançar seus objetivos.

a) Alternativa incorreta: essa a firmação tem maior relação com estrutura por projetos.
b) Alternativa correta.
c) Alternativa incorreta: ao contrário, é submetida à estrutura interna à organização.
d) Alternativa incorreta: Na estrutura divisional, a organização é composta por diferentes divisões que operam de forma independente e autônoma, cada uma responsável por um produto ou serviço específico. Esse modelo ocorre quando a organização possui diversas linhas de produção ou áreas de negócios, agrupadas de acordo com objetivos de produção comuns. Cada divisão tem sua própria equipe e recursos dedicados, permitindo uma gestão descentralizada e uma maior foco nos produtos ou serviços oferecidos por cada uma delas.
e) Alternativa incorreta: apuração de lucros ou prejuízos se dá também de forma individualizada.

71. (FCC – Técnico Judiciário – Área Administrativa – TRT 14/2022)
A adoção de uma sistemática de gestão por processos que se baseie na metodologia Caminho Crítico, Critical Path Method (CPM), apresenta como uma de suas características centrais

a) a ponderação de cenários, interno e externo, cujas variáveis devem ser levadas em consideração no tempo de execução do projeto e na qualidade do resultado, sendo o mais desafiador denominado caminho crítico.
b) a preocupação com a qualidade dos produtos ou serviços finais, estabelecendo um fluxo de ações relacionadas com a cadeia produtiva, no qual identifica-se como caminho crítico as etapas onde podem ocorrer falhas.
c) o mapeamento das inconsistências nos processos de trabalho e de produção da organização, estabelecendo uma matriz de riscos cuja resultante é o denominado caminho crítico, que corresponde aos erros a serem evitados.
d) a formatação de um plano de ação para treinamento das equipes e dos gerentes de projetos, com dinâmicas que reproduzam potenciais obstáculos na execução de projetos prioritários.

(E) o planejamento do tempo do projeto, sendo o caminho crítico o conjunto de atividades a serem executadas em uma sequência lógico-evolutiva, essenciais para o cumprimento do cronograma.

▷ ***Comentários***

Nota do autor. Método do Caminho Crítico (CPM – Critical Path Method –) é o método para encontrar entre as atividades do projeto as tarefas que não possuem uma flexibilidade de mudança de datas e que devem ser concluídas dentro de um prazo determinado.

a) Esse método adota apenas uma única estimativa de duração para cada atividade do projeto, ou seja, o CPM é determinístico em relação aos prazos.
b) O método CPM tem por objetivo determinar a menor duração possível do projeto (estimar a duração mínima de um projeto).
c) O CPM mostra o "passo a passo" do projeto.
d) Ele mostra a sequência lógico-evolutiva de um projeto, indicando as atividades que serão realizadas (e a sequência dessas atividades), estimando quanto tempo cada atividade irá demorar, e demonstrando o caminho crítico do projeto.

72. (FCC – Técnico Judiciário – Área Administrativa – TRT 17/2022)
Uma organização que pretenda adotar um sistema de gestão por projetos, valendo-se dos conceitos predicados pelo Método do Caminho Crítico, deverá

a) construir um fluxograma dos projetos prioritários da organização, identificando os pontos de conexão entre eles e os caminhos (críticos) a serem evitados para minimizar sobreposições, retrabalho e perda de eficiência.
b) estimar o tempo de duração de cada projeto de acordo com cenários otimista e pessimista, apresentando, ao final, uma média ponderada que será adotada como prazo alvo no cronograma fixado.
c) identificar o sequenciamento de atividades mais importantes para que o projeto seja executado no menor tempo possível, sabendo que, se houver atraso em alguma das etapas, o cronograma do projeto será inteiramente afetado.
d) trabalhar com uma matriz de variáveis internas e externas que influenciam ou impactam a execução do projeto, segundo probabilidade de ocorrência e criticidade, adotando medidas de mitigação de riscos.
e) concentrar o foco no custo para realização do projeto e não no seu prazo de execução, otimizando os recursos humanos e materiais alocados e buscando ganhos de escala.

▷ ***Comentários***

Nota do autor. O método do caminho crítico (CPM) é uma técnica usada para estimar a duração mínima de um projeto e determinar o grau de flexibilidade nos caminhos lógicos da rede dentro do modelo de cronograma. Esta análise de rede do cronograma calcula as datas de início mais cedo, término mais cedo, início mais tarde e término mais tarde de todas as atividades, sem levar em consideração quaisquer limitações de recursos, através da realização de uma análise de caminhos de ida e volta pela rede do cronograma. O caminho crítico é a sequência de atividades que representa o caminho mais longo do projeto, determinando assim a menor duração possível do mesmo. Esse caminho mais longo geralmente possui a menor folga total, frequentemente igual a zero. Portanto, o método do caminho crítico é utilizado para estimar a duração mínima do projeto e avaliar o grau de flexibilidade nos caminhos lógicos da rede dentro do modelo de cronograma.

a) Alternativa errada: o método não tem por escopo construir um fluxograma dos projetos prioritários da organização, identificando os pontos de conexão entre eles.
b) Alternativa errada O método do caminho crítico (CPM) é uma técnica usada para estimar a duração mínima de um projeto e determinar o grau de flexibilidade nos caminhos lógicos da rede dentro do modelo de cronograma.
c) Alternativa correta.
d) Alternativa errada: matriz de priorização de projetos é uma ferramenta que auxilia na organização e ordena projetos e processos.
e) Alternativa errada: o prazo é um dos principais parâmetros do método.

73. (FCC – Técnico Judiciário – Área Administrativa – TRT 18/2023)
Quando a gestão de projetos de uma organização é feita com base na metodologia CPM (Critical Path Method), isso significa que o denominado caminho crítico é formado por

a) desafios internos a serem superados, normalmente relacionados com resistência a mudanças ou falta de suporte técnico.

b) ameaças externas que podem impactar o tempo de duração do projeto e devem ser neutralizadas.

c) atividades que não podem sofrer atrasos, sob pena de comprometimento do prazo estimado para a execução do projeto.

d) fatores contingentes que precisam ser monitorados, como rotatividade de pessoal, atraso de fornecedores e aumento de custos.

e) aspectos que não interferem no tempo de execução do projeto, mas que afetam o seu escopo ou a qualidade do resultado.

▷ *Comentários*

Nota do autor. O Método do Caminho Crítico (CPM) adota apenas uma única estimativa de duração para cada atividade do projeto, o que o torna determinístico em relação aos prazos. Seu objetivo é determinar a menor duração possível do projeto, garantindo que não haja atrasos. O CPM demonstra o passo a passo do projeto, fornecendo uma sequência lógica e evolutiva das atividades a serem realizadas, estimando a duração de cada uma e identificando o caminho crítico do projeto.

c) Alternativa correta

Todas as outras alternativas ficam respondidas pelo texto explicativos acima

---

74. (FCC – Analista Judiciário – Oficial de Just. Avaliador – TRT 11/2017) Entre as metodologias consagradas aplicáveis à gestão/gerenciamento de projetos, se insere a CPM – Critical Path Method (Método do Caminho Crítico), que preconiza, entre outros conceitos, que

a) o prazo total do projeto será excedido se alguma das atividades inseridas no caminho crítico for concluída após a data previamente estabelecida.

b) o gerenciamento de escopo se sobrepõe ao gerenciamento de tempo, devendo ser dada especial atenção à determinação das tarefas prioritárias.

c) todas as atividades inseridas no projeto devem ser monitoradas, salvo aquelas incluídas na sequência lógico-evolutiva denominada caminho crítico.

d) o caminho crítico corresponde aos desvios de escopo e riscos de atraso inerentes a cada projeto, devendo, assim, ser objeto de constante monitoramento.

e) o gerenciamento de riscos do projeto, no que pertine a custos e qualidade, constitui tarefa da alta Administração, cabendo ao gerente do projeto apenas o controle do prazo de execução.

▷ *Comentários*

Nota do autor: assunto recorrente em prova, em regra se questiona os conceitos, características, metodologias, principalmente em relação à PMI® (*Project Management Institute Sistema*) organização profissional internacional sem fins lucrativos, que fornece métodos para gerenciamento de projetos. Com sede na Filadélfia, Pensilvânia (EUA), esta entidade tem mais de 200.000 membros distribuídos em 171 países, por isso é considerada, atualmente, a maior instituição do mundo na área de gerenciamento de projetos.

Genericamente, projeto é um sistema social temporário, constituído por equipes dentro ou entre as organizações para realizar tarefas específicas sob restrições de tempo. É um esforço temporário empreendido para criar um produto, serviço ou resultado exclusivo. É um conjunto de atividades temporárias, realizadas em grupo, destinadas a produzir um produto, serviço ou resultado únicos.

Método do Caminho Crítico (CPM – Critical Path Method) é uma técnica de análise de rede do cronograma que busca estimar a duração mínima do projeto e determinar o grau de flexibilidade nos caminhos lógicos da rede dentro do modelo do cronograma. Assim, como reflexo, se identifica a sequência de tarefas e a duração total do projeto.

Datas de início e de término anteriores (mais cedo) são identificadas em um "caminho" de ida, usando uma data de início especificada. Datas de início e de término posteriores (mais tarde) são identificadas em um "caminho" de volta, usando uma data de término especificada que, ocasionalmente, é a data de término mais cedo do projeto determinada durante o cálculo do caminho de ida.

Alternativa correta "a" (responde todas as outras). O caminho crítico é a sequência de atividades que representa o caminho mais longo de um projeto, que determina a menor duração possível do projeto. A preocupação é realizar as tarefas sem flexibilidade de prazo para que não haja atraso. Havendo atraso, como a conclusão após a data previamente estabelecida, o prazo total do projeto será excedido.

Alternativa "b": Segundo o Guia PMBOK®, o gerenciamento do escopo do projeto inclui os processos necessários para garantir que o projeto inclui todo o trabalho necessário, e somente o necessário, para terminar o projeto com sucesso. A preocupação com o prazo é essencial para o sucesso do projeto, pois atraso gera aumento de custos, insatisfação e perda de credibilidade.

Alternativa "c": é exatamente o contrário, o monitoramento é feito nas atividades definidas no caminho crítico, pois não há flexibilidade de prazo. É possível que um atraso em atividades que não faça parte do caminho crítico não gere atraso no prazo final, mas atrasos nas atividades que compões o caminho crítico geram uma certeza de atraso no prazo final do projeto. São as atividades do caminho crítico que determinam o prazo de realização do projeto e se sofrerem algum atraso, atrasarão todo o projeto.

Alternativa "d": realmente, o caminho crítico deve ser objeto de constante monitoramento, mas por outro motivo e não por possibilidade de desvio de escopo. O monitoramento deve ser realizado em razão do cumprimento prazo.

Alternativa "e": Gerenciamento de projetos é a aplicação de conhecimentos, habilidades, ferramentas e técnicas às atividades do projeto a fim de atender aos seus requisitos. O gerenciamento de um projeto implica o estabelecimento de objetivos claros e alcançáveis. A função de um gerente é planejar, controlar e executar projetos, com uma data para começar e acabar. Este profissional define papéis, atribui tarefas, acompanha e documenta o andamento da sua equipe através de ferramentas e técnicas apuradas, administra investimentos e integra as pessoas para trabalharem juntas.

---

75. (FCC – Técnico Judiciário – Área Administrativa – TRT 11/2017) No que diz respeito à gestão por projetos, é importante ter em mente que nem todas as atividades desenvolvidas por uma organização correspondem a um projeto. Para que possam ser assim enquadradas devem ostentar algumas características, entre as quais:

I. Singularidade, na medida em que todo o produto ou serviço gerado por um projeto se distingue de outros.

II. Prioridade, eis que o projeto é sempre ligado aos indicadores de planejamento estratégico.

III. Temporalidade, pois todo projeto possui início e fim definidos.

Está correto o que se afirma APENAS em

a) I e III.

b) I e II.

c) II e III.

d) III.

e) II.

▷ *Comentários*

Nota do autor: Um projeto exige coordenação das atividades, compreendendo momentos de análise crítica e de validação das soluções, sem, com isso, inviabilizar o trabalho dos especialistas envolvidos. É preciso reconhecer que o projeto é um processo interativo e coletivo.

São diversas as características do projeto, dependendo do ponto de vista, surgem características para quase tudo. Elencamos as principais abaixo:

✓ **Singularidade:** todo produto ou serviço gerado por um projeto é exclusivo e diferente de outros produtos ou serviços;

✓ **Temporariedade**: possuem um início e um fim definidos. As operações e projetos diferem entre si, principalmente porque as operações têm um caráter contínuo e repetitivo, enquanto que os Projetos são caracterizados por ter esforço temporário e produto ou serviço único;

Fique atento: enquanto cada projeto tem um começo e um fim definidos, os elementos específicos e as atividades que ocorrem entre esses dois pontos irão variar largamente com o projeto;

✓ **Incerteza;** não conhecer os fins ou as consequências, caso contrário é processo.

✓ **Interdisciplinaridade;**

- ✓ **Individualidade;**
- ✓ **Utilizam recursos:** todo projeto utiliza recursos especificamente alocados a determinados trabalhos;
- ✓ **Objetivo claro e bem definido:** todo projeto tem metas e resultados bem estabelecidos a serem atingidos em sua finalização;
- ✓ **Sequência clara e lógica de eventos:** projeto caracterizado por atividades encadeadas logicamente, de modo a permitir que, durante a execução, o acompanhamento e o controle sejam precisos;
- ✓ **Realizados por pessoas;**
- ✓ **Recursos limitados;**
- ✓ **Complexidade:** conjunto de coisas ligadas por um nexo comum e que contenha várias ideias;

Fique atento: Algumas bancas resolvem eleger as "principais características", normalmente são singularidades, temporariedade, ciclo de vida, incerteza e interdisciplinaridade.

Vejamos cada item:

Afirmativa I. Correta: singularidade: todo produto ou serviço gerado por um projeto é exclusivo e diferente de outros produtos ou serviços

Afirmativa II. Incorreta: prioridade, não é geralmente como uma das características de projetos

Afirmativa III. Correta: Temporariedade significa que todo projeto apresenta um início e um fim definidos

76. (FCC – Analista Judiciário – Área Administrativa – TRT 24/2017) Alguns métodos de gerenciamento de projetos dão ênfase ao tempo de execução dos projetos, tais com o CPM – Critical Path Method e o PERT – Program Evaluation and Review Technique, sendo que o

a) CPM, assim como o PERT, são diagramas com quadrantes de tempo estimado de execução, porém utilizados em diferentes plataformas.

b) CPM é probabilístico, enquanto o PERT é determinístico, porém ambos atingem os mesmos objetivos.

c) CPM corresponde a um workflow, com a representação gráfica da sequência de atividades do projeto.

d) PERT, diferentemente do CPM, consiste em um sistema informatizado de gerenciamento de projetos.

e) PERT, diversamente do CPM, calcula o tempo de execução a partir da média ponderada das estimativas provável, pessimista e otimista.

▷ ***Comentários***

Nota do autor: são várias as ferramentas utilizadas no gerenciamento de projetos. Dentre elas estão o CPM – Critical Path Method e o PERT – Program Evaluation and Review Technique. Eles foram desenvolvidos com o objetivo de auxiliar no planejamento e controle de grandes projetos. Nas duas técnicas, os projetos são representados, graficamente, por diagramas de rede, mostrando os relacionamentos entre as atividades.

Alternativa correta: letra "e". O CPM é uma técnica de análise de rede do cronograma que busca estimar a duração mínima do projeto e determinar o grau de flexibilidade nos caminhos lógicos da rede dentro do modelo do cronograma. Assim, como reflexo, se identifica a sequência de tarefas e a duração total do projeto.

Datas de início e de término anteriores (mais cedo) são identificadas em um "caminho" de ida, usando uma data de início especificada. Datas de início e de término posteriores (mais tarde) são identificadas em um "caminho" de volta, usando uma data de término especificada que, ocasionalmente, é a data de término mais cedo do projeto determinada durante o cálculo do caminho de ida.

O PERT é utilizado para elaborar estimativas mais assertivas e gerenciar melhor os projetos calculando o tempo de execução a partir da média ponderada das estimativas:

Otimista: É o cenário perfeito, onde tudo dá certo.

Pessimista: É o pior cenário, onde tudo vai dar errado.

Mais Provável: É um cenário razoável, onde tudo ficará dentro da normalidade, sem grandes surpresas (nem boas nem ruins).

$$\text{PERT} = \frac{\textbf{(Pessimista + 4 x Mais provável + Otimista)}}{\textbf{6}}$$

Alternativas "a e b": CPM – Critical Path Method: o Método do Caminho Crítico (CPM – Critical Path Method) é uma técnica de análise de rede do cronograma que busca estimar a duração mínima do projeto e determinar o grau de flexibilidade nos caminhos lógicos da rede dentro do modelo do cronograma. Assim, como reflexo, se identifica a sequência de tarefas e a duração total do projeto.

PERT – Program Evaluation and Review Technique: técnica para gerenciamento do calendário de um projeto. Representado graficamente como uma rede de tarefas cujo encadeamento permite alcançar os objetivos definidos no projeto. Concebido no âmbito da Marinha dos Estados Unidos para coordenar os trabalhos visando a construção de das ogivas nucleares. Em sua fase preliminar, o PERT promove segmentação precisa do projeto em tarefas, a estimativa da duração de cada tarefa e a nomeação de um chefe de projeto, encarregado de assegurar o acompanhamento do projeto, de informar, se for o caso, e de tomar decisões caso haja mudanças em relação às previsões.

Alternativa "c": o termo *workflow* significa, literalmente, fluxo de trabalho. Refere-se à automação de processos de negócio, onde os documentos, informações e tarefas passam de colaborador para colaborador, seguindo uma determinada hierarquia e de acordo com um conjunto pré-estabelecido de regras.

Alternativa "d": ambos são hoje sistema informatizado de gerenciamento de projetos

77. (FGV – Analista Judiciário – Área Administrativa – TRT 12/2017) Um projeto originalmente previsto para durar 6 meses foi analisado, em determinada data de controle, pela técnica de EVA (Earned Value Analysis). A situação do projeto nessa data era: PV = R$600,00, equivalente a 40% do planejado; EV = R$200,00, equivalente a 30% do planejado e AC = R$620,00. O gerente do projeto está otimista e acredita que o restante do trabalho será executado de acordo com o PV. O orçamento na data de conclusão (BAC) é de:

a) R$0;

b) R$500,00;

c) R$900,00;

d) R$1.380,00;

e) R$1.500,00.

▷ ***Comentários***

Nota do autor: questão, do meu ponto de vista, desproporcional para o objetivo de prova por não me parecer razoável exigir cálculo do orçamento de projetos para concursos de analista de tribunal.

O termo EVA (Earned Value Analysis) significa "análise de valor agregado" que consiste em medir o desempenho por intermédio da comparação do custo do projeto com seu valor agregado utilizando as seguintes variáveis:

- ✓ PV – Valor planejado (custo orçado do trabalho agendado);
- ✓ AC – Valor realmente gerado (custo real do trabalho);
- ✓ EV – Valor agregado (custo orçado do trabalho realizado).

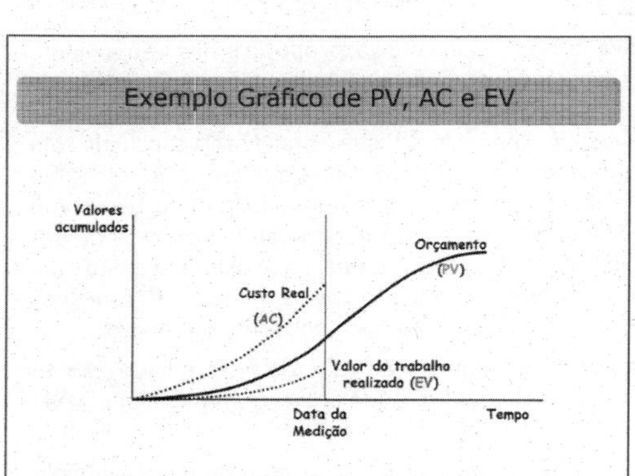

1) O valor procurado é o BAC (*Budget at Completion*) – A soma de todos os valores de orçamento estabelecidos para o trabalho a ser realizado em um projeto, componente da estrutura analítica do projeto ou atividade do cronograma. O valor planejado total do projeto;

2) O PV é o valor remanescente planejado do projeto = R$600,00 (40% do planejado);

3) 600 = 0,4 BAC

4) BAC = 1500.

78. (Cespe - Analista Judiciário - Área Administrativa - TRT 8/2016) Em relação aos conceitos e conteúdos referentes à gestão por processos e à gestão por projetos, assinale a opção correta.

a) O escopo do projeto define todas as atividades a serem desenvolvidas na fase de execução e acompanhamento do projeto, incluindo o plano de ação, monitoramento e avaliação.

b) A identificação da necessidade de criação de um projeto em um órgão público sempre ocorre em âmbito estratégico, uma vez que a necessidade identificada no âmbito operacional é um processo.

c) A especialização do conhecimento, a visão individual sobre a administração e o foco restrito na atividade exercida para a operacionalização do produto ou serviço são características de uma estrutura organizada por processos.

d) O gerenciamento por projetos consiste na aplicação de conhecimentos, habilidades, ferramentas e técnicas com a finalidade de atender às necessidades dos indivíduos que estejam diretamente envolvidos no projeto e possam ser afetados, positiva ou negativamente, pelos resultados desse projeto.

e) A área de gerenciamento da qualidade do projeto é responsável pela identificação e análise de riscos, bem como pelo planejamento das respostas aos riscos que possam atrapalhar o andamento do projeto.

▷ ***Comentários***

Nota do autor. O PMBOK (Project Management BodyofKnowledge) é um conjunto de práticas na gestão de projetos, organizado pelo PMI (Project Management Institute) e é considerado a base do conhecimento sobre gestão de projetos por profissionais da área. De acordo com esse guia, um projeto é um esforço temporário empreendido para criar um produto, serviço ou resultado único e exclusivo.

Processo é o conjunto ordenado de atividades com objetivo comum, com início e fim, além de entradas e saídas bem definidas. Seu objetivo deve ser gerar resultado para a organização e pode estar em diferentes níveis de detalhamento.

Alternativa correta: letra "d". Gestão de projetos é a área da Administração que aplica os conhecimentos, as habilidades e as técnicas para desenvolvimento de projetos, ou seja, de atividades relacionadas a um conjunto de objetivos pré-definidos, num certo prazo, com um certo custo e qualidade, por meio da mobilização de recursos técnicos e humanos. O gerenciamento por projetos é a atividade de administrar um projeto e consiste na aplicação de conhecimentos, habilidades, ferramentas e técnicas com a finalidade de atender às necessidades dos indivíduos diretamente envolvidos no projeto e possam ser afetados, positiva ou negativamente, pelos resultados desse projeto (stakeholders).

Alternativa "a": gerenciamento do escopo do projeto é o conjunto de processos necessários para garantir que o projeto seja concluído de forma que atenda as expectativas de todos os interessados. Inclui todo o trabalho necessário para fazer com que o projeto seja concluído com sucesso. O escopo (ou abrangência) do projeto refere-se ao somatório dos produtos e das metas contidos na proposta do projeto, bem como às principais atividades necessárias para garantir a entrega desses produtos e o alcance dessas metas. É tudo o que deverá ser feito para atingir o objetivo do projeto, ou seja, o que o projeto deve entregar. É dividido em Escopo do Projeto e Escopo do Produto ou serviço.

Alternativa "b": A identificação da necessidade de criação de um projeto em um órgão público pode acontecer em qualquer nível organizacional.

Alternativa "c": Gestão por processos é uma abordagem disciplinada para identificar, desenhar, executar, documentar, medir, monitorar, controlar e melhorar processos de negócio automatizados ou não para alcançar os resultados pretendidos consistentes e alinhados com as metas estratégicas de uma organização. Essa abordagem tem uma visão sistêmica e enxerga a organização como um grande processo. A especialização do conhecimento, a visão individual sobre a administração e o foco restrito na atividade exercida para a operacionalização do produto ou serviço são características mais voltadas a uma estrutura funcional.

Alternativa "e": são atividades distintas e, em regra, atribuídas para áreas distintas. Gerenciamento da qualidade é atribuição do controle da qualidade, gerenciamento de riscos é atribuição da área de análise de riscos.

79. (FCC - Analista Judiciário - Área administrativa - TRT 11/2017) O objetivo precípuo do gerenciamento de projetos consiste em assegurar que a correspondente execução ocorra conforme planejada: dentro dos prazos previstos, dos custos estimados e das especificações estabelecidas. Existem diferentes metodologias e ferramentas consagradas que fornecem suporte às organizações para a consecução de tais objetivos, entre as quais o PERT – Program Evaluation and Review, que

a) corresponde a um guia de melhores práticas bastante utilizado na análise de riscos, atividades de controle e especialmente na priorização de projetos.

b) é voltada ao planejamento do tempo estimado do projeto, de forma probabilística, utilizando a média ponderada das estimativas provável, pessimista e otimista.

c) consiste em um framework, que contém um sumário executivo, mapas de auditoria e ferramentas de gestão de riscos.

d) é utilizada para definir um conjunto de atividades a serem executadas numa sequência lógico-evolutiva, com datas pré-estabelecidas.

e) é um sistema integrado de gestão, capaz de redesenhar processos com vistas à otimização dos custos dos projetos.

▷ ***Comentários***

Nota do autor: parte do gerenciamento é decidir. Para que haja decisão de qualidade é necessário subsídio com informa**ções. Par auxiliar nesse processo, muitas ferramentas de gestão foram desenvolvidas. Não importa qual seja o setor, área de atuação ou tipo de trabalho, as ferramentas adequadas ou mesmo metodologias permitem a entrega mais eficiente e eficaz de produtos ou serviços. São várias as ferramentas, cada uma com suas caraterísticas.**

Alternativa correta: letra "b". O PERT é utilizado para elaborar estimativas mais assertivas e gerenciar melhor os projetos calculando o tempo de execução a partir da média ponderada das estimativas:

Otimista: É o cenário perfeito, onde tudo dá certo.

Pessimista: É o pior cenário, onde tudo vai dar errado.

Mais Provável: É um cenário razoável, onde tudo ficará dentro da normalidade, sem grandes surpresas (nem boas nem ruins).

$$\text{PERT} = \frac{\textbf{(Pessimista + 4 x Mais provável + Otimista)}}{\textbf{6}}$$

Alternativa "a": o COBIT (Control Objectives for Information and related Technology) é um guia de melhores práticas utilizado na gestão de tecnologia da informação, dentre outras funções, ele permite identificar quais projetos têm maiores chances de sucesso e podem ser executados mais rapidamente.

Alternativa "c": alternativa que se refere ao COBIT, um framework de boas práticas de governança e gerenciamento, contendo sumário executivo, mapas de auditoria e técnicas de gerenciamento e controle.

Alternativa "d": Método do Caminho Crítico (CPM – Critical Path Method) é uma técnica de análise de rede do cronograma que busca estimar a duração mínima do projeto e determinar o grau de flexibilidade nos caminhos lógicos da rede dentro do modelo do cronograma. Assim, como reflexo, se identifica a sequência de tarefas e a duração total do projeto.

Alternativa "e": a alternativa não se refere ao PERT, já que, como visto, o mesmo não possui esses atributos. Aparentemente, a alternativa faz menção a outra ferramenta, o BPM.

80. (FCC - Analista Judiciário - Área Administrativa - TRT 23/2016) O grau de maturidade na gestão de processos é definido a partir de níveis, que medem a evolução da organização quanto às práticas de gerenciamento de processos. Um dos modelos a partir do qual é possível descrever o grau de maturidade de um processo é o preconizado pela Society for Design and Process Science – SDPS, que aponta, como o nível mais avançado, o correspondente aos processos

a) gerenciados.
b) padronizados.
c) otimizados.
d) modelados.
e) interoperados.

▷ *Comentários*

Nota do autor: segundo a Sociedade, para a Ciência de Design e de Processos (SDPS, do inglês Society for Design and Process Science), o ciclo de gerenciamento de processos é bastante distinto. A visão da SDPS acompanha a própria definição de seu ciclo de gestão, ou seja, os níveis pretendidos basicamente dizem respeito a cada uma das etapas do conhecimento das equipes envolvidas e da minimização dos riscos de efeitos indesejados, cujo grau de maturidade na gestão de processos consiste, nessa ordem, das etapas de: Modelagem, Simulação; Emulação; Encenação e Interpolação.

Veja a seguir os níveis segundo essa abordagem[6]

Nível 1 – Processos modelados: Os processos são identificados a partir de seus valores, de seus impactos / motivações / características, de seus papéis (valor adicionado, insumo, referência, infraestrutura), das sincronias envolvidas (critérios, condições / ações, atividades) e de seus efeitos colaterais.

Nível 2 – Processos simulados: Os processos são simulados a partir da introdução de dados estimados (quantidades, filas, tempos de espera, tempos de transformação, distribuições estatísticas, valores máximos / mínimo / médio etc.) que nos permitem a criação e a análise de cenários distintos, reduzindo os riscos da implantação e induzindo, quando necessário, mudanças nos modelos de processos.

Nível 3 – Processos emulados: Os processos são emulados a partir da coexistência de dados da realidade junto aos dados estimados, permitindo um maior refinamento dos cenários e dos possíveis impactos e, novamente, minimizando a possibilidade de efeitos indesejáveis.

Nível 4 – Processos encenados: Os processos são realizados conforme os modelos desenhados, simulados e emulados, e a observação das novas condições exigidas pela realidade induz a permanentes adequações dos requisitos de processo.

Nível 5 – Processos interoperados: Os processos são executados e geridos além das fronteiras organizacionais, promovendo cadeias de valor entre instituições como, por exemplo, no caso da execução de políticas públicas.

Alternativa correta: letra "e" (responde todas as outras). Processos interoperados: Os processos são executados e geridos além das fronteiras organizacionais, promovendo cadeias de valor entre instituições como, por exemplo, no caso da execução de políticas públicas.

81. (FGV – Analista Judiciário – Área Administrativa – TRT 12/2017) Por mais bem gerenciado que seja o projeto, riscos que comprometam a realização e a entrega do projeto vão existir. O gerente do escritório de projetos irá gerenciar um congresso nacional de gestão pública, e para isso contratou um gestor de riscos para auxiliar na identificação, análise e respostas aos possíveis riscos, sejam eles positivos ou negativos. Em relação às respostas aos riscos negativos, o gestor poderá:

a) mitigar os riscos, ao calcular a sua probabilidade e o seu impacto;
b) prevenir os riscos, ao tentar reduzir seus impactos;
c) aceitar os riscos, que seria reconhecer o risco e optar por não agir;
d) transferir os riscos, compartilhando-os com os outros;
e) explorar os riscos, ao tentar reduzir a sua probabilidade.

▷ *Comentários*

Nota do autor: riscos são eventos futuros ou condições com alguma probabilidade de ocorrer e que podem ter algum impacto sobre o projeto. Dependendo do tipo de impacto, esses riscos podem ser classificados como:

1) Riscos positivos (oportunidades): o gestor do projeto pode introduzir risco positivo na tentativa de obter benefícios futuros, como adoptar uma nova tecnologia que pode ou não gerar benefícios futuros;

2) Riscos negativos (ameaças): risco do não cumprimento do prazo pode trazer graves prejuízos para a organização.

Estratégias para riscos negativos ou ameaças:

Eliminar ou Prevenir: eliminar totalmente a probabilidade que a ameaça ocorra. Exemplo: cancelar o projeto;

Transferir: transferir o impacto em relação a uma ameaça para um terceiro, que pode ser total ou parcialmente. Exemplo: fazer um seguro;

Mitigar: reduzir a probabilidade e/ou impacto de um risco. Exemplo: Redundância de recursos;

Aceitar: é estar preparado para que o risco ocorra, estabelecendo um plano de contingência. O risco somente será combatido quando ocorrer.

Alternativa correta: letra "c" (responde todas as outras)

Das estratégias vistas, a única que se enquadra perfeitamente às estratégias apresentadas é a alternativa "c".

82. (FGV – Técnico Judiciário – Área Administrativa – TRT 12/2017) O desembargador de um grande órgão público contratou um gestor de projetos para planejar e implantar um novo sistema de informação para melhor gerenciamento dos processos internos. Em relação à gestão de projetos, é correto afirmar que:

a) um sistema é um conjunto de projetos;
b) um projeto é um conjunto de atividades repetitivas;
c) projetos são atividades temporárias, contínuas e únicas;
d) projetos podem ser meios de se implantarem estratégias;
e) seu objetivo é planejar mudanças.

▷ *Comentários*

Nota do autor: Um projeto é um esforço temporário na junção de recursos humanos, financeiros, materiais, tecnológicos, e que cria um produto ou serviço único, exclusivo. É uma forma de organização do trabalho.

Alternativa correta: letra "d". A implementação da estratégia pode ser feita por intermédio de um projeto, já que a mesma é temporária e requer um esforço para se obter um resultado específico. Importante estar atento que essa atividade refere-se à implementação.

Alternativa "a": o conceito de sistema pode variar conforme o contexto. Diferente de conjunto de projetos, "sistema é um conjunto de elementos interdependentes e interagentes ou um grupo de unidades combinadas que formam um "todo organizado". Sistema é um conjunto ou combinações de coisas ou partes, formando um todo complexo ou unitário.

Portfólio é o conjunto de projetos, ou programas, e outros trabalhos agrupados para facilitar o gerenciamento eficaz desse trabalho a fim de atender aos objetivos de negócios estratégicos. Os projetos ou programas do portfólio podem não ser, necessariamente, interdependentes ou diretamente relacionados.

Alternativa "b": projeto não é um conjunto de atividades repetitivas. É um sistema social temporário, constituído por equipes dentro ou entre as organizações para realizar tarefas específicas sob restrições de tempo. É um esforço temporário empreendido para criar um produto, serviço ou resultado exclusivo.

Alternativa "c": projeto não é atividade contínua. É um conjunto de atividades temporárias, realizadas em grupo, destinadas a produzir um produto, serviço ou resultado únicos.

Alternativa "e": o objetivo de um projeto é "entregar" um produto ou serviço únicos.

6 Ministério do Planejamento – Guia de Gestão de Processos de Governo http://gestao.planejamento.gov.br/gespublica/sites/default/files/documentos/guia_de_gestao_de_processos_de_governo_0.pdf acessado em 04/10/2017 as 13h30min.

83. (FCC – Analista Judiciário – Área Administrativa – TRT 23/2016) Considere que determinado órgão integrante do Poder Judiciário realize, como parte de suas atividades ordinárias, atividades de classificação e ordenação de documentos. Para melhoria de tais atividades, pretendia aplicar técnicas consagradas de gerenciamento de projetos. Tal aplicação, contudo, foi considerada tecnicamente inadequada para a finalidade pretendida, na medida em que um projeto deve ter, entre outras características,

a) a não internalização dos resultados diretos, mas apenas dos reflexos.

b) vinculação a metas e indicadores.

c) generalidade e perenidade.

d) singularidade e temporalidade.

e) perenidade e obtenção de externalidades positivas.

▷ ***Comentários***

Nota do autor: apesar de ser uma técnica extremamente eficiente e ideal para determinada atividades a serem desenvolvidas, o formato projeto não serve para tudo. Para que haja enquadramento nessa possibilidade, o que se pretende realizar deve se enquadrar nas características específicas de projeto. São diversas as características do projeto, dependendo do ponto de vista, surgem características para quase tudo. Elencamos as principais abaixo:

✓ **Singularidade:** todo produto ou serviço gerado por um projeto é exclusivo e diferente de outros produtos ou serviços;

✓ **Temporariedade**: possuem um início e um fim definidos. As operações e projetos diferem entre si, principalmente porque as operações têm um caráter contínuo e repetitivo, enquanto que os Projetos são caracterizados por ter esforço temporário e produto ou serviço único;

Fique atento: enquanto cada projeto tem um começo e um fim definidos, os elementos específicos e as atividades que ocorrem entre esses dois pontos irão variar largamente com o projeto;

✓ **Incerteza;** não conhecer os fins ou as consequências, caso contrário é processo.

✓ **Interdisciplinaridade;**

✓ **Individualidade;**

✓ **Utilizam recursos:** todo projeto utiliza recursos especificamente alocados a determinados trabalhos;

✓ **Objetivo claro e bem definido:** todo projeto tem metas e resultados bem estabelecidos a serem atingidos em sua finalização;

✓ **Sequência clara e lógica de eventos:** projeto caracterizado por atividades encadeadas logicamente, de modo a permitir que, durante a execução, o acompanhamento e o controle sejam precisos;

✓ **Realizados por pessoas;**

✓ **Recursos limitados;**

✓ **Complexidade:** conjunto de coisas ligadas por um nexo comum e que contenha várias ideias;

Alternativa correta: letra "d" (responde todas as outras). As atividades citadas na questão (classificação e ordenação de documentos) são descritas como sendo parte das atividades "ordinárias" da organização, ou seja, que se repetem ordinariamente, indefinidamente, sem prazo para término e com um serviço entregue que sempre se repete. Diante disso, vê-se que lhe faltam **singularidade** (produto ou serviço exclusivo) e **temporalidade** (desenvolvimento limitado no tempo, prazo para término).

7. GESTÃO POR PROCESSOS

84. (FCC – Analista Judiciário – Área Administrativa – TRT 24/2017) Uma das definições de processo, no âmbito das organizações, é um conjunto de meios articulados de forma organizada para alcançar os resultados pretendidos. Entre as ferramentas utilizadas na gestão de processos se inclui o

a) feedback, para avaliar a aderência dos processos aos objetivos estratégicos da organização.

b) diagrama de Pareto, para identificar o grau de maturidade dos processos.

c) fluxograma, utilizado no mapeamento dos processos da organização.

d) mapa estratégico, com a identificação dos desafios e oportunidades apresentados à organização.

e) organograma, que corresponde à representação gráfica de todas as etapas de cada processo.

▷ ***Comentários***

Nota do autor: processo é o conjunto ordenado de atividades com objetivo comum, com início e fim, além de entradas e saídas bem definidas. Seu objetivo deve ser gerar resultado para a organização e pode estar em diferentes níveis de detalhamento.

Alternativa correta: letra "c". Fluxograma é uma representação gráfica que permite a fácil visualização dos passos de um processo, sua sequência lógica e de encadeamento de atividades e decisões, bem como permite a realização de análise crítica para detecção de falhas e de oportunidades de melhorias. Instrumento de administração que auxilia o gestor na análise dos processos e na sequência das rotinas de trabalho. Existem diversas técnicas e formas de elaborar fluxogramas; a escolha da técnica e das simbologias mais ou menos detalhadas depende do tipo e da complexidade do processo a ser mapeado.

Seguem alguns exemplos de figuras utilizadas nas representações e as etapas que elas significam:

	Etapa		Função da etapa
A	 Círculo grande	I	Inspeção/controle.
B	 Retângulo de lado arredondado	II	Espera/atraso.
C	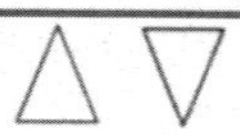 Triângulo	III	Executor (departamento ou cargo)
D	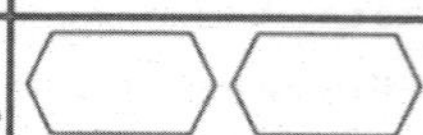 Hexágono Hexágono	IV	Armazenagem, arquivamento e estocagem.

Segue um exemplo de fluxograma com algumas figuras de representação.

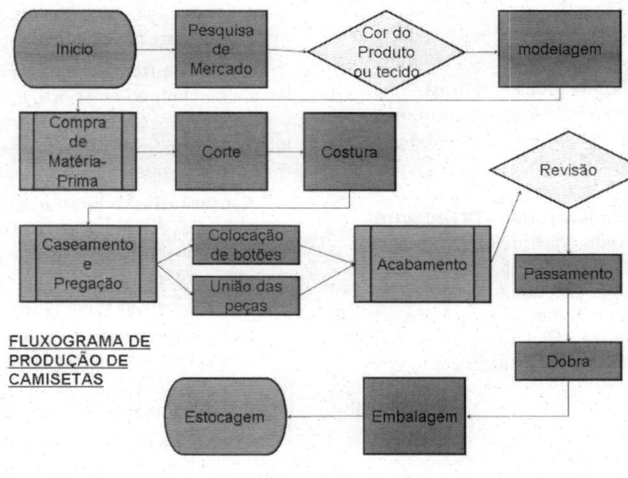

Alternativa "a": feedback significa resposta, reação a um estímulo, é realimentar um processo com, em regra informação sobre determinado produto ou atividade, é ter resposta a um determinado pedido ou acontecimento. A reação dos clientes a determinados produtos ou serviços nas redes sociais é exemplo de feedback.

Alternativa "b": também denominada de "Regra 80/20" ou Curva ABC, o Diagrama de Pareto, é uma técnica estatística utilizada na tomada de decisão que permite selecionar e priorizar um número pequeno de itens capazes de produzir grande efeito no processo.

Alternativa "d": o mapa estratégico é ferramenta que evidencia os desafios que a organização deve suplantar para concretizar a visão de futuro e cumprir sua missão, sendo um importante instrumento de alinhamento, de gestão e de comunicação da estratégia.

Alternativa "e": organograma é um gráfico utilizado para representar a estrutura organizacional de uma entidade. Sua utilidade está em apresentar a hierarquização e as relações entre os diferentes setores da organização.

85. (FCC – Analista Judiciário – Área Administrativa – TRT 20/2016) Existem diferentes classificações preconizadas por instituições e publicações especializadas no que diz respeito ao grau de maturidade no gerenciamento de processos verificado em uma organização. Nessa linha, costumam ser apontados diferentes níveis de maturidade, refletindo o estágio em que se encontra a organização e objetivando a evolução de acordo com a aplicação das melhores práticas de gestão de processos. Uma dessas classificações é apresentada pela SDPS – Society for Design and Process Science, de acordo com a qual, o Nível 1 de maturidade corresponde aos denominados processos

a) simulados.
b) modelados.
c) padronizados.
d) otimizados.
e) emulados.

▷ ***Comentários***

Nota do autor: Para a SDPS (Society for Design and Process Science) a definição de seu ciclo de gestão refere-se a cada uma das etapas do conhecimento das equipes envolvidas e da minimização dos riscos de efeitos indesejados.

Os níveis de maturidade são:

Nível 1 – Processos modelados: Os processos são identificados a partir de seus valores, de seus impactos / motivações / características, de seus papéis (valor adicionado, insumo, referência, infraestrutura), das sincronias envolvidas (critérios, condições / ações, atividades) e de seus efeitos colaterais.

Nível 2 – Processos simulados: Os processos são simulados a partir da introdução de dados estimados (quantidades, filas, tempos de espera, tempos de transformação, distribuições estatísticas, valores máximos / mínimo / médio etc.) que nos permitem a criação e a análise de cenários distintos, reduzindo os riscos da implantação e induzindo, quando necessário, mudanças nos modelos de processos.

Nível 3 – Processos emulados: Os processos são emulados a partir da coexistência de dados da realidade junto aos dados estimados, permitindo um maior refinamento dos cenários e dos possíveis impactos e, novamente, minimizando a possibilidade de efeitos indesejáveis.

Nível 4 – Processos encenados: Os processos são realizados conforme os modelos desenhados, simulados e emulados, e a observação das novas condições exigidas pela realidade induz a permanentes adequações dos requisitos de processo.

Nível 5 – Processos interoperados: Os processos são executados e geridos além das fronteiras organizacionais, promovendo cadeias de valor entre instituições como, por exemplo, no caso da execução de políticas públicas

Alternativa correta: letra "b" (responde todas as outras). Processos modelados: Os processos são identificados a partir de seus valores, de seus impactos / motivações / características, de seus papéis (valor adicionado, insumo, referência, infraestrutura), das sincronias envolvidas (critérios, condições / ações, atividades) e de seus efeitos colaterais.

8. GESTÃO POR COMPETÊNCIAS

86. (FCC – Analista Judiciário – Área Judiciária – TRT 11/2017) Uma das etapas relevantes para implementação da gestão por competências consiste no mapeamento de competências. Entre o rol de instrumentos preconizados pela literatura para a realização desse mapeamento se inclui o grupo focal, utilizado

a) como sucedâneo das entrevistas individuais, na forma de uma entrevista coletiva onde o entrevistador atua como moderador.
b) para substituir a análise documental, tornando mais dinâmico o processo de identificação dos objetivos institucionais.
c) como técnica de pesquisa, voltada à identificação das competências relevantes dentro de determinado contexto.
d) para identificação das atribuições de cada cargo ou função, constituindo insumo fundamental para identificação das competências propriamente ditas.
e) na forma de questionário, para segregar as competências técnicas, apartando-as das comportamentais e situacionais.

▷ ***Comentários***

Nota do autor: a implementação da Gestão por Competência envolve várias etapas. Entre elas está o mapeamento de competências, também denominado diagnóstico de competências. Essa etapa consiste na identificação da lacuna (gap) entre as competências necessárias e as competências internas existentes para concretizar a estratégia, ocorrendo a aplicação de métodos e técnicas de pesquisa social para coleta de dados.

Apesar de alguma divergência, podem-se elencar as etapas conforme abaixo:

✓ Entrevista Individual;
✓ Grupo Focal;
✓ Observação;
✓ Questionários.

Alternativa correta: letra "a" (responde todas as outras). Como alternativa a entrevistas individuais, o Grupo Focal é um dos instrumentos utilizados para identificação das competências necessárias a uma organização e consiste em uma entrevista coletiva.

87. (FCC – Analista Judiciário – Área Administrativa – TRT 20/2016) A gestão por competências é uma metodologia que toma por base inicial o mapeamento das competências técnicas e comportamentais necessárias para as atividades que o cargo executa. A partir daí, são identificadas quais as competências disponíveis na organização e quais aquelas que precisam ser desenvolvidas ou captadas no mercado. Entre os instrumentos utilizados em tal mapeamento se inclui(em):

a) as reuniões de confrontação.
b) os treinamentos de sensitividade.
c) os grupos focais.
d) a retroação de dados.
e) a análise sistêmica.

▷ *Comentários*

Nota do autor: A gestão por competência requer mudanças na estrutura organizacional, como a substituição de cargos e departamentos isolados por uma estrutura baseada em pessoas e equipes multifuncionais integradas e flexíveis.

Alternativa correta: letra "c" (responde todas as outras). A gestão por competências tem sido utilizada como modelo gerencial alternativo a alguns outros instrumentos tradicionais usados pelas organizações, objetivando o gerenciamento das lacunas entre as competências estratégicas para a consecução dos objetivos organizacionais e aquelas efetivamente disponíveis na organização. Para a identificação dessas lacunas, ou gaps, faz-se o mapeamento de competências, utilizando, entre outras ferramentas, os Grupos Focais, uma técnica de pesquisa ou de avaliação qualitativa, não-diretiva, que coleta dados por meio das interações grupais ao se discutir um tópico sugerido pelo pesquisador.

88. (FCC – Analista Judiciário – Área Administrativa – TRT 23/2016) A gestão de competências faz parte de um sistema maior de gestão organizacional que toma como referência a estratégia da organização e direciona as suas ações de recrutamento e seleção, treinamento, avaliação, remuneração e gestão de carreira para a captação e o desenvolvimento das competências necessárias para atingir seus objetivos (BRANDÃO; GUIMARÃES, 2001).

Nesse contexto, a identificação das competências necessárias para que a instituição atinja seus objetivos:

I. faz parte da etapa conhecida como mapeamento das competências, podendo utilizar diferentes instrumentos, como análise documental e entrevistas.
II. deve ser conjugada com a identificação das competências já existentes na organização, identificando-se as lacunas a serem preenchidas.
III. corresponde à etapa final do processo, devendo ser consolidada na nova estrutura de cargos e salários da entidade.

Está correto o que consta APENAS em

a) II.
b) I e II.
c) II e III.
d) I e III.
e) III.

▷ *Comentários*

Nota do autor: Segundo Brandão e Guimarães (2001)[7], a gestão por competências envolve as seguintes fases:

7 BRANDÃO, H. P.; GUIMARÃES, T. A.. Gestão de Competências e gestão de desempenho: tecnologias distintas ou instrumentos de um mesmo constructo? Revista de Administração de Empresas, 2001.

Formulação da estratégia organizacional: oportunidade em que são definidos sua missão, sua visão de futuro e seus objetivos estratégicos. Em seguida, são definidos os indicadores de desempenho e as metas, com base nos objetivos estratégicos estabelecidos;

Mapeamento das competências: objetiva identificar o gap ou lacuna de competências, isto é, a diferença entre as competências necessárias para concretizar a estratégia formulada e as competências internas já disponíveis na organização. Com relação especificamente à Gestão por competência, essa é considerada a primeira etapa;

Captação das competências: a captação diz respeito à seleção de competências externas e à sua integração ao ambiente organizacional, que pode dar-se, no nível individual, por intermédio de ações de recrutamento e seleção de pessoas e, no nível organizacional, por meio de parcerias ou alianças estratégicas;

Desenvolvimento das competências: refere-se ao aprimoramento das competências internas disponíveis na organização, que ocorre, no nível individual, por meio da aprendizagem e, no nível organizacional, por intermédio de investimentos em pesquisa;

Acompanhamento e avaliação: trata do monitoramento da execução de planos operacionais e de gestão e dos respectivos indicadores de desempenho, visando identificar e corrigir eventuais desvios. Ao final do ciclo, são apurados os resultados alcançados e comparados com os que eram esperados;

Retribuição: os autores sugerem que a organização poderia reconhecer, premiar e remunerar, de forma diferenciada, as pessoas, equipes de trabalho e unidades produtivas que mais contribuíram para a consecução dos resultados planejados, o que serviria de estímulo à manutenção de comportamentos desejados e à correção de eventuais desvios.

Alternativa correta: letra "b" (responde todas as outras).

Afirmativa I. Correta:

Afirmativa II. Correta:

Afirmativa III. Incorreta:

8.1. GESTÃO POR COMPETÊNCIA NO SETOR PÚBLICO

89. (FCC – Analista Judiciário – Área administrativa – TRT 11/2017) Suponha que determinada entidade integrante da Administração pretenda implementar mecanismos de gestão por competências, utilizando-se dos conceitos e práticas correspondentes. Nesse contexto, iniciou identificando, a partir dos conhecimentos e habilidades requeridos para cada cargo, as competências necessárias para o seu desempenho e, paralelamente, aquelas efetivamente disponíveis na organização. Tal conduta se mostra

a) correta, correspondendo ao denominado mapeamento de competências que aponta as lacunas a serem preenchidas.
b) equivocada, já que essa etapa, conhecida como gerenciamento de lacunas, é a fase final da metodologia.
c) correta, desde que realizada concomitantemente com a prospecção das competências disponíveis no mercado.
d) equivocada, pois a identificação das competências disponíveis é que determina o desenho dos cargos.
e) correta, correspondendo ao denominado gerenciamento de escopo, identificando as deficiências a serem superadas.

▷ *Comentários*

Nota do autor: em suma, gestão por competência é um processo que visa observar, desenvolver e prover pessoas capacitadas para a realização das atividades em uma organização, seja pública ou privada. Competência é um conjunto de conhecimentos, habilidades e atitudes (CHA) que uma pessoa é capaz de expressar. Não é só uma forma de administrar, mas um meio muito eficaz de desenvolvimento de talentos nas organizações.

A gestão por competência envolve as seguintes etapas:

✓ **Mapeamento das competências**;
✓ **Captação das competências**;
✓ **Desenvolvimento das competências;**
✓ **Acompanhamento e avaliação;** e
✓ **Retribuição**.

Alternativa correta: letra "a" (responde todas as outras alternativas). Mapeamento das competências: objetiva identificar o gap ou lacuna de competências na organização, isto é, a diferença entre as competências necessárias para concretizar a estratégia formulada e as competências internas já disponíveis na organização.

9. GESTÃO DE RISCOS

90. (FGV – Técnico Judiciário – Área Administrativa – TRT 12/2017) O Gerente de Riscos da empresa ABC está se preparando para um congresso internacional. Antes de fazer sua mala, ele fez o planejamento e a gestão dos riscos envolvidos na sua viagem. Em relação à gestão de riscos, é correto afirmar que:

a) a matriz probabilidade x impacto classifica os riscos envolvidos no projeto;

b) a mitigação de um risco consiste em dividir os riscos com terceiros, por exemplo, uma seguradora;

c) o impacto do risco é a sua probabilidade de ocorrência;

d) as estratégias de resposta ao risco são formas de reduzir sua chance de ocorrência;

e) a gestão de riscos consiste na identificação do que pode dar errado.

▷ ***Comentários***

Nota do autor: segundo a ISO 9001:2015, o risco pode ser descrito como o efeito da incerteza nos objetivos (Positivo ou Negativo). É um evento ou uma condição incerta, que se ocorrer, tem um efeito em pelo menos um objetivo do projeto (PMBOK, 2008). Entende-se por objetivos do projeto as áreas de escopo, cronograma, custo e qualidade.

Gestão de riscos, de acordo com a ISO 31000, é a terminologia utilizada para definir um conjunto de ações estratégicas, como identificação, administração, condução e prevenção dos riscos ligados a uma determinada atividade.

Alternativa correta: letra "a". A matriz de probabilidade e impacto é uma ferramenta que especifica as combinações de probabilidade e impacto que resultam em uma classificação dos riscos como de prioridade baixa, moderada ou alta.

Matriz de Probabilidade e Impacto					
Probabilidade	Ameaças				
0,90	0,05	0,09	0,18	0,36	0,72
0,70	0,04	0,07	0,14	0,28	0,56
0,50	0,03	0,05	0,10	0,20	0,40
0,30	0,02	0,03	0,06	0,12	0,24
0,10	0,01	0,01	0,02	0,04	0,08
	0,05	0,10	0,20	0,40	0,80
	Muito Baixo	Baixo	Moderado	Alto	Muito Alto

Alternativa "b": a **transferir** um risco consiste em dividir os riscos com terceiros, por exemplo, uma seguradora;

Alternativa "c": não se confunde o impacto do risco (efeito) com sua probabilidade de ocorrência;

Alternativa "d": as estratégias de resposta ao risco são formas de preparar a organização para ocorrência, inclusive evitar que ocorra;

Alternativa "e": Gestão de riscos é o conjunto de ações estratégicas, como identificação, administração, condução e prevenção dos riscos ligados a uma determinada atividade.

10. ADMINISTRAÇÃO DE RECURSOS MATERIAIS

91. (FCC – Técnico Judiciário – Área Administrativa – TRT 4/2022) A administração de recursos materiais constitui uma atividade que deve levar em conta conceitos e indicadores específicos, recorrentemente citados na literatura especializada, entre os quais se insere:

a) o nível de serviço, calculado dividindo-se o número de pedidos atendidos pelo número de pedidos ou requisições de materiais efetuados pelas áreas da organização.

b) a curva ABC, que corresponde a um método de indexação de materiais para fins de controle patrimonial e de estocagem de itens.

c) o diagrama de Pareto, consistente em uma matriz que define os materiais que devem ser repostos no estoque mantido pela organização de acordo com sua perecibilidade.

d) o giro de estoque, calculado dividindo-se o número de itens em estoque pelos dias de permanência sem utilização ou requisição pelas áreas da organização.

e) o Turnover, que corresponde à rotatividade de itens em um estoque, sendo um indicador muito utilizado nas demonstrações financeiras ou balanço patrimonial das empresas.

▷ ***Comentários***

Nota do autor. A administração dos recursos materiais abrange o gerenciamento eficiente dos aspectos físicos das organizações, visando garantir o suprimento adequado dos bens necessários para manter a operacionalidade da produção. Isso envolve desde a aquisição e armazenamento de matérias-primas até a distribuição dos produtos acabados. O objetivo principal é otimizar os processos relacionados aos recursos físicos, garantindo que as necessidades da empresa sejam atendidas de forma eficaz e econômica.

A) Alternativa certa.

B) Alternativa incorreta. A curva ABC e o Diagrama de Pareto são ferramentas diferentes, embora relacionadas. Enquanto a Curva ABC classifica itens por sua importância relativa, o Diagrama de Pareto é uma representação gráfica da frequência ou impacto de diferentes problemas ou causas em relação ao total.

C) Alternativa incorreta. Embora a Curva ABC e o Diagrama de Pareto sejam frequentemente utilizados juntos e possam ser complementares, eles não são sinônimos. A Curva ABC classifica itens com base em sua importância relativa, enquanto o Diagrama de Pareto é uma representação gráfica da distribuição dos problemas ou causas.

D) Alternativa incorreta. O giro de estoque é de fato calculado pela quantidade de vezes que um estoque é renovado em um determinado período, e a fórmula apresentada está correta.

E) Alternativa incorreta. Turnover, na gestão de pessoas, refere-se à rotatividade de funcionários, ou seja, a quantidade de trabalhadores que ocuparam o mesmo posto de trabalho em um período de tempo específico.

92. (Cespe – Técnico Judiciário – Área Administrativa – TRT 8/2022) Com relação à classificação de materiais e à metodologia de cálculo da curva ABC, assinale a opção correta.

a) Os componentes são materiais que se encontram em estágio intermediário de processamento.

b) Para a construção da curva ABC, os itens de estoque devem ser ordenados de forma crescente, dos itens de menor valor unitário para aqueles de maior valor unitário.

c) Na classificação ABC, os itens A são aqueles que têm pouca importância no valor global dos estoques.

d) A classificação de materiais pode servir de base para a classificação dos estoques.

e) Na construção da curva ABC, é imprescindível obedecer exatamente aos percentuais determinados por Pareto para a classificação dos itens em estoque.

▷ **Comentários**

Nota do autor. A classificação ABC de materiais, também conhecida como Curva ABC, é uma metodologia de gestão que permite classificar os itens de estoque de acordo com seu grau de importância. Essa classificação é baseada na regra 80/20, que sugere que 80% dos efeitos resultam de 20% das causas. A Curva ABC é amplamente utilizada na gestão de estoques, pois ajuda as empresas a identificar os itens mais críticos e a priorizar suas ações de controle e gerenciamento.

a) Os componentes, também conhecidos como materiais acabados, são materiais que passaram por estágios avançados de processamento.

b) Para a construção da curva ABC, os itens de estoque devem ser ordenados de forma decrescente, começando pelos itens de maior valor unitário até os de menor valor unitário.

c) Na classificação ABC, os itens do tipo C são aqueles que têm pouca importância no valor global dos estoques.

d) Alternativa correta.

e) Ao construir a curva ABC, não é necessário seguir rigorosamente os percentuais estabelecidos por Pareto para classificar os itens em estoque. A organização pode optar por outros percentuais, se for conveniente.

Alternativa correta: letra "D"

93. (Cespe - Técnico Judiciário - Área Administrativa - TRT 8/2022) Assinale a opção correta a respeito de recebimento e armazenagem.

a) A área útil de armazenagem corresponde à área total de piso do almoxarifado.

b) O leiaute do almoxarifado depende do método de armazenagem escolhido.

c) A atividade de recebimento abrange unicamente a recepção do material na entrada do almoxarifado quando da entrega pelo fornecedor.

d) Os carrinhos de carga manuais devem ser puxados e nunca empurrados.

e) As embalagens em forma de cubo são ideais para paletização.

▷ **Comentários**

Nota do autor. A armazenagem compreende o gerenciamento dos espaços requeridos para armazenar materiais, seja dentro da própria fábrica ou em armazéns externos terceirizados.

A) Alternativa incorreta. A área útil de um armazém é definida como a área total disponível para armazenamento, excluindo-se áreas ocupadas por obstáculos, como colunas, máquinas ou outras estruturas fixas que impedem o uso pleno do espaço.

B) Alternativa correta. O layout do almoxarifado refere-se à disposição física dos itens de estoque dentro do espaço disponível, e essa organização pode variar de acordo com as necessidades e preferências da instituição.

C) Alternativa incorreta. O recebimento de materiais é responsável não apenas por receber e verificar os itens entregues, mas também por desembaraçar os materiais, ou seja, liberá-los para entrada no estoque após a conferência.

D) Alternativa incorreta. Não há uma proibição geral de empurrar carrinhos de carga. No entanto, em certos ambientes ou circunstâncias, pode haver regras ou recomendações específicas para o manuseio seguro de equipamentos de movimentação de carga.

e) Alternativa incorreta. A escolha da embalagem ideal para a paletização depende de vários fatores, como tipo de produto, requisitos de armazenamento e transporte, bem como práticas logísticas específicas da empresa. Não há uma única forma ideal de embalagem para todas as situações.

94. (Cespe - Analista Judiciário - Área Administrativa - TRT 8/2016) Em relação à gestão de estoques e armazenamento, assinale a opção correta.

a) Entre os componentes da classificação de materiais, incluem-se a catalogação, a simplificação e a especificação.

b) A curva ABC pode ser representada por um gráfico de distribuição normal.

c) A taxa de cobertura, ou antigiro, é representada pelo consumo anual dividido pelo estoque médio do produto.

d) As embalagens em forma de cubo são as mais indicadas para paletização.

e) Os containers flexíveis são inapropriados para estocagem e movimentação de líquidos.

▷ **Comentários**

Nota do autor: recurso é um meio de qualquer natureza utilizado pela organização com o fim de alcançar seus objetivos. Recursos materiais são os meios físicos e concretos utilizados pela organização para tingir seus objetivos. Em sentido amplo, é todo o bem físico, tangível ou corpóreo, empregado em uma organização, os quais podem ser classificados em duas subcategorias: os recursos materiais em sentido estrito e os recursos patrimoniais.

Os estoques são recursos ociosos que possuem valor econômico. "Entende-se por estoque quaisquer quantidades de bens físicos que sejam conservados, de forma improdutiva, por algum intervalo de tempo." "Certas quantidades de itens mantidos em disponibilidade constante e renovados permanentemente, para produzir lucros e/ou serviços".

Disciplina bastante exigida em concursos, a Administração de Recursos Materiais **é um conjunto de ações e procedimentos administrativos, envolvendo o planejamento, análise e controle de uma unidade de armazenamento e distribuição de materiais.** É parte da gestão das organizações. O estoque das organizações constitui todo o sortimento de materiais que a empresa possui e utiliza no processo de produção dos seus produtos e serviços.

A classificação e codificação de materiais visa a melhoria da gestão empresarial, facilitando e otimizando a identificação e localização dos itens em estoque. Tem, por fim, também facilitar a comunicação interna na empresa, evitar a duplicidade de itens; facilitar a padronização de materiais, dentre outros. Isso permite a otimização das atividades de gestão de estoques e compras, permitindo ainda o controle contábil dos estoques e de compras em andamento e em recebimento.

Alternativa correta: letra "a". A classificação de materiais é o processo de aglutinação de materiais por características semelhantes. Um sistema de classificação deve possuir determinadas qualidades (ou atributos) que o torne satisfatório. São três os atributos de um bom sistema de classificação: abrangência, flexibilidade e praticidade. São etapas (ou princípios) da classificação de materiais: catalogação, simplificação, identificação (especificação), normalização, padronização e codificação.

Alternativa "b": Em termos mais formais, a distribuição normal é uma distribuição de probabilidade absolutamente contínua parametrizada. A distribuição normal pode ser assim representada:

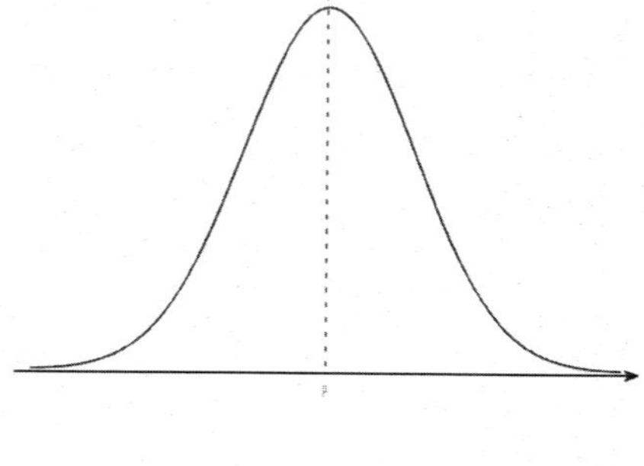

Também denominada de "Regra 80/20" ou Curva ABC, o Diagrama de Pareto, é uma técnica estatística utilizada na tomada de decisão que permite selecionar e priorizar um número pequeno de itens capazes de produzir grande efeito no processo. Segue abaixo a curva formada por esse diagrama:

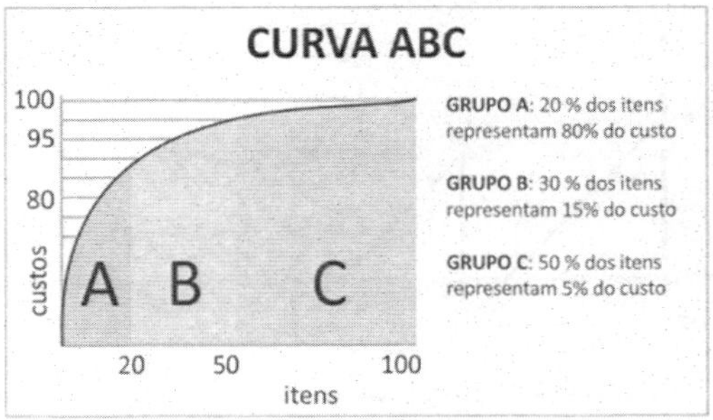

Alternativa "c": na Administração de Materiais, o período de tempo em que o estoque de um item é suficiente para cobrir a demanda média é conhecido como antigiro.

Alternativa "d": Pallet (do francês palette) é um estrado de madeira, metal ou plástico que é utilizado para movimentação de cargas. Paletizar significa colocar embalagem/objeto sobre um pallet e prende-las. Conforme DIAS, os seguintes tipos de embalagens não são indicados para paletização:

1) Embalagem em forma de cubo: dificulta a arrumação sobre o pallet, bem como seu empilhamento com segurança.

2) Embalagens muito fracas que não permitam o empilhamento.

3) Embalagens muito pesadas: alguns volumes devem ser deslocados manualmente.

4) Embalagens demasiadamente cheias: suas superfícies laterais ficarão abauladas, dificultando o empilhamento.

5) Volumes com formas não usuais: cônicos, cilíndricos, hexagonais etc. – são difíceis de serem paletizados e desperdiçam espaço.

6) Embalagens mal identificadas: um volume poderá ser paletizado duas ou três vezes, dependendo do tipo de operação. Identificá-los em suas várias faces poupa tempo.

7) Embalagens ou contenedores que possam ser movimentados mecanicamente, sem pallet.

Alternativa "e": os contêineres flexíveis são feitos de material resistente, flexível e dobrável, utilizados para transporte e armazenamento de grandes cargas (média de 1 tonelada) a granel, **de qualquer tipo de líquidos**, granulados ou produtos em pó, com alças para içamento, econômicos e de fácil manuseio.

---

95. (Cespe – Analista Judiciário – Área Administrativa – TRT 8/2016) Essa tabela apresenta quantas unidades de um item foram consumidas em um órgão federal durante dez meses. Sabendo que a política de materiais desse órgão determina que sejam considerados os seis últimos meses de consumo para calcular a média móvel, utilizada pelo órgão para estabelecer a previsão anual de seus estoques, assinale a opção que apresenta corretamente a previsão do estoque total para os doze meses subsequentes.

Mês	consumo mensal em unidades
Março	130
Abril	170
Maio	160
Junho	150
Julho	140
Agosto	160
Setembro	170
Outubro	180
Novembro	200
Dezembro	140

a) 1.920

b) 1.980

c) 2.000

d) 1.820

e) 1.900

▷ ***Comentários***

Nota do autor: A questão versa sobre previsão anual de estoques de um órgão federal.

Alternativa correta: letra "b" (responde a todas as outra). Basta encontrar a média os últimos seis meses: (140+160+170+180+200+140)/6. = 165. Agora basta multiplicar por 12 meses: 165*12 = 1980.

---

96. (Cespe – Analista Judiciário – Área Administrativa – TRT 8/2016) Em relação aos recursos patrimoniais, assinale a opção correta.

a) Os bens fungíveis podem ser divididos sem que as partes percam sua característica inicial.

b) A vida útil e a vida econômica dos recursos patrimoniais são medidas equivalentes.

c) Na operação do empreendimento, o ativo imobilizado ou fixo de natureza permanente destina-se à venda.

d) Os bens patrimoniais totalmente depreciados devem ter seu uso descontinuado.

e) Patentes e direitos autorais são considerados bens patrimoniais intangíveis.

▷ ***Comentários***

Nota do autor: A questão versa sobre a classificação dos bens. Bem é tudo aquilo que tem utilidade para alguém. Para a Contabilidade bem é tudo aquilo que está sob controle de uma pessoa, física ou jurídica, que permita a esta pessoa usufruir dos benefícios econômicos que possam ser gerados pelo bem[8].

São diversos os critérios de classificação, sendo os principais:

Ter um corpo físico:

✓ Tangíveis/Corpóreos – São os que têm existência física, material, e podem ser tangidos pelo homem.

✓ Intangíveis/Incorpóreos – São os que têm existência abstrata como patente, franquia, marca, etc..

Possibilidade de movimentação sem que perca suas características e seu valor econômico:

✓ Imóveis – As coisas impossíveis de se mover (terreno) ou que não podem ser removidas de um lugar para outro sem destruição (prédio);

✓ Móveis – Podem ser transportados sem que percam suas características e valor econômico;

Fungibilidade (possibilidade de substituição ou em razão de haver ou não alguma individualidade):

✓ Bens fungíveis – não possuem individualidade, podendo ser substituídos por outro de mesmo gênero-espécie, quantidade e qualidade, sem diferenciação (dinheiro, grãos, minério etc.);

✓ Bens infungíveis – possuem individualidade, não podendo ser substituídos como se fungíveis.

Consumo na utilização:

✓ Bens Consumíveis – Sãos os bens cujo uso importa a destruição instantânea da própria substância como a matéria prima de um produto.

✓ Bens Inconsumíveis – São os que permitem uso contínuo, sem prejuízo do seu perecimento como um carro, por exemplo.

Divisibilidade

✓ Bens Divisíveis – São os passiveis de divisão em frações homogêneas e distintas que guardam a qualidade de não se alterarem nem desvalorizarem a essência do todo.

✓ Bens Indivisíveis – Não podem ser divididos sem perder suas características, utilidade ou valor.

Alternativa correta: letra "e". Bens intangíveis são aqueles que não podem ser tocados por não possuírem corpo físico. Patentes e direitos autorais são considerados bens patrimoniais intangíveis.

Alternativa "a": os bens fungíveis são os bens móveis que podem ser substituídos por outros da mesma espécie, qualidade e quantidade.

---

8 As contas Banco Conta Movimento (Valores na conta corrente) e Aplicações Financeiras de Liquidez Imediata são direitos que alguns autores classificam entre os bens numerários.

Não possuem individualidade, podendo ser substituídos por outro de mesmo gênero-espécie, quantidade e qualidade, sem diferenciação (dinheiro, grãos, minério etc.).

Alternativa "b": vida útil e a vida econômica dos recursos patrimoniais não são medidas equivalentes. A primeira refere-se à utilidade, ou seja, período em que o bem pode ser utilizado, independente de retorno econômico na operação. Vida econômica refere-se ao período em que o bem enquanto gera benefícios econômicos, ou seja, o custo de operação é menor que o retorno que o bem propicia.

Alternativa "c": imobilizado: bens corpóreos, materiais, utilizados nas atividades principais da entidade e não destinados à venda.

Alternativa "d": para os bens sujeitos à depreciação, exaustão ou amortização, é indispensável que no laudo de avaliação haja a indicação da vida útil econômica remanescente, visando a definição das futuras taxas de depreciação, exaustão ou amortização. NBC T 19.6 – REAVALIAÇÃO DE ATIVOS.

97. (Cespe – Analista Judiciário – Área Judiciária – Oficial de Justiça Avaliador) Com relação à administração de material, assinale a opção correta.

a) O principal sistema de transporte logístico de distribuição utilizado pelas empresas no Brasil é o intermodal.

b) O gráfico de dente de serra é uma ferramenta utilizada na administração de material para avaliar a demanda relativa à distribuição de material.

c) O método de controle de estoques ABC destina-se a distribuir os artigos do estoque, de acordo com seu valor aquisitivo.

d) O sistema de almoxarifado deve ser organizado de forma independente da logística interna da empresa.

e) O sistema de classificação e de codificação de materiais caiu em desuso com o processo de automação das organizações.

▷ ***Comentários***

Nota do autor: questão sobre tópicos diversos dentro da disciplina. Porém, assuntos bem batidos e de fácil resolução, bastando atenção do aluno aos detalhes de cada alternativa. Vejamos cada alternativa.

Alternativa correta: letra "c". Também denominada de "Regra 80/20" ou Curva ABC, o Diagrama de Pareto, é uma técnica estatística utilizada na tomada de decisão que permite selecionar e priorizar um número pequeno de itens capazes de produzir grande efeito no processo ou com grande importância em relação ao todo. Segue abaixo a curva formada por esse diagrama:

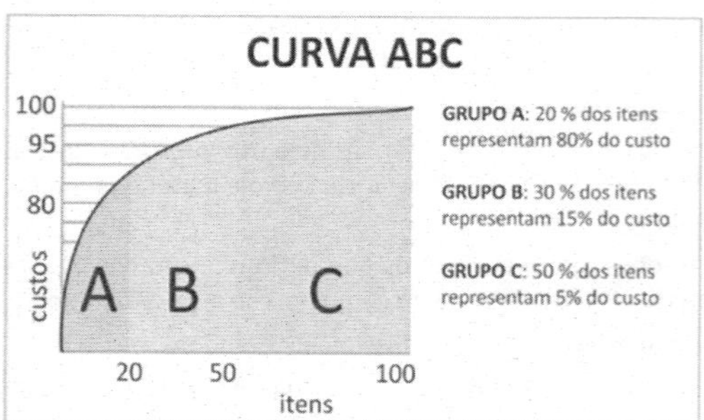

São vários os critérios que podem ser levados em consideração no momento da classificação dos itens de estoque na curva ABC. O método de controle de estoques ABC destina-se, também, a distribuir os artigos do estoque, de acordo com seu valor aquisitivo.

Alternativa "a": o sistema rodoviário é o principal sistema de transporte logístico de distribuição utilizado pelas empresas no Brasil.

Alternativa "b": A "curva dente-de-serra demonstra como a movimentação de estoque ocorre ao longo de determinado período, mostrando as entradas e saídas de um item. Assim, esse gráfico, o gráfico faz a indicação de nível de estoque, não sendo um instrumento de controle de demanda de distribuição de material."

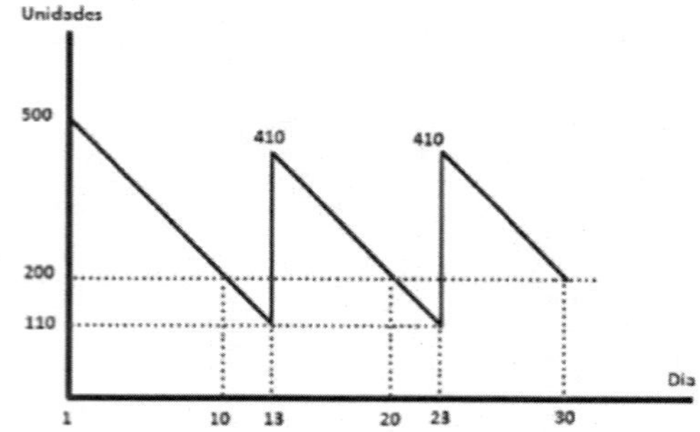

Alternativa "d": é justamente o inverso. O sistema de almoxarifado deve ser organizado de forma a levar em consideração a logística interna da empresa, pois é essencial para eficiência organizacional, afinal, ele está diretamente ligado ao acesso, movimentação e transporte interno dos itens em estoque que "alimentam" toda a organização.

Alternativa "e": um sistema de classificação e codificação de materiais é fundamental para que existam procedimentos de armazenagem adequados, um controle eficiente dos estoques e uma operacionalização correta do almoxarifado e, consequentemente, da organização.

98. (Cespe – Técnico Judiciário – Área Administrativa – TRT 8/2016) Considerando-se que, na gestão de estoque, o tempo de reposição pode ser dividido nas fases emissão do pedido, preparação do pedido e transporte, é correto afirmar que a fase de preparação do pedido refere-se ao tempo que compreende

a) a verificação do estoque, a emissão do pedido e a chegada do produto ao cliente final.

b) a emissão e a entrega do pedido ao fornecedor.

c) a saída e o transporte do produto para o cliente, o recebimento e o armazenamento do produto.

d) o recebimento do pedido, a fabricação e a separação do produto, a emissão do faturamento e o armazenamento do produto para o transporte.

e) o envio do produto pelo fornecedor até a sua entrega ao cliente final.

▷ ***Comentários***

Nota do autor: a gestão de estoque é essencial para a organização. Uma de suas funções básicas é o acompanhamento da rotatividade dos produtos estocados, identificando aqueles itens que possuem um maior giro (maior potencial de vendas) e os de menor giro, ou seja, que vendem menos e tendem a ficar mais tempo no estoque, sendo um de seus principais objetivos, evitar que produtos armazenados, com baixa rotatividade, possam se deteriorar ou ficarem obsoletos. A partir desta informação a empresa pode planejar melhor, em escala de tempo, quantos dias, semanas ou meses, que um determinado produto pode durar no estoque até que seja totalmente vendido ou consumido no processo produtivo.

Alternativa correta: letra "d" (responde todas as outras). Para calcular o estoque mínimo, é necessário se conhecer o tempo gasto desde a verificação de que o estoque precisa ser reposto até a chegada efetiva do material (tempo de reposição). Esse tempo pode ser dividido em três partes:

1) **Emissão do pedido:** da emissão do pedido de compra até ele chegar ao fornecedor;

2) **Preparação do pedido:** do fornecedor fabricar os produtos, separar os produtos, emitir faturamento até deixá-los em condições de serem transportados;

3) **Transporte:** da saída do fornecedor até o recebimento pela empresa dos materiais encomendados.

99. (Cespe – Técnico Judiciário – Área Administrativa – TRT 8/2016) No que se refere à importância dos produtos, assinale a opção que apresenta a sequência correta da classificação tradicional da curva ABC.

a) A (menos importantes); B (mais importantes); C (intermediários)

b) A (mais importantes); B (intermediários); C (menos importantes)

c) A (menos importantes); B (intermediários); C (mais importantes)

d) A (mais importantes); B (menos importantes); C (intermediários)

e) A (intermediários); B (mais importantes); C (menos importantes)

▷ *Comentários*

Nota do autor: a Teoria de Pareto desenvolvida por Vilfredo Pareto, cientista político, sociólogo e economista italiano, a técnica é embasada na constatação de que 80% das consequências advêm de 20% das causas (20% dos tópicos exigidos em um edital para concurso público produzirá 80% das questões). É um tópico muito recorrente em prova.

Alternativa correta: letra "b" (responde todas as outras). É denominado também de curva ABC e recebeu esta denominação em decorrência da metodologia utilizada, na classificação dos elementos analisados, dividindo-os em três classes: A, B e C.

✓ A: de maior importância, valor ou quantidade, correspondendo a 20% do total, responsável por 80% do resultado;

✓ B: com importância, quantidade ou valor intermediário, correspondendo a 30% do total responsável por 15% do resultado;

✓ C: de menor importância, valor ou quantidade, correspondendo a 50% do total, responsável por 5% do resultado.

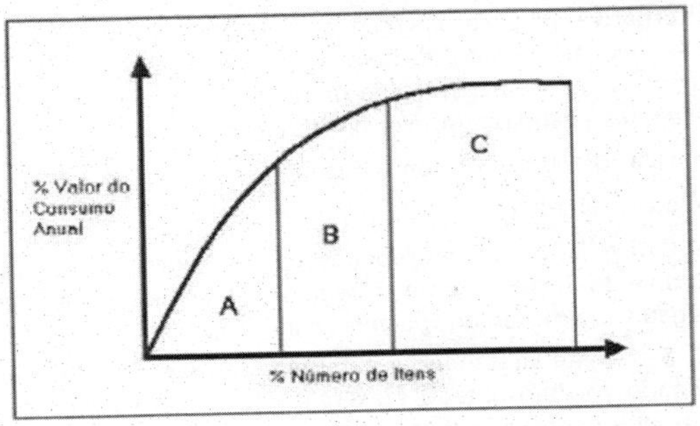

100. (Cespe – Técnico Judiciário – Área Administrativa – TRT 8/2016) Assinale a opção que apresenta tipos de dados necessários para o cálculo do ponto de pedido, ou seja, a quantidade de estoque que, quando alcançada, indica o momento de providenciar um novo pedido de compra.

a) consumo médio mensal, estoque máximo e tempo de reposição

b) tempo de reposição, estoque mínimo e giro de estoque

c) consumo médio mensal, giro de estoque e estoque segurança

d) tempo de reposição, giro de estoque e estoque máximo

e) consumo médio mensal, tempo de reposição e estoque mínimo

▷ *Comentários*

Nota do autor: Estoque Mínimo (também conhecido como Estoque de Segurança) é uma reserva de produtos que é mantida para casos excepcionais de demanda. Se em algum mês tiver alguma demanda acima do esperado, é possível utilizar algumas unidades do estoque mínimo enquanto o Pedido de Compra está em trânsito. É uma espécie de garantia que não faltará o necessário para a organização operar normalmente, seja vendendo ou produzindo. O Estoque Mínimo não deveria ser o *start* para a compra de produtos. Para isso existe outro conceito conhecido como Ponto de Pedido.

Alternativa correta: letra "e" (responde todas as outras alternativas). Ponto de pedido é o momento de se realizar novo pedido de compra para reposição do estoque. Para conhecer o ponto de pedido o pedido é necessário um cálculo com a fórmula seguinte:

PP = C x TR + E.min

PP = Ponto de pedido – C = Consumo médio mensal / dia – TR = Tempo de reposição – E.min. = Estoque mínimo.

10.1. ADMINISTRAÇÃO DE RECURSOS MATERIAIS NO SETOR PÚBLICO

101. (Cespe – Analista Judiciário – Área Administrativa – TRT 8/2016) Acerca da administração de material e patrimônio no governo federal, assinale a opção correta.

a) No fornecimento por requisição, a entrega de material ao usuário segue uma tabela de provisão previamente estabelecida, independentemente de qualquer solicitação.

b) Na armazenagem, os materiais devem ficar protegidos da ação danosa de animais ou insetos.

c) Recebimento é o ato pelo qual se declara que o material foi aceito, por satisfazer às especificações contratadas, e foi recebido no local designado.

d) Todas as movimentações de materiais e patrimônio devem ser registradas em sistema informatizado.

e) Para realizar a armazenagem e a distribuição de qualquer material, o órgão federal pode optar pelo método primeiro a entrar, primeiro a sair (PEPS) ou pelo método último a entrar, primeiro a sair (UEPS).

▷ *Comentários*

Nota do autor: questão baseada na Instrução Normativa nº 205/88, bastando a leitura atenta para resolver a questão. Vejamos cada alternativa e cada item da instrução a que ela se refere.

Alternativa correta: letra "b". Correta: 4.1. Os principais cuidados na armazenagem, dentre outros são:

a) os materiais devem ser resguardados contra o furto ou roubo, e protegidos contra a ação dos perigos mecânicos e das ameaças climáticas, **bem como de animais daninhos;**

Alternativa "a": 5.1.2. O fornecimento por Pressão é o processo de uso facultativo, pelo qual se entrega material ao usuário mediante tabelas de provisão previamente estabelecidas pelo setor competente, e nas épocas fixadas, independentemente de qualquer solicitação posterior do usuário. Essas tabelas são preparadas normalmente, para:

a) material de limpeza e conservação;

b) material de expediente de uso rotineiro;

c) gêneros alimentícios.

Alternativa "c": 3. Recebimento é o ato pelo qual o material encomendado é entregue ao órgão público no local previamente designado, não implicando em aceitação. Transfere apenas a responsabilidade pela guarda e conservação do material, do fornecedor ao órgão recebedor. Ocorrerá nos almoxarifados, salvo quando o mesmo não possa ou não deva ali ser estocado ou recebido, caso em que a entrega se fará nos locais designados. Qualquer que seja o local de recebimento, o registro de entrada do material será sempre no Almoxarifado.

Alternativa "d": não há obrigatoriedade para que todas as movimentações de materiais e patrimônio sejam registradas em sistema informatizado.

Alternativa "e": não há referência ao método UEPS.

4. A armazenagem compreende a guarda, localização, segurança e preservação do material adquirido, a fim de suprir adequada mente as necessidades operacionais das unidades integrantes da estrutura do órgão ou entidade.

4.1. Os principais cuidados na armazenagem, dentre outros são:

a) os materiais devem ser resguardados contra o furto ou roubo, e protegidos contra a ação dos perigos mecânicos e das ameaças climáticas, bem como de animais daninhos;

b) os materiais estocados a mais tempo devem ser fornecidos em primeiro lugar, (primeiro a entrar, primeiro a sair – PEPS), com a finalidade de evitar o envelhecimento do estoque;

102. (Cespe – Analista Judiciário – Área Administrativa – TRT 8/2016) A respeito da gestão de patrimônio no âmbito do governo federal, assinale a opção correta.

a) O valor do bem produzido por um órgão é fixado pela soma dos custos de matéria-prima destinada à confecção desse bem.

b) É necessário constituição de comissão especial para realização de exame qualitativo para aceitação de ativo adquirido por pregão eletrônico.

c) Caso um material seja considerado antieconômico e irrecuperável, deve-se providenciar sua imediata cessão.

d) O inventário físico de transformação é realizado caso haja mudança do dirigente da unidade gestora.

e) O recebimento de ativos no serviço público pode ocorrer por compra, cessão, doação, permuta, transferência ou produção interna.

▷ ***Comentários***

Nota do autor: questão baseada na Instrução Normativa nº 205, de 08 de abril de 1988, da Secretaria De Administração Pública da Presidência da República-SEDAP/PR, bastando uma leitura atenta da IN para responder corretamente.

Alternativa correta: letra "e". DO RECEBIMENTO E ACEITAÇÃO

3. Recebimento é o ato pelo qual o material encomendado é entregue ao órgão público no local previamente designado, não implicando em aceitação. Transfere apenas a responsabilidade pela guarda e conservação do material, do fornecedor ao órgão recebedor. Ocorrerá nos almoxarifados, salvo quando o mesmo não possa ou não deva ali ser estocado ou recebido, caso em que a entrega se fará nos locais designados. Qualquer que seja o local de recebimento, o registro de entrada do material será sempre no Almoxarifado.

3.1. O recebimento, rotineiramente, nos órgãos sistêmicos, decorrerá de:

a) compra;
b) cessão;
c) doação;
d) permuta;
e) transferência; ou
f) produção interna.

Alternativa "a": 6.5.1. O valor do bem produzido pelo órgão sistêmico será igual à soma dos custos estimados para **matéria-prima, mão de obra, desgaste de equipamentos, energia consumida na produção, etc.**

Alternativa "b": 3.6. O exame qualitativo **poderá ser feito por técnico especializado ou por comissão especial**, da qual, em princípio, fará parte o encarregado do almoxarifado.

Alternativa "c": 9.3. A recuperação somente será considerada viável se a despesa envolvida com o bem móvel orçar no máximo a 50% (cinquenta por cento) do seu valor estimado no mercado; se considerado antieconômico ou irrecuperável, **o material será alienado, de conformidade com o disposto na legislação vigente**.

Alternativa "d": 8.1. Os tipos de Inventários Físicos são:

a) anual – destinado a comprovar a quantidade e o valor dos bens patrimoniais do acervo de cada unidade gestora, existente em 31 de dezembro de cada exercício – constituído do inventário anterior e das variações patrimoniais ocorridas durante o exercício.
b) inicial – realizado quando da criação de uma unidade gestora, para identificação e registro dos bens sob sua responsabilidade;
c) de transferência de responsabilidade- realizado quando da mudança do dirigente de uma unidade gestora;
d) de extinção ou transformação – realizado quando da extinção ou transformação da unidade gestora;
e) eventual – realizado em qualquer época, por iniciativa do dirigente da unidade gestora ou por iniciativa do órgão fiscalizador.

103. (Cespe – Analista Judiciário – Área Administrativa – TRT 8/2016) A respeito da gestão de patrimônio no âmbito do governo federal, assinale a opção correta.

a) O valor do bem produzido por um órgão é fixado pela soma dos custos de matéria-prima destinada à confecção desse bem.
b) É necessário constituição de comissão especial para realização de exame qualitativo para aceitação de ativo adquirido por pregão eletrônico.
c) Caso um material seja considerado antieconômico e irrecuperável, deve-se providenciar sua imediata cessão.
d) O inventário físico de transformação é realizado caso haja mudança do dirigente da unidade gestora.
e) O recebimento de ativos no serviço público pode ocorrer por compra, cessão, doação, permuta, transferência ou produção interna.

▷ ***Comentários***

Nota do autor: A questão trata da gestão de patrimônio no âmbito do governo federal. Todas as considerações referentes aos cinco itens estão presentes na Instrução Normativa nº 205/88.

Alternativa correta "E". De acordo com a Instrução Normativa nº 205/88:

DO RECEBIMENTO E ACEITAÇÃO

3. Recebimento é o ato pelo qual o material encomendado é entregue ao órgão público no local previamente designado, não implicando em aceitação. Transfere apenas a responsabilidade pela guarda e conservação do material, do fornecedor ao órgão recebedor. Ocorrerá nos almoxarifados, salvo quando o mesmo não possa ou não deva ali ser estocado ou recebido, caso em que a entrega se fará nos locais designados. Qualquer que seja o local de recebimento, o registro de entrada do material será sempre no Almoxarifado.

3.1. O recebimento, rotineiramente, nos órgãos sistêmicos, decorrerá de:

a) compra;
b) cessão;
c) doação;
d) permuta;
e) transferência; ou
f) produção interna.

Portanto, a alternativa está correta.

Alternativa "A". De acordo com a Instrução Normativa nº 205/88: 6.5.1. O valor do bem produzido pelo órgão sistêmico será igual à soma dos custos estimados para matéria-prima, mão de obra, desgaste de equipamentos, energia consumida na produção, etc.

Alternativa "B". De acordo com a Instrução Normativa nº 205/88:

b) exame qualitativo.

3.4. O material que apenas depender de conferência com os termos do pedido e do documento de entrega, será recebido e aceito pelo encarregado do almoxarifado ou por servidor designado para esse fim.

3.5. Se o material depender, também, de exame qualitativo, o encarregado do almoxarifado, ou servidor designado, indicará esta condição no documento de entrega do fornecedor e solicitará ao Departamento de Administração ou à unidade equivalente esse exame, para a respectiva aceitação.

3.6. O exame qualitativo poderá ser feito por técnico especializado ou por comissão especial, da qual, em princípio, fará parte o encarregado do almoxarifado.

3.7. Quando o material não corresponder com exatidão ao que foi pedido, ou ainda, apresentar faltas ou defeitos, o encarregado do recebimento providenciará junto ao fornecedor a regularização da entrega para efeito de aceitação.

Portanto, de acordo com o item 3.6, O exame qualitativo poderá ser feito por técnico especializado ou por comissão especial, da qual, em princípio, fará parte o encarregado do almoxarifado.

Alternativa "C". De acordo com a Instrução Normativa nº 205/88:

9.3. A recuperação somente será considerada viável se a despesa envolvida com o bem móvel orçar no máximo a 50% (cinquenta por cento) do seu valor estimado no mercado; se considerado antieconômico ou irrecuperável, **o material será alienado, de conformidade com o disposto na legislação vigente.**

Alternativa "D". De acordo com a Instrução Normativa nº 205/88:

8.1. Os tipos de Inventários Físicos são:

a) anual – destinado a comprovar a quantidade e o valor dos bens patrimoniais do acervo de cada unidade gestora, existente em 31 de dezembro de cada exercício – constituído do inventário anterior e das variações patrimoniais ocorridas durante o exercício.
b) inicial – realizado quando da criação de uma unidade gestora, para identificação e registro dos bens sob sua responsabilidade;
c) de transferência de responsabilidade- realizado quando da mudança do dirigente de uma unidade gestora;
d) de extinção ou transformação – realizado quando da extinção ou transformação da unidade gestora;

11. MOTIVAÇÃO

104. (FCC – Técnico Judiciário – Área Administrativa – TRT 14/2022) Vários estudiosos já se debruçaram sobre o fenômeno da motivação no ambiente do trabalho, apresentando teorias que buscam explicar os fatores ou as dinâmicas que induzem a motivação e o que apresenta efeito inverso. Nesse contexto, a Teoria X, apresentada por McGregor, centra-se em aspectos

a) do grupo, sustentando que a motivação é um processo dinâmico e que pode ser induzido a partir do comportamento de um ou mais integrantes.
b) ambientais, sustentando que uma combinação adequada de incentivos sociais, envolvendo o reconhecimento pelo grupo, é a mais eficiente para induzir a motivação.
c) precipuamente psicológicos, apontando o reforço positivo como catalizador da motivação, já que a disposição para o trabalho é algo inerente ao indivíduo.
d) intrínsecos, próprios da natureza do ser humano, sustentando a ausência de predisposição para o trabalho como algo inerente ao indivíduo.
e) variáveis, sustentando que os fatores motivacionais variam de indivíduo para indivíduo, alguns respondendo melhor a incentivos financeiros e outros a prestígio e reconhecimento.

▷ ***Comentários***

Nota do autor. Douglas McGregor desenvolveu uma teoria e relatou que os seres humanos, nas suas relações no trabalho, podem ser divididos em dois tipos antagônicos:

• X: apático, indolente, trabalha forçado somente pela retribuição financeira, entende que o homem médio vê o trabalho como um grande esforço, necessitando de uma supervisão constante e autoritária para que possa realizar as suas atividades de forma satisfatória;

• Y: para ele o trabalho é tão natural e prazeroso quanto o descanso, é autodirigido, auto responsável, auto motivado e criativo, necessitando de um líder participativo, que forneça os meios para que atinja os objetivos organizacionais;

A alternativa D se apresenta como a correta por descrever o ser humano "X".

105. (FCC – Técnico Judiciário – Área Administrativa – TRT 17/2022) Um dos mecanismos de coordenação de atividades presente na maioria das organizações consiste no denominado ajuste espontâneo, o qual

a) possui fundamento formal, sendo a resultante fática obtida a partir da aplicação das normas de conduta vigentes.
b) opera-se entre integrantes da organização sem pressupor uma relação de subordinação.
c) consiste na indução psicológica operada nos integrantes da organização pelas estruturas de poder.
d) nada mais é do que a autodeterminação dos integrantes da organização para exercer as responsabilidades que lhe são cometidas.
e) opera-se entre o gerente e seus subordinados a partir de um sistema adequado de incentivos e desincentivos.

▷ ***Comentários***

Nota do autor. O ajuste espontâneo é a coordenação voluntária entre os membros da organização, visando à criação de harmonia entre as atividades, esforços e ações do negócio. Seu propósito é facilitar o sucesso do trabalho, promovendo a sincronia e a colaboração entre os membros da equipe.

a) não possui fundamento formal.
b) alternativa correta.
c) não envolve diretamente as estruturas de poder.
d) não decorre diretamente da responsabilidade dos integrantes.
e) não envolve diretamente hierarquia.

106. (FCC – Técnico Judiciário – Área Administrativa – TRT 17/2022) De acordo com a Teoria da Hierarquia das Necessidades Humanas, apresentada por Abraham Maslow, para induzir a motivação dos empregados é necessário, inicialmente,

a) a construção de um escalonamento, na forma de pirâmide, dos objetivos individuais e coletivos a serem perseguidos pela organização, pois apenas esse referencial claro e tangível é capaz de induzir a motivação.
b) o conhecimento das necessidades intrínsecas dos indivíduos, ligadas a fatores psicológicos e sociais, cujo não atendimento impede que almejem a satisfação no trabalho.
c) o mapeamento do grupo de empregados que se pretende atingir, com a estratificação de variáveis individuais, coletivas e sociais, de forma a buscar o ponto médio a ser atingido para a motivação de todos.
d) o atendimento de necessidades básicas, ditas fisiológicas; e apenas depois disso é que o indivíduo se sentirá estimulado a buscar a satisfação de necessidades de segurança, sociais, de estima e de autorrealização.
e) a elaboração de uma matriz de variáveis motivacionais, intrínsecas e extrínsecas, identificando as gerenciáveis e as não gerenciáveis e as que são efetivamente indutoras de motivação.

▷ ***Comentários***

Nota do autor. Maslow desenvolveu uma teoria da motivação que sugere que as necessidades humanas estão organizadas em uma hierarquia de importância e influência. Essa hierarquia, representada como uma pirâmide, coloca as necessidades mais básicas, como as fisiológicas, na base, e as mais elevadas, como as de autorrealização, no topo.

Alternativa A: A teoria não sugere a construção de uma pirâmide de objetivos, mas sim de necessidades.

B: A teoria de Maslow não se restringe a fatores psicológicos e sociais; ao invés disso, considera cinco categorias de necessidades organizadas hierarquicamente.

C: Não se busca um ponto médio para alcançar a motivação de todos, mas sim uma hierarquia de necessidades a serem satisfeitas.

D: Alternativa correta.

E: A teoria de Maslow não apresenta uma matriz de variáveis motivacionais; em vez disso, propõe uma hierarquia de necessidades.

107. (FCC – Técnico Judiciário – Área Administrativa – TRT 22/2022) Suponha que um consultor contratado para efetuar diagnóstico sobre a motivação em determinado ambiente corporativo e para propor medidas de melhoria, adote como premissa de trabalho a "Teoria X" predicada por McGregor. Nesse contexto, tem-se que referido consultor

a) parte da concepção de que o homem médio não gosta do trabalho e evita assumir responsabilidades, necessitando ser controlado e dirigido.
b) acredita que o trabalho é algo natural e satisfatório para a maioria das pessoas, que devem contar com autonomia para realizar suas tarefas.
c) considera que existe uma hierarquia de necessidades a serem atendidas no processo de motivação, partindo dos ligados à subsistência.
d) procurará identificar os objetivos comuns da equipe, capazes de induzir um processo de motivação coletiva, elegendo uma meta central denominada "Fator X".
e) adotará o conceito da valência, propondo medidas indutoras da motivação e medidas punitivas, de acordo com uma equação que buscará o ponto médio ("Fator X").

▷ ***Comentários***

Nota do autor. Para McGregor (1999), resumidamente:

Teoria X: "O trabalho é intrinsecamente desagradável para a maioria das pessoas."

Teoria Y: "O trabalho é tão natural quanto o lazer, desde que as condições sejam favoráveis."Parte superior do formulário

a) Alternativa correta.
b) Alternativa incorreta. Teoria X
c) Alternativa incorreta. Teoria da hierarquia das necessidades de Maslow.
d) Alternativa incorreta. Não se enquadra na Teoria X,
e) Teoria da expectância de Vroom.

108. (FCC - Técnico Judiciário - Área Administrativa - TRT 22/2022) Em uma avaliação de desempenho realizada utilizando o método dos Incidentes Críticos,

a) os avaliados são submetidos a situações críticas em uma dinâmica de grupo e se verifica o grau de prontidão de cada um.

b) o resultado obtido consiste em um ranqueamento dos avaliados utilizado como critério de evolução funcional.

c) a partir das falhas identificadas em determinadas atividades, são escolhidos aqueles que devem ser desligados da organização.

d) o resultado das avaliações baseia-se na pontuação obtida em um questionário no qual são apresentados problemas hipotéticos para cada área da organização.

e) o avaliador considera os aspectos extremamente positivos e os extremamente negativos do trabalho do avaliado.

▷ ***Comentários***

Nota do autor. No método de Incidentes Críticos, o foco do avaliador está nos comportamentos considerados mais relevantes para o desempenho eficaz ou inadequado do trabalho. Esse método utiliza comportamentos específicos que devem ser demonstrados, em vez de traços de personalidade vagamente definidos.

Fazer uma lista de incidentes críticos envolve a compilação de exemplos significativos para serem apresentados aos funcionários, com o intuito de destacar os comportamentos desejáveis e aqueles que precisam ser aprimorado

a) Alternativa incorreta. os avaliados não são submetidos a situações críticas.

Incidentes críticos: Técnica que enfoca nas atitudes extremas dos colaboradores que representam resultados altamente positivos (sucesso) que devem ser estimulados, e excepcionalmente negativos (fracasso), que devem ser corrigidos através de constante acompanhamento. Essas informações são coletadas através de entrevistas com colaboradores e gestores ou por meio de relatórios escritos pelos colaboradores que ocupam esse cargo. Observe que esse método não expõe ninguém a situações críticas, mas sim analisa as atitudes extremas do funcionário.

b) Alternativa incorreta. Ranqueamento: Estabelecimento de uma ordem hierárquica com base na contagem de pontos ou outros critérios.

O método de incidentes críticos não tem o propósito de classificar os funcionários em termos de melhor ou pior, mas sim de identificar e avaliar comportamentos extremamente positivos e negativos de cada funcionário. Esses comportamentos são observados e registrados por meio de entrevistas, relatórios ou outras formas de coleta de dados, visando fornecer feedback construtivo para auxiliar no desenvolvimento profissional dos colaboradores.

c) Alternativa incorreta. Não, o objetivo desse método é reconhecer as falhas do funcionário para que ele progrida, não é para desligá-lo da organização.

d) Alternativa incorreta. Avalia-se os resultados concretos do funcionário, os extremamente positivos ou negativos.

e) Alternativa correta.

109. (FCC - Analista Judiciário - Oficial de Just. Avaliador - TRT 11/2017) Entre as diversas teorias que buscam explicar a dinâmica da motivação, algumas são classificadas como de conteúdo, sendo mais estáticas e descritivas, procurando explicar o que motiva o indivíduo. De outro lado, aquelas classificadas como teorias de processo procuram explicar como se dá o processo de motivação, tal como a Teoria

a) do Reforço, de Skinner, segundo a qual o reforço negativo é representado pela remoção de um evento punitivo.

b) Bifatorial, de Herzberg, segundo a qual existem fatores individuais e ambientais que impulsionam a motivação.

c) X e Y, de McGregor, que preconiza a prevalência de características inatas no desencadeamento do processo motivacional.

d) ERC, de Clayton Alderfer, de acordo com a qual a recompensa financeira é o fator de maior peso para desencadear a motivação, porém não prevalente na sua manutenção.

e) das Necessidades Adquiridas, de David McClelland, que apresenta uma pirâmide das necessidades que geram motivação, na base da qual estão as ligadas à sobrevivência.

▷ ***Comentários***

Nota do autor: assunto razoavelmente exigido em prova, a motivação é debatida a muito tempo. O termo "motivação" possui origem no Latim (movere) e designa a condição que influencia a direção do comportamento humano. O estudo da motivação busca compreender porque, em determinadas situações, os indivíduos escolhem, iniciam e mantêm determinadas ações. Nesse contexto, surgiram diversas Teorias Motivacionais que, conforme a abordagem adotada, podem ser classificadas de diferentes formas.

As teorias da motivação estão classificadas em dois grandes grupos: as Teorias de Conteúdo e Teorias de processo.

Teorias de conteúdo

São teorias que possuem natureza descritiva e procuram explicar quais fatores, internos ou do ambiente, motivam as pessoas (McGregor, Maslow, Alderfer, Herzberg, Mclelland)

A motivação enfatiza a influência das razões, motivos e desejos que influem no comportamento humano.

Teorias de processo

Buscam explicar como funciona a motivação e enfatizam os valores e crenças no comportamento humano (Skinner, Vroom, Lawler, Bandura, Locke e Lthan).

Alternativa correta: letra "a". Burrhus Frederic Skinner (1904), autor e psicólogo norte-americano, afirma que o trabalhador que experimenta o sucesso e a satisfação após uma atitude tende a repetir aquela atitude buscando novo sucesso. Os estímulos positivos se inclinariam a fortalecer o comportamento. Já os estímulos negativos tenderiam a desestimular o comportamento indesejado. Assim, estruturou-se a teoria de condicionamento operante, onde a organização pode suprir os reforços positivos necessários a influenciar comportamentos e atitudes que ela deseja ou reprimir os indesejados, deixando de recompensar.

São quatro as posturas possíveis:

1) **Reforço positivo:** oferecer recompensa no momento em que se alcança um objetivo (prêmio por assiduidade ou produtividade).

2) **Reforço negativo:** remover uma consequência negativa na ocorrência de uma ação desejada, é a remoção de um evento punitivo por intermédio de um comportamento (cumprimento de meta não ter que trabalhar no feriado).

3) **Punição:** praticar uma medida negativa na ocorrência de uma ação indesejada (desconto no salário devido ao atraso ou falta).

4) **Extinção:** retirada de uma recompensa positiva no momento em que ocorre uma ação indesejada (retirar o prêmio em razão das cometidas).

Alternativa "b": Para Herzberg, os fatores que determinam a motivação são a realização, o reconhecimento, o trabalho em si, a responsabilidade, o avanço e o crescimento. Em outra dimensão estão os fatores que determinam a desmotivação, quando não são atendidos de acordo com as expectativas dos empregados, ou fatores de higiene. Para o autor, os fatores motivacionais intrínsecos, relacionados ao próprio trabalho, produzem satisfação e os fatores extrínsecos, relacionadas com as condições de trabalho, apenas reduzem a insatisfação.

Alternativa "c": Douglas McGregor foi um autor behaviorista que se preocupou em comparar dois estilos distintos de administrar, aos quais deu o nome de Teoria X e Teoria Y, e que levavam em consideração o comportamento humano nas organizações. Estas teorias descrevem dois perfis de personalidade e comportamento de funcionários. Em uma delas, o funcionário é relaxado, preguiçoso e gosta pouco de trabalhar. Na outra, o funcionário é proativo, responsável e trabalhador. A teoria X e V é uma teoria de conteúdo e explicam quais fatores motivam as pessoas.

Alternativa "d": A teoria ERC buscou aprimorar a Teoria da Hierarquia das necessidades humanas de Abraham Maslow, com uma maior flexibilidade entre as diversas espécies de necessidades. Alderfer reduziu de cinco (Maslow) para três níveis. No topo estão as necessidades de crescimento (realizar seu potencial e desenvolver competências na resolução de problemas) e não as financeiras.

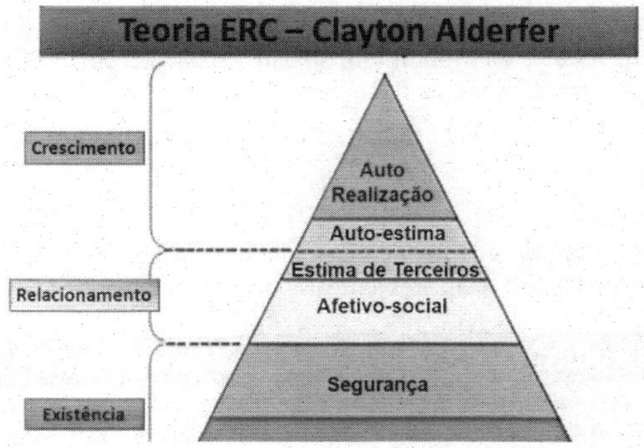

Alternativa "e": o autor David McClelland relaciona motivação e necessidades à aprendizagem. Segundo McClelland, ao longo da vida é que as necessidades humanas são aprendidas e adquiridas. Elas podem ser divididas em três categorias básicas:

Necessidade de realização: refere-se ao desejo de excelência, ser melhor;

Necessidade de poder: refere-se a obter autoridade, de controlar, ser responsável pelas outras pessoas;

Necessidade de afiliação: refere-se ao desejo de interação social, amizades e relações interpessoais.

110. (FCC – Analista Judiciário – Área Administrativa – TRT 20/2016) O termo "motivação" possui origem no Latim (movere) e designa a condição que influencia a direção do comportamento humano. O estudo da motivação busca compreender porque, em determinadas situações, os indivíduos escolhem, iniciam e mantêm determinadas ações. Nesse contexto, surgiram diversas Teorias Motivacionais que, conforme a abordagem adotada, podem ser classificadas de diferentes formas. As Teorias que possuem natureza descritiva e procuram explicar quais fatores, internos ou do ambiente, motivam as pessoas, são as denominadas Teorias

a) de conteúdo.
b) de processo.
c) bifatoriais.
d) multifatoriais.
e) comportamentais

▷ ***Comentários***

Nota do autor: podendo-se definir motivação como "aquilo que movimenta a natureza humana em busca de algum objetivo e a energia necessária para praticar qualquer ação". De forma simples, pode-se afirmar que o que leva o organismo a agir é o motivo. A motivação das pessoas na organização é complexa e depende de vários fatores, sejam eles internos (personalidade, emoções, capacidade de aprendizagem, valores, etc.), ou externos (características organizacionais, fatores sociais, política empresarial, sistemas de recompensas e punições, etc.). Várias são as teorias que versam sobre esse assunto.

As teorias da motivação estão classificadas em dois grandes grupos: as Teorias de Conteúdo e Teorias de processo.

Teorias de conteúdo

Explicam quais fatores motivam as pessoas

✓ McGregor, Maslow, Alderfer, Herzberg, Mclelland.

A motivação enfatiza a influência das razões, motivos e desejos que influem no comportamento humano.

Teorias de processo

✓ Buscam explicar como funciona a motivação.
✓ Skinner, Vroom, Lawler, Bandura, Locke e Lthan.

Enfatizam os valores e crenças no comportamento humano.

Alternativa correta: letra "a". As teorias gerais de conteúdo são aquelas que buscam analisar o comportamento humano, cujas motivações vão além das situações de trabalho. Dentre essas teorias, pode-se cita, dentre outras: a teoria das necessidades de Abraham Maslow; a teoria ERG de Alderfer e a teoria dos motivos de David McClelland.

Alternativa "b": As teorias motivacionais de processo buscam explicar o processo pelo qual a conduta se inicia, se mantém e termina.

Entre as teorias de processo destacam-se:

✓ Teorias das expectativas (de Victor Vroom)
✓ Teoria da equidade (de Stacy Adams)
✓ Teoria da modificação da conduta (B.F. Skinner)

Alternativa "c": a Teoria Bifatorial é uma espécie de teoria de conteúdo. Para essa teoria, fatores que determinam a motivação são a realização, o reconhecimento, o trabalho em si, a responsabilidade, o avanço e o crescimento.

Alternativa "d": a abordagem Multifatorial é denominada abordagem das aptidões. Segundo essa abordagem, a estrutura mental é formada por um número relativamente pequeno de grandes fatores mais ou menos entre si.

Alternativa "e": com o fim de explicar o comportamento organizacional, a Teoria Comportamental fundamenta-se no comportamento individual das pessoas, estudando a motivação humana. Os autores defendem que o gestor necessita conhecer as necessidades humanas para melhor compreender o comportamento humano e utilizar a motivação humana como poderoso meio melhor administrar

111. (FCC – Analista Judiciário – Área Administrativa – TRT 24/2017) Uma das classificações feitas pela literatura para distinguir as diversas teorias sobre a motivação no ambiente organizacional, corresponde às Teorias de Conteúdo, que procuram explicar

a) precipuamente o grau de correlação entre as recompensas oferecidas e a motivação para a sua consecução.
b) os processos cognitivos do indivíduo, que influenciam seu comportamento e geram motivação.
c) apenas os elementos objetivos que compõem a motivação, como salários e benefícios.
d) os componentes da motivação comuns aos diferentes grupos sociais, e não os fatores individuais.
e) quais fatores motivam as pessoas, dentro do indivíduo ou do ambiente que o envolve.

▷ ***Comentários***

Nota do autor: são várias as teorias que versam sobre motivação, sendo possível dividi-las em dois grandes grupos: teorias de processo e teorias de conteúdo.

Alternativa correta: letra "e" (responde todas as outras). As teorias de conteúdo se concentram nas necessidades internas que motivam o comportamento. Embora essas teorias não possam prever necessariamente a motivação e o comportamento elas podem oferecer uma compreensão básica sobre o que motiva os indivíduos, procuram explicar quais fatores motivam as pessoas, dentro do indivíduo ou do ambiente que o envolve.

112. (FGV – Técnico Judiciário – Área Administrativa – TRT 12/2017) Em uma reunião para definição de metas de desempenho individual para 2018, um funcionário declarou ao chefe: "Quero mostrar que dou conta de atribuições complexas; gosto de metas desafiadoras e quero ser o melhor membro da equipe". De acordo com as teorias de motivação, o funcionário apresenta, como necessidade predominante:

a) afiliação;
b) poder;
c) controle;
d) realização;
e) reforço.

▷ *Comentários*

Nota do autor: são várias as correntes e teorias motivacionais. A banca escolheu uma delas para explicar o comportamento do funcionário. Para acertar esse tipo de questão o candidato deve conhecer as teorias, seus pressupostos e princípios e suas classificações.

Alternativa correta: letra "d" (responde todas as outras alternativas). Essa questão se relaciona com a teoria de McClelland, também chamada de Teoria das Necessidades Adquirida. David McClelland relaciona motivação e necessidades à aprendizagem. Segundo McClelland, ao longo da vida é que as necessidades humanas são aprendidas e adquiridas. Elas podem ser divididas em três categorias básicas:

Necessidade de realização: refere-se ao desejo de excelência, ser melhor;

Necessidade de poder: refere-se a obter autoridade, de controlar, ser responsável pelas outras pessoas;

Necessidade de afiliação: refere-se ao desejo de interação social, amizades e relações interpessoais.

Fica claro que a conduta do funcionário e de quem tem o desejo de excelência, ser melhor, ou seja, de "realização".

113. (FCC – AJ TRT11/TRT 11/Administrativa/"Sem Especialidade"/2017) Ao longo do tempo, diferentes teorias se sucederam para explicar, sob diferentes abordagens, o fenômeno da motivação. Entre elas, a Teoria de Campo, desenvolvida por Kurt Lewin, segundo a qual

a) o comportamento é função ou resultado da interação entre a pessoa e o ambiente que a rodeia.
b) o reforço negativo é capaz de fortalecer uma reação quando remove um estímulo aversivo.
c) o comportamento humano é sempre orientado para resultados, o que se denomina instrumentalidade.
d) existe uma hierarquia de necessidades individuais a serem satisfeitas que pautam o comportamento dos indivíduos.
e) cabe diferenciar os fatores motivacionais intrínsecos, daqueles insatisfacientes, que são, em sua maioria, extrínsecos.

▷ *Comentários*

Nota do autor: dentre muitas teorias para explicar a motivação, Kurt Lewin, psicólogo alemão-americano, nascido em setembro de 1890, desenvolveu a Teoria de Campo, uma teoria da motivação que tem sua origem no pensamento da gestalt.

Alternativa correta: letra "a" (responde todas as outras alternativas). Essa teoria defende que o comportamento humano é dependente de dois fatores:

✓ O comportamento é derivado da totalidade dos fatos coexistentes;

✓ Esses fatos e eventos apresentam um campo dinâmico de forças, nos quais fatos ou eventos têm uma inter-relação com os demais, influenciando e sendo influenciado por eles.

Lewin propõe a seguinte equação, para explicar o comportamento humano:

C = f (P, M)

Nela, o comportamento (C) é função (f) ou resultado da interação entre a pessoa (P) e o meio ambiente (M) que a rodeia.

12. COMPORTAMENTO ORGANIZACIONAL

114. (FCC – Analista Judiciário – Área Administrativa – TRT 24/2017) A teoria sustentada por Herbert Simon para explicar o processo decisório no âmbito das organizações, aponta, entre outros aspectos, dois tipos de decisões:

a) as previsíveis, que refletem o comportamento padrão da organização; e as inovadoras, tomadas em um ambiente de mudança comportamental.
b) as autocráticas, tomadas pelo gestor sem participação dos envolvidos; e as participativas, decorrentes de processo de construção coletiva.
c) as consensuais, que refletem o consenso na organização; e as individuais, tomadas pelo responsável pela solução de um problema isolado.
d) as programadas, tomadas por meio de um conjunto de normas preestabelecidas; e as não programadas, que não comportam soluções padronizadas.
e) as autônomas, construídas dentro da própria organização; e as consultivas, que envolvem a participação de agentes externos à organização.

▷ *Comentários*

Nota do autor: o processo de tomada de decisão nas organizações nem sempre segue uma metodologia padronizada ou um processo modelado rigidamente e definido com precisão. Para explicar a tomada de decisão surgiram algumas teorias sobre o processo decisório. Herbert Alexander Simon (1916-2001), economista e psicólogo norte americano, foi um dos mais influentes cientistas sociais do século XX, seus trabalhos sobre a decisão e o comportamento humano têm até hoje influência marcante.

Alternativa correta: letra "d" (responde todas as outras alternativas). Para Simon as decisões podem ser divididas em duas categorias:

1) Programadas:

São aquelas rotineiras e repetitivas, fazem parte do acervo de soluções da organização, em regra, para decidir sobre situações que já foram enfrentadas anteriormente.

2) Não programadas:

Decisão única, tomada uma única vez, preparadas uma a uma, para decidir sobre situações que nãos e consegue resolver com as soluções padronizadas.

115. (FCC – Analista Judiciário – Área Judiciária – TRT 11/2017) A tomada de decisão é uma das atividades mais típicas do administrador. Existem diferentes tipos de decisão, sendo que algumas delas se realizam por meio de um conjunto de normas preestabelecidas, com base em um acervo de soluções da organização. Tais decisões são as denominadas

a) Programadas.
b) Padronizadas.
c) Recorrentes.
d) Impróprias.
e) Consultivas.

▷ *Comentários*

Nota do autor: o estudo do processo decisório é importante para que se possa estruturar o conhecimento sobre essa atividade vital para qualquer organização.

Alternativa correta: letra "a": Os principais tipos de decisões são abordados por Simon, em que ele distingue dois tipos de decisões:

1) **Programadas:**

São aquelas rotineiras e repetitivas, fazem parte do acervo de soluções da organização, em regra, para decidir sobre situações que já foram enfrentadas anteriormente.

2) **Não programadas:**

Decisão única, tomada uma única vez, preparadas uma a uma, para decidir sobre situações que nãos e consegue resolver com as soluções padronizadas.

116. (FGV - Analista Judiciário - Área Administrativa - TRT 12/2017) Para a criação de equipes eficazes é preciso que se considerem variáveis de contexto, de composição e de processos da equipe. É uma variável de processos da equipe, fortemente relacionada ao seu desempenho:

a) nível de conflito;

b) liderança;

c) tamanho da equipe;

d) alocação adequada de papéis;

e) sistemas de avaliação de desempenho.

▷ ***Comentários***

Nota do autor: a formação de equipes para realização de trabalhos está cada vez mais comum nas organizações, isso pela possibilidade de utilização melhor das qualidades dos funcionários, já que a flexibilidade é uma das mais marcantes características dessa forma de trabalho, elas também são mais flexíveis e reagem melhor às mudanças do que departamentos tradicionais.

Alternativa correta: letra "a" (responde todas as alternativas). Conforme ensina Robbins (2005)[9], são quatro os fatores imprescindíveis para o sucesso da equipe: contexto, composição, processo e projetos de trabalho.

No item processos podemos encontrar os seguintes itens:

Plano e propósito comuns: as equipes eficazes iniciam seus trabalhos analisando a missão, definindo os objetivos para atingi-la e desenvolvendo estratégias para isso.

9 ROBBINS, S. P.; JUDGE, T. A.; SOBRAL, F. Comportamento Organizacional: teoria e prática no contexto brasileiro. 14ª ed. São Paulo: Pearson, 2010.

Metas específicas: as equipes bem sucedidas traduzem seu propósito comum em metas de desempenho específicas, mensuráveis e realistas.

Autoconfiança da equipe: as equipes eficazes e bem sucedidas aumentam a convicção sobre seus sucessos futuros, o que aumenta a motivação de trabalhar cada vez mais e melhor.

Modelos mentais: envolve o conhecimento e crenças dos membros da equipe sobre como o trabalho deve ser feito.

Níveis de conflito: os conflitos de relacionamento (incompatibilidades interpessoais, tensões e animosidades entre as pessoas) quase sempre são disfuncionais. O conflito de tarefas (desacordo dos membros sobre o conteúdo da tarefa) estimula a discussão, promove a avaliação crítica de problemas e opções e pode conduzir a melhores decisões dentro da equipe.

Folga social: é quando os indivíduos se aproveitam do esforço do grupo e passam a não fazer o trabalho de sua responsabilidade, já que as contribuições individuais não podem ser identificadas.

117. (FGV - Analista Judiciário - Área Administrativa - TRT 12/2017) Um dos maiores problemas organizacionais é a comunicação. Sabendo disso, o novo gestor pretende escolher um canal rico de comunicação para comunicar seu plano de gestão. Em relação à riqueza de informação dos canais de comunicação, um dos canais menos ricos de informação é o/a):

a) videoconferência;

b) voicemail;

c) discurso ao vivo;

d) memorando;

e) discussão online.

▷ ***Comentários***

Nota do autor: comunicação é fator essencial e sensível em qualquer organização, de extrema importância para que a organização possa transmitir informações, fato, desejos, etc. É por intermédio da comunicação que a organização alcança sinergia, propiciando às pessoas a cooperar e a colaborar, somando forças e caminhando de forma interagida em prol dos objetivos organizacionais, procurando alcançar sempre a obtenção da maximização dos resultados, por meio de um trabalho em equipe. A organização deve aprender a valorizar cada mensagem recebida, para atuar em prol da melhoria contínua.

São vários os canais de comunicação e a riqueza do canal está relacionada a quantidade de informações que podem ser transmitidas durante um evento de comunicação, levando em consideração fatores como pessoalidade, bilateralidade, rapidez no feedback.

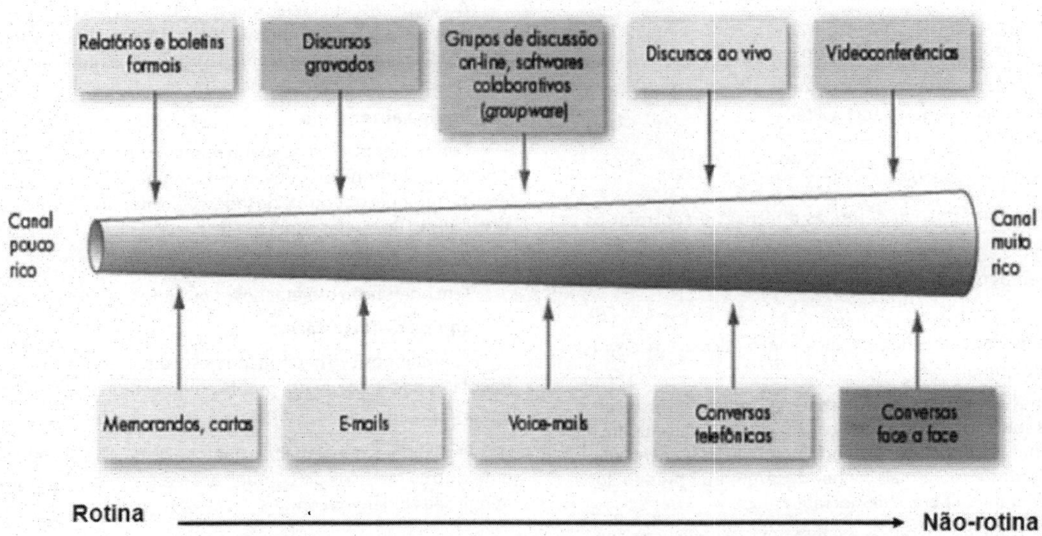

Fonte: Baseado em R. H. Lengel e R. L. Daft, "The selection of communication media as an executive skill", *Academy of Management Executive*, ago. 1988, p. 225-232; e R. L. Daft e R. H. Lengel, "Organizational information requirements, media richness, and structural design", *Managerial Science*, maio 1986, p. 554-572. Reproduzido de R. L. Daft e R. A. Noe, *Organizational behavior*. Fort Worth: Harcourt, 2001, p. 311.

ADMINISTRAÇÃO GERAL E PÚBLICA

Alternativa correta: letra "d" (responde todas as outras).

Dentre os canais apresentados, o canal menos rico de informação é sem dúvida o memorando, por não apresentar bilateralidade e rapidez no feedback, por exemplo.

12.1. COMPORTAMENTO ORGANIZACIONAL NO SETOR PÚBLICO

118. (FCC – Analista Judiciário – Área Administrativa – TRT 20/2016) Considere a situação hipotética descrita a seguir: o gestor de um projeto prioritário desenvolvido pela área de modernização do Tribunal se defronta com redução do orçamento original e precisa definir quais ações serão descontinuadas. Entre os possíveis modelos preconizados pela literatura para o processo decisório, o gestor em questão poderá adotar uma decisão consultiva, o que significa que a mesma deverá

a) refletir o consenso de todos os envolvidos.
b) ser tomada mediante a submissão do problema à autoridade superior.
c) expressar, necessariamente, a opinião da maioria dos envolvidos.
d) ser tomada por um especialista externo ao grupo envolvido.
e) ser tomada pelo próprio gestor, que considerará as opiniões apresentadas pelos envolvidos.

▷ ***Comentários***

Nota do autor: as espécies de líderes é um tema recorrente em prova, às vezes ligado à disciplina de Gestão de Pessoas, Likert (apud. Chiavenato, 2003) propõe um esquema em que quatro variáveis são consideradas: processo decisório, sistema de comunicação, relacionamento interpessoal e sistema de recompensas.

Alternativa correta: letra "e". São quatro os sistemas de liderança apresentados por Likert:

1) Autoritário-Coercitivo:

✓ Controle rígido de todos os acontecimentos da empresa;

✓ Processo decisório centrado apenas no topo da organização.

2) Autoritário-benevolente:

✓ Semelhante ao sistema Autoritário-Coercitivo, porém, é menos rígido;

✓ O processo decisório ainda se encontra na cúpula administrativa, mas pequenas decisões de natureza rotineira e simples são permitidas.

3) Consultivo:

✓ Grande avanço em direção ao participativo, que é um último sistema;

✓ O processo decisório participativo e consultivo;

✓ A confiança nos funcionários é mais elevada, o que faz a empresa criar sistemas para facilitar,

4) Participativo:

✓ Democrático e aberto;

✓ Cúpula administrativa define as diretrizes e controlar os resultados;

✓ Processo decisório é totalmente descentralizado aos níveis inferiores;

✓ Ambiente é de completa confiança, com participação e envolvimento grupal.

Existem teorias que versam sobre as espécies de líderes classificando-os. As teorias sobre estilos de liderança são aquelas que estudam a liderança em termos de estilos de comportamento do líder em relação aos seus subordinados. A teoria mais conhecida se refere a 3 (três) estilos de liderança: autocrática, liberal e democrática.

1) **Autocrático**: estilo de liderança que tem por característica a centralização das decisões, o líder é focado apenas nas tarefas;
2) **Liberal**: O líder permite total liberdade para a tomada de decisões individuais ou grupais, delas participando apenas quando solicitado pelo grupo. O comportamento do líder é evasivo e sem firmeza.
3) **Democrático**: liderança participativa, orientada para as pessoas, a divisão das tarefas fica a critério do grupo e cada membro tem liberdade de escolher seus companheiros de trabalho;

Existem outras classificações que são citadas por outras teorias, como líder carismático, compreendido no caráter extraordinário do líder que gera obediência.

O líder Democrático Consultivo toma a decisão depois de ouvir outras pessoas, ou seja, a decisão é tomada pelo próprio gestor, que considerará as opiniões apresentadas pelos envolvidos.

119. (FGV – Técnico Judiciário – Área Administrativa – TRT 12/2017) Uma agência do governo designou uma equipe de analistas para se reunirem algumas horas por semana para discutirem formas de melhorar a qualidade, a eficiência, os processos e os métodos de trabalho.

O tipo de equipe mais adequado para esse contexto é a:

a) de resolução de problemas;
b) autogerenciada;
c) virtual;
d) multifuncional;
e) processual.

▷ ***Comentários***

Nota do autor o bom funcionamento de uma empresa pode ser potencializado se ela for composta por equipes de trabalho, ou seja, por grupos de pessoas que desempenham suas funções de acordo com objetivos definidos, interagindo com todos da empresa, somando conhecimento e garantindo resultados de excelência.

Alternativa correta: letra "a" (responde todas as outras). Espécies de equipes de trabalho:

Segundo suas características, composição e função, pode-se classificar as equipes nas seguintes espécies:

1) **Equipe funcional**

Constituída por um gerente (gestor) e colaboradores diretos, onde hierarquia, tomada de decisões, relacionamento interpessoal e liderança são bem definidos.

2) **Equipe interfuncional**

Membros basicamente em um mesmo nível hierárquico, mas em áreas de atuação diferentes. Tem por objetivo proporcionar uma melhor forma de solucionar problemas por meio da troca de informações e ideias.

3) **Equipe de solução de problemas**

A equipe discute ideias e apresenta soluções para o andamento dos processos a ser melhorado. Nesse caso, os integrantes não têm autonomia para implementar mudanças, apenas apresentam possíveis soluções.

4) **Equipe autogerida**

Compostas por um pequeno número de pessoas que são responsáveis por determinada atividade e também por seus resultados, a equipe autogere o controle de todos, pelo monitoramento do trabalho, distribuição de tarefas e tomada de decisão.

5) **Equipe de projetos**

Tem por função projetar novos produtos/serviços para a empresa.

6) **Equipe de força-tarefa**

Com composição heterogênea, essa equipe deve encontrar formas imediatas para resolver um problema detectado na empresa.

7) **Equipe Virtual**

Profissionais que trabalham juntos a distância por meio da internet e de outros recursos de comunicação eletrônica, para que possam atingir seus objetivos comuns.

13. CULTURA E CLIMA ORGANIZACIONAL

120. (FCC – Analista Judiciário – Área Administrativa – TRT 15/2018) No que concerne aos atributos e elementos da cultura e do clima organizacional, tem-se que

a) a cultura é de mais difícil modificação, porém possui artefatos observáveis, como, por exemplo, os padrões utilizados nas instalações da organização.
b) o clima é um aspecto do comportamento organizacional de difícil aferição, não sendo possível identificá-lo com o uso de ferramentas de pesquisa.
c) a cultura é fortemente influenciada por fatores sociais e psicológicos dos integrantes da organização, e o clima exclusivamente por fatores do ambiente externo.
d) a cultura é exógena à organização, própria do ambiente em que atua, enquanto o clima é endógeno e de difícil modificação.
e) o clima constitui um elemento precursor da cultura na organização, influenciando a sua formação e modificação.

▷ *Comentários*

Nota do autor: Cultura organizacional é um conjunto de elementos que definem uma organização, um conjunto complexo de valores, crenças e ações que definem a forma como uma organização é conduz seu negócio. Essa cultura empresarial é importante para as organizações por guiar e alinhar os comportamentos dos funcionários no trabalho.

Níveis fundamentais da cultura:

1) Artefatos observáveis – caracterizados pela camada mais superficial e visível. São representados pela tecnologia, prédios e instalações, produtos, serviços, disposição física, vestimentas, maneiras como as pessoas se tratam, etc.
2) Valores – nem sempre é possível visualizá-los com facilidade, pois representam a camada intermediária da cultura, referem-se aos valores, normas, ideologias, filosofias adotadas e documentadas de uma cultura, etc.
3) Pressupostos básicos – camada mais profunda da cultura. Geralmente não é possível observá-los com facilidade, sendo representados pelo nível mais profundo da cultura, tais como crenças inconscientes, percepções e sentimentos.

Clima organizacional refere-se é a percepção coletiva da organização, que afeta a qualidade do ambiente de trabalho e, consequentemente, a satisfação e o desempenho dos colaboradores.

A cultura é algo mais difícil de mudar, por, dentre outros, refere-se a elementos formais.

a) **Certo.** A cultura é mais difícil de ser modificada, já o clima é mais fácil, por ser algo observável.
b) **Errado. O** clima é um aspecto do comportamento organizacional de mais fácil aferição, sendo possível identificá-lo com o uso de ferramentas de pesquisa.
c) **Errado.** O clima é fortemente influenciado por fatores sociais e psicológicos dos integrantes da organização, e o clima por fatores do ambiente internos, principalmente.
d) **Errado.** A cultura é intrínseca à organização e não exógena.
e) **Errado.** A Cultura constitui um elemento precursor da cultura na organização, influenciando a sua formação e modificação

121. (FCC – Analista Judiciário – Área Administrativa – TRT 20/2016) Cada organização, pública ou privada, possui um conjunto de elementos e aspectos capazes de orientar e influenciar o comportamento de seus componentes e a forma como se integram e relacionam com a organização. Nesse sentido, tem-se que

a) a cultura organizacional corresponde aos elementos internos na organização e o clima aos elementos exógenos, não passíveis de modificação.
b) os valores preconizados pela organização constituem a camada mais visível da cultura organizacional, possuindo caráter descritivo.
c) clima e cultura organizacional são conceitos coincidentes, apenas diferindo quanto ao observador, dado que a cultura somente é perceptível pelos próprios integrantes da organização.
d) o conjunto de percepções experimentadas pelos membros da organização, relativas à qualidade do ambiente, diz respeito ao clima organizacional.
e) os pressupostos básicos da cultura organizacional correspondem aos valores perseguidos pela organização, enquanto o clima organizacional se insere nos denominados artefatos observáveis.

▷ *Comentários*

Nota do autor: a questão versa sobre conceitos e características de Cultura e clima organizacional. Em razão da diversidade de conceitos que podem surgir, para acertar esse tipo de questão o candidato deve ficar atento aos principais elemento e características.

Cultura Organizacional pode ser conceituada como o conjunto de hábitos e crenças estabelecidos através de normas, valores, atitudes e expectativas compartilhadas por todos os membros da organização. Está ligada aos valores e ao modo de resolver os conflitos e situações dentro da instituição. É um aspecto presente em todas as organizações. É a personalidade de uma organização.

Clima Organizacional pode ser conceituado como um conjunto de propriedades mensuráveis do ambiente de trabalho percebido, direta ou indiretamente pelos indivíduos que vivem e trabalham neste ambiente e que influencia a motivação e o comportamento dessas pessoas. É a percepção que os funcionários têm do ambiente de trabalho.

Alternativa correta: letra "d". O clima organizacional é "composto" pela atmosfera da organização que acaba por condicionar o comportamento dos seus membros. A alternativa considerada certa trouxe um conceito construído por Litwin (apud LUZ, 2003, p.10). Para esse autor, o Clima Organizacional "é a qualidade ou propriedade do ambiente organizacional, que é percebida ou experimentada pelos membros da organização e influencia o seu comportamento".

Alternativa "a": não existe essa divisão entre elemento internos e externos, cultura e clima organizacionais tem definições distintas, como visto anteriormente.

Alternativa "b": os artefatos preconizados pela organização constituem a camada mais visível da cultura organizacional.

Alternativa "c": como visto, clima e conceito organizacional são conceitos diversos.

Alternativa "e": pressupostos básicos é um conjunto de premissas e crenças que permeiam todos os escalões hierárquicos, perceptíveis tanto nas situações cotidianas como no enfrentamento de crise, porém que não evidenciados nas políticas e diretrizes explicitadas pela empresa. Fazem parte da cultura organizacional e estão presentes em seu nível mais profundo.

Artefatos são o primeiro nível da cultura, o mais superficial, visível e perceptível. São as coisas que cada um vê, ouve e sente quando se depara com uma organização cuja cultura não é familiar. É tudo que, no seu conjunto, define uma cultura e revela como a cultura dá atenção a elas, incluindo produtos, serviços e os padrões de comportamento.

122. (FCC – Analista Judiciário – Área Administrativa – TRT 23/2016) O Clima Organizacional é constituído, basicamente, por elementos de natureza

a) intrínseca, ligada ao sistema de recompensas e punições, diretas e indiretas, estabelecidos no bojo da organização.
b) cultural e é formado a partir das crenças e valores disseminados, implícita ou explicitamente, pela organização.
c) afetiva, correspondente à forma como o indivíduo percebe os diferentes procedimentos, práticas e política da organização.
d) cognitiva, resultante da percepção compartilhada acerca de diversos aspectos formais e informais da organização.
e) transacional, contemplando tanto aspectos objetivos como subjetivos, de cunho eminentemente pessoal e psicológico.

▷ *Comentários*

Nota do autor: o conceito de clima organizacional envolve reconhecer as influências ambientais sobre os funcionários. Percebe-se, assim, o grau de complexidade envolvido quando uma organização quer conhecer a qualidade do seu ambiente organizacional.

Alternativa correta: letra "d" (responde todas as outras). Cognição é o processo ou faculdade de adquirir um conhecimento. Para Judge, Robbins e Sobral (2011) o Clima Organizacional faz menção das percepções que os colaboradores de uma organização têm sobre ela e seu ambiente de trabalho. As pessoas passam então por um processo de aprendizagem que, ao fazerem parte, experimentam o clima de uma organização, por intermédio das "percepções compartilhadas (de ênfase cognitiva e afetiva) que os membros desenvolvem através das suas relações com as políticas, práticas e procedimentos organizacionais tanto formais quanto informais" -Toro – 2001).

Em suma, o clima organizacional envolve percepção e influência.

123. (FCC – Analista Judiciário – Área administrativa – TRT 11/2017) A cultura organizacional constitui um fenômeno estudado por diversos autores, estreitamente ligado à própria identidade da organização e à forma como ela é vista por seus integrantes e pela sociedade. Os autores costumam apontar, entre os aspectos, mais facilmente perceptíveis da cultura de uma organização

a) o clima organizacional.

b) os ritos de degradação.

c) a osmose geográfica.

d) a ideologia.

e) os artefatos observáveis.

▷ ***Comentários***

Nota do autor: os valores sociais considerados importantes para os integrantes de uma organização constituem valores compartilhados que compõem uma cultura organizacional. De acordo com Edgar H. Schein, existem 3 níveis de análise da cultura organizacional.

Artefatos: primeiro nível da cultura, o mais superficial, visível e perceptível. São as coisas que cada um vê, ouve e sente quando se depara com uma organização cuja cultura não é familiar. É tudo que, no seu conjunto, definem uma cultura e revelam como a cultura dá atenção a elas, incluindo produtos, serviços e os padrões de comportamento.

Valores compartilhados: constituem o segundo nível da cultura. São os valores relevantes que se tornam importantes para as pessoas e que definem as razões pelas quais elas fazem o que fazem. Funcionam como justificativas aceitas por todos os membros. Em muitas culturas organizacionais, os valores são criados originalmente pelos fundadores da organização.

Pressuposições básicas: constituem o terceiro nível da cultura organizacional, o mais íntimo, profundo e oculto. São as crenças inconscientes, percepções, sentimentos e pressuposições dominantes em que os membros da organização acreditam. A cultura prescreve "a maneira certa de fazer as coisas", adotada na organização, muitas vezes através de pressuposições não escritas e nem sequer faladas.

Alternativa correta: letra "e".

Alternativa "a": para Judge, Robbins e Sobral (2011) o Clima Organizacional faz menção das percepções que os colaboradores de uma organização têm sobre ela e seu ambiente de trabalho.

Alternativa "b": ritos são alguns dos elementos compões a cultura organizacional e quando conectados, podem se constituir em cerimônias. São eles: rito de Integração; rito de Passagem; rito de Degradação; Rito de Reforço; Rito de Renovação. Rito de Degradação diz respeito à retirada de poder, como em casos de demissão, ou, aposentadoria dos funcionários.

Alternativa "c": osmose geográfica é um dos reforçadores de culturas (Torquato – 1992). São eles: aspecto histórico; a natureza técnica da empresa; modelo de gestão; e osmose geográfica.

Osmose geográfica refere-se à interpenetração de culturas, quando várias empresas se localizam na mesma região, influenciando-se mutuamente.

Alternativa "d": Autores dedicados ao tema da cultura organizacional costumam convergir no que diz respeito às dimensões componentes desse conceito, que são: material, psicossocial e ideológica. Assim, na cultura organizacional, os valores compreendem as crenças, os preconceitos, a ideologia e todos os tipos de atitudes e julgamentos compartilhados pelos integrantes da organização, a respeito de qualquer elemento, interno ou externo.

124. (FCC – Analista Judiciário – Área Administrativa – TRT 24/2017) A cultura organizacional contempla o conjunto de valores e crenças que mantêm unidos os membros da organização e, por outro lado, produz perante a sociedade, através do conjunto de percepções, o que chamamos de imagem corporativa. Entre os níveis fundamentais da cultura apontados pela literatura, estão os denominados Pressupostos Básicos, que correspondem

a) aos valores da organização, traduzidos na filosofia e ideologia adotadas.

b) aos aspectos formais e abertos da cultura organizacional.

c) à moldura normativa da organização, que contempla os comportamentos esperados e os reprováveis.

d) aos símbolos e ícones representativos da organização, facilmente observáveis.

e) à camada mais profunda da cultura, composta por crenças, percepções e sentimentos.

▷ ***Comentários***

Nota do autor: Para Edgar Schein, o fenômeno da cultura organizacional é formado por três níveis de conhecimento os pressupostos básicos, os valores, os artefatos.

Alternativa correta: letra "e". Pressupostos básicos é um conjunto de premissas e crenças que permeiam todos os escalões hierárquicos, perceptíveis tanto nas situações cotidianas como no enfrentamento de crise, porém que não são evidenciados nas políticas e diretrizes explicitadas pela empresa. Fazem parte da cultura organizacional e estão presentes em seu nível mais profundo.

Alternativa "a" e "c": valores correspondem aos atributos e às virtudes prezados pela organização, são princípios e padrões que orientam a atuação da organização e que devem ser internalizados em sua cultura.

Alternativa "b" e "d": artefatos são o primeiro nível da cultura, o mais superficial, visível e perceptível. São as coisas que cada um vê, ouve e sente quando se depara com uma organização cuja cultura não é familiar. É tudo que, no seu conjunto, definem uma cultura e revelam como a cultura dá atenção a elas, incluindo produtos, serviços e os padrões de comportamento.

14. GESTÃO DE DESEMPENHO E GESTÃO DE RESULTADO NO SETOR PÚBLICO

125. FCC – 2024 – TRT 11 – Analista Judiciário/Área Administrativa

Na gestão por resultados, em relação à produção de serviços públicos, há a etapa de formulação da política pública e a de implementação de ações. Nesta última, considerando que a formulação traduz os objetivos da política pública em resultados, a coordenação para atingi-los se dá

a) pela indicação de metas burocráticas.

b) por avaliação sem definição de indicadores.

c) por anotação de eixos cumpridos.

d) pela orientação por resultados.

e) pela busca de menor autonomia.

▷ ***Comentários***

Nota do autor: A gestão por resultados é uma abordagem focada na obtenção de objetivos específicos e mensuráveis, priorizando a eficácia e a eficiência no alcance dos resultados desejados. Essa metodologia envolve o estabelecimento de metas claras, a definição de indicadores de desempenho e a constante avaliação dos progressos realizados.

Alternativa correta: letra "d": na gestão por resultados, a etapa de implementação de ações é diretamente orientada pelos objetivos definidos na formulação da política pública. Durante a formulação, são estabelecidos os resultados específicos que a política pretende alcançar. Na etapa de implementação, a coordenação das atividades e recursos é feita com foco nesses resultados previamente definidos. Isso garante que todas as ações realizadas estejam alinhadas com os objetivos estabelecidos, promovendo uma execução eficaz e eficiente das políticas públicas. A orientação por resultados permite uma gestão mais transparente e responsável, onde o progresso pode ser monitorado e ajustado conforme necessário para atingir os resultados desejados.

Alternativa "a": metas burocráticas não condizem com a gestão por resultados.

Alternativa "b": indicadores são fundamentais para a gestão por resultados porque fornecem as métricas necessárias para avaliar o progresso e o desempenho em relação aos objetivos estabelecidos. Eles desempenham várias funções cruciais

Alternativa "c": não está de acordo com os princípios dessa modalidade de gestão.

Alternativa "e": a autonomia é essencial na gestão por resultados por várias razões que fortalecem a eficácia e a eficiência das operações organizacionais. Ela capacita as equipes a tomar decisões informadas, inovar e se adaptar rapidamente, mantendo sempre o foco nos objetivos estratégicos e promovendo uma cultura de responsabilidade e melhoria contínua.

126. FCC – 2023 – TRT 21 – Analista Judiciário/Área Administrativa

A ferramenta de gestão denominada OKR – Objectives and Key Results possuí como característica relevante

a) o estabelecimento de resultados-chave para cada objetivo, os quais devem ser desafiadores e objetivamente mensuráveis em um gradiente de 0 a 100%.

b) a escolha de, no máximo, 3 objetivos-chave para alinhar a estratégia da organização com todos os seus colaboradores.

c) a escolha de colaboradores-chave que, juntamente com os gestores e lideres, devem fomentar a persecução de objetivos estratégicos e motivar a equipe.

d) a necessidade de prévia identificação da chave ou missão da organização, e que se traduz em meta a ser perseguida por todos os seus integrantes.

e) uma abordagem flexível e customizável para as metas e indicadores que integram o planejamento estratégico, evitando métricas quantitativas.

▷ ***Comentários***

Nota do autor: Basicamente, trata-se de uma metodologia que coloca os objetivos definidos pela empresa no centro das atividades das equipes. Dessa forma, cada colaborador conhece as metas globais do negócio e entende como suas metas individuais contribuem para o alcance dos objetivos organizacionais.

Alternativa correta: letra "a":

Alternativa "b": Para cada objetivo, recomenda-se que sejam estabelecidos de 02 a 05 key results, que devem ser:

Quantitativos

Baseados em critérios de sucesso que mostram progressos

Baseados em métricas ou milestones ("etapas"/"marcos" a cumprir)

Alternativa "c": Bottom-Up e Top-Down – São "acordados" entre gestor e colaborador, o método prioriza que sejam definidos de forma bottom-up ("de baixo, para cima"), o próprio colaborador que vai trabalhar naquele OKR participa da elaboração de suas metas. As metas estabelecidas nesse método são traçadas, preferencialmente, em ciclos curtos, normalmente para um período de, no máximo, 03 meses;

O objetivo é que se tenha mais agilidade, fazendo com que seja possível obter rápidas adaptações às mudanças.

Alternativa "d": As metas são definidas para um período de tempo mais curto, sendo mais tangível

Os resultados-chave são reportados semanalmente, fazendo com que seja possível antecipar o final do trimestre e recuperar-se para alcançar a meta estabelecida.

Alternativa "e": Os Keys results devem ser:

Quantitativos

Baseados em critérios de sucesso que mostram progressos

Baseados em métricas ou *milestones* ("etapas"/"marcos" a cumprir).

127. (FGV – Técnico Judiciário – Área Administrativa – TRT 16/2022) A competição administrada, filosofia na qual unidades internas da Administração Pública são estimuladas a competirem entre si, em termos de produtividade, é uma característica do modelo de gestão conhecido por

a) burocracia.

b) patrimonialismo.

c) gestão participativa.

d) administração clientelista.

e) gestão por resultado.

▷ ***Comentários***

Nota do autor: A questão se refere à Gestão Por Resultado. O conceito de "gestão por resultados" foi introduzido pela primeira vez por Peter Drucker, um dos mais influentes teóricos da administração moderna, em seu livro "The Practice of Management", de 1954.

Quando uma empresa adota a gestão por resultados, ela estabelece que:

- Os resultados se tornam a referência central para todo o processo de gestão;
- Todos os membros da organização são responsáveis pelos resultados obtidos, bem como pelos não alcançados, incluindo oportunidades perdidas;
- Todas as unidades de negócio devem estar integradas e trabalhar em conjunto para alcançar os mesmos resultados, cada uma contribuindo com suas atribuições específicas;
- A ênfase é colocada nos resultados obtidos, em detrimento dos processos e procedimentos em si.

a) Alternativa incorreta: O modelo burocrático é fundamentado na autoridade racional-legal, onde a administração opera com base em leis e regulamentos, e mantém um controle rigoroso sobre os processos. Ele preconiza a separação clara entre os setores público e privado.

b) Alternativa incorreta: O patrimonialismo é caracterizado por um conjunto de costumes e relações pessoais que predominam nas práticas de gestão. Nesse modelo, os interesses privados tendem a prevalecer sobre os interesses coletivos.

c) Alternativa incorreta: O modelo de Gestão Participativa é coerente com o seu nome, pois promove genuinamente a participação dos colaboradores, exigindo o envolvimento ativo de todos. Em comparação com os modelos anteriores, este formato é mais aberto, onde a tomada de decisão não é exclusivamente atribuída às lideranças, mas envolve a participação de todos os envolvidos.

d) Alternativa incorreta: O clientelismo é caracterizado pela troca de bens e serviços por apoio político, podendo essa troca ser explícita ou implícita. Envolve a prática de distribuir empregos, favores e outros benefícios aos seguidores em troca de apoio político.]

e) Alternativa correta:

128. (Cespe – Analista Judiciário – Área Administrativa – TRT 8/2016) Assinale a opção correta com referência à gestão de desempenho e à gestão de resultados na produção de serviços públicos.

a) Na gestão de desempenho por competências, o conhecimento é o componente mais importante a ser observado no empregado, pois a entrega do serviço final para a instituição depende de essa característica estar presente no indivíduo.

b) Na gestão de desempenho por competências, a prioridade é avaliar, em detrimento de competências individuais, o alcance das competências organizacionais, porque são estas últimas que contribuem para a sobrevivência e a diferenciação da organização no segmento em que atua.

c) A gestão por resultados envolve o monitoramento e a avaliação de desempenho da instituição para a verificação dos resultados almejados, bem como a retroalimentação e a adoção de medidas corretivas decorrentes da avaliação.

d) A administração gerencial no setor público absorveu características da administração burocrática por remunerar e promover servidores com base no tempo de serviço.

e) A administração por resultados no setor público tem como foco o alcance de metas orçamentárias, independentemente do grau de satisfação do cidadão.

▷ ***Comentários***

Nota do autor: Gestão de Desempenho é um mecanismo utilizado para o alinhamento da estratégia organizacional com a política de gestão de pessoas. Visa o entendimento do que seja desempenho para os objetivos organizacionais, possibilitando uma nova forma de gestão de pessoas, voltada para o desempenho desejado. Também chamada de Gestão de Performance, tem como escopo a gestão das atividades da organização de forma que seus objetivos estejam sempre sendo atendidos de forma eficiente e eficaz.

A Gestão de Resultados se direciona para o cumprimento de objetivos e metas estabelecidos pela Administração. Diferente da maioria dos modelos que focam o processo, a Gestão de Resultados se direciona para o cumprimento de objetivos e metas. Tem como fundamento o comprometimento real da equipe e o empenho de todos, inclusive dos gestores.

Alternativa correta "C". Em razão de suas peculiaridades, a Gestão por Resultados caracteriza-se pelo ciclo:

1) Estabelecer os resultados desejados;

2) Monitorar e avaliar o desempenho conforme o alcance dos resultados;

3) Retroalimentar o sistema de gestão para as correções necessárias.

Alternativa "A". Na Gestão de Desempenho por Competências o conhecimento é um dos elementos, também é importante ter habilidades (saber fazer) e atitudes (querer fazer).

Alternativa "B". Na Gestão de Desempenho por Competências, as competências individuais são primordiais para o alcance dos objetivos organizacionais.

Alternativa "D". A Administração Gerencial tem por foco o resultado e em nada tem a ver com a administração burocrática.

Alternativa "E". A Administração por resultados no setor público tem por foco o denominado "cidadão-cliente", sendo sua satisfação seu principal parâmetro.

15. OUTROS TÓPICOS DE ADMINISTRAÇÃO PÚBLICA

15.1. CONVERGÊNCIAS E DIFERENÇAS ENTRE A GESTÃO PÚBLICA E A GESTÃO PRIVADA

129. (FCC - 2024 - TRT 11 - Analista Judiciário/Área Administrativa) Na esfera da administração pública, um programa de governo é composto por diversos projetos, daí a importância da gestão desses projetos. E, visando a organização que domine as técnicas e ferramentas da disciplina do gerenciamento de projetos, a fim de apoiá-los e viabilizá-los, tem-se a criação de

a) *hub* de projetos.

b) escritório de projetos.

c) executor de projetos.

d) *folder* de projetos.

e) cartela de projetos.

▷ ***Comentários***

Nota do autor: A gestão de projetos é uma disciplina essencial que envolve a aplicação de conhecimentos, habilidades, ferramentas e técnicas para planejar, executar e finalizar projetos de maneira eficaz e eficiente. Seu objetivo principal é atingir as metas específicas dentro das restrições estabelecidas, como prazo, orçamento e qualidade. Um gerenciamento de projetos bem-sucedido depende da definição clara dos objetivos, do planejamento detalhado das atividades, da coordenação eficiente dos recursos e do monitoramento contínuo do progresso.

Alternativa correta: letra "b": na gestão de projetos, a criação de um escritório de projetos é essencial para apoiar e viabilizar a execução de diversos projetos dentro de um programa de governo. O escritório de projetos (ou PMO, do inglês Project Management Office) é responsável por centralizar e coordenar as atividades relacionadas ao gerenciamento de projetos, incluindo o desenvolvimento de padrões, processos, ferramentas e treinamentos. Ele atua como um ponto focal para a gestão eficiente dos projetos, promovendo boas práticas e garantindo que os objetivos sejam alcançados de forma eficaz e alinhada com a estratégia organizacional.

Alternativa "a": hub de projetos: A palavra "hub" geralmente se refere a um ponto central de conexão ou concentração. No contexto de gerenciamento de projetos, não é comum usar o termo "hub de projetos". Além disso, um hub não desempenha o papel específico de coordenar e apoiar projetos como um escritório de projetos.

Alternativa "c": executor de projetos: O executor de projetos é geralmente uma pessoa ou equipe responsável pela implementação direta das atividades do projeto. No entanto, não é uma estrutura organizacional abrangente como um escritório de projetos. O executor de projetos não lida com a coordenação, padronização e apoio a vários projetos simultaneamente.

Alternativa "d": folder de projetos: A palavra "folder" se refere a uma pasta ou arquivo físico. No contexto de gerenciamento de projetos, não existe algo como um "folder de projetos". O termo não está relacionado à gestão eficaz de projetos.

Alternativa "e": cartela de projetos: "Cartela" não é um termo comumente comum no contexto de gerenciamento de projetos. Não há uma definição clara para "cartela de projetos". Portanto, essa alternativa não representa uma prática reconhecida de gestão de projetos.

130. (FCC – Técnico Judiciário – Área Administrativa – TRT 4/2022) Dentre os princípios básicos que informam toda a Administração pública estão os da

a) legitimidade, independência, maturidade, publicidade e eficiência.

b) legalidade, impessoalidade, moralidade, publicidade e eficácia.

c) legitimidade, impessoalidade, maturidade, parafiscalidade e eficácia.

d) legalidade, independência, maturidade, parafiscalidade e eficácia.

e) legalidade, impessoalidade, moralidade, publicidade e eficiência.

▷ ***Comentários***

Nota do autor. Texto da Constituição Federal:

> Art. 37. A administração pública direta e indireta de qualquer dos Poderes da União, dos Estados, do Distrito Federal e dos Municípios obedecerá aos princípios de legalidade, impessoalidade, moralidade, publicidade e eficiência

131. (FCC – Técnico Judiciário – Área Administrativa – TRT 4/2022) Uma das manifestações de uma administração ética é o compromisso com a pauta Environmental, Social and Governance (ESG). Para alcançar a almejada responsabilidade social, faz-se necessário planejamento, em especial:

I. incorporando objetivos sociais no planejamento estratégico.

II. comparando normas e programas sociais próprios com os de outras organizações.

III. avaliando o retorno alcançado em investimentos em programas sociais.

Está correto o que se afirma em

a) I e II, apenas.

b) I e III, apenas.

c) I, II e III.

d) II e III, apenas.

e) I, apenas.

▷ ***Comentários***

Nota do autor. O conceito de ESG, que reúne as políticas de meio-ambiente, responsabilidade social e governança. A definição de "o que é ESG" pode variar conforme as características de cada companhia, porque não necessariamente é preciso ter um produto sustentável.

Cada uma doa itens da questão se refere a uma das etapas do planejamento de uma das dimensões do ESG, a dimensão social.

Assim, todos os itens estão corretos.

132. (Cespe – Analista Judiciário – Área Judiciária – TRT 8/2022) No contexto da gestão pública, a competência interpessoal

a) é composta somente pela percepção.

b) é uma competência que não pode ser treinada, visto que seu desenvolvimento deve ocorrer em quatro níveis: o individual, o grupal, o organizacional e o governamental.

c) é a habilidade de lidar eficazmente com as relações interpessoais, sabendo tratar outras pessoas de forma adequada às necessidades de cada um e de acordo com a situação.

d) tem componentes relacionais, mas não compreende a dimensão emocional-afetiva.

e) não precisa ser considerada, em funções de liderança, visto que a competência técnica é suficiente para um desempenho total e eficaz.

▷ ***Comentários***

Nota do autor. Competência interpessoal é a capacidade de lidar eficazmente com as relações interpessoais, abordando as necessidades individuais de cada pessoa e adaptando-se às exigências específicas de cada situação. Essa habilidade envolve a capacidade de se comunicar de forma clara, ouvir atentamente, resolver conflitos de maneira construtiva e estabelecer conexões significativas com os outros.

A) Alternativa incorreta: A competência interpessoal conta com dois itens de grande importância em sua composição, são eles: a percepção e a habilidade. Importante ressaltar que esse processo da percepção necessita ser treinado para uma visão que seja completamente cuidadosa acerca da situação interpessoal.

B) Alternativa incorreta. esse processo necessita ser treinado para uma visão que seja completamente cuidadosa acerca da situação interpessoal.

C) Alternativa correta.

D) Alternativa incorreta. Compreende a dimensão emocional-afetiva.

E) É necessário ser considerada em funções de liderança, visto que a competência é fundamental para um desempenho total e eficaz.

---

133. (Cespe – Técnico Judiciário – Área Administrativa – TRT 8/2022) Assinale a opção que indica um tema recente que permeia a área de gestão de pessoas e para o qual as organizações devem dedicar especial atenção, levando em conta não somente os resultados financeiros, mas também o meio ambiente e as pessoas, visando à continuidade e à obtenção de resultados duráveis ao longo do tempo.

a) ética

b) sustentabilidade

c) governança corporativa

d) sistema anticorrupção

e) compliance

▷ ***Comentários***

Nota do autor. Sustentabilidade é a capacidade de utilizar os recursos naturais de forma consciente, garantindo sua disponibilidade para as gerações presentes e futuras sem comprometer o bem-estar humano e o equilíbrio dos ecossistemas.

A) Alternativa incorreta. A ética na administração pública também está associada à imparcialidade e objetividade. Os gestores e servidores públicos devem conduzir suas atividades de maneira imparcial e objetiva, sem favorecer interesses pessoais ou grupos específicos.

B) Alternativa correta.

C) Alternativa incorreta. Governança corporativa e Sustentabilidade não são alternativos, são complementares.

D) Alternativa incorreta. Embora o Sistema Anticorrupção seja importante para promover a integridade, esta opção não aborda diretamente a preocupação ambiental e pode ser mais específica do que o solicitado no enunciado.

E) Alternativa incorreta. Similar à opção D, Compliance é relevante, mas pode ser considerada mais específica e não abrange explicitamente a preocupação com a sustentabilidade ambiental.

Alternativa correta: letra "B"

---

134. (Cespe – Analista Judiciário – Área Administrativa – TRT 8/2016) No que se refere às convergências e diferenças entre a gestão pública e a gestão privada, assinale a opção correta.

a) Tanto na gestão pública quanto na privada, as práticas da transparência e da equidade são obrigatórias..

b) Os princípios da legalidade, impessoalidade, moralidade, publicidade e eficiência devem ser obedecidos obrigatoriamente de forma igualitária pela administração pública e privada.

c) O governo e as empresas públicas existem para servir aos interesses gerais da sociedade, ao passo que as responsabilidades das empresas privadas são inerentes à natureza e à dimensão do poder a elas atribuído legalmente.

d) Na administração pública, tal qual na iniciativa privada, o administrado / cliente só pode ser cobrado pelo bem ou serviço que efetivamente utilizar.

e) No contexto das entidades públicas, a eficiência e a eficácia — mensuradas na iniciativa privada por fatores como aumento de receitas e expansão de mercados — estão relacionadas à correta utilização dos recursos e, primordialmente, à qualidade do atendimento prestado ao cidadão e à sociedade.

▷ ***Comentários***

Nota do autor: as diferenças e similitudes entre a gestão pública e privada são frequentemente exigidas em provas. A principal diferença está, certamente, em seus objetivos, enquanto que as organizações privadas, em regra com fins lucrativos, buscam o lucro, suas finalidades são mais particulares, visando o desenvolvimento da organização e o benefício de pessoas específicas, como os proprietários ou gestores e os funcionários. Já a moderna Administração Pública deve buscar a satisfação máxima possível do denominado cidadão-cliente, tendo por finalidade principal o bem comum, descrito na Constituição Federal, ajustando-se aos projetos e às políticas governamentais.

Alternativa correta: letra "e". Apesar de terem focos distintos, para atingirem seus objetivos, tanto a Administração Pública quanto a privada devem pautar suas gestões pela eficiência e a eficácia. Conforme afirma a alternativa, a correta utilização dos recursos e, primordialmente, a qualidade do atendimento prestado ao cidadão e à sociedade, são fatores preponderantes. Já na iniciativa privada, essa mensuração ocorre levando-se em consideração fatores de ordem mais particular e importante para organização, como faturamento, lucro, redução de custos, etc.

Alternativa "a" a despeito de terem que seguir a leis, no âmbito privado, estas estão mais ligadas ao relacionamento da entidade com o ambiente na qual ela está inserida e com todos os interessados em sua operação. Assim, apesar de ser fortemente recomendada, a transparência no setor privado não é exatamente uma obrigatoriedade, ao menos não nos mesmos moldes do setor público cujo patrimônio é público.

Alternativa "b": os princípios da legalidade, impessoalidade, moralidade, publicidade e eficiência, que tem cunho constitucional, devem ser obedecidos obrigatoriamente pela Administração Pública, ficando a administração privada desobrigada desse cumprimento, ao menos no sentido exato dado na Constituição, isso porque, de forma ampla, todas as pessoas, inclusive pessoas jurídicas do setor privado, devem agir dentro da legalidade, por exemplo.

Alternativa "C": atribuição legal, em regra é a Administração Pública que possui.

Alternativa "D": realmente, na administração privada, o cliente só será cobrado pelo bem ou serviço que efetivamente utilizar, contratar ou adquirir. Na administração pública, em razão da sua função distributiva e do caráter solidário da sobrevivência do Estado, em regra, não há correlação direta entre a cobrança de valores do cidadão e a contraprestação por parte do Estado ou utilização de serviços públicos.

Vejamos as definições, por exemplo, de tributos, impostos e taxas previstas no CTN – Código Tributário Nacional:

> "Tributo é toda prestação pecuniária compulsória, em moeda ou cujo valor nela se possa exprimir, que não constitua sanção de ato ilícito, instituída em lei e cobrada mediante atividade administrativa plenamente vinculada".
>
> "Imposto é o tributo cuja obrigação tem por fato gerador uma situação **independente de qualquer atividade estatal específica, relativa ao contribuinte**".
>
> "As taxas cobradas pela União, pelos Estados, pelo Distrito Federal ou pelos Municípios, no âmbito de suas respectivas atribuições, têm como fato gerador o exercício regular do poder de polícia, ou a utilização, **efetiva ou potencial**, de serviço público específico e divisível, prestado ao contribuinte **ou posto à sua disposição**".

15.2. GOVERNANÇA/GOVERNABILIDADE

135. (FCC – 2023 – TRT 21 – Analista Judiciário/Área Administrativa) Conforme estabelecido pelo Referencial Básico de Governança Organizacional para organizações públicas e outros entes jurisdicionados ao TCU (3ª edição), a Governança envolve diversos preceitos e boas práticas, entre as quais a denominada *accountabílity*, que

a) consiste em ações de *compliance* voltadas à observância de regras de conformidade, legalidade e *standars* éticos no âmbito das organizações.

b) não se resume à simples transparência, demandando que o gestor justifique suas ações do ponto de vista da gestão de recursos públicos e seja responsabilizado pelos resultados decorrentes.

c) se aplica para a gestão de riscos, com as etapas de identificação, mensuração, análise de impacto e de probabilidade, e, por fim, medidas de mitigação ou alocação.

d) é sinônimo de orçamento por resultados, no qual os recursos públicos só podem ser alocados para ações anteriormente mensuradas.

e) representa um conceito contemporâneo que supera a eficácia e a eficiência, correspondendo aos resultados tangíveis apropriados pela sociedade.

▷ ***Comentários***

Nota do autor: A accountability é um conceito fundamental na gestão por resultados, pois garante que indivíduos e equipes sejam responsáveis pelas suas ações e resultados.

Alternativa correta: letra "B": Accountability é a responsabilidade e a obrigação de prestação de contas que indivíduos ou organizações têm em relação às suas ações, decisões e resultados. No contexto empresarial e da gestão, accountability refere-se à necessidade de prestar contas sobre o desempenho, a utilização de recursos e o cumprimento de metas e objetivos.

A contabilidade é uma ferramenta essencial para garantir a accountability nas empresas. Ela fornece informações e relatórios que permitem aos gestores e proprietários entenderem a saúde financeira do negócio, tomarem decisões informadas e cumprirem obrigações legais. Além disso, a contabilidade é fundamental para a transparência e a confiança entre os diversos stakeholders, como governos, fornecedores, bancos, investidores, funcionários e sindicatos.

Alternativa "a": compliance é a conformidade com leis, regulamentos, políticas e normas estabelecidas que indivíduos ou organizações devem seguir. No contexto empresarial, compliance refere-se à adoção de práticas e procedimentos que garantam que a empresa e seus funcionários atuem de acordo com as exigências legais e éticas aplicáveis.

Alternativa "c": a gestão de risco é o conjunto de atividades coordenadas que têm o objetivo de gerenciar e controlar uma organização em relação a potenciais ameaças, seja qual for a sua manifestação.

Alternativa "d": orçamento por resultados é uma abordagem de planejamento financeiro que aloca recursos com base nos resultados específicos que uma organização deseja alcançar. Em vez de simplesmente distribuir fundos de acordo com as necessidades históricas ou departamentais, essa metodologia orienta o orçamento em função dos objetivos estratégicos e dos resultados mensuráveis.

Alternativa "e": não se refere a accountabílity.

136. (FCC – 2024 – TRT 11 – Analista Judiciário/Área Administrativa) A avaliação continuada da gestão pública da-se pela avaliação externa e pela autoavaliação. A autoavaliação é a forma pela qual a própria organização realiza a sua avaliação por meio de medição sistemática sobre avanços e retrocessos do sistema de gestão. A avaliação externa, por sua vez, via de regra

a) é validada por meio de relatórios de produtividade produzidos internamente, mas ratificados por entidade cadastrada no Sistema GESPÚBLICA.

b) se vale de prêmios nacionais e estaduais de excelência em gestão dentre os quais se destaca o Prêmio Nacional da Gestão Pública realizado pelo GESPÚBLICA.

c) ocorre a partir de auditoria do Tribunal de Constas respectivo, com periodicidade anual e tendo como base o Plano Plurianual do ente.

d) ocorre a partir do controle externo exercido por órgão diverso, hierarquicamente superior, pelo Tribunal de Contas e pelo Poder Judiciário.

e) é resultante da avaliação realizada pelos usuários dos serviços prestados por aquela determinada gestão pública.

▷ ***Comentários***

Nota do autor: A avaliação continuada da gestão consiste em mobilizar e capacitar os órgãos e entidades públicos para a implementação de ciclos contínuos de avaliação dos seus sistemas de gestão. A avaliação continuada pode ser implementada de duas formas: avaliação externa ou auto-avaliação. As organizações que optam pela avaliação externa via de regra se valem dos prêmios nacionais e estaduais de excelência em gestão dentre os quais se destaca o Prêmio Nacional da Gestão Pública – PQGF, realizado pelo GESPÚBLICA em ciclos anuais de premiação.

A auto-avaliação é a forma de avaliação continuada pela qual a própria organização realiza sua avaliação. Nesse caso, o GESPÚBLICA realiza a capacitação dos facilitadores internos da organização, dá assistência ao longo do processo e certifica o resultado apurado, mediante certificação. A auto-avaliação, por permitir aos órgãos e entidades medir sistematicamente os avanços e retrocessos de seu sistema de gestão, é por si só a forma recomendada pelo GESPÚBLICA, no campo da gestão organizacional, para o início no Programa de qualquer organização Pública. Todo o esforço da organização na direção da melhoria contínua de sua capacidade de gestão pode ser expresso por um ciclo contínuo alicerçado no binômio avaliar-agir.

137. (FCC – Analista Judiciário – Área Administrativa – TRT 2/2018) Suponha que um cidadão tenha se dirigido a um órgão do Poder Executivo federal, solicitando a expedição de um documento que pressupõe, para sua emissão, a comprovação de determinado requisito de regularidade constante da base de dados oficial de outro órgão da Administração Pública federal. De acordo com as disposições do Decreto nº 9.094/2017, que trata da simplificação, racionalização e avaliação dos serviços prestados aos usuários de serviços públicos, referido cidadão

a) poderá atestar, pessoalmente, a situação de regularidade, sendo tal informação dotada de fé pública, somente podendo ser desconsiderada se houver indícios de fraude ou falsidade ideológica, sujeitas às penalidades cabíveis.

b) não está obrigado a fornecer certidão comprobatória da referida regularidade, devendo o órgão encarregado pela emissão do documento efetuar consulta direta ao banco de dados disponível do órgão público detentor da informação.

c) está obrigado a fornecer certidão de regularidade, nos termos requeridos pelo órgão encarregado da emissão do documento, não podendo, contudo, ser-lhe imputado qualquer custo a título de taxa ou emolumento, independentemente de sua situação financeira.

d) poderá exigir do próprio órgão encarregado pela emissão do documento e emissão de certidão de regularidade, incorrendo em ato de improbidade a autoridade que se negar a expedi-la.

e) embora seja obrigado a providenciar e fornecer a correspondente certidão de regularidade, arcando com os custos correspondentes, salvo se hipossuficiente nos termos da lei, poderá exigir a expedição da mesma no prazo máximo de 5 dias úteis.

▷ ***Comentários***

Nota do autor: Apesar de parecer complexa, a questão se resolve *"na letra da lei"*, mais especificamente no art. 2º do referido decreto, que regulamenta dispositivos da Lei nº 13.460, de 26 de junho de 2017, dispõe sobre a simplificação do atendimento prestado aos usuários dos serviços públicos, institui o Cadastro de Pessoas Físicas – CPF como instrumento suficiente e substitutivo para a apresentação de dados do cidadão no exercício de obrigações e direitos e na obtenção de benefícios, ratifica a dispensa do reconhecimento de firma e da autenticação em documentos produzidos no País e institui a Carta de Serviços ao Usuário. (Redação dada pelo Decreto nº 9.723, de 2019).

Decreto nº 9.094/2017:

(...)

Art. 2º. Exceto se houver disposição legal em contrário, os órgãos e as entidades do Poder Executivo federal que necessitarem de documentos comprobatórios de regularidade da situação de usuários dos serviços públicos, de atestados, de certidões ou de outros documentos comprobatórios que constem em base de dados oficial da administração pública federal deverão obtê-los diretamente do órgão ou da entidade responsável pela base de dados, nos termos do disposto no Decreto nº 10.046, de 9 de outubro de 2019, e não poderão exigi-los dos usuários dos serviços públicos.

Diante do exposto, a única alternativa que se enquadra é alternativa "B".

138. (Instituto AOCP - Analista Judiciário - Área Administrativa - TRT 1/2018) Assinale a alternativa que apresenta o instrumento criado pelo Governo Federal do Brasil cuja missão é promover a gestão pública de excelência, visando contribuir para a qualidade dos serviços públicos prestados ao cidadão e para o aumento da competitividade do país.

a) Programa de Qualidade e Participação na Administração Pública (QPAP).
b) Programa de Qualidade no Serviço Público (PQSP).
c) Programa Nacional de Desburocratização.
d) Comissão de Simplificação Burocrática.
e) Gespública.

▷ ***Comentários***

Nota do autor: no Brasil observa-se que a evolução da administração pública foi baseada em três modelos básicos de gestão: patrimonialista, burocrático e gerencial. A questão versa sobre ferramentas da gestão pública dotadas na busca pela evolução.

a) Programa da Qualidade e Participação na Administração Pública (QPAP) visava introduzir no Setor Público as mudanças de valores e comportamentos preconizados pela Administração Pública Gerencial, e, ainda, viabilizar a revisão dos processos internos da Administração Pública com vistas à sua maior eficiência e eficácia.
b) O Programa da Qualidade no Serviço Público - PQSP focava no atendimento ao cidadão, com pesquisa de satisfação dos usuários dos serviços públicos, o lançamento de Padrões de Atendimento ao Cidadão e a implementação de unidades de atendimento integrado, os SACs - Serviços de Atendimento ao Cidadão.
c) O Programa Nacional de Desburocratização (1979) visava dinamizar e simplificar o funcionamento da Administração Pública Federal.
d) A Comissão de Simplificação Burocrática (1956) tinha por finalidade a simplificação das normas e rotinas administrativas, visando ao funcionamento racional das repartições públicas federais e dos órgãos autárquicos.
e) **Certo.** O Programa Nacional de Gestão Pública (GESPÚBLICA) era um programa que apoiava diversos órgãos e entidades da Administração Pública na melhoria de sua capacidade de produzir resultados efetivos para a sociedade. Instituído pelo Governo Federal por meio do Decreto n.º 5.378/2005, o modelo era focado no resultado, sendo este um dos critérios de excelência analisado, sendo revogado em 2017 por meio do Decreto n.º 9.094 de 17 de julho de 2017.

139. (FCC - Analista Judiciário - Área Administrativa - TRT 6/2018) A excelência nos serviços públicos está atrelada às melhorias acumuladas no processo de modernização e voltada ao atingimento do grau ótimo de prestação dos serviços públicos ao cidadão. O conceito de qualidade na Administração pública reflete essa busca, com a utilização de ferramentas e metodologias, como o modelo de excelência desenvolvido pela Fundação Nacional de Qualidade (FNQ),

a) que permite às organizações avaliarem o grau de excelência atingido, a partir da utilização de um sistema de pontuação apresentado com base nos critérios de excelência da Fundação.
b) que apenas pode ser aplicado a entidades integrantes da Administração que se submetam ao regime jurídico de direito privado, como as sociedades de economia mista.
c) que quando aplicado no setor público, necessita de diagnóstico prévio para identificar os critérios e fundamentos aderentes ao órgão e entidade, com o desenvolvimento de uma matriz específica.
d) que propicia às entidades da Administração pública e aos servidores o acesso a treinamentos e serviços, porém não à avaliação propriamente dita, que é voltada apenas ao setor privado.
e) que embora não aplicável ao setor público, pode servir de parâmetro para o desenvolvimento de modelos próprios de excelência, os quais, por seu turno, podem concorrer à premiação promovida pela Fundação.

▷ ***Comentários***

Nota do autor retirada o site da própria FGN: a Fundação Nacional da Qualidade (FNQ) lançou no final de 2011 o Indicador Nacional da Maturidade da Gestão (INMG). O indicador é um instrumento para mensurar, por intermédio dos prêmios de gestão alinhados aos Critérios de Excelência da FNQ, o nível mediano de aderência a esses Critérios pelas organizações participantes dos ciclos de premiação. Com o Indicador Nacional da Maturidade da Gestão (INMG), a FNQ avalia o estágio das boas práticas adotadas pelas organizações no Brasil e mostra que a excelência já está presente no dia a dia de diversas empresas usuárias do MEG.

Esse indicador, que permite às organizações avaliarem o grau de excelência atingido, a partir da utilização de um sistema de pontuação apresentado com base nos critérios de excelência da Fundação.

Para exemplificar:

Uma organização com 700 pontos no Prêmio Nacional da Qualidade® (PNQ) possui pontuação padronizada igual a 70 (70% dos pontos possíveis).

Uma organização com 250 pontos em algum prêmio estadual cujo limite seja 500 possui pontuação padronizada igual a 50 (50% dos pontos possíveis).

Uma organização com 60 pontos no Prêmio MPE Brasil (Micro e Pequena Empresa) possui pontuação padronizada igual a 60 (60% dos pontos possíveis).

A padronização deve ser realizada, também, para cada Critério analisado. Dessa forma, uma organização que, no PNQ 2010, obteve 60 pontos no Critério Liderança possui pontuação padronizada igual a 54, já que a pontuação máxima desse Critério é 110.

Diante do exposto:

a) **Certo.** O diagrama espinha de peixe, ou diagrama de Ishikawa, é uma ferramenta da escola da qualidade que mapeia a correlação entre causas e efeitos de um processo.
b) **Errado.** Não se restringe a aplicação do modelo às entidades que possuem regime jurídico de direito privado.
c) **Errado.** Os critérios e fundamentos já estão estabelecidos pelo MEGP (Modelo de Excelência em Gestão Pública)
d) **Errado.** A avaliação é possível e possui aplicabilidade no setor público, por meio do MEGP
e) **Errado.** É aplicável ao setor público.

140. (FCC - Analista Judiciário - Área Administrativa - TRT 6/2018) Suponha que determinado cidadão tenha se dirigido a um órgão do Poder Executivo Federal ("órgão solicitado") pleiteando a concessão de um benefício previsto em lei e para o qual preenche os requisitos necessários. Ocorre que a comprovação dos referidos requisitos legais depende da apresentação de outros documentos e informações detidos por diferentes órgãos da Administração pública federal. Considerando as disposições do Decreto nº 9.094/2017,

a) poderá ser dispensada a apresentação de certidão, bem como o reconhecimento de firma, se o benefício requerido for de natureza previdenciária ou assistencial.
b) os órgãos que detêm os documentos e informações estão obrigados a expedir, sem custos, as certidões e cópias requeridas pelo cidadão, no prazo máximo de 10 (dez) dias úteis.
c) o órgão solicitado deverá obter, diretamente, os documentos e informações constantes da base de dados dos demais órgãos, vedado exigir do cidadão a apresentação de certidões, salvo disposição legal em contrário.

d) o órgão solicitado deverá buscar, na medida do possível, outras alternativas que dispensem a apresentação de documentos pelo cidadão, valendo-se da presunção de veracidade das declarações prestadas pelo mesmo.

e) o órgão solicitado, embora não possa dispensar a apresentação dos documentos e certidões pelo próprio cidadão, está obrigado a diligenciar junto aos demais órgãos para viabilizar o fornecimento no prazo máximo de 10 (dez) dias úteis.

▷ ***Comentários***

Nota do autor: o decreto em questão dispõe sobre a simplificação do atendimento prestado aos usuários dos serviços públicos, institui o Cadastro de Pessoas Físicas – CPF como instrumento suficiente e substitutivo para a apresentação de dados do cidadão no exercício de obrigações e direitos e na obtenção de benefícios, ratifica a dispensa do reconhecimento de firma e da autenticação em documentos produzidos no País e institui a Carta de Serviços ao Usuário.

a) **Errado.** Art. 9º Exceto se existir dúvida fundada quanto à autenticidade ou previsão legal, fica dispensado o reconhecimento de firma e a autenticação de cópia dos documentos expedidos no País e destinados a fazer prova junto a órgãos e entidades do Poder Executivo federal.

b) **Errado.** O decreto não menciona prazos, os quais estão descritos na Carta de Serviços ao Usuário.

c) **Certo.** Art. 2º Salvo disposição legal em contrário, os órgãos e as entidades do Poder Executivo federal que necessitarem de documentos comprobatórios da regularidade da situação de usuários dos serviços públicos, de atestados, de certidões ou de outros documentos comprobatórios que constem em base de dados oficial da administração pública federal deverão obtê-los diretamente do órgão ou da entidade responsável pela base de dados, nos termos do Decreto nº 8.789, de 29 de junho de 2016, e não poderão exigi-los dos usuários dos serviços públicos.

d) **Errado.** Art. 3º, Parágrafo único. Quando não for possível a obtenção dos documentos a que a que se refere o art. 2º diretamente do órgão ou da entidade responsável pela base de dados oficial, a comprovação necessária poderá ser feita por meio de declaração escrita e assinada pelo usuário dos serviços públicos, que, na hipótese de declaração falsa, ficará sujeito às sanções administrativas, civis e penais aplicáveis.

e) **Errado.** Art. 11, § 3º Além das informações referidas no § 2º, a Carta de Serviços ao Usuário deverá, para detalhar o padrão de qualidade do atendimento, estabelecer:

---

141. (FCC - Técnico Judiciário - Área Administrativa - TRT 11/2017) A atuação da Administração é pautada por determinados princípios, alguns positivados em âmbito constitucional ou legal e outros consolidados por construções doutrinárias. Exemplo de tais princípios são a tutela ou controle e a autotutela, que diferem entre si nos seguintes aspectos:

a) a autotutela é espontânea e se opera de ofício, enquanto a tutela é exercida sempre mediante provocação do interessado ou de terceiros prejudicados.

b) a autotutela se dá no âmbito administrativo, de ofício pela Administração direta ou mediante representação, e a tutela é exercida pelo Poder Judiciário.

c) ambas são exercidas pela própria Administração, sendo a tutela expressão do poder disciplinar e a autotutela do poder hierárquico.

d) a tutela decorre do poder hierárquico e a autotutela é expressão da supremacia do interesse público fundamentando o poder de polícia.

e) é através da tutela que a Administração direta exerce o controle finalístico sobre entidades da Administração indireta, enquanto pela autotutela exerce controle sobre seus próprios atos.

▷ ***Comentários***

Nota do autor: questão que também está ligada ao Direito Administrativo e que envolve conhecimento sobre controle. São vários os âmbitos pelos quais pode ser analisado o controle. Na administração pública, controle é a faculdade de vigilância, orientação e correção que um poder, órgão ou autoridade exerce sobre a conduta funcional de servidores pertencentes ao mesmo órgão ou poder ou ainda de outro poder.

Alternativa correta: letra "e" (responde todas as outras).

Princípio da Autotutela

Decorrência do princípio constitucional da Legalidade, a autotutela representa o controle exercido pela Administração sobre os seus próprios atos, o que lhe confere a prerrogativa para revê-los, sem necessidade de intervenção do Poder Judiciário.

Princípio da Tutela

O princípio da Tutela permite à Administração Pública controlar a legalidade dos atos praticados pelas entidades integrantes da Administração Pública Indireta (autarquias, fundações públicas, sociedades de economia mista e empresas públicas). Não possui fundamento hierárquico, já que não há subordinação entre a entidade controladora (Administração Direta) e a controlada (Administração Indireta).

---

142. (FGV - Analista Judiciário - Área Administrativa - TRT 12/2017) Na concepção de governança no setor público, o Tribunal de Contas da União emitiu um documento Referencial Básico de governança, o qual é aplicável a órgãos e entidades da administração pública, com vistas a promover ações indutoras de melhoria da relação entre governo e sociedade. A partir da literatura de governança, o documento traz os conceitos de principal e agente. No contexto da administração pública, o principal pode ser exemplificado:

a) pela autoridade máxima;

b) pelos conselhos;

c) pelos cidadãos;

d) pelos representantes eleitos;

e) pelos representantes nomeados.

▷ ***Comentários***

Nota do autor: questão bem específica que versa sobre um documento elaborado no âmbito do TCU (Tribunal de Contas da União) e que versa sobre governança, o Referencial Básico de Governança.

Segundo esse manual, A origem da governança está associada ao momento em que organizações deixaram de ser geridas diretamente por seus proprietários (p. ex. donos do capital) e passaram à administração de terceiros, a quem foi delegada autoridade e poder para administrar recursos pertencentes àqueles. Em muitos casos há divergência de interesses entre proprietários e administradores, o que, em decorrência do desequilíbrio de informação, poder e autoridade, leva a um potencial conflito de interesse entre eles, na medida em que ambos tentam maximizar seus próprios benefícios.

Alternativa correta: letra "c" (responde todas as outras). Segundo referencial (P. 28), quando se fala em governança, dois tipos básicos de atores estão envolvidos: principal e agente.

De acordo com o parágrafo único, do art. 1º, da Constituição Federal de 1988, "Todo o poder emana do povo, que o exerce por meio de representantes eleitos ou diretamente, nos termos desta Constituição". Infere-se que, no contexto público, a sociedade é o "principal", pois compartilha as percepções de finalidade e valor e detêm o poder social, podendo exercê-lo de forma conjunta e ordenada por meio de estruturas criadas para representá-la (DALLARI, 2005). Complementarmente, "agentes", nesse contexto, são aqueles a quem foi delegada autoridade para administrar os ativos e os recursos públicos, enfim, autoridades, dirigentes, gerentes e colaboradores do setor público (Figura 4). Principal e agentes, no exercício de suas atribuições, podem se relacionar com outras partes interessadas (2º e 3º setores) de modo a criar um contexto capacitante para o desenvolvimento social.

---

143. (FGV - Analista Judiciário - Área Administrativa - TRT 12/2017) Ao analisar os documentos relativos à prestação de contas de ente público, os analistas de um órgão de controle e fiscalização se detiveram em um contrato específico de prestação de serviços em que todas as regras de licitação e contratação foram cumpridas.

Porém, segundo os analistas, o contrato não atendia ao interesse público, principalmente por ter sido executado em período de crise econômica, em que diversos serviços essenciais sofreram cortes, e investimentos prioritários não foram realizados. A observação dos analistas está alinhada com o seguinte princípio básico de governança no setor público:

a) accountability;
b) equidade;
c) eficiência;
d) legitimidade;
e) responsabilidade.

▷ *Comentários*

Nota do autor: a questão se refere ao conceito de governança e seus princípios. No setor público, a expressão governan**ça surgiu a partir de reflexões conduzidas pelo Banco Mundial que pretendiam aprofundar o conhecimento das condições que garantem um estado eficiente. A partir dessa preocupação, o foco das questões estatais foi deslocado para questões mais abrangentes envolvendo as dimensões sociais, por exemplo.** Conforme sugerido pelo Banco Mundial, são princípios da boa governança: a legitimidade, a equidade, a responsabilidade, a eficiência, a probidade, a transparência e a accountability.

Alternativa correta: letra "d". Legitimidade: princípio jurídico fundamental do Estado Democrático de Direito e critério informativo do controle externo da administração pública que amplia a incidência do controle para além da aplicação isolada do critério da legalidade.

Alternativa "a": accountability: responsabilidade com ética e remete à obrigação, à transparência, de membros de um órgão administrativo ou representativo de prestar contas a instâncias controladoras ou a seus representados.

Alternativa "b": equidade: garantir acesso de todos aos serviços públicos disponibilizados como saúde, educação, moradia, segurança.

Alternativa "c": eficiência: busca a melhor relação entre qualidade do serviço e qualidade do gasto.

Alternativa "e": responsabilidade: refere-se ao zelo que os agentes públicos devem ter pela viabilidade, eficiência e eficácia das organizações, considerando ordem social e ambiental na definição dos negócios e operações.

144. (FGV – Técnico Judiciário – Área Administrativa – TRT 12/2017) Uma entidade da administração pública iniciou uma série de ações com vistas a adotar boas práticas de governança pública, entre elas criar instâncias na estrutura da entidade para implantar e disseminar as boas práticas.

De acordo com o Referencial Básico de Governança Pública (TCU, 2014), as instâncias internas de governança são responsáveis por definir ou avaliar a estratégia e as políticas, bem como monitorar a conformidade e o desempenho destas. Essas instâncias podem ser exemplificadas por:

a) auditoria interna;
b) conselhos de administração;
c) conselho fiscal;
d) controladorias;
e) ouvidoria.

▷ *Comentários*

Nota do autor: questão bem específica que versa sobre um documento elaborado no âmbito do TCU (Tribunal de Contas da União) e que versa sobre governança, o Referencial Básico de Governança. O sistema de governança reflete a maneira como diversos atores se organizam, interagem e procedem para obter boa governança. Veja a figura abaixo que representa o Sistema de Governança em órgãos e entidades da administração pública[10].

10 Referencial Básico de Governança Pública (TCU, 2014) – http://portal.tcu.gov.br/lumis/portal/file/fileDownload.jsp?inline=1&fileId=8A8182A24F0A728E014F0B34D331418D.

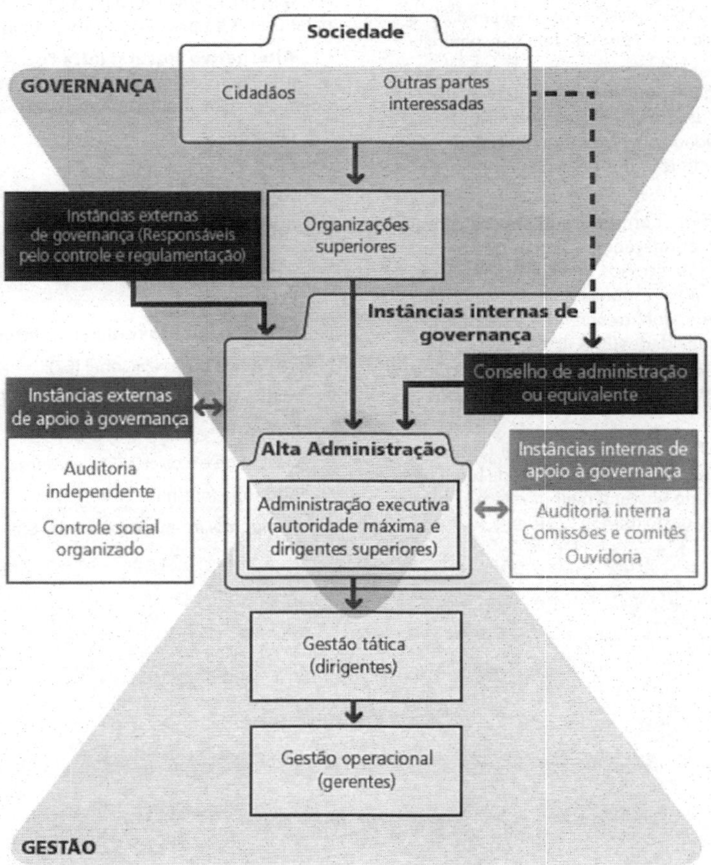

Alternativa correta: letra "b". Segundo o Referencial Básico de Governança, as instâncias internas de governança são responsáveis por definir ou avaliar a estratégia e as políticas, bem como monitorar a conformidade e o desempenho destas, devendo agir nos casos em que desvios forem identificados. São, também, responsáveis por garantir que a estratégia e as políticas formuladas atendam ao interesse público servindo de elo entre principal e agente. Exemplos típicos dessas estruturas são os conselhos de administração ou equivalentes e, na falta desses, a alta administração.

Conforme demonstrado na figura, o conselho administrativo é instância in terna de governança.

Alternativa "a": auditoria interna: instâncias internas de apoio à governança.

Alternativa "c": conselho fiscal: instâncias internas de apoio à governança.

Alternativa "d": controladorias não são citadas pelo referencial.

Alternativa "e": ouvidoria: instâncias internas de apoio à governança.

145. (FGV – Técnico Judiciário – Área Administrativa – TRT 12/2017) Quando um ente da administração pública capacita seus colaboradores para que, como agentes de governança, tenham zelo pela sustentabilidade da organização, visando sua longevidade, sob a perspectiva da ordem social e ambiental, há um claro alinhamento com o princípio da:

a) accountability;
b) eficiência;
c) equidade;
d) legitimidade;
e) responsabilidade.

▷ ***Comentários***

Nota do autor: versa a questão sobre boa governança e está embasada no Referencial Básico de Governança do TCU. Conforme sugerido pelo Banco Mundial, são princípios da boa governança: a legitimidade, a equidade, a responsabilidade, a eficiência, a probidade, a transparência e a accountability.

Alternativa correta: letra "e". Responsabilidade: diz respeito ao zelo que os agentes de governança devem ter pela sustentabilidade das organizações, visando sua longevidade, incorporando considerações de ordem social e ambiental na definição dos negócios e operações (IBGC, 2010).

Alternativa "a": *Accountability*: as normas de auditoria da Intosai conceituam accountability como a obrigação que têm as pessoas ou entidades às quais se tenham confiado recursos, incluídas as empresas e organizações públicas, de assumir as responsabilidades de ordem fiscal, gerencial e programática que lhes foram conferidas, e de informar a quem lhes delegou essas responsabilidades (BRASIL, 2011). Espera-se que os agentes de governança prestem contas de sua atuação de forma voluntária, assumindo integralmente as consequências de seus atos e omissões (IBGC, 2010).

Alternativa "b": Eficiência: é fazer o que é preciso ser feito com qualidade adequada ao menor custo possível. Não se trata de redução de custo de qualquer maneira, mas de buscar a melhor relação entre qualidade do serviço e qualidade do gasto (BRASIL, 2010c).

Alternativa "c": Equidade: promover a equidade é garantir as condições para que todos tenham acesso ao exercício de seus direitos civis – liberdade de expressão, de acesso à informação, de associação, de voto, igualdade entre gêneros -, políticos e sociais – saúde, educação, moradia, segurança (BRASIL, 2010c).

Alternativa "d": Legitimidade: princípio jurídico fundamental do Estado Democrático de Direito e critério informativo do controle externo da administração pública que amplia a incidência do controle para além da aplicação isolada do critério da legalidade.

146. (FGV – Técnico Judiciário – Área Administrativa – TRT 12/2017) Na estruturação da política de governança em uma entidade pública, o Referencial Básico de Governança Pública (TCU, 2014) recomenda que sejam considerados quatro níveis de análise, a saber:

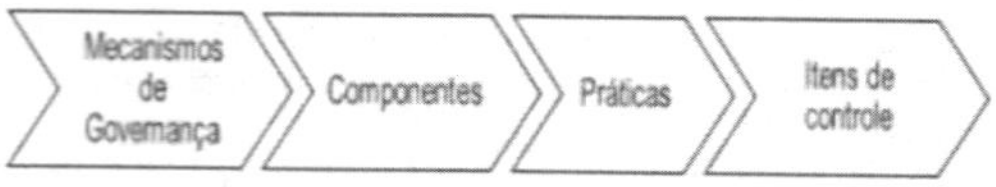

Um dos componentes relacionados ao mecanismo da Estratégia refere-se a:

a) accountability e transparência;
b) auditoria interna;
c) princípios e comportamentos;
d) relacionamento com partes interessadas;
e) sistema de governança.

▷ ***Comentários***

Nota do autor: questão sobre governança, baseada em um documento denominado Referencial Básico de Governança Pública elaborado no âmbito do TCU. Segundo AIFAC (2013), governança compreende a estrutura (administrativa, política, econômica, social, ambiental, legal e outras) posta em prática para garantir que os resultados pretendidos pelas partes interessadas sejam definidos e alcançados.

Alternativa correta: letra "d". A cada um dos mecanismos de governança foi associado um conjunto de componentes que contribuem direta, ou indiretamente, para o alcance dos objetivos. São eles:

Liderança

✓ Pessoas e competências (L1);
✓ Princípios e comportamentos (L2);
✓ Liderança organizacional (L3);
✓ Sistema de governança (L4);

Estratégia

✓ **Relacionamento com partes interessadas (E1);**
✓ Estratégia organizacional (E2);
✓ Alinhamento transorganizacional (E3);

Controle

✓ Gestão de riscos e controle interno (C1);
✓ Auditoria interna (C2); e
✓ *Accountability* e transparência (C3).

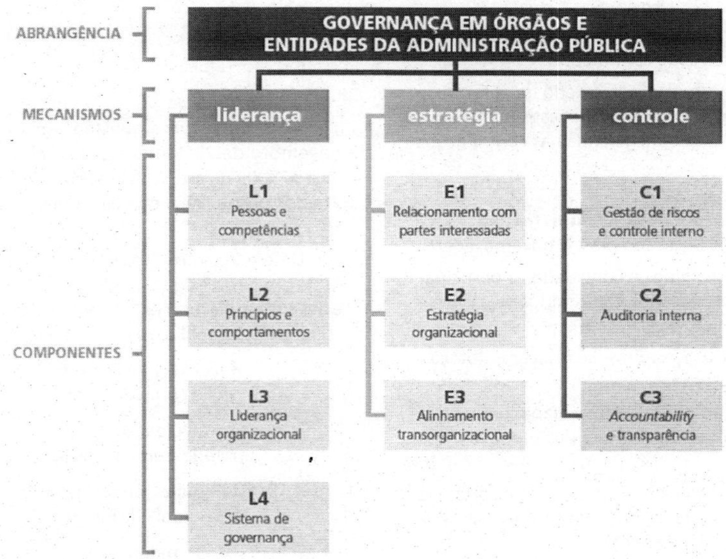

Componentes dos mecanismos de governança.

Alternativa "a": accountability e transparência: mecanismo de controle

Alternativa "b": auditoria interna: mecanismo de controle

Alternativa "c": princípios e comportamentos: mecanismo de liderança

Alternativa "e": sistema de governança: mecanismo de liderança

147. (FCC – Analista Judiciário – Área Administrativa – TRT 24/2017) Nos últimos anos, diferentes conceitos, alguns oriundos da iniciativa privada, passaram a permear a atuação da Administração Pública, entre eles:

I. Governança, que é sinônimo de governabilidade, e corresponde à legitimidade política.

II. Eficiência, relacionada com o uso racional e econômico dos insumos na produção de bens e serviços.

III. Efetividade, que diz respeito ao impacto final das ações e ao grau em que atinge os resultados almejados pela sociedade.

Está correto o que se afirma APENAS em

a) II e III.

b) I e II.

c) I e III.

d) III.

e) II.

▷ ***Comentários***

Nota do autor: as diferenças e similitudes entre a Administração Pública e privada são recorrentes em prova, principalmente no que concerne aos principais, conceitos e características de cada uma. Vejamos cada item apresentado:

Afirmativa I: incorreta: Governança não é sinônimo de governabilidade.

✓ **Governança:** reflete um novo paradigma de administração pública, pois busca a ampliação da participação de novos atores, como os agentes privados e o terceiro setor, na formulação e gestão das políticas públicas.

✓ **Governabilidade:** "Circunstância que denota estabilidade social, financeira, política e permite ao poder executivo exercitar suas funções, governando de maneira estável. Tal situação se traduz na legitimidade do estado e do seu governo frente à sociedade civil, que permite àquele empreender transformações necessárias".

Afirmativa II: correta: Eficiência, relacionada com o uso racional e econômico dos insumos na produção de bens e serviços.

Afirmativa III: correta: Efetividade, que diz respeito ao impacto final das ações e ao grau em que atinge os resultados almejados pela sociedade.

15.3. GESTÃO DE CONTRATOS/LICITAÇÃO

148. (Cespe – Analista Judiciário – Área Administrativa – TRT 8/2016) Assinale a opção correta no que concerne à gestão de contratos celebrados com a administração pública.

a) Para serem especificados os reajustes de preços previstos no contrato, bem como as atualizações monetárias e as compensações decorrentes de condições de pagamento, são necessários aditamentos contratuais.

b) Na administração pública, para cada contrato é designado um fiscal, que se responsabiliza pessoalmente pelo acompanhamento e pela gestão global das etapas do contrato, sendo vedada a contratação de auxílio por terceiros externos à entidade.

c) A alteração unilateral de cláusulas econômico-financeiras pela administração pública é uma das prerrogativas legais para se manter o equilíbrio econômico-financeiro de um contrato.

d) Monitorar o prazo de vigência do contrato, manter controle dos pagamentos efetuados e elaborar relatórios periódicos para a prestação de informações são atribuições típicas de um fiscal de contrato.

e) No ato da formalização contratual, poderá ser exigida a prestação de garantia nas contratações de obras, serviços e compras, sendo a modalidade de garantia determinada pelo contratante.

▷ ***Comentários***

Nota do autor: A questão trata do tema gestão de contratos celebrados com a administração pública, cujas diretrizes são encontradas na Lei nº 8.666 de 21 de junho de 1993.

Alternativa correta: letra "d". De acordo com PALUDO (2013), são atribuições do fiscal de contrato, monitorar o prazo de vigência do contrato, manter controle dos pagamentos efetuados e elaborar relatórios periódicos para a prestação de informações, dentre outras atividades.

Alternativa "a": De acordo com o Art. 65, § 8º, a variação do valor contratual para fazer face ao reajuste de preços previsto no próprio contrato, as atualizações, compensações ou penalizações financeiras decorrentes das condições de pagamento nele previstas, bem como o empenho de dotações orçamentárias suplementares até o limite do seu valor corrigido, não caracterizam alteração do mesmo, podendo ser registrados por simples apostila, dispensando a celebração de aditamento.

Alternativa "b": De acordo com o art. 67, a execução do contrato deverá ser acompanhada e fiscalizada por um representante da Administração especialmente designado, permitida a contratação de terceiros para assisti-lo e subsidiá-lo de informações pertinentes a essa atribuição

Alternativa "c": De acordo com art. 58 § 1º, as cláusulas econômico-financeiras e monetárias dos contratos administrativos não poderão ser alteradas sem prévia concordância do contratado.

Alternativa "e": De acordo com Art. 56, a critério da autoridade competente, em cada caso, e desde que prevista no instrumento convocatório, poderá ser exigida prestação de garantia nas contratações de obras, serviços e compras.

149. (Cespe - Analista Judiciário - Área Administrativa - TRT 8/2016) Assinale a opção correta, relativa a compras no governo federal.

a) Na tomada de preços, são escolhidos e convidados a participar do certame no mínimo três interessados, cadastrados ou não, que atuem no mesmo ramo do objeto da licitação.

b) Na licitação para registro de preços, deve-se indicar a dotação orçamentária que enseje a despesa.

c) No pregão eletrônico, a habilitação ocorre após a etapa competitiva e, na concorrência pública, antes da abertura das propostas dos licitantes interessados.

d) Em licitações nas modalidades tomada de preços e concorrência pública, pode ser exigida a comprovação de atividade ou de aptidão com limitações de tempo ou de época.

e) A participação de bolsas de mercadorias no apoio operacional é vedada a órgão ou entidade que promova pregão eletrônico.

▷ ***Comentários***

Nota do autor: A questão trata do tema compras no governo federal. Tema relacionado ao assunto direito administrativo e que envolve licitações, pregão eletrônico, tomada de preços, concorrência pública etc.

Alternativa correta: letra "c". Essa questão compreende o chamado direito administrativo e as diferenças entre o pregão eletrônico e a concorrência pública. A etapa competitiva compreende a fase de lances da Sessão Pública, quando as licitantes com propostas incluídas na fase de recebimento de propostas, poderão encaminhar lances exclusivamente por meio do sistema eletrônico. Já na concorrência, de forma geral, a abertura do primeiro envelope compreende o envelope de habilitação, que antecede as propostas dos licitantes interessados.

Alternativa "a": Na tomada de preços, é obrigatório um cadastro prévio dos interessados.

Alternativa "b": O registro de preços é um sistema utilizado pelo Poder Público para aquisição de bens e serviços em que os interessados concordam em manter os preços registrados pelo "órgão gerenciador". Estes preços são lançados em uma "ata de registro de preços" visando as contratações futuras, obedecendo-se as condições estipuladas no ato convocatório da licitação. Nesse caso, como trata-se de uma despesa futura, não se tem, ainda a dotação orçamentária que enseje a despesa.

Alternativa "d": De acordo com a Lei 8.666, de 21 de junho de 1993, é vedada a exigência de comprovação de atividade ou de aptidão com limitações de tempo ou de época ou ainda em locais específicos, ou quaisquer outras não previstas nesta lei, que inibam a participação na licitação.

Alternativa "e": De acordo com o § 2º do Art. 2º do **Regulamento da modalidade de licitação pregão na forma eletrônica em Bolsa de Mercadorias,** o pregão eletrônico será conduzido pelo órgão promotor da licitação, com apoio técnico e operacional das Bolsas de Mercadorias que atuarão como provedor do sistema eletrônico.

15.4. TRANSPARÊNCIA/LEI DE ACESSO À INFORMAÇÃO (LEI Nº 12.527/11)

150. (FGV - Analista Judiciário - Área Administrativa - TRT 12/2017) Um determinado órgão da administração pública recebeu um pedido de acesso à informação por meio do Serviço de Informações ao Cidadão (SIC) no dia 1° de julho de 2017. A informação pedida não tem caráter sigiloso, mas não está disponível integralmente e precisará ser processada pelo órgão. Considerando o prazo máximo nos termos da Lei de Acesso à Informação, incluindo eventuais prorrogações, a informação deve ser fornecida ao requerente até:

a) 10 de julho;

b) 15 de julho;

c) 20 de julho;

d) 30 de julho;

e) 30 de agosto.

▷ ***Comentários***

Nota do autor: a questão versa sobre a lei nº 12.527, de 18 de novembro de 2011, que regula o acesso a informações previsto no inciso XXXIII do art. 5o, no inciso II do § 3o do art. 37 e no § 2o do art. 216 da Constituição Federal, regulamentada pelo decreto nº 7.724, de 16 de maio de 2012.

Determina o art. 3º da lei que os procedimentos previstos nesta Lei destinam-se a assegurar o direito fundamental de acesso à informação e devem ser executados em conformidade com os princípios básicos da administração pública e com as seguintes diretrizes:

> I - observância da publicidade como preceito geral e do sigilo como exceção;
>
> II - divulgação de informações de interesse público, independentemente de solicitações;
>
> III - utilização de meios de comunicação viabilizados pela tecnologia da informação;
>
> IV - fomento ao desenvolvimento da cultura de transparência na administração pública;
>
> V - desenvolvimento do controle social da administração pública.

Segundo o art. 7º, o acesso à informação de que trata esta Lei compreende, entre outros, os direitos de obter:

> (...)
>
> II - informação contida em registros ou documentos, produzidos ou acumulados por seus órgãos ou entidades, recolhidos ou não a arquivos públicos;

Segundo o art. 10, qualquer interessado poderá apresentar pedido de acesso a informações aos órgãos e entidades referidos no art. 1º desta Lei, por qualquer meio legítimo, devendo o pedido conter a identificação do requerente e a especificação da informação requerida.

Alternativa correta: letra "d" (responde todas as outras alternativas). Segundo o art. 11 da lei, o órgão ou entidade pública deverá autorizar ou conceder o acesso imediato à informação disponível. No § 1º está determinado que, não sendo possível conceder o acesso imediato, na forma disposta no caput, o órgão ou entidade que receber o pedido deverá, em prazo não superior a 20 (vinte) dias. No § 2º está determinado que o prazo referido no § 1º poderá ser prorrogado por mais 10 (dez) dias, mediante justificativa expressa, da qual será cientificado o requerente.

Assim, o prazo máximo é de trinta dias.

Agora, segundo o § 2º do art. 11 do decreto o prazo de resposta será contado a partir da data de apresentação do pedido ao SIC.

Fazendo a contagem, chega-se a 30 de julho.

151. (FGV - Técnico Judiciário - Área Administrativa - TRT 12/2017) A legislação brasileira sobre transparência no setor público apresentou consideráveis avanços desde a aprovação da Lei de Responsabilidade Fiscal (LRF), culminando com a Lei de Acesso à Informação (LAI).

Entre as disposições da LAI para afeiçoamento das práticas de transparência está o(a):

a) definição de sigilo como exceção às regras de transparência;

b) exigência de divulgação de informações sobre a execução orçamentária em tempo real;

c) estabelecimento de prazo máximo de dez dias úteis para fornecimento de informações requeridas;

d) fixação de modelos de layout para portais eletrônicos dos órgãos públicos;

e) obrigatoriedade de realização e divulgação de audiências públicas.

▷ ***Comentários***

Nota do autor: a questão versa sobre a lei nº 12.527, de 18 de novembro de 2011, que regula o acesso a informações previsto no inciso XXXIII do art. 5o, no inciso II do § 3o do art. 37 e no § 2o do art. 216 da Constituição Federal.

Alternativa correta: letra "a". Segundo o art. 3º, os procedimentos previstos nesta Lei destinam-se a assegurar o direito fundamental de acesso à informação e devem ser executados em conformidade (...) com as seguintes diretrizes:

> I – **observância da publicidade como preceito geral e do sigilo como exceção**;

Alternativa "b": essa determinação está na Lei de Responsabilidade Fiscal (Art. 48, § 1o, II) e não na LAI.

Alternativa "c": art. 11, § 1º: não sendo possível conceder o acesso imediato, na forma disposta no caput, o órgão ou entidade que receber o pedido deverá, em prazo não superior a 20 (vinte) dias:

> (...)
>
> § 2º O prazo referido no § 1º poderá ser prorrogado por mais 10 (dez) dias, mediante justificativa expressa, da qual será cientificado o requerente.

Alternativa "d": não há essa padronização sobre modelos de layout para portais eletrônicos dos órgãos públicos na LAI.

Alternativa "e": segundo o art. 9º, o acesso a informações públicas será assegurado mediante:

> II – realização de audiências ou consultas públicas, incentivo à participação popular ou a outras formas de divulgação.

152. (FGV – Técnico Judiciário – Área Administrativa – TRT 12/2017) As entidades da Administração Pública devem divulgar uma série de informações consideradas de interesse da sociedade acerca da condução das atividades públicas e outras que podem ser requisitadas individualmente por pessoas ou entidades representativas.

São requisitos para o exercício da denominada transparência passiva:

a) divulgação de informações voluntárias;
b) existência de serviço de informações ao cidadão;
c) existência de página eletrônica oficial do ente;
d) informação disponível de forma imediata;
e) restrição à informação de caráter pessoal.

▷ ***Comentários***

Nota do autor: a questão versa sobre o acesso à informação regulamentada pela lei 12.527.

Alternativa correta: letra "b". Transparência passiva se caracteriza pela disponibilização de informações para atender demandas específicas.

Segundo o Art. 9º da lei, o acesso a informações públicas será assegurado mediante:

> I – criação de serviço de informações ao cidadão, nos órgãos e entidades do poder público, em local com condições apropriadas para:
>
> a) atender e orientar o público quanto ao acesso a informações;
>
> b) informar sobre a tramitação de documentos nas suas respectivas unidades;
>
> c) protocolizar documentos e requerimentos de acesso a informações;

Transparência ativa é a divulgação de dados por iniciativa do próprio setor público, ou seja, quando são tornadas públicas informações, independente de requerimento, utilizando principalmente a Internet.

Alternativa "a": a divulgação de informações voluntárias caracteriza a transparência ativa.

Alternativa "c": a existência de página eletrônica oficial do ente representa transparência ativa.

Alternativa "d": a rapidez com que se disponibiliza a informação não torna a transparência ativa ou passiva e sim proatividade ou não.

Alternativa "e": a restrição à informação de caráter pessoal não tem relação com tornar a transparência ativa ou passiva.

15.5. RESOLUÇÕES DO CNJ – CONSELHO NACIONAL DE JUSTIÇA

153. (FCC – 2024 – TRT 11 – Analista Judiciário/Área Administrativa) Conforme disposição expressa contida na Resolução CNJ nº400/2021, que trata sobre a política de sustentabilidade no âmbito do Poder Judiciário, logística sustentável é definida como

a) parâmetros utilizados para avaliação e comparação de bens, materiais ou serviços em função do seu Impacto ambiental, Social e econômico.
b) aquisição conjunta de bens e serviços que geram menor impacto ambiental, maior inclusão social, consideram a dimensão cultural da sustentabilidade e a eficiência econômica, com ganho de escala.
c) conjunto de procedimento e operações técnicas para produção, tramitação, uso e avaliação de documentos, com vistas à sua guarda permanente ou eliminação.
d) desfazimento de todo material que, em razão de sua utilização, perde normalmente sua identidade física e/ou tem sua utilização limitada a 2 anos.
e) processo de coordenação do fluxo de materiais, de serviços e de informações, do fornecimento ao desfazimento, considerando o ambientalmente coreto, o socialmente justo e o desenvolvimento econômico equilibrado.

▷ ***Comentários***

Nota do autor: A Resolução CNJ nº 400/2021 estabelece diretrizes para a política de sustentabilidade no âmbito do Poder Judiciário brasileiro. Ela reconhece a importância da preservação ambiental, da inclusão social e da eficiência econômica como pilares fundamentais para um desenvolvimento sustentável.

Alternativa correta: letra "E". Art. 3º Para os fins desta Resolução, consideram-se:

> [...]
>
> IX – logística sustentável: processo de coordenação do fluxo de materiais, de serviços e de informações, do fornecimento ao desfazimento, considerando o ambientalmente correto, o socialmente justo e o desenvolvimento econômico equilibrado;

Alternativa "a". A alternativa se refere à critérios de sustentabilidade. "V – critérios de sustentabilidade: parâmetros utilizados para avaliação e comparação de bens, materiais ou serviços em função do seu impacto ambiental, social e econômico;"

Alternativa "b". A alternativa se refere a contratações compartilhadas. "IV – contratações compartilhadas: aquisição conjunta de bens e serviços que geram menor impacto ambiental, maior inclusão social, consideram a dimensão cultural da sustentabilidade e a eficiência econômica, com ganho de escala, realizada por organizações públicas de diferentes setores ou entre unidades de uma mesma organização pública, visando fomentar a produção e o consumo sustentáveis no país;"

Alternativa "c". A alternativa se refere a gestão documental. "VIII – gestão documental: conjunto de procedimentos e operações técnicas para produção, tramitação, uso e avaliação de documentos, com vistas à sua guarda permanente ou eliminação, mediante o uso razoável de critérios de responsabilidade ambiental;"

Alternativa "d". A alternativa se refere à logística sustentável. "IX – logística sustentável: processo de coordenação do fluxo de materiais, de serviços e de informações, do fornecimento ao desfazimento, considerando o ambientalmente correto, o socialmente justo e o desenvolvimento econômico equilibrado;"

154. (FCC – Analista Judiciário – Área Judiciária – TRT 14/2022) A Resolução nº 325/2020 do Conselho Nacional de Justiça define os compromissos, realizados anualmente, dos órgãos do Poder Judiciário com o aperfeiçoamento da prestação jurisdicional, buscando aprimorar os resultados dos indicadores de desempenho dos Macrodesafios como

a) missão.
b) visão.
c) política judiciária nacional.
d) metas nacionais do Poder Judiciário.
e) diretriz estratégica.

▷ *Comentários*

Nota do autor. Art. 2º Consideram-se, para os efeitos desta Resolução:

> I – órgãos do Poder Judiciário: os tribunais indicados nos incisos II a VII do art. 92 da Constituição Federal; o Conselho Nacional de Justiça – CNJ; o Conselho da Justiça Federal – CJF; e o Conselho Superior da Justiça do Trabalho – CSJT;
>
> II – Metas Nacionais do Poder Judiciário: compromissos, realizados anualmente, dos órgãos do Poder Judiciário com o aperfeiçoamento da prestação jurisdicional, buscando aprimorar os resultados dos indicadores de desempenho dos Macrodesafios definidos nesta Resolução, sob monitoramento do CNJ;
>
> III – Metas específicas: compromissos, realizados anualmente, dos órgãos do Poder Judiciário para alcance de objetivos comuns ao segmento de justiça ou ao Tribunal Superior, que deverão monitorá-los e comunicá-los ao CNJ;
>
> IV – diretriz estratégica: orientações, instruções ou indicações norteadoras da execução da Estratégia Nacional do Poder Judiciário ou da efetivação de uma Meta Nacional ou de programas, projetos ou ações; e
>
> V – política judiciária nacional: política instituída pelo CNJ, de caráter contínuo ou de vigência determinada, que impulsione o desenvolvimento pelos órgãos do Poder Judiciário de programas, projetos ou ações voltados à efetivação da Estratégia Nacional do Poder Judiciário.

Conforme o texto da portaria, a alternativa D é a correta.

---

155. (FCC – Analista Judiciário – Área Judiciária – TRT 14/2022) A Resolução nº 410/2021 do Conselho Nacional de Justiça estabeleceu os sistemas de integridade no âmbito do Poder Judiciário, sendo uma das diretrizes para sua concepção e implementação:

a) comprometimento e engajamento pessoal da Alta Administração.
b) comprometimento e apoio explícito da Alta Administração dos respectivos órgãos.
c) existência de órgão gestor responsável pela sua implementação e coordenação em cada tribunal.
d) análise, avaliação e gestão dos riscos.
e) monitoramento permanente, aprimoramento contínuo e capacitação.

▷ *Comentários*

Nota do autor. "Letra de lei".

> Art. 3º São diretrizes para concepção e implementação de sistemas de integridade:
>
> I – comprometimento e engajamento pessoal da Alta Administração;
>
> II – a ampla e efetiva participação de membros e servidores do Poder Judiciário em sua elaboração e consecução, a fim de neles gerar o devido senso de pertencimento ao sistema de integridade;
>
> III – o aprimoramento do fluxo de informações relacionadas a denúncias, elogios ou sugestões, de modo a simplificar o canal de ingresso dessas comunicações e otimizar a análise e o encaminhamento do material recebido;
>
> IV – avaliação do grau de risco de integridade nas contratações e convênios públicos; e
>
> V – tratamento e correção das falhas sistêmicas identificadas.
>
> Parágrafo único. Na realização dessas diretrizes, deverão ser observados os seguintes limites:
>
> I – a independência funcional da magistratura;
>
> II – as normas que regulam a conduta de magistrados e servidores;
>
> III – as atribuições das Ouvidorias e das Corregedorias; e
>
> IV – a preservação da cadeia de custódia e do sigilo legal de dados e informações, bem como o seu tratamento responsável e supervisionado, conforme a (Lei Geral de Proteção de Dados).

Conforme inciso I do Art. 3º, a alternativa correta é a letra A.

---

156. (FGV – Técnico Judiciário – Área Administrativa – TRT 16/2022) Jonas, diretor do setor de licitações e contratos de determinado Tribunal de Justiça, sugeriu a outras estruturas que certas aquisições de bens e serviços fossem realizadas de maneira conjunta com outras organizações públicas, de modo a alcançar, entre outros objetivos, a eficiência econômica, com ganho de escala, além de fomentar a produção e o consumo sustentáveis. À luz dos parâmetros estabelecidos pelo Conselho Nacional de Justiça, quanto à política de sustentabilidade no âmbito do Poder Judiciário, é correto afirmar que a sugestão de Jonas se mostra

a) certa, mas apenas se as contratações forem realizadas entre unidades da mesma organização pública, vale dizer, do mesmo Tribunal de Justiça.
b) errada, pois o fomento da produção e do consumo sustentáveis deve ser buscado a partir de ações educativas, a serem periodicamente realizadas.
c) errada, pois a realização de contratações compartilhadas afronta a autonomia dos entes envolvidos, o que é incompatível com a ordem constitucional.
d) errada, pois a eficiência econômica, embora seja um objetivo a ser perseguido pela Administração Pública, não tem correlação com a dimensão cultural da sustentabilidade.
e) certa, pois as contratações compartilhadas se prestam aos objetivos almejados, podendo ser realizadas por organizações públicas de diferentes setores ou entre unidades da mesma organização pública.

▷ *Comentários*

Nota do autor. Questão com base na resolução 400/2021 (Dispõe sobre a política de sustentabilidade no âmbito do Poder Judiciário):

> Art. 3º Para os fins desta Resolução, consideram-se: (...)
>
> IV – contratações compartilhadas: aquisição conjunta de bens e serviços que geram menor impacto ambiental, maior inclusão social, consideram a dimensão cultural da sustentabilidade e a eficiência econômica, com ganho de escala, realizada por organizações públicas de diferentes setores ou entre unidades de uma mesma organização pública, visando fomentar a produção e o consumo sustentáveis no país.

A única alternativa que se enquadra nas proposições da resolução é a alternativa "E".

---

157. (FCC – Analista Judiciário – Área Administrativa – TRT 15/2018) De acordo com a Teoria Bifatorial, desenvolvida por Herzberg para buscar explicar os elementos que envolvem a satisfação no trabalho, os denominados fatores higiênicos

a) estão relacionados à insatisfação no trabalho, sendo administrados pela empresa e extrínsecos à motivação do funcionário.
b) são intrínsecos à satisfação dos indivíduos em geral, induzindo o processo de motivação no trabalho.
c) não repercutem na satisfação ou insatisfação do indivíduo, sendo neutros do ponto de vista da motivação.
d) são fatores indutores do processo motivacional, correspondendo às recompensas diretas por comportamentos ou ações desejadas.
e) representam forças antagônicas à motivação, devendo ser neutralizados pelo reforço positivo e evitados mediante punição.

▷ *Comentários*

Nota do autor: Herzberg desenvolveu sua teoria para tentar entender os fatores que causariam insatisfação e aqueles responsáveis pela satisfação no ambiente de trabalho. Os fatores que agradavam ao funcionário foram chamados de motivadores, enquanto aqueles que desagradavam foram chamados de higiênicos.

Em suma:

FATORES HIGIÊNICOS (EXTRÍNSECOS)

Se não tem: Gera Insatisfação.

Se tem: previne a insatisfação.

FATORES MOTIVACIONAIS (INTRÍNSECOS)

Se ausentes: nulo. Não gera insatisfação

Se presentes: Gera Satisfação.

a) **Certo.** Fatores higiênicos: se presentes não geram satisfação, mas, se ausentes, geram insatisfação.

b) **Errado.** Essa afirmação refere-se aos motivacionais.

c) **Errado.** Não são neutros pois, se ausentes, geram insatisfação.

d) **Errado.** Essa afirmação refere-se aos motivacionais.

e) **Errado.** Não se trata de forças antagônicas ou punição.

158. (FCC – Analista Judiciário – Área Administrativa – TRT 2/2018) A Resolução nº 49 do Conselho Nacional de Justiça, ao dispor sobre o Núcleo de Estatística e Gestão Estratégica, estabelece

a) a natureza permanente do núcleo, destinado a subsidiar o processo decisório dos magistrados, conforme princípios estritamente profissionais, científicos e éticos.

b) o seu caráter instrumental e de apoio, subordinado ao Conselho Nacional de Justiça, como órgão orientador das políticas judiciárias dos Tribunais vinculados.

c) seu caráter de órgão facultativo, instituído no âmbito de cada Tribunal a critério do respectivo Presidente e vinculado ao Corregedor.

d) a configuração paritária do Núcleo, composto por servidores integrantes do Judiciário e por membros externos, indicados por órgãos técnicos e científicos.

e) a atuação estratégica do Núcleo, como órgão externo de apoio ao Conselho Nacional de Justiça, composto por especialistas na área de estatística, atuária e de contabilidade.

▷ ***Comentários***

Nota do autor: questão que se responde na *"letra da lei"*, ou seja, com o texto da resolução (§ 2º. Do art. 1º)

> Art. 1º Os órgãos do Poder Judiciário relacionados no art. 92 incisos II ao VII da Constituição Federativa do Brasil devem organizar em sua estrutura unidade administrativa competente para elaboração de estatística e plano de gestão estratégica do Tribunal.
>
> § 1º O núcleo de estatística e gestão estratégica será composto preferencialmente por servidores com formação em direito, economia, administração, ciência da informação, sendo indispensável servidor com formação em estatística.
>
> § 2º O núcleo de estatística e gestão estratégica tem caráter permanente e deve auxiliar o Tribunal na racionalização do processo de modernização institucional.

Vejamos as alternativas:

a) **Certo.** A natureza permanente do núcleo, destinado a subsidiar o processo decisório dos magistrados, conforme princípios estritamente profissionais, científicos e éticos.

b) **Errado.** Art. 2º O núcleo de estatística e gestão estratégica, subordinado ao Presidente ou Corregedor do Tribunal, deve subsidiar o processo decisório dos magistrados conforme princípios estritamente profissionais, científicos e éticos.

c) **Errado.** Não é facultativo. Art. 1º Os órgãos do Poder Judiciário relacionados no art. 92 incisos II ao VII da Constituição Federativa do Brasil devem organizar em sua estrutura unidade administrativa competente para elaboração de estatística e plano de gestão estratégica do Tribunal.

d) e (E) **Errado.** Art. 1º, § 1º O núcleo de estatística e gestão estratégica será composto preferencialmente por servidores com formação em direito, economia, administração, ciência da informação, sendo indispensável servidor com formação em estatística.

159. (Cespe – Técnico Judiciário – Área Administrativa – TRT 8/2016) De acordo com a Resolução n.º 198/2014 do Conselho Nacional de Justiça (CNJ), metas de medição periódicas

a) referem-se a um conjunto formado pelas metas de medição continuada e pelas metas de medição periódica.

b) são aplicáveis aos órgãos do Poder Judiciário e acompanhadas pelo CNJ, órgão que verifica, durante a vigência da estratégia nacional, se essas metas estão sendo cumpridas nos períodos predefinidos.

c) referem-se a um repositório de sugestão de desempenho institucional e de iniciativas — programa, projetos e operações.

d) são orientações ou instruções que servem para orientar a execução da estratégia nacional ou o cumprimento de uma meta ou de uma iniciativa estratégica.

e) referem-se a um programa, um projeto ou uma operação alinhada à estratégia nacional do Poder Judiciário.

▷ ***Comentários***

Nota do autor: a questão versa sobre a resolução nº 198, de 1º de julho de 2014 que dispõe sobre o Planejamento e a Gestão Estratégica no âmbito do Poder Judiciário.

Normalmente esse tipo de questão pede a "letra" da resolução, bastando ter lido a referida resolução para poder acertá-la. Segundo a resolução, Considera-se, para os efeitos desta Resolução, além de outros termos:

> I – Órgãos do Poder Judiciário: os tribunais indicados nos incisos II a VII do art. 92 da Constituição Federal; o Conselho Nacional de Justiça (CNJ); o Conselho da Justiça Federal (CJF); e o Conselho Superior da Justiça do Trabalho (CSJT);
>
> II – Metas de Medição Continuada (MMC): metas aplicáveis aos órgãos do Poder Judiciário e acompanhadas pelo CNJ durante o período de vigência da Estratégia Nacional;
>
> III – Metas de Medição Periódica (MMP): metas aplicáveis aos órgãos do Poder Judiciário e acompanhadas pelo CNJ para períodos predefinidos durante a vigência da Estratégia Nacional;
>
> IV – Metas Nacionais (MN): conjunto de metas formado pelas Metas de Medição Continuada (MMC) e pelas Metas de Medição Periódica (MMP);

Alternativa correta: letra "b" (responde todas as outras). Segundo o texto da resolução, art. 2º, inciso III, as Metas de Medição Periódica (MMP) são aplicáveis aos órgãos do Poder Judiciário e acompanhadas pelo CNJ para períodos predefinidos durante a vigência da Estratégia Nacional.

160. (FCC – Analista Judiciário – Área Administrativa – TRT 20/2016) De acordo com o disposto na Resolução nº 49, do Conselho Nacional de Justiça – CNJ, os núcleos de estatística e gestão estratégica dos Tribunais

a) não possuem caráter permanente, devendo ser constituídos, mediante grupos de trabalho, ao menos uma vez por ano.

b) devem enviar dados ao CNJ, quando solicitados, a fim de instruir ações de política judiciária nacional.

c) são compostos por servidores integrantes do CNJ, de reconhecido conhecimento na matéria.

d) subordinam-se, funcionalmente, à Presidência e, hierarquicamente, ao Corregedor do Tribunal.

e) devem apresentar, no final de cada exercício, as metas estratégicas para o ano subsequente.

▷ ***Comentários***

Nota do autor: questão baseada no texto da resolução 49 do Conselho Nacional de Justiça, bastando conhecer a "letra" da lei para respondê-la. Essa resolução dispõe sobre a organização de Núcleo de Estatística e Gestão Estratégica nos órgãos do Poder Judiciário relacionados no Art. 92 incisos II ao VII da Constituição da República Federativa do Brasil.

Alternativa correta: letra "b". Segundo o Art. 2º, § 1º da resolução 49/CNJ, o núcleo de estatística e gestão estratégica do Tribunal, sob a supervisão do Presidente ou Corregedor do Tribunal, enviará dados para o Conselho Nacional de Justiça quando solicitados a fim de instruir ações de política judiciária nacional.

Alternativa "a": Art. 1º § 2º. O núcleo de estatística e gestão estratégica tem **caráter permanente** e deve auxiliar o Tribunal na racionalização do processo de modernização institucional.

Alternativa "c": Art. 1°, § 1º. O núcleo de estatística e gestão estratégica **será composto preferencialmente por servidores com formação em direito, economia, administração, ciência da informação**, sendo indispensável servidor com formação em estatística.

Alternativa "d": Art. 2º O núcleo de estatística e gestão estratégica, subordinado ao Presidente ou Corregedor do Tribunal, deve subsidiar o processo decisório dos magistrados conforme princípios estritamente profissionais, científicos e éticos.

Alternativa "e": não há essa previsão na resolução.

161. (FCC - Analista Judiciário - Área Administrativa - TRT 24/2017) O Núcleo Estatístico e de Gestão Estratégica, conforme disciplinado na Resolução n° 49, do Conselho Nacional de Justiça - CNJ, possui caráter

a) permanente, subordinado ao Presidente ou ao Corregedor do respectivo Tribunal.
b) não permanente, instalado a critério do Corregedor do respectivo Tribunal para auxiliá-lo em sua atuação.
c) facultativo, constituído a critério do Presidente do respectivo Tribunal, que avalia sua efetiva necessidade.
d) provisório, devendo ser substituído por órgão da estrutura do respectivo Tribunal a partir de 2018.
e) permanente, subordinado, obrigatoriamente, à Presidência do respectivo Tribunal e vinculado, funcionalmente, ao CNJ.

▷ *Comentários*

Nota do autor: questão baseada no texto da resolução 49 do Conselho Nacional de Justiça, bastando conhecer a "letra" da lei para respondê-la. Essa resolução dispõe sobre a organização de Núcleo de Estatística e Gestão Estratégica nos órgãos do Poder Judiciário relacionados no Art. 92 incisos II ao VII da Constituição da República Federativa do Brasil.

Alternativa correta: letra "a" (responde todas as outras).

Art. 1° Os órgãos do Poder Judiciário relacionados no art. 92 incisos II ao VII da Constituição Federativa do Brasil devem organizar em sua estrutura unidade administrativa competente para elaboração de estatística e plano de gestão estratégica do Tribunal.

> (...)
>
> **§ 2º O núcleo de estatística e gestão estratégica tem caráter permanente** e deve auxiliar o Tribunal na racionalização do processo de modernização institucional.
>
> Art. 2º O núcleo de estatística e gestão estratégica, subordinado ao Presidente ou Corregedor do Tribunal, deve subsidiar o processo decisório dos magistrados conforme princípios estritamente profissionais, científicos e éticos.

15.6. LRF

162. (FGV - Analista Judiciário - Área Administrativa - TRT 12/2017) Uma das inovações da Lei de Responsabilidade Fiscal está prevista no artigo 48, que trata da transparência da gestão fiscal.

Esse artigo foi atualizado pela Lei n° 131/2009.

A divulgação das informações previstas nessa lei:

a) é obrigatória apenas ao Poder Executivo;
b) tem periodicidade anual;
c) tem natureza de recomendação, pois não há penalidade em caso de descumprimento;
d) pode ser substituída pela divulgação no diário oficial ou jornal de grande circulação;
e) representa a denominada transparência ativa, pois parte da própria administração.

▷ *Comentários*

Nota do autor: segundo a Lei de Responsabilidade Fiscal, a responsabilidade na gestão fiscal pressupõe a ação planejada e transparente, em que se previnem riscos e corrigem desvios capazes de afetar o equilíbrio das contas públicas, mediante o cumprimento de metas de resultados entre receitas e despesas e a obediência a limites e condições no que tange a renúncia de receita, geração de despesas com pessoal, da seguridade social e outras, dívidas consolidada e mobiliária, operações de crédito, inclusive por antecipação de receita, concessão de garantia e inscrição em Restos a Pagar. A transparência é então um dever do gestor público que deve promovê-la de forma proativa, tendo a iniciativa, impendentemente de ser provocado pela sociedade ou por órgãos responsáveis pela atividade de controle.

Alternativa correta: letra "e". Segundo o Princípio da Transparência Ativa e a Obrigação de Publicar, os órgãos públicos têm a obrigação de publicar informações de interesse público, não bastando atender apenas aos pedidos de informação. O gestor público deve se antecipar e demonstrar da melhor maneira possível todas as informações necessárias para a avaliação de sua gestão, afinal os recursos são públicos.

O art. 48 da LRF determina que não instrumentos de transparência da gestão fiscal, aos quais será dada ampla divulgação, inclusive em meios eletrônicos de acesso público: os planos, orçamentos e leis de diretrizes orçamentárias; as prestações de contas e o respectivo parecer prévio; o Relatório Resumido da Execução Orçamentária e o Relatório de Gestão Fiscal; e as versões simplificadas desses documentos.

Pelo exposto, vê-se que são vários os mecanismos com divulgação obrigatória determinados pela lei independentemente de provocação.

Alternativa "a": Segundo o Princípio da Transparência Ativa abrange a todos os gestores, cada um em sua esfera de responsabilidades. Veja o que determina o art. 54 da LRF sobre quem deve apresentar o Relatório de Gestão Fiscal.

> Art. 54. Ao final de cada quadrimestre será emitido pelos titulares dos Poderes e órgãos referidos no art. 20 Relatório de Gestão Fiscal, assinado pelo:
>
> I - Chefe do Poder Executivo;
>
> II - Presidente e demais membros da Mesa Diretora ou órgão decisório equivalente, conforme regimentos internos dos órgãos do Poder Legislativo;
>
> III - Presidente de Tribunal e demais membros de Conselho de Administração ou órgão decisório equivalente, conforme regimentos internos dos órgãos do Poder Judiciário;
>
> IV - Chefe do Ministério Público, da União e dos Estados.

Alternativa "b": a periodicidade de apresentação depende do instrumento de transparência, o Relatório de Gestão Fiscal é quadrimestral, já o Relatório Resumido da Execução Orçamentária é bimestral.

Alternativa "c": são várias as previstas para o descumprimento de mandamentos da LRF, que podem ser de cunho institucional, aplicados aos entes federativos, como a proibição de receber transferências voluntárias, como pessoais ao gestor responsabilizado pelo descumprimento. A lei 10.028, de 19 de outubro de 2000, que altera o Decreto-Lei no 2.848, de 7 de dezembro de 1940 - Código Penal, a Lei no 1.079, de 10 de abril de 1950, e o Decreto-Lei no 201, de 27 de fevereiro de 1967, previu no capítulo IV, os crimes contra as finanças públicas.

Alternativa "d": não pode ser substituída pela divulgação no diário oficial ou jornal de grande circulação por falta de previsão legal.

163. (FGV - Analista Judiciário - Área Administrativa - TRT 12/2017) Uma das exigências de divulgação dispostas na Lei Complementar n° 131/2009 refere-se à liberação em tempo real de informações pormenorizadas sobre a execução orçamentária e financeira. Para cumprir esse dispositivo, os entes públicos devem divulgar:

I. o lançamento e o recebimento de toda a receita das unidades gestoras;
II. facultativamente, de forma sintética, os recursos extraordinários;
III. informações mínimas quanto à execução da despesa: número do processo, descrição do bem fornecido ou serviço prestado, beneficiário do pagamento;
IV. processos licitatórios que envolvam despesas de pequena monta, facultativamente.

Está correto somente o que se afirma em:

a) I e II;
b) I e III;
c) I e IV;
d) II e III;
e) II e IV.

▷ ***Comentários***

Nota do autor: questão que se refere à Lei de Responsabilidade Fiscal, para acertar as questões basta ler com atenção o texto de lei que, necessariamente, deve ter sido exigido no edital.

A lei complementar Nº 131, de 27 de maio de 2009 acrescenta dispositivos à Lei Complementar no 101, de 4 de maio de 2000, Lei de Responsabilidade Fiscal que estabelece normas de finanças públicas voltadas para a responsabilidade na gestão fiscal e dá outras providências, a fim de determinar a disponibilização, em tempo real, de informações pormenorizadas sobre a execução orçamentária e financeira da União, dos Estados, do Distrito Federal e dos Municípios.

Afirmativa I. correta:

> Art. 48-A. Para os fins a que se refere o inciso II do parágrafo único do art. 48, os entes da Federação disponibilizarão a qualquer pessoa física ou jurídica o acesso a informações referentes a:
>
> (...)
>
> II – quanto à receita: o lançamento e o recebimento de toda a receita das unidades gestoras, inclusive referente a recursos extraordinários.

Afirmativa II. : incorreta

> Art. 48-A...:
>
> (...)
>
> II – quanto à receita: o lançamento e o recebimento de **toda** a receita das unidades gestoras, **inclusive referente a recursos extraordinários.**

Afirmativa III. : correta

> Art. 48-A. Para os fins a que se refere o inciso II do parágrafo único do art. 48, os entes da Federação disponibilizarão a qualquer pessoa física ou jurídica o acesso a informações referentes a:
>
> I – quanto à despesa: todos os atos praticados pelas unidades gestoras no decorrer da execução da despesa, no momento de sua realização, com a disponibilização mínima dos dados referentes ao número do correspondente processo, ao bem fornecido ou ao serviço prestado, à pessoa física ou jurídica beneficiária do pagamento e, quando for o caso, ao procedimento licitatório realizado.

Afirmativa IV. :

> Art. 48-A....:
>
> I – quanto à despesa: todos os atos praticados pelas unidades gestoras no decorrer da execução da despesa, no momento de sua realização, com a disponibilização mínima dos dados referentes ao número do correspondente processo, ao bem fornecido ou ao serviço prestado, à pessoa física ou jurídica beneficiária do pagamento e, quando for o caso, **ao procedimento licitatório realizado**.

15.7. LEI 14.133/21

164. (Cespe – Técnico Judiciário – Área Administrativa – TRT 8/2022) Nos procedimentos adotados em um processo licitatório,

a) os valores de uma licitação nacional poderão ser expressos em dólar para garantir a viabilidade do certame, caso o processo seja de longa duração.
b) o agente administrativo do órgão licitante poderá se responsabilizar pela autenticação de cópia de documento, quando for apresentado o original.
c) os atos serão preferencialmente manuais, sendo digitalizados apenas ao final do processo.
d) os documentos poderão ser produzidos por áudio, com a identificação do responsável.
e) os atos praticados são restritos aos participantes da licitação.

▷ ***Comentários***

Nota do autor. Lei 14.133/21, art. 12. No processo licitatório, observar-se-á o seguinte:

> I – os documentos serão produzidos por escrito, com data e local de sua realização e assinatura dos responsáveis; (Letra D)
>
> II – os valores, os preços e os custos utilizados terão como expressão monetária a moeda corrente nacional, ressalvado o disposto no ; (Letra A)
>
> III – o desatendimento de exigências meramente formais que não comprometam a aferição da qualificação do licitante ou a compreensão do conteúdo de sua proposta não importará seu afastamento da licitação ou a invalidação do processo;
>
> IV – a prova de autenticidade de cópia de documento público ou particular poderá ser feita perante agente da Administração, mediante apresentação de original ou de declaração de autenticidade por advogado, sob sua responsabilidade pessoal; (Letra B)
>
> V – o reconhecimento de firma somente será exigido quando houver dúvida de autenticidade, salvo imposição legal;
>
> VI – os atos serão preferencialmente digitais, de forma a permitir que sejam produzidos, comunicados, armazenados e validados por meio eletrônico; (Letra C)
>
> Art. 13. Os atos praticados no processo licitatório são públicos, ressalvadas as hipóteses de informações cujo sigilo seja imprescindível à segurança da sociedade e do Estado, na forma da lei. (Letra E)

165. (FCC – Analista Judiciário – Área Judiciária – TRT 4/2022) Segundo dispõe a Lei nº 14.133/2021 (nova Lei de Licitações), no que concerne às compras, é correto afirmar:

a) A Administração não pode vedar a contratação de marca ou produto.
b) O processamento por meio de sistema de registro de preços é obrigatório.
c) O parcelamento do objeto não será adotado quando o processo de padronização ou de escolha de marca levar a fornecedor exclusivo.
d) Não há permissão legal para indicação pela Administração de marcas e modelos.
e) Poderá ser exigida amostra na fase de habilitação.

▷ ***Comentários***

Nota do autor. Questão baseada na "letra da lei".

Letra A – ERRADA – Art. 41. No caso de licitação que envolva o fornecimento de bens, a Administração poderá excepcionalmente: III – vedar a contratação de marca ou produto, quando, mediante processo administrativo, restar comprovado que produtos adquiridos e utilizados anteriormente pela Administração não atendem a requisitos indispensáveis ao pleno adimplemento da obrigação contratual;

Letra B – ERRADA – Art. 40. O planejamento de compras deverá considerar a expectativa de consumo anual e observar o seguinte: II – processamento por meio de sistema de registro de preços, quando pertinente;

Letra C – CORRETA – Art. 40. O planejamento de compras deverá considerar a expectativa de consumo anual e observar o seguinte: § 3º O parcelamento não será adotado quando III – o processo de padronização ou de escolha de marca levar a fornecedor exclusivo.

Letra D – ERRADA – Art. 41. No caso de licitação que envolva o fornecimento de bens, a Administração poderá excepcionalmente:

I – indicar uma ou mais marcas ou modelos, desde que formalmente justificado, nas seguintes hipóteses

Letra E – ERRADA – Art. 41. No caso de licitação que envolva o fornecimento de bens, a Administração poderá excepcionalmente: II – exigir amostra ou prova de conceito do bem no procedimento de pré-qualificação permanente, na fase de julgamento das propostas ou de lances, ou no período de vigência do contrato ou da ata de registro de preços, desde que previsto no edital da licitação e justificada a necessidade de sua apresentação

15.8. LEI 8.112

166. (FCC – Analista Judiciário – Área Judiciária – TRT 4/2022) Um servidor ocupante de cargo em comissão foi nomeado para ter exercício em outro cargo de confiança. Segundo a Lei nº 8.112/1990, esse fato é possível desde que seja

a) com prejuízo da remuneração do cargo atual.
b) de forma permanente.
c) com acúmulo de remuneração.
d) de forma interina.
e) com prejuízo das atribuições que atualmente ocupa.

▷ ***Comentários***

Nota do autor. Lei 8.112/90, art. 9º, Parágrafo único: O servidor ocupante de cargo em comissão ou de natureza especial poderá ser nomeado para ter exercício, INTERINAMENTE, em outro cargo de confiança, SEM prejuízo das atribuições do que atualmente ocupa, hipótese em que deverá optar pela remuneração de um deles durante o período da interinidade.

a) INCORRETO. É possível que seja com prejuízo da remuneração do cargo que irá ocupar.
b) INCORRETO. Somente é possível de forma interina.
c) INCORRETO. Não é possível haver o acúmulo de remuneração.
d) CORRETA.
e) INCORRETA. Poderá ocupar os dois simultaneamente, sendo que o outro cargo de confiança será de forma interina.

15.9. LEI Nº 13.709/2018

167. (FCC – Analista Judiciário – Área Judiciária – TRT 4/2022) Segundo dispõe a Lei Geral de Proteção de Dados Pessoais (LGPD), Lei nº 13.709/2018, a utilização de meios técnicos razoáveis e disponíveis no momento do tratamento, por meio dos quais um dado perde a possibilidade de associação, direta ou indireta, a um indivíduo é denominada

a) desqualificação.
b) anonimização.
c) não identificação.
d) descaracterização.
e) não correlação.

▷ ***Comentários***

Nota do autor. "Letra de lei".

> ART 5, XI da LGPD – anonimização: utilização de meios técnicos razoáveis e disponíveis no momento do tratamento, por meio dos quais um dado perde a possibilidade de associação, direta ou indireta, a um indivíduo;

168. (FCC – Analista Judiciário – Área Judiciária – TRT 4/2022) Considere as seguintes sanções administrativas:

I. advertência.
II. multa simples.
III. multa diária.
IV. publicização da infração após devidamente apurada e confirmada a sua ocorrência.
V. bloqueio dos dados pessoais a que se refere a infração até a sua regularização.
VI. eliminação dos dados pessoais a que se refere a infração.
VII. suspensão parcial do funcionamento do banco de dados a que se refere a infração.
VIII. suspensão do exercício da atividade de tratamento dos dados pessoais a que se refere a infração.
IX. proibição parcial ou total do exercício de atividades relacionadas a tratamento de dados.

Nos termos da Lei Geral de Proteção de Dados Pessoais (LGPD), Lei nº 13.709/2018, no que concerne às sanções administrativas a que se sujeitam os agentes de tratamento de dados, é correto afirmar que

a) a condição económica do infrator não é parâmetro nem critério para a aplicação das sanções constantes dos itens II e III.
b) as sanções constantes dos itens VII e VIII estão limitadas pelo período máximo de seis meses, improrrogável.
c) as multas simples e diárias estão limitadas no total, a cinquenta milhões de reais, consideradas todas as infrações.
d) as sanções previstas nos itens II, III, IV, V e VI somente podem ser aplicadas após já ter sido imposta ao menos uma das sanções de que tratam os itens VII, VIII e IX.
e) as sanções previstas nos itens I, IV, V, VI, VII, VIII e IX poderão ser aplicadas às entidades e aos órgãos públicos.

▷ ***Comentários***

Nota do autor. "Letra de lei"

A) a condição econômica do infrator não é parâmetro nem critério para a aplicação das sanções constantes dos itens II e III. ERRADA

> § 1º As sanções serão aplicadas após procedimento administrativo que possibilite a oportunidade da ampla defesa, de forma gradativa, isolada ou cumulativa, de acordo com as peculiaridades do caso concreto e considerados os seguintes parâmetros e critérios: IV – a condição econômica do infrator;

B) as sanções constantes dos itens VII e VIII estão limitadas pelo período máximo de seis meses, improrrogável. ERRADA

> X – suspensão parcial do funcionamento do banco de dados a que se refere a infração pelo período máximo de 6 (seis) meses, prorrogável por igual período, até a regularização da atividade de tratamento pelo controlador;
>
> XI – suspensão do exercício da atividade de tratamento dos dados pessoais a que se refere a infração pelo período máximo de 6 (seis) meses, prorrogável por igual período;

C) as multas simples e diárias estão limitadas no total, a cinquenta milhões de reais, consideradas todas as infrações. ERRADA

> II – multa simples, de até 2% (dois por cento) do faturamento da pessoa jurídica de direito privado, grupo ou conglomerado no Brasil no seu último exercício, excluídos os tributos, limitada, no total, a R$ 50.000.000,00 (cinquenta milhões de reais) por infração;

D) as sanções previstas nos itens II, III, IV, V e VI somente podem ser aplicadas após já ter sido imposta ao menos uma das sanções de que tratam os itens VII, VIII e IX. ERRADA

> § 1º As sanções serão aplicadas após procedimento administrativo que possibilite a oportunidade da ampla defesa, de forma gradativa, isolada ou cumulativa, de acordo com as peculiaridades do caso concreto(...);

E) as sanções previstas nos itens I, IV, V, VI, VII, VIII e IX poderão ser aplicadas às entidades e aos órgãos públicos.

> § 3º O disposto nos incisos I, IV, V, VI, X, XI e XII do caput deste artigo poderá ser aplicado às entidades e aos órgãos públicos

169. (FGV – Técnico Judiciário – Área Administrativa – TRT 16/2022) Determinado órgão estadual, após a publicação da Lei de Acesso à Informação, decide adotar algumas medidas internas para se adequar aos ditames da lei.

Em função, no entanto, de um erro de entendimento na aplicação da lei, o órgão publica uma informação com modificações quanto a origem, violando assim a

a) integridade da informação.
b) disponibilidade da informação.
c) atualidade da informação.
d) confidencialidade da informação.
e) imperatividade da informação.

▷ ***Comentários***

Nota do autor. Art. 4º Para os efeitos desta Lei, considera-se:

> III – informação sigilosa: aquela submetida temporariamente à restrição de acesso público em razão de sua imprescindibilidade para a segurança da sociedade e do Estado;
>
> VI – disponibilidade: qualidade da informação que pode ser conhecida e utilizada por indivíduos, equipamentos ou sistemas autorizados;
>
> VII – autenticidade: qualidade da informação que tenha sido produzida, expedida, recebida ou modificada por determinado indivíduo, equipamento ou sistema;
>
> VIII – integridade: qualidade da informação não modificada, inclusive quanto à origem, trânsito e destino;
>
> IX – primariedade: qualidade da informação coletada na fonte, com o máximo de detalhamento possível, sem modificações.

De acordo com o texto legal, a alternativa E é a correta.

DIREITO AMBIENTAL

Romeu Thomé

1. A PROTEÇÃO DO MEIO AMBIENTE NA CONSTITUIÇÃO FEDERAL. COMPETÊNCIA EM MATÉRIA AMBIENTAL. FUNÇÃO SOCIAL DA PROPRIEDADE. DA ORDEM ECONÔMICA

01. (Vunesp – Juiz de Direito – TJ – RO/2019) O artigo 225 da Constituição Federal constitui inovação no direito constitucional nacional, uma vez que, utilizando-se de instrumentos existentes na Lei no 6.938/81 (Lei da Política Nacional do Meio Ambiente), elevou ao plano da Constituição a temática ambiental.

(Maria Luiza Machado Granziera, Direito Ambiental, 5a edição ver. e atual., editora Foco, 2019, p. 71)

Sobre Constituição e o Meio Ambiente, é correto afirmar que

a quanto à propriedade urbana, a Constituição Federal remete ao Plano de Desenvolvimento Urbano Setorial a indicação de regras e exigências fundamentais de ordenação da cidade.

b) a propriedade, sob o viés da função social, passa a ter sentido jurídico quando submetida a valores sociais baseados em uma ordem pública fundada em princípios que preservam o seu exercício (a propriedade) com caráter absoluto.

c) a expressão "bem de uso comum do povo", que define o meio ambiente na Constituição, refere-se muito mais a interesse, ou necessidade, do que a propriedade ou domínio.

d) sendo o meio ambiente um objeto do interesse de todos, está contido no rol dos bens sujeitos ao poder de polícia indelegável da coletividade.

e) a noção de função social empregada à propriedade, extraída da Constituição Federal, associa-se à autonomia da vontade.

▷ ***Anotações/Comentários***

(A) O artigo 182, § 2º, da CRFB/1988 estabelece que a propriedade urbana cumpre sua função social quando atende às exigências fundamentais de ordenação da cidade expressas no plano diretor, e não no Plano de Desenvolvimento Urbano Setorial.

(B, E) O direito à propriedade, principalmente a partir da Constituição de 1988, perdeu o caráter absoluto, ilimitado e inatingível, qualificados pela concepção individualista do Código Civil de 1916, ganhando, hodiernamente, uma roupagem social como fator de progresso e bem-estar de todos. (THOMÉ, Romeu; GARCIA, Leonardo. Coleção Leis Especiais para Concursos – Direito Ambiental. Salvador: Juspodivm).

(C) O meio ambiente, como interesse difuso, é transindividual, ou seja, vai além do indivíduo e pertence a toda a coletividade. Trata-se de interesse único, indivisível, incompatível com a noção de propriedade ou domínio.

(D) Está incorreta a referida assertiva, porque define o meio ambiente como objeto, contrariando a CRFB/1988, que o elevou ao *status* de direito fundamental. Vale lembrar, ainda, que o poder de polícia é exercido exclusivamente pelo poder público, e não da coletividade.

02. (Cespe – Juiz de Direito – TJ – PA/2019) Em razão de queimadas florestais, a Assembleia Legislativa do Pará aprovou e o governador sancionou determinada lei que amplia para cem metros a área de proteção em torno de nascentes. Nessa situação hipotética, a lei é

a) inconstitucional, porque a competência para legislar sobre florestas é privativa da União.

b) inconstitucional, porque a competência para legislar sobre florestas é exclusiva da União.

c) constitucional, porque a competência para legislar sobre florestas é privativa dos estados.

d) constitucional, porque a competência para legislar sobre florestas é comum da União, do Distrito Federal e dos estados.

e) constitucional, porque a competência para legislar sobre florestas é concorrente entre a União, o Distrito Federal e os estados.

▷ ***Anotações/Comentários***

(A, B, C, D, E) Trata-se de competência legislativa concorrente prevista no artigo 24, VI, da CRFB/1988. Desse modo, todos entes federados detêm competência para legislar concorrentemente sobre o meio ambiente. A União cabe o papel de editar normas gerais, de acordo com o interesse geral, bem como pelos estados, Distrito Federal e municípios, de acordo com o interesse local.

03. (Consulplan – Juiz de Direito – TJ – MG/2018) O meio ambiente ecologicamente equilibrado, como prevê o Art. 225 da Constituição da República Federativa do Brasil, pressupõe

a) a proteção somente da flora.

b) a proteção somente da fauna.

c) limitação da propriedade privada.

d) a proteção exclusiva de alguns grupos sociais.

▷ ***Anotações/Comentários***

(A, B, D) O artigo 225 da Constituição de 1988 protege o meio ambiente, que é constituído pelo meio ambiente natural (flora, fauna, recursos hídricos, solo, ar etc), além do meio ambiente cultural, artificial e do trabalho. Não há proteção a grupos sociais determinados.

C) O princípio da função socioambiental da propriedade pressupõe a limitação ao uso da propriedade em prol da proteção do meio ambiente e à implementação do desenvolvimento sustentável.

04. (Consulplan – Juiz de Direito – TJ – MG/2018) O município X adotou uma lei definindo como área "non aedificandi" uma distância superior à prevista na Lei Federal em relação a curso de água. A lei local

a) é inválida porque a competência legislativa é exclusiva da União.

b) é inválida porque a competência legislativa é exclusiva do Estado.

c) é válida porque o município tem competência legislativa concorrente com a União.

d) é válida porque o município tem competência legislativa suplementar com a União.

▷ ***Anotações/Comentários***

(A, B, C, D) O artigo 30, I, II da Constituição de 1988 prevê a competência legislativa suplementar do município, o que o autoriza a legislar sobre meio ambiente como no caso em tela, quando adotou uma lei mais protetiva do meio ambiente (em relação à Lei Federal, norma geral da União sobre o tema).

05. (Cespe – Juiz de Direito – TJ – CE/2018) Considerando a disciplina constitucional sobre proteção e repartição de competências em matéria ambiental, assinale a opção correta.

a) A competência para legislar sobre responsabilidade por dano ao meio ambiente pertence, privativamente, à União.

b) A alteração e a supressão de espaços territoriais devem ser feitas por ato administrativo dos órgãos da administração pública responsáveis pela gestão e pelo controle das áreas de preservação permanente e de reserva legal.

c) O combate a qualquer forma de poluição faz parte da competência administrativa comum da União, dos estados, do Distrito Federal e dos municípios.

d) A localização de usina que irá operar com reator nuclear deve ser aprovada pelo Poder Executivo do estado onde será instalada, de acordo com os ditames estabelecidos por lei estadual.

e) A defesa do meio ambiente é princípio que rege a ordem econômica, sendo vedado tratamento diferenciado quanto ao impacto ambiental de produtos e serviços e de seus processos de elaboração e prestação.

▷ ***Anotações/Comentários***

A) De acordo com o artigo 24, VIII, da CRFB/1988, compete à União, aos Estados e ao Distrito Federal legislar concorrentemente sobre responsabilidade por dano ao meio ambiente, ao consumidor, a bens e direitos de valor artístico, estético, histórico, turístico e paisagístico.

B) Incumbe ao Poder Público definir, em todas as unidades da Federação, espaços territoriais e seus componentes a serem especialmente protegidos, sendo a alteração e a supressão permitidas somente através de lei. (art. 225, §1º, III da CRFB/1988).

C) A proteção ao meio ambiente é uma das atribuições elencadas como de competência material comum, atribuída conjuntamente à União, aos Estados, ao Distrito Federal e aos Municípios, nos termos do artigo 23, VI, da CRFB/1988.

D) A definição quanto à localização das usinas que operarem com reator nuclear será feita por meio de lei federal, condição para que sejam instaladas (artigo 225, § 6º, da CRFB/1988).

E) A defesa do meio ambiente é um dos princípios da ordem econômica e financeira, previsto no artigo 170, VI, da CRFB/1988. O erro da assertiva consiste em excepcionar (e não em incluir) o tratamento diferenciado quanto ao impacto ambiental de produtos e serviços e de seus processos de elaboração e prestação na defesa do meio ambiente.

06. (Cespe - Delegado de Polícia - PC - SE/2018) A Constituição Federal de 1988 estabelece que todos têm direito ao meio ambiente ecologicamente equilibrado, bem de uso comum do povo e essencial à sadia qualidade de vida, impondo-se ao poder público e à coletividade o dever de defendê-lo e preservá-lo para as presentes e futuras gerações. Nesse sentido, julgue o próximo item.

Não são consideradas cruéis as práticas desportivas que utilizem animais, desde que sejam manifestações culturais e estejam registradas como bem de natureza imaterial integrante do patrimônio cultural brasileiro, como é o caso da prática da vaquejada no Nordeste brasileiro.

▷ ***Anotações/Comentários***

De acordo com o parágrafo 7º do artigo 225 da CF/1988, não são consideradas cruéis as práticas desportivas que utilizem animais, desde que sejam manifestações culturais e estejam registradas como bem de natureza imaterial integrante do patrimônio cultural brasileiro.

07. (Cespe - Analista Ministerial - Área Processual - MPE - PI/2018) Um cidadão brasileiro deseja impedir a construção de uma usina nuclear em determinado estado da Federação no qual ele tem domicílio. Nesse sentido, ele ajuizou ação civil pública na justiça comum amparado pelos seguintes argumentos: a garantia do direito fundamental ao meio ambiente ecologicamente equilibrado, o princípio da equidade intergeracional e do desenvolvimento sustentável e, ainda, a impossibilidade da construção, visto que há um cemitério na área em que se deseja construir a usina.

Considerando essa situação hipotética, julgue os itens que se seguem, com base em aspectos legais a ela relacionados.

I) O referido cidadão, por ser domiciliado no estado onde será construída a usina, tem legitimidade para ajuizar a ação civil pública com vistas a obter declaração de nulidade de atos lesivos ao interesse público local.

II) O estado-membro não poderá propor nem aprovar legislação que autorize a criação da usina nuclear, porque, caso o faça, essa lei será declarada inconstitucional.

III) O aspecto cultural do meio ambiente é objeto da lide na medida em que um dos fundamentos apresentados pelo cidadão é a proteção da área em que está construído o cemitério.

▷ ***Anotações/Comentários***

I) O referido cidadão, não tem legitimidade para ajuizar a ação civil pública com vistas a obter declaração de nulidade de atos lesivos ao interesse público local. O cidadão não é um dos legitimados ativos para o ajuizamento de ACP, que estão elencados no art. 5º da Lei 7.347/1985 (LACP).

II) A atividade nuclear é monopólio da União, nos termos do art. 177 da CF/1988.

III) O conceito de meio ambiente engloba o meio ambiente natural, artificial, cultural e do trabalho.

08. (FGV - Analista da Procuradoria - Processual - PGE - RO/2016) A Constituição da República de 1988 impõe ao poder público e à coletividade o dever de defender e preservar, para as presentes e futuras gerações, o meio ambiente ecologicamente equilibrado, que também é um direito de todos. Para assegurar a efetividade desse direito, de acordo com o texto constitucional, incumbe ao Poder Público exigir, na forma da lei, para instalação de:

a) toda e qualquer obra ou atividade efetivamente causadora de qualquer degradação ambiental, estudo de contaminação hídrica, do solo e do ar, a que se dará publicidade;

b) obra ou atividade potencialmente causadora de qualquer degradação do meio ambiente, a realização de audiência pública, antes da concessão da licença ambiental;

c) toda e qualquer obra ou atividade potencialmente causadora de qualquer dano ao meio ambiente, plano de reparação de área degradada, antes da concessão da licença ambiental;

d) obra ou atividade potencialmente causadora de significativa degradação do meio ambiente, estudo prévio de impacto ambiental, a que se dará publicidade;

e) toda e qualquer obra ou atividade efetivamente causadora de qualquer degradação do meio ambiente, depósito prévio de caução para assegurar a reparação dos danos ambientais.

▷ ***Anotações/Comentários***

(A, B, C, D, E) Nos termos do art. 225, § 1º, IV, incumbe ao poder público exigir, na forma da lei, para instalação de obra ou atividade potencialmente causadora de significativa degradação do meio ambiente, estudo prévio de impacto ambiental, a que se dará publicidade. Portanto, não é toda e qualquer obra ou atividade potencialmente causadora de qualquer dano ao meio ambiente que deve apresentar o EPIA, mas apenas aquelas potencialmente causadoras de significativa degradação do meio ambiente.

09. (FGV - Procurador - Prefeitura Municipal de Paulínia/2016) Com relação à distribuição de competências legislativas atribuídas pela CRFB/88, bem como à responsabilidade ambiental, analise as afirmativas a seguir.

I. Não obstante ser competência privativa da União, legislar sobre florestas, caça, pesca e fauna, é possível atribuir responsabilidade aos Municípios por omissão na fiscalização que cause danos a esses bens ambientais.

II. A União, os Estados e o Distrito Federal podem legislar concorrentemente sobre controle de poluição. Caso inexista legislação federal sobre normas gerais, os Estados e o Distrito Federal exercerão competência legislativa plena.

III. A União, os Estados e o Distrito Federal podem legislar concorrentemente sobre responsabilidade por dano ao meio ambiente, competindo à União legislar sobre normas gerais acerca do tema.

Está correto o que se afirma em:

a) I, apenas.

b) I e II, apenas.

c) I e III, apenas.

d) II e III, apenas.

e) I, II e III.

▷ ***Anotações/Comentários***

I. Compete à União, aos Estados e ao Distrito Federal legislar concorrentemente sobre florestas, caça, pesca, fauna, conservação da natureza, defesa do solo e dos recursos naturais, proteção do meio ambiente e controle da poluição (art. 24, VI da CF 88).

II. De acordo com o art. 24, § 3º da CF 88, inexistindo lei federal sobre normas gerais, os Estados exercerão a competência legislativa plena, para atender a suas peculiaridades.

III. Compete à União, aos Estados e ao Distrito Federal legislar concorrentemente sobre responsabilidade por dano ao meio ambiente, ao consumidor, a bens e direitos de valor artístico, estético, histórico, turístico e paisagístico (art. 24, VIII da CF 88).

10. (FGV – Procurador – Prefeitura Municipal de Paulínia/2016) Acerca das competências ambientais materiais, assinale a afirmativa correta.

a) É competência comum da União, dos Estados, do Distrito Federal e dos Municípios combater a poluição em qualquer de suas formas, tendo sido a Lei Complementar n. 140/2011 editada para fixar normas de cooperação entre os entes no exercício dessa competência.

b) É competência comum da União, dos Estados e do Distrito Federal preservar as florestas, a fauna e a flora, competindo aos Municípios atuar de forma suplementar, na omissão de atuação pela União, pelos Estados e pelo Distrito Federal.

c) É competência comum da União, dos Estados, do Distrito Federal e dos Municípios explorar a pesquisa, a lavra, o enriquecimento e o reprocessamento de minérios nucleares.

d) É competência comum da União, dos Estados, do Distrito Federal e dos Municípios proteger o meio ambiente, salvo se o bem ambiental estiver inserido nos biomas da Floresta Amazônica brasileira, da Mata Atlântica, da Serra do Mar, do Pantanal Mato-Grossense e da Zona Costeira, caso em que atrairão a competência exclusiva da União.

e) É competência exclusiva da União promover estudo prévio de impacto ambiental de obras ou atividades potencialmente causadoras de significativa degradação ao meio ambiente, independentemente da competência dos Estados, do Distrito Federal ou dos Municípios para promover o respectivo licenciamento ambiental.

▷ ***Anotações/Comentários***

(A) De acordo com o art. 23, VI da CF/1988, é competência comum da União, dos Estados, do Distrito Federal e dos Municípios proteger o meio ambiente e combater a poluição em qualquer de suas formas. A Lei Complementar 140/2011 fixa normas de cooperação entre os entes federados no exercício dessa competência.

(B) Na competência comum não há previsão de atuação de forma suplementar por qualquer dos entes federados.

(C) Constituem monopólio da União a pesquisa, a lavra, o enriquecimento, o reprocessamento, a industrialização e o comércio de minérios e minerais nucleares e seus derivados, com exceção dos radioisótopos cuja produção, comercialização e utilização poderão ser autorizadas sob regime de permissão, conforme as alíneas b e c do inciso XXIII do caput do art. 21 da Constituição Federal. (art. 177, V da CF/1988).

(D) As macrorregiões brasileiras (Floresta Amazônica brasileira, Mata Atlântica, Serra do Mar, Pantanal Mato-Grossense e Zona Costeira), previstas no art. 225, parágrafo 4º da CF/1988 como patrimônio nacional, não são consideradas como bens da União e, portanto, não atrairão a competência exclusiva da Justiça Federal.

(E) Não são os entes federados responsáveis por promover estudo prévio de impacto ambiental. Trata-se de atribuição do próprio empreendimento que busca o licenciamento ambiental.

2. FONTES DO DIREITO AMBIENTAL. PRINCÍPIOS DO DIREITO AMBIENTAL. TRATADOS INTERNACIONAIS

11. (FCC – Analista Judiciário – Área Judiciária – TRF 3/2019) O conceito de desenvolvimento sustentável, tal como tratado no Relatório Brundtland, elaborado pela Comissão Mundial sobre o Meio Ambiente e Desenvolvimento criada pela Assembleia das Nações Unidas em 1983, predica que

a) o modelo ecologicamente sustentável não se compatibiliza com desenvolvimento econômico, cabendo uma escolha ética pelo primeiro por parte das futuras gerações.

b) os recursos naturais são finitos e toda forma de desenvolvimento que utilize esses insumos deve ser tida como deletéria.

c) o desenvolvimento pressupõe degradação, daí porque os países mais desenvolvidos devem ser taxados e a receita revertida para países que optaram por preservar sua biodiversidade.

d) se deve adequar, compulsoriamente, a velocidade das mudanças tecnológicas à capacidade de absorção pelo ecossistema dos impactos correspondentes.

e) se deve satisfazer as necessidades presentes, sem comprometer a capacidade das gerações futuras de suprir suas próprias necessidades.

▷ ***Anotações/Comentários***

(A) O princípio do desenvolvimento sustentável busca o equilíbrio entre o desenvolvimento econômico, a preservação ambiental e a equidade social.

(B) Não é vedada a utilização de recursos naturais. Busca-se o equilíbrio.

(C) O desenvolvimento não pressupõe degradação.

(D) Não há relação direta entre a afirmação e o princípio do desenvolvimento sustentável.

(E) O desenvolvimento sustentável pressupõe a satisfação das necessidades presentes, sem comprometer a capacidade das gerações futuras de suprir suas próprias necessidades.

12. (Vunesp – Juiz de Direito – TJ – RJ/2019) A Política Nacional do Meio Ambiente possui instrumentos, dentre os quais os econômicos, que visam promover a equidade na distribuição de recursos e estimular o cumprimento das normas ambientais de comando-controle. Sobre os instrumentos econômicos, é correto afirmar que

a) a externalidade negativa na seara ambiental é tradicionalmente computada no custo da produção e no preço do bem ou do serviço produzido.

b) a valoração dos recursos naturais estimula os agentes econômicos à preservação dos bens ambientais e também conscientiza a sociedade a respeito daquilo que consome.

c) o princípio do protetor-recebedor é típico do comando-controle.

d) a lógica da compensação pela proteção ambiental está relacionada ao princípio do poluidor-pagador.

e) internalizar as externalidades permite ressarcir ao usuário dos recursos naturais o financiamento dos custos que o uso gerou, para alcance da justiça social.

▷ ***Anotações/Comentários***

(A) A poluição e a degradação ambiental são alguns dos principais efeitos externos negativos da atividade produtiva. Como a maioria dos recursos naturais são bens livres, como o ar, e não fazem parte do "mercado", as pessoas se utilizam deles sem custo algum, gerando externalidades negativas. As "externalidades podem ser definidas como custos ou benefícios que se transferem de determinadas unidades do sistema econômico para outras, ou para a comunidade como um todo, fora do mercado."[1]

(B) Um dos objetivos da Política Nacional do Meio Ambiente é despertar no poluidor e no usuário a noção de que os recursos naturais têm magnitude econômica e devem ser valorizados e utilizados de forma racional. Cabe ao poluidor internalizar as externalidades negativas (poluidor-pagador), para não ter que dividir o ônus com a sociedade (privatização dos lucros e socialização dos danos ao meio ambiente). Cabe ao usuário, com o pagamento pelo uso dos recursos naturais (usuário-pagador), desenvolver consciência ambiental pelo uso racional e sustentável desses bens.

1. NUSDEO, Ana Maria. 2006, p. 4.

(C) A assertiva está incorreta, tendo em vista que os instrumentos calcados no princípio do protetor recebedor atuam como complementares às ações de comando e controle.

(D) Aquele que protege o meio ambiente pode ser compensado com benefícios pecuniários, e está diretamente relacionado com o princípio do protetor-recebedor, e não com o poluidor-pagador.

(E) O princípio do poluidor-pagador, considerado como fundamental na política ambiental, pode ser entendido como um instrumento econômico que exige do poluidor, uma vez identificado, suportar as despesas de prevenção, reparação e repressão dos danos ambientais. Para sua aplicação, os custos sociais externos que acompanham o processo de produção (*v.g.* valor econômico decorrentes de danos ambientais) devem ser internalizados, ou seja, o custo resultante da poluição deve ser assumido pelos empreendedores de atividades potencialmente poluidoras, nos custos da produção. (THOMÉ, Romeu. Manual de Direito Ambiental. Salvador, Juspodivm).

13. (Vunesp – Juiz de Direito – TJ – RO/2019) Determinada indústria química elimina seus rejeitos no rio que abastece uma cidade, alterando as características do meio ambiente e prejudicando a segurança e o bem-estar da população. Nesse caso, o princípio ambiental que visa à internalização das externalidades ambientais negativas e busca impedir a socialização dos custos ambientais é o princípio

a) do poluidor-pagador
b) da participação social
c) da ubiquidade.
d) da precaução.
e) do usuário-pagador.

▷ ***Anotações/Comentários***

(A) No Direito Ambiental, o princípio do poluidor-pagador, em sentido estrito, fundamentado na teoria econômica, pode ser observado, por exemplo, na hipótese de imposição ao empreendedor, pelo órgão competente, de obrigação de arcar com os custos de prevenção, mitigação e compensação de impactos ambientais causados pela atividade econômica, como condição para o licenciamento. Pelo princípio do poluidor-pagador, há a internalização nos custos de produção, ou seja, os custos sociais externos (externalidade negativas na privatização de lucros e socialização de perdas). O princípio ambiental do poluidor-pagador prevê a obrigação do agente responsável pela degradação ambiental de recuperar e/ou indenizar os danos causados ao meio ambiente. Tal princípio está previsto no Princípio 16 da Declaração Rio/1992, nos artigos 4º, VII, 1ª parte e 14, § 1º, da Lei 6.938/1981, no artigo 6º, § 5º, da Lei 7.802/1989 e, por fim, do artigo 33, § 6º, da Lei 12.305/2010.

(B) A assertiva não guarda relação com o princípio da participação popular.

(C) A assertiva não guarda relação com a ideia de ubiquidade (onipresença dos impactos negativos sobre o meio ambiente).

(D) A assertiva está incorreta, pois não guarda relação com o princípio da precaução. O princípio da precaução é a garantia contra os riscos potenciais que, de acordo com o estado atual do conhecimento, não podem ser ainda identificados. A ausência de certeza científica absoluta não deve servir de pretexto para postergar a adoção de medidas efetivas de modo a evitar a degradação ambiental.

(E) O princípio do usuário-pagador-prevê que aqueles que se utilizarem de recursos naturais escassos devem pagar por sua utilização, mesmo que não haja poluição.

14. (Vunesp – Juiz de Direito – TJ – RJ/2019) No âmbito do Direito Internacional do Meio Ambiente, a preocupação universal sobre o uso saudável e sustentável do planeta e de seus recursos motivou a ONU a convocar, em 1972, a Conferência das Nações Unidas sobre o Ambiente Humano.

A respeito da referida Conferência, assinale a alternativa correta.

a) Adotou a "Agenda 21", um diagrama para a proteção do nosso planeta e seu desenvolvimento sustentável.
b) Adotou a "Declaração das Nações Unidas sobre o Meio Ambiente", que apresenta 26 princípios referentes à proteção do meio ambiente.
c) Adotou os Objetivos para Desenvolvimento do Milênio (ODM).
d) Gerou a Convenção da ONU sobre a Diversidade Biológica.
e) Gerou o relatório "Nosso Futuro Comum", que traz o conceito de desenvolvimento sustentável para o discurso público.

▷ ***Anotações/Comentários***

(A) A assertiva está incorreta, pois a Agenda 21 foi adotada na ECO 92 ou Rio-92.

(B) A assertiva está correta. A Conferência das Nações Unidas sobre o Meio Ambiente Humano, ocorrida em 1972, promoveu a edição da Declaração de Estocolmo sobre Meio Ambiente Humano, com 26 princípios.

(C) A assertiva está incorreta. A Conferência das Nações Unidas sobre o Ambiente Humano não adotou os Objetivos para Desenvolvimento do Milênio (ODM).

(D) A Convenção da ONU sobre a Diversidade Biológica foi adotada na ECO 92 ou Rio-92.

(E) O Relatório Nosso Futuro Comum, também conhecido como "Relatório Brundtland", foi estabelecido somente em 1987, ou seja, cerca de 15 anos após a edição da Declaração de Estocolmo.

15. (Consulplan – Analista Judiciário – Oficial de Just. Avaliador – TRF 2/2017) Tendo em vista a assinatura do Acordo de Paris em 2016, na 21ª Conferência de Partes, os 195 países que o aprovaram se comprometeram a envidar esforços para que sejam reduzidas as emissões de gases de efeito estufa, no contexto do desenvolvimento sustentável. Nesse sentido, é possível verificar nessa política, países que atuam em conjunto no controle da poluição, tendo em vista a sua natureza difusa e sem limitação territorial. Sobre o caso, assinale o princípio de direito ambiental relacionado a essa forma de atuação dos países.

a) Princípio da prevenção.
b) Princípio da ubiquidade.
c) Princípio do poluidor-pagador.
d) Princípio da responsabilidade ambiental.

▷ ***Anotações/Comentários***

(a, b, c, d) Sobre a ausência de fronteiras nos casos de danos ambientais, alguns autores fazem referência ao princípio da ubiquidade. De acordo com o Dicionário Aurélio Buarque de Holanda, ubiquidade quer dizer: "propriedade ou estado de ubíquo ou onipresente; ubiquação; onipresença". Por sua vez, ubíquo significa "que está presente em toda parte, onipresente." Assim, em Direito Ambiental, tem-se que, pelo princípio da ubiquidade, o bem ambiental é onipresente, de forma que uma agressão ao meio ambiente em determinada localidade é capaz de trazer reflexos negativos a todo o planeta. O meio ambiente deve ser levado em consideração antes e durante a realização de qualquer atividade que venha a ser desenvolvida, de qualquer natureza. Decorre da tutela constitucional da vida e da qualidade de vida. (THOMÉ, Romeu. Manual de Direito Ambiental. Salvador: Ed Juspodivm).

3. POLÍTICA NACIONAL DO MEIO AMBIENTE

16. (Vunesp – Juiz de Direito – TJ – RO/2019) A construção, instalação, ampliação e funcionamento de estabelecimentos e atividades utilizadores de recursos ambientais, efetiva ou potencialmente poluidores ou capazes, sob qualquer forma, de causar degradação ambiental, dependerão de prévio licenciamento ambiental. Acerca do tema, pode-se afirmar que

a) as atividades que causem ou possam causar impacto ambiental de âmbito local são licenciadas pelo IBAMA.
b) compete ao Município licenciar atividades localizadas em Áreas de Proteção Ambiental (APAS) instituídas pelo Município.
c) o decurso dos prazos de licenciamento, sem a emissão da licença ambiental, implica sua emissão tácita e autoriza a prática de ato que dela dependa ou decorra.
d) a União é competente para promover o licenciamento ambiental de empreendimentos e atividades localizados em terras indígenas.
e) a licença de localização caracteriza a fase preliminar do processo de licenciamento, da qual se segue a licença de operação.

▷ ***Anotações/Comentários***

(A) Segundo dispõe o artigo 9º, XIV, "a", da Lei Complementar 140/2011, são ações administrativas dos Municípios, observadas as atribuições dos demais entes federativos previstas nesta Lei Complementar, promover o licenciamento ambiental das atividades ou empreendimentos, que causem ou possam causar impacto ambiental de âmbito local, conforme tipologia definida pelos respectivos Conselhos Estaduais de Meio Ambiente, considerados os critérios de porte, potencial poluidor e natureza da atividade.

(B) Conforme disposto na Lei Complementar 140/2011, especialmente no artigo 9º, "b", são ações administrativas dos Municípios licenciar atividades localizadas em unidades de conservação instituídas pelo Município, exceto em Áreas de Proteção Ambiental (APAs).

(C) O artigo 14, § 3º, da Lei Complementar 140/2011, destaca que o decurso dos prazos de licenciamento, sem a emissão da licença ambiental, não implica a emissão tácita, nem autoriza a prática de ato que dela dependa ou decorra.

(D) De acordo com o artigo 7º, XIV, c, da Lei Complementar 140/2011, são ações administrativas da União a promoção do licenciamento ambiental de empreendimentos e atividades localizados ou desenvolvidos em terras indígenas.

(E) Consoante descrito no artigo 8º, I, da Resolução 237/1997, do CONAMA, a Licença Prévia (LP) é concedida na fase preliminar do planejamento do empreendimento ou atividade, aprovando sua localização e concepção, atestando a viabilidade ambiental e estabelecendo os requisitos básicos e condicionantes a serem atendidos nas próximas fases de sua implementação.

17. (Cespe - Juiz de Direito - TJ - PA/2019) No caso de uma empresa que pretenda iniciar atividade de mineração no estado do Pará, o EIA exigido para licenciar essa atividade deverá ser custeado

a) pelo órgão licenciador, o que envolve trabalhos e inspeções de campo, análises de laboratório e estudos técnicos e científicos.
b) pela empresa, competindo ao órgão licenciador a elaboração do RIMA.
c) pela empresa, competindo ao órgão licenciador a elaboração desse estudo.
d) pela empresa, assim como lhe compete a elaboração desse estudo e do RIMA.
e) pelo órgão licenciador, assim como lhe compete a elaboração do RIMA, mas, ao término do processo, ele será ressarcido pela empresa.

▷ ***Anotações/Comentários***

(A, B, C, D, E) O EIA exigido para licenciar essa atividade deverá ser custeado pela empresa, assim como lhe compete a elaboração desse estudo e do RIMA, nos termos do artigo 11, da Resolução 237/1997, como também do artigo 8º, da Resolução 001/1986, ambas do Conama.

18. Vunesp - Juiz de Direito - TJ - RJ/2019) A audiência pública tem por fim expor aos interessados o conteúdo do projeto ou empreendimento em exame e do seu respectivo RIMA. Sobre essa temática, é correto afirmar que

a) é realizada quando o órgão de meio ambiente licenciador julgar necessário ou quando solicitado por 40 ou mais cidadãos.
b) o fator político não influi no processo de tomada de decisão.
c) havendo sua solicitação e, na hipótese do órgão estadual não realizá-la, a licença concedida não terá validade.
d) a participação popular é vinculante e condicionante da decisão administrativa.
e) a ata da audiência pública vincula o parecer final do licenciador quanto à admissibilidade do exame do projeto.

▷ ***Anotações/Comentários***

(A) De acordo com o que dispõe o artigo 2º, da Resolução 009/1987 do Conama, a audiência pública poderá ser convocada nas seguintes hipóteses: (i) quando o órgão competente pela licença julgar necessário; (ii) por solicitação de entidade civil. (iii) a pedido de 50 ou mais cidadãos, (iv) por solicitação do Ministério Público.

(B) Estatui o artigo 1º, da Resolução 009/1987 do Conama que a audiência pública referida na Resolução CONAMA nº 1/86, tem por finalidade expor aos interessados o conteúdo do produto em análise e do seu referido RIMA, dirimindo dúvidas e recolhendo dos presentes as críticas e sugestões a respeito. Desse modo, a audiência pública tem como fundamento a participação e informação. O seu objetivo maior é expor as informações que constam do relatório, explicando as conclusões e consequências do EPIA/RIMA para que haja participação popular. Assim, o fator político pode de alguma forma interferir no processo de decisão.

(C) Correta, nos termos do artigo 2º, § 2º, da Resolução 009/1987 do Conama.

(D, E) A decisão do órgão ambiental não está vinculada às conclusões do EIA/RIMA nem aos debates realizados em audiência pública.

19. (Cespe - Juiz de Direito - TJ - PA/2019) O CONAMA faz parte do SISNAMA. Considerando-se a composição do SISNAMA e as suas atribuições, é correto afirmar que o CONAMA

a) tem como finalidade deliberar, no âmbito de sua competência, sobre normas e padrões compatíveis com o meio ambiente ecologicamente equilibrado e essencial à sadia qualidade de vida.
b) tem a função de assessorar o presidente da República na formulação da política nacional e nas diretrizes governamentais para o meio ambiente e os recursos ambientais.
c) tem a finalidade de planejar, coordenar, supervisionar e controlar, como órgão federal, a política nacional e as diretrizes governamentais fixadas para o meio ambiente.
e) é órgão federal que detém a responsabilidade de fazer executar a política e as diretrizes governamentais fixadas para o meio ambiente.
e) é órgão interestadual que detém a responsabilidade de executar programas e projetos e controlar e fiscalizar atividades capazes de provocar degradação ambiental.

▷ ***Anotações/Comentários***

A) Consoante estabelece o artigo 6º, II, da Lei da Política Nacional do Meio Ambiente, o CONAMA é órgão consultivo e deliberativo, que tem a finalidade de assessorar, estudar e propor ao Conselho de Governo, diretrizes de políticas governamentais para o meio ambiente e os recursos naturais e deliberar, no âmbito de sua competência, sobre normas e padrões compatíveis com o meio ambiente ecologicamente equilibrado e essencial à sadia qualidade de vida.

B) Assessorar o Presidente da República é competência do Conselho de Governo, órgão superior do Sistema Nacional do Meio Ambiente, como prevê o artigo 6º, I da Lei 6.938/1981.

C) Trata-se de competência da Secretaria do Meio Ambiente, como órgão central da Presidência da República, de acordo com o que dispõe o artigo 6º, III, da Lei 6.938/1981.

D) Segundo assevera o artigo 6º, IV, da Lei 6.938/1981, fazer executar a política e as diretrizes governamentais fixadas para o meio ambiente, de acordo com as respectivas competências é de responsabilidade dos órgãos executores, quais sejam, IBAMA e Instituto Chico Mendes.

E) Como estatui o artigo 6º, V, da Lei 6.938/1981, os órgãos ou entidades estaduais responsáveis pela execução de programas, projetos e pelo controle e fiscalização de atividades capazes de provocar a degradação ambienta são os denominados órgãos seccionais.

20. (Cespe - Juiz de Direito - TJ - CE/2018) Com relação ao estudo de impacto ambiental, à biodiversidade e ao licenciamento ambiental, assinale a opção correta.

a) Apenas empreendimentos com área superior a cinquenta hectares estão obrigados a apresentar estudo prévio de impacto ambiental e relatório de impacto ambiental.
b) No que se refere ao licenciamento ambiental, compete aos municípios aprovar o manejo e a supressão de vegetação e de florestas em imóveis rurais.
c) Atividades que envolvam organismos geneticamente modificados e aquelas relacionadas à manipulação de organismos vivos só podem ser desenvolvidas por entidades de direito público.
d) Depende de prévio licenciamento ambiental a ampliação de estabelecimentos que utilizam recursos ambientais efetiva ou

potencialmente poluidores ou capazes de causar degradação ambiental.

e) É permitido a pessoas físicas desenvolver, de forma autônoma e independente, atividade relacionada ao cultivo e à produção de organismo geneticamente modificado, desde que mantenham vínculo empregatício com pessoas jurídicas que manipulem tais organismos.

▷ ***Anotações/Comentários***

A) De acordo com o artigo 11-A, §3º, II, da Lei 12.651/2012 (Código Florestal), os novos empreendimentos com área de até 50 (cinquenta) hectares, se potencialmente causadores de significativa degradação do meio ambiente, estão sujeitos à apresentação do Estudo Prévio de Impacto Ambiental – EPIA e do Relatório de Impacto Ambiental – RIMA.

B) A aprovação do manejo e da supressão de vegetação, de florestas e de formações sucessoras em imóveis rurais, constitui ação administrativa própria dos estados, e não dos municípios, de acordo com o que prevê o artigo 8º, XVI, b, da LC 140/2011.

C) A assertiva está incorreta, tendo em vista que as atividades que envolvam organismos geneticamente modificados e aquelas relacionadas à manipulação de organismos vivos também podem ser desenvolvidas por entidades de direito privado, como reza o artigo 2º, da Lei 11.105/2005 (Lei de Biossegurança).

D) Nos termos do artigo 10 da Lei Complementar 140/2011, a construção, instalação, ampliação e funcionamento de estabelecimentos e atividades utilizadores de recursos ambientais, efetiva ou potencialmente poluidores ou capazes, sob qualquer forma, de causar degradação ambiental, dependerão de prévio licenciamento ambiental. Ademais, a Resolução 237/1997, do Conama, prevê, no artigo 2º, que: "a localização, construção, instalação, ampliação, modificação e operação de empreendimentos e atividades utilizadoras de recursos ambientais consideradas efetiva ou potencialmente poluidoras, bem como os empreendimentos capazes, sob qualquer forma, de causar degradação ambiental, dependerão de prévio licenciamento do órgão ambiental competente, sem prejuízo de outras licenças legalmente exigíveis.

E) A assertiva está incorreta, haja vista que é vedado às pessoas físicas desenvolverem, de forma autônoma e independente, atividade relacionada ao cultivo e à produção de organismo geneticamente modificado, ainda que mantenham vínculo empregatício ou qualquer outro com pessoas jurídicas. Trata-se de aplicação do disposto no artigo 2º, § 2º, da Lei 11.105/2005 (Lei de Biossegurança).

21. (FGV – Procurador – Prefeitura Municipal de Paulínia/2016) Nos termos da Lei da Política Nacional do Meio Ambiente – Lei n. 6.938/81, assinale a competência que não é atribuída ao CONAMA - Conselho Nacional do Meio Ambiente.

a) Estabelecer, mediante proposta do IBAMA, normas e critérios para o licenciamento de atividades efetiva ou potencialmente poluidoras.

b) Fixar os limites de Área de Preservação Permanente, em zonas rurais e urbanas, bem como disciplinar o seu regime de proteção.

c) Estabelecer normas, critérios e padrões relativos ao controle e à manutenção da qualidade do meio ambiente, com vistas ao uso racional dos recursos ambientais.

d) Estabelecer, privativamente, normas e padrões nacionais de controle da poluição por veículos automotores, aeronaves e embarcações, mediante audiência dos Ministérios competentes.

e) Determinar, mediante representação do IBAMA, a perda ou restrição de benefícios fiscais concedidos pelo Poder Público, em caráter geral ou condicional, e a perda ou suspensão de participação em linhas de financiamento em estabelecimento oficial de crédito.

▷ ***Anotações/Comentários***

(A) Competência prevista no art. 8º, I da Lei 6.938/1981.

(B) Não há previsão nesse sentido na Lei 6.938/1981.

(C) Competência prevista no art. 8º, VII da Lei 6.938/1981.

(D) Competência prevista no art. 8º, VI da Lei 6.938/1981.

(E) Competência prevista no art. 8º, V da Lei 6.938/1981.

4. ESPAÇOS TERRITORIAIS ESPECIALMENTE PROTEGIDOS. SISTEMA NACIONAL DE UNIDADES DE CONSERVAÇÃO DA NATUREZA – SNUC: OBJETIVOS. ESTRUTURA. COMPOSIÇÃO. CRIAÇÃO, IMPLANTAÇÃO E GESTÃO DE UNIDADES DE CONSERVAÇÃO. CATEGORIAS DE UNIDADES DE CONSERVAÇÃO

22. (Cespe – Juiz de Direito – TJ – CE/2018) Com relação ao SNMA, ao Sistema Nacional de Unidades de Conservação da Natureza e ao zoneamento ambiental, assinale a opção correta.

a) Uma vez que possuem representação no CONAMA, os estados, no âmbito do SNMA, não têm competência para legislar sobre normas relacionadas ao meio ambiente e devem se ater às estabelecidas pelo CONAMA.

b) O IBAMA e o Instituto Chico Mendes de Conservação da Biodiversidade são órgãos que têm por finalidade executar e fazer executar a política e as diretrizes governamentais fixadas para o meio ambiente.

c) As unidades de proteção integral visam à manutenção dos ecossistemas e dos hábitats naturais livres de alterações causadas por interferência humana, sendo vedado o uso direto ou indireto dos seus atributos naturais.

d) O zoneamento ecológico-econômico é o instrumento de organização do espaço urbano, obrigatório na implantação de obras e atividades públicas, por meio do qual a cidade é dividida em áreas sobre as quais incidem diretrizes para uso e ocupação do solo.

e) Um parque nacional pode ser constituído por áreas particulares, caso em que a utilização da terra pelos proprietários deve ser compatibilizada com os recursos naturais da unidade.

▷ ***Anotações/Comentários***

A) A competência legislativa em matéria ambiental é concorrente entre União, Estados e DF, nos termos do art. 24, caput da CF/1988.

B) O IBAMA e o Instituto Chico Mendes de Conservação da Biodiversidade são órgãos executores do SISNAMA, nos termos do art. 6º, IV da Lei 6.938/1981 e têm a finalidade de executar e fazer executar a política e as diretrizes governamentais fixadas para o meio ambiente, de acordo com as respectivas competências.

C) Nos termos do § 1o do art. 7º da Lei 9.985/2000, "o objetivo básico das Unidades de Proteção Integral é preservar a natureza, sendo admitido apenas o uso indireto dos seus recursos naturais, com exceção dos casos previstos nesta Lei".

D) O zoneamento ecológico-econômico não é um instrumento de organização do espaço urbano.

E) O art. 11, § 1o da Lei 9.985/2000 prevê que o Parque Nacional é de posse e domínio públicos, sendo que as áreas particulares incluídas em seus limites serão desapropriadas, de acordo com o que dispõe a lei.

23. (Consulplan – Analista Judiciário – Área Judiciária – TRF 2/2017) Após regular Estudo de Impacto Ambiental (EIA) quanto à construção de estaleiro, verificou-se que o empreendimento possui significativo impacto ambiental. Com relação à emissão de licença ambiental para a referida atividade, a ser concedida pela autoridade ambiental competente, assinale a alternativa correta.

a) A licença ambiental não pode ser concedida, tendo em vista significativo impacto ambiental do empreendimento, em atendimento ao princípio da prevenção ambiental.

b) A licença ambiental pode ser concedida, desde que o empreendedor realize compensação ambiental, apoiando a implantação e manutenção de Unidade de Conservação do Grupo de Proteção Integral.

c) A licença ambiental não pode ser concedida, salvo se celebrado Termo de Ajustamento de Conduta com algum dos órgãos públicos de tutela do meio ambiente, em que previstas obrigações de mitigação dos impactos.

d) Somente a licença prévia pode ser concedida, mas não a licença de instalação e a licença de operação, podendo o particular requerer novamente as demais licenças no prazo de seis meses, comprovando a mitigação dos impactos.

▷ ***Anotações/Comentários***

(a, c, d) Atividades com significativo impacto ambiental também são passíveis de licenciamento ambiental.

b) As atividades de significativo impacto ambiental devem pagar a compensação ambiental, prevista no art. 36 da Lei 9.985/2000 (Lei do Sistema Nacional de Unidades de Conservação da Natureza - SNUC). Os recursos serão destinados a apoiar a implantação e manutenção de Unidade de Conservação do Grupo de Proteção Integral.

24. (Consulplan - Analista Judiciário - Oficial de Just. Avaliador - TRF 2/2017) Tendo em vista as constantes queimadas irregulares de mata nativa, para posterior desenvolvimento de pecuária, o Município XYZ pretende criar Unidade de Conservação, promovendo, assim, o uso sustentável do espaço territorial que possui importantes atributos bióticos. Dessa forma, com objetivo de permitir a ocupação humana sem ter que desapropriar a área protegida, assinale a alternativa que corretamente identifica a Unidade de Conservação que o Município XYZ deve criar.

a) Reserva Biológica.
b) Parque Municipal.
c) Área de Proteção Ambiental.
d) Área de Preservação Permanente.

▷ ***Anotações/Comentários***

(a) De acordo com o art. 10, § 1o da Lei 9.985/2000, a Reserva Biológica é de posse e domínio públicos, sendo que as áreas particulares incluídas em seus limites serão desapropriadas.

(b) De acordo com o art. 11, § 1o da Lei 9.985/2000, os Parques são de posse e domínio públicos, sendo que as áreas particulares incluídas em seus limites serão desapropriadas.

(c) A Área de Proteção Ambiental é constituída por terras públicas ou privadas. É o que prevê o art. 15, § 1o da Lei 9.985/2000.

(d) As APPs são espaços previstos nos arts. 4º e 6º do Código Florestal (Lei 12.651/2012) e têm funções ambientais específicas.

5. CÓDIGO FLORESTAL E RESPECTIVA REGULAMENTAÇÃO. PRINCÍPIOS GERAIS. ÁREAS DE PRESERVAÇÃO PERMANENTE. RESERVA LEGAL. FLORESTAS PÚBLICAS. CONCESSÃO FLORESTAL

25. (Cespe - Juiz de Direito - TJ - PA/2019) Rafael é proprietário de um imóvel rural com vegetação de floresta no estado do Pará. Esse imóvel deixou de ter área de reserva legal porque o proprietário anterior a suprimiu. Nessa situação, Rafael

a) não tem obrigação de reflorestar a referida área, porque não foi ele quem causou a degradação.
b) deve reflorestar 50% de sua propriedade.
c) deve reflorestar 30% de sua propriedade.
d) deve reflorestar 80% de sua propriedade.
e) deve reflorestar 20% de sua propriedade.

▷ ***Anotações/Comentários***

(A) A obrigação, *in casu*, é *propter rem*, de natureza real, o que significa dizer que acompanha a coisa (imóvel rural), e não o responsável anterior pela supressão da área de floresta.

(B, C, D, E) Por se tratar de propriedade rural localizada na Amazônia Legal, com vegetação de florestal, a reserva legal corresponde a 80% do tamanho da propriedade, nos termos do artigo 3º, I e III, combinado com o artigo 12, I, "a", da Lei 12.651/2012.

26. (Consulplan - Juiz de Direito - TJ - MG/2018) A sociedade empresária X consome carvão vegetal na produção de ferro gusa. Requereu isenção quanto à obrigação de fazer reposição florestal, porque o carvão é produzido com 80% de madeira de floresta plantada e o restante de floresta nativa. O requerimento deverá

a) ser parcialmente deferido quanto ao percentual de floresta nativa.
b) ser integralmente indeferido porque há utilização parcial de floresta nativa.
c) ser integralmente deferido porque a utilização parcial de floresta nativa é mínima.
d) ser parcialmente deferido quanto ao percentual de utilização da floresta plantada.

▷ ***Anotações/Comentários***

(A, B, C, D) Nos termos do artigo 33, § 1º determina que "são obrigadas à reposição florestal as pessoas físicas ou jurídicas que utilizam matéria-prima florestal oriunda de supressão de vegetação nativa ou que detenham autorização para supressão de vegetação nativa". Já so § 2º, II, "b" prevê que é isento da obrigatoriedade da reposição florestal aquele que utilize matéria-prima florestal oriunda de floresta plantada.

27. (Cespe - Juiz de Direito - TJ - CE/2018) Com base no Código Florestal — Lei n.º 12.651/2012 - assinale a opção correta.

a) Para que uma área protegida seja considerada área de preservação permanente é necessário que ela seja totalmente coberta de vegetação nativa e que esteja localizada no interior de uma propriedade ou de uma posse rural.
b) A exploração econômica de recursos naturais em área de reserva legal é expressamente proibida.
c) Os projetos de reforma agrária não estão contemplados no conceito de pequena propriedade rural familiar, caracterizada pela exploração da terra mediante o trabalho pessoal do agricultor familiar.
d) Todo imóvel rural localizado na Amazônia Legal deve manter área correspondente a 80% da extensão total do imóvel, com cobertura de vegetação nativa, a título de reserva legal.
e) Uma área coberta de florestas e que exerce a função de proteger várzeas pode ser considerada de preservação permanente se declarada de interesse social por ato do chefe do Poder Executivo.

▷ ***Anotações/Comentários***

A) Área de Preservação Permanente-APP é a área protegida, coberta ou não por vegetação nativa, com a função ambiental de preservar os recursos hídricos, a paisagem, a estabilidade geológica e a biodiversidade, facilitar o fluxo gênico de fauna e flora, proteger o solo e assegurar o bem-estar das populações humanas; como estabelece o artigo 3º, II, da Lei 12.651/2012. Não se pode olvidar que as APPs podem ser instituídas em áreas urbanas ou rurais (art. 4º, *caput*, Lei 12.651/2012).

B) A exploração econômica em área de reserva legal é legalmente prevista e, portanto, possível. Segundo define o artigo 3º, III, da Lei 12.651/2012, a reserva legal é área localizada no interior de uma propriedade ou posse rural, com a função de assegurar o uso econômico de modo sustentável dos recursos naturais do imóvel rural, auxiliar a conservação e a reabilitação dos processos ecológicos e promover a conservação da biodiversidade, bem como o abrigo e a proteção de fauna silvestre e da flora nativa. Ademais, a teor do artigo 17, §1º, da mesma lei, é admissível a exploração econômica da reserva legal, mediante manejo sustentável, previamente aprovado por órgão competente do Sisnama.

C) Caracteriza-se como pequena propriedade ou posse rural familiar aquela que for explorada mediante o trabalho pessoal do agricultor familiar e empreendedor familiar rural, incluindo os assentamentos e projetos de reforma agrária. Assim, a assertiva está contrária ao que preceitua o artigo 3º, V, da Lei 12.651/2012.

D) De acordo com o artigo 12, I, da Lei 12.651/2012, o imóvel rural localizado na Amazônia Legal deve manter área com cobertura de vegetação nativa, a título de Reserva Legal, no percentual de 80%, caso ele esteja situado em área de florestas. Todavia, se o imóvel estiver localizado na Amazônia Legal e a vegetação for de cerrado, o percentual de Reserva Legal será de 35%. Será de 20% do percentual de Reserva Legal se o imóvel estiver localizado na Amazônia Legal e a vegetação for de campos gerais.

E) Correta, nos termos do artigo 6º, III, da Lei n. 12.651/2012.

6. O DANO AMBIENTAL. APURAÇÃO DO DANO AMBIENTAL. REPARAÇÃO DO DANO AMBIENTAL. RESPONSABILIDADE PELO DANO AMBIENTAL: RESPONSABILIDADE ADMINISTRATIVA. INFRAÇÕES E SANÇÕES ADMINISTRATIVAS AMBIENTAIS. RESPONSABILIDADE CIVIL. RESPONSABILIDADE CRIMINAL. O PODER DE POLÍCIA E DIREITO AMBIENTAL. POLUIÇÃO. ESPÉCIES DE POLUIÇÃO

28. (Vunesp – Juiz de Direito – TJ – RO/2019) Segundo o artigo 225, § 3º, da Constituição Federal, as condutas e atividades consideradas lesivas ao Meio Ambiente sujeitarão os infratores, pessoas físicas e jurídicas, a sanções penais e administrativas, independentemente da obrigação de reparar os danos causados. Acerca da tríplice responsabilidade ambiental, assinale a alternativa correta.

a) A Primeira Seção do Superior Tribunal de Justiça (STJ) consolidou o entendimento de que a responsabilidade administrativa ambiental é subjetiva.

b) A Segunda Seção do Superior Tribunal de Justiça (STJ) consolidou o entendimento de que a responsabilidade administrativa ambiental é objetiva.

c) A responsabilidade civil não admite a condenação simultânea e cumulativa das obrigações de fazer, de não fazer e de indenizar na reparação integral do meio ambiente.

d) Segundo o entendimento atualizado do STF, a responsabilidade penal da pessoa jurídica por crimes ambientais é condicionada à simultânea persecução penal da pessoa física, em tese, responsável no âmbito da empresa.

e) Os responsáveis pela degradação ambiental são coobrigados solidários, formando-se, em regra, nas ações civis públicas ou coletivas, litisconsórcio necessário.

▷ ***Anotações/Comentários***

(A) A responsabilidade administrativa ambiental é de natureza subjetiva. Assim sendo, a aplicação de penalidades administrativas não obedece à lógica da responsabilidade objetiva da esfera cível (para reparação dos danos causados), mas deve obedecer à sistemática da teoria da culpabilidade, ou seja, a conduta deve ser cometida pelo alegado transgressor, com demonstração de seu elemento subjetivo, e com demonstração do nexo causal entre a conduta e o dano. Assim, a responsabilidade civil ambiental é objetiva; porém, tratando-se de responsabilidade administrativa ambiental, a responsabilidade é subjetiva. (STJ. 1ª Seção. EREsp 1318051/RJ, Rel. Min. Mauro Campbell Marques, julgado em 08/05/2019 – Info 650).

(B) A Primeira Seção consolidou no âmbito do Superior Tribunal de Justiça (STJ) o entendimento de que a responsabilidade administrativa ambiental é subjetiva – ou seja, a condenação administrativa por dano ambiental exige demonstração de que a conduta tenha sido cometida pelo transgressor, além da prova do nexo causal entre a conduta e o dano. (STJ. 1ª Seção. EREsp 1318051/RJ, Rel. Min. Mauro Campbell Marques, julgado em 08/05/2019 – Info 650).

(C) De acordo com inúmeros julgados do STJ, admite-se a condenação simultânea e cumulativa das obrigações de fazer, de não fazer e de indenizar na reparação integral do meio ambiente. Ademais, a Súmula 629 do STJ, dispõe que: "Quanto ao dano ambiental, é admitida a condenação do réu à obrigação de fazer ou à de não fazer cumulada com a de indenizar".

(D) *É possível a responsabilização penal da pessoa jurídica por delitos ambientais* independentemente da responsabilização concomitante da pessoa física que agia em seu nome. A jurisprudência não mais adota a chamada teoria da "dupla imputação". (STJ. 6ª Turma. RMS 39.173-BA, Rel. Min. Reynaldo Soares da Fonseca, julgado em 6/8/2015 (Info 566). STF. 1ª Turma. RE 548181/PR, Rel. Min. Rosa Weber, julgado em 6/8/2013 – Info 714).

(E) De acordo com entendimento do STJ, "os responsáveis pela degradação ambiental são coobrigados solidários, formando-se, em regra, nas ações civis públicas ou coletivas litisconsórcio facultativo".

29. (Cespe – Juiz de Direito – TJ – PA/2019) Com base na jurisprudência do STJ, é correto afirmar que, em matéria de proteção ambiental em que se verifiquem omissão no cumprimento de fiscalizar, por falta de recursos, e, em consequência, o agravamento do dano causado, o Estado

a) poderá ser civilmente responsabilizado, em razão da sua omissão no dever de fiscalizar.

b) não poderá ser responsabilizado, pois quem deve ser responsabilizado pelo dano é quem o causou.

c) poderá ser criminalmente responsabilizado, em razão da sua omissão no dever de fiscalizar.

d) poderá ser administrativamente responsabilizado, em razão da sua omissão.

e) não poderá ser responsabilizado, pois ao caso se aplica o princípio da reserva do possível.

▷ ***Anotações/Comentários***

(A, B, C, D, E) No caso de omissão de dever de controle de fiscalização, a responsabilidade civil ambiental solidária da administração é de execução subsidiária (ou com ordem de preferência). A responsabilidade solidária e de execução subsidiária significa que o Estado integra o título executivo sob a condição de, como devedor-reserva, só ser convocado a quitar a dívida se o degradador original, direto ou material (= devedor principal) não o fizer, seja por total ou parcial exaurimento patrimonial ou insolvência, seja por impossibilidade ou incapacidade, inclusive técnica, de cumprimento da prestação judicialmente imposta, assegurado, sempre, o direito de regresso, com a desconsideração da personalidade jurídica. (REsp. 1.071.741-SP)

30. (Cespe – Juiz de Direito – TJ – PA/2019) A respeito da responsabilização por danos ambientais, assinale a opção correta.

a) O IBAMA tem competência para propor denúncia criminal na justiça federal para a responsabilização ambiental criminal.

b) Órgão estadual de meio ambiente tem competência para propor ação civil pública na justiça federal para a responsabilização ambiental administrativa.

c) O Ministério Público Federal tem competência para lavrar auto de infração, com vistas à responsabilização ambiental administrativa, e para apreender produtos e instrumentos usados em infração ambiental.

d) Órgão estadual de meio ambiente tem competência para lavrar auto de infração, com vistas à responsabilização ambiental administrativa, e para apreender produtos e instrumentos usados em infração ambiental.

e) O Ministério Público estadual tem competência para propor denúncia criminal na justiça federal para a responsabilização ambiental administrativa.

▷ ***Anotações/Comentários***

A) A assertiva está incorreta, posto que a competência para a propositura de denúncia criminal é do Ministério Público, conforme estatui o artigo 129, III, da CRFB/1988, combinado com o artigo 26 da Lei 9.605/1998.

B) Segundo previsão do artigo 129, III da CRFB/1988, quem detém legitimidade para propor ação civil pública para a responsabilização ambiental administrativa é o Ministério Público, e não o órgão estadual ambiental.

C) O Ministério Público não detém competência para a lavratura de autos de infração, pois não é órgão integrante do Sisnama, não tendo poder de polícia ambiental para lavrar auto de infração ou praticar qualquer ato de sanção administrativa, consoante dispõe o artigo 70, § 1º, da Lei 9.605/1998.

D) Conforme estabelece o artigo 70, § 1º, da Lei 9.605/1998, são autoridades competentes para lavrar auto de infração ambiental e instaurar processo administrativo os funcionários de órgãos ambientais integrantes do Sistema Nacional de Meio Ambiente – Sisnama, designados para as atividades de fiscalização, bem como os agentes das Capitanias dos Portos, do Ministério da Marinha

E) Em regra, o Ministério Público Estadual detém competência para propor denúncia criminal ambiental na Justiça Estadual, e não na Federal.

31. (Consulplan – Juiz de Direito – TJ – MG/2018) A, proprietário rural, adquiriu motosserra movida a gasolina e o bem foi apreendido mediante autuação pela Polícia Militar Ambiental, sob o fundamento de falta de registro. A apresentou defesa administrativa e alegou que a motosserra é de pequeno porte e não estaria sujeita a registro. A defesa

a) será rejeitada porque a lei não distingue o tamanho da motosserra.

b) será acolhida porque a motosserra não causa danos ao meio ambiente.

c) será acolhida por ausência de previsão legal que exija o registro de motosserra.

d) será rejeitada porque apenas o fabricante está obrigado a promover o registro da motosserra.

▷ ***Anotações/Comentários***

(A, B, C, D) Comercializar, portar ou utilizar em floresta ou demais formas de vegetação, motosserra sem licença ou registro da autoridade ambiental competente é infração administrativa prevista no artigo 57 do Decreto 6.514/2008, que dispõe sobre as infrações e sanções administrativas ao meio ambiente. Além disso, é crime ambiental comercializar motosserra ou utilizá-la em florestas e nas demais formas de vegetação, sem licença ou registro da autoridade competente com previsão de pena de detenção, de três meses a um ano, e multa (art. 51 da Lei 9.605/1998).

32. (Vunesp – Juiz de Direito – TJ – SP/2018) A responsabilidade civil do poluidor-pagador

a) é de natureza subjetiva.

b) é de natureza objetiva.

c) nunca exige demonstração do dano causado.

d) nunca exige demonstração do nexo causal.

▷ ***Anotações/Comentários***

(A, B, C, D) A responsabilidade civil ambiental, direcionada ao degradador (poluidor-pagador), é de natureza objetiva, nos termos do artigo 14, parágrafo 1º da Lei 6.938/1981, o que significa dizer que nunca será exigida a comprovação de dolo ou culpa. Exige-se, entretanto, a demonstração da ocorrência do dano e do nexo causal.

33. (Vunesp – Juiz de Direito – TJ – SP/2018) Um termo de ajustamento de conduta celebrado em relação a uma questão de natureza ambiental tem a natureza de

a) início de prova sujeita ao contraditório.

b) pré-contrato.

c) título executivo.

d) negócio jurídico condicionado.

▷ ***Anotações/Comentários***

(A, B, C, D) Dispõe o § 6º do artigo 5º da Lei 7.347/85 que os órgãos públicos legitimados poderão tomar dos interessados compromisso de ajustamento de sua conduta às exigências legais, mediante cominações, que terá eficácia de título executivo extrajudicial.

34. (Vunesp – Juiz de Direito – TJ – SP/2018) A descontaminação de um terreno de propriedade particular é de responsabilidade

a) solidária entre o poder público e o causador do dano ambiental, ainda que não mais seja o proprietário do imóvel.

b) exclusiva do poder público.

c) exclusiva do causador do dano ambiental, ainda que não mais seja o proprietário do imóvel.

d) do atual proprietário do imóvel.

▷ ***Anotações/Comentários***

(A e B) No caso hipotético do enunciado da questão não há elementos para afirmar que a responsabilidade civil ambiental é do poder público. Não há qualquer informação no sentido de sua participação para a ocorrência da contaminação do terreno de propriedade particular.

(C e D) A responsabilidade ambiental é propter rem, ou seja, tem natureza real e segue o imóvel. Assim, o proprietário ou possuidor atual respondem pelo dano ambiental verificado no terreno. O causador do dano ambiental (ex: antigo proprietário) pode ser também responsabilizado civilmente.

35. (Cespe – Procurador do Estado – PGE – PE/2018) Determinada atividade poluiu parte de um rio no interior do estado de Pernambuco, o que comprometeu a pesca de subsistência no local. Diante dessa situação, um dos afetados pelos danos causados ajuizou ação indenizatória contra o responsável. Nessa situação hipotética, a ação poderá ser julgada

a) improcedente, se for comprovado que o poluidor observou os limites da emissão de poluentes, haja vista a sua responsabilidade ser subjetiva.

b) improcedente, se o dano perseguido for de cunho moral, uma vez que os danos extrapatrimoniais não são alcançáveis em demandas com fundo de direito ambiental.

c) improcedente, se for comprovado que a atividade que causou o dano era lícita, o que, por si só, caracteriza uma excludente da responsabilidade.

d) procedente, independentemente do nexo causal entre a conduta e o dano, uma vez que a responsabilidade do poluidor é objetiva.

e) procedente, independentemente da licitude da atividade e da observância dos limites de emissão de poluentes, uma vez que a responsabilidade do poluidor é objetiva.

▷ ***Anotações/Comentários***

(A) A responsabilidade civil ambiental é objetiva, nos termos do art. 14, parágrafo 1º da Lei 6.938/1981.

(B) Os danos extrapatrimoniais (morais) alcançam demandas com fundo de direito ambiental. Esse posicionamento já está consolidado no Superior Tribunal de Justiça.

(C) A responsabilidade civil ambiental no Brasil é objetiva, calcada na teoria do risco integral, que não admite a existência de excludente da responsabilidade.

(D e E) A responsabilidade civil ambiental no Brasil é objetiva, o que significa dizer que é necessária a comprovação de dano e de nexo causal. Não se analisa a licitude ou ilicitude (dolo ou culpa) da atividade para fins de reparação do dano ambiental causado.

7. POLÍTICA NACIONAL DE RECURSOS HÍDRICOS E SISTEMA NACIONAL DE GERENCIAMENTO DE RECURSOS HÍDRICOS: OBJETIVOS, DIRETRIZES GERAIS, COMPETÊNCIAS, COMITÊS DE BACIA HIDROGRÁFICA E COBRANÇA PELO USO DA ÁGUA

36. (Cespe – Procurador do Município – PGM Manaus/2018) Julgue os próximos itens, relativos a recursos hídricos e florestais.

I - Valores arrecadados com a cobrança pelo uso de recursos hídricos podem ser aplicados em bacia hidrográfica distinta daquela em que forem gerados tais valores.

▷ ***Anotações/Comentários***

I – De acordo com o caput do art. 22 da Lei 9.433/1997 (Lei de Política Nacional de Recursos Hídricos), os valores arrecadados com a cobrança pelo uso de recursos hídricos serão aplicados prioritariamente na bacia hidrográfica em que foram gerados.

8. CONVENÇÃO DA DIVERSIDADE BIOLÓGICA (CDB). CONHECIMENTO TRADICIONAL E REPARTIÇÃO DE BENEFÍCIOS. BIOSSEGURANÇA. ORGANISMOS GENETICAMENTE MODIFICADOS. SUBMISSÃO DO BRASIL AOS TRATADOS INTERNACIONAIS EM MATÉRIA AMBIENTAL. POLÍTICA NACIONAL SOBRE MUDANÇA DO CLIMA

37. (Consulplan – Analista Judiciário – Área Judiciária – TRF 2/2017) "Com a justificativa de tutelar o meio ambiente ecologicamente equilibrado e a saúde pública, o Município ABC edita lei em que proíbe a produção, manipulação e comercialização de organismos geneticamente modificados em seu território." Sobre a hipótese, pode-se afirmar que a lei é:

a) Constitucional, tendo em vista a orientação constitucional de aplicação da norma mais favorável ao meio ambiente.

b) Inconstitucional, uma vez que viola a competência da União para editar normas gerais sobre proteção do meio ambiente.

c) Inconstitucional, uma vez que os Municípios não possuem competência legislativa ambiental, mas tão somente competência administrativa.

d) Constitucional, desde que não haja lei estadual disciplinando o tema de forma diversa, tendo em vista que a competência dos Municípios em matéria ambiental é residual.

▷ ***Anotações/Comentários***

(a, b, c, d) A competência para editar normas gerais sobre proteção do meio ambiente é da União, nos termos do art. 24, VI e parágrafo 1º da CF/1988.

9. TUTELA JURISDICIONAL DO MEIO AMBIENTE. PROTEÇÃO DO MEIO AMBIENTE EM JUÍZO: MANDADO DE SEGURANÇA. AÇÃO CIVIL PÚBLICA. AÇÃO POPULAR

38. (Vunesp – Juiz de Direito – TJ – RJ/2019) Acerca da responsabilidade em matéria ambiental, é correto afirmar que

a) é inexistente a responsabilidade solidária entre o atual proprietário do imóvel e o antigo proprietário pelos danos ambientais causados na propriedade, independentemente de ter sido ele ou o dono anterior o causador dos danos.

b) o dano não pode decorrer de atividade lícita, pois o empreendedor, ainda que em situação regular quanto ao licenciamento, por exemplo, não tem responsabilidade em caso de dano provocado por sua atividade.

c) as sanções penais aplicáveis às pessoas jurídicas serão multa e prestação de serviços à comunidade.

d) o STF reconhece a possibilidade de se processar penalmente a pessoa jurídica, mesmo não havendo ação penal em curso contra pessoa física com relação ao crime ambiental praticado.

e) a ação penal para o caso de crimes contra o meio ambiente é pública incondicionada, não cabendo a aplicação das disposições do juizado especial criminal para os crimes ambientais caracterizados como de menor potencial ofensivo.

▷ ***Anotações/Comentários***

(A) A assertiva está incorreta. Prevê a Súmula 623, do STJ, que "as obrigações ambientais possuem natureza *propter rem*, sendo admissível cobrá-las do proprietário ou possuidor atual e/ou dos anteriores, à escolha do credor".

(B) A assertiva está errada, pois o dano ambiental também pode ser oriundo de atividade lícita. A responsabilidade civil ambiental não analisa licitude ou ilicitude da atividade.

(C) Também é possível a aplicação de penas restritivas de direitos às pessoas jurídicas, como estabelece o artigo 22, I a III, da Lei 9.605/1998.

(D) A assertiva está correta. O STJ adotou, durante muito tempo, a ideia de que a dupla imputação era obrigatória. Nesse sentido, o RMS 37.293/SP, 5ª T, STJ, DJe 09/05/2013. O STF, por sua vez, afirmou se tratar de uma faculdade: "1. O art. 224 §3º da Constituição Federal não condiciona a responsabilização penal da pessoa jurídica por crimes ambientais à simultânea persecução penal da pessoa física em tese responsável no âmbito da empresa. A norma constitucional não impõe a necessária dupla imputação" (...) (RE 548181, Rel. Min. Rosa Weber, 1ª T STF, DJe 213 de 30-10-2014). Importante consignar que o STF não rejeita a dupla imputação, mas apenas afirma que ela não é obrigatória. O entendimento atual do STJ está em consonância com o entendimento do STF, superando a sua posição antiga.

(E) São aplicáveis, com algumas especificidades, as disposições dos Juizados Especiais Criminais, no que tange aos crimes de menor potencial ofensivo, trazidos pelo artigo 28 da Lei 9.605/98.

39. (Cespe – Juiz de Direito – TJ – PA/2019) Associação civil de defesa do meio ambiente fundada em 2015 propôs uma ação civil pública contra determinada indústria de produção de vinagre que causara grave degradação ambiental. Na ação, solicita-se a condenação da obrigação de fazer, materializada na limpeza do rio, cumulada com a de reparar os danos causados ao rio, em razão da morte de duas toneladas de peixes.

Nessa situação hipotética, segundo a jurisprudência do STJ, a associação civil de defesa do meio ambiente

a) não detém legitimidade para propor a ação civil pública, visto que essa competência é privativa do Ministério Público.

b) deveria ter proposto uma ação popular, em vez de uma ação civil pública para pleitear essa demanda.

c) deveria ter pleiteado alternativamente a condenação da obrigação de fazer ou a reparação dos danos causados ao rio.

d) deveria ter pleiteado, em primeiro lugar, a condenação da obrigação de fazer e, subsidiariamente, a de reparar os danos causados ao rio.

e) pleiteou corretamente, cumulativa e simultaneamente, a obrigação de fazer e a de reparar os danos causados ao rio.

▷ ***Anotações/Comentários***

A) A assertiva está incorreta, pois a associação tem legitimidade ativa para a propositura da ação civil pública, desde que preenchidos o requisito temporal, em regra, e a pertinência temática, nos termos do artigo 5º, "a" e "b", da Lei 7.347/1985.

B) A assertiva está errada, porque somente os cidadãos, pessoas físicas, têm legitimidade para propor ação popular. *Vide* o artigo 5º, LXXIII, da CRFB/1988 e o artigo 1º, § 3º, da Lei 4.717/1965.

(C, D) As assertivas em questão estão incorretas, haja vista ser possível a cumulação simultânea da obrigação de fazer ou não fazer com a de indenizar.

(E) Segundo a Súmula 629, do STJ, "quanto ao dano ambiental, é admitida a condenação do réu à obrigação de fazer ou à de não fazer cumulada com a de indenizar".

40. (Cespe – Procurador do Estado – PGE – PE/2018) Determinado empreendimento licenciado pelo estado de Pernambuco tem desrespeitado normas ambientais, o que vem causando danos ao meio ambiente. Diante desse fato, determinada associação legitimada deseja propor ação civil pública contra os responsáveis pelo dano.

À luz da Lei n.º 7.347/1985 e suas alterações, nessa situação hipotética,

a) o foro competente será o do local do dano.

b) a parte autora não poderá desistir da ação após sua propositura.

c) o objeto da ação deverá ser condenação em dinheiro.

d) o MP deverá ser habilitado como litisconsorte.

e) as custas processuais deverão ser adiantadas pela parte autora.

▷ ***Anotações/Comentários***

(A) Em relação à competência para a propositura da Ação Civil Pública, o legislador, no art. 2º da Lei 7.347/85, previu o seguinte: "As ações previstas nesta Lei serão propostas no foro do local onde ocorrer o dano, cujo juízo terá competência funcional para processar e julgar a causa".

B) Determina o § 3º do artigo 5º da Lei de Ação Civil Pública que "em caso de desistência infundada ou abandono da ação por associação legitimada, o Ministério Público ou outro legitimado assumirá a titularidade ativa", passando a figurar como autor da ação.

C) O objeto da ação deve ser a recuperação do meio ambiente degradado e/ou a indenização em dinheiro.

D) Nas ações ambientais o litisconsórcio é facultativo.

E) De acordo com o art. 18 da Lei 7.347/85, "nas ações de que trata esta lei, não haverá adiantamento de custas, emolumentos, honorários periciais e quaisquer outras despesas, nem condenação da associação autora, salvo comprovada má-fé, em honorários de advogado, custas e despesas processuais".

DIREITO DO TRABALHO

Henrique Correia

1. FONTES DO DIREITO DO TRABALHO

01. (FCC – Analista Judiciário – Área Judiciária – TRT 17/2022) Conforme previsão legal, o juiz do trabalho, ao analisar uma convenção coletiva de trabalho juntada no processo para embasar determinado pedido formulado pelo reclamante, deverá se pautar pelo princípio de

a) intervenção mínima na autonomia da vontade coletiva.

b) observância irrestrita dos princípios que regem o Direito do Trabalho.

c) respeito às normas de direito comum, desde que não colidam com princípios do direito laboral.

d) salvaguarda dos interesses do trabalhador hipossuficiente.

e) intocabilidade da autonomia da vontade coletiva.

▷ ***Anotações/Comentários***

Nota do autor: A questão aborda as fontes do direito do trabalho e, mais do que isso, a alteração trazida pela Reforma Trabalhista no tocante à análise de convenções e acordos coletivos pela Justiça do Trabalho e na edição e alteração de súmulas pelos tribunais do trabalho.

Comentário serve para todas as alternativas, uma vez que versam sobre o mesmo assunto. "No exame de convenção coletiva ou acordo coletivo de trabalho, a Justiça do Trabalho analisará exclusivamente a conformidade dos elementos essenciais do negócio jurídico, respeitado o disposto no art. 104 da Lei no 10.406, de 10 de janeiro de 2002 (Código Civil), e balizará sua atuação pelo **princípio da intervenção mínima na autonomia da vontade coletiva**" (art. 8º, §3º da CLT – grifos acrescidos).

Vê-se, portanto, que a redação do § 3º do art. 8º da CLT restringiu consideravelmente a atuação dos juízes na interpretação das normas coletivas, obrigando o Poder Judiciário a analisar tão somente a conformidade da norma coletiva aos requisitos de validade do negócio jurídico e ao respeito da autonomia da vontade coletiva, nos termos do art. 104 do Código Civil. De nossa parte, entendemos que essa alteração viola os princípios constitucionais da inafastabilidade da jurisdição e do acesso à Justiça previstos no art. 5º, XXXV, da CF/88.

02. (FCC – Técnico Judiciário – Área Administrativa – TRT 4/2022) De acordo com a Consolidação das Leis do Trabalho, no exame de uma convenção ou acordo coletivo, a Justiça do Trabalho balizará sua atuação pelo princípio da

a) intervenção mínima na autonomia da vontade coletiva.

b) interpretação mais favorável ao empregado.

c) estrita legalidade, em detrimento da autonomia privada coletiva.

d) condição mais benéfica ao empregado, hipossuficiente na relação.

e) primazia da realidade.

▷ ***Anotações/Comentários***

Nota do autor: A questão aborda as fontes do direito do trabalho e, mais do que isso, a alteração trazida pela Reforma Trabalhista no tocante à análise de convenções e acordos coletivos pela Justiça do Trabalho e na edição e alteração de súmulas pelos tribunais do trabalho.

Comentário serve para todas as alternativas, uma vez que versam sobre o mesmo assunto. "No exame de convenção coletiva ou acordo coletivo de trabalho, a Justiça do Trabalho analisará exclusivamente a conformidade dos elementos essenciais do negócio jurídico, respeitado o disposto no art. 104 da Lei no 10.406, de 10 de janeiro de 2002 (Código Civil), e balizará sua atuação pelo **princípio da intervenção mínima na autonomia da vontade coletiva**" (art. 8º, §3º da CLT – grifos acrescidos).

Vê-se, portanto, que a redação do § 3º do art. 8º da CLT restringiu consideravelmente a atuação dos juízes na interpretação das normas coletivas, obrigando o Poder Judiciário a analisar tão somente a conformidade da norma coletiva aos requisitos de validade do negócio jurídico e ao respeito da autonomia da vontade coletiva, nos termos do art. 104 do Código Civil. De nossa parte, entendemos que essa alteração viola os princípios constitucionais da inafastabilidade da jurisdição e do acesso à Justiça previstos no art. 5º, XXXV, da CF/88.

03. (FCC – Analista Judiciário – Área Judiciária – TRT 2/2018) Acerca das fontes do Direito do Trabalho, considere:

I. As autoridades administrativas e a Justiça do Trabalho, na falta de disposições legais ou contratuais, decidirão, conforme o caso, apenas pela jurisprudência, por analogia, por equidade, pelo direito comparado e outros princípios e normas gerais de direito, admitindo-se, excepcionalmente, que um interesse de classe ou particular prevaleça sobre o interesse público.

II. Súmulas e outros enunciados de jurisprudência editados pelo Tribunal Superior do Trabalho e pelos Tribunais Regionais do Trabalho não poderão restringir direitos legalmente previstos nem criar obrigações que não estejam previstas em lei.

III. No exame de convenção coletiva ou acordo coletivo de trabalho, a Justiça do Trabalho, além de analisar a conformidade dos elementos essenciais do negócio jurídico (agente capaz, objeto lícito, possível, determinado ou determinável e forma prescrita ou não defesa em lei), poderá anular cláusulas coletivas com base em juízos de valor sobre o pactuado, balizando sua atuação pelo princípio da intervenção adequada na autonomia da vontade coletiva.

Está correto o que se afirma APENAS em

a) I.

b) II.

c) II e III.

d) I e III.

e) I e II.

▷ ***Anotações/Comentários***

Nota do autor: A questão aborda as fontes do direito do trabalho e, mais do que isso, a alteração trazida pela Reforma Trabalhista no tocante à análise de convenções e acordos coletivos pela Justiça do Trabalho e na edição e alteração de súmulas pelos tribunais do trabalho. Todos os itens encontram respaldo no art. 8º da CLT.

Assertiva I. Incorreta. "As autoridades administrativas e a Justiça do Trabalho, na falta de disposições legais ou contratuais, decidirão, conforme o caso, pela jurisprudência, por analogia, por eqüidade e outros princípios e normas gerais de direito, principalmente do direito do trabalho, e, ainda, de acordo com os **usos e costumes**, o direito comparado, mas sempre de maneira que **nenhum interesse de classe ou particular prevaleça sobre o interesse público**" (art. 8º da CLT).

Assim, em caso de lacuna no ordenamento jurídico, deverão ser utilizadas técnicas de integração elencadas no art. 8º da CLT, de forma a completar as lacunas deixadas pelo legislador. Note-se que poderão ser utilizados os usos e costumes que não constam no enunciado. Além disso, o interesse de classe ou particular não prevalece o interesse público.

Assertiva II. Correta. "Súmulas e outros enunciados de jurisprudência editados pelo Tribunal Superior do Trabalho e pelos Tribunais Regionais do Trabalho não poderão restringir direitos legalmente previstos nem criar obrigações que não estejam previstas em lei" (Art. 8º, §2º da CLT). Nota-se, assim, que o § 2º do art. 8º da CLT alterou profundamente o alcance das Súmulas e OJs do TST e das Súmulas dos TRTs, impondo que elas não podem restringir direitos legalmente previstos, nem mesmo criar obrigações que não estejam previstas em lei. Pensamos que o art. 8º, § 2º, é inconstitucional por violar frontalmente a separação dos poderes, restringindo a função típica do judiciário: julgar. Tanto é assim que, em todos os demais ramos do direito, não existe limitação para a interpretação do direito pelos juízes, pois essa é uma das principais funções da jurisdição. Para uma prova objetiva, recomendo que o candidato fique atento ao texto legal da CLT.

Assertiva III. Incorreta. "No exame de convenção coletiva ou acordo coletivo de trabalho, a Justiça do Trabalho analisará **exclusivamente** a conformidade dos elementos essenciais do negócio jurídico, respeitado o disposto no art. 104 da Lei no 10.406, de 10 de janeiro de 2002 (Código Civil), e balizará sua atuação pelo princípio da intervenção mínima na autonomia da vontade coletiva" (art. 8º, §3º da CLT – grifos acrescidos).

Vê-se, portanto, que a redação do § 3º do art. 8º da CLT restringiu consideravelmente a atuação dos juízes na interpretação das normas coletivas, obrigando o Poder Judiciário a analisar tão somente a conformidade da norma coletiva aos requisitos de validade do negócio jurídico e ao respeito da autonomia da vontade coletiva, nos termos do art. 104 do Código Civil. De nossa parte, entendemos que essa alteração viola os princípios constitucionais da inafastabilidade da jurisdição e do acesso à Justiça previstos no art. 5º, XXXV, da CF/88.

04. (FCC – Técnico Judiciário – Área Judiciária – TRT 15/2018) No Direito do Trabalho, as sentenças normativas da Justiça do Trabalho, os costumes e a Convenção Coletiva de Trabalho são classificados, respectivamente, como fontes:

a) formal autônoma, material heterônima e formal autônoma.
b) material autônoma, formal heterônima e formal autônoma.
c) formal autônoma, material heterônima e material heterônima.
d) material heterônima, formal autônoma e material heterônima.
e) formal heterônima, formal autônoma e formal autônoma.

▷ ***Anotações/Comentários***

Nota do autor: A questão aborda o tema fontes do Direito do Trabalho e é considerada de nível fácil. Sabendo os conceitos de fontes materiais e fontes formais (autônomas e heterônomas) você responderá com mais facilidade as perguntas sobre esse tema.

Comentário serve para todas as alternativas, uma vez que versam sobre o mesmo assunto. **Fontes materiais** são fatores ou acontecimentos sociais, políticos, econômicos e filosóficos que inspiram o legislador (deputados e senadores) na elaboração das leis. Esses movimentos influenciam diretamente o surgimento ou a modificação das leis. Exemplo: as constantes reivindicações dos trabalhadores por mais direitos trabalhistas. Essas reivindicações também ocorrem por parte dos empregadores, na forma de pressões das empresas para reduzir ou flexibilizar os direitos trabalhistas.

Fontes formais são a exteriorização das normas jurídicas, ou seja, as fontes formais são normas de observância obrigatória pela sociedade. Todos devem cumpri-las, pois são imperativas. Exemplo: convenção, acordo coletivo e leis. As fontes formais são divididas em fontes formais autônomas e heterônomas.

As fontes formais autônomas são discutidas e confeccionadas pelas partes diretamente interessadas pela norma. Há, portanto, a vontade expressa das partes em criar essas normas. Já nas fontes formais heterônomas não há participação direta dos destinatários, ou seja, essas fontes possuem origem estatal (Legislativo, Executivo ou Judiciário).

Diante da explicação exposta, chegamos à resposta da questão:

I) Sentença normativa: **Fonte formal heterônoma**. Por meio da sentença normativa, os tribunais colocam fim ao conflito coletivo, criando novas condições de trabalho.

II) Costumes: **Fonte formal autônoma**. Costume é a prática reiterada de uma conduta numa dada região ou empresa. Note-se que o costume é desenvolvido pelas próprias partes envolvidas na relação de trabalho, não sendo imposto pelo Estado.

III) Convenção coletiva: **Fonte formal autônoma.** É o acordo entre sindicato profissional (trabalhadores) e sindicato da categoria econômica (empregadores).

05. (FCC – Técnico Judiciário – Área Administrativa – TRT 6/2018) O artigo 8º da Consolidação das Leis do Trabalho elenca algumas fontes subsidiárias ou supletivas do Direito do trabalho, NÃO se incluindo

a) direito comparado.
b) jurisprudência.
c) analogia.
d) usos e costumes.
e) convenção coletiva de trabalho.

▷ ***Anotações/Comentários***

Nota do autor: na ausência de legislação ou disposição contratual, a Justiça do Trabalho e as autoridades administrativas poderão se valer de técnicas de integração. Se houver um caso ainda não previsto em lei, o juiz estará obrigado a julgá-lo, pois a função do magistrado é pacificar os conflitos, mesmo não existindo lei específica para aquele caso. O juiz utilizará, como forma de preencher a lacuna deixada pelo legislador, as técnicas de integração previstas no art. 8º da CLT.

Comentário serve para todas as alternativas, uma vez que versam sobre o mesmo assunto. Nos termos do art. 8º da CLT: "As autoridades administrativas e a Justiça do Trabalho, na falta de disposições legais ou contratuais, decidirão, conforme o caso, pela **jurisprudência**, por **analogia**, por equidade e outros princípios e normas gerais de direito, principalmente do direito do trabalho, e, ainda, de acordo com os **usos e costumes**, o **direito comparado**, mas sempre de maneira que nenhum interesse de classe ou particular prevaleça sobre o interesse público".

Note, dessa forma que as convenções coletivas de trabalho não são elencadas como fontes de integração, tratando-se de verdadeiras fontes formais autônomas do Direito do Trabalho (já que produzidas pelas próprias partes e não por um terceiro estranho à relação de emprego, como se dá com as fontes formais heterônomas). Por sua vez, a jurisprudência, a analogia, os usos e costumes e o direito comparado estão expressamente previstos no rol do art. 8º da CLT como fontes de integração do Direito do Trabalho.

2. PRINCÍPIOS DO DIREITO DO TRABALHO

Nota do autor sobre o tema princípios: Os princípios representam a base do ordenamento jurídico. O Direito do Trabalho possui princípios específicos, que desempenham funções essenciais para a interpretação e aplicação das normas trabalhistas. Esses princípios servem de orientação para os aplicadores do direito (juízes, procuradores do trabalho, advogados etc.) e têm, ainda, a função de inspirar e orientar os legisladores (deputados e senadores) na elaboração das leis. Além disso, os princípios do Direito do Trabalho têm função integrativa, ou seja, são aplicados para suprir a lacuna deixada pelo legislador.

06. (FUMARC – Técnico Judiciário – TRT 3/2022) Os atos praticados com o objetivo de desvirtuar, impedir ou fraudar a aplicação dos preceitos trabalhistas são:

a) Anuláveis.
b) Lícitos, se feitos com a anuência do empregado.
c) Nulos de pleno direito.
d) Válidos, se causados por agentes diversos da pessoa empregadora.
e) Válidos, se expressarem costumes arraigados no âmbito da prestação do serviço.

▷ ***Anotações/Comentários***

Nota do autor: A questão trata sobre o princípio da primazia da realidade. No Direito Individual do Trabalho, a realidade se sobrepõe às disposições contratuais escritas. Deve-se, portanto, verificar se o conteúdo do documento coincide com os fatos. Exemplo: recibo assinado em branco no ato da contratação, posteriormente apresentado em juízo como prova de pagamento das verbas trabalhistas. É óbvio que esse documento não corresponde à verdade dos fatos. Outro exemplo: pagamento "por fora", empregado registrado em carteira com um salário-mínimo, mas recebe mil reais, como forma de burlar o pagamento de encargos trabalhistas (INSS e FGTS). Em ambos os casos, há aplicação do princípio da primazia da realidade sobre a forma (documentos não representam a verdade dos fatos).

Apesar da importância e abrangência do tema, exigia tão somente o conhecimento da legislação e apresentava baixo nível de complexidade, o que não é habitual nas provas de Analista e Técnico de TRTs. Aliás, todas as provas desse concurso, de maneira geral, apresentaram um grau de complexidade abaixo do esperado.

Comentário serve para todas as alternativas, uma vez que versam sobre o mesmo assunto. "Serão nulos de pleno direito os atos praticados com o objetivo de desvirtuar, impedir ou fraudar a aplicação dos preceitos contidos na presente Consolidação." (art. 9º, CLT).

---

07. (FUMARC – Técnico Judiciário – TRT 3/2022) Acerca dos princípios trabalhistas, NÃO é correto afirmar:

a) O princípio da boa-fé indica que o empregado e o empregador não podem negociar parcelas remuneratórias e condições de trabalho no curso do contrato de trabalho.

b) O princípio da inalterabilidade contratual lesiva indica que o empregador não pode alterar o contrato de emprego, a fim de piorar as condições impostas contratualmente ao empregado.

c) O princípio da irredutibilidade salarial informa que o poder de compra do salário do trabalhador não pode ser diminuído.

d) O princípio da primazia da realidade sobre a forma indica que o dia a dia laboral é mais importante do que aquilo que está meramente colocado em contrato.

e) O princípio da proteção indica que o Direito do Trabalho é um ramo jurídico especial, voltado para a proteção da parte hipossuficiente das relações de emprego, notadamente o trabalhador.

▷ ***Anotações/Comentários***

Nota do autor: A questão trata sobre os princípios do Direito do Trabalho. Os princípios representam a base do ordenamento jurídico. O Direito do Trabalho possui princípios específicos, que desempenham funções essenciais para a interpretação e aplicação das normas trabalhistas. Esses princípios servem de orientação para os aplicadores do direito (juízes, procuradores do trabalho, advogados etc.) e têm, ainda, a função de inspirar e orientar os legisladores (deputados e senadores) na elaboração das leis.

Trata-se de uma excelente questão para relembrarmos alguns dos princípios que iluminam este ramo do Direto.

Alternativas "a" e "b": corretas. O princípio da boa-fé contratual é considerado como cláusula geral, devendo ser observado em todos os contratos, inclusive nos contratos de trabalho. Nesse sentido:

> **Art. 422 do CC/2002:** Os contratantes são obrigados a guardar, assim na conclusão do contrato, como em sua execução, os princípios de probidade e boa-fé.

Nesse sentido, dada a condição de hipossuficiência do empregado frente ao empregador, as partes não podem negociar parcelas remuneratórias e condições de trabalho no curso do contrato de trabalho. Aliás, no Direito do Trabalho, é vedada qualquer alteração contratual que seja lesiva ao empregado, mesmo se houver consentimento deste:

> **Art. 468 da CLT**. Nos contratos individuais de trabalho só é lícita a alteração das respectivas condições, por mútuo consentimento, e, ainda assim, desde que não resultem, direta ou indiretamente, prejuízos ao empregado, sob pena de nulidade da cláusula infringente desta garantia.

Alternativa "c": incorreta. O Princípio da irredutibilidade salarial veda a redução (diminuição) dos salários dos trabalhadores, exceto convenção ou acordo coletivo (artigo 7º, inciso VI, da Constituição Federal). Portanto, para que essa redução salarial seja válida, há necessidade da participação do sindicato dos trabalhadores. Caso seja pactuada cláusula que reduza o salário do empregado, deverá haver garantia de que ele não será dispensado sem justa causa no prazo de vigência do instrumento coletivo, nos termos do art. 611-A, § 3º, CLT, incluído pela Reforma Trabalhista,

Alternativa "d": correta. No Direito Individual do Trabalho, a realidade se sobrepõe às disposições contratuais escritas. Deve-se, portanto, verificar se o conteúdo do documento coincide com os fatos. Exemplo: recibo assinado em branco no ato da contratação, posteriormente apresentado em juízo como prova de pagamento das verbas trabalhistas. É óbvio que esse documento não corresponde à verdade dos fatos. Outro exemplo: pagamento "por fora", empregado registrado em carteira com um salário-mínimo, mas recebe mil reais, como forma de burlar o pagamento de encargos trabalhistas (INSS e FGTS). Em ambos os casos, há aplicação do princípio da primazia da realidade sobre a forma (documentos não representam a verdade dos fatos).

Alternativa "e": correta. A lei trabalhista estabelece normas de proteção ao trabalhador, ou seja, garante direitos mínimos ao hipossuficiente. Esse princípio protetivo tem por finalidade estabelecer o equilíbrio que falta à relação de emprego, ou seja, o empregador possui situação econômica favorável, enquanto o empregado terá situação a seu favor na legislação trabalhista. A necessidade do princípio protetor tem fundamento na subordinação exercida pelo empregador, limitando a autonomia da vontade. Explica-se: em um contrato de locação (contrato civil), por exemplo, as partes têm liberdade de recusar as propostas uma da outra. Assim, se o proprietário pedir um valor elevado pelo aluguel, o locatário poderá entregar o imóvel. Da mesma forma, se o locatário pedir ao proprietário que reforme todo o imóvel, ele provavelmente se recusará. Veja que nesse contrato civil (locação) há plena liberdade em contratar, pois as partes (locador e locatário) estão em pé de igualdade.

---

08. (AOCP – Analista Judiciário – Área Judiciária – TRT 1/2018) No que diz respeito aos princípios do direito material do trabalho, assinale a alternativa INCORRETA.

a) O direito comum é fonte subsidiária do direito do trabalho.

b) Em razão da vigência do princípio da proteção no direito do trabalho, é correto afirmar que, em havendo a coexistência de dois regulamentos em determinada empresa, a opção do empregado por um deles tem efeito jurídico de renúncia às regras do sistema do outro.

c) Em razão da vigência do princípio da proteção e da norma mais favorável no direito do trabalho, é correto afirmar que, em havendo a coexistência de dois regulamentos em determinada empresa, o empregado poderá aderir às regras mais benéficas de um ou de outro, não estando obrigado a fazer opção por apenas um deles.

d) O princípio da aplicação da norma mais favorável é um desdobramento do princípio da proteção.

e) O princípio da proteção pressupõe a proibição de alterações contratuais lesivas ao empregado, razão pela qual as cláusulas de regulamento de empresa que revoguem ou alterem vantagens deferidas anteriormente somente atingirão os trabalhadores admitidos após a revogação ou alteração respectiva.

▷ ***Anotações/Comentários***

Nota do autor: A questão aborda o tema princípios do direito do trabalho, assim como as fontes subsidiárias desse ramo do direito. Para respondê-la, além do conhecimento das disposições sumuladas sobre o assunto, o candidato deveria conhecer aspectos doutrinários do princípio, em especial do princípio protetivo.

Alternativa "a". "O direito comum será fonte subsidiária do direito do trabalho" (Art. 8º, §1º da CLT). Esse dispositivo foi modificado pela Reforma Trabalhista. Note-se, dessa forma, que não há mais disposição no sentido de que deveria haver compatibilidade entre direito comum e os princípios fundamentais do direito do trabalho.

Alternativa "b". "Havendo a coexistência de dois regulamentos da empresa, a opção do empregado por um deles tem efeito jurídico de renúncia às regras do sistema do outro" (Súmula nº 51, II do TST).

Alternativa: "c". "Havendo a coexistência de dois regulamentos da empresa, a opção do empregado por um deles tem efeito jurídico de renúncia às regras do sistema do outro" (Súmula nº 51, II do TST). De modo diverso do que sustenta a alternativa, a opção por um dos regulamentos, mesmo que prejudicial ao empregado, implica renúncia às regras do outro regulamento.

Alternativa "d". O princípio protetor é diretriz aplicada ao Direito do Trabalho. A lei trabalhista estabelece normas de proteção ao trabalhador, ou seja, garante direitos mínimos ao hipossuficiente1. Esse princípio protetivo tem por finalidade estabelecer o equilíbrio que falta à relação de emprego, ou seja, o empregador possui situação econômica favorável, enquanto o empregado terá situação a seu favor na legislação trabalhista. A necessidade do princípio protetor tem fundamento na subordinação exercida pelo empregador, limitando a autonomia da vontade.

1. Hipossuficiente é a parte juridicamente mais fraca na relação jurídica trabalhista, isto é, o empregado.

Este princípio se desdobra em outros três: princípio da norma mais favorável, princípio do *in dubio pro operario* e princípio da condição mais benéfica.

Alternativa "e". "As cláusulas regulamentares, que revoguem ou alterem vantagens deferidas anteriormente, só atingirão os trabalhadores admitidos após a revogação ou alteração do regulamento" (Súmula nº 51, I do TST). Segundo o princípio da condição mais benéfica, empregado tem assegurada as vantagens conquistadas durante o contrato de trabalho, conforme previsto no art. 468 da CLT. Diante disso, essas conquistas não poderão ser alteradas para pior. Além disso, de acordo com princípio da inalterabilidade contratual lesiva, a alteração do contrato de trabalho somente é possível, em regra, sem que haja prejuízos diretos ou indiretos ao empregado.

---

09. (FCC – Analista Judiciário – Área Judiciária – TRT 6/2018) Invocando a regra da condição mais benéfica ao empregado, que se insere no princípio da proteção peculiar ao Direito do Trabalho, é correto afirmar:

a) Havendo conflito entre duas normas jurídicas, prevalece a mais favorável ao empregado.

b) Havendo dúvida quanto ao alcance da norma tutelar, julga-se a favor do empregado.

c) As normas legais não prevalecem diante de normas instituídas por convenção ou acordo coletivo, por terem estas destinação mais específica.

d) A supressão de direitos trabalhistas instituídos por regulamento de empresa só alcança os empregados admitidos posteriormente.

e) As condições estabelecidas em convenção coletiva de trabalho, quando mais favoráveis, prevalecem sobre as estipuladas em acordo.

▷ ***Anotações/Comentários***

Nota do autor: A questão aborda o princípio da condição mais benéfica. Você deve estar atento ao que solicita a questão, pois o princípio protetor abrange 3 princípios:

In dubio pro operario.	**Norma mais favorável.**	**Condição mais benéfica.**
Quando existirem várias interpretações sobre o mesmo fato, deve-se escolher a interpretação mais benéfica ao trabalhador.	Quando existir duas ou mais normas possíveis de serem aplicadas, deve-se escolher a maior favorável ao trabalhador.	É assegurado ao trabalhador as vantagens conquistadas durante o contrato de trabalho.

Alternativa "a". O exposto na alternativa dispõe sobre o princípio da norma mais favorável. Assim, entre duas ou mais normas passíveis de aplicação, utiliza-se a mais favorável em relação ao trabalhador. Referido princípio foi mitigado pelo advento da Reforma Trabalhista, tendo em vista a inserção dos arts. 620 e 611-A à CLT.

Segundo o art. 620 da CLT, prevalece o disposto no acordo coletivo, sejam as disposições nele contidas mais favoráveis ou não àquelas constantes na convenção coletiva.

Já o art. 611-A da CLT estabelece casos em que o disposto em convenção ou acordo coletivo prevalecerão sobre a lei.

Alternativa "b". A alternativa trata da aplicação do princípio *in dubio pro operario*. Quando houver várias interpretações sobre a mesma norma, o intérprete utilizará a interpretação mais favorável ao trabalhador. Ressalta-se que esse princípio foi superado pelo princípio da norma mais favorável. Ademais, não se aplica o princípio *in dubio pro operario* na área processual. No processo, as partes serão iguais, recebem o mesmo tratamento. Exemplo: prazo idêntico para apresentar razões finais e ingressar com recurso.

Alternativa "c". Segundo o princípio da norma mais favorável, entre duas ou mais normas passíveis de aplicação, utiliza-se a mais favorável em relação ao trabalhador. Este critério foi, todavia, mitigado pela previsão contida nos arts. 620 e 611-A da CLT.

Alternativa: "d". "As cláusulas regulamentares, que revoguem ou alterem vantagens deferidas anteriormente, só atingirão os trabalhadores admitidos após a revogação ou alteração do regulamento" (Súmula nº 51, I do TST). Dessa forma, há aplicação do princípio da condição mais benéfica nessa Súmula do TST, pois as vantagens conquistadas pelos empregados devem ser mantidas mesmo com a alteração no regulamento da empresa. As novas disposições regulamentares atingem somente os novos empregados.

Alternativa "e". A alternativa trata do princípio da norma mais favorável. Ademais, ao contrário do afirmado, o acordo coletivo é que prevalece sobre a convenção coletiva de trabalho:

> **Art. 620 da CLT (com redação dada pela Reforma Trabalhista):** As condições estabelecidas em acordo coletivo de trabalho sempre prevalecerão sobre as estipuladas em convenção coletiva de trabalho.

---

10. (AOCP – Analista Judiciário – Oficial de Just. Avaliador Federal – TRT 1/2018) Os princípios estão situados no ordenamento jurídico cumprindo uma função integrativa de lacunas, partindo das leis para atingir as regras gerais que delas derivam. Com base nessa premissa, assinale a alternativa correta.

a) O princípio da proteção, que busca conferir ao trabalhador uma equidade processual, subdivide-se em 3 (três) outros princípios: *in dubio pro societa*, da aplicação da norma mais favorável e da condição mais benéfica.

b) Segundo o princípio da primazia da realidade no Direito do Trabalho, predomina a verdade real em face da verdade formal, ou seja, predomina a verdade da forma em face da verdade dos fatos.

c) Em relação ao princípio da aplicação da norma mais favorável, a Teoria do Conglobamento defende que através da comparação das diversas regras sobre cada instituto ou matéria, respeitando-se o critério da especialização, deve ser buscada a norma mais favorável ao caso.

d) O princípio da inalterabilidade contratual veda a possibilidade de alterações no contrato de trabalho, lesivas ou benéficas ao trabalhador.

e) O princípio da vedação à redução Salarial não sofre qualquer tipo de mitigação, não podendo Acordo Coletivo de Trabalho ou Convenção Coletiva de Trabalho dispor sobre redução salarial.

▷ ***Anotações/Comentários***

Nota do autor: Os princípios representam a base do ordenamento jurídico. O Direito do Trabalho possui princípios específicos, que desempenham funções essenciais para a interpretação e aplicação das normas trabalhistas. Esses princípios servem de orientação para os aplicadores do direito (juízes, procuradores do trabalho, advogados etc.) e têm, ainda, a função de inspirar e orientar os legisladores (deputados e senadores) na elaboração das leis.

Alternativa "a". O princípio da proteção, que busca conferir ao trabalhador uma equidade processual, subdivide-se em 3 (três) outros princípios: in dubio pro **operario**, da aplicação da norma mais favorável e da condição mais benéfica.

Alternativa "b". Pelo princípio da primazia da realidade, a realidade se sobrepõe às disposições contratuais escritas. Deve-se, portanto, verificar se o conteúdo do documento coincide com os fatos. Exemplo: recibo assinado em branco no ato da contratação, posteriormente apresentado em juízo como prova de pagamento das verbas trabalhistas. É óbvio que esse documento não corresponde à verdade dos fatos.

Alternativa: "c". A **teoria do conglobamento** defende a aplicação de apenas uma fonte em sua totalidade. Assim sendo, o intérprete deverá analisá-la no conjunto. Essa teoria é a majoritária na jurisprudência e doutrina.

Alternativa "d". No Direito do Trabalho, é vedada qualquer alteração contratual que seja lesiva ao empregado, mesmo se houver consentimento deste (artigo 468, *caput*, da CLT). Alterações benéficas, portanto, são permitidas.

Alternativa "e". A redução salarial poderá ser pactuada via negociação coletiva, nos termos do art. 7º, VI da CF/88. Trata-se de espécie de flexibilização prevista na Constituição Federal. Caso seja pactuada cláusula que reduza o salário, o art. 611-A, §3º da CLT prevê a proteção dos empregados contra dispensa imotivada durante o prazo de vigência do instrumento coletivo.

3. DIREITOS CONSTITUCIONAIS DO EMPREGADO

11. (FGV – Técnico Judiciário – Área Administrativa – TRT 12/2017) Dos direitos trabalhistas previstos na Constituição Federal de 1988, aquele que até o presente momento NÃO foi regulamentado é:

a) participação nos lucros ou resultados;

b) aviso prévio proporcional ao tempo de serviço;

c) repouso semanal remunerado;

d) adicional para atividade penosa;

e) fundo de garantia por tempo de serviço.

▷ ***Anotações/Comentários***

Nota do autor: A questão exigia que o candidato conhecesse os direitos previstos na Constituição que não foram regulamentados pelo legislador. É imprescindível a prévia leitura e memorização do rol de direitos do art. 7º da CF/88.

Alternativa "a". A verba Participação nos Lucros ou Resultados é regulamentada pela Lei nº 10.101/2000. Verifica-se que a PLR não substitui nem complementa a remuneração do empregado. Assim sendo, não integra ou reflete para qualquer efeito trabalhista. O pagamento da PLR deve ocorrer no máximo duas vezes por ano. De acordo com a Lei nº 10.101/2000:

> **Art. 3º** A participação nos lucros ou resultados não substitui ou complementa a remuneração devida a qualquer empregado, nem constitui base de incidência de qualquer encargo trabalhista, não se lhe aplicando o princípio da habitualidade.
>
> § 2º É **vedado** o pagamento de qualquer antecipação ou distribuição de valores a título de participação nos lucros ou resultados da empresa em **periodicidade inferior a um semestre civil, ou mais de duas vezes no mesmo ano civil** (grifos acrescidos).

Com a Reforma Trabalhista, é possível acordo ou convenção coletiva, com força superior à lei, que trate sobre a PLR, nos termos do art. 611-A, XV da CLT.

Alternativa "b". O aviso prévio proporcional ao tempo de serviço foi regulamentado pela Lei nº 12.506/2011. Para empregados com até um ano de contrato o aviso-prévio será de 30 dias. A cada ano de contrato, serão acrescidos 3 dias na duração do aviso, até o limite de 60 dias. Assim sendo, a duração do aviso-prévio poderá ter até 90 dias (prazo mínimo de 30 dias + 60 dias do aviso proporcional). Além disso, o aviso-prévio encontra regulamentação de concessão e efeitos nos art. 487 a 491 da CLT.

Alternativa "c". O repouso semanal remunerado foi regulamentado pela Lei nº 605/1949. Esse período é de, no mínimo, 24 horas consecutivas, e será concedido pelo menos uma vez por semana, preferencialmente aos domingos. Independentemente da jornada do empregado (mesmo que trabalhe 6 horas por dia), terá direito ao descanso de 24 horas consecutivas. Esse período de descanso corresponde a uma interrupção do contrato de trabalho, pois, embora não tenha prestação de serviços, há pagamento de salário.

Alternativa "d". Embora exista previsão expressa do **adicional de penosidade** na Constituição Federal, não há lei ordinária que o regulamente, inexistindo a base de cálculo e demais previsões necessárias para que seja exigido. Passados mais de 35 anos da previsão desse direito na Constituição Federal, o Poder Legislativo ainda não deliberou conclusivamente sobre a lei regulamentadora do adicional. Sob esse fundamento, o Supremo Tribunal Federal, no julgamento da ADO nº 74, proposta pela Procuradoria-Geral da República, reconheceu, por unanimidade, a mora inconstitucional do Congresso Nacional em regulamentar o adicional de penosidade, previsto no art. 7º, XXIII, da Constituição Federal. Ao final, a Corte julgou procedente a ação e fixou o prazo de 18 meses, contados da publicação da ata de julgamento, "para adoção das medidas legislativas constitucionalmente exigíveis para suplantar a omissão". O prazo termina no dia 11/12/2025. O STF, contudo, não definiu o que acontecerá se a omissão do Congresso Nacional persistir.

Alternativa "e". O FGTS é regulamentado pela Lei nº 8.039/1990. O FGTS é uma "poupança forçada" suportada exclusivamente pelo empregador. Todos os meses, ao quitar o salário e demais adicionais, o empregador deverá depositar numa conta vinculada do trabalhador 8% da sua remuneração. Exemplo: empregado recebe R$ 1.000,00 de salário. Logo, o empregador deverá depositar R$ 80,00 na conta vinculada do trabalhador, a título de FGTS. Veja que, para fins de FGTS, não há desconto a ser suportado pelo trabalhador. Esses depósitos destinam-se à indenização por tempo de serviço do empregado.

12. (FCC – Analista Judiciário – Oficial de Just. Avaliador – TRT 24/2017) A doutrina considera como uma das inovações marcantes da Constituição Federal do Brasil de 1988 em relação às anteriores a previsão no seu artigo 7º de um rol de direitos dos trabalhadores que visam à melhoria de sua condição social, dentre os quais:

a) prazo prescricional trintenário para reclamação de FGTS; seguro-desemprego para situações gerais de desemprego.

b) prevalência do negociado sobre o legislado; piso salarial desvinculado da extensão e da complexidade do trabalho.

c) décimo terceiro salário com base na remuneração integral ou no valor da aposentadoria; proteção em face da automação, na forma da lei.

d) liberdade sindical mitigada; seguro contra acidentes de trabalho, a cargo do empregador, como excludente da indenização a que este estaria obrigado, quando incorresse em dolo ou culpa.

e) igualdade de direitos entre o trabalhador com vínculo empregatício permanente e o trabalhador avulso desde que sindicalizado; possibilidade de distinção entre trabalho manual, técnico e intelectual ou entre os profissionais respectivos.

▷ ***Anotações/Comentários***

Nota do autor: A questão exigia o conhecimento do art. 7º da CF/88, que traz os direitos constitucionais dos trabalhadores.

Alternativa "a". De acordo com o art. 7º da CF/88: "Art. 7º São direitos dos trabalhadores urbanos e rurais, além de outros que visem à melhoria de sua condição social: (...) II - seguro-desemprego, em caso de desemprego involuntário; III - fundo de garantia do tempo de serviço". Por sua vez, o prazo de prescrição trintenário para o FGTS não está previsto na CF/88, que somente traz a regra geral de prescrição quinquenal e bienal das obrigações trabalhistas:

> **Art. 7º, CF/88:** São direitos dos trabalhadores urbanos e rurais, além de outros que visem à melhoria de sua condição social:
>
> (...)
>
> XXIX - ação, quanto aos créditos resultantes das relações de trabalho, com prazo prescricional de cinco anos para os trabalhadores urbanos e rurais, até o limite de dois anos após a extinção do contrato de trabalho;

Ressalta-se que a antiga redação da Súmula nº 362 do TST dispunha que, se observado o prazo de 2 anos para ingresso com a reclamação trabalhista, o trabalhador poderia pleitear os últimos 30 anos. Era a chamada prescrição trintenária. Cabe ressaltar, entretanto, que em novembro/2014, o STF2 julgou, por maioria de votos, pela redução do prazo de prescrição dos depósitos do FGTS para 5 anos. Abandonou-se, portanto, a tese da prescrição trintenária. diante da nova posição assumida pelo STF, o TST alterou, em junho/2015, o teor da Súmula nº 362 do TST, para também prever a prescrição quinquenal (5 anos) para o direito de reclamar o não recolhimento dos depósitos do FGTS:

> **Súmula nº 362 do TST**: FGTS. Prescrição.
>
> I – Para os casos em que a ciência da lesão ocorreu a partir de 13.11.2014, é quinquenal a prescrição do direito de reclamar contra o não-recolhimento de contribuição para o FGTS, observado o prazo de dois anos após o término do contrato;
>
> II – Para os casos em que o prazo prescricional já estava em curso em 13.11.2014, aplica-se o prazo prescricional que se consumar primeiro: trinta anos, contados do termo inicial, ou cinco anos, a partir de 13.11.2014 (STF-ARE-709212/DF).

Alternativa "b". "São direitos dos trabalhadores urbanos e rurais, além de outros que visem à melhoria de sua condição social: (...) V - piso salarial proporcional à extensão e à complexidade do trabalho; (...) XXVI - reconhecimento das convenções e acordos coletivos de trabalho" (art. 7º, V e XXVI, CF/88). A Constituição Federal não reconhece a prevalência do negociado sobre o legislado, pois apenas assegura a necessidade de reconhecimento das convenções e acordos coletivos de trabalho.

Cumpre destacar que o mote da reforma trabalhista, especialmente na redação do art. 611-A da CLT, consistiu na valorização dos instrumentos coletivos de trabalho. Nesse sentido, verifica-se a prevalência do negociado sobre o legislado, o que assegura maior poder de negociação e representação dos trabalhadores pelos sindicatos. As próprias partes da relação jurídica coletiva podem transacionar com maior liberdade, pois, em um dos polos da relação jurídica está o sindicato da categoria profissional.

2. Ver ARE 709.212/DF. Relator: Ministro Gilmar Mendes. Data de Julgamento: 13/11/2014.

Alternativa "c". O décimo terceiro salário é uma gratificação salarial obrigatória prevista na CF/88 e na Lei nº 4.090/1962. São destinatários dessa gratificação empregados urbanos e rurais, os trabalhadores avulsos e os empregados domésticos. De acordo com o art. 7º, VIII, da CF/88:

> **Art. 7º, VIII, CF/88:** São direitos dos trabalhadores urbanos e rurais, além de outros que visem à melhoria de sua condição social: décimo terceiro salário com base na remuneração integral ou no valor da aposentadoria.

Além disso, a CF/88 assegura, em seu art. 7º, XVII, a proteção em face da automação, nos termos da lei. Cumpre ressaltar que este direito não foi estendido ao empregado doméstico, nos termos do art. 7º, parágrafo único da CF/88. Até o momento, não há legislação de caráter geral estabelecendo essa proteção constitucional.

Alternativa "d". "São direitos dos trabalhadores urbanos e rurais, além de outros que visem à melhoria de sua condição social: seguro contra acidentes de trabalho, a cargo do empregador, **sem excluir a indenização** a que este está obrigado, quando incorrer em dolo ou culpa" (art. 7º, XXVIII, CF/88 – grifos acrescidos). A previsão de seguro contra acidentes de trabalho não exclui a indenização a que o empregador está obrigado, por dolo ou culpa.

Além disso, a liberdade sindical é garantida pelo art. 8º da CF/88. É necessário, contudo, ressaltar que a liberdade sindical não é plena no Brasil, uma vez que ainda é aplicado o princípio da unicidade sindical, com a existência de um único sindicato representativo de categoria profissional ou econômica em uma mesma base territorial, nunca inferior ao limite de um município.

Alternativa "e". Não se exige a sindicalização do trabalhador avulso para que seja reconhecida a igualdade de direitos com o empregado. Além disso, não pode haver distinção entre o trabalho técnico, manual e intelectual:

> **Art. 7º, CF/88:** São direitos dos trabalhadores urbanos e rurais, além de outros que visem à melhoria de sua condição social:
>
> (...)
>
> XXXII - proibição de distinção entre trabalho manual, técnico e intelectual ou entre os profissionais respectivos;
>
> (...)
>
> XXXIV - igualdade de direitos entre o trabalhador com vínculo empregatício permanente e o trabalhador avulso.

4. RENÚNCIA E TRANSAÇÃO

13. (FCC – Analista Judiciário – Área Judiciária – TRT 23/2016) Trata-se de uma hipótese de renúncia INVÁLIDA:

a) Não havendo previsão contratual ou legal expressa, a opção de Edmundo, funcionário público, pelo regime trabalhista implica a renúncia dos direitos inerentes ao regime estatutário.

b) Josiel, advogado de larga experiência profissional, é contratado para trabalhar com pessoalidade, subordinação e continuidade no departamento jurídico da empresa Indústrias Pantaneiras S/A, recebendo remuneração mensal fixa, mas se recusa a ser registrado como empregado, afirmando que tem conhecimento suficiente para exercer sua autonomia de vontade, escolhendo o regime jurídico de sua contratação.

c) Augusto, imediatamente após retornar de afastamento médico decorrente de acidente do trabalho sofrido, com a cessação do benefício previdenciário, pede demissão e, perante o sindicato que o representa, assina documento renunciando à estabilidade no emprego de que era detentor.

d) Euzébio, dirigente de sindicato com base territorial em Cuiabá – MT, solicita ao empregador transferência para Palmas – TO. A solicitação da transferência corresponde, nos termos da lei, a uma renúncia tácita à estabilidade do qual era detentor.

e) Na empresa Fortes & Fortes Indústrias Metalúrgicas Ltda. existem dois regulamentos empresariais em vigor. Ronaldo, empregado da empresa há quinze anos, opta por aderir ao regulamento mais novo, renunciando às regras do sistema do outro.

▷ ***Anotações/Comentários***

Nota do autor: A questão aborda o tema da renúncia no Direito do Trabalho. O candidato deve estar atento para o fato de que a questão exige que seja assinalada a hipótese de renúncia **inválida**.

Alternativa "a". "Exceto na hipótese de previsão contratual ou legal expressa, a opção do funcionário público pelo regime trabalhista implica a renúncia dos direitos inerentes ao regime estatutário." (Súmula nº 243 do TST).

Alternativa "b". "Considera-se empregado toda pessoa física que prestar serviços de natureza não eventual a empregador, sob a dependência deste e mediante salário." (art. 3º, CLT). Destaca-se que, uma vez reconhecido o vínculo de emprego, não é possível a renúncia do trabalhador à sua condição de empregado diante do princípio da irrenunciabilidade dos direitos trabalhistas.

Alternativa "c". "O pedido de demissão do empregado estável só será válido quando feito com a assistência do respectivo Sindicato e, se não o houver, perante autoridade local competente do Ministério do Trabalho e Previdência Social ou da Justiça do Trabalho." (art. 500, CLT).

A Reforma Trabalhista revogou o § 1º e 3º do art. 477, que previam a homologação das verbas rescisórias para os trabalhadores com mais de um ano de serviço e passou a estabelecer apenas a necessidade de comunicação da dispensa aos órgãos competentes. Entendemos, entretanto, que no caso do empregado estável, essa assistência continua a existir.

Alternativa "d". Nesse sentido, estabelece o art. 543, § 1º, CLT:

> **Art. 543, CLT:** O empregado eleito para cargo de administração sindical ou representação profissional, inclusive junto a órgão de deliberação coletiva, não poderá ser impedido do exercício de suas funções, nem transferido para lugar ou mister que lhe dificulte ou torne impossível o desempenho das suas atribuições sindicais.
>
> § 1º: O empregado perderá o mandato se a transferência for por ele solicitada ou voluntariamente aceita.

Alternativa "e". "Havendo a coexistência de dois regulamentos da empresa, a opção do empregado por um deles tem efeito jurídico de renúncia às regras do sistema do outro." (Súmula nº 51, II, do TST)

14. (FCC – Analista Judiciário – Área Administrativa – TRT 9/2015) Considere:

I. Inobstante o princípio basilar do Direito Individual do Trabalho no tocante à indisponibilidade dos direitos trabalhistas, não há impedimento na supressão de direitos trabalhistas em face do exercício, pelo devedor trabalhista, da arguição da prescrição ou em face do não exercício, pelo credor trabalhista, de prerrogativa legal, como no caso da decadência.

II. A renúncia e a transação são exemplos de supressão de direitos trabalhistas, operadas pelos titulares de seus direitos, sendo a renúncia ato unilateral da parte e a transação ato bilateral, pelo qual se acertam direitos e obrigações entre as partes acordantes, mediante concessões recíprocas.

III. Mesmo sendo titular de um direito indisponível, o trabalhador não pode dispor de todos os seus direitos trabalhistas, que estão acobertados pela indisponibilidade absoluta, como é o caso do direito ao registro em CTPS, ao salário mínimo e à incidência das normas de proteção à saúde e segurança do trabalhador.

Está correto o que se afirma em

a) I, II e III.

b) I e II, apenas.

c) I e III, apenas.

d) II, apenas.

e) I, apenas.

▷ ***Anotações/Comentários***

Nota do autor: A questão aborda o tema da renúncia e transação no Direito do Trabalho. Lembre-se de que, havendo a coexistência de dois regulamentos da empresa, a opção do empregado por um deles tem efeito jurídico de renúncia às regras do sistema do outro.

Assertiva I. Correta. Na vigência do contrato de trabalho, os direitos trabalhistas são, em regra, irrenunciáveis, porque há presença da subordinação do empregado perante o empregador. Assim sendo, mesmo que o ato seja bilateral (comum acordo entre as partes), se houver prejuízo ao empregado, esse ato deverá ser declarado nulo, pois o empregado não pode renunciar aos direitos e vantagens assegurados em lei. Contudo, matérias de ordem pública como prescrição e decadência podem ser arguidas pelo empregador e é possível, no caso, a perda da pretensão (prescrição) ou a perda do próprio direito (decadência) diante da inércia do empregado em exigir seus direitos. As normas de prescrição e decadência tem o intuito de assegurar a pacificação social, evitando a insegurança jurídica de eventual ação trabalhista muitos anos após o término do contrato de trabalho. Além disso, a Reforma Trabalhista ampliou significativamente a possibilidade de ajuste individual entre empregado e empregador, podendo negociar com maior liberdade. Nesse sentido, segue quadro com essas hipóteses trazidas pela legislação:

Hipóteses de acordo individual entre empregado e empregador previstas na Reforma Trabalhista
A Reforma Trabalhista ampliou significativamente as possibilidade de ajuste entre empregados e empregadores em 13 hipóteses:
1) Compensação de jornada (art. 59, § 6º, CLT)
2) Banco de horas semestral (art. 59, § 5º, CLT)
3) Jornada 12 x 36 (art. 59-A, CLT)
4) Alteração do regime presencial para o teletrabalho (art. 75-C, § 1º, CLT)
5) Compra e manutenção de equipamentos necessários ao teletrabalho (art. 75-D, CLT)
6) Fracionamento das férias (art. 134, § 1º, CLT)
7) Intervalo para amamentação (art. 396, CLT)
8) Empregado "hipersuficiente" (art. 444, parágrafo único e 611-A da CLT)
9) Forma de pagamento das verbas rescisórias (art. 477, § 4º, I, da CLT)
10) Eficácia liberatória no Plano de Demissão Voluntária (art. 477-B, parte final, CLT)
11) Distrato (art. 484-A, CLT)
12) Celebração da cláusula compromissória de arbitragem (art. 507-A, CLT)
13) Quitação anual de obrigações trabalhistas (art. 507-B, CLT)

Assertiva II. Correta. Renúncia é um ato unilateral que recai sobre direito certo e atual, por exemplo, o empregado conquistou o direito de férias após um ano de trabalho e abriria mão (renunciaria) desse direito já conquistado, o que não é válido no Direito do Trabalho. A transação, por sua vez, recai sobre direito duvidoso e requer um ato bilateral das partes, concessões recíprocas. Na transação há direitos disponíveis, cujos interesses são meramente particulares.

Assertiva III. Correta. Em razão do Princípio da Irrenunciabilidade e da Indisponibilidade que vigora no direito do trabalho, há restrição da autonomia da vontade, isto é, limita-se a possibilidade de negociação de direitos trabalhistas entre empregado e empregador. Importante destacar, ainda, a diferença entre direitos disponíveis e indisponíveis. Os **disponíveis** consistem em direitos cujos interesses são meramente particulares. Os direitos **indisponíveis** são marcados pela forte intervenção estatal, pois há interesse público envolvido, como é o caso do direito do trabalho. Nesse ramo do direito, em razão da presença do hipossuficiente (trabalhador), há restrição da autonomia da vontade, como a impossibilidade de renúncia do direito ao registro em CTPS, ao salário mínimo e à incidência das normas de proteção à saúde e segurança do trabalhador.

Importa destacar que, diante do advento da Reforma Trabalhista, as regras sobre duração do trabalho e intervalos não são mais consideradas como normas de saúde, higiene e segurança do trabalho, nos termos do art. 611-B, parágrafo único da CLT:

> **Art. 611-B da CLT (inserido pela Reforma Trabalhista):** Constituem objeto ilícito de convenção coletiva ou de acordo coletivo de trabalho, exclusivamente, a supressão ou a redução dos seguintes direitos: (...)
>
> Parágrafo único. Regras sobre duração do trabalho e intervalos não são consideradas como normas de saúde, higiene e segurança do trabalho para os fins do disposto neste artigo.

5. COMISSÃO DE CONCILIAÇÃO PRÉVIA

15. (FCC – Analista Judiciário – Área Judiciária – TRT 14/2022) A partir do ano 2000 a legislação trabalhista passou a prever as comissões de conciliação prévia como órgãos que podem ser instituídos pelas empresas e pelos sindicatos com a atribuição de conciliar os conflitos individuais de trabalho. Especificamente em relação à comissão de conciliação prévia instituída pelas empresas, o legislador prevê que

a) a mesma será composta de, no mínimo, 2 e, no máximo, 10 membros, com composição paritária, ou seja, a metade dos membros deve ser indicada pelo empregador e a outra metade será eleita pelos empregados, em escrutínio secreto e que deve ser fiscalizado pelo sindicato da categoria profissional.

b) haverá na comissão dois suplentes, um para a representação titular dos empregados e outro para a representação titular do empregador.

c) a duração do mandato dos membros da comissão deverá ser prevista nos estatutos instituidores da mesma.

d) o representante dos empregados na comissão será afastado de seu trabalho normal na empresa, para que possa se dedicar integralmente às suas atribuições de conciliação dos conflitos de trabalho surgidos.

e) é vedada a dispensa dos representantes dos empregados membros titulares da comissão durante o exercício do mandato.

▷ ***Anotações/Comentários***

Nota do autor: A questão aborda o tema Comissão de Conciliação Prévia. Antes da Reforma Trabalhista, a única possibilidade de transação individual extrajudicial, prevista em lei, estava no art. 625-A da CLT, que trata da Comissão de Conciliação Prévia. Com a promulgação da Lei nº 13.467/2017, foi criado procedimento de jurisdição voluntária para homologação de acordo extrajudicial (art. 855-B a 855-E da CLT). Na celebração do acordo extrajudicial, permite-se que as partes transacionem direitos trabalhistas.

Alternativa "a": correta. "As empresas e os sindicatos podem instituir Comissões de Conciliação Prévia, de composição paritária, com representante dos empregados e dos empregadores, com a atribuição de tentar conciliar os conflitos individuais do trabalho. Parágrafo único. As Comissões referidas no caput deste artigo poderão ser constituídas por grupos de empresas ou ter caráter intersindical." (art. 625-A, CLT).

Alternativa "b": incorreta. "Haverá na Comissão tantos suplentes quantos forem os representantes titulares" (art. 625-B, II da CLT).

Alternativa "c": incorreta. "O mandato dos seus membros, titulares e suplentes, é de um ano, permitida uma recondução" (art. 625-B, III da CLT).

Alternativa "d": incorreta. "O representante dos empregados desenvolverá seu trabalho normal na empresa afastando-se de suas atividades apenas quando convocado para atuar como conciliador, sendo computado como tempo de trabalho efetivo o despendido nessa atividade" (art. 625-B, §2º da CLT).

Alternativa "e": incorreta. "É vedada a dispensa dos representantes dos empregados membros da Comissão de Conciliação Prévia, titulares e suplentes, até um ano após o final do mandato, salvo se cometerem falta grave, nos termos da lei." (art. 625-B, §1º da CLT).

16. (FUMARC – Técnico Judiciário – TRT 3/2022) Sobre a conciliação trabalhista, NÃO é correto afirmar:

a) A criação das comissões de conciliação prévia é obrigatória, e estas devem ser criadas no âmbito das empresas ou dos sindicatos, e terão o mesmo número de representantes dos empregados e dos empregadores.

b) As comissões de conciliação prévia são órgãos criados no âmbito dos sindicatos ou das empresas, com a finalidade de resolução do conflito individual trabalhista por meio da autocomposição. Trata-se de um meio alternativo, extrajudicial, de solução do conflito que tem por finalidade propiciar maior celeridade à resolução da lide, sem burocracia do Poder Judiciário Trabalhista.

c) Na Justiça do Trabalho, o termo de conciliação vale como decisão irrecorrível.

d) O trabalhador e a empresa não estão obrigados a passar pelas comissões de conciliação prévia para o ajuizamento de processo trabalhista.

▷ ***Anotações/Comentários***

Nota do autor: A questão aborda o tema Comissão de Conciliação Prévia. Antes da Reforma Trabalhista, a única possibilidade de transação individual extrajudicial, prevista em lei, estava no art. 625-A da CLT, que trata da Comissão de Conciliação Prévia. Com a promulgação da Lei nº 13.467/2017, foi criado procedimento de jurisdição voluntária para homologação de acordo extrajudicial (art. 855-B a 855-E da CLT). Na celebração do acordo extrajudicial, permite-se que as partes transacionem direitos trabalhistas.

Alternativa "a": incorreta. "As empresas e os sindicatos podem instituir Comissões de Conciliação Prévia, de composição paritária, com representante dos empregados e dos empregadores, com a atribuição de tentar conciliar os conflitos individuais do trabalho. Parágrafo único. As Comissões referidas no caput deste artigo poderão ser constituídas por grupos de empresas ou ter caráter intersindical." (art. 625-A, CLT).

Alternativa "b": correta. A alternativa está correta. O objeto principal da Comissão de Conciliação Prévia é tentar a solução dos conflitos fora do Poder Judiciário, portanto de forma extrajudicial. Como não há presença do Estado nessa pacificação, pois o conflito é resolvido na própria empresa ou no sindicato, é chamada de autocomposição (solução pelas próprias partes envolvidas).

Alternativa "c": correta. Ao submeter a demanda à Comissão, há um prazo de 10 dias para realizar a sessão de tentativa de conciliação. Durante esse prazo, a prescrição ficará suspensa. Se não houver conciliação, será fornecida às partes declaração da tentativa conciliatória frustrada, que deverá ser juntada à futura reclamação trabalhista. Se as partes aceitarem a conciliação, será lavrado termo de conciliação. Esse termo apresenta duas características de extrema importância para o Direito do Trabalho:

a) Terá eficácia liberatória geral, ou seja, o empregado não poderá rediscutir as matérias objeto de conciliação na Justiça do Trabalho, pois já houve acordo entre as partes. Há exceção, entretanto, no tocante às parcelas expressamente ressalvadas. Assim sendo, caso não haja ressalvas, o trabalhador terá dado quitação total das parcelas do contrato. Exemplo: durante a conciliação das verbas rescisórias, se as partes não chegaram ao consenso sobre o pagamento das horas extras, estas ficaram ressalvadas, no termo, como não conciliadas. Logo, as horas extraordinárias poderão ser objeto de futura ação judicial (reclamação trabalhista).

b) Será título executivo extrajudicial, isto é, poderá ser executado diretamente na Justiça do Trabalho. A título de exemplo, o termo de conciliação vale como "cheque" dado pelo empregador: se não for pago, será executado. Na reclamação trabalhista, há necessidade de juntar provas (documentos, testemunhas etc.), por isso o processo é mais demorado. Já na execução, o processo é rápido, pois a instrução é realizada com o título executivo.

Alternativa "d": correta. Havia discussão sobre a obrigatoriedade de submeter a demanda à Comissão de Conciliação Prévia, antes de ingressar na Justiça do Trabalho. O Supremo Tribunal Federal, na ADIN 2139-DF, proferiu decisão vinculante no sentido de que é facultativo ao trabalhador a tentativa de conciliação perante a CCP, ou seja, ele poderá ingressar diretamente na Justiça do Trabalho.

6. RELAÇÃO DE EMPREGO

17. (FUMARC – Técnico Judiciário – TRT 3/2022) A opção que define CORRETAMENTE o empregador é:

a) Empresa, apenas coletiva, que, assumindo os riscos da atividade econômica, admite, assalaria e dirige a prestação pessoal de serviço.

b) Empresa, individual ou coletiva, que firme contrato de trabalho.

c) Empresa, individual ou coletiva, que, ainda que não assuma os riscos da atividade econômica, admite e remunera a prestação pessoal de serviço.

d) Empresa, individual ou coletiva, que, assumindo os riscos da atividade econômica, admite, assalaria e dirige a prestação pessoal de serviço.

e) Empresa, individual ou coletiva, que, assumindo os riscos da atividade econômica, admite, assalaria e dirige a prestação pessoal de serviço, desde que não o faça como pessoa física.

▷ ***Anotações/Comentários***

Nota do autor: A questão aborda a temática Empregador. Exigia tão somente o conhecimento da legislação e apresentava baixo nível de complexidade, o que não é habitual nas provas de Analista e Técnico de TRTs. Aliás, todas as provas desse concurso, de maneira geral, apresentaram um grau de complexidade abaixo do esperado.

Comentário serve para todas as alternativas, uma vez que versam sobre o mesmo assunto. "Considera-se empregador a empresa, individual ou coletiva, que, assumindo os riscos da atividade econômica, admite, assalaria e dirige a prestação pessoal de serviço." (art. 2º, *caput*, CLT).

18. (FUMARC – Técnico Judiciário – TRT 3/2022) Profissionais liberais podem ser empregadores?

a) Não, a figura do empregador não admite equiparação.

b) Não, por expressa previsão legal.

c) Sim, desde que o façam por contratos formais.

d) Sim, equiparam-se a empregadores se presentes os requisitos do emprego.

e) Sim, por requisitos próprios.

▷ ***Anotações/Comentários***

Nota do autor: A questão aborda a temática Empregador. Exigia tão somente o conhecimento da legislação e apresentava baixo nível de complexidade, o que não é habitual nas provas de Analista e Técnico de TRTs. Aliás, todas as provas desse concurso, de maneira geral, apresentaram um grau de complexidade abaixo do esperado.

Comentário serve para todas as alternativas, uma vez que versam sobre o mesmo assunto. "Equiparam-se ao empregador, para os efeitos exclusivos da relação de emprego, os profissionais liberais, as instituições de beneficência, as associações recreativas ou outras instituições sem fins lucrativos, que admitirem trabalhadores como empregados." (art. 2º, § 1º, CLT).

19. (FGV – Analista Judiciário – Área Judiciária – TRT 13/2022) Os primos Ruy e Antenor foram contratados em 5 de setembro de 2022 pela sociedade empresária Riacho Calmo S.A., localizada no Município de Baraúna/PB, e encaminhados ao setor de Recursos Humanos da empresa. Ambos possuem CTPS digital, sendo que a carteira de Ruy foi assinada pelo novo empregador no 5° dia útil após a admissão e a de Antenor, no 7° dia útil após o seu ingresso na empresa.

Considerando a situação apresentada e os termos da CLT, assinale a afirmativa correta.

a) As CTPS's foram assinadas no prazo legal de 10 dias úteis, daí porque não existe qualquer irregularidade administrativa.

b) Não existe na Lei prazo específico para a assinatura da CTPS, havendo recomendação para que não ultrapasse os primeiros 30 dias do contrato, sob pena de multa.

c) A CTPS de Ruy foi assinada no prazo legal, mas a de Antenor não, gerando multa administrativa para a empresa de R$ 3.000,00 por ser sociedade anónima.

d) Com o advento da CTPS digital, o empregador ficou desonerado de prazo para assinatura porque agora isso deve ser feito pelo próprio empregado, com validação posterior da empresa.

e) Uma vez que o prazo para assinatura das carteiras é de 48 horas, a empresa descumpriu a norma para ambos os empregados e receberá duas multas de R$ 800,00 cada.

▷ ***Anotações/Comentários***

Nota do autor: Não há formalidade específica para contratar o empregado, pois o contrato de trabalho poderá ser celebrado, inclusive, de forma verbal. Há, entretanto, exigência de um documento obrigatório do empregado, chamado de Carteira de Trabalho e Previdência Social – CTPS. Esse documento é utilizado para identificação do empregado. A falta de anotação da CTPS não afasta o vínculo empregatício, mas possibilita que a empresa seja autuada pela fiscalização.

Comentário serve para todas as alternativas, uma vez que versam sobre o mesmo assunto. Nos termos do art. 29, caput, CLT: "O empregador terá o prazo de 5 (cinco) dias úteis para anotar na CTPS, em relação aos trabalhadores que admitir, a data de admissão, a remuneração e as condições especiais, se houver, facultada a adoção de sistema manual, mecânico ou eletrônico, conforme instruções a serem expedidas pelo Ministério da Economia[3]".

Em 24 de agosto de 2022, foi publicada a Lei nº 14.438/2022 (fruto da conversão da Medida Provisória nº 1.107, de 2022), que, entre outras providências, incluiu os arts. 29-A e 29-B à CLT, fixando valores de multa aos empregadores que não procederem com a anotação adequada da CTPS de seus empregados.

Conforme dispõe o § 1º do art. 29, o empregador tem o dever de, nas anotações concernentes à remuneração, especificar o salário, qualquer que seja sua forma de pagamento, seja ele em dinheiro ou em utilidades, bem como a estimativa da gorjeta. Descumprida essa obrigação, ficará sujeito à multa de R$ 3.000,00 por empregado prejudicado, acrescido de igual valor em cada reincidência. A multa será de R$ 800,00 no caso de microempresa ou de empresa de pequeno porte. Importante, ainda, ressaltar que essa infração constitui exceção ao critério da dupla visita.

Como a CPTS de Ruy foi assinada pelo novo empregador no 5°dia útil após a admissão, não há a aplicação de multa. Contudo, no caso de Antenor, em que a CTPS foi assinada tão somente no 7° dia útil após o seu ingresso na empresa, haverá a incidência da multa administrativa de R$ 3.000,00 prevista no art. 29-A da CLT.

---

20. (AOCP – Técnico Judiciário – Área Administrativa – TRT 1/2018) Joaquim foi contratado para trabalhar na Instituição de Beneficência "Rede de Combate ao Câncer em Jovens" na função de psicólogo, realizando acompanhamento psíquico e emocional aos enfermos cadastrados no programa, que é de cunho gratuito aos seus usuários. A instituição em questão vive de doações para a manutenção do local. Em relação às peculiaridades da relação de trabalho e emprego e os sujeitos no contrato de trabalho, assinale a alternativa correta.

a) A "Rede de Combate ao Câncer em Jovens", por ser uma instituição beneficente, não pode figurar como empregadora de Joaquim.

b) Poderá haver uma relação de emprego entre a "Rede de Combate ao Câncer em Jovens" e Joaquim, desde que estejam presentes os elementos caracterizadores: pessoalidade, gratuidade e subordinação de caráter não eventual.

c) Caso Joaquim opte pela abertura de uma empresa individual para a prestação de seus serviços como psicólogo, poderá ser contratado como empregado na "Rede de Combate ao Câncer em Jovens".

d) Joaquim poderá ser contratado como empregado na Instituição de Beneficência, ora mencionada, desde que estejam presentes os elementos caracterizadores: pessoalidade, pessoa física, onerosidade, subordinação e não eventualidade.

e) Joaquim, obrigatoriamente, será um trabalhador voluntário na "Rede de Combate ao Câncer em Jovens", pois a instituição se mantém com doações e, portanto, recebe importâncias financeiras variáveis mensalmente.

▷ ***Anotações/Comentários***

Nota do autor: A questão exigia o conhecimento do art. 2º da CLT, que estabelece os empregadores por equiparação, sabendo distingui-lo da ideia de trabalhador voluntário.

Alternativa "a". Não há óbices para que entidades beneficentes figurem como empregadores, nos termos do art. 2º, §1º da CLT mencionado nos comentários à alternativa "d".

Alternativa "b". De fato, poderá haver relação de emprego entre Joaquim e a Instituição de Beneficência, mas os requisitos indispensáveis para que isso ocorra não abrangem a gratuidade e subordinação de caráter não eventual. Isso porque, para que exista relação de emprego, devem estar presentes: pessoa física, pessoalidade, onerosidade, habitualidade e subordinação. Assim, o empregado deve ter a expectativa de receber contraprestação pecuniária pela prestação dos serviços.

Alternativa "c". Empregado é toda pessoa física, que presta serviços de forma habitual a empregador, sob sua dependência e mediante salário (art. 3º da CLT). Dessa forma, Joaquim não poderá ser contratado como empregado pessoa jurídica, pois isto configuraria fraude trabalhista (art. 9º da CLT).

Alternativa "d". A CLT trata do empregador não só como empresa, mas também possibilita a contratação de empregados por profissionais liberais, associações recreativas, entidades sem fins lucrativos etc. A CLT utiliza-se do termo **empregador por equiparação**, ou seja, também são empregadores as igrejas, o advogado que contrata sua secretária, a cooperativa que contrata telefonista, o condomínio de apartamentos que contrata um zelador, etc. De acordo com a CLT:

> **Art. 2º, § 1º, CLT:** Equiparam-se ao empregador, para os efeitos exclusivos da relação de emprego, os profissionais liberais, as instituições de beneficência, as associações recreativas ou outras instituições sem fins lucrativos, que admitirem trabalhadores como empregados.

Dessa forma, previstos os requisitos da relação de emprego, quais sejam: pessoa física, pessoalidade, onerosidade, habitualidade e subordinação, Joaquim poderá ser considerado como empregado.

Alternativa "e". O simples fato de Joaquim trabalhar para uma instituição de beneficência não significa que seu trabalho não será remunerado. Somente na prestação de atividades não remunerada, poderá ser considerado trabalhador voluntário:

> **Art. 1º da Lei nº 9.608/1998:** Considera-se serviço voluntário, para os fins desta Lei, a atividade não remunerada prestada por pessoa física a entidade pública de qualquer natureza ou a instituição privada de fins não lucrativos que tenha objetivos cívicos, culturais, educacionais, científicos, recreativos ou de assistência à pessoa.

---

21. (FCC – Técnico Judiciário – Área Administrativa – TRT 6/2018) O requisito essencial previsto em lei para caracterizar uma relação como sendo de emprego e que não precisa se verificar em qualquer relação de trabalho é a

a) exclusividade.

b) ausência de onerosidade.

c) subordinação jurídica.

d) boa-fé contratual objetiva.

e) autonomia privada coletiva.

▷ ***Anotações/Comentários***

Nota do autor: A questão exigia que o candidato conhecesse os requisitos da relação de emprego, sendo considerada de nível fácil. Não se esqueça de que são requisitos da relação de emprego: pessoa física, onerosidade, habitualidade e subordinação.

Alternativa "a". Não há na CLT exigência de que o empregado preste serviços com exclusividade. Não é requisito para configurar o vínculo empregatício que ele trabalhe para apenas um único empregador. Há possibilidade de vários contratos de trabalho, com empresas diversas, simultaneamente.

Alternativa "b". Ao contrário do que estabelece a alternativa, a onerosidade é requisito essencial da relação de emprego, estando presente em casos que configurem relação de trabalho, como, por exemplo, no caso do trabalhador autônomo.

Alternativa "c". A subordinação do empregado decorre de lei. Assim, quando aceita trabalhar para o empregador, consequentemente aceitará as regras e orientações dadas para que a prestação de serviços seja realizada nos moldes previstos pelo empregador. Trata-se de traço caracterizador da relação de emprego, não sendo exigido para as demais relações de trabalho.

Alternativa "d". A boa-fé contratual deve estar presente em qualquer relação contratual e não apenas na relação de emprego.

Alternativa "e". A autonomia privada coletiva autoriza que os próprios interlocutores sociais criem normas, mediante concessões recíprocas, inclusive com a possibilidade de eventual supressão de direitos patrimoniais disponíveis dos empregados, em prol de algum outro benefício. É um princípio que não se relaciona diretamente com a formação do vínculo de emprego.

---

22. (FGV – Técnico Judiciário – Área Administrativa – TRT 12/2017) Para que alguém seja considerado empregado na forma prevista na CLT, NÃO é necessário o seguinte requisito:

a) exclusividade;

b) subordinação;

c) pessoalidade;

3. Atualmente, referida atribuição é do Ministério do Trabalho e Emprego, conforme nomenclatura dada pelo art. 17, XXVIII da Lei nº 14.600, de 19 de junho de 2023.

d) onerosidade;

e) não eventualidade.

▷ ***Anotações/Comentários***

Nota do autor: A questão exige do candidato o conhecimento dos requisitos para a identificação do empregado. Note-se que, mesmo diante da Lei nº 13.467/2017 (Reforma Trabalhista), não houve alteração nesse ponto e os requisitos do art. 3º da CLT permanecem vigentes.

Comentário serve para todas as alternativas, pois versam sobre o mesmo assunto. Não há, na CLT, exigência de que o empregado preste serviços com exclusividade. Não é requisito para configurar o vínculo empregatício que ele trabalhe para apenas um único empregador. Há possibilidade de vários contratos de trabalho, com empresas diversas, simultaneamente.

Nesse sentido, são requisitos para a configuração da relação de emprego: i) empregado pessoa física ou natural: o direito do trabalho é voltado para a proteção da pessoa física; ii) não eventualidade: significando trabalho habitual, não ocasional; iii) onerosidade: ou seja, mediante salário; iv) subordinação: o empregado está sujeito às ordens do empregador. Nesse sentido, prevê o art. 3º, "caput", da CLT:

> **Art. 3º, CLT:** Considera-se empregado toda pessoa física que prestar serviços de natureza não eventual a empregador, sob a dependência deste e mediante salário.

6.1. Contratos de trabalho especiais

6.1.1. Bancário

23. (FGV – Analista Judiciário – Área Judiciária – TRT 12/2017) Thiago é empregado em estabelecimento bancário, exercendo função de gerência (gerente de relacionamento). Apesar da existência de cláusula coletiva prevendo o pagamento de gratificação de função no valor de 50% do salário do cargo efetivo, a empresa paga uma gratificação de função no valor de um terço do respectivo salário.

Considerando que Thiago trabalha oito horas diárias, é correto afirmar, à luz da legislação e da jurisprudência do TST, que:

a) Thiago não será considerado ocupante de cargo de confiança por faltar o elemento objetivo, e assim terá direito ao pagamento da 7ª e 8ª horas como extras;

b) desde que presente o elemento subjetivo, o empregado ocupa cargo de confiança, independentemente do salário auferido;

c) o empregado em questão não deixará de ser caracterizado exercente de função de confiança, cabendo ao juiz, de ofício, determinar o pagamento da diferença da gratificação;

d) não se cogita do pagamento de horas extras porque o gerente ocupa cargo de confiança e, assim, não tem limite de jornada;

e) não há direito ao pagamento da 7ª e 8ª horas como extras, em razão de o empregado ocupar cargo de confiança bancário, percebendo gratificação não inferior ao terço legal.

▷ ***Anotações/Comentários***

Nota do autor: A questão aborda o tema cargo de confiança no caso do empregado bancário, exigindo o conhecimento da CLT e do entendimento sumulado do TST sobre o assunto. Ressalta-se que a Reforma Trabalhista não alterou nenhum dispositivo específico relacionado aos bancários.

Comentário serve para todas as alternativas, uma vez que versam sobre o mesmo assunto. O empregado bancário, por expressa previsão legal, tem duração do trabalho de 6 horas, perfazendo uma jornada de 30 horas semanais (art. 224 da CLT).

Entretanto, ao empregado bancário que exerça função de confiança não são aplicadas as regras de duração do trabalho, desde que o valor da gratificação não seja inferior a 1/3 do salário do cargo efetivo (art. 224, §2º da CLT).

No caso de Thiago, este percebe gratificação de função de 50% do salário efetivo, ou seja, o valor da gratificação é maior do que 1/3 do salário do cargo efetivo, de forma que não há que se falar na prestação de horas extras pelo empregado em questão. Além disso, a jornada de Thiago é de oito horas, devendo ser consideradas como extras apenas as excedentes à 8ª hora. Ademais, Thiago somente terá direito às diferenças de gratificação de função se postuladas. No mesmo sentido, é a Súmula nº 102 do TST:

> **Súmula nº 102, IV e VII, do TST:** IV - O bancário sujeito à regra do art. 224, § 2º, da CLT cumpre jornada de trabalho de 8 (oito) horas, sendo extraordinárias as trabalhadas além da oitava.
>
> VII - O bancário exercente de função de confiança, que percebe a gratificação não inferior ao terço legal, ainda que norma coletiva contemple percentual superior, não tem direito às sétima e oitava horas como extras, mas tão somente às diferenças de gratificação de função, se postuladas.

6.1.2. Jornalista

24. (FCC – Analista Judiciário – Oficial de Just. Avaliador Federal – TRT 6/2018) Com relação à jornada de trabalho do Jornalista Profissional, conforme previsão da Consolidação das Leis do Trabalho,

a) o intervalo mínimo entre duas jornadas de trabalho será de 10 horas.

b) a duração normal do trabalho não deverá exceder de 5 horas, desde que em período noturno.

c) a duração normal do trabalho não deverá exceder de 4 horas, tanto em período noturno, como diurno.

d) o intervalo mínimo entre duas jornadas de trabalho será de 11 horas.

e) a duração normal do trabalho poderá ser elevada a 8 horas, mediante acordo escrito.

▷ ***Anotações/Comentários***

Nota do autor: Os arts. 302 a 316 da CLT tratam do trabalho dos jornalistas, sendo aplicáveis apenas àqueles que trabalhem em empresas jornalísticas que tenha como "atividade a edição de jornal ou revista, ou a distribuição de noticiário, com funcionamento efetivo, idoneidade financeira e registro legal" (art. 3º do Decreto-lei nº 972/1969). Trata-se, portanto, de contrato de trabalho especial, contendo regramentos próprios.

Alternativa "a". "Em seguida a cada período diário de trabalho haverá um intervalo mínimo de 10 (dez) horas, destinado ao repouso" (Art. 308 da CLT). Assim, o intervalo interjornada dos jornalistas é inferior ao intervalo interjornada de 11 horas dos empregados "comuns".

Alternativa "b". "A duração normal do trabalho dos empregados compreendidos nesta Seção não deverá exceder de 5 (cinco) horas, **tanto de dia como à noite**" (Art. 303 da CLT).

Alternativa "c". "A duração normal do trabalho dos empregados compreendidos nesta Seção não deverá exceder **de 5 (cinco) horas**, tanto de dia como à noite" (Art. 303 da CLT).

Alternativa "d". Conforme disposto na alternativa "a", o intervalo interjornada dos jornalistas é de **10 horas** (Art. 308 da CLT).

Alternativa "e". "Poderá a duração normal do trabalho ser elevada a **7 (sete) horas**, mediante acordo escrito, em que se estipule aumento de ordenado, correspondente ao excesso do tempo de trabalho, em que se fixe um intervalo destinado a repouso ou a refeição" (Art. 304 da CLT).

7. EMPREGADO DOMÉSTICO

25. (FCC – Analista Judiciário – Área Judiciária – TRT 4/2022) Mirtes foi contratada como empregada doméstica para prestar serviços de acompanhante de pessoa idosa, de segunda a sábado. Na residência do seu empregador há um tanque de óleo diesel para fazer funcionar um gerador que alimenta o aparelho que a pessoa idosa necessita, em caso de faltar energia elétrica. Nessa condição, com base no que prevê a Constituição Federal de 1988, Mirtes

a) poderá vir a perceber adicional de insalubridade em grau médio, à base de 25% do salário mínimo, após laudo pericial que ateste a agressividade do ambiente.

b) deverá perceber o competente adicional de periculosidade, no percentual de 30% do seu salário básico.

c) deverá perceber o competente adicional de periculosidade, no percentual de 30% da sua remuneração, composta pelo salário acrescido de outras verbas salariais.

d) poderá vir a perceber adicional de insalubridade em grau médio, à base de 30% do salário mínimo, após laudo pericial que ateste a agressividade do ambiente.

e) não fará jus ao adicional de periculosidade, em face de ser trabalhadora doméstica.

▷ ***Anotações/Comentários***

Nota do autor: A questão aborda a temática do empregado doméstico. Em relação ao empregado doméstico, é importante que o candidato saiba que seus direitos estão listados no art. 7º, parágrafo único, da Constituição. Dessa forma, é indispensável a leitura atenta do art. 7º e seus incisos.

Comentário serve para todas as alternativas, uma vez que versam sobre o mesmo assunto. O Brasil deu um importante passo rumo à efetivação dos direitos fundamentais trabalhistas, reconhecendo direitos básicos do empregado doméstico via EC-72 – 2013. Apesar do gigantesco avanço social que representou a EC 72/2013, não houve equiparação de direitos do doméstico em relação ao empregado urbano e rural, pois alguns direitos ainda não foram estendidos aos empregados domésticos:

> **Art. 7º, parágrafo único, CF/88.** São assegurados à categoria dos trabalhadores domésticos os direitos previstos nos incisos IV, VI, VII, VIII, X, XIII, XV, XVI, XVII, XVIII, XIX, XXI, XXII, XXIV, XXVI, XXX, XXXI e XXXIII e, atendidas as condições estabelecidas em lei e observada a simplificação do cumprimento das obrigações tributárias, principais e acessórias, decorrentes da relação de trabalho e suas peculiaridades, os previstos nos incisos I, II, III, IX, XII, XXV e XXVIII, bem como a sua integração à previdência social. (Redação dada pela Emenda Constitucional nº 72, de 2013)

Dentre os direitos que não estão constitucionalmente assegurados ao empregado doméstico, está o direito ao adicional de remuneração para as atividades penosas, insalubres ou perigosas, previsto no inciso XXIII do art. 7º da Constituição.

26. (FUMARC – Técnico Judiciário – TRT 3/2022) Os direitos garantidos aos trabalhadores pelo Art. 7° da Constituição vigente alcançam:

a) Apenas trabalhadores urbanos.

b) Homens e mulheres, vedada qualquer distinção, ainda que positiva.

c) Qualquer pessoa física remunerada pela prestação de serviço.

d) Relações de trabalho em geral.

e) Trabalhadores rurais e urbanos, incluindo os domésticos.

▷ ***Anotações/Comentários***

Nota do autor: A questão aborda a temática do Direito Constitucional do Trabalho. Como a alternativa correta faz menção empregado doméstico e esse é um tema que ainda gera confusão, optamos por mantê-la neste tópico.

Comentário serve para todas as alternativas, uma vez que versam sobre o mesmo assunto. Em relação ao empregado doméstico, é importante que o candidato saiba que seus direitos estão listados no art. 7º, parágrafo único, da Constituição. Dessa forma, é indispensável a leitura atenta do art. 7º e seus incisos.

O Brasil deu um importante passo rumo à efetivação dos direitos fundamentais trabalhistas, reconhecendo direitos básicos do empregado doméstico via EC-72 – 2013. Apesar do gigantesco avanço social que representou a EC 72/2013, não houve equiparação de direitos do doméstico em relação ao empregado urbano e rural, pois alguns direitos ainda não foram estendidos aos empregados domésticos:

> **Art. 7º, parágrafo único, CF/88.** São assegurados à categoria dos trabalhadores domésticos os direitos previstos nos incisos IV, VI, VII, VIII, X, XIII, XV, XVI, XVII, XVIII, XIX, XXI, XXII, XXIV, XXVI, XXX, XXXI e XXXIII e, atendidas as condições estabelecidas em lei e observada a simplificação do cumprimento das obrigações tributárias, principais e acessórias, decorrentes da relação de trabalho e suas peculiaridades, os previstos nos incisos I, II, III, IX, XII, XXV e XXVIII, bem como a sua integração à previdência social. (Redação dada pela Emenda Constitucional nº 72, de 2013)

Portanto, os direitos garantidos aos trabalhadores pelo art. 7°da Constituição alcançam, além dos empregados urbanos e rurais, também os empregados domésticos. Contudo, é importante ressaltar que **não houve equiparação de direitos**. Dentre os direitos que não estão constitucionalmente assegurados ao empregado doméstico, por exemplo, está o direito ao adicional de remuneração para as atividades penosas, insalubres ou perigosas, previsto no inciso XXIII do art. 7º da Constituição.

27. (FCC – Analista Judiciário – Área administrativa – TRT 11/2017) Matias é motorista da família Silva prestando seus serviços três dias da semana, no qual leva e busca as crianças na escola. Felícia é jardineira exercendo suas atividades para a família Silva quatro vezes por semana. Gilberto faz faxina na residência da família Silva uma vez por semana. E, por fim, Deise é acompanhante da matriarca da família Silva duas vezes por semana. Nestes casos, observando-se o requisito temporal e considerando que os demais requisitos legais estão presentes, tratam-se de empregados domésticos

a) Matias e Felícia, apenas.

b) Matias, Felícia e Deise, apenas.

c) Matias, e Deise, apenas.

d) Matias, Felícia, Gilberto, apenas

e) Matias, Felícia, Gilberto e Deise.

▷ ***Anotações/Comentários***

Nota do autor: A questão exigia o conhecimento dos requisitos para a configuração do trabalho doméstico. Note-se que a Reforma Trabalhista não trouxe impactos diretos ao doméstico. Entretanto, deve-se ressaltar que a CLT é aplicada de forma subsidiária à LC nº 150/2015.

Comentário serve para todas as alternativas, uma vez que versam sobre o mesmo assunto. O empregado doméstico tem os 4 requisitos "clássicos" para configurar o vínculo empregatício (pessoa física, onerosidade, subordinação e *continuidade*). Entretanto, para esse trabalhador há duas particularidades que o candidato deve sempre lembrar:

1) **Finalidade não lucrativa:** é vedado que o empregado doméstico esteja inserido em uma atividade lucrativa da família;

2) **Trabalho contínuo:** o art. 1º, *caput*, da LC nº 150/2015 estabelece que será configurado o trabalho doméstico quando realizado por período superior a 2 dias.

No caso em questão:

I) **Matias e Felícia** trabalhavam mais de dois dias na semana e, por esta razão, são considerados empregados domésticos.

II) **Gilberto**, por trabalhar apenas um dia na semana, será considerado trabalhador autônomo.

III) **Deise**, por trabalhar como acompanhante apenas duas vezes na semana, será considerada trabalhadora autônoma.

28. (FGV – Analista Judiciário – Área Administrativa – TRT 12/2017) Gabriel, com 17 anos, foi contratado para prestar serviços como caseiro, três vezes por semana, na casa de veraneio de Mario Sérgio e sua família. Além de arrumar a casa, o respectivo empregado também cultiva uma horta destinada à subsistência do grupo familiar.

À luz da legislação trabalhista, é correto afirmar que:

a) o contrato é válido porque Gabriel tem mais de 16 anos, idade mínima para a contratação;

b) uma vez que Gabriel não comparece todos os dias à casa de Mario Sérgio, não pode ser considerado empregado nos moldes da CLT;

c) a situação retrata modalidade de trabalho proibido para menor de dezoito anos;

d) o empregado está acumulando as funções de empregado doméstico e agricultor, tendo assim direito a um acréscimo salarial;

e) o trabalho realizado por Gabriel é ilícito e não gera direito a qualquer parcela ou indenização.

▷ ***Anotações/Comentários***

Nota do autor: A questão exigia do candidato a percepção de que o trabalho de Gabriel se trata de trabalho doméstico. Além disso, importa destacar a necessidade de atenção à idade do empregado em questão.

Comentário serve para todas as alternativas, uma vez que versam sobre o mesmo assunto. O empregado doméstico tem os 4 requisitos "clássicos" para configurar o vínculo empregatício (pessoa física, onerosidade, subordinação e continuidade). Entretanto, para esse trabalhador há duas particularidades que o candidato deve sempre lembrar:

1) **Finalidade não lucrativa.** É vedado que o empregado doméstico esteja inserido em uma atividade lucrativa da família, ou seja, não poderá prestar serviços a terceiros, mas apenas à família.

2) **Trabalho contínuo.** Para que haja continuidade, o empregado doméstico deverá trabalhar por mais de 2 vezes na semana.

Dessa forma, é claro que o trabalho prestado por Gabriel se trata de trabalho doméstico, o qual é vedado a menores de 18 anos, conforme previsão legal:

> **Art. 1º, parágrafo único da LC nº 150/2015: É vedada a contratação de menor de 18 (dezoito) anos para desempenho de trabalho doméstico**, de acordo com a Convenção nº 182, de 1999, da Organização Internacional do Trabalho (OIT) e com o Decreto nº 6.481, de 12 de junho de 2008. (grifo nosso)

Trata-se de hipótese de trabalho proibido, que é aquele prestado em condições que agridem a saúde e a segurança do trabalhador, ou seja, desrespeita normas de proteção trabalhista. Nesse caso, o trabalhador tem direito ao recebimento das verbas decorrentes da prestação dos serviços, mas não poderá continuar trabalhando.

29. (FGV – Técnico Judiciário – Área Administrativa – TRT 12/2017) Gilda pretende contratar uma babá para tomar conta de sua filha. De acordo com a Lei de Regência, a idade mínima para que alguém seja contratado como empregado doméstico é de:

a) 14 anos;

b) 16 anos;

c) 18 anos;

d) 20 anos;

e) 21 anos.

▷ ***Anotações/Comentários***

Nota do autor: A questão exige o conhecimento da legislação aplicável ao empregado doméstico (LC nº 150/2015), sendo considerada de nível fácil.

Comentário serve para todas as alternativas, uma vez que versam sobre o mesmo assunto. De acordo com o art. 1º da LC nº 150/2015 é vedado o trabalho doméstico efetuado por menores de 18 anos:

> **Art. 1º, parágrafo único da LC nº 150/2015: É vedada a contratação de menor de 18 (dezoito) anos para desempenho de trabalho doméstico**, de acordo com a Convenção nº 182, de 1999, da Organização Internacional do Trabalho (OIT) e com o Decreto nº 6.481, de 12 de junho de 2008. (grifo nosso)

Além disso, cumpre destacar que o trabalho doméstico é incluído na lista TIP (Lista das Piores Formas de Trabalho Infantil), Decreto nº 6.481/2008, que estabelece, em seu art. 2º, a proibição do trabalho do menor de 18 anos nas atividades nele listadas:

Item	Descrição dos Trabalhos	Prováveis Riscos Ocupacionais	Prováveis Repercussões à Saúde
76.	Domésticos	Esforços físicos intensos; isolamento; abuso físico, psicológico e sexual; longas jornadas de trabalho; trabalho noturno; calor; exposição ao fogo, posições antiergonômicas e movimentos repetitivos; tracionamento da coluna vertebral; sobrecarga muscular e queda de nível	Afecções músculo-esqueléticas (bursites, tendinites, dorsalgias, sinovites, tenossinovites); contusões; fraturas; ferimentos; queimaduras; ansiedade; alterações na vida familiar; transtornos do ciclo vigília-sono; DORT/LER; deformidades da coluna vertebral (lombalgias, lombociatalgias, escolioses, cifoses, lordoses); síndrome do esgotamento profissional e neurose profissional; traumatismos; tonturas e fobias

8. PROTEÇÃO DO TRABALHO DO ADOLESCENTE[4]

30. (FCC – Analista Judiciário – Área Judiciária – TRT 15/2018) O Estatuto da Criança e do Adolescente (Lei n0 8.069/1990) prevê normas relativas ao direito à profissionalização e à proteção no trabalho, entre as quais,

a) ao adolescente empregado, aprendiz, em regime familiar de trabalho, aluno de escola técnica, assistido em entidade governamental ou não governamental, é vedado trabalho noturno, realizado entre as vinte horas de um dia e as cinco horas do dia seguinte.

b) ao adolescente até dezesseis anos de idade é assegurada bolsa de aprendizagem, após o que, na condição de aprendiz, passa a receber salário.

c) a formação técnico-profissional obedecerá aos seguintes princípios: garantia de acesso e frequência obrigatória ao ensino regular; atividade compatível com o desenvolvimento do adolescente; horário especial para o exercício das atividades.

d) o programa social que tenha por base o trabalho educativo, sob responsabilidade de entidade governamental ou não governamental com fins lucrativos, deverá assegurar ao adolescente que dele participe condições de capacitação para o exercício de atividade regular remunerada.

e) no trabalho educativo o adolescente não pode receber qualquer valor a título de remuneração pelo trabalho efetuado ou pela participação na venda dos produtos de seu trabalho, sob pena de desvirtuamento da finalidade e descaracterização do trabalho educativo.

▷ ***Anotações/Comentários***

Nota do autor: A prova de Analista do TRT15 foi bem atípica, com questões que, muitas vezes, não eram cobradas em provas anteriores. No caso, para responder à questão o candidato deveria conhecer o disposto no ECA. Os artigos indicados no Estatuto da Criança e do Adolescente sobre direitos de profissionalização e proteção do trabalho são: artigos 60 a 69.

O candidato ao ler esses artigos deve ficar atento:

a) a idade mínima do aprendiz é 14 anos. Não se admite aprendiz com menos de 14 anos de idade, conforme previsto na CF;

b) proibição do trabalho penoso a pessoas com menos de 18 anos;

c) previsão do trabalho educativo em que as condições pedagógicas devem prevalecer sobre o aspecto produtivo.

Alternativa "a": "Ao adolescente empregado, aprendiz, em regime familiar de trabalho, aluno de escola técnica, assistido em entidade governamental ou não-governamental, é vedado trabalho: noturno, realizado entre as **vinte e duas horas** de um dia e as cinco horas do dia seguinte;" (Art. 67, I do ECA – grifos acrescidos).

Alternativa "b". "Ao adolescente **até quatorze anos** de idade é assegurada bolsa de aprendizagem" (Art. 64 do ECA). Referido artigo não foi recepcionado pela CF/88 que proíbe o trabalho do menor de 16 anos, salvo na condição de aprendiz a partir dos 14 anos (art. 7º, XXXIII da CF/88 – grifos acrescidos).

Alternativa "c". Trata-se do exposto no art. 63 do ECA:

> **Art. 63 do ECA.** "A formação técnico-profissional obedecerá aos seguintes princípios:
>
> I - garantia de acesso e frequência obrigatória ao ensino regular;

---

4. É muito comum o uso do termo "menor" para se referir, de maneira genérica, a pessoas com menos de 18 anos de idade, tanto que essa expressão pode ser encontrada em diversas passagens da CLT (*v.g.* no Capítulo IV – Da Proteção do Trabalho do Menor). Contudo, a palavra "menor", quando utilizada para designar crianças e adolescentes, remonta à ideia de "menoridade legal", passando a falsa impressão de que essas pessoas em especial condição de desenvolvimento seriam incapazes de titularizar direitos e contrair obrigações. Além disso, há muitos anos, esse termo tem sido usado para referenciar o jovem infrator, quando da sua responsabilização civil e penal, adquirindo, assim, forte carga pejorativa. Dessa forma, em atenção a doutrina da proteção integral e da prioridade absoluta, optamos por utilizar terminologia mais moderna que está em adequação ao ECA ao se referir ao trabalho do adolescente.

II - atividade compatível com o desenvolvimento do adolescente;

III - horário especial para o exercício das atividades."

Alternativa "d". O programa social que tenha por base o trabalho educativo, sob responsabilidade de entidade governamental ou não-governamental **sem fins lucrativos**, deverá assegurar ao adolescente que dele participe condições de capacitação para o exercício de atividade regular remunerada (art. 68 do ECA – grifos acrescidos).

Alternativa "e". Trabalho educativo pode ser ministrado por entidades governamentais ou não governamentais sem fins lucrativos, com intuito de assegurar capacitação do adolescente para atividade regular remunerada. Ao contrário do que afirma a alternativa, a "remuneração que o adolescente recebe pelo trabalho efetuado ou a participação na venda dos produtos de seu trabalho **não** desfigura o caráter educativo" (Art. 68, §2º do ECA – grifos acrescidos).

---

31. (FCC – Analista Judiciário – Oficial de Just. Avaliador Federal – TRT 2/2018) A respeito da proteção do trabalho do menor, de acordo com a legislação vigente,

a) ao menor não será permitido o trabalho em locais ou serviços prejudiciais à sua moralidade e em locais perigosos, havendo possibilidade de autorização do Juiz do Trabalho para o trabalho em serviços insalubres, desde que se certifique ser a ocupação do menor indispensável à própria subsistência ou à de seus pais, avós ou irmão.

b) contrato de aprendizagem é o contrato de trabalho especial, ajustado verbalmente ou por escrito, sempre sujeito a prazo determinado de 2 anos, em que o empregador se compromete a assegurar ao maior de 14 e menor de 24 anos inscrito em programa de aprendizagem formação técnico-profissional metódica, compatível com o seu desenvolvimento físico, moral e psicológico, e o aprendiz, a executar com zelo e diligência as tarefas necessárias a essa formação.

c) a validade do contrato de aprendizagem pressupõe, tão somente, anotação na Carteira de Trabalho e Previdência Social e matrícula do aprendiz na escola, caso não haja concluído o ensino fundamental, e inscrição em programa de aprendizagem desenvolvido sob orientação de entidade qualificada em formação técnico-profissional metódica.

d) considera-se prejudicial à moralidade do menor, entre outros, o trabalho de produção, composição, entrega ou venda de escritos, impressos, cartazes, desenhos, gravuras, pinturas, emblemas, imagens e quaisquer outros objetos que possam, a juízo da autoridade competente, prejudicar sua formação moral.

e) verificado pela autoridade competente que o trabalho executado pelo menor é prejudicial à sua saúde, ao seu desenvolvimento físico ou à sua moralidade, poderá ela obrigá-lo a abandonar o serviço, não se admitindo à empresa, em nenhuma hipótese, a mudança das funções do menor.

▷ ***Anotações/Comentários***

Nota do autor: A questão aborda o tema trabalho do adolescente e é considerada difícil, por exigir do candidato o conhecimento do Decreto nº 6.481/2008, que traz a lista de trabalhos considerados nocivos às pessoas com menos de 18 anos de idade.

Alternativa "a". Às pessoas com menos de 18 anos de idade, não será permitido, em nenhuma hipótese, o trabalho em locais insalubres (art. 405, I da CLT e art. 7º, XXXIII da CF/88).

Alternativa "b". O contrato de aprendizagem é contrato solene, devendo ser pactuado na forma escrita entre empregador e aprendiz. "Contrato de aprendizagem é o contrato de trabalho especial, ajustado por escrito e por prazo determinado, em que o empregador se compromete a assegurar ao maior de 14 (quatorze) e menor de 24 (vinte e quatro) anos inscrito em programa de aprendizagem formação técnico-profissional metódica, compatível com o seu desenvolvimento físico, moral e psicológico, e o aprendiz, a executar com zelo e diligência as tarefas necessárias a essa formação" (art. 428 da CLT).

Alternativa "c". "A validade do contrato de aprendizagem pressupõe anotação na Carteira de Trabalho e Previdência Social, matrícula e frequência do aprendiz na escola, caso não haja concluído o **ensino médio**, e inscrição em programa de aprendizagem desenvolvido sob orientação de entidade qualificada em formação técnico-profissional metódica" (art. 428, §1º da CLT – grifos acrescidos).

Alternativa "d". O trabalho é proibido às pessoas com menos de 16 anos, salvo na condição de aprendiz a partir de 14 anos:

> **Art. 7º, XXXIII da CF/88:** proibição de trabalho noturno, perigoso ou insalubre a menores de dezoito e de qualquer trabalho a menores de dezesseis anos, salvo na condição de aprendiz, a partir de quatorze anos.

Dentre os locais e atividades em que é vedado o trabalho do adolescente, em razão de serem considerados prejudiciais à moralidade, destacam-se os expressos no art. 405 da CLT e na Lista de Piores Formas de Trabalho Infantil (TIP), contida no Decreto nº 6.481/2008:

a) teatro de revista, cinemas, boates, cassinos, cabarés, *dancings* e estabelecimentos análogos;

b) empresas circenses, em funções de acrobata, saltimbanco, ginasta e outras semelhantes;

c) **produção, composição, entrega ou venda de escritos impressos, cartazes, desenhos, gravuras, pinturas, emblemas, imagens e quaisquer outros objetos que possam, a juízo da autoridade competente, prejudicar sua formação moral**;

d) venda, a varejo, de bebidas alcoólicas.

e) com exposição a abusos físicos, psicológicos ou sexuais.

> **Art. 405, § 3º, "c", da CLT:** Considera-se prejudicial à moralidade do menor o trabalho: de produção, composição, entrega ou venda de escritos, impressos, cartazes, desenhos, gravuras, pinturas, emblemas, imagens e quaisquer outros objetos que possam, a juízo da autoridade competente, prejudicar sua formação moral.

Alternativa "e". "Verificado pela autoridade competente que o trabalho executado pelo menor é prejudicial à sua saúde, ao seu desenvolvimento físico ou a sua moralidade, poderá ela obrigá-lo a abandonar o serviço, **devendo a respectiva empresa, quando for o caso, proporcionar ao menor todas as facilidades para mudar de funções**" (Art. 407 da CLT – grifos acrescidos). A legislação, ao contrário do disposto na alternativa, recomenda a mudança de função do adolescente cujo trabalho é prejudicial à sua saúde.

---

32. (FCC – Analista Judiciário – Área Administrativa – TRT 15/2018) No tocante ao trabalho do menor,

a) o empregado estudante, menor de 18 anos, terá direito a fazer coincidir suas férias com as férias escolares, sendo vedado seu fracionamento.

b) considera-se menor o trabalhador de 12 até 18 anos, sendo vedado o trabalho aos menores de 16 anos de idade, salvo na condição de aprendiz, a partir dos 12 anos.

c) ao menor não será permitido o trabalho nos locais e serviços perigosos ou insalubres, exceto quando houver autorização expressa do responsável legal.

d) a remuneração que o adolescente receber pelo trabalho efetuado ou a participação na venda dos produtos de seu trabalho desfigura o caráter educativo da aprendizagem, posto que o aspecto produtivo prevalecerá sobre as exigências pedagógicas relativas ao desenvolvimento pessoal e social do educando.

e) a formação técnico-profissional garantirá ao menor aprendiz acesso e frequência obrigatória ao ensino regular, atividade compatível com o desenvolvimento do adolescente e horário especial para o exercício das atividades.

▷ ***Anotações/Comentários***

Nota do autor: o trabalho educativo consiste no desenvolvimento de atividades em que as exigências pedagógicas prevalecem sobre o aspecto produtivo, sendo que o recebimento de remuneração não modifica sua natureza e **não gera vínculo empregatício**[5]. Importante destacar que esse artigo 68 do ECA, que prevê o trabalho educativo, não foi regulamentado. Portanto, todas as definições, parâmetros de jor-

5. ROSSATO, Luciano Alves; LÉPORE, Paulo Eduardo; CUNHA, Rogério Sanches. *Estatuto da criança e do adolescente comentado artigo por artigo*. 7. ed. São Paulo: Saraiva, 2015, p. 237.

TRABALHO

nada, remuneração, formalidade e eventuais atividades desenvolvidas são delineados pela doutrina. Assim, essa ausência de parâmetros legais dificulta a sua adoção prática. Não se deve confundir o trabalho educativo com a aprendizagem, uma vez que, na aprendizagem, há formação de vínculo de emprego e o trabalho pode ser realizado em empresas.

Alternativa "a". De fato, o empregado com menos de 18 anos terá direito de gozar férias no período das férias escolares:

> **Art. 136, §2º da CLT:** O empregado estudante, menor de 18 (dezoito) anos, terá direito a fazer coincidir suas férias com as férias escolares.

Todavia, com o advento da Reforma Trabalhista, não há mais que se falar na vedação ao seu fracionamento, tendo em vista a revogação do art. 134, §2º da CLT.

Alternativa "b". O trabalho, no Brasil, é permitido a partir dos 16 anos, salvo na condição de aprendiz, quando a idade mínima será de 14 anos:

> **Art. 7º, XXXIII da CF/88:** São direitos dos trabalhadores urbanos e rurais, além de outros que visem à melhoria de sua condição social: (...) proibição de trabalho noturno, perigoso ou insalubre a menores de dezoito e de qualquer trabalho a menores de dezesseis anos, salvo na condição de aprendiz, a partir de quatorze anos.

Alternativa "c". Nos termos do art. 7º, XXXIII da CF, não é permitido o trabalho noturno, perigoso ou insalubre à pessoa com menos de 18 anos, independentemente de autorização dos responsáveis legais.

Alternativa "d". "A remuneração que o adolescente recebe pelo trabalho efetuado ou a participação na venda dos produtos de seu trabalho não desfigura o caráter educativo" (Art. 68, §2º da Lei nº 8.069/1990 – ECA). Lembre-se de que não se deve confundir o trabalho educativo com a aprendizagem, uma vez que, na aprendizagem, há formação de vínculo de emprego e o trabalho pode ser realizado em empresas.

Alternativa "e". "A formação técnico-profissional obedecerá aos seguintes princípios: I - garantia de acesso e freqüência obrigatória ao ensino regular; II - atividade compatível com o desenvolvimento do adolescente; III - horário especial para o exercício das atividades" (Art. 63 da Lei nº 8.069/1990 – ECA).

---

33. (AOCP – Analista Judiciário – Área Administrativa – TRT 1/2018) Guilherme tem 17 anos e possui ensino fundamental completo. De posse de sua CTPS e buscando seu primeiro emprego, apresentou currículo e fez entrevista na empresa Brinquedos e Cia Ltda., loja do comércio varejista de brinquedos, para preencher a vaga de auxiliar administrativo. A jornada de trabalho a ser cumprida é das 8h às 17h, com 1 hora de intervalo para repouso e alimentação, de segunda-feira a sexta-feira. Considerando as disposições legais aplicáveis à espécie, é correto afirmar que

a) Guilherme poderá ser contratado, com a devida anotação em CTPS, para exercer a função disponibilizada, posto que é maior de 16 anos, podendo, nesse caso, assinar os recibos de pagamento bem como a rescisão do contrato de trabalho, se esta vier a ocorrer antes que ele complete 18 anos.

b) Guilherme poderá ser contratado somente na condição de aprendiz, com a devida anotação do contrato em sua CTPS.

c) Guilherme poderá ser contratado, com a devida anotação em CTPS, para exercer a função disponibilizada, posto que é maior de 16 anos, podendo, nesse caso, assinar os recibos de pagamento. É, ainda, permitida a prorrogação da jornada de trabalho por até mais 2 (duas) horas, independentemente de acréscimo salarial, desde que tal possibilidade seja prevista por convenção ou acordo coletivo de trabalho, devendo ser o excesso de horas em um dia compensado pela diminuição em outro, observado o limite máximo de 48 horas semanais.

d) Guilherme poderá ser contratado, com a devida anotação em CTPS, para exercer a função disponibilizada, posto que é maior de 16 anos, podendo, nesse caso, assinar os recibos de pagamento. Não será permitida a prorrogação de jornada de trabalho, em qualquer hipótese.

e) Guilherme poderá ser contratado, com a devida anotação em CTPS, para exercer a função disponibilizada, posto que é maior de 16 anos, podendo, nesse caso, assinar os recibos de pagamento. É, ainda, permitida a prorrogação da jornada de trabalho por até mais 2 (duas) horas, independentemente de acréscimo salarial, desde que haja autorização dos pais ou responsáveis e seja respeitado o horário das aulas.

▷ ***Anotações/Comentários***

Nota do autor: A questão trata do trabalho do adolescente, abordando diversos aspectos relacionados ao tema. A Reforma Trabalhista não impactou as normas de proteção do trabalho do adolescente, contidas na CLT e nem poderia ter sido diferente, haja vista a necessidade de sua tutela, que vem estampada, inclusive, no art. 227 da Constituição Federal.

Alternativa "a". De fato, Guilherme poderá ser contratado para desempenhar a atividade em questão, sendo lícito ao adolescente firmar recibo pelo pagamento dos salários. Entretanto, para a assinatura do recibo de quitação das verbas rescisórias, há a necessidade de assistência dos representantes legais, sob pena de nulidade, conforme previsto no art. 439 da CLT.

Alternativa "b". O trabalho, no Brasil, é permitido a partir dos 16 anos de idade. Nessa idade, 16 anos, ainda há restrições, pois o adolescente não poderá prestar serviços em atividades noturnas, insalubres e perigosas. Para essas atividades em que há agressão à saúde, somente a partir dos 18 anos. Além disso, a partir dos 14 anos poderá prestar serviços apenas como aprendiz (art. 7º, XXXIII da CF/88).

Alternativa "c". A alternativa traz a literalidade da lei (art. 413, I da CLT)[6], que, entretanto, foi parcialmente recepcionada pela CF/88, tendo em vista a estipulação de jornada de 8 horas diárias e 44 semanais em seu art. 7º, XIII.

A jornada de trabalho do adolescente possui a mesma duração que a do trabalhador adulto, ou seja, limitada a 8 horas diárias e 44 horas semanais. A diferença consiste na proibição às pessoas com menos de 18 anos de idade em prestar horas extras. Há, entretanto, duas exceções, em que é permitido o trabalho em regime extraordinário:

1) **Compensação de jornada**, ou seja, trabalha-se mais alguns dias, com o máximo de duas horas extras diárias[7], para descansar em outros. Note-se que a compensação deve estar prevista em convenção ou acordo coletivo e, ainda, não poderá ultrapassar o limite máximo de 44 horas semanais. Dessa forma, não cabe o acordo individual, previsto na Súmula nº 85 do TST, e a compensação não poderá ser anual[8].

2) **Força maior**, isto é, acontecimento extraordinário, alheio à vontade do empregador, como enchentes, incêndio etc. Nesse caso, o adolescente poderá prestar horas extras, acrescidas de adicional de, no mínimo, 50% sobre a hora normal, limitadas à totalidade de 12 horas (8 horas da jornada normal, acrescidas de 4 horas extras). O trabalho do adolescente deve ser imprescindível ao funcionamento da empresa.

Alternativa "d". Conforme dito nos comentários às alternativas anteriores, Guilherme poderá exercer a função, sendo possível firmar recibo pelo pagamento dos salários (art. 439 da CLT). Todavia, a sua jornada poderá ser prorrogada em casos excepcionais, no caso de compensação de jornada e força maior, nos termos dos comentários feitos na alternativa "c".

---

6. **Art. 413 da CLT:** É vedado prorrogar a duração normal diária do trabalho do menor, salvo: (...) I - até mais 2 (duas) horas, independentemente de acréscimo salarial, mediante convenção ou acôrdo coletivo nos têrmos do Título VI desta Consolidação, desde que o excesso de horas em um dia seja compensado pela diminuição em outro, de modo a ser observado o limite máximo de 48 (quarenta e oito) horas semanais ou outro inferior legalmente fixada;

7. Nesse caso, as horas extras trabalhadas não terão adicional de 50%, uma vez que o adolescente irá compensá-las com descanso em outro dia. Na compensação há redistribuição das horas trabalhadas, ou seja, embora ocorra a prestação de serviços além das 8 horas diárias, haverá descanso em outro dia.

8. "Não há permissão para o uso de banco de horas, assim entendido o sistema de compensação de jornada ao longo de um ano; faz todo sentido que a compensação anual, inserida para os adultos no art. 59 da CLT, fique afastada dos adolescentes diante do comprometimento inevitável com o rendimento escolar." SILVA, Homero Batista Mateus. *Curso de Direito do Trabalho aplicado*, v. 3: *Segurança e Medicina do Trabalho. Trabalho da mulher e do menor.* Rio de Janeiro: Elsevier, 2009. p. 230.

Alternativa "e". Novamente destaca-se a possibilidade de prorrogação da jornada de trabalho de Guilherme nos termos apresentados nos comentários à alternativa "c" para compensação de jornada e por motivo de força maior.

9. APRENDIZ

34. (FCC – Técnico Judiciário – TRT 7/ 2009) Considere as assertivas abaixo a respeito do contrato de aprendizagem.

I. Não poderá ser estipulado por mais de dois anos.

II. Independe da forma escrita, podendo ser ajustado verbalmente pelas partes.

III. É contrato no qual o empregador se compromete a assegurar ao maior de dezesseis anos e menor de dezoito anos, inscrito em programa de aprendizagem, formação técnico-profissional metódica, compatível com o seu desenvolvimento físico, moral e psicológico.

IV. Extinguir-se-á no seu termo ou quando o aprendiz completar dezoito anos, ou ainda antecipadamente quando houver desempenho insuficiente ou inadaptação do aprendiz.

É correto o que se afirma APENAS em:

a) I.
b) II e III.
c) I, II e III.
d) II, III e IV.
e) III e IV.

▷ ***Anotações/Comentários***

Assertiva I. Correta. Em regra, o contrato de aprendizagem não poderá ser estipulado por mais de dois anos. Vale frisar que esse limite de prazo não se aplica aos aprendizes com deficiência (art. 428, §3º da CLT).

Assertiva II. Incorreta. O contrato de aprendizagem deverá ser ajustado por escrito (art. 428, *caput*, CLT). Trata-se de um contrato solene que exige a forma escrita para a sua validade.

Assertiva III. Incorreta. O contrato de aprendizagem pode ser celebrado com o maior de 14 e menor de 24 anos (art. 428 da CLT). Vale destacar que o limite máximo de idade (24 anos) não se aplica às pessoas com deficiência.

Assertiva IV. Incorreta. A extinção do contrato de aprendizagem poderá ocorrer normalmente, nos casos de término do prazo estipulado (nunca superior a 2 anos), ou ainda se o aprendiz completar 24 anos (art. 433, *caput*, CLT). Deve-se lembrar de que a segunda hipótese não se aplica ao aprendiz com deficiência. Entretanto, poderá ocorrer a rescisão antecipada nas seguintes hipóteses:

> (1) desempenho insuficiente ou inadaptação do aprendiz, salvo para o aprendiz com deficiência quando desprovido de recursos de acessibilidade, de tecnologias assistivas e de apoio necessário ao desempenho de suas atividades. Essa exceção ao aprendiz com deficiência foi acrescentada pelo Estatuto da Pessoa com Deficiência (Lei nº 13.146/2015);
>
> (2) falta disciplinar grave;
>
> (3) ausência injustificada à escola que implique perda do ano letivo;
>
> (4) pedido do aprendiz (art. 433, incisos I a IV, respectivamente, CLT). Vale destacar que não se aplicam os dispositivos referentes ao término do contrato por prazo determinado, ou seja, nem o empregador, nem o aprendiz estão obrigados a pagar indenização por ocasião do término do contrato (art. 433, § 2º, CLT).

10. PROTEÇÃO DO TRABALHO DA MULHER

Nota do autor sobre o tema: No tocante à proteção do trabalho da mulher, importante ressaltar que, no dia 08/03/2023, o Presidente da República, Luis Inácio Lula da Silva, assinou o Projeto de Lei 1085/23, posteriormente convertido na Lei nº 14.611/2023, tornando obrigatória **igualdade salarial e de critérios remuneratórios entre homens e mulheres** para a realização de trabalho de igual valor ou no exercício da mesma função. Além disso, referida Lei altera a CLT para prever maior transparência remuneratória e ampliar a fiscalização e o combate à discriminação salarial.

35. (FCC – Técnico Judiciário – Área Administrativa – TRT 18/2023) Vênus encerrou seu período de licença-maternidade e deverá retornar ao trabalho na Metalúrgica Ferro e Fogo, onde prestava serviços em área de contagem de material, local considerado insalubre em grau mínimo. Vênus encontra-se em período de lactação e, nessa situação, ao retornar ao trabalho, conforme previsão na Consolidação das Leis do Trabalho, seu empregador

a) deverá afastá-la do local insalubre até o final da lactação, mas nessa hipótese a empregada receberá apenas metade do adicional de insalubridade em grau mínimo que percebia antes do afastamento.

b) deverá afastá-la do local insalubre até o final da lactação, mas a empregada continuará recebendo o adicional de insalubridade em grau mínimo que percebia antes do afastamento.

c) poderá mantê-la no mesmo local de trabalho, eis que o afastamento da lactante se dá apenas nas hipóteses de local insalubre em grau máximo.

d) poderá mantê-la no mesmo local de trabalho, eis que o afastamento da lactante se dá apenas nas hipóteses de local insalubre em graus médio e máximo.

e) deverá afastá-la do local insalubre até o final da lactação, mas nessa hipótese a empregada não receberá o adicional de insalubridade em grau mínimo que percebia antes do afastamento.

▷ ***Anotações/Comentários***

Nota do autor: A questão aborda um dos temas mais polêmicos alterados pela Reforma Trabalhista: o afastamento de gestantes e lactantes de atividades insalubres;

Comentário serve para todas as alternativas, uma vez que versam sobre o mesmo assunto. Em maio de 2016, foi promulgada a Lei nº 13.287/2016, que acrescentou o art. 394-A à CLT para proibir o trabalho da gestante ou lactante em atividades, operações ou locais insalubres.

Em 2017, contudo, foi promulgada a Lei nº 13.467/2017 – Reforma Trabalhista, que passou a admitir hipóteses em que a gestante e a lactante não seriam afastadas obrigatoriamente. Quando a atividade desenvolvida apresentasse grau médio e mínimo de insalubridade para a gestante ou em qualquer grau de insalubridade para a lactante, ocorreria o afastamento apenas se assim fosse recomendado pelo médico de confiança da empregada:

> **Art. 394-A, CLT** (redação dada pela Lei nº 13.467/2017). Sem prejuízo de sua remuneração, nesta incluído o valor do adicional de insalubridade, a empregada deverá ser afastada de:
>
> I – atividades consideradas insalubres em grau máximo, enquanto durar a gestação;
>
> II – atividades consideradas insalubres em grau médio ou mínimo, quando apresentar atestado de saúde, emitido por médico de confiança da mulher, que recomende o afastamento durante a gestação;
>
> III – atividades consideradas insalubres em qualquer grau, quando apresentar atestado de saúde, emitido por médico de confiança da mulher, que recomende o afastamento durante a lactação.
>
> § 1º. (VETADO).
>
> § 2º. Cabe à empresa pagar o adicional de insalubridade à gestante ou à lactante, efetivando-se a compensação, observado o disposto no art. 248 da Constituição Federal, por ocasião do recolhimento das contribuições incidentes sobre a folha de salários e demais rendimentos pagos ou creditados, a qualquer título, à pessoa física que lhe preste serviço.
>
> § 3º. Quando não for possível que a gestante ou a lactante afastada nos termos do *caput* deste artigo exerça suas atividades em local salubre na empresa, a hipótese será considerada como gravidez de risco e ensejará a percepção de salário maternidade, nos termos da Lei nº 8.213, de 24 de julho de 1991, durante todo o período de afastamento.

Somente seria obrigatório o afastamento na hipótese da empregada gestante em grau máximo de insalubridade.

No dia 29/05/2019, o plenário do STF, por maioria de 10 votos a 1, decidiu pela inconstitucionalidade de trecho do art. 394-A da CLT, que previa nos incisos II e III: "quando apresentar atestado de saúde, emitido por médico de confiança da mulher, que recomende o afastamento". De acordo com o relator, a proteção à maternidade e à criança não podem ser afastadas pela simples apresentação de atestado médico. Com a decisão na ADI 5.938, as empregadas gestantes e lactantes sempre deverão ser afastadas das atividades insalubres independentemente do grau de insalubridade.

Durante o afastamento da atividade insalubre é assegurado à empregada a manutenção de sua remuneração, bem como do valor referente ao adicional de insalubridade. O adicional em questão é uma das formas de salário-condição, ou seja, o empregado apenas receberá o adicional enquanto estiver prestando serviços em atividades insalubres. No entanto, a legislação abriu uma exceção, pois mesmo que a empregada seja afastada da atividade insalubre e passe a trabalhar em local salubre, manterá o direito ao adicional de insalubridade.

Em contraprestação, o § 2º do presente art. 394-A CLT estabeleceu que a empresa que pagar o adicional de insalubridade à gestante ou à lactante tem direito a compensar o valor pago das contribuições incidentes sobre a folha de salários e demais rendimentos pagos ou creditados à pessoa física que lhe preste serviço. Portanto, apesar de o pagamento do adicional ser realizado pela empresa, o valor será reembolsado com a compensação nas contribuições devidas.

Por fim, na impossibilidade de transferir a gestante ou a lactante para atividade salubre na empresa, a empregada terá direito à percepção de salário maternidade, da confirmação da gravidez até o fim do período de lactação, pois a gravidez será considerada de risco. Nesse caso, durante todo o período de afastamento, a empregada perceberá o benefício previdenciário.

36. (FCC – Analista Judiciário – Área Judiciária – TRT 16/2022) Maria, que trabalha numa empresa em Açailândia/MA, engravidou, teve o seu bebê, e saiu em licença maternidade em junho de 2022. Após 120 dias, retornou à empresa. Considerando a situação apresentada, assinale a opção que contempla o intervalo especial para amamentação a que Maria terá direito e o seu tempo de duração.

a) Durante 1 ano Maria terá direito a um intervalo de 1 hora corrida para amamentação.

b) Para amamentar seu bebê, Maria terá um intervalo diário de 30 minutos até 6 meses após o seu retorno à empresa.

c) Uma vez que a licença maternidade foi aproveitada após a reforma trabalhista, no retorno não haverá direito a qualquer intervalo especial, salvo previsão em norma coletiva.

d) Maria terá direito a quantos intervalos forem necessários para manter o bem-estar de seu bebê, não havendo na Lei um limite.

e) Maria terá direito a dois intervalos especiais de meia hora cada um até 6 meses de idade do filho.

▷ ***Anotações/Comentários***

Nota do autor: A questão aborda o tema trabalho da mulher, exigindo o conhecimento da CLT para que fosse respondida.

Comentário serve para todas as alternativas, uma vez que versam sobre o mesmo assunto. De acordo com o art. 396 da CLT, até que a criança complete 6 meses de vida, a mulher terá direito a dois intervalos de ½ (meia) hora cada um deles. Em 22/11/2017, foi promulgada a Lei nº 13.509/2017 que prevê a possibilidade de intervalo para amamentação para a empregada adotante:

> **Art. 396, CLT** (redação dada pela Lei nº 13.509/2017) Para amamentar seu filho, inclusive se advindo de adoção, até que este complete 6 (seis) meses de idade, a mulher terá direito, durante a jornada de trabalho, a 2 (dois) descansos especiais de meia hora cada um.
>
> § 1º Quando o exigir a saúde do filho, o período de 6 (seis) meses poderá ser dilatado, a critério da autoridade competente.
>
> § 2º Os horários dos descansos previstos no caput deste artigo deverão ser definidos em acordo individual entre a mulher e o empregador.

O objetivo desses intervalos é propiciar a amamentação e permitir um maior contato da mãe com filho até que ele complete 6 meses de vida. É notório que a amamentação materna é extremamente saudável para os bebês. Antes da Reforma Trabalhista, já havia previsão desse intervalo para as mulheres.

37. (FCC – Analista Judiciário – Área Administrativa – TRT 2/2018) Rosana e Marcela são empregadas da empresa "D". Apesar de trabalharem na mesma empresa, elas laboram em atividades consideradas insalubres, respectivamente, em grau médio e mínimo. No começo deste ano, Rosana e Marcela deram à luz seus filhos, Bernardo e Frederico, respectivamente, sendo que, coincidentemente, as empregadas devem retornar ao trabalho na próxima segunda-feira. Considerando que ambas estão amamentando seus filhos, de acordo com a Consolidação das Leis do Trabalho, sem prejuízo de sua remuneração, nessa situação:

a) Incluído o valor do adicional de insalubridade, ambas as empregadas deverão afastar-se das atividades consideradas insalubres que exerciam quando apresentarem atestado de saúde, emitido por médico de confiança delas, recomendando o afastamento.

b) Não incluso o valor do adicional de insalubridade, ambas as empregadas deverão afastar-se das atividades consideradas insalubres que exerciam quando apresentarem atestado de saúde, emitido por médico de confiança delas, recomendando o afastamento.

c) Incluído o valor do adicional de insalubridade, ambas as empregadas deverão afastar-se das atividades consideradas insalubres que exerciam independentemente de apresentarem qualquer atestado de saúde, tratando-se de um direito constitucionalmente garantido.

d) Não incluso o valor do adicional de insalubridade, somente Rosana deverá afastar-se das atividades consideradas insalubres que exercia quando apresentar atestado de saúde, emitido por médico de sua confiança, recomendando o afastamento.

e) Incluído o valor do adicional de insalubridade, somente Rosana deverá afastar-se das atividades consideradas insalubres que exercia independentemente de apresentar qualquer atestado de saúde, tratando-se de um direito constitucionalmente garantido.

▷ ***Anotações/Comentários***

Nota do autor: A questão, de 2018, aborda um dos temas mais polêmicos alterados pela Reforma Trabalhista: o afastamento de gestantes e lactantes de atividades insalubres. **A questão encontra-se superada pela jurisprudência do Supremo Tribunal Federal.** Contudo, optamos por mantê-la nesta obra, pois é uma excelente oportunidade de estudo e atualização ao candidato.

Afastamento de atividades insalubres: Em maio de 2016, foi promulgada a Lei nº 13.287/2016, que acrescentou o art. 394-A à CLT para proibir o trabalho da gestante ou lactante em atividades, operações ou locais insalubres.

Em 2017, contudo, foi promulgada a Lei nº 13.467/2017 – Reforma Trabalhista, que passou a admitir hipóteses em que a gestante e a lactante não seriam afastadas obrigatoriamente. Quando a atividade desenvolvida apresentasse grau médio e mínimo de insalubridade para a gestante ou em qualquer grau de insalubridade para a lactante, ocorreria o afastamento apenas se assim fosse recomendado pelo médico de confiança da empregada:

> **Art. 394-A, CLT** (redação dada pela Lei nº 13.467/2017). Sem prejuízo de sua remuneração, nesta incluído o valor do adicional de insalubridade, a empregada deverá ser afastada de:
>
> I – atividades consideradas insalubres em grau máximo, enquanto durar a gestação;
>
> II – atividades consideradas insalubres em grau médio ou mínimo, quando apresentar atestado de saúde, emitido por médico de confiança da mulher, que recomende o afastamento durante a gestação;
>
> III – atividades consideradas insalubres em qualquer grau, quando apresentar atestado de saúde, emitido por médico de confiança da mulher, que recomende o afastamento durante a lactação.
>
> § 1º. (VETADO).
>
> § 2º. Cabe à empresa pagar o adicional de insalubridade à gestante ou à lactante, efetivando-se a compensação, observado o disposto no art. 248 da Constituição Federal, por ocasião do recolhimento das contribuições incidentes sobre a folha de salários e demais rendimentos pagos ou creditados, a qualquer título, à pessoa física que lhe preste serviço.
>
> § 3º. Quando não for possível que a gestante ou a lactante afastada nos termos do caput deste artigo exerça suas atividades em local salubre na empresa, a hipótese será considerada como gravidez de risco e ensejará a percepção de salário maternidade, nos termos da Lei nº 8.213, de 24 de julho de 1991, durante todo o período de afastamento.

Somente seria obrigatório o afastamento na hipótese da empregada gestante em grau máximo de insalubridade.

No dia 29/05/2019, o plenário do STF, por maioria de 10 votos a 1, decidiu pela **inconstitucionalidade de trecho do art. 394-A da CLT**, que previa nos incisos II e III: "quando apresentar atestado de saúde, emitido por médico de confiança da mulher, que recomende o afastamento". De acordo com o relator, a proteção à maternidade e à criança não podem ser afastadas pela simples apresentação de atestado médico. Com a decisão na ADI 5.938, as empregadas gestantes e lactantes **sempre deverão ser afastadas das atividades insalubres independentemente do grau de insalubridade.**

Durante o afastamento da atividade insalubre é assegurado à empregada a manutenção de sua remuneração, bem como do valor referente ao adicional de insalubridade. O adicional em questão é uma das formas de salário-condição, ou seja, o empregado apenas receberá o adicional enquanto estiver prestando serviços em atividades insalubres. No entanto, a legislação abriu uma exceção, pois mesmo que a empregada seja afastada da atividade insalubre e passe a trabalhar em local salubre, manterá o direito ao adicional de insalubridade.

Em contraprestação, o § 2º do presente art. 394-A CLT estabeleceu que a empresa que pagar o adicional de insalubridade à gestante ou à lactante, tem direito a compensar o valor pago das contribuições incidentes sobre a folha de salários e demais rendimentos pagos ou creditados à pessoa física que lhe preste serviço. Portanto, apesar de o pagamento do adicional ser realizado pela empresa, o valor será reembolsado com a compensação nas contribuições devidas.

Por fim, na impossibilidade de transferir a gestante ou a lactante para atividade salubre na empresa, a empregada terá direito à percepção de **salário maternidade**, da confirmação da gravidez até o fim do período de lactação, pois a gravidez será considerada de risco. Nesse caso, durante todo o período de afastamento, a empregada perceberá o benefício previdenciário.

38. (FCC – Analista Judiciário – Área Administrativa – TRT 2/2018) De acordo com a Consolidação das Leis do Trabalho, à empregada que adotar ou obtiver guarda judicial para fins de adoção de criança ou adolescente será concedida licença-maternidade

a) de 180 dias mediante apresentação da Certidão de Nascimento da criança e do termo judicial de guarda à adotante ou guardiã, sendo que a adoção ou guarda judicial conjunta ensejará a concessão de licença-maternidade a apenas um dos adotantes ou guardiães empregado ou empregada.

b) de 120 dias mediante apresentação do termo judicial de guarda à adotante ou guardiã, sendo que a adoção ou guarda judicial conjunta ensejará a concessão de licença-maternidade aos dois adotantes ou guardiães empregado ou empregada.

c) de 120 dias mediante apresentação do termo judicial de guarda à adotante ou guardiã, sendo que a adoção ou guarda judicial conjunta ensejará a concessão de licença-maternidade a apenas um dos adotantes ou guardiães empregado ou empregada.

d) dependendo da idade da criança que poderá variar de 30 a 180 dias, independentemente da apresentação do termo judicial de guarda à adotante ou guardiã, sendo que a adoção ou guarda judicial conjunta ensejará a concessão de licença- maternidade a apenas um dos adotantes ou guardiães empregado ou empregada.

e) dependendo da idade da criança que poderá variar de 30 a 180 dias, mediante a apresentação do termo judicial de guarda à adotante ou guardiã, sendo que a adoção ou guarda judicial conjunta ensejará a concessão de licença-maternidade aos dois adotantes ou guardiães empregado ou empregada.

▷ ***Anotações/Comentários***

Nota do autor: A questão aborda o tema licença-maternidade, que consiste no afastamento remunerado da gestante, com duração de 120 dias. Esse direito é previsto no art. 7º, XVIII da CF/88. Não se confunde, portanto, com o período estabilitário, que se dá desde a confirmação da gravidez até 5 meses após o parto.

Com a promulgação da Lei nº 11.770/2008, o Programa Empresa Cidadã passou a autorizar a prorrogação do período da licença-maternidade (de 120 dias), por mais 60 dias. Nem todas as empregadas, entretanto, têm direito à prorrogação. Somente se preenchidos os dois requisitos a seguir:

> I. empregada da pessoa jurídica que tenha aderido ao Programa da Empresa Cidadã; e
>
> II. pedido de prorrogação deve ser feito, pela empregada, até o fim do 1º mês após o parto.
>
> Sobre o assunto, ainda, importante mencionar a Lei nº 14.457/2022, que promoveu alterações no Programa Empresa Cidadã, para estabelecer que essa prorrogação poderá ser compartilhada entre a empregada e o empregado, desde que ambos sejam empregados de pessoa jurídica aderente ao Programa e que a decisão seja adotada conjuntamente.

Comentário serve para todas as alternativas, uma vez que versam sobre o mesmo assunto. Além da empregada gestante, tem direito à licença-maternidade a empregada que adotar ou obtiver guarda judicial para fins de adoção. Ressalta-se que essa licença somente será concedida mediante apresentação do termo judicial de guarda à adotante ou guardiã. A duração de licença para essa empregada será também de 120 dias. Destaca-se que o valor do benefício pago à empregada corresponde à remuneração devida no mês de seu afastamento, desde que respeitado o limite máximo de remuneração do funcionalismo público, que é o valor recebido pelos ministros do STF. Nesse sentido, o disposto na CLT:

> **Art. 392 da CLT.** A empregada gestante tem direito à licença-maternidade de 120 (cento e vinte) dias, sem prejuízo do emprego e do salário.
>
> **Art. 392-A da CLT.** À empregada que adotar ou obtiver guarda judicial para fins de adoção de criança ou adolescente será concedida licença-maternidade nos termos do art. 392 desta Lei.
>
> (...) § 4º A licença-maternidade só será concedida mediante apresentação do termo judicial de guarda à adotante ou guardiã.
>
> § 5o A adoção ou guarda judicial conjunta ensejará a concessão de licença-maternidade a apenas um dos adotantes ou guardiães empregado ou empregada.

39. (FGV – Analista Judiciário – Área Administrativa – TRT 12/2017) Fabíola, empregada da empresa Casamento Feliz S.A., adotou uma criança de dois anos de idade.

luz da legislação trabalhista, é correto afirmar que:

a) sendo a lei omissa a respeito, caberá a utilização analógica das garantias devidas à mulher que engravida;

b) Fabíola não terá direito ao afastamento nem ao recebimento do benefício previdenciário, porque não gerou a criança;

c) caso Fabíola seja casada ou tenha união estável, poderá requerer o benefício previdenciário de salário-maternidade;

d) haverá direito à garantia provisória no emprego de até 5 (cinco) meses após a adoção, conforme previsto em Lei;

e) a empregada adotante tem direito à licença-maternidade de 120 (cento e vinte) dias, sem prejuízo do emprego e do salário.

▷ ***Anotações/Comentários***

Nota do autor: A questão aborda o tema licença-maternidade, que consiste no afastamento remunerado da gestante, com duração de 120 dias. Esse direito é previsto no art. 7º, XVIII da CF/88. Não se confunde, portanto, com o período estabilitário, que se dá desde a confirmação da gravidez até 5 meses após o parto.

Com a promulgação da Lei nº 11.770/2008, o Programa Empresa Cidadã passou a autorizar a prorrogação do período da licença-maternidade (de 120 dias), por mais 60 dias. Nem todas as empregadas, entretanto, têm direito à prorrogação. Somente se preenchidos os dois requisitos a seguir:

> I. empregada da pessoa jurídica que tenha aderido ao Programa da Empresa Cidadã; e
>
> II. pedido de prorrogação deve ser feito, pela empregada, até o fim do 1º mês após o parto.

Sobre o assunto, ainda, importante mencionar a Lei nº 14.457/2022, que promoveu alterações no Programa Empresa Cidadã, para estabelecer que essa prorrogação poderá ser compartilhada entre a empregada e o empregado, desde que ambos sejam empregados de pessoa jurídica aderente ao Programa e que a decisão seja adotada conjuntamente.

Alternativa "a". Ao contrário do que afirma a assertiva, a legislação não é omissa a respeito das garantias da empregada adotante. Nesse sentido:

> **Art. 391-A da CLT.** A confirmação do estado de gravidez advindo no curso do contrato de trabalho, ainda que durante o prazo do aviso prévio trabalhado ou indenizado, garante à empregada gestante a estabilidade provisória prevista na alínea *b* do inciso II do art. 10 do Ato das Disposições Constitucionais Transitórias.

Parágrafo único. O disposto no **caput** deste artigo aplica-se ao empregado adotante ao qual tenha sido concedida guarda provisória para fins de adoção.

Art. 392-A da CLT: À empregada que adotar ou obtiver guarda judicial para fins de adoção de criança ou adolescente será concedida licença-maternidade nos termos do art. 392 desta Lei.

Alternativa "b". A licença-maternidade é direito da gestante e da adotante, nos termos do art. 392-A da CLT:

Art. 392-A da CLT: À empregada que adotar ou obtiver guarda judicial para fins de adoção de criança ou adolescente será concedida licença-maternidade nos termos do art. 392 desta Lei.

Alternativa "c". O estado civil não é relevante para a concessão da licença-maternidade. Para que tenha direito, basta que o requerente seja o responsável pela adoção ou gestação (arts. 392 e 392-A da CLT).

Alternativa "d". Incorreta à época do concurso. Quando o concurso foi realizado, a Lei nº 13.509/2017 ainda não havia sido editada, de forma que não havia previsão legal sobre a estabilidade da adotante. Com o advento da Lei, a alternativa passa a estar correta:

Art. 391-A da CLT. A confirmação do estado de gravidez advindo no curso do contrato de trabalho, ainda que durante o prazo do aviso prévio trabalhado ou indenizado, garante à empregada gestante a estabilidade provisória prevista na alínea *b* do inciso II do art. 10 do Ato das Disposições Constitucionais Transitórias.

Parágrafo único. O disposto no **caput** deste artigo aplica-se ao empregado adotante ao qual tenha sido concedida guarda provisória para fins de adoção.

Alternativa "e". Além da empregada gestante, tem direito à licença-maternidade a empregada que adotar ou obtiver guarda judicial para fins de adoção. Ressalta-se que essa licença somente será concedida mediante apresentação do termo judicial de guarda à adotante ou guardiã, sendo a licença-maternidade de 120 dias:

Art. 392-A da CLT (inserido pela Lei nº 13.509/2017). À empregada que adotar ou obtiver guarda judicial para fins de adoção de criança ou adolescente será concedida licença-maternidade nos termos do art. 392 desta Lei.

Destaca-se que o valor do benefício pago à empregada corresponde à remuneração devida no mês de seu afastamento, desde que respeitado o limite máximo de remuneração do funcionalismo público, que é o valor recebido pelos ministros do STF.

11. RELAÇÕES DE TRABALHO QUE NÃO CONFIGURAM VÍNCULO DE EMPREGO

11.1. Trabalhador autônomo

40. (FCC – Analista Judiciário – Área Judiciária – TRT 20/2016) Considere:

i. Ulisses presta serviços por três meses para a empresa Ajax Estruturas S/A para suprir necessidade transitória de substituição do seu pessoal regular e permanente, por intermédio da empresa Delta Mão de Obra Ltda.

ii. Isis trabalha na produção de uma peça teatral durante a temporada de oito meses no teatro municipal, com ajuste de pagamento por obra certa.

iii. Hermes é psicoterapeuta e faz palestras e consultas em centro de apoio à criança com deficiência motora, realizando dois plantões semanais de doze horas cada um, com ajuste apenas do ressarcimento das despesas que comprovadamente realizou no desempenho de suas atividades.

A relação de trabalho apresentada no item i, ii e iii corresponde, respectivamente, a

a) autônomo; eventual; avulso.
b) terceirizado; avulso; autônomo.
c) avulso; eventual; terceirizado.
d) voluntário; aprendiz; autônomo.
e) temporário; eventual; voluntário.

▷ ***Anotações/Comentários***

Nota do autor: A questão aborda o tema das relações de trabalho que não configuram vínculo de emprego. Ademais, exigia que o candidato identificasse a relação de trabalho nos casos concretos apresentados.

Comentário serve para todas as alternativas, uma vez que versam sobre o mesmo assunto.

Item I. Ulisses é considerado trabalhador temporário. O trabalhador temporário é contratado por uma empresa de trabalho temporário para prestar serviços em outra empresa, denominada empresa tomadora de serviços. Entretanto, não é permitida a contratação indiscriminada de trabalhadores temporários, pois somente será admitida essa modalidade de prestação de serviços nas seguintes hipóteses conforme atual redação do art. 2º da Lei nº 6.019/1974, conferida pela Lei nº 13.429/2017:

1) Necessidade de substituição transitória de pessoal permanente;

2) Demanda complementar de serviços, considerada aquela que decorrer de: a) fatores imprevisíveis; b) fatores previsíveis, mas que tenham natureza intermitente, periódica ou ocasional.

Além disso, a Lei nº 13.429/2017 ampliou o prazo para contratação de trabalhador temporário de 3 meses para 180 dias, prorrogáveis por mais 90 dias (art. 10, §1º da Lei nº 6.019/74).

Item II. Isis é considerada trabalhadora eventual. O trabalhador eventual é aquele que presta serviços ocasionais, esporádicos. Ademais, outro critério para identificar o trabalhador eventual é que ele atue em atividades não permanentes da empresa.

Item III. Hermes é trabalhador voluntário regido pela Lei nº 9.608/1998. No trabalho voluntário não há o requisito da onerosidade. Nesse caso, o prestador de serviços não tem a intenção de receber qualquer contraprestação pelo trabalho prestado. Vale ressaltar que é possível o ressarcimento do trabalhador de eventuais despesas que comprovadamente realizou no trabalho voluntário, os quais não configuram contraprestação pelo serviço prestado (onerosidade).

41. (FCC – Técnico Judiciário – Área Administrativa – TRT 20/2016) Hera, com formação em enfermagem, prestou serviços de cuidadora e enfermeira particular para a idosa Isis em sua residência a partir de 01/10/2015. Comparecia na casa de Isis em dois plantões por semana de 12 horas cada um, das 10 às 22 horas, com uma hora de intervalo para refeições e descanso. Recebia, no início de cada jornada, diária o valor de R$ 120,00 por plantão. O pagamento era feito por Apolo, filho de Isis que morava na mesma residência. Após um ano de prestação de serviços, Hera foi dispensada por Apolo, recebendo apenas pelo último dia de plantão. Insatisfeita com a situação, Hera ingressou com ação trabalhista em face de Isis. Neste caso, Hera será considerada

a) empregada urbana comum porque exerceu funções de enfermagem e tinha todos os requisitos legais previstos na CLT e na norma coletiva da categoria dos enfermeiros, não se enquadrando a hipótese de trabalho doméstico.
b) empregada doméstica, com direito às horas extras além da oitava diária, férias com 1/3, 13º salário, aviso prévio e FGTS com multa rescisória de 40%.
c) trabalhadora autônoma porque trabalhou para Isis, mas não recebeu pagamento desta pessoa, mas sim de seu filho que a contratou e remunerou.
d) trabalhadora autônoma e eventual sem vínculo de emprego doméstico e sem direitos trabalhistas por ausência do requisito de continuidade previsto em lei específica.
e) empregada doméstica, com direito apenas às férias com 1/3, 13º salário e aviso prévio, visto que o FGTS é facultativo e as horas extras não estão previstas para a categoria dos domésticos.

▷ ***Anotações/Comentários***

Nota do autor: A questão exigia que se identificasse qual a relação de trabalho/emprego no caso concreto. Lembre-se de que os requisitos específicos para a configuração do trabalho doméstico presentes no art. 1º da LC nº 150/2015 precisam ser memorizados pelo candidato.

Comentário serve para todas as alternativas, uma vez que versam sobre o mesmo assunto. No caso concreto apresentado, temos que Hera prestava serviços em âmbito residencial, duas vezes por semana.

Nesse sentido, em razão da periodicidade apresentada, não está configurado o vínculo de emprego doméstico, pois, para que isso ocorresse, além dos requisitos comuns à relação de emprego (subordinação, pessoalidade, onerosidade) era necessária a prestação de serviços por 3 dias na semana ou mais. Trata-se, portanto, de trabalho eventual e não contínuo:

> **Art. 1º, LC nº 150/2015:** Ao empregado doméstico, assim considerado aquele que presta serviços de forma contínua, subordinada, onerosa e pessoal e de finalidade não lucrativa à pessoa ou à família, no âmbito residencial destas, por mais de 2 (dois) dias por semana, aplica-se o disposto nesta Lei.

Há, desta forma, trabalho autônomo, sendo que Hera não faz jus ao recebimento de verbas trabalhistas. O trabalhador autônomo é o prestador de serviços que atua como patrão de si mesmo, ou seja, é a pessoa física que presta serviços por conta própria, assumindo os riscos do empreendimento. Exemplos de trabalhadores autônomos: médico, pedreiro, taxista, veterinário, diarista etc.

Com o advento da Reforma Trabalhista, a CLT passou a contar com previsão sobre o tema (trabalhador autônomo):

> **Art. 442-B da CLT (inserido pela Reforma Trabalhista):** A contratação do autônomo, cumpridas por este todas as formalidades legais, com ou sem exclusividade, de forma contínua ou não, afasta a qualidade de empregado prevista no art. 3º desta Consolidação.

11.2. Trabalhador avulso

42. (FCC – Analista Judiciário – Área Judiciária – TRT 23/2016) Em relação aos trabalhadores movimentadores de carga avulsos, regidos pela Lei nº 12.023/2009, é dever do sindicato que faz a intermediação do trabalho

a) firmar documento específico indicando a cada trabalhador avulso o prazo que o mesmo terá para levantar as parcelas referentes ao 13º salário e às férias e o FGTS depositados na respectiva conta individual vinculada.

b) repassar aos respectivos beneficiários, no prazo máximo de 72 horas úteis, contadas a partir de seu arrecadamento, os valores devidos e pagos pelos tomadores do serviço, relativos à remuneração do trabalhador avulso.

c) entregar ao tomador de serviços as escalas de trabalho, a quem caberá informá-la aos trabalhadores com antecedência de 24 horas.

d) recolher os valores devidos ao FGTS, acrescidos dos percentuais relativos ao 13º salário, férias, encargos fiscais, sociais e previdenciários, observando o prazo legal.

e) firmar acordo coletivo de trabalho com os tomadores de serviço contendo previsão expressa do direito a horas extras, sem o que não será efetuado o pagamento de eventuais horas extras prestadas pelos trabalhadores.

▷ ***Anotações/Comentários***

Nota do autor: A questão aborda o tema do trabalho avulso. Ademais, apresenta maior nível de dificuldade uma vez que exigia do candidato conhecimento específico da legislação sobre trabalho avulso não portuário.

Importa destacar que o art. 611-B, XXV da CLT estabelece que constitui objeto ilícito de convenção ou acordo coletivo a redução ou supressão da igualdade de direitos entre trabalhador com vínculo empregatício e trabalhador avulso.

Comentário serve para todas as alternativas, uma vez que versam sobre o mesmo assunto. Os deveres do sindicato na intermediação do trabalho avulso não portuário estão definidos no art. 5º da Lei nº 12.023/2009:

> **Art. 5º, Lei nº 12.023/2009:** São deveres do sindicato intermediador:
>
> I – divulgar amplamente as escalas de trabalho dos avulsos, com a observância do rodízio entre os trabalhadores;
>
> II – proporcionar equilíbrio na distribuição das equipes e funções, visando à remuneração em igualdade de condições de trabalho para todos e a efetiva participação dos trabalhadores não sindicalizados;
>
> **III – repassar aos respectivos beneficiários, no prazo máximo de 72 (setenta e duas) horas úteis, contadas a partir do seu arrecadamento, os valores devidos e pagos pelos tomadores do serviço, relativos à remuneração do trabalhador avulso;**
>
> IV – exibir para os tomadores da mão de obra avulsa e para as fiscalizações competentes os documentos que comprovem o efetivo pagamento das remunerações devidas aos trabalhadores avulsos;
>
> V – zelar pela observância das normas de segurança, higiene e saúde no trabalho;
>
> VI – firmar Acordo ou Convenção Coletiva de Trabalho para normatização das condições de trabalho. (grifos acrescidos)

O recolhimento dos valores devidos ao FGTS, acrescidos dos percentuais relativos ao 13º salário, férias, encargos fiscais, sociais e previdenciários deverá ser feito pelo tomador de serviços (art. 6º, III da Lei nº 12.023/2009).

12. EMPREGADOR

43. (FCC – Analista Judiciário – Área Judiciária – TRT 5/2022) Cícero será empregado registrado em CTPS e por força do exercício da sua função de vendedor na loja de departamentos Tem de Tudo necessitará utilizar uniforme da empresa, consistente em calça preta e camisa branca, vestimentas de uso comum.

Nessa situação, com base no que prevê a Consolidação das Leis do Trabalho,

a) é do poder diretivo do empregador exigir do empregado a utilização de uniforme da empresa, inclusive com a sua logo- marca, bem como de empresas parceiras, mas nesse caso pode exigir uma indenização pelo uso da imagem, cabendo ao empregado a sua higienização, sem ônus ao empregador.

b) é direito do empregador exigir do empregado a utilização de uniforme da empresa, inclusive com a sua logomarca, bem como de empresas parceiras, cabendo ao empregado a sua higienização, sem ônus ao empregador.

c) é lícito ao empregador exigir do empregado a utilização de uniforme da empresa, inclusive com a sua logomarca, bem como de empresas parceiras, mas nesse último caso pode o empregado exigir gratificação especial, cabendo ao empregado a sua higienização, sem ônus ao empregador.

d) deverá haver mútuo acordo entre empregado e empregador para a utilização de uniforme da empresa, inclusive com a sua logomarca, bem como de empresas parceiras, mas nesse último caso pode o empregado exigir gratificação especial, cabendo ao empregador custear a sua higienização.

e) deverá haver mútuo acordo entre empregado e empregador para a utilização de uniforme da empresa, inclusive com a sua logomarca, bem como de empresas parceiras, cabendo ao empregador custear a sua higienização.

▷ ***Anotações/Comentários***

Nota do autor: A questão aborda o tema poderes do empregador e exigia do candidato o conhecimento de dispositivo específico da CLT, que trata especificamente sobre a definição do padrão de vestimenta no ambiente laboral.

Comentário serve para todas as alternativas, uma vez que versam sobre o mesmo assunto. "Cabe ao empregador definir o padrão de vestimenta no meio ambiente laboral, sendo lícita a inclusão no uniforme de logomarcas da própria empresa ou de empresas parceiras e de outros itens de identificação relacionados à atividade desempenhada." (art. 456-A, caput, CLT).

> "Parágrafo único. A higienização do uniforme é de responsabilidade do trabalhador, salvo nas hipóteses em que forem necessários procedimentos ou produtos diferentes dos utilizados para a higienização das vestimentas de uso comum." (art. 456-A, parágrafo único, CLT).

Como, no caso apresentado, o uniforme é vestimenta comum, consistente em calça preta e camisa branca, não necessita de procedimentos ou produtos diferentes e, assim, sua higienização é de responsabilidade do trabalhador.

44. (FCC – Analista Judiciário – Área Judiciária – TRT 6/2018) Visando apurar desvios que estão ocorrendo no setor de compras da empresa, o Gerente responsável contrata empresa de auditoria e a autoriza a utilizar um polígrafo (detector de mentiras) para apurar quais empregados estavam prestando informações erradas à investigação. A situação concreta apontada

a) inclui-se no poder de direção do empregador, mais especificamente no poder de controle, sendo autorizada pelo ordenamento jurídico, desde que não exponha os empregados a situação vexatória.

b) inclui-se no poder de direção do empregador, mais especificamente no poder disciplinar, sendo autorizada pelo ordenamento jurídico de forma ampla.

c) inclui-se no poder de direção do empregador, mais especificamente no poder de organização, mas somente terá validade se os questionamentos realizados por meio do polígrafo restringirem-se a questões de trabalho, não abrangendo questionamentos sobre a vida privada dos empregados.

d) viola a intimidade e a vida privada dos empregados, tendo em vista que a utilização do polígrafo está sendo feita por terceiro, alheio à relação de emprego, a quem não é atribuído o poder de direção, que é inerente à figura do empregador.

e) viola a intimidade e a vida privada dos empregados, causando danos à sua honra e à sua imagem, uma vez que a utilização do polígrafo extrapola o exercício do poder diretivo do empregador, por não ser reconhecido pelo ordenamento jurídico brasileiro como forma de controle de empregados.

▷ ***Anotações/Comentários***

Nota do autor: A questão aborda o tema poderes do empregador e exigia do candidato o raciocínio no sentido de que este poder não é ilimitado, encontrando barreiras nos direitos fundamentais do empregado, por exemplo.

Comentário serve para todas as alternativas, uma vez que versam sobre o mesmo assunto. O poder do empregador está previsto no art. 2º da CLT, pois o empregador "dirige a prestação pessoal de serviços". Como ele assume, exclusivamente, os riscos da atividade econômica, há necessidade de organizar e controlar a prestação de serviços, mesmo que, para isso, seja necessária a aplicação de penalidades aos trabalhadores. Se de um lado há presença do poder de direção, por parte do empregado há também a presença da subordinação. O poder de direção do empregador encontra seu fundamento na própria existência do contrato de trabalho. Importante frisar que esses poderes, conferidos ao empregador, não são absolutos. Há limites previstos na CLT e na CF/88, por exemplo, respeitar a intimidade e a dignidade do empregado.

Dessa forma, haverá abuso do poder de direção caso o empregador se utilize de polígrafo para apurar quais empregados estariam mentindo no decorrer da investigação, por haver ofensa à intimidade e à vida privada dos empregados.

13. GRUPO ECONÔMICO

45. (AOCP – 2024 – TRF 2 - Analista Judiciário - Área Administrativa) De acordo com a Consolidação das Leis do Trabalho, assinale a alternativa correta.

a) Considera-se empregado toda pessoa física que prestar serviços de natureza eventual a empregador, sob a dependência deste e mediante salário.

b) Na contagem de tempo de serviço, para efeito de indenização e estabilidade, não serão computados os períodos em que o empregado estiver afastado do trabalho prestando serviço militar e por motivo de acidente do trabalho.

c) Sempre que uma ou mais empresas, tendo, embora, cada uma delas, personalidade jurídica própria, estiverem sob a direção, controle ou administração de outra, ou ainda quando, mesmo guardando cada uma sua autonomia, integrem grupo econômico, serão responsáveis solidariamente pelas obrigações decorrentes da relação de emprego.

d) O sócio retirante responderá subsidiariamente pelas obrigações trabalhistas da sociedade quando ficar comprovada fraude na alteração societária decorrente da modificação do contrato.

e) O tempo despendido pelo empregado desde a sua residência até a efetiva ocupação do posto de trabalho e para o seu retorno, caminhando ou por qualquer meio de transporte, salvo o fornecido pelo empregador, não será computado na jornada de trabalho, por não ser tempo à disposição do empregador.

▷ ***Anotações/Comentários***

Nota do autor: a questão aborda diversos temas Direito do Trabalho, como os conceitos de empregado e empregador, grupo econômico, sócio retirante e horas *in itinere*. Optamos por colocá-la aqui, já que a alternativa correta trata sobre grupo econômico.

Alternativa "a": incorreta. "Considera-se empregado toda pessoa física que prestar serviços de natureza **não eventual** a empregador, sob a dependência deste e mediante salário." (art. 3º, *caput*, CLT).

Alternativa "b": incorreta. "Computar-se-ão, na contagem de tempo de serviço, para efeito de indenização e estabilidade, os períodos em que o empregado estiver afastado do trabalho prestando serviço militar e por motivo de acidente do trabalho." (art. 4º, § 1º, CLT).

Alternativa "c": correta. "Sempre que uma ou mais empresas, tendo, embora, cada uma delas, personalidade jurídica própria, estiverem sob a direção, controle ou administração de outra, ou ainda quando, mesmo guardando cada uma sua autonomia, integrem grupo econômico, serão responsáveis solidariamente pelas obrigações decorrentes da relação de emprego." (art. 2º, § 2º, CLT).

Alternativa "d": incorreta. "O sócio retirante responderá **solidariamente** com os demais quando ficar comprovada fraude na alteração societária decorrente da modificação do contrato." (art. 10-A, parágrafo único, CLT).

Alternativa "e": incorreta. "O tempo despendido pelo empregado desde a sua residência até a efetiva ocupação do posto de trabalho e para o seu retorno, caminhando ou por qualquer meio de transporte, **inclusive o fornecido pelo empregador**, não será computado na jornada de trabalho, por não ser tempo à disposição do empregador." (art. 58-A, § 2º, CLT).

46. (FCC – Analista Judiciário – Área Judiciária – TRT 5/2022) Considere:

I. Empresa A é controlada administrativamente pela Empresa B.

II. Empresa C e Empresa D, autônomas entre si, possuem os mesmos sócios, não atuando de forma conjunta.

III. Empresa E e Empresa F possuem sócios em comum, atuam comprovadamente com interesse integrado, em conjunto, com efetiva comunhão de interesses.

IV. Empresa G e Empresa H são dirigidas pela Empresa J.

Conforme a Consolidação das Leis do Trabalho, há responsabilidade solidária pelos direitos decorrentes da relação de emprego dos seus empregados APENAS em

a) I e II.

b) I, III e IV.

c) II e III.

d) II e IV.

e) I e III.

▷ ***Anotações/Comentários***

Nota do autor: A questão exigia do candidato o conhecimento do instituto do grupo econômico, alterado pela Reforma Trabalhista. Não deixe de ler os arts. 2º da CLT!

Comentário serve para todas as alternativas, uma vez que versam sobre o mesmo assunto. Ocorre grupo econômico quando as empresas estão ligadas entre si, ou seja, quando há "empresa-mãe e empresas-irmãs"[9]. Nesse caso, cada uma dessas empresas possui personalidade jurídica própria, isto é, CNPJ próprio, quadro de pessoal próprio, exercem atividades econômicas diversas etc. Com a aprovação da Reforma Trabalhista,

9. "No caso do grupo econômico, uma figura em ziguezague, quase em formato das árvores genealógicas que aprendemos com as ciências biológicas (empregado-empregador em linha reta e empregador com as empresas-irmãs e com a empresa-mãe, se houver, dele se ramificando)." SILVA, Homero Batista Mateus da. *Curso de Direito do Trabalho aplicado*, vol. 1: Parte Geral. Rio de Janeiro: Elsevier, 2009. p. 142.

a atual redação do § 2º do art. 2º da CLT estabelece o reconhecimento de duas formas de grupo econômico:

– **Grupo econômico por subordinação:** Essa modalidade já era prevista na redação anterior do dispositivo em apreço. No caso, o grupo pode ser formado na hipótese de existência de hierarquia entre as empresas. Para a prova de formação do grupo econômico por subordinação, é indispensável, portanto, demonstrar que há uma relação de controle entre uma ou mais empresas em relação às demais integrantes.

– **Grupo econômico por coordenação:** A Reforma Trabalhista inovou ao prever a possibilidade de formação de grupo econômico por coordenação. De acordo com esse dispositivo, mesmo que as empresas guardem cada uma sua autonomia, estará configurado o grupo econômico.

Contudo, conforme prevê o § 3º do art. 2º da CLT, não há caracterização do grupo econômico apenas pela mera identidade de sócios entre as empresas, sendo necessária a demonstração do preenchimento de três requisitos:

a) interesse integrado;

b) a efetiva comunhão de interesses; e

c) a atuação conjunta das empresas integrantes.

Assim, configurado o grupo econômico, a responsabilidade pelas verbas trabalhistas será solidária:

> **Art. 2º, §2º da CLT (com redação dada pela Reforma Trabalhista):** Sempre que uma ou mais empresas, tendo, embora, cada uma delas, personalidade jurídica própria, estiverem sob a direção, controle ou administração de outra, ou ainda quando, mesmo guardando cada uma sua autonomia, integrem grupo econômico, serão responsáveis solidariamente pelas obrigações decorrentes da relação de emprego.

---

47. (FCC – Analista Judiciário – Oficial de Justiça Avaliador Federal – TRT 23/2022) Euclides presta serviços na empresa Alfa, Beta & Gama Estruturas Metálicas Ltda., a qual registrou o contrato de trabalho, que tem como sócios ZEUS e ARQUIMEDES. Referidos sócios também possuem as empresas Lua Nova Incorporações Ltda. e Fast Entregas a Domicílio Ltda., sendo que Lua Nova administra as três empresas, embora cada qual tenha personalidade jurídica própria. Nessa situação, à luz do que prevê a Consolidação das Leis do Trabalho,

a) as três empresas são solidariamente responsáveis pelas obrigações trabalhistas da empregadora de Euclides, por possuírem sócios em comum, constituindo, por esse motivo, grupo econômico.

b) apenas as empresas Fast e Alfa Beta & Gama são solidariamente responsáveis pelas obrigações trabalhistas da empregadora de Euclides, por possuírem sócios em comum, constituindo, por esse motivo, grupo econômico.

c) todas são solidariamente responsáveis pelas obrigações trabalhistas da empregadora de Euclides, por possuírem administração única.

d) apenas a empregadora responde pelas obrigações contratuais de Euclides porque não forma nessa hipótese grupo econômico trabalhista.

e) somente a empregadora responde pelas obrigações contratuais de Euclides porque não há nessa hipótese grupo econômico trabalhista, respondendo a empresa administradora de forma subsidiária.

▷ ***Anotações/Comentários***

Nota do autor: A questão exigia do candidato o conhecimento do instituto do grupo econômico, alterado pela Reforma Trabalhista. Não deixe de ler os arts. 2º da CLT!

Comentário serve para todas as alternativas, uma vez que versam sobre o mesmo assunto. Ocorre grupo econômico quando as empresas estão ligadas entre si, ou seja, quando há "empresa-mãe e empresas-irmãs"[10].

---

10. "No caso do grupo econômico, uma figura em ziguezague, quase em formato das árvores genealógicas que aprendemos com as ciências biológicas (empregado-empregador em linha reta e empregador com as empresas-irmãs e com a empresa-mãe, se houver, dele se ramificando)." SILVA, Homero Batista Mateus da. *Curso de Direito do Trabalho aplicado*, vol. 1: Parte Geral. Rio de Janeiro: Elsevier, 2009. p. 142.

Nesse caso, cada uma dessas empresas possui personalidade jurídica própria, isto é, CNPJ próprio, quadro de pessoal próprio, exercem atividades econômicas diversas etc. Com a aprovação da Reforma Trabalhista, a atual redação do § 2º do art. 2º da CLT estabelece o reconhecimento de duas formas de grupo econômico:

– **Grupo econômico por subordinação:** Essa modalidade já era prevista na redação anterior do dispositivo em apreço. No caso, o grupo pode ser formado na hipótese de existência de hierarquia entre as empresas. Para a prova de formação do grupo econômico por subordinação, é indispensável, portanto, demonstrar que há uma relação de controle entre uma ou mais empresas em relação às demais integrantes.

– **Grupo econômico por coordenação:** A Reforma Trabalhista inovou ao prever a possibilidade de formação de grupo econômico por coordenação. De acordo com esse dispositivo, mesmo que as empresas guardem cada uma sua autonomia, estará configurado o grupo econômico.

Contudo, conforme prevê o § 3º do art. 2º da CLT, não há caracterização do grupo econômico apenas pela mera identidade de sócios entre as empresas, sendo necessária a demonstração do preenchimento de três requisitos:

a) interesse integrado;

b) a efetiva comunhão de interesses; e

c) a atuação conjunta das empresas integrantes.

Assim, configurado o grupo econômico, a responsabilidade pelas verbas trabalhistas será solidária:

> **Art. 2º, §2º da CLT (com redação dada pela Reforma Trabalhista):** Sempre que uma ou mais empresas, tendo, embora, cada uma delas, personalidade jurídica própria, estiverem sob a direção, controle ou administração de outra, ou ainda quando, mesmo guardando cada uma sua autonomia, integrem grupo econômico, serão responsáveis solidariamente pelas obrigações decorrentes da relação de emprego.

---

48. (FCC – Técnico Judiciário – Área Administrativa – TRT 9/2022) Ermelinda trabalha na empresa C.A.S.A. Construções Ltda., que tem os mesmos sócios das empresas Bom Gosto Distribuidora de Alimentos Ltda. e Autoposto Roda Bem Ltda. Ermelinda foi dispensada e não recebeu suas verbas rescisórias. Nesse caso,

a) a mera identidade de sócios não caracteriza grupo económico, sendo necessário, para a sua configuração, que Ermelinda tenha trabalhado em favor de todas as empresas.

b) apesar de estar configurado o grupo económico, tendo em vista que todos os requisitos legais estão presentes, a responsabilidade solidária dos seus integrantes não abrange as verbas rescisórias, que somente podem ser cobradas do efetivo empregador.

c) considerando que, em razão da identidade de sócios, existe grupo económico, todas as empresas são responsáveis solidárias pelo pagamento das verbas rescisórias de Ermelinda.

d) considerando que, em razão da identidade de sócios, existe grupo económico, todas as empresas são responsáveis subsidiárias pelo pagamento das verbas rescisórias de Ermelinda.

e) a mera identidade de sócios não caracteriza grupo económico, sendo necessária, para a configuração do mesmo, a demonstração do interesse integrado, a efetiva comunhão de interesses e a atuação conjunta das empresas dele integrantes.

▷ ***Anotações/Comentários***

Nota do autor: A questão exigia do candidato o conhecimento do instituto do grupo econômico, alterado pela Reforma Trabalhista. Não deixe de ler os arts. 2º da CLT!

Comentário serve para todas as alternativas, uma vez que versam sobre o mesmo assunto. Ocorre grupo econômico quando as empresas estão ligadas entre si, ou seja, quando há "empresa-mãe e empresas-irmãs"[11].

---

11. "No caso do grupo econômico, uma figura em ziguezague, quase em formato das árvores genealógicas que aprendemos com as ciências biológicas (empregado-empregador em linha reta e empregador com as empresas-irmãs e com a empresa-mãe, se houver, dele se ramificando)." SILVA, Homero Batista Mateus da. *Curso de Direito do Trabalho aplicado*, vol. 1: Parte Geral. Rio de Janeiro: Elsevier, 2009. p. 142.

Nesse caso, cada uma dessas empresas possui personalidade jurídica própria, isto é, CNPJ próprio, quadro de pessoal próprio, exercem atividades econômicas diversas etc. Com a aprovação da Reforma Trabalhista, a atual redação do § 2º do art. 2º da CLT estabelece o reconhecimento de duas formas de grupo econômico:

– Grupo econômico por subordinação: Essa modalidade já era prevista na redação anterior do dispositivo em apreço. No caso, o grupo pode ser formado na hipótese de existência de hierarquia entre as empresas. Para a prova de formação do grupo econômico por subordinação, é indispensável, portanto, demonstrar que há uma relação de controle entre uma ou mais empresas em relação às demais integrantes.

– Grupo econômico por coordenação: A Reforma Trabalhista inovou ao prever a possibilidade de formação de grupo econômico por coordenação. De acordo com esse dispositivo, mesmo que as empresas guardem cada uma sua autonomia, estará configurado o grupo econômico.

Contudo, conforme prevê o § 3º do art. 2º da CLT, não há caracterização do grupo econômico apenas pela mera identidade de sócios entre as empresas, sendo necessária a demonstração do preenchimento de três requisitos:

a) interesse integrado;

b) a efetiva comunhão de interesses; e

c) a atuação conjunta das empresas integrantes.

Assim, configurado o grupo econômico, a responsabilidade pelas verbas trabalhistas será solidária:

> **Art. 2º, §2º da CLT (com redação dada pela Reforma Trabalhista):** Sempre que uma ou mais empresas, tendo, embora, cada uma delas, personalidade jurídica própria, estiverem sob a direção, controle ou administração de outra, ou ainda quando, mesmo guardando cada uma sua autonomia, integrem grupo econômico, serão responsáveis solidariamente pelas obrigações decorrentes da relação de emprego.

---

49. (FCC – Analista Judiciário – Oficial de Just. Avaliador Federal – TRT 2/2018) Luiz, empregado da empresa Alfa, ingressou com reclamação trabalhista contra a mesma e também contra as empresas Beta e Gama, que não estão sob a direção, controle ou administração de outra, ao argumento de que integram grupo econômico, pois possuem identidade de sócios. Na mesma reclamação trabalhista, Luiz pede o reconhecimento de sucessão por parte da empresa Delta. Neste caso, nos termos da lei vigente,

a) caracterizada a sucessão empresarial ou de empregadores, as obrigações trabalhistas, salvo as contraídas à época em que os empregados trabalhavam para a empresa sucedida, são de responsabilidade do sucessor. A empresa sucedida responderá solidariamente com a sucessora quando ficar comprovada fraude na transferência.

b) a mera identidade de sócios, por si só, caracteriza grupo econômico, independentemente da demonstração do interesse integrado, efetiva comunhão de interesses e atuação conjunta das empresas dele integrantes.

c) não é possível o reconhecimento de existência de grupo econômico se as empresas não estiverem sob a direção, controle ou administração de outra.

d) as empresas integrantes do mesmo grupo econômico sempre serão responsáveis subsidiariamente pelas obrigações decorrentes da relação de emprego.

e) sempre que uma ou mais empresas, tendo, embora, cada uma delas, personalidade jurídica própria, estiverem sob a direção, controle ou administração de outra, ou ainda quando, mesmo guardando cada uma sua autonomia, integrem grupo econômico, serão responsáveis solidariamente pelas obrigações decorrentes da relação de emprego.

▷ ***Anotações/Comentários***

Nota do autor: A questão exigia do candidato o conhecimento de dois institutos alterados pela Reforma Trabalhista: grupo econômico e sucessão empresarial. Não deixe de ler os arts. 2º e 448-A da CLT! A opção pela inserção nesse tópico se deu em razão de o gabarito apresentar resposta relacionada à ocorrência de grupo econômico e suas consequências.

Alternativa "a". No caso de sucessão empresarial, as obrigações trabalhistas, **inclusive** as contraídas à época em que os empregados trabalhavam para a empresa sucedida, são de responsabilidade do sucessor (art. 448-A da CLT). Caso comprovada fraude na transferência, a empresa sucedida responderá solidariamente com a sucessora (art. 448-A, parágrafo único da CLT – grifos acrescidos).

Alternativa "b". "**Não** caracteriza grupo econômico a mera identidade de sócios, sendo necessárias, para a configuração do grupo, a demonstração do interesse integrado, a efetiva comunhão de interesses e a atuação conjunta das empresas dele integrantes" (art. 2º, §3º da CLT – grifos acrescidos).

Alternativa "c". A Reforma Trabalhista inovou ao prever a possibilidade de formação de grupo econômico por coordenação. De acordo com esse dispositivo, mesmo que as empresas guardem cada uma sua autonomia, estará configurado o grupo econômico (art. 2º, §2º da CLT).

Alternativa "d". Uma das consequências do reconhecimento do grupo econômico é a configuração da responsabilidade **solidária** (e não subsidiária como afirma a alternativa) das empresas pelas obrigações decorrentes da relação de emprego (art. 2º, §2º da CLT).

Alternativa "e". Ocorre grupo econômico quando as empresas estão ligadas entre si, ou seja, quando há "empresa-mãe e empresas-irmãs"12. Nesse caso, cada uma dessas empresas possui personalidade jurídica própria, isto é, CNPJ próprio, quadro de pessoal próprio, exercem atividades econômicas diversas etc. Com a aprovação da Reforma Trabalhista, a atual redação do § 2º do art. 2º da CLT estabelece o reconhecimento de duas formas de grupo econômico:

– Grupo econômico por subordinação: Essa modalidade já era prevista na redação anterior do dispositivo em apreço. No caso, o grupo pode ser formado na hipótese de existência de hierarquia entre as empresas. Para a prova de formação do grupo econômico por subordinação, é indispensável, portanto, demonstrar que há uma relação de controle entre uma ou mais empresas em relação às demais integrantes.

– Grupo econômico por coordenação: A Reforma Trabalhista inovou ao prever a possibilidade de formação de grupo econômico por coordenação. De acordo com esse dispositivo, mesmo que as empresas guardem cada uma sua autonomia, estará configurado o grupo econômico.

Contudo, conforme prevê o § 3º do art. 2º da CLT, não há caracterização do grupo econômico apenas pela mera identidade de sócios entre as empresas, sendo necessária a demonstração do preenchimento de três requisitos:

a) interesse integrado;

b) a efetiva comunhão de interesses; e

c) a atuação conjunta das empresas integrantes.

Assim, configurado o grupo econômico, a responsabilidade pelas verbas trabalhistas será solidária:

> **Art. 2º, §2º da CLT (com redação dada pela Reforma Trabalhista):** Sempre que uma ou mais empresas, tendo, embora, cada uma delas, personalidade jurídica própria, estiverem sob a direção, controle ou administração de outra, ou ainda quando, mesmo guardando cada uma sua autonomia, integrem grupo econômico, serão responsáveis solidariamente pelas obrigações decorrentes da relação de emprego.

---

50. (FCC – Técnico Judiciário – Área Administrativa – TRT 6/2018) Sobre a situação do grupo econômico e a sucessão de empregadores, e suas implicações no contrato individual de trabalho, conforme dispositivos contidos na Consolidação das Leis do Trabalho:

a) a mera identidade de sócios caracteriza o grupo econômico que gera a responsabilidade comum de todas as empresas deste grupo, havendo apenas a vinculação ao valor do capital social de cada empresa.

---

12. "No caso do grupo econômico, uma figura em ziguezague, quase em formato das árvores genealógicas que aprendemos com as ciências biológicas (empregado-empregador em linha reta e empregador com as empresas-irmãs e com a empresa-mãe, se houver, dele se ramificando)." SILVA, Homero Batista Mateus da. *Curso de Direito do Trabalho aplicado*, vol. 1: Parte Geral. Rio de Janeiro: Elsevier, 2009. p. 142.

b) a empresa principal será responsável subsidiária em relação às subordinadas em caso de formação de grupo econômico para os efeitos da relação de emprego.

c) caracterizada a sucessão empresarial ou de empregadores, as obrigações trabalhistas contraídas à época em que os empregados trabalhavam para a empresa sucedida continuarão por conta desta empresa, não se transferindo para a responsabilidade do sucessor.

d) se uma ou mais empresas estiverem sob a direção, controle ou administração de outra, de forma a integrarem um grupo econômico, serão responsáveis solidariamente pelas obrigações decorrentes da relação de emprego.

e) o sócio retirante responde subsidiariamente com os demais sócios quando ficar comprovada fraude na alteração societária decorrente de modificação do contrato.

▷ ***Anotações/Comentários***

Nota do autor: A questão aborda temas alterados pela Reforma Trabalhista, estando abrangidas no tema "empregador". Veja quadro que facilita a memorização sobre o tema:

EMPREGADOR	
Princípio da alteridade:	Empregador assume exclusivamente os riscos da atividade econômica. Não divide os prejuízos com os empregados.
Empregador por equiparação	Também são empregadores os profissionais liberais e outras instituições sem fins lucrativos.
Grupo econômico:	a) duas ou mais empresas estiverem sobre o comando único ou coordenadas; b) consequência: responsabilidade solidária entre as empresas do grupo.
Sucessão trabalhista (arts. 10 e 448 da CLT):	a) transferência do estabelecimento; b) não ocorrência de paralisação das atividades; c) consequência: sucessor assume os débitos trabalhistas (art. 448-A, da CLT).
Poderes do empregador:	a) poder de organização: – poder regulamentar. b) poder de controle; c) poder disciplinar: – advertência verbal ou escrita; – suspensão de até 30 dias; – dispensa por justa causa, art. 482 da CLT.

Alternativa "a". Não há caracterização do grupo econômico apenas pela mera identidade de sócios entre as empresas, sendo necessária a demonstração do preenchimento de três requisitos:

a) interesse integrado;

b) a efetiva comunhão de interesses; e

c) a atuação conjunta das empresas integrantes.

Ademais, a responsabilidade no caso de inadimplemento de verbas trabalhistas será de natureza solidária.

Alternativa "b". A consequência jurídica do reconhecimento do grupo econômico é a existência da responsabilidade solidária entre as empresas, ou seja, se uma delas não quitar os débitos trabalhistas, as demais são responsáveis integralmente pela dívida (art. 2º, §2º da CLT).

Alternativa "c". "Caracterizada a sucessão empresarial ou de empregadores prevista nos arts. 10 e 448 desta Consolidação, as obrigações trabalhistas, inclusive as contraídas à época em que os empregados trabalhavam para a empresa sucedida, são de **responsabilidade do sucessor"** (art. 448-A da CLT).

Alternativa "d". Esse instituto foi alterado pela Reforma Trabalhista – Lei nº 13.467/2017. Ocorre grupo econômico quando as empresas estão ligadas entre si, ou seja, quando há "empresa-mãe e empresas-irmãs".13 Nesse caso, cada uma dessas empresas possui personalidade jurídica própria, isto é, CNPJ próprio, quadro de pessoal próprio, exerce atividades econômicas diversas etc. Ressalta-se que a CLT não exige um documento ou prova específica para configuração do grupo econômico. Essa prova será feita levando em conta a análise do caso concreto, como utilização do mesmo imóvel, mesmo recursos humanos para contratação dos empregados etc.

A consequência jurídica do reconhecimento do grupo econômico é a existência da responsabilidade solidária entre as empresas, ou seja, se uma delas não quitar os débitos trabalhistas, as demais são responsáveis integralmente pela dívida.

Com a aprovação da Reforma Trabalhista, a atual redação do § 2º do art. 2º da CLT estabelece o reconhecimento de duas formas de grupo econômico:

– Grupo econômico por subordinação: Essa modalidade já era prevista na redação anterior do dispositivo em apreço. No caso, o grupo pode ser formado na hipótese de existência de hierarquia entre as empresas. Para a prova de formação do grupo econômico por subordinação, é indispensável, portanto, demonstrar que há uma relação de controle entre uma ou mais empresas em relação às demais integrantes.

– Grupo econômico por coordenação: A Reforma Trabalhista inovou ao prever a possibilidade de formação de grupo econômico por coordenação. De acordo com esse dispositivo, mesmo que as empresas guardem cada uma sua autonomia, estará configurado o grupo econômico.

Conforme prevê o § 3º do artigo em apreço, contudo, não há caracterização do grupo econômico apenas pela mera identidade de sócios entre as empresas, sendo necessária a demonstração do preenchimento de três requisitos:

a) interesse integrado;

b) a efetiva comunhão de interesses; e

c) a atuação conjunta das empresas integrantes.

Alternativa "e". "O sócio retirante responderá **solidariamente** com os demais quando ficar comprovada fraude na alteração societária decorrente da modificação do contrato" (art. 10-A, parágrafo único da CLT).

51. (AOCP – Analista Judiciário – Área Administrativa – TRT 1/2018) Antônio foi admitido, com registro em CTPS, na função de entregador, na empresa Roupa Bonita Confecções Ltda. em 1 de dez. de 2017 e foi demitido, sem justa causa, em 30 de mar. de 2018. Cumpria horário das 8h às 18h. Não recebeu as verbas rescisórias e outros direitos trabalhistas. Os sócios da empregadora são Paulo e Pedro, os quais também são sócios da empresa Roupa Bonita Tecelagem Ltda. A qual fabrica e fornece os tecidos para a Roupa Bonita Confecções. Paulo e Pedro são sócios, também, da Livraria Boa Leitura Ltda. e Delícia Bolos e da Doces Finos Ltda. Dessa última empresa, fazem parte do quadro social, também, José e João. Ocorre que Antônio prestava serviços com registro em CTPS para a empresa Roupa Bonita Confecções Ltda., mas, diariamente, desde o início do pacto laboral, auxiliava o entregador da Roupa Bonita Tecelagem Ltda. das 18h15 às 20h15. Diante do exposto, assinale a alternativa que apresenta quais empresas são legítimas para integrar o polo passivo da reclamatória trabalhista ajuizada pelo ex-empregado, bem como com qual ou quais empresas este poderá ver declarado o vínculo empregatício.

a) As empresas Roupa Bonita Confecções e Roupa Bonita Tecelagem serão responsáveis solidárias pelo crédito perseguido na reclamatória trabalhista. Nesse caso, Antônio terá direito à declaração de vínculo empregatício também em face da Roupa Bonita Tecelagem, pois o fato de que este, habitualmente, prestou serviços a essa empresa gerou a existência de um segundo contrato de trabalho, coexistente com o primeiro.

13. "No caso do grupo econômico, uma figura em ziguezague, quase em formato das árvores genealógicas que aprendemos com as ciências biológicas (empregado-empregador em linha reta e empregador com as empresas-irmãs e com a empresa-mãe, se houver, dele se ramificando)." SILVA, Homero Batista Mateus da. **Curso de Direito do Trabalho aplicado**, v. 1: **Parte Geral**. Rio de Janeiro: Elsevier, 2009. p. 142.

b) As quatro empresas listadas no enunciado, tendo em vista que Pedro e Paulo integram o quadro social de todas, serão responsáveis solidárias pelo crédito perseguido na reclamatória trabalhista. Nesse caso, Antônio não terá direito à declaração de vínculo empregatício em face da Roupa Bonita Tecelagem.

c) As empresas Roupa Bonita Confecções e Roupa Bonita Tecelagem serão responsáveis solidárias pelo crédito perseguido na reclamatória trabalhista. Todavia, Antônio não terá direito à declaração de vínculo empregatício em face da empresa Roupa Bonita Tecelagem, pois a prestação de serviços a mais de uma empresa do mesmo grupo econômico não caracteriza a coexistência de mais de um contrato de trabalho.

d) As quatro empresas listadas no enunciado, tendo em vista que Pedro e Paulo integram o quadro social de todas. Nesse caso, Antônio terá direito à declaração de vínculo empregatício também em face da Roupa Bonita Tecelagem, pois o fato de que este, habitualmente, prestava serviços para essa empresa gerou a existência de um segundo contrato de trabalho.

e) As empresas Roupa Bonita Confecções e Roupa Bonita Tecelagem e Livraria Boa Leitura serão responsáveis solidárias, tendo em vista que Pedro e Paulo integram o quadro social de todas. Nesse caso, Antônio não terá direito à declaração de vínculo empregatício também em face da Roupa Bonita Tecelagem, pois o fato de que este, habitualmente, prestava serviços para essa empresa gerou a existência de um segundo contrato de trabalho.

▷ ***Anotações/Comentários***

Nota do autor: A questão exigia que o candidato identificasse a existência de grupo econômico entre as empresas citadas. Para tanto, era indispensável o conhecimento de seus requisitos e de suas consequências.

Comentário serve para todas as alternativas, uma vez que versam sobre o mesmo assunto. Haverá formação de grupo econômico entre as empresas Roupa Bonita Confecções e Roupa Bonita Tecelagem.

Inicialmente, cumpre ressaltar que a mera identidade de sócios não é suficiente para a configuração do grupo econômico, "sendo necessárias, para a configuração do grupo, a demonstração do interesse integrado, a efetiva comunhão de interesses e a atuação conjunta das empresas dele integrantes" (Art. 2º, §3º da CLT). Nesse sentido, a empresa Roupa Bonita Tecelagem Ltda fabrica e fornece os tecidos para a Roupa Bonita Confecções.

A consequência jurídica do reconhecimento do grupo econômico é a existência da responsabilidade solidária entre as empresas, ou seja, se uma delas não quitar os débitos trabalhistas, as demais são responsáveis integralmente pela dívida.

O candidato deve estar atento para não confundir responsabilidade solidária e responsabilidade subsidiária. Na primeira, todas as empresas são responsáveis integralmente pelo débito, podendo o trabalhador cobrar de apenas uma empresa ou de todas elas ao mesmo tempo; cabe ao empregado essa decisão. Na responsabilidade subsidiária, há uma ordem de preferência, isto é, aciona-se primeiro o devedor principal.

14. SUCESSÃO TRABALHISTA

52. (FCC – Analista Judiciário – Oficial de Justiça Avaliador Federal – TRT 22/2022) Conforme a legislação e a jurisprudência dominante do TST, quanto à sucessão e grupo econômico, considere:

I. A prestação de serviços a mais de uma empresa do mesmo grupo econômico, durante a mesma jornada de trabalho, caracteriza a coexistência de mais de um contrato de trabalho, salvo ajuste em contrário.

II. O sucessor não responde solidariamente por débitos trabalhistas de empresa não adquirida, integrante do mesmo grupo econômico da empresa sucedida, quando, à época, a empresa devedora direta era insolvente, inidônea economicamente, ou na hipótese de má-fé ou fraude na sucessão.

III. Sempre que uma ou mais empresas, tendo, embora, cada uma delas, personalidade jurídica própria, estiverem sob a direção, controle ou administração de outra, ou ainda quando, mesmo guardando cada uma sua autonomia, integrarem grupo econômico, serão responsáveis solidariamente pelas obrigações decorrentes da relação de emprego.

IV. Caracterizada a sucessão empresarial ou de empregadores, as obrigações trabalhistas, inclusive as contraídas à época em que os empregados trabalhavam para a empresa sucedida, são de responsabilidade do sucessor, respondendo a empresa sucedida subsidiariamente quando comprovada a fraude na transferência.

V. Não caracteriza grupo econômico a mera identidade de sócios, sendo necessárias, para a sua configuração, a demonstração do interesse integrado, a efetiva comunhão de interesses e a atuação conjunta das empresas dele integrantes.

Está correto o que se afirma APENAS em

a) I, III e IV.

b) II e IV.

c) II, III e V.

d) III, IV e V.

e) I, II e V.

▷ ***Anotações/Comentários***

Nota do autor: A questão exigia do candidato o conhecimento de dois institutos alterados pela Reforma Trabalhista: grupo econômico e sucessão empresarial. Não deixe de ler os arts. 2º e 448-A da CLT!

Assertiva I: errada. "A prestação de serviços a mais de uma empresa do mesmo grupo econômico, durante a mesma jornada de trabalho, não caracteriza a coexistência de mais de um contrato de trabalho, salvo ajuste em contrário." (Súmula nº 129 do TST). Se o empregado for contratado por uma das empresas, mas seu trabalho estiver sendo aproveitado pelas demais, por exemplo, no período da manhã trabalha para empresa A, e, à tarde, presta serviços para a empresa B, do mesmo grupo, terá um único contrato de trabalho, ou seja, sua carteira de trabalho não será assinada pelas duas empregadoras, mas apenas uma delas. Assim sendo, mesmo prestando serviços para duas empresas, a Súmula nº 129 do TST tem entendido tratar-se de empregador único, ou seja, o grupo é o empregador.

Assertiva II: correta. "O sucessor não responde solidariamente por débitos trabalhistas de empresa não adquirida, integrante do mesmo grupo econômico da empresa sucedida, quando, à época, a empresa devedora direta era solvente ou idônea economicamente, ressalvada a hipótese de má-fé ou fraude na sucessão" (OJ nº 411 da SDI-I do TST).

Assertiva III: correta. A Reforma Trabalhista inovou ao prever a possibilidade de formação de grupo econômico por coordenação. De acordo com esse dispositivo, mesmo que as empresas guardem cada uma sua autonomia, estará configurado o grupo econômico:

> **Art. 2º, §2º da CLT:** Sempre que uma ou mais empresas, tendo, embora, cada uma delas, personalidade jurídica própria, estiverem sob a direção, controle ou administração de outra, ou ainda quando, mesmo guardando cada uma sua autonomia, integrem grupo econômico, serão responsáveis solidariamente pelas obrigações decorrentes da relação de emprego. (Redação dada pela Lei nº 13.467, de 2017)

Assertiva IV: errada. Comprovada a fraude na sucessão empresarial, a empresa sucedida responderá solidariamente com a sucessora pelas obrigações trabalhistas, inclusive as contraídas à época em que os empregados trabalhavam para a empresa sucedida:

> **Art. 448-A, CLT:** Caracterizada a sucessão empresarial ou de empregadores prevista nos arts. 10 e 448 desta Consolidação, as obrigações trabalhistas, inclusive as contraídas à época em que os empregados trabalhavam para a empresa sucedida, são de responsabilidade do sucessor
>
> Parágrafo único. A empresa sucedida responderá solidariamente com a sucessora quando ficar comprovada fraude na transferência.

Assertiva V: correta. Conforme prevê o § 3º do art. 2º da CLT, não há caracterização do grupo econômico apenas pela mera identidade de sócios entre as empresas, sendo necessária a demonstração do preenchimento de três requisitos:

a) interesse integrado;

b) a efetiva comunhão de interesses; e

c) a atuação conjunta das empresas integrantes.

53. (FCC – Analista Judiciário – Oficial de Just. Avaliador Federal – TRT 15/2018) A empresa Marco Inicial Engenharia Ltda. foi vendida em agosto de 2017. Por ocasião da venda, a empresa estava em situação financeira difícil e, há mais de um ano, não recolhia o FGTS dos empregados, estando também atrasado o pagamento do 13º salário de 2016. Havia, ainda, muitas horas extras sem pagamento e sem a devida compensação. Os novos proprietários que assumiram a direção da empresa não quitaram os direitos anteriores dos trabalhadores e, pior, passaram a atrasar o pagamento dos salários, sendo que desde janeiro de 2018 deixaram de quitar os salários. Alguns trabalhadores resolveram ingressar em juízo pleiteando a rescisão indireta dos contratos de trabalho, cobrando os direitos não quitados e, buscando informações sobre os novos proprietários e sobre a venda da empresa, verificaram que estes não têm qualquer patrimônio pessoal, o que os levou a suspeitar de fraude na transferência da empresa. A responsabilidade pelos direitos trabalhistas, nesse caso, é dos

a) antigos proprietários, que, na condição de empregadores originais, poderão cobrar dos novos proprietários as obrigações contraídas após a sucessão da empresa.
b) novos proprietários, mas de forma parcial, pois, na condição de sucessores, respondem pelas obrigações trabalhistas contraídas após a aquisição da empresa, sendo que os direitos anteriores à venda são de responsabilidade dos sucedidos.
c) antigos proprietários, pois, havendo fraude na transferência da empresa, não há que se falar em sucessão.
d) novos proprietários, na condição de sucessores, sendo que os antigos proprietários, sucedidos, têm responsabilidade solidária com os sucessores se ficar comprovada fraude na transferência.
e) novos proprietários, na condição de sucessores, sendo que os antigos proprietários, sucedidos, têm responsabilidade subsidiária com os sucessores se ficar comprovada fraude na transferência.

▷ ***Anotações/Comentários***

Nota do autor: A questão trata da sucessão trabalhista, caso de alteração subjetiva do contrato de trabalho. Lembre-se de que, enquanto o empregado tem por requisito essencial a pessoalidade, o empregador poderá ser substituído a qualquer tempo, sem prejuízos, via de regra, ao contrato de trabalho.

Comentário serve para todas as alternativas, pois versam sobre o mesmo assunto. A Reforma Trabalhista acrescentou o art. 448-A à CLT para prever a responsabilidade do sucessor e do sucedido caso configurada a sucessão trabalhista. Anteriormente, a responsabilidade das empresas era determinada pela doutrina e jurisprudência, que já estabelecia a responsabilidade do sucessor pelos débitos trabalhistas. O sucessor, portanto, assumia o bônus (riquezas produzidas pela empresa sucedida) e o ônus (débitos trabalhistas) decorrentes da sucessão.

> **Art. 448-A da CLT.** Caracterizada a sucessão empresarial ou de empregadores prevista nos arts. 10 e 448 desta Consolidação, as obrigações trabalhistas, inclusive as contraídas à época em que os empregados trabalhavam para a empresa sucedida, são de responsabilidade do sucessor.
>
> Parágrafo único. A empresa sucedida responderá solidariamente com a sucessora quando ficar comprovada fraude na transferência.

De acordo com a redação do art. 448-A da CLT, as obrigações trabalhistas, inclusive aquelas contraídas à época em que os empregados trabalhavam para a empresa sucedida são de responsabilidade do sucessor. Portanto, o sucessor terá a responsabilidade sobre todos os débitos trabalhistas, ainda que a verba se refira ao momento de prestação dos serviços para o sucedido.

O parágrafo único do artigo 448-A da CLT estabelece uma única exceção para que haja responsabilidade tanto do sucessor como do sucedido. Ambos responderão solidariamente quando ficar constatada a **fraude na transferência das empresas**. Exemplo: se a empresa sucedida efetuar a transferência para evitar o pagamento dos débitos trabalhistas ou para dificultar sua exigência em juízo, responderá solidariamente com a empresa sucessora.

15. SÓCIO RETIRANTE

54. (FCC – 2024 – TRT 11 (AM e RR) - Técnico Administrativo - Área Administrativa) Em conformidade com a Consolidação das Leis do Trabalho, a ordem de preferência a ser observada para o caso de responsabilização subsidiária pelas obrigações trabalhistas da sociedade será:

a) empresa devedora, sócios retirantes e sócios atuais.
b) sócios retirantes, sócios atuais e empresa devedora.
c) empresa devedora, sócios atuais e sócios retirantes.
d) sócios atuais, sócios retirantes e empresa devedora.
e) sócios atuais, empresa devedora e sócios retirantes

▷ ***Anotações/Comentários***

Nota do autor: o sócio retirante é aquele que se retira da sociedade mediante notificação prévia aos demais sócios, devendo ocorrer alteração no contrato social da empresa. O tema recebeu regulamentação no que toca à sua responsabilidade, conforme será visto na análise da questão.

Comentário serve para todas as alternativas, uma vez que versam sobre o mesmo assunto. De acordo com o art. 10-A, CLT, acrescentado pela Reforma Trabalhista, o sócio retirante responde subsidiariamente pelas obrigações trabalhistas da sociedade relativas ao período em que figurou como sócio:

> **Art. 10-A, CLT (acrescentado pela Lei nº 13.467/2017).** O sócio retirante responde subsidiariamente pelas obrigações trabalhistas da sociedade relativas ao período em que figurou como sócio, somente em ações ajuizadas até dois anos depois de averbada a modificação do contrato, observada a seguinte ordem de preferência:
>
> I – a empresa devedora;
>
> II – os sócios atuais; e
>
> III – os sócios retirantes.
>
> Parágrafo único. O sócio retirante responderá solidariamente com os demais quando ficar comprovada fraude na alteração societária decorrente da modificação do contrato.

Para a responsabilização do sócio, é necessário que a reclamação trabalhista seja ajuizada no período de **até 2 anos depois de averbada a modificação do contrato.** A responsabilidade subsidiária é determinada por um benefício de ordem, ou seja, o empregado somente pode exigir dos sócios retirantes caso sigam a ordem de preferência exigida em lei:

> I – Empresa devedora;
>
> II – Sócios atuais;
>
> III – Sócios retirantes.

55. (FCC – Técnico Judiciário – Área Administrativa – TRT 4/2022) Homero foi sócio da empresa Verdes Mares Comércio de Pescados Ltda., no período de setembro de 2010 a novembro de 2018. Zeus foi empregado da referida empresa de 2012 a abril de 2022, tendo sido dispensado, entendendo ser credor de verbas trabalhistas, contratuais e rescisórias. Em eventual ação trabalhista a ser proposta por Zeus logo após a sua dispensa, o sócio-retirante Homero

a) poderá responder de forma solidária por eventuais direitos inadimplidos de Zeus, apenas na hipótese de não ter averbada sua retirada no contrato social da empresa.
b) não responderá em nenhuma hipótese por verbas trabalhistas de Zeus, eis que sua saída se deu há mais de dois anos do ajuizamento da ação trabalhista.
c) poderá responder de forma subsidiária por eventuais direitos inadimplidos de Zeus, apenas na hipótese de não ter averbada sua retirada no contrato social da empresa.
d) não responderá em nenhuma hipótese por verbas trabalhistas de Zeus, eis que sua saida se deu há mais de um ano do ajuizamento da ação trabalhista, prazo que extingue a responsabilidade do sócio-retirante.
e) poderá responder de forma subsidiária por eventuais direitos inadimplidos de Zeus, ainda que tenha averbada sua retirada no contrato social da empresa, sendo sua responsabilidade limitada ao período que figurou como sócio.

▷ ***Anotações/Comentários***

Nota do autor: o sócio retirante é aquele que se retira da sociedade mediante notificação prévia aos demais sócios, devendo ocorrer alteração no contrato social da empresa. O tema recebeu regulamentação no que toca à sua responsabilidade, conforme será visto na análise da questão.

Comentário serve para todas as alternativas, uma vez que versam sobre o mesmo assunto. De acordo com o art. 10-A, CLT, acrescentado pela Reforma Trabalhista, o sócio retirante responde subsidiariamente pelas obrigações trabalhistas da sociedade relativas ao período em que figurou como sócio:

> **Art. 10-A, CLT (acrescentado pela Lei nº 13.467/2017).** O sócio retirante responde subsidiariamente pelas obrigações trabalhistas da sociedade relativas ao período em que figurou como sócio, somente em ações ajuizadas até dois anos depois de averbada a modificação do contrato, observada a seguinte ordem de preferência:
>
> I – a empresa devedora;
>
> II – os sócios atuais; e
>
> III – os sócios retirantes.
>
> Parágrafo único. O sócio retirante responderá solidariamente com os demais quando ficar comprovada fraude na alteração societária decorrente da modificação do contrato.

Para a responsabilização do sócio, é necessário que a reclamação trabalhista seja ajuizada no período de **até 2 anos depois de averbada a modificação do contrato**. A responsabilidade subsidiária é determinada por um benefício de ordem, ou seja, o empregado somente pode exigir dos sócios retirantes caso sigam a ordem de preferência exigida em lei:

> I – Empresa devedora;
>
> II – Sócios atuais;
>
> III – Sócios retirantes.

Caso não tenha sido averbada a retirada do sócio Homero no contrato social da empresa, este poderá responder de forma subsidiária por eventuais direitos inadimplidos de Zeus.

56. (FCC – Técnico Judiciário – Área Administrativa – TRT 14/2022) Timóteo pretende se retirar da sociedade que mantém, com outros dois amigos, no restaurante Tomates Fritos, desejando seguir outros caminhos profissionais. De acordo com a Consolidação das Leis do Trabalho, Timóteo se manterá responsável por eventuais direitos trabalhistas dos funcionários, de forma

a) subsidiária até o período de 1 ano.
b) solidária até o período de 2 anos.
c) solidária até o período de 3 anos.
d) subsidiária até o período de 2 anos.
e) solidária até o período de 1 ano.

▷ ***Anotações/Comentários***

Nota do autor: o sócio retirante é aquele que se retira da sociedade mediante notificação prévia aos demais sócios, devendo ocorrer alteração no contrato social da empresa. O tema recebeu regulamentação no que toca à sua responsabilidade, conforme será visto na análise da questão.

Comentário serve para todas as alternativas, uma vez que versam sobre o mesmo assunto. De acordo com o art. 10-A, CLT, acrescentado pela Reforma Trabalhista, o sócio retirante responde subsidiariamente pelas obrigações trabalhistas da sociedade relativas ao período em que figurou como sócio:

> **Art. 10-A, CLT (acrescentado pela Lei nº 13.467/2017).** O sócio retirante responde subsidiariamente pelas obrigações trabalhistas da sociedade relativas ao período em que figurou como sócio, somente em ações ajuizadas até dois anos depois de averbada a modificação do contrato, observada a seguinte ordem de preferência:
>
> I – a empresa devedora;
>
> II – os sócios atuais; e
>
> III – os sócios retirantes.
>
> Parágrafo único. O sócio retirante responderá solidariamente com os demais quando ficar comprovada fraude na alteração societária decorrente da modificação do contrato.

Para a responsabilização do sócio, é necessário que a reclamação trabalhista seja ajuizada no período de **até 2 anos depois de averbada a modificação do contrato**. A responsabilidade subsidiária é determinada por um benefício de ordem, ou seja, o empregado somente pode exigir dos sócios retirantes caso sigam a ordem de preferência exigida em lei:

> I – Empresa devedora;
>
> II – Sócios atuais;
>
> III – Sócios retirantes.

57. (FUMARC – Técnico Judiciário – TRT 3/2022) O sócio retirante responde subsidiariamente pelas obrigações trabalhistas da sociedade?

a) Não, o sócio é responsável solidário.
b) Não, tal possibilidade é vedada em Lei.
c) Sim, quanto às relativas ao período em que figurou como sócio, somente em ações ajuizadas até dois anos depois de averbada a modificação do contrato, sem ordem de preferência.
d) Sim, quanto às relativas ao período em que figurou como sócio, por ações ajuizadas a qualquer tempo, observada a ordem de legal de preferência.
e) Sim, quanto às relativas ao período em que figurou como sócio, somente em ações ajuizadas até dois anos depois de averbada a modificação do contrato, observada a ordem legal de preferência.

▷ ***Anotações/Comentários***

Nota do autor: A questão aborda a temática Sócio-Retirante. Exigia tão somente o conhecimento da legislação e apresentava baixo nível de complexidade, o que não é habitual nas provas de Analista e Técnico de TRTs. Aliás, todas as provas desse concurso, de maneira geral, apresentaram um grau de complexidade abaixo do esperado.

Comentário serve para todas as alternativas, uma vez que versam sobre o mesmo assunto. De acordo com o art. 10-A, CLT, acrescentado pela Reforma Trabalhista, o sócio retirante responde subsidiariamente pelas obrigações trabalhistas da sociedade relativas ao período em que figurou como sócio:

> **Art. 10-A, CLT (acrescentado pela Lei nº 13.467/2017).** O sócio retirante responde subsidiariamente pelas obrigações trabalhistas da sociedade relativas ao período em que figurou como sócio, somente em ações ajuizadas até dois anos depois de averbada a modificação do contrato, observada a seguinte ordem de preferência:
>
> I – a empresa devedora;
>
> II – os sócios atuais; e
>
> III – os sócios retirantes.
>
> Parágrafo único. O sócio retirante responderá solidariamente com os demais quando ficar comprovada fraude na alteração societária decorrente da modificação do contrato.

Para a responsabilização do sócio, é necessário que a reclamação trabalhista seja ajuizada no período de **até 2 anos depois de averbada a modificação do contrato**. A responsabilidade subsidiária é determinada por um benefício de ordem, ou seja, o empregado somente pode exigir dos sócios retirantes caso sigam a ordem de preferência exigida em lei:

> I – Empresa devedora;
>
> II – Sócios atuais;
>
> III – Sócios retirantes.

58. (FCC – Analista Judiciário – Área Administrativa – TRT 6/2018) Lucas vendeu sua parte na sociedade Posto de Gasolina Boa Viagem Ltda. em 17/02/2017, data em que foi feita a averbação da modificação do contrato. Tendo em vista a responsabilidade do sócio retirante e esgotados os meios de execução da pessoa jurídica e dos sócios atuais, responde

a) subsidiariamente pelas obrigações trabalhistas da sociedade relativas ao período em que figurou como sócio, somente em ações ajuizadas até dois anos depois de averbada a modificação do contrato.

b) solidariamente pelas obrigações trabalhistas da sociedade relativas ao período em que figurou como sócio, somente em ações ajuizadas até dois anos depois de averbada a modificação do contrato.

c) subsidiariamente pelas obrigações trabalhistas da sociedade relativas ao período dos últimos dois anos em que figurou como sócio, somente em ações ajuizadas até dois anos depois de averbada a modificação do contrato.

d) solidariamente pelas obrigações trabalhistas da sociedade relativas ao período dos últimos dois anos em que figurou como sócio, somente em ações ajuizadas até dois anos depois de averbada a modificação do contrato.

e) subsidiariamente pelas obrigações trabalhistas da sociedade relativas ao período em que figurou como sócio, somente em ações ajuizadas até cinco anos depois de averbada a modificação do contrato.

▷ ***Anotações/Comentários***

Nota do autor: o sócio retirante é aquele que se retira da sociedade mediante notificação prévia aos demais sócios, devendo ocorrer alteração no contrato social da empresa. O tema recebeu regulamentação no que toca à sua responsabilidade, conforme será visto na análise da questão.

Comentário serve para todas as alternativas, uma vez que versam sobre o mesmo assunto. De acordo com o art. 10-A, CLT, acrescentado pela Reforma Trabalhista, o sócio retirante responde subsidiariamente pelas obrigações trabalhistas da sociedade relativas ao período em que figurou como sócio:

> **Art. 10-A, CLT (acrescentado pela Lei nº 13.467/2017).** O sócio retirante responde **subsidiariamente** pelas obrigações trabalhistas da sociedade relativas ao período em que figurou como sócio, **somente em ações ajuizadas até dois anos depois de averbada a modificação do contrato**, observada a seguinte ordem de preferência:
>
> I – a empresa devedora;
>
> II – os sócios atuais; e
>
> III – os sócios retirantes.
>
> Parágrafo único. O sócio retirante responderá solidariamente com os demais quando ficar comprovada fraude na alteração societária decorrente da modificação do contrato.

Para a responsabilização do sócio, é necessário que a reclamação trabalhista seja ajuizada no período de até 2 anos depois de averbada a modificação do contrato. A responsabilidade subsidiária é determinada por um benefício de ordem, ou seja, o empregado somente pode exigir dos sócios retirantes caso sigam a ordem de preferência exigida em lei:

> I – Empresa devedora;
>
> II – Sócios atuais;
>
> III – Sócios retirantes.

59. (FCC – Analista Judiciário – Área Administrativa – TRT 15/2018) Sobre grupo econômico e implicações no contrato de trabalho, considere:

I. As empresas que integram um grupo econômico respondem solidariamente pelas obrigações decorrentes da relação de emprego, quando, mesmo guardando cada uma delas personalidade jurídica própria, estiverem sob a direção, controle ou administração de outra, exceto se possuírem cada uma sua autonomia.

II. Para a configuração do grupo econômico, é necessário que haja identidade de sócios, independentemente da demonstração de interesse integrado, comunhão de interesses e a atuação conjunta das empresas dele integrantes.

III. O sócio retirante responde subsidiariamente pelas obrigações trabalhistas da sociedade relativas ao período em que figurou como sócio, somente em ações ajuizadas até dois anos depois de averbada a modificação do contrato, observada a ordem de preferência.

IV. O sócio retirante responderá subsidiariamente com os demais quando ficar comprovada fraude na alteração societária decorrente da modificação do contrato.

Está correto o que consta de

a) II, apenas.

b) I e III, apenas.

c) I e IV, apenas.

d) III, apenas.

e) I, II, III e IV.

▷ ***Anotações/Comentários***

Nota do autor: A questão aborda tanto o tema grupo econômico quanto sócio retirante, ambos alterados pela Reforma Trabalhista. Dessa forma, para responder à questão, o candidato deveria estar atento à atual redação dos arts. 2º e 10-A da CLT.

Assertiva I. Incorreta. "Sempre que uma ou mais empresas, tendo, embora, cada uma delas, personalidade jurídica própria, estiverem sob a direção, controle ou administração de outra, ou ainda quando, **mesmo guardando cada uma sua autonomia**, integrem grupo econômico, serão responsáveis solidariamente pelas obrigações decorrentes da relação de emprego" (art. 2º, §2º da CLT – grifos acrescidos). Assim, mesmo que se trate de grupo econômico por coordenação, estará configurada a responsabilidade solidária entre as empresas.

Assertiva II. Incorreta. "Não caracteriza grupo econômico a mera identidade de sócios, **sendo necessárias**, para a configuração do grupo, a demonstração do interesse integrado, a efetiva comunhão de interesses e a atuação conjunta das empresas dele integrantes" (art. 2º, §3º da CLT – grifos acrescidos).

Assertiva III. Correta. De acordo com o art. 10-A, CLT, acrescentado pela Reforma Trabalhista, o sócio retirante responde subsidiariamente pelas obrigações trabalhistas da sociedade relativas ao período em que figurou como sócio. Para a responsabilização do sócio, é necessário que a reclamação trabalhista seja ajuizada no período de até 2 anos depois de averbada a modificação do contrato. A responsabilidade subsidiária é determinada por um benefício de ordem, ou seja, o empregado somente pode exigir dos sócios retirantes caso sigam a ordem de preferência exigida em lei:

> I – Empresa devedora;
>
> II – Sócios atuais;
>
> III – Sócios retirantes.

Assertiva IV. Incorreta. "O sócio retirante responderá **solidariamente** com os demais quando ficar comprovada fraude na alteração societária decorrente da modificação do contrato" (art. 10-A, parágrafo único – grifos acrescidos).

16. TERCEIRIZAÇÃO

60. (FCC – Analista Judiciário – Oficial de Justiça Avaliador Federal – TRT 17/2022) Prisco foi empregado da empresa Caminho do Mar Transportes Aquáticos Ltda. de 10/10/2012 a 31/08/2022, tendo exercido a função de Barqueiro. Por ter sido um bom profissional, a empresa pretende recontratar Prisco, mediante contrato de prestação de serviços com a empresa Prt Barqueiro-Me, da qual Prisco é sócio. Com base no que prevê a legislação federal vigente, a empresa

a) poderá fazê-lo após decorridos 18 meses contados a partir da dispensa do empregado.

b) desde a ruptura contratual, eis que se trata de relação contratual diversa da empregatícia.

c) deverá aguardar 12 meses a partir da rescisão do contrato de trabalho.

d) não poderá recontratá-lo como pessoa jurídica, eis que nessa hipótese a contratação é por lei presumidamente fraudulenta.

e) necessita esperar o decurso do prazo mínimo de 24 meses.

▷ ***Anotações/Comentários***

Nota do autor: A terceirização foi um dos temas que sofreu maior modificação em 2017. A terceirização surgiu como forma de dinamizar e especializar os serviços nas empresas. Ocorre a terceirização quando uma empresa, em vez de executar serviços diretamente com seus empregados, contrata outra empresa para que esta os realize, com o seu pessoal sob a sua responsabilidade. O empregado é contratado pela empresa intermediadora (empregadora), mas presta serviços em outro local (empresa tomadora).

Comentário serve para todas as alternativas, uma vez que versam sobre o mesmo assunto. A Lei nº 13.429/2017, que regulamentou a terceirização de serviços, não estabeleceu nenhum prazo ou requisito a ser observado para que os empregados dispensados da empresa contratante pudessem prestar novamente os serviços à empresa na condição de terceirizados. Com isso, os trabalhadores poderiam ser dispensados por seu empregador e serem contratados por outra empresa para prestarem seus serviços na condição de terceirizados para seus antigos empregadores.

Contudo, **a Reforma Trabalhista estabeleceu o prazo de quarentena de 18 meses**, contados a partir de sua demissão, para que o empregado "demitido" possa prestar os serviços para a mesma empresa na condição de terceirizado, ou seja, como empregado da empresa prestadora de serviços:

> **Art. 5º-C, Lei nº 6.019/74** (incluído pela Reforma Trabalhista). Não pode figurar como contratada, nos termos do art. 4º-A desta Lei, a pessoa jurídica cujos titulares ou sócios tenham, nos últimos dezoito meses, prestado serviços à contratante na qualidade de empregado ou trabalhador sem vínculo empregatício, exceto se os referidos titulares ou sócios forem aposentados.

Dessa forma, a empresa Caminho do Mar Transportes Aquáticos Ltda somente poderá recontratar Pisco após decorridos 18 meses contados da sua dispensa.

61. (FGV – Técnico Judiciário – Área Administrativa – TRT 16/2022) Lívia foi empregada da sociedade empresária Jardins Lindos Ltda. E, nesta condição, trabalhava como terceirizada na empresa de cosméticos Unhas Maravilhosas Ltda., cuidando da manutenção e limpeza dos vastos jardins desta empresa. Lívia foi dispensada sem justa causa em 2022, mas não recebeu as verbas pela sua saída e, por isso, ajuizou reclamação trabalhista contra as empresas Jardins Lindos Ltda. (o ex-empregador), Jardins Perfeitos Ltda. (empresa do mesmo grupo econômico do ex-empregador) e Unhas Maravilhosas Ltda.. Caso Lívia tenha sucesso, assinale, de acordo com a norma de regência, a afirmativa correta em relação à espécie de responsabilidade das empresas Jardins Perfeitos Ltda. e Unhas Maravilhosas Ltda.

a) Jardins Perfeitos Ltda. terá responsabilidade solidária e Unhas Maravilhosas Ltda., subsidiária.

b) Ambas as empresas terão responsabilidade solidária juntamente com o ex-empregador.

c) Unhas Maravilhosas Ltda. terá responsabilidade solidária e Jardins Perfeitos Ltda., subsidiária.

d) Ambas as empresas terão responsabilidade subsidiária juntamente com o ex-empregador.

e) As empresas Jardins Perfeitos Ltda. e Unhas Maravilhosas Ltda. não terão qualquer responsabilidade.

▷ ***Anotações/Comentários***

Nota do autor: A questão exigia do candidato o conhecimento de dois institutos alterados pela Reforma Trabalhista: grupo econômico e terceirização. Não deixe de ler o art. 2º da CLT e as normas relativas à terceirização, dispostas na Lei nº 6.019/74!

Comentário serve para todas as alternativas, uma vez que versam sobre o mesmo assunto. Para facilitar a compreensão, vamos analisar a responsabilidade de cada empresa separadamente:

Jardins Perfeitos Ltda. (empresa do mesmo grupo econômico do ex-empregador). Nos termos do art. 2º, § 2º, CLT, a consequência jurídica do reconhecimento do grupo econômico é a existência da responsabilidade solidária entre as empresas, ou seja, se uma delas não quitar os débitos trabalhistas, as demais são responsáveis integralmente pela dívida:

> **Art. 2º, §2º da CLT:** Sempre que uma ou mais empresas, tendo, embora, cada uma delas, personalidade jurídica própria, estiverem sob a direção, controle ou administração de outra, ou ainda quando, mesmo guardando cada uma sua autonomia, integrem grupo econômico, serão responsáveis **solidariamente** pelas obrigações decorrentes da relação de emprego. (Redação dada pela Lei nº 13.467, de 2017)

Portanto, a empresa Jardins Perfeitos Ltda. responderá de maneira solidária com a Jardins Lindos Ltda. pelas verbas rescisórias de Lívia.

Unhas Maravilhosas Ltda. (empresa tomadora de serviços). Na terceirização, há três pessoas envolvidas na relação jurídica: trabalhador, empresa prestadora (ou intermediadora) de serviços e empresa contratante (tomadora de serviços). Verifica-se, assim, que a relação é triangular. O vínculo empregatício ocorre entre trabalhador e empresa prestadora de serviços a terceiros, embora o trabalhador preste serviços em outro local, na empresa contratante. A empresa contratante, portanto, não é a empregadora, mas o trabalho realizado pelos terceirizados a beneficia diretamente. Logo, se a empresa prestadora de serviços não pagar aos trabalhadores, restará à tomadora os pagamentos dos encargos trabalhistas. Essa responsabilidade é chamada de subsidiária e ocorrerá apenas na hipótese de a empregadora não honrar com o pagamento dos direitos trabalhistas de seus empregados. De acordo com a legislação:

> **Art. 5º-A, § 5º, da Lei nº 6.019/1974 (Incluído pela Lei nº 13.429/2017):** A empresa contratante é **subsidiariamente** responsável pelas obrigações trabalhistas referentes ao período em que ocorrer a prestação de serviços, e o recolhimento das contribuições previdenciárias observará o disposto no art. 31 da Lei no 8.212, de 24 de julho de 1991.

62. (AOCP – Técnico Judiciário – Área Administrativa – TRT 1/2018) Apolinário foi contratado, no dia 20 de nov. de 2017, pela empresa Terceirize Aqui Ltda. para exercer a função de operador de telemarketing. Essa empresa fornece os serviços de seus trabalhadores para outras empresas, como Telefonia Ltda. e Ligações Ilimitadas Ltda., as quais têm como função basilar a venda de planos de telefonia e atendimento às reclamações de serviços já prestados. Há cinco meses, a empresa Terceirize Aqui Ltda. realizou contrato com a empresa Telefonia Ltda., terceirizando os serviços de Apolinário na função de operador de telemarketing. Com base na Lei n° 13.429/2017, que dispõe, dentre outras peculiaridades, sobre as relações de trabalho na empresa de prestação de serviços a terceiros, e na Lei n° 13.467/2017, que alterou a Consolidação das Leis Trabalhistas, assinale a alternativa correta sobre a temática da terceirização.

a) Caso Apolinário seja dispensado sem justa causa e não receba as verbas rescisórias devidas pela empresa Terceirize Aqui Ltda., ele terá direito de pleitear as referidas verbas junto à empresa Telefonia Ltda., pois Apolinário encontra- se laborando efetivamente nesta última, o que a torna solidariamente responsável pelas obrigações trabalhistas referentes ao período em que ocorrer a prestação de serviços, tendo respaldo na Lei que trata da organização da seguridade social no que se refere ao recolhimento das contribuições previdenciárias.

b) Na posição das empresas contratantes Telefonia Ltda. e Ligações Ilimitadas Ltda., também poderiam estar pessoas físicas celebrando contratos com a empresa Terceirize Aqui Ltda.

c) A empresa Telefonia Ltda. irá remunerar e dirigir o trabalho de Apolinário enquanto este estiver prestando serviços no local.

d) Apolinário não poderia ser direcionado como empregado terceirizado para as empresas Telefonia Ltda. e Ligações Ilimitadas Ltda., pois as atividades exigidas por essas empresas do prestador de serviço é atividade principal, e a terceirização é permitida exceto para a realização da atividade principal da empresa.

e) A empresa Telefonia Ltda. pode requisitar a Apolinário que também exerça as atividades de limpeza e higienização do ambiente de trabalho, pois trata-se de atividades-meio da empresa.

▷ ***Anotações/Comentários***

Nota do autor: A questão exigia do candidato o conhecimento das disposições legais decorrentes das Leis nº 13.429/2017 e 13.467/2017, que alteraram a Lei nº 6.019/1974 para disciplinar a terceirização.

Alternativa "a": Em caso de inadimplemento das verbas trabalhistas devidas a Apolinário, a responsabilidade da empresa contratante será subsidiária e não solidária:

> **Art. 5º-A, § 5º, da Lei nº 6.019/1974 (Incluído pela Lei nº 13.429/2017):** A empresa contratante é subsidiariamente responsável pelas obrigações trabalhistas referentes ao período em que ocorrer a prestação de serviços, e o recolhimento das contribuições previdenciárias observará o disposto no art. 31 da Lei nº 8.212, de 24 de julho de 1991.

Alternativa "b". Na terceirização, há três pessoas envolvidas na relação jurídica: trabalhador, empresa prestadora (ou intermediadora) de serviços e empresa contratante (tomadora de serviços). Verifica-se, assim, que a relação é triangular. O vínculo empregatício ocorre entre trabalhador e empresa prestadora de serviços a terceiros, embora o trabalhador preste serviços em outro local, na empresa contratante. É importante destacar que a terceirização válida pressupõe a ausência de pessoalidade e de subordinação dos terceirizados em relação à tomadora de serviços. Nesse sentido, a determinação pela tomadora do modo, tempo e forma que o trabalho deve ser realizado são fatores que indicam a fraude trabalhista por desrespeito aos requisitos da terceirização.

A contratante, nos termos da Lei nº 6.019/1974 pode ser tanto pessoa física como pessoa jurídica:

> **Art. 5º-A da Lei nº 6.019/1974 (Incluído pela Lei nº 13.467/2017):** Contratante é a pessoa física ou jurídica que celebra contrato com empresa de prestação de serviços relacionados a quaisquer de suas atividades, inclusive sua atividade principal.

Já a empresa de prestação de serviços deverá ser pessoa jurídica que possua capacidade econômica compatível com sua execução:

> **Art. 4º- A da Lei nº 6.019/1974 (Incluído pela Lei nº 13.467/2017):** Considera-se prestação de serviços a terceiros a transferência feita pela contratante da execução de quaisquer de suas atividades, inclusive sua atividade principal, à pessoa jurídica de direito privado prestadora de serviços que possua capacidade econômica compatível com a sua execução.

Alternativa "c". A relação de emprego se dá entre Apolinário e a empresa de prestação de serviços a terceiros Terceirize Aqui Ltda, que será responsável pela remuneração e direção de seu trabalho (art. 4º-A, §1º da Lei nº 6.019/1974).

Alternativa "d". A terceirização da atividade-fim passou a ser claramente permitida com o advento da Reforma Trabalhista:

> **Art. 4º-A da Lei nº 6.019/1974 (Incluído pela Lei nº 13.429/2017):** Considera-se prestação de serviços a terceiros a transferência feita pela contratante da execução de quaisquer de suas atividades, **inclusive sua atividade principal**, à pessoa jurídica de direito privado prestadora de serviços que possua capacidade econômica compatível com a sua execução.

> **Art. 5º-A da Lei nº 6.019/1974 (Incluído pela Lei nº 13.429/2017):** Contratante é a pessoa física ou jurídica que celebra contrato com empresa de prestação de serviços relacionados a quaisquer de suas atividades, inclusive sua **atividade principal**.

Nesse mesmo sentido tivemos, no ano de 2018, decisão do STF que entendeu ser constitucional a terceirização da atividade-fim das empresas (ADPF 324 e RE 958.252).

Alternativa "e". Apolinário não poderá exercer atividades distintas daquelas que foram objeto do contrato com a empresa prestadora de serviços (Art. 5º-A, §1º da Lei nº 6.019/1974).

63. (FCC – Analista Judiciário – Área Administrativa – TRT 6/2018) Marcela, supervisora do setor de embalagens da Empresa de Lâmpadas CTMR Ltda. foi injustamente dispensada, sendo contratada uma empresa de serviços terceirizados. Marcela foi contratada imediatamente como empregada da empresa terceirizada. Neste caso, é correto afirmar que Marcela

a) não poderá prestar serviços para sua antiga empregadora na qualidade de empregada da empresa prestadora de serviços terceirizados, podendo, entretanto, prestar serviços para outras tomadoras de serviços da terceirizada.

b) não poderá prestar serviços para sua antiga empregadora na qualidade de empregada da empresa prestadora de serviços terceirizados, em hipótese alguma, sob pena de configuração de fraude às leis trabalhistas.

c) poderá prestar serviços para a Empresa de Lâmpadas, na qualidade de empregada da empresa prestadora de serviços terceirizados, desde que cumpra o prazo de carência de doze meses, contados a partir de sua demissão.

d) poderá prestar serviços para a Empresa de Lâmpadas, na qualidade de empregada da empresa prestadora de serviços terceirizados, desde que cumpra o prazo de carência de dezoito meses, contados a partir de sua demissão.

e) poderá prestar serviços para a Empresa de Lâmpadas, mas não na qualidade de empregada da empresa prestadora de serviços terceirizados, e, sim, através de pessoa jurídica própria, abrindo uma empresa.

▷ ***Anotações/Comentários***

Nota do autor: A terceirização foi regulamentada pelas Leis nº 13.429/2017 e nº 13.467/2017, as quais promoveram várias alterações no entendimento até então vigente sobre o tema, que era tratado na Súmula nº 331 do TST. Uma das modificações que devem ser destacadas é terceirização da atividade-fim da empresa, que passa a ser possível por expressa previsão legal contida nos arts. 4º-A e 5º-A da Lei nº 6.019/1974.

Nesse ponto, é importante ressaltar que, no dia 30/08/2018, o STF julgou a ADPF nº 324 e o Recurso Extraordinário em repercussão geral nº 958252, que versavam sobre a possibilidade de terceirização em todas as atividades da empresa. Por maioria de 7 votos contra 4 contrários, o Tribunal julgou que é lícita a terceirização em todas as etapas do processo produtivo, sejam elas em atividades-meio ou fim. Nesse sentido, a modificação realizada pela Reforma Trabalhista passa a ser reconhecida pelo STF, cuja decisão tem efeito vinculante para todo o Poder Judiciário.

Do julgamento do Recurso Extraordinário nº 958252 foi firmada a seguinte tese de repercussão geral:

> *É lícita a terceirização ou qualquer outra forma de divisão do trabalho entre pessoas jurídicas distintas, independentemente do objeto social das empresas envolvidas, mantida a responsabilidade subsidiária da empresa contratante.*

Dessa forma, a terceirização de serviços, independente do objeto social das empresas envolvidas, seja em atividades-meio ou fim, é lícita. Vale ressaltar que o STF manteve a responsabilidade subsidiária da empresa contratante já prevista no art. 5º-A, § 5º da Lei nº 6.019/1974. Se ausente o pagamento das verbas trabalhistas do empregado terceirizado, a empresa tomadora será subsidiariamente responsável.

Alternativa "a". Marcela poderá prestar serviços à antiga empregadora na qualidade de empregada da empresa prestadora de serviços após o decurso do prazo de **18 meses**, contados a partir de sua dispensa.

Alternativa "b". Como visto o prazo de "quarentena" é de 18 meses, contados a partir de sua dispensa. Depois de cumprido o prazo, poderá prestar os serviços normalmente à sua antiga empregadora.

Alternativa "c". Ao contrário do que sustenta a alternativa, o prazo é de 18 meses contados de sua dispensa.

Alternativa "d". "O empregado que for demitido não poderá prestar serviços para esta mesma empresa na qualidade de empregado de empresa prestadora de serviços antes do decurso de prazo de dezoito meses, contados a partir da demissão do empregado" (Art. 5º-D da Lei nº 6.019/1974). Trata-se do período de quarentena, inserido na Lei nº 6.019/1974 para evitar a dispensa dos trabalhadores e viabilizar a licitude da terceirização.

Alternativa "e". Empregado é **pessoa física** que presta serviços de forma onerosa, habitual e mediante subordinação. Dessa forma, Marcela poderá prestar serviços para a Empresa de Lâmpadas na qualidade de empregada da empresa prestadora de serviços terceirizados, após o decurso de 18 meses de sua dispensa.

64. (FCC – Analista Judiciário – Área Administrativa – TRT 15/2018) Quanto à terceirização,

a) considera-se prestação de serviços a terceiros a transferência feita pela contratante da execução de quaisquer de suas atividades, exceto sua atividade principal, à pessoa jurídica de direito privado prestadora de serviços que possua capacidade econômica compatível com a sua execução.

b) o capital social mínimo exigido para o funcionamento de empresa de prestação de serviços a terceiros, com mais de vinte e até cinquenta empregados, é de R$ 25.000,00.

c) são asseguradas aos empregados da empresa prestadora de serviços a terceiros, quando e enquanto os serviços, que podem ser de qualquer uma das atividades da contratante, forem executados nas dependências da tomadora, as mesmas condições relativas à alimentação garantidas aos empregados da contratante, desde que não oferecida em refeitórios.

d) o empregado que for demitido não poderá prestar serviços para esta mesma empresa na qualidade de empregado de empresa prestadora de serviços antes do decurso de prazo de dezoito meses, contados a partir da demissão do empregado.

e) nos contratos que impliquem mobilização de empregados da contratada em número igual ou superior a 25% dos empregados da contratante, esta poderá disponibilizar aos empregados da contratada os serviços de alimentação e atendimento ambulatorial em outros locais apropriados e com igual padrão de atendimento, com vistas a manter o pleno funcionamento dos serviços existentes.

▷ ***Anotações/Comentários***

Nota do autor: A terceirização foi um dos temas que sofreu maior modificação em 2017. A terceirização surgiu como forma de dinamizar e especializar os serviços nas empresas. Ocorre a terceirização quando uma empresa, em vez de executar serviços diretamente com seus empregados, contrata outra empresa para que esta os realize, com o seu pessoal sob a sua responsabilidade. O empregado é contratado pela empresa intermediadora (empregadora), mas presta serviços em outro local (empresa tomadora).

Alternativa "a". "Considera-se prestação de serviços a terceiros a transferência feita pela contratante da execução de quaisquer de suas atividades, **inclusive sua atividade principal**, à pessoa jurídica de direito privado prestadora de serviços que possua capacidade econômica compatível com a sua execução" (art. 4º-A da Lei nº 6.019/1974 – grifos acrescidos).

Alternativa "b". "São requisitos para o funcionamento da empresa de prestação de serviços a terceiros: (...) empresas com mais de vinte e até cinquenta empregados - **capital mínimo de R$ 45.000,00 (quarenta e cinco mil reais)**" (art. 4º-B, "c" da Lei nº 6.019/1974 – grifos acrescidos).

Alternativa "c". "São asseguradas aos empregados da empresa prestadora de serviços a que se refere o art. 4o-A desta Lei, quando e enquanto os serviços, que podem ser de qualquer uma das atividades da contratante, forem executados nas dependências da tomadora, as mesmas condições: (...) alimentação garantida aos empregados da contratante, **quando oferecida em refeitórios**;" (art. 4º-C, I, "a" da Lei nº 6.019/1974 – grifos acrescidos).

Alternativa "d". "O empregado que for demitido não poderá prestar serviços para esta mesma empresa na qualidade de empregado de empresa prestadora de serviços antes do decurso de prazo de dezoito meses, contados a partir da demissão do empregado" (Art. 5º-D da Lei nº 6.019/1974). Trata-se do período de quarentena, inserido na Lei nº 6.019/1974 para evitar a dispensa dos trabalhadores e viabilizar a licitude da terceirização.

Alternativa "e". "Nos contratos que impliquem mobilização de empregados da contratada em número igual ou superior a **20% (vinte por cento)** dos empregados da contratante, esta poderá disponibilizar aos empregados da contratada os serviços de alimentação e atendimento ambulatorial em outros locais apropriados e com igual padrão de atendimento, com vistas a manter o pleno funcionamento dos serviços existentes" (art. 4º-C, §2º da Lei nº 6.019/1974 – grifos acrescidos).

17. TRABALHO TEMPORÁRIO

65. (FCC – Analista Judiciário – Área Judiciária – TRT 14/2022) Em razão do aumento das vendas durante o período de festividades de final de ano, a empresa Adega D'Ouro pretende contratar trabalhadores temporários. Considerando as regras legais sobre o trabalho temporário, a Adega D'Ouro

a) não pode realizar a contratação pretendida, pois, a despeito da demanda complementar de serviços no período, ela não decorre de fator imprevisível, que seria a única hipótese autorizada para a contratação de trabalhadores.

b) não pode realizar a contratação pretendida, pois os serviços a serem realizados inserem-se no âmbito de sua atividade-fim, o que não é permitido.

c) será solidariamente responsável pelas obrigações trabalhistas referentes ao período em que ocorrer o trabalho temporário.

d) pode realizar a contratação pretendida, pelo prazo máximo de 180 dias, consecutivos ou não, em relação ao mesmo empregador.

e) pode realizar a contratação pretendida mediante contrato de experiência, tendo em vista o curto período da contratação.

▷ ***Anotações/Comentários***

Nota do autor: A questão aborda o trabalho temporário, exigindo o conhecimento da Lei nº 6.019/74, que rege o tema. Importa destacar que a lei passou por alterações no ano de 2017.

Comentário serve para todas as alternativas, uma vez que versam sobre o mesmo assunto. O trabalho temporário foi modificado pela Lei nº 13.429/2017. O trabalhador temporário é contratado por uma empresa de trabalho temporário para prestar serviços em outra empresa, denominada empresa tomadora de serviços. Entretanto, não é permitida a contratação indiscriminada de trabalhadores temporários, pois somente será admitida essa modalidade de prestação de serviços nas seguintes hipóteses, conforme atual redação do art. 2º da Lei nº 6.019/1974, conferida pela Lei nº 13.429/2017:

1) Necessidade de substituição transitória de pessoal permanente;

2) Demanda complementar de serviços, considerada aquela que decorrer de:

a) fatores imprevisíveis;

b) fatores previsíveis, mas que tenham natureza intermitente, periódica ou ocasional.

A Lei nº 13.429/2017 ampliou o prazo para contratação de trabalhador temporário de 3 meses para **180 dias**, consecutivos ou não, prorrogáveis por mais 90 dias:

> **Art. 10 da Lei nº 6.019/74:** Qualquer que seja o ramo da empresa tomadora de serviços, não existe vínculo de emprego entre ela e os trabalhadores contratados pelas empresas de trabalho temporário.
>
> § 1º O contrato de trabalho temporário, com relação ao mesmo empregador, não poderá exceder ao prazo de cento e oitenta dias, consecutivos ou não.
>
> § 2º O contrato poderá ser prorrogado por até noventa dias, consecutivos ou não, além do prazo estabelecido no § 1o deste artigo, quando comprovada a manutenção das condições que o ensejaram.

66. (FCC – Analista Judiciário – Oficial de Justiça Avaliador Federal – TRT 9/2022) Antonieta é contratada da empresa Auxilius Serviços Temporários, sendo que atualmente está prestando serviços na empresa Potência Máquinas e Equipamentos Ltda. que, em razão de uma demanda complementar de serviços, contratou a Auxilius para suprir a necessidade de mão de obra. É requisito para a validade dessa contratação que

a) a demanda de serviços seja oriunda de fatores imprevisíveis ou, quando decorrente de fatores previsíveis, tenha natureza intermitente, periódica ou sazonal.

b) a Auxilius tenha registro no Ministério do Trabalho e possua capital social de, no mínimo, R$ 150.000,00.

c) o contrato de trabalho temporário de Antonieta, em relação ao mesmo empregador, não exceda o prazo de 120 dias, consecutivos ou não.

d) o contrato de trabalho temporário de Antonieta contenha cláusula prevendo proibição de contratação da mesma pela Potência Máquinas e Equipamentos ao fim do prazo em que foi colocada à sua disposição.

e) o contrato firmado entre Antonieta e a Auxilius seja registrado no Ministério do Trabalho.

▷ ***Anotações/Comentários***

Nota do autor: A questão aborda o trabalho temporário, exigindo o conhecimento da Lei nº 6.019/74, que rege o tema. Importa destacar que a lei passou por alterações no ano de 2017.

Alternativa "a". O trabalho temporário foi modificado pela Lei nº 13.429/2017. O trabalhador temporário é contratado por uma empresa de trabalho temporário para prestar serviços em outra empresa, denominada empresa tomadora de serviços. Entretanto, não é permitida a contratação indiscriminada de trabalhadores temporários, pois somente será admitida essa modalidade de prestação de serviços nas seguintes hipóteses, conforme atual redação do art. 2º da Lei nº 6.019/1974, conferida pela Lei nº 13.429/2017:

1) Necessidade de substituição transitória de pessoal permanente;

2) Demanda complementar de serviços, considerada aquela que decorrer de:

a) fatores imprevisíveis;

b) fatores previsíveis, mas que tenham natureza intermitente, periódica ou sazonal.

Alternativa "b". De acordo com o art. 6º da Lei nº 6.019/74, alterado pela Lei nº 13.429/2017:

> **Art. 6º, Lei nº 6.019/74**: São requisitos para funcionamento e registro da empresa de trabalho temporário no Ministério do Trabalho: (Redação dada pela Lei nº 13.429, de 2017)
>
> I - prova de inscrição no Cadastro Nacional da Pessoa Jurídica (CNPJ), do Ministério da Fazenda;
>
> II - prova do competente registro na Junta Comercial da localidade em que tenha sede;
>
> III - prova de possuir capital social de, no mínimo, R$ 100.000,00 (cem mil reais). (grifos acrescidos)

Alternativa "c". A Lei nº 13.429/2017 ampliou o prazo para contratação de trabalhador temporário de 3 meses para **180 dias,** consecutivos ou não, prorrogáveis por mais 90 dias:

Art. 10 da Lei nº 6.019/74: Qualquer que seja o ramo da empresa tomadora de serviços, não existe vínculo de emprego entre ela e os trabalhadores contratados pelas empresas de trabalho temporário.

> § 1º O contrato de trabalho temporário, com relação ao mesmo empregador, não poderá exceder ao prazo de cento e oitenta dias, consecutivos ou não.
>
> § 2º O contrato poderá ser prorrogado por até noventa dias, consecutivos ou não, além do prazo estabelecido no § 1o deste artigo, quando comprovada a manutenção das condições que o ensejaram.

Alternativa "d". Nos termos do parágrafo único do art. 11 da Lei nº 6.019/74, é nula de pleno direito **qualquer cláusula de reserva**, proibindo a contratação do trabalhador pela empresa tomadora ou cliente ao fim do prazo em que tenha sido colocado à sua disposição pela empresa de trabalho temporário.

> § 1º O contrato de trabalho temporário, com relação ao mesmo empregador, não poderá exceder ao prazo de cento e oitenta dias, consecutivos ou não.
>
> § 2º O contrato poderá ser prorrogado por até noventa dias, consecutivos ou não, além do prazo estabelecido no § 1o deste artigo, quando comprovada a manutenção das condições que o ensejaram.

Alternativa "e". Não há imposição legal de registro do contrato de trabalho firmado entre o trabalhador temporário e a empresa de trabalho temporário perante o Ministério do Trabalho e Emprego.

---

67. (FCC – Analista Judiciário – Área Judiciária – TRT 9/2022) Quanto ao trabalho temporário,

a) é proibida a contratação de trabalho temporário para a substituição de trabalhadores em greve, salvo previsão legal.

b) o contrato de trabalho temporário, com relação ao mesmo empregador, não poderá exceder ao prazo de 90 dias, consecutivos ou não.

c) no caso de falência ou recuperação judicial da empresa de trabalho temporário, a empresa tomadora ou cliente é solidariamente responsável pelo recolhimento das contribuições previdenciárias.

d) a empresa tomadora ou cliente poderá contratar o empregado da empresa de trabalho temporário, ao fim do prazo em que este tenha sido colocado à sua disposição, salvo se houver cláusula expressa que proíba a contratação.

e) a empresa de trabalho temporário poderá descontar do trabalhador contratado, a título de mediação para a prestação de serviços na empresa tomadora, o valor de até 30% de seu salário.

▷ ***Anotações/Comentários***

Nota do autor: A questão aborda o trabalho temporário, exigindo o conhecimento da Lei nº 6.019/74, que rege o tema. Importa destacar que a lei passou por alterações no ano de 2017!

Alternativa "a": correta. "É proibida a contratação de trabalho temporário para a substituição de trabalhadores em greve, salvo nos casos previstos em lei." (art. 2º, § 1º, Lei nº 6.019/74).

Alternativa "b": incorreta. "O contrato de trabalho temporário, com relação ao mesmo empregador, não poderá exceder ao prazo de cento e oitenta dias, consecutivos ou não." (art. 10, § 1º, Lei nº 6.019/74).

Alternativa "c": incorreta. "No caso de falência da empresa de trabalho temporário, a empresa tomadora ou cliente é solidariamente responsável pelo recolhimento das contribuições previdenciárias, no tocante ao tempo em que o trabalhador esteve sob suas ordens, assim como em referência ao mesmo período, pela remuneração e indenização previstas nesta Lei." (art. 16, Lei nº 6.019/74).

Alternativa "d": incorreta. "Será nula de pleno direito qualquer cláusula de reserva, proibindo a contratação do trabalhador pela empresa tomadora ou cliente ao fim do prazo em que tenha sido colocado à sua disposição pela empresa de trabalho temporário." (art. 11, parágrafo único, Lei nº 6.019/74).

Alternativa "e": incorreta. "É vedado à empresa do trabalho temporário cobrar do trabalhador qualquer importância, mesmo a título de mediação, podendo apenas efetuar os descontos previstos em Lei." (art. 18, Lei nº 6.019/74).

---

68. (FCC – Analista Judiciário – Oficial de Justiça Avaliador Federal – TRT 23/2022) Cícero foi contratado para a prestação de serviços junto à empresa de Transportes Gira Mundo Ltda., visando suprir necessidade de substituição de mão de obra. A situação em questão se enquadra nos moldes do contrato

a) de trabalho autônomo.

b) temporário.

c) intermitente.

d) de trabalho eventual.

e) de trabalho avulso.

▷ ***Anotações/Comentários***

Nota do autor: A questão exige que o candidato identifique a relação de trabalho no caso concreto apresentado. Note-se que esta é uma tendência cada vez mais comum em provas da FCC.

Alternativa "a": incorreta. O trabalhador autônomo é o prestador de serviços que atua como patrão de si mesmo[14], ou seja, é a pessoa física que presta serviços por conta própria, assumindo os riscos do empreendimento. Exemplos de trabalhadores autônomos: médico, pedreiro, taxista, veterinário, diarista etc. Nesse sentido, o art.442-B da CLT, acrescentado pela Reforma Trabalhista:

> **Art. 442-B da CLT (com redação dada pela Reforma Trabalhista):** A contratação do autônomo, cumpridas por este todas as formalidades legais, com ou sem exclusividade, de forma contínua ou não, afasta a qualidade de empregado prevista no art. 3º desta Consolidação.

Alternativa "b": correta. O trabalho temporário foi modificado pela Lei nº 13.429/2017. O trabalhador temporário é contratado por uma empresa de trabalho temporário para prestar serviços em outra empresa, denominada empresa tomadora de serviços. Entretanto, não é permitida a contratação indiscriminada de trabalhadores temporários, pois somente será admitida essa modalidade de prestação de serviços nas seguintes hipóteses conforme atual redação do art. 2º da Lei nº 6.019/1974, conferida pela Lei nº 13.429/2017:

1) Necessidade de substituição transitória de pessoal permanente;

2) Demanda complementar de serviços, considerada aquela que decorrer de:

a) fatores imprevisíveis;

b) fatores previsíveis, mas que tenham natureza intermitente, periódica ou ocasional. Apesar dessa hipótese de contratação não estar prevista no conceito anterior de trabalho temporário, guarda relação com o termo "acréscimo extraordinário de serviços".

A Lei nº 13.429/2017 ampliou o prazo para contratação de trabalhador temporário de 3 meses para 180 dias, prorrogáveis por mais 90 dias (art. 10, §1º da Lei nº 6.019/74).

Além disso, a Lei nº 13.429/2017 trouxe outros requisitos para a configuração do contrato de trabalho temporário, previstos no art. 9º da Lei nº 6.019/2017. São eles:

14. BARROS, Alice Monteiro. *Curso de Direito do Trabalho*. 2. ed. São Paulo: Ltr, 2006. p. 204.

a) qualificação das partes;
b) motivo justificador da demanda de trabalho;
c) prazo da prestação de serviços;
d) valor da prestação de serviços;
e) disposição sobre segurança e saúde do trabalhador.

Alternativa "c": incorreta. A Reforma Trabalhista acrescentou o § 3º ao art. 443 da CLT para prever nova hipótese de contrato de trabalho: a prestação de trabalho intermitente. Essa alteração causa profundos impactos na estrutura do Direito do Trabalho, pois cria nova modalidade contratual com disciplina jurídica própria, até então sem precedentes na área trabalhista:

> **Art. 443, § 3º, da CLT:** Considera-se como intermitente o contrato de trabalho no qual a prestação de serviços, com subordinação, não é contínua, ocorrendo com alternância de períodos de prestação de serviços e de inatividade, determinados em horas, dias ou meses, independentemente do tipo de atividade do empregado e do empregador, exceto para os aeronautas, regidos por legislação própria.

Alternativa "d": incorreta. O trabalhador eventual é aquele que presta serviços ocasionais, esporádicos. Ademais, outro critério para identificar o trabalhador eventual é que ele atue em atividades não permanentes da empresa.

Alternativa "e": incorreta. A característica principal do trabalho avulso é a presença da intermediação de mão de obra, ou seja, o trabalhador avulso é colocado no local de trabalho com a intermediação do sindicato da categoria ou por meio do Órgão Gestor de Mão de Obra – OGMO.

18. CONTRATO INDIVIDUAL DE TRABALHO

69. (FCC – 2024 – TRT 11 (AM e RR) - Técnico Administrativo - Área Administrativa) Diante do que dispõe o ordenamento jurídico e a doutrina acerca do contrato individual do trabalho, exige-se, para sua configuração, dentre outros elementos,

a) a obrigatoriedade de ser firmado apenas entre pessoas jurídicas como contratantes e pessoas físicas como contratadas.
b) a necessidade de o empregador dirigir a prestação pessoal de serviço.
c) a pessoalidade do empregado e do empregador.
d) a exclusividade para o mesmo empregador.
e) a obrigatoriedade de ser firmado apenas por escrito.

▷ ***Anotações/Comentários***

Nota do autor: A questão aborda diversos assuntos relacionados ao contrato de trabalho.

Alternativa "a": incorreta. O contrato de trabalho pode ser firmado entre pessoas físicas. Tome, por exemplo, as relações de trabalho domésticas, reguladas pela Lei Complementar nº 150/2015.

Alternativa "b": correta. "Considera-se empregador a empresa, individual ou coletiva, que, assumindo os riscos da atividade econômica, admite, assalaria e dirige a prestação pessoal de serviço" (art. 2º, *caput*, CLT).

Alternativa "c": incorreta. A pessoalidade é um elemento essencial à configuração da relação de emprego, mas apenas diz respeito ao empregado. Do ponto de vista do empregador, não há que se falar em pessoalidade. Tanto assim o é que "Qualquer alteração na estrutura jurídica da empresa não afetará os direitos adquiridos por seus empregados." (art. 10, CLT).

Alternativa "d": incorreta. Não há na CLT exigência de que o empregado preste serviços com exclusividade. Não é requisito para configurar o vínculo empregatício que ele trabalhe para apenas um único empregador. Há possibilidade de vários contratos de trabalho, com empresas diversas, simultaneamente.

Alternativa "e": incorreta. "Contrato individual de trabalho é o acordo tácito ou expresso, correspondente à relação de emprego." (art. 442, *caput*, CLT).

70. (FCC – 2024 – TRT 11 – Analista Judiciário/Área Administrativa) Acerca do que dispõe o ordenamento jurídico e a jurisprudência sobre os diversos contratos de trabalho,

a) a transferência do regime jurídico de celetista para estatutário não implica a extinção do contrato de trabalho.
b) os direitos oriundos da existência do contrato de trabalho deixarão de subsistir em caso de falência ou dissolução da empresa.
c) o contrato de trabalho por prazo determinado, para serviços cuja natureza ou transitoriedade justifique a predeterminação do prazo, terá duração máxima de 90 dias.
d) a prestação de serviços a mais de uma empresa do mesmo grupo econômico, durante a mesma jornada de trabalho, sempre caracterizará coexistência de mais de um contrato de trabalho.
e) a mudança na propriedade ou na estrutura jurídica da empresa não afetará os contratos de trabalho dos respectivos empregados.

▷ ***Anotações/Comentários***

Nota do autor: A questão aborda diversos assuntos relacionados ao contrato de trabalho.

Alternativa "a": incorreta. "A transferência do regime jurídico de celetista para estatutário implica extinção do contrato de trabalho, fluindo o prazo da prescrição bienal a partir da mudança de regime." (Súmula nº 382 do TST).

Alternativa "b": incorreta. "Os direitos oriundos da existência do contrato de trabalho subsistirão em caso de falência, concordata ou dissolução da empresa." (Art. 449, CLT).

Alternativa "c": incorreta. Nos termos do art. 445 da CLT, "O contrato de trabalho por prazo determinado não poderá ser estipulado por mais de 2 (dois) anos, observada a regra do art. 451.". O contrato de **experiência** é que tem duração máxima de 90 dias (Art. 445, parágrafo único, CLT).

Alternativa "d": incorreta. "A prestação de serviços a mais de uma empresa do mesmo grupo econômico, durante a mesma jornada de trabalho, não caracteriza a coexistência de mais de um contrato de trabalho, salvo ajuste em contrário." (Súmula nº 129 do TST).

Alternativa "e": correta. "A mudança na propriedade ou na estrutura jurídica da empresa não afetará os contratos de trabalho dos respectivos empregados." (Art. 448, CLT).

71. (FCC – Analista Judiciário – Área Judiciária – TRT 9/2022) Quanto ao contrato de trabalho,

a) quando por prazo determinado que, tacitamente, for prorrogado mais de uma vez, passará a vigorar sem determinação de prazo, desde que esta alteração seja feita por escrito.
b) o intermitente deve ser celebrado por escrito e deve conter especificamente o valor da hora de trabalho, que não pode ser inferior ao valor horário do salário-mínimo ou àquele devido aos demais empregados do estabelecimento que exerçam a mesma função em contrato intermitente ou não.
c) é ilícita a inclusão no uniforme de logomarcas da própria empresa ou de empresas parceiras e de outros itens de identificação relacionados à atividade desempenhada, mesmo quando houver autorização contratual expressa do empregado.
d) caracterizada a sucessão empresarial ou de empregadores, as obrigações trabalhistas, com exceção das contraídas à época em que os empregados trabalhavam para a empresa sucedida, são de responsabilidade do sucessor.
e) na vigência do contrato de trabalho, as invenções do empregado, quando decorrentes de sua contribuição pessoal e da instalação ou equipamento fornecidos pelo empregador, serão de sua propriedade exclusiva, salvo se o contrato de trabalho tiver por objeto, implícita ou explicitamente, pesquisa científica.

▷ ***Anotações/Comentários***

Nota do autor: A questão aborda diversos assuntos relacionados ao contrato de trabalho.

Alternativa "a": incorreta. "O contrato de trabalho por prazo determinado que, tácita ou expressamente, for prorrogado mais de uma vez passará a vigorar sem determinação de prazo." (Art. 451, CLT). Conforme dispositivo legal, não é necessária a referida alteração seja feita por escrito.

Alternativa "b": correta. "O contrato de trabalho intermitente deve ser celebrado por escrito e deve conter especificamente o valor da hora de trabalho, que não pode ser inferior ao valor horário do salário mínimo ou àquele devido aos demais empregados do estabelecimento que exerçam a mesma função em contrato intermitente ou não." (Art. 452-A, CLT).

Alternativa "c": incorreta. "Cabe ao empregador definir o padrão de vestimenta no meio ambiente laboral, sendo lícita a inclusão no uniforme de logomarcas da própria empresa ou de empresas parceiras e de outros itens de identificação relacionados à atividade desempenhada." (Art. 456, CLT).

Alternativa "d": incorreta. "Caracterizada a sucessão empresarial ou de empregadores prevista nos arts. 10 e 448 desta Consolidação, as obrigações trabalhistas, inclusive as contraídas à época em que os empregados trabalhavam para a empresa sucedida, são de responsabilidade do sucessor." (Art. 448-A, CLT).

Alternativa "e": incorreta. "Na vigência do contrato de trabalho, as invenções do empregado, quando decorrentes de sua contribuição pessoal e da instalação ou equipamento fornecidos pelo empregador, serão de propriedade comum, em partes iguais, salvo se o contrato de trabalho tiver por objeto, implícita ou explicitamente, pesquisa científica. Parágrafo único. Ao empregador caberá a exploração do invento, ficando obrigado a promovê-la no prazo de um ano da data da concessão da patente, sob pena de reverter em favor do empregado da plena propriedade desse invento." (Art. 454, CLT).

72. (FCC – Analista Judiciário – Oficial de Justiça Avaliador Federal – TRT 22/2022) A cláusula compromissória de arbitragem pode, conforme previsão na legislação vigente:

a) ser imposta pelo empregador para dirimir conflitos decorrentes do contrato de trabalho com empregados, cuja remuneração não ultrapasse a duas vezes o limite máximo estabelecido para os benefícios do Regime Geral de Previdência Social.
b) convencionar que a arbitragem se realize com base nos princípios gerais de direito, mas não com fundamento nos usos e costumes, mesmo que haja autorização expressa das partes nesse sentido.
c) ser pactuada pela Administração pública direta e indireta, nos contratos individuais de trabalho, para dirimir conflitos relativos a direitos patrimoniais disponíveis e indisponíveis dos empregados.
d) ser proposta por iniciativa do empregado ou mediante sua concordância expressa, nos contratos individuais de trabalho, cuja remuneração seja superior a duas vezes o limite máximo estabelecido para os benefícios do Regime Geral de Previdência Social.
e) ser utilizada para dirimir conflitos decorrentes do contrato de trabalho, mas as regras de direito aplicadas não podem ser escolhidas livremente pelas partes.

▷ ***Anotações/Comentários***

Nota do autor: A questão aborda a arbitragem no Direito Individual do Trabalho. O tema é recente e foi regulamentado pela Reforma Trabalhista. É um assunto, até hoje, pouco explorado nas provas de TRTs.

Comentário serve para todas as alternativas, uma vez que versam sobre o mesmo assunto. A arbitragem era prevista tão somente para os conflitos coletivos, conforme prevê o art. 114, § 1º, da CF/88: "Frustrada a negociação coletiva, as partes poderão eleger árbitros". No entanto, o art. 507-A da CLT, introduzido pela Lei nº 13.467/2017, passa a admitir a arbitragem para os empregados que possuem remuneração superior a duas vezes o limite máximo estabelecido para os benefícios do Regime Geral de Previdência Social. Cria-se, nesse caso, a presunção de que tais trabalhadores, embora subordinados, têm capacidade de manifestar sua vontade de forma livre, ante seu padrão remuneratório:

> **Art. 507-A, CLT (acrescentado pela Lei nº 13.467/2017).** Nos contratos individuais de trabalho cuja remuneração seja superior a duas vezes o limite máximo estabelecido para os benefícios do Regime Geral de Previdência Social, poderá ser pactuada cláusula compromissória de arbitragem, desde que por iniciativa do empregado ou mediante a sua concordância expressa, nos termos previstos na Lei nº 9.307, de 23 de setembro de 1996.

73. (FCC – Analista Judiciário – Oficial de Just. Avaliador Federal – TRT 2/2018) A respeito do contrato individual de trabalho e de acordo com a legislação vigente, considere:

I. Considera-se por prazo indeterminado todo contrato que suceder, dentro de 6 meses, a outro contrato por prazo determinado, salvo se a expiração deste dependeu da execução de serviços especializados ou da realização de certos acontecimentos.
II. Para fins de contratação, o empregador não exigirá do candidato a emprego comprovação de experiência prévia por tempo superior a 3 meses no mesmo tipo de atividade, ou por tempo superior a 6 meses em outro tipo de atividade.
III. Apenas quando o empregado for despedido por falta grave, no caso de readmissão, não serão computados no tempo de serviço os períodos, contínuos ou não, em que tiver trabalhado anteriormente na empresa.

Está correto o que se afirma APENAS em

a) II e III.
b) I e II.
c) I.
d) II.
e) III.

▷ ***Anotações/Comentários***

Nota do autor: A questão aborda o tema contrato individual de trabalho, abordando diversos assuntos como exigência de experiência prévia, sucessão contratual e cômputo do tempo de serviço. Para respondê-la, bastava o conhecimento das previsões contidas na CLT.

Assertiva I. Correta. Existe a possibilidade de **nova contratação** por prazo determinado, desde que respeitado o interstício de **seis meses** entre as contratações a termo. Não se trata de prorrogação, mas de novo contrato. Excepcionalmente, esse intervalo não precisa ser respeitado, ou seja, há duas possibilidades de nova contratação antes mesmo do espaço de tempo de seis meses, nos termos do art. 452 da CLT:

a) Execução de serviços especializados. Nesse caso, houve a necessidade de nova contratação por prazo determinado para a realização de serviços especializados[15], como realização de novos consertos em máquinas que demandem alto conhecimento técnico etc.

b) Realização de certos acontecimentos. Exemplo: contrato de safra ou, ainda, contratação de empregados em hotéis, em virtude do grande número de turistas na alta temporada.

Caso não seja respeitado o prazo de 6 meses ou, caso não se enquadre nas exceções acima citadas, o contrato será considerado por prazo indeterminado.

Assertiva II. Incorreta. Como forma de proporcionar que trabalhadores, ainda sem experiência, possam ocupar novos postos de trabalho, o empregador está proibido de exigir do candidato comprovação de experiência prévia por tempo **superior a seis meses**. De acordo com o art. 442-A da CLT:

> **Art. 442-A da CLT:** Para fins de contratação, o empregador não exigirá do candidato a emprego comprovação de experiência prévia por tempo superior a 6 (seis) meses no mesmo tipo de atividade.

Assertiva III. Incorreta. Não serão computados no tempo de serviço os períodos em que tiver trabalhado anteriormente na empresa em caso de dispensa por falta grave e indenização legal. Lembre-se de que a aposentadoria espontânea não é mais hipótese de término do contrato de trabalho:

> **Art. 453 da CLT:** "No tempo de serviço do empregado, quando readmitido, serão computados os períodos, ainda que não contínuos, em que tiver trabalhado anteriormente na empresa, salvo se houver sido despedido por falta grave, recebido indenização legal ou se aposentado espontaneamente".

15. "Isso ocorre, por exemplo, no caso da contratação do empregado para montar determinada máquina, ou realizar um treinamento com os empregados da empresa; terminada a atividade pactuada, permite-se uma nova contratação a prazo certo, para uma nova instalação de maquinário específico, ou um novo treinamento, mesmo antes de seis meses do término da primeira pactuação". GARCIA, Gustavo Felipe Barbosa. *Curso de Direito do Trabalho*. São Paulo: Método, 2007. p. 119.

74. (FCC – Técnico Judiciário – Área Administrativa – TRT 6/2018) O liame que se estabelece entre o empregador e seu empregado possui natureza jurídica contratual. Conforme previsões contidas na Consolidação das Leis do Trabalho sobre o contrato individual de trabalho e os sujeitos que o compõem,

a) considera-se empregado toda pessoa física ou jurídica que prestar serviços de natureza não eventual a empregador, sob a dependência deste e mediante pagamento de valor fixo mensal.

b) diante do princípio da tutela ao trabalhador a lei prevê que o contrato somente será válido se for acordado expressamente e por escrito.

c) para configuração do contrato de trabalho distingue-se entre o trabalho realizado no estabelecimento do empregador e o executado no domicílio do empregado, ainda que presentes os pressupostos da relação de emprego.

d) para fins de contratação, o empregador não exigirá do candidato a emprego comprovação de experiência prévia por tempo superior a seis meses no mesmo tipo de atividade.

e) o contrato de trabalho por prazo determinado não poderá ser estipulado por mais de um ano, admitindo-se, dentro deste prazo, até duas prorrogações, sob pena de passar a vigorar sem determinação de prazo.

▷ ***Anotações/Comentários***

Nota do autor: Tecnicamente, há diferença entre relação de trabalho e relação de emprego. O termo **relação de trabalho** é utilizado como gênero e trata da relação de trabalho de forma ampla. Todo trabalho humano (pessoa física) prestado ao tomador de serviços (pessoa física ou jurídica) é uma relação de trabalho. Exemplo: trabalho autônomo, atividade de estágio, trabalho eventual, temporário e o próprio vínculo empregatício.

Por outro lado, **relação de emprego** é uma das espécies do gênero relação de trabalho. A característica principal daquela relação consiste na presença da subordinação jurídica exercida sobre a figura do empregado. A CLT e demais leis trabalhistas foram criadas para proteger o empregado, que trabalha sob subordinação. Verifica-se, assim, que toda relação de emprego corresponde a uma relação de trabalho, mas nem toda relação de trabalho é uma relação de emprego. Entretanto, já se consolidou o uso do termo contrato de trabalho para identificar a relação de emprego, regida pela CLT.

Alternativa "a". Ao contrário do que afirma a alternativa, empregado não poderá ser pessoa jurídica, mas apenas pessoa física (Art. 3º da CLT). A pejotização, contratação de pessoa jurídica, configura fraude à relação de emprego e terá como consequência o reconhecimento do vínculo de emprego direto entre o empregador e o trabalhador que prestou os serviços em nome da pessoa jurídica contratada.

Alternativa "b". O contrato de trabalho é consensual e, via de regra, não depende de forma escrita. Pode, desse modo, ser celebrado de forma tácita ou expressa. Lembre-se de que contrato tácito ocorre quando as partes, embora não tenham mencionado uma à outra, de forma clara, a situação de empregado e empregador, há presença dos quatro requisitos da relação empregatícia. Importante ressaltar que há contratos de trabalho que exigem formalidade especial, ou seja, o contrato deve ser escrito. Exemplo: aprendiz (art. 428, CLT), temporário (art. 11, Lei nº 6.019/1974), profissional de futebol (art. 30, Lei nº 9.615/1998) etc.

Alternativa "c". "Não se distingue entre o trabalho realizado no estabelecimento do empregador, o executado no domicílio do empregado e o realizado a distância, desde que estejam caracterizados os pressupostos da relação de emprego" (art. 6º da CLT). De acordo com esse dispositivo da CLT, portanto, o local da prestação de serviços é irrelevante para configurar o vínculo empregatício.

Alternativa "d". Como forma de proporcionar que trabalhadores, ainda sem experiência, possam ocupar novos postos de trabalho, o empregador está proibido de exigir do candidato comprovação de experiência prévia por tempo superior a 6 meses (art. 442-A da CLT). Portanto, o período máximo de experiência prévia que pode ser exigida do empregado é de 6 meses.

Alternativa "e". O prazo de duração do contrato por prazo determinado em caso de serviços cuja natureza ou transitoriedade justifique a predeterminação do prazo ou atividades empresariais de caráter transitório é de, no máximo, **2 anos.** Há possibilidade de ser estipulado prazo menor. A CLT possibilita, ainda, **uma única prorrogação**, desde que respeitado o limite de 2 anos. Assim, pode-se ajustar contrato com duração de 5 meses, prorrogável por mais 1 ano ou, ainda, 1 ano prorrogado por mais 1 ano (não há necessidade, para fins de prorrogação, de prazo idêntico ao anterior) (Art. 443, §§ 1º e 2º da CLT).

18.1. Contrato de trabalho intermitente

75. (FCC – Analista Judiciário – Área Judiciária – TRT 5/2022) Belarmino é empregado na empresa Flor de Lotus, mediante contrato intermitente. Por ter cumprido o período aquisitivo, no próximo mês o referido empregado poderá gozar de férias. Com base na Consolidação das Leis do Trabalho, nessa situação, o descanso em férias será

a) de vinte dias corridos, embora possa ser convocado pelo mesmo empregador para prestar serviços, dada a peculiaridade do contrato intermitente.

b) de um mês, embora possa ser convocado pelo mesmo empregador para prestar serviços, dada a peculiaridade do contrato intermitente.

c) de um mês, não podendo ser convocado pelo mesmo empregador para prestar serviços.

d) vinte dias úteis, embora possa ser convocado pelo mesmo empregador para prestar serviços, dada a peculiaridade do contrato intermitente.

e) proporcional à quantidade de dias trabalhados durante o período aquisitivo, limitada a vinte dias corridos, não podendo ser convocado pelo mesmo empregador para prestar serviços.

▷ ***Anotações/Comentários***

Nota do autor: A questão aborda aspectos do contrato de trabalho intermitente, figura inserida à CLT pela Reforma Trabalhista. Não deixe de ler o art. 452-A da CLT sobre o assunto!

Comentário serve para todas as alternativas, uma vez que versam sobre o mesmo assunto. A Reforma Trabalhista acrescentou o § 3º ao art. 443 da CLT para prever nova hipótese de contrato de trabalho: a prestação de trabalho intermitente. Essa alteração causa profundos impactos na estrutura do Direito do Trabalho, pois cria nova modalidade contratual com disciplina jurídica própria, até então sem precedentes na área trabalhista:

> **Art. 443, § 3º, da CLT:** Considera-se como intermitente o contrato de trabalho no qual a prestação de serviços, com subordinação, não é contínua, ocorrendo com alternância de períodos de prestação de serviços e de inatividade, determinados em horas, dias ou meses, independentemente do tipo de atividade do empregado e do empregador, exceto para os aeronautas, regidos por legislação própria.

Em relação às férias do intermitente, assim dispõe a legislação:

> **Art. 452-A, § 9º, CLT:** A cada doze meses, o empregado adquire direito a usufruir, nos doze meses subsequentes, um mês de férias, período no qual não poderá ser convocado para prestar serviços pelo mesmo empregador.

76. (FCC – Analista Judiciário – Área Judiciária – TRT 17/2022) Considere as assertivas abaixo.

I. Ausência de subordinação.

II. Descontinuidade na prestação dos serviços.

III. Convocação prévia de trabalhadores por meio eficaz de comunicação.

IV. Período de inatividade considerado como tempo à disposição.

V. Silêncio como manifestação de vontade.

Conforme a Consolidação das Leis do Trabalho, encaixa-se como característica do contrato de trabalho intermitente o que está descrito APENAS em

a) I, III e IV.

b) II, III e V.

c) I, II e IV.

d) III e V.

e) I e IV.

▷ *Anotações/Comentários*

Nota do autor: A questão aborda aspectos do contrato de trabalho intermitente, figura inserida à CLT pela Reforma Trabalhista. Não deixe de ler o art. 452-A da CLT sobre o assunto!

A Reforma Trabalhista acrescentou o § 3º ao art. 443 da CLT para prever nova hipótese de contrato de trabalho: a prestação de trabalho intermitente. Essa alteração causa profundos impactos na estrutura do Direito do Trabalho, pois cria nova modalidade contratual com disciplina jurídica própria, até então sem precedentes na área trabalhista.

Assertiva I: incorreta. / Assertiva II: correta. "Considera-se como intermitente o contrato de trabalho no qual a prestação de serviços, com subordinação [assertiva I], não é contínua [assertiva III], ocorrendo com alternância de períodos de prestação de serviços e de inatividade, determinados em horas, dias ou meses, independentemente do tipo de atividade do empregado e do empregador, exceto para os aeronautas, regidos por legislação própria." (art. 443, § 3º, da CLT, grifos acrescidos).

Assertiva III: correta. "O empregador convocará, por qualquer meio de comunicação eficaz, para a prestação de serviços, informando qual será a jornada, com, pelo menos, três dias corridos de antecedência." (art. 452-A, § 1º, da CLT, grifos acrescidos).

Assertiva IV: incorreta. "O período de inatividade não será considerado tempo à disposição do empregador, podendo o trabalhador prestar serviços a outros contratantes." (art. 452-A, § 5º, da CLT, grifos acrescidos).

Assertiva V: correta. "Recebida a convocação, o empregado terá o prazo de um dia útil para responder ao chamado, presumindo-se, no silêncio, a recusa." (art. 452-A, § 2º, da CLT, grifos acrescidos).

---

77. (FCC - Analista Judiciário - Área Judiciária - TRT 23/2022) Considere as assertivas abaixo a respeito do contrato de trabalho intermitente.

I. O contrato de trabalho intermitente, por ser uma modalidade extraordinária e informal, pode ser celebrado de forma tácita, desde que haja algum meio eficaz de manifestação de vontade do empregado.

II. Apenas a categoria dos aeronautas é excluída da possibilidade de celebração de contrato de trabalho intermitente, por contar com legislação própria que regulamenta a profissão.

III. O silêncio do empregado após a oferta de trabalho feita pelo empregador é considerada recusa após 1 dia útil, sendo hipótese de descaracterização da subordinação jurídica.

IV. O prazo de antecedência que o empregador deve obedecer para a convocação do empregado ao trabalho é de 5 dias corridos.

V. Em caso de aceite da oferta para comparecer ao trabalho, a parte que descumprir, sem justo motivo, pagará à outra, no prazo de 30 dias, multa de 50% da remuneração devida.

Conforme previsão da Consolidação das Leis do Trabalho, está correto o que se afirma APENAS em

a) i, iii e v.

b) ii e v.

c) iii e iv.

d) i, ii e iv.

e) iii e v.

▷ *Anotações/Comentários*

Nota do autor: A questão aborda aspectos do contrato de trabalho intermitente, figura inserida à CLT pela Reforma Trabalhista. Não deixe de ler o art. 452-A da CLT sobre o assunto!

A Reforma Trabalhista acrescentou o § 3º ao art. 443 da CLT para prever nova hipótese de contrato de trabalho: a prestação de trabalho intermitente. Essa alteração causa profundos impactos na estrutura do Direito do Trabalho, pois cria nova modalidade contratual com disciplina jurídica própria, até então sem precedentes na área trabalhista.

Assertiva I: incorreta. "O contrato de trabalho intermitente deve ser celebrado por escrito e deve conter especificamente o valor da hora de trabalho, que não pode ser inferior ao valor horário do salário mínimo ou àquele devido aos demais empregados do estabelecimento que exerçam a mesma função em contrato intermitente ou não." (art. 452-A, caput, da CLT, grifos acrescidos).

Assertiva II: correta. "Considera-se como intermitente o contrato de trabalho no qual a prestação de serviços, com subordinação, não é contínua, ocorrendo com alternância de períodos de prestação de serviços e de inatividade, determinados em horas, dias ou meses, independentemente do tipo de atividade do empregado e do empregador, exceto para os aeronautas, regidos por legislação própria." (art. 443, § 3º, da CLT, grifos acrescidos).

Assertiva III: incorreta. "Recebida a convocação, o empregado terá o prazo de um dia útil para responder ao chamado, presumindo-se, no silêncio, a recusa." (art. 452-A, § 2º, da CLT, grifos acrescidos); "A recusa da oferta não descaracteriza a subordinação para fins do contrato de trabalho intermitente." (art. 452-A, § 3º, da CLT, grifos acrescidos).

Assertiva IV: incorreta. "O empregador convocará, por qualquer meio de comunicação eficaz, para a prestação de serviços, informando qual será a jornada, com, pelo menos, três dias corridos de antecedência." (art. 452-A, § 1º, da CLT, grifos acrescidos).

Assertiva V: correta. "Aceita a oferta para o comparecimento ao trabalho, a parte que descumprir, sem justo motivo, pagará à outra parte, no prazo de trinta dias, multa de 50% (cinquenta por cento) da remuneração que seria devida, permitida a compensação em igual prazo." (art. 452-A, § 4º, da CLT, grifos acrescidos).

---

78. (FCC - Analista Judiciário - Oficial de Justiça Avaliador Federal - TRT 17/2022) Sócrates celebrou contrato intermitente com a Casa de Eventos Balada's, em 01/01/2022, para a prestação de serviços como Barman. Conforme previsão da Consolidação das Leis do Trabalho, uma vez convocado para o serviço, Sócrates terá o prazo de resposta de I, sendo que a partir de 02/01/2023 poderá usufruir de férias II.

Preenchem, correta e respectivamente, as lacunas I e II:

a) 2 dias úteis - de 1 mês

b) 3 dias úteis - proporcionais aos dias trabalhados nos últimos 12 meses

c) 1 dia útil - de 1 mês

d) 2 dias corridos - proporcionais aos dias trabalhados nos últimos 12 meses

e) 1 dia corrido - 20 dias

▷ *Anotações/Comentários*

Nota do autor: A questão aborda aspectos do contrato de trabalho intermitente, figura inserida à CLT pela Reforma Trabalhista. Não deixe de ler o art. 452-A da CLT sobre o assunto!

A Reforma Trabalhista acrescentou o § 3º ao art. 443 da CLT para prever nova hipótese de contrato de trabalho: a prestação de trabalho intermitente. Essa alteração causa profundos impactos na estrutura do Direito do Trabalho, pois cria nova modalidade contratual com disciplina jurídica própria, até então sem precedentes na área trabalhista.

Prazo para resposta do trabalhador: "Recebida a convocação, o empregado terá o prazo de um dia útil para responder ao chamado, presumindo-se, no silêncio, a recusa." (art. 452-A, § 2º, da CLT, grifos acrescidos).

Férias no contrato de trabalho intermitente: "A cada doze meses, o empregado adquire direito a usufruir, nos doze meses subsequentes, um mês de férias, período no qual não poderá ser convocado para prestar serviços pelo mesmo empregador." (art. 452-A, § 9º, da CLT, grifos acrescidos).

---

79. (FCC - Analista Judiciário - Oficial de Justiça Avaliador Federal - TRT 22/2022) Paulo firmou contrato de trabalho intermitente, em 12/01/2022, para prestar serviços de entregas ao restaurante Gosto Bom, especialmente nas oportunidades em que o empregador realizava promoções com a redução de 50% dos valores constantes no cardápio.

Assim, o restaurante Gosto Bom, ao definir a semana do mês em que realizaria as promoções, convocava Paulo, com ao menos cinco dias úteis de antecedência, para realizar as entregas, sendo que este respondia imediatamente, confirmando sua presença.

Em maio/2022, ao ser novamente convocado e confirmar a prestação do serviço, Paulo não compareceu para realizar as entregas na semana acordada.

No trabalho intermitente, a

a) ausência de comparecimento, após a confirmação de presença, obriga o empregado ao pagamento, no prazo de trinta dias, de multa de 50% da remuneração que seria devida, permitida a compensação em igual prazo.

b) recusa injustificada configura ato de insubordinação com a rescisão do contrato de trabalho por justa causa, independentemente da prática de faltas graves anteriores.

c) ausência de comparecimento, após a confirmação de presença, obriga o empregado ao pagamento, no prazo de trinta dias, de multa de 25% da remuneração que seria devida, permitida a compensação em igual prazo.

d) recusa injustificada e a ausência de comparecimento, após a confirmação de presença, não caracterizam faltas graves ou ensejam qualquer penalidade ao empregado, em razão das peculiaridades do contrato de trabalho intermitente.

e) recusa injustificada configura ato de indisciplina com a rescisão do contrato de trabalho por justa causa, independentemente da prática de faltas graves anteriores.

▷ ***Anotações/Comentários***

Nota do autor: A questão aborda aspectos do contrato de trabalho intermitente, figura inserida à CLT pela Reforma Trabalhista. Não deixe de ler o art. 452-A da CLT sobre o assunto!

A Reforma Trabalhista acrescentou o § 3º ao art. 443 da CLT para prever nova hipótese de contrato de trabalho: a prestação de trabalho intermitente. Essa alteração causa profundos impactos na estrutura do Direito do Trabalho, pois cria nova modalidade contratual com disciplina jurídica própria, até então sem precedentes na área trabalhista.

Alternativas "a" e "c". "Aceita a oferta para o comparecimento ao trabalho, a parte que descumprir, sem justo motivo, pagará à outra parte, no prazo de trinta dias, multa de 50% (cinquenta por cento) da remuneração que seria devida, permitida a compensação em igual prazo." (art. 452-A, § 4º, da CLT, grifos acrescidos).

Alternativas "b", "d" e "e". "A recusa da oferta não descaracteriza a subordinação para fins do contrato de trabalho intermitente." (art. 452-A, § 3º, da CLT, grifos acrescidos).

---

80. (FCC – Técnico Judiciário – Área Administrativa – TRT 4/2022) O contrato de trabalho intermitente, conforme previsão da Consolidação das Leis do Trabalho, pode ser considerado um contrato atípico, por ausência de

a) subordinação.

b) remuneração mensal

c) continuidade.

d) onerosidade.

e) previsibilidade.

▷ ***Anotações/Comentários***

Nota do autor: A questão aborda aspectos do contrato de trabalho intermitente, figura inserida à CLT pela Reforma Trabalhista. Não deixe de ler o art. 452-A da CLT sobre o assunto!

A Reforma Trabalhista acrescentou o § 3º ao art. 443 da CLT para prever nova hipótese de contrato de trabalho: a prestação de trabalho intermitente. Essa alteração causa profundos impactos na estrutura do Direito do Trabalho, pois cria nova modalidade contratual com disciplina jurídica própria, até então sem precedentes na área trabalhista.

Comentário serve para todas as alternativas, uma vez que versam sobre o mesmo assunto. Particularmente, achei a referida questão muito mal formulada e ambígua. Acredito e, quando da aplicação da prova assim me posicionei, que deveria ser anulada pela banca. Mas não foi. De qualquer forma, decidi comentá-la para explicar os motivos dessa minha posição.

A alterativa "a". De fato, está incorreta, pois, no contrato de trabalho intermitente, há a presença de subordinação. Concordo com o gabarito, ao considerar como correta a alternativa "c", pois, de fato, no contrato de trabalho intermitente, podemos observar a ausência de continuidade na prestação de serviços, sendo seu traço característico a alternância entre períodos de atividade e períodos de inatividade:

Art. 443, § 3º, da CLT: Considera-se como intermitente o contrato de trabalho no qual a prestação de serviços, com subordinação [alternativa "a"], não é contínua [alternativa "c"], ocorrendo com alternância de períodos de prestação de serviços e de inatividade, determinados em horas, dias ou meses, independentemente do tipo de atividade do empregado e do empregador, exceto para os aeronautas, regidos por legislação própria. (grifos acrescidos).

Ainda, apesar da ausência de continuidade, não se trata de uma modalidade de trabalho voluntário, havendo legítima expectativa, por parte do empregado, de recebimento de salário pelos serviços prestados. Portanto, há a presença de onerosidade e, assim, a alternativa "d" está errada.

Minhas duas objeções em relação à questão são as alternativas "b" e "e", as duas consideradas incorretas pela banca. No caso da alternativa "b", pelo entendimento da banca, haveria, no contrato de trabalho intermitente "remuneração mensal". Discordo! Segundo o texto da CLT, a remuneração não será mensal, mas será paga ao término de cada período de prestação de serviços. A periodicidade mensal é usada tão somente para definir o valor dos depósitos fundiários (FGTS) a ser recolhido pelo empregador:

> **Art. 452-A, CLT:** (...) § 6º Ao final de cada período de prestação de serviço, o empregado receberá o pagamento imediato das seguintes parcelas:
>
> I - remuneração;
>
> II - férias proporcionais com acréscimo de um terço;
>
> III - décimo terceiro salário proporcional;
>
> IV - repouso semanal remunerado; e
>
> V - adicionais legais.
>
> § 7 º O recibo de pagamento deverá conter a discriminação dos valores pagos relativos a cada uma das parcelas referidas no § 6o deste artigo.
>
> § 8 º O empregador efetuará o recolhimento da contribuição previdenciária e o depósito do Fundo de Garantia do Tempo de Serviço, na forma da lei, com base nos valores pagos no período mensal e fornecerá ao empregado comprovante do cumprimento dessas obrigações.

Portanto, no meu entender, a alternativa "b" está certa, isto é, o contrato de trabalho intermitente pode ser considerado um contrato atípico por ausência de remuneração mensal.

Também em desacordo com o entendimento da banca, considero que o contrato de trabalho intermitente pode ser considerado um contrato atípico por ausência de previsibilidade (alternativa "e"). Como defendo em minhas obras, o trabalho intermitente é caracterizado, justamente, pela imprevisibilidade da prestação do trabalho, em razão dos períodos de atividade e inatividade a que o empregado estará submetido.

De qualquer forma, a banca não anulou referida questão e considerou como correta a alternativa C.

---

81. (FCC – Técnico Judiciário – Área Administrativa – TRT 9/2022) Luna foi contratada como empregada pela empresa Festa Festou Eventos Ltda., para prestação de serviços não contínuos, definida em períodos de dias com trabalho e períodos de inatividade. Considerando as peculiaridades dessa modalidade de contratação,

a) sendo convocada para a prestação de serviços, Luna não pode recusar, sob pena de restar descaracterizada a subordinação típica da relação de emprego.

b) Luna somente terá direito a férias se, no período de doze meses, prestar serviços por, pelo menos, oito meses ao empregador, contínuos ou não.

c) os períodos de inatividade, nos quais não há trabalho a ser executado, não são considerados tempo à disposição da empregadora, podendo Luna prestar serviços a outros contratantes.

d) durante os períodos de inatividade, embora não haja trabalho a ser executado, Luna pode ser chamada a qualquer momento para o trabalho pela empregadora, razão pela qual tem direito ao recebimento, para esses períodos, de parcela indenizatória equivalente a 20% da remuneração pactuada.

e) a empregadora pode convocar Luna para o trabalho, por qualquer meio de comunicação eficaz, informando qual será a jornada de trabalho, com pelo menos quarenta e oito horas de antecedência.

▷ ***Anotações/Comentários***

Nota do autor: A questão aborda aspectos do contrato de trabalho intermitente, figura inserida à CLT pela Reforma Trabalhista. Não deixe de ler o art. 452-A da CLT sobre o assunto!

A Reforma Trabalhista acrescentou o § 3º ao art. 443 da CLT para prever nova hipótese de contrato de trabalho: a prestação de trabalho intermitente. Essa alteração causa profundos impactos na estrutura do Direito do Trabalho, pois cria nova modalidade contratual com disciplina jurídica própria, até então sem precedentes na área trabalhista.

Alternativas "a". "A recusa da oferta não descaracteriza a subordinação para fins do contrato de trabalho intermitente." (art. 452-A, § 3º, da CLT, grifos acrescidos).

Alternativas "b". "A cada doze meses, o empregado adquire direito a usufruir, nos doze meses subsequentes, um mês de férias, período no qual não poderá ser convocado para prestar serviços pelo mesmo empregador." (art. 452-A, § 9º, da CLT, grifos acrescidos).

Alternativas "c" e "d". "O período de inatividade não será considerado tempo à disposição do empregador, podendo o trabalhador prestar serviços a outros contratantes." (art. 452-A, § 5º, da CLT, grifos acrescidos).

Alternativa "e". "O empregador convocará, por qualquer meio de comunicação eficaz, para a prestação de serviços, informando qual será a jornada, com, pelo menos, três dias corridos de antecedência." (art. 452-A, § 1º, da CLT, grifos acrescidos).

---

82. (FGV – Técnico Judiciário – Área Administrativa – TRT 16/2022) Pedro tem um contrato intermitente com uma sociedade empresária que realiza festas em Chapadinha/MA, sendo chamado quando há serviço. Em 29 de outubro de 2022, a empresa realizaria uma grande festa e convocou Pedro, no dia 25 de outubro de 2022, para nela trabalhar. Pedro recusou de plano a oferta porque já havia se comprometido com outra sociedade empresária para trabalhar naquele dia como garçom. Diante da situação retratada e dos termos da CLT, assinale a afirmativa correta.

a) No caso de impasse entre as partes quanto à aceitação da prestação do serviço, a Justiça do Trabalho deverá ser acionada.

b) A empresa está errada porque a convocação deveria ter ocorrido com 7 dias de antecedência.

c) Pedro agiu de forma insubordinada e por isso poderia ser dispensado por justa causa.

d) É direito de Pedro não aceitar o trabalho e isso não poderá ocasionar qualquer punição.

e) O empregado agiu com indisciplina e poderia ser dispensado por justa causa.

▷ ***Anotações/Comentários***

Nota do autor: A questão aborda aspectos do contrato de trabalho intermitente, figura inserida à CLT pela Reforma Trabalhista. Não deixe de ler o art. 452-A da CLT sobre o assunto!

A Reforma Trabalhista acrescentou o § 3º ao art. 443 da CLT para prever nova hipótese de contrato de trabalho: a prestação de trabalho intermitente. Essa alteração causa profundos impactos na estrutura do Direito do Trabalho, pois cria nova modalidade contratual com disciplina jurídica própria, até então sem precedentes na área trabalhista.

Comentário serve para todas as alternativas, uma vez que versam sobre o mesmo assunto. Conforme dispõe a CLT, "A recusa da oferta não descaracteriza a subordinação para fins do contrato de trabalho intermitente." (art. 452-A, § 3º, da CLT, grifos acrescidos). Dessa forma, é direito de Pedro não aceitar o trabalho e isso não poderá ocasionar qualquer punição.

18.2. Efeitos conexos do contrato de trabalho: dano extrapatrimonial

---

83. (FCC – Analista Judiciário – Área Judiciária – TRT 2/2018) Márcia ingressou com reclamação trabalhista contra sua ex-empregadora, pessoa jurídica Luz Nova Ltda., com pedido de indenização por danos morais, ao argumento de que restou prejudicado o seu direito ao lazer, pois era obrigada a trabalhar em períodos extensos, fazendo horas extras diariamente, o que lhe impossibilitava o convívio social e familiar. Luz Nova Ltda. contestou a ação e apresentou reconvenção, com pedido de indenização por danos morais, argumentando que Márcia havia violado a imagem da empresa, ao publicar ofensas contra ela nas redes sociais. Neste caso, nos termos da lei trabalhista vigente que regula o dano extrapatrimonial,

a) o lazer não é bem juridicamente tutelado inerente ao empregado, pois se trata de direito fundamental oponível apenas contra o Estado e não contra o empregador.

b) a pessoa jurídica não é titular do direito à reparação, pois a sua esfera moral não é tutelável.

c) a imagem, a marca, o nome, o segredo empresarial e o sigilo da correspondência são bens juridicamente tutelados inerentes à pessoa jurídica.

d) a Consolidação das Leis do Trabalho não prevê a reparação de danos de natureza extrapatrimonial decorrentes da relação de trabalho, sendo utilizada a lei civil, subsidiariamente sempre.

e) ao apreciar o pedido de reparação por danos extrapatrimoniais, o juízo não considerará os reflexos sociais da ação ou omissão e a situação social das partes envolvidas, mas, apenas, os reflexos pessoais da ação ou omissão e a situação econômica das partes.

▷ ***Anotações/Comentários***

Nota do autor: O legislador constituinte previu o princípio da dignidade da pessoa humana como fundamento da República Federativa do Brasil no art. 1º, III, da Constituição Federal de 1988. A dignidade humana está intimamente relacionada à proteção dos direitos da personalidade. O art. 5º, X, CF/88 traz a previsão de que o indivíduo que for ofendido será ressarcido, na proporção do dano sofrido. Dano extrapatrimonial ou dano imaterial corresponde à lesão que atinge os bens imateriais da pessoa, por exemplo, sua honra, seu nome e dignidade.

A CLT não previa expressamente dispositivos ligados ao dano material ou imaterial. Dessa forma, por aplicação do art. 8º da CLT, o direito comum era utilizado como fonte subsidiária para o assunto. O intérprete valia-se do Código Civil, que traz regras gerais sobre a responsabilização civil. O dano moral não tem como ser demonstrado por documentos, pois a raiva, a angústia e o sofrimento não se comprovam por meio de provas documentais.

A Reforma Trabalhista tratou, de forma detalhada e minuciosa, sobre o dano extrapatrimonial no novo Título II-A da CLT (arts. 223-A a 223-G). Além disso, salientou que apenas os dispositivos da CLT seriam aplicados na reparação de dano extrapatrimonial decorrente da relação de trabalho.

Vale ressaltar, entretanto, que essa não foi a posição adotada pelo STF no julgamento das 6050 (processo principal), 6069 e 6082 (apensos), que, entre outros pontos, questionavam, justamente, a constitucionalidade do art. 223-A da CLT.

Alternativa "a". "A honra, a imagem, a intimidade, a liberdade de ação, a autoestima, a sexualidade, a saúde, o **lazer** e a integridade física são os bens juridicamente tutelados inerentes à pessoa física" (Art. 223-C da CLT). Note, dessa forma, que o lazer é elencado no rol de bens juridicamente tutelados da pessoa física.

Alternativa "b". "Causa dano de natureza extrapatrimonial a ação ou omissão que ofenda a esfera moral ou existencial da pessoa física ou **jurídica**, as quais são as titulares exclusivas do direito à reparação" (Art. 223-B da CLT). Apesar da previsão expressa na CLT no sentido de que caberia reparação por dano extrapatrimonial em face da pessoa jurídica, o STJ já adotava entendimento nesse sentido, na Súmula nº 227:

> **Súmula nº 227 do STJ:** A pessoa jurídica pode sofrer dano moral.

Alternativa "c". "A imagem, a marca, o nome, o segredo empresarial e o sigilo da correspondência são bens juridicamente tutelados inerentes à pessoa jurídica" (Art. 223-D da CLT). Entendo que o rol de bens tutelados elencado pela CLT, tanto no caso de pessoa física como de pessoa jurídica é exemplificativo.

Alternativa "d". Com o advento da Reforma Trabalhista, a CLT passou a contar com dispositivos próprios sobre o dano extrapatrimonial. Deve-se ressaltar a previsão contida no art. 223-A da CLT, que estabelece a aplicação apenas dos dispositivos do Título II-A à reparação de danos extrapatrimoniais. Entretanto, entendo que a melhor interpretação a ser dada ao dispositivo se dá no sentido de admitir a aplicação das normas de direito comum de forma subsidiária ou, até mesmo, sobreposta caso se trate de norma mais favorável ao empregado. Aliás, esse também foi o entendimento do STF no julgamento das 6050 (processo principal), 6069 e 6082 (apensos), que, apesar de reconhecer a constitucionalidade do art. 235-A da CLT, esclareceu que sua redação não pode afastar a aplicação de outras legislações protetivas à esfera moral do trabalhador.

Exemplo: a CLT não tratou do dano moral em razão da responsabilidade objetiva do empregador. Nesse caso, aplicamos o disposto na

Constituição Federal e no Código Civil, já que não é possível deixar a questão sem respaldo jurídico, tendo em vista a vedação ao *non liquet*, decorrente da interpretação do art. 5º, XXXV da CF/88.

Alternativa "e". Ao apreciar o pedido, o juiz considerará os elementos indicados no art. 223-G da CLT, dentre os quais os reflexos sociais da ação e a situação social e econômica das partes envolvidas:

> **Art. 223-G da CLT** (grifos acrescidos). Ao apreciar o pedido, o juízo considerará:
>
> I - a natureza do bem jurídico tutelado;
>
> II - a intensidade do sofrimento ou da humilhação;
>
> III - a possibilidade de superação física ou psicológica;
>
> IV - **os reflexos pessoais e sociais da ação ou da omissão**;
>
> V - a extensão e a duração dos efeitos da ofensa;
>
> VI - as condições em que ocorreu a ofensa ou o prejuízo moral;
>
> VII - o grau de dolo ou culpa;
>
> VIII - a ocorrência de retratação espontânea;
>
> IX - o esforço efetivo para minimizar a ofensa;
>
> X - o perdão, tácito ou expresso;
>
> XI - **a situação social e econômica das partes envolvidas**;
>
> XII - o grau de publicidade da ofensa.

84. (FCC – Analista Judiciário – Área Judiciária – TRT 9/2022) Quanto ao dano moral,

a) a sua reparação não pode ser cumulada com a indenização por danos materiais decorrentes do mesmo ato lesivo.

b) a composição das perdas e danos, assim compreendidos os lucros cessantes e os danos emergentes, interfere diretamente na sua avaliação.

c) a honra, a imagem, a intimidade, a liberdade de ação, a autoestima, a sexualidade, a saúde, o lazer e a integridade física são os bens juridicamente tutelados inerentes à pessoa física, enquanto a imagem, a marca, o nome, o segredo empresarial e o sigilo da correspondência são bens juridicamente tutelados inerentes à pessoa jurídica.

d) se o ofendido for pessoa jurídica, a sua ofensa poderá ser classificada como leve, média, grave ou gravíssima e a indenização será fixada de acordo com o capital social da empresa.

e) nas condenações a este título, a atualização monetária e os juros incidem desde a prática do ato ou omissão que gerou o dano.

▷ ***Anotações/Comentários***

Nota do autor: O legislador constituinte previu o princípio da dignidade da pessoa humana como fundamento da República Federativa do Brasil no art. 1º, III, da Constituição Federal de 1988. A dignidade humana está intimamente relacionada à proteção dos direitos da personalidade. O art. 5º, X, CF/88 traz a previsão de que o indivíduo que for ofendido será ressarcido, na proporção do dano sofrido. Dano extrapatrimonial ou dano imaterial corresponde à lesão que atinge os bens imateriais da pessoa, por exemplo, sua honra, seu nome e dignidade.

A CLT não previa expressamente dispositivos ligados ao dano material ou imaterial. Dessa forma, por aplicação do art. 8º da CLT, o direito comum era utilizado como fonte subsidiária para o assunto. O intérprete valia-se do Código Civil, que traz regras gerais sobre a responsabilização civil. O dano moral não tem como ser demonstrado por documentos, pois a raiva, a angústia e o sofrimento não se comprovam por meio de provas documentais.

A Reforma Trabalhista tratou, de forma detalhada e minuciosa, sobre o dano extrapatrimonial no novo Título II-A da CLT (arts. 223-A a 223-G). Além disso, salientou que apenas os dispositivos da CLT seriam aplicados na reparação de dano extrapatrimonial decorrente da relação de trabalho.

Vale ressaltar, entretanto, que essa não foi a posição adotada pelo STF no julgamento das 6050 (processo principal), 6069 e 6082 (apensos), que, entre outros pontos, questionavam, justamente, a constitucionalidade do art. 223-A da CLT.

Alternativas "a" e "b". Incorretas. "São cumuláveis as indenizações por dano material e dano moral oriundos do mesmo fato." (Súmula 37 do STJ).

No mesmo sentido, o art. 223-F da CLT estabelece a possibilidade de cumulação de pedidos atinentes ao dano extrapatrimonial e material sofrido, por meio da propositura de uma única ação, o que é reforçado, inclusive, pelos princípios da celeridade e efetividade processual:

> **Art. 223-F, CLT** (acrescentado pela Reforma Trabalhista). A reparação por danos extrapatrimoniais pode ser pedida cumulativamente com a indenização por danos materiais decorrentes do mesmo ato lesivo.
>
> § 1º Se houver cumulação de pedidos, o juízo, ao proferir a decisão, discriminará os valores das indenizações a título de danos patrimoniais e das reparações por danos de natureza extrapatrimonial.
>
> § 2º A composição das perdas e danos, assim compreendidos os lucros cessantes e os danos emergentes, não interfere na avaliação dos danos extrapatrimoniais.

Alternativa "c". Correta. "A honra, a imagem, a intimidade, a liberdade de ação, a autoestima, a sexualidade, a saúde, o lazer e a integridade física são os bens juridicamente tutelados inerentes à pessoa física." (art. 223-C, CLT) e "A imagem, a marca, o nome, o segredo empresarial e o sigilo da correspondência são bens juridicamente tutelados inerentes à pessoa jurídica." (art. 223-D, CLT).

Alternativa "d". Incorreta. A Reforma Trabalhista passou determinar critérios objetivos para a fixação do dano extrapatrimonial. Trata-se da criação do **sistema de tarifação do dano extrapatrimonial** previsto no art. 223-G da CLT. A depender do dano causado, será fixada a indenização com base no último salário contratual do trabalhador. Por exemplo, no caso de dano leve, o dano moral será de até 3 vezes o salário contratual.

Além disso, quanto à titularidade para a propositura da ação de reparação de dano, o art. 223-B da CLT descreve que é exclusiva daquele que sofreu o dano, o que não merece prosperar. A previsão de exclusividade da vítima na titularidade do direito à reparação do dano impediria que seus herdeiros pudessem postular a indenização na hipótese de morte da vítima.

Esses dois pontos também foram objetos de questionamento das ADIs 6050 (processo principal), 6069 e 6082 (apensos). O STF, no julgamento Virtual finalizado em 26/06/2023, por maioria, conheceu das ações e, no mérito, as julgou parcialmente procedentes para conferir interpretação conforme à Constituição, de modo a estabelecer que:

1) As redações conferidas aos arts. 223-A e 223-B, da CLT, não excluem o direito à reparação por dano moral indireto ou dano em ricochete no âmbito das relações de trabalho, a ser apreciado nos termos da legislação civil; e

2) Os critérios de quantificação de reparação por dano extrapatrimonial previstos no art. 223-G, caput e § 1º, da CLT deverão ser observados pelo julgador como critérios orientativos de fundamentação da decisão judicial.

Restou decido, porém, que é constitucional o arbitramento judicial do dano em valores superiores aos limites máximos dispostos nos incisos I a IV do § 1º do art. 223-G, quando consideradas as circunstâncias do caso concreto e os princípios da razoabilidade, da proporcionalidade e da igualdade. Tudo nos termos do voto do Relator, Ministro Gilmar Mendes.

Alternativa "e". Incorreta. "Nas condenações por dano moral, a atualização monetária é devida a partir da data da decisão de arbitramento ou de alteração do valor. Os juros incidem desde o ajuizamento da ação, nos termos do art. 883 da CLT." (Súmula nº 439 do TST).

19. ALTERAÇÃO DO CONTRATO DE TRABALHO

85. (FCC – 2024 – TRT 11 (AM e RR) - Técnico Administrativo - Área Administrativa) Diante do que estabelece a Consolidação das Leis do Trabalho sobre a alteração do contrato individual de trabalho:

a) quando a alteração do contrato individual do trabalho decorrer de mútuo consentimento, admite-se que esta resulte em prejuízo direto ou indireto ao empregado.

b) considera-se alteração unilateral do contrato individual de trabalho a determinação do empregador para que o respectivo empregado reverta ao cargo efetivo, anteriormente ocupado, deixando o exercício de função de confiança.

c) ainda quando ocorra extinção do estabelecimento em que trabalhar o empregado é vedada a sua transferência, sem o seu consentimento, diante do princípio da alteridade.

d) é lícito ao empregador, unilateralmente, transferir empregado que exerça cargo de confiança e aquele cujo contrato tenha como condição, implícita ou explícita, a transferência, quando esta decorra de real necessidade de serviço.

e) as despesas resultantes de eventual transferência para localidade diversa daquela firmada no contrato individual de trabalho, quando por mútuo consentimento, correrão, equitativamente, por conta do empregado e do empregador.

▷ ***Anotações/Comentários***

Nota do autor: A questão aborda os temas da alteração do contrato de trabalho e da transferência de empregados. Quanto aos itens mencionados, não houve impactos pela Reforma Trabalhista, permanecendo atual a questão.

Alternativa "a": incorreta. "Nos contratos individuais de trabalho só é lícita a alteração das respectivas condições por mútuo consentimento, e ainda assim desde que não resultem, direta ou indiretamente, prejuízos ao empregado, sob pena de nulidade da cláusula infringente desta garantia." (art. 468, *caput*, CLT).

Alternativa "b": incorreta. "Não se considera alteração unilateral a determinação do empregador para que o respectivo empregado reverta ao cargo efetivo, anteriormente ocupado, deixando o exercício de função de confiança." (art. 468, § 1º, CLT).

Alternativa "c": incorreta. "É lícita a transferência quando ocorrer extinção do estabelecimento em que trabalhar o empregado." (art. 469, § 2º, CLT).

Alternativa "d": correta. "Não estão compreendidos na proibição deste artigo: os empregados que exerçam cargo de confiança e aqueles cujos contratos tenham como condição, implícita ou explícita, a transferência, quando esta decorra de real necessidade de serviço." (art. 469, § 1º, CLT).

Alternativa "e": incorreta. "As despesas resultantes da transferência correrão por conta do empregador." (art. 470, CLT).

86. (FCC – Analista Judiciário – Área Judiciária – TRT 17/2022) Begônia é empregada do Cemitério Eterna Morada, com sede em Vitória-ES, e devido à necessidade de serviço para a implantação de uma outra unidade no município de Guarapari-ES, sua empregadora a está transferindo para aquela localidade com a finalidade de acompanhar a instalação. Begônia, residente e domiciliada em Vitória, permanecerá em Guarapari de terça a quinta-feira, retornando para sua casa às sextas-feiras para o convívio da família, voltando a Guarapari na terça-feira seguinte. Nessa situação, com base no que prevê a CLT, a trabalhadora

a) deverá receber adicional de transferência à base de 20% do seu salário vigente, de forma a custear as despesas em Guarapari.

b) faz jus a adicional de transferência à base de 30% do seu salário vigente, de forma a custear as despesas em Guarapari.

c) não é credora de adicional de transferência na hipótese, eis que não houve mudança de domicílio, requisito legal indispensável na hipótese.

d) poderá exigir adicional de transferência de, no mínimo, 25% do salário vigente, o qual perdurará pelo prazo máximo de 12 meses.

e) deverá receber adicional de transferência à base de 25% do seu salário vigente, de forma a custear as despesas em Guarapari, pelo prazo máximo de 12 meses.

▷ ***Anotações/Comentários***

Nota do autor: A questão aborda os temas da alteração do contrato de trabalho e da transferência de empregados. Quanto aos itens mencionados, não houve impactos pela Reforma Trabalhista, permanecendo atual a questão.

Comentário serve para todas as alternativas, uma vez que versam sobre o mesmo assunto. Entre as possibilidades do jus variandi está a transferência de empregados. Em regra, a transferência unilateral é vedada. Essa transferência será possível desde que tenha anuência do empregado. Importante mencionar que a legislação considera como transferência tão somente aquele que acarrete, necessariamente, a mudança de domicílio do empregado:

> **Art. 469 da CLT**: Ao empregador é vedado transferir o empregado, sem a sua anuência, para localidade diversa da que resultar do contrato, não se considerando transferência a que não acarretar necessariamente a mudança do seu domicílio. (grifos acrescidos)

No caso em tela, Begônia não precisou mudar de domicílio, passando mais da metade da semana com sua família, em Vitória/ES. Não há que se falar, portanto, em adicional de transferência.

Aliás, referido adicional seria devido tão somente na transferência provisória, enquanto durasse essa situação:

> **Art. 469, § 3º, da CLT:** Em caso de necessidade de serviço o empregador poderá transferir o empregado para localidade diversa da que resultar do contrato, não obstante as restrições do artigo anterior, mas, nesse caso, ficará obrigado a um pagamento suplementar, nunca inferior a 25% (vinte e cinco por cento) dos salários que o empregado percebia naquela localidade, enquanto durar essa situação. (grifos acrescidos)

87. (FCC – Técnico Judiciário – Área Administrativa – TRT 4/2022) Afrodite é empregada da empresa Céu de Atenas S/A e ocupa cargo de confiança na referida empresa há 12 anos, recebendo gratificação de função. Por deliberação do Conselho da empresa, sem justo motivo, Afrodite retornará ao seu cargo efetivo a partir do próximo mês. Conforme o que prevê a Consolidação das Leis do Trabalho, Afrodite

a) deverá permanecer recebendo a gratificação de função, eis que ultrapassado o prazo mínimo de 5 anos de recebimento, incorporando-se ao seu patrimônio jurídico.

b) deverá permanecer recebendo a gratificação de função, eis que ultrapassado o prazo mínimo de 10 anos de recebimento, incorporando-se ao seu patrimônio jurídico.

c) deverá permanecer recebendo a gratificação de função, eis que após 2 anos de recebimento, apenas por justo motivo o empregado nessas condições perde o direito à gratificação de função.

d) perderá o direito à gratificação de função, eis que essa reversão, com ou sem justo motivo, não assegura ao empregado o direito à manutenção do pagamento da gratificação correspondente.

e) continuará percebendo 50% da gratificação de função, eis que essa reversão, sem justo motivo, decorrido o mínimo de 10 anos, assegura ao empregado o direito à manutenção do pagamento de 50% da gratificação correspondente.

▷ ***Anotações/Comentários***

Nota do autor: A questão aborda o tema alteração do contrato do trabalho, envolvendo o poder de organização do empregador *(jus variandi)*.

Comentário serve para todas as alternativas, uma vez que versam sobre o mesmo assunto. O *jus variandi* representa modificação unilateral do contrato, pode ser ordinário ou extraordinário:

1) ***jus variandi* ordinário:** a alteração unilateral do contrato de trabalho realizada no dia a dia da empresa como forma de organizar a prestação de serviços, independentemente de autorização legal ou jurisprudencial.

2) ***jus variandi* extraordinário:** representa alteração unilateral excepcional que exige a previsão em lei ou jurisprudência. É o caso da reversão, apresentada no caso.

A reversão do empregado ocupante de cargo de confiança para o cargo que ocupava anteriormente é lícita e possível a qualquer momento (art. 468, § 1º, CLT). Com a Reforma Trabalhista, o empregado não tem direito à manutenção da gratificação de função com a reversão ao cargo efetivo, independentemente do tempo de serviço (art. 468, § 2º, CLT). Com essa previsão, a Súmula nº 372 do TST deve passar por atualização[16].

16. **Súmula nº 372 do TST**: I – Percebida a gratificação de função por dez ou mais anos pelo empregado, se o empregador, sem justo motivo, revertê-lo a seu cargo efetivo, não poderá retirar-lhe a gratificação tendo em vista o princípio da estabilidade financeira.
II – Mantido o empregado no exercício da função comissionada, não pode o empregador reduzir o valor da gratificação.

88. (FCC – Técnico Judiciário – Área Administrativa – TRT 9/2022) Adrian, empregado bancário, trabalha como escriturário em agência situada na cidade de Cascavel. O contrato escrito, celebrado entre empregado e empregador, contém cláusula que prevê a possibilidade de transferência do empregado para qualquer agência do território nacional. O empregado recebeu ordem escrita de transferência, devendo apresentar-se na agência da cidade de Paranaguá, para prestar os mesmos serviços, por um período de seis meses, sendo que no documento não há qualquer menção da necessidade que levou o empregador a alterar o local de trabalho. Considerando as disposições legais, Adrian

a) não está obrigado a aceitar a transferência pois, sendo a mesma provisória, a ordem de transferência deveria indicar o valor do adicional de transferência que o empregador pretende pagar.

b) está obrigado a aceitar a transferência porque trata-se de transferência provisória, com duração inferior a um ano, não sendo exigível a comprovação de real necessidade de serviço e nem de pagamento de adicional de transferência.

c) está obrigado a aceitar a transferência, tendo em vista que há cláusula expressa em seu contrato de trabalho prevendo tal possibilidade.

d) está obrigado a aceitar a transferência porque a mesma se dará entre cidades do mesmo Estado.

e) não está obrigado a aceitar a transferência porque, mesmo havendo cláusula expressa em seu contrato de trabalho prevendo a sua possibilidade, é necessário que esta decorra de real necessidade de serviço.

▷ ***Anotações/Comentários***

Nota do autor: A questão aborda o tema transferência do empregado. Para responder a essas questões o candidato deve estar atento aos requisitos para a configuração de transferência abusiva.

Comentário serve para todas as alternativas, uma vez que versam sobre o mesmo assunto. Entre as possibilidades do *jus variandi* está a transferência de empregados. Em regra, a transferência unilateral é vedada. Essa transferência será possível desde que tenha anuência do empregado. Para configurar transferência, é necessário que acarrete mudança de domicílio do empregado.

Excepcionalmente, poderá ocorrer a transferência unilateral do empregado, se respeitados os limites impostos por lei. A seguir, as hipóteses admitidas:

1) **Empregados que exerçam cargos de confiança.** Inclusive para esses empregados, é necessário que o empregador demonstre a necessidade do serviço, ou seja, fundamente a transferência para evitar abusos e perseguições. Empregados de confiança são aqueles previstos no art. 62, II, da CLT.

2) **Empregados cujo contrato tenham como condição implícita ou explícita a necessidade de transferência.** Também nessa hipótese será necessária comprovação de real necessidade de serviço, no mesmo sentido da hipótese anterior. Exemplo de condição implícita: empregados do circo. Condição explícita: no ato da contratação fica expresso que é condição, na prestação de serviços, a possibilidade de transferência do empregado, como ocorre em alguns bancos e em empresas com diversas filiais.

3) **Extinção do estabelecimento.** Nesse caso, a transferência unilateral é permitida para evitar o término do contrato de trabalho. E, se o empregado se negar a essa transferência, ocorrerá o pedido de demissão. Exemplo: empregado trabalhava em Belo Horizonte, mas nessa cidade o estabelecimento foi extinto. Diante desse acontecimento, o trabalhador foi transferido para a unidade da empresa em Juiz de Fora, MG, sendo lícita essa transferência.

4) **Transferência provisória por necessidade de serviço.** Nesse caso, com fundamento no princípio da lealdade contratual, caberá ao empregado colaborar com a empresa. Há necessidade, entretanto, de que essa necessidade seja fundamentada na real necessidade de serviço.

No caso, Adrian se enquadra na hipótese 2 acima descrita. Apesar de seu contrato de trabalho conter cláusula que prevê a possibilidade de transferência do empregado para qualquer agência do território nacional, não há qualquer menção, no documento de comunicação da transferência, acerca da necessidade que levou o empregador a alterar o local de trabalho. Logo, trata-se de transferência ilícita e o empregado não está obrigado a aceita-la.

89. (FCC – Técnico Judiciário – Área Administrativa – TRT 14/2022) Arquimedes foi transferido pelo seu empregador para localidade diversa do contrato de trabalho, para realização de serviços específicos, o que provocou a mudança de seu domicílio, sendo que a previsão é para que esse trabalho dure aproximadamente 1 ano. Nesse período, Arquimedes, de acordo com a CLT, fará jus ao adicional de transferência no percentual equivalente a

a) 25% do salário.

b) 30% do salário.

c) 40% do salário.

d) 20% do salário.

e) 50% do salário.

▷ ***Anotações/Comentários***

Nota do autor: A questão aborda o tema transferência do empregado. Para responder a essas questões o candidato deve estar atento aos requisitos para a configuração de transferência abusiva.

Comentário serve para todas as alternativas, uma vez que versam sobre o mesmo assunto. Entre as possibilidades do jus variandi está a transferência de empregados. Em regra, a transferência unilateral é vedada. Essa transferência será possível desde que tenha anuência do empregado. Para configurar transferência, é necessário que acarrete mudança de domicílio do empregado.

Excepcionalmente, poderá ocorrer a transferência unilateral do empregado, se respeitados os limites impostos por lei. A seguir, as hipóteses admitidas:

1) **Empregados que exerçam cargos de confiança.** Inclusive para esses empregados, é necessário que o empregador demonstre a necessidade do serviço, ou seja, fundamente a transferência para evitar abusos e perseguições. Empregados de confiança são aqueles previstos no art. 62, II, da CLT.

2) **Empregados cujo contrato tenham como condição implícita ou explícita a necessidade de transferência.** Também nessa hipótese será necessária comprovação de real necessidade de serviço, no mesmo sentido da hipótese anterior. Exemplo de condição implícita: empregados do circo. Condição explícita: no ato da contratação fica expresso que é condição, na prestação de serviços, a possibilidade de transferência do empregado, como ocorre em alguns bancos e em empresas com diversas filiais.

3) **Extinção do estabelecimento.** Nesse caso, a transferência unilateral é permitida para evitar o término do contrato de trabalho. E, se o empregado se negar a essa transferência, ocorrerá o pedido de demissão. Exemplo: empregado trabalhava em Belo Horizonte, mas nessa cidade o estabelecimento foi extinto. Diante desse acontecimento, o trabalhador foi transferido para a unidade da empresa em Juiz de Fora, MG, sendo lícita essa transferência.

4) **Transferência provisória por necessidade de serviço.** Nesse caso, com fundamento no princípio da lealdade contratual, caberá ao empregado colaborar com a empresa. Há necessidade, entretanto, de que essa necessidade seja fundamentada na real necessidade de serviço.

No caso, a transferência de Arquimedes é transitória / temporária, motivo pelo qual terá direito ao adicional de transferência, nunca inferior a 25% (vinte e cinco por cento) dos salários que o empregado percebia naquela localidade, enquanto durar essa situação (art. 469, § 3º, CLT).

90. (FCC – Analista Judiciário – Área Judiciária – TRT 2/2018) Mauro trabalha na sede da empresa Cristal Ltda, localizada em São Paulo, e ocupa o cargo de Gerente de Produtos, enquadrado como cargo de confiança. O setor em que Mauro trabalha será totalmente desativado e passará a ser desenvolvido na filial da empresa, localizada na cidade de Campinas, interior do Estado de São Paulo. Nesse caso, nos termos da lei trabalhista vigente e do entendimento sumulado do TST, é correto afirmar que a empresa Cristal Ltda

a) poderá transferir Mauro e qualquer outro empregado da empresa, unilateralmente, pois a transferência de empregado para outra localidade diversa da que resultar o contrato sempre será permitida, ainda que não haja anuência do empregado.

b) não poderá, apesar de Mauro exercer cargo de confiança, unilateralmente, transferi-lo para a cidade de Campinas, ainda que haja comprovação da necessidade do serviço, pois não houve extinção do estabelecimento.

c) poderá transferir Mauro, unilateralmente, para a cidade de Campinas, visto que exerce cargo de confiança, desde que haja comprovação da necessidade do serviço.

d) somente poderá transferir Mauro para a cidade de Campinas/SP, unilateralmente, se houver previsão explícita no contrato de trabalho.

e) poderá transferir Mauro, unilateralmente, para a cidade de Campinas, pois exerce cargo de confiança, independentemente da comprovação da necessidade do serviço.

▷ ***Anotações/Comentários***

Nota do autor: A questão borda um dos casos de alteração objetiva do contrato de trabalho, que, no caso, ocorre com a mudança do local de prestação de serviços por empregado que exerce cargo de gestão. Não deixe de ler o art. 469 da CLT, pois ele é muito cobrado em provas de concursos.

Comentário serve para todas as alternativas, uma vez que versam sobre o mesmo assunto. A alteração do local de trabalho, em regra, depende da anuência do empregado. Há casos, todavia, em que se admite a alteração unilateral do contrato, sem que haja necessidade de referida anuência, como é o caso da questão.

Mauro exerce cargo de gestão e, por esta razão, poderia ser transferido unilateralmente, desde que comprovada a necessidade de serviço pelo empregador. Nesse sentido, o art. 469 da CLT e da Súmula nº 43 do TST:

> **Art. 469 da CLT:** Ao empregador é vedado transferir o empregado, sem a sua anuência, para localidade diversa da que resultar do contrato, não se considerando transferência a que não acarretar necessariamente a mudança do seu domicílio.
>
> § 1º - Não estão compreendidos na proibição deste artigo: os **empregados que exerçam cargo de confiança** e aqueles cujos contratos tenham como condição, implícita ou explícita, a transferência, quando esta decorra de real necessidade de serviço.
>
> **Súmula nº 43 do TST:** Presume-se abusiva a transferência de que trata o § 1º do art. 469 da CLT, sem **comprovação da necessidade do serviço**.

91. (FCC – Analista Judiciário – Área Judiciária – TRT 15/2018) Marinela trabalhou como professora em um Colégio no período de 15/03/2015 a 30/11/2016, quando foi dispensada sem justa causa sob a alegação de necessidade de diminuição de custo. Foi recontratada pelo mesmo Colégio em 03/03/2017, para exercício das mesmas funções, mas com salário reduzido em 20%, em razão da redução da carga horária imposta pelo empregador, sem que tenha havido diminuição do número de alunos da escola. Tendo sido novamente dispensada em 30/11/2017, pretende ingressar em juízo para, pleiteando a unicidade contratual, requerer as diferenças decorrentes da redução salarial, bem como os respectivos reflexos e, ainda, em relação ao primeiro período de trabalho, o vale transporte que não foi concedido. Considerando as disposições legais e o entendimento pacífico do TST,

a) em razão da unicidade contratual, que pode ser reconhecida pelo exíguo tempo entre a dispensa e a recontratação, a redução da carga horária do professor, sem que haja diminuição do número de alunos, constitui alteração contratual, sendo ilícita a redução salarial imposta.

b) a redução da carga horária do professor sempre é possível, tratando-se de alteração contratual admitida pelo ordenamento jurídico, não importando haver unicidade contratual.

c) não há que se falar no caso em unicidade contratual, tendo em vista que os contratos são distintos, definidos por ano letivo, o que implica em validade da redução da carga horária, não restando caracterizada redução salarial.

d) a pretensão em relação ao vale transporte prescreve em 30/11/2018 e o pedido de diferenças salariais decorrentes da redução salarial imposta pelo empregador, e os consequentes reflexos, prescreve em 30/11/2019.

e) em razão da unicidade contratual, as pretensões prescrevem em 30/11/2019, com exceção dos reflexos das diferenças salariais no FGTS, que prescrevem em 30/11/2022.

▷ ***Anotações/Comentários***

Nota do autor: A questão é polêmica e, na minha opinião, deveria ser anulada pela banca examinadora. Atente-se aos comentários abaixo.

Comentário serve para todas as alternativas, uma vez que versam sobre o mesmo assunto. Inicialmente, entendo que essa questão não deveria ser direcionada a questões objetivas, pois o tema não é pacífico e pode gerar diversas discussões. Caso prevista em questões dissertativas e estudos de caso, seria uma questão que exigiria o conhecimento de pontos específicos acerca da readmissão do empregado e da unicidade contratual. Cumpre ressaltar que não existe previsão legal que proíba a recontratação de empregado por prazo indeterminado em determinado período de tempo. Se as verbas rescisórias referentes ao primeiro contrato foram corretamente pagas e ocorreu nova contratação, não há impeditivo legal expresso para que o empregado volte a trabalhar com novo contrato de trabalho.

É importante pontuar que a Portaria no 384/1992, vigente à época do concurso, e a Portaria 671/2021 do MTP, atualmente vigente, têm previsão de que a recontratação ou permanência do empregado quando ocorrida a rescisão dentro do período de 90 dias é considerada fraudulenta:

> **Art. 312 da Portaria 671/2021 do MTP:** Considera-se fraudulenta a rescisão seguida de recontratação ou de permanência do trabalhador em serviço quando ocorrida dentro dos noventa dias subsequentes à data em que formalmente a rescisão se operou.

Por outro lado, a jurisprudência do TST considera que é necessária a demonstração inequívoca da ocorrência de fraude na readmissão do empregado para que seja considerada a unicidade contratual. Com o cancelamento do Enunciado no 20 do TST, que presumia a fraude no término do contrato de trabalho após curto período de tempo, o tribunal entende que não existe presunção de fraude, pois esta deverá ser devidamente provada:

> AGRAVO DE INSTRUMENTO - DESPROVIMENTO - ADESÃO A PLANO DE DEMISSÃO VOLUNTÁRIA - READMISSÃO - UNICIDADE CONTRATUAL NÃO CARACTERIZADA
>
> O Enunciado no 20/TST presumia fraude na resilição contratual quando houvesse continuidade na prestação de serviços ou readmissão após curto período de tempo. Cancelado o enunciado pela Resolução no 106/2001 desta Corte, tornou-se necessária a demonstração inequívoca da fraude, não mais se admitindo mera presunção. Nesses termos, o acórdão recorrido está conforme à jurisprudência dominante nesta Corte, no sentido de que a readmissão do empregado, em curto período de tempo após a extinção do pacto laboral, não induz, por si só, à existência de fraude à lei, devendo esta ser provada, o que não ocorreu na espécie. READMISSÃO - PERCEPÇÃO DE SALÁRIO INFERIOR AO PACTUADO NO PRIMEIRO CONTRATO DE TRABALHO - INEXISTÊNCIA DE AFRONTA AO PRINCÍPIO DA IRREDUTIBILIDADE SALARIAL
>
> Descaracterizada a unicidade contratual, a recontratação do Reclamante, com percepção de salário inferior ao pactuado no primeiro contrato de trabalho, não afronta o princípio da irredutibilidade salarial, não havendo falar, assim, em ofensa ao art. 7º, inciso VI, da Constituição da República. Agravo a que se nega provimento. (AIRR 1707500-25.2002.5.02.0902 – Relatora Ministra Maria Cristina Irigoyen Peduzzi, Data de julgamento: 01/09/2004)

O tema é, portanto, extremamente polêmico e, apesar da redução salarial ilícita do professor, a questão não esclarece de forma clara a ocorrência de fraude devidamente demonstrada para que a unicidade contratual pudesse ser reconhecida.

A segunda parte da questão encontra respaldo no entendimento a *contrario sensu* da OJ no 244 da SDI- do TST, pois a redução salarial sem a diminuição do número de alunos compreende alteração contratual ilícita:

> **OJ nº 244 da SDI-I do TST:** "A redução da carga horária do professor, em virtude da diminuição do número de alunos, não constitui alteração contratual, uma vez que não implica redução do valor da hora-aula".

92. (FCC – Analista Judiciário – Área administrativa – TRT 11/2017) No tocante à alteração do contrato de trabalho, considere:

I. Empregado transferido, por ato unilateral do empregador, para local mais distante de sua residência, tem direito a suplemento salarial correspondente ao acréscimo da despesa de transporte.

II. Considera-se alteração unilateral a determinação do empregador para que o respectivo empregado reverta ao cargo efetivo, anteriormente ocupado, deixando o exercício de função de confiança.

III. Ao empregador é vedado transferir o empregado com a mudança de seu domicílio, sem a sua anuência, para localidade diversa da que resultar do contrato. Esta proibição estende-se para os empregados que exerçam cargo de confiança.

IV. Não é lícita a transferência quando ocorrer extinção do estabelecimento em que trabalhar o empregado, devendo ocorrer a rescisão contratual ante a previsão expressa da Consolidação das Leis do Trabalho.

Está correto o que se afirma APENAS em

a) I , III e IV.

b) II.

c) I, II e III.

d) I.

e) II, III e IV.

▷ ***Anotações/Comentários***

Nota do autor: A questão aborda os temas da alteração do contrato de trabalho e da transferência de empregados. Quanto aos itens mencionados, não houve impactos pela Reforma Trabalhista, permanecendo atual a questão.

Item I. Correto. No caso de transferência do empregado, este fará jus a um acréscimo salarial correspondente ao aumento de despesas com transporte:

> **Súmula nº 29 do TST:** Empregado transferido, por ato unilateral do empregador, para local mais distante de sua residência, tem direito a suplemento salarial correspondente ao acréscimo da despesa de transporte.

Item II. Errado. O empregado que ocupa cargo de confiança poderá ser revertido ao cargo anterior, com a retirada da gratificação de função, sem que essa **reversão** acarrete nulidade (art. 468, §1º da CLT). Em razão do exercício de cargo de confiança, o empregado recebe gratificação de função, que se configura salário-condição, ou seja, o empregado somente irá receber a gratificação enquanto estiver exercendo a função de confiança na empresa. Portanto, não se incorpora ao patrimônio jurídico do trabalhador.

O § 2º do art. 468 da CLT, acrescentado pela Reforma Trabalhista, passou a disciplinar a hipótese de supressão da gratificação de função:

> **Art. 468, § 2º, CLT** *(acrescentado pela Lei nº 13.467/2017):* A alteração de que trata o § 1º deste artigo, com ou sem justo motivo, não assegura ao empregado o direito à manutenção do pagamento da gratificação correspondente, que não será incorporada, independentemente do tempo de exercício da respectiva função.

Nesse sentido, a Reforma Trabalhista passou a prever que a reversão do empregado, com ou sem justo motivo, não assegura ao empregado o direito de manter o pagamento da gratificação de função. O valor não será, em hipótese alguma, incorporado ao salário do empregado, **independentemente do tempo de exercício da função**. Portanto, ainda que o empregado trabalhe por períodos superiores a 10 anos em função de confiança, não terá direito à incorporação da gratificação de função recebida caso for revertido ao cargo efetivo anteriormente ocupado.

Item III. Errado. Entre as possibilidades do *jus variandi* está a transferência de empregados. Em regra, a transferência unilateral é vedada. Essa transferência será possível desde que tenha **anuência do empregado**.

Há casos, entretanto, em que a anuência do empregado não é necessária, como é a hipótese do empregado exercente de cargo de confiança. Para estes, é necessária a comprovação da necessidade do serviço, devendo o empregador fundamentar a transferência para evitar abusos e perseguições (art. 469, §1º da CLT).

Item IV. Errado. No caso de extinção do estabelecimento, a transferência unilateral é permitida para evitar o término do contrato de trabalho. E, se o empregado se negar a essa transferência, ocorrerá o pedido de demissão. Exemplo: empregado trabalhava em Belo Horizonte, mas nessa cidade o estabelecimento foi extinto. Diante desse acontecimento, o trabalhador foi transferido para a unidade da empresa em Juiz de Fora, MG, sendo lícita essa transferência (art. 469, §2º da CLT).

93. (FCC – Analista Judiciário – Oficial de Just. Avaliador – TRT 24/2017) Hefesto trabalhou por 3 anos na empresa Netuno Equipamentos Náuticos em sua matriz situada no município do Rio de Janeiro, quando foi transferido para a filial da empresa na cidade de Santos, para exercer as mesmas funções em substituição a empregado que sofreu acidente de trabalho. Permaneceu em Santos por 5 meses, retornando para a matriz, na cidade do Rio de Janeiro. Nesta situação, a transferência será considerada regular

a) independentemente do consentimento do trabalhador, em razão do poder diretivo do empregador.

b) caso houvesse necessidade do serviço, ficando o empregador obrigado a um pagamento suplementar, nunca inferior a 25% dos salários do trabalhador, enquanto durar a transferência.

c) se Hefesto exercesse um cargo de confiança, ainda que a alteração não tenha decorrido de real necessidade de serviço.

d) para os empregados cujos contratos tenham como condição, implícita ou explícita, a transferência, ainda que esta não tenha decorrido de real necessidade de serviço.

e) independente da necessidade do serviço, desde que ocorra de forma definitiva e haja o pagamento de adicional de transferência de, no mínimo, 15% do salário do trabalhador.

▷ ***Anotações/Comentários***

Nota do autor: A questão aborda o tema da transferência do empregado, exigindo o conhecimento do exposto na CLT sobre o assunto.

Comentário serve para todas as alternativas, uma vez que versam sobre o mesmo assunto. Entre as possibilidades do *jus variandi* está a transferência de empregados. Em regra, a transferência unilateral é vedada. Essa transferência será possível desde que tenha **anuência do empregado**. Para configurar transferência, é necessário que acarrete mudança de domicílio do empregado. O empregador, portanto, está obrigado a indicar os motivos da transferência. Essa exigência é um dos raros casos em que o empregador deverá motivar sua decisão. Caso não seja fundamentada, a transferência será considerada abusiva, possibilitando ao empregado pleitear a rescisão indireta com base no art. 483, *d*, da CLT. De acordo com a jurisprudência do TST:

> **Súmula nº 43 do TST:** "Presume-se abusiva a transferência de que trata o § 1º do art. 469 da CLT, sem comprovação da necessidade do serviço."

No caso de transferência provisória por necessidade de serviço, mesmo em se tratando de cargo de confiança e condição implícita ou explícita no contrato, o empregador ficará obrigado a pagar adicional de, no mínimo, 25%, dos salários que o empregado recebia na localidade de origem, enquanto durar a transferência (art. 469, §3º da CLT).

20. SUSPENSÃO E INTERRUPÇÃO DO CONTRATO DE TRABALHO

94. (FCC – 2024 – TRT 11 – Analista Judiciário/Área Administrativa) Enzo é empregado de uma loja de sapatos e teve a notícia do falecimento de sua bisavó paterna ocorrido em uma segunda-feira, Valentina trabalha como atendente em uma lanchonete e é mãe de uma criança de 3 anos, tendo agendado duas consultas médicas para quarta e quinta-feira, Julieta trabalha como vendedora de uma loja de brinquedos e vai se casar com Romeu na terça-feira. Considerando o que prevê a Consolidação das Leis do Trabalho,

a) os três poderão se ausentar do trabalho sem prejuízo do seu salário, sendo Enzo por até 2 dias, Valentina somente por um dia e Julieta por 3 dias.

b) nenhum dos três empregados poderá faltar sem prejuízo do salário, por não se enquadrarem nas hipóteses legais de interrupção do contrato de trabalho.

c) os três poderão se ausentar do trabalho sem prejuízo do seu salário, sendo Enzo apenas no dia seguinte ao do falecimento de sua bisavó, Valentina pelos dois dias de consulta e Julieta por 5 dias.

d) apenas Julieta poderá se ausentar por 5 dias, sem prejuízo de seu salário; Enzo e Valentina, em caso de ausência, terão os dias descontados de seu salário.

e) Enzo não poderá se ausentar do trabalho, sem prejuízo de seu salário, por se tratar de falecimento de parente distante; Valentina e Julieta poderão se ausentar sem prejuízo de seu salário, a primeira por 2 dias e a segunda por 3 dias consecutivos.

▷ ***Anotações/Comentários***

Nota do autor: A questão aborda hipóteses de interrupção do contrato do trabalho, situações que configuradas garantem ao empregado a percepção da remuneração correspondente, ainda que não tenha a prestação de serviço.

Comentário serve para todas as alternativas, uma vez que versam sobre o mesmo assunto. Para facilitar a compreensão da questão, vamos analisar a situação de cada empregado.

> **Enzo:** "Art. 473, I, CLT: O empregado poderá deixar de comparecer ao serviço sem prejuízo do salário: até 2 (dois) dias consecutivos, em caso de falecimento do cônjuge, ascendente, descendente, irmão ou pessoa que, declarada em sua carteira de trabalho e previdência social, viva sob sua dependência econômica;".
>
> **Valentina:** "Art. 473, XI, CLT: O empregado poderá deixar de comparecer ao serviço sem prejuízo do salário: por 1 (um) dia por ano para acompanhar filho de até 6 (seis) anos em consulta médica.".
>
> **Julieta:** "Art. 473, III, CLT: O empregado poderá deixar de comparecer ao serviço sem prejuízo do salário: até 3 (três) dias consecutivos, em virtude de casamento;".

95. (Cespe – Técnico Judiciário – Área Administrativa – TRT 8/2022) Marina, empregada celetista na sociedade empresária Delta Ltda., apresentou atestado de afastamento de sete dias em razão de doença não relacionada com sua atividade laboral.

Nessa situação hipotética, de acordo com as regras de suspensão e interrupção do contrato de trabalho, o contrato de trabalho de Marina será

a) interrompido, ela receberá a verba salarial correspondente aos dias de afastamento e o período de sete dias não será computado como tempo de serviço.

b) interrompido, e ela não receberá a verba salarial correspondente aos dias de afastamento, mas o período de sete dias será computado como tempo de serviço.

c) interrompido, ela receberá a verba salarial correspondente aos dias de afastamento e o período de sete dias será computado como tempo de serviço.

d) suspenso, ela receberá a verba salarial correspondente aos dias de afastamento e o período de sete dias será computado como tempo de serviço.

e) suspenso, ela não receberá a verba salarial correspondente aos dias de afastamento e o período de sete dias será computado como tempo de serviço.

▷ ***Anotações/Comentários***

Nota do autor: A questão trata sobre os efeitos da apresentação de atestado médico no contrato de trabalho. Leia os comentários abaixo para entender a questão. Por ora, gostaria de te lembrar da Súmula nº 15 do TST: "A justificação da ausência do empregado motivada por doença, para a percepção do salário-enfermidade e da remuneração do repouso semanal, deve observar a ordem preferencial dos atestados médicos estabelecida em lei.".

Comentário serve para todas as alternativas, uma vez que versam sobre o mesmo assunto. A interrupção do contrato de trabalho consiste na ausência provisória da prestação de serviços, em que são devidos o pagamento de salário e a contagem do tempo. Cessa a obrigação do empregado, mas persiste a obrigação da empresa. Por outro lado, a suspensão do contrato de trabalho é a ausência provisória da prestação de serviços, sem que haja o pagamento de salário nem a contagem do tempo. Nesse caso, cessa a obrigação tanto da empresa como do empregado. O caso narrado no enunciado, doença não relacionada ao trabalho comprovada por atestado médico, é hipótese de falta justificada ao serviço, situação em que não haverá trabalho, mas será devida remuneração ao trabalhador e o período de afastamento será computado como tempo de serviço (interrupção do contrato de trabalho):

> **Art. 6º da Lei nº 605/49:** Não será devida a remuneração quando, sem motivo justificado, o empregado não tiver trabalhado durante toda a semana anterior, cumprindo integralmente o seu horário de trabalho.
>
> § 1º São motivos justificados: (...)
>
> f) a doença do empregado, devidamente comprovada. (...)
>
> § 2º A doença será comprovada mediante atestado de médico da instituição da previdência social a que estiver filiado o empregado, e, na falta dêste e sucessivamente, de médico do Serviço Social do Comércio ou da Indústria; de médico da emprêsa ou por ela designado; de médico a serviço de representação federal, estadual ou municipal incumbido de assuntos de higiene ou de saúde pública; ou não existindo êstes, na localidade em que trabalhar, de médico de sua escôlha.

96. (FCC – Analista Judiciário – Área Judiciária – TRT 4/2022) Zeus foi convocado e compareceu para ser testemunha em processo judicial, tendo ficado no fórum entre 10h e 14h no dia da audiência em 26/05/2022; Hipócrates, no mesmo dia 26/05/2022, doou sangue, pela segunda vez no ano; Mercúrio, também no dia 26/05/2022, acompanhou sua filha de 8 anos em consulta médica. Considerando que os três trabalhadores regidos pela CLT se ausentaram do trabalho no dia 26/05/2022, à luz do que prevê o ordenamento jurídico trabalhista vigente,

a) apenas Mercúrio terá o dia de ausência remunerado.

b) todos terão o dia de ausência remunerado.

c) nenhum dos três terá o dia de ausência remunerado.

d) apenas Hipócrates e Zeus terão o dia de ausência remunerado.

e) apenas Mercúrio e Zeus terão o dia de ausência remunerado.

▷ ***Anotações/Comentários***

Nota do autor: A questão aborda hipóteses de interrupção do contrato do trabalho, situações que configuradas garantem ao empregado a percepção da remuneração correspondente, ainda que não tenha a prestação de serviço.

Comentário serve para todas as alternativas, uma vez que versam sobre o mesmo assunto. Para facilitar a compreensão da questão, vamos analisar a situação de cada empregado.

Zeus: "Art. 473, VIII, CLT: O empregado poderá deixar de comparecer ao serviço sem prejuízo do salário: pelo tempo que se fizer necessário, quando tiver que comparecer a juízo.". Logo, Zeus não terá o dia de ausência remunerado, mas tão somente o período em tenha ficado no fórum, ou seja, o período das 10h e 14h no dia da audiência em 26/05/2022.

Hipócrates: "Art. 473, IV, CLT: O empregado poderá deixar de comparecer ao serviço sem prejuízo do salário: por um dia, em cada 12 (doze) meses de trabalho, em caso de doação voluntária de sangue devidamente comprovada". Logo, Hipócrates não terá o dia de ausência remunerado, pois é a segunda vez, num período de 12 meses, que se ausenta do serviço para doação de sangue.

Mercúrio: "Art. 473, XI, CLT: O empregado poderá deixar de comparecer ao serviço sem prejuízo do salário: por 1 (um) dia por ano para acompanhar filho de até 6 (seis) anos em consulta médica.". Logo, Mercúrio não terá o dia de ausência remunerado, pois sua filha tem 8 (oito) anos de idade.

97. (FCC – Analista Judiciário – Área Judiciária – TRT 23/2022) Rosa é empregada da Lanchonete Pão e Tal e teve o falecimento do seu avô materno ocorrido numa terça-feira; Camélia é dirigente sindical e participará de uma reunião da OIT que ocorrerá na última semana de julho, de segunda a sexta-feira; Begônia tem um filho de 5 anos e agendou consultas médicas em especialista para a próxima semana na segunda, quarta e sexta-feira. Considerando o que prevê a Consolidação das Leis do Trabalho,

a) Rosa e Begônia poderão se ausentar do trabalho sem prejuízo do seu salário, a primeira por até 3 dias e a segunda pelos dias de consulta.

b) Camélia e Rosa poderão se ausentar do trabalho sem prejuízo do seu salário, a primeira pelos 5 dias de evento e a segunda apenas no dia seguinte ao do falecimento.

c) apenas Begônia poderá se ausentar pelos dias de consulta sem prejuízo do salário, sendo que Rosa e Camélia em caso de ausência terão os dias descontados do salário.

d) as três poderão se ausentar do trabalho sem prejuízo do salário, sendo Rosa por até 2 dias, Camélia pelos 5 dias do evento e Begônia por apenas 1 dia de consulta médica.

e) nenhuma das três empregadas poderá faltar sem prejuízo do salário, por não se enquadrarem nas hipóteses legais de interrupção do contrato de trabalho.

▷ ***Anotações/Comentários***

Nota do autor: A questão envolve casos de interrupção do contrato de trabalho. Lembre-se de que, na interrupção do contrato de trabalho, o empregado não trabalho, mas há recebimento do salário e o tempo de serviço é contado para todos os fins.

Comentário serve para todas as alternativas, uma vez que versam sobre o mesmo assunto. As principais hipóteses de interrupção do contrato de trabalho estão listadas no art. 473 da CLT. Para as provas de TRTs, os candidatos precisam decorar esse artigo!!

> **Art. 473, CLT:** O empregado poderá deixar de comparecer ao serviço sem prejuízo do salário:
>
> I - até 2 (dois) dias consecutivos, em caso de falecimento do cônjuge, ascendente, descendente, irmão ou pessoa que, declarada em sua carteira de trabalho e previdência social, viva sob sua dependência econômica; **[Rosa - falecimento do seu avô materno]**
>
> II - até 3 (três) dias consecutivos, em virtude de casamento;
>
> III - por 5 (cinco) dias consecutivos, em caso de nascimento de filho, de adoção ou de guarda compartilhada; (Redação dada pela Lei nº 14.457, de 2022)
>
> IV - por um dia, em cada 12 (doze) meses de trabalho, em caso de doação voluntária de sangue devidamente comprovada;
>
> V - até 2 (dois) dias consecutivos ou não, para o fim de se alistar eleitor, nos têrmos da lei respectiva.
>
> VI - no período de tempo em que tiver de cumprir as exigências do Serviço Militar referidas na letra "c" do art. 65 da Lei nº 4.375, de 17 de agosto de 1964 (Lei do Serviço Militar).
>
> VII - nos dias em que estiver comprovadamente realizando provas de exame vestibular para ingresso em estabelecimento de ensino superior.
>
> VIII - pelo tempo que se fizer necessário, quando tiver que comparecer a juízo.
>
> IX - pelo tempo que se fizer necessário, quando, na qualidade de representante de entidade sindical, estiver participando de reunião oficial de organismo internacional do qual o Brasil seja membro. **[Camélia, dirigente sindical que participará de uma reunião da OIT]**
>
> X - pelo tempo necessário para acompanhar sua esposa ou companheira em até 6 (seis) consultas médicas, ou em exames complementares, durante o período de gravidez; (Redação dada pela Lei nº 14.457, de 2022)
>
> XI - por 1 (um) dia por ano para acompanhar filho de até 6 (seis) anos em consulta médica. [Begônia, que tem um filho de 5 anos e agendou consultas médicas]
>
> XII - até 3 (três) dias, em cada 12 (doze) meses de trabalho, em caso de realização de exames preventivos de câncer devidamente comprovada.
>
> Parágrafo único. O prazo a que se refere o inciso III do caput deste artigo será contado a partir da data de nascimento do filho. (Incluído pela Lei nº 14.457, de 2022)

98. (FCC – Técnico Judiciário – Área Administrativa – TRT 17/2022) Minerva é trabalhadora regida pela CLT e, desde o início do ano de 2022, doou voluntariamente sangue por duas oportunidades, teve o falecimento de seu pai e levou seu filho de 8 anos a três consultas médicas. Conforme previsão da CLT, Minerva pôde ter se ausentado do trabalho, sem prejuízo do salário, por

a) 3 dias.

b) 4 dias.

c) 6 dias.

d) 5 dias.

e) 7 dias.

▷ ***Anotações/Comentários***

Nota do autor: A questão envolve casos de interrupção do contrato de trabalho. Lembre-se de que, na interrupção do contrato de trabalho, o empregado não trabalho, mas há recebimento do salário e o tempo de serviço é contado para todos os fins.

Comentário serve para todas as alternativas, uma vez que versam sobre o mesmo assunto. As principais hipóteses de interrupção do contrato de trabalho estão listadas no art. 473 da CLT. Para as provas de TRTs, os candidatos precisam decorar esse artigo!!

> **Art. 473, CLT:** O empregado poderá deixar de comparecer ao serviço sem prejuízo do salário:
>
> I - até 2 (dois) dias consecutivos, em caso de falecimento do cônjuge, ascendente, descendente, irmão ou pessoa que, declarada em sua carteira de trabalho e previdência social, viva sob sua dependência econômica; **[O pai de Minerva faleceu]**
>
> II - até 3 (três) dias consecutivos, em virtude de casamento;
>
> III - por 5 (cinco) dias consecutivos, em caso de nascimento de filho, de adoção ou de guarda compartilhada; (Redação dada pela Lei nº 14.457, de 2022)
>
> IV - por um dia, em cada 12 (doze) meses de trabalho, em caso de doação voluntária de sangue devidamente comprovada; **[Minerva doou sangue voluntariamente por duas vezes]**
>
> V - até 2 (dois) dias consecutivos ou não, para o fim de se alistar eleitor, nos têrmos da lei respectiva.
>
> VI - no período de tempo em que tiver de cumprir as exigências do Serviço Militar referidas na letra "c" do art. 65 da Lei nº 4.375, de 17 de agosto de 1964 (Lei do Serviço Militar).
>
> VII - nos dias em que estiver comprovadamente realizando provas de exame vestibular para ingresso em estabelecimento de ensino superior.
>
> VIII - pelo tempo que se fizer necessário, quando tiver que comparecer a juízo.
>
> IX - pelo tempo que se fizer necessário, quando, na qualidade de representante de entidade sindical, estiver participando de reunião oficial de organismo internacional do qual o Brasil seja membro.
>
> X - pelo tempo necessário para acompanhar sua esposa ou companheira em até 6 (seis) consultas médicas, ou em exames complementares, durante o período de gravidez; (Redação dada pela Lei nº 14.457, de 2022)
>
> XI - por 1 (um) dia por ano para acompanhar filho de até 6 (seis) anos em consulta médica. **[Minerva levou seu filho, de 8 anos, a 3 consultas médicas]**
>
> XII - até 3 (três) dias, em cada 12 (doze) meses de trabalho, em caso de realização de exames preventivos de câncer devidamente comprovada.
>
> Parágrafo único. O prazo a que se refere o inciso III do caput deste artigo será contado a partir da data de nascimento do filho. (Incluído pela Lei nº 14.457, de 2022)

Com o falecimento de seu pai, Minerva poderá se ausentar dos serviços, sem prejuízo do salário, até 2 (dois) dias consecutivos (art. 473, I, CLT). Apesar de ter doado sangue, durante o ano de 2022, por duas vezes, a norma do art. 473, IV, CLT justifica apenas um dia de ausência em cada 12 (doze) meses de trabalho. Por fim, as faltas para levar o filho ao médico serão consideradas injustificadas, pois o art. 473, XI, CLT somente libera o trabalhador por 1 (um) dia por ano para acompanhar filho de até 6 (seis) anos em consulta médica, e o filho de Minerva tem 8 anos de idade.

Finalmente, são 3 as faltas justificadas: 2 pelo falecimento do pai e 1 pela doação voluntária de sangue.

99. (FCC – Técnico Judiciário – Área Administrativa – TRT 22/2022) Marivaldo celebrou contrato de experiência com a empresa Aroma Bom Indústria e Comércio de Essências Ltda., com duração de 30 dias, para exercício das funções de auxiliar de estoque. Ao término do prazo fixado, o contrato de experiência foi prorrogado por mais 30 dias. Ao final desse segundo período, novamente o contrato foi prorrogado por mais 60 dias. As prorrogações realizadas são, nos termos da legislação consolidada e jurisprudência sumulada do TST,

a) inválidas, porque o contrato de experiência não admite prorrogação.
b) inválidas, porque a prorrogação do contrato de experiência somente pode se dar por períodos iguais ao inicial.
c) inválidas, porque o contrato de experiência somente pode ser prorrogado uma única vez e desde que respeitado o limite máximo de 90 dias.
d) válidas, porque o contrato de experiência somente não pode ser prorrogado para empregados que exercem cargo de confiança.
e) válidas, porque as prorrogações foram inferiores a 90 dias cada uma.

▷ ***Anotações/Comentários***

Nota do autor: A questão envolve casos de interrupção do contrato de trabalho. Lembre-se de que, na interrupção do contrato de trabalho, o empregado não trabalho, mas há recebimento do salário e o tempo de serviço é contado para todos os fins.

Comentário serve para todas as alternativas, uma vez que versam sobre o mesmo assunto. O contrato de experiência é contrato por prazo determinado previsto na CLT. Esse contrato tem por finalidade uma avaliação recíproca entre as partes envolvidas, podendo ser firmado pelo prazo máximo de 90 dias (art. 445, parágrafo único, CLT). Ainda, nos termos do art. 451 da CLT, não poderá ser prorrogado mais de uma vez, sob pena de ser considerado como por tempo indeterminado.

100. (FUMARC – Analista Judiciário – Área Judiciária – TRT 3/2022) É CORRETO afirmar que o empregado poderá deixar de comparecer ao serviço, sem prejuízo do salário,

a) até 2 (dois) dias consecutivos, em caso de falecimento do cônjuge, ascendente, descendente, irmão ou pessoa que, declarada em sua carteira de trabalho e previdência social, viva sob sua dependência econômica.
b) até 2 (dois) dias, em cada 12 (doze) meses de trabalho, em caso de realização de exames preventivos de câncer, devidamente comprovada.
c) até 5 (cinco) dias consecutivos, em virtude de casamento.
d) por 3 (três) dias, por ano, para acompanhar filho de até 6 (seis) anos em consulta médica.
e) por 4 (quatro) dias, em cada 12 (doze) meses de trabalho, em caso de doação voluntária de sangue, devidamente comprovada.

▷ ***Anotações/Comentários***

Nota do autor: A questão envolve casos de interrupção do contrato de trabalho. Lembre-se de que, na interrupção do contrato de trabalho, o empregado não trabalho, mas há recebimento do salário e o tempo de serviço é contado para todos os fins.

Comentário serve para todas as alternativas, uma vez que versam sobre o mesmo assunto. As principais hipóteses de interrupção do contrato de trabalho estão listadas no art. 473 da CLT. Para as provas de TRTs, os candidatos precisam decorar esse artigo!!

> **Art. 473, CLT:** O empregado poderá deixar de comparecer ao serviço sem prejuízo do salário:
>
> I - até 2 (dois) dias consecutivos, em caso de falecimento do cônjuge, ascendente, descendente, irmão ou pessoa que, declarada em sua carteira de trabalho e previdência social, viva sob sua dependência econômica;
>
> II - até 3 (três) dias consecutivos, em virtude de casamento;
>
> III - por 5 (cinco) dias consecutivos, em caso de nascimento de filho, de adoção ou de guarda compartilhada; (Redação dada pela Lei nº 14.457, de 2022)
>
> IV - por um dia, em cada 12 (doze) meses de trabalho, em caso de doação voluntária de sangue devidamente comprovada;
>
> V - até 2 (dois) dias consecutivos ou não, para o fim de se alistar eleitor, nos têrmos da lei respectiva.
>
> VI - no período de tempo em que tiver de cumprir as exigências do Serviço Militar referidas na letra "c" do art. 65 da Lei nº 4.375, de 17 de agosto de 1964 (Lei do Serviço Militar).
>
> VII - nos dias em que estiver comprovadamente realizando provas de exame vestibular para ingresso em estabelecimento de ensino superior.
>
> VIII - pelo tempo que se fizer necessário, quando tiver que comparecer a juízo.
>
> IX - pelo tempo que se fizer necessário, quando, na qualidade de representante de entidade sindical, estiver participando de reunião oficial de organismo internacional do qual o Brasil seja membro.
>
> X - pelo tempo necessário para acompanhar sua esposa ou companheira em até 6 (seis) consultas médicas, ou em exames complementares, durante o período de gravidez; (Redação dada pela Lei nº 14.457, de 2022)
>
> XI - por 1 (um) dia por ano para acompanhar filho de até 6 (seis) anos em consulta médica.
>
> XII - até 3 (três) dias, em cada 12 (doze) meses de trabalho, em caso de realização de exames preventivos de câncer devidamente comprovada.
>
> Parágrafo único. O prazo a que se refere o inciso III do caput deste artigo será contado a partir da data de nascimento do filho. (Incluído pela Lei nº 14.457, de 2022)

101. (FCC – Analista Judiciário – Área Judiciária – TRT 2/2018) Acerca da suspensão e interrupção do contrato de trabalho, de acordo com a legislação vigente e entendimento sumulado do TST:

a) o empregado poderá deixar de comparecer ao serviço sem prejuízo do salário por 1 dia por ano para acompanhar filho de até 5 anos em consulta médica ou exames complementares.
b) para a proteção do emprego, o contrato de trabalho poderá ser suspenso, por um período improrrogável de 2 a 5 meses, para participação do empregado em curso ou programa de qualificação profissional oferecido pelo empregador, desde que haja concordância formal do empregado e independentemente de previsão em convenção ou acordo coletivo de trabalho.
c) o afastamento do empregado em virtude das exigências do serviço militar, ou de outro encargo público, constituirá motivo para alteração ou rescisão do contrato de trabalho por parte do empregador, não se configurando hipótese de suspensão ou interrupção do contrato de trabalho.
d) durante o período de suspensão contratual para participação em curso ou programa de qualificação profissional, o empregado não fará jus aos benefícios voluntariamente concedidos pelo empregador.
e) assegura-se o direito à manutenção de plano de saúde ou de assistência médica oferecido pela empresa ao empregado, não obstante suspenso o contrato de trabalho em virtude de auxílio-doença acidentário ou de aposentadoria por invalidez.

▷ ***Anotações/Comentários***

Nota do autor: A questão aborda diversos casos de suspensão e interrupção do contrato de trabalho, devendo o candidato conhecer os dispositivos legais e as súmulas do TST sobre o assunto.

Alternativa "a". O empregado poderá deixar de comparecer ao serviço sem prejuízo do salário por 1 (um) dia por ano para acompanhar filho de **até 6 (seis) anos** em consulta médica" (art. 473, XI da CLT – grifos acrescidos).

Alternativa "b". "O contrato de trabalho poderá ser suspenso, por um período de dois a cinco meses, para participação do empregado em curso ou programa de qualificação profissional oferecido pelo empregador, com duração equivalente à suspensão contratual,

mediante previsão em convenção ou acordo coletivo de trabalho e aquiescência formal do empregado, observado o disposto no art. 471 desta Consolidação" (Art. 476-A da CLT – grifos acrescidos).

Alternativa "c". "O afastamento do empregado em virtude das exigências do serviço militar, ou de outro encargo público, **não constituirá motivo** para alteração ou rescisão do contrato de trabalho por parte do empregador" (Art. 472 da CLT). Ademais, em ambos os casos estaremos diante de suspensão do contrato de trabalho.

Alternativa "d". "Durante o período de suspensão contratual para participação em curso ou programa de qualificação profissional, o empregado **fará jus** aos benefícios voluntariamente concedidos pelo empregador" (Art. 476-A, § 4º da CLT – grifos acrescidos).

Alternativa "e". "Assegura-se o direito à manutenção de plano de saúde ou de assistência médica oferecido pela empresa ao empregado, não obstante suspenso o contrato de trabalho em virtude de auxílio-doença acidentário ou de aposentadoria por invalidez" (Súmula nº 440 do TST).

O empregador continua obrigado a manter o plano de saúde, com fundamento no princípio da função social da empresa e princípio da dignidade da pessoa humana, conforme art. 1 da CF/88. Ademais, o contrato não pode ser alterado para prejudicar o trabalhador, com base no art. 468 da CLT.

---

102. (FCC – Técnico Judiciário – Área Administrativa – TRT 2/2018) Vânia, empregada regularmente contratada da empresa Embalagens "D" Ltda., quando estava grávida de 22 semanas, infelizmente sofreu um aborto espontâneo, comprovado por atestado médico oficial. Neste caso, seu contrato de trabalho será

a) suspenso, e Vânia terá direito a um repouso remunerado de 10 dias.

b) interrompido, e Vânia terá direito a um repouso remunerado de 10 dias.

c) suspenso, e Vânia terá direito a um repouso remunerado de 15 dias.

d) interrompido, e Vânia terá direito a um repouso remunerado de 2 semanas.

e) interrompido, e Vânia terá direito a um repouso remunerado de 15 dias.

▷ ***Anotações/Comentários***

Nota do autor: A questão aborda o aborto espontâneo como causa de interrupção do contrato de trabalho. Para respondê-la era necessário o conhecimento do art. 395 da CLT e do posicionamento doutrinário acerca da interrupção e suspensão do contrato de trabalho nesse caso.

Comentário serve para todas as alternativas, uma vez que versam sobre o mesmo assunto. No caso de aborto espontâneo, devidamente comprovado por exame médico oficial, a mulher terá direito a um repouso remunerado de duas semanas, ficando-lhe assegurado o direito de retornar à função que ocupava antes de seu afastamento (art. 395 da CLT).

O afastamento em razão do aborto espontâneo consiste em um benefício previdenciário pago durante o período de duas semanas. Nesse período há pagamento de salário à empregada, efetuado pelo empregador e posteriormente reembolsado pela Previdência Social. O tempo de serviço é contado para todos os fins, como se a empregada estivesse trabalhando.

Cabe ao empregador efetuar os depósitos do FGTS. Em razão dessa obrigatoriedade, há discussão se o afastamento em razão do aborto não criminoso é hipótese de suspensão ou interrupção. Prevalece o entendimento de que é hipótese de **interrupção**, pois a empregada continua recebendo salário (pago pela Previdência Social) e o tempo de serviço é contado para todos os fins.

---

103. (AOCP – Analista Judiciário – Área Judiciária – TRT 1/2018) Plínio foi intimado, por carta com aviso de recebimento, para ser testemunha em uma audiência de instrução ação de despejo, designada para a data de 04 de jul. de 2018 às 13h30. Diante da questão fática, assinale a Gabarito.

a) Plínio poderá se ausentar do trabalho pelo tempo que se fizer necessário para estar em juízo, sem prejuízo do salário, pois o comparecimento perante a justiça, para depor como testemunha, caracteriza encargo público. Trata-se de hipótese de interrupção do contrato de trabalho.

b) Ao empregador é facultado computar o período em que Plínio estará em juízo como 01 falta injustificada.

c) Plínio poderá se ausentar do trabalho pelo tempo que se fizer necessário para estar em juízo sem prejuízo do salário, pois o comparecimento perante a justiça, para depor como testemunha, caracteriza encargo público. Trata-se de hipótese de suspensão do contrato de trabalho.

d) Embora a audiência tenha sido designada em data e horário certos e determinados, Plínio poderá se ausentar do trabalho por 02 dias consecutivos, a iniciar-se no dia imediatamente anterior à audiência, a fim de consultar os autos e reunir-se com a parte que o intimou e seu procurador, sem prejuízo do salário, pois o comparecimento perante a justiça, para depor como testemunha, caracteriza encargo público. Trata-se de hipótese de interrupção do contrato de trabalho.

e) Plínio não poderá se ausentar do trabalho para comparecer à audiência, devendo requerer a dispensa do encargo, tendo em vista que o regulamento interno da empresa veda o comparecimento de seus empregados em juízo a fim de prestar depoimento como testemunha.

▷ ***Anotações/Comentários***

Nota do autor: De acordo com o princípio da continuidade do contrato de trabalho, há situações em que, mesmo não havendo prestação de serviços pelo trabalhador, o vínculo empregatício fica mantido. São as hipóteses de interrupção e suspensão do contrato de trabalho.

A **interrupção** do contrato de trabalho consiste na ausência provisória da prestação de serviços, em que são devidos o pagamento de salário e a contagem do tempo. Cessa a obrigação do empregado, mas persiste a obrigação da empresa.

Por outro lado, a **suspensão** do contrato de trabalho é a ausência provisória da prestação de serviços, sem que haja o pagamento de salário nem a contagem do tempo. Nesse caso, cessa a obrigação tanto da empresa como do empregado.

Comentário serve para todas as alternativas, uma vez que versam sobre o mesmo assunto. "As testemunhas não poderão sofrer qualquer desconto pelas faltas ao serviço, ocasionadas pelo seu comparecimento para depor, quando devidamente arroladas ou convocadas" (art. 822 da CLT). "O empregado poderá deixar de comparecer ao serviço sem prejuízo do salário: pelo tempo que se fizer necessário, quando tiver que comparecer a juízo." (art. 473, VIII, CLT). Trata-se, portanto, de causa de interrupção do contrato de trabalho pois, apesar de não comparecer em serviço, o empregado não terá descontos em seu salário, haja vista se tratar de encargo público.

---

104. (AOCP – Técnico Judiciário – Área Administrativa – TRT 1/2018) Mário e José são funcionários da Empresa Eletrônicos Ltda. Em uma conversa, Mário contou que irá precisar ser afastado de seu cargo, pois assumirá um mandato como dirigente sindical, e José informou ao colega de trabalho que irá se casar no mês seguinte. Considerando os casos ora apresentados, em qual situação devem permanecer os contratos de trabalho de Mário e José, respectivamente?

a) Mário tem direito à suspensão contratual e José tem direito à interrupção contratual.

b) Ambos têm direito à suspensão contratual.

c) Mário tem direito à interrupção contratual e José tem direito à suspensão contratual.

d) Ambos têm direito à interrupção contratual.

e) Mário terá seu contrato rescindido por parte do empregador, pois não é sabido o período em que o mesmo permanecerá como dirigente sindical, e José tem direito à suspensão contratual.

▷ ***Anotações/Comentários***

Nota do autor: A questão trata de casos de interrupção e suspensão do contrato de trabalho. A **interrupção** do contrato de trabalho consiste na ausência provisória da prestação de serviços, em que são devidos o pagamento de salário e a contagem do tempo. Cessa a obrigação do empregado, mas persiste a obrigação da empresa. Por outro lado, a **suspensão** do contrato de trabalho é a ausência provisória da prestação de serviços, sem que haja o pagamento de salário nem a contagem do tempo. Nesse caso, cessa a obrigação tanto da empresa como do empregado.

Comentário serve para todas as alternativas, uma vez que versam sobre o mesmo assunto. Em regra, o contrato de trabalho fica suspenso para exercício do mandato sindical. Excepcionalmente, é possível que ocorra a interrupção desde que prevista em convenção ou acordo coletivo. Assim, Mário terá seu contrato de trabalho suspenso, recebendo os valores pelo exercício do encargo diretamente pelo sindicato representante da categoria.

José, por sua vez, terá seu contrato de trabalho interrompido pelo período de 3 dias em decorrência do casamento (art. 473, II da CLT).

21. NULIDADES DO CONTRATO DE TRABALHO

105. (FCC – 2024 – TRT 11 – Analista Judiciário/Área Judiciária) Peçanha, policial militar, ingressou com uma reclamação trabalhista em face do Consultório Odontológico "Sorriso Lindo". Na inicial, relatou que, entre 2019 e 2021, havia prestado serviços de segurança para a clínica e era responsável por acompanhar a abertura (por volta das 9h) e o fechamento (por volta das 18h) do consultório. Ele pretendia a anotação do contrato na carteira de trabalho e o pagamento de todas as parcelas decorrentes. Em sua defesa, a clínica disse que ficava numa sobreloja e que, por volta de 2019, passou a sofrer diversos assaltos e ameaças por telefone. Na mesma época, o policial se ofereceu espontaneamente para dar segurança em troca de pagamentos mensais. Desde então, não ocorreram mais assaltos. De acordo com o que estabelece a Consolidação das Leis do Trabalho, bem como a jurisprudência vigente, e, considerando, tão somente, as informações oferecidas pelo enunciado,

a) preenchidos os requisitos necessários, é legitimo o reconhecimento de relação de emprego entre policial militar e empresa privada, independentemente do eventual cabimento de penalidade disciplinar prevista no Estatuto do Policial Militar.

b) somente poderá ser reconhecido o vínculo trabalhista entre o policial e a clínica caso tenha sido dada permissão da prestação de serviços pela Polícia Militar do Estado ao qual o trabalhador está subordinado.

c) tendo em vista que a prestação de serviços se deu em concomitância com o exercício de função pública, o policial militar deverá optar, havendo compatibilidade de horário, por uma das atividades e, ainda, pela remuneração que lhe parecer mais conveniente.

d) por ser o militar em questão servidor público, qualquer reconhecimento de vínculo trabalhista demanda, necessariamente, a aprovação em concurso público.

e) em razão de a contratação do policial pela clínica odontológica ter se dado sem concurso público, não trará ao trabalhador quaisquer efeitos jurídicos válidos a não ser o direito à percepção dos salários do período trabalhado e ao levantamento dos depósitos efetuados no Fundo de Garantia do Tempo de Serviço (FGTS).

▷ ***Anotações/Comentários***

Comentário serve para todas as alternativas, uma vez que versam sobre o mesmo assunto. Trabalho proibido é aquele prestado em condições que agridem a saúde e a segurança do trabalhador, ou seja, desrespeitam normas de proteção trabalhista. Como forma de evitar o enriquecimento ilícito do empregador e, ainda, diante da impossibilidade de devolver ao trabalhador a mão de obra já despendida, há necessidade, no caso de trabalho proibido, de pagamento dos salários e demais verbas trabalhistas. Isso possibilita que todos os direitos trabalhistas sejam pagos ao empregado que esteja laborando em situação contrária à legislação. Interpretação contrária a essa causaria dupla punição ao trabalhador.

Será considerado trabalho proibido o do **policial militar**. Em razão dos baixíssimos salários recebidos pelos policiais militares, é comum que haja prestação de serviços desses servidores públicos às empresas privadas, oferecendo serviços ligados à segurança privada. A execução desses serviços gera reflexos na esfera administrativa, ou seja, o servidor poderá sofrer penalidade disciplinar.

No caso de Peçanha, a Justiça do Trabalho irá declarar o vínculo desde que presentes os requisitos do art. 3º da CLT, reconhecendo, portanto, todos os direitos trabalhistas para o militar que presta serviços à empresa privada:

> **Súmula nº 386 do TST:** Preenchidos os requisitos do art. 3º da CLT, é legítimo o reconhecimento de relação de emprego entre policial militar e empresa privada, independentemente do eventual cabimento de penalidade disciplinar prevista no Estatuto do Policial Militar.

106. (FCC – Técnico Judiciário – Área Judiciária – TRT 15/2018) Cícero é policial militar e cumpre escala 12 x 36 horas no seu batalhão. Nas folgas, presta serviço como segurança de um supermercado, recebendo ordens do gerente e um valor fixo mensal, não podendo se fazer substituir no desempenho de suas funções. Nesse caso, de acordo com o entendimento sumulado do TST,

a) Cícero poderá ter o vínculo de emprego reconhecido, desde que presentes os requisitos legais, independentemente do eventual cabimento de penalidade disciplinar prevista no Estatuto do Policial Militar.

b) haverá a imediata exoneração de Cícero de suas funções como policial militar, não ocorrendo também o reconhecimento do vínculo de emprego.

c) Cícero não poderá ter o vínculo empregatício reconhecido, mesmo que presentes os requisitos legais, por ser servidor público militar, o que impede o contrato de emprego com empresa privada.

d) trata-se de trabalho proibido, portanto, não gera vínculo empregatício, além de Cícero vir a sofrer penalidade administrativa prevista no Estatuto do Policial Militar.

e) Cícero poderá ter o vínculo de emprego reconhecido, desde que presentes os requisitos legais, ficando impedida a Administração pública, neste caso, de aplicar penalidade disciplinar prevista no Estatuto do Policial Militar.

▷ ***Anotações/Comentários***

Comentário serve para todas as alternativas, uma vez que versam sobre o mesmo assunto. Trabalho proibido é aquele prestado em condições que agridem a saúde e a segurança do trabalhador, ou seja, desrespeitam normas de proteção trabalhista. Como forma de evitar o enriquecimento ilícito do empregador e, ainda, diante da impossibilidade de devolver ao trabalhador a mão de obra já despendida, há necessidade, no caso de trabalho proibido, de pagamento dos salários e demais verbas trabalhistas. Isso possibilita que todos os direitos trabalhistas sejam pagos ao empregado que esteja laborando em situação contrária à legislação. Interpretação contrária a essa causaria dupla punição ao trabalhador.

Será considerado trabalho proibido o do **policial militar**. Em razão dos baixíssimos salários recebidos pelos policiais militares, é comum que haja prestação de serviços desses servidores públicos às empresas privadas, oferecendo serviços ligados à segurança privada. A execução desses serviços gera reflexos na esfera administrativa, ou seja, o servidor poderá sofrer penalidade disciplinar.

No caso de Cícero, a Justiça do Trabalho irá declarar o vínculo desde que presentes os requisitos do art. 3º da CLT, reconhecendo, portanto, todos os direitos trabalhistas para o militar que presta serviços à empresa privada:

> **Súmula nº 386 do TST:** Preenchidos os requisitos do art. 3º da CLT, é legítimo o reconhecimento de relação de emprego entre policial militar e empresa privada, independentemente do eventual cabimento de penalidade disciplinar prevista no Estatuto do Policial Militar.

22. DURAÇÃO DO TRABALHO

107. (AOCP – 2024 – TRF 2 - Analista Judiciário - Área Administrativa) Sobre o Direito do Trabalho, analise as assertivas e assinale a alternativa que aponta as corretas.

I. Não excedendo de seis horas o trabalho, será obrigatório um intervalo de trinta minutos para repouso ou alimentação quando a duração ultrapassar quatro horas.

II. Para o empregado urbano, entende-se por trabalho noturno aquele realizado entre as 22 horas de um dia e as 5 horas do dia seguinte.

III. Para o empregado rural, considera-se trabalho noturno o executado entre as 21 horas de um dia e as 5 do dia seguinte, na lavoura, e entre 20 horas de um dia e 4 horas do dia seguinte, na atividade pecuária.

IV. Ao menor de 18 anos é vedado o trabalho noturno.

a) Apenas I e II.

b) Apenas III e IV.

c) Apenas I, II e IV.

d) Apenas II, III e IV.

e) I, II, III e IV.

▷ ***Anotações/Comentários***

Nota do autor: a questão trata da jornada de trabalho, que foi modificada em diversos aspectos pela Reforma Trabalhista.

Assertiva I: incorreta. "Não excedendo de 6 (seis) horas o trabalho, será, entretanto, obrigatório um intervalo de 15 (quinze) minutos quando a duração ultrapassar 4 (quatro) horas." (art. 71, § 1º, CLT).

Assertiva II: correta. "Considera-se noturno, para os efeitos deste artigo, o trabalho executado entre as 22 horas de um dia e as 5 horas do dia seguinte." (art. 73, § 2º, CLT).

Assertiva III: correta. "Para os efeitos desta Lei, considera-se trabalho noturno o executado entre as vinte e uma horas de um dia e as cinco horas do dia seguinte, na lavoura, e entre as vinte horas de um dia e as quatro horas do dia seguinte, na atividade pecuária" (art. 7º, *caput*, Lei nº 5889/73).

Assertiva IV: correta. "São direitos dos trabalhadores urbanos e rurais, além de outros que visem à melhoria de sua condição social: (...) proibição de trabalho noturno, perigoso ou insalubre a menores de dezoito e de qualquer trabalho a menores de dezesseis anos, salvo na condição de aprendiz, a partir de quatorze anos" (art. 7º, XXXIII, CF/88).

---

108. (AOCP – 2024 – TRF 2 - Analista Judiciário - Área Administrativa) Em relação à duração do trabalho, assinale a alternativa correta.

a) Não serão descontadas nem computadas como jornada extraordinária as variações de horário no registro de ponto não excedentes de dez minutos, observado o limite máximo de vinte minutos diários.

b) É facultado às partes, mediante convenção coletiva ou acordo coletivo de trabalho, vedado o acordo individual, estabelecer horário de trabalho de doze horas seguidas por trinta e seis horas ininterruptas de descanso, observados ou indenizados os intervalos para repouso e alimentação.

c) É lícito o regime de compensação de jornada estabelecido por acordo individual, tácito ou escrito, para a compensação no mesmo mês.

d) A prestação de horas extras habituais descaracteriza o acordo de compensação de jornada e o banco de horas.

e) Entre duas jornadas de trabalho haverá um período mínimo de catorze horas consecutivas para descanso, salvo se realizadas horas extras.

▷ ***Anotações/Comentários***

Nota do autor: a questão trata da jornada de trabalho, que foi modificada em diversos aspectos pela Reforma Trabalhista.

Alternativa "a": incorreta. "Não serão descontadas nem computadas como jornada extraordinária as variações de horário no registro de ponto não excedentes de cinco minutos, observado o limite máximo de dez minutos diários." (art. 58, § 1º, CLT).

Alternativa "b": incorreta. "Em exceção ao disposto no art. 59 desta Consolidação, é facultado às partes, mediante acordo individual escrito, convenção coletiva ou acordo coletivo de trabalho, estabelecer horário de trabalho de doze horas seguidas por trinta e seis horas ininterruptas de descanso, observados ou indenizados os intervalos para repouso e alimentação." (art. 59-A, *caput*, CLT).

Alternativa "c": correta. "É lícito o regime de compensação de jornada estabelecido por acordo individual, tácito ou escrito, para a compensação no mesmo mês." (art. 59, § 6º, CLT).

Alternativa "d": incorreta. "A prestação de horas extras habituais não descaracteriza o acordo de compensação de jornada e o banco de horas." (art. 59-B, parágrafo único, CLT).

Alternativa "e": incorreta. "Entre 2 (duas) jornadas de trabalho haverá um período mínimo de 11 (onze) horas consecutivas para descanso" (art. 66, CLT).

---

109. (FCC – Técnico Judiciário – Área Judiciária – TRT 15/2018) Com relação à jornada de trabalho, considere:

I. A duração diária do trabalho poderá ser acrescida de horas extras, em número não excedente de duas, por acordo individual, convenção coletiva ou acordo coletivo de trabalho. Se for celebrado o banco de horas por acordo individual escrito, a compensação ocorrerá no período máximo de seis meses.

II. Os empregados sujeitos ao regime de tempo parcial, sob qualquer duração, são proibidos de prestar horas extras.

III. Os empregados em regime de teletrabalho estão excluídos do controle de jornada de trabalho, não tendo direito a horas extras, mesmo que forem prestadas.

Está correto o que consta de

a) I, II e III.

b) I e III, apenas.

c) II e III, apenas.

d) I e II, apenas.

e) I, apenas.

▷ ***Anotações/Comentários***

Nota do autor: a questão trata da jornada de trabalho, que foi modificada em diversos aspectos pela Reforma Trabalhista.

Assertiva I. Correta. A limitação da jornada de trabalho é uma das maiores vitórias conquistadas pelos empregados. Atualmente, a duração máxima restringe-se a 8 horas diárias e 44 horas semanais, tanto aos homens quanto às mulheres. A duração diária do trabalho poderá ser acrescida de horas extras, sendo necessário o cumprimento de dois requisitos:

> **a) Acordo de prorrogação.** Após a Reforma Trabalhista, o acordo de prorrogação de jornada pode ser realizado de forma individual ou por meio de acordo ou convenção coletiva de trabalho.
>
> **b) Prorrogação máxima de duas horas diárias.** Essa previsão não sofreu alterações com a Reforma Trabalhista. O empregado pode prestar horas extras desde que não ultrapasse o valor de 2 horas diárias.

Os §§ 2º, 3º e 5º do art. 59 da CLT estabelecem a disciplina jurídica direcionada especificamente ao banco de horas, que foi dividido em duas modalidades: banco de horas anual e semestral:

> **a) Banco de horas anual:** Para o estabelecimento dessa modalidade de banco de horas, o § 2º do art. 59 da CLT prevê a necessidade de previsão em acordo ou convenção coletiva de trabalho, desde que o excesso de horas em um dia seja compensado em outro, de modo que a soma das jornadas semanais de trabalho seja respeitada no período máximo de 1 ano. Além disso, é necessário o respeito ao limite de 10 horas diárias de trabalho. Por ser mais gravosa, exigia-se (e ainda se exige) a formalização por instrumento coletivo de trabalho.
>
> **b) Banco de horas semestral:** A novidade trazida pela Reforma Trabalhista consistiu na possibilidade de se estabelecer banco de horas por meio de acordo individual escrito entre empregado e empregador. Nesse caso, o prazo máximo para a compensação é de 6 meses. Portanto, além de permitir a compensação individual tácita mensal, a legislação passou a admitir a previsão de banco de horas individual desde que conste em acordo escrito e realizado no prazo máximo de 6 meses.

Assim, apenas o banco de horas semestral que poderá ser feito de forma individual, devendo ser compensado dentro do período de 6 meses.

Assertiva II. Incorreta. Com o advento da Reforma Trabalhista, foi dada nova redação dada ao "caput" do art. 58-A da CLT, sendo previstas duas modalidades distintas de regime de tempo parcial:

> **a) Jornada de trabalho superior a 26 horas e limitada a 30 horas semanais:** Nessa hipótese, não é permitida a exigência de horas extras dos empregados. Note-se que houve ampliação da jornada de trabalho para a configuração do regime de tempo parcial, passando de 25 horas semanais para o limite de até 30 horas. Se houver trabalho, acima das 30 horas semanais permitidas, o empregador está obrigado ao pagamento do valor da hora normal acrescida do respectivo adicional de, no mínimo, 50%, pois os empregados não podem sofrer o pre-

juízo. Ademais, a empresa deverá ser multada pela fiscalização do trabalho por descumprimento da legislação trabalhista.

b) Jornada de trabalho até 26 horas semanais: Se previstas jornadas de até 26 horas semanais, é possível a prestação de até 6 horas extras semanais. Exemplo: Empregado é contratado para prestar 24 horas extras semanais e, poderá em uma mesma semana, prestar 6 horas extras. Perceba que as horas extras poderão ser prestadas inclusive se a jornada for inferior a 26 horas.

Dessa forma, o empregado submetido a jornada de trabalho de até 26 horas semanais, poderá prestar até 6 horas extras.

Assertiva III. Correta à época do concurso. A Lei nº 14.442/2022 (fruto da conversão da MP nº 1.108, de 25 de março de 2022), dispõe sobre o pagamento de auxílio-alimentação e altera estruturalmente as regras relativas ao teletrabalho, alterando, até mesmo, o conceito de teletrabalho: "teletrabalho" ou "trabalho remoto" é a prestação de serviços fora das dependências do empregador, de maneira preponderante ou não, com a utilização de tecnologias de informação e de comunicação, que, por sua natureza, não se configure como trabalho externo (art. 75-B, da CLT).

Acontece que, no tocante à limitação da jornada, a Lei nº 14.442/2022 criou duas modalidades de teletrabalho:

1) **Teletrabalho por jornada:** nesse caso, com duração de 8h nos moldes tradicionais (intervalos, horas extras etc.); e
2) **Teletrabalho por produção e tarefa (novidade).**

Agora, somente o teletrabalho por produção ou tarefa está excluído do controle de jornada, não havendo, portanto, limitação da jornada em 8 horas diária ou 44 horas semanais, intervalos intra e interjornada, nem horas extras ou adicional noturno:

> **Art. 62 da CLT:** Não são abrangidos pelo regime previsto neste capítulo
>
> (...)
>
> III – os empregados em regime de teletrabalho que prestam serviço por produção ou tarefa. **(alterado pela lei nº 14.442/2022)**

Portanto, atualmente, a assertiva está incorreta. Contudo, ao tempo do concurso, estava de acordo com a redação original dos arts. 62, II, e 75-B da CLT.

110. (AOCP – Técnico Judiciário – Área Administrativa – TRT 1/2018) Maria foi contratada pela empresa Confeitaria Doces Artesanais para trabalhar como atendente, com jornada das 12h às 21 h e com uma hora de intervalo para repouso e alimentação. Ocorre que, durante todo o contrato de trabalho, o qual perdurou um ano, o empregador requisitou à empregada que ela laborasse no estabelecimento das 12h às 23h, com uma hora de intervalo, pois não tinha interesse em contratar novo empregado, com a justificativa de serem muito altos os débitos trabalhistas. Nesse período em que Maria laborou para a empresa, somente recebeu o valor de um salário mínimo, conforme pactuado no contrato. Nesse sentido, é correto afirmar que Maria tem direito ao

a) recebimento somente do adicional de horas extras no importe de, pelo menos, 50% (cinquenta por cento) superior à da hora normal.
b) recebimento do adicional de horas extras no importe de, pelo menos, 25% (vinte e cinco por cento) superior à da hora normal e pagamento do adicional noturno com acréscimo de, pelo menos, 20 % (vinte por cento) sobre a hora diurna, computando a hora noturna como 50 minutos e 30 segundos.
c) recebimento do adicional de horas extras no importe de, pelo menos, 50% (cinquenta por cento) superior à da hora normal e pagamento do adicional noturno com acréscimo de, pelo menos, 20% (vinte por cento) sobre a hora diurna, computando a hora noturna como 52 minutos e 30 segundos.
d) recebimento do adicional de horas extras no importe de, pelo menos, 50% (cinquenta por cento) superior à da hora normal e pagamento do adicional noturno com acréscimo de, pelo menos, 25% (vinte e cinco por cento) sobre a hora diurna, computando a hora noturna como 52 minutos e 30 segundos.
e) recebimento do adicional de horas extras no importe de, pelo menos, 50% (cinquenta por cento) superior à da hora normal e pagamento do adicional noturno com acréscimo de, pelo menos, 25% (vinte e cinco por cento) sobre a hora diurna, computando a hora noturna como 50 minutos e 30 segundos.

▷ ***Anotações/Comentários***

Nota do autor: A questão traz um caso para ser analisado, envolvendo a jornada de trabalho de empregada que exercia sua função em período superior a 8 horas diárias, com uma hora de trabalho durante o período noturno.

Comentário serve para todas as alternativas, uma vez que versam sobre o mesmo assunto. Maria trabalhava das 12 horas até as 23 horas, com uma hora de intervalo intrajornada, de forma a totalizar uma jornada diária de 10 horas.

Dessa forma, sabendo-se que a jornada normal de trabalho é de 8 horas diárias e 44 horas semanais (art. 7º, XIII da CF/88), Maria fará jus a horas extras com adicional de, pelo menos 50% superior à hora normal de trabalho.

Ademais, Maria terá direito ao horário noturno reduzido, com adicional de 20%, entre 22 horas e 23 horas, tendo em vista o horário noturno ser compreendido entre 22 horas de um dia e 5 horas do dia seguinte (art. 73 da CLT). A hora noturna tem duração reduzida de 52 minutos e 30 segundos.

22.1. Trabalho em regime de tempo parcial

111. (FCC – Analista Judiciário – Área Judiciária – TRT 5/2022) Considere as assertivas abaixo a respeito do regime de trabalho em tempo parcial.

I. por ser uma jornada especial, o regime de trabalho a tempo parcial é incompatível com a prorrogação de jornada.
II. a jornada máxima do empregado em regime de trabalho a tempo parcial será de 30 horas semanais, sem a possibilidade de horas suplementares semanais, ou de 26 horas semanais, com a possibilidade de até seis horas suplementares semanais.
III. na hipótese de o empregado sob regime de trabalho a tempo parcial realizar horas suplementares, estas poderão ser compensadas no prazo máximo de 30 dias.
IV. poderá o empregado sob regime de trabalho a tempo parcial converter até 1/3 das suas férias em abono pecuniário, mediante concordância do empregador.

Com base na Consolidação das Leis do Trabalho, está correto o que se afirma APENAS em

a) III e IV.
b) I.
c) II, III e IV.
d) I e III.
e) II.

▷ ***Anotações/Comentários***

Nota do autor: A questão aborda o tema trabalho por tempo parcial. Para respondê-la era necessário saber das alterações trazidas pela Reforma Trabalhista. Não deixe de ler o art. 58-A da CLT!

Assertiva I: incorreta. Com a modificação do art. 58-A da CLT pela Reforma Trabalhista, passou-se a admitir a prestação de horas extras pelo empregado em regime de tempo parcial. Com a redação dada ao "caput" de referido artigo, foram previstas duas modalidades distintas de regime de tempo parcial:

a) **Jornada de trabalho superior a 26 horas e limitada a 30 horas semanais:** Nessa hipótese, não é permitida a exigência de horas extras dos empregados.
b) **Jornada de trabalho até 26 horas semanais:** Se previstas jornadas de até 26 horas semanais, é possível a prestação de até 6 horas extras semanais.

Assertiva II: correta. Conforme comentários acima, a assertiva está correta. Veja o que dispõe o texto legal:

> **Art. 58-A, CLT:** Considera-se trabalho em regime de tempo parcial aquele cuja duração não exceda a trinta horas semanais, sem a possibilidade de horas suplementares semanais, ou, ainda, aquele cuja duração não exceda a vinte e seis horas semanais, com a possibilidade de acréscimo de até

TRABALHO

> seis horas suplementares semanais. (Redação dada pela Lei nº 13.467, de 2017)

Assertiva III: incorreta. Nos termos do § 5º do art. 58-A da CLT, as horas suplementares deverão ser compensadas até a semana imediatamente posterior à da sua execução:

> **Art. 58-A, § 5º, CLT:** As horas suplementares da jornada de trabalho normal poderão ser compensadas diretamente até a semana imediatamente posterior à da sua execução, devendo ser feita a sua quitação na folha de pagamento do mês subsequente, caso não sejam compensadas.

Assertiva IV: incorreta. Conforme § 6º do art. 58-A da CLT, "É facultado ao empregado contratado sob regime de tempo parcial converter um terço do período de férias a que tiver direito em abono pecuniário", não havendo a necessidade de concordância do empregador.

---

112. (FUMARC – Analista Judiciário – Área Judiciária – TRT 3/2022) Observando os termos da legislação vigente, é INCORRETO afirmar:

a) Considera-se trabalho em regime de tempo parcial aquele cuja duração não exceda a trinta e duas horas semanais, sem a possibilidade de horas suplementares semanais, ou, ainda, aquele cuja duração não exceda a vinte e seis horas semanais, com a possibilidade de acréscimo de até seis horas suplementares semanais, observado o limite de trinta e duas horas.

b) É facultado às partes, mediante acordo individual escrito, convenção coletiva ou acordo coletivo de trabalho, estabelecer horário de trabalho de doze horas seguidas por trinta e seis horas ininterruptas de descanso, observados ou indenizados os intervalos para repouso e alimentação.

c) Nas atividades insalubres, quaisquer prorrogações só poderão ser acordadas mediante licença prévia das autoridades competentes em matéria de higiene do trabalho, as quais, para esse efeito, procederão aos necessários exames locais e à verificação dos métodos e processos de trabalho, quer diretamente, quer por intermédio de autoridades sanitárias federais, estaduais e municipais, com quem entrarão em entendimento para tal fim. Excetuam-se da exigência de licença prévia as jornadas de doze horas de trabalho por trinta e seis horas ininterruptas de descanso.

d) O tempo despendido pelo empregado desde a sua residência até a efetiva ocupação do posto de trabalho e para o seu retorno, caminhando ou por qualquer meio de transporte, inclusive o fornecido pelo empregador, não será computado na jornada de trabalho, por não ser tempo à disposição do empregador.

e) Ocorrendo necessidade imperiosa, poderá a duração do trabalho exceder do limite legal ou convencionado, seja para fazer face a motivo de força maior, seja para atender à realização ou conclusão de serviços inadiáveis ou cuja inexecução possa acarretar prejuízo manifesto.

▷ ***Anotações/Comentários***

Nota do autor: A questão aborda diversos temas relacionados à Duração do Trabalho. Ainda, atente-se ao fato de que foi exigida a alternativa incorreta. Apesar disso, não era uma questão difícil, podendo ser respondida com o conhecimento da literalidade da CLT.

Alternativa "a": "Considera-se trabalho em regime de tempo parcial aquele cuja duração não exceda a trinta horas semanais, sem a possibilidade de horas suplementares semanais, ou, ainda, aquele cuja duração não exceda a vinte e seis horas semanais, com a possibilidade de acréscimo de até seis horas suplementares semanais." (art. 58-A, *caput*, CLT).

Alternativa "b": "Em exceção ao disposto no art. 59 desta Consolidação, é facultado às partes, mediante acordo individual escrito, convenção coletiva ou acordo coletivo de trabalho, estabelecer horário de trabalho de doze horas seguidas por trinta e seis horas ininterruptas de descanso, observados ou indenizados os intervalos para repouso e alimentação." (art. 59-A, *caput*, CLT). Nesse ponto, importante mencionar que no julgamento da ADI 5994/DF, finalizado em 03/07/2023, o STF considerou constitucional o art. 59-A da CLT, introduzido pela Reforma Trabalhista, que permite a pactuação da jornada 12 x 36 por acordo individual escrito entre empregado e empregador.

Alternativa "c": "Nas atividades insalubres, assim consideradas as constantes dos quadros mencionados no capítulo 'Da Segurança e da Medicina do Trabalho', ou que neles venham a ser incluídas por ato do Ministro do Trabalho, Industria e Comercio, quaisquer prorrogações só poderão ser acordadas mediante licença prévia das autoridades competentes em matéria de higiene do trabalho, as quais, para esse efeito, procederão aos necessários exames locais e à verificação dos métodos e processos de trabalho, quer diretamente, quer por intermédio de autoridades sanitárias federais, estaduais e municipais, com quem entrarão em entendimento para tal fim." (art. 60, *caput*, CLT).

> **Art. 60, parágrafo único, CLT:** Excetuam-se da exigência de licença prévia as jornadas de doze horas de trabalho por trinta e seis horas ininterruptas de descanso.

Alternativa "d": "O tempo despendido pelo empregado desde a sua residência até a efetiva ocupação do posto de trabalho e para o seu retorno, caminhando ou por qualquer meio de transporte, inclusive o fornecido pelo empregador, não será computado na jornada de trabalho, por não ser tempo à disposição do empregador." (art. 58, § 2º, CLT).

Alternativa "e": "Ocorrendo necessidade imperiosa, poderá a duração do trabalho exceder do limite legal ou convencionado, seja para fazer face a motivo de força maior, seja para atender à realização ou conclusão de serviços inadiáveis ou cuja inexecução possa acarretar prejuízo manifesto." (art. 61, *caput*, CLT).

---

113. (FCC – Analista Judiciário – Área Judiciária – TRT 15/2018) Robson foi contratado pela empresa International Meal do Brasil Ltda. em regime de trabalho de tempo parcial, com duração de 20 horas semanais. Durante os últimos seis meses de trabalho, Robson fez 6 horas extras semanais. Robson requereu a seu empregador, 15 dias antes do término do período aquisitivo, a conversão de um terço do período de férias em abono pecuniário, o que foi recusado pelo empregador, sob a alegação de ser incabível o abono de férias nos contratos de trabalho em regime de tempo parcial. Em relação a essa situação,

a) Robson não poderia ter feito horas extras, tendo em vista que as mesmas são vedadas nessa modalidade de contratação.

b) as horas extras somente poderiam ter sido prestadas se a jornada semanal fosse de 26 horas.

c) as horas extras deverão ser pagas com o acréscimo de 50% sobre o salário-hora normal, não havendo nessa modalidade de contratação a possibilidade de compensação.

d) o abono de férias somente pode ser concedido, a requerimento do empregado, quando as férias tiverem duração de trinta dias, o que não ocorre no regime de trabalho de tempo parcial.

e) é facultado ao empregado contratado sob regime de tempo parcial converter um terço do período de férias a que tiver direito em abono pecuniário.

▷ ***Anotações/Comentários***

Nota do autor: a questão aborda o tema trabalho por tempo parcial. Para respondê-la era necessário saber das alterações trazidas pela Reforma Trabalhista. Não deixe de ler o art. 58-A da CLT!

Alternativa "a". Com a modificação do art. 58-A da CLT pela Reforma Trabalhista, passou-se a admitir a prestação de horas extras pelo empregado em regime de tempo parcial. Com a redação dada ao "caput" de referido artigo, foram previstas duas modalidades distintas de regime de tempo parcial:

> **a) Jornada de trabalho superior a 26 horas e limitada a 30 horas semanais:** Nessa hipótese, não é permitida a exigência de horas extras dos empregados.
>
> **b) Jornada de trabalho até 26 horas semanais:** Se previstas jornadas de até 26 horas semanais, é possível a prestação de até 6 horas extras semanais.

Assim, como Robson está sujeito a jornada de 20 horas semanais, seria possível a prestação de até 6 horas extras semanais.

Alternativa "b". A prestação de horas extras no regime de tempo parcial é possível caso a jornada seja inferior a 26 horas semanais:

> **Art. 58-A, § 4º da CLT:** Na hipótese de o contrato de trabalho em regime de tempo parcial ser estabelecido em número inferior a vinte e seis horas semanais, as horas suplementares a este quantitativo serão consideradas horas extras para fins do pagamento estipulado no § 3º, estando também limitadas a seis horas suplementares semanais.

Alternativa "c". De acordo com o § 3º inserido no art. 58-A da CLT, as horas extras prestadas em regime de tempo parcial devem ser remuneradas com adicional de 50% sobre o salário-hora normal.

Ainda, de acordo com o § 5º do art. 58-A da CLT, as horas extras realizadas em regime de tempo parcial **poderão ser compensadas** até a semana imediatamente posterior à sua execução. Portanto, se o empregado prestar horas extras em uma terça-feira, terá até a terça-feira seguinte para compensar essas horas suplementares. O limite para a compensação também deve ser limitado a 6 horas extras semanais.

Alternativa "d". A Reforma Trabalhista revogou o art. 130-A da CLT e estabeleceu que as férias do empregado em regime de tempo parcial sujeitam-se à mesma duração dos demais empregados. A duração das férias estará intimamente ligada às faltas injustificadas cometidas pelo empregado ao longo do período aquisitivo. A proporção de faltas e do período de descanso está prevista no art. 130 da CLT, conforme demonstrado a seguir:

Duração das férias do empregado (art. 130)	
Número de faltas	**Dias de Férias**
Até 5 faltas	30 dias
6 a 14 faltas	24 dias
15 a 23 faltas	18 dias
24 a 32 faltas	12 dias
Acima de 32 faltas	Não há férias a usufruir

Alternativa "e". Com o advento da Reforma Trabalhista, o empregado submetido a regime de tempo parcial poderá converter 1/3 de férias em abono pecuniário, nos termos do art. 58-A, §6º da CLT:

> **Art. 58-A da CLT (com redação dada pela Reforma Trabalhista).** (...) § 6º É facultado ao empregado contratado sob regime de tempo parcial converter um terço do período de férias a que tiver direito em abono pecuniário.

114. (FCC – Analista Judiciário – Área Administrativa – TRT 2/2018) Considere as seguintes hipóteses:

I. Trabalho de 28 horas semanais, sem a possibilidade de horas suplementares semanais.

II. Trabalho de 30 horas semanais, com a possibilidade de horas suplementares semanais.

III. Trabalho de 25 horas semanais, com a possibilidade de acréscimo de até seis horas suplementares semanais.

IV. Trabalho de 27 horas semanais, com a possibilidade de acréscimo de até seis horas suplementares semanais.

De acordo com a Consolidação das Leis do Trabalho, consideram-se trabalho em regime de tempo parcial aqueles indicados APENAS em

a) III e IV.

b) I e II.

c) I e III.

d) I, II e IV.

e) II, III e IV.

▷ ***Anotações/Comentários***

Nota do autor: O regime de tempo parcial foi criado como forma de incentivar o aumento dos postos de trabalho. Além disso, a remuneração dos empregados submetidos a essa jornada reduzida será proporcional à remuneração recebida pelos empregados que cumprem, nas mesmas funções, tempo integral. Com a **Reforma Trabalhista**, será considerado trabalho em regime de tempo parcial o que **não exceder a 30 horas semanais, quando não poderão ser prestadas horas extras ou 26 horas semanais, em que se possibilitará o acréscimo de até 6 horas suplementares semanais**. Note-se que mesmo que estipulada por tempo inferior a 26 horas, as horas suplementares serão consideradas horas extras.

Assertiva I. Correta. O trabalho acima de 26 horas semanais impede a prestação de horas extras (Art. 58-A, caput da CLT).

Assertiva II. Incorreta. O trabalho de 30 horas semanais impede a prestação de horas extras semanais (Art. 58-A, *caput* da CLT).

Assertiva III. Correta. O trabalho de até 26 horas semanais permite a realização de horas suplementares semanais de até seis horas suplementares semanais (Art. 58-A da CLT). Assim, como a jornada referida é de 25 horas semanais, é possível que o trabalhador preste até 6 horas.

Assertiva IV. Incorreta. O trabalho acima de 26 horas semanais impede a prestação de horas extras (Art. 58-A, *caput* da CLT).

22.2. Jornada 12x36

115. (FCC – Analista Judiciário – Oficial de Justiça Avaliador Federal – TRT 9/2022) Deonísio é eletricista e foi contratado por uma empresa de energia elétrica para trabalhar na manutenção das redes de transmissão de energia, cumprindo escala de doze horas de trabalho, seguidas por trinta e seis horas ininterruptas de descanso.

Considerando essas condições de trabalho,

a) a escala de trabalho prevista somente será válida se constante em convenção coletiva ou acordo coletivo de trabalho.

b) a remuneração mensal pactuada pelas partes para o cumprimento desta escala de trabalho abrange os pagamentos devidos pelo descanso semanal remunerado e pelo descanso em feriados.

c) Deonísio tem direito ao adicional de periculosidade, no valor de 10%, 20% ou 40% do salário contratual, dependendo do grau de risco a que estará submetido na manutenção das redes de transmissão de energia.

d) Deonísio tem direito ao adicional noturno, no valor de 30% sobre a hora diurna de trabalho, incidente em relação ao trabalho realizado entre 22 horas de um dia até às 5 horas do dia seguinte.

e) a hora noturna será computada como 52 minutos e 30 segundos, sendo considerado noturno o trabalho realizado a partir das 21 horas e até às 5 horas do dia seguinte.

▷ ***Anotações/Comentários***

Nota do autor: A questão aborda diversos temas do Direito Individual do Trabalho. Decidimos por mantê-la neste tópico, pois a alternativa correta aborda a jornada 12 x 36. A jornada 12 x 36, que é uma modalidade de compensação de jornada. Nesse sistema, o empregado trabalha além das 8 horas permitidas, ficando 12 horas prestando serviços. Por outro lado, goza de um descanso bastante prolongado de 36 horas consecutivas.

Alternativas "a" e "b". Antes da Reforma Trabalhista, não havia regulamentação na CLT sobre o tema. Para suprir essa lacuna do legislador, o TST "regulamentou" o tema. O regime 12 x 36 era admitido apenas excepcionalmente, por exemplo, nas atividades de vigilância e na área hospitalar. Aliás, para que fosse válido, era necessária a previsão em lei ou em instrumento coletivo (Súmula nº 444 do TST).

Com a Reforma Trabalhista, deu-se a regulamentação legal da jornada 12 x 36:

> **Art. 59-A, CLT (acrescentado pela Lei nº 13.467/2017).** Em exceção ao disposto no art. 59 desta Consolidação, é facultado às partes, mediante acordo individual escrito, convenção coletiva ou acordo coletivo de trabalho, estabelecer horário de trabalho de doze horas seguidas por trinta e seis horas ininterruptas de descanso, observados ou indenizados os intervalos para repouso e alimentação.
>
> Parágrafo único. A remuneração mensal pactuada pelo horário previsto no caput deste artigo abrange os pagamentos devidos pelo descanso semanal remunerado e pelo descanso em feriados, e serão considerados compensados os feriados e as prorrogações de trabalho noturno, quando houver, de que tratam o art. 70 e o § 5º do art. 73 desta Consolidação.

Diferentemente do estabelecido pelo TST, esse sistema pode ser estabelecido por:

a) acordo individual escrito; e

b) instrumentos coletivos de trabalho (convenção coletiva ou acordo coletivo de trabalho).

A novidade consistiu na possibilidade de empregado e empregador estabelecerem a jornada 12 x 36 por meio de acordo individual escrito.

Portanto, a Reforma Trabalhista ampliou significativamente a possibilidade de ajuste individual entre empregado e empregador, podendo-se negociar livremente diversos pontos, entre eles essa jornada especial de 12 horas.

Aliás, nesse ponto, importante mencionar que no julgamento da ADI 5994/DF, finalizado em 03/07/2023, o STF considerou constitucional o art. 59-A da CLT, introduzido pela Reforma Trabalhista, que permite a pactuação da jornada 12 x 36 por acordo individual escrito entre empregado e empregador.

Alternativa "c". O pagamento dos adicionais de periculosidade e insalubridade tem previsão constitucional. De acordo com art. 7º, XXIII, da CF/88:

> **Art. 7º, XXIII, CF/88:** São direitos dos trabalhadores urbanos e rurais, além de outros que visem à melhoria de sua condição social: adicional de remuneração para as atividades penosas, insalubres ou perigosas, na forma da lei.

As atividades perigosas ocorrem quando se verifica a presença de risco acentuado na atividade desenvolvida pelo empregado. Assim, de acordo com a CLT, a atividade perigosa é aquela em que há contato permanente com explosivos, inflamáveis ou energia elétrica em condições de risco acentuado. A CLT foi alterada três vezes para incluir, como atividades perigosas, aquela desenvolvida por trabalhador em motocicleta ("motoboy"), os trabalhadores que estão sujeitos a roubos, violência física, como ocorre com os vigilantes e os seguranças, e também as atividades desempenhadas pelos agentes das autoridades de trânsito. O adicional de periculosidade é de 30% sobre o salário-base, ou seja, o cálculo não leva em conta outros acréscimos. De acordo com o art. 193 da CLT:

> **Art. 193, CLT.** São consideradas atividades ou operações perigosas, na forma da regulamentação aprovada pelo Ministério do Trabalho e Emprego, aquelas que, por sua natureza ou métodos de trabalho, impliquem risco acentuado em virtude de exposição permanente do trabalhador a:
>
> I – inflamáveis, explosivos ou energia elétrica;
>
> II – roubos ou outras espécies de violência física nas atividades profissionais de segurança pessoal ou patrimonial.
>
> III – colisões, atropelamentos ou outras espécies de acidentes ou violências nas atividades profissionais dos agentes das autoridades de trânsito. **(Incluído pela Lei nº 14.684, de 2023)**
>
> § 1º O trabalho em condições de periculosidade assegura ao empregado um adicional de 30% (trinta por cento) sobre o salário sem os acréscimos resultantes de gratificações, prêmios ou participações nos lucros da empresa.
>
> § 2º O empregado poderá optar pelo adicional de insalubridade que porventura lhe seja devido.
>
> § 3º Serão descontados ou compensados do adicional outros da mesma natureza eventualmente já concedidos ao vigilante por meio de acordo coletivo.
>
> § 4º São também consideradas perigosas as atividades de trabalhador em motocicleta.
>
> § 5º O disposto no inciso I do caput deste artigo não se aplica às quantidades de inflamáveis contidas nos tanques de combustíveis originais de fábrica e suplementares, para consumo próprio de veículos de carga e de transporte coletivo de passageiros, de máquinas e de equipamentos, certificados pelo órgão competente, e nos equipamentos de refrigeração de carga. (Incluído pela Lei nº 14.766, de 2023)

Alternativas "d" e "e". Considera-se noturno o trabalho executado entre as 22 horas de um dia e as 5 horas do dia seguinte[17]. Durante esse período, o empregado receberá adicional de, no mínimo, 20% sobre a hora diurna. Esse adicional possui natureza salarial, portanto reflete nas demais verbas trabalhistas. Por exemplo, o adicional noturno integra a base de cálculo das horas extras prestadas no período noturno[18].

17. **Orientação Jurisprudencial nº 60 da SDI-I do TST:** "I – A hora noturna no regime de trabalho no porto, compreendida entre dezenove horas e sete horas do dia seguinte, é de sessenta minutos."
18. **Orientação Jurisprudencial nº 97 da SDI-I do TST:** "O adicional noturno integra a base de cálculo das horas extras prestadas no período noturno."

22.3. Tempo à disposição do empregador

116. (FUMARC – Técnico Judiciário – TRT 3/2022) Acerca do tempo à disposição, é CORRETO afirmar:

a) O tempo gasto esperando o chamamento para o trabalho em casa é considerado tempo à disposição do empregador, remunerado com horas extras, caso extrapole a 8ª diária e a 44ª semanal.

b) O tempo gasto pelo trabalhador com a sua higiene pessoal na empresa é tempo à disposição do empregador, remunerado com horas extras, caso extrapole a 8ª diária e a 44ª semanal.

c) O tempo gasto pelo trabalhador com práticas religiosas habituais na empresa é tempo à disposição do empregador, remunerado com horas extras, caso extrapole a 8ª diária e a 44ª semanal.

d) O tempo gasto pelo trabalhador estudando para provas não relativas ao trabalho é tempo à disposição do empregador, remunerado com horas extras, caso extrapole a 8ª diária e a 44ª semanal.

e) O tempo gasto pelo trabalhador trocando de roupa na empresa por determinação do regimento interno da empresa é tempo à disposição do empregador, remunerado com horas extras, caso extrapole a 8ª diária e a 44ª semanal.

▷ ***Anotações/Comentários***

Nota do autor: A jornada de trabalho do empregado abrange o tempo em que está à disposição do empregador, executando serviços ou aguardando ordens, de acordo com o art. 4º da CLT. A questão exigia do candidato o conhecimento das alterações trazidas pela Lei nº 13.467/2017, em especial o disposto no art. 4º, §2º da CLT.

Comentário serve para todas as alternativas, uma vez que versam sobre o mesmo assunto. A jornada de trabalho do empregado abrange o tempo em que está à disposição do empregador, executando serviços ou aguardando ordens, de acordo com art. 4º da CLT. Segundo o § 2º do artigo em questão, inserido pela Lei nº 13.467/2017, não serão considerados tempo à disposição os minutos que excedem à hora normal de trabalho quando o empregado buscar proteção pessoal, por escolha própria ou quando permanecer na empresa para exercer atividades pessoais:

> **Art. 4º, § 2º da CLT (inserido pela Lei nº 13.467/2017):** Por não se considerar tempo à disposição do empregador, não será computado como período extraordinário o que exceder a jornada normal, ainda que ultrapasse o limite de cinco minutos previsto no § 1º do art. 58 desta Consolidação, quando o empregado, por escolha própria, buscar proteção pessoal, em caso de insegurança nas vias públicas ou más condições climáticas, bem como adentrar ou permanecer nas dependências da empresa para exercer atividades particulares, entre outras:
>
> **I – práticas religiosas;**
>
> II – descanso;
>
> III – lazer;
>
> **IV – estudo;**
>
> V – alimentação;
>
> VI – atividades de relacionamento social;
>
> **VII – higiene pessoal;**
>
> **VIII – troca de roupa ou uniforme, quando não houver obrigatoriedade de realizar a troca na empresa.**

A questão, ainda, em sua alternativa "a", questiona o empregado sobre o período de sobreaviso. Abaixo, segue breve explicação sobre as horas de prontidão e de sobreaviso, as quais não são consideradas tempo à disposição doa empregados, mas, por limitar a vida privado do trabalho, são, de certa forma, remuneradas:

Prontidão: o empregado permanece nas dependências da empresa aguardando ordens. Nesse caso, o trabalhador não prestará serviços, mas receberá 2/3 do horário normal em razão do tempo à disposição. Poderá permanecer em prontidão por, no máximo, 12 horas.

Sobreaviso: consiste na possibilidade de o empregado permanecer em sua residência ou outro local combinado aguardando ordens da empresa. Nesse caso, receberá apenas – da hora normal e poderá ficar nesse regime por, no máximo, 24 horas.

117. (FCC – Analista Judiciário – Área Judiciária – TRT 4/2022) Por força da natureza da sua prestação de serviços de vigilante, Ganimedes trabalha uniformizado. Nessa hipótese, de acordo com o que prevê a Consolidação das Leis do Trabalho, o tempo despendido pelo empregado para a troca de uniforme

a) sempre será computado na jornada de trabalho, desde que excedente de 10 minutos diários.

b) apenas será computado na jornada de trabalho se houver a determinação da empresa que a troca se realize em suas dependências, sendo jornada extraordinária o que ultrapassar 5 minutos.

c) nunca será computado na jornada de trabalho.

d) apenas será computado na jornada de trabalho se houver a determinação da empresa que a troca se realize em suas dependências, sendo jornada extraordinária o que ultrapassar 15 minutos.

e) sempre será computado na jornada de trabalho, desde que excedente de 15 minutos diários.

▷ ***Anotações/Comentários***

Nota do autor: Com a Reforma Trabalhista, há a inserção do § 2º ao art. 4º da CLT. O dispositivo apresenta duas hipóteses em que o limite de tolerância de 10 minutos diários previsto no art. 58, § 1º, da CLT (5 minutos antes do início da jornada e 5 minutos após o término da jornada) pode ser ultrapassado sem que o período seja considerado como tempo à disposição do empregador: proteção pessoal e atividades particulares. A questão aborda esse segundo caso.

Comentário serve para todas as alternativas, uma vez que versam sobre o mesmo assunto. Nos termos do art. 4º da CLT, com redação dada pela Reforma Trabalhista, "Considera-se como de serviço efetivo o período em que o empregado esteja à disposição do empregador, aguardando ou executando ordens, salvo disposição especial expressamente consignada.". Contudo, a própria legislação traz algumas exceções à essa regra. É justamente sobre uma dessas exceções que vamos tratar.

Se o trabalhador adentrar ou permanecer na empresa para o desenvolvimento de atividades particulares, o período também não será considerado como tempo à disposição do empregador. Vale destacar que o legislador trouxe um rol exemplificativo das hipóteses consideradas como atividades particulares do empregado. Portanto, é fundamental para a caracterização da atividade como particular a análise concreta da natureza dessa atividade. Pela aplicação do princípio da primazia da realidade, independentemente se o empregador considerar a atividade como particular ou não, será analisado se o empregado permanece aguardando ou executando ordens. As atividades elencadas exemplificativamente são as seguintes:

> I – práticas religiosas;
>
> II – descanso;
>
> III – lazer;
>
> IV – estudo;
>
> V – alimentação;
>
> VI – atividades de relacionamento social;
>
> VII – higiene pessoal;
>
> **VIII – troca de roupa ou uniforme, quando não houver obrigatoriedade de realizar a troca na empresa.**

118. (FCC – Analista Judiciário – Área Judiciária – TRT 9/2022) Maria é enfermeira e labora no centro cirúrgico do Hospital Vida Melhor, em escala de revezamento 12 x 36, das 19h00 às 07h00. Em razão do uso obrigatório de vestimenta privativa, Maria deve realizar a troca de roupa nas dependências do hospital e, apenas então, registrar o início da jornada de trabalho, no relógio de ponto localizado dentro do centro cirúrgico. A enfermeira leva cerca de 22 minutos diários para a troca de uniforme, no início e no final da jornada de trabalho. Diante dos fatos apresentados, o tempo gasto pela empregada

a) é considerado tempo à disposição do empregador pela obrigatoriedade da troca de roupa nas dependências da empresa e por extrapolar o limite de 10 minutos diários.

b) é considerado tempo à disposição do empregador porque extrapolou o limite de 20 minutos diários.

c) é considerado tempo à disposição do empregador, mas o período não será computado na jornada de trabalho em razão do direito a 36 horas de descanso.

d) não é considerado tempo à disposição porque a jornada 12 x 36 engloba o tempo gasto para eventual troca de roupa.

e) não é considerado tempo à disposição, já que não houve efetivo trabalho durante o período.

▷ ***Anotações/Comentários***

Nota do autor: A limitação da jornada de trabalho é uma das maiores vitórias sociais da classe trabalhadora. A duração máxima é limitada a 8 horas diárias e 44 horas semanais, tanto aos homens quanto às mulheres. Esse limite, chamado de "jornada normal", é previsto no art. 7º, XIII, da Constituição Federal.

Comentário serve para todas as alternativas, uma vez que versam sobre o mesmo assunto. Em relação à duração do trabalho, é importante ressaltar que a jornada de trabalho do empregado abrange o tempo em que está à disposição do empregador, executando serviços ou aguardando ordens, de acordo com o caput do artigo 4º da CLT.

O trabalho que ultrapassar a jornada normal será remunerado com adicional de, no mínimo, 50% sobre a hora normal. Cabe frisar que as variações no registro de ponto não excedentes a 5 minutos, observado o limite máximo de 10 minutos, não serão descontadas nem consideradas jornada extraordinária (art. 58, § 1º, da CLT). Assim sendo, em razão do grande número de empregados para marcar o cartão de ponto, poderão ocorrer variações no horário de entrada e saída. Desde que respeitados os limites anteriores, o empregador não estará obrigado a remunerar esses minutos excedentes como extras. Se ultrapassados os 10 minutos, serão remunerados como hora suplementar em sua totalidade.

Por fim, conforme o § 2º do art. 4º da CLT, inserido pela Lei nº 13.467/2017, não serão considerados tempo à disposição os minutos que excedem à hora normal de trabalho quando o empregado buscar proteção pessoal, por escolha própria ou quando permanecer na empresa para exercer atividades pessoais:

> **Art. 4º, § 2º da CLT** (inserido pela Lei nº 13.467/2017): Por não se considerar tempo à disposição do empregador, não será computado como período extraordinário o que exceder a jornada normal, ainda que ultrapasse o limite de cinco minutos previsto no § 1o do art. 58 desta Consolidação, quando o empregado, por escolha própria, buscar proteção pessoal, em caso de insegurança nas vias públicas ou más condições climáticas, bem como adentrar ou permanecer nas dependências da empresa para exercer atividades particulares, entre outras:
>
> I – práticas religiosas;
>
> II – descanso;
>
> III – lazer;
>
> IV – estudo;
>
> V – alimentação;
>
> VI – atividades de relacionamento social;
>
> VII – higiene pessoal;
>
> **VIII – troca de roupa ou uniforme, quando não houver obrigatoriedade de realizar a troca na empresa. (grifos acrescidos)**

Assim, como havia a obrigatoriedade da troca de uniforme dentro do estabelecimento do empregador (Hospital), esse período será computado na jornada de trabalho de Maria e, se ultrapassado o limite de tolerância diário de 10 minutos, a integralidade do período que extrapolar a jornada normal será remunerado como horas extras.

119. (FCC – Analista Judiciário – Área Judiciária – TRT 4/2022) Sinfrônio é empregado da Panificadora Pão Nosso de Cada Dia e presta horas extras com habitualidade. A sua empregadora pretende criar instrumento de Banco de Horas para ter possibilidade de compensação de horas dos empregados para concessão de descanso em períodos de menor movimento na Panificadora. Nessa hipótese, conforme previsão da Consolidação das Leis do Trabalho, a empresa

a) deverá obrigatoriamente celebrar acordo coletivo com o sindicato para estabelecer banco de horas, desde que a compensação ocorra no período máximo de 18 meses.

b) deverá necessariamente celebrar acordo com todos os empregados em conjunto, com assistência do sindicato, para estabelecer banco de horas, desde que a compensação ocorra no período máximo de 6 meses.

c) deverá obrigatoriamente celebrar acordo coletivo com o sindicato para estabelecer banco de horas, desde que a compensação ocorra no período máximo de 12 meses.

d) poderá pactuar individualmente com Sinfrônio o banco de horas, desde que a compensação ocorra no período máximo de 6 meses.

e) poderá pactuar individualmente com Sinfrônio o banco de horas, desde que a compensação ocorra no período máximo de 12 meses.

▷ ***Anotações/Comentários***

Nota do autor: Com a Reforma Trabalhista, há a inserção do § 2º ao art. 4º da CLT. O dispositivo apresenta duas hipóteses em que o limite de tolerância de 10 minutos diários previsto no art. 58, § 1º, da CLT (5 minutos antes do início da jornada e 5 minutos após o término da jornada) pode ser ultrapassado sem que o período seja considerado como tempo à disposição do empregador: proteção pessoal e atividades particulares. A questão aborda esse segundo caso.

Comentário serve para todas as alternativas, uma vez que versam sobre o mesmo assunto. Os §§ 2º, 3º e 5º do art. 59 da CLT estabelecem a disciplina jurídica direcionada especificamente ao banco de horas, que foi dividido em duas modalidades: banco de horas anual e semestral:

a) **Banco de horas anual:** Para o estabelecimento dessa modalidade de banco de horas, o § 2º do art. 59 da CLT prevê a necessidade de previsão em acordo ou convenção coletiva de trabalho, desde que o excesso de horas em um dia seja compensado em outro, de modo que a soma das jornadas semanais de trabalho seja respeitada no período máximo de 1 ano. Além disso, é necessário o respeito ao limite de 10 horas diárias de trabalho. Por ser mais gravosa, exigia-se (e ainda se exige) a formalização por instrumento coletivo de trabalho.

b) **Banco de horas semestral:** A novidade trazida pela Reforma Trabalhista consistiu na possibilidade de se estabelecer banco de horas por meio de acordo individual escrito entre empregado e empregador. Nesse caso, o prazo máximo para a compensação é de 6 meses. Portanto, além de permitir a compensação individual tácita mensal, a legislação passou a admitir a previsão de banco de horas individual desde que conste em acordo escrito e realizado no prazo máximo de 6 meses.

Assim, apenas o banco de horas semestral que poderá ser feito de forma individual, devendo ser compensado dentro do período de 6 meses.

---

120. (FCC – Analista Judiciário – Área Judiciária – TRT 17/2022) Virgílio celebrou acordo individual com seu empregador para o estabelecimento de banco de horas. Consta em referido acordo que as horas extras não pagas serão compensadas em até 9 meses. De acordo com o que prevê a legislação trabalhista, este acordo é

a) inválido, apenas por não ter sido acordado em nível coletivo.

b) válido, eis que a lei permite negociação individual, e o prazo de compensação está inferior aos 12 meses previstos na CLT.

c) inválido, apenas pela extrapolação do prazo máximo de 6 meses para compensação previsto na CLT.

d) válido, eis que a lei permite negociação individual, cabendo às partes estabelecer livremente o prazo para compensação, não havendo limitador legal.

e) inválido, apenas quanto ao prazo que pela lei não deve superar 3 meses para compensação, quando acordada individualmente.

▷ ***Anotações/Comentários***

Nota do autor: Com a Reforma Trabalhista, há a inserção do § 2º ao art. 4º da CLT. O dispositivo apresenta duas hipóteses em que o limite de tolerância de 10 minutos diários previsto no art. 58, § 1º, da CLT (5 minutos antes do início da jornada e 5 minutos após o término da jornada) pode ser ultrapassado sem que o período seja considerado como tempo à disposição do empregador: proteção pessoal e atividades particulares. A questão aborda esse segundo caso.

Comentário serve para todas as alternativas, uma vez que versam sobre o mesmo assunto. Os §§ 2º, 3º e 5º do art. 59 da CLT estabelecem a disciplina jurídica direcionada especificamente ao banco de horas, que foi dividido em duas modalidades: banco de horas anual e semestral:

a) **Banco de horas anual:** Para o estabelecimento dessa modalidade de banco de horas, o § 2º do art. 59 da CLT prevê a necessidade de previsão em acordo ou convenção coletiva de trabalho, desde que o excesso de horas em um dia seja compensado em outro, de modo que a soma das jornadas semanais de trabalho seja respeitada no período máximo de 1 ano. Além disso, é necessário o respeito ao limite de 10 horas diárias de trabalho. Por ser mais gravosa, exigia-se (e ainda se exige) a formalização por instrumento coletivo de trabalho.

b) **Banco de horas semestral:** A novidade trazida pela Reforma Trabalhista consistiu na possibilidade de se estabelecer banco de horas por meio de acordo individual escrito entre empregado e empregador. Nesse caso, o prazo máximo para a compensação é de 6 meses. Portanto, além de permitir a compensação individual tácita mensal, a legislação passou a admitir a previsão de banco de horas individual desde que conste em acordo escrito e realizado no prazo máximo de 6 meses.

Assim, para a celebração de banco de horas cuja compensação se dê em período superior à 6 meses, é necessário que o faça por acordo ou convenção coletiva de trabalho.

22.4. Horas *in itinere*

---

121. (FCC – Técnico Judiciário – Área Administrativa – TRT 17/2022) Teobaldo é empregado do Frigorífico Boi no Prato, localizado em região de difícil acesso, desprovida de transporte público regular e, por esse motivo o seu empregador fornece condução de ida e volta aos empregados. Teobaldo gasta 30 minutos para ir e 30 minutos para voltar caminhando até o ponto de encontro do ônibus fornecido pela empresa no trajeto casa-ponto de encontro-casa. O percurso de ônibus até a empresa é feito em uma hora e meia na ida e uma hora e meia na volta. Com base no que prevê a Consolidação das Leis do Trabalho, Teobaldo

a) não faz jus a horas in itinere.

b) é credor de 3 horas in itinere.

c) deve receber 4 horas in itinere.

d) faz jus a 2 horas in itinere, limite máximo previsto na CLT.

e) é credor de 1 hora in itinere limite máximo previsto na CLT quando o empregador fornece a condução.

▷ ***Anotações/Comentários***

Nota do autor: A questão exigia do candidato o conhecimento da alteração trazida pela Reforma Trabalhista no tocante às horas *in itinere*. Antes da alteração legal, o art. 58, § 2º da CLT, juntamente com a Súmula nº 90 do TST, traziam as principais balizas acerca das horas *in itinere*. Nos termos da redação anterior do art. 58 da CLT, o tempo despendido entre o local de trabalho e seu retorno, por qualquer meio de transporte, não era, em regra, computado na jornada de trabalho. Essas horas de percurso, chamadas *in itinere*, não estavam, em regra, inseridas no tempo "à disposição do empregador". Excepcionalmente, o dispositivo previa a possibilidade das horas in itinere estarem inseridas na jornada, se preenchidos dois requisitos: a) local de difícil acesso; b) condução fornecida pelo empregador.

Comentário serve para todas as alternativas, uma vez que versam sobre o mesmo assunto. A Reforma Trabalhista alterou significativamente a disciplina jurídica das horas *in itinere*. De acordo com a atual redação do § 2º do artigo em comento, o tempo despendido pelo empregado desde sua residência até a efetiva ocupação do posto de trabalho e para o seu retorno não será computado na jornada de trabalho, ainda que o empregador forneça o transporte, por não ser tempo à disposição do empregador:

> **Art. 58, § 2º, da CLT** (redação dada pela Lei nº 13.467/2017): O tempo despendido pelo empregado desde a sua residência até a efetiva ocupação do posto de trabalho e para o seu retorno, caminhando ou por qualquer meio de transporte, inclusive o fornecido pelo empregador, não será computado na jornada de trabalho, por não ser tempo à disposição do empregador.

122. (Cespe – Técnico Judiciário – Área Administrativa – TRT 8/2022) Thiago reside na capital e gasta, diariamente, em média, uma hora e trinta minutos para se deslocar do seu domicílio até a empresa onde trabalha, que está localizada em uma região metropolitana.

Nessa situação hipotética, de acordo as regras da Consolidação das Leis do Trabalho (CLT), o tempo de deslocamento despendido por Thiago desde seu domicílio até a empresa

a) será computado na jornada de trabalho, se a empresa oferecer serviço de transporte a Thiago.
b) será computado na jornada de trabalho, porque a empresa se localiza em região metropolitana e Thiago reside na capital.
c) não será computado na jornada de trabalho, mas será remunerado se a empresa se situar em local de difícil acesso.
d) será computado na jornada de trabalho, já que é superior a sessenta minutos.
e) não será computado na jornada de trabalho, por não ser tempo à disposição do empregador.

▷ ***Anotações/Comentários***

Nota do autor: A questão exigia do candidato o conhecimento da alteração trazida pela Reforma Trabalhista no tocante às horas in itinere. Antes da alteração legal, O art. 58, § 2º da CLT, juntamente com a Súmula nº 90 do TST, traziam as principais balizas acerca das horas in itinere. Nos termos da redação anterior do art. 58 da CLT, o tempo despendido entre o local de trabalho e seu retorno, por qualquer meio de transporte, não era, em regra, computado na jornada de trabalho. Essas horas de percurso, chamadas in itinere, não estavam, em regra, inseridas no tempo "à disposição do empregador". Excepcionalmente, o dispositivo previa a possibilidade das horas in itinere estarem inseridas na jornada, se preenchidos dois requisitos: a) local de difícil acesso; b) condução fornecida pelo empregador.

Comentário serve para todas as alternativas, uma vez que versam sobre o mesmo assunto. A Reforma Trabalhista alterou significativamente a disciplina jurídica das horas in itinere. De acordo com a atual redação do § 2º do artigo em comento, o tempo despendido pelo empregado desde sua residência até a efetiva ocupação do posto de trabalho e para o seu retorno não será computado na jornada de trabalho, ainda que o empregador forneça o transporte, por não ser tempo à disposição do empregador:

> **Art. 58, § 2º, da CLT** (redação dada pela Lei nº 13.467/2017): O tempo despendido pelo empregado desde a sua residência até a efetiva ocupação do posto de trabalho e para o seu retorno, caminhando ou por qualquer meio de transporte, inclusive o fornecido pelo empregador, não será computado na jornada de trabalho, por não ser tempo à disposição do empregador.

123. (FCC – Analista Judiciário – Área Judiciária – TRT 23/2022) Lírio é pescador profissional registrado em CTPS pela empresa Peixe Bom Pescados em Geral Ltda., prestando serviços de segunda a sexta-feira, das 8h00min às 17h00min, com intervalo de 1 hora para refeição, e aos sábados das 8h00min às 12h00min. Lírio utiliza barco fornecido pelo seu empregador para chegar ao local de trabalho e para o retorno, por se tratar de local de difícil acesso, não arcando com nenhum custo pelo transporte. Sabendo-se que, no trajeto até o local de trabalho e no seu retorno, o empregado fica 3 horas no transporte (1 hora e meia na ida e 1 hora e meia na volta), segundo o que prevê a legislação trabalhista, Lírio

a) é credor de duas horas extras diárias pela jornada in itinere, sendo este o limite máximo admitido para essa remuneração, quando se trata de condução fornecida pelo empregador.
b) faz jus a uma hora e trinta minutos extras diários pela jornada *in itinere,* que corresponde a 50% do total despendido com o deslocamento, quando se trata de condução fornecida pelo empregador.
c) deve receber pelas três horas extras diárias pela jornada *in itinere,* mesmo quando se trata de condução fornecida pelo empregador, pelo fato de ser local de difícil acesso.
d) é credor de uma hora extra diária pela jornada *in itinere,* sendo este o limite máximo admitido para essa remuneração, quando se trata de condução fornecida pelo empregador.
e) não deve receber nenhuma remuneração pela jornada *in itinere* por não se configurar tempo à disposição do empregador o tempo gasto no deslocamento, ainda que em condução fornecida pelo empregador.

▷ ***Anotações/Comentários***

Nota do autor: A questão exigia do candidato o conhecimento da alteração trazida pela Reforma Trabalhista no tocante às horas in itinere. Antes da alteração legal, o art. 58, § 2º da CLT, juntamente com a Súmula nº 90 do TST, traziam as principais balizas acerca das horas in itinere. Nos termos da redação anterior do art. 58 da CLT, o tempo despendido entre o local de trabalho e seu retorno, por qualquer meio de transporte, não era, em regra, computado na jornada de trabalho. Essas horas de percurso, chamadas in itinere, não estavam, em regra, inseridas no tempo "à disposição do empregador". Excepcionalmente, o dispositivo previa a possibilidade das horas in itinere estarem inseridas na jornada, se preenchidos dois requisitos: a) local de difícil acesso; b) condução fornecida pelo empregador.

Comentário serve para todas as alternativas, uma vez que versam sobre o mesmo assunto. A Reforma Trabalhista alterou significativamente a disciplina jurídica das horas *in itinere.* De acordo com a atual redação do § 2º do artigo em comento, o tempo despendido pelo empregado desde sua residência até a efetiva ocupação do posto de trabalho e para o seu retorno não será computado na jornada de trabalho, ainda que o empregador forneça o transporte, por não ser tempo à disposição do empregador:

> **Art. 58, § 2º, da CLT** (redação dada pela Lei nº 13.467/2017): O tempo despendido pelo empregado desde a sua residência até a efetiva ocupação do posto de trabalho e para o seu retorno, caminhando ou por qualquer meio de transporte, inclusive o fornecido pelo empregador, não será computado na jornada de trabalho, por não ser tempo à disposição do empregador.

124. (FCC – Analista Judiciário – Oficial de Justiça Avaliador Federal – TRT 17/2022) Ísis é garçonete no Restaurante Partenon, o qual se situa em local de difícil acesso, dirigindo-se ao local de trabalho com barco fornecido pelo empregador. O tempo despendido até o restaurante é de uma hora e trinta minutos na ida e uma hora e trinta minutos na volta. Conforme o previsto na CLT, nessa hipótese, Ísis

a) faz jus a três horas como jornada in itinere, eis que, no caso de local de trabalho de difícil acesso e condução fornecida pelo empregador, as horas de deslocamento são consideradas como tempo à disposição.
b) faz jus a jornada in itinere, eis que, no caso de local de trabalho de difícil acesso e condução fornecida pelo empregador, as horas de deslocamento são consideradas como tempo à disposição, limitadas a duas horas.
c) não faz jus a jornada in itinere pelo fato de que a condução ser fornecida pelo empregador descaracteriza o tempo dispendido como à disposição do empregador.
d) não faz jus a jornada in itinere pelo fato de que o tempo despendido pelo empregado desde a sua residência até a efetiva ocupação do posto de trabalho e para o seu retorno, inclusive a condução fornecida pelo empregador, não será computado na jornada de trabalho, por não ser tempo à disposição do empregador.
e) faz jus a jornada in itinere, eis que, no caso de local de trabalho de difícil acesso e condução fornecida pelo empregador, as horas de deslocamento são consideradas como tempo à disposição, limitada a uma hora.

▷ ***Anotações/Comentários***

Nota do autor: A questão exigia do candidato o conhecimento da alteração trazida pela Reforma Trabalhista no tocante às horas in itinere. Antes da alteração legal, o art. 58, § 2º da CLT, juntamente com a Súmula nº 90 do TST, traziam as principais balizas acerca das horas *in itinere.* Nos termos da redação anterior do art. 58 da CLT, o tempo despendido entre o local de trabalho e seu retorno, por qualquer meio de transporte, não era, em regra, computado na jornada de trabalho. Essas horas de percurso, chamadas *in itinere,* não estavam, em regra, inseridas no tempo "à disposição do empregador". Excepcionalmente, o dispositivo previa a possibilidade das horas *in itinere* estarem inseridas na jornada, se preenchidos dois requisitos: a) local de difícil acesso; b) condução fornecida pelo empregador.

Comentário serve para todas as alternativas, uma vez que versam sobre o mesmo assunto. A Reforma Trabalhista alterou significativamente a disciplina jurídica das horas in itinere. De acordo com a atual redação do § 2º do artigo em comento, o tempo despendido pelo empregado desde sua residência até a efetiva ocupação do posto de trabalho e para o seu retorno não será computado na jornada de trabalho, ainda que o empregador forneça o transporte, por não ser tempo à disposição do empregador:

> **Art. 58, § 2º, da CLT** (redação dada pela Lei nº 13.467/2017): O tempo despendido pelo empregado desde a sua residência até a efetiva ocupação do posto de trabalho e para o seu retorno, caminhando ou por qualquer meio de transporte, inclusive o fornecido pelo empregador, não será computado na jornada de trabalho, por não ser tempo à disposição do empregador.

125. (FCC – Técnico Judiciário – Área Administrativa – TRT 4/2022) Aristóteles é empregado na empresa Sol Nascente Comércio de Placas Solares, desde 2019, que fica situada em local de difícil acesso e utiliza ônibus fornecido pelo seu empregador para ir e voltar do trabalho, dispendendo 2 horas para ir e 2 horas para voltar, por dia. Conforme previsão da Consolidação das Leis do Trabalho, Aristóteles

a) faz jus a 4 horas extras diárias com adicional de 50%.

b) deve receber 2 horas extras diárias, com adicional de 100% por se tratar de jornada *in itinere*.

c) é credor de 2 horas extras diárias, com adicional de 50%.

d) faz jus a 4 horas extras diárias com adicional de 100%, por se tratar de jornada *in itinere*.

e) não deve receber horas extras nessa situação, por não se configurar tempo à disposição do empregador.

▷ ***Anotações/Comentários***

Nota do autor: A questão exigia do candidato o conhecimento da alteração trazida pela Reforma Trabalhista no tocante às horas *in itinere*. Antes da alteração legal, o art. 58, § 2º da CLT, juntamente com a Súmula nº 90 do TST, traziam as principais balizas acerca das horas *in itinere*. Nos termos da redação anterior do art. 58 da CLT, o tempo despendido entre o local de trabalho e seu retorno, por qualquer meio de transporte, não era, em regra, computado na jornada de trabalho. Essas horas de percurso, chamadas *in itinere,* não estavam, em regra, inseridas no tempo "à disposição do empregador". Excepcionalmente, o dispositivo previa a possibilidade das horas in itinere estarem inseridas na jornada, se preenchidos dois requisitos: a) local de difícil acesso; b) condução fornecida pelo empregador.

Comentário serve para todas as alternativas, uma vez que versam sobre o mesmo assunto. A Reforma Trabalhista alterou significativamente a disciplina jurídica das horas in itinere. De acordo com a atual redação do § 2º do artigo em comento, o tempo despendido pelo empregado desde sua residência até a efetiva ocupação do posto de trabalho e para o seu retorno não será computado na jornada de trabalho, ainda que o empregador forneça o transporte, por não ser tempo à disposição do empregador:

> **Art. 58, § 2º, da CLT** (redação dada pela Lei nº 13.467/2017): O tempo despendido pelo empregado desde a sua residência até a efetiva ocupação do posto de trabalho e para o seu retorno, caminhando ou por qualquer meio de transporte, inclusive o fornecido pelo empregador, não será computado na jornada de trabalho, por não ser tempo à disposição do empregador.

22.5. Teletrabalho

126. (FCC – 2024 – TRT 11 – Analista Judiciário/Área Judiciária) O escritório de contabilidade "No Azul", buscando a redução de custos em infraestrutura, resolveu colocar 40% de seus funcionários em teletrabalho, com possibilidade de revogação, caso a experiência não se mostrasse bem-sucedida. Diante do que dispõe a Consolidação das Leis do Trabalho,

a) em razão de sua precariedade, não se faz necessário constar a prestação de serviços na modalidade de teletrabalho do instrumento de contrato individual de trabalho.

b) mesmo na hipótese de o empregado optar pela realização do teletrabalho ou trabalho remoto fora da localidade prevista no contrato, o empregador sempre será responsável pelas despesas resultantes do retorno ao trabalho presencial, por caber a ele o risco do negócio.

c) o comparecimento, de modo habitual, às dependências do empregador para a realização de atividades específicas que exijam a presença do empregado no estabelecimento descaracteriza o regime de teletrabalho ou trabalho remoto.

d) o empregado submetido ao regime de teletrabalho ou trabalho remoto poderá prestar serviços por jornada ou por produção ou tarefa.

e) é vedada a adoção do regime de teletrabalho ou trabalho remoto para estagiários e aprendizes.

▷ ***Anotações/Comentários***

Nota do autor: A Lei nº 14.442/2022 (fruto da conversão da MP nº 1.108, de 25 de março de 2022), dispõe sobre o pagamento de auxílio-alimentação e altera estruturalmente as regras relativas ao teletrabalho, alterando, até mesmo, o conceito de teletrabalho: "teletrabalho" ou "trabalho remoto" é a prestação de serviços fora das dependências do empregador, de maneira preponderante ou não, com a utilização de tecnologias de informação e de comunicação, que, por sua natureza, não se configure como trabalho externo (art. 75-B, da CLT). Apesar das alterações, a questão continua atualizada.

Alternativa "a": incorreta. "Poderá ser realizada a alteração entre regime presencial e de teletrabalho desde que haja mútuo acordo entre as partes, **registrado em aditivo contratual**." (Art. 75-C, § 1º, CLT).

Alternativa "b": incorreta. "O empregador não será responsável pelas despesas resultantes do retorno ao trabalho presencial, na hipótese de o empregado optar pela realização do teletrabalho ou trabalho remoto fora da localidade prevista no contrato, salvo disposição em contrário estipulada entre as partes." (Art. 75-C, § 3º, CLT).

Alternativa "c": incorreta. "O comparecimento, ainda que de modo habitual, às dependências do empregador para a realização de atividades específicas que exijam a presença do empregado no estabelecimento não descaracteriza o regime de teletrabalho ou trabalho remoto." (Art. 75-B, § 1º, CLT).

Alternativa "d": correta. Nos termos do § 2º do art. 75-B da CLT, incluído pela Lei nº 14.442/2022, "O empregado submetido ao regime de teletrabalho ou trabalho remoto poderá prestar serviços por jornada ou por produção ou tarefa." Agora, somente o teletrabalho por produção ou tarefa está excluído do controle de jornada, não havendo, portanto, limitação da jornada em 8 horas diária ou 44 horas semanais, intervalos intra e interjornada, nem horas extras ou adicional noturno:

> **Art. 62 da CLT:** Não são abrangidos pelo regime previsto neste capítulo
>
> (...) III – os empregados em regime de teletrabalho que prestam serviço por produção ou tarefa. **(alterado pela lei nº 14.442/2022)**

Alternativa "e": incorreta. "Fica permitida a adoção do regime de teletrabalho ou trabalho remoto para estagiários e aprendizes." (Art. 75-B, § 6º, CLT).

127. (FCC – Analista Judiciário – Área Judiciária – TRT 4/2022) Perseu, após o início da pandemia de Covid-19, passou a prestar serviços ao seu empregador em regime de teletrabalho. Não querendo o empregador mais arcar com os custos do fornecimento de infraestrutura para Perseu trabalhar remotamente, deseja que o empregado retorne para o trabalho presencial. Nessa hipótese, de acordo com previsão da Consolidação das Leis do Trabalho,

a) deverá haver mútuo acordo entre as partes, sendo que o período para a transição será de, pelo menos, 45 dias.

b) deverá haver mútuo acordo entre as partes, sendo que o período para a transição será de, pelo menos, 15 dias.

c) poderá o empregador unilateralmente determinar o retorno do empregado ao regime presencial, observando a antecedência mínima de 30 dias.

d) sempre após acordo mútuo entre empregado e empregador, poderá ocorrer a reversão ao trabalho presencial, observada a antecedência mínima de 30 dias.

e) poderá o empregador unilateralmente determinar o retorno do empregado ao regime presencial, observando a antecedência mínima de 15 dias.

▷ ***Anotações/Comentários***

Nota do autor: A Lei nº 14.442/2022 (fruto da conversão da MP nº 1.108, de 25 de março de 2022), dispõe sobre o pagamento de auxílio-alimentação e altera estruturalmente as regras relativas ao teletrabalho, alterando, até mesmo, o conceito de teletrabalho: "teletrabalho" ou "trabalho remoto" é a prestação de serviços fora das dependências do empregador, de maneira preponderante ou não, com a utilização de tecnologias de informação e de comunicação, que, por sua natureza, não se configure como trabalho externo (art. 75-B, da CLT). Apesar das alterações, a questão continua atualizada.

Comentário serve para todas as alternativas, uma vez que versam sobre o mesmo assunto. A Reforma Trabalhista permitiu que o empregado passe a trabalhar na condição de teletrabalhador desde que haja:

a) **mútuo acordo entre as partes;**

b) **acordo escrito em aditivo contratual.**

Em relação à alteração de teletrabalho para trabalho presencial, há novo caso de jus variandi, independendo de prévio acordo entre as partes, já que pode ser realizada por ato unilateral do empregador. Para essa alteração ser válida, é necessário o atendimento dos seguintes requisitos:

a) **Prazo de transição mínimo de 15 dias**: O empregador pode determinar unilateral a alteração do regime de teletrabalho para o presencial, mas deverá conceder o prazo mínimo de 15 dias para o trabalhador realizar a modificação.

b) **Aditivo contratual.**

---

128. (FCC – Analista Judiciário – Área Judiciária – TRT 5/2022) Epicuro é empregado do Banco Rende Mais e acordou com seu empregador a alteração do regime de trabalho presencial para o teletrabalho. Devido às funções exercidas, referido empregado deverá comparecer à empresa para atividades que devam ser realizadas no seu ambiente físico. Nessa situação, conforme previsão na Consolidação das Leis do Trabalho,

a) se a presença na empresa ultrapassar 60% da jornada semanal, será descaracterizado o teletrabalho, ainda que para atividades especificas que exijam o comparecimento.

b) será descaracterizado o teletrabalho se o período de labor na sede da empresa ultrapassar a metade da jornada semanal.

c) desde que a presença na empresa, ainda que de modo habitual, se dê para a realização de atividades específicas que exijam a presença do empregado no estabelecimento, não há descaracterização do regime de teletrabalho.

d) fica comprometido o regime de teletrabalho se o comparecimento na empresa, para quaisquer atividades, ainda aquelas que exijam a presença física, seja superior a 2 horas diárias.

e) é incompatível o regime de teletrabalho com a exigência de comparecimento na empresa para algumas atividades específicas, quando o acordo prevê cumprimento de jornada de trabalho.

▷ ***Anotações/Comentários***

Nota do autor: A Lei nº 14.442/2022 (fruto da conversão da MP nº 1.108, de 25 de março de 2022), dispõe sobre o pagamento de auxílio-alimentação e altera estruturalmente as regras relativas ao teletrabalho. Não deixe de ler os arts. 75-A a 75-F da CLT!

Comentário serve para todas as alternativas, uma vez que versam sobre o mesmo assunto. A Lei nº 14.442/2022 conferiu nova regulamentação ao teletrabalho, alterando, até mesmo, o conceito de teletrabalho: "teletrabalho" ou "trabalho remoto" é a prestação de serviços fora das dependências do empregador, **de maneira preponderante ou não**, com a utilização de tecnologias de informação e de comunicação, que, por sua natureza, não se configure como trabalho externo (art. 75-B, da CLT). Ainda, nos termos § 1º do referido dispositivo, "O comparecimento, ainda que de modo habitual, às dependências do empregador para a realização de atividades específicas que exijam a presença do empregado no estabelecimento não descaracteriza o regime de teletrabalho ou trabalho remoto.".

---

129. (FCC – Analista Judiciário – Área Judiciária – TRT 17/2022) Considere as assertivas abaixo a respeito do regime de teletrabalho previsto na Consolidação das Leis do Trabalho.

I. Os empregadores deverão dar prioridade aos empregados com deficiência e aos empregados com filhos ou criança sob guarda judicial até 4 anos de idade na alocação em vagas para atividades que possam ser efetuadas por meio do tele- trabalho ou trabalho remoto.

II. O empregador não será responsável pelas despesas resultantes do retorno ao trabalho presencial, na hipótese de o empregado optar pela realização do teletrabalho ou trabalho remoto fora da localidade prevista no contrato, salvo disposição em contrário estipulada entre as partes.

III. Aos empregados em regime de teletrabalho aplicam-se as disposições previstas na legislação local e nas convenções e nos acordos coletivos de trabalho relativas à base territorial do local onde o empregado esteja trabalhando de forma remota.

IV. O comparecimento, ainda que de modo habitual, às dependências do empregador para a realização de atividades específicas que exijam a presença do empregado no estabelecimento não descaracteriza o regime de teletrabalho ou trabalho remoto.

V. O regime de teletrabalho não pode abranger estagiários e aprendizes, eis que tais categorias de trabalhadores necessitam, para aprimoramento do seu aprendizado e supervisão eficiente, de presença física nas dependências da empresa.

Está correto o que se afirma APENAS em

a) I, II e IV.

b) II, III e IV.

c) I, III e V.

d) II e IV.

e) IV e V.

▷ ***Anotações/Comentários***

Nota do autor: A Lei nº 14.442/2022 (fruto da conversão da MP nº 1.108, de 25 de março de 2022), dispõe sobre o pagamento de auxílio-alimentação e altera estruturalmente as regras relativas ao teletrabalho. Não deixe de ler os arts. 75-A a 75-F da CLT!

Assertiva I: correta. "Os empregadores deverão dar prioridade aos empregados com deficiência e aos empregados com filhos ou criança sob guarda judicial até 4 (quatro) anos de idade na alocação em vagas para atividades que possam ser efetuadas por meio do teletrabalho ou trabalho remoto." (art. 75-F, CLT).

Assertiva II: correta. "O empregador não será responsável pelas despesas resultantes do retorno ao trabalho presencial, na hipótese de o empregado optar pela realização do teletrabalho ou trabalho remoto fora da localidade prevista no contrato, salvo disposição em contrário estipulada entre as partes." (art. 75-C, § 3º, CLT).

Assertiva III: incorreta. "Aos empregados em regime de teletrabalho aplicam-se as disposições previstas na legislação local e nas convenções e nos acordos coletivos de trabalho relativas à base territorial do estabelecimento de lotação do empregado." (art. 75-B, § 7º, CLT).

Assertiva IV: correta. "O comparecimento, ainda que de modo habitual, às dependências do empregador para a realização de atividades específicas que exijam a presença do empregado no estabelecimento não descaracteriza o regime de teletrabalho ou trabalho remoto." (art. 75-B, § 1º, CLT).

Assertiva V: incorreta. "Fica permitida a adoção do regime de teletrabalho ou trabalho remoto para estagiários e aprendizes." (art. 75-B, § 6º, CLT).

---

130. (FCC – Analista Judiciário – Área Judiciária – TRT 22/2022) Suzana foi contratada como assistente de informática, prestando seus serviços em regime de teletrabalho. Uma das características desse tipo de regime de trabalho é que o empregado prestará serviços fora das dependências de seu empregador, preponderantemente ou não. Ainda, de acordo com a CLT,

a) a pedido do empregador, poderá haver a alteração para o regime presencial, garantido o prazo mínimo de 30 dias, com anotação em aditivo contratual.

b) em algumas ocasiões, o regime de teletrabalho se equipara ao operador de telemarketing ou de teleatendimento.

c) também chamado de trabalho remoto, no desempenho de suas funções, Suzana, utilizará de tecnologias de informação e de comunicação, que, por sua natureza, não se configurem como trabalho externo.

d) é vedada a adoção do regime de teletrabalho ou trabalho remoto para estagiários e aprendizes.

e) como todo contrato de trabalho, poderá tal regime ser contratado de maneira tácita ou expressamente, verbalmente ou por escrito.

▷ ***Anotações/Comentários***

Nota do autor: A Lei nº 14.442/2022 (fruto da conversão da MP nº 1.108, de 25 de março de 2022), dispõe sobre o pagamento de auxílio-alimentação e altera estruturalmente as regras relativas ao teletrabalho. Não deixe de ler os arts. 75-A a 75-F da CLT!

Alternativa "a". "Poderá ser realizada a alteração do regime de teletrabalho para o presencial por determinação do empregador, garantido prazo de transição mínimo de quinze dias, com correspondente registro em aditivo contratual." (art. 75-C, § 2º, CLT).

Alternativa "b". "O regime de teletrabalho ou trabalho remoto não se confunde nem se equipara à ocupação de operador de telemarketing ou de teleatendimento." (art. 75-B, § 4º, CLT).

Alternativa "c". "Considera-se teletrabalho ou trabalho remoto a prestação de serviços fora das dependências do empregador, de maneira preponderante ou não, com a utilização de tecnologias de informação e de comunicação, que, por sua natureza, não configure trabalho externo." (art. 75-B, caput, CLT).

Alternativa "d". "Fica permitida a adoção do regime de teletrabalho ou trabalho remoto para estagiários e aprendizes." (art. 75-B, § 6º, CLT).

Alternativa "e". "Fica A prestação de serviços na modalidade de teletrabalho deverá constar expressamente do instrumento de contrato individual de trabalho." (art. 75-C, caput, CLT).

---

131. (FCC – Analista Judiciário – Área Judiciária – TRT 23/2022) Considere as assertivas abaixo a respeito do teletrabalho.

I. É incompatível o regime de trabalho remoto ou teletrabalho com o controle de jornada, não sendo possível também os trabalhadores nesse regime prestarem serviços por produção.

II. Para a alteração do regime de trabalho presencial para o trabalho remoto é imprescindível a concordância, ainda que tácita, do empregado.

III. O ressarcimento ao empregado em regime de teletrabalho de despesas extraordinárias para a execução dos serviços sempre deverá ser objeto de acordo escrito com o empregador.

IV. Por ser parte do poder diretivo do empregador, este poderá retornar o mesmo do regime de teletrabalho para o regime presencial, registrando a alteração em aditivo contratual, informando o empregado com pelo menos 15 dias de antecedência.

Com base no que prevê a Consolidação das Leis do Trabalho, está correto o que se afirma APENAS em

a) i e iv.

b) ii e iii.

c) iii e iv.

d) i e ii.

e) ii e iv.

▷ ***Anotações/Comentários***

Nota do autor: A Lei nº 14.442/2022 (fruto da conversão da MP nº 1.108, de 25 de março de 2022), dispõe sobre o pagamento de auxílio-alimentação e altera estruturalmente as regras relativas ao teletrabalho. Não deixe de ler os arts. 75-A a 75-F da CLT!

Assertiva I. Em 2 de setembro de 2022, foi publicada a Lei nº 14.442/2022 (fruto da conversão da Medida Provisória nº 1.108, de 2022), que alterou estruturalmente o regime de teletrabalho, modificando, inclusive, seu conceito:

> **Art. 75-B** (redação dada pela Lei nº 14.442/2022). Considera-se teletrabalho ou trabalho remoto a prestação de serviços fora das dependências do empregador, de maneira preponderante ou não, com a utilização de tecnologias de informação e de comunicação, que, por sua natureza, não configure trabalho externo.

Acontece que, no tocante à limitação da jornada, a Lei nº 14.442/2022 criou duas modalidades de teletrabalho:

1) **Teletrabalho por jornada:** nesse caso, com duração de 8h nos moldes tradicionais (intervalos, horas extras etc.); e

2) **Teletrabalho por produção e tarefa (novidade).**

Agora, somente o teletrabalho por produção ou tarefa está excluído do controle de jornada, não havendo, portanto, limitação da jornada em 8 horas diária ou 44 horas semanais, intervalos intra e interjornada, nem horas extras ou adicional noturno:

> **Art. 62 da CLT:** Não são abrangidos pelo regime previsto neste capítulo
>
> (...)
>
> III – os empregados em regime de teletrabalho que prestam serviço por produção ou tarefa. **(alterado pela lei nº 14.442/2022)**

Assertivas II e IV. A legislação permite que o trabalhador em regime presencial passe a trabalhar em teletrabalho desde que sejam atendidos dois requisitos:

a) **Mútuo acordo entre as partes:** somente com a concordância entre empregado e empregador, é possível a alteração do trabalho presencial para o teletrabalho.

b) **Acordo escrito em aditivo contratual:** a legislação exige ainda que seja realizado aditivo no contrato de trabalho para constar a nova condição de teletrabalhador. Para a alteração por meio de aditivo contratual, é indispensável que o acordo entre as partes seja formalizado de forma escrita, especificando as atividades.

Quanto à alteração do regime de teletrabalho para o regime presencial, há novo caso de jus variandi, independendo de prévio acordo entre as partes, já que pode ser realizada por ato unilateral do empregador.

A Reforma Trabalhista prevê que a alteração para o regime presencial não traz prejuízo ao trabalhador, pois é possível a alteração unilateral do empregador como forma de melhor organizar sua atividade econômica. Para essa alteração ser válida, é necessário o atendimento dos seguintes requisitos:

a) **Prazo de transição mínimo de 15 dias:** o empregador pode determinar unilateral a alteração do regime de teletrabalho para o presencial, mas deverá conceder o prazo mínimo de 15 dias para o trabalhador realizar a modificação.

b) **Aditivo contratual:** a alteração somente será válida caso conste em aditivo ao contrato de trabalho. Exige-se, portanto, a formalidade escrita para evitar o cometimento de abusos em relação ao trabalhador.

Por fim, importante ressaltar que esse ponto não foi impactado pela Lei nº 14.442/2022.

Assertiva III. "As disposições relativas à responsabilidade pela aquisição, manutenção ou fornecimento dos equipamentos tecnológicos e da infraestrutura necessária e adequada à prestação do trabalho remoto, bem como ao reembolso de despesas arcadas pelo empregado, serão previstas em contrato escrito." (art. 75-D, caput, CLT).

---

132. (FCC – Analista Judiciário – Oficial de Justiça Avaliador Federal – TRT 17/2022) Considere as seguintes assertivas:

I. O empregador em nenhuma hipótese será responsável pelas despesas resultantes do retorno ao trabalho presencial, na hipótese de o empregado optar pela realização do teletrabalho ou trabalho remoto fora da localidade prevista no contrato.

II. Os empregadores deverão dar prioridade aos empregados com deficiência e aos empregados com filhos ou criança sob guarda judicial até 6 anos de idade na alocação em vagas para atividades que possam ser efetuadas por meio do teletrabalho ou trabalho remoto.

III. O comparecimento, ainda que de modo habitual, às dependências do empregador para a realização de atividades específicas que exijam a presença do empregado no estabelecimento não descaracteriza o regime de teletrabalho ou trabalho remoto.

IV. Considera-se teletrabalho ou trabalho remoto a prestação de serviços fora das dependências do empregador, sempre de maneira preponderante, com a utilização de tecnologias de informação e de comunicação, que, por sua natureza, não configure trabalho externo.

Com base no que prevê a Consolidação das Leis do Trabalho, está correto o que se afirma APENAS em

a) I e III.
b) II e IV.
c) I e IV.
d) II.
e) III.

▷ ***Anotações/Comentários***

Nota do autor: A Lei nº 14.442/2022 (fruto da conversão da MP nº 1.108, de 25 de março de 2022), dispõe sobre o pagamento de auxílio-alimentação e altera estruturalmente as regras relativas ao teletrabalho. Não deixe de ler os arts. 75-A a 75-F da CLT!

Assertiva I. "O empregador não será responsável pelas despesas resultantes do retorno ao trabalho presencial, **na hipótese de o empregado optar pela realização do teletrabalho ou trabalho remoto fora da localidade prevista no contrato**, salvo disposição em contrário estipulada entre as partes." (art. 75-C, § 3º, CLT – grifos acrescidos).

Assertiva II. "Os empregadores deverão dar prioridade aos empregados com deficiência e aos empregados com filhos ou criança sob guarda judicial **até 4 (quatro) anos de idade** na alocação em vagas para atividades que possam ser efetuadas por meio do teletrabalho ou trabalho remoto." (art. 75-F, CLT – grifos acrescidos).

Assertiva III. "O comparecimento, ainda que de modo habitual, às dependências do empregador para a realização de atividades específicas que exijam a presença do empregado no estabelecimento não descaracteriza o regime de teletrabalho ou trabalho remoto." (art. 75-B, § 1º, CLT).

Assertiva IV. "Considera-se teletrabalho ou trabalho remoto a prestação de serviços fora das dependências do empregador, **de maneira preponderante ou não**, com a utilização de tecnologias de informação e de comunicação, que, por sua natureza, não configure trabalho externo." (art. 75-B, *caput*, CLT – grifos acrescidos).

---

133. (FCC – Analista Judiciário – Oficial de Justiça Avaliador Federal – TRT 23/2022) Basílio, empregado da área financeira, por mútuo acordo com a sua empregadora Ra Tim Bum Eventos Ltda., trabalha desde 2020 em regime de teletrabalho. Necessitando de uma presença constante nas dependências da empresa, a empresa pretende retornar Basílio ao trabalho presencial. Nessa hipótese, poderá implementar a retomada

a) com a concordância do empregado, desde que observe prazo mínimo de 45 dias para a transição, registrado em aditivo contratual.
b) salvo recusa de Basílio, observando o período mínimo de 30 dias para a transição, registrado em aditivo contratual.
c) com a concordância do empregado, desde que observe prazo mínimo de 60 dias para a transição, registrado em aditivo contratual.
d) independente da concordância do empregado, observando o período mínimo de 30 dias para a transição registrado em aditivo contratual.
e) por sua determinação própria, observando o período mínimo de 15 dias para a transição, registrado em aditivo contratual.

▷ ***Anotações/Comentários***

Nota do autor: A Lei nº 14.442/2022 (fruto da conversão da MP nº 1.108, de 25 de março de 2022), dispõe sobre o pagamento de auxílio-alimentação e altera estruturalmente as regras relativas ao teletrabalho, alterando, até mesmo, o conceito de teletrabalho: "teletrabalho" ou "trabalho remoto" é a prestação de serviços fora das dependências do empregador, de maneira preponderante ou não, com a utilização de tecnologias de informação e de comunicação, que, por sua natureza, não se configure como trabalho externo (art. 75-B, da CLT). Apesar das alterações, a questão continua atualizada.

Comentário serve para todas as alternativas, uma vez que versam sobre o mesmo assunto. A Reforma Trabalhista permitiu que o empregado passe a trabalhar na condição de teletrabalhador desde que haja:

a) mútuo acordo entre as partes;

b) acordo escrito em aditivo contratual.

Em relação à alteração de teletrabalho para trabalho presencial, há novo caso de jus variandi, independendo de prévio acordo entre as partes, já que pode ser realizada por ato unilateral do empregador. Para essa alteração ser válida, é necessário o atendimento dos seguintes requisitos:

a) **Prazo de transição mínimo de 15 dias:** O empregador pode determinar unilateral a alteração do regime de teletrabalho para o presencial, mas deverá conceder o prazo mínimo de 15 dias para o trabalhador realizar a modificação.

b) **Aditivo contratual.**

---

134. (FCC – Técnico Judiciário – Área Administrativa – TRT 4/2022) Conforme previsão da Consolidação das Leis do Trabalho, considere as assertivas abaixo a respeito do teletrabalho:

I. Ficarão sempre a cargo do empregador os custos pela aquisição, manutenção ou fornecimento dos equipamentos tecnológicos e da infraestrutura necessária e adequada à prestação do trabalho remoto, sendo que as utilidades fornecidas por essa modalidade de trabalho compõem a remuneração do empregado.

II. O empregador que desejar retornar o empregado do regime de teletrabalho para o presencial deverá avisar com antecedência mínima de 30 dias, para que o empregado possa ter tempo hábil de reorganizar sua rotina doméstica.

III. A adoção do regime de teletrabalho sempre se dará por meio de aditivo contratual, após acordo mútuo entre empregado e empregador.

IV. O empregador deverá instruir os empregados em regime de teletrabalho quanto às precauções que devem tomar a fim de evitar doenças e acidentes de trabalho, podendo o empregador exigir do trabalhador que firme termo de responsabilidade comprometendo-se a seguir as instruções fornecidas.

Está correto o que se afirma APENAS em

a) II e IV.
b) I e IV.
c) II e III.
d) I e II.
e) III e IV.

▷ ***Anotações/Comentários***

Nota do autor: A Lei nº 14.442/2022 (fruto da conversão da MP nº 1.108, de 25 de março de 2022), dispõe sobre o pagamento de auxílio-alimentação e altera estruturalmente as regras relativas ao teletrabalho, alterando, até mesmo, o conceito de teletrabalho: "teletrabalho" ou "trabalho remoto" é a prestação de serviços fora das dependências do empregador, de maneira preponderante ou não, com a utilização de tecnologias de informação e de comunicação, que, por sua natureza, não se configure como trabalho externo (art. 75-B, da CLT). Apesar das alterações, a questão continua atualizada.

Assertiva I: "As disposições relativas à responsabilidade pela aquisição, manutenção ou fornecimento dos equipamentos tecnológicos e da infraestrutura necessária e adequada à prestação do trabalho remoto, bem como ao reembolso de despesas arcadas pelo empregado, serão previstas em contrato escrito." (art. 75-D, caput, CLT).

Assertivas II e III: A Reforma Trabalhista permitiu que o empregado passe a trabalhar na condição de teletrabalhador desde que haja:

a) mútuo acordo entre as partes;

b) acordo escrito em aditivo contratual.

Em relação à alteração de teletrabalho para trabalho presencial, há novo caso de jus variandi, independendo de prévio acordo entre as partes, já que pode ser realizada por ato unilateral do empregador. Para essa alteração ser válida, é necessário o atendimento dos seguintes requisitos:

a) **Prazo de transição mínimo de 15 dias:** O empregador pode determinar unilateral a alteração do regime de teletrabalho para o presencial, mas deverá conceder o prazo mínimo de 15 dias para o trabalhador realizar a modificação.

b) Aditivo contratual.

Assertiva IV: "O empregador deverá instruir os empregados, de maneira expressa e ostensiva, quanto às precauções a tomar a fim de evitar doenças e acidentes de trabalho." (art. 75-E, caput, CLT).

135. (FCC – Técnico Judiciário – Área Administrativa – TRT 17/2022)
A respeito do regime de teletrabalho previsto na CLT, considere:

I. Acordo individual poderá dispor sobre os horários e os meios de comunicação entre empregado e empregador, desde que assegurados os repousos legais.

II. O empregador não será responsável pelas despesas resultantes do retorno ao trabalho presencial, na hipótese de o empregado optar pela realização do teletrabalho ou trabalho remoto fora da localidade prevista no contrato, salvo disposição em contrário estipulada entre as partes.

III. Não fica permitida a adoção do regime de teletrabalho ou trabalho remoto para estagiários e aprendizes.

IV. O tempo de uso de equipamentos tecnológicos e de infraestrutura necessária, bem como de softwares, de ferramentas digitais ou de aplicações de internet utilizados para o teletrabalho, fora da jornada de trabalho normal do empregado não constitui tempo à disposição ou regime de prontidão ou de sobreaviso, exceto se houver previsão em acordo individual ou em acordo ou convenção coletiva de trabalho.

V. Ao contrato de trabalho do empregado admitido no Brasil que optar pela realização de teletrabalho fora do território nacional aplicar-se-á sempre a legislação brasileira.

Está correto o que se afirma APENAS em

a) II, IV e V.
b) I, III e IV.
c) I, II e V.
d) I, II e IV.
e) III e V.

▷ ***Anotações/Comentários***

Nota do autor: A Lei nº 14.442/2022 (fruto da conversão da MP nº 1.108, de 25 de março de 2022), dispõe sobre o pagamento de auxílio-alimentação e altera estruturalmente as regras relativas ao teletrabalho, alterando, até mesmo, o conceito de teletrabalho: "teletrabalho" ou "trabalho remoto" é a prestação de serviços fora das dependências do empregador, de maneira preponderante ou não, com a utilização de tecnologias de informação e de comunicação, que, por sua natureza, não se configure como trabalho externo (art. 75-B, da CLT). Apesar das alterações, a questão continua atualizada.

Assertiva I: "Acordo individual poderá dispor sobre os horários e os meios de comunicação entre empregado e empregador, desde que assegurados os repousos legais." (art. 75-B, § 9º, CLT).

Assertiva II: "O empregador não será responsável pelas despesas resultantes do retorno ao trabalho presencial, na hipótese de o empregado optar pela realização do teletrabalho ou trabalho remoto fora da localidade prevista no contrato, salvo disposição em contrário estipulada entre as partes." (art. 75-C, § 3º, CLT).

Assertiva III: "Fica permitida a adoção do regime de teletrabalho ou trabalho remoto para estagiários e aprendizes." (art. 75-B, § 6º, CLT).

Assertiva IV: "O tempo de uso de equipamentos tecnológicos e de infraestrutura necessária, bem como de softwares, de ferramentas digitais ou de aplicações de internet utilizados para o teletrabalho, fora da jornada de trabalho normal do empregado não constitui tempo à disposição ou regime de prontidão ou de sobreaviso, exceto se houver previsão em acordo individual ou em acordo ou convenção coletiva de trabalho." (art. 75-B, § 5º, CLT).

Assertiva V: "Ao contrato de trabalho do empregado admitido no Brasil que optar pela realização de teletrabalho fora do território nacional aplica-se a legislação brasileira, excetuadas as disposições constantes da Lei nº 7.064, de 6 de dezembro de 1982, salvo disposição em contrário estipulada entre as partes." (art. 75-B, § 8º, CLT).

136. (FCC – Técnico Judiciário – Área Administrativa – TRT 18/2023)
Herculano foi contratado pelo Banco Rende Mais na condição de estagiário, para desenvolver e complementar seu aprendizado no curso de Administração de Empresas. Sobre o que prevê a Consolidação das Leis do Trabalho, Herculano

a) não poderá prestar serviços em regime de teletrabalho, que é vedado aos estagiários, independente de acordo mútuo.

b) poderá ser deslocado pelo empregador para o regime de teletrabalho, independente de acordo mútuo.

c) poderá ser deslocado pelo empregador para o regime de teletrabalho, desde que haja acordo mútuo, não podendo ultrapassar de dois dias na semana nessa modalidade.

d) não poderá prestar serviços em regime de teletrabalho, o qual é restrito a profissionais com vínculo empregatício.

e) poderá ser deslocado pelo empregador para o regime de teletrabalho, desde que haja acordo mútuo, sem nenhuma restrição quanto à frequência.

▷ ***Anotações/Comentários***

Nota do autor: A Lei nº 14.442/2022 (fruto da conversão da MP nº 1.108, de 25 de março de 2022), dispõe sobre o pagamento de auxílio-alimentação e altera estruturalmente as regras relativas ao teletrabalho, alterando, até mesmo, o conceito de teletrabalho: "teletrabalho" ou "trabalho remoto" é a prestação de serviços fora das dependências do empregador, de maneira preponderante ou não, com a utilização de tecnologias de informação e de comunicação, que, por sua natureza, não se configure como trabalho externo (art. 75-B, da CLT). Apesar das alterações, a questão continua atualizada.

Comentário serve para todas as alternativas, uma vez que versam sobre o mesmo assunto. A Reforma Trabalhista permitiu que o empregado passe a trabalhar na condição de teletrabalhador desde que haja:

a) mútuo acordo entre as partes;

b) acordo escrito em aditivo contratual.

Em relação à alteração de teletrabalho para trabalho presencial, há novo caso de *jus variandi*, independendo de prévio acordo entre as partes, já que pode ser realizada por ato unilateral do empregador. Para essa alteração ser válida, é necessário o atendimento dos seguintes requisitos:

a) Prazo de transição mínimo de 15 dias: O empregador pode determinar unilateral a alteração do regime de teletrabalho para o presencial, mas deverá conceder o prazo mínimo de 15 dias para o trabalhador realizar a modificação.

b) Aditivo contratual.

Por fim, importa assinalar que a Lei nº 14.442/2022 passou a permitir, expressamente, a adoção do teletrabalho por aprendizes e estagiários (art. 75-B, § 6º, CLT).

137. (FCC – Técnico Judiciário – Área Administrativa – TRT 9/2022)
Dante foi contratado pela More Bem Incorporações Ltda. como analista financeiro, sem obrigatoriedade de exercer as funções nas dependências da empresa, e com utilização de tecnologias de informação e de comunicação na execução de seu trabalho.

Considerando as condições de trabalho pactuadas pelas partes,

a) pode haver a alteração do regime de teletrabalho para o presencial por determinação da empregadora, garantido o prazo de transição mínimo de trinta dias, com correspondente registro em aditivo contratual.

b) a empregadora deverá instruir Dante, de maneira expressa e ostensiva, quanto às precauções a tomar a fim de evitar doenças e acidentes de trabalho, devendo Dante assinar termo de responsabilidade assumindo o compromisso de seguir as instruções fornecidas pela empregadora.

c) Dante deve suportar os custos pela aquisição, manutenção ou fornecimento dos equipamentos tecnológicos e da infraestrutura necessária e adequada à prestação do trabalho remoto.

d) a empregadora deve reembolsar todas as despesas arcadas por Dante para a adequada prestação dos serviços.

e) a empregadora não pode convocar Dante para reuniões ou outras atividades presenciais, sob pena de ser descaracterizado o regime de teletrabalho.

▷ ***Anotações/Comentários***

Nota do autor: A Lei nº 14.442/2022 (fruto da conversão da MP nº 1.108, de 25 de março de 2022), dispõe sobre o pagamento de auxílio-alimentação e altera estruturalmente as regras relativas ao teletrabalho, alterando, até mesmo, o conceito de teletrabalho: "teletrabalho" ou "trabalho remoto" é a prestação de serviços fora das dependências do empregador, de maneira preponderante ou não, com a utilização de tecnologias de informação e de comunicação, que, por sua natureza, não se configure como trabalho externo (art. 75-B, da CLT). Apesar das alterações, a questão continua atualizada.

Alternativa "a": A Reforma Trabalhista permitiu que o empregado passe a trabalhar na condição de teletrabalhador desde que haja:

a) **mútuo acordo entre as partes;**

b) **acordo escrito em aditivo contratual.**

Em relação à alteração de teletrabalho para trabalho presencial, há novo caso de jus variandi, independendo de prévio acordo entre as partes, já que pode ser realizada por ato unilateral do empregador. Para essa alteração ser válida, é necessário o atendimento dos seguintes requisitos:

a) **Prazo de transição mínimo de 15 dias:** O empregador pode determinar unilateral a alteração do regime de teletrabalho para o presencial, mas deverá conceder o prazo mínimo de 15 dias para o trabalhador realizar a modificação.

b) **Aditivo contratual.**

Alternativa "b": "O empregador deverá instruir os empregados, de maneira expressa e ostensiva, quanto às precauções a tomar a fim de evitar doenças e acidentes de trabalho." (art. 75-E, caput, CLT).

Alternativas "c" e "d": "As disposições relativas à responsabilidade pela aquisição, manutenção ou fornecimento dos equipamentos tecnológicos e da infraestrutura necessária e adequada à prestação do trabalho remoto, bem como ao reembolso de despesas arcadas pelo empregado, serão previstas em contrato escrito." (art. 75-D, caput, CLT).

Alternativa "e": "O comparecimento, ainda que de modo habitual, às dependências do empregador para a realização de atividades específicas que exijam a presença do empregado no estabelecimento não descaracteriza o regime de teletrabalho ou trabalho remoto." (art. 75-B, § 1º, CLT).

138. (FCC – Técnico Judiciário – Área Administrativa – TRT 14/2022) Raio de Lua está trabalhando em regime de teletrabalho desde a pandemia de Covid-19. Sua empregadora, a Editora Página Virada, estuda o retorno ao trabalho presencial. Conforme dispõe a Consolidação das Leis do Trabalho, na situação descrita,

a) deverá haver a concordância da empregada para o retorno presencial, sendo que a empresa deverá observar o prazo mínimo de 30 dias para a transição.

b) independerá da anuência da empregada para o retorno presencial, sendo que a empresa deverá observar o prazo mínimo de 30 dias para a transição.

c) deverá haver a concordância da empregada para o retorno presencial, sendo que a empresa deverá observar o prazo mínimo de 15 dias para a transição.

d) deverá haver a concordância da empregada para o retorno presencial, sendo que a empresa deverá observar o prazo mínimo de 10 dias para a transição.

e) independerá da anuência da empregada para o retorno presencial, sendo que a empresa deverá observar o prazo mínimo de 15 dias para a transição.

▷ ***Anotações/Comentários***

Nota do autor: A Lei nº 14.442/2022 (fruto da conversão da MP nº 1.108, de 25 de março de 2022), dispõe sobre o pagamento de auxílio-alimentação e altera estruturalmente as regras relativas ao teletrabalho, alterando, até mesmo, o conceito de teletrabalho: "teletrabalho" ou "trabalho remoto" é a prestação de serviços fora das dependências do empregador, de maneira preponderante ou não, com a utilização de tecnologias de informação e de comunicação, que, por sua natureza, não se configure como trabalho externo (art. 75-B, da CLT). Apesar das alterações, a questão continua atualizada.

Comentário serve para todas as alternativas, uma vez que versam sobre o mesmo assunto. A Reforma Trabalhista permitiu que o empregado passe a trabalhar na condição de teletrabalhador desde que haja:

a) **mútuo acordo entre as partes;**

b) **acordo escrito em aditivo contratual.**

Em relação à alteração de teletrabalho para trabalho presencial, há novo caso de jus variandi, independendo de prévio acordo entre as partes, já que pode ser realizada por ato unilateral do empregador. Para essa alteração ser válida, é necessário o atendimento dos seguintes requisitos:

a) **Prazo de transição mínimo de 15 dias:** O empregador pode determinar unilateral a alteração do regime de teletrabalho para o presencial, mas deverá conceder o prazo mínimo de 15 dias para o trabalhador realizar a modificação.

b) **Aditivo contratual.**

22.6. Trabalho noturno

139. (FCC – Analista Judiciário – Oficial de Justiça Avaliador Federal – TRT 22/2022) Quanto ao trabalho noturno, considerando a legislação e a jurisprudência dominante do TST, é INCORRETO:

a) A hora do trabalho noturno do empregado urbano será computada como de 52 minutos e 30 segundos, quando o trabalho for executado entre as 22 horas de um dia e as 5 horas do dia seguinte.

b) É devido o pagamento de adicional noturno relativo às horas prorrogadas em período diurno de jornada integralmente cumprida no período noturno.

c) O adicional de periculosidade deve compor a base de cálculo do adicional noturno, já que também nesse horário o trabalhador permanece sob as condições de risco.

d) O empregado submetido à jornada de 12 horas de trabalho por 36 de descanso, que compreenda a totalidade do período noturno, não tem direito ao adicional noturno relativo às horas trabalhadas após as 5 horas da manhã.

e) A transferência do empregado para o período diurno de trabalho implica a perda do direito ao adicional noturno.

▷ ***Anotações/Comentários***

Nota do autor: A questão aborda o tema adicional noturno. Segundo disposto na CF/88, é garantido ao trabalhador rural e urbano a remuneração do trabalho noturno superior à do diurno, o que constituirá objeto ilícito de acordo ou convenção coletiva (Art. 611-B, VI da CLT). Perceba que a questão pede que você assinale a alternativa incorreta! Na minha opinião, referida questão deveria ser anulada, pois adotada como alternativa correta posicionamento do TST superado pela Reforma Trabalhista. Contudo, a banca examinadora não anulou a questão e, por sua importância didática, decidi comentá-la.

Alternativa "a": De fato, a hora do trabalho noturno do empregado urbano, aquela relativa ao trabalho for executado entre as 22 horas de um dia e as 5 horas do dia seguinte, é reduzida (hora ficta) e será computada como de 52 minutos e 30 segundos. Veja a legislação sobre o tema:

> **Art. 73, CLT:** Salvo nos casos de revezamento semanal ou quinzenal, o trabalho noturno terá remuneração superior a do diurno e, para esse efeito, sua remuneração terá um acréscimo de 20 % (vinte por cento), pelo menos, sobre a hora diurna.
>
> § 1º A hora do trabalho noturno será computada como de 52 minutos e 30 segundos.
>
> § 2º Considera-se noturno, para os efeitos deste artigo, o trabalho executado entre as 22 horas de um dia e as 5 horas do dia seguinte.

Alternativa "b": A prorrogação do horário noturno ocorre quando houver a continuidade da prestação de serviços além do limite previsto em lei, ou seja, 5 horas da manhã. Nesse caso, o empregado continuará recebendo o adicional noturno e terá direito à hora reduzida:

> **Art. 73, § 5º, CLT:** Salvo Às prorrogações do trabalho noturno aplica-se o disposto neste capítulo.

Alternativa "c": "O adicional de periculosidade deve compor a base de cálculo do adicional noturno, já que também neste horário o trabalhador permanece sob as condições de risco." (Orientação Jurisprudencial nº 259 da SDI-1 do TST).

Alternativa "d": A alternativa trata sobre o horário misto. Ocorrerá o horário misto quando o empregado prestar serviços no período diurno e noturno. Exemplo: inicia o trabalho às 20 horas e vai até às 4 horas. Veja que nesse caso, o período entre 20 h e 22 h será pago como hora diurna. Ao ultrapassar as 22 horas, incide o adicional noturno e a redução da hora para 52 minutos e 30 segundos:

> **Súmula nº 60, II do TST:** Cumprida integralmente a jornada no período noturno e prorrogada esta, devido é também o adicional quanto às horas prorrogadas.

De acordo com o posicionamento do TST anterior à Reforma Trabalhista, persistia o pagamento do adicional noturno ao empregado que trabalhasse no sistema 12 x 36 no período noturno e continuasse prestando serviços após as 5 horas da manhã. Dessa forma, a alternativa em comento, conforme considerou a banca examinadora, estaria incorreta.

Contudo, com a alteração promovida pela Reforma Trabalhista, as prorrogações de horário noturno já são consideradas compensadas. Portanto, o empregado não terá direito ao adicional noturno e à hora reduzida caso preste serviços durante o período noturno e continue prestando após as 5 horas da manhã:

> **Art. 59-A, parágrafo único, CLT:** A remuneração mensal pactuada pelo horário previsto no caput deste artigo abrange os pagamentos devidos pelo descanso semanal remunerado e pelo descanso em feriados, e serão considerados compensados os feriados e as prorrogações de trabalho noturno, quando houver, de que tratam o art. 70 e o § 5º do art. 73 desta Consolidação.

Alternativa "e": "A transferência para o período diurno de trabalho implica a perda do direito ao adicional noturno" (Súmula nº 265 do TST).

---

140. (FUMARC – Técnico Judiciário – TRT 3/2022) Sobre a jornada de trabalho, é CORRETO afirmar:

a) A jornada de trabalho é de livre pactuação entre o empregador e o empregado.

b) A jornada de trabalho é de livre pactuação entre organizações sindicais.

c) É direito do trabalhador a jornada de trabalho normal não superior a oito horas diárias, e quarenta e quatro semanais.

d) É permitida a compensação de horários e a redução da jornada, independente de acordo ou convenção coletiva de trabalho.

e) É vedada a compensação de horários e a redução da jornada, mediante acordo ou convenção coletiva de trabalho.

▷ ***Anotações/Comentários***

Nota do autor: A questão é considerada de nível fácil, bastando o conhecimento do exposto no art. 7º, XIII, da CF/88.

Comentário serve para todas as alternativas, uma vez que versam sobre o mesmo assunto. A limitação da jornada de trabalho é uma das maiores conquistas da classe trabalhadora. Atualmente, a duração máxima restringe-se a 8 horas diárias e 44 horas semanais, tanto aos homens quanto às mulheres. Esse limite, chamado "jornada normal", é previsto no art. 7º, XIII, da Constituição Federal:

> **Art. 7º, XIII, CF/88:** São direitos dos trabalhadores urbanos e rurais, além de outros que visem à melhoria de sua condição social: duração do trabalho normal não superior a oito horas diárias e quarenta e quatro semanais, facultada a compensação de horários e a redução da jornada, mediante acordo ou convenção coletiva de trabalho.

---

141. (FCC – Analista Judiciário – Área Judiciária – TRT 6/2018) Em relação ao trabalho noturno,

a) o direito ao adicional noturno não é assegurado ao vigia sujeito ao trabalho noturno, tendo em vista a regulamentação própria e a especificidade do serviço realizado que prevê que este é inerente ao horário de trabalho.

b) não se aplica a hora reduzida de 52 minutos e 30 segundos ao trabalho noturno dos empregados nas atividades de exploração, perfuração, produção e refinação do petróleo, industrialização do xisto, indústria petroquímica e transporte de petróleo e seus derivados, por meio de dutos, que é regulado por lei própria.

c) o adicional noturno pago com habitualidade incorpora-se ao salário do empregado, não podendo deixar de ser pago ainda que o empregado deixe de trabalhar no horário noturno, tratando-se de direito adquirido.

d) as gorjetas, cobradas pelo empregador na nota de serviço ou oferecidas espontaneamente pelos clientes, integram a remuneração do empregado, servindo de base de cálculo para o adicional noturno.

e) o empregado que trabalha em horários mistos, assim entendidos os que abrangem períodos diurnos e noturnos, não faz jus ao adicional noturno.

▷ ***Anotações/Comentários***

Nota do autor: A questão aborda o tema adicional noturno. Segundo disposto na CF/88, é garantido ao trabalhador rural e urbano a remuneração do trabalho noturno superior à do diurno, o que constituirá objeto ilícito de acordo ou convenção coletiva (Art. 611-B, VI da CLT).

Alternativa "a". "É assegurado ao vigia sujeito ao trabalho noturno o direito ao respectivo adicional" (Súmula nº 140 do TST).

Alternativa "b". "O trabalho noturno dos empregados nas atividades de exploração, perfuração, produção e refinação do petróleo, industrialização do xisto, indústria petroquímica e transporte de petróleo e seus derivados, por meio de dutos, é regulado pela Lei nº 5.811, de 11.10.1972, não se lhe aplicando a hora reduzida de 52 minutos e 30 segundos prevista no art. 73, § 1º, da CLT" (Súmula nº 112 do TST).

Alternativa "c". O adicional noturno, pago com habitualidade, integra o salário do empregado para todos os efeitos. (Súmula nº 60, I do TST). Entretanto, caso haja transferência para o período diurno, haverá a perda do direito ao referido adicional (Súmula nº 265 do TST). Trata-se, portanto, de salário-condição, apenas sendo devido enquanto o trabalho for prestado no período noturno.

Alternativa "d". "As gorjetas, cobradas pelo empregador na nota de serviço ou oferecidas espontaneamente pelos clientes, integram a remuneração do empregado, **não** servindo de base de cálculo para as parcelas de aviso-prévio, adicional noturno, horas extras e repouso semanal remunerado". (Súmula nº 354 do TST).

Alternativa "e". Ocorrerá o horário misto quando o empregado prestar serviços no período diurno e noturno. Exemplo: inicia o trabalho às 20 horas e vai até às 4 horas. Veja que nesse caso, o período entre 20 h e 22 h será pago como hora diurna. Ao ultrapassar as 22 horas, incide o adicional noturno e a redução da hora para 52 minutos e 30 segundos:

> **Súmula nº 60, II do TST:** "Cumprida integralmente a jornada no período noturno e prorrogada esta, devido é também o adicional quanto às horas prorrogadas".

De acordo com o posicionamento do TST anterior à Reforma Trabalhista, persistia o pagamento do adicional noturno ao empregado que trabalhasse no sistema 12 x 36 no período noturno e continuasse prestando serviços após as 5 horas da manhã.

Com a alteração promovida pela Reforma Trabalhista, as prorrogações de horário noturno já são consideradas compensadas. Portanto, o empregado não terá direito ao adicional noturno e à hora reduzida caso preste serviços durante o período noturno e continue prestando após as 5 horas da manhã:

> **Art. 59-A, parágrafo único da CLT:** "A remuneração mensal pactuada pelo horário previsto no **caput** deste artigo abrange os pagamentos devidos pelo descanso semanal remunerado e pelo descanso em feriados, e serão considerados compensados os feriados e as prorrogações de trabalho noturno, quando houver, de que tratam o art. 70 e o § 5º do art. 73 desta Consolidação".

---

142. (FCC – Analista Judiciário – Área Administrativa – TRT 6/2018) No tocante ao trabalho noturno, considere:

I. Joana é empregada urbana da Empresa SEG Ltda., prestando serviços de faxina em escritórios das 22h às 5h do dia seguinte. Neste caso, tem direito ao adicional noturno de 25% sobre a remuneração normal e hora noturna reduzida, equivalente a 52 minutos e trinta segundos.

II. Ivete é empregada rural das Fazendas Leite Bom Ltda. e ordenha as vacas. Para ter direito ao adicional noturno, deve trabalhar entre 20h de um dia e 4h do dia seguinte, com adicional de 25% sobre a remuneração normal de trabalho, sem direito a hora noturna reduzida.

III. Solange prestou serviços na Fábrica LWA Ltda. durante dez anos no período noturno, recebendo adicional noturno. Por motivo de escalonamento de pessoal, Solange concordou em ser transferida para o período diurno, razão pela qual perdeu o direito ao adicional noturno recebido habitualmente por tantos anos.

Está correto o que se afirma em

a) I, apenas.
b) I, II e III.
c) I e III, apenas.
d) II, apenas.
e) II e III, apenas.

▷ *Anotações/Comentários*

Nota do autor: O ser humano não possui hábitos noturnos. Assim, o trabalho realizado nesse período requer do trabalhador mais esforço físico e mental para ser executado. Lembre-se de que o empregado menor de idade, mesmo que emancipado, não poderá trabalhar nesse horário. Há previsão de adicional noturno como forma de compensar o trabalho desenvolvido nesse período, de acordo com o art. 7º, IX, da CF. Além disso, segundo a Lei nº 13.467/17, a supressão ou redução da remuneração do trabalho noturno superior à do diurno constitui objeto ilícito da negociação coletiva ou acordo coletivo (Art. 611-B, VI da CLT).

Assertiva I. Incorreta. Considera-se noturno o trabalho executado entre as 22 horas de um dia e as 5 horas do dia seguinte[19]. Durante esse período, o empregado receberá **adicional de, no mínimo, 20%** sobre a hora diurna. Esse adicional possui natureza salarial, portanto reflete nas demais verbas trabalhistas. Por exemplo, o adicional noturno integra a base de cálculo das horas extras prestadas no período noturno[20].

Assertiva II. Correta. No tocante ao rural, a jornada noturna **inicia-se às 20 h e termina às 4 h na pecuária**. Na lavoura, será das 21 h até as 5 h. Adicional noturno é de, no mínimo, 25% superior à hora diurna, não havendo que se falar em hora reduzida.

Assertiva III. Correta. "A transferência para o período diurno de trabalho implica a perda do direito ao adicional noturno" (Súmula nº 265 do TST).

143. (AOCP – Analista Judiciário – Área Administrativa – TRT 1/2018) Henrique foi contratado pela Loja de Conveniência Aki Tem Tudo, que funciona 24 horas, para exercer a função de atendente no horário das 21 h de um dia às 6h do outro, com 1 hora de intervalo para repouso e alimentação. Diante dessa realidade contratual, é correto afirmar que

a) Henrique terá direito ao pagamento do adicional noturno de 20% sobre o valor da hora normal, devendo ser considerada a hora reduzida de 52 minutos e 30 segundos, além de horas extras noturnas. É devido o adicional respectivo e a computação da hora reduzida das 22h até as 5h. O adicional noturno integrará a base de cálculo das horas extras prestadas em período noturno, vez que laboradas em condições de maior desgaste físico e mental. O adicional noturno, porque pago com habitualidade, integra o salário do empregado para todos os efeitos.

b) Será devido a Henrique o pagamento do adicional noturno de 20% sobre o valor da hora normal, devendo ser considerada a hora reduzida de 52 minutos e 30 segundos, além de horas extras noturnas. É devido o adicional respectivo e a computação da hora reduzida das 22h até as 5h. O adicional noturno integrará a base de cálculo das horas extras prestadas em período noturno, vez que laboradas em condições de maior desgaste físico e mental. Adicional noturno e adicional horas extras, porque pagos com habitualidade, integram o salário do empregado para todos os efeitos.

c) Henrique terá direito ao pagamento do adicional noturno de 20% sobre o valor da hora normal, devendo ser considerada a hora reduzida de 52 minutos e 30 segundos. É devido o adicional respectivo e a computação da hora reduzida das 22h até as 6h. É devida uma hora extra normal, sem considerar, para o cálculo respectivo, o adicional noturno. Adicional noturno e adicional horas extras, porque pagos com habitualidade, integram o salário do empregado para todos os efeitos.

d) Será devido a Henrique o pagamento do adicional noturno de 20% sobre o valor da hora normal, devendo ser considerada a hora reduzida de 52 minutos e 30 segundos, além de horas extras noturnas. É devido o adicional respectivo e a computação da hora reduzida das 22h até as 6h. O adicional noturno integrará a base de cálculo das horas extras prestadas em período noturno, vez que laboradas em condições de maior desgaste físico e mental. Adicional noturno e adicional horas extras, porque pagos com habitualidade, integram o salário do empregado para todos os efeitos.

e) Henrique terá direito ao pagamento do adicional noturno, de 20% sobre o valor da hora normal, devendo ser considerada a hora reduzida de 52 minutos e 30 segundos, além de horas extras noturnas. É devido o adicional respectivo e a computação da hora reduzida das 22h até as 6h. O adicional noturno não integrará a base de cálculo das horas extras. Adicional noturno e adicional horas extras, porque pagos com habitualidade, integram o salário do empregado para todos os efeitos.

▷ *Anotações/Comentários*

Nota do autor: O caso em tela, apesar de sua extensão, é de fácil resolução. Veja o passo a passo abaixo.

Alternativas "a" e "b". Ao contrário do que afirmam as alternativas, é devido o adicional respectivo e a computação da hora reduzida das 22h até as 6h.

Alternativa "c". É devida uma hora extra normal, **considerando**, para o cálculo respectivo, o adicional noturno, pois pago de forma habitual (Súmula nº 60, I do TST).

Alternativa "d". Tendo em vista a extensão da questão, dividiremos a resposta em tópicos:

> i) Será devido a Henrique o pagamento do adicional noturno de 20% sobre o valor da hora normal: tendo em vista a jornada em período noturno, será devido ao empregado urbano o adicional de 20% a título do respectivo adicional (Art. 73 da CLT).
>
> ii) devendo ser considerada a hora reduzida de 52 minutos e 30 segundos: trata-se do exposto no art. 73, §1º da CLT.
>
> iii) além de horas extras noturnas: tendo em vista a hora reduzida noturna e o trabalho prestado das 21 horas de um dia às 6 horas do dia seguinte, com 1 hora de intervalo, Henrique fará jus a uma hora extra.
>
> iv) É devido o adicional respectivo e a computação da hora reduzida das 22h até as 6h: será devido o adicional noturno no período compreendido entre 22 horas de um dia e 6 horas do dia seguinte, tendo em vista se tratar de prorrogação da jornada de trabalho noturno (Art. 73, §5º da CLT e Súmula nº 60, II do TST).
>
> v) O adicional noturno integrará a base de cálculo das horas extras prestadas em período noturno, vez que laboradas em condições de maior desgaste físico e mental: "O adicional noturno integra a base de cálculo das horas extras prestadas no período noturno" (OJ nº 97 da SDI-I do TST).
>
> vi) Adicional noturno e adicional horas extras, porque pagos com habitualidade, integram o salário do empregado para todos os efeitos: "O adicional noturno, pago com habitualidade, integra o salário do empregado para todos os efeitos" (Súmula nº 60, I do TST). Da mesma forma ocorre com o adicional de horas extras que, se pago com habitualidade, integrará o salário de Henrique.

Alternativa "e". O adicional noturno integra a base de cálculo das horas extras, pois pago de forma habitual (Súmula nº 60, I do TST).

19. **Orientação Jurisprudencial nº 60 da SDI-I do TST:** "I – A hora noturna no regime de trabalho no porto, compreendida entre dezenove horas e sete horas do dia seguinte, é de sessenta minutos."

20. **Orientação Jurisprudencial nº 97 da SDI-I do TST:** "O adicional noturno integra a base de cálculo das horas extras prestadas no período noturno."

22.7. Prorrogação da jornada

144. (FCC – Analista Judiciário – Oficial de Justiça Avaliador Federal – TRT 22/2022) O sistema de compensação de horas, de acordo com o que prevê a Consolidação das Leis do Trabalho,

a) que não atenda às exigências legais, inclusive quando estabelecido mediante acordo tácito, implica a repetição do pagamento das horas excedentes à jornada normal diária, acrescidas do respectivo adicional.

b) é lícito quando estabelecido por acordo individual, tácito ou escrito, para a compensação ocorrida no período máximo de seis meses.

c) obriga o pagamento de adicional de horas extras, quando estabelecido por acordo individual, tácito ou escrito, para a compensação no mesmo mês.

d) dispensa o acréscimo de salário se, por força de acordo ou convenção coletiva de trabalho, o excesso de horas em um dia for compensado pela correspondente diminuição em outro dia, de maneira que não exceda, no período máximo de seis meses, à soma das jornadas semanais de trabalho previstas, nem seja ultrapassado o limite máximo de 8 horas diárias.

e) permite, mediante acordo individual escrito, convenção coletiva ou acordo coletivo de trabalho, estabelecer horário de trabalho de doze horas seguidas por trinta e seis horas ininterruptas de descanso, observados ou indenizados os intervalos para repouso e alimentação.

▷ ***Anotações/Comentários***

Nota do autor: A questão aborda o tema da compensação de jornada. Perceba que houve profunda alteração no art. 59 da CLT, que poderá trazer modificações à Súmula nº 85 do TST. Não deixe de conferir o texto atual da CLT!

Comentário serve para todas as alternativas, uma vez que versam sobre o mesmo assunto. A limitação da jornada de trabalho é uma das maiores vitórias conquistadas pelos empregados. Atualmente, a duração máxima restringe-se a 8 horas diárias e 44 horas semanais, tanto aos homens quanto às mulheres. A duração diária do trabalho poderá ser acrescida de horas extras, sendo necessário o cumprimento de dois requisitos:

a) Acordo de prorrogação. Após a Reforma Trabalhista, o acordo de prorrogação de jornada pode ser realizado de forma individual ou por meio de acordo ou convenção coletiva de trabalho.

b) Prorrogação máxima de duas horas diárias. Essa previsão não sofreu alterações com a Reforma Trabalhista. O empregado pode prestar horas extras desde que não ultrapasse o valor de 2 horas diárias.

Note-se que, com a Reforma Trabalhista, houve uma alteração profunda no art. 59 da CLT, que superou algumas posições consolidades do TST na Súmula nº 85. Dentre as alterações trazidas, podemos citar a possibilidade de regime de compensação de jornada por acordo individual, tácito ou escrito, para compensação no mesmo mês (art. 59, §6º da CLT).

Ainda, os §§ 2º, 3º e 5º do art. 59 da CLT estabelecem a disciplina jurídica direcionada especificamente ao banco de horas, que foi dividido em duas modalidades: banco de horas anual e semestral:

a) Banco de horas anual: Para o estabelecimento dessa modalidade de banco de horas, o § 2º do art. 59 da CLT prevê a necessidade de previsão em acordo ou convenção coletiva de trabalho, desde que o excesso de horas em um dia seja compensado em outro, de modo que a soma das jornadas semanais de trabalho seja respeitada no período máximo de 1 ano. Além disso, é necessário o respeito ao limite de 10 horas diárias de trabalho. Por ser mais gravosa, exigia-se (e ainda se exige) a formalização por instrumento coletivo de trabalho.

b) Banco de horas semestral: A novidade trazida pela Reforma Trabalhista consistiu na possibilidade de se estabelecer banco de horas por meio de acordo individual escrito entre empregado e empregador. Nesse caso, o prazo máximo para a compensação é de 6 meses. Portanto, além de permitir a compensação individual tácita mensal, a legislação passou a admitir a previsão de banco de horas individual desde que conste em acordo escrito e realizado no prazo máximo de 6 meses.

Importante mencionar que "O mero não atendimento das exigências legais para a compensação de jornada, inclusive quando encetada mediante acordo tácito, não implica a repetição do pagamento das horas excedentes à jornada normal diária, se não dilatada a jornada máxima semanal, sendo devido apenas o respectivo adicional." (Súmula nº 85, III, do TST). Esse posicionamento do TST não foi impactado pela Reforma Trabalhista.

Por fim, outra novidade trazida pela Lei nº 13.467/2017 foi a possibilidade de empregado e empregador estabelecerem a jornada 12 x 36 por meio de acordo individual escrito. Portanto, a Reforma Trabalhista ampliou significativamente a possibilidade de ajuste individual entre empregado e empregador, podendo-se negociar livremente diversos pontos, entre eles essa jornada especial de 12 horas.

Aliás, nesse ponto, importante mencionar que no julgamento da ADI 5994/DF, finalizado em 03/07/2023, o STF considerou constitucional o art. 59-A da CLT, introduzido pela Reforma Trabalhista, que permite a pactuação da jornada 12 x 36 por acordo individual escrito entre empregado e empregador.

145. (FCC – Técnico Judiciário – Área Administrativa – TRT 9/2022) A empresa Metalúrgica Metall S/A está sofrendo os efeitos da crise econômica, com oscilação no volume de produção e, em razão disso, pretende instituir regime de compensação de jornada na modalidade de banco de horas. O regime de compensação que a empresa pretende adotar será válido

a) se pactuado por acordo individual escrito, para a compensação no período máximo de seis meses.

b) se no acordo de banco de horas houver previsão de que, na hipótese de rescisão do contrato de trabalho sem que tenha havido a compensação integral da jornada de trabalho, as horas extras serão pagas com adicional de 100% sobre o valor da hora normal.

c) somente se for estabelecido por meio de negociação coletiva.

d) se estabelecido por acordo individual, tácito ou escrito, para a compensação no prazo de três meses.

e) se pactuado por acordo individual escrito, por acordo coletivo ou por convenção coletiva de trabalho, para a compensação no período máximo de um ano.

▷ ***Anotações/Comentários***

Nota do autor: A questão aborda o tema da compensação de jornada. Perceba que houve profunda alteração no art. 59 da CLT, que poderá trazer modificações à Súmula nº 85 do TST. Não deixe de conferir o texto atual da CLT!

Comentário serve para todas as alternativas, uma vez que versam sobre o mesmo assunto. A limitação da jornada de trabalho é uma das maiores vitórias conquistadas pelos empregados. Atualmente, a duração máxima restringe-se a 8 horas diárias e 44 horas semanais, tanto aos homens quanto às mulheres. A duração diária do trabalho poderá ser acrescida de horas extras, sendo necessário o cumprimento de dois requisitos:

a) Acordo de prorrogação. Após a Reforma Trabalhista, o acordo de prorrogação de jornada pode ser realizado de forma individual ou por meio de acordo ou convenção coletiva de trabalho.

b) Prorrogação máxima de duas horas diárias. Essa previsão não sofreu alterações com a Reforma Trabalhista. O empregado pode prestar horas extras desde que não ultrapasse o valor de 2 horas diárias.

Note-se que, com a Reforma Trabalhista, houve uma alteração profunda no art. 59 da CLT, que superou algumas posições consolidades do TST na Súmula nº 85. Dentre as alterações trazidas, podemos citar a possibilidade de regime de compensação de jornada por acordo individual, tácito ou escrito, para compensação no mesmo mês (art. 59, §6º da CLT).

Ainda, os §§ 2º, 3º e 5º do art. 59 da CLT estabelecem a disciplina jurídica direcionada especificamente ao banco de horas, que foi dividido em duas modalidades: banco de horas anual e semestral:

a) Banco de horas anual: Para o estabelecimento dessa modalidade de banco de horas, o § 2º do art. 59 da CLT prevê a necessidade de previsão em acordo ou convenção coletiva de trabalho, desde que o excesso de horas em um dia seja compensado em outro, de modo que a soma das jornadas semanais de trabalho seja respeitada no período máximo de 1 ano. Além disso, é necessário o respeito ao limite de 10 horas diárias de trabalho. Por ser mais gravosa, exigia-

-se (e ainda se exige) a formalização por instrumento coletivo de trabalho.

b) **Banco de horas semestral:** A novidade trazida pela Reforma Trabalhista consistiu na possibilidade de se estabelecer banco de horas por meio de acordo individual escrito entre empregado e empregador. Nesse caso, o prazo máximo para a compensação é de 6 meses. Portanto, além de permitir a compensação individual tácita mensal, a legislação passou a admitir a previsão de banco de horas individual desde que conste em acordo escrito e realizado no prazo máximo de 6 meses.

Importante mencionar que "O mero não atendimento das exigências legais para a compensação de jornada, inclusive quando encetada mediante acordo tácito, não implica a repetição do pagamento das horas excedentes à jornada normal diária, se não dilatada a jornada máxima semanal, sendo devido apenas o respectivo adicional." (Súmula nº 85, III, do TST). Esse posicionamento do TST não foi impactado pela Reforma Trabalhista.

146. (FCC – Analista Judiciário – Área Judiciária – TRT 5/2022) Magnólia é empregada na Construtora Pé Direito Duplo, registrando seus horários em cartão de ponto mecânico. Com base no que prevê a Consolidação das Leis do Trabalho, no tocante ao tempo para marcação do ponto, Magnólia só fará jus a horas extras se houver variações diárias no horário de entrada, a menor em relação ao horário contratual, e a maior em relação ao horário de saída, superiores a

a) 8 minutos somados entrada e saída.

b) 5 minutos somados entrada e saída.

c) 11 minutos somados entrada e saída.

d) 10 minutos somados entrada e saída.

e) 15 minutos somados entrada e saída.

▷ ***Anotações/Comentários***

Nota do autor: A limitação da jornada de trabalho é uma das maiores vitórias sociais da classe trabalhadora. A duração máxima é limitada a 8 horas diárias e 44 horas semanais, tanto aos homens quanto às mulheres. Esse limite, chamado de "jornada normal", é previsto no art. 7º, XIII, da Constituição Federal. É importante ressaltar que a jornada de trabalho do empregado abrange o tempo em que está à disposição do empregador, executando serviços ou aguardando ordens, de acordo com o caput do artigo 4º da CLT.

Comentário serve para todas as alternativas, uma vez que versam sobre o mesmo assunto. O trabalho que ultrapassar a jornada normal será remunerado com adicional de, no mínimo, 50% sobre a hora normal. Cabe frisar que as variações no registro de ponto não excedentes a 5 minutos, observado o limite máximo de 10 minutos, não serão descontadas nem consideradas jornada extraordinária (art. 58, § 1º, da CLT). Assim sendo, em razão do grande número de empregados para marcar o cartão de ponto, poderão ocorrer variações no horário de entrada e saída. Desde que respeitados os limites anteriores, o empregador não estará obrigado a remunerar esses minutos excedentes como extras. Se ultrapassados os 10 minutos, serão remunerados como hora suplementar em sua totalidade.

147. (FCC – Analista Judiciário – Área Judiciária – TRT 11/2017) Mário presta serviços como entregador de carnes no Frigorífico "ABC" Ltda e, numa sexta-feira no final do dia, teve que estender sua jornada de trabalho para descarregar a mercadoria do caminhão e colocá-la na câmara fria, sob pena de perda irreparável do produto, sendo considerado um serviço inadiável. Neste caso, de acordo com a Consolidação das Leis do Trabalho, a prestação de horas extras

a) poderá ocorrer independentemente da existência de acordo ou contrato coletivo e deverá ser comunicado, dentro de dez dias, à autoridade competente em matéria de trabalho, ou, antes desse prazo, justificado no momento da fiscalização sem prejuízo dessa comunicação.

b) não poderá ocorrer sem a existência de acordo ou contrato coletivo, devendo o empregador contratar prestadores de serviços para fazê-lo.

c) poderá ocorrer independentemente da existência de acordo ou contrato coletivo, entretanto o adicional a ser pago é de no mínimo 100% sobre a hora normal de trabalho.

d) não poderá ocorrer sem a existência de acordo ou contrato coletivo, podendo o empregador solicitar os serviços de Mário, que poderá ou não aceitar a prestação dos serviços, já que não é obrigada pelo contrato de trabalho a fazê-lo.

e) poderá ocorrer independentemente da existência de acordo ou contrato coletivo e deverá ser comunicado, dentro de noventa dias, à autoridade competente em matéria de trabalho, ou, antes desse prazo, justificado no momento da fiscalização sem prejuízo dessa comunicação.

▷ ***Anotações/Comentários***

Nota do autor: A questão aborda o tema da prorrogação por necessidade imperiosa. Conforme se verá no comentário à alternativa correta à época do concurso, a Reforma Trabalhista trouxe impactos importantes no que toca à prorrogação da jornada.

Comentário serve para todas as alternativas, uma vez que versam sobre o mesmo assunto. Com a Reforma Trabalhista, a questão se encontra parcialmente desatualizada.

A CLT prevê hipótese de prorrogação da jornada de trabalho por necessidade imperiosa. De acordo com a doutrina21, necessidade imperiosa é considerada gênero, do qual são espécies prorrogação por motivo de força maior e prorrogação para conclusão de serviços inadiáveis ou cuja inexecução possa acarretar prejuízos ao empregador:

> **Art. 61, CLT:** Ocorrendo necessidade imperiosa, poderá a duração do trabalho exceder do limite legal ou convencionado, seja para fazer face a motivo de força maior, seja para atender à realização ou conclusão de serviços inadiáveis ou cuja inexecução possa acarretar prejuízo manifesto.

Com a alteração da Reforma Trabalhista, removeu-se a exigência de comunicação prévia à autoridade em matéria de trabalho. Além disso, permanece a desnecessidade de acordo ou convenção coletiva de trabalho para a prestação de horas extras nas hipóteses elencadas no art. 61 da CLT.

Em resumo, o empregador poderá exigir a prestação de horas extras na hipótese de força maior e para a conclusão de serviços inadiáveis ou cuja inexecução possa acarretar prejuízos sem que seja necessária a comunicação ao Ministério do Trabalho. Nesse sentido, a atual redação do art. 61, §1º da CLT:

> **Art. 61, § 1º, da CLT** *(com redação dada pela Reforma Trabalhista)***:** O excesso, nos casos deste artigo, pode ser exigido independentemente de convenção coletiva ou acordo coletivo de trabalho.

Portanto, atualmente, não é necessária a comunicação à autoridade competente da prestação de horas extras por necessidade imperiosa.

22.8. Trabalho extraordinário

148. (FCC – Analista Judiciário – Oficial de Just. Avaliador Federal – TRT 2/2018) Silvério é porteiro num condomínio residencial e durante três anos prestou horas extras habitualmente. Ocorre que o condomínio pretende diminuir seus gastos, suprimindo pela metade as horas extras de seus empregados. Neste caso, Silvério

a) fará jus a uma indenização pela supressão parcial das horas extras, correspondente ao valor de um mês das horas suprimidas, total ou parcialmente, cujo cálculo observará a média das horas suplementares nos últimos 18 meses anteriores à mudança.

b) não fará jus a uma indenização pela supressão das horas extras, uma vez que a mesma somente é devida no caso de supressão total e não parcial, como ocorreu no presente caso.

c) fará jus a uma indenização pela supressão parcial das horas extras, correspondente ao valor de um mês das horas suprimidas, total ou parcialmente, cujo cálculo observará a média das horas suplementares nos últimos 6 meses anteriores à mudança, multiplicada pelo valor da hora extra do dia da supressão.

21. Nesse sentido: CASSAR, Vólia Bomfim. *Direito do Trabalho*. 11. ed. São Paulo: Método, 2015. p. 680; GARCIA, Gustavo Filipe Barbosa. *CLT comentada*. São Paulo: Método, 2015. p. 91; e MARTINS, Sérgio Pinto. *Comentários à CLT*. 19. ed. São Paulo: Atlas, 2015. p. 103.

d) fará jus a uma indenização pela supressão parcial das horas extras, correspondente ao valor de um mês das horas suprimidas, total ou parcialmente, cujo cálculo observará a média das horas suplementares nos últimos 12 meses anteriores à mudança, multiplicada pelo valor da hora extra do dia da supressão.

e) não fará jus a uma indenização pela supressão das horas extras, uma vez que a mesma somente é devida quando o empregado as preste habitualmente pelo prazo de cinco anos, o que não ocorreu no presente caso.

▷ ***Anotações/Comentários***

Nota do autor: Para responder à questão, bastava que o candidato conhecesse a literalidade da Súmula nº 291 do TST, que trata da supressão das horas extras habituais. O valor recebido a título de horas extras é chamado de salário-condição, pois o empregado receberá adicional apenas quando prestar serviços além do horário normal. O valor das horas extras prestadas reflete nas demais verbas trabalhistas, mas não integra, de forma definitiva, a sua remuneração.

Comentário serve para todas as alternativas, uma vez que versam sobre o mesmo assunto. É possível que cesse o pagamento do adicional, de horas extras quando o empregado deixa de trabalhar em regime extraordinário. Ocorre que o TST tem posicionamento no sentido de que a supressão, total ou parcial, do adicional de horas extras, em serviço suplementar prestado com habitualidade durante pelo menos um ano, assegura ao empregado direito à indenização. Essa indenização equivale a 1 mês das horas suprimidas para cada ano ou fração igual ou superior a 6 meses de prestação de serviços em horas extras:

> **Súmula nº 291 do TST.** A supressão total ou parcial, pelo empregador, do serviço suplementar prestado com habitualidade, durante pelo menos 1 ano assegura ao empregado o direito à indenização correspondente ao valor de 1 mês das horas suprimidas, total ou parcialmente, para cada ano ou fração igual ou superior a seis meses de prestação de serviço acima da jornada normal. O cálculo observará a média das horas suplementares efetivamente trabalhadas nos últimos 12 meses, anteriores à mudança, multiplicada pelo valor da hora extra do dia da supressão.

---

149. (FCC – Técnico Judiciário – Área Administrativa – TRT 2/2018) Com relação à jornada de trabalho, considere:

I. O cálculo do valor das horas extras habituais, para efeito de reflexos em verbas trabalhistas, observará o número de horas efetivamente prestadas e a ele aplica-se o valor do salário-hora da época do pagamento daquelas verbas.

II. Os intervalos concedidos pelo empregador na jornada de trabalho, não previstos em lei, representam tempo à disposição da empresa, remunerados como serviço extraordinário, se acrescidos ao final da jornada.

III. O valor das horas extras habituais não integra a remuneração do trabalhador para o cálculo das gratificações semestrais.

IV. A duração diária do trabalho poderá ser acrescida de horas extras, em número não excedente de duas, por acordo individual, convenção coletiva ou acordo coletivo de trabalho.

De acordo com a Consolidação das Leis do Trabalho e com o entendimento Sumulado do Tribunal Superior do Trabalho, está correto o que se afirma APENAS em

a) I, II e III.

b) I, II e IV.

c) II, III e IV.

d) I e IV.

e) II e III.

▷ ***Anotações/Comentários***

Nota do autor: A questão aborda o tema hora extraordinária e para respondê-la era imprescindível o conhecimento do entendimento sumulado do TST sobre o assunto, pois se trata de sua literalidade.

Assertiva I. Correta. "O cálculo do valor das horas extras habituais, para efeito de reflexos em verbas trabalhistas, observará o número de horas efetivamente prestadas e a ele aplica-se o valor do salário-hora da época do pagamento daquelas." (Súmula nº 347 do TST)

Assertiva II. Correta. Os intervalos concedidos pelo empregador na jornada de trabalho, não previstos em lei, representam tempo a disposição da empresa, remunerados como serviço extraordinário, se acrescidos ao final da jornada. (Súmula nº 118 do TST)

Assertiva III. Incorreta. "O valor das horas extras habituais **integra** a remuneração do trabalhador para o cálculo das gratificações semestrais. (Súmula nº 115 do TST)

Assertiva IV. Correta. A duração normal do tempo de trabalho do empregado é de 8 horas diárias e 44 horas semanais. Se ultrapassado esse período, terá incidência de adicional, chamado de hora extraordinária ou suplementar. De acordo com art. 7º, XVI, da CF/88:

> **Art. 7º, XVI, CF/88:** São direitos dos trabalhadores urbanos e rurais, além de outros que visem à melhoria de sua condição social: remuneração do serviço extraordinário superior, no mínimo, em cinquenta por cento à do normal.

No mesmo sentido, a previsão contida no art. 59, §1º da CLT, que teve a redação alterada para prever, em adequação ao texto constitucional, a remuneração mínima de 50% a título de horas extraordinárias:

> **Art. 59 da CLT** *(com redação dada pela Reforma Trabalhista):* A duração diária do trabalho poderá ser acrescida de horas extras, em número não excedente de duas, por acordo individual, convenção coletiva ou acordo coletivo de trabalho.
>
> § 1º A remuneração da hora extra será, pelo menos, 50% (cinquenta por cento) superior à da hora normal.

Assim, para que a prestação de horas extras seja lícita, devem estar presentes dois requisitos:

1) **Acordo de prorrogação:** pode ser realizado de forma individual ou por meio de acordo ou convenção coletiva de trabalho.

2) **Prorrogação máxima de duas horas diárias:** O empregado pode prestar horas extras desde que não ultrapasse o valor de 2 horas diárias.

---

150. (FGV – Analista Judiciário – Área Administrativa – TRT 12/2017) Madalena é empregada da empresa Fábrica de Sonhos Ltda., localizada em Rio do Sul (SC), na qual exerce a função de vendedora, cumprindo jornada de trabalho de 2ª a 6ª feira das 9:00 às 18:30 horas, com intervalo para refeição de 1:30 horas, e aos sábados das 8:00 às 13:00 horas, com pausa de 1 hora. À luz da legislação e da jurisprudência uniforme do TST, é correto afirmar que:

a) o acerto deste horário é válido, desde que seja previsto em acordo coletivo ou convenção coletiva de trabalho;

b) a empregada em questão terá direito a horas extras em razão do intervalo para refeição, que foi concedido em desacordo com a CLT;

c) a jornada cumprida pela empregada ensejará o pagamento de horas extras pelo intervalo interjornada violado;

d) a jornada cumprida é válida, o que não dá margem ao pagamento de horas extras;

e) Madalena receberá horas extras com adicional de 50% porque a sua jornada supera o limite constitucional.

▷ ***Anotações/Comentários***

Nota do autor: A questão exigia o conhecimento do tema jornada de trabalho e é considerada de nível fácil.

Comentário serve para todas as alternativas, uma vez que versam sobre o mesmo assunto. Madalena exercia a jornada de 44 horas semanais, de forma que não lhe é devido o adicional de hora extraordinária. Isso porque, durante a semana, sua jornada diária era de 8 horas diárias e, aos sábados, de 4 horas diárias, em respeito ao dispositivo constitucional:

> **Art. 7º da CF/88:** São direitos dos trabalhadores urbanos e rurais, além de outros que visem à melhoria de sua condição social: (...)
>
> XIII - duração do trabalho normal não superior a oito horas diárias e quarenta e quatro semanais, facultada a compensação de horários e a redução da jornada, mediante acordo ou convenção coletiva de trabalho;

---

151. (FGV – Analista Judiciário – Oficial de Just. Avaliador – TRT 12/2017) Antonieta é empregada na empresa Calçados do Sul Ltda., cumprindo jornada de 2ª feira a sábado das 5:30 às 15:30 horas, com pausa alimentar de 2 horas.

Diante da situação apresentada e dos termos da CLT, é correto afirmar que:

a) Antonieta terá direito a hora extra em razão do intervalo para refeição desrespeitado;

b) a empregada terá direito a horas extras pelo excesso de jornada, com adicional de no mínimo 50%;

c) há direito ao pagamento de horas extras e adicional noturno na jornada compreendida entre 5:30 e 6:00 horas;

d) não se identifica na jornada cumprida qualquer excesso, pelo que não há horas extras a pagar;

e) houve violação ao intervalo interjornada, gerando assim direito ao pagamento de horas extras.

▷ ***Anotações/Comentários***

Nota do autor: A questão exigia o conhecimento da duração de jornada de trabalho, sendo considerada de fácil resolução, já que demandava apenas o conhecimento do texto constitucional e da CLT.

Comentário serve para todas as alternativas, uma vez que versam sobre o mesmo assunto. A limitação da jornada de trabalho é uma das maiores vitórias conquistadas pelos empregados. Atualmente, a duração máxima é limitada a 8 horas diárias e 44 horas semanais, tanto aos homens quanto às mulheres. Esse limite, chamado "jornada normal", é previsto no art. 7º, XIII, da Constituição Federal:

> **Art. 7º, XIII, CF/88:** São direitos dos trabalhadores urbanos e rurais, além de outros que visem à melhoria de sua condição social: duração do trabalho normal não superior a oito horas diárias e quarenta e quatro semanais, facultada a compensação de horários e a redução da jornada, mediante acordo ou convenção coletiva de trabalho.

Assim, no caso, temos que Antonieta era submetida a jornada de 8 horas diárias, de segunda a sábado, totalizando 48 horas semanais, excedendo em 4 horas o total permitido pela Constituição Federal, que deverão ser remunerados com adicional de, no mínimo, 50% sobre o valor da hora normal de trabalho (art. 7º, XVI, CF/88).

Note-se que mesmo com a Reforma Trabalhista, em caso de pacto quanto à jornada de trabalho, deve ser respeitado o limite constitucional já citado:

> **Art. 611-A da CLT (inserido pela Reforma Trabalhista):** A convenção coletiva e o acordo coletivo de trabalho têm prevalência sobre a lei quando, entre outros, dispuserem sobre:
>
> I - pacto quanto à jornada de trabalho, observados os limites constitucionais;

Além disso, a Reforma Trabalhista permitiu que se reduza o período do intervalo intrajornada para 30 minutos para jornadas superiores a seis horas, via acordo ou convenção coletiva, sendo que o intervalo em questão deixa se ser considerado como norma de segurança, higiene e saúde:

> **Art. 611-A da CLT (inserido pela Reforma Trabalhista):** A convenção coletiva e o acordo coletivo de trabalho têm prevalência sobre a lei quando, entre outros, dispuserem sobre: (...)
>
> III - intervalo intrajornada, respeitado o limite mínimo de trinta minutos para jornadas superiores a seis horas;
>
> **Art. 611-B (inserido pela Reforma Trabalhista):** Constituem objeto ilícito de convenção coletiva ou de acordo coletivo de trabalho, exclusivamente, a supressão ou a redução dos seguintes direitos: (...)
>
> Parágrafo único. Regras sobre duração do trabalho e intervalos não são consideradas como normas de saúde, higiene e segurança do trabalho para os fins do disposto neste artigo.
>
> Por fim, não há que se falar na percepção de adicional noturno, que compreende o trabalho prestado das 22:00 de um dia às 5:00 do dia seguinte, nos termos do art. 73 da CLT.

23. INTERVALO INTRAJORNADA

152. (FCC – Analista Judiciário – Oficial de Justiça Avaliador Federal – TRT 17/2022) Ornela é atendente do Hospital Dores do Mundo, registrada em CTPS, trabalhando de segunda a sexta-feira, das 8:00 às 17:00 horas, usufruindo de 20 minutos de intervalo para refeição, em virtude de laborar sozinha na função. Nessa situação, com base no que prevê a CLT, Ornela faz jus a

a) 40 minutos diários, pagos como indenização, com acréscimo de 50% sobre o valor da remuneração da hora normal.

b) 1 hora diária, como indenização, com acréscimo de 50% sobre o valor da remuneração da hora normal.

c) 40 minutos diários, com acréscimo de 50% sobre o valor da remuneração da hora normal, e reflexos nas demais verbas contratuais.

d) 1 hora diária, sobre o valor da remuneração da hora normal, paga como indenização.

e) 40 minutos diários, sobre o valor da remuneração da hora normal, com reflexos nas demais verbas contratuais.

▷ ***Anotações/Comentários***

Nota do autor: A questão trata do intervalo intrajornada. O intervalo intrajornada ocorre durante a jornada de trabalho. É o período destinado ao descanso e refeição. Em regra, os períodos destinados aos intervalos não são computados na jornada de trabalho, isto é, não são remunerados pelo empregador.

Comentário serve para todas as alternativas, uma vez que versam sobre o mesmo assunto. Com a Reforma Trabalhista, o adicional pelo descumprimento do intervalo intrajornada mínimo passa a ter natureza indenizatória, devendo ser pago apenas do período suprimido, com acréscimo de 50% sobre o valor da remuneração da hora normal de trabalho, nos termos do art. 71, §4º da CLT:

> **Art. 71, § 4ª, CLT** (com redação dada pela Reforma Trabalhista): A não concessão ou a concessão parcial do intervalo intrajornada mínimo, para repouso e alimentação, a empregados urbanos e rurais, implica o pagamento, de natureza indenizatória, apenas do período suprimido, com acréscimo de 50% (cinquenta por cento) sobre o valor da remuneração da hora normal de trabalho.

Dessa forma, Ornela só fará jus ao período suprimido de 40 minutos diários, com acréscimo de 50% sobre o valor da hora normal de trabalho, que terá natureza indenizatória.

153. (FCC – Técnico Judiciário – Área Administrativa – TRT 9/2022) Em relação ao regramento legal que cuida do intervalo intrajornada para repouso e alimentação, considere:

I. Os intervalos para repouso e alimentação serão computados na jornada de trabalho.

II. O limite mínimo de 1 hora para repouso e alimentação poderá ser reduzido por negociação entre empregado e empregador, desde que formalizado em acordo escrito.

III. Para as jornadas de até 6 horas, o intervalo para repouso e alimentação será de 15 minutos.

IV. A não concessão ou a concessão parcial do intervalo intrajornada mínimo, para repouso e alimentação, implica o pagamento, de natureza indenizatória, apenas do período suprimido, com acréscimo de 50% sobre o valor da hora normal de trabalho.

Está correto o que se afirma APENAS em

a) I e III.

b) II.

c) IV.

d) I e II.

e) III e IV.

▷ ***Anotações/Comentários***

Nota do autor: A questão trata do intervalo intrajornada. O intervalo intrajornada ocorre durante a jornada de trabalho. É o período destinado ao descanso e refeição.

Assertiva I: Em regra, os períodos destinados aos intervalos não são computados na jornada de trabalho, isto é, não são remunerados pelo empregador (art. 71, § 2º, CLT).

Assertiva II: "A convenção coletiva e o acordo coletivo de trabalho têm prevalência sobre a lei quando, entre outros, dispuserem sobre: (...)

intervalo intrajornada, respeitado o limite mínimo de trinta minutos para jornadas superiores a seis horas;" (art. 611-A, III, CLT),

Assertiva III: Essa assertiva gerou muita confusão entre os candidatos, mas a considerado errada, assim como o fez a banca. Nos termos da legislação, "Não excedendo de 6 (seis) horas o trabalho, será, entretanto, obrigatório um intervalo de 15 (quinze) minutos quando a duração ultrapassar 4 (quatro) horas.". Assim, não há obrigatoriedade de conceção de intervalo de 15 (quinze) minutos em todas as jornadas de até 6 horas, mas tão somente àquelas superiores à 4h e inferiores a 6h. Logo, um empregado que trabalha 4 horas diárias não tem direito ao intervalo intrajornada.

Assertiva IV: Com a Reforma Trabalhista, o adicional pelo descumprimento do intervalo intrajornada mínimo passa a ter natureza indenizatória, devendo ser pago apenas do período suprimido, com acréscimo de 50% sobre o valor da remuneração da hora normal de trabalho, nos termos do art. 71, §4º da CLT:

> **Art. 71, § 4ª, CLT** (com redação dada pela Reforma Trabalhista): A não concessão ou a concessão parcial do intervalo intrajornada mínimo, para repouso e alimentação, a empregados urbanos e rurais, implica o pagamento, de natureza indenizatória, apenas do período suprimido, com acréscimo de 50% (cinquenta por cento) sobre o valor da remuneração da hora normal de trabalho.

154. (FCC – Técnico Judiciário – Área Administrativa – TRT 14/2022) Cícero é enfermeiro, registrado em CTPS, no Hospital e Maternidade Nossa Senhora do Bom Parto, laborando em jornada comum de 8 horas diárias. Por força da escassez de empregados, tem se visto obrigado a usufruir de apenas 20 minutos de intervalo para refeição, para poder retornar rapidamente ao local de trabalho. Conforme o que prevê a Consolidação das Leis do Trabalho, por essa situação peculiar em relação ao período de intervalo, Cícero faz jus ao pagamento de

a) 40 minutos diários, com acréscimo de 50%, de forma indenizatória, sem quaisquer reflexos nas demais verbas contratuais.
b) 1 hora diária, com acréscimo de 50%, de forma indenizatória, sem quaisquer reflexos nas demais verbas contratuais.
c) 40 minutos diários, sem acréscimo de adicional, e com os devidos reflexos nas demais verbas contratuais.
d) 30 minutos diários, com acréscimo de 50%, de forma indenizatória, sem quaisquer reflexos nas demais verbas contratuais.
e) 1 hora diária, sem acréscimo de adicional, com os devidos reflexos nas demais verbas contratuais.

▷ ***Anotações/Comentários***

Nota do autor: A questão trata do intervalo intrajornada. O intervalo intrajornada ocorre durante a jornada de trabalho. É o período destinado ao descanso e refeição. Em regra, os períodos destinados aos intervalos não são computados na jornada de trabalho, isto é, não são remunerados pelo empregador.

Comentário serve para todas as alternativas, uma vez que versam sobre o mesmo assunto. Com a Reforma Trabalhista, o adicional pelo descumprimento do intervalo intrajornada mínimo passa a ter natureza indenizatória, devendo ser pago apenas do período suprimido, com acréscimo de 50% sobre o valor da remuneração da hora normal de trabalho, nos termos do art. 71, §4º da CLT:

> **Art. 71, § 4ª, CLT** (com redação dada pela Reforma Trabalhista): A não concessão ou a concessão parcial do intervalo intrajornada mínimo, para repouso e alimentação, a empregados urbanos e rurais, implica o pagamento, de natureza indenizatória, apenas do período suprimido, com acréscimo de 50% (cinquenta por cento) sobre o valor da remuneração da hora normal de trabalho.

Dessa forma, Cícero só fará jus ao período suprimido de 40 minutos diários, com acréscimo de 50% sobre o valor da hora normal de trabalho, que terá natureza indenizatória.

155. (FGV – Analista Judiciário – Área Judiciária – TRT 13/2022) Cassandra foi contratada pela sociedade empresária Alfa Beta Ltda., localizada no Município de Bayeux/PB. No contrato escrito assinado por Cassandra ficou acertado o cumprimento da jornada de 2ª a 6ª feira, das 10h às 21h, com intervalo de 3 horas para refeição e, aos sábados, das 8h às 12h.

Considerando a pausa alimentar contratada e os termos da CLT, assinale a afirmativa correta.

a) É inválido o intervalo, pois somente por acordo coletivo de trabalho se poderia fixar uma pausa alimentar superior a 2 horas.
b) É válido o acordo escrito individual estipulando intervalo para refeição superior a 2 horas.
c) Somente por convenção coletiva de trabalho se poderia fixar uma pausa alimentar superior a 2 horas, daí porque é inválido o acerto individual feito com Cassandra.
d) A estipulação de intervalo intrajornada superior a 2 horas depende de autorização da Justiça do Trabalho.
e) Se houver autorização prévia do Ministério do Trabalho e Previdência é possível fixar intervalo para refeição superior a 2 horas.

▷ ***Anotações/Comentários***

Nota do autor: A questão trata do intervalo intrajornada e apresentava baixo grau de complexidade.

Comentário serve para todas as alternativas, uma vez que versam sobre o mesmo assunto. O intervalo intrajornada ocorre durante a jornada de trabalho. É o período destinado ao descanso e refeição. Em regra, os períodos destinados aos intervalos não são computados na jornada de trabalho, isto é, não são remunerados pelo empregador.

Tempo destinado ao intervalo para descanso e refeição:

a) Jornada de até 4 horas: não há previsão em lei de intervalo intrajornada.

b) Jornada que excede 4 horas, com limite de 6 horas: intervalo de 15 minutos. Se o empregador exigir horas extras habituais, excedendo a jornada de 6 horas diárias, deverá conceder intervalo mínimo de 1 hora.

c) Jornada que excede 6 horas: mínimo de 1 hora e máximo de 2 horas. Existe previsão no art. 71 da CLT de intervalo superior a 2 horas, mas haverá necessidade de acordo escrito ou prévia negociação coletiva (acordo ou convenção coletiva).

Antes da Reforma Trabalhista, nem mesmo via negociação coletiva (convenção ou acordo coletivo) era possível reduzir os intervalos intrajornada. Desse modo, seria inválida a cláusula do acordo ou convenção coletiva que suprimisse ou reduzisse o intervalo para descanso e alimentação. É o que prevê a Súmula nº 437, II, do TST.

Ocorre que o art. 611-A, III da CLT, acrescentado pela Reforma Trabalhista prevê a possibilidade de redução do intervalo intrajornada por meio de acordo ou convenção coletiva de trabalho desde que respeitado o limite mínimo de 30 minutos:

> **Art. 611-A da CLT** (acrescentado pela Reforma Trabalhista). A convenção coletiva e o acordo coletivo de trabalho têm prevalência sobre a lei quando, entre outros, dispuserem sobre:
>
> (...) III – intervalo intrajornada, respeitado o limite mínimo de trinta minutos para jornadas superiores a seis horas.

156. (FCC – Analista Judiciário – Oficial de Just. Avaliador Federal – TRT 15/2018) Eunice trabalha em uma indústria alimentícia que fabrica doces e chocolates. Nos meses de janeiro e fevereiro, em razão da produção de chocolates para a Páscoa, trabalhou de 2a a 6a feira, das 9h às 18h, gozando diariamente de 15 minutos para repouso e alimentação. Nesse contexto, Eunice faz jus a

a) uma hora integral, acrescida de 50% sobre a remuneração da hora normal de trabalho, tendo tal pagamento natureza salarial.
b) uma hora integral, acrescida de 50% sobre a remuneração da hora normal de trabalho, tendo tal pagamento natureza indenizatória.
c) 45 minutos, acrescidos de 50% sobre a remuneração da hora normal de trabalho, tendo tal pagamento natureza indenizatória.
d) 45 minutos, acrescidos de 50% sobre a remuneração da hora normal de trabalho, tendo tal pagamento natureza salarial.
e) 45 minutos, sem acréscimo, pois não se trata de hora extra, mas sim de pagamento de natureza meramente indenizatória.

▷ ***Anotações/Comentários***

Nota do autor: A questão trata do intervalo intrajornada. O intervalo intrajornada ocorre durante a jornada de trabalho. É o período destinado ao descanso e refeição. Em regra, os períodos destinados aos intervalos não são computados na jornada de trabalho, isto é, não são remunerados pelo empregador.

Comentário serve para todas as alternativas, uma vez que versam sobre o mesmo assunto. Com a Reforma Trabalhista, o adicional pelo descumprimento do intervalo intrajornada mínimo passa a ter natureza indenizatória, devendo ser pago apenas do período suprimido, com acréscimo de 50% sobre o valor da remuneração da hora normal de trabalho, nos termos do art. 71, §4º da CLT:

> **Art. 71, § 4º da CLT** (com redação dada pela Reforma Trabalhista): A não concessão ou a concessão parcial do intervalo intrajornada mínimo, para repouso e alimentação, a empregados urbanos e rurais, implica o pagamento, de natureza indenizatória, apenas do período suprimido, com acréscimo de 50% (cinquenta por cento) sobre o valor da remuneração da hora normal de trabalho.

Dessa forma, Eunice só fará jus ao período suprimido de 45 minutos, com acréscimo de 50% sobre o valor da hora normal de trabalho, que terá natureza indenizatória.

157. (FCC – Analista Judiciário – Área Administrativa – TRT 2/2018) Valéria, empregada da empresa "R", está preocupada com as mudanças ocorridas na Consolidação das Leis do Trabalho, notadamente com o seu intervalo para repouso ou alimentação. Considerando que ela possui jornada de trabalho diária de cinco horas, o seu intervalo para repouso ou alimentação

a) continua sendo obrigatório de, no mínimo, quinze minutos.
b) continua sendo obrigatório de, no mínimo, trinta minutos.
c) continua sendo obrigatório de, no mínimo, vinte minutos.
d) passou a ser obrigatório de, no mínimo, uma hora.
e) passou a ser obrigatório de, no mínimo, trinta minutos.

▷ ***Anotações/Comentários***

Nota do autor: A questão aborda o tema intervalo intrajornada. Lembre-se de que a alteração promovida pela Reforma Trabalhista só atinge aqueles empregados que tenham jornada superior a seis horas. Nesse caso, o intervalo intrajornada poderá ser reduzido para 30 minutos caso existente previsão em instrumento coletivo, nos termos do art. 611-A, III da CLT.

Comentário serve para todas as alternativas, uma vez que versam sobre o mesmo assunto. No caso apresentado na questão, a jornada de trabalho de Valéria é de 5 horas, de forma que seu intervalo continua sendo de 15 minutos, sem a possibilidade de redução via negociação coletiva. Nessa hipótese, portanto, não houve alteração efetuada pela Reforma Trabalhista.

24. DESCANSO SEMANAL REMUNERADO

158. (FCC – Analista Judiciário – Área Judiciária – TRT 5/2022) Vênus é empregada na Clínica Veterinária Bicho Papão e, pela natureza da sua atividade, com frequência costuma trabalhar por diversos dias consecutivos sem repousar. Conforme orienta a jurisprudência dominante do Tribunal Superior do Trabalho, Vênus terá direito a pagamento

a) com 50% de acréscimo do repouso semanal remunerado desde que este seja concedido após 6 dias consecutivos de trabalho.
b) em dobro do repouso semanal remunerado desde que este seja concedido após 6 dias consecutivos de trabalho.
c) em triplo do repouso semanal remunerado desde que este seja concedido após 7 dias consecutivos de trabalho.
d) simples do repouso semanal remunerado desde que este seja concedido após 7 dias consecutivos de trabalho.
e) em dobro do repouso semanal remunerado desde que este seja concedido após 7 dias consecutivos de trabalho.

▷ ***Anotações/Comentários***

Nota do autor: A questão aborda o descanso semanal remunerado e exigia o conhecimento da jurisprudência do TST sobre o assunto.

Comentário serve para todas as alternativas, uma vez que versam sobre o mesmo assunto. O descanso semanal remunerado (DSR), ou repouso semanal remunerado (RSR), está previsto no art. 7º, XV, da CF, sendo garantido aos empregados urbanos e rurais e aos trabalhadores avulsos. Ainda, de acordo com o art. 611-B, IX, da CLT, acrescentado pela Reforma Trabalhista, constitui objeto ilícito de convenção e acordo coletivos de trabalho a supressão ou redução do descanso semanal remunerado.

Esse período é de, no mínimo, 24 horas consecutivas, e será concedido pelo menos uma vez por semana, preferencialmente aos domingos. Independentemente da jornada do empregado (mesmo que trabalhe 6 horas por dia), terá direito ao descanso de 24 horas consecutivas. Esse período de descanso corresponde a uma interrupção do contrato de trabalho, pois, embora não tenha prestação de serviços, há pagamento de salário.

"O trabalho não compensado prestado em domingos e feriados deve ser pago em dobro, sem prejuízo da remuneração relativa ao repouso semanal." (art. 2º, § 8º LC nº 150/2015). Nesse mesmo sentido:

> **Orientação Jurisprudencial nº 410 da SDI1 do TST:** Repouso semanal remunerado. Concessão após o sétimo dia consecutivo de trabalho. Art. 7º, XV, da CF. Violação.
>
> Viola o art. 7º, XV, da CF a concessão de repouso semanal remunerado após o sétimo dia consecutivo de trabalho, importando no seu pagamento em dobro.

159. (FGV – Técnico Judiciário – Área Administrativa – TRT 16/2022) Samuel trabalha num comércio estabelecido em Porto Franco/MA e cumpre jornada de 44 horas semanais divididas de 2ª feira a sábado.

Considerando o direito às pausas legais e ao repouso semanal remunerado, marque a opção que, de acordo com o entendimento consolidado pelo TST, traz o espaço de tempo que deve mediar 2 semanas de trabalho, ou seja, quanto tempo de descanso Samuel terá direito entre o término da jornada em uma semana e o início da jornada da semana seguinte.

a) 11 horas.
b) 24 horas.
c) 35 horas.
d) 12 horas.
e) 48 horas.

▷ ***Anotações/Comentários***

Nota do autor: A questão aborda o tema do descanso semanal remunerado. Ressalta-se que a redução ou supressão do descanso semanal remunerado constitui objeto ilícito de convenção e acordo coletivo de trabalho de acordo com o art. 611-B, IX, CLT – acrescentado pela Lei nº 13.467/2017 (Reforma Trabalhista).

Comentário serve para todas as alternativas, uma vez que versam sobre o mesmo assunto. Esse período é de, no mínimo, 24 horas consecutivas, e será concedido pelo menos uma vez por semana, **preferencialmente aos domingos**. Independentemente da jornada do empregado (mesmo que trabalhe 6 horas por dia), terá direito ao descanso de 24 horas consecutivas. Importante mencionar que não há prejuízo do intervalo de repouso diário de 11 horas (intervalo interjornada), totalizando 35 horas. Esse período de descanso corresponde a uma interrupção do contrato de trabalho, pois, embora não tenha prestação de serviços, há pagamento de salário.

160. (FCC – Analista Judiciário – Área Judiciária – TRT 15/2018) Em relação ao descanso semanal remunerado, o TST adota entendimento pacífico no sentido de que

a) ao empregado pracista não é devida a remuneração do repouso semanal.
b) é reconhecido o direito ao acréscimo de 1/4 a título de repouso semanal, considerando-se para esse fim o mês de quatro semanas e meia, ao professor que recebe salário à base de hora-aula.
c) o adicional de insalubridade já remunera os dias de repouso semanal e feriados.

d) a concessão do intervalo para repouso semanal, descaracteriza o turno de revezamento com jornada de 6 horas.

e) a majoração do valor do repouso semanal remunerado, em razão da integração das horas extras habitualmente prestadas, repercute no cálculo das férias, da gratificação natalina e do aviso prévio.

▷ ***Anotações/Comentários***

Nota do autor: A questão aborda o descanso semanal remunerado e exigia o conhecimento da jurisprudência do TST sobre o assunto.

O descanso semanal remunerado (DSR), ou repouso semanal remunerado (RSR), está previsto no art. 7º, XV, da CF, sendo garantido aos empregados urbanos e rurais e aos trabalhadores avulsos. Ainda, de acordo com o art. 611-B, IX, da CLT, acrescentado pela Reforma Trabalhista, constitui objeto ilícito de convenção e acordo coletivos de trabalho a supressão ou redução do descanso semanal remunerado.

Esse período é de, no mínimo, 24 horas consecutivas, e será concedido pelo menos uma vez por semana, **preferencialmente** aos domingos. Independentemente da jornada do empregado (mesmo que trabalhe 6 horas por dia), terá direito ao descanso de 24 horas consecutivas. Esse período de descanso corresponde a uma interrupção do contrato de trabalho, pois, embora não tenha prestação de serviços, há pagamento de salário.

Alternativa "a". "**É devida** a remuneração do repouso semanal e dos dias feriados ao empregado comissionista, ainda que pracista" (Súmula nº 27 do TST).

Alternativa "b". "O professor que recebe salário mensal à base de hora-aula tem direito ao acréscimo de **1/6** a título de repouso semanal remunerado, considerando-se para esse fim o mês de quatro semanas e meia" (Súmula nº 351 do TST).

Alternativa "c". "O adicional de insalubridade já remunera os dias de repouso semanal e feriados" (OJ nº 103 da SDI-I do TST).

Alternativa "d". "A interrupção do trabalho destinada a repouso e alimentação, dentro de cada turno, ou o intervalo para repouso semanal, **não descaracteriza** o turno de revezamento com jornada de 6 (seis) horas previsto no art. 7º, XIV, da CF/1988" (Súmula nº 360 do TST).

Alternativa "e". "A majoração do valor do repouso semanal remunerado, em razão da integração das horas extras habitualmente prestadas, **não repercute** no cálculo das férias, da gratificação natalina, do aviso prévio e do FGTS, sob pena de caracterização de 'bis in idem'" (OJ nº 394 da SDI-I do TST).

---

161. (FCC – Analista Judiciário – Área Judiciária – TRT 11/2017) Considere as seguintes situações hipotéticas: Marta é empregada vendedora comissionista da loja X situada no interior do Shopping Y. Sua irmã, Gabriela, é vendedora comissionista pracista da fábrica de remédios Z. Nestes casos, de acordo com o entendimento Sumulado do TST, é devida a remuneração do repouso semanal

a) e dos dias feriados apenas para Marta.

b) e dos dias feriados apenas para Gabriela.

c) para Marta e Gabriela e dos dias feriados apenas para Marta.

d) para Marta e Gabriela, sendo que os feriados não são remunerados, tendo em vista que já recebem comissões pelas vendas efetuadas nestes dias.

e) e dos dias feriados para Marta e Gabriela.

▷ ***Anotações/Comentários***

Nota do autor: A questão aborda o tema do descanso semanal remunerado devido aos empregados comissionistas e pracistas, e exigia o conhecimento do entendimento sumulado do TST. Ressalta-se que a redução ou supressão do descanso semanal remunerado constitui objeto ilícito de convenção e acordo coletivo de trabalho de acordo com o art. 611-B, IX, CLT – acrescentado pela Lei nº 13.467/2017 (Reforma Trabalhista).

Comentário serve para todas as alternativas, uma vez que versam sobre o mesmo assunto. Trata-se da literalidade da Súmula nº 27 do TST:

> **Súmula nº 27 do TST:** É devida a remuneração do repouso semanal e dos dias feriados ao empregado comissionista, ainda que pracista.

Verifica-se, assim, que, independentemente da forma do pagamento, seja por tempo, seja por comissão, é devida a remuneração do DSR22. Nesse sentido, ensina Sérgio Pinto Martins:

> A Lei nº 605/49 traz exceções ao dispositivo, mas não ocorre em relação ao comissionista. Todos têm o direito à remuneração do repouso semanal remunerado e dos feriados. A lei não faz distinção em relação à forma de remuneração do empregado. Não importa, portanto, se o trabalhador recebe à base de comissões, se trabalha numa certa praça (pracista) ou se não tem controle de presença ou de horário de trabalho[23].

Dessa forma, tanto Marta como Gabriela farão jus à remuneração do DSR e dos dias de feriado.

25. FÉRIAS

162. (AOCP – 2024 – TRF 2 - Analista Judiciário - Área Administrativa) Nos termos da Consolidação das Leis do Trabalho, assinale a alternativa INCORRETA acerca das férias.

a) A época da concessão das férias será a que melhor consulte os interesses do empregador.

b) É lícito descontar, do período de férias, as faltas do empregado ao serviço.

c) É vedado o início das férias no período de dois dias que antecede feriado ou dia de repouso semanal remunerado.

d) O período das férias será computado, para todos os efeitos, como tempo de serviço.

e) Os adicionais por trabalho extraordinário, noturno, insalubre ou perigoso serão computados no salário que servirá de base ao cálculo da remuneração das férias.

▷ ***Anotações/Comentários***

Nota do autor: Para que o empregado tenha direito às férias, é necessário que preste doze meses de serviços. Após esse período terá adquirido o direito de férias. Esse intervalo de doze meses para aquisição do direito de férias é chamado de período aquisitivo. Já o período concessivo corresponde aos 12 meses seguintes ao término do período aquisitivo, quando o empregador deverá conceder e remunerar as férias do empregado.

Alternativa "a": correta. "A época da concessão das férias será a que melhor consulte os interesses do empregador." (art. 136, *caput*, CLT).

Alternativa "b": incorreta. "É vedado descontar, do período de férias, as faltas do empregado ao serviço." (art. 130, § 1º, CLT).

Alternativa "c": correta. "É vedado o início das férias no período de dois dias que antecede feriado ou dia de repouso semanal remunerado." (art. 134, § 3º, CLT).

Alternativa "d": correta. "O período das férias será computado, para todos os efeitos, como tempo de serviço." (art. 130, § 2º, CLT).

Alternativa "e": correta. "Os adicionais por trabalho extraordinário, noturno, insalubre ou perigoso serão computados no salário que servirá de base ao cálculo da remuneração das férias." (art. 142, § 5º, CLT).

---

163. (FCC – 2024 – TRT 11 (AM e RR) - Técnico Administrativo - Área Administrativa) Relativamente ao instituto das férias, de acordo com a Consolidação da Leis do Trabalho e a jurisprudência consolidada do Tribunal Superior do Trabalho,

a) o pagamento das férias integrais, excluídas as proporcionais, gozadas ou não, na vigência da Constituição Federal, sujeita-se ao acréscimo do terço constitucional.

b) o empregado que se demite antes de complementar 12 meses de serviço não tem direito a férias proporcionais.

---

22. **Súmula nº 27 do TST:** "É devida a remuneração do repouso semanal e dos dias feriados ao empregado comissionista, **ainda que pracista**" (grifo acrescido).

23. MARTINS, Sérgio Pinto. *Comentários às Súmulas do TST.* 6. ed. São Paulo: Atlas, 2009. p. 24.

c) o empregado que, no curso do periodo aquisitivo, tiver percebido da Previdência Social prestações de acidente de trabalho por mais de 6 meses, ainda que descontinuos, terá direito a férias.

d) desde que haja concordância expressa do empregado, as férias poderão ser usufruidas em até 2 periodos, podendo ser de 15 dias corridos cada um deles.

e) reconhecida a culpa reciproca na rescisão do contrato de trabalho, o empregado tem direito a 50% do valor das férias proporcionais.

▷ ***Anotações/Comentários***

Nota do autor: Para que o empregado tenha direito às férias, é necessário que preste doze meses de serviços. Após esse período terá adquirido o direito de férias. Esse intervalo de doze meses para aquisição do direito de férias é chamado de período aquisitivo. Já o período concessivo corresponde aos 12 meses seguintes ao término do período aquisitivo, quando o empregador deverá conceder e remunerar as férias do empregado.

Alternativa "a": incorreta. "O pagamento das férias, integrais ou proporcionais, gozadas ou não, na vigência da CF/1988, sujeita-se ao acréscimo do terço previsto no respectivo art. 7º, XVII." (Súmula nº 328 do TST).

Alternativa "b": incorreta. "O empregado que se demite antes de complementar 12 (doze) meses de serviço tem direito a férias proporcionais." (Súmula nº 261 do TST).

Alternativa "c": incorreta. "Não terá direito a férias o empregado que, no curso do período aquisitivo: (...) tiver percebido da Previdência Social prestações de acidente de trabalho ou de auxílio-doença por mais de 6 (seis) meses, embora descontínuos." (art. 133, IV, CLT).

Alternativa "d": incorreta. "Desde que haja concordância do empregado, as férias poderão ser usufruídas em até três períodos, sendo que um deles não poderá ser inferior a quatorze dias corridos e os demais não poderão ser inferiores a cinco dias corridos, cada um." (art. 134, § 1º, CLT).

Alternativa "e": correta. "Reconhecida a culpa recíproca na rescisão do contrato de trabalho (art. 484 da CLT), o empregado tem direito a 50% (cinqüenta por cento) do valor do aviso prévio, do décimo terceiro salário e das férias proporcionais." (Súmula nº 14 do TST).

164. (FCC – Técnico fJudiciário – Área Administrativa – TRT 17/2022) O restaurante de comida italiana Fa Benne pretende conceder férias ao seu empregado Sócrates, sendo que este solicitou o fracionamento do período, com o que anuiu o empregador. Nessa situação, com base no que prevê a CLT, esse fracionamento poderá se dar em até I períodos, sendo que um deles não poderá ser inferior a II dias, além do que as férias não poderão começar no período de III dias que antecede feriado.

As lacunas I, II e III devem ser preenchidas, correta e respectivamente, por:

a) 4 - 12 - 2

b) 3 - 10 - 3

c) 2 - 15 - 4

d) 4 - 12 - 3

e) 3 - 14 - 2

▷ ***Anotações/Comentários***

Nota do autor: Para que o empregado tenha direito às férias, é necessário que preste doze meses de serviços. Após esse período terá adquirido o direito de férias. Esse intervalo de doze meses para aquisição do direito de férias é chamado de período aquisitivo. Já o período concessivo corresponde aos 12 meses seguintes ao término do período aquisitivo, quando o empregador deverá conceder e remunerar as férias do empregado.

Comentário serve para todas as alternativas, uma vez que versam sobre o mesmo assunto. A Reforma Trabalhista trouxe inúmeras novidades no tocante às férias, sendo uma delas a possibilidade de fracionamento em até 3 períodos, mediante concordância do empregado, sendo que um deles não pode ser inferior a 14 dias e os demais não podem ser inferiores a 5 dias (art. 134, §1º da CLT – com redação dada pela Reforma Trabalhista). Além disso, nos termos do art. 134, §3º, CLT "É vedado o início das férias no período de dois dias que antecede feriado ou dia de repouso semanal remunerado".

165. (Cespe – Técnico Judiciário – Área Administrativa – TRT 8/2022) Manuel iniciou regularmente suas atividades laborais na empresa empregadora em 20/1/2020. Em 18/10/2021, ele foi comunicado de que gozaria férias entre 23/11/2021 e 22/12/2021. A remuneração de férias de Manuel foi creditada em sua conta em 20/11/2021.

Nessa situação hipotética, conforme as regras previstas na CLT,

a) o limite legal do período concessivo das férias não foi respeitado.

b) a concessão das férias foi irregular, pois o período aquisitivo não estava completo.

c) o prazo legal para o pagamento das férias não foi obedecido.

d) as férias foram gozadas dentro do período concessivo.

e) tanto o pagamento quanto a concessão das férias ocorreram em desacordo com os prazos previstos em lei.

▷ ***Anotações/Comentários***

Nota do autor: O descanso durante o período de férias tem como objetivo evitar o cansaço excessivo e preservar a saúde do trabalhador. Nesse período de descanso prolongado, não há prestação de serviços, mas há pagamento de salário e o período de afastamento é contado para todos os efeitos. Corresponde, portanto, a uma hipótese de interrupção do contrato de trabalho. Esse direito tem previsão constitucional, art. 7º, XVII:

> **Art. 7º, XVII, CF/88:** São direitos dos trabalhadores urbanos e rurais, além de outros que visem à melhoria de sua condição social: gozo de férias anuais remuneradas com, pelo menos, um terço a mais do que o salário normal.

Comentário serve para todas as alternativas, uma vez que versam sobre o mesmo assunto. Para que o empregado tenha direito às férias, é necessário que preste doze meses de serviços. Após esse período terá adquirido o direito de férias. Esse intervalo de doze meses para aquisição do direito de férias é chamado de período aquisitivo. Já o período concessivo corresponde aos 12 meses seguintes ao término do período aquisitivo, quando o empregador deverá conceder e remunerar as férias do empregado. O período aquisitivo de Manuel se iniciou no dia 20/01/2020, estendendo-se até o dia 19/01/2021. Já seu período concessivo teve início no dia 20/01/2021, indo até o dia 19/01/2022. Como as férias foram gozadas entre 23/11/2021 e 22/12/2021, percebe-se que o usufruto do descanso anual se deu dentro do período concessivo.

166. (FCC – Analista Judiciário – Área Judiciária – TRT 9/2022) Joana foi contratada pela empresa ABC Ltda., em 03/05/2019, com salário inicial de R$ 2.000,00. Em dezembro de 2021, Joana passou a receber o salário de R$ 3.000,00, que vigorou até ser dispensada sem justa causa, em 24/06/2022. Durante o contrato de trabalho, Joana nunca gozou férias. Diante dos fatos apresentados, Joana tem direito ao recebimento de férias integrais

a) simples, relativas ao período aquisitivo de 03/05/2020 a 02/05/2021 e de 03/05/2021 a 02/05/2022, calculadas com base no último salário de R$ 3.000,00.

b) em dobro, dos períodos de 03/05/2019 a 02/05/2020 e de 03/05/2020 a 02/05/2021, e de forma simples, relativa ao período aquisitivo 03/05/2021 a 02/05/2022, calculadas com base no último salário de R$ 3.000,00.

c) em dobro, apenas do período de 03/05/2019 a 02/05/2020, calculada com base no salário de R$ 2.000,00.

d) simples, relativas ao período aquisitivo 03/05/2021 a 02/05/2022, calculada com base na média salarial do período aquisitivo.

e) em dobro de todo o período trabalhado, inclusive as férias proporcionais devidas, calculadas com base no salário do período aquisitivo respectivo.

▷ ***Anotações/Comentários***

Nota do autor: O descanso durante o período de férias tem como objetivo evitar o cansaço excessivo e preservar a saúde do trabalhador. Nesse período de descanso prolongado, não há prestação de serviços, mas há pagamento de salário e o período de afastamento é contado para todos os efeitos. Corresponde, portanto, a uma hipótese de interrupção do contrato de trabalho. Esse direito tem previsão constitucional, art. 7º, XVII:

> **Art. 7º, XVII, CF/88:** São direitos dos trabalhadores urbanos e rurais, além de outros que visem à melhoria de sua condição social: gozo de férias anuais remuneradas com, pelo menos, um terço a mais do que o salário normal.

Comentário serve para todas as alternativas, uma vez que versam sobre o mesmo assunto. Para que o empregado tenha direito às férias, é necessário que preste doze meses de serviços. Após esse período terá adquirido o direito de férias. Esse intervalo de doze meses para aquisição do direito de férias é chamado de período aquisitivo.

Já o período concessivo, que é o ato exclusivo de o empregador, representa o período de 12 meses subsequentes ao aquisitivo, no qual o empregador deverá determinar quando o trabalhador terá direito a gozar de suas férias, conforme art. 134 da CLT:

> **Art. 134, CLT:** As férias serão concedidas por ato do empregador, em um só período, nos 12 (doze) meses subsequentes à data em que o empregado tiver adquirido o direito.

Se as férias não forem concedidas dentro desse prazo, o empregador é obrigado a pagar as férias em dobro.

Mesmo que ultrapassados apenas alguns dias[24] do término do período concessivo, haverá dobra salarial nesses dias que extrapolaram o prazo de doze meses.

Dessa forma, no caso de Joana, as férias dos períodos de 03/05/2019 a 02/05/2020 e de 03/05/2020 a 02/05/2021 serão remuneradas em dobro, pois não concedidas dentro de seus respectivos períodos concessivos. Já as férias relativas ao período aquisitivo 03/05/2021 a 02/05/2022 serão remuneradas de forma simples, calculadas com base no último salário de R$ 3.000,00, pois, ao tempo do desligamento da trabalhadora, ainda não havia findado o referido período concessivo.

---

167. (FCC – Analista Judiciário – Área Judiciária – TRT 22/2022) Marcelo está estudando para um concurso e, sobre o tema Férias, ele aprendeu que no curso do período aquisitivo o empregado não adquire o direito ao gozo de férias, nos termos da CLT, quando

a) tiver sido afastado somente por motivo de acidente de trabalho, recebendo benefícios previdenciários por mais de 6 meses, em período contínuo.

b) optar por converter suas férias em abono pecuniário.

c) tiver sido afastado por motivo de auxílio-doença ou de acidente de trabalho, recebendo benefícios previdenciários por mais de 6 meses, embora descontínuos.

d) tiver 30 faltas injustificadas.

e) gozar de licença remunerada por mais de 90 dias.

▷ ***Anotações/Comentários***

Nota do autor: A questão aborda o tema férias, bastando, para respondê-la, o conhecimento dos dispositivos da CLT, que tratam do assunto. Este tema é muito recorrente em provas, não deixe de memorizar o prazo das férias em razão das faltas do empregado, nos termos da tabela abaixo.

Alternativas "a" e "e". "Art. 133 - Não terá direito a férias o empregado que, no curso do período aquisitivo: (...) IV - tiver percebido da Previdência Social prestações de acidente de trabalho ou de auxílio-doença por **mais de 6 (seis) meses, embora descontínuos**." (art. 133, IV, CLT – grifos acrescidos).

Alternativa "b". "É **facultado** ao empregado **converter 1/3 (um terço)** do período de férias a que tiver direito em abono pecuniário, no valor da remuneração que lhe seria devida nos dias correspondentes." (Art. 143, caput, CLT – grifos acrescidos).

Alternativa "d". A duração das férias está intimamente ligada às faltas injustificadas cometidas pelo empregado ao longo do período aquisitivo. A proporção de faltas e do período de descanso está prevista no art. 130 da CLT, conforme demonstrado a seguir:

Duração das férias do empregado (art. 130)	
Número de faltas	**Dias de Férias**
Até 5 faltas	30 dias
6 a 14 faltas	24 dias
15 a 23 faltas	18 dias
24 a 32 faltas	12 dias
Acima de 32 faltas	Não há férias a usufruir

Alternativa "e". "Art. 133 - Não terá direito a férias o empregado que, no curso do período aquisitivo: (...) II - permanecer em gozo de licença, com percepção de salários, **por mais de 30 (trinta) dias**;" (art. 133, II, CLT – grifos acrescidos).

---

168. (FCC – Técnico Judiciário – Área Administrativa – TRT 9/2022) Em 15/06/2022 (4a feira), o empregador comunicou Felícia que suas férias seriam fracionadas em três períodos de dez dias cada, sendo que o primeiro período iniciaria em 01/07/2022 (6a feira). De acordo com as regras legais sobre férias,

a) em caso de fracionamento das férias em três períodos, a concessão de cada período não pode ultrapassar o prazo de 90 dias após a concessão do período anterior.

b) no caso de Felícia o gozo não pode iniciar em 01/07/2022, pois é vedado o início das férias no período de dois dias que antecede dia de repouso semanal remunerado.

c) estas somente podem ser fracionadas em três períodos desde que haja concordância do empregado, sendo que a este cabe definir a duração de cada um dos períodos.

d) as mesmas são concedidas por ato do empregador, devendo sua concessão ser participada ao empregado, ainda que verbalmente, com antecedência de 30 dias.

e) mesmo havendo concordância do empregado com o fracionamento das férias em três períodos, um deles não pode ser inferior a 20 dias.

▷ ***Anotações/Comentários***

Nota do autor: Para que o empregado tenha direito às férias, é necessário que preste doze meses de serviços. Após esse período terá adquirido o direito de férias. Esse intervalo de doze meses para aquisição do direito de férias é chamado de período aquisitivo. Já o período concessivo corresponde aos 12 meses seguintes ao término do período aquisitivo, quando o empregador deverá conceder e remunerar as férias do empregado.

Alternativas "a", "c" e "e": A Reforma Trabalhista alterou a redação do § 1º do art. 134 da CLT, e passou a permitir o fracionamento das férias do empregado sem o caráter excepcional previsto na redação anterior do dispositivo. Para isso, foram estabelecidos alguns requisitos necessários ao parcelamento:

a) Concordância do empregado: Para o fracionamento das férias individuais, é exigido que o empregado concorde com a medida.

b) Fracionamento em até três períodos: Diferentemente do modelo anterior, as férias podem ser fracionadas em até três períodos, sem necessidade de justificativa. Basta a concordância de empregado e empregador. Note-se, portanto, que a lei não exige obrigatoriamente a concessão em 3 vezes das férias, podendo ser concedida em um ou dois períodos.

c) Um dos períodos não pode ser inferior a 14 dias corridos e os demais não podem ser inferiores a 5 dias corridos.

Alternativa "b": "É vedado o início das férias no período de dois dias que antecede feriado ou dia de repouso semanal remunerado." (Art. 134, §3º da CLT).

Alternativa "d": "A concessão das férias será participada, por escrito, ao empregado, com antecedência de, no mínimo, 30 (trinta) dias. Dessa participação o interessado dará recibo." (Art. 135 da CLT).

---

169. (FCC – Técnico Judiciário – Área Administrativa – TRT 14/2022) O Restaurante Pé de Jaboticaba vai determinar o período de férias de Vênus, relativo ao período aquisitivo 2021/2022. Na observância da marcação, o empregador deverá se atentar, com base na Consolidação

---

24. **Súmula nº 81 do TST:** "Os dias de férias gozados após o período legal de concessão deverão ser remunerados em dobro".

das Leis do Trabalho, para que as férias não se inicie no período de I que antecede feriado ou dia de repouso semanal remunerado, devendo participar a empregada com antecedência mínima de II.

As lacunas I e II devem ser preenchidas, correta e respectivamente, com

a) 2 dias – 15 dias.
b) 3 dias – 30 dias.
c) 2 dias – 30 dias.
d) 5 dias – 15 dias.
e) 1 dia – 60 dias.

▷ ***Anotações/Comentários***

Nota do autor: Para que o empregado tenha direito às férias, é necessário que preste doze meses de serviços. Após esse período terá adquirido o direito de férias. Esse intervalo de doze meses para aquisição do direito de férias é chamado de período aquisitivo. Já o período concessivo corresponde aos 12 meses seguintes ao término do período aquisitivo, quando o empregador deverá conceder e remunerar as férias do empregado.

Comentário serve para todas as alternativas, uma vez que versam sobre o mesmo assunto. Para responder a questão, bastava o conhecimento de 2 dispositivos da CLT:

> **Art. 134, §3º da CLT:** É vedado o início das férias no período de **dois dias** que antecede feriado ou dia de repouso semanal remunerado.
>
> **Art. 135 da CLT:** A concessão das férias será participada, por escrito, ao empregado, com antecedência de, no mínimo, **30 (trinta) dias**. Dessa participação o interessado dará recibo.

---

170. (FCC – Técnico Judiciário – Área Administrativa – TRT 18/2023) Platão, 55 anos de idade, analista de sistemas na empresa Atlântida Serviços Tecnológicos Ltda., registrado em Carteira de Trabalho e Previdência Social (CTPS), pretende acordar com seu empregador o fracionamento das suas próximas férias. Com base no que prevê a Consolidação das Leis do Trabalho,

a) o empregador não poderá concordar com a proposta de Platão porque as férias dos empregados com mais de 50 anos deverão ser concedidas de uma única vez.
b) será permitido o fracionamento apenas em até dois períodos de 15 dias, eis que Platão possui mais de 50 anos.
c) poderá haver o fracionamento em até três períodos, sendo que um deles não poderá ser inferior a quatorze dias corridos e os demais não poderão ser inferiores a cinco dias corridos, cada um.
d) será permitido o fracionamento apenas em até dois períodos, sendo um não inferior a 20 dias, eis que Platão possui mais de 50 anos.
e) poderá haver o fracionamento em até três períodos, sendo que um deles não poderá ser inferior a quinze dias corridos e os demais não poderão ser inferiores a cinco dias corridos, cada um.

▷ ***Anotações/Comentários***

Nota do autor: A questão exigia que o candidato dominasse o tema férias, inclusive com as alterações trazidas pela Reforma Trabalhista

Comentário serve para todas as alternativas, uma vez que versam sobre o mesmo assunto. De acordo com a redação antiga do § 2º do art. 134 da CLT, era proibido o fracionamento das férias dos empregados menores de 18 anos e maiores de 50 anos. Portanto, para esses trabalhadores, as férias deveriam ser concedidas em uma única vez. Referido dispositivo foi revogado pela Reforma Trabalhista e o fracionamento das férias em até 3 períodos, mediante concordância do empregado, sendo que um deles não pode ser inferior a 14 dias e os demais não podem ser inferiores a 5 dias (art. 134, §1º da CLT) passa a ser permitido a todos os empregados indistintamente.

---

171. (FUMARC – Analista Judiciário – Área Judiciária – TRT 3/2022) NÃO terá direito às férias o empregado que, no curso do período aquisitivo,

a) deixar de trabalhar, com percepção do salário, por até de 15 (quinze) dias, em virtude de paralisação parcial ou total dos serviços da empresa.
b) deixar o emprego e não for readmitido dentro de 60 (sessenta) dias subsequentes à sua saída.
c) faltar por 10 (dez) dias ou mais, de forma injustificada.
d) permanecer em gozo de licença, com percepção de salários, por até 30 (trinta) dias.
e) tiver percebido da Previdência Social prestações de auxílio-doença por mais de 6 (seis) meses, embora descontínuos, salvo se o motivo do afastamento decorrer de acidente de trabalho.

▷ ***Anotações/Comentários***

Nota do autor: A questão é considerada de nível fácil, bastando o conhecimento do exposto no art. 130 da CLT.

Comentário serve para todas as alternativas, uma vez que versam sobre o mesmo assunto. O descanso durante o período de férias tem como objetivo evitar o cansaço excessivo e preservar a saúde do trabalhador. Nesse período de descanso prolongado, não há prestação de serviços, mas há pagamento de salário e o período de afastamento é contado para todos os efeitos. Corresponde, portanto, a uma hipótese de interrupção do contrato de trabalho. Esse direito tem previsão constitucional, art. 7º, XVII:

> **Art. 7º, XVII, CF/88:** São direitos dos trabalhadores urbanos e rurais, além de outros que visem à melhoria de sua condição social: gozo de férias anuais remuneradas com, pelo menos, um terço a mais do que o salário normal.

A duração das férias está intimamente ligada às faltas injustificadas cometidas pelo empregado ao longo do período aquisitivo. A proporção de faltas e do período de descanso está prevista no art. 130 da CLT, conforme demonstrado a seguir:

Duração das férias do empregado (art. 130)	
Número de faltas	**Dias de Férias**
Até 5 faltas	**30 dias**
6 a 14 faltas	24 dias
15 a 23 faltas	18 dias
24 a 32 faltas	12 dias
Acima de 32 faltas	Não há férias a usufruir

Ainda, o art. 133 da CLT elenca situações em que o empregado perde o direito às férias:

> **Art. 133, CLT:** Não terá direito a férias o empregado que, no curso do período aquisitivo:
>
> **I - deixar o emprego e não for readmitido dentro de 60 (sessenta) dias subseqüentes à sua saída; (grifos acrescidos)**
>
> II - permanecer em gozo de licença, com percepção de salários, por mais de 30 (trinta) dias;
>
> III - deixar de trabalhar, com percepção do salário, por mais de 30 (trinta) dias, em virtude de paralisação parcial ou total dos serviços da empresa; e
>
> IV - tiver percebido da Previdência Social prestações de acidente de trabalho ou de auxílio-doença por mais de 6 (seis) meses, embora descontínuos.

---

172. (FCC – Analista Judiciário – Área Judiciária – TRT 2/2018) Carlos, Alessandra e Augusto trabalham na empresa Flor de Lótus Ltda. Luana, por sua vez, acabou de ser dispensada por justa causa. Carlos, trabalhou durante 7 meses e, em seguida, ausentou-se para a apresentação ao serviço militar obrigatório. Já Alessandra, no seu período aquisitivo, se ausentou injustificadamente por 8 dias. Augusto acabou de receber comunicação de concessão de férias. Nesses casos, de acordo com a legislação vigente e entendimento sumulado do TST, é correto o que se afirma em:

a) Alessandra terá direito às férias, na proporção de 18 dias corridos.
b) Não há proibição legal para que as férias de Augusto se iniciem imediatamente antes de feriados ou dia de descanso semanal remunerado.
c) Augusto poderá entrar no gozo das férias antes de apresentar ao empregador a sua Carteira de Trabalho e Previdência Social, para

que nela seja anotada a concessão das férias. Nesse caso, deverá apresentá-la para a devida anotação em até 15 dias após o término do período de férias e seu retorno ao trabalho.

d) O tempo de trabalho anterior à apresentação de Carlos para o serviço militar obrigatório será computado no período aquisitivo, desde que ele compareça ao estabelecimento dentro de 120 dias da data em que se verificar a respectiva baixa.

e) Luana não terá direito ao recebimento da remuneração das férias proporcionais.

▷ ***Anotações/Comentários***

Nota do autor: A questão aborda o tema férias e, para respondê-la era necessário o conhecimento da disposição prevista na CLT e em súmulas do TST. É muito importante que você saiba a proporção entre faltas injustificadas e o número de férias, pois esta relação é, ainda, muito exigida em concursos públicos.

Alternativa "a". Alessandra terá direito a 24 dias corridos de férias:

> **Art. 130 da CLT:** Após cada período de 12 (doze) meses de vigência do contrato de trabalho, o empregado terá direito a férias, na seguinte proporção: (...) 24 (vinte e quatro) dias corridos, quando houver tido de 6 (seis) a 14 (quatorze) faltas.

Alternativa "b". "É **vedado** o início das férias no período de dois dias que antecede feriado ou dia de repouso semanal remunerado" (Art. 134, §3º da CLT).

Alternativa "c". "O empregado **não** poderá entrar no gozo das férias sem que apresente ao empregador sua Carteira de Trabalho e Previdência Social, para que nela seja anotada a respectiva concessão" (Art. 135, §1º da CLT).

Alternativa "d". "O tempo de trabalho anterior à apresentação do empregado para serviço militar obrigatório será computado no período aquisitivo, desde que ele compareça ao estabelecimento dentro de **90 (noventa) dias** da data em que se verificar a respectiva baixa" (Art. 132 da CLT).

Alternativa "e". Luana foi dispensada por justa causa. Por esta razão, não tem direito a férias proporcionais, segundo entendimento sumulado do TST:

> **Súmula nº 171 do TST:** Salvo na hipótese de dispensa do empregado por justa causa, a extinção do contrato de trabalho sujeita o empregador ao pagamento da remuneração das férias proporcionais, ainda que incompleto o período aquisitivo de 12 (doze) meses (art. 147 da CLT).

173. (FCC – Analista Judiciário – Área Judiciária – TRT 15/2018) A empresa SMG Logística Ltda. concedeu férias à sua empregada Valéria, referentes ao período aquisitivo 2015/2016. Considerando que Valéria faltou ao trabalho 12 dias injustificadamente durante o período aquisitivo, que requereu abono de férias 20 dias antes do término do período aquisitivo e que as férias foram concedidas a partir de 01/03/2018, de acordo com a legislação aplicável, a empregada gozou

a) 24 dias de férias, recebeu a remuneração das férias em dobro, além do abono de férias.

b) 24 dias de férias, recebeu a remuneração das férias de forma simples, além do abono de férias.

c) 30 dias de férias, recebeu a remuneração das férias em dobro, mas não recebeu o abono de férias, que foi requerido fora do prazo legal.

d) 18 dias de férias, recebeu a remuneração das férias em dobro, além do abono de férias.

e) 18 dias de férias, recebeu a remuneração das férias em dobro, mas não recebeu o abono de férias, que foi requerido fora do prazo legal.

▷ ***Anotações/Comentários***

Nota do autor: A questão aborda o tema férias, bastando, para respondê-la, o conhecimento dos dispositivos da CLT, que tratam do assunto. Este tema é muito recorrente em provas, não deixe de memorizar o prazo das férias em razão das faltas do empregado, nos termos da tabela abaixo.

Comentário serve para todas as alternativas, uma vez que versam sobre o mesmo assunto. Valéria fará jus a 24 dias de férias, sendo devida remuneração em dobro em razão do não pagamento no prazo devido. Além disso, será devido o abono de férias, já que seu requerimento foi feito no prazo legal de 15 dias (art. 143, §1º da CLT):

> **Art. 143 da CLT**- "É facultado ao empregado converter 1/3 (um terço) do período de férias a que tiver direito em abono pecuniário, no valor da remuneração que lhe seria devida nos dias correspondentes. § 1º - O abono de férias deverá ser requerido até 15 (quinze) dias antes do término do período aquisitivo".
>
> **Art. 145 da CLT**- "O pagamento da remuneração das férias e, se for o caso, o do abono referido no art. 143 serão efetuados até 2 (dois) dias antes do início do respectivo período".

Nesse sentido, confira tabela que retrata a correlação entre o número de dias de férias e o número de faltas injustificadas do empregado, durante o período aquisitivo:

Duração das férias do empregado (art. 130)	
Número de faltas	**Dias de Férias**
Até 5 faltas	30 dias
6 a 14 faltas	24 dias
15 a 23 faltas	18 dias
24 a 32 faltas	12 dias
Acima de 32 faltas	Não há férias a usufruir

174. (FCC – Técnico Judiciário – Área Administrativa – TRT 2/2018) Com relação às férias, considere:

I. Desde que haja concordância do empregado, as férias poderão ser usufruídas em até 3 períodos, sendo que um deles não poderá ser inferior a 14 dias corridos e os demais não poderão ser inferiores a 5 dias corridos, cada um.

II. É vedado o início das férias no período de 2 dias que antecede feriado ou dia de repouso semanal remunerado.

III. A época da concessão das férias será a que melhor consulte os interesses do empregado, sendo que os membros de uma família, que trabalharem no mesmo estabelecimento ou empresa, terão direito a gozar férias no mesmo período, se assim o desejarem e se disto não resultar prejuízo para o serviço.

IV. Os empregados maiores de 60 anos de idade gozarão das férias sempre de uma só vez, assim como o empregado estudante, menor de 18 anos, terá direito a fazer coincidir suas férias com as férias escolares.

De acordo com a Consolidação das Leis do Trabalho, está correto o que se afirma APENAS em

a) I e II.

b) I, II e III.

c) I, III e IV.

d) II e IV.

e) III e IV.

▷ ***Anotações/Comentários***

Nota do autor: A questão exigia que o candidato dominasse o tema férias, inclusive com as alterações trazidas pela Reforma Trabalhista. Lembre-se de que na modalidade de regime por tempo parcial, o tempo de descanso das férias estava ligado à duração da jornada de trabalho, conforme previsto no revogado art. 130-A da CLT. No entanto, a Reforma Trabalhista revogou o art. 130-A da CLT e estabeleceu que as férias do empregado em regime de tempo parcial sujeitam-se à mesma duração dos demais empregados.

Assertiva I. Correta. O direito de férias é irrenunciável. Pode, porém, ser fracionado em três períodos, desde que um deles não seja inferior a 14 dias e os demais não podendo ser inferiores a 5 dias. Nesses termos, estabelece o art. 134 da CLT:

Art. 134, § 1º da CLT (com redação dada pela Reforma Trabalhista): Desde que haja concordância do empregado, as férias poderão ser usufruídas em até três períodos, sendo que um deles não poderá ser inferior a quatorze dias corridos e os demais não poderão ser inferiores a cinco dias corridos, cada um.

Assertiva II. Correta. A Reforma Trabalhista passou a regulamentar a matéria e determina que as férias não podem ser iniciadas no período de dois dias que antecedem o feriado ou dia de repouso semanal remunerado. Por exemplo, se o DSR coincidir com o domingo, as férias do trabalhador somente podem se iniciar até quinta-feira:

> **Art. 134 da CLT** *(com redação dada pela Reforma Trabalhista)*: As férias serão concedidas por ato do empregador, em um só período, nos 12 (doze) meses subsequentes à data em que o empregado tiver adquirido o direito. (...) § 3º É vedado o início das férias no período de dois dias que antecede feriado ou dia de repouso semanal remunerado.

Assertiva III. Incorreta. A data da concessão do período de férias é **ato do empregador**. Sobre esse poder do empregador em conceder as férias no momento que melhor atenda os interesses da empresa, a Reforma Trabalhista não alterou. Todavia, os membros da mesma família que trabalharem na mesma empresa terão direito de gozar as férias no mesmo período, desde que não resulte prejuízo para o serviço. Nesse sentido:

> **Art. 136 da CLT** - A época da concessão das férias será a que melhor consulte os interesses do empregador.
>
> § 1º - Os membros de uma família, que trabalharem no mesmo estabelecimento ou empresa, terão direito a gozar férias no mesmo período, se assim o desejarem e se disto não resultar prejuízo para o serviço.

Assertiva IV. Incorreta. De acordo com a redação antiga do § 2º do art. 134 da CLT, era proibido o fracionamento das férias dos empregados menores de 18 anos e maiores de 50 anos. Portanto, para esses trabalhadores, as férias deveriam ser concedidas em uma única vez. Referido dispositivo foi revogado pela Reforma Trabalhista. Portanto, o fracionamento das férias em até 3 períodos passa a ser permitido a todos os empregados indistintamente.

É importante destacar que ainda permanece válida a regra que determina o direito do empregado estudante menor de idade de fazer coincidir suas férias com as férias escolares:

> **Art. 136, § 2º, da CLT:** O empregado estudante, menor de 18 (dezoito) anos, terá direito a fazer coincidir suas férias com as férias escolares.

175. (FCC – Analista Judiciário – Área Administrativa – TRT 15/2018) Sandra Feitosa, nascida em 01/03/1959, foi contratada, juntamente com seu marido, João Feitosa, nascido em 07/01/1958, para trabalhar na empresa Zigma. Sandra ocupava o cargo de Gerente Comercial e João, o cargo de Vendedor, estando subordinado à sua esposa. Sandra e João programaram uma viagem de férias de 30 dias, prevista para dezembro, e solicitaram ao departamento de recursos humanos a concessão das férias nesse período. O departamento de recursos humanos da empresa negou o pedido de férias, sob o fundamento de que as férias conjuntas prejudicariam a área comercial, em razão da ausência de dois empregados e do aumento das vendas no mês de dezembro. Em função disso, a empresa Zigma determinou que Sandra e João usufruíssem as férias em três períodos, sendo o primeiro de 15 dias, o segundo de 10 dias e o último de 5 dias.

Diante do exposto,

a) a empresa não pode negar o pedido de concessão de férias, uma vez que os membros de uma família, que trabalharem no mesmo estabelecimento ou empresa, terão direito a gozar férias no mesmo período, se assim o desejarem.

b) a empresa não pode negar o pedido de concessão de férias, porque compete aos empregados escolher a época que melhor consulte seus interesses para descansar.

c) o fracionamento da concessão das férias de Sandra e João depende da concordância dos empregados.

d) aos maiores de 50 anos de idade, como Sandra e João, as férias serão sempre concedidas de uma só vez.

e) o fracionamento da concessão das férias de Sandra e João poderá ocorrer apenas em casos excepcionais e desde que cada período não seja inferior a 10 dias.

▷ ***Anotações/Comentários***

Nota do autor: A questão aborda o tema férias, que foi modificado pela Reforma Trabalhista. O descanso durante o período de férias tem como objetivo evitar o cansaço excessivo e preservar a saúde do trabalhador. Nesse período de descanso prolongado, não há prestação de serviços, mas há pagamento de salário e o período de afastamento é contado para todos os efeitos. Corresponde, portanto, a uma hipótese de interrupção do contrato de trabalho. Esse direito tem previsão constitucional, art. 7º, XVII. Ademais, constitui objeto ilícito de acordo ou convenção coletiva a redução ou supressão do número de dias de férias devidas ao empregado.

Alternativa "a". "Os membros de uma família, que trabalharem no mesmo estabelecimento ou empresa, terão direito a gozar férias no mesmo período, **se assim o desejarem e se disto não resultar prejuízo para o serviço**" (Art. 136, §1º da CLT).

Alternativa "b". Como visto nos comentários à alternativa "a", a empresa pode negar as férias conjuntas se houver prejuízo para os serviços.

Alternativa "c". A Reforma Trabalhista alterou a redação do § 1º do art. 134 da CLT, e passou a permitir o fracionamento das férias do empregado sem o caráter excepcional previsto na redação anterior do dispositivo. Para isso, foram estabelecidos alguns requisitos necessários ao parcelamento:

> **a) Concordância do empregado:** Para o fracionamento das férias individuais, é exigido que o empregado concorde com a medida.
>
> **b) Fracionamento em até três períodos:** Diferentemente do modelo anterior, as férias podem ser fracionadas em até três períodos, sem necessidade de justificativa. Basta a concordância de empregado e empregador. Note-se, portanto, que a lei não exige obrigatoriamente a concessão em 3 vezes das férias, podendo ser concedida em um ou dois períodos.
>
> **c) Um dos períodos não pode ser inferior a 14 dias corridos e os demais não podem ser inferiores a 5 dias corridos.**

Alternativa "d". Com o advento da Reforma Trabalhista, a previsão no sentido de que as férias dos maiores de 50 anos e menores de 18 anos deveriam ser concedidas de uma só vez, foi revogada (art. 136, §2º da CLT).

Alternativa "e". "Desde que haja concordância do empregado, as férias poderão ser usufruídas em até três períodos, sendo que um deles não poderá ser inferior a quatorze dias corridos e os demais não poderão ser inferiores a cinco dias corridos, cada um" (Art. 134, §1º da CLT).

25.1. Férias coletivas

176. (FCC – Analista Judiciário – Área administrativa – TRT 11/2017) A empresa Dinda's Ltda. está passando por uma grave crise financeira e, pretendendo uma restruturação interna, planeja conceder férias coletivas para todos os seus empregados em dois períodos durante o ano de 2017. No primeiro período pretende conceder dez dias corridos e no segundo período vinte dias corridos. Neste caso, a referida empresa

a) está respeitando a Consolidação das Leis do Trabalho, devendo, no entanto, comunicar ao órgão local do Ministério do Trabalho, com a antecedência mínima de quinze dias as datas de início e fim das férias.

b) está respeitando a Consolidação das Leis do Trabalho, devendo, no entanto, comunicar ao órgão local do Ministério do Trabalho, com a antecedência mínima de dez dias as datas de início e fim das férias.

c) não está respeitando a Consolidação das Leis do Trabalho, uma vez que esta prevê que nenhum dos períodos de férias coletivas poderá ser inferior a quinze dias corridos.

d) não está respeitando a Consolidação das Leis do Trabalho, uma vez que esta prevê que as férias coletivas devem ser gozadas em um único período de, no mínimo, quinze dias corridos.

e) não está respeitando a Consolidação das Leis do Trabalho, uma vez que esta prevê que as férias coletivas devem ser gozadas em um único período de, no mínimo, vinte dias corridos.

▷ ***Anotações/Comentários***

Nota do autor: A questão aborda as férias coletivas, tema que não foi impactado pela reforma trabalhista, ao contrário do que ocorreu com as férias individuais.

Nesse sentido, as férias individuais podem ser fracionadas em até 3 períodos, sendo que um deles não poderá ser inferior a 14 dias corridos e os demais, a 5 dias corridos, cada um (art. 134, § 1º da CLT – redação dada pela Lei nº 13.467/2017).

Comentário serve para todas as alternativas, uma vez que versam sobre o mesmo assunto. "As férias coletivas poderão ser gozadas em dois períodos anuais, desde que nenhum deles seja inferior a dez dias" (art. 139, §1º da CLT). O prazo para o pagamento, dois dias antes do início das férias, bem como a obrigatoriedade do adicional de um terço constitucional, segue a mesma sistemática das férias individuais. Para férias coletivas, é necessária comunicação prévia, no prazo de quinze dias, ao Ministério do Trabalho e Emprego. Nessa comunicação, a empresa deverá informar as datas de início e fim das férias e quais estabelecimentos ou setores serão abrangidos pela medida (art. 139, §2º da CLT). Nesse mesmo prazo de quinze dias, o empregador deverá comunicar o sindicato representativo da categoria profissional (sindicato dos trabalhadores) e afixar avisos nos locais de trabalho (art. 139, §3º da CLT).

177. (FGV – Analista Judiciário – Área Judiciária – TRT 12/2017) A empresa Alfa S.A. informou a todos os empregados, por meio de comunicação interna e cartazes no estabelecimento, que concederá férias coletivas de 30 dias a todos.

À luz da legislação em vigor, é correto afirmar que:

a) as férias coletivas poderão ser fracionadas em 3 períodos, desde que nenhum deles seja inferior a 10 dias;
b) somente se estiver previsto em norma coletiva é que poderá haver concessão de férias coletivas;
c) o empregador em tela precisa informar acerca do início e fim das férias ao Ministério do Trabalho e ao sindicato dos empregados com antecedência mínima de 15 dias;
d) por determinação legal, mesmo nas férias coletivas, um dos setores da empresa precisa continuar funcionando para receber eventual visita da fiscalização do Trabalho;
e) a CLT prevê que, em havendo concessão de férias coletivas, serão os empregados, excepcionalmente, que marcarão o período de férias.

▷ ***Anotações/Comentários***

Nota do autor: A questão aborda as férias coletivas, tema que não foi impactado pela reforma trabalhista, ao contrário do que ocorreu com as férias individuais.

Nesse sentido, as férias individuais podem ser fracionadas em até 3 períodos, sendo que um deles não poderá ser inferior a 14 dias corridos e os demais, a 5 dias corridos, cada um (art. 134, § 1º da CLT – alterado pela Lei nº 13.467/2017).

Alternativa "a". Ao contrário do afirmado na alternativa, as férias coletivas só podem ser fracionadas em até 2 períodos, desde que nenhum deles seja inferior a 10 dias corridos (art. 139, §1º da CLT).

Alternativa "b". A concessão de férias coletivas é mera liberalidade do empregador, estando incluída em seu poder de organização. Note, todavia, que caso opte por esta forma de concessão de férias, o empregador deverá comunicar ao Ministério do Trabalho com antecedência mínima de 15 dias as datas de início e fim das férias, precisando quais estabelecimentos ou setores serão abrangidos pela medida (art. 139, §2º da CLT).

Alternativa "c". Para férias coletivas, é necessária comunicação prévia, no **prazo de quinze dias**, ao Ministério do Trabalho e Emprego. Nessa comunicação, a empresa deverá informar as datas de início e fim das férias e quais estabelecimentos ou setores serão abrangidos pela medida (art. 139, §2º da CLT). Nesse mesmo prazo de quinze dias, o empregador deverá comunicar o sindicato representativo da categoria profissional (sindicato dos trabalhadores) e afixar avisos nos locais de trabalho (art. 139, §3º da CLT). "As férias coletivas poderão ser gozadas em dois períodos anuais, desde que nenhum deles seja inferior a dez dias" (art. 139, §1º da CLT).

Alternativa "d". Não há disposição legal que estabeleça a necessidade de que um dos setores da empresa continue funcionando para receber eventual fiscalização do trabalho.

Alternativa "e". A escolha do período de férias é feita, via de regra, pelo empregador, nos termos do art. 136 da CLT. Apenas em dois casos, permite-se que o gozo das férias se dê sem a escolha do empregador, nos termos dos §§ 1º e 2º do art. 136 da CLT:

> i) Os membros de uma família, que trabalharem no mesmo estabelecimento ou empresa, terão direito a gozar férias no mesmo período, se assim o desejarem e se disto não resultar prejuízo para o serviço.
>
> ii) O empregado estudante, menor de 18 (dezoito) anos, que terá direito a fazer coincidir suas férias com as férias escolares.

26. SALÁRIO E REMUNERAÇÃO

178. (FCC – Analista Judiciário – Área Judiciária – TRT 16/2022) O sindicato dos trabalhadores em escritórios e afins de São José do Ribamar/MA acertou, em convenção coletiva entabulada com o sindicato dos empregadores, a redução da jornada de trabalho e, proporcionalmente, do salário, por 5 meses no ano de 2022, como modo de enfrentar os reflexos da pandemia.

Sobre a convenção coletiva em referência, assinale a afirmativa correta.

a) Não há necessidade de contrapartida específica em favor dos trabalhadores, pois feita após a reforma trabalhista.
b) Precisa ser estipulada a contrapartida de proteção dos empregados contra dispensa imotivada pelo prazo de 5 meses.
c) A cláusula será nulificada pelo Poder Judiciário porque a redução salarial tal qual feita viola norma constitucional.
d) É necessário, conforme a CLT, haver como contrapartida a concessão de ticket refeição em valor não inferior a 30% do salário-base por mês.
e) A cláusula pode ser estipulada desde que haja autorização prévia da Justiça do Trabalho, feita perante a Vara da localidade.

▷ ***Anotações/Comentários***

Nota do autor: Dentre as características do salário, destaca-se sua natureza alimentar, pois ele tem finalidade de garantir o sustento do trabalhador e de sua família. Diante disso, o salário é protegido contra eventuais abusos cometidos pelo empregador e, ainda, protegido em face dos credores do empregador e dos credores do próprio empregado.

Comentário serve para todas as alternativas, uma vez que versam sobre o mesmo assunto. O empregador não poderá, por ato unilateral, reduzir o salário do empregado. Há possibilidade de redução salarial, excepcionalmente, via negociação coletiva (acordo ou convenção). Com o advento da Lei nº 13.467/2017, o art. 611-A, § 3º da CLT estabeleceu que em caso de redução do salário, o acordo ou convenção deverão prever a proteção dos empregados por dispensa imotivada no período em que vigorar o instrumento coletivo:

> **Art. 611-A, § 3º, CLT** (acrescentado pela Reforma Trabalhista): Se for pactuada cláusula que reduza o salário ou a jornada, a convenção coletiva ou o acordo coletivo de trabalho deverão prever a proteção dos empregados contra dispensa imotivada durante o prazo de vigência do instrumento coletivo.

Importante destacar que o art. 503 da CLT prevê a possibilidade de redução de salário por motivo de força maior. Esse artigo não foi recepcionado pela atual Constituição, ou seja, não está mais em vigor.

Ainda, a garantia de irredutibilidade salarial prevista no art. 7º, VI, CF/88, refere-se tão somente à irredutibilidade nominal do salário do empregado e não abrange as perdas decorrentes da inflação. Assim, por exemplo, se o salário do empregado é estipulado em R$ 2.000,00, não é permitido ao empregador, salvo mediante negociação coletiva, reduzir o salário. Contudo, se o poder de compra do empregado cair em razão do aumento da taxa de inflação, não há obrigação de aumento do salário do trabalhador para corrigir a inflação. Em suma, não há garantia de irredutibilidade salarial real em razão da perda do poder de compra, mas apenas nominal, referente ao valor pago ao trabalhador.

179. (FCC – Analista Judiciário – Área Judiciária – TRT 6/2018) José Henrique, vendedor de uma fábrica de geladeiras e outros eletrodomésticos do Paraná, foi transferido em 01 de fevereiro de 2018 para trabalhar na mais nova filial da fábrica em Cabo de Santo Agostinho, mudando-se com a família e passando a viver naquele Município. Além de seu salário fixo, recebeu ao final do mês de fevereiro comissão pelas vendas realizadas, ajuda de custo no valor correspondente a 40% da sua remuneração mensal e prêmio do dia do "representante de eletrodomésticos" (paga todo ano no mês de fevereiro). Possui plano de saúde médico e odontológico e um curso de inglês totalmente pagos pela empresa. O empregado foi reclamar com seu gerente o não pagamento do adicional de transferência. Nesse caso, têm natureza salarial as comissões,

a) a ajuda de custo e o prêmio do dia do "representante de eletrodomésticos"; o plano de saúde e o curso de inglês caracterizam salário utilidade; o empregado tem direito ao adicional de transferência.

b) a ajuda de custo e o prêmio do dia do "representante de eletrodomésticos"; o plano de saúde e o curso de inglês não caracterizam salário utilidade; o empregado tem direito ao adicional de transferência.

c) o que não ocorre com a ajuda de custo e com o prêmio; o plano de saúde e o curso de inglês não caracterizam salário utilidade; o empregado não tem direito ao adicional de transferência.

d) e a ajuda de custo, o que não ocorre com o prêmio; o plano de saúde e o curso de inglês caracterizam salário utilidade; o empregado não tem direito ao adicional de transferência.

e) e o prêmio, o que não ocorre com a ajuda de custo; o plano de saúde e o curso de inglês não caracterizam salário utilidade; o empregado tem direito ao adicional de transferência.

▷ ***Anotações/Comentários***

Nota do autor: A questão aborda o tema remuneração do empregado e exigia do candidato o conhecimento das verbas de natureza salarial, indenizatória e do salário-utilidade. A Reforma Trabalhista provocou diversas alterações sobre o tema. Não deixe de ler o art. 457 da CLT!

Comentário serve para todas as alternativas, uma vez que versam sobre o mesmo assunto. Segundo o disposto no art. 457, §1º da CLT, são consideradas verbas de natureza salarial:

> **Art. 457, §1º da CLT (alterado pela Reforma Trabalhista):** "Integram o salário a importância fixa estipulada, as gratificações legais e as comissões pagas pelo empregador".

Dessa forma, no caso narrado, apenas as comissões terão natureza de verba salarial.

As demais verbas, quais sejam, ajuda de custo e prêmio, são dotados de natureza indenizatória:

> **Art. 457, § 2º da CLT (alterado pela Reforma Trabalhista):** As importâncias, ainda que habituais, pagas a título de **ajuda de custo**, auxílio-alimentação, vedado seu pagamento em dinheiro, diárias para viagem, **prêmios** e abonos não integram a remuneração do empregado, não se incorporam ao contrato de trabalho e não constituem base de incidência de qualquer encargo trabalhista e previdenciário.

O salário do empregado poderá ser pago em dinheiro e parte em utilidades. No salário-utilidade ou *in natura* ocorre substituição de parte paga em dinheiro por utilidades que seriam adquiridas pelo empregado. Exemplo: moradia. Na forma do art. 458, §2º da CLT, **não serão considerados salário utilidade o plano de saúde e o curso de inglês fornecidos pelo empregador**:

> **Art. 458, §2º da CLT:** Para os efeitos previstos neste artigo, não serão consideradas como salário as seguintes utilidades concedidas pelo empregador:
>
> (...)
>
> II – educação, em estabelecimento de ensino próprio ou de terceiros, compreendendo os valores relativos a matrícula, mensalidade, anuidade, livros e material didático;
>
> (...)
>
> IV – assistência médica, hospitalar e odontológica, prestada diretamente ou mediante seguro-saúde; (...)
>
> § 5o O valor relativo à assistência prestada por serviço médico ou odontológico, próprio ou não, inclusive o reembolso de despesas com medicamentos, óculos, aparelhos ortopédicos, próteses, órteses, despesas médico-hospitalares e outras similares, mesmo quando concedido em diferentes modalidades de planos e coberturas, não integram o salário do empregado para qualquer efeito nem o salário de contribuição, para efeitos do previsto na alínea *q* do § 9º do art. 28 da Lei nº 8.212, de 24 de julho de 1991.

Por fim, não há que se falar no recebimento do adicional de transferência, verba de natureza salarial, que só será devido no caso de transferência provisória:

> **Art. 469, §3º da CLT:** Em caso de necessidade de serviço o empregador poderá transferir o empregado para localidade diversa da que resultar do contrato, não obstante as restrições do artigo anterior, mas, nesse caso, ficará obrigado a um pagamento suplementar, nunca inferior a 25% (vinte e cinco por cento) dos salários que o empregado percebia naquela localidade, **enquanto durar essa situação**.

---

180. (FCC – Analista Judiciário – Oficial de Just. Avaliador Federal – TRT 2/2018) Acerca do salário e remuneração, de acordo com a legislação vigente e o entendimento sumulado do Tribunal Superior do Trabalho (TST),

a) terá força de recibo o comprovante de depósito em conta bancária, aberta para esse fim em nome de cada empregado, com o consentimento deste, em estabelecimento de crédito próximo ao local de trabalho.

b) para os trabalhadores urbanos, a habitação e a alimentação fornecidas como salário-utilidade deverão atender aos fins a que se destinam e não poderão exceder, respectivamente, a 20% e 25% do salário-mínimo.

c) as gorjetas, cobradas pelo empregador na nota de serviço ou oferecidas espontaneamente pelos clientes, integram a remuneração do empregado, não servindo de base de cálculo apenas para as parcelas de 13º salário, adicional noturno e horas extras.

d) consideram-se prêmios as liberalidades concedidas pelo empregador em forma de bens ou serviços, a empregado ou a grupo de empregados, em razão de desempenho superior ao ordinariamente esperado no exercício de suas atividades, sendo vedada a sua concessão em dinheiro.

e) o pagamento do salário, dependendo de qual seja a modalidade do trabalho, não deve ser estipulado por período superior a um mês, inclusive no que concerne a comissões, percentagens e gratificações.

▷ ***Anotações/Comentários***

Nota do autor: A questão aborda o tema salário e remuneração do empregado e exigia o conhecimento no disposto na CLT e nas Súmulas do TST. Lembre-se de que salário e remuneração não se confundem: enquanto **salário** é a contraprestação paga diretamente pelo empregador, independentemente da forma de pagamento e ainda de eventuais adicionais percebidos como horas extras, insalubridade, etc; **remuneração** é a contraprestação paga diretamente pelo empregador e, ainda, por terceiros, por meio de gorjetas. As gorjetas são pagas de forma espontânea ou obrigatória, **não integrando o salário**, mas a remuneração do empregado.

Alternativa "a". A prova do pagamento será feita mediante **recibo**. Também tem força de recibo o comprovante de depósito, em conta bancária, aberta para esta finalidade em nome do empregado e com seu consentimento, nos termos do art. 464 da CLT:

> **Art. 464 da CLT** (...) **Parágrafo único.** Terá força de recibo o comprovante de depósito em conta bancária, aberta para esse fim em nome de cada empregado, com o consentimento deste, em estabelecimento de crédito próximo ao local de trabalho.

Alternativa "b". A alternativa tenta confundir o candidato ao inverter as porcentagens máximas que podem ser pagas em razão de habitação (25%) e alimentação (20%) do empregado urbano. "A habitação e a alimentação fornecidas como salário-utilidade deverão atender aos fins a que se destinam e não poderão exceder, respectivamente, a 25% (vinte e cinco por cento) e 20% (vinte por cento) do salário-contratual (Art. 458, §3º da CLT).

Alternativa "c". As gorjetas, cobradas pelo empregador na nota de serviço ou oferecidas espontaneamente pelos clientes, integram a remuneração do empregado, não servindo de base de cálculo para as parcelas de **aviso-prévio, adicional noturno, horas extras e repouso semanal remunerado** (Súmula nº 354 do TST).

Alternativa "d". Ao contrário do afirmado na alternativa, não há vedação para que os prêmios sejam concedidos em dinheiro. "Consideram-se prêmios as liberalidades concedidas pelo empregador em forma de bens, serviços ou valor em dinheiro a empregado ou a grupo de empregados, em razão de desempenho superior ao ordinariamente esperado no exercício de suas atividades" (art. 457, §4º da CLT).

Alternativa "e". A **periodicidade** do pagamento deverá ocorrer em intervalos não superiores a um mês, exceto o pagamento das gratificações, comissões e percentagens. O salário poderá ser pago por dia, semana, quinzena ou mês. Se fixado por mês, o pagamento deve ser efetuado até o 5º dia útil subsequente ao mês vencido. Não é possível a celebração de acordo, nem mesmo em âmbito coletivo, para prorrogar esse prazo de pagamento do salário. "O pagamento do salário, **qualquer** que seja a modalidade do trabalho, não deve ser estipulado por período superior a 1 (um) mês, **salvo** no que concerne a comissões, percentagens e gratificações" (art. 459 da CLT).

181. (FCC – Analista Judiciário – Área Administrativa – TRT 15/2018) Sobre salário e remuneração,

a) consideram-se prêmios as liberalidades concedidas pelo empregador em forma de bens, serviços ou valor em dinheiro a empregado ou a grupo de empregados, em razão de desempenho superior ao ordinariamente esperado no exercício de suas atividades.

b) as importâncias, ainda que habituais, pagas a título de ajuda de custo e diárias para viagem, limitadas a cinquenta por cento da remuneração mensal, não integram a remuneração do empregado, não se incorporam ao contrato de trabalho e não constituem base de incidência de encargo trabalhista e previdenciário.

c) prêmios são as liberalidades concedidas em forma de bens, serviços ou valor em dinheiro, pelo empregador, em razão de seu poder potestativo, ao empregado ou a grupo de empregados, independentemente do exercício de suas atividades.

d) as importâncias pagas a título de auxílio-alimentação, vedado o seu pagamento em dinheiro, não se incorporam ao contrato de trabalho e não constituem base de incidência de encargo trabalhista e previdenciário, salvo se habituais.

e) o pagamento do salário e comissões, qualquer que seja a modalidade do trabalho, não deve ser estipulado por período superior a 1 mês.

▷ ***Anotações/Comentários***

Nota do autor: A CLT diferencia os termos salário e remuneração. **Salário** é a contraprestação paga diretamente pelo empregador, independentemente da forma de pagamento e ainda de eventuais adicionais percebidos como horas extras, insalubridade, etc. **Remuneração** é a contraprestação paga diretamente pelo empregador e, ainda, por terceiros, por meio de gorjetas. As gorjetas são pagas de forma espontânea ou obrigatória, **não integrando o salário**, mas a remuneração do empregado. A Reforma Trabalhista promoveu diversas modificações no tocante ao tema. Não deixe de conferir a atual redação do art. 457 da CLT!

Alternativa "a". "Consideram-se prêmios as liberalidades concedidas pelo empregador em forma de bens, serviços ou valor em dinheiro a empregado ou a grupo de empregados, em razão de desempenho superior ao ordinariamente esperado no exercício de suas atividades" (Art. 457, §4º da CLT).

Os prêmios decorrem da produtividade do trabalhador, dizendo respeito a fatores de ordem pessoal dele, como a produção, a assiduidade, a qualidade. Não podem, porém, ser a única forma de pagamento do salário, por serem dependentes de uma condição, devendo o obreiro perceber pelo menos um salário fixo[25].

Com a Reforma Trabalhista, os prêmios passaram a ser considerados parcelas sem natureza salarial por expressa previsão do § 2º do art. 457 da CLT. Além disso, o § 4º do dispositivo estabelece sua definição como as liberalidades concedidas pelo empregador em forma de bens, serviços ou valor em dinheiro a empregado ou grupo de empregados, em razão de desempenho superior ao ordinariamente esperado no exercício das atividades.

Alternativa "b". "As importâncias, ainda que habituais, pagas a título de ajuda de custo, auxílio-alimentação, vedado seu pagamento em dinheiro, diárias para viagem, prêmios e abonos não integram a remuneração do empregado, não se incorporam ao contrato de trabalho e não constituem base de incidência de qualquer encargo trabalhista e previdenciário" (Art. 457, §2º da CLT). Note, dessa forma, que a Reforma Trabalhista ampliou as parcelas de natureza indenizatória. Note-se que as diárias para viagem, independentemente do percentual recebido sempre terão natureza indenizatória.

Alternativa "c". "Consideram-se prêmios as liberalidades concedidas pelo empregador em forma de bens, serviços ou valor em dinheiro a empregado ou a grupo de empregados, em razão de desempenho superior ao ordinariamente esperado no **exercício de suas atividades**" (Art. 457, §4º da CLT).

Alternativa "d". "As importâncias, **ainda que habituais**, pagas a título de ajuda de custo, **auxílio-alimentação**, vedado seu pagamento em dinheiro, diárias para viagem, prêmios e abonos não integram a remuneração do empregado, não se incorporam ao contrato de trabalho e não constituem base de incidência de qualquer encargo trabalhista e previdenciário" (Art. 457, §2º da CLT).

Alternativa "e". "O pagamento do salário, qualquer que seja a modalidade do trabalho, não deve ser estipulado por período superior a 1 (um) mês, salvo no que concerne a comissões, percentagens e gratificações" (Art. 459 da CLT).

26.1. Da forma, do tempo e do local de pagamento

182. (FCC – Analista Judiciário – Área Judiciária – TRT 23/2016) Associação de Ensino assina acordo coletivo de trabalho com o Sindicato dos Trabalhadores em estabelecimentos de ensino do qual consta autorização expressa para pagamento dos salários de seus empregados administrativos até o décimo dia do mês subsequente ao vencido. A negociação da referida cláusula fundamentou-se na ausência de liquidez para a efetivação da folha de pagamento, tendo em vista que as mensalidades dos alunos vencem no quinto dia útil de cada mês. A cláusula coletiva é

a) inválida, pois trata-se de alteração do contrato de trabalho, razão pela qual a modificação somente poderia ser aceita mediante a concordância individual de cada um dos trabalhadores abrangidos.

b) válida, tendo em vista que a Constituição Federal autoriza a flexibilização dos direitos trabalhistas, e reconhece expressamente a validade da pactuação coletiva, até mesmo para efeito de redução salarial, razão pela qual a simples alteração da data do pagamento dos salários pode ser estabelecida por regular negociação coletiva.

c) válida, porque a mudança da data de pagamento dos salários não constitui direito indisponível dos trabalhadores, visando apenas uma adequação, e não a supressão do pagamento.

d) inválida, pois, se a lei já amplia o prazo para pagamento dos salários, garantindo ao empregador um intervalo entre a prestação dos serviços e a contraprestação pecuniária correspondente, a regra não pode ser alterada em prejuízo do trabalhador, ainda que por negociação coletiva.

e) inválida, pois restringe a alteração da data de pagamento aos empregados administrativos, sendo necessário, para sua validade, que abrangesse todos os empregados indistintamente.

▷ ***Anotações/Comentários***

Nota do autor: A questão aborda o tema do tempo do pagamento do salário. Ressalta-se que a periodicidade do pagamento deverá ocorrer em intervalos não superiores a um mês, exceto o pagamento das gratificações, comissões e percentagens. O salário poderá ser pago por dia, semana, quinzena ou mês.

Comentário serve para todas as alternativas, uma vez que versam sobre o mesmo assunto. "Quando o pagamento houver sido estipulado por mês, deverá ser efetuado, o mais tardar, até o quinto dia útil do mês subsequente ao vencido." (art. 459, parágrafo único, CLT) "Diante da inexistência de previsão expressa em contrato ou em instrumento normativo, a alteração de data de pagamento pelo empregador não viola o art. 468, desde que observado o parágrafo único, do art. 459, ambos da CLT." (Orientação Jurisprudencial nº 159 da SDI-I do TST).

Entendemos que, mesmo diante da valorização do negociado pela Reforma Trabalhista (art. 611-A, da CLT), a data de pagamento do salário do trabalhador não comporta flexibilização por meio de negociação coletiva, não sendo possível o estabelecimento de datas posteriores ao 5º dia útil para pagamento.

25. MARTINS, Sérgio Pinto. *Direito do Trabalho*. 24. ed. São Paulo: Atlas, 2008. p. 257.

27. SALÁRIO MÍNIMO

183. (FCC – Analista Judiciário – Área Judiciária – TRT 9/2015) Sobre o salário mínimo, considere:

I. O salário mínimo, fixado em lei, é nacionalmente unificado, e deve ser capaz de atender às necessidades vitais básicas do trabalhador e de sua família exclusivamente com moradia, alimentação, educação, saúde, vestuário, transporte e previdência social, com efetivação de dignidade humana.

II. A proibição de vinculação do salário mínimo para qualquer fim não impede a sua utilização como índice de correção de contratos.

III. O piso salarial é fixado em convenção ou acordo coletivo de trabalho ou em sentença normativa, constituindo um valor mínimo de salário que pode ser pago a trabalhador integrante de categoria profissional.

IV. Visando a manutenção do seu poder aquisitivo, o salário mínimo deve ter reajustes periódicos.

V. Salário profissional, fixado por norma coletiva, corresponde ao valor mínimo de salário que pode ser pago aos integrantes de determinada categoria profissional diferenciada, em razão das peculiaridades do trabalho que executam e das condições de vida singulares a que estão submetidos.

Está correto o que se afirma APENAS em

a) I e II.
b) I, II e IV.
c) III, IV e V.
d) IV.
e) V.

▷ ***Anotações/Comentários***

Nota do autor: A questão aborda o tema do salário mínimo. Lembre-se de que, se o trabalhador for contratado para trabalhar em jornada inferior à duração normal de 8 horas diárias e 44 horas semanais, ele receberá o **salário mínimo proporcional** ou o piso salarial proporcional às horas trabalhadas (OJ 358, I, SDI do TST). Contudo, o TST editou o item II da OJ nº 358 para prever que os empregados públicos da Administração Direta, autárquica e fundacional, ainda que cumpram jornada reduzida, tem direito ao recebimento de remuneração nunca inferior ao salário mínimo. Nessa linha, em 05/08/2022, apreciando o Tema 900 da Repercussão Geral, fixou a seguinte tese:

> É defeso o pagamento de remuneração em valor inferior ao salário mínimo ao servidor público, ainda que labore em jornada reduzida de trabalho.

Ressalta-se, ainda, que constitui objeto ilícito de acordo ou convenção coletiva de trabalho a redução ou supressão do salário mínimo (art. 611-B, parágrafo único, da CLT – acrescentado pela Reforma Trabalhista)

Assertiva I. Incorreta. "São direitos dos trabalhadores urbanos e rurais, além de outros que visem à melhoria de sua condição social: salário mínimo, fixado em lei, nacionalmente unificado, capaz de atender a suas necessidades vitais básicas e às de sua família com moradia, alimentação, educação, saúde, lazer, vestuário, higiene, transporte e previdência social, com reajustes periódicos que lhe preservem o poder aquisitivo, sendo vedada sua vinculação para qualquer fim." (art. 7º, IV, CF/88). Não há previsão na Constituição Federal que limite a destinação do salário mínimo, exclusivamente, às hipóteses traçadas como sustenta a afirmativa.

Assertiva II. Incorreta. "São direitos dos trabalhadores urbanos e rurais, além de outros que visem à melhoria de sua condição social: salário mínimo, fixado em lei, nacionalmente unificado, capaz de atender a suas necessidades vitais básicas e às de sua família com moradia, alimentação, educação, saúde, lazer, vestuário, higiene, transporte e previdência social, com reajustes periódicos que lhe preservem o poder aquisitivo, **sendo vedada sua vinculação para qualquer fim.**" (art. 7º, IV, CF/88 – grifos acrescidos). Assim, diante da impossibilidade de sua vinculação para qualquer fim, não é permitida a vinculação como índice de correção de contratos.

Assertiva III. Incorreta. Ao contrário do que afirma a alternativa, o piso salarial não será definido por sentença normativa. Nesse sentido:

> **Art. 1º da LC nº 103/2000:** Os Estados e o Distrito Federal ficam autorizados a instituir, mediante lei de iniciativa do Poder Executivo, o piso salarial de que trata o inciso V do art. 7o da Constituição Federal **para os empregados que não tenham piso salarial definido em lei federal, convenção ou acordo coletivo de trabalho**.

De acordo com Maurício Godinho Delgado[26], o salário normativo é aquele pago aos empregados de determinada categoria profissional. Nesse sentido, pode ser dividido em: salário normativo em sentido estrito, que é aquele fixado em sentença normativa, e salário convencional (piso salarial), determinado por meio de acordo ou convenção coletiva de trabalho. Cumpre ressaltar que o autor menciona que o piso salarial corresponde a essas fixações de salário para certas categorias profissionais mediante negociação coletiva. Dessa forma, podemos entender como sinônimas as expressões piso salarial e salário convencional, que serão fixados por meio de acordo ou convenção coletiva de trabalho.

Assertiva IV. Correta. "São direitos dos trabalhadores urbanos e rurais, além de outros que visem à melhoria de sua condição social: salário mínimo, fixado em lei, nacionalmente unificado, capaz de atender a suas necessidades vitais básicas e às de sua família com moradia, alimentação, educação, saúde, lazer, vestuário, higiene, transporte e previdência social, **com reajustes periódicos** que lhe preservem o poder aquisitivo, sendo vedada sua vinculação para qualquer fim." (art. 7º, IV, CF/88 – grifos acrescidos). Assim, são necessários reajustes periódicos sob pena de não assegurar o poder de compra da população.

Assertiva V. Incorreta. Algumas profissões organizadas possuem patamar mínimo fixado em lei. São os chamados salários profissionais. Esses salários independem de negociação coletiva (acordo ou convenção). Exemplo: os médicos possuem salário profissional previsto na Lei nº 3.999/1961. Assim sendo, o salário profissional do médico não leva em conta a categoria em que o profissional trabalha, e sim a sua profissão. Nesse caso, não se refere, portanto, à categoria profissional diferenciada.

28. SALÁRIO COMPLESSIVO

184. (FGV – Analista Judiciário – Oficial de Just. Avaliador – TRT 12/2017) Rogério é empregado da empresa BETA Ltda. e, no mês de maio de 2017, realizou horas extras e trabalhou, excepcionalmente, em horário noturno. Ao receber o contracheque do mês em questão, Rogério viu que havia as rubricas "salário" e "outros", com valores respectivos. Na dúvida sobre seus direitos, procurou seu chefe, que lhe explicou que no título "outros" estavam somados os direitos de horas extras e adicional noturno. Diante do entendimento consolidado pelo TST, é correto afirmar que:

a) trata-se a hipótese de truck system, vedada pelo ordenamento jurídico;
b) neste caso pode se cogitar de salário in natura, que é admitido pela Lei;
c) a hipótese é válida, pois o contrato de trabalho deve ter por base a fidúcia;
d) o procedimento é válido desde que a empresa se disponha a fornecer planilha pormenorizada se o empregado solicitar;
e) o procedimento é inválido, tratando-se de salário complessivo.

▷ ***Anotações/Comentários***

Nota do autor: A questão aborda o tema salário complessivo, exigindo do candidato a sua identificação no caso concreto. Mesmo após a Reforma Trabalhista, por aplicação do princípio da transparência, da lealdade e da boa-fé objetiva, o salário complessivo não pode ser admitido.

Comentário serve para todas as alternativas, uma vez que versam sobre o mesmo assunto. O pagamento do salário deve ser realizado de forma clara e transparente. Desse modo, o empregado saberá exatamente o que está recebendo. É vedado o salário complessivo, ou seja, o pagamento sem que haja discriminação, detalhamento de cada uma das verbas recebidas.

Salário complessivo não se confunde com *truck system*, sendo que este é o pagamento do salário por meio de vales ou bônus para compra de produtos em armazém mantido pelo empregador.

26. DELGADO, Maurício Godinho. *Curso de Direito do Trabalho*. 11. ed. São Paulo: LTr, 2012. p. 716.

29. COMISSÕES

185. (FGV – Analista Judiciário – Oficial de Just. Avaliador – TRT 12/2017) Anderson é comissionista puro num estabelecimento em Joinville (SC), com contrato de trabalho ativo. No último mês suas vendas foram de pequena monta. Ao incidir o percentual contratado de comissões, o empregador verificou que o valor alcançou menos que 1 salário mínimo.

De acordo com a legislação em vigor, é correto afirmar que:

a) a empresa deverá complementar o valor até 1 salário mínimo e descontar essa quantia das comissões vincendas;

b) ficará a critério do empregador, se quiser ajudar Anderson, complementar as comissões para que alcancem, pelo menos, a média por ele recebida nos últimos 12 meses;

c) o empregador deverá complementar o valor do salário para que alcance 1 mínimo, mas não poderá no futuro descontar esse complemento;

d) a lei de regência obriga que o empregador pague metade do valor necessário para alcançar 1 salário mínimo;

e) Anderson deverá receber o que foi contratado, pois aufere salário por unidade de obra, razão pela qual pode ser inferior ao mínimo.

▷ ***Anotações/Comentários***

Nota do autor: A questão aborda o tema "remuneração" e exigia do candidato o conhecimento do texto constitucional.

Comentário serve para todas as alternativas, uma vez que versam sobre o mesmo assunto. As **comissões** são parcelas com valores fixos recebidas em razão da venda de determinado produto. Já **percentagens** constituem determinado percentual que incide sobre o valor da venda do produto. Esses conceitos são frequentemente desvirtuados na prática. É chamado de comissionista puro o empregado que recebe exclusivamente por comissão. Já o comissionista misto recebe parte do salário em comissão e a outra em salário fixo.

Entendemos que a resposta para o caso em questão encontra fundamento no art. 7º, VII da CF/88, que prevê a garantia de um salário mínimo aos que percebam remuneração variável:

> **Art. 7º da CF/88:** São direitos dos trabalhadores urbanos e rurais, além de outros que visem à melhoria de sua condição social: (...) VII - **garantia de salário, nunca inferior ao mínimo**, para os que percebem remuneração variável;

30. DÉCIMO TERCEIRO SALÁRIO

186. (FCC – Analista Judiciário – Oficial de Just. Avaliador Federal – TRT 2/2018) Jonas é auxiliar de produção na Metalúrgica Sincera S/A, e suas férias foram agendadas para serem gozadas em março. Ocorre que dois dias antes de sair de férias, requereu ao seu empregador o adiantamento de seu 13º salário. Tendo em vista que, além do salário em dinheiro, Jonas também recebe sua remuneração em utilidades, no tocante ao seu 13º salário é correto o que se afirma em:

a) Jonas terá direito ao adiantamento de seu 13º salário juntamente com suas férias, por ter requerido no período de dois dias que antecedeu seu gozo, bem como para seu cálculo serão computados tanto o salário em dinheiro, quanto as utilidades recebidas.

b) Jonas terá direito ao adiantamento de seu 13º salário juntamente com suas férias, por ter requerido no período de dois dias que antecedeu seu gozo, mas, para cálculo da sua remuneração, somente será computado o valor em dinheiro, não fazendo jus às utilidades recebidas.

c) Quando parte da remuneração for paga em utilidades, o valor da quantia efetivamente descontada e correspondente a essas será computado para fixação da respectiva gratificação natalina, não tendo direito Jonas ao adiantamento em suas férias, pois é do empregador a prerrogativa de antecipar tal pagamento.

d) Quando parte da remuneração for paga em utilidades, o valor da quantia efetivamente descontada e correspondente a essas será computado para fixação da respectiva gratificação natalina, não tendo direito Jonas ao adiantamento em suas férias, pois o mesmo deveria ter sido requerido até janeiro do ano correspondente.

e) Quando parte da remuneração for paga em utilidades, o valor da quantia efetivamente descontada e correspondente a essas será computado para fixação da respectiva gratificação natalina, tendo direito Jonas ao adiantamento da mesma em suas férias, pois sempre que o empregado o requerer, sem limite temporal, o empregador deverá adiantá-la.

▷ ***Anotações/Comentários***

Nota do autor: A questão aborda o tema gratificação natalina (13º salário) e exigia do candidato o conhecimento de disposições específicas sobre o tema, em especial do contido no Decreto nº 57.155/1965, que, à época, regulamentava o tema.

Comentário serve para todas as alternativas, uma vez que versam sobre o mesmo assunto. O décimo terceiro salário é uma gratificação salarial obrigatória prevista na CF/88 e na Lei nº 4.090/1962. São destinatários dessa gratificação empregados urbanos e rurais, os trabalhadores avulsos e os empregados domésticos. De acordo com o art. 7º, VIII, da CF/88:

> **Art. 7º, VIII, CF/88:** São direitos dos trabalhadores urbanos e rurais, além de outros que visem à melhoria de sua condição social: décimo terceiro salário com base na remuneração integral ou no valor da aposentadoria.

À época do concurso, o tema era regulamentado pelo Decreto nº 57.155/1965.

Atualmente, encontramos a regulamentação do 13º salário no Decreto 10.854/2021, o principal diploma normativo do Marco Regulatório Trabalhista Infralegal.

Tal como era antes do Marco Regulatório Trabalhista Infralegal, o pagamento deverá ocorrer até o dia 20 de dezembro, e corresponderá a um doze avos da remuneração devida em dezembro, por mês trabalhado ou fração igual ou superior a quinze dias. Exemplo: empregado iniciou a prestação de serviços em agosto de 2023. Receberá, até o dia 20 de dezembro de 2023, 5/12 a título de décimo terceiro, referente a 5 meses trabalhados.

Entre os meses de fevereiro e novembro, o empregador pagará, de uma só vez, em razão do **adiantamento** do décimo terceiro, metade do salário recebido pelo empregado no mês anterior. Esse adiantamento é obrigatório e não é necessário que seja pago a todos os empregados da empresa no mesmo mês. É possível, ainda, que o adiantamento seja pago **juntamente com as férias**, desde que o **empregado requeira esse direito no mês de janeiro do correspondente ano**:

> **Art. 78 do Decreto nº 10.854/2021:** O empregador pagará, entre os meses de fevereiro e novembro de cada ano, como adiantamento da gratificação de Natal, em parcela única, metade do salário recebido pelo empregado no mês anterior ao do pagamento.
>
> **Art. 79 do Decreto nº 10.854/2021.** O adiantamento da gratificação de Natal será pago por ocasião das férias do empregado, sempre que esse o requerer no mês de janeiro do ano correspondente.

Além disso, "Quando parte da remuneração for paga em utilidades, o valor da quantia efetivamente descontada e correspondente a essas, será computado para fixação da respectiva gratificação." (art. 80, do Decreto nº 10.854/2021).

Portanto, apesar de Revogado o Decreto nº 57.155/1965, a questão continua atualizada.

31. GORJETAS

Nota do autor sobre o tema: As gorjetas foram regulamentadas pela Lei nº 13.419/2017, que modificou e acrescentou dispositivos ao art. 457 da CLT. Devido à má técnica legislativa, o legislador da Reforma Trabalhista revogou os dispositivos acerca da regulamentação das gorjetas (art. 457, § 5º ao 11 da CLT). Para rever essa situação, a MP nº 808/2017 havia trazido de volta as normas sobre o assunto. Com a perda de vigência da Medida Provisória no dia 23/04/2018, a CLT deixa de apresentar regulamentação específica sobre as gorjetas. Contudo, o rateio e a distribuição das gorjetas aos empregados devem se manter na forma dos usos e costumes, diante da ausência de previsão legal.

187. (AOCP – Analista Judiciário – Área Administrativa – TRT 1/2018) José é funcionário do Bar e Petiscaria Hora Feliz Ltda. na função de garçom, com registro em CTPS. Recebe o salário previsto em convenção coletiva da categoria. Além disso, recebe gorjetas pagas espontaneamente pelos clientes. O estabelecimento ainda cobra dos clientes taxa de serviço, à razão de 10% dos itens consumidos, cujo valor é destinado à distribuição aos empregados. A empresa fornece, também, uniforme a todos os empregados, a ser utilizado no local de trabalho para a prestação do serviço. Diante do exposto, no que se refere à remuneração do empregado, é correto afirmar que

a) tanto a importância dada pelos clientes espontaneamente a José quanto o valor cobrado pela empregadora a título de taxa de serviço são considerados gorjeta.

b) o uniforme fornecido pela empresa a José integra sua remuneração.

c) as gorjetas recebidas por José dos clientes não integram sua remuneração.

d) somente é considerada gorjeta a importância dada pelos clientes espontaneamente a José.

e) a taxa de serviço cobrada pelo estabelecimento, nos termos do enunciado, não integra a remuneração do empregado.

▷ ***Anotações/Comentários***

Nota do autor: Ao celebrar o contrato de trabalho, o empregado assume a obrigação de fazer, consubstanciada na prestação de serviços. Por outro lado, o empregador assume a obrigação de dar, ou seja, pagar o salário do trabalhador. Você deve se lembrar que salário e remuneração não se confundem. **Salário** é a contraprestação paga diretamente pelo empregador, independentemente da forma de pagamento e ainda de eventuais adicionais percebidos como horas extras, insalubridade, etc. **Remuneração** é a contraprestação paga diretamente pelo empregador e, ainda, por terceiros, por meio de gorjetas.

Alternativa "a". "Considera-se gorjeta não só a importância espontaneamente dada pelo cliente ao empregado, como também o valor cobrado pela empresa, como serviço ou adicional, a qualquer título, e destinado à distribuição aos empregados" (Art. 457, §3º da CLT). Esse valor, calculado sobre a média, reflete nas demais verbas trabalhistas, calculadas com base na remuneração, como: férias + ⅓, décimo terceiro salário e FGTS. Não integra, contudo, as seguintes verbas calculadas com base no salário: aviso-prévio, adicional noturno, hora extra e descanso semanal remunerado.

Alternativa "b". De acordo com o art. 458. §2º, I da CLT não será considerado como salário-utilidade o vestuário, equipamentos e outros acessórios fornecidos aos empregados e utilizados no local de trabalho, para a prestação do serviço.

Alternativa "c". Conforme comentários à alternativa "a", as gorjetas dadas espontaneamente pelos clientes integram a remuneração de José (Art. 457, §3º da CLT).

Alternativa "d" e "e". "Considera-se gorjeta **não só** a importância espontaneamente dada pelo cliente ao empregado, **como também** o valor cobrado pela empresa, como serviço ou adicional, a qualquer título, e destinado à distribuição aos empregados" (Art. 457, §3º da CLT).

188. (FGV - Analista Judiciário - Área Judiciária - TRT 12/2017) Marco Antônio exerce a função de garçom no Restaurante Beira Mar, recebendo, mensalmente, a título de remuneração, o valor equivalente ao piso salarial da categoria, além da quantia relativa ao rateio das gorjetas espontaneamente dadas pelos clientes. Considerando a realização habitual de trabalho extraordinário pelo empregado em questão, é correto afirmar, à luz da legislação e da jurisprudência uniforme do TST, que:

a) somente se a gorjeta for fiscalizada pelo empregador ela será considerada para fins de horas extras;

b) o valor das gorjetas não serve de base de cálculo para pagamento das horas extraordinárias;

c) não haverá qualquer integração porque ela só ocorre no caso de gorjeta compulsória, cobrada na nota, e não com a gorjeta espontânea, como é o caso;

d) as horas extraordinárias deverão ser quitadas considerando- se as gorjetas pagas;

e) garante-se que metade do valor das gorjetas integre a base de cálculo da sobrejornada.

▷ ***Anotações/Comentários***

Nota do autor: A questão é considerada de simples resolução, já que exigia do candidato apenas o conhecimento do entendimento sumulado do TST.

Comentário serve para todas as alternativas, uma vez que versam sobre o mesmo assunto. As gorjetas têm natureza remuneratória (não salarial), por isso não há repercussão no cálculo do DSR, ou seja, trabalhador que é pago por meio de gorjetas não terá reflexo dessa parcela sobre o DSR. Além disso, as gorjetas não servem de base de cálculo para as parcelas de avio-prévio, adicional noturno e horas extras:

> **Súmula nº 354 do TST:** As gorjetas, cobradas pelo empregador na nota de serviço ou oferecidas espontaneamente pelos clientes, integram a remuneração do empregado, não servindo de base de cálculo para as parcelas de aviso-prévio, adicional noturno, horas extras e repouso semanal remunerado.

32. ADICIONAL DE INSALUBRIDADE

189. (Cespe - Analista Judiciário - Área Judiciária - TRT 8/2022) No que se refere às atividades insalubres ou perigosas, assinale a opção correta.

a) A atividade é considerada perigosa quando o empregado permanece exposto permanentemente a uma atividade de risco, sendo excluídos os casos de exposições intermitentes.

b) Constitui atividade perigosa para os tripulantes de uma aeronave o fato de permanecerem a bordo durante o abastecimento da aeronave.

c) A constatação de que a atividade é insalubre, por laudo pericial, é suficiente para que o empregado receba o adicional correspondente.

d) Não constitui atividade insalubre o fato de o empregado trabalhar a céu aberto, sujeito à radiação solar, exceto nas situações em que estiver exposto a calor acima dos limites de tolerância.

e) A exposição do empregado a radiação ionizante ou a substância radioativa enseja a percepção do adicional de insalubridade.

▷ ***Anotações/Comentários***

Nota do autor: A questão aborda a temática da insalubridade e da periculosidade, exigindo, do candidato, conhecimento acerca da jurisprudência sumulada do TST. É cada vez mais frequente em concurso da área trabalhista a cobrança do texto de Súmulas e OJs do TST. Inclua nos seus estudos um tempinho para a leitura da jurisprudência consolidada do TST, assim como deve se reservar um tempo para a leitura da legislação "seca".

Alternativa "a". Incorreta. "Tem direito ao adicional de periculosidade o empregado exposto permanentemente ou que, de forma intermitente, sujeita-se a condições de risco. Indevido, apenas, quando o contato dá-se de forma eventual, assim considerado o fortuito, ou o que, sendo habitual, dá-se por tempo extremamente reduzido." (Súmula nº 364, I, do TST).

Alternativa "b". Incorreta. "Os tripulantes e demais empregados em serviços auxiliares de transporte aéreo que, no momento do abastecimento da aeronave, permanecem a bordo não têm direito ao adicional de periculosidade a que aludem o art. 193 da CLT e o Anexo 2, item 1, "c", da NR 16 do MTE" (Súmula nº 447 do TST).

Alternativa "c". Incorreta. "Não basta a constatação da insalubridade por meio de laudo pericial para que o empregado tenha direito ao respectivo adicional, sendo necessária a classificação da atividade insalubre na relação oficial elaborada pelo Ministério do Trabalho." (Súmula nº 448, I, do TST).

Alternativa "d". Correta. Nos termos da jurisprudência consolidada do TST:

> **OJ nº 173 da SDI-I do TST** - Adicional de insalubridade. Atividade a céu aberto. Exposição ao sol e ao calor
>
> I – Ausente previsão legal, indevido o adicional de insalubridade ao trabalhador em atividade a céu aberto, por sujeição à radiação solar (art. 195 da CLT e Anexo 7 da NR 15 da Portaria Nº 3214/78 do MTE).
>
> II – Tem direito ao adicional de insalubridade o trabalhador que exerce atividade exposto ao calor acima dos limites de

tolerância, inclusive em ambiente externo com carga solar, nas condições previstas no Anexo 3 da NR 15 da Portaria nº 3214/78 do MTE.

Alternativa "e". Incorreta. "A exposição do empregado à radiação ionizante ou à substância radioativa enseja a percepção do adicional de periculosidade, pois a regulamentação ministerial (Portarias do Ministério do Trabalho nºs 3.393, de 17.12.1987, e 518, de 07.04.2003), ao reputar perigosa a atividade, reveste-se de plena eficácia, porquanto expedida por força de delegação legislativa contida no art. 200, "caput", e inciso VI, da CLT. No período de 12.12.2002 a 06.04.2003, enquanto vigeu a Portaria nº 496 do Ministério do Trabalho, o empregado faz jus ao adicional de insalubridade." (OJ nº 345 da SDI-I do TST).

---

190. (FCC – Analista Judiciário – Área Judiciária – TRT 14/2022) Entendendo exercer atividades com exposição a agentes que causam prejuízo à sua saúde, Laurindo pleiteia junto ao empregador o recebimento de adicional de insalubridade. Considerando as previsões legais e o entendimento sumulado do TST, Laurindo terá direito ao referido adicional

a) mesmo se o trabalho em condições insalubres for executado em caráter intermitente, pois isso, por si só, não afasta o direito à percepção do adicional.

b) se os agentes nocivos à saúde estiverem acima dos limites de tolerância fixados em razão da sua natureza e da sua intensidade, não importando o tempo de exposição aos seus efeitos.

c) se o empregador não fornecer aparelhos de proteção individual que a CIPA entenda serem aptos a eliminar a insalubridade do ambiente de trabalho.

d) desde que haja constatação da insalubridade por meio de laudo pericial, não importando se o agente está previamente inserido na relação de atividades insalubres do Ministério do Trabalho, que é meramente exemplificativa.

e) desde que não tenha havido a eliminação ou a neutralização da insalubridade em razão da adoção de medidas de proteção coletiva que estejam indicadas no Programa de Gerenciamento de Riscos da empresa e que sejam fiscalizadas pela CIPA.

▷ ***Anotações/Comentários***

Nota do autor: A questão aborda inúmeros aspectos relacionados com o adicional de insalubridade. O tema vem sendo cada vez mais cobrado em provas, devendo ser objeto de maior atenção dos candidatos.

Alternativa "a". Correta. "O trabalho executado em condições insalubres, em caráter intermitente, não afasta, só por essa circunstância, o direito à percepção do respectivo adicional." (Súmula nº 47 do TST).

Alternativa "b". Incorreta. "Serão consideradas atividades ou operações insalubres aquelas que, por sua natureza, condições ou métodos de trabalho, exponham os empregados a agentes nocivos à saúde, acima dos limites de tolerância fixados em razão da natureza e da intensidade do agente e do tempo de exposição aos seus efeitos." (art. 189, CLT).

Alternativa "c". Incorreta. A CIPA, enquanto órgão de diálogo socia e que compartilha da responsabilidade de manutenção de um meio ambiente do trabalho ecologicamente equilibrado, pode e deve opinar acerca dos EPIs úteis e necessários à eliminação dos riscos. Contudo, aquele apto a eliminar a atividade insalubre e, então, fazer cessar o pagamento do respectivo adicional é aquele com a indicação do Certificado de Aprovação do Ministério do Trabalho (art. 167 da CLT).

Alternativa "d". Incorreta. "Não basta a constatação da insalubridade por meio de laudo pericial para que o empregado tenha direito ao respectivo adicional, sendo necessária a classificação da atividade insalubre na relação oficial elaborada pelo Ministério do Trabalho." (Súmula nº 448 do TST).

Alternativa "e". Incorreta. Conforme dispõe a CLT:

> **Art. 191, CLT:** A eliminação ou a neutralização da insalubridade ocorrerá:
>
> I - com a adoção de medidas que conservem o ambiente de trabalho dentro dos limites de tolerância;
>
> II - com a utilização de equipamentos de proteção individual ao trabalhador, que diminuam a intensidade do agente agressivo a limites de tolerância.
>
> Parágrafo único - Caberá às Delegacias Regionais do Trabalho, comprovada a insalubridade, notificar as empresas, estipulando prazos para sua eliminação ou neutralização, na forma deste artigo.

---

191. (FCC – Analista Judiciário – Área Judiciária – TRT 14/2022) Previsto entre os direitos constitucionais dos trabalhadores, o salário mínimo caracteriza-se como o menor valor de salário que pode ser pago pelo empregador como contraprestação pelos serviços prestados. Tratando-se de forma de proteção, a fixação de um patamar mínimo de valor a ser pago aos trabalhadores visa assegurar uma condição digna para os mesmos e suas respectivas famílias. Nesse contexto, extrai-se do texto constitucional e das normas infraconstitucionais sobre o tema que o salário mínimo

a) deve ser previsto em lei, havendo variação de valor entre as diversas regiões do País para permitir o atendimento de necessidades básicas do trabalhador e de sua família de acordo com o custo de vida regional.

b) deve ser capaz de atender as necessidades vitais básicas do trabalhador e as de sua família com moradia, alimentação, vestuário, higiene e lazer, considerando-se os respectivos percentuais para cada uma dessas utilidades: 40%, 25%, 20%, 5% e 10%.

c) não pode ser usado como indexador de qualquer prestação instituída por lei ou estipulada em contrato, já que é vedada sua vinculação para qualquer fim.

d) é garantido aos aprendizes em valor hora equivalente a 2/3 do valor hora pago aos empregados urbanos, rurais e domésticos.

e) será reajustado anualmente, salvo se prevista periodicidade diferente em convenção ou acordo coletivo de trabalho.

▷ ***Anotações/Comentários***

Nota do autor: Trata-se de uma questão simples, que aborda o tema salário e remuneração. Bastava, ao candidato, o conhecimento acerca da Súmula Vinculante nº 4 (STF). Optamos por aloca-la aqui pela explicação sobre a base de cálculo do adicional de insalubridade.

Comentário serve para todas as alternativas, uma vez que versam sobre o mesmo assunto. O adicional de insalubridade era calculado com base no salário mínimo, variando de acordo com a agressividade do agente nocivo. Ocorre, entretanto, que o Supremo Tribunal Federal – STF –, em julgamento datado de 30 de abril de 2008, proibiu que o salário mínimo sirva de base de cálculo (indexador) do adicional de insalubridade. Após essa decisão, o art. 192 da CLT não mais pode ser utilizado. De acordo com a Súmula Vinculante nº 4 do STF:

> **Súmula Vinculante nº 4 do STF:** Salvo nos casos previstos na Constituição, o salário mínimo não pode ser usado como indexador de base de cálculo de vantagem de servidor público ou de empregado, nem ser substituído por decisão judicial.

Nesse sentido, há necessidade de lei para fixar o novo patamar, seja no valor do salário contratual ou um valor nominal. É possível que acordos e convenções coletivas fixem essa base de cálculo, deixando claro e expresso que se trata de parâmetro para fins de adicional de insalubridade. Por outro lado, o TST entende, atualmente, que, enquanto não houver lei específica ou, ainda, norma coletiva que fixe expressamente a base de cálculo, o salário mínimo continua sendo utilizado, conforme previsto no art. 192 da CLT.

---

192. (FCC – Analista Judiciário – Oficial de Justiça Avaliador Federal – TRT 17/2022) Poseidon é empregado do Condomínio Palas Atena, exercendo as funções de auxiliar de limpeza. O condomínio contratou um perito para avaliar as condições de trabalho e o mesmo constatou que o trabalhador faz jus a perceber adicional de insalubridade em grau médio. Sabendo-se que Poseidon percebe salário de R$ 2.000,00 e que o salário mínimo regional é de R$ 1.300,00, referido empregado deverá receber, a título de adicional de insalubridade, o valor de

a) R$ 260,00

b) R$ 400,00

c) R$ 390,00

d) R$ 600,00

e) R$ 420,00

▷ ***Anotações/Comentários***

Nota do autor: A questão aborda o tema do adicional de insalubridade. Ademais, exigia o conhecimento do percentual e da base de cálculo da respectiva verba.

Comentário serve para todas as alternativas, uma vez que versam sobre o mesmo assunto. O adicional de insalubridade é fixado pelo art. 192 da CLT e pela Norma Regulamentadora nº 15 do Ministério do Trabalho, sendo de:

- 40% para insalubridade de grau máximo;
- 20% para insalubridade de grau médio;
- 10% para insalubridade de grau mínimo.

O adicional de insalubridade era calculado com base no salário mínimo, variando de acordo com a agressividade do agente nocivo. Ocorre, entretanto, que o Supremo Tribunal Federal – STF –, em julgamento datado de 30 de abril de 2008, proibiu que o salário mínimo sirva de base de cálculo (indexador) do adicional de insalubridade. Após essa decisão, o art. 192 da CLT não mais pode ser utilizado. De acordo com a Súmula Vinculante nº 4 do STF:

> **Súmula Vinculante nº 4 do STF:** Salvo nos casos previstos na Constituição, o salário mínimo não pode ser usado como indexador de base de cálculo de vantagem de servidor público ou de empregado, nem ser substituído por decisão judicial.

Nesse sentido, há necessidade de lei para fixar o novo patamar, seja no valor do salário contratual ou um valor nominal. É possível que acordos e convenções coletivas fixem essa base de cálculo, deixando claro e expresso que se trata de parâmetro para fins de adicional de insalubridade. Por outro lado, o TST entende, atualmente, que, enquanto não houver lei específica ou, ainda, norma coletiva que fixe expressamente a base de cálculo, o salário mínimo continua sendo utilizado, conforme previsto no art. 192 da CLT.

Portanto, o que se tem objetivamente é que o adicional de insalubridade tem como base de cálculo o salário-mínimo vigente (até que a legislação o regulamente) e incidirá na proporção de 10%, 20% ou 40%, a depender do grau de insalubridade.

No caso apresentado, Poseidon faz jus ao adicional de insalubridade em grau médio (20%), que será calculado sobre o salário mínimo regional (R$ 1.300,00). Assim:

R$ 1.300,00	X	20%	=	R$ 260,00

193. (FCC – Analista Judiciário – Oficial de Justiça Avaliador Federal – TRT 23/2022) Abdias presta serviços de coleta de lixo hospitalar para o Hospital Cura Tudo, percebendo adicional de insalubridade em grau médio. Após novo laudo ambiental, atestou-se a necessidade de pagamento de adicional de insalubridade em grau máximo. Nessa situação, Abdias deverá receber um acréscimo nessa verba de

a) 100%
b) 40%
c) 80%
d) 20%
e) 50%

▷ ***Anotações/Comentários***

Nota do autor: A questão aborda o tema do adicional de insalubridade. Ademais, exigia o conhecimento do percentual e da base de cálculo da respectiva verba. Atenção!! Essa questão é uma pegadinha e aborda diferentes percentagens para tentar te confundir. Sempre tenha uma leitura cuidadosa do enunciado e das alternativas antes de sair respondendo.

Comentário serve para todas as alternativas, uma vez que versam sobre o mesmo assunto. O adicional de insalubridade é fixado pelo art. 192 da CLT e pela Norma Regulamentadora nº 15 do Ministério do Trabalho, sendo de:

- 40% para insalubridade de grau máximo;
- 20% para insalubridade de grau médio;
- 10% para insalubridade de grau mínimo.

A questão te induz a assinalar a alternativa "b", já que o adicional de insalubridade de grau máximo é 40%. Contudo, não é questionado o valor do adicional de insalubridade, mas a porcentagem de acréscimo nessa verba, comparando os adicionais de graus médio e máximo. De 20% para 40%, temos um acréscimo de 100% (20% + 20% = 40%).

194. (FCC – Técnico Judiciário – Área Administrativa – TRT 4/2022) Sócrates é empregado do restaurante Cavalo de Troia Ltda. e recebe salário de R$ 1.800,00, ou seja, R$ 600,00 a mais do que o salário mínimo nacional. Por ter passado a trabalhar em ambiente insalubre em grau médio a partir de 01/04/2022, receberá o respectivo adicional de insalubridade a partir de maio de 2022 no valor, em R$, de

a) 360,00
b) 180,00
c) 540,00
d) 480,00
e) 240,00

▷ ***Anotações/Comentários***

Nota do autor: A questão aborda o tema do adicional de insalubridade. Ademais, exigia o conhecimento do percentual e da base de cálculo da respectiva verba.

Comentário serve para todas as alternativas, uma vez que versam sobre o mesmo assunto. O adicional de insalubridade é fixado pelo art. 192 da CLT e pela Norma Regulamentadora nº 15 do Ministério do Trabalho, sendo de:

- 40% para insalubridade de grau máximo;
- 20% para insalubridade de grau médio;
- 10% para insalubridade de grau mínimo.

O adicional de insalubridade era calculado com base no salário mínimo, variando de acordo com a agressividade do agente nocivo. Ocorre, entretanto, que o Supremo Tribunal Federal – STF –, em julgamento datado de 30 de abril de 2008, proibiu que o salário mínimo sirva de base de cálculo (indexador) do adicional de insalubridade. Após essa decisão, o art. 192 da CLT não mais pode ser utilizado. De acordo com a Súmula Vinculante nº 4 do STF:

> **Súmula Vinculante nº 4 do STF:** Salvo nos casos previstos na Constituição, o salário mínimo não pode ser usado como indexador de base de cálculo de vantagem de servidor público ou de empregado, nem ser substituído por decisão judicial.

Nesse sentido, há necessidade de lei para fixar o novo patamar, seja no valor do salário contratual ou um valor nominal. É possível que acordos e convenções coletivas fixem essa base de cálculo, deixando claro e expresso que se trata de parâmetro para fins de adicional de insalubridade. Por outro lado, o TST entende, atualmente, que, enquanto não houver lei específica ou, ainda, norma coletiva que fixe expressamente a base de cálculo, o salário mínimo continua sendo utilizado, conforme previsto no art. 192 da CLT.

Portanto, o que se tem objetivamente é que o adicional de insalubridade tem como base de cálculo o salário-mínimo vigente (até que a legislação o regulamente) e incidirá na proporção de 10%, 20% ou 40%, a depender do grau de insalubridade.

No caso apresentado, Sócrates faz jus ao adicional de insalubridade em grau médio (20%), que será calculado sobre o salário mínimo regional (R$ 1.800,00 – R$ 600,00 = R$ 1.200,00). Assim:

R$ 1.200,00	X	20%	=	R$ 240,00

195. (FCC – Técnico Judiciário – Área Administrativa – TRT 17/2022) Vênus é auxiliar de limpeza de um condomínio empresarial, trabalhando com produtos químicos que, de acordo com laudo técnico, ensejam a caracterização de ambiente insalubre em grau médio. Sabendo-se que Vênus recebe salário mensal de R$ 2.000,00, e que o salário mínimo vigente na sua região é de R$ 1.300,00, ela fará jus ao adicional de insalubridade de

a) R$ 400,00
b) R$ 260,00
c) R$ 200,00
d) R$ 390,00
e) R$ 520,00

▷ ***Anotações/Comentários***

Nota do autor: A questão aborda o tema do adicional de insalubridade. Ademais, exigia o conhecimento do percentual e da base de cálculo da respectiva verba.

Comentário serve para todas as alternativas, uma vez que versam sobre o mesmo assunto. O adicional de insalubridade é fixado pelo art. 192 da CLT e pela Norma Regulamentadora nº 15 do Ministério do Trabalho, sendo de:

- 40% para insalubridade de grau máximo;
- 20% para insalubridade de grau médio;
- 10% para insalubridade de grau mínimo.

O adicional de insalubridade era calculado com base no salário mínimo, variando de acordo com a agressividade do agente nocivo. Ocorre, entretanto, que o Supremo Tribunal Federal – STF –, em julgamento datado de 30 de abril de 2008, proibiu que o salário mínimo sirva de base de cálculo (indexador) do adicional de insalubridade. Após essa decisão, o art. 192 da CLT não mais pode ser utilizado. De acordo com a Súmula Vinculante nº 4 do STF:

> **Súmula Vinculante nº 4 do STF:** Salvo nos casos previstos na Constituição, o salário mínimo não pode ser usado como indexador de base de cálculo de vantagem de servidor público ou de empregado, nem ser substituído por decisão judicial.

Nesse sentido, há necessidade de lei para fixar o novo patamar, seja no valor do salário contratual ou um valor nominal. É possível que acordos e convenções coletivas fixem essa base de cálculo, deixando claro e expresso que se trata de parâmetro para fins de adicional de insalubridade. Por outro lado, o TST entende, atualmente, que, enquanto não houver lei específica ou, ainda, norma coletiva que fixe expressamente a base de cálculo, o salário mínimo continua sendo utilizado, conforme previsto no art. 192 da CLT.

Portanto, o que se tem objetivamente é que o adicional de insalubridade tem como base de cálculo o salário-mínimo vigente (até que a legislação o regulamente) e incidirá na proporção de 10%, 20% ou 40%, a depender do grau de insalubridade.

No caso apresentado, Vênus faz jus ao adicional de insalubridade em grau médio (20%), que será calculado sobre o salário mínimo regional (R$ 1.300,00). Assim:

R$ 1.300,00	X	20%	=	R$ 260,00

196. (FCC – Técnico Judiciário – Área Administrativa – TRT 17/2022) Zeus é comissário de bordo da empresa de transporte aéreo Céu de Brigadeiro. Durante o abastecimento da aeronave, por determinação da empresa, Zeus e os demais membros da tripulação permanecem a bordo. O salário de Zeus é de R$ 4.000,00. Nessa situação, à luz do que orienta a jurisprudência sumulada do TST, o referido empregado

a) faz jus a R$ 1.200,00 de adicional de periculosidade, independente de prova técnica.
b) deve perceber R$ 600,00 de adicional de periculosidade, independente de prova técnica.
c) é credor de R$ 1.200,00 de adicional de periculosidade, desde que caracterizado em perícia técnica.
d) não faz jus ao adicional de periculosidade.
e) deve perceber R$ 1.000,00 de adicional de periculosidade, desde que caracterizado em perícia técnica.

▷ ***Anotações/Comentários***

Nota do autor: A questão aborda o tema do adicional de periculosidade. Ademais, exigia o conhecimento do percentual e da base de cálculo da respectiva verba.

Comentário serve para todas as alternativas, uma vez que versam sobre o mesmo assunto. A questão exigia do candidato o conhecimento acerca da jurisprudência consolidade do TST:

> **Súmula nº 447 do TST:** Os tripulantes e demais empregados em serviços auxiliares de transporte aéreo que, no momento do abastecimento da aeronave, permanecem a bordo não têm direito ao adicional de periculosidade a que aludem o art. 193 da CLT e o Anexo 2, item 1, "c", da NR 16 do MTE.

Portanto, Zeus não faz jus ao adicional de periculosidade

197. (FCC – Técnico Judiciário – Área Administrativa – TRT 18/2023) Afrodite é enfermeira na clínica de saúde de pessoas idosas Aconchego e, por força da sua profissão receberá da empresa adicional de insalubridade em grau médio, após constatação em parecer de técnico contratado pelo seu empregador. Sabendo-se que o salário mínimo vigente na região é de R$ 1.300,00 e que o salário fixo de Afrodite é de R$ 2.500,00, o seu adicional de insalubridade será de

a) R$ 260,00
b) R$ 500,00
c) R$ 390,00
d) R$ 520,00
e) R$ 250,00

▷ ***Anotações/Comentários***

Nota do autor: A questão aborda o tema do adicional de insalubridade. Ademais, exigia o conhecimento do percentual e da base de cálculo da respectiva verba.

Comentário serve para todas as alternativas, uma vez que versam sobre o mesmo assunto. O adicional de insalubridade é fixado pelo art. 192 da CLT e pela Norma Regulamentadora nº 15 do Ministério do Trabalho, sendo de:

- 40% para insalubridade de grau máximo;
- 20% para insalubridade de grau médio;
- 10% para insalubridade de grau mínimo.

O adicional de insalubridade era calculado com base no salário mínimo, variando de acordo com a agressividade do agente nocivo. Ocorre, entretanto, que o Supremo Tribunal Federal – STF –, em julgamento datado de 30 de abril de 2008, proibiu que o salário mínimo sirva de base de cálculo (indexador) do adicional de insalubridade. Após essa decisão, o art. 192 da CLT não mais pode ser utilizado. De acordo com a Súmula Vinculante nº 4 do STF:

> **Súmula Vinculante nº 4 do STF:** Salvo nos casos previstos na Constituição, o salário mínimo não pode ser usado como indexador de base de cálculo de vantagem de servidor público ou de empregado, nem ser substituído por decisão judicial.

Nesse sentido, há necessidade de lei para fixar o novo patamar, seja no valor do salário contratual ou um valor nominal. É possível que acordos e convenções coletivas fixem essa base de cálculo, deixando claro e expresso que se trata de parâmetro para fins de adicional de insalubridade. Por outro lado, o TST entende, atualmente, que, enquanto não houver lei específica ou, ainda, norma coletiva que fixe expressamente a base de cálculo, o salário mínimo continua sendo utilizado, conforme previsto no art. 192 da CLT.

Portanto, o que se tem objetivamente é que o adicional de insalubridade tem como base de cálculo o salário-mínimo vigente (até que a legislação o regulamente) e incidirá na proporção de 10%, 20% ou 40%, a depender do grau de insalubridade.

No caso apresentado, Afrodite faz jus ao adicional de insalubridade em grau médio (20%), que será calculado sobre o salário mínimo regional (R$ 1.300,00). Assim:

R$ 1.300,00	X	20%	=	R$ 260,00

198. (FUMARC – Analista Judiciário – Área Judiciária – TRT 3/2022) De acordo com o entendimento sumulado do TST e do TRT da 3ª Região, sobre o adicional de insalubridade, é INCORRETO afirmar:

a) A eliminação da insalubridade mediante fornecimento de aparelhos protetores aprovados pelo órgão competente do Poder Executivo exclui a percepção do respectivo adicional.
b) A verificação mediante perícia de prestação de serviços em condições nocivas, considerado agente insalubre diverso do apontado na inicial, prejudica o pedido de adicional de insalubridade.
c) A reclassificação ou a descaracterização da insalubridade, por ato da autoridade competente, repercute na satisfação do respectivo adicional, sem ofensa a direito adquirido ou ao princípio da irredutibilidade salarial.
d) Não basta a constatação da insalubridade por meio de laudo pericial para que o empregado tenha direito ao respectivo adicional, sendo

necessária a classificação da atividade insalubre na relação oficial elaborada pelo Ministério do Trabalho.

e) O trabalho executado em condições insalubres, em caráter intermitente, não afasta, só por essa circunstância, o direito à percepção do respectivo adicional.

▷ ***Anotações/Comentários***

Nota do autor: A questão aborda o tema insalubridade. Apesar do enunciado questionar acerca da jurisprudência consolidade do TRT 3, era possível a resolução da questão com o conhecimento sobre a CLT e a jurisprudência do TST. Ainda, atente-se ao fato de que foi questionado sobre a alternativa incorreta.

Alternativa "a". Correta. Nos termos do art. 191 da CLT, "A eliminação ou a neutralização da insalubridade ocorrerá: (...) II - com a utilização de equipamentos de proteção individual ao trabalhador, que diminuam a intensidade do agente agressivo a limites de tolerância.".

Alternativa "b". Incorreta. "A verificação mediante perícia de prestação de serviços em condições nocivas, considerado agente insalubre diverso do apontado na inicial, não prejudica o pedido de adicional de insalubridade." (Súmula nº 293 do TST).

Alternativa "c". Correta. "A reclassificação ou a descaracterização da insalubridade, por ato da autoridade competente, repercute na satisfação do respectivo adicional, sem ofensa a direito adquirido ou ao princípio da irredutibilidade salarial." (Súmula nº 248 do TST).

Alternativa "d". Correta. "Não basta a constatação da insalubridade por meio de laudo pericial para que o empregado tenha direito ao respectivo adicional, sendo necessária a classificação da atividade insalubre na relação oficial elaborada pelo Ministério do Trabalho." (Súmula nº 448, I, do TST).

Alternativa "e". Correta. "O trabalho executado em condições insalubres, em caráter intermitente, não afasta, só por essa circunstância, o direito à percepção do respectivo adicional." (Súmula nº 47 do TST).

---

199. (FCC – Analista Judiciário – Oficial de Just. Avaliador Federal – TRT 15/2018) A caracterização e a classificação da insalubridade dependem de perícia, sendo que as atividades ou operações insalubres são aquelas que, por sua natureza, condições ou métodos de trabalho, exponham os empregados a agentes nocivos à saúde, acima dos limites de tolerância. O adicional de insalubridade, ainda que recebido por longo período, não se incorpora à remuneração do empregado, podendo deixar de ser pago. Segundo a previsão legal, a perícia de insalubridade

a) deve ser feita por engenheiro de segurança do trabalho; os limites de tolerância são fixados em razão da natureza e da intensidade do agente, sendo indiferente o tempo de exposição a seus efeitos; há possibilidade de o adicional deixar de ser pago com a eliminação do risco à integridade física.

b) deve ser feita por engenheiro de segurança do trabalho; os limites de tolerância são fixados em razão da natureza e da intensidade do agente, e do tempo de exposição a seus efeitos; a possibilidade de o adicional deixar de ser pago depende da eliminação do risco à saúde.

c) pode ser feita por médico do trabalho ou engenheiro do trabalho, registrados no Ministério do Trabalho; os limites de tolerância são fixados em razão da natureza e da intensidade do agente, e do tempo de exposição a seus efeitos; há possibilidade de o adicional deixar de ser pago com a eliminação do risco à saúde nos termos previstos pela lei e nas normas expedidas pelo Ministério do Trabalho.

d) pode ser feita por médico do trabalho, desde que registrado no Ministério do Trabalho; os limites de tolerância são fixados em razão da intensidade do agente e do tempo de exposição a seus efeitos; há possibilidade de o adicional deixar de ser pago com a eliminação do risco à saúde nos termos previstos pela lei e nas normas expedidas pelo Ministério do Trabalho.

e) pode ser feita por médico do trabalho ou engenheiro do trabalho, registrados no Ministério do Trabalho; os limites de tolerância são fixados em razão da natureza e do tempo de exposição a seus efeitos; há possibilidade de o adicional deixar de ser pago com a eliminação do risco à saúde e à integridade física, comprovada por meio de perícia judicial.

▷ ***Anotações/Comentários***

Nota do autor: A questão aborda inúmeros aspectos relacionados com o adicional de insalubridade. O tema vem sendo cada vez mais cobrado em provas, devendo ser objeto de maior atenção dos candidatos.

Comentário serve para todas as alternativas, uma vez que versam sobre o mesmo assunto. Segundo o art. 195 da CLT, "a caracterização e a classificação da insalubridade e da periculosidade, segundo as normas do Ministério do Trabalho, far-se-ão através de perícia a cargo de **Médico do Trabalho ou Engenheiro do Trabalho**, registrados no Ministério do Trabalho".

Os limites de tolerância, por sua vez, serão fixados em razão da **natureza e da intensidade do agente e do tempo de exposição**, nos termos do art. 189 da CLT.

O adicional de insalubridade se trata de salário-condição. Dessa forma, eliminado o agente insalubre, cessa a obrigação de pagamento do referido adicional:

> **Art.194 da CLT** - O direito do empregado ao adicional de insalubridade ou de periculosidade cessará com a eliminação do risco à sua saúde ou integridade física, nos termos desta Seção e das normas expedidas pelo Ministério do Trabalho.

---

200. (FCC – Técnico Judiciário – Área Judiciária – TRT 15/2018) No tocante ao adicional de insalubridade, considere:

I. Rose trabalha em uma fábrica têxtil, exposta a ruídos e utilizando protetores auriculares do tipo "plug". Restou comprovado por meio de laudo técnico que os Equipamentos de Proteção Individuais (EPI's) eliminaram a nocividade no ambiente de trabalho.

II. Silmara é repositora de iogurtes em um supermercado e fica exposta ao frio das geladeiras de forma intermitente, saindo e entrando da câmara fria durante a jornada de trabalho.

III. Vilma é auxiliar de limpeza em um prédio com 10 escritórios, trabalhando no período noturno e recolhendo o lixo de cada unidade, inclusive dos banheiros e das cozinhas dos conjuntos comerciais, que possuem cerca de 30 m2. Não é responsável pela limpeza das áreas comuns do edifício e nem do banheiro público, situado no térreo do edifício.

De acordo com o entendimento Sumulado do TST, será devido o adicional de insalubridade para

a) Vilma, apenas.

b) Rose, Silmara e Vilma.

c) Rose e Silmara, apenas.

d) Silmara, apenas.

e) Silmara e Vilma, apenas.

▷ ***Anotações/Comentários***

Nota do autor: A questão aborda o tema adicional de insalubridade, sendo necessário o conhecimento das Súmulas do TST sobre o assunto.

Comentário serve para todas as alternativas, uma vez que versam sobre o mesmo assunto.

Rose: Não há direito ao adicional de insalubridade. "A **eliminação da insalubridade** mediante fornecimento de aparelhos protetores aprovados pelo órgão competente do Poder Executivo **exclui a percepção do respectivo adicional**" (Súmula nº 80 do TST).

Silmara: Há direito ao adicional de insalubridade. "O trabalho executado em condições insalubres, em caráter intermitente, não afasta, só por essa circunstância, o direito à percepção do respectivo adicional" (Súmula nº 47 do TST). Portanto, o caráter intermitente mantém o direito ao adicional de insalubridade. Ressalta-se que a exposição ao frio assegura o direito ao adicional de insalubridade.

Vilma: Não há direito ao adicional de insalubridade. "A higienização de instalações sanitárias de uso público ou coletivo de grande circulação, e a respectiva coleta de lixo, por não se equiparar à limpeza em residências e escritórios, enseja o pagamento de adicional de insalubridade em grau máximo, incidindo o disposto no Anexo 14 da NR-15 da Portaria do MTE nº 3.214/78 quanto à coleta e industrialização de lixo urbano." (Súmula nº 448, II do TST). Assim, como Vilma efetua a limpeza de escritórios e não de áreas coletivas, não há que se falar em recebimento de adicional de insalubridade.

201. (FCC – Analista Judiciário – Área Administrativa – TRT 2/2018) Segundo entendimento Sumulado do Tribunal Superior do Trabalho, o trabalho executado em condições insalubres, em caráter intermitente, só por essa circunstância,

a) aumenta o respectivo adicional para 40%.

b) afasta o direito à percepção do respectivo adicional.

c) reduz o respectivo adicional para 10%.

d) reduz o respectivo adicional para 20%.

e) não afasta o direito à percepção do respectivo adicional.

▷ ***Anotações/Comentários***

Nota do autor: A questão exigia do candidato tão somente a memorização do exposto na Súmula nº 47 do TST. Atividades insalubres são aquelas que expõem o empregado a agentes nocivos à sua saúde e que ultrapassam o seu limite de tolerância. Exemplo: agentes **químicos** (chumbo), **biológicos** (bactérias) e **físicos** (ruídos). Para a obtenção do adicional de insalubridade, há necessidade de preencher dois requisitos:

1) Atividade nociva deverá ser constatada via perícia por profissional habilitado, médico ou engenheiro do trabalho.

2) É necessário que o agente nocivo à saúde esteja incluído na relação oficial do Ministério do Trabalho. Se a atividade desenvolvida pelo empregado não estiver prevista nessa listagem, há entendimento majoritário de que o empregado não terá direito ao adicional. Aliás, eventual reclassificação ou descaracterização da insalubridade, pelo Ministro do Trabalho (autoridade competente), repercutirá no recebimento do adicional, ou seja, o empregado somente receberá enquanto a atividade desenvolvida estiver enquadrada como insalubre.

Comentário serve para todas as alternativas, uma vez que versam sobre o mesmo assunto. "O trabalho executado em condições insalubres, em caráter intermitente, não afasta, só por essa circunstância, o direito à percepção do respectivo adicional" (Súmula nº 47 do TST). Lembre-se de que é necessária a perícia de profissional habilitado para comprovar esse caráter intermitente.

202. (FCC – Analista Judiciário – Oficial de Just. Avaliador – TRT 11/2017) A Cláusula X da Convenção Coletiva de Trabalho H fixa adicional de insalubridade em 10% sobre o salário mínimo regional quando a insalubridade for graduada em grau médio. A Cláusula Y da Convenção Coletiva de Trabalho G fixa adicional de insalubridade proporcional ao tempo de exposição, limitando em 5%, 10% e 15% sobre o salário mínimo regional, respectivamente, de acordo com o grau constatado, se mínimo, médio ou máximo. Nestes casos,

a) ambas as cláusulas são válidas, mas carentes de eficácia.

b) somente a cláusula X é inválida.

c) somente a cláusula Y é inválida.

d) ambas as cláusulas são inválidas.

e) ambas as cláusulas são válidas e eficazes.

▷ ***Anotações/Comentários***

Nota do autor: A questão aborda o tema adicional de insalubridade, relacionando-o com a possibilidade de negociação coletiva acerca dos percentuais fixados pela autoridade competente. Exigia, assim, o conhecimento dos percentuais adotados e do entendimento sumulado do TST.

Comentário serve para todas as alternativas, uma vez que versam sobre o mesmo assunto. O adicional de insalubridade é fixado pelo art. 192 da CLT e pela Norma Regulamentadora nº 15 do Ministério do Trabalho, sendo de:

- 40% para insalubridade de grau máximo;
- 20% para insalubridade de grau médio;
- 10% para insalubridade de grau mínimo.

Nesse sentido, por se tratar de normas de segurança e saúde, **não caberia** pactuação no sentido de sua redução, ou fixação de forma proporcional ao tempo de exposição:

> **Súmula nº 364, II do TST:** Não é válida a cláusula de acordo ou convenção coletiva de trabalho fixando o adicional de periculosidade em percentual inferior ao estabelecido em lei e proporcional ao tempo de exposição ao risco, pois tal parcela constitui medida de higiene, saúde e segurança do trabalho, garantida por norma de ordem pública (arts. 7º, XXII e XXIII, da CF e 193, §1º, da CLT).

A Reforma Trabalhista passou a prever a possibilidade de convenção e acordo coletivo de trabalho prevalecerem sobre a lei quando versarem sobre o enquadramento do grau de insalubridade (art. 611-A, XII, CLT – acrescentado pela Lei nº 13.467/2017).

Entretanto, esse dispositivo choca-se com o previsto no art. 611-B, XVII, da CLT, também inserido pela Reforma Trabalhista:

> **Art. 611-B da CLT:** Constituem objeto ilícito de convenção coletiva ou de acordo coletivo de trabalho, exclusivamente, a supressão ou a redução dos seguintes direitos: (...) XVII - normas de saúde, higiene e segurança do trabalho previstas em lei ou em normas regulamentadoras do Ministério do Trabalho;

Nesse sentido, é clara a contradição entre o art. 611-B, XVIII e o art. 611-A, XII e XIII da CLT. Isso porque, tendo em vista a incumbência do Ministério do Trabalho para a regulamentação das normas sobre segurança e saúde no trabalho, não caberia às partes a livre disposição sobre elas.

Em razão disso, entende-se que a disposição sobre referidas normas só poderia ocorrer caso houvesse melhoria das condições de saúde, higiene e segurança dos trabalhadores, sob pena de se esvaziar o sentido da norma expressa no art. 7º, XXII, da CF/88 corroborado com o art. 611-B, XVIII da CLT.

33. ADICIONAL DE PERICULOSIDADE

203. (FCC – 2024 – TRT 11 (AM e RR) - Técnico Administrativo - Área Administrativa) Diadorim foi contratada pela empresa "Grande Sertão & Veredas". Pela atividade de risco que irá desempenhar, receberá adicional de periculosidade, além do salário-base de R$ 4.000,00, prêmio por assiduidade no valor de R$ 1.000,00 e ajuda de custo de R$ 500,00. Diante disso, e do quanto estabelece a Consolidação das Leis do Trabalho, Diadorim perceberá a titulo de adicional de periculosidade o valor de:

a) R$ 1.200,00.

b) R$ 1.650,00.

c) R$ 1.500,00.

d) R$ 1.350,00.

e) R$ 1.600,00.

▷ ***Anotações/Comentários***

Nota do autor: A questão aborda o tema do adicional de periculosidade. Ademais, exigia o conhecimento do percentual e da base de cálculo da respectiva verba.

Comentário serve para todas as alternativas, uma vez que versam sobre o mesmo assunto. Conforme redação atualizada do art. 193 da CLT:

> **Art. 193, CLT:** São consideradas atividades ou operações perigosas, na forma da regulamentação aprovada pelo Ministério do Trabalho e Emprego, aquelas que, por sua natureza ou métodos de trabalho, impliquem risco acentuado em virtude de exposição permanente do trabalhador a:
>
> (...)
>
> § 1º O trabalho em condições de periculosidade assegura ao empregado um adicional de **30% (trinta por cento) sobre o salário sem os acréscimos resultantes de gratificações, prêmios ou participações nos lucros da empresa**.

Dessa forma, no caso descrito no enunciado, o adicional de periculosidade incidirá sobre o salário base de Magno, ou seja, sobre R$ 3.000,00.

R$ 4.000,00	X	30%	=	R$ 1.200,00

204. (FCC – 2024 – TRT 11 – Analista Judiciário/Área Judiciária) De acordo com o que estabelece a Consolidação das Leis do Trabalho,

a) o adicional de periculosidade varia entre os graus mínimo, médio e máximo, sendo, respectivamente, de 10%, 20% e 30% do salário dos empregados.
b) é considerada atividade insalubre aquela que implique risco acentuado em virtude de exposição permanente do trabalhador a inflamáveis e explosivos.
c) o adicional de insalubridade tem porcentual fixo: 30% do salário básico do empregado.
d) o adicional de periculosidade varia entre os graus mínimo, médio e máximo sobre o salário mínimo.
e) são consideradas perigosas as atividades de trabalhador em motocicleta.

▷ ***Anotações/Comentários***

Nota do autor: As atividades perigosas ocorrem quando se verifica a presença de risco acentuado na atividade desenvolvida pelo empregado. Assim, de acordo com a CLT, a atividade perigosa é aquela em que há contato permanente com explosivos, inflamáveis ou energia elétrica em condições de risco acentuado. A CLT foi alterada três vezes para incluir, como atividades perigosas, aquela desenvolvida por trabalhador em motocicleta ("motoboy"), os trabalhadores que estão sujeitos a roubos, violência física, como ocorre com os vigilantes e os seguranças, e também as atividades desempenhadas pelos agentes das autoridades de trânsito. O adicional de periculosidade é de 30% sobre o salário-base, ou seja, o cálculo não leva em conta outros acréscimos.

Alternativas "a", "c" e "d": incorretas. Nos termos do § 1º do art. 193 da CLT, "O trabalho em condições de periculosidade assegura ao empregado um **adicional de 30% (trinta por cento)** sobre o salário sem os acréscimos resultantes de gratificações, prêmios ou participações nos lucros da empresa.". Logo, não há que se falar em *variação de grau de periculosidade.* A alternativa "a" tenta confundir o candidato com a disciplina do adicional de insalubridade, cuja percentagem varia a depender do grau de insalubridade constatada: "O exercício de trabalho em condições insalubres, acima dos limites de tolerância estabelecidos pelo Ministério do Trabalho, assegura a percepção de adicional respectivamente de 40% (quarenta por cento), 20% (vinte por cento) e 10% (dez por cento) do salário-mínimo da região, segundo se classifiquem nos graus máximo, médio e mínimo." (art. 192, CLT).

Alternativa "b": incorreta. A alternativa traz a conceituação de atividade **perigosa**, não insalubre: "São consideradas atividades ou operações perigosas, na forma da regulamentação aprovada pelo Ministério do Trabalho e Emprego, aquelas que, por sua natureza ou métodos de trabalho, impliquem risco acentuado em virtude de exposição permanente do trabalhador a: (...)." (Art. 193, *caput*, CLT).

Alternativa "e": correta. "São também consideradas perigosas as atividades de trabalhador em motocicleta." (Art. 193, § 4º, CLT).

205. (Cespe – Técnico Judiciário – Área Administrativa – TRT 8/2022) Paulo e Edivânia são empregados da sociedade empresária Gama Ltda. Paulo, segundo laudo regularmente elaborado, está exposto ao grau médio de risco em razão de ruído. Edivânia recebe adicional por trabalhar em contato permanente com agentes explosivos.

Em relação aos adicionais a serem pagos pela empresa na situação hipotética anterior, assinale a opção correta.

a) Paulo deve receber adicional de periculosidade de 40% sobre o seu salário-base, e Edivânia, adicional de insalubridade de 30% do salário mínimo.
b) Paulo deve receber adicional de insalubridade de 20% sobre o salário mínimo, e Edivânia, adicional de periculosidade de 30% do seu salário-base.
c) Paulo deve receber adicional de periculosidade de 20% do salário mínimo, e Edivânia, adicional de insalubridade de 30% sobre o seu salário-base.
d) Paulo deve receber adicional de insalubridade de 10% sobre o seu salário-base, e Edivânia, adicional de periculosidade de 40% sobre o salário mínimo.
e) Paulo e Edivânia devem receber adicional de 30% sobre o valor dos respectivos salários-base.

▷ ***Anotações/Comentários***

Nota do autor: A questão aborda inúmeros aspectos relacionados com o adicional de insalubridade e de periculosidade. O tema vem sendo cada vez mais cobrado em provas, devendo ser objeto de maior atenção dos candidatos.

Comentário serve para todas as alternativas, uma vez que versam sobre o mesmo assunto. Vamos analisar a situação de cada empregado separadamente.

Paulo: Para a obtenção do adicional de insalubridade, há necessidade de preencher 2 requisitos: a) Atividade nociva deverá ser constatada via perícia por profissional habilitado, médico ou engenheiro do trabalho; e b) É necessário que o agente nocivo à saúde esteja incluído na relação oficial do Ministério do Trabalho e Emprego. A exposição de Paulo ao agente físico "ruído" foi constatada em laudo regularmente elaborado e o "ruído" consta no Anexo 1 da NR-15 do TEM. Portanto, Paulo tem direito ao adicional de insalubridade em grua médio. O adicional de insalubridade era calculado com base no salário mínimo, variando de acordo com a agressividade do agente nocivo. Está previsto no art. 192 da CLT:

> **Art. 192 da CLT:** O exercício de trabalho em condições insalubres, acima dos limites de tolerância estabelecidos pelo Ministério do Trabalho, assegura a percepção de adicional respectivamente de 40% (quarenta por cento), 20% (vinte por cento) e 10% (dez por cento) do salário mínimo da região, segundo se classifiquem nos graus máximo, médio e mínimo.

Assim, Paulo deve receber adicional de insalubridade de 20% sobre o salário mínimo.

Edivânia: Nos termos do art. 193, I e § 1º, da CLT:

> **Art. 193 da CLT:** São consideradas atividades ou operações perigosas, na forma da regulamentação aprovada pelo Ministério do Trabalho e Emprego, aquelas que, por sua natureza ou métodos de trabalho, impliquem risco acentuado em virtude de exposição permanente do trabalhador a:
>
> I - inflamáveis, explosivos ou energia elétrica; (...)
>
> § 1º - O trabalho em condições de periculosidade assegura ao empregado um adicional de 30% (trinta por cento) sobre o salário sem os acréscimos resultantes de gratificações, prêmios ou participações nos lucros da empresa.

Portanto, Edvânia, que trabalha em contato permanente com agentes explosivos, recebe adicional de periculosidade de 30% do seu salário-base.

206. (FCC – Analista Judiciário – Área Judiciária – TRT 9/2022) Sobre segurança e medicina do trabalho, Equipamento de Proteção Individual (EPI) e atividades perigosas, considere:

I. A empresa é obrigada a fornecer aos empregados, gratuitamente, EPI adequado ao risco e em perfeito estado de conservação e funcionamento, sempre que as medidas de ordem geral não ofereçam completa proteção contra acidentes e danos à saúde dos empregados.
II. Após a constatação do trabalho em condições insalubres, o direito do empregado ao adicional de insalubridade não cessará, nem mesmo com a eliminação do risco à sua saúde, por se tratar de direito adquirido que integra o contrato de trabalho.
III. Serão exigidos exames toxicológicos, previamente à admissão e por ocasião do desligamento, para as profissões de motorista profissional, engenheiro civil e médico, assegurados o direito à contraprova em caso de resultado positivo e a confidencialidade dos resultados dos respectivos exames.
IV. São consideradas atividades ou operações perigosas aquelas que, por sua natureza ou métodos de trabalho, impliquem risco acentuado em virtude de exposição permanente do trabalhador a inflamáveis, explosivos ou energia elétrica; roubos ou outras espécies de violência física nas atividades profissionais de segurança pessoal ou patrimonial; o trabalho em altura superior a 2 metros; e as atividades laborais com utilização de motocicleta ou motoneta no deslocamento de trabalhador em vias públicas.
V. O trabalho em condições de periculosidade assegura ao empregado um adicional de 30% sobre o salário sem os acréscimos resultantes de gratificações, prêmios ou participações nos lucros da empresa.

Está correto o que se afirma APENAS em

a) II, IV e V.
b) I, III e V.

c) I e V.

d) II, III e IV.

e) I.

▷ ***Anotações/Comentários***

Nota do autor: A questão aborda vários temas relacionados à saúde e segurança no trabalho. Lembre o art. 611-B, XVII, da CLT, acrescentado pela Reforma Trabalhista, determina que a ilicitude de convenção e acordo coletivos de trabalho que prevejam a supressão ou redução de normas de saúde, higiene e segurança do trabalho previstas em lei ou em normas regulamentadoras do Ministério do Trabalho.

Assertiva I. Correta. "A empresa é obrigada a fornecer aos empregados, gratuitamente, equipamento de proteção individual adequado ao risco e em perfeito estado de conservação e funcionamento, sempre que as medidas de ordem geral não ofereçam completa proteção contra os riscos de acidentes e danos à saúde dos empregados." (art. 166, CLT).

Assertiva II. Incorreta. "O direito do empregado ao adicional de insalubridade ou de periculosidade cessará com a eliminação do risco à sua saúde ou integridade física, nos termos desta Seção e das normas expedidas pelo Ministério do Trabalho." (art. 194, CLT).

Assertiva III. Incorreta. "Serão exigidos exames toxicológicos, previamente à admissão e por ocasião do desligamento, quando se tratar de motorista profissional, assegurados o direito à contraprova em caso de resultado positivo e a confidencialidade dos resultados dos respectivos exames." (art. 168, § 6º, CLT).

Assertiva IV. Incorreta. Em relação às atividades ou operações perigosas, tivemos uma importante atualização no ano de 2023. A questão, contudo, continua atualizada. Segue, abaixo, a atual redação do art. 193 da CLT:

> **Art. 193, CLT:** São consideradas atividades ou operações perigosas, na forma da regulamentação aprovada pelo Ministério do Trabalho e Emprego, aquelas que, por sua natureza ou métodos de trabalho, impliquem risco acentuado em virtude de exposição permanente do trabalhador a:
>
> I - inflamáveis, explosivos ou energia elétrica;
>
> II - roubos ou outras espécies de violência física nas atividades profissionais de segurança pessoal ou patrimonial.
>
> III – colisões, atropelamentos ou outras espécies de acidentes ou violências nas atividades profissionais dos agentes das autoridades de trânsito. (**Incluído pela Lei nº 14.684, de 2023**)
>
> § 1º O trabalho em condições de periculosidade assegura ao empregado um adicional de 30% (trinta por cento) sobre o salário sem os acréscimos resultantes de gratificações, prêmios ou participações nos lucros da empresa.
>
> § 2º O empregado poderá optar pelo adicional de insalubridade que porventura lhe seja devido.
>
> § 3º Serão descontados ou compensados do adicional outros da mesma natureza eventualmente já concedidos ao vigilante por meio de acordo coletivo.
>
> § 4º São também consideradas perigosas as atividades de trabalhador em motocicleta.
>
> § 5º O disposto no inciso I do caput deste artigo não se aplica às quantidades de inflamáveis contidas nos tanques de combustíveis originais de fábrica e suplementares, para consumo próprio de veículos de carga e de transporte coletivo de passageiros, de máquinas e de equipamentos, certificados pelo órgão competente, e nos equipamentos de refrigeração de carga. (**Incluído pela Lei nº 14.766, de 2023**)

O trabalho em altura superior a 2 metros não enseja o pagamento do adicional de periculosidade, mas recebe regulamentação própria na NR 35 do Ministério do Trabalho e Emprego:

> **Item 35.2.1, NR 35:** Aplica-se o disposto nessa Norma a toda atividade com diferença de nível acima de 2,0m (dois metros) do nível inferior, onde haja risco de queda.

Assertiva V. Correta. Conforme acima transcrito, nos termos do § 1º do art. 193 da CLT, "O trabalho em condições de periculosidade assegura ao empregado um adicional de 30% (trinta por cento) sobre o salário sem os acréscimos resultantes de gratificações, prêmios ou participações nos lucros da empresa".

207. (FCC – Analista Judiciário – Área Judiciária – TRT 17/2022) Magno é gerente de uma fábrica, prestando serviços próximo a um tanque de óleo diesel que alimenta o gerador da fábrica, e recebe mensalmente adicional de periculosidade. No Estado de Magno o salário mínimo regional é de R$ 1.300,00, e Magno recebe R$ 3.000,00 de salário fixo, R$ 400,00 de prêmio produção e R$ 1.200,00 de gratificação de função. Desta forma, conforme previsão legal, seu adicional de periculosidade é de

a) R$ 390,00

b) R$ 900,00

c) R$ 1.200,00

d) R$ 850,00

e) R$ 1.260,00

▷ ***Anotações/Comentários***

Nota do autor: A questão aborda o tema do adicional de periculosidade. Ademais, exigia o conhecimento do percentual e da base de cálculo da respectiva verba.

Comentário serve para todas as alternativas, uma vez que versam sobre o mesmo assunto. Conforme redação atualizada do art. 193 da CLT:

> **Art. 193, CLT:** São consideradas atividades ou operações perigosas, na forma da regulamentação aprovada pelo Ministério do Trabalho e Emprego, aquelas que, por sua natureza ou métodos de trabalho, impliquem risco acentuado em virtude de exposição permanente do trabalhador a:
>
> (...)
>
> § 1º O trabalho em condições de periculosidade assegura ao empregado um adicional de **30% (trinta por cento) sobre o salário sem os acréscimos resultantes de gratificações, prêmios ou participações nos lucros da empresa**.

Dessa forma, no caso descrito no enunciado, o adicional de periculosidade incidirá sobre o salário base de Magno, ou seja, sobre R$ 3.000,00.

R$ 3.000,00	X	30%	=	R$ 900,00

208. (FCC – Analista Judiciário – Área Judiciária – TRT 22/2022) Nas funções exercidas por Eliezer, no setor de energia elétrica, ele recebe, além de seu salário, também adicional de periculosidade, pago em caráter permanente. Nas ocasiões em que Eliezer está de sobreaviso, de acordo com o entendimento sumulado do TST, o adicional de periculosidade

a) não integra o cálculo das horas de sobreaviso, uma vez que tal adicional também não integra as horas extras prestadas por Eliezer.

b) integra o cálculo das horas de sobreaviso, tendo em vista que o referido adicional é pago em caráter permanente.

c) integra o cálculo das horas de sobreaviso, mas pela metade, tendo em vista que Eliezer está em sua residência, sem contato ou em condições de risco.

d) não integra o cálculo das horas de sobreaviso, tendo em vista que Eliezer não se encontra em condições de risco.

e) não integra o cálculo das horas de sobreaviso, pois não existe a possibilidade de sobreaviso nas atividades expostas a condições de risco, ainda que remuneradas com adicional de periculosidade.

▷ ***Anotações/Comentários***

Nota do autor: A questão aborda o tema segurança e saúde no trabalho e exigia o conhecimento da jurisprudência do TST. Note-se que, com a Reforma Trabalhista, as normas sobre duração do trabalho e intervalos não são consideradas como normas de saúde, higiene e segurança do trabalho, nos termos do art. 611-B da CLT.

Comentário serve para todas as alternativas, uma vez que versam sobre o mesmo assunto. "Durante as horas de sobreaviso, o empregado não se encontra em condições de risco, razão pela qual é incabível a integração do adicional de periculosidade sobre as mencionadas horas." (Súmula nº 132, II, TST).

209. (FCC – Analista Judiciário – Área Judiciária – TRT 23/2022) Margarida é empregada da metalúrgica Ferro e Fogo Ltda., e partir do próximo mês começará a prestar serviços no setor de usinagem, próxima ao local onde funciona o gerador de energia, alimentado a óleo diesel. De acordo com laudo técnico contratado pela empresa, o setor apresenta risco de explosão e os empregados do setor devem receber adicional de periculosidade. Sabendo que a remuneração de Margarida é composta pelo salário de R$ 2.000,00, acrescido de gratificação de desempenho de R$ 500,00, e prêmio produção de R$ 300,00, e o salário mínimo regional é de R$ 1.250,00, seu adicional de periculosidade deverá ser de

a) R$ 375,00

b) R$ 600,00

c) R$ 840,00

d) R$ 500,00

e) R$ 750,00

▷ ***Anotações/Comentários***

Nota do autor: A questão aborda o tema do adicional de periculosidade. Ademais, exigia o conhecimento do percentual e da base de cálculo da respectiva verba.

Comentário serve para todas as alternativas, uma vez que versam sobre o mesmo assunto. Conforme redação atualizada do art. 193 da CLT:

> **Art. 193, CLT:** São consideradas atividades ou operações perigosas, na forma da regulamentação aprovada pelo Ministério do Trabalho e Emprego, aquelas que, por sua natureza ou métodos de trabalho, impliquem risco acentuado em virtude de exposição permanente do trabalhador a:
>
> (...)
>
> § 1º O trabalho em condições de periculosidade assegura ao empregado um adicional de **30% (trinta por cento) sobre o salário sem os acréscimos resultantes de gratificações, prêmios ou participações nos lucros da empresa**.

Dessa forma, no caso descrito no enunciado, o adicional de periculosidade incidirá sobre o salário base de Margarida, ou seja, sobre R$ 2.000,00.

R$ 2.000,00	X	30%	=	R$ 600,00

210. (FCC – Técnico Judiciário – Área Administrativa – TRT 22/2022) Rodnei é auxiliar de contabilidade na Grax Indústria de Óleos e Lubrificantes Industriais Ltda. e trabalha em um dos edifícios administrativos da empresa, que fica bastante distante da área industrial. No entanto, uma vez por semana, tem que ir até outro edifício administrativo onde fica a diretoria da empresa, para reunião, sendo que nesse trajeto passa por um depósito de produtos químicos utilizados na produção industrial. Considerando que esse percurso demora no máximo 3 minutos, Rodnei, com base na CLT e na jurisprudência sumulada do TST,

a) tem direito ao adicional de periculosidade, no valor de 30% sobre o salário, tendo em vista que está exposto a risco de vida, em razão dos produtos inflamáveis.

b) tem direito ao adicional de periculosidade, no valor de 10% sobre o salário, tendo em vista a exposição ao risco de vida, em grau mínimo, considerando que apenas passa pelo depósito de produtos inflamáveis.

c) tem direito ao adicional de periculosidade, em valor proporcional ao tempo de exposição ao risco de vida, em razão dos produtos inflamáveis.

d) não tem direito ao adicional de periculosidade, porque não exerce atividades que tenham contato permanente com produtos inflamáveis.

e) não tem direito ao adicional de periculosidade, porque o contato com os produtos inflamáveis, embora seja habitual, dá-se por tempo extremamente reduzido.

▷ ***Anotações/Comentários***

Nota do autor: A questão aborda o tema adicional de periculosidade. Atividade perigosa é aquela em que há contato permanente com explosivos ou inflamáveis em condições de risco acentuado. A atividade perigosa é comprovada mediante perícia (art. 195 da CLT).

Comentário serve para todas as alternativas, uma vez que versam sobre o mesmo assunto. O adicional de periculosidade é devido quando a exposição ao risco é permanente ou intermitente (com intervalos). É indevido se o contato for meramente eventual ou se, mesmo que habitual, ocorrer por tempo extremamente reduzido:

> **Súmula nº 364 do TST.**
>
> I – Tem direito ao adicional de periculosidade o empregado exposto permanentemente ou que, de forma intermitente, sujeita-se a condições de risco. Indevido, apenas, quando o contato dá-se de forma eventual, assim considerado o fortuito, ou o que, sendo habitual, dá-se por tempo extremamente reduzido.
>
> II – Não é válida a cláusula de acordo ou convenção coletiva de trabalho fixando o adicional de periculosidade em percentual inferior ao estabelecido em lei e proporcional ao tempo de exposição ao risco, pois tal parcela constitui medida de higiene, saúde e segurança do trabalho, garantida por norma de ordem pública (arts. 7º, XXII e XXIII, da CF e art. 193, § 1º, CLT).

Note-se que com a Reforma Trabalhista, constituem objeto ilícito de convenção ou acordo coletivo, a supressão ou redução do adicional de periculosidade, assim como normas de segurança, higiene e saúde do trabalho, previstas em lei ou normas regulamentadoras do Ministério do Trabalho:

> **Art. 611-B da CLT** (inserido pela Reforma Trabalhista): Constituem objeto ilícito de convenção coletiva ou de acordo coletivo de trabalho, exclusivamente, a supressão ou a redução dos seguintes direitos: (...)
>
> XVII – normas de saúde, higiene e segurança do trabalho previstas em lei ou em normas regulamentadoras do Ministério do Trabalho;
>
> XVIII – adicional de remuneração para as atividades penosas, insalubres ou perigosas;

Dessa forma, não será devido o pagamento do adicional de periculosidade a Rodnei, tendo em vista o contato extremamente reduzido com material inflamável.

211. (AOCP – Técnico Judiciário – Área Administrativa – TRT 1/2018) Simão, há um mês, completou 16 anos de idade e intenciona ingressar no mercado de trabalho para auxiliar seus pais com as despesas da residência, considerando estar difícil a situação financeira da família. O pai de Simão trabalha como frentista em um Posto de Combustíveis, sendo que sua função é exercida em contato direto com as bombas de combustíveis. O pai de Simão tomou conhecimento que seu empregador está contratando novos funcionários para exercerem a mesma função que a sua, ocasião em que o pai de Simão indicou o filho para o trabalho. Por todo o exposto, é correto afirmar que Simão

a) pode iniciar na empresa como aprendiz de seu pai na função de frentista, para, assim, adquirir experiência no abastecimento dos veículos, dentre outras peculiaridades do serviço.

b) pode iniciar o trabalho na mesma função que seu pai, pois já completou 16 anos de idade.

c) não pode iniciar qualquer atividade laboral, pois somente poderá fazê-lo quando completar 18 anos de idade.

d) não pode trabalhar na empresa na mesma função que seu pai, pois a atividade de frentista, em contato direto com combustíveis, é proibida a menores de 18 anos de idade.

e) pode iniciar seu trabalho na empresa na mesma função que seu pai, desde que concilie o trabalho com os estudos.

▷ ***Anotações/Comentários***

Nota do autor: A questão exigia que o candidato identificasse se tratar a profissão de frentista de trabalho perigoso que, por esta razão, não poderá ser exercido pelo menor de 18 anos.

Comentário serve para todas as alternativas, uma vez que versam sobre o mesmo assunto. No caso apresentado identificamos que Simão tem 16 anos, de modo que não poderá exercer trabalho perigoso, insalubre ou no período noturno, nos termos do art. 7º, XXXIII da CF/88:

> **Art. 7º da CF/88:** São direitos dos trabalhadores urbanos e rurais, além de outros que visem à melhoria de sua condição social: (...) XXXIII - proibição de trabalho noturno, perigoso ou insalubre a menores de dezoito e de qualquer trabalho a menores de dezesseis anos, salvo na condição de aprendiz, a partir de quatorze anos;

Dessa forma, não poderá trabalhar como frentista, tendo em vista se tratar de trabalho perigoso:

> **Art. 193 da CLT**. São consideradas atividades ou operações perigosas, na forma da regulamentação aprovada pelo Ministério do Trabalho e Emprego, aquelas que, por sua natureza ou métodos de trabalho, impliquem risco acentuado em virtude de exposição permanente do trabalhador a:
>
> I - inflamáveis, explosivos ou energia elétrica; (...)
>
> **Súmula nº 39 do TST:** Os empregados que operam em bomba de gasolina têm direito ao adicional de periculosidade (Lei nº 2.573, de 15.08.1955).

212. (AOCP - Analista Judiciário - Área Administrativa - TRT 1/2018) Em relação às atividades consideradas perigosas e o direito ao adicional de periculosidade, assinale a alternativa INCORRETA.

a) O empregado exposto permanentemente ou que, de forma intermitente, sujeita-se a condições de risco, faz jus ao recebimento do adicional de periculosidade. O adicional de periculosidade é indevido tão somente quando o contato ou exposição a atividades ou operações perigosas ocorre eventualmente, ou seja, de forma fortuita, ou mesmo que seja habitual, ocorra por período de tempo muito reduzido.

b) O empregado exposto permanentemente ou que, de forma intermitente ou eventual, assim considerada a fortuita, sujeita-se a condições de risco faz jus ao recebimento do adicional de periculosidade.

c) O adicional de periculosidade legalmente estabelecido é de 30% sobre o salário do trabalhador, sem os acréscimos resultantes de gratificações, prêmios ou participações nos lucros da empresa e, quando pago com habitualidade, integra o salário do empregado para todos os efeitos.

d) O trabalhador que desempenha suas funções em motocicleta, como os motoboys, tem direito ao recebimento do adicional de periculosidade.

e) É inválida a cláusula de acordo ou convenção coletiva de trabalho fixando o adicional de periculosidade em percentual inferior ao estabelecido em lei, ainda que proporcional ao tempo de exposição ao risco.

▷ ***Anotações/Comentários***

Nota do autor: O pagamento dos adicionais de periculosidade e insalubridade tem previsão constitucional, de acordo com art. 7º, XXIII, da CF/88. As atividades perigosas ocorrem quando se verifica a presença de risco acentuado na atividade desenvolvida pelo empregado. Atente-se que, no caso, deveria ser assinalada a alternativa incorreta.

Alternativa "a". "Tem direito ao adicional de periculosidade o empregado exposto permanentemente ou que, de forma intermitente, sujeita-se a condições de risco. Indevido, apenas, quando o contato dá-se de forma eventual, assim considerado o fortuito, ou o que, sendo habitual, dá-se por tempo extremamente reduzido" (Súmula nº 364, I do TST).

Alternativa "b". "Tem direito ao adicional de periculosidade o empregado exposto permanentemente ou que, de forma intermitente, sujeita-se a condições de risco. **Indevido, apenas, quando o contato dá-se de forma eventual**, assim considerado o fortuito, ou o que, sendo habitual, dá-se por tempo extremamente reduzido" (Súmula nº 364, I do TST).

Alternativa "c". "O trabalho em condições de periculosidade assegura ao empregado um adicional de 30% (trinta por cento) sobre o salário sem os acréscimos resultantes de gratificações, prêmios ou participações nos lucros da empresa" (Art. 193, §1º da CLT). E, "o adicional de periculosidade, pago em caráter permanente, integra o cálculo de indenização e de horas extras" (Súmula nº 132 do TST).

Alternativa "d". O trabalho em motocicleta é considerado perigoso, nos termos do art. 193, §4º da CLT.

Alternativa "e". "Não é válida a cláusula de acordo ou convenção coletiva de trabalho fixando o adicional de periculosidade em percentual inferior ao estabelecido em lei e proporcional ao tempo de exposição ao risco, pois tal parcela constitui medida de higiene, saúde e segurança do trabalho, garantida por norma de ordem pública (arts. 7º, XXII e XXIII, da CF e 193, §1º, da CLT)" (Súmula nº 364, II do TST).

34. PARCELAS SEM NATUREZA SALARIAL

213. (FUMARC - Técnico Judiciário - TRT 3/2022) São todas verbas com natureza salarial, EXCETO:

a) adicional de insalubridade

b) comissões.

c) férias.

d) gratificação natalina.

e) prêmio.

▷ ***Anotações/Comentários***

Nota do autor: Trata-se de uma questão simples como, aliás, foram as questões de Direito do Trabalho nesse concurso realizado pela FUMARC. Exigia-se do candidato tão somente o conhecimento acerca do texto da CLT:

Comentário serve para todas as alternativas, uma vez que versam sobre o mesmo assunto. Conforme dispõe a CLT:

> **Art. 457, CLT:** Compreendem-se na remuneração do empregado, para todos os efeitos legais, além do salário devido e pago diretamente pelo empregador, como contraprestação do serviço, as gorjetas que receber.
>
> § 1º Integram o salário a importância fixa estipulada, as gratificações legais e as comissões pagas pelo empregador.
>
> § 2º As importâncias, ainda que habituais, pagas a título de ajuda de custo, auxílio-alimentação, vedado seu pagamento em dinheiro, diárias para viagem, **prêmios** e abonos não integram a remuneração do empregado, não se incorporam ao contrato de trabalho e não constituem base de incidência de qualquer encargo trabalhista e previdenciário.
>
> § 3º Considera-se gorjeta não só a importância espontaneamente dada pelo cliente ao empregado, como também o valor cobrado pela empresa, como serviço ou adicional, a qualquer título, e destinado à distribuição aos empregados.
>
> § 4º Consideram-se prêmios as liberalidades concedidas pelo empregador em forma de bens, serviços ou valor em dinheiro a empregado ou a grupo de empregados, em razão de desempenho superior ao ordinariamente esperado no exercício de suas atividades.

214. (FCC - Técnico Judiciário - Área Administrativa - TRT 9/2022) A empresa Matte Indústria de Bebidas Ltda. passou a adotar uma política de remuneração diferente, com pagamento de gratificação por tempo de serviço (biénios) e de prémios por produtividade, e a concessão dos seguintes benefícios: auxílio-alimentação pago em dinheiro, seguro de vida e de acidentes pessoais, assistência médica e pagamento de mensalidade de academia de ginástica. São considerados salário, constituindo base de incidência de encargos trabalhistas e previdenciários:

a) auxílio-alimentação pago em dinheiro e mensalidade de academia de ginástica.

b) gratificação por tempo de serviço (biênios) e auxílio-alimentação pago em dinheiro.

c) somente a mensalidade de academia de ginástica.

d) gratificação por tempo de serviço (biênios) e prêmios de produtividade.

e) prêmios de produtividade, auxílio-alimentação pago em dinheiro e mensalidade de academia de ginástica.

▷ *Anotações/Comentários*

Nota do autor: A questão, como é comum em provas de TRT, questionava sobre a natureza de verbas trabalhista. Para responder esse tipo de questão, o candidato tem que dominar os art. 457 e 458 da CLT.

Comentário serve para todas as alternativas, uma vez que versam sobre o mesmo assunto. Conforme dispõe a CLT (grifos acrescidos):

> **Art. 457, CLT:** Compreendem-se na remuneração do empregado, para todos os efeitos legais, além do salário devido e pago diretamente pelo empregador, como contraprestação do serviço, as gorjetas que receber.
>
> § 1º Integram o salário a importância fixa estipulada, as **gratificações legais** e as comissões pagas pelo empregador.
>
> § 2º As importâncias, ainda que habituais, pagas a título de ajuda de custo, **auxílio-alimentação, vedado seu pagamento em dinheiro**, diárias para viagem, **prêmios** e abonos não integram a remuneração do empregado, não se incorporam ao contrato de trabalho e não constituem base de incidência de qualquer encargo trabalhista e previdenciário.
>
> **Art. 458, § 2º, CLT:** Para os efeitos previstos neste artigo, não serão consideradas salário as seguintes utilidades concedidas pelo empregador: (...)
>
> IV – assistência médica, hospitalar e odontológica, prestada diretamente ou mediante seguro-saúde;
>
> **V – seguros de vida e de acidentes pessoais;**

Ainda, em relação à mensalidade de academia de ginástica tem-se que referida parcela, paga com habitualidade, não é indispensável à prestação dos serviços e tem caráter de contraprestação pelos serviços prestados e, dessa forma, é considerada salário utilidade.

215. (FCC – Analista Judiciário – Área Judiciária – TRT 15/2018) A contribuição para o PIS/PASEP será apurada mensalmente

a) pelas pessoas jurídicas de direito privado e as que lhes são equiparadas pela legislação do imposto de renda, inclusive as empresas públicas e as sociedades de economia mista e suas subsidiárias, com base no faturamento anual.

b) pelas pessoas jurídicas de direito público interno, com base no valor mensal das receitas correntes arrecadadas e das transferências correntes e de capital recebidas.

c) e as sociedades cooperativas, além da contribuição sobre a folha de pagamento mensal, pagarão, também, a contribuição calculada com base no faturamento anual, em relação às receitas decorrentes de operações praticadas com não associados.

d) e, para determinação da base de cálculo do PIS/PASEP, são incluídas, entre as receitas das autarquias, os recursos classificados como receitas do Tesouro Nacional nos Orçamentos Fiscal e da Seguridade Social da União.

e) e, para determinação da base de cálculo do PIS/PASEP, são incluídas, entre as receitas das autarquias, os recursos derivados da distribuição das cotas tributárias do ente instituidor.

▷ *Anotações/Comentários*

Nota do autor: a questão exigia do candidato o conhecimento da Lei nº 9.715/1998, que dispõe sobre contribuições para os programas PIS/PASEP. Após a CF/88, o abono do PIS, no valor de um salário mínimo por ano, é devido aos trabalhadores, urbanos, rurais e trabalhadores avulsos, cadastrados há 5 anos no Fundo de Participação PIS/Pasep ou no Cadastro Nacional de Trabalho e tenham ganho de até dois salários mínimos mensais. Ademais, o valor do abono salarial será calculado proporcionalmente ao número de meses trabalhados ao longo do ano anterior (ano-base).

Atualmente, o abono do Pasep (funcionários públicos) é pago no Banco do Brasil, e o do PIS é feito na Caixa Econômica Federal.

Alternativa "a". "A contribuição para o PIS/PASEP será apurada mensalmente: (...) I – pelas pessoas jurídicas de direito privado e as que lhes são equiparadas pela legislação do imposto de renda, inclusive as empresas públicas e as sociedades de economia mista e suas subsidiárias, com base no faturamento **do mês**;" (Art. 2º, I da Lei nº 9.715/1998)

Alternativa "b". Nos termos da Lei nº 9.715/1998, que "dispõe sobre as contribuições para os Programas de Integração Social e de Formação do Patrimônio do Servidor Público – PIS/PASEP, e dá outras providências":

> **Art. 2º da Lei nº 9.715/1998:** "A contribuição para o PIS/PASEP será apurada mensalmente: (...) III - pelas pessoas jurídicas de direito público interno, com base no valor mensal das receitas correntes arrecadadas e das transferências correntes e de capital recebidas".

Alternativa "c". "As sociedades cooperativas, além da contribuição sobre a folha de pagamento mensal, pagarão, também, a contribuição calculada na forma do inciso I, em relação às receitas decorrentes de operações praticadas com não associados" (Art. 2º, §1º da Lei nº 9.715/1998). Note que, a contribuição, na forma do inciso I, é calculada com base no **faturamento mensal** e não anual da cooperativa.

Alternativa "d". "Para determinação da base de cálculo, não se incluem, entre as receitas das autarquias, os recursos classificados como receitas do Tesouro Nacional nos Orçamentos Fiscal e da Seguridade Social da União" (Art. 2º, §3º da Lei nº 9.715/1998).

Alternativa "e". "Para determinação da base de cálculo, **não se incluem**, entre as receitas das autarquias, os recursos classificados como receitas do Tesouro Nacional nos Orçamentos Fiscal e da Seguridade Social da União" (Art. 2º, §3º da Lei nº 9.715/1998). Ao que parece a questão entendeu como sinônimas as expressões "receitas do Tesouro Nacional" e "cotas tributárias".

35. PARTICIPAÇÃO NOS LUCROS E RESULTADOS

216. (FCC – Analista Judiciário – Oficial de Just. Avaliador – TRT 11/2017) Ruth, Ajudante Geral da fábrica de parafusos CDE Ltda., foi dispensada injustamente em 1 agosto de 2016, sendo que em suas verbas rescisórias não foi pago nenhum valor a título de Participação nos Lucros ou Resultados – PLR, estipulado no Acordo Coletivo de Trabalho celebrado no início do ano, em um salário contratual de cada trabalhador, a ser pago em dezembro do mesmo ano. Neste caso, Ruth

a) tem direito ao recebimento da parcela da PLR de forma proporcional aos meses trabalhados, pois a ex-empregada concorreu para os resultados positivos da empresa.

b) não tem direito ao recebimento da parcela da PLR, uma vez que foi dispensada antes da data estipulada de seu pagamento.

c) tem direito ao recebimento da parcela da PLR de forma integral, uma vez que foi iniciativa do empregador a rescisão do contrato de trabalho.

d) não tem direito ao recebimento da parcela da PLR, uma vez que foi dispensada injustamente, só fazendo jus a tal valor se tivesse se aposentado antes da data estipulada de seu pagamento.

e) tem direito ao recebimento da parcela da PLR, podendo o empregador decidir se pagará de forma proporcional aos meses do ano trabalhados ou de forma integral, de acordo com o desempenho de sua ex-empregada.

▷ *Anotações/Comentários*

Nota do autor: A questão aborda o tema Participação nos Lucros e Resultados. Verifica-se que a PLR não substitui nem complementa a remuneração do empregado. Assim sendo, não integra ou reflete para qualquer efeito trabalhista. Trata-se, portanto, de verba de caráter indenizatório.

Comentário serve para todas as alternativas, uma vez que versam sobre o mesmo assunto. O empregado que contribuiu com a empresa para a obtenção do resultado positivo terá direito a participação nos lucros, mesmo se extinto o contrato antes da data prevista para o pagamento da parcela. A negociação coletiva, segundo o TST, não poderá retirar do empregado o direito à PLR. Nesse sentido:

> **Súmula nº 451 do TST.** Fere o princípio da isonomia instituir vantagem mediante acordo coletivo ou norma regulamentar que condiciona a percepção da parcela participação nos lucros e resultados ao fato de estar o contrato de trabalho em vigor na data prevista para a distribuição dos lucros. Assim, inclusive na rescisão contratual antecipada, é devido o pagamento da parcela de forma proporcional aos meses trabalhados, pois o ex-empregado concorreu para os resultados positivos da empresa.

Com o advento da Lei nº 13.467/2017, a convenção e o acordo coletivo que tratarem sobre participação nos lucros e resultados terão prevalência sobre a lei:

> **Art. 611-A da CLT (Inserido pela Reforma Trabalhista):** A convenção coletiva e o acordo coletivo de trabalho têm prevalência sobre a lei quando, entre outros, dispuserem sobre:
>
> (...)
>
> XV – participação nos lucros ou resultados da empresa.

Entendemos que mesmo com a prevalência do instrumento coletivo de trabalho sobre a lei, o entendimento do TST expresso na Súmula nº 451 do TST deve permanecer vigente, pois adotar tratamento diferenciado em relação ao empregado que deixou a empresa violaria o princípio da isonomia.

36. SALÁRIO-UTILIDADE

217. (FCC – Analista Judiciário – Área Judiciária – TRT 9/2022) Amanda foi contratada como empregada por uma empresa multinacional para trabalhar como Diretora Financeira. O trabalho poderia ser desenvolvido de forma remota, não sendo necessário seu comparecimento diário à empresa. A proposta financeira oferecida garantia: o pagamento de salário mensal, o aluguel de uma residência em condomínio fechado próximo à sede da empresa, a concessão de um veículo de luxo sem custos de manutenção, seguro e combustível, o pagamento de escola particular para seus filhos, a assistência médica e a previdência privada. Diante do caso concreto, o

a) custeio da locação não tem natureza salarial porque é necessário para o exercício das atividades.

b) pagamento de escola, de assistência médica e de previdência privada têm natureza salarial, salvo previsão contratual em sentido contrário.

c) veículo concedido à empregada não se caracteriza como salário in natura, ainda que seja utilizado em atividades particulares.

d) valor do aluguel e a concessão de veículo têm natureza salarial.

e) pagamento de escola tem natureza salarial, mas não incide no cálculo das férias, 13º salário e FGTS.

▷ ***Anotações/Comentários***

Nota do autor: A questão aborda o tema do salário in natura. O inciso IV do § 2º do art. 458 da CLT já estabelecia que as parcelas destinadas ao fornecimento de assistência médica, hospitalar e odontológica não integrava o salário do empregado. Com a inserção do §5º ao art. 458 da CLT, o legislador da Reforma Trabalhista estabelece que todos os valores referentes à assistência prestada por serviço médico ou odontológico não integram o salário do empregado, inclusive no tocante ao reembolso de despesas com medicamentos, óculos, aparelhos ortopédicos, próteses, órteses, despesas médico-hospitalares e outras similares.

Além disso, a modalidade de plano de saúde e as coberturas previstas não influenciam para a natureza da parcela que não integrará o salário do trabalhador. Com esse dispositivo, é possível a concessão de plano de saúde cuja cobertura é parcial ou ainda que exija complementação do valor. Nesse caso, mesmo se necessário o pagamento em coparticipação, a parcela não será considerada salário in natura.

Comentário serve para todas as alternativas, uma vez que versam sobre o mesmo assunto. O salário do empregado poderá ser pago em dinheiro e parte em utilidades. No salário-utilidade ou in natura ocorre substituição de parte paga em dinheiro por utilidades que seriam adquiridas pelo empregado. Exemplo: moradia.

Ressalta-se que é vedado o pagamento apenas em utilidades. No mínimo, 30% do salário deverá ser pago em dinheiro[27]. Ademais, as parcelas pagas em utilidades são "descontadas" do salário do empregado. Alguns desses descontos possuem limites, percentuais previstos em lei. Os demais descontos deverão respeitar o real valor da utilidade[28].

Para configurar salário-utilidade, é preciso que a utilidade preencha os seguintes requisitos:

a) Utilidade deverá ser fornecida **habitualmente**. Exemplo: empregado recebe todos os meses presentes dados por seu empregador.

b) Utilidade fornecida terá caráter de **contraprestação**, ou seja, é paga pelo trabalho desempenhado pelo empregado.

Vejamos, agora, a natureza de cada utilidade concedida à Amanda pela empresa:

Custeio com a locação: como não é necessário o comparecimento diário de Amanda à empresa, a casa locada pela empregadora não é indispensável à prestação dos serviços, mas tão somente um atrativo, uma contraprestação. Tem, portanto, natureza salarial.

Veículo concedido à empregada: por se tratar de um veículo de luxo, o qual será utilizado a atividades particulares – visto que a casa locada fica ao lado da empresa – também é contraprestação, sendo, pois, salário.

Pagamento de escola particular para os filhos: novamente, trata-se de um atrativo, de um benefício, de gratificação à Amanda pelos serviços prestados, ou seja, salário. Cuidado para não confundir com a educação custeada pelo empregador para o empregado, que, sim, terá natureza indenizatório:

> **Art. 458, § 2º, CLT:** Para os efeitos previstos neste artigo, não serão consideradas salário as seguintes utilidades concedidas pelo empregador: (...)
>
> II – educação, em estabelecimento de ensino próprio ou de terceiros, compreendendo os valores relativos a matrícula, mensalidade, anuidade, livros e material didático;

Assistência médica e previdência privada: conforme dispõe o art. 458, § 2º, CLT:

> **Art. 458, § 2º, CLT:** Para os efeitos previstos neste artigo, não serão consideradas salário as seguintes utilidades concedidas pelo empregador: (...)
>
> IV – assistência médica, hospitalar e odontológica, prestada diretamente ou mediante seguro-saúde; (...)
>
> VI – previdência privada;

218. (FUMARC – Analista Judiciário – Área Judiciária – TRT 3/2022) Em relação ao salário utilidade, NAO é correto afirmar:

a) Em relação aos trabalhadores urbanos, a habitação e a alimentação fornecidas como salário-utilidade deverão atender aos fins a que se destinam e não poderão exceder, respectivamente, a 25% (vinte e cinco por cento) e 20% (vinte por cento) do salário-contratual.

b) O cigarro não se considera salário utilidade em face de sua nocividade à saúde.

c) O valor relativo à assistência prestada por serviço médico ou odontológico, próprio ou não, inclusive o reembolso de despesas com medicamentos, óculos, aparelhos ortopédicos, próteses, órteses, despesas médico-hospitalares e outras similares, mesmo quando concedido em diferentes modalidades de planos e coberturas, não integram o salário do empregado para qualquer efeito.

d) O veículo fornecido pelo empregador ao empregado, quando indispensável para a realização do trabalho, não tem natureza salarial, salvo no caso de veículo que seja utilizado pelo empregado também em atividades particulares.

e) Os vestuários, equipamentos e outros acessórios fornecidos aos empregados e utilizados no local de trabalho para a prestação do serviço, são exemplos de utilidades que não são consideradas como salário.

▷ ***Anotações/Comentários***

Nota do autor: A questão aborda o tema do salário in natura. O inciso IV do § 2º do art. 458 da CLT já estabelecia que as parcelas

---

27. **Orientação Jurisprudencial nº 18 da SDC:** "Os descontos efetuados com base em cláusula de acordo firmado entre as partes não podem ser superiores a 70% do salário-base percebido pelo empregado, pois deve-se assegurar um mínimo de salário em espécie ao trabalhador."

28. **Súmula nº 258 do TST.** "Os percentuais fixados em lei relativos ao salário *in natura* apenas se referem às hipóteses em que o empregado percebe salário mínimo, apurando-se, nas demais, o real valor da utilidade."

destinadas ao fornecimento de assistência médica, hospitalar e odontológica não integrava o salário do empregado. Com a inserção do §5º ao art. 458 da CLT, o legislador da Reforma Trabalhista estabelece que todos os valores referentes à assistência prestada por serviço médico ou odontológico não integram o salário do empregado, inclusive no tocante ao reembolso de despesas com medicamentos, óculos, aparelhos ortopédicos, próteses, órteses, despesas médico-hospitalares e outras similares.

Além disso, a modalidade de plano de saúde e as coberturas previstas não influenciam para a natureza da parcela que não integrará o salário do trabalhador. Com esse dispositivo, é possível a concessão de plano de saúde cuja cobertura é parcial ou ainda que exija complementação do valor. Nesse caso, mesmo se necessário o pagamento em coparticipação, a parcela não será considerada salário in natura.

Alternativa "a". Correta. "A habitação e a alimentação fornecidas como salário-utilidade deverão atender aos fins a que se destinam e não poderão exceder, respectivamente, a 25% (vinte e cinco por cento) e 20% (vinte por cento) do salário-contratual." (Art. 458, §3º, CLT).

Alternativa "b". Correta. "Além do pagamento em dinheiro, compreende-se no salário, para todos os efeitos legais, a alimentação, habitação, vestuário ou outras prestações "in natura" que a empresa, por fôrça do contrato ou do costume, fornecer habitualmente ao empregado. **Em caso algum será permitido o pagamento com bebidas alcoólicas ou drogas nocivas.**" (Art. 458, caput, da CLT); "O cigarro não se considera salário utilidade em face de sua nocividade à saúde." (Súmula 367, II, TST).

Alternativa "c". Correta. "O valor relativo à assistência prestada por serviço médico ou odontológico, próprio ou não, inclusive o reembolso de despesas com medicamentos, óculos, aparelhos ortopédicos, próteses, órteses, despesas médico-hospitalares e outras similares, mesmo quando concedido em diferentes modalidades de planos e coberturas, não integram o salário do empregado para qualquer efeito nem o salário de contribuição, para efeitos do previsto na alínea q do § 9º do art. 28 da Lei no 8.212, de 24 de julho de 1991." (Art. 458, §5º, CLT).

> **Art. 458, § 2º, CLT:** Para os efeitos previstos neste artigo, não serão consideradas salário as seguintes utilidades concedidas pelo empregador: (...)
>
> IV – assistência médica, hospitalar e odontológica, prestada diretamente ou mediante seguro-saúde;

Alternativa "d". Incorreta. "A habitação, a energia elétrica e veículo fornecidos pelo empregador ao empregado, quando indispensáveis para a realização do trabalho, não têm natureza salarial, ainda que, no caso de veículo, seja ele utilizado pelo empregado também em atividades particulares." (Súmula 367, I, TST).

Alternativa "e". Correta. Conforme legislação:

> **Art. 458, § 2º, CLT:** Para os efeitos previstos neste artigo, não serão consideradas salário as seguintes utilidades concedidas pelo empregador:
>
> I – vestuários, equipamentos e outros acessórios fornecidos aos empregados e utilizados no local de trabalho, para a prestação do serviço;

219. (FCC – Analista Judiciário – Oficial de Just. Avaliador – TRT 11/2017) De acordo com o entendimento Sumulado do TST, a habitação, a energia elétrica e o veículo fornecidos pelo empregador ao empregado, quando indispensáveis para a realização do trabalho,

a) não têm natureza salarial, exceto se, no caso de veículo, ele for utilizado pelo empregado também em atividades particulares.

b) têm natureza salarial, ainda que, no caso de veículo, seja ele utilizado pelo empregado também em atividades particulares.

c) não têm natureza salarial, ainda que, no caso de veículo, seja ele utilizado pelo empregado também em atividades particulares.

d) têm natureza salarial, exceto se, no caso de veículo, ele for utilizado pelo empregado também em atividades particulares.

e) têm natureza salarial, exceto se, no caso de veículo, ele for utilizado pelo empregado também em atividades particulares e, exceto se, no caso da habitação, ela for utilizada para hospedar familiares residentes em outro estado.

▷ ***Anotações/Comentários***

Nota do autor: A questão trata do tema salário *in natura* ou salário-utilidade. O salário do empregado poderá ser pago em dinheiro e parte em utilidades. No salário-utilidade ou *in natura* ocorre substituição de parte paga em dinheiro por utilidades que seriam adquiridas pelo empregado. Exemplo: moradia e alimentação.

A Reforma Trabalhista inseriu um §5º ao art. 458 da CLT, para reiterar que o valor relativo à assistência médica ou odontológica não são considerados salário-utilidade:

> **Art. 458, § 5º da CLT (Inserido pela Reforma Trabalhista):** O valor relativo à assistência prestada por serviço médico ou odontológico, próprio ou não, inclusive o reembolso de despesas com medicamentos, óculos, aparelhos ortopédicos, próteses, órteses, despesas médico-hospitalares e outras similares, mesmo quando concedido em diferentes modalidades de planos e coberturas, não integram o salário do empregado para qualquer efeito nem o salário de contribuição, para efeitos do previsto na alínea *q* do § 9º do art. 28 da Lei nº 8.212, de 24 de julho de 1991.

Comentário serve para todas as alternativas, uma vez que versam sobre o mesmo assunto. Se a utilidade fornecida é **para** o trabalho, ou seja, como ferramenta indispensável à realização dos serviços, não terá natureza salarial, mas sim de indenização. Exemplo: energia elétrica, EPIs, enxada e facão, carro fornecido para o vendedor da empresa etc. não são considerados salário. Nesse sentido a Súmula nº 367 do TST:

> **Súmula nº 367, I do TST:** A habitação, a energia elétrica e veículo fornecidos pelo empregador ao empregado, quando indispensáveis para a realização do trabalho, não têm natureza salarial, ainda que, no caso de veículo, seja ele utilizado pelo empregado também em atividades particulares.

220. (FCC – Analista Judiciário – Oficial de Just. Avaliador – TRT 24/2017) A empresa Asas Indomáveis S/A contratou o Benício como instrutor regional de aviação. Ajustou um valor a ser pago em dinheiro, além de prestações mensais in natura. Nesse sentido, serão compreendidas no salário para todos os efeitos legais, aquelas fornecidas a título de

a) uniformes utilizados no local de trabalho, para a prestação dos serviços.

b) aluguel de apartamento de moradia do trabalhador, cujo valor corresponde a 20% do salário contratual.

c) seguros de vida e de acidentes pessoais.

d) automóvel destinado ao deslocamento do trabalhador para o trabalho e retorno.

e) assistência odontológica, prestada mediante seguro-saúde.

▷ ***Anotações/Comentários***

Nota do autor: A questão aborda o tema do salário in natura. O inciso IV do § 2º do art. 458 da CLT já estabelecia que as parcelas destinadas ao fornecimento de assistência médica, hospitalar e odontológica não integrava o salário do empregado. Com a inserção do §5 ao art. 458 da CLT, o legislador da Reforma Trabalhista estabelece que todos os valores referentes à assistência prestada por serviço médico ou odontológico não integram o salário do empregado, inclusive no tocante ao reembolso de despesas com medicamentos, óculos, aparelhos ortopédicos, próteses, órteses, despesas médico-hospitalares e outras similares.

Além disso, a modalidade de plano de saúde e as coberturas previstas não influenciam para a natureza da parcela que não integrará o salário do trabalhador. Com esse dispositivo, é possível a concessão de plano de saúde cuja cobertura é parcial ou ainda que exija complementação do valor. Nesse caso, mesmo se necessário o pagamento em coparticipação, a parcela não será considerada salário in natura.

Comentário serve para todas as alternativas, uma vez que versam sobre o mesmo assunto. O salário do empregado poderá ser pago em dinheiro e parte em utilidades. No salário-utilidade ou *in natura* ocorre substituição de parte paga em dinheiro por utilidades que seriam adquiridas pelo empregado. Exemplo: moradia.

Ressalta-se que é vedado o pagamento apenas em utilidades. No mínimo, 30% do salário deverá ser pago em dinheiro29. Ademais, as parcelas pagas em utilidades são "descontadas" do salário do empregado. Alguns desses descontos possuem limites, percentuais previstos em lei. Os demais descontos deverão respeitar o real valor da utilidade30. De acordo com a CLT:

> **1)** em relação empregado urbano, devem ser respeitados os seguintes percentuais: alimentação limitada a 20%, e moradia, a 25% do salário contratual do empregado (art. 458, § 3º, da CLT).
>
> **2)** em relação ao empregado rural, os percentuais são limitados a 25% para a alimentação e a 20% para a moradia. Esses descontos ocorrem sobre o salário mínimo.

De acordo com a redação do art. 457, § 2º, da CLT alterada pela Reforma Trabalhista, o auxílio-alimentação passou a ser considerada verba de natureza indenizatória. Se o empregador conceder auxílio alimentação, não haverá integração ao salário, desde não seja realizado o pagamento em dinheiro. Ressalta-se, portanto, que a inclusão do auxílio-alimentação como verba de natureza indenizatória, a alimentação deixa, na maioria das hipóteses, de ser considerada salário *in natura*.

As demais hipóteses elencadas nas alternativas da questão não são consideradas salário utilidade por expressa determinação legal:

> **Art. 458, § 2º, CLT:** Para os efeitos previstos neste artigo, não serão consideradas salário as seguintes utilidades concedidas pelo empregador:
>
> I – **vestuários, equipamentos e outros acessórios fornecidos aos empregados e utilizados no local de trabalho, para a prestação do serviço;**
>
> II – educação, em estabelecimento de ensino próprio ou de terceiros, compreendendo os valores relativos a matrícula, mensalidade, anuidade, livros e material didático;
>
> III – transporte destinado ao deslocamento para o trabalho e retorno, em percurso servido ou não por transporte público;
>
> IV – **assistência médica, hospitalar e odontológica, prestada diretamente ou mediante seguro-saúde**;
>
> V – **seguros de vida e de acidentes pessoais**;
>
> VI – previdência privada;
>
> VII – (Vetado)
>
> VIII – o valor correspondente ao vale-cultura.

Por fim, o veículo indispensável para a realização do trabalho não tem natureza salarial:

> **Súmula nº 367, I do TST:** A habitação, a energia elétrica e veículo fornecidos pelo empregador ao empregado, quando indispensáveis para a realização do trabalho, não têm natureza salarial, ainda que, no caso de veículo, seja ele utilizado pelo empregado também em atividades particulares.

37. EQUIPARAÇÃO SALARIAL

221. (FCC – Analista Judiciário – Área Judiciária – TRT 9/2022) É possível o reconhecimento da equiparação salarial, de acordo com a CLT, quando

a) o equiparando e o paradigma são empregados de empresas distintas que compõem o mesmo grupo econômico.

b) o equiparando é promovido para a vaga do paradigma que deixa a empresa em razão de pedido de demissão.

c) o empregador tem pessoal organizado em quadro de carreira que é homologado e obedece à alternância de promoção por antiguidade e merecimento.

d) o paradigma indicado é readaptado em nova função, por motivo de deficiência física ou mental atestada pelo órgão competente da Previdência social.

e) o equiparando e o paradigma têm diferença de tempo de serviço de 1 ano e 8 meses na função; o paradigma foi contratado como empregado há 6 anos; e o equiparando, há 3 anos.

▷ ***Anotações/Comentários***

Nota do autor: Com base no princípio da igualdade, é vedado o tratamento diferenciado para trabalhadores que exerçam a mesma função. Há previsão do direito à equiparação salarial nas hipóteses de tratamento diferenciado. Para tanto, é necessário que o empregado que pretenda adquirir a equiparação (trabalhador equiparando ou paragonado) preencha os requisitos previstos no art. 461 da CLT, cumulativamente.

Comentário serve para todas as alternativas, uma vez que versam sobre o mesmo assunto. Um dos requisitos para a equiparação salarial, que se mantém com a Reforma Trabalhista, estabelece que as mesmas funções sejam desempenhadas com a mesma perfeição técnica (qualidade) e produtividade (quantidade), isto é, o trabalho exercido por equiparando e paradigma tenha igual valor:

> **Art. 461 da CLT** (com redação dada pela Reforma Trabalhista): Sendo idêntica a função, a todo trabalho de igual valor, prestado ao mesmo empregador, no mesmo estabelecimento empresarial, corresponderá igual salário, sem distinção de sexo, etnia, nacionalidade ou idade.

Ressalta-se que a Reforma Trabalhista alterou alguns desses requisitos conforme será abordado a seguir:

REQUISITOS PARA A EQUIPARAÇÃO SALARIAL

1. Identidade de empregadores
2. Trabalho no mesmo estabelecimento empresarial (Alteração pela Reforma Trabalhista).
3. Empregados devem possuir a mesma função.
4. Trabalhos de igual valor.
5. Tempo no serviço não poderá ser superior a 4 anos (Alteração pela Reforma Trabalhista).
6. Tempo na função não poderá ser superior a 2 anos.
7. Inexistência de quadro de carreira ou de plano de cargos e salários (Alteração pela Reforma Trabalhista).

Ainda, importante mencionar que, nos termos da jurisprudência consolidada do TST, "Vago o cargo em definitivo, o empregado que passa a ocupá-lo não tem direito a salário igual ao do antecessor." (Súmula nº 159, II, TST).

222. (FCC – Analista Judiciário – Oficial de Justiça Avaliador Federal – TRT 17/2022) Arquimedes e Platão exercem funções idênticas para a Indústria Alimentícia Mel de Uruçu. Apesar de não laborarem na mesma unidade fabril, os mesmos trabalham em unidades distintas, mas dentro da mesma região metropolitana, localizando-se a menos de 20 km de distância. Arquimedes ingressou na empresa em maio de 2018, e Platão em junho de 2022. Considerando a situação narrada, conforme prevê a CLT, sabendo-se que Arquimedes está exercendo tais funções desde abril de 2021 e Platão desde agosto de 2022, referidos empregados

a) devem perceber o mesmo salário, eis que exercem funções idênticas a menos de 2 anos.

b) fazem jus à equiparação salarial, na medida em que deve ser considerada a mesma localidade o labor dentro de uma única região metropolitana, e a diferença de tempo na função inferior a 2 anos.

c) não devem receber o mesmo salário, eis que faltam, na hipótese, os requisitos de labor dentro de um mesmo estabelecimento empresarial para o mesmo empregador e diferença de tempo na empresa inferior a 4 anos.

d) são merecedores de idêntico salário, por haver diferença de tempo na função inferior a 2 anos, e diferença de tempo de empresa inferior a 5 anos.

---

29. **Orientação Jurisprudencial nº 18 da SDC:** "Os descontos efetuados com base em cláusula de acordo firmado entre as partes não podem ser superiores a 70% do salário-base percebido pelo empregado, pois deve-se assegurar um mínimo de salário em espécie ao trabalhador."
30. **Súmula nº 258 do TST.** "Os percentuais fixados em lei relativos ao salário *in natura* apenas se referem às hipóteses em que o empregado percebe salário mínimo, apurando-se, nas demais, o real valor da utilidade."

e) não devem ter os salários equiparados, por ausência do requisito mesma localidade, sendo que se encontram preenchidos os requisitos de diferença de tempo na função inferior a 2 anos e de tempo de empresa inferior a 5 anos.

▷ ***Anotações/Comentários***

Nota do autor: Com base no princípio da igualdade, é vedado o tratamento diferenciado para trabalhadores que exerçam a mesma função. Há previsão do direito à equiparação salarial nas hipóteses de tratamento diferenciado. Para tanto, é necessário que o empregado que pretenda adquirir a equiparação (trabalhador equiparando ou paragonado) preencha os requisitos previstos no art. 461 da CLT, cumulativamente.

Comentário serve para todas as alternativas, uma vez que versam sobre o mesmo assunto. Um dos requisitos para a equiparação salarial, que se mantém com a Reforma Trabalhista, estabelece que as mesmas funções sejam desempenhadas com a mesma perfeição técnica (qualidade) e produtividade (quantidade), isto é, o trabalho exercido por equiparando e paradigma tenha igual valor:

> **Art. 461 da CLT** (com redação dada pela Reforma Trabalhista): Sendo idêntica a função, a todo trabalho de igual valor, prestado ao mesmo empregador, no mesmo estabelecimento empresarial, corresponderá igual salário, sem distinção de sexo, etnia, nacionalidade ou idade.

Ressalta-se que a Reforma Trabalhista alterou alguns desses requisitos conforme será abordado a seguir:

REQUISITOS PARA A EQUIPARAÇÃO SALARIAL

1. Identidade de empregadores
2. Trabalho no mesmo estabelecimento empresarial (Alteração pela Reforma Trabalhista).
3. Empregados devem possuir a mesma função.
4. Trabalhos de igual valor.
5. Tempo no serviço não poderá ser superior a 4 anos (Alteração pela Reforma Trabalhista).
6. Tempo na função não poderá ser superior a 2 anos.
7. Inexistência de quadro de carreira ou de plano de cargos e salários (Alteração pela Reforma Trabalhista).

Como Arquimedes e Platão não trabalham no mesmo estabelecimento empresarial para o mesmo empregador e diferença de tempo na empresa é superior a 4 anos, não há que se falar em equiparação salarial.

223. (FCC – Técnico Judiciário – Área Administrativa – TRT 9/2022) Augusta trabalhou na empresa BTI Informática Ltda., na sede de Curitiba, como analista de sistemas sênior, de 20/01/2010 a 31/05/2022. Olívia trabalha na mesma empresa desde 15/05/2000, mas na filial de Colombo, que fica na região metropolitana de Curitiba, tendo sido promovida a analista de sistemas sênior em 12/11/2021, com salário superior em 20% do salário recebido por Augusta. A produtividade e a perfeição técnica de ambas as empregadas são as mesmas. Em decorrência desta situação, conforme prevê a Consolidação das Leis do Trabalho, Augusta

a) não tem direito às diferenças salariais decorrentes da equiparação salarial com Olívia, tendo em vista que, embora exerçam as mesmas funções, não trabalham no mesmo estabelecimento e Olívia foi promovida, enquanto Augusta é analista de sistemas sênior desde que foi contratada.

b) não deve receber as diferenças salariais decorrentes da equiparação salarial com Olívia, tendo em vista que, embora exerçam as mesmas funções e a diferença de tempo na função não seja superior a dois anos, não trabalham no mesmo estabelecimento e o tempo de serviço de Olívia para o empregador é superior a quatro anos.

c) tem direito às diferenças salariais decorrentes da equiparação salarial com Olívia, pois exercem as mesmas funções, em estabelecimentos que ficam na mesma região metropolitana.

d) faz jus às diferenças salariais decorrentes da equiparação salarial com Olívia, pois exercem as mesmas funções, sendo este o único requisito necessário para que se reconheça o direito.

e) é credora das diferenças salariais decorrentes da equiparação salarial com Olívia, pois preenchidos todos os requisitos legais exigidos para o reconhecimento do direito.

▷ ***Anotações/Comentários***

Nota do autor: Com base no princípio da igualdade, é vedado o tratamento diferenciado para trabalhadores que exerçam a mesma função. Há previsão do direito à equiparação salarial nas hipóteses de tratamento diferenciado. Para tanto, é necessário que o empregado que pretenda adquirir a equiparação (trabalhador equiparando ou paragonado) preencha os requisitos previstos no art. 461 da CLT, cumulativamente.

Comentário serve para todas as alternativas, uma vez que versam sobre o mesmo assunto. Um dos requisitos para a equiparação salarial, que se mantém com a Reforma Trabalhista, estabelece que as mesmas funções sejam desempenhadas com a mesma perfeição técnica (qualidade) e produtividade (quantidade), isto é, o trabalho exercido por equiparando e paradigma tenha igual valor:

> **Art. 461 da CLT** (com redação dada pela Reforma Trabalhista): Sendo idêntica a função, a todo trabalho de igual valor, prestado ao mesmo empregador, no mesmo estabelecimento empresarial, corresponderá igual salário, sem distinção de sexo, etnia, nacionalidade ou idade.

Ressalta-se que a Reforma Trabalhista alterou alguns desses requisitos conforme será abordado a seguir:

REQUISITOS PARA A EQUIPARAÇÃO SALARIAL

1. Identidade de empregadores
2. Trabalho no mesmo estabelecimento empresarial (Alteração pela Reforma Trabalhista).
3. Empregados devem possuir a mesma função.
4. Trabalhos de igual valor.
5. Tempo no serviço não poderá ser superior a 4 anos (Alteração pela Reforma Trabalhista).
6. Tempo na função não poderá ser superior a 2 anos.
7. Inexistência de quadro de carreira ou de plano de cargos e salários (Alteração pela Reforma Trabalhista).

Como Augusta Olívia não trabalham no mesmo estabelecimento empresarial para o mesmo empregador e diferença de tempo na empresa é superior a 4 anos, não há que se falar em equiparação salarial.

224. (FCC – Técnico Judiciário – Área Administrativa – TRT 18/2023) Arquimedes entende que faz jus ao mesmo salário de Sócrates, eis que ambos, na sua visão, exercem as mesmas funções na empresa funerária Sono Eterno. Conforme o que prevê a Consolidação das Leis do Trabalho, considerando que de fato ambos exercem as mesmas funções, com igualdade de produtividade e perfeição técnica, para que o pleito de Arquimedes tenha sucesso, a diferença de tempo de ambos na

a) empresa não pode ser superior a 4 anos, e a diferença de tempo na função não pode superar 2 anos.

b) empresa não pode ser superior a 2 anos, e a diferença de tempo na função não pode superar 1 ano.

c) função não pode superar 2 anos, independente do tempo de empresa de cada um.

d) empresa não pode ser superior a 3 anos, e a diferença de tempo na função não pode superar 2 anos.

e) função não pode superar 1 ano, independente do tempo de empresa de cada um.

▷ ***Anotações/Comentários***

Nota do autor: Com base no princípio da igualdade, é vedado o tratamento diferenciado para trabalhadores que exerçam a mesma função. Há previsão do direito à equiparação salarial nas hipóteses de tratamento diferenciado. Para tanto, é necessário que o empregado que pretenda adquirir a equiparação (trabalhador equiparando ou paragonado) preencha os requisitos previstos no art. 461 da CLT, cumulativamente.

Comentário serve para todas as alternativas, uma vez que versam sobre o mesmo assunto. Um dos requisitos para a equiparação salarial, que se mantém com a Reforma Trabalhista, estabelece que as mesmas funções sejam desempenhadas com a mesma perfeição técnica (qualidade) e produtividade (quantidade), isto é, o trabalho exercido por equiparando e paradigma tenha igual valor:

> **Art. 461 da CLT** (com redação dada pela Reforma Trabalhista): Sendo idêntica a função, a todo trabalho de igual valor, prestado ao mesmo empregador, no mesmo estabelecimento empresarial, corresponderá igual salário, sem distinção de sexo, etnia, nacionalidade ou idade.

Ressalta-se que a Reforma Trabalhista alterou alguns desses requisitos conforme será abordado a seguir:

REQUISITOS PARA A EQUIPARAÇÃO SALARIAL

1. Identidade de empregadores
2. Trabalho no mesmo estabelecimento empresarial (Alteração pela Reforma Trabalhista).
3. Empregados devem possuir a mesma função.
4. Trabalhos de igual valor.
5. Tempo no serviço não poderá ser superior a 4 anos (Alteração pela Reforma Trabalhista).
6. Tempo na função não poderá ser superior a 2 anos.
7. Inexistência de quadro de carreira ou de plano de cargos e salários (Alteração pela Reforma Trabalhista).

38. PROTEÇÃO AO SALÁRIO

225. (FCC – Analista Judiciário – Oficial de Justiça Avaliador Federal – TRT 9/2022) Constitui regra aplicável aos salários a

a) penhorabilidade, mas apenas em caso de dívida contraída pelo empregado.
b) alterabilidade por ato unilateral do empregador, desde que não prejudicial ao empregado.
c) irredutibilidade, salvo negociação coletiva.
d) submissão a quaisquer descontos, desde que previamente autorizados pelo empregado.
e) admissibilidade do salário complessivo.

▷ ***Anotações/Comentários***

Nota do autor: Dentre as características do salário, destaca-se sua natureza alimentar, pois ele tem finalidade de garantir o sustento do trabalhador e de sua família. Diante disso, o salário é protegido contra eventuais abusos cometidos pelo empregador e, ainda, protegido em face dos credores do empregador e dos credores do próprio empregado.

Alternativa "a". Incorreta. O salário do empregado é, em regra, impenhorável, mesmo quando depositado em conta corrente.

Nos termos do art. 833, IV, do CPC/15, são impenhoráveis os vencimentos, os subsídios, os soldos, os salários, as remunerações, os proventos de aposentadoria, as pensões, os pecúlios e os montepios, bem como as quantias recebidas por liberalidade de terceiro e destinadas ao sustento do devedor e de sua família, os ganhos de trabalhador autônomo e os honorários de profissional liberal.

O próprio dispositivo (art. 833, § 2º, do CPC/15), contudo, excepciona a impenhorabilidade dos salários em duas situações:

1) **se o empregado recebe salário superior a 50 salários mínimos**, o excedente desse valor pode ser penhorado em qualquer dívida que o trabalhador tiver; e
2) **se a dívida do empregado tiver natureza alimentar**, é admitida a penhora do salário independentemente do salário recebido.

Além disso, só é possível a penhora do salário do devedor em até 50% do valor que recebe mensalmente, sendo que o percentual efetivo deve ser verificado no caso concreto pelo julgador para se evitar o prejuízo à subsistência do executado.

Ademais, os depósitos efetuados nas contas vinculadas do FGTS em nome dos trabalhadores são absolutamente impenhoráveis (art. 2º, § 2º, da Lei nº 8.036/90).

Alternativas "b" e "c". Incorreta e correta, respectivamente. O empregador não poderá, por ato unilateral, reduzir o salário do empregado. Há possibilidade de redução salarial, excepcionalmente, via negociação coletiva (acordo ou convenção). Com o advento da Lei nº 13.467/2017, o art. 611-A, § 3º da CLT estabeleceu que em caso de redução do salário, o acordo ou convenção deverão prever a proteção dos empregados por dispensa imotivada no período em que vigorar o instrumento coletivo:

> **Art. 611-A, § 3º, CLT** (acrescentado pela Reforma Trabalhista): Se for pactuada cláusula que reduza o salário ou a jornada, a convenção coletiva ou o acordo coletivo de trabalho deverão prever a proteção dos empregados contra dispensa imotivada durante o prazo de vigência do instrumento coletivo.

Importante destacar que o art. 503 da CLT prevê a possibilidade de redução de salário por motivo de força maior. Esse artigo não foi recepcionado pela atual Constituição, ou seja, não está mais em vigor.

Ainda, a garantia de irredutibilidade salarial prevista no art. 7º, VI, CF/88, refere-se tão somente à irredutibilidade nominal do salário do empregado e não abrange as perdas decorrentes da inflação. Assim, por exemplo, se o salário do empregado é estipulado em R$ 2.000,00, não é permitido ao empregador, salvo mediante negociação coletiva, reduzir o salário. Contudo, se o poder de compra do empregado cair em razão do aumento da taxa de inflação, não há obrigação de aumento do salário do trabalhador para corrigir a inflação. Em suma, não há garantia de irredutibilidade salarial real em razão da perda do poder de compra, mas apenas nominal, referente ao valor pago ao trabalhador.

Alternativa "d". Incorreta. Segundo a garantia da intangibilidade[31] salarial, são vedados descontos ilegais e abusivos[32], pelo empregador, ao salário do empregado. Excepcionalmente, alguns descontos são permitidos:

1) **Descontos em razão do salário-utilidade.** O salário do empregado poderá ser pago em dinheiro e parte em utilidades. No salário-utilidade ou in natura ocorre substituição de parte paga em dinheiro por utilidades que seriam adquiridas pelo empregado. Exemplo: moradia e alimentação. Alguns desses descontos possuem limites, percentuais previstos em lei. Os demais descontos deverão respeitar o real valor da utilidade[33].
2) **Descontos no salário em razão de dano causado pelo empregado.** Neste caso, se o dano foi cometido por dolo, ou seja, de forma intencional, desconto é sempre possível, em razão da falta de lealdade do trabalhador. Se cometido por culpa (sem intenção), o desconto será possível desde que previsto no contrato de trabalho ou norma coletiva[34] (ajuste feito entre as partes). Nesse sentido, art. 462 da CLT.
3) **Adiantamentos salariais feitos em favor do empregado.**
4) **Descontos legais**[35] (pensão alimentícia, por exemplo) e **convencionais** (previsão em acordo coletivo – contribuição assistencial).

---

31. Intangível é sinônimo de intocável, inatacável.
32. **Súmula nº 342 do TST.** "Descontos salariais efetuados pelo empregador, com a autorização prévia e por escrito do empregado, para serem integrados em planos de assistência odontológica, médico-hospitalar, de seguro, de previdência privada, ou de entidade cooperativa, cultural ou recreativo-associativa de seus trabalhadores, em seu benefício e de seus dependentes, não afrontam o disposto no art. 462 da CLT, salvo se ficar demonstrada a existência de coação ou de outro defeito que vicie o ato jurídico."
33. **Súmula nº 258 do TST.** "Os percentuais fixados em lei relativos ao salário *in natura* apenas se referem às hipóteses em que o empregado percebe salário mínimo, apurando-se, nas demais, o real valor da utilidade."
34. **Orientação Jurisprudencial nº 251 da SDI-I do TST.** "É lícito o desconto salarial referente à devolução de cheques sem fundos, quando o frentista não observar as recomendações previstas em instrumento coletivo."
35. As Leis nº 13.172/2015 e nº 14.431 alteraram a redação da Lei nº 10.820/2003 e, atualmente, estabelecem o limite de 40% sobre o valor recebido nas verbas rescisórias do empregado para efetuar o pagamento de empréstimos, financiamentos, cartões de crédito e operações de arrendamento mercantil. Além disso, a Lei permite o desconto dos empréstimos na folha de pagamento do empregado. Nesse sentido: **Art. 1º, Lei nº 10.820/2003:** Os empregados regidos pela Consolidação das Leis do Trabalho – CLT, aprovada pelo Decreto- Lei nº 5.452, de 1º de maio de 1943, poderão autorizar, de forma irrevogável e irretratável, o desconto em folha de pagamento ou na sua remuneração disponível dos valores referentes ao pagamento de empréstimos, financiamentos, cartões de crédito e operações de arrendamento mercantil concedidos por instituições financeiras e sociedades de arrendamento mercantil, quando previsto nos respectivos contratos. § 1º O desconto mencionado neste artigo também poderá incidir sobre verbas rescisórias devidas pelo empregador, se assim previsto no respectivo contrato

5) **Descontos no salário para percepção de planos de assistência odontológica e médico-hospitalar.** Para que o desconto seja válido é necessário que haja prévia autorização por escrito do empregado[36]. Ressalta-se que se houver vício no consentimento do empregado ao conceder autorização do desconto, será considerado ilegal. Além disso, entendemos que o plano de saúde pode ser contratado diretamente pela empresa (plano Pessoa Jurídica) ou o reembolso, total ou parcial, do plano que o empregado já possui.

6) **Multa por descumprimento do acordo no trabalho intermitente.** A Reforma Trabalhista estabelece hipótese de multa ao empregado pelo descumprimento da prestação de serviços em trabalho intermitente após a aceitação da oferta pelo trabalhador (art. 452-A, § 4º da CLT). A legislação salienta, entretanto, que a multa somente será devida caso o descumprimento ocorra sem justo motivo. A contrario sensu, se houver justo motivo, não será necessário o pagamento da multa de 50%. Apesar de estabelecer a multa para ambas as partes da relação empregatícia, verifica-se que o dispositivo tem o potencial de trazer mais prejuízos aos trabalhadores do que ao empregador, pois a cobrança da multa pelo empregador pode ser realizada pelo desconto no valor da remuneração devida nos próximos trabalhados realizados, cabendo ao trabalhador ingressar com reclamação para reaver o valor que entenda descontado de forma ilegal.

Alternativa "e". Incorreta. O pagamento do salário deve ser realizado de forma clara e transparente. Desse modo, o empregado saberá exatamente o que está recebendo. É vedado o salário complessivo, ou seja, o pagamento sem que haja discriminação, detalhamento de cada uma das verbas recebidas.

Salário complessivo não se confunde com truck system, sendo que este é o pagamento do salário por meio de vales ou bônus para compra de produtos em armazém mantido pelo empregador.

---

226. (FCC – Analista Judiciário – Área Judiciária – Oficial de Justiça Avaliador – TRT 9/2015) Sobre regras de proteção ao salário, considere:

I. É vedado às empresas limitar, por qualquer forma, a liberdade dos empregados de dispor do seu salário.

II. O pagamento do salário, qualquer que seja a modalidade do trabalho e qualquer que seja a forma e o meio de fixação do mesmo, não deve ser estipulado por período superior a um mês.

III. O pagamento de salário em moeda estrangeira somente é válido quando o empregador assegura ao trabalhador as variações cambiais da moeda.

IV. Terá força de recibo o comprovante de depósito em conta bancária, desde que esta tenha sido indicada pelo empregado no momento da celebração do contrato de trabalho e o estabelecimento bancário seja próximo ao local de trabalho.

V. O pagamento dos salários será efetuado em dia útil e no local de trabalho, dentro do horário do serviço ou imediatamente após o encerramento deste, salvo quando efetuado por depósito em conta bancária.

Está correto o que se afirma APENAS em

a) I e V.

b) II e III.

c) I e III.

d) II e IV.

e) IV e V.

▷ ***Anotações/Comentários***

Nota do autor: A questão aborda o tema garantias de proteção ao salário e exigia o conhecimento da CLT sobre o assunto. Dentre as características do salário, destaca-se sua natureza alimentar, pois ele tem finalidade de garantir o sustento do trabalhador e de sua família. Diante disso, o salário é protegido contra eventuais abusos cometidos pelo empregador e, ainda, protegido perante credores do empregador e dos credores do próprio empregado.

Mesmo antes da Reforma Trabalhista, era possível a redução de salário mediante acordo ou convenção coletiva (art. 7º, VI da CF/88). Com o seu advento, caso haja negociação coletiva em que se reduzam salários, a cláusula deverá prever proteção dos empregados contra dispensa imotivada durante o prazo de vigência do instrumento coletivo (art. 611-A, §3º da CLT).

Item I. Correto. "Observado o disposto neste Capítulo, é vedado às empresas limitar, por qualquer forma, a liberdade dos empregados de dispor do seu salário" (Art. 462, §4º da CLT). Trata-se da vedação ao *truck system*.

Truck system é o pagamento do salário por meio de vales ou bônus para compra de produtos em armazém mantido pelo empregador. Exemplo: ocorre essa forma de pagamento em algumas propriedades rurais, nas quais o empregador exige que seus empregados gastem o salário nas dependências por ele mantidas.

Item II. Errado. "O pagamento do salário, qualquer que seja a modalidade do trabalho, não deve ser estipulado por período superior a 1 (um) mês, **salvo** no que concerne a comissões, percentagens e gratificações" (Art. 459 da CLT).

Item III. Errado. "A prestação, em espécie, do salário será paga em **moeda corrente** do País" (Art. 463 da CLT).

Item IV. Errado. "Terá força de recibo o comprovante de depósito em conta bancária, aberta para esse fim em nome de cada empregado, com o consentimento deste, em estabelecimento de crédito próximo ao local de trabalho" (Art. 464, parágrafo único da CLT).

Item V. Correto. "O pagamento dos salários será efetuado em dia útil e no local do trabalho, dentro do horário do serviço ou imediatamente após o encerramento deste, salvo quando efetuado por depósito em conta bancária, observado o disposto no artigo anterior" (Art. 465 da CLT).

39. ESTABILIDADES

227. (FCC – 2024 – TRT 11 (AM e RR) – Analista Judiciário - Área Judiciária) Afrodite assinou, em 1º/3/2019, com a empresa Olimpo, contrato de trabalho por prazo indeterminado e, em 1º/12/2022, foi demitida sem justa causa de seu trabalho. Em 10/1/2023, em exame médico de rotina, Afrodite descobriu que estava grávida, com dois meses de gestação, cuja data provável da concepção foi apontada em 10/11/2022. Diante disso, Afrodite foi procurar o seu antigo empregador para requerer os seus direitos. Diante do que estabelece a jurisprudência consolidada do TST,

a) ao não informar seu empregador de que estava grávida no momento de sua demissão, Afrodite não tem mais direito a qualquer garantia de emprego, tendo em vista que está se dá somente durante a vigência do contrato de trabalho.

b) Afrodite somente terá direito à garantia de emprego pretendida caso haja previsão em norma coletiva de sua categoria profissional,

c) tendo em vista que tanto Afrodite como seu empregador somente souberam da gravidez após encerrado o contrato de trabalho, Afrodite não tem direito à reintegração do emprego, mas somente à indenização decorrente da garantia de emprego.

d) o desconhecimento do estado gravídico pelo empregador não afasta o direito ao pagamento da indenização decorrente da garantia de emprego.

e) Afrodite só terá direito ao benefício previdenciário do salário-maternidade, pago pelo INSS, no prazo de vinte e oito dias antes e noventa e um dias após o parto.

▷ ***Anotações/Comentários***

Nota do autor: A questão aborda casos de garantias provisórias no emprego. É importante destacar que o ato de terminar o contrato é

---

de empréstimo, financiamento, cartão de crédito ou arrendamento mercantil, até o limite de 40% (quarenta por cento), sendo 35% (trinta e cinco por cento) destinados exclusivamente a empréstimos, financiamentos e arrendamentos mercantis e 5% (cinco por cento) destinados exclusivamente à amortização de despesas contraídas por meio de cartão de crédito consignado ou à utilização com a finalidade de saque por meio de cartão de crédito consignado.

36. **Súmula nº 342 do TST:** Descontos salariais efetuados pelo empregador, com a autorização prévia e por escrito do empregado, para serem integrados em planos de assistência odontológica, médico-hospitalar, de seguro, de previdência privada, ou de entidade cooperativa, cultural ou recreativo-associativa de seus trabalhadores, em seu benefício e de seus dependentes, não afrontam o disposto no art. 462 da CLT, salvo se ficar demonstrada a existência de coação ou de outro defeito que vicie o ato jurídico.

um direito potestativo do empregador. Logo, a essa decisão de colocar fim ao contrato o trabalhador não pode se opor, exceto se detentor de estabilidade ou uma das garantias provisórias de emprego. Assim sendo, estabilidade é o direito do trabalhador de permanecer no emprego, mesmo contra a vontade do empregador.

Comentário serve para todas as alternativas, uma vez que versam sobre o mesmo assunto. A estabilidade, ou garantia provisória de emprego, veda que o empregador dispense arbitrariamente ou sem justa causa a empregada gestante, desde a confirmação da gravidez até 5 meses após o parto. Segundo o STF, basta que a gravidez seja anterior à dispensa para que se fale em estabilidade: "A incidência da estabilidade prevista no art. 10, II, do ADCT, somente exige a anterioridade da gravidez à dispensa sem justa causa". Ainda, nos termos da jurisprudência do TST, "O desconhecimento do estado gravídico pelo empregador não afasta o direito ao pagamento da indenização decorrente da estabilidade (art. 10, II, "b" do ADCT)." (Súmula nº 244, I, do TST). Como a gravidez de Afrodite é anterior à dispensa sem justa, ela terá direito à estabilidade provisória no emprego.

228. (Cespe – Analista Judiciário – Área Judiciária – TRT 8/2022) A respeito da estabilidade e das garantias provisórias de emprego, assinale a opção correta.

a) A extinção da atividade empresarial no âmbito da base territorial do sindicato não extingue a garantia ao emprego do dirigente sindical, devendo a empresa efetuar o pagamento proporcional ao tempo de estabilidade.

b) O registro da candidatura do empregado ao cargo de dirigente sindical realizada no período de cumprimento do aviso prévio, ainda que indenizado, não lhe assegura a estabilidade.

c) Os empregados de categorias diferenciadas, mesmo que sejam eleitos para cargos de dirigentes sindicais, não gozam da estabilidade.

d) Um empregado contratado por tempo determinado não goza da garantia provisória do emprego decorrente de acidente do trabalho, em razão do tempo pré-estabelecido de duração do contrato de trabalho.

e) O empregado eleito dirigente sindical tem sua estabilidade garantida, independentemente de comunicação ao empregador ou à empresa.

▷ ***Anotações/Comentários***

Nota do autor: A questão aborda a estabilidade do dirigente sindical e a estabilidade em caso de acidente de trabalho, exigindo, do candidato, conhecimento acerca da jurisprudência sumulada do TST. É cada vez mais frequente em concurso da área trabalhista a cobrança do texto de Súmulas e OJs do TST. Inclua nos seus estudos um tempinho para a leitura da jurisprudência consolidada do TST, assim como deve se reservar um tempo para a leitura da legislação "seca".

Alternativa "a". Incorreta. "Havendo extinção da atividade empresarial no âmbito da base territorial do sindicato, não há razão para subsistir a estabilidade." (Súmula nº 369, IV, do TST). Contudo, se o empregado for transferido para outro estabelecimento da empresa na mesma base territorial onde exerce suas atividades de dirigente sindical, a estabilidade permanecerá.

Alternativa "b". Correta. "O registro da candidatura do empregado a cargo de dirigente sindical durante o período de aviso prévio, ainda que indenizado, não lhe assegura a estabilidade, visto que inaplicável a regra do § 3º do art. 543 da Consolidação das Leis do Trabalho." (Súmula nº 369, V, do TST).

Alternativa "c". Incorreta. O empregado de categoria diferenciada eleito dirigente sindical só goza de estabilidade se exercer na empresa atividade pertinente à categoria profissional do sindicato para o qual foi eleito dirigente. (Súmula nº 369, III, do TST).

Alternativa "d". Incorreta. "O empregado submetido a contrato de trabalho por tempo determinado goza da garantia provisória de emprego decorrente de acidente de trabalho prevista no art. 118 da Lei nº 8.213/91." (Súmula nº 378, III, do TST).

Alternativa "e". Incorreta. "É assegurada a estabilidade provisória ao empregado dirigente sindical, ainda que a comunicação do registro da candidatura ou da eleição e da posse seja realizada fora do prazo previsto no art. 543, § 5º, da CLT, desde que a ciência ao empregador, por qualquer meio, ocorra na vigência do contrato de trabalho." (Súmula nº 369, I, do TST).

229. (FUMARC – Analista Judiciário – Área Judiciária – TRT 3/2022) Sobre as garantias provisórias e estabilidade ao emprego, de acordo com entendimento sumulado do TST, NÃO é correto afirmar:

a) A garantia de emprego à gestante só autoriza a reintegração se esta se der durante o período de estabilidade. Do contrário, a garantia restringe-se aos salários e demais direitos correspondentes ao período de estabilidade.

b) Exaurido o período de estabilidade, são devidos ao empregado apenas os salários do período compreendido entre a data da despedida e a data em que for proferida a sentença, não lhe sendo assegurada a reintegração no emprego.

c) O desconhecimento do estado gravídico pelo empregador não afasta o direito ao pagamento da indenização decorrente da estabilidade

d) Presume-se discriminatória a despedida de empregado portador do vírus HIV ou de outra doença grave que suscite estigma ou preconceito. Inválido o ato, o empregado tem direito à reintegração no emprego.

e) São pressupostos para a concessão da estabilidade pelo acidente de trabalho, o afastamento superior a 15 dias e a consequente percepção do auxílio-doença acidentário, salvo se constatada, após a despedida, doença profissional que guarde relação de causalidade com a execução do contrato de emprego.

▷ ***Anotações/Comentários***

Nota do autor: A questão aborda casos de garantias provisórias no emprego. É importante destacar que o ato de terminar o contrato é um direito potestativo do empregador. Logo, a essa decisão de colocar fim ao contrato o trabalhador não pode se opor, exceto se detentor de estabilidade ou uma das garantias provisórias de emprego. Assim sendo, estabilidade é o direito do trabalhador de permanecer no emprego, mesmo contra a vontade do empregador. Perceba que a questão questiona pela alternativa incorreta.

Alternativa "a": correta. "A garantia de emprego à gestante só autoriza a reintegração se esta se der durante o período de estabilidade. Do contrário, a garantia restringe-se aos salários e demais direitos correspondentes ao período de estabilidade." (Súmula nº 244, II, TST).

Alternativa "b": incorreta. "Exaurido o período de estabilidade, são devidos ao empregado apenas os salários do período compreendido entre a data da despedida e o final do período de estabilidade, não lhe sendo assegurada a reintegração no emprego." (Súmula nº 396, I, TST).

Alternativa "c": correta. "O desconhecimento do estado gravídico pelo empregador não afasta o direito ao pagamento da indenização decorrente da estabilidade (art. 10, II, "b" do ADCT)." (Súmula nº 244, I, TST).

Alternativa "d": correta. "Presume-se discriminatória a despedida de empregado portador do vírus HIV ou de outra doença grave que suscite estigma ou preconceito. Inválido o ato, o empregado tem direito à reintegração no emprego." (Súmula nº 443, TST).

Alternativa "e": correta. "São pressupostos para a concessão da estabilidade o afastamento superior a 15 dias e a conseqüente percepção do auxílio-doença acidentário, salvo se constatada, após a despedida, doença profissional que guarde relação de causalidade com a execução do contrato de emprego." (Súmula nº 378, II, TST).

230. (FCC – Analista Judiciário – Área Judiciária – TRT 2/2018) Carolina, Mariana e Antônio são empregados da empresa Viação Mar Azul Ltda. Carolina foi contratada por prazo determinado e descobriu que está grávida. Mariana, contratada por prazo determinado, recentemente sofreu um acidente de trabalho e encontra-se afastada de suas atividades profissionais. Antônio, por sua vez, contratado por prazo indeterminado, acaba de registrar sua candidatura a cargo de direção de entidade sindical. Neste caso, nos termos da lei trabalhista vigente e do entendimento sumulado do TST, é correto afirmar:

a) O desconhecimento da empresa Viação Mar Azul Ltda. do estado gravídico de Carolina afasta o direito ao pagamento de indenização decorrente da estabilidade gestante, existente desde a comunicação da gravidez até cinco meses após o parto.

b) Mariana goza da garantia provisória de emprego decorrente de acidente de trabalho.

c) Carolina não tem direito à estabilidade provisória, existente desde a confirmação da gravidez até 5 meses após o parto, pois foi admitida mediante contrato por tempo determinado.

d) Fica vedada a dispensa de Antônio, a partir do momento da data da eleição a cargo de direção de entidade sindical, até 1 ano após o final do seu mandato, exceto se fosse como suplente.

e) Antônio teria direito à estabilidade, mesmo que o registro da candidatura a cargo de dirigente sindical tivesse sido realizado durante o período de aviso prévio, ainda que indenizado.

▷ ***Anotações/Comentários***

Nota do autor: A questão aborda casos de garantias provisórias no emprego. É importante destacar que o ato de terminar o contrato é um direito potestativo do empregador. Logo, a essa decisão de colocar fim ao contrato o trabalhador não pode se opor, exceto se detentor de estabilidade ou uma das garantias provisórias de emprego. Assim sendo, estabilidade é o direito do trabalhador de permanecer no emprego, mesmo contra a vontade do empregador.

Alternativa "a". "O desconhecimento do estado gravídico pelo empregador **não** afasta o direito ao pagamento da indenização decorrente da estabilidade" (Súmula nº 244, I do TST). Logo, Carolina fará jus à estabilidade mesmo no caso de desconhecimento do estado gravídico pelo empregador.

Alternativa "b". Como forma de incentivar o retorno ao trabalho e garantir prazo para readaptação ao serviço, foi dado ao empregado acidentado o direito à estabilidade provisória de doze meses após a cessação do auxílio-doença. Esse período de 12 meses não poderá ser reduzido via negociação coletiva. Para adquirir essa garantia provisória, há necessidade de preencher cumulativamente os seguintes requisitos:

> a) afastamento ser superior a 15 dias.
>
> b) percepção de auxílio-doença acidentário.

Assim, mesmo se tratando de contrato por prazo determinado, haverá garantia provisória de emprego a Mariana:

> **Súmula nº 378, III do TST:** O empregado submetido a contrato de trabalho por tempo determinado goza da garantia provisória de emprego, decorrente de acidente de trabalho, prevista no art. 118 da Lei nº 8.213/1991.

Alternativa "c". "A empregada gestante tem direito à estabilidade provisória prevista no art. 10, inciso II, alínea "b", do Ato das Disposições Constitucionais Transitórias, **mesmo** na hipótese de admissão mediante contrato por tempo determinado" (Súmula nº 244, III do TST). Carolina fará jus, portanto, à estabilidade.

Alternativa "d". É assegurada estabilidade ao dirigente sindical e ao **suplente**, limitado ao máximo de 7 membros cada (Súmula nº 369, II do TST). Nesse sentido, o dispositivo constitucional e celetista:

> **Art. 8º, VIII da CF/88:** "É vedada a dispensa do empregado sindicalizado a partir do registro da candidatura a cargo de direção ou representação sindical e, se eleito, **ainda que suplente**, até um ano após o final do mandato, salvo se cometer falta grave nos termos da lei".
>
> **Art. 543, §3º da CLT:** "Fica vedada a dispensa do empregado sindicalizado ou associado, a partir do momento do registro de sua candidatura a cargo de direção ou representação de entidade sindical ou de associação profissional, até 1 (um) ano após o final do seu mandato, caso seja eleito inclusive como suplente, salvo se cometer falta grave devidamente apurada nos termos desta Consolidação".

Alternativa "e". "O registro da candidatura do empregado a cargo de dirigente sindical durante o período de aviso prévio, ainda que indenizado, **não** lhe assegura a estabilidade, visto que inaplicável a regra do § 3º do art. 543 da Consolidação das Leis do Trabalho" (Súmula nº 369, V do TST). Assim, caso a candidatura de Antônio se desse no período do aviso prévio, não haveria que se falar em estabilidade.

---

231. (FCC – Analista Judiciário – Oficial de Just. Avaliador Federal – TRT 15/2018) Considerando as disposições legais e o entendimento pacífico do Tribunal Superior do Trabalho (TST) a respeito das hipóteses de estabilidade provisória no emprego, considere:

I. Mariano, membro do conselho fiscal do Sindicato dos Comerciários de Presidente Prudente e Região, por atuar na defesa de direitos da categoria respectiva, tem estabilidade no emprego desde o registro da candidatura até um ano após o término do mandato.

II. Antonia, eleita como suplente de diretor da Cooperativa criada e gerida pelos empregados das Indústrias Reunidas Laterman Ltda, tem estabilidade no emprego desde o registro da candidatura até um ano após o término do mandato.

III. Embora, em razão do acidente de trabalho sofrido, tenha ficado afastado do trabalho por mais de 15 dias e tenha percebido auxílio-doença acidentário, Zelindo não tem direito à garantia de emprego decorrente de acidente de trabalho, pois foi contratado por prazo determinado.

IV. Bernardo, empregado de categoria diferenciada eleito dirigente sindical, goza de estabilidade provisória, pois exerce na empresa atividade pertinente à categoria profissional do sindicato para o qual foi eleito dirigente.

V. Cleide, empregada doméstica que ficou grávida no curso do contrato de experiência, tem direito a estabilidade provisória do emprego desde o registro da candidatura até 120 dias após o parto, por disposição expressa da Lei Complementar no 150/2015.

Está correto o que consta APENAS de

a) I e IV.

b) II e III.

c) II e V.

d) III.

e) IV.

▷ ***Anotações/Comentários***

Nota do autor: A questão aborda a estabilidade dos empregados em diversos aspectos, sendo necessário o conhecimento do entendimento jurisprudencial do TST sobre o assunto.

Assertiva I. Incorreta. Mariano não faz jus à estabilidade, tendo em vista se tratar de membro do conselho fiscal do sindicato. O Conselho Fiscal tem a atribuição de fiscalizar as contas e gastos do sindicato. Esse órgão é formado por 3 membros eleitos pela assembleia geral. De acordo com o posicionamento do TST, esses membros do conselho fiscal não gozam de estabilidade, pois não representam a categoria:

> **Orientação Jurisprudencial nº 365 do TST:** "Membro de conselho fiscal de sindicato não tem direito à estabilidade prevista nos arts. 543, § 3º, da CLT e 8º, VIII, da CF/1988, porquanto não representa ou atua na defesa de direitos da categoria respectiva, tendo sua competência limitada à fiscalização da gestão financeira do sindicato (art. 522, § 2º, da CLT)."

Assertiva II. Incorreta. Antonia não tem direito à estabilidade, tendo em vista se tratar de membro suplente de diretor da cooperativa. "O art. 55 da Lei nº 5.764/71 assegura a garantia de emprego apenas aos empregados eleitos diretores de Cooperativas, não abrangendo os membros suplentes" (OJ nº 253 da SDI-I do TST).

Assertiva III. Incorreta. Zelindo terá direito à estabilidade. O empregado que sofre acidente do trabalho durante o contrato por prazo determinado, por exemplo, contrato de experiência, terá direito à estabilidade. Ressalta-se que, em qualquer hipótese de contratação por prazo determinado, é assegurada a estabilidade do acidentado, inclusive no tocante ao contrato de trabalho temporário rural:

> **Súmula nº 378, III do TST:** O empregado submetido a contrato de trabalho por tempo determinado goza da garantia provisória de emprego decorrente de acidente de trabalho prevista no art. 118 da Lei nº 8.213/91.

Assertiva IV. Correta. Bernardo tem direito à estabilidade. Para que o empregado que pertencente à categoria profissional diferenciada tenha estabilidade, é necessário que preste serviços na empresa na mesma atividade para a qual foi eleito, ou seja, se eleito para representar a categoria dos motoristas, deverá exercer essa atividade na empresa. Caso contrário, não estará representando a categoria. Nesse sentido:

> **OJ nº 145 da SDI-I do TST:** O empregado de categoria diferenciada eleito dirigente sindical só goza de estabilidade se exercer na empresa atividade pertinente à categoria profissional do sindicato para o qual foi eleito dirigente.

Assertiva V. Incorreta. Cleide fará jus à estabilidade. Apesar da previsão legal, o prazo designado na questão diz respeito à licença-maternidade e não à estabilidade da gestante, que será da confirmação da gravidez até 5 meses após o parto:

> **Art. 25, Parágrafo único da LC nº 150/2015:** A confirmação do estado de gravidez durante o curso do contrato de trabalho, ainda que durante o prazo do aviso prévio trabalhado ou indenizado, garante à empregada gestante a estabilidade provisória prevista na alínea "b" do inciso II do art. 10 do Ato das Disposições Constitucionais Transitórias.

39.1. Estabilidade do dirigente sindical

232. (FCC – Analista Judiciário – Oficial de Justiça Avaliador Federal – TRT 9/2022) Marlei é analista contábil na Metalúrgica Ferrosa S/A e também dá aulas de gestão de projetos na faculdade de administração de empresas. Sendo filiado ao Sindicato dos Professores, candidatou-se para as eleições do referido Sindicato e foi eleito dirigente, com mandato de cinco anos. Em razão de reestruturação dos departamentos, Marlei é dispensado sem justa causa pela Metalúrgica Ferrosa S/A. A dispensa de Marlei, de acordo com jurisprudência sumulada do TST, é

a) válida, pois o empregado de categoria diferenciada eleito dirigente sindical só goza de estabilidade se exercer na empresa atividade pertinente à categoria profissional do sindicato para o qual foi eleito dirigente.

b) válida, pois havendo a reestruturação de departamentos, não há razão para subsistir a estabilidade.

c) válida, porque todo dirigente sindical é eleito juntamente com um suplente e, com a dispensa do titular, o cargo é assumido pelo suplente.

d) inválida, porque, mesmo Marlei tendo dois empregos, a estabilidade como dirigente sindical impede a sua dispensa por qualquer de seus empregadores.

e) inválida, pois a Metalúrgica Ferrosa S/A não foi comunicada formalmente sobre a eleição de Marlei como dirigente do Sindicato dos Professores.

▷ ***Anotações/Comentários***

Nota do autor: A questão aborda casos de garantias provisórias no emprego. É importante destacar que o ato de terminar o contrato é um direito potestativo do empregador. Logo, a essa decisão de colocar fim ao contrato o trabalhador não pode se opor, exceto se detentor de estabilidade ou uma das garantias provisórias de emprego. Assim sendo, estabilidade é o direito do trabalhador de permanecer no emprego, mesmo contra a vontade do empregador.

Comentário serve para todas as alternativas, uma vez que versam sobre o mesmo assunto. A dispensa sem justa causa de Marlei é válida. Para que o empregado que pertencente à categoria profissional diferenciada, como é o caso dos professores, tenha estabilidade, é necessário que preste serviços na empresa na mesma atividade para a qual foi eleito, ou seja, se eleito para representar a categoria dos professores, deverá exercer essa atividade na empresa. Caso contrário, não estará representando a categoria. Nesse sentido:

> **OJ nº 145 da SDI-I do TST:** O empregado de categoria diferenciada eleito dirigente sindical só goza de estabilidade se exercer na empresa atividade pertinente à categoria profissional do sindicato para o qual foi eleito dirigente.

Assim, Marlei tem estabilidade enquanto professor à faculdade de administração de empresas, mas não a tem como analista contábil na Metalúrgica Ferrosa S/A.

233. (FCC – Analista Judiciário – Oficial de Just. Avaliador – TRT 11/2017) De acordo com o entendimento Sumulado do TST, no tocante à estabilidade do dirigente sindical, considere:

I. Não é assegurada a estabilidade provisória ao empregado dirigente sindical, se a comunicação do registro da candidatura ou da eleição e da posse tenha sido realizada fora do prazo legal previsto na CLT, mesmo que a ciência do empregador ocorra na vigência do contrato de trabalho.

II. Havendo extinção da atividade empresarial no âmbito da base territorial do sindicato, não subsistirá a estabilidade.

III. O registro da candidatura do empregado a cargo de dirigente sindical durante o período de aviso prévio, ainda que indenizado, não lhe assegura a estabilidade.

Está correto o que se afirma APENAS em

a) I e II.

b) II e III.

c) I e III.

d) II.

e) III.

▷ ***Anotações/Comentários***

Nota do autor: A questão aborda o tema estabilidade do dirigente sindical e exigia o conhecimento do entendimento sumulado do TST sobre o assunto.

Item I. Errado. É requisito essencial, para adquirir a estabilidade, a comunicação ao empregador do registro da candidatura ou da eleição e da posse. Essa comunicação, segundo o posicionamento do TST, poderá ser feita fora do prazo previsto em lei (24 horas), **mas desde que ocorra na vigência do contrato de trabalho** (Art. 543, §5º da CLT e Súmula nº 369, I do TST).

Item II. Correto. Não persiste a estabilidade se houver extinção do estabelecimento, nos termos da Súmula nº 369, IV do TST. Trata-se de estabilidade objetiva, ou seja, que não decorre em razão da pessoa.

Item III. Correto. Em regra, não há direito à estabilidade se a candidatura for realizada durante o contrato por prazo determinado37. Ademais, se o registro da candidatura ocorrer durante o período de aviso-prévio, ainda que indenizado, não se assegura a estabilidade do empregado, conforme previsto na Súmula nº 369, V, do TST.

Segue quadrinho com os principais pontos acerca da estabilidade do dirigente sindical:

Estabilidade (Dirigente sindical)
• **Início** da estabilidade ocorre com o registro da candidatura e permanece até **1 ano após o mandato** (art. 8, VIII da CF/88). – Estabilidade aos **titulares** e **suplentes**. – Dirigentes com estabilidade: **7 membros titulares e 7 suplentes** (Súm. 369). – **Não gera direito à estabilidade** se a candidatura ocorre durante (Súm. 369): **a)** contrato por prazo determinado; **b)** aviso-prévio. – Comunicação do registro da candidatura ao empregador: prazo de 24 horas. Mesmo que não haja comunicação nesse prazo, terá direito à estabilidade se comprovar que a comunicação ocorreu durante a **vigência do contrato** (Súm. 369). – Se houver extinção do estabelecimento, extingue a estabilidade (Súm. 369). – Membros do conselho fiscal e delegados sindicais não possuem estabilidade (OJ. 365 e OJ 369). – Somente poderá ser dispensado se cometer falta grave. Há necessidade de prévio **inquérito para apuração dessa falta grave (Súm. 379)**. Sem essa ação judicial, a dispensa é nula.

234. (FGV – Analista Judiciário – Área Administrativa – TRT 12/2017) José Carlos é empregado da empresa Boa Vista Ltda. e foi eleito para exercer a função de membro do Conselho Fiscal do sindicato representante de sua categoria profissional.

Diante dessa situação hipotética, é correto afirmar, à luz da legislação e da jurisprudência uniforme do TST, que:

a) não assiste ao respectivo empregado a garantia provisória de emprego assegurado ao dirigente sindical;

b) o membro do conselho fiscal, por ter tarefa afeta à fiscalização da gestão financeira do sindicato, tem a garantia no emprego preservada, porém pela metade do tempo legal;

37. Exceto se se tratar do contrato por prazo determinado previsto na Lei nº 9.601/98. Nessa lei há expressa previsão de estabilidade para dirigente sindical (art. 1º § 4º), na vigência do contrato.

c) dependerá do juiz do Trabalho, analisando cada caso concreto, declarar se o membro do Conselho Fiscal do sindicato dos empregados tem garantia no emprego;

d) por ser dirigente sindical, José Carlos tem estabilidade provisória até 1 ano após o término do seu mandato;

e) a garantia no emprego existe e opera efeitos no caos concreto, salvo se o empregado cometer falta grave, que deve ser apurada em inquérito judicial.

▷ ***Anotações/Comentários***

Nota do autor: A questão exige do candidato o conhecimento acerca da estabilidade, que não deve ser concedida no caso do membro do Conselho Fiscal do sindicato.

Comentário serve para todas as alternativas, uma vez que versam sobre o mesmo assunto. O Conselho Fiscal tem a atribuição de fiscalizar as contas e gastos do sindicato. Esse órgão é formado por 3 membros eleitos pela assembleia geral. De acordo com o posicionamento do TST, esses membros do conselho fiscal **não** gozam de estabilidade, pois não representam a categoria:

> **Orientação Jurisprudencial nº 365 do TST:** "Membro de conselho fiscal de sindicato não tem direito à estabilidade prevista nos arts. 543, § 3º, da CLT e 8º, VIII, da CF/1988, porquanto não representa ou atua na defesa de direitos da categoria respectiva, tendo sua competência limitada à fiscalização da gestão financeira do sindicato (art. 522, § 2º, da CLT)."

235. (FCC – Analista Judiciário – Oficial de Just. Avaliador – TRT 24/2017) Ícaro trabalha no Hotel Sossego como analista do setor de recursos humanos, filiado ao sindicato de sua categoria profissional.

Registrou-se como candidato a dirigente sindical para o biênio 2016/2017 e foi vitorioso. Com fundamento na legislação e no entendimento sumulado do Tribunal Superior do Trabalho, em relação à estabilidade provisória e ao exercício na função de dirigente sindical,

a) a estabilidade de Ícaro fica assegurada a partir do momento do registro de sua candidatura a cargo de direção de entidade sindical, até dois anos após o final do seu mandato.

b) caso houvesse a extinção da atividade empresarial no âmbito da base territorial do sindicato, não haveria razão para subsistir a estabilidade.

c) a estabilidade estaria assegurada a Ícaro ainda que ele estivesse cumprindo aviso prévio por ocasião do registro de sua candidatura.

d) o empregado eleito para cargo de representação profissional, não poderá ser impedido do exercício de suas funções, mas poderá ser transferido para qualquer filial da empresa ainda que lhe dificulte o desempenho das suas atribuições sindicais.

e) se Ícaro pertencesse à categoria diferenciada e fosse eleito dirigente sindical gozaria de estabilidade ainda que não exercesse na empresa atividade pertinente à categoria profissional do sindicato para o qual foi eleito dirigente.

▷ ***Anotações/Comentários***

Nota do autor: A questão exige o conhecimento dos principais aspectos sobre a estabilidade do dirigente sindical. Note-se que a Reforma Trabalhista criou uma nova hipótese de estabilidade do representante dos empregadores nas empresas, desde o registro da candidatura até um ano após o mandato, conforme expresso no art. 510-D, §3º da CLT:

> **Art. 510-D, § 3º da CLT:** Desde o registro da candidatura até um ano após o fim do mandato, o membro da comissão de representantes dos empregados não poderá sofrer despedida arbitrária, entendendo-se como tal a que não se fundar em motivo disciplinar, técnico, econômico ou financeiro.

Esses representantes constituem nova modalidade de representação dos trabalhadores e não se vincula à representação sindical.

Alternativa "a". O início da estabilidade ocorre com o registro da candidatura e permanece até **1 ano** após o mandato (art. 8, VIII da CF/88).

Alternativa "b". Não persiste a estabilidade se houver extinção do estabelecimento, nos termos da Súmula nº 369, IV do TST.

Alternativa "c". "O registro da candidatura do empregado a cargo de dirigente sindical **durante o período de aviso prévio, ainda que indenizado, não lhe assegura a estabilidade**, visto que inaplicável a regra do § 3º do art. 543 da Consolidação das Leis do Trabalho" (Súmula nº 369, V, do TST).

Alternativa "d". É **vedada** a transferência do empregado eleito para dirigente sindical, conforme previsto no art. 543 da CLT.

Alternativa "e". "O empregado de categoria diferenciada eleito dirigente sindical só goza de estabilidade se exercer na empresa **atividade pertinente à categoria profissional** do sindicato para o qual foi eleito dirigente" (Súmula nº 369, III do TST).

39.2. Estabilidade da gestante

236. (FCC – Analista Judiciário – Oficial de Justiça Avaliador Federal – TRT 22/2022) Camila foi contratada pela empresa de telecomunicações Liga Mais, em 06/05/2019, para trabalhar como Assistente de Coordenação, de segunda-feira a sexta-feira, das 08h30 às 18h00, com 01h30 minutos de intervalo para refeição e descanso.

Em 14/02/2022, foi dispensada sem justa causa, com o pagamento do aviso prévio indenizado.

Ao realizar exames de rotina, em 20/05/2022, Camila descobriu que estava grávida, desde o dia 05/03/2022.

De acordo com a legislação e o entendimento sumulado do TST, Camila

a) está amparada pela estabilidade provisória desde a confirmação da gravidez até 6 meses após o parto.

b) está amparada pela estabilidade provisória, apesar de a gravidez ter ocorrido no curso do aviso prévio indenizado.

c) não está amparada pela estabilidade provisória porque o aviso prévio foi indenizado e não trabalhado.

d) somente estaria amparada pela estabilidade provisória, se comunicasse seu estado gravídico ao empregador dentro do prazo do aviso prévio trabalhado ou indenizado.

e) não está amparada pela estabilidade provisória porque o contrato de trabalho se encerrou em 14/02/2022.

▷ ***Anotações/Comentários***

Nota do autor: A questão aborda casos de garantias provisórias no emprego. É importante destacar que o ato de terminar o contrato é um direito potestativo do empregador. Logo, a essa decisão de colocar fim ao contrato o trabalhador não pode se opor, exceto se detentor de estabilidade ou uma das garantias provisórias de emprego. Assim sendo, estabilidade é o direito do trabalhador de permanecer no emprego, mesmo contra a vontade do empregador.

Comentário serve para todas as alternativas, uma vez que versam sobre o mesmo assunto. "A confirmação do estado de gravidez advindo no curso do contrato de trabalho, **ainda que durante o prazo do aviso prévio trabalhado ou indenizado**, garante à empregada gestante a estabilidade provisória prevista na alínea b do inciso II do art. 10 do Ato das Disposições Constitucionais Transitórias." (art. 391-A da CLT – grifos acrescidos). Aliás, "O desconhecimento do estado gravídico pelo empregador não afasta o direito ao pagamento da indenização decorrente da estabilidade" (Súmula nº 244, I do TST). Logo, Camila fará jus à estabilidade da gestante.

237. (FCC – Técnico Judiciário – Área Administrativa – TRT 14/2022) Perpétua comunicou sua empregadora, a Rádio Ondas Leves, que se encontra em estado gestacional. Nesses termos, com base no que prevê o ordenamento jurídico vigente, a empregada goza de estabilidade, sendo protegida contra despedida arbitrária, desde a confirmação de sua gravidez até

a) 5 meses após o parto.

b) 120 dias após parto.

c) o término da licença-maternidade.

d) 5 meses após o término da licença-maternidade.

e) 120 dias após o término da licença-maternidade.

▷ ***Anotações/Comentários***

Nota do autor: A questão aborda casos de garantias provisórias no emprego. É importante destacar que o ato de terminar o contrato é um direito potestativo do empregador. Logo, a essa decisão de colocar fim ao contrato o trabalhador não pode se opor, exceto se detentor de estabilidade ou uma das garantias provisórias de emprego. Assim sendo, estabilidade é o direito do trabalhador de permanecer no emprego, mesmo contra a vontade do empregador.

Comentário serve para todas as alternativas, uma vez que versam sobre o mesmo assunto. Tratava-se de uma questão simples, que exigia do candidato apenas o conhecimento sobre art. 10, inciso II, alínea b, do ADCT:

> **Art. 10, inciso II, alínea b, do ADCT:** Até que seja promulgada a lei complementar a que se refere o art. 7º, I, da Constituição:
>
> a) fica vedada a dispensa arbitrária ou sem justa causa:
>
> b) da empregada gestante, desde a confirmação da gravidez até cinco meses após o parto.

238. (FCC – Analista Judiciário – Área Judiciária – TRT 22/2022) Ana Maria foi dispensada injustamente em fevereiro, cumprindo aviso prévio indenizado de 30 dias. Ocorre que, nesse período, ficou grávida, razão pela qual possui dúvidas se tem direito à reintegração ao emprego face à estabilidade provisória. Consultando-se com um advogado, de acordo com a CLT e o entendimento pacificado do TST, foi lhe dito que

a) não terá direito à estabilidade provisória no emprego uma vez que na data da dispensa seu empregador não tinha conhecimento de sua gravidez, agindo corretamente, sendo que fato superveniente não altera a rescisão do contrato de trabalho.

b) não terá direito à estabilidade provisória no emprego, por ser considerado o período do aviso prévio indenizado como espécie de contrato por prazo determinado.

c) somente teria direito à estabilidade provisória no emprego se tivesse cumprido o aviso prévio trabalhado e, no curso desse período, confirmado sua gestação.

d) somente às empregadas domésticas a lei garante a estabilidade provisória no emprego quando a confirmação da gravidez ocorrer durante o período do aviso prévio trabalhado ou indenizado.

e) terá direito à estabilidade provisória no emprego, uma vez que não é óbice a confirmação da gravidez no curso do aviso prévio indenizado.

▷ ***Anotações/Comentários***

Nota do autor: A questão aborda casos de garantias provisórias no emprego. É importante destacar que o ato de terminar o contrato é um direito potestativo do empregador. Logo, a essa decisão de colocar fim ao contrato o trabalhador não pode se opor, exceto se detentor de estabilidade ou uma das garantias provisórias de emprego. Assim sendo, estabilidade é o direito do trabalhador de permanecer no emprego, mesmo contra a vontade do empregador.

Comentário serve para todas as alternativas, uma vez que versam sobre o mesmo assunto. "A confirmação do estado de gravidez advindo no curso do contrato de trabalho, **ainda que durante o prazo do aviso prévio trabalhado ou indenizado**, garante à empregada gestante a estabilidade provisória prevista na alínea b do inciso II do art. 10 do Ato das Disposições Constitucionais Transitórias." (art. 391-A da CLT – grifos acrescidos). Aliás, "O desconhecimento do estado gravídico pelo empregador não afasta o direito ao pagamento da indenização decorrente da estabilidade" (Súmula nº 244, I do TST). Logo, Camila fará jus à estabilidade da gestante.

239. (FCC – Técnico Judiciário – Área Administrativa – TRT 2/2018) Considere hipoteticamente que Camila foi admitida pela Fábrica de Colchões "T" Ltda. para trabalhar na recepção da empresa, tendo sido celebrado contrato de experiência pelo prazo de 60 dias. Após dez dias da celebração do contrato, Camila descobre que está grávida e comunica tal fato ao seu empregador. Nesse caso, de acordo com entendimento Sumulado do Tribunal Superior do Trabalho, Camila

a) terá direito à estabilidade provisória prevista para a gestante, sendo vedada a sua dispensa arbitrária ou sem justa causa desde a confirmação da gravidez até 5 meses após o parto.

b) não terá direito à estabilidade provisória prevista para a gestante uma vez que o contrato foi celebrado por prazo determinado.

c) terá direito à estabilidade provisória prevista para a gestante, sendo vedada a sua dispensa arbitrária ou sem justa causa desde a confirmação da gravidez até os 60 dias previstos para encerramento do contrato.

d) terá direito à estabilidade provisória prevista para a gestante, sendo vedada a sua dispensa arbitrária ou sem justa causa desde a confirmação da gravidez até o dobro do prazo do contrato, ou seja 120 dias.

e) terá direito à estabilidade provisória prevista para a gestante, sendo vedada a sua dispensa arbitrária ou sem justa causa desde a comunicação da gravidez para seu empregador até 4 meses após o parto.

▷ ***Anotações/Comentários***

Nota do autor: A questão aborda a estabilidade da gestante no contrato por prazo determinado, bastando conhecer o entendimento do TST sobre o assunto. Essa questão é muito cobrada em provas. Por isso, não deixe de ler a Súmula nº 244 do TST!

Comentário serve para todas as alternativas, uma vez que versam sobre o mesmo assunto. "O desconhecimento do estado gravídico pelo empregador não afasta o direito ao pagamento da indenização decorrente da estabilidade (art. 10, II, "b" do ADCT)." (Súmula nº 244, I, do TST). A estabilidade, ou garantia provisória de emprego, veda que o empregador dispense arbitrariamente ou sem justa causa a empregada gestante, desde a confirmação da gravidez até cinco meses após o parto. Referida garantia foi estendida ao adotante ao qual tenha sido concedida guarda provisória para fins de adoção.

Importante registrar que o TST, em setembro de 2012, alterou seu posicionamento sobre estabilidade da gestante. Atualmente, a empregada adquire o direito à estabilidade mesmo se o contrato for por prazo determinado, por exemplo, o contrato de experiência.

> **Súmula nº 244, III do TST** - A empregada gestante tem direito à estabilidade provisória prevista no art. 10, inciso II, alínea "b", do Ato das Disposições Constitucionais Transitórias, mesmo na hipótese de admissão mediante contrato por tempo determinado.

E, ainda, se a gravidez ocorrer durante o aviso-prévio, inclusive indenizado, também gerará direito à estabilidade. Aliás, há previsão na CLT para essas hipóteses de estabilidade:

> **Art. 391-A da CLT**. A confirmação do estado de gravidez advindo no curso do contrato de trabalho, ainda que durante o prazo do aviso prévio trabalhado ou indenizado, garante à empregada gestante a estabilidade provisória prevista na alínea *b* do inciso II do art. 10 do Ato das Disposições Constitucionais Transitórias.

240. (FCC – Técnico Judiciário – Área Administrativa – TRT 6/2018) Para proteção ao trabalho da mulher, a lei prevê que a empregada grávida tem estabilidade no emprego

a) da concepção até cento e vinte dias após o parto.

b) da confirmação da gravidez até cento e oitenta dias após o parto.

c) da confirmação da gravidez até cinco meses após o parto.

d) da comunicação da gravidez ao empregador até sete meses após o parto.

e) de treze meses, considerada a licença de cento e vinte dias somada com nove meses de gestação.

▷ ***Anotações/Comentários***

Nota do autor: A questão aborda o tema estabilidade da gestante, sendo considerada de nível fácil.

Comentário serve para todas as alternativas, uma vez que versam sobre o mesmo assunto. Até que seja promulgada a lei complementar a que se refere o art. 7º, I, da Constituição: fica vedada a dispensa arbitrária ou sem justa causa: da empregada gestante, desde a confirmação da gravidez até cinco meses após o parto." (art. 10, II, "b", do ADCT). A empregada gestante fará jus à estabilidade desde a confirmação da gravidez até 5 meses após o parto:

> **Art. 391-A da CLT**. A confirmação do estado de gravidez advindo no curso do contrato de trabalho, ainda que durante o prazo do aviso prévio trabalhado ou indenizado, garante à empregada gestante a estabilidade provisória prevista na

alínea *b* do inciso II do art. 10 do Ato das Disposições Constitucionais Transitórias.

Importa destacar que esta garantia é estendida ao empregado adotante, nos termos do art. 391-A, parágrafo único da CLT:

> **Art. 391-A, parágrafo único da CLT:** O disposto no **caput** deste artigo aplica-se ao empregado adotante ao qual tenha sido concedida guarda provisória para fins de adoção.

39.3. Estabilidade do membro da CIPA

241. (FCC – Analista Judiciário – Oficial de Justiça Avaliador Federal – TRT 9/2022) Como órgão de segurança nas empresas, a Comissão Interna de Prevenção de Acidentes (CIPA)

a) é composta por representantes dos empregadores e por representantes dos empregados, todos eleitos em escrutínio secreto.

b) terá como Presidente e como Vice-Presidente representantes indicados pelo empregador.

c) impõe que todos os seus integrantes, titulares e suplentes, gozarão de estabilidade, em razão da sua importância para a segurança dos trabalhadores.

d) estabelece que seus integrantes eleitos, titulares e suplentes, gozarão de estabilidade, desde o registro da candidatura, até um ano após o término do mandato, por se tratar de órgão vital dentro da empresa, por cuidar da segurança dos trabalhadores.

e) tem suas atribuições, sua composição e o seu funcionamento definidos em regulamento da empresa.

▷ ***Anotações/Comentários***

Nota do autor: A questão aborda a Comissão Interna de Prevenção de Acidentes e Assédio (CIPA) e exigia o conhecimento do texto de lei. Ressalta-se que o art. 611-B, XVII, da CLT, acrescentado pela Reforma Trabalhista, determina que a ilicitude de convenção e acordo coletivos de trabalho que prevejam a supressão ou redução de normas de saúde, higiene e segurança do trabalho previstas em lei ou em normas regulamentadoras do Ministério do Trabalho. Ainda, em setembro de 2022, foi publicada a Lei nº 14.457/2022, que, entre outras providências, atribuiu uma nova atribuição à CIPA: combate ao assédio e outras formas de violência no ambiente de trabalho. Fique atento às novidades sobre a matéria e, se preciso, consulte a parte teórica.

Alternativa "a": Incorreta. Conforme dispõe a CLT:

> **Art. 164, CLT:** Cada CIPA será composta de representantes da empresa e dos empregados, de acordo com os critérios que vierem a ser adotados na regulamentação de que trata o parágrafo único do artigo anterior.
>
> § 1º. Os representantes dos empregadores, titulares e suplentes, serão por eles designados.
>
> § 2º. Os representantes dos empregados, titulares e suplentes, serão eleitos em escrutínio secreto, do qual participem, independentemente de filiação sindical, exclusivamente os empregados interessados.

Alternativa "b": Incorreta. "O empregador designará, anualmente, dentre os seus representantes, o Presidente da CIPA e os empregados elegerão, dentre eles, o Vice-Presidente." (art. 164, § 5º, CLT).

Alternativa "c": Incorreta. "Os titulares da representação dos empregados nas CIPA (s) não poderão sofrer despedida arbitrária, entendendo-se como tal a que não se fundar em motivo disciplinar, técnico, econômico ou financeiro." (art. 165, caput, CLT – grifos acrescidos). Somente tem direito à estabilidade do cipeiro, o representante dos empregados. A norma tem como objetivo permitir que o empregado desempenhe seu mandato de forma tranquila e sem perseguições e ingerências do empregador. O representante do empregador por sua vez, não sofre perseguições e, por isso, não necessita da estabilidade provisória do cipeiro.

Alternativa "d": Correta. "Até que seja promulgada a lei complementar a que se refere o art. 7º, I, da Constituição: fica vedada a dispensa arbitrária ou sem justa causa: do empregado eleito para cargo de direção de comissões internas de prevenção de acidentes, desde o registro de sua candidatura até um ano após o final de seu mandato." (art. 10, II, "a", ADCT).

Alternativa "e": Incorreta. A CIPA tem suas atribuições, sua composição e o seu funcionamento definidos na NR nº 5 do Ministério do Trabalho, que regulamenta o tema, e não em regulamento de empresa.

242. (FCC – Analista Judiciário – Oficial de Justiça Avaliador Federal – TRT 22/2022) Nos termos da legislação e jurisprudência sumulada do TST, relativamente à Comissão Interna de Prevenção de Acidentes (CIPA),

a) o cargo de presidente é destinado a membro eleito pelos empregados, sendo o vice-presidente nomeado pelo empregador.

b) ela será composta por representantes da empresa e dos empregados, sendo estes últimos eleitos em escrutínio secreto, do qual participam apenas os empregados sindicalizados.

c) os representantes dos empregados gozam de estabilidade provisória que não constitui vantagem pessoal, mas garantia para as atividades na empresa.

d) todos seus membros têm mandato de 1 ano, sendo permitida apenas duas reeleições.

e) os membros suplentes gozam de estabilidade provisória, desde que tenham participado de pelo menos metade das reuniões realizadas.

▷ ***Anotações/Comentários***

Nota do autor: A questão aborda a Comissão Interna de Prevenção de Acidentes e Assédio (CIPA) e exigia o conhecimento do texto de lei. Ressalta-se que o art. 611-B, XVII, da CLT, acrescentado pela Reforma Trabalhista, determina que a ilicitude de convenção e acordo coletivos de trabalho que prevejam a supressão ou redução de normas de saúde, higiene e segurança do trabalho previstas em lei ou em normas regulamentadoras do Ministério do Trabalho. Ainda, em setembro de 2022, foi publicada a Lei nº 14.457/2022, que, entre outras providências, atribuiu uma nova atribuição à CIPA: combate ao assédio e outras formas de violência no ambiente de trabalho. Fique atento às novidades sobre a matéria e, se preciso, consulte a parte teórica.

Alternativa "a": Incorreta. "O empregador designará, anualmente, dentre os seus representantes, o Presidente da CIPA e os empregados elegerão, dentre eles, o Vice-Presidente." (art. 164, § 5º, CLT).

Alternativa "b": Incorreta. Conforme dispõe a CLT:

> **Art. 164, CLT:** Cada CIPA será composta de representantes da empresa e dos empregados, de acordo com os critérios que vierem a ser adotados na regulamentação de que trata o parágrafo único do artigo anterior.
>
> § 1º. Os representantes dos empregadores, titulares e suplentes, serão por eles designados.
>
> § 2º. Os representantes dos empregados, titulares e suplentes, serão eleitos em escrutínio secreto, do qual participem, **independentemente de filiação sindical, exclusivamente os empregados interessados.** (grifos acrescidos)

Alternativa "c": Correta. "Os **titulares da representação dos empregados nas CIPA (s)** não poderão sofrer despedida arbitrária, entendendo-se como tal a que não se fundar em motivo disciplinar, técnico, econômico ou financeiro." (art. 165, caput, CLT – grifos acrescidos). Somente tem direito à estabilidade do cipeiro, o representante dos empregados. A norma tem como objetivo permitir que o empregado desempenhe seu mandato de forma tranquila e sem perseguições e ingerências do empregador. O representante do empregador por sua vez, não sofre perseguições e, por isso, não necessita da estabilidade provisória do cipeiro.

Alternativa "d": Incorreta. "O mandato dos membros eleitos da CIPA terá a duração de 1 (um) ano, permitida uma reeleição." (art. 164, § 3º, CLT).

Alternativa "e": Incorreta. O art. 10, II, a, do ADCT não estende o direito à estabilidade ao suplente do diretor eleito, mas o TST[38] possui

38. **Súmula nº 339 do TST:** I – "O suplente da CIPA goza da garantia de emprego prevista no art. 10, II, "a", do ADCT a partir da promulgação da Constituição Federal de 1988. II – A estabilidade provisória do cipeiro não constitui vantagem pessoal, mas garantia para as atividades dos membros da CIPA, que somente tem razão de ser quando em atividade a empresa. Extinto o estabelecimento, não se verifica a despedida arbitrária, sendo impossível a reintegração e indevida a indenização do período estabilitário".

TRABALHO

entendimento majoritário ampliando essa garantia de emprego ao suplente do empregado eleito para representar a CIPA[39].

Aliás, sem essa garantia o suplente poderia se sentir intimidado pelo empregador, comprometendo a sua atuação durante as substituições no cargo. A jurisprudência do STF também concedeu interpretação extensiva ao dispositivo para assegurar a eficácia protetiva do art. 10 do ADCT, conforme transcrito abaixo:

> **Súmula nº 676 do STF:** A garantia da estabilidade provisória, prevista no art. 10, II, a, do ADCT, também se aplica ao suplente do cargo de direção de comissões internas de prevenção de acidentes (CIPA).

Vale a ressalva, contudo, que o suplente que membro suplente que, durante o seu mandato, não participar de menos da metade do número de reuniões da CIPA, ficará impedido de concorrer à reeleição (art. 164, § 4º, CLT).

243. (FCC – Analista Judiciário – Oficial de Justiça Avaliador Federal – TRT 23/2022) Considere as assertivas abaixo a respeito das Comissões Internas de Prevenção de Acidentes.

I. O presidente da CIPA será sempre um membro indicado pelo empregador, com mandato de 2 anos.

II. Aos suplentes de membros representantes dos empregados será vedada a reeleição.

III. Os membros da CIPA indicados pelos empregados e empregadores não poderão sofrer despedida pelo empregador, salvo se por motivo técnico, econômico ou financeiro.

IV. É do Ministério do Trabalho a competência para regulamentação das atribuições, composição e funcionamento das CIPAs.

Conforme previsão da Consolidação das Leis do Trabalho, está correto o que se afirma APENAS em

a) I e IV.

b) II e III.

c) IV.

d) I e III.

e) II.

▷ ***Anotações/Comentários***

Nota do autor: A questão aborda a Comissão Interna de Prevenção de Acidentes e Assédio (CIPA) e exigia o conhecimento do texto de lei. Ressalta-se que o art. 611-B, XVII, da CLT, acrescentado pela Reforma Trabalhista, determina que a ilicitude de convenção e acordo coletivos de trabalho que prevejam a supressão ou redução de normas de saúde, higiene e segurança do trabalho previstas em lei ou em normas regulamentadoras do Ministério do Trabalho. Ainda, em setembro de 2022, foi publicada a Lei nº 14.457/2022, que, entre outras providências, atribuiu uma nova atribuição à CIPA: combate ao assédio e outras formas de violência no ambiente de trabalho. Fique atento às novidades sobre a matéria e, se preciso, consulte a parte teórica.

Assertiva I: Incorreta. De fato, "O empregador designará, anualmente, dentre os seus representantes, o Presidente da CIPA e os empregados elegerão, dentre eles, o Vice-Presidente." (art. 164, § 5º, CLT). Contudo, tem mandato apenas o representante eleito dos empregados, sendo esse de 1 ano – permitida uma reeleição (art. 164, § 3º, CLT).

Assertiva II: Incorreta. Ao suplente membro representante dos empregados somente será vedada a reeleição caso não participe de menos da metade do número de reuniões da CIPA durante seu mandato (art. 164, § 4º, CLT).

Assertiva III: Incorreta. "Os **titulares da representação dos empregados nas CIPA (s)** não poderão sofrer despedida arbitrária, entendendo-se como tal a que não se fundar em motivo disciplinar, técnico, econômico ou financeiro." (art. 165, caput, CLT – grifos acrescidos). Somente tem direito à estabilidade do cipeiro, o representante dos empregados. A norma tem como objetivo permitir que o empregado desempenhe seu mandato de forma tranquila e sem perseguições e ingerências do empregador. O representante do empregador por sua vez, não sofre perseguições e, por isso, não necessita da estabilidade provisória do cipeiro.

Assertiva IV: Correta. A CIPA tem suas atribuições, sua composição e o seu funcionamento definidos na NR nº 5 do Ministério do Trabalho, que regulamenta o tema.

39.4. Estabilidade do acidentado

244. (FCC – Analista Judiciário – Área Judiciária – TRT 14/2022) Durante sua jornada de trabalho, por determinação do seu supervisor, Maurílio deixou as dependências da empresa e se dirigiu a uma agência dos Correios para buscar uma encomenda que chegou e era essencial para o reparo de uma das máquinas da produção. Após pegar a encomenda Maurílio estava retornando para a empresa quando pisou em falso em um buraco que havia na calçada e torceu o tornozelo. Entrou em contato com seu supervisor, que foi buscá-lo, e o levou diretamente para o serviço médico da empresa. O médico do trabalho examinou o tornozelo de Maurílio e, recomendou imobilização, medicamentos anti-inflamatórios, e afastamento do trabalho por 10 dias. De acordo com o previsto em lei e com o entendimento sumulado do TST, ao retornar ao trabalho após o afastamento, com o tornozelo totalmente recuperado, Maurílio

a) tem garantida, pelo prazo mínimo de 12 meses, a manutenção do seu contrato de trabalho na empresa, pois sofreu acidente do trabalho, não tendo relevância o fato de não ter percebido auxílio-acidente.

b) terá que pleitear o recebimento de auxílio-doença acidentário para, somente após a concessão do mesmo, ter garantida, pelo prazo mínimo de 12 meses, a manutenção do seu contrato de trabalho na empresa.

c) não tem direito à estabilidade, tendo em vista que o acidente ocorreu fora das dependências da empresa e o afastamento do trabalho se deu por apenas 10 dias.

d) não tem direito à estabilidade, tendo em vista que o afastamento se deu por apenas 10 dias e não houve percepção de auxílio-doença acidentário.

e) não tem direito à estabilidade porque a garantia provisória de emprego, decorrente de acidente do trabalho, pressupõe contratação por prazo determinado, afastamento do trabalho por mais de 15 dias e percepção de auxílio-acidente.

▷ ***Anotações/Comentários***

Nota do autor: A questão aborda casos de garantias provisórias no emprego. É importante destacar que o ato de terminar o contrato é um direito potestativo do empregador. Logo, a essa decisão de colocar fim ao contrato o trabalhador não pode se opor, exceto se detentor de estabilidade ou uma das garantias provisórias de emprego. Assim sendo, estabilidade é o direito do trabalhador de permanecer no emprego, mesmo contra a vontade do empregador.

Comentário serve para todas as alternativas, uma vez que versam sobre o mesmo assunto. Como forma de incentivar o retorno ao trabalho e garantir prazo para readaptação ao serviço, foi dado ao empregado acidentado o direito à estabilidade provisória de doze meses após a cessação do auxílio-doença. Esse período de 12 meses não poderá ser reduzido via negociação coletiva. Para adquirir essa garantia provisória, há necessidade de preencher cumulativamente os seguintes requisitos:

a) afastamento ser superior a 15 dias.

b) percepção de auxílio-doença acidentário.

Dessa forma, como o empregado acidentado retornou ao trabalho em menos de 15 dias, não é detentor dessa garantia provisória de emprego.

245. (FCC – Técnico Judiciário – Área Administrativa – TRT 9/2022) Mirtes, em contrato de experiência firmado com a Confecção Elegance Ltda., acidentou-se nas dependências da empresa, escorregando no piso que estava molhado e sofrendo uma luxação no tornozelo direito. Ao término do contrato de experiência a empresa informou a Mirtes que a relação entre as partes estava encerrada, pagando-lhe as verbas rescisórias correspondentes.

Com base em jurisprudência sumulada que cuida do tema,

39. O candidato deverá ficar atento ao enunciado da questão, pois não há menção expressa no texto da CF, mas sim um posicionamento jurisprudencial do TST. Se a questão nada mencionar sobre a fonte (CF ou Súmula), interessante assinalar a opção que estende a estabilidade ao suplente, pois já está consagrada na doutrina e jurisprudência.

a) a estabilidade por acidente do trabalho não pode ser reconhecida nos contratos de experiência, tendo em vista que o seu prazo máximo de 90 dias é incompatível com o prazo da estabilidade assegurada ao empregado acidentado, que é de 12 meses.

b) a estabilidade por acidente do trabalho não pode ser reconhecida nos contratos de experiência, tendo em vista que para esta modalidade contratual inexiste o requisito da continuidade da relação de emprego.

c) o contrato, ainda que por experiência, não poderia ser encerrado porque Mirtes sofreu acidente do trabalho, o que lhe garante, pela simples ocorrência do acidente, o direito à estabilidade no emprego.

d) ainda que o empregado submetido a contrato por prazo determinado goze de garantia de emprego decorrente de acidente do trabalho, o direito à estabilidade somente seria reconhecido se Mirtes tivesse ficado afastada por mais de 15 dias, com a consequente percepção do auxílio-doença acidentário.

e) ainda que o empregado submetido a contrato por prazo determinado goze de garantia de emprego decorrente de acidente do trabalho, o direito de Mirtes à estabilidade somente seria reconhecido se, do acidente sofrido, tivesse decorrido doença profissional.

▷ ***Anotações/Comentários***

Nota do autor: A questão aborda casos de garantias provisórias no emprego. É importante destacar que o ato de terminar o contrato é um direito potestativo do empregador. Logo, a essa decisão de colocar fim ao contrato o trabalhador não pode se opor, exceto se detentor de estabilidade ou uma das garantias provisórias de emprego. Assim sendo, estabilidade é o direito do trabalhador de permanecer no emprego, mesmo contra a vontade do empregador.

Comentário serve para todas as alternativas, uma vez que versam sobre o mesmo assunto. Como forma de incentivar o retorno ao trabalho e garantir prazo para readaptação ao serviço, foi dado ao empregado acidentado o direito à estabilidade provisória de doze meses após a cessação do auxílio-doença. Esse período de 12 meses não poderá ser reduzido via negociação coletiva. Para adquirir essa garantia provisória, há necessidade de preencher cumulativamente os seguintes requisitos:

a) afastamento ser superior a 15 dias.

b) percepção de auxílio-doença acidentário.

Mesmo se tratando de contrato por prazo determinado, haverá garantia provisória de emprego ao empregado acidentado que cumprir com os dois requisitos acima:

> **Súmula nº 378, III do TST:** O empregado submetido a contrato de trabalho por tempo determinado goza da garantia provisória de emprego, decorrente de acidente de trabalho, prevista no art. 118 da Lei nº 8.213/1991.

246. (FCC – Analista Judiciário – Oficial de Justiça Avaliador Federal – TRT 9/2022) Juvenal e a empresa Cerealista Moinho firmam contrato de trabalho por prazo determinado, do qual consta, por estipulação das partes, previsão sobre a possibilidade de eventual afastamento do empregado. Poucos dias antes do termo final da avença, o empregado sofre grave acidente de trabalho, perdurando o tratamento por quase três meses. No entanto, o empregador rescinde o contrato no término do prazo contratado. A atitude do empregador é

a) correta, pois o contrato a prazo não é compatível com qualquer forma de suspensão ou interrupção, encerrando-se rigorosamente no prazo convencionado.

b) incorreta, pois o contrato a prazo não é compatível com qualquer forma de suspensão ou interrupção, encerrando-se rigorosamente no prazo convencionado, salvo nas hipóteses de acidente de trabalho.

c) incorreta, eis que o contrato deveria ser rompido no décimo sexto dia após o acidente de trabalho, já que o trabalhador estava sob a responsabilidade do INSS.

d) incorreta, por tratar-se de acidente de trabalho, bem como diante da previsão contratual de afastamento, que encontra fundamento na lei.

e) correta, pois o afastamento se deu por quase três meses, o que implica em recebimento pelo empregado de benefício previdenciário específico, não se justificando a manutenção do contrato até o retorno do empregado.

▷ ***Anotações/Comentários***

Nota do autor: A questão aborda a estabilidade em caso de acidente de trabalho, exigindo, do candidato, conhecimento acerca da jurisprudência sumulada do TST. É cada vez mais frequente em concurso da área trabalhista a cobrança do texto de Súmulas e OJs do TST. Inclua nos seus estudos um tempinho para a leitura da jurisprudência consolidada do TST, assim como deve se reservar um tempo para a leitura da legislação "seca".

Comentário serve para as demais alternativas, uma vez que versam sobre o mesmo assunto. Como forma de incentivar o retorno ao trabalho e garantir prazo para readaptação ao serviço, foi dado ao empregado acidentado o direito à estabilidade provisória de doze meses após a cessação do auxílio-doença. Esse período de 12 meses não poderá ser reduzido via negociação coletiva. Para adquirir essa garantia provisória, há necessidade de preencher cumulativamente os seguintes requisitos:

a) afastamento ser superior a 15 dias.

b) percepção de auxílio-doença acidentário.

Nos termos da jurisprudência consolidada do TST, "O empregado submetido a contrato de trabalho por tempo determinado goza da garantia provisória de emprego decorrente de acidente de trabalho prevista no art. 118 da Lei nº 8.213/91".

Assim, incorreta a atitude do empregador. Mesmo que haja avença entre as partes sobre eventual afastamento do trabalhador, incorreta, a estabilidade provisória no emprego em caso de acidente de trabalho encontra fundamento na lei e deve ser respeitada. Cumprindo com os requisitos legais, o trabalhador não poderá ser dispensado imotivadamente até 12 meses após a cessação do auxílio-doença.

39.5. Estabilidade do representante dos empregados nas empresas

247. (FCC – Técnico Judiciário – Área Administrativa – TRT 18/2023) Os empregados da empresa de vigilância Farol Aceso, que possui 2.500 empregados, pretendem eleger comissão de seus representantes para entendimento direto com o empregador. De acordo com a Consolidação das Leis do Trabalho, esta comissão deverá ser composta por I membros, cujo mandato dos representantes dos empregados será de II , sendo que os representantes dos empregados na comissão III garantia contra dispensa arbitrária ou sem justa causa.

As lacunas I, II e III devem ser preenchidas, correta e respectivamente, por:

a) 3 – 2 anos - não possuem

b) 5 – 1 ano - não possuem

c) 3 – 1 ano - possuem

d) 7 – 2 anos - possuem

e) 7 – 1 ano - não possuem

▷ ***Anotações/Comentários***

Nota do autor: A questão aborda o tema comissão de representantes dos empregados no âmbito empresarial, que foi inserido pela Reforma Trabalhista. Lembre-se de que referida comissão não substitui as funções do sindicato, cabendo a este a realização de negociações coletivas.

Comentário serve para todas as alternativas, uma vez que versam sobre o mesmo assunto. De acordo com o art. 11 da Constituição Federal, é obrigatória a eleição de um representante dos trabalhadores nas empresas com mais de 200 empregados. De acordo com o texto constitucional:

> **Art. 11 da CF/88:** Nas empresas de mais de duzentos empregados, é assegurada a eleição de um representante destes com a finalidade exclusiva de promover-lhes o entendimento direto com os empregadores.

Apesar de prevista na Constituição Federal, não havia sido elaborada legislação regulamentando as atribuições e as prerrogativas desses representantes no entendimento direto com os empregadores. No entanto, a Reforma Trabalhista passou a regulamentar nos art. 510-A a 510-D da CLT a representação dos empregados nas empresas. De acordo com o art. 510-A da CLT, em consonância com o art. 11 da CF/88, em empresas com mais de 200 empregados, é assegurada a eleição de comissão para representar os trabalhadores, que tem a finalidade de promover o entendimento direto com os empregadores:

> **Art. 510-A da CLT** (Inserido pela Reforma Trabalhista): Nas empresas com mais de duzentos empregados, é assegurada a eleição de uma comissão para representá-los, com a finalidade de promover-lhes o entendimento direto com os empregadores.

De acordo com o § 1º do art. 510-A da CLT, a composição da comissão varia de acordo com o total de empregados das empresas:

COMISSÃO DE REPRESENTANTES	
Número de empregados na empresa	**Número de representantes**
Mais de 200 até 3.000	3 membros
Mais de 3.000 até 5.000	5 membros
Mais de 5.000	7 membros

Note-se que esses membros são todos representantes dos trabalhadores e não representarão interesses dos empregadores. Além disso, o número total de membros é determinado por cada empresa e não pela quantidade de estabelecimentos existentes.

De acordo com o "caput" e 1º do art. 510-D da CLT, o mandato do membro da comissão tem duração de 1 ano, sendo vedada sua reeleição:

> **Art. 510-D, "caput", da CLT** (Inserido pela Reforma Trabalhista): O mandato dos membros da comissão de representantes dos empregados será de um ano. (...)

Por fim, "Desde o registro da candidatura até um ano após o fim do mandato, o membro da comissão de representantes dos empregados não poderá sofrer despedida arbitrária, entendendo-se como tal a que não se fundar em motivo disciplinar, técnico, econômico ou financeiro." (art. 510-D, § 3º, CLT).

40. SEGURANÇA E MEDICINA DO TRABALHO

248. (FCC - Analista Judiciário - Área Judiciária - TRT 16/2022) Regina é uma teletrabalhadora, sendo empregada em uma empresa situada em Timon/MA. Regina recebeu do empregador todo o equipamento de informática, devidamente instalado num quarto de sua residência que é utilizado como escritório. Em determinado dia de 2022, durante a realização de suas atividades normais, Regina recebeu um violento choque no computador que manuseava. Uma vez que a empregada em questão possui um marca-passo, além do enorme susto sofrido, precisou se afastar do serviço por alguns dias para se recuperar, pois o marca-passo sofreu uma pequena avaria.

Diante da situação retratada, assinale a afirmativa correta.

a) O evento não é um acidente do trabalho porque se trata de uma teletrabalhadora, que não cumpre suas atividades na sede da empresa.

b) O sinistro será considerado acidente do trabalho se a recuperação da empregada exceder 15 dias.

c) Ocorreu um acidente do trabalho e a empresa deverá emitir a Comunicação de Acidente do Trabalho (CAT).

d) O evento será acidente do trabalho se essa situação estiver prevista, por escrito, no contrato da empregada.

e) O fato não caracteriza acidente do trabalho porque o empregador não teve culpa, sendo responsabilizada a empresa que fornece a energia elétrica.

▷ ***Anotações/Comentários***

Nota do autor: É obrigação da empresa ou do empregador doméstico a comunicação à Previdência Social da ocorrência de acidente de trabalho, que será feita em formulário próprio, constituindo uma obrigação acessória, e seu descumprimento está sujeito à cobrança de multa pecuniária[40]. Sua finalidade consiste em auxiliar no controle estatístico e epidemiológico pelos órgãos de estatística[41].

Comentário serve para as demais alternativas, uma vez que versam sobre o mesmo assunto. A Lei nº 8.213/1991, que dispõe sobre os Planos de Benefícios da Previdência Social, estabelece o conceito de acidente de trabalho para fins previdenciários. Nesse sentido, art. 19 da referida lei:

> **Art. 19, Lei nº 8.213/1991:** Acidente do trabalho é o que ocorre pelo exercício do trabalho a serviço de empresa ou de empregador doméstico ou pelo exercício do trabalho dos segurados referidos no inciso VII do art. 11 desta Lei, provocando lesão corporal ou perturbação funcional que cause a morte ou a perda ou redução, permanente ou temporária, da capacidade para o trabalho. (Redação dada pela Lei Complementar nº 150, de 2015)

O acidente de trabalho típico é, portanto, aquele que ocorre pelo exercício do trabalho a serviço de determinada empresa que venha a provocar lesão corporal ou perturbação funcional que cause a morte ou a perda ou redução da capacidade laboral. Lesão corporal ocorre quando o dano atinge a integridade física do indivíduo, causando-lhe um dano físico-anatômico, enquanto perturbação funcional corresponde a um dano fisiológico ou psíquico, relacionado a órgãos ou funções específicas do organismo humano, sem aparentar lesão física[42].

No caso de Regina, ainda que trabalhando em regime de teletrabalho, a perturbação funcional causada ao marcapasso em virtude de violento choque no computador que manuseava **durante a realização de suas atividades laborais** é, sim, acidente de trabalho típico, devendo a empregadora emitir a Comunicação de Acidente do Trabalho (CAT):

> **Art. 22, "caput", Lei nº 8.213/1991:** A empresa ou o empregador doméstico deverão comunicar o acidente do trabalho à Previdência Social até o primeiro dia útil seguinte ao da ocorrência e, em caso de morte, de imediato, à autoridade competente, sob pena de multa variável entre o limite mínimo e o limite máximo do salário de contribuição, sucessivamente aumentada nas reincidências, aplicada e cobrada pela Previdência Social.

249. (FCC - Analista Judiciário - Área administrativa - TRT 11/2017) Lindoval, sessenta e um anos de idade, é empregado da tecelagem irmãos Fabrícios Ltda., pretendendo, neste ano, fazer parte da composição da CIPA como representante dos empregados. Neste caso, considerando que Lindoval não é filiado ao sindicato da categoria, ele

a) não poderá participar da eleição uma vez que é exclusiva para empregados com até sessenta anos de idade.

b) poderá participar da eleição, que se realiza através de escrutínio secreto, podendo, inclusive, obedecida as formalidades legais, ocupar o cargo de Presidente.

c) não poderá participar da eleição uma vez que é exclusiva para empregados sindicalizados.

d) poderá participar da eleição, que se realiza através de escrutínio secreto, podendo, inclusive, obedecida as formalidades legais, ocupar o cargo de Vice-Presidente.

e) poderá participar da eleição, que se realiza através de escrutínio secreto, mas não poderá ocupar o cargo de Presidente em razão da ausência de filiação.

▷ ***Anotações/Comentários***

Nota do autor: A questão aborda a Comissão Interna de Prevenção de Acidentes e Assédio (CIPA) e exigia o conhecimento do texto de lei. Ressalta-se que o art. 611-B, XVII, da CLT, acrescentado pela Reforma Trabalhista, determina que a ilicitude de convenção e acordo coletivos

40. MENEZES, Adriana. Direito Previdenciário. Coleção Tribunais. 6ª Edição. Salvador: Juspodivm, 2016. p. 264.

41. MOURA, Bernardo Leôncio; BRENNA, Pedro Augusto Ferraz. A emissão de CAT nos casos de depressão decorrentes do ambiente de trabalho doente. **Boletim Científico**: Escola Superior do Ministério Público da União, Brasília, v. 48, n. 15, p.13-34, jul./dez. 2016.

42. MENEZES, Adriana. *Direito Previdenciário*. Coleção Tribunais. 6ª Edição. Salvador: Juspodivm, 2016. p. 260.

de trabalho que prevejam a supressão ou redução de normas de saúde, higiene e segurança do trabalho previstas em lei ou em normas regulamentadoras do Ministério do Trabalho. Ainda, em setembro de 2022, foi publicada a Lei nº 14.457/2022, que, entre outras providências, atribuiu uma nova atribuição à CIPA: combate ao assédio e outras formas de violência no ambiente de trabalho. Fique atento às novidades sobre a matéria e, se preciso, consulte a parte teórica.

Alternativa "a". Não há limitação de idade prevista na CLT para composição da CIPA. A NR nº 5 do Ministério do Trabalho, que regulamenta o tema, não traz nenhum dispositivo nesse sentido.

Alternativa "b". O cargo de Presidente da CIPA é ocupado por representante designado pelo empregador (art. 164, §5º da CLT).

Alternativa "c". Nos termos do art. 164, §2º "os representantes dos empregados, titulares e suplentes, serão eleitos em escrutínio secreto, do qual participem, **independentemente de filiação sindical**, exclusivamente os empregados interessados".

Alternativa "d". A eleição para representantes dos empregados da CIPA, titulares e suplentes, são eleitos em escrutínio secreto, independentemente de filiação sindical. O representante dos empregados, no caso, ocupará o cargo de vice-presidente da CIPA (art. 164, §§ 2º e 5º da CLT).

Alternativa "e". O cargo de Presidente da CIPA é ocupado por representante designado pelo empregado (art. 164, §5º da CLT).

250. (FCC – Técnico Judiciário – Área Administrativa – TRT 11/2017) Segundo a Consolidação das Leis do Trabalho, o mandato dos membros eleitos da Comissão Interna de Prevenção de Acidentes - CIPA terá a duração de

a) um ano, permitida uma reeleição, exceto ao membro suplente que, durante o seu mandato, tenha participado de menos da metade do número de reuniões da CIPA.
b) um ano, vedado a reeleição, em qualquer hipótese, havendo dispositivo legal expresso neste sentido.
c) dois anos, vedada a reeleição, em qualquer hipótese, havendo dispositivo legal expresso neste sentido.
d) um ano, permitida uma reeleição, exceto ao membro suplente que, durante o seu mandato, tenha participado de menos de 1/3 do número de reuniões da CIPA.
e) suplente que, durante o seu mandato, tenha participado de menos de 1/3 do número de reuniões da CIPA.

▷ ***Anotações/Comentários***

Nota do autor: A questão aborda a Comissão Interna de Prevenção de Acidentes e Assédio (CIPA) e exigia o conhecimento do texto de lei. Ressalta-se que o art. 611-B, XVII, da CLT, acrescentado pela Reforma Trabalhista, determina que a ilicitude de convenção e acordo coletivos de trabalho que prevejam a supressão ou redução de normas de saúde, higiene e segurança do trabalho previstas em lei ou em normas regulamentadoras do Ministério do Trabalho. Ainda, em setembro de 2022, foi publicada a Lei nº 14.457/2022, que, entre outras providências, atribuiu uma nova atribuição à CIPA: combate ao assédio e outras formas de violência no ambiente de trabalho. Fique atento às novidades sobre a matéria e, se preciso, consulte a parte teórica.

Comentário serve para todas as alternativas, uma vez que versam sobre o mesmo assunto. A Comissão Interna de Prevenção a Acidentes43 desempenha importante papel para manter um ambiente de trabalho saudável. Nesse sentido, o mandato dos membros eleitos da CIPA terá duração de **1 ano**, permitida uma reeleição (art. 164, §3º da CLT). No caso do membro suplente que, em seu mandato, tenha participado **de menos da metade** do número de reuniões da CIPA, não será possível a reeleição (art. 164, §4º da CLT).

41. FGTS

251. (FCC – 2024 – TRT 11 – Analista Judiciário/Área Administrativa) A conta vinculada do trabalhador no FSTS poderá ser movimentada no caso de:

I. o trabalhador permanecer dois anos ininterruptos fora do regime do FGTS.
II. aposentadoria concedida pela Previdência Social.
III. despedida com justa causa.
IV. o trabalhador ter idade igual ou superior a setenta anos.

Está correto o que consta APENAS de

a) I.
b) III.
c) II e IV.
d) I e II.
e) III e IV.

▷ ***Anotações/Comentários***

Nota do autor: A questão aborda o tema FGTS, exigindo do candidato o conhecimento da Lei nº 8.036/1990 sobre o assunto.

Comentário serve para todas as alternativas, uma vez que versam sobre o mesmo assunto. A conta corrente do trabalhador, fruto dos depósitos do FGTS, é chamada de conta vinculada. Vinculada porque o empregado não tem a liberdade de sacar o dinheiro quando bem entender, mas somente nas hipóteses expressamente previstas em lei. É importante que o candidato memorize as hipóteses de levantamento do salto do FGTS, que estão expostas nos arts. 19-A a 20-D da Lei nº 8.036/90:

> **Art. 19-A:** contrato nulo – na hipótese de o servidor ser contratado sem o prévio concurso público, conforme previsto na Súmula nº 363 do TST[44].
>
> **Art. 20**[45]:
>
> • Aposentadoria Previdência Social;
> • Compra da casa própria;
> • Doenças graves do trabalhador e de seus dependentes (terminal, Aids e câncer);
> • Compra de ações (disponíveis para esse fim – exemplo, ações da Vale e Eletrobras);
> • 70 anos ou mais;
> • Calamidades públicas – recuperar os bens perdidos;
> • Término do contrato de trabalho[46], exceto se ocorrer por justa causa ou pedido de demissão;
> • Extinção total da empresa, fechamento de quaisquer de seus estabelecimentos, filiais ou agências, supressão de parte de suas atividades ou ainda falecimento do empregador individual sempre que qualquer dessas ocorrências implique rescisão de contrato de trabalho;
> • Término do contrato a termo, inclusive o dos trabalhadores temporários;
> • Término do contrato de trabalho por distrato (art. 20, I-A – acrescentado pela Reforma Trabalhista)
> • Conta inativa, após 3 anos ininterruptos fora do FGTS;
> • Falecimento do trabalhador[47].

43. A Cipa é regulamentada pela Norma Regulamentadora nº 5 do Ministério do Trabalho.

44. **Súmula nº 363 do TST:** "A contratação de servidor público, após a CF/1988, sem prévia aprovação em concurso público, encontra óbice no respectivo art. 37, II e § 2º, somente lhe conferindo direito ao pagamento da contraprestação pactuada, em relação ao número de horas trabalhadas, respeitado o valor da hora do salário mínimo e dos valores referentes aos depósitos do FGTS."

45. Recomenda-se a leitura atenta ao art. 20 da Lei. Interessante memorizar todas as hipóteses de saque da conta vinculada do trabalhador, pois há grande possibilidade de questões envolvendo esse tópico.

46. Na rescisão do contrato de trabalho na despedida sem justa causa, rescisão indireta, culpa recíproca, força maior e extinção do estabelecimento é assegurado ao trabalhador o saque do FGTS correspondente aos depósitos efetuados na conta vinculada durante o período de vigência do último contrato de trabalho, acrescida de juros e atualização monetária, deduzidos os saques, conforme prevê o art. 20, I e § 1º, da Lei nº 8.036/1990.

47. A conta vinculada do trabalhador no FGTS poderá ser movimentada, entre outras hipóteses, no caso de falecimento do trabalhador, sendo o saldo pago a seus dependentes, para esse fim habilitados perante a Previdência Social, segundo o critério adotado para a concessão de pensões por morte. Na falta de dependentes, farão jus ao recebimento

• Suspensão total do trabalho **avulso** por período igual ou superior a 90 dias, comprovada por declaração do sindicato;

• Aquisição de órtese ou prótese por trabalhador com deficiência para promoção de acessibilidade e de inclusão social;

• Pagamento total ou parcial do preço de aquisição de imóveis da União inscritos em regime de ocupação ou aforamento, a que se referem o art. 4º da Lei nº 13.240, de 30 de dezembro de 2015, e o art. 16-A da Lei nº 9.636, de 15 de maio de 1998, respectivamente, observadas as seguintes condições: (Incluído pela Lei nº 13.465, de 2017)

a) o mutuário deverá contar com o mínimo de três anos de trabalho sob o regime do FGTS, na mesma empresa ou em empresas diferentes; (Incluído pela Lei nº 13.465, de 2017)

b) seja a operação financiável nas condições vigentes para o Sistema Financeiro da Habitação (SFH) ou ainda por intermédio de parcelamento efetuado pela Secretaria do Patrimônio da União (SPU), mediante a contratação da Caixa Econômica Federal como agente financeiro dos contratos de parcelamento; (Incluído pela Lei nº 13.465, de 2017)

c) sejam observadas as demais regras e condições estabelecidas para uso do FGTS.

• Anualmente, no mês de aniversário do trabalhador (modalidade saque aniversário – remetemos o leitor ao tópico 4.2. deste capítulo)

• A qualquer tempo, quando seu saldo for inferior a R$ 80,00 (oitenta reais) e não houver ocorrido depósitos ou saques por, no mínimo, 1 (um) ano;

• Integralização de cotas do FI-FGTS;

• Quando o trabalhador ou qualquer de seus dependentes for, nos termos do regulamento, pessoa com doença rara, consideradas doenças raras aquelas assim reconhecidas pelo Ministério da Saúde, que apresentará, em seu sítio na internet, a relação atualizada dessas doenças.

---

252. (FCC – Analista Judiciário – Área Judiciária – TRT 14/2022) O FGTS é um direito dos empregados urbanos, rurais e domésticos, assegurado constitucionalmente. A regulamentação infra-constitucional do FGTS é bastante detalhada, abrangendo, inclusive, regras sobre consequências em caso de extinção do contrato de trabalho, entre as quais a previsão de que,

a) em caso de falecimento do trabalhador, o saldo existente na conta vinculada do mesmo será pago aos seus sucessores previstos na lei civil, conforme definido pelo juízo do inventário ou do arrolamento.

b) na hipótese de culpa recíproca na extinção do contrato ou de força maior, reconhecidas pela Justiça do Trabalho, o empregador deverá depositar na conta vinculada do trabalhador no FGTS, respectivamente, importâncias de 20% e de 25% sobre o montante de todos os depósitos realizados na conta vinculada durante a vigência do contrato de trabalho.

c) em caso de extinção do contrato de trabalho por acordo entre empregador e empregado, este somente poderá movimentar o valor equivalente a 50% de todos os depósitos realizados na conta vinculada durante a vigência do contrato de trabalho.

d) na hipótese de dispensa sem justa causa pelo empregador, este deverá depositar na conta vinculada do trabalhador no FGTS, a importância igual a 40% do saldo da conta vinculada, atualizado monetariamente e acrescido dos respectivos juros.

e) em caso de rescisão do contrato de trabalho por parte do empregador, este deve depositar na conta vinculada do trabalhador no FGTS os valores relativos aos depósitos referentes ao mês da rescisão e ao **imediata**mente anterior, que ainda não houver sido recolhido, sem prejuízo das cominações legais.

---

do saldo da conta vinculada os seus sucessores previstos na lei civil, indicados em alvará judicial, expedido a requerimento do interessado, independente de inventário ou arrolamento, conforme prevê o art. 20, IV, da Lei nº 8.036/1990.

▷ ***Anotações/Comentários***

Nota do autor: A questão aborda o tema FGTS, exigindo do candidato o conhecimento da Lei nº 8.036/1990 e da CLT sobre o assunto.

Alternativa "a". Incorreta. "A conta vinculada do trabalhador no FGTS poderá ser movimentada nas seguintes situações: (...) IV - falecimento do trabalhador, sendo o saldo pago a seus dependentes, para esse fim habilitados perante a Previdência Social, segundo o critério adotado para a concessão de pensões por morte. Na falta de dependentes, farão jus ao recebimento do saldo da conta vinculada os seus sucessores previstos na lei civil, indicados em alvará judicial, expedido a requerimento do interessado, independente de inventário ou arrolamento;" (art. 20, IV, Lei nº 8.036/90).

Alternativa "b". Incorreta. "Quando ocorrer despedida por culpa recíproca ou força maior, reconhecida pela Justiça do Trabalho, o percentual de que trata o § 1º será de 20 (vinte) por cento." (art. 18, § 2º, Lei nº 8.036/90).

Alternativa "c". Incorreta. "O contrato de trabalho poderá ser extinto por acordo entre empregado e empregador, caso em que serão devidas as seguintes verbas trabalhistas: (...) A extinção do contrato prevista no caput deste artigo permite a movimentação da conta vinculada do trabalhador no Fundo de Garantia do Tempo de Serviço na forma do inciso I-A do art. 20 da Lei no 8.036, de 11 de maio de 1990, limitada até 80% (oitenta por cento) do valor dos depósitos." (art. 848-A, § 1º, CLT).

Alternativa "d". Incorreta. "Na hipótese de despedida pelo empregador sem justa causa, depositará este, na conta vinculada do trabalhador no FGTS, importância igual a quarenta por cento **do montante de todos os depósitos realizados na conta vinculada durante a vigência do contrato de trabalho**, atualizados monetariamente e acrescidos dos respectivos juros." (art. 18, § 1º, Lei nº 8.036/90 – grifos acrescidos).

Alternativa "e". Correta. "Ocorrendo rescisão do contrato de trabalho, por parte do empregador, ficará este obrigado a depositar na conta vinculada do trabalhador no FGTS os valores relativos aos depósitos referentes ao mês da rescisão e ao imediatamente anterior, que ainda não houver sido recolhido, sem prejuízo das cominações legais." (art. 18, caput, Lei nº 8.036/90).

---

253. (FCC – Analista Judiciário – Área Judiciária – TRT 22/2022) Cíntia se emocionou com a festa surpresa feita por seus colegas de trabalho da Joalheria D & D Ltda. quando se aposentou.

Nessa oportunidade, ela sacou seus depósitos referentes ao FGTS, implementando uma hipótese para levantamento.

Entretanto, a convite de seu empregador e contando com o carinho de seus colegas, continuou normalmente a prestar seus serviços por mais 4 anos, quando foi dispensada sem justa causa. Nos termos da legislação vigente e do entendimento pacificado do TST, em relação à multa de 40% sobre o FGTS,

a) somente se Cíntia não tivesse sacado seu FGTS por ocasião de sua aposentadoria e continuasse no emprego é que teria direito à multa integral sobre a totalidade dos depósitos de todo o contrato de trabalho.

b) Cíntia terá direito à multa apenas no período dos 4 anos trabalhados após sua aposentadoria, uma vez que o saque efetuado quando de sua aposentadoria não acarreta a incidência da multa fundiária, não podendo, portanto, ser computada para a totalidade de seu contrato de trabalho.

c) tendo em vista a manutenção do vínculo de emprego, Cíntia tem direito à metade da multa sobre a totalidade dos depósitos efetuados durante todo o contrato de trabalho.

d) tendo em vista a manutenção do vínculo de emprego, Cíntia faz jus à multa integral sobre a totalidade dos depósitos efetuados durante todo o contrato de trabalho, uma vez que a aposentadoria espontânea não é causa de rescisão do contrato de trabalho.

e) Cíntia não receberá a referida multa, pois quando se aposentou não era hipótese de seu pagamento e, agora, aposentada, sendo dispensada imotivadamente, não tem direito nem à multa e nem ao recebimento do seguro-desemprego.

▷ ***Anotações/Comentários***

Nota do autor: A questão aborda o tema FGTS, exigindo do candidato o conhecimento da jurisprudência sumulada do TST sobre o tema.

Comentário serve para todas as alternativas, uma vez que versam sobre o mesmo assunto. "A aposentadoria espontânea não é causa de extinção do contrato de trabalho se o empregado permanece prestando serviços ao empregador após a jubilação. Assim, por ocasião da sua dispensa imotivada, o empregado tem direito à multa de 40% do FGTS sobre a totalidade dos depósitos efetuados no curso do pacto laboral." (Orientação Jurisprudencial nº 361 da SDI-1 do TST).

Dessa forma, Cíntia tem direito à multa integral sobre a totalidade dos depósitos efetuados durante todo o contrato de trabalho, uma vez que a aposentadoria espontânea não é causa de rescisão do contrato de trabalho.

254. (FCC – Analista Judiciário – Oficial de Justiça Avaliador Federal – TRT 22/2022) Quanto ao FGTS, nos termos da legislação aplicável:

a) Na hipótese de rescisão do contrato de trabalho por falecimento do empregado, a conta vinculada no FGTS só poderá ser movimentada por seus dependentes após o prazo de 1 ano de sua morte.

b) Os depósitos efetuados nas contas vinculadas serão corrigidos monetariamente com base nos parâmetros fixados para atualização dos saldos dos depósitos de poupança e capitalização juros de 5% ao ano.

c) Os empregadores são obrigados a realizar os depósitos relativos ao FGTS dos empregados afastados para a prestação do serviço militar obrigatório e licença por acidente do trabalho, com exceção dos empregados contratados por prazo determinado.

d) O empregado dispensado sem justa causa poderá movimentar as contas vinculadas do FGTS, quando sujeito à sistemática do saque-rescisão ou do saque-aniversário, porque não deu causa à rescisão contratual.

e) Quando o trabalhador permanecer 5 anos ininterruptos fora do regime do FGTS, os saldos das contas vinculadas serão incorporadas ao patrimônio do fundo, resguardado o direito de o beneficiário reclamar, a qualquer tempo, a reposição do valor transferido.

▷ ***Anotações/Comentários***

Nota do autor: A questão aborda o tema FGTS, exigindo do candidato o conhecimento da Lei nº 8.036/1990 e da CLT sobre o assunto.

Alternativa "a". Incorreta. "A conta vinculada do trabalhador no FGTS poderá ser movimentada nas seguintes situações: (...) IV - falecimento do trabalhador, sendo o saldo pago a seus dependentes, para esse fim habilitados perante a Previdência Social, segundo o critério adotado para a concessão de pensões por morte. Na falta de dependentes, farão jus ao recebimento do saldo da conta vinculada os seus sucessores previstos na lei civil, indicados em alvará judicial, expedido a requerimento do interessado, independente de inventário ou arrolamento;" (art. 20, IV, Lei nº 8.036/90).

Alternativa "b". Incorreta. "Os depósitos efetuados nas contas vinculadas serão corrigidos monetariamente com base nos parâmetros fixados para atualização dos saldos dos depósitos de poupança e capitalização juros de (três) por cento ao ano. (art. 13, Lei nº 8.036/90).

Alternativa "c". Incorreta. "O depósito de que trata o caput deste artigo é obrigatório nos casos de afastamento para prestação do serviço militar obrigatório e licença por acidente do trabalho." (art. 15, § 5º, Lei nº 8.036/90); "Computar-se-ão, na contagem de tempo de serviço, para efeito de indenização e estabilidade, os períodos em que o empregado estiver afastado do trabalho prestando serviço militar e por motivo de acidente do trabalho." (art. 4º, § 1º, CLT).

Alternativa "d". Incorreta. Se o trabalhador optar pelo saque anual, somente poderá retornar para o modelo de saque-rescisão após 24 meses. Além disso, permanece o direito ao recebimento da multa de 40% na hipótese de dispensa sem justa causa. Assim, um trabalhador que optou pelo saque-aniversário e foi dispensado sem justa causa, receberá somente o valor da multa de 40% do FGTS no momento da rescisão, pois o saque dos depósitos somente pode ocorrer anualmente no mês do aniversário e nos percentuais previstos em lei.

Alternativa "e". Correta. "Os saldos das contas não individualizadas e das contas vinculadas que se conservem ininterruptamente sem créditos de depósitos por mais de cinco anos, a partir de 1º de junho de 1990, em razão de o seu titular ter estado fora do regime do FGTS, serão incorporados ao patrimônio do fundo, resguardado o direito do beneficiário reclamar, a qualquer tempo, a reposição do valor transferido." (art. 20, caput, Lei nº 8.036/90).

255. (FCC – Técnico Judiciário – Área Administrativa – TRT 22/2022) Considerando real necessidade de serviço, Ariela, que exerce funções de extrema confiança, foi transferida pelo empregador para trabalhar na unidade da empresa que fica na cidade de Lisboa, em Portugal. A partir da transferência, além do salário, Ariela passou a receber mensalmente uma ajuda de custo. Considerando tal situação, a empresa, conforme a legislação federal e jurisprudência pacificada do TST,

a) continua obrigada a recolher, no Brasil, FGTS sobre o salário pago, mas não sobre o valor da ajuda de custo, já que tal verba não tem natureza salarial.

b) continua obrigada a recolher, no Brasil, FGTS sobre o salário pago e sobre o valor da ajuda de custo, já que tal verba tem natureza salarial.

c) não continua obrigada a recolher, no Brasil, FGTS, tendo em vista que este não incide sobre pagamentos referentes a trabalho prestado no exterior.

d) não continua obrigada a recolher, no Brasil, FGTS, tendo em vista o exercício no exterior de cargo de confiança.

e) não continua obrigada a recolher, no Brasil, FGTS sobre o salário pago, já que o trabalho está sendo executado no exterior, mas tem que recolher sobre a ajuda de custo, já que esta tem origem na própria transferência.

▷ ***Anotações/Comentários***

Nota do autor: A questão aborda o tema FGTS, exigindo do candidato o conhecimento da Lei nº 8.036/1990, da CLT e da jurisprudência sumulada do TST sobre o assunto.

Comentário serve para todas as alternativas, uma vez que versam sobre o mesmo assunto. Nos termos da jurisprudência consolidada do TST, "O FGTS incide sobre todas as parcelas de natureza salarial pagas ao empregado em virtude de prestação de serviços no exterior." (Orientação Jurisprudencial nº 232 da SDI-1 do TST). Como a ajuda de custo possui natureza indenizatória (art. 457, § 2º, CLT), não integra a base de cálculo dos recolhimentos fundiários (da contribuição do FGTS).

256. (FCC – Analista Judiciário – Área Administrativa – TRT 2/2018) De acordo com a Lei no 8.036/1990, o Conselho Curador estabelece normas e diretrizes que regem o Fundo de Garantia do Tempo de Serviço (FGTS). Representantes dos trabalhadores e dos empregadores

a) fazem parte da composição deste Conselho Curador, sendo que terão mandato de dois anos, vedada a recondução, inclusive para os suplentes.

b) fazem parte da composição deste Conselho Curador, sendo que terão mandato de dois anos, podendo ser reconduzidos uma única vez, inclusive os suplentes.

c) não fazem parte da composição deste Conselho Curador, tratando-se de um órgão governamental que possui apenas integrantes indicados pela autoridade competente do Poder Executivo.

d) não fazem parte da composição deste Conselho Curador, tratando-se de um órgão governamental que possui apenas integrantes indicados pelas autoridades competentes dos Poderes Executivo e Legislativo.

e) fazem parte da composição deste Conselho Curador, sendo que terão mandato de três anos, vedada a recondução, inclusive para os suplentes.

▷ ***Anotações/Comentários***

Nota do autor: A questão aborda o tema FGTS, exigindo do candidato o conhecimento da Lei nº 8.036/1990 sobre o assunto.

Comentário serve para todas as alternativas, pois versam sobre o mesmo assunto. Nesse ponto, é importante ressaltar que a Lei do FGTS passou muitas alterações, sendo umas delas a Lei nº 13.932, de 2019, que conferiu nova redação ao § 3º do art. 3º da Lei. Apesar da alteração promovida pela Lei 13/932/2019 ser posterior ao concurso, a questão continua atualizada: "Os representantes dos trabalhadores e dos empregadores e seus suplentes serão indicados pelas respectivas centrais sindicais e confederações nacionais, serão nomeados pelo Poder Executivo, terão mandato de 2 (dois) anos e poderão ser reconduzidos uma única vez, vedada a permanência de uma mesma pessoa como membro titular, como suplente ou, de forma alternada, como titular e suplente, por período consecutivo superior a 4 (quatro) anos no Conselho." (Art. 3º, §3º da Lei nº 8.036/1990, redação dada pela Lei nº 13.932, de 2019).

Lembre-se de que a administração do FGTS é feita por normas e diretrizes elaboradas pelo Conselho Curador. Sua competência está prevista no art. 5º da Lei nº 8.036/1990.

257. (FCC - Analista Judiciário - Área administrativa - TRT 11/2017) De acordo com o entendimento Sumulado do TST, a contribuição para o Fundo de Garantia do Tempo de Serviço incide sobre a remuneração mensal devida ao empregado,

a) com exceção das horas extras.

b) inclusive horas extras e adicionais eventuais.

c) na proporção de 7%, inclusive horas extras, não incidindo sobre adicionais eventuais.

d) na proporção de 12%, inclusive horas extras, com exceção de adicionais eventuais.

e) na proporção de 11%, inclusive horas extras, com exceção de adicionais eventuais.

▷ ***Anotações/Comentários***

Nota do autor: A questão aborda o tema FGTS e exigia do candidato o conhecimento da Súmula nº 63 do TST. Note-se que a Reforma Trabalhista não alterou a exigibilidade do depósito forçado do FGTS, considerando objeto ilícito de convenção ou acordo coletivo a supressão ou redução do valor dos depósitos mensais e da indenização rescisória do FGTS (art. 611-B, III da CLT).

Comentário serve para todas as alternativas, uma vez que versam sobre o mesmo assunto. Nos termos da Súmula nº 63 do TST:

> **Súmula nº 63 do TST:** A contribuição para o Fundo de Garantia do Tempo de Serviço incide sobre a remuneração mensal devida ao empregado, inclusive horas extras e adicionais eventuais.

Lembre-se de que o FGTS é uma "poupança forçada" suportada exclusivamente pelo empregador. Todos os meses, ao quitar o salário e demais adicionais, o empregador deverá depositar numa conta vinculada do trabalhador 8% da sua remuneração. Exemplo: empregado recebe R$ 1.800,00 de salário. Logo, o empregador deverá depositar R$ 144,00 na conta vinculada do trabalhador, a título de FGTS. Veja que para fins de FGTS, não há desconto a ser suportado pelo trabalhador. Esses depósitos destinam-se à indenização por tempo de serviço do empregado.

258. (FCC - Analista Judiciário - Área Judiciária - TRT 11/2017) Com relação ao FGTS, considere:

I. A equivalência entre os regimes do Fundo de Garantia do Tempo de Serviço e da estabilidade prevista na CLT é meramente jurídica e não econômica, sendo indevidos valores a título de reposição de diferenças.

II. O pagamento relativo ao período de aviso prévio, trabalhado ou não, está sujeito à contribuição para o FGTS.

III. Caberá ao Conselho Curador do FGTS, na qualidade de agente operador, emitir Certificado de Regularidade do FGTS.

IV. Quando ocorrer rescisão do contrato de trabalho por culpa recíproca ou força maior reconhecida pela Justiça do Trabalho, o percentual devido relativo à multa pela rescisão será de 20%.

Está correto o que se afirma APENAS em

a) I e II.

b) I, II e III.

c) II, III e IV.

d) I, II e IV.

e) III e IV.

▷ ***Anotações/Comentários***

Nota do autor: A questão aborda o tema FGTS e exigia o conhecimento da Lei nº 8.036/1990 e do entendimento sumulado do TST sobre o assunto.

Item I. Correto. A equivalência entre os regimes do FGTS e da estabilidade decenal prevista na CLT é jurídica e não econômica. Por esta razão os valores a título de reposição de diferenças não são devidos (Súmula nº 98, I do TST).

Item II. Correto. Para o TST o aviso-prévio indenizado tem natureza salarial, integrando o contrato para todos os fins, inclusive a incidência nos depósitos do FGTS (Súmula nº 305 do TST). Contudo, é necessário atenção para o fato de que o aviso-prévio indenizado não será computado para fins de cálculo da multa de 40% do FGTS, por ausência de previsão legal.

Item III. Errado. Caberá à **Caixa Econômica Federal**, na qualidade de agente operador, a emissão de certificado de regularidade do FGTS (art. 7º, V da Lei nº 8.036/1990).

Item IV. Correto. No caso de culpa recíproca ou força maior, o valor da multa rescisória do FGTS será reduzido à metade, sendo de 20% portanto (art. 18, §2º da Lei nº 8.036/1990, art. 484 da CLT e art. 502, II da CLT). Com a Reforma Trabalhista, criou-se nova hipótese em que a multa rescisória do FGTS será de 20% para o término do contrato de trabalho por distrato, nos termos do art. 484-A da CLT:

> **Art. 484-A da CLT:** O contrato de trabalho poderá ser extinto por acordo entre empregado e empregador, caso em que serão devidas as seguintes verbas trabalhistas:
>
> I - por metade:
>
> a) o aviso prévio, se indenizado; e
>
> b) a indenização sobre o saldo do Fundo de Garantia do Tempo de Serviço, prevista no § 1º do art. 18 da Lei nº 8.036, de 11 de maio de 1990;
>
> II - na integralidade, as demais verbas trabalhistas.

259. (FCC - Analista Judiciário - Área Judiciária - TRT 24/2017) Quanto ao Fundo de Garantia por Tempo de Serviço - FGTS, segundo ordenamento jurídico e jurisprudência sumulada do Tribunal Superior do Trabalho:

a) A contribuição para o Fundo de Garantia do Tempo de Serviço incide sobre a remuneração mensal devida ao empregado, inclusive horas extras e adicionais, desde que habituais.

b) É trintenária a prescrição do direito de reclamar contra a falta de recolhimento de contribuição para o FGTS, observado o prazo de cinco anos após o término do contrato.

c) Quando ocorrer despedida por culpa recíproca ou força maior, reconhecida pela Justiça do Trabalho, o percentual da multa rescisória será reduzido para dez por cento.

d) A prescrição da pretensão relativa às parcelas remuneratórias alcança o respectivo recolhimento da contribuição para o FGTS.

e) A conta vinculada do trabalhador no FGTS poderá ser movimentada quando houver suspensão total do trabalho avulso por período igual ou superior a sessenta dias, comprovada por declaração do sindicato representativo da categoria profissional.

▷ ***Anotações/Comentários***

Nota do autor: A questão exigia o conhecimento do entendimento sumulado do TST, assim como da Lei nº 8.036/90. Note-se que com a Reforma Trabalhista, criou-se nova hipótese de movimentação da conta vinculada do FGTS, no caso de distrato, limitada a 80% do valor dos depósitos (art. 484-A da CLT).

Alternativa "a". "A contribuição para o Fundo de Garantia do Tempo de Serviço incide sobre a remuneração mensal devida ao empregado, inclusive horas extras e **adicionais eventuais**" (Súmula nº 63 do TST).

Alternativa "b". Conforme já dito, a prescrição do direito de reclamar o recolhimento do FGTS é **quinquenal**, observado o prazo de 2 anos após o término do contrato (Súmula nº 362 do TST).

Alternativa "c". No caso de despedida por culpa recíproca ou força maior, o valor da multa do FGTS é reduzido pela metade, sendo de **20%**, portanto (art. 18, §2º da Lei nº 8.036/1990).

Alternativa "d". As Súmulas nº 206 e 362 do TST devem ser aplicadas de forma conjunta, uma vez que a prescrição das parcelas trabalhistas não pagas ocorrerá ao mesmo tempo da prescrição para que os depósitos do FGTS fossem realizados (5 anos). Assim, desde que o empregado ingresse dentro de 2 anos a contar da extinção do contrato, terá o prazo de 5 anos para exigir a parcela não paga e o depósito do FGTS em relação a essa parcela. Portanto, o prazo prescricional passou a ser de 5 anos para exigir a parcela principal e a acessória (FGTS). Nesse sentido, "a prescrição da pretensão relativa às parcelas remuneratórias alcança o respectivo recolhimento da contribuição para o FGTS" (Súmula nº 206 do TST).

Alternativa "e". A conta vinculada do FGTS poderá ser movimentada no caso de "suspensão total do trabalho avulso por período igual ou superior a **90 (noventa) dias**, comprovada por declaração do sindicato representativo da categoria profissional" (art. 20, X da Lei nº 8.036/90).

42. AVISO-PRÉVIO

260. (AOCP – 2024 – TRF 2 - Analista Judiciário - Área Administrativa) Márcia trabalha em uma rede hoteleira exercendo a função de cozinheira há vinte anos. Ocorre que, em razão de crise financeira que se instaurou sobre o setor de turismo, a empresa dispensou Márcia sem justa causa. Considerando os fatos narrados e as disposições da Lei nº 12.506/2011, é correto afirmar que Márcia possui direito a

a) 30 dias de aviso prévio.

b) 45 dias de aviso prévio.

c) 60 dias de aviso prévio.

d) 75 dias de aviso prévio.

e) 90 dias de aviso prévio.

▷ ***Anotações/Comentários***

Nota do autor: O aviso-prévio tem como finalidade indicar a data do término do contrato de trabalho. O período do aviso possibilita ao trabalhador procurar outro emprego, e, ainda, ao empregador buscar um substituto para o cargo vago. Dessa forma, torna-se possível que uma parte não seja surpreendida com a ruptura do contrato por ato unilateral da outra. Afasta-se, portanto, o evento-surpresa.

Comentário serve para todas as alternativas, uma vez que versam sobre o mesmo assunto. A parte que decidir colocar fim ao contrato deverá avisar a outra com **antecedência mínima de 30 dias**. Nesse sentido, estabelece o art. 7º, XXI, da CF/88:

> **Art. 7º, XXI, da CF/88:** São direitos dos trabalhadores urbanos e rurais, além de outros que visem à melhoria de sua condição social: aviso-prévio proporcional ao tempo de serviço, **sendo no mínimo de 30 dias**, nos termos da lei (grifos acrescidos).

Em razão dessa previsão constitucional, o aviso-prévio é proporcional ao tempo de serviço. Para empregados com até um ano de contrato, o aviso-prévio será de 30 dias. A cada ano de contrato, serão acrescidos 3 dias na duração do aviso, até o limite de 60 dias. Assim sendo, a duração do aviso-prévio poderá ter até 90 dias (prazo mínimo de 30 dias + 60 dias do aviso proporcional). Esse dispositivo foi regulamentado pela Lei nº 12.506, de 11 de outubro de 2011.

Como Márcia trabalhou na rede hoteleira por vinte anos, terá direito aos **30 dias de aviso-prévio + 20 vezes 3 dias**, totalizando 90 dias de aviso prévio.

261. (FCC – Analista Judiciário – Área Judiciária – TRT 4/2022) Platão trabalhou na empresa de alimentos processados Churrasco no Pote Ltda. de 10/01/2014 a 10/12/2021, percebendo como último salário o valor de R$ 3.000,00. Na rescisão do seu contrato de trabalho por iniciativa da empresa, a mesma optou por indenizar o aviso prévio de Platão. Nessa hipótese, com base na legislação federal que disciplina a matéria, a indenização do aviso prévio de Platão será de

a) R$ 6.000,00

b) R$ 3.000,00

c) R$ 5.400,00

d) R$ 5.100.00

e) R$ 4.800,00

▷ ***Anotações/Comentários***

Nota do autor: O aviso-prévio tem como finalidade indicar a data do término do contrato de trabalho. O período do aviso possibilita ao trabalhador procurar outro emprego, e, ainda, ao empregador buscar um substituto para o cargo vago. Dessa forma, torna-se possível que uma parte não seja surpreendida com a ruptura do contrato por ato unilateral da outra. Afasta-se, portanto, o evento-surpresa.

Comentário serve para todas as alternativas, uma vez que versam sobre o mesmo assunto. A parte que decidir colocar fim ao contrato deverá avisar a outra com **antecedência mínima de 30 dias**. Nesse sentido, estabelece o art. 7º, XXI, da CF/88:

> **Art. 7º, XXI, da CF/88:** São direitos dos trabalhadores urbanos e rurais, além de outros que visem à melhoria de sua condição social: aviso-prévio proporcional ao tempo de serviço, **sendo no mínimo de 30 dias**, nos termos da lei (grifos acrescidos).

Em razão dessa previsão constitucional, o aviso-prévio é proporcional ao tempo de serviço. Para empregados com até um ano de contrato, o aviso-prévio será de 30 dias. A cada ano de contrato, serão acrescidos 3 dias na duração do aviso, até o limite de 60 dias. Assim sendo, a duração do aviso-prévio poderá ter até 90 dias (prazo mínimo de 30 dias + 60 dias do aviso proporcional). Esse dispositivo foi regulamentado pela Lei nº 12.506, de 11 de outubro de 2011.

Como Platão trabalhou na empresa de alimentos processados Churrasco no Pote Ltda. por mais de 7 anos e menos de 8, terá direito aos **30 dias de aviso-prévio + 7 vezes 3 dias**, totalizando 51 dias de aviso prévio indenizado.

Se seu último salário foi de R$ 3.000,00, o valor/dia de remuneração é R$ 100,00.

Assim, basta multiplicar o número de dias devido (51 dias) pela remuneração correspondente a um dia devido (R$ 100,00), chegando ao valor de R$ 5.100,00.

262. (FCC – Técnico Judiciário – Área Administrativa – TRT 17/2022) Vitória Régia foi empregada da Panificadora Pão na Chapa Ltda. de 01/01/2016 a 31/12/2021, data em que terminou o aviso prévio trabalhado da referida empregada. Entendendo que o aviso prévio concedido pela empresa não foi correto, Vitória Régia pretende ajuizar ação trabalhista em face da sua ex-empregadora. Na situação narrada, conforme legislação vigente, o aviso prévio concedido à empregada deveria ter sido de

a) 30 dias.

b) 48 dias.

c) 42 dias.

d) 33 dias.

e) 45 dias.

▷ ***Anotações/Comentários***

Nota do autor: O aviso-prévio tem como finalidade indicar a data do término do contrato de trabalho. O período do aviso possibilita ao trabalhador procurar outro emprego, e, ainda, ao empregador buscar um substituto para o cargo vago. Dessa forma, torna-se possível que uma parte não seja surpreendida com a ruptura do contrato por ato unilateral da outra. Afasta-se, portanto, o evento-surpresa.

Comentário serve para todas as alternativas, uma vez que versam sobre o mesmo assunto. A parte que decidir colocar fim ao contrato deverá avisar a outra com **antecedência mínima de 30 dias**. Nesse sentido, estabelece o art. 7º, XXI, da CF/88:

> **Art. 7º, XXI, da CF/88:** São direitos dos trabalhadores urbanos e rurais, além de outros que visem à melhoria de sua condição social: aviso-prévio proporcional ao tempo de serviço, **sendo no mínimo de 30 dias**, nos termos da lei (grifos acrescidos).

Em razão dessa previsão constitucional, o aviso-prévio é proporcional ao tempo de serviço. Para empregados com até um ano de contrato, o aviso-prévio será de 30 dias. A cada ano de contrato, serão acrescidos 3 dias na duração do aviso, até o limite de 60 dias. Assim sendo, a duração do aviso-prévio poderá ter até 90 dias (prazo mínimo de 30 dias + 60 dias do aviso proporcional). Esse dispositivo foi regulamentado pela Lei nº 12.506, de 11 de outubro de 2011.

Como Vitória Régia trabalhou na empresa Panificadora Pão na Chapa Ltda. por mais de 5 anos e menos de 6, terá direito aos **30 dias de aviso-prévio + 5 vezes 3 dias**, totalizando 45 dias de aviso prévio indenizado.

263. (FUMARC – Analista Judiciário – Área Judiciária – TRT 3/2022) Em relação ao aviso prévio, considerando o entendimento sumulado do TST e a legislação vigente, NÃO é correto afirmar:

a) A falta de aviso prévio por parte do empregado dá ao empregador o direito de descontar os salários correspondentes ao prazo respectivo.

b) A projeção do contrato de trabalho para o futuro, pela concessão do aviso prévio indenizado, tem efeitos limitados às vantagens econômicas obtidas no período de pré-aviso, ou seja, salários, reflexos e verbas rescisórias. No caso de concessão de auxílio-doença no curso do aviso prévio, todavia, só se concretizam os efeitos da dispensa depois de expirado o benefício previdenciário.

c) É inválida a concessão do aviso prévio na fluência da garantia de emprego, ante a incompatibilidade dos dois institutos.

d) Na contagem do prazo do aviso prévio, inclui-se o dia da comunicação e o dia final do vencimento, uma vez que não se trata de prazo processual, mas sim de direito material.

e) O direito ao aviso prévio é irrenunciável pelo empregado. O pedido de dispensa de cumprimento não exime o empregador de pagar o respectivo valor, salvo comprovação de haver o prestador dos serviços obtido novo emprego.

▷ ***Anotações/Comentários***

Nota do autor: O aviso-prévio tem como finalidade indicar a data do término do contrato de trabalho. O período do aviso possibilita ao trabalhador procurar outro emprego, e, ainda, ao empregador buscar um substituto para o cargo vago. Dessa forma, torna-se possível que uma parte não seja surpreendida com a ruptura do contrato por ato unilateral da outra. Afasta-se, portanto, o evento-surpresa.

Alternativa "a". Correta. "A falta de aviso prévio por parte do empregado dá ao empregador o direito de descontar os salários correspondentes ao prazo respectivo." (art. 487, § 2º, CLT).

Alternativa "b". Correta. "A projeção do contrato de trabalho para o futuro, pela concessão do aviso prévio indenizado, tem efeitos limitados às vantagens econômicas obtidas no período de pré-aviso, ou seja, salários, reflexos e verbas rescisórias. No caso de concessão de auxílio-doença no curso do aviso prévio, todavia, só se concretizam os efeitos da dispensa depois de expirado o benefício previdenciário." (Súmula nº 371 do TST).

Alternativa "c". Correta. "É inválida a concessão do aviso prévio na fluência da garantia de emprego, ante a incompatibilidade dos dois institutos." (Súmula nº 348 do TST).

Alternativa "d". Incorreta. "Aplica-se a regra prevista no "caput" do art. 132 do Código Civil de 2002 à contagem do prazo do aviso prévio, excluindo-se o dia do começo e incluindo o do vencimento." (Súmula nº 380 do TST).

Alternativa "e". Correta. "O direito ao aviso prévio é irrenunciável pelo empregado. O pedido de dispensa de cumprimento não exime o empregador de pagar o respectivo valor, salvo comprovação de haver o prestador dos serviços obtido novo emprego." (Súmula nº 276 do TST).

---

264. (FCC – Analista Judiciário – Oficial de Just. Avaliador Federal – TRT 15/2018) Sobre o aviso prévio, considerando as disposições legais e o entendimento pacífico do TST, considere:

I. Sendo dispensada por justa causa fundada em insubordinação no curso do aviso prévio, Agnes deixará de receber o restante do aviso prévio, mas receberá as demais verbas rescisórias, pois a dispensa inicialmente tinha sido sem justa causa.

II. Faltando 40 dias para o término do contrato de experiência, Joana é dispensada sem justa causa pelo empregador, hipótese que lhe dá direito ao recebimento do aviso prévio.

III. Após ser dispensada sem justa causa, Cilene pede ao empregador dispensa do cumprimento do aviso prévio, informando que precisa descansar e está pensando em fazer uma viagem. Aceito o pedido pelo empregador, este ficará isento do pagamento do aviso prévio, pois Cilene renunciou ao respectivo direito.

IV. Nancy teve concedido auxílio-doença no curso do aviso prévio, o que implica em que os efeitos da sua dispensa somente se concretizem depois de expirado o benefício previdenciário.

V. Por receber salário na base de tarefa, o cálculo do aviso prévio de Arnaldo será feito de acordo com a média dos salários recebidos durante a vigência do contrato de trabalho.

Está correto o que consta APENAS de

a) II e IV.

b) I e III.

c) IV e V.

d) II, III e V.

e) I, II e IV.

▷ ***Anotações/Comentários***

Nota do autor: A questão aborda a temática do aviso prévio. Exigia do candidato conhecimento sobre as disposições da CLT e da legislação específica, bem como da jurisprudência sumulada do TST. Trata-se de uma questão de média dificuldade.

Assertiva I. Incorreta. O caso de falta grave cometida pelo empregado (art. 482 da CLT), durante o curso do aviso-prévio, ocasionará a perda do restante do aviso e reflexo desse período nas verbas rescisórias. Receberá apenas as parcelas devidas na dispensa por justa causa. Apenas não se considera justa causa o abandono de emprego no curso do aviso-prévio[48].

Assertiva II. Correta. A proposição II foi dada como correta pela banca. Ocorre que, via de regra, não há que se falar em aviso-prévio nos casos de contrato por prazo determinado, salvo se houver estipulação de cláusula assecuratória de direito recíproco. A possibilidade de cláusula assecuratória de direito recíproco estende-se ao contrato de experiência[49].

Caso a rescisão ocorra antes do prazo previamente fixado entre as partes, e o contrato **não** contenha a cláusula acima, o aviso-prévio não será devido, aplicando-se nesses casos os artigos 479 e 480 da CLT (pagamento de indenização).

Assertiva III. Incorreta. O direito ao **aviso-prévio é irrenunciável** pelo empregado, logo, mesmo o aviso-prévio indenizado, não exime o empregador do respectivo pagamento. Excepcionalmente, é admitido ao empregado renunciar ao aviso para assumir novo emprego[50]. Para que essa renúncia ao aviso-prévio seja válida, é necessário que a comprovação de que o empregado já possui um novo emprego seja feita **por escrito**. Aliás, essa renúncia poderá ser de todo o período do aviso, inclusive nos casos em que supere os 30 dias, em razão do contrato de trabalho com mais de um ano de duração (Lei nº 12.506/2011):

> **Súmula nº 276 do TST:** O direito ao aviso-prévio é irrenunciável pelo empregado. O pedido de dispensa de cumprimento não exime o empregador de pagar o respectivo valor, salvo comprovação de haver o prestador dos serviços obtido novo emprego.

Assertiva IV. Correta. "A projeção do contrato de trabalho para o futuro, pela concessão do aviso prévio indenizado, tem efeitos limitados às vantagens econômicas obtidas no período de pré-aviso, ou seja, salários, reflexos e verbas rescisórias. No caso de concessão de auxílio-doença no curso do aviso prévio, todavia, só se concretizam os efeitos da dispensa depois de expirado o benefício previdenciário." (Súmula nº 371 do TST) Assim, a dispensa de Nancy só se concretizará depois de expirado o benefício previdenciário.

Assertiva V. Incorreta. No tocante ao cálculo do aviso-prévio, importante destacar que será calculado com base no salário. Diante disso, as horas extras prestadas habitualmente, por exemplo, integram o valor do aviso (art. 487, § 5º, da CLT). As gorjetas não integram o valor do aviso-prévio (Súmula nº 354, TST).

Ademais, sendo o salário variável (comissões, percentagens etc.), será feita uma média **dos últimos doze meses** de serviço (art. 487, § 3º, da CLT) e não dos salários recebidos durante a vigência do contrato de trabalho.

---

265. (FCC – Técnico Judiciário – Área Administrativa – TRT 2/2018) Com relação ao aviso prévio, considere:

---

48. **Súmula nº 73 do TST:** "A ocorrência de justa causa, salvo a de abandono de emprego, no decurso do prazo de aviso-prévio dado pelo empregador, retira do empregado qualquer direito às verbas rescisórias de natureza indenizatória".

49. **Súmula nº 163 do TST:** "Cabe aviso-prévio nas rescisões antecipadas nos contratos de experiência, na forma do art. 481 da CLT".

50. **Súmula nº 276 do TST:** "O direito ao aviso-prévio é irrenunciável pelo empregado. O pedido de dispensa de cumprimento não exime o empregador de pagar o respectivo valor, salvo comprovação de haver o prestador dos serviços obtido novo emprego".

I. Conta-se o prazo do aviso prévio excluindo-se o dia do começo e incluindo o do vencimento.

II. Ao aviso prévio serão acrescidos 3 dias por ano de serviço prestado na mesma empresa, até o máximo de 30 perfazendo um total de até 60 dias.

III. É possível e legal substituir o período que se reduz da jornada de trabalho no aviso prévio trabalhado, pelo pagamento das horas correspondentes.

IV. O direito ao aviso prévio é irrenunciável pelo empregado. O pedido de dispensa de cumprimento não exime o empregador de pagar o respectivo valor, salvo comprovação de haver o prestador dos serviços obtido novo emprego.

De acordo com a legislação competente, bem como com entendimento sumulado do TST, está correto o que se afirma APENAS em

a) II e III.

b) I, II e IV.

c) II, III e IV.

d) I e III.

e) I e IV.

▷ *Anotações/Comentários*

Nota do autor: a questão aborda o tema aviso-prévio e, para respondê-la era necessário o conhecimento da lei e das Súmulas do TST sobre o assunto. Lembre-se de que, com o advento da Reforma Trabalhista, constitui objeto ilícito de convenção ou acordo coletivo a supressão ou redução do "aviso prévio proporcional ao tempo de serviço, sendo no mínimo de trinta dias, nos termos da lei" (art. 611-B, XVI da CLT).

Assertiva I. Correta. "Aplica-se a regra prevista no "caput" do art. 132 do Código Civil de 2002 à contagem do prazo do aviso prévio, **excluindo-se o dia do começo e incluindo o do vencimento**" (Súmula nº 380 do TST).

Assertiva II. Incorreta. O aviso prévio proporcional ao tempo de serviço foi regulamentado pela Lei nº 12.506/2011. Para empregados com até um ano de contrato o aviso-prévio será de 30 dias. A cada ano de contrato, serão acrescidos 3 dias na duração do aviso, até o limite de 60 dias. Assim sendo, a duração do aviso-prévio poderá ter até 90 dias (prazo mínimo de 30 dias + 60 dias do aviso proporcional). Além disso, o aviso-prévio encontra regulamentação de concessão e efeitos nos art. 487 a 491 da CLT.

Assertiva III. Incorreta. O empregador não poderá substituir esse período reduzido de 2 horas diárias ou 7 dias consecutivos pelo pagamento de horas correspondentes. Nesse sentido:

> **Súmula nº 230 do TST:** "É ilegal substituir o período que se reduz da jornada de trabalho, no aviso prévio, pelo pagamento das horas correspondentes".

Assertiva IV. Correta. O direito ao **aviso-prévio é irrenunciável** pelo empregado, logo, mesmo o aviso-prévio indenizado, não exime o empregador do respectivo pagamento. Excepcionalmente, é admitido ao empregado renunciar ao aviso para assumir novo emprego. Nesse sentido:

> **Súmula nº 276 do TST:** O direito ao aviso prévio é irrenunciável pelo empregado. O pedido de dispensa de cumprimento não exime o empregador de pagar o respectivo valor, salvo comprovação de haver o prestador dos serviços obtido novo emprego.

266. (FCC – Técnico Judiciário – Área Administrativa – TRT 6/2018) Em relação ao instituto jurídico denominado aviso prévio, as normas da Consolidação das Leis do Trabalho estipulam que

a) a parte que, sem justo motivo, quiser rescindir o contrato por prazo determinado, deverá avisar a outra da sua resolução com a antecedência mínima de 30 dias.

b) o horário normal de trabalho do empregado, durante o prazo do aviso e se a rescisão tiver sido promovida pelo empregador, será reduzido de duas horas diárias, sem prejuízo do salário integral.

c) será proporcional pela metade na despedida indireta, salvo se houver ajuste em contrário.

d) a falta do aviso prévio por parte do empregador dá ao empregado o direito aos salários correspondentes ao prazo do aviso, sem a integração do período no seu tempo de serviço.

e) o empregado que cometer falta grave por desídia, considerada como justa para a rescisão, durante o prazo do aviso prévio, não perde o direito ao restante do respectivo prazo.

▷ *Anotações/Comentários*

Nota do autor: A questão aborda o tema aviso prévio que se trata de direito constitucionalmente garantido aos empregados, nos termos do art. 7º, XXI. Nesse mesmo sentido, o art. 611-B da CLT estabelece constituir objeto ilícito do contrato de trabalho supressão ou redução do aviso prévio proporcional ao tempo de serviço, sendo de, no mínimo 30 dias.

Alternativa "a". Em regra, o contrato por prazo determinado possui término previamente fixado entre as partes, logo não há necessidade do aviso. Excepcionalmente, se o contrato por prazo determinado contiver **cláusula assecuratória de direito recíproco**, e ocorrer a rescisão antecipada, haverá necessidade da parte (empregado ou empregador) conceder o aviso-prévio, conforme previsto no art. 481 da CLT.

Alternativa "b". O aviso-prévio é um dever recíproco das partes. Quando for dado pelo empregador, na dispensa sem justa causa, há necessidade de redução na duração do trabalho, sem prejuízo do salário, possibilitando que o trabalhador procure outro emprego. Note-se que esta redução é devida, também, ao empregado sujeito à jornada 12 x 36.

O empregado poderá optar por (art. 488 da CLT):

> **a)** redução de 2 horas diárias;
>
> **b)** redução de 7 dias consecutivos.

Alternativa "c". Na hipótese da **rescisão indireta**, ou seja, quando o empregador der causa ao fim do contrato (agressão física ao trabalhador, por exemplo), é devido o aviso-prévio em sua totalidade.

Alternativa "d". "A falta do aviso prévio por parte do empregador dá ao empregado o direito aos salários correspondentes ao prazo do aviso, **garantida sempre a integração** desse período no seu tempo de serviço" (Art. 487, §1º da CLT).

Alternativa "e". O caso de falta grave cometida pelo empregado (art. 482 da CLT), durante o curso do aviso-prévio, ocasionará a perda do restante do aviso e reflexo desse período nas verbas rescisórias. Receberá apenas as parcelas devidas na dispensa por justa causa. Não se considera justa causa o abandono de emprego no curso do aviso-prévio.

267. (FCC – Analista Judiciário – Área Administrativa – TRT 6/2018) No tocante ao aviso prévio, considere:

I. O aviso prévio proporcional ao tempo de serviço é aquele de trinta dias para os empregados com até um ano de serviço na mesma empresa, acrescidos de três dias por ano de serviço até o máximo de sessenta dias, perfazendo um total de noventa dias.

II. O pagamento relativo ao período do aviso prévio indenizado não está sujeito à contribuição do FGTS.

III. Em caso de aviso prévio cumprido em casa, o prazo para pagamento das verbas rescisórias é até o décimo dia da notificação da demissão.

Está correto o que se afirma em

a) II e III, apenas.

b) I, II e III.

c) I e III, apenas.

d) I e II, apenas.

e) I, apenas.

▷ *Anotações/Comentários*

Nota do autor: O aviso-prévio tem como finalidade indicar a data do término do contrato de trabalho. O período do aviso possibilita ao trabalhador procurar outro emprego, e, ainda, ao empregador buscar um substituto para o cargo vago. Dessa forma, torna-se possível que uma parte não seja surpreendida com a ruptura do contrato por ato unilateral da outra. Afasta-se, portanto, o evento surpresa. A parte que decidir colocar fim ao contrato deverá avisar a outra com **antecedência mínima de 30 dias,** nos termos do art. 7º, XXI da CF/88. No mesmo sentido, é a disposição do art. 611-B, XVI da CLT, que proíbe a redução ou supressão do direito ao aviso prévio por meio de negociação coletiva.

Assertiva I. Correta. Em razão da previsão constitucional o aviso-prévio é proporcional ao tempo de serviço, sendo de, no mínimo 30 dias. Para empregados com até um ano de contrato o aviso-prévio será de 30 dias. A cada ano de contrato, serão acrescidos 3 dias na duração do aviso, até o limite de 60 dias. Assim sendo, a duração do aviso-prévio poderá ter até 90 dias (prazo mínimo de 30 dias + 60 dias do aviso proporcional). Esse dispositivo foi regulamentado pela Lei nº 12.506, de 11 de outubro de 2011.

Assertiva II. Incorreta. "O pagamento relativo ao período de aviso prévio, trabalhado ou não, está sujeito a contribuição para o FGTS" (Súmula nº 305 do TST).

Assertiva III. "Em caso de aviso prévio cumprido em casa, o prazo para pagamento das verbas rescisórias é até o décimo dia da notificação de despedida" (OJ nº 14 da SDI-I do TST). Entendo que, inobstante a previsão contida no art. 477, §6º da CLT, que determina o pagamento das verbas rescisórias até 10 dias após o término do contrato de trabalho, a posição adotada pela OJ não deva ser alterada.

43. TÉRMINO DO CONTRATO DE TRABALHO

268. (FCC - 2024 - TRT 11 - Analista Judiciário/Área Administrativa) Margareth é empregada da loja de roupas "Fina Estampa" e, mesmo advertida por duas vezes, em meses anteriores, faltou injustificadamente ao trabalho por 16 dias consecutivos, reapresentando-se, após a ausência, para dar continuidade ao trabalho. Considerando o que prevê a Consolidação das Leis do Trabalho, bem como o entendimento jurisprudencial acerca da matéria, o empregador de Margareth, para dispensá-la por justa causa, devera invocar a hipótese de:

a) insubordinação.

b) ato de improbidade.

c) abandono de emprego.

d) desídia no desempenho das respectivas funções.

e) Incontinência de conduta.

▷ ***Anotações/Comentários***

Nota do autor: A questão exige o conhecimento dos conceitos relacionados aos casos de dispensa por justa causa contidos no art. 482 da CLT. Note-se a Reforma Trabalhista inseriu a alínea "m" ao art. 482, que traz a hipótese do empregado, cuja profissão exige o preenchimento de determinados requisitos legais ou habilitação para seu exercício. Caso esse empregado venha a perder a habilitação ou o requisito legal exigido, por conduta dolosa, haverá hipótese de justa causa para a dispensa do trabalhador.

Comentário serve para as demais alternativas, uma vez que versam sobre o mesmo assunto. Nos termos do art. 482 da CLT, são hipóteses de justa causa:

Constituem justa causa para o término do contrato de trabalho pelo empregador[51]:

> **1) Ato de improbidade.** Atenta contra o patrimônio do empregador ou de terceiro[52]. Exemplos: falsificação de documentos para receber horas extras, falsificação de certidão de nascimento para percepção de salário-família, não executar a tarefa e dar baixa na ordem de serviço[53], fazer a entrega de mercadoria da empresa a terceiro, sem que tenha havido a respectiva venda ou qualquer autorização[54], apresentação de atestado médico falso[55] ou rasurado[56], adulteração de dados dos clientes[57], ação desonesta para obtenção de vantagem[58], uso de CNH falsa[59], apropriação indébita[60] e furto[61].
>
> **2) Incontinência de conduta.** Ato que leva à perturbação do ambiente de trabalho em razão da conotação sexual, ou seja, condutas ligadas à sexualidade. Exemplos: troca de fotos pornográficas via *e-mail* corporativo[62], empregado que liga do telefone da empresa para "disque-sexo", ofender colegas de trabalho com palavras e gestos libidinosos63 (o que pode, inclusive, caracterizar assédio sexual) ou, ainda, empregado que instala câmera no banheiro feminino.
>
> **3) Mau procedimento.** Conduta incorreta e desagradável que afronta a convivência em comum[64]. Exemplos: falta de educação e linguagem inapropriada no trato com colegas, abordagem de cliente do empregador incorreta, com a prática de atos de excessiva violência e de desrespeito à dignidade de outrem[65].
>
> **4) Negociação habitual por conta própria ou alheia sem permissão do empregador e quando constituir ato de concorrência à empresa para a qual trabalha o empregado, ou for prejudicial ao serviço.** Nesse caso, há duas faltas que ensejam a justa causa: **a) negociação habitual**: embora não prejudique a empresa, perturba o ambiente de trabalho. Exemplo: empregada que comercializa produtos de beleza durante o expediente sem permissão do empregador. **b) concorrência desleal**: nessa hipótese, a concorrência afronta a lealdade contratual. Exemplo: empregado que presta assistência técnica de determinada empresa ao oferecer seus serviços particulares, a preço mais acessível, para executar o conserto da mesma máquina, da qual deveria fazê-lo em nome da empregadora.
>
> **5) Condenação criminal do empregado, passada em julgado[66], caso não tenha havido suspensão da execução da pena.** O fundamento dessa hipótese de justa causa não é condenação em si, mas a impossibilidade de o empregado prestar serviços durante o cumprimento da pena.

---

51. Importante que o candidato saiba as hipóteses que ensejam a justa causa, pois tem sido cobrada essa matéria nos últimos concursos públicos, inclusive com casos práticos.
52. Em questão de Analista Judiciário do TRT da 17a Região/2009, o examinador afirmava que constitui ato de improbidade o ato lesivo contra o patrimônio da empresa, ou de terceiro, relacionado ou não com o trabalho. A questão foi dada como correta. Nesse mesmo sentido: "Esclareça-se que pode ocorrer ato de improbidade, vinculado ao contrato de emprego, mas que importe em prejuízo a patrimônio de terceiro, e não exatamente, pelo menos de modo imediato, do empregador. Isso não descaracteriza a infração, mormente por se saber que o empregador será responsável perante tal terceiro pelos atos cometidos por seus empregados, no contexto do cumprimento do contrato". DELGADO, Maurício Godinho. *Curso do Direito do Trabalho.* 7. ed. São Paulo: LTr, 2008. p. 1194.
53. TRT 24ª R.; ROT 0024654-64.2018.5.24.0022; Primeira Turma; Rel. Des. Nicanor de Araújo Lima; Julg. 16/03/2021; DEJTMS 16/03/2021; Pág. 271.
54. TRT 13ª R.; ROT0131802-11.2015.5.13.0002; Segunda Turma; Rel. Des. Ubiratan Moreira Delgado; DEJTPB 05/03/2021; Pág. 266.
55. TRT 19ª R.; RORSum 0000902-24.2019.5.19.0004; Primeira Turma; Rel. Des. Pedro Inácio da Silva; DEJTAL 19/02/2021; Pág. 776.
56. TRT 2ª R.; ROPS 1001326-26.2016.5.02.0037; Terceira Turma; Rel. Des. Paulo Eduardo Vieira de Oliveira; DEJTSP 31/10/2017; Pág. 13427.
57. TRT 18ª R.; ROT 0011884- 18.2019.5.18.0007; Segunda Turma; Rel. Des. Eugênio José Cesário Rosa; Julg. 29/01/2021; DJEGO 01/02/2021; Pág. 635.
58. TRT 3ª R.; ROT 0010115-78.2020.5.03.0064; Nona Turma; Relª Desª Maria Stela Alvares da Silva Campos; Julg. 16/12/2020; DEJTMG 18/12/2020; Pág. 1853.
59. TRT 1ª R.; ROT 0100960-64.2019.5.01.0221; Quarta Turma; Rel. Des. Marcos Pinto da Cruz; Julg. 25/08/2020; DEJT 25/09/2020.
60. TRT 4ª R.; ROT 0021503-76.2016.5.04.0003; Terceira Turma; Rel. Des. Luis Carlos Pinto Gastal; Julg. 02/09/2020; DEJTRS 04/09/2020.
61. TRT 23ª R.; ROT 0000723-82.2019.5.23.0003; Primeira Turma; Rel. Des. Aguimar Peixoto; DEJTMT 09/06/2020; Pág. 1236.
62. AIRR-157200-16.2005.5.01.0043 – Data da notícia: 21/03/13.
63. RO nº 0001569-83.2014.5.08.0103, 2ª Turma do TRT da 8ª Região/PA-AP, Rel. Eliziário Bentes. unânime, DEJT 03.12.2015.
64. "Está presente quando for infringido o dever social do empregado de boa conduta, regras que devem ser observadas pelo homem comum no trato com o outro: polidez, paciência e educação. CASSAR, Vólia Bonfim. *Direito do Trabalho.* 2. ed. Niterói: Impetus, 2008. p. 1086.
65. Processo: 01593-2008-024-03-00-0 RO – Relator: Jorge Berg de Mendonça.
66. Lembre-se de que a prisão preventiva não possibilita a dispensa por justa causa, pois nesse caso o contrato ficará suspenso. Há necessidade, portanto, do trânsito em julgado para possibilitar a fundamentação da justa causa.

6) Desídia[67] no desempenho das respectivas funções. Nesse caso, o desempenho das atividades é realizado com má vontade, preguiça, com desleixo e negligência. Para configurar desídia, em regra, é necessário que o empregado seja reincidente na conduta negligente, ou seja, exige-se um comportamento habitual improdutivo e relapso. Exemplos: a) enfermeiro que deixa de ministrar, por várias vezes, os remédios prescritos ao paciente; b) faltas ou atrasos injustificados no serviço; c) médico que se ausenta do plantão colocando em risco a vida dos pacientes e d) vigilante flagrado dormindo em serviço[68]. Em 2016, o TST[69] decidiu que a paralisação coletiva de trabalhadores com adoção de meios de coação contra empregados que intentavam trabalhar não constitui hipótese de desídia, pois a simples adesão à greve não constitui falta grave. Além disso, não houve punições mais brandas anteriores que justificavam a aplicação da desídia.

7) Embriaguez habitual ou em serviço. Há duas faltas que ensejam a justa causa. Ressalta-se que o consumo de drogas e substâncias afins se insere nessa hipótese. **a) embriaguez habitual**: embriaguez fora do local de serviço, mas que repercute no desempenho das atividades laborais[70]. É importante ressaltar que o TST[71] vem decidindo que essa hipótese não configuraria justa causa (punição), mas indicaria a necessidade de tratamento do empregado. **b) embriaguez em serviço**: ocorre nessa hipótese o consumo de álcool ou drogas no próprio local da prestação de serviços, colocando em risco todo o ambiente de trabalho. Não precisa ser habitual, bastando uma única oportunidade.

8) Violação de segredo da empresa. O empregado que viola segredo da empresa quebra a confiança existente entre as partes. O trabalhador teve acesso à informação confidencial em razão do contrato de trabalho. Exemplos: empregado que divulga, pela internet, nova invenção, frustrando a divulgação pela empresa ou, ainda, o bancário que informa a terceiros senhas de cartões do banco onde trabalha. Note que o segredo empresarial foi elencado pela Lei nº 13.467/2017 como bem juridicamente tutelado inerente à pessoa jurídica para fins de indenização por dano extrapatrimonial caso haja violação (art. 223-D da CLT – acrescentado pela Reforma Trabalhista[72]).

9) Ato de indisciplina ou de insubordinação. **a) indisciplina**: configura-se quando o empregado descumpre ordens de caráter geral. Exemplo: há previsão no regulamento interno de que não é permitido fumar nas dependências da empresa. O empregado que descumpre essa ordem geral comete indisciplina. **b) insubordinação**: descumprimento de ordens pessoais e diretas a determinado empregado. Exemplo: empregado que se esquece de elaborar balanço mensal até a data solicitada pelo empregador.

10) Abandono de emprego. Configura abandono a ausência continuada ao serviço. Embora a CLT seja silente a respeito do prazo, prevalece o entendimento de que, após trinta dias[73] de ausência injustificada, é possível a aplicação da dispensa por justa causa com base nessa hipótese. Por outro lado, a Lei dos Domésticos (LC nº 150/2015) estabeleceu de forma clara o prazo de, pelo menos, 30 dias para que o abandono seja configurado, mesmo prazo que já é aplicado pelo TST para os demais empregados.

11) Ato lesivo à honra e à boa fama. Nessa hipótese, o ato do trabalhador configura ofensa à honra do empregador, superior hierárquico ou contra terceiros, como calúnia, injúria e difamação.

12) Ofensa física, salvo legítima defesa. A ofensa poderá ser tentada ou consumada, contra o empregador, superior hierárquico ou terceiros. Não há necessidade, para aplicação da dispensa por justa causa, que o empregado seja condenado criminalmente e, ainda, que tenha causado ferimentos à vítima. A conduta agressiva, por si só, já enseja a dispensa, exceto se praticada em legítima defesa. De acordo com a CLT, as duas hipóteses anteriores estão assim descritas:

Constituem justa causa para rescisão do contrato de trabalho pelo empregador ato lesivo da **honra** ou da **boa fama** praticado no serviço contra qualquer pessoa, ou **ofensas físicas**, nas mesmas condições, salvo em caso de legítima defesa, própria ou de outrem; e ato lesivo da honra ou da boa fama ou ofensas físicas praticadas **contra o empregador e superiores hierárquicos**, salvo em caso de legítima defesa, própria ou de outrem. (grifos acrescidos).

13) Prática constante de jogos de azar. Para configurar a falta, é necessário que a prática de jogos de azar seja permanente e essa conduta repercuta no ambiente de trabalho, isto é, no cumprimento das obrigações contratuais. A prática eventual de jogos de azar não dá ensejo à justa causa.

14) Prática de atos atentatórios à segurança nacional[74]. Essa conduta não tem nenhuma ligação com o contrato de trabalho. Foi utilizada durante o regime militar para perseguir e silenciar lideranças sindicais. O posicionamento majoritário da doutrina é de que essa hipótese não foi recepcionada pela CF/88. Exemplos: terrorismo, subversão etc.

15) Perda da habilitação (Reforma Trabalhista) ou dos requisitos estabelecidos em lei para o exercício da profissão, em decorrência de conduta dolosa do empregado. O inciso "m" do art. 482 da CLT traz a hipótese do empregado cuja profissão exige o preenchimento de determinados requisitos legais ou habilitação para seu exercício. Caso esse empregado venha a perder a habilitação ou o requisito legal exigido, por conduta dolosa, haverá hipótese de justa causa para a dispensa do trabalhador. Exemplo: Quando há contratação de motorista profissional para o transporte de passageiros, exige-se que o trabalhador possua habilitação para dirigir na categoria "D", que se refere à condução de veículo cuja lotação exceda a 8 passageiros, excluindo o motorista. Se o trabalhador cometer infração de trânsito, por conduta dolosa, que ocasione a perda da habilitação, com a suspensão do direito de dirigir, poderá ser dispensado por justa causa pela aplicação da alínea "m" do art. 482 da CLT.

269. (FCC – Analista Judiciário – Área Judiciária – TRT 22/2022) Celina e Sérgio foram empregados da Loja de Calçados Passo Certo Ltda., por 6 e 8 meses, respectivamente. Entretanto, em razão da crise econômica, foram dispensados em julho deste ano, quando a Celina foi concedido aviso prévio indenizado de 30 dias, sendo que Sérgio cumprirá 30 dias de aviso prévio trabalhado. Em relação ao prazo máximo previsto pela CLT para pagamento das verbas rescisórias,

a) Celina deve receber suas verbas até o 10º dia do término do aviso prévio e Sérgio até o 1o dia útil seguinte ao término do aviso prévio.
b) ambos os empregados receberão em até 10 dias contados do término do contrato de trabalho.

67. Desídia é sinônimo de indolência, ociosidade e preguiça.
68. "Comprovada a conduta desidiosa do empregado, que mais de uma vez dormiu em serviço durante o exercício da função de vigilante, está configurada a justa causa ensejadora da ruptura motivada do contrato de trabalho." (TRT 12ª., RO 02303-2005-003-12-00-3, 2ª T., Desª Teresa Regina Cotosky, DOESC7.5.08.
69. Informativo nº 140 do TST.
70. "Esta situação hipotética trazida pela CLT (embriaguez habitual) somente é apta a propiciar justa causa se produzir influência maléfica ao cumprimento do contrato de trabalho; não havendo esta contaminação contratual, descabe falar-se resolução culposa desse contrato." DELGADO, Maurício Godinho. *Curso do Direito do Trabalho*. 7. ed. São Paulo: LTr, 2008. p. 1197.
71. Nesse sentido, conferir julgado do TST: RR-132900-69.2005.5.15.0020 – Juiz Convocado Relator Flávio Portinho Sirangelo – Data de julgamento: 18/08/2010.
72. Para mais informações acerca do dano extrapatrimonial, consulte o capítulo sobre Saúde e Medicina do Trabalho deste livro.
73. **Súmula nº 32 do TST**: "Presume-se o abandono de emprego se o trabalhador não retornar ao serviço no prazo de 30 dias após a cessação do benefício previdenciário nem justificar o motivo de não o fazer".
74. Essa figura está em desuso, pois foi inserida durante o regime militar visando punir líderes sindicais. Entretanto, fica a ressalva ao candidato de que, em questões objetivas (teste), poderá ser cobrada essa hipótese também.

c) ambos os empregados receberão seus haveres em até 10 dias contados da concessão do aviso prévio.

d) Celina deve receber suas verbas até o 1o dia útil seguinte ao término do aviso prévio e Sérgio até o 10º dia do término do aviso prévio.

e) ambos os empregados receberão suas verbas 10 dias após a homologação sindical da rescisão do contrato de trabalho.

▷ ***Anotações/Comentários***

Nota do autor: O art. 477 da CLT foi alterado para excluir a necessidade do pagamento das verbas rescisórias no ato de homologação da rescisão do contrato de trabalho. Note-se que, mesmo antes da Reforma Trabalhista, o empregador deveria efetuar o pagamento das verbas rescisórias no prazo legal independentemente da homologação das verbas rescisórias. Esse procedimento de homologação, quando realizado após o prazo legal para o pagamento das verbas, exercia a função apenas de conferir se o valor pago pelo empregador condizia com o valor realmente devido ao empregado.

Comentário serve para as demais alternativas, uma vez que versam sobre o mesmo assunto. A antiga redação do § 6º do art. 477 da CLT estabelecia dois prazos distintos para o pagamento das verbas rescisórias, que deveria ser realizado até:

a) o 1º dia útil imediato ao término do contrato nas hipóteses de aviso-prévio trabalhado ou contrato por prazo determinado.

b) o décimo dia, contado da data em que o empregado foi informado da dispensa, nas hipóteses de aviso-prévio indenizado, dispensa por justa causa ou no caso de o empregado que pede demissão ser liberado do cumprimento do aviso-prévio.

Com a Reforma Trabalhista, **o prazo foi unificado para 10 dias contados a partir do término do contrato de trabalho**, devendo o empregador dentro desse período:

a) realizar a entrega ao empregado de documentos, que comprovem a comunicação da extinção do contrato de trabalho aos órgãos competentes; e

b) efetuar o pagamento dos valores constantes do instrumento de rescisão ou recibo de quitação.

A unificação dos prazos assegura maior segurança jurídica ao empregador, pois não há diferença no tratamento em relação à modalidade de extinção do contrato de trabalho, devendo ser realizado dentro do prazo de 10 dias contados do término do contrato de trabalho.

Há discussão quanto à contagem do prazo de 10 dias na hipótese de concessão de aviso prévio indenizado: se deverá ser iniciado com a notificação da dispensa ou após o fim da projeção do aviso. Entendemos que o prazo deve ser contado a partir da notificação da dispensa, pois, caso fosse concedido apenas após a projeção do aviso, haveria uma postergação do pagamento das verbas rescisórias que pode trazer diversos prejuízos ao empregado. Ao invés de receber em 10 dias, o trabalhador receberia em 40 dias ou mais. Imaginemos um aviso-prévio indenizado de 90 dias. O empregado receberia as verbas rescisórias somente após 100 dias do término do contrato.

---

270. (FCC – Analista Judiciário – Área Judiciária – TRT 9/2022) Quanto à rescisão do contrato de trabalho, com base na jurisprudência sumulada do TST,

a) havendo a culpa recíproca na rescisão do contrato de trabalho, o empregado tem direito ao recebimento de 50% do valor do aviso prévio; pagamento integral do décimo terceiro salário e das férias vencidas e proporcionais; e a movimentação da conta vinculada do FGTS limitada a 80% do valor dos depósitos.

b) o abandono de emprego durante o aviso prévio concedido pelo empregador, retira do empregado o direito às verbas rescisórias de natureza indenizatória.

c) presume-se discriminatória a despedida de empregado portador do vírus HIV ou de outra doença grave que suscite estigma ou preconceito, garantindo ao empregado o direito à indenização de 12 meses de salário.

d) o pedido de dispensa de cumprimento do aviso prévio não exime o empregador de pagar o respectivo valor, salvo comprovação de haver o prestador dos serviços obtido novo emprego.

e) ocorrendo a concessão de auxílio-doença no curso do aviso prévio, o contrato de trabalho terá seu termo, independentemente da expiração ou não do benefício previdenciário.

▷ ***Anotações/Comentários***

Nota do autor: A questão aborda diversos assuntos envolvendo o término do contrato de trabalho, demandando do candidato o conhecimento da legislação e do posicionamento do TST.

Alternativa "a". Incorreta. "Reconhecida a culpa recíproca na rescisão do contrato de trabalho (art. 484 da CLT), o empregado tem direito a 50% (cinqüenta por cento) do valor do aviso prévio, do décimo terceiro salário e das férias proporcionais." (Súmula nº 14 do TST).

Alternativa "b". Incorreta. "A ocorrência de justa causa, salvo a de abandono de emprego, no decurso do prazo do aviso prévio dado pelo empregador, retira do empregado qualquer direito às verbas rescisórias de natureza indenizatória." (Súmula nº 73 do TST).

Alternativa "c". Incorreta. "Presume-se discriminatória a despedida de empregado portador do vírus HIV ou de outra doença grave que suscite estigma ou preconceito. Inválido o ato, o empregado tem direito à reintegração no emprego." (Súmula nº 443 do TST).

Alternativa "d". Correta. "O direito ao aviso prévio é irrenunciável pelo empregado. O pedido de dispensa de cumprimento não exime o empregador de pagar o respectivo valor, salvo comprovação de haver o prestador dos serviços obtido novo emprego." (Súmula nº 276 do TST).

Alternativa "e". Incorreta. "A projeção do contrato de trabalho para o futuro, pela concessão do aviso prévio indenizado, tem efeitos limitados às vantagens econômicas obtidas no período de pré-aviso, ou seja, salários, reflexos e verbas rescisórias. No caso de concessão de auxílio-doença no curso do aviso prévio, todavia, só se concretizam os efeitos da dispensa depois de expirado o benefício previdenciário." (Súmula nº 371 do TST).

---

271. (FCC – Analista Judiciário – Área Judiciária – TRT 6/2018) Considere as afirmações abaixo.

I. Matheus trabalha na filial da empresa X, na cidade de Caruaru. Em 25 de abril de 2017 foi eleito membro da CIPA. Entretanto, no dia 28 de outubro de 2017, o estabelecimento em que trabalhava foi extinto e ele foi dispensado sem justa causa. A dispensa é válida, em razão da extinção do estabelecimento.

II. Uma empregada gestante foi despedida sem justa causa no primeiro mês de gravidez. O empregador desconhecia a gravidez da empregada. A dispensa é válida, em razão do desconhecimento do estado gravídico pelo empregador.

III. Uma empresa constituiu em 15 de setembro de 2017 Comissão de Conciliação Prévia com atribuição de tentar conciliar os conflitos individuais de trabalho havidos em seu âmbito. Um dos representantes que a compõe, eleito pelos empregados, foi dispensado sem justa causa em 23 de janeiro de 2018. A dispensa é válida porque somente são detentores de estabilidade no emprego, até o término do mandato, os integrantes de Comissão de Conciliação Prévia instituída no âmbito do sindicato.

IV. Uma empresa que possui 500 empregados promoveu, em 23 de janeiro de 2018, eleição para a composição e instituição de comissão de representação dos trabalhadores. Um dos três membros que compõem a comissão foi dispensado arbitrariamente dois dias após a eleição e um dia antes de tomar posse. A dispensa é inválida, tendo em vista que os integrantes da comissão têm estabilidade no emprego desde o registro da candidatura até um ano após o término do mandato.

Está correto o que se afirma APENAS em

a) I e III.

b) I e IV.

c) III e IV.

d) II e III.

e) II e IV.

▷ ***Anotações/Comentários***

Nota do autor: A questão aborda hipóteses de dispensas válidas, demandando do candidato o conhecimento da legislação e do posicionamento do TST sobre o assunto.

Assertiva I. Correta. "É lícita a transferência quando ocorrer extinção do estabelecimento em que trabalhar o empregado" (Art. 469, §2º da CLT). As alterações unilaterais do contrato de trabalho são exceção no Direito do Trabalho. Entretanto, caso se trate de extinção do estabelecimento, o empregado poderá ser transferido para localidade diversa, sem a sua anuência. Caso não concorde com a transferência, haverá pedido de demissão.

Assertiva II. Incorreta. "O desconhecimento do estado gravídico pelo empregador **não** afasta o direito ao pagamento da indenização decorrente da estabilidade (art. 10, II, "b" do ADCT)" (Súmula nº 244, I do TST).

Assertiva III. Incorreta. "É vedada a dispensa dos representantes dos empregados membros da Comissão de Conciliação Prévia, titulares e suplentes, até um ano após o final do mandato, salvo se cometerem falta grave, nos termos da lei" (Art. 625-B, §1º da CLT). Essa estabilidade alcança os membros da CCP no âmbito das empresas.

Assertiva IV. Correta. A assertiva trata da estabilidade dos membros da comissão de representantes de empregados, figura regulamentada pela Reforma Trabalhista (art. 510-A a 510-D da CLT). Segundo disposição do art. 510-D, §3º da CLT, o membro da comissão não poderá ser dispensado desde o registro da candidatura até um ano após o fim do mandato:

> **Art. 510-D, § 3º da CLT:** Desde o registro da candidatura até um ano após o fim do mandato, o membro da comissão de representantes dos empregados não poderá sofrer despedida arbitrária, entendendo-se como tal a que não se fundar em motivo disciplinar, técnico, econômico ou financeiro.

Por fim, lembre-se de que o número de representantes é proporcional ao número de empregados da empresa, na seguinte proporção:

COMISSÃO DE REPRESENTANTES	
Número de empregados na empresa	**Número de representantes**
Mais de 200 até 3.000	3 membros
Mais de 3.000 até 5.000	5 membros
Mais de 5.000	7 membros

272. (FCC – Analista Judiciário – Área Administrativa – TRT 6/2018) Considere:

I. O trabalho em regime de tempo parcial é considerado aquele cuja duração não exceda a trinta horas semanais, sem a possibilidade de horas suplementares semanais, ou aquele cuja duração não exceda a vinte e seis horas semanais, com a possibilidade de acréscimo de até seis horas suplementares.

II. Quando o intervalo para repouso e alimentação não for concedido ou for concedido de forma parcial, implicará o pagamento, de natureza indenizatória, apenas do período suprimido, com acréscimo de 50% sobre o valor da remuneração da hora normal de trabalho.

III. As dispensas imotivadas individuais, plúrimas ou coletivas, equiparam-se para todos os fins, não havendo necessidade de autorização prévia de entidade sindical ou de celebração de convenção coletiva ou acordo coletivo de trabalho para sua efetivação.

Tendo em vista a Lei no 13.467/2017, que trouxe alterações à Consolidação das Leis do Trabalho, em relação às afirmativas acima é correto afirmar que a reforma trabalhista introduziu o que consta de:

a) I, apenas.
b) I e II, apenas.
c) I e III, apenas.
d) II e III, apenas
e) I, II e III.

▷ ***Anotações/Comentários***

Nota do autor: A questão aborda diversos temas alterados pela Reforma Trabalhista: jornada em regime de tempo parcial, intervalo intrajornada e equiparação da dispensa coletiva. Para respondê-la o candidato deveria ter domínio sobre as mudanças efetuadas na CLT.

Assertiva I. Correta. "Considera-se trabalho em regime de tempo parcial aquele cuja duração não exceda a trinta horas semanais, sem a possibilidade de horas suplementares semanais, ou, ainda, aquele cuja duração não exceda a vinte e seis horas semanais, com a possibilidade de acréscimo de até seis horas suplementares semanais" (Art. 58-A da CLT). Lembre-se de que, antes da Reforma Trabalhista, o trabalho em tempo parcial não poderia exceder a 25 horas, sem a possibilidade de prestação de horas extras.

Assertiva II. Correta. "A não concessão ou a concessão parcial do intervalo intrajornada mínimo, para repouso e alimentação, a empregados urbanos e rurais, implica o pagamento, de natureza indenizatória, apenas do período suprimido, com acréscimo de 50% (cinquenta por cento) sobre o valor da remuneração da hora normal de trabalho" (Art. 71, §4º da CLT).

A Reforma Trabalhista promoveu duas grandes alterações no § 4º do art. 71 da CLT, uma no tocante à natureza da parcela devida na hipótese de supressão ou redução do intervalo e a outra no que se refere ao período devido em razão dessa supressão:

> **a) Natureza indenizatória:** Com a atual redação do dispositivo, retirou-se a natureza salarial do valor pago em razão da supressão ou redução indevida do intervalo intrajornada.
>
> **b) Pagamento apenas do período suprimido:** De acordo com a redação anterior, se o empregador apenas concedesse parcialmente o intervalo intrajornada, seria devido como horas extras todo o período do intervalo e não apenas aquilo que foi suprimido. Pela atual redação do artigo, somente o período suprimido deve ser pago com adicional de 50% sobre o valor da hora normal de trabalho.

Assertiva III. Correta. "As dispensas imotivadas individuais, plúrimas ou coletivas equiparam-se para todos os fins, não havendo necessidade de autorização prévia de entidade sindical ou de celebração de convenção coletiva ou acordo coletivo de trabalho para sua efetivação" (Art. 477-A da CLT). Assim, não há mais que se falar na necessidade de negociação coletiva e / ou autorização dos sindicatos nas dispensas em massa.

Aproveito a oportunidade, contudo, para chamar sua atenção ao **Tema nº 638 da Tabela de Repercussão Geral,** no qual o STF fixou a tese de que a validade das dispensas em massa depende da **participação** do sindicato dos empregados nesse processo, mas não de sua autorização ou da celebração de acordo ou convenção coletiva de trabalho. No caso, houve modulação de e a referida tese somente deverá ser aplicada após a publicação da ata de julgamento na qual foi fixada (o que ocorreu em 14 de junho de 2022).

273. (FCC – Analista Judiciário – Área Administrativa – TRT 15/2018) Na extinção do contrato de trabalho,

a) o pagamento a que fizer jus o empregado será efetuado em dinheiro, depósito bancário ou cheque visado, conforme acordem as partes; ou somente em dinheiro quando o empregado for analfabeto.

b) qualquer compensação no pagamento não poderá exceder o equivalente ao período do aviso prévio devido ao empregado.

c) a entrega ao empregado de documentos que comprovem a comunicação da extinção contratual aos órgãos competentes, bem como o pagamento dos valores constantes do instrumento de rescisão ou recibo de quitação, deverão ser efetuados até dez dias contados a partir do término do contrato.

d) o pagamento das parcelas constantes do instrumento de rescisão ou recibo de quitação deverá ser efetuado até o primeiro dia útil imediato ao término do contrato; ou até o décimo dia, contado da data da notificação da demissão, quando da ausência do aviso prévio, indenização do mesmo ou dispensa de seu cumprimento.

e) as dispensas imotivadas individuais, plúrimas ou coletivas dependem de autorização prévia de entidade sindical ou de celebração de convenção coletiva ou acordo coletivo de trabalho para sua efetivação.

▷ ***Anotações/Comentários***

Nota do autor: A questão aborda o tema extinção do contrato de trabalho, que foi profundamente impactado pela Reforma Trabalhista. Não deixe de ler o art. 477 da CLT!

Alternativa "a". O pagamento a que fizer jus o empregado será efetuado: em dinheiro, depósito bancário ou cheque visado, conforme acordem as partes; ou em dinheiro ou **depósito bancário** quando o empregado for analfabeto (Art. 477, §4º da CLT).

Alternativa "b". Qualquer compensação no pagamento não poderá exceder o equivalente a **um mês de remuneração do empregado** (Art. 477, §5º da CLT).

Alternativa "c". "A entrega ao empregado de documentos que comprovem a comunicação da extinção contratual aos órgãos competentes bem como o pagamento dos valores constantes do instrumento de rescisão ou recibo de quitação deverão ser efetuados até dez dias contados a partir do término do contrato" (Art. 477, §6º da CLT). Assim, seja o aviso-prévio trabalhado ou indenizado, o pagamento das verbas rescisórias ocorrerá até o décimo dia da comunicação da dispensa, nos termos do art. 477, § 6º da CLT.

Alternativa "d". "A entrega ao empregado de documentos que comprovem a comunicação da extinção contratual aos órgãos competentes bem como o pagamento dos valores constantes do instrumento de rescisão ou recibo de quitação deverão ser efetuados até dez dias contados a partir do término do contrato" (Art. 477, §6º da CLT). O prazo para pagamento das verbas rescisórias foi unificado com o advento da Reforma Trabalhista.

Alternativa "e". "As dispensas imotivadas individuais, plúrimas ou coletivas equiparam-se para todos os fins, **não** havendo necessidade de autorização prévia de entidade sindical ou de celebração de convenção coletiva ou acordo coletivo de trabalho para sua efetivação" (Art. 477-A da CLT).

43.1. Dispensa por justa causa

274. (FUMARC – Técnico Judiciário – TRT 3/2022) São hipóteses de justa causa do contrato de trabalho pelo empregador, EXCETO:

a) ato de improbidade.

b) condenação criminal do empregado, passada em julgado, caso não tenha havido suspensão da execução da pena.

c) incontinência de conduta ou mau procedimento.

d) manifestação política do trabalhador.

e) negociação habitual por conta própria, sem permissão do empregador, e quando constituir ato de concorrência à empresa para a qual trabalha o empregado, ou for prejudicial ao serviço.

▷ ***Anotações/Comentários***

Nota do autor: A questão exige o conhecimento dos conceitos relacionados aos casos de dispensa por justa causa contidos no art. 482 da CLT. Note-se a Reforma Trabalhista inseriu a alínea "m" ao art. 482, que traz a hipótese do empregado, cuja profissão exige o preenchimento de determinados requisitos legais ou habilitação para seu exercício. Caso esse empregado venha a perder a habilitação ou o requisito legal exigido, por conduta dolosa, haverá hipótese de justa causa para a dispensa do trabalhador.

Comentário serve para as demais alternativas, uma vez que versam sobre o mesmo assunto. Nos termos do art. 482 da CLT, são hipóteses de justa causa:

> **Art. 457, §1º da CLT (alterado pela Reforma Trabalhista):** "Integram o salário a importância fixa estipulada, as gratificações legais e as comissões pagas pelo empregador".
>
> **Art. 482, CLT:** Constituem justa causa para rescisão do contrato de trabalho pelo empregador:
>
> **a) ato de improbidade;** (grifos acrescidos)
>
> **b) incontinência de conduta ou mau procedimento;** (grifos acrescidos)
>
> **c) negociação habitual por conta própria ou alheia sem permissão do empregador, e quando constituir ato de concorrência à empresa para a qual trabalha o empregado, ou for prejudicial ao serviço;** (grifos acrescidos)
>
> **d) condenação criminal do empregado, passada em julgado, caso não tenha havido suspensão da execução da pena;** (grifos acrescidos)
>
> e) desídia no desempenho das respectivas funções;
>
> f) embriaguez habitual ou em serviço;
>
> g) violação de segredo da empresa;
>
> h) ato de indisciplina ou de insubordinação;
>
> i) abandono de emprego;
>
> j) ato lesivo da honra ou da boa fama praticado no serviço contra qualquer pessoa, ou ofensas físicas, nas mesmas condições, salvo em caso de legítima defesa, própria ou de outrem;
>
> k) ato lesivo da honra ou da boa fama ou ofensas físicas praticadas contra o empregador e superiores hierárquicos, salvo em caso de legítima defesa, própria ou de outrem;
>
> l) prática constante de jogos de azar.
>
> m) perda da habilitação ou dos requisitos estabelecidos em lei para o exercício da profissão, em decorrência de conduta dolosa do empregado.
>
> Parágrafo único - Constitui igualmente justa causa para dispensa de empregado a prática, devidamente comprovada em inquérito administrativo, de atos atentatórios à segurança nacional[75].

275. (FGV – Analista Judiciário – Área Judiciária – TRT 13/2022) Nelson é empregado numa pousada para turistas no litoral sul da Paraíba, local conhecido por suas belas praias. Nelson sofreu um acidente do trabalho típico em março de 2022, afastou-se do trabalho por 90 dias em benefício previdenciário acidentário, e retornou ao emprego em julho de 2022. Contudo, o empregador de Nelson começou a desconfiar de algumas de suas condutas, ao mesmo tempo em que notou o desaparecimento de vários produtos da pousada. Então, o titular da empresa acessou as câmeras de segurança e, para sua surpresa, viu as gravações de Nelson furtando toalhas, lençóis, pratos e talheres, além de acessar indevidamente a caixa registradora da pousada e retirar R$ 150,00 para si. Indignado, o proprietário decidiu terminar o contrato com Nelson.

Diante dos fatos narrados e da CLT, assinale a afirmativa correta.

a) Uma vez que Nelson está em período estabilitário, a dispensa somente poderá ocorrer sem justa causa.

b) É possível a dispensa por justa causa, mas a empresa deverá instaurar previamente inquérito judicial para apurar a falta grave.

c) Estando o empregado no período de garantia no emprego, a empresa não poderá romper o contrato de Nelson por 12 meses a partir do retorno.

d) Apesar da atitude de Nelson ser reprovável, o valor dos produtos furtados não é expressivo, daí não há tipificação para a justa causa.

e) A falta grave está caracterizada e Nelson poderá ser dispensado **imediata**mente por justa causa.

▷ ***Anotações/Comentários***

Nota do autor: A questão exige o conhecimento dos conceitos relacionados aos casos de dispensa por justa causa contidos no art. 482 da CLT. Note-se a Reforma Trabalhista inseriu a alínea "m" ao art. 482, que traz a hipótese do empregado, cuja profissão exige o preenchimento de determinados requisitos legais ou habilitação para seu exercício. Caso esse empregado venha a perder a habilitação ou o requisito legal exigido, por conduta dolosa, haverá hipótese de justa causa para a dispensa do trabalhador.

Comentário serve para as demais alternativas, uma vez que versam sobre o mesmo assunto. Nos termos do art. 482, "a", CLT, incorre falta grave apta a ensejar a aplicação da dispensa por justa causa o empregador que praticar ato de improbidade, ou seja, que atenta contra o patrimônio do empregador ou de terceiro[76]. Exemplos: falsificação de documentos para receber horas extras, **falsificação de certidão de nascimento** para percepção de salário-família ou ainda **apropriação**

---

75. Essa hipótese de justa causa foi incluída na CLT durante a ditadura militar e era utilizada para perseguir opositores do regime instalado, principalmente, lideranças sindicais. Atualmente, a doutrina majoritária entende que tal hipótese não foi recepcionada pela Constituição de 1988.

76. Em questão de Analista Judiciário do TRT da 17ª Região/2009, o examinador afirmava que constitui ato de improbidade o ato lesivo ao patrimônio da empresa, ou de terceiro, relacionado ou não com o trabalho. A questão foi dada como correta. Nesse mesmo sentido: "Esclareça-se que pode ocorrer ato de improbidade, vinculado ao contrato de emprego, mas que importe em prejuízo a patrimônio de terceiro, e não exatamente, pelo menos de modo imediato, do empregador. Isso não descaracteriza a infração, mormente por se saber que o empregador será responsável perante tal terceiro pelos atos cometidos por seus empregados, no contexto do cumprimento do contrato". DELGADO, Maurício Godinho. *Curso do Direito do Trabalho*. 7. ed. São Paulo: LTr, 2008. p. 1.194.

indébita e furto, como no caso do enunciado. O que leva à dispensa por justa causa é a quebra de confiança, e não o valor furtado ou desviado da empresa.

Dessa forma, ainda que eventualmente gozasse de estabilidade provisório no emprego por conta do acidente de trabalho[77], Nelson praticou falta grave e poderá ser dispensado por justa causa pelo empregador.

276. (FCC – Técnico Judiciário – Área Administrativa – TRT 2/2018) Henrique e Bruno são empregados da Lanchonete "R" Ltda. Em razão da prática de crimes diversos alheios ao ambiente de trabalho, ambos estão sendo processados criminalmente, mas continuam trabalhando normalmente, não faltando sem justificativa ao serviço. Esta semana a sentença penal condenatória de ambos transitou em julgado, e Henrique terá que cumprir pena em regime inicial fechado; já Bruno foi condenado à pena de reclusão mas com suspensão da execução da pena. Nesse caso, de acordo com a Consolidação das Leis do Trabalho, a empregadora

a) poderá rescindir por justa causa ambos os contratos de trabalho em razão do trânsito em julgado das sentenças penais condenatórias.

b) poderá rescindir por justa causa apenas o contrato de trabalho de Henrique.

c) não poderá rescindir por justa causa nenhum dos contratos de trabalho, uma vez que não se trata de hipótese legal autorizadora da rescisão contratual nesta modalidade.

d) poderá rescindir por justa causa o contrato de trabalho tanto de Henrique quanto de Bruno, uma vez que, por terem cometido crimes, é configurado ato de improbidade, bem como mau procedimento, condutas autorizadoras da rescisão contratual nesta modalidade.

e) não poderá rescindir por justa causa nenhum dos contratos de trabalho, uma vez que são hipóteses específicas que caracterizam interrupção contratual.

▷ ***Anotações/Comentários***

Nota do autor: A questão aborda o tema dispensa por justa causa na hipótese de prática de crime em que haja condenação transitada em julgado. Para tanto, indispensável o conhecimento do art. 482 da CLT.

Comentário serve para todas as alternativas, pois versam sobre o mesmo assunto. Apenas Henrique poderá ter seu contrato de trabalho rescindido, pois, nos termos do art. 482, "d" da CLT, constituirá justa causa a condenação criminal do empregado, **passada em julgado, caso não tenha havido suspensão da execução da pena**. O fundamento dessa hipótese de justa causa não é condenação em si, mas a impossibilidade de o empregado prestar serviços durante o cumprimento da pena. Lembre-se de que a prisão preventiva também não possibilita a dispensa por justa causa, pois nesse caso o contrato ficará suspenso. Há necessidade, portanto, do trânsito em julgado para possibilitar a fundamentação da justa causa e que não haja suspensão da execução da pena. Como a pena da Bruno foi suspensa, não há possibilidade de aplicação dessa dispensa por justa causa.

277. (AOCP – Analista Judiciário – Área Judiciária – TRT 1/2018) Felipe, vendedor há 03 anos na empresa Águia Dourada Automóveis Ltda., descumpriu, em data de 24 de abr. de 2018, a determinação da empresa de não fumar no interior do local de trabalho, dirigida a todos os empregados, os quais detinham pleno conhecimento da regra. Ainda, quando abordado pelo gerente geral, em particular e adequadamente, para que não mais repetisse a conduta, agrediu-o fisicamente, desferindo- lhe um soco no rosto e dirigindo-lhe palavras de baixo calão. Tais fatos foram presenciados por 6 funcionários da empresa. Assinale, diante da situação posta, a alternativa correta.

a) À empresa é permitida a rescisão do contrato de trabalho por justo motivo em face de Felipe, devendo fazê-lo imediatamente, sendo que este não terá direito ao recebimento de qualquer valor.

b) À empresa é permitida a rescisão do contrato do trabalho por justa causa, podendo fazê- lo no prazo de 60 dias a partir da data dos fatos.

c) Felipe poderá ser demitido por justa causa, mas somente após a instalação de inquérito para apuração de falta grave, no prazo de 30 dias.

d) É vedado à empresa demitir Felipe por justa causa, devendo aplicar-lhe tão somente suspensão disciplinar de 03 dias, quando então ele perderá a remuneração correspondente aos dias de suspensão e a do descanso semanal remunerado correspondente, pois se trata de falta injustificada.

e) À empresa é permitida a rescisão do contrato de trabalho por justa causa. Nesse caso, Felipe não terá direito ao recebimento de férias proporcionais acrescidas de um terço e do décimo terceiro salário proporcional, tampouco à indenização sobre o saldo da conta vinculada do FGTS.

▷ ***Anotações/Comentários***

Nota do autor: a questão aborda o tema resolução do contrato de trabalho por ato faltoso do empregado, devendo o candidato conhecer quais as verbas devidas nessa hipótese de término do contrato.

Alternativa "a". Apesar da possibilidade de dispensa por justa causa, Felipe fará jus às verbas já adquiridas, ou seja, apenas saldo de salário e férias adquiridas e não gozadas, décimo terceiro integral não recebido.

Alternativa "b". A empresa poderá dispensar Felipe por justa causa, não havendo previsão legal no tocante ao seu prazo. Entretanto, a doutrina elenca como um dos requisitos para a dispensa por justa causa a imediatidade, sob pena de configuração de perdão tácito.

Alternativa "c". Não há que se falar em inquérito para apuração de falta grave, haja vista não se tratar o empregado Felipe de dirigente sindical, detentor de estabilidade no trabalho.

Alternativa "d". Conforme já dito nos comentários às alternativas anteriores, Felipe poderá ser dispensado por justa causa, tendo em vista o cometimento de falta grave.

Alternativa "e". A empresa poderá dispensar Felipe por justa causa, tendo em vista o descumprimento de ordem geral da empresa (ato de indisciplina previsto no art. 482, "h" da CLT) e prática de ofensas físicas e ato lesivo à honra do gerente geral (ato lesivo da honra ou da boa fama ou ofensas físicas praticadas contra o empregador e superiores hierárquicos, salvo em caso de legítima defesa, própria ou de outrem previsto no art. 482, "k" da CLT).

Nesse caso, somente serão devidas as verbas já adquiridas pelo empregado, ou seja, apenas saldo de salário e férias adquiridas e não gozadas, décimo terceiro integral não recebido. Não terá direito às demais parcelas: férias proporcionais e décimo terceiro proporcional, aviso-prévio e saque do FGTS. Também não terá direito ao recebimento do seguro-desemprego.

278. (FCC – Técnico Judiciário – Área Administrativa – TRT 6/2018) Thor, na vigência do seu contrato de trabalho com a empresa Delta Produções, vem descumprindo regulamento da empresa que proíbe o ingresso de pessoas, exceto se protegidas por equipamentos de segurança, no laboratório da empresa. Tal determinação está afixada no portal de entrada do laboratório. Nessa situação, fica caracterizada a justa causa para rescisão do contrato pelo empregador na capitulação prevista na Consolidação das Leis do Trabalho como

a) ato de improbidade.

b) desídia.

c) injúria desleal.

d) incontinência de conduta.

e) indisciplina.

▷ ***Anotações/Comentários***

Nota do autor: A questão aborda o tema resolução do contrato de trabalho, tendo em vista a prática de falta grave pelo empregado, apta a ensejar sua dispensa por justa causa, nos termos do art. 482 da CLT. Com a Reforma Trabalhista, foi inserida a alínea "m" ao art. 482 da CLT. Nesta hipótese, caso esse empregado venha a perder a habilitação ou o requisito legal exigido, por conduta dolosa, haverá hipótese de justa causa para a dispensa do trabalhador.

77. Para adquirir essa garantia provisória, há necessidade de preencher cumulativamente os seguintes requisitos: a) afastamento ser superior a 15 dias; e b) percepção de auxílio-doença acidentário.

Alternativa "a". O ato de improbidade atenta contra o patrimônio do empregador ou de terceiro. Exemplos: falsificação de documentos para receber horas extras.

Alternativa "b". Na desídia, o desempenho das atividades é realizado com má vontade, preguiça, com desleixo e negligência. Para configurar desídia, em regra, é necessário que o empregado seja reincidente na conduta negligente, ou seja, tenha habitualmente um comportamento improdutivo e relapso. Exemplos: a) enfermeiro que deixa de ministrar, por várias vezes, os remédios prescritos ao paciente.

Alternativa "c". A injúria pode ser elencada como caso de ato lesivo à honra e boa fama do empregador, superior hierárquico ou contra terceiros.

Alternativa "d". A incontinência de conduta é ato que leva à perturbação do ambiente de trabalho em razão da conotação sexual, ou seja, condutas ligadas à sexualidade. Exemplos: troca de fotos pornográficas via *e-mail* corporativo.

Alternativa "e". Thor poderá ser dispensado por justa causa em razão do cometimento de ato de indisciplina (art. 482, h da CLT) que se configura quando o empregado descumpre ordens de caráter geral.

---

279. (AOCP – Analista Judiciário – Oficial de Just. Avaliador Federal – TRT 1/2018) A respeito da rescisão do contrato de trabalho, assinale a alternativa INCORRETA.

a) No caso de empregado que falta reiterada e injustificadamente ao trabalho, é motivo o bastante para ser causa à rescisão contratual por desídia.

b) Dentre as hipóteses previstas na CLT para a justa causa da rescisão do contrato de trabalho, estão a incontinência de conduta ou mau procedimento, bem como o ato de indisciplina e de insubordinação.

c) Constitui faculdade do empregado rescindir o contrato de trabalho em caso de morte do empregador constituído em empresa individual.

d) Constitui justa causa para a rescisão do contrato de trabalho pelo empregador a incontinência de conduta ou mau procedimento, a exemplo de faltas reiteradas e injustificadas pelo empregado.

e) Havendo culpa recíproca no ato que determinou a rescisão do contrato de trabalho, o tribunal de trabalho reduzirá a indenização à que seria devida em caso de culpa exclusiva do empregador, por metade.

▷ ***Anotações/Comentários***

Nota do autor: A questão aborda hipóteses de extinção do contrato de trabalho por ato faltoso do empregado, tratando-se de caso de resolução do contrato de trabalho, previsto no art. 482 da CLT. Note que deveria ser assinalada a alternativa incorreta!

Alternativa "a". Na desídia, o desempenho das atividades é realizado com má vontade, preguiça, com desleixo e negligência. Para configurar desídia, em regra, é necessário que o empregado seja reincidente na conduta negligente, ou seja, tenha habitualmente um comportamento improdutivo e relapso. É o caso do empregado que falta por diversas vezes do trabalho, de forma injustificada.

Alternativa "b". O ato de incontinência de conduta ou mau procedimento está elencado no art. 482, "b" da CLT e o ato de indisciplina e de insubordinação vem disposto no art. 482, "h" da CLT. Trata-se, portanto, de casos de justa causa em razão de ato faltoso do empregado.

Alternativa "c". "No caso de morte do empregador constituído em empresa individual, é facultado ao empregado rescindir o contrato de trabalho" (Art. 483, §2º da CLT).

Alternativa "d". A incontinência de conduta e o mau procedimento são hipóteses de dispensa por justa causa do empregado, elencadas no art. 482, "b" da CLT. Entretanto, faltas reiteradas e injustificadas não se enquadram nesse conceito, já que consistem ato desidioso do empregado (Art. 482, "e" da CLT).

> **Incontinência de conduta,** nesse sentido, é ato que leva à perturbação do ambiente de trabalho em razão da conotação sexual, ou seja, condutas ligadas à sexualidade.
>
> **Mau procedimento,** por sua vez, é Conduta incorreta e desagradável que afronta a convivência em comum.

Alternativa "e". "Havendo culpa recíproca no ato que determinou a rescisão do contrato de trabalho, o tribunal de trabalho reduzirá a indenização à que seria devida em caso de culpa exclusiva do empregador, por metade" (Art. 484 da CLT).

---

280. (AOCP – Analista Judiciário – Área Administrativa – TRT 1/2018) Em relação à rescisão do contrato de trabalho, assinale a alternativa correta.

a) A alteração do quadro societário da empregadora constituída por sociedade limitada constitui justa causa para empregado rescindir o contrato de trabalho.

b) Em se tratando o empregador de empresa constituída por sociedade limitada, a morte de qualquer dos sócios quotistas constitui justa causa para o empregado rescindir o contrato de trabalho.

c) A instauração de inquérito policial em face do empregado constitui justa causa para rescisão do contrato de trabalho pelo empregador.

d) Em caso de culpa recíproca no ato que determinou a rescisão do contrato de trabalho, o tribunal de trabalho reduzirá em um terço a indenização que seria devida em caso de culpa exclusiva do empregador.

e) A perda da habilitação ou dos requisitos estabelecidos em lei para o exercício da profissão em decorrência de conduta dolosa do empregado constitui justa causa para o empregador rescindir o contrato de trabalho.

▷ ***Anotações/Comentários***

Nota do autor: A questão abrange vários aspectos do término do contrato de trabalho, sendo necessário o conhecimento da alteração trazida pela Reforma Trabalhista sobre o tema (Art. 482, "m" da CLT).

Alternativa "a". Ao contrário do que ocorre com o empregado, que tem como um de seus requisitos característicos a presença da pessoalidade, o empregador é marcado pela impessoalidade, de forma que a alteração do quadro societário da empresa não é mudança apta para levar à alteração do contrato de trabalho. Cumpre destacar, todavia, que o empregado poderá ser dispensado sem justa causa a qualquer tempo.

Alternativa "b". Conforme dito nos comentários da alternativa "a", o empregador é marcado pela impessoalidade. Dessa forma, a morte de um dos sócios do quadro societário não acarreta consequências ao contrato de trabalho. Outro caso, distinto do afirmado na questão, diz respeito à morte do empregador constituído em empresa individual (art. 483, §2º da CLT). Nesse caso, se outra pessoa continua o negócio, há a possibilidade de o empregado continuar ou terminar o vínculo empregatício. Trata-se, portanto, de uma mera faculdade do trabalhador. Se decidir terminar o vínculo, será pedido de demissão.

Alternativa "c". Haverá dispensa por justa causa no caso de condenação criminal do empregado, passada em julgado, caso não tenha havido suspensão da execução da pena. O fundamento dessa hipótese de justa causa não é condenação em si, mas a impossibilidade de o empregado prestar serviços durante o cumprimento da pena. Dessa forma, a mera instauração de inquérito policial não é apta para configurar a dispensa sem justa causa do empregado.

Alternativa "d". "Havendo culpa recíproca no ato que determinou a rescisão do contrato de trabalho, o tribunal de trabalho reduzirá a indenização à que seria devida em caso de culpa exclusiva do empregador, **por metade**" (Art. 484 da CLT).

Alternativa "e". O inciso "m" do art. 484 da CLT traz a hipótese do empregado cuja profissão exige o preenchimento de determinados requisitos legais ou habilitação para seu exercício:

> **Art. 482 da CLT:** Constituem justa causa para rescisão do contrato de trabalho pelo empregador: (...) m) perda da habilitação ou dos requisitos estabelecidos em lei para o exercício da profissão, em decorrência de conduta dolosa do empregado.

Caso esse empregado venha a perder a habilitação ou o requisito legal exigido, por conduta dolosa, haverá hipótese de justa causa para a dispensa do trabalhador. Exemplo: Quando há contratação de motorista profissional para o transporte de passageiros, exige-se que o trabalhador possua habilitação para dirigir na categoria "D", que se refere à condução de veículo cuja lotação exceda a 8 passageiros, excluindo o motorista. Se o trabalhador cometer infração de trânsito, por conduta dolosa, que ocasione a perda da habilitação, com a suspensão do direito de dirigir, poderá ser dispensado por justa causa pela aplicação da nova alínea "m" do art. 482 da CLT.

43.2. Rescisão indireta

281. (FCC – Analista Judiciário – Oficial de Justiça Avaliador Federal – TRT 9/2022) Alegando dificuldades financeiras em razão da crise econômica, a empresa na qual Teobaldo trabalha não lhe paga salários há 4 meses. Inexistindo qualquer tipo de negociação coletiva tratando da questão, Teobaldo deverá

a) aceitar a situação, uma vez que o empregado também assume os riscos do negócio.

b) pedir demissão, uma vez que não deseja mais se submeter a tal situação.

c) requerer para ser dispensado sem justa causa.

d) solicitar a rescisão indireta do contrato, eis que caracterizada justa causa do empregador, que deixou de cumprir suas obrigações, sendo essencial que a prestação de serviços seja cessada imediatamente.

e) ingressar com ação para a rescisão indireta do contrato e o pagamento das respectivas indenizações, eis que caracterizada justa causa do empregador, que deixou de cumprir suas obrigações, podendo permanecer ou não no serviço até final decisão do processo.

▷ ***Anotações/Comentários***

Nota do autor: Na resolução, o contrato é extinto em razão do ato faltoso de uma das partes. Assim sendo, por motivo de falta praticada pelo empregado (dispensa por justa causa), ou pelo empregador (rescisão indireta) ou por ambas (culpa recíproca), ocorrerá o fim do contrato de trabalho.

Para que ocorra o término do contrato de trabalho, em razão de falta grave, é necessário que o ato praticado esteja previsto em lei como justa causa, isto é, **tipificado** como hipótese de justa causa (arts. 482, 483 e 484 da CLT). Ademais, a punição deverá ser **imediata**, sob pena de configurar perdão tácito. E, por fim, há necessidade de **proporcionalidade**[78] entre a falta cometida e a punição a ser aplicada. Para aplicação da justa causa é necessário, portanto, que a falta cometida seja grave, sob pena de configurar abuso de poder do empregador.

Comentário serve para as demais alternativas, uma vez que versam sobre o mesmo assunto. Em razão da conduta do empregador, é permitido ao trabalhador colocar fim ao contrato de trabalho como se houvesse dispensa sem justa causa. A rescisão indireta é chamada, também, de justa causa patronal. O empregado poderá considerar rescindido o contrato e pleitear a devida indenização quando o **empregador não cumprir o empregador as obrigações do contrato**. O descumprimento das obrigações do contrato deve ser interpretado de forma ampla, pois o empregador, quando descumpre a legislação trabalhista, acordos e convenções coletivas, possibilita que o empregado peça rescisão indireta. Caso mais frequente dessa falta, cometida pelo empregador, é atraso do salário[79]. Cabe ressaltar que o pagamento dos salários atrasados, em audiência judicial, não afasta a rescisão indireta[80]. Outros exemplos: falta de anotação da CTPS e ausência dos depósitos do FGTS[81].

78. Se a falta praticada for leve, o empregador deverá aplicar outras penalidades: advertência verbal ou escrita ou, ainda, a suspensão disciplinar de até trinta dias.

79. AIRR - 1000973-44.2015.5.02.0611, Relator Ministro: José Roberto Freire Pimenta, Data de Julgamento: 28/09/2016, 2ª Turma, Data de Publicação: DEJT 30/09/2016.

80. **Súmula nº 13 do TST:** "O só pagamento dos salários atrasados em audiência não elide a mora capaz de determinar a rescisão do contrato de trabalho".

81. Nesse sentido, interessante julgado do TST: **Recurso de Revista. – Rescisão indireta do contrato de trabalho. Ausência de comprovação dos depósitos do FGTS.** A jurisprudência deste Tribunal tem se firmado no sentido de que a irregularidade ou ausência de recolhimento do FGTS constitui falta grave suficiente para configurar a hipótese do art. 483, d, da CLT e ensejar a rescisão indireta do contrato de trabalho. Recurso de revista conhecido e provido. (TST – RR: 6346420135040014, Relator: Márcio Eurico Vitral Amaro, Data de Julgamento: 05/08/2015, 8ª Turma, Data de Publicação: DEJT 07/08/2015)

282. (FCC – Analista Judiciário – Oficial de Justiça Avaliador Federal – TRT 17/2022) A Fábrica de Colchões Cochilo dos Sonhos aplicou uma suspensão no seu Gerente de Vendas Zeus, por 60 dias, em virtude de fatos graves ocorridos no ambiente da empresa. Nessa hipótese, com base no que prevê a Consolidação das Leis do Trabalho,

a) considera-se rescindido sem justa causa o contrato de trabalho de Zeus, após o 60º dia consecutivo de suspensão.

b) tem-se a rescisão sem justa causa do contrato de trabalho de Zeus, após o 30º dia consecutivo de suspensão.

c) opera-se a injusta dispensa de Zeus desde a aplicação da suspensão, por superar o prazo legal de 30 dias.

d) a partir do 16o dia consecutivo de suspensão, considera-se a rescisão sem justa causa do contrato de trabalho de Zeus.

e) a suspensão do empregado pelo prazo mínimo de 45 dias consecutivos importa na rescisão injusta do contrato de trabalho.

▷ ***Anotações/Comentários***

Nota do autor: Na resolução, o contrato é extinto em razão do ato faltoso de uma das partes. Assim sendo, por motivo de falta praticada pelo empregado (dispensa por justa causa), ou pelo empregador (rescisão indireta) ou por ambas (culpa recíproca), ocorrerá o fim do contrato de trabalho.

Para que ocorra o término do contrato de trabalho, em razão de falta grave, é necessário que o ato praticado esteja previsto em lei como justa causa, isto é, **tipificado** como hipótese de justa causa (arts. 482, 483 e 484 da CLT). Ademais, a punição deverá ser **imediata**, sob pena de configurar perdão tácito. E, por fim, há necessidade de **proporcionalidade**[82] entre a falta cometida e a punição a ser aplicada. Para aplicação da justa causa é necessário, portanto, que a falta cometida seja grave, sob pena de configurar abuso de poder do empregador.

Comentário serve para as demais alternativas, uma vez que versam sobre o mesmo assunto. Em razão da conduta do empregador, é permitido ao trabalhador colocar fim ao contrato de trabalho como se houvesse dispensa sem justa causa. A rescisão indireta é chamada, também, de justa causa patronal. O empregado poderá considerar rescindido o contrato e pleitear a devida indenização quando a suspensão aplicada pela empregador ultrapassar o período de 30 dias:

> **Art. 474, CLT:** A suspensão do empregado por mais de 30 (trinta) dias consecutivos importa na rescisão injusta do contrato de trabalho.

283. (FUMARC – Técnico Judiciário – TRT 3/2022) São verbas devidas na rescisão indireta do contrato de trabalho, EXCETO:

a) Aviso prévio, trabalhado ou indenizado, na forma da lei.

b) Indenização por danos morais presumida.

c) Multa de 40% sobre o saldo disponível da conta vinculada do Fundo de Garantia por Tempo de Serviço.

d) O saldo de salário correspondente ao último mês trabalhado.

e) Seguro desemprego, nos termos da Lei.

▷ ***Anotações/Comentários***

Nota do autor: Na resolução, o contrato é extinto em razão do ato faltoso de uma das partes. Assim sendo, por motivo de falta praticada pelo empregado (dispensa por justa causa), ou pelo empregador (rescisão indireta) ou por ambas (culpa recíproca), ocorrerá o fim do contrato de trabalho.

Para que ocorra o término do contrato de trabalho, em razão de falta grave, é necessário que o ato praticado esteja previsto em lei como justa causa, isto é, **tipificado** como hipótese de justa causa (arts. 482, 483 e 484 da CLT). Ademais, a punição deverá ser **imediata**, sob pena de configurar perdão tácito. E, por fim, há necessidade de **proporcionalidade**[56] entre a falta cometida e a punição a ser aplicada. Para aplicação da justa causa é necessário, portanto, que a falta cometida seja grave, sob pena de configurar abuso de poder do empregador.

82. Se a falta praticada for leve, o empregador deverá aplicar outras penalidades: advertência verbal ou escrita ou, ainda, a suspensão disciplinar de até trinta dias.

Comentário serve para as demais alternativas, uma vez que versam sobre o mesmo assunto. Em razão da conduta do empregador, é permitido ao trabalhador colocar fim ao contrato de trabalho como se houvesse dispensa sem justa causa. A rescisão indireta é chamada, também, de justa causa patronal. O empregado poderá considerar rescindido o contrato e pleitear a devida indenização.

Nessa hipótese de término do contrato de trabalho, o empregado terá direito a todas as verbas devidas na hipótese de dispensa sem justa causa, quais sejam:

- Saldo de salário (dias efetivamente trabalhados);
- Décimo terceiro salário proporcional;
- Férias + ⅓ vencidas, se houver;
- Férias + ⅓ proporcionais;
- Aviso-prévio;
- Saque dos depósitos do FGTS;
- Indenização de 40% sobre os depósitos do FGTS;
- Direito ao benefício do seguro-desemprego, desde que atenda aos requisitos próprios estabelecidos na legislação previdenciária.

43.3. Distrato

284. (FCC – Analista Judiciário – Área Judiciária – TRT 17/2022) Ganimedes e a sua empregadora, o Hospital Dentário Tiradentes, pretendem extinguir o contrato de trabalho que mantiveram nos últimos 9 meses, mediante acordo. O último salário de Ganimedes é de R$ 2.000,00 e seu saldo de FGTS R$ 1.500,00, sendo que o empregador pretenderá indenizar o aviso prévio. Nessa hipótese, com base no que prevê a CLT, o empregado deverá receber de aviso prévio indenizado o valor de I, de indenização do FGTS o montante de II, podendo levantar a título de FGTS o valor de III.

As lacunas I, II e III devem ser preenchidas, correta e respectivamente, por:

a) R$ 2.000,00 - R$ 300,00 - R$ 750,00
b) R$ 1.000,00 - R$ 600,00 - R$ 1.500,00
c) R$ 2.000,00 - R$ 480,00 - R$ 1.200,00
d) R$ 1.000,00 - R$ 300,00 - R$ 1.200,00
e) R$ 1.200,00 - R$ 600,00 - R$ 900,00

▷ ***Anotações/Comentários***

Nota do autor: A impossibilidade de realização de acordo entre empregado e empregador para pôr fim ao contrato de trabalho, antes da Reforma Trabalhista, levava, em alguns casos, ao cometimento, na prática, de atos pelos empregados ou pelos empregadores para "forçar" a outra parte a resilir unilateralmente o contrato de trabalho. Com a regulamentação legal trazida pela Reforma, deve-se prevenir o cometimento dessas fraudes na relação de trabalho.

Comentário serve para as demais alternativas, uma vez que versam sobre o mesmo assunto. É possível o término do contrato de trabalho por resilição bilateral, também denominado distrato. No distrato, há o fim do contrato de trabalho por mútuo acordo entre as partes. Antes da Reforma Trabalhista, a legislação não admitia essa modalidade de resilição contratual, cabendo aos empregados apresentar pedido de demissão ou aos empregadores de realizar a dispensa sem justa causa.

Na hipótese de celebração de distrato, os trabalhadores terão direito ao recebimento das seguintes verbas rescisórias:

- 50% do aviso prévio, se for indenizado. Na hipótese de aviso prévio trabalhado, terá direito ao recebimento de seu valor integral.
- 20% de multa sobre os depósitos do FGTS;
- Saldo de salário (dias efetivamente trabalhadores);
- Décimo terceiro salário proporcional;
- Férias + ⅓ vencidas, se houver;
- Férias + ⅓ proporcionais;

Ainda, de acordo com o § 1º do art. 484-A da CLT, acrescentado pela Reforma Trabalhista, o trabalhador poderá movimentar sua conta vinculada do FGTS até o limite de 80% do valor dos depósitos. Cumpre ressaltar que o art. 20 da Lei nº 8.036/1990, que estabelece as hipóteses de saque dos depósitos do FGTS, foi alterado para prever o distrato como nova modalidade:

> **Art. 20, I-A, Lei nº 8.036/1990.** A conta vinculada do trabalhador no FGTS poderá ser movimentada nas seguintes situações: extinção do contrato de trabalho prevista no art. 484-A da Consolidação das Leis do Trabalho (CLT), aprovada pelo Decreto-Lei nº 5.452, de 1º de maio de 1943.

Dessa forma, Ganimedes receberá as seguintes verbas:

Verba	Base de cálculo	Operação	Valor devido
Aviso prévio indenizado	30 dias de salário[57] (R$ 2.000,00)	50% do aviso prévio, se for indenizado	R$ 1.000,00
Indenização do FGTS	Saldo de FGTS (R$ 1.500,00)	20% de multa sobre os depósitos do FGTS	R$ 300,00
Movimentação da conta vinculada do FGTS	Saldo de FGTS (R$ 1.500,00)	80% do valor dos depósitos	R$ 1.200,00

83. Se a falta praticada for leve, o empregador deverá aplicar outras penalidades: advertência verbal ou escrita ou, ainda, a suspensão disciplinar de até trinta dias.

84. Para empregados com até um ano de contrato, o aviso-prévio será de 30 dias. A cada ano de contrato, serão acrescidos 3 dias na duração do aviso, até o limite de 60 dias. Assim sendo, a duração do aviso-prévio poderá ter até 90 dias (prazo mínimo de 30 dias + 60 dias do aviso proporcional).

285. (FCC – Analista Judiciário – Área Judiciária – TRT 23/2022) Crisântemo e a sua empregadora, o restaurante Peixe na Telha, pretendem, reciprocamente, por acordo, colocar fim ao contrato de trabalho que não chegou a completar 1 ano. Nessa situação, levando-se em consideração que o saldo na conta vinculada do FGTS do empregado conta com R$ 2.000,00 e que seu último salário é de R$ 1.800,00, com base no que prevê a Consolidação das Leis do Trabalho, Crisântemo receberá

a) R$ 900,00 de aviso prévio, R$ 400,00 de multa do FGTS, podendo sacar até R$ 1.600,00 do FGTS depositado.
b) R$ 900,00 de aviso prévio, R$ 400,00 de multa do FGTS, podendo sacar até R$ 1.000,00 do FGTS depositado.
c) R$ 1.440,00 de aviso prévio, R$ 640,00 de multa do FGTS, podendo sacar até R$ 1.600,00 do FGTS depositado.
d) R$ 1.800,00 de aviso prévio, R$ 600,00 de multa do FGTS, podendo sacar até R$ 1.000,00 do FGTS depositado.
e) R$ 1.440,00 de aviso prévio, R$ 640,00 de multa do FGTS, podendo sacar até R$ 1.000,00 do FGTS depositado.

▷ ***Anotações/Comentários***

Nota do autor: A impossibilidade de realização de acordo entre empregado e empregador para pôr fim ao contrato de trabalho, antes da Reforma Trabalhista, levava, em alguns casos, ao cometimento, na prática, de atos pelos empregados ou pelos empregadores para "forçar" a outra parte a resilir unilateralmente o contrato de trabalho. Com a regulamentação legal trazida pela Reforma, deve-se prevenir o cometimento dessas fraudes na relação de trabalho.

Comentário serve para as demais alternativas, uma vez que versam sobre o mesmo assunto. É possível o término do contrato de trabalho por resilição bilateral, também denominado distrato. No distrato, há o fim do contrato de trabalho por mútuo acordo entre as partes. Antes da Reforma Trabalhista, a legislação não admitia essa modalidade de resilição contratual, cabendo aos empregados apresentar pedido de demissão ou aos empregadores de realizar a dispensa sem justa causa.

Na hipótese de celebração de distrato, os trabalhadores terão direito ao recebimento das seguintes verbas rescisórias:

- 50% do aviso prévio, se for indenizado. Na hipótese de aviso prévio trabalhado, terá direito ao recebimento de seu valor integral.
- 20% de multa sobre os depósitos do FGTS;
- Saldo de salário (dias efetivamente trabalhadores);
- Décimo terceiro salário proporcional;
- Férias + ⅓ vencidas, se houver;
- Férias + ⅓ proporcionais;

Ainda, de acordo com o § 1º do art. 484-A da CLT, acrescentado pela Reforma Trabalhista, o trabalhador poderá movimentar sua conta vinculada do FGTS até o limite de 80% do valor dos depósitos. Cumpre ressaltar que o art. 20 da Lei nº 8.036/1990, que estabelece as hipóteses de saque dos depósitos do FGTS, foi alterado para prever o distrato como nova modalidade:

> **Art. 20, I-A, Lei nº 8.036/1990.** A conta vinculada do trabalhador no FGTS poderá ser movimentada nas seguintes situações: extinção do contrato de trabalho prevista no art. 484-A da Consolidação das Leis do Trabalho (CLT), aprovada pelo Decreto-Lei nº 5.452, de 1º de maio de 1943.

Dessa forma, Crisântemo receberá as seguintes verbas:

Verba	Base de cálculo	Operação	Valor devido
Aviso prévio indenizado	30 dias de salário[58] (R$ 1.800,00)	50% do aviso prévio, se for indenizado	R$ 900,00
Indenização do FGTS	Saldo de FGTS (R$ 2.000,00)	20% de multa sobre os depósitos do FGTS	R$ 400,00
Movimentação da conta vinculada do FGTS	Saldo de FGTS (R$ 2.000,00)	80% do valor dos depósitos	R$ 1.600,00

286. (FCC – Analista Judiciário – Oficial de Justiça Avaliador Federal – TRT 22/2022) Na rescisão do contrato de trabalho por mútuo acordo são devidos, conforme previsão na Consolidação das Leis do Trabalho,

a) o aviso prévio e a indenização do saldo do FGTS, pela metade; e, na integralidade, as demais verbas; permitida a movimentação da conta vinculada do trabalhador no FGTS, limitada até 80% do valor dos depósitos.

b) o aviso prévio, as férias acrescidas do terço constitucional, o décimo terceiro salário, pela metade, e, na integralidade, a indenização do saldo do Fundo de Garantia do Tempo de Serviço; o ingresso no Programa de Seguro-Desemprego; e a movimentação da conta vinculada do trabalhador no FGTS, limitada até 80% do valor dos depósitos.

c) as verbas rescisórias, na integralidade, a movimentação da conta vinculada do trabalhador no Fundo de Garantia do Tempo de Serviço, limitada até 80% do valor dos depósitos; mas, não é permitido o ingresso no Programa de Seguro- Desemprego.

d) o aviso prévio; a indenização do saldo do FGTS, na integralidade; e a movimentação da conta vinculada do trabalhador no FGTS; as demais verbas trabalhistas, pela metade.

e) as verbas trabalhistas; o ingresso no Programa de Seguro-Desemprego, pela metade; e a movimentação da conta vinculada do trabalhador no FGTS, limitada até 80% do valor dos depósitos.

▷ ***Anotações/Comentários***

Nota do autor: A impossibilidade de realização de acordo entre empregado e empregador para pôr fim ao contrato de trabalho, antes da Reforma Trabalhista, levava, em alguns casos, ao cometimento, na prática, de atos pelos empregados ou pelos empregadores para "forçar" a outra parte a resilir unilateralmente o contrato de trabalho. Com a regulamentação legal trazida pela Reforma, deve-se prevenir o cometimento dessas fraudes na relação de trabalho.

Comentário serve para as demais alternativas, uma vez que versam sobre o mesmo assunto. É possível o término do contrato de trabalho por resilição bilateral, também denominado distrato. No distrato, há o fim do contrato de trabalho por mútuo acordo entre as partes. Antes da Reforma Trabalhista, a legislação não admitia essa modalidade de resilição contratual, cabendo aos empregados apresentar pedido de demissão ou aos empregadores de realizar a dispensa sem justa causa.

Na hipótese de celebração de distrato, os trabalhadores terão direito ao recebimento das seguintes verbas rescisórias:

- 50% do aviso prévio, se for indenizado. Na hipótese de aviso prévio trabalhado, terá direito ao recebimento de seu valor integral.
- 20% de multa sobre os depósitos do FGTS;
- Saldo de salário (dias efetivamente trabalhadores);
- Décimo terceiro salário proporcional;
- Férias + ⅓ vencidas, se houver;
- Férias + ⅓ proporcionais;

Ainda, de acordo com o § 1º do art. 484-A da CLT, acrescentado pela Reforma Trabalhista, o trabalhador poderá movimentar sua conta vinculada do FGTS até o limite de 80% do valor dos depósitos. Cumpre ressaltar que o art. 20 da Lei nº 8.036/1990, que estabelece as hipóteses de saque dos depósitos do FGTS, foi alterado para prever o distrato como nova modalidade:

> **Art. 20, I-A, Lei nº 8.036/1990.** A conta vinculada do trabalhador no FGTS poderá ser movimentada nas seguintes situações: extinção do contrato de trabalho prevista no art. 484-A da Consolidação das Leis do Trabalho (CLT), aprovada pelo Decreto-Lei nº 5.452, de 1º de maio de 1943.

287. (FCC – Técnico Judiciário – Área Administrativa – TRT 9/2022) Em razão de desentendimentos decorrentes de ordens com as quais não concordou, Ticiano ficou bastante alterado e passou a proferir diversas agressões verbais ao dono da empresa, que é seu chefe, agredindo a honra e a boa fama do mesmo. Este revidou, proferindo um soco em Ticiano, que lhe causou ferimentos. Em razão da situação, o empregador decide dispensar Ticiano. Com a rescisão do contrato de trabalho o empregador deve pagar a Ticiano

a) saldo de salários, férias vencidas, férias proporcionais, 13º salário proporcional, aviso prévio e indenização pela dispensa.

b) saldo de salários, férias vencidas, 50% das férias proporcionais, 50% do 13º salário proporcional e 50% do aviso prévio, não sendo devida indenização pela dispensa em razão da justa causa praticada.

c) saldo de salários e férias vencidas, tendo em vista a justa causa praticada.

d) saldo de salários, férias vencidas, 50% das férias proporcionais, 50% do 13º salário proporcional, 50% do aviso prévio e 50% da indenização que seria devida em caso de culpa exclusiva do empregador.

e) saldo de salários, férias vencidas, 50% das férias proporcionais, 50% do 13º salário proporcional e 50% da indenização que seria devida em caso de culpa exclusiva do empregador, não havendo que se falar em aviso prévio.

85. Para empregados com até um ano de contrato, o aviso-prévio será de 30 dias. A cada ano de contrato, serão acrescidos 3 dias na duração do aviso, até o limite de 60 dias. Assim sendo, a duração do aviso-prévio poderá ter até 90 dias (prazo mínimo de 30 dias + 60 dias do aviso proporcional).

▷ ***Anotações/Comentários***

Nota do autor: Na resolução, o contrato é extinto em razão do ato faltoso de uma das partes. Assim sendo, por motivo de falta praticada pelo empregado (dispensa por justa causa), ou pelo empregador (rescisão indireta) ou por ambas (culpa recíproca), ocorrerá o fim do contrato de trabalho.

Comentário serve para as demais alternativas, uma vez que versam sobre o mesmo assunto. Na culpa recíproca empregado e empregador praticaram faltas graves concomitantes (ao mesmo tempo). Essa modalidade de término do contrato de trabalho deverá ser reconhecida em juízo. Nesse caso, de acordo com o posicionamento do TST, haverá divisão das verbas rescisórias, tendo o empregado direito aos 50% do aviso, décimo terceiro e férias proporcionais e 20% de indenização sobre o FGTS. Vale ressaltar que o saldo salarial, bem como as férias o 13º vencidos, serão pagos integralmente. Tendo em vista que ambas as partes praticaram faltas graves, não há direito ao recebimento de seguro desemprego, que visa prover assistência financeira ao empregado dispensado sem justa causa ou em razão de rescisão indireta do contrato.

> **Art. 484, CLT:** Havendo culpa recíproca no ato que determinou a rescisão do contrato de trabalho, o tribunal do trabalho reduzirá a indenização à que seria devida em caso de culpa exclusiva do empregador, por metade.

> **Súmula nº 14 do TST:** Reconhecida a culpa recíproca na rescisão do contrato de trabalho (art. 484 da CLT), o empregado tem direito a 50% (cinquenta por cento) do valor do aviso-prévio, do décimo terceiro salário e das férias proporcionais.

288. (FCC – Técnico Judiciário – Área Administrativa – TRT 14/2022) Sócrates e a sua empregadora, a empresa de transportes Carga Pesada, pretendem colocar fim ao contrato de trabalho por acordo mútuo. O contrato vigora há 8 meses, sendo o último salário de Sócrates no valor de R$ 1.800,00, e o saldo da conta do FGTS de R$ 1.000,00. Conforme a Consolidação das Leis do Trabalho, sabendo-se que pelo acordo o aviso prévio será indenizado, o referido empregado fará jus, nessa modalidade de rescisão, a

a) R$ 1.800,00 de aviso prévio, R$ 200,00 de indenização sobre o saldo do FGTS e pode levantar o saldo total do FGTS.

b) R$ 900,00 de aviso prévio, R$ 200,00 de indenização sobre o saldo do FGTS e pode levantar o saldo de até R$ 800,00 do FGTS.

c) R$ 1.800,00 de aviso prévio, R$ 400,00 de indenização sobre o saldo do FGTS e pode levantar o saldo de até R$ 500,00 do FGTS.

d) R$ 900,00 de aviso prévio, R$ 240,00 de indenização sobre o saldo do FGTS e pode levantar o saldo de até R$ 800,00 do FGTS.

e) R$ 1.080,00 de aviso prévio, R$ 240,00 de indenização sobre o saldo do FGTS e pode levantar o saldo total do FGTS.

▷ ***Anotações/Comentários***

Nota do autor: A impossibilidade de realização de acordo entre empregado e empregador para pôr fim ao contrato de trabalho, antes da Reforma Trabalhista, levava, em alguns casos, ao cometimento, na prática, de atos pelos empregados ou pelos empregadores para "forçar" a outra parte a resilir unilateralmente o contrato de trabalho. Com a regulamentação legal trazida pela Reforma, deve-se prevenir o cometimento dessas fraudes na relação de trabalho.

Comentário serve para as demais alternativas, uma vez que versam sobre o mesmo assunto. É possível o término do contrato de trabalho por resilição bilateral, também denominado distrato. No distrato, há o fim do contrato de trabalho por mútuo acordo entre as partes. Antes da Reforma Trabalhista, a legislação não admitia essa modalidade de resilição contratual, cabendo aos empregados apresentar pedido de demissão ou aos empregadores de realizar a dispensa sem justa causa.

Na hipótese de celebração de distrato, os trabalhadores terão direito ao recebimento das seguintes verbas rescisórias:

- 50% do aviso prévio, se for indenizado. Na hipótese de aviso prévio trabalhado, terá direito ao recebimento de seu valor integral.
- 20% de multa sobre os depósitos do FGTS;
- Saldo de salário (dias efetivamente trabalhadores);
- Décimo terceiro salário proporcional;
- Férias + ⅓ vencidas, se houver;
- Férias + ⅓ proporcionais;

Ainda, de acordo com o § 1º do art. 484-A da CLT, acrescentado pela Reforma Trabalhista, o trabalhador poderá movimentar sua conta vinculada do FGTS até o limite de 80% do valor dos depósitos. Cumpre ressaltar que o art. 20 da Lei nº 8.036/1990, que estabelece as hipóteses de saque dos depósitos do FGTS, foi alterado para prever o distrato como nova modalidade:

> **Art. 20, I-A, Lei nº 8.036/1990.** A conta vinculada do trabalhador no FGTS poderá ser movimentada nas seguintes situações: extinção do contrato de trabalho prevista no art. 484-A da Consolidação das Leis do Trabalho (CLT), aprovada pelo Decreto-Lei nº 5.452, de 1º de maio de 1943.

Dessa forma, Sócrates receberá as seguintes verbas:

Verba	Base de cálculo	Operação	Valor devido
Aviso prévio indenizado	30 dias de salário[86] (R$ 1.800,00)	50% do aviso prévio, se for indenizado	R$ 900,00
Indenização do FGTS	Saldo de FGTS (R$ 1.000,00)	20% de multa sobre os depósitos do FGTS	R$ 200,00
Movimentação da conta vinculada do FGTS	Saldo de FGTS (R$ 1.000,00)	80% do valor dos depósitos	R$ 800,00

86. Para empregados com até um ano de contrato, o aviso-prévio será de 30 dias. A cada ano de contrato, serão acrescidos 3 dias na duração do aviso, até o limite de 60 dias. Assim sendo, a duração do aviso-prévio poderá ter até 90 dias (prazo mínimo de 30 dias + 60 dias do aviso proporcional).

289. (FCC – Técnico Judiciário – Área Administrativa – TRT 17/2022) Cícero e a sua empregadora, a locadora de veículos Alugue Já pretendem colocar fim ao contrato de trabalho por mútuo acordo.

O último salário de Cícero é de R$ 3.000,00, o contrato de trabalho vigorou de 01/01/2022 a 30/09/2022, e o saldo da conta do FGTS é de R$ 2.500,00. Nessa situação, sabendo que o aviso prévio será indenizado, Cícero receberá, de acordo com a Consolidação das Leis do Trabalho,

a) R$ 1.500,00 de aviso prévio, R$ 1.000,00 de multa do FGTS, 13º salário proporcional pela metade, podendo levantar até 70% do saldo da conta vinculada do FGTS.

b) R$ 3.000,00 de aviso prévio, R$ 500,00 de multa do FGTS, 13º salário proporcional pela metade, podendo levantar até 80% do saldo da conta vinculada do FGTS.

c) R$ 1.500,00 de aviso prévio, R$ 500,00 de multa do FGTS, 13º salário proporcional integral, podendo levantar todo o saldo da conta vinculada do FGTS.

d) R$ 2.400,00 de aviso prévio, R$ 1.000,00 de multa do FGTS, 13º salário proporcional pela metade, podendo levantar até 85% do saldo da conta vinculada do FGTS.

e) R$ 1.500,00 de aviso prévio, R$ 500,00 de multa do FGTS, 13º salário proporcional integral, podendo levantar até 80% do saldo da conta vinculada do FGTS.

▷ ***Anotações/Comentários***

Nota do autor: A impossibilidade de realização de acordo entre empregado e empregador para pôr fim ao contrato de trabalho, antes da Reforma Trabalhista, levava, em alguns casos, ao cometimento, na prática, de atos pelos empregados ou pelos empregadores para "forçar" a outra parte a resilir unilateralmente o contrato de trabalho. Com a regulamentação legal trazida pela Reforma, deve-se prevenir o cometimento dessas fraudes na relação de trabalho.

Comentário serve para as demais alternativas, uma vez que versam sobre o mesmo assunto. É possível o término do contrato de trabalho por resilição bilateral, também denominado distrato. No distrato, há o fim do contrato de trabalho por mútuo acordo entre as partes. Antes da Reforma Trabalhista, a legislação não admitia essa modalidade de resilição contratual, cabendo aos empregados apresentar pedido de demissão ou aos empregadores de realizar a dispensa sem justa causa.

Na hipótese de celebração de distrato, os trabalhadores terão direito ao recebimento das seguintes verbas rescisórias:

- 50% do aviso prévio, se for indenizado. Na hipótese de aviso prévio trabalhado, terá direito ao recebimento de seu valor integral.
- 20% de multa sobre os depósitos do FGTS;
- Saldo de salário (dias efetivamente trabalhadores);
- Décimo terceiro salário proporcional;
- Férias + ⅓ vencidas, se houver;
- Férias + ⅓ proporcionais;

Ainda, de acordo com o § 1º do art. 484-A da CLT, acrescentado pela Reforma Trabalhista, o trabalhador poderá movimentar sua conta vinculada do FGTS até o limite de 80% do valor dos depósitos. Cumpre ressaltar que o art. 20 da Lei nº 8.036/1990, que estabelece as hipóteses de saque dos depósitos do FGTS, foi alterado para prever o distrato como nova modalidade:

> **Art. 20, I-A, Lei nº 8.036/1990.** A conta vinculada do trabalhador no FGTS poderá ser movimentada nas seguintes situações: extinção do contrato de trabalho prevista no art. 484-A da Consolidação das Leis do Trabalho (CLT), aprovada pelo Decreto-Lei nº 5.452, de 1º de maio de 1943.

Dessa forma, Cícero receberá as seguintes verbas:

Verba	Base de cálculo	Operação	Valor devido
Aviso prévio indenizado	30 dias de salário[60] (R$ 3.000,00)	50% do aviso prévio, se for indenizado	R$ 1.500,00
Indenização do FGTS	Saldo de FGTS (R$ 2.500,00)	20% de multa sobre os depósitos do FGTS	R$ 500,00

290. (FCC – Técnico Judiciário – Área Judiciária – TRT 15/2018) Lucia e sua empregadora, Transportadora Chega Bem Ltda., acordaram rescindir seu contrato de trabalho que já durava cinco anos. A empresa pagou à Lucia metade do aviso prévio indenizado e metade das férias proporcionais acrescidas de 1/3. O saldo de salário e o 13º salário proporcional foram pagos integralmente. Foram liberadas as guias para saque dos depósitos do FGTS, com multa de 20%, não sendo entregues as guias para percepção ao ingresso no Programa do Seguro-Desemprego, por não estar previsto este direito à empregada. Tendo em vista o narrado, segundo as normas previstas na Consolidação das Leis do Trabalho,

a) estão incorretas as verbas pagas, fazendo jus Lucia à integralidade das férias proporcionais + 1/3.

b) estão corretas as verbas pagas, bem como a liberação apenas das guias para saque do FGTS.

c) Lucia faz jus ao recebimento das guias para ingresso no Programa do Seguro-Desemprego, devendo requerê-las ao seu empregador.

d) estão incorretas as verbas pagas, fazendo jus Lucia à multa de 40% sobre o FGTS, já que não possui direito ao ingresso no Programa do Seguro-Desemprego.

e) estão corretas as verbas pagas, entretanto esta modalidade de rescisão do contrato de trabalho deverá, obrigatoriamente, ser homologada perante o sindicato profissional de Lucia ou Ministério do Trabalho.

▷ ***Anotações/Comentários***

Nota do autor: A questão aborda o tema distrato, previsto no art. 484-A da CLT. Não deixe de ler o dispositivo com atenção!

Alternativa "a". A Lei nº 13.467/2017, alterou o art. 484-A da CLT para admitir o distrato como forma de término do contrato de trabalho, o que deve prevenir o cometimento dessas fraudes na relação de trabalho. Na hipótese de celebração de distrato, os trabalhadores terão direito ao recebimento das seguintes verbas rescisórias:

> – 50% do aviso prévio, se for indenizado. Na hipótese de aviso prévio trabalhado, terá direito ao recebimento de seu valor integral.
>
> – 20% de multa sobre os depósitos do FGTS;
>
> – Saldo de salário (dias efetivamente trabalhadores);
>
> – Décimo terceiro salário proporcional;
>
> – Férias + ⅓ vencidas, se houver;
>
> **– Férias + ⅓ proporcionais;**

Assim, as férias proporcionais devem ser pagas na integralidade.

Note-se, portanto, que o distrato não gera os mesmos efeitos econômicos do reconhecimento judicial da culpa recíproca, hipótese de término do contrato de trabalho em razão da prática de faltas graves concomitantes (ao mesmo tempo) entre empregado e empregador. Enquanto na culpa recíproca o empregado tem direito aos 50% do aviso, do décimo terceiro e das férias proporcionais e 20% de indenização sobre o FGTS, no distrato a redução pela **metade** somente abrange o aviso prévio **indenizado** e a indenização sobre o FGTS.

Lembre-se de que a multa de 20% sobre os depósitos do FGTS é devida agora em 3 hipóteses:

> 1) Distrato (art. 484-A, CLT);
>
> 2) Força maior (art. 18, § 2º, Lei nº 8.036/1990);
>
> 3) Culpa recíproca (art. 18, § 2º, Lei nº 8.036/1990);

Cumpre ressaltar que o art. 20 da Lei nº 8.036/1990, que estabelece as hipóteses de saque dos depósitos do FGTS, foi alterado para prever o distrato como nova modalidade:

> **Art. 20, I-A, Lei nº 8.036/1990.** A conta vinculada do trabalhador no FGTS poderá ser movimentada nas seguintes situações: extinção do contrato de trabalho prevista no art. 484-A da Consolidação das Leis do Trabalho (CLT), aprovada pelo Decreto-Lei nº 5.452, de 1º de maio de 1943.

Em resumo, o trabalhador poderá sacar até 80% do valor dos depósitos do FGTS em sua conta vinculada.

De acordo com o § 2º do art. 484-A da CLT, o empregado que celebra distrato para extinguir seu contrato de trabalho não tem direito ao recebimento de seguro-desemprego. Tendo em vista que esse benefício é voltado para o desemprego involuntário e que o empregado concordou com o término do contrato de trabalho, não tem direito ao recebimento de seguro-desemprego.

Alternativa "b". Conforme dito na alternativa "a", as verbas não foram pagas corretamente, pois férias proporcionais devem ser pagas na integralidade.

Alternativa "c". Por não se tratar de desemprego involuntário, Lucia não fará jus ao seguro-desemprego.

87. Para empregados com até um ano de contrato, o aviso-prévio será de 30 dias. A cada ano de contrato, serão acrescidos 3 dias na duração do aviso, até o limite de 60 dias. Assim sendo, a duração do aviso-prévio poderá ter até 90 dias (prazo mínimo de 30 dias + 60 dias do aviso proporcional).

Alternativa "d". Lucia terá direito a 20% de multa sobre os depósitos do FGTS.

Alternativa "e". Conforme dito na alternativa "a", as verbas não foram pagas corretamente, pois férias proporcionais devem ser pagas na integralidade. Ademais, com o advento da Reforma Trabalhista, não há mais que se falar em homologação das verbas trabalhistas, tendo em vista a revogação do art. 477, § 4º da CLT.

43.4. Abandono de emprego

291. (FCC – Analista Judiciário – Área Judiciária – TRT 11/2017) A empresa de calçados Chão Azul Ltda. rescindiu o contrato de trabalho com justa causa da empregada Lívia que estava afastada do emprego gozando de auxílio doença previdenciário. Na última perícia médica Lívia teve alta do INSS, mas transcorridos cinquenta e cinco dias, ela não retornou ao trabalho e não justificou o motivo de não retornar. Neste caso, de acordo com entendimento sumulado do TST, a empresa

a) agiu corretamente, uma vez que Lívia possuía o prazo de quinze dias após a cessação do benefício previdenciário para retornar ao trabalho ou justificar o motivo de não o fazer.

b) agiu corretamente, uma vez que Lívia possuía o prazo de trinta dias após a cessação do benefício previdenciário para retornar ao trabalho ou justificar o motivo de não o fazer.

c) não agiu corretamente, uma vez que Lívia possui o prazo de sessenta dias após a cessação do benefício previdenciário para retornar ao trabalho ou justificar o motivo de não o fazer, não havendo transcorrido, ainda este lapso temporal.

d) não agiu corretamente, uma vez que Lívia possui o prazo de noventa dias após a cessação do benefício previdenciário para retornar ao trabalho ou justificar o motivo de não o fazer, não havendo transcorrido, ainda este lapso temporal.

e) não agiu corretamente, neste caso, em razão do gozo do benefício previdenciário, independentemente do lapso temporal, não se configura a hipótese de abandono de emprego, sendo vedada a dispensa com justa causa.

▷ ***Anotações/Comentários***

Nota do autor: A questão trata do tema abandono de emprego e exigia o conhecimento do entendimento sumulado do TST sobre o assunto.

Comentário serve para todas as alternativas, uma vez que versam sobre o mesmo assunto. Configura abandono a ausência continuada ao serviço. Nesse sentido, caso o empregado não retorne ao serviço após 30 dias da cessação do benefício previdenciário, sem motivo justificado, presume-se o abandono de emprego:

> **Súmula nº 32 do TST:** Presume-se o abandono de emprego se o trabalhador não retornar ao serviço no prazo de 30 (trinta) dias após a cessação do benefício previdenciário nem justificar o motivo de não o fazer.

43.5. Culpa recíproca

292. (FCC – Técnico Judiciário – Área Administrativa – TRT 22/2022) Melchíades foi contratado em 10/01/2022, por prazo indeterminado, pela empresa Guloseima Comércio de Alimentos Ltda. No dia 18/07/2022 Melchíades se desentendeu com seu superior hierárquico e a discussão se agravou, com ofensas morais graves de cada uma das partes em relação à outra. Reconhecida a culpa recíproca na rescisão do contrato de trabalho, além do saldo de salário, são devidas ao empregado, a título de verbas rescisórias, nos termos da CLT e jurisprudência sumulada do TST, apenas

a) aviso prévio, 13º salário proporcional, férias proporcionais e indenização que seria devida em caso de culpa exclusiva do empregador, pela metade.

b) 13º salário proporcional e férias proporcionais.

c) 13º salário proporcional, férias proporcionais e indenização que seria devida em caso de culpa exclusiva do empregador, pela metade.

d) 50% do aviso prévio, 50% do 13º salário, 50% das férias proporcionais e indenização que seria devida em caso de culpa exclusiva do empregador, pela metade.

e) 50% do aviso prévio, 50% do 13º salário, 50% das férias proporcionais.

▷ ***Anotações/Comentários***

Nota do autor: Na resolução, o contrato é extinto em razão do ato faltoso de uma das partes. Assim sendo, por motivo de falta praticada pelo empregado (dispensa por justa causa), ou pelo empregador (rescisão indireta) ou por ambas (culpa recíproca), ocorrerá o fim do contrato de trabalho.

Comentário serve para as demais alternativas, uma vez que versam sobre o mesmo assunto. Na culpa recíproca empregado e empregador praticaram faltas graves concomitantes (ao mesmo tempo). Essa modalidade de término do contrato de trabalho deverá ser reconhecida em juízo. Nesse caso, de acordo com o posicionamento do TST, haverá divisão das verbas rescisórias, tendo o empregado direito aos 50% do aviso, décimo terceiro e férias proporcionais e 20% de indenização sobre o FGTS. Vale ressaltar que o saldo salarial, bem como as férias o 13º vencidos, serão pagos integralmente. Tendo em vista que ambas as partes praticaram faltas graves, não há direito ao recebimento de seguro desemprego, que visa prover assistência financeira ao empregado dispensado sem justa causa ou em razão de rescisão indireta do contrato.

> **Art. 484, CLT:** Havendo culpa recíproca no ato que determinou a rescisão do contrato de trabalho, o tribunal do trabalho reduzirá a indenização à que seria devida em caso de culpa exclusiva do empregador, por metade.
>
> Súmula nº 14 do TST: Reconhecida a culpa recíproca na rescisão do contrato de trabalho (art. 484 da CLT), o empregado tem direito a 50% (cinquenta por cento) do valor do aviso-prévio, do décimo terceiro salário e das férias proporcionais.

293. (FCC – Técnico Judiciário – Área Administrativa – TRT 2/2018) Súmula do Tribunal Superior do Trabalho (TST) prevê que na hipótese de reconhecimento de culpa recíproca na rescisão do contrato de trabalho, as férias proporcionais

a) não são devidas ao empregado, assim como não é devido o 13º salário proporcional, por expressa vedação legal.

b) não são devidas ao empregado, assim como não é devido o aviso prévio, por expressa vedação legal.

c) são devidas ao empregado na proporção de 50%, e na mesma proporção o aviso prévio e o 13º salário.

d) são devidas ao empregado na proporção de 40%, assim como as férias vencidas.

e) são devidas ao empregado na proporção de 60%, e na mesma proporção o 13º salário.

▷ ***Anotações/Comentários***

Nota do autor: A questão é considerada de nível fácil, apenas exigindo do candidato o conhecimento das verbas rescisórias devidas na culpa recíproca.

Comentário serve para todas as alternativas, uma vez que versam sobre o mesmo assunto. Na culpa recíproca empregado e empregador praticaram faltas graves concomitantes (ao mesmo tempo). Essa modalidade de término do contrato de trabalho deverá ser reconhecida em juízo. Nesse caso, de acordo com o posicionamento do TST, haverá divisão das verbas rescisórias, tendo o empregado direito aos 50% do aviso, décimo terceiro e férias proporcionais e 20% de indenização sobre o FGTS. Vale ressaltar que o saldo salarial, bem como as férias o décimo terceiro vencidos, serão pagos integralmente. Tendo em vista que ambas as partes praticaram faltas graves, não há direito ao recebimento de seguro desemprego, que visa prover assistência financeira ao empregado dispensado sem justa causa ou em razão de rescisão indireta do contrato.

> **Art. 484.** Havendo culpa recíproca no ato que determinou a rescisão do contrato de trabalho, o tribunal do trabalho reduzirá a indenização à que seria devida em caso de culpa exclusiva do empregador, por metade.
>
> **Súmula nº 14 do TST.** Reconhecida a culpa recíproca na rescisão do contrato de trabalho (art. 484 da CLT), o empregado

tem direito a 50% (cinquenta por cento) do valor do aviso-prévio, do décimo terceiro salário e das férias proporcionais.

43.6. Pedido de demissão

294. (FCC – Técnico Judiciário – Área Administrativa – TRT 22/2022) Aquiles foi contratado em 04/10/2021 pela empresa Destinos Operadora de Turismo Ltda., para exercer a função de diretor financeiro. Em 04/07/2022, em razão de proposta de emprego que recebeu de outra empresa, pediu demissão da Destinos. Considerando essa situação, Aquiles, à luz da CLT e jurisprudência sumulada do TST,

a) não tem direito ao recebimento de férias proporcionais, tendo em vista que pediu demissão.

b) não tem direito ao recebimento de férias proporcionais, porque exercente de cargo de confiança.

c) não tem direito ao recebimento de férias proporcionais, porque não completou um ano de serviço na empresa.

d) tem direito ao recebimento da remuneração relativa ao período incompleto de férias na proporção de 1/12 avos por mês de serviço, ou fração superior a 14 dias.

e) tem direito ao recebimento da remuneração relativa ao período incompleto de férias na proporção de 1/9 avos por mês de serviço.

▷ ***Anotações/Comentários***

Nota do autor: A resilição do contrato de trabalho corresponde ao término do contrato de trabalho sem que tenha ocorrido o cometimento de falta grave que determine o fim do contrato. A resilição pode ser unilateral ou bilateral. A resilição unilateral é a manifestação imotivada de uma das partes da relação de emprego que coloca fim ao contrato de trabalho. Admite-se a livre resilição, pois ninguém é obrigado a manter-se vinculado permanentemente. Trata-se de direito potestativo de empregados e empregadores.

Comentário serve para as demais alternativas, uma vez que versam sobre o mesmo assunto. Ocorre a **Demissão** quando o empregado decide colocar fim ao contrato. Independe de qualquer motivação. O empregador não poderá se opor a essa decisão do trabalhador. Nessa hipótese de pedido de demissão, o empregado terá direito às seguintes verbas rescisórias:

- Saldo de salário (dias efetivamente trabalhados);
- Décimo terceiro salário proporcional;
- Férias + ⅓ vencidas, se houver;
- Férias + ⅓ proporcionais:

> Súmula nº 171 do TST: Salvo na hipótese de dispensa do empregado por justa causa, a extinção do contrato de trabalho sujeita o empregador ao pagamento da remuneração das férias proporcionais, ainda que incompleto o período aquisitivo de 12 (doze) meses.
>
> Súmula nº 261 do TST: O empregado que se demite antes de completar 12 (doze) meses de serviço tem direito a férias proporcionais.

Obs.: No pedido de demissão, o empregado não saca os depósitos do FGTS e deverá conceder aviso-prévio de 30 dias ao empregador. Por fim, ressalta-se que perderá a estabilidade provisória de emprego que eventualmente possuía no caso de formulação de pedido de demissão.

Portanto, Aquiles tem direito ao recebimento da remuneração relativa ao período incompleto de férias na proporção de 1/12 avos por mês de serviço, ou fração superior a 14 dias.

44. PRESCRIÇÃO

295. (FCC – 2024 – TRT 11 – Analista Judiciário/Área Judiciária) De acordo com a Consolidação da Leis do Trabalho (CLT) e a jurisprudência consolidada do Tribunal Superior do Trabalho acerca da prescrição,

a) a ação trabalhista, mesmo que venha a ser arquivada, suspende a curso do prazo prescricional em relação aos pedidos que sejam idênticos.

b) a ação trabalhista que traga pedido de prestações sucessivas, desde que decorrente de alteração ou descumprimento do pactuado, a prescrição é parcial, mesmo quando a parcela esteja assegurada por preceito legal.

c) a declaração da prescrição intercorrente pode ser requerida ou declarada de ofício em qualquer grau de jurisdição.

d) o prazo prescricional se inicia no instante em que o menor completa 16 anos de idade, uma vez que é permitida a contratação pelo regime da CLT a partir dessa idade.

e) a petição de homologação de acordo extrajudicial interrompe o prazo prescricional da ação quanto aos pedidos nela especificados.

▷ ***Anotações/Comentários***

Nota do autor: o prazo para ingressar com a reclamação trabalhista está previsto no art. 7º, XXIX, da CF/88: "São direitos dos trabalhadores urbanos e rurais, além de outros que visem à melhoria de sua condição social: ação, quanto aos créditos resultantes das relações de trabalho, com prazo prescricional de cinco anos para os trabalhadores urbanos e rurais, até o limite de dois anos após a extinção do contrato".

Alternativa "a": incorreta. "A ação trabalhista, ainda que arquivada, **interrompe** a prescrição somente em relação aos pedidos idênticos." (Súmula nº 268 do TST).

Alternativa "b": incorreta. "Tratando-se de ação que envolva pedido de prestações sucessivas decorrente de alteração do pactuado, a prescrição é total, **exceto** quando o direito à parcela esteja também assegurado por preceito de lei." (Súmula nº 268 do TST).

Alternativa "c": correta. "A declaração da prescrição intercorrente pode ser requerida ou declarada de ofício em qualquer grau de jurisdição." (Art. 11, § 2º, CLT).

Alternativa "d": incorreta. "Contra os menores de 18 (dezoito) anos não corre nenhum prazo de prescrição." (Art. 440, CLT).

Alternativa "e": incorreta. "A petição de homologação de acordo extrajudicial **suspende** o prazo prescricional da ação quanto aos direitos nela especificados." (Art. 855-E, CLT).

296. (FCC – Técnico Judiciário – Área Administrativa – TRT 22/2022) Considerando os entendimentos pacificados pelo Tribunal Superior do Trabalho através de Súmulas e Orientações de sua Jurisprudência uniformizada, em relação à prescrição de direitos trabalhistas,

a) da extinção do primeiro contrato começa a fluir o prazo prescricional do direito de ação em que se objetiva a soma de períodos descontínuos de trabalho.

b) tratando-se de pedido de pagamento de diferenças salariais decorrentes da inobservância dos critérios de promoção estabelecidos em Plano de Cargos e Salários criado pela empresa, a prescrição aplicável é a total.

c) a prescrição começa a fluir no final da data do término do aviso prévio, desde que o mesmo tenha sido trabalhado.

d) a pretensão a diferenças de complementação de aposentadoria sujeita-se à prescrição parcial e quinquenal, salvo se o pretenso direito decorrer de verbas não recebidas no curso da relação de emprego e já alcançadas pela prescrição, à época da propositura da ação.

e) a suspensão do contrato de trabalho, em virtude da percepção do auxílio-doença ou da aposentadoria por invalidez, impede, em qualquer hipótese, a fluência da prescrição quinquenal.

▷ ***Anotações/Comentários***

Nota do autor: O instituto da prescrição está intimamente ligado ao tempo e à inércia do titular da pretensão. Prescrição retira a possibilidade de **exigir** um determinado direito em razão do decurso do tempo. Note-se que o direito permanece intacto, mas a prescrição impossibilita que ele seja exigido. Exemplo: determinado empregado trabalhou por 4 anos sem nunca receber férias e décimo terceiro. Esse trabalhador tem direito a essas verbas. Foi dispensado sem justa causa e ingressou com a reclamação trabalhista após 3 anos da extinção do contrato (lembre-se de que o prazo é de 2 anos para ingressar na Justiça do Trabalho). Embora persista o direito, ele não tem a exigibilidade, ou seja, o empregador não poderá ser forçado a pagar, pois as verbas estão prescritas.

Alternativa "a". Incorreta. "Da extinção do último contrato começa a fluir o prazo prescricional do direito de ação em que se objetiva a soma de períodos descontínuos de trabalho." (Súmula nº 156 do TST).

Alternativa "b". Incorreta. "Tratando-se de pedido de pagamento de diferenças salariais decorrentes da inobservância dos critérios de promoção estabelecidos em Plano de Cargos e Salários criado pela empresa, a prescrição aplicável é a parcial, pois a lesão é sucessiva e se renova mês a mês." (Súmula nº 452 do TST).

Alternativa "c". Incorreta. "A prescrição começa a fluir no final da data do término do aviso prévio. Art. 487, § 1º, CLT." (Orientação Jurisprudencial nº 83 da SDI1 do TST).

Alternativa "d". Correta. "A pretensão a diferenças de complementação de aposentadoria sujeita-se à prescrição parcial e quinquenal, salvo se o pretenso direito decorrer de verbas não recebidas no curso da relação de emprego e já alcançadas pela prescrição, à época da propositura da ação." (Súmula nº 327 do TST).

Alternativa "e". Incorreta. "A suspensão do contrato de trabalho, em virtude da percepção do auxílio-doença ou da aposentadoria por invalidez, não impede a fluência da prescrição quinquenal, ressalvada a hipótese de absoluta impossibilidade de acesso ao Judiciário." (Orientação Jurisprudencial nº 375 da SDI1 do TST).

297. (FCC - Técnico Judiciário - Área Judiciária - TRT 15/2018) No tocante à prescrição no Direito do Trabalho, considere:

I. O direito de reclamar a concessão das férias ou o pagamento da respectiva remuneração é contado do término do prazo do período concessivo ou, se for o caso, da cessação do contrato de trabalho.

II. No tocante ao pedido de pagamento de diferenças salariais decorrentes da inobservância pelo empregador dos critérios de promoção estabelecidos em Plano de Cargos e Salários, a prescrição é parcial, pois a lesão é sucessiva e se renova mês a mês.

III. Para o empregado urbano ou rural ingressar com reclamação trabalhista, deve-se observar o prazo de dois anos contados da data da cessação do contrato de trabalho e serão abrangidas as verbas pretendidas imediatamente anteriores a cinco anos da data do ajuizamento da ação, exceto o pedido de danos morais, que abrange apenas os últimos três anos.

Está correto o que consta de

a) I, II e III.
b) I e II, apenas.
c) II e III, apenas.
d) I e III, apenas.
e) II, apenas.

▷ ***Anotações/Comentários***

Nota do autor: A questão aborda o tema prescrição e é considerada de nível difícil, pois o candidato deveria conhecer os dispositivos legais, constitucionais e sumulares sobre o assunto.

Assertiva I. Correta. A contagem do prazo prescricional inicia-se com fim do período concessivo. Assim sendo, se o contrato de trabalho estiver em curso, o prazo será de 5 anos a contar do término do período concessivo. Ocorrendo o término do contrato, o prazo será de 2 anos para pleitear o direito de férias em juízo:

> **Art. 149 da CLT.** A prescrição do direito de reclamar a concessão das férias ou o pagamento da respectiva remuneração é contada do término do prazo mencionado no art. 134 ou, se for o caso, da cessação do contrato de trabalho.

Assertiva II. Correta. O artigo 11 da CLT e a Súmula nº 294 do TST tratam, na parte final, da **prescrição parcial**. Nesse caso, tornam-se exigíveis as parcelas anteriores ao tempo de 5 anos a contar do ajuizamento ação. Nessa segunda hipótese, prescrição parcial, as prestações possuem previsão em lei. Assim sendo, renova-se a contagem mês a mês, sempre que a parcela não for paga. Nesse sentido, a Súmula nº 452 do TST:

Súmula nº 452 do TST: Tratando-se de pedido de pagamento de diferenças salariais decorrentes da inobservância dos critérios de promoção estabelecidos em Plano de Cargos e Salários criado pela empresa, a prescrição aplicável é a parcial, pois a lesão é sucessiva e se renova mês a mês.

Veja tabela com os principais casos de prescrição total e parcial, segundo o entendimento do TST:

Prescrição total e parcial	
Hipóteses de prescrição total	**Hipótese de prescrição parcial**
1. Alteração ou supressão da comissão (OJ 175 SDI) 2. Incorporação do adicional de HE (OJ 242 SDI) 3. Horas extras pré-contratadas e suprimidas (Súm. 199) 4. Enquadramento (Súm. 275, II) 5. Complementação de aposentadoria NUNCA paga pelo empregador (Súm. 326) 6. Planos econômicos (OJ 243 SDI) 7. Substituição dos avanços trienais por quinquênios (OJ 76 SDI) 8. Redução do número de horas-aula do professor (Informativo 92 do TST) 9. Exclusão do empregado e seus dependentes do quadro de beneficiários do plano de saúde e da entidade de previdência privada (Informativo 114 do TST) 10. Parcela única devida por ocasião da aposentadoria em razão de norma interna (Informativo 75 do TST) 11. Participação nos lucros e resultados (Informativo 144 do TST)	1. Equiparação salarial (Súm. 6, IX) 2. Descumprimento de critérios de promoção em plano de cargos e salários (Súm. 452) 3. Pedido de DIFERENÇAS de complementação de aposentadoria (Súm. 327) 4. Gratificação total (Súm. 373) 5. Desvio de função (Súm. 275, I) 6. Alteração da jornada de trabalho de bancário ocupante de cargo de confiança (Informativo 115 do TST) 7. Horas extras ajustadas em momento posterior à contratação do bancário (Informativo 81 do TST) 8. Pedido de diferenças de parcela variável com previsão em cláusula contratual (Informativo 125 do TST) 9. Diferenças de gratificação de função previstas em normas coletivas (Informativo 128 do TST)

Assertiva III. Incorreta. "São direitos dos trabalhadores urbanos e rurais, além de outros que visem à melhoria de sua condição social: ação, quanto aos créditos resultantes das relações de trabalho, com prazo prescricional de cinco anos para os trabalhadores urbanos e rurais, até o limite de dois anos após a extinção do contrato de trabalho." (art. 7º, XXIX, CF/88). Vale ressaltar que o empregado poderá pleitear os direitos trabalhistas dos últimos 5 anos a contar do ajuizamento da reclamação. Ressalta-se que o pedido dos últimos 5 anos não conta da extinção do contrato, mas do ingresso da reclamação trabalhista. Assim sendo, se demorar para ingressar com a ação judicial, consequentemente estará deixando escoar o período pleiteado.

O mesmo prazo prescricional é aplicado ao caso de indenização de danos morais, não havendo que se falar na adoção do prazo de 3 anos, conforme exposto na alternativa.

Note-se que o art. 11 da CLT foi alterado pela Reforma Trabalhista para se adequar ao texto constitucional. Nesse sentido:

> **Art. 11 da CLT (com redação dada pela Reforma Trabalhista):** A pretensão quanto a créditos resultantes das relações de trabalho prescreve em cinco anos para os trabalhadores urbanos e rurais, até o limite de dois anos após a extinção do contrato de trabalho.

Além disso, constituirá objeto ilícito de convenção ou acordo coletivo, a supressão ou redução do prazo prescricional em questão:

> **Art. 611-B da CLT (inserido pela Reforma Trabalhista):** Constituem objeto ilícito de convenção coletiva ou de acordo coletivo de trabalho, exclusivamente, a supressão ou a redução dos seguintes direitos: (...) XXI - ação, quanto aos créditos resultantes das relações de trabalho, com prazo prescricional de cinco anos para os trabalhadores urbanos e rurais, até o limite de dois anos após a extinção do contrato de trabalho;

45. DIREITO COLETIVO DO TRABALHO

298. (FUMARC – Técnico Judiciário – TRT 3/2022) Sobre o sindicalismo e a reforma trabalhista de 2017, é CORRETO afirmar:

a) As contribuições sindicais deixaram de ser obrigatórias.

b) As convenções coletivas sempre se sobrepõem aos acordos coletivos.

c) Os sindicatos de trabalhadores foram extintos com a reforma de 2017.

d) Os sindicatos foram substituídos pelas comissões de empregados.

e) Pela reforma de 2017, todos os trabalhadores podem realizar acordos individuais de trabalho, negociando individualmente seus direitos.

▷ ***Anotações/Comentários***

Nota do autor: A questão aborda diversos tópicos sobre Direito Coletivo do Trabalho. Apesar de ser facilmente respondida com o conhecimento da literalidade de dispositivos da CF/88 e da CLT, traz conceitos importantes que relembraremos nos comentários.

Alternativas "a" e "c". Correta e incorreta, respectivamente. As fontes de custeio têm a finalidade de fornecer as condições financeiras possíveis para que o sindicato exerça plenamente suas funções e prerrogativas na defesa dos interesses da categoria. Assim, a arrecadação é responsável pela manutenção da estrutura da entidade, pagamento da remuneração dos empregados dos sindicatos etc.

A Reforma Trabalhista alterou a redação dos art. 545, 578, 579, 582, 583, 587 e 602 da CLT, além de revogar os art. 601 e 604 desse diploma legislativo para prever que as contribuições destinadas aos sindicatos devem ser prévia e expressamente autorizadas pelos empregados, empregadores e profissionais liberais em suas respectivas categorias. A norma coletiva não pode suprir a vontade individual. Portanto, a partir da nova lei, a previsão via acordo ou convenção coletiva, para cobrar de todos os empregados, filiados ou não, é ilegal.

O principal efeito dessa modificação nos dispositivos mencionados consistiu na extinção da compulsoriedade da contribuição sindical obrigatória. É importante destacar que a Lei nº 13.467/2017 não revogou a contribuição sindical, pois os artigos referentes à sua cobrança e destinação permanecem vigentes, mas somente serão aplicados caso haja a prévia e expressa autorização dos integrantes das categorias profissionais, econômicas e de profissionais liberais. A Reforma Trabalhista tornou, portanto, facultativa a contribuição sindical.

O valor a ser descontado dos empregados permanece o mesmo com a Reforma Trabalhista, sendo o equivalente à remuneração de 1 (um) dia de trabalho. Esse valor será descontado no mês de março e repassado ao sindicato no mês de abril. Assim, não é válida a cobrança da contribuição sindical de Mario.

Por sua vez, a contribuição confederativa serve para custear o sistema confederativo, isto é, sindicatos, federações e confederações. Há expressa previsão constitucional que possibilita a contribuição confederativa. É fixada mediante decisão da assembleia geral e o desconto é feito na folha de pagamento dos empregados.

Assim como a **contribuição sindical**, a contribuição confederativa não tem natureza jurídica de tributo. Com a edição da Súmula Vinculante nº 40 do STF, parecia-nos que a contribuição assistencial também não poderia ser cobrada ou mesmo descontada dos empregados não associados ao sindicato, ainda que tal possibilidade fosse prevista em instrumento coletivo. O tema, contudo, foi revisitado pelo STF, que instituiu nova sistemática à contribuição assistencial. Na sessão virtual finalizada em 24/04/2023, nos mesmos autos do processo em que o STF entendeu pela inconstitucionalidade da imposição, por meio de norma coletiva, de contribuições compulsórias descontadas de empregados não filiados ao sindicato respectivo (RG-ARE 1.018.459/PR), acolhendo embargos de declaração com efeitos infringentes, propôs-se a seguinte tese:

> **Tema 935 da Repercussão Geral:** É constitucional a instituição, por acordo ou convenção coletivos, de contribuições assistenciais a serem impostas a todos os empregados da categoria, ainda que não sindicalizados, desde que assegurado o direito de oposição

Apreciando o Tema, a Corte, em 11 de setembro de 2023, decidiu pela constitucionalidade da instituição, por acordo ou convenção coletiva de trabalho, de contribuições assistenciais (para o custeio das despesas com a negociação coletiva) a serem impostas a todos os empregados da categoria profissional, ainda que não sindicalizados, desde que assegurado o direito de oposição. A Ata de Julgamento foi publicada em 19/09/2023, adquirindo a tese, a partir de então, força vinculante e devendo ser observada por todos os tribunais do País.

Alternativa "b". Incorreta. "As condições estabelecidas em acordo coletivo de trabalho sempre prevalecerão sobre as estipuladas em convenção coletiva de trabalho." (art. 620, CLT).

Alternativa "d". Com a Reforma Trabalhista, foi inserido o Título IV-A à CLT que disciplina a representação dos empregados em empresas com mais de 200 empregados. De acordo com o art. 510-A da CLT, em consonância com o art. 11 da CF/88, em empresas com mais de 200 empregados, é assegurada a eleição de comissão para representar os trabalhadores, que tem a finalidade de promover o entendimento direto com os empregadores. Esses representantes terão estabilidade provisória no emprego, que não poderão ser dispensados arbitrariamente, conforme estabelece o art. 510-D, § 3º, CLT.

Conforme dispõe a Convenção nº 135 da OIT – Proteção de Representantes de Trabalhadores – que foi ratificada pelo Brasil (Decreto nº 131/1991, consolidada com as demais convenções e recomendações no Decreto nº 10.088/2019):

> **ARTIGO 5º:** Quando uma empresa contar ao mesmo tempo com represenes sindicais e representantes eleitos, medidas adequadas deverão ser tomadas, cada vez que for necessário, para garantir que a presença de representantes eleitos não venha a ser utilizada para o enfraquecimento da situação dos sindicatos interessados ou de seus representantes e para incentivar a cooperação, relativa a todas as questões pertinentes , entre os representants eleitos, por uma Parte, e os sindicatos interessados e seus representantes, por outra Parte.

Assim, representantes dos trabalhadores e sindicatos devem conviver harmonicamente, não havendo que se falar em substituição de uma representação pela outra.

Alternativa "e". Incorreta. "A livre estipulação a que se refere o caput deste artigo aplica-se às hipóteses previstas no art. 611-A desta Consolidação, com a mesma eficácia legal e preponderância sobre os instrumentos coletivos, no caso de empregado portador de diploma de nível superior e que perceba salário mensal igual ou superior a duas vezes o limite máximo dos benefícios do Regime Geral de Previdência Social." (art. 444, parágrafo único, CLT).

299. (FUMARC – Técnico Judiciário – TRT 3/2022) Sobre os Direitos Coletivos do Trabalho e as negociações na relação de emprego, é CORRETO afirmar:

a) A convenção coletiva é aquela realizada entre o sindicato dos trabalhadores e o sindicato dos empregadores.

b) A negociação coletiva é vedada no Brasil.

c) A negociação individual entre empregado e empregador é um direito constitucional, valendo para todos os trabalhadores, independentemente do grau de instrução e remuneração do empregado.

d) O acordo coletivo é aquele realizado entre o sindicato dos trabalhadores e o sindicato dos empregadores

e) Todos os trabalhadores podem realizar acordo individual para dispor de direitos em prol do empregador.

▷ ***Anotações/Comentários***

Nota do autor: A questão aborda diversos tópicos sobre Direito Coletivo do Trabalho. Apesar de ser facilmente respondida com o conhecimento da literalidade de dispositivos da CF/88 e da CLT, traz conceitos importantes que relembraremos nos comentários.

Alternativas "a" e "d". Correta e incorreta, respectivamente. "Convenção Coletiva de Trabalho é o acôrdo de caráter normativo, pelo qual dois ou mais Sindicatos representativos de categorias econômicas e profissionais estipulam condições de trabalho aplicáveis, no âmbito das respectivas representações, às relações individuais de trabalho." (art. 611, caput, CLT).

> "É facultado aos Sindicatos representativos de categorias profissionais celebrar Acordos Coletivos com uma ou mais emprêsas da correspondente categoria econômica, que estipulem condições de trabalho, aplicáveis no âmbito da emprêsa ou das acordantes respectivas relações de trabalho." (art. 611, § 1º, CLT).

Alternativa "b". Incorreta. "São direitos dos trabalhadores urbanos e rurais, além de outros que visem à melhoria de sua condição social: reconhecimento das convenções e acordos coletivos de trabalho;" (art. 7º, XXVI, CF/88).

Alternativas "c" e "e". Incorretas. "A livre estipulação a que se refere o caput deste artigo aplica-se às hipóteses previstas no art. 611-A desta Consolidação, com a mesma eficácia legal e preponderância sobre os instrumentos coletivos, no caso de empregado portador de diploma de nível superior e que perceba salário mensal igual ou superior a duas vezes o limite máximo dos benefícios do Regime Geral de Previdência Social." (art. 444, parágrafo único, CLT).

300. (Cespe - Analista Judiciário - Área Judiciária - TRT 8/2022) A respeito do direito coletivo do trabalho, assinale a opção correta.

a) É ilegal cláusula de convenção coletiva de trabalho que estabeleça taxa para homologação de rescisão contratual a ser paga pela empresa ao sindicato correspondente à categoria profissional dos empregados.

b) Se uma convenção coletiva de trabalho contiver cláusula que faça previsão expressa de contribuição sindical, o empregado deverá pagar a contribuição, ainda que não seja sindicalizado.

c) É possível a previsão, em cláusula de acordo coletivo de trabalho, de renúncia ou transação, pela empregada gestante, das garantias referentes à manutenção do emprego.

d) Para que o acordo coletivo de trabalho celebrado extrajudicialmente tenha eficácia, é necessária a sua homologação judicial.

e) Uma convenção coletiva de trabalho pode fazer previsão e estabelecer regras para o reconhecimento de categorias diferenciadas.

▷ ***Anotações/Comentários***

Nota do autor: A questão aborda diversos tópicos sobre Direito Coletivo do Trabalho. Perceba que, além do texto da CLT, foram exigidos conhecimentos sobre a jurisprudência consolidada da SDC do TST e, ainda, posições doutrinárias. Questão de altíssimo nível.

Alternativa "a". Correta. "É contrária ao espírito da lei (art. 477, § 7º, da CLT) e da função precípua do Sindicato a cláusula coletiva que estabelece taxa para homologação de rescisão contratual, a ser paga pela empresa a favor do sindicato profissional." (OJ nº 16 da SDC do TST).

Alternativa "b". Incorreta. A contribuição sindical, que era chamada, de imposto sindical, está prevista em lei e no texto constitucional e, antes da Reforma Trabalhista era obrigatória para todos os empregados, profissionais liberais e, ainda, aos empregadores, conforme previsto nos artigos 578 a 610 da CLT. Essa contribuição compulsória tinha natureza de tributo. Com a Reforma Trabalhista, a contribuição sindical passa a ser facultativa, pois dependerá de prévia e expressa autorização dos empregados, empregadores e trabalhadores autônomos para que seu desconto possa ser realizado.

Alternativa "c". Incorreta. "Nos termos do art. 10, II, "b", do ADCT, a proteção à maternidade foi erigida à hierarquia constitucional, pois retirou do âmbito do direito potestativo do empregador a possibilidade de despedir arbitrariamente a empregada em estado gravídico. Portanto, a teor do artigo 9º da CLT, torna-se nula de pleno direito a cláusula que estabelece a possibilidade de renúncia ou transação, pela gestante, das garantias referentes à manutenção do emprego e salário." (OJ nº 30 da SDC do TST).

Alternativa "d". Incorreta. "É desnecessária a homologação, por Tribunal Trabalhista, do acordo extrajudicialmente celebrado, sendo suficiente, para que surta efeitos, sua formalização perante o Ministério do Trabalho (art. 614 da CLT e art. 7º, inciso XXVI , da Constituição Federal)." (OJ nº 34 da SDC do TST).

Alternativa "e". Incorreta. Conforme parte inicial da OJ nº 36 da SDC do TST, as categorias diferenciadas são reconhecidas como tais por lei. Ainda, nos termos do art. 511, § 3º, CLT:

> **Art. 511, § 3º, CLT:** Categoria profissional diferenciada é a que se forma dos empregados que exerçam profissões ou funções diferenciadas por força de estatuto profissional especial ou em consequência de condições de vida singulares. (grifamos)

Entendemos que somente é possível identificar uma categoria profissional diferenciada se houver sido criado, mediante aprovação de lei, estatuto profissional próprio. Em que pese a CLT estabelecer as condições de vida singulares como uma das hipóteses para o surgimento dessas categorias, observa-se que sua efetivação na prática se mostra incerta, uma vez que não existem parâmetros para se determinar que profissão apresenta condições de vida singulares.

45.1. Organização Sindical Brasileira

301. (FUMARC - Técnico Judiciário - TRT 3/2022) Sobre a associação sindical, é CORRETO afirmar:

a) É garantida apenas à categoria profissional.

b) É livre a criação de múltiplas organizações sindicais em qualquer grau, representativas de categoria profissional ou económica, na mesma base territorial.

c) É obrigatória para categoria profissional.

d) É sujeita à autorização estatal da respectiva base territorial.

e) É vedada a criação de mais de uma organização sindical em qualquer grau, representativa de categoria profissional ou económica, na mesma base territorial.

▷ ***Anotações/Comentários***

Nota do autor: A questão aborda diversos tópicos sobre Direito Coletivo do Trabalho. Apesar de ser facilmente respondida com o conhecimento da literalidade do art. 8º da CF/88, traz conceitos importantes que relembraremos nos comentários.

Alternativa "a". Incorreta. A organização dos sindicatos é feita com base no sistema de categorias. Há sindicatos que defendem interesses da categoria profissional (trabalhadores) e os que representam e defendem interesses da categoria econômica (empregadores). Existem, ainda, sindicatos que representam categorias profissionais diferenciadas. Para identificar a qual categoria pertence o trabalhador, é necessário identificar a atividade principal ou preponderante da empresa. Vale ressaltar:

> **a) Categoria econômica (art. 511, § 1º, da CLT):** ocorre quando há solidariedade de interesses econômicos dos que empreendem atividades idênticas, similares ou conexas, constituindo vínculo social básico entre essas pessoas. Exemplo de atividade idêntica: empresa que explora apenas a atividade de ensino. Atividades similares são aquelas que se assemelham, como hotéis e restaurantes. E, por fim, atividades conexas que se complementam, como ocorre na construção civil, por exemplo, pintura e parte elétrica[88].
>
> **b) Categoria profissional (art. 511, § 2º, da CLT):** ocorre quando há similitude de condições de vida oriunda da profissão ou trabalho em comum, em situação de emprego na mesma atividade econômica ou em atividades econômicas similares ou conexas. Para identificar a categoria profissional, é necessário, primeiro, verificar a categoria econômica, ou seja, qual a atividade da empresa. Por exemplo, pedreiro que trabalha numa escola não pertence à categoria da construção civil, mas à dos estabelecimentos de ensino[89].
>
> **c) Categoria profissional diferenciada (art. 511, § 3º, da CLT):** é a que se forma dos empregados que exerçam profissões ou funções diferenciadas por força do estatuto profissional especial[90] ou em consequência de condições de vida singulares[91]. Entendemos que somente é possível identificar uma categoria profissional diferenciada se houver sido criado,

88. Os exemplos e definições de atividades conexas e similares foram retirados da excelente e indispensável obra do Professor Sergio Pinto Martins: MARTINS, Sergio Pinto. *Comentários à CLT*. 12. ed. São Paulo: Atlas, 2009. p. 568.

89. MARTINS, Sergio Pinto. *Comentários à CLT*. 12. ed. São Paulo: Atlas, 2009. p. 569.

90. **Orientação Jurisprudencial nº 36 da SDC do TST:** "É por lei e não por decisão judicial, que as categorias diferenciadas são reconhecidas como tais. De outra parte, no que tange aos profissionais da informática, o trabalho que desempenham sofre alterações de acordo com a atividade econômica exercida pelo empregador".

91. **Orientação Jurisprudencial nº 9 da SDC do TST:** "O dissídio coletivo não é meio próprio para o Sindicato vir a obter o reconhecimento de que a categoria que representa é diferenciada, pois esta matéria – enquadramento sindical – envolve a interpretação de norma genérica, notadamente do art. 577 da CLT".

mediante aprovação de lei, estatuto profissional próprio. Em que pese a CLT estabelecer as condições de vida singulares como uma das hipóteses para o surgimento dessas categorias, observa-se que sua efetivação na prática se mostra incerta, uma vez que não existem parâmetros para se determinar que profissão apresenta condições de vida singulares. Em resumo, o termo "condições de vida singulares" está superado, e, ainda, para deixar um critério mais objetivo e claro ao operador do Direito do Trabalho, o termo "estatuto profissional próprio" é sinônimo de lei.

Alternativas "b" e "e". Incorreta e correta, respectivamente. Na legislação brasileira vigora o princípio da unicidade sindical, isto é, não poderá existir mais de um sindicato profissional (trabalhadores) ou sindicato da categoria econômica (empregadores) na mesma base territorial, que não pode ter tamanho inferior a um município:

Art. 8ª, II, CF/88: é vedada a criação de mais de uma organização sindical, em qualquer grau, representativa de categoria profissional ou econômica, na mesma base territorial, que será definida pelos trabalhadores ou empregadores interessados, não podendo ser inferior à área de um Município;

Alternativa "c". Incorreta. Nos termos do art. 5º, XX, CF/88: "ninguém poderá ser compelido a associar-se ou a permanecer associado". O princípio da liberdade sindical está ligado à fundação do sindicato, visto anteriormente, à organização interna e ao direito da livre filiação. Nesse aspecto, a decisão de filiar ou não ou, ainda, manter-se filiado ao sindicato cabe exclusivamente ao trabalhador. Ademais, os aposentados também possuem o mesmo direito da livre filiação, podendo inclusive candidatar-se a representantes do sindicato.

As cláusulas em convenções e acordos coletivos que determinam a filiação automática ou forçada dos trabalhadores[92] ou, ainda, cláusulas que proíbam ou dificultem a desfiliação do trabalhador são nulas de pleno direito. Conforme previsto na CF/88:

> **Art. 8º, V, CF/88:** Ninguém será obrigado a filiar-se ou a manter-se filiado a sindicato.
>
> **Art. 8º, VII, CF/88:** O aposentado filiado tem direito a votar e ser votado nas organizações sindicais.

Alternativa "d". Incorreta. O sindicato é uma pessoa jurídica de direito privado, portanto é necessário, para que adquira personalidade jurídica, o registro no cartório de registro civil de pessoas jurídicas. A lei não poderá exigir formalidade especial para a fundação do sindicato. Assim sendo, não há necessidade de prévia autorização do Estado para que o sindicato possa ser criado.

Na legislação brasileira vigora, entretanto, o princípio da unicidade sindical, isto é, não poderá existir mais de um sindicato profissional (trabalhadores) ou sindicato da categoria econômica (empregadores) na mesma base territorial. O Brasil não ratificou a Convenção Internacional nº 87 da OIT. Essa convenção adota o princípio da pluralidade sindical o que possibilitaria mais de um sindicato, representante da mesma categoria, na mesma base territorial.

Note-se que não há vedação para o sindicato que represente a categoria em várias cidades, por exemplo, sindicato dos trabalhadores rurais de Catanduva (SP), São José do Rio Preto (SP), Fernandópolis (SP) e Votuporanga (SP), entretanto não é permitido dois sindicatos representarem a mesma categoria em um mesmo município.

Em razão dessa obrigatoriedade de sindicato único, há necessidade de registro do sindicato no Ministério do Trabalho e Emprego (art. 8º, I da CF/88), para que esse órgão fiscalize se a unicidade sindical está sendo cumprida. Apenas após o registro no Ministério a Trabalho é que o sindicato adquire natureza sindical, isto é, terá legitimidade para defender a categoria[93]. Em resumo, a lei não pode exigir formalidade para a criação de sindicato, exceto o registro no órgão competente (MTE).

302. (FCC – Analista Judiciário – Área Judiciária – TRT 14/2022) Uma determinada categoria profissional é representada há muitos anos por um sindicato que tem base territorial estadual. Descontentes com a atuação desse sindicato, um grupo de trabalhadores se reúne e delibera a criação de um outro sindicato para representação da mesma categoria e requer o registro do mesmo no Ministério do Trabalho e Previdência. Considerando as previsões normativas sobre a estrutura sindical brasileira,

a) o registro do novo sindicato poderá ser realizado pelo Ministério do Trabalho e Previdência, tendo em vista que a unicidade sindical se restringe às hipóteses de representação na base territorial de um município.
b) o registro do novo sindicato não poderá ser realizado pelo Ministério do Trabalho e Previdência, pois no Brasil vigora a unicidade sindical, sendo vedada a criação de mais de uma organização sindical, na mesma base territorial.
c) o novo sindicato poderá ser criado, não sendo, porém, necessário registro do mesmo no Ministério do Trabalho e Previdência, tendo em vista que são vedadas a interferência e a intervenção do Poder Público na organização sindical.
d) o novo sindicato criado poderá ser registrado pelo Ministério do Trabalho e Previdência, tendo em vista que a Convenção no 87 da OIT garante a liberdade sindical, que abrange a possibilidade de criação de entidades sindicais sem qualquer intervenção ou interferência do Poder Público.
e) o novo sindicato pode ser criado e é vedada qualquer exigência de registro do mesmo, tendo em vista que, nos termos previstos na Convenção no 87 da OIT, a liberdade sindical tem que ser ampla e assegurar aos trabalhadores o direito de constituir organizações de sua escolha, sob a única condição de se conformar com os estatutos das mesmas.

▷ ***Anotações/Comentários***

Nota do autor: A liberdade sindical é assegurada pelo art. 8º da Constituição Federal de 1988 como direito fundamental dos trabalhadores. Portanto, não é permitida sua restrição ou supressão por meio de negociação coletiva de trabalho. Ressalta-se que as restrições atinentes à unicidade sindical estão previstas no próprio texto constitucional e permanecem aplicáveis.

Comentário serve para todas as alternativas, uma vez que versam sobre o mesmo assunto. Na legislação brasileira vigora o princípio da unicidade sindical, isto é, não poderá existir mais de um sindicato profissional (trabalhadores) ou sindicato da categoria econômica (empregadores) na mesma base territorial, que não pode ter tamanho inferior a um município:

> **Art. 8ª, II, CF/88:** é vedada a criação de mais de uma organização sindical, em qualquer grau, representativa de categoria profissional ou econômica, na mesma base territorial, que será definida pelos trabalhadores ou empregadores interessados, não podendo ser inferior à área de um Município;

Dessa forma, não é possível o registro do novo sindicato junto ao Ministério do Trabalho e Emprego.

303. (FCC – Analista Judiciário – Oficial de Justiça Avaliador Federal – TRT 9/2022) Considerando o regramento constitucional da organização sindical brasileira, a unicidade sindical significa que

a) a filiação a um determinado sindicato não é obrigatória.
b) a estrutura sindical deve ser composta por um único tipo de entidade, tendo sido afastada a organização piramidal que era formada por sindicatos, federações e confederações, denominada de sistema confederativo.
c) as organizações sindicais não são passíveis de interferência ou intervenção do poder público, estando adstritas unicamente às deliberações da categoria.
d) somente as centrais sindicais podem congregar diferentes sindicatos, sendo essa prerrogativa vedada às federações e confederações.
e) não pode haver mais de uma organização sindical, representativa de uma categoria profissional ou económica, na mesma base territorial.

▷ ***Anotações/Comentários***

Nota do autor: A liberdade sindical é assegurada pelo art. 8º da Constituição Federal de 1988 como direito fundamental dos trabalha-

92. **Orientação Jurisprudencial nº 20 da SDC do TST:** "Empregados sindicalizados. Admissão preferencial. Condição violadora do art. 8º, V, da CF/88."

93. **Orientação Jurisprudencial nº 15 da SDC:** "A comprovação da legitimidade *ad processum* da entidade sindical se faz por seu registro no órgão competente do Ministério do Trabalho, mesmo após a promulgação da Constituição Federal de 1988".

dores. Portanto, não é permitida sua restrição ou supressão por meio de negociação coletiva de trabalho. Ressalta-se que as restrições atinentes à unicidade sindical estão previstas no próprio texto constitucional e permanecem aplicáveis.

Comentário serve para todas as alternativas, uma vez que versam sobre o mesmo assunto. Na legislação brasileira vigora o **princípio da unicidade sindical**, isto é, não poderá existir mais de um sindicato profissional (trabalhadores) ou sindicato da categoria econômica (empregadores) na mesma base territorial, que não pode ter tamanho inferior a um município:

> **Art. 8ª, II, CF/88:** é vedada a criação de mais de uma organização sindical, em qualquer grau, representativa de categoria profissional ou econômica, na mesma base territorial, que será definida pelos trabalhadores ou empregadores interessados, não podendo ser inferior à área de um Município;

---

304. (FCC – Analista Judiciário – Área Administrativa – TRT 6/2018) A Empresa Céu Azul Cobertores Ltda., sem qualquer comunicado prévio, descontou de todos os seus empregados, sindicalizados e não sindicalizados, contribuição confederativa de 1,5% sobre o salário-base nos meses de janeiro e fevereiro, conforme cláusula de Convenção Coletiva da categoria, destinando tais valores ao sindicato que representa os trabalhadores. A empresa agiu

a) corretamente, podendo efetuar tal desconto com base na Convenção Coletiva da categoria, cujas cláusulas foram amplamente debatidas e aprovadas.

b) incorretamente, só podendo efetuar tal desconto dos empregados sindicalizados, devendo restituir tais valores aos não sindicalizados.

c) incorretamente, pois o desconto de todos os empregados é legítimo se tivesse sido celebrado através de Acordo Coletivo de Trabalho, uma vez que teria sido aprovado pela maioria dos empregados da empresa.

d) incorretamente, pois, somente mediante autorização prévia e expressa de todos os empregados, a empresa poderia descontar a contribuição confederativa, devendo restituir tais valores aos trabalhadores.

e) corretamente, equiparando-se a contribuição confederativa à contribuição sindical, esta referente a um dia de salário por ano do empregado, que pode ser descontada de todos, sem qualquer comunicado prévio e destinada ao sindicato que representa os trabalhadores.

▷ ***Anotações/Comentários***

Nota do autor: A contribuição confederativa serve para custear o sistema confederativo, isto é, sindicatos, federações e confederações. Há expressa previsão constitucional que possibilita a contribuição confederativa, art. 8º, IV, CF/88. É fixada mediante decisão da assembleia geral e o desconto é feito na folha de pagamento dos empregados. A Reforma em nada mudou a regulamentação da contribuição confederativa, que somente pode ser exigida dos filiados ao sindicato.

Comentário serve para todas as alternativas, uma vez que versam sobre o mesmo assunto. A empresa agiu de forma incorreta. Com a publicação da Súmula Vinculante nº 40 do STF, colocou fim a uma antiga discussão sobre a possibilidade ou não de cobrança de não filiados. Atualmente, somente pode ser cobrada contribuição confederativa dos **filiados ao sindicato**. Assim, no caso, os valores cobrados dos não sindicalizados devem ser restituídos. Nesse sentido, o texto da Súmula Vinculante do STF:

> **Súmula Vinculante nº 40 do STF (Conversão da Súmula nº 666 do STF).** A contribuição confederativa de que trata o art. 8º, IV, da Constituição é exigível dos filiados ao sindicato respectivo.

No mesmo sentido, prevê o art. 611-B, XXVI, da CLT, acrescentado pela Reforma Trabalhista:

> **Art. 611-B da CLT.** Constituem objeto ilícito de convenção coletiva ou de acordo coletivo de trabalho, exclusivamente, a supressão ou a redução dos seguintes direitos:
>
> (...)
>
> XXVI - liberdade de associação profissional ou sindical do trabalhador, inclusive o direito de não sofrer, sem sua expressa e prévia anuência, qualquer cobrança ou desconto salarial estabelecidos em convenção coletiva ou acordo coletivo de trabalho;

Entretanto, é válido ressaltar que a contribuição confederativa, se aprovada em assembleia geral do sindicato, terá plena aplicação a todos os **sindicalizados**, inclusive aqueles que foram contra a sua instituição durante a votação da assembleia geral. Com isso, verifica-se que os trabalhadores são livres para se associar a uma entidade sindical. Todavia, assim que integrarem o quadro de sindicalizados, não será possível recursar o pagamento de uma contribuição decidida de acordo com os parâmetros adotados no estatuto da entidade.

Ainda, importante mencionar que com a edição da Súmula Vinculante nº 40 do STF, parecia-nos que a **contribuição assistencial** também não poderia ser cobrada ou mesmo descontada dos empregados não associados ao sindicato, ainda que tal possibilidade fosse prevista em instrumento coletivo. O tema, contudo, foi revisitado pelo STF, que instituiu nova sistemática à contribuição assistencial. Na sessão virtual finalizada em 24/04/2023, nos mesmos autos do processo em que o STF entendeu pela inconstitucionalidade da imposição, por meio de norma coletiva, de contribuições compulsórias descontadas de empregados não filiados ao sindicato respectivo (RG-ARE 1.018.459/PR), acolhendo embargos de declaração com efeitos infringentes, propôs-se a seguinte tese:

> **Tema 935 da Repercussão Geral:** É constitucional a instituição, por acordo ou convenção coletivos, de contribuições assistenciais a serem impostas a todos os empregados da categoria, ainda que não sindicalizados, desde que assegurado o direito de oposição

Apreciando o Tema, a Corte, em 11 de setembro de 2023, decidiu pela constitucionalidade da instituição, por acordo ou convenção coletiva de trabalho, de contribuições assistenciais (para o custeio das despesas com a negociação coletiva) a serem impostas a todos os empregados da categoria profissional, ainda que não sindicalizados, desde que assegurado o direito de oposição. A Ata de Julgamento foi publicada em 19/09/2023, adquirindo a tese, a partir de então, força vinculante e devendo ser observada por todos os tribunais do País.

---

305. (FCC – Analista Judiciário – Área Administrativa – TRT 15/2018) Acerca do direito coletivo do trabalho e da organização sindical,

a) dentre outros requisitos, as associações profissionais, para serem reconhecidas como sindicatos, deverão reunir um terço, no mínimo, de empresas legalmente constituídas, sob a forma individual ou de sociedade, se se tratar de associação de empregadores; ou um terço dos que integrem a mesma categoria ou exerçam a mesma profissão liberal se se tratar de associação de empregados ou de trabalhadores ou agentes autônomos ou de profissão liberal.

b) excepcionalmente, o Ministro do Trabalho poderá autorizar o reconhecimento de mais de um sindicato representativo da mesma categoria econômica ou profissional em uma dada base territorial.

c) o ocupante de cargo eletivo no sindicato poderá, mediante autorização do Presidente, cumular seu exercício com o emprego remunerado pelo sindicato ou por entidade sindical de grau superior.

d) é exigida a qualidade de sindicalizado para o exercício de qualquer função representativa de categoria econômica ou profissional, em órgão oficial de deliberação coletiva, bem como para o gozo de favores ou isenções tributárias, inclusive em se tratando de atividades não econômicas.

e) os bens imóveis das entidades sindicais não serão alienados sem a prévia autorização das respectivas assembleias gerais, reunidas com a presença da maioria absoluta dos associados com direito a voto ou dos Conselhos de Representantes com a maioria absoluta dos seus membros, salvo se houver autorização expressa e avaliação prévia realizada pela Caixa Econômica Federal.

▷ ***Anotações/Comentários***

Nota do autor: A questão aborda aspectos do Direito Coletivo do Trabalho. Todavia, a alternativa correta não foi recepcionada pela CF/88 e deveria ter sido anulada pela banca examinadora.

Alternativa "a". "As associações profissionais deverão satisfazer os seguintes requisitos para serem reconhecidas como sindicatos: a) reunião de um terço, no mínimo, de empresas legalmente constituídas, sob a forma individual ou de sociedade, se se tratar de associação de empregadores; ou de um terço dos que integrem a mesma categoria ou exerçam a mesma profissão liberal se se tratar de associação de empregados ou de trabalhadores ou agentes autônomos ou de profissão liberal;" (Art. 515, "a" da CLT).

Em meu entendimento, a questão deveria ter sido anulada pela banca examinadora, por se tratar de artigo não recepcionado pela CF/88. As associações profissionais consistiam em uma fase preliminar ao reconhecimento dos sindicatos, o que não mais persiste com o advento da Constituição Federal/1988. Ou seja, os sindicatos podem ser registrados no Ministério do Trabalho sem que antes precisem ser constituídas associações profissionais.

Alternativa "b". "É livre a associação profissional ou sindical, observado o seguinte: é vedada a criação de mais de uma organização sindical, em qualquer grau, representativa de categoria profissional ou econômica, na mesma base territorial, que será definida pelos trabalhadores ou empregadores interessados, não podendo ser inferior à área de um Município;" (Art. 8º, II da CF/88). Ademais, não há que se falar na autorização do Estado para a fundação de sindicato, cabendo apenas seu registro no Ministério do Trabalho, a fim de verificar o cumprimento do princípio da unicidade sindical:

> **Súmula nº 677 do STF:** Até que lei venha a dispor a respeito, incumbe ao Ministério do Trabalho proceder ao registro das entidades sindicais e zelar pela observância do princípio da unicidade.

Alternativa "c". "São condições para o funcionamento do Sindicato: proibição de exercício de cargo eletivo cumulativamente com o de emprego remunerado pelo sindicato ou por entidade sindical de grau superior;" (Art. 521, "b" da CLT).

Alternativa "d". "É exigida a qualidade de sindicalizado para o exercício de qualquer função representativa de categoria econômica ou profissional, em órgão oficial de deliberação coletiva, bem como para o gozo de favores ou isenções tributárias, **salvo** em se tratando de atividades não econômicas" (Art. 547 da CLT). A exigência de que o trabalhador fosse sindicalizado, à época da edição da CLT, implicava maior controle do governo sobre as entidades sindicais[94]. Entretanto, com o advento da Constituição Federal/1988, o dispositivo não foi recepcionado, tendo em vista ofender seus arts. 5º, caput e art. 8º, V, que estabelecem a igualdade e a liberdade de associação.

Alternativa "e". "Os bens imóveis das entidades sindicais não serão alienados sem a prévia autorização das respectivas assembleias gerais, reunidas com a presença da maioria absoluta dos associados com direito a voto ou dos Conselhos de Representantes com a maioria absoluta dos seus membros" (Art. 549, §2º da CLT). Não há previsão, dessa forma, que exclua a necessidade de autorização das assembleias gerais ou do Conselho de Representantes em caso autorização expressa e avaliação prévia realizada pela Caixa Econômica Federal.

45.2. Negociação coletiva

306. (FCC – 2024 – TRT 11 (AM e RR) – Analista Judiciário - Área Judiciária) De acordo com o que estabelece a Consolidação das Leis do Trabalho, a convenção coletiva e o acordo coletivo de trabalho têm prevalência sobre a lei quando, entre outros, dispuserem sobre

I. teletrabalho.

II. modalidade de registro de jornada de trabalho.

III. salário-família.

IV. seguro contra acidentes de trabalho a cargo do empregador.

V. remuneração do serviço extraordinário superior, no minimo, em 50% à do normal.

Está correto o que consta APENAS de

a) IV e V.

b) II e V.

c) I e II.

d) I e III.

e) III e IV.

94. MARTINS, Sérgio Pinto. **Comentários à CLT.** 19. ed. São Paulo: Atlas, 2015. P. 645.

▷ ***Anotações/Comentários***

Nota do autor: A questão exigia do candidato o conhecimento dos arts. 611-A e 611-B da CLT, que estabelecem as possibilidades e os limites da negociação coletiva, respectivamente. Nesse ponto, lembre-se que o STF, na apreciação do Tema 1046 da tabela de repercussão geral, fixou a seguinte tese:

> "São constitucionais os acordos e as convenções coletivos que, ao considerarem a adequação setorial negociada, pactuam limitações ou afastamentos de direitos trabalhistas, independentemente da explicitação especificada de vantagens compensatórias, desde que respeitados os direitos absolutamente indisponíveis" (Tema 1.046 da repercussão geral).

Comentário serve para todas as alternativas, uma vez que versam sobre o mesmo assunto. Conforme dispõe a CLT:

> **Art. 611-A, CLT:** A convenção coletiva e o acordo coletivo de trabalho têm prevalência sobre a lei quando, entre outros, dispuserem sobre: (...)
> VIII - teletrabalho, regime de sobreaviso, e trabalho intermitente; (...)
> X - modalidade de registro de jornada de trabalho;
> **Art. 611-B, CLT:** Constituem objeto ilícito de convenção coletiva ou de acordo coletivo de trabalho, exclusivamente, a supressão ou a redução dos seguintes direitos: (...)
> VIII - salário-família; (...)
> X - remuneração do serviço extraordinário superior, no mínimo, em 50% (cinquenta por cento) à do normal; (...)
> XX - seguro contra acidentes de trabalho, a cargo do empregador;

307. (FCC – Analista Judiciário – Área Judiciária – TRT 9/2022) Considere:

I. Troca do dia de feriado.

II. Remuneração por produtividade.

III. Repouso semanal remunerado.

IV. Enquadramento do grau de insalubridade.

V. Seguro-desemprego, em caso de desemprego involuntário.

Constitui objeto ilícito de convenção coletiva ou de acordo coletivo de trabalho, exclusivamente, a supressão ou a redução dos direitos previstos no que se afirma APENAS em

a) II e III.

b) I, IV e V.

c) I, III e IV.

d) I e II.

e) III e V.

▷ ***Anotações/Comentários***

Nota do autor: A questão exigia do candidato o conhecimento dos arts. 611-A e 611-B da CLT, que estabelecem as possibilidades e os limites da negociação coletiva, respectivamente. Nesse ponto, lembre-se que o STF, na apreciação do Tema 1046 da tabela de repercussão geral, fixou a seguinte tese:

> "São constitucionais os acordos e as convenções coletivos que, ao considerarem a adequação setorial negociada, pactuam limitações ou afastamentos de direitos trabalhistas, independentemente da explicitação especificada de vantagens compensatórias, desde que respeitados os direitos absolutamente indisponíveis" (Tema 1.046 da repercussão geral).

Comentário serve para todas as alternativas, uma vez que versam sobre o mesmo assunto. Conforme dispõe a CLT:

> **Art. 611-A, CLT:** A convenção coletiva e o acordo coletivo de trabalho têm prevalência sobre a lei quando, entre outros, dispuserem sobre: (...)
>
> IX - remuneração por produtividade, incluídas as gorjetas percebidas pelo empregado, e remuneração por desempenho individual; (...)
>
> XI - troca do dia de feriado;
>
> XII - enquadramento do grau de insalubridade;

> **Art. 611-B, CLT:** Constituem objeto ilícito de convenção coletiva ou de acordo coletivo de trabalho, exclusivamente, a supressão ou a redução dos seguintes direitos: (...)
>
> II - seguro-desemprego, em caso de desemprego involuntário; (...)
>
> IX - repouso semanal remunerado;

308. (FCC – Analista Judiciário – Oficial de Justiça Avaliador Federal – TRT 23/2022) Considere hipoteticamente que, após diversas reuniões, o sindicato de trabalhadores da indústria de móveis de Cuiabá pretende celebrar novo Acordo Coletivo com a Fábrica Madeira da Boa S/C Ltda., tendo em vista a queda de faturamento da empresa e com o objetivo de preservação dos empregos. Dentre as diversas cláusulas pactuadas estariam:

I. Redução para 6% dos depósitos de FGTS pelo período de 18 meses.

II. Banco de Horas anual.

III. Intervalo intrajornada de 30 minutos para todos os trabalhadores.

IV. Aviso prévio de 30 dias para todos os empregados porventura dispensados, excluída a **proporcionalidade** por tempo de serviço pelo prazo de 12 meses.

V. Prorrogação de jornada em ambientes insalubres, sem licença prévia do Ministério do Trabalho.

Com base no que prevê a Consolidação das Leis do Trabalho, as cláusulas supra lícitas são as contidas APENAS em

a) II, III e V.

b) I, II e III.

c) III, IV e V.

d) I e IV.

e) IV e V.

▷ ***Anotações/Comentários***

Nota do autor: A questão exigia do candidato o conhecimento dos arts. 611-A e 611-B da CLT, que estabelecem as possibilidades e os limites da negociação coletiva, respectivamente. Nesse ponto, lembre-se que o STF, na apreciação do Tema 1046 da tabela de repercussão geral, fixou a seguinte tese:

> "São constitucionais os acordos e as convenções coletivos que, ao considerarem a adequação setorial negociada, pactuam limitações ou afastamentos de direitos trabalhistas, independentemente da explicitação especificada de vantagens compensatórias, desde que respeitados os direitos absolutamente indisponíveis" (Tema 1.046 da repercussão geral).

Comentário serve para todas as alternativas, uma vez que versam sobre o mesmo assunto. Conforme dispõe a CLT:

> **Art. 611-A, CLT:** A convenção coletiva e o acordo coletivo de trabalho têm prevalência sobre a lei quando, entre outros, dispuserem sobre: (...)
>
> II - banco de horas anual;
>
> III - intervalo intrajornada, respeitado o limite mínimo de trinta minutos para jornadas superiores a seis horas; (...)
>
> XIII - prorrogação de jornada em ambientes insalubres, sem licença prévia das autoridades competentes do Ministério do Trabalho;
>
> **Art. 611-B, CLT:** Constituem objeto ilícito de convenção coletiva ou de acordo coletivo de trabalho, exclusivamente, a supressão ou a redução dos seguintes direitos: (...)
>
> III - valor dos depósitos mensais e da indenização rescisória do Fundo de Garantia do Tempo de Serviço (FGTS); (...)
>
> XVI - aviso prévio proporcional ao tempo de serviço, sendo no mínimo de trinta dias, nos termos da lei;

309. (FCC – Técnico Judiciário – Área Administrativa – TRT 14/2022) A empresa Arco e Flecha pretende negociar com o sindicato dos empregados um novo acordo coletivo, para se adequar à conjuntura econômica pós-pandemia. Dentre outras cláusulas, pretende negociar:

I. Remuneração do trabalho extraordinário superior em 40% do trabalho normal.

II. Licença-maternidade de 90 dias.

III. Troca de feriados para segundas-feiras.

IV. Banco de horas anual.

V. FGTS no percentual de 6% durante 180 dias.

Conforme a Consolidação das Leis do Trabalho, são lícitas APENAS as cláusulas

a) I, III e IV.

b) II, IV e V.

c) III e IV.

d) I, II e V.

e) I e III.

▷ ***Anotações/Comentários***

Nota do autor: A questão exigia do candidato o conhecimento dos arts. 611-A e 611-B da CLT, que estabelecem as possibilidades e os limites da negociação coletiva, respectivamente. Nesse ponto, lembre-se que o STF, na apreciação do Tema 1046 da tabela de repercussão geral, fixou a seguinte tese:

> "São constitucionais os acordos e as convenções coletivos que, ao considerarem a adequação setorial negociada, pactuam limitações ou afastamentos de direitos trabalhistas, independentemente da explicitação especificada de vantagens compensatórias, desde que respeitados os direitos absolutamente indisponíveis" (Tema 1.046 da repercussão geral).

Comentário serve para todas as alternativas, uma vez que versam sobre o mesmo assunto. Conforme dispõe a CLT:

> **Art. 611-A, CLT:** A convenção coletiva e o acordo coletivo de trabalho têm prevalência sobre a lei quando, entre outros, dispuserem sobre: (...)
>
> II - banco de horas anual; (...)
>
> XI - troca do dia de feriado;
>
> **Art. 611-B, CLT:** Constituem objeto ilícito de convenção coletiva ou de acordo coletivo de trabalho, exclusivamente, a supressão ou a redução dos seguintes direitos: (...)
>
> III - valor dos depósitos mensais e da indenização rescisória do Fundo de Garantia do Tempo de Serviço (FGTS); (...)
>
> X - remuneração do serviço extraordinário superior, no mínimo, em 50% (cinquenta por cento) à do normal; (...)
>
> XIII - licença-maternidade com a duração mínima de cento e vinte dias;

310. (FCC – Técnico Judiciário – Área Administrativa – TRT 17/2022) A fábrica de colchões Sono dos Justos Ltda. pretende celebrar Acordo Coletivo com o sindicato dos empregados, visando a preservação de empregos. Dentre algumas cláusulas em negociação estão:

I. Equivalência entre remuneração do trabalho noturno e diurno por 12 meses.

II. Estabelecimento de banco de horas anual.

III. Redução do intervalo para repouso e alimentação para 30 minutos para todos os empregados, incluindo os de jornada de 8 horas.

IV. Indenização rescisória sobre o saldo do FGTS para 30% durante 12 meses.

V. Exclusão do regime de participação nos lucros por 24 meses.

De acordo com a CLT, são ilícitas APENAS as cláusulas constantes em

a) I e IV.

b) II, III e V.

c) II e IV.

d) I, IV e V.

e) I, II e III.

▷ ***Anotações/Comentários***

Nota do autor: A questão exigia do candidato o conhecimento dos arts. 611-A e 611-B da CLT, que estabelecem as possibilidades e os limites da negociação coletiva, respectivamente. Nesse ponto, lembre-se que o STF, na apreciação do Tema 1046 da tabela de repercussão geral, fixou a seguinte tese:

> "São constitucionais os acordos e as convenções coletivos que, ao considerarem a adequação setorial negociada, pactuam limitações ou afastamentos de direitos trabalhistas, independentemente da explicitação especificada de vantagens compensatórias, desde que respeitados os direitos absolutamente indisponíveis" (Tema 1.046 da repercussão geral).

Comentário serve para todas as alternativas, uma vez que versam sobre o mesmo assunto. Conforme dispõe a CLT:

> **Art. 611-A, CLT:** A convenção coletiva e o acordo coletivo de trabalho têm prevalência sobre a lei quando, entre outros, dispuserem sobre: (...)
>
> II - banco de horas anual;
>
> III - intervalo intrajornada, respeitado o limite mínimo de trinta minutos para jornadas superiores a seis horas; (...)
>
> XV - participação nos lucros ou resultados da empresa.
>
> **Art. 611-B, CLT:** Constituem objeto ilícito de convenção coletiva ou de acordo coletivo de trabalho, exclusivamente, a supressão ou a redução dos seguintes direitos: (...)
>
> III - valor dos depósitos mensais e da indenização rescisória do Fundo de Garantia do Tempo de Serviço (FGTS); (...)
>
> VI - remuneração do trabalho noturno superior à do diurno;

311. (FCC – Técnico Judiciário – Área Administrativa – TRT 18/2023) Com o fim de evitar demissões de empregados, a indústria de panificação Bisnaga Macia está negociando com o Sindicato dos Empregados um Acordo Coletivo de modo a possibilitar ter um alívio na folha de pagamento mensal e conseguir manter os empregos. Dentre algumas das cláusulas colocadas a exame encontram-se:

I. Estabelecimento de banco de horas para compensação de jornada dentro do prazo de 1 ano.

II. Alteração do grau de insalubridade por um período de 6 meses.

III. Redução por 1 ano do percentual de depósito de FGTS de 8% para 6%.

IV. Igualdade por 90 dias da remuneração do trabalho noturno e diurno.

V. Remanejamento dos feriados para que a folga recaia na primeira sexta-feira após o dia efetivo.

Com base no que prevê a Consolidação das Leis do Trabalho, considera-se como cláusula lícita o que consta APENAS em

a) I, II e III.

b) II, III e IV.

c) III, IV e V.

d) I, II e V.

e) I, IV e V.

▷ ***Anotações/Comentários***

Nota do autor: A questão exigia do candidato o conhecimento dos arts. 611-A e 611-B da CLT, que estabelecem as possibilidades e os limites da negociação coletiva, respectivamente. Nesse ponto, lembre-se que o STF, na apreciação do Tema 1046 da tabela de repercussão geral, fixou a seguinte tese:

> "São constitucionais os acordos e as convenções coletivos que, ao considerarem a adequação setorial negociada, pactuam limitações ou afastamentos de direitos trabalhistas, independentemente da explicitação especificada de vantagens compensatórias, desde que respeitados os direitos absolutamente indisponíveis" (Tema 1.046 da repercussão geral).

Comentário serve para todas as alternativas, uma vez que versam sobre o mesmo assunto. Conforme dispõe a CLT:

> **Art. 611-A, CLT:** A convenção coletiva e o acordo coletivo de trabalho têm prevalência sobre a lei quando, entre outros, dispuserem sobre: (...)
>
> II - banco de horas anual; (...)
>
> XI - troca do dia de feriado;
>
> XII - enquadramento do grau de insalubridade;
>
> **Art. 611-B, CLT:** Constituem objeto ilícito de convenção coletiva ou de acordo coletivo de trabalho, exclusivamente, a supressão ou a redução dos seguintes direitos: (...)
>
> III - valor dos depósitos mensais e da indenização rescisória do Fundo de Garantia do Tempo de Serviço (FGTS); (...)
>
> VI - remuneração do trabalho noturno superior à do diurno;

312. (FCC – Técnico Judiciário – Área Administrativa – TRT 22/2022) A empresa Aluminium Indústria e Comércio Ltda. pretende fazer uma reestruturação em relação à jornada de trabalho, aos períodos de descanso e à composição salarial de seus empregados e, para tanto, propõe ao Sindicato representante dos trabalhadores a celebração de acordo coletivo de trabalho prevendo a adoção de intervalo intrajornada de 30 minutos para os empregados que cumprem jornada de oito horas diárias, estabelecimento de repouso remunerado a cada duas semanas de trabalho, supressão do pagamento de comissões para os empregados da área de vendas, férias anuais de 20 dias e modalidade diferenciada de registro de jornada de trabalho. Considerando a amplitude dada pela Reforma Trabalhista (Lei no 13.467/2017) às normas coletivas de trabalho, poderão ser objeto do acordo coletivo firmado pela Aluminium com o Sindicato dos trabalhadores

a) adoção de intervalo intrajornada de 30 minutos para os empregados que cumprem jornada de oito horas diárias, estabelecimento de repouso remunerado a cada duas semanas de trabalho e modalidade diferenciada de registro de jornada de trabalho.

b) adoção de intervalo intrajornada de 30 minutos para os empregados que cumprem jornada de oito horas diárias e modalidade diferenciada de registro de jornada de trabalho.

c) estabelecimento de repouso remunerado a cada duas semanas de trabalho, supressão do pagamento de comissões para os empregados da área de vendas, férias anuais de 20 dias.

d) estabelecimento de repouso remunerado a cada duas semanas de trabalho e férias anuais de 20 dias.

e) adoção de intervalo intrajornada de 30 minutos para os empregados que cumprem jornada de oito horas diárias, estabelecimento de repouso remunerado a cada duas semanas de trabalho, férias anuais de 20 dias e modalidade diferenciada de registro de jornada de trabalho.

▷ ***Anotações/Comentários***

Nota do autor: A questão exigia do candidato o conhecimento dos arts. 611-A e 611-B da CLT, que estabelecem as possibilidades e os limites da negociação coletiva, respectivamente. Nesse ponto, lembre-se que o STF, na apreciação do Tema 1046 da tabela de repercussão geral, fixou a seguinte tese:

> "São constitucionais os acordos e as convenções coletivos que, ao considerarem a adequação setorial negociada, pactuam limitações ou afastamentos de direitos trabalhistas, independentemente da explicitação especificada de vantagens compensatórias, desde que respeitados os direitos absolutamente indisponíveis" (Tema 1.046 da repercussão geral).

Comentário serve para todas as alternativas, uma vez que versam sobre o mesmo assunto. Conforme dispõe a CLT:

> **Art. 611-A, CLT:** A convenção coletiva e o acordo coletivo de trabalho têm prevalência sobre a lei quando, entre outros, dispuserem sobre: (...)
>
> III - intervalo intrajornada, respeitado o limite mínimo de trinta minutos para jornadas superiores a seis horas; (...)
>
> X - modalidade de registro de jornada de trabalho;
>
> **Art. 611-B, CLT:** Constituem objeto ilícito de convenção coletiva ou de acordo coletivo de trabalho, exclusivamente, a supressão ou a redução dos seguintes direitos: (...)
>
> IX - repouso semanal remunerado; (...)
>
> XI - número de dias de férias devidas ao empregado;
>
> XII - gozo de férias anuais remuneradas com, pelo menos, um terço a mais do que o salário normal;

Ponto polêmico da questão foi a cláusula de supressão do pagamento de comissões para os empregados da área de vendas, considerada inválida pela banca.

Nesse ponto, relembra-se que as comissões são parcelas com valores fixos recebidas em razão da venda de determinado produto e integram a remuneração do trabalhador para todos os fins (art. 457, § 1º, CLT).

Dessa forma, entendeu o examinador que, em se tratando de verba salarial, aplica-se ao caso o **Princípio da irredutibilidade salarial**. Assim, é vedada a redução (diminuição) dos salários dos trabalhadores, incluindo as comissões do vendedor, exceto convenção ou acordo coletivo (artigo 7º, inciso VI, da Constituição Federal).

Para que essa redução salarial seja válida, deverá haver garantia de que ele não será dispensado sem justa causa no prazo de vigência do instrumento coletivo, nos termos do art. 611-A, § 3º, CLT, incluído pela Reforma Trabalhista. Como essa garantia não consta do instrumento coletivo, a cláusula deve ser considerada inválida.

313. (FCC – Técnico Judiciário – Área Administrativa – TRT 6/2018) Em consonância com o regramento contido na Consolidação das Leis do Trabalho,

a) categoria econômica é aquela constituída da similitude de condições de vida oriunda da profissão ou trabalho em comum, em situação de emprego na mesma atividade econômica ou em atividades econômicas similares ou conexas.

b) constitui objeto ilícito de convenção coletiva ou de acordo coletivo de trabalho, exclusivamente, a supressão ou a redução ao direito de igualdade jurídica entre o trabalhador com vínculo empregatício permanente e o trabalhador avulso.

c) categoria profissional diferenciada é aquela que se forma da solidariedade de interesses econômicos dos que empreendem atividades idênticas, similares ou conexas.

d) a contribuição sindical é devida por todos aqueles que participarem de uma determinada categoria econômica ou profissional, ou de uma profissão liberal, em favor do Sindicato representativo da mesma categoria ou profissão.

e) as condições estabelecidas em convenção coletiva de trabalho, quando mais favoráveis, prevalecerão sobre as estipuladas em acordo coletivo de trabalho.

▷ ***Anotações/Comentários***

Nota do autor: A questão aborda temas de Direito Coletivo do trabalho, abordando aspectos alterados pela Reforma Trabalhista.

Alternativa "a". "A solidariedade de **interesses econômicos** dos que empreendem atividades idênticas, similares ou conexas, constitue o vínculo social básico que se denomina categoria econômica" (Art. 511, §1º da CLT).

A alternativa, por sua vez, traz o conceito de categoria profissional e não econômica.

Alternativa "b". Com o advento da Reforma Trabalhista, houve a inserção de vários casos de prevalência do negociado sobre o legislado, segundo previsão contida no art. 611-A da CLT. Todavia, este preceito encontra limitações na CF, em tratados internacionais e no art. 611-B da CLT. Assim segundo o inciso XXV do art. 611-B da CLT, constituem objeto ilícito de convenção ou acordo coletivo a supressão ou redução da "igualdade de direitos entre o trabalhador com vínculo empregatício permanente e o trabalhador avulso".

Alternativa "c". "Categoria profissional diferenciada é a que se forma dos **empregados que exerçam profissões ou funções diferenciadas** por força de estatuto profissional especial ou em consequência de condições de vida singulares".

A alternativa, por sua vez, traz o conceito de categoria econômica.

Alternativa "d". A contribuição sindical obrigatória foi a fonte de custeio do sindicato que mais sofreu alterações com a Reforma Trabalhista. Antes obrigatória, agora é devida apenas por aqueles que a autorizarem de forma prévia e expressa, nos termos do art. 578 da CLT.

Alternativa "e". "As condições estabelecidas em acordo coletivo de trabalho **sempre prevalecerão** sobre as estipuladas em convenção coletiva de trabalho" (Art. 620 da CLT). Assim, com o advento da Reforma Trabalhista, ocorre uma mitigação no princípio da primazia da norma mais favorável, devendo o acordo coletivo prevalecer sobre a convenção coletiva em qualquer hipótese.

314. (AOCP – Analista Judiciário – Oficial de Just. Avaliador Federal – TRT 1/2018) Um sindicato patronal e um sindicato obreiro do Rio de Janeiro resolveram discutir as disposições de convenção coletiva para uma determinada categoria, estipulando que a vigência se daria no ano seguinte à discussão. As cláusulas convencionais foram pactuadas nos seguintes termos: haverá supressão do valor nominal do décimo terceiro salário; o prazo máximo para o gozo de licença-maternidade será de cem dias; as férias anuais remuneradas serão acrescidas de metade do salário normal; haverá o aumento de cem reais ao adicional para atividades perigosas.

Quanto à Convenção e licitude/ilicitude das cláusulas, assinale a Gabarito.

a) A convenção é nula de pleno direito, já que as cláusulas ora apresentadas constituem objeto ilícito.

b) A convenção é parcialmente válida, pois, dentre as cláusulas, constitui objeto lícito aquelas quanto às férias serem acrescidas de metade do salário normal e quanto ao aumento referente ao adicional para atividades perigosas.

c) A convenção é parcialmente válida, pois, dentre as cláusulas, constituem objetos ilícitos a vigência do prazo para o gozo de licença maternidade e as férias serem acrescidas de metade do salário normal.

d) A convenção deverá subsistir por ser válida e por se tratar de condição benéfica ao empregado, bem como por estar em observância ao princípio do Pacta Sunt Servanda.

e) A convenção é válida, pois apresenta concessões mútuas de ambas as partes, não constituindo objeto ilícito as cláusulas que tratam acerca do valor nominal do décimo terceiro salário e do prazo para o gozo de licença-maternidade.

▷ ***Anotações/Comentários***

Nota do autor: A questão aborda o tema negociação coletiva. É fato que a Reforma Trabalhista inseriu o art. 611-A à CLT, que permite a flexibilização de inúmeros institutos do Direito do Trabalho, inclusive intervalos intrajornadas. Ocorre, todavia, que a flexibilização não é irrestrita, encontrando limitação, por exemplo, no art. 611-B da CLT. Não deixe de conferir a redação desses dois artigos, pois eles já estão sendo muito cobrados nas provas nas áreas trabalhista.

Comentário serve para todas as alternativas, uma vez que versam sobre o mesmo assunto. Dentre as cláusulas que foram negociadas entre o sindicato patronal e o sindicato obreiro do Rio de Janeiro, são **lícitas**:

> i) **férias anuais remuneradas serão acrescidas de metade do salário normal.** Isso porque, o adicional de férias é de 1/3. Ou seja, a cláusula é mais benéfica ao trabalhador. Lembre-se de que a supressão ou redução do gozo de férias anuais remuneradas com, pelo menos, um terço a mais do que o salário normal constituirá objeto ilícito de acordo ou convenção coletiva (Art. 611-B, XII da CLT).
>
> ii) **aumento de cem reais ao adicional para atividades perigosas.** O adicional para atividades perigosas é de 30% e, cláusula de negociação coletiva que o reduza ou suprima, será considerada objeto ilícito (Art. 611-B, XVIII da CLT). Assim, o aumento em relação ao adicional é plenamente possível, pois mais benéfico ao empregado.

Por sua vez, consistirá em objeto ilícito cláusula de instrumento coletivo que reduza ou suprima:

> i) **supressão do valor nominal do décimo terceiro salário.** A supressão do valor do 13º salário constitui objeto ilícito de instrumento coletivo (Art. 611-B, V da CLT).
>
> ii) **o prazo máximo para o gozo de licença-maternidade de cem dias.** O prazo de 120 dias de licença-maternidade, caso reduzido, será considerado objeto ilícito de negociação coletiva (Art. 611-B, XXX da CLT).

45.3. Comissão de representantes dos empregados

315. (FCC – Técnico Judiciário – Área Judiciária – TRT 15/2018) A empresa Siderúrgica AB S/A possui quatro mil empregados, sendo dois mil e quinhentos trabalhando na matriz em São Paulo (Capital) e mil e quinhentos na cidade de Campinas, Estado de São Paulo. A empresa pretende promover a eleição de comissão de representantes de empregados com a finalidade de promover o entendimento direto com a empregadora. Dessa forma, deverá observar, de acordo com a legislação vigente,

a) uma única comissão composta por 7 membros representantes de empregados, tendo em vista que os dois estabelecimentos se situam dentro do mesmo Estado.
b) uma comissão para cada estabelecimento, sendo composta cada uma com 3 membros representantes de empregados.
c) uma única comissão composta por 5 membros representantes de empregados, tendo em vista que os dois estabelecimentos se situam dentro do mesmo Estado.
d) uma comissão para cada estabelecimento, sendo composta por 5 membros na cidade de São Paulo e 3 membros na cidade de Campinas.
e) uma única comissão composta por 3 membros representantes de empregados, tendo em vista que os dois estabelecimentos se situam dentro do mesmo Estado.

▷ ***Anotações/Comentários***

Nota do autor: A questão aborda o tema comissão de representantes dos empregados no âmbito empresarial, que foi inserido pela Reforma Trabalhista. Lembre-se de que referida comissão não substitui as funções do sindicato, cabendo a este a realização de negociações coletivas.

Comentário serve para todas as alternativas, uma vez que versam sobre o mesmo assunto. De acordo com o art. 11 da Constituição Federal, é obrigatória a eleição de um representante dos trabalhadores nas empresas com mais de 200 empregados. De acordo com o texto constitucional:

> **Art. 11 da CF/88.** Nas empresas de mais de duzentos empregados, é assegurada a eleição de um representante destes com a finalidade exclusiva de promover-lhes o entendimento direto com os empregadores.

Apesar de prevista na Constituição Federal, não havia sido elaborada legislação regulamentando as atribuições e as prerrogativas desses representantes no entendimento direto com os empregadores. No entanto, a Reforma Trabalhista passou a regulamentar nos art. 510-A a 510-D da CLT a representação dos empregados nas empresas. De acordo com o art. 510-A da CLT, em consonância com o art. 11 da CF/88, em empresas com mais de 200 empregados, é assegurada a eleição de comissão para representar os trabalhadores, que tem a finalidade de promover o entendimento direto com os empregadores:

> **Art. 510-A da CLT** *(Inserido pela Reforma Trabalhista):* Nas empresas com mais de duzentos empregados, é assegurada a eleição de uma comissão para representá-los, com a finalidade de promover-lhes o entendimento direto com os empregadores.

De acordo com o § 1º do art. 510-A da CLT, a composição da comissão varia de acordo com o total de empregados das empresas:

COMISSÃO DE REPRESENTANTES	
Número de empregados na empresa	**Número de representantes**
Mais de 200 até 3.000	3 membros
Mais de 3.000 até 5.000	5 membros
Mais de 5.000	7 membros

Note-se que esses membros são todos representantes dos trabalhadores e não representarão interesses dos empregadores. Além disso, o número total de membros é determinado por cada empresa e não pela quantidade de estabelecimentos existentes. Assim, como ocorreu no caso, a empresa tinha um estabelecimento em Campinas e outro em São Paulo, totalizando 4 mil empregados, de forma que a comissão será composta por 5 membros.

Uma exceção é descrita no § 2º do art. 510-A da CLT, que determina a eleição de uma comissão por Estado ou Distrito Federal, no caso de a empresa possuir empregados em mais de um Estado da Federação e no Distrito Federal. Essas comissões serão compostas da mesma forma que determina o § 1º do dispositivo, de acordo com o total de empregados da empresa. Exemplo: Uma empresa tem 1.000 empregados, sendo que 500 deles presta seus serviços em São Paulo e outros 500 em Mato Grosso do Sul, nos diversos estabelecimentos existentes da empresa. Nesse caso, serão formadas 2 comissões, uma em São Paulo e a outra em Mato Grosso do Sul, ambas elegendo 3 membros cada.

316. (FCC – Analista Judiciário – Oficial de Just. Avaliador Federal – TRT 6/2018) Nas empresas com mais de duzentos empregados, é assegurada a eleição de uma comissão para representá-los, com a finalidade de promover-lhes o entendimento direto com os empregadores. Referida comissão será composta de um número mínimo e máximo de membros, com mandato, respectivamente, de

a) 7 e 9; 1 ano.
b) 3 e 7; 1 ano.
c) 3 e 5; 2 anos.
d) 5 e 7; 1 ano.
e) 3 e 7; 2 anos.

▷ ***Anotações/Comentários***

Nota do autor: A questão aborda o tema comissão de representantes dos empregados e exigia do candidato o conhecimento das disposições trazidas pela Reforma Trabalhista nos arts. 510-A a 510-D da CLT.

Comentário serve para todas as alternativas, uma vez que versam sobre o mesmo assunto. De acordo com o § 1º do art. 510-A da CLT, a composição da comissão varia de acordo com o total de empregados das empresas:

COMISSÃO DE REPRESENTANTES	
Número de empregados na empresa	**Número de representantes**
Mais de 200 até 3.000	3 membros
Mais de 3.000 até 5.000	5 membros
Mais de 5.000	7 membros

Ou seja, a comissão será composta de 3 a 7 membros, a depender do número de empregados nas empresas. O número total de membros é determinado por cada empresa e não pela quantidade de estabelecimentos existentes. Assim, se uma empresa no Estado de Minas Gerais, tiver 4 estabelecimentos e 2.000 empregados, haverá a formação de uma única comissão com 3 membros.

Uma exceção é descrita no § 2º do art. 510-A da CLT, que determina a eleição de uma comissão por Estado ou Distrito Federal, no caso de a empresa possuir empregados em mais de um Estado da Federação e no Distrito Federal. Essas comissões serão compostas da mesma forma que determina o § 1º do dispositivo, de acordo com o total de empregados da empresa. Exemplo: Uma empresa tem 1.000 empregados, sendo que 500 deles presta seus serviços em São Paulo e outros 500 em Mato Grosso do Sul, nos diversos estabelecimentos existentes da empresa. Nesse caso, serão formadas 2 comissões, uma em São Paulo e a outra em Mato Grosso do Sul, ambas elegendo 3 membros cada.

Por fim, de acordo com o "caput" e 1º do art. 510-D da CLT, o mandato do membro da comissão **tem duração de 1 ano**, sendo vedada sua reeleição:

> **Art. 510-D, "caput", da CLT** *(Inserido pela Reforma Trabahista):* O mandato dos membros da comissão de representantes dos empregados será de um ano. (...)

317. (FCC – Analista Judiciário – Área Administrativa – TRT 6/2018) Nestor foi eleito representante dos empregados na comissão para representá-los junto à sua empresa, que conta com mais de duzentos empregados. Neste caso,

a) o mandato de Nestor implica em suspensão do contrato de trabalho, para que possa desempenhar a contento seus afazeres na comissão.
b) Nestor não poderá sofrer despedida arbitrária, desde o registro da candidatura até um ano após o fim do mandato.

c) o mandato de Nestor implica em interrupção do contrato de trabalho, para que possa desempenhar a contento seus afazeres na comissão.

d) faz parte das atribuições de Nestor, entre outras, representar os empregados perante a administração da empresa, o Ministério Público do Trabalho e perante o INSS.

e) Nestor não poderá ser candidato novamente no período subsequente àquele em que houver exercido a função de representante dos empregados na comissão.

▷ ***Anotações/Comentários***

Nota do autor: A questão aborda o tema comissão de representantes dos empregados no local de trabalho. De acordo com o art. 11 da CF/88, nas empresas com mais de 200 empregados, deve haver a eleição de um representante dos empregados para promover o entendimento direto com os empregadores. As alterações da Reforma Trabalhista, dessa forma, vão ao encontro do disposto na Constituição Federal.

Alternativa "a". "O mandato de membro de comissão de representantes dos empregados não implica suspensão ou interrupção do contrato de trabalho, devendo o empregado permanecer no exercício de suas funções" (Art. 510-D, §2º da CLT).

Alternativa "b". "Desde o registro da candidatura até um ano após o fim do mandato, o membro da comissão de representantes dos empregados não poderá sofrer despedida arbitrária, entendendo-se como tal a que não se fundar em motivo disciplinar, técnico, econômico ou financeiro" (Art. 510-D, §3º da CLT). A despedida arbitrária é aquela, segundo o § 3º do art. 510-D da CLT que não se funda em motivo disciplinar, técnico, econômico ou financeiro.

A estabilidade prevista aos membros da comissão de representantes é a mesma aplicada aos cipeiros:

> **Art. 165, CLT** – Os titulares da representação dos empregados nas CIPA (s) não poderão sofrer despedida arbitrária, entendendo-se como tal a que não se fundar em motivo disciplinar, técnico, econômico ou financeiro

Alternativa "c". "O mandato de membro de comissão de representantes dos empregados não implica suspensão ou interrupção do contrato de trabalho, devendo o empregado permanecer no exercício de suas funções" (Art. 510-D, §2º da CLT).

Alternativa "d". Dentre as atribuições da comissão de representantes da empresa, não se encontra a representação perante o Ministério Público do Trabalho e perante o INSS. As demais atribuições de referida comissão podem ser vistas no art. 510-B da CLT.

Alternativa "e". O membro que houver exercido a função de representante dos empregados na comissão não poderá ser candidato nos **dois** períodos subsequentes (Art. 510-D, §1º da CLT).

45.4. Greve

318. (FCC – Analista Judiciário – Oficial de Justiça Avaliador Federal – TRT 9/2022) Após deliberação em assembleia, um Sindicato dos Trabalhadores do Transporte Coletivo de Passageiros deflagra greve. Na greve em serviço essencial, conforme previsão legal que trata da matéria,

a) os empregados que ocupam cargo de confiança, assim considerados os de direção e gerência, não podem aderir ao movimento grevista.

b) deve ser mantido percentual mínimo de empregados em atividade, para atendimento das necessidades inadiáveis da população.

c) é obrigação do Poder Público dar continuidade ao serviço paralisado, em percentual de pelo menos 50%, durante o período que permanecer o movimento grevista.

d) em qualquer hipótese fica autorizada a empresa a descontar os dias de paralisação dos salários dos empregados grevistas.

e) visando assegurar o atendimento às necessidades básicas da população durante a greve, é dever da empresa requerer ao Poder Público pessoal em substituição para garantir o funcionamento da atividade.

▷ ***Anotações/Comentários***

Nota do autor: A questão aborda o tema da greve em serviços essenciais. Destaca-se que, no caso de lesão a interesse público, o art. 114, § 3º, CF/88 legitima o ajuizamento de dissídio coletivo de greve pelo Ministério Público do Trabalho. Ressalta-se que a legitimidade do MPT está restrita somente às greves em serviços essenciais.

Importa destacar que, de acordo com a Reforma Trabalhista, constituirá objeto ilícito de convenção ou acordo coletivo que tratarem sobre definição legal sobre serviços essenciais ou atividades essenciais e disposições legais sobre o atendimento de necessidades inadiáveis da comunidade:

> **Art. 611-B da CLT:** Constituem objeto ilícito de convenção coletiva ou de acordo coletivo de trabalho, exclusivamente, a supressão ou a redução dos seguintes direitos: (...) XXVIII – definição legal sobre os serviços ou atividades essenciais e disposições legais sobre o atendimento das necessidades inadiáveis da comunidade em caso de greve;

Comentário serve para todas as alternativas, uma vez que versam sobre o mesmo assunto. O art. 10 da Lei nº 7.783/1989 estabelece o rol das atividades ou serviços essenciais, como abastecimento de água, serviços funerários, transporte coletivo, dentre outros. De acordo com a lei, são atividades essenciais:

> I – tratamento e abastecimento de água; produção e distribuição de energia elétrica, gás e combustíveis;
>
> II – assistência médica e hospitalar;
>
> III – distribuição e comercialização de medicamentos e alimentos;
>
> IV – funerários;
>
> V – transporte coletivo;
>
> VI – captação e tratamento de esgoto e lixo;
>
> VII – telecomunicações;
>
> VIII – guarda, uso e controle de substâncias radioativas, equipamentos e materiais nucleares;
>
> IX – processamento de dados ligados a serviços essenciais;
>
> X – controle de tráfego aéreo e navegação aérea;
>
> XI – compensação bancária.
>
> XII – atividades médico-periciais relacionadas com o regime geral de previdência social e a assistência social; (Incluído pela Lei nº 13.846, de 2019)
>
> XIII – atividades médico-periciais relacionadas com a caracterização do impedimento físico, mental, intelectual ou sensorial da pessoa com deficiência, por meio da integração de equipes multiprofissionais e interdisciplinares, para fins de reconhecimento de direitos previstos em lei, em especial na Lei nº 13.146, de 6 de julho de 2015 (Estatuto da Pessoa com Deficiência); e (Incluído pela Lei nº 13.846, de 2019)
>
> XIV – outras prestações médico-periciais da carreira de Perito Médico Federal indispensáveis ao atendimento das necessidades inadiáveis da comunidade. (Incluído pela Lei nº 13.846, de 2019)
>
> XV – atividades portuárias. (Incluído pela Lei nº 14.047, de 2020)

É obrigatório que sejam atendidos os serviços inadiáveis à população. Os serviços inadiáveis estão ligados à saúde, segurança e sobrevivência. Esse limite mínimo de atendimento não é fixado por lei, mas estipulado por comum acordo entre empregadores, empregados e sindicatos.

Caso não seja garantido o mínimo de atendimento à população, a greve será considerada abusiva, conforme posicionamento do TST na OJ nº 38 da SDC. Não há previsão legal de manter ou permanecer 30% dos atendimentos, tão falada na imprensa. As partes deverão verificar o caso concreto.

Exemplo: em caso de greve no hospital, há necessidade de permanência de 100% dos atendimentos na UTI e cirurgias de emergência, mas não há necessidade de garantir esse percentual em outras repartições da mesma instituição. De acordo com o art. 11 da lei:

> **Art. 11, Lei de Greve:** Nos serviços ou atividades essenciais, os sindicatos, os empregadores e os trabalhadores ficam obrigados, de comum acordo, a garantir, durante a greve, a prestação dos serviços indispensáveis ao atendimento das necessidades inadiáveis da comunidade.

Parágrafo único. São necessidades inadiáveis da comunidade aquelas que, não atendidas, coloquem em perigo iminente a sobrevivência, a saúde ou a segurança da população.

Além disso, a comunicação, ao empregador e aos usuários, deverá ocorrer com 72 horas de antecedência à paralisação, conforme previsto no art. 13 da Lei de Greve. Nas atividades que não consideradas essenciais, esse aviso deve ser realizado com antecedência mínima de 48 horas.

Por fim, destaca-se que, no caso de lesão a interesse público, o art. 114, § 3º, CF/88 legitima o ajuizamento de dissídio coletivo de greve pelo Ministério Público do Trabalho. Ressalta-se que a legitimidade do MPT está restrita somente às greves em serviços essenciais[95].

319. (FUMARC – Analista Judiciário – Área Judiciária – TRT 3/2022) Em relação a greve, de acordo com a legislação correspondente, NAO são considerados serviços ou atividades essenciais:

a) atividades médico-periciais relacionadas com o regime geral de previdência social e a assistência social.
b) atividades portuárias.
c) atividades siderúrgicas e metalúrgicas,
d) controle de tráfego aéreo e navegação aérea.
e) telecomunicações.

▷ ***Anotações/Comentários***

Nota do autor: A questão aborda o tema da greve em serviços essenciais. Destaca-se que, no caso de lesão a interesse público, o art. 114, § 3º, CF/88 legitima o ajuizamento de dissídio coletivo de greve pelo Ministério Público do Trabalho. Ressalta-se que a legitimidade do MPT está restrita somente às greves em serviços essenciais.

Importa destacar que, de acordo com a Reforma Trabalhista, constituirá objeto ilícito de convenção ou acordo coletivo que tratarem sobre definição legal sobre serviços essenciais ou atividades essenciais e disposições legais sobre o atendimento de necessidades inadiáveis da comunidade:

> **Art. 611-B da CLT:** Constituem objeto ilícito de convenção coletiva ou de acordo coletivo de trabalho, exclusivamente, a supressão ou a redução dos seguintes direitos: (...) XXVIII – definição legal sobre os serviços ou atividades essenciais e disposições legais sobre o atendimento das necessidades inadiáveis da comunidade em caso de greve;

Comentário serve para todas as alternativas, uma vez que versam sobre o mesmo assunto. O art. 10 da Lei nº 7.783/1989 estabelece o rol das atividades ou serviços essenciais, como abastecimento de água, serviços funerários, transporte coletivo, dentre outros. De acordo com a lei, são atividades essenciais:

> I – tratamento e abastecimento de água; produção e distribuição de energia elétrica, gás e combustíveis;
>
> II – assistência médica e hospitalar;
>
> III – distribuição e comercialização de medicamentos e alimentos;
>
> IV – funerários;
>
> V – transporte coletivo;
>
> VI – captação e tratamento de esgoto e lixo;
>
> VII – telecomunicações;
>
> VIII – guarda, uso e controle de substâncias radioativas, equipamentos e materiais nucleares;
>
> IX – processamento de dados ligados a serviços essenciais;
>
> X – controle de tráfego aéreo e navegação aérea;
>
> XI – compensação bancária.
>
> XII – atividades médico-periciais relacionadas com o regime geral de previdência social e a assistência social; (Incluído pela Lei nº 13.846, de 2019)
>
> XIII – atividades médico-periciais relacionadas com a caracterização do impedimento físico, mental, intelectual ou sensorial da pessoa com deficiência, por meio da integração de equipes multiprofissionais e interdisciplinares, para fins de reconhecimento de direitos previstos em lei, em especial na Lei nº 13.146, de 6 de julho de 2015 (Estatuto da Pessoa com Deficiência); e (Incluído pela Lei nº 13.846, de 2019)
>
> XIV – outras prestações médico-periciais da carreira de Perito Médico Federal indispensáveis ao atendimento das necessidades inadiáveis da comunidade. (Incluído pela Lei nº 13.846, de 2019)
>
> XV – atividades portuárias. (Incluído pela Lei nº 14.047, de 2020)

95. Informativo nº 34 do TST.

320. (FCC – Analista Judiciário – Oficial de Just. Avaliador Federal – TRT 15/2018) O direito de greve, assegurado constitucionalmente, não é absoluto. Os serviços e atividades essenciais são definidos por lei, que também disporá sobre o atendimento das necessidades inadiáveis da comunidade. Nesse sentido, nos serviços e atividades essenciais,

a) caso empregadores e trabalhadores não cumpram a exigência de prestação, durante a greve, dos serviços indispensáveis ao atendimento das necessidades inadiáveis da comunidade, o Poder Público deverá assegurar tal prestação.
b) os sindicatos, os empregadores e os trabalhadores ficam obrigados, de comum acordo, a garantir, durante a greve, a prestação de pelo menos 70% dos serviços indispensáveis ao atendimento das necessidades inadiáveis da comunidade.
c) são necessidades inadiáveis da comunidade aquelas que, se não atendidas, trazem prejuízos financeiros às empresas e à população.
d) as entidades sindicais ou os trabalhadores, conforme o caso, ficam obrigados a comunicar a decisão de deflagração da greve aos empregadores e aos usuários com antecedência mínima de 48 horas da paralisação.
e) as entidades sindicais são responsáveis por comunicar a decisão de deflagração da greve aos empregadores, aos usuários e ao Ministério do Trabalho com antecedência mínima de 72 horas da paralisação.

▷ ***Anotações/Comentários***

Nota do autor: A questão aborda o tema greve, sendo necessário o conhecimento da Lei nº 7.783/1989 para sua resposta. Lembre-se de que, com o advento da Reforma Trabalhista, estabeleceu-se, no art. 611-B da CLT que constituirão objeto ilícito de convenção ou cláusula coletiva: "XXVII - direito de greve, competindo aos trabalhadores decidir sobre a oportunidade de exercê-lo e sobre os interesses que devam por meio dele defender; e XXVIII - definição legal sobre os serviços ou atividades essenciais e disposições legais sobre o atendimento das necessidades inadiáveis da comunidade em caso de greve;".

Alternativa "a". É obrigatório que sejam atendidos os serviços inadiáveis à população. Os serviços inadiáveis estão ligados à saúde, segurança e sobrevivência. Esse limite mínimo de atendimento não é fixado por lei, mas estipulado por **comum acordo** entre empregadores, empregados e sindicatos. Caso os serviços não sejam garantidos, caberá ao Poder Público assegurar a prestação de serviços inadiáveis à população (art. 12, Lei nº 7.783/1989).

Alternativa "b". "Nos serviços ou atividades essenciais, os sindicatos, os empregadores e os trabalhadores ficam obrigados, de comum acordo, a garantir, durante a greve, a prestação dos serviços indispensáveis ao atendimento das necessidades inadiáveis da comunidade" (Art. 11 da Lei nº 7.783/1989). Assim, ao contrário do expresso na alternativa não há um mínimo legal de atividades que devem ser mantidas durante o exercício da greve, o que será definido por comum acordo entre sindicatos, empregadores e trabalhadores.

Alternativa "c". "São necessidades inadiáveis, da comunidade aquelas que, não atendidas, coloquem em perigo iminente a **sobrevivência, a saúde ou a segurança da população**" (Art. 11, parágrafo único da Lei nº 7.783/1989).

Alternativa "d". "A entidade patronal correspondente ou os empregadores diretamente interessados serão notificados, com antecedência mínima de 48 (quarenta e oito) horas, da paralisação" (Art 3º, parágrafo único da Lei nº 7.783/1989). Em caso de greve em atividade essencial, a comunicação a decisão aos empregadores e aos usuários deverá ser feita com antecedência mínima de 72 horas (Art. 13 da Lei nº 7.783/1989).

Alternativa "e". Apenas em caso de greve em atividade essencial, a comunicação a decisão aos empregadores e aos usuários deverá ser feita com antecedência mínima de 72 horas (Art. 13 da Lei nº 7.783/1989)

DIREITO PROCESSUAL DO TRABALHO

Élisson Miessa

1. FONTES, PRINCÍPIOS E ORGANIZAÇÃO DA JUSTIÇA DO TRABALHO

01. (FCC/2018 - TRT 6ª Região – Técnico – Área Adm.) O advogado Hermes pretende utilizar uma medida processual que não está prevista na Consolidação das Leis do Trabalho para defender os interesses da empresa reclamada em uma reclamação trabalhista. Nessa situação,

a) não poderá utilizar desta medida porque a Consolidação das Leis do Trabalho apresenta todas as regras do processo do trabalho.

b) somente poderia se valer de medida processual estranha à Consolidação das Leis do Trabalho se estivesse na defesa dos interesses do empregado, em face do princípio da proteção ao trabalhador.

c) poderia utilizar de medida processual prevista no Código de Processo Civil apenas na fase de execução da sentença, porque na fase de conhecimento deve se valer apenas das regras contidas na lei processual trabalhista.

d) nos casos omissos, o direito processual comum será fonte subsidiária do direito processual do trabalho, exceto naquilo em que for incompatível com as normas do processo judiciário do trabalho.

e) poderá utilizar de qualquer regra do direito processual comum, porque este tem preferência em sua aplicação sobre as normas processuais trabalhistas, por serem normas de maior amplitude.

▷ ***Anotações/Comentários***

Nota do autor: a questão aborda o tema de fontes e integração do processo do trabalho, especialmente a possibilidade de aplicação das normas previstas no CPC/15 no direito processual do trabalho.

Alternativa "d" – correta (responde todas as demais alternativas): O direito processual do trabalho tem como objetivo regular os processos individuais e coletivos submetidos à Justiça do Trabalho. Sua regulamentação vem estabelecida na CLT, bem como em leis esparsas. Pode ocorrer, no entanto, de a CLT e leis esparsas não versarem sobre determinado tema. Nessa hipótese, aplica-se o processo comum (CPC), desde que compatível com o processo do Trabalho, ou seja, o processo comum é fonte subsidiária no processo do trabalho, exigindo, para sua aplicação, dois requisitos: omissão e compatibilidade. É o que declina o art. 769 da CLT:

> **Art. 769.** Nos casos omissos, o direito processual comum será fonte subsidiária do direito processual do trabalho, exceto naquilo em que for incompatível com as normas deste Título.

O CPC/15 passou a tratar do tema no art. 15, que assim vaticina:

> **Art. 15.** Na ausência de normas que regulem processos eleitorais, trabalhistas ou administrativos, as disposições deste Código lhes serão aplicadas supletiva e subsidiariamente.

02. (FCC-TRT2/2018 – Técnico Judiciário) Considere as seguintes decisões interlocutórias proferidas em reclamações trabalhistas:

I. Decisão interlocutória de Tribunal Regional do Trabalho contrária à Súmula ou Orientação Jurisprudencial do Tribunal Superior do Trabalho.

II. Decisão interlocutória que acolhe exceção de incompetência territorial, com a remessa dos autos para Tribunal Regional distinto daquele a que se vincula o juízo excepcionado.

De acordo com o entendimento Sumulado do Tribunal Superior do Trabalho,

a) ambas as decisões, apesar de interlocutórias, ensejam recurso imediato.

b) nenhuma das decisões enseja recurso imediato em razão do princípio da irrecorribilidade das decisões interlocutórias vigente no Direito Processual do Trabalho.

c) somente a decisão interlocutória descrita no item "I" enseja recurso imediato.

d) somente a decisão interlocutória descrita no item "II" enseja recurso imediato.

e) as referidas decisões interlocutórias somente ensejariam recurso imediato se proferidas em reclamações trabalhistas em que uma das partes é Sindicato.

▷ ***Anotações/Comentários***

Nota do autor: Com o intuito de alcançar, de forma mais célere e efetiva, a resolução da pretensão colocada em juízo, a CLT, em ser art. 893, §1º, estabeleceu que as decisões interlocutórias são irrecorríveis de imediato. Contudo o examinador, de maneira frequente, questiona as exceções dessa irrecorribilidade, previstas na Súmula nº 214 do TST.

Alternativa "a" – Correta (responde todas as demais alternativas): O TST criou algumas exceções quanto ao princípio da irrecorribilidade, como se verifica pela Súmula nº 214 do TST:

> Na Justiça do Trabalho, nos termos do art. 893, § 1º, da CLT, as decisões interlocutórias não ensejam recurso imediato, salvo nas hipóteses de decisão:
>
> a) de Tribunal Regional do Trabalho contrária à Súmula ou Orientação Jurisprudencial do Tribunal Superior do Trabalho;
>
> b) suscetível de impugnação mediante recurso para o mesmo Tribunal;
>
> c) que acolhe exceção de incompetência territorial, com a remessa dos autos para Tribunal Regional distinto daquele a que se vincula o juízo excepcionado, consoante o disposto no art. 799, § 2º, da CLT.

Assim, com base na Súmula nº 214 do TST, as decisões previstas nos itens I e II serão recorríveis imediatamente.

03. (FCC – TRT24/2017 – Técnico Judiciário – Área Administrativa) Com a Constituição Federal de 1988, o Poder Judiciário passa a ser o guardião da Constituição, cuja finalidade repousa, basicamente, na preservação dos valores e princípios que fundamentam o novo Estado Democrático de Direito. A Constituição Federal prevê, expressamente, que são órgãos que integram a organização da Justiça do Trabalho:

a) Supremo Tribunal Federal, Tribunal Superior do Trabalho, Tribunais Regionais do Trabalho e Varas do Trabalho.

b) Supremo Tribunal Federal, Tribunal Superior do Trabalho e Juízes do Trabalho.

c) Tribunal Superior do Trabalho, Tribunais Regionais do Trabalho e Juízes do Trabalho.

d) Tribunal Superior do Trabalho, Tribunais Regionais do Trabalho, Varas do Trabalho e Conselho Superior da Justiça do Trabalho.

e) Tribunal Superior do Trabalho, Tribunais Estaduais do Trabalho, Varas do Trabalho, Conselho Superior da Justiça do Trabalho e Escola Nacional de Formação e Aperfeiçoamento de Magistrados do Trabalho.

▷ ***Anotações/Comentários***

Nota do autor: A justiça nacional é dividida em justiça comum e especial. A justiça comum, por sua vez, subdivide-se em Justiça Federal e Justiça Estadual. Já a justiça especializada possui três divisões: Justiça do Trabalho, Justiça Militar e Justiça Eleitoral.

Alternativa "c" – Correta (responde as demais alternativas): Nos termos do art. 111 da CF/88, a Justiça do Trabalho possui os seguintes órgãos:

I – o Tribunal Superior do Trabalho;

II – os Tribunais Regionais do Trabalho;

III – Juízes do Trabalho.

04. (TRT da 1ª Região/RJ – Instituto AOCP/2018 – Técnico Judiciário – Área Judiciária) Tendo como base a estrutura, a organização e a competência (EC 45/2004) da Justiça do Trabalho, assinale a alternativa correta.

a) Compete à Justiça do Trabalho processar e julgar ações que envolvam crimes contra a organização do trabalho, como o trabalho escravo.

b) O Tribunal Superior do Trabalho compor-se-á de vinte e sete Ministros, escolhidos dentre brasileiros com mais de trinta e cinco anos e menos de sessenta e cinco anos, de notável saber jurídico e reputação ilibada, nomeados pelo Presidente da República após aprovação de 2/3 (dois terços) do Senado Federal.

c) O Tribunal Superior do Trabalho é composto por um quinto dentre advogados com mais de quinze anos de efetiva atividade profissional e membros do Ministério Público do Trabalho com mais de quinze anos de efetivo exercício, indicados em lista sêxtupla pelos órgãos de representação das respectivas classes.

d) A lei criará Varas da Justiça do Trabalho, podendo, nas comarcas não abrangidas por sua jurisdição, atribuí-la aos juízes de direito, com recurso para o respectivo Tribunal Regional do Trabalho.

e) Os Tribunais Regionais do Trabalho compõem-se de, no mínimo, nove juízes, recrutados, quando possível, na respectiva região, e nomeados pelo Presidente da República dentre brasileiros com mais de trinta e menos de sessenta e cinco anos.

▷ ***Anotações/Comentários***

Nota do autor: A Justiça do Trabalho conforme estabelece o art. 111 da CF/88, possui os seguintes órgãos: o Tribunal Superior do Trabalho, os Tribunais Regionais do Trabalho e as Varas do Trabalho. A presente questão aborda diversos aspectos de organização e competência da Justiça do Trabalho.

Alternativa "d" – Correta: A lei criará varas da Justiça do Trabalho, podendo, nas comarcas não abrangidas por sua jurisdição, atribuí-la aos juízes de direito, com recurso para o respectivo Tribunal Regional do Trabalho, nos termos do art. 112 da CF/88.

Alternativa "a" – Incorreta: No que se refere às ações penais, o Supremo Tribunal Federal deferiu liminar na ADIN 3.684, para afastar a competência da Justiça do Trabalho pelo julgamento das ações de natureza penal. Assim, no âmbito dessa Justiça Especializada, não está incluída a competência para processar e julgar as ações penais.

Alternativa "b" – Incorreta: O Tribunal Superior do Trabalho compor-se-á de vinte e sete Ministros, escolhidos dentre brasileiros com mais de trinta e cinco anos e **menos de setenta anos**, de notável saber jurídico e reputação ilibada, nomeados pelo Presidente da República após aprovação pela **maioria absoluta do Senado Federal** (art. 111-A da CF/88).

Alternativa "c" – Incorreta: O art. 111-A, I, da CF/88 declina que é o Tribunal Superior do Trabalho é composto por um quinto dentre advogados com mais de **dez anos** de efetiva atividade profissional e membros do Ministério Público do Trabalho com mais de **dez anos** de efetivo exercício.

Alternativa "e" – Incorreta: Os Tribunais Regionais do Trabalho compõem-se de, no mínimo, **sete juízes**, recrutados, quando possível, na respectiva região, e nomeados pelo Presidente da República dentre brasileiros com mais de trinta e menos de setenta anos (art.115 da CF/88).

05. (FCC – TRT24/2017 – Oficial de Justiça Avaliador – Área Judiciária) O advogado da empresa Vênus de Millus Produções Artísticas apresentou uma reconvenção na audiência UNA em que a reclamada foi notificada para apresentação de sua contestação em reclamação trabalhista. Provocado a se manifestar sobre a peça processual apresentada pela empresa ré, o advogado do reclamante Hércules impugnou a juntada da reconvenção sem justificar o motivo. Conforme teoria dos princípios gerais do Processo do Trabalho,

a) não se admite em ação trabalhista nenhuma medida processual que não tenha previsão expressa contida na Consolidação das Leis do Trabalho e que seja contrária ao trabalhador.

b) caberia a medida desde que houvesse concordância da parte contrária e que a mesma fosse apresentada antes da data da audiência para possibilitar o contraditório.

c) embora haja omissão da norma processual trabalhista em relação à reconvenção, há súmula do Tribunal Superior do Trabalho interpretando pela sua absoluta incompatibilidade com o direito processual do trabalho.

d) nos casos omissos, o direito processual comum será fonte subsidiária do direito processual do trabalho, exceto naquilo em que for incompatível com as normas contidas na Consolidação das Leis do Trabalho.

e) não caberia tal medida nesta fase processual porque somente é possível aplicar supletivamente norma do Código Processual Civil que não esteja prevista na lei trabalhista na fase de execução.

▷ ***Anotações/Comentários***

Alternativa "d" – Correta: O direito processual do trabalho tem como objetivo regular os processos individuais e coletivos submetidos à Justiça do Trabalho. Sua regulamentação vem estabelecida na Consolidação das Leis do Trabalho, bem como em leis esparsas. Pode ocorrer, no entanto, de a CLT e leis esparsas não versarem sobre determinado tema. Nessa hipótese, aplica-se o processo comum (CPC), desde que compatível com o processo do trabalho. Nesse sentido, o art. 769 da CLT: "Nos casos omissos, o direito processual comum será fonte subsidiária do direito processual do trabalho, exceto naquilo em que for incompatível com as normas deste Título". Aliás, o art. 15 do CPC/2015 estabelece que "na ausência de normas que regulem processos eleitorais, trabalhistas ou administrativos, as disposições deste Código lhes serão aplicadas supletiva e subsidiariamente".

06. (FCC – TRT24/2017 – Oficial de Justiça Avaliador – Área Judiciária) Dentre os serviços auxiliares da Justiça do Trabalho descritos na Consolidação das Leis do Trabalho há o órgão denominado distribuidor nas localidades em que exista mais de uma Vara do Trabalho. A designação dos distribuidores se dará pelo

a) Presidente do Tribunal Superior do Trabalho, dentre os funcionários do Tribunal Regional do Trabalho, existentes na mesma localidade, e diretamente subordinados ao mesmo Presidente.

b) Presidente do Tribunal Regional do Trabalho, dentre os funcionários das Varas do Trabalho, existentes na mesma localidade, e diretamente subordinados ao Juiz mais antigo de cada comarca.

c) Presidente do Tribunal Regional do Trabalho, dentre os funcionários das Varas do Trabalho e do Tribunal Regional do Trabalho, existentes na mesma localidade, e diretamente subordinados ao mesmo Presidente.

d) Juiz Titular mais antigo do Fórum, dentre os funcionários das Varas do Trabalho existentes na mesma localidade, e diretamente subordinados a este Juiz.

e) Juiz Diretor do Fórum dentre os funcionários das Varas do Trabalho existentes na mesma localidade, e diretamente subordinados ao Presidente do Tribunal Regional do Trabalho.

▷ ***Anotações/Comentários***

Alternativa "c" – Correta: Para que exista eficiência na prestação jurisdicional, os magistrados necessitam de órgãos auxiliares, encarregados de dar cumprimento às decisões judiciais, realizando atos processuais e serviços burocráticos da Justiça do Trabalho. Nesse contexto, temos as secretarias das varas do trabalho, as secretarias dos tribunais e o serviço de distribuição de feitos. Segundo o art. 715 da CLT, "os distribuidores são designados pelo Presidente do Tribunal Regional dentre os funcionários das Juntas e do Tribunal Regional, existentes na mesma localidade, e ao mesmo Presidente diretamente subordinados".

07. (TRT20/2016 - FCC - Analista Judiciário - Área Judiciária) A Constituição Federal expressamente prevê regras que organizam a estrutura da Justiça do Trabalho, e tratam da sua competência. Conforme tal regramento,

a) os juízes dos Tribunais Regionais do Trabalho, oriundos da magistratura da carreira, que comporão o Tribunal Superior do Trabalho serão indicados pelos próprios Regionais, alternativamente, e escolhidos pelo Congresso Nacional.

b) os Tribunais Regionais do Trabalho instalarão a justiça itinerante, com a realização de audiência e demais funções de atividade jurisdicional, nos limites territoriais da respectiva jurisdição, servindo-se de equipamentos públicos e comunitários.

c) haverá pelo menos um Tribunal Regional do Trabalho em cada Estado e no Distrito Federal, e a lei instituirá as Varas do Trabalho, podendo, nas comarcas onde não forem instituídas, atribuir sua jurisdição a Vara do Trabalho mais próxima.

d) os mandados de segurança, habeas corpus e habeas data, quando o ato questionado envolver matéria sujeita à jurisdição da Justiça do Trabalho serão julgados e processados na Justiça Federal, por se tratar de remédios jurídicos de natureza constitucional.

e) os Tribunais Regionais do Trabalho compõem-se de, no mínimo, nove juízes, que serão recrutados na respectiva região, e nomeados pelo Presidente do Tribunal Superior do Trabalho dentre brasileiros com mais de trinta e menos de sessenta e cinco anos.

▷ ***Anotações/Comentários***

Alternativa "b" – Correta: Os Tribunais Regionais do Trabalho estão situados no segundo grau de jurisdição e seus atos, em regra, decorrem de órgão colegiado. Segundo a art. 115, § 1º da CF/88, "os Tribunais Regionais do Trabalho instalarão a justiça itinerante, com a realização de audiências e demais funções de atividade jurisdicional, nos limites territoriais da respectiva jurisdição, servindo-se de equipamentos públicos e comunitários".

08. (FCC - Analista Judiciário – Oficial de Justiça Avaliador - TRT 23/2016) O advogado da reclamada Fênix Produtora, por ocasião da audiência UNA, apresentou a contestação da ré, bem como reconvenção, por meio da qual pretendeu a devolução de ferramentas de trabalho da empresa que ficaram em posse do empregado após a rescisão contratual. Nessa situação,

a) não deve ser aceita a reconvenção, por falta de previsão desse ato processual na legislação trabalhista, não podendo ser aplicada outra legislação processual para o caso.

b) a Consolidação das Leis do Trabalho expressamente prevê que nos casos omissos, o direito processual comum será fonte subsidiária do direito processual do trabalho, exceto naquilo em que for incompatível com as normas no texto consolidado.

c) somente será aceita a reconvenção caso haja a expressa concordância da parte contrária, que terá prazo para exercer o contraditório.

d) deve ser aceita a reconvenção em razão de estar expressamente prevista na Consolidação das Leis do Trabalho, como modalidade de defesa da reclamada.

e) não deve ser aceita a reconvenção, visto que somente poderia ser proposta ação possessória no foro cível, competente para a matéria.

▷ ***Anotações/Comentários***

Alternativa correta: Letra B.

O direito processual do trabalho tem como objetivo regular os processos individuais e coletivos submetidos à Justiça do Trabalho. Sua regulamentação vem estabelecia na CLT, bem como em leis esparsas. Pode ocorrer, no entanto, de a CLT não versar sobre determinado, como ocorre com a reconvenção. Neste caso, aplica-se o art. 769 da CLT, que declina: "nos casos omissos, o direito processual comum será fonte subsidiária do direito processual do trabalho, exceto naquilo em que for incompatível com as normas deste Título" (TST-IN nº 39/2016, art. 1º; CPC/2015, art. 15).

09. (FCC - Analista Judiciário – Oficial de Justiça Avaliador - TRT 23/2016) Conforme previsão constitucional, a Justiça do Trabalho é um órgão do Poder Judiciário. A respeito da sua organização, da jurisdição e da competência,

a) a maior corte é o Tribunal Superior do Trabalho, com sede em Brasília e jurisdição nacional, composto por trinta e três ministros, sendo 2/3 dentre desembargadores dos Tribunais Regionais e 1/3 dentre advogados e Ministério Público do Trabalho.

b) cada estado membro deverá ter, pelo menos, um Tribunal Regional do Trabalho, composto de, no mínimo, 08 desembargadores da própria região que formarão 3/5 da corte, além de 1/5 da advocacia e 1/5 do Ministério Público do Trabalho.

c) os Tribunais Regionais do Trabalho poderão funcionar de forma descentralizada, constituindo Câmaras regionais, a fim de assegurar pleno acesso do jurisdicionado à justiça em todas as fases do processo.

d) nas Varas do Trabalho a jurisdição será exercida por um juiz singular togado, auxiliado por dois representantes dos sindicatos das categorias profissional e econômica, coma participação de um membro do Ministério Público do Trabalho.

e) o Conselho Superior da Justiça do Trabalho é o órgão máximo do sistema, mas não funciona junto ao Tribunal Superior do Trabalho, cabendo-lhe exercer apenas a supervisão administrativa da Justiça do Trabalho, com decisões de caráter consultivo e não vinculante.

▷ ***Anotações/Comentários***

Alternativa correta: C.

Nos termos do art. 115, § 2º, da CF "os Tribunais Regionais do Trabalho poderão funcionar descentralizadamente, constituindo Câmaras regionais, a fim de assegurar o pleno acesso do jurisdicionado à justiça em todas as fases do processo".

10. (FCC – 2024 – TRT 11 – Analista Judiciário - Área Judiciária) De acordo com o que estabelece o ordenamento jurídico acerca da competência, a Justiça do Trabalho

a) não detém atribuição para julgar demandas relativas à aplicação de penalidades administrativas, uma vez que a competência material é endereçada à Justiça Comum Federal.

b) detém atribuição para processar e julgar ação possessória, ainda que seja ajuizada em decorrência do exercício do direito de greve pelos trabalhadores da iniciativa privada.

c) não detém competência para processar e julgar as ações de indenização por danos morais e patrimoniais decorrentes de acidente de trabalho propostas por empregado contra empregador.

d) não é competente para executar de ofício as contribuições previdenciárias relativas ao objeto da condenação constante das sentenças que proferir e acordos por ela homologados.

e) é competente para processar as ações sobre representação sindical, entre sindicatos, entre sindicatos e trabalhadores, e entre sindicatos e empregadores.

▷ ***Anotações/Comentários***

Nota do autor: A questão versa sobre a competência da Justiça do Trabalho exigindo conhecimento do artigo 114 da Constituição Federal e das súmulas vinculantes do STF.

Alternativa "A" – Incorreta: A Justiça do Trabalho tem competência para julgar ações relativas à aplicação de penalidades administrativas impostas aos empregadores pelos órgãos de fiscalização das relações de trabalho, conforme artigo 114, VII, da CF/88.

Alternativa "B" – Incorreta: A Justiça do Trabalho é competente para julgar ações possessórias em casos de greve, mas apenas quando se tratar de trabalhadores da iniciativa privada, conforme artigo 114, II, da CF/88 e da Súmula Vinculante nº 53 do STF .

Alternativa "C" – Incorreta: A Justiça do Trabalho é competente para julgar ações de indenização por danos morais e patrimoniais decorrentes de acidente de trabalho entre empregado e empregador, conforme Súmula vinculante nº 22 do STF.

Alternativa "D" – Incorreta: A Justiça do Trabalho é competente para executar de ofício as contribuições previdenciárias decorrentes das sentenças que proferir ou acordos homologados, conforme artigo 114, VIII, da CF/88.

Alternativa "E" - Correta: A Justiça do Trabalho é competente para processar e julgar ações sobre representação sindical, conforme artigo 114, III, da CF/88: "As ações sobre representação sindical, entre sindicatos, entre sindicatos e trabalhadores, e entre sindicatos e empregadores."

11. (FCC - 2024 - TRT 11 - Analista Judiciário - Área Judiciária) Considere as seguintes situações:

I. execução de ofício de contribuições previdenciárias relativas a acordo homologado em sede de reclamação trabalhista; e

II. ação ajuizada por empregado público estadual pleiteando o pagamento de parcelas previstas na lei que institui o regime jurídico dos servidores públicos do Estado respectivo.

Em conformidade com a Constituição Federal e a jurisprudência do Supremo Tribunal Federal, a competência para,

a) I é da Justiça comum federal e II, da Justiça comum estadual.

b) I é da Justiça comum federal e II, da Justiça do Trabalho.

c) ambas é da Justiça comum estadual.

d) ambas é da Justiça do Trabalho.

e) I é da Justiça do Trabalho e II, da Justiça comum estadual.

▷ ***Anotações/Comentários***

Alternativa "E" - Correta (responde as demais):

Situação I: A execução de contribuições previdenciárias decorrentes de acordos homologados em reclamações trabalhistas é de competência da Justiça do Trabalho, conforme artigo 114, VIII, da CF/88.

Situação II: A ação proposta por empregado público estadual visando parcelas previstas em lei estadual, ou seja, de natureza administrativa, é de competência da Justiça Comum Estadual, conforme tema nº 1143 do STF.

12. (FCC - Analista Judiciário - Oficial de Justiça Avaliador - TRT 23/2016) Conforme normas contidas na Consolidação das Leis do Trabalho sobre os serviços auxiliares da Justiça do Trabalho, incluindo os distribuidores e os oficiais de justiça, é INCORRETO afirmar que

a) não compete à Secretaria das Varas a contagem das custas devidas pelas partes, nos respectivos processos, mas sim ao órgão distribuidor.

b) compete especialmente aos chefes de secretaria das Varas promover o rápido andamento dos processos, especialmente na fase de execução, e a pronta realização dos atos e diligências deprecadas pelas autoridades superiores.

c) compete ao distribuidor a distribuição, pela ordem rigorosa de entrada, e sucessivamente a cada Vara, dos feitos que, para esse fim, lhe forem apresentados pelos interessados.

d) os distribuidores são designados pelo Presidente do Tribunal Regional, dentre os funcionários das Varas e do Tribunal Regional, existentes na mesma localidade, e ao mesmo Presidente diretamente subordinados.

e) é facultado aos Presidentes dos Tribunais Regionais do Trabalho cometer a qualquer Oficial de Justiça ou Oficial de Justiça Avaliador a realização dos atos de execução das decisões desses Tribunais.

▷ ***Anotações/Comentários***

Alternativa correta: A.

O candidato deveria estar atento que o examinador questionou a alternativa INCORRETA. O erro da alternativa está na negação da competência, pois segundo o art. 711, "f", compete as secretarias da Varas: "a contagem das custas devidas pelas partes, nos respectivos processos".

13. (FCC - 2022 - TRT 14 - Analista Judiciário - Área Judiciária) A Dra. Raquel é Juíza do Trabalho substituta no TRT, sendo que para seu ingresso na carreira, ela submeteu-se a concurso público de provas e títulos, sendo exigido que tivesse diploma de bacharel em direito e, no mínimo, **(I)** anos de atividade jurídica. Sua promoção para Juíza se fará alternadamente por antiguidade e merecimento, sendo que ela terá direito à promoção obrigatória se figurar por **(II)** vezes consecutivas ou **(III)** alternadas em lista de merecimento.

Conforme previsão na Constituição Federal de 1988, as lacunas I, II e III devem ser preenchidas, correta e respectivamente, por

a) dois – três - cinco

b) cinco – três - dois

c) dois – cinco – três

d) três – três - cinco

e) três – dois - dois

▷ ***Anotações/Comentários***

Alternativa correta: D.

O artigo 93 da Constituição Federal de 1988 dispõe sobre a organização da magistratura e os princípios que deverão constar em seu Estatuto. O inciso I do referido artigo delimita que, para o ingresso na carreira é necessário ser bacharel em direito, com no mínimo, **três anos** de atividade jurídica. O inciso II do art. 93 delimita que a promoção de entrância para entrância, ocorre alternadamente, por antiguidade e merecimento, atendidas as seguintes normas: "a) é obrigatória a promoção do juiz que figure **por três vezes consecutivas ou cinco alternadas em lista de merecimento"**

2. MPT, FORMAS DE SOLUÇÃO DE CONFLITOS E COMPETÊNCIA DA JUSTIÇA DO TRABALHO

14. (FCC - TRT24/2017 - Técnico Judiciário - Área Administrativa) A Constituição Federal de 1988 dispõe expressamente sobre a competência material da Justiça do Trabalho e, entre essas disposições, NÃO prevê a competência da Justiça do Trabalho para processar e julgar

a) as ações sobre representação sindical, entre sindicatos, entre sindicatos e trabalhadores, e entre sindicatos e empregadores.

b) os mandados de segurança, habeas corpus e habeas data, quando o ato questionado envolver matéria sujeita à sua jurisdição.

c) as ações de indenização por dano moral ou patrimonial, decorrentes da relação de trabalho.

d) as ações relativas às penalidades administrativas impostas aos empregadores pelos órgãos de fiscalização das relações de trabalho.

e) os crimes contra a organização do trabalho e as causas acidentárias em face do Instituto Nacional do Seguro Social.

▷ ***Anotações/Comentários***

Nota do autor: A Justiça do Trabalho teve considerável alteração na sua competência após o advento da EC nº 45/04. Nesse contexto, o art. 114, CF/88 é o principal dispositivo que declina a competência dessa Justiça Especializada.

Alternativa "e" - Incorreta: No que se refere às ações penais, o STF deferiu liminar na ADIN nº 3.684, para afastar a competência da Justiça do Trabalho o julgamento das ações de natureza penal. A liminar foi confirmada pelo STF, ao julgar procedente o pedido da ADI 3.684 (11.05.2020), afastando qualquer interpretação que entenda competir à Justiça do Trabalho processar e julgar ações penais.

As ações acidentárias, que derivam de acidente de trabalho, podem dar origem a pelo menos duas ações:

1ª promovida pelo trabalhador em face do INSS, para recebimento do benefício previdenciário. Nesse caso, a competência será da Justiça Comum Estadual (art. 109, I, CF/88);

2ª ajuizada pelo empregado em face do empregador, postulando indenização de danos morais ou materiais. Aqui, a competência será da Justiça do Trabalho.

A presente questão versa sobre a primeira ação, não sendo, pois, de competência da Justiça do Trabalho.

Alternativa "a" - Correta: Compete à Justiça do Trabalho processar e julgar as ações sobre representação sindical, entre sindicatos, entre sindicatos e trabalhadores, e entre sindicatos e empregadores (art. 114, III, CF/88).

Alternativa "b" - Correta: Compete à Justiça do Trabalho processar e julgar os mandados de segurança, habeas corpus e habeas data, quando o ato questionado envolver matéria sujeita à sua jurisdição (art. 114, IV, CF/88).

Alternativa "c" - Correta: Compete à Justiça do Trabalho processar e julgar as ações de indenização por dano moral ou patrimonial, decorrentes da relação de trabalho (art. 114, VI, CF/88).

Alternativa "d" - Correta: Compete à Justiça do Trabalho processar e julgar as ações relativas às penalidades administrativas impostas aos empregadores pelos órgãos de fiscalização das relações de trabalho (art. 114, VII, CF/88).

15. (TRT20/2016 - FCC - Técnico Judiciário - Área Administrativa) Conforme normas relativas à jurisdição e competência das Varas do Trabalho e dos Tribunais Regionais do Trabalho:

a) A EC 45/2004 previu a obrigatoriedade da criação de apenas um Tribunal Regional do Trabalho em cada Estado membro da Federação, bem como no Distrito Federal.

b) Os Tribunais Regionais do Trabalho serão compostos de juízes nomeados pelo Presidente do Tribunal Superior do Trabalho e serão compostos, no mínimo, de oito juízes recrutados, necessariamente, dentro da própria região.

c) Os Tribunais Regionais do Trabalho poderão funcionar descentralizadamente, constituindo Câmaras regionais, a fim de assegurar o pleno acesso dos jurisdicionados à justiça em todas as fases do processo.

d) Nas Varas do Trabalho, a jurisdição será, necessariamente, exercida por um juiz singular titular e outro substituto, além de um membro do Ministério Público do Trabalho que atuará junto à Vara.

e) As ações entre trabalhadores portuários e os operadores portuários ou o Órgão Gestor de Mão de Obra - OGMO decorrentes da relação de trabalho são de competência originária dos Tribunais Regionais do Trabalho.

▷ ***Anotações/Comentários***

Nota do autor: Os artigos 111 e seguintes da CF/88 tratam da organização da justiça do trabalho.

Alternativa "c" - Correta: Segundo o § 2º do art. 115, CF/88, "os Tribunais Regionais do Trabalho poderão funcionar descentralizadamente, constituindo Câmaras regionais, a fim de assegurar o pleno acesso do jurisdicionado à justiça em todas as fases do processo.

Alternativa "a" - Incorreta: Antigamente a Constituição Federal previa que cada Estado deveria ter um Tribunal. No entanto, a EC 45/2004 trouxe duas importantes novidades: a possibilidade da justiça itinerante e permitiu que os Tribunais Regionais do Trabalho possam funcionar descentralizadamente. Nada previu sobre a obrigatoriedade da criação de um Tribunal Regional do Trabalho em cada estado. Ademais, atualmente, há 24 Tribunais Regionais no território nacional. Apenas os estados do Acre, Tocantins, Roraima e Amapá não possuem Tribunal Regional isolado, sendo agregados a outros tribunais. Além disso, o estado de São Paulo é o único estado que possui 2 Tribunais Regionais, um sediado na capital, São Paulo, e outro no interior, Campinas.

Alternativa "b" - Incorreta: Os Tribunais Regionais do Trabalho, compõe-se de, no mínimo, sete juízes, recrutados, quando possível, na respectiva região, e nomeados pelo Presidente na República dentre brasileiros com mais de trinta e cinco e menos de setenta anos (art. 115, "caput", CF/88).

Alternativa "d" - Incorreta: Nas varas do Trabalho, a jurisdição será exercida por um juiz singular (art. 116 da CF/88).

Alternativa "e" - Incorreta: Segundo o § 3º do art. 643, CLT, "a Justiça do Trabalho é competente, ainda, para processar e julgar as ações entre trabalhadores portuários e os operadores portuários ou o Órgão Gestor de Mão de Obra - OGMO decorrentes da relação de trabalho". Nesse caso, a competência é da Vara do Trabalho, já que para ser de competência originária do Tribunal Regional do Trabalho deveria existir dispositivo expresso nesse sentido, o que não existe.

16. (TRT20/2016 - FCC - Técnico Judiciário - Área Administrativa) Péricles pretende ingressar com reclamação trabalhista para receber indenização por danos morais em face do Banco Horizonte S/A em razão da alegação de assédio moral. Conforme previsão legal contida na Consolidação das Leis do Trabalho, a ação deverá ser proposta na Vara do Trabalho do local

a) da sua contratação.

b) do seu domicílio.

c) da matriz do Banco empregador.

d) da prestação dos serviços.

e) escolhido pelas partes na celebração do contrato.

▷ ***Anotações/Comentários***

Nota do autor: A competência em razão do lugar (territorial) é aquela delimitada com base nos limites geográficos de cada órgão do Poder Judiciário. No processo do trabalho, vem descrita no art. 651 da CLT.

Alternativa "d" - Correta (responde as demais alternativas): A competência das Varas do Trabalho é determinada pela localidade onde o empregado, reclamante ou reclamado, prestar serviços ao seu empregador, ainda que tenha sido contratado noutro local ou no estrangeiro (art. 651, "caput", CLT).

17. (FCC/2018 - TRT 6ª Região - Técnico - Área Adm.) Conforme previsões legais sobre a organização, jurisdição, competência das Varas do Trabalho e os serviços auxiliares da Justiça do Trabalho,

a) como regra geral, a competência das Varas do Trabalho é determinada pela localidade onde o empregado, reclamante ou reclamado, prestar serviços ao empregador, ainda que tenha sido contratado noutro local ou no estrangeiro.

b) cada Vara do Trabalho será composta por um juiz do trabalho, que será seu Presidente, e dois juízes classistas, sendo um representante dos empregadores e outro dos empregados.

c) não compete à Vara do Trabalho o julgamento dos dissídios resultantes de contratos de empreitadas em que o empreiteiro seja operário ou artífice.

d) nas localidades em que existir mais de uma Vara do Trabalho, haverá um distribuidor, designado pelo juiz mais antigo do Fórum, exclusivamente dentre o quadro de oficiais de justiça do Tribunal Regional.

e) a lei criará Varas da Justiça do Trabalho, podendo, nas comarcas não abrangidas por sua jurisdição, atribuí-la aos juízes de direito, cabendo recurso de suas decisões para o respectivo Tribunal de Justiça.

▷ ***Anotações/Comentários***

Nota do autor: a questão aborda a organização, jurisdição e competência da Justiça do Trabalho.

Alternativa "a" - Correta: a competência em razão do lugar é aquela delimitada com base nos limites territoriais de cada órgão do Poder Judiciário. No processo do trabalho, essa competência vem descrita no art. 651, *caput* da CLT que estabelece:

"A competência das Juntas de Conciliação e Julgamento[1] é determinada pela **localidade onde o empregado**, reclamante ou reclamado, prestar serviços ao empregador, **ainda que** tenha sido contratado noutro local ou no estrangeiro".

Alternativa "b" - Incorreta: a partir da EC nº 24/99, não há juízes classistas na Justiça do Trabalho. O art. 116 da CF/88 passou estabelecer que, nas Varas do Trabalho, a jurisdição será exercida por um juiz singular.

Alternativa "c" - Incorreta: Ao contrário do afirmado, a competência para julgar os dissídios resultantes de contratos de empreitadas em que o empreiteiro seja operário ou artífice é da competência do Justiça do Trabalho, conforme previsão do art. 652, III da CLT.

Alternativa "d" - Incorreta: Nas localidades em que existir mais de uma Vara haverá um distribuidor (CLT. Art. 713). Os distribuidores são designados pelo Presidente do Tribunal Regional dentre os funcionários das Varas e do Tribunal Regional, existentes na mesma localidade, e ao mesmo Presidente diretamente subordinados (CLT, art. 715).

1. Leia-se Vara do Trabalho.

Alternativa "e" - Incorreta: Nas localidades não compreendidas na jurisdição das Varas do Trabalho, o juiz de direito poderá exercer a competência trabalhista. Nesse caso, havendo recurso (ordinário), ele será encaminhado ao **TRT** e não ao Tribunal de Justiça (CF/88, art. 12).

18. (TRT da 1ª Região/RJ – Instituto AOCP/2018 – Técnico Judiciário – Área Judiciária) João tem domicílio na cidade do Rio de Janeiro/RJ e foi chamado para uma entrevista de emprego pela empresa Colchões Ortopédicos Ltda., com sede na cidade de Campinas/SP, ocasião em que foi contratado no próprio local. Já no momento da contratação, a empresa informou ao novo empregado que o mesmo iria trabalhar na filial da empresa na cidade de São José do Rio Preto/SP. Depois de três anos de trabalho na empresa em questão, João foi dispensado sem justa causa, não recebendo as verbas rescisórias, dentre outros pleitos que considera devidos, razão pela qual almeja buscar a efetivação de seus direitos na Justiça do Trabalho. Nesse seguimento, João deve pleitear seus direitos

a) em Campinas/SP, pois é o local da sede da empresa, pressupondo, assim, o dever de ingressar com ação nesta localidade.
b) em qualquer uma das cidades mencionadas, pois o foro de ingresso da ação trabalhista é opcional ao empregado.
c) no Rio de Janeiro/RJ, pois é a cidade de seu domicílio, oferecendo maiores facilidades ao empregado.
d) em São José do Rio Preto/SP, pois é o local da prestação de serviços.
e) em Campinas/SP, pois é o local em que o empregado foi contratado.

▷ ***Anotações/Comentários***

Nota do autor: A competência em razão do lugar é aquela delimitada com base nos limites territoriais de cada órgão do Poder Judiciário.

Alternativa "d" – Correta (responde todas as demais alternativas): A competência territorial, no processo do trabalho, vem descrita no art. 651 da CLT e prevê que a regra do ajuizamento da reclamação trabalhista é no local da prestação de serviços (São José do Rio Preto). Ademais, mesmo que a contratação tenha ocorrido em outro local ou no estrangeiro, a competência será do juízo do local da prestação dos serviços.

19. (TRT20/2016 – FCC – Analista Judiciário – Área Judiciária) O Ministério Público da União, organizado por Lei Complementar, é instituição permanente, essencial à função jurisdicional do Estado, compreendendo em sua estrutura o Ministério Público do Trabalho. Sobre a organização desse último, é correto afirmar que

a) os Procuradores Regionais do Trabalho poderão atuar tanto nos Tribunais Regionais do Trabalho quanto nas Varas do Trabalho, de forma residual.
b) o chefe do Ministério Público do Trabalho é o Procurador-Geral da República indicado em lista tríplice pelos seus pares e nomeado pelo Congresso Nacional.
c) dentre os órgãos do Ministério Público do Trabalho estão o Colégio de Procuradores do Trabalho, a Câmara de Coordenação e Revisão do Ministério Público do Trabalho e a Corregedoria do Ministério Público do Trabalho.
d) os Subprocuradores-Gerais do Trabalho serão designados para oficiar junto ao Tribunal Regional do Trabalho da 10ª Região – Distrito Federal, com sede em Brasília.
e) o Conselho Superior do Ministério Público do Trabalho será composto pelo Procurador-Geral do Trabalho, o Vice-Procurador-Geral do Trabalho, quatro Subprocuradores-Gerais do Trabalho e quatro procuradores regionais do trabalho, todos eleitos pelos seus pares.

▷ ***Anotações/Comentários***

Alternativa "c" – Correta

O art. 85 da LC 75/93 estabelece que são órgãos do Ministério Público do Trabalho: o Procurador-Geral do Trabalho; o Colégio de Procuradores do Trabalho; o Conselho Superior do Ministério Público do Trabalho; a Câmara de Coordenação e Revisão do Ministério Público do Trabalho; a Corregedoria do Ministério Público do Trabalho; os Subprocuradores-Gerais do Trabalho; os Procuradores Regionais do Trabalho e os Procuradores do Trabalho.

20. (AOCP – Analista Judiciário – Área Judiciária – TRT 1/2018) Em relação à organização do Ministério Público do Trabalho, é correto afirmar que

a) incumbe aos procuradores do Trabalho de Segunda Categoria recorrer das decisões dos juízes e Tribunais do Trabalho, nos casos previstos em lei.
b) incumbe aos procuradores de Primeira Categoria exarar parecer nos processos de competências dos Tribunais Regionais.
c) o Procurador-Geral do Trabalho é o chefe do Ministério Público do Trabalho e será nomeado pelo Procurador-Geral da República dentre integrantes da instituição com mais de 35 anos de idade e de 5 anos na carreira.
d) o Procurador-Geral do Trabalho é o chefe do Ministério Público do Trabalho e será nomeado pelo Procurador-Geral da República dentre integrantes da instituição com mais de 35 anos de idade e de 10 anos na carreira.
e) os procuradores de Segunda Categoria poderão substituir os Procuradores de Primeira Categoria em seus impedimentos, licenças e férias, mas não farão jus ao recebimento dos vencimentos correspondentes ao cargo do substituído no período correspondente.

▷ ***Anotações/Comentários***

Alternativa correta: letra "c".

O Ministério Público do Trabalho tem como chefe o Procurador-Geral do Trabalho, nomeado pelo Procurador-Geral da República, dentre integrantes da instituição, com mais de 35 anos de idade e de 5 anos na carreira, integrante de lista tríplice escolhida mediante voto plurinominal, facultativo e secreto, pelo colégio de procuradores para um mandato de dois anos, permitida uma recondução, observado o mesmo processo (art. 88 da LC 75/93).

21. (FCC/2018 - TRT 6ª Região – Analista – Área Judiciária) A Lei nº 13.467/2017 ampliou a competência das Varas do Trabalho, atribuindo a elas a decisão quanto à homologação de acordo extrajudicial, sendo que

a) este terá início por petição conjunta, sendo facultada às partes a representação por advogado, que pode ser comum a ambas.
b) o juiz analisará o acordo, designará audiência se entender necessário e proferirá sentença no prazo de 5 dias a contar da distribuição da petição.
c) a utilização deste pelas partes, de comum acordo, afasta a multa prevista em lei para o caso de atraso no pagamento das verbas rescisórias.
d) a petição de homologação de acordo extrajudicial suspende o prazo prescricional da ação quanto aos direitos nele especificados que, porém, voltará a fluir no dia útil seguinte ao trânsito em julgado da decisão que negar a homologação do acordo.
e) é incabível a assistência do trabalhador pelo advogado do sindicato de sua categoria, por tratar-se de processo de jurisdição voluntária.

▷ ***Anotações/Comentários***

Alternativa correta: letra "d". A petição de homologação de acordo extrajudicial suspende o prazo prescricional da ação quanto aos direitos nela especificados que voltará a fluir no dia útil seguinte ao do trânsito em julgado da decisão que negar a homologação do acordo (CLT, art. 855-E).

22. (FCC/2018 - TRT 6ª Região – Oficial de Justiça Avaliador) Considere as afirmações abaixo a respeito do Processo de Jurisdição Voluntária para Homologação de Acordo Extrajudicial.

I. O processo terá início por uma petição conjunta, facultado às partes a representação por advogado.
II. A petição de homologação de acordo extrajudicial suspende o prazo prescricional da ação quanto aos direitos decorrentes do contrato de trabalho em discussão.
III. Se as partes optarem pela representação de advogado, poderão fazê-lo outorgando procuração para advogado comum.

IV. No prazo de 15 dias a contar da distribuição da petição, o juiz analisará o acordo, designará audiência se entender necessário e proferirá sentença.

Está correto o que se afirma APENAS em

a) IV.

b) II e III.

c) I e III.

d) II.

e) I e IV.

▷ ***Anotações/Comentários***

Alternativa correta: letra "a". No prazo de quinze dias a contar da distribuição da petição, o juiz analisará o acordo, designará audiência se entender necessário e proferirá sentença (CLT, art. 855-D).

---

23. (FCC – 2023 – TRT 17 – Analista Judiciário – Área Judiciária) Cícero e a sua empregadora, o Buffet Infantil Mágico de Oz Ltda., pretendem a homologação de acordo extrajudicial para colocarem fim a qualquer pendência decorrente da extinção do contrato de trabalho entre ambos. Nessa situação, conforme prevê a CLT, Cícero e o Buffet deverão apresentar em Juízo a petição de acordo

a) podendo se valer de advogado comum, em até 10 dias da extinção do contrato de trabalho, a fim de que se evite a incidência da multa pelo atraso na quitação rescisória, eis que a distribuição da competente ação suspende o prazo para pagamento das verbas rescisórias.

b) sendo que cada parte deverá estar representada por advogado próprio, salvo se for advogado comum do sindicato da categoria do autor, em até 10 dias da extinção do contrato de trabalho, a fim de que se evite a incidência da multa pelo atraso na quitação rescisória, eis que a distribuição da competente ação suspende o prazo para pagamento das verbas rescisórias.

c) facultado patrocínio de advogado comum, em até 8 dias da extinção do contrato de trabalho, a fim de que se evite a incidência da multa pelo atraso na quitação rescisória, eis que a distribuição da competente ação interrompe o prazo para pagamento das verbas rescisórias.

d) podendo as partes estarem representadas por advogado comum, sendo que a simples distribuição da competente ação não suspende o prazo para pagamento das verbas rescisórias, sob pena de incidência da multa respectiva prevista em lei.

e) situação em que cada parte deverá estar representada por advogado próprio, sendo que a simples distribuição da competente ação não suspende o prazo para pagamento das verbas rescisórias, sob pena de incidência da multa respectiva prevista em lei.

▷ ***Anotações/Comentários***

Alternativa correta: letra "e" (responde as demais alternativas). O art. 855-B da CLT declina que é obrigatória a representação das partes por advogado, nos casos de processo de homologação de acordo extrajudicial, não podendo ser representadas por advogado comum (§1º) e o trabalhador poderá ser representado pelo advogado do sindicato de sua categoria. O art. 855-C da CLT descreve que o pedido de homologação de acordo extrajudicial não afasta a aplicação da multa prevista no §8º art. 477 da CLT.

---

24. (FCC – TRT24/2017 – Oficial de Justiça Avaliador – Área Judiciária) A Constituição Federal do Brasil e a Consolidação das Leis do Trabalho instituíram regras sobre organização e competência da Justiça do Trabalho e dos órgãos que a compõem. Em observância a tais normas,

a) é competência da Justiça do Trabalho a apreciação de ação proposta por empresa para anulação de penalidade imposta em auto de infração lavrado por auditor fiscal do trabalho, por inobservância da cota de contratação de pessoas com deficiência.

b) o Supremo Tribunal Federal, em sede de ação direta de inconstitucionalidade, interpretou ser da competência da Justiça do Trabalho a apreciação de demandas entre o Poder Público e seus servidores, a ele vinculados por típica relação de ordem estatutária ou de caráter jurídico-administrativo.

c) o Tribunal Superior do Trabalho compor-se-á de dezessete Ministros, escolhidos dentre brasileiros com mais de trinta anos e menos de sessenta e cinco anos, de notável saber jurídico e reputação ilibada, nomeados pelo Presidente da República após aprovação pela maioria simples do Senado Federal.

d) os Tribunais Regionais do Trabalho compõem-se de, no mínimo, nove juízes, recrutados exclusivamente na respectiva região, e nomeados pelo Presidente da República dentre brasileiros com mais de trinta e menos de sessenta e cinco anos.

e) a Justiça do Trabalho passou a ser competente para julgar as ações de indenização por dano moral decorrentes da relação de emprego somente a partir da Emenda Constitucional no 45/2004, visto que o texto original da Constituição Federal de 1988 e a jurisprudência do Tribunal Superior do Trabalho não admitiam o processamento de tais ações na Justiça Especializada.

▷ ***Anotações/Comentários***

Alternativa "a" – Correta: A fiscalização administrativa, na seara trabalhista, é exercida Ministério do Trabalho e Previdência. Desse modo, se tal órgão aplica multa a determinada empresa, caso esta tenha interesse de anular o auto de infração, deverá ajuizar ação da Justiça do Trabalho, nos termos do art. 114, VII, da CF.

---

25. (FCC – TRT24/2017 – Analista Judiciário – Área Judiciária) Asclépio, residente e domiciliado em Manaus, participou de processo seletivo e foi contratado na cidade de Brasília, onde se localiza a sede da empresa Orfheu Informática S/A, para trabalhar como programador, na filial da empresa no Município de Campo Grande. No contrato de trabalho as partes convencionaram como foro de eleição a comarca de São Paulo. Após dois anos de contrato, Asclépio foi dispensado por justa causa sem receber nenhuma verba rescisória, retornando para Manaus. Não concordando com o motivo da sua rescisão, o trabalhador resolveu ajuizar reclamação trabalhista em face da sua ex-empregadora. Conforme a regra de competência territorial prevista na lei trabalhista a ação deverá ser proposta na Vara do Trabalho de

a) Brasília, por ser a sede da empresa reclamada.

b) Brasília, por ser o local da contratação.

c) Manaus, local de seu domicílio.

d) Campo Grande, local da prestação dos serviços.

e) São Paulo, foro de eleição contratual.

▷ ***Anotações/Comentários***

Alternativa "d" – Correta: A competência em razão do lugar (territorial) é aquela delimitada com base nos limites geográficos (territorial) de cada órgão do Poder Judiciário. Portanto, divide-se a competência considerando cada parte do território nacional. Essa competência vem descrita no art. 651 da CLT. A regra é o ajuizamento da reclamação trabalhista no local da prestação de serviço, conforme estabelece o art. 651, *caput*, da CLT: "A competência das Juntas de Conciliação e Julgamento é determinada pela localidade onde o empregado, reclamante ou reclamado, prestar serviços ao empregador, ainda que tenha sido contratado noutro local ou no estrangeiro".

---

26. (FCC – TRT24/2017 – Oficial de Justiça Avaliador – Área Judiciária) A empresa Olimpos Construções S/A, com sede em Brasília, contratou empregado brasileiro através de sua sucursal em São Paulo, para gerenciar as obras existentes na Turquia, lugar onde prestou serviços durante dois anos. Rescindido o contrato o empregado retorna ao Brasil, pretendendo acionar o seu empregador em razão de créditos trabalhistas que entende devidos. Nessa situação, conforme regra prevista na Consolidação das Leis do Trabalho,

a) é incompetente a autoridade judiciária brasileira, para conhecer da reclamação trabalhista, que deveria ser ajuizada na Turquia, local da prestação dos serviços.

b) se houver foro de eleição expressamente previsto no contrato, será este o competente para conhecer da reclamação trabalhista.

c) será competente para conhecer da ação trabalhista o foro de opção contratual do empregado, podendo ser o da contratação, da prestação de serviços ou o da demissão.

d) a autoridade judiciária brasileira é incompetente, devendo a ação ser proposta no País em que o empregado foi contratado.

e) a autoridade judiciária trabalhista brasileira é competente para conhecer da reclamação trabalhista, salvo se houver Convenção Internacional dispondo em contrário.

▷ ***Anotações/Comentários***

Alternativa "e" - Correta: O §2º do art. 651 da CLT prevê a competência internacional, estabelecendo que a Vara do Trabalho é competente, na hipótese de prestação dos serviços em agência ou filial no exterior, desde que o empregado seja brasileiro (nato ou naturalizado) e não haja convenção internacional em sentido contrário.

---

27. (TRT20/2016 - FCC - Analista Judiciário - Área Judiciária) Hera participou de processo seletivo e foi contratada como música instrumentista da Orquestra do Banco Ultra S/A, no Município de Itabaiana/SE, onde tem o seu domicílio. No contrato de trabalho foi estipulado como foro de eleição para propositura de demanda trabalhista o Município de Aracaju/SE. O banco possui agências em todos estados do Brasil e a sua sede está localizada em Brasília/DF. Durante os oito meses em que foi empregada do Banco, Hera exerceu suas funções apenas no Município de Aracaju/SE. Caso decida ajuizar reclamação trabalhista em face de seu ex-empregador, deverá propor em

a) Aracaju, porque foi o local da prestação dos serviços.

b) Aracaju, por ser o foro de eleição previsto em contrato de trabalho.

c) Itabaiana, porque é o foro do seu domicílio.

d) Brasília, por estar situada a sede do Banco reclamado.

e) Aracaju, Itabaiana ou Brasília, dependendo da sua própria conveniência como reclamante.

▷ ***Anotações/Comentários***

Alternativa "a" - Correta: A competência das Varas do Trabalho é determinada pela localidade onde o empregado, reclamante ou reclamado, prestar serviços ao seu empregador, ainda que tenha sido contratado noutro local ou no estrangeiro (art. 651, "caput", CLT).

---

28. (TRT20/2016 - FCC - Analista Judiciário - OJA) Zeus é estivador inscrito e atuando como trabalhador avulso no Porto do Rio de Janeiro. Há alguns meses ele não tem concordado com os repasses que estão sendo efetuados pelos trabalhos realizados, entendendo ser credor de diferenças. Consultou um Advogado para ajuizar ação em face do Órgão Gestor de Mão de Obra e o operador portuário, demanda esta que deverá ser proposta perante a

a) Justiça Comum Estadual, porque o trabalhador avulso é considerado autônomo sem vínculo de emprego com o órgão de mão de obra.

b) Justiça do Trabalho, ainda que o pedido seja somente de diferenças de repasses.

c) Justiça do Trabalho, desde que formule pedido principal de reconhecimento de vínculo de emprego e, acessoriamente de diferenças de repasses.

d) Justiça Federal, porque a matéria portuária é de segurança do Estado Federativo e, portanto, de ordem nacional.

e) Justiça Comum Estadual ou Justiça do Trabalho, visto que se tratando de matéria de relação de trabalho em sentido amplo, cabe ao trabalhador a opção.

▷ ***Anotações/Comentários***

Alternativa "b" - Correta: Relação de trabalho pode ser conceituada como "qualquer vínculo jurídico por meio do qual uma pessoa natural executa obra ou serviços para outrem, mediante o pagamento de uma contraprestação". Trata-se, pois, de gênero, nele incluindo: relação de emprego; trabalho autônomo; trabalho eventual; trabalho avulso; trabalho voluntário; estágio etc. Nesse sentido, o art. 643, § 3º, da CLT declina que a Justiça do Trabalho é competente para processar e julgar as ações entre trabalhadores portuários e os operadores portuários ou o Órgão Gestor de Mão de Obra - OGMO decorrentes da relação de trabalho.

---

29. (TRT 14º Região/2016 - Analista Judiciário - OJA) Há previsão legal atribuindo aos órgãos judiciais as questões que devem estar afetas ao seu julgamento, assim como os órgãos judiciais trabalhistas têm traçados em lei os seus poderes para conhecer e solucionar as lides. Sobre o tema, conforme ordenamento jurídico é INCORRETO afirmar:

a) Como regra, a competência das Varas do Trabalho é determinada pela localidade onde o empregado, reclamante ou reclamado, prestar serviços ao empregador, ainda que tenha sido contratado noutro local ou no estrangeiro.

b) Compete às Varas Cíveis da Justiça Federal julgar as ações envolvendo trabalhadores portuários e os operadores portuários ou Órgão Gestor de Mão de Obra - OGMO, decorrentes da relação de trabalho, por envolver questão estratégica nacional.

c) A Justiça do Trabalho tem competência para analisar e decidir sobre as ações relativas às penalidades administrativas impostas aos empregadores pelos órgãos de fiscalização das relações de trabalho.

d) Compete à Justiça do Trabalho processar e julgar as ações de indenização por dano moral ou patrimonial, decorrentes da relação de trabalho.

e) É da competência das Varas do Trabalho conhecer e julgar os dissídios resultantes de contratos de empreitada em que o empreiteiro seja operário ou artífice.

▷ ***Anotações/Comentários***

Alternativa correta B.

O candidato deveria estar atento que a questão solicitava a alternativa INCORRETA. O art. 643, § 3º da CLT declina que a Justiça do Trabalho é competente para processar e julgar as ações entre trabalhadores portuários e os operadores portuários ou o Órgão Gestor de Mão de Obra - OGMO decorrentes da relação de trabalho.

Assim, o erro da questão está ao afirmar que a competência será das Varas Cíveis da Justiça Federal.

---

30. (FCC - Analista Judiciário - Oficial de Justiça Avaliador - TRT 23/2016) A competência é considerada como medida da jurisdição. Em se tratando de competência territorial das Varas do Trabalho, a regra geral prevista na Consolidação das Leis do Trabalho é fixada

a) pelo local onde foi realizada a contratação.

b) pelo domicílio eleitoral do empregado.

c) pelo domicílio civil do empregador, quando esse for pessoa física.

d) pela matriz da empresa pública, na capital do Estado onde é a sede do Tribunal Regional.

e) pela localidade onde o empregado, reclamante ou reclamado, prestar serviços ao empregador.

▷ ***Anotações/Comentários***

Alternativa correta E

A regra da competência territorial, no processo do trabalho, vem descrita no art. 651 "caput" da CLT que estabelece: "a competência das Varas do Trabalho é determinada pela localidade onde o empregado, reclamante ou reclamado, prestar serviços ao empregador, ainda que tenha sido contratado noutro local ou no estrangeiro."

---

31. (FCC - TST/2017 - Analista Judiciário) A respeito da competência das Varas do Trabalho, segundo a legislação trabalhista em vigor, considere:

I. A ação de consignação em pagamento que o empregador promover em face do empregado deve ser proposta no foro do domicílio deste, desde que esta situação esteja prevista no seu contrato de trabalho, caso contrário, a competência será da Vara onde se deu a contratação do trabalhador.

II. Quando for parte no dissídio agente ou viajante comercial, a competência será da Vara do Trabalho da localidade em que a empresa tenha agência ou filial e a esta o empregado esteja subordinado e, na falta, será competente a Vara da localização em que o empregado tenha domicílio ou a localidade mais próxima.

III. Quando for parte no dissídio agente ou viajante comercial, a competência será da Vara do Trabalho da localidade em que a empresa tenha agência ou filial e a esta o empregado esteja subordinado e, na falta, será competente a Vara da localização em que o empregado tenha sido contratado ou a localidade mais próxima.

IV. Em se tratando de empregador que promova realização de atividades fora do lugar do contrato de trabalho, é assegurado ao empregado apresentar reclamação no foro da celebração do contrato ou no da prestação dos respectivos serviços.

V. Mesmo em se tratando de empregador que promova realização de atividades fora do lugar do contrato de trabalho, a competência continuará sendo exclusiva da Vara da localidade da prestação dos respectivos serviços, eis que se trata de regra mais benéfica ao empregado.

Está correto o que consta APENAS em

a) I, III e V.
b) I e V.
c) I, II e IV.
d) II e IV.
e) II e III.

▷ ***Anotações/Comentários***

Alternativa correta: "d". Estão corretas as assertivas II e IV.

Assertiva II – Correta: Quando for parte de dissídio agente ou viajante comercial, a competência será da Vara da localidade em que a empresa tenha agência ou filial e a esta o empregado esteja subordinado e, na falta, será competente a Vara da localização em que o empregado tenha domicílio ou a localidade mais próxima (CLT, art. 651, §1º).

Assertiva IV – Correta: A CLT estabelece que, em se tratando de empregador que promova realização de atividades fora do lugar do contrato de trabalho, é assegurado ao empregado apresentar reclamação no foro da celebração do contrato ou no da prestação dos respectivos serviços (CLT, art. 651, §3º).

32. (FCC – Analista Judiciário: Área Judiciária – TRT2/2018) No tocante à competência da Justiça do Trabalho, considere:

I. É competente a Justiça do Trabalho para processar e julgar ações possessórias, incluindo o interdito proibitório, ainda que essas ações sejam decorrentes do exercício de greve dos trabalhadores da iniciativa privada.

II. A Justiça do Trabalho é competente para julgar mandando de segurança e habeas corpus quando o ato questionado envolver matéria de sua jurisdição, o que não ocorre com o habeas data envolvendo a mesma matéria, cuja competência é da Justiça comum.

III. Segundo entendimento sumulado do Tribunal Superior do Trabalho, é competente a Justiça do Trabalho para processar e julgar ações de indenização por dano moral e material, decorrentes da relação de trabalho, inclusive as oriundas de acidente de trabalho e doenças a ele equiparadas, ainda que propostas pelos dependentes ou sucessores do trabalhador falecido.

Está correto o que se afirma APENAS em

a) I e III
b) I e II.
c) II e III.
d) III.
e) I.

▷ ***Anotações/Comentários***

Alternativa correta: letra "a"

I – Nos termos da Súmula Vinculante nº 23, "a Justiça do Trabalho é competente para processar e julgar ação possessória ajuizada em decorrência do exercício do direito de greve pelos trabalhadores da iniciativa privada."

II – O art. 114, IV, da CF/88 declina que é da competência da Justiça do Trabalho processar e julgar "os mandados de segurança, habeas corpus e habeas data, quando o ato questionado envolver matéria sujeita à sua jurisdição".

III – "Nos termos do art. 114, inc. VI, da Constituição da República, a Justiça do Trabalho é competente para processar e julgar ações de indenização por dano moral e material, decorrentes da relação de trabalho, inclusive as oriundas de acidente de trabalho e doenças a ele equiparadas, ainda que propostas pelos dependentes ou sucessores do trabalhador falecido" (Súmula nº 392 do TST).

3. PARTES E PROCURADORES E ATOS PROCESSUAIS

33. (FCC – 2023 – TRT 17 – Analista Judiciário – Área Judiciária) Afrodite e Hera ingressaram com ação trabalhista em face do Bar da Dona Flor, para quem prestaram serviços como auxiliares de cozinha. O juiz da causa entendeu que Afrodite agiu com dolo processual, por ter usado do processo para alcançar objetivo ilegal. Conforme previsão da CLT, poderá o magistrado condenar Afrodite por litigância de má-fé no máximo em até

a) 10% sobre o valor corrigido da causa e Hera, em qualquer hipótese, responderá solidariamente pela condenação.
b) 5% sobre o valor corrigido da causa e Hera responderá solidariamente pela condenação, caso tenha se coligado com Afrodite no ato ensejador da condenação.
c) 10% sobre o valor corrigido da causa e Hera, em nenhuma hipótese, responderá solidariamente pela condenação.
d) 10% sobre o valor corrigido da causa e Hera responderá pela metade da condenação, por ser parte autora.
e) 10% sobre o valor corrigido da causa e Hera responderá solidariamente pela condenação, caso tenha-se coligado com Afrodite no ato ensejador da condenação.

▷ ***Anotações/Comentários***

Nota do autor:

Alternativa "e" – Correta: Considera-se litigante de má-fé aquele que usar do processo para conseguir objetivo ilegal (CLT, art. 793-B, II). A condenação deverá ser superior a 1% (um por cento) e inferior a 10% (dez por cento) do valor corrigido da causa (CLT, art. 793-C). Quando forem dois ou mais os litigantes de má-fé, o juízo condenará cada um na proporção de seu respectivo interesse na causa ou solidariamente aqueles que se coligaram para lesar a parte contrária. (CLT, art. 793-C, §1º).

34. (FCC – TRT24/2017 – Técnico Judiciário – Área Administrativa) Os atos processuais são os acontecimentos voluntários que ocorrem no processo e dependem de manifestações dos sujeitos do processo. Termo, por sua vez, é a reprodução gráfica do ato processual. Quanto aos prazos, diz-se necessário que os atos processuais caminhem para frente, observando determinadas regras quanto ao tempo. No que diz respeito aos atos, termos e prazos processuais a Consolidação das Leis do Trabalho estabelece:

a) Os atos processuais sempre serão públicos e realizar-se-ão nos dias úteis das 6 às 20 horas.
b) A penhora poderá realizar-se em domingo, mas não em dia feriado, mediante autorização expressa do juiz ou presidente.
c) Os prazos que vencerem em sábado, domingo ou dia feriado terminarão no primeiro dia seguinte, independentemente de ser dia útil ou não.
d) Os prazos contam-se com inclusão do dia do começo e exclusão do dia do vencimento, e são contínuos e irreleváveis, não podendo, em nenhuma hipótese, ser prorrogados pelo juiz ou tribunal.
e) Tratando-se de notificação postal, no caso de não ser encontrado o destinatário ou na hipótese de recusa de recebimento, o Correio ficará obrigado, sob pena de responsabilidade do servidor, a devolvê-la, no prazo de 48 horas, ao Tribunal de origem.

▷ ***Anotações/Comentários***

Nota do autor: Os atos processuais são ações praticadas no decorrer do processo, podendo ser realizados pelo Estado-juiz, partes ou auxiliares da Justiça.

Alternativa "e" – Correta: Tratando-se de notificação postal, no caso de não ser encontrado o destinatário ou no de recusa de recebimento, o Correio ficará obrigado, sob pena de responsabilidade do servidor, a devolvê-la, no prazo de 48 (quarenta e oito) horas, ao Tribunal de origem (art. 774, § único, CLT).

Alternativa "a" – Incorreta: O erro da alternativa está ao afirmar que os atos processuais serão SEMPRE públicos. De acordo com o art. 770 da CLT: "Os atos processuais serão públicos salvo quando o contrário determinar o interesse social, e realizar-se-ão nos dias úteis das 6 (seis) às 20 (vinte) horas".

Alternativa "b" – Incorreta: A penhora poderá realizar-se em domingo ou dia feriado, mediante autorização expressa do juiz ou presidente (art. 770, § único da CLT).

Alternativa "c" – Incorreta: Os prazos que se vencerem em sábado, domingo ou dia feriado, terminarão no primeiro dia útil seguinte (art. 775, da CLT).

Alternativa "d" – Incorreta: Os prazos estabelecidos serão contados em dias úteis, com exclusão do dia do começo e inclusão do dia do vencimento. Os prazos podem ser prorrogados, pelo tempo estritamente necessário, quando o juízo entender necessário e em virtude de força maior, devidamente comprovada (art. 775, § 1º, da CLT).

35. (FCC-TRT2/2018 – Técnico Judiciário) Na hipótese da disponibilização de sentença na sexta-feira, com publicação na segunda-feira e não havendo qualquer feriado ou ausência de expediente durante o prazo recursal, o último dia de prazo para a interposição de Recurso Ordinário será:

a) sexta-feira da semana da publicação.
b) quarta-feira da semana seguinte à da publicação.
c) terça-feira da semana seguinte à da publicação.
d) segunda-feira da semana seguinte à da publicação.
e) quinta-feira da semana seguinte à da publicação.

▷ ***Anotações/Comentários***

Nota do autor: A Lei nº 13.467/17 alterou a forma de contagem dos prazos processuais trabalhistas.

Alternativa "e" – Correta (responde todas as demais alternativas): A partir da Lei nº 13. 467/17 (Reforma Trabalhista), o art. 775 estabelece que os prazos serão contatos em dias úteis, com a exclusão do dia do começo e inclusão do dia do vencimento. Dessa forma, como a publicação foi realizada na segunda-feira, inicia-se a contagem do prazo de 8 dias (art. 895 da CLT) para interposição do Recurso Ordinário a partir de terça-feira, excluindo-se o sábado e o domingo (dias não úteis). Vejamos:

Segunda-feira	Terça-feira	Quarta-feira	Quinta-feira	Sexta-feira	Sábado	Domingo
Publicação	Início da contagem (1º)	(2º)	(3º)	(4º)		
(5º)	(6º)	(7º)	Final do Prazo (8º)			

36. (TRT15/FCC – 2018 – Técnico Judiciário) Artur é empregado temporário da empresa Gestão de Negócios Ltda. e prestou serviços temporários para Abóbora com Coco Doces Ltda. como empacotador. Moveu ação trabalhista contra ambas as empresas pleiteando diferenças salariais e pagamento de Plano de Participação nos Lucros, as quais se defenderam por meio de advogados distintos. A Reclamação foi julgada procedente, condenando a Gestão de Negócios Ltda. ao pagamento dos pedidos e a Abóbora com Coco Doces Ltda. de forma subsidiária, por ser a tomadora dos serviços temporários. Ambas pretendem ingressar com recurso ordinário, sendo que a empregadora temporária se insurgirá contra a condenação e a tomadora de serviços pedira sua exclusão da lide, por não ter sido a empregadora de Artur. O prazo, contado da intimação da sentença e não sendo interpostos Embargos de Declaração, será:

a) os primeiros 8 dias para a Abóbora com Coco Doces Ltda. e os 8 dias subsequentes para Gestão de Negócios Ltda., tendo em vista que a matéria se trata de exclusão da lide.
b) 16 dias úteis para ambas as reclamadas, uma vez que possuem advogados distintos, única hipótese em que é permitida a dobra do prazo processual.
c) 8 dias úteis para ambas as reclamadas.
d) 16 dias úteis para ambas as reclamadas, pelo litisconsórcio passivo, independentemente de possuírem advogados distintos.
e) os primeiros 8 dias para Gestão de Negócios Ltda. e os 8 dias subsequentes para a Abóbora com Coco Doces Ltda.

▷ ***Anotações/Comentários***

Nota do autor: A questão abrange o prazo processual quando há litisconsórcio.

Alternativa "c" – Correta (responde todas as demais alternativas): No processo do trabalho, quando existir litisconsórcio e as partes tiverem advogados diferentes, de escritórios distintos, **não** há modificação do prazo processual, conforme estabelece a OJ nº 310 da SDI-I do TST: "Inaplicável ao processo do trabalho a norma contida no art. 229, *caput* e §§ 1º e 2º, do CPC de 2015 (art. 191 do CPC de 1973), em razão de incompatibilidade com a celeridade que lhe é inerente". Assim, o prazo será de 8 dias para ambas as reclamadas, pois o art. 895 da CLT estabelece que cabe recurso ordinário no prazo de 8 dias das decisões definitivas ou terminativas.

37. (FCC-TRT2/2018 – Técnico Judiciário) De acordo com a Consolidação das Leis do Trabalho, o curso do prazo processual nos dias compreendidos entre 20 de dezembro e 20 de janeiro,

a) não incluso esse último dia, suspende-se, sendo permitida a realização de audiências e sessões de julgamento durante tal lapso de tempo.
b) inclusive, interrompe-se, sendo que, durante tal lapso de tempo, não se realizarão audiências nem sessões de julgamento.
c) inclusive, interrompe-se, sendo que, durante tal lapso de tempo, é permitido que sejam realizadas audiências e sessões de julgamento.
d) inclusive, suspende-se, sendo que, durante tal lapso de tempo, não se realizarão audiências nem sessões de julgamento.
e) não incluso esse último dia, interrompe-se, sendo vedada a realização de audiências e sessões de julgamento durante o prazo suspenso.

▷ ***Anotações/Comentários***

Nota do autor: A Lei nº 13.545/2017 disciplinou o recesso forense na Justiça do Trabalho e incluiu o art. 775-A na CLT, objeto da presente questão.

Alternativa "d" – Correta (responde todas as demais alternativas): O art. 775-A da CLT, incluído pela Lei nº 13.545/2017, passou estabelecer:

> **Art. 775-A.** Suspende-se o curso do prazo processual nos dias compreendidos entre 20 de dezembro e 20 de janeiro, inclusive.
>
> § 1º Ressalvadas as férias individuais e os feriados instituídos por lei, os juízes, os membros do Ministério Público, da Defensoria Pública e da Advocacia Pública e os auxiliares da Justiça exercerão suas atribuições durante o período previsto no caput deste artigo.
>
> § 2º Durante a suspensão do prazo, não se realizarão audiências nem sessões de julgamento.

38. (FCC – 2023 – TRT 17 – Analista Judiciário – Área Judiciária) A distribuidora de água mineral Cristalina sofreu a penhora em um bem de sua propriedade, decorrente de uma execução trabalhista que é devedora, em um domingo, no dia 09/01/2022. Considerando o que prevê a Consolidação das Leis do Trabalho, a penhora revelou-se:

a) ilegal, uma vez que no período de 20/12/2021 a 20/01/2022 os prazos processuais encontravam-se suspensos, além do que os atos judiciais não podem se realizar em nenhuma hipótese fora dos dias úteis.

b) legal, desde que tenha havido expressa autorização judicial para sua realização em dia não útil, sendo que de 20/12/2021 a 20/01/2022 os prazos processuais encontravam-se suspensos, não podendo se realizar apenas audiências e sessões de julgamento.

c) ilegal, uma vez que no período de 20/12/2021 a 20/01/2022 os prazos processuais encontravam-se interrompidos, além do que os atos judiciais não podem se realizar em nenhuma hipótese fora dos dias úteis.

d) legal, uma vez que no período de 20/12/2021 a 19/01/2022 os prazos processuais encontravam-se suspensos, além do que os atos judiciais não podem se realizar em nenhuma hipótese fora dos dias úteis.

e) legal, ficando a critério do oficial de justiça sua realização em dia não útil, se caso entenda dessa forma para salvaguardar a realização do ato, sendo que de 20/12/2021 a 19/01/2022 os prazos processuais encontravam-se suspensos, não podendo se realizar apenas audiências e sessões de julgamento.

▷ ***Anotações/Comentários***

Alternativa "b" – Correta (responde todas as demais alternativas): De acordo com o art. 770 da CLT, a penhora poderá ser realizada em domingo ou feriado, desde que haja expressa autorização do juiz. Já, quanto aos prazos, estabelece o art. 775-A da CLT: "suspende-se o curso do prazo processual nos dias compreendidos entre 20 de dezembro e 20 de janeiro, inclusive", não se realizando audiências nem sessões de julgamento neste período.

39. (TRT20/2016 – FCC – Técnico Judiciário – Área Administrativa) Afrodite, empregada doméstica, ajuizou ação reclamatória trabalhista em face de sua ex-empregadora Minerva, postulando o pagamento de horas extras, férias e 13º salários não adimplidos. A ação foi julgada procedente em parte, uma vez que foram acolhidos apenas os pedidos de férias e 13º salários, sendo rejeitado o pedido de horas extras. No caso proposto, o valor, bem como a responsabilidade pelo pagamento das custas processuais, será de

a) 2% sobre o valor da condenação a cargo da parte vencida, ou seja, da reclamada.

b) 1% sobre o valor de cada pedido acolhido sob a responsabilidade da reclamada e 1% sobre o pedido não acolhido sob a responsabilidade da reclamante.

c) 2% sobre o valor dos pedidos acolhidos, com redução proporcional ao pedido não acolhido, sob a responsabilidade da reclamada.

d) 2% sobre o valor da causa, pagas pela reclamante, porque não houve procedência total dos pedidos requeridos.

e) 1% sobre o valor da causa, a cargo da reclamada, visto que houve procedência apenas parcial.

▷ ***Anotações/Comentários***

Nota do autor: A questão exigia conhecimento do art. 789 da CLT.

Alternativa "a" – Correta (responde as demais alternativas): Nos dissídios individuais e nos dissídios coletivos do trabalho, nas ações e procedimentos de competência da Justiça do Trabalho, bem como nas demandas propostas perante a Justiça Estadual, no exercício da jurisdição trabalhista, as custas relativas ao processo de conhecimento incidirão à base de 2% (dois por cento), observado o mínimo de R$ 10,64 (dez reais e sessenta e quatro centavos) e o máximo de quatro vezes o limite máximo dos benefícios do Regime Geral de Previdência Social, e, serão calculadas, quando houver acordo ou condenação, sobre o respectivo valor (art.789, "caput", CLT).

Ademais, as custas serão pagas pelo vencido, após o trânsito em julgado da decisão, ou no caso de recurso dentro do prazo recursal (art. 789, § 1º, CLT). No caso da questão, o vencido é a reclamada. Aliás, no pagamento das custas, ainda que a procedência seja parcial, não há sucumbência recíproca, ficando a cargo da reclamada o pagamento.

40. (FCC – TRT24/2017 – Técnico Judiciário – Área Administrativa) No tocante às custas processuais, a Consolidação das Leis do Trabalho estabelece que

a) o pagamento das custas, sempre que houver acordo, caberá à Reclamada, pois deu causa ao processo.

b) as custas serão, em qualquer caso, pagas pelo vencido, antes do trânsito em julgado da decisão.

c) no processo de execução são devidas custas, de responsabilidade do executado ou do exequente, conforme o caso, sendo pagas após a liquidação de sentença.

d) não sendo líquida a condenação, o juízo arbitrar-lhe-á o valor e fixará o montante das custas processuais.

e) apenas nos dissídios individuais, no exercício da jurisdição trabalhista, as custas relativas ao processo de conhecimento incidirão à base de 1%, sem observância de importância mínima.

▷ ***Anotações/Comentários***

Nota do autor: A questão versa sobre as custas processuais.

Alternativa "d" – Correta: De acordo com o § 2º do art. 789 da CLT, "não sendo líquida a condenação, o juízo arbitrar-lhe-á o valor e fixará o montante das custas processuais".

Alternativa "a" – Incorreta: Na fase de conhecimento, as custas processuais vêm estabelecidas no art. 789 da CLT, e, seu § 3º estabelece: "Sempre que houver acordo, se de outra forma não for convencionado, o pagamento das custas caberá em partes iguais aos litigantes".

Alternativa "b" – Incorreta: As custas serão pagas pelo vencido, após o trânsito em julgado da decisão. No caso de recurso, as custas serão pagas e comprovado o recolhimento dentro do prazo recursal (art. 789, § 1º da CLT).

Alternativa "c" – Incorreta: Segundo o art. 789-A da CLT, "no processo de execução são devidas custas, sempre de responsabilidade do executado e pagas ao final".

Alternativa "e" – Incorreta: Nos dissídios individuais e nos dissídios coletivos do trabalho, nas ações e procedimentos de competência da Justiça do Trabalho, bem como nas demandas propostas perante a Justiça Estadual, no exercício da jurisdição trabalhista, as custas relativas ao processo de conhecimento incidirão à base de 2% (dois por cento), observado o mínimo de R$ 10,64 (dez reais e sessenta e quatro centavos) e o máximo de quatro vezes o limite máximo dos benefícios do Regime Geral de Previdência Social (art. 789, *caput*, da CLT).

41. (FCC-TRT2/2018 – Técnico Judiciário) Na reclamação trabalhista "V" o valor da causa é R$ 100.000,00. Durante a tramitação processual, as partes celebraram um acordo no valor total de R$ 70.000,00, convencionando que as custas processuais serão pagas pela empresa reclamada. Nesse caso, as custas processuais devidas pela empresa são de

a) 2% sobre o valor da causa.

b) 2% sobre o valor do acordo.

c) 1% sobre o valor do acordo.

d) 1% sobre o valor da causa.

e) 3% sobre o valor da causa.

▷ ***Anotações/Comentários***

Nota do autor: Na fase de conhecimento, as custas processuais vêm estabelecidas no art. 789 da CLT.

Alternativa "b" – Correta (responde todas as demais alternativas): Segundo o art. 789 da CLT (alterado pela Lei 13.467/17):

> **Art. 789**. Nos dissídios individuais e nos dissídios coletivos do trabalho, nas ações e procedimentos de competência da Justiça do Trabalho, bem como nas demandas propostas perante a Justiça Estadual, no exercício da jurisdição trabalhista, as custas relativas ao processo de conhecimento incidirão à base de **2% (dois por cento),** observado o mínimo de R$ 10,64 (dez reais e sessenta e quatro centavos) e o máximo de quatro vezes o limite máximo dos benefícios do Regime Geral de Previdência Social, e serão calculadas:
>
> **I – quando houver acordo ou condenação, sobre o respectivo valor**;
>
> II – quando houver extinção do processo, sem julgamento do mérito, ou julgado totalmente improcedente o pedido, sobre o valor da causa;

III – no caso de procedência do pedido formulado em ação declaratória e em ação constitutiva, sobre o valor da causa;

IV – quando o valor for indeterminado, sobre o que o juiz fixar.

(...) § 3º Sempre que houver acordo, se de outra forma não for convencionado, o pagamento das custas caberá em partes iguais aos litigantes.

42. (FCC – TRT24/2017 – Técnico Judiciário – Área Administrativa) Quanto às partes e procuradores que figuram no Processo do Trabalho, a Consolidação das Leis do Trabalho estabelece:

a) A constituição de procurador com poderes para o foro em geral poderá ser efetivada, mediante simples registro em ata de audiência, a requerimento verbal do advogado interessado, com anuência da parte representada.

b) Nos dissídios coletivos, é obrigatória aos interessados a assistência por advogado.

c) No processo do trabalho não é admitida a acumulação de várias reclamações em um mesmo processo, ainda que haja identidade de matéria e se tratem de empregados da mesma empresa ou estabelecimento.

d) Os empregadores não poderão reclamar pessoalmente perante a Justiça do Trabalho e acompanhar as suas reclamações até o final.

e) A reclamação trabalhista do menor de 21 anos será feita por seus representantes legais e, na falta destes, apenas pelo sindicato ou curador nomeado em juízo.

▷ ***Anotações/Comentários***

Nota do autor: A questão exigia conhecimento do art. 791, § 3º, da CLT.

Alternativa "a" – Correta: O § 3º do art. 791 da CLT admite a procuração *apud acta* no processo do trabalho, como se depreende do seu texto transcrito a seguir: "A constituição de procurador com poderes para o foro em geral poderá ser efetivada, mediante simples registro em ata de audiência, a requerimento verbal do advogado interessado, com anuência da parte representada".

Alternativa "b" – Incorreta: Segundo o § 2º do art. 791 da CLT: "nos dissídios coletivos é facultada aos interessados a assistência por advogado".

Alternativa "c" – Incorreta: O art. 842 da CLT dispõe que "sendo várias as reclamações e havendo identidade de matéria, poderão ser acumuladas num só processo, se se tratar de empregados da mesma empresa ou estabelecimento".

Alternativa "d" – Incorreta: Os empregados e os empregadores poderão reclamar pessoalmente perante a Justiça do Trabalho e acompanhar as suas reclamações até o final (art. 791, *caput*, CLT).

Alternativa "e" – Incorreta: A reclamação trabalhista do menor de 18 anos será feita por seus representantes legais e, na falta destes, pela Procuradoria da Justiça do Trabalho, pelo sindicato, pelo Ministério Público estadual ou curador nomeado em juízo (art. 793 da CLT).

43. (FCC – TRT24/2017 – Analista Judiciário – Área Judiciária) Analisando o normativo previsto na Consolidação das Leis do Trabalho quanto à nomeação de advogado com poderes para o foro em geral na Justiça do Trabalho,

a) dá-se pela juntada prévia de instrumento de procuração, com firma devidamente reconhecida.

b) a nomeação poderá ser efetivada mediante simples registro em ata de audiência, a requerimento verbal do advogado interessado, com anuência da parte representada.

c) apenas o trabalhador poderá reclamar sem a presença de advogado, uma vez que o princípio do *jus postulandi* somente se aplica à parte hipossuficiente.

d) o advogado pode atuar sem que lhe sejam exigidos poderes outorgados pela parte, em razão da previsão legal do *jus postulandi*.

e) nos dissídios coletivos é obrigatória aos interessados a assistência por advogado constituído necessariamente por instrumento de mandato, com firma devidamente reconhecida.

▷ ***Anotações/Comentários***

Alternativa "b" – Correta: Nos termos do §3º do art. 791 da CLT "a constituição de procurador com poderes para o foro em geral poderá ser efetivada, mediante simples registro em ata de audiência, a requerimento verbal do advogado interessado, com anuência da parte representada".

44. (FCC – 2023 – TRT 17 – Analista Judiciário – Área Judiciária) Brasilino é procurador de uma fundação pública do Estado do Espírito Santo, a qual está sendo demandada no âmbito da Justiça do Trabalho por um ex-empregado, estando responsável pela elaboração de defesa e comparecimento a audiência para representar a fundação. Nessa situação, com base no que orienta a jurisprudência do TST, o procurador

a) está dispensado da juntada de instrumento de mandato, desde que junte aos autos o ato de sua nomeação para o referido cargo.

b) deverá juntar instrumento de mandato, não sendo necessária a juntada de seu ato de nomeação, eis que a dispensa seria apenas para a União, Estados e Municípios.

c) está dispensado da juntada de instrumento de mandato e do ato de sua nomeação para o referido cargo, bastando a indicação do número de sua inscrição na OAB.

d) está dispensado da juntada de instrumento de mandato e do ato de sua nomeação para o referido cargo, sendo essencial que declare ser exercente do cargo de procurador, não bastando a indicação do número de sua inscrição na OAB.

e) deverá juntar instrumento de mandato e também ato de sua nomeação para o cargo de procurador, sob pena de ser declarada a irregularidade de representação.

▷ ***Anotações/Comentários***

Alternativa "d" – Correta: a Súmula nº 436, item I, do TST autoriza a representação processual das pessoas jurídicas de direito público sem que haja a necessidade de juntada de instrumento de mandato. O item II da referida súmula exige que o procurador ao menos se declare como exercente do cargo de procurador, não bastando a simples indicação do número da OAB.

45. (FCC – TRT11/2017 – Oficial de Justiça Avaliador) Considere:

I. Recurso Ordinário ao Tribunal Regional do Trabalho da 11ª Região.

II. Ação rescisória.

III. Mandado de segurança.

IV. Agravo de Petição ao Tribunal Regional do Trabalho da 11ª Região.

De acordo com o entendimento Sumulado do TST, o *jus postulandi* das partes estabelecido no artigo 791 da CLT, alcança os indicados APENAS em

a) I, III e IV.

b) I e IV.

c) II e III.

d) I, II e IV.

e) I e III.

▷ ***Anotações/Comentários***

Alternativa "b" – Correta: O Tribunal Superior do Trabalho **não permite** o *jus postulandi* em alguns casos, exigindo, nessas hipóteses, que a parte seja representada por advogado, como se verifica pela Súmula nº 425 do TST, a seguir:

O *jus postulandi* das partes, estabelecido no art. 791 da CLT, limita-se às Varas do Trabalho e aos Tribunais Regionais do Trabalho, não alcançando a ação rescisória, a ação cautelar, o mandado de segurança e os recursos de competência do Tribunal Superior do Trabalho.

Pela análise da súmula anterior, percebe-se que o *jus postulandi* está restrito às Varas do Trabalho e aos Tribunais Regionais do Trabalho não tendo aplicação:

a) nos recursos de competência do TST (seja recurso de natureza extraordinária, seja recurso de natureza ordinária);

b) na ação rescisória;

c) na ação cautelar;

d) no mandado de segurança.

No caso da questão, como recurso ordinário e o agravo de petição são de competência do TRT é aplicável o *jus postulandi*.

46. (TRT20/2016 – FCC – Analista Judiciário – Área Judiciária) Vênus atuou durante 6 anos como preposta da Cia de Bebidas Fonte de Amor. Por força da crise econômica foi dispensada sem receber alguns direitos trabalhistas. Em razão de sua experiência, ingressou com reclamação trabalhista de forma verbal, sem constituir advogado. Conforme súmula do Tribunal Superior do Trabalho e dispositivo processual trabalhista, a capacidade postulatória de Vênus em relação a essa reclamatória

a) está restrita a fase de conhecimento na Vara do Trabalho.

b) limita-se às Varas do Trabalho e aos Tribunais Regionais do Trabalho, não alcançando a fase executória.

c) limita-se às Varas do Trabalho e aos Tribunais Regionais do Trabalho, não alcançando os recursos de competência do Tribunal Superior do Trabalho.

d) é ilimitada quanto a fase processual, bem como em relação à instância, alcançando inclusive o Tribunal Superior do Trabalho, porque a lei permite o acompanhamento das reclamações até o final.

e) está restrita à fase de conhecimento, incluindo recursos em todas as instâncias trabalhistas, Varas do Trabalho, Tribunais Regionais do Trabalho e Tribunal Superior do Trabalho, mas não envolve a fase de execução.

▷ ***Anotações/Comentários***

Nota do autor: A questão aborda o *jus postulandi* na Justiça do Trabalho, em especial, a Súmula nº 425 do TST.

Alternativa "c" – Correta: No processo do trabalho, admite-se que o empregado e o empregador postulem em juízo pessoalmente, ou seja, sem a necessidade de um advogado (art. 791, CLT). É o que se denomina *jus postulandi* das partes. Contudo, o TST não permite o *jus postulandi* em alguns casos, exigindo, nessas hipóteses, que a parte seja representada por advogado, como se verifica pela Súmula nº 425 do TST: "O *jus postulandi* das partes, estabelecido no art. 791 da CLT, limita-se às Varas do Trabalho e aos Tribunais Regionais do Trabalho, não alcançando a ação rescisória, a ação cautelar, o mandado de segurança e os recursos de competência do Tribunal Superior do Trabalho".

47. (FCC – Analista Judiciário: Área Judiciária – TRT2/2018) Átila, Vênus e Tábata foram empregados da empresa de Transportes Rápido & Feliz Ltda. e têm intenção de propor uma única reclamação trabalhista, procurando um advogado para isto. Átila e Vênus pleiteiam diferenças de horas extras e plano de participação nos lucros e resultados; já Tábata pretende pleitear diferenças de verbas rescisórias. Diante da situação narrada, e de acordo com a legislação vigente, é correto afirmar que

a) somente através de dissídio coletivo seria possível o ingresso com ação em nome de todos.

b) todos podem ingressar com uma única reclamação, mesmo com pedidos diferentes, tendo em vista que se trata do mesmo empregador.

c) a legislação vigente não trata de litisconsórcio ativo, razão pela qual caberá ao juiz decidir o ingresso da ação plúrima.

d) somente Átila e Vênus podem ingressar com uma única reclamação, pois a ação plúrima só é possível se houver identidade de matéria.

e) todos devem ingressar com reclamações próprias, não havendo possibilidade de reclamação plúrima.

▷ ***Anotações/Comentários***

Alternativa correta: letra "d".

"Sendo várias as reclamações e havendo identidade de matéria, poderão ser acumuladas num só processo, se se tratar de empregados da mesma empresa ou estabelecimento" (art. 842 da CLT). Trata-se da previsão das reclamações plúrimas.

48. (FCC – 2024 – TRT 11 (AM e RR) – Analista Judiciário – Área Judiciária) Relativamente à capacidade postulatória, a Consolidação da Leis do Trabalho e a jurisprudência consolidada do Tribunal Superior do Trabalho, fixam que

a) a faculdade do *jus postulandi* assegura a participação em todos os trâmites processuais, todavia há necessidade de constituição de advogado pelo reclamante quando firmar acordo, uma vez que necessita de apoio jurídico-profissional em razão de sua hipossuficiência.

b) é lícito fazer uso do *jus postulandi* e ingressar com processo de homologação de transação extrajudicial em petição conjunta e aguardar a homologação do juiz.

c) não há qualquer restrição ao exercício do *jus postulandi* em se tratando de feitos que tramitam nas Varas do Trabalho, nos Tribunais Regionais do Trabalho e no Tribunal Superior do Trabalho, pois a vedação diz respeito apenas ao Supremo Tribunal Federal.

d) é admissível a reclamação verbal ou escrita, mesmo em se tratando do uso do *jus postulandi*, sendo que, quando escrita, deverá conter a designação do juízo, a qualificação das partes, a breve exposição dos fatos de que resulte o dissídio, o pedido, que deverá ser certo, determinado e com indicação de seu valor.

e) somente os empregados detêm o *jus postulandi*, uma vez que a reforma trabalhista (Lei nº 13.467/2017) não considerou que o empregador possa reclamar pessoalmente na Justiça do Trabalho, em razão de poder arcar com os custos financeiros de um advogado.

▷ ***Anotações/Comentários***

Nota do autor: A questão aborda o *jus postulandi* na Justiça do Trabalho, ou seja, a possibilidade de o empregado e do empregador atuarem sem a necessidade de advogado, nos termos do art. 791 da CLT.

Alternativa "A" – Incorreta: Não é necessário que o reclamante constitua advogado para firmar acordo na Justiça do Trabalho. O *jus postulandi* permite que as partes atuem pessoalmente em todas as fases do processo, inclusive na celebração de acordos.

Alternativa "B" – Incorreta: A homologação de transação extrajudicial, introduzida pela Reforma Trabalhista (Lei nº 13.467/2017), exige a assistência de advogados para ambas as partes, conforme o artigo 855-B da CLT.

Alternativa "C" – Incorreta: O *jus postulandi* não é admitido no Tribunal Superior do Trabalho, conforme a Súmula 425 do TST, que limita seu exercício às Varas do Trabalho e aos Tribunais Regionais do Trabalho.

Alternativa "D" – Correta: De acordo com o artigo 840 da CLT, a reclamação trabalhista pode ser escrita ou verbal. Quando escrita, o § 1º do art. 840 impõe que deve conter a designação do juízo, a qualificação das partes, a breve exposição dos fatos que originaram o litígio, o pedido certo, determinado e com indicação de seu valor. Do mesmo modo, o § 2º, do art. 840 impõe que tais requisitos devem ser observados, no que couber, quando se tratar de reclamação verbal. Assim, ainda que as partes façam uso do *jus postulandi* devem observar os requisitos do art. 840, § 1º, da CLT.

Alternativa "E" – Incorreta: O *jus postulandi* é facultado tanto ao empregado quanto ao empregador, não havendo restrição apenas aos empregados. A CLT no art. 791, expressamente, admite a atuação sem advogado pelo empregador.

49. (FCC – Analista Judiciário: Área Judiciária – TRT2/2018) Átila, Vênus e Tábata foram empregados da empresa de Transportes Rápido & Feliz Ltda. e têm intenção de propor uma única reclamação trabalhista, procurando um advogado para isto. Átila e Vênus pleiteiam diferenças de horas extras e plano de participação nos lucros e resultados; já Tábata pretende pleitear diferenças de verbas rescisórias. Diante da situação narrada, e de acordo com a legislação vigente, é correto afirmar que

a) somente através de dissídio coletivo seria possível o ingresso com ação em nome de todos.

b) todos podem ingressar com uma única reclamação, mesmo com pedidos diferentes, tendo em vista que se trata do mesmo empregador.

c) a legislação vigente não trata de litisconsórcio ativo, razão pela qual caberá ao juiz decidir o ingresso da ação plúrima.

d) somente Átila e Vênus podem ingressar com uma única reclamação, pois a ação plúrima só é possível se houver identidade de matéria.

e) todos devem ingressar com reclamações próprias, não havendo possibilidade de reclamação plúrima.

▷ ***Anotações/Comentários***

Alternativa correta: letra "d".

"Sendo várias as reclamações e havendo identidade de matéria, poderão ser acumuladas num só processo, se se tratar de empregados da mesma empresa ou estabelecimento" (art. 842 da CLT). Portanto, o CLT exige identidade de matéria para que se admita o litisconsórcio ativo, denominado pela doutrina trabalhista de reclamação plúrima.

---

50. (FCC – 2023 – TRT 17 – Analista Judiciário – Área Judiciária) Praxedes saiu-se parcialmente vencedor em uma demanda trabalhista em face da sua ex-empregadora, a lavanderia Branca de Neve, onde a mesma foi condenada a custear os honorários sucumbenciais do seu advogado. Nessa hipótese, segundo a Consolidação das Leis do Trabalho, a decisão judicial está correta,

a) ainda que o patrocínio da causa seja de advogado particular, sendo que o percentual não poderá ser inferior a 5% e não superar 15% sobre o valor que resultar da liquidação de sentença ou do proveito econômico obtido, independente de haver ou não honorários contratados.

b) desde que o patrocínio da causa seja de advogado fornecido pelo sindicato de classe, sendo que o percentual não poderá ser inferior a 15% sobre o valor que resultar da liquidação de sentença ou do proveito econômico obtido.

c) ainda que o patrocínio da causa seja de advogado particular e não tenha sido pactuado contrato de honorários, sendo que o percentual não poderá ser inferior a 10% e não superar 20% sobre o valor que resultar da liquidação de sentença ou do proveito econômico obtido.

d) desde que o patrocínio da causa seja de advogado fornecido pelo sindicato de classe, sendo que o percentual não poderá ser inferior a 20% sobre o valor que resultar da liquidação de sentença ou do proveito econômico obtido.

e) ainda que o patrocínio da causa seja de advogado particular e não tenha sido pactuado contrato de honorários, sendo que o percentual não poderá ser inferior a 10% e não superar 30% sobre o valor que resultar da liquidação de sentença ou do proveito econômico obtido.

▷ ***Anotações/Comentários***

Alternativa correta: letra "a". A questão abrange os honorários advocatícios no processo do trabalho. Destaca-se que com o advento da Lei nº 13.467/17 (Reforma Trabalhista), promoveu-se verdadeira revolução acerca da condenação dos honorários advocatícios na Justiça do Trabalho.

Para responder à questão, era necessário que o candidato soubesse a literalidade do art. 791-A, *caput*, da CLT: "Ao advogado, ainda que atue em causa própria, serão devidos honorários de sucumbência, fixados entre **o mínimo de 5% (cinco por cento) e o máximo de 15% (quinze por cento)** sobre o valor que resultar da liquidação da sentença, do proveito econômico obtido ou, não sendo possível mensurá-lo, sobre o valor atualizado da causa" (grifo nosso).

---

51. (FCC/2018 - TRT 6ª Região – Analista – Área Judiciária) Sobre os prazos no processo do trabalho,

a) podem ser prorrogados, pelo tempo estritamente necessário, quando o juiz entender necessário e em virtude de força maior, devidamente comprovada.

b) são contínuos e irreleváveis, sendo contados com exclusão do dia do começo e inclusão do dia do vencimento.

c) sendo a parte intimada ou notificada no sábado, a contagem do prazo inicia-se na segunda-feira seguinte.

d) o recesso forense e as férias coletivas dos Ministros do TST interrompem os prazos recursais.

e) quando não juntada a ata ao processo em 24 horas, contadas da audiência de julgamento, o prazo para recurso será contado da data em que a parte receber a intimação da sentença.

▷ ***Anotações/Comentários***

Alternativa correta: letra "a". O art. 775, §1º da CLT, alterado pela Lei nº 13.467/17 (Reforma Trabalhista), estabelece que: "os prazos podem ser prorrogados, pelo tempo estritamente necessário, nas seguintes hipóteses: quando o juízo entender necessário; em virtude de força maior, devidamente comprovada".

---

52. (FCC – Analista Judiciário: Área Judiciária – TRT2/2018) Mercedes ingressou com reclamação trabalhista contra sua ex-empregadora, a Empresa de Alimentos Tudo de Bom Ltda., pleiteando diferenças de verbas rescisórias e danos morais. O processo tramita de modo eletrônico e foi proferida sentença julgando procedente a ação e deferindo as diferenças pretendidas, mas omitindo-se no tocante ao pedido de danos morais. A disponibilização da informação da sentença para os advogados das partes ocorreu no Diário Oficial no dia 3/5, uma quinta-feira. Pretendendo o advogado de Mercedes ingressar com Embargos de Declaração para suprir a omissão do julgado, o último dia para sua interposição, considerando que não houve feriados naquele mês, será dia

a) 8/5.

b) 16/5.

c) 10/5.

d) 9/5.

e) 11/5.

▷ ***Anotações/Comentários***

Alternativa correta: letra "e". É diferente a contagem do prazo na hipótese de publicação no Diário da Justiça eletrônico, como ocorre, em regra, com a intimação do advogado. Nesse caso, a data da publicação será considerada o primeiro dia útil seguinte ao da disponibilização da informação no Diário da Justiça eletrônico, começando a correr o prazo processual "no primeiro dia útil que seguir ao considerado como data da publicação" (art. 4º, §§ 3º e 4º).

Assim, se no dia 03.05 (quinta-feira), houve a disponibilização da sentença, a publicação ocorrerá no dia 04.05 (sexta-feira). Nos dias 05.05 (sábado) e 06.05 (domingo) não haverá a contagem do prazo processual, pois não são dias úteis. O início do prazo processual ocorrerá, portanto, no dia 07.05 (segunda-feira). Como os embargos de declaração devem ser apresentados no prazo de 5 dias úteis, o final do prazo ocorrerá 11.05 (sexta-feira).

Disponibilizada a decisão no Diário eletrônico	Será considerada data de publicação	Início da contagem do prazo processual
Dia 03.05 (quinta-feira)	Dia 04.05 (sexta-feira)	Dia 07.05 (segunda-feira)

---

53. (FCC – TRT11/2017 – Oficial de Justiça Avaliador) São isentos do pagamento de custas, além dos beneficiários de justiça gratuita:

a) apenas a União, os Estados, o Distrito Federal, os Municípios e o Ministério Público do Trabalho.

b) apenas o Ministério Público do Trabalho.

c) a União, os Estados, o Distrito Federal, os Municípios e respectivas autarquias e fundações públicas federais, estaduais ou municipais que não explorem atividade econômica e o Ministério Público do Trabalho.

d) a União, os Estados, o Distrito Federal, os Municípios e respectivas autarquias e fundações públicas federais, estaduais ou municipais que não explorem atividade econômica, bem como as entidades fiscalizadoras do exercício profissional e o Ministério Público do Trabalho.

e) apenas a União, os Estados, o Distrito Federal, os Municípios e respectivas autarquias e fundações públicas federais, estaduais ou municipais que não explorem atividade econômica.

▷ ***Anotações/Comentários***

Alternativa "c" – Correta: Segundo o art. 790-A da CLT:

> "São isentos do pagamento de custas, além dos beneficiários de justiça gratuita:

I – a União, os Estados, o Distrito Federal, os Municípios e respectivas autarquias e fundações públicas federais, estaduais ou municipais que não explorem atividade econômica;

II – o Ministério Público do Trabalho.

Parágrafo único. A isenção prevista neste artigo não alcança as entidades fiscalizadoras do exercício profissional, nem exime as pessoas jurídicas referidas no inciso I da obrigação de reembolsar as despesas judiciais realizadas pela parte vencedora".

54. (FCC – TRT11/2017 – Analista Judiciário – Área Judiciária) No tocante às custas, considere:

I. A parte vencedora na primeira instância, se vencida na segunda, está obrigada, independentemente de intimação, a pagar as custas fixadas na sentença originária, das quais ficara isenta a parte então vencida.

II. No caso de inversão do ônus da sucumbência em segundo grau, sem acréscimo ou atualização do valor das custas e se estas já foram devidamente recolhidas, caberá um novo pagamento pela parte vencida, ao recorrer.

III. Não caracteriza deserção a hipótese em que, acrescido o valor da condenação, não houve fixação ou cálculo do valor devido a título de custas e tampouco intimação da parte para o preparo do recurso, devendo ser as custas pagas ao final.

IV. Não há reembolso das custas à parte vencedora mesmo na hipótese em que a parte vencida for pessoa isenta do seu pagamento, nos termos previstos na Consolidação das Leis do Trabalho.

Está correto o que se afirma APENAS em

a) II e III.

b) I e III.

c) I, II e IV.

d) II, III e IV.

e) I e IV.

▷ ***Anotações/Comentários***

Alternativa "b" – Correta:

Item I – correto: A Súmula nº 25, I do TST estabelece: "A parte vencedora na primeira instância, se vencida na segunda, está obrigada, independentemente de intimação, a pagar as custas fixadas na sentença originária, das quais ficara isenta a parte então vencida".

Item II – incorreto: No caso de inversão do ônus da sucumbência em segundo grau, sem acréscimo ou atualização do valor das custas e se estas já foram devidamente recolhidas, descabe um novo pagamento pela parte vencida, ao recorrer. Deverá ao final, se sucumbente, reembolsar a quantia (Súmula nº 25, II do TST).

Item III – correto: Não caracteriza deserção a hipótese em que, acrescido o valor da condenação, não houve fixação ou cálculo do valor devido a título de custas e tampouco intimação da parte para o preparo do recurso, devendo ser as custas pagas ao final (Súmula nº 25, III do TST).

Item IV – incorreto: O reembolso das custas à parte vencedora faz-se necessário mesmo na hipótese em que a parte vencida for pessoa isenta do seu pagamento, nos termos do art. 790-A, parágrafo único, da CLT (Súmula nº 25, IV do TST).

55. (FCC – Analista Judiciário – Oficial de Justiça Avaliador – TRT 23/2016) A sociedade de economia mista DIEPAX Medicamentos foi condenada ao pagamento de horas extraordinárias em processo movido por seu empregado. Na mesma decisão, foi acolhido o pedido de responsabilidade subsidiária do segundo reclamado, o Município de Cuiabá e condenação em custas processuais. A isenção das custas processuais abrange

a) apenas a sociedade de economia mista.

b) apenas o Município.

c) nenhuma das reclamadas.

d) as duas reclamadas.

e) apenas o réu principal em caso de condenação subsidiária, devendo o Município efetuar o recolhimento.

▷ ***Anotações/Comentários***

Alternativa correta: B.

Estão isentos do pagamento das custas processuais, além do beneficiário da justiça gratuita, a União, os Estados, o Distrito Federal, os Municípios e respectivas autarquias e fundações públicas federais, estaduais ou municipais que não explorem atividade econômica e o Ministério Público do Trabalho (art. 790-A, CLT). Portanto, apenas o Município de Cuiabá está isento, não alcançando a sociedade de economia mista.

56. (FCC – Analista Judiciário – Oficial de Justiça Avaliador – TRT 23/2016) Agatha, empregada doméstica, ingressou com reclamação trabalhista em face da sua empregadora Isis, de forma verbal sem a assistência de advogado, postulando o pagamento de férias com 1/3. O pedido foi julgado procedente e a reclamada sucumbente interpôs recurso ordinário. A autora foi intimada para apresentar contrarrazões. No caso, conforme previsão legal e entendimento sumulado do TST,

a) a autora não pode exercer o *jus postulandi* para contrarrazoar perante o Tribunal Regional.

b) nenhuma das partes pode utilizar o *jus postulandi* em fase recursal.

c) ambas podem exercer o *jus postulandi* para recorrer e contrarrazoar o recurso ordinário perante o Tribunal Regional.

d) apenas por se tratar de reclamação de empregado doméstico as partes podem exercer o *jus postulandi* em todas as fases e instâncias do processo.

e) por se tratar de condenação de pessoa física, a reclamada pode exercer o *jus postulandi* para o recurso ordinário, o mesmo não ocorrendo à autora que foi vencedora.

▷ ***Anotações/Comentários***

Alternativa correta: Letra C.

No processo do trabalho, admite-se que o empregado e o empregador postulem em juízo pessoalmente, ou seja, sem a necessidade de advogado. É o que se denomina de *jus postulandi* das partes, conforme declina o *caput* do art. 791 da CLT: "os empregados e os empregadores poderão reclamar pessoalmente perante a Justiça do Trabalho e acompanhar as suas reclamações até o final".

Contudo, o TST não permite o *jus postulandi* em alguns casos, exigindo, nessas hipóteses, que a parte seja representada por advogado, como se verifica pela Súmula nº 425 do TST: "O *jus postulandi* das partes, estabelecido no art. 791 da CLT, limita-se às Varas do Trabalho e aos Tribunais Regionais do Trabalho, não alcançando a ação rescisória, a ação cautelar, o mandado de segurança e os recursos de competência do Tribunal Superior do Trabalho."

Portanto, sendo o recurso ordinário em análise de competência do TRT, cabível o *jus postulandi.*

57. (FCC – TRT24/2017 – Analista Judiciário – Área Judiciária) A empresa Minerva & Atena Cia do Saber foi acionada em reclamatória trabalhista e recebeu a notificação da sentença por oficial de justiça em um sábado. Segundo as regras da Consolidação das Leis do Trabalho e a jurisprudência sumulada do Tribunal Superior de Trabalho, para recurso, considerando não haver feriado naquele mês, o início do prazo e o início da contagem, serão, respectivamente,

a) na segunda-feira.

b) segunda-feira e terça-feira.

c) no sábado.

d) sábado e segunda-feira.

e) sábado e terça-feira.

▷ ***Anotações/Comentários***

Alternativa "b" – Correta: A data da ciência da notificação deve ser em dia que tenha expediente forense (dia útil). Caso contrário, a notificação será considerada como realizada no próximo dia útil subsequente. Além disso, a contagem do prazo somente se inicia nos dias úteis, vez que os atos processuais, em regra, igualmente só podem ser realizados nesses dias (art. 770, CLT). Na questão, a parte foi notificada no sábado, ela será considerada como realizada na segunda-feira, e a contagem inicia-se no próximo dia útil subsequente, ou seja, na terça-feira.

58. (TRT 14ª Região/2016 – Analista Judiciário – OJA) Sobre os atos processuais relativos ao processo do trabalho no rito ordinário é correto afirmar:

a) Serão públicos, salvo quando o contrário determinar o interesse social, e serão realizados, nos dias úteis das 6 às 20 horas, exceto a penhora, que pode ser realizada em domingo ou feriado, mediante autorização judicial expressa.

b) A penhora poderá ser realizada em qualquer dia e horário independente de autorização expressa do juiz por se tratar de ato de execução e para atender ao princípio da eficácia.

c) Serão sempre públicos, realizados somente nos dias úteis, no horário das 6 às 21 horas, exceto a penhora que poderá ocorrer das 5 às 23 horas.

d) Serão públicos, salvo em caso de segredo de justiça assim determinado pelo Ministério Público do Trabalho, apenas em dias úteis, no horário das 8 às 19 horas.

e) Serão sempre públicos, não havendo segredo de justiça em processo trabalhista, nos dias úteis, das 11 às 19 horas, exceto as penhoras que podem ocorrer das 8 às 20 horas.

▷ ***Anotações/Comentários***

Alternativa correta: A. Conforme declina o art. 770, CLT: "Os atos processuais serão públicos, salvo quando o contrário determinar o interesse social, e realizar-se-ão nos dias úteis das 6 às 20 horas. Parágrafo único: A penhora poderá realizar-se em domingo ou dia feriado, mediante autorização expressa do juiz ou presidente."

59. (FCC – Analista Judiciário – Oficial de Justiça Avaliador – TRT 23/2016) Os prazos processuais previstos no Processo Judiciário do Trabalho contam-se

a) a partir do dia imediatamente seguinte à data em que foi feita a notificação.

b) 48 horas após a data em que foi feita a publicação do edital no jornal oficial.

c) 10 dias após a data em que foi feita a publicação do edital na sede da Vara ou Tribunal.

d) 48 horas após a data em que foi recebida a notificação por oficial de justiça.

e) com a exclusão do dia do começo e inclusão do dia do vencimento.

▷ ***Anotações/Comentários***

Alternativa correta: E.

Cumpre consignar que não se confunde a data da ciência da notificação com a data do início da contagem dos prazos. A data da ciência, como o próprio nome já diz, é a data em que a parte toma conhecimento da notificação. É o chamado "dia do susto". Na contagem dos prazos processuais, o dia do "susto" é excluído, incluindo-se o dia do vencimento. Desse modo, a contagem do prazo somente terá início no dia seguinte ao recebimento da notificação. É o que estabelece o art. 775, *caput*, da CLT: "os prazos estabelecidos neste Título serão contados em dias úteis, com exclusão do dia do começo e inclusão do dia do vencimento".

60. (TRT20/2016 – FCC – Analista Judiciário – Área Judiciária) Considerando que o processo pode ser entendido como uma sequência ordenada de atos que devem seguir procedimentos e prazos previstos em lei, no Processo Judiciário do Trabalho, segundo normas contidas na Consolidação das Leis do Trabalho e entendimentos sumulados do Tribunal Superior do Trabalho,

a) intimada ou notificada a parte no sábado, o início do prazo se dará no primeiro dia útil imediato e, a contagem, no subsequente, e os prazos que se vencerem em sábado, domingo ou feriado, terminarão no primeiro dia útil seguinte.

b) em qualquer situação a penhora poderá realizar-se em domingo ou dia de feriado, não havendo necessidade de urgência ou determinação legal expressa.

c) quando a intimação tiver lugar na sexta-feira, ou a publicação com efeito de intimação for feita nesse dia, o prazo judicial será contado, a partir deste dia porque se trata de dia útil forense.

d) presume-se recebida a notificação vinte e quatro horas depois de sua postagem; o seu não recebimento ou a entrega após o decurso desse prazo constitui ônus de prova do destinatário.

e) o prazo decadencial para ajuizamento de ação rescisória quando expira em feriado, final de semana ou em dia em que não houver expediente forense, não se prorroga até o primeiro dia útil, imediatamente subsequente.

▷ ***Anotações/Comentários***

Nota do autor: A questão aborda os atos processuais na seara trabalhista.

Alternativa "a" – Correta: Segundo entendimento do TST, intimada ou notificada a parte no sábado, o início do prazo se dará no primeiro dia útil imediato e a contagem, no subsequente (Súmula nº 262, I do TST).

61. (FCC – TRT24/2017 – Analista Judiciário – Área Judiciária) Em audiência realizada no curso da ação trabalhista movida por Perseu em face da empresa Cavalo de Tróia Empreendimentos, após terem sido ouvidas as partes, o Juiz apresentou proposta conciliatória que foi aceita pelas partes. Entretanto, nada foi ajustado sobre custas. Conforme normas contidas na Consolidação das Leis do Trabalho, as custas processuais

a) ficarão a cargo da reclamada, em razão do princípio da hipossuficiência do trabalhador.

b) serão de responsabilidade do reclamante que irá se beneficiar com proveito econômico do acordo.

c) serão dispensadas pela União nos casos de conciliação em processo trabalhista.

d) caberão em partes iguais aos litigantes, sempre que houver acordo, se de outra forma não for convencionado.

e) serão atribuídas sempre à reclamada, uma vez que o acordo implica em confissão de dívida.

▷ ***Anotações/Comentários***

Alternativa "d" – Correta: Na fase de conhecimento, as custas processuais vêm estabelecidas no art. 789 da CLT, e, seu § 3º estabelece: "Sempre que houver acordo, se de outra forma não for convencionado, o pagamento das custas caberá em partes iguais aos litigantes".

4. NULIDADES PROCESSUAIS E PETIÇÃO INICIAL

62. (TRT15/FCC – 2018 – Técnico Judiciário) Cibele ajuizou reclamação trabalhista escrita requerendo a condenação da Empresa X em horas extras, equiparação salarial e adicional de insalubridade. Na petição inicial constou a designação do juízo, a qualificação das partes, mas sem indicação do CNPJ da Reclamada, a breve exposição dos fatos de que resulte o dissídio, o pedido a ser liquidado em fase de execução, uma vez que o valor depende da produção de provas, a data e a assinatura do advogado de Cibele. Deu o valor da causa de R$ 60.000,00. Nesse caso, e de acordo com a legislação vigente, a petição inicial

a) atende aos requisitos legais somente no tocante às horas extras e equiparação salarial, uma vez que o adicional de insalubridade para ser deferido e fixado, depende de produção de prova pericial, não podendo ser liquidado de imediato.

b) atende aos requisitos legais somente no tocante à equiparação salarial, uma vez que as horas extras dependem de prova a ser produzida em instrução processual para delimitar o seu montante, não podendo liquidadas de imediato, e o adicional de insalubridade, igualmente, depende de prova pericial para fixação do grau em que se enquadra, se deferido.

c) não atende aos requisitos legais, uma vez que é obrigatória a indicação da qualificação das partes, inclusive com o número de seu Cadastro Nacional da Pessoa Jurídica.

d) atende aos requisitos legais, uma vez que somente no procedimento sumaríssimo os pedidos devem ser certos e determinados.

e) não atende aos requisitos legais, uma vez que o pedido deve ser certo, determinado e com indicação de seu valor.

▷ *Anotações/Comentários*

Nota do autor: A petição inicial é um ato solene, razão pela qual possui requisitos previamente dispostos no ordenamento.

Alternativa "e" – Correta (responde todas as demais alternativas): Com o advento da Lei nº 13.467/17, o art. o art. 840 da CLT exige que o pedido seja ser certo, determinado e com indicação de seu valor. Assim, a reforma trabalhista passou a exigir que o pedido indique seu valor nas ações submetidas ao rito ordinário. Trata-se de dispositivo inspirado no rito sumaríssimo que já exigia esse requisito.

63. (FCC – 2024 – TRT 11 – Analista Judiciário - Área Judiciária) A Consolidação das Leis do Trabalho, ao tratar das nulidades, estabelece que

a) havendo incompetência, na fase de conhecimento, em razão da matéria, esta deverá ser declarada *ex officio*.

b) será declarada *ex officio* ou mediante provocação das partes, seja ela absoluta ou relativa.

c) não há necessidade de o juiz ou Tribunal que pronunciá-la, declarar a sua extensão, porque o processamento do feito retornará à sua origem.

d) haverá nulidade mesmo nos casos em que não haja manifesto prejuízo às partes litigantes.

e) a parte poderá pugnar pela declaração de nulidade junto ao órgão judicante, ainda que ela a tenha dado causa.

▷ *Anotações/Comentários*

Nota do autor: A CLT dispõe sobre as nulidades processuais nos artigos 794 a 798, estabelecendo princípios específicos para o processo do trabalho.

Alternativa "A" – Correta: A incompetência em razão da matéria é absoluta e deve ser declarada de ofício pelo juiz em qualquer fase do processo, conforme o artigo 795, §2º, da CLT.

Alternativa "B" – Incorreta: As nulidades relativas dependem de provocação da parte interessada, enquanto as absolutas podem ser declaradas de ofício.

Alternativa "C" – Incorreta: O juiz ou tribunal que pronunciar a nulidade deve declarar os atos a que ela se estende, conforme artigo 796 da CLT.

Alternativa "D" – Incorreta: Segundo o artigo 794 da CLT, não haverá nulidade sem prejuízo manifesto para as partes litigantes.

Alternativa "E" – Incorreta: A parte que deu causa à nulidade não pode alegá-la, conforme artigo 795, §1º, da CLT.

64. (FCC – TRT24/2017 – Analista Judiciário – Área Judiciária) Urano ingressou com reclamatória trabalhista pretendendo receber adicional de periculosidade e horas extras em face da empresa que trabalha. Na audiência UNA designada foi requerida a prova técnica pericial e a oitiva de testemunhas por carta precatória. O juiz deferiu apenas a realização da prova pericial, encerrando a instrução processual e designando julgamento. Inconformado, o patrono de Urano pode alegar nulidade processual

a) em qualquer fase do processo, por se tratar de nulidade fundada em incompetência de foro.

b) apenas em grau de recurso, por se tratar de nulidade fundada em incompetência de prerrogativa.

c) em qualquer momento do processo, quando arguida por quem lhe tiver dado causa.

d) no prazo de cinco dias após a realização da audiência, por meio de agravo de instrumento.

e) à primeira vez em que tiver de falar em audiência ou nos autos, em razão do princípio da preclusão.

▷ *Anotações/Comentários*

Alternativa "e" – Correta: O processo do trabalho é pautado pelo princípio da simplicidade. Isso, no entanto, não afasta a necessidade de se observarem determinadas formas descritas na lei, permitindo às partes a segurança jurídica do processo. A ausência de tais formalidades dá origem aos chamados vícios dos atos processuais, que são classificados nas seguintes espécies: inexistentes, nulidade absoluta, nulidade relativa e irregularidades. Segundo o princípio da convalidação ou preclusão, a nulidade deve ser alegada na primeira oportunidade em que a parte tiver que se manifestar nos autos, sob pena de preclusão. Nesse sentido, o art. 795, *caput* da CLT: "As nulidades não serão declaradas senão mediante provocação das partes, as quais deverão argui-las à primeira vez em que tiverem de falar em audiência ou nos autos".

65. (TRT20/2016 – FCC – Analista Judiciário – Área Judiciária) Na reclamação trabalhista movida pelo empregado Záfiro em face da empresa Olimpo S/A houve procedência parcial em sentença. A reclamada interpôs recurso, mas por equívoco do Juízo não houve intimação do reclamante para apresentar contrarrazões. O recurso teve seu provimento negado. No caso, quanto à teoria das nulidades processuais, conforme previsão contida no texto consolidado,

a) caberia arguição pela reclamada da nulidade processual visto que não foi cumprido ato processual essencial.

b) deveria ser declarada a nulidade de ofício, que alcançaria todos os atos decisórios.

c) não poderia ser declarada nulidade de ofício por não ser absoluta, mas caso fosse arguida por quaisquer das partes seria acolhida com anulação dos atos decisórios.

d) a nulidade não seria declarada porque não houve prejuízo à parte que não foi intimada para apresentar contrarrazões do recurso.

e) deveria ser declarada a nulidade por provocação da reclamada apenas em eventual ação rescisória a ser movida.

▷ *Anotações/Comentários*

Alternativa "d" – Correta: O princípio do prejuízo, também denominado de transcendência, significa que não há nulidade sem prejuízo. Nesse sentido, o art. 794 da CLT estabelece: "Nos processos sujeitos à apreciação da Justiça do Trabalho só haverá nulidade quando resultar dos atos inquinados manifesto prejuízo às partes litigantes".

A contrário *sensu,* se o ato, mesmo que não tenho observado as prescrições legais, não gerar prejuízo, ele não será declarado nulo.

66. (TRT 14ª Região/2016 – Analista Judiciário – Área Judiciária) A Teoria Geral do Processo conceitua a nulidade como sendo uma sanção pela qual a lei priva um ato jurídico dos seus efeitos normais, quando em sua execução não são observadas as formas ou requisitos para ele prescritas. Entretanto, diante da informalidade do processo do trabalho, em relação às nulidades é correto que

a) só haverá nulidade quando resultar dos atos inquinados manifesto prejuízo às partes litigantes.

b) as partes litigantes podem arguir as nulidades a qualquer momento processual, cabendo-lhes a escolha do momento processual que entendam oportuno.

c) a nulidade será declarada mesmo que for possível suprir-lhe a falta ou repetir o ato, uma vez que o ato já foi realizado e se consolidou.

d) a nulidade deverá ser pronunciada ainda que tenha sido arguida pela parte litigante que lhe originou ou lhe deu causa.

e) o juiz que pronunciar a nulidade não precisa declarar os atos a que ela se estende porque a nulidade de um ato prejudica os atos anteriores a este.

▷ *Anotações/Comentários*

Alternativa correta: A.

O princípio do prejuízo, também denominado de transcendência, significa que não há nulidade sem prejuízo. Assim, se o ato, mesmo que não tenha observado as prescrições legais, não gerar prejuízo, ele não será declarado nulo. Nesse sentido, o art. 794 da CLT estabelece: "nos processos sujeitos à apreciação da Justiça do Trabalho só haverá nulidade quando resultar dos atos inquinados manifesto prejuízo às partes litigantes".

5. AUDIÊNCIAS E RESPOSTA DO RÉU

67. (FCC - 2022 - TRT 14 - Analista Judiciário - Área Judiciária) Na audiência inicial, compareceu o reclamante Marcelo e o Preposto da Metalúrgica Setembro S/A, onde o autor trabalhava, ambos acompanhados por seus respectivos advogados. Não houve conciliação entre as partes, tendo o Juiz do Trabalho recebido a defesa e dado vista ao reclamante para manifestação. Designada audiência de instrução, saindo cientes as partes que seriam tomados seus depoimentos pessoais e a oitiva de suas testemunhas, Marcelo, injustificadamente, não compareceu, tendo sido aplicada pelo Juiz a pena de confissão quanto à matéria de fato. O advogado de Marcelo, presente, consignou seus "protestos" no tocante à aplicação da confissão quanto à matéria de fato. Nos termos da CLT e jurisprudência pacificada do TST, o

a) Juiz agiu corretamente, pois nesse caso não é cabível a determinação do arquivamento da reclamação.
b) Juiz deveria ter determinado o arquivamento da reclamação, possibilitando a Marcelo o ajuizamento de nova ação.
c) Juiz não poderia ter aplicado a pena de confissão quanto à matéria de fato a Marcelo, uma vez que tal cominação se refere somente ao réu, quando revel.
d) advogado de Marcelo deveria ingressar com Agravo de Instrumento contra a decisão do Juiz e não apenas consignar seus "protestos".
e) advogado de Marcelo deveria impetrar Mandado de Segurança contra o ato do Juiz, por ser autoridade coatora.

▷ ***Anotações/Comentários***

Nota do autor: a questão aborda o comparecimento das partes na audiência trabalhista.

Alternativa "a" - Correta (responde as demais alternativas): O não-comparecimento do reclamante à audiência inaugural importa o arquivamento da reclamação, e o não-comparecimento do reclamado importa revelia, além de confissão quanto à matéria de fato (art. 844, *caput* da CLT). Se a audiência for adiada depois da apresentação da contestação, o não comparecimento do reclamante na audiência de instrução dá origem à confissão ficta (presunção de veracidade dos fatos alegados), desde que devidamente intimado com essa cominação (Súmula nº 74, I do TST).

68. (FCC - 2022 - TRT 14 - Analista Judiciário - Área Judiciária) Na audiência inicial designada na reclamação trabalhista movida por Davi em face de Fábrica de Tecidos São João Ltda., o autor deixou de comparecer, estando presente seu advogado. A Juíza do Trabalho determinou o arquivamento da reclamação, condenando o reclamante ao pagamento das custas processuais, calculadas em 2% do valor dado à causa. Nesse ato, seu advogado reiterou o pedido de concessão dos benefícios da justiça gratuita, formulado na petição inicial e instruído com declaração do autor de hipossuficiência, o que restou deferido pela Magistrada. De acordo com a CLT,

a) Davi poderá ingressar com nova reclamação, não sendo condição da ação a comprovação do pagamento das custas processuais, justamente por ser beneficiário da justiça gratuita.
b) a Juíza não poderia ter condenado Davi ao pagamento de custas processuais, uma vez que ele é beneficiário da justiça gratuita.
c) as custas processuais podem ser cominadas a Davi por ter dado causa ao arquivamento da reclamação, mas na proporção de 1% sobre o valor dado à causa, ainda que beneficiário da justiça gratuita, tendo em vista a proporcionalidade a ser observada com a reclamada.
d) Davi terá o prazo de quinze dias para comprovar o motivo legalmente justificável de sua ausência, quando então ficará isento do pagamento das custas processuais por ter dado causa ao arquivamento da reclamação.
e) a Juíza não poderia ter condenado Davi ao pagamento das custas processuais, por se tratar de falta de comparecimento à audiência inicial. Tal cominação é prevista somente para a ausência do reclamante em audiência UNA ou de instrução.

▷ ***Anotações/Comentários***

Nota do autor: a questão aborda o comparecimento das partes na audiência trabalhista.

Alternativa "d" - Correta (responde as demais alternativas): Na hipótese de ausência do reclamante, este será condenado ao pagamento das custas calculadas na forma do art. 789 da CLT, **ainda que beneficiário da justiça gratuita**, salvo se comprovar, no prazo de 15 dias, que a ausência ocorreu por motivo legalmente justificável (CLT, art. 844, § 2º). O pagamento das referidas custas é condição para a propositura de nova demanda (CLT, art. 844, § 3º).

69. (FCC-TRT2/2018 - Técnico Judiciário) Com relação à audiência de julgamento, considere:

I. É facultado ao empregador fazer-se substituir pelo gerente, ou qualquer outro preposto que tenha conhecimento do fato, e cujas declarações obrigarão o proponente, sendo que o preposto não precisa ser empregado da parte reclamada.
II. Se por doença ou qualquer outro motivo poderoso, devidamente comprovado, não for possível ao empregado comparecer pessoalmente, poderá fazer-se representar por outro empregado que pertença à mesma profissão, ou pelo seu sindicato.
III. Ainda que ausente o reclamado, presente o advogado na audiência, serão aceitos a contestação e os documentos eventualmente apresentados.
IV. O não comparecimento do reclamante à audiência importa o arquivamento da reclamação além da condenação em multa variável entre 1% e 3% sobre o valor da causa, e o não comparecimento do reclamado importa revelia, além de confissão quanto à matéria de fato.

De acordo com a Consolidação das Leis do Trabalho, está correto o que se afirma APENAS em

a) I, II e III.
b) I, II e IV.
c) III e IV.
d) I e II.
e) I, III e IV.

▷ ***Anotações/Comentários***

Nota do autor: Diz a doutrina que, no processo do trabalho, o processo é das partes. Isso ocorre porque, nesse ramo processual, o art. 843 da CLT impõe a presença das partes na audiência. De qualquer modo, referido dispositivo admite representação das partes.

Alternativa "a" - Correta: Estão corretos os itens I, II e III.

Item I - Correto: Segundo o art. 843, §1º da CLT é facultado ao empregador fazer-se substituir pelo gerente, ou qualquer outro preposto que tenha conhecimento do fato, e cujas declarações obrigarão o proponente. E, com o advento da Lei nº 13.467/17, o §3º do art. 843 da CLT passou estabelecer que o preposto não precisa ser empregado da parte reclamada.

Item II - Correto: Se por doença ou qualquer outro motivo poderoso, devidamente comprovado, não for possível ao empregado comparecer pessoalmente, poderá fazer-se representar por outro empregado que pertença à mesma profissão, ou pelo seu sindicato (art. 843, §2º da CLT).

Item III - Correto: O §5º do art. 844 da CLT, incluído pela Lei nº 13.467/17, passou estabelecer que ainda que ausente o reclamado, presente o advogado na audiência, serão aceitos a contestação e os documentos eventualmente apresentados.

Item IV - Incorreto: O não-comparecimento do reclamante à audiência importa o arquivamento da reclamação, e o não-comparecimento do reclamado importa revelia, além de confissão quanto à matéria de fato (art. 844, *caput* da CLT).

70. (FCC - TRT11/2017 - Analista Judiciário - Área Judiciária - Adaptada) Gilmeri ajuizou reclamação trabalhista em face de sua ex-empregadora, a empresa Lago Rosa Ltda. Na audiência em que deveria apresentar defesa, o preposto da empresa não compareceu, uma vez que agendou o dia correto, mas o mês incorreto em sua agenda eletrônica. Porém, o advogado da empresa compareceu munido de procuração com firma reconhecida em cartório. Neste caso,

a) será obrigatoriamente concedido prazo de cinco dias para que a empresa justifique a ausência, antes da aplicação das penalidades inerentes à revelia.

b) a audiência deverá ser remarcada, não cabendo a aplicação das penalidades inerentes à revelia.

c) serão aceitos a contestação e os documentos eventualmente apresentados pelo advogado.

d) será obrigatoriamente concedido prazo de quarenta e oito horas para que a empresa justifique a ausência, antes da aplicação das penalidades inerentes à revelia.

e) o advogado, em razão da procuração com firma reconhecida em cartório, será constituído preposto pelo magistrado e deverá prestar depoimento pessoal.

▷ ***Anotações/Comentários***

Alternativa "c" - Correta: O reclamado deverá comparecer pessoalmente na audiência ou ser representado por seu preposto. No entanto, o § 5º do artigo 844, acrescido pela Lei nº 13.467/17, estabelece que: "ainda que ausente o reclamado, presente o advogado na audiência, serão aceitos a contestação e os documentos eventualmente apresentados".

71. (FCC - Analista Judiciário: Área Judiciária - TRT15/2018) Evandro ajuizou reclamação trabalhista em face da sua empregadora, empresa Hora Certa Entregas Ltda., e da tomadora dos serviços, empresa Crepom Distribuidora de Produtos de Papelaria Ltda. Na audiência una designada comparecem o reclamante e a empresa Crepom, segunda reclamada, que, representada por preposto que não é seu empregado, apresenta defesa. Nesse caso,

a) a audiência será redesignada para outra data, tendo em vista a ausência da primeira reclamada, que foi a empregadora do reclamante e é quem pode trazer as provas aos autos.

b) será decretada a revelia da primeira reclamada, que será considerada confessa quanto à matéria de fato.

c) será decretada a revelia de ambas as reclamadas, que serão consideradas confessas quanto à matéria de fato, a primeira em razão do não comparecimento e a segunda por estar representada por preposto não empregado.

d) a primeira reclamada será considerada revel, e a segunda, embora não seja revel, será considerada confessa quanto à matéria de fato em razão de estar representada por preposto não empregado.

e) a primeira reclamada, embora revel, não será considerada confessa quanto à matéria de fato tendo em vista que a segunda reclamada contestou a ação e, em relação à segunda reclamada, o fato de o preposto não ser empregado não gerará revelia nem confissão.

▷ ***Anotações/Comentários***

Alternativa correta: letra "e". Quanto à primeira reclamada, de acordo com o art. 844, § 4º, I, da CLT (que reproduziu o art. 345, I, do CPC/15), havendo pluralidade de reclamados e algum deles contestar a ação, não haverá a produção dos efeitos da revelia. No tocante à segunda reclamada, a Lei nº 13.467/17 acrescentou o § 3º ao art. 843 da CLT, passando a estabelecer expressamente que não há necessidade de que o preposto seja empregado da parte reclamada.

72. (TRT 14ª Região/2016 - Analista Judiciário - Área Judiciária) O Princípio da oralidade é de suma importância no processo do trabalho, daí por que as audiências são o ponto forte do procedimento de uma reclamatória trabalhista em primeiro grau de jurisdição. Sobre audiências é correto afirmar:

a) O não comparecimento do reclamante em Audiência Inicial ou Una importa em revelia, além da confissão quanto à matéria fática.

b) Serão públicas como regra e realizadas em dias úteis previamente fixados, entre oito e dezoito horas, não podendo ultrapassar cinco horas seguidas, salvo quando houver matéria urgente.

c) Caso o juiz não houver comparecido em até dez minutos após a hora marcada para a audiência, os presentes poderão retirar-se, devendo o ocorrido constar do livro de registro das audiências.

d) O não comparecimento do reclamado em Audiência Inicial ou Una importará em remarcação da mesma por uma única vez, para garantir a ampla defesa e o contraditório, arcando a parte ausente com multa fixada pelo juiz.

e) Terminada a apresentação da defesa do reclamado em audiência o juiz deverá suspender a sessão e marcar nova audiência para que o reclamante possa apresentar sua réplica e indicar as provas que pretende produzir, sob pena de nulidade processual.

▷ ***Anotações/Comentários***

Alternativa correta: B.

No processo do trabalho, a audiência tem grande relevância, uma vez que a maioria dos atos ocorrem nela, como é o caso das conciliações, apresentação de defesa, colheita de depoimentos pessoais etc. As audiências serão públicas e, em regra, realizadas na sede do juízo. Nos termos do art. 813 da CLT: "As audiências dos órgãos da Justiça do Trabalho serão públicas e realizar-se-ão na sede do Juízo ou Tribunal em dias úteis previamente fixados, entre 8 (oito) e 18 (dezoito) horas, não podendo ultrapassar 5 (cinco) horas seguidas, salvo quando houver matéria urgente".

73. (FCC - TRT24/2017 - Analista Judiciário - Área Judiciária) A empresa Mutilados Produtos Hospitalares foi acionada em reclamação trabalhista movida por seu ex-empregado Thor. Em audiência inaugural, não havendo possibilidade de acordo, o Juiz recebeu a defesa da reclamada e adiou a audiência para instrução em razão da ausência de uma testemunha convidada pelo reclamante. Na audiência de instrução em prosseguimento, compareceram apenas o reclamante com seu advogado e o advogado da reclamada, visto que o seu cliente se esqueceu da audiência e não enviou preposto. Nessa situação,

a) aplica-se a confissão à parte que, expressamente intimada com aquela cominação, não comparecer à audiência em prosseguimento, na qual deveria depor.

b) deve ser designada outra audiência porque o adiamento da primeira audiência decorreu de interesse do reclamante, em observância aos princípios do contraditório e da ampla defesa.

c) o não comparecimento do reclamado importa revelia, além de confissão quanto à matéria de fato, devendo ser marcado o julgamento.

d) não se aplica a confissão à parte que não comparecer à audiência em prosseguimento, na qual deveria depor, caso seu advogado compareça e, tendo conhecimento dos fatos, atue como preposto da empresa, cujas declarações obrigarão o proponente.

e) se o juiz entender que não é necessário o interrogatório da reclamada não será aplicada a confissão ficta requerida pela parte contrária, ainda que a reclamada tenha sido expressamente intimada com aquela cominação.

▷ ***Anotações/Comentários***

Alternativa "a" - Correta: A Súmula nº 74, I do TST, estabelece que: "aplica-se a confissão à parte que, expressamente intimada com aquela cominação, não comparecer à audiência em prosseguimento, na qual deveria depor".

74. (FCC - TRT24/2017 - Oficial de Justiça Avaliador - Área Judiciária) A empresa Universal Temperos ME foi notificada em reclamação trabalhista para comparecer em Juízo e, facultativamente, apresentar defesa. No dia designado para a audiência, os dois sócios da empresa estavam impossibilitados de comparecer, um por motivo de doença e o outro por viagem. Assim, indicaram preposto para comparecer em audiência. Conforme a legislação, o preposto

a) sempre deve ser empregado da empresa reclamada.

b) não precisa ser empregado, basta ter conhecimento dos fatos, cujas declarações obrigarão o preponente.

c) precisa ser empregado da reclamada quando se tratar de ação movida contra micro empresário.

d) não precisa ser empregado do reclamado apenas quando se tratar de ação movida contra empresas de economia mista.

e) independente do tipo de empresa precisa ser empregado do reclamado apenas nas ações que tramitam pelo rito ordinário.

▷ *Anotações/Comentários*

Alternativa "b" – Correta: O empregador poderá ser representado na audiência por gerente ou preposto, que tenha conhecimento do fato, e cujas declarações obrigarão o proponente. Ademais, de acordo com o novo § 3º do art. 843 da CLT, o preposto não precisa ser empregado da parte reclamada.

---

75. (FCC – 2023 – TRT 17 – Analista Judiciário – Área Judiciária) Mercúrio ajuíza reclamação trabalhista em face da empresa Carrega Geral Transportes Ltda., sua ex-empregadora, após ter sido dispensado sem a percepção de suas verbas rescisórias. Ajuizou a reclamatória trabalhista no foro da sua residência, Guarapari-ES, entendendo que lá tem melhor condição de acesso à Justiça. Recebida a notificação, a empresa pretende arguir a exceção de incompetência territorial, pelo fato de que o local da prestação de serviços foi em Vitória-ES, devendo lá tramitar a demanda. Nessa hipótese, segundo o ordenamento legal, deverá fazê-lo

a) no prazo de 10 dias após o recebimento da notificação, sendo que o processo será suspenso e a decisão será proferida em audiência pelo juiz da causa.

b) como preliminar de defesa a ser juntada em audiência, podendo ouvir testemunhas que comprovem o fato, não havendo suspensão do andamento processual

c) no prazo de 5 dias após o recebimento da notificação, antes da audiência, sendo que o processo será suspenso até decisão pelo juiz da causa acerca da exceção.

d) em até 10 dias antes da audiência, sendo que o processo será suspenso e a decisão será proferida em audiência pelo juiz da causa.

e) no prazo de 5 dias após o recebimento da notificação, antes da audiência, sendo que o processo terá seu curso natural até decisão pelo juiz da causa acerca da exceção.

▷ *Anotações/Comentários*

Alternativa "c" – Correta: Trata-se de questão acerca da exceção de incompetência territorial (relativa). O art. 800, *caput*, da CLT, alterado pela Lei nº 13.467/17 (Reforma Trabalhista) declina expressamente que a alegação da incompetência territorial deverá ocorrer "no prazo de cinco dias a contar da notificação, antes da audiência e em peça que sinalize a existência desta exceção", ou seja, em peça apartada, denominada exceção de incompetência. Protocolada a petição, será suspenso o processo e não se realizará a audiência a que se refere o art. 843 da CLT até que se decida a exceção (art. 800, §1º, CLT).

---

76. (FCC – Analista Judiciário – Oficial de Justiça Avaliador – TRT 23/2016) No início da audiência designada em reclamatória trabalhista, por não ter convidado nenhuma testemunha e prevendo o seu insucesso, o autor Hércules provocou um incidente tumultuário ameaçando o Juiz auxiliar da Vara de Lucas do Rio Verde e declarando, em público, que era inimigo pessoal do magistrado. Em razão do ocorrido, o patrono do autor apresentou no ato exceção de suspeição do referido Juiz, postulando o adiamento da audiência, para que não fosse configurada nulidade processual. Nessa situação, conforme disposição legal, o magistrado deve

a) rejeitar a exceção, visto que a exceção de suspeição e a nulidade não serão pronunciadas quando o recusante da suspeição tenha procurado de propósito o motivo de que ela se originou e a nulidade for arguida por quem lhe der causa.

b) acolher a exceção e se declarar suspeito apenas para o julgamento, prosseguindo a audiência, colhendo o depoimento das partes e a oitiva das testemunhas presentes da reclamada e remetendo o julgamento para o Juiz titular da Vara.

c) adiar a audiência acolhendo a suspeição, mesmo que o recusante da suspeição tenha procurado de propósito o motivo de que ela se originou e a alegada nulidade tenha sido arguida por quem lhe deu causa.

d) prosseguir a audiência por não haver previsão legal tanto para a alegada exceção de suspeição do Juiz, bem como quanto à arguição por quem deu causa da nulidade.

e) adiar a audiência para que haja instrução da suspeição designando nova audiência em 05 dias para que o Juiz Titular da Vara aprecie a admissibilidade da exceção e, após, remeta ao Tribunal para julgá-la.

▷ *Anotações/Comentários*

Alternativa correta: Letra A.

A nulidade não será pronunciada quando arguida por quem lhe tiver dado causa (art. 796, "a", CLT). Ademais, segundo art. 801, § único da CLT a nulidade não será admitida se o recusante procurou de propósito o motivo de que ela se originou.

---

77. (FCC – TRT24/2017 – Analista Judiciário – Área Judiciária. Adaptada) Adonis ingressou com reclamação trabalhista no Município de Campo Grande, sendo distribuída para a 2ª Vara do Trabalho. Apresentada exceção de incompetência em razão do lugar, foi acolhida com a remessa dos autos a uma das Varas do Trabalho de Cuiabá. Em relação à referida decisão,

a) caberá agravo de instrumento.

b) não caberá recurso, por se tratar de decisão interlocutória.

c) caberá mandado de segurança.

d) caberá reclamação correcional.

e) caberá recurso ordinário.

▷ *Anotações/Comentários*

Alternativa "e" – Correta: Embora como regra não se admita recurso do acolhimento da exceção de incompetência, a questão trata da exceção prevista na Súmula nº 214, "c", do TST: "Na Justiça do Trabalho, nos termos do art. 893, § 1º, da CLT, as decisões interlocutórias não ensejam recurso imediato, salvo nas hipóteses de decisão: (..) **c) que acolhe exceção de incompetência territorial, com a remessa dos autos para Tribunal Regional distinto daquele a que se vincula o juízo excepcionado, consoante o disposto no art. 799, § 2º, da CLT**".

---

78. (FCC/2018 - TRT 6ª Região – Oficial de Justiça Avaliador) A exceção de incompetência territorial deverá ser apresentada pelo reclamado em Processo do Trabalho

a) no prazo de 5 dias antes da audiência, mas sempre em peça apartada à defesa.

b) juntamente com a defesa, em audiência, podendo inclusive ser feita de forma verbal, em respeito ao princípio da oralidade.

c) no prazo de 10 dias a contar da notificação, em peça autônoma onde se fundamente a existência da exceção.

d) juntamente com a defesa, em audiência, devendo ser sempre escrita e em peça apartada.

e) no prazo de 5 dias a contar da notificação, antes da audiência e em peça que sinalize a existência da exceção.

▷ *Anotações/Comentários*

Alternativa "e" – Correta: Trata-se de questão acerca da exceção de incompetência territorial (relativa). Importante destacar que, como a incompetência relativa representa interesse das partes, ela não pode ser alegada ***ex officio***, ou seja, depende de provação das partes.

O art. 800, *caput*, da CLT, alterado pela Lei nº 13.467/17 (Reforma Trabalhista) declina expressamente que a alegação da incompetência territorial deverá ocorrer "no prazo de cinco dias a contar da notificação, antes da audiência e em peça que sinalize a existência desta exceção", ou seja, em peça apartada, denominada exceção de incompetência.

6. PROVAS, SENTENÇA E COISA JULGADA, TUTELA PROVISÓRIA, PROCEDIMENTO SUMARÍSSIMO E SUMÁRIO

79. (FCC/2018 - TRT 6ª Região – Técnico – Área Adm.) Conforme normas aplicáveis à produção das provas nas reclamatórias trabalhistas que tramitam pelo rito ordinário, NÃO é correto afirmar que

a) cada uma das partes não poderá indicar mais de cinco testemunhas, salvo quando se tratar de inquérito para apuração de falta grave, caso em que esse número poderá ser elevado a seis.

b) como regra, o ônus da prova incumbe ao reclamado, quanto à existência de fato impeditivo, modificativo ou extintivo do direito do reclamante.

c) o depoimento das partes e testemunhas que não souberem falar a língua nacional será feito por meio de intérprete nomeado pelo juiz.

d) se a testemunha for funcionário civil ou militar, e tiver de depor em hora de serviço, será requisitado ao chefe da repartição seu comparecimento à audiência marcada.

e) o documento em cópia oferecido para prova poderá ser declarado autêntico pelo próprio advogado, sob sua responsabilidade pessoal.

▷ ***Anotações/Comentários***

Nota do autor: Trata-se de questão sobre provas no processo do trabalho. Atente-se que o examinador questionou a alternativa **incorreta**.

Alternativa "a" – Incorreta: o erro da alternativa está na quantidade de testemunhas que podem ser apresentadas no procedimento ordinário. De acordo com o art. 821 da CLT: "cada uma das partes não poderá indicar mais de **3** (três) testemunhas, salvo quando se tratar de inquérito, caso em que esse número poderá ser elevado a 6 (seis)".

Alternativa "b" – Correta: o art. 818 da CLT, alterado pela Lei nº 13.467/17, prevê: "O ônus da prova incumbe: I - ao reclamante, quanto ao fato constitutivo de seu direito - **ao reclamado**, quanto à existência de fato impeditivo, modificativo ou extintivo do direito do reclamante".

Alternativa "c" – Correta: O depoimento das partes e testemunhas que não souberem falar a língua nacional será feito por meio de intérprete nomeado pelo juiz ou presidente (art. 819 da CLT)

Alternativa "d" – Correta: a alternativa transcreve do art. 823 da CLT: "Se a testemunha for funcionário civil ou militar, e tiver de depor em hora de serviço, será requisitada ao chefe da repartição para comparecer à audiência marcada".

Alternativa "e" - Correta: segundo art. 830 da CLT: "O documento em cópia oferecido para prova poderá ser declarado autêntico pelo próprio advogado, sob sua responsabilidade pessoal".

80. (FCC – 2024 – TRT 11 – Analista Judiciário - Área Judiciária) A respeito de prova, de acordo com a jurisprudência consolidada do Tribunal Superior do Trabalho,

a) o instrumento normativo, mesmo apresentado em cópia não autenticada, possui valor probante, independentemente de impugnação ao seu conteúdo, eis que se trata de documento comum às partes.

b) não é vedada a produção de prova posterior pela parte que foi declarada confessa, pois a busca da verdade real interessa a todos os integrantes da relação processual, cuja Justiça é o bem maior a ser preservado.

c) a configuração, ou não, do exercício da função de confiança pelo bancário, tais como direção, gerência, fiscalização, chefia ou equivalente, independe da produção de prova das suas reais atribuições, pois o enquadramento nesses casos se dá pela nomenclatura do cargo.

d) a prova pré-constituída nos autos pode ser levada em conta para confronto com a confissão ficta, não implicando cerceamento de defesa o indeferimento de provas posteriores.

e) incide em suspeição a testemunha que litiga ou litigou contra o mesmo empregador, pois configura-se, na hipótese, clara troca de favores entre o reclamante e a testemunha.

▷ ***Anotações/Comentários***

Nota do autor: Trata-se de questão sobre a produção e valoração de provas no processo do trabalho, especialmente de acordo com a jurisprudência do TST.

Alternativa "A" – Incorreta: Nos termos da OJ 36 da SDI I "O instrumento normativo em cópia não autenticada possui valor probante, desde que não haja impugnação ao seu conteúdo, eis que se trata de documento comum às partes".

Alternativa "B" – Incorreta: De acordo com a Súmula 74, item II, do TST diante da confissão o juiz pode indeferir a realização de provas posteriores.

Alternativa "C" – Incorreta: A configuração de cargo de confiança bancário depende da análise das reais atribuições exercidas, não sendo suficiente a mera nomenclatura do cargo, conforme Súmula 102, I, do TST.

Alternativa "D" – Correta: Conforme a Súmula 74, II, do TST, a confissão ficta não impede o juiz de considerar as provas pré-constituídas nos autos. De qualquer modo, o indeferimento de provas posteriores não configura cerceamento de defesa.

Alternativa "E" – Incorreta: De acordo com a Súmula 357 do TST, o fato de a testemunha litigar ou ter litigado contra o mesmo empregador não a torna suspeita, não havendo presunção de troca de favores.

81. (TRT15/FCC – 2018 – Técnico Judiciário) Samara, responsável pelo Departamento de Recursos Humanos da Tecelagem Pato Branco Ltda., foi testemunha da empresa reclamada em reclamação trabalhista movida pelo ex-empregado João, tendo prestado compromisso de dizer a verdade. Durante a instrução, ela intencionalmente alterou a verdade dos fatos, alegando que João nunca prestou horas extras. O Juiz, na sentença, condenou a empresa ao pagamento de horas extras prestadas, conforme jornada de trabalho narrada na inicial, tendo em vista o depoimento das testemunhas do Autor, bem como condenou Samara por litigância de má-fé no valor de 10% do valor corrigido da causa, a favor do reclamante. Nesse caso hipotético,

a) não é possível a condenação de Samara, sendo obrigatória a acareação de testemunhas na audiência para a penalização por litigância de má-fé, comprovando que houve intenção em alterar a verdade dos fatos.

b) é possível a condenação de Samara, uma vez que a pena de litigância de má-fé também é prevista à testemunha que intencionalmente alterar a verdade dos fatos, entretanto, o valor máximo é de um salário mínimo, a favor do reclamante.

c) é possível a condenação de Samara, uma vez que a pena de litigância de má-fé também é prevista à testemunha que intencionalmente alterar a verdade dos fatos, entretanto, o valor máximo é de 1% do valor corrigido da causa, a favor do reclamante.

d) não é possível a condenação de Samara por litigância de má-fé, uma vez que tal cominação apenas é prevista para o reclamante, reclamado ou interveniente.

e) é possível a condenação de Samara, uma vez que a pena de litigância de má-fé também é prevista à testemunha que intencionalmente alterar a verdade dos fatos.

▷ ***Anotações/Comentários***

Nota do autor: É sabido que a testemunha presta o compromisso legal de dizer a verdade. Desse modo, nos casos em que a testemunha fizer afirmação falsa, ou negar ou calar a verdade, ela poderá ser responsabilizada criminalmente. Diante da dificuldade de comprovar o crime de falso testemunho, bem como a possibilidade de retratação, o compromisso legal de dizer a verdade, na prática acaba tendo pouco efeito. Nesse contexto, a CLT passa a prever a possibilidade de aplicação direta de multa à testemunha.

Alternativa "e" – Correta (responde todas as demais alternativas): A CLT, com a Lei nº 13.467/17, passa a prever a possibilidade de aplicação direta de multa à testemunha, como se verifica pelo teor dos arts. 793-C e 793-D da CLT:

> **Art. 793-C.** De ofício ou a requerimento, o juízo condenará o litigante de má-fé a pagar multa, que deverá ser superior a 1% (um por cento) e inferior a 10% (dez por cento) do valor corrigido da causa, a indenizar a parte contrária pelos prejuízos que esta sofreu e a arcar com os honorários advocatícios e com todas as despesas que efetuou.
>
> § 1º Quando forem dois ou mais os litigantes de má-fé, o juízo condenará cada um na proporção de seu respectivo interesse na causa ou solidariamente aqueles que se coligaram para lesar a parte contrária.
>
> § 2º Quando o valor da causa for irrisório ou inestimável, a multa poderá ser fixada em até duas vezes o limite máximo dos benefícios do Regime Geral de Previdência Social.
>
> § 3º O valor da indenização será fixado pelo juízo ou, caso não seja possível mensurá-lo, liquidado por arbitramento ou pelo procedimento comum, nos próprios autos.

Art. 793-D. Aplica-se a multa prevista no art. 793-C desta Consolidação à testemunha que intencionalmente alterar a verdade dos fatos ou omitir fatos essenciais ao julgamento da causa.

Parágrafo único. A execução da multa prevista neste artigo dar-se-á nos mesmos autos.

82. (FCC – TRT24/2017 – Técnico Judiciário – Área Administrativa) O ônus da prova pode ser assim problematizado: quem deve provar? Em princípio, as partes têm o ônus de provar os fatos jurídicos narrados na petição inicial ou na peça de resistência, bem como os que se sucederem no envolver da relação processual. Quanto às provas no Processo do Trabalho, a Consolidação das Leis do Trabalho estabelece:

a) Qualquer que seja o procedimento, não é permitida a arguição dos peritos compromissados ou dos técnicos, uma vez que o laudo que apresentam já é suficiente como prova.
b) As testemunhas devem, necessariamente, ser previamente intimadas para depor.
c) Toda testemunha, antes de prestar o compromisso legal, será qualificada, indicando o nome, nacionalidade, profissão, idade, residência, e, quando empregada, o tempo de serviço prestado ao empregador, ficando sujeita, em caso de falsidade, às leis penais.
d) Cada uma das partes, no procedimento ordinário e também quando se tratar de inquérito para apuração de falta grave, não poderá indicar mais de 3 testemunhas.
e) A testemunha que for parente até o segundo grau civil, amigo íntimo ou inimigo de qualquer das partes, prestará compromisso, mas o seu depoimento valerá como simples informação.

▷ ***Anotações/Comentários***

Nota do autor: A prova tem como objeto a comprovação dos fatos controvertidos, pertinentes e relevantes ao esclarecimento do processo.

Alternativa "c" – Correta: Segundo o art. 828 da CLT, "toda testemunha, antes de prestar o compromisso legal, será qualificada, indicando o nome, nacionalidade, profissão, idade, residência, e, quando empregada, o tempo de serviço prestado ao empregador, ficando sujeita, em caso de falsidade, às leis penais".

Alternativa "a" – Incorreta: O juiz poderá arguir os peritos compromissados ou os técnicos, e rubricará, para ser junto ao processo, o laudo que os primeiros tiverem apresentado (art. 827 da CLT). Ademais, o juiz não está adstrito ao laudo pericial, devendo indicar na sentença os motivos que o levaram a considerar ou deixar de considerar as conclusões do laudo, levando em conta o método utilizado pelo perito (art. 479, CPC/15).

Alternativa "b" – Incorreta: As testemunhas comparecerão a audiência independentemente de notificação ou intimação (art. 825 da CLT).

Alternativa "d" – Incorreta: Cada uma das partes não poderá indicar mais de 3 testemunhas, salvo quando se tratar de inquérito, caso em que esse número poderá ser elevado a 6 (art. 821 da CLT).

Alternativa "e" – Incorreta: A testemunha que for parente até o terceiro grau civil, amigo íntimo ou inimigo de qualquer das partes, não prestará compromisso, e seu depoimento valerá como simples informação (art. 829 da CLT).

83. (FCC – 2022 – TRT 14 – Analista Judiciário – Área Judiciária) Hélio está estudando sobre o procedimento sumaríssimo no processo do trabalho e se deparou com as seguintes afirmativas:

I. Tal procedimento será adotado nos dissídios individuais cujo valor não exceda a quarenta vezes o salário mínimo vigente na data de seu ajuizamento, não podendo ser utilizado nas ações em que é parte a Administração pública direta, autárquica e fundacional.
II. Todos os meios de citação previstos poderão ser utilizados, inclusive citação por edital, incumbindo ao autor a correta indicação do nome e endereço do reclamado.
III. Somente é cabível o recurso de revista nas causas que adotarem tal procedimento por contrariedade à súmula de jurisprudência uniforme do Tribunal Superior do Trabalho ou à súmula vinculante do STF e por violação direta da Constituição Federal.

De acordo com a CLT, está correto o que se afirma APENAS em

a) I e II.
b) I e III.
c) II e III.
d) II.
e) I.

▷ ***Anotações/Comentários***

Nota do autor: o procedimento sumaríssimo é tema de bastante recorrência em concursos públicos. Ele está previsto nos art. 852-A a 852-I da CLT.

Alternativa "b" – Correta: Item "I" – **correto:** Os dissídios individuais cujo valor não exceda a **quarenta vezes** o salário mínimo vigente na data do ajuizamento da reclamação ficam submetidos ao procedimento sumaríssimo (art. 852-A, CLT). Ademais, segundo o art. 852-A, parágrafo único da CLT: "estão excluídas do procedimento sumaríssimo as demandas em que é parte a Administração Pública direta, autárquica e fundacional".

Item "II" – **incorreto:** o autor deve indicar o correto endereço do reclamado, sendo **vedada** a citação por edital (art. 852-B, II, CLT).

Item "III" – **correto:** Nas causas sujeitas ao procedimento sumaríssimo, somente será admitido recurso de revista por:

1) contrariedade à súmula de jurisprudência uniforme do Tribunal Superior do Trabalho;
2) contrariedade à súmula vinculante do Supremo Tribunal Federal;
3) violação direta da Constituição da República (CLT, art. 896, § 9°); e
4) teses jurídicas aprovadas em incidentes de recursos repetitivos, de assunção de competência e de resolução de demandas repetitivas (Regimento interno do TST, art. 297, parágrafo único).[2]

Não cabe recurso de revista por violação à Orientação Jurisprudencial no rito sumaríssimo (Súmula n° 442 do TST).

Portanto, os itens I e III.

84. (TRT da 1ª Região/RJ – Instituto AOCP/2018 – Técnico Judiciário – Área Judiciária) Carolina ingressou com ação em face da empresa Supermercados Boas Compras Ltda., na qual pleiteou direitos trabalhistas que entendera terem sido violados no decorrer do contrato de trabalho findo há quatro meses, quando houve a dispensa sem justa causa da reclamante. O advogado de Carolina, no dia 22 de fev. de 2018, ingressou com a reclamação trabalhista, anexando o cálculo atualizado do débito pleiteado, que totalizou R$ 28.000,00 (vinte e oito mil reais). Foi agendada a audiência para o dia 20 de abr. de 2018. Nessa audiência, Carolina intenciona levar suas testemunhas. Com base nos dados ora apresentados, assinale a alternativa correta, que contenha o procedimento a ser seguido, a característica da audiência e as peculiaridades sobre as testemunhas, respectivamente.

a) Ordinário; a audiência agendada será única e as partes poderão comparecer com até o máximo de três testemunhas cada, independente de intimação.
b) Sumaríssimo; a audiência agendada será única e as partes poderão comparecer com até o máximo de três testemunhas cada, independente de intimação.
c) Ordinário; a audiência agendada será única e as partes poderão comparecer com até o máximo de duas testemunhas cada, dependendo de intimação.
d) Sumaríssimo; a audiência agendada será única e as partes poderão comparecer com até o máximo de duas testemunhas cada, independente de intimação.
e) Ordinário; a audiência agendada não será obrigatoriamente única e as partes poderão comparecer com até o máximo de três testemunhas cada, independente de intimação.

2. O C. TST prevê no art. 297, parágrafo único do Regimento interno, que as teses jurídicas aprovadas em incidentes de recursos repetitivos, de assunção de competência e de resolução de demandas repetitivas têm sua natureza equiparada à súmula do colendo TST para o exame do conhecimento do recurso de revista.

▷ *Anotações/Comentários*

Nota do autor: O procedimento sumaríssimo é aplicável as causas que não excedem 40 vezes o salário mínimo vigente na data do ajuizamento da reclamação. Na questão proposta, a reclamação foi proposta em 22 de fevereiro de 2018, portanto, o valor do salário mínimo vigente era de R$ 954,00. Dessa forma, como o valor apresentado pelo advogado foi de R$ 28.000,00, inferior a 40 salários mínimos, será aplicado o procedimento sumaríssimo.

Alternativa "d" - Correta (responde todas as demais alternativas): As demandas submetidas ao rito sumaríssimo serão instruídas e julgadas em audiência única (art. 852-C da CLT), e, na hipótese de prova testemunhal, será permitida até no máximo de **duas** para cada parte (art. 852-H, §2º da CLT).

85. (FCC - TRT24/2017 - Técnico Judiciário - Área Administrativa) Com relação ao procedimento sumaríssimo, a Consolidação das Leis do Trabalho estabelece que

a) os dissídios individuais, cujo valor não exceda a 60 vezes o salário mínimo vigente na data do ajuizamento da reclamação ficam submetidos ao procedimento sumaríssimo.

b) o juiz dirigirá o processo com liberdade para determinar as provas a serem produzidas, considerado o ônus probatório de cada litigante, podendo limitar ou excluir as que considerar excessivas, impertinentes ou protelatórias, bem como para apreciá-las e dar especial valor às regras de experiência comum ou técnica.

c) estão incluídas no procedimento sumaríssimo as demandas em que é parte a Administração pública direta, autárquica e fundacional.

d) sobre os documentos apresentados por uma das partes manifestar-se-á a parte contrária em até 5 dias, a critério do juiz.

e) em nenhuma hipótese admitir-se-á a realização de prova técnica, incumbindo ao juiz, quando sua realização for necessária, converter o rito para o procedimento ordinário.

▷ *Anotações/Comentários*

Nota do autor: Com o objetivo de agilizar a prestação jurisdicional, entregando-a de forma mais célere e efetiva, a Lei nº 9.957/00 instituiu o rito sumaríssimo no processo do trabalho, incluindo os arts. 852-A a 852-I na CLT.

Alternativa "b" - Correta: Segundo o art. 852-D da CLT, "o juiz dirigirá o processo com liberdade para determinar as provas a serem produzidas, considerado o ônus probatório de cada litigante, podendo limitar ou excluir as que considerar excessivas, impertinentes ou protelatórias, bem como para apreciá-las e dar especial valor às regras de experiência comum ou técnica".

Alternativa "a" - Incorreta: O valor será de 40 vezes o salário mínimo vigente, conforme estabelece o art. 852-A, *caput*, da CLT: os dissídios individuais cujo valor não exceda a quarenta vezes o salário mínimo vigente na data do ajuizamento da reclamação ficam submetidos ao procedimento sumaríssimo".

Alternativa "c" - Incorreta: Diferente do afirmado na alternativa, a Administração Pública, direta, autárquica e fundacional não estão compreendidas do procedimento sumaríssimo. Nesse sentido, o parágrafo único do art. 852-A da CLT – Estão excluídas do procedimento sumaríssimo as demandas em que é parte a Administração Pública direta, autárquica e fundacional.

Alternativa "d" - Incorreta: Sobre os documentos apresentados por uma das partes manifestar-se-á imediatamente a parte contrária, sem interrupção da audiência, salvo absoluta impossibilidade, a critério do juiz. (art. 852-H, § 1º da CLT).

Alternativa "e" - Incorreta: O art. 852-H, § 4º da CLT dispõe que, somente quando a prova do fato o exigir, ou for legalmente imposta, será deferida prova técnica, incumbindo ao juiz, desde logo, fixar o prazo, o objeto da perícia e nomear perito.

86. (TRT20/2016 - FCC - Técnico Judiciário - Área Administrativa) Hercules ajuizou reclamação trabalhista em face da empresa Deuses da Paixão S/A, pretendendo o pagamento de indenização por dano moral e adicional de insalubridade. O valor da somatória dos dois pedidos não ultrapassa 40 vezes o salário mínimo na data do ajuizamento. Para tentar provar suas alegações, o reclamante pretende ouvir cinco testemunhas, bem como requerer a prova pericial. Nessa situação, em relação à matéria de provas,

a) poderá ouvir somente duas testemunhas e deve ser realizada a prova pericial.

b) poderá ouvir três testemunhas e a prova pericial não pode ser realizada em razão do rito processual.

c) todas as cinco testemunhas podem ser ouvidas e deve ser realizada a prova pericial.

d) somente poderá ouvir duas testemunhas e a prova pericial não pode ser realizada em razão do rito processual.

e) poderá ouvir três testemunhas desde que a reclamada também traga três testemunhas e deve ser realizada a prova pericial.

▷ *Anotações/Comentários*

Nota do autor: O procedimento sumaríssimo é aplicável às causas que não excedam 40 vezes o salário-mínimo vigente na data do ajuizamento da reclamação.

Alternativa "a" - Correta (responde as demais alternativas): O processo do trabalho define o número de testemunhas por partes e não por fatos. Além disso, a quantidade é delimitada de acordo com o procedimento. Na questão em estudo, trata-se do procedimento sumaríssimo, devendo ser aplicado o art. 852-H, § 2º, que dispõe: "as testemunhas, até o máximo de duas para cada parte, comparecerão à audiência de instrução e julgamento independentemente de intimação".

Quanto a perícia, o art. 852-H, § 4º estabelece: "somente quando a prova do fato o exigir, ou for legalmente imposta, será deferida prova técnica, incumbindo ao juiz, desde logo, fixar o prazo, o objeto da perícia e nomear perito". Ademais, por se tratar de pedido de insalubridade, a realização da perícia é obrigatória, mesmo que o reclamado seja revel e confesso quanto à matéria de fato (art. 195, § 2º, CLT).

87. (TRT20/2016 - FCC - Analista Judiciário - Área Judiciária) Zeus ajuizou reclamação trabalhista em face de seu empregador que tramita pelo rito sumaríssimo, convidando verbalmente as suas testemunhas. Ocorre que, na audiência designada, as testemunhas não compareceram e não houve nenhuma comprovação sobre o convite feito às mesmas. No caso,

a) as testemunhas deverão ser intimadas em razão do princípio da busca da verdade real, impondo-se o adiamento da audiência.

b) a audiência prosseguirá porque somente será deferida intimação de testemunha que, comprovadamente convidada, deixar de comparecer.

c) a audiência será adiada para outra data e as testemunhas deverão comparecer espontaneamente, sob pena de pagamento de multa, além da preclusão da prova.

d) no rito sumaríssimo não cabe condução coercitiva de testemunhas ou adiamento de audiência por tal motivo, mas para garantir a paridade de tratamento, deverá o juiz encerrar a instrução processual sem ouvir testemunhas da reclamada.

e) as testemunhas deverão ser conduzidas coercitivamente uma vez que não se pode tolerar o descumprimento do dever cívico de colaboração com a Justiça.

▷ *Anotações/Comentários*

Alternativa "b" - Correta: No procedimento sumaríssimo, não basta o não comparecimento da testemunha para que seja intimada. É necessário ainda que a parte comprove que a testemunha foi devidamente convidada e não compareceu (art. 852-H, § 3º, CLT), de modo que, não comprovado o convite, a audiência prosseguirá normalmente.

88. (TRT 14ª Região/2016 - Analista Judiciário - Área Judiciária) A Consolidação das Leis do Trabalho prevê algumas regras que diferenciam os tipos procedimentais das ações que tramitam na Justiça do Trabalho, notadamente quanto ao número de testemunhas que cada parte pode indicar para oitiva em audiência. Assim, para os ritos sumaríssimo, ordinário e inquérito judicial para apuração de falta grave, o número de testemunhas será, respectivamente,

a) três - quatro - cinco.

b) duas - três - três.

c) três – cinco – seis.

d) duas – cinco – cinco.

e) duas – três – seis.

▷ ***Anotações/Comentários***

Alternativa correta: E.

A quantidade de testemunhas, no processo do trabalho, é delimitada de acordo com o procedimento, ou seja, até o máximo de duas testemunhas no rito sumaríssimo (art. 852-H, § 2º, CLT), três no ordinário (art. 821, CLT), e, seis no inquérito para apuração de falta grave (art. 821, CLT).

---

89. (FCC – TRT11/2017 – Oficial de Justiça Avaliador) Considere as seguintes hipóteses:

I. Na reclamação trabalhista Z o valor da causa é R$ 15.000,00 e as partes são Carolina e o Município S.

II. Na reclamação trabalhista Q o valor da causa é R$ 30.000,00 e as partes são Felícia e a empresa privada W.

III. Na reclamação trabalhista S o valor da causa é R$ 32.000,00 e as partes são Ana Clara e fundação pública Q.

IV. Na reclamação trabalhista W o valor da causa é R$ 35.000,00 e as partes são Marcela e autarquia municipal L.

De acordo com a Consolidação das Leis do Trabalho, NÃO estão submetidas ao procedimento sumaríssimo APENAS

a) as reclamações trabalhistas III e IV.

b) a reclamação trabalhista I.

c) a reclamação trabalhista II.

d) as reclamações trabalhistas II e III.

e) as reclamações trabalhistas I, III e IV.

▷ ***Anotações/Comentários***

O procedimento sumaríssimo é aplicável às causas que não exceda 40 vezes o salário-mínimo vigente na data do ajuizamento da reclamação. Quando aplicada a prova, o salário-mínimo vigente era R$ 937,00, portanto, o teto seria R$ 37.480,00.

Alternativa "e" – Correta:

Item I – incorreto: Embora o valor seja abaixo do estabelecido no rito sumaríssimo, o art. 852-A, parágrafo único, dispõe: "Estão excluídas do procedimento sumaríssimo as demandas em que é parte a Administração Pública direta, autárquica e fundacional". Assim, pelo fato de o Município S fazer parte da demanda, não há possibilidade de se aplicar o rito sumaríssimo.

Item II- correto: A situação apresentada permite aplicação do rito sumaríssimo, pois o valor e as partes estão adequados ao procedimento questionado.

Item III – incorreto: A Fundação Pública não se submete ao rito sumaríssimo (art. 852-A, § único da CLT).

Item IV – incorreto: Conforme mencionado, a Autarquia Municipal está excluída no procedimento sumaríssimo (art. 852-A, § único da CLT).

---

90. (FCC – Analista Judiciário – Oficial de Justiça Avaliador – TRT 23/2016) Conforme normas contidas na Consolidação das Leis do Trabalho quanto à sentença, coisa julgada e liquidação,

a) no caso de conciliação, o termo que for lavrado valerá como decisão irrecorrível para partes e terceiros, visto que reproduz a livre vontade dos litigantes, com a chancela do Estado-Juiz.

b) as partes serão intimadas da sentença proferida em reclamação trabalhista que tramita pelo rito sumaríssimo na própria audiência em que prolatada, como regra.

c) não há previsão para liquidação da sentença trabalhista por arbitramento, mas apenas por cálculos ou por artigos.

d) na liquidação da sentença, excepcionalmente, poder-se-á discutir matéria pertinente à causa principal, inovando a sentença liquidanda, quando houve omissão no julgado em relação a um dos pedidos principais.

e) elaborada a conta e tornada líquida, o juiz deverá abrir prazo comum de, no máximo, 5 dias para que as partes se manifestem, não havendo preclusão, pois a matéria relativa aos itens e valores poderá ser rediscutida em sede de embargos à execução.

▷ ***Anotações/Comentários***

Alternativa correta: Letra B.

No procedimento sumaríssimo, a sentença mencionará os elementos de convicção do juízo, com resumo dos fatos relevantes ocorridos em audiência, dispensado o relatório. Além disso, as partes serão intimadas da sentença na própria audiência em que prolatada (art. 852-I, § 3º, CLT).

---

91. (FCC – TRT24/2017 – Oficial de Justiça Avaliador – Área Judiciária) No final da audiência em que foram ouvidas duas testemunhas de cada parte em uma reclamatória trabalhista com pedido de indenização por danos morais, o magistrado resolveu convocar uma pessoa referida em todos os depoimentos para ser ouvida como testemunha do Juízo. Ocorre que a pessoa referida, de nome Ceres, ocupa a função de técnica administrativa do Tribunal Eleitoral e terá que depor em hora de serviço. No caso, segundo norma contida na Consolidação das Leis do Trabalho, Ceres

a) será requisitada ao chefe da repartição para comparecer à audiência marcada.

b) prestará seu depoimento por escrito, respondendo aos quesitos formulados pelo Juiz, para posterior juntada aos autos.

c) comparecerá espontaneamente à audiência designada e justificará a ausência no serviço mediante atestado.

d) somente está obrigada a comparecer se for conduzida por Oficial de Justiça à audiência designada.

e) será ouvida na sua própria repartição, através de Carta de Ordem, respondendo aos quesitos formulados pelo Juiz.

▷ ***Anotações/Comentários***

Alternativa "a" – Correta: Segundo o art. 823 da CLT, "se a testemunha for funcionário civil ou militar, e tiver de depor em hora de serviço, será requisitada ao chefe da repartição para comparecer à audiência marcada".

---

92. (FCC/2018 - TRT 6ª Região – Oficial de Justiça Avaliador) Não se considera fundamentada a sentença, de acordo com o Código de Processo Civil, dentre outros motivos, aquela que se limitar a invocar precedente ou enunciado de súmula, sem identificar seus fundamentos determinantes nem demonstrar que o caso sob julgamento se ajusta àqueles fundamentos, e que deixar de seguir enunciado de súmula, jurisprudência ou precedente invocado pela parte, sem demonstrar a existência de distinção no caso em julgamento ou a superação do entendimento. De acordo com Instrução Normativa do TST que se aplica à hipótese, considera-se precedente para os efeitos supra transcritos, com exceção de

a) acórdão proferido pelo Supremo Tribunal Federal ou pelo Tribunal Superior do Trabalho em julgamento de recursos repetitivos.

b) entendimento firmado em incidente de resolução de demandas repetitivas ou de assunção de competência.

c) decisão do Tribunal Superior do Trabalho em controle difuso de constitucionalidade.

d) tese jurídica prevalecente em Tribunal Regional do Trabalho e não conflitante com súmula ou orientação jurisprudencial do Tribunal Superior do Trabalho.

e) decisão do plenário, do órgão especial ou de seção especializada competente para uniformizar a jurisprudência do tribunal a que o juiz estiver vinculado ou do Tribunal Superior do Trabalho.

▷ ***Anotações/Comentários***

Alternativa correta: letra "c". De acordo com o C. TST, por força dos arts. 332 e 927 do CPC, adaptados ao Processo do Trabalho, para efeito dos incisos V e VI do § 1º do art. 489 considera-se "precedente" apenas:

a) acórdão proferido pelo Supremo Tribunal Federal ou pelo Tribunal Superior do Trabalho em julgamento de recursos repetitivos (CLT, art. 896-B; CPC, art. 1046, § 4º);

b) entendimento firmado em incidente de resolução de demandas repetitivas ou de assunção de competência;

c) decisão do Supremo Tribunal Federal em controle concentrado de constitucionalidade;

d) tese jurídica prevalecente em Tribunal Regional do Trabalho e não conflitante com súmula ou orientação jurisprudencial do Tribunal Superior do Trabalho (CLT, art. 896, § 6º);

e) decisão do plenário, do órgão especial ou de seção especializada competente para uniformizar a jurisprudência do tribunal a que o juiz estiver vinculado ou do Tribunal Superior do Trabalho.

Das alternativas apresentadas na questão, apenas não consta no dispositivo previsão quanto à decisão do TST em controle difuso de constitucionalidade.

93. (FCC – TRT24/2017 – Oficial de Justiça Avaliador – Área Judiciária) O trabalhador Ulisses ingressou com dissídio individual em face da empresa Delta Produtos e Games Digitais, reivindicando o pagamento de horas extraordinárias e a comissão de um mês que não foi paga, atribuindo à causa o valor de 10 salários mínimos. A legislação processual trabalhista autoriza que o reclamante possa convidar, como testemunhas, até

a) 2 no total.

b) 3 no total.

c) 2 para cada pedido.

d) 3 para cada pedido.

e) 5 no total.

▷ ***Anotações/Comentários***

Alternativa "a" – Correta: O processo do trabalho define o número de testemunhas partes e não por fatos. Além disso, a quantidade é delimitada de acordo com o procedimento. De acordo com a valor da reclamação trabalhista, percebe-se que está sujeita ao rito sumaríssimo (até 40 salários mínimos). Nesse contexto, o art. 852-H, § 2º dispõe: "as testemunhas, até o máximo de duas para cada parte, comparecerão a audiência de instrução e julgamento independentemente de intimação".

7. RECURSOS TRABALHISTAS

94. (FCC – 2023 – TRT 17 – Analista Judiciário – Área Judiciária) Considere as proposições abaixo.

I. Anaconda é empregadora doméstica.

II. Verdes Mares é uma entidade sem fins lucrativos.

III. Fábrica de Chocolates Cacau Maravilha está em recuperação judicial.

IV. Companhia do Sossego é uma entidade filantrópica.

V. Horizonte Azul é uma empresa de pequeno porte. As cinco pessoas acima citadas foram condenadas em processos perante a Justiça do Trabalho e todas pretendem recorrer ordinariamente das sentenças que lhes foram desfavoráveis.

Nesses termos, com base no que prevê a CLT,

a) II e III estão isentas do depósito recursal e I, IV e V devem depositar apenas 50% do mesmo, o qual só pode ser substituído por seguro-fiança em benefício de IV e V.

b) III e IV estão isentas do depósito recursal e I, II e V devem depositar apenas 50% do mesmo, o qual pode ser substituído por seguro-fiança.

c) III e IV estão isentas do depósito recursal e I, II e V devem depositar apenas 50% do mesmo, o qual não pode ser substituído por seguro-fiança, que só beneficia a quem deve depositar integralmente o depósito recursal.

d) I, II e IV estão isentas do depósito recursal e III e V devem depositar apenas 50% do mesmo, o qual pode ser substituído por seguro-fiança.

e) II, IV e V estão isentas do depósito recursal e I e III devem depositar apenas 50% do mesmo, o qual não pode ser substituído por seguro-fiança, que só beneficia a quem deve depositar integralmente o depósito recursal.

▷ ***Anotações/Comentários:***

Alternativa "b" - Correta (responde todas as demais alternativas): A questão aborda o texto introduzido pela Lei 13.467/17 nos parágrafos 9º e 10 do art. 899 da CLT. O art. 899, § 9º passa a prever que o valor do depósito recursal será reduzido pela metade para entidades sem fins lucrativos, empregadores domésticos, microempreendedores individuais, microempresas e empresas de pequeno porte. Já o §10 do referido artigo indica que são isentos do depósito recursal: os beneficiários da justiça gratuita;as entidades filantrópicas e; as empresas em recuperação judicial. Portanto, Anaconda, Verdes Mares e Horizonte Azul farão o recolhimento do depósito recursal pela metade já a Fábrica de Chocolate Cacau Maravilha e Companhia do Sossego estão isentas do depósito recursal.

95. (FCC – 2022 – TRT 14 – Analista Judiciário – Área Judiciária) A Reclamada Confecções Beija Flor Ltda. foi sucumbente em parte dos pedidos requeridos por seu ex-gerente Augusto em sua reclamação trabalhista. No prazo legal, Augusto interpôs recurso ordinário pleiteando a reforma da sentença que indeferiu seu pedido de danos morais. A Reclamada deixou de interpor recurso ordinário no prazo legal, mas, no prazo em que deveria apresentar suas contrarrazões ao recurso ordinário interposto por Augusto, apresentou recurso adesivo pretendendo a reforma da decisão de 1o grau no tocante às diferenças de comissões sobre as vendas, parte em que Augusto ganhou a ação. Diante do exposto, e tendo em vista a legislação vigente e o entendimento sumulado do TST, o recurso adesivo

a) não é cabível no processo do trabalho, não havendo previsão de seu manejo no rol dos recursos elencados na CLT.

b) é compatível com o processo do trabalho, mas deve o recorrente observar os requisitos para sua interposição, como o recolhimento das custas processuais e o valor do depósito recursal, como qualquer outro recurso principal.

c) somente será considerado se a matéria nele veiculada estiver necessariamente relacionada com a do recurso ordinário anteriormente interposto por Augusto.

d) é cabível no processo do trabalho somente nas hipóteses de recurso ordinário e de recurso de revista, não sendo conhecido em agravo de petição, embargos ao TST e recurso extraordinário.

e) não será julgado, caso o recurso ordinário de Augusto, apesar de conhecido, tenha seu mérito sido julgado improcedente, pois a sua principal característica é a aderência ao recurso principal.

▷ ***Anotações/Comentários:***

Alternativa "b" - Correta (responde todas as demais alternativas): No processo do trabalho, o cabimento do recurso adesivo vem declinado na Súmula nº 283 do TST: "O recurso adesivo é compatível com o processo do trabalho e cabe, no prazo de 8 (oito) dias, nas hipóteses de interposição de recurso ordinário, de agravo de petição, de revista e de embargos, sendo desnecessário que a matéria nele veiculada esteja relacionada com a do recurso interposto pela parte contrária."

96. (FCC-TRT2/2018 – Técnico Judiciário) Em determinada reclamação trabalhista a empresa reclamada "S" foi condenada em R$ 15.000,00 a título de reparação de dano moral sofrido por Bruna, sendo este o único pedido da referida reclamação. A empresa "S", inconformada, interpôs recurso ordinário, depositando regularmente o depósito recursal de R$ 9.189,00. O recurso ordinário foi recebido mas negado provimento. A empresa "S" pretende interpor recurso de revista. Nesse caso, considerando que o valor do depósito recursal pertinente a este recurso é de R$ 18.378,00, ultrapassando o valor da condenação, de acordo com entendimento Sumulado do Tribunal Superior do Trabalho, para interposição do recurso de revista, a empresa "S"

a) está obrigada a depositar o valor integral do depósito recursal referente ao recurso de revista dentro dos 8 dias de prazo para a sua interposição.

b) não está obrigada a depositar o valor integral do depósito recursal referente ao recurso de revista, devendo, no entanto, depositar o valor restante para atingir o valor da condenação.

c) não está obrigada a depositar mais nenhum valor a título de depósito recursal, ainda que não tenha atingido o valor da condenação, obedecendo-se o princípio da menor onerosidade recursal.

d) não está obrigada a depositar mais nenhum valor a título de depósito recursal, ainda que não tenha atingido o valor da condenação, obedecendo-se o princípio do duplo grau de jurisdição e da vedação ao enriquecimento ilícito.

e) está obrigada a depositar o valor integral do depósito recursal referente ao recurso de revista em até 3 dias após a sua interposição.

▷ ***Anotações/Comentários***

Nota do autor: O depósito recursal consiste em pressuposto recursal extrínseco destinado a garantir o sucesso de futura execução.

Alternativa "b" – Correta (responde todas as demais alternativas): Exige-se depósito recursal em cada recurso que deverá ser interposto, até que se alcance o teto máximo. Alcançando o valor total da condenação, não será exigido o depósito recursal nos recursos posteriores, exceto se a condenação vier a ser ampliada. Nesse sentido, a Súmula nº 128, I do TST: "É ônus da parte recorrente efetuar o depósito legal, integralmente, em relação a cada novo recurso interposto, sob pena de deserção. Atingido o valor da condenação, nenhum depósito mais é exigido para qualquer recurso".

---

97. (FCC – TRT11/2017 – Técnico Judiciário – Área Administrativa) De acordo com a Consolidação das Leis do Trabalho e entendimento Sumulado do TST, no ato de interposição do agravo de instrumento, em regra, e desde que não atingido o valor da condenação,

a) não é exigido depósito recursal.

b) o depósito recursal corresponderá a 50% do valor do depósito do recurso ao qual se pretende destrancar.

c) o depósito recursal corresponderá a 30% do valor do depósito do recurso ao qual se pretende destrancar.

d) o depósito recursal corresponderá a 60% do valor do depósito do recurso ao qual se pretende destrancar.

e) somente será devido o depósito recursal se tratar de procedimento ordinário, sendo este correspondente a 25% do valor do depósito do recurso ao qual se pretende destrancar.

▷ ***Anotações/Comentários***

Nota do autor: O depósito recursal consiste em pressuposto recursal extrínseco destinado a garantir o sucesso de futura execução. Não tem, portanto, natureza de taxa, mas sim de garantia de execução.

Alternativa "b" (responde as demais alternativas) – Correta: Na hipótese de agravo de instrumento, o depósito recursal corresponderá a 50% do valor do depósito do recurso ao qual se pretende destrancar (art. 899, § 7º, CLT). No entanto, quando o agravo de instrumento tiver finalidade de destrancar recurso de revista que se insurge contra decisão que contraria a jurisprudência uniforme do TST, consubstanciada nas suas súmulas ou em orientação jurisprudencial, não haverá obrigatoriedade de se efetuar o depósito recursal (art. 899, § 8º, CLT).

---

98. (TRT da 1ª Região/RJ – Instituto AOCP/2018 – Técnico Judiciário – Área Judiciária) Arthur ingressou com reclamação trabalhista no dia 10 de out. de 2017, em face da empresa Publicidade e Bons Negócios Ltda., e obteve sentença favorável aos seus pleitos de pagamento de horas extras, adicional noturno e verbas rescisórias. Contudo, a reclamada encontra-se insatisfeita com a sentença prolatada, pois acredita não possuir débito algum com o reclamante, e intenciona, através do recurso cabível, pleitear a efetivação de seus direitos. Dessa forma, assinale a alternativa que demonstra qual o recurso e o prazo adequados às intenções da reclamada.

a) Embargos de declaração no prazo de 10 (dez) dias.

b) Recurso ordinário no prazo de 15 (quinze) dias.

c) Agravo no prazo de 8 (oito) dias.

d) Embargos de declaração no prazo de 5 (cinco) dias.

e) Recurso ordinário no prazo de 8 (oito) dias.

▷ ***Anotações/Comentários***

Nota do autor: A questão aborda os recursos na justiça do trabalho.

Alternativa "e" – Correta: Cabe recurso ordinário para a instância superior das decisões definitivas ou terminativas das Varas e Juízos, no prazo de 8 (oito) dias (art. 895, I da CLT), como buscado pela empresa reclamada na presente questão.

Alternativa "a" – Incorreta: Segundo o art. 897-A da CLT, caberão embargos de declaração da sentença ou acórdão, no prazo de **cinco dias**, devendo seu julgamento ocorrer na primeira audiência ou sessão subsequente a sua apresentação, registrado na certidão, admitido efeito modificativo da decisão **nos casos de omissão e contradição no julgado e manifesto equívoco no exame dos pressupostos extrínsecos do recurso**. No caso apresentado na questão não há informação da presença de nenhum dos vícios elencados no dispositivo, não ensejando, portanto, o cabimento dos embargos de declaração.

Alternativa "b" – Incorreta: Cabe recurso ordinário para a instância superior das decisões definitivas ou terminativas das Varas e Juízos, no prazo de 8 (oito) dias (art. 895, I da CLT). Embora o recurso apresentado na alternativa esteja correto, o prazo está incorreto.

Alternativa "c" – Incorreta: Segundo o art. 897, "b", CLT, cabe agravo de instrumento, no prazo de 8 (oito) dias, dos despachos que denegarem a interposição de recursos, o que não ocorreu na presente questão.

Alternativa "d" – Incorreta: Conforme visto, na situação descrita, não há a presença de nenhum dos vícios aptos a ensejarem os embargos de declaração.

---

99. (FCC – TRT11/2017 – Técnico Judiciário – Área Administrativa) De acordo com a Consolidação das Leis do Trabalho, no tocante ao Recurso Ordinário, considere:

I. Nas reclamações trabalhistas sujeitas ao procedimento sumaríssimo, o recurso ordinário terá parecer oral do representante do Ministério Público presente à sessão de julgamento, se este entender necessário o parecer, com registro na certidão.

II. Os Tribunais Regionais, divididos em Turmas, não poderão designar Turma para o julgamento dos recursos ordinários interpostos das sentenças prolatadas nas demandas sujeitas ao procedimento sumaríssimo, devendo o julgamento ocorrer simultâneo com os demais Recursos.

III. Terá acórdão consistente unicamente na certidão de julgamento, com a indicação suficiente do processo e parte dispositiva, e das razões de decidir do voto prevalente.

IV. Se a sentença for confirmada pelos próprios fundamentos, a certidão de julgamento, registrando tal circunstância, servirá de acórdão. Está correto o que se afirma APENAS em

a) II e III.

b) I, II e IV.

c) III e IV.

d) I e II.

e) I, III e IV.

▷ ***Anotações/Comentários***

Nota do autor: A questão aborda os recursos no procedimento sumaríssimo, que, embora submetido aos recursos já existentes na seara trabalhista, está sujeito a algumas peculiaridades e restrições.

Alternativa "e" – Correta:

Item I (correto): Segundo o art. 895, § 1º, III, CLT, "nas reclamações sujeitas ao procedimento sumaríssimo, o recurso ordinário terá parecer oral do representante do Ministério Público presente à sessão de julgamento, se este entender necessário o parecer, com registro na certidão".

Item II (incorreto): Ao contrário do que afirma o examinador, os Tribunais Regionais, divididos em Turmas, poderão designar Turma para o julgamento dos recursos ordinários interpostos das sentenças prolatadas nas demandas sujeitas ao procedimento sumaríssimo (art. 895, § 2º, CLT).

Item III (correto): Nas reclamações sujeitas ao procedimento sumaríssimo, o recurso ordinário terá acórdão consistente unicamente na certidão de julgamento, com a indicação suficiente do processo e parte dispositiva, e das razões de decidir do voto prevalente. (art. 895, § 1º, primeira parte, CLT).

Item IV (correto): No procedimento sumaríssimo se no recurso ordinário a sentença for confirmada pelos próprios fundamentos, a certidão de julgamento, registrando tal circunstância, servirá de acórdão (art. 895, § 1º, segunda parte, CLT).

---

100. (FCC/2018 - TRT 6ª Região – Técnico – Área Adm.) Diana ajuizou reclamação trabalhista requerendo o pagamento de horas extras sonegadas por sua empregadora Empresa Delta Confecções. A sentença julgou procedente seu pedido. Inconformada com a decisão de primeiro grau, a reclamada resolveu recorrer. Entretanto, não efetuou o depósito recursal e não recolheu as custas processuais devidas, razão pela qual, por falta de preparo, o seu recurso não obteve processamento. Nesta situação, o recurso cabível para a reclamada é

a) embargos declaratórios, em 5 dias.
b) agravo de instrumento, em 8 dias.
c) agravo de petição, em 8 dias.
d) recurso ordinário, em 15 dias.
e) agravo de instrumento, em 5 dias.

▷ ***Anotações/Comentários***

Nota do autor: a questão aborda o cabimento dos recursos na Justiça do Trabalho, em especial, do agravo de instrumento.

Alternativa "b" – correta (responde todas as demais alternativas): o art. 897, "b" da CLT estabelece que cabe agravo de instrumento, no prazo de 8 dias dos despachos que denegarem a interposição de recursos, fato verificado na questão.

---

101. (FCC-TRT2/2018 – Técnico Judiciário) Considere as seguintes hipóteses:

I. Recurso de revista com fundamento em violação literal a dispositivo da Constituição Federal.
II. Recurso de revista com fundamento em contrariedade à Súmula do Tribunal Superior do Trabalho.
III. Recurso de revista com fundamento em contrariedade à Orientação Jurisprudencial do Tribunal Superior do Trabalho.

De acordo com o entendimento Sumulado do Tribunal Superior do Trabalho, nas causas sujeitas ao procedimento sumaríssimo será admissível o recurso de revista nas hipóteses indicadas em

a) I, apenas.
b) I, II e III.
c) II e III, apenas.
d) I e II, apenas.
e) I e III, apenas.

▷ ***Anotações/Comentários***

Nota do autor: o recurso de revista no procedimento sumaríssimo é tema bastante comum nas provas, dessa forma, o candidato deve memorizar o teor da Súmula nº 442 do TST e do art. 896, §9º da CLT. Cumpre destacar que o art. 297 do Regimento Interno do TST estabelece que "as teses jurídicas aprovadas em incidentes de recursos repetitivos, de assunção de competência e de resolução de demandas repetitivas têm sua natureza equiparada à súmula do Colendo TST para o exame do conhecimento do recurso de revista". Assim, as teses firmadas nos incidentes referidos poderão ser invocadas no Recurso de Revista, uma vez que também possuem função uniformizadora da jurisprudência do tribunal. Ademais, como há correlação com as súmulas do TST, as teses desses incidentes poderão ser invocadas inclusive nas ações submetidas ao rito sumaríssimo.

Alternativa "d" – Correta: Apenas nas situações descritas nos itens I e II será cabível o Recurso de Revista no procedimento sumaríssimo.

Item I – Correto: Segundo o art. 896, §9º da CLT, nas causas sujeitas ao procedimento sumaríssimo, somente será admitido recurso de revista por contrariedade à sumula de jurisprudência do Tribunal Superior do Trabalho ou à Súmula vinculante e violação direita da Constituição Federal.

Item II – Correto: Conforme visto, o recurso de revista com fundamento em contrariedade à Súmula do Tribunal Superior do Trabalho está expressamente previsto no art. 896, §9º da CLT.

Item III – Incorreto: Nas causas sujeitas ao procedimento sumaríssimo, a admissibilidade de recurso de revista está limitada à demonstração de violação direta a dispositivo da Constituição Federal ou contrariedade a Súmula do Tribunal Superior do Trabalho, não se admitindo o recurso por contrariedade a Orientação Jurisprudencial deste Tribunal (Súmula nº 442 do TST).

---

102. (FCC – Analista Judiciário – Área Judiciária – TRT 23/2016) A empresa Olimpo S/A foi condenada em dissídio individual trabalhista em primeira instância, recorreu e seu recurso não foi provido, ficando mantida a sentença. Resolveu recorrer novamente alegando que a decisão do Regional deu ao mesmo dispositivo de lei federal interpretação diversa da que lhe houver dado outro Tribunal Regional em seu Pleno. No caso, caberá recurso

a) de agravo de petição, no prazo de 5 dias.
b) de embargos ao TST, no prazo de 10 dias.
c) de apelação, no prazo de 15 dias.
d) de revista, no prazo de 8 dias.
e) ordinário, no prazo de 8 dias.

▷ ***Anotações/Comentários***

Alternativa correta: D.

O recurso de revista serve para analisar acórdão dos TRTs em grau de recurso ordinário. Isso significa que o recurso de revista caberá depois do julgamento do recurso ordinário, impondo dessa forma que a demanda tenha se iniciado na Vara do Trabalho.

Segundo o art. 896, "a", CLT, caberá recurso de revista quando "derem ao mesmo dispositivo de lei federal interpretação diversa da que lhe houver dado outro Tribunal Regional do Trabalho, no seu Pleno ou Turma, ou a Seção de Dissídios Individuais do Tribunal Superior do Trabalho, ou contrariarem súmula de jurisprudência uniforme dessa Corte ou súmula vinculante do Supremo Tribunal Federal".

---

103. (FCC – TRT11/2017 – Analista Judiciário – Área Judiciária) As empresas A e B foram condenadas solidariamente na reclamação trabalhista Z pretendendo ambas as empresas interpor Recurso Ordinário. A empresa A interpôs Recurso Ordinário no quinto dia do prazo recursal e depositou o valor do depósito recursal de forma integral. Neste caso, o depósito recursal

a) efetuado pela empresa A não aproveita a empresa B, em nenhuma hipótese, uma vez que o depósito recursal possui caráter personalíssimo.
b) efetuado pela empresa A aproveita a empresa B, exceto se aquela pleiteia sua exclusão da lide.
c) efetuado pela empresa A aproveita a empresa B, exceto se as empresas possuírem procuradores distintos.
d) é devido na proporção de 50% para cada empresa, sendo que o depósito integral da empresa A, não exime a empresa B de efetuar o depósito da sua parte, podendo a empresa A requerer o levantamento da parte que depositou a maior.
e) é devido na proporção de 50% para cada empresa, sendo que o depósito integral da empresa A, exime a empresa B de efetuar o depósito da sua parte.

▷ ***Anotações/Comentários***

Alternativa "b" – Correta: Havendo condenação solidária de duas ou mais empresas, o depósito recursal efetuado por uma delas aproveita as demais, quando a empresa que efetuou o depósito não pleiteia sua exclusão da lide (Súmula nº 128, III do TST).

---

104. (FCC – TRT24/2017 – Oficial de Justiça Avaliador – Área Judiciária) O reclamante Zeus ajuizou reclamação trabalhista formulando os pedidos de adicional de insalubridade e indenização por danos materiais. A sentença lhe foi favorável apenas em relação ao pedido de indenização por danos materiais, razão pela qual resolveu recorrer, devendo assim interpor

a) recurso ordinário no prazo de 5 dias.
b) agravo de instrumento no prazo de 8 dias.
c) agravo de petição no prazo de 10 dias.
d) recurso ordinário no prazo de 8 dias.
e) apelação da sentença no prazo de 15 dias.

▷ ***Anotações/Comentários***

Alternativa "d" - Correta: Segundo o art. 895, I da CLT, "cabe recurso ordinário para a instância superior das decisões definitivas ou terminativas das Varas e Juízos, no prazo de 8 (oito) dias".

---

105. (FCC - Analista Judiciário: Área Judiciária - TRT15/2018) De acordo com a Instrução Normativa no 40/2016, do TST, que dispõe sobre o cabimento de agravo de instrumento em caso de admissibilidade parcial de recurso de revista no Tribunal Regional do Trabalho,

a) admitido apenas parcialmente o recurso de revista, constitui ônus da parte impugnar, mediante agravo de instrumento, a integralidade da decisão denegatória, sob pena de preclusão.
b) se houver omissão no juízo de admissibilidade do recurso de revista quanto a um ou mais temas, é ônus da parte, para fins de prequestionamento necessário, interpor embargos de declaração para o órgão prolator da decisão embargada supri-la, sob pena de preclusão.
c) incorre em nulidade a decisão regional que se abstiver de exercer controle de admissibilidade sobre qualquer tema objeto de recurso de revista, não obstante interpostos embargos de declaração, por cerceamento de defesa.
d) faculta-se ao Ministro Relator, por decisão irrecorrível, determinar a restituição do agravo de instrumento ao Presidente do TRT de origem para que complemente o juízo de admissibilidade, desde que interpostos embargos de declaração.
e) a recusa do Presidente do TRT a emitir juízo de admissibilidade sobre qualquer tema do recurso de revista é atacável pela via do mandado de segurança.

▷ ***Anotações/Comentários***

Alternativa correta: letra "d".

Chegando o agravo de instrumento no TST, a Corte trabalhista entende que é faculdade do relator, por decisão irrecorrível, determinar a restituição do agravo de instrumento ao presidente do TRT de origem para que complemente o juízo de admissibilidade (TST-RI, art. 255, I, e TST-IN nº 40/2016, art. 1º, § 4º). Nesse caso, ficará sobrestado o julgamento do recurso de revista parcial até decisão do presidente do TRT.

---

106. (FCC – Analista Judiciário: Área Judiciária – TRT2/2018) No tocante ao Recurso de Revista, considere:

I. O Tribunal Superior do Trabalho examinará previamente se a causa oferece transcendência com relação aos reflexos gerais de natureza econômica, política, social ou jurídica.
II. São indicadores de transcendência econômica somente o elevado valor da causa e o proveito econômico advindo ao reclamante.
III. Poderá o relator, monocraticamente, denegar seguimento ao recurso de revista que não demonstrar transcendência, cabendo agravo desta decisão para o colegiado. Está correto o que se afirma APENAS em

a) II e III.
b) I e II.
c) I e III.
d) I.
e) II.

▷ ***Anotações/Comentários***

Alternativa correta: letra "c".

I – O recurso de revista será analisado se oferecer transcendência com relação aos reflexos gerais de natureza econômica, política, social ou jurídica (CLT, art. 896-A).

II – De acordo com o art. 896-A, § 1º, da CLT, são indicadores de transcendência econômica, o elevado valor da causa.

III – O art. 896-A, § 2º, da CLT declina que o relator do recurso de revista, monocraticamente, poderá denegar seguimento ao recurso que não demonstrar transcendência, cabendo agravo da decisão ao colegiado. O prazo do agravo é de 8 dias úteis (TST-IN nº 39, art. 1º, § 2º).

---

107. (FCC – TRT11/2017 – Oficial de Justiça Avaliador) No tocante ao Recurso de Revista, considere:

I. Cabe Recurso de Revista para Turma do Tribunal Superior do Trabalho das decisões proferidas em grau de recurso ordinário, em dissídio individual, pelos Tribunais Regionais do Trabalho, quando contrariarem súmula vinculante do Supremo Tribunal Federal.
II. Cabe Recurso de Revista para Turma do Tribunal Superior do Trabalho das decisões proferidas em grau de recurso ordinário, em dissídio individual, pelos Tribunais Regionais do Trabalho, quando proferidas com violação literal de disposição de lei federal.
III. O Recurso de Revista, dotado de efeito devolutivo e suspensivo será interposto perante o Presidente do Tribunal Regional do Trabalho, que, por decisão fundamentada, poderá recebê-lo ou denegá-lo.
IV. Sob pena de não conhecimento, é ônus da parte indicar o trecho da decisão recorrida que consubstancia o prequestionamento da controvérsia objeto do Recurso de Revista.

De acordo com a Consolidação das Leis do Trabalho, está correto o que se afirma APENAS em

a) II, III e IV.
b) I e III.
c) I, II e IV.
d) III e IV.
e) I e II.

▷ ***Anotações/Comentários***

Alternativa "c" – Correta:

Item I – correto: Cabe Recurso de Revista para Turma do Tribunal Superior do Trabalho das decisões proferidas em grau de recurso ordinário, em dissídio individual, pelos Tribunais Regionais do Trabalho, quando súmula vinculante do Supremo Tribunal Federal (art. 896, "a", parte final, CLT).

Item II – correto: Cabe Recurso de Revista para Turma do Tribunal Superior do Trabalho das decisões proferidas em grau de recurso ordinário, em dissídio individual, pelos Tribunais Regionais do Trabalho, quando proferidas com violação literal de disposição de lei federal ou afronta direta e literal à Constituição Federal (art. 896, "c", da CLT).

Item III – incorreto: O recurso de revista, dotado de efeito apenas devolutivo, será interposto perante o Presidente do Tribunal Regional do Trabalho, que, por decisão fundamentada, poderá recebê-lo ou denegá-lo (art. 896, § 1º, da CLT).

Item IV – correto: Sob pena de não conhecimento, é ônus da parte indicar o trecho da decisão recorrida que consubstancia o prequestionamento da controvérsia objeto do recurso de revista (art. 896, § 1º-A, I da CLT).

---

108. (FCC - Analista Judiciário: Área Judiciária – TRT15/2018) Considerando as disposições previstas pela CLT sobre o incidente de julgamento dos recursos de revista repetitivos,

a) a decisão firmada em julgamento de recursos repetitivos poderá ser revista quando se alterar a situação econômica, social, jurídica ou política, caso em que será respeitada a segurança jurídica das relações firmadas sob a égide da decisão anterior, bem como a coisa julgada.
b) nos casos em que se demonstrar que a situação de fato ou de direito é distinta daquelas presentes no processo julgado sob o rito dos recursos repetitivos, a decisão firmada em recurso repetitivo não será aplicada.

c) o Presidente do TST oficiará os Presidentes dos TRTs para que suspendam os recursos interpostos em casos semelhantes aos afetados como recursos repetitivos, até o pronunciamento final e definitivo do STF.

d) a competência para julgar o incidente de julgamento de recursos de revista repetitivos originado de questão afetada pelo Presidente do TST é do Tribunal Pleno.

e) após a publicação do acórdão do TST que julgar o incidente de recursos de revista repetitivos, os recursos de revista sobrestados na origem cujos acórdãos recorridos coincidirem com a orientação a respeito no TST serão extintos sem julgamento do mérito.

▷ ***Anotações/Comentários***

Alternativa correta: letra "b".

A decisão firmada em recurso repetitivo não será aplicada aos casos em que se demonstrar que a situação de fato ou de direito é distinta das presentes no processo julgado sob o rito dos recursos repetitivos (CLT, art. 896-C, § 16).

109. (FCC – Analista Judiciário: Área Judiciária – TRT2/2018) No tocante ao Incidente de Recursos de Revista e Embargos Repetitivos e, de acordo com a IN 38 do TST, considere:

I. O Presidente da Subseção de Dissídios Individuais I que afetar processo para julgamento sob o rito dos recursos repetitivos deverá expedir comunicação aos demais Presidentes de Turma, que poderão afetar outros processos sobre a questão para julgamento conjunto, a fim de conferir ao órgão julgador visão global da questão.

II. Para instruir o procedimento, pode o relator fixar data para audiência pública, quando ouvirá depoimentos de pessoas com experiência e conhecimento da matéria, admitindo, até a inclusão do processo em pauta, a manifestação, como amici curiae, de pessoas, órgãos ou entidades com interesse na controvérsia.

III. Os recursos afetados deverão ser julgados no prazo de dois anos e terão preferência sobre os demais feitos.

Está correto o que se afirma APENAS em

a) II.

b) I e III.

c) II e III.

d) I.

e) I e II.

▷ ***Anotações/Comentários***

Alternativa correta: letra "e"

I – O presidente da Seção Especializada (SDI-I) ao afetar o processo para julgamento sob o rito dos recursos repetitivos deverá expedir comunicação aos demais presidentes de Turma, que poderão afetar outros processos sobre a questão para julgamento conjunto, a fim de conferir ao órgão julgador visão global da questão (CLT, art. 896-C, § 2° c/c TST – IN n° 38, art. 3° e TST-RI, art. 282).

II – Para instruir o procedimento, pode o relator fixar data para, em audiência pública, ouvir depoimentos de pessoas com experiência e conhecimento na matéria, sempre que entender necessário o esclarecimento de questões ou circunstâncias de fato subjacentes à controvérsia objeto do incidente de recursos repetitivos (TST-IN n° 38, art. 10; TST-RI, art. 289, *caput*).

III – Os recursos afetados deverão ser julgados no prazo de 1 ano e terão preferência sobre os demais feitos, ressalvados os que envolvam réu preso e os pedidos de habeas corpus (CPC/2015, art. 1.037, § 4°).

110. (FCC – TRT11/2017 – Analista Judiciário – Área Judiciária) Em face da decisão X proferida pelo Tribunal Regional do Trabalho da 11ª Região, em execução de sentença nos autos da reclamação trabalhista movida por Maria contra a empresa Z Ltda., cujo pedido seria o reconhecimento de vínculo de emprego

a) caberá Embargos de Declaração no prazo de oito dias.

b) caberá Recurso de Revista, no prazo de oito dias, em qualquer hipótese.

c) não caberá Recurso de Revista, salvo na hipótese de ofensa direta e literal de norma da Constituição Federal.

d) não caberá Recurso de Revista, com exceção somente da hipótese de ofensa a súmula de jurisprudência uniforme do Tribunal Superior do Trabalho.

e) não caberá Recurso de Revista, exceto na hipótese de ofensa a súmula vinculante do Supremo Tribunal Federal.

▷ ***Anotações/Comentários***

Alternativa "c" – Correta: Na fase de execução, o cabimento do recurso de revista é restrito, sendo admitido apenas quando houver ofensa direta e literal de norma da Constituição Federal (art. 896, § 2°, CLT). No mesmo sentido a Súmula n° 266 do TST: "A admissibilidade do recurso de revista interposto de acórdão proferido em agravo de petição, na liquidação de sentença ou em processo incidente na execução, inclusive os embargos de terceiro, depende de demonstração inequívoca de violência direta à Constituição Federal".

111. (TRT20/2016 – FCC – Analista Judiciário – Área Judiciária) Em matéria recursal no Processo Judiciário do Trabalho, conforme normas da Consolidação das Leis do Trabalho,

a) a interposição de recurso para o Supremo Tribunal Federal de decisão da Justiça do Trabalho que contrarie a Constituição Federal prejudicará a execução do julgado, que deverá ficar suspensa.

b) no Tribunal Superior do Trabalho cabem embargos, no prazo de cinco dias de decisão unânime de julgamento que homologar conciliação em dissídios coletivos que excedam a competência territorial dos Tribunais Regionais do Trabalho.

c) o Ministro Relator denegará seguimento aos embargos no Tribunal Superior do Trabalho nas hipóteses de intempestividade e deserção, não cabendo recurso de tal decisão.

d) o agravo de instrumento interposto contra o despacho que não receber agravo de petição suspenderá a execução da sentença até o seu julgamento final, diante do princípio da segurança jurídica.

e) quando o recurso de revista tempestivo contiver defeito formal que não se repute grave, o Tribunal Superior do Trabalho poderá desconsiderar o vício ou mandar saná-lo, julgando o mérito.

▷ ***Anotações/Comentários***

Alternativa "e" – Correta: Quando o recurso tempestivo contiver defeito formal que não se repute grave, o Tribunal Superior do Trabalho poderá desconsiderar o vício ou mandar saná-lo, julgando o mérito. (art. 896, § 11 da CLT).

112. (FCC – TST/2017 – Analista Judiciário) A respeito dos recursos em espécie no Processo do Trabalho, conforme legislação em vigor,

a) das decisões proferidas pelos Tribunais Regionais do Trabalho ou por suas Turmas, em execução de sentença, inclusive em processo incidente de embargos de terceiro, não caberá Recurso de Revista, salvo na hipótese de ofensa direta e literal de lei federal e da Constituição Federal.

b) o recurso adesivo é compatível com o processo do trabalho e cabe, no prazo de 8 dias, apenas nas hipóteses de interposição de recurso ordinário, de revista e de embargos, sendo desnecessário que a matéria nele veiculada esteja relacionada com a do recurso interposto pela parte contrária.

c) cabem embargos no TST da decisão, ainda que unânime, que conciliar, julgar ou homologar conciliação em dissídios coletivos que excedam a competência territorial dos Tribunais Regionais do Trabalho e estender ou rever as sentenças normativas do TST.

d) nas causas sujeitas ao procedimento sumaríssimo, somente será admitido recurso de revista por contrariedade a súmula de jurisprudência uniforme do TST e por violação direta da Constituição Federal.

e) cabe recurso de revista por violação a lei federal, por divergência jurisprudencial e por ofensa à Constituição Federal nas execuções fiscais e nas controvérsias da fase de execução que envolvam a Certidão Negativa de Débitos Trabalhistas (CNDT).

▷ *Anotações/Comentários*

Alternativa correta: e

A Lei nº 13.015/14 ampliou o cabimento do recurso de revista na fase de execução em duas hipóteses: 1) execução fiscal; 2) controvérsias da fase de execução que envolvam a Certidão de Débitos Trabalhistas (CNDT). Nesses dois casos, a recurso de revista será cabível: por violação à lei federal; divergência jurisprudencial e por ofensa à Constituição Federal (art. 896, § 10, CLT).

---

113. (FCC - TRT11/2017 - Oficial de Justiça Avaliador) Considere:

I. Em face de decisão que não conhece de agravo de instrumento ou de agravo pela ausência de pressupostos extrínsecos.

II. Em face de decisão que nega provimento a agravo contra decisão monocrática do Relator, em que se proclamou a ausência de pressupostos extrínsecos de agravo de instrumento.

III. Para revisão dos pressupostos extrínsecos de admissibilidade do recurso de revista, cuja ausência haja sido declarada originariamente pela Turma no julgamento do agravo.

IV. Para impugnar o conhecimento de agravo de instrumento.

Conforme entendimento Sumulado do TST, não cabem embargos para a Seção de Dissídios Individuais de decisão de Turma proferida em agravo, salvo, dentre outras, nas hipóteses indicadas em

a) II e IV, apenas.
b) I, III e IV, apenas.
c) I, II e III, apenas.
d) I, II, III e IV.
e) I e III, apenas.

▷ *Anotações/Comentários*

Alternativa "d" - Correta: Como regra, a decisão da Turma, proferida no julgamento de agravo, não é recorrível por meio de embargos de divergência. No entanto, o TST prevê algumas exceções, como se verifica na Súmula nº 353 do TST:

"Não cabem embargos para a Seção de Dissídios Individuais de decisão de Turma proferida em agravo, salvo:

a) da decisão que não conhece de agravo de instrumento ou de agravo pela ausência de pressupostos extrínsecos;

b) da decisão que nega provimento a agravo contra decisão monocrática do Relator, em que se proclamou a ausência de pressupostos extrínsecos de agravo de instrumento;

c) para revisão dos pressupostos extrínsecos de admissibilidade do recurso de revista, cuja ausência haja sido declarada originariamente pela Turma no julgamento do agravo;

d) para impugnar o conhecimento de agravo de instrumento;

e) para impugnar a imposição de multas previstas nos arts. 1.021, § 4º, do CPC de 2015 ou 1.026, § 2º, do CPC de 2015 (art. 538, parágrafo único, do CPC de 1973, ou art. 557, § 2º, do CPC de 1973)".

f) contra decisão de Turma proferida em agravo em recurso de revista, nos termos do art. 894, II, da CLT.

Analisando a questão, todos os itens estão corretos:

Item I - correto: Súmula nº 353, I do TST.

Item II - correto: Súmula nº 353, II do TST.

Item III - correto: Súmula nº 353, III do TST.

Item IV - correto: Súmula nº 353, IV do TST.

---

114. (FCC/2018 - TRT 6ª Região - Analista - Área Judiciária) Em relação ao cabimento de agravo de instrumento em caso de admissibilidade parcial de recurso de revista no Tribunal Regional do Trabalho,

a) admitido apenas parcialmente o recurso de revista, constitui ônus da parte impugnar, mediante agravo de instrumento, o capítulo denegatório da decisão, sob pena de preclusão.

b) não cabem embargos de declaração parcial do despacho denegatório do recurso de revista, sendo necessário que a omissão seja total, abrangendo todos os temas objeto do recurso de revista.

c) não é nula a decisão regional que se abstiver de exercer controle de admissibilidade sobre qualquer tema objeto de recurso de revista, não obstante interpostos embargos de declaração, desde que tenha apreciado pelo menos um dos temas.

d) a recusa do Presidente do Tribunal Regional do Trabalho em emitir juízo de admissibilidade sobre qualquer tema somente pode ser impugnada quando da interposição do recurso, não cabendo embargos de declaração.

e) faculta-se ao Ministro Relator, por decisão recorrível mediante agravo interno, determinar a restituição do agravo de instrumento ao Presidente do Tribunal Regional do Trabalho de origem para que complemente o juízo de admissibilidade, desde que interpostos embargos de declaração.

▷ *Anotações/Comentários*

Alternativa correta: letra "a". Pode ocorrer de termos um recurso contemplando todos os capítulos (total) ou apenas parte dos capítulos, mas o juízo de admissibilidade *a quo* decline que em relação a alguns capítulos não estão presentes os pressupostos recursais, dando processamento em parte do recurso. Tem-se aqui o chamado juízo de admissibilidade parcial. O TST, na IN nº 40/2016, passou a descrever que constitui ônus da parte que impugnar, mediante agravo de instrumento, o capítulo denegatório da decisão, sob pena de preclusão (TST-IN nº 40/2016, art. 1º, *caput*).

---

115. (TRT20/2016 - FCC - Analista Judiciário - OJA) Icaro ajuizou reclamação trabalhista em face da sua empregadora Asas do Horizonte Produtora. A sentença não lhe foi favorável em todos os seus pedidos, sendo julgada improcedente. Inconformado, recorreu da sentença, mas seu recurso foi denegado por deserção e intempestividade. Neste caso, cabe a Icaro

a) agravo de petição no prazo de 15 dias.
b) agravo de instrumento no prazo de 5 dias.
c) recurso de revista no prazo de 15 dias.
d) recurso ordinário no prazo de 08 dias.
e) agravo de instrumento no prazo de 08 dias.

▷ *Anotações/Comentários*

Alternativa "e" - Correta: O agravo de instrumento é uma modalidade recursal restrita no processo do trabalho, vez que é destinado tão somente a destrancar o recurso não processado no juízo *a quo*. Noutras palavras, é o recurso que visa impugnar a decisão negativa do primeiro juízo de admissibilidade do recurso, como o apresentado na questão. Segundo o artigo 897, "b", da CLT, caberá agravo de instrumento dos despachos que denegarem a interposição de recursos, no prazo de 8 (oito) dias.

---

116. (TRT 14º Região/2016 - Analista Judiciário - OJA) Dentre as modalidades recursais previstas na legislação trabalhista encontramos o agravo de instrumento que é cabível em

a) 8 dias, das decisões das Turmas do Tribunal Superior do Trabalho que divergirem entre si ou forme contrárias a súmula vinculante do Supremo Tribunal Federal.

b) 5 dias, das decisões interlocutórias na fase de conhecimento e nos casos de omissão e contradição do julgado, atribuindo-lhe efeitos modificativos.

c) 8 dias, dos despachos que denegarem interposição de recursos.

d) 8 dias, das decisões terminativas do Juiz na fase de execução da sentença que tenha transitado em julgado, desde que delimitada as matérias e valores impugnados.

e) 15 dias, das decisões definitivas ou terminativas das Varas do Trabalho nos dissídios individuais do rito sumaríssimo.

▷ *Anotações/Comentários*

Alternativa correta: Letra C.

O agravo de instrumento é uma modalidade recursal restrita no processo do trabalho, vez que é destinado tão somente a destrancar o recurso não processado no juízo a quo. Noutras palavras, é o recurso que visa impugnar decisão negativa do primeiro juízo de admissibilidade do recurso.

Nesse contexto, o art. 897, "b" da CLT dispõe que, cabe agravo, no prazo de 8 (oito) dias de instrumento, dos despachos que denegarem a interposição de recursos.

8. LIQUIDAÇÃO DE SENTENÇA E EXECUÇÃO TRABALHISTA

117. (FCC – TRT24/2017 – Técnico Judiciário – Área Administrativa) Em relação à liquidação da sentença e à execução no Processo do Trabalho, a Consolidação das Leis do Trabalho estabelece:

a) Na liquidação, não se poderá modificar, ou inovar, a sentença liquidanda nem discutir matéria pertinente à causa principal.

b) Somente as decisões passadas em julgado e os acordos, quando não cumpridos, poderão ser executados na Justiça do Trabalho.

c) Elaborada a conta pela parte ou pelos órgãos auxiliares da Justiça do Trabalho, o juiz procederá à intimação da União para manifestação, no prazo de 8 dias, sob pena de preclusão.

d) Requerida a execução, o juiz ou Presidente do Tribunal mandará expedir mandado de citação do executado, a fim de que cumpra a decisão ou o acordo, ou, quando se tratar de pagamento em dinheiro, exceto de contribuições sociais devidas à União, para que o faça em 72 horas ou garanta a execução.

e) Não pagando o executado, nem garantindo a execução, seguir-se-á a penhora dos bens, tantos quantos bastem ao pagamento da condenação, sem os acréscimos de custas e juros de mora.

▷ ***Anotações/Comentários***

Nota do autor: Quando a sentença condenatória não ser líquida, há necessidade de liquidação da sentença, que busca complementá-la e prepará-la para a execução. Tem, portanto, a finalidade de apurar o montante devido, sendo admitida apenas nas obrigações de pagar quantia certa (art. 509, CPC).

Alternativa "a" – Correta: Na liquidação, não se poderá modificar, ou inovar, a sentença liquidanda nem discutir matéria pertinente à causa principal (art. 879, § 1º da CLT).

Alternativa "b" – Incorreta: De acordo com o art. 876 da CLT, poderão ser executados: as decisões passadas em julgado ou das quais não tenha havido recurso com efeito suspensivo; os acordos, quando não cumpridos; os termos de ajuste de conduta firmados perante o Ministério Público do Trabalho e os termos de conciliação firmados perante as Comissões de Conciliação Prévia, além das contribuições sociais decorrentes das sentenças condenatórias.

Alternativa "c" – Incorreta: Segundo o § 3º do art. 879 da CLT, "elaborada a conta pela parte ou pelos órgãos auxiliares da Justiça do Trabalho, o juiz procederá à intimação da União para manifestação, no prazo de 10 (dez) dias, sob pena de preclusão".

Alternativa "d" – Incorreta: O art. 880 da CLT dispõe que, requerida a execução, o juiz ou presidente do tribunal mandará expedir mandado de citação do executado, a fim de que cumpra a decisão ou o acordo no prazo, pelo modo e sob as cominações estabelecidas ou, quando se tratar de pagamento em dinheiro, inclusive de contribuições sociais devidas à União, para que o faça em 48 (quarenta e oito) horas ou garanta a execução, sob pena de penhora.

Alternativa "e" – Incorreta: Não pagando o executado, nem garantindo a execução, seguir-se-á penhora dos bens, tantos quantos bastem ao pagamento da importância da condenação, acrescida de custas e juros de mora, sendo estes, em qualquer caso, devidos a partir da data em que for ajuizada a reclamação inicial (art. 883 da CLT).

118. (FCC/2018 - TRT 6ª Região – Técnico – Área Adm.) Em relação à execução trabalhista, conforme legislação vigente,

a) será promovida pelas partes, permitida a atuação de ofício do Juiz, ainda que as partes estejam assistidas por advogado.

b) requerida a execução, o Juiz mandará expedir mandado de citação do executado, a fim de que proceda ao pagamento em dinheiro, inclusive de contribuições sociais devidas à União, em cinco dias, ou garanta a execução, sob pena de penhora.

c) garantida a execução ou penhorados os bens, terá o executado prazo de quinze dias para apresentar embargos, cabendo igual prazo ao exequente para impugnação.

d) a matéria de defesa em embargos à execução será restrita às alegações de cumprimento da decisão ou do acordo, quitação ou prescrição da dívida, não cabendo produção de prova testemunhal em audiência.

e) o executado que não pagar a importância reclamada poderá garantir a execução mediante depósito da quantia correspondente, atualizada e acrescida das despesas processuais, apresentação de seguro-garantia judicial ou nomeação de bens à penhora, observada a ordem preferencial estabelecida na lei processual civil.

▷ ***Anotações/Comentários***

Nota do autor: Quando se trata de sentença condenatória, caso o réu não a cumpra espontaneamente, há necessidade de uma fase posterior para que haja a efetivação do direito material. Tem-se aqui a fase de execução.

Alternativa "e" – Correta: A alternativa transcreve o art. 882 da CLT, que declina: "O executado que não pagar a importância reclamada poderá garantir a execução mediante depósito da quantia correspondente, atualizada e acrescida das despesas processuais, apresentação de seguro-garantia judicial ou nomeação de bens à penhora, observada a ordem preferencial estabelecida no art. 835 da Lei no 13.105, de 16 de março de 2015 - Código de Processo Civil".

Alternativa "a" – Incorreta: A Lei nº 13.467/17 alterou o art. 878 da CLT, buscando restringir a atuação *ex officio* na execução trabalhista. Pela atual redação a execução de ofício está autorizada **apenas nos casos em que as partes não estejam representadas por advogado.**

Alternativa "b" – Incorreta: O erro da alternativa está no prazo, segundo art. 880, *caput*, da CLT: "Requerida a execução, o juiz ou presidente do tribunal mandará expedir mandado de citação do executado, a fim de que cumpra a decisão ou o acordo no prazo, pelo modo e sob as cominações estabelecidas ou, quando se tratar de pagamento em dinheiro, inclusive de contribuições sociais devidas à União, para que o faça em 48 (quarenta e oito) horas ou garanta a execução, sob pena de penhora".

Alternativa "c" – Incorreta: Garantida a execução ou penhorados os bens, terá o executado 5 (cinco) dias para apresentar embargos, cabendo igual prazo ao exequente para impugnação (art. 884 da CLT).

Alternativa "d" – Incorreta: O art. 884, §2º da CLT dispõe que: "Se na defesa tiverem sido arroladas testemunhas, poderá o Juiz ou o Presidente do Tribunal, caso julgue necessários seus depoimentos, marcar audiência para a produção das provas, a qual deverá realizar-se dentro de 5 (cinco) dias".

119. (TRT da 1ª Região/RJ – Instituto AOCP/2018 – Técnico Judiciário – Área Judiciária) Considerando os temas: citação, nomeação de bens, mandado e penhora, bens penhoráveis e impenhoráveis, no Direito Processual do Trabalho, pautados na Lei nº 13.467/2017, assinale a alternativa correta.

a) A Consolidação das Leis Trabalhistas faz menção expressa sobre o artigo de lei do Código de Processo Civil que traz a ordem preferencial de penhora, tendo como primeira opção o dinheiro, em espécie ou em depósito ou aplicação em instituição financeira.

b) Requerida a execução, o juiz do tribunal mandará expedir mandado de citação do executado, a fim de que cumpra a decisão ou o acordo no prazo pelo modo e sob as cominações estabelecidas ou, quando se tratar de pagamento em dinheiro, inclusive de contribuições sociais devidas à União, para que o faça em 72 (setenta e duas) horas ou garanta a execução, sob pena de penhora.

c) Não pagando o executado, nem garantindo a execução, seguir-se-á penhora dos bens, tantos quantos bastem ao pagamento da importância da condenação, sem custas e juros de mora.

d) São impenhoráveis os móveis pertences e utilidades domésticas que guarnecem a residência do executado, inclusive os de elevado valor ou os que ultrapassem as necessidades comuns correspondentes a um médio padrão de vida.

e) O executado que não pagar a importância reclamada perderá o direito de garantir a execução mediante depósito da quantia correspondente atualizada e sem as despesas processuais.

PROCESSUAL DO TRABALHO

▷ ***Anotações/Comentários***

Nota do autor: A questão aborda as disposições relacionadas à execução na Justiça do Trabalho.

Alternativa "a" – Correta: De acordo com o art. 880 da CLT, o executado que não pagar a importância reclamada poderá garantir a execução mediante depósito da quantia correspondente, atualizada e acrescida das despesas processuais, apresentação de seguro-garantia judicial ou nomeação de bens à penhora, observada a ordem preferencial **estabelecida no art. 835 do Código de Processo Civil**. O dispositivo do CPC/15, por sua vez, prevê que:

> **Art. 835.** A penhora observará, preferencialmente, a seguinte ordem:
>
> I - dinheiro, em espécie ou em depósito ou aplicação em instituição financeira; (...).

Alternativa "b" – Incorreta: Requerida a execução, o juiz ou presidente do tribunal mandará expedir mandado de citação do executado, a fim de que cumpra a decisão ou o acordo no prazo, pelo modo e sob as cominações estabelecidas ou, quando se tratar de pagamento em dinheiro, inclusive de contribuições sociais devidas à União, para que o faça em **48 (quarenta e oito) horas** ou garanta a execução, sob pena de penhora (art. 880, *caput* da CLT).

Alternativa "c" – Incorreta: Segundo o art. 883 da CLT, não pagando o executado, nem garantindo a execução, seguir-se-á penhora dos bens, tantos quantos bastem ao pagamento da importância da condenação, **acrescida de custas e juros de mora**, sendo estes, em qualquer caso, devidos a partir da data em que for ajuizada a reclamação inicial.

Alternativa "d" – Incorreta: Segundo o art. 833 do CPC/15 são impenhoráveis os móveis, os pertences e as utilidades domésticas que guarnecem a residência do executado, **salvo** os de elevado valor ou os que ultrapassem as necessidades comuns correspondentes a um médio padrão de vida (...).

Alternativa "e" – Incorreta: O executado que não pagar a importância reclamada poderá garantir a execução mediante depósito da quantia correspondente, atualizada e acrescida das despesas processuais, apresentação de seguro-garantia judicial ou nomeação de bens à penhora, observada a ordem preferencial estabelecida no art. 835 do Código de Processo Civil (art. 882 da CLT).

120. (FCC – TRT11/2017 – Técnico Judiciário – Área Administrativa) Considere os seguintes créditos:

I. Crédito trabalhista decorrente de reclamação trabalhista ajuizada por empregado doméstico relativo ao trabalho exercido para a família empregadora.

II. Crédito trabalhista decorrente de reclamação trabalhista ajuizada pelo Rito Sumaríssimo em face da empresa AA Ltda.

III. Crédito relativo a contribuição previdenciária decorrente de empregado doméstico.

De acordo com a Lei nº 8.009/1990, a impenhorabilidade do bem de família é oponível em processo de execução relativo ao crédito indicado em

a) I, II e III.

b) I e II, apenas.

c) II e III, apenas.

d) I, apenas.

e) III, apenas.

▷ ***Anotações/Comentários***

Nota do autor: A Lei nº 8.009/90 previu que o devedor não pode ser privado de seu bem de família, ou seja, o imóvel residencial próprio do casal, ou da entidade familiar, é impenhorável e não responderá por qualquer tipo de dívida civil, comercial, fiscal, previdenciária ou de outra natureza, contraída pelos cônjuges ou pelos pais ou filhos que sejam seus proprietários e nele residam, salvo nas hipóteses previstas nesta lei (art. 1º).

Alternativa "a" – Correta:

Item I (correto): Com o advento da LC nº 150/15, que dispõe sobre o contrato de trabalho doméstico, o bem de família é impenhorável, inclusive para créditos de trabalhadores da própria residência, contemplando a igualdade entre os demais empregados e o empregado doméstico (art. 46 da LC nº 150/15).

Item II (correto): Segundo o art. 3º, *"caput"*, da Lei nº 8.009/90, a impenhorabilidade é oponível em qualquer processo de execução civil, fiscal, previdenciária, trabalhista ou de outra natureza. Assim, será possível a impenhorabilidade no rito sumaríssimo na seara trabalhista.

Item III (correto): A LC nº 150/15 além da inovação do item I, o bem de família também será impenhorável, inclusive para o crédito relativo a contribuição previdenciária decorrente de empregado doméstico. Isso porque, com o advento da referida Lei Complementar, o art. 3º, I, da Lei 8.009/90 foi revogado.

121. (FCC – TRT24/2017 – Técnico Judiciário – Área Administrativa) A sentença é um dos atos processuais praticados pelo juiz, por meio do qual entrega às partes a tutela jurisdicional. Uma vez não sujeita a recurso, opera-se a denominada coisa julgada. Com relação à sentença e à coisa julgada, a Consolidação das Leis do Trabalho estabelece:

a) As decisões cognitivas ou homologatórias não precisam indicar a natureza jurídica das parcelas constantes da condenação ou do acordo homologado, nem mesmo o limite de responsabilidade de cada parte pelo recolhimento da contribuição previdenciária, se for o caso.

b) Existindo na decisão evidentes erros ou equívocos de escrita, de datilografia ou de cálculo, não poderão os mesmos, em nenhuma hipótese, ser corrigidos.

c) No caso de conciliação, o termo que for lavrado valerá como decisão irrecorrível, salvo para a Previdência Social quanto às contribuições que lhe forem devidas.

d) O acordo celebrado após o trânsito em julgado da sentença ou após a execução da mesma prejudicará os créditos da União.

e) Na decisão não será necessário mencionar as custas que devam ser pagas pela parte vencida, uma vez que se tratam de taxas automaticamente impostas pelo Poder Judiciário.

▷ ***Anotações/Comentários***

Alternativa "c" – Correta: O art. 831, parágrafo único da CLT, dispõe que, no caso de conciliação, o termo que for lavrado valerá como decisão irrecorrível, salvo para a Previdência Social quanto às contribuições que lhe forem devidas.

Alternativa "a" – Incorreta: Ao contrário do afirmado, as decisões cognitivas ou homologatórias deverão sempre indicar a natureza jurídica das parcelas constantes da condenação ou do acordo homologado, inclusive o limite de responsabilidade de cada parte pelo recolhimento da contribuição previdenciária, se for o caso (art. 832, § 3º da CLT).

Alternativa "b" – Incorreta: Segundo o art. 833 da CLT, existindo na decisão evidentes erros ou enganos de escrita, de datilografia ou de cálculo, poderão os mesmos, antes da execução, ser corrigidos, ex officio, ou a requerimento dos interessados ou da Procuradoria da Justiça do Trabalho.

Alternativa "d" – Incorreta: Diferente do afirmado, o acordo celebrado após o trânsito em julgado da sentença ou após a elaboração dos cálculos de liquidação de sentença não prejudicará os créditos da União (art. 832, § 6º da CLT).

Alternativa "e" – Incorreta: A decisão mencionará sempre as custas que devam ser pagas pela parte vencida (art. 832, § 2º da CLT). Por fim, as custas processuais dizem respeito ao custo financeiro do processo, que são devidos ao Estado em razão da realização de sua atividade (exercício da jurisdição). Trata-se de taxa, ou seja, é obrigação legal e compulsória exigida em decorrência da utilização de um serviço público específico e divisível, prestado ao contribuinte (CF, art. 145, II; CTN, arts. 77 e 79).

122. (FCC – TRT24/2017 – Técnico Judiciário – Área Administrativa) Em relação à liquidação da sentença e à execução no Processo do Trabalho, a Consolidação das Leis do Trabalho estabelece:

a) Na liquidação, não se poderá modificar, ou inovar, a sentença liquidanda nem discutir matéria pertinente à causa principal.

b) Somente as decisões passadas em julgado e os acordos, quando não cumpridos, poderão ser executados na Justiça do Trabalho.

c) Elaborada a conta pela parte ou pelos órgãos auxiliares da Justiça do Trabalho, o juiz procederá à intimação da União para manifestação, no prazo de 8 dias, sob pena de preclusão.

d) Requerida a execução, o juiz ou Presidente do Tribunal mandará expedir mandado de citação do executado, a fim de que cumpra a decisão ou o acordo, ou, quando se tratar de pagamento em dinheiro, exceto de contribuições sociais devidas à União, para que o faça em 72 horas ou garanta a execução.

e) Não pagando o executado, nem garantindo a execução, seguir-se-á a penhora dos bens, tantos quantos bastem ao pagamento da condenação, sem os acréscimos de custas e juros de mora.

▷ ***Anotações/Comentários***

Nota do autor: Quando a sentença condenatória não ser líquida, há necessidade de liquidação da sentença, que busca complementá-la e prepará-la para a execução. Tem, portanto, a finalidade de apurar o montante devido, sendo admitida apenas nas obrigações de pagar quantia certa (art. 509, CPC).

Alternativa "a" – Correta: Na liquidação, não se poderá modificar, ou inovar, a sentença liquidanda nem discutir matéria pertinente à causa principal (art. 879, § 1º da CLT).

Alternativa "b" – Incorreta: De acordo com o art. 876 da CLT, poderão ser executados: as decisões passadas em julgado ou das quais não tenha havido recurso com efeito suspensivo; os acordos, quando não cumpridos; os termos de ajuste de conduta firmados perante o Ministério Público do Trabalho e os termos de conciliação firmados perante as Comissões de Conciliação Prévia, além das contribuições sociais decorrentes das sentenças condenatórias.

Alternativa "c" – Incorreta: Segundo o § 3º do art. 879 da CLT, "elaborada a conta pela parte ou pelos órgãos auxiliares da Justiça do Trabalho, o juiz procederá à intimação da União para manifestação, no prazo de 10 (dez) dias, sob pena de preclusão".

Alternativa "d" – Incorreta: O art. 880 da CLT dispõe que, requerida a execução, o juiz ou presidente do tribunal mandará expedir mandado de citação do executado, a fim de que cumpra a decisão ou o acordo no prazo, pelo modo e sob as cominações estabelecidas ou, quando se tratar de pagamento em dinheiro, inclusive de contribuições sociais devidas à União, para que o faça em 48 (quarenta e oito) horas ou garanta a execução, sob pena de penhora.

Alternativa "e" – Incorreta: Não pagando o executado, nem garantindo a execução, seguir-se-á penhora dos bens, tantos quantos bastem ao pagamento da importância da condenação, acrescida de custas e juros de mora, sendo estes, em qualquer caso, devidos a partir da data em que for ajuizada a reclamação inicial (art. 883 da CLT).

123. (FCC/2018 - TRT 6ª Região – Técnico – Área Adm.) Em relação à execução trabalhista, conforme legislação vigente,

a) será promovida pelas partes, permitida a atuação de ofício do Juiz, ainda que as partes estejam assistidas por advogado.

b) requerida a execução, o Juiz mandará expedir mandado de citação do executado, a fim de que proceda ao pagamento em dinheiro, inclusive de contribuições sociais devidas à União, em cinco dias, ou garanta a execução, sob pena de penhora.

c) garantida a execução ou penhorados os bens, terá o executado prazo de quinze dias para apresentar embargos, cabendo igual prazo ao exequente para impugnação.

d) a matéria de defesa em embargos à execução será restrita às alegações de cumprimento da decisão ou do acordo, quitação ou prescrição da dívida, não cabendo produção de prova testemunhal em audiência.

e) o executado que não pagar a importância reclamada poderá garantir a execução mediante depósito da quantia correspondente, atualizada e acrescida das despesas processuais, apresentação de seguro-garantia judicial ou nomeação de bens à penhora, observada a ordem preferencial estabelecida na lei processual civil.

▷ ***Anotações/Comentários***

Nota do autor: Quando se trata de sentença condenatória, caso o réu não a cumpra espontaneamente, há necessidade de uma fase posterior para que haja a efetivação do direito material. Tem-se aqui a fase de execução.

Alternativa "e" – Correta: A alternativa transcreve o art. 882 da CLT, que declina: "O executado que não pagar a importância reclamada poderá garantir a execução mediante depósito da quantia correspondente, atualizada e acrescida das despesas processuais, apresentação de seguro-garantia judicial ou nomeação de bens à penhora, observada a ordem preferencial estabelecida no art. 835 da Lei no 13.105, de 16 de março de 2015 - Código de Processo Civil".

Alternativa "a" – Incorreta: A Lei nº 13.467/17 alterou o art. 878 da CLT, buscando restringir a atuação *ex officio* na execução trabalhista. Pela atual redação a execução de ofício está autorizada **apenas nos casos em que as partes não estejam representadas por advogado.**

Alternativa "b" – Incorreta: O erro da alternativa está no prazo, segundo art. 880, *caput*, da CLT: "Requerida a execução, o juiz ou presidente do tribunal mandará expedir mandado de citação do executado, a fim de que cumpra a decisão ou o acordo no prazo, pelo modo e sob as cominações estabelecidas ou, quando se tratar de pagamento em dinheiro, inclusive de contribuições sociais devidas à União, para que o faça em 48 (quarenta e oito) horas ou garanta a execução, sob pena de penhora".

Alternativa "c" – Incorreta: Garantida a execução ou penhorados os bens, terá o executado 5 (cinco) dias para apresentar embargos, cabendo igual prazo ao exequente para impugnação (art. 884 da CLT).

Alternativa "d" – Incorreta: O art. 884, §2º da CLT dispõe que: "Se na defesa tiverem sido arroladas testemunhas, poderá o Juiz ou o Presidente do Tribunal, caso julgue necessários seus depoimentos, marcar audiência para a produção das provas, a qual deverá realizar-se dentro de 5 (cinco) dias".

124. (FCC – TRT11/2017 – Oficial de Justiça Avaliador) No tocante à liquidação de sentença, em regra, de acordo com a Consolidação das Leis do Trabalho, é certo que

a) a liquidação não abrangerá o cálculo das contribuições previdenciárias devidas, que deverá ser executada de forma independente em razão da natureza do crédito.

b) elaborada a conta e tornada líquida, o Juiz poderá abrir às partes prazo comum de 10 dias para impugnação fundamentada com a indicação dos itens e valores objeto da discordância, sob pena de preclusão.

c) na liquidação, pode-se modificar a sentença liquidanda bem como discutir matéria pertinente à causa principal.

d) tratando-se de cálculos de liquidação complexos, o juiz deverá nomear perito para a elaboração e fixará, depois da conclusão do trabalho, o valor dos respectivos honorários com observância, entre outros, do teto de três salários mínimos regionais.

e) elaborada a conta pela parte ou pelos órgãos auxiliares da Justiça do Trabalho, o juiz procederá à intimação da União para manifestação, no prazo de dez dias, sob pena de preclusão.

▷ ***Anotações/Comentários***

Alternativa "e" – Correta: Segundo o §3º do art. 879 da CLT, "elaborada a conta pela parte ou pelos órgãos auxiliares da Justiça do Trabalho, o juiz procederá à intimação da União para manifestação, no prazo de 10 (dez) dias, sob pena de preclusão".

125. (FCC - Analista Judiciário: Área Judiciária – TRT15/2018) Em reclamação trabalhista na qual foi proferida sentença ilíquida, o juiz determinou que o reclamante apresentasse os cálculos de liquidação, com indicação da contribuição previdenciária incidente. Após apresentação dos cálculos pelo reclamante, o juiz concedeu prazo de 10 dias para o reclamado apresentar seus cálculos. Diante da divergência entre os valores apresentados pelas partes, o juiz nomeou perito contábil para elaboração da conta de liquidação. Entendendo corretos os cálculos elaborados pelo perito, o juiz homologou os mesmos e determinou a citação do executado para pagamento do crédito em 48 horas, sob pena de execução. Considerando as disposições legais, o juiz

a) agiu corretamente, porque as contas foram elaboradas por perito contábil, não sendo necessário dar vistas às partes, até porque as mesmas já apresentaram seus cálculos.

b) não agiu corretamente, porque deveria obrigatoriamente conferir vista dos cálculos às partes, no prazo sucessivo de 8 dias para impugnação fundamentada com a indicação dos itens e valores objeto da discordância, sob pena de preclusão.

c) agiu corretamente, por ter amplo poder de direção e controle do processo, estando sua decisão amparada por norma cogente, que o autoriza expressamente a agir desse modo.

d) não agiu corretamente, porque deveria obrigatoriamente conferir vista dos cálculos às partes, no prazo comum de 8 dias para impugnação fundamentada com a indicação dos itens e valores objeto da discordância, sob pena de preclusão.

e) agiu corretamente, pois tem a faculdade de conferir vista dos cálculos às partes, no prazo de 8 dias para impugnação fundamentada com a indicação dos itens e valores objeto da discordância, sob pena de preclusão, mas não obrigação de fazê-lo.

▷ ***Anotações/Comentários***

Alternativa correta: letra "d"

Elaborada a conta, seja pelas partes, seja pelo contador do juízo, o juiz viabilizará o contraditório prévio na liquidação, intimando as partes para manifestação devidamente fundamentada, no prazo comum de 8 dias, com a indicação dos itens e valores que são objeto da discordância, sob pena de preclusão. Em seguida, o juiz homologará a conta de liquidação (art. 879, § 2º, da CLT).

---

126. (FCC/2018 - TRT 6ª Região - Oficial de Justiça Avaliador) A respeito do procedimento para desconsideração da personalidade jurídica no processo do trabalho,

a) a instauração do incidente sempre será causa de suspensão do processo.

b) da decisão que acolhe o pedido na fase de execução caberá agravo de petição, desde que garantida a execução.

c) não é cabível instauração de incidente quando da execução de título extrajudicial.

d) instaurado o incidente, o sócio ou a pessoa jurídica será citado para manifestar-se e requerer as provas cabíveis no prazo de 15 dias.

e) o requerimento deve demonstrar desde logo o preenchimento dos pressupostos legais específicos eis que incabível instrução probatória na espécie.

▷ ***Anotações/Comentários***

Alternativa correta: letra "d". Instaurado o incidente, o sócio ou a pessoa jurídica será citado para manifestar-se e requerer as provas cabíveis no prazo de 15 (quinze) dias. (CPC/15, art. 135).

---

127. (FCC - 2022 - TRT 14 - Analista Judiciário - Área Judiciária) Na reclamação trabalhista movida por Leonor, já em fase de execução, foram esgotados todos os meios de satisfação de seu crédito junto à empresa executada, requerendo Leonor a instauração do Incidente de Desconsideração da Personalidade Jurídica (IDPJ) para inclusão dos sócios no polo passivo da ação. Diante do disposto na legislação vigente,

a) além de esgotar os meios de execução contra a empresa executada, antes de requerer a instauração do IDPJ, Leonor será obrigada a requerer a inclusão do nome da empresa no Banco Nacional de Devedores Trabalhistas (BNDT).

b) não é cabível a instauração do IDPJ em fase de execução, sendo que Leonor deveria ter incluído as pessoas físicas dos sócios juntamente com a pessoa jurídica da empresa na petição inicial da reclamação trabalhista.

c) a Juíza do Trabalho receberá o requerimento de instauração do IDPJ, julgando-o desde logo e, caso seja julgado improcedente, caberá a interposição de Agravo de Petição por Leonor.

d) a Juíza do Trabalho receberá o requerimento de instauração do IDPJ, julgando-o desde logo e, caso seja julgado procedente, caberá a interposição de Embargos à Execução, após a penhora de bens do(s) sócio(s), com o juízo garantido.

e) a Juíza do Trabalho receberá o requerimento de instauração do IDPJ, determinando a citação dos sócios para manifestação e requerimento de provas cabíveis no prazo de 15 dias.

▷ ***Anotações/Comentários***

Nota: a questão aborda o incidente de desconsideração da personalidade jurídica, incluído na CLT pela Lei 13.467/17 no artigo 855-A, o qual remete à aplicação do CPC nos artigos 133 a 137.

Alternativa correta: letra "e". Instaurado o incidente, o sócio ou a pessoa jurídica será citado para manifestar-se e requerer as provas cabíveis no prazo de 15 (quinze) dias. (CPC/15, art. 135).

Alternativa "a" - incorreta: A inscrição do nome da empresa no Banco Nacional de Devedores Trabalhistas (BNDT) está prevista no art. 883-A da CLT e não se relaciona com a instauração do incidente de desconsideração da personalidade jurídica, podendo este ser instaurado independentemente da inclusão do sócio na fase de execução.

Alternativa "b" - incorreta: O incidente de desconsideração é cabível em **todas** as fases do processo de conhecimento, no cumprimento de sentença e na execução fundada em título executivo extrajudicial (CPC/15, art. 135).

Alternativa "c" - incorreta: Instaurado o incidente, o sócio ou a pessoa jurídica será citado para manifestar-se e requerer as provas cabíveis no prazo de 15 (quinze) dias. (CPC/15, art. 135).

Alternativa "d" - incorreta: Conforme indicado na alternativa anterior, antes será aberto o prazo de 15 dias para a manifestação do sócio (CPC/15, art. 135). Desta decisão na fase de execução cabe agravo de petição, independentemente de garantia do juízo (CPC/15, art. 855-A, II).

---

128. (FCC - 2023 - TRT 17 - Analista Judiciário - Área Judiciária) Em processo de execução de título executivo extrajudicial perante a Justiça do Trabalho, Ptolomeu, não encontrando patrimônio em nome da pessoa jurídica pretende incluir os sócios da executada Restaurante Prato Feito Ltda. no polo passivo da execução. Nessa situação, com base no que prevê a Consolidação das Leis do Trabalho

a) deverá o credor ingressar com reclamação trabalhista própria para incluir os sócios no polo passivo, uma vez que incabível Incidente de Desconsideração da Personalidade Jurídica na hipótese de execução de título executivo extrajudicial, restrito para casos de execução de títulos judiciais.

b) poderá Ptolomeu arguir Incidente de Desconsideração da Personalidade Jurídica, sendo que nessa hipótese, após sua citação, os sócios poderão apresentar manifestação e requerer provas no prazo de 15 dias, e da decisão que acolher o Incidente caberá agravo de petição, no prazo de 8 dias, desde que garantido o Juízo.

c) poderá Ptolomeu arguir Incidente de Desconsideração da Personalidade Jurídica, sendo que nessa hipótese, após sua citação, os sócios poderão apresentar manifestação e requerer provas no prazo de 10 dias, e da decisão que acolher o Incidente caberá recurso ordinário, no prazo de 8 dias, independente de garantia do Juízo.

d) faculta-se a Ptolomeu arguir Incidente de Desconsideração da Personalidade Jurídica, sendo que nessa hipótese, após sua citação, os sócios poderão apresentar manifestação e requerer provas no prazo de 5 dias, e da decisão que acolher o Incidente caberá agravo de petição, no prazo de 8 dias, desde que garantido o Juízo.

e) caberá a Ptolomeu arguir Incidente de Desconsideração da Personalidade Jurídica, sendo que nessa hipótese, após sua citação, os sócios poderão apresentar manifestação e requerer provas no prazo de 15 dias, e da decisão que acolher o Incidente caberá agravo de petição, no prazo de 8 dias, independente de garantia do Juízo

▷ ***Anotações/Comentários***

Nota: a questão aborda o incidente de desconsideração da personalidade jurídica, incluído na CLT pela Lei 13.467/17 no artigo 855-A, o qual remete à aplicação do CPC nos artigos 133 a 137.

Alternativa correta: letra "e" (responde as demais alternativas). O procedimento adequado para inclusão de sócio no processo é o incidente de desconsideração da personalidade jurídica, o qual vem disciplinado no art. 855-A da CLT e artigos 133 a 137 do CPC/15. Instaurado o incidente, o sócio ou a pessoa jurídica será citado para manifestar-se e requerer as provas cabíveis no prazo de 15 (quinze) dias. (CPC/15, art. 135). Desta decisão na fase de execução cabe agravo de petição, independentemente de garantia do juízo (CPC/15, art. 855-A, II), no prazo de 8 dias (art. 899, "a", CLT).

129. (FCC – Analista Judiciário – Área Judiciária – TRT 23/2016) A Metha Medicamentos S/A, é uma empresa privada e foi condenada em ação trabalhista, com trânsito em julgado. Estando garantida a execução ou penhorados bens do devedor, terá a executada o prazo para embargos de

a) 10 dias.

b) 05 dias.

c) 20 dias.

d) 15 dias.

e) 48 horas.

▷ ***Anotações/Comentários***

Alternativa correta: Letra B.

Garantida a execução ou penhorados os bens, terá o executado 5 (cinco) dias para apresentar embargos, cabendo igual prazo ao exequente para impugnação (Art. 884 da CLT).

130. (FCC – TRT11/2017 – Oficial de Justiça Avaliador) Camilo está noivo de Isabella e pretendem se casar no ano de 2017. Desde o noivado, Camilo busca adquirir um imóvel para a residência do casal. Fernanda, irmã de Camilo, advogada e militante na Justiça do Trabalho, entrega para seu irmão um edital com leilão para venda de imóveis penhorados em reclamações trabalhistas e explica para Camilo que se ele pretender adquirir um dos imóveis deverá depositar um sinal correspondente a

a) 20% do valor do imóvel e pagar o preço total dentro de 24 horas da arrematação.

b) 30% do valor do imóvel e pagar o preço total dentro de 24 horas da arrematação.

c) 20% do valor do imóvel e pagar o preço total dentro de 48 horas da arrematação.

d) 30% do valor do imóvel e pagar o preço total dentro de 48 horas da arrematação.

e) 15% do valor do imóvel e pagar o preço total dentro de 5 dias da arrematação.

▷ ***Anotações/Comentários***

Alternativa "a" – Correta: O arrematante deverá garantir o lance com sinal correspondente a 20% do seu valor, e, se o arrematante ou seu fiador, não pagar o preço dentro de 24 horas, perderá, em benefício da execução, o sinal de que trata o parágrafo anterior, voltando à praça os bens executados (art. 888, §§ 2º e 4º da CLT).

131. (TRT20/2016 – FCC – Analista Judiciário – OJA) Em se tratando de execução trabalhista, nos termos previstos na Consolidação das Leis do Trabalho,

a) não cabe a execução provisória por carta de sentença, nem a execução de prestações sucessivas por tempo indeterminado.

b) nas prestações sucessivas por tempo determinado, a execução deverá recair sobre cada parcela não cumprida, não compreendendo as que lhe sucederem.

c) caberá execução provisória apenas se fora caucionado o valor de cinquenta por cento da execução.

d) nas prestações sucessivas por tempo determinado, a execução pelo não-pagamento de uma prestação compreenderá as que lhe sucederem.

e) tratando-se de prestações sucessivas por tempo indeterminado, a execução compreenderá todas as prestações devidas até o final do ano de ingresso da execução.

▷ ***Anotações/Comentários***

Alternativa "d" – Correta: A execução provisória é aquela embasada em título provisório, ou seja, passível de modificação. A execução de prestações sucessivas é a que pressupõe uma relação continuativa, de trato sucessiva, isto é, que envolve parcelas futuras. Nas prestações sucessivas por tempo determinado, a execução pelo não-pagamento de uma prestação compreenderá as que lhe sucederem. (art. 891 da CLT).

132. (FCC – TST/2017 – Analista Judiciário) Sobre a aplicação supletiva e subsidiária do Código de Processo Civil ao Processo do Trabalho, de acordo com o que prevê Instrução Normativa do Tribunal Superior do Trabalho acerca da matéria,

a) com relação às hipóteses de improcedência liminar do pedido previstas no Código de Processo Civil, o juiz do trabalho poderá julgar liminarmente improcedente o pedido se verificar, desde logo, a ocorrência de decadência ou de prescrição.

b) aplicam-se ao Processo do Trabalho as normas do Código de Processo Civil que regem o julgamento antecipado parcial do mérito, não cabendo todavia recurso de imediato contra esta decisão, por força do princípio da irrecorribilidade das decisões interlocutórias do Processo do Trabalho.

c) não se aplica ao Processo do Trabalho o incidente de desconsideração da personalidade jurídica regulado no Código de Processo Civil, por força do princípio do impulso oficial do Juiz na fase de execução.

d) aplica-se ao Processo do Trabalho a norma do Código de Processo Civil que permite a inquirição das testemunhas diretamente pela parte, por não ser incompatível com a Consolidação das Leis do Trabalho.

e) o cheque e a nota promissória emitidos em reconhecimento de dívida inequivocamente de natureza trabalhista também são títulos extrajudiciais para efeito de execução perante a Justiça do Trabalho, eis que a norma celetista que cuida da matéria não é exaustiva.

▷ ***Anotações/Comentários***

Alternativa correta: e.

Segundo o art. 13 da IN nº 39/2016: "Por aplicação supletiva do art. 784, I (art. 15 do CPC), o cheque e a nota promissória emitidos em reconhecimento de dívida inequivocamente de natureza trabalhista também são títulos extrajudiciais para efeito de execução perante a Justiça do Trabalho, na forma do art. 876 e segs. da CLT".

133. (FCC/2018 - TRT 6ª Região – Oficial de Justiça Avaliador) A decisão judicial transitada em julgado somente poderá ser levada a protesto, gerar inscrição do nome do executado em órgãos de proteção ao crédito ou no Banco Nacional de Devedores Trabalhistas (BNDT), nos termos da lei, depois de transcorrido o prazo de

a) quarenta e cinco dias a contar da citação do executado, se não houver garantia do juízo.

b) sessenta dias a contar da citação do executado, se não houver garantia do juízo.

c) quarenta e cinco dias a contar da garantia do juízo.

d) sessenta dias a contar da garantia do juízo.

e) trinta dias a contar da garantia do juízo.

▷ ***Anotações/Comentários***

Alternativa correta: letra "a". A decisão judicial transitada em julgado somente poderá ser levada a protesto, gerar inscrição do nome do executado em órgãos de proteção ao crédito ou no Banco Nacional de Devedores Trabalhistas (BNDT), nos termos da lei, depois de transcorrido o prazo de **quarenta e cinco dias** a contar da citação do executado, se não houver garantia do juízo (CLT, art. 883-A).

134. (FCC – 2022 – TRT 14 – Analista Judiciário – Área Judiciária) Na execução trabalhista em que é executada a Creche Abraça Coração, entidade filantrópica, o Juiz do Trabalho homologou os cálculos de liquidação do exequente no valor de R$ 10.000,00. Após fazer uso do bloqueio on-line de contas, foi penhorado o valor de R$ 1.000,00, tendo interesse a executada em interpor embargos à execução. De acordo com a CLT, a

a) executada poderá interpor os embargos à execução imediatamente, pois a exigência da garantia da execução ou penhora de bens no valor do débito não se aplica às entidades filantrópicas.

b) executada poderá interpor os embargos à execução imediatamente, desde que faça um depósito judicial ou nomeie bens à penhora no valor dos R$ 9.000,00 faltantes para garantia da execução.

c) exequente deve informar ao Juízo meios para prosseguimento da execução e perseguir a constrição dos R$ 9.000,00 faltantes e, somente após ter conseguido, a executada poderá ingressar com os embargos à execução.

d) executada poderá ingressar com os embargos à execução imediatamente em relação à penhora dos R$ 1.000,00. Havendo, porventura, a penhora de novos valores ou bens, deverá ingressar com novos embargos à execução.

e) executada poderá interpor os embargos à execução imediatamente, desde que faça um depósito judicial ou nomeie bens à penhora no valor de R$ 4.000,00, uma vez que as entidades filantrópicas devem garantir a execução na porcentagem de 50% do valor do débito.

▷ ***Anotações/Comentários***

Alternativa correta: letra "a" (responde as demais alternativas). O *caput* do art. 884 da CLT indica que garantida a execução ou penhorados os bens, terá o executado 5 (cinco) dias para apresentar embargos, cabendo igual prazo ao exequente para impugnação. No entanto, o §6º do referido artigo declina que "a exigência da garantia ou penhora não se aplica às entidades filantrópicas e/ou àqueles que compõem ou compuseram a diretoria dessas instituições". Criou, portanto, uma exceção à necessidade de garantia da execução para que sejam cabíveis os embargos.

9. DISSÍDIO COLETIVO

135. (Fundação Carlos Chagas. TRT da 9ª Região/2015. Analista Judiciário – Área Judiciária. Especialidade Execução de Mandados) Os dissídios coletivos possuem regramento próprio, previsto em legislação processual trabalhista, em relação à sua extensão e revisão da sentença normativa. Segundo tais normas, é INCORRETO afirmar:

a) A decisão sobre novas condições de trabalho poderá também ser estendida a todos os empregados da mesma categoria profissional compreendida na jurisdição do Tribunal, por solicitação do Ministério Público do Trabalho.

b) Sempre que o Tribunal estender a decisão em dissídio coletivo, marcará a data em que a extensão deva entrar em vigor.

c) Para que a decisão sobre novas condições de trabalho possa ser estendida torna-se preciso que três quartos dos empregadores e dos empregados, ou os respectivos sindicatos, concordem com a extensão da decisão.

d) Decorridos seis meses de sua vigência, caberá revisão das decisões que fixarem condições de trabalho, quando se tornaram injustas ou inaplicáveis em razão da modificação das circunstâncias que as ditaram.

e) A revisão poderá ser promovida por iniciativa do Tribunal prolator, da Procuradoria da Justiça do Trabalho, das associações sindicais ou de empregador ou empregadores interessados no cumprimento da decisão.

▷ ***Anotações/Comentários***

Alternativa correta: Letra D.

O dissídio coletivo trata de interesses abstratos de um grupo social ou categoria, tendo, como regra, o objetivo de criar ou modificar condições de trabalho. Quanto ao dissídio revisional, decorrido mais de **um** ano da vigência da sentença normativa, caberá revisão das decisões que fixarem condições de trabalho, quando se tiverem modificado as circunstâncias que as ditaram, de modo que tais condições se hajam tornado injustas ou inaplicáveis (art. 873 da CLT), trata-se da denominada cláusula *rebus sic stantibus*. Portanto, o erro da questão está no prazo de seis meses.

136. (FCC – Analista Judiciário – Área Judiciária – TRT 4/2015) Conforme expresso dispositivo legal, em dissídio coletivo a decisão sobre novas condições de trabalho poderá também ser estendida a todos os empregados da mesma categoria profissional compreendida na jurisdição do Tribunal. Entretanto, NÃO possuiu legitimidade para tal solicitação

a) um ou mais empregadores ou de qualquer sindicato destes.

b) um ou mais sindicatos de empregados.

c) agente da Delegacia Regional do Trabalho.

d) o próprio Tribunal que proferiu a decisão, ex-officio.

e) Ministério Público do Trabalho.

▷ ***Anotações/Comentários***

Alternativa correta: Letra C.

Atente-se que a questão requer quem NÃO possui legitimidade.

Para instaurar o dissídio tem (têm) legitimidade: 1) sindicatos (art. 857, § único, CLT); 2) empregadores; 3) comissão de trabalhadores (Lei nº 7.783/89); 4) Ministério Público do Trabalho (art. 114, § 3º CF).

Quanto ao Tribunal que proferiu a decisão, *ex officio*, a doutrina é pacífica no sentido de que tal legitimidade fere o princípio da inércia da jurisdição, não devendo ser aplicado. Ademais, entende que ele não foi recepcionado pela Constituição Federal ao incluir o comum acordo em seu art. 114, § 2º, e que tal instauração seria forma de interferência do estado na organização sindical, o que é vedado pelo art. 8º, I, CF. No entanto, a questão é clara ao dizer "conforme expresso dispositivo legal", razão pela qual deve ser considerada correta.

137. (FCC/2018 - TRT 6ª Região – Analista – Área Judiciária) A forma jurisdicional de solução dos conflitos coletivos de trabalho se dá por meio do ajuizamento de ação própria perante a Justiça do Trabalho, denominada de dissídio coletivo, sendo que

a) havendo convenção coletiva, acordo coletivo ou sentença normativa em vigor, deverá ser instaurado dentro dos 90 dias anteriores ao respectivo termo final, para que o novo instrumento possa ter vigência no dia imediato a esse termo.

b) estando o conflito limitado à base territorial correspondente à jurisdição de um único TRT, a competência para julgar o dissídio coletivo será deste TRT.

c) a decisão nele proferida faz coisa julgada formal e material.

d) a revisão da decisão que fixar condições de trabalho não pode ser promovida por iniciativa do Tribunal prolator da mesma e nem pela Procuradoria da Justiça do Trabalho, sendo faculdade exclusiva das partes o seu requerimento.

e) é necessário o trânsito em julgado da sentença normativa para a propositura da ação de cumprimento.

▷ ***Anotações/Comentários***

Alternativa correta: letra "b". O dissídio coletivo é de competência material da Justiça do Trabalho. A competência funcional é originária dos tribunais, sendo definida pela extensão territorial do conflito. Assim, a competência funcional é definida da seguinte forma:

Extensão territorial do conflito	Competência
Restringir-se à jurisdição de um tribunal	TRT do local onde ocorreu o conflito (CLT, art. 677).
Extrapolar a jurisdição de um Tribunal Regional	TST, por meio da SDC (art. 2º, I, "a", da Lei nº 7.701/88).

No caso, como a alternativa indica que o conflito foi limitado à base territorial correspondente à jurisdição de um único TRT, a competência para julgar o dissídio coletivo será deste TRT.

10. PROCEDIMENTOS ESPECIAIS

138. (FCC – Analista Judiciário – Área Judiciária – TRT 23/2016) Há certos procedimentos especiais inseridos no texto consolidado e determinadas ações previstas na legislação processual comum que são utilizadas na Justiça do Trabalho e

a) o empregado está autorizado a ajuizar ação rescisória na Justiça do Trabalho, sem a necessidade de contratação de advogado, utilizando-se do *jus postulandi*, em razão do princípio da hipossuficiência.

b) a ação rescisória será admitida na Justiça do trabalho, observada a forma do Código de Processo Civil, sujeita ao depósito prévio de dez por cento do valor da causa, salvo prova de miserabilidade jurídica do autor e no prazo de três anos contados do trânsito em julgado da decisão rescindenda.

c) conforme nova legislação que regula o mandado de segurança, o prazo para impetração é de cento e oitenta dias, contados da data em que o interessado tenha conhecimento do ato arbitrário.

d) cada parte pode indicar para audiência em inquérito judicial para apuração de falta grave a quantidade máxima de cinco testemunhas.

e) para a instauração do inquérito para apuração de falta grave contra empregado dirigente sindical garantido com estabilidade, o empregador apresentará reclamação por escrito à Vara do Trabalho, dentro de trinta dias, contados da data da suspensão do empregado.

▷ ***Anotações/Comentários***

Alternativa correta: E.

Em regra, o empregador tem o direito de dispensar o empregado por justa causa, sem que haja a necessidade de intervenção do Judiciário. No entanto, para que possa ser rescindido o contrato do dirigente sindical há necessidade de demonstração de falta grave a ser apurada e declarada pelo Poder Judiciário, por meio do denominado inquérito para apuração de falta grave, nos termos do art. 543, §3º, da CLT e da Súmula nº 379 do TST.

Assim, segundo o art. 853 da CLT, para a instauração do inquérito para apuração de falta grave contra empregado garantido com estabilidade, o empregador apresentará reclamação por escrito Vara do Trabalho, dentro de 30 (trinta) dias, contados da data da suspensão do empregado.

139. (AOCP – Analista Judiciário – Área Judiciária – TRT 1/2018) Fernando, funcionário da montadora de veículos WMW S/A, é dirigente sindical e incorreu em falta grave. A empregadora, prontamente, suspendeu o empregado, deixando de pagar-lhe salários a partir daí. Pretende a empregadora demitir Fernando. Em relação ao regramento aplicável à espécie para dispensa do empregado, assinale a alternativa correta.

a) A empresa WMW S/A deverá proceder à instauração de inquérito para apuração da falta para dispensa do empregado perante a Justiça do Trabalho, apresentando reclamação escrita perante a Vara do Trabalho ou Juízo de Direito no prazo prescricional de 2 anos.

b) A empresa WMW S/A deverá proceder à instauração de inquérito para apuração da falta para dispensa do empregado perante a Justiça do Trabalho, apresentando reclamação escrita perante a Vara do Trabalho ou Juízo de Direito dentro de 30 dias contados da data da suspensão do empregado, podendo ouvir, para provar os fatos alegados, até 6 testemunhas.

c) Ainda que reconhecida a estabilidade do empregado, se provado o cometimento da falta grave e julgado procedente o inquérito, este não terá direito ao pagamento dos salários não pagos até a data de instalação do inquérito.

d) A empresa WMW S/A deverá proceder à instauração de inquérito para apuração da falta para dispensa do empregado perante a Justiça do Trabalho, apresentando reclamação escrita perante a Vara do Trabalho ou Juízo de Direito dentro de 15 dias contados da data da suspensão do empregado, podendo ouvir, para provar os fatos alegados, até 6 testemunhas.

e) A empresa deverá apresentar reclamação escrita perante a Vara do Trabalho ou Juízo de Direito dentro de 30 dias contados da data da suspensão do empregado, podendo ouvir, para provar os fatos alegados, até 3 testemunhas.

▷ ***Anotações/Comentários***

Alternativa correta: letra "b"

Em regra, o empregador tem o direito de dispensar o empregado por justa causa, sem que haja a necessidade de intervenção do Judiciário.

No entanto, alguns empregados, para que possam ser dispensados, dependem da demonstração de falta grave, a ser apurada e declarada pelo Poder Judiciário, por meio do denominado inquérito para apuração de falta grave. É o caso do dirigente sindical, como apresentado na questão.

Verificada a falta grave, o empregador tem a faculdade de suspender o empregado de suas funções (CLT, art. 494). No caso de suspensão, deverá ajuizar o inquérito para apuração de falta grave no prazo de 30 dias, contados da data da suspensão (CLT, art. 853). O inquérito para apuração de falta grave será ajuizado na Vara do Trabalho, seguindo o mesmo rito de uma ação ordinária, tendo, porém, duas peculiaridades: 1) a petição inicial, obrigatoriamente, deverá ser escrita (CLT, art. 853); 2) poderão ser ouvidas 6 testemunhas (CLT, art. 821).

140. (FCC – TRT24/2017 – Analista Judiciário – Área Judiciária) A empresa Gregos e Troianos Ltda. possui nos seus quadros um empregado que exerce o cargo de dirigente sindical no sindicato que representa a categoria profissional dos empregados. Referido empregado foi surpreendido embriagado no ambiente de trabalho e a empresa o suspendeu, pretendendo dispensar o mesmo por justa causa. Nessa hipótese, a empresa deverá

a) comunicar o sindicato da categoria no prazo de 5 dias para o mesmo instaurar inquérito para apuração dos fatos.

b) marcar a homologação da rescisão do empregado perante o Ministério do Trabalho, o qual deverá notificar o sindicato da categoria para tomar ciência da rescisão contratual de seu dirigente.

c) propor inquérito para apuração de falta grave perante a Vara do Trabalho competente, no prazo de 30 dias da suspensão do empregado.

d) ajuizar inquérito civil perante o Ministério Público do Trabalho para apuração dos fatos, para que a dispensa possa ter legitimidade.

e) ajuizar inquérito para apuração de falta grave perante o Tribunal Regional do Trabalho no prazo de 60 dias da suspensão do empregado.

▷ ***Anotações/Comentários***

Nota do autor: Alternativa "c" – Correta: Verificada a falta grave, o empregador tem a faculdade de suspender o empregado de suas funções (art. 494, CLT). No caso de suspensão, como o apresentado na questão, o empregador deverá ajuizar o inquérito para apuração de falta grave no prazo de 30 dias, contados da data da suspensão (art. 853 da CLT).

141. (FCC – TRT11/2017 – Analista Judiciário – Área Judiciária) No tocante à Ação Rescisória, considere:

I. Havendo recurso ordinário em sede de rescisória, o depósito recursal só é exigível quando for julgado procedente o pedido e imposta condenação em pecúnia, devendo este ser efetuado no prazo recursal, no limite e nos termos da legislação vigente, sob pena de deserção.

II. Não procede pedido formulado na ação rescisória por violação literal de lei se a decisão rescindenda estiver baseada em texto legal infraconstitucional de interpretação controvertida nos Tribunais.

III. O marco divisor quanto a ser, ou não, controvertida, nos Tribunais, a interpretação dos dispositivos legais citados na ação rescisória é a data da inclusão, na Orientação Jurisprudencial do TST, da matéria discutida.

IV. É absoluta a exigência de pronunciamento explícito na ação rescisória, ainda que esta tenha por fundamento violação de dispositivo de lei. Assim, não é prescindível o pronunciamento explícito quando o vício nasce no próprio julgamento, como se dá com a sentença "extra, cita e ultra petita".

De acordo com o entendimento Sumulado do TST, está correto o que se afirma APENAS em

a) II e III.

b) I, II e IV.

c) I, III e IV.

d) I e II.

e) I, II e III.

▷ ***Anotações/Comentários***

Alternativa "e" - Correta:

Item I - correto: Segundo dispõe a Súmula nº 99 do TST: "Havendo recurso ordinário em sede de rescisória, o depósito recursal só é exigível quando for julgado procedente o pedido e imposta condenação em pecúnia, devendo este ser efetuado no prazo recursal, no limite e nos termos da legislação vigente, sob pena de deserção".

Item II - correto: A Súmula nº 83, I do TST dispõe que: "Não procede pedido formulado na ação rescisória por violação literal de lei se a decisão rescindenda estiver baseada em texto legal infraconstitucional de interpretação controvertida nos Tribunais".

Item III - correto: A alternativa transcreve o inciso II da Súmula nº 83 do TST – "o marco divisor quanto a ser, ou não, controvertida, nos Tribunais, a interpretação dos dispositivos legais citados na ação rescisória é a data da inclusão, na Orientação Jurisprudencial do TST, da matéria discutida".

Item IV - incorreto: Não é absoluta a exigência de pronunciamento explícito na ação rescisória, ainda que esta tenha por fundamento violação de dispositivo de lei. Assim, prescindível o pronunciamento explícito quando o vício nasce no próprio julgamento, como se dá com a sentença "extra, citra e ultra petita (Súmula nº 298, V do TST).

142. (FCC - TRT24/2017 - Oficial de Justiça Avaliador - Área Judiciária) Alguns procedimentos e ações especiais são amplamente aplicados na Justiça do Trabalho. Sobre a ação rescisória e o mandado de segurança no processo do trabalho à luz das súmulas do Tribunal Superior do Trabalho:

a) A ação rescisória tem como um de seus fundamentos a violação literal de disposição de lei, razão pela qual não é necessário que haja a expressa indicação, na petição inicial da ação rescisória, do dispositivo legal violado.

b) Na hipótese de colusão das partes, o prazo decadencial da ação rescisória somente começa a fluir para o Ministério Público, que não interveio no processo principal, a partir do momento em que tem ciência da fraude.

c) A sentença normativa proferida ou transitada em julgado posteriormente à sentença rescindenda é considerado documento novo apto a viabilizar a desconstituição de julgado em ação rescisória.

d) O prosseguimento da execução quanto aos tópicos e valores não especificados no agravo de petição fere direito líquido e certo passível de ajuizamento de mandado de segurança, uma vez que o agravo de petição deve delimitar justificadamente a matéria e os valores objeto de discordância.

e) O jus postulandi conferido às partes pela Consolidação das Leis do Trabalho limita-se às Varas do Trabalho e aos Tribunais Regionais do Trabalho, alcançando inclusive a ação rescisória e o mandado de segurança.

▷ ***Anotações/Comentários***

Alternativa "b" - Correta: A Súmula nº 100, VI, do TST prescreve: "na hipótese de colusão das partes, o prazo decadencial da ação rescisória somente começa a fluir para o Ministério Público, que não interveio no processo principal, a partir do momento em que tem ciência da fraude".

143. (FCC - Analista Judiciário: Área Judiciária - TRT15/2018) O TST adota diversos entendimentos pacificados sobre a ação rescisória no processo do trabalho, entre os quais,

a) é cabível pedido formulado em ação rescisória por violação literal de lei, ainda que a decisão rescindenda esteja baseada em texto legal infraconstitucional de interpretação controvertida nos Tribunais.

b) havendo recurso parcial no processo principal, o trânsito em julgado dá-se em momentos e em tribunais diferentes, contando-se o prazo decadencial para a ação rescisória do trânsito em julgado de cada decisão, salvo se o recurso tratar de preliminar ou prejudicial que possa tornar insubsistente a decisão recorrida, hipótese em que flui a decadência a partir do trânsito em julgado da decisão que julgar o recurso parcial.

c) o prazo de decadência, na ação rescisória, tem início e é contado do dia em que se verifica trânsito em julgado da última decisão proferida na causa, seja de mérito ou não.

d) para efeito de ação rescisória, não se considera pronunciada explicitamente a matéria tratada na sentença quando, examinando remessa de ofício, o Tribunal simplesmente a confirma.

e) a não apresentação de contestação na ação rescisória produz revelia, com o consequente efeito de confissão.

▷ ***Anotações/Comentários***

Alternativa correta: letra "b".

Havendo recurso parcial no processo principal, o C. TST entende que o trânsito em julgado se dá em momentos e em tribunais diferentes, contando-se o prazo decadencial para a ação rescisória do trânsito em julgado de cada decisão, salvo se o recurso tratar de preliminar ou prejudicial que possa tornar insubsistente a decisão recorrida, hipótese em que flui a decadência a partir do trânsito em julgado da decisão que julgar o recurso parcial (Súmula nº 100, II, do TST).

144. (FCC - TST/2017 - Analista Judiciário) Considerando a jurisprudência sumulada do Tribunal Superior do Trabalho a respeito da ação rescisória no Processo do Trabalho,

a) procede ação rescisória calcada em violação do art. 7º, XXIX, da CF/88 quando a questão envolve discussão sobre a espécie de prazo prescricional aplicável aos créditos trabalhistas, se total ou parcial.

b) para efeito de ação rescisória, pode se considerar prova nova a sentença normativa preexistente à sentença rescindenda, mas não exibida no processo principal, mesmo em virtude de negligência da parte, por força do princípio da verdade real.

c) caracteriza dolo processual, para efeitos de ação rescisória, o silêncio da parte vencedora a respeito de fatos contrários a ela, constituindo ardil que resulta em cerceamento de defesa e, em consequência, desvia o juiz de uma sentença não condizente com a verdade.

d) o sindicato, substituto processual e autor da reclamação trabalhista, em cujos autos fora proferida a decisão rescindenda, possui legitimidade para figurar como réu na ação rescisória, sendo descabida a exigência de citação de todos os empregados substituídos, porquanto inexistente litisconsórcio passivo necessário.

e) não padece de inépcia a petição inicial de ação rescisória que omite ou capitula erroneamente a causa da rescindibilidade da decisão rescindenda, mesmo diante da ausência de indicação expressa da norma jurídica manifestamente violada, aplicando-se, no caso, o princípio iura novit curia, ou seja, o juiz deve conhecer o Direito.

▷ ***Anotações/Comentários***

Alternativa correta: d

A alternativa transcreve a Súmula nº 406, II do TST: "o Sindicato, substituto processual e autor da reclamação trabalhista, em cujos autos fora proferida a decisão rescindenda, possui legitimidade para figurar como réu na ação rescisória, sendo descabida a exigência de citação de todos os empregados substituídos, porquanto inexistente litisconsórcio passivo necessário".

145. (TRT20/2016- FCC - Analista Judiciário - OJA. Adaptada) Sobre os procedimentos especiais de ação rescisória e mandado de segurança, segundo entendimento sumulado do Tribunal Superior do Trabalho,

a) no caso da tutela provisória ser concedida ou indeferida antes da sentença, não cabe a impetração do mandado de segurança, em face da existência de recurso próprio.

b) não fere direito líquido e certo do impetrante o ato judicial que determina penhora em dinheiro do executado para garantir crédito exequendo, pois é prioritária e obedece à gradação prevista no Código de Processo Civil.

c) fere direito líquido e certo que pode ser atacado por mandado de segurança o prosseguimento da execução quanto aos tópicos e valores não especificados no agravo de petição.

d) a ação rescisória calcada em violação de lei também admite reexame de fatos e provas do processo que originou a decisão rescindenda.

e) é documento novo apto a viabilizar a desconstituição de julgado a sentença normativa proferida ou transitada em julgado posteriormente à sentença rescindenda.

▷ *Anotações/Comentários*

Alternativa "b" - Correta: O TST entende que não fere direito líquido e certo do impetrante o ato judicial que determina penhora em dinheiro do executado para garantir crédito do exequendo, uma vez que é prioritária e obedece à gradação prevista no art. 835 no CPC/2015 (Súmula nº 417, I, do TST).

11. PROCESSO JUDICIAL ELETRÔNICO

146. (FCC-TRT2/2018 - Técnico Judiciário) A Lei nº 11.419/2006, que regulamenta a informatização do Processo Judicial, dispõe que

a) se consideram realizados os atos processuais por meio eletrônico às 23 horas e 59 minutos do dia do seu envio ao sistema do Poder Judiciário, do que não deverá ser fornecido protocolo eletrônico.

b) se considera meio eletrônico, para fins específicos da referida lei, toda forma de comunicação a distância com a utilização de redes de comunicação, preferencialmente a rede mundial de computadores.

c) os documentos cuja digitalização seja tecnicamente inviável devido ao grande volume ou por motivo de ilegibilidade deverão ser apresentados ao cartório ou secretaria no prazo de 10 dias contados do envio de petição eletrônica comunicando o fato, os quais serão devolvidos à parte após o trânsito em julgado.

d) no processo eletrônico, todas as citações, intimações e notificações, exceto da Fazenda Pública, serão feitas por meio eletrônico, na forma da referida Lei.

e) quando, por motivo técnico, for inviável o uso do meio eletrônico para a realização de citação, intimação ou notificação, esses atos processuais poderão ser praticados segundo as regras ordinárias, digitalizando-se o documento físico, sendo, porém, vedada posteriormente sua destruição.

▷ *Anotações/Comentários*

Nota do autor: O art. 8º da Lei nº 11.419/06 permitiu que os órgãos do Poder Judiciário desenvolvessem sistemas eletrônicos de processamento de ações judiciais por meio de autos total ou parcialmente digitais, utilizando, preferencialmente, a rede mundial de computadores e acesso por meio de redes internas e externas.

Alternativa "a" - Incorreta: Consideram-se realizados os atos processuais por meio eletrônico no dia e hora do seu envio ao sistema do Poder Judiciário, do que deverá ser fornecido protocolo eletrônico (art. 3º da Lei nº 11.419/06).

Alternativa "b" - Incorreta: Segundo o art. 1º, § 2º, da Lei nº 11.419/06, o meio eletrônico é qualquer forma de armazenamento ou tráfego de documentos e arquivos digitais. A alternativa utilizou o conceito de "transmissão eletrônica" prevista na legislação.

Alternativa "c" - Correta: Os documentos cuja digitalização seja tecnicamente inviável devido ao grande volume ou por motivo de ilegibilidade deverão ser apresentados ao cartório ou secretaria no prazo de 10 dias contados do envio de petição eletrônica comunicando o fato, os quais serão devolvidos à parte após o trânsito em julgado (art. 11, § 5º, da Lei nº 11.419/06).

Alternativa "d" - Incorreta: No processo eletrônico, todas as citações, intimações e notificações, inclusive da Fazenda Pública, serão feitas por meio eletrônico, na forma da Lei nº 11.419/06 (art. 9º).

Alternativa "e" - Incorreta: O art. 9º, § 2º da Lei nº 11.419/06 prevê que: quando, por motivo técnico, for inviável o uso do meio eletrônico para a realização de citação, intimação ou notificação, esses atos processuais poderão ser praticados segundo as regras ordinárias, digitalizando-se o documento físico, que deverá ser posteriormente destruído.

EDITORA
JusPODIVM
www.editorajuspodivm.com.br

RENOVA
GRAF
www.renovagraf.com.br

JUS4261

GABARITO

LÍNGUA PORTUGUESA

1. A	28. A	55. B	82. Errado
2. D	29. A	56. D	83. B
3. B	30. C	57. B	84. A
4. C	31. B	58. E	85. E
5. D	32. C	59. A	86. B
6. Certo	33. E	60. E	87. A
7. Errado	34. E	61. E	88. D
8. C	35. D	62. B	89. B
9. C	36. C	63. D	90. B
10. D	37. E	64. A	91. A
11. Errado	38. B	65. D	92. Certo
12. Errado	39. C	66. C	93. D
13. C	40. A	67. B	94. D
14. E	41. D	68. D	95. Errado
15. A	42. D	69. A	96. B
16. E	43. A	70. C	97. E
17. C	44. A	71. C	98. A
18. A	45. B	72. D	99. B
19. C	46. D	73. D	100. D
20. B	47. D	74. E	101. Certo
21. C	48. B	75. A	102. D
22. D	49. C	76. E	103. C
23. E	50. Errado	77. C	104. E
24. E	51. B	78. B	105. E
25. E	52. C	79. D	106. D
26. Errado	53. D	80. B	107. C
27. E	54. Errado	81. C	108. E

109. C	143. Certo	177. A	211. A
110. D	144. Errado	178. Certo	212. E
111. D	145. C	179. B	213. C
112. E	146. A	180. C	214. C
113. D	147. B	181. B	215. D
114. D	148. B	182. D	216. C
115. D	149. D	183. D	217. Certo
116. E	150. A	184. B	218. Certo
117. E	151. D	185. Certo	219. Errado
118. D	152. B	186. B	220. C
119. A	153. D	187. Errado	221. D
120. A	154. B	188. Certo	222. A
121. D	155. Errado	189. A	223. A
122. A	156. C	190. A	224. E
123. Errado	157. A	191. C	225. B
124. A	158. B	192. D	226. D
125. A	159. E	193. A	227. E
126. B	160. A	194. D	228. C
127. D	161. C	195. C	229. A
128. C	162. A	196. A	230. A
129. E	163. E	197. B	231. D
130. B	164. B	198. A	232. B
131. C	165. B	199. D	233. C
132. A	166. B	200. E	234. A
133. B	167. E	201. E	235. D
134. C	168. B	202. E	236. E
135. C	169. D	203. C	237. A
136. Errado	170. C	204. D	238. E
137. Certo	171. C	205. E	239. Errado
138. Errado	172. E	206. C	240. Errado
139. Errado	173. E	207. Certo	241. Errado
140. A	174. E	208. Certo	242. Certo
141. Certo	175. B	209. B	243. A
142. Certo	176. B	210. D	244. E

245. D	276. C	307. C	338. B
246. B	277. E	308. A	339. A
247. D	278. E	309. B	340. B
248. B	279. B	310. B	341. D
249. D	280. D	311. B	342. B
250. A	281. E	312. A	343. C
251. C	282. E	313. C	344. A
252. E	283. E	314. A	345. C
253. D	284. B	315. C	346. D
254. A	285. C	316. C	347. A
255. E	286. A	317. E	348. C
256. C	287. B	318. C	349. B
257. D	288. A	319. A	350. B
258. E	289. E	320. A	351. C
259. C	290. D	321. E	352. E
260. A	291. A	322. D	353. A
261. B	292. C	323. C	354. A
262. A	293. C	324. Certo	355. D
263. D	294. D	325. Errado	356. B
264. B	295. E	326. Errado	357. B
265. C	296. B	327. Errado	358. B
266. E	297. B	328. Certo	359. C
267. D	298. C	329. C	360. C
268. A	299. E	330. A	361. C
269. Certo	300. A	331. E	362. B
270. A	301. C	332. D	363. D
271. C	302. D	333. E	364. C
272. B	303. E	334. C	365. A
273. A	304. C	335. A	366. E
274. Certo	305. E	336. E	
275. E	306. B	337. C	

DIREITO CONSTITUCIONAL

1. B	33. Certo	65. D	97. E
2. C	34. Errado	66. A	98. C
3. B	35. E	67. C	99. A
4. C	36. A	68. E	100. B
5. D	37. C	69. D	101. Anulada
6. D	38. E	70. C	102. D
7. B	39. C	71. E	103. B
8. E	40. C	72. D	104. A
9. C	41. E	73. C	105. A
10. Errado	42. D	74. B	106. A
11. Errado	43. A	75. E	107. D
12. E	44. C	76. A	108. B
13. B	45. C	77. A	109. B
14. E	46. C	78. C	110. B
15. B	47. D	79. D	111. D
16. E	48. B	80. A	112. C
17. C	49. C	81. D	113. Anulada
18. E	50. B	82. B	114. C
19. D	51. Errado	83. Certo	115. A
20. A	52. Errado	84. C	116. B
21. B	53. D	85. C	117. C
22. A	54. C	86. B	118. C
23. A	55. A	87. C	119. E
24. A	56. E	88. E	120. Certo
25. A	57. A	89. C	121. Certo
26. B	58. E	90. E	122. Errado
27. A	59. A	91. D	123. Certo
28. B	60. E	92. B	124. C
29. Certo	61. B	93. C	125. B
30. Certo	62. C	94. E	126. E
31. B	63. C	95. D	127. B
32. B	64. A	96. D	128. E

129. E
130. Certo
131. Anulada
132. B
133. D
134. D
135. E
136. A
137. B
138. E
139. D
140. I. Certo II. Errado
141. D
142. E
143. A
144. E
145. A
146. E
147. B
148. E
149. D
150. E
151. A
152. B
153. C
154. D
155. A
156. C
157. C
158. C
159. E
160. B
161. Certo
162. A
163. D
164. Certo

165. Errado
166. Errado
167. D
168. A
169. D
170. E
171. D
172. C
173. C
174. B
175. C
176. Errado
177. Certo
178. B
179. Certo
180. A
181. E
182. B
183. D
184. C
185. E
186. C
187. D
188. C
189. A
190. Errado
191. Certo
192. C
193. B
194. C
195. D
196. B
197. D
198. B
199. E
200. A

201. D
202. A
203. E
204. B
205. D
206. B
207. C
208. B
209. I. Certo II. Errado
210. Certo
211. A
212. A
213. E
214. B
215. E
216. A
217. I. Anulada II. Errado
218. Certo
219. C
220. Certo
221. Errado
222. Errado
223. Errado
224. Errado
225. A
226. B
227. B
228. C
229. C
230. B
231. C
232. A
233. E
234. C
235. B

236. B
237. A
238. I. Errado II. Errado
239. E
240. I. Certo II. Errado
241. I. Certo II. Errado
242. A
243. E
244. C
245. D
246. D
247. B
248. I. Errado II. Certo
249. C
250. C
251. A
252. B
253. C
254. E
255. D
256. Errado
257. Errado
258. A
259. D
260. B
261. A
262. E
263. D
264. E

DIREITO ADMINISTRATIVO

1.	A
2.	E
3.	Errado
4.	Errado
5.	Certo
6.	Errado
7.	Errado
8.	Errado
9.	D
10.	A
11.	E
12.	E
13.	E
14.	E
15.	D
16.	D
17.	C
18.	E
19.	E
20.	A
21.	Errado
22.	Certo
23.	Certo
24.	Errado
25.	Certo
26.	Errado
27.	Errado
28.	Certo
29.	B
30.	C
31.	E
32.	A
33.	Errado
34.	Certo
35.	Errado
36.	Errado
37.	Certo
38.	D
39.	C
40.	B
41.	B
42.	E
43.	A
44.	A
45.	E
46.	C
47.	A
48.	E
49.	A
50.	E
51.	A
52.	A
53.	E
54.	E
55.	E
56.	C
57.	C
58.	D
59.	B
60.	C
61.	E
62.	D
63.	E
64.	Errado
65.	Errado
66.	Errado
67.	Errado
68.	Certo
69.	D
70.	D
71.	C
72.	D
73.	C
74.	C
75.	C
76.	B
77.	Errado
78.	B
79.	C
80.	B
81.	B
82.	C
83.	C
84.	Errado
85.	A
86.	C
87.	E
88.	A
89.	E
90.	B
91.	B
92.	C
93.	A
94.	D
95.	D
96.	D
97.	E
98.	C
99.	A
100.	Errado
101.	Errado
102.	A
103.	B
104.	B
105.	E
106.	B
107.	A
108.	B
109.	B
110.	A
111.	B
112.	A
113.	A
114.	B
115.	C
116.	Certo
117.	Errado
118.	C
119.	B
120.	D
121.	A
122.	A
123.	D
124.	A

125. C
126. Certo
127. Errado
128. Certo
129. E
130. D
131. E
132. Errado
133. Certo
134. C

135. A
136. A
137. D
138. B
139. A
140. E
141. Certo
142. B
143. B
144. E

145. D
146. C
147. D
148. D
149. C
150. Certo
151. Errado
152. Errado
153. D
154. B

155. E
156. A (Questão desatualizada)
157. A
158. D
159. E
160. B

DIREITO PENAL

1. A	32. B	62. A	93. I. Errado II. Certo
2. D	33. D	63. D	94. D
3. A	34. A	64. B	95. A
4. B	35. D	65. A	96. Anulada
5. E	36. B	66. C	97. E
6. C	37. D	67. E	98. Anulada
7. A	38. B	68. A	99. A
8. C	39. Anulada	69. D	100. E
9. E	40. I. Certo II. Errado III Certo	70. B	101. E
10. D	41. I. Certo II. Certo	71. D	102. E
11. B	42. I. Errado II. Certo	72. A	103. B
12. I. Certo II. Errado	43. C	73. C	104. D
13. A	44. A	74. C	105. D
14. E	45. C	75. D	106. E
15. B	46. D	76. A	107. A
16. A	47. A	77. C	108. D
17. Anulada	48. C	78. C	109. A
18. C	49. Anulada	79. A	110. E
19. A	50. Anulada	80. A	111. I. Errado II. Certo
20. A	51. D	81. B	112. Errado
21. D	52. Errado	82. A	113. E
22. E	53. D	83. E	114. C
23. D	54. B	84. E	115. B
24. D	55. B	85. D	116. E
25. A	56. B	86. D	117. D
26. B	57. D	87. A	118. C
27. C	58. B	88. C	119. A
28. Certo	59. A	89. C	120. D
29. E	60. C	90. B	121. A
30. D	61. C	91. A	122. C
31. A		92. E	

123. A
124. Certo
125. D
126. B
127. A
128. D
129. D
130. D
131. C
132. D
133. E
134. C
135. E
136. B
137. E
138. B
139. E
140. B
141. E
142. D
143. B
144. E
145. E
146. D
147. D
148. C
149. A
150. E
151. Certo
152. A
153. I. Errado II. Errado III. Errado
154. D

155. C
156. Errado
157. E
158. D
159. Certo
160. B
161. E
162. B
163. B
164. Certo
165. Anulada
166. C
167. Anulada
168. C
169. D
170. E
171. E
172. I. Certo II. Errado
173. D
174. D
175. D
176. D
177. Certo
178. Errado
179. I. Errado II. Errado
180. C
181. D
182. A
183. A
184. D
185. E
186. B

187. E
188. A
189. C
190. C
191. D
192. C
193. B
194. B
195. A
196. A
197. A
198. D
199. C
200. D
201. A
202. C
203. A
204. D
205. D
206. D
207. A
208. A
209. A
210. D
211. Errado
212. A
213. C
214. E
215. A
216. B
217. D
218. A
219. E
220. Errado

221. D
222. A
223. A
224. C
225. C
226. B
227. B
228. D
229. C
230. E
231. B
232. A
233. A
234. I. Errado II. Certo III. Certo IV. Errado
235. E
236. Certo
237. C
238. E
239. D
240. D
241. C
242. E
243. C
244. E
245. A
246. E
247. E
248. C
249. A
250. D
251. E
252. A

253. A
254. Errado
255. B
256. D
257. C
258. E
259. A
260. B
261. D
262. Certo
263. E
264. D
265. E
266. C
267. E
268. C
269. E
270. C
271. E
272. C
273. A
274. A
275. E
276. B
277. B
278. C
279. E
280. E
281. E
282. D
283. E
284. D
285. C
286. D
287. C
288. C
289. C
290. D
291. D
292. C
293. Certo
294. D
295. Errado
296. E
297. A
298. D
299. B
300. C
301. C
302. C
303. A
304. D
305. B
306. E
307. D
308. B
309. I. Certo II. Errado III. Errado IV. Errado
310. I. Certo II. Errado
311. I. Errado II. Certo
312. I. Errado II. Errado
313. I. Certo II. Certo III. Certo
314. C
315. B
316. Anulada
317. A
318. E
319. E
320. B
321. B
322. C
323. A
324. E
325. B
326. D
327. D
328. A
329. Anulada
330. E
331. C
332. C
333. D
334. C
335. D
336. E
337. B
338. A
339. C
340. D
341. B
342. A
343. C
344. E
345. E
346. I. Errado II. Errado III. Certo IV. Certo
347. C
348. D
349. B
350. D
351. Errado
352. D
353. A
354. A
355. B
356. B
357. D
358. C
359. A
360. D
361. B
362. D
363. A
364. B
365. B
366. E
367. C
368. D
369. D
370. C
371. E
372. B
373. C
374. C
375. Gabarito originário: A
Questão foi anulada, porque as alternativas "a" e "b" estão corretas.
376. D
377. E
378. B
379. E
380. A

381. B
382. E
383. B
384. A
385. D
386. Certo
387. A
388. C
389. E
390. E
391. B
392. C
393. A
394. D
395. A
396. B
397. B
398. B
399. B
400. D
401. E
402. E
403. B
404. E
405. Errado
406. D
407. E
408. E
409. E

410. E
411. A
412. C
413. D
414. A
415. C
416. B
417. C
418. Errado
419. C
420. E
421. C
422. D
423. D
424. B
425. A
426. D
427. C
428. C
429. E
430. C
431. D
432. C
433. D
434. B
435. E
436. E
437. D
438. B

439. A
440. B
441. B
442. A
443. C
444. C
445. E
446. C
447. D
448. C
449. E
450. A
451. D
452. C
453. Gabarito original B Gabarito atual D
454. D
455. B
456. C
457. A
458. E
459. Certo
460. D
461. B
462. B
463. A
464. A
465. A

466. Certo
467. A
468. D
469. B
470. C
471. B
472. E
473. E
474. C
475. B
476. A
477. A
478. C
479. D
480. A
481. D
482. E
483. C
484. E
485. B
486. C
487. D
488. E
489. B
490. E
491. E
492. D
493. D

DIREITO PROCESSUAL PENAL

1.	B
2.	C
3.	Certo
4.	Gabarito atual: A e B
5.	D
6.	C
7.	E
8.	C
9.	E
10.	Errado
11.	B
12.	C
13.	A
14.	C
15.	Certo
16.	E
17.	A
18.	D
19.	D
20.	Certo
21.	Certo
22.	A
23.	B
24.	D
25.	C
26.	C
27.	A
28.	D
29.	E
30.	C
31.	B
32.	D
33.	D
34.	B
35.	D
36.	A
37.	C
38.	A
39.	D
40.	A
41.	D
42.	E
43.	B
44.	C
45.	C
46.	D
47.	A
48.	C
49.	I. Certo II. Errado
50.	I. Certo II. Errado III. Errado
51.	B
52.	C
53.	B
54.	B
55.	A
56.	C
57.	C
58.	B
59.	C
60.	A
61.	D
62.	D
63.	Anulada
64.	C
65.	B
66.	D
67.	C
68.	B
69.	B
70.	D
71.	C
72.	C
73.	C
74.	I. Errado II Certo III. Errado
75.	Errado
76.	Errado
77.	B
78.	C
79.	B
80.	Gabarito original D Gabarito sugerido A
81.	C
82.	E
83.	D
84.	D
85.	A
86.	C
87.	A
88.	C
89.	D
90.	D
91.	D
92.	D
93.	Errado
94.	Errado
95.	B
96.	B
97.	A
98.	D
99.	B
100.	D
101.	C
102.	Errado
103.	A
104.	D
105.	C
106.	Errado
107.	D
108.	A
109.	Errado
110.	Errado
111.	Certo
112.	C
113.	D
114.	B
115.	C
116.	C
117.	A
118.	B
119.	D
120.	D
121.	C
122.	A
123.	Certo
124.	A

125. C	158. B	192. D	224. E
126. Certo	159. B	193. A	225. D
127. C	160. C	194. C	226. D
128. E	161. C	195. B	227. Errado
129. E	162. Certo	196. B	228. D
130. D	163. Errado	197. C	229. A
131. A	164. C	198. B	230. B
132. A	165. D	199. A	231. A
133. D	166. Errado	200. B	232. C
134. E	167. Errado	201. C	233. A
135. C	168. Errado	202. B	234. D
136. C	169. D	203. C	235. D
137. A	170. B	204. B	236. I. Certo II. Errado III. Errado
138. E	171. D	205. B	237. Errado
139. C	172. E	206. A	238. I. Certo II. Errado
140. B	173. B	207. I. Certo II. Certo	239. A
141. E	174. A	208. A	240. A
142. A	175. D	209. A	241. I. Errado II. Certo
143. B	176. Anulada	210. A	242. B
144. C	177. A	211. E	243. D
145. A	178. C	212. B	244. A
146. B	179. C	213. B	245. B
147. E	180. B	214. B	246. B
148. E	181. D	215. A	247. D
149. C	182. A	216. A	248. E
150. Errado	183. A	217. D	249. C
151. B	184. D	218. A	250. C
152. E	185. E	219. D	251. C
153. D	186. D	220. C	252. A
154. C	187. E	221. E	253. B
155. I. Certo II. Certo	188. C	222. I. Errado II. Certo III. Certo	254. Certo
156. A	189. C	223. D	255. D
157. C	190. E		
	191. Errado		

256. D
257. C
258. Certo
259. D
260. E
261. D
262. A
263. D
264. E
265. E
266. I. Certo II. Certo
267. I. Errado II. Certo
268. A
269. C
270. A

271. C
272. A
273. B
274. E
275. D
276. B
277. C
278. C
279. B
280. A
281. B
282. B
283. A
284. D
285. Errado
286. B

287. A
288. E
289. A
290. D
291. C
292. E
293. B
294. A
295. D
296. E
297. D
298. C
299. D
300. Errado
301. Certo
302. C

303. A
304. B
305. A
306. A
307. B
308. E
309. A
310. C
311. E
312. Certo
313. Certo
314. D
315. D
316. A
317. C
318. B

DIREITO CIVIL

1. B
2. C
3. C
4. A
5. E
6. B
7. D
8. A
9. A
10. A
11. E
12. E
13. B
14. E
15. C
16. D
17. A
18. C
19. D
20. B
21. D
22. C
23. A
24. C
25. E
26. D
27. C
28. D
29. D
30. D
31. B
32. D
33. D
34. C
35. E
36. E
37. B
38. I. Errado II. Certo III. Certo IV. Errado
39. I. Errado II. Errado III. Errado IV. Errado V. Certo
40. I. Certo II. Certo
41. I. Errado II. Certo III. Certo
42. A
43. E
44. B
45. D
46. B
47. C
48. A
49. E
50. D
51. C
52. A
53. C
54. D
55. C
56. E
57. B
58. D
59. D
60. E
61. A
62. A
63. B
64. C
65. A
66. B
67. B
68. E
69. D
70. D
71. B
72. D
73. D
74. B
75. B
76. E
77. A
78. D
79. B
80. C
81. B
82. B
83. C
84. C
85. E
86. A
87. B
88. A
89. A
90. D
91. B
92. I. Errado II. Certo III. Certo
93. I. Errado II. Errado III. Certo
94. D
95. D
96. D
97. E
98. A
99. C
100. E
101. C
102. E
103. A
104. A
105. A
106. C
107. B
108. C
109. C
110. B
111. E
112. A
113. E
114. C
115. B
116. B
117. D
118. B
119. C
120. A
121. B
122. A
123. A
124. E
125. C
126. I. Errado II. Errado III. Certo
127. I. Errado II. Certo III. Certo
128. I. Certo II. Certo III. Errado IV. Certo

DIREITO PROCESSUAL CIVIL

1. E	37. Certo	73. A	109. Certo
2. D	38. E	74. B	110. A
3. A	39. E	75. E	111. C
4. C	40. B	76. C	112. B
5. C	41. Certo	77. A	113. E
6. C	42. Errado	78. C	114. C
7. Errado	43. B	79. A	115. B
8. C	44. B	80. C	116. E
9. A	45. D	81. A	117. D
10. B	46. A	82. Certo	118. B
11. E	47. D	83. Certo	119. B
12. A	48. Errado	84. E	120. B
13. D	49. D	85. E	121. A
14. Certo	50. Certo	86. E	122. C
15. Certo	51. B	87. D	123. Certo
16. Certo	52. Certo	88. B	124. E
17. Errado	53. Errado	89. D	125. C
18. A	54. Certo	90. C	126. C
19. E	55. Errado	91. E	127. C
20. D	56. Certo	92. D	128. A
21. A	57. Errado	93. B	129. C
22. C	58. Errado	94. C	130. B
23. A	59. D	95. D	131. A
24. Certo	60. E	96. B	132. B
25. Errado	61. D	97. Certo	133. B
26. Certo	62. C	98. E	134. C
27. A	63. D	99. C	135. B
28. C	64. C	100. A	136. D
29. C	65. C	101. B	137. D
30. B	66. B	102. C	138. C
31. B	67. C	103. C	139. D
32. A	68. C	104. C	140. A
33. D	69. Certo	105. B	141. A
34. D	70. B	106. A	142. D
35. A	71. C	107. D	143. A
36. Errado	72. A	108. B	144. A

145. E	183. C	221. E	259. E
146. A	184. C	222. D	260. A
147. C	185. A	223. C	261. B
148. Certo	186. C	224. D	262. B
149. C	187. B	225. C	263. D
150. C	188. C	226. E	264. B
151. B	189. C	227. D	265. Certo
152. A	190. D	228. E	266. Errado
153. B	191. B	229. B	267. Certo
154. C	192. C	230. B	268. Errado
155. B	193. Errado	231. E	269. Errado
156. C	194. Errado	232. D	270. Certo
157. B	195. B	233. A	271. Certo
158. C	196. B	234. D	272. Errado
159. C	197. A	235. C	273. B
160. C	198. B	236. C	274. E
161. C	199. C	237. D	275. E
162. B	200. B	238. D	276. B
163. C	201. C	239. Errado	277. A
164. A	202. C	240. E	278. C
165. D	203. E	241. D	279. E
166. C	204. A	242. D	280. E
167. E	205. A	243. B	281. B
168. E	206. D	244. B	282. A
169. B	207. E	245. C	283. E
170. C	208. D	246. D	284. A
171. A	209. B	247. D	285. A
172. A	210. D	248. A	286. A
173. D	211. A	249. E	287. C
174. C	212. E	250. Certo	288. A
175. D	213. Errado	251. D	289. C
176. C	214. C	252. A	
177. B	215. D	253. Errado	
178. E	216. E	254. Certo	
179. C	217. E	255. Errado	
180. D	218. B	256. B	
181. E	219. B	257. D	
182. D	220. B	258. A	

DIREITOS DAS PESSOAS COM DEFICIÊNCIA

1. B	36. A	71. A	106. C
2. D	37. E	72. C	107. D
3. D	38. E	73. A	108. A
4. D	39. B	74. C	109. A
5. Certo	40. C	75. E	110. Errado
6. Errado	41. D	76. B	111. Certo
7. Certo	42. A	77. B	112. D
8. E	43. B	78. A	113. E
9. D	44. D	79. E	114. B
10. E	45. Errado	80. C	115. C
11. B	46. B	81. C	116. D
12. B	47. D	82. B	117. A
13. E	48. B	83. B	118. B
14. D	49. A	84. A	119. B
15. A	50. Certo	85. D	120. E
16. C	51. D	86. C	121. D
17. A	52. C	87. B	122. B
18. A	53. C	88. E	123. B
19. B	54. B	89. E	124. C
20. Errado	55. B	90. C	125. B
21. Errado	56. C	91. D	126. D
22. C	57. D	92. A	127. B
23. E	58. A	93. B	128. B
24. B	59. A	94. D	129. D
25. C	60. E	95. C	130. D
26. B	61. A	96. B	131. E
27. C	62. D	97. B	132. Certo
28. A	63. A	98. A	133. D
29. D	64. C	99. D	134. D
30. B	65. E	100. B	135. D
31. A	66. B	101. A	136. B
32. D	67. E	102. E	137. B
33. E	68. D	103. A	138. C
34. C	69. E	104. B	
35. D	70. E	105. E	

MATEMÁTICA E RACIOCÍNIO LÓGICO

1. C	33. D	65. C	97. B
2. D	34. E	66. C	98. A
3. C	35. B	67. D	99. A
4. C	36. C	68. Certo	100. B
5. A	37. D	69. B	101. E
6. E	38. C	70. A	102. D
7. E	39. A	71. D	103. E
8. E	40. E	72. D	104. A
9. E	41. B	73. A	105. C
10. C	42. A	74. Certo	106. D
11. B	43. C	75. B	107. C
12. B	44. E	76. D	108. B
13. C	45. D	77. Certo	109. E
14. D	46. C	78. Errado	110. B
15. B	47. B	79. Errado	111. D
16. E	48. A	80. Certo	112. B
17. E	49. E	81. Certo	113. C
18. A	50. B	82. Errado	114. A
19. B	51. B	83. Certo	115. B
20. A	52. D	84. Certo	116. C
21. E	53. B	85. Errado	117. D
22. E	54. D	86. Errado	118. B
23. E	55. A	87. Errado	119. D
24. E	56. D	88. B	120. E
25. C	57. E	89. D	121. D
26. E	58. B	90. C	122. A
27. D	59. C	91. A	123. E
28. A	60. B	92. E	124. Errado
29. B	61. C	93. B	125. Errado
30. E	62. B	94. Errado	126. Certo
31. E	63. A	95. D	127. C
32. D	64. C	96. A	128. A

129. D	147. C	165. D	183. D
130. A	148. D	166. D	184. A
131. C	149. C	167. A	185. D
132. B	150. C	168. B	186. D
133. E	151. A	169. A	187. C
134. D	152. D	170. E	188. B
135. C	153. B	171. Anulada	189. A
136. E	154. A	172. A	190. C
137. D	155. C	173. B	191. B
138. C	156. B	174. Errado	192. C
139. C	157. B	175. A	193. A
140. A	158. D	176. C	194. A
141. D	159. A	177. B	195. C
142. D	160. B	178. B	196. A
143. D	161. E	179. B	197. C
144. E	162. D	180. A	198. A
145. E	163. D	181. B	
146. Errado	164. E	182. E	

DIREITO TRIBUTÁRIO

1. E	29. A	57. D	85. B
2. E	30. E	58. D	86. A
3. A	31. Errado	59. D	87. A
4. B	32. C	60. D	88. Errado
5. Certo	33. B	61. B	89. Certo
6. Errado	34. C	62. C	90. B
7. Certo	35. A	63. Errado	91. A
8. Errado	36. E	64. Certo	92. D
9. C	37. D	65. E	93. E
10. A	38. C	66. A	94. E
11. A	39. B	67. B	95. A
12. Errado	40. Errado	68. D	96. E
13. Errado	41. A	69. A	97. B
14. Errado	42. A	70. C	98. C
15. Errado	43. C	71. B	99. C
16. Certo	44. E	72. B	100. E
17. E	45. E	73. B	101. Certo
18. C	46. C	74. C	102. Certo
19. A	47. A	75. A	103. D
20. D	48. E	76. C	104. C
21. E	49. B	77. C	105. D
22. D	50. B	78. D	106. A
23. C	51. B	79. B	
24. E	52. B	80. E	
25. A	53. C	81. Errado	
26. A	54. C	82. Certo	
27. E	55. E	83. Errado	
28. C	56. B	84. D	

DIREITO PREVIDENCIÁRIO

1.	B
2.	Errado
3.	Certo
4.	D
5.	B
6.	E
7.	C
8.	D
9.	D
10.	D
11.	Errado
12.	B
13.	B
14.	C
15.	Errado
16.	Certo
17.	D
18.	C
19.	Errado
20.	A
21.	E
22.	B
23.	C
24.	B
25.	A
26.	D
27.	B
28.	Certo
29.	Certo
30.	Errado
31.	Errado
32.	B
33.	B
34.	D
35.	C
36.	A
37.	C
38.	E
39.	B
40.	C
41.	A
42.	Errado
43.	E
44.	C
45.	C
46.	B
47.	D
48.	E
49.	C
50.	Errado
51.	C
52.	C
53.	B
54.	Certo
55.	Errado
56.	D
57.	E
58.	A
59.	D
60.	B
61.	D
62.	B
63.	D
64.	E
65.	Errado
66.	Errado
67.	Certo
68.	I. Certo II. Errado
69.	Errado
70.	D
71.	D
72.	A
73.	A
74.	A
75.	A
76.	B
77.	E
78.	B
79.	D
80.	E
81.	D
82.	A
83.	A
84.	D
85.	E
86.	Errado
87.	B
88.	Certo
89.	Certo
90.	Certo
91.	E
92.	Certo
93.	C
94.	C
95.	E
96.	D
97.	D
98.	A
99.	B
100.	C
101.	D
102.	B
103.	D
104.	B
105.	A
106.	Errado
107.	Errado
108.	C
109.	Errado
110.	Errado
111.	Certo
112.	Errado
113.	Errado
114.	Certo
115.	Certo
116.	Certo
117.	E
118.	Errado
119.	E
120.	Errado
121.	Certo
122.	E
123.	D
124.	B
125.	E
126.	C
127.	A
128.	Certo
129.	E
130.	B
131.	A
132.	C
133.	B
134.	B
135.	B
136.	C
137.	Certo
138.	Certo
139.	C
140.	A
141.	E
142.	B
143.	Errado
144.	Certo
145.	Certo

ATUALIDADES

1. C	25. C	49. D	73. D
2. D	26. E	50. C	74. C
3. E	27. D	51. D	75. C
4. B	28. D	52. D	76. B
5. A	29. C	53. A	77. E
6. E	30. C	54. C	78. C
7. A	31. E	55. C	79. C
8. E	32. A	56. B	80. E
9. C	33. B	57. C	81. C
10. E	34. D	58. E	82. B
11. A	35. E	59. B	83. E
12. D	36. C	60. E	84. B
13. B	37. A	61. A	85. D
14. A	38. E	62. C	86. E
15. C	39. C	63. B	87. C
16. B	40. D	64. C	
17. E	41. A	65. B	
18. B	42. B	66. C	
19. B	43. E	67. B	
20. E	44. E	68. D	
21. C	45. D	69. D	
22. C	46. A	70. B	
23. E	47. C	71. E	
24. D	48. E	72. A	

INFORMÁTICA

1. B	19. Certo	37. E	55. Errado
2. E	20. Errado	38. D	56. A
3. Certo	21. Errado	39. A	57. A
4. C	22. C	40. Certo	58. B
5. Errado	23. A	41. Errado	59. Certo
6. Errado	24. E	42. D	60. Certo
7. Certo	25. Certo	43. C	61. B
8. Errado	26. Errado	44. A	62. Certo
9. E	27. Certo	45. I. Certo II. Certo	63. Certo
10. Errado	28. D	46. D	64. Certo
11. Errado	29. A	47. Errado	65. Certo
12. E	30. Certo	48. Certo	66. E
13. Certo	31. Errado	49. B	67. B
14. Certo	32. C	50. D	68. D
15. D	33. A	51. D	69. E
16. C	34. C	52. Certo	
17. E	35. B	53. Certo	
18. A	36. E	54. Errado	

ÉTICA NO SERVIÇO PÚBLICO

1. D
2. C
3. D
4. A
5. Certo
6. A-Errado; B-Certo; C-Certo
7. A-Certo; B-Errado; C-Errado: D-Errado: E-Certo
8. Errado
9. A-Certo; B-Certo; C-Errado; D-Errado; E-Certo
10. Errado
11. A-Errado; B-Errado; C-Certo; D-Certo

12. B
13. D
14. Certo
15. E
16. A
17. Certo
18. A
19. B
20. E
21. E
22. Certo
23. Errado
24. Certo
25. Errado
26. E

27. A
28. C
29. C
30. Errado
31. Certo
32. Certo
33. Certo
34. Errado
35. Certo
36. E
37. E (Questão desatualizada!)
38. D
39. A

40. E (Questão desatualizada)
41. I. Errado II. Certo III. Errado IV. Certo
42. C
43. I. Errado II. Certo
44. Certo
45. Certo
46. D
47. D

ADMINISTRAÇÃO GERAL E ADMINISTRAÇÃO PÚBLICA

1. B	32. B	63. B	94. A
2. E	33. D	64. D	95. B
3. B	34. D	65. C	96. E
4. E	35. C	66. D	97. C
5. A	36. D	67. A	98. D
6. A	37. C	68. E	99. B
7. D	38. C	69. D	100. E
8. D	39. D	70. B	101. B
9. E	40. E	71. E	102. E
10. E	41. C	72. C	103. E
11. E	42. B	73. C	104. D
12. C	43. B	74. A	105. B
13. B	44. E	75. A	106. D
14. E	45. D	76. E	107. A
15. B	46. B	77. E	108. E
16. E	47. B	78. D	109. A
17. D	48. C	79. B	110. A
18. B	49. E	80. E	111. E
19. E	50. C	81. C	112. D
20. D	51. E	82. D	113. A
21. B	52. D	83. D	114. D
22. B	53. A	84. C	115. A
23. E	54. D	85. B	116. A
24. A	55. B	86. A	117. D
25. C	56. A	87. C	118. E
26. E	57. D	88. B	119. A
27. C	58. E	89. A	120. A
28. A	59. B	90. A	121. D
29. C	60. E	91. A	122. D
30. B	61. D	92. D	123. E
31. C	62. C	93. B	124. E

125. D	137. B	149. C	161. A
126. A	138. E	150. D	162. E
127. E	139. A	151. A	163. B
128. C	140. C	152. B	164. B
129. B	141. E	153. E	165. C
130. E	142. C	154. D	166. D
131. C	143. D	155. A	167. B
132. C	144. B	156. E	168. E
133. B	145. E	157. A	169. E
134. E	146. D	158. B	
135. B	147. A	159. B	
136. B	148. D	160. B	

DIREITO AMBIENTAL

1. C	11. E	21. B	31. A
2. E	12. B	22. B	32. B
3. C	13. A	23. B	33. C
4. D	14. B	24. C	34. D
5. C	15. B	25. D	35. E
6. Certo	16. D	26. D	36. Certo
7. I) Errado; II) Certo; III) Certo	17. D	27. E	37. B
8. D	18. C	28. A	38. D
9. D	19. A	29. A	39. E
10. A	20. D	30. D	40. A

DIREITO DO TRABALHO

1. A	33. C	64. D	96. C
2. A	34. A	65. D	97. D
3. B	35. B	66. A	98. A
4. E	36. E	67. A	99. C
5. E	37. Questão superada	68. B	100. A
6. C	38. C	69. B	101. E
7. C	39. E	70. E	102. D
8. C	40. E	71. B	103. A
9. D	41. D	72. D	104. A
10. C	42. B	73. C	105. A
11. D	43. B	74. D	106. A
12. C	44. E	75. C	107. D
13. B	45. C	76. B	108. C
14. A	46. B	77. B	109. E
15. A	47. C	78. C	110. C
16. A	48. E	79. A	111. E
17. D	49. E	80. C	112. A
18. D	50. D	81. C	113. E
19. C	51. A	82. C	114. C
20. D	52. C	83. C	115. B
21. C	53. D	84. C	116. E
22. A	54. C	85. D	117. B
23. E	55. C	86. C	118. A
24. A	56. D	87. D	119. D
25. E	57. E	88. E	120. C
26. E	58. A	89. A	121. A
27. A	59. D	90. C	122. E
28. C	60. A	91. A	123. E
29. C	61. A	92. D	124. D
30. C	62. B	93. B	125. E
31. D	63. D	94. A	126. D
32. E		95. C	127. E

128. C	162. B	196. D	230. B
129. A	163. E	197. A	231. E
130. C	164. E	198. B	232. A
131. C	165. D	199. C	233. B
132. E	166. B	200. D	234. A
133. E	167. C	201. E	235. B
134. E	168. B	202. D	236. B
135. D	169. B	203. A	237. A
136. E	170. C	204. E	238. E
137. B	171. B	205. B	239. A
138. E	172. E	206. C	240. C
139. D	173. A	207. B	241. D
140. C	174. A	208. D	242. C
141. B	175. C	209. B	243. C
142. E	176. A	210. E	244. D
143. D	177. C	211. D	245. D
144. E	178. B	212. B	246. D
145. A	179. C	213. E	247. C
146. D	180. A	214. A	248. C
147. A	181. A	215. B	249. D
148. D	182. D	216. A	250. A
149. B	183. D	217. D	251. C
150. D	184. E	218. D	252. E
151. B	185. C	219. C	253. D
152. A	186. D	220. B	254. E
153. C	187. A	221. E	255. A
154. A	188. B	222. C	256. B
155. B	189. D	223. B	257. B
156. C	190. A	224. A	258. D
157. A	191. A	225. C	259. D
158. E	192. A	226. A	260. E
159. C	193. A	227. D	261. D
160. C	194. E	228. B	262. E
161. E	195. B	229. B	263. D

264. A	279. D	294. D	309. C
265. E	280. E	295. C	310. A
266. B	281. E	296. D	311. D
267. C	282. B	297. B	312. B
268. D	283. D	298. A	313. B
269. B	284. D	299. A	314. B
270. D	285. A	300. A	315. C
271. B	286. A	301. E	316. B
272. E	287. D	302. B	317. B
273. C	288. B	303. E	318. B
274. D	289. E	304. B	319. C
275. E	290. A	305. A	320. A
276. B	291. B	306. C	
277. E	292. D	307. E	
278. E	293. C	308. A	

DIREITO PROCESSUAL DO TRABALHO

1. D	33. E	65. D	97. B
2. A	34. E	66. A	98. E
3. C	35. E	67. A	99. E
4. D	36. C	68. D	100. B
5. D	37. D	69. A	101. D
6. C	38. B	70. C	102. D
7. B	39. A	71. E	103. B
8. B	40. D	72. B	104. D
9. C	41. B	73. A	105. D
10. E	42. A	74. B	106. C
11. E	43. B	75. C	107. C
12. A	44. D	76. A	108. B
13. D	45. B	77. E	109. E
14. E	46. C	78. E	110. C
15. C	47. D	79. A	111. E
16. D	48. D	80. D	112. E
17. A	49. D	81. E	113. D
18. D	50. A	82. C	114. A
19. C	51. A	83. B	115. E
20. C	52. E	84. D	116. C
21. D	53. C	85. B	117. A
22. A	54. B	86. A	118. E
23. E	55. B	87. B	119. A
24. A	56. C	88. E	120. A
25. D	57. B	89. E	121. C
26. E	58. A	90. B	122. A
27. A	59. E	91. A	123. E
28. B	60. A	92. C	124. E
29. B	61. D	93. A	125. D
30. E	62. E	94. B	126. D
31. D	63. A	95. B	127. E
32. A	64. E	96. B	128. E

129. B	134. A	139. B	144. D
130. A	135. D	140. C	145. B
131. D	136. C	141. E	146. C
132. E	137. B	142. B	
133. A	138. E	143. B	

EDITORA JusPODIVM
www.editorajuspodivm.com.br

RENOVA GRAF
www.renovagraf.com.br